DICTIONNAIRE TAMOUL-FRANCAIS

DICTIONNAIRE TAMOUL-FRANCAIS,

PAR DEUX MISSIONNAIRES APOSTOLIQUES DE LA CONGREGATION DES MISSIONS-ETRANGERES.

TOME FIRST

M. B. DUPUIS

GYAN

Published by

GYAN

Gyan Publishing House
5, Ansari Road
Daryaganj, New Delhi-110002
Phone: 011-47034999, 9811692060
E-mail: books@gyanbooks.com

Distribution Network
gyanbooks.com
India, USA, Canada, UK, Australia, France

ISBN : 978-81-212-4302-5 (Set)
ISBN : 978-81-212-4853-2 (HB)
First Published, 1855

2nd Impression 2020

Printed at: Gyan Press, Delhi.

Dictionnaire Tamoul-Francais
Author: M. B. Dupuis

DICTIONNAIRE

TAMOUL-FRANÇAIS,

PAR DEUX MISSIONNAIRES APOSTOLIQUES

DE LA CONGRÉGATION

DES MISSIONS-ÉTRANGÈRES.

அந்நியதேசத்துப்போதகர்சபையிலுள்ள

அப்போஸ்தொலிக்குக்குருக்களிலிருவர்

செய்தருளிய

தமிழ்ப்பிராஞ்சகராதி.

PONDICHÉRY,

IMPRIMERIE DES MISSIONNAIRES APOSTOLIQUES

DE LA DITE CONGRÉGATION.

1855.

Avec l'approbation des Supérieurs.

PRÉFACE.

La divine Providence daignant de nos jours, envoyer, en plus grand nombre qu'auparavant, des ouvriers évangéliques à ces contrées infidèles, le désir de leur procurer le moyen d'apprendre parfaitement, et avec facilité, la langue des peuples, qu'ils sont venus éclairer du flambeau de la foi, nous a fait entreprendre la rédaction et l'impression de ce Dictionnaire, dont nous offrons maintenant au public la première livraison: entreprise sans doute au-dessus de nos forces, mais dont la nécessité est trop sentie, pour que nous n'essayions pas, dans les limites de notre capacité, de répondre à l'attente générale, et de remplir la lacune que laissent notre Dictionnaire Latin-Français-Tamoul et notre Vocabulaire Français.

Tout en obtenant notre prémier but, nous serions également heureux, si nous pouvions, par cet ouvrage, nous rendre utiles à cette colonie, où l'étude du Français et du Tamoul a pris, depuis quelques années, grâce aux encouragemens du Gouvernement, un essor si avantageux. La jeunesse de Pondichéry, qui se lance avec tant d'ardeur dans la carrière des études, y trouvera, nous l'espérons, un puissant secours pour son instruction. Nous osons même nous promettre, que l'utilité de ce Dictionnaire ne se bornera pas aux Établissemens français.

Pour le rendre plus profitable à tout le monde, nous y avons réuni, dans leur ordre alphabétique, le plus grand nombre de mots du Tamoul vulgaire et du Tamoul poétique, que nous avons pu. Ces deux idiomes de la même langue, nous dirions presque ces deux langues, quoique assez distincts dans leur ensemble, n'ont pas de démarcations assez absolues, assez tranchées, pour qu'on puisse les séparer dans un Dictionnaire, sans laisser fréquemment dans l'embarras ceux qui étudient l'un ou l'autre.

A l'imitation de tous les lexicographes, nous avons pu, et dû sans doute, mettre à profit les compilations de tous ceux, qui nous ont précédés dans la carrière; d'autant plus que, parmi eux, les étrangers mêmes avaient déjà mis à contribution les précieux ouvrages des anciens Pères, qui ont les premiers travaillé à la composition de véritables Dictionnaires Tamouls,et nous ont faits les héritiers de leurs travaux. D'ailleurs l'impression ne nous ayant fourni, jusqu'à présent,aucun Dictionnaire Tamoul-Français,et les manuscrits étant fort incomplets, les secours, que nous offraient les Dictionnaires purement Tamouls ou Tamouls-Anglais,nous laissaient encore une immense tâche à accomplir. Néanmoins, c'est avec plaisir que nous aimons à payer un tribut de reconnaissance aux sources principales, dans lesquelles nous avons puisé,telles que le Dictionnaire de Rottler, celui de Jaffna, le Sadouragarâdi du P. Beschi, le Dictionnaire manuscrit du même Père, celui du P. de Bourges, et le Dictionnaire Tamoul-Latin litographié du P. Gury.

Nous regrettons que le Dictionnaire de Jaffna ne s'accorde pas toujours avec celui de Rottler,surtout pour l'orthographe. Sans vouloir nous établir juges entr'eux, nous avons généralement suivi ce dernier. Néanmoins nous devons avertir, que cet auteur ne s'accordant pas toujours avec lui-même en certains points, où l'usage ne paraît pas encore bien établi, nous n'avons non plus osé nous prononcer absolument. Ainsi, aprés un nom terminé par உ précédé d'une double consonne rude, et suivi d'un verbe qui commence par க,ச,த, ou ப, quelqnefois il donble cette initiale,et quelquefois non. Il met, par exemple, உப்புப்பார்க்கிறது, உப்புப்போடுகிறது, et மன்னிப்புகேட்கிறது,மன்னிப்புபண்ணுகிறது. Il nous semble toutefois,qu'en pareil cas,l'usage de ne pas doubler ces consonnes devient plus général.

Pour faire connaître, autant que possible, avec la langue de ce peuple, sa mythologie, son culte, ses usages, ses sciences, ses doctrines, ses proverbes et autres particularités semblables, nous avons parfois ajouté, à la simple traduction des mots, quelques courtes explications, et les renseignemens utiles, que nous avons pu trouver. Mais que personne ne s'imagine que nous admettions, ou donnions pour vrai, ce que nous insérons dans cet ouvrage, concernant la mythologie des Indiens, ou leurs pratiques supertitieuses. Un Dictionnaire doit donner la signification des mots, sans autoriser pour cela l'abus qu'on en fait, ou les fausses doctrines auxquelles on les emploie. Bien des fois nous avons exprimé, en termes formels, notre improbation et notre aversion pour les fausses maximes, les absurdités et les turpitudes du paganisme. Si, pour ne pas tomber dans des redites, nous n'avons pas toujours manifesté nos sentimens, qu'on n'aille pas en conclure, que nous admettions tant soit peu des erreurs et des superstitions, auxquelles nous désirons du fond de notre cœur voir ce pays renoncer, pour embrasser la vérité, et entrer dans la voie du salut et du vrai bonheur.

Afin de faciliter l'étude approfondie et raisonnée de cette langue, nous avons mis, presqu'à chaque mot, son étymologie entre parenthèses. Cette simple étymologie suffira très fréquemment, pour faire voir les absurdités et les infamies de la théogonie indoue. Ainsi ஆனைமுகன் et ஆகுவாகனன் sont des noms de Vinâyaguen ou Pouléyar, une des divinités les plus populaires de l'Inde: le premier signifie *celui qui a un visage ou une tête d'éléphant;* le second, *celui qui a pour monture un gros rat.* De fait, les gentils supposent, que ce fils de Siven ayant eu la tête anéantie par un accident, dont la cause est rapportée de différentes manières, on coupa une tête d'éléphant qu'on ajusta à son tronc, et qu'elle prit assez bien pour remplacer la sienne. Et ce dieu à tête d'éléphant, à ventre énorme, n'a pour monture qu'un gros rat! அரிகரபுத்திரன் signifie Ayénar, et son étymologie veut dire *le fils de Vichnou et de Siven:* les gentils prétendent que Siven l'eut de Vichnou métamorphosé en femme séduisante; fable qui suffit pour caractériser la moralité des plus grands dieux de l'Inde et de sa religion. Câmen est le nom du dieu de l'impureté, et signifie *le luxurieux.* Celui de Rati ou Irati, sa femme, veut dire *luxure* ou *copulation*, et s'emploie pour désigner les choses les plus obscènes. Cet ouvrage renferme tant d'exemples de ce genre, qu'il est inutile que nous en citions d'autres.

Ces étymologies pourront encore, nous l'espérons, servir puissamment à résoudre ces deux grandes et importantes questions:

LE TAMOUL DÉRIVE-T-IL DU SANSCRIT? OU BIEN EST-IL UNE LANGUE-MÈRE?

Il est indubitable que le Tamoul a emprunté une foule d'expressions de la langue Sanscrite ou Grandonique, surtout les mots de mythologie et de sciences. Nos étymologies et nos astérisques les indiqueront au premier coup d'œil. Mais la plupart de ces mots ne sont connus que des savans, et sont étrangers au Tamoul vulgaire. La langue du peuple se compose généralement de mots d'origine purement Tamoule, et dont le Sanscrit n'offre aucun prototype. De plus, les lettres Tamoules sont complétement différentes pour le nombre et la forme, de celles du Sanscrit. Le Tamoul a six lettres que ne posséde pas la langue Grandonique, savoir: l' எ bref, l' ஒ bref, et les consonnes ள், ழ், ற், et ன். Le Sanscrit a bien d'autres lettres qui ne sont pas en Tamoul. L'usage, il est vrai, a introduit un petit nombre de caractères étrangers, pour rendre en cette langue quelques-unes des lettres Grandoniques, qui lui manquent; mais le nom de caractéres Sanscrits, qui leur est resté, est une preuve que les autres lettres et l'idiome, auquel elles appartiennent, ne sont pas dérivés du Sanscrit. C'est du Maléalam que le Tamoul a emprunté les caractéres, dont nous parlons, qui du reste n'ont de Sanscrit que le son, et qui suppléent aux lettres Grandoniques. Encore le pur Tamoul ne les admet-il ni dans ses Dictionnaires, ni dans ses autres ouvrages, et représente-t-il les lettres des mots, qu'il emprunte du Sanscrit, par les caractères Tamouls, qui s'en rapprochent le plus. Enfin le Tamoul a des régles spéciales d'orthographe pour les mots Sanscrits, soit qu'ils se combinent entr'eux, soit qu'ils se rencontrent avec des expressions purement Tamoules; régles qui ne servent pas peu à perpétuer la tradition de leur origine étrangère.

Mais la plus grande preuve que le Tamoul n'est pas dérivé du Sanscrit, c'est la différence complète qui existe entre ces deux langues dans une foule de choses, qui leur donnent des traits tout-à-fait distincts, et indiquent évidemment une origine différente. Nous nous contenterons de mentionner les principaux de ces traits.

1° Dans la tournure de leurs phrases, ces deux langues sont presque l'opposé l'une de l'autre. Les règles de la syntaxe Tamoule sont peu compliquées et peu nombreuses; la tournure de ses phrases assez uniforme. On peut la varier légèrement; mais il y a des choses qui sont généralement invariables, comme la position du sujet au commencement de la phrase, et celle du verbe principal à la fin. La phrase Tamoule procède souvent à l'inverse des langues d'Europe, de telle sorte que la traduction d'une période Tamoule, faite à rebours d'un bout à l'autre, donne une phrase Française ou Latine assez correcte. Le Sanscrit au contraire se rapproche sensiblement, dans sa phraséologie, du Grec et du Latin.

2° En Tamoul, il n'y a absolument qu'une conjugaison pour toute sorte de verbes, et encore n'a-t-elle que trois temps, un pour le présent, un pour le passé, et l'autre pour le futur, indépendamment sans doute de l'infinitif, dans lequel nous comprenons les gérondifs et les participes. Le conditionnel n'a point de personnes; le même mot sert pour toutes, et renferme la conjonction *si*. Le Sanscrit, au contraire, a comme le Latin plusieurs conjugaisons, et à chacune d'elles une foule de modes et de temps.

3° Le Tamoul n'a point de conjugaison ni de terminaisons particulières pour le passif. Le verbe neutre படுகிறது, dont la racine et la signification se rapprochent singulièrement du latin *pati*, *souffrir*, se joint dans toute sa conjugaison à l'infinitif des verbes actifs, et quelquefois même des verbes neutres, pour former le passif. Le Sanscrit a une conjugaison propre pour cette sorte de verbe.

4° Le Tamoul a une manière particulière d'exprimer le verbe négatif: un temps spécial, qui a toutes ses personnes, l'exprime par un seul mot. Ce verbe négatif a un impératif, des participes et des gérondifs. Ainsi இரேன் veut dire *je ne suis pas*. Le Sanscrit n'a rien de semblable.

5° Le Tamoul n'a point, comme le Sanscrit, et les langues européennes, de *qui*, *que* ou autre pronom relatif. Ces pronoms se trouvent parfaitement compris dans les participes, ainsi que l'adverbe de lieu *où*, et les prépositions jointes aux pronoms relatifs, comme *dans lequel*, *avec lequel* etc...

6° Le Tamoul n'a point de duel comme le Sanscrit et le Grec. Mais il a dans la langue vulgaire des terminaisons propres pour l'honorifique, c'est-à-dire, pour ne pas tutoyer la personne à qui l'on parle, et pour traiter respectueusement celle de qui l'on parle. Ces terminaisons servent d'honorifique au Tamoul vulgaire, et de pluriel au Tamoul relevé, qui, comme le Latin, emploie toujours le singulier, quand il parle à une seule personne, ou d'une seule personne.

7° Bien que cette langue décline ses noms, elle n'a, à proprement parler, qu'une déclinaison, et de plus les terminaisons des cas sont les mêmes au pluriel et au singulier; le changement de la finale de certains noms, ou l'insertion de deux lettres avant la terminaison pour la plupart, distingue le pluriel. Le Sanscrit a plusieurs déclinaisons et les terminaisons du pluriel diffèrent de celles du singulier.

8° Le Tamoul suit, pour la distinction du genre masculin et du genre féminin dans les noms, celle que la nature elle-même à mise parmi les êtres raisonnables, ou celle que sa mythologie a créée. Tous les noms d'êtres inanimés, ou dénués de raison, sont neutres, tandis que le Sanscrit, ainsi que le Grec et le Latin, fait ces noms soit masculins, soit féminins, soit neutres, sans aucune raison naturelle. En outre, dans les verbes, le Tamoul a des terminaisons particulières pour le masculin, le féminin et le neutre de la 3me personne du singulier, et au pluriel une pour le neutre, différente de celle qui est commune au masculin et au féminin, se rapprochant en cela de l'Hébreu; ce que n'a pas le Sanscrit.

9° Les adjectifs du Tamoul sont indéclinables, et sa manière de les former toute particulière. Le Sanscrit au contraire décline ses adjectifs, et les forme différemment.

10° Pour les chiffres, le Sanscrit, comme l'Arabe, suit le système décimal; le Tamoul en a un tout différent. Un, dix, cent et mille se représentent chacun par un chiffre. On pourrait encore tracer bien des traits caractéristiques, particuliers au Tamoul. Néanmoins notre but n'étant pas de faire là-dessus une dissertation, mais de donner un court aperçu des bases principales sur lesquelles on peut appuyer son jugement en cette matière, nous nous bornons aux particularités que nous venons de signaler.

Tout ceci semble prouver assez clairement que le Tamoul ne vient pas du Sanscrit; que par conséquent la langue Tamoule et le peuple qui la parle, existaient avant l'immigration ou l'invasion Bramanique. Bien des auteurs s'accordent à dire que le règne du Tamoul s'étendait autrefois fort au loin dans l'Inde; on en trouve encore des traces dans les points les plus reculés. L'invasion des Brames l'a refoulé vers le sud de la presqu'île, où il s'est maintenu en possession constante et imprescriptible du peuple et du pays. Long-temps même il a fleuri au Maduré, où, sous le règne des rois indiens, il fut cultivé par une espèce d'académie. Toujours il a conservé ses titres d'antériorité, et imprimé à son antagoniste un caractère d'étranger, en appelant le Sanscrit et les mots qui en derivent வடமொழி *language ou mots du nord.* En outre, les Brames, aussi bien que le Sanscrit, qu'ils ont importé dans ce pays, sont désignés par les mots d'ஆரியர் et d'ஆரிய, qui viennent évidemment du mot ஆரியம், nom du pays situé entre les monts Himalaya et Vindia, à moins qu'on ne les fasse dériver du nom d'Arie, province de Perse. Quoi qu'il en soit, il est généralement admis, surtout des savans, que les Brames sont venus du nord de l'Inde, ou par le nord. Il est très-probable que la plus grande partie des doctrines, et des pratiques idolâtriques de l'Inde, sa mythologie, et son polythéisme actuel etc... y ont été implantés par eux,en même temps qu'ils y ont introduit les mots Sanscrits,qui les expriment. Le Tamoul ayant toujours conservé, même après que les Brames eurent pris la prépondérance dans l'Inde, son caractère distinct et national,il est à présumer qu'il était déjà bien cultivé alors,et qu'il continua d'être la langue non pas seulement de la lie du peuple, mais des savans et de la bonne majorité de la nation; autrement ou il aurait disparu,ou il se serait confondu avec la langue de ses maîtres, ainsi qu'il est arrivé dans tant de pays. Une foule d'expressions contraires au polythéisme, d'autres qui rehaussent le Bouddhisme,ainsi que tout ce qui y a rapport,et qui sont restées propriété de la langue, les Djaïners et Samanéens, qui sont encore en certain nombre dans le pays, les faits de l'histoire, les médailles antiques, ou autres traces de l'antiquité recueillies par les savans, semblent prouver assez clairement qu'une espèce de Bouddhisme,ou une autre secte beaucoup plus rapprochée de la vraie religion,et bien différente du Bramanisme, dominait autrefois dans l'Inde. Des guerres et des persécutions cruelles l'ayant presque anéantie, ont fait prévaloir son rival, qui du reste flattait davantage les passions. Il y a même des auteurs, qui,recueillant les vestiges de l'antiquité,prétendent que le règne du Bramanisme, et de son culte idolâtrique, est bien postérieur à l'ère chrétienne.Tout cela donne un démenti bien formel à la haute antiquité,que les Brames ont cherché à donner à leur mythologie, et aux livres qu'ils donnent comme sacrés, et que les Bouddhistes ont toujours rejetés avec autant d'aversion,que le font les Fidèles éclairés des lumières de la verité.

Le Tamoul ne venant pas du Sanscrit, d'où peut-il venir? A-t-il une origine commune avec le Pâli? Nous ne saurions le dire. Est-il à proprement parler une langue-mère?Nous n'oserions non plus l'assurer. On lui trouve une nombreuse filiation; mais son origine se perd dans la nuit des temps;et nous ne pouvons en fixer l'époque.Au moins est-il certain, qu'elle doit être postérieure à la confusion des langues survenue lors de la construction de la tour de Babel, et par conséquent bien postérieure au déluge,dont la tradition s'est conservée dans ce pays, comme partout ailleurs. Au reste l'ère du Caliougam, qui est la seule des quatre Yougams des Indiens, que l'on puisse regarder comme non fabuleuse, si même elle ne l'est pas un peu, remonte à trois années après le déluge, suivant la chronologie des Septante avant Abraham, puis suivant celle de l'Hébreu après ce patriarche. Une chose toutefois digne de remarque, c'est que le Tamoul, le Pâli, le Sanscrit, le Thibétain, le Siamois et plusieurs autres idiomes des Indes et des pays circonvoisins,classent dans le même ordre les lettres, qu'ils admettent dans leur alphabet; ce qui montre qu'ils doivent avoir quelque chose de commun dans leur origine.

Les principales langues qui viennent du Tamoul, sont le Télinga, le Canara et le Maléalam. Ces trois idiomes, quoiqu'ils aient un alphabet bien différent du Tamoul, lui ressemblent parfaitement pour le fond. Bien des mots n'en diffèrent que par la terminaison. La phraséologie est tellement la même, qu'on peut, généralement parlant, faire la traduction mot-à-mot de ces langues, de l'une en l'autre, en suivant l'ordre des mots, sans nuire à la clarté et à la beauté de la phrase. Les trois langues susdites manquent,comme le Tamoul,du *qui* et du *que* relatifs; elles ont les mêmes temps que le Tamoul, un verbe négatif comme lui, et ses autres traits caractéristiques. Seulement le Maléalam n'a qu'une seule terminaison à chaque temps du verbe, pour toutes les personnes, comme l'Anglais au prétérit, excepté que l'Anglais varie à la seconde personne du singulier. Le Maléalam du reste ressemble au Tamoul pour la forme de quelques lettres; mais l'un et l'autre diffèrent entièrement du Télinga et du Canara, qui se ressemblent entr'eux dans le nombre et la forme de presque tous leurs caractères. Comme l'ordre de l'alphabet soit Télinga, soit Canara, soit Maléalam,se rapproche plus du Sanscrit, et que ces trois idiomes ont toutes les lettres voulues pour remplacer les caractères Grandoniques, tandis que, pour le fond de la langue, ils ont tant de rapports directs au Tamoul, il est clair que leur origine est postérieure à celle de cette langue, et même probablement à l'immigration bramanique. Le Tamoul est plus connu des Français sous le nom de Malabare, et c'est la filiation du Tamoul, que Balby,dans son dictionnaire géographique, appelle du nom de famille Malabare.

Cette langue n'ayant qu'une seule déclinaison,une seule conjugaison, et encore peu de temps à cette conjugaison, des adjectifs indéclinables, des noms neutres pour tous les êtres inanimés, ou dénués de raison, et peu de règles à sa syntaxe, on peut dire avec vérité, qu'elle est assez facile, surtout le Tamoul vulgaire, dans lequel on peut exprimer assez facilement ses pensées,dès que l'on sait quelques milliers de mots. La tournure inverse de ses phrases, et la prononciation surtout de quelques lettres dures offrent seulement des difficultés aux Européens. Néanmoins lorsqu'on en a contracté l'habitude, cette phraséologie même devient assez facile. La langue poétique présente plus de difficultés par son laconisme, ses ellipses, et surtout par la multitude de significations, qu'ont les mots qu'elle emploie.

Le Tamoul a emprunté peu de mots des langues étrangères autres que le Sanscrit. J'en excepte la langue des divers bureaux de l'administration civile, militaire ou judiciaire, et celle des divers corps d'ouvriers,qui approchent les Européens. Car pour ces divers emplois il s'est formé une espèce d'idiome venu de diverses langues étrangères, et qui varie souvent selon les localités; aussi les mots n'ent sont-ils pas encore analysés, ni inscrits dans les dictionnaires. Ils pourront faire plus tard la matière d'un supplément à cet ouvrage.

Le Tamoul,surtout le langage relevé,est riche de mots composés. Les uns sont formés de la réunion de mots Sanscrits, d'autres de mots purement Tamouls, d'autres enfin viennent de la jonction des uns et des autres. Dans la composition de ces mots, cette langue suit des régles à peu près uniformes; de manière que rarement les mots sont défigurés, comme le sont dans bien des langues les mots composés ou dérivés. C'est pourquoi il y a peu de langues aussi pures en elles-mêmes, que l'est le Tamoul sous ce rapport. Malheureusement il abonde en expressions indécentes, ou employées à exprimer des choses dont la pudeur rougit; ce qu'il doit sans doute à la licence et à la corruption causées par les infamies du paganisme indien.

OBSERVATIONS GÉNÉRALES.

1° MOTS SANSCRITS.

On reconnaitra facilement dans ce Dictionnaire les mots d'origine Grandonique à l'astérisque qui les précède. Quand un terme, quoique d'origine Sanscrite, vient d'une autre expression de cette langue déjà usitée en Tamoul, nous mettons entre parenthèses le mot Tamoul, dont il est dérivé. Dans le cas contraire, nous mettons le mot Sanscrit en caractères romains; et si sa signification est autre que celle du Tamoul, qui en dérive, la signification du Sanscrit est mise aussi dans la parenthèse en lettres italiques.

On appelle தற்பவம் les mots Sanscrits usités en Tamoul, mais avec quelqu'altération, et தற்சமம் ceux qui ne subissent pas d'autre altération que les inflexions ordinaires au Tamoul.

MANIÈRE D'ÉCRIRE EN TAMOUL LES MOTS SANSCRITS.

CHANGEMENS DANS LA TERMINAISON DES MOTS.

Les noms Sanscrits terminés en *a*, ajoutent en Tamoul à cette finale un ன் pour le masculin et un ம் pour le neutre. *Ex.*

Siva சிவன் *Siven*; doûta தூதன் *messager*; Dêva தேவன் *Dieu*;

Nâga நாகம் *serpent*; pounya புண்ணியம் *vertu*.

Les noms terminés en *â*, féminin de la terminaison *a*, changent cette finale en ஐ pour le Tamoul. *Ex.*

Mâlâ மாலை *guirlande*; sabhâ சபை *assemblée*; sênâ சேனை *armée*;

Poûdjâ பூசை *sacrifice*; dayâ தயை *miséricorde*.

Mais quand ces noms viennent devant un autre, avec lequel ils forment comme un nom composé, ils reprennent l'*â*. *Ex.*

சேனா-பதி, சேனாபதி *général d'armée*;

தயா-பரன், தயாபரன் *miséricordieux*.

Les mots terminés en *â*, qui viennent d'un radical en *rou*, comme pitâ de pitrou, mâtâ de mâtrou, et ceux qui dérivent d'un radical en *an*, comme âtmâ de âtman, râdjâ de râdjan conservent l'*â*. *Ex.*

பிதா *père*, மாதா *mère*, ஆத்துமா *âme*, இராசா *roi*.

La terminaison en *î* et *oû* longs des polysyllabes se change en *i* et *ou* brefs. *Ex.* Nadî நதி *rivière*; vadhoû வது *femme*.

Les noms terminés par un consonne, la doublent si c'est une forte, et y ajoutent la voyelle உ. *Ex.*

Vâk வாக்கு *parole*; dik திக்கு *côté*; marout மருத்து vent;

Apad ஆபத்து *danger*; ap அப்பு *eau*;

Cependant manas fait மனசு *volonté*; tapas தபசு *pénitence*.

Les noms masculins et féminins terminés par la voyelle *rou* changent cette terminaison en *â*. *Ex.*

Pitrou பிதா *père*; mâtrou மாதா *mère*; karttrou கர்த்தா *créateur*.

Quelques-uns retiennent aussi *rou* changé en இரு,comme dhâtrou: தாதா et தாதிரு *père*.

CHANGEMENS AU COMMENCEMENT ET DANS L'INTÉRIEUR DES MOTS.

La 7me voyelle sanscrite *ri* ou *rou* se change en இ,இரு ou இரி.*Ex.*
Richabha இடபம்,இரிஷபம் *taureau*;
Richi இருடி,இருஷி,இரிஷி *pénitent*;
Hridaya இதயம், இருதயம் *cœur*.

Parmi les consonnes les 4 gutturales *ka,kha,ga,gha* sont remplacées en Tamoul par la seule lettre க;et la nasale correspondante *m* par ங்.

Les 4 palatales *tcha,tchha, dja,djha* se changent en ச, et la nasale correspondante *n* en ஞ். Au milieu des mots *dja* se change aussi en ய. *Ex.* Bhoudja *épaule* புசம் ou புயம்.

On supplée aux 4 linguales *ta, tha, da, dha* par ட, et à la nasale correspondante *n* par ண்.

Les 4 dentales *ta, tha, da dha* se changent en த,et la nasale correspondante *n* en ந்.

Les 4 labiales *pa, pha, ba, bha* sont remplacées par ப, et la nasale correspondante *m* par ம்.

Ces 20 lettres sont ce qu'on appelle en Tamoul வல்லினம் lettres fortes ou dures.

Les nasales correspondent aux lettres douces dites மெல்லினம். Mais il n'y a point en Sanscrit de lettres correspondantes à ற et à ன

Si les lettres susdites sont simples en Sanscrit, on n'en écrit qu'une en Tamoul; on en met deux quand elles sont doubles; de là vient le changement de prononciation de *ka* en *ga*,de *ta* en *da*, de *pa* en *ba*,et réciproquement.*Ex.*

Akâsa *air* ஆகாசம் âgâsam; gourou *prêtre* குரு kourou;
Doûta *messager* தூதன் toûden; souddhi *purification* சுத்தி soutti.

Ainsi, dans ces mots, la prononciation et la figure des lettres se trouvent changées.

A la première sifflante *sa* on supplée par ச, et au milieu des mots par ச ou par ய. *Ex.*

Akâsa *air* ஆகாசம் ou ஆகாயம்; dêsa *pays* தேசம் ou தேயம்.

La seconde sifflante *cha* peut être remplacée par ஷ. Toutefois en pur Tamoul,au commencement des mots, elle se change en ச; mais au milieu et à la fin elle se change en ட், et en ண் devant les nasales. *Ex.* Chach *six* சட்டு; achta *huit* அட்டம் ou அஷ்டம்;
Ichta *plaisir* இட்டம் ou இஷ்டம்; vicham *poison* விஷம் ou விடம்.

La troisième sifflante, qui est la véritable *s*, se remplace par ச; mais au milieu des mots elle se remplace quelquefois par த. *Ex.*

Asana *siége* ஆசனம் ou ஆதனம்; mâsa *mois* மாசம் ou மாதம்.

Devant une consonne *s* se change en ஸ். Mais ordinairement dans le haut Tamoul, au commencement des mots, elle se supprime;et au milieu des mots devant *t* elle se change en த். *Ex.*

Stala *lieu* ஸ்தலம் ou தலம்; hasta *main* அஸ்தம் ou அத்தம்.
Astra *arme qu'on lance* அஸ்திரம் ou அத்திரம்;
Sâstra *science* சாஸ்திரம் ou சாத்திரம்.

La lettre *h* se supprime au commencement des mots. *Ex.*
Hari *Vichnou* அரி; hara *Siven* அரன்.
Mais au milieu des mots, elle est remplacée par un seul க. *Ex.*
Dâha *soif* தாகம்; dahana *combustion* தகனம்.
Dans le second mot des noms composés, *h* initiale est remplacée par க. *Ex.* hariharapoutra அரிகரபுத்திரன் *Vinâyaguen.*
Kcha s'écrit par க்ஷ; mais au commencement des mots on le remplace aussi par un க, ou un ச, et au milieu des mots par deux க்க. *Ex*
Kchira *lait* க்ஷீரம், கீரம்; Kchana *instant* க்ஷணம், கணம், சணம்.
Mókcha *paradis* மோக்ஷம் ou மோக்கம்.
Les 4 semi-voyelles *ya, ra, la, va*, sont représentées par ய, ர, ல, வ; mais il y a diverses remarques à faire à leur sujet.
1° On peut mettre un இ devant les mots commençant par *ya*, et dire யமன் ou இயமன் *Yamen.* En outre pour *ya* on écrit aussi quelquefois எ, ஏ, இய et ய. *Ex.*
Yantra *machine* எந்திரம், ஏந்திரம், யந்திரம் ou இயந்திரம்.
Quand la lettre *ya* suit une consonne, on insère un இ euphonique entre ய et cette consonne, qui se double ordinairement, à moins qu'elle ne soit initiale. Quelquefois *ya* disparait alors. *Ex.*
Vâkya *parole* வாக்கியம்; âsya *visage* ஆசியம்;
Vyavahâra *procès* விவகாரம்; nyâya *raison* நியாயம்.
2° Si *r* vient après une consonne, on insère un இ ou un உ euphonique entre l'r et cette consonne, qui se double, à moins qu'elle ne soit initiale. *Ex.*
Krama *ordre* கிரமம்; akrama *désordre* அக்கிரமம்;
Vrata *vœu* விரதம்; kródha *colère* குரோதம்.
Vakra *courbure* வக்கிரம்; âsrama *hermitage* ஆச்சிரமம்.
Devant une consonne, *r* trouve son équivalent dans ர். *Ex.*
Sarva *tout* சர்வம்; poûrva *ancienneté* பூர்வம்.
Mais ordinairement on insère un உ, et on double la consonne suivante, si c'est une forte. Quelquefois on insère un இ, sans doubler la consonne; d'autres fois on supprime *r*. *Ex.*
Arka *le soleil* அருக்கன்; artchanâ *adoration* அருச்சனை.
Karttâ *créateur* கருத்தா; sarva *tout* சருவம்;
Artha *richesses*, et arddha *moitié*, அருத்தம், அத்தம் ou அர்த்தம்;
Sparsa *tact* பரிசம்; vimarsa *recherche* விமரிசம்.
3° Si *l* vient après une consonne, on insère இ ou உ entre *l* et cette consonne, qui se double, si elle n'est initiale. *Ex.*
Klêsa *peine* கிலேசம்; slóka *strophe sanscrite* சுலோகம்.
Soukla *couleur blanche* சுக்கிலம்.
Mais devant les consonnes fortes, *l* se change en ற். *Ex.*
Alpa *petitesse* அற்பம்; phalgouna, *n.pr.* பற்குனன்.
4°. Si *v* vient après une consonne, on insère un உ entre le *v* et cette consonne, qui se double, si elle n'est initiale. *Ex.*
Tva *qualité* துவம்; svâmi *Seigneur* சுவாமி; pakva *maturité* பக்குவம்
Précédé d'une consonne, *m* lui fait prendre la voyelle உ. *Ex.*
Padma *nénuphar* பதுமம்; âtmâ *âme* ஆத்துமா.
Précédé d'une consonne, *n* la fait doubler, et lui fait prendre la

voyelle இ. *Ex.* Agni *feu* அக்கினி; ratna *perle* இரத்தினம்.

Alors les palatales se changent en க. *Ex.*

Adjnâ *ordre* ஆக்கினை; râdjni *reine* இராக்கினி.

Mais au commencement des mots, les lettres *djna* se remplacent par ஞ ou கிய. *Ex.*Djnâna *sagesse* ஞானம் ou கியானம்.

Quand il y a deux lettres fortes de suite, souvent la première se change en la seconde. *Ex.*

Rakta *sang* இரத்தம்; sakti *pouvoir* சத்தி.

Saptam *sept* சத்தம்; troupti *satiété* திருத்தி.

On voit, par ce qui précède, que la lettre க remplace les 4 gutturales et la lettre *h*; que ச remplace les 4 palatales, les 2 *s*, et *cha* initial; que ட supplée aux 4 linguales et à la lettre *cha*; que த tient lieu des 4 dentales, et quelquefois de la lettre *s*: que ப remplace les 4 labiales; que ய supplée à la lettre *ya* et quelquefois à *dja*, et à l'*s*; et que இ et உ sont souvent euphoniques.

FORMATION ET ETYMOGIE DES MOTS SANSCRITS.

Les Dictionnaires Sanscrits font dériver tous les mots des verbes, et quelquefois même sans raison. Ces verbes n'étant point usités en Tamoul, on a pris pour racine le mot Sanscrit dérivé du verbe, qui a servi de type au mot Tamoul, et d'où plusieurs autres peuvent souvent se dériver. Ces mots sont formés quelquefois d'une telle racine et de quelques affixes ou terminaisons, et fréquemment aussi d'une préposition inséparable, qui se met devant le mot.

Voici ces prépositions inséparables, avec leurs principales significations; on peut voir les autres à leurs places dans le Dictionnaire: A privatif, அ, et அந் devant une voyelle, *sans*; ati அதி *au delà, sur;* adhi அதி *sur*; anou அநு *après*; antar அந்தர் *entre, dedans, au milieu, dessous*; apa அப *de, sous*; api அபி *dessus*; abhi அபி *vers*; ava அவ *vers, de haut en bas*; â ஆ *vers, jusqu'à*; out உத் *en haut*, (Le *t* de cette préposion se combine avec la lettre suivante); oupa உப *vers, dessous*: sam சம் *avec*; sou சு *bon*; dour துர் *mauvais*; ni நி *en bas, dessous, de, sans*; nir நிர் *de, sans*; parâ பரா *en arrière*: pari பரி *autour*; pra பிர *pour*; prati பிரதி *contre, vis-à-vis, vers*; vi வி *de*, marquant la séparation. Quelquefois il y a deux de ces prépositions devant le nom. Elles se combinent avec le nom, d'après la règle de l'union des mots sanscrits intitulée வடமொழிச்சந்தி.

Les affixes, qui se mettent à la fin des mots, n'ont point de signification, et ne servent qu'à former des mots, au moyen des racines ou des mots déjà formés. Il y en a un très-grand nombre; en voici quelques-unes des plus usitées: a, aka, an, ati, ana, ani, anta, ala, âla, aya, â, âka, i, ini, ika, ikâ, ira, ila, ita, ina, ou, ouka, ka, ti, tou, tama, tara, tâ, tra, trou, tna, na, ma, mân. mati, mâna, va, vân, vati, ya, ra, la, sa. Ces affixes ne se combinent pas avec le mot; mais quand les affixes commencent par une voyelle ou *ya*, les lettres *a, â, i, î*, de la fin du mot se retranchent; *ou, oû* et *ô* se changent en *av*, *aou* en *âv*, la voyelle *rou* en *r*; mais alors les voyelles du mot primitif sont souvent soumises aux variations nommées குணம் et விருத்தி.

Les voyelles அ, ஆ, இ, ஈ, உ, ஊ, ரு, ரூ, எ, ஐ, ஒ, ஔ, deviennent
par le குணம், அ, ஆ, ஏ, ஏ, ஓ, ஓ, அர், அர், ஏ, ஐ, ஓ, ஔ.
par le விருத்தி, ஆ, ஆ, ஐ, ஐ, ஔ, ஔ, ஆர், ஆர், ஐ, ஐ, ஔ, ஔ.

Ainsi de div *ciel* on fera diva, dèva, daïva, daïvya, divya, திவம், தேவன், தெய்வம், தைவியம், திவ்வியம், où l'on voit la lettre *i* changée en *é* et en *aï*, etc.; de Siva on fera saïva சைவம் et சைவன் *secte et sectateur de Siven*; de Vichnou on fera vaïchnava வைஷ்ணவம், வைஷ்ணவன் *secte et sectateur de Vichnou*; de Djanaka சனகன், on fera djânaki சானகி *fille de Djanaka;* de gô கோ *vâche* en ajoutant *ya* on aura gavya கவ்வியம் *chose qui a rapport à la vache*, ou *qui en vient:* de richi இருடி *pénitent*, en ajoutant *a* avec le விருத்தி, on aura ârcha ஆரிடம் *chose qui regarde les pénitens.*

On trouve aussi, à la fin des mots, quelques terminaisons, qui dérivent des verbes, et qui ont une signification; comme: dja, djâ, djam, qui viennent de djan *naitre*, et signifient *né, née, naissance, fils, fille;* ga *allant*, de gam *aller;* da *qui donne, don*, de dâ *donner*.

Il est à remarquer, que des adjectifs et participes Sanscrits, on fait des noms Tamouls, en ajoutant un ம், et qu'en outre, plusieurs de ces adjectifs ont exactement la même signification dans les deux langues; ainsi, hina ஈன *vil, bas*, ஈனம் *bassesse*; outtama உத்தம *excellent, parfait*, உத்தமம் *excellence, perfection*; alpa அற்ப *petit*, அற்பம் *petitesse*; likhita *écrit*, லிகிதம் *écriture*; oukta *dit*, உத்தம் *action de dire.*

DE L'UNION DES MOTS.

Quand des mots dérivés du Sanscrit sont unis, pour former en Tamoul un mot composé, le premier n'a que la racine sans la terminaison. C'est pourquoi on retranche la finale ன் ou ம். La lettre *â* longue se conserve, et ne se change pas en ஐ. La terminaison *rou* du mot pitrou, qui se conserve en Sanscrit, se change dans le Tamoul en *ir*; ainsi on dit பிதிர் pour பிதா ou பிதிரு. On ne double pas le க, ச, த, ப du mot suivant, à moins que ce mot ne commence par deux consonnes, entre lesquelles il faille insérer இ ou உ. Le த se double aussi quand il est pour ல்த, ou plutôt c'est la lettre ல் qui se change en த்.

Si un mot finit par une voyelle, et que le suivant commence par une voyelle, ces deux voyelles se contractent de diverses manières.

1° La 1re manière, que l'on appelle தீர்க்கசந்தி, consiste en ce que les voyelles semblables, ou qui ne diffèrent que pour la quantité, se contractent en leur longue. Ainsi:

அ ou ஆ avec அ ou ஆ font ஆ: தேவ-ஆலயம், தேவாலயம் *temple de Dieu;* இ ou ஈ avec இ ou ஈ font ஈ: முனி-இந்திரன், முனீந்திரன் *maitre des sages;* உ ou ஊ avec உ ou ஊ font ஊ: குரு-உபதேசம், குரூபதேசம் *doctrine du gourou;* ரு ou ரூ avec ரு ou ரூ font ரூ.

2° La seconde manière, que l'on appelle குணசந்தி, consiste en ce que அ ou ஆ avec இ ou ஈ se changent en ஏ, avec உ ou bien ஊ en ஓ; et avec ரு ou ரூ en அர். *Ex.*

சர்வ-ஈசுரன், சர்வேசுரன் *maitre de tout;* ஞான-உபதேசம், ஞானோபதேசம் *doctrine spirituelle.*

3° La 3me manière, que l'on appelle விருத்திசந்தி, consiste en ce que அ ou ஆ avec ஏ ou ஐ se changent en ஐ; et avec ஓ ou ஔ en ஔ. *Ex.* ஏக-ஏகன், ஏகைகன் *l'unique.*

மகா-ஐசுவரியம், மகைசுவரியம் *grandes richesses.*

கலச-ஓதனம், கலசௌதனம் *riz-cuit de la marmite.*

மகா-ஔடதம், மகௌடதம் *grand remède.*

4° Les mots Sanscrits finissant par la lettre *s*, changent cette *s* en *r*, devant *g*, *gh*, *dj*, *djh*, *d*, *dh*, *b*, *bh*, ainsi que devant les nasales, les demi-voyelles *y*,*r*,*l*,*v*,*h*. et les voyelles. *Ex.* Asis et vâdam font âsirvâdam ஆசிர்வாதம் *bénédiction.* Si cette lettre *s* est précédée de *a*, comme dans manas *volonté*, la terminaison *as* se change en *ô* devant les consonnes susdites, et la lettre *a* qui s'élide alors. Ainsi manas et doukha font manôdoukha மனோதுக்கம் *douleur de l'âme*; tapas et dhana font tapôdhana தபோதனன் *pénitent*; anyas et anyam font anyônyam அந்நியோந்நியம் *l'un l'autre, réciproquement.*

2° MOTS TAMOULS.

1° Nul mot Tamoul ne commence par ங, ண, ழ, ள, ற, ன.

2° De plus, aucun mot purement Tamoul ne doit commencer par les lettres ட, ர, ல. Les mots dérivés du Sanscrit, de l'Indoustani ou d'autres langues, qui commencent par ces lettres, prennent un இ devant, excepté ceux dont l'initiale est ரு, ரூ, ரொ, ரோ, லு, லூ, லொ, லோ, qui prennent un உ. Toutefois, si ரு vient de la voyelle sanscrite *ri* ou *rou* il s'écrit ainsi: இரி ou இரு. On peut encore insérer un இ devant les mots, qui commencent par la lettre ய. Cet இ et cet உ euphoniques souvent ne se prononcent pas. Ils sont marqués par une croix dans ce Dictionnaire. En outre, dans les mots composés, cet இ et cet உ disparaissent ordinairemenl, s'ils viennent au commencement du second mot. *Ex.*

இராசன் et இலேகம் font இராசலேகம் *ordre du roi;*

இராசன் répété fait இராசராசன் ou இராசவிராசன் *roi des rois.*

3° Dans la formation des mots composés d'élémens purement Tamouls, ainsi que dans la rencontre de ces mots ensemble, on suit les règles d'ortographe, que nous avons données en abrégé, dans le tableau ajouté à la Grammaire du P. Beschi, page 30, et à la page 2 du Compendium, que nous avons joint à cette Grammaire. En conséquence, quand après une voyelle finale vient un mot, qui commence par une voyelle, on ne fait pas de contraction, comme dans les mots venus du Sanscrit, mais on insère un வ் ou un ய் euphonique, selon les règles de la Grammaire.

N. B. Après இ ou ஈ, on emploie généralement l'euphonique ய், quelquefois aussi வ். *Ex.* அவனே-அரசன், அவனேயரசன் ou அவனேவரசன் *il est lui même le roi.*

4° Cependant la lettre அ s'élide quelquefois, surtout dans certains verbes composés d'un infinitif et d'அடிக்கிறது; mais on ne peut en faire une règle générale. *Ex.*

போக்க-அடிக்கிறது, போக்கடிக்கிறது *perdre;*
சிதற-அடிக்கிறது, சிதறடிக்கிறது *disperser;*
அந்த-அந்த, அந்தந்த *chacun;* எந்த-எந்த,எந்தெந்த *quelconque;*
ஏல-அரிசி,ஏலரிசி *graine de cardamome.*

5° Après les lettres indicatives அ, இ, உ, *ce,cette, ces,* எ *quel,* மு syncope de மூன்று *trois,* on double la consonne suivante, et on insère deux வ் euphoniques,si c'est une voyelle qui suit. La lettre ய ne se double pas, mais prend un வ் devant soi. *Ex.*

இக்குதிரை *ce cheval;* இவ்விடம் *ce lieu-ci.*
முவ்வரசர் *trois rois;* இவ்யானை *cet éléphant.*

6° Quand un mot finit par une consonne, et que le suivant commence par une voyelle, la voyelle s'unit à la consonne, à moins que cette consonne ne soit précédée d'une seule brève; car alors elle se double. *Ex.* பொருள்-ஆசை, பொருளாசை *désir des richesses;*
பொன்-ஆசை, பொன்னாசை *désir de l'or ou des richesses.*

7° Quand une consonne finale se rencontre avec une consonne initiale, il peut y avoir élision, changement, contraction ou augmentation, selon les régles de la Grammaire indiquées ci-dessus, auxquelles nous en ajouterons quelques-unes.

ம் final s'élide devant ஞ et ம, ainsi que devant ந. *Ex.*
நாம்-ஞாதியர், நாஞாதியர் *nous sommes parens;*
ஒட்டகம்-மாய்ந்தது, ஒட்டகமாய்ந்தது *le chameau est mort.*

Mais si ம் est précédé d'une seule brève, il se change en ஞ் devant ஞ, en ந் devant ந et reste invariable devant ம. *Ex.*
எம்-ஞானம், எஞ்ஞானம் *notre sagesse;* செம்நெல், செந்நெல் *riz rouge;* எம்-மனம்,எம்மனம் *notre volonté.*

Devant ஞ et ம, ல் final se change en ன், et ள் final en ண். *Ex.*
கல்-மலை, கன்மலை *montagne de pierre.*
முள்-முடி, முண்முடி *couronne d'épines.*

Quand le mot n'a pas le sens de l'oblique, ல் final précédé d'une seule brève, avec le த suivant, peut se changer en ஃற, et ள் avec த en ஃட. *Ex.* கல்-தீது, கஃறீது *la pierre est mauvaise.*
முள்-தீது, முஃடீது *l'épine est mauvaise.*

8° En poésie on retranche souvent une consonne doublée par la jonction des mots. *Ex.*
பொன்-நாணி, பொன்றாணி, en poésie பொறாணி *cordon d'or;*
அவன்-தேர், அவற்றேர், en poésie அவறேர் *son char.*

9° Quelquefois dans les noms composés, on trouve la dernière syllabe du premier mot changée en ஆ; comme சமுத்திராபச்சை *mentha zeylana;* கோடாகோடி pour கோடிகோடி *cent trillions.* Il y a des noms propres,qui prennent ஆ, avant le nom honorifique de la caste பிள்ளை, comme சவேரிமுத்தாபிள்ளை, அந்தோணியாபிள்ளை.

NOMS VERBAUX.

Le Tamoul est extrêmement riche en noms verbaux; on les forme, 1° en changeant க்கிறது en த்தல், க்கை, க்குதல், க்குகை, ப்பு. *Ex.* படிக்கிறது, படித்தல், படிக்கை, படிக்குகை, படிக்குதல், *étudier ou action d'étudier,* படிப்பு *étude;* 2° en changeant கிறது en தல், (ou en டல் après ண், et en றல் après ற் ou ன்), et en கை, குதல், குகை, வு, et quelquefois en பு et சல். *Ex.* படிகிறது, படிதல், படிகை, படிகுதல், படிகுகை *se soumettre*, et படிவு *soumission*; இடிகிறது, இடிதல், இடிகை *tomber en ruines*, இடிசல் ou இடிவு, *ruine*; இழிகிறது, இழிதல், *s'abaisser*, இழிவு ou இழிபு *bassesse*. La terminaison ஊதல் se contracte quelquefois en றல் ou ன்றல். *Ex.* அயிலுதல் *action de manger*, அயிறல், அயின்றல்; கனலுதல் *brûler*, கனறல், கனன்றல்.

Ce que l'on appelle verbe ou infinitif en க்கிறது, et en கிறது, n'est aussi qu'un nom verbal ou appellatif. Pour nous conformer à l'usage, et faciliter par là l'étude de la langue, nous l'avons donné comme verbe, d'autant plus qu'il en a la signification, et sert à former les temps du verbe. Il exprime l'action de faire, et ce qui fait cette action; ainsi: பேசுகிறது *l'action de parler*, ou simplement *parler*, et *ce qui parle. Ex. l'action de parler*, ou *parler est naturel à l'homme* பேசுகிறது மனிதனுக்கியல்பாம்; *tout ce qui parle est vivant* பேசுகிறதெல்லாஞ்சீவனுள்ளதாமே. Les noms verbaux terminés en த்தல், க்கை, க்குதல், க்குகை; ou en தல், (டல், றல்), கை, குதல், குகை n'expriment que l'action du verbe, et n'ont que le premier des deux sens, que nous venons d'exposer; ils sont généralement susceptibles de toutes les significations, qu'ont les verbes correspondans en க்கிறது et கிறது. C'est pourquoi nous nous contentons bien des fois de renvoyer à ces verbes. Néanmoins, quand des noms substantifs français en rendent parfaitement le sens, nous les marquons, au moins pour les principales significations. Pour les autres, on peut recourir aux verbes en க்கிறது ou கிறது; et réciproquement, quand les noms verbaux en த்தல் ou தல் donnent plus de significations.

Quant aux noms verbaux terminés en ப்பு, வு, சல், et பு, ils prennent plus ou moins des significations du verbe; mais ordinairement ils ne les admettent pas toutes, surtout dans la langue vulgaire; et ainsi qu'on a pu le voir par les exemples précédens, ils se traduisent par de simples noms; aussi gouvernent-ils le génitif, tandis que les autres gouvernent le même cas que le verbe, c'est-à-dire l'accusatif, quand ils dérivent d'un verbe actif, et le datif ou quelqu'autre cas, s'ils dérivent d'un verbe neutre.

Les noms verbaux en க்குகை et குகை ne sont guère usités.

3° En ajoutant ல் à l'infinitif terminé en அ, on a un nom verbal, qui est susceptible de toutes les significations du verbe. *Ex.* செய்ய, செய்யல்; ஆம் ajouté à ce nom verbal se traduit par *on peut. Ex.* செய்யலாம் *on peut faire*. Cette terminaison en அல் sert aussi bien des fois, dans le haut Tamoul, d'optatif positif, et d'impératif ou d'optatif négatif. Il en est ainsi toutes les fois que la négation அல், ajoutée à l'impératif, donne le même mot. *Ex.* செய்—அல், செய்யல். Ainsi செய்யல் signifie *faire, action de faire, fais, puisses-tu faire! ne fais pas*, et *puisses-tu ne pas faire!*

4° La racine de certains verbes ou l'impératif, (car c'est le même mot), fait un nom verbal ou un substantif. *Ex.*

De ஆட்டுகிறது, ஆட்டு *agite, meus*, et *agitation, motion*.

De கட்டுகிறது, கட்டு *lie* et *lien*.

De இருளுகிறது, இருள் *obscurcis-toi*, et *obscurité*.

De இருட்டுகிறது, இருட்டு *obscurcis*, et *obscurité*, *ténèbres*.

Item திரள், திரட்டு, சுருள், சுருட்டு, etc...

5° En ajoutant ச்சி à l'impératif des verbes terminés en ர்கிறது, ழ்கிறது, ல்கிறது et ள்கிறது, on a des noms substantifs ou verbaux. Mais, selon les régles ordinaires, ல் et ச்சி se changent en ற்சி; ள் et ச்சி en ட்சி. Quelques-uns prennent aussi la terminaison தி. *Ex.*

De அயர்கிறது, அயர் *oublie*, அயர்ச்சி ou அயர்தி *oubli*.

De இகழ்கிறது, இகழ் *méprise*, இகழ்ச்சி *mépris*.

De சுழல்கிறது, சுழல் *tourbillonne*, சுழற்சி, ou சுழற்றி *tourbillon*.

De நீள்கிறது, நீள் *allonge-toi*, நீட்சி *longueur*.

6° On forme aussi le nom verbal, ou le simple substantif de quelques verbes, en changeant உ ou அ final de l'impératif en ஐ. *Ex.*

உடு *vétis*, உடை *vétement*.

நட *marche*, நடை *la marche*.

7° D'autres noms, soit verbaux, soit substantifs, se forment de quelques impératifs terminés en உ, en changeant en அம் cette terminaison. *Ex.*

ஆட்டு *agite*, ஆட்டம் *agitation*.

அடக்கு *retiens*, அடக்கம் *retenue*.

ஒடுக்கு *resserre*, ஒடுக்கம் *retraite, resserrement*.

8° La finale de la racine, ou de l'impératif des verbes terminés en ற்கிறது, est ல்; les substantifs de plusieurs de ces verbes se forment en ajoutant ஐ à cet impératif. *Ex.*

நிற்கிறது *s'arréter*, நில் *arréte*, நிலை *station*.

கற்கிறது *apprendre*, கல் *apprends*, கலை *science*.

விற்கிறது *vendre*, வில் *vends*, விலை *prix*.

Cependant de தோற்கிறது *étre vaincu*, தோல் *sois vaincu*, on fait தோல்வி, தோல்வு, தோல்வை, தோற்பு *défaite*. Quelques autres terminaisons particulières servent à former des noms dérivés des verbes.

9° Généralement de tous les verbes, on forme des noms verbaux, en ajoutant மை aux participes du présent, du prétérit, et du négatif. *Ex.* செய்கின்றமை, செய்தமை, செய்யாமை. Les deux premiers de ces noms verbaux s'emploient surtout à l'ablatif. *Ex.* அவனிதைச் செய்கின்றமையால், —செய்தமையால் *parce qu'il fait* ou *qu'il a fait cela*. Mais le nom verbal négatif s'emploie à tous les cas. *Ex.* செய்யாமை *manque de faire, omission*.

NOMS APPELLATIFS.

1° On forme des noms appellatifs en ajoutant வன், வள், து à tous les participes, et aux adjectifs terminés en அ. *Ex.*

படிக்கிற *qui étudie*, படிக்கிறவன் *celui qui étudie*.

படித்த *qui a étudié*, படித்தவன் *celui qui a étudié*.

படியாத *qui n'a pas étudié*, படியாதவன் *celui qui n'a pas étudié*.

நல்ல *bon*, நல்லவன் *l'homme bon*; நல்லவள் *celle qui est bonne*.

கொடிய *cruel*, கொடியவன் *un cruel*.

சின்ன *petit*, சின்னவள் *la petite femme ou fille*.

அரிய *difficile*, அரியது *ce qui est difficile*.

L'appellatif du futur se forme du futur même, en changeant ப்பேன் en ப்பவன்,ப்பவள்,ப்பது pour les verbes terminés en க்கிறது, et வேன் en பவன்,பவள், வது pour ceux en கிறது.

2° On en forme aussi de quelques adjectifs,en ajoutant seulement ன் pour le masculin,ள் pour le féminin,து pour le neutre,et ர் pour le pluriel. *Ex.* கொடிய *cruel*,கொடியன்,கொடியள், கொடிது,கொடியர். Quelques uns n'ont que ce pluriel. *Ex.* பல,பலர், *plusieurs*; சில *quelques*,சிலர் *quelques-uns*; அநேக,அநேகர் *plusieurs.*

3° Les 3mes personnes du masculin et du féminin, soit au parfait, soit au futur,sont prises pour des noms appellatifs. *Ex.* செய்தான், செய்வான் *celui qui fait,a fait,* ou *fera; f.* செய்தாள், செய்வாள்; *pl.* செய்தார்,செய்வார்.

4° En changeant la terminaison ஆன் de ces appellatifs en ஓன்,on a un nom appellatif correspondant aux noms français en *teur.Ex.*

படைத்தான் *celui qui créé,* படைத்தோன் *créateur.*

செய்வான் *celui qui a fait,* செய்வோன் *faiseur.*

Tout cela est à peu près général.

5° On forme aussi des noms appellatifs, en changeant உம் du participe futur en இ.*Ex.*

வாங்கும், வாங்கி *qui arrache;* அடக்கும், அடக்கி *qui renferme.*

Ces mots servent surtout à former des mots composés, comme: இழைவாங்கி *aiguille pour ravauder;* முள்ளுவாங்கி *instrument pour arracher les épines.*

6° Un grand nombre de noms appellatifs se forment en ajoutant à des substantifs வாதி, ஆளி,ஆளன், சாலி, தாரி, மான்,ஞன், நன், ou ளன்; alors les noms, qui sont terminés en ம், l'élident. *Ex.*

உத்தரம் *réponse,* உத்தரவாதி *répondant.*

கூட்டு *société,* கூட்டாளி *associé.*

இலிங்கம் *lingam,* இலிங்கதாரி *linganiste.*

புத்தி *esprit,* புத்திசாலி *homme d'esprit.*

கல்வி *science,*கல்விமான் *savant;*பகை *inimitié,* பகைஞன் *ennemi.*

இளை *jeunesse,* இளைஞன் ou இளைநன் *jeune homme.*

De l'adjectif இளம் *jeune* on fait aussi இளந்தாரி *jeune homme.*

7° Il y a un grand nombre de noms appellatifs dérivés des noms, ceux surtout qui viennent des noms de villes, villages, endroits, profession etc., et se forment en ajoutant au nominatif la terminaison ஆன் pour le singulier, et ஆர் pour le pluriel; mais si le nom finit en ம்,c'est à l'oblique qu'on ajoute cette terminaison. *Ex.*

ஊர் *village* ou *ville,* ஊரான் *habitant du village* ou *de la ville.*

பட்டணம் *ville,* பட்டணத்தான் *habitant de la ville.*

கோவை *Goa,* கோவையார் *les Goanais, les habitans de Goa.*

தொழில் *métier,* தொழிலார் *gens du métier.*

8° Beaucoup de noms appellatifs prennent d'autres terminaisons. La plupart sont la 3me personne du வினைக்குறிப்பு dont il est question dans le Compendium ajouté à la Grammaire Tamoule du P. Beschi, pag. 7. Il n'y a point de régles fixes pour leur formation. Leurs principales terminaisons sont அன், அவன்,ஒன்,ஆன்,இனன், இ pour le masculin; அள்,அவள்,ஆள், இ pour le féminin; அது, து pour le neutre; அர், ஆர், அவர் pour le pluriel masculin et féminin; அவை, அன், அ pour le pluriel neutre. On ajoute ces terminaisons au nom ou à l'oblique, même lorsqu'il a la terminaison இன். Ainsi de வில் *arc*, viennent வில்லி, வில்லன், வில்லவன், வில்லோன், வில்லான், வில்லினன் *archer*; de வெற்பு *montagne* viennent வெற்பன், வெற்பவன் *montagnard*; de நாடு *pays* viennent நாடன், நாட்டவன், நாட்டான், நாட்டினன் *homme du pays*. Comme l'on voit par ces exemples, toutes les terminaisons susdites ne conviennent pas à tous les noms.

Les noms appellatifs des substantifs terminés en மை, comme கருமை *noirceur*, se forment de leur adjectif terminé en ய ou இய, auquel on ajoute les terminaisons, qui leur conviennent. *Ex.* கரிய *noir*, கரியவன், கரியன், கரியான் *un noir*.

Plusieurs noms en அம், comme தருமம் *bienfaisance, charité*, changent cette terminaison en அன், அள், இ, ou ajoutent les terminaisons ஆன், ஆள், ஆர் etc., à l'oblique en த்து. *Ex.* தருமன், தருமள், தருமி, தருமத்தான், தருமத்தாள் *homme—, femme charitable*: mais s'ils sont de deux syllabes on se sert de l'oblique en த்து: ainsi de மனம் *volonté* on fera மனத்தன், மனத்தினன் *homme qui a la volonté*.

FORMATION DES ADJECTIFS.

A peine y a-t-il en Tamoul quelques adjectifs qui ne soient dérivés des noms, au moins dans la haute langue; ainsi பல் ou பல *plusieurs* peut venir de பன்மை *pluriel*, ou en être la racine; de même நல் ou நல்ல *bon* de நன்மை *bonté*; சில *quelque* de சில் *petitesse*.

Aux règles de la Grammaire du P. Beschi sur les adjectifs, nous ajouterons seulement quelques observations.

1° Les noms Sanscrits en அன் perdent l'ன் et les noms en அம் perdent l'ம், pour devenir adjectifs. *Ex.*

சிவன்-மதம், சிவமதம் *la secte Sivéniste ou de Siven.*

தருமம்-சிந்தனை, தருமசிந்தனை *pensée vertueuse.*

2° Les mots unis par la suppression du ம் et du ன் ne forment pas toujours des adjectifs: mais on unit ainsi, en Sanscrit et en Tamoul, plusieurs noms au même cas, en ne mettant la terminaison qu'à la fin, et quelquefois même au pluriel. *Ex.*

பாவபுண்ணியம் *le péché et la vertu;*

அன்னவஸ்திரம் *la nourriture et le vêtement;*

சந்திரசூரியன் ou சந்திரசூரியர் *la lune et le soleil;*

சந்திரசூரியநக்ஷத்திரங்கள் *la lune, le soleil et les étoiles;*

இராமலக்ஷ்மணன் (ஆள் terminaison bramanique du pluriel) *Râmen et Lakchoumanen.*

3° Quelques noms en அம் ont pour adjectif, non seulement l'oblique terminé en அ ou அத்து, mais aussi le participe du குறிப்புவினை ou de l'appellatif. *Ex.*

கனம் *pesanteur*, கன, கனத்து et கனத்த *pesant;*

முகம் *visage*, முக, முகத்து et முகத்த *qui a le visage.*

4° Un grand nombre d'adjectifs sont formés des substantifs terminés en ஐ, மை et surtout உமை.

1. Les noms, qui finissent en ஐ simple, ajoutent ய. *Ex.*

மலை *montagne*, மலைய *de montagne.*

2. மை final précédé d'une consonne se retranche, ou se change en இய. Alors si la consonne qui précède மை est ண் ou ன், elle se change en ள் ou ல், quand cette finale est la forme radicale du mot. *Ex.*

வெண்மை *blancheur*, வெண் ou வெள் *blanc;*
திண்மை *force*, திண், திண்ணிய *fort;*
தெண்மை *clarté*, தெண், தெள், தெள்ளிய *clair;*
மென்மை *finesse, minceur*, மென், மெல், மெல்லிய *mince.*

Ce changement de la consonne montre qu'il serait peut-être plus vrai de dire avec Beschi, gram. pag. 168, que les noms terminés en மை viennent d'autres noms, ou bien de la racine ou de l'adjectif d'autres substantifs, auxquels on ajoute மை.

3. அமை final perd ஐ ou மை, ou se change en ஐய. *Ex.*

பழமை *ancienneté*, பழம், பழ, பழைய *ancien.*
இளமை *jeunesse*, இளம், இள, இளைய *jeune.*

4. Les substantifs terminés en இமை, ஈமை, யமை et ஐமை, changent மை en ய; quelques-uns même le retranchent, ainsi que l'இ ou l'ஐ qui précède. *Ex.*

இனிமை *douceur*, இனிய ou இன் *doux;*
தீமை *méchanceté*, தீ ou தீய *méchant.*

5. si மை est précédé d'une autre voyelle que உ, quelquefois on retranche மை à l'adjectif, et alors le க, ச, த, ou ப suivant se double.

6. Les noms terminés en உமை perdent ஐ, மை ou உமை; mais dans ce dernier cas la voyelle précédente devient longue, ou l'on double la consonne, si c'est une forte, et qu'elle soit suivie d'une voyelle; on peut changer aussi உமை en இய. *Ex.*

பெருமை *grandeur*, பெரும், பெரு, பெரிய, பேர் *grand;*
சிறுமை *petitesse*, சிறும், சிறு, சிறிய, (et devant une voyelle) சிற், சிற்று *petit*; ainsi சிறடி, சிற்றடி *petit pied;*
பசுமை *verdeur* fait பசும், பசிய, பச்சை *vert*, (et devant une voyelle) பாச், பச்ச்; ainsi பாசிலை, பச்சிலை *feuille verte.*

Quelques autres noms font aussi leurs adjectifs en இய. *Ex.*

அழகு *beauté*, அழகிய *beau*; அறம் *vertu* அறவிய *vertueux.*

5° Les noms terminés en ங்கு, ஞ்சு, ண்டு, ந்து, ம்பு, ன்று, changent la douce en la forte suivante. *Ex.*

குரங்கு *singe*, குரக்கு *de singe*; நஞ்சு *venin*, நச்சு *venimeux;*
இரண்டு *deux*, இரட்டு *double;*
மருந்து *médecine*, மருத்து *médicinal;*
இரும்பு *fer*, இருப்பு *de fer*; கன்று *veau*, கற்று *de veau.*

6° Quelques noms de temps et de nombre, terminés en ண்டு et ன்று, changent, pour l'adjectif, ces terminaisons en ட்டை et ற்றை. *Ex.*

ஆண்டு *année*, ஆட்டை *d'un an;*
இன்று *aujourd'hui*, இற்றை *d'aujourd'hui;*
அன்று *ce jour-là*, அற்றை *de ce jour-là;*
ஒன்று *un*, ஒற்றை *seul, impair.*

7° Tous les noms d'arbres et de plantes, pour former leur adjectif, changent leur terminaison en அம்; quelques-uns ajoutent cet அம் à leur oblique, ou se servent simplement de l'oblique. *Ex.*

அறுகு *chiendent*, அறுகம் *de chiendent;*
பனை *palmier*, பனம் *de palmier;*

மாதளை *grenadier*, மாதளம் *de grenadier*;
கரும்பு *canne à sucre*, கருப்பு et கருப்பம் *de canne à sucre*;
பிரம்பு *rotin*, பிரப்பு et பிரப்பம் *de rotin*.

De même, குளம் *réservoir* fait à l'adjectif குளத்து et குளத்தம்; ஆறு *rivière* fait ஆற்று et ஆற்றம்.

8° Quelques noms prennent aussi à l'adjectif ஆம் pour அம்; ainsi பூட்டு fait பூட்டம் et பூட்டாம்; முள்ளு fait முள்ளம் et முள்ளாம்.

9° D'autres deviennent adjectifs en prenant seulement la lettre ம்; ce sont surtout les monosyllabes longs et les dissyllabes brefs. *Ex*
சீ *pus*, சீம்; சே *rougeur*, சேம்; பூ *fleur*, பூம்; மா *manguier*, மாம்;
வேய் *tube*, வேய்ம்; புளி *tamarin*, புளிம்; வசு *richesse*, வசும்.

10° Aux noms de lieu comme எங்கு *où*, கிழக்கு *orient*, தெற்கு *midi*, மேற்கு *occident*, வடக்கு *nord*, on ajoute quelquefois pour l'adjectif les terminaisons அத்து, அத்தை, அத்தைய, அத்தி, உத்திய. *Ex.*
எங்கத்து ou எங்கத்தைய வார்த்தை *de quel endroit est ce mot?*
கிழக்கத்தி *oriental*, de-là vient கிழக்கத்தியார் *les orientaux*.

Toutefois les adjectifs ordinaires des quatre points cardinaux sont: கீழ் *oriental*, தென் *méridional*, மேல் *occidental*, et வட *septentrional*.

VERBES.

1° Un grand nombre de verbes Tamouls viennent de noms dérivés du Sanscrit. Ils se forment en changeant la voyelle finale en இக்கிறது. Mais si ces noms sont terminés par des affixes comme *ka*, *na* etc., on les retranche, et c'est la voyelle précédente qui subit le changement. Au reste ces verbes ne ressemblent au verbe Sanscrit qu'au participe passé en த்த, qui correspond au participe passif en ita. *Ex.* ஸ்தாபகம் *établissement*, ஸ்தாபிக்கிறது *établir*, ஸ்தாபித்த (stapita) *établi*.
இலாபம் *gain*, இலாபிக்கிறது *gagner*;
ஆசை *désir*, ஆசிக்கிறது *désirer*;
இச்சை *convoitise*, இச்சிக்கிறது *convoiter*;
துக்கம் *chagrin*, துக்கிக்கிறது *se chagriner*;
சனனம் *naissance*, சனிக்கிறது *naitre*;
மரணம் *mort*, மரிக்கிறது *mourir*;
செயம் *victoire*, செயிக்கிறது *vaincre*;
ஸ்துதி *louange*, ஸ்துதிக்கிறது *louer*.

2° Quant aux verbes purement Tamouls, nous n'oserions dire s'ils dérivent des noms, ou si ce sont les noms qui dérivent des verbes; au moins est-il qu'il n'y a pas de régle fixe pour leur formation. Cependant quelques observations pourront faciliter la mémoire.

Des noms terminés en ள் on peut former des verbes neutres, en ajoutant உகிறது ou கிறது. *Ex.*
இருள் *obscurité*, இருளுகிறது ou இருள்கிறது *s'obscurcir*;
உருள் *roue*, உருளுகிறது ou உருள்கிறது *rouler*;
சுருள் *rouleau*, சுருளுகிறது ou சுருள்கிறது *se mettre en rouleau*.

Beaucoup de noms terminés en ட்டு et த்து forment des verbes actifs en ajoutant கிறது. *Ex.*
நீட்டு *longueur*, நீட்டுகிறது *allonger*.
பொருத்து *jointure*, பொருத்துகிறது *joindre*.

3° Des verbes neutres, se forment beaucoup de verbes actifs de la manière suivante:

1. Les verbes neutres en ங்குகிறது changent pour l'actif ங் en க். *Ex.* அடங்குகிறது *se renfermer*, அடக்குகிறது *renfermer*; ஒடுங்குகிறது *se retirer*, ஒடுக்குகிறது *repousser*; et ainsi des autres.

2. Souvent d'un verbe actif ou neutre, en changeant க்கிறது ou கிறது en த்துகிறது, on forme des verbes actifs. *Ex.*
சுமக்கிறது *porter*, சுமத்துகிறது *charger*;
இருக்கிறது *être*, இருத்துகிறது *placer*;
உடுக்கிறது *se vêtir*, உடுத்துகிறது *vêtir*;
உணர்கிறது *comprendre*, உணர்த்துகிறது *faire comprendre*;
தாழ்கிறது *s'abaisser*, தாழ்த்துகிறது *abaisser*;
கிடக்கிறது *être couché*, கிடத்துகிறது *coucher*.

3. La plupart des verbes, qui avant கிறது ont டு, ண், ளு ou ள், les changent en ட்டு pour l'actif. *Ex.*
ஆடுகிறது *jouer*, ஆட்டுகிறது *faire jouer*;
காண்கிறது *voir*, காட்டுகிறது *montrer*;
இருளுகிறது *s'obscurcir*, இருட்டுகிறது *obscurcir*;
நீளுகிறது *s'étendre*, நீட்டுகிறது *étendre*.

4. Ceux qui ont லு, ல் ou று avant கிறது les changent en ற்று. *Ex.*
அகலுகிறது *s'éloigner*, அகற்றுகிறது *éloigner*;
ஆறுகிறது *s'apaiser*, ஆற்றுகிறது *apaiser*;
ஏறுகிறது *monter*, ஏற்றுகிறது *monter, placer sur*.

5. Les verbes neutres, qui ont ந்து avant கிறது, changent ந் en த் pour l'actif. *Ex.*
வருந்துகிறது *se tourmenter*, வருத்துகிறது *tourmenter*.

6. Bien des verbes neutres en கிறது, surtout ceux qui ont ர், ou ரு avant cette terminaison, forment l'actif en doublant le க். *Ex.*
அறுகிறது *se couper*, அறுக்கிறது *couper*;
அழிகிறது *se corrompre*, அழிக்கிறது *corrompre*;
கெடுகிறது *se gâter*, கெடுக்கிறது *gâter*;
அசைகிறது *être agité*, அசைக்கிறது *agiter*;
சேர்கிறது *se joindre*, சேர்க்கிறது *joindre*;
வளர்கிறது *croître*, வளர்க்கிறது *élever*.

4° Tous les verbes et les noms verbaux, qui avant கிறது ou தல், ont ரு, லு, ழு, et ளு, peuvent à volonté garder ou élider l'உ de ces lettres, excepté ceux qui n'ont qu'une syllabe brève devant. Ainsi, quand bien même une de ces deux manières ne serait pas marquée dans le Dictionnaire, cela ne doit pas empêcher de l'adopter. *Ex.*
அயர்கிறது ou அயருகிறது *défaillir*.

5° Quelques verbes en கிறது changent cette terminaison en தருகிறது, sans changer le sens; ou si l'on veut, ils ajoutent தருகிறது à la racine. *Ex.*
சொரிகிறது ou சொரிதருகிறது *répandre abondamment*;
திரிகிறது ou திரிதருகிறது *courir ça et là*;
போகிறது ou போதருகிறது *s'en aller*;
மறிகிறது ou மறிதருகிறது *revenir, retourner*.

6° Outre la forme ordinaire du passif, qui est d'ajouter à l'infinitif le verbe படுகிறது, il y a des verbes, qui pour le passif ajoutent à leur racine உண்கிறது ou படுகிறது; alors le ப ne se double pas. *Ex.* அறைகிறது *clouer*, அறையப்படுகிறது, அறையுண்கிறது ou அறைபடுகிறது *être cloué*;

இழிக்கிறது *abaisser*, இழிக்கப்—, ou இழிபடுகிறது *être abaissé*;

எடுக்கிறது *emporter*, எடுக்கப்—, ou எடுபடுகிறது *être emporté*;

தள்ளுகிறது *chasser*, தள்ளப்படுகிறது, தள்ளுண்கிறது *être chassé*.

7° Pour former les verbes causatifs, ou de commendement, on change la terminaison ஏன் du futur en இக்கிறது. Cette règle est générale. *Ex.*

காண்கிறது *voir*, futur காண்பேன், காண்பிக்கிறது *faire voir*;

அறிகிறது *savoir*, அறிவிக்கிறது *faire savoir*;

பண்ணுகிறது *faire*, பண்ணுவிக்கிறது *faire faire*.

நடக்கிறது *marcher*, நடப்பிக்கிறது *faire marcher, conduire*;

படிக்கிறது, *étudier*, படிப்பிக்கிறது *enseigner*.

8° Le participe du futur, surtout dans le haut Tamoul, peut perdre l'ம் final, et même உ avec la consonne qui a été ajoutée, pour lui être jointe, peut s'élider, pourvu que ce participe ne soit pas de deux syllabes brèves, comme வரும். Dans les verbes en கிறது après l'élision d'உம், le participe ressemble à l'impératif ou à la racine du verbe. *Ex.* செய்யும், செய்; அணியும், அணி; உண்ணும், உண்; சொல்லும், சொல்.

Ce participe, après l'élision, sert souvent à former des mots composés. *Ex.* De இசலும்-ஆட்டம், இசலாட்டம் *rivalité*; de நிகழும்-காலம், நிகழ்காலம் *le présent*.

9° Le Tamoul n'a point de préposition, et presqu'aucun adverbe proprement dit; plusieurs gérondifs ou infinitifs, ainsi que quelques noms, en tiennent lieu. *Ex.*

கீழ், கீழே ou தாழ *sous*; அகல ou தூரமாய் *loin*;

மேல், மேலே ou மேற்பட *sur*; சூழ ou சுற்றிலும் *autour*;

முன் ou முன்னே *avant*; முந்த ou முந்தி *d'abord*;

பின் ou பின்னே *après*; திரும்ப ou திரும்பி *de nouveau*.

VARIATION D'ORTHOGRAPHE.

Dans l'intérieur des mots, on met souvent surtout, dans le haut Tamoul, ட்ட pour ஷ்ட; ட்ச ou க்க pour க்ஷ; த்த pour ஸ்த. *Ex.* அட்டம் pour அஷ்டம் *huit*; நட்டம் pour நஷ்டம் *perte*; மோட்சம் ou மோக்கம் pour மோக்ஷம் *paradis*; சாத்திரம் pour சாஸ்திரம் *science*.

Au commencement des mots, on écrit க ou ச pour க்ஷ; த pour ஸ்த; ainsi கணம் ou சணம் pour க்ஷணம் *instant*; தலம் pour ஸ்தலம் *lieu*.

Dans bien des mots, même d'origine Tamoule, le ய se met pour le ச; le வ pour le ப, et quelquefois le த aussi pour le ச; ainsi முயல் pour முசல் *lièvre*; தவம் pour தபம் *pénitence*; தவலை pour தபலை *sorte de chaudron*, தாமதம் pour தாமசம் *délai*.

L'usage s'est introduit, depuis certain temps, de mettre de préférence le ந, dans bien des mots surtout Sanscrits, où, selon l'ancienne orthographe, il y avait un ன. *Ex.* அநுபவம் pour அனுபவம் *jouissance*. C'est cette orthographe, que nous avons suivie.

Bien des mots, dont l'initiale est ய,s'écrivent aussi sans cette lettre. *Ex.* யானை ou ஆனை *éléphant*.

Au commencement et au milieu des mots அய்,அயி,எய் s'emploient pour ஐ. *Ex.* அய்யன் pour ஐயன் *maître*; தயிரியம் pour தைரியம் *courage*; தெய்வீகம் pour தைவீகம் *divinité*.

அவ்,அவு équivalent à la voyelle ஔ. *Ex.* அவுஷதம் pour ஔஷதம் *remède*; அவ்வியம் pour ஔவியம் *jalousie*; இலவுகிகம் pour இலௌகிகம் *mondanité*.

ஐ se met quelquefois pour அ devant ச,ஞ,et surtout ய; ainsi பையல் pour பயல் *gamin*; ஆலையம் pour ஆலயம் *temple*. Quand on ne trouve pas un mot d'une manière,il faut le chercher d'une autre.

Il y en a qui écrivent ற் pour ர் devant les lettres fortes, pour ne pas les doubler; ainsi கற்தன் pour கர்த்தன் *seigneur*; கற்பம் ou même கெற்பம் pour கர்ப்பம் *grossesse*; அற்ச்யசிஷ்ட pour அர்ச்சியசிஷ்ட *saint*; d'autres écrivent று pour ர் ou ரு; ainsi சறுவேசுரன் *Dieu*; ce qui est fautif. Il y en a encore qui écrivent ற pour ர, quand on insère un இ euphonique devant, comme பிறகாரம் pour பிரகாரம் *manière*: ce qui est encore fautif,puisqu'en Sanscrit il n'y a pas de ற

Dans le sud de la presqu'île, et dans l'île de Ceylan, souvent on confond les lettres ள et ழ l'une avec l'autre, parce qu'on les prononce presque de la même manière,et dans le Dictionnaire de Jaffna on trouve quelquefois l'une pour l'autre;ainsi ஒழி pour ஒளி *lumière*.

Dans certaines localités,pour terminaisons du parfait,on dit et on écrit ய்சேன் pour ய்தேன், ஐசேன் pour ஐதேன்,இச்சேன் pour இத்தேன்,ஐச்சேன் pour ஐத்தேன், இஞ்சேன் pour இந்தேன், ஐஞ்சேன் pour ஐந்தேன். *Ex.* செய்சேன் pour செய்தேன்; வைசேன் pour வைதேன், படிச்சேன் pour படித்தேன், களைச்சேன் pour களைத்தேன்; ce qui n'est pas élégant.

Dans le haut Tamoul,les prétérits qui ont pour terminaison உத்தினேன்,உந்தேன், ou உவினேன்,peuvent la changer en ஈஇனேன், dont le gérondif est ஈஇ,et le participe ஈஇன; mais dans le Tamoul ordinaire on n'emploie jamais cette terminaison.

La terminaison des participes en இன peut très-bien, même dans le Tamoul ordinaire,se changer en இய; ainsi சொல்லிய pour சொல்லின ou சொன்ன,அடங்கிய pour அடங்கின.

Outre les lettres de l'alphabet Maléalam,dont nous avons parlé ci dessus,certains auteurs en employent encore quelques autres, pour suppléer aux lettres Grandoniques. Ainsi ils se serventde ஜ pour représenter le *dja* Sanscrit,et de ஸ,pour le ச, comme consonne-voyelle; ainsi ils écriront ஜனம் pour சனம் *peuple*;ஜாதி pour சாதி *caste*; ஸந்தோஷம் pour சந்தோஷம் *joie*. Dans ce Dictionnaire,c'est par le ச qu'il faut chercher ces mots,et tous ceux de ce genre. Le ஸ ne se trouve généralement employé que comme consonne; ainsi ஸ்துதி *louange*. Le *ha* du Sanscrit s'y trouve toujours représenté par le க.

Parmi les écrivains modernes il y en a qui, pour se rapprocher davantage de l'ortographe Sanscrite,ne suivent pas celle qui est d'u-

ச

sage en Tamoul pour les mots Grandoniques, et dont nous avons donné plus haut les règles. Ainsi quand deux lettres fortes viennent ensemble, ils ne changent pas la première de ces lettres en la seconde, et ils n'insèrent point l'இ ou l'உ euphonique, quand la règle l'exige. Ils écriront, par exemple, ரக்தம் pour இரத்தம் *sang*: சக்தி pour சத்தி *pouvoir*; சப்தம் pour சத்தம் *son* ou *sept*; முக்தி pour முத்தி *béatitude finale*; சத்யம் pour சத்தியம் *vérité*; பத்மம் pour பதுமம் *nénuphar*; ஆத்மா pour ஆத்துமா *âme*: ஸ்வாமி pour சுவாமி *Seigneur*. Nous n'avons pas adopté une pareille orthographe, qui est nouvelle, et n'est ni Tamoule ni absolument Sanscrite. Si on rencontre dans les livres, ou les écrits, des mots de ce genre, on les trouvera facilement dans le Dictionnaire, en faisant la correction de leur orthographe, au moyen des règles que nous avons données, pour écrire en Tamoul les mots Sanscrits.

On ne peut comprendre sous le nom de variation d'orthographe les barbarismes du bas peuple, telles que contractions, élisions et duplications contre les règles, comme: கொண்டா pour கொண்டுவா *apporte*; சொல்லிக்கிறது pour சொல்லிக்கொள்ளுகிறது *se dire*; மரம்கரம் pour மரம் *arbre*; கறிகிறி pour கறி *ragoût*.

REMARQUES PARTICULIÈRES.

La plupart des noms Tamouls étant neutres, nous avons cru inutile de leur mettre quelqu'indication, pour marquer l'espèce de mots et le genre, auxquels ils appartiennent. L'absence d'aucun signe à ce sujet désignera généralement un nom neutre.

Pour que l'on puisse facilement trouver les mots composés, sans trop augmenter le volume de ce Dictionnaire, nous n'avons mis à leur ordre alphabétique, comme les autres mots, que ceux qui peuvent présenter quelque difficulté. Mais ceux dont la décomposition est facile, nous les avons mis comme phrases, et par ordre alphabétique, à l'article du premier mot dont ils sont composés, où l'on peut les trouver. Un trait semblable (—) à celui-ci remplace ordinairement le mot Tamoul, dont il est question dans l'endroit où il se trouve, ou quelqu'un de ses cas, de ses temps ou de ses dérivés, suivant que l'indique le contexte. S'il vient devant ou après un mot français, il remplace un ou plusieurs des mots qui précèdent ou qui suivent, selon que le sens l'indique.

Pour faciliter davantage l'étude de cette langue, nous n'avons pas craint d'insérer dans cet ouvrage les phrases, qui peuvent être utiles aux étudians.

Nous n'avons pas mis dans ce Dictionnaire plusieurs noms appellatifs, et verbaux, qui se forment régulièrement, tels que ceux qui viennent des participes etc... L'usage n'est pas de les mettre, et ils ne feraient qu'augmenter le volume sans nécessité. La manière de les former étant connue, et leur sens analogue à celui du verbe, il n'est pas plus nécessaire de les insérer que chacune des personnes du verbe. On aurait pu en omettre aussi quelques autres; mais pour la facilité des étudians, on a jugé plus à propos de les mettre, d'autant plus que quelquefois ils ont des significations,qui leur sont spéciales. Toutefois les règles, que avons indiquées pour leur formation, serviront non seulement à les trouver plus facilement dans ce Dictionnaire,mais aussi à en comprendre ordinairement le sens, sans y avoir recours, pourvu qu'on sache celui du verbe dont ils dérivent.

Nous avons généralement mis en premier lieu la signification la plus ordinaire des mots.Nous aurions voulu le faire toujours;mais nos matériaux suivant,même dans les significations,l'ordre alphabétique, nous ont quelquefois détourné de notre marche ordinaire.

Autant que possible,nous avons donné,avec le nom botanique, le nom ordinaire des arbres et des plantes connues. Quant aux autres, nous nous sommes contentés d'indiquer le nom botanique, tel que le donne Rottler.

Sans doute dans une langue aussi ardue,et dans un si long travail, il pourra se glisser quelqu'incorrection, ou bien il y aura certaines choses que nous ne pourrons donner qu'en hésitant. Le lecteur indulgent fera attention,que c'est en quelque sorte le premier essai de ce genre en Français,et nous tiendra compte au moins de la volonté sincère,que nous avons eue de l'obliger.

EXPLICATION DES ABRÉVIATIONS.

abl. ablatif.
acc. accusatif.
adj. adjectif.
adv. adverbe, ou mot pris adverbialement.
conj. conjonction.
corr. corruption d'un mot, ou mot incorrect.
dat. datif.
dém. démonstratif ou lettre démonstrative, அ, இ, ou bien உ.
Ex. ou *ex.* exemple.
f. ou *fém.* féminin.
fig. de rhét. figure de rhétorique.
fut. futur.
gén. génitif.
gér. gérondif.
hon. honorifique.
id. idem, la même chose, la même racine.
i.e. id est, c'est-à-dire.
immod. mot immodeste.
imp. impératif.
ind. mot indoustani.
inf. infinitif.
ins. cas instrumental, qui marque l'instrument.
int. interjection.
inu. inusité.
litt. littéralement.
m. ou *masc.* masculin.
m. à m. mot à mot.
n. nom, substantif.
n.app. nom appellatif.
n.pr. nom propre.
n.v. nom verbal.
n.v.nég. nom verbal négatif.
nég. négatif.
neut. neutre.
nom. nominatif.
obl. oblique, cas autre que le nominatif, ou nominatif qui a le sens d'un autre cas.
opt. optatif. N.B. Ce mot désigne ordinairement l'optatif positif ou véritable, et quelquefois aussi l'optatif négatif. Les optatifs terminés en அல் ajouté à l'impératif ont généralement ces deux sens.
P. pour, à la place de. Il désigne souvent la vraie orthographe des mots.
parf. parfait.
part. participe.
partic. exp. particule explétive, qui ne signifie rien.
pers. personne.
pl. pluriel.
préc. précédent.
prép. préposition.
prés. présent.
priv. privatif.
pron. pronom.
prov. proverbe.
s. substantif.
sing. singulier.
suiv. suivant.
sync. syncope (par)
v.a. verbe actif.
v.c. verbe composé.
v.caus. verbe causatif, qui marque le commandement.
v.g. verbi gratiâ, par exemple.
v.imp. verbe impersonnel.
v.n. verbe neutre.
v.p. verbe passif.
voc. vocatif.
* astérisque qui désigne un mot Sanscrit ou dérivé du Sanscrit.
† signe qui indique que la lettre initiale இ, ou உ, est ajoutée à un mot Sanscrit commençant par ட, ர, ou ல, et que souvent elle ne se prononce pas.

DICTIONNAIRE

TAMOUL-FRANÇAIS.

தமிழ்பிராஞ்சகராதி.

அ

அ. 1° A bref, 1re lettre de l'alphabet, nommée அகரம்; ce qui a donné lieu à ce distique fameux du poète திருவள்ளுவர்: அகரமுதலவெழுத்தெல்லாமாதி பகவன்முதற்றேயுலகு, comme l'A est la première de toutes les lettres, Dieu le souverain maitre est le principe du monde. 2° அ s'emploie pour le chiffre huit (அ):cependant celui-ci diffère en ce qu'il n'a pas le சுழி ou contour comme l'அ. 3° அ est la 1re des lettres சுட்டெழுத்து, et comme tel il équivaut au pronom démonstratif அந்த ce,cette,ces,désignant les objets éloignés; alors si le nom,auquel il se joint, commence par une consonne, celle-ci se double; s'il commence par une voyelle,il faut intercaller deux வ்வ euphoniques.*Ex.*கரை rivage,அக்கரை ce rivage, அளவு mesure, அவ்வளவு cette mesure. 4° அ est l'a privatif sanscrit, et change en sens inverse la signification du mot auquel il se joint. *Ex.* சுத்தம் propreté, அசுத்தம் malpropreté. Dans cette acception il demande l'intercallation d'un ந ou ன euphonique, si le nom commence par une voyelle. *Ex.* ஆதி commencement,அநாதி ou அனாதி sans commencement. 5° அ est la terminaison du pluriel neutre, du génitif, des participes et de l'infinitif. *Ex.* தடவுகிறநின்கரங்கள் மிகக்குளிர்ந்தன, tes mains qui frottent sont très-froides.6° Enfin அ est une des particules nommées சாரியை, par ex. dans நினக்கு à toi.

*அக,*adj.de* அகம், intérieur.

அகக்கடவுள், (அகம்), Dieu, âme, conscience. [arbre mâle, diamant.

அகக்காழ்,(அகம்),cœur de l'arbre,

அகங்கரிக்கிறது, ரித்தேன், ரிப்பேன், ரி, ரிக்க, *v.n.* அகங்கரித்தல், *n.v.* (அகங்காரம்), s'enorgueillir.

அகங்கரிப்பு,*n.v.du.préc.* orgueil, dédain, aversion. [க்கிறது.

அகங்கலாய்க்கிறது, *V.* அங்கலாய்

அகங்களிக்கிறது, ளித்தேன், ளிப்பேன், ளி,ளிக்க, *v.n.* அகங்களித்தல், *n.v.* (அகம்), se réjouir.

*அகங்காரம்,(அகம் *moi*, காரம்), orgueil: அகங்காரக்கிரந்தி déguisement de l'orgueil, enchainement de l'orgueil, de la luxure, et du trouble de l'esprit; அகங்காரத்திரயம் les 3 sortes ou degrés de l'orgueil.

* அகங்காரி,(அகங்காரம்),*m.f.adj.* orgueilleux,—lleuse.

அகங்காழ், *V.* அகக்காழ்.

அகங்கை, (அகம்,கை), paume de la main.

* அகசியம், dérision, badinage, spectacle,face.

* அகசு, (ahan), jour.

அகச்சுட்டு, (அகம்), lettre démonstrative initiale comme அ, இ, உ dans அவன்,இவன், உவன்.

* அகடம், அகடனம், (அ *priv.*), mal, injustice, tort, tromperie.

* அகடவிகடம்,(அகடம்), chicane, tromperie, ruse, obstacle.

* அகடனகடனசாமர்த்தியம்,(அகடனம், அகடனம்), toute-puissance, habilité supérieure.

அகடு, intérieur, milieu, ventre, fraude, ruse, mépris, affront, mal, lieu élevé, distinction, bon ordre: —பண்ணுகிறது vexer, ridiculiser, tromper.

அகடன், *m.* அகடி, *f.* அகடுள்ள, *adj.* (அகடு), fourbe, trompeur.

அகடூரி,(அகடு,ஊருகிறது),serpent.

அகட்டுகிறது, *V.* அகற்றுகிறது.

அகணி,intérieur, rizière, champ arrosé propre au riz, fibres de palmiers, cocotiers etc.

* அகணிதம்,(அ *priv.*),innumérabilité, nombre incalculable.

* அகணிதபஞ்சாங்கம்,(அ *priv.* கணிதம், பஞ்ச, அங்கம்), almanach non calculé.

* அகணிதபஞ்சாங்கி,(*id.*), qui débite un almanach non calculé.

அகண்,proximité.

* அகண்டம், (அ *priv.*), chose entière, totalité, lampe ronde et de terre: அகண்ட, அகண்டமான entier,indivisible; அகண்டமாய் entièrement.

* அகண்டன், (அகண்டம்),l'indivisible, Dieu, surnom de Siven, de Vichnou et d'Arouguen.

* அகண்டாகண்டன்,(அகண்டம், அகண்டன்), le tout en tout,Dieu.

* அகண்டாகாரவிருத்தி, (அகண்டம்,ஆகாரம்),action de dissiper l'ignorance et de donner l'intelligence.

அகண்டி,espèce d'instrument de musique.

* அகண்டிதம்,(அ *priv.*), immensité,impalpabilité,indivisibilité, acceptation,totalité.

* அகஸ்தியன், (agastya), Agastien, un des célèbres Richis: அகஸ்தியர்குழம்பு médecine composée des 10 ingrédiens suivans:பெருங்காயம் assafœtida,கடுகு moutarde,இந்துப்பு sel gemme,இரசம் mercure, வெங்காரம் borax,மனோசிலை espèce d'arsenic, அரிதாரம் calamine, நேர்வாளம் tiglia,ஓமம் ammi verum,கருஞ்சீரகம் cumin noir.

* அகதங்காரன், (அகதம்), médecin.

* அகதம்,(agada), espèce de pilule, santé.

அகதி,l'arbre mimosa. 2* அகதி, (அ *priv.*), homme pauvre,sans habileté, sans appui.

* அகதேசி,(அகம்,தேசம்), mendiant de l'endroit.

அகதேசு, (அகதம்), homme bien portant.

அகத்தடிமை, (அகம், அடிமை), esclave de la maison.

அகத்தடியாள்,(அகம், அடியாள்), épouse,femme esclave.

அகத்தான்,(அகம்),membre d'une famille.

அகத்தாறுபகை,(அகம், ஆறு,பகை), les six mauvaises inclinations de l'âme,savoir:காமம் la luxure, குரோதம் la haine,லோபம் l'avarice, மோகம் la sensualité, மதம் la folie, மாற்சரியம் l'envie.

* அகத்தி,(agasti),agati,arbre légumineux dit coronilla grandiflora; il y en a 3 espèces: சிற்றகத்தி,செவ்வகத்தி,சாழையகத்தி.

அகத்திடுகிறது,ட்டேன், டுவேன், டு,ட, *v.a.* அகத்திடுதல். *n.v.* (அகம்,இடுகிறது), insérer,renfermer.

அகத்திணை, (அகம், திணை), chose intrinsèque,— intérieure, idée dans l'esprit, ordre intérieur, disposition des pensées,argumens intrinsèques, règles du raisonnement. Il y en a douze, savoir: 1° இயல்பகத்திணை définition. 2° வகையகத்திணை amplification ou détail. 3° பொருவகத்திணை récapitulation ou péroraison. 4° சிறப்பகத்திணை distinction ou expli cation des particularités. 5° உவமவகத்திணை figures ou usage des métaphores. 6° புறநிலையகத்திணை exemples ou preuve par des exemples. 7° எதிர்நிலை யகத்திணை contraste ou preuve par les contraires. 8° காரண ou கருவியகத்திணை principes ou preuve par les causes. 9° காரியவகத்திணை effets ou preuve par les effets. 10° காரகவகத்திணை narration, à laquelle appartiennent les lieux communs, savoir: செய்பவன் *quis*, qui? செய்தொழில் *quid*, quoi? அதற்குதவுங்கருவிகள் *quibus auxiliis*, avec quels secours? அதறுற்கருதியபயன் *cur*, pourquoi? அதனைமுடித்தவிடம், *ubi*, où? காலம் *quando*, quand? திறன் *quomodo*, comment? 11° முன்னவையகத்திணை les pronostics, ou le détail des signes avant coureurs. 12° பின்னவையகத்திணை prévision des conséquences.

அகத்திணைப்புறம், (அகம், திணை, புறம்), désirs impurs d'amans séparés.

* அகத்தியமாமுனி, *V.* அகஸ்தியன்.

* அகத்தியம், nécessité, besoin, règles grammaticales d'அகத்தியன்.

* அகத்தியன், *V.* அகஸ்தியன்.

அகத்தியா, profondeur, impuissance d'atteindre.

* அகத்திசரறுகு ou அகஸ்தியேசரறுகு, herbe nommée agrostis linearis. [tion de serrer entre ses bras.

அகத்தீடு, (அகம், இடுகிறது), ac-

அகத்து, அகத்தே, (*abl. de* அகம்), dedans, intérieurement.

அகத்துறுப்பு, (அகம், உறுப்பு), qualité ou propriété intérieure.

அகத்துரைப்போன், *n. app.* (அகம், உரைக்கிறது), Dieu, voix de la conscience.

அகத்தெண்பகை, (அகம், எண், பகை), les huit mauvaises inclinations de l'âme. *V.* அகத்தாறுபகை et de plus இடும்பு l'orgueil, et வேகம் la sévérité.

அகநிலாமணிவட்டம், (அகம்), partie intérieure d'une maison, exposée à la clarté de la lune.

அகநிலை, (அகம்), Dieu.

* அகந்தை, (*id.*), orgueil, arrogance, vanité, présomption: அகந்தைக்காரன், -யுள்ளவன் un arrogant, un orgueilleux.

அகப்படுகிறது, ட்டேன், டுவேன், டு, ட, *v. n.* அகப்படுதல், *n. v.* (அகம்), se trouver, se rencontrer, se prendre, être obtenu, saisi, pris, attrapé, entrer, tomber, approcher: மோசத்தில்-, être trompé, tomber en quelque danger; அகப்படாத qui ne se trouve pas, qui ne peut être pris.

அகப்படுத்துகிறது, த்தினேன், த்துவேன், த்து, த்த, *v. a.* அகப்படுத்துதல், *n. v.* (அகம்), induire, surprendre, trouver, faire trouver, faire prendre, faire entrer, faire tomber.

அகப்பத்தியம், (அகம்), continence gardée pour cause de santé.

அகப்பற்று, (*id.*), désir de l'esprit, amour propre. [pour s'asseoir.

அகப்பரம், (*id.*), exhaussement

அகப்பா, exhaussement à l'intérieur des remparts, fossé, fortification, rempart, mur, haie.

அகப்பாடு, *n. v. d'* அகப்படுகிறது, action de se trouver, ce qui est ou se passe dans l'intérieur: அகப்பாட்டுவண்ணம், finir sans avoir l'air de le faire: அகப்பாட்டுறுப்பு, 12, particularités des sentimens qui font le sujet d'une pièce spéciale de poésie érotique. [ment.

அகப்பு, bas fond, fossé, abaisse-

அகப்புறக்கைக்கிளை, (அகம், புறம்), longs propos érotiques d'un amant auprès de son amante en bas âge dont il ne connait pas encore les sentimens. [ணை). *V.* அகத்திணைப்புறம்.

அகப்புறத்திணை, (அகம், புறம், தி

அகப்புறப்பாட்டு, (அகம், புறம்), tableau de diverses phases de l'amour.

அகப்புறப்பெருந்திணை, (அகம், புறம், பெரும்), description des sentimens des amans depuis le chagrin de leur séparation jusqu'à leur pénitence dans le désert.

அகப்புறப்பொருள், (அகம், புறம், பொருள்), *V.* அகத்திணைப்புறம்.

அகப்பை, cuillère à pot, grande

cuillère de bois, ou d'une coque de coco: அகப்பைக்காம்பு manche de cette cuillère. [philosophe.

அகப்பேய்ச்சித்தர், *n. pr.* ancien

அகப்பொருள், (அகம், பொருள்). 1° chose intérieure. 2° section de la grammaire qui traite des poèmes érotiques et se rapporte à 2 états, savoir: களவு rapports clandestins entre amants et கற்பு rapports chastes des époux. A chacun de ces 2 états se rattachent 5 circonstances: புணர்தல் union, பிரிதல் séparation, இருத்தல் vie séparée, ஊடல் querelle d'amour ou de jalousie, இரங்கல் regrets de séparation. 3° règles du raisonnement; il y en a 12. *V.* அகத்திணை.

அகப்பொருட்கோவை, (*id.*), nom du 5me பிரபந்தம் ou règles de poésie érotique. [intérieure, gaieté.

அகமகிழ்ச்சி, (அகம், மகிழ்ச்சி). joie

* அகமம், (agama, அ *priv.* gama *qui marche*), arbre en général.

* அகமரிஷணம், அகமருஷணம், அகமருடணம், (அகம் *péché*, marchana), prière expiatoire gentile pour l'ablution du nez: அகமருஷணத்தீர்த்தம் eau pour ablution.

அகமலர்ச்சி, (அகம், மலர்ச்சி), joie, gaieté, épanouissement de l'intérieur.

அகமலருகிறது, (அகம், மலருகிறது), l'âme s'épanouir, se réjouir: அகமலர்ந்தமுகம் visage épanoui, joyeux, gracieux.

அகமுடையான், — உடையான், (அகம், உடையான்), propriétaire d'une terre, maître, maîtresse de la maison, nom d'une caste.

* அகம், 1°(aham), intérieur, esprit, âme, volonté, moi-même; 2°(aga), arbre, soleil, serpent, montagne; 3° (agha), péché, tribulation, peine; 4° maison, bâtiment, habitation, résidence, lieu, terre, profondeur, creux, abime, bonnes et mauvaises qualités; 5° il sert aussi pour l'ablatif: பலரகம் ou பலரிடத்தில் dans plusieurs; 6° ou அஃகம், grain.

அகம்படியன், அகம்படியான், (அகம், படி), nom de caste, qui travaille dans l'intérieur des maisons ou des temples.

* அகம்பிரமம், (அகம் *moi*, பிரமம்), orgueil, se dire l'être suprême.

* அகம்மதி, (அகம், மதி), ignorance, amour propre.

* அகம்மியம், (அ *priv.*), 10 décillions ou 1 suivi de 34 zéros.

* அகம்மியை, (agamyâ), concubine, prostituée: அகம்மியாகமனம், (*id. et* கமனம்), fornication: அகம்மியாகமனம்பண்ணுகிறது commettre la fornication.

அகரம், 1°(அ, கரம்), la lettre அ, 2° bourg de brames, village en terre cultivée, maison, mercure, particule qui se joint aux lettres.

* அகராதி, (அகரம், ஆதி), dictionnaire, vocabulaire.

அகரிஷணம், (அ *priv.* harchana *plaisir*), tristesse, aversion.

* அகரு, (agarou), *V.* அகில்.

அகருதம், être assis majestueusement. [ம்), théorie.

* அகருமசாஸ்திரம், (அ *priv.* கரும

* அகர்த்தத்துவம், (அ *priv.* கர்த்தன், துவம்), inertie, pouvoir de détruire. [taud.

* அகர்த்தனன், (akartana), cour-

* அகர்த்தா, (அ *priv.* கர்த்தா), inerte, inactif. [inaction, action.

* அகர்த்தியம், (அ *priv.* கிருத்தியம்),

* அகர்ப்பதி, அகர்ம்மணி, (ahas, *jour*), soleil.

* அகர்ம்முகம், (*id.*), point du jour.

அகல, *inf. de* அகலுகிறது, *adv.* loin, au loin.

* அகலம், largeur, étendue, poitrine, augmentation: அகலமான large; அகலக்கட்டை défaut de largeur; — கட்டையான étroit; அகலவுரை glose, commentaire.

அகலர், *pl.* (அகலம்), gens vils, qui ne doivent pas s'approcher.

அகலல், *n.v.d'* அகல்கிறது, départ, action de se retirer, de s'étendre, état de séparation, d'éloignement.

அகலிடம், (அகல்), monde, la terre.

* அகலியம், (ahalya), arbre.

*அகலியை, அகலிகை, (ahalyâ), nom de la femme de Gaoudamen.

அகலுகை,அகல்கை,*n.v.de*

அகலுகிறது,அகல்கிறது,கன்றேன்,கலுவேன், *ou* கல்வேன், கலு, *ou* கல்,கல,*v.n.ou* அகன்றுபோகிறது, s'éloigner,s'en aller,se retirer,s'écarter,s'étendre,s'accroître: அகல,loin: அகலச்செய்கிறது éloigner,chasser; அகலநிற்கிறது se tenir au loin; அகலப்போகிறது se retirer,aller loin; அகன்றிருக்கிறது être large, vaste, éloigné, அகன்றுபோனவன் un apostat; அகன்ற large,vaste,éloigné.

அகலுள், (அகல், உள்), village, pays,honneur, grandeur,largeur.

அகல், 1° lampe de terre ronde,couvercle de terre,vulve. 2° *imp.et part. d'* அகலுகிறது: 3° *V.* அகலுள்.

அகல்வோர்,*pl.* (அகலுகிறது), *V.* அகலர்.

அகல்வு,*n.v.d'* அகலுகிறது: 1° largeur; 2° *V.* அகலல்.

அகவயிரம்,(அகம்), *V.* அக்காழ்.

அகவல்,cri et danse du paon,danse,appel,moucheron,sorte de cadence, genre de poésie nommée aussi ஆசிரியப்பா: அகவலுரிச்சீர் pied de deux அசை,propre à l'agavel; அகவலோசை chant propre à l'agavel; அகவற்பா le genre de poésie dit agavel; அகவற்றுள்ளல் mélange des combinaisons de pieds nommées வெண்டளை et கலித்தளை; அகவற்றூங்கல் endroits de l' அகவல் où le ton baisse, et la mesure diminue.

அகவாட்டி,(அகம், ஆட்டி), maîtresse de la maison.

அகவிதழ்,(அகம், இதழ்),intérieur des fleurs,*i.e.* les étamines et pistils.

அகவிலை, (அகம் *blé*, விலை), prix des grains et des denrées.

அகவுகிறது, வினேன்,வுவேன்,வு, வ,*v.n.* அகவுதல்,*n.v.*(அகவல்),danser

அகழான்,(அகழ்),espèce de rat.

அகழி,அகழ்,அகின், fossé, surtout de fortifications: —வெட்டுகிறது,கட்டுகிறது,எடுக்கிறது creuser un fossé; —தூர்க்கிறது combler un fossé.

அகழுகிறது,ழ்ந்தேன்,ழுவேன்,ழு, ழ,*v.a.* அகழுதல்,*n.v.*(அகழ்), creuser

அகழெலி,(அகழ்), *V.* அகழான்.

அகழ், 1° *V.* அகழி. 2° *imp.et part. de* அகழ்கிறது,ழ்ந்தேன்,ழ்வேன், ழ், ழ,*v.a.* அகழ்தல்,*n.v.* creuser.

*அகளங்கம்,(அ *priv.*),pureté,propreté,espèce d'arsenic: —ஆன pur, sans tache; அகளங்கமூர்த்தி le pur, surnom de Bouddha.

*அகளங்கன்,(*id.*),le pur,Dieu,surnom de Bouddha.

அகளம்,அகளி,cruche,pot de terre.

அகறல்,largeur,action d'éloigner, de transporter.

அகற்றல்,அகற்றுகை,அகற்றுதல், déplacement, action d'éloigner, de chasser: *n.v.de*

அகற்றுகிறது,ற்றினேன்,ற்றுவேன்,ற்று,ற்ற,*v.a.de* அகலுகிறது, éloigner, chasser,étendre, écarter les jambes,ouvrir grandement la bouche: அகற்றிநடக்கிறது marcher les jambes écartées; அகற்றல்பண்ணுகிறது,*ou*

அகற்றுவிக்கிறது,வித்தேன், விப்பேன்,வி,விக்க,*v.a.caus.du préc.* faire éloigner,faire chasser.

*அகனம்,(அ *priv.*), légèreté.

*அகன்மக்கத்திருப்பிரயோகம்,(அ *priv.* கன்மம், கத்திரு *agent*),verbe intransitif.

அகன்மணி, (அகல்),pierre précieuse considérable,digne des immortels.

அகன்ற,*part.d'* அகலுகிறது, large, vaste, éloigné.

அகன்றில்,le mâle de l'oiseau dit அன்றில்.

*அகன்னம்,(அ *priv.*), surdité.

அகாசரம்,ignorance.

அகாடி, 1° corde du cheval. 2° *adv.* avant,d'avance.

*அகாண்டபாதசாதம், (akânda *soudain*, pâta *mort*, djâta *né*), mort soudaine après la naissance.

*அகாதத்துவம், (அகாதம்),profondeur,fourberie.

*அகாதம்,(agâdha),eau suffisante pour nager,profondeur,cavité, fraude,tromperie, héron blanc.

*அகாதன், (அகாதம்),trompeur, fourbe.

அகாதிதம்,action de manger.

*அகாத்திலம்,(அகாதம்),mal,fraude

* அகாத்துமசை, (aga montagne. ஆத்துமசை), l'Parvadi,fille du mont Himalaya.

*அகாரணம், (அ priv.), accident. chose déraisonnable,sans cause.

*அகாரணன், (அ priv.),être sans cause.

*அகாரத்திரயவித்தை,(அகாரம்,திரயம், வித்தை),les 3 explications du பஞ்சாக்ஷரம்.ou l'une d'elles.

*அகாரம்,1° (அ, காரம்), la lettre அ.2°(agâra) maison.

*அகாராதி,(அகாரம்,ஆதி), dictionnaire.

*அகாரி, (அகம் péché, அரி), Dieu, l'ennemi ou le destructeur du péché.

*அகாரியம்,(அ priv.),bagatelle,action inutile ou mauvaise: அகாரியமாய் inutilement.

*அகாலம், (அ priv.),temps inopportun, prématuré, temps de famine: அகாலமான,அகால prématuré, inopportun,hors de saison.

*அகி,(ahi), serpent,fer,plomb,soleil,voyageur,le serpent இராகு.

*அகிகாந்தம்,(ahikânta),vent.

*அகிகை, (ahikâ),cotonnier à coton soyeux.

அகிஞன்,pauvre.

*அகிதம்,(அ priv. இதம், hitam). inimitié,haine,déplaisir, mal, manque de droit ou de privilége,méditation, nourriture: —பண்ணுகிறது agir avec haine.

அகிதன், (அகிதம்), pl. அகிதர், ennemi.

*அகிபதி,(அகி),le roi des serpens, le serpent சேஷன்.

*அகிபுசம், (அகி,புசித்தல்),le mangeur de serpents, i. e. le faucon garouda,le paon.

*அகிபேனம்,(அகி), opium, venin de serpent.

*அகிரன், (agira),soleil,feu.

*அகிருதம், (அ priv.),ouvrage imparfait.

*அகிருதித்துவம், (அ priv. கிருதி), difformité,laideur.

* அகிருத்தியம்,(அ priv.), mauvaise action,perversité: —உள்ள méchant: —ஆய் méchamment,injustement.

அகிர்,teigne.

*அகிலம்,(akhila), terre, tout: அகிலரூபன் celui qui est tout,ou de toute forme.

*அகிலாண்டம், (அகிலம், அண்டம்),l'univers,le globe terrestre.

*அகில், அகிற்கட்டை, (agarou), agalloche,bois odoriférant,espèce supérieure de sandal: அகிற்கூட்டு amalgame de sandal,de camphre,de cachou,de miel et de cardamome.

அகிள், V. அகழி.

*அகீசன், (அகி, ஈசன்), le roi des serpents,Adisêchen.

*அகீர்த்தி, (அ priv.),mauvaise renommée.

அகுடம்,graine de moutarde.

*அகுணம், (அ priv.), défaut,vice, mauvaise nature,indisposition.

*அகுணி, (அ priv. குணம், ou குணி),homme de mauvais naturel, ou non estropié.

[chose inutile.

அகுதம்,désordre,faiblesse,misère,

அகுதி, (அகுதம்), homme pauvre, abandonné.

*அகுப்பியம், (அ priv.),or,argent.

அகும்பை,plante dite borago.

*அகுலீனம், (அ priv. குலீனன்), bassesse de caste.

*அகூடகந்தம், (அ priv. கூடம்,கந்தம்.),assa-fœtida

அகேசன்,(அ priv. கேசம்),homme chauve.

*அகேது, (அ priv. ஏது hêtou cause),manque de motif.

அகைக்கிறது, கைத்தேன், கைப்பேன்,கை,கைக்க,v.a.அகைத்தல், n. v.frapper,couper,élever,briser,rompre,payer,livrer,accomplir,vexer.

அகைப்பு,coup,coupure,élévation, n.v.d' அகைக்கிறது :— வண்ணம் air souvent entrecoupé,manière souvent interrompue.

அகையனார்,ou அகையனார்.n. pr. célèbre grammairien.

*அகோ,(aho),int.oh,oh!

*அகோசரம்,(அ priv.),incompréhensibilité, invisibilité, ce qui ne peut tomber sous les sens: —ஆன incompréhensible,qui est hors de la portée des sens;—ஆய் incompréhensiblement.

அகோடம்,vautour.

அகோதாரை,grande pluie,abondance, largesse abondante.

*அகோத்திரம்,(அ priv.),état d'individu sans caste ou de basse caste.

*அகோபிலம், n. pr. lieu célèbre
nord-ouest de Madras.
*அகோரம், (aghora), violence, rigueur, sévérité, cruauté, véhémence,
impétuosité, chaleur, ardeur, chose
terrible, la 3e face de Siven: அகோர,
அகோரமான terrible, violent, véhément, sévère, impétueux; அகோர
மாய் terriblement, violemment, impétueusement, fortement.
*அகோராத்திரம், (ahôrâtra, de
ahas, râtri), jour et nuit. [leur.
*அகோரை, (aghôrâ), jour de cha
*அக்ககன்னம், V. அக்ஷகன்னம்.
☞ voyez par அக்ஷ les mots qui ne
se trouvent pas par அக்க
அக்கசாலை, (அக்கம்), boutique de
monnayeur, d'ouvrier en métaux.
அக்கசாலையன், (அக்கம், சாலை),
ouvrier en métaux, monnayeur, orfèvre.
அக்கச்சி, corr. de அக்கைச்சி.
அக்கடி, difficulté, détresse, tâche
difficile. [ணம்), ce moment-là.
அக்கணம், 1° borax, 2° (அ dém. க
அக்கண்டே., ô sœur ainée!
*அக்கதம், (akchata), 1° innocence,
pureté, intégrité. 2° V. அக்ஷதை.
*அக்கதயோனி, (அக்கதம்.) vierge.
*அக்கதூர்த்தன், அக்ஷதூர்த்தன்,
(அக்கம்), joueur de profession, es-
அக்கதேவி, espèce d'herbe. [croc.
அக்கந்தம், l'arbre terminalia. [eur
அக்கந்து, (அ dém.), joint extéri
*அக்கபாடம், (அக்கம்), lieu pour
la lutte. [état, naufrage, péril.
அக்கப்பாடு, (அக்கம்), perte de son
*அக்கமம், (akchama), impatience.
அக்கமுன்றி, œil.
*அக்கம், (akcha), 1° œil, corde, métal, côté, proximité, prix du blé, or,
âme, sel, espèce de poids, morceau
rond, dame, pion, sagesse, affliction,
roue, partie d'un char, char, serpent,
procès, dispute, latitude terrestre. 2°
V. உருத்திராக்ஷம், et அக்கந்தம்: அக்
கம்பக்கம் பார்க்கிறது regarder tout
autour. [dre de l'estomac.
*அக்கரம், 1° V. அக்ஷரம். 2° désor
*அக்கரசுத்தம், (அக்ஷரம், சுத்த
ம்), V. சித்திரவதி.
அக்கரவிலக்கணம், V. அக்ஷரவில
*அக்கரன், V. அக்ஷரன். [க்கணம்.
*அக்கராந்தம், V. அக்ஷராந்தம்.
*அக்கராரம்பம், V. அக்ஷராரம்ப
*அக்கவாடம், V. அக்கபாடம். [ம்.
அக்கனை, (அ dém.), P. அந்தக்கனை.
அக்களிக்கிறது, ளித்தேன், ளிப்பே
ன், ளி, ளிக்க, v. n. அக்களித்தல், n. v. se
réjouir, tressaillir de joie, folâtrer.
அக்களிப்பு, n. v. du préc, joie, allégresse. [faute.
அக்கறை, nécessité, besoin, affaire,
*அக்கன், V. அக்ஷன்.
அக்காணி, V. பதநீர்.
*அக்காகிரம், (அக்கம், அக்கிரம்),
essieu, devant d'un char.
அக்காதேவி, V. மூதேவி. [jagre.
*அக்காரம், (அ priv. க்ஷரம்), sucre,
அக்காள், sœur ainée, nom donné
aussi à une compagne.
*அக்கி, (akchi), œil, érysipèle, chaleur: அக்கிக்கல் pierre précieuse; அ
க்கிதாரை prunelle de l'œil: அக்கிப
டலம் espèce de cataracte, maladie
de l'œil; அக்கிபுறப்பட்டவன் celui
qui a un érysipèle.
*அக்கியாதம், (அ priv.), cachette:
அக்கியாதவாசம் retraite, solitude,
être caché, incognito, ou sous un nom
emprunté. [renommée.
*அக்கியாதி, (அ priv.), mauvaise
*அக்கியானம், (அ priv.), paganisme, ignorance, folie: —ஆன payen,
ignorant; —ஆய் d'une manière payenne, follement. [payen, athée.
*அக்கியானி, (அ priv.), ignorant,
*அக்கிரகரம், (அக்கிரம், கரம்),
bout des doigts, main droite.
*அக்கிரகாரம், (அக்கிரம், கார
ம் hâra), village ou rue de brames,
terre cultivée, Tellichéry.
*அக்கிரசங்கை, (அக்கிரம், djanghâ cuisse, et சங்கை), 1° devant de la
cuisse. 2° ou [civilité.
*அக்கிரசம்பாவனை, (id.), première
*அக்கிரசந்தானி, (agrasandhâni),
registre de Yamen. [re ainé, brame.
*அக்கிரசன், (அக்கிரம், dja né), frè-
*அக்கிரசன்மன், (அக்கிரம், சன்ம
ம்), frère ainé, brame, Brama.

*அக்கிரசா, அக்கிரச்சிலை,(அக்கிரம்), sinus de l'amplitude.

*அக்கிரசாதகன்,(அக்கிரம்), brame.

*அக்கிரசாதி,(*id.*),Brame, caste de [brame.

*அக்கிரநிருபணம்,(*id.*), arrangement antérieur,prédestination.

*அக்கிரபாகம், (*id.*), extrémité, première partie,devant.

*அக்கிரபாணி,(*id.*), *V.*அக்கிரகரம்.

*அக்கிரபூசை, (அக்கிரம்), 1er sacrifice, 1re politesse.

*அக்கிரமம்,(அ *priv.*),malice,perversité,cruauté, désordre, irrégularité,impiété,crime, mauvaise action: அக்கிரம, அக்கிரமமான, -உள்ள, mauvais, pervers,injuste, cruel, désordonné,en désordre; அக்கிரமப்பகை haine cruelle; அக்கிரமப்பேச்சு paroles indécentes,calomnie ;அக்கிரமமாய்ப்பேசுகிறது dire des paroles indécentes,injurier; —ஆய்ச்செலவழிக்கிறது dissiper en folles dépenses, en mauvaise conduite.

*அக்கிரமன்,*m.* அக்கிரமி,*f. ou* அக்கிரமக்காரன், -காரி, (அக்கிரமம்), méchant, pervers,injuste,cruel.

*அக்கிரமாமிசம், (அக்கிரம், மாமிசம்), le cœur, siège du sang.

*அக்கிரம், (agra), extrémité, sommet,bout,principal,priorité, antériorité, amplitude.

*அக்கிராதம், (akrâdha), manque de colère.

*அக்கிராத்தம், (அக்கிரம், அத்தம்), *V.*அக்கிரகரம்.

*அக்கிராந்தம்,(akrânta), *V.*சேம்பு.

*அக்கிரா, அக்கிராகாரம்,une racine médicinale de l'Anthemis pyrethrum.

*அக்கிராரம்,*corr.de* அக்கிரகாரம்.

*அக்கிரியன், (agriya), frère aîné.

*அக்கிரு,(agrou),doigt.

*அக்கிரேவனம்,(agrê *devant*,வனம்),bord d'une forêt.

அக்கிள்,chatouillement, aisselle: அக்கிள்பாய்ச்சுகிறது, —காட்டுகிறது chatouiller; — படுகிறது être chatouilleux.

*அக்கினி, (agni),1° feu,urine, salpêtre,soudure,bile,or,chaleur de l'estomac.2° *V.*அக்கினிபகவான்,et கொடிவேலி.On distingue plusieurs sortes de feux,dont l'explication se trouve aux mots ஆயுருவேதாக்கினி et வேதாக்கினி: —க்கடன் holocauste, ou vœu,obligation d'en offrir un; —க்கட்டு fascination du feu; அவனிடத்திலக்கினிக்கட்டுண்டு il a pouvoir sur le feu;— கட்டுகிறது enchanter le feu,faire au feu un entourage du jus des plantes pour barrière;— க்கணம் étincelle, grand feu, pied de 2 brèves 1 longue et 2 brèves;—க்கண்ணன் homme violent, aux yeux de feu,Siven;—க்கரகம் pot de feu;—க்கரப்பான் érysipèle; — கருப்பன் Coumaren;—கருப்பம்,-கர்ப்பம்,crystal,lentille de crystal,coquillage rongé de vétusté, os de sèche; — க்கல் caillou,pierre à fusil;—க்காற்று vent brûlant;—க்குமாரம் espèce de médecine contre le rhume,les vents etc;—குமரன் Soupramanien;—க்கொழுந்து flamme,rayon; —கோணம் sud-est; —கோத்திரம்feu,beurre,espèce de sacrifice:—சகன்,—சகாயம் vent;—சன்மன் Coumaren;—ச்சாலம் tours d'adresse avec du feu,une plante; —சிகம் flèche,fusée, lampe;—ச்சிலம் la plante gloriosa;—சேகரம் saffran;—ச்சுவாலை flamme, lumière éblouissante,éclat ou chaleur du feu: — ட்டோமம்,(ஸ்தோமம்),espèce de sacrifice;—த்தம்பம் colonne de feu, ou—த்தம்பனம் art de fasciner le feu;—திரேதை les 3 espèces de feu;—த்திராவகம் espèce d'eau distillée;—த்தூண் colonne de feu;—நாள்,— நக்ஷத்திரம் canicule;—பகவான் Agni, selon les payens dieu du feu et gardien du sud-est; —பரிச்சதம் ustensile ou autre chose qui sert à l'holocauste; — பரீக்ஷை épreuve par le feu; —பலி sacrifice de feu; —பற்றிக்கொள்ளுகிறது le feu prendre, s'enflammer; —ப்பிரவேசம் பண்ணுகிறது se jetter sur le bûcher funèbre, entrer ou tomber dans le feu;—போஷணம் espèce d'holocauste; —ப்பிரஸ்தரம் caillou;—மணி lentille de cristal;—மண்டலம் l'abdomen, le bas-ventre;—மாந்தியம் indigestion, mal d'estomac;—மாருதி Agastien;—மிதிக்கிறது marcher sur le feu;—முகம் V. சேங்கொட்டை; — முகன் feu, brame;—மூலை sud-est; —யஸ்திரம் dard enflammé; — யாய் en feu, en forme de feu;— யாகாரம் salle de l'holocauste;— யாதானம் entretien du feu de l'holocauste; —யர்ஷேயம் entretien du feu perpétuel, espèce d'holocauste;—யாலயம் salle de l'holocauste: —யுற்பாதம் météore;—யோகம் considération ou côté propre au feu:—ரூபம் figure de feu; — வருத்தனம் entretien du feu;—வல்லபம் résine, espèce de goudron; — வாகம், -வாகு fumée; – விசர்ப்பம் bandage de plaie:—விசம், —விரியம் or; – வேதனை douleur de brûlure; அக்கினியின்குணம் caractères ou effets du feu, savoir: ஆலசியம் paresse, தாகம் soif, பசி faim, நித்திரை sommeil, மைதுனம் copulation; அக்கினியின்கோபம் bile.

அக்கு, bosse des bœufs, collier de grains de conque, fruit de l'arbre உகா ou dillenia, conque, cauris ou monnaie de coquillage, os, œil: — மணி chapelet de grains de conque; —த்தொக்கில்லாதவன் homme dépourvu de tout, *litt.* de cauris et d'habit.

அக்குத்து, doute, milieu.

அக்குரன், *n.pr.* Accouren, un de la 2e classe d'hommes célèbres par leur libéralité.

அக்குருக்கி, phthisie.

*அக்குரோணி, (akchaouhini), armée prodigieuse de chariots, d'éléphants, de cavalerie et d'infanterie, dont le total selon le கணக்கதிகாரம் se monte à 9,126,600, selon d'autres à 30,000,000,000,000,000. et selon d'autres qui se fondent sur le Bâradam à 218,700, savoir 21,870 chariots, 21,870 éléphans, 65,610 chevaux, 109,350 fantassins; armée de 10 அநிகம்.

அக்குரோதம், l'arbre ஆலமரம்.

அக்குள், V. அக்கிள்.

அக்கை, அக்கைச்சி, V. அக்காள்.

*அக்கை, (akkâ), mère.

அக்கோ, *int. de surprise et de pitié*, oh, oh! ha! ah!

*அக்கோடகம், அக்கோடம், V. அக்ஷோடகம்.

*அக்கோணி, V. அக்குரோணி.

*அக்கோபம், (akchôbha) fermeté, colonne à la quelle on attache les éléphants.

அக்கோலம், l'arbre strychnos, et son noyau qui sert à clarifier l'eau.

*அக்கௌகிணி, V. அக்குரோணி.

*அக்கௌகிணி, V. அக்குரோணி.

அஃகம், blé, grain: அஃகங்குறைய ஐந்துங்குறையும் où le grain vient à manquer, tout manque, *lit.* les 5 choses.

அஃகடி, V. அக்கடி.

அஃகரம், V. வெள்ளெருக்கு.

அஃகல், 1° manque, diminution, raccourcissement. 2° *n.v. et opt. de.* அஃகுகிறது.

அஃகு, la lettre ஃ nommée ஆய்தம்.

அஃகுகிறது, கினேன், குவேன், கு, க, *v.n.* manquer, décroitre, se raccourcir.

அஃகுல்லி, espèce de gâteau, repas frugal.

அஃகேனம், 1° V. அஃகு. 2° Porc-épic sans piquants.

அஃதல், s'établir solidement.

அஃது, P. அது, cela.

அஃபோதம், grand hibou, bartavelle.

அஃறிணை, genre des choses irraisonnables, *i. e.* les animaux et les êtres inanimés; il renferme le neutre singulier ஒன்றன்பால், et le neutre pluriel பலவின்பால்:—ப்பால் genre neutre.

☞ அக்ஷ se met parfois pour அக்க ou அட்ச; en conséquence cherchez parmi les mots en அக்க ou அட்ச ceux qui ne se trouvent pas ici.

*அக்ஷகன்னம், (அக்ஷம்), hypoténuse, argument de latitude.

*அக்ஷகுலை, (அக்ஷம்), espèce de maladie vénérienne.

*அக்ஷணம், (akchna), moment *ou* au même moment.

*அக்ஷதகுமாரன், (அக்ஷதம்), Akchatacoumâren, fils de Râvanen.

அக்ஷதம், V. அக்கதம், *et*

*அக்ஷதை,(akchatâ), grain entier, ris safrané, sur lequel on a dit des mandrams et qui se met au front:—ப்பொட்டு bottou ou marque sur le front faite de ce ris.

*அக்ஷபாடனம்,(அக்ஷம்),se rider.

*அக்ஷபாதன், (அக்ஷம், பாதம்), Gaoudamen qu'on prétend avoir eu un œil au pied.

*அக்ஷமம், V. அக்கமம்.

*அக்ஷமாலை,(அக்ஷம்),chapelet de உருத்திராக்ஷம்.

*அக்ஷம்,(akcha), V. அக்கம்.

*அக்ஷயதூணீரம், (அக்ஷயம்), carquois inépuisable.

*அக்ஷயபாத்திரம்,(id.),corne d'abondance, vase toujours plein, corbeille de mendiant.

*அக்ஷயம்,(அ priv.),incorruption, indestructibilité: இன்றக்ஷயமாய்வளர்ந்தது une chose sans défaut a crû immensément.

*அக்ஷயவருஷம்,(அக்ஷயம்),la dernière année du cycle de 60 ans. i. e. 1806,1866. [Dieu.

*அக்ஷயன், (id.), l'incorruptible,

* அக்ஷரக்கியன், அக்ஷரஞ்ஞன், (அக்ஷரம்), homme lettré.

* அக்ஷரசஞ்சன், அக்ஷரசணன், அக்ஷரசனன், அக்ஷரசிவிகன், (அக்ஷரம்), écrivain.

*அக்ஷரசனனி, அக்ஷரதூலிகை, (அக்ஷரம்), poinçon, plume, ou roseau pour écrire. [திரகவி.

*அக்ஷரசுத்தம், (அக்ஷரம்), V. சித்

*அக்ஷரசுத்தி, (அக்ஷரம்), netteté de l'écriture, de la prononciation, soin en écrivant.

அக்ஷரபுல், (அக்ஷரம்), l'herbe பேனசப்புல் panicum. [élève.

*அக்ஷரமுகன், (அக்ஷரம், முகம்),

*அக்ஷரம், (akchara), cadence ou mesure, air, lettre, caractère magique, aphthe, légère ulcération à la bouche, objet religieux, éternelle béatitude, ou fin des prétendues transmigrations.

*அக்ஷரராசிகம்,(அக்ஷரம்,இராசிகம்),quantité constante en mathématiques.

அக்ஷரவிலக்கணம்,-விலக்ஷணம், (அக்ஷரம்,இலக்ஷணம்),orthographe, science d'épeler et de lire.

*அக்ஷரவின்னியாசம், (அக்ஷரம், vinyâsa *assemblage*), lettre, écriture, livre sacré.

*அக்ஷரன், (akchara), surnom de Siven, de Vichnou, de Brama.

*அக்ஷராப்பியாசம், (அக்ஷரம், அப்பியாசம்), pratique de lire et d'écrire, usage des lettres.

*அக்ஷராந்தம், (அக்ஷரம், அந்தம்), son des lettres.

*அக்ஷராரம்பம், (அக்ஷரம், ஆரம்பம்), se mettre à apprendre les lettres.

*அக்ஷவாடம், (அக்ஷம்), lieu pour [la lutte.

*அக்ஷி. V. அக்கி.

*அக்ஷன், (akcha), chien, aveugle, le faucon கருடன்.

* அக்ஷோடகம், அக்ஷோடம், (akchodaka), V. கடுக்காய்.

*அக்ஷோபம், V. அக்கோபம்.

*அங்கக்கம்.(அங்கம்,ka), V. அங்கம்.

*அங்ககாரம், (அங்கம், ஆரம் hâra), geste, gesticulation, pantomime.

அங்கங்கே,(அங்கு, அங்கு), *adv.* çà et là. [tion.

*அங்கசங்கம், (அங்கம்), copula-

*அங்கசம், (அங்கம், dja *né*), sang, poil, luxure, maladie. [ன்மதன்.

*அங்கசன்,(அங்கம், dja *né*), V. ம

*அங்கசாதனம், (அங்கம்), signe, marque, signes des constellations à la naissance suivant les payens pièces d'un procès:—பிடிக்கிறது trouver par des marques, ou par des indices, découvrir les marques.

*அங்கசாலை,(அங்கம்), trésor: —க்காரன் trésorier, serviteur du village. [purification.

*அங்கசுத்தி, (அங்கம்), espèce de

*அங்கசேஷ்டை,(அங்கம்) grimace, contorsion, mauvais attouchemens.

அங்கச்சி, *corr. de* தங்கைச்சி.

*அங்கணம்,(angana), cabinet, petite chambre, cellule, espace entre 2 piliers, cour, égout, rigole, boue, borax, écluse, mesure de dix coudées

அங்கணன், 1° *V.* அங்கவன், 2° Arouguen. Siven. Vichnou.

அங்கணி. aloès, Kali, Parvadi.

அங்கணைக்கிறது, (அங்கம், அணைக்கிறது), s'armer.

அங்கணை, அங்கணைப்பு, (*n. v. du préc.*), action de s'armer.

அங்கண். (அங்கு), là.

*அங்கதம், (angada), sorte d'armure ou d'ornement des épaules des rois, poitrine, serpent, nourriture des éléphans, mensonge, gronderie, réprimande.

*அங்கதன், (*id.*), singe de la fable, fils de Vâli.

*அங்கதி, (ankati), don, feu, maladie, brame, Brama, Vichnou, Vâyou [vent

அங்கது. pensée. intention.

*அங்கதை, (angadâ), femelle de l'éléphant du sud.

அங்கத்தி, votre grandeur, (terme de respect aux Pandarams.)

*அங்கதிபாசம், (அங்கம்), action de faire des signes sur le corps pendant la prière.

அங்கபடி. (*id.*), étrier.

அங்கப்பானை, (*id.*), vase où l'on met les os des morts.

*அங்கபாலி, அங்கபாலிகை, (*id.*), embrassement.

* அங்கப்பிரதக்ஷிணம், — ப்பிரதட்சணம். (*id.*), action de se rouler en faisant à droite le tour d'un temple sorte de vœu ou de pénitence des gentils.

அங்கமணிக்கூடை, (அங்கம், மணி), corbeille où l'on met les présens de mariage, ou de 1re grossesse.

*அங்கமாலை, (அங்கம்), poème sur le corps humain.

*அங்கம், 1° (angam), corps, membre, partie, section, lit, esprit, volonté, imagination, espèce d'arsenic, pays d'Anga, Bengale propre, sa langue, division ou sorte d'armée, os, squelette, système, ou ce qui constitue une science, condition, état, une des 10 régles de musique, serpent, manguier aigre, forme, ressemblance. 2° (ankam), chapitre, ornement, beauté, signe, faute, proximité, lieu où l'on s'arrête, ligne, régle ou acte de comédie, espèce de jeu. ‖ *V.* வேதாங்கம்.

அங்கயற்கண்ணம்மை, (அம், கயல், கண்), la Minâtchi de Maduré.

*அங்கயோகம், (அங்கம்), qualités d'un pénitent: *V.* அஷ்டாங்கயோகம்

*அங்கரங்கம், (அங்கம், அரங்கம்), tout: அங்கரங்கவைபோகம் jouissance de tous les biens.

*அங்கரக்ஷணி, அங்கரட்சணி, (அங்கம், இரக்ஷணை), cuirasse, cotte de maille.

அங்கரமாகி, *V.* கௌரிபாஷாணம்

*அங்கரவல்லி, *V.* அங்காரவல்லி.

*அங்கராகம், (அங்கம், இராசம்), parfum.

*அங்கருசம், (அங்கம், உருகம்), [poil du corps.

அங்சரைக்காய், sorte de veste, ou gilet indien.

*அங்கர். (அங்கம்), habitants d'Anga: — கோமான் ou அங்கராசா Cannen, roi d'Anga.

அங்கலாய்க்கிறது, ய்த்தேன், ய்ப்பேன். ய். ய்க்க, *v. n.* (அகங்கலாய்க்கிறது) se lamenter, s'affliger.

அங்கலாய்ப்பு, *n. v. du préc* douleur, affliction, inquiétude. grand désir.

* அங்கவஸ்திரம், (அங்கம்), vêtement extérieur.

அங்கவடி. (அங்கம். அடி). étrier.

*அங்கவம், (angava), beauté, fruits secs.

அங்கவன். espèce d'arsenic naturel.

*அங்கவிக்ஷேபம், — விட்சேபம், (அங்கம்). gesticulation.

அங்கவித்திகை, (அங்கம். வித்தி), [calcul.

அங்கவியல். (அங்கம், இயல்). les 6 qualités d'un roi. *V.* அரசரங்கம்.

அங்கவீனம். (அங்கம், ஈனம்), difformité du corps. défaut naturel.

அங்களி. *V.* கற்றுமை.

அங்கனம், l'arbre dit சடு.

*அங்கனாகணம், (அங்கனை, கணம்), troupe de femmes.

*அங்கனை, (anganâ), femme, femelle, le signe de la Vierge, la femelle de l'éléphant du nord.

அங்காக்கிறது, காந்தேன், காப்பேன், கா, காக்க, *v. n.* ouvrir une large bouche, ouvrir la bouche.

அங்காடி, vivres ou provisions

colportés, marché, bazar, boutique, rue de boutiques: —கூறுகிறது crier des marchandises: —க்கடை boutique où l'on vend des vivres: —க்காரன், —க்காரி marchand de vivres: —க்கூடை panier aux provisions.

*அங்காதிபாதம், (அங்கம், ஆதி, பாதம்), tout le corps, nom d'un livre de médecine.

அங்காத்தல், அங்காப்பு, n. v. d' அங்காக்கிறது. [onguent.

*அங்காரகம், (angâraka), charbon,

*அங்காரகன், (angâraka), feu, la planète dite செவ்வாய், i.e. mars.

*அங்காரதானிகை, (அங்காரம், dhânikâ qui tient), réchaud, petit foyer portatif, foyer. [ர்மநூல்.

அங்காரத்தி, un des livres dits த

*அங்காரபரிபாசிதம், (அங்காரம், paripâtchita rôti), viande rôtie.

*அங்காரம், (angâra), charbon, feu.

* அங்காரவல்லி, (அங்காரம்), la plante asclépias.

*அங்காரன், (id.), V. அங்காரகன்.

அங்காரி, borax. [sucre.

*அங்காரிகை, (angârikâ), canne à

அங்காவனம். (அம், கா, வனம்). pandel des 5 arbres réputés célestes.

அங்காளி, அங்காளம்மை. n. pr. Angâli, déesse cruelle: அங்காளம்மைமருள்கொண்டவள் une démoniaque.

*அங்கி. (அங்கம்), angui, longue robe. feu, fête, l'étoile ஆங்கிரசன் de la petite ourse, ce qui est corporel. ‖ V. அங்கிநாள்.

அங்கிகரித்தல், V. அங்கீகரித்தல்.

அங்கிகரிப்பு, V. அங்கீகரிப்பு.

அங்கிகாரம், V. அங்கீகாரம்.

*அங்கிசம், (அம்சம்), partie, division, famille, une des divisions de l'உபநிஷதம். [dite aussi அத்தம்.

அங்கிசார், la 13ᵐᵉ constellation

* அங்கிசை, corr. de அம்சை.

* அங்கிஷபாதி, (அம்சம்), la plante hedysarum.

*அங்கிஷம், (அம்சம்), partie, division, famille, bananier. [instable.

அங்கிடுதத்தி, vagabond, homme

அங்கிடுதுடுப்பன், (அங்கு, இடு, துடுப்பு), bavard, intrigant.

*அங்கிட்டோமம், அங்கிஷ்டோமம். (அங்கி, ஸ்தோமம்), onyx.

*அங்கிதம், (ankita), marque, cicatrice, marque de coup, dénomination, nom donné au héros d'un poème: ஒருஅங்கிதம்வைத்துப்பாடுகிறது chanter une chanson sur quelqu'un que l'on désigne par quelqu'indice.

அங்கிநாள், (அங்கி), la 3ᵐᵉ et la 13ᵐᵉ constellation, i. e. கார்த்திகை et அத்தம்.

அங்கிரகம், maladie du corps.

அங்கிரா, n. pr. un des தர்மநூல்.

*அங்கிரி, (anghri), pied, racine d'arbre. richi qui avait, dit-on, 3 pieds: —நாமகம் racine d'arbre.

அங்கினி, aloès. [sentement.

*அங்கீகாரணம், (angikarana), con-

அங்கீகரிக்கிறது. ரித்தேன், ரிப்பேன், ரி, ரிக்க, v. a. (அங்கிகாரம்), croire, consentir, approuver, accepter, embrasser: ஒருத்தனை —, être reconnaissant, gracieux, respectueux envers quelqu'un: அங்கீகரியாதவன் celui qui n'a nulle confiance, nul égard.

அங்கீகரிப்பிக்கிறது, v. caus. du préc. faire croire, faire approuver, persuader.

அங்கீகரித்தல், அங்கீகரிக்கை, அங்கீகரிக்கல். n. v. d' அங்கீகரிக்கிறது.

அங்கீகரிப்பு. (id.), assentiment, acceptation, réception pleine de confiance: — உள்ளவன் celui qui a de la confiance, qui se fie à un autre.

*அங்கீகாரம், (angikâra), foi, assentiment, confiance, acceptation, approbation, promesse.

அங்கு, 1° ce lieu-là. 2° adv. là: அங்குமிங்கும் çà et là.

* அங்குசகிரகன், (அங்குசம், கிரகம்), cornac, conducteur d'éléphans.

* அங்குசதாரி, (அங்குசம்), cornac, calamine, Vinâyaguen.

அங்குசபாசமேந்தி, *அங்குசபாசதரன், (அங்குசம், பாசம்), Vinâyaguen, qui porte un aiguillon de cornac.

* அங்குசபாணி, (அங்குசம்), surnom de Kâli, de Vinâyaguen et de Virapattiren.

அங்குசபிசாரி, V. அங்குசவி.

* அங்குசம், (ankousa), 1° croc, aiguillon pour conduire les éléphans, arme de Brama, bananier. 2° V. அங்குஷடம் 1°

அங்குசரோசனம், V. கூடைகைநீறு.

அங்குசவி, collou, sorte de lentille.

அங்குசன், 1° espèce d'arsenic. 2° V. காந்தம்.

அங்குசோரவி, chiendent.

* அங்குஷடம், (angouchta), 1° ou அங்குஷடான், pouce, gros orteil, pouce(mesure), dé à coudre, doigtier, courte taille, petite figure.

அங்குஷடம், 2° jaunisse.

* அங்குஸிதான், oie, oie sauvage.

* அங்குடம், (ankouda), clef, renoncement au monde.

அங்குட்டம், V. அங்குஷடம் 1° et 2°

அங்குட்டான் ou அங்குஷடான், V. அங்குஷடம் 1°

அங்குணம், borax.

* அங்குரகம், (ankouraka), nid.

* அங்குரம், (ankoura), germe, rejeton, pieu, cheville, poil, ancre, eau.

* அங்குரார்ப்பணம், (அங்குரம், arpana *action de placer*), cérémonie gentile qui consiste à semer des grains pour préliminaire d'une fète, cheviller, enfoncer un pieu.

* அங்குரி, (angouri), doigt.

அங்குரிக்கிறது, ரித்தேன், ரிப்பேன், ரி, ரிக்க, *v.n.* (அங்குரம்), அங்குரித்தல், *n.v.* germer.

* அங்குரீயம், (angouriya), anneau.

* அங்குலம், (angoula), pouce, (doigt et mesure): அங்குலப்பிரமாணம் la longueur d'un pouce.

* அங்குலி, (angouli), 1° doigt, bout de la trompe d'un éléphant. 2° V. ஜ விரலி.

* அங்குலிகம், (*id.*), anneau. [விரலி.

* அங்குலிசந்தேசம், (அங்குலி; sandèsam *information*), action de faire craquer ses doigts, *i.e.* le pouce avec le doigt du milieu.

* அங்குலிதோரணம், (அங்குலி), triple ligne de cendres sur le front.

அங்குலித்திரம், (*id.*), dé à coudre, doigtier. [குலித்திரம்.

* அங்குலித்திராணம், (*id.*), V. அங்

* அங்குலிபஞ்சகம், (*id.*), les 5doigts.

* அங்குலிமுகம், (*id.*), bout du doigt.

* அங்குலிமுத்திரை, (*id.*), anneau à cachet.

* அங்குலிமோடனம், (அங்குலி), 1° V. அங்குலிசந்தேசம். 2° lancer avec le doigt.

* அங்குலியம், அங்குலீயம், அங்குலீகம், அங்குலீயகம், (*id.*), anneau, *i.e.* anneau du doigt.

* அங்கூசம், V. அங்குசம்.

* அங்கூஷம், அங்கூடம், (angoûcha), flèche, mangouste.

* அங்கூரம், (அங்குரம்), rejeton.

அங்கே, (அங்கு), *adv.* là, en ce lieu-là.

அங்கை, (அகம், கை,), paume de la main: —மீன் la constellation அத்தம். [ங்கம்), partie.

* அங்கோபாங்கம், (அங்கம், உப, அ

* அங்கோலம், அங்கோலவைரவன், (ankòla), l'arbre அழிஞ்சில் alangium.

அங்஡னம், அங்஡ன், அங்஡னே, (அ *dém.* ஙனம்), 1° ce lieu là, cette manière là. 2° *adv.* là, ainsi.

* அங்க்ஷம், P. அங்கிஷம், (amsa), partie, division, famille: அங்க்ஷபத்திரம் acte de partage.

அங்க்ஷாரம், respect, civilité.

* அங்சம், V. அம்சம்.

* அசககாந்தரம், (அசம், கசம், அந்தரம்), grande différence, aussi grande que celle qui existe entre une brebis et un éléphant. [cleome.

அசகண்டர், la plante வேளை, *i.e.*

* அசகம், (அசம்), brebis des montagnes.

* அசகவம், (adja *Vichnou*, ka *Brama*), arc de Siven; Vichnou en fait les 2 extrémités et Brama, le milieu.

* அசகியம், (அ *priv.* சக்கியம்), dégoût, aversion, turpitude, chose insupportable: —ஆன dégoûtant.

அசக்கல், action de lier.

அசக்கியம், (அ *priv.* சக்கியம்), impossibilité, sable mêlé de zinc: —ஆன impossible.

அசக்கியன், (*id.*), qui est au dessus des forces, incapable, invincible.

அசக்கிறது, சந்தேன், சப்பேன், ச, சக்க, *v.n.et a.* V. அசருகிறது.

*அசங்கச்சித்தன்,(அ *priv.* சங்கம், சித்தன்), ignorant volontairement, ignare.

* அசங்கதம், (அ *priv.*), mensonge, désordre,moquerie,aversion.

*அசங்கதி,(அ *priv.*sangati *union*), désunion,discorde,opposition.

அசங்கதிக்கிறது,தித்தேன், திப்பேன்,தி,திக்க,se moquer.

*அசங்கமம்,(அ *priv.*),aversion,dégoût,honte,négligence, mépris, impureté.

* அசங்கம்,(அ *priv.*),désunion, opposition, isolement, certitude, assurance,fausseté.

*அசங்கற்பம், (அ *priv.*), vérité, manque de prédétermination.

*அசங்கன், (அ *priv.* சங்கம்),ignorant, insociable,qui se sépare. [மம்.

*அசங்கியம், V.அசகியம்,et அசங்க

அசங்குகிறது,*v.n* அசங்குதல்,*n.v.* *P*.அசைகிறது, remuer, chanceler, déloger. s'éloigner: அசங்காத inébranlable,ferme,résolu.

* அசங்கை, (அ *priv.*), irrévérence, affront,manque de respect.

*அசங்கோசம்,(அ *priv.*),défaut de modestie,de retenue. [ger.

*அசசிவிகன்,(அசம்,சிவிகை),ber

*அசஞ்சலம்,(அ *priv.*), fermeté,stabilité,résolution,doute.

* அசஞ்சிதன், (அ *priv.* சஞ்சிதம்), bienheureux,délivré du mal et de nouvelles naissances.

அசடன்,*m.*அசடி,*f.*அசடர்,*pl* (அசடு),personne ignoble,—vile, fainéant, négligent, bas peuple.

அசடு,bassesse,fainéantise, rouille, croûte: அசட்டு, *obl.* அசடுள்ள bas,méprisable,vil. [mépris,dépit.

அசட்டாட்டம், (அசடு, ஆட்டம்),

அசட்டை,(அ *priv.* சட்டை), mépris,négligence,dédain: —பண்ணுகிறது, —செய்கிறது négliger, mépriser,dédaigner; —ஆய் négligemment, avec dédain,—mépris;—உள்ள négligent, dédaigneux.

* அசதாசாரம்,(அ *priv.*sat *bon*, ஆசாரம்), mauvaise conduite.

அசதி,1° lassitude,oubli,assoupissement,moquerie: அசதியாயிருக்கிறது être oublieux,sommeiller. 2° அசதி ou

*அசதீ, (அ *priv.* சதி), prostituée, concubine: அசதீசுதன் bâtard.

*அசத்தன், (அ *priv.* sakta *fort.*), homme faible, imbécille. [cillité.

* அசத்தி,(அ *priv.*),faiblesse,imbé-

*அசத்தியம்,(அ *priv.*),mensonge: அசத்தியவாதி faiseur de faux sermens.

*அசத்திலக்ஷணம், அசத்திலட்சணம், (அசத்தி, இலக்ஷணம்), défaut de réussite,nullité. [songe.

*அசத்து, (அ *priv.*), oubli, men-

*அசத்துரு,(அ *priv.*),la lune, ami.

*அசத்துவம், (அ *priv.*), faiblesse, impuissance.

*அசத்தை, (அ *priv.* சத்தை),vide, néant,monde,mensonge.

அசந்த,*part.de* அசக்கிறது.

*அசந்தம், (atch அச்சு, அந்தம்), mot terminé par une voyelle.

*அசந்தர்ப்பம்,(அ *priv.*),inopportunité, inaptitude, inconvenance: —ஆன inopportun,impropre.

*அசந்தானம்,(அ *priv.*),défaut de postérité,séparation.

*அசந்தி, (அ *priv.*),faute d'union, de combinaison.

அசந்து,*ger.de* அசக்கிறது.

*அசந்துஷ்டி, அசந்தோஷம், (அ *priv.*), mécontentement,tristesse.

*அசபன், (அசம்), berger, défendeur.

*அசட்பியம், (அ *priv.*), indécence, parole ou action déshonnête, mauvaise, indigne de la société.

அசட்பிடன், (அ *priv.*), mauvais bouffon, impertinent.

அசட்பிலே, *V.*அசுப்பிலே. [ce.

*அசமஞ்சசம், (அ *priv.*),différen-

*அசமதாகம், (adjamâdâ),la plante ஓமம் sison ammi, dont la graine est aromatique et médicinale.

*அசமந்தம்,1°(அ *priv.* samandjasa *égal*), différence, incompatibilité. 2° paresse, nonchalence, indolence: அசமந்தகுணம் indolence, paresse, stupidité. 3° espèce de figuier.

*அசமந்தன், (அசமந்தம்),paresseux,stupide. [தை),route d'armée.

*அசமபாதை,(அ priv. சம்ம, பா

*அசமன்,(அ priv.), inégalité.

*அசமானம்,(அ priv.), chose incomparable,incomparabilité.

* அசமுசாரி,(அ priv.), incorporel, pur esprit,célibataire.

*அசமோதம்,அசமோதகம், (அச ம்,மோதம்), V. அசமதாகம்.

அசம், 1° oignon, ail. 2° அசம், (adjam), brebis, chèvre, bélier, ris de 3 ans, sandal.

*அசம்பவம், (அ priv.), prodige, vide,néant,altération,contradiction, un des 3 principaux défauts d'un livre.

* அசம்பாவனை, (அ priv.), chose qu'on ne peut connaitre, incompréhensibilité.

*அசம்பாவிதம்,(அ priv. sambhâvita *possible*), ce qui ne peut arriver.

அசம்பி,அசம்பை,sac,besace,bissac, valise.

*அசம்பிரேக்ஷியகாரித்துவம், (அ priv. sam,pra,ikchya *en examinant*, kâri *qui agit*, துவம்), action faite sans examen. [jouissance.

*அசம்போகம்,(அ priv.),défaut de

*அசம்மதம், (அ priv.), défaut de consentement,improbation. [கை.

*அசம்மானம்,(அ priv.), V. அசங்

*அசயம்,(அ priv.), 1° chose sèche, sans suc ni goût. 2° défaite.

*அசரம்,(அ priv.), chose immobile, telle que les arbres, les pierres. [sia.

அசராது, l'arbre கொன்றை cas

*அசரியம், (adjarya),amitié,incorruptibilité. [men.

*அசரீரன், (அ priv. சரீரம்), Câ

*அசரீரி,(id.),être incorporel, spirituel,sans figure,voix du ciel:—வாக்கியம், —வாக்கு voix aérienne, qui vient du ciel.

அசருகிறது,சர்ந்தேன்,சருவேன், ரு,ர்,v. n. அசர்ந்து ou அசந்துபோகிறது tomber d'assoupissement, de langueur, de fatigue, être fatigué, languissant,oublier:கண்—s'endormir; அசந்தநித்திரை sommeil profond; சற்றேயசந்தநித்திரையாயிருத்தல் dormir peu de temps d'un sommeil profond.

அசரைமீன்,petite lamproie.

அசர்,teigne, crasse de la tête pareille au son.

அசர்வு,(அசருகிறது) défaillance, assoupissement,faiblesse. [sin.

அசலகத்தான், (அசல்,அகம்),voi

அசலகால்,(அசலம்),vent du midi

*அசலம்,(அ priv.),immobilité,solidité, terre, montagne, flèche, fer, arme. [d'arsenic naturel.

*அசலவுற்பத்தி, (அசலம்), espèce

*அசலனம், (அ priv.),immobilité.

*அசலன், (அசலம்), celui qui est immobile,Dieu. [roi des montagnes.

*அசலாதிபன், (அசலம்,அதிபன்),

அசலான், *sing.* (அசல்), அசலார், *pl.* voisin,étranger.

அசலூரான்,(அசல்,ஊர்),homme d'un village voisin ou d'un autre village.

*அசலை,(அசலம்),terre,montagne.

அசல், 1° *s.* voisinage,chose étrangère, original, chose de 1re qualité, capital,toile, terre:—சீட்டு,—பிரதி original, minute;— வீடு la maison voisine; —மனிதன் un étranger. 2° அசல் ou அசலான,*adj*.voisin,étranger, qui appartient à autrui.

அசவல், V. அசறு.[sition,maladie.

*அசவுக்கியம், (அ priv.), indispo

அசவை,racine du pouce.

அசறு,croûte de plaie,moustique, petit insecte,boue,saleté:—பிடிக்கிறது se couvrir de saleté ou d'insectes; ஆறினபுண்ணிலுமசறுநிற்கும் une plaie bien que fermée a encore une croûte.*prov.* [rouge foncée.

அசறுக்கம், teinte ou couleur

*அசற்பதம்,(அ priv. சற்),mauvais chemin,mauvaise conduite.

*அசனம்,(asana),repas,nourriture, aliment,ris cuit,ail,l'arbre வேங்கை: அசனப்பிரியம் gourmandise; அசனம்பண்ணுகிறது manger;— இடுகிறது,—பரிமாறுகிறது donner à manger,distribuer la nourriture, en faire les portions.

*அசனி,(asani),foudre, l'arbre அனிச்சம், l'arme de diamant de Dêvendiren. [Siven,Brama, Vichnou.

*அசன், (அ *priv.* dja *né*),Kamen,

*அசன்மானம், (அ *priv.* sat *bon*), V. அசங்கை. [cleome.

அசன்றிகா, la plante வேளை *i. e.*

*அசன்னியம், (adjanya), augure, présage. [ment, espérance.

*அசன்னிதி, (அ *priv.*), éloigne-

*அசாகசம், (அ *priv.*), douceur, accord,mensonge.

அசாகை,bouillie.

*அசாக்கிரதை,(அ *priv.*),paresse, négligence, inactivité, oubli.

*அசாசனம், (அ *priv.*), anarchie, manque de gouvernement,de direction, d'autorité.

*அசாசீவி,(அசை *de* அசம்),marchand de moutons, berger,chevrier.

*அசாதனம்,(அ *priv.*),manque de fermeté,manquer d'affermir.

*அசாதரணம்,(அ *priv.*),spécialité,chose particulière,volubilité.

*அசாதுரியம், (அ *priv.*), défaut d'éloquence.

*அசாத்தியம்,(அ *priv.*), chose impossible, impraticable, irréparable, incurable,non usuelle,état désespéré,doute: வியாதிஅசாத்தியத்தில்விழுகிறது la maladie devenir incurable.

*அசாபாலகன், V. அசாசீவி.

*அசாபல்லியம்,(அ *priv.*),fermeté, courage.

அசாரம்,1° frontispice, façade: அசாரவாசல் porte de palais .2° (அ *priv.*),Palma-Christi. [té,constance.

அசாவாமை,(அசக்கிறது),ferme-

*அசாவேரி, (அ *priv.*), un des 42 nouveaux tons de musique.

*அசி,1° (hasi),ris moqueur ou fou, 2° (asi),arme,épée,guerre,combat: அசிகாயம் blessure d'arme.

அசிக்கல், (அ *priv.*),chose rare.

அசிக்கிறது,சித்தேன், சிப்பேன், சி, சிக்க,*v.a.* அசித்தல்,*n.v.*manger.

*அசிதம்,(அ *priv.*),un des 28 livres des Sivénistes,déclin de la lune,noirceur, Saturne.

*அசிதன், (அசிதம்), celui qui est noir,Siven,Vichnou,Bouddha.

*அசிதாம்புருகம், அசிதோற்பலம், (அசிதம்,ambourouha, உற்பலம்), le nénuphar bleu.

*அசிதை, (அசிதம்), indigotier.

*அசித்தி,(அ *priv.*), chose sans preuve,erreur.

*அசித்திரன்,(asitra), voleur.

*அசிந்தம்,அசிந்தியம், (அ *priv.* சிந்தை, சிந்தியம்), incompréhensibilité, chose inconcevable,un octillion.

*அசிந்தை,(அ *priv.*),défaut de sens.

அசிபத்திரகம், (அசி *épée*), canne à sucre.

* அசிபத்திரம், (அசி *épée*), canne à sucre,fourreau, tranchant d'épée.

*அசிபத்திரவனம், (அசி, பத்திரம்), enfer pavé d'épées. [*long*), éclair.

* அசிரப்பிரவை, (அ *priv.* சிரம்

*அசிரம்,(adjiram),corps, vent,grenouille,cour,objet,sujet.

*அசிரவணம்,(அ *priv.*),surdité.

*அசிரன்,(asira),soleil, feu.

*அசிராபை,(அ *priv.* சிரா *longue*, பா *lumière*), éclair. [seau de sang.

*அசிருபாடம், (asroupâda), ruis-

*அசினபத்திரிகை,(அசினம்,பத்திரம்),chauve-souris. [zelle,peau.

*அசினம்,(adjinam), peau de ga-

*அசினயோனி,(அசினம்),cerf ,gazelle. [கரம் *rayon*), soleil.

*அசிதகரன்,(அ *priv.* சீதம் *froid*,

*அசீரணம்,(அ *priv.*),indigestion, crudité,inertie de l'estomac, jeunesse,beauté.

அசீர்,(*ind.*), préparation,ustensil: அசீராயிருக்கிறது, être prêt.

*அசீவம்,(அ *priv.*),mort,néant,vide

*அசீவனி,(அ *priv.* சீவம்), vide,néant.

*அசீவி.(அ *priv.*), mort, privé de vie: அசீவியந்தம் jusqu'à la mort.

*அசு,(asou),air vital du corps,vie.

*அசுகம்,1°(அசு),vent. 2°(அ *priv.*) அசுகுசுப்பு,aversion. [tristesse.

அசுகுணி,(அ *priv.* சுகம்,உணி), insecte qui s'attache aux fleurs, espéce de mal à l'oreille.

அசுகை,*corr. d'* அசைகை, soupçon,conjecture, signe, envie:—ஆய்

par conjecture;—ஆயிருக்கிறது porter envie; —காட்டுகிறது tromper, contrefaire.

அசுக்கிறது,அசுத்தேன், அசுப்பேன், அசு,அசுக்க.v.a.(அசுகை), soupçonner.

*அசுசமன், (அசு, vie, சமம்), amant, mari.

*அசுசி,(அ priv.), ordures, saleté, souillure,aversion,infamie, mauvais bruit:—ஆன sale, malpropre; அசுசிப்படுத்துகிறது salir, souiller.

அசுணமா,அசுணம்,l'oiseau கேகயப்புள். [vie.

*அசுதாரணம், (அசு,தாரணம்),

அசுதி,lavement.

*அசுதை,(அ priv.), poison.

*அசுத்தம்,(அ priv.),ordure,saleté, souillure:—ஆன sale,malpropre;—பண்ணுகிறது,—ஆக்கிறது salir, souiller. [prit impur,démon.

அசுத்தாவி,(அசுத்தம், ஆவி), es-

*அசுநாசி, (அசு), Dêvendiren.

*அசுந்தரம், (அ priv.), laideur, inconvenance.

*அசுபதி, P.அச்வதி,la 1re constellation,cheval,cavalier.

*அசுபம்,1° (அ priv.), mal, péché. 2° P. அசுவம், cheval. 3° la plante அமுக்கிறா.

*அசுபதம்பவாதம்,(அசுபம்,தம்பம்,வாதம்),une des 80 affections venteuses du corps.

அசுப்பு, vitesse, chose subite,—inattendue:அசுப்பிலே subitement, à l'improviste; அசுப்பிலேவருகிற subit, inattendu.

அசுமாற்றம்,(அ priv.சு),soupçon, conjecture, signe, mot ou changement non favorable.[quin,ciel de lit

அசுமானகிரி, (ind.), dais,balda-

அசுமி,V.அசம்மி.

அசுமேதம்,corr.d'அசுவமேதம்.

அசும்பு,puits,mauvaise terre, sol glissant. [பு,ப,v.n.s'agiter.

அசும்புகிறது, பினேன், புவேன்,

*அசுர,obl.de

*அசுரன்,(அ priv.சுரன் dieu), pl. அசுரர்,Asouren,démon,géant, ennemi des habitans des cieux: அசுரகுரு,அசுரமந்திரி,Soukren, (i.e.Vénus) le gourou et le ministre des Asourers; —சந்தி crépuscule;—நாள் la 19me des constellations, jour néfaste selon les gentils, jour de la naissance des Asourers;—மணம் mariage d'Asourers,un des அஷ்டமணம்;—லோகம் le monde des Asourers.

*அசுரரிபு, (அசுரன், இரிபு), Vichnou,l'ennemi des Asourers.

*அசுரா,(asourâ),signe du zodiaque,ténèbres,prostituée. [அமுக்கிறா.

*அசுவகந்தி, (அசுவம்,கந்தம்), V.

*அசுவினி,(asvakini), la 1re constellation. [சில்.

அசுவசட்டிரம், la plante நெருஞ்

*அசுவசாஸ்திரம்,—சாத்திரம்,(அசுவம்), connaissance et examen des marques des chevaux,qui dénotent leurs qualités bonnes ou mauvaises, ouvrage qui en traite, le 3me des கலைக்கியானம். [fice.

*அசுவசாந்தி,(id.)espèce de sacri-

*அசுவசாரத்தியம், (id.), art de conduire les chevaux.

*அசுவசாலை, (id.),écurie, rangée de chevaux. [lain.

*அசுவசாபம்,(id.sâva petit.),pou-

*அசுவதாட்டி,(id.),vitesse, vélocité du cheval:—ஆய் vite.

*அசுவதி,(id.), la 1re constellation des Indiens.Elle ressemble,disent-ils, à la tête d'un cheval;elle se compose des cornes du bélier, de 2 étoiles de la base du grand triangle, d'une dans le pied gauche d'Andromède et de quelques autres aux environs.

*அசுவத்தம், (asvattha), figuier, l'arbre அரசு.

*அசுவத்தாமன், Asvatthâmen, fils de Tourônen et un des 7 சிரஞ்சீவியர். [mort, fin,champ.

*அசுவந்தம்,(அசு,அந்தம்),foyer,

அசுவபரி, l'arbuste அலரி.

*அசுவபரிசை,(அசுவம்), V. அசுவசாஸ்திரம். [frenier.

*அசுவபாலன்,(id.), cocher, pale-

*அசுவமியம்,(id.),espèce d'arsenic naturel. [cheval.

*அசுவமேதம், (id.), sacrifice du

*அசுவமேதயாகம்,(அசுவம்,மேத

ம்), rites du sacrifice du cheval, livre qui les contient: —பண்ணுகிறது accomplir ces rites.

*அசுவமேதிகம், அசுவமேதியம், (அசுவமேதம்), cheval propre à être sacrifié.

*அசுவம், (asvam), 1° cheval. 2° *V.* அசுவதி et அசுவமியம்.

*அசுவலக்ஷணம், (அசுவம்), caractère et qualités d'un cheval. [வதி.

*அசுவினி, *P.* அச்சுவினி. *V.* அசு

அசுவை, (அ *priv.*), chose sans preuve, sans goût.

அசுழம், chien. [reté, souillure.

அசுசம், அசுசி, (அ *priv.* சுசி), impu-

*அசூதி, (அ *priv.*), manque de naissance, femme stérile.

*அசூயனம், அசூயை, (asûyâ), envie, haine, malignité, calomnie, diffama-

அசூரி, petite vérole. [tion.

*அசேஷம், (அ *priv.*), tout, nourriture intacte, —propre.

*அசேதனம், (அ *priv.*), manque de raison, chose irraisonnable, ignorance: —ஆன dénué de raison; —ஆனவஸ்து —செந்து brute; —ஆய்எண்ணுகிறது prendre pour un ignorant, mépriser comme tel. [raison.

*அசேதனன், (*id.*), être dénué de

அசேவகவாதம், une de 80 affections venteuses du corps.

*அசேவனம், (அ *priv.*), dédain, négligence, désobéissance, action d'éviter. [action d'éviter.

*அசேவை, (அ *priv.*), irrévérence,

அசை, 1° syllabe, syllabe métrique, soit d'une longue de sa nature ou par sa position, (c'est le நேரசை), soit d'une brève suivie d'une autre brève ou d'une longue (et c'est le நிரையசை). 2° particule explétive. *Ex:* அத்து, அம், 3° rumination: —போடுகிறது, —விடுகிறது, —பறிக்கிறது, —வெட்டுகிறது, — இடுகிறது ruminer. 4° *imp. et part. d'*அசைகிறது *et d'*அசைக்கிறது. 5° mouvement. 6° partie ou division de combinaison. 7° *அசை, (adjâ), agneau, chèvre, apparence trompeuse ou illusion de la nature.

*அசைகபாதன், (அசன், ஏகம், பாதம்), un des 11 Routtirers.

அசைகிறது, சைந்தேன், சைவேன், சை, சைய. *v. n.* se mouvoir, branler, chanceler, être troublé, se relâcher, craindre, plier, se promener, être, demeurer: அசைந்தாடுகிறது danser en s'agitant, danser, branler: அசைந்தாடுசீலை toile suspendue pour bercer un enfant; அசைந்தாடுந்தியாகன் le généreux danseur, *i.e.* Siven. [mouvement.

அசைகுகை, *n. v. d'*அசைகிறது

அசைகை, 1° *n. v. d'*அசைகிறது. 2° mouvement, soupçon, conjecture: —பார்க்கிறது épier, sonder, conjecturer les dispositions d'après les mouvemens.

அசைக்கிறது, சைத்தேன், சைப்பேன், சை, சைக்க, *v. a. d'*அசைகிறது, remuer, agiter, ébranler, parler, faire résonner, exécuter, lier: அசைத்திடுகிறது remuer, agiter.

அசைச்சீர், (அசை), pied d'un அசை, *i.e.* d'une syllabe métrique.

அசைச்சொல், (அசை), particule explétive. *Ex.* அத்து, அம்.

அசைதல், 1° *n. v. d'* அசைகிறது. 2° mouvement, agitation, promenade, trouble, pli, courbure, indolence, séjour, existence, décadence, crainte.

*அசைதன்னியம், (அ *priv.*), ignorance, aveuglement spirituel, matérialité.

அசைத்தல், *n. v. d'* அசைக்கிறது *et* அசைத்திடல், action de remuer, de lier, exécution, production du son.

அசைநிலை, (அசை), particule explétive: அசைநிலையோகாரம், ஓ final explétif. *Ex.* கேண்மினோ écoutez.

அசைப்பிக்கிறது, *v. caus. d'* அசைக்கிறது, faire remuer, etc...

அசைப்பு, *n. v. d'* அசைக்கிறது, mouvement, parole, action de parler, arrogance. [போதரங்கம்.

அசையடி, (அசை, அடி), *V.* அம்

அசையந்தாதி, (அசை, அந்தம், ஆதி), consonnance de la syllabe (அசை) finale d'un vers et de l'initiale du vers suivant.

அசையல், *V.* அசைதல்.

அசையா, அசையாத, *part. nég.* d'அசைகிறது, immobile, inébranlable, ferme, constant:

அசையாநிலை, அசையாமை, (அசைகிறது), constance, immobilité, fermeté inébranlable.

அசையாமணி, (அசையா, மணி), *V.* ஆராய்ச்சிமணி.

அசைவு, *n.v.d'* அசைகிறது, mouvement, mobilité, agitation, changement, paresse, sorte de poids ou de balance: அசைவாடுகிறது, அசைவாடுதல் se mouvoir, se promener, être continuellement en mouvement; அசைவுபார்க்கிறது épier les mouvemens, conjecturer de là les intentions, sonder.

அசைவெட்டுதல், —வெட்டுகிறது, (அசை, வெட்டுகிறது), ruminer.

அசோகதளிர்மணி, (அசோகம், தளிர், மணி), espèce de pierre précieuse.

* அசோகம், (அ *priv.*), bonheur, état exempt d'affliction, une des flèches de Câmen, bananier, l'arbre asòga, *i.e.* uvaria longifolia: அசோகவனம் jardin de bananiers, bocage d'asòga. (Sidei fut gardée dans un pareil bocage.)

* அசோகன், அசோகுடைசெல்வன், (அசோகு, உடை), Arouguen à qui l'arbre asòga est censé consacré.

* அசோகு, அசோகை, (அசோகம்), l'arbre asòga.

* அசோசம், (அ *priv.* sotcha *chagrin*), tranquillité d'âme, exemption de chagrin, insouciance.

அசோணம், அசோண்டி, chair du fruit de la plante dite சவரி ou trichosanthes.

அசோத்தாரை, grande ondée, [forte pluie.

* அசௌசம், (அ *priv.*), saleté, impureté, règles des femmes.

* அசௌரியம், (அ *priv.*), lâcheté.

அச்சகம், la plante நீர்முள்ளி barleria.

அச்சக்கல், (அச்சம்), brique mince, petite.

அச்சக்குறிப்பு, (*id.*), marque de crainte.

அச்சடியன், (அச்சு, அடிக்கிறது), espèce de toile peinte.

அச்சத்தி, la plante கத்தரி bringelle.

அச்சபரம், l'herbe நாணற்புல்.

* அச்சபல்லம், (அச்சம்), ours.

அச்சமம், l'herbe முசுறுப்புல்.

அச்சம், (அஞ்சுகிறது), 1° crainte, figure de rhétorique qui l'exprime, timidité de jeune fille, respect, don fait par crainte, ténuité, minceur: அச்சமுள்ள mince, peureux; அச்சமுள்ளோன் timide, craintif; அச்சமுறுத்துகிறது effrayer; அச்சமாயிருக்கிறது être mince, peureux, plein de respect: அச்சமின்மை intrépidité; கள்ளனச்சங்காடுகொள்ளவில்லை la crainte du voleur s'étend au delà de la forêt, *i. e.* une conscience coupable n'a de repos nulle part. 2° *V.* அசத்தி. 3° espèce d'arsenic naturel. 4°. * அச்சம், (atchtcha), pureté, transparence, crystal, ours, partie antérieure, 5° *adv.* purement, absolument.

* அச்சயன், (அ *priv.* க்ஷயம்), l'incorruptible, l'impérissable, Dieu.

அச்சல், fois, qualité.

அச்சவாரம், *V.* அச்சாரம்.

அச்சறுக்கை, billet ou lettre d'avertissement.

அச்சன், seigneur, maître, père.

அச்சாணி, (அச்சு, ஆணி), *V.* அச்சுருவாணி.

அச்சாணிமூலி, la plante உத்தாமணி.

அச்சாரம், arrhe, avance, gage.

அச்சி, Achem, ville et royaume de la côte de Sumatra: அச்சிக்குதிரை, —மட்டம் cheval d'Achem; —நடை amble des chevaux d'Achem; —த்தினை, espèce de petit millet; —நறுவிலி l'arbre cordia.

அச்சிக்கை, (அஞ்சுகிறது), frayeur, respect, crainte respectueuse.

அச்சு, 1° type, caractère d'imprimerie, lettre, rang de lettres, presse, forme, moule, instrument ordonné ou déterminé, modèle, signe, corps, crainte. 2° * அச்சு, (akcha), essieu, estille, métier de tisserand. 3° (atch), voyelle: — அச்சு

டிக்கிறது, அச்சிலேபோடுகிறது, அச்சிற்பதிக்கிறது imprimer; அச்சாயிருக்கிறது être semblable; அச்சுக்கூடம் imprimerie: —க்கூடத்தான் ouvrier ou homme d'imprimerie; —க்கூடத்துத்தலைவன், —க்கூடத்தெசமான் imprimeur; —க்கம்பு fût d'un fusil; —த்தடி levier; அச்சு ou அச்சிற்பதிகிறது être imprimé, s'imprimer; —ப்பலகை; —பணை estille de tisserand: —ப்பூட்டியிழுக்கிறது faire passer le fil dans l'estille; —ப்பூட்டிவிளையாடுகிறது jouer avec de petites boules ou des noyaux de tamarin; —மரம் essieu; —முத்திரை sceau ou médaille frappée au coin; —வார்க்கிறது fondre des caractères; —வெட்டுகிறது graver des types, faire ou tailler des formes.

*அச்சுதம், 1°(atchyouta), incorruption, ce qui n'est pas corrompu. 2° அச்சுதம், V. அச்சுதை.

*அச்சுதன், (id.), l'incorruptible, Dieu, vieillard, Vichnou: அச்சுதன் முன்னோன்வந்தோன், nom de பலதேவன் Baladêven.

அச்சுதை, mélange de chiendent, de safran, de sandal et de ris qu'on met au front et aux épaules des nouveaux mariés, et qu'on offre aux idoles.

*அச்சுபதி, P. அசுவதி.

அச்சுரம், la plante நெருஞ்சில்.

அச்சுருவாணி, (அச்சு, உரு, ஆணி), cheville qui joint l'essieu à la voiture.

அச்சுலக்கை, (அச்சு, உலக்கை), axe d'une balance.

*அச்சுவத்தம், P. அசுவத்தம், l'arbre அரசமரம்.

*அச்சுவமுகாதனம், (அச்சுவம், முகம், ஆதனம்), manière de s'accroupir en forme de cheval; on plie les jambes, ou appuie les coudes sur les genoux, et l'on tient les joues dans les paumes des mains.

*அச்சுவம், P. அசுவம், cheval.

*அச்சுவினி, அச்சுவினிநாள், (asvini) V. அசுவதி.

*அச்சுவினிகள், அச்சுவினிதேவர், அச்சுவினிகர், (id.), les 2 médecins des dieux, fils gémeaux du soleil et de la nymphe ou constellation Asvini.

அச்சுறுகிறது, சுற்றேன், சுறுவேன், சுறு, சுற, v.n. அச்சுறல், n.v. (அச்சு P. அச்சம் et உறுகிறது), craindre, avoir peur.

அச்சுறை, (அச்சு, உறை), corps.

அச்சோ, int. oh, oh !

*அஷ்ட, obl. de அஷ்டம், huit.

*அஷ்டகசம், (அஷ்ட), V. அஷ்டதிக்குக்கசம்.

*அஷ்டகணம், (அஷ்ட), 8 espèces de pieds que les poètes gentils regardent comme propres à venir au commencement de l'invocation d'un poème, et qui servent de pronostic à son dénoûment, savoir: 1° நிலம், நிலக்கணம் pied de 6 brèves, i. e. கருவிளங்கனி. 2° நீர், நீர்க்கணம் pied d'une longue et 4 brèves: கூவிளங்கனி. 3° மதி, சந்திரகணம் 2 brèves et deux longues: புளிமாங்காய். 4° இயமானன், இந்திரகணம் 3 longues: தேமாங்காய்; ces 4 espèces de pieds sont censées porter bonheur au héros du poème. Les autres espèces sont réputées de mauvais augure, savoir: 5° சூரியன், சூரியகணம் pied d'une longue, 2 brèves et une longue, i. e. கூவிளங்காய்; dans les idées superstitieuses du pays il présage la perte de la force. 6° தீ, தீக்கணம் 2 brèves, une longue et 2 brèves: புளிமாங்கனி; il marque la perte de la santé. 7° வாயு, ou வாயுக்கணம், மாருதகணம் 2 longues et 2 brèves: தேமாங்கனி; il présage la perte des biens. 8° ஆகாயம், அந்தரகணம் 4 brèves et une longue: கருவிளங்காய்; il présage la courte vie du héros. Il y a en a qui mettent le வாயு parmi les pieds de bon augure en place du இயமானன்.

*அஷ்டகணிதம், (அஷ்ட), les 8 espèces de calculs, savoir: சங்கலிதம் addition, விபகலிதம் soustraction, குணனம் multiplication, பாகாரம் division, வருக்கம் carré, வ

ருக்கமூலம் racine carrée, கனம் cube, கனமூலம் racine cubique.

*அஷ்டகம்,(அஷ்ட), troupe de 8, nom d'un livre sanscrit.

*அஷ்டகவியாணம், (அஷ்ட), V. அஷ்டமணம்.

*அஷ்டகரன், (அஷ்ட, கரம்), qui a 8 mains.

*அஷ்டகருமம்,(அஷ்ட), 8 espèces d'enchantemens, savoir: வசியம் s'attacher, gagner, மோகனம் exciter à la luxure, தம்பனம் priver du mouvement, உச்சாடணம் chasser d'un lieu, ஆகருடணம் évoquer, வித்துவேஷணம் exciter à la haine, பேதனம் diviser, மாரணம் priver de la vie.

*அஷ்டகிரி, (அஷ்ட), V. அஷ்டதிக்குப் பர்வதம்.

*அஷ்டகுணம், (அஷ்ட), les 8 attributs de Dieu; V. எண்குணம், et அஷ்டலக்ஷணம்.

அஷ்டகுலகிரி, ou அஷ்டகுலமலை, (அஷ்ட, குலம்), V. அஷ்டதிக்குப்பர்வதம்.

அஷ்டகுற்றம், (அஷ்ட), 8 imperfections incompatibles avec la divinité, savoir: ஞானுவரணம் ou ஞானுவரணியம், அறிவுமறைத்தல் ignorance; தரிசனுவரணம் ou தரிசனவரணியம், தரிசனமறைப்பு aveuglement ou obstacle à tout voir; வேதநீயம், வேதனையுடைமை passibilité; மோகநீயம், மோகமுடைமை penchant à la luxure; ஆயு ou வயது, ஆயுடைமை ou வயதுடைமை âge ou durée limitée; நாமம், ou நாமமுடைமை nom propre, autre que celui de la divinité; கோத்திரம் ou கோத்திரமுடைமை parenté; அந்தராயம் ou விக்கினமுடைமை mal ou obstacle, y être sujet.

அஷ்டகுன்மம், (அஷ்ட), 8 espèces de maladies provenant d'obstruction, savoir: சூலைகுன்மம் maladie de nerfs, வாதகுன்மம் hypochondrie, பித்தகுன்மம் maladie bilieuse, சிலேத்துமகுன்மம் excès de flegme, எரிகுன்மம் excès de chaleur et mal de tête, சத்திகுன்மம் vomissement, சன்னிகுன்மம் convulsions, வலிகுன்மம் fièvre avec douleurs dans tout le corps.

*அஷ்டகை, (achtakâ), 1° culte des ancêtres, un des 21 sacrifices gentils. 2° V. அஷ்டமி.

*அஷ்டகோணம்,(அஷ்ட), V. அஷ்டதிக்கு.

*அஷ்டசித்தி, (அஷ்ட), V. அஷ்டமாசித்தி.

*அஷ்டசுபம், (அஷ்ட), 8 choses prospères, dont la rencontre est censée de bon augure, savoir: சாமரை éventail de poil blanc, நிறைகுடம் cruche pleine, கண்ணுடி miroir, தோட்டி croc pour conduire les éléphans, முரசு grand tambour, விளக்கு lampe, கொடி drapeau, இணைக்கயல் deux poissons de rivière.

அஷ்டசெல்வம், (அஷ்ட), 8 espèces de prospérités, savoir: இராசாங்கம் gouvernement, மக்கள் des enfans, சுற்றம் parenté, பொன் or, மணி pierreries, நெல் ris, வாகனம் monture, அடிமை esclaves.

*அஷ்டதந்திரவாதம்,(அஷ்ட, தந்திரம்), une des 80 espèces de maladies provenant de flatuosité; elle renferme 8 mauvais symptômes spéciaux.

*அஷ்டதயாவிருத்தி, (அஷ்ட, தயை), 8 actes de bienfaisance, V. தயாவிருத்தி.

*அஷ்டதனம், (அஷ்ட), 8 avantages ou 8 espèces de richesses, savoir: அழகு ou ரூபம் beauté, சம்பத்து acquisitions ou propriétés, வித்தை science, விவேகம் prudence, குணம் bon caractère, தனம் or, குலம் ou நல்லகுலம் haute caste, ஆயு ou வயது âge ou bon âge.

*அஷ்டதாது,(அஷ்ட), 8 métaux, V. அஷ்டலோகம்.

*அஷ்டதானபரிசை, (அஷ்ட, தானம்), la connaissance des 8 endroits où l'on découvre les symptômes des maladies, savoir: நாடி le pouls, முகம் le visage, மலம் les selles, அமுரி ou மூத்திரம் l'urine, கண் les yeux, நா la langue, சரீரம் le corps, தொனி la voix.

*அஷ்டதிக்கசம், ou அஷ்டதிக்கயம், (அஷ்ட, திக்கு en sanscrit திக், கசம் ou கயம்), V. அஷ்டதிக்குக்கசம்.

* அஷ்டதிக்கு, (அஷ்ட), les 8 points cardinaux,savoir:கிழக்கு est, தென்கிழ் ou தென்கிழக்கு sud-est, தெற்கு sud, தென்மேல் ou தென்மேற்கு sud ouest, மேற்கு ouest, வடமேல் ou வடமேற்கு nord ouest,வடக்கு nord, வடகிழ் ou வடகிழக்கு nord-est. On les nomme encore en astrologie dans le même ordre, கருடதிசை,பூனைத்—,சிங்கத்—,சுனக—, நாகத்—, எலித்—, யானைத்—,முயற்றிசை, côté de l'oiseau garouda, du chat, du lion,du chien, du serpent, du rat, de l'éléphant, du lièvre.

*அஷ்டதிக்குக்கசம், ou அஷ்டகுலயானை,(அஷ்ட,திக்கு,கசம்,குலம்), les 8 éléphans qui, au dire des payens,supportent le monde. Voici les noms qu'ils leur donnent, et ceux de leurs femelles: ஐராவதம் et அப்பிரமை à l'est, புண்டரீகம் et கபிலை au sud-est, வாமனம் et பிங்கலை au sud, குமுதம் et அநுபமை au sud-ouest, அஞ்சனம் et தாமிரபருணி à l'ouest, புட்பதந்தம் et சுதந்தி au nord-ouest, சார்வபூமம் et அஞ்சனை au nord, சுப்பிரதீபம் et அஞ்சனாவதி au nord est.

*அஷ்டதிக்குப்பர்வதம் ou அஷ்டதிக்குப்பருப்பதம், (அஷ்ட,திக்கு), 8 montagnes aux 8 points cardinaux, savoir: ஏமகூடம் ou பொன்மலை, கைலை ou வெள்ளிமலை, இமயம் ou பனிமலை au nord, மந்தரம் ou கடலைக்கடைந்தமலை vers l'est, விந்தம் mont Vindhia, au sud d'Arya,கந்தம் ou கந்தமாதனம் ou பொதியமலை au sud, pres le cap Comorin, நிடதம் vers le nord, நீலகிரி ou அஸ்தமிக்குமலை vers l'ouest.

*அஷ்டதிக்குப்பாலகர், (id.), les gardiens des 8 points cardinaux, savoir:இந்திரன் à l'est, அக்கினி ou அங்கி au sud est,யமன் au sud,நிருதி au sud-ouest, வருணன் à l'ouest, வாயு au nord-ouest, குபேரன் au nord.ஈசானன் au nord est.

*அஷ்டநாகம்,ou —நாகங்கள், (அஷ்ட), les 8 serpens qui, suivant les gentils, supportent le monde. Leurs noms sont: வாசுகி,அனந்தன், தக்கன், சங்கபாலன், குளிகன், பதுமன், மகாபதுமன்,கார்க்கோடகன்.

* அஷ்டபந்தனம்,(id.), enchantement pour les 8 coins du monde, précautions prises ou prière magique pour arrêter les ennemis qui pourraient en venir. [மெய்ப்பரிசம்.

*அஷ்டபரிசம், (அஷ்ட), V.அஷ்ட

* அஷ்டபாக்கியம்,(அஷ்ட), V. அஷ்டமாசித்தி. [குப்பாலகர்.

*அஷ்டபாலகர்,(id.), V.அஷ்டதிக்

அஷ்டபாலகர்குறி, (id.), signes des prétendus gardiens des 8 points cardinaux: ces signes sont à commencer par celui d'Indiren. 1° இடி la foudre; 2° புகை la fumée; 3° சிங்கம் le lion; 4° ஞாளி ou நாய் le chien; 5° இடபம் le taureau; 6° கழுதை l'âne; 7° யானை l'éléphant; 8° காகம் le corbeau.

* அஷ்டபிரமாணம், (அஷ்ட), 8 règles ou manières de découvrir la vérité, savoir: பிரத்தியக்ஷம் vue ou évidence perçue par les sens; அநுமானம் conjecture et induction;சத்தம் ou ஆகமம் ou நம்பிக்கையான சொல் témoignage de gens sûrs et précepte religieux;அருத்தாபத்தி ou அந்நியதாவநுப்பத்தி conclusion ou conséquence; உவமானம் comparaison; அபாவம் non-existence ou non-apparence; ஐதிகம் ou ஐதீகம் témoignage traditionnel; சம்பவம் coexistence. De là on dira பிரத்தியட்சப்பிரமாணம் preuve d'évidence i. e. qui vient de l'évidence;et ainsi des autres manières.

* அஷ்டபோகம், (அஷ்ட), les 8 délices des Hindous, savoir: பெண் femme: ஆடை vêtemens: அணிகலன் bijoux: போசனம் nourriture; தாம்பூலம் bétel et arec: பரிமளம் parfums; சங்கீதம் ou பாட்டு chant; பூவமளி lit de fleurs.

*அஷ்டமங்கலம்,(id.), 1°V.அஷ்டசுபம்.2° nom d'un ouvrage.

* அஷ்டமணம், (id.), les 8 espèces de mariages: பிரமம் ou பிரமமணம் mariage d'une vierge à un jeune homme chaste; பிரசாபத்தியம் ou பிரசாபத்தியமணம் mariage

célébré avec le consentement des parens des deux parties et sur la demande des parens de l'époux; ஆரிடம் ou ஆரிடமணம் mariage où les parens de l'épouse reçoivent des bœufs et des vaches des parens de l'époux; தெய்வம் ou தெய்வமணம் mariage d'une fille donnée à un sacrificateur. Les gentils font ces 4 mariages devant le feu; காந்தருவம் ou காந்தருவமணம் mariage clandestin entre un jeune homme et une jeune fille; ஆசுரம் ou அசுரமணம் mariage où l'époux est obligé de donner de l'argent aux parens de la fille et des bijoux à son épouse; இராக்கதம் ou இராக்ஷதமணம் rapt ou enlèvement d'une fille que son ravisseur force à l'épouser; பைசாசம் ou பைசாசமணம் viol d'une femme endormie.

* அஷ்டமச்சனி, அஷ்டமத்துச்சனி, (அஷ்டமம், சனி), mauvaise influence (prétendue) de saturne au 8me signe, *i. e.* lorsqu'au moment de la naissance il est dans le 8me signe en arrière du nœud ascendant; இவனவனுக்கஷ்டமத்துச்சனி celui-ci (dira un gentil), ne lui est pas moins funeste que saturne au 8me signe.

* அஷ்டமம், (அஷ்ட), le huitième.

அஷ்டமாகிரி, (அஷ்ட, மா), *V.* அஷ்டதிக்குப்பர்வதம்.

· அஷ்டமாசித்தி, (அஷ்ட, மா), 8 prétendus dons miraculeux, obtenus en tout ou en partie par une rigoureuse pénitence, en s'habituant graduellement à retenir plus ou moins son haleine, savoir: அணிமா pouvoir de se rendre petit comme un atome; மகிமா pouvoir de se grossir sans fin: கரிமா pouvoir de se rendre extrêmement pesant; இலகிமா pouvoir de se rendre léger; பிராப்தி pouvoir de se procurer tout ce que l'on veut et de satisfaire tous ses désirs: பிராகாமியம் subtilité ou pouvoir de pénétrer partout; ஈசத்துவம் pouvoir de contraindre toutes les créatures à obéir à ses volontés et de devenir le Dieu souverain; வசித்துவம் pouvoir de changer de forme et de prendre les attributs particuliers à chaque forme, ou d'être l'objet des hommages et de la soumission de tout le monde. Il y a des variantes au sujet de ces prétendus dons miraculeux. En outre les Indous croient que l'on respire 21600 fois en 24 heures.

* அஷ்டமாந்தம், (அஷ்ட), 8 espèces de maladies des enfans, savoir: செரியாமாந்தம் indigestion; போர்மாந்தம் obstruction des entrailles; மலடிமாந்தம் dégout du lait avec accès de fièvre; பெருமாந்தம் flux de ventre et saisissement de froid; வாதமாந்தம் enflure; சுழிமாந்தம் colique avec tournoiment des yeux; வலிமாந்தம் convulsions; கணமாந்தம் dyssenterie et fièvre.

* அஷ்டமி, (அஷ்ட), le 8me jour après la nouvelle ou la pleine lune.

* அஷ்டமூர்த்தம், (அஷ்ட), les 8 corps par lesquels Siven est censé s'être manifesté, savoir: நிலம் ou பூமி la terre; நீர் l'eau; தீ ou தேயு le feu; கால் ou வாயு le vent; வெளி ou ஆகாயம் l'air; சூரியன் le soleil; சந்திரன் la lune; இயமானன் ou ஆன்மா l'âme.

* அஷ்டமூர்த்தி, அஷ்டமூர்த்திதரன், (*id.*), Siven qu'on suppose s'être manifesté par les 8 corps mentionnés dans l'article précédent.

* அஷ்டமூலம், (அஷ்ட), 8 racines médicinales, savoir: சுக்கு gingembre; அரத்தை alpinia galanga; செவ்வியம் poivre; சித்திரமூலம் plumbago zeylanica; கண்டுபாரங்கி arbuste appelé aussi சிறுதேக்கு: கோரைக்கிழங்கு cyperus juncifolius: நன்னாரிவேர் periploca indica; காஞ்சொறிவேர் tragia involucrata.

அஷ்டமெய்ப்பரிசம், (அஷ்ட, மெய்), les 8 sensations du corps, savoir: ஊன்றல் s'appuyer; கட்டல் lier; குத்தல் frapper ou piquer; தடவல் frotter; தட்டல் taper; தீண்டல் toucher; பற்றல் prendre; வெட்டல் couper.

அஷ்டம், 1° noix muscade. 2° *அஷ்டம், huit. [டாங்கயோகம்.

அஷ்டயோகம், (அஷ்ட), V. அஷ்

* அஷ்டலக்ஷணம்,(அஷ்ட,இலக்ஷணம்), les 8 attributs de Dieu, savoir: கடையிலாஞானம் sagesse infinie; கடையிலாக்காட்சி intelligence et connaissance infinie; கடையிலாவீரியம் pouvoir infini; கடையிலாவின்பம் bonheur infini; நாமமின்மை n'avoir point de nom propre; கோத்திரமின்மை être sans descendance ou parenté; ஆயுவின்மை éternité; அந்தராயமின்மை subtilité ou n'avoir aucun obstacle. Comparez avec அஷ்டலக்ஷணம் les எண்குணம் et அஷ்டகுற்றம்.

அஷ்டலட்சுமி,(அஷ்ட,இலட்சுமி), les 8 prétendues déesses de la fortune, savoir: தனலட்சுமி celle des richesses; தானியலட்சுமி celle du blé; தைரியலட்சுமி celle de la hardiesse; சௌரிய—ou வீரலட்சுமி celle de la bravoure; வித்தியாலட்சுமி celle de la science; கீர்த்திலட்சுமி celle de la renommée; விசயலட்சுமி celle de la victoire ou du succès; இராச்சியலட்சுமி celle des royaumes.

* அஷ்டலோகபஸ்பம், (அஷ்ட, உலோகம்), médecine composée des 8 métaux suivans.

*அஷ்டலோகம்,(அஷ்ட),les 8 métaux principaux, savoir: பொன் or; வெள்ளி argent; செம்பு cuivre; இரும்பு fer; வெண்கலம் cuivre blanc; தரா airain ou laiton; வங்கம் plomb; துத்தநாகம் zinc.

அஷ்டவசுக்கள், (id.), les 8 Vasous ou demi-dieux nommés அனலன், அனிலன், ஆபச்சைவன், சோமன், தரன், துருவன், பிரத்தியூசன், பிரபாசன்.

* அஷ்டவணிகக்குணம், (அஷ்ட, வணிகன்), les 8 qualités d'un bon marchand: உறுவதுதெரிதல் connaitre les prix des marchandises; ஈட்டல் en amasser: பகுத்தல் partager honnêtement le profit; இறுவதஞ்சாமை ne pas s'effrayer des pertes; இடனறிந்தொழுகல் adapter ses desseins aux lieux et aux circonstances; தனிமையாற்றல் garder le secret sur ses affaires; முனிவிலனுதல் ne pas se fâcher; பொழுதிற்கூடல் se retirer avant le coucher du soleil.

அஷ்டவவதானம், ou அஷ்டவதானம். V. அஷ்டாவதானம்.

*அஷ்டவருக்கம், (அஷ்ட), 8 espèces de médecines, savoir: சீரகம் ou நற்சீரகம் cumin; கருஞ்சீரகம் cumin noir; சுக்கு gingembre sec; மிளகு poivre; திப்பிலி poivre long; இந்துப்பு sel artificiel; பெருங்காயம் assa-fœtida; ஓமம் ou அசமோதம் sison ammi.

*அஷ்டவிகாரம், (அஷ்ட), les 8 mauvaises inclinations, savoir: காமம் luxure; குரோதம் haine; உலோபம் avarice; மோகம் volupté; மதம் présomption; மாற்சரியம் impatience; இடும்பை orgueil; அழுக்கை envie.

அஷ்டஊறு,(அஷ்ட,ஊறு),8 espèces de sensations provenant du toucher, savoir: வெம்மை chaleur; தண்மை froid; மென்மை douceur; வன்மை dureté: திண்மை pesanteur; நொய்மை légèreté: சீர்மை égalité, poli; சருச்சரை aspérité.

அஷ்டவெச்சம்,(அஷ்ட,எச்சம்),8 défauts naturels du corps,savoir: குறள் petitesse; கூன் bosse; ஊமை mutisme; செவிடு surdité; குருடு cécité; முடம் être estropié; உறுப்புமயக்கம் impuissance, inertie des membres; உறுப்பிலபிணம் avortement, fœtus informe.

அஷ்டவெற்றி,(அஷ்டம்), 8 sortes de victoires ou d'avantages en guerre,savoir: பகைநிரைகவர்தல் piller le bétail de l'ennemi; பகைவர்கவர்நிரைமீட்டல் recouvrer le bétail enlevé par l'ennemi; பகைமேற்செல்லல் marcher à l'ennemi; வரும்பகைமுன்னெதிரூன்றல் vaincre l'ennemi avant qu'il soit en force; தன்னரண்காத்தல் défendre ses fortifications; பகைவரரண்டன்வசமாக்கல் ou வளைத்தல் s'emparer de celles de l'ennemi; பொருதல் combattre sans plier; போர்வெல்லல் remporter la victoire.

அஷ்டவெற்றிமாலை, (*id.*), les 8 guirlandes de ces 8 sortes de victoires, savoir, en suivant le même ordre: வெட்சிமாலை guirlande d'ixora coccinea; கரந்தைமாலை guirlande de basilic; வஞ்சிமாலை guirlande de vangsi; காஞ்சிமாலை guirlande d'ulmus integrifolia; நொச்சிமாலை guirlande de vitex negundo; உழிஞைமாலை guirlande d'illecebrum lanatum; தும்பைமாலை guirlande de phlomis indica; வாகைமாலை guirlande de mimosa flexuosa.

அஷ்டவைசுவரியம்,(அஷ்ட,ஐசுவரியம்), *V.* அஷ்டசெல்வம்:—ஆயிருக்கிறது être extrêmement riche.

*அஷ்டாங்கம், (அஷ்ட, அங்கம்), les 8 membres qui servent à la prostration, savoir: நெற்றி le front; இருதோள் les 2 épaules; மார்பு la poitrine; இருகை les 2 mains; இருகால் les 2 pieds.

*அஷ்டாங்கநமஸ்காரம், அஷ்டாங்கவந்தனம்,(*id.*), prostration entière, *i. e.* des 8 membres (susdits.)

*அஷ்டாங்கயோகம், (அஷ்ட,அங்கம்,யோகம்), les 8 qualités d'un pénitent ou yogui gentil, savoir: 1° இயமம் dompter ses désirs. 2° நியமம் observances religieuses volontaires. 3° ஆதனம் position du corps plus ou moins bizarre. 4° பிராணாயமம் manière de respirer. 5° பிரத்தியாகாரம் être absorbé dans une méditation qui ôte le sentiment de la douleur. 6° தாரணை fixer son esprit sur un des objets suivants: கண்டம் la gorge, இதயம் le cœur, நெற்றி le front, கபாலம் le crâne, நாபி le nombril. 7° தியானம் être absorbé dans la méditation de Siven. 8° சமாதி vision de soi-même ou de l'âme délivrée des désirs du corps, quoiqu'elle y fasse encore sa demeure.

*அஷ்டாக்ஷரம், (அஷ்ட, அக்ஷரம்), les 8 lettres sacrées.

*அஷ்டாதசம்,(அஷ்ட,தசம்),dix-huit.

அஷ்டாதசகணம், (*id.*), 18 classes d'êtres réputés célestes, savoir: அமரர் les dieux; சித்தர் demi-dieux; அசுரர் démons; தைத்தியர் sorte de titans; கருடர் autre espèce de dieux; கின்னரர் joueurs de luth; நிருதர் ou இராக்கதர் géans; கிம்புருடர் oiseaux à figure humaine ou musiciens célestes; கந்தருவர் choristes célestes; இயக்கர் demi-dieux serviteurs de Coubêren; விஞ்சையர் ou வித்தியாதரர் magiciens célestes; பூதர் fantômes, ou esprits familiers; பிசாசர் diables; அந்தரர் vagabonds; முனிவர் hermites; உரகர் ou நாகர் serpens; ஆகாயவாசிகள் habitans de l'air; போகபூமியர் gens parvenus ou paradis de leur dieu spécial.

*அஷ்டாதசகுணம்,(*id.*), 18 propriétés du corps, (suivant certains systêmes indiens), savoir: பசி faim; நீர்வேட்டல் soif; பயம் peur; வெகுளி colère; உவகை joie; வேண்டல் désir; நினைப்பு pensée; உறக்கம் sommeil; நரை cheveux blancs; நோய் douleur; மரணம் mort; பிறப்பு naissance; மதம் passion; இன்பம் plaisir அதிசயம் admiration; வியர்த்தல் sueur; கேதம் affliction; கையறவு incapacité ou inertie.

*அஷ்டாதசதருமசாஸ்திரம்,(அஷ்ட,தசம்,தருமம்), 18 livres de jurisprudence. Voici le nom de chacun de ces livres dérivé du nom du sage qui en a été l'auteur: வாசிஷ்டம், ஆரிதம், வையாசம், பாரத்துவாசம், பாராசரியம், காசிபம், மானவம், யாக்ஞியவற்கியம், ஆத்திரேயம், தாக்ஷம், காத்தியாயனம், வைஷ்ணவம், கௌதமம், பாரகஸ்பத்தியம், சாம்வர்த்தம், யாமியம், சாங்கம், ஔசனசம்.

*அஷ்டாதசபாஷை ou —பாடை, (அஷ்ட,தசம்), les 18 langues connues des Indous, savoir: அங்கம் celle du Bengale propre; அருணம் celle d'Agra; கலிங்கம் celle de Calinga; கன்னடம் le Canara; காம்போசம் la langue de Cambosa dans le nord de l'Inde; கொங்கணம் le Concani; கோசலம், கௌசலம் la langue d'Aoude; சாவகம்

celle de Malaca; சிங்களம் le Singalais dans l'île de Ceylan; சிந்து la langue du Sind; சீனம் le Chinois: சோனகம் l'Arabe: திராவிடம் le Tamoul; துளுவம் le Toulouva; பப்பரம் la langue du Guzerat; மகதம் celle du Magada ou Bahar méridional; மராடம் le Maratte; வங்கம் le Bengali.

*அஷ்டாதசபுராணம்,(அஷ்ட,தசம்), les 18 pouranas ou légendes indiennes composées,dit-on,par Viyasen, savoir: மச்சியம் le poisson; கூர்மம் la tortue; வராகம் le cochon; வாமனம் le nain; பிரமம் Brama; வைணவம் légende de Vichnou; பாகவதம் celle de Crichna; சைவம் celle de Siven: இலிங்கம் le lingam; பௌடிகம் (bhavishyat),l'avenir; நாரதியம் la légende de Naraden; கருடம் la légende de Garouden: பிரமகைவர்த்தம் la transformation de Brama; காந்தம் la légende de Scanden fils de Siven; மார்க்கண்டேயம் celle du pénitent Marcandeyen; ஆக்கிநேயம் le feu: பிரமாண்டம் l'œuf de Brama; பதுமம் le nénuphar.

*அஷ்டாதசமூலம்,(அஷ்ட,தசம்), 18 espèces de racines médicinales, savoir: கொடிவேலி, எருக்கு, நொச்சி,முருங்கை,மாவிலிங்கம், சங்கங்குப்பி,தழுதாழை,குமிழ், பாதிரி, வில்வம்,கண்டங்கத்திரி,கறிமுள்ளி, சிற்றமல்லி, பேராமல்லி, வேர்க்கொம்பு,கரந்தை,தூதுளை,நன்னாரி.

*அஷ்டாதசோபபுராணம், (அஷ்ட,தச,உப,புராணம்), les 18 pouranas ou légendes du second ordre,savoir: உசனம்,கபிலம்,காளி,சனற்குமாரம்,சாம்பவம்,சிவதன்மம், சௌரம்,தூருவாசம்,நந்தி, நாரசிங்கம், நாரதியம்,பராசரம்,பார்க்கவம், ஆங்கிரம்,மாரீசம், மானவம்,வாசிட்டலிங்கம்,வாருணம்: le nom de chacun de ces pouranas est dérivé du nom de son auteur.

*அஷ்டாபதம், (அஷ்ட,பதம்), oiseau à 8 pieds, verrou de porte,toile peinte, or: அஷ்டாபத பத்திரம் feuille d'or.

*அஷ்டாபந்தனம், (அஷ்ட, பந்தனம்), V. அஷ்டபந்தனம்.

*அஷ்டாவதானம், (அஷ்ட, அவதானம்),art ou talent de faire 8 choses à la fois.

*அஷ்டாவதானி, (id.), celui qui possède le talent de faire 8 choses à la fois. [தம்), bracelet du poignet.

*அஸ்தகடகம், அஸ்தகடயம், (அஸ்

*அஸ்தகன், (அஸ்தம், ka), assistant, écrivain, copiste.

*அஸ்தபிராப்தி, (அஸ்தம்), action de remettre ou d'accepter, en mains propres.

*அஸ்தமம், அஸ்தமயம், அஸ்தமனம், (அஸ்தம்), ou

*அஸ்தமானம், (அஸ்தம்), 1° coucher du soleil et des astres. 2° ou அஸ்தமானகாலம், —நேரம், —வேளை le soir, le moment du coucher du soleil.

அஸ்தமிக்கிறது,மித்தேன், மிப்பேன்,மி,மிக்க, (id.), ou அஸ்தமித்துப்போகிறது, v. n. 1° (les astres) se coucher. 2° périr, mourir, finir, se cacher.

அஸ்தமிக்கை,அஸ்தமித்தல்,அஸ்தமிப்பு. n. v. du préc. coucher du soleil ou des astres.

*அஸ்தம், 1° (hasta), main, 13me constellation. 2° (asta), montagne derrière laquelle le soleil se couche. 3° V. அத்தம்.

*அஸ்தலாகவம்,(அஸ்தம்,இலாகவம்),tour de main, —d'adresse,prestidigitation,dextérité: அஸ்தலாகவித்தைபண்ணுகிறது faire des tours de passe-passe.

*அஸ்தனுபுரி, V. அஸ்தினுபுரம்.

*அஸ்தி, 1° (asthi), os: அஸ்தியாய்ப்போகிறது, — உலர்ந்துபோகிறது,—வற்றுகிறது maigrir, dépérir. 2° (hastin), éléphant.

அஸ்திசாரபேதி, (அஸ்தி, சாரம்), dyssenterie avec fièvre.

*அஸ்திசுரம், (அஸ்தி), fièvre qui ronge les os, qui fait languir.

அஸ்திபாரம், V. அஸ்திவாரம்.

அஸ்திபேதி, (அஸ்தி), ocre de fer, sorte de minéral.

*அஸ்திமசகாந்தரம், (அஸ்தி, மச

கம், அந்தரம்), différence entre un éléphant et un moucheron: —என்கிறப்போலே aussi différent qu'un éléphant l'est d'un moucheron.

*அஸ்திரம், (astra), trait, javelot, trait enchanté: அஸ்திரபரிக்ஷை, V. அத்திரபரிக்ஷை.

அஸ்திவாரம், fondation, base, fondement: —பறிக்கிறது, —வெட்டுகிறது, —தோண்டுகிறது, —எடுக்கிறது creuser les fondemens; —போடுகிறது poser les fondemens: அஸ்திவாரமுகூர்த்தக்கல் 1re pierre, pierre fondamentale. (expression gentile.)

*அஸ்தினாபுரம், அஸ்தினாபுரி, (hastinâpura), n.pr. ancienne capitale des Kourous sur le Gange, nord ouest de Délhi, fondée par le roi Hastinou.

*அஸ்தினி, (hastini), femme luxurieuse et furieuse dans ses passions, une des 4 classes de femmes, femme de cette classe.

*அஸ்து, (astou), soit, ainsi même.

அஸ்ப்பகான், ou அஸ்பகான், Ispahan en Perse.

அஞர், 1° *(அ priv. djna qui connaît), pl. ignorants. 2° sing. affliction, crainte, maladie.

அஞர்தல், 1° paresse, découragement. 2° n.v. de

அஞருகிறது, ர்ந்தேன், ருவேன், ர், v.n. devenir paresseux, se décourager.

அஞலம், அஞல், moucheron.

அஞறு, boue.

அஞ்சணங்கம், (அஞ்சு, அணங்கம்), V. பஞ்சலட்சணம்.

அஞ்சணங்கியம், (அஞ்சு, அணங்கம்), les 5 poëmes réputés modèles.

*அஞ்சதி, (antchati), air, vent.

*அஞ்சம், P. அம்சம், cygne.

*அஞ்சலம், (antchala), bout d'habit qui pend, fourreau d'épée.

அஞ்சலாள், (அஞ்சல்), courrier du roi, courrier public.

*அஞ்சலி, 1° (andjali), révérence, respect, vénération: —பிடிக்கிறது, —செய்கிறது, —பண்ணுகிறது révérer, faire la révérence. 2° அஞ்சலி, chauve-souris, homme simple, pauvre, ignorant. 3° V. les plantes வறட்சுண்டி et வண்டுகொல்லி.

*அஞ்சலிகாரிகை, (அஞ்சலி, kârikâ faisant), espèce de mimosa ou sensitive, poupée.

*அஞ்சலிகை, (அஞ்சலி, kâ), chauve-souris.

*அஞ்சலிபாதம், (அஞ்சலி), prostration.

*அஞ்சலிவந்தனம், (அஞ்சலி), révérence, salut profond.

அஞ்சல், n.v. et opt. d'அஞ்சுகிறது, crainte, fuite, défaite, course, voiture ou courrier public, poste, relais de poste: அஞ்சலஞ்சலாய்ப்போகிறது aller en poste; அஞ்சற்காரன் postillon, courrier; அஞ்சற்காகிதம் lettre venue par la poste; அஞ்சற்குதிரை cheval de poste.

அஞ்சற்குளச்சி, ou —குழச்சி (அஞ்சல்), espèce d'arsenic préparé.

அஞ்சனக்கல், (அஞ்சனம், கல்), sulfate d'antimoine.

*அஞ்சனம், (andjana), noirceur, obscurité, chose noire, encre, collyre pour noircir les cils et les sourcils, onguent magique, que l'on frotte surtout aux mains pour découvrir, les choses cachées, pierre ou marbre noir, l'éléphant de l'ouest: அஞ்சனக்கலிக்கம் onguent magique que l'on frotte sur les yeux ou les mains de ceux qui veulent découvrir les choses cachées; —க்காரன், அஞ்சனம்பார்க்கிறவன் devin, enchanteur, magicien; அஞ்சனக்கோல், —சலாகை pinceau pour peindre les cils et sourcils en noir; —பாஷாணம் espèce d'arsenic naturel; அஞ்சனம்பார்க்கிறது, —போட்டுப்பார்க்கிறது frotter de l'onguent magique et le considérer pour découvrir les choses cachées; அஞ்சனவண்ணம் couleur noire; —வண்ணன் celui qui est noir, Vichnou.

*அஞ்சனன், (அஞ்சனம்), Dêvendiren, Vichnou, Saturne.

*அஞ்சனாதேவி, (அஞ்சனை), n.pr. la mère d'Anouman.

அஞ்சனாவா, V. கருங்காக்கணம் et நீலோற்பலம்.

*அஞ்சனாவதி, (அஞ்சனை, vati), n. pr. femelle de l'éléphant du nord-est.

அஞ்சனி, l'arbuste காசா, l'herbe நாணற்புல்.

*அஞ்சனை,(andjanâ),la mère d'Anouman, la femelle de l'éléphant du nord: அஞ்சனைதனயன் le singe Anouman.

அஞ்சா,அஞ்சாத,*part. nég. d'*அஞ்சுகிறது, qui ne craint pas, intrépide: அஞ்சாப்பட்டயம் sauf-conduit, passe-port. [து,intrépidité.

அஞ்சாமை, *n.v.nég. d'* அஞ்சுகிற

அஞ்சாம், (அஞ்சு, ஆம்), cinquième,அஞ்சாந்தரம் la 5me fois.

அஞ்சாரப்பெட்டி, *P.* அஞ்சறைப்பெட்டி, (அஞ்சு, அறை, பெட்டி), boite à 5 compartimens,ou à plusieurs compartimens.

அஞ்சாவிகள், (அஞ்சு), gens forcés de payer au roi les quatre cinquièmes de leurs revenus.

அஞ்சாவிதேசம், leur pays, au sud de Maduré.

அஞ்சாவியிடையர்,*P.* அஞ்சாரவிடையர், (அஞ்சு,ஆரம், இடையன்), caste de vachers dont les femmes portent un tâli accompagné de 5 ornemens. [cinquièmement.

அஞ்சாவது,(அஞ்சு,ஆவது),*adv.*

அஞ்சாவிரா,l'arbre பெருங்குமிழ்

அஞ்சானனம், lion,le signe du

அஞ்சானன், Siven. [Lion.

*அஞ்சி, 1° (andji), maître. 2° *gér. d'* அஞ்சுகிறது. [te.

அஞ்சிக்கை,(அஞ்சுகிறது), crain-

*அஞ்சிஷ்டன் ,அஞ்சிட்டன், (andjichta), soleil.

*அஞ்சிதமுகம்,(அஞ்சிதம்), abattement qui fait pencher la tête sur les épaules, lassitude: — ஆகிறது pencher la tête sur les épaules par abattement ou lassitude.

*அஞ்சிதம், (antchita), existence, union, convenance, branlement de tête, adoration, vénération.

அஞ்சிதவணி, (அஞ்சிதம், அணி), *V.*தற்குறிப்பணி.

அஞ்சின, *part. d'* அஞ்சுகிறது.

*அஞ்சிரம்,(andjira),figuier,figue.

அஞ்சு, 1° cinq: அஞ்சுதினுசு 5 espèces différentes d'un genre; அஞ்சுமூன்றுமுண்டானால் அறியாப்பெண்ணுங்கறியாக்கும் même une jeune fille,qui ne sait rien, fera un ragoût, si elle a les 5 choses et les 3 choses: les 5 choses sont: புளி tamarin, மிளகு poivre, உப்பு sel, கடுகு moutarde, சீரகம் cumin. Les 3 choses sont: நீர் eau, நெருப்பு feu, அஞ்சுகம்,perroquet.[விறகு bois.

அஞ்சுகிறது, கினேன், சுவேன், சு, ச, *v.n.*craindre, avoir peur:கோயிற்பூனைதேவர்க்கஞ்சாது le chat du temple n'en craint pas le dieu, *i. e.* la familiarité engendre le mépris.

அஞ்சுகை,அஞ்சுதலே,*ou* அஞ்சுதல்,*n.v.d'* அஞ்சுகிறது,crainte,peur.

அஞ்சுதெங்கு; அஞ்சுதங்கல், (அஞ்சு), Anjenga, ville du Travancore.

*அஞ்சுமான், (amsoumân), un des 28 livres sacrés des Sivénistes, nom du soleil dans le 6e signe.

அஞ்சுருவாணி, (அஞ்சு, உருவுகிறது, ஆணி), cheville qui joint les différentes pièces d'un char, et surtout 5 pièces principales d'un char d'idole, fermeté, constance: மனதிலஞ்சுருவாணிபோடுகிறது faire une ferme résolution, se mettre fortement dans la tête.

அஞ்சுவரணத்தோன்,zinc.

அஞ்சுவனத்தார், caste de tisserands surtout musulmans.

*அஞ்ஞத்துவம், (அஞ்ஞன்), *V.* அஞ்ஞானம். [nait), ignorant, benêt.

*அஞ்ஞன், (அ *priv.* djna *qui con-*

அஞ்ஞாங்கர், (அ *priv.* ஞாங்கர்), avant.

*அஞ்ஞாயம், (அ *priv.* ஞாயம்), injustice, chose inique: அஞ்ஞாயசம்பாதனை exaction,—சம்பாதனைக்காரன் concussionnaire; அஞ்ஞாயமான injuste;அஞ்ஞாயமாய் injustement.

*அஞ்ஞானம், (அ *priv.* ஞானம்), ignorance, paganisme, manque de raison,—de la connaissance du vrai Dieu. [rant, payen.

*அஞ்ஞானி,(அ *priv.*ஞானி),igno-

அஞ்ஞான்று, (அ, *ce,* ஞான்று), ce jour-là.

அஞ்ஞூறு, *P.*ஐஞ்ஞூறு,500.

*அஞ்ஞை,1° f. d'அஞ்ஞன், ignorante. 2° front,place du front.

அடகு,gage, assurance, hypothèque, maison hypothéquée, légumes, végétaux, plat d'herbes: அடகுவைக்கிறது, —போடுகிறது, அடகாகவைக்கிறது, அடகென்றுவைக்கிறது mettre en gage; அடகுவாங்கிறது, அடகெடுக்கிறது prendre en gage; அடகுமீட்கிறது racheter un gage; அடகில்லாதவட்டி interêt d'un prêt sans gage.

அடக்கம், n.v.d'அடக்குகிறது,action de renfermer, de cacher, d'enterrer, sépulture, enterrement, modestie, recueillement, réserve, retenue, continence, soumission, subordination, contrainte, répression, resserrement, contenu, sujet, sens, intention, retraite, membres perclus: அவனுக்காஸ்தியுண்டானாலுமடக்கமெத்த il a des richesses,mais il ne les fait pas paraître; எல்லாமதிலேயடக்கம் tout est contenu là-dedans; அடக்கக்காரன் qui cache sa science, ses richesses; அடக்கமான secret, caché; அடக்கமுள்ள réservé, modeste; அடக்கமுள்ளவன்qui garde son secret; அடக்கமாய் modestement, en somme, en secret, dans la retraite, dans le recueillement; ஆக்கினைக் கடக்கமாய் நடக்கிறது se montrer obéissant à l'autorité; அடக்கம்பண்ணுகிறது enterrer,cacher, faire l'enterrement.

அடக்கல், n.v.d'அடக்குகிறது,répression, resserrement, action d'enfermer, de soumettre, de cacher, V. அடக்கம்.

அடக்காமை, n.v.nég. d'அடக்குகிறது,rébellion, insubordination.

அடக்குதல், அடக்குகை, V. அடக்கல்.

அடக்குகிறது, sync. அடக்கிறது, க்கினேன், க்குவேன், க்கு, க்க, v.a. enfermer, environner, cacher, enterrer, ensevelir, soumettre, réprimer, dompter, renfermer,contrôler. [pl.ennemis.

அடங்கலர்,(அடங்குகிறது,அல்ல),

அடங்கல்,n.v.d'அடங்குகிறது,modestie, calme, soumission, contraction, rétrécissement, convention, contrat à prix fait, tout, totalité: அடங்கலும் tout, tout l'enclos, tout ensemble, entièrement; அடங்கல்—, அடங்கலுமெடுக்கிறது prendre le tout ensemble; வீட்டடங்கலாய் toute la famille; அடங்கலாய்க்கொடுக்கிறது donner à prix fait; அடங்கல்வேலை ouvrage à prix fait; அடங்கல் பார்க்கிறது évaluer le produit d'un champ. [tispice d'un temple.

அடங்கன்முறை,(அடங்கல்), fron-

அடங்கா, அடங்காத, part. nég. de அடங்குகிறது,désobéissant,indomptable, rebelle, revêche, qui ne peut être contenu. [de rebelles.

அடங்காப்பற்று,(அடங்கா,) ville

அடங்காமை,n.v.nég. d'அடங்குகிறது,désobéissance, rébellion,ce qui ne peut être contenu. [sel de mer.

அடங்காவாரிதி,(அடங்கா), urine,

அடங்குகிறது, sync. அடங்கிறது, கினேன், குவேன், கு, க. v.n.d'அடக்குகிறது, être contenu, être soumis, obéir, céder, diminuer, s'apaiser, s'affaiser, déposer, tomber à fond, cesser: அடங்காமலிருக்கிறது désobéir, être désobéissant, indomptable; அடங்கியிருக்கிறது être contenu; அடங்கிவருகிறது, —போகிறது se soumettre, obéir, s'apprivoiser; அடங்கப்பண்ணுகிறது, —வைக்கிறது réprimer,soumettre, renfermer, placer, remplir.

அடங்குவிக்கிறது, வித்தேன்,விப்பேன், வி, விக்க, v. a. caus. du préc. renfermer, faire obéir, faire céder.

அடங்குகை, அடங்குதல், n.v.d'அடங்குகிறது, obéissance, modestie.

அடசச்சூலை,(அடச), goutte, maladie. [டைசுகிறது.

அடசி,அடசுகிறது, P.அடைசி,அ

அடடா,(அடா,அடா),int.oh, oh!

அடதாளம்,(அடம்), un des 7 tons de musique ou manières de garder la mesure. [musique.

அடந்தை, mesure ou ton de

அடப்படுகிறது,pass.d'அடுகிறது,

cuire, être tué. [adj. d'அடம்பு.

அடப்பம், 1° s. V. அடைப்பம். 2°

அடப்பன், அடப்பனார், titre honorifique parmi les Paravers, chef de village.

அடமானம், P. அடைமானம்.

அடம், 1° bassesse, affront, mépris,mal, 2° * (ata), vagabondage, écart,allées et venues, communication,commerce. 3° *(hatha), obstination, opposition, obstacle, résistance, rapine,violence: அடஞ்சாதிக்கிறது, —செலுத்துகிறது s'opposer, empêcher. [cruel.

அடம்பன், (அடம்பு), audacieux,

அடம்பாரம், P. ஆடம்பரம், ostentation, célébrité, extension.

அடம்பு, 1° audace, cruauté, injustice. 2° ou அடம்புபூ,ou அடப்பங்கொடி, la plante ஆட்டுக்கால் ou convolvulus, pied de chèvre: அடப்பம்பூ sa fleur. [mis.

அடரார், (அடருகிறது), pl. enne-

அடருகிறது,ou அடர்கிறது, ர்ந்தேன்,ருவேன்,ரு ou ர்,ர.v.n. s'épaissir, être épais, se presser, serrer de près, s'approcher: அடர்ந்திருக்கிறது être épais,serré,près l'un de l'autre; அடர்ந்துகேட்கிறது presser de questions; —தொடருகிறது persister à, poursuivre, serrer de près; —வருகிறது venir souvent, s'approcher; —வளருகிறது croître épais, ou auprès; அடர்ந்தேறுகிறது monter à l'assaut en serrant les rangs.

அடர், 1° imp. et part. d'அடருகிறது. 2° s. lieu plein d'une épaisse végétation, lieu étroit, étrécissement, foule, presse, crainte, plaque

அடர்ச்சி,P.அடர்த்தி. [de métal.

அடர்தல், 1° n. v. d'அடருகிறது. 2° lieu étroit, presse, gène.

அடர்த்தல், 1° n. v. d' அடர்த்துகிறது. 2° combat, resserrement.

அடர்த்தி, 1° (அடருகிறது), épaisseur, resserrement, condensation, obstruction, état de presse: அடர்த்தியாயிருக்கிறது être épais, serré, aggloméré, entrelacé; —யாக்கிறது resserrer, condenser, presser, rendre épais; —யான épais, serré. 2° gér. d'அடர்த்துகிறது. 3° ou

அடர்த்திப்பலகை, planche de tek longue de 20 à 25 pieds, large d'un pied et demi et épaisse d'un demi-pied.

அடர்த்துகிறது, த்தினேன், த்துவேன், த்து, த்த.v.a. d'அடருகிறது, combattre, condenser, presser, serrer.

அடர்ந்த, part. d'அடருகிறது, épais, serré, compact.

அடர்ந்தேற்றம்,அடர்ந்தேற்றி,(அடருகிறது, ஏற்றம்), cruauté, injustice, resserrement, pression, escalade en se pressant.

அடர்பு, (அடருகிறது), 1° abondance. 2° ou

அடர்ப்பம்,(id.), pression, resserrement, état de ce qui est étroit.

அடர்ப்பு, (id.), 1° combat. 2° V. அடர்ப்பம்.

*அடலம்,(atala), immutabilité.

அடலரிவை,(அடல், அரிவை), héroïne.

அடலன்,(அடல்), insolent,cruel.

அடலார்,pl.(அடல்) ennemis.

அடலி,(அடல்),servante,cuisinière.

அடலை,(அடல்), cendre, affliction, douleur, champ de bataille.2° *(அடலம்),immutabilité.

அடலைமுடலை, vaines paroles, angoisses de la maladie.

அடல்,n. v. d'அடுகிறது, action de faire cuire, d'accommoder, de tuer, meurtre, querelle, combat, victoire, force, pouvoir, la sole: அடலாடுகிறது combattre.

அடவாதி,(அடம்), opposant. [ge.

*அடவி,(atavi),forêt,bosquet,boca-

*அடவிகன்,(அடவி,ka), hermite.

அடவிக்கல்,(அடவி),pierre métallique.

அடவிச்சொல்,(அடவி), bézoard.

அடவு, P. அடைவு, chemin,manière, tout, gage: இத்தடவாக ainsi.

*அடனம், (atana), course errante, vagabondage, marche.

அடனி,(atani), bout de l'arc,(où il y a une coche.)

அடா, 1° interjection en appelant des gens viles et des serviteurs, (pour les femmes c'est அடி), eh! ho! donc: எங்கடா, எங்கடி, hé! bien, gueux ou gueuse, où est-ce? ஏனடா ou ஏன்டா, ஏனடி, என்டி pourquoi donc? Après une longue on retranche அ, comme போடா, போடி va-t-en donc, வாடா, வாடி viens donc. 2° *V.* அடாத.

அடாசனி, *V.* புளியாரை.

அடாணா, un des 42 nouveaux tons tamouls.

அடாத, *part. nég. d'* அடுக்கிறது, mauvais, injuste, inconvenant, impropre, incohérent: அடாதது chose inconvenante, malhonnêteté, injustice.

அடாது, *nég. d'* அடுக்கிறது, il ne convient pas, il n'est pas convenable: இதைநான்செய்யவடாது il ne convient pas que je fasse ceci; உனக்கடாது cela ne te convient pas, ou ne t'appartient pas.

அடாத்தியம், vexation, insolence, chose inconvenante.

அடாத்து, *V.* அடாதது.

அடாவந்தி, (அடா), injustice, extortion, tort, vexation, inconvenance, incongruité, mot impropre, fausseté, fausse imputation.

அடாவரி, (அடா), taxe ou impôt injuste.

அடாவழி, (அடா), chemin mauvais ou messéant, mauvaise conduite. [et inculte.

அடாரவெளி, champ ouvert, nu

அடி, 1° interjection usitée à l'égard des femmes de basse condition, *V.* அடா. 2° *imp. et part. d'* அடிக்கிறது. 3° *s.* vers, ligne métrique. On en distingue de 5 sortes, savoir: குறளடி de 2 pieds; சிந்தடி de 3; அளவடி de 4; நெடிலடி de 5; கழிநெடிலடி de plus de 5 pieds: இந்தப்பாட்டுக்கெத்தனையடி combien de vers a cette chanson ou cette pièce de poésie. 4° coup, pied, trace, vestige, soulier, chaussure, sandale, semelle, pied, (mesure de 12 pouces), pas, marche, pied ou tronc d'arbre, pied de montagne, base, fondement, proximité, voisinage, Dieu, principe, commencement, origine, racine, fond d'un vase etc... lie, sédiment, le bas, la partie inférieure d'une chose, serviteur, cercle, bouquet, devant, lieu découvert, souche d'une famille. *au pl. V. aussi* அடிகள்: அடிகடை, *ou* அடிநுனி le commencement et la fin, tout; —க்கீழ்ப்படுத்துகிறது dompter, soumettre, gouverner, régir; —க்குடி, —க்குடில் faubourg, village près d'une ville; —கொள்ளுகிறது commencer; —கோலுகிறது s'emparer d'un lieu; —க்கோல் pied de roi, bâton ou houssine pour frapper; —ச்சரக்கு marchandise de rebut, de reste, de qualité inférieure; —ச்சாருகிறது, —சேருகிறது venir ou se rendre aux pieds de; —ச்சுவடு traces, chemin, conduite, mœurs; —ச்சேரி faubourg, village près d'une ville; —தலை les pieds et la tête, description, particularité; —த்தட்டு pont inférieur d'un vaisseau; —த்தலம் fondement, pied; —த்தழும்பு marque de coup, empreinte des verges; —த்தளம் fondement, pavé, carreau de maison; —தாண்டுகிறது, —தாண்டுதல் sauter—, ou saut par dessus la marque, le but, ou la trace, (espèce de jeu d'enfans); —த்தூண்டில் partie supérieure d'un hameçon; —நா racine de le langue; —படுகிறது *v.n.* se soumettre, être frappé, tué, dépensé, consumé, digéré, commun, usuel, répandu, soumis, exercé, versé; காதிலடிபடுகிறது parvenir aux oreilles; அடிபடப்பண்ணுகிறது faire battre; —படுத்துகிறது, *v.a.* faire battre, soumettre, subjuguer; —பணிகிறது se prosterner aux pieds, révérer; —பார்க்கிறது chercher les traces ou la cause; —பிடிக்கிறது découvrir ou trouver les traces, la cause, le commencement, le devant, recouvrer le capital, s'attacher au fond: —பெயர்கிறது, —பெயர்தல் se retirer, reculer;—ப்படைgros de l'armée, la fleur de l'armée, 1re couche d'un mur;—ப்படைபோடுகிறது mettre la première couche d'un mur en terre;—பட்டநெல்லு ris battu, ris qui reste au fond;— ப்பட்டகாத்தி sorte d'arsenic préparé;—ப்பலம் gros de l'armée;—ப்பல் dent mâchelière; —ப்பற்று ce qui s'est attaché au fond du vase, s'attacher ainsi, espèce de sel, sel gemme;—ப்பற்றுகிறது s'attacher au fond;—ப்பாடு traces, chemin, conduite, mœurs;—ப்பாயல், — பாய்கிறது, — பாய்தல், *V.* அடிதாண்டுகிறது;—ப்பாரம் lest; —போடுகிறது faire place, mettre le pied; —மட்டும் jusqu'au fond, entièrement, de fond en comble; — மரம் pied d'un arbre, tronc; — முதலை commencement; — முடி les pieds et la tête, description, détail; —மூட்டிவைக்கிறது faire battre, exciter à se battre; —வணங்குகிறது se prosterner aux pieds, vénérer, adorer;—வயிறு abdomen, bas-ventre;—வருடல் action de frotter ou presser légèrement les pieds;— வாரம் pied d'une montagne, fondement, pied;— விடுகிறது le fond d'un vase se séparer, se dessouder;—வினை perversité originelle, extrême malice; அடிக்கொருநினைவாயிருக்கிறது changer à tout moment de sentiment; அடியின்பிறகேவருகிறது venir aprés, suivre; அடியைப்பார்த்து நடக்கிறது suivre les traces; மத்தியானத்துக்கெத்தனையடி combien s'en faut-il de pieds pour qu'il soit midi; அடியோடேவீடுவிழுந்தது la maison est tombée de fond en comble; கோயிலடியில் près de l'église; அடியிலேகதைசொல்லு dis la fable ou la chose à partir du commencement; அடியிலேபார்க்கவேணும் il faut voir au fond, remonter à la source; அடியிலிருக்கிறது être au bas, au dégré le plus bas.

அடிகள், *pl.* Dieu, les dieux de la fable, prêtres, hermites, vieillards, chef, dame, sages.

அடிகிறது, டித்தேன், டிவேன், டி, டிய, *v.n.* (அடி), être frappé, recevoir des coups, se répandre.

அடிக்கடி, (அடிக்கு, அடி), souvent, fréquemment, à tout moment.

அடிக்கிறது, டித்தேன், டிப்பேன், டி, டிக்க, *v.a.* (அடி), frapper, battre, fouetter, cogner, tuer, massacrer: சாட்சி—appeler en témoignage; அடித்துக் கொள்ளுகிறது se frapper soi-même, se disputer, se battre; அடித்துத்தள்ளுகிறது tuer, *ou comme* அடித்துத்துரத்துகிறது chasser à force de coups; அடித்துப் போடுகிறது tuer; அடித்துவிடுகிறது s'efforcer, aspirer; அடித்துவிழுகிறது, —மோதிவிழுகிறது se frapper la poitrine et tomber à terre de chagrin, être inconsolable. Le mot அடிக்கிறது se joint à certains infinitifs, en élidant l'அ, ou aux gérondifs, et souvent il n'ajoute rien à la signification, *Ex.* சிதறஅடிக்கிறது ou சிதறடிக்கிறது, வாரியடிக்கிறது disperser.

அடிக்கிறவன், *n. app. d'* அடிக்கிறது, celui qui frappe, tue, bourreau, boucher. [க்கிறது, *V.* அடித்தல்.

அடிக்குதல், அடிக்கை, *n.v. d'* அடி-

அடிசில், அடிசிலுணா, riz cuit, nourriture cuite,—préparée.

அடிதல், *n.v. d'* அடிகிறது, *V.* அடிபடுகிறது.

அடித்தல், *n.v.d'* அடிக்கிறது, action de frapper, de tuer, percussion, coup.

அடிப்பிக்கிறது, ப்பித்தேன், ப்பிப்பேன், ப்பி, ப்பிக்க, *v.a. caus. d'* அடிக்கிறது, faire frapper, faire battre, procurer la bastonnade.

அடிப்பிணை, sable mêlé de plomb.

அடிப்பு, *n.v.d'* அடிக்கிறது, *V.* அடித்தல்.

அடிமடக்கு, (அடி), strophe où un ou plusieurs vers se repètent en tout ou en partie. [கு.

அடிமயக்கு, (அடி), *V.* பாதமயக்

அடிமறிமண்டிலவாசிரியப்பா, (அடி, மறிதல், மண்டிலம், ஆசிரியம், பா) agavel où chaque vers peut se mettre au commencement,au milieu ou à la fin, sans changer ni la mesure ni le sens.

அடிமறிமாற்றுப்பொருள்கோள், (அடி,மறிதல்,மாற்று,பொருள்,கோள்), vers dont on peut intervertir l'ordre, sans nuire ni au sens, ni à l'harmonie,ni à la beauté.

அடிமறிமொழிமாற்றுப்பொருள்கோள், (அடி,மறிதல்,மொழி, மாற்று,பொருள், கோள்), vers qu'il faut transposer pour en avoir le sens.

அடிமுரண்டொடை, (அடி, முரண்,தொடை), vers au commencement de chacun desquels le mot ou la signification contrastent.

அடிமை,(அடி),esclave,*m.f.*servitude: இவனென்னடிமை il est mon esclave; அடிமைச்சீட்டு,—முறி billet de vente d'un esclave;—த்தனம் servitude, esclavage, captivité;—ப்படுகிறது, — யாகிறது, அடிமைத்தனத்திலகப்படுகிறது être fait ou devenir esclave; — ப்படுத்துகிறது, —யாக்கிறது, —பண்ணிக்கொள்ளுகிறது faire esclave,réduire en esclavage;—யானவன், —யானவள் esclave,*m.f.*celui,celle qui sont devenus esclaves; அடிமையைமீட்கிறது racheter un esclave, le délivrer de l'esclavage.

அடிமோனைத் தொடை, (அடி, மோனை, தொடை), vers qui commencent tous par la même lettre.

அடியந்தாதி,(அடி,அந்தம், ஆதி), pièce de vers où le dernier vers d'une strophe est répété au commencement de la suivante. [suite.

அடியல்,*v.n.d'* அடிகிறது,effusion,

அடியளபெடைத்தொடை, (அடி, அளபெடை,தொடை), vers, qui ont tous au 1er mot l'அளபெடை.

அடியறுக்கி, (அடி,அறுக்கிறது), instrument de potier pour marquer son ouvrage et le couper en dessous, afin de l'ôter de dessus la roue.

அடியற்றுப்போகிறது, (அடி, அறுகிறது), être arraché jusqu'à la racine, se déraciner entièrement.

அடியநாதி, அடியனாதி, (அடி, அ *priv.* ஆதி), ce qui est antique.

அடியாட்டி, (அடி), esclave, servante. [tre servante.

அடியாள்,(அடி),esclave, moi vo-

அடியாறு,(அடி,ஆறு),vieille histoire ou vieil événement, commencement.

அடியான்,*au pl.* அடியார், (அடி), esclave,serviteur, moi votre serviteur: அடியார்க்கேவல்செய்தல் obéir à ceux qui sont engagés au service de Dieu, ou aux grands; அடியார்க்கடியேன் moi le serviteur de vos serviteurs.

அடியிடுகிறது, (அடி,இடுகிறது), commencer, entreprendre, poser les bases,—les fondemens.

அடியியைபுத்தொடை, (அடி, இயைபு), vers qui riment ensemble, *i. e.* qui finissent tous par le même mot ou la même syllabe.

அடியுண்கிறது, (அடி, உண்கிறது), être battu, rôder.

அடியுண்ணி, (*id.*), individu accoutumé aux coups.

அடியுரம், (அடி, உரம்), gros de l'armée, fondement. [vrir les traces.

அடியெடுக்கிறது, (அடி), décou-

அடியெதுகைத்தொடை,(அடி, எதுகை), connexion de vers qui riment à la seconde syllabe.

அடியேத்துகிறது, *id.*),se prosterner aux pieds, vénérer, adorer.

அடியேன், (அடி), moi votre serviteur. *au pl.* அடியேங்கள், அடியார்,அடியோர்கள் nous vos serviteurs.

அடியொட்டி, (அடி, ஒட்டுதல்), ce qui prend aux pieds,chausse-trape.

அடிவரையறை, (அடி, வரை, அறை), *ou* அடிவாறு,(அடி,வாறு), *V.* அடியாறு.

அடீ, interjection d'un mari à sa femme, ou d'une personne qui a quelque supériorité d'âge etc... envers les femmes de la maison, hé!

அடு, *imp. et part. d'* அடுகிறது *et d'* அடுக்கிறது.

அடுகளம், (அடுகிறது, களம்), champ de bataille.

அடுகிடை, (அடுக்கிறது, கிடை),

rester couché, ne pouvoir se relever, rester inséparablement uni.

அடுகிறது, அட்டேன், அடுவேன், அடு, அட, *v.a.* cuire, accommoder, combattre, tuer, faire, vaincre.

அடுக்க, *inf. d'* அடுக்கிறது, proche, près, tout près.

அடுக்கணி, (அடுக்கு, அணி), *fig. de rhét.* accumulation de mots et d'idées.

அடுக்கல், *n.v. d'* அடுக்குகிறது *et d'* அடுக்கிறது, accumulation, monceau, arrangement, montagne.

அடுக்களை, (அடுகிறது), cuisine.

அடுக்காலாத்தி, (அடுக்கு, ஆலாத்தி), *V.* அடுக்குத்தீபம்.

அடுக்கானகன்னி, (அடுக்கு, ஆன, கன்னி), espèce d'arsenic préparé.

அடுக்கிறது, டுத்தேன், டுப்பேன், டு, டுக்க, *v.a. et n.* 1° *acc. et dat.* approcher, être proche, atteindre, se tenir près, s'attacher à, chercher la protection de. 2° *dat.* appartenir, convenir, être bienséant, arriver: அடுத்தாற்போலே proche.

அடுக்கு, pile, accumulation, monceau, tas, rang, rangée, arrangement, ordre, règle, couche de briques, veine de mine, écheveau de 4 fils dévidés ensemble, adjonction, union: அடுக்கடுக்காய் —, அடுக்காய் வைக்கிறது, *V.* அடுக்குகிறது; அடுக்கடுக்காயிருக்கிறது être entassé, empilé, en rangées.

அடுக்குகிறது, *sync.* அடுக்கிறது, க்கினேன், க்குவேன், க்கு, க்க, *v.a.* (அடுக்கு), *ou* அடுக்கிவைக்கிறது, arranger, mettre en rang, mettre l'un sur l'autre, en rangée, par file, en pile, empiler, amonceler, entasser.

அடுக்குகை, அடுக்குதல், *v.n. d'* அடுக்குகிறது, monceau, accumulation, pile, action d'entasser, d'empiler.

அடுக்குத்தீபம், (அடுக்கு), lustre, lampe ou chandelier à plusieurs branches.

அடுக்குத்தொடர், (அடுக்கு), répétition d'un mot 2, 3, ou 4 fois, soit comme mot de remplissage; *Ex.* அன்றேயன்றே; soit pour le sens; *Ex.* தீதீதீ; soit pour l'harmonie; *Ex.* வருகவருகவருகவருக.

அடுக்குநந்தியாவட்டம், அடுக்குநந்தியாவர்த்தம், (அடுக்கு), espèce de நந்தியாவட்டம், ou nerium coronarium, arbuste à fleurs.

அடுக்குப்பாற்சோற்றி, (அடுக்கு), espèce de பாற்சோற்றி ou ruellia secunda.

அடுக்குமல்லிகை, (அடுக்கு), espèce de மல்லிகை ou jasmin.

அடுக்குமுள்ளி, (அடுக்கு), arbuste épineux, hyssope indienne.

அடுக்குமெத்தை, (அடுக்கு), lit à plusieurs oreillers placés l'un sur l'autre, maison à plusieurs étages.

அடுக்கூமத்தை, (அடுக்கு, ஊமத்தை), espèce d'ஊமத்தை ou datura, à fleurs renfermées les unes dans les autres.

அடுசிலைக்காரம், (அடு, சிலை, காரம்), la plante நாயுருவி ou achyranthes aspera rouge.

அடுதல், *n.v. d'* அடுகிறது, cuisson, épaississement par l'effet du feu, meurtre, action de faire.

அடுத்த, *part. d'* அடுக்கிறது, *dat.* proche, voisin, contigu, concernant, appartenant, qui concerne, appartient: — இடம் l'endroit tout proche, ou qui m'appartient; — படி comme il semble bon; அடுத்ததாய் conformément; அடுத்தாப்போலே auprès.

அடுத்தல், *n.v. d'* அடுக்கிறது, approche, proximité, événement, attachement, union.

அடுத்தார், (அடுத்த), les parens, les proches.

அடுத்தி, usure.

அடுந்திறல், (அடும்), ardeur belliqueuse, lion.

அடுப்பங்கரை, (அடுப்பு, அம், கரை), bords du foyer, foyer.

அடுப்பு, foyer, âtre, crainte, la 2° constellation dite பரணி: அடுப்பிலேயிருக்கிறது être sur le feu; — ஆக்கிறது faire cuire ou bouillir sur le feu; — காயவைக்கிறது faire chauffer sur le feu; — சுடுகிறது, — வறுக்கிறது rôtir, griller; — பொரிக்கிறது frire; — போடுகிறது, mettre sur le feu; — வைத்திறக்குகிறது ôter de dessus le feu de dessus le fourneau.

அடுமை, et அடுமைத்தனம். P. அடிமை et அடிமைத்தனம்.

அடுவல், mélange de riz et de வரகு ou millet, monnaie de bas aloi.

அடே, interjection envers les inférieurs, hé!

அடை, 1° couvée, incubation, espèce de gâteau, chemin, feuille, poids, gravité, poids de 50 பலம், pointe, appui d'un lévier, fermeture, enclume, impôt sur la terre, comparaison, approche, proximité, voisinage. 2° imp. et part. d'அடைகிறது, et d'அடைக்கிறது : அடையிலிருக்கிறது. அடைகாக்கிறது, - காத்தல், — கிடக்கிறது couver, ne pas quitter, ne pas bouger: — கோழி poule qui couve: — கத்துகிறது gloussement d'une poule qui couve: — பற்றினபுழுதி croûte de poussière, motte. [ண்

அடைகட்டி, (அடை), V. அடைமண்

அடைகலம, (அடை), plaque ronde de métal qui sert de clochette.

அடைகல், அடைகல்லு, (அடை), enclume de pierre, enclume.

அடைகாய், (அடை), achar, fruit confis au vinaigre.

அடைகிறது, டைந்தேன், டைவேன், டை, டைய, v.a. et n. அடைகுதல், n.v. obtenir, acquérir, remporter, gagner, atteindre, avoir, confire, faire des conserves, des achars, venir, arriver, se rendre, se joindre, recourir, se réfugier, jucher, être enfermé, bouché, barré, obstrué, payé, contigu, adjacent, continuel, confiner à, échouer sur la côte: நோவடைகிறது éprouver de la douleur; தன்ஊர் — arriver à son village. [canal.

அடைகுளம், (அடை), étang sans

அடைகுறடு, (அடை), pinces, pincettes, enclume. [ception, acquisition.

அடைகை, n.v. d'அடைகிறது, ré

அடைகொடுத்தல், (அடை), échange, troc, troquer. [bloqué, blocus.

அடைகோட்டை, (அடை), fort

அடைக்கலக்குருவி, அடைக்கலங்குருவி, அடைக்கலாங்குருவி, அடைக்கலான்குருவி, (அடைக்கலம்), moineau, passereau, fringilla domestica.

அடைக்கலம், refuge, asyle, protection, sureté, abri, dépôt, ce qu'on a sous la main: அடைக்கலம்புகுமிடம், அடைக்கலஸ்தலம் asyle, lieu de refuge: — புகுதல் refuge, se réfugier: அடைக்கலமாய்ப்போகிறது, — வருகிறது, அடைக்கலம்புகுகிறது et par corr. — பூருகிறது, — பூதுகிறது se réfugier auprès, avoir recours à ; அடைக்கலங்கொடுக்கிறது, — அடைவிக்கிறது, — ஆயேற்றுக்கொள்ளுகிறது, — ஆகவைக்கிறது protéger, prendre sous sa protection, donner asyle.

அடைக்காய், (அடை), noix d'arec.

அடைக்கிறது, டைத்தேன், டைப்பேன், டை, டைக்க, v.a. ou அடைத்திடுகிறது, அடைத்துப்போடுகிறது, fermer, fermer au verrou, ou à clef, obstruer, boucher, arrêter, combler, payer, renfermer, clore, enclore, entourer, emprisonner, confiner, joindre, empêcher, cacher, borner la vue, prendre, engloutir, dévorer, pleuvoir sans discontinuer: வேலி யடைக்கிறது entourer ou fermer d'une haie; அடைத்திருக்கிறது, அடைத்துக்கிடக்கிறது être fermé, bouché: வாசலடைக்கிறது fermer la porte, boucher l'entrée: அடைத்துக்கிடக்கின்றது la porte est fermée.

அடைசல், n. v. d'அடைசுகிறது, presse, resserrement, éloignement.

அடைசி, ger. d'அடைசுகிறது, loin, à part, garre, garre! — ப்போ, — யிரு va t en, retire-toi, fais place.

அடைசிலே, (அடை), doublure, habit doublé ou usé.

அடைசுகிறது, சினேன், சுவேன், சு,ச, v.n. et a. se retirer, s'écarter, s'en aller, se presser, être pressé, presser, repousser, retrousser, devoir, mettre dans le coin de sa bouche: அடைசிப்போகிறது, — யிருக்கிறது se re- [tirer.

அடைசுதல், V. அடைசல்

அடைசுபலகை, (அடைசுகிறது), planche qui s'adapte pour boucher une ouverture.

அடைசுவலை, (id.), espèce de filet.

அடைசேரி,(அடை), faubourg.

அடைசொல், (அடை), V. அடைமொழி. [fleurs.

அடைச்சுருள், couronnement de

அடைதல்,n.v. d'அடைகிறது, recours,acquisition,obtention,gain.

அடைத்தல்,n. v. d'அடைக்கிறது, action de fermer,d'enclore etc...clôture,garde, accumulation.

அடைந்த,part.d'அடைகிறது : அழுக்கடைந்த sale.

அடைந்தவர்,அடைந்தார், அடைந்தோர்,(அடைகிறது), parens,amis, cliens,ceux à qui on donne asyle.

அடைபடுகிறது,ட்டேன்,டுவேன், டு,ட, (அடை), v. pass. d'அடைக்கிறது, être fermé, bouché, obstrué.., s'obstruer,se boucher,se fermer, etc.

அடைப்பம்,(அடைப்பு),sac,sachet, bourse,poche,sac à bétel: —கட்டுகிறது lier ou assujettir son sac ; அடைப்பக்காரன் serviteur qui porte le sac à bétel.

அடைப்பன்,அடைப்பான், (id.), esquinancie des animaux, qui les suffoque.

அடைப்பிக்கிறது, ப்பித்தேன், ப்பிப்பேன், ப்பி, ப்பிக்க, v. caus. d'அடைக்கிறது,emprisonner,faire emprisonner,faire enfermer ou enclore

அடைப்பு, n. v. d'அடைக்கிறது, haie,enclos,obstruction,porte,ce qui est clos,chose fermée, clôture, emploi de clore, action de fermer etc...

அடைப்பை,(அடை), sac à bétel: அடைப்பைக்காரன் serviteur qui porte le sac à bétel, ou le bétel et l'arec.

அடைமண், (அடை), terre qui s'attache à la charrue. [tinuelle.

அடைமழை,(அடை), pluie con-

அடைமாங்காய்,(அடை),mangue verte coupée,salée et séchée au soleil

அடைமானம்,gage, caution, manière,méthode,remède à une chose, comparaison: — ஆன engagé, mis en gage; — வைக்கிறது donner en gage, hypothéquer; — கட்டுகிறது hypothéquer; அதற்கடைமானமில்லை il n'y a pas de remède à cela.

அடைமொழி, (அடை), mot ajouté à un nom,adjectif, attribut, épithète. [tout.

அடைய,1° inf. d'அடைகிறது. 2° அடையடுத்தவாகுபெயர், (அடை, அடுத்த, ஆகு, பெயர்), ஆகுபெயர் composé i. e. auquel un autre mot s'est joint adjectivement.

அடையலர்,(அடைகிறது, அல்ல), அடையார்,(அடைகிறது), ennemis.

அடையல்,1° n.v. d'அடைகிறது. 2° acquisition,tout,enclume,recours

அடையாளம்,signe,indice,preuve, marque,témoignage,spécimen, évidence:—போடுகிறது marquer,mettre une marque; — கண்டுபிடிக்கிறது découvrir les marques,ou au moyen des marques; அடையாளக்குறி signalement,indice.

அடைவிக்கிறது,வித்தேன்,விப்பேன்,வி,விக்க, v. caus. d'அடைகிறது, 1° protéger, donner asyle. 2° ou

அடைவிப்பிக்கிறது, ப்பித்தேன்,ப்பிப்பேன், ப்பி, ப்பிக்க, v. caus. du préc. faire obtenir.

அடைவு,voie,manière, méthode, répétition v.g.de comédie,fois, tout, gage, caution, comparaison : அடைவாய்,அடைவாக bien, convenablement,brièvement et avec ordre,proprement, adroitement; அந்தவடைவாக, அந்தடைவாக, அந்தடைவு போல ainsi,de cette manière.

☞ அட்ச se met souvent pour அக்ஷ ou அக்க; en conséquence cherchez par அக்ஷ ou அக்க les mots qui commencent par அட்ச et qui ne se trouvent pas ici.

*அட்சகன்னம்,(அக்ஷம்),V. அக்ஷகன்னம்.

*அட்சதை,V.அக்ஷதை. [ம்.

*அட்சபாடனம், V. அக்ஷபாடன

*அட்சம்,V.அக்கம். [ம்.

அட்சயவருஷம், V. அக்ஷயவருஷ

*அட்சயம்,V.அக்ஷயம்.

*அட்சரம், et ses dérivés, V. அக்ஷரம்,et ses dérivés.

*அட்சி,V.அக்கி.

☞ அட்ட 1° se met souvent pour அஷ்ட; en conséquence cherchez par அஷ்ட les mots en அட்ட qu'on ne trouve pas ici. 2° part. d'அ

டுகிறது. 3° *obl. d'*அட்டம், huit.

*அட்டகம், *V.* அஷ்டகம்.

*அட்டகாசம், (attahâsa), éclat de rire,ris immodéré.

*அட்டகை, *V.* அஷ்டகை.

*அட்டமி, *V.* அஷ்டமி.

*அட்டம், 1° (அஷ்டம்), huit,noix muscade. 2° (atta), lieu voisin,le palais de la bouche, riz cuit, étage d'une maison. 3° prostration, révérence aux pieds de quelqu'un, cercle, forme croisée: அட்டங்கால் jambes croisées; — கால்போடுகிறது croiser les jambes; அட்டமிடுகிறது tourner en rond; அட்டம்பாரிக்கிறது, — பாரித்தல் s'étendre sur les côtés. [par le broiement.

அட்டயோசம், poudre obtenue

அட்டவணை, livre de compte ou de caisse,grand-livre, registre.liste, cahier,index,table(d'un livre),chose ajoutée.

அட்டவதானம், *V.* அஷ்டாவதானம். [தம்.

*அட்டனம்,(attana), *V.* சக்கராயு

அட்டணை,(அட்டம்), forme croisée: —க்கால் pieds croisés; இடதட்டணை manière d'être assis le pied gauche croisé sur l'autre; வலதட்டணை la manière où le pied droit est croisé sur l'autre.

*அட்டாங்கநமஸ்காரம், அட்டாங்கவந்தனம், *V.* அஷ்டாங்கநமஸ்காரம். [கயோகம்.

*அட்டாங்கயோகம், *V.* அஷ்டாங்

அட்டாதுட்டி, 1° désordre. 2° *V.* அடர்ந்தேற்றம்.

*அட்டாபதபத்திரம், (அட்டாபதம்), lame ou feuille d'or.

*அட்டாபதம், *V.* அஷ்டாபதம்.

*அட்டாபந்தனம், *V.* அஷ்டபந்தனம்.

அட்டாமுகம், (அட்டம்), air de travers,d'aversion,de mépris,de distraction. [*V.* அட்டாணை.

*அட்டாலம், 1° (attâla), palais. 2°

*அட்டாலிகாகாரன், (attâlikâ palais), sculpteur,tailleur de pierre.

அட்டாலை, *V.* அட்டாணை. [tosa.

அட்டாலைமரம், l'arbre ficus ace-

*அட்டாளகம், அட்டாளம், (attâla, —laka), étage,chambre haute.

*அட்டாளிகை, (attâlikâ), étage supérieur, chambre sur l'étage, palais.

அட்டாணை, banc cingalais. [lais.

அட்டி, 1° délai, retard, obstacle, poupe de navire, 2 fond ou extrémité d'un tonneau, réglisse, sandal rouge,l'arbre இலுப்பை. 2° *(achthi) pois, amande, pulpe de fève ou de noyau: —பண்ணுவன் homme lent; —பண்ணுகிறது, —படுத்துகிறது différer,empêcher; — சொல்லுகிறது prononcer lentement; அட்டிக்கிடமான qui cause du retard.

அட்டிகம், noix muscade.

அட்டிகை, அட்டியல், joyaux que les femmes portent au cou.

அட்டில், (அடுகிறது, இல்), cuisine.

அட்டு, 1° extrait des fruits et du suc de palmier, chose cuite, chose faite,digue,estimation. 2° *gér. d'*அடுகிறது. 3° terminaison de l'optatif; *Ex.* செய்யட்டு qu'il fasse.

அட்டை, sangsue, semelle.

அட்டோலிக்கம், pompe,splendeur, grand train,joie.

அணங்கம், *V.* இலக்கணம்.

அணங்காட்டு, possession ou oracle,(d'esprit bon ou mauvais.)

அணங்கு, 1° crainte,beauté.désir, meurtre, divinité, déesse, femme, danse en l'honneur des faux dieux, maladie,peine, trouble, monde des immortels,vitesse, nouveauté, mer, agneau. 2° *imp. et part. d'*அணங்குகிறது: —கடவுள் Dieu, déesse.

அணங்குகிறது, கினேன், குவேன், கு,க, (அணங்கு), *v.n.* être troublé, affligé, se fatiguer.

அணங்குதல், *n.v. d'*அணங்குகிறது, trouble,affliction.

அணம், அணரி, palais de la bouche,menton, côté de la partie inférieure de la bouche.

அணல், partie inférieure de la bouche, gorge, gosier.

அணவல், *n. c. d'*அணவுகிறது, proximité,conformité,congruité.

அணவு, 1° milieu. 2° *imp.et part.de*

அணாவுகிறது, வினேன், வுவேன், வு, வ, *v.n.* s'attacher à, s'unir, s'approcher, convenir, s'accoupler.

அணாவுதல், *n. v. d'* அணாவுகிறது, adhésion, proximité, connexion, co-

அணா, ana, 15 centimes. [pulation.

அணாப்பு, அணாப்புதல். 1° fraude. 2° *n. v. de*

அணாப்புகிறது, ப்பினேன், ப்புவேன், ப்பு, ப்ப, *v. a.* tromper.

அணி, 1° ornement, décoration, figure de rhétorique, traité de ces figures, beauté, guirlande de fleurs, orgueil, grandeur, bien, ordre, régularité, série, rangée, pile, rang, détachement, bataillon, corps de troupes, ordre de bataille ou de marche, troupe de 5 éléphans, joyaux, bijou, instrument de labourage. 2° *imp. et part. d'* அணிகிறது. 3° * (ani), borne: அணியணியாய் en rang, en rangée, par files; அணிப்படுத்துகிறது faire habiller, orner, ranger; — பார்க்கிறது passer en revue, ajuster le fil pour tisser; — யிடுகிறது, வகுக்கிறது mettre en rang, ranger une armée en ordre, ranger en bataille: — வகுப்பு ordre de bataille, ordre, bataillon. [tain nombre de troupes.

அணிகம், litière, palanquin, cer

அணிகலம், (அணி). 1° bijou, instrument d'orfévre ou d'autres ouvriers. 2° *ou* அணிகலச்செப்பு boite aux bijoux. [joyaux.

அணிகலன், *P.* அணிகலம், bijou,

அணிகிறது, ணிந்தேன், ணிவேன், ணி, ணிய, *v. a.* 1° embellir, revêtir, orner de bijoux, ranger une armée en bataille ou en ordre. 2° *ou* அணிந்துகொள்ளுகிறது s'habiller, se revêtir, être revêtu, porter, s'orner de bijoux etc.., mettre, prendre: மோதிரம் — prendre sa bague, se mettre une bague au doigt: அணிந்தற்றுப்போகிறது déchoir, devenir pauvre.

அணிசு, *P.* அணிது. [அணிது

அணிச்சை, *V.* நாகமல்லிகை et

அணிதல், *n. v. d'* அணிகிறது, décoration, action de revêtir, d'orner, de se vêtir, de s'orner de bijoux

அணிது, proximité, proche. [etc...

அணித்துறு, (அணி), l'arbre, மணிலாஆத்தா. [trée d'une pagode.

அணித்தம், siége ou banc à l'en-

அணிந்துரை, (அணிதல், உரை), préface, exorde, partie ornée du dis-

அணிப்பிள்ளை, *V.* அணில். [cours.

* அணிமா, (அணு, iman), un des அஷ்டமாசித்தி, pouvoir imaginaire de se réduire à la petitesse d'un atome.

அணிமுலை, (அணி), citrouille.

அணிமை, 1° (அணி), action de vêtir ou de se vêtir, ornement, parure, voisinage. 2° *P.* அணிமா, petitesse, finesse.

அணியதிகாரம், (அணி), traité des figures de rhétorique, il fait ou est censé faire la 5me partie de l'இலக்கணம் ou grammaire tamoule.

அணியம், proue, préparatif, ustensil, détachement, partie d'armée.

அணியல், 1° *V.* அணிதல். 2° guirlande. [ணியதிகாரம்.

அணியிலக்கணம், (அணி), *V.* அ

அணிலன், *P.* அநிலன், *n. pr.* un des 8 vasous, ou demi-dieux.

அணில், écureuil, rat palmiste, sciurus palmarum. [joux, collier.

அணிவடம், (அணி), collier de bi-

அணிவிக்கிறது, வித்தேன், விப்பேன், வி, விக்க, *v. caus. d'* அணிகிறது, faire habiller, faire orner.

அணிவித்தல், *n. v. d'* அணிவிக்கிறது. [nulaire.

அணிவிரல், (அணி), doigt an-

*அணு, (anou), atome, âme, vie, petitesse, finesse, espace, division d'un atome: அணுவணுவாய் en poudre; அணுவுக்கணு un atome d'atome, une chose infiniment petite: அணுவுக் கணுவாயிருக்கிறவர் l'être suprême.

அணுகலர், 1° (அணுகு, அலம்), voisins. 2° (அணுகல், அல்ல), ennemis.

அணுகல், *n. v. d'* அணுகுதல் proximité, approche. [homme.

* அணுகன், (அணு, ka), habile

அணுகுகிறது, *sync.* அணுகிறது, கினேன், குவேன், கு, க, *v. n.* approcher, venir, arriver, toucher: அணுகிவா viens tout près; அற்பகுற்றமு

ங்கர்த்தாவுக்கணுவுகாது le Seigneur est impeccable même pour les plus petites fautes. [கல்.

அணுகுதல்,அணுகுகை,V. அணு

அணுக்கம், sandal.

* அணுச்சைவம்,(அணு), une des 16 sectes de Siven. [éclair.

*அணுபை, (அணு, bhâ lumière),

* அணுப்பிரமாணம், (அணு), mesure d'un atome, le moins possible.

அணுமை, 1° (அண்ணுகிறது), proximité,2° P. அணிமா,petitesse.

* அணுருபம், (அணு, உருபம்), figure d'un atome, chose invisible, extrêmement petite.

* அணுருபகாரணம்,(அணு,உருபம், காரணம்) ,cause efficiente des atomes,Dieu.

* அணுருபி,(அணு,உருபி),esprit.

* அணுரேணு, (அணு, இரேணு), poussière menue.

அணுவெழுத்து,(அணு),très-petite lettre, lettres de même classe.

அணுவல்,அணுவுகிறது,அணுவு, corr. de அணவல், அணவுகிறது, அணவு.

அணை, 1° digue, chaussée, rive, bord,levée de terre entre les rizières ou les champs, paire de bœufs, lit, couche,coussin,matelas, secours, lest de navire,file,grandeur,gravier,gravois. 2° imp. et part. d'அணைகிறது et d'அணைக்கிறது: அணைகட்டுகிறது, —போடுகிறது,— சொரிகிறது construire une digue; — யுடைக்கிறது rompre une digue;—வெட்டிவிடுகிறது couper une digue ; வெள்ளம்வருவதற்குமுன்னேயணைபோடவேண்டும் il faut faire la digue avant que le torrent ne vienne, i. e. il faut prévenir le mal; ஓரணை, ஈரணை,மூவணை, une, deux, trois paires de bœufs, (au delà on se sert plutôt de ஏர்.)

அணைகயிறு, (P. அணையும், கயிறு), corde avec laquelle on lie le veau aux pieds de devant de la mère quand on la trait.

அணைகிறது,ணைந்தேன், ணைவேன்,ணை,ணைய, v. n. ou அணைந்துபோகிறது, s'éteindre, être lié deux à deux, s'approcher, s'accoupler; அணையாமலிருக்கிறது n'être pas éteint,être inextinguible.

அணைக்கிறது, ணைத்தேன், ணைப்பேன்,ணை,ணைக்க,v. a. d'அணைகிறது, éteindre,embrasser, serrer dans ses bras,recevoir,accueillir,nourrir, lier,joindre,unir, mettre autour ou au pied,mettre, approcher: அணைத்து ou அணைச்சுப்போடுகிறது éteindre;—க்கொள்ளுகிறது embrasser; அணைத்தெடுக்கிறது embrasser un enfant et le prendre dans ses bras; பட்சிதன்குஞ்சுகளையணைத்துநிற்கும் l'oiseau tient sous lui ses petits pour les conserver chauds, fovere; மரத்துக்குமண்ணையணைக்கிறது chausser un arbre,y mettre de la terre au pied.

அணைக்கை, V. அணைத்தல்.

அணைசு,அணைச்சு,(அணைகிறது). 1° proximité, 2° adv. proche.

அணைசுகிறது, சினேன்,சுவேன், சு,ச,v.n. se retirer, s'écarter,s'en aller, chercher protection: அணைசிப்போகிறது se retirer; —யிருக்கிறது être sous la protection. [liaire.

அணைசொல்,(அணை) , mot auxiliaire.

அணைதல்,n.v.d'அணைகிறது,union,copulation,extinction.

அணைத்தல்,அணைப்பு,n.v.d'அணைக்கிறது,embrassement,union,action d'éteindre,de joindre, d'approcher.

அணையாடை,(அணை,ஆடை), toile pliée sur laquelle on met coucher les enfans, habits.

அணையாத, part.nég. d'அணைகிறது et d'அணைக்கிறது, inextinguible...

அணைவு, n.v.d'அணைகிறது, union, jonction, attache.

அணோக்கம்,(அண்.நோக்கம்), arbre,regard en haut, blessure au visage,fracture des dents.

அண்,1° coche,cran fait à un bâton,lacet à nœud coulant, fronde, dessus. 2° imp. et part. d'அண்ணுகிறது: அண்ணிடுகிறது faire un nœud coulant; அண்ணுக்கிறது, P. அண்ணுக்குகிறது, faire des coches,des dents

*அண்டகடாகம், (அண்டம், கடாகம்), le globe de l'univers consideré comme un grand vase ou une tuile creuse. [கம், முகடு). zénith.

அண்டகடாகமுகடு, (அண்டகடா

*அண்டகம், (andaka). 1° testicules. 2° la plante குப்பைமேனி.

*அண்டகன், (அண்டம், han *détruire*), eunuque.

அண்டகை, pain, pâtisserie.

*அண்டகோசம், (அண்டம்), cosmographie, science du globe, de l'univers, limites, fruit, peau de fruit, testicules. [globe de l'univers.

*அண்டகோளம், (அண்டம்), le

அண்டங்காக்கை, அண்டங்காக்காய், அண்டங்காகம், (அண்டம்), corbeau noir ou des bois.

*அண்டசம், (அண்டம், dja *né*), animal ovipare; les plus connus dans l'Inde, sont: 1° அரணை le lézard bigarré, 2° ஆமை la tortue, 3° இப்பி les poissons à coquille, 4° உடும்பு le lézard appelé leguan iguana, 5° ஓந்தி le caméléon, 6° தவளை la grenouille, 7° நண்டு le crabe, 8° பல்லி le lézard domestique, 9° பறவை les oiseaux, 10° பாம்பு les serpens, 11° மீன் les poissons, 12° முதலை le crocodile. ce monde et les autres.

*அண்டபகிரண்டம், (அண்டம்),

*அண்டம், (anda), œuf, univers, monde, air, ciel, firmament, testicules, crâne: அண்டத்துக்குள்ளதுபிண்டத்துக்குண்டு le corps humain renferme en petit ce qui est dans le monde. [mes.

அண்டயர், (அண்டம்), les hom-

*அண்டயோனி, (அண்டம்), soleil, matrice de l'univers, ce qui engendre tout. [ண்டம்), gros oiseau, aigle.

அண்டரண்டபக்ஷி, (அண்டர், அ

அண்டரண்டம், (அண்டம், அண்டம்), les divers mondes.

அண்டர், (அண்டம்), habitans du ciel, dieux prétendus, bergers, ennemis: அண்டர்மண்டலம் ciel.

அண்டலர், (அண்டுகிறது, அல்ல), ennemis.

அண்டல், *n.v.* *d'*அண்டுகிறது, proximité, approche, recours, action de s'approcher, d'enfoncer, de resserrer. [tans de l'air, du ciel.

அண்டவாணர், (அண்டம்), habi-

அண்டவாதம், அண்டவாயு, அண்டவுபத்திரியம், (அண்டம்), hydrocèle (surtout celle des enfans), tumeur d'un des testicules, hernie.

அண்டவிருத்தம், — விர்த்தம், (அண்டம்), cours circulaire des planètes autour du soleil.

அண்டா, terrine, casserole. [mis.

அண்டார், (அண்டுகிறது), enne-

அண்டி, 1° anus, fondement. 2° *gér. d'*அண்டுகிறது. [et féroce.

அண்டிகம், chien sauvage, rouge

*அண்டிரன், (andira), homme.

அண்டில், insecte qui attaque les yeux.

அண்டுகிறது, டினேன், டுவேன், டு, ட, *v.a. et n. ou* அண்டிக்கொள்ளுகிறது, approcher, arriver, se rendre auprès, recourir, s'unir, s'adonner à, se mettre sous la protection, s'enfoncer, presser: அண்டப்பார்க்கிறது, —பார்த்தல் chercher à plaire, à gagner les bonnes grâces; ஆசையண்டாதாலழுகையுமண்டாது sans désir point de pleurs; ஒருவனையண்டி *ou* அண்டிக்கொண்டுபிழைக்கிறது subsister par la faveur de quelqu'un; பாவிகளையண்டாதே n'aie aucune liaison avec les méchans. [ல்.

அண்டுகை, அண்டுதல், *V.* அண்ட

அண்டை, (அண்டுகிறது), 1° *s.* proximité, voisinage, côté, support, appui, étai, morceau, pièce. 2° *adv.* près: அண்டைக்கு, அண்டையில் (*avec le gén.*), près, auprès, avec; அண்டைபோடுகிறது rapiécer; —வீடு la maison voisine; — கொடுக்கிறது appuyer, mettre un étai, donner un support; —போகிறது approcher, aller auprès, aller trouver; என்னண்டை, என்னண்டையில் avec moi, auprès de moi; என்னண்டைக்குவா viens à moi; அண்டை யயல்பார்த்துப்பேசுகிறது parler en secret regardant tout autour si on est observé.

அண்ணகன், eunuque, châtré, *pl.*

அண்ணகர்,அண்ணகன்மார் eunuques,surtout parmi les mahométans, gymnosophistes qui vont nus et vivent ordinairement dans les bois.

அண்ணந்தாள்,corde qu'on lie de manière à faire tenir la tête haute, supplice qui consiste à avoir le gros orteil attaché au cou et les mains liées derrière le dos.[luette,menton.

அண்ணம், palais de la bouche,

அண்ணல்,1° frère ainé, chef des habitans des bois, grandeur, grand, prince,roi,(surnom de) Siven, Bouddha,Arouguen. 2° *n.v.d'* அண்ணுகிறது,approche,venue.

அண்ணன், *voc.* அண்ணு, அண்ணே,*pl.*அண்ணன்மார்,frère ainé, cousin germain (aussi plus âgé); ce nom s'emploie encore par honneur et amitié.

அண்ணு,1° *voc. de* அண்ணன்.2° *imp.d'*அண்ணுக்கிறது.3° *s.V.*அண்ணுக்கு. [qui ceint les reins.

அண்ணுக்கயிறு, ceinture, corde

அண்ணுக்கிறது,ணுந்தேன், ணுப்பேன்,ணு,ணுக்க, *v.n.* 1° *ou* அண்ணுந்துபார்க்கிறது regarder en haut, ouvrir la bouche, ou une large bouche.2° *sync.d'*அண்ணுக்குகிறது, (அண், ஆக்குகிறது), க்கினேன், க்குவேன், க்கு, க்க, faire des coches, des dents.

அண்ணுக்கு,அண்ணு,(அண்,நாக்கு, நா), luette,épiglotte:இதையண்ணுக்குத்தொண்டையால் விழுங்கிப்போடு avale ceci sans le goûter.

அண்ணுடகம்,*corr.d'*அன்றுடகம்.

அண்ணுத்தல்,*n.v. d'* அண்ணுக்கிறது. [அண்ணந்தாள்.

அண்ணுந்தாள்,அண்ணுந்தாழ், *V.*

அண்ணுமலே, (அண்ணுகிறது), montagne dont Brama et Vichnou ne peuvent approcher; elle est dédiée à Siven.

அண்ணுருகிறது, ணுர்ந்தேன், ணுருவேன்,ணுரு ou ணுர், ணுர, *v.n.* regarder en haut.

அண்ணுவி,அண்ணுவியார், tuteur, précepteur,frère ainé,poéte,ancien, catéchiste.

அண்ணி,அண்ணியார்,(அண்ணன்),femme du frère ainé. [ximité.

அண்ணிசு,(அண்ணுகிறது),pro-

அண்ணிடுகிறது,(அண், இடுகிறது),faire un nœud coulant.

அண்ணியில், *P.*அன்றியே.

அண்ணீர்,*hon. d'* அண்ணி.

அண்ணுகிறது, ணினேன், ணுவேன்,ணு, ண, *v.n.* approcher, atteindre,s'attacher.

அண்ணுதல்,*n. v. d'* அண்ணுகிறது, proximité, approche, attachement.

அண்ணெரிஞ்சான்பூண்டு, arbrisseau appelé hedysarum bearticulatum.

அண்டீண,homme de peu d'esprit.

அண்முதுகிறது.தினேன், துவேன்,து,த,*v.n. V.*அண்ணுகிறது.

அண்முதல்,*n.v.du préc.* proximité, approche.

அண்மை, *n. v.d'*அண்ணுகிறது, proximité:அண்மைச்சுட்டு la lettre இ ou ce qui montre les objets voisins;—விளி, *ou* —விழி appel de ceux qui sont proche. [nace.

அதகடி, (அதம்). réprimande,me-

*அதகணம்,(அதம்), constellations ou correspondance d'étoiles qu'on prétend pronostiquer la ruine.

அதகம், remède, forte médecine qui fait revenir de l'évanouissement,la plante பெருமருந்து.

அதக்குகிறது,*sync.* அதக்கிறது,க்கினேன்,க்குவேன்,க்கு,க்க,*v.a.* broyer ou frotter dans les mains, presser doucement, amollir, tourner les alimens dans la bouche,les faire passer d'un côté à l'autre, menacer, réprimander, parler, avaler sans mâcher.

அதக்குகை,*n. v. d'* அதக்குகிறது, menace,réprimande.

அதங்கம்,(அ *priv.*), plomb.

*அதசம்,(atasa), âme, vent, toile faite de fibres d'écorce.

அதசு,interrogation,ruine.

*அதஸ்தம்,அதஸ்தத்துவம்,(adhastha),chose inférieure,subsistence.

அதஷ்டம்,*P.*அதிஷ்டம்.

*அதடம், (atata), précipice, lieu escarpé. [leine du serpent.

அதட்டம், dent venimeuse—,ha-

அதட்டல்,அதட்டு,n.v. d' அதட்டுகிறது,réprimande, menace, tremblement.

அதட்டுகிறது,ட்டினேன், ட்டுவேன்,ட்டு,ட்ட,v.a.gronder, réprimander,reprendre, menacer, censurer, crier: அதட்டிப்பார்க்கிறது sonder l'esprit en menaçant; அதட்டிக்கேட்கிறது demander avec colère,reproche, menace, réprimande. [ல்.

அதட்டுகை,அதட்டுதல்,V.அதட்ட

அதது,P.அதுவது, chaque, chaque chose,cela et cela.

அதப்பியம்,indécence, déshonnêteté, parole ou chose indécente: — சொல்லுகிறது, — பேசுகிறது en dire. [பகம்.

*அதமசரீரம்,(அதமம்),l'arbre கற்

*அதமதானம், (id.), don fait à contre-cœur. [காரன்.

*அதமபிருதகன்,(id.), V. காவடிக்

.*அதமம்,(adhama),chose vile,abjecte, mauvaise, injustice, dernière qualité.

*அதமவிமிசதி, (அதமம், vimsati 20), 20 années du siècle de 60 ans réputées mauvaises, ce sont les dernières.

*அதமன்,m.அதமி,f.(அதமம்),personne vile,abjecte,scélérat,—te.

*அதமாங்கம், (அதமம், அங்கம்), pied.

*அதமாதமம்,(அதமம், அதமம்), chose très-vile, scélératesse.

*அதம், 1° (adhas), petitesse, bas, profondeur, bas-fond, figuier. 2° (atha) postériorité, après. 3° (hata), ruine, destruction, meurtre:—பண்ணுகிறது,— பண்ணிப்போடுகிறது tuer, détruire, démolir.

அதம்பம்,espèce d'arsenic naturel.

அதம்புகிறது,பினேன்,புவேன், பு, ப,v.a. V.அதும்புகிறது.

அதம்புகை,அதம்புதல்.n.v.du préc. réprimande: அதம்புதல்பண்ணுகிறது réprimander. [midité.

*அதயிரியம்,(அ priv.), lâcheté.ti-

*அதரபானம்,அதரமதம்,(அதரம்), humidité des lèvres, salive qui en provient. [lèvre, vulve,anus.

*அதரம்,(adhara)lèvre inférieure,

*அதராமிர்தம்,(அதரம்,அமிர்தம்), eau des lèvres.

*அதராவலோகம், (அதரம், அவலோகம்), compression des lèvres.

*அதரிசனம்,(அ priv.),invisibilité, imperceptibilité, cécité, disparition.

அதரிசனன், அதரிசி, (அ priv.), 1° Dieu, l'invisible. 2° aveugle.

*அதரித்திரன், (அ priv.), homme aisé,non pauvre,le roi கன்னன்.

.அதருமம், V.அதர்மம்.

*அதருவச்சிரம், V. அதர்வச்சிரம்.

அதர், excroissance, glandes à la gorge des brebis,poussière(des rues), chemin,sable fin,long magasin.

அதர்கொளல்,அதர்கோள், (அதர்), vol de grand chemin. [ம்.

*அதர்க்கம்,(அ priv.), V. குதர்க்க

*அதர்மம், (அpriv.), iniquité,injustice,péché,manque de charité.

*அதர்மன்,m. அதர்மி,f. (அதர்மம்),personne injuste,non charitable.

*அதர்மாசாரி,m.f.(அ priv. தர்மம், ஆசாரி), vaurien, vaurienne, personne de mauvaise vie,sans civilité.

*அதர்மாத்திகாயம், (அ priv.), homme injuste.

*அதர்வணம், அதர்வணவேதம், (atharva), le 4me Vêdam.

*அதர்வம், அதர்வக்கிரம்,(id.),une des divisions des vêdams, le 4me des உபநிடதம். [des உபநிடதம்.

அதர்வச்சிரம், (அதர்வம்), le 32me

அதலகுதலம், désordre, tumulte, bruit,confusion, déroute:—பண்ணுகிறது disperser,causer du tumulte, de la confusion,faire du bruit,du tapage; அதலகுதலப்பட்டுப்போகிறது être dispersé,mis en déroute.

அதலமூலி,(அதலம்,மூலம்), sorte de plante, sorte de பாலை que les brebis ne broutent pas.

*அதலம், அதலலோகம்,(atala),le 1er des 7 mondes inférieurs des fables indiennes,la portion des enfers immédiatement sous la terre.

*அதவம்,(atha),postériorité,après.

*அதவா,(athavâ), outre, sans: அ

தவாபகதம் amitié fausse, supposée.

அதவிடம், V. அதிவிடயம்.

அதவு, figuier, beurre.

அதழ் pétale, feuille de fleur.

அதளி, vitesse, précipitation, tumulte, bruit, tintamarre: —பண்ணுகிறது faire du tapage, causer du tumulte, du désordre, hâter, précipiter: —யாயிருக்கிறது être en désordre, en émeute: —யாய்ப்பேசுகிறது parler avec colère et dureté.

அதளை, 1° grande cruche, grand pot, espèce de gâteau, hutte pour garder la moisson: போடுகிறது dresser une hutte. 2° la plante நிலப்பீர்க்கு. 3° *ou* புளியதளை masse ou balle de tamarin: பண்ணுகிறது, —பிடிக்கிறது mettre le tamarin en masse ou en boule. [brebis.

அதள், peau, glande du cou des

அதறுகிறது, றினேன், றுவேன், று, ற, *v.a.* அதறுதல், *n.v.* faire tomber en secouant.

அதனப்பிரசங்கி, (அதனம்), orgueilleux, grand babillard.

அதனம், abondance, excès, plus, trop, beaucoup.

அதன், *obl.* d'அது, de cela.

*அதன்மம், *P.* அதர்மம், injustice.

அதா, (அது, ஆ), voilà.

*அதாதிரு, (அ *priv.* dâtrou, *qui donne*), avare. [dire, savoir.

அதாவது, (அது, ஆவது), c'est-à-

*அதி, 1° (ati, adhi), particule qui se joint au commencement des noms et signifie grand, beaucoup, fort. 2° *V.* அதிதி. [de rire.

*அதிகசிதம், (அதி, hasita *ris*), éclat

*அதிகடம், (அதி), éléphant.

*அதிகண்டம், (அதி), la 6me des 27 divisions de l'orbite de la lune.

*அதிகதம், (அதி), vent.

*அதிகதை, (அதி), discours frivole, insignifiant. [கொடிவேலி

அதிகநாறி, (அதிகம், la plante

*அதிகந்தம், (அதி), sorte d'herbe odoriférante, souffre, fleur de l'arbre சண்பகம்.

*அதிகப்பிரசங்கம், (அதிகம்), discours trop long, bavardage, fanfaronnade, vanterie.

*அதிகப்பிரசங்கி, (அதிகம்), grand parleur, fanfaron

*அதிகம், (adhika), abondance, grande quantité, surplus, excès, plus, trop, accumulation d'exemples, armée, signe, gain, avantage, accroissement, élévation, expansion, l'arbre குருக்கத்திமரம் gœrtnera racemosa, presse, le serpent Râgou, petit lait: அதிகமாகிறது, அதிகப்படுகிறது s'accroître, augmenter; அதிகமாக்குகிறது augmenter; அதிக, அதிகமான plus, trop de, excessif, plus grand, plus nombreux; அதிகமாய், அதிகமாக plus, trop; அதனிலுமதிகமாக plus même que cela; அதிகமதிகமாய் de plus en plus.

அதிகரணம், (அதி), lieu, possession, terminaison de l'ablatif ou cas nommé locatif, question, excellence.

அதிகரிக்கிறது, ரித்தேன், ரிப்பேன், ரி, ரிக்க, *v.n.* (அதிகாரம்). exceller, croître surpasser, se distinguer.

அதிகரிக்கை, அதிகரித்தல், அதிகரிப்பு, *n.v. du préc.* accroissement, augmentation, supériorité.

அதிகரிப்பிக்கிறது, பித்தேன், பிப்பேன், பி, பிக்க, *v.caus.* d'அதிகரிக்கிறது, augmenter, amplifier, faire croître, faire exceller.

அதிகல், la plante காட்டுமல்லிகை.

அதிகற்றுதி, la plante கொடிவேலி.

அதிகன், (அதிகம்), grand, supérieur, Siven. [de rire.

*அதிகாசம், (அதி hâsa *ris*), éclat

*அதிகாந்தம், (அதி), ciel rouge.

*அதிகாயன், (அதி, காயம்), *n. p.* Adicayen, un des fils de Ravanen.

*அதிகாரம், (adhikâra), 1° article, chapitre, section. 2° intendance, pouvoir, autorité, gouvernement, emploi, droit, prérogative, augmentation, nature, qualité, disposition, science, ordre, excellence, supériorité. 3° *V.* அதிகாரவுரை: —கொடுக்கிறது donner pouvoir, autoriser; அதிகாரச்சாலை prétoire, cour, tribunal; —தலைவன் chef, intendant.

அதிகாரப்புறனடை, (அதிகாரம், புறன், நடை), remarque sur ce qui manque à un chapitre.

அதிகாரவுரை,(அதிகாரம்,உரை), explication où l'on cite les chapitres ou titres d'un livre.

*அதிகாரன்,(அதிகாரம்),celui qui a autorité ou droit,chef, magistrat, intendant,curateur.

*அதிகாரி,(*id.*) , 1° *V.* அதிகாரன். 2° héros d'un poème, celui qui est capable d'entendre la lecture des ouvrages,celui qui a fait composer un ouvrage; அதிகாரித்துவம் pouvoir,exercice de l'autorité.

*அதிகாலம்,அதிகாலே,(அதி),grand matin: அதிகாலமே, அதிகாலேயிலே de grand matin.

*அதிகிரமம்,1° (அதி),négligence, augmentation,excès,opposition,violation. 2° *V.* அதிக்கிரமம்.

*அதிகிருச்சிரம், (அதி) , espèce de pénitence qui consiste à ne prendre chaque jour qu'une poignée de nourriture pendant 6 jours et à ne rien prendre les 3 jours suivans. [rel.

*அதிகுணம்,(அதி),excellent natu-

*அதிகுணன்,(அதி), Dieu,homme de bon naturel. [ற்று து.

அதிகும்பை,(அதி), la plante பொ

அதிகோவம்,la plante அழிஞ்சில்.

*அதிக்கிரமம், (அதி), impiété,iniquité,pétulance,injustice, désobéissance: அதிக்கிரமக்காரன் impudent, insubordonné, mutin: அதிக்கிரமம் பண்ணுகிறது,—செய்கிறது *ou*

அதிக்கிரமிக்கிறது,மித்தேன், மிப்பேன், மி, மிக்க, *v.a.et n.*(அதிக்கிரமம்), traiter ou agir avec insolence, méchanceté, injustice,désobéir: அதிக்கிரமித்துநடக்கிறது se conduire mal, être désobéissant.

அதிக்கிரமித்தல்,அதிக்கிரமிப்பு, *n. v. du. préc.* pétulance, insolence, désobéissance.

அதிக்குதி,(அதி), conduite cruelle, —mauvaise, —indécente, cruauté.

*அதிக்ஷேபம்,(அதி),envoi, mépris.

அதிங்கம்,réglisse,glycyrrhiza.

*அதிசங்கலிதம்,(அதி) , *V.* சங்கலிதசங்கலிதம். [mulation de richesses.

*அதிசஞ்சயம்,(அதி), tas ou accu-

*அதிசந்தானம்,(அதி),mensonge.

*அதிசயம், (atisaya), étonnement, admiration,figure de rhétorique qui l'exprime,miracle, merveille, prodige, beauté, excellence, prééminence,nouveauté,un des 18 défauts d'un corps fantastique: அதிசயமாய் merveilleusement; அதிசயமான admirable,étonnant, merveilleux; அதிசயப்படுகிறது admirer,s'étonner;—க்காரன் homme admirable,surprenant,faiseur de prodiges;—ச்சொல் mot d'admiration,de surprise;— விரக்கச்சொல் mot de surprise et de commisération.

அதிசயன்,(அதிசயம்), 1° *V.* அதிசயக்காரன். 2° Arouguen.

அதிசயிக்கிறது,யித்தேன், யிப்பேன்,யி,யிக்க,*v.n.*(அதிசயம்),admirer, s'étonner,être surpris,surpasser, exceller. [*préc. V.* அதிசெயிப்பு.

அதிசயித்தல், அதிசயிப்பு, *n. v. du*

*அதிசயோத்தி, (அதிசயம், உத்தி), exclamation, louange, exagération.

அதிசரம்,(அதி) , soupir.

அதிசரிக்கிறது,ரித்தேன்,ரிப்பேன், ரி,ரிக்க,*v.n.* அதிசரித்தல், *n.v.* (அதி), s'en aller loin, marcher beaucoup, —vite.

*அதிசருச்சனம்,(atisardjana) , libéralité,don,donation, meurtre.

*அதிசாக்கிரதை, (அதி) , grande diligence, grand soin. [ன்றி.

அதிசாமிளை, l'arbuste வெண்கு

அதிசாரணம்,l'arbre,மாவிலிங்கு

*அதிசாரம்,1° (atisâra), diarrhée, cours de ventre, espèce de dyssenterie ; on en distingue de 4 sortes, savoir: வாதாதிசாரம், பித்தாதிசாரம்,சிலேஷ்மாதிசாரம், திரிதோஷாதிசாரம்;—எடுக்கிறது, —பிறக்கிறது commencer à avoir la diarrhée; அதிசாரபேதி espèce de dyssenterie avec fièvre ; அதிசாரத்திரவியங்கள் remèdes contre la dyssenterie, savoir: 1° வெட்பாலேயரிசி nerium antidyssentericum,2° அதிவிடையம் espèce de racine médicinale. 3° வட்டத்திருப்பி cissampelos pareira. 4° வறட்சுண்டி mimosa triquetra. 5° சுக்கு gingembre sec. 6° கீழ்காய்நெல்லி phyllanthus niruri. 7° இலவம்பிசின் gomme du cotonnier ou bombax petandrum. 8° ஓமம் sison ammi, 9° கஞ்சா cannabis indica. 10° மாவிரை semence ou noyau de manguier. 11° திப்பிலி poivre long. 12° சிறுகாஞ்சொறி tragia cannabina. 13° இருபூலா, *i.e.* வெட்பூலா fluggea leucopyrus, et நீர்ப்பூலா phyllanthus multiflorus. 14° சாதிக்காய் noix muscade. 15° நீர்முள்ளிவிரை graine de barleria longifolia. 16° முத்தக்காசு cyperus juncifolius. 17° குங்கிலியம் sorte de résine. 18° காட்டாத்திப்பூ fleur de bauhinia tomentosa. 19° கிராம்பு clou de girofle. 20° கருங்காலிப்பிசின் gomme du bois noir ou diospyros ebenum. 21° ஆவிரை cassia auriculata. 22° புளியம்வேர் racine de tamarinier. 23° வாழை bananier ou musa paradisiaca. 24° வெள்ளிலோத்திரம் pulpa feroniæ. 25° மாதுளம்பிஞ்சு grenade en croissance. 26° கருவேல் mimosa arabica. 27° தேன் miel. 28° புளியங்கொட்டைத்தோல் peau de la noix du tamarinier. 29° தென்னம்பாளை enveloppe d'où sort la grappe du palmier. *En outre.*

*அதிசாரம், 2 *(atitchâra), passage d'une planète, par un signe, plus prompt que le temps moyen: அதிசாரவக்கிரம் espèce de rétrogradation des astres.

*அதிசித்திரம், (அதி), mesure de temps en musique d'un quart de மாத்திரை et d'un கலை.

*அதிசீக்கிரம், (அதி), grande hâte, —diligence: அதிசீக்கிரமாக très-vite, en grande hâte, rapidement.

*அதிசெயம், *P.* அதிசயம். [து.

அதிசெயிக்கிறது, *P.* அதிசயிக்கிற

அதிசெயிப்பு, *n.v. du préc.* étonnement, prépondérance, supériorité.

*அதிச்சத்திரகம், அதிச்சத்திரம், (atitchtchhatra), champignon, mousseron. [அதிஷ்டவான்.

அதிஷ்டக்காரன், அதிஷ்டசாலி, *V.*

*அதிஷ்டம், அதிஷ்டத்துவம், (அ, *priv.* திஷ்டம்), bonne fortune, bonheur, fortune, chance, hazard, don de Dieu, destin.

அதிஷ்டவான், அதிஷ்டன், *m.* அதிஷ்டி, *f.* (அதிஷ்டம்), heureux, fortuné.

அதிஷ்டவீனம், (அதிஷ்டம், ஈனம்), infortune, malheur, guignon.

அதிஷ்டவீனன், (*id.*), infortuné.

*அதிஷ்டானம், (adhichtâna), அதிஸ்தானம், stabilité, lieu, cause efficiente, roue, ville: அதிஷ்டானசைதன்னியம், Dieu, la 1re cause.

அதிஷ்டிக்கிறது, டித்தேன், டிப்பேன், டி, டிக்க, *v.a.* அதிஷ்டித்தல். *n. v.* (அதி, ஸ்திதம்), affermir, ordonner.

*அதிட்சேபம், *V.* அதிக்ஷேபம்.

அதிட்டச்செல்வி, espèce d'arsenic.

*அதிட்டம், 1° *V.* அதிஷ்டம். 2° poivre.

*அதிட்டானம், *P.* அதிஷ்டானம்.

அதிட்டிக்கிறது, *P.* அதிஷ்டிக்கிறது. [maladie phlegmatique.

அதிதலசிலேட்டுமம், (அதி, தலம்),

அதிதனுவு, (அதி, தனம்), or.

*அதிதாதிரு, (ati, dâtrou *qui donne*), homme libéral.

அதிதாரம், (அதி), jujubier.

*அதிதானம், (அதி), don, présent.

*அதிதி, 1° (aditi), terre, Aditi, une des épouses de Câsibabrama et mère des 330 millions de dieux inférieurs. 2° (atithi), *pl.* அதிதியர், hôte, étranger, nouveau venu, novice: —கிரியை, —சேவை, —பூசை hospitalité. 3° (அ *priv.* திதி), jour lunaire réputé impropre pour les sacrifices aux morts. [tion புனர்பூசம்.

அதிதிநாள், (அதிதி), la 7e constella-

அதிதிப்பம், manque d'appétit. [ம்.

*அதிதீவிரம், (அதி), *V.* அதிசீக்கிர

*அதிதூதன், (*id.*), *pl.* அதிதூதர், அதிதூதர்கள், archange, premier ambassadeur ou chef d'ambassade.

*அதிதேவன், (*id.*), Dieu.

*அதிதேவதை, (*id.*), déesse qui est supposée avoir autorité. [sia.

அதிபசமி, l'arbre கொன்றை cas-

*அதிபதி, (அதி), souverain maître, seigneur, chef, roi: —யாயாளுகிறது: gouverner avec un pouvoir absolu.

*அதிபயம், (*id.*), grande crainte.

*அதிபரன், (*id.* para *ennemi*) vainqueur des ennemis.

*அதிபலம், (*id.*), l'arbre தேர்வாளம், grande force. [வா துளைவை.

அதிபறிச்சம், graine de la plante

*அதிபன், (adhipa), roi, prince, maitre.chef,souverain seigneur de toutes choses. [violation.

*அதிபாதம்,(atipâta), opposition,

*அதிபாரகம்,(அதி,பாரம், ga qui va), mulet. [savant

*அதிபாரகன்,(அதி), homme très

*அதிபாரம்,(id.), lourd fardeau.

*அதிபானம், (id.), liqueur enivrante. [ture.

*அதிபூதம்,(id), illusion de la na-

*அதிமதுரம், (id.), réglisse, l'arbrisseau வெண்குன்றி: அதிமதுரப் பட்டை écorce ou racine de réglisse.

அதிமலம்,(id.), l'arbre மாவிலிங்கு. [excès.

*அதிமாத்திரம், (id.), abondance,

*அதிமாயம், (id.). manque d'illusion. [cellent. – qui vit long-temps.

*அதிமானுடன்,(id.),homme ex-

அதிமி[illegible],(id.), V. அதிக்குதி.

*அதிமித்திரன்.(id.), mari.

அதிமிருத்தியாதிமாத்திரை, pilule de bézoard,pierre animale.

*அதிமூர்க்கம்,(அதி), furie.emportement.rage,grande obstination: — பண்ணுகிறது être en fureur. ou très-obstiné. [homme violent.

*அதிமூர்க்கன், (அதி), furieux,

*அதிமோகம்,(அதி), 1° beaucoup, plusieurs.2° V. ஒருதலைக்காமம்.

*அதியக்ஷன்,அதியட்சன்,(அதி, அக்ஷம்), inspecteur.

*அதியசிதம், V. அதிகசிதம்.

*அதியம், (அதிகம்), abondance, plus,excès,espèce de remède.

அதியா,(hadiyah, mot arabe),dons faits aux grands: —க்கொடுக்கிறது donner libéralement, largement; — அனுப்புகிறது envoyer des présens; —த்தட்டுமுட்டு présent,don gratuit.

அதியாமம்,chiendent. [cessive.

*அதியுஷ்ணம்,(அதி), chaleur ex-

*அதியோக்கிய,(அதி, யோக்கியம்), adj. très-digne, très grand.

*அதிரசம், (அதி,இரசம்), espèce de gâteau, —de boisson.

*அதிரதம்,(அதி). 1° char entier,i.e. la plus haute sorte de char, une des 4 sortes de chars. 2° V. அதிரசம்.

*அதிரதன்,அதிரதி,(அதிரதம்),roi qui a un char entier,i.e. de la plus haute espèce. [ment,hallier.

அதிரல்,n.v.d'அதிருகிறது,ébranle-

அதிராகம்.souffre. [gentil.

அதிராத்திரம், espèce de sacrifice

அதிராயம்,admiration. prodige.

*அதிரிசம்,அதிரிசனம்,(adrisa), V. அதரிசனம். [gle.

*அதிரிசன்.(id.), invisible. aveu

*அதிரிசியம்,(அதிரிசம்), invisibilité, l'art de se rendre invisible.

அதிருகிறது,ர்ந்தேன், ருவேன், ரு, ர,v.n.branler,vaciller.trembler,frissonner, frémir, avoir peur, tonner, gronder: அதிர்ந்துபோகிறது branler, être ébranlé: பூமிபதிரநடவாதபுண்ணியவான் brave homme qui a soin de n'offenser personne, qui mène une vie tranquille.

அதிருத்தி, (அ priv.), insatiabilité, n'être pas satisfait, —rassassié.

*அதிரூபம்,(அதி), belle figure,air, forme.

*அதிரேகம், (atirêka), étonnement,superfluité, abondance excès, supériorité,chose supérieure.

*அதிரோகணி,(அதி, rohani montée), échelle. [monaire.

*அதிரோகம்,(அதி). phthisie pul-

அதிர், (அதிர்கிறது), commotion, secousse tremblement, crainte, son, imp.et part. d'அதிர்கிறது et d'அதிர்க்கிறது. [V. அதிருகிறது.

அதிர்கிறது,ர்ந்தேன், ர்வேன்.ர்.ர,

அதிர்க்கிறது. ர்த்தேன், ர்ப்பேன், ர்,ர்க்க, v. a. d'அதிர்கிறது, secouer, ébranler,faire trembler, crier, gronder, dire.

அதிர்ச்சி,n.v.d'அதிருகிறது,secousse, tremblement, cri, clameur,éclat, tonnerre, grand bruit,tumulte,augmentation,crainte.

அதிர்தல்,n.v.d'அதிருகிறது, tremblement,secousse,bruit du tonnerre

அதிர்த்தல்,n.v.d'அதிர்க்கிறது, secousse, tremblement. réprimande, dictée, énonciation, bruit du tonnerre.

அதிர்த்தி, V. அதிர்ச்சி. [nerre.

அதிர்ப்பு, n. v. d'அதிர்க்கிறது, secousse, commotion, tremblement, crainte, grand bruit, clameur.

அதிர்வெடி, அதிர்வேட்டு, (அதிர்), coup de canon tiré à poudre, ou pour effrayer: அதிர்வெடியாய்ச்சுடுகிறது tirer à poudre pour effrayer.

*அதிலோகம்,(அதி), monde.

*அதிவசனம்,(*id.*),nom.

*அதிவாசம், (*id.*), veille d'un jeûne,cérémonie préparatoire,odeur forte,voisinage,lieu,maison.

*அதிவாசனம், (*id.*), onction—, effusion de parfums.

*அதிவாதம்,(அதி), grand vent.

*அதிவாலகன், (அதி, பாலகன்), enfant, poupon.

அதிவிடயம்,அதிவிடையம்,(அதி), racine médicinale, bonne pour la dyssenterie, igname.

*அதிவிநயம்,(அதி), humilité excessive ou fausse,flatterie, belles paroles: அதிவிநயமனுஷன் fourbe, trompeur. [tourment.

*அதிவியதை, (ativyathâ), grand

அதிவியர்த்தி,(அதி), conséquence, indication d'une chose, bavardage, loquacité. [grande pluie.

*அதிவிருஷ்டி,(அதி,vrouchti *pluie*),

*அதிவீரம்,(அதி), grande force, grand courage,grande valeur.

*அதிவீரன், (அதிவீரம்), homme très brave, *n. pr.* d'un auteur.

அதிவெள்ளைச்சிந்தூரம், — செந்தூரம்,(அதி,வெள்ளை),mercure sublimé. [ம்.

*அதிவேகம்,(அதி), *V.* அதிசீக்கிர

*அதிவேதனம்,(அதி),mariage d'un homme qui a déjà une femme.

*அதீசன், (அதி, ஈசன்), maître.

*அதீசாரம்,*P.*அதிசாரம்.

*அதீச்சுரன்,அதீச்சுவரன், (அதி, ஈச்சுரன், ஈச்சுவரன்), roi, Dieu, ange : அதீச்சுரபதவி dignité ou privilège des 9 chœurs des anges.

*அதீக்ஷணதை, அதிட்சணதை, (அ *priv.* தீக்ஷணம்),chose émoussée.

*அதீதப்பிரமம்,(அதீதம்), Dieu.

*அதீதம்,(atita),abondance, superfluité,ce qu'on ne peut atteindre, ce qui est passé,supérieur, ou au dessus, chant accompagné d'une cymbale, or: அதீதமாய் abondamment,au-dessus: மனோவாக்குக்கதீதமாய் d'une manière incompréhensible et ineffable. [ciel,les sages, les grands.

*அதீதர், (அதீதம்), habitans du

*அதீதவேதன், (அதீதம்), homme versé dans les vêdas.

*அதீதியம்,(அ *priv.* திதி *soif*), exemption de désir.

*அதீந்திரியம், (அதி, இந்திரியம்), chose au-dessus des sens.

*அதீரம்,(அ *priv.*), ce qui est sans rivage,défaut de rivage.

*அதீரை,(adhirâ), femme stupide, —désobéissante,éclair.

*அதீனம்,(adhina),habileté,droit, autorité,maitrise possession: அதீனத்துவம் liberté, droit, habileté.

அது,1° (*neut. de* அவன்,), cela. 2° terminaison du génitif singulier: அவனதுகை sa main: அதற்கது cela se rattache à cela; அதற்கப்புறம், அதுக்கப்பால் après cela, ensuite, en outre; அதற்குள்ளே cependant, durant cet intervalle; அதற்கென்ன qu'est-ce que cela fait, ou signifie; அதிலுங்குறைய moins que cela; அத்தோடேவந்தான் il est venu avec cela; அதெப்படியென்றால் ou வெனில், car,en effet, *mot à mot*, si vous demandez comment: அதுவே cela même.

அதுக்கம்,(அதுக்குகிறது), coup, action de frapper,abri,refuge, fosse, creux.

அதுக்கல்,*n.v.d'*அதுக்குகிறது,action de battre,de presser,d'exprimer.

அதுக்குகிறது,*sync.*அதுக்கிறது, க்கினேன், க்குவேன், க்கு, க்க, *v. a.* amollir avec les doigts, presser doucement, exprimer, faire sortir en pressant.

அதுங்கல், 1° action de se retirer, de se réfugier, de se creuser, amollissement. 2° *n.v. de*

அதுங்குகிறது,கினேன், குவேன், கு,க,*v.n.d'*அதுக்குகிறது, être amolli par la pression des doigts, s'amollir, se retirer, devenir creux.

அதும்புகிறது,பினேன்,புவேன்,பு, ப, *v.a.* injurier, invectiver, reprocher, réprimander.

*அதுலம்,(அ *priv.* துலா),chose incomparable, 1 décillion ou l'unité suivie de 33 zéros. [Dieu.

*அதுலன், (*id.*), l'incomparable,

*அதுலிதம், (அ *priv.*), inégalité, immobilité.

*அதுல்லியம், (அ *priv.*), incomparabilité, chose incomparable.

அதெந்து,qui,quoi?

*அதெரிசனம், *P.* அதரிசனம்.

அதே,(அது,ஏ), cela même.

அதேதென்றால்,அதேதெனில்,அதேதென்னில்.அதேனென்றால்.அதேனென்னில்,(அது,ஏது, ஏன், என்றால்,என்னில், எனில்), car, en effet, certes, *mot à mot*, si vous demandez ce que c'est, —pourquoi.

அதைக்கிறது, தைத்தேன், தைப்பேன், தை, தைக்க, *v.n.* rebondir, reculer, s'enfler, se délier, se débander, croître: கெறுவத்தினாலே அதைத்துப்போகிறது s'enfler d'orgueil; அதைத்த enflé, large, débandé, reculé, qui a rebondi.

அதைக்கை, அதைத்தல், அதைப்பு, *n.v.d'* அதைக்கிறது, rebondissement, reculement, répercussion, enflure: அதைப்பாயிருக்கிறது être enflé.

அதொன்மையம், (அ *priv.* தொல், மை, அம்), nouveauté.

அதோ, 1° (அது,ஓ), est-ce cela, voilà, vois. 2° *அதோ, (adhô *pour* adhas), dessous, partie inférieure.

*அதோகதி,(அதோ), enfer, descente, fosse, creux. [anus, vulve.

*அதோங்கம், (அதோ, அங்கம்),

*அதோசாதி,(அதோ), basse caste.

*அதோபாகம்,(அதோ), côté inférieur,dessous. [inférieur,enfer.

*அதோபுவனம், (அதோ), monde

*அதோமாயை,(அதோ), vil prestige.

*அதோமுகம்,(அதோ), embouchure, yeux baissés, regard en bas, tête baissée. [plante கவிழ்தும்பை.

அதோமுகி, (அதோ, முகம்), la

*அதோலம்பம்,(அதோ),chose suspendue, pendre, ligne perpendiculaire. [தோபுவனம்.

*அதோலோகம், (அதோ), *V.* அ

அதோவதனம்,(அதோ), *V.* அதோ

*அதோவாயு,(அதோ),pet. [முகம்.

அத்த, *adj. et obl. de* அத்தம், demi, à moitié. [celet.

*அத்தகடகம்,(அத்தம் *main*), bra-

அத்தகண்டாதனம்,(அத்தம்,கண்டம்,ஆதனம்), manière d'être assis en s'appuyant d'une main par terre, pendant que l'autre main tient le pied élevé en haut.

அத்தகமை,(அ,*dém.*), cette manière, —convenance.

அத்தகம்,cumin noir.

அத்தகோரம்,l'arbre நெல்லிமரம்.

*அத்தசகாயம், (அத்தம்), secours en nature.

*அத்தசதம்,(*id.*), 100 ans.

*அத்தசந்திரன்,(*id.*),1er quartier, croissant de la lune.

*அத்தசாமம்,(*id.*), minuit.

*அத்தசித்திரம், (*id.*), mesure de temps en musique d'un demi மாத்திரை et d'un கலை.

அத்தடி,le pied ou la base se perdre, fluctuation. [richesses.

*அத்தநாசம்,(அத்தம்), perte des

அத்தநாள்,(*id.*), la 13me constellation, moitié du jour.

*அத்தபாகம்,(*id.*), moitié.

*அத்தப்பிரகரம், (*id.*), 4 nâjigei 1/4,ou 102 minutes. [tes invisibles.

அத்தப்பிரகரன், une des planè-

*அத்தமண்டபம்,(அத்தம்), vestibule du milieu du temple. [னம்.

*அத்தமம்,(அஸ்தம்), *V.* அஸ்தமா

*அத்தமனம்,(*id.*), *V.* அஸ்தமானம், அஸ்தமித்தல்.

அத்தமானம், ricin.

அத்தமானியம்,(அத்தம்), 1° payer pour taxe la moitié des revenus. 2° *V.* அர்த்தமானியம்.

அத்தமிக்கிறது,அத்தமித்தல்,அத்தமிப்பு, *V.* அஸ்தமிக்கிறது, அஸ்தமித்தல்,அஸ்தமிப்பு.

அத்தமேற்காலாதனம், (அத்தம், மேல், கால், ஆதனம்), manière de s'asseoir où l'on tient avec les mains les 2 pieds pliés en haut.

*அத்தம்,1° (hasta), la 13me constellation ou chevelure de Bérénice, chemin, chemin difficile, main. 2°

(artha), richesses, or, signification, guichet, forêt, miroir, gomme, résine, gummi bdellium, racine médicinale dite அதிவிடயம். 3° (அஸ்தம்), la montagne derrière laquelle le soleil se couche. 4° (arddha), moitié, demi. 5° (abda), année, nuage, nom d'une montagne. [aînée.

அத்தம்பியான், mari de la sœur

அத்தரசிதம், calamine, cadmia.

*அத்தராத்திரி, (அர்த்தம்), minuit, milieu de la nuit.

அத்தர், 1° parfum, parfums mélangés. 2° (அத்தம்), habitans des forêts.

அத்தலைபொருந்தி, nom d'une plante. [ம்), dire c'est assez.

அத்தவாரணம், (அத்தம், வாரண

அத்தவாளம், (அத்தம்), récréation, agrément, plaisanterie, forêt, manteau. [désir des richesses.

அத்தவேடணை, (அத்தம், ஏடணை),

அத்தவிலை, (அத்தம், விலை), prix moyen. [cette occasion.

அத்தறுவாய், (அ dém. தறுவாய்),

அத்தனை, (அ dém. தனை), tant, autant, si, autant que, comme: —பேர் tant de personnes; — பெரிய si grand; — ப்பிரயாசைப்பட்டான் il a fait tant d'efforts; கடற்கரைமணலத்தனை aussi nombreux que le sable de la mer; வந்தஅத்தனைபேரும் tous ceux qui vinrent; எள்ளத்தனையாயிருக்கிறதைமலையத்தனையாக்குகிறது exagérer considérablement, faire une montagne d'un grain de sésame. *prov.* இரண்டத்தனையாகிறது être doublé; அத்தனைக்கத்தனை tant pour tant; நீயத்தனைமடையனோ es-tu si stupide?

*அத்தன், (atta), Dieu, prêtre, père, aîné, ancien, le fruit கடுக்காய், étain, Arouguen, Siven.

அத்தன்மை, (அ dém. தன்மை), cette manière.

அத்தாட்சி, preuve, témoignage, marque, autorité: —கொடுக்கிறது prouver, vérifier, donner des preuves, des témoignages.

அத்தாணி, trône, résidence du roi.

*அத்தாதிக்கம், (அத்தம், ஆதிக்கம்), excédent de la moitié.

*அத்தாதுரம், (அத்தம், ஆதுரம்), désir des richesses.

அத்தாப்பிக்கிறது, ப்பித்தேன், ப்பிப்பேன், ப்பி, ப்பிக்க, *v.a.* அத்தாப்பித்தல், *n.v.* presser en menaçant.

அத்தாயம், marche de tour, marche-pied de tourneur, écorce dont il polit son ouvrage.

*அத்தார்ச்சனை, (அத்தம், அர்ச்சனை), acquisition des richesses.

*அத்தார்த்தம், (அத்தம், அர்த்தம்), demi-année, semestre, cause ou marque de richesses.

அத்தால், *abl. de* அது.

*அத்தாள், *voc.* அத்தா, (attâ), mère.

அத்தானம், porte sous la tour d'une pagode.

அத்தான், cousin, beau-frère.

அத்தி, 1° ou அத்திமரம், figuier, ficus racemosa: —க்கொழுந்து rejeton de figuier; — க்காய் figue verte. 2° *அத்தி, (hasti), éléphant, (mâle ou femelle). 3° (asthi), os, poivre long, un des 10 principaux nerfs du corps humain, nerf oculaire. 4° (hatyâ), meurtre. 5° (atti), sœur aînée, la plante கருவிளை, la plante மெருகு. 6° *gér. de* அத்துகிறது *et imp. de* அத்திக்கிறது. 7° (asti), existant, présent. 8° (abdhi), mer. 9° (adri), montagne.

*அத்திகை, (attikâ), sœur aînée.

அத்திகோலம், (அத்தி), l'arbre அழிஞ்சில். [கு, arum.

அத்திக்கன்னி, (*id.*), l'arbre மெரு

அத்திக்கடவுள், (*id.*), Pilleiyar, le dieu éléphant.

அத்திக்கிறது, த்தித்தேன், த்திப்பேன், த்தி, த்திக்க, *v.a.* (அத்தம்), faire la moitié. [நீர்முள்ளி.

*அத்திசம், (அத்தி *mer*), la plante

அத்திசயனன், (அத்தி *mer*, சயனம்), Vichnou. [ரம்.

*அத்திசுரம், (அத்தி *os*), *V.* அஸ்திசு

அத்தித்தல், *n.v.de* அத்திக்கிறது.

*அத்தித்திப்பிலி, (அத்தி *éléphant*), *V.* யானைத்திப்பிலி. [Parvadi.

*அத்திநந்தனி, (அத்தி *montagne*),

*அத்திநவநீதகம், (அத்தி *mer*), la lune (née, selon la fable, en barattant la mer).

*அத்திபஞ்சரம், (அத்தி os), squelette, os sans chair.

*அத்திபாரம், V. அஸ்திவாரம்.

அத்திபுரசாதனி, l'indigotier.

*அத்திமண்டூகி, (அத்தி mer, மண்டூகம் grenouille), mère-perle.

*அத்தியக்கினி, (அதி, அக்கினி), 1° dot. 2° V. ஊழித்தீ.

*அத்தியக்கினிட்டோமம், (அதி, அக்கினி, ஸ்தோமம்), espèce de sacrifice

*அத்தியக்ஷரம், —யட்சரம், (அதி, அக்ஷரம்), V. பிரணவம்.

*அத்தியக்ஷன், —யட்சன், (அதி, அக்ஷம்), président, magistrat, intendant, économe. [pas funèbre.

*அத்தியசனம், (அதி, அசனம்), re-

*அத்தியந்தம், (அதி, அந்தம்), infinité, immensité, abondance, excellence, 10 octillions, ou l'unité suivie de 28 zéros: —ஆன excessif, extrême, illimité, sans borne; அத்தியந்ததரித்திரம் très-grande pauvreté; —பணிவு profonde humilité; —கோபம் colère excessive.

*அத்தியந்தாபாவம், (அதி, அந்தம், அபாவம்), manque d'existence antérieure, qui suppose l'existence subséquente.

*அத்தியயம், 1° (adhyaya), chapitre. 2° (atyaya), châtiment, supplice, détresse, connaissance douteuse de la différence d'une chose, perte, dommage, mal, mort, violation.

*அத்தியயனம், (adhyayana), lecture ou étude surtout des vêdas, action d'apprendre par cœur surtout les choses de religion: — பண்ணுகிறது apprendre ainsi.

அத்தியவசயிக்கிறது, யித்தேன், யிப்பேன், யி, யிக்க, v.a. அத்தியவசயித்தல், n.v. (அத்தியவசாயம்), appliquer les qualités naturelles d'une chose à une autre dont on parle, parler par métaphore.

*அத்தியவசாயம், அத்தியவசாயிதம், (adhyavasâya, —yita), persévérance, effort, application déterminée, métaphore, ce qu'on s'est approprié.

*அத்தியாகரணம், (adhyâharana), 1° supplément des ellipses, des élisions et des abréviations. 2° lecture des vêdas, étude.

*அத்தியாகாரம், 1° (atyâkâra), faute, censure. (2° atyâhâra), gourmandise, repas copieux. 3° (adhyâhâra), V. அத்தியாகரணம்.

*அத்தியாசம், (adhyâsa), différence, imputation, mettre sur, siéger, être assis majestueusement.

*அத்தியாசனம், (அதி, ஆசனம்), sorte de cérémonie funèbre.

*அத்தியாசாரம், (அதி, ஆசாரம்), irrégularité, violation de la coutume. [மா), âme, Dieu.

*அத்தியாத்துமா, (அதி, ஆத்து

*அத்தியாத்துமிகம், (id.), ce qui regarde Dieu: அத்தியாத்துமிகநூல், V. அத்தியான்மிகநூல்.

*அத்தியாபகன், (adhyâpaka), professeur de vêdas, ou de doctrine religieuse.

*அத்தியாபனம், (adhyâpana), enseignement, enseignement des vêdas, ou de la religion.

*அத்தியாயம், (adhyâya), section, chapitre surtout d'un livre sacré, ou de poésie, chapitre d'un commentaire des vêdas, les vêdas, étable à bœufs.

*அத்தியாயனம், V. அத்தியயனம்.

*அத்தியாரோகணம், அத்தியாரோகம், (அதி, ஆரோகணம்), action de monter, ascension.

*அத்தியாரோபனம், (அதி), entassement d'une chose sur une autre.

*அத்தியாவாகனிகம், (adhyâvâhanika), dot, douaire.

*அத்தியான்மா, அத்தியான்மிகம், (அதி, ஆன்மா, ika), V. அத்தியாத்துமா, அத்தியாத்துமிகம்.

அத்தியான்மிகநூல், (அதி, ஆன்மிகம், நூல்), science théologique des indiens. Elle est divisée en trois systèmes dits சாங்கியம், பாஞ்சலியம், வேதந்தம். [reux, surnom de Siven.

*அத்தியூடன், (adhyouda), l'heu-

அத்திரதர், rois qui ont un char à roues. [des armes.

*அத்திரதேவர், (அத்திரம்), dieux

*அத்திரபரிக்ஷை, (id.), art de lan-

cer des traits, science de l'arc, une des 64 sciences des gentils.

*அத்திரம், (astra), trait, flèche, javelot, toute arme qu'on lance avec la main, dard lancé en avant, en ligne droite ou le premier, âne, cheval, montagne, fusée volante, jujubier, noix de galle du terminalia dite கடுக்காய்ப்பூ. [dité, hardiesse.

*அத்திராசம், (அ priv.), intrépi-

*அத்திராதரம், அத்திராபரம், (அத்திரம், ஆதரம், அபரம்), carquois.

*அத்திரி, (adri, atri), chameau, âne, cheval, soufflet de fournaise, dard, Atri, un des 7 sages que les gentils prétendent être une des 7 étoiles de la grande ourse, flèche, air, montagne, soleil, nom d'un des 18 livres de jurisprudence. [terre.

*அத்திரிகிலே, (அத்திரி, கிலம்), la

*அத்திரிசாதன், (atri, djata né), la lune, prétendu fils d'Atri, (அ priv. திரி), homme des 3 premières castes.

*அத்திரிசாரம், (அத்திரி), fer.

*அத்திரிசிருங்கம், (id.), sommet de montagne.

*அத்திரீசன், (அத்திரி, ஈசன்), l'Himâlaya, roi des montagnes, Siven.

அத்திரு, l'arbre அரசு.

*அத்திரோகம், (அ priv. துரோகம்), douceur, poli.

*அத்திவாரம், P. அஸ்திவாரம்.

அத்திலே, la plante dite செருப்படி.

*அத்திநபுரம், அத்திநபுரி, V. அஸ்திநபுரம். [femelle. 2° V. அஸ்தினி.

*அத்தினி, 1° (hastini), éléphant

அத்து, 1° particule explétive et intercallaire. Ex. அத்து dans பாடத்துக்கு venant de பாடம் et க்கு. 2° ceinture, ceinture de femme, combinaison, union, accouplement, exactitude, limite, couleur rouge, couture, glandes au cou, phlegme, 3° imp. et part. d'அத்துகிறது.

அத்துகமானி, l'arbre அரசு.

அத்துகம், ricin.

அத்துகிறது, த்தினேன், த்துவேன், து, த, v. a. et n. ou அத்திக்கொண்டிருக்கிறது, parvenir, arriver, atteindre à, servir, s'appuyer, se reposer sur, compter sur, se fier à, convenir, appliquer, unir, ajuster: இந்தச்செய்தியெனக்குமத்திற்று cette nouvelle m'est aussi parvenue; அவனையத்தி en s'appuyant sur lui, par son moyen, par sa protection. [zénith juste.

அத்துச்சம், (அத்து, உச்சம்), le

அத்துதல், n. v. d'அத்துகிறது.

அத்துமம், la racine dite அரத்தை.

*அத்துருக்கம், (ap eau, துருக்கம்), citadelle entourée d'un fossé.

அத்துலாக்கி, cumin noir.

*அத்துவகமனம், (அத்துவம்), voyage, voyager.

*அத்துவசோதனே, (அத்துவம்), examen des vêdas, ou de la science des vêdas.

*அத்துவம், 1° (adhvan), chemin, couleur rouge. 2° (அ priv. dvam deux) union de deux choses en une.

அத்துவர், savans dans la science des vêdas. [de deux choses en une.

*அத்துவா, (அ priv. துவா), union

அத்துவாக்காயம், cumin.

*அத்துவாசைவம், (அத்துவா), une secte de Siven.

*அத்துவாந்தம், (அ priv.), crépuscule du matin et du soir.

*அத்துவாமூர்த்தி, (அத்துவா), celui qui prospère en s'immisçant dans les choses terrestres.

அத்துவானம், (அத்து), ciel rouge, lieu désert, —stérile, chose mauvaise, —corrompue.

*அத்துவிதம், (அ priv.), union.

*அத்துவை, (adhvâ), rue, temps, mélange de moelle et de phlegme.

*அத்துவைதம், (அ priv.), secte indienne qui prétend qu'il n'existe que Dieu, et que les créatures ne sont que des formes ou modifications de Dieu.

அத்தூரம், l'arbre மரமஞ்சள்.

*அத்தை, (attâ), 1° tante, sœur du père, belle-mère, maîtresse de maison etc.., sœur aînée, mère. 2° partic. expl. de l'imp. Ex. சொல்லியரத்தை நின்வெகுளி évente ta colère.

அத்தே, அத்தோ, interjection d'étonnement ou de pitié.

*அத்தோதையம்,*P.* அருத்தோதை யம். [lité.

*அநகங்காரம்,(அந் *priv.*), humi-

*அநகம்,1° (அந்*priv.*),pureté sans tache, exemption de péché, —de tache. 2° (anaka), infériorité, ce qui est inférieur. [guen.

*அநகன், (அநகம்), Dieu, Arou-

*அநக்ஷம்,(அந் *priv.*), cécité.

*அநக்ஷரன்,(அந் *priv.* அக்ஷரம்), un ignorant,illétré.

*அநங்கம்,(அந் *priv.*), incorporalité,immatérialité,intelligence, air, deux espèces de jasmin.

*அநங்கன்,(அநங்கம்), être incorporel, Dieu, esprit,Kâmen.

அநங்கி,(*id.*), être incorporel.

*அநங்கீகாரம், (அந் *priv.*), dissentiment,désapprobation.

அநங்கீகரிக்கிறது, (அநங்கீகாரம்),ரித்தேன்,ரிப்பேன்,ரி,ரிக்க,*v. n.* ne pas consentir,désapprouver.

*அநசனம்,(அந் *priv.*), jeûne.

*அநசூயம், (அந் *priv.* அசூயை), manque de colère, —d'envie.

*அநஞ்சனம்,(anandjana), air.

*அநட்சம்,(அந் *priv.*), cécité.

*அநதிகாரி, (*id.*), homme qui n'a pas la propriété, —le pouvoir, —le

*அநத்தம்,*P.*அநர்த்தம். [droit.

*அநநுருபம், (அந் *priv.*), défaut de conformité, équivoque philosophique: அநநுருபகாரணம் cause équivoque.

*அநந்த,*obl. et adj. de* அநந்தம், infini,immense,sans borne, innombrable:—பட்சம் amour infini, sans borne;—தோத்திரம் louange infinie; —தோத்திரம் பண்ணுகிறது louer à jamais,—infiniment.

*அநந்தசயனன்,(அநந்தன்,சயனம்), Vichnou, toujours couché sur le serpent Ananden, selon la fable.

*அநந்தஞானி, (அநந்தம்), Dieu, celui qui sait tout,Arouguen,Brama, Parvadi. [l'infini,terre à lessive.

*அநந்தநாதன், (அநந்தம்), Dieu,

*அநந்தபதுமநாபன்,(அந்நதன், பதுமம், நாபி), Vichnou reposant sur le serpent Ananden avec le nénuphar sortant de son nombril.

அநந்தமுடிச்சு,(அநந்தம்), pendant d'oreilles en or pour les femmes plus grand mais de la même forme que le புலிமுகக்கடுக்கன்.

*அநந்தம், (அந் *priv.* அந்தம்), infinité,immensité,perpétuité, ciel, l'air,or,difformité, espèce d'arsenic naturel,100 octillions ou l'unité suivie de 29 zéros: அநந்த (*voyez ci-devant.*)

*அநந்தரம்,(அந் *priv.*) , temps à venir,après,ensuite,premier en succession,dessus,sur,éternité,indivisibilité.

*அநந்தலோசனன், (அநந்தம்,உலோசனம்), Dieu qui voit tout, *litt.* celui qui a des yeux sans fin, Bouddha,Vichnou.

*அநந்தவாதம், (அநந்தம்), sorte de maladie,paralysie des muscles de la face et du cou.

*அநந்தவிரதம்,(அநந்தன்), cérémonie en l'honneur du serpent Ananden ou de Vichnou.

*அநந்தன்,(அந் *priv.* அந்தம் *fin*), l'infini,Dieu,le serpent Ananden ou Sèchen,Siven, Vichnou, Arouguen, Brama,Palabattiren, Bouddha,espèce d'arsenic composé,une maladie vénérienne.

*அநந்தை, (அந் *priv.* அந்தம்) , chose infinie,terre, enfant à la mamelle, Parvadi.

*அநந்நியசன்,*V.*அனன்னியசன்.

*அநபரன்,(அந் *priv.*), Brama.

*அநபாயம்,(அந் *priv.*),incorruptibilité,exemption de danger,de dommage.

*அநபியிதகருத்தன், (அந் *priv.*) , nom de l'agent à l'ablatif en ஆல்.

அநப்பியாசம், (அந் *priv.*), manque de pratique, d'habilité.

அநயம், (அ *priv.* நயம்), manque de bonheur, infortune, mal, peine.

அநரவன்,espèce d'arsenic composé,la plante வெண்டோன்றி.

*அநருகம்,(அந் *priv.*), indignité.

*அநர்த்தம், (அந் *priv.*), parole

vide de sens,absurdité, futilité, inutilité,destruction, détriment, dommage,prédiction de maux, mauvais augure,malheur, mal: அநர்த்தமாய் inutilement,en vain, misérablement;அநர்த்தகாலம் temps malheureux:அநர்த்தம்பண்ணுகிறது nuire,causer du mal, rendre malheureux; அநர்த்தப்படுகிறது ne pas réussir,tourner mal,être désappointé.

*அநவசரம், (அந் *priv.*), manque de nécessité, chose non nécessaire, —qu'on ne laisse pas faire.

*அநவஸ்தானம், அநவஸ்தை...*V.* par அன். [que d'attention.

*அநவதானம், (அந் *priv.*), man-

*அநவரதம், (அந் *priv.* avarata *cessé*),éternité,perpétuité,durée: அநவரதகாலமும் l'éternité, *ou* அநவரதமாய், அநவரதகாலமாய் continuellement, pour toujours, pour toute l'éternité.

*அநாகதம்,(அந் *priv.* âhata *connu*),cœur,estomac,le 4me des ஆறுதாரம்,ce qui surpasse l'intelligence.

*அநாகாரம், (அந் *priv.*), abstinence,défaut de nourriture,souffrance de la faim,manque de figure.

*அநாகாலம்,(அந், *priv.*ஆ, காலம்), temps de famine.

*அநாசரணம்,(அந் *priv.*), mauvaise conduite.

அநாசரிக்கிறது, ரித்தேன், ரிப்பேன்,ரி,ரிக்க, (அநாசாரம்), traiter incivilement. [servation.

அநாசரித்தல், (*n.v.du préc.*),inob-

*அநாசாரம், (அந் *priv.*), incivilité,impolitesse, indécence, nudité; அநாசாரம்பண்ணுகிறது faire des indécences,des impolitesses, rendre impur. [ம்), incivilité habituelle.

*அநாசாரியம், (அந் *priv.*ஆசார

*அநாசாரியன், (*id.*), homme habituellement incivil.

*அநாசிரயம், (அந் *priv.*), défaut d'asyle,manque d'affection.

*அநாஸ்தை, (அந் *priv.*âsthâ *station*),déshonneur, inconstance.

*அநாதபம், (அந் *priv.*) , froid, ombre.

*அநாதம், (அ *priv.* நாதன்), vie errante,fluctuation,manque de protection,ce qui est inconstant: அநாதசனம் gens délaissés, sans secours; அநாதரட்சகர் le protecteur des pauvres, des gens délaissés,Dieu.

*அநாதரம்,அநாதாரம்,(அந் *priv.*), incivilité,déshonneur,abandon.

*அநாதன்,*m.*அநாதி, *f.* (அ *priv.* நாதன்), orphelin,pauvre, délaissé, sans protecteur,— gardien ou secours:—ஆயிருக்கிறது être délaissé.

*அநாதி.1° (அந் *priv.*ஆதி), chose sans commencement,ce qui a précédé le commencement,éternité, Dieu, l'Éternel,Siven. 2° *feminin de* அநாதன்:அநாதிசைவம் une des 16 sectes de Siven;அநாதிகருமம் péché originel;—த்தனம்,—த்துவம் éternité;—தீர்மானம்résolution ou décret éternel;—நாதர்,*n.pr.*un des 9 sages dits சித்தர்;—முத்தன் sage immuable.

*அநாதியன், (அநாதி), être éternel. [ம்), manque d'admiration.

*அநாதிரேகம்,(அந் *priv.*அதிரேக

*அநாதீனவம், (அந் *priv.* ஆதீனம்),défaut de droit,de propriété,chose sans maitre.

*அநாதுரம்,(அந் *priv.*), dégoût.

*அநாதேயம், (அந் *priv.*), chose sans profit,sans support,non recevable. [difformité.

*அநாந்தம், (அந் *priv.* அந்தம்),

*அநாமயம்,(அந் *priv.*),santé,absence de souffrance.

*அநாமயன். (அநாமயம்), bienportant,non malade. [nulaire.

*அநாமிகை,(anâmikâ), doigt an-

*அநாயகம்,(அ *priv.*), chose sans antécédent,manque de primauté.

*அநாயதம், (அந் *priv.*) , proximité,chose courte,-- proche.

*அநாயாசம்,(அந் *priv.*),légèreté, diligence,contentement.

*அநாரதம்,(anârata) , *V.* அநவரதம். [que de commencement.

*அநாரம்பம், (அந் *priv.*) , man-

*அநாரோக்கியம், (அந் *priv.*) , maladie. [bure,maladie.

*அநார்ச்சவம், (அந் *priv.*), cour-

*அநாவிருஷ்டி,(அந் priv. ஆவிருஷ்டி), sécheresse, manque de pluie.

*அநாவிலன்,(அந் priv. ஆவிலம்). la planète Vénus. [consolation.

அநாறுதல்,(அந் priv.), défaut de

அநிகம், P. அநீகம்.

*அநிக்கிரகம், அநிக்கிரகித்தல்,(அ priv.), conservation. [titude.

அநிசம்,(அ priv.), fausseté, incer-

*அநிச்சம், அநிச்சை,(அந் priv. இச்சை), indifférence, insouciance.

*அநிஷ்டம், அநிட்டம்,(அந் priv.), défaveur, désagrément, mauvaise grâce, chose désagréable: அநிஷ்ட désagréable; அநிட்டன் homme désagréable. [manque de fermeté.

*அநிட்டை, அநிஷ்டை,(அ priv.),

*அநிதானம்,(அ priv.), 1° défaut de certitude. 2° V. அநாதரம்.

*அநித்தம், அநித்தியம்,(அ priv.), le temps (opposé à l'éternité), état temporaire, inconstance, instabilité, fragilité, fausseté, ce qui est temporel, changeant, inconstant, non durable, sujet à la corruption: அநித்தியமான, ou அநித்திய transitoire, temporel, qui passe, qui doit finir: அநித்தியகாலம் temps transitoire, temps de la mort; —காலக்குறிப்பு symptôme de mort; — சமம் preuve par des exemples.

*அநித்தியன்,(அநித்தியம்), homme inconstant, changeant, mortel.

அநிமாவினம், mort.

*அநிமீலனம்,(அ priv.), guérison, convalescence.

*அநியதம், (அ priv.), chose corrompue, —défendue.

*அநியமச்சிலேடை, (அநியமம்), phrase ambigue, à double entente.

*அநியமம்,(அ priv.), doute, mauvaise conduite, chose défendue.

அநியமவுவமை, (அநியமம், உவமை), espèce de figure par laquelle on ajoute à la comparaison en semblant l'exclure.

*அநியாயம்,(அ priv.), injustice, chose déraisonnable.

*அநிரதம், V. அநிர்தம்.

*அநிருத்தபதம், (அநிருத்தன், பதம் chemin), l'air.

*அநிருத்தன், (anirouddha), le fils de Kâmen, l'ingouvernable, le désobéissant. [ம்), malpropreté.

*அநிருமலம், (அ priv. நிரு, மல

*அநிர்தம், (anrouta, fausseté), espèce d'illusion, chose idéale, étrangère à l'existence de Dieu.

*அநிலசகன்,(அநிலம்), feu, l'ami du vent. [la 16me constellation.

அநிலநாள், (அநிலம்), la 15me ou

*அநிலம்,(anila), vent, naissance.

*அநிலன்,(id), le dieu du vent, nom d'un géant, et d'un des 8 Vasous.

*அநிலாமயம்,(அநிலம், ஆமயம்), flatuosité, douleur causée par les vents.

*அநீகம், 1° (anika), armée composée de 3 சங்கம், ou d'un certain nombre de troupes, armée, combat. 2° (அந் priv. ஈகை), tranquillité d'esprit

*அநீகிதம், (அந் priv. ihita désiré), mécontentement, tristesse.

*அநீகினி, (anikini), nénuphar, armée, troupe, armée de 2187 éléphans, d'autant de chariots, de 6567 chevaux et de 10935 fantassins.

*அநீசம்,(அ priv.), civilité, honnêteté. [de chef, Vichnou.

*அநீசன்,(அந் priv.), qui n'a pas

*அநீசுவரவாதி, (அந் priv. ஈசுவரன், வாதி), athée. [tice.

*அநீதம், அநீதி, (அ priv.), injus-

*அநீதன், (அநீதம்), homme injuste, —vil; pl. அநீதர் gens injustes, —viles, vauriens.

*அநு, 1° (hanou), mâchoire, signe, suite, rime du milieu du vers, ou consonnance appelée மோனை. 2° (anou), particule qui se met au commencement des mots, et signifie petitesse, avec, immédiatement, après, sous, partie, isolement, proximité, ordre.

*அநுகதம்,(அநு), secours, participation, société, compagnie, allée ensemble, ce qui vient, venue après.

*அநுகதனம், (அநு), conversation. [semble ou après.

*அநுகமனம், (அநு), allée en-

அநுகம், sandal rouge.

*அநுகம்பை,(அநு, kampâ *tremblement*),affection,compassion.

*அநுகரணம்,(அநு), concomitance, comparaison brillante, action éclatante: அநுகரணகாரணம் cause ou raison concomitante; அநுகரணசத்தம், அநுகரணவோசை répétition d'un son naturel, son imitatif, ou signe des sons comme அம்மெனல்.

*அநுகருஷணம்,(anoukarchana), appel, vol, désir, évocation, appel par enchantement. [vacher,berger.

*அநுகவினன், (அநு, கவினம்),

*அநுகற்பம், (anoukalpa), substitution, équivalent,remplaçant.

*அநுகன்.(anouga),mari. [gnon.

*அநுகாமி, (anougâmi), compa-

*அநுகூலம், (anoukoûla), succès, bon résultat, bonne fortune, bonheur, faveur, clémence, affection, consentement: அநுகூலமான favorable, heureux; அநுகூலத்துக்குவருகிறது, அநுகூலப்படுகிறது, அநுகூலமாகிறது réussir, avoir un bon résultat; அநுகூலப்படுத்துகிறது,அநுகூலம்பண்ணுகிறது,—செய்கிறது, —ஆக்குகிறது, (*avec l'acc.*), finir heureusement, faire réussir, chercher ou capter la faveur, montrer de la bienveillance; அநுகூலசத்துராதி faux ami; அவனெனக்கநுகூலம் il m'est favorable, il est mon appui, ma consolation; அவனுக்கநுகூலமானகாரியஞ்செய் fais lui une faveur, montre lui de la bonté,favorise-le.

*அநுகூலன், (அநுகூலம்), patron, protecteur, fauteur,partisan.

அநுக்காட்டுகிறது, —க்காட்டல், —க்காட்டுதல், (அநு,காட்டுகிறது), faire signe. [tation, ressemblance.

*அநுக்காரம், (anoukâra), imi-

*அநுக்கிரகம், (anougraha), secours, faveur, bienfait, bonté, miséricorde, œuvre de Dieu, rétablissement: அநுக்கிரகம்பண்ணுகிறது, 1° accorder, rétablir. 2° *ou*

அநுக்கிரகிக்கிறது,கித்தேன், கிப்பேன்,கி, கிக்க, *v.n.* (அநுக்கிரகம்), aider, favoriser,être favorable,montrer de la bonté, faire miséricorde.

அநுக்கிரகித்தல், அநுக்கிரகிப்பு, *n.v.du préc.*bienfait,faveur,bonté.

*அநுக்கிரமணம், (அநு, kramana *allée*), action de suivre.

*அநுக்கிரமணிகை, (அநுக்கிரமணம்,ikâ), table des matières.

*அநுக்கிரமம்,(அநு), ordre, méthode. [passion, accouplement.

*அநுசங்கம்,(*id.*), tendresse,com-

*அநுசந்தானம்,(அநு), examen, recherche, méditation continuelle: —பண்ணுகிறது,*ou*

அநுசந்திக்கிறது, தித்தேன், திப்பேன், தி, திக்க, *v.a.* அநுசந்தித்தல், *n.v.*(அநுசந்தானம்),méditer, ajuster une flèche sur l'arc, la lancer.

*அநுசயம்,(anousaya), repentir, haine,objet dans l'esprit,affection.

*அநுசரணம், அநுசரணை, (அநு), adhésion, observation, union, soin, attention, bienveillance, coutume, action d'accompagner, d'aller, de suivre: அநுசரணம்பண்ணுகிறது être attentif, assidu, adhérer, suivre, favoriser, être bien disposé pour.

*அநுசரன், (anoutchara), compagnon, ouvrier, serviteur.

அநுசரிக்கிறது, ரித்தேன், ரிப்பேன்,ரி,ரிக்க,*v.a.*(அநுசாரம்), suivre, accompagner, observer, respecter, embrasser, s'attacher à, se soumettre à, se joindre à, chercher ou donner protection.

அநுசரிக்கை,அநுசரித்தல்,அநுசரிப்பு,*n.v.du préc.* observation, adhésion, unanimité, union, supplication,acte de suivre.—de s'approcher de Dieu. [pagnon, suivant.

*அநுசரிதன்,(அநுசரன்,ita),com-

*அநுசன், (அநு *après*, dja *né*), frère cadet. [verneur,chef.

*அநுசாசகன்,(anousâsaka),gou-

*அநுசாசனம்,அநுசாஸ்தி,(அநு, சாசனம், sâsti *ordre*), ordre, commandement. [cadet.

*அநுசாதன்,(அநு,சாதம்), frère

*அநுசாதை,(*id.*), sœur cadette.

*அநுசாரம்,(anousâra), adhésion, observation, suite, imitation, ressemblance, accompagnement, nature, qualité, faculté, conduite, fruit, coutume: —ou அநுசாரமாக auprès,selon.

*அநுசாரி,(அநுசாரம்),sectateur, partisan, aide, compagnon, observateur, protecteur, ami, intime.

*அநுசிதம்,(அந் priv.), inconvenance, incongruité, indécence,fausseté, malpropreté,toujours: —ஆன vil, inconvenant, impropre, corruptible.

*அநுசிந்தை,(அநு), méditation.

*அநுசை, (f. d'அநுசன்), sœur cadette.

*அநுசோகம்,அநுசோசனம்,(அநு,சோகம்,sôchana), tristesse.

*அநுச்சிட்டம், அநுச்சிஷ்டம், (அந் priv.), propreté.

*அநுச்சிதம், (அந் priv.), chose vile, basse, inconvenante,contraire.

*அநுச்சுவரம், (anousvâra), point sur une lettre sanscrite équivalant à la lettre ம். Ex த் pour தம்.

*அநுஷம்,அநுஷநாள், (anourâdhâ), la 17me constellation qui se compose de 3 étoiles de la tête du scorpion et de trois autres dans le voisinage.

*அநுஷ்டானம், observation des rites, observation, cérémonie, convenance, commencement, fixité:—உள்ளவன் celui qui observe les cérémonies d'usage.(அநு,ஸ்தானம்.)

அநுஷ்டிக்கிறது, அநுட்டிக்கிறது,டித்தேன்,டிப்பேன்,டி. டிக்க,v.a. (அநுஷ்டானம்), observer, accomplir les cérémonies, les exercices d'usage.

அநுஷ்டித்தல், அநுட்டித்தல், அநுஷ்டிப்பு, அநுட்டிப்பு, n.v.du préc. observation de ces cérémonies etc.

*அநுஷ்ணம் | அநுட்டணம் | (அந் priv.), froid, paresse, nonchalence.

அநுடம்,V. அநுஷம்.

*அநுட்டானம்... V. அநுஷ்டானம்...

*அநுதமம்,(அநு,தமம்), le meilleur,prééminence.

*அநுதரம், 1° (anoutara), fret, le prix du fret, embarquement. 2° (அந் priv.), maigreur.

அநுதரிக்கிறது, ரித்தேன், ரிப்பேன்,ரி,ரிக்க,v,n.(அநுதரம்), embrasser, étreindre,s'embarquer,maigrir.

*அநுதரிசனம், (anoutarchana), vase à boire.

அநுதரித்தல்,n.v.d'அநுதரிக்கிறது

*அநுதாத்தம், (anoudâtta), division des livres sacrés, ton grave,sorte de figure de rhétorique.

*அநுதாபம், (அநு), conversion, repentir,compassion.

அநுதாயம்,conversion.

*அநுதாரம், 1° (அநு), vertu domestique. 2° (அந் priv.), avarice.

*அநுதாவனம்,(அநு), poursuite.

*அநுதினம்,(அநு), chaque jour, ou அநுதினமும் tous les jours, journellement,toujours.

*அநுத்தமம், (அந் priv.), chose vile, de qualité inférieure.

*அநுத்தம்,(அந் priv.), chose ou mot non exprimé,fausseté.

*அநுத்தரம்,(அந் priv.), réponse qui ne convient pas.

*அநுத்தானம்,(அந் priv.), prostration,être prosterné.

*அநுத்தியோகம், (அந் priv.), inactivité,être sans emploi.

*அநுத்துவாகம்,(அந் priv.), état ascétique d'un célibataire.

*அநுத்தேகம், (அந் priv.), indifférence,nullité de désir.

*அநுநயம், (அநு), hospitalité, salutation. [னம்.

*அநுநாசிகை,(அநு), V. மெல்லி

*அநுநாதம்,(அநு), écho.

*அநுபஸ்தானம், அநுபஸ்தி, (அந் priv.), manque, privation.

அநுபஸ்தியேது ,(அநுபஸ்தி, ஏது), instrument qui semble marquer le manque de froid et de rosée.

*அநுபதி,(அநு,pati allée),conclusion,conséquence. [allée.

*அநுபதிதம், (அநு), descente,

*அநுபந்தம்,(அநு), union, conjonction, connexion, rapport, accord, série d'actions qui ont une liaison entr'elles, devant, commencement, supplément, rapport entre la cause et l'effet, sujet d'une préface, ou particularité qu'on y doit spécifier; on en compte 4, savoir: 1° விடயம் le contenu de l'ouvrage, 2° சம்பந்தம் l'ordre des matières, 3° பிரயோசனம் l'objet de l'ouvrage, 4° அதிகாரி pour qui il a été fait.

*அநுபந்தன்,(anoubandha), enfant, disciple,élève. [hoquet.

*அநுபந்தி, (anoubandhi), soif,

*அநுபமை, (அந் *priv.*), la femelle de l'éléphant du sud-ouest, excellence, chose incomparable.

*அநுபயோகம்,(அந் *priv.*), inutilité, chose inutile.

*அநுபல்லவம், அநுபல்லவி, (அநு), 2me vers ou ligne du genre de poésies dites சிந்து, vers qui suit le refrain.

*அநுபவசித்தம்,அநுபவசித்தி,(அநுபவம்), expérience, jouissance, accomplissement.

அநுபவசாலி,(அநுபவம்), homme expérimenté,expert, habile.

*அநுபவம், (அநு), expérience, épreuve, compréhension, souffrance, possession, jouissance, volupté, apparition, naissance: அநுபவமாகிறது arriver: அநுபவத்துக்குவருகிறது être compris, éprouvé; அநுபவப்படுகிறது,—படல் connaître parfaitement,—par expérience; அநுபவம்பண்ணுகிறது *ou*

அநுபவிக்கிறது, வித்தேன், விப்பேன், வி, விக்க, *v. a.* (அநுபவம்), éprouver, sentir, souffrir, jouir, comprendre: ஆகாதவழியாயநுபவிக்கிறது abuser,mésuser.

அநுபவிக்கை,அநுபவித்தல்,அநுபவிப்பு, *n. v. du préc.* expérience, jouissance,souffrance,volupté.

*அநுபாதகம், (அநு), grande faute, crime.

*அநுபானம், (அநு), breuvage dans lequel on administre un remède, ou qu'on prend avec autre chose: — பண்ணுகிறது,— கூட்டுகிறது préparer un tel breuvage, une potion.

அநுபிலம்,geste,danse, certitude.

*அநுபூதி, (அநு), connaissance acquise par les அஷ்டபிரமாணம்.

*அநுபோகம்,(அநு), délectation, jouissance, possession continue,cohabitation,commerce charnel: அநுபோகக்காரன் celui qui jouit, qui cohabite; அநுபோகம் பண்ணுகிறது,—செய்கிறது *ou*

அநுபோகிக்கிறது,கித்தேன், கிப்பேன்,கி,கிக்க, *v.a.* அநுபோகித்தல், *n. v.*(அநுபோகம்), avoir commerce charnel, cohabiter, jouir, avoir la jouissance.

*அநுப்பிராசம்,(anouprasa), désir,luxure, incontinence, rime dite எதுகை qui vient à chaque pied des vers d'une strophe.

அநுமக்கொடியோன், (அநுமான்,கொடி), Aroutchounen,dont l'étendard portait la figure d'Anouman. *V.* அருச்சுனன்.

அநுமக்கொடி, அநுமத்துவசம், (அநுமான்), étendard qui porte la figure d'Anouman.

*அநுமதி,(அநு), consentement, permission, autorisation, agrément, liberté, arrangement, ordre, commandement,le 14me ou le 15me de la lune, temps où elle est près d'être dans son plein, pleine-lune:—பண்ணுகிறது consentir; அநுமதியிலே, அநுமதியின்பேரிலே avec le consentement,—l'agrément.

அநுமதிக்கிறது, தித்தேன், திப்பேன்,தி,திக்க,*v.n.*(அநுமதி), consentir.

*அநுமந்தசேவை,(அநுமந்தன்), apparence de Vichnou assis sur Anouman le 5me jour de ses fêtes.

*அநுமந்தன்,(hanoumân),Anouman, ce fameux singe des fables indiennes,et un des 7 சிரஞ்சீவியர்.

*அநுமரணம்,(அநு), mort d'une femme qui se laisse brûler vive avec le corps de son mari défunt:—பண்ணுகிறது,—ஆய்ப்போகிறது se laisser brûler ainsi

*அநுமானப்பிரமாணம், (அநுமானம்),connaissance par induction.

*அநுமானம், (anoumâna), signe, conjecture, doute, induction de l'effet à la cause, de ce qui a été dit à ce qui ne l'est pas, connaissance par induction, jonction: — ஆயிருக்கிறது être douteux; அநுமானப்படுகிறது douter.

*அநுமானுநுமானம், (அநுமானம், அநுமானம்), induction de l'imagination.

*அநுமானுபாசம், (அநுமானம், அபாசம்), induction douteuse.

அநுமானிக்கிறது, னித்தேன், னிப்பேன், னி, னிக்க, *v.n.* (அநுமானம்) douter, conjecturer, hésiter, hennir, faire du bruit.

அநுமானிதம், hennissement.

அநுமானித்தல், அநுமானிப்பு, *n. v. d'* அநுமானிக்கிறது doute, conjecture, hennissement. [த்தி), logique.

*அநுமானோத்தி, (அநுமானம், உ

*அநுமான், (hanoumân), un des 32 ordres d'architecture. ‖ *V.* அநுமந்தன். [*n. v. V.* அநுமானிக்கிறது.

அநுமிக்கிறது, *v.n.* அநுமித்தல்,

*அநுமிதி, (அநு), *V.* அநுமானம்.

*அநுமேயம், (anouméya), chose connue par induction.

*அநுமை, (anoumâ), conclusion, conséquence, voisinage extérieur ou bord de l'œil. [joie, plaisir.

*அநுமோதனம், (அநு), douceur,

*அநுயோகம், (அநு), réprimande, méditation, supplication. ‖ *ou*

*அநுயோசனம், (அநு), question, interrogation. [satiété.

*அநுரஞ்சகம், (அநு, இரஞ்சகம்)

*அநுரஞ்சனம், (அநு), amour, marque de compassion. [amour.

*அநுரதம், (அநு), affection, désir,

*அநுரதி, (அநு), amour.

*அநுராகம், (அநு, இரதி), amour mutuel, désir continuel, désir, luxure, volupté: அநுராகபோகம் jouissance de la volupté; அநுராகமாலை pièce de vers ou quelqu'un raconte un songe impur à son compagnon.

*அநுரூபம், (அநு), concorde, union, obstacle, médiation, ressemblance, conformité: — ஆகாதகாரணம் cause équivoque; அநுரூபகாரணம் cause non équivoque.

*அநுரோதகம், (anourôdhaka), consentement.

*அநுரோதம், (anourôdha), faire l'ouvrage d'autrui, bon service.

*அநுலாபம், (அநு, lâpa *discours*), tautologie. [*V.* அபிஷேகம்.

*அநுலேபகம், அநுலேபம், (அநு),

*அநுலேபனம், (அநு), action d'oindre, de parfumer.

*அநுலோமசன், அநுலோமன், *m.* அநுலோமி, *f.* (anoulômadja), fils, fille d'un père de haute caste et d'une mère de basse caste: அநுலோமருதியர் les anoulomens et autres gens semblables.

*அநுவக்கிரம், (அநு), rétrogradation d'une planète dans le signe précédent. [semblable à une autre.

*அநுவசனம், (அநு), phrase

அநுவசிக்கிறது, சித்தேன், சிப்பேன், சி, சிக்க, *v.n.* அநுவசித்தல், *n.v.* (அநு, vatch *parler*), se répéter, redire la même raison.

*அநுவர்த்தனம், (அநு), faire un devoir, service, profit. [cure.

அநுவழி, (அநு), la planète Mer-

அநுவாகாரியம், (அநு, ஆகாரம், ya), repas —, cérémonie funèbre pour les ancêtres.

*அநுவாக்கியை, (அநு, வாக்கியம்), prière tirée des vêdas.

*அநுவாசம், அநுவாசனம், (அநு) amour, union, cohabitation, action de parfumer, boutique d'ouvrier.

*அநுவாசிதம், (அநு vâsita *parfumé*), chose parfumée.

*அநுவாதம், (அநு), redite, répétition des mêmes raisons, consentement, permission, mépris, injure.

*அநுவாதேயன், (anvâdhêya), qui n'obtient rien, qui n'a aucun droit à la propriété donnée à sa femme

*அநுவாரோகணம், (அநு, ஆரோகணம்,) *V.* அநுமரணம்.

*அநுவிரசனம், (அநு), faire la conduite, envoi.

*அநுவிருத்தி, (அநு), bon service, urbanité. ‖ *V.* புறனடை.

*அநுற்பத்தி,(அந் *priv.*), manque de naissance,faute. [rié),célibataire.

*அநூடன்,(அந் *priv.* oûdha *ma-*

*அநூபசம், (அநூபம்,சம்), gingembre vert.

*அநூபம்,(anoûpa), humidité.

*அநூரு, (அந் *priv.*), Arounen, cocher du soleil,la planète Mercure, homme perclus.

*அநூனம்,(அந் *priv.*), intégrité, tout,chose sans défaut.

*அநேகம், (அந் *priv.* ஏகம்), 1° grande quantité. 2° (*pris adjectivement*), beaucoup, plusieurs, plus d'un: அனேக, அநேகமான beaucoup,plusieurs;அநேகதரம், அநேகந்தரம் souvent;அநேககாலம் longtemps;அநேகதூரம் fort loin;அநேகநாள் plusieurs jours;அநேகமெல்லாம் bien des choses,toutes sortes de choses; அநேகம்பேர் *ou*

*அநேகர், (அநேகம்), plusieurs, —personnes,beaucoup de gens.

*அநேகாகாரம்,(அநேகம்,ஆகாரம்), plusieurs manières.

அநேகாங்கவுருவகம், (அநேகம், அங்கம்,உருவகம்),figure à plusieurs parties ou membres de phrase.

*அநேடமூகம்,(அந், *non priv.* ஏடன்,மூகம்), fraude, état de sourd et muet.

*அநேகாந்திகம், அநேகாந்திகபேதம்,அநைகாந்திகம்,(அனேகம்,அந்திகம்), métonymie,figure qui prend la cause pour l'effet et réciproquement.

*அநைக்கியம்,(அந் *priv.*), haine ou opposition mutuelle,pluriel.

அநைக்குமம்,(அந் *priv.* ஐக்கம்), défaut d'union,pluriel. [vreté.

*அநைசுவரியம்,(அந் *priv.*), pau-

*அநோகசம்,(anokaha), arbre.

அந்,préfixe ou particule composée de அ privatif et de l'ந் euphonique,qui se met au commencement des mots dont l'initiale est une voyelle, indique privation, négation, changement et substitution, et donne généralement aux mots une signification inverse de celle qu'ils ont habituellement.

அந்த,ce,cette,ces. Il double le க, ச,த,ப,qui suit:அந்தப்படி, —ப்படியே,—ப்படிக்கு, —ப்பிரகாரம் ainsi, de cette manière-là. Quelquefois on élide le dernier அ, comme dans அந்தண்டை pour அந்தஅண்டை de l'autre côté.

*அந்தகசயன்,(அந்தகன், சயம்), Siven,le vainqueur d'Andhaguen.

*அந்தகம்,(அந்தம்,ga *qui va*), 1° ricin. 2° *ou* அந்தகச்சன்னி sorte de tétanos,convulsion qui précède la mort. [l'ennemi d'Andhaguen.

*அந்தகரிபு,(அந்தகன்,இரிபு),Siven,

*அந்தகன்,1° (antaka), Andaguen ou Yamen,destructeur. 2°(andhaka), aveugle, la planète Saturne, le géant Andhaguen: —ஆய்ப்போகிறது devenir aveugle. 3° அந்தகன் savon: அந்தகன்பீடம்,montagne de laiton, ou de fer blanc.

*அந்தகாசுகிருதன், அந்தகாரி, (அந்தகன், asuhrouda, அரி *ennemi*), Siven, l'ennemi d'Andhaguen.

*அந்தகாரம், (அந்தம், காரம்), obscurité,ténèbres,enfer.

*அந்தகி, *f.* d'அந்தகன், femme aveugle. [comblé,—caché.

*அந்தகூபம், (அந்தம்), puits

அந்தகோரம், (அந்தம்),*ou* அந்தகோளம்,l'arbre நெல்லி.

*அந்தக்கரணம், (அந்தர், கரணம்), facultés de l'âme: அந்தக்கரணசாட்சி conscience. [me joli,beau.

*அந்தக்காரன்,(அந்தம்), *m.*hom-

*அந்தக்காரி, *f.* (அந்தம்), belle femme.

*அந்தக்கிரகம்,(அந்தர்),chambre intérieure,intérieur de maison.

அந்தக்கேடு,(அந்தம்), difformité, laideur.

அந்தக்கேடன்,*m.* (அந்தக்கேடு), homme difforme,laid,sale;*au f.* அந்தக்கேடி. [tre.

*அந்தசடம்,(அந்தர்,சடம்), ven-

*அந்தஸ்து,état, condition,rang, ordre,arrangement, force, capacité, faculté. [contre-poison,antidote.

அந்தணநாபி,(அந்தணன்,நாபி)

அந்தணர்,*pl.* d'அந்தணன், brames, sages, hermites: அந்தணர்வாக்கு les vèdas;—அறுதொழில், V. அறுதொழில்.

அந்தணன், (அம், தண்மை), Dieu, le beau, le miséricordieux, Sani ou Saturne, Viâgen ou Jupiter, Siven, Brama, Arouguen, brame, sage.

அந்தணாளர், (அந்தணன், ஆள்), brames, conseillers ou amis intimes du roi. [grande obscurité.

*அந்ததமசம், (அந்தம், தமசம்),

அந்தந்த, (அந்த, அந்த), chaque, quelconque, tout, divers, plusieurs.

அந்தப்பிழை, (அந்தம்), V. அந்தக்கேடு.

*அந்தப்புரம், (அந்தர், புரம்), harem, sérail, maison de la reine, appartement des femmes, ou l'intérieur de la maison, chambre à coucher du roi.

*அந்தமந்தம், (அந்தம், மந்தம்), difformité, défaut de ce qui est émoussé, imparfait, informe.

*அந்தம், 1° (anta), fin, limite, terme, mort, beauté, élégance, musc, air, ordre, membre, proximité, naturel, certitude. 2° (andha), obscurité, eau. 3° (andhas), ris cuit: — ஆக்குகிறது orner, embellir; அந்தமாய் élégamment, joliment; அந்தமான, அந்தமுள்ள beau, joli, élégant, gracieux.

*அந்தயோக்கியம், (அந்தம், யோக்கியம்), ce qui convient à sa fin: அந்தயோக்கிய qui convient à sa fin.

*அந்தரகணம், (அந்தரம்), V. ஆகாயகணம்.

*அந்தரகாமி, (அந்தரம், gam *aller*), cheval qui vole dans l'air.

*அந்தரங்கத்தியாணி, (அந்தரங்கம்), tortue.

*அந்தரங்கம், (அந்தர், அங்கம்), lieu secret, —retiré, chose cachée, —intérieure, secret, solitude, esprit, intérieur, volonté, dessein, délibération: —ஆன secret, caché, mystique; —ஆய், அந்தரங்கத்திலே en secret, à part; அந்தரங்கஸ்தானம் parties honteuses.

*அந்தரங்கன், (அந்தரங்கம்), intime, qui parle en secret: இப்போதிராசாவுக்கந்தரங்கனாயிருக்கிறான் le roi lui parle maintenant en particulier. [ந்பாஷாணம்.

அந்தரச்சிந்து, (அந்தரம்), V. க

*அந்தரசைவம், (அந்தரம்), une secte de Siven.

*அந்தரதிசை, (*id.*), un des points d'observations d'astrologie ou d'horoscope. [corde.

*அந்தரநடனர், (*id.*), danseurs de

அந்தரபவனி, (*id.*), marche dans l'air. [mons de l'air.

*அந்தரப்பிசாசுகள், (*id.*), les dé-

*அந்தரமிசிரம், (*id.*), une division de l'enfer, un des enfers des Indous.

*அந்தரம், (antara), lieu, espace, intervalle, mesure, période de temps, cour, lieu vaste et inculte, solitude, désert, abondon, milieu, ténèbres, réunion, foule, temple, pagode, mal, tort, dommage, différence, diversité, fin, air, place, montagne, certaine montagne, nom de plusieurs peuplades, obstacle, nuage, fluctuation, vêtement, comparaison, Dieu, temps, reste, propriété, cause, subsistance, entretien, milieu de la paupière, dehors, plaine. Dans les mots composés il signifie parfois autre, divers, chaque: அந்தரத்திலேநிற்கிறது être abandonné, délaissé, suspendu en l'air; அந்தரத்திலேவிடுகிறது délaisser, laisser dans l'abandon; அந்தரஆண்டு période de temps entre 2 époques; அந்தரமத்திமபுத்தி différence entre le mouvement journalier moyen et le vrai. [templation dans le désert.

*அந்தரயோகம், (அந்தரம்)) con-

*அந்தரயோகி, (*id.*), contemplatif du désert. [demi-dieux de l'air.

*அந்தரர், *pl.* (*id.*), vagabonds,

*அந்தரவல்லி, (*id.*), la racine ou rave dite கருடன்கிழங்கு.

*அந்தரவனம், (*id.*), désert, terre déserte, —inhabitée. [பாசி.

*அந்தரவாசம், (*id.*), V. கொடிப்

*அந்தரவாயு, (*id.*), hydrocèle.

அந்தரவிச்சு, (*id.*), fluctuation, manque d'appui, de tolérance.

அந்தராணம், (அம், தராணம்),

fermeté,fixité de l'esprit du yogi dite தாரணை.

*அந்தராபத்தியை,(அந்தரம், அபத்தியம்), femme enceinte.

*அந்தராயம்,(அந்தரம்,âya), obstacle,mal,affliction, [lieu.

*அந்தராளம்,(அந்தரம்,âla), mi-

அந்தராளன்,(அந்தராளம்), fils d'un அநுலோமன் et d'une பிரதிலோமி. [de அந்தரிக்கிறது.

அந்தரி,1° Parvadi,Tourkei.2° *imp.*

அந்தரிக்கிறது,ரித்தேன்,ரிப்பேன், ரி,ரிக்க,*v.n.*(அந்தரம்), flotter,vaciller,hésiter, changer, être irrésolu, trouver la différence entre 2 quantités. [rikcha), air,atmosphère.

*அந்தரிக்ஷம், அந்தரிட்சம், (anta-

*அந்தரிதம்,(antarita), reste.

அந்தரித்தல்,அந்தரிப்பு,*n.v.* *d'* அந்தரிக்கிறது,fluctuation,hésitation.

*அந்தரியாகம், (அந்தர், யாகம்), sacrifice intérieur.

*அந்தரியாமி,(அந்தர், Yâmin *qui modère*), Dieu, âme,conscience,principe de l'intelligence.

*அந்தரிலம்பம், (அந்தர்), triangle rentré,—intérieur dont tous les angles sont aigus. [tion,insensibilité.

*அந்தரிலயம்,(*id.*) ,inanité,inani-

*அந்தரீக்ஷம்,அந்தரீட்சம், (antarikcha), air.

*அந்தரீபம்,(antarîpa), île.

*அந்தரேணம்,(antarêna),milieu.

*அந்தர்,(antar), dedans,abri, cachette. [au milieu,chose intérieure.

*அந்தர்க்கதம், (அந்தர்), arrivée

*அந்தர்க்கரணம், (*id.*), instrument ou cause intérieure.

*அந்தர்ச்சடரம், (*id.*),¦ estomac, ventricule. [eurs.

*அந்தர்ச்சரீரம்,(*id.*), sens intéri-

*அந்தர்த்தகனம், (*id.*), distillation des liqueurs spiritueuses.

*அந்தர்த்தானம்,(*id.*),disparition, dedans,lieu caché, action de cacher.

*அந்தர்த்துவாரம்,(*id.*),porte intérieure. [ment.

அந்தர்ப்பவம்,(*id.*), emprisonne-

*அந்தர்ப்பிரகிருதி,(*id.*), sens intérieurs.

*அந்தர்ப்புரம்,(*id.*), *V.* அந்தப்புர

அந்தலை.அந்தலைப்பு,fin. [ம்.

அந்தளம்,cotte d'armes, coiffe de cheval,d'éléphant.

அந்தளி,temple.

*அந்தன், (andha), aveugle, Sa-

அந்தா,*prép.* voilà. [turne.

*அந்தாதி,(அந்தம்,ஆதி), le commencement et la fin, Dieu, collection historique,anadiplose, répétition de la fin d'une strophe au commencement de la suivante, pièce de vers qui a cette répétition.

அந்தாதிக்கிறது,தித்தேன், திப்பேன்,தி,திக்க,*v.n.* அந்தாதித்தல், *n. v.* (அந்தாதி), joindre le commencement et la fin, joindre les 2 bouts, composer un அந்தாதி.

அந்தாதிச்சா,(அந்தம்,ஆதி,சா), mort ou éventualité,arrivée dans les 6 signes en commençant au capricorne.

அந்தாதித்தொடை,(அந்தாதி), liaison des vers nommés அந்தாதி,série de vers dont chacun commence par la lettre,la syllabe,le pied ou le mot par où finit le précédent.

அந்தாதிமடக்கு,(அந்தாதி), répétition de la fin d'un vers au commencement du suivant mais avec une autre signification.

அந்தால்,*adv.* là,en ce lieu là.

அந்தாளிபாடை,sorte de ton de musique. [fermer une voie d'eau.

அந்தான், planche clouée pour

அந்தி,1° (சந்தி), carrefour, lieu ou aboutissent 3 rues,jointure. 2° (அந்தம்),soir,nuit,fin. 3° *அந்தி,(anti), sœur ainée. 4° *imp. d'* அந்திக்கிறது: அந்திக்கு le soir,dans la soirée: அந்திசந்தி soir et matin; அந்தித்தொழுதல் prière du soir, dire la prière du soir;— தொழுதுவருவேன் je viendrai après la prière du soir; அந்திப்பொழுது,—ப்போது,— நேரம் le soir;—நக்ஷத்திரம் étoile du soir.

*அந்திகம்,(antika),proximité, côté,étai. [யம்), étai,appui.

*அந்திகாசிரயம்,(அந்திகம், ஆசிர

அந்திகாவலன்,(அந்தி), fausse divinité ou gnome qu'on prétend apparaitre le soir en certains lieux.

*அந்திகை, 1° (antikà), sœur ainée, foyer, proximité. 2° (andhikâ), nuit, femme, mal d'yeux.

அந்திக்கிறது, த்தேன், திப்பேன், தி, திக்க, *v.n.* (அந்தி), s'unir, convenir, se mêler, soupirer, s'émousser.

அந்தித்தல், *n.v. du préc.* union.

அந்திப்பூ, அந்திமந்தாரை, அந்திமல்லிகை, (அந்தி), la plante polyanthes tuberosa, espèce de jasmin.

அந்திமாறு, அந்திமார், (அந்தி), chaque soir, le soir.

அந்திமான், *n.pr.* un des 7 de la 2e classe des personnages célèbres par leur libéralité.

*அந்தியபம், (அந்தியம், பம்), *V.* இரேவதி.

*அந்தியம், (antya), extrémité, fin: அந்தியகருமம் cérémonie funèbre; —காலம் temps de la mort: —பொழுது le soir; —வருணம் la 4me caste, les Soudras ou Choutres.

*அந்தியர், (அந்தியம்), bas peuple, gens vils.

அந்தியேஷ்டி, அந்தியேட்டி, (அந்தியம், இஷ்டி), sacrifice funèbre, pour les morts.

அந்திரக்கண்மணி, saphir.

அந்திரக்கொடிச்சி, soufre.

*அந்திரம், (antra), entrailles, intestin.

அந்திரவசனம், *V.* கொட்டைப்பாக்கு.

*அந்திரன், (andhra), chasseur.

அந்தில், 1° *part. exp.* 2° (அந்த, இல்), là, ce lieu-là.

அந்திவண்ணன், (அந்தி, வண்ணம்), Siven qui est rouge comme le ciel au coucher du soleil.

அந்திஸ்து, *P.* அந்தஸ்து.

அந்து, 1° *ou* அந்துப்பூச்சி, tinea orizella, petit insecte ailé qui ronge le ris. 2° * அந்து, (andhou), puits. 3° (andou), ornement des pieds à grelots.

*அந்துகம், அந்தூ, அந்தூகம், (andouka, andoû, andoûka), chaine, ornement des pieds à grelots, chaine pour attacher le pied des éléphans, ou dont ils se servent avec leur trompe au combat.

அந்துளிதுந்துளியார்க்கிறது, —யார்த்தல், avoir des vertiges, palpiter beaucoup.

அந்தேசம், fluctuation, faiblesse.

*அந்தேவாசி, (antêvâsi), élève, vaurien, homme vil.

அந்தைமந்தை, nonchalence, paresse.

அந்தோ, *int. d'admiration ou de pitié*, ah! hélas.

அந்தோர், l'arbre நெல்லி.

அந்நாள், (அ *dém.*), ce jour-là.

*அந்நிய, *adj. et obl. d'* அந்நியம்.

*அந்நியசன்மம், (அந்நியம்), renaissance, nouvelle naissance.

*அந்நியகுணசகனம், (அந்நியம், குணம்), indulgence pour le caractère du prochain.

*அந்நியசாகன், (அந்நிய, சாகை), homme d'une autre secte ou caste, — déchu de sa caste ou de sa religion.

*அந்நியஸ்திரி, (அந்நியம்), femme d'autrui, étrangère.

*அந்நியதாகர்த்தத்துவம், (anyathâ *autrement*), pouvoir de changer une chose en une autre.

*அந்நியதாசித்தி, (*id.*), réfutation d'une cause en établissant un point ou un motif différent.

*அந்நியதாவநுப்பத்தி, (*id. et* அந் *priv.* உற்பத்தி), *V.* அருத்தாபத்தி.

*அந்நியபிருதம், *அந்நியபுட்டம், அந்நியபுஷ்டம், (அந்நியம், bhrouta *ou* pouchta *nourri*), le குயில் ou coucou indien, dont la mère pond ses œufs dans le nid du corbeau, qui les couve et élève les petits jusqu'à ce que reconnaissant ce qu'ils sont, il les chasse de son nid comme étrangers.

*அந்நியமம், (அ *priv.* நியமம்), indétermination, chose non déterminée. ‖ *V.* அநியமம்.

*அந்நியம், (anya), 1° chose étrangère, exotique, qui appartient à autrui, différence, voisinage. 2° *V.* அந்நியபிருதம்: அந்நிய, அந்நியமான étranger, autre, proche, qui est à autrui.

*அந்நியவசம், (அந்நியம்), aliénation, vente: — ஆக்குகிறது aliéner, vendre, transférer.

*அந்நியன், s.m. அந்நியர், pl. (அந்நியம்), étranger, homme d'un autre pays, d'une autre caste, etc.., prochain, homme vil.

*அந்நியோந்நியம், (அந்நியம், உந்நியம்), réciprocité, familiarité, rapport mutuel: அந்நியோந்நிய, அந்நியோந்நியமான mutuel, réciproque; அந்நியோந்நியமாய் réciproquement, mutuellement, familièrement, l'un pour l'autre, l'un l'autre; அந்நியோந்நியகலகம், —விரோதம் haine —, opposition mutuelle: — கட்டு lien, convention contrat ou accord mutuel.

*அந்நியோந்நியாபாவம், (அந்நியோந்நியம், அபாவம்), chose qui n'a pas de connexion réelle avec une autre, comme la peinture avec l'objet peint.

அந்நேரம், (அ dém.), ce temps-là. ‖ou அந்நேரத்திலே alors, en ce moment-là; அந்நேரத்துக்கந்நேரம் au jour le jour, pour le moment, en temps convenable.

*அப, obl. de அபம், (apa) particule qui se joint au commencement des mots et signifie: opposé, mauvais, inférieur, moindre, vain, futile, nul, inutile, différent, etc...

*அபகடம், V. அவகடம். [ler), mort.

*அபகமம், அபகம், (அப, gam al-

*அபகரணம், (அப), usurpation, action coupable, — impropre.

அபகரிக்கிறது, ரித்தேன், ரிப்பேன், ரி, ரிக்க, v.a. (அபகாரம்), priver, déposséder, usurper, s'approprier, s'emparer par fraude, nuire, rendre de mauvais offices.

அபகரித்தல், அபகரிப்பு, n.v. du préc. usurpation, privation, dépossession.

*அபகருமம், (அப), mauvaise action, mal, tort, détresse. [nuelle.

*அபகளங்கம், (id.), injure conti-

*அபகனம், அபகன், (apaghana), membre.

*அபகாதம், (அப), meurtre.

*அபகாரம், (id.), mauvais office, dommage, tort, mal, ingratitude, action de rendre le mal pour le bien, vol, tyrannie, faute, haine, couleur.

*அபகாரி, (அபகாரம்), ingrat, malicieux, personne qui rend de mauvais offices.

*அபகிருதி, (அப), mauvaise action, opposition, détresse.

*அபகீர்த்தி, (id.), mauvaise renommée, infamie, ignominie, affront, mépris: — புள்ள, — பெற்ற diffamé, malfamé, décrié; — படுகிறது, — பெறுகிறது, — அடைகிறது être décrié, diffamé; — படுத்துகிறது diffamer.

*அபகுண்டனம், (id.), circuit, environner, tour.

அபகுறி, (id.), mauvais symptôme.

*அபக்கியாதி, (id.), mauvais renom, diffamation, calomnie, médisance, honte, injure, mépris: — ஆன ignominieux, infamant, déshonorant, honteux; — யாய்நடக்கிறது se conduire mal, vilainement; — யாய்ப் பேசுகிறது, — யாய்ச்சொல்லுகிறது diffamer, parler mal, railler, calomnier.

*அபக்கிரமம், (id.), fuite, allée, retraite, refuge. [action, haine.

*அபக்கிரியை, (id.), mal, mauvaise

*அபக்குரோசம், (apakrôsa), mépris, injure.

*அபக்குவம், (அ priv.), immaturité, inopportunité, état de ce qui n'est pas encore au point ou au temps voulu.

*அபக்ஷணம், அபக்ஷதை, அபக்ஷம், V. அபட்சணம், அபட்சதை, அபட்சம்.

அபங்கம், espèce d'arsenic naturel.

*அபசகுனம், (அப), mauvais signe, mauvais augure.

*அபசங்கம், (id.), pied, base. [sse.

*அபசதம், (id.), infériorité, basse-

*அபசத்தம், (id.), dissonance, mauvais son, mauvaise voix.

*அபசயம், (id.), mauvais succès, infortune, revers, perte, défaite, faiblesse: அபசயப்படுகிறது échouer, ne pas réussir, être vaincu.

*அபசரணம், (id.), sortie dehors, incivilité. [accéléré, marche pressée.

*அபசரம், (id.), expulsion, pas

*அபசரிதம், (id.), désordre, mauvaise conduite.

*அபசருச்சனம், (அப, sardjana *abandon*), meurtre, don, abandon, émancipation finale, délivrance de nouvelle naissance.

*அபசவ்வியம், (அப), coté droit, milieu—, espace entre le pouce et l'index.

*அபசாரம், (*id.*), incivilité, impolitesse, indécence, affront, injure, grossiéreté, mauvaise conduite,—vie, —action, défaut, sortie dehors;— ஆன impoli, incivil, rustique, dissolu;— ஆக impoliment, grossièrement, mal; —பண்ணுகிறது faire des impolitesses, traiter impoliment, se conduire mal.

*அபசாரி, *m. et f.* (அபசாரம்), homme incivil, — grossier, femme déréglée, prostituée.

*அபசிதம், (apatchita), observation, dépense, envoi.

*அபசித்து, அபசித்துமூர்த்தம், (அப, சித்து), le 8me des அஷ்டமூர்த்தம்,

*அபசெயம், *V.* அபசயம். [l'âme.

*அபசேதிரு, (apatchêtrou), prodigue, dépensier.

*அபச்சாயை, (அப), couleur de rebut, femme répudiée. [டகம்.

*அபஷ்டகம், அபஷ்டம், *V.* அபட்

*அபஞ்சீகிருதம், (அ *priv.* பஞ்சம், கிருதம்), élémens isolés.

*அபடி, (apati), rideau.

*அபடு, (apatou), manque d'habileté, incapacité.

*அபடுகரணம், (அபடு), manque de connaissance,—de quelqu'un des sens, faiblesse. [abstinence.

*அபட்சணம், (அ *priv.*), jeûne,

*அபட்சதை, (அபட்சம், tâ), opposition, l'opposé.

*அபட்சம், (அ *priv.*), aversion.

*அபட்டகம், அபட்டம், (apachta), pointe d'un croc de cornac.

*அபதாந்தரம், (அ *priv.* பதம், அந்தரம்), proximité, contiguité.

*அபதானகம், அபதானம், (apadâna), bonne conduite, emploi relevé, force.

அபதூறு, (அப), mauvaise renommée, mauvais rapport, mauvais bruit, médisance, calomnie, infamie, rapine: ஒருவன்மேல்அபதூறுஉண்டாக்குகிறது,—சொல்லுகிறது, ஒருவனைஅபதூறுபண்ணுகிறது, —படுத்துகிறது diffamer, décrier, calomnier quelqu'un; அபதூறுக்காளாகிறது donner lieu a de mauvais bruits, en devenir l'objet.

*அபதேசம், (அப), mauvaise doctrine, but, moyen, cause, renommée, point cardinal, còté, fraude, déguisement. [du mensonge.

*அபதேசி, (அபதேசம்), docteur

அபதேசிக்கிறது, சித்தேன், சிப்பேன், சி, சிக்க, *v. n.* (அபதேசம்), enseigner l'erreur. [vaise déesse.

*அபதேவதை, (அப), démon, mau-

*அபத்தச்சந்தம், (அ *priv.* பத்த சந்தம்), manque d'appétit.

*அபத்தம், (அ *priv.*), fausseté, absurdité, mensonge, erreur, faute, tromperie: அபத்த, அபத்தமான faux, erroné, absurde; அபத்தமாய் faussement, absurdement; அபத்தச்சொல் mensonge.

*அபத்தன், (அபத்தம்), menteur.

*அபத்தி, (அ *priv.*), manque de piété.

*அபத்தியசத்துரு, (அபத்தியம்), crabe. Il périt, dit-on, en mettant ses petits au monde.

*அபத்தியதை, (அபத்தியம், dâ *donner*), sage-femme. [ம்), vulve.

*அபத்தியபதம், (அபத்தியம், பத

*அபத்தியம், 1° (அ *priv.*), *V.* அவபத்தியம். 2° (apatya), enfant.

*அபத்தியாவிக்கிரயி, (அபத்தியம், விக்கிரயம்), vendeur d'enfant.

*அபத்தியானம், (அப), mal, tort, mauvaise pensée.

*அபத்திரபம், (*id.*), perte de la honte, —de la réputation, déshonneur. [té, mélange.

*அபத்திரவியம், (*id.*), malpropre-

*அபநயனம், (*id.*), corruption, destruction, usurpation, action de prendre, payement d'une dette.

*அபநீதம், (*id.*), usurpation, chose usurpée,—payée.

*அபநுதி, அபநுதியுருவகம், (அப,

ருதி), figure qui, en fait de beauté, de caractère ou d'autre objet, nie la chose même pour donner plus de force à une comparaison. *Ex.* கையல்லக்காந்தண்மலர் non, ce n'est pas une main, mais une fleur de gloriosa. [on, répulsion.

*அபநோதம், (apanôda), expulsi-

அபந்தரை, *V.* அவந்தரை.

*அபபாக்கியம், (அப), infortune, malheur.

*அபமம், (apama), déclinaison des astres, retour du soleil aprés les solstices. [mort.

*அபமரணம், (அப), mauvaise

*அபமார்க்கம், (அப), *V.* அமார்க்கம். [mauvaise réputation.

*அபமானம், (அப), déshonneur,

*அபமிருத்து, (அப), mauvaise mort.

*அபம், (apa), mal, inutilité; particule qui marque opposition, infériorité, diminution, privation, séparation, différence, mal, inutilité, etc...

*அபயகரம், (அபயம்), *V.* அபயஸ்தம். [renommée.

*அபயசம், (அப, யச்சு), mauvaise

*அபய்ஸ்தம், *P.* அபயாஸ்தம், (அபயம், அஸ்தம்), main donnée en signe de protection, de sauve-garde, pour dissiper la crainte: அபயஸ்தங்கொடுக்கிறது protéger, prendre sous sa sauve garde, délivrer de crainte.

அபயதன், (அபயம், da *qui donne*), défenseur, protecteur.

*அபயதானம், அபயப்பிரதானம், (அபயம்), refuge, asyle.

*அபயம், (அ *priv.*), exemption de crainte, sécurité, intrépidité, refuge, asyle, endroit sûr, sûreté, protection, appel, appel au secours, clémence, miséricorde, fin du monde, poivrier: அபயமிடுகிறது, —கேட்கிறது, —இட்டழுகிறது, —என்றலறுகிறது, —இட்டுக்கேட்கிறது, —என்றுவருகிறது en appeler à, demander asyle, —secours, implorer la protection, se plaindre—, se réfugier auprés; —கொடுக்கிறது donner asyle, prendre sous sa protection; சுவாமியபயம்பயமிரட்சியும் seigneur, j'implore votre assistance, sauvez-moi.

*அபயவாக்கு, (அபயம்), promesse de protection, de sureté. [pides.

*அபயர், (அபயம்), guerriers intré-

*அபயன், (அபயம்), homme intrépide, —sans peur, héros, Dieu, Sôjen, Arouguen.

*அபயாத்தம், அபயாஸ்தம், அபயார்த்தம், (அபயம், அத்தம், அஸ்தம், அர்த்தம்), *V.* அபயஸ்தம்.

*அபரக்கிரியை, (அபரம்), derniers devoirs, obséques.

*அபரசன், (அபரம், சம்), frére cadet, successeur.

*அபரஞானம், (அபரம்), sagesse prématurée, —du jeune âge.

அபரஞ்சி, *ou* அபரஞ்சிப்பொன், or pur, de 24 carats: —க்காசு monnaie d'or pur; —மணல் poudre d'or. [sion

*அபரதி, (aparati), retard, suspen-

*அபரத்துவம், (அபரம்), opposition, postériorité. [pétition du son.

*அபரநாதம், (அபரம்), écho, ré-

*அபரபக்ஷம், —பக்கம், —பட்சம், (அபரம்), déclin de la lune, le temps de la pleine à la nouvelle lune, la partie postérieure.

*அபரபுத்தி, (அபரம்), arrière-pensée. [te நாயுருவி.

அபரமார்க்கம், (அபரம்), la plan-

அபரம், 1° rancune, cotte d'armes, —de mailles, enfer. 2° *அபரம், (apara), dos, derrière, arrière, ce qui suit, aprés, fin, ce qui est autre, opposition, pied de derrière d'un éléphant. [monde, le paradis.

*அபரலோகம், (அபரம்), l'autre

*அபரவயசு, (அபரம்), âge décrépit. [l'invincible, Vichnou, Siven.

*அபராசிதன், (அபரம், அசிதன்),

*அபராணம், அபராண்ணம், (aparâhna), entreprise, aprés-midi: அபராண்ணகாலம் l'aprés-midi, le soir.

*அபராதம், (aparâdha), amende, punition, pénitence sacramentelle, faute, offense, désobéissance, erreur, opposition, obstacle: —கட்டளையிடுகிறது, —போடுகிறது imposer une amende, une pénitence; —வாங்குகிறது lever, exiger une amende; —

கொடுக்கிறது payer l'amende;—தீர்க்கிறது accomplir sa pénitence, faire pénitence; être mis à l'amende, la payer;—சகிக்கிறது pardonner une offense.

*அபராத்திரம், அபரராத்திரம், (அப, அபரம்), dernière veille, —partie de la nuit.

*அபரிசரம், (அ priv. பரி, சரம்), distance, éloignement.

*அபரிச்சதம், (அ priv. paritchtchhada *couverture*), nudité.

*அபரிச்சேதம், (அ priv.), désordre, manque de division,—de chapitre.

[priv.), perte de la beauté.

*அபரிட்காரம், அபரிஷ்காரம், (அ

*அபரிணயனம், (அ priv.), réforme de la vie conjugale, renoncement au monde, célibat.

*அபரிணீதை, (அ priv. parinitâ *mariée*), femme non mariée.

*அபரிபாடி, (அ priv.), désordre.

*அபரிபூதம், (*id.*), chose non mûre.

[mensc.

*அபரிமாணம், (*id.*), chose im-

*அபரிமிதம், (*id.*), 1° grandeur, abondance. 2° *ou*

[chose sans fin.

*அபரியந்தம், (*id.*), immensité,

*அபரியாயம், (*id.*), désordre.

*அபரூபம், (அப), 1° difformité, laideur. 2° *P.* அபூர்வம், chose rare, précieuse, extraordinaire, rareté.

*அபரோக்ஷஞானம், அபரோட்சஞானம், (அ priv. பரோக்ஷம்), vision de Dieu, de la cause première.

*அபரோக்ஷன், (அ priv. பரோக்ஷம்), bienheureux qui a obtenu la vision susdite.

*அபலம், 1° (அ priv.), faiblesse, infirmité, inutilité, stérilité, dommage, perte, désappointement, misère, calamité, détresse. 2° (apala), verrou: —ஆய் en vain, inutilement, misérablement; —ஆன vain, misérable, ignominieux;—ஆய்ப்போகிறது, அபலப்படுகிறது perdre sa peine, être inutile;—ஆய்க்கெடுகிறது, —ஆய்ச்சாகிறது périr misérablement;—ஆனசாவு, — அபலச்சாக்காடு mort ignominieuse,—misérable.

*அபலன், (அபலம்), homme pauvre, délaissé, sans secours.

*அபலாடிகை, அபலாஷிகை, (apalàchika), soif.

*அபலாபம், (அப, lâpa *discours*), fraude, tendresse, sensibilité.

அபவம், 1° baleine. 2° *அபவம், (அ priv.), non-existence.

[couverture.

*அபவரணம், (அப), couvercle,

*அபவருக்கம், (apavarga, அப), paradis, éternelle félicité, exemption de nouvelle naissance, accomplissement, force, fruit d'une action, fin, abandon.

*அபவருச்சனம், (அப, vardjana *abandon*), don, exemption de nouvelle naissance, abandon.

*அபவருத்தம், (அப), destruction.

*அபவருத்தனம், (*id.*), éloignement, action de troubler, d'abréger, d'écarter.

*அபவனம், (*id.*), jardin fleuriste.

*அபவாகம் (apavâha), chambre intérieure. ‖ *V.* அருத்தாபத்தி.

*அபவாதம், (அப), langage injurieux, outrageant et vindicatif, contradiction, accusation, obstacle, blancheur: அபவாதயோகம் accusation.

[cachette, mort.

*அபவாரணம், (அப), disparition,

*அபவிதவ்வியம், (அ priv. bhavitavya *qui doit être*), ce qui n'arrive pas, néant.

[té, saleté, malpropreté.

*அபவித்திரம், (அ priv.), impure-

*அபவித்திரன், (அபவித்திரம்), impur, sale.

*அபவிய்யம், (அப, விய்யம்), prodigalité, dépense folle: அபவிய்யமானம் dépense, manquer de payer ses dettes.

[nution.

அபவிருத்தி, (அப), manque, dimi-

*அபாகசாகம், (அபாகம்), gingembre vert.

[ce qui n'est pas mûr.

*அபாகம், (அ priv.), immaturité,

*அபாகரணம், (அப, ஆகரணம்), payement d'une dette.

*அபாக்கியம், (அ priv.), misère, adversité, infortune: —ஆய்ப்போகிறது devenir malheureux, tomber dans la misère.

*அபாக்கியன்,(*id.*), infortuné.

*அபாங்ககம்,(அபாங்கம்,ka),coin de l'œil.

*அபாங்கம், (அப, அங்கம்), regard favorable, —du coin de l'œil, coin extérieur de l'œil.‖*V.*திலகம்.

*அபாசங்கம், (அப, ஆசங்கம்), carquois.

*அபாசம்,(அ *priv.*), manque de désir, indifférence,faute. [பந்தல்.

*அபாசிரயம், (அப,ஆசிரயம்),*V.*

*அபாசீனம்,(apâtchîna), sud.

*அபாஷணம், (அ *priv.*), silence, tranquillité.

*அபாடவம், (அ *priv.*), laideur, inélegance,maladie. [célibat.

*அபாணிக்கிரகணம், (அ *priv.*),

அபாண்டம்,calomnie, indignité, mépris: —போடுகிறது, சொல்லுகிறது calomnier.

*அபாதானம், (அப, ஆதனம்), éloignement, signification de l'ablatif d'éloignement,ou 5ᵉ cas tamoul.

*அபாத்திரம்,(அ *priv.*), indignité, incapacité, inconvenance, ce qui n'est pas un instrument convenable: —ஆன indigne, incapable; —ஆய், —ஆக indignement,vainement.

*அபாத்திரன், அபாத்திரவான், (அபாத்திரம்),homme indigne,incapable.

*அபாத்திரீகரணம்,(அபாத்திரம், கரணம்), action indigne, emploi dégradant, quitter ses fonctions pour faire celles des autres.

*அபாபம்,*P.*அபாவம்.

*அபாமார்க்கம், (apâmârga), la plante வெண்ணாயுருவி.

*அபாம்பதி,(apâm *gén.pl.d'* அப்பு, பதி), océan,roi des eaux.

*அபாயம்,(apâya), péril, risque, infortune, revers, pensée de trahison, ruse, tromperie, corruption, dommage, élévation, division: அபாயசமயம் danger, temps de danger; —தந்திரம் *ou*

*அபாயோபாயம்,(அபாயம்,உபாயம்), artifice, ruse, stratagème.

*அபாரணை,(அ *priv.*), supercherie, manigance, subterfuge, abstinence de nourriture,—de la nourriture ordinaire après le jeûne.

*அபாரம், (அ *priv.*), ce qui est infini, Dieu, infinité, immensité, perte. [ம்), procès frauduleux.

*அபார்த்தகரணம், (அப, அர்த்த

*அபாவம்,(அ *priv.*),1° ce qui n'existe pas, inexistence, néant, mort, incohérence,inconvenance. 2° *ou* அபாவஅளவை,—ப்பிரமாணம் preuve de la non-existence,—fondée sur ce que naturellement la chose n'existe pas ou ne parait pas, comparaison avec ce qui n'existe pas.

*அபாவர்த்தனம், (அப, ஆவர்த்தனம்), action de tourner.

*அபாவனை, (அ *priv.*), manque de réflexion,de méditation,mépris.

*அபானம், (apâna), le derrière, pet: அபானத்துவாரம் orifice du derrière, anus; அபானவாயு,*ou*

*அபானன்,(அபானம்) ,vent,pet, un des 10 airs vitaux du corps, dont le siège est, selon les Indiens, au sommet de la tête.

*அபி,(api,abhi), particule qui se joint au commencement des mots et marque mépris, réprimande, abondance, interrogation, doute, proximité, séparation,excellence,désir.

*அபிகதம்,(அபி), approche.

*அபிகமம், } (அபி,கமனம்),proximité.
அபிகமனம். }

*அபிகரிசனம், (அபி), friction.

*அபிகாதம்,(அபி), tourment, action de blesser.

*அபிகாதி, (abhighâti), ennemi.

*அபிகாயம்,(அபி),chaleur,espèce de phthisie, colère,impétuosité d'esprit.

*அபிகாரம், 1° (abhihâra), pillage, port d'armes. 2° (abhighâra), beurre. [auparavant.

*அபிகிதம்,(abhihita), chose dite

*அபிகிதத்துவம்,(*id.*), exemple.

*அபிக்கியை,(abhikhyâ), beauté, appel,renommée,nom. [combat.

*அபிக்கிரகம்,(அபி), vol, défi au

*அபிக்கிரகணம்,(*id.*),aller au devant,vol en présence du possesseur.

*அபிக்கிரமம்,(*id.*) , montée,attaque, caresse.

*அபிசங்கம்,(*id.*) ,troupe,embrassement, accusation, serment, malédiction, vérité. [mauvais renom.

*அபிசத்தி,அபிசஸ்தி,(abhisasti) ,

*அபிசந்தாபம்,(அபி) , combat.

*அபிசந்தானம், (அபி) , déception,union,affection.

*அபிசந்தி,(அபி) , déception, union,affaire,chose. [nion.

அபிசம்,(*id.*), société, union, réu-

*அபிசம்பந்தம், (அபி) , troupe d'amis,intimité,amitié.

*அபிசம்பாதம், (abhisampâta) , malédiction,guerre,combat. [gnon.

*அபிசரன், (அபி,சரம்) , compa-

*அபிசவம், அபிஷவம், (அபி, சவம்) , cange,eau de ris épaisse.

*அபிசவனம், அபிஷவனம்,(அபி, சவனம்) , bain. [meurtre, présent.

*அபிசற்சனம், (abhisardjana),

*அபிசனம், (அபி) , renommée, patrie, prééminence,*ou* chef d'une famille,race.

*அபிசாதம், (அபி) , convenance, noblesse: அபிசாதகுலம் bonne caste.

*அபிசாபம், (அபி) , accusation, inutilité.‖ *ou* [malédiction.

*அபிசாபனம், (அபி, சாபனை) ,

*அபிசாபிவாரம்,désir, concupiscence. [meurtre par maléfice.

*அபிசாரகம், (abhitchâraka) ,

*அபிசாரணம்,(அபி) , visite, approche.

*அபிசாரமந்திரம், (அபிசாரம்) , enchantement pour la luxure.

*அபிசாரம், 1° (abhisâra) , luxure, mauvaise conduite, destination, force, combat. 2° (abhitchâra) , enchantement pour tuer.

*அபிசாரவோமம்,(அபிசாரம், ஓமம்) , sacrifice pour tuer.

*அபிசாரி,(அபிசாரம்), 1° femme de mauvaise vie,adultère.2° enchanteur qui excite à la luxure.

*அபிசாரிகை,(அபிசாரி,kâ) , femme qui a des rapports criminels avec les étrangers.

*அபிசாரிதம், (அபிசாரி,ta) , objet de désirs impurs.

*அபிசித்தாந்தம், (அபி) , digression,divagation.

*அபிசித்து,(அபி) , *V.* அபசித்து.

*அபிசூதம்,அபிஷுதம், (abhichouta),*V.* அபிசவம். [lédiction.

*அபிஷங்கம், (abhichanga) , ma-

*அபிஷதம்,*P.*அவுஷதம்.

*அபிஷேகம், (abhichêka) , onction, consécration par des onctions, bain sacré, effusion sur la tête de ris,de lait ou d'huile, etc..,libation: —பண்ணுகிறது oindre,consacrer, verser sur la tête, surtout d'une idole,du ris,du lait,du beurre ou de l'huile etc... அபிஷேகம்பண்ணப்பட்டவன் *ou*

*அபிஷேகன்,(அபிஷேகம்) , oint, celui qui est consacré par des onctions. [signe,tache, intelligence.

*அபிஞ்ஞானம், (அபி, ஞானம்) ,

*அபிடங்கம்,*V.*அபிஷங்கம்.

*அபிடேகம்,*V.* அபிஷேகம்.

*அபிட்டம்,(அ *priv.* பிஷ்டம் *étain*), vif-argent. [ver,délivrance.

*அபிதம்,(avita) , action de sau-

*அபிதாபம்,(அபி) , grande chaleur,trouble. [suivre,de poursuivre.

*அபிதாவனம், (அபி) , action de

*அபிதானம், (abhidhâna) , nom, sens d'un mot, langage, traité ou science des significations.

*அபிதிற்சை,(abhidhitsâ) ,désir.

*அபிதேயம், (abhidhêya) , nom, mot significatif.

*அபிதேயரகிதம்,(அபிதேயம்,இரகிதம்) , mot sans signification.

*அபித்தியானம், (அபி), méditation,désir.

*அபித்தியை,(abhidbyâ),désir,fantaisie.

*அபித்துரோகம்,(அபி) ,cruauté.

*அபிநந்தை, (abhinandâ) , désir.

*அபிநயம், (அபி) , gesticulation, pantomime, danse, bonne grâce, science, ornement, civilité, signe lascif,signe de luxure,de passion,de sentiment intérieur.‖ *V.* அவிநயம்.

*அபிநயன்,*pl.* அபிநயர், (அபிநயம்) , danseur,pantomime,comédien.

அபிநயிக்கிறது,யித்தேன், யிப்பேன்,யி, யிக்க,*v.n.* அபிநயித்தல், *n.v.*

(அபிநயம்), danser, gesticuler, jouer la pantomime.

*அபிநவம்,(அபி), chose nouvelle, —étrange, —inouie, prodige.

அபிநாச்சன்னி, (அபி,நா, சன்னி), maladie convulsive qui paralyse ou dessèche la langue.

*அபிநிஷ்கிரமணம், அபிநிட்கிரமணம்,(அபி,நிஷ், P. நிர், kramana allée), vomissement,sortie.[பி), fin.

*அபிநிஷ்பத்தி, அபிநிட்பத்தி,(அ

அபிநிரியாணம், (அபி), mouvement ou marche d'une armée.

*அபிநிவேசம், (அபி), application à l'étude, trouble causé par la crainte.

*அபிநீதி,(அபி), signe, amitié.

*அபிபவம்,(id.), défaite,conquête,action de soumettre.

*அபிப்பிரணயம், (id.), faveur, bonté. ‖ V. நிவிர்த்தி.

*அபிப்பிராயம்,(abhiprâya),ou அபிப்பிராயச்சந்தம், intention, idée, fond de la pensée,affection cordiale, sens d'un mot,allusion,anxiété.

*அபிமதம்,(அபி), consentement, amour,capacité,désir.

*அபிமந்திரணம்,(அபிமந்திரம்), enchantement,charme, bénédiction, consécration, appel, consultation.

*அபிமந்திரம், (அபி), bénédiction, récitation de prières,prière.

அபிமந்திரிக்கிறது, ரித்தேன், ரிப்பேன்,ரி,ரிக்க,v.a.(அபிமந்திரம்),enchanter, charmer, bénir, consacrer.

அபிமந்திரிக்கை, அபிமந்திரித்தல், அபிமந்திரிப்பு,n.v.du préc. V. அபிமந்திரணம்.

*அபிமரம்,(abhimara), meurtre, combat, arrestation, haro,défense.

*அபிமர்த்தம்,(abhimardda), pillage de village, combat,frottement, friction.

அபிமன்னு,n.pr.Vâlabimen.

*அபிமானம், (அபி), honneur, grand honneur, amour, tendresse, soin, bienveillance, estime, crédit, approbation, faveur, protection, grandeur, arrogance,allégresse,joie, connaissance, habileté,déguisement de la fierté, compassion, sensibilité, meurtre. ‖ V. அபிமானியம்: அபிமானவிருத்தி orgueil; அபிமானக்குறைச்சல்பண்ணுகிறது déshonorer, faire honte; அவனுக்குத்துரையபிமானமுண்டு il a la faveur —la protection du gentilhomme.

*அபிமானி, (அபிமானம்), personne honorable,pleine d'affection, de bons sentimens, qui a de l'honneur.

அபிமானிக்கிறது, னித்தேன், னிப்பேன்,னி,னிக்க,v.a. (அபிமானம்), honorer beaucoup, protéger, estimer,mesurer. [pulation.

*அபிமானிதம்,(abhimânita), co-

அபிமானித்தல்,n.v. d'அபிமானிக்கிறது. [ties honteuses.

அபிமானியம்,(அபிமானம்),par-

அபிமானு, (அபிமானம்), connaissance, tendresse, compassion, grandeur. [face à face.

*அபிமுகம்,(அபி), présence, vue,

*அபியவகிரீஷணம், (abhyavakarchana), extraction, action d'arracher,de déraciner.

*அபியாதி,(abhiyâti), ennemi.

*அபியிதம்,(அபி), action de dire: அபியிதகருத்தன் nominatif ou sujet du verbe. [des ennemis.

*அபியுத்தம், (அபி), rencontre

*அபியூக்ஷணம், அபியூட்சணம், action de faire, de déterminer.

*அபியோகம், (அபி), empêchement, punition, provocation au combat, activité, plainte, procès, guerre,combat.

*அபியோகி,(அபியோகம்), homme plaintif,médisant,demandeur.

அபிரங்கி, l'arbre nommé கருநெல்லி.[ரட்சை), conservation entière.

*அபிரக்ஷை, அபிரட்சை,(அபி,இ

*அபிரதி,(அபி,இரதி),joie, emploi.

*அபிரயோசனம், V. அப்பிரயோசனம். [beauté, grande beauté.

*அபிராமம், (அபி, இராமம்),

*அபிராமி,(அபிராமம்), très-belle femme, Parvadi, Saratchouvadi, une des 7 மாதர்.

*அபிருசி, (அபி, உருசி), amour de

la renommée, désir, convoitise.

*அபிரூபன்,(அபி, உருபம்), très-bel homme,Kamen,Sandiren,Siven, Vichnou, savant, lettré.

*அபிலாசம்,(abhilâsa), désir.

*அபிலாபம்,(abhilâpa), discours.

*அபிலிகிதம்,அபிலேகனம், (அபி), écriture.

*அபிவந்தனம், அபிவாதனம், (அபி), salutation, dire des paroles de civilité.

*அபிவாக்கியம்,(abhivâhya), action de porter, de transporter, de faire parvenir. [s'étendre.

*அபிவியாத்தம்,(அபி), extension,

*அபிவியாத்தி,அபிவியாப்தி,(*id.*), présence en tout lieu.

*அபிவிருத்தி,(*id.*), grand accroissement, augmentation: —ஆகிறது, — அடைகிறது s'augmenter, s'accroître, se multiplier; —ஆக்குகிறது,—செய்கிறது exalter, augmenter,accroître. [opium.

அபினி, அபின், அபினிமருந்து,

*அபின்னதை,(அ *priv.* பின்னம், தா), totalité.

*அபின்னம், (அ *priv.*), concorde, union, nombre entier, — sans fraction, indistinction, égalité.

*அபின்னாசத்தி,(அ *priv.* பின்னம், ஆசத்தி), intégrité, incorruption, honneur intact.

*அபீகன், (abhika), mari,poète.

*அபீசு, (abhisou),rayon de lumière. [de douleur,amour.

*அபீடனம்,(அ *priv.*), exemption

*அபீக்ஷணம்,(abhikchna), tranquillité,agrément, répétition.

*அபீஷ்டம், அபீட்டம்,(அபி,இஷ்டம்), chose très-agréable, désirée, chérie. [ange,action de louer.

*அபீட்டிதம்,(அபி,ஈடிதம்), lou-

அபீட்பம்,injure.

*அபீதம்,அபீதி,(அ *priv.*),exemption de crainte,intrépidité.

*அபீமானம்,*P.* அபிமானம்.

*அபீரன்,(abhira), bouvier, berger. [pide,sans crainte,Vaïraven.

*அபீரு,(அ *priv.*), homme intré-

*அபுக்தம்,(அ *priv.* bhoukta புத்தம் *nourriture*), jeûne,privation de nourriture.

அபுசியன்தேசம்,Abyssinie.

*அபுத்தம்,(அ *priv.*), chose qu'on ne mange pas, —qui n'est pas mangée. [n'a pas d'enfans.

*அபுத்திரன்,(அ *priv.*), celui qui

*அபுனராவிருத்தி,அபுனர்ப்பவம், (அ *priv.* புனர்), exemption de nouvelles naissances.

*அபூதவுவமை,(அ *priv.* பூதம்,உவமை), figure qui compare à des choses qui n'ont jamais existé. *Ex.* சகலகமலங்களி னழகெலாந்திரண்டிடினிவண்முகத்தொப்பு la beauté de son visage égale celle de tous les nénuphars réunie. [serie.

*அபூபம்,(apoûpa), gâteau, pâtis-

*அபூரணகாலசம், (அ *priv.* பூரணம்,காலம்,சம்),avorton,ce qui est né avant terme. [ton soyeux.

அபூரணி,(அ *priv.*), l'arbre à co-

*அபூருவம், அபூர்வம், (அ *priv.*), nouveauté, rareté, chose nouvelle, étrange, extraordinaire:—ஆன, *ou* அபூர்வ nouveau,rare,étrange.

*அபெத்தன், (abaddha *de* அ *priv.* பெத்தம்), délivré des liens.

அபேக்ஷிக்கிறது, அபேட்சிக்கிறது,சித்தேன்,சிப்பேன்,சி,சிக்க,*v.a.*(அபேக்ஷை), désirer,convoiter, aimer.

*அபேக்ஷை, } (apêkchâ), désir,
அபேட்சை, } concupiscence,souhait, amour, espérance, avertissement, respect, occasion.

அபேட்சித்தல், அபேக்ஷித்தல், அபேட்சிப்பு, *n. v. d'* அபேட்சிக்கிறது, désir. [des sectes de Siven.

*அபேதசைவம், (அபேதம்), une

*அபேதம்,(அ *priv.*), union, égalité,manque de différence.

*அபேனம்,(அ *priv.* பேனம் *écume*), opium. [de,vérité.

*அசைசுனம், (அ *priv.*), certitu-

*அபையம்,*அபையன்,*P.* அபயம், அபயன்.

*அபையார்த்தம்,*P.* அபயார்த்தம்.

*அபோகண்டம்,(apôganda),tranquillité, difformité, enfant, crainte, terreur.

*அபோகம், 1° (அ priv.), privation de volupté, de plaisir. 2° (அப, ஊகம்), éclaircissement d'un doute, action de rendre raison.

அபோகார்த்தம்,(அபோகம், அர்த்தம்), explication différente.

*அபோக்கியம், (அ priv.), manque de jouissance,non-jouissance.

*அபோசனம்,(id.),jeûne.

*அபோதம்,(id.), ignorance.

அப்தோரியாமம்,un des 21 sacrifices des gentils.

அப்ப,1° ou அப்பப்ப, int. d'admiration et de douleur, ha!ah! hélas. 2° inf. d' அப்புகிறது.

அப்பக்கம்,(அ dém.), ce côté-là.

அப்பசி, P. ஐப்பசி.

அப்பச்சி, (அப்பன்),père, grand'-mère maternelle.

அப்படா, (அப்ப, அடா), int. de douleur et d'admiration,ha!ah!hélas.

அப்படி, (அ, dém. படி), அப்படியே, அப்படிபோல்,de cette manière, ainsi, comme cela, de la sorte; அப்படிப்பட்ட,ou

அப்படிக்கொத்த, (அ, படிக்கு, ஒத்த), tel,semblable,pareil. [பி.

அப்பட்டர்,la plante வட்டத்திருப்

அப்பணை, permission, licence, congé, faculté, ordre:— கொடுக்கிறது permettre,ordonner.

அப்பம்,1° pain,gâteau, tout ce qui se fait avec de la farine, gouter: —சுடுகிறது cuire le pain. 2° la plante வட்டத்திருப்பி.

அப்பரிக்கிறது, அப்பரிப்பு, corr. d' ஆர்ப்பரிக்கிறது,ஆர்ப்பரிப்பு.

அப்பரியம்,fossé de citadelle.

அப்பர்,n.pr. un des 3 auteurs du poëme தேவாரம்.

அப்பல்,n.v.d' அப்புகிறது, action de frapper,de battre,d'enduire etc...

அப்பவருக்கம், —வர்க்கம், (அப்பம்,வருக்கம்), toutes sortes de pains.

அப்பளகாரம், (அப்பளம்), une des 25 espèces de corps qui contiennent de la salure ou de l'acidité et de l'âcreté.

அப்பளம்,espèce de gâteau mince.

அப்பறாத்தோணி, அப்பறாத்தூணி,(அப்பு,அறு), carquois inépuisable.

அப்பன்,hon. அப்பர்,père. [sable.

அப்பா, 1° voc.d' அப்பன்.2° int.de douleur ou de surprise, oh!ah! hélas.

அப்பாகம்,la graine வாலுளுவை.

அப்பாட்டன்,trisaïeul.

அப்பாத்தாள், (அப்பன், ஆத்தாள்), sœur aînée.

அப்பாயி,அப்பாய், (அப்பன், ஆயி,ஆய்), grand'mère paternelle.

அப்பால், அப்பாலே,(அ dém. பால்), avec le dat. au delà, plus loin, de l'autre côté, outre cela, ensuite, de plus: அப்பாலேபோ va-t-en; அப்பாலும் plus loin; அப்பாலிலே de ce côté-là; அப்பாற்படுகிறது être éloigné.

அப்பாவி, 1° (அ priv.), homme simple, pauvre, innocent, sans ruse. 2° (அ dém.), ce pécheur.

அப்பி,1° sœur aînée. 2° ger. d' அப்புகிறது. [ner), nuage.

*அப்பிதம்,(abda de ap,eau,da don-

*அப்பியங்கம்,அப்பியங்கனம், (அபி,அங்கம்), bain entier, action de s'oindre d'huile avant le bain, onction d'huile, de parfum, de fard, de noir. ‖ V. பிண்ணாக்கு: அப்பியங்கஸ்நானம் action de s'oindre d'huile,—de s'en verser sur la tête.

*அப்பியசனம், P. அப்பியாசம்.

அப்பியசிக்கிறது, அப்பியசித்தல், V. அப்பியாசிக்கிறது. [envieux.

*அப்பியசூயகன், (அபி, அசூயை),

*அப்பியஞ்சனம், (அபி, அஞ்சனம்),huile, onction d'huile, de fard, de noir, de collyre, action de parfumer.

*அப்பியந்தரம், (அபி,அந்தரம்), rue ou place intérieure, milieu, retard. [tion, maladie.

அப்பியமிதம்,(abhyamita), afflic-

*அப்பியர்த்தனை, (அபி, அர்த்தனை), supplication,vénération.

*அப்பியவகரணம், அப்பியவகாரம், (abhyavahâra), manducation, nourriture.

*அப்பியற்சனம்,அப்பியற்சை,(அபி, அர்ச்சனை), vénération, adoration.

*அப்பியாகதன்,(abhyâgata),hôte.

*அப்பியாகமம், (அபி, ஆகமம்), proximité, approche, élévation, meurtre, guerre, combat, inimitié.

*அப்பியாகமனம், (அபி, ஆகமனம்), visite. [attaque,assaut.

*அப்பியாகாதம், (அபி,ஆகாதம்),

*அப்பியாகாரம், (abhyâhâram), vol larcin.

*அப்பியாசம்,(abhyâsa), habitude, pratique, exercice, expérience, facilité qui vient de l'habitude:—ஆய்ப்போகிறது, —பண்ணுகிறது, —செய்கிறது, *et*

அப்பியாசிக்கிறது, சித்தேன், சிப்பேன்,சி,சிக்க, (அப்பியாசம்), *v. n.* s'accoutumer, pratiquer, s'exercer, acquérir l'habitude, l'expérience.

அப்பியாசித்தல், அப்பியாசிப்பு,அப்பியாசிக்கை,*n.v.d'* அப்பியாசிக்கிறது,pratique,exercice,habitude.

அப்பியாசிப்பிக்கிறது, சிப்பித்தேன், சிப்பிப்பேன், சிப்பி, சிப்பிக்க, *v. caus. de* அப்பியாசிக்கிறது, accoutumer, faire pratiquer.

*அப்பியாசையோகம்,(அப்பியாசம்,யோகம்), méditation.

*அப்பியாதானம், (அபி, ஆதானம்), commencement. [da), combat.

*அப்பியாமர்த்தம், (abhyâmard-

*அப்பியுதையம், (அபி, உதயம்), événement,fète accroissement.

*அப்பியுத்தானம்,(அபி, உத்தானம்), élévation, hauteur, renommée, lever du soleil.

*அப்பியுபகமம்,(அபி, உபகமம்), approche, assemblage, promesse.

அப்பியுப்பத்தி,(அபி, உப, பத்தி), clémence,protection,propre défense.

*அப்பியுபாயம், (அபி, உபாயம்), accord,convenance,promesse.

*அப்பியுற்பத்திகை,(அபி, உற்பத்தி,kâ), bienfait.

*அப்பிரகம், (abhraka), talc, mica. Il y en a de 5 espèces ஏமாப்பிரகம், ou பொன்னப்பிரகம் de couleur d'or, இரசதாப்பிரகம், வெள்ளியப்பிரகம், வெள்ளையப்பிரகம் de couleur d'argent, தேனப்பிரகம் de couleur de miel, கிஷ்ணப்பிரகம், கிருட்டிணப்பிரகம் de couleur noire, கெந்தகாப்பிரகம் de couleur de souffre: அப்பிரகசெந்தூரம் remède bon pour les maladies vénériennes;—த்தகடு feuille de talc: —நவநீதம் onguent de talc; —பாஷாணம் espèce d'arsenic naturel.

*அப்பிரகம்பதை,(அ *priv.* பிர,கம்பதம்), immobilité.

*அப்பிரகாசம்,1°(அ *priv.*), ténèbres, obscurité. 2°(அ *dém.*), cette lumière:—ஆக்குகிறது obscurcir.

*அப்பிரகிருட்டம், (அ *priv.*), vileté, corbeau, oiseau vil.

*அப்பிரசம்,(அ *priv.* பிரசை), stérilité. [auté, rigueur.

*அப்பிரசாதம்,(*id.*), dureté,cru-

*அப்பிரசாதை,(அ *priv.* pradjâtâ *mère*), femme stérile.

*அப்பிரசித்தம்,(அ *priv.*), secret, obscurité, chose inconnue,—cachée. —ஆன secret, inconnu; —ஆய்ப்போகிறது devenir obscur, tomber dans l'obscurité.

*அப்பிரதட்சிணம்,(*id.*), tour circulaire à gauche, ce qui n'est pas respectueux. [obscurcissement.

*அப்பிரதாபம், (*id.*), pauvreté,

*அப்பிரதானம், (*id.*), chose secondaire, non principale, accidentelle, non célèbre: —ஆயிருக்கிறவன்,*ou* [dignité, inférieur.

*அப்பிரதானி, (*id.*), second en

*அப்பிரதிகாரம், (*id.*), manque de remplaçant.

*அப்பிரதிபத்தி, (*id.*), négligence, erreur, incertitude.

*அப்பிரதிரதன், (அ *priv.* பிரதி,இரதம்), brave guerrier.

*அப்பிரத்தியயம்,(அ *priv.*),doute.

*அப்பிரபிசாசகம், அப்பிரபிசாசம்,(அப்பிரம், பிசாசம்,ka), le serpent Râgou, *litt.* le diable de l'air.

*அப்பிரபுட்பம், அப்பிரபுஷ்பம், (அப்பிரம்), eau, fleur des nuages.

*அப்பிரமாணம்,(அ *priv.*), cause ou origine de la vraie sagesse.

*அப்பிரமாணிகம், (அ *priv.*), perfidie, tromperie, fausseté, contradiction.

*அப்பிரமாணிகன், (அ priv.), perfide, menteur.

*அப்பிரமாதங்கம், (அப்பிரம்), l'éléphant d'Indiren.

*அப்பிரமாதம், (அ priv.), diligence.

*அப்பிரமாபிரியம், (அப்பிரமை, பிரியம்), l'ami d' அப்பிரமை, i.e. l'éléphant ஐராவதம்.

*அப்பிரமாலே, (அப்பிரம்), suite de nuages.

*அப்பிரமு,(abhramou), la femelle de l'éléphant de l'est.

*அப்பிரமேயம், (அ priv.), nombre infini, 100 novillions ou l'unité suivie de 32 zéros, incommensurabilité. [connu, incommensurable.

*அப்பிரமேயன், (id.), être inconnu, incommensurable.

*அப்பிரமை, (abhramâ), V. அப்பிரமு.

*அப்பிரம்,(abhra), nuage, air, or.

*அப்பிரயோகம், (அ priv.), défaut d'usage,—de ce qui est inapplicable

*அப்பிரயோசனம், அப்பிரயோசகம்,(அ priv.), inutilité, incapacité, désavantage.

*அப்பிரயோசகன், (id.), être inutile, incapable.

*அப்பிரவத்தகம்,(அ. priv.), inaction.

*அப்பிரவிருத்தன், (அ priv.), être qui n'augmente pas.

*அப்பிராகிருதம், (அ priv. prâkrouta vil.), le principal, le dessus.

*அப்பிராஞ்ஞும், (அ priv.), ignorance.

*அப்பிராணம்,(அ priv.), mort.

*அப்பிராணி, (அ priv.), malheureux, infortuné, homme faible, infirme, maladif, sans ruse.

*அப்பிராந்தி, (அ priv.), tranquillité, calme.

*அப்பிரியதரு, (அ priv. பிரியம், தரு), l'arbre ஒதியமரம். [aversion.

*அப்பிரீதி, (அ priv.), inimitié, aversion.

அப்பிரு, le minéral பேரோசனே.

*அப்பு, 1° (ap), eau en tant qu'élément, mer, 2° (ab, hébreu), père. 3° அப்பு, dette, flèche, l'arbre பாதிரி. 4° adj. d' அம்பு flèche. 5° imp. et part. d' அப்புகிறது.

அப்புகிறது, ப்பினேன், ப்புவேன், ப்பு, ப்ப, v.a. frapper, taper, battre (le tambour), donner contre, plaquer, appliquer, enduire, happer, aboyer, clabauder, gourmander, se revêtir: அப்பிவைக்கிறது plonger la main dans un remède et l'appliquer à la partie malade du corps. [V. அப்பல்.

அப்புகை, அப்புதல், n. v. du préc.

அப்புது, cri du cornac pour exciter l'éléphant. [கொடி.

அப்புத்திரட்டி, l'arbrisseau கட்டுக்கொடி.

அப்புருவம், (அப்பு, உருவம்), sel, soude.

அப்புவிலிங்கம், (அப்பு, இலிங்கம்), l'eau adorée à திருவானைக்கா.

அப்புவின்கோபம், (அப்புவின் gén. d' அப்பு), phlegme.

அப்புறம், (அ dém.), ce côté-là, au-delà, plus loin, outre cela, en outre: அப்புறப்படுகிறது s'éloigner, s'écarter;—ப்படுத்துகிறது éloigner, détourner du chemin;—ப்படுத்தல் action d'éloigner; அப்புறத்துக்கப்புறம் alors comme alors; அப்புறத்திலே de ce côté-là. [naturel.

அப்புருத்தாணி, espèce d'arsenic naturel.

அப்பை, 1° l'arbre கொன்றை. 2° ou அப்பைக்கோவை la plante bryonia rostrata.

அப்பொழுது, அப்போது, அப்போழ்து, (அ dém.), sync. அப்போ, ce temps-là, alors: அப்போதைக்கு pour lors; அப்போதே alors même; அப்போதும் alors aussi; அப்போதைக்கப்போது alors comme alors, dans les occasions favorables, aussitôt, désormais, de temps en temps.

அமக்களம், P. அமர்க்களம்.

*அமங்கலம், | அமங்களம், | (அ priv.), inélégance, grossièreté, malheur. [veuve.

*அமங்கலி, அமங்கலே, (அ priv.), veuve.

அமசடக்கம், (அமசு, அடக்கம்), secret, cachette, voile, clandestinité: —ஆய் secrètement; —பண்ணுகிறது couvrir, cacher, assujettir, protéger, faire sans bruit.

அமசடக்கி, (id.), personne discrète, qui garde le secret.

அமசு, suffisance, il suffit.

அமச்சன், P. அமைச்சன்.

அமச்சு, P. அமைச்சு.

அமஞ்சி,corvée, travail gratuit et forcé:—செய்கிறது faire une corvée; கொள்ளுகிறது, — பிடிக்கிறது exiger des corvées,presser les ouvriers; அமஞ்சியாட்கள் gens de corvée; அமஞ்சிக்கழைக்கிறது appeler—,obliger à des corvées.

அமடு, pli, mal, tort.

அமட்டு,அமட்டுகை,*n.v.du suiv.* menace,action de rouler,tour, fraude,ruse.

அமட்டுகிறது,ட்டினேன், ட்டுவேன்,ட்டு,ட்ட,*v.a.* menacer,réprimander,affaisser, accabler, reposer sur, s'appuyer sur,saisir,remuer,rouler, tourner,faire pencher le canot.

அமணம், *V.*அவணம். [sensés.

அமணர், *P.*சமணர், Djaïnas, in-

அமண், *P.* சமண், la secte des Djaïnas,ce qui lui appartient. [க்கு.

*அமண்டம்,(amanda), *V.*ஆமண

*அமதம்,(amata), maladie,mort.

அமதி,nectar.

அமத்துகிறது,*P.*அமர்த்துகிறது.

அமந்தவன்,*P.*அமர்ந்தவன்.

அமந்திமரம், amandier, (amandier), du pays, terminalia catappa.

*அமம்,(ama),maladie. [occasion.

அமயம்,(amasa,*ou* சமயம்),temps,

அமரக்காரன், (அமரம்), seigneur non héréditaire,commandant de 1000 fantassins.

அமரசயம்,estomac.

அமரசிலைகெந்தகம், (அமரம், சிலை), espèce d'arsenic composé.

*அமரத்துவம்,(அமரம்), incorruptibilité, immortalité.

*அமரபதி, (அமரம்), Indiren, le roi des dieux. [*maître*), Indiren.

*அமரபர்த்திரு, (அமரர், bhartrou

*அமரமாதர், (அமரம், மாதர்), déesse de la fable indienne, sainte.

அமரம்.1° douleur des yeux,poupe d'un vaisseau,revenu d'un bourg donné en salaire par le roi sans droit héréditaire,commandement de 1000 fantassins:—விட்டுநடக்கிறது jouir d'un pareil revenu.2° * அமரம்,(அ *priv.*mara *qui meurt*), immortalité, mercure, dictionnaire sanscrit composé par அமரசிங்கன், propreté, blancheur,espèce de maladie.

*அமரர்,அமரர்கள்,1°(*id.*), les immortels, les saints, les dieux de la fable.2° (அமர்),ennemis: அமரர்கற்பம் le ciel; — பதி le roi —, la ville des dieux;—மாதர், *V.* அமரமாதர்.

அமரல்,*n.v.d'*அமருகிறது,ris,calme,grandeur. [னை), *V.*அமரமாதர்.

*அமராங்கனை, (அமரம், அங்க

*அமராசயம்,(அமலை, ஆசயம்), matrice. [combat.

அமராட்டம், (அமர், ஆட்டம்),

*அமராத்திரி,(அமரம்,அத்திரி), le mont Mérou.

*அமராபகை,(அமரம், ஆபகை), le prétendu Gange céleste, le fleuve des dieux de la fable.

*அமராபதம்,(அமலை, பதம்), le monde de ces dieux. [ennemis.

அமரார்,*n.v. nég. d'*அமருகிறது,

*அமராவதி,(அமலை,வதி,*P.*பதி), paradis, ville ou résidence des immortels,—des dieux de fable.

அமராவதியோன்,(அமராவதி),*V.* அமரேசன். [meuse துர்க்கை,aloès.

அமரி,nectar,urine, poison, la fa-

அமரிகூடம், (அமரி), porte d'un temple surmontée d'une pyramide.

அமரிக்கை,(அமருகிறது), calme, tranquillité,douceur, paix, consolation,préparatif, provision, décision: —செய்கிறது,—பண்ணுகிறது préparer,fournir, accomplir, effectuer; —யாகிறது être fini,arrangé,fourni; —க்குணம் caractère doux, tranquille. [na *patience*), colère.

*அமரிஷணம்,(அ *priv.* marcha-

அமரியம், l'arbuste குருந்து,la fleur de l'arbre செண்பகம்.

அமரியுப்பு, (அமரி, உப்பு), sel d'urine. [nète.

அமருகன்,non d'un livre déshon-

அமருகிறது,ர்ந்தேன், ருவேன்,ரு, ர,*v.n.*s'apaiser,se calmer, s'adoucir, s'assujettir,se terminer,être obtenu, procuré,loué, engagé, accéder,arriver, parvenir à, s'accorder, se rasseoir,se clarifier,tomber au fond,devenir aisé, être: அமர்ந்திருக்கிறது

être calme,rassis,patient,obtenu: உத்தியோகத்திலமர்ந்தான், உத்தியோகமவனுக்கமர்ந்தது il a obtenu un emploi; காரியமமருமாம் la chose s'arrangera,ou arrivera,dit-on; காற்றமர்ந்தது le vent s'est apaisé; வேலைக்குக் கூலிக்காரரமரவில்லை on n'a pu avoir de mercénaires pour le travail.

அமருகை,அமருதல்,*n. v. du préc.* calme,tranquillité,grandeur,accord, sourire,abondance,état florissant.

*அமரேசன், அமரேசுவரன்,(அமரா,ஈசன், ஈசுவரன்), Indiren, le roi des dieux de la fable.

*அமரை, (amarâ), la ville de ces dieux, matrice, arrière-faix, cordon ombilical,maison.

அமரோசை,(அமருகிறது,அமர், ஓசை), basse en musique, bruit du combat.

அமர்,1° (*P.* சமர்), combat,dispute,obstination,fureur,rempart. 2° *imp.et part.d'*அமருகிறது: அமராடுகிறது combattre; —கொள்ளுகிறது devenir furieux.

அமர்க்களம்,(அமர்),champ de bataille, tumulte, confusion, clameur, grand train,hâte, abondance,presse.

அமர்தல், *V.* அமருகை. [தல்.

அமர்த்தல்,combat.‖ *V.* அமர்த்து

அமர்த்துகிறது, த்தினேன், த்துவேன்,த்து,த்த, *v.a.* apaiser,calmer, adoucir,retenir, préparer, procurer, pourvoir, faire parvenir à, procurer un emploi,employer, louer, engager,combattre: உத்தியோகத்திலமர்த்துகிறது procurer, assigner un emploi; அமர்த்திவைக்கிறது pourvoir,fournir.

அமர்த்துகை,அமர்த்துதல், அமர்த்தல்,*n.v. du préc.* action de calmer, pacification.

அமர்ந்தவன், *n. app.d'*அமருகிறது, homme calme, doux, modeste, loué, engagé... [urine de vache.

*அமலகமலம்,(அமலம், கமலம்),

அமலசாந்தம், (அமலம்), chaux, bouse de vache.

*அமலம், (அ *priv.*), pureté, propreté,beauté,blancheur.

*அமலர்,(அமலம்) le fruit mûr de l'arbre நெல்லி.

அமலல்,*n.v.d'*அமலுகிறது,jonction,presse,réunion,accord.

*அமலன்,(அமலம்), l'immaculé, Dieu, (surnom impropre de) Siven, Vichnou,Arouguen.

அமலி, (அமல்) abondance.

அமலுகிறது, ன்றேன், லுவேன், லு,ல,*v.n.*se joindre,se presser,s'accorder.

அமலிக்கிறது, லித்தேன், லிப்பேன்,லி,லிக்க,(அமல்), *v.n.*être abondant.

*அமலை.1°(*f.d'*அமலன்),l'immaculée,Latchimi, Parvadi, arrière-faix, cordon ombilical. 2° அமலை, bruit, tumulte,riz cuit, abondance.

அமல்,abondance.

*அமலோற்பவி,(அமலம், உற்பவம்), celle qui a été conçue sans péché,*i.e.*la très-sainte Vierge Marie.

அமளி,bruit,tintamarre,lit,matelas:—பண்ணுகிறது faire du bruit. du tapage. [நெல்லி.

அமளை,nom d'une plante,l'arbre

*அமணி,(amani), route,rue.

*அமனோயோகம்,(அ *priv.* மனம், யோகம்), inattention. [tomac.

*அமாசயம்,(அமம்,ஆசயம்), es-

அமாதானம்,réserve,garde, action de cacher,secret.

*அமாத்தியர், (amâtya),ministres, conseillers, gens rusés. [tourment.

*அமாநசியம்,(amânasya), peine,

அமாந்தக்காரன், colporteur, revendeur. [மாவசி.

அமாமசி, (amâ *avec*,மசம்), *V.*அ

அமார், அமார்க்கயிறு, (amarre), amarre, câble.

*அமார்க்கம்,(அ *priv.*), déréglement, mauvaise voie, —vie, —conduite, schisme, hérésie, secte vile,la plante தாயுருவி: அமார்க்கச்சிஷன் disciple dégénéré, hérétique.

*அமாவசி, *et mieux* அமாவாசி,அமாவாசை,அமாவாசியை,(amâ *avec*, வாசம்), nouvelle lune, jour de la conjonction de la lune avec le soleil: கறுத்தஅமாவாசி nouvelle lune; வெள்ளையமாவாசி pleine lune.

*அமானம், 1° (அ priv.), immensité. 2° ou
அமானதம்,dépot. [rence,affront.
*அமானனம்,(அ priv.), irrévé-
அமானி,chose commune,non affermée, en dépot auprès du collecteur:அமானியாய்க்கிடக்கிறது rester sans être affermé.
*அமானிதை,(அ priv.), décence, modestie,humilité.
*அமிசகம்,(amsaka), jour.
*அமிசகன்,(id.), participant, cohéritier,part.
*அமிசம்,(amsa), numérateur,degré de cercle, épaule, certitude, crédit ,parole digne de foi, mariage. ‖ V. அம்சம். [on.
*அமிசனம், (அமிசம்,na), divisi-
அமிசாமமம், அமிசாமியம், étang prétendu du paradis de Brama.
*அமிசு,(amsou), soleil,rayon,lumière,atome. [bon—,bel habit.
*அமிசுகம், (amsouka), feuille,
*அமிச்சை,(அ prin.), sagesse.
அமிஞ்சி, V. அமஞ்சி.
*அமிதம், (அ priv.), immensité, immodération. [immodéré.
அமிதாவல்,(அமிதம்,ஆவல்), désir
*அமித்திரர்,pl.(அ priv.),ennemis.
*அமித்துரு,(அ priv.), ennemi.
அமிரம்,poivre. [ம்.
*அமிருதம், (amrouta). V.அமிர்த
*அமிருதை, (amroutâ), poivre long,basilic,liqueur enivrante.
*அமிருத்தியன்,(அ priv. மிருத்தியு), Dieu,l'immortel.
*அமிர்தம்,(amrouta, ou அ priv.மிருதம் mort),ambroisie,nectar,nourriture des dieux de la fable,immortalité, bonheur céleste,médecine vivifiante, chose délicieuse, bonbon, douceur, friandise, lait, sucre, banane, miel, coco, nourriture, riz cuit,petit lait,beurre,eau, bonheur, reste d'un sacrifice, délivrance des naissances futures,or,poison:அமிர்தங்கடைகிறது baratter pour faire l'ambroisie; அமிர்தக்கடல் la mer d'ambroisie ou de lait, d'où les gentils prétendent qu'est sortie Latchimi;—கதிரோன் la lune, l'astre aux rayons d'ambroisie;— கலசம் vase d'ambroisie,mamelle; —கலைகள் les phases de la lune; — கிரணம் clair de lune, rayons d'ambroisie, i. e. de la lune;—சஞ்சீவினி remède qui donne la vie,qui rend un peu la respiration;—சாகரன், V. அமுர்தசாகரன்;—சாரம் sucre candi;—சுரோணிதம், V. இந்திரகோபம்: — சொல், —பிரசங்கம், — வசனம் paroles douces,discours agréable;—சோதரம் cheval; — தரங்கிணி rayons ou clair de la lune;—பிந்து le 16me உபநிடதம்,section des Vêdas;—வல்லி la plante சிந்தில். [mortel.
*அமிர்தன், (அமிர்தம்), être im-
*அமிர்தாகரணன்,(அமிர்தம், ஆகரணம்), l'oiseau கருடன்,qui a volé l'ambroisie, disent les Indous.
*அமிர்தாசனர், (அமிர்தம், அசனம்), ceux qui se nourrissent d'ambroisie,les dieux de la fable.
அமிர்தாரிவலை, or en forme de conque. [grand désir.
அமிர்தாவல், (அமிர்தம், ஆவல்),
அமிழுகிறது,ou அமிழ்கிறது, ழ்ந்தேன்,ழுவேன்,ou ழ்வேன்,ழு,ou ழ்,ழ, v.n. அமிழ்ந்துபோகிறது,se plonger, s'enfoncer, se noyer, couler à fond, plonger: அமிழ்ந்திருக்கிறது ou அமிழ்ந்திருக்கிறது être plongé, submergé,enfoncé. [முதம் et அமிர்தம்.
அமிழ்தம்,(corr. d'அமிர்தம்), V.அ
அமிழ்தல்,அமிழுதல்,n.v.d'அமிழ்கிறது,immersion,submersion,dépression,enfoncement,affaissement.
அமிழ்து, corr. d'அமிர்தம்.
அமிழ்த்தல்,அமிழ்த்துகை,அமிழ்த்துதல்,action d'enfoncer,de couler à fond, n.v. de
அமிழ்த்துகிறது,த்தினேன்,த்துவேன்,த்து,த்த,v.a.d'அமிழ்கிறது,plonger,submerger,enfoncer,noyer.
அமிழ்ந்துகிறது, தினேன், துவேன்,து,த,v.n. V. அமிழ்கிறது.
அமிழ்ந்துகை,அமிழ்ந்தல், அமிழ்ந்துதல்,n.v.du préc. V. அமிழ்தல்.
*அமீவம், (amiva), péché, difficulté, peine.

அமீனு, aminah, petit percepteur d'impots,etc...

அமுக்கடி, (அமுக்கு,அடி), temps couvert,obstruction,défaut, stupidité,couverture,action de couvrir.

அமுக்கல்,அமுக்குகை,*n. v.d'* அமுக்குகிறது,action d'enfoncer,de comprimer, de soumettre, compression, oppression. [médicinale.

அமுக்கனாங்கிழங்கு,sorte de racine

அமுக்கன், (அமுக்குகிறது), démon incube, cauchemar, filou, fripon. [nommée physalis flexuosa.

அமுக்கிரு, la plante médicinale

அமுக்கு,1° pression,compression. 2° *imp. et part. de*

அமுக்குகிறது,*sync.* அமுக்கிறது, க்கினேன், க்குவேன், க்கு, க்க, *v. a.* presser,enfoncer,fouler,presser dessus,comprimer,opprimer: அமுக்கினது ce qu'on a pressé,foulé.

அமுக்குமரம்,(அமுக்கும்,மரம்),la planche supérieure des côtés d'une chaloupe. [கிரு.

அமுக்குரவு, அமுக்குரா, *V.* அமுக்

அமுக்குவலி,(அமுக்கும்,வலி), cauchemar.

அமுங்கல்,அமுங்குகை, அமுங்குதல், *n. v. d'* அமுங்குகிறது, action de s'enfoncer, pression, compression, immersion, enfoncement, légére pression, coup léger, affliction.

அமுங்குகிறது,*sync.* அமுங்கிறது, கினேன்,குவேன்,கு,க,*v. n. d'* அமுக்குகிறது, *ou* அமுங்கிப்போகிறது, s'affaisser,s'enfoncer, aller au fond, succomber,être pressé par un poids, être accablé,écrasé: அமுங்கிப்போனகொப்புளம் pustule rentrée, desséchée.

அமுக்கொத்தி,couperet.

அமுசம்,la plante சிறுசெருப்படி.

அமுணாங்கம்,(அ *priv.* முணங்கு), manque de soumission,de retenue.

அமுதகம், (அமுதம்,ka), eau,mer de lait,mamelle.

அமுதங்கம்,(அமுது,அங்கம்), les arbrisseaux nommés கள்ளி *et* சதுரக்கள்ளி.

அமுதமேந்தல், (அமுதம்,ஏந்தல்), offrande de nourriture; c'est le 9me புண்ணியம்.

அமுதம் ,*P.* அமிர்தம், ambroisie, nectar nourriture des dieux de la fable, douceur, lait caillé, eau, médecine,cordial, médecine vivifiante, bonheur du ciel, mot de civilité, la plante சிந்தில்,grandeur,nourriture, repas,désir,prière,restes, moelle.‖ *V.* திரிகடுகு et திரிபலை: அமுதக்கதிரோன், — கிரணன் la lune, l'astre aux rayons de lait; —குண்டை vase de mendians;—குலர்,*pl.*bergers, sages; —சருக்கரை, *V.* சிந்திற்சருக்கரை;—தரம் l'arbre மஞ்சிட்டி; — புஷ்பம், —புட்பம் la plante சிறுகுறிஞ்சா;—பார்வை regard doux,lascif; —யோகம் le yoga appelé சுபயோகம்;—வல்லி la plante சிந்தில்,Valli, l'épouse de Mourouguen.

அமுதர்,*pl.*(அமுதம்),les habitans des cieux,les bergers.

அமுதவெழுத்து, (அமுதம், எழுத்து), lettres d'ambroisie ou de bonheur,réputées propres à commencer un poëme etc... savoir: அ,இ,உ,எ, க,ச,த,ந,ப,ம,வ.

அமுதாம்பரமணி, (அமுதம், அம்பரம்,மணி), bijou suspendu sur la poitrine de Vichnou.

அமுதாரி,la plante பூனைக்காலி.

அமுது,*P.* அமிர்தம், ambroisie, nourriture des dieux de la fable,aliment, riz cuit, saveur, chose douce, lait, eau, pluie, médecine, remède excellent: —கொள்ளுகிறது, —செய்கிறது,—செய்தல் manger;—ஊட்டுகிறது,—அருளிச்செய்கிறது,—அளிக்கிறது donner à manger, nourrir; —படி riz cru. [tron.

அமுதுறை, (அமுது, உறை), citron.

அமுதெழுத்து,(அமுது, எழுத்து), *V.* அமுதவெழுத்து.

*அமுத்தம்,(அ *priv.*),la plante vénéneuse வச்சநாபி,arme manuelle.

*அமுத்தி,(அ *priv.*),déplaisir.

அமுரி,urine: அமுரியுப்பு sel d'urine.

*அமுர்தம்,*P.*அமிர்தம்: அமுர்தசாகரன்,*n.pr.*d'un reclus auteur d'un traité de poésie nommé காரிகை.

*அமூர்த்தம்,அமூர்த்தி, (அ *priv.*), manque de figure. [amande.

அமெந்துகொட்டை, (amande), amande.

அமேதநீக்கி, *V.* கற்றுழை.

*அமேத்தியம், (*அ priv.*), immondice, excrément, excrément humain: அமேத்தியநாறுமரம் arbre à feuilles puantes, serissa fœtida, ailanthus excelsa.

*அமை, 1° (amâ), nouvelle lune, bambou, roseau. 2° *imp. et part. de* அமைகிறது, மைந்தேன், மைவேன், மை, மைய, *v.n.* s'apaiser, acquiescer, consentir, agréer, se soumettre, être persuadé, obtenu, élu, nommé, établi, entrer dans, être plein, compris, contenu, se préparer, arriver, convenir, être tranquille: வேதத்துக்கமைகிறது embrasser une religion; அமையும் c'est assez; அமைந்துபோகிறது consentir; வீடெனக்கமைந்தது la maison m'est échue, m'est accordée.

அமைக்கிறது, மைத்தேன், மைப்பேன், மை, மைக்க, *v.a. du préc.* préparer, créer, faire, persuader, apaiser, adoucir, établir, destiner, pourvoir, faire cuire: அமைத்துவைக்கிறது pourvoir.

அமைச்சல், (அமைகிறது), tranquillité, soumission.

அமைச்சன், (அமைச்சு), *pl.* அமைச்சர், conseiller, ministre du roi, Jupiter ou Viâjen le prétendu ministre des dieux de la fable.

அமைச்சு, ministre, dignité de ministre, conseil du roi: அமைச்சியல் office—, devoir de ministre.

அமைதல், *n.v. d'* அமைகிறது, tranquillité, retenue, consentement, complaisance, agrément, accord, suffisance, plénitude, temps, événement.

அமைதி, (அமைகிறது), excellence, grandeur, opportunité, complaisance, retenue, modestie, tranquillité, accord, événement, destination, action de faire.

அமைத்த, *part. d'* அமைக்கிறது, destiné: எனக்கமைத்தகாலம் le temps déterminé pour ma vie et ma mort.

அமைத்தல், *n.v. d'* அமைக்கிறது, action, cuisson, destination, action d'apaiser, etc...

அமைத்து, 1° couleur verte. 2° *gér. d'* அமைக்கிறது.

அமைந்த, அமைஞ்ச, *part. d'* அமைகிறது, soumis, complaisant.

அமைப்பிக்கிறது, ப்பித்தேன், பிப்பேன், ப்பி, ப்பிக்க, *v. caus. d'* அமைக்கிறது, faire apaiser etc....

அமைப்பு, *n. v. d'* அமைக்கிறது, destin, destination, jouissance.

அமையம், *P.* சமையம், temps, occasion, opportunité.

அமையாமை, *n.v. nég. d'* அமைகிறது, dissention, discorde, différence.

அமையும், 3me *pers. neut. sing. fut. d'* அமைகிறது: c'est assez, cela suffit, soit: அமையுமென்கிறது, —என்றல் dire c'est assez, —soit, —qu'il en soit ainsi, —il ne faut pas.

அமைவடக்கம், (அமைவு, அடக்கம்), modestie, subjection. ‖ *V.* அமசடக்கம்.

அமைவன், *pl.* அமைவர், (அமைகிறது), homme modeste, — retenu, sage, hermite, Arouguen.

அமைவிக்கிறது, வித்தேன், விப்பேன், வி, விக்க, *v. caus. d'* அமைகிறது, ordonner de préparer, apaiser, faire consentir, etc....

அமைவு, *n. v. d'* அமைகிறது. 1° *V.* அமைதல். 2° beauté: அமைவுபடுத்துகிறது fournir.

அமொசு, suie.

*அமோகம், 1° (amogha), abondance, accroissement, multiplication. 2° (*அ priv.*), exemption de luxure: அமோகமாய் abondamment.

*அமோக்ஷம், அமோட்சம், (*அ priv.*), servitude, défense, cri de haro.

அம், beauté, eau, nuage, une des particules dites இடைச்சொல், une des particules explétives dites சாரியை. *Ex.* புளியம்பழம் tamarin; un des mots de remplissage dits அசைச்சொல், terminaison de la 1re *pers. plur. du prés. et du prét. Ex.* வந்தனம் nous sommes venus; terminaison du தொழிற்பெயர். *Ex.* தோற்றம் l'aspect; terminaison du பண்புப்பேர். *Ex.* நலம் bien.

*அம்சம், 1° (amsa), part, portion, fraction. 2° (hamsa), cygne: அம்ச

பாதம் trace de cygne, ou sorte de croix. (†)

*அம்சை, (amsâ), part, portion, bonne fortune, heureux hazard.

*அம்பகம், (ambaka), œil, cuivre, élévation, permission de s'en aller, congé, renvoi:—கொடுக்கிறது congédier, renvoyer;—பெற்றுப்போகிறது s'en aller avec permission.

*அம்பகன், (id.), espèce d'arsenic naturel.

அம்படம், la plante புழுக்கொல்லி.

அம்படலம், pierre sur laquelle on broie, char, bateau, plein air, campagne, argent, plomb, boisseau indien. [rasoir, couteau de barbier.

அம்பட்டக்கத்தி, (அம்பட்டன்),

அம்பட்டச்சி, அம்பட்டத்தி, அம்பட்டிச்சி, barbière; f. de

*அம்பட்டன், (ambachtha), barbier:—கத்தி rasoir, maquereau des Indes.

அம்பணத்தி, la fameuse துர்க்கை

அம்பணம், tortue, eau, navire, boisseau indien, bananier, fléau de balance. [taine caste.

அம்பணவர், n. pr. gens d'une cer-

*அம்பம், (ambhas), eau.

அம்பரத்தார், (அம்பரம்), habitans de l'air, —des cieux.

*அம்பரம், (ambara), mer, air, ciel, plein air, monde, toile, vêtement, lit, couche, région, quartier, coin du monde, muraille extérieure, dehors d'une place, monceau, talc.

*அம்பராந்தம், (அம்பரம், அந்தம்), bout d'un côté du monde, horizon, bord de vêtement.

*அம்பராம்புயம், (அம்பரம், அம்புசம்), nénuphar marin, or semblable à la fleur de nénuphar.

*அம்பரீசம், (ambaricha), combat, vase à huile, poêle à frire.

*அம்பரீசன், (id.), Siven, Vichnou.

*அம்பரை, (ambara), pyrite, bismuth:—நாதம் talc, mica. [place-là.

*அம்பர், 1° (id.), ambre. 2° cette

அம்பலத்தி, l'arbre தான்றிக்காய்.

அம்பலம், hôtel de ville, cour, endroit en plein air, place, assemblée où se traitent les affaires de la peuplade, dignité de celui qui y préside, dignité d'அம்பலக்காரன், manifestation. ‖ V. சித்திரகூடம்:—பண்ணுகிறது traiter ou négocier les intérêts publics, être chef; அம்பலக்காரன் chef de la caste des callers, chef de village, — d'assemblée de caste, héraut qui en publie les décisions; அம்பலமாகிறது devenir public,— notoire, être abandonné; அம்பலத்திலேபோடுகிறது, அம்பலமாக்குகிறது manifester, rendre public;—ஏறுகிறது venir à l'assemblée, être porté à sa connaissance, à sa cour; ஏழைப்பேச்சு அம்பலமேறுமோ le pauvre sera-t-il écouté à la cour; அரைச்சொற்கொண் டம்பலமேறலாமோ peut-on traduire à la cour — à l'assemblée une affaire qu'on ne connaitqu'à demi.

அம்பலவன், (அம்பலம், அவன்), messager de la cour, — de l'assemblée. [ம்பலம்), l'arbre தில்லை.

அம்பலவிருக்ஷம்,—விருக்கம், (அ

அம்பல், injure, diffamation, médisance, calomnie, promulgation d'une faute, — d'une calomnie, la ville où vécut Sênden.

அம்பழம், (அம்,)nom d'une plante. ‖ ou அம்பழங்காய் son fruit, grêle.

அம்பறாத்தூணி, (அம்பு, அறுத, தூணி), carquois inépuisable.

அம்பனம், appui, fond.

அம்பா, அம்பாப்பாட்டு, (அம், பா), chanson—, chant de rameurs: —பாடுகிறது en chanter.

அம்பாயம், douleur, tourment, travail d'enfant, péril: அம்பாயப்படுகிறது souffrir les douleurs de l'enfantement, souffrir.

அம்பாரம், (mot maratte), monceau, pile, tas, monceau de grains dans l'aire: அம்பாரவடி espace autour d'un tel monceau; அம்பாரமளக்கிறது mesurer le riz entassé dans l'aire; அம்பாரமாய்க் கொட்டுகிறது,—குவிக்கிறது entasser;—ஆய்க் கிடக்கிறது être entassé; நெல்லைவாரியம்பாரம்போடுகிறது entasser le riz, le mettre en monceau.

அம்பாரி,siége couvert d'un pavillon sur un éléphant.

*அம்பாலிகை,(ambâlika) , mère, Parvadi, la mère du roi Pandou.‖ V. தருமதேவதை.

அம்பால்,(அம்), jardin.

அம்பாவணம், V. எண்காற்புள்.

அம்பாவை, V. அம்பாயம்.

அம்பி,barque, bateau, navire,radeau, panier pour tirer de l'eau et arroser, cruche,machine hydraulique, jet d'eau, l'hydraulique, corde, corde pour attacher les bœufs en rang.

*அம்பிகேயகன், அம்பிகேயன்,(அம்பிகை) ,Vinâyaguen,Mourouguen, tous deux fils de Parvadi, Tridarâhctiren fils d'அம்பிகை.

*அம்பிகை, (ambikâ) , mère, Parvadi, Kâli, Pagavadi, Ambiguei, (mère de Tridarâchtiren): அம்பிகைதனையன், — தனயன் Vinâyaguen, Mourouguen, Virapattiren, (tous trois fils de Parvadi) ; அம்பிகைபாகன் Siven, qui est une moitié de Parvadi. Ils sont représentés en un seul corps dont un côté a la figure de Siven et l'autre celle de Parvadi.

அம்பிலீர்க்கு, அம்பிறகு, (அம்பு, ஈர்க்கு,இறகு), plumes d'une flèche.

அம்பு,1° flèche, trait, bourgeon, limonier, bambou, espèce d'arsenic naturel. 2° *அம்பு, (ambou) , eau, nuage: அம்புகோக்கிறது ajuster, fixer la flèche sur l'arc; — கோத்தெய்கிறது ajuster et lancer une flèche; —க்கட்டு paquet de flèches; —க்காயம் blessure de flèche:—க்குதை coche—,bas—,pied de flèche; —க்குப்பி,—க்குழைச்சு le cou de la flèche; —க்கூடு carquois; —த்தட்டு bouclier;—த்தலை tête de la flèche; —த்திரள் paquet —, abondance de flèches; — ப்பொதி carquois; — மாரி pluie de flèches; அம்பின்டி, அம்பிற்குதை coche ou pied d'une flèche; அம்பெய்கிறது, அம்புகளைப்பிரயோகிக்கிறது décocher —, lancer des flèches; அம்பாலெய்கிறது lancer à quelqu'un des flèches; அம்பிடுதூரம், அம்பெறிதூரம், அம்போடுதூரம், (அம்பு,இடும், எறியும்,ஓடும், தூரம்) , portée d'une flèche.

*அம்புகிராதம்,(அம்பு,கிராதன்) , crocodile, chasseur aquatique.

*அம்புசம்,(அம்பு,சம்) , ce qui tire son origine de l'eau,nénuphar.

*அம்புசன்மம், அம்புசாதம்,(அம்பு) , nénuphar.

*அம்புசாதன், (அம்பு, சாதம்) , Brama.

*அம்புதம்,(அம்பு, da qui donne) , eau, pluie, nuage.‖ V. கோரைக்கிழங்கு.

*அம்புதி, (அம்பு, dhi qui possède), mer,océan.

*அம்புநிதி,(அம்பு) , mer.

*அம்புபிரசாதனம்,(id.) , la noix தேற்றுங்கொட்டை qui sert à purifier l'eau.

*அம்புயம், P. அம்புசம், nénuphar, panier pour tirer de l'eau, carquois,fourreau.

*அம்புரம்,(amboura) , seuil de la porte.

*அம்புராசி, (அம்பு,இராசி) ,accumulation d'eau, mer.

*அம்புரோகிணி, (அம்பு,உரோகிணி) , nénuphar.

அம்புலி,அம்புலிமான்,lune.

*அம்புவாகம்,(அம்பு) ,nuage,nuée qui porte de l'eau.

*அம்புவாகினி, (அம்பு, vâhini qui porte), citronnier, l'arbre பாதிரி, sa fleur.

*அம்புவி,(அம்,புவி), le globe terrestre.

அம்புவியோர், (அம்புவி) , habitans de la terre, hommes.

அம்பை,1° V. வெட்டிவேர். 2° *அம்பை,(ambâ) , mère.

*அம்போச்சனி, அம்போசயோனி,(அம்போசம், சனி,யோனி),Brama,né sur le nénuphar.

*அம்போசம், (ambhas eau,சம்) , nénuphar,lune.

*அம்போதம்,*அம்போதரம்,(ambhas, da qui donne, dhara qui a), nuage.

*அம்போதரங்கம்,(ambhas eau, தரங்கம்) ,[flots de la mer, partie du poème அம்போதரங்கவொத்தாழிசைக்கலிப்பா qui est comparé aux flots de la mer, parce que la longueur des vers croit et décroit graduellement. L'அம்போதரங்கம் est composé de 2, 3, ou 4 pieds et il se place entre le தாழிசை et le தனிச்சொல், ou entre l'அராகம் et le தனிச்சொல்.

அம்போதரங்கவொத்தாழிசைக்கலிப்பா, (அம்போதரங்கம், ஒத்தாழிசை, கலிப்பா), espèce de கலிப்பா. Il consiste des mêmes parties que le வண்ணகவொத்தாழிசைக்கலிப்பா, à l'exception de l'அராகம்.

*அம்போதி,(ambhas,dhi *qui possède*), mer, vent,pied,sens de vers, ou de strophe.

*அம்போநிதி, அம்போராசி,(ambhas), mer.

*அம்போருகம்,(ambhas,உருகம்), nénuphar.

அம்ம,1° *part.expl.* 2° *espèce d'int.* [écoutez, écoutez.

அம்மங்காள்,tante, femme de l'oncle maternel.

அம்மட்டு,(அ *dém.*), அம்மட்டும், அம்மட்டுத்தான், cette limite-là,autant que cela, c'est là tout.

அம்மணம்,nudité,injure.

அம்மணன்,(அம்மணம்), homme [nu.

அம்மணி,jeune fille.

அம்மம், sein, mamelle de nourrice,cœur.

அம்மம்மா,(அம்மா,அம்மா), *int.* [oh! ma mère,ma mère.

அம்மருவாதி, (அ *dém.*), அம்மருவாதியே cette manière, ainsi,autant que cela.

அம்மல், qualité indigeste, temps nébuleux,stupidité,raideur.

அம்மனை, mère,le jeu nommé அம்மானை.

அம்மன்,mère: அம்மன்பாட்டு es- [pèce de chant.

அம்மா,*voc.d'* அம்மாள்.

அம்மாத்திரம், (அ *dém.*), autant, autant que cela.

அம்மாபச்சரிசி, *V.* அம்மான்பச்ச [ரிசி.

அம்மாமன்,oncle maternel.

அம்மாமி,tante maternelle.

அம்மாயி,அம்மாய், tante,femme de l'oncle maternel, grand'mére maternelle,chère mère.

அம்மாய்ச்சி, *ou* / அம்மாள், *voc.* அம்மா, } mère,tante maternelle, dame, madame, terminaison des noms de femme. *Ex.* மரியம்மாள் Marie: அம்மாள்பாதம் (M) *litt.* pied de la dame ou de la déesse, sandale qu'une prêtresse savetière donne même aux bramines.

அம்மாறு,1° amarre, cable. 2° *P.* [அந்தமாறு.

அம்மானை,1° espèce de poéme peu estimé,composé de distiques en vers libres et d'un style peu relevé. Il sert à chanter les louanges de quelqu'illustre personnage. 2° Jeu de balles qu'on lance en l'air les unes après les autres et qu'on reçoit et relance consécutivement:—யாடுகிறது jouer ainsi aux balles;—பாடுகிறது jouer ainsi aux balles en chantant,chanter ou composer un அம்மானை;—படிக்கிறது lire ou plutôt chanter un tel poéme.

அம்மான், oncle maternel, père: ஒன்றைவிட்டம்மான் cousin de la mère; அம்மான்மகன்,—மகள்,—பிள்ளை fils,fille de l'oncle maternel.

அம்மான்பச்சிலை, அம்மான்பச்சரிசி, (அம்மான்,பசுமை,இலை,அரிசி), les plantes சித்திரப்பாலாவி et சிதேவியார்செங்கழுநீர்.

அம்மி,1° ou அம்மிக்கல்,pierre sur laquelle on broie: —க்குழவி le cylindre avec lequel on broie. 2° அம்மி belle-mère,mère de l'épouse. 3° *gér.d'* அம்முகிறது.

அம்மிமிண்டி,(அம்முகிறது,மிண்டுகிறது), homme discret, modeste, qui parle lentement.

அம்மியம், jus de palmier, trompette,petite trompette.

அம்மியை, entêtement, obstina- [tion.

* அம்மிரம்,(amra),manguier.

*அம்மிலசாரம்,(அம்மிலம்),vinai- [gre.

* அம்மிலம்,(amla),aigreur,acidité, tamarin: அம்மிலவிருக்ஷம், —விருட்சம், *ou*

*அம்மிலிகை,(amlikâ), tamarinier

அம்முகள்ளன், (அம்முகிறது), trompeur,fourbe,fripon, dissimulé.

அம்முகிறது,மினேன்,முவேன்,மு, ம, *v. n. ou* அம்மிக்கொண்டிருக்கிறது, être d'un caractère caché, dissimulé, réservé,fermer,boucher, couvrir, manger.

அம்மெனல், (அம்மு, என்கிறது), espèce de son imitatif,signal donné par ce son.

அம்மை, (ambâ *ou* அம், மை), beauté,mère, grand'mère maternelle,religieuse, fille ou femme qui s'adonne à la vie pénitente, dame, excellente femme, Parvadi,génération future,petite-vérole,la mauvaise déesse மாரியம்மை.‖ *V.* தருமதேவதை: அம்மைவார்க்கிறது donner la petite-vérole; — வார்த்திருக்கிறது avoir la petite-vérole;—விளையாட்டு progrés de la petite-vérole.

அம்மையநாயகன்பாளையம், ville auprès de சிறுமலை et de Dindigul.

அம்மையார்,(அம்மை), madame, titre honorifique donné aux femmes de considération ou avancées en âge:—கூந்தல் la plante எலிச்செவி.

அம்மைவனப்பு,(அம்மை), beauté que la finesse de l'expression ajoute au brillant de la pensée. [et வசம்பு.

அயகம் les plantes சிறுகுறிஞ்சா,

அயக்கதையம்,(அயம்,கதை,அம்), pilon de fer. [fondu.

அயக்களங்கு,(அயம்), grain de fer

* அயக்காந்தம், (அயம்), pierre d'aimant,aiguille aimantée:அயக்காந்தச்சிந்தூரம், — ச்செந்தூரம் poudre rouge, composition de fer et d'aimant pulvérisés pour servir de médecine.

*அயக்கிரீவன்,(அயம்,கிரீவம்),géant qui avait,dit-on, un cou de cheval. [mant.

*அயக்கிருதி, (அயம்), pierre d'ai-

*அயசிந்தூரம், *V.* அயச்சிந்தூரம். [ணம்.

அயசிலைவேதை, *V.* கோளகபாஷா

*அயசீசம்,(அயம்,சீசம்), composition médicale de fer et de plomb.

*அயசு, (ayas *fer*), acier, mauvais terrain, sol glissant.

அயசுபடில்,sable mêlé d'étain.

அயச்சிந்தூரம், —ச்செந்தூரம், (அயம்), poudre rouge et médicinale extraite du fer.

அயதி,1° *P.* அசதி.2° la plante திருநாமப்பாலை. [inactivité.

*அயத்தினம்,(அ *priv.* யத்தினம்),

அயத்தின்சாரம், (அயம் *au gén.* சாரம்),scorie—,rouille du fer.

அயத்தி,அயத்தொட்டி,(அயம்),espèce d'arsenic composé.

*அயநம், *V.* அயனம்.

அயமணல், (அயம்), sable —, limaille de fer. [லரி.

அயமரம்,(*id.*), laurier rose dit அ

அயமலை, (*id.*), montagne de fer, ou qui en contient.

அயமி,moutarde blanche. [cheval.

*அயமேதம், (அயம்), sacrifice du

அயம்,1° étang,boue,champ, eau, fête,bonne action,vertu.2° *V.* அயமரம்.3° * அயம்,(aya), bonne fortune, heureux hasard, bonheur.4° (ayas), fer.5° (haya), cheval. 6° (*P.* அசம்), brebis,chèvre.

அயம்பற்றி,(அயம்), aimant.

அயம்புலம்,(அயம்),écurie. [fer.

அயயோற்கம்,(அயம்), limaille de

அயருகிறது,ர்ந்தேன், ருவேன், ரு, ர,*v.n.*அயர்ந்துபோகிறது,défaillir, s'évanouir, tomber en défaillance, s'affaiblir, s'assoupir, craindre, oublier, omettre.

அயர்,1° *imp. et part. d'* அயருகிறது. 2° difficulté, peine, défaillance, décadence.

அயர்க்கிறது,ர்த்தேன்,ர்ப்பேன்,ர், ர்க்க,*v. a. d'* அயருகிறது, endormir, coucher,faire oublier.

அயர்ச்சி, (அயருகிறது), oubli, perte—,faiblesse de l'intelligence.

அயர்தல், *n.v. d'*அயருகிறது, pâmoison, défaillance,action de faire.

அயர்தி, (அயருகிறது), anxiété, crainte.‖ *V.*அயர்ச்சி.

அயர்த்தல், *n. v. d'*அயர்க்கிறது, oubli,défaillance.

அயர்ந்த, *part. d'* அயருகிறது: — நித்திரை sommeil profond.

அயர்ப்பு,*n.v.d'* அயர்க்கிறது,oubli, indolence.

அயர்வு,*n.v. d'*அயருகிறது, oubli, anxiété, crainte, peine, dégoût, défaillance, assoupissement, trouble d'esprit, nonchalence, largeur: அய

ர்வுயிர்த்தல் revenir de son évanouissement, de son trouble.

அயலகத்தான், அயலவன், அயலான், pl. அயலர், அயலோர், (அயல், அகம்), voisin, prochain.

அயலே, maquereau, scomber.

அயல், (அசல்), voisinage, proximité, chose extérieure, chose étrangère, lieu: —வீடு la maison voisine; —வீட்டுக்காரன் le voisin.

அயவாகனன், (அயம், வாகனம்), Agni, le dieu prétendu du feu dont la monture est un bélier.

அயவாரி, la plante வசம்பு.

அயவி, la plante சிற்றரத்தை.

அயவு, P. அயர்வு, largeur.

அயவெள்ளை, (அயம்), poudre médicinale de fer.

*அயனம், (ayana), chemin, passage, course, surtout celle du soleil d'un tropique à l'autre, et quelquefois au même tropique, semestre, espace de 6 mois, année, naissance, disque du soleil, fleur, les vêdams, points des équinoxes, — des solstices: அயனஆண்டு l'année comptée de l'équinoxe vrai; அயனகாலம் semestre, intervalle d'un solstice à l'autre, ou அயனப்பிறப்பு commencement de l'année et des mois d'après le zodiaque; அயனசலனம் passage des planètes par l'équateur, précession des équinoxes à une époque donnée, différence entre le zodiaque fixe et le zodiaque mobile; அயனபுடம் précession des équinoxes, différence entre le zodiaque fixe et le zodiaque mobile.

அயனூர், V. ஐயனூர்.

அயனுள், (அயன், நாள்), la 27me constellation, sous laquelle, dit-on, naquit Brama.

அயன், 1° n.pr. Brama, Arouguen. 2° V. ஐயன்: அயனூருவிலுதித்தோர், ou வந்தோர் les marchands qu'on prétend nés des cuisses de Brama; அயன்பதத்துதித்தோர் les choutres qu'on dit nés des pieds de Brama; —மனைவி Saratchouvadi, la femme de Brama; — முகத்துதித்தோர் les brames, nés, dit-on, de la tête de Brama; —வாவி le lac du prétendu paradis de Brama; — வாழ்நாள் durée de la vie de Brama: அயன்றோளுதித்தோர் les rajas et les guerriers qu'on suppose nés des épaules de Brama.

அயாவுயிர்க்கிறது, ர்த்தேன், ர்ப்பேன், ர், ர்க்க, v.n. அயாவுயிர்த்தல், n. v. (அயா, உயிர்க்கிறது), n.v. soupirer.

*அயானம், (ayâna), tempérament, nature.

☞ அயி, ou அய் se mettent souvent pour ஐ; en conséquence cherchez par ஐ le mots commençant par அயி ou அய் qui ne se trouvent pas ici.

அயிகம், la plante ஊமத்தை.

*அயிக்கம், அயிக்கியம், P. ஐக்கம், ஐக்கியம்.

*அயிணம், P. ஐணம்.

*அயிசுரியம், அயிசுரியவான், P. ஐசுரியம், ஐசுரியவான்.

*அயிந்திரியம், P. ஐந்திரியம்.

*அயிந்திரியக, (அயிந்திரியம்), a. sensitif, des sens.

அயிப்பை, nom d'un arbuste.

அயிரம், (அயிர்) sucre candi.

*அயிராச்சுரபி, (இரா, சுரபி), la vache காமதேனு.

அயிராணி, P. ஐராணி, Indirâni, Parvadi, affliction: அயிராணிபடுகிறது souffrir une grande affliction.

*அயிராபதம், அயிராவணம், அயிராவதம், (irâvat océan), l'éléphant blanc de l'est, — de Dêvendiren, la fable dit qu'il naquit de l'océan.

*அயிராவதப்பாகன், அயிராவதன், Dêvendiren, qui a pour monture le susdit éléphant.

அயிரி, 1° couteau pour ôter les arêtes des poissons. 2° ou

அயிரியம், la plante நெட்டி.

அயிரை, un petit poisson dit pardelha.

அயிர், 1° sucre, subtilité, finesse, sable fin. 2° imp. et part. d'அயிர்க்கிறது.

அயிர்க்கடு, (கடு), croc de cornac.

அயிர்தல், action de manger.

அயிர்க்கிறது, ர்த்தேன், ர்ப்பேன், ர், ர்க்க, v.n. douter, soupçonner.

அயிர்த்தல், அயிர்ப்பு, n. v. du préc.

doute,conjecture,soupçon.

அயிலல்,*n.v.d'* அயிலுகிறது, action de manger.

அயிலான்,(அயில்), Soupramanien,qui a pour arme un javelot.

அயிலுகிறது,யின்றேன்,யிலுவேன்,யில்,யில,*v.a.*manger.

அயில், 1° javelot,dard,petite lance,fer, tranchant, beauté, charrue, la plante கோரை. 2° *imp.et part.d'* அயிலுகிறது: அயிலுழவர் soldats armés de javelots.

அயிலவணை,*P.*ஐவணை.

அயிறல்,manducation, *n.v. de* அயிறுகிறது, manger.

அயினி,ris cuit.

அயின்றல்,*V.*அயிறல்.

அயின்றாள், 1° mère. 2° 3° *pers. fem. prét. et n. app. d'* அயிலுகிறது.

*அயுகலம்,(அ *priv.*யுகளம்), être seul,isolement.

*அயுதம், (ayouta), dix mille.

*அயுத்தம், (அ *priv.*), inconvenance,ce qui n'a pas de rapport, espèce de figure de rhétorique.

*அயுத்தி,(அ *priv.*), séparation,inconvenance,chose inconvenante.

அயை,*P.*ஐயை,

*அயோகம்,(அ *priv.*), effort, activité,aversion.‖ *V.*அயுத்தி.

அயோகவிவச்சேதம்,l'ஏ mis pour la clarté et la force.

*அயோகனம், (ayas *fer*, கனம்), marteau,massue de fer.

*அயோகன், (அ *priv.* யோகம்), homme veuf.

*அயோக்கியதை, அயோக்கியத்தனம்,(அயோக்கியம்,tâ), état—, condition vile,—inconvenante.‖ *ou*

*அயோக்கியம், (அ *priv.*), indignité,inconvenance, indécence; incongruité:—ஆன indigne,inconvenant,vil; —ஆய் indignement, indécemment; அயோக்கியப்படுகிறது devenir indigne, incapable, inconvenant.

*அயோக்கியன், (அயோக்கியம்), homme indigne, incapable, vil, qui ne convient pas.

*அயோக்கிரம், (ayas *fer*, அக்கிரம்),pilon,pilon ferré,marteau.

*அயோசனம், (அ *priv.*), séparation.

*அயோத்தி, அயோத்தியபுரி, (ayodhyâ), Ayottia ou Aoud, ville au nord-est du Bengale où naquit et régna Ramen.

அயோ,*P.*ஐயோ.

அய்யம்,அய்யன்,*P.*ஐயம்,ஐயன்.

அர,*voc.et adj.de* அரன்.

அரக்கம், la plante திருநாமப்பாலை.

அரக்கல்,*n. v. d'* அரக்குகிறது,*V.* அரக்குதல்.

*அரக்கன்,*pl.* அரக்கர், (rakchas), géant,Asouren.

அரக்காம்பல், (அரக்கு,ஆம்பல்), nénuphar rouge.

அரக்கி,*f.d'* அரக்கன்,géante.

அரக்கு,1° cire rouge,— à cacheter,gomme-laque,(on la tire,dit-on, du nid des fourmis dites முசறு), couleur rouge tirée de cette gomme bouillie, rouge, miel: அரக்குபாய்ச்சுகிறது couler de la cire à cacheter dans les cavités des bijoux;—க்காந்தம் sorte d'aimant qui sert en médecine; — மஞ்சள் saffran d'un jaune foncé. 2° அரக்கு,*imp. et part. d'* அரக்குகிறது. 3° அரக்கு, *ou*

அரக்குச்சாராயம், arack, eau de vie indienne faite ordinairement de jus de palmier distillé et de l'écorce de l'arbre வேல்.

அரக்குகிறது,*sync.* அரக்கிறது,க்கினேன்,க்குவேன்,க்கு,க்க,*v.a.* broyer,froisser,frotter sourtout avec la paume de la main ou la plante du pied, piler, perdre, changer de place et d'état.

அரக்குதல்,*n.v. du préc.* froissement,frottement,broiement,changement de place,destruction.

*அரங்கம், (ranga), réunion,compagnie,assemblée publique, assemblée surtout de gens de lettres,salle d'armes,d'escrime,de danse, de théâtre,de jeu,salle,école,champ de bataille, île dans un fleuve, auberge, maison pour les voyageurs, salle carrée,—à 4 faces, aire, carré, petit étang, la ville de சீரங்கம், danse, couleur, peinture: அரங்கசீவகன் peintre; — பூமி théâtre, champ de bataille.

அரங்கல்,அரங்குதல்,*n.v. d'* அரங்குகிறது, abaissement, dépression, perte,corruption.

அரங்கு,1° (அரங்கம்) , lieu, maison, chambre, logement, appartement,loge,assemblée, congrégation, carré d'échiquier,de damier, champ de bataille, île dans un fleuve. 2° *imp. et part. d'* அரங்குகிறது: அரங்கேறுகிறது être introduit dans l'assemblée,être exposé à la critique des savans ; அரங்கேற்றம் entrée dans une assemblée; அரங்கேற்றுகிறது, அரங்கேற்றுபடிபண்ணுகிறது introduire dans l'assemblée, initier une fille dans l'art de danser, exposer un nouvel ouvrage à la censure des savans: அரங்கின்றிவட்டாடலு மறிவின்றிப்பேசலுமொன்று parler de ce qu'on ne connait pas c'est vouloir jouer aux échecs sans échiquier.

அரங்குகிறது, *sync.* அரங்கிறது, கினேன்,குவேன்,கு,க,*v.n. d'* அரக்குகிறது,être enfoncé,se perdre: அரங்க,*inf.*entièrement,jusqu'à la fin.

அரச,*adj.d'* அரசன்,royal.

அரசங்கவியல்,(அரசு,அங்கம், இயல்), *V.* அரசரங்கம்-சு.

அரசங்கால், (அரசு, அம், கால்), *V.* அரசாணிக்கால்.

அரசச்சின்னம்-உக, (அரசன்), les 21 marques distinctives d'un roi indou:முடி couronne,குடை parasol ou dais,கவரி éventail, தோட்டி croc de cornac, முரசு tambour, சக்கரம் une arme circulaire, யானை éléphant, கொடி drapeau, மதில் fort, தோரணம் festons ou guirlandes, நீர்க்குடம் pot à l'eau, பூமாலை guirlande de fleurs, சங்கு conque, கடல் fort entouré d'eau, ou de la mer, மகரம் réquin, ஆமை tortue,இணைகயல் 2 poissons de rivière, சிங்கம் lion, தீபம் torche, இடபம் taureau, ஆசனம் trône. Tous ces objets se gardent dans le palais des rois indous. [l'arbre அரசு ficus religiosa.

அரசமரம், (அரசு, அம், மரம்), அரசந்தழை,(அரசு,அம்,தழை), feuillage de l'arbre susdit.

அரசமார்,*P.*அரசன்மார்.

அரசரங்கம்-சு,(அரசன், அங்கம்), les 6 biens, avantages ou ornemens d'un roi,savoir:அமைச்சு ou மந்திரி ministres, நாடு pays, அரண் citadelle, பொருள் richesses ou productions,படை ou சேனை armée, நட்பு amis et alliés.

அரசரங்கம்-ய,les 10 richesses ou bases de la prospérité des rois, savoir: மலை des montagnes, ஆறு des rivières, நாடு des pays, ஊர் des villes,மாலை des guirlandes, பரி des chevaux,கரி des éléphans,முரசு des tambours, கொடி des drapeaux, செங்கோல் des sceptres.

அரசரறுதொழில், les 6 fonctions des rois ou Rajas indous. *V.* அறுதொழில்...3°

அரசரொளி-ச, les 4 vertus éclatantes des rois: கொடை dons ou libéralité, தலையளி bénignité, செங்கோல் sceptre,justice, குடியோம்பல் soin de ses sujets.

அரசர்-ங, les 3 rois célèbres, savoir:சேரன்,சோழன்,பாண்டியன்.

அரசர்குணம்-ங, les 3 qualités caractéristiques des rois: தூங்காமை vigilance, கல்வி science, துணிவு valeur.

அரசர்க்குக்குழு-ரு,les 5 sortes de gens de la suite des rois indous:மந்திரியர் ministres, புரோகிதர் devins, சேனாபதியர் généraux, தூதர் messagers, சாரணர் espions.

அரசர்க்குத்துணைவர்-அ, les 8 espèces d'assistans, ou d'appuis d'un roi, savoir: மந்திரியர் ministres, கருமாதிகாரர் ou காரியத்தலைவர் gouverneurs ou intendans, சுற்றம் parens, கடைகாப்பாளர் portiers,நகரமாக்கள் citoyens de la capitale, படைத்தலைவர் généraux d'armée,இவுளிமறவர் cavaliers ou chevaliers,யானைவீரர் guerriers montés sur des éléphans.

அரசர்க்குறுதிச்சுற்றம்-ரு,5 espèces de serviteurs affidés d'un roi indou: நட்பாளர் amis intimes, அந்த

ஞானர் brames, மடைத்தொழிலர் cuisiniers, மருத்துவக்கலைஞர் médecins, நிமித்திகப்புலவர் devins.

அரசர்நால்வகையியல்பு, les 4 qualités propres des rois: அஞ்சாமை intrépidité, ஈகை ou கொடுத்தல் libéralité, அறிவு discernement, ஊக்கம் énergie.

அரசர்மன்னன், roi des rois, Douriyodanen.

அரசர்வல்லமை-சு, les 4 pouvoirs ou prérogatives d'un roi indou: இயற்றல் acquérir, ஈட்டல் recueillir ses revenus, காத்தல் ou பத்திரப்படுத்தல் les conserver, வகுத்தல் les distribuer ou les dépenser.

அரசர்வீதி, rue ou quartier des rajas, —de leur caste.

அரசாணை, (அரசன்), décret-, ordre du roi.

அரசனுயிர்காத்தோன், (அரசன், உயிர்), licorne.

*அரசன், *pl.* அரசர், (râdjà), roi, souverain, prince, maitre, le souverain maitre de toutes choses, la planète Jupiter, chef des முக்குவர், 2 espèces d'arsenic nommées கருமுகிற்பாஷாணம் et பாணகெந்தகம், espèce de vitriol nommée துருசி, une des 5 combinaisons de voyelles dans le premier pied d'un vers nommées பொருத்தம்:—குலம் maison, famille ou race royale;— மகன் fils de roi, prince, raja de caste; — மனை résidence—, palais du roi; —விருத்தம் nom d'un poème; — விரோதி la plante கோவை; — தேவி reine, femme du roi.

அரசன்மார், *pl.hon.d'* அரசன், les rois, la caste des முக்குவர், ses chefs.

அரசாட்சி, (அரசு, ஆட்சி), royauté, règne, gouvernement, droit héréditaire à la couronne.

அரசாணி, 1° (அரசன்), reine. 2° (அரசு, ஆணி), branche de l'அரசமரம், que les payens attachent au pilier qui est au milieu du pandel du mariage avec une branche de கலியாணமுருக்கு. 3° ou அரசாணிமேடை élévation qui sert de piédestal à ce pilier: அரசாணிக்கால் pilier du milieu du pandel du mariage auquel les gentils attachent la branche d'அரசமரம், cette branche elle même.

அரசாள், அரசி, அரசியாள், *f. d'* அரசன், reine, princesse, maitresse.

அரசியல், (அரசு, இயல்), royauté, le propre d'un roi, office—, devoir d'un roi, —de la royauté: அரசியலாறு. 1° les 6 devoirs d'un roi savoir: அறநிலையறம் conserver les droits et priviléges de ses sujets, மறநிலையறம் punir ceux de ses officiers qui négligent de châtier les envahisseurs et les faire restituer, அறநிலைப்பொருள் recueillir ses revenus dans l'ordre voulu et avec justice, மறநிலைப்பொருள் s'abstenir de pillage sur ses voisins, d'exaction et d'excès dans le jeu, அறநிலையின்பம் se marier avec une jeune princesse nubile et douée de bonnes qualités, மறநிலையின்பம் ne point se marier avec des conditions indignes et illégales, comme de saisir et dompter un taureau, tirer au blanc etc.. 2° les 6 choses propres à un roi, savoir: படை armée, குடி sujets, கூழ் or, அமைச்சு ministres, நட்பு amis, அரண் fort.

அரசிருக்கை, (அரசு, இருக்கை), place du roi, trône.

அரசிலை, 1° (அரசு, இலை), feuille *d'* அரசமரம். 2° (அரம், சிலை), pierre à broyer dite அம்மி; அரசிலைத்தொங்கல், espèce bijou de femme.

அரசிறை, (அரசு, இறை), tribut du roi.

அரசு, 1° (அரசன்), roi, royauté, royaume, règne, gouvernement, pays la planète Jupiter: அரசுமக்கள் rajas de caste; அரசடைகிறது devenir roi, parvenir au trône; அரசனுகிறது se présenter devant le roi; அரசமைகிறது être élu roi; அரசளிக்கிறது, அரசாளுகிறது reigner, gouverner. 2° அரசு, l'arbre அரசமரம் ficus religiosa: அரசுநீழலிலிருந்தோன் Bouddha qui habitait sous l'ombre de cet arbre. *L'adj.est* அரசம்.

அரட்டம், terre stérile, désert.

அரட்டன், *pl.* அரட்டர், (அரட்டம்), petit roi, roi d'une petite contrée.

அரட்டி, (அரளுகிறது), terreur, peur: எனக்கரட்டியா யிருக்கிறது j'ai peur. [10 comédies des Indous.

அரட்டுகம், அரட்டுசம், une des

அரணம்,(அரண்), 1° *V.* அரண். 2° cuirasse, cotte d'armes, javelot, armée, haie, lit, sandale, porte, prison, navire, les fleurs 'காந்தள் et முல்லை.

அரணும்பரம், (அரணம், அம்பரம்), muraille, haie.

அரணி, 1° (அரணம்), cotte d'armes, mur, forteresse, fourgon, 2° * (arani), pierre à fusil, forêt, forêt embrasée, le soleil, nom d'une plante.‖ *V.* திக்கடைகோல். 3° *imp. de*

அரணிக்கிறது, ணித்தேன், ணிப்பேன், ணி, ணிக்க, (அரண்), *v.a.* fortifier, orner, garder, se raidir.

அரணித்தல், *n. v. d'* அரணிக்கிறது, action de garder, de se raidir, fortification, ornement.

அரணிப்பு, *n.v. d'* அரணிக்கிறது, fortification, décoration, ornement, place régulièrement bâtie et bien fortifiée, lieu secret,- séparé, beauté, garde, obstruction, raideur, endurcissement: அரணிப்பாய்க் கட்டுகிறது bâtir solidement et régulièrement; அரணிப்பாக்குகிறது fortifier, entourer de murs.

*அரணியம், (aranya), forêt: அரணியகதலி bananier sauvage; —சடகம் passereau des forêts; —சாரணை gingembre sauvage.

அரணியர், (அரணியம்), la plante காட்டுக்கரணை. [ணி), grande forêt.

அரணியவரணி, (அரணியம், அர

அரணிருக்கை, (அரண்), fort, emplacement de forteresse.

அரணை, lézard vert qui va en serpentant. Il est, dit-on, venimeux. Il y en a qui prétendent qu'il communique son poison en léchant: அரணை யலகுதிறக்கிறதில்லை le lézard susdit n'ouvre pas la mâchoire, *i.e.* ne mord pas.

அரண், défense, forteresse, fort, fortification, mur, rempart, garde, forte haie d'entourage, —qui sert de rempart, place défendue par une forte haie ou une forêt, arme, beauté: அரணான fortifié; அரணில்லாத non fortifié, mal fortifié; —பண்ணுகிறது fortifier; படைமிகுத்தாலரணில்லை un fort ne sert de rien si l'armée se mutine. On distingue 4 sortes de forts, savoir: மலை, மலையரண் fort défendu par une haute montagne; மதில், மதிலரண் fort défendu par des remparts; நீர் ou கடல், நீரரண் fort défendu par l'eau, ou par la mer; காடு, காட்டரண் fort défendu par une forêt.

அரண்டு, *gér. d'* அரளுகிறது.

அரண்மனை, (அரண்), intérieur de maison, appartemens de la reine, forteresse.

*அரதனம், (இரத்தினம்), pierre précieuse, grosse pierre précieuse, bijou d'or ou d'argent que les femmes portent aux pieds, espèce d'arsenic naturel.

*அரதி, (அ *priv.* இரதி), abstinence, action de s'abstenir, aversion, colère, mécontentement, imperfection, peine.

அரதேசி, *P.* அகதேசி, pélerin natif, mendiant de l'endroit.

*அரத்தம், (இரத்தம்), sang, gomme-laque, rouge, couleur —, milan —, coton—, cire rouge, corail, or, l'arbre செங்கடம்பு, l'arbuste செம்பரத்தம்.‖ *V.* அரத்தி. [précieuse.

*அரத்தனம், (இரத்தினம்), pierre

*அரத்தன், (அரத்தம்), la planète rouge, *i.e.* Mars. [fleurs rouges.

அரத்தி, (அரத்தம்), nénuphar à

அரத்துகிறது, *P.* அரற்றுகிறது.

அரத்தேஷணை, (அரத்தம், ஈஷணை), désir de l'or.

அரத்தை, la plante—, la racine médicale dite alpinia galanga.

*அரத்தோற்பலம், (அரத்தம், உற்பலம்), *V.* அரத்தி.

அரநான், *P.* அரனுள். [grin.

அரந்தை, malheur, affliction, cha-

அரபி, Arabie.‖ *V.* கடுக்காய்.

அரபியன், *pl.* அரபியர், Arabe.

அரப்பு, *P.* அராப்பு. [fer, limaille.

அரப்பொடி, (அரம்), limaille de

அரமகளிர்,(அரன்), déesse de la fable;*pl.* அரமகளீர்.

அரமகள்,(அரன்),*V.* இந்திராணி

அரமனை,(அரன்),palais—,tribunal du roi, palais, cour de justice, gouvernement: அரமனைக்குவிடுகிறது livrer à la cour; அரமனைக்கிராமம்,—த்தேசம்village,pays appartenant à la cour ou adjacent au palais du roi.

அரமனையார்,(அரமனை), officiers de la cour, gens du gouvernement.

அரமியம், terrasse, argamasse d'une maison, cour dans l'intérieur des bâtimens, la plante பிரமிப்பூண்டு. [புமுறி.

அரமுறி,(அரம்), la plante இருப்

அரம், lime,acier,caverne,abyme, fourreau,porte.

அரம்பிலம்,(அரம்,பிலம்),abyme.

*அரம்பை, (rambhâ), bananier, la plante அசமதாகம்,Arambée une des 4 bayadères du paradis de Dêvendiren, sorte de déesse, prostituée;(*pl.* அரம்பையர்).

*அரரம்,அரரி,(arara,arari),porte.

*அரரு,(ararou), ennemi.

அரலிச்செடி,*P.* அலரிச்செடி,laurier rose.

அரலை, mer, forteresse, goitre, glande ou tumeur à la gorge, la plante மரல்.

அரவக்கொடியோன், (அரவம்), அரவணிக்கொடியோன், (அரவு, அணி), celui qui a un serpent sur son étendard,*i.e.* Douriôdanen.

அரவணிந்தோன்,(அரவு,அணிகிறது), celui qui a pour collier un serpent,*i.e.*Siven.

அரவணை, அரவணைச்செல்வன், (அரவு,அணை), celui qui se plait à être couché sur un serpent, *i.e.* Vichnou.

அரவணைக்கிறது,ணைத்தேன்,ணைப்பேன்,ணை,ணைக்க,*v.a.* embrasser, caresser,protéger,admettre, recevoir

அரவணைத்தல், அரவணைப்பு,*n.v. du préc.*embrassement.

அரவம்,1° serpent,la 9me constellation. 2° *(rava), son,grand bruit, tintamarre, gros anneau à grelots pour les jambes:அரவமடங்கிப்போகிறது le bruit cesser; —ஆயிருக்கிறது être bruyant, plein de bruit; அரவமாட்டுகிறது jouer avec un serpent;அரவச்சூடிகை couronne d'un serpent.

அரவன், அரவாபரணன், (அரவம்,ஆபரணம்),*V.* அரவணிந்தோன்.

*அரவிந்தம், (aravinda), nénuphar,une des 5 flèches de காமன்.

அரவு,(அரவம்), serpent:அரவுநாள் la 9me constellation; அரவுயர்த்தோன்,*V.* அரவக்கொடியோன்; அரவுயிர்ப்பு baleine de serpent.

அரவுகிறது, விேனன்,வுவேன்,வு, வ,(அரவம்), *v.n.*parler avec bruit.

அரளி, l'arbre பிநாறி: —த்தொக்கு son écorce qui sert de remède.

அரளுகிறது, ரண்டேன், ரளுவேன், ரளு,ரள, *v. n. ou* அரண்டுகொள்ளுகிறது être stupéfait, épouvanté, s'effrayer.

அரற்றுகிறது,ற்றினேன்,ற்றுவேன்,ற்று,ற்ற,*v.n.*faire du bruit,crier, pleurer, se lamenter, froisser les épis pour en tirer le grain.

அரற்றுதல்,அரற்றல்,*n.v.du préc.* bruit,cri,lamentation,froissement.

அரனாள், (அரன், நாள்), la 6me constellation.

*அரன்,(hara), *voc.*அரா,*ou* அர, maître, seigneur, souverain maître, Siven. Les Sivénistes s'imaginent être sauvés par l'invocation de ce nom:அரனிடத்தவள் celle qui est à la gauche de Siven,*i.e.*Parvadi son épouse;அரன்மகன் le fils de Siven, *i.e.*Soupramanien, Vinâyaguen, ou Virapattiren;—வெற்பு la montagne de Siven ou le கைலாசம்;அரன்றோழன்,அரனதுதோழன், அரற்குப்பிரியாத்தோழன் le compagnon inséparable de Siven *i. e.* Coubêren.

அரா, 1° (அரவு), serpent, reptile. 2° *voc. d'*அரன்.3° *imp.et part. d'*அராவுகிறது.

*அராகம்,(râga,இராகம்), mélodie, symphonie, sorte de chant, son

de quelques notes du luth qu'on dit avoir rapport à l'aridité du sol, or, désobéissance, couleur rouge, désir, un membre ou une des parties du வண்ணகவொத்தாழிசைக் கலிப்பா et du பரதம்.‖ V. முடுகியல்: அராக வொத்தாழிசைக்கலிப்பா, V. வண்ணகவொத்தாழிசைக்கலிப்பா.

*அராதி,(arâti), ennemi.

அராதிபங்கம், (அராதி, பங்கம்), mettre en fuite, tailler en pièces l'ennemi.

அராத்தல்,அராத்துதல்,remémorer,souvenir,frottement,*n.v.de*

அராத்துகிறது, த்தினேன், த்துவேன்,த்து,த்த, *v.a.* faire souvenir, frotter, violenter.

அராநட்பு,(அரா), aversion.

அராபதம்,(அரா), scarabée, ombre. [intérieures d'un fort, fort.

அராப்புக்கோட்டை,fortifications

அராமம்,bosquet, moisson croissante, culture en herbe.

அராமி,*m.f.*méchant méchante.

*அராலம், (arâla), éléphant en rut, hachette,serpe,arme recourbée.

*அராலை,(arâlâ),prostituée.

அராவுகிறது, ராவினேன், ராவுவேன்,ரா,*ou* ராவு,ராவ, (அரம்), *v. a.*limer,polir.

அராவடம், (அராவும்,அடம்), அராவுகை,அராவுதல், *n.v. d'* அராவுகிறது,action de limer,de polir: அராவடவேலை,poli,polissure.

அராவைரி, (அரா),l'ennemi des serpens. *i. e.* le faucon கருடன், le paon.

அரி,1° *imp.et part. d'* அரிகிறது, *et d'* அரிக்கிறது. 2° *அரி,(ari),ennemi, inimitié, roue,cercle.3° *அரி,(hari), Vichnou,(les Vichnouvistes s'imaginent être sauvés par l'invocation de ce nom);Siven, Brama, Dêvendiren, Yamen, air, vent, perroquet, cheval, singe, soleil, lune, rayon de lumière, lion, le signe du Lion,grenouille, feu, couleur verte, —tannée,—dorée ou jaune, serpent, une des 9 divisions du monde dite அரிகண்டம்.4° resserrement, épaisseur, consistance, riz cru, riz pilé, action de cribler, —de nettoyer, arme, épée, javelot, bouclier, outil, scie, chose creuse, plaque de métal, splendeur, mer, raie rouge dans le blanc des yeux,liqueur de palmier, faute, tranchant, pointe, gros anneau qui sert d'ornement aux pieds, petites pierres qu'on met dans les grelots de cet anneau, bélier rougeâtre, brebis, bosquet, jardin de fleurs, allée d'arbres, char, couleur, endroit étroit, épi de riz, lit, couche, instrument de musique, cochon, fumée, or, émeraude, cœur d'arbre, l'ஆலமரம்,montagne,pluie légère, guirlande, bambou,scarabée et autres insectes volatiles, lettre, ligne, force, pouvoir, banc, fagot, gerbe, botte, victoire, Sôjen, point cardinal, nue, démon, terre, paradis, ville, vie, yeux, impossibilité, tambour, égalité, explication:— கோட்டடிக்கிறது,V.அரியடிக்கிறது

அரிகண்டம்,1° (அரிகிறது, கண்டம்) ,grille de fer qu'on porte autour du cou pour pénitence, tribulation. 2° * (அரி), une des 9 divisions du monde selon les Indous: அரிகண்டபுலவன் nom du poète காளமேகன்.

அரிகதிர், (அரி), épi.

*அரிகரபுத்திரன், (அரி, கரன்), Ayénar, prétendu fils de Siven et de Vichnou métamorphosé en femme séduisante.(Une fable aussi impure, aussi honteuse, caractérise bien la lubricité des dieux de l'Inde et du paganisme.) [de teigne.

அரிகரப்பன், (அரிகிறது), espèce

அரிகளி,racine mince, rejeton du figuier.

அரிகர்,அரிகள்,*pl.d'* அரி, ennemis.

அரிகல்,(அரி,கல்), le mont Mérou.

அரிகளவம், (அரி), fleuve.

அரிகிறது,ரிந்தேன், ரிவேன்,ரி,ரிய, *v.a.et n.*scier les blés, moissonner, trancher, couper, amputer, découper, décapiter, être coupé, tranché, rogné, écourté: அரிந்துபோடுகிறது couper.

அரிகுரல்,(அரிகிறது), voix aigre, —rauque.

அரிகூடம், (அரி) , porte—, salle sous les pyramides des pagodes.

அரிகை, V. அரிதல்.

அரிக்கட்டு,(அரி) ,gerbe.

அரிக்கண்சட்டி, (அரிக்கிறது, கண்) , vase à laver le riz.

அரிக்கிறது,ரித்தேன்,ரிப்பேன்,ரி,ரிக்க, v. a. ou அரித்துப்போடுகிறது, passer au crible,cribler le sable pour chercher quelqu'objet précieux,tamiser,épurer,purifier,laver le riz ou les métaux, ronger,ramasser,vexer, contrister, importuner, démanger, diviser: அரித்துப்பிடுங்குகிறது importuner, presser, vexer,(les sangsues etc...) mordre, piquer; உலைக்கு அரிசியரிக்கிறாள் elle lave le riz pour le faire cuire.

அரிக்குலை,அரிக்குதல்,n.v.d' அரிக்கிறது, lavage du riz et des métaux, vexation, importunité, action de cribler,de ronger etc...

அரிசயம், citronnier,l'arbre கொ

அரிசம்,poivre. [ன்றை.

அரிசனம்;safran.

அரிசா, l'arbre பெருங்குமிழ்.

அரிசி,riz pilé, grain, tout grain hors de sa coque.

அரிசு, (அரிசம்) , poivre

*அரிசந்தனம், (அரி), un des 5 prétendus arbres du சுவர்க்கம்,sandal de Vichnou.

*அரிச்சந்திரன், (அரி, சந்திரன்), n.pr. d'un roi de la 2e classe des hommes célèbres par leur libéralité, on l'appelle aussi முதற்சக்கரவர்த்தி: அரிச்சந்திரபுராணம் son histoi-

*அரிச்சனை, P. அர்ச்சனை. [re.

*அரிச்சிகன்,(அரி,சிகை), lune.

அரிச்சுவடி,(அரி), alphabet gentil, en tête duquel se trouve le nom d'அரி Vichnou, la 1re feuille de cet alphabet. [எருக்கு et மருதம்.

*அரிச்சுனம்,(ardjouna),les arbres

*அரிஷம், (harcha), érection du poil,(marque de joie).

*அரிஷ்டம்,(arichta), vin de palmier, corbeau, ruine, oeuf, oignon, ail, lait de beurre, petit-lait, faute originelle, défaut naturel, déshonneur, bonne ou mauvaise fortune, prospérité, harem, appartement des femmes,prodige, mauvais augure, chaleur,point, insolence, obscénité, l'arbre வேம்பு,Arichten,un des Asourers: *அரிஷ்ட—, அரிட்டசூதனன், (அரிஷ்டம், சூதனம்) , Vichnou, le vainqueur d'Arichten. [27 yoya.

*அரிடணம், (harchana) , un des

அரிடிகம்,un des 32 ordres d'architecture.

அரிட்சி, (அரிள்), crainte.

*அரிட்டம், V, அரிஷ்டம்.

*அரிட்டானகம்,(arichtânaka),terreur,peur. [tuer.

அரிட்டித்தல், meurtre, action de

*அரிணம்,(harina), blancheur,couleur blanche,—blanchâtre,—rouge, cerf, daim, cerf blanc, éléphant, or, mer.

அரிணி,l'arbrisseau வஞ்சிக்கொடி.

அரிணை,vin de palmier.

அரிதகி,l'arbre கடு.

அரிதட்டு, (அரிக்கிறது) , crible.

*அரிதம்,1° (harit),région,partie du monde. 2° (harita), couleur verte,—jaunâtre,—d'or, prairie verdoyante, gazon, safran. [couper.

அரிதல்,n.v.d' அரிகிறது, action de

அரிதனம்,(அரி) , orpiment, ochre, terre qui a la couleur de citron.

*அரிதாரம், (அரி) ,sulfate d'arsenic jaune, orpiment, calaminc.‖ou: அரிதாரவன்னம் couleur jaune.

*அரிதாலம்,(அரிதம்,அலம்) , V. அரிதாரம்.

*அரிதாளம், (அரி) ,une des 9 règles de mesure pour la musique.

அரிதாள்,(அரி épi), chaume.

அரிதினவயச்சி, la plante திருநாமப்பாலை.

அரிது,1° (அருமை) ,chose difficile,—excellente, —rare. ‖il est difficile. 2° *(harit) ,vert: அரிதான difficile, excellent, rare; அரிதாய் difficilement; செய்கிறதற்கரிது difficile à faire: பிறவிக்குணமாற்றவரிது il est difficile de changer son naturel: இந்தப்பொருள் காணப்படுகிறதற்கு அரிதாயிருக்கிறது cet objet est difficile à trouver,—est rare.

*அரிதை,(அரி,tâ), haine.

அரித்தல்,n.v.d'அரிக்கிறது, action de cribler, de tamiser, d'épurer, de laver, de ronger, écureuil.

*அரித்திரம், 1° (haridrâ), safran, odeur, parfum. 2° (aritra), gouvernail. [leur d'or.‖V. அரிதாரம்.

*அரித்திராபம்,(haridrâbha), cou-

*அரித்து, 1° (harit), vert. 2° gér. d'அரிக்கிறது.

*அரித்தை, 1° (artti), malheur, affliction, tristesse. 2° P. அரித்தாய் tu as criblé, épuré....

*அரிநிம்பம்,(அரி), margousier ou vèmbou des montagnes. [phire.

அரிநிறக்கல்,(அரி,நிறம்,கல்), sap-

அரிநெல்லி, (அரிகிறது), l'arbre cicca disticha dont le fruit semble ciselé.

*அரிந்தமன், (அரி, acc. தமம்), le vainqueur de son ennemi, i.e. Vichnou.

அரிந்து,gér.d'அரிகிறது. [nou.

*அரிபாலுகம்,(அரி), espèce de parfum,—d'arbrisseau.

அரிபிளவை,(அரி), espèce d'ulcère.

அரிபுதை,(அரி), nuit.

அரிபெட்டி, V. அரிப்பெட்டி.

அரிப்பரிக்கிறது,(அரிப்பு, அரிக்கிறது), cribler.

அரிப்பன்,(அரிப்பு), cribleur, celui qui crible surtout la poussière d'orfèvrerie, le sable des rues etc...

அரிப்பிக்கிறது, ப்பித்தேன், ப்பிப்பேன், ப்பி, ப்பிக்க, V.caus. d'அரிக்கிறது, faire cribler.

அரிப்பிரியம்,(அரி), disette, cherté du riz,—des vivres:—ஆய்விற்கிறது vendre cher le riz ou autres marchandises.

*அரிப்பிரியை, (அரி), Lakchimi, l'épouse chérie de Vichnou.

அரிப்பு, n.v. d'அரிக்கிறது, action de cribler..., vexation, démangeaison, faute:—க்காரன், V. அரிப்பன்;—துறை côte de l'ile de Manar où l'on crible le sable après la pèche des perles; — வேலை occupation—, action de cribler.

அரிப்பெட்டி, (அரிக்கிறது), crible, tamis. [பைமேனி.

அரிமஞ்சரி, (அரி), la plante குப்

அரிமணல்,(அரிக்கிறது), sable fin.

*அரிமணி,(அரி vert), émeraude.

*அரிமந்திரம், (அரி), caverne de lion. [le neveu de Vichnou.

அரிமருகன், (அரி), Vinâyaguen,

அரிமா,(அரி), lion, le signe du Lion.

அரிமாநோக்கு, (அரிமா), regard de lion, expressions qui regardent ce qui précède et ce qui suit.

அரிமுகச்சிவிகை, (அரி,முகம்), litière à tête de lion, c'est le véhicule distinctif des gourous qui ont vaincu dans la controverse les sectaires, leurs antagonistes.

அரிய, adj. d'அருமை, difficile, excellent, cher, rare: அரியசெயல் acte difficile, d'un mérite distingué, exécution de grandes choses;—தன்மை difficulté, excellence, chose précieuse;—தமிழ் le haut tamoul;—தொழில் emploi important,—honorable;—வலி grande force;—மறை, V. அருமறை.

அரியடிக்கிறது, (அரி, அடிக்கிறது), secouer les gerbes pour faire sortir le grain le plus mûr qui doit servir de semence.

அரியணை,(அரி lion, அணை), trône, siège de parade: அரியணைச்செல்வன் l'homme fortuné qui est assis sur un trône ou sur une peau de lion, i. e. Arouguen.

அரியது,(அருமை), V. அரிது.

*அரியமன், (aryaman), un des 12 soleils.

*அரியமா, (aryamâ), soleil, divinité de famille, un des ancêtres ou des chefs de famille déifiés. [musique

அரியம், musique, instrument de

அரியயற்கரியோன்,(அரி,அயன்,அரியோன்), celui qui est difficile ou peu traitable pour Vichnou et Brama, i.e. Siven. [அரிகரபுத்திரன்.

அரியரகுமாரன்,(அரி, அரன்), V.

அரியல், n.v. et opt. d'அரிகிறது, action de couper, vin de palmier.

அரியவன், (அரிய), homme rare, —excellent,—de mérite. [trône.

*அரியாசனம்,(அரி *lion*,ஆசனம்),

அரியேறி, (அரி *lion*, ஏறுகிறது), celle qui est montée sur un lion,*i.e.* துர்க்கை. [மை), *V.*அரியவன்.

அரியோன், *pl.* அரியோர், (அரு

அரில்,(அரி), haine,dissension,faute, broussaille, touffe d'arbrisseaux.

அரிவட்டம்,(அரி), *V.*அரிகண்டம்.

அரிவரி,(அரி), 1° la ligne du nom de Vichnou, la 1re de l'அரிச்சுவடி; elle commence par le mot அரி: —படிக்கிறது commencer à apprendre à lire. 2° série de lettres. 3° *V.* அரிச்சுவடி.

அரிவாட்கள்ளன்,(அரிவாள்),douleur au poignet de la main droite.

அரிவாட்சொண்டன்,(அரிவாள்), espèce de héron.

அரிவாள்,(அரிக்கும்,வாள்),faucille: அரிவாள்மணை instrument pour couper la viande, c'est une espèce de couperet fixé à une planche sur laquelle on est assis; அரிவாள்மணைப்பூண்டு sorte de plante médicinale dite sida lanceolata; அரிவாள்மூக்கன் gros oiseau aquatique dont le bec ressemble à une faucille.

அரிவி,épi:அரிவிக்கள்ளன் douleur au poignet gauche; அரிவிமயிர் plumes de certains oiseaux de Ceylan dont on orne parfois le bout des lances.

அரிவை,femme, femme agée de 25 ans,belle femme, déesse.

அரிள்,crainte.

*அரீடணம்,*V.* அரிடணம்.

அரீடம், la plante médicinale கடுகுரோகணி.

அரு,1° (அ *priv.*உரு), Dieu, connaissance, atome, petitesse, objet sans forme.2° *adj.d'*அருமை,*V.* அரும். [près.

அருக,*inf.d'*அருகுகிறது, proche,

அருகசனி,cardamome.

அருகணி,la plante பிரண்டை.

*அருகந்தன், *V.*அருக்கந்தன்.

*அருகம்,(arha),convenance, mérite, dignité, sainteté, la secte des Djaïnas.

*அருகர்,*pl.*1° (arhat), les Djaïnas ou Samanéens, secte d'Indous hétérodoxes qui a donné de savans auteurs.2° (அருகு), parens, proches, amis,compagnons.

அருகல்,*n.v.et opt. d'*அருகுகிறது, approche, embrassement, union,copulation, diminution, contraction, défaut,mort.

*அருகன், 1° (arhat), Arouguen, dieu des Samanéens ou Djaïnas, homme capable,—digne, — habile. 2° (அருகு), parent, proche, compagnon, ami, associé: அருகனைமுடிதரித்தாள்,—தரித்தவள் Parvadi, celle qui a pris pour couronne Arouguen ou la vertu.‖*V.*தருமதேவதை.

அருகாமை,1° *n.v.nég.d'*அருகுகிறது.2° *ou* [voisinage,proximité.

அருகாண்மை,(அருகு,ஆண்மை),

அருகி, 1° vin de palmier.2° *அருகி,*f.d'*அருகன்,femme digne.3° *gér. d'*அருகுகிறது. [பூனைக்காலி.

அருகியரத்தம்,(அருகு), la plante

அருகு, 1° voisinage, proximité, bord,extrémité,bordure,bord de vêtement,côté,marge, tranche de livre etc...,corps de navire, sorte d'ombrelle, ou d'éventail, (emblême de dignité). 2° *imp.et part. d'*அருகுகிறது:அருகான் proche, voisin, contigu; அருகுக்காரன் celui qui porte l'ombrelle, —l'éventail susdit; அருகுகால் jambage de porte; அருகில்,அருகே près, proche; அருகிருக்கிறது être proche; என்னருகேவந்தான் il est venu près de moi; மலையருகில் près de la montagne.

அருகுகிறது, *sync.* அருகிறது, கினேன், குவேன்,கு,க, *v.n.* (அருகு), approcher, arriver s'approcher, déchoir, décroitre, diminuer, être petit; distiller, dégoutter, découler, démanger, cuire, piquer, gêner: அருகிப்போகிறது diminuer, déchoir, s'apetisser,le prix des grains diminuer; நீரருகிவருகிறது l'eau découler lentement.

அருகுறல்,approche, *n.v. de*

அருகுறுகிறது, (அருகு, உறுகிறது), approcher.

*அருக்கசூனு, (அருக்கன்), Yamen, prétendu fils du soleil.

*அருக்கசோதரம்,(அருக்கன்),l'éléphant d'Indiren, prétendu frère du soleil. [frande d'or.

*அருக்கதானம், (அருக்கம்), of-

அருக்கத்தி,peine,difficulté.

*அருக்கந்தன்,(arhanta),boudhiste,Siven. [bre வேம்பு.

*அருக்கபாதபம்,(அருக்கன்), l'ar-

*அருக்கமண்டலம், (அருக்கன்), orbite du soleil,écliptique.

*அருக்கம்,(arka), défaut, richesse, trésor,or,mauvais augure, cristal.‖ V. அர்க்கம்.

அருக்கல், n. v. d'அருக்குகிறது, crainte,diminution,action de diminuer,de rendre difficile,rare ou précieux.

*அருக்கவிக்ஷேபம், (அருக்கன்); parallaxe de la lune en latitude.

அருக்களிக்கிறது, ளித்தேன், ளிப்பேன்,ளி,ளிக்க,être effrayé, alarmé, trembler de crainte,abhorrer.

அருக்களித்தல்,அருக்களிப்பு,n.v.du préc.crainte,terreur,horreur: அருக்களிப்பாயிருக்கிறது être frappé de crainte,—de terreur.

அருக்கனிலை, (அருக்கன், நிலை), place du soleil,place des 2 planètes invisibles.

*அருக்கன், (arka), soleil, 2 planètes invisibles, Indiren, distance à l'aphélie: அருக்கன்வீதி écliptique.

அருக்காணி,1° (அருக்கு,ஆணி), chose noble,rare.2°(அருக்குகிறது), personne qui vexe,vexation. [ம்.

*அருக்கியம்,(arghya), V. அர்க்கிய

அருக்கு,1° rareté, difficulté, cherté, menace. 2° *imp. et part. de*

அருக்குகிறது,*sync.* அருக்கிறது,க்கினேன்,க்குவேன்,க்கு,க்க, *v.n.et a.* distiller, tomber par gouttes, vexer, molester, demander un trop grand prix,rendre cher, rare, difficile, réduire un liquide en le faisant bouillir,diminuer,menacer,détruire: அருக்குகிறவன் un importun, —tourment; நீரருக்கிமோர்பெருக்கி நெய்யுருக்கியுண்ணுமவர்பேருரைக்கப்போமேபிணி la maladie s'enfuit en entendant prononcer le nom de ceux qui boivent de l'eau bien bouillie,du lait caillé bien détrempé et qui se servent de beurre fondu bien cuit.

அருக்குதல், அருக்குகை, *n.v. du préc.* menace, destruction, vexation, distillation,réduction.

*அருக்கேந்துசங்கமம், (அருக்கன்,இந்து), conjonction du soleil et de la lune,nouvelle-lune.

*அருக்கோபலம்,(அருக்கன், உபலம்), crystal, lentille de crystal, pierre précieuse qui jette des flammes au soleil.

அருங்கலம், (அரும், கலம்), vase rare,— précieux, objet digne d'un roi,—d'un prince.

அருங்கலைநாயகன்,(அரும், கலை), celui qui préside aux hautes sciences, Bouddha. [re,espèce de porphyre.

அருங்கல்,(அரும்,கல்), pierre noi-

அருங்கிடை,(அரும்,கிடை), manque de nourriture,jeûne. [ழ்.

அருசாவிரா,la plante பெருங்குமி

*அருசிபித்தம், (அ *priv.* ருசி goût), dégoût de la nourriture, bile qui cause ce dégoût.

*அருச்சகன், 1°(ardjaka), homme qui s'est enrichi.2° (artchaka), sacrificateur (d'un temple).

அருச்சந்தம்,airain,cuivre.

*அருச்சயம்,(artchya), chose adorable, adoration.

*அருச்சயோகம், (artchâ *adoration*), sacrifice latreutique ou d'adoration.

*அருச்சனம், 1° (ardjana), acquisition. 2° (artchana), vénération, adoration. [culte, vénération.

*அருச்சனை,(artchanâ),adoration,

*அருச்சிகன், (artchika), sacrificateur,chantre (d'un temple).

அருச்சிக்கிறது,ச்சித்தேன்,ச்சிப்பேன்,ச்சி,ச்சிக்க,*v.a.* V. அர்ச்சிக்கிறது.

*அருச்சிதம்,1° (artchita), vénération.2° (ardjita), acquisition.

அருச்சித்தல்,அருச்சிப்பு, *n. v.d'* அருச்சிக்கிறது,adoration,offrande.

*அருச்சியம், (artchya), V. அர்ச்சி

யம்: அருச்சியப்பிரபுத்துவம், principauté vénérable, propre aux 9 chœurs des anges.

* அருச்சுனம்,(ardjouna),or,blancheur,la plante சருக்கு, l'arbre மருதம்.

* அருச்சுனன்,(ardjouna), Aroutchounen,le 3me des 5 fils du roi பாண்டு, et le héros du Mahâbhârata, ou Pâradam;on l'appelle aussi le fils d'Indiren. Il a pour bannière l'அநுமத்துவசம்.

அருஞ்சிறை, (அரும், சிறை), dure captivité,—prison,enfer.

அருட்குடையோன்,(அருள்,உடையோன், ou குடை), le Seigneur, le Dieu de toute bonté, celui dont la bonté protége, Arouguen.

அருட்கொடையோன்,(அருள்,கொடை), Dieu, le distributeur de la grâce et des dons célestes.

அருட்கொடியோன், அருட்கொடிவேந்தன், (அருள்,கொடி), le roi —, ou celui qui a la bonté pour devise de son étendard, Arouguen.

அருட்சத்தி, V. அருட்சித்தி.

அருட்சி, V. அருளுகை.

அருட்சித்தி,(அருள்),vif argent,un des 5 prétendus pouvoirs de Siven.

அருட்செல்வம்,(அருள்), richesses de la grâce.

அருட்சோதி,(அருள்), Dieu, lumière de la grâce,espèce d'arsenic composé. [dite கடுகுரோகணி.

அருட்டம்,œuf,la racine médicale

அருட்டி,1° crainte.2° *gér.de*

அருட்டுகிறது,ட்டினேன், ட்டுவேன்,ட்டு,ட்ட,*v.a.d'* அருளுகிறது,et அருட்டுதல்,*n.v.*éveiller,exciter,exhorter,presser,faire avec diligence.

அருட்பெருங்கொடை,(அருள், பெரும்), bienfaisance,libéralité.

* அருணசாரதி,(அருணன்), le soleil qui,selon la fable, a Arounen pour cocher.

* அருணம்,(arouna), brebis, rouge foncé, citronnier, pays—, langue d'Agra,éléphant,cerf,ciel rouge,aurore. [லோசனம்), colombe.

* அருணலோசனம், (அருணம், உ

* அருணவம்,(arnava), mer.

அருணசூசி,(அருணம்,சூசி), V. இந்திரகோபம்.

* அருணன்,(arouna), Arounen,cocher du soleil, le soleil; la planète Mercure.

* அருணக்கிரசன்,(அருணன், அக்கிரசன்), le frère cadet d'Arounen, *i. e.* கருடன்.

* அருணசலம்,(அருணம், அசலம்), la montagne rouge, *i.e.* திருவண்ணமலை: அருணசலபுராணம் légende de cette montagne. [பாலை.

அருணினம், la plante திருநாமப்

அருணினைவு, (அருள், நினைவு) pensée pleine de bonté, bienveillance, une des 3 bonnes qualités de l'âme.

அருணெறிசுரக்குஞ்செல்வன்,(அருள்,நெறி,சுரக்கிறது), celui d'où découlent la bonté ou la grâce et la droiture,Bouddha.

* அருணோதயம், (அருணம், உதயம்), aurore, point du jour, lever du soleil: அருணோதயத்தின்—, ou அருணோதயநக்ஷத்திரம்,l'étoile du matin. [றது.

அருண்ட,éveillé; *part. d'* அருளுகி

அருத்த,*adj.et obl.d'* அருத்தம், demi,des richesses,de la signification. Il peut s'écrire par அர்த்த,ainsi que les mots composés où il entre:—கங்கை le Cavéri, qui est supposé avoir la moitié de la vertu du Gange;—காமம் désir des richesses;—கோளம் hémisphère, demi-globe; —சந்திரம் œil en demi-lune sur la queue des paons:—சந்திரன் demi-lune,croissant,1er quartier de la lune;—சந்திரபாணம் dard à forme de demi-lune;— சாமம் minuit;—நாரி, hermaphrodite,moitié-femme,*ou*;—நாரீச்சுரன்,(அருத்த,நாரி, ஈச்சுரன்), Siven moitié homme et moitié femme;—நாள் demi-journée, moitié d'un jour;*—நிசா minuit;*—பதி le dieu des richesses, *i.e.* Koubêren;—பலன் demi-produit,—force;—பாகம் moitié; —பாஷை explication du sens et du sujet des Vêdas,partie qui contient cette explication, et indique le sujet d'une autre partie; —ப்பிர யோகம் profession de l'usure, maniement des deniers; —ப்பிராத்தி, V. அத்தார்ச்சனை.

*அருத்தம், 1° (artha), sens, signification, intention, dessein, cause, raison, chose, matière, biens, richesses, or, utilité. 2° (arddha), moitié, demi: —சொல்லுகிறது, —பண்ணுகிறது, அருத்தசாரஞ்சொல்லுகிறது exposer le sens, expliquer, interpréter; அருத்தங்கொள்ளுகிறது signifier; அவன்சொன்னதுக் கருத்தந்தெரியாது je ne comprends pas le sens de ce qu'il a dit. *Voyez en les composés après* அர்த்த *ou ci-dessous.*

*அருத்தராத்திரி, (அருத்த), minuit.

*அருத்தலாபம், (அருத்த, இலாபம்), V. அத்தார்ச்சனை.

*அருத்தலோபம், (அருத்த, உலோபம்), cupidité, avarice.

அருத்தல், V. அருத்துதல்.

*அருத்தவிருத்தி, —வித்பத்தி, (அருத்த), interprétation, explication.

*அருத்தவேதம், (*id.*), commentaire sur les Vèdas, un des உபவேதம்.

அருத்தனம், (artana), mépris, reproche. [mendier, mendicité.

*அருத்தனை, (arthanâ), action de

*அருத்தன், (artha), Dieu.

*அருத்தாங்கிகாரம், (அருத்த, அங்கிகாரம்), demi-volonté, —consentement.

*அருத்தாதிகாரன், அருத்தாதிகாரி, (அருத்தம், அதிகாரம்), économe, intendant, procureur.

*அருத்தாந்தரன்னியாசம், (அருத்தம், அந்தரம், நியாசம்), intention contraire, antithèse.

அருத்தாந்தரம், (அருத்தம், அந்தரம்), diversité d'intention, de sentimens.

*அருத்தாபத்தி, (அருத்தம், âpatti *obtention*), conséquence, conclusion par argument, indice d'une chose, espèce de métaphore appelée இலேசம். *Ex.* un habitant des mers pour dire un vaisseau. [னை.

*அருத்தார்ச்சனை, V. அத்தார்ச்ச

அருத்தாரணம், action de louer.

அருத்தி, 1° désir, dance, pied. 2° *gér. de* அருத்துகிறது, *et imp. de*

அருத்திக்கிறது, த்தித்தேன், த்திப்பேன், த்தி, த்திக்க, (அருத்தம்), faire la moitié, partager par la moitié.

*அருத்திதம், (ardita), abondance d'aumône.

அருத்தித்தல், *n. v. d'* அருத்திக்கிறது, action de faire la moitié.

அருத்துகிறது, த்தினேன், த்துவேன், த்து, த்த, *v. a. d'* அருந்துகிறது, nourrir, élever, entretenir, faire manger. [action de nourrir.

அருத்துதல், *n. v. du préc.* nutrition,

அருத்துரு, examen, exactitude, minutie. [demi-lune, croissant.

*அருத்தேந்து, (அருத்தம், இந்து),

அருத்தோதையம், (அருத்தம், உதையம்), lever du soleil au coucher de Jupiter.

*அருத்தோபார்ச்சனம், (அருத்தம், உப, அருச்சனம்), acquisition des richesses.

அருநிலை, (அரும், நிலை), chose—, passage difficile, eau non guéable.

அருநிழல், (அரு), ombre légère.

அருநெஞ்சு, (அரு), répugnance, volonté difficile.

அருநெல்லி, (அரு), un arbre.

அருநெறி, (அரு), chemin étroit, porte, enfer, terre stérile.

அருந்ததி, (aroundhati), Aroundadi, femme du pénitent Vasichten, une petite étoile près de la grande Ourse, en laquelle les gentils prétendent qu'elle fut changée à cause de sa chasteté: அருந்ததியைக்காண்பிக்கிறது montrer cette étoile à la nouvelle mariée le 3me jour des noces pour l'exciter à imiter son exemple.

அருந்தமிழ், (அரும்), le haut tamoul, le tamoul poétique.

அருந்தல், *n. v. et opt. d'* அருந்துகிறது, action de manger, eau basse, devenir rare, rareté: — ஆயிருக்கிறது l'eau être basse. [tence.

அருந்தவம், (அரும்), austère péni-

அருந்தவர், (*id.*) grands pénitens, sages.

அருந்துகிறது,தினேன்,துவேன், து,த,*v.a.*manger,être rare: அருந்திடுகிறது, *v. comp.* manger,avaler.

*அருந்துதன்,(arountouda), celui qui tourmente,bourreau.

அருந்துதி,1° *P.*அருந்ததி. 2° (அரும்), grand éloge, grande louange.

*அருப்பகன், (அருப்பம்), jeune homme,homme stupide.

அருப்பம், 1° poil follet, poil du visage,érection du poil,ville,vin de palmier, bois, forêt, meurtre, fort, chagrin,maladie,gâteau,goûter, village dans des champs cultivés, farine,petit-lait, lait de beurre, sol glissant, l'arbuste தொடரி:— இறங்குகிறது le poil follet commencer à pousser. 2° * அருப்பம், (arbha), enfant, rosée.

அருப்பலம், l'arbre அனிச்சமரம்.

அருப்பு,1° *s.*lait caillé.2° *adj.d'*அரும்பு. [temps de famine.

அருப்புகாலம், *P.* கருப்புகாலம்,

அருப்புச்சரி,(அரும்பு), boutons de fleurs enfilés avec un fil d'or; —க்கடுக்கன் boucles d'oreilles avec le même ornement.

அருப்புத்துருப்பு, *V.* அருந்தல்.

அருமதாளம், une des 9 règles de mesure pour la musique.

அருமந்தம்,(அரும்,அந்தம்), rareté,chose rare: அருமந்த rare, excellent,exquis; அருமந்தப்பிள்ளை *ou*

அருமருந்தன்னபிள்ளை,(அரு, மருந்து,அன்ன),enfant rare,excellent, cher comme le nectar,ou un remède exquis. [nieux.

அருமலதி,espèce de chant harmo-

அருமறை,(அரு) , religion excellente,un des Vêdas à tort surnommé l'excellent:— க்கொடியோன் celui qui porte sur son drapeau le signe de ce Vêdam,*i.e.* துரோணசாரியன்.

அருமை,difficulté, peine, excellence, importance, mérite, valeur, cherté, rareté,chose précieuse,—excellente,—chérie,—difficile,—pénible:—ப்பிள்ளை enfant chéri; அவனோடேபழகுவதருமை il est difficile de se familiariser avec lui; கற்றோரருமை கற்றோரறிவார் les savans seuls peuvent connaître le mérite des gens instruits et leur savoir; பெற்றவளுக்குத்தெரியும்பிள்ளையினருமை une mère seule peut connaître ce que vaut, ce que coûte ou combien est cher un enfant; நிழலினருமைவெய்யிலினின்றுற்றெரியும் c'est lorsqu'on est en plein soleil qu'on sait apprécier le plaisir d'être à l'ombre;la peine fait trouver ensuite plus de douceur dans le repos; அருமையாய் difficilement, péniblement; —ப்பிறக்கிறது naître difficilement, —après une longue attente; அருமையான *ou*

அரும்,(அருமை) , *adj.*difficile,pénible, excellent, éminent, cher,précieux, rare, strict: —பகை grande haine;—படை armée terrible; —பண்டம் chose précieuse, rare;—பொருள் chose de prix, —exquise, sens difficile,relevé.

அரும்பல்,*n.v.et opt. d'*அரும்புகிறது, existence, floraison, germination, action de boutonner, de commencer à pousser. [fleur en bouton.

அரும்பாநனை,(அரும்பாத,நனை),

அரும்பாலை, (அரும்) , espèce de chant formé de la 4me et de la 1re note de la gamme.

அரும்பி,1° espèce d'arsenic composé. 2° *ger.d'*அரும்புகிறது.

அரும்பு,1° bouton de fleur, barbe naissante, grenaille, bouton de fleur en or ou autre métal. 2° *imp. et part. d'*அரும்புகிறது: அரும்பிட்டுவருகிறது, அரும்பிறங்கிறது la barbe commencer à venir, la barbe naitre; அரும்புவேலை bouton de fleurs en or.

அரும்புகிறது,பினேன்,புவேன்,பு, ப,*v.n.*(அரும்பு), boutonner, fleurir, pousser des boutons, des fleurs,être florissant, paraitre,pousser,germer, commencer à paraître.

அரும்புதல்,*n.v.du préc.* floraison, germination. [qui suffit à peu près.

அரும்பூட்டு, (அரும்) , union, ce

அரும்பொருவினை, (அரும்,பொரும், வினை) , une des 8 espèces de mariage.

அருவம், 1° (அ priv. உருவம்), chose sans figure. 2° V. அருந்தல்.

அருவருக்கிறது, ருத்தேன், ருப்பேன், ரு, ருக்க, v.a. haïr, détester, exécrer, abhorrer: அருவருக்கப்படத்தக்க détestable, abominable.

அருவருப்பு, n.v. du préc. horreur, détestation, mépris, dégoût, saleté.

அருவல், n.v. d' அருவுகிறது, cours, marche lente, —à petits pas, approche, attaque, caresse.

அருவா, அருவாவடதலை, n.pr. de 2 pays ou l'on parle le bas tamoul.

அருவாணம், large plat de cuivre.

அருவி, ruisseau, ruisseau qui reflue, —qui descend des montagnes, confluent, tuyau de millet, épi.

அருவினை, (அரு), grand péché, crime: அருவினைகளைந்து, V. பஞ்சமாபாதகம்; தெய்வ மொருவனென் றேத்தியொருமித்திருந்தா லருவினைகளைந்துமறும் les 5 grands crimes seront pardonnés à celui qui honore le seul vrai Dieu et s'unit à lui. (mot de Camben).

அருவுகிறது, வினேன், வுவேன், வு, வ, v.n. un ruisseau couler, diminuer, approcher, attaquer, piquer, caresser.

அருவுதல், V. அருவல்.

அருளகம், la plante வெள்ளெருக்கு.

அருளப்பன், (அருள், அப்பன்), Jean.

அருளரசி, (அருள், அரசி), la plante médicinale குடசப்பாலை.

அருளல், n.v. et opt. d' அருளுகிறது, donation, faveur, agitation, réveil, garde, création, dire.

அருளவம், l'arbre பெருமரம்.

அருளாபு, la plante சாறணை.

அருளாயி, (அருள், ஆயி), Jeanne.

அருளாழிவேந்தன், (அருள், ஆழி), Dieu, le roi de la mer de grâce, ou dont la bonté est sans borne, Arouguen.

அருளுகிறது, வினேன், ளுவேன், ள், ou ளு, ள, v.a. et n. 1° (அருள்), daigner, faire la grâce de, accorder gracieusement, gratifier, donner, garder, créer, dire. 2° être agité, s'éveiller. En ce sens il fait au parfait அருண்டேன்: அருளிச்செய்கிறது favoriser, faire une faveur, faire ou donner gracieusement. Le verbe அருளுகிறது dans le sens de daigner se joint au gérondif des autres verbes. Ex. வந்தருளுகிறது, செய்தருளுகிறது daigner venir, —faire.

அருளுகை, n.v. du préc. faveur, grâce, action de donner.

அருளுறுதி, (அருள்), l'arbre வேம்பு, la force de la grâce.

அருள், 1° grâce, bonté, bienveillance, faveur, donation, don, action de donner, puissance, Parvadi. 2° imp. et part. d' அருளுகிறது: — உடைமை bienveillance, bonté; — விருக்ஷம், — விருட்சம் les 5 arbres prétendus du சுவர்க்கம்; — வேதம் la loi de grâce, le Christianisme.

*அருபகம், (அ priv. உருபகம்), manque de figure, chose sans figure, —invisible. [ருபகம். 2° difformité.

*அருபதை, (அருபம், tâ), 1° V. அ

அருபம், (அ priv. உருபம்), défaut, vide, air. ‖ V. அருபகம்.

*அருபி, (அ priv. உருபி), esprit, être incorporel, —invisible, —sans forme, Dieu, rubis, Siven. ‖ V. ஆநந்தகர்ப் பூரம் et சோரபாஷாணம். [கிழங்கு.

அரோசகண்டு, la plante கரந்தைக்

அரோசிகம், bananier. [வேர்.

அரோஞுகம், poivre long. ‖ V. திப்பிலி

அரை, 1° moitié, demi. Sa marque est ௨. 2° les reins, le milieu —, la moitié du corps. 3° imp. et part. d' அரைக்கிறது: அரையிற்கட்டுகிறது, —கட்டிக்கொள்ளுகிறது ceindre; —கட்டிக்கொண்டிருக்கிறது être ceint.

அரைகல், (அரைக்கிறது, கல்), pierre sur laquelle on broie, pierre à broyer. [ceinture.

அரைக்கச்சு, —க்கச்சை, (அரை),

அரைக்கட்டிடம், (அரை, கட்டு, இடம்), demi-reliure.

அரைக்காணி, (அரை), demi-kâni, demi-arpent de l'Inde, un cent soixantième, 1/160.

அரைக்காதம், (அரை), demi-kâdam, 5 milles anglais, 8 kilomètres: அரைக்காதவழி marche —, route —, distance de 5 milles anglais.

அரைக்கால்,(*id.*), demi quart,un huitième, 1/8.Sa marque est ஐ.

அரைக்கிறது,ரைத்தேன்,ரைப்பே ன்,ரை,ரைக்க,*v.a.* moudre, broyer, pulvériser,émietter, frotter, détruire, réduire à un autre état.‖*v.n.*s'affaisser dans la maladie, empirer: அரைத்தமா farine moulue. [த்தல்.

அரைக்குதல்,*n.v.du préc.V.*அரை

அரைக்குழல்,(அரை),étui de métal attaché à la ceinture qui sert de bourse. [அரைகல்.

அரைசிலே,(அரைக்கிறது,சிலே),*V.*

அரைச்சட்டை,(அரை), veste,gilet indien,habit qui descend jusqu'à la ceinture.

அரைச்சதங்கை, (*id.*), ceinture à grelots. [சட்டை.

அரைச்சல்லடம்,(*id.*), *V.* அரைச்

அரைஞாண்,(*id.*), cordon attaché aux reins des garçons dès leur naissance;il est ordinairement de coton, quelquefois d'or ou d'argent.

அரைத்தல், *n.v.* *d'* அரைக்கிறது, action de moudre,broiement,frottement,destruction,changement,accablement dans la maladie.

அரைத்திட்டம்,(அரை), la moitié, la juste moitié.

அரைநலம், (*id.*)., demi-virilité, testicules diminués sans être brisés.

அரைநா, (அரைக்கிறது, நா), crocodile.

அரைநாண்,(அரை), *V.*அரைஞாண். [tournée d'une charrue, parole.

அரைநாவை, (அரை), langue re-

அரைநாழிகை, (அரை), demi-heure indienne,12 minutes,environ un demi-mille ou un kilomètre.

அரைநாள்,(*id.*), demi-journée,

அரைநூல்,(அரை), *V.* அரைச்சதங்கை et அரைஞாண். [demi-mûre.

அரைநெக்கல், (அரை), chose à

அரைப்பங்கு,(*id.*), demi-portion, moitié:அரைப்பங்காய்ப்பிரிக்கிறது diviser en deux,—par la moitié.

அரைப்பட்டிகை,(அரை),ceinture d'or ou d'argent à l'usage des femmes surtout de celles qui sont au service des pagodes. [non.

அரைப்பணம், (அரை,), demi-fa-

அரைப்பு.*n.v.d'* அரைக்கிறது, action de broyer,ce qui est moulu, —broyé,les végétaux broyés dont les Indiens se frottent surtout la tête avant le bain: —க்கட்டி gâteau de graines d'இலுப்பை pressurées.

அரைப்பை,(அரை), bourse attachée à la ceinture.

அரைமணி,(அரை), demi-heure.

அரைமனசு,(*id.*), demi-volonté: அரைமனசாயிருக்கிறது répugner, ne vouloir qu'à demi.

அரைமா, (*id.*), demi-vingtième, *ou* 1/40.Sa marque est சு: அரைமாவரைக்காணி,(சுவ) 1/40 et 1/160,ce qui fait 1/32 [de pied.

அரைமுழம்,(*id.*), demi-coudée,3/4

அரைமூடி, (அரை), petite plaque d'or ou d'argent attachée à la ceinture des petites filles, pour couvrir ce que la pudeur devrait mieux cacher. [broyée,moulue, pilée.

அரையல், (அரைக்கிறது), chose

அரையன்,roi,poussière: அரையருடுகிறது,அரையனிடுகிறது broyer et réduire en poussière.

அரையாப்பு,(அரை), 1° ceinture, aine. 2° *ou* அரையாப்புக்கட்டி, அரையாப்புப்புண் tumeur—,bubon—, ulcère vénérien à l'aine.

அரையினிற்பட்டிகை, (அரை, *abl.*), *V.* அரைப்பட்டிகை.

அரையேயரைக்கால்,(அரை, ஏ, அரைக்கால்),demi et demi-quart ou 5/8.Sa marque est ௨ஞு.

அரைராத்தல், *V.* அரைறுத்தல்.

அரைவடம்,(அரை), cordon garni de grains d'or enfilés qu'on attache aux reins, corde que les sânars se passent aux reins pour monter sur les palmiers.‖*V.* அரைஞாண்

அரைவட்டம்,(அரை),demi-cercle. ‖*V.* அரைமூடி. [cammâlers.

அரைவயிரக்கன், instrument de

அரைவயிறன்,(அரை,வயிறு), riz à demi-grain.

அரைவாசி,(அரை), moitié,demi: —வார்க்கிறது remplir à moitié; —யாயிற்று c'est à moitié fait.

அரைவாய்,1° (அரைக்கிறது, வாய்),bouche usée par le frottement.2°

(அரை), demi-bouche.

அரைவீசம், (அரை), demi-seizième ou 1/32. Sa marque est அ൰.

அரைருத்தல்,(*id.*), demi-livre.

அரோ, *part. expl. Ex.* நன்றரோ bien.

[°அரோகம்,(அ *priv.*), bonne santé, [absence de maladie.

அரோசகம், அரோசம், (அ *priv.* rôtchaka *appétit*), qualité indigeste.‖ *ou*

*அரோசனம், (அ *priv.* rôtchana *plaisir*), dégoût, nausée, aversion; horreur, déplaisir.

*அரோசிகம், (அரோசம், ika), horreur, dégoût, nausée, aversion, immondice.

அரோசிக்கிறது, சித்தேன், சிப்பேன், சி, சிக்க, *v.a.* (அரோசிகம்), abhorrer, détester, avoir du dégoût, de l'aversion pour: அதையரோசித்தேன் ou அதுவெனக்கரோசித்துப் போயிற்று j'ai conçu du dégoût pour cela.

அரோசித்தல், அரோசிப்பு, *n.v. du préc. V.* அரோசனம்.

அரோதனம், 1°(rôdana), pleurs. 2° rôdhana), empêchement, action d'entourer, de cerner une armée, entourage—, circuit d'une armée.

*அர்க்கம், (arka), soleil, corneille aquatique, la plante எருக்கு.

*அர்க்கியம், (arghya), oblation de fleurs, de riz, d'herbe தருப்பை etc... aux dieux ou aux brames, espèce d'adoration. [ட saint.

அர்ச். abréviation de அர்ச்சியசிஷ்

*அர்ச்சனை, (artchanâ), adoration, hommage. [கன்.

அர்ச்சகன், (artchaka), *V.* அருச்ச

அர்ச்சிக்கிறது, சித்தேன், சிப்பேன், சி, சிக்க, *v.a.* (அர்ச்சனை), adorer, vénérer, honorer, consacrer, sanctifier: உம்முடையநாமம் அர்ச்சிக்கப்படுவதாக que votre nom soit sanctifié; அர்ச்சிக்கிறவன் sanctificateur, consécrateur.

*அர்ச்சிதன், (artchita), celui qui est adoré, —l'objet du culte.

அர்ச்சித்தல், அர்ச்சிப்பு, அர்ச்சிக்குகை, *n.v. d'* அர்ச்சிக்கிறது, adoration, sanctification, dédicace, consécration (de fleurs etc...).

அர்ச்சிப்பிக்கிறது, ப்பித்தேன், ப்பிப்பேன், ப்பி, ப்பிக்க, *v. caus. d'* அர்ச்சிக்கிறது faire consacrer, —vénérer.

*அர்ச்சியம், அர்ச்சனியம், (artchya, artchaniya), sainteté, vénération, dédicace.

*அர்ச்சியசிஷ்ட, (அர்ச்சியம், சிஷ்டன்), saint, digne de vénération: —தம très-saint; அர்ச்சியசிஷ்டன், அர்ச்சியசிஷ்டவன், அர்ச்சியசிஷ்டவர் saint; அர்ச்சியசிஷ்டவர்கள் les saints; அர்ச்சியசிஷ்டபண்டம் relique, objet sacré.

அர்த்த, *obl. et adj. d'* அர்த்தம், *V.* அருத்த. [ருத்த.

*அர்த்தமானியம், (அர்த்தம்), demi-mâniam, terre qui paye la moitié de la taxe ordinaire.

*அர்த்தம், *V.* அருத்தம்.

*அர்த்தாஷ்டமசனி, *ou* அர்த்தாட்டமசனி, (அர்த்த *demi*, அஷ்டமம், சனி), quadrant direct de Saturne, ou Saturne dans le quatrième signe.

*அர்த்தி, (arthi), mendiant.

*அர்ப்புதம், (arbouda), 10 milliards.

அல, 1° *P.* அல்ல. 2° *imp. d'* அலக்கிறது.

அலகம், *V.* யானைத்திப்பிலி. [றது.

அலகரி, torrent, débordement, flux de la mer.

அலகன், tuyau de soufflet de forge: —மூக்கு son bec, — extrémité.

அலகிடுகிறது, (அலகு, இடுகிறது), *v.a.* அலகிடல், *n.v.* compter, mesurer, épeler, scander des vers, balayer.

அலகில்லாமை, (அலகு), innumérabilité, immensité.

அலகு, compte, calcul, nombre, arme, outil, lame, tranchant d'épée, de couteau, etc... blé, grain—, épi de blé, de riz etc..., bec d'oiseau, balai, graine de மகிழமரம், cauris, petit coquillage servant de jeton, ver luisant, mouche luisante, mâchoire, bâton de tisserand pour ajuster la chaine, tout ce qui est long, —alongé, — tiré, palmier sauvage, croc de cornac, unité: —கட்டுகிறது enchanter un serpent ou une épée pour l'empêcher de couper; —கிட்டுகிறது la mâchoire être fermée, avoir la mâchoire fermée; —கூடை panier pour puiser de l'eau; —கொத்

து bouquet de fleurs, grappe de fruits,gerbe ou faisceau de blé etc... —திறக்கிறது desserrer les mâchoires; —நிலை total, produit de multiplication, place du bâton qui tient la chaine des tisserands;—நிறுத்துகிறது placer une épée droite la pointe en bas auprès d'un vase plein d'eau avant la fête de துரோபதை; si elle ne remue pas les payens en tirent un bon augure; —பருப்பு espèce de pois;—பனை palmier mâle,—à feuilles longues et plates; —பாக்குnoix d'arec large et mince; elle donne une couleur rouge, et est de qualité inférieure au களிப்பாக்கு;—போடுகிறது, —போட்டாடுகிறது percer la langue avec un fil de fer, se faire passer une corde dans les flancs et y être suspendu à une potence en l'honneur des idoles.

அலகுஞ்சம்,ver luisant.

அலகெழுத்தாணி, (அலகு, எழுத்தாணி), couteau avec un poinçon à écrire.

அலகை, démon,diable,diablesse, mauvais esprit, aloès dit கற்றாழை: —கொடியாள் celle qui a un démon sur sa bannière *i.e.* Câli;— முலையுண்டோன் Vichnou,qu'on prétend avoir tué la diablesse பூதகி en la tétant dans sa 9me incarnation dite de கண்ணன்.

*அலக்கணம்,(அ *priv.* இலக்கணம்), malheur, guignon, défaut, défaut de beauté, incorrection.

அலக்கண், (அலக்கணம்), vexation,malheur.

அலக்கழிக்கிறது,*P.* அலைக்கழிக்கிறது.

அலக்கிறது, லந்தேன், லப்பேன், லு,லக்க, *v.n.* se lamenter, s'affliger.

அலக்கு,branche.

*அலக்ஷணம்,(அ *priv.*), inélégance,malheur.

*அலக்ஷியம், *V.* அலட்சியம்.

அலங்கம், rempart, mur, boulevard,partie de fortification.

*அலங்கரணம்,(அலம்),*ou*

அலங்கரித்தல், அலங்கரிப்பு,*n.v. du suiv.* décoration, ornement, embellissement,beauté.

அலங்கரிக்கிறது, ரித்தேன், ரிப்பேன்,ரி,ரிக்க,*v.a.* (அலங்காரம்), orner, décorer,embellir.

அலங்கரிப்பிக்கிறது,*v. caus.* d'அலங்கரிக்கிறது, faire orner.

அலங்கலம், mouvement.

அலங்கல், mouvement, pitié, pleurs, splendeur, éclat, bourgeon, rejeton, guirlande de fleurs, *n.v. de* அலங்குகிறது.

அலங்கனாரி,(அலங்கல், நாரி),mère-perle,perle brillante;*litt.* la mère de la splendeur.

*அலங்காரம், (அலம், காரம்), beauté, décoration, ornement,beauté de pièce de théâtre, bijou, comparaison, rhétorique, traité—,figure de rhétorique.On en compte 35, dont voici les noms: தன்மை, உவமை ou ஒப்பணி, உருவகம், தீவகம், பின்வருநிலை 5;முன்னவிலக்கு,வேற்றுப்பொருள்வைப்பு, வேற்றுமை, விபாவனை, ஒட்டு 10;அதிசயம், தற்குறிப்பேற்றம், ஏது, நுட்பம், இலேசம் 15; நிரனிறை, ஆர்வமொழி, சுவை, தன்மேம்பாட்டுரை, பரியாயம் 20; சமாயுதம், உதாத்தம், அவநுதி, சிலேடை, விசேடம் 25; ஒப்புமைக்கூட்டம், விரோதம், புகழ்நிலை, புகழாப்புகழ்ச்சி, நிதரிசனம் 30; புணர்நிலை, பரிவருத்தனை,வாழ்த்து, சங்கிரணம், பாவிகம் 35; elles sont décrites dans le தண்டியலங்காரம்: அலங்காரமாய் joliment, élégamment;அலங்காரமான beau,élégant; அலங்காரத்திருவிழா fête principale, splendide; —நைவேத்தியம்,—படைப்பு, splendide—, principal sacrifice;—பஞ்சகம் nom d'un livre;—ப்பிரியன் Vichnou, amateur d'ornements,—de la parure.

*அலங்கிருதம், அலங்கிருதி, (அலம்), beauté, ornement.

அலங்குகிறது, *P.* இலங்குகிறது.

அலங்குதல், *n. v. du préc.* éclat, splendeur.

அலங்கை, la plante துளசி.

அலங்கோலம், அலங்கோலை,(அலம், கோலம்), désordre, confusion, choses dérangées, mauvaise tournure, malpropreté, difformité: அலங்கோலமாய் en désordre, pêle-mêle, confusément;—ஆயிருக்கிறது,—ஆய்க்கிடக்கிறது être tout en désordre; —ஆய்ப்போகிறது se déranger, tourner mal.

*அலசகம், (அலசம், ka), flatuosité des intestins,—dans le ventre.

அலசடை, P. அலைசடை, trouble, peine. [indolence.

*அலசத்துவம், (அலசம்), paresse,

*அலசம், (alasa), paresse, hernie, éléphantiasis, nom d'un arbre.

அலசல், 1° toile claire. 2° V. n. v. அலைசுதல்.

அலசி, huître, moule. [லைசுதல்.

அலசுகிறது, V. அலைசுகிறது.

அலசுதல், n. v. du préc. V. அலைசுதல்.

அலச்சல், P. அலைச்சல். [te.

*அலஞ்சரம், (alandjara), jarre, jat-

*அலட்சியம், (அ priv.), mépris, petitesse, bagatelle: —பண்ணுகிறது,—செய்கிறது mépriser, அலட்சியக்காரன் celui qui méprise, contempteur.

அலட்டல், V. அலட்டுதல்.

அலட்டி, (அலட்டுகிறது), 1° radoteur, babillard, importun. 2° gér d'அலட்டுகிறது.

அலட்டு, (அலட்டுகிறது), 1° babil, impertinence, importunité. 2° imp. du suiv.—ச்சனி, —ச்சனியன் bavard importun;—ச்சன்னி maladie convulsive qui fait dire des extravagances;—பண்ணுகிறது, —உண்டாக்கிறது,—உண்டாக்குதல், ou

அலட்டுகிறது, ட்டினேன், ட்டுவேன், ட்டு, ட்ட, v. a. importuner, incommoder, ennuyer, molester, fatiguer par son babil, bavarder, extravaguer.

அலட்டுகை, V. அலட்டுதல்.

அலட்டுதல், n. v. d'அலட்டுகிறது, importunité, vexation, babil importun, extravagance:—ஆயிருக்கிற importun, incommode.

*அலத்தகம், அலத்தம், (alaktaka, alakta, rouge), coton rouge.

அலத்தல், n. v. d'அலக்கிறது, vexation, lamentation, affliction.

அலத்து, 1° cri. 2° imp. et part. de அலத்துகிறது, த்தினேன், த்துவேன், த்து, த்த, v. n. (அலக்கிறது), se lamenter, crier dans la douleur.

அலத்தி, 1° ver-luisant. 2° V. அலத்தல். 3° gér. du préc. [tion, affliction.

அலந்தலே, (அலந்து, அலே), vexa-

அலந்தல், l'arbre செங்கத்தாரி.

அலந்தை, 1° étang, eau stagnante, affliction. 2° P. அலந்தாய், tu t'es lamenté. [றது), faire grand bruit.

அலப்பாரிக்கிறது, (அலப்பு, ஆர்க்கி

அலப்பு, (அலப்புகிறது), babil, bavardage:—க்காரன் bavard.

அலப்புகிறது, ப்பினேன், ப்புவேன், ப்பு, ப்ப, v. n. jaser, bavarder, extravaguer, faire du bruit, causer du tumulte, du trouble, importuner.

அலப்புதல், n. v. du préc. babil, extravagance, grand bruit, tapage, importunité, trouble.

அலமரல், crainte, tournoiement, brandillement, affliction, vexation, peine; V. உலமரல்.

அலமலக்கிறது, லத்தேன், லப்பேன், ல, லக்க, (அலமலேக்கிறது), v. n. s'affliger, se lamenter.

அலமாக்கிறது, மாந்தேன், மாப்பேன், மா, மாக்க, et அலமருகிறது, மர்ந்தேன், மருவேன், மரு, மர, v. n. se lamenter, être triste, s'inquiéter, se troubler, tournoyer: அலமர்ந்துதிரிகிறது être inquiet.

அலமலேக்கிறது, லேத்தேன், லேப்பேன், லே, லேக்க, v. n. (அலே, மலேக்கிறது), avoir peur.

அலமாரி, avare, armoire.

*அலம், 1° (alam), ornement, guirlande, suffisance, dire c'est assez, négation. ‖adv. assez, non. 2° (hala), charrue. 3° (ala), scorpion, signe du Scorpion, dard du scorpion, orpiment, tournoiement, brandillement, chagrin.

அலம்பல், n. v. d'அலம்புகிறது, action de laver, de retentir, bruit, affaissement, embarras, vexation, trouble, divulgation, bâton de branche d'arbre, fluctuation, bavardage; —ஆகிறது, être divulgué, devenir public;—ப்படுகிறது être troublé, vexé, souffrir de la peine; —ப்படுத்துகிறது divulguer, accuser, blamer,décrier,troubler.

அலம்புகிறது,பினேன்,புவேன்,பு, ப,*v.a.et n.* laver, rincer, flotter, se briser contre, couler, se répandre, résonner, s'enfoncer, bavarder, dire des choses inutiles.

*அலம்புசம்,(alamboucha),vomissement, main étendue.

அலம்புடை,அலம்புருடை, un des 10 pouls du corps, artère—, pouls de l'oreille. [maison.

*அலயம்,(அ *priv.*), manque de

அலரறிவுறுத்தல், (அலர், அறிவு), diffamation,peine qu'elle cause.

அலரி, 1° beauté, soleil, abeille, vapeur, fleur, goutte d'eau, iris de l'œil.2° l'arbuste nerium odorum, espèce de laurier rose ou de saule; sa racine est un poison. Les principales espèces d'அலரி sont: செவ்வலரி,வெள்ளலரி,ஆற்றலரி,ஈழத்தலரி,நீரலரி.

அலருகிறது,ர்ந்தேன், ருவேன்,ரு, ர,*v.n.*அலர்ந்திருக்கிறது,fleurir,s'épanouir,se développer.

அலருதல், *n.v.du préc.* floraison, épanouissement,développement.

அலர், 1° (அலருகிறது), fleur, fleur épanouie, guirlande, eau, médisance, calomnie, diffamation. 2° *pl.de* அலன்.3° *imp.et part.de*

அலர்கிறது,ர்ந்தேன்,ர்வேன்,ர், ர, *V.*அலருகிறது. [லருதல்.

அலர்ச்சி,அலர்தல், அலர்த்தி,*V.* அ

அலர்த்தல்,*n.v. de*

அலர்த்துகிறது, த்தினேன், த்துவேன், த்து,த்த, *v.a.d'* அலருகிறது, faire fleurir, causer la floraison.

அலர்ந்த,*part.d'*அலருகிறது, fleuri, épanoui: அலர்ந்தபூ fleur épanouie,la plante rampante dite கொற்றான்.

அலர்மகள்,(அலர்),fille des fleurs, Lakchimi, qu'on représente assise sur une fleur,Saratchouvadi.

அலர்முகராகம்,(அலர்,முகம்,இராகம்), une partie du பரதம் ou de l'art de danser.

*அலவியம்,(halya),charrue.

அலவல், haillons, déchirement, déchirure.

அலவன், crabe, cancre mâle, signe du Cancer, lune, chat.

அலவாங்கு, (*portugais*), barre—, levier de fer.

அலவாட்டு, (*télinga*), coutume, usage: அலவாட்டாய் habituellement, selon l'usage; அலவாட்டாய்ப்போகிறது devenir habituel.

அலவாரி,avare.

அலறல்,1° *opt.et n.v.d'* அலறுகிறது.2° *V.*அலறுகை.

அலறுகிறது, றினேன், றுவேன், று,ற,*v.n.*crier, vociférer, se lamenter, pousser des cris de frayeur, donner l'alarme,se disperser: அலறவடிக்கிறது effrayer,alarmer; அலறவடித்தோட்டுகிறது chasser en faisant peur.

அலறுகை,அலறுதல்,*n.v.du préc.* cri,clameur, cris de frayeur,lamentation, alarme, grand bruit, fuite.

அலன்,1° *sync.d'*அல்லன்.2° (அலம்), celui qui a. Dans le 1er sens il se joint à la racine des verbes comme négation. *Ex.* பிரியலன் ou பிரியாதவன் ami inséparable; dans le second sens il se joint à celle des noms dans le sens de உள்ளவன் *Ex.* ஆர்வம் amitié,ஆர்வலன் ami.

அலன்றல்,la mort.

அலாக்கு,injure,tort: —ப்படுத்துகிறது, —பண்ணுகிறது faire tort, léser,nuire.

*அலாசம், (alâsa), pustule qui vient à la langue,desséchement de la langue. [brandon.

*அலாதம், (alâta), tison allumé,

*அலாபம், (அ *priv.*), inutilité, chose inutile,mal,perte.

*அலாபு,(alâbou), longue courge.

அலாயுதன்,(அலம்,ஆயுதம்),celui qui a pour arme une charrue, *i.e.* பலபத்திரன்.

*அலாரம்,(alâra), porte. [லரி.

அலாரி,அலாரிதா l'arbuste dit அ

*அலானம்,(அலம்,ana), charrue.

அலி, 1° Yamen, feu, hermaphrodite, arbre sans cœur, l'arbre நறுவிலி. 2° *f.d'* அலன். 3°* (halin *cultivateur*), surnom de பலதேவன்.

*அலிகம், (alika), front.

*அலிஞ்சரம், (alindjara), jarre, jatte, grande cruche.

*அலிந்தம், (alinda), *V.* அளிந்தம்.

*அலிபகம், (alipaka), scarabée noir, scorpion, chien.

அலியெழுத்து, (அலி), consonne.

அலிசா, rame, étoffe rayée, guingan.

அலுக்கிறது, அலுத்தேன், அலுப்பேன், அலு, அலுக்க, *v.n.* *ou* அலுத்துப்போகிறது, être fatigué, las, ennuyé: அதுஎனக்கலுத்துப்போயிற்று j'en suis las, dégoûté, excédé.

அலுக்குகிறது, *sync.* அலுக்கிறது, க்கினேன், க்குவேன், க்கு, க்க, *v.a.* secouer, agiter, se pavaner, faire le fier.

அலுக்குத்து, espèce de pendant [d'oreille.

அலுக்குலைகிறது, லைந்தேன், லைவேன், லை, லைய, *v.n.* அலுக்குலைதல், *n.v.* se déranger, être dérangé, branler.

அலுக்கொரு, confusion, désordre.

அலுங்குகிறது, *sync.* அலுங்கிறது, கினேன், குவேன், கு, க, *v. n.d'* அலுக்குகிறது, branler, s'affliger, être secoué, altéré, affligé.

அலுசிலும்பல், confusion, trouble

அலுத்தல், *n. v.* *d'* அலுக்கிறது, dégoût, ennui.

அலுப்பு, (*id.*), fatigue dégoût, ennui, vexation, trouble: — ஆயிருக்கிறது être ennuyant, incommode, fa- [cheux.

அலுமம், aigreur.

அலுவலுவென்கிறது, (அலு, அலு, என்கிறது), babiller, bavarder sans fin, faire du bruit.

அலுவல், occupation, travail, emploi, affaire.

அலுவிகம், l'arbre வில்வம்.

அலேகம், 1° minerai, sable mêlé de métal. 2° அலேகம், (அ *priv.* இலேகம்), livre blanc, feuilles de palmier liées ensemble pour écrire.

அலை, 1° flot, vague, ondulation, mer, sable noir (des bords de la mer), véxation. 2° *imp. et part. d'* அலைகிறது et *d'* அலைக்கிறது: அலைக்கெதிரலை reflux.

அலைகாற்று, (அலைக்கிறது, காற் [று), vent qui secoue.

அலைகிறது, லைந்தேன், லைவேன், லை, லைய, *v.n.* (அலை), flotter, s'élever en vagues, hésiter, errer, être incertain, troublé, peiné, nonchalent: அலையப்பண்ணுகிறது agiter, balloter, faire flotter, faire errer, chasser, pousser; அலையப்படுகிறது flotter, errer, être ballotté, poussé, battu par les vagues.

அலைக்கழிகிறது, அலைக்கழிந்துபோகிறது, (அலைக்கு, அழிகிறது), être ballotté, fatigué, harassé, vexé, retardé, remis d'un jour à l'autre.

அலைக்கழிக்கிறது, (அலைக்கு, அழிக்கிறது), ballotter, fatiguer, vexer, troubler, remettre de jour en jour, ennuyer par des délais sans fin, faire aller et venir.

அலைக்கழித்தல், *n.v. du préc.* 1° action de ballotter etc... 2° *ou*

அலைக்கழிவு, (அலைக்கு, அழிவு), fatigue, vexation, délai, remise, incertitude, trouble, embarras: — பண்ணுகிறது, *V.* அலைக்கழிக்கிறது.

அலைக்கிறது, லைத்தேன், லைப்பேன், லை, லைக்க, *v.a.d'* அலைகிறது, agiter, ballotter, pousser, faire flotter, vexer.

அலைசடி, அலைசடை, détresse, misère, calamité, affliction, occupation. ‖ *V.* அலைவு: அலைசடிப்படுகிறது être malheureux, — affligé, — dans la détresse.

அலைசல், *V.* அலைசுதல், *et* அலைதல்.

அலைசுகிறது, சினேன், சுவேன், சு,ச, *v.a. et* அலைசிப்போடுகிறது, laver légérement, rincer, secouer: அலைசியலைசிக்குடிக்கிறது boire aprés avoir bien secoué le vase.

அலைசுதல், *n.v. du préc.* action de rincer, de laver, écart, fluctuation, instabilité, nonchalence, relachement.

அலைசோலி, (அலைகிறது, சோலி), *V.* அலைக்கழிவு.

அலைச்சல், *P.* அலைத்தல், agitation, fluctuation, embarras, peine, trouble, affliction,vexation:— ஆயிருக்கிறது être harassé par une foule d'occupations; அலைச்சற்படுகிறது être vexé,molesté,troublé;— படுத்துகிறது vexer,ennuyer, molester,troubler

அலைதல், n. v. d'அலைகிறது,écart, égarement,allées et venues, ballottement,fluctuation,agitation, course, vexation,embarras,affliction, peine, trouble,sollicitude,nonchalence.

அலைதாடி,(அலையும்,தாடி), fanon de bœuf. [அலைச்சல்.

அலைத்தல்,n. v. d'அலைக்கிறது, V.

அலைத்துவம், (அலை), superfluité, surabondance. [டிக்கிறது.

அலைபாய்கிறது,(அலை),V. அலையடிக்கிறது.

அலைப்பு, 1° n. v. d'அலைக்கிறது, vexation, agitation, fluctuation, secousse,sorte de danse. 2° P. அலப்பு, bavardage:—க்காரன் babillard.

அலைப்புகிறது, P. அலப்புகிறது.

அலைமகள்,(அலை), Lakchimi,prétendue fille des flots.

அலையடிக்கிறது,(அலை, அடிக்கிறது),s'élever en vagues,ondoyer,onduler.

அலையல், V. அலைதல்.

அலைவாய்க்கரை, (அலை, வாய், கரை), côte battue des flots,bord de la mer. [ondulation.

அலைவிரிசல்,(அலை), vague frisée,

அலைவு,n.v.d'அலைகிறது, fluctuation,agitation,ballottement, vexation: அலைவுண்கிறது, அலைவுறுகிறது être ballotté. [ம் ana),invisibilité.

*அலோகனம், (அ priv. உலோகம் ana),invisibilité.

அலோசி,espèce d'épinard.

அலோபம், (அ priv. உலோபம்), civilité,aversion.

அலோமி,la plante verbesina

அல்,1° nuit, ténèbres, mur, consonne: அல்லும்பகலும் jour et nuit. 2° (அல்ல), non. 3° terminaison de certains noms, de noms verbaux, d'optatifs,de la 1re pers. du futur et de l'imp.du verbe négatif.4° *imp. et part.d'* அல்லுகிறது.5° une des particules dites சாரியை: *Ex.* தொடை, தொடையல் guirlande.

அல்கல்,1° nuit, jour, halte, séjour pour une nuit, retard, manque, pauvreté, besoin, bien, rétrécissement.2° *opt.et n.v.de* அல்குகிறது,கினேன்,குவேன்,கு, க,*v.n.* déchoir, diminuer, s'arrêter, séjourner, se rétrécir.

அல்குல்,vulve, la partie supérieure de la vulve. *immodeste.*

அல்தார்,P.கல்தார்,asbeste.

*அல்ப்பம்,(alpa),V.அற்பம்.

அல்மதம்,P.கல்மதம்.

அல்ல,1° *pl.neut.d'* அல்லேன்,non; dans l'usage ordinaire il s'emploie pour toutes les personnes du singulier comme du pluriel, et ainsi que ses dérivés nie la qualité et la nature de la chose en question. C'est l'opposé de ஆம்: அல்லவாகிறது devenir faux,—nul; அல்லவாக்குகிறது réfuter,détruire, annuler; அல்லவென்கிறது, அல்லவென்றுசொல்லுகிறது, அல்லவென்று தட்டுகிறது nier, dire non, refuser; அல்லவென்றுபோகிறது devenir nul,—inutile, —faux; அல்லவேயல்ல point du tout; அல்லவோ n'est-ce pas? இது மெய்யல்லவோ ceci n'est-il pas vrai? அவன்திருடனல்ல il n'est pas un voleur; இதரிசியல்ல ceci n'est pas du riz; பேசினவன்நானல்ல ce n'est pas moi qui ai parlé; ஆமல்லவென்றிரண்டிலொன்றுசொல்லு dis oui ou non; இதுபொன்றோஅல்ல ceci est-il de l'or? non; அதிப்படியேயொழியமற்றப்படியல்ல cela est ainsi et non autrement.

அல்லகண்டம்,affliction,malheur.

அல்லது,(அல்ல,அது),ou,ou bien, sinon: அதைக்கண்டாயோ அல்லது கேள்விப்பட்டாயோ l'as-tu vu, ou l'as-tu entendu dire? வாசியல்லது போ lis,sinon vas-t-en.

அல்லம்,gingembre vert.

அல்லரியல்,maille,ouvrage maillé.

அல்லல்,1° *n. v.et opt.d'* அல்லுகிறது.2° tristesse,malheur, entrelacement,tresse: அல்லலற்றுப்போகிறது le chagrin se dissiper; அல்லற்படுகிறது s'affliger,être triste.

அல்லவை,*pl.*(அல்ல),1° bagatelles, choses bonnes à rien,tort, mal, péché: அல்லவைதேய்வறம்பெருகும் à proportion que le vice diminue, la vertu augmente. 2° ou

அல்லன், pl. (அல்ல), choses passées, —mauvaises, —qui ne sont pas.

அல்லாத, *part. d'*அல்ல, qui n'est pas, qui n'a pas, sans: பாவமல்லாதகிரியை action non criminelle, — sans péché.

அல்லாத்து, (அல்ல), ce qui n'est pas, ce qui est mauvais, —passé.

அல்லாத்தால், *abl. du préc.* parce que ce la n'est pas, —n'est pas ainsi.

அல்லாதார், (அல்லாத), ceux qui ne sont plus, les méchans.

அல்லாதால், (அல்ல), s'il n'est pas.

அல்லாது, அல்லாதே, அல்லாமல், *gér. d'*அல்ல. (*avec l'acc. ou le nom.*) sans, excepté, de plus, outre: அவனை யல்லாமல் sans lui ; இதல்லாமல், இதுவல்லாமல், இதுவுமல்லாமல் outre ceci, de plus ; பாவமல்லாமலொரு பொல்லாப்புமில்லை il n'y a de mal véritable que le péché; அல்லாமலும் en outre, de plus.

அல்லாமை, *n.v.d'*அல்ல, non, négation de la qualité, état non tel, ce qui est autrement, —en outre; அதிப்படியல்லாமையால் cela n'étant pas ainsi.

அல்லாரி, nénuphar.

அல்லார், *V.* அல்லாதார்.

அல்லால், *P.* அல்லாமல்.

அல்லாவார், *pl.* (அல்லல்), ceux qui ne sont pas affligés.

அல்லாவிட்டால், (அல்ல, விடுகிறது), s'il n'est pas, sinon: அவன்தற்காகவல்லாவிட்டால் s'il n'est pas propre à cela; நல்லவனுவான் அல்லாவிட்டால்...il deviendra bon, sinon...

அல்லி, pétale, anthère des fleurs, nuit, l'arbuste காயா memecylon, nénuphar blanc; on en distingue de 4 sortes: ஆகாசவல்லி, வெள்ளல்லி, செவ்வல்லி, சிற்றல்லி: —த்தண்டு pédoncule de nénuphar; —ப்பிஞ்சு fruit tendre dont la fleur n'est pas encore tombée.

அல்லிகம், coloquinte.

அல்லிக்கைமயிர், (அல்லுகிறது, மயிர்), cheveux tressés.

அல்லியம், danse de Vichnou, bourg de bergers, la plante கொட்டி.

அல்லியன், éléphant égaré, —isolé.

அல்லியாமரம், longue rame.

அல்லு, 1° (அல்), nuit: அல்லும் பகலும் nuit et jour. 2° *imp. de*

அல்லுகிறது, ல்லினேன், ல்லுவேன், ல்லு *ou* ல், ல்ல, *v.a.* unir, joindre, entrelacer, tresser, ourdir, lier: கூடல்லுகிறது faire son nid; அல்லிக்கொள்ளுகிறது s'entrelacer, s'embarrasser. [persé, troublé, agité, dérangé.

அல்லுச்சில்லுப்படுகிறது, être dis-

அல்லேன், அல்லாய் *ou* அல்லை, அல்லான் *ou* அல்லன், அல்லாள் *ou* அல்லள், அல்லது *ou* அன்று, அல்லோம், அல்லீர் *ou* அல்லிர், அல்லார் *ou* அல்லர், அல்லன *ou* அல்ல, je ne suis pas, tu n'est pas...

அல்லை, 1° sorte de plante rampante. 2° 2me *pers. d'*அல்லேன், tu n'es pas.

அல்லோ, *P.* அல்லவோ, n'est ce pas?

அல்லோன், (அல்), la lune, la reine (*ou* le roi) de la nuit, celui qui n'est pas, qui est passé, qui a cessé d'être.

அல்வழி, (அல்), état d'un mot qui n'est à aucun cas, ou du moins, n'est qu'au nominatif pur et simple: —ப்புணர்ச்சி union de mots dont le premier est à l'état susdit.

அல்வா, espèce de gâteau.

*அவ, *adj. de* அவம், (ava), mauvais, particule qui s'unit au commencement de certains mots et indique privation, mal, opposition comme அப.

*அவகடம், (அவ), obstacle, tort, ruse, tromperie, perfidie, faux rapport, mal, haine, opposition, opposite: —பண்ணுகிறது tromper, user de ruse, empêcher, exciter des querelles, faire des rapports en secret.

*அவகணிதம், (*id.*), déshonneur, affront, mépris. [visage.

*அவகண்டம், (*id.*), furoncle au

அவகதவாய், la plante கிழாநெல்லி.

*அவகதி, (*அவ*), connaissance. [லி.

*அவகரணம், (*id.*), usurpation.

அவகரிக்கிறது, *V.* அபகரிக்கிறது.

*அவகர்த்தனம், (அவ, kartana *cou-*

pure),action de couper, de doler, de racler.

*அவகாசம்,(avakâsa), faculté,capacité,pouvoir,efficacité, voie, moyen,richesse, loisir, occasion, lieu, chambre du trésor,air,plaine: — உள்ள capable,riche; —இல்லாத incapable,pauvre; பிழைக்கிறதுக்கவகாசமில்லை il n'y a aucun moyen de subsister.

*அவகாதம், (அவ), affront, infamie,meurtre, action de piler le riz.

*அவகாரம்,(avahâra), appel,égarement, erreur, apostasie, requin, éléphant de mer. [vais.|| *V.* அகாலம்.

*அவகாலம், (அவ), temps mau-

*அவகிரந்தனம்,(*id.*), pleurs avec lamentation.

*அவகிருத்தியம்,(*id.*), chose malheureuse, — inélégante, mauvaise action.

*அவகீதம்,(*id.*),mépris,satire.

*அவகீர்த்தி,(*id.*), 1° *V.* அபகீர்த்தி. 2° caractère méchant, – intraitable.

*அவகீனம்,(*id.*),scorpion.

*அவகுஞ்சனம்,(*id.*),courbure.

*அவகுடாரம், (avakoutara), vis-à-vis,opposition. [ractère.

*அவகுணம்,(அவ), mauvais ca-

*அவகுண்டனம்,(*id.*),voile.|| *ou*

*அவகுண்டியம், (அவ,குண்டனம்), action d'envelopper,de tirer.

அவகுறி, (அவ), mauvais signe, —présage,signe de mort.

*அவகேசி,(*id.*),arbre stérile..

அவகேடு,(*id.*), malheur, infortune,calamité.

*அவகேலம், அவகேலனம்,அவகேலிதம்,(அவ, கேலனம்), irrévérence, mépris. [*fort*), combat.

*அவகோரணம்,(அவ,gôrana *ef-*

*அவக்கியாதை, அவக்கியாதி, (அவ), irrévérence, affront, mauvaise renommée. [front,irrévérence.

*அவக்கிரகணம்,(*id.*),obstacle,af-

*அவக்கிரகம்,(*id.*),acceptation,affection,nature,mépris.

அவக்கிரசம்,vinaigre.

*அவக்கிரயம்,(அவ),prix injuste.

*அவக்கிராகம், (avagrâha), malédiction.

*அவக்கிரியை, (அவ), négligence, mauvaise action.

*அவக்குணம், *V.* அவகுணம்.

அவக்குறி, *V.* அவகுறி.

அவக்கொடை,(அவ),don inutile.

அவக்கொலை,(*id.*),mauvaise mort, meurtre cruel. [te.

*அவக்ஷயம், (*id.*),corruption,per-

*அவசங்கை,(*id.*),déshonneur,irrévérence. [sage,—augure.

*அவசகுனம், (*id.*), mauvais pré-

*அவசதம்,(avasatha), *V.* கல்லூரி.

*அவசத்தம், *ou* அசத்தம், (அவ), dissonance, mauvais son, son injurieux,—désagréable.

*அவசம்,(அ *priv.*), extase. ravissement, trouble d'un esprit hors de lui-même. [défaite, perte.

*அவசயம்,(அவ), échec, insuccès,

*அவசரம், (avasara), nécessité, besoin, urgence, célérité, précipitation, occasion, opportunité,exploit, belle—,grande action, année, conseil, pluie: அவசர, அவசரமான nécessaire, urgent,pressant: அவசரத்தில், அவசரமாய் nécessairement, promptement,à la hâte;—ஆய்ப்போகிறது aller pour affaires pressantes; அவசரக்காரன் intrigant, importun, homme pressé.

*அவசனம்,(அ *priv.*),calme, paix.

*அவசாதம், (avasâda), lassitude, lâcheté, défaut de courage, précepte,mépris,fin.

*அவசாயம், (avasâya), certitude, accomplissement,fin.

*அவசாரணம்,(avasârana),direction, conduite, action de conduire.

*அவசாரம்,(அவ),inutilité, dérèglement, prostitution.

*அவசாரி,(அவசாரம்),prostituée.

*அவசானம், (avasâna), terme, mort,fin. [—finie.

*அவசிதம்,(avasita),chose connue,

அவசித்து, constellation entre la 21me et la 22me.

*அவசியம்,(avasya), nécessité, urgence, angoisse, danger, vérité,certitude, infaillibilité, cérémonies en l'honneur des ancêtres,coutume des ancêtres: அவசியமாய் nécessairement, certainement: அவசியம்வேண்டியது il est indispensable, —absolument nécessaire; அவசியமாய்—, அவசியந்தருவேன் je donnerai infailliblement.

*அவசுத்தம், (அவ), saleté, malpropreté.

*அவசேகம், (id.), aspersion.

*அவசேஷம், அவசேடம், (id.), reste, fin.

அவச்சா, (அவ, சா), mort funeste.

*அவச்சாயை, (அவ), V. அபச்சாயை.

*அவச்சுரிதகம், அவச்சுரிதம், (avatchtchhourita), hennissement.

*அவச்சின்னம், (அவ), division.

*அவச்சேதகம், அவச்சேதம், (அவ, சேதம்), limite, choses propres à un objet, coupure, part.

*அவச்சேதனம், (அவ), coupure, rognure, distinction.

*அவஸ்தை, (avasthâ), extrémité, angoisse, peine, état pénible du corps, danger, approche de la mort, agonie, malade en danger, extrême-onction, nécessité, fin, condition, état: அவஸ்தைப்படுகிறது être dans les angoisses, à l'agonie, souffrir beaucoup, *ou*; —ஆயிருக்கிறது être à l'agonie, à l'extrémité; —ப்பூசுதல் extrême-onction; —ப்பூசுதல் *ou* அவஸ்தைகொடுக்கிறது donner l'extrême-onction; — பெறுகிறது recevoir l'extrême-onction; — ப்பிரயோகம் art de tuer par sorcellerie.

*அவடி, (avati), fosse, creux.

*அவடு, (avatou), puits, fosse, creux, nuque.

அவட்சயம், V. அவக்ஷயம்.

அவணம், 20000 noix d'arec.

அவணன், homme fort, —futile.

அவணி, bien.

அவண், (அ *dém.*), là, ce lieu-là.

*அவதந்திரம், (அவ), dessein de perfidie, fraude, trahison, pli.

*அவதரணம், (அவ), action de descendre, d'interpréter.

அவதரம், occasion favorable, occasion.

அவதரிக்கிறது, ரித்தேன், ரிப்பேன், ரி, ரிக்க, *v.n.* (அவதரம்), s'incarner, être conçu, naître, se métamorphoser, faire une transmigration, habiter, rester.

அவதரித்தல், அவதரிப்பு, *n. v.* [*du préc.* incarnation, métamorphose.

*அவதாதம், (avadâta), couleur blanche, blanc.

*அவதாரணம், (அவ), houe, pioche, établissement, estimation.

*அவதாரம், 1° (avatâra), incarnation, métamorphose, transmigration, conception, naissance, origine, traduction, division. 2° *P.* அபராதம் peine, punition, pénitence: அவதாரம்பண்ணுகிறது s'incarner, se métamorphoser, apparaître.

*அவதாவனம், (அவ), action de suivre, poursuite.

*அவதானம், (avadhâna), attention, surtout à plusieurs choses, pensée, présence d'esprit, connaissance, intelligence, exactitude, adresse, subtilité, habileté, exercice de la mémoire, méditation, élan excessif de l'imagination, évagation de l'esprit, chose futile: —உள்ள attentif, appliqué, habile; —ஆய் attentivement, adroitement, habilement; — பண்ணுகிறது être attentif, faire attention à plusieurs choses à la fois; —ஆயிருக்கிறது être attentif, connu, exploré; —ஆய்ப்பிழைக்கிறது vivre par son industrie, sans emploi fixe ni stable; —ஆய்ப்போகிறது disparaître, s'évanouir; — ஆய்வருகிறது arriver inaperçu, subitement; —ஆய்எடுத்துக்கொள்ளுகிறது voler adroitement.

அவதானி, (அவதானம்), *m. f.* attentif, habile, appliqué, studieux, versé dans les vêdams, dans les sciences, capable de s'occuper de plusieurs choses à la fois.

அவதானிக்கிறது, னித்தேன், னிப்பேன், னி, னிக்க, *v.n.* (அவதானம்), *ou* அவதானித்துக்கொள்ளுகிறது, être attentif, pénétrer une affaire, apprendre parfaitement, — par cœur: அவதானித்துக் கொண்டிருக்கிறது savoir par cœur, faire grande attention, être bien attentif.

அவதானித்தல், அவதானிப்பு, *n.v.*

du préc. attention, action d'apprendre par cœur.

*அவதி,(avadhi), angoisse, embarras, danger, peine, deuil, temps fixé, terme, fin, extrémité, limite, mesure, accord, union, attention, temps, magasin: —படுகிறது être dans l'embarras, dans l'angoisse;—குறைகிறது les peines diminuer; —கொண்டாடுகிறது célébrer le deuil; —தப்புகிறது, —போகிறது passer les limites, —le terme, manquer au temps marqué; — தப்பிப் போகிறது le terme expirer, y manquer, passer les bornes;—யிடுகிறது, —குறிக்கிறது assigner un terme, marquer le temps de la mort.

அவதிகத்தம், coquillage rongé de vieillesse.

*அவதிக்காரகம்,(அவதி), nom dont le cas ou la terminaison indique séparation. [que de respect, mépris.

*அவதீரணம்,(avadhirana), men-

*அவதூதம்,(அவ). état de renoncement à toute affection terrestre, renoncement complet au monde: அவதூதகீதை livre qui traite des moyens d'y parvenir.

*அவதூதன்,(அவதூதம்), ascète, religieux qui a renoncé à tout.

அவதூறு,(அவ), *V.* அபதூறு.

*அவதூனனம், (அவ), action de chasser, d'agiter, de fouler aux pieds,

*அவதோகம்,(அவ), lait. [trouble.

அவத்தம், *P.* அபத்தம், mensonge, fausseté, absurdité, vanité, futilité, danger, chose dangereuse: —ஆன faux, vain, inutile;—ஆய் faussement, en vain: அவத்தத்திற்செலவழிக்கிறது dépenser inutilement, prodiguer; அவத்தங்களில்வத்தம் vanité des vanités.

அவத்தன், (அவத்தம்), homme vain: —ஆய்த்திரிகிறான் il perd son temps, il rôde inutilement.

*அவத்தியம்,(avadya), péché, vice.

*அவத்திராங்கம்,(avadranka), marché, boutique.

அவத்திரியம், danger, angoisse.

*அவத்தை, *V.* அவஸ்தை.

அவநம்பிக்கை,(அவ), défiance, désespoir:—படுகிறது désespérer, se désespérer, se défier.

அவநாசி,(அவ,நாசம்), Avanachi, nom d'un lieu,— d'un bourg. ‖ *V.* கலைமகள். [descendre,—de descendre.

*அவநாயகம்,(அவ), action de faire

அவநிதம், louange, action de louer.

*அவநிந்தை,(அவ), injure, affront.

*அவநியாயம்,(*id.*), mauvaise raison, injustice.

*அவநீதம்,(*id.*), injustice.

அவநுதி, அவநுதியுருபகம், —யுருவகம்,(அவ,நுதி), *V.* அபநுதி.

அவந்தனை, inutilité, vide, dégât, dommage, désolation, perte, tort, confusion: அவந்தனையாய் en vain, inutilement;—ஆய்ப்போகிறது devenir inutile, infructueux;—ஆய்ச்சாகிறது périr, mourir désolé, —délaissé.

*அவந்தி, (avanti), la ville d'Oudjein ou உச்சயனி, une des 7 villes sacrées, pays près de அயோத்தி.

*அவந்திகை, (avantika), la ville d'Oudjein, perroquet.

*அவந்திசோமம்,(அவந்தி), gruau aigre d'Avanti, vinaigre.

*அவந்தியம், அவந்தியத்துவம்,(அ *prio.* வந்தி), fécondité: அவந்திய, அவந்தியமான fécond.

*அவபத்தி,(அவ), impiété, superstition, défaut de piété, piété fausse, —mal réglée.

*அவபத்தியம், (*id.*), 1° infraction de la diète, idem in usu Veneris etiam licitæ. 2° *V.* இச்சாபத்தியம்: அவபத்தியம்பண்ணுகிறது enfreindre la diète prescrite.

*அவபாசம்,(avabhâsa), lumière.

*அவபாதம்,(*id.*), trappe, fosse, injure, tort, mal. [per.

*அவபாதனம்,(*id.*), action de cou-

*அவபோதகன்,(அவ), maître d'école, celui qui excite, —qui élève.

*அவபோதம்,(*id.*), connaissance, vigilance.

*அவப்பிரஞ்சம், அவப்பிரஞ்சனம், (அவ, bhransa *chute*) expression basse,—barbare,—du bas peuple. [nom-

அவப்பெயர், (அவ), mauvais re-

அவப்பொழுது,(*id.*), temps perdu,

temps inutile:—போக்கிறது perdre le temps.

*அவமதாங்குசம்,(அவ, மதம், அங்குசம்), éléphant en rut, qui ne connait plus l'aiguillon.

*அவமதி, (அவ), manque de respect, affront, mépris, sottise.

அவமதிக்கிறது, த்தேன், திப்பேன்,தி,திக்க,*v.a.* (அவமதி), mépriser, ne pas faire cas.

அவமதித்தல், அவமதிப்பு, *n.v. du préc.* mépris,dédain.

*அவமரணம், (அவ), mort malheureuse,violente,imprévue,par accident: —ஆய்ப்போகிறது, — ஆய்ப்போய்விடுகிறது mourir d'une telle mort, périr malheureusement.

*அவமரியாதை, (அவ), incivilité.

*அவமாதாங்குசம், *P.* அவமதாங்குசம்.

*அவமானம், (அவ), déshonneur, infamie, ignominie, affront, opprobre:—பண்ணுகிறது,— ஆய்ப்பேசுகிறது, அவமானப் படுத்துகிறது, outrager,insulter,vilipender,calomnier; அவமானப்படுகிறது être outragé, insulté, calomnié; அவமானப்பத்திரிகை libelle diffamatoire,pasquinade;—வாசகம் mot impropre,style —,écrit indécent,—diffamatoire: அவமானமாக, —ஆய் ignominieusement, outrageusement, bassement, honteusement;அவமானமான ignominieux,outrageant,honteux, infâme,déshonoré,outragé. [ம்.

*அவமானிதம்,(அவ), *V.* அவமான

*அவமிருத்து, (அவ), mauvaise mort. [émancipation,vomissement.

*அவமோசனம்,(அவ),délivrance,

*அவம், (avama *til*), inutilité, chose mauvaise, futile, vaine, inutile, bonne à rien, sans support: அவமாய் vainement, inutilement: அவமாய்ப்—, அவம்போகிறது devenir inutile,—bon à rien.

*அவயம், *P.* அபயம், cri, pleurs, appel, couvée, inutilité, mal, l'herbe இலாமிச்சு: அவயங்காக்கிறது couver;—இடுகிறது crier au secours, en appeler, jeter l'alarme; அவயக்கோழி,—ப்பெட்டை poule qui couve, couveuse.

*அவயவம், (avayava), membre, partie du corps, corps:அவயவவுருவகம் figure de rhétorique qui use de métaphore ou de comparaison pour un membre ou une partie,sans s'en servir pour le corps ou la chose qui est le tout de cette partie.

அவயவி,(அவயவம்), le corps, objet qui a plusieurs parties ou membres:அவயவியுருவகம் figure de rhétorique qui use de métaphore ou de comparaison pour le corps ou le tout sans s'en servir pour le membre ou la partie de ce tout. [cadet.

*அவரசன், (அவரம், சம்), frère

*அவரம், (avara), partie postérieure,pied de derrière d'un éléphant

அவரவர், அவரவர்கள், *pl. de* அவனவன்,chacun: அவரவர்செய்ததீவினைக்கு அவரவரோகணக்குசொல்வார் chacun rendra compte du mal

அவரி, *P.* அவிரி. [qu'il aura fait.

அவருப்பம், *P.* அபருபம், chose rare et extraordinaire: — ஆன rare, extraordinaire, cher, précieux;—ஆய் rarement, extraordinairement, chèrement;—பண்ணுகிறது,—ஆக்குகிறது rendre rare,cher, précieux.

அவரை, 1° fève en général, haricot, lentille etc..., la plante légumineuse qui les produit. 2° *acc. d'* அவர்: அவரைக்காய் fève en cosse encore verte; அவரைக்கொடி tige grimpante de fève, d'haricots.

*அவரோகணம், (அவ), descente, montée: அவரோகணகதி descente de la gamme; —சுரம் chanter la gamme en descendant.

*அவரோகம், (அவ), descente, montée, le சுவர்க்கம், racine qui descend des branches du multipliant (ஆலமரம்),etc... [ஆலமரம்.

*அவரோகி,(அவரோகம்), l'arbre

*அவரோதம்,(அவ), palais,appartement intérieur,—des femmes, intérieur d'hôtellerie,obstacle,haie.

*அவரோதனம்,(அவரோதம்), intérieur de palais,sérail,obstacle.

*அவரோபணம், (அவ), coucher des astres, descente, action de corrompre. [ன், il, lui,eux.

அவர், அவர்கள், *hon.ou pl. d'* அவ

அவர்க்கம், *V.* வர்க்கம்.

*அவலக்ஷணம், அவலட்சணம், (அவ), laideur, difformité, disproportion, indécence, déshonnêteté, désordre:—ஆன,—உள்ள, அவலக்ஷண laid, difforme, indécent, déshonnête, honteux: —ஆய், —ஆக d'une manière difforme,—laide,indécemment,honteusement.

*அவலக்ஷணன், அவலட்சணன், (அவலக்ஷணம்), homme vilain,difforme,grossier,impoli.

*அவலம், *P.* அபலம், inutilité,perte, malheur, misère, affliction, peine, anxiété, figure de rhétorique qui exprime la douleur, —la compassion.

*அவலம்பம், (அவ), protection, asyle, chose suspendue, état de ce qui pend,ligne perpendiculaire.‖ *V.* தாவரம். [à cacheter.

அவலரக்கு,(அவல்,அரக்கு), pain

அவலிக்கிறது, லித்தேன், லிப்பேன்,லி,லிக்க, *v.a.* (அவலம்), se donner —,avoir de la peine.

*அவலீலை,(அவ),jeu,mauvais jeu.

*அவலுஞ்சனம், (avaloundjana), action de déchirer. [se rouler.

*அவலுண்டனம்,(அவ),action de

*அவலேகனம்,(avalêhana), action de lécher. [bassesse, danger.

*அவலேசம்,(அவ), peu, petitesse,

*அவலேபம்,(avalêpa),beauté, ornement,onction,grandeur.

*அவலேபனம், (avalêpana), hardiesse. [வ),vue.

*அவலோகம், அவலோகனம், (அ

அவல்,riz frit, espèce de friandise,—de croquet, profondeur, creux, étang,réservoir.

*அவவிசுவாசம்,(அவ),incrédulité,infidélité, défaut de foi, foi erronée, défiance.

*அவவிசுவாசி, (அவ), *m.f.* incrédule, infidèle, personne d'une foi erronée.

*அவவியாத்தி, (அவ), parole—, phrase à double sens:c'est un des 3 défauts des ouvrages d'esprit.

அவளது, *gén. d'* அவள், d'elle, ce qui est à elle,son,sa,ses.

அவளவள்,(அவள்,அவள்),chacune.

அவனிகை,rideau.

அவள்,*f.d'* அவன்,elle. [riz.

அவற்கம், cange,eau épaisse de

அவற்று, அவற்றின் *ou* அவற்றினது *gén.* அவற்றிற்கு *dat.* அவற்றினை *ou* அவற்றை *acc.* அவற்றில், அவற்றினால் *ou.* அவற்றால், அவற்றோடு, அவற்றின்கண், *abl.du pron.* அவை.

*அவனதி, 1° (avanati), action de se courber. 2° parallaxe de la lune en latitude.

*அவனம், (avana), action d'orner, de retenir, de placer, de tuer, de faire, d'embrasser, de caresser, de conserver, de se défendre, de soutenir, existence, satisfaction, vitesse, amour, prise, force, augmentation, désir. [qui est à lui.

அவனது, *gén. d'* அவன்,de lui, ce

அவனவன்,(அவன், அவன்), chacun. [கன் roi.

*அவனி,(avani),terre: அவனிபாா

*அவனேசனம், (அவ, nêdjana *ablution*), action de laver.

அவன், *pron. m.* il, lui,celui-là, அவள், *f.* elle, celle-là; அது, *n.* cela; அவர், அவர்கள், *pl.m.f.* eux,elles,ceux-là, celles là: அவை, அவைகள், அதுகள், *pl.n.* ces choses là. [son.

அவன்னியம், objet de comparai-

அவா, 1° désir,désir ardent, grande envie,descente. 2° *imp. d'* அவாவுகிறது.

*அவாசம், (அ *priv.*), manque d'habitation,—de tout,abandon, délaissement: —ஆயிருக்கிறது, —ஆய்ப்போகிறது être abandonné, délaissé,n'avoir ni feu ni lieu.

*அவாசி,(avatchi), le sud,le midi.

*அவாசியர், (அவாசி), peuples du midi, les sages, les savans.

அவாசு, *P.* ஆபாசம், perte, destruction. [vers de la main.

*அவாஸ்தம், (அவ, அஸ்தம்), re-

*அவாந்தரம்,அவாந்தரை, (அவ, அந்தரம்), le vide, l'air, plaine, intérim, le contenu, midi: அவாந்தர வெளி plaine nue, désert.

அவாம்,*part.fut.d'* அவாவுகிறது.

*அவாரபாரம்,(அவாரம்,பாரம்), la mer. [le plus proche.

*அவாரம்,(avâra), rivage, le bord

அவாலுதார்,அவால்தார், (*hind.*), havildar, sergent,officier natif.

அவாவறுத்தல்,(அவா,அறுத்தல்), abstinence,répression des désirs.

அவாவின்மை, (அவா, இன்மை), indifférence, aversion, répression des désirs. [*imp.de* அவாவுகிறது.

அவாவு, (அவா), 1° *V.* அவா. 2°

அவாவுகிறது, வாவினேன், வாவுவேன், வா *ou* வாவு,வாவ, *v. a.* (அவா), désirer, souhaiter fort,soupirer après, descendre.

அவாவுதல், *n. v. du préc.*1° *V.* அவா. 2° pente,inclination.

*அவி, 1° (havis), riz cuit, beurre fondu, sacrifice, oblation, nourriture des habitans des cieux. 2° *imp. et part. d'* அவிகிறது *et d'* அவிக்கிறது. 3° * (avi), brebis, rat, vent, soleil, chef, muraille, montagne. [brebis.

*அவிகடம், (அவி), troupeau de

*அவிகம்,(avika),pierre précieuse.

*அவிகாயம்,*P.* அபிகாயம்.

*அவிகாரம், (அ *priv.*), ressemblance, inaltération, exemption de passions.

*அவிகாரன்,(அவி),berger.

*அவிகாரி,(அ, விகாரம்), homme d'un caractère inaltérable.

அவிகிறது,விந்தேன்,விவேன்,வி, விய,*v.n.ou* அவிந்துபோகிறது, s'éteindre,s'apaiser,se perdre (la vue), cuire, bouillir, se préparer, s'endommager, se gâter, se corrompre, pourrir, périr, se tourmenter: புல்லவியாதிருக்கக்கட்டவிழ்த்துதறு! délie et secoue l'herbe afin qu'elle ne se gâte pas. [défaut de courage.

*அவிக்கிரமம்,(அ *priv.*), lâcheté,

அவிக்கிறது,வித்தேன், விப்பேன், வி,விக்க,*v.a.d'* அவிகிறது, *ou* அவித்துப்போடுகிறது, éteindre, apaiser, étancher, faire bouillir, faire cuire (non le riz), corrompre, gâter, rejeter,éviter,tourmenter,détruire,faire périr.

அவிசல்,*P.* அவிதல்,*n.v. d'* அவிகிறது, extinction, cuisson, apprêt,destruction, ruine, corruption, moisissure, chancissure, affliction, vexation,sollicitation pressante,adoucissement, calme, diminution: அவிசலாய்ப்போகிறது se gâter, se moisir, rancir, se vermouler; அவிசல் நாற்றம் *ou* அவிசலுற்றம் puanteur,rancissure,rancidité.

*அவிசாரம்,(அ *priv*),folie, bêtise.

*அவிசாரி,*P.* அபிசாரி.

*அவிசு,(havis), oblation, riz cuit sans avoir été macéré par une 1re cuisson, beurre fondu, nourriture des habitans des cieux.

*அவிசுவாசம்,(அ *priv.*),incrédulité infidélité, défiance,manque de foi. [crédule,infidèle.

*அவிசுவாசி, (அவிசுவாசம்), in-

*அவிசேஷம், (அ *priv.*), égalité,

அவிச்சி,désir. [uniformité.

*அவிச்சின்னம், (அ *priv.*), continuité,jonction,union.

*அவிச்சை, (அ *priv.*), ignorance, trouble d'esprit,illusion,aversion.

*அவிஷயம், (அ *priv.*), imperceptibilité,invisibilité. [ce.

*அவிஞ்ஞை,(அ *priv.*),ignoran-

*அவிஞ்ஞாதம், (அ *priv.*), chose

அவிடி,(அபடி),rideau. [ignorée.

*அவிட்டம்,அவிஷ்டம், (dhanichtâ),la 23me constellation,le Dauphin.

*அவித்தம்,(அ *priv.* vitatha *faux*), vérité. [சல்.

அவிதல்,*n.v. d'* அவிகிறது,*V.* அவி

*அவிதானம்,(அ *priv.*), désordre.

அவிதி,*P.* அவதி, extrême nécessité, angoisse, détresse, calamité:—ப்படுகிறது être aux abois; —குறைகிறது être soulagé,les angoisses diminuer. [connue, pauvreté.

*அவித்தம், (அ *priv.*), chose in-

அவித்தல்,*n.v. d'* அவிக்கிறது, extinction, cuisson, adoucissement, destruction, démolition, tourment, perte, action de corrompre. [cure.

அவித்தியசம், (avithyadja), mer-

*அவித்தியம்,(அ *priv.*),ignorance, illusion. [இலுப்பை.

*அவித்துருமம்,(அ *priv.*), l'arbre

*அவித்தை, (அ *priv.*), ignorance, illusion, trouble de l'esprit, la 4me des 5 மாயை.

*அவிநயம், *P.* அபிநயம், science —, traité de la gesticulation, de la pantomime, partie de comédie. ‖ *V.* அபிநயம்: —பிடிக்கிறது jesticuler, jouer la pantomime,faire des signes, faire signe des yeux; அவிநயசாலை théâtre, salle de comédie, salle à danser.

*அவிநயன்,(அவிநயம்),*pl.* அபிநயர். 1° *V.* அபிநயன். 2° auteur d'un traité de gesticulation ou de pantomime.

*அவிநிகமம், (அ *priv.* vinigama *conclusion juste*), jugement injuste, —obtenu injustement, conclusion non logique.

*அவிநீதை,(அ *priv.* விநீதம்), prostituée,femme impudique.

அவிந்த,*part.d'* அவிகிறது: éteint, cuit, bouilli,gâté,endommagé,pour- [ri.

*அவிபடம்,(அவி), *V.* கம்பளி.

*அவிபவனம்,(அ *priv.*), supériorité,victoire. [heur, guignon,faute.

*அவிபன்னம், (abhipanna), mal-

*அவிபாகம், (அ *priv.*), indigestion, jeunesse, tendreté,action dont on n'éprouve pas l'effet.

*அவிபாச்சியத்துவம், (அ *priv.*), indivisibilité. [bilité,cécité.

*அவிபாவனம், (அ *priv.*), invisi-

*அவிபூதி, (அ *priv.*), déshonneur, manque de respect.

*அவிப்பாகம், *P.* அவிர்ப்பாகம்.

அவிப்பிக்கிறது, பித்தேன், பிப்பேன், பி,பிக்க, *v. caus. d'* அவிக்கிறது, ordonner d'éteindre, de faire bouillir etc...

*அவிமுத்தம், அவிமுத்தி, (அ *priv.* வி), Bénarès ou Kâsi,ville de béatitude selon les gentils, qu'on ne devrait pas perdre de vue

*அவிமுத்தேசன், (அவிமுத்தம், ஈசன்), seigneur de Kâsi.

அவியல்,*n.v.d'* அவிகிறது,cuisson, bouilli, chaleur, corruption, pourriture, moisissure, état de ce qui est cuit, bouilli, gâté, pourri,moisi: அவியற்கறி boulli.

*அவியாகிருதம், (அ *priv.*), union inséparable avec l'être suprême.

அவியா,அவியாத,*part.nég.d'* அவிகிறது,inextinguible.

*அவியாத்தம், அவியாத்தியம், (அ *priv.*), état de séparation. [réunion.

*அவியோகம், (அ *priv.*), foule,

*அவிரதம்,(avirata),continuité.

அவிரி, indigotier,ou plante qui donne l'indigo, indigofera tinctoria: அவிரிமருந்துண்டை boule d'indigo. [யம்.

அவிருகம்,la racine dite அதிவிட-

அவிருகிறது,ர்ந்தேன்,ருவேன், ரு, ர,*v.n.*(அவிர்),briller,se déchirer.

*அவிரோதம்,(அ *priv.*),unanimité, amitié, concorde, paix: அவிரோதச்சிலேடை figure qui donne à entendre que l'on ne rejette plus ce qu'on avait rejeté d'abord: அவிரோதவுந்தியார், nom d'un livre de சாந்தலிங்கசுவாமி.

அவிர்,splendeur.

அவிர்தல்,*n.v.d'* அவிருகிறது, splendeur,clarté,déchirure,déchirement.

*அவிர்ப்பாகம், (அவிசு, பாகம்), portion d'une oblation, nourriture des immortels. [on,accord.

*அவிவாதம்,(அ *priv.*),amitié,uni-

*அவிவேகம்,(அ *priv.*),imprudence, indiscrétion,bêtise

*அவிவேகி, (அ *priv.*), imprudent, indiscret,sot,niais.

அவிழுகிறது *ou* அவிழ்கிறது,ழ்ந்தேன்,ழுவேன் *ou* ழ்வேன்,ழு ou ழ்,ழ, *v.n.et* அவிழ்ந்துபோகிறது se délier,se dénouer,se détacher,se défaire, s'étendre, se dilater, être délié desserré.

அவிழ், 1° moitié d'un grain de riz, 2° *imp.et part.d'* அவிழுகிறது *et d'* அவிழ்க்கிறது: கலவுமித்தின்றால்ஓரவிழ்தட்டாதா si lon mange un calam de pailles de riz n'y trouverait-on pas au moins la moitié d'un grain? i.e. une si grande peine sera-t-elle sans la moindre récompense?

அவிழ்க்கிறது,ழ்த்தேன்,ழ்ப்பேன், ழ்,ழ்க்க, *v.a. d'* அவிழுகிறது, *et* அவிழ்த்துப்போடுகிறது, *ou* அவிழ்த்துக் கொள்ளுகிறது, délier, détacher, dénouer, relâcher, déployer: அவன்காலான்முடிந்ததைக் கையாலவிழ்க்கக் கூடாது ce qu'il noue avec ses pieds nul ne peut le dénouer avec ses mains, *i.e.* il est si fin que ses ruses mettent à bout les plus habiles.

அவிழ்தம், *V.* அவுஷதம்.

அவிழ்தல், *n.v. d'* அவிழுகிறது, action de se délier, dénoûment, extension, dilatation.

அவிழ்த்தல், *n. v. d'* அவிழ்க்கிறது, action de délier, dénouement, dilatation, épanouissement.

அவிழ்ப்பிக்கிறது,ப்பித்தேன், ப்பிப்பேன்,ப்பி,ப்பிக்க, *v.caus. d'* அவிழ்க்கிறது, faire délier.

*அவினு,(அ *priv.* vinâ *sans*), chose inséparable,—toute intérieure.

*அவினுபாவம், (அவினு), l'intérieur—, le propre d'une chose, une mesure.

*அவினுபூதம்,(*id.*), affirmation, affinité naturelle : அவினுபூதகற்பனை précepte affirmatif,

அவினி, அவின், *P.* அபினி, opium.

அவுசு, netteté, propreté, élégance: அவுசாக élégamment, proprement, avec concision; அவுசுக்காரன்,—க்காரி propret, proprette, recherché dans sa toilette.

*அவுஷதம், அவுடதம், அவுஷ்தம், *P.* ஔஷதம், médecine, remède.

அவுணன், *pl.* அவுணர், géant, le géant மாவலி.

அவுதா, litière qui se met sur un éléphant ou sur un chameau. ‖ *V.* அம்பாரி.

அவுபலபாஷாணம், espèce d'arsenic naturel.

அவுரி, *V.* அவிரி.

அவுழ்தம், *V.* அவுஷதம்.

அவுறுதன், maladie bilieuse ou vénérienne.

*அவேகம்,(அ *priv.*), lenteur, modération.

*அவேக்ஷை, அவேட்சை, (avèkchâ), union, attention, vue, convention.

*அவேத்தியம், (avèdya), jeune veau.

அவை, 1°(சவை), assemblée, troupe, les poètes, assemblée de poètes et de savans: அவையஞ்சாமை effronterie, hardiesse;—யறிதல் connaissance des bienséances de la société;—யடக்கம், *V.* அவையடக்கம். 2° *imp. et part. d'* அவைக்கிறது. 3° *pl.n. d'* அது, ces choses là: அவையாவன ces choses sont, à savoir, c'est à dire.

அவைகரணம், action de creuser, de couvrir.

அவைக்கிறது, வைத்தேன், வைப்பேன், வை, வைக்க, *v.a.* briser, casser, piler, frapper.

அவைத்தல், *n.v. d'* அவைக்கிறது, action de briser, de piler, armée de piquiers.

அவையடக்கம், (அவை, அடக்கம்), modeste apologie d'un auteur dans sa préface ou d'un orateur dans son exorde, modestie devant une assemblée,—qui porte à cacher sa science: —சொல்லுகிறது,—பாடுகிறது parler, chanter modestement; அவையடக்கமுள்ள modeste;— உள்ளவன் *ou* அவையடக்கக்காரன், *m.*—க்காரி, *f.* homme—, femme modeste, — qui parle et chante modestement; அவையடக்கமில்லாமை effronterie, hardiesse.

*அவையம், *P.* அபயம்.

அவையல், boule, boulette.

*அவையவம், *P.* அவயவம்.

அவையவி, *P.* அவயவி.

அவ், *pron. dém.* ce, cet, cette, ces, ces choses -là, chaque: அவ்யானை cet éléphant. Le வ் se double devant une voyelle. *Ex.* அவ்விரா cette nuit.

அவ்வடி, (அ *dém.* அடி), ce pied, la même place: அவ்வடியவ்வடியாய்வருகிறது, —போகிறது venir, aller par droit de succession.

அவ்வண்ணம், (அ *dém.* வண்ணம்), cette manière, cette couleur: அவ்வண்ணமே ainsi, de cette manière.

அவ்வளவு, (அ *dém.* அளவு), cette mesure, autant, tant: அவ்வளவும் autant, tant que cela; அவ்வளவிலே

dans une telle mesure,—proportion, en tant,en cela,cependant; அவ்வள வதிகமாய் tant plus,plus;எவ்வளவதி கமாயவனை நேசிக்கிறயோ அவ்வள வதிமாயுன்னைப்பகைக்கிறன் ஞ் plus tu l'aimes plus il te hait.

அவ்வவ்,(அவ்,அவ்),chaque: அவ் வவ்விடம் chaque lieu.

அவ்வாறு,1° (அ *dém.* ஆறு),cette manière,cette voie, ce chemin, cette rivière.2° (ஆறு,ஆறு),six à six. [là.

அவ்விடம்,(அ *dém.*இடம்),ce lieu-

*அவ்வியஞ்சனம்,(அ *priv.*), chose sans marque, —sans signe,animal sans cornes.

*அவ்வியதி,(avyathi), cheval.

*அவ்வியதிஷி, அவ்வியதிதி, (avyathichi, —thidhi), terre, nuit.

*அவ்வியத்தம், (அ *priv.*), chose non évidente,—invisible, âme, Dieu, l'être suprême, 100 décillions, ou l'unité suivie de 35 zéros.

*அவ்வியத்தன்,(அ *priv.*), homme sot,Siven,Vichnou,Kâmen.

அவ்வியம்,1° *P.*ஔவியம்,envie.2°

*அவ்வியயம், (avyaya), épithète, mot indéclinable,particule,parcimo-

அவ்வியன்,trompeur. [nieux.

*அவ்வியாகிருதம்,(அ *priv.*)ce qui est inséparablement uni—, union avec l'être suprême,illusion.

*அவ்வியாகிருதன்,(*id.*),homme uni à l'être suprême, celui qui est pour le monde un martyr de la religion.

*அவ்வியாசம்,(அ *priv.*), *V.*நிதார்த்தம்.

அவ்வுகிறது,வினேன்,வுவேன்,வு, வ,*v.a.*1° *P.*கவ்வுகிறது,saisir, saisir avec les dents, se jetter dessus avec désir, —avec ardeur. 2° s'enfoncer, couler à fond.

அவ்வுகை,அவ்வுதல்,*n.v.du préc.*

அவ்வுலோகம்,அவ்வுலகம்,(அ *dém.* உலோகம்,உலகம்), l'autre monde.

அவ்வை,அவ்வையார்,*P.*ஔவை.

அழ,*inf.d'*அழுகிறது.

அழகர், 1° la plante வெள்ளொருக்கு.2° *hon.ou pl. d'*அழகன் *et* அழகி.

அழகன், *hon. ou pl.* அழகர், (அழகு),bel homme,Vichnou: அழகர்கோயில் temple de Vichnou; —மலை, *V.* சோலைமலை.

அழகாரம்,(அழகு,ஆரம்), élégance du discours,douceur.

அழகி,*f.d'*அழகன்,belle femme.

அழகிய,(அழகு),beau,joli,élégant.

அழகியவாணன், (அழகிய, ஆணர்), espèce de riz.

அழகு,beauté,élégance,grâce, ordre,sucre: அழகான,அழகுள்ள beau, joli, élégant, gracieux; அழகாய் joliment,élégamment,avec grâce; அழகாய்ப்பண்ணுகிறது faire élégamment,avec grâce,rendre beau.

அழகுதுணைப்பெண், espèce d'arsenic composé.

அழகுவனப்பு, (அழகு), une des 8 beautés des vers, espèce d'harmonie résultant des synonymes ou des mots à sens divers.

அழத்தியன்,assa-fœtida.

அழலல், 1° *opt. d'*அழலுகிறது, qu'il brûle.2° *n.v.V.* அழலுகை.

அழலவன்,(அழல்), soleil brûlant, soleil,feu,la planète Mars.

அழலாடி, (அழல்,ஆடுகிறது), celui qui se joue dans le feu.*i.e.*Siven.

அழலிக்கை, (அழல்), impatience, peine, douleur brûlante, chaleur: —ப்படுகிறது éprouver une chaleur, *ou* une ardeur brûlante;என்னுடைமையைக்கொடுக்க உனக்கேனத்தனையழலிக்கை pourquoi as-tu tant de chagrin lorsque je donne mon bien?

அழலுகிறது, ழன்றேன், ழுவேன், ழலு *ou* ழல், ழல,*v.n.*(அழல்),brûler,être brûlant,—ardent, s'enflammer, se fâcher: அழன்றிருக்கிறது être brûlant, ardent; அழன்றுவருகிறது s'échauffer; கோபத்தினால்—, s'enflammer de colère.

அழலுகை,அழலுதல்,*n.v.du préc.* action de s'enflammer, de brûler, chaleur, ardeur, combustion.

அழலேந்தி, (அழல், ஏந்துகிறது), celui qui prend du feu dans ses bras,*i.e.*Siven.

அழலோன்,(அழல்),*V.*அழலவன்.

அழல், 1° feu, chaleur, enfer, la

planète Mars, la 18me constellation, ardeur sur la langue causée par l'acrimonie des plantes. 2° *imp. et part. d'*அழலுகிறது. 3° *n.v. d'*அழுகிறது: அழல்விரியன், *V.* எரிவிரியன்.

அழற்கண்ணான், (அழல், கண்), celui dont les yeux sont enflammés, *i. e.* Siven.

அழற்கண்வந்தோன், (அழல், கண், வருகிறது), surnom de குமரன் *et de* வீரபத்திரன்.

அழற்குத்துகிறது, (அழல், குத்துகிறது), exhaler une puanteur forte, —brûlante. [brûlure, jalousie.

அழற்சி, (அழல்), chaleur, ardeur;

அழற்பால், (அழல்), l'arbrisseau எருக்கு, le charbon de cet arbuste sert à faire la poudre à canon.

அழற்பித்தம், (அழல்), maladie des jeunes gens qui fait blanchir la peau, et rend les cheveux gris.

அழற்பிரவை, (அழல்), région du feu dans les enfers indiens.

அழற்றல், 1° *opt. d'*அழற்றுகிறது, qu'on brûle. 2° *n.v. V.* அழற்றுகை.

அழற்றி, 1° (அழல்), *V.* அழற்சி. 2° *gér. de*

அழற்றுகிறது, ற்றினேன், ற்றுவேன், ற்று, ற்ற, *v.a. d'*அழலுகிறது. 1° brûler, consumer, allumer, enflammer. 2° mettre *ou* être dans les angoisses.

அழற்றுகை, அழற்றுதல், *n.v. d'*அழற்றுகிறது, combustion, action de brûler. [cadavre.

அழனம், அழன், (அழலுகிறது),

அழனாகம், (அழல், நாகம்), espèce de serpent. [ழலுகிறது.

அழன்ற, அழன்று, *part. et gér. d'*அ

அழாத, *part. nég. d'*அழுகிறது, qui ne pleure pas. [வு, வ, *v.a.* atteindre.

அழாவுகிறது, வினேன், வுவேன்,

அழி, 1° treillis, treillage. 2° *imp. et part. d'*அழிகிறது, *et d'*அழிக்கிறது

அழிகட்டு, imputation, change, changement. [dépensier.

அழிகரு, (அழியும், கரு), avorton,

அழிகிறது, ழிந்தேன், ழிவேன், ழி, ழிய, *v.n.* périr, se corrompre, se pourrir, se gâter, tomber en poussière, être corrompu, débauché, violé, pollué: அழிந்துபோகிறது périr, se corrompre, être périssable, fragile, transitoire, pollué, souillé; அழிந்துபோகிற corruptible, périssable, transitoire; அழியப்படாத, *V.* அழியாத; அழியாமலிருக்கிறது être incorruptible, pur, chaste, n'être pas corrompu, —violé, —souillé.

அழிகை, *n.v. du préc.* corruption, destruction: அழிகைக்குட்டி avorton, avortement.

அழிக்கிறது, ழித்தேன், ழிப்பேன், ழி, ழிக்க, *v.a. d'*அழிகிறது, détruire, corrompre, violer, débaucher, souiller, polluer, effacer, rayer, raturer, défaire, vaincre, dissiper, prodiguer, pervertir: தன்னாஸ்தியையழிக்கிறது dissiper son bien; தேடாதழிக்கிற்பாடாய்முடியும் si l'on dissipe ce que l'on n'a pas amassé, on en souffrira à la fin.

அழிக்கை, *n.v. du préc.* destruction, subversion, corruption, perversion.

அழிச்சாட்டியம், (அழிகிறது, சாட்டியம்), bravade, vexation, fluctuation: —பண்ணுகிறது vexer, braver, insulter; அழிச்சாட்டியக்காரன் vaurien, homme turbulent.

அழிஞ்சில், l'arbre alangium decapetalum; il produit une espèce d'huile et sert de remède contre le cours de ventre.

அழிதல், *n.v. d'*அழிகிறது, putréfaction, corruption, ruine.

அழிதூ, *V.* அலி.

அழித்தல், *n.c. V.* அழிக்கை.

அழிந்த, அழிந்து, *part. et gér. d'*அழிகிறது.

அழிபுண், (அழிகிறது, புண்), ulcère malin, —plein de corruption, —qui se gangrène. [gue, dépensier.

அழிப்பாளி, (அழிப்பு, ஆளி), prodi-

அழிப்பு, *n.v. d'*அழிக்கிறது, destruction, corruption, prodigalité, ruine: —க்காரன், *V.* அழிப்பாளி.

அழிமதி, (அழிக்கிறது, மதி), perte, perversion, corruption, prodigalité.

அழிமுதல், (அழிகிறது, முதல்), perte du capital, capital en danger d'être perdu.

அழிம்பன், (அழிம்பு), prodigue, dissipateur, débauché, corrupteur, trompeur, filou.

அழிம்பு,(அழிகிறது), corruption, perversion, viol, destruction, dommage, perte, obstacle: —பண்ணுகிறது corrompre, pervertir, violer, débaucher, gâter, endommager, arrèter, empècher: —சொல்லுகிறது faire un procès pour reprendre; என்னுடைமைக் கழிம்புசொல்லுகிறான் il sollicite la restitution de mon bien; அழிம்பாய்ப்போகிறது être corrompu, dévasté, gâté; சீமையிலழிம்பு மெத்த dans le pays les dégâts sont sans nombre.

அழியாத,*part. nég.* d'அழிகிறது, incorruptible, non corrompu, pur, chaste:—பத்தினி chaste épouse, surnom de துரோபதை; அழியாதது ce qui est incorruptible.

அழியாமை, *n. nég.* d'அழிகிறது, incorruption, incorruptibilité.

அழிவழக்கு, (அழியும், வழக்கு), procès perdu, ou en danger d'être perdu, procès injuste, fausse raison, faux raisonnement.

அழிவி, embouchure de rivière,—de fleuve sujette à la marée.

அழிவு,*n.v.* d'அழிகிறது, corruption, perversion, décadence, ruine, perte, chute, faute.‖*V.* அழிவி: அழிவில்லாமை, அழிவின்மை incorruptibilité, incorruption; அன்றுகண்டமேனிக்கழிவில்லை son corps n'a pas dépéri; il est au même état où je l'ai vu alors.

அழு,*imp. et part.* d'அழுகிறது.

அழுகண்ணி, (அழுகிறது, கண்ணி), sorte de plante.

அழுகல்,*n.v. et opt.* d'அழுகுகிறது et d'அழுகிறது, corruption, putréfaction, pleurs: அழுகற்பழம் fruit pourri; அழுகற்றேங்காய் coco pourri.

அழுகிறது, ழுதேன், ழுவேன், ழு, ழ, *v.n.* pleurer, crier, se lamenter: அழப்பண்ணுகிறது faire pleurer; குடல்கூழுக்கழக் கொண்டைபூவுக்கழுதோ quand le ventre crie pour avoir au moins de la bouillie, la chevelure peut-elle demander des fleurs; அழுகிறபிள்ளைபால்பெறும் l'enfant qui pleure obtiendra du lait, d'instantes prieres obtiendront leur effet; அழுகிறபிள்ளையையரவணைக்கிறது embrasser et consoler un enfant qui pleure; ஒருகாசென்கிறவிடத்திலழுகிறான் il s'attriste quand on parle même d'une cache à donner.

அழுகுகிறது, *sync.* அழுகிறது, கினது, கும், கு, க, *v. n. ou* அழுகிப்போகிறது se pourrir, se gâter, se corrompre, se putréfier: அழுகின, அழுகிப்போன pourri, gâté, putrefié, corrompu. [sorte de maladie virulente.

அழுகுசப்பாணி, (அழுகுகிறது),

அழுகுசற்பம்,(*id.*), sorte de serpent venimeux. [து), enfant qui pleure.

அழுகுணி, (அழுகிறது, உண்கிற

அழுகுதல்,*n.v.d'* அழுகுகிறது, corruption, putréfaction.‖pleurs *de*

அழுகை, 1° *n. v.* d'அழுகிறது, pleurs, action de pleurer. 2° *P.* அழுகாய் tu ne pleures pas: —அமர்த்துகிறது consoler, arrèter—, essuyer les larmes.

அழுக்ககற்றி,(அழுக்கு, அகற்றுகிறது), lessive, terre imprégnée de soude. [ற்றும், கல்), pierre calcaire.

அழுக்ககற்றுங்கல், (அழுக்கு, அக

அழுக்கணவன், espèce de vers ou d'insecte, nid de vers.

அழுக்கறல், அழுக்கறுதல், *n.v.d'* அழுக்கறுகிறது, jalousie, blanchissage, nettoiement.

அழுக்கறாமை, *n.v. nég. du suiv.* exemption de jalousie.

அழுக்கறுகிறது, ற்றேன், றுவேன், று, ற, *v.n.* (அழுக்கு, அறுகிறது), devenir—, être jaloux, être nettoyé, se purifier, se laver: அழுக்கற்றகன்றாருமில்லையஃதிலார் பெருக்கத்திற் றீர்த்தாருமில் nul ne s'est agrandi par l'envie, et nul n'a perdu le bonheur pour n'avoir pas été jaloux. Tirouvallouven.

அழுக்கறுக்கிறது, றுத்தேன், றுப்பேன், று, றுக்க, *v.n.* (அழுக்கு, அறுக்கிறது), être jaloux, se fâcher du bien d'autrui, nettoyer, purifier. [sie.

அழுக்கறுத்தல், *n.v. du préc.* jalou-

அழுக்கற்ற, *part. d'* அழுக்கறுகிற து, jaloux, pur, sans tache.

அழுக்கன், (அழுக்கு), avare.

அழுக்காமை, (அழுக்கு, ஆமை), espèce de tortue.

அழுக்காறுமை, *P.* அழுக்கறுமை.

அழுக்காறு, *n.v. d'* அழுக்கறுகிற து, envie, jalousie, mensonge, fausseté: அழுக்காறடைகிறது devenir —, être jaloux.

அழுக்கு, saleté, malpropreté, tache, immondice, linge sale, remors de conscience, avarice, tortue: —ப்படுகிறது, —அடைகிறது, —ஆகிறது, —ஏறுகிறது se salir, devenir sale, impur; —ஆயிருக்கிறது être sale, malpropre; —ப்படுத்துகிறது, —ஆக்குகிறது salir, tacher, polluer; அழுக்குப்படுதல், —ஆகுதல் action de se salir, saleté, souillure; —போடுகிறது donner son linge sale à blanchir; —உள்ள, —அடைந்த, —ப்பட்ட sale, malpropre, souillé; அழுக்கேறல் état de malpropreté; அழுக்கை ou அழுக்கினையகற்றுகிறது, —போகப்பண்ணுகிறது nettoyer, laver, purifier; அழுக்கின்மை propreté, netteté, pureté; அழுக்காய் salement, malproprement; அழுக்காய்க்கிடக்கிறது être sali, souillé; அவன்மனதிலழுக்கிருக்கின்றது il a la conscience souillée: உன்மனதிலழுக்கில்லாதே போனாலொன்றுக்கும்பயப்படாதே si tu as la conscience pure, ne crains rien.

அழுங்கல், *n. v. d'* அழுங்குகிறது, pleurs, désolation, abaissement, action de s'enfoncer, dépression, son, grand bruit, paresse, ruine, perte, affliction, peine, trouble, fluctuation, état non stable, crainte, obscurcissement, obscurité, douleur, compassion; அழுங்கற்கறி ragoût bien préparé, bien mitonné.

அழுங்கு, 1° la tortue, et le lézard nommés அளுங்கு. 2° *imp. et part. de*

அழுங்குகிறது, *sync.* அழுங்கிறது, கினேன், குவேன், கு, க, *v.n.* 1° *V.* அழுந்துகிறது. 2° craindre, flotter, pleurer, retentir, s'apitoyer, s'obscurcir, se perdre, souffrir, être indolent.

அழுங்குதல், *n.v. du préc.* fluctuation, état non stable, obscurcissement, obscurité, pleurs, crainte.

அழுதல், *n.v. et opt. d'* அழுகிறது, action de pleurer, que les pleurs coulent.

அழுத்தம், (அழுத்துகிறது,), fermeté, densité, compacité, avarice, énergie, égalité, obstination, réserve, secret, signature: —ஆன avare, solide, ferme, épais, serré, compacte; அழுத்தக்காரன் homme obstiné, inexorable, d'un cœur dur, tenace, avare, réservé, courageux; அவனுக்கழுத்தமெத்த il est très-avare; திரவியத்திலழுத்தமானவன் செத்தாலுங் கொடான் un riche avare mourrait plutôt que de rien donner; அழுத்தமாய்ப்பேசுகிறது parler avec emphase, —énergie, —force ou réserve, dire des choses d'un sens profond.

அழுத்தல், action de presser dessus, d'appuyer, d'imprimer, de vanter. ‖ *n.v. et opt. de*

அழுத்துகிறது, த்தினேன், த்துவேன், த்து, த்த, *v.a.* presser avec le doigt, presser, enfoncer, appuyer, imprimer, rendre ferme, épais, compacte, serré, avoir la main pesante en écrivant, enchasser, vanter; அழுத்துஞ்சுமை charge lourde, accablante; அழுத்தி வைத்துக்கொண்டிருக்கிறது cacher, garder, éviter de rendre; எழுத்தாணியையழுத்தாமலெழுதுகிறது écrire légèrement sur ôlc, —sans y enfoncer le stylet.

அழுத்துகை, அழுத்துதல், *n.v. du préc.* pression, insertion, enchâssement, affermissement.

அழுந்தல், *n. v. d'* அழுந்துகிறது, action de s'enfoncer, de s'imprimer, dépression, humiliation, peine, restitution. [2° *imp. de* அழுந்துகிறது.

அழுந்து, 1° profondeur de l'eau. ‖

அழுந்துகிறது, தினேன், துவேன், து, த, *v.n. d'* அழுத்துகிறது, et அழுந்திப்போகிறது, s'enfoncer, être submergé, pressé en bas, couler à fond, devenir ferme,solide,compact,serré, s'imprimer,être enchâssé, peiné,vexé,s'efforcer,différer,hésiter,rendre: அழுந்த *inf.*fortement; அழுந்தக்கட்டுகிறது lier d'une manière serrée; அழுந்தத்தைக்கிறது coudre,clouer, enclouer. [அழுந்தல்.

அழுந்துகை,அழுந்துதல், *n.v.* *V.*

அழுப்பு,riz cuit. [வலோகம்.

அழுப்புகம்,(அழுப்பு,உகம்), *V.*தே

அழுவம், 1° pain, toute espèce de pain, forteresse sur une montagne, tremblement,mer,pays,étendue, dilatation, développement, extension, grandeur,grand tambour,terre sale, —glissante. 2° *P.* அழுவோம், nous

அழை,*imp.de* [pleurerons.

அழைக்கிறது,ழைத்தேன், ழைப்பேன்,ழை,ழைக்க,*v.a.*appeler,citer, inviter, crier: அழைத்தனுப்புகிறது envoyer chercher; அழைத்துவருகிறது, —க்கொண்டுவருகிறது amener avec soi; அழைத்துப்போகிறது,—க்கொண்டுபோகிறது emmener.

அழைக்கை, 1° *P.*அழைக்காய் tu n'appelles pas. 2° *ou*

அழைக்குகை, அழைத்தல், *n. v. d'*அழைக்கிறது, action d'appeler, appel, cri.

அழைப்பிக்கிறது,ப்பித்தேன், ப்பிப்பேன்,ப்பி,ப்பிக்க, *v. caus.d'*அழைக்கிறது,faire appeler,envoyer chercher; அழைப்பித்துத்தருகிறது procurer, fournir,faire venir.

அழைப்பு, *V.* அழைக்குகை.

அளகபந்தி,(அளகம்),cheveux—, chevelure de femme.

*அளகம், (alaka), eau, boucle de cheveux, piquant de porc-épic. ‖ *V.* அளகபந்தி et மயிர்க்குழற்சி.

அளகாதிபதி, அளகாதிபன், (அளகை,அதிபதி,அதிபன்), *V.* அளகையாளி. [கை.

*அளகாபுரி,(அளகை,புரி), *V.* அள

அளகு, la 3ᵐᵉ constellation nommée கார்த்திகை, la femelle des oiseaux excepté la poule et la chouette. [de குபேரன்.

*அளகை,(alaka), Alaguei, la ville

அளகையாளி, (அளகை, ஆளி), le seigneur d'Alaguei,*i.e.*குபேரன்.

அளக்கரர்,*pl.*(அளக்கர்), sauniers, faiseurs de sel.

அளக்கர், (அளம்), marais salant, mer,la 3ᵐᵉ constellation, la terre, marne,terre grasse,long chemin.

அளக்கல்,*n.v.* *V.* அளக்குகை.

அளக்கிறது, ளந்தேன், ளப்பேன், ள,ளக்க,*v.a.*mesurer, jauger, compter, estimer,déterminer, fixer les limites: அளக்கிறவன் mesureur, jaugeur; அளக்கிறகோல் ou அளந்திடுகோல் perche pour mesurer; அளந்திடுகிறது mesurer; அளந்துகொடுக்கிறது mesurer et donner à un autre, vendre; அளந்துகொள்ளுகிறது mesurer pour soi, prendre mesure, acheter; அளந்துபார்க்கிறது mesurer; தலைவழித்தளக்கிறது mesurer en râclant; நிறையவிட்டளக்கிறது mesurer mesure comble; மரக்காலைப்பாய்ச்சியளக்கிறது mesurer en plongeant le maracal (ou la mesure) dans le tas de grain; மரக்கால்சாயாமலளக்கிறது mesurer sans incliner le maracal.

அளக்குகை, அளக்குதல், அளத்தல்,*n. v. d'*அளக்கிறது, mesurage, compte,estimation,limitation.

அளத்தி,*pl.* அளத்தியர், (அளம்), femme ou fille de saunier, — des bords de la mer.

அளத்து,*obl.d'*அளம்.

அளபு, அளபெடை, (அளபு, எடை),prolongement du son et de la quantité d'une lettre. Il y en a de 2 sortes, savoir: உயிரளபெடை et ஒற்றளபெடை: அளபெடுக்கிறது prolonger le son, prendre l'அளபெடை; அளபெடைவண்ணம் emploi de l'அளபெடை.

அளப்பம்,*v.n.d'*அளக்கிறது, mesurage: அளப்பமறிகிறது sonder quelqu'un,—ses desseins.

அளப்பு,1° *n.v.d'*அளக்கிறது, mesurage. 2° *P.*அலப்பு,babil, verbiage, extravagance,murmure, médisance: அளப்பளக்கிறது mesurer, *ou* அளப்புப்பேசுகிறது babiller,extravaguer, médire,calomnier,murmurer; அளப்

புபார்க்கிறது sonder les desseins.

அளப்புகிறது, *P.* அலப்புகிறது.

அளப்புதல், *P.* அலப்புதல்.

அளமளைகிறது, *v.a.* அளமளைதல். *n.v.* (அளம், அளைகிறது), mélanger.

அளம், saline, terre ou marais à saline, tranchant, pointe aiguë, subtilité d'esprit, resserrement: அளத்துறிலம் terre salée et stérile; —ப்பச்சை la plante cressa indica; —ப்புல் la plante முசுறுப்புல்; —ப்பூளை, *V.* அளர்ப்பூளை.

அளர்ப்பூளை, (அளம், பூளை), la plante illecebrum brachiatura.

அளவடி, (அளவு, அடி), vers de 4 pieds: —ச்செய்யுள், —விருத்தம் pièce de vers—, strophe de 4 vers dont chacun a 4 pieds.

அளவர், *pl. d'* அளவன்.

அளவல், mélange.

அளவழித்தாண்டகம், (அளவு, அழி, தாண்டகம்), poème ou le nombre et la correspondance des lettres ne sont pas observés.

அளவளத்தல், அளவளாதல், அளவளாவுதல், mélange, mesurage.

அளவறுக்கிறது, *v.a.* (அளவு, அறுக்கிறது), déterminer, définir, décider, distinguer, diviser, limiter, mesurer: அளவறுக்கப்படாத inscrutable, qu'on ne peut définir, déterminer, mesurer.

அளவறுத்தல், அளவறுப்பு, *n. v. d'* அளவறுக்கிறது, mesure fixée, —limitée, limite, distinction, action de déterminer.

அளவற்ற, (அளவு, அற்ற), immense, infini.

அளவன், 1° (அளவு), mesureur, jaugeur. 2° (அளம்), saunier, faiseur de sel, espèce d'arsenic composé.

அளவிடுகிறது, *v.comp.* (அளவு, இடுகிறது), *et* அளவிடுதல், *n.v.* mesurer, estimer, limiter: அளவிடப்படாத, அளவிட்டுமுடியாத infini, immense, immensurable; அளவிடப்படாதவர் celui qui est infini, immensurable, *i.e.* Dieu.

அளவிடை, (அளவு, இடை), mesure, capacité, poids, conjecture. ‖ *V.* மட்டறிதல்.

அளவியற்றாண்டகம், (அளவு, இயல், தாண்டகம்), poème dont chaque vers a plus de 26 lettres, et dont les lettres, l'harmonie et la quantité s'accordent.

அளவின்மை, (அளவு, இன்மை), immensité, infinité.

அளவு, (அளக்கிறது), mesure, quantité, capacité, extension, limite, longueur: அளவுநாழி mesure étalonnée; —படுத்தல் mesurage, règlement, détermination; — படுத்துகிறது mesurer, fixer, déterminer; — பார்க்கிறது mesurer; —க்காரன் mesureur, jaugeur; —படியே selon la mesure, en mesurant, selon les ordres, la direction donnée; அளவற, (அளவு, அற), sans mesure; அளவற்ற, அளவில்லாத, அளவிறந்த infini, immense, illimité, qui n'a pas de bornes, sans mesure; அளவில்லாததன்மை immensité; அளவாய், அளவாக selon la mesure, à proportion de, selon que; அவனாசையளவாக, ஆசைக்களவாக selon ses désirs, à souhait; புண்ணியஞ்செய்த *ou* செய்ததற்களவாகப்பலன்வரும் on sera récompensé à proportion des vertus qu'on aura pratiquées; அளவாயிருக்கிறது être long; கோலளவில்லை le bâton n'est pas long; அளவில் tandis que, pendant que; *ou* அளவும் jusqu'à ce que, tant que; அவன்வாசிக்கிறவளவில் tandis qu'il lit; நீவருமளவும் jusqu'à ce que tu viennes. Les 4 manières de mesurer sont: எண்ணல் calculer; எடுத்தல் peser; முகத்தல் mesurer les liquides et les choses sèches; நீட்டல் mesurer l'étendue. Les indiens en ajoutent une 5me: தெறித்தல் éprouver en frappant avec le doigt ou faisant un peu sauter en l'air.

அளவுப்பண்புத்தொகை, (அளவு, பண்பு), élision du signe de l'adjectif dans les noms de quantité. *Ex.* நாற்பொருள் au lieu de நாலாகியபொருள் quatre choses.

அளவெண், (அளவு, எண்), strophe de 4 vers de 4 pieds chacun, et dont chaque vers a un sens complet.

அளவை, (அளவு), mesure, quantité, limite, connaissance, jour, science ou traité des mesures. Il y a 4 espèces de mesures; எண்ணல் calcul; எடுத்தல் poids; முகத்தல் capacité; நீட்டல் étendue. Les Indiens distinguent aussi 3 sortes de mesures ou bases du jugement; பிரத்தியட்சம் l'évidence; அநுமானம் la conjecture; ஆகமம் la science ou le témoignage; அளவை-அ V. அஷ்டபிரமாணம்.

அளவையாகுபெயர்,(அளவை, ஆகும்,பெயர்),nom d'une mesure appliqué à la chose mesurée,ou à l'objet qui a cette mesure.

அளறு, boue, bourbier, terre grasse,marne,enfer; terre ou chaux qui se détache et tombe des vieux murs.

அளறுகிறது,றினேன், றுவேன், று,ற,*v.n.* அளறுதல்,*n.v.* être répandu,se répandre, se disperser.

அளாவல்,*n.v.et opt. d'* அளாவுகிறது, mélange, excellence, état éminent,—illustre.

அளாவுகிறது,வினேன், வுவேன், வு,வ,*v.a.* mêler,agiter,*v. g.* de l'eau chaude avec la main pour la faire refroidir,agiter dans l'air pour faire sécher, s'étendre, atteindre, s'attacher,toucher,consulter: அளாவிப்பார்க்கிறது s'assurer par des signes; அளாவியிருக்கிறது s'étendre au loin et en haut; வானமட்டும் *ou* வானத்தை அளாவினமரம் arbre qui s'élève jusqu'aux nues.

அளாவுதல்,*n.v.du préc.* mélange, action d'atteindre,portée,extension, étendue

அளி,1° amour,grâce, compassion,don, froideur,fraicheur, liqueur enivrante,vin de palmier,fruit vert, scarabée,insecte volant,fenêtre,treillis, flèche,pauvreté. 2° *imp. et part. d'* அளிகிறது, *et* அளிக்கிறது.

*அளிகம். (அலிகம்),front, beauté, grande beauté.

அளிகிறது,ளிந்தேன்,ளிவேன், ளி, ளிய,*v.n.* mûrir,devenir mou,tendre, entiché,trop mûr, comme de la bouillie,se fondre,s'écouler: அளியப்பழுக்கிறது devenir trop mûr; சோறளிந்துபோயிற்று le riz est trop cuit,est réduit en bouillie; அளிந்தபழம் fruit trop mûr.

அளிக்கிறது,ளித்தேன், ளிப்பேன், ளி,ளிக்க,*v.a.*(அளி), donner, accorder,faire présent,distribuer, garder, défendre,conserver,sauver, s'approcher.

அளிக்குகை,அளிக்குதல், *n. v. du préc.* donation,concession.

அளிதல்,*n.v.d'* அளிகிறது,maturité,mollesse, trop grande maturité, écoulement.

அளித்தல்,*n.v. d'* அளிக்கிறது, donation,concession,distribution, conservation,garde,approche.

அளித்த,அளித்து,*part.et gér.d'* அளிக்கிறது.

*அளிந்தம், *P.* அலிந்தம், banc de pierre—, petite varangue à la porte des pagodes sous la tour, cour, cour devant une maison,terrasse.

அளியர்,(அளி),*pl.* amis,pauvres.

*அளிகதை, (அளிகம், tâ), mensonge.

*அளிகம்,(alika), front, déplaisir, fausseté.

அளுக்கம்,(அளுக்குகிறது), crainte,timidité, honte.

அளுக்கல்,*n. v. d'* அளுக்குகிறது, signe de crainte,peur, timidité.

அளுக்காமை,*n.v.nég. d'* அளுக்குகிறது, intrépidité,action de ne pas effrayer.

அளுக்கு, *n. v. d'* அளுக்குகிறது, crainte, timidité: அளுக்கில்லாமை intrépidité,hardiesse.‖*imp.et part.de*

அளுக்குகிறது,*sync.* அளுக்கிறது, க்கினேன்,க்குவேன்,க்கு,க்க, *v. n.et a.* craindre,avoir peur,effrayer: அளுக்கப்பண்ணுகிறது intimider,effrayer ,épouvanter.

அளுங்காமை,(அளுங்கு, ஆமை), tortue à jolie écaille, testudo imbricata.

அளுங்கோடு,(அளுங்கு,ஓடு), écaille de cette tortue.

அளுங்கு, 1° *V.* அளுங்காமை. 2° sorte de lézard écailleux, manis brachyura: அளுங்குப் பிடியாய்ப் பிடிக்கிறது saisir fortement comme le manis, qui saisit et tient fortement même la trompe d'un éléphant; அளுங்குப்பிடியன் homme tenace et obstiné comme le manis.

அளை, 1° caverne de montagne, lait de beurre, lait caillé, beurre frais, tertre élevé par les fourmis blanches, trou, terminaison de l'ablatif. 2° *imp. et part. du suiv.*

அளைகிறது, அளைந்தேன், அளைவேன், அளை, அளைய, *v.a.* mêler, mélanger, troubler: அளைந்தசேறு argile humectée, détrempée (par les potiers).

அளைகுதல், *n.v. du préc.* mélange, trouble. [copulation.

அளைதல், *n.v. du même*, mélange,

அளைமறிபாப்புப் பொருள்கோள், vers où mot de la fin d'une strophe qui sert de complément au commencement et au milieu de la même strophe. [tion, mélange.

அளைவு, *n.v. d'*அளைகிறது, mix-

அள், 1° joue, oreille, lieu étroit, tranchant, pointe, crampon. 2° *imp. et part. d'*அள்ளுகிறது. 3° terminaison du singulier féminin de la 3me personne des verbes, et du féminin des noms verbaux.

அள்ளல், *n. v. et opt. d'*அள்ளுகிறது, boue, marne, enfer, un des 7 prétendus enfers des gentils. || *V.* அள்ளுதல்.

அள்ளாத்தி, nom d'un poisson.

அள்ளிருள், (அள்ளுகிறது, இருள்), obscurité épaisse qu'on peut palper.

அள்ளு, 1° (அள்ளுகிறது), crampon, gâche, pincettes, poignée de grains qu'on donne aux mesureurs, sorte de maladie des enfans, pointe, tranchant. 2° *imp. et part. d'*அள்ளுகிறது: அள்ளுகட்டுகிறது lier fortement avec du fer, assujettir avec un crampon; அள்ளுவாங்குகிறது prendre une poignée de ce qui se vend au bazar (espèce de tribut); அள்ளெடுக்கிறது prendre une poignée, contracter la maladie dite அள்ளு, recevoir une poignée de grains pour mesurage; அள்ளெடுக்கிறவன் celui qui reçoit une telle poignée.

அள்ளுகிறது, ள்ளினேன், ளுவேன், ளு, ள, *v. a.* அள்ளிக்கொள்ளுகிறது, prendre dans le creux de sa main, prendre une poignée, extraire, ramasser avec la main; அள்ளிக்கொடுக்கிறது ramasser et donner; நீரள்ளுகிறது prendre de l'eau dans le creux de sa main; நீரள்ளிக்குடிக்கிறது prendre de l'eau et boire dans le creux de sa main; அள்ளாதுகுறையாதுசொல்லாதுபிறவாது si l'on ne prend rien, il ne manque rien, si l'on ne dit rien, aucun bruit ne prend naissance, *i.e.* les bruits qui se répandent ont toujours quelque fondement.

அள்ளுதல், *n. v. du préc.* action de prendre dans le creux de sa main, de ramasser avec la main, lieu étroit.

அள்ளை, 1° diable. 2° *P.* அள்ளாய் tu ne prends pas dans le creux de ta main.

அற, 1° *obl. ou adj. de* அறம், de la vertu, vertueux. 2° *inf. d'*அறுகிறது, à ou pour se rompre, cessant. *Après un nom il signifie* sans. *Ex.* தடையற sans obstacle; சந்தேகமற sans aucun doute, *litt.* tout doute cessant. *Mais au commencement d'une phrase, avant un verbe ou un nom verbal il signifie, ainsi qu'*அறவே, complètement, entièrement, parfaitement, fortement, très, precisément. *Ex.* அறக்கற்றவன், அறப்படித்தவன் homme parfaitement instruit, très-savant; அறக்கிழவன் vieillard très-âgé; அறக்கெட்டேனே je suis entièrement perdu; அறக்கொடியபாதகம் ou பவம் crime énorme; அறக்கட்டுகிறது, *v.comp.* (அற), faire le monopole, lier fortement; அறக்கல்விமுழுமட்டை (avec une apparence de) grande science ce n'est qu'une bûche, *prov.* அறக்காய்கிறது chauffer fort, être très-chaud, —fort échauffé; அறச்செட்டுமுழுநஷ்டம் on perd tout en étant trop tenace. *prov*; அறப்பேசுகிறது parler décisivement, —positivement; அறத்தீர்ந்தவன் homme accompli, —très-capable; அறப்பாடுகிறது lancer en chantant des malédictions, jeter un sort, enchanter; அறவாரிக்கொண்டு போகிறது emporter tout, confisquer; அறவிளக்குகிறது polir—, éclaircir entièrement.

அறக்காடு,(அறம்,காடு), lieu où l'on brûle les morts,cimetière.

அறக்குளாமீன், nom d'un poisson.

அறக்கொடியோன், (அறம், கொடி), celui dont la bannière est la charité,—l'amour, *i.e.* Dieu, Jésus-Christ.

அறங்கடை, (அறம்), *V.* அறன்கடை.

அறங்கை, *P.* அகங்கை, paume de la main.

அறச்சாலை, (அறம், சாலை), maison de charité, hôtellerie où l'on donne l'aumône.

அறச்செல்வி, (அறம், செல்வம்), Parvadi,dame bienfaisante,—vertueuse.

அறணை, *P.* அரணை.

அறத்தளி,(அறம்,தளி), *V.* அந்தப்புரம்.

அறத்தொடுநிற்றல்,(அறம், நிற்கிறது),espèce d'élégie sur 7 particularités du départ et du retour d'un époux.

அறநிலைப்பொருள்,(அறம்,.நிலை), collection de ses revenus dans l'ordre et avec les soins voulus, revenus ainsi perçus.

அறநிலையறம் (*id.*), conservation des droits et priviléges de chaque classe.

அறநிலையின்பம்,(*id.*), épouser et prendre chez soi une vierge nubile de haute caste, de bonnes mœurs et de bon caractère.

அறநெறி, (அறம்), chemin de la vertu.

அறப்பால், (அறம், பால்), traité de la vertu, c'est la 1re partie des குறள் de Tirouvallouver. Il y traite de la vertu en général, des vertus des personnes mariées et des gens qui vivent en société ainsi que de celles des anachorètes.

அறப்புறம்,(அறம்,புறம்), *V.* அறச்சாலை.

அறமுறியப்பார்க்கிறது, *v. comp.* (அற, முறிகிறது), chercher à finir entièrement, *ou* à voir terminer entièrement.

அறமுறுக்கிறது, *v. comp.* (அற), être bourru,fantasque,murmurer.

அறமுறையிடுகிறது,*v. comp.* (அற,முறை,இடுகிறது), accuser, attaquer,se plaindre d'injustice.

அறம்,vertu, bienfaisance, charité, aumône, bonne œuvre, bienfait, mal, maléfice, enchantement: அறஞ்செய்கிறது faire l'aumône, pratiquer le bien; அறஞ்செயவிரும்பு, aime à donner l'aumône,—à faire le bien;—வைத்துப்பாடுகிறது, *V.* அறப்பாடுகிறது *sous* அற; அறம்விளக்குகிறது faire connaitre—,expliquer la vertu; அறத்தின்மூர்த்தி, *V.* தருமதேவதை; அறத்தின்மைந்தன் Darmarâsa, roi ou homme bienfaisant; அறத்தின்முறை description des vertus morales et religieuses; அறத்துப்பால்,—ப்பகுதி, *V.* அறப்பால்: அறத்துறுப்பெட்டு ou அறத்துறுப்பு-அ, 8 parties ou qualités essentielles de la charité,savoir: ஐயப்படாமை assurance; விருப்பின்மை désintéressement; வெறுப்பின்மை être sans aversion; மயக்கமின்மை être calme; பழியைநீக்கல் ne pas faire de reproches; அழிந்தோரைநிறுத்தல் soutenir ceux qui sont ruinés; அறம்விளக்கல் expliquer la nature de la charité; பேரன்புடைமை grande bonté; அறத்தைக்காப்போன் le charitable, le gardien de la charité, Ayénar. En outre les Indous comptent 32 sortes d'அறம் ou actes de bienfaisance, savoir: ஆதுலர்க்குச்சாலை bâtir des maisons de charité; ஓதுவார்க்குணவு élever et instruire gratuitement; அறுசமயத்தார்க்குண்டி donner à manger aux adeptes d'une des 6 sectes de l'Inde; பசுவுக்குவாயுறை nourrir les vaches. 5° சிறைச்சோறு nourrir les prisonniers; ஐயம் faire l'aumône; தின்பண்டநல்கல் pourvoir (les voyageurs) de nourriture; அறவைச்சோறு nourrir les gens délaissés; மகப்பெறுவித்தல் assister les femmes en couche. 10° மகவுவளர்

க்த்தல் élever des enfans; மகப்பால்வார்த்தல் allaiter un enfant, ou மகச்சோறளித்தல் nourrir des enfans; அறவைப்பிணஞ்சுடுதல் brûler ou enterrer les morts délaissés; அறவைத்தூரியம் vêtir les indigens, les gens abandonnés; சுண்ணம் donner de la chaux à joindre au bétel. 15° நோய்மருந்து procurer des remèdes aux malades, les soigner; வண்ணார் payer le blanchissage des pauvres; நாவிதர் payer pour les faire raser; கண்ணாடி donner un miroir; காதோலை donner des feuilles de palmier pour mettre aux oreilles des femmes. 20° கண்மருந்து donner des remèdes pour les yeux; தலைக்கெண்ணெய் donner de l'huile, pour frotter la tête; பெண்போகம் faire faire ou procurer un mariage; பிறர்துயர்காத்தல் préserver le prochain de l'affliction: தண்ணீர்ப்பந்தல் établir des pandels où l'on donne de l'eau à boire. 25° மடம் bâtir des hôtelleries; தடம் creuser des étangs, des réservoirs; சோலை planter des bosquets; ஆவுரிஞ்சுதறி planter des pieux pour que les vaches s'y frottent; விலங்கிற்குணவு nourrir des animaux quelconques. 30° ஏறுவிடுத்தல் procurer un taureau pour couvrir une vache; விலைகொடுத்துயிர்காத்தல் donner de l'argent pour sauver la vie de quelqu'un; கன்னிகாதானம் donner une fille en mariage ou contribuer à un mariage.

அறம்பாடுகிறது, *P.* அறப்பாடுகிறது, *V. sous* அற.

அறம்புறம், (அறம், *P.* அகம்), l'intérieur et l'extérieur, les pieds et la tête, intérieur, renversement à l'envers, perplexité, hésitation.

அறல், *n.v. et opt. d'* அறுகிறது, déchirure, sable noir, petit buisson, —arbuste, eau, vague, flot de la mer, fète.

அறவரி, (*P.* அறுவரி), levée des impôts.

அறவர், (அறம்), 1° les grands, les supérieurs. 2° *pl. de*

அறவன், (அறம்), homme vertueux, sage, anachorète, Bouddha.

அறவாக்குகிறது, அறவாக்கல், அறவாக்குதல், *P.* அறுவாக்குகிறது....

அறவாழிவேந்தன், —வாழிமன்னன், (அறம், ஆழி), Dieu, *litt.* le roi de la mer de la vertu.

அறவாழியந்தணன், (அறம், ஆழி, அந்தணன்), le sage qui a traversé la mer de la vertu, Dieu, Siven, Vichnou, Arouguen.

அறவான், *P.* அறுவான், *V.* அறுவு.

அறவிடுகிறது, *v. comp. P.* அறுவிடுகிறது, *V. au mot* அறுவு.

அறவிடுதல், *n.v. du préc.* levée des impôts, fin, décision, détermination.

அறவிடுவோன், *n.v. du préc.* percepteur d'impôts.

அறவிய, (அறம்), *adj.* charitable, vertueux.

அறவு, *P.* அறுவு.

அறவுளி, (அறவு, உளி), fin: —பார்க்கிறது décider, terminer, rompre, perdre entièrement.

அறவூதுகிறது, *v. comp.* (அற, ஊதுகிறது), raffiner les métaux.

அறவெட்டை, (அற, வெட்டை), grande chaleur: ஆடியறவெட்டையிலுநெல்விலையாகவில்லை le riz ne se vend pas bien même dans les grandes chaleurs de juillet.

அறவே, *V.* அற, *inf. d'* அறுகிறது.

அறவை, (அறுகிறது), abandon, orphelin, personne délaissée, ce qui est délaissé: அறவைச்சோறு nourriture donnée aux orphelins, aux gens délaissés; —த்தூரியம் vêtemens donnés aux gens abandonnés; —ப்பிணஞ்சுடுதல் brûler le corps des gens abandonnés ou les enterrer.

அறவைக்கிறது, *v. comp.* (அற), raffiner les métaux: அறவைத்தபுடம் et அறவைத்தல், *n.v. du préc.* raffinement des métaux.

அறவோர், (அறம்), 1° brames. 2° *pl. de* அறவோன்.

அறவோன், (*id.*), homme charitable, sage, ermite, anachorète, Arouguen.

அறனை, nom d'une maladie, grille de fer qu'on porte autour du cou par pénitence ou vaine ostentation.

அறன், P. அறம்: அறன்வலியுறுத்தல் exposition du pouvoir de la vertu. [sence de vertu.

அறன்கடை, (அறன்), péché, ab-

அறு, அறுத, part. nég. d'அறுகிறது: அறுவிலை prix excessif; அறுவழக்கு dispute—, procés interminable; அறுதநூல் fil bien fort, qui ne se rompt pas.

அறி, imp. et part. de

அறிகிறது, றிந்தேன், றிவேன், றி, றிய, ou றிக, v. a. connaitre, savoir, comprendre, apprendre: தன்னையறிகிறது se connaitre, se contenir, être en son bon sens; ou புத்தியறிகிறது avoir ses premières règles; தன்னையறியுமறிவேயறிவாகும் பின்னையறிவதுபேயறிவாமே la connaissance de soi-même est vraiment une science, toute autre connaissance est vaine; அவனறியச்செய்தேன் je l'ai fait à son escient, avec son consentement; அறிந்துமறியாமை, V. அறிமடம்; அறிந்திருக்கிறது connaitre, être connu; அறிந்துகொள்ளுகிறது apprendre, connaitre, s'informer, s'apercevoir; அறியப்படுகிறது, v p. être connu, informé; அறியப்படுத்துகிறது faire savoir, informer, avertir; அறியப்படுதல் connaissance; அறியப்போகிறது visiter, faire une visite de condoléance; அவனையறியப்போனேன் j'ai été le visiter: மந்திரமெல்லாமறிவேன் je sais toutes les prières; அறியேன் je ne sais pas; அவனையறியேன் je ne le connais pas: அவனின்னானென்றறியேன் je ne sais qui il est; அறியாயோ ne sais-tu pas? அறியாதபடிக்கு, அறியாமல் sans le savoir; என்னையறியாமல், நானறியாதபடிக்கு ou என்னையறியாதபடிக்குச்செய்தான் il a agi sans que je le susse; அறியாதிருக்கிறது, அறியாமலிருக்கிறது ignorer, ne pas savoir; அறியாமற்செய்கிறது faire sans le savoir, par ignorance; அறியாமற்செய்தேன் je l'ai fait par ignorance, je reconnais ma faute, j'en demande pardon; இது விழவறியாது cela ne saurait tomber.

அறிகுறி, (அறிகிறது, குறி), signe, marque pour reconnaitre. [sance.

அறிகை, n. v. d'அறிகிறது, connais-

அறிக்கை, n. v. d'அறிகிறது, déclaration, notification, avis, connaissance, instruction, monition, convention, requête: அறிக்கைபண்ணுகிறது, —யிடுகிறது notifier, faire connaitre, faire une convention, soumettre, donner un requête; —ப்பத்திரம் notification, avertissement, avis, affiche, mandat d'arrêt.

அறிஞன், pl. அறிஞர், (அறிகிறது), poète, sage, savant, anachorète, Bouddha, la planète Mercure.

அறிதல், n. v. d'அறிகிறது, connaissance: ஒருவரறிதல்பலரிடத்துரைத்தல் divulguer les secrets de quelqu'un

அறிதுயில், (அறிகிறது, துயில்), sommeil uni, selon les gentils, à l'omniscience, sommeil spirituel: அறிதுயிலமர்ந்தமூர்த்தி celui qu'on prétend connaitre tout bien qu'endormi, Vichnou.

அறிமடம், (அறிகிறது, மடம்), faux prétexte d'ignorance, ignorance crasse. —prétendue.

அறிமுகம், (அறிகிறது, முகம்), personne connue, connaissance, familiarité: அறிமுகமாயிருக்கிறவன், —முகமானவன் connaissance, ami familier; இவனெனக்கறிமுகமானவன் cet homme est une de mes connaissances; அறிமுகம்பண்ணுகிறது faire connaissance, contracter amitié; அறிமுகமில்லாதவூர் ville où l'on n'a point de connaissances. [ignorance.

அறியாமை, n. nég. d'அறிகிறது,

அறியா, அறியாத, part. nég. அறியாதவன், அறியான், pl. அறியார், n. v. nég. d'அறிகிறது, ignorant, qui ne sait pas: அறியாவினா, அறியான்வினா question sur ce qu'on ne sait pas; —வினாவல் questionner sur ce qu'on ignore.

அறியொணாமை, அறியொண்ணாமை, (அறிகிறது, ஒண்ணாமை), incompréhensibilité.

அறியொணாதது, அறியொண்ணாதது,(*id.*), ce qui est incompréhensible.

அறிவழி, 1° (**அறிவு, அழி**), toddi, callou, diable. 2° *P.* **அறியும்வழி** chemin connu. [26me constellation.

அறிவனாள், (**அறிவன், நாள்**), la

அறிவன்,*pl.***அறிவர்,** (**அறிகிறது**), savant,celui qui connait tout, Dieu, artiste,ouvrier, la 26me constellation, Arouguen, la planète de Mars, celle de Mercure.

அறிவாகரன், அறிவாகரமுள்ளவன்,அறிவாகரப்பிரபு,(**அறிவு, ஆகரம்**),homme très-savant,—très-habile, très-intelligent, grand connaisseur.

அறிவாண்மை, (**அறிவு, ஆண்மை**),grande science,—connaissance

அறிவாளன், அறிவாளி, அறிவான்,(**அறிவு,ஆளன்,ஆளி,அறிகிறது**), savant,homme habile,—intelligent.

அறிவிக்கிறது, வித்தேன், விப்பேன்,வி,விக்க,*v.a. caus. d'***அறிகிறது,** faire connaitre,faire savoir,apprendre,annoncer, notifier, avertir, rapporter,brûler avec un fer chaud,cautériser,rendre prudent par la correction; **காலிலேயறிவித்தாலசீரணந்தீரும்** en cautérisant les pieds avec un fer chaud on guérit une indigestion

அறிவித்தல்,அறிவிப்பு,*n.v.du préc.* annonce,déclaration, avis, indication,marque,cautérisation.

அறிவிப்பிக்கிறது,ப்பித்தேன்,ப்பிப்பேன்,ப்பி,ப்பிக்க, *v.caus. d'* **அறிவிக்கிறது,**faire annoncer,faire connaitre,faire cautériser.

அறிவிலான்,அறிவில்லான், அறிவிலி,*pl.* **அறிவிலார், அறிவில்லார்,** (**அறிவு, இல்லான், இலி**), ignorant, idiot,sot.

அறிவினா, (**அறிகிறது, வினா**), 1° question sur ce qu'on connait déjà. 2° *V.* **அறிவொப்புக்காண்டல்.**

அறிவின்மை,அறிவில்லாமை, அறிவீனம்,(**அறிவு, இன்மை, இல்லாமை,ஈனம்**),ignorance,stupidité,bêtise. [**றிவிலான்.**

அறிவீனன்,(**அறிவு,ஈனன்**), *V.***அ**

அறிவு,*n.v. d'***அறிகிறது,** intelligence,raison, esprit, connaissance, perception,érudition, science, instruction: **அறிவுகூடு** mal fait pour qu'on s'en souvienne;— **சொல்லுகிறது** donner des avis, prêcher; —**மறைதல்** ignorance, manque de connaissance;—**வரச்செய்கிறது** enseigner, instruire; **அறிவுள்ள** savant, habile; **அறிவுள்ளவன்** savant,homme habile; **அறிவானது** la connaissance, chose avouée,— connue;**அறிவுகெட்டுப்பிதற்றுகிறது** déraisonner,extravaguer,radoter.

அறிவுடைமை, (**அறிவு, உடைமை**),science,possession de connaissance.

அறிவுடையன்,அறிவுடையோன், (**அறிவு,உடையன்,உடையோன்**),*V.* **அறிவாளன்.**

அறிவொப்புக்காண்டல்,(**அறிவு,ஒப்பு**),voir si la science d'un autre s'accorde avec la sienne.

அறு.1° *imp.et part. d'* **அறுகிறது,** *et d'* **அறுக்கிறது.**2° *adj. d'* **ஆறு** six: *Ex.* **அறுகலம்** six boisseaux.

அறுகம்,*adj. d'* **அறுகு: அறுகம்புல்லு** chiendent;**அறுகங்கட்டை** tige de chiendent; **அறுகங்கட்டையைப்போலுமசாத்தியவியாதி** une maladie invétérée est aussi difficile à extirper que le chiendent. [**தை.**

அறுகரிசி,(**அறுகு,அரிசி**),*V.* **அக்ஷ**

அறுகால், (**ஆறு, கால்**), scarabée, scarabée noir, insecte volant à 6 pieds, l'insecte aux 6 pieds.

அறுகிறது,அற்றேன், *ou* **அறுந்தேன்,அறுவேன்,அறு,அற,** *v.n. ou* **அற்றுப்போகிறது,***ou* **அறுந்துபோகிறது,** cesser, finir, se rompre, être coupé,tranché, décidé, terminé, détruit,décliner:**அற்று** *ou* **அறுந்துவிழுகிறது** se rompre ou être coupé et tomber; **கயிறுஅறுந்தது** *ou* **அறுந்துபோயிற்று** la corde s'est rompue.

அறுகு,lion,tigre mâle,tigre, éléphant,l'animal fabuleux **யாளி,** chiendent, agrostis linearis; *son adj. est* **அறுகம்.**

அறுகுணம்,(**ஆறு**),les 6 attributs

ou perfections de Dieu, savoir: தன்வயத்தனாதல் *ou* தானாயிருத்தல் exister de soi-même; முதலிலனாதல் *ou* துவக்கமில்லாமை, அநாதியாயிருத்தல் être sans commencement; உடம்பிலனாதல் *ou* சரீரமில்லாமை *ou* சரீரமில்லாதிருத்தல் être incorporel; எல்லா நலமுளனாதல் *ou* சகலநன்மைச்சுரூபியாயிருத்தல் posséder toutes sortes de biens; எங்கும்வியாபகனாதல் *ou* எங்கும்வியாபித் திருத்தல் être présent partout; எவற்றிற்குங் காரணனாதல் *ou* எல்லாத்துக்கு மாதிகாரணமாயிருத்தல் être la cause de tout. Ou bien d'une autre manière: சருவக்கியத்துவம் connaissance de toute chose, science ou sagesse infinie; சருவேச்சுரத்துவம் souveraineté universelle; சருவநியந்திருத்துவம் suprême autorité; சருவாந்தரியாமித்துவம் pouvoir de pénétrer partout ou présence universelle; சருவகற்பிதத்துவம் pouvoir de tout créer; சருவசத்தித்துவம் omnipotence.

அறுகுணன், (ஆறு), celui qui possède les 6 attributs. *i.e.* Dieu.

அறுகுதராசு, (அறுகு), petite balance.

அறுகுறை, (அறுகிறது), tronc, cadavre sans tête.

அறுக்கி, (அறுக்கிறது), instrument pour couper.

அறுக்கிறது, றுத்தேன், றுப்பேன், று, றுக்க, *v.a. d'* அறுகிறது, couper, tailler, trancher, déchirer, rompre, moissonner, faucher, sculpter, terminer, déterminer, découvrir, expliquer, définir: அறுத்துச்சொல்லுகிறது dire d'une manière décisive; —ப்படுக்கிறது couper le riz etc. et le mettre en javelle, moissonner et répandre dans l'aire pour y être battu par les pieds des bœufs; —ப்போடுகிறது couper, trancher, scier, diviser; —மடக்குகிறது couper et ramasser la moisson.

அறுக்கை, அறுக்குகை, *V.* அறுத்தல்.

அறுசமயம், (ஆறு), les 6 sectes, savoir: சைவம் la secte de Siven; வைணவம் celle de Vichnou; ஆருகதம் celle d'Arouguen ou des Djaïnas; பௌத்தம் le Bouddhisme; சார்வாகம் le culte de son esprit, ou le scepticisme: உலகாயதம் l'athéisme. Il y a en outre 6 sectes parmi les Vichnouvistes, six autres parmi les Sivénistes et six sectes dites புறச்சமயம். Voyez en les noms au mot சமயம்

அறுசமயத்தோர்க்குண்டி, (ஆறு, சமயத்தோன், உண்டி), nourriture donnée aux adeptes d'une des 6 sectes susdites.

அறுசரம், (ஆறு), luth à son mélodieux.

அறுசுவை, (அறு), les 6 saveurs, savoir: கசப்பு amertume, தித்திப்பு douceur; உவர்ப்பு goût de sel; துவர்ப்பு âcreté; கார்ப்பு *ou* காரம் piquant.

அறுசூலை, (ஆறு), 6 espèces de goutte, savoir: பித்தசூலை goutte causée par la bile; வாதசூலை goutte provenant d'humeurs froides; சிலேட்டுமசூலை goutte provenant de phlegme; வாதபித்தசூலை goutte provenant des mauvaises humeurs et de la bile; சிலேட்டுமபித்தசூலை goutte provenant du phlegme et de la bile; ஐயகணசூலை goutte provenant du phlegme et de la chaleur.

அறுதலி, *P.* அறுதாலி: அறுதலிமகனுக்கு அங்கமெல்லாஞ்சேஷ்டை le fils d'une veuve n'est que méchanceté, *litt.* dans tout son corps.

அறுதல், *n.v.d'* அறுகிறது, déchirure, rupture, éclat, solution, chose coupée, —rompue, veuve, personne vile, —de mauvaise conduite.

அறுதாலி, (அறுகிறது, தாலி), veuve, *litt.* celle à qui on a coupé le tâli; on en coupe la corde et on ôte cet ornement à une veuve après la mort de son mari: அறுதாலி *ou* அறுதலியாய்ப்போகிறது devenir veuve.

அறுதி, (அறுகிறது), 1° mort, fin, propriété, dernier prix, prix fixe, fermeté. 2° *imp. et opt. d'* அறுகிறது: அறுதிக்களை juste partage de terres; —செய்கிறது achever, finir, terminer le travail d'une toile de couleur en substituant des fils convenables à la place des fils défectueux; —ச்சாதனம் billet de cession entière;— ச்சொல் parole décisive, sentence;—ப்பங்கு part finale; அறுதியாய்,அறுதியாக jusqu'à la fin, pendant,finalement;— ஆய்க்கொடுக்கிறது donner finalement, donner pour toute compensation; — ஆய்ப்போகிறது être terminé, complété, expulsé,éloigné,coupé,passer le terme fixé;— ஆய்விட்டுவிடுகிறது renoncer totalement;அறுதியிடுகிறது déterminer,fixer; – யிட்டுக்கொண்டுவருகிறது remplir,finir; மாசமறுதியாக jusqu'à la fin du mois; ஒரு மாதமறுதி durant un mois; இன்றறுதியாக aujourd'hui, jusqu'à la fin de ce jour-ci; அற்றறுதியாய் totalement.

அறுசுவர்ப்பு,(ஆறு), les 6 affections ou impressions,savoir: ஆசியம் ou சிரிப்பு rire;இரதி ou ஆசை amour ou désir;அரதி ou வெறுப்பு aversion: சோகம் ou சோர்வு langueur; பயம் ou அச்சம் crainte;குர்ச்சை ou அருவருப்பு horreur,abomination.

அறுதொழிலோர், (ஆறு),les gens aux 6 emplois(énumerés ci-dessous), les brames.

அறுதொழில்,(ஆறு), les six emplois. 1° ceux des hommes en général sont selon les Indiens: உழவு labourage; சிற்பம் architecture; தொழில் travail ou métier; வரைவு mesurage; வாணிபம் commerce; விச்சை science; 2° les 6 emplois des brames sont: ஓதல் lire et apprendre les vèdams et autres livres scientifiques;ஓதுவித்தல் les enseigner; வேட்டல் faire des sacrifices; வேட்பித்தல் les prescrire ou les diriger;ஈதல் donner l'aumône; ஏற்றல் la recevoir. 3°les 6 emplois des rajahs sont: ஓதல் lire les vèdas ot les livres scientifiques;வேட்டல் offrir des sacrifices;ஈதல் donner l'aumône;உலகோம்பல் protéger le monde; படைக்கலம்பயிறல் s'exercer à manier les armes;பொருதல் combattre. 4° les 6 emplois des marchands sont outre ஓதல்,வேட்டல et ஈதல் comme ci-dessus:பொருளீட்டல் ramasser des richesses: பசுக்காத்தல் garder les vaches; ஏருழுதல் labourer. 5° les 6 emplois des choutres sont: முதன்மூவர்க்கேவல்செய்தல் servir les 3 premières classes;பொருளீட்டல் ramasser des richesses;உழுதல் labourer;பசுக்காத்தல் garder les vaches; குயிலுவத்தொழில்செய்தல் jouer des instrumens de musique;காருகவினைகளாக்கல் tisser la soie et le coton.

அறுத்தல்,n.v.d'அறுக்கிறது, action de couper,de déchirer,de rompre. [றுக்கிறது. 2° V. அறுதாலி.

அறுத்தவள்,1° n.v.f.du parf.d' அ

அறுநான்கு,(ஆறு),six fois quatre,ou 24

அறுநூறு,(ஆறு), six cents.

அறுந்த,part.parf.d' அறுகிறது.

அறுந்தறுவாய்,(அறுகிறது, தறுவாய்), occasion propre,le moment actuel. [போகிறது,V. அறுகிறது.

அறுந்து, gér. d'அறுகிறது:—

அறுபகை, (ஆறு), les 6 ennemis ou mauvaises inclinations, savoir: காமம் luxure;குரோதம் haine; உலோபம் avarice; மோகம் sensualité;மதம் folie;மாச்சரியம் ou பொறாமை envie *ou* jalousie.

அறுபடுகிறது,v.p. d'அறுக்கிறது, *et* d'அறுகிறது, être coupé, rompu, se rompre, se briser; அறுபடுபயிர் blé dont on coupe le haut parce qu'il croit trop.

அறுபதம், (ஆறு), l'insecte aux 6 pieds,*i.e.*le scarabée, la plante கையாந்தகரை.

அறுபதாம், (அறுபது), soixantième:—கேழ்வரகு le grain nommé கேவிரு cinosurus coracan; —கொட்டை espèce de ricin qui porte son fruit en 60 jours; —கோழி poule qui pond tous les 2 mois. [ment.

அறுபதாவது,(*id.*), soixantième-

அறுபது,(ஆறு,பத்து), soixante: —வருஷம் ou வருடம் cycle indien de 60 ans;அறுபத்தொன்று 61; அறுபத்திரண்டு 62;அறுபத்துமூன்று 63; அறுபத்துநாலு 64; அறுபதிருயிரம் 60000.

அறுபாதம்,(ஆறு),V. அறுபதம்.

அறுபொழுது,(ஆறு), les 6 parties du jour, chacune de 4 heures à partir du coucher du soleil, savoir: மாலை de 6 à 10 heures du soir; யாமம் de 10 heures à 2 heures du matin; வைகறை de 2 à 6 heures du matin; எற்றேற்றம் ou காலை ou விடியல் de 6 heures à 10; நண்பகல் de 10 heures du matin à 2 heures après midi; எற்பாடு de 2 à 6 heures du soir.

அறுப்பு,*n.v.d'* அறுக்கிறது, coupe, action de couper, coupure, action de couper le cordon du tâli à une veuve, perte du tâli, moisson; அறுப்பறுக்கிறது couper la moisson, moissonner; அறுப்புக்காலம் temps de la moisson; அறுப்புண்கிறது être coupé, tranché, divisé.

அறுமர், marchands d'huile.

அறுமன், *P.* அறும்பன்.

அறுமீன்,(ஆறு), les 6 étoiles ou les Pléiades, autrement dites கார்த்திகை:—காதலன் l'ami des Pléiades, *i.e.* குமரன்.

அறுமுகன், (ஆறு, முகம்), celui qui (selon la fable) a six faces, *i. e.* குமரன். [ou 18.

அறுமூன்று,(ஆறு), six fois trois,

அறும்பன், (அறும்பு), vaurien, mauvais sujet.

அறும்பு, cherté, famine, cruauté, perversité, effronterie, rareté, chose rare,—précieuse; —க்காரன், *V.* அறும்பன்; அறும்பாய்ப்போகிறது devenir pervers, notoire, rare.

அறுவகைப்பொருள்,(ஆறு), les 6 choses qui peuvent se joindre au verbe, savoir: கருவி l'instrument; காலம் le temps; செயப்படுபொருள் le régime ou la chose qu'on fait; செயல் l'action de faire ou la manière de la faire; செய்பவன் le sujet ou l'agent; நிலம் le lieu.

அறுவடை,(அறுவு, அடை), action de moissonner, moisson: அறுவடையாகிறது se moissonner.

அறுவரி,(அறுகிறது, வரி), taxe payée à des époques fixes.

அறுவர்,(ஆறு), six personnes.

அறுவாகிறது, அறுவாக்குகிறது, *V. au mot* அறுவு.

அறுவாய், 1° (ஆறு), les 6 bouches, *i.e.* les 6 étoiles des Pléiades. 2° 2me *pers. fut. d'* அறுகிறது.

அறுவான். 1° *V.* அறுவு. 2° 3me *pers. fut. d'* அறுகிறது.

அறுவிகாரம்,(ஆறு), les 6 licences poétiques, savoir: குறுக்கல் rendre bref; தொகுத்தல் faire une contraction; நீட்டல் rendre long; மெலித்தல் mettre une lettre douce pour une forte; வலித்தல் en mettre une forte pour une douce; விரித்தல் étendre, *i.e.* ajouter une lettre.

அறுவிதி,(அறுகிறது, விதி), décision, fin: அறுவிதியாய் péremptoirement, finalement; அறுவிதியாய்த் தீர்ந்துபோச்சுது, அறுவிதியாச்சுது on a décidé péremptoirement, c'est une affaire conclue; அறுவிதிபண்ணுகிறது, அறுவிதியாய்ப்பார்க்கிறது terminer, arranger.

அறுவினை, (அறும், வினை), faute vénielle,—pardonnable.

அறுவு, *n.v.d'* அறுகிறது, endroit coupé, coupe, coupure, rupture, section, fin, choses passées; அறுவாக entièrement, totalement; அறுவாகிறது être achevé, fini, conclu, éclairci, ramassé, levé (les impôts etc.); அறுவுபண்ணுகிறது, அறுவாக்குகிறது, அறுவிடுகிறது finir, achever, décider, conclure, lever les impôts etc... அதற்குள்ளேஅறுவாமோ cela sera-t il fini dans cet espace de temps; உன்கடனிப்படியறுவாகமாட்டாது ce qui t'es du ne sera pas perçu ainsi.

அறுவை, 1° la 14me constellation indienne, *i.e.* சித்திரை, toile. 2° *P.* அறுவாய் tu te rompras.

அறை, 1° chambre, appartement, cabinet, chambre à coucher, cabane, case, séparation dans une boite ou une bourse, soufflet, tape, mot, rideau, maille, rocher, antre, trou, caverne de montagne tenture, bijoux ou ornemens qui pendent, action de tambouriner, de battre du tamtam, son des lettres, sommet de montagne, chose coupée, défaut. 2° *imp.et part. fut. d'* அறைகிறது.

அறைகிறது, றைந்தேன், றைவேன், றை, றைய, *v.a.* souffleter, donner un soufflot, taper, dire, ficher, enfoncer, clouer, frapper, battre, enduire, battre du tamtam, tambouriner, tuer: மார்பிலறைகிறது se frapper la poitrine; சுவரிலறைகிறது clouer—, appliquer—, ficher à la muraille; அறைந்துதள்ளுகிறது chasser en frappant, pousser dehors.

அறைகுதல், *n. v. du préc.* action de frapper, de tuer, de dire.

அறைகூவல், (அறை), défier—, défi au combat.

அறைக்கட்டுக்கட்டுகிறது, (அறை, கட்டுகிறது), bâtir des chambres, des appartemens dans une maison, construire un temple provisoire pour une fête.

அறைக்கீரை, (அறை), espéce d'herbe potagère qui repousse aprés avoir été coupée, amaranthus tristis. [antre.

அறைக்குகை, (அறை), caverne,

அறைக்கூடம், (அறை), entrée—, vestibule d'une maison.

அறைதல், *n.v. d'* அறைகிறது, action de frapper, de dire, de tambouriner, de batre le tamtam, de clouer, diction.

அறைபோதல், (அறை), action de miner une chambre.

அறைப்பூட்டு, (*id*). serrure d'une chambre, d'une case...

அறைப்பெட்டகம், —பெட்டி, (*id*). coffre à compartimens ou à diverses cases...

அறையுண்கிறது, *v. com.* (அறை, உண்கிறது), *ou* அறையப்படுகிறது être cloué, enfoncé, fiché, battu, souffleté, dit.

அறைவீடு, (அறை), chambre.

*அர்க்கம், (argha), offrande, présent, trésor, corneille aquatique, prix, valeur, basilic blanc.

அர்கல், *n.v. d'* அர்குகிறது être fixe, stabilité, érudition, science, approche, venue.

*அர்கன், *P.* அருக்கன்.

அர்கா, அர்காத, *part.nég.d'* அர்குகிறது, instable. [maitre des trésors.

*அர்காதிபன், (அர்கம், அதிபன்),

அர்காமை, *n.v.nég.d'* அர்குகிறது, instabilité, ignorance.

*அர்கியம், *P.* அர்க்கியம்.

அர்குகிறது, கினேன், குவேன், கு, க, *v. n.* être stable, fixe, solide, savant: அர்குப choses stables.

*அர்சகன், *P.* அருச்சகன்.

*அர்சனம், *P.* அருச்சனம். [on.

*அர்சனை, *P.* அருச்சனை, adorati-

*அர்சி, (artchi), flamme.

*அர்சிகன், *P.* அருச்சிகன்.

அர்சிக்கிறது, *P.* அர்ச்சிக்கிறது.

அர்சித்தல், *P.* அர்ச்சித்தல்.

*அர்சியசிஷ்ட, *P.* அர்ச்சியசிஷ்ட.

*அர்சியம், *P.* அர்ச்சியம்.

*அர்சுனன், *P.* அருச்சுனன்.

*அர்தநாரி, *P.* அருத்தநாரி.

*அர்தம், *P.* அருத்தம். [enfant, sot.

*அர்பகம், அர்பகன், (arbhaka),

*அர்பகெந்தம், } (அர்பம்), nénu-
*அர்பபதுமம், } phar rouge.

*அர்பகேசி, (அர்பம்), la plante வசம்பு.

அர்பசி, *P.* ஐப்பசி, octobre, la 1re constellation. [d'eau, urine.

*அர்பசலம், (அர்பம்), un peu

*அர்பணம், (arpana), oblation, offrande:—செய்கிறது offrir, faire une offrande; சுவாமிக்கர்பணமாச்சுது l'offrande a été faite à Dieu.

*அர்பத்தனம், (அர்பம்), bassesse, petitesse, vileté: — ஆய்எண்ணிக்கொள்ளுகிறது mépriser.

*அர்பம், 1° (alpa), petitesse, bassesse, faiblesse, médiocrité, bagatelle, chose vile, —méprisable, peu, rien, atome, rosée, fumée, coton, chien. 2° (arbha), enfant: இந்தஅர்பத்துக்கத்தனைகோபமோ quoi! tant de colère pour cette bagatelle! அர்பமாய் bassement, vilement, médiocrement, peu; அர்பமாயெண்ணுகிறது mépriser; அர்ப, அர்பமான petit, vil, bas, médiocre, méprisable; அர்பகாரியம் bagatelle, chose de rien;—சலம் un peu d'eau; —தந்திரம் subtilité artifice; — பத்திரம் petite précaution, —feuille, basilic à petites feuilles; —புத்தி petit esprit, médiocre jugement, —capacité; —புத்தியின்படி inconsidérément, imprudemment, selon son petit esprit; அற்பவழுக்கில்லாதமனசு cœur pur, —sans la moindre tache, volonté droite, — [sincère.

அற்பரம், lit, matelas.

அற்பருத்தம், bananier.

*அற்பன், pl. அற்பர், (அற்பம்), homme vil, —de néant, — de basse condition: அற்பர், அற்பசனங்கள் gens vils, bas peuple; அற்பனுக்குப் பவிஷியம்வந்தால்அத்தராத்திரியிலே குடைபிடிப்பான் un gueux enrichi prendra un parasol même au milieu de la nuit, i.e. aimera le faste.

*அற்பாசமனம், அற்பாசனம், (அற்பம், ஆசமனம், ஆசனம்), petite nécessité, action d'uriner, (se dit des brames). [tion, sacrifice.

*அற்பிதம், (arpita), offrande, obla-

அற்பு, (அற்பம்), chose difficile, —de rien, petitesse.

*அற்புதம், 1° (adbhouta), merveille, chose admirable, miracle, rareté, beauté, admiration, sorte de figure de rhétorique, un des 9 vices dits பாவக்குணம். 2° (arbouda), 10 milliards: அற்புதமான miraculeux, rare, admirable, merveilleux; அற்புதமூர்த்தி l'admirable, Dieu, Arouguen; அற்புதவாதம் maladie convulsive, qui cause des contorsions; அற்புதவுருவகம் espèce de catachrèse, figure de rhétorique qui use de comparaisons qui à la rigueur ne conviennent pas au sujet; அற்புதவுவமை figure de rhétorique qui supposant à un autre objet toutes les qualités de son sujet, lui en fait ensuite la comparaison.

*அற்புதர், pl. d'அற்புதன், artistes, ouvriers. [Dieu, Siven, artiste.

*அற்புதன், (அற்புதம்), l'admirable,

*அற்புதாகமம், (அற்புதம், ஆகமம்), l'Apocalypse.

அற்ற, part. parf. d'அறுகிறது, qui manque, privé de, sans, convenable, opportun: குறையற்ற convenable, sans défaut, sans besoin; குறையற்றவன் homme parfait.

அற்றடி, détérioration du pied, —du fond, de la base: அற்றடிப்படுகிறது le pied—, le fond—, la base se détériorer.

அற்றது, (அற்ற), 1° défaut, ce qui manque: அற்றதுமுற்றதுஞ் சொல்லுகிறது dire ce qui n'est pas et ce qui est. 2° ce qui est convenable: அற்றதுபோற்றியுண்ணின் mangez en considérant ce qui convient à la santé, ou ce qui vous convient.

அற்றம், n.v. d'அறுகிறது, maigreur, ténuité, abattement, crainte, occasion, opportunité, stupidité, trouble, distraction, abri, lieu caché: —பார்க்கிறது chercher l'occasion; அறிவற்றங்காக்குங்கருவி la science est le moyen d'éviter le trouble de l'esprit. [entièrement.

அற்றறுதியாய், (அற்று, அறுதி),

அற்றற்றை. adj, (அன்று, அன்று), quotidien, journalier: — ப்பிழைப்பு la subsistance pour chaque jour.

அற்றான், pl. அற்றார், (அறுகிறது), mort, pauvre, sage, anachorète: அற்றாரழிபசிதீர்த்த லஃதொருவன் பெற்றான்பொருள்வைப்புழி celui qui rassasie les pauvres a trouvé où placer ses richesses.

அற்று, 1° gér. d'அறுகிறது: அற்றுப்போன fini, rompu, décidé, aboli. 2° (அ dém.), cela, de cette manière, ainsi. 3° particule dite சாரியை, qui dans la déclinaison du pluriel neutre de certains mots se met avant la terminaison des cas, comme dans பலவற்றை (பல, அற்று, ஐ), plusieurs choses.

அற்றை. 1° petitesse. 2° P. அற்றாய் 2me pers. parf. d'அறுகிறது, tu t'es rompu. 3° (அன்று), ce jour-là, alors. 4° adj. de அன்று, de ce jour-là, quotidien, journalier: அற்றைக்கூலி salaire de ce jour-là; அற்றைவரைக்கும் jusqu'alors, jusqu'à ce jour là; அற்றைக்கற்றை chaque jour, journellement; அற்றைவாக்கியம் longitude de la lune (dans les tables d'astronomie.)

☞ அன, dans l'ancienne orthographe se met pour அந: en conséquence cherchez par அந les mots en அன qui ne se trouvent pas ici, surtout lorsque cette particule est l'அ privatif et le ந euphonique.

அனந்தர், cotonnier, gossypium, sommeil, bile, folie, étourdissement, crête de paon, boucle de cheveux, lasciveté, impudicité.

அனந்தல், sommeil, —léger, —du matin: —கொள்ளுகிறது dormir; அனந்தற்பத்தி berceau ou arbre pour se reposer pendant la chaleur du jour.

* அனபிஹிதகருத்தன், (அன் *priv.*), nom d'agent à l'ablatif en ஆல்.

* அனலம், (anala), chaleur, feu sous-marin, un des 28 livres des Sivenistes. [on de brûler.

அனலல், *n.v.d'*அனலுகிறது, acti-

* அனலன், (anala), feu, Analen un des 8 Vasous ou demi-dieux.

அனலாசனபக்ஷி, (அனல், அசனம்), oiseau qui mange le feu, *i.e.* l'au- [truche.

அனலி, (அனல்), le soleil.

அனலுகிறது, னன்றேன், னலுவேன், *ou* னல்வேன், னல், *ou* னலு, னல, *v.n.* (அனல்), brûler, être en feu, flamber, être ardent.

அனலேறு, (அனல், ஏறு), foudre.

அனலொடுவேந்தன், (அனல், வேந்தன்), espèce d'arsenic composé.

* அனல், (anala), 1° feu, braise, charbons ardens, chaleur du feu, —de la fièvre, chaleur, foudre, intelligence. 2° *imp. et part. d'*அனலுகிறது: அனலாயிருக்கிறது brûler, être brûlant; அனல்படுகிறது être gâté par la chaleur, souffrir de la chaleur; அனல்வீசுகிறது le feu ou le soleil darder sa chaleur, —être ardent, s'enflammer; அனற்பொறி étincelle: அனற்றிரள் abondance de feu.

அனல்காலி, (அனல், காலுகிறது), lentille de crystal.

அனல்கிறது, *V.* அனலுகிறது.

அனல்வென்றி, (*id.*), or pur, raffiné.

* அனவஸ்தானம், (அன் *priv.* அவ, ஸ்தானம்), instabilité, défaut de fermeté, mauvaise conduite.

* அனவஸ்தை, (அன் *priv.*), infinité, chose sans fin: —த்தோஷம் progrès à l'infini.

அனற்றல், chaleur, *n. v. d'*அனற்றுகிறது. [னம்.

அனற்று, 1° *imp. du suiv.* 2° *V.* திரு

அனற்றுகிறது, ற்றினேன், ற்றுவேன், ற்று, ற்ற, *v.a. d'*அனலுகிறது, échauffer, rendre chaud.

* அனன்னியசன், (அன் *priv.* அன்னிய, சம்), Kâmen, né dans le cœur et non étranger.

* அனாவிருஷ்டி, (அன் *priv.* ஆ, விருஷ்டி), manque de pluie.

அனிச்சம், அனிச்சை, espèce de plante, —d'arbre dont la fleur est, dit-on, si tendre que dès qu'on la flaire elle se fane. [d'anis.

அனீசு, (anis), anis étoilé, espèce

அனுக்கம், (அனுங்குகிறது), déclin, décadence, peine, maladie, nonchalence, sollicitation, crainte, serpent, sandal.

அனுக்கியடித்தல், espèce de jeu.

அனுக்கை, permission.

அனுங்கல், அனுங்குதல், *n. v. du suiv.* action de se faner, de se flétrir, pressante sollicitation, effort, peine, mécontentement, pleurs, roulement.

அனுங்குகிறது, கினேன், குவேன், கு, க, *v.a. et n.* solliciter, presser, se faner, se flétrir, s'efforcer, diminuer, manquer, se remuer, se fâcher, pleurer, se rouler. [*V.* அனுஷம்.

அனுஷம், அனுடநாள், அனுடம்,

அனுப்பு, 1° envoi, ce qu'on envoie. 2° *imp. et part. d'*அனுப்புகிறது.

அனுப்புதல், envoi, légation, ambassade: *n.v. du suiv.*

அனுப்புகிறது, ப்பினேன், ப்புவேன், ப்பு, ப்ப, *v.a.* envoyer, expédier: ஆள் —, செய்தியனுப்புகிறது envoyer un messager, —une nouvelle; வழியனுப்புகிறது faire un peu la conduite; அனுப்பிவிடுகிறது congédier, renvoyer: அனுப்பிவிடுதல் renvoi, congé.

அனுப்புவிக்கிறது, வித்தேன், விப்பேன், வி, விக்க, *v. caus. du préc.* faire envoyer, ordonner d'expédier, (ஒருத்

தனிடத்தில்) அனுப்புவித்துக்கொள்ளுகிறது dire adieu, prendre congé.

அனை, sparus scandens, poisson d'eau douce qui dans les pluies monte sur certains palmiers ou dattiers. [ம் tout.

அனைத்து, autant, tout: அனைத்து

அனைய, *sorte de part.* comme, autant que: அனையன், அனையவன், *pl.* அனையர், அனையவர் semblable, tel que, pareil à.

அனைவர் tous, autant que: அனைவரும் tous, tout le monde; அனைவருமாக tous ensemble. [அனைத்தும்.

அனைவு, அனைவும், *P.* அனைத்து,

அன், particule dite சாரியை, terminaison du nominatif singulier de plusieurs noms appellatifs et autres et de la 3me personne du singulier masculin des verbes. [கி.

அன்பகர், la plante சமுத்திரசோ

அன்பள், *f. d'* அன்பன். 1° amie, bien-aimée, femme, amante. 2° *n. pr.* Amatrix.

அன்பன், (அன்பு), 1° ami, bien-aimé, mari, amant. 2° *n. pr.* Amator.

அன்பு, amour, affection, amitié, désir, bienveillance, bonté: அன்பாய் *adv.* tendrement, avec affection, — amour: ஒருவன்மேல் *ou* ஒருவனிடத்தில் அன்புகூருகிறது, ஒருவனுக்கு அன்புசெய்கிறது aimer quelqu'un; அன்புகாட்டுகிறது montrer de l'amour, de l'affection; அன்புள்ள, aimable, affectionné.

அன்புடைமை, (அன்பு, உடைமை), amour, tendresse, affection, surtout entre époux.

அன்புடையான், அன்புடையோன், *m.* அன்புடையாள், *f.* (அன்புடைமை), mari, amateur, amant, femme, amatrice, amante.

அன்மதம், *P.* அல்மதம், alun de plume, alumen plumosum.

அன்மயம், (அல், மயம்), doute.

அன்மை, (அல், மை), mal. ‖ *V.* அல்லாமை.

அன்மொழி, (அல், மொழி), mot étranger: அன்மொழித்தொகை ellipse autre que celle de la terminaison des cas, celle du verbe, du mot ஆகிய, des expressions de comparaison et du mot உம். *Ex.* பொற்றொடி bracelet d'or *i. e.* fait avec de

* அன்வயம், *V.* அன்னுவயம். [l'or.

அன்றன்று, (அன்று, அன்று), journellement: அன்றன்றுள்ள quotidien. [(அன்று), journellement.

அன்றுடம், அன்றுடகம், அன்றுடு,

அன்றி, அன்றியே, *gér. d'* அல்ல; *il gouverne le nom. ou l'acc.* outre, excepté, sans: இதன்றி, இதுவன்றி, இதன்றியே, இதுவுமன்றி outre ceci; அன்றியே, அன்றியும் en outre, de plus, néanmoins. [nom d'un oiseau.

அன்றில், la 19me constellation,

அன்று, 1° 3me *pers. sing. neutre d'* அல்லேன், non, cela n'est pas ainsi. (Il nie la qualité ou la propriété): அன்றென்கிறது dire non, nier. 2° அன்று particule explétive sans signification. 3° அன்று, *dat.* அன்றைக்கு, (அ *dém.*), ce jour-là, alors: அன்றுதொட்டு depuis lors, — ce jour-là; அன்றுள்ளபடி comme alors.

அன்றெறிந்தான்பூடு, *V.* அண்ணெரிஞ்சான்பூண்டு.

அன்றே, (அன்று, ஏ), 1° non vraiment, non. 2° ce jour-là même.

அன்றைக்கு, *dat. de* அன்று, ce jour-là, alors, dernièrement: ஞாயிற்றினன்றைக்கு dimanche; திங்களினன்றைக்கு lundi.

அன்றைய, *adj. d'* அன்று: — தினம், — தினத்தில், ce jour-là; அன்றையதினமுதல் depuis ce jour-là.

அன்றோ, (அன்று, ஓ), n'est-ce pas?

அன்ன, 1° *P.* அந்த, ce, cette, ces. (Il ne double pas le க, ச, த, ப.) 2° comme, tel que, semblable à: மதியன்னமுகம் visage brillant comme la lune. 3° *pl. n.* de pareilles choses: அன்னது, cela, la même chose.

* அன்னகந்தி, (அன்னம்), colique, espèce de dyssenterie.

* அன்னகோட்டகம், — கோஷ்டகம், (அன்னம்), grenier.

* அன்னகோட்டகன், — கோஷ்டகன், (அன்னகோஷ்டகம்), le soleil, Vichnou.

*அன்னகோட்டம், —கோஷ்டம், (அன்னம்), grenier.

அன்னக்கொடியோன்,(அன்னம், கொடி), Brama, qui a un cygne à son drapeau.

*அன்னசத்திரம்,அன்னசாலை,(அன்னம்), hospice ou l'on distribue de la nourriture.

* அன்னசலம், (அன்னம், சலம்), support, entretien, subsistance.

*அன்னசாரம்,(அன்னம்),cange, eau de riz épaisse.

*அன்னசுத்தி,(*id.*),beurre fondu.

*அன்னதன், (அன்னம், da *qui donne*), père nourricier.

*அன்னதாதா,அன்னதாதிரு, (அன்னம்), père nourricier.

அன்னதாழை, (*id.*), espèce de தாழை.

*அன்னதானம்,(*id.*), distribution de nourriture aux pauvres: —கொடுக்கிறது, செய்கிறது, பண்ணுகிறது donner à manger aux pauvres.

அன்னத்தூவி,அன்னத்திறகு,(அன்னம்,தூவி,இறகு), duvet—, plume de cygne; on les met parmi les choses qui servent à faire des lits.

அன்னநடை, (அன்னம்), marche de cygne, démarche modeste et élégante des femmes.

*அன்னபானம்,(அன்னம்),nourriture et boisson.

*அன்னபானாதி, (அன்னம்,பானம்,ஆதி), toute espèce de nourriture: அன்னபானாதிகள் le boire et le manger.

*அன்னபூமி, (அன்னம்), grande quantité de nourriture, — de riz cuit, vase à cuire le riz.

அன்னபேதி, (அன்னம்), vitriol vert, sulfate de fer.

அன்னப்பால், (அன்னம்), eau de riz cuit, celle dans la quelle on a fait cuire le riz.

*அன்னப்பிராசனம், (அன்னம்), action de donner du riz à manger, sevrage avec cérémonies et surtout celle de faire manger du riz cuit.

*அன்னமயம்,(அன்னம்),*ou* அன்னமயகோசம், corps, nourriture, entretien, manière dont le corps croit et décroit: அன்னமயமின்றிப் பின்னொன்றுமயமில்லை la nourriture est le principal moyen d'existence:

*அன்னமலம், (அன்னம்), cange, eau de riz épaisse.

அன்னமுரசு,(அன்னம்),tambour qu'on bat pour la distribution du riz cuit.

*அன்னம், 1° (anna), nourriture, aliment, riz cuit, aumône de nourriture, grains. 2° (hansa), cygne indien, espèce de cerf: — பகருகிறது distribuer la nourriture, le riz cuit, அன்னமிடுகிறது donner à manger; —du riz cuit, nourrir; —முட்டுகிறது le riz manquer; —முட்டினது லெல்லாமுட்டும் là ou le riz manque, tout manque ou semble manquer; — போலநடக்கிறது marcher comme un cygne,avoir une demarche élégante, gracieuse.

*அன்னரசம், (அன்னம்), chyle.

*அன்னரேகை, (அன்னம்), une des raies de la main.

அன்னர், (அன்ன), de tels hommes,de telles gens. [நல்ல),femmes.

அன்னலார், *P.*அ நல்லார் (அம்,

அன்னவூஞ்சல், *V.*செடிவூஞ்சல்

*அன்னவஸ்திரம், (அன்னம்), la nourriture et le vêtement.

அன்னவம்,la mer.

அன்னவன்று, *V.*அணிநுணா.

அன்னவாசயம், (அன்னம்,ஆசயம்), estomac, garde-manger.

*அன்னவிகாரம், (அன்னம்), sécrétion—,effusion du sperme.

அன்னவூர்தி, (அன்னம், ஊர்தி), celui, — celle qui a pour monture un cygne, *i.e.*Brama, Saratsouvadi.

அன்னவூறல், (அன்னம், ஊறல்), eau de riz, chyle.

அன்னவேதி, nom d'une plante.

அன்னாசி, ananas.‖ *V.*அணிசு.

*அன்னாதன், (அன்னம், ada *qui mange*), nourrisson.

*அன்னாபிஷேகம், அன்னாபிடேகம், (அன்னம், அபிஷேகம்), effusion sur la tête—, libation de riz cuit.

அன்னார்,1° *P.*அல்நார்,asbeste. 2° *pl. d'*அன்னான்.

அன்னுன், m. அன்னுள், f. அன்னுர், pl. (அன்ன), un tel, une telle, de telles gens.

அன்னிசு, P. அணிசு.

*அன்னியம், அன்னியன், அன்னி யோன்னியம்... V. அந்நியம்...

அன்று, P. அன்று, non, (usité parmi les brames).

அன்றுபாஷிரணம், (அன்று, பாஷிரணம்), ne pas admettre ce qu'a dit l'adversaire, quoiqu'on le connaisse.

*அன்றுவயம், (anvaya), rapport entre la cause et l'effet, union, connexion, famille, race: அன்றுவயவிலக்கணம் règles pour la construction de la phrase; rapport entre la phrase incidente ou autre particularité dite விசேஷணம்; l'adjectif விசேஷியம்; le sujet ou l'agent கருத்தா; le régime கருமம்: et le verbe கிரியை. Ex. ainsi dans cette phrase: நூலுணர்ந்த தேவதத்தன் புகழையடைந்தான் le divin Tatten qui a appris les sciences a obtenu des éloges, நூலுணர்ந்த est le விசேஷணம், தேவ le விசேஷியம், தத்தன் le கருத்தா, புகழை le கருமம், et அடைந்தான் le கிரியை.

*அன்றுவாசனம், (அநு, வாசனம்), manufacture, regret, service, chose onctueuse ou rafraichissante. ‖ V. அநுவாசம்.

*அன்றுவாதேயம், (அநு, ஆதேயம்), présent fait à la femme après le mariage, par les parens du mari.

*அன்றுவாரோகணம், (அநு, ஆரோகணம்), V. அநுமரணம்.

அன்னை, mère, sœur ainée, compagne.

அன்றோ, *interjection d'admiration et de commisération*, oh! ha! hélas! [qui les a perdues.

அன்றோன்றி, homme sans forces,

ஆ

ஆ, 1° ou ஆகாரம், A long, qu'on prononce en épelant âvennâ, 2me lettre de l'alphabet. 2° ஆ à la fin des mots est interrogatif. *Ex.* வந்தாரு est-il venu? அவரு est-ce lui? Il est quelquefois interrogatif et négatif à la fois. *Ex.* நானு serait-ce moi? *sous-entendu* certainement non. 3° ஆ se met pour ஆக ou ஆம் et signifie comme, ensemble, tant que, durant: ஆணுப்பிறந்தவன் un homme, un garçon, *litt.* celui qui est né comme garçon. 4° ஆ, *imp. de* ஆகிறது. 5° ஆ, hélas! ah, ah! oh! interjection de désir, de douleur, de pitié, d'admiration, de compassion: ஆமிகவுநொந்தாள் helas! elle a souffert beaucoup; ஆகெட்டேனே ah! je suis perdue! s'écriera une femme surtout à la mort de son mari. 6° ஆ, *s. gén.* ஆவின, bœuf, vache, bufflone ou femelle du buffle, femelle du gayal et des autres animaux, l'arbre ஆச்சா, désir, compassion, admiration, harmonie des mots, étoile: ஆவின்பால் lait de vache. 7° terminaison de la 3me pers. pl. neutre, du part. et du gér. des verbes négatifs. 8° ஆ au commencement des mots est une particule sanscrite qui signifie depuis, jusqu'a, vers, fin, diminution, séparation, union, beauté.

ஆஅ, (ஆ *avec* அளபெடை), *int. de surprise, de douleur et de compassion.* ah, ah! hélas! oh!

ஆக, *inf. d'* ஆகிறது, 1° (*avec le dat.*), à cause de, pour, en faveur de: உனக்காகச்செய்வேன் je le ferai pour l'amour de toi; இதுக்காக pour cela. 2° (*avec le nom.*), au lieu de, à la place de: அவனுகநீபோ va en sa place; கூலியாகவடித்தான் au lieu de salaire il m'a donné des coups. 3° comme, en qualité de, en: மரமாகநிற்கிறாய் tu te tiens comme un arbre; அரசனுக en roi; அப்புறம்போகிறவனாகக்காண்பித்தார் il fit semblant d'aller plus loin. 4° de soi-même, spontanément, de son propre mouvement; நீயாகச்சொன்னுயோ l'as-tu dit de toi-même? (கடியாரம்) தானுய்நடக்கிறதோ (la montre) marche-t-elle d'elle-même? 5° en somme,en tout;ஆகவிருபதுபணம் total 20 fanoms. 6° ensemble, de compagnie:இருவருமாக tous deux ensemble.7° durant, pendant: இருவருஷமாக pendant deux ans. 8° ஆக sert ainsi que ஆய் à former les adverbes:சந்தோஷமாக joyeusement; நீதியாக justement.9° joint aux personnes du futur, il forme l'optatif, ou sert de simple futur: வாழ்வாயாக puisses-tu être heureux! செய்யக்கடவோமாகவும் nous le ferons; செய்வேனாக je le ferai; கொலைசெய்யாமலிருப்பாயாக tu ne tueras pas.10° même: நானாக moi-même; அவனாக lui-même. 11° il se prend aussi dans son sens propre d'inf. d'ஆகிறது, சீக்கிரமாய்வேலையாகவேணும், il faut que l'ouvrage se fasse vite, ஆகக்கடவது que cela arrive! ஆகக்கொள்ள cela étant ainsi, c'est pourquoi; ஆகவில்லை cela n'a pas réussi; இவனுனக்கென்னமாகவேணும் quelle parenté y-a-il entre lui et toi? அதுபிசாசாயிருந்ததாகவேணும் c'a du être le diable.

*ஆகடியம், (அகடம்), licence, badinage, pétulance, moquerie, dérision,blâme,injustice,cruauté: ஆகடியக்காரன் moqueur, railleur, sycophante; ஆகடியமாய்ப்பேசுகிறது, ஆகடியம்பண்ணுகிறது railler, se moquer,tourner en dérision, insulter; ஆகடியமானவார்த்தை,—பேச்சு plaisanterie,raillerie.

ஆகட்டு, ஆகட்டும், (ஆக, ஒட்டு), laisse-faire, laissez-faire, soit, que cela arrive: எந்தக்காற்றுகட்டும் quelque vent qu'il fasse,peu importe; ஆகட்டேன் (ஆகட்டு, ஏன்) qu'il en soit ainsi,je vous prie.

*ஆகண்டலன், (akhandala), Dêvendiren.

*ஆகதம்,(âhata),habit déchiré,habit neuf.

*ஆகமம், (âgama), 1° livre saint, livre sacré et divin, parole de Dieu, code de lois religieuses, science, science ou traité de morale et d'observances religieuses, certificat, témoignage écrit, approche, augmentation, addition de lettres dans l'union des mots.2° (அகமம்),arbre: ஆகமசாஸ்திரம் livre sacré,ou science qui traite spécialement de la morale et des observances religieuses; —சாஸ்திரி savant dans les livres sacrés; —ப்பிரமாணம் ordonnance, précepte religieux, une des 3 bases du jugement,qui est la science ou le témoignage,science des stratagèmes, des prières ou enchantemens et de l'enseignement ou des dognes; —மலைவு corruption des livres sacrés, enseignement qui en diffère; ஆகமத்துக்கேற்றநடபடி conduite conforme aux règles des livres sacrés. *Nota.* les sectaires abusent de ces mots.

*ஆகமனம், (âgamana), arrivée, venue;ஆகமனகாலம் l'avent, temps de l'avent,—de l'arrivée, passage du soleil d'un signe dans un autre, temps des couches.

ஆகமன்,nom de Siven.

*ஆகம்,1°(அகம்), corps, poitrine, sein.2°(âkha), levier—, barre de fer.

*ஆகம்பிதம்,ஆகம்பிதமுகம்,(âkampita), signe de tête qui vient d'approbation ou de désapprobation, de déplaisir ou de satisfaction.

*ஆகரணம், (âharana), exhortation,saisie.

*ஆகரம், 1° (âkara), place, lieu, siége, possession, espèce d'arsenic naturel, poignard, mine, multitude, chose excellente, ce qui est supérieur.2° (âkhara),houe.

*ஆகரன்,(âhara),voleur.

ஆகரி, ton de minuit qui a pour but d'inspirer la compassion,ton de midi, un des 42 nouveaux tons tamouls.

*ஆகருஷணம், ஆகருஷணை, ஆகருடணம், ஆகருடணை, (âkarchana), attraction, évocation, appel, c'est un des 64 கலைக்கியானம் et des அஷ்டகருமம் des Indous.

ஆகருஷிக்கிறது, ஷித்தேன், ஷிப்பேன், ஷி,ஷிக்க, *v.a. et* ஆகருஷித்த

ல்,n.v. (ஆகருஷணம்), évoquer, attirer. [audition.

*ஆகருணனம், (ஆ, கர்னம், na),

ஆகல், V. ஆகை. [se, désir.

*ஆகலனம், (âkalana), calcul, pri-

*ஆகவம், (âhava), combat, toile, sacrifice: ஆகவபூமி champ de bataille

*ஆகவனம், (ஆகவம், na), sacrifice.

*ஆகவனீயம், (ஆகவன்ம்), feu sacré des gentils, pris du feu perpétuel du chef de famille pour les sacrifices. [autant qu'il y a.

ஆகளவாய், (ஆகும், அளவு, ஆய்),

*ஆகற்பகம், (âkalpaka), ténèbres, contrition, regret, perdre l'esprit, évanouissement, nœud.

*ஆகற்பம், (âkalpa), augmentation, beauté, ornement, maladie.

*ஆகனம், (âkhana), levier ou barre de fer, instrument pour percer les murs.

*ஆகனிகம், (ஆகனம், ika), rat, cochon, animal qui creuse la terre, instrument pour creuser la terre.

*ஆகனிகன், (ஆகனம், ika), Otten, voleur, celui dont le métier est de creuser, de miner.

*ஆகன்னம், (ஆ, கன்னம்), oreille.

*ஆகா, 1° *int.* (hâhâ), ah! ah! 2° 3me *pers. plur. nég. neut. d'* ஆகிறது. 3° *part. nég. d'* ஆகிறது, V. ஆகாத. 4° les musiciens célestes dits கந்தருவர்.

ஆகாக்களங்கு, (ஆகா), espèce d'arsenic composé.

*ஆகாங்கிசை, ஆகாங்கிஷை, (âkânkchâ), violent désir.

*ஆகாசம், (âkâsa), air, éther, firmament, ciel, région aérienne, espace, vide, la matière éthérée, un des 5 élémens des Indiens, lieu, pied de 2 நிரை et 1 நேர், *i.e.* 4 brèves et une longue: ஆகாசக்கத்தரி la plante hibiscus longifolius; —கபாலம் menteur; —கபாலி homme—, être très-puissant, menteur; —கமனம் l'action—, l'art de marcher dans l'air; —கர்ப்பம் le milieu du ciel,—de l'air; —கர்ப்பபரியந்தம் jusqu'au milieu du ciel; —க்கருடன் la plante brionia epigea, dont la racine ressemble à la tête du faucon கருடன்; —க்கோட்டை chimère, vaine imagination; —க்கல் atome des rayons solaires; —க்குதிரை cheval qui vole, — très-vif; —தீபம் flambeau de la fête தீவாளி; —த்தாமரை la plante pistia stratiotes dont la racine flotte sur l'eau, mensonge; —த்தொனி voix aérienne, —venue du ciel, —dont l'auteur est inconnu; —ப்பட்சி oiseau de paradis, alouette; —ப்பிரவேசம் art d'entrer et de disparaître dans l'air; —மண்டலம் une des divisions de l'art de la danse; —மயம் le vide, le vide du firmament; —மார்க்கம் chemin de l'air; —யானம் char aérien; —வல்லி la plante aquatique menyanthes cristata, la plante சிந்தில்; —வாசிகள் habitans de l'air; —வாணி, V. ஆகாசத்தொனி.

*ஆகாசேசன், (ஆகாசம், ஈசன்), Dêvendiren, le prétendu roi de l'air.

ஆகாத, *part. nég. d'* ஆகிறது, non fait, non fini, non à faire, impossible, mauvais, inconcevable, déplaisant, inconvenant, vicieux, déshonnête: —ஆசை mauvais désir; —வார்த்தை paroles déshonnêtes; —காரியம், *ou*

ஆகாதது, (ஆகாத), chose mauvaise, —inconvenante, —impossible: ஆகாததைச்செய்தான் il a fait ce qui n'était pas à faire, il a fait une chose mauvaise; ஆகாததாய் mal.

ஆகாதவன், (*id.*), *ou* ஆகாதமனுஷன் homme méchant, déshonnête, incapable, ennemi: உனக்காகாதவன் celui qui te déplait, ton ennemi; ஒன்றுக்குமாகாதவன் homme bon à rien; வேலைக்காகாதவன் homme incapable de travailler.

*ஆகாதம், 1° (akhâta), étang, mare étang naturel. 2° (âghâta), coup, massacre. ‖ *ou*

*ஆகாதனம், (âghâtana), meurtre, lieu ou place d'exécution, abattoir, lieu où l'on tue les bestiaux.

ஆகாது, 1° *ou* ஆகாமல், *gér. nég. d'* ஆகுகிறது: ஆகாதிருக்கிறது être mauvais, ne pas convenir, n'être pas fait; ஆகாதேபோகிறது devenir inutile, ne pas réussir; ஆகாதேபோம் cela ne réussira pas. 2° 3me *pers. neut.d'*ஆகிறது, (*avec le dat.*), c'est mal, il est inconvenant, indécent, déplaisant, désagréable;(*avec.l'abl.*), il est impossible; அதுஎன்னாலேயாகாது je ne puis faire cela, cela m'est impossible; இதுஎனக்காகாது ceci ne me convient pas, ne me plait pas, ceci est mal ou inconvenant pour moi; அதுசெய்யலாகாது il ne convient pas de faire cela; என்பேச்சவனுக்காகாது mes paroles ne lui plaisent pas; ஆகாதென்கிறது désapprouver; அவனுக்குமிவனுக்குமாகாது ils ne s'accordent pas l'un avec l'autre; அதுஒன்றுக்குமாகாது cela n'est bon à rien.

*ஆகாத்தியம்,(அகாத்தியம்), mal, moquerie.

*ஆகாமியம், méchanceté, malice, tort, injure:—பண்ணுகிறது, —செய்கிறது nuire, faire tort, offenser; —ஆய்நடக்கிறது se conduire mal, —en impie; ஆகாமியக்காரன் homme injuste, méchant,cruel.

*ஆகாமியன், (ஆகாமியம்), moqueur,méchant homme.

ஆகாமை,*n.v.nég.d'*ஆகிறது.non-existence, impossibilité, inconvenance, indécence.

*ஆகாயம்,*P.*ஆகாசம்: ஆகாயகணம் pied de 2 நிரை et 1 நேர், *i. e.* 4 brèves et 1 longue;—கமனம்,*V.* ஆகாசகமனம்;—கருடன்,*V.*சீந்தில்;—பதவி béatitude céleste, prétendu paradis du roi Tirousangou;—மாஞ்சி sorte d'herbe médicinale; —ப்பிரவேசம்,*V.*ஆகாசப்பிரவேசம்; —வழுதலை espéce de bringelles; —வாசிகள் les habitans de l'air:—வீதி orbite de la lune dans le zodiaque; ஆகாயத்தின்கூறுபாடு, modifications de l'air. Les Indous comprennent sous ce terme l'air ou le ton, l'aversion, la crainte,la luxure et la honte.

*ஆகாரகுத்தி, (ஆகாரம்), dissimulation,tour d'adresse. [chyle.

*ஆகாரசம்பவம், (*id.*), graisse,

*ஆகாரணம்,(âkârana), appel.

*ஆகாரதாகம்,(ஆகாரம், தாகம்), incendie d'une maison.

*ஆகாரம்,1° (âkâra), l'â long, figure, apparence, signe. 2° (âgâra), maison, emplacement de maison.3° (âghâra), beurre fondu, aspersion. 4° (âhâra), nourriture, aliment: —பண்ணுகிறது, —கொள்ளுகிறது manger; —அற்றுப்போகிறது,—விழுந்துபோகிறது perdre l'appétit, manquer de nourriture;—ஆய்ப்போகிறது devenir la proie; அவனுக்கு ஆகாரவிறக்கமில்லை il n'a point d'appétit, la nourriture ne passe [pas.

ஆகாரி,(ஆகாரம்),vie,chat.

*ஆகாரியன்,(ஆகாரம்), celui qui mange,qui vit de. [le,bassin,cuvier.

*ஆகாவம்,(âhâva),guerre, batail-

ஆகாவென்கிறது, (ஆகா,என்கிறது), *ou* ஆகாவென்றுகூப்பிடுகிறது, ஆகாவென்றிரைகிறது, vociférer,crier,hurler.

ஆகி,*gér. d'*ஆகிறது: —ப்போகிறது finir, tirer à sa fin;—ப்போகிறதரவாயிலே quand cela allait finir; அவன்காரியம்ஆகிப்போயிற்று son affaire est terminée,il est mort.

*ஆகிஞ்சனம்,(âkintchana), pauvreté.

*ஆகிதாக்கினி,(âhitâgni), le brame qui entretient le feu perpétuel.

ஆகிய, *part. d'*ஆகிறது,qui est,—[est devenu.

ஆகிரதம்,vénération.

ஆகிரம்,extension.

ஆகிரா, la ville d'Agra, autrefois la métropole du grand Mogol.

*ஆகிருதி,(âkrouti), figure, forme, air, corps, partie, espèce, modèle, préjugé, préoccupation, strophe de 4 vers de 22 syllabes chacun: ஆகிருதியுள்ளவன் un bel homme.

ஆகிருநந்தனம்,l'arbre புன்கு.

ஆகிலப்புள்,(*du latin* aquila, புள்), aigle.

ஆகில், *conditionnel d'*ஆகிறது, si, s'il est: இதுநல்லதாகில் si cela est bon; வந்தானேயாகில் s'il est venu;*ou* வருவானேயாகில் s'il vient.

ஆகிலும், (ஆகில்,உம்), quoique,

quoiqu'il soit: இதுவருத்தமாகிலும் quoique cela soit difficile.(Au commencement de la phrase), cependant, néanmoins, mais:—அவன்வராட்டிலும் cependant qu'il vienne.(Après un mot), au moins: ஒருத்தனாகிலும் au moins quelqu'un; அவனாகிலும் வாசிப்பானோ lui au moins lira-t-il? ஒருத்தனாகிலுமில்லை il n'y a pas même une personne.(Double), ou;soit, soit: இவனாகிலும் அவனாகிலும் celui-ci ou celui-là. (Joint aux mots interrogatifs, il détruit l'interrogation et ajoute au mot un sens universel): ஆராகிலும், எவனாகிலும் qui que ce soit, quiconque, quelqu'un; எப்போதாகிலும் en quelque temps que ce soit; ஆகிலுமோ néanmoins, encore.

ஆகிறது, *sync. d'*ஆகுகிறது, *parf.* ஆனேன், *ou* ஆயினேன், *fut.* ஆவேன், *imp.* ஆ, *ou* ஆகு, *inf.* ஆக, *gér.* ஆய், *ou* ஆகி, *part.prés.* ஆகிற, *part. du parf.* ஆகிய, ஆன, ஆயின, ஆய, *part.du fut.* ஆம், ஆகும், *nég.* ஆகேன், *part.* ஆகா, ஆகாத, *gér.* ஆகாது, ஆகாமல், *v.n.* être, devenir, être fait, convenir, être bon, utile, profitable, convenable, achevé, fini, possible, prospérer, réussir, plaire, se changer, cuire, être presque cuit, s'apprêter: சாப்பாடாகுது le repas s'apprête; வேலையாகின்றது l'ouvrage se fait, s'avance; உன்வியாதிக்காகுமிது ceci convient à ta maladie; இனியாவானோ désormais prospérera-t-il. (Joint à un attribut il marque la qualité): நல்லதாமே il sera bon, il est bien de... ஆகிறவேளையில், —நேரத்தில், —சமயத்தில் tandis que, pendant qu'il se fait; அவனொருக்குமாகான் il ne plait à personne.

ஆகின், *V.* ஆகில்; ஆகினும், *v.* ஆகிலும்.

*ஆகு, (âkhou), rat, rat nommé பெருச்சாளி, nombril, voleur, cochon.‖ *V.* சாமரை.

*ஆகுகன், (ஆகு, ga *qui va*), celui qui va à cheval sur un gros rat. *i.e.* Vinâyaguen.

ஆகுகிறது, *V.* ஆகிறது.

ஆகுகை, *V.* ஆகை.

*ஆகுஞ்சனம், (ஆ, குஞ்சனம்), action de contenir, de réprimer, d'accumuler, de courber, courbure, contorsion.

*ஆகுண்டிதம், (âkountita), honte, confusion, lâcheté.

*ஆகுதம், (âhouta), corroboration, conservation de la vie, rétablissement.

ஆகுதல், *V.* ஆகை.

*ஆகுதி, (âhouti), offrande de nourriture, sacrifice.‖ *ou* —பண்ணுகிறது verser du beurre fondu dans le feu du sacrifice.

*ஆகுபாஷாணம், (ஆகு), espèce d'arsenic, mort aux rats.

*ஆகுபுகு, (ஆகு. bhouk *qui mange*), chat, l'animal qui mange les rats.

ஆகுபெயர், (ஆகும், பெயர்), mot employé métaphoriquement, nom d'une chose donné à une autre qui y a rapport. *Ex.* தாமரை le nénuphar, pour dire la fleur du nénuphar.

ஆகும், 3me *pers. neut. et part. fut. d'*ஆகிறது, *V.* ஆம்.

*ஆகுரதன், (ஆகு. இரதம்), *V.* ஆகுகன்.

*ஆகுலம், ஆகுலத்துவம், ஆகுலி, (âkoula), cortège, suite, bruit, son, peine, chagrin, angoisse, vexation, anxiété, trouble: ஆகுலப்படுகிறது, ஆகுலத்துடனே யிருக்கிறது, *V.* ஆகுலிக்கிறது.

*ஆகுலன், (ஆகுலம்), homme triste, inquiet.

ஆகுலிக்கிறது, லித்தேன், லிப்பேன், லி, லிக்க, *v.n.* (ஆகுலம்), être vexé, triste, inquiet, peiné, dans les angoisses, s'affliger, pleurer, crier, s'efforcer.

ஆகுலித்தல், *n.v. du préc.* pleurs, cri, bruit, peine, vexation, trouble, inquiétude, effort.

*ஆகுவாகனன், (ஆகு, வாகனம்), *V.* ஆகுகன்.

ஆகுளி, petit tambour, instrument de musique.

ஆகுளி, ஆகுளிவாதம், une des 80 espèces de flatuosités ou d'humeurs, maladie qui en vient.

*ஆகூதம், 1° (âhoûta), appel. 2° (âkoûta), intention, désir.

*ஆகேடகம், (âkhètaka), chasse.

ஆகை, n.v. d'ஆகிறது, existence, essence, manière d'être: ஆகையால், ஆகையில், ஆகையினாலே cela étant, en conséquence, c'est pourquoi, donc; ஆகையால்நகைக்கிறான் c'est pourquoi il rit. (Après un verbe), parce que; வந்தானாகையால் parce qu'il est venu.

ஆகேன், nég. d'ஆகிறது.

ஆகோடியம், obstacle, opposition.

ஆக்க, inf. d'ஆக்குகிறது.

ஆக்கதம், crocodile.

ஆக்கம், Lakchimi, armée sous les drapeaux, détachement, prospérité, or, élévation, gain, profit, augment, accroissement, augmentation, existence: ஆக்கச்சொல் mot allongé, — à augment; ஆக்கஞ்செப்பல், —செப்புகிறது faire connaitre aux autres son chagrin; ஆக்கவருஷம் année bissextile; —வினை verbe allongé, — qui prend l'augment; —வினைக்குறிப்பு mot susceptible d'augment, soit qu'il l'ait ou qu'il ne l'ait pas. Ex. பெரியன் P. பெரியனாயினான்: —வும்மை la particule உம் indiquant augmentation. Ex. பாலுமாம் மருந்துமாம் c'est du lait et un remède.

ஆக்கல், 1° n.v. V. ஆக்குகை. 2° opt. d'ஆக்குகிறது.

ஆக்கி, gér. d'ஆக்குகிறது: —ப்போடுகிறது, —யிடுகிறது faire cuire et servir.

*ஆக்கிநேயம், V. ஆக்கினேயம்.

*ஆக்கியம், (âkhyâ), nom.

*ஆக்கியாதம், (âkhyâta), diction, l'action de dire.

ஆக்கியாபனை, (âkhyâpanâ), ordre:

*ஆக்கியாபிக்கிறது, பித்தேன், பிப்பேன், பி, பிக்க, v.a. (ஆக்கியாபனை), ordonner, commander.

ஆக்கியாபித்தல், n.v. du préc. ordre, commandement.

*ஆக்கியானம், (âkhyâna), fable.

ஆக்கியோன், n.app. d'ஆக்குகிறது, auteur, faiseur, créateur.

*ஆக்கிரகம், (âgraha), indignation, colère, fureur, obstination, habileté, pouvoir, patronage, supériorité, action de surpasser, — d'exceller.

*ஆக்கிரகாயணி, (âgrahâyani), un des 21 sacrifices des gentils.

ஆக்கிரகிக்கிறது, கித்தேன், கிப்பேன், கி, கிக்க, v.a. (ஆக்கிரகம்), être en colère, s'irriter, s'enflammer de colère, s'obstiner, protéger, favoriser, surmonter. [du préc. V. ஆக்கிரகம்.

ஆக்கிரகித்தல், ஆக்கிரகிப்பு, n. v.

ஆக்கிரந்திதம், trot (de cheval).

*ஆக்கிரமம், (âkrama), valeur, mal, acquisition, opposition, action de surpasser, de traverser, de charger, de prendre sur soi, d'étendre, de répandre. ‖ V. ஆக்கிரமித்தல்.

ஆக்கிரமன், m. ஆக்கிரமி, f. (ஆக்கிரமம்), orgueilleux.

ஆக்கிரமிக்கிறது, மித்தேன், மிப்பேன், மி, மிக்க, v.a. (ஆக்கிரமம்), usurper, empiéter, prendre, s'enorgueillir.

ஆக்கிரமித்தல், ஆக்கிரமிப்பு, n.v. du préc. orgueil, prise, usurpation, empiétement. [21 sacrifices payens.

ஆக்கிரயணம், (âgrâyana), un des

*ஆக்கிராணம், (âghrâna), satisfaction, satiété, exhaler une odeur, odeur, odorat, nez. ‖ ou ஆக்கிராணப்பொடி tabac (à priser); —விந்திரியம், (இந்திரியம்), nez; —விந்திரியக்காட்சி action de flairer, sentir.

ஆக்கிராணிக்கிறது, ணித்தேன், ணிப்பேன், ணி, ணிக்க, v.a. et ஆக்கிராணித்தல், n. v. (ஆக்கிராணம்), sentir, flairer, prendre du tabac, priser. [dépasser, de surmonter.

*ஆக்கிராந்தி, (âkrânti), action de

*ஆக்கிராயணம் (âgrâyana), action de garder la moisson. [colère.

ஆக்கிரிஷம், (P. ஆக்குரோஷம்),

*ஆக்கிரீடம், (âkrida), bosquet, jardin, passe-temps.

*ஆக்கிரோசம், ஆக்கிரோசகம், (akrôsa, —ka), jurement, malédiction, mauvaise imitation.

*ஆக்கிரோசனம், (ஆக்கிரோசம், —na), malédiction.

ஆக்கிற, part. de

ஆக்கிறது, sync. d'ஆக்குகிறது.

*ஆக்கிறிஷம், ஆக்கிறிஷ்டம், conjecture: ஆக்கினிஷ்ஞானம் connaissance çonjecturale,sans preuve.

*ஆக்கினைகரணம், (ஆக்கினை, கரணம்),obéissance. [serviteur.

*ஆக்கினைகரன்,(ஆக்கினை, கரன்),

*ஆக்கினைசக்கரம்,(ஆக்கினை, சக்கரம்), souveraineté, ordre, commandement, manière de gouverner.

*ஆக்கினைபங்கம்,(ஆக்கினை, பங்கம்), désobéissance.

*ஆக்கினைபத்திரம்,(ஆக்கினை,பத்திரம்), ordre écrit,formule de commandement.

*ஆக்கினிஸ்நானம், (அக்கினி, ஸ்நானம்), bain de cendres, action de se frotter tout le corps de cendres de bouze de vache.

*ஆக்கினேயம், (âgnêya,*de* அக்கினி), un des 18 pouranas, qui traite du feu, une des flèches d'Agni.

*ஆக்கினேயாஸ்திரம்,(ஆக்கினேயம்,அஸ்திரம்), dard enflammé.

*ஆக்கினை, (âdjnâ), châtiment, punition, supplice, jugement, sentence, ordre (d'un supérieur), le front (qui est) le siège de l'âme (selon les Indous): ஒருத்தனையாக்கினையிடுகிறது punir quelqu'un; ஒருத்தனுக்குஆக்கினையிடுகிறது donner un ordre à quelqu'un, lui infliger un châtiment; ஆக்கினைக்குள்ளாயிருக்கிறது mériter une punition, se soumettre à la punition, être soumis aux ordres; ஆக்கினைப்படுகிறது ஆக்கினைக்குட்படுகிறது être puni, subir la punition; ஆக்கினைக்குள்ளாகத்தீர்க்கிறது condamner au supplice,—à être puni: நாஸாக்கினையும்பண்ணுகிறது couper à quelqu'un le nez, les oreilles, les mains et les pieds: அவராக்கினைக்குள்ளெல்லாம்நடக்குது tout marche d'après ses ordres.

ஆக்குகிறது,*sync.* ஆக்கிறது, க்கினேன்,க்குவேன்,க்கு,க்க, *nég.* க்கேன்,*v.a.* *d'*ஆகிறது, faire, apprêter, accommoder, rendre, faire cuire le riz: ஆக்குகிற *ou* ஆக்கிறவீடு cuisine; ஆக்கப்பட்டகறி ragoût ou mets accommodé.

ஆக்குகை,ஆக்குதல்,*n. v. du préc.* action de faire, d'accommoder, de faire cuire, de créer.

ஆக்கும்,3me *pers. neut. et part. du fut.d'* ஆக்குகிறது, (au milieu de la phrase), certainement, sans aucun doute: இதாக்கும்புண்ணியம் ceci est certainement vertu; (à la fin de la phrase), peut-être: நாளைவருவானாக்கும் il viendra peut-être demain.

*ஆக்குரோஷம், ஆக்குரோசம், (âkrôsa), colère,fureur,tapage.

*ஆக்குரோசனம், (âkrôsana), injure,malédiction.

*ஆக்குவயம்,(âhvaya), nom.

ஆக்குவிக்கிறது,வித்தேன்,விப்பேன்,வி,விக்க, *v.a.caus.d'* ஆக்குகிறது, faire faire, ordonner de faire, —de faire cuire.

ஆக்கை,*P.* யாக்கை, corps, lien, chose qui sert à lier: —போட்டுக்கட்டுகிறது lier, attacher.

ஆக்கொல்லி,(ஆ,கொல்லுகிறது), un vers, l'arbre தில்லை.

*ஆக்ஷபணம்,(akchapana), jeûne.

*ஆக்ஷபாடிகன், (அக்ஷம், pâtika *qui fait marcher*), juge.

*ஆக்ஷபாதன், (அக்ஷம், pâda *qui suit*), logicien,sectateur de la philosophie dite நியாயம்.

*ஆக்ஷாரணம்,ஆக்ஷாரம்,(âkchârana, âkchâra), accusation, imputation, mépris.

*ஆக்ஷேபகம்,(ஆக்ஷேபம், ka), accusation,imputation,maladie, vent, flatuosité. [jection.

*ஆக்ஷேபணை,(ஆக்ஷேபம்,nâ), ob-

*ஆக்ஷேபம், (âkchêpa), objection, réfutation, altercation, contestation, empêchement: ஆக்ஷேபகுணம் caractère disputeur,—chicaneur.

*ஆக்ஷேபனம், ஆக்ஷேபனை, (ஆக்ஷேபம், na,nâ), réfutation, objection, raison contraire.

ஆக்ஷேபிக்கிறது,பித்தேன்,பிப்பேன்,பி,பிக்க,*v.a.*(ஆக்ஷேபம்), disputer, réfuter, objecter, chicaner,contester, empêcher: அவன்சொன்னவார்த்தையாக்ஷேபிக்கப்பட்டது on a opposé des objections à son avis, à ses paroles; அவன்செய்தகாரியமா கேதபிக்கப்பட்டது son affaire a éprouvé des obstacles.

ஆங்க,1° *partic.exp.*2° *adv.*là.

*ஆங்காரம்,*P.* அகங்காரம், orgueil, arrogance, caprice, libertinage, obstination, présomption, animosité, résolution, pouvoir de l'âme qui cause l'action: ஆங்காரவிசுவாசத்தவம் pénitence hypocrite, qui procède d'un cœur encore orgueilleux; ஆங்காரத்தாற்செய்தபாவம் péché volontaire,qui vient de l'orgueil ou de obstination; —செய்கிறது se livrer au libertinage.

*ஆங்காரன்,*m.*ஆங்காரி,*m.f.*(ஆங்காரம்), orgueilleux,arrogant, obstiné,violent.

ஆங்காரிக்கிறது, ரித்தேன், ரிப்பேன்,ரி,ரிக்க, *v.n.* (ஆங்காரம்), s'enorgueillir, être orgueilleux, arrogant, obstiné,passionné,agir par haine.

ஆங்காரித்தல்,ஆங்காரிப்பு, *n.v. du préc.*orgueil,obstination,arrogance.

ஆங்காலம், (ஆம், காலம்), bonne occasion, opportunité: —ஆகிறது être opportun.

*ஆங்கிஷம்,ஆங்கிடம், ஆங்கிகதம், [*P.*அங்கிசம், partie.

*ஆங்கிரம், (ângira), un des 18 உபபுராணம் composé par Anguiren.

*ஆங்கிரசன்,*V.*ஆங்கிரசன்.

*ஆங்கிரசம், (ângirasa), le code d'Anguirasen, un des 18 codes de lois indiennes: ஆங்கிரச ou ஆங்கிரசவருஷம், la 6me année du cycle de 60 ans; elle correspond à l'an 1812.

*ஆங்கிரசன்,(ângirasa), Anguirasen ou Vrouhaspati, fils d'Anguiren, un des 7 sages qui selon les gentils sont les étoiles de la petite Ourse.

ஆங்கு,1° (அங்கு), ce lieu-là,là. 2° *part. expl.*3° comme:மகற்கண்டதாய்மறந்தாங்கு comme une mère oublie ses douleurs dès qu'elle voit son fils.

ஆங்ஙனம்,*P.*அங்ஙனம்.

*ஆசகவம்,*P.*அசகவம். [de Siven.

*ஆசகாரம், (âdjakâra), le bœuf

*ஆசங்கம், (ஆ,சங்கம்), densité, troupe,assemblage.

ஆசங்கிக்கிறது, கித்தேன், கிப்பேன்,கி,கிக்க,*v. n.*ஆசங்கித்தல்,*n.v.*(ஆசங்கை),douter,craindre.

*ஆசங்கை,(âsankâ), doute, crainte.

*ஆசத்தி,(âsatti),acquisition, gain, pouvoir, force, qualité.

*ஆசந்தன்,(âsanda),Vichnou.

*ஆசந்தி,(âsandi),cercueil.

*ஆசந்திரகாலம், (ஆ, சந்திரன், காலம்), tant que la lune durera.

*ஆசந்திரதாரம்,(ஆ,சந்திரன்,தாரம்), tant que la lune et les étoiles dureront.

*ஆசந்திரார்க்கம்,ஆசந்திராதித்தியகாலம்,(ஆ,சந்திரன்,அர்க்கம், ஆதித்தியன்),tant que la lune et le soleil dureront.

*ஆசமம்,ஆசமனம்,ஆசமநம்,(âtchama, —na), action d'avaler,—de boire de l'eau dans le creux de sa main; ce qui se pratique pour se purifier, avant et après les cérémonies religieuses, comme aussi avant et après le repas.

*ஆசமனீயம், ஆசமநீயம், (âtchamaniya), eau propre à faire l'ஆசமனம்.

*ஆசமனகம்,(âtchamanaka), crachoir.

ஆசமிக்கிறது, மித்தேன், மிப்பேன்,மி,மிக்க,*v.a.* (ஆசமம்), boire à petites gorgées, boire dans le creux de la main pour se purifier etc...

*ஆசம்,1° (hâsa), ris, rire.2° (âsa), existence, arc, pierre de touche. 3° (âdja), beurre liquide.

*ஆசயம், (âsaya), abri, endroit pour s'arrêter, habitation, siége, place, asyle, estomac, chance, bonne fortune, bon plaisir, caractère, nature,esprit,volonté.

*ஆசரணம், ஆசரணை, (âtcharana), observance, prescription, règle établie, usage, vénération: மதாசரணையுள்ளவன் celui qui observe les préceptes de sa secte.

ஆசரிக்கிறது, ரித்தேன், ரிப்பேன், ரி,ரிக்க, *v.a.* (ஆசரணம்), observer, pratiquer, suivre, célébrer, solemniser, vénérer, recevoir, désirer:திருநாளை—,பண்டிகையை—, célébrer une fête; ஒருத்தனுடைமையை—,

convoiter le bien de quelqu'un.

ஆசரித்தல்,ஆசரிப்பு, *n.v.du préc.* célébration, observation, pratique, vénération, désir: ஆசரிப்புக்கூடாரம் tabernacle de Moyse. [paré.

ஆசர், V. அசர்:—ஆன prêt, pré-

*ஆசவத்தரு, (ஆசவம், தரு), palmier. [palmier,liqueur.

*ஆசவம், (âsava), rhum, vin de

*ஆசவுசம், P. அசௌசம்.

*ஆசறயம், P. ஆச்சிரயம்.

ஆசறுதி,(ஆசு.அறுதி),fin.

*ஆசனம், (âsana), chaise, siége, trône, le derrière. les fesses, nécessité corporelle: —போடுகிறது mettre un siége; —கொடுக்கிறது donner un siége; *ou* ஆசனத்திருத்தல், ஆசனத்திலிருத்துகிறது faire asseoir sur un siége,offrir un siége; ஆசனவாயில் l'anus.

ஆசனன்,la planète Vénus.

*ஆசனாத்தம், (ஆசனம், அத்தம்), miroir fixe.

*ஆசன்னம்,(âsanna),soirée,après-midi: ஆசன்னகாலம் soirée,moment de la mort. [présence, assistance.

*ஆசன்னம், ஆசன்னை, (âsanna),

*ஆசன்னன், (âsanna), présent, assistant, proche.

ஆசாசி,la plante சித்தில்.

*ஆசாடம், (âsâdha), le mois ஆடி, l'arbre முருக்கு, bâton fait d'une branche de cet arbre.

ஆசாட்டம்,(ஆசு,ஆட்டம்), soupçon,conjecture,apparence.

*ஆசாதிதம்,(âsâdita),gain,mérite.

*ஆசாபங்கம்,(ஆசை,பங்கம்), espérance trompée.

*ஆசாபந்தம்,(ஆசை,பந்தம்), espérance,attente, toile d'araignée.

*ஆசாபாசம்,(ஆசை,பாசம்), concupiscence, passion, cupidité, lien du désir,piéges de la concupiscence.

*ஆசாரம், 1° (âtchâra), mœurs, usage, coutume, manière, politesse, civilité, respect, précepte, régularité, propreté, vertu, avantage de la vertu. 2° (âsâra), résidence, royale, grande pluie, enveloppement d'une armée, toile, frontispice. 3° *P.* அசரம் chose immobile: ஆசாரக்கிரமம் ordre exact, direction convenable; —க்குறை, —க்கேடு, —ப்பிழை manque de respect, incivilité; —சாவடி, —வாயில் lieu d'audience d'un roi tribunal, lieu public pour les voyageurs, porte d'entrée, —extérieure; —போசன் homme corpulent; —முறைமை décence, civilité; —வாசல், —வாயில் entrée du palais, porte extérieure ou principale; ஆசாரம்பண்ணுகிறது saluer, faire des civilités; ஆசாரத்துடனிருக்கிறது, ஆசாரத்தோடேநடக்கிறது suivre les usages, être dans un état d'ablution.

ஆசாரவநுஷ்டானமுள்ளவன்,(ஆசாரம், அநுஷ்டானம்), celui qui purifié observe des rites religieux.

*ஆசாரன், (ஆசாரம்), homme poli,civil,de bonnes manières.

*ஆசாரி,(âtchâri),1° maitre, mestry; c'est un titre honorifique des brames et des artisans ou கம்மாளர் etc...2° *ou*

*ஆசாரியன், (âtchârya), ou ஆசாரியபுருஷன் maitre, prêtre, gourou, maitre d'école, auteur, architecte: ஆசாரியசுவாமி chef de l'ordre sacerdotal ou des prêtres; —த்தனம் sacerdoce; —பட்டம் souveraineté sacerdotale; —விருத்தனம் autorité sacerdotale.

*ஆசாரியாபிஷேகம், ஆசாரியாபிடேகம், (ஆசாரியன், அபிஷேகம்), consécration sacerdotale.

*ஆசாரியாணி, (*f. de* ஆசாரியன்), maitresse, prêtresse. [périeure.

ஆசாள், *f.d'* ஆசான், maîtresse, su-

*ஆசாநுபாகு,ஆசாநுவாகு,(ஆ, சாநு,பாகு), celui dont les mains peuvent atteindre les genoux, homme excellent.

ஆசான், maitre, prêtre, précepteur, maitre d'école, ancien, chef, cammâlen ou artisan, architecte, Arouguen, Coumaren, Soukren ou la planète Vénus, Viajen ou Jupiter.‖ *V.* பாலையாழ்த்திறம்.

*ஆசி, 1° (âsi), félicitation, bénédiction. 2° (âdji), guerre, terre unie,

—aplanie, mépris. 3° *imp. d'* ஆசிக்கிறது: ஆசிகூறுகிறது féliciter, bénir.

*ஆசிகன், (அசி, ka), homme d'épée, scieur de long.

ஆசிக்கல், (ஆசி), pierre d'aimant.

ஆசிக்கிறது, சித்தேன், சிப்பேன், சி, சிக்க, *v.a.* (ஆசை), désirer, convoiter, souhaiter: பிறருடைமையைநாஆசிக்கிறதில்லை je ne convoite pas le bien d'autrui.

ஆசிடை, (ஆசு, இடை), troupe, habit, félicitation, தனிச்சொல் ou pied séparé du milieu du நேரிசை வெண்பா; si ce pied est composé d'une seule espèce d'*அசை*, il se nomme ஓராசிடை, et ஈராசிடை s'il se compose des 2 espèces d'*அசை*: ஆசிடையிட்டெதுகை, *V.* ஆசெதுகை.

*ஆசிதம், 1° (âtchita), mesure de 10 பறை. 2° (âsita), siége, ville.

ஆசிதையன், barbier.

ஆசித்தல், ஆசிப்பு, *n.v.d'* ஆசிக்கிறது, désir, concupiscence.

*ஆசியம், 1° (hâsya), dérision, ridicule. 2° (âsya), visage, bouche, ce lieu-là: ஆசியபத்திரம் feuille de nénuphar qui ressemble à un beau visage.

*ஆசியாசவம், (ஆசியம், ஆசவம்), [salive.

*ஆசிரபம், (âsrapa), la 19me constellation.

*ஆசிரமம், *V.* ஆச்சிரமம்.

*ஆசிரம், (அசிரன்), feu, lieu.

*ஆசிரயம், (âsraya), asyle, refuge, lieu, habitation, existence, étai, échalas, proximité, procés.

*ஆசிரயன், (ஆசிரயம்), défenseur.

*ஆசிரவம், ஆசிராவம், (âsrava), union, convention, affliction, détresse.

ஆசிரியம், 1° (*P.* ஆசிரயம்), existence, échalas, étai: 2° *ou* ஆசிரியப்பா espèce de poésie nommée aussi அகவல்: ஆசிரியத்தளை connexion de pieds propre à l'agavel, et qui consiste en ce qu'aprés un நாள் ou un pied en மா vienne un நேரசை, et qu'aprés un மலர் ou un விளம் vienne un நிரையசை; —த்தாழிசை, —த்துறை, —விருத்தம் 3 variétés de l'agavel; la grammaire du haut tamoul en donne l'explication; —நிலைவிருத்தம் strophe de 4 vers dont le sens se termine à la fin, *V.* ஆசிரியவிருத்தம்; — மண்டலவிருத்தம் strophe de 4 vers dont chacun a un sens complet.

ஆசிரியவுரிச்சீர், (ஆசிரியம், உரி), pied propre l'agavel.

ஆசிரியவசனம், (ஆசிரியன்), parole du prêtre, *ou* —வசனவுரை renvoi à d'autres auteurs pour plus d'explication, citation.

*ஆசிரியன், *P.* ஆசாரியன், maitre, prêtre, gourou, maitre d'école, auteur. [*V.* ஆலிங்கனம் et ஆயிலீயம்.

*ஆசிலேடம், ஆசிலேஷம், (âslècha),

ஆசினி, cœur d'arbre, ciel, toile de fibres d'arbres, sorte de jacquier dit artocarpus pubescens: —ப்பலகை planche de cet arbre.

ஆசீயம், cumin noir.

ஆசீர்வதிக்கிறது, தித்தேன், திப்பேன், தி, திக்க, *v.a.* (ஆசீர்வாதம்), bénir, souhaiter du bien, donner sa bénédiction.

ஆசீர்வதிப்பிக்கிறது, ப்பித்தேன், ப்பிப்பேன், ப்பி, ப்பிக்க, *v. caus. du prec.* faire bénir.

ஆசீர்வதிப்பு, ஆசீர்வதித்தல், *n. v. d'* ஆசீர்வதிக்கிறது *ou*

*ஆசீர்வசனம், ஆசீர்வாதம், (âsis, ஆசி), bénédiction, bon souhait, vœu: —கொடுக்கிறது, —பண்ணுகிறது, —செய்கிறது, —சொல்லுகிறது, *V.* ஆசீர்வதிக்கிறது; —பெறுகிறது recevoir la bénédiction, être béni.

*ஆசீவகர், *pl.* (ஆ, சீவகர்), sages ou anachorétes, Samanéens: ஆசீவகப்பள்ளி couvent de prêtres Samanéens.

*ஆசீவம், ஆசீவனம், (ஆ), vie, subsistance.

ஆசு, 1° faute, bagatelle, cotte d'armes, cotte de mailles, gantelet, brassard, pièce de poésie improvisée, espéce d'arsenic naturel, but, espéce de dévidoir, petit tube pour conduire le fil du fuseau du rouet au dévidoir, தனிச்சொல் ou pied séparé du milieu du நேரிசைவெண்பா et de quelques autres வெண்பா. 2° *ஆசு, (âsou), promptitude, vitesse;

ஆசுவில்நடக்கிறது se hâter, marcher vite; ஆசிலேநூல்வார்க்கிறது mettre le fil en écheveau.

*ஆசுகம், (ஆசு,ga *qui va*), flèche, vent, oiseau.

ஆசுகவி,(ஆசு), pièce de vers improvisée, (surtout lorsque le sujet le genre de vers, de poésie, et les figures sont donnés), improvisateur.

*ஆசுகன்,(ஆசுகம்),le vent,Vâyou, le dieu prétendu du vent.

*ஆசுகி, (ஆசுகம்), oiseau.

*ஆசுபத்திரி, (ஆசு), arbre qui donne l'encens.

ஆசுமணை,(ஆசு), espèce de dévidoir.

ஆசுரதம், consentement.

*ஆசுரம், (அசுரன்), mariage d'Asourers, celui pour lequel on donne à la mariée et à ses parens les choses voulues: ஆசுரவைத்தியம் la médecine des Asourers,la chirurgie.

*ஆசுரி, (âsouri), chirurgien.

*ஆசுவம், (ஆசு), hâte.

*ஆசுவயம், (ஆசு), hâte, subtilité des vêdas, un des உபநிடதம்.

*ஆசுவயுசி, (âsvayoudji *pleine lune du mois asvin*) un des 21 sacrifices des Indous.

*ஆசுவலாயனீயம், (âsvalâyana, *nom d'un sage*),un des 32 உபநிடதம்

*ஆசுவினம், ஆசுவீசம், (அசுவினி), le mois ஐப்பசி.

ஆசூசம்,(அசூசம்),règles des femmes.

*ஆசூடனம், (âtchoûchana), succion, application des ventouses.

ஆசெதுகை,(ஆசு,எதுகை), எதுகை ou rime qui au commencement d'un vers à un ய்,ர்,ல் ou ழ் de plus qu'aux autres.

*ஆசேசனம்,(âsètchana),aspersion.

*ஆசை,(âsâ),désir,concupiscence, inclination, affection, amour,grand empressement,attente,coté ou quartier du monde, or, longueur:(பேரில் ou மேலே) ஆசைப்படுகிறது,—கொள்ளுகிறது,—வைக்கிறது, —யாயிருக்கிறது désirer, convoiter, avoir—, concevoir ou entretenir le désir de; —ப்படத்தக்க désirable;ப்படத்தக்கது ce qui est désirable, —désiré;—ஆய், ஆசையோடு volontiers, passionnément, ardemment; —உள்ள avide, désireux; ஆசைகளைக்கீழ்ப்படுத்துகிறது dompter ses désirs, réprimer sa concupiscence; ஆசைக்குத்திருத்திபண்ணுகிறது, —ப்போதுமாகச்செய்கிறது satisfaire ses désirs,—sa concupiscence; ஆசைபதம் appas, attrait; —பதங்காண்பிக்கிறது engager, attirer,allécher;—ப்பெருக்கம் désir ardent, passion;—மருந்து philtre,potion pour exciter l'amour;—மருந்திடுகிறது, —மருந்துகொடுக்கிறது donner un philtre;—யறுத்தல் mortification des désirs, répression de la concupiscence;—வரப்பண்ணுகிறது exciter le désir, faire venir le désir.

ஆசோதை, repos,repos après un travail fini;—ஆயிருக்கிறது se reposer après avoir fini un ouvrage.

ஆசோத்தியம்,exemption de fatigue,de peine,d'ennui.

*ஆசௌசம்,souillure,*V.* அசௌசம்.

*ஆச்சரியம், (âstcharya), admiration, étonnement, surprise,merveille: ஆச்சரியப்படுகிறது,*v.n.*admirer, être étonné, surpris; —ப்படுத்துகிறது,*v.a.*étonner, surprendre; ஆச்சரியமாய் admirablement,avec étonnement, —surprise; —ஆன, —உள்ள admirable,merveilleux, surprenant; ஆச்சரியத்துக் கிடமா யிருக்கிறது être surprenant,étonnant.

ஆச்சா,l'arbre diospyros ebenaster; il est bon pour construction.

ஆச்சாட்டு, *V.* சித்திரம்.

*ஆச்சாதம்,ஆச்சாதனம்,(âtchtchhâda,—dana), habit,fourreau,toile, couverture,manteau,robe.

ஆச்சி, mère,sœur ainée, femme de la caste des bergers: —ப்பூச்சி espèce de jeu.

*ஆச்சியம்,(âdjya),beurre fondu,—liquide.

*ஆச்சிரமி, (ஆச்சிரமம்), ermite, celui qui a une demeure.

*ஆச்சிரமம், (âsrama), demeure, habitation,cellule d'anachorète, ermitage, état de vie; on en distingue 4,savoir: பிரமசாரியாச்சிரமம், கிரகஸ்தாச்சிரமம், வானப்பிரஸ்தாச்சிர

மம், சந்நியாசியாச்சிரமம் état d'étudiant, d'homme marié, d'ermite et de parfaite abnégation.

*ஆச்சிரயம், (âsraya), protection, support, état de client, de sectateur.

ஆச்சிராமம், lieu de son gouvernement, de sa dépendance.

ஆச்சிலே, (ஆ, சிலே), onyx.

ஆச்சு, ஆச்சுது, *P.* ஆயிற்று, 3me *pers. neut. du parf.* d'ஆகிறது. 1° c'est fait, c'est fini, c'est une affaire faite. 2° *int.* bien: செய்தாச்சுது c'est fini; தகப்பனுச்சே mais c'est un père; சொன்னுற்போலாச்சுது c'est comme si vous disiez.

*ஆச்சுரிதகம், (atchtchhouritaka), hennissement, craquement du pouce contre le doigt du milieu, bruit des ongles qui frottent l'un sur l'autre.

ஆச்சே, (ஆச்சு, ஏ), *V.* ஆச்சு.

*ஆச்சேதம், ஆச்சேதனம், (ஆ), amputation, taille, découpure.

*ஆச்சோதனம், (atchtchhôdana), chasse.

*ஆஷாடம், (âchâdha), *V.* ஆசாடம்

*ஆஸ்தானம், (ஆ, ஸ்தானம்), hôtel—, salle ou édifice près de la tour des pagodes, assemblée, audience du roi, auditoire, audience, tribunal: ஆஸ்தானக்காரன் orateur, avocat, plaideur ou ஆஸ்தானத்துக்குமனுஷன் homme capable de parler à la cour, — en public; ஆஸ்தானக்கோழை homme timide, incapable de parler devant la cour;—சந்தோஷம் bouffonnerie, farce, pantomime;—சந்தோஷி bouffon; ஆஸ்தானத்திலே பேசுகிறது haranguer la cour, parler en public;— பேசிச் செரிப்பித்துக்கொள்ளுகிறது plaider et gagner une mauvaise cause.

*ஆஸ்தி, (âsthi), richesses, possessions, fortune, opulence, position; —காரன் riche; ஆஸ்தியோடிருக்கிறது être riche, abonder en biens.

*ஆஸ்திகன், (âstika), théiste, déiste.

ஆஸ்திபாஸ்தி, (ஆஸ்தி *répété*), biens, richesses, possessions.

ஆஸ்பதம், (âspada), asyle, refuge, substance, solidité, force, fermeté, support, appui, aide, capacité, lieu: உன்னையல்லாதெனக் காஸ்பதமில்லே je n'ai pas d'autre refuge que toi; இந்தநெல்லிலேயொராஸ்பதமில்லே il n'y a pas de substance dans ce riz; உன்வார்த்தைக்காஸ்பதமில்லே tes paroles n'ont aucune solidité.

ஆஞான், ஆஞி, père, (mot des Vellajes).

*ஆஞ்சனேயன், (அஞ்சனே), Anouman, fils d'Angsanei.

ஆஞ்சான், corde de poulie—, crochet pour élever des fardeaux, corde pour hisser et attacher les voiles, corde d'instrument à peser, balancement, ce qui flotte ou vacille; ஆஞ்சான்கயிறு corde de crochet à élever des fardeaux.

ஆஞ்சி, cardamome, danse, jeu, paresse, course incertaine, écart.

ஆஞ்சில், l'arbrisseau சங்கு, une sorte de plante.

ஆஞ்செலகை, navire, radeau.

ஆஞ்ஞை, (அஞ்ஞை), front.

ஆடகத்தி, espèce d'arsenic composé.

*ஆடகம், 1° (hâtaka), or, une des 4 espèces d'or des Indiens. 2° *ou*

ஆடகி, (âdhaki), la plante légumineuse துவரை.

ஆடகூடம், montagne contenant du cuivre, de l'airain.

ஆடடிக்கிறது, (ஆடு, அடிக்கிறது), tuer des moutons, des brebis: ஆடடிக்கிறவன் celui qui en tue, boucher.

ஆடம், 20 mesures d'huile.

*ஆடம்பரம், (âdambara), splendeur, pompe, magnificence, appareil, parade, ostentation, grand train, paupière, colère, joie, commencement, grandeur, orgueil, tambour de guerre, rugissement des éléphans: —பண்ணுகிறது faire parade, étaler une grande pompe; — ஆய்த்திரிகிறது se promener avec grand train;—ஆய்ச்சவமெடுத்துக்கொண்டுபோகிறது faire avec pompe un convoi funèbre; ஆடம்பரக்காரன் homme fastueux, —orgueilleux;—ப்பூச்சியம் pompe mesquine.

ஆடரங்கம்,(ஆடும்,அரங்கம்),salle de danse.

ஆடரி,Soupramanien. [de danse.

ஆடல்,n.v. d'ஆடுகிறது jeu, danse,geste,gesticulation,bain,action de plonger, mouvement, coït, combat, action, parole, action de dire, flatterie, mot ou entretien amical, victoire: ஆடல்பாடல் danse avec chant, sorte d'opéra; ஆடலாடுகிறது, —புரிகிறது jouer, jouer un opéra; —பார்க்கிறது être spectateur du jeu, de l'opéra; —ஆய்க்கிடக்கிறது être le jouet; ஆடலிலக்கணம் l'art de danser.

ஆடவிருத்தம்,(ஆடவன்), âge de [48 à 60 ans.

ஆடவள்,f. d'ஆடவன், fille, femme, vieille femme.

ஆடவன், pl. ஆடவர், jeune homme, garçon, cadet, homme, mari, homme de 32 à 48 ans.

ஆடவை, les Gémeaux, exhortation,ordre,femme.

ஆடாதோடை, l'arbuste médicinal justitia adhatoda.‖V.பாவட்டை.

ஆடி,1° Juillet,la 21me constellation, miroir, vent.2° gér. d'ஆடுகிற து: ஆடிக்காற்று vent d'ouest; —ப்பட்டம் culture—,semailles de Juillet

ஆடு,1° imp. et part. d'ஆடுகிறது, 2° ஆடு,gén.ஆட்டின்,brebis, chèvre, sorte de brebis dite மறியாடு,le Bélier,victoire,danse,pointe; ஆடுமாடு petit et grand bétail; —மாடுகளைச் சவுதரிக்கிறது procurer du bétail, en avoir soin; à l'obl. V. ஆட்டு.

ஆடுகால், (ஆடும், கால்), pied—, support de la picote.

ஆடுகிறது,டினேன்,டுவேன்,டு,ட, v.n. ஆடிக்கொள்ளுகிறது, v. comp. danser, branler, vaciller, s'agiter, se mouvoir, se dandiner, gesticuler, jouer, gambader, sauter, jouer une comédie, se laver, se baigner, plonger, dire, faire, combattre, vaincre, cajoler, s'accoupler, s'évaporer (les métaux): ஆடியகாலும்பாடியவாயுமடங்குமாயிருக்கவேணும் le danseur doit avoir le pied exercé à danser et le gosier à chanter, prov. la pratique fait tout.

ஆடுகை,n.v. du préc. V. ஆடல்.

ஆடுஞ்சரக்கு, (ஆடும்), métal qui s'évapore au feu comme le souffre, le mercure.

ஆடுதல், V. ஆடல். [le mercure.

ஆடுதின்னாப்பாளை, (ஆடு, தின்னா), la plante médicinale aristolochia bracteata, que les chèvres ne broutent pas. [la cuisse.

ஆடுதொடை,(ஆடும்), dessous de

ஆடுபந்தர், —பந்தல்,(ஆடும்),pandel pour la danse. [bonds,coureurs.

ஆடுமாலை, (ஆடும், மாலை), vaga-

ஆடுவிக்கிறது, வித்தேன், விப்பேன்,வி,விக்க,v.caus.d'ஆடுகிறது, faire jouer,—danser, faire gesticuler.

ஆடுவோன்,n.v.d'ஆடுகிறது,danseur,comédien.

ஆடூ,ஆடூஉ,homme,garçon.

ஆடூவறிசொல்(ஆடூ,அறியும்,சொல்), mot masculin.

ஆடை, 1° crême, graisse, toile, habit, vêtement, manteau, la 14me constellation. 2° P. ஆடாய், 2me pers. sing. du nég. d'ஆடுகிறது: ஆடையாபரணம் habits et bijoux; ஆடையழுக்ககற்றுநீர் eau de soude qui dégraisse les habits; ஆடையொட்டி pou d'habits, la plante triumfetta bartramia dont la graine s'attache aux habits. [deur,vent.

*ஆடோபம்,(âtopa),orgueil,gran-

ஆட், P. ஆள், personne, devant க, ச, த, ப. Ex. — காட்டி oiseau qui, la nuit, en voyant quelqu'un crie comme pour le dénoncer; ou —காட்டிவிரல் l'index; —கூட்டுகிறது envoyer quelqu'un pour compagnon,—pour accompagner; —கூலி salaire d'un journalier; —கொல்லி bourreau, meurtrier, l'argent, (parce que souvent il tue l'âme et même le corps); — கொள்ளுகிறது, கொள்ளுதல் acheter un esclave, — un homme, faire esclave, soumettre à sa puissance, s'assujettir, prendre une forme.

☞ ஆட்ச se met pour ஆக்ஷ; en conséquence voyez par ஆக்ஷ les mots qui commençant par ஆட்ச ne se trouvent pas ici.

ஆட்சி, (ஆளுகிறது), gouvernement, seigneurerie, héritage, patrimoine, hérédité, droit, privilége, propriété, bon augure, force, habitude, effort, action, jour: — யாயிருக்கிறபூமி terre ou fief héréditaire.

*ஆட்சேபம், P. ஆக்ஷேபம். [றது.

ஆட்சேபிக்கிறது, V. ஆக்ஷேபிக்கி

ஆட்சை, P. ஆட்சி, jour.

ஆட்டம், (ஆடுகிறது), mouvement, agitation, secousse, vacillation, danse, bal, jeu, action de jouer une comédie, jeu de hazard, espèce —, partie de jeu, façon, manière, pouvoir, habileté, (ironiquement):—கொடுக்கிறது agiter, secouer; ஆட்டமடித்தல் espèce de jeu; இந்தத்தோணியிலாட்டமெத்த cette barque ballotte beaucoup; பன்றியாட்டமாய் comme un —, en pourceau; வெறியனாட்டமாய்ப்பேசுகிறான் il parle comme un fou, comme un homme ivre; உன்றாட்டமிம்மட்டோ voilà donc jusqu'où va ton habileté?

ஆட்டல், n.v. et opt. d'ஆட்டுகிறது, V. ஆட்டுகை.

ஆட்டாங்கள்ளி, (ஆட்டு, ஆம்), la plante திருகுகள்ளி.

ஆட்டாங்கோரை, (id.), plante et racine bulbeuse du scirpus.

ஆட்டாம்பிழுக்கை, (ஆடு, ஆம், பிழுக்கை), crotte de brebis.

ஆட்டி, 1° femme, maîtresse de maison. 2° gér. et n.v. d'ஆட்டுகிறது, agitant, celui, celle qui agite, qui ment, qui fait danser

ஆட்டிறைச்சி, (ஆடு, இறைச்சி), viande de mouton. [bouc.

ஆட்டேறு, (ஆடு, ஏறு), bélier,

ஆட்டு, 1° (ஆடுகிறது), agitation, manière de jouer, de danser, d'agiter, de mouvoir, danse, qualité, puissance. 2° imp. et part. d'ஆட்டுகிறது. 3° adj. de ஆடு, de brebis; —க்கடா, —க்கிடா bélier; —க்கல் bézoard, sorte d'அமுதபாஷாணம்; — க்கால் pied de brebis, la plante அடம்பு; —க்காற்கல் pierrerie —, pierre d'une agrafe; —க்கிடை bergerie, parc de brebis: —க்குட்டி agneau, chevreau; —க்கொம்பு corne de mouton; —ச்சருமம், —த்தோல் peau de brebis ou de chèvre; —ப்பிழுக்கை crotte de brebis ou de chèvre; — மயிர் toison —, laine de brebis; — வாகனன் celui qui a pour monture un mouton, i.e. Agni ou le prétendu dieu du feu; — வாணியன், — வாணிபன் marchand de moutons, — de viande de mouton.

ஆட்டுக்கல், (ஆட்டும், கல்), meule supérieure de moulin à bras.

ஆட்டுகிறது, ட்டினேன், ட்டுவேன், ட்டு, ட்ட, v.a. d'ஆடுகிறது, mouvoir, agiter, remuer, secouer, ébranler, faire danser, importuner: இனி என்னையாட்டாதே ne m'importune plus; அவனாட்டுகிறப்போலிவனாடுகிறான் celui-ci danse comme celui-là le fait danser, il suit toutes ses impulsions.

ஆட்டுகை, ஆட்டுதல், n.v. du préc. secousse, agitation, ébranlement, danse, importunité, action de mouvoir, de faire danser...

ஆட்டுவிக்கிறது, வித்தேன், விப்பேன், வி, விக்க, v. caus. d'ஆட்டுகிறது, faire secouer, faire danser.

ஆட்டை, (ஆண்டு), 1° s. année. 2° adj. d'un an, annuel.

ஆட்படுகிறது, v. comp. (ஆள், படுகிறது), devenir esclave, s'élever, acquérir de l'importance.

ஆட்பிடியன், (ஆள், பிடி), celui qui prend les voleurs, etc... séducteur, séductrice, crocodile, requin.

ஆணங்காய், (ஆண், அம், காய்), spadix des fleurs mâles du palmier.

ஆணம், sauce, bouillon, soupe, amour, soucoupe, baquet, vase pour contenir différentes choses, réceptacle, repaire, orgueil: ஆணமாய்க் காய்ச்சுகிறது faire du bouillon, une sauce.

ஆணரி, 1° (ஆண், நரி), renard (mâle). 2° (ஆண், அரி), lion mâle.

ஆணர், panégyristes, chantres, fertilité, prospérité, bonté, bien.

ஆணவம், orgueil, arrogance, espèce d'arsenic naturel: ஆணவமலம் souillure de l'orgueil, arrogance, ignorance, trouble naturel.

ஆணாடு, (ஆண், ஆடு), bélier, bouc.

ஆணாய்ப்பிறந்தவன், (ஆண், ஆம்), homme.

ஆணாள், (ஆண், நாள்), fète principale.

ஆணி, (âni), clou, cheville, pointe, stylet pour écrire, pointe ou aiguille d'or pour faire l'épreuve de l'or, furoncle, priorité, supériorité, limite, lame—, tranchant d'une épée: ஆணியடிக்கிறது, —அறைகிறது enfoncer un clou; —தைக்கிறது attacher avec un clou, clouer.

ஆணிக்குருகு, (ஆணி), blancheur de la plante du pied.

ஆணிக்கோவை, (*id.*), série ou assemblage d'épingles d'or de différens degrés pour éprouver l'or.

ஆணிச்சி, (*id.*), mère des carias, termite de la 1re espéce.

ஆணிச்செருக்கம், (*id.*), espèce d'arsenic composé.

ஆணித்தங்கம், (*id.*), or de 1re qualité.

ஆணித்தரம், (*id.*), 1re qualité, stabilité, fermeté, fixité de ce qui est attaché avec un clou, assortiment de bonnes perles; —ஆய் fermement, fortement; —ஆயிருக்கிறது être ferme, —constant dans ses desseins.

ஆணிப்பூ, ஆணிப்பூடு, (*id.*), espèce de maladie, —de cataracte dans l'œil.

ஆணிப்பொன், (*id.*), or de 1re qualité.

ஆணிமுத்து, (*id.*), perle ronde, —dure, —parfaite, (par opposition a சிப்பிமுத்து.)

ஆணிவேர், (*id.*), la principale racine qui descend droit en bas, le pivot.

ஆணெழுத்து, (ஆண்), lettre brève.

ஆணை, serment, jurement, adjuration, conjuration, imprécation, signe, empêchement, défense, vérité, certitude, ordre, victoire: —யாக்கினை défense avec serment; —யாக்கினைபண்ணுகிறது défendre avec serment; —யாக்கினைக்குப்பயப்படாதபாம்புபோலே comme un serpent qui ne craint pas de résister aux ordres de l'enchanteur; ஆணையாசக்கரம், ஆணையாசக்கிரம் souveraineté, autorité; ஆணையிடுகிறது jurer, faire serment, conjurer; —யிடுவிக்கிறது faire faire serment, l'exiger; —யிடல், —யிடுதல் jurement, conjuration; —யிட்டுக்கொள்ளுகிறது faire des imprécations contre soi-même; —சத்தியம் பண்ணுகிறது conjurer avec serment; தன்னாணைவிடுகிறது retracter son serment, son imprécation ou sa défense; அப்பாணை, அப்பனாணை j'en jure par mon père; உன்தகப்பனாணைபோகாதே je t'en conjure par ton père, ne t'en va pas; சுவாமியின்பேரிலாணையிடுகிறது jurer par le saint nom de Dieu; இராசாவின்பேரி லாணையிடுகிறது jurer par le roi; ஆணைமீறுகிறது ne pas faire cas de la défense faite avec serment, —de la conjuration prononcée: ஆணைவழிநிற்கிறது, —வழிநிற்றல் obéissance aux ordres du roi, un des caractéres des cultivateurs.

ஆண், mâle, garçon, homme, priorité, supériorité: ஆணிற்சிறந்தவன் homme excellent; ஆண்குமஞ்சான் espèce de résine dite குங்கிலியம; —குறி membre viril, sexe masculin; —சரக்கு minéral qui se combine avec un autre; —நரி renard mâle; —பனை palmier mâle, borassus, l'arbre அழிஞ்சில்; —பறவை coq, mâle des oiseaux; —பிள்ளை garçon, homme; —பாடு membre viril, (*modeste*), ouvrage d'homme, (par exclusion à la femme); —பாடு பெண்பாடு பட்டாலும் quand l'homme et la femme travailleraient de tout leur pouvoir; —பால் masculin, sexe—, genre masculin; —பாற்பிள்ளைகவி; *V.* பிள்ளைக்கவி; —மகன் garçon, fils, homme, homme excellent; —மரம் arbre mâle, tronc solide—, cœur de l'arbre, l'arbre அழிஞ்சில்; —மாரி femme qui a un cœur—un courage d'homme; —மான் cerf mâle; —வழி ligne paternelle; —விலங்கு le mâle des animaux.

ஆண்ட, *part. du prét. d'* ஆளுகிறது.

ஆண்டகை, (ஆண், தகை), roi,

prince, souverain, héros, guerrier, homme distingué: ஆண்டகைமை virilité, bravoure, courage.

ஆண்டண்டு, (ஆண், தண்டு), tragus de l'oreille droite.

ஆண்டலை, (ஆண், தலை), coq, poule, général d'armée: —க்கொடியோன் celui qui a un coq sur son étendard, i.e. Soupramanien.

ஆண்டவன், hon. ou plur. ஆண்டவர், (ஆளுகிறது), Dieu, seigneur, monseigneur, roi, gouverneur, maître.

ஆண்டவள், f. d'ஆண்டவன், maîtresse, gouvernante, souveraine.

ஆண்டளப்போன், (ஆண்டு, அளக்கிறது), celui qui mesure les années, la planète de Jupiter.

ஆண்டன்மை, (ஆண், தன்மை), virilité, bravoure.

ஆண்டான், pl. ஆண்டார், (ஆளுகிறது), possesseur, propriétaire, Dieu, dieu de la fable.

ஆண்டி, (id.), Andi ou Pandaram, espèce de prétendu pénitent ou de religieux mendiant de la secte de Siven, mendiant: ஆண்டிச்சி, f. femme d'Andi. [gér. d'ஆளுகிறது.

ஆண்டு, 1° année. 2° ce lieu-là. 3°

ஆண்டை, 1° (ஆண்டு), ce lieu-là. 2° (ஆளுகிறது), maître, maître d'esclaves, chef de famille; pl. ஆண்டையர் maîtres..., hommes, en tant qu'ils ont le domaine de la terre.

ஆண்டைச்சி, f. d'ஆண்டை, maîtresse, gouvernante, directrice.

ஆண்டொழில், (ஆண், தொழில்), haut fait, trait de bravoure, action digne d'un homme de cœur: ஆண்டொழின்மைந்தன் Aroutchounen, célèbre héros, homme brave.

ஆண்பால், ஆண்பிள்ளை, ஆண்மகன், V. au mot ஆண்.

ஆண்மை, (ஆண்), vigueur, courage, fermeté, bravoure, force virile, virilité, air mâle, pouvoir, vérité: —பேசுகிறது vanter, se vanter, faire le brave; —யுள்ளவன் homme brave, —vaillant, —vigoureux, salpêtre; —ச்சினைப்பெயர் nom masculin dérivé d'un membre. Ex. முடவன் manchot; — ச்சினைமுதற்பெயர் nom primitif masculin dérivé d'un membre. Ex. முடக்கொற்றன் Cotten le manchot; —முதற்பெயர் nom primitif masculin. Ex. சாத்தன் Sâtten; —முறைப்பெயர் nom de parenté masculin. Ex. தந்தை père; — யற்றுப்போகிறது perdre sa vigueur, son courage, sa virilité.

*ஆதங்கம், (âtanka), danger, calamité, tribulation, trouble, mal, fièvre, maladie, peur, son du tambour.

*ஆதஞ்சனம், (âtantchana), destruction, affliction, empoisonnement, vélocité, calcination.

ஆதண், maladie, peine.

ஆதண்டை, V. ஆதொண்டை.

*ஆதபத்திரம், 1° (ஆதபம், tra qui préserve), grand parasol. 2° (ஆதம், பத்திரம்), feuille du palmier caryota.

*ஆதபம், (âtapa), chaleur—, rayons du soleil, soleil, lumière, clarté, parasol. [sol.

*ஆதபவாரணம், (ஆதபம்), para-

*ஆதபன், (âtapa), soleil.

ஆதம், le palmier caryota, protection, désir: ஆதம்பாதமிரண்டுமில்லாதவன் celui qui n'est ni protégé ni opprimé. [ப்புநெரிஞ்சில்.

ஆதம்பேதி, (ஆதம்), la plante செ

ஆதரம், 1° amour, désir, ville, gros anneau à grelots pour les pieds. 2°* (âdara), respect révérence, commencement. 3°* (âtara), prix du passage, fret.

*ஆதரவு, (P. ஆதாரம்), protection, assistance, aide, asyle, consolation, soutien, support, appui, amour, désir: —க்காரன் protecteur, patron, défenseur; —உள்ள qui a de l'appui, de la protection, obligeant, charitable, disposé à protéger; ஆதரவாயிருக்கிறது soutenir, appuyer, protéger, soulager, consoler; ஆதரவிலிருக்கிறது être sous la protection de, avoir l'appui de; — பண்ணுகிறது, —செய்கிறது défendre, protéger, soutenir, secourir, aimer; — ஆன

வார்த்தைசொல்லுகிறது ou—சொல்லுகிறது consoler, conforter;இந்தக்கம்பம் வீட்டுக்காதாரவாயிருக்குது ce pilier soutient la maison.

ஆதரிக்கிறது, ரித்தேன், ரிப்பேன், ரி,ரிக்க,*v.a.*(ஆதரவு), défendre, soutenir,protéger,supporter,aimer, vénérer. [roir,présence inhérente.

*ஆதரிசம், (âdarsa), crystal, mi-

ஆதரிசனம், (ஆதரிசம், na), miroir.

ஆதரித்தல், *n.v.* d'ஆதரிக்கிறது, protection,soutien, respect, amour.

ஆதர், *pl.* d'ஆதன், ignorans, aveugles.

ஆதலே,secours,support, soutien.

ஆதல்,1° *n.v.* d'ஆகிறது, existence, essence, être, devenir.2° science, livre de science, danse, vision, notion,petitesse, exactitude: *à l'abl.* ஆதலால், ஆதலாலே c'est pourquoi, en conséquence.

*ஆதவம்,*P.*ஆதபம்.

*ஆதவன்,*P.*அதபன்,soleil,brame.

ஆதளை,grenadier, ricin, fatigue, ennui.|| *V.*எலியாமணக்கு et கடலாமணக்கு.

ஆதனம், 1° toile, habit, fixité, stabilité, *2° (âtana), vue, étendue. 3° *P.* ஆசனம், siége, position du corps, position du corps propre au Yogi indou. Il y en a 8 savoir:சுவத்திகம் placer les plantes des pieds entre les cuisses et les genoux et se tenir droit;கோமுகம் placer les chevilles des pieds en croix sous le derrière et tenir fortement les 2 gros orteils; பதுமம் croiser les plantes des pieds sur les cuisses; வீரம் placer la cheville du pied gauche sur la cuisse droite et se tenir droit; கேசரி placer la cheville du pied gauche sous l'anus et le coude gauche sur le genoux, étendre les doigts et regarder le bout du nez;பத்திரம்placer les chevilles des 2 pieds sous les parties honteuses et tenir fortement avec les mains les plantes des pieds sans remuer;முத்தம் presser l'anus avec la cheville gauche et serrer la cheville droite immédiatement pardessous:மயூரம் presser les 2 coudes sur le nombril,appuyer les mains sur la terre, étendre les pieds et lever la tête; சுகம் prendre une posture commode ou celle que sa santé et sa force permettront d'adopter. [rant, vie,prêtre, gourou,

ஆதன்,Arouguen, aveugle, igno-

*ஆதாயம்,(ஆ,தாயம்), gain, profit, usure, bien, avantage: ஆதாயப்படுத்துகிறது faire gagner, —ப்படுத்திக்கொள்ளுகிறது, ஆதாயம்பெறுகிறது, —பண்ணுகிறது gagner, avoir de profit;—பிடிக்கிறது filouter, escroquer;—பார்க்கிறது chercher son interet.

*ஆதாரகாரகம், (ஆதாரம்), nom à l'ablatif en இல்,—à un cas qui indique la place. [colonne,base.

*ஆதாரசிலை,(*id.*), piédestal d'une

*ஆதாரம், (âdhâra), pied, base, piédestal, fondement, support, soutien,appui, assistance,défense,gage, l'anus, le fondement, corps, pluie, place, état, planche d'un jardin, canal, bassin autour d'un arbre:—ஆனகாரியம் chose principale, —fondamentale;—ஆயிருக்கிறது être le soutien, l'appui de, soutenir, assister,secourir. [support.

*ஆதாரன்,(ஆதாரம்), protecteur,

ஆதாளி, tumulte, bruit, tapage, trouble, arrogance, vanterie, ostentation, tergiversation: —க்காரன் fanfaron, vanteur; —மன்னன் ours;—பண்ணுகிறது,—யாய்த்திரிகிறது *ou*

ஆதாளிக்கிறது,ளித்தேன், ளிப்பேன்,ளி,ளிக்க,*v.n.* (ஆதாளி), se glorifier faussement, se vanter, gasconner, brailler, être fatigué, s'ennuyer.

*ஆதானம், (âdhâna), placement, dépot, gage, acceptation, acquisition,résolution.

*ஆதானிகம்,(ஆதானம்,ka), cérémonie faite avant ou pour la conception.

*ஆதி, 1° (âdi), premier principe,

Dieu, le souverain maître, commencement, principe, le premier, roi, maître, propriétaire, Brama, Vichnou, Siven, Arouguen, Bouddha, soleil, antiquité, le principal, sujet de la phrase, règle de grammaire, beauté de l'antiquité, recit de vieille histoire. 2° (âti), course directe, course en rond, sorte de cymbale ou mesure en musique, merveille. 3° (âdhi), lieu, dépot, gage, attente, désir, 2 espèces d'arsenic composé. 4° après plusieurs mots il signifie (comme முதலான) et autres. 5° ஆதி imp. d'ஆகிறது, sois. 6° P. ஆவாய், tu seras: ஆதியிலே au commencement; ஆதியுமந்தமும் tout, le commencement et la fin; ஆதியோடந்தமாய், ஆதியோடந்தமான depuis le commencement jusqu'à la fin; ஆதியொடிடைமடக்கு répétion de mots au commencement et au milieu d'une strophe; ஆதியொடுகடைமடக்கு répétition au commencement du 1er et du dernier vers d'une strophe.

ஆதிகடுஞ்சனி, (ஆதி, கடும்), la 10me constellation.

ஆதிகம், la plante சிறுகுறிஞ்சா.

*ஆதிகரன், (ஆதி), Brama, le créateur.

*ஆதிகாரணம், (id.), 1re cause, 1er principe: ஆதிகாரணகாரியம் effet de la 1re cause; ஆதிகாரணவகத்தித்தை objet fait avec une 1re cause, v.g. un vase fait de terre.

*ஆதிகாவியம், (id.), le 1er poème, le poème primitif, le Râmayânam selon les Indous. [dure.

ஆதிக்கடுஞ்சாரி, (ஆதி, கடும்), sou-

*ஆதிக்கம், (அதிகம்), commandement, gouvernement, primauté, préfecture, autorité, place éminente avec autorité, éminence, hauteur, excellence; —உள்ளவன் grand fonctionnaire, autorité, gouverneur, capitaine; ஆதிக்கமிழக்கிறது, —இழந்துபோகிறது perdre sa place, son autorité, être cassé.

ஆதிக்கல்நாதம், ஆதிக்கல்பேதம், (ஆதி, கல்), vitriol vert, couperose.

ஆதிக்கன், (ஆதிக்கம்), grand, puissant. [remède.

ஆதிக்குடி, (ஆதி), savon, sorte de

ஆதிக்குரு, (id.), terre imprégnée de soude, réunion de 3 sels capables de résoudre les métaux.

*ஆதிசாரம், (id.), un des 32 systèmes ou ordres d'architecture.

*ஆதிசேஷன், —சேடன், (ஆதி, சேஷன்), le roi des serpens, le serpent à mille têtes sur lequel la fable dit que Vichnou repose, symbole de l'éternité en ce qu'on suppose qu'il a été avant tout et qu'il survit à tout.

*ஆதிசைவம், (ஆதி), une des 16 sectes de Siven.

ஆதிச்சரக்கு, (id.), vif-argent.

ஆதிச்சனி, (id.), la 10me constellation. [reste.

*ஆதிஷ்டம், ஆதிட்டம், (âdichta),

*ஆதிஷ்டி, ஆதிட்டி, (âdichti), V. பிரமசாரி.

*ஆதிதாரணம், (ஆதி), dépot, gage.

*ஆதிதேவன், (id.), Dieu qui est le principe de tout ou le 1er de tout, Vichnou. [Adam.

ஆதித்தகப்பன், (id.), le 1er père,

*ஆதித்தமணி, (ஆதித்தன்), soleil, perle.

*ஆதித்தமண்டலம், (id.), la 2me région du corps humain, selon les Indous, i.e. celle de l'estomac et du cœur.

ஆதித்தம், ocre jaune, vitriol bleu.

*ஆதித்தர், pl. (âditya de அதிதி), les prétendus dieux fils d'Aditi, les habitans des cieux, les 12 soleils.

*ஆதித்தவாரம், (ஆதித்தன்), dimanche.

*ஆதித்தன், (âditya de அதிதி), soleil, terre imprégnée de soude: —கூர்மை, —வெள்ளை espèce d'arsenic composé; —சோதிமணி perle; —மத்திமச்சா équation du centre du soleil depuis le Cancer jusqu'au Capricorne.

ஆதித்தாய், (ஆதி), Ève, la 1re mère: ஆதித்தாய்தகப்பன் Adam et Ève, nos premiers parens.

ஆதித்தியசா, (ஆதித்தியன்), équation du centre du soleil.

*ஆதித்தியம், (âtithya *de* அதிதி), hospitalité, soin dû à un hôte, civilité, attention. [ஆதித்தர்.

*ஆதித்தியர், *pl. de* ஆதித்தியன், *V.*

*ஆதித்தியவாரம், (ஆதித்தியன்), dimanche.

*ஆதித்தியன், (âditya), Dieu, soleil, un fils d'Aditi, un dieu indou.

*ஆதிநாதர், (ஆதி), un des 9 sages ou சித்தர். [diamant.

*ஆதிநாராயணன், (*id.*), Vichnou,

ஆதிநூல், (*id.*), la 1re science, la religion, la loi, les vêdas.

ஆதிபகவன், —பகவான், (*id.*), l'être suprême, Dieu.

ஆதிபத்தியம், (*id.*), gouvernement suprême, —souverain, autorité, faculté, supériorité, excellence.

*ஆதிபலம், (*id.*), le principal fruit *i.e.* la muscade.

*ஆதிபரன், (*id.*), *V.* ஆதிபகவன்.

*ஆதிபன், (அதிபன்), roi, souverain, maitre, Dieu. [guen.

*ஆதிபுங்கவன், (ஆதி), Dieu, Arou-

*ஆதிபூதம், (*id.*), élément 1er ou principal. [jouissance d'un gage.

*ஆதிபோகம், (*id.*), usufruit ou

ஆதிமகாகுரு, (ஆதி, மகா), vitriol bleu. [néral de fer.

ஆதிமகாநாதம், (*id.*), sable—, mi-

ஆதிமடக்கு, (ஆதி), répétion du 1er vers, —du commencement.

*ஆதிமாலை, (*id.*), continuation—, progression depuis le commencement. [te, chemin direct.

*ஆதிமார்க்கம், (*id.*), grande rou-

ஆதிமுதல், (*id.*), avant tout, d'abord, depuis le commencement:—அந்தியவரைக்கும் depuis le commencement jusqu'à la fin; —ஆய் depuis le commencement; —ஆய்நடக்கிறது, —ஆய்ச்சொல்லுகிறது se pratiquer—, raconter depuis le commencement.

*ஆதிமூலம், (ஆதி), origine, racine, Dieu. V. ஆதிமுதல்: ஆதிமூலபுஸ்தகம் alphabet, livre élémentaire.

*ஆதிமூலவன், (ஆதிமூலம்), Dieu.

*ஆதிமூர்த்தி, (ஆதி), Dieu.

ஆதியங்கடவுள், (ஆதி, அம்), Dieu, Arouguen.

*ஆதியந்தம், (ஆதி, அந்தம்), le commencement et la fin, le bas et le haut, le tout, depuis le commencement jusqu'à la fin: —இல்லாதவர் l'éternel, Dieu; —ஆயச்சொல்லுகிறது raconter du commencement à la fin; ஆதியந்தமும் tout.

ஆதியரிவஞ்சம், (ஆதி, அரி), la 1re des 6 divisions du சுவர்க்கம் ou du போகபூமி.

ஆதியெழுஞ்சனி, (ஆதி, எழும், சனி), la 10me constellation.

ஆதியெழுத்து, (ஆதி, எழுத்து), les lettres primitives du Tamoul, savoir les 12 voyelles et les 18 consonnes.

ஆதிரம், beurre fondu.

ஆதிரவிச்சிலை, (ஆதி, இரவி, சிலை), ocre rouge.

ஆதிரன், supérieur, grand.

*ஆதிராச்சியம், (ஆதி), monarchie absolue.

*ஆதிரை, (ârdra), *V.* திருவாதிரை.

*ஆதிரௌத்திரம், ஆதிரௌத்திரன், (ஆதி), mercure sublimé. [brames.

*ஆதிவருணர், (ஆதி, வருணம்),

*ஆதிவராகன், (ஆதி, வராகம்), le pourceau par excellence, *i.e.* Vichnou. [ce d'arsenic naturel.

*ஆதிவிந்து, (ஆதி), pluie, espè-

*ஆதிவிராகன், (*id.*), Arouguen, Siven, espèce d'arsenic composé.

ஆதிவிராட்டியம், —விராட்டியன், 2 espèces d'arsenic composé.

*ஆதிவிருத்திசந்தி, (ஆதி, விருத்தி), changement des voyelles initiales அ en ஆ; இ, ஈ, எ en ஐ; உ, ஊ, ஒ en ஔ; et de இரு en ஆர்.

*ஆதீபனம், (ஆ, தீபனம்), décoration, action d'orner de figures les murs ou le pavé aux jours de fêtes.

ஆதீனம், *P.* அதீனம், gouvernement, propriété, possession, héritage, terres, richesses, biens, race; ஆதீனத்துக்குப்பங்காளி, ஆதீனத்துக்குடையவன், ஆதீனகர்த்தன், propriétaire, maitre, possesseur, héritier; அதெனக்காதீனம் cela est à moi.

*ஆதீனவம், (âdinava), désobéissance, transgression, infraction.

ஆது,1° terminaison du génitif dans le haut Tamoul, cri de cornac pour presser ou gronder l'éléphant. 2° *ஆது,(âtou), radeau.

*ஆதுரம்,(âtoura),désir,maladie.

*ஆதுரன்,(id.), homme avare, désireux,malade,mort.

*ஆதுலன், pauvre: ஆதுலர்சாலை hôpital pour les pauvres; ஆதுலர்க்குச்சாலையளித்தல் donner un asyle aux pauvres.

ஆதுவம்,toddi, vin de palmier.

*ஆதெரிசம், P. ஆதரிசம், miroir.

*ஆதேசம், (âdêsa), gain, changement, arrangement, ordre, échange,remplacement,esprit, cours d'un astre.

*ஆதேயம்,(âdhêya),chose supportée, gain.

ஆதொண்டை, (ஆ), l'arbrisseau தொண்டை, capparis horrida; son fruit est bon à manger.

*ஆதோரணன்,*pl.* ஆதோரணர், (âdhôrana), cornac,celui qui chasse.

*ஆத்தன், (âpta), Dieu, associé, ami, compagnon, partisan, grand, Siven,Arouguen.

ஆத்தா, cachimentier, corossolier, annona squamosa: — ப்பழம் cachiment, corossol, cœur-de-bœuf.

ஆத்தாடியுள்ளான், (ஆ,தாடி, உள்ளான்), espèce de bécassine.

ஆத்தாள்,(அத்தாள்),mère, Parvadi.

*ஆத்தானம், P. ஆஸ்தானம், salle d'audience, assemblée d'arbitres, porte de pagode sous la tour, danger. || V. ஆஸ்தானம்.

ஆத்தி,l'arbre திருவாத்தி bauhinia tomentosa. Il sert à la médecine et à d'autres usages domestiques. Les payens en offrent les fleurs à leurs dieux et surtout à Siven: ஆத்திசூடி celui qui porte une guirlande de fleurs d'âtti, *i. e.* Siven, petit livre d'Avvéyar qui commence par ce mot et qui sert aux écoles gentiles.

*ஆத்தியன், (âdya *le* 1er),Siven.

*ஆத்தியோபாந்தம், (ஆத்தியன், உப,அந்தம்), V. ஆதியந்தம்.

ஆத்திரதம், P. ஆர்த்திரகம், gingembre vert.

ஆத்திரம்,ஆத்திரவம்,ஆத்திரி, ஆத்திரியம், (ஆதுரம்), hâte, précipitation, nécessité, détresse, embarras, danger, importunité, sollicitation, avidité, empressement, ardeur, désir: ஆத்திரக்காரன் homme vif,empressé, emporté, intrigant; ஆத்திரம்பொறுக்கமாட்டாமற் கொடுக்கிறது donner en cédant à de pressantes sollicitations.

*ஆத்துமகத்தியை,(ஆத்துமம்,hatyâ *meurtre*), suicide.

*ஆத்துமகம்,(ஆத்துமம்,gam *venir*), naissance.

*ஆத்துமகனனம், *ஆத்துமகாதம், (ஆத்துமம், hanana *et* காதம் *meurtre*), suicide.

*ஆத்துமசன,(ஆத்துமம், dja *né*), fils.

ஆத்துமசை, (*id.*), fille.

*ஆத்துமஞ்ஞன்,(ஆத்துமம், djna *qui connait*), celui qui se connait, ainsi que son auteur ou son chef.

ஆத்துமபுத்தர், la plante பூனைக்காலி.

*ஆத்துமம்,(âtmâ), âme, vie, esprit, intelligence, volonté, être vivant, fermeté, corps, vent, nature, soleil, feu, Brama, fils: ஆத்துமக்கியானம்,—விவேகம் sagesse spirituelle, spiritualité;—சந்தேகம் doute intérieur; — ஞானம் connaissance de son âme;—சுத்தி purification de l'âme, une des 5 purifications *ou* சுத்தி; —தரிசம் miroir,crystal; —தரிசனம் vue ou connaissance de l'état de l'âme;—த்தோழன் ami intime;—புத்தி principe de l'intelligence, connaissance propre, — de soimême;—யோனி Brama, Vichnou, Siven, Câmen; —லக்ஷணம் qualités naturelles de l'âme,savoir: சத்து la force, l'être, சித்து l'intelligence, et ஆநந்தம் le bonheur. *V.* சச்சிதாநந்தம்;—வசம் retenue,sang-froid, *litt.* possession de son âme; ஆத்துமவிரக்கங்காட்டுகிறது témoigner une bonté, une compassion cordiale.

ஆத்துமா,1° *V.* ஆத்துமம். 2° ourson,petit d'une ourse.

ஆத்தேயாத்தே, (ஆத்தை), *int.* de

douleur, hélas,hélas! ah! ah! ha!ha!

ஆத்தை,(ஆத்தாள்), mère.

*ஆநகம், ஆநகன்,(ânaka), arbre divin, un des 5 arbres du paradis des Indous, tambour, tambourin, gros tambour, tambour de guerre, toute sorte d'instrumens de musique,foudre,nuage. [ge.

*ஆநநம், (ânana), bouche, visa-

ஆநந்த, 1° V. ஆநந்தவருஷம். 2° obl. de

*ஆநந்தம்,(ânanda), joie, plaisir, délices, bonheur, grande joie, bonheur céleste, Dieu: —ஆயிருக்கிறது se réjouir, causer une grande joie; —ஆய்ச்சத்தமிடுகிறது pousser des cris de joie; ஆநந்தக்களிப்பு joie et délices ou ஆநந்தக்குழிப்பு chanson joyeuse, chant joyeux; —ததம் vulve; —தத்சம் membre viril,— நிர்த்தனம், —நிருத்தம் saut—, danse de joie; — படம் toile—, habit de mariée; — பாஷ்பம், — பாட்பம் larmes—, épanchement de joie; —பிரபவம் sperme; —பைரவம் médecine composée de mercure, de soufre, de poison végétal,d'arsenic, de cinabre et de borax; —பைரவி, —பயிரவி la fameuse காளி, espèce d'air;—மயம் Dieu, extase, excès de joie, ou — மயகோசம் extase, insensibilité causée par la joie, plénitude de joie, bonheur éternel;—ரூபன் être spirituel,qui n'est point sujet aux 5 கோசம், à la naissance, à la mort ni aux autres vicissitudes: —லக்ஷணம் illusion d'une âme toute occupée d'elle même et pleine de mépris pour le reste; — வல்லி Parvadi, espèce d'arsenic composé; —வருஷம் la 18me année du cycle de 60 ans, elle répond à l'an 1851;—வாதி espèce d'arsenic composé.

*ஆநந்தனம், (ஆநந்தம்,na), civilité, réjouissance, bon traitement, cause de plaisir.

*ஆநந்தன், (ஆநந்தம்), être heureux, Dieu, Siven, Arouguen.

*ஆநந்தி, ஆனந்தை, f. d'ஆநந்தன், l'heureuse, Parvadi.

ஆநந்திக்கிறது, த்தேன், திப்பேன்,தி,திக்க,v.n. et ஆநந்தித்தல், n.v. (ஆநந்தம்), se réjouir.

*ஆநந்தியம்,(அநந்தம்,ya), incorruptibilité, éternité, infinité.

*ஆநம், (âna), respiration, air qu'on respire,—qui entre dans les poumons.‖V. ஆனம். [V.உபநயம்.

*ஆநயம்,ஆநயனம்,(ânaya,—na),

*ஆநர்த்தம்,(ânartha), arène, théâtre, eau, guerre.

*ஆநாகம்,(ânâha), rétention d'urine, obstruction d'un canal.

ஆநி, le mois d'Ani, qui correspond en grande partie à celui de Juin, destruction, ruine, la rivière பொருநை, rejeton tendre du cocotier,rejeton ou branche laissée à un arbre émondé,la 21me,la 18me,et la 19me constellation qui,pour les gentils,est un jour néfaste;limite, tranchant—,lame d'épée.

ஆநியம், journée, jour, temps ou partie du jour,saison convenable,la 19me constellation.

*ஆநிலன், (அநிலன்), le singe Anouman, Vimen fils d'Anilen, du vent.

ஆநிலை,(ஆ),étable à vaches.

ஆநின்று particule qui indique le présent et se place entre la racine du verbe et sa terminaison. Ex. நடவாநின்றான் il marche. [cret,rareté.

*ஆந்தரங்கம், (அந்தரங்கம்), se-

ஆந்தனையும், (ஆம், தனை, உம்), tant que durera: இராத்திரிமுழுதாந்தனையும் toute la nuit; ஓர்நாள்முழுதாந்தனையும் tout le long du jour.

*ஆந்திகை,(அந்திகை),sœur aînée.

*ஆந்திரம்,1° (ândhra), le pays—, la langue—, la caste télinga. 2° *(hândra), la mort: ஆந்திரசிந்தாமணி nom d'une grammaire télinga.

ஆந்தை, hibou, chouette, chat-huant: ஆந்தைவிழி œil—, regard—, contenance d'un hibou, regard de fou, —d'imbécille; ஆந்தைபோல்விழிக்கிறது regarder comme un hibou, — çà-et-là comme un fou; ஆந்தைக்காதல் cri de hibou, augure qu'on en tire

ஆந்தோளி,un des nouveaux airs tamouls.

*ஆபகை, (âpagâ), rivière.

*ஆபச்சைவன், (âpa),*n.pr.*un des 8 vasous.

*ஆபணம்,(âpana), marché,boutique;*ou* ஆபணியம்.

*ஆபணியம், ஆபணீயம், (ஆபணம்), rue du marché,—où se tient le marché.

*ஆபதம், (âpada), *V.* ஆபத்து.

*ஆபதோத்தாரணன்,(ஆபதம், உத்தாரணம்), celui qui éloigne le danger, les calamités, (par antonomase), Vairaven ou Siven.

*ஆபத்தம்பம்,(âpastamba), un des 9 codes religieux composé par ஆபஸ்தம்பன்.

*ஆபத்தம், (âbaddha), consécration.

*ஆபத்து,(âpad), calamité, péril, détresse, embarras, affliction, chagrin, nécessité, grand besoin: ஆபத்துப்படுகிறது être dans le danger,la détresse, l'embarras: — தீருகிறது sortir de danger, d'embarras: ஆபத்துக்குதவுகிறது être utile pour le danger,—au besoin.

*ஆபந்தம், (ஆ, பந்தம்), ornement, tendresse,affection, lien, lien du joug, joug.

*ஆபரணம், (âbharana), ornement, joyau, bijou, toile, habit,un des அவத்தை qui empêche de distinguer les divers தத்துவம்;—போடுகிறது,—தரிக்கிறது,—பூணுகிறது orner de bijoux, mettre—, porter des bijoux;ஆபரணப்பெட்டி,—ச்செப்பு boite aux bijoux;—க்கடைப்புணர்வு agrafe de joyau, qui s'attache par derrière:ஆபரணத்திற்றெங்கணி joyau composé de pierres précieuses et de globules d'or suspendus;ஆபரணத்துடக்குவடிவு joyau composé de pierres précieuses,de chaines d'or ou de globules d'or suspendus.

*ஆபரணன்,(ஆபரணம்),homme orné de bijoux.

*ஆபரணுதி,*pl.* ஆபரணுதிகள்,(ஆபரணம்,ஆதி),joyaux, ornemens—, bijoux précieux.

*ஆபத்காலம், (âpad, ஆபத்து), danger, temps du danger.

*ஆபத்சன்னியாசம், (*id.*), renoncement au monde dans le moment du danger.

*ஆபனம், (âpana), poivre.

*ஆபனிகன், (âpanika), sauvage, habitant des forêts, chasseur.

*ஆபாகம், (âpâka), foyer, fourneau, four à potier.

*ஆபாசம், (âbhâsa), désordre, irrégularité, indignité, affront, ruine, ressemblance, contre façon, mensonge, sophisme, grand désir, idée, estime, raison, rayon, lumière: —ஆய்ப்போகிறது s'anéantir,se ruiner;ஆபாசவிசுவாசம் foi violée.

*ஆபாடம்,ஆபாஷம்,(ஆ,பாஷை), préface.

*ஆபாதசூடம்,(ஆ, பாதம்,சூடம்), depuis la plante des pieds jusqu'au sommet de la tête.

*ஆபாதமஸ்தகம், ஆபாதமஸ்தம், ஆபாதமத்தகம், ஆபாதமத்தம், (ஆ, பாதம்,மஸ்தகம்,மஸ்தம்), des pieds à la tête.

*ஆபாலி,(âpali),pou.

*ஆபானம்,(ஆ, பானம்), cabaret, taverne pour boire en société.

*ஆபிலவனம்,(âplavana),aspersion d'eau, bain, immersion.

*ஆபீரன், (âbhira), berger.

*ஆபீனம், (âpina), tétine,rue des sculpteurs, puits, graisse.

*ஆபூடம்,ஆபூஷம்,(âpoûcha),zinc.

*ஆபூப்பியம், (âpoûpya), farine.

*ஆபோகம், (ஆ, போகம்), jouissance, tête déployée du serpent capelle, plénitude, effort.

*ஆபோசனம்,(ஆ,போசனம்),action de dévorer, d'avaler, nourriture, repas:—பண்ணுகிறது dévorer, engloutir; — ஆய்க்கொள்ளுகிறது happer goulument.

*ஆபோதனம், (ஆ, போதனம்), connaissance, enseignement.

*ஆப்தன், (âpta), ami, confident, homme véridique.

*ஆப்பம், (âppa), le Verseau.

ஆப்பி, (ஆ,பி), bouse de vache.

*ஆப்பிரச்சனம், (ஆ,பிரச்சனை), civilité à quelqu'un qu'on rencontre, —à un hôte à l'arrivée ou au départ.

ஆப்பு, coin: ஆப்பேறல் fente faite par un coin, dans laquelle a pénétré un coin.

ஆப்பை, *P.* அகப்பை.

ஆமகணம், (ஆமம்), dyssenterie des enfans très dangereuse.

ஆமக்கன், mari.

*ஆமசிராத்தம், (ஆமம்), sacrifice aux morts ou pour les morts dans lequel on distribue des vivres crus.

*ஆமசூலை, (ஆமம்), colique, mal de ventre, espèce de maladie arthritique.

ஆமணக்கங்கொட்டை, ஆமணக்கமுத்து, (ஆமணக்கு, அம், கொட்டை, முத்து), graine de ricin.

ஆமணக்கு, ricin, palma-christi, jatropha: —க்குலை grappe de ricin; —க்கொட்டை, —முத்து graine ou noix de ricin; —க்கொல்லை champ de ricin; —விதைக்கிறது semer de la graine de ricin; ஆமணக்கெண்ணெய் huile de ricin.

ஆமணத்தி, *V.* கோரோசனை.

*ஆமண்டம், (âmanda), ricin.

*ஆமம், (âma), diarrhée accompagnée de glaires, maladie, douleur d'entrailles, desséchement des excrémens, crudité, chose non cuite, —verte. [(ஆ), bouse de vache.

*ஆமயம், 1° (âmaya), maladie. 2°

*ஆமயாவித்துவம், (âmayâvi *malade*), indigestion.

ஆமரி, parole, phrase.

ஆமருப்பு, (ஆ), corne de bœuf ou de vache. [te ஆகாசதாமரை.

*ஆமலகமலம், (அமலம்), la plan-

*ஆமலகம், (âmalaka), l'arbre நெ

ஆமல், bambou. [ல்லி, crystal.

ஆமா, 1° (ஆ, மா), bœuf—, vache sauvage. On dit que si cet animal lèche quelqu'un, il lui glace le sang et lui cause la mort. 2° (ஆம், ஆ), sera-t-il? peut-il? 3° *P.* ஆமாம், oui.

ஆமாகோளா, —கோளம், fleur ou galle de l'arbre கடு terminalia.

ஆமாங்கு, (ஆம், ஆங்கு), manière d'être, —de se faire, convenance, différence.

*ஆமாசயம், (ஆமம், ஆசயம்), estomac, digestion.

*ஆமாதிசாரம், (ஆமம், அதிசாரம்), mal de ventre, colique.

*ஆமாத்தியர், *pl.* (அமாத்தியர்), ministres, conseillers, gourous, médecins, gens rusés.

*ஆமிசம், ஆமிஷம், (âmicha), jouissance, désir, convoitise, fantaisie, nourriture, repas, chair, présent pour corrompre. [aigreur.

*ஆமிரம், (அம்மிரம்), manguier,

*ஆமிரேடனம், (âmrêdana), redite.

*ஆமிலம், ஆமிலிகை, (அம்மிலம், அம்மிலிகை), tamarinier. ‖ *V.* அம்மிலம்.

*ஆமுகம், (ஆ, முகம்), commencement, le devant.

ஆமுகர், (ஆ, முகம்), *V.* நந்திதேவன்.

ஆமுடையான், *P.* அகமுடையான்.

*ஆமுத்தி, (ஆ, முத்தி), béatitude finale, paradis.

ஆமுத்து, (ஆ, முத்து), perle formée dans une dent de vache.

*ஆமுநாயம், (âmnâya), religion, tradition, vêdas.

*ஆமூலாக்கிரம், (ஆ, மூலம், அக்கிரம்), de la racine aux branches ou au sommet, du commencement à la fin.

ஆமெற்பல்லூரி, (ஆ, மெல், பல், ஊருகிறது), *V.* கோரோசனை, bézoard.

ஆமேற்பில்லூரி, fleur du கடு.

ஆமென்கிறது, ஆமெனல், (ஆம், என்கிறது), dire oui, approuver, consentir: ஆமென்றுசம்மதிக்கிறது consentir et dire oui *ou* soit: ஆமென்றுசாதிக்கிறது, —சாதித்தல் affirmer, soutenir le pour.

ஆமை, tortue, testudo gracca, odeur: —க்கல் brique hexagone pour paver; —ச்சுரம் espèce de fièvre des jeunes garçons: ஆமையோடு, (ஆமை, ஓடு), écaille de tortue.

ஆமையாழ், (ஆமை), son harmonieux du luth ou sorte d'air usité sur la côte. [émission, splendeur.

*ஆமோசனம், (ஆ), vomissement,

*ஆமோதம், (âmôda), odeur forte et suave, joie, plaisir.

ஆம், 1° 3me *pers. neut. du fut. d'*ஆகிறது, il sera, il se fera, il servira, ce sera, il y a, c'est, il est possible, oui: இதுநல்லதாம் ceci sera bon; எதுக்காம் à quoi cela servira-t-il? இதுவுமக்காமோ ceci vous servira-t-il, vous conviendra-t-il? இதுவும்மாலேயாம் vous pouvez faire ceci, ceci vous est possible. 2° *après un verbe ou un nom il signifie* peut être, on dit, ce sera. *Ex.* அரிசியாம் ce sera du riz, c'est peut-être du riz; வந்தார்களாம் on dit qu'ils sont venus; வருவானாம் peut-être il viendra, on dit qu'il viendra; அப்படியாம் il en sera ainsi. 3° *avec* ஏ, ஆமே certainement; தர்மம்புண்ணியமாமே l'aumône est assurément une vertu. 4° *après le nom verbal en* அல் *il signifie* on peut: சொல்லலாம் on peut dire; பேசலாமா peut-on parler? அதுசெய்யலாமே certainement on peut le faire; ஆம் oui; ஆமாம் oui! oui! assurément; ஆமோ அல்லவோ cela est-il ou non; ஆமெனல், *V.* ஆமென்கிறது. 5° ஆம் *est le part.fut. d'*ஆகிறது, qui sera, qui deviendra; அவன்நல்லவனாம்போது lorsqu'il sera bon; ஆம்படி, ஆம்படிக்கு, ஆம்படியே selon qu'il est, pour que—, afin qu'il soit; ஆசாரமாம்படி selon l'usage, —les règles de la bienséance; உனக்கிஷ்டமாம்படி பேசினான் il a parlé selon tes désirs. Ce participe sert à former les nombres ordinaux. *Ex.* முதலாம் premier; இரண்டாம் second. 6° *s.gén.* ஆத்தின், humidité, froid, eau, ressemblance, maison. 7° *partic.exp.dite* அசைச்சொல், இடைச்சொல், *et* சாரியை: பணியுமாமென்றும்பெருமை சிறுமை யணியுமாந்தன்னைவியந்து les grands s'humilient sans cesse, les petits au contraire s'exhaltent et s'admirent. 8° terminaison de la 1re personne du pluriel qui comprend ceux à qui l'on parle: சொல்வாம் nous dirons.

ஆம்படையான், *P.* ஆம்புடையான்.

ஆம்பலரி, (ஆம்பல், அரி), l'ennemi du nénuphar blanc *ou* nymphæa alba, *i.e.* le soleil, le crocodile.

ஆம்பல், le nénuphar blanc, nymphæa alba, bambou, lune, clair de lune, éléphant, toddi, callou, corne (à corner), petit cor, pipeau, chalumeau, espèce de chant *ou* d'air, calcul, certain nombre, gage, arrangement, ordre, manière, degré, malheur: ஆம்பற்பித்தம், ivresse du toddi, humeur qu'il engendre.

ஆம்பி, son, bruit, mousseron, panier à arroser *ou* seau de cuir.

ஆம்பியம், vif argent.

*ஆம்பிரம், (âmra), acidité, aigreur, manguier, manguier à fruits aigres.

*ஆம்பிலம், (âmla), acidité, aigreur, tamarinier, vin de palmier [toddi, callou.

ஆம்பு, ortie.

ஆம்புடையான், *P.* அகமுடையான், mari, maître de maison.

ஆம்புடையாள், *f.du préc.* femme, épouse, maîtresse de maison.

ஆம்புலம், ஆம்பூறு, l'arbre ஞாழ.

ஆய, 1° *part.passé d'*ஆகிறது, qui est, —a été fait. 2° *adj. de* ஆயம் *et* ஆயன். [fièvre qui dure long-temps.

ஆயக்கசுரம், (ஆயம், கம், சுரம்),

ஆயக்கட்டு, (ஆயம், கட்டு), machination trompeuse, fourberie, somme totale: —உள்ளவன் grand menteur, —fripon: ஆயக்கட்டாய்ப்பேசுகிறது, ஆயக்கட்டாய்க்கட்டுகிறது ne dire que des mensonges. [nale.

ஆயக்கல், (ஆய, கல்), pierre infer-

ஆயக்காரன், (ஆயம்), douanier, receveur d'impôt, —de péage, publicain.

ஆயக்கால், (ஆயம், கால்), pieu fourchu pour soutenir une charpente, appui —, support de caisses.

ஆயக்குழல், (ஆயன்), flageolet, flûte de berger, chalumeau: —ஊதுகிறது en jouer.

ஆயக்கோல், (ஆயம், கோல்), bâton fourchu pour soutenir un palanquin.

*ஆயசம், (âyasa), fer, arme.

ஆயஸ்தலம், (ஆயம், ஸ்தலம்), secret, parties vitales, endroit dangereux où une blessure est généralement mortelle: ஆயஸ்தலத்திலடிக்கிறது frapper dans un endroit dangereux. [figure d'un œuf.

*ஆயதம்,(âyata),longeur,largeur,

*ஆயதனம்,(âyatana), autel,habitation, plancher intérieur d'une maison.

*ஆயதி,(âyati), avenir, futur,longueur, jointure, réunion, grandeur, retenue de l'esprit, fermeté.

*ஆயத்தம், (âyatta), instrument, moyen, préparatif,préparation, préparation à la messe, à la confession, à la communion: ஆயத்தக்காரன், —காரி personne preparée pour la confession,la communion ou le baptème: ஆயத்தமாயிருக்கிறது être préparé, —prêt: ஆயத்தஞ்செய்கிறது, —செய்துவைக்கிறது, —பண்ணுகிறது, ஆயத்தப்படுத்துகிறது préparer, apprêter; ஆயத்தப்படுகிறது se préparer, se disposer; பூசாயத்தம் பூசையாயத்தம் préparation à la messe, choses nécessaires pour la messe, ornemens de la messe.

ஆயத்தலம், V. ஆயஸ்தலம்.

*ஆயத்தி,(âyatti), tendresse, sensibilité, borne, bonne conduite, jour, longueur, force. [ne, péage.

ஆயத்தீர்வை,(ஆயம்).droits,doua

ஆயத்துக்கருத்தன், (ஆயம் *obl.*), espèce d'arsenic naturel.

ஆயத்துறை, (ஆயம்), la douane, bureau de douane, lieu de péage: ஆயத்துறையில் மணியம்பண்ணுகிறவன் l'intendant de la douane, des tributs. [ஆயஸ்தலம்.

ஆயமானம், (ஆயம், மானம்), V.

ஆயமுக்கரவன், (ஆயம்,மு,கரவு), Coubèren.

*ஆயம்,(âya), douane, droit, taxe, tribut, péage, lieu de péage, revenu, gain, profit, troupe, troupe de femmes, longueur, espèce de tambour, dé à jouer, et autres instrumens de jeu, mère, compagne, suivante, corde d'arc, coutume: —திருகிறது, தீர்க்கிறது payer la douane; —தீர்த்துவிடுகிறது congédier après avoir terminé l'affaire de la douane; —வாங்குகிறது percevoir la douane.

ஆயர், ஆயர்கள், *pl. d'*ஆயன், bergers: ஆயர்க்குழல், V. ஆயக்குழல்; —பாடி village de bergers, ville ou fut caché et nourri Crichna; —வீதி rue des bergers.

*ஆயனம், 1° (hâyana), année. 2° *P.* அயனம் moitié de l'année.

ஆயன், berger: *au pl. V.* ஆயர்.

*ஆயாசம்,(âyâsa), fatigue, lassitude, faiblesse, manque de courage, découragement, ennui, peine, chagrin, effort: —வருகிறது être fatigué, harassé, épuisé; —தீருகிறது être soulagé; —ஆயிருக்கிறது être à charge, ennuyeux, fatiguant.

*ஆயாமம்,(âyâma), largeur, longueur. [manque de choix, d'examen.

ஆயாமை, *n. v.nég. d'* ஆய்கிறது,

ஆயாள், mère, nourrice, bonne, grand'mère maternelle. [ractère.

*ஆயானம்.(âyâna), naturel, ca-

ஆயி, 1° mère, nom qu'on donne aussi à des parentes âgées. 2° finale de noms féminins. 3° *gér. d'* ஆகுகிறது, V. ஆகி.

ஆயித்தம், *P.* ஆயத்தம்.

ஆயிசு, *P.* ஆயுசு.

ஆயிரம், mille, son signe est ௲ et avec d'autres chiffres த: உ.த, இரண்டாயிரம் 2000; avant d'autres nombres il se met à l'oblique: ஆயிரத்தொன்று 1001: ஆயிரத்துப்பத்து 1010; ஆயிரக்காலி mille-pieds, cloporte, balai; ஆயிரங்கண்ணன் celui qui a mille yeux, selon la fable, *i.e.* Dèvendren; —கதிரோன், —கிரணன், ஆயிரஞ்சோதி l'astre aux mille rayons, *i.e.* le soleil; ஆயிரநாமன் l'être aux mille noms, Siven, Vichnou; ஆயிரம்பணமுடியோன், (பணமுடி), 1° le reptile aux mille têtes, *i.e.* ஆதிசேஷன். 2° montagne contenant du zinc.

ஆயிருக்கிறது, (ஆய், இருக்கிறது), être. Ce verbe prend deux nominatifs; celui qui le précède immédiatement devient adjectif, *Ex:* தாய்வியாதியாயிருக்கிறாள் la mère est malade: அருமையாயிருக்கிறவேலை ouvrage qui est difficile.

ஆயிலியம், la 9me constellation; elle se compose de 4 étoiles dans la tête du lion. [லியம்.

ஆயில், nom d'un arbre. ‖ V. ஆயி

ஆயிழை, (ஆயும், இழை), ornemens choisis, femme. ‖ ou ஆயிழையாள் femme qui porte des ornemens choisis,—des bijoux.

ஆயிலை, tête—, pointe de serpe.

ஆயிற்று, 3me *pers. du sing. neut. du passé. d'*ஆகிறது. *V.* ஆச்சு.

ஆயினி, sorte de jaquier, artocarpus pubescens: — மேனி *V.* ஆயின்மேனி.

ஆயினேன், *parf. d'*ஆகிறது.

ஆயின், *conditionnel d'*ஆகிறது, si cela est, si: ஆயினும் quoique cela soit, cependant, néanmoins; particule dite இடைச்சொல்.

ஆயின்மேனி, émeraude.

*ஆயு, ஆயுகம், ஆயுசு, ஆயுஷியம், (âyou; ஆய், உகம்; âyous, âyouchya), âge, vie, durée—, temps de la vie: ஆயுசுள்ளவன் homme âgé; ஆயுசாகிப்போகிறது être sur la fin de sa vie; ஆயுசில்லாதவன் jeune homme; ஆயுசுவர்த்தனை longue vie, longévité; ஆயுசுவிருத்தி âge très-avancé, décrépitude, sable de fer.

*ஆயுட்மான், ஆயுண்மான், (âyouchmân), homme qui a vécu long-temps, le 3me des 27 யோகம் ou divisions de l'écliptique.

*ஆயுதம், (âyoudha), arme, instrument, outil, place de danse: ஆயுதசாலை arsénal, magasin—salle d'armes:—பரிச்சயம்,—பரிக்ஷை,—பயிற்சி exercice militaire, escrime, science des armes; —பரிச்சயம்பண்ணுகிறது s'exercer à manier les armes, faire des armes, s'escrimer; —பாணி homme armé; — பூசை fête des armes *ou* Dassarapandiguei, dans laquelle les payens consacrent annuellement à la déesse சரஸ்வதி leurs armes, outils, livres, poinçons à écrire etc., et leur font une espèce de sacrifice, sacrifice aux armes;—மரணம் mort violente, —causée par une arme;—வர்க்கம் armure, toute sorte d'armes; ஆயுதமணிகிறது s'armer;—அணிந்தவன் homme armé; —வாங்கிப்போடுகிறது désarmer, dépouiller;—இடையுமலை montagne où l'on trouve du fer.

*ஆயுதாகாரம், (ஆயுதம், ஆகாரம்), salle d'armes, arsenal.

*ஆயுரு, ஆயுருவேதம், ஆயுர்வேதம், (ஆயுசு, வேதம், âyourvêda), science—, art de la médecine, livre de médecine; ஆயுராரோக்கியம் vie et santé, prospérité; ஆயுருவேதாக்கினி feu usité dans la préparation des remèdes; il y en a 3, savoir: கமலாக்கினி feu ardent et brillant comme la fleur du nénuphar; காடாக்கினி grand feu ou feu modéré; தீபாக்கினி feu d'une lampe *ou* chandelle.

ஆயுவின்மை, (ஆயு, இன்மை), éternité, n'avoir pas d'âge.

ஆயுள், *P.* ஆயுசு, vie, médecine, médecin: —வேதம், *V.* ஆயுரு;—வேதியர் médecins. [ah!

*ஆயே, (âye), *int. d'admiration*, oh!

*ஆயோகம், (âyoga), rivage, hommage, adoration, offrande de fleurs.

*ஆயோசனம், (âyôdjana), prise, effort.

*ஆயோதம், ஆயோதனம், (âyôdhana), armée, bataille: ஆயோதனமுகத்திலாயுதந்தேடல் chercher des armes au moment du combat.

ஆய், 1° *gér. d'*ஆகிறது, étant, devenant. Il sert ainsi que ஆக à former les adverbes. *Ex.* நீதியாய் justement; சந்தோஷமாய் joyeusement; il signifie aussi ensemble; நானுமவனுமாய் lui et moi ensemble. 2° *imp. et part. fut. d'*ஆய்கிறது, choisi, mince, subtil, fin, délicat, mobile, flexible, décidé. 3° (ஆயர்), de berger. 4° mère, affliction, espèce d'arsenic naturel. 5° terminaison de la 2me pers. du sing. des divers temps du verbe, de l'imp. et de quelques vocatifs. *Ex.* இடுகிறாய் tu donnes; கேளாய் écoute; கிள்ளாய் ô perroquet!

ஆய்கிறது, ய்ந்தேன், ய்வேன், ய், ய, v. a. ou ஆய்ந்துபோடுகிறது, choisir, trier, ôter, cueillir, arracher, éplucher, nettoyer les herbes potagéres, plumer, vider une volaille, écailler—, vider un poisson, examiner, considérer attentivement, peser: ஆய்ந்துகொள்ளுகிறது, —பார்க்கிறது, ஆய்ந்தோய்ந்துபார்க்கிறது choisir, séparer l'un de l'autre, bien considérer, approfondir; ஆய்ந்தோய்ந்துபாராதான் தான்சாகக்கடவன் celui qui agit inconsidérément périra: ஆய்ந்தோய்ந்துபார்க்குதல் considération approfondie; ஆய்ந்துண்கிறது ou ஆய்ஞ்சுண்கிறது manger en épluchant sa nourriture; கிரையிற்புல்லாய்கிறது éplucher les herbes cuites, agir à contretemps, faire aprés-coup; மணற்சோற்றிலேகல்லாய்கிறது ôter les pierres du sable qui représente du riz cuit, agir follement.

ஆய்க்குழல், P. ஆயக்குழல், flûte ou chalumeau de berger. Il y en a de 3 sortes கொன்றையங்குழல், முல்லையங்குழல், வேய்ங்குழல் chalumeau de cassia, de jasmin et de bambou.

ஆய்க்குறள், (ஆய்), phantôme.

ஆய்ச்சல், n.v. d'ஆய்கிறது, action d'ôter, enlèvement. ‖ V. அச்சல்.

ஆய்ச்சி, 1° f. d'ஆயன், bergère; pl. ஆய்ச்சியர் bergéres. 2° (ஆய்), mère.

ஆய்தம், 1° petitesse, finesse, subtilité. 2° ou ஆய்தவெழுத்து la lettre ஃ, le g, ou gh guttural; ஆய்தக்குறுக்கம் la lettre ஃ rendue bréve ou plus bréve; c'est lorsque dans un monosyllabe bref l'ல் ou l'ள் se change en ஃ devant la lettre த qui se change en ற ou ட. Ex. கல்தீது, கஃறீது; முள்தீது, முஃடீது.

ஆய்தல், n. v. d'ஆய்கிறது, choix, triage, recherche, examen, décision, jugement, finesse, délicatesse, subtilité, vol, action d'enlever.

ஆய்த்தல், voir enlever, chercher à dérober.

ஆய்ந்து, ஆய்ஞ்சு, gér. d'ஆய்கிறது.

ஆய்ந்தோன், ou ஆய்ந்தவன், n. app. d'ஆய்கிறது, homme réfléchi, prudent, intelligent; au pl. ஆய்ந்தோர் hommes intelligens, sages, brames, poètes.

ஆய்ப்பாடி, (ஆயன், பாடி), village de bergers.

ஆய்ப்பு, 1° P. ஆப்பு, coin. 2° ébranlement, jet.

ஆய்மலர், (ஆய் choisi), la fleur choisie, i. e. le nénuphar.

ஆய்வு, n. v. d'ஆய்கிறது, recherche, examen, trouble, peine, subtilité, finesse, petitesse, beauté, largeur.

ஆர, 1° adj. d'ஆரம். 2° inf. d'ஆர்கிறது, pour être plein, pleinement, tout comble, tout-à-fait. En ces divers sens il se joint à la fin des noms. Ex. கையார à pleines mains; மனதார, நெஞ்சார volontiers, de tout cœur.

*ஆரகம், (hâraka), sang, diviseur, dénominateur.

*ஆரகூடம், ஆரகூலம், (ஆரம்), airain, bronze.

*ஆரகேரம், (ஆரம், கேயூரம்), V. தோளணி.

*ஆரகோரம், ஆரக்குவதம், (ஆரம், கோரம்; âragvadha), l'arbre கொன்றை.

*ஆரக்கம், ஆரக்ஷம், (ârakcha), bois d'அகில், agollochum.

*ஆரக்ஷகன், ஆரட்சகன், (id. ka), berger, gardien des rues.

ஆரஞர், (ஆர், அஞர்), grand chagrin, affliction profonde.

ஆரணம், la religion, les vêdams, loi, la partie spirituelle—, explication de la loi, des vêdams: ஆரணவாணர் ceux qui vivent des vêdams, i. e. les brâmes.

ஆரணன், (ஆரணம்), l'auteur des vêdams, i. e. Brama.

ஆரணி, 1° (ஆரணம்), celle qui est l'objet des vêdams, Kâli, Parvadi, aiguille de rotin pour coudre les planches des bateaux. 2°*(ârani), tourbillon.

*ஆரணியம், ஆரண்ணியம், P. அரணியம், forêt, bosquet, buisson.

*ஆரதம், (ârata), observation—, continuation d'abstinence.

*ஆரதி, (ârati), âlâtti, cérémonie superstitieuse qui consiste à tourner autour de la tête, surtout des nouveaux mariés,ou devant eux, un vase où il y a de l'eau, du safran et de la chaux pour ôter la fascination ou prévenir l'influence prétendue des regards malicieux et jaloux; offrande de lumière à une divinité: —எடுக்கிறது, —சுற்றுகிறது, —சுற்றியெடுக்கிறது faire la cérémonie de l'âlâtti: —கர்ப்பூரம் espèce de camphre employé comme encens.

ஆரது,1° *gén.d'*ஆர், à qui?de qui? 2° (ஆர்,அது), qu'est-ce que cela? qui est-ce?

*ஆரத்தியம். (ஆரதி,ya), lumière.

*ஆரநாலகம், ஆரநாலரம், (âranâlaka, âranâla), vinaigre.

ஆரபாரம்,*P.*ஆரவாரம்.

ஆரமாலையன், (ஆரம்,மாலை), celui qui porte une guirlande de bauhinia,*i.e.*le roi சோழன்.

ஆரமிர்தம், ஆரமிர்து, ஆரமுது, (ஆர் *plein*), ambroisie abondante, redondante,intarissable.

ஆரம், 1° les arbres ஆத்தி et கடம்பு, bijou, joyau, sandal, arbre de sandal, plaque suspendue sur la poitrine, guirlande de fleurs, guirlande, perle, collier de perles, —de pierreries auquel pend un bijou, collier, cordon, rang, espèce d'arsenic naturel, la plante கோடகசாலை, collier naturel de certains oiseaux, espèce de flèche, jardin de fleurs, tache sur la tête déployée du serpent capelle, détour, fanon de bœuf, glandes du cou des brebis, cri d'ouvriers:—பூணுகிறது mettre un collier.2° * (âra), Mars, Saturne, angle, bout, airain, scorie de fer. 3° (hâra) diviseur, dénominateur.

*ஆரம்பம், (ârambha), commencement, prélude, préface, meurtre, grandeur, orgueil, effort, bruit, grand bruit:ஆரம்பசூரன் fanfaron, homme inconsidéré, téméraire, entreprenant.

ஆரம்பரம்,*P.*ஆரவாரம்.

ஆரம்பிக்கிறது, பித்தேன், பிப்பேன், பி, பிக்க, *v.a.* (ஆரம்பம்), commencer. [cement.

ஆரம்பிப்பு,*n.v.du préc.* commen-

ஆரலம்,(ஆர்,அலம்), haine.

ஆரல், espèce de plante, la 3me constellation, Mars, feu, mur, mur d'enclos,—couvert de chaume. ‖*V.* ஆரால்:ஆரற்சுவர் mur d'entoura- [ge.

*ஆரவம்,(ârava), bruit,son.

*ஆரவாரம்,(ஆரவம்,ஆரம்),cortége, train, pompe, multitude bruyante, bruit, grand bruit, célébration, élévation:—ஆய் avec pompe, avec grand cortége; ஆரவாரக்காரன்,—காரி homme—,femme qui aime le bruit, le grand train, le vagabondage.

ஆரவாரிக்கிறது, ரித்தேன், ரிப்பேன்,ரி, ரிக்க, *v.n.* (ஆரவாரம்), crier, pousser des cris, faire grand bruit, faire grande pompe.

ஆரழலாடி,(ஆர், அழல், ஆடுகிறது), celui qui se joue avec une quantité de feu,Siven. [து.

ஆரா,ஆராத, *part. nég. d'*ஆர்கிற

ஆராகவரியம்,l'arbre அரசு.

ஆராச்சி,*P.*ஆராய்ச்சி. [து.

ஆராட்டுகிறது,*V.* தாலாட்டுகிற

*ஆராதனம், (ârâdhana), action de cuire, de préparer, acquisition, accomplissement,adoration, vénération.

*ஆராதனை, (ârâdhanâ), adoration, vénération, culte en général, offrande,sacrifice:—செய்கிறது,—பண்ணுகிறது,*V.* ஆராதிக்கிறது;—முட்டுகள் vases consacrés au culte, aux sacrifices; தேவாராதனை culte de latrie; தேவாராதனைநீங்கிஉத்தமாராதனை, *ou* விசேஷாராதனை culte d'hyperdulie, culte qui convient à la très-Ste.Vierge.

*ஆராதி,(ârâti), ennemi.

ஆராதிக்கிறது, தித்தேன், திப்பேன்,தி,திக்க,*v.a.* (ஆராதனை), adorer, vénérer,honorer.

ஆராதித்தல், ஆராதிப்பு, *n.v. du préc.*adoration,vénération,culte.

*ஆராதியம்,(ârâtiya), proximité, voisinage.

ஆராதூரி, prodigalité, folle dépense, perte, dissipateur, prodigue, diffamation: —யாக்குகிறது,—பண்ணு

ளுயிறைது dissiper, prodiguer;—யாய்ப்போகிறது être dissipé;—த்தனம் caractère prodigue, prodigalité.

ஆராத்திரவியம்,(ஆரா, திரவியம்), richesses—, trésors immenses, —de roi.

ஆராத்திரிகம், (ஆ, ராத்திரி, ka), lampe offerte aux dieux, lampe de l'âlâtti. [ont été consacrés.

ஆராத்திரியர், brames, ceux qui

ஆராப்பத்தியம்,(ஆரா), diète sévère, bagatelle. [fleurs, bosquet.

*ஆராமம், (arâma), jardin de

ஆராயாமை, *n.v.nég. d'*ஆராய்கிறது, inconsidération, négligence à chercher.

ஆராயுதல், *P.* ஆராய்தல்.

ஆராய்கிறது, ய்ந்தேன், ய்வேன், ய், ய, *v.a.* considérer attentivement, examiner avec soin, rechercher, faire des perquisitions, méditer, contempler: ஆராய்ந்துகொள்ளுகிறது considérer, rechercher, examiner soigneusement; —பறிக்கிறது choisir, trier; —பார்க்கிறது bien considérer, regarder attentivement tout autour, être circonspect; —பெறுகிறது acquérir par son application; கருத்தோடாராய்கிறது méditer, ruminer dans son esprit.

ஆராய்ச்சி, *n.v.du préc.* recherche, examen, considération, chef des employés de police, shérif, intendant:—மணி cloche à la porte du palais que sonnent ceux qui demandent justice; —மணியாட்டுகிறது,—மணியடிக்கிறது la sonner.

ஆராய்தல், *n.v.d'* ஆராய்கிறது, recherche exacte, examen soigné, connaissance.

ஆராய்ந்து, *gér.d'* ஆராய்கிறது.

ஆராய்ந்தோர், *n.app.d'* ஆராய்கிறது, les sages, ceux qui examinent tout attentivement.

ஆராய்வு, *V.* ஆராய்தல்.

ஆரார், (ஆர், ஆர்), qui en particulier? ஆராருக்குக்கொடுத்தான் à qui a-t-il donné? désignez les en particulier; ஆராருக்குப்பொதுமனிதனுயிருக்கிறீர் de qui êtes-vous le médiateur?

*ஆராலிகன், (ârâlika), cuisinier.

ஆரால், certain poisson, espèce d'anguille:—க்கத்தி poignard tortu.

*ஆராவம், (ârâva), bruit, son.

ஆரி, 1° (ஆரம்), *V.* ஆரமாலையன். 2° *(hâri), excellence, guirlande, bramine, perle.

*ஆரிடம், ஆரிஷம், (ârcha), chose qui a rapport aux richis ou pénitens, œuvres—, paroles des richis, livre sacré, traité de morale et d'observances religieuses, science, traité scientifique, offrande, sacrifice, terrain glissant; *ou* ஆரிடமணம் espèce de mariage dans lequel le père reçoit de l'époux, en échange de la fille, un bœuf et une vache ou une paire de chacun de ces animaux. [Djaïnas, pénitens, ermites.

*ஆரிடர், *pl.* (*id.*), Samanéens ou

*ஆரிதம், (hârita), un des 18 traités de lois indiennes, composé par Hâriden.

ஆரியக்கூத்து, (ஆரியன்), danse de jongleur, de marionettes.

ஆரியச்செய்யுள், (ஆரியம்), vers sanscrit. [te, —jolie.

ஆரியப்பாவை, (*id.*), statue pein-

*ஆரியபுத்திரன், (ஆரியன்), mari, fils de gourou.

*ஆரியம், (ârya), le pays situé entre les monts Himalaya et Vindia; d'autres disent, mais probablement par erreur, entre les monts Himalaya et le Podia, le sanscrit ou langage du nord, beauté, bonheur, or, objet, ustensile. [hypocrite.

*ஆரியரூபன், (ஆரியன்), trompeur,

ஆரியவராடி, (ஆரியம்), espèce de chant doux et harmonieux.

ஆரியவேளாகொல்லி, (ஆரியம், வேளா, கொல்லி), autre espèce de chant doux et harmonieux.

*ஆரியன், *pl.* ஆரியர், (ârya), prêtre, gourou, précepteur, espèce de brame, poète, supérieur, médecin, homme savant, soleil, Ayénar ou ஐயனுர் fils d'ஆரியை, habitant du pays dit ஆரியம்,ou du pays au nord du fleuve சரசுவதி, musulman, barbare, pantomime,jongleur, bateleur.

*ஆரியை, (ârya), Parvadi, Kâli, Tourkei: ஆரியைதனயன் le fils d'ஆரியை ou Parvadi, savoir: Soupramanien, Vinâyaguen, Virapattiren ou Vayiraven.

ஆரிருள்,(ஆர்),ténèbres épaisses.

ஆரீரம்,(id.), un peu d'humidité.

*ஆரு,1° (ârou), cruche, cochon, crabe. 2° imp.et part.fut.d'ஆருகிறது

*ஆருகதம்,(ârhata), la secte d'அருகன் ou des Samanéens,l'arbre நாவல். [manéen,sectateur d'அருகன்.

*ஆருகதன்,pl. ஆருகதர், (id.), Sa-

ஆருகிறது, P.ஆர்கிறது.

*ஆருணி,un des 32 உபநிஷதம்.

ஆருதல்,P.ஆர்தல். [tellation.

*ஆருத்திரை, (ârdrâ), la 6me cons-

ஆருபதம்,airain,cuivre.

ஆருப்பியம்,minerai de plomb.

ஆரும், 1° (ஆர், உம்), qui que ce soit, tous: ஆருமில்லை personne. 2° part.fut.d'ஆர்கிறது.

ஆருவம்,eau.

ஆருழலை, (ஆர்), grande chaleur, soif ardente: — ப்படுகிறது être tourmenté de la soif, —brûlé par la chaleur.

*ஆருடம்,(ároûdha), montée, action de monter,astrologie: —பார்க்கிறது faire l'astrologue, prétendre prédire par l'astrologie.

*ஆருடன், (âroûdha), monté sur; ஆருடனாகி étant monté.

ஆருபம்,continuation,désaccord.

ஆரோ,figuier.

ஆரை,1° acc.d'ஆர்.2° s. natte de paille, mur, sorte de plante aquatique,marsilea quadrifolia: ஆரையிலைக்கறி potage de feuilles de cette plante;—ப்பற்றி espèce de gros lézard, lacerta iguana; ce nom lui vient, dit-on,de ce qu'on le prend pour escalader les murs; வறஆரை sorte de plante médicinale,marsilea minuta.

ஆரோ,(ஆர்,ஓ), qui?je l'ignore: அவனாரோ je ne sais qui il est; ஆரோஒருவன் ou ஒருமனிதன்வந்தான் un je ne sais qui,ou un homme que je ne connais pas est venu.

*ஆரோகணம்,(ârôhana), montée, ascension, marche d'escalier—, escalier en pierre, varangue, échelle: ஆரோகணகதி monter la gamme sur un luth;—சுரம் monter la gamme, gamme.

*ஆரோகம், (ârôha), montée, ascension, mesure, le derrière, longueur, poids, milieu du corps—, ceinture de femme.

*ஆரோக்கியம், (ârôgya), santé, bon état: —உள்ள bien portant;—ஆயிருக்கிறது être bien portant,salutaire, bon à la santé; ஆரோக்கியஸ்நானம் bain après la convalescence.

ஆரோசை,(ஆர்),la voix contralto.

*ஆரோபணம், (ârôpana), ascendant, supériorité, ascension, action de monter, d'élever, de prouver, de confier, de planter, de bander un arc, excès de quelqu'humeur.

*ஆரோபம்.(ârôpa), méprise,quiproquo, action de monter, de placer, de montrer.

ஆரோபிக்கிறது,பித்தேன்,பிப்பேன்;பி,பிக்க, v.a. (ஆரோபம்), accuser faussement, se méprendre, attribuer à une chose les qualités d'une autre, faire l'application d'une fable, en indiquer le sens moral,placer,une humeur prévaloir.

*ஆரோபிதம்,(ârôpita), ce qui a fait, dressé,arrêté, placé, chose faite,dressée,arrêtée,placée.

ஆரோபித்தல், ஆரோபிப்பு,n. v.de ஆரோபிக்கிறது, placement, imputation,fausse accusation,méprise.

ஆர்,1° pro.interrogatif, m.f. sing. et pl.qui? lequel? ஆரங்கே qui est là? Il se met devant le verbe à un temps personnel, ou bien après l'appellatif terminé par அவன்.Ex. ஆரிதைச்செய்தான் ou இதைச்செய்தவனார் qui a fait cela? உன்னையடித்தவர்களார் qui sont ceux qui t'ont battu? ஆரும் tous; ஆருமில்லை personne; ஆருங்காணுதகாரியம் chose que personne n'a vue;avec ஓ V. ஆரோ. 2° *imp. et part. fut. d'*ஆர்கிறது, remplis-toi, plein, rempli.3° *s.* les arbres ஆத்தி et கொன்றை, fil, tranchant, pointe (d'une arme), sirop, terre, splendeur, plénitude, intérieur de char,—de voiture, rais de roue, confiance.‖*V.* அஞ்சுருவாணி.4° terminaison de l'honorifique dans les noms et du pluriel des noms appellatifs. *Ex.*தகப்பனார் père;தாயார் mère;திணிதோளார் ceux qui ont de fortes épaules. 5° terminaison de la 3me pers. du pluriel, et de l'honorifique. 6° *P.* அரும், *adj. d'*அருமை,difficile, rare.

ஆர்கதி,poivre long,piment.

ஆர்கணம்,(ஆர்,), flèche aigue.

ஆர்கலி,(ஆர்,கலி), mer,pluie.

ஆர்கலிவாரணம், (ஆர்கலி), éléphant blanc.

ஆர்கிறது, ர்ந்தேன், ர்வேன்,ர்,ர, *v. n.et a.. ou* ஆர்ந்திருக்கிறது, abonder,être plein,être enclin à,se joindre,être uni, être porté,jouir,posséder, avoir, joindre, boire, manger, s'arrêter:ஆர்ந்தமர்ந்துசெய் *ou* ஆரவமரச்செய் agissez avec une ardeur calme, pressez-vous lentement; சரீரத்துக்கார்ந்திருக்கிறசங்கிலி chaine qu'on porte sur soi.

ஆர்க்கண்ணியன்,(ஆர்,கண்ணி), *V.*ஆரமாலையன்.

ஆர்க்கம்,sang,mérite,valeur.

ஆர்க்கிறது,ர்த்தேன், ர்ப்பேன், ர், ர்க்க,*v.a.* se revêtir,habiller,dresser, ranger, diriger, lier, joindre, faire du bruit, retentir, combattre, briller: ஆர்த்துப்பேசுகிறது parler haut,vociférer; —கூப்பிடுகிறது crier fort,appeler à haute voix; வாயாலார்க்கிறது crier, rendre un son par la bouche.

ஆர்க்கு,espéce de poisson.

*ஆர்க்குவதம், (ârgbadha), l'arbre கொன்றை.

ஆர்க்கை,*n.v. d'*ஆர்க்கிறது, lien, attache, action de lier,fétu, paille.‖ *V.*வரிச்சு.

*ஆர்ச்சவம்,(ârdjava), vérité,droiture,simplicité.

*ஆர்ச்சனம், ஆர்ச்சனை,ஆர்ச்சிதம்,(அருச்சனம், அருச்சிதம்), acquisition, accumulation, conservation, hospitalité, festin donné aux hôtes, civilité de départ ou à ceux qu'on rencontre, salut.

ஆர்தல், *n. v. d'*ஆர்கிறது, être plein, plénitude, possession, jouissance, séjour,pause,action de boire, de manger,de s'arrêter,de joindre.

ஆர்துபம்,*V.*அரத்தை.

*ஆர்த்தபம், (ârttava), règles des femmes. [lamentation.

*ஆர்த்தநாதம், (ஆர்த்தர், நாதம்),

*ஆர்த்தர்,*pl.* (ârtta), gens affligés, pauvres,dans la détresse,les grands, les yoguis.

ஆர்த்தல்,*n.v.d'*ஆர்க்கிறது, habillement, bruit, retentissement, clameur, guerre, combat, splendeur, éclat,action de lier,de joindre.

*ஆர்த்தவம்,(arttava), fleur.‖*V.* ஆர்த்தபம். [roi சோழன்.

ஆர்த்தார்கோன், (ஆர்க்கிறது), le

*ஆர்த்தி,(ârtti), 1° joie,désir, bout de l'arc.2° *gér.d'*ஆர்த்துகிறது.3° *ou*

*ஆர்த்திகை,(ஆர்த்தி,kâ),malheur, peine.

*ஆர்த்தியம்,(ârghya).miel sauvage.

*ஆர்த்திரகம்,(ârdraka), *ou*

*ஆர்த்திரசாகம், (ârdra *humide*), gingembre vert.

ஆர்த்து, 1° *gér. d'*ஆர்க்கிறது. 2° *imp. d'*ஆர்த்துகிறது.

ஆர்த்துகிறது, த்தினேன், த்துவேன்,த்து, த்த, *v.a. d'*ஆர்கிறது, remplir,accomplir, faire manger.

ஆர்த்துகை, *n.v. du préc.* action complète, convenance.‖*ou*

ஆர்த்துதல்,*n.v. du même*, action de remplir,de faire manger, accomplissement.

ஆர்ந்து,*gér.d'*ஆர்கிறது.

ஆர்பதம்,ombre,scarabée.

ஆர்ப்பதம்,jus,humidité,vert.

ஆர்ப்பரவம், (ஆர்ப்பு, அரவம்), grand bruit.

ஆர்ப்பரிக்கிறது, ரித்தேன், ரிப்பேன்,ரி,ரிக்க,*v.n.*(ஆர்ப்பு, அரிக்கிறது), ou ஆர்ப்பரித்துவாய்விடுகிறது,crier à haute voix, pousser des cris,faire des acclamations, applaudir, commencer: ஆர்ப்பரித்துவிழுந்துவெட்டுகிறது se jeter sur l'ennemi en poussant un houra et sabrer ce qui se présente.

ஆர்ப்பரித்தல், ஆர்ப்பரிப்பு, *n.v. du préc.ou* ஆர்ப்பாட்டம், cri, houra, acclamation, commencement: ஆர்ப்பரிப்புபண்ணுகிறது, ஆர்ப்பரிப்புடனே கொக்கரிக்கிறது, *V.* ஆர்ப்பரிக்கிறது.

ஆர்ப்பு, *n.v. d'* ஆர்க்கிறது, lien, grand bruit, tumulte, combat, ris, choses fines,—délicates.

ஆர்மதி,(ஆர்,மதி), crabe, le signe du cancer. [chant,muraille.

ஆர்மை,(ஆர்,மை), pointe, tran-

ஆர்வம்,amour, affection,don fait par affection ou autre sentiment naturel et interessé,désir, enfer, toile, habit,son,bruit: ஆர்வமொழி figure de rhétorique qui exprime l'affection. [mari,ami.

ஆர்வலன்,(ஆர்வம்,அலம்),amant,

ஆர்வு, 1° *P.* ஆராய்வு, recherche exacte. 2° *n.v.d'* ஆர்கிறது, plénitude, action de manger,de boire.

ஆர்வை, natte de jonc ou de paille.

*ஆலகண்டன், (ஆலம், கண்டம்), celui dont le cou porte encore les marques du poison, *i.e.* Siven, qui avala, dit-on, le poison vomi par le serpent வாசுகி.

*ஆலகாலம்,(hâlahâla), *ou* ஆலகாலவிஷம்,poison mortel,poison.

ஆலக்கட்டி,(ஆலம்),vitriol bleu.

ஆலக்கரண்டி, *P.* அகலக்கரண்டி,large cueillère.

ஆலக்கொடிச்சி, (ஆலம்), espèce d'arsenic naturel,orpiment.

ஆலங்கட்டி,(ஆலம்), grêle: —பெய்கிறது grêler,la grêle tomber.

ஆலங்காய்,(ஆல், அம்), fruit vert de l'ஆலமரம். [cet arbre.

ஆலங்கொம்பு, (*id.*), branche de

*ஆலசம்,ஆலசியம்,(âlasa, âlasya), paresse, nonchalence, lenteur,délai: ஆலசியம்பண்ணுகிறது tarder, s'amuser,faire le paresseux.

ஆலத்தி,*P.*ஆரதி, cruche pleine.|| *V.*ஆரதி:—க்காரி celle qui fait la cérémonie de l'âlatti.

ஆலமரம், (ஆலம்), l'arbre banian,ficus bengalensis.

ஆலமர்கடவுள்,(ஆல்,அமர்தல்), le dieu prétendu qui habite sous l'arbre banian,*i.e.*Siven. [bleu.

ஆலமுடையோன்,(ஆலம்), vitriol

ஆலமுண்டோன், (*id.*), celui qui a bu le poison de வாசுகி,*i.e.*Siven.

ஆலம்,1° les arbres ஆலமரம் et புன்கமரம், eau, pluie, mer, fleur épanouie, plomb, étain, carquois. 2° *(hâla), charrue, barre de fer rouge, champ en labour, poison mortel, venin de serpent, poison, eau mêlée de safran et de chaux. 3° (âla), largeur, orpiment jaune. 4° (ஆல்,அம்), *adj. de* ஆல், de l'arbre banian: ஆலம்பழம், —பால்,—வேர், fruit, lait, racine de banian; —விழுது racine de banian qui descend des branches vers la terre.

*ஆலம்பம், 1° (âlamba), refuge, asyle, support, appui, bâton. 2° *(ஆ, இலம்பம்), ligne perpendiculaire,chose suspendue,pendre.

*ஆலயம்,(âlaya), maison, habitation,temple, église, chapelle, synagogue, pagode, étable à éléphans:—கட்டுகிறது bâtir un temple etc...; —பழுதுபார்க்கிறது le réparer; அவனதற்காலயமாயிருக்கிறான் il est l'homme (*litt.* la maison) propre pour cela.

ஆலலம், *V.* கூறை. [ஆலுதல்.

ஆலல்,*n.v.et opt. d'* ஆலுகிறது,*V.*

ஆலவட்டம்,(ஆலம்), espèce d'éventail qu'on porte devant les grands, et qui sert aussi de parasol: —வீசுகிறது éventer avec cet éventail;—பிடிக்கிறது le tenir, le porter; ஆலவட்டக்காரன் celui qui le porte.

*ஆலவணியம்,(âlavanya),laideur.

ஆலவாரம்,(ஆலம்).champ de riz.

ஆலவாலம், (âlavâla), rizière, champ, carré—, creux à l'entour d'un arbre,qui sert à l'arroser.

ஆலவிருக்ஷம், —விருட்சம், (ஆலம்), *V.* ஆலமரம்.

ஆலனந்தலன், (ஆல், அனந்தல்), celui qui dort sous l'arbre banian, ou sur ses feuilles,*i:e.*Vichnou.

ஆலா,1° espèce d'oiseau.2° *part. nég. d'* ஆலுகிறது.

ஆலாங்கட்டி,*P.*ஆலங்கட்டி.

ஆலாதம், (âlâta *ou* அலாதம்), tison,brandon.

ஆலாத்தி,*P.*ஆரதி.

ஆலாத்து,amarre, haubans, vaisseau,certain oiseau,corde d'une des voiles des navires.

ஆலாத்துகிறது, த்தினேன், த்துவேன்,த்து,த்த. *v.n.* crier.

ஆலாத்துதல்,*n.v.*cri.

*ஆலாபம்,(âlâpa),babil.‖*ou* [tion.

*ஆலாபனம் (âlâpana), conversa-

ஆலாபிக்கிறது, பித்தேன், பிப்பேன்,பி,பிக்க,*v.n.*ஆலாபித்தல்,*n.v.* (ஆலாபம்), converser, babiller.

ஆலாலம், poison,chauve-souris.

*ஆலானம், (âlâna), lien, corde, poteau auquel on attache un éléphant.

ஆலி,1° grêle, pluie, goutte de pluie, vent, nectar, toddi, callou. 2° *(âli), compagne, race, famille, élévation de terre qui partage une rizière, ligne, choses venimeuses 3° *imp.de*

ஆலிக்கிறது,லித்தேன், லிப்பேன், லி,லிக்க,*v.n.*se réjouir, être joyeux, —content,pleuvoir: ஆலித்தெழுந்திருக்கிறது se lever joyeux.

ஆலிக்கை,*n.v.du préc.*joie.

*ஆலிங்கனம்,(âlingana), embrassement,caresses conjugales:—பண்ணுகிறது embrasser,serrer dans ses

*ஆலிஞ்சரம்,*V.*அலிஞ்சரம்.[bras.

ஆலித்தல்,*n.v.d'* ஆலிக்கிறது,joie, petite pluie.

*ஆலிந்தம், (அலிந்தம்), terrasse, banc de pierre ou de terre, cour,rehaussement de terre autour des maisons.

ஆலிலை, (ஆல், இலை), feuille de l'arbre banian: ஆலிலையிற்றுயின்றோன்,*V.*ஆலனந்தலன்.

*ஆலீடம்,(âlidha), attitude d'un chasseur qui tire le pied droit avancé et le gauche retiré (ou selon d'autres), attitude où le pied droit est courbé et le gauche avancé.

*ஆலீனகம்,(âlinaka),zinc,plomb.

*ஆலு,1° (âlou), cruche.2° *imp.et part. fut.de*

ஆலுகிறது, ன்றேன், லுவேன், லு,ou ல்,ல,*v.n.*être complet, branler, s'agiter, danser, rendre un son, le paon crier, atteindre, approcher, être suspendu.

ஆலுதல்,*n.v.du préc.*mouvement, agitation, danse, bruit, retentissement, cri du paon,approche,atteinte,être suspendu.

ஆலெலூலெ, futilité, mot de mépris et de blâme: —யென்கிறது,—யென்றலப்பிக்கொண் டிருக்கிறது jaser,babiller. [tre.

*ஆலேகனம், (ஆ,இலேகனம்),let-

*ஆலேகனி,(ஆ, இலேகனி), stylet —, roseau à écrire,pinceau.

*ஆலேபம், ஆலேபனம்,(ஆ,இலேபம்,இலேபனம்), onguent,onction.

ஆலை,1° moulin à sucre, canne à sucre, jus de cette canne, manufacture, filature etc.. espèce de torture dite கிட்டி.2° *(hâlâ), toddi, callou, liqueur enivrante. 3° *P.*ஆலாய்,2° *pers.sing. nég. d'*ஆலுகிறது:—பாய்கிறது flotter, vaciller, être agité,ballotté,incertain:—மாலை vexation;—யாடுகிறது le moulin marcher, le jus de la canne à sucre être exprimé; —யாட்டுகிறது l'exprimer,faire aller le moulin.

*ஆலையம்,*P.*ஆலயம். duré.

ஆலைவாய்,(ஆலை), la ville de Ma-

*ஆலோகம்,(âlôka), rayon, lumière, flatterie, civilité.‖*ou* [gard.

*ஆலோகனம்,(âlôkana), vue, re-

*ஆலோகன், (ஆலோகம்), homme intelligent.

*ஆலோசனை,(âlôtchana),conseil, avis, délibération, consultation:—பண்ணுகிறது, —செய்கிறது délibérer, réfléchir, tenir conseil;—சொல்லுகிறது conseiller, donner des avis; —கேட்கிறது consulter, demander conseil;—க்காரன், —கர்த்தன், —சங்கத்தான் conseiller;—சங்கத்தார் l'assemblée des conseil-

lers, les conseillers; என்தலைகாணியோடாலோசனைசெய்யட்டும் laissez moi consulter mon oreiller, ou réfléchir durant la nuit.

ஆலோசிக்கிறது, சித்தேன், சிப்பேன்,சி,சிக்க,*v.n. et* ஆலோசித்தல், *n.v.* (ஆலோசனை), délibérer, réfléchir, tenir conseil: ஆலோசியாமல் sans réflexion, sans délibération.

*ஆலோடனம், (âlôdana), mélange, mixtion.

*ஆலோலம், (âlôla), murmure de l'eau,bruit pour chasser—, action de chasser les oiseaux,mélange.

*ஆலோலிதம்,(âlôlita), joie, plaisir,désir: ஆலோலிதமுகம் visage—, air joyeux, — épanoui; — முகமாயழைக்கிறது appeler—, inviter d'un air joyeux.

ஆலோன்,(அல்லோன்), lune.

ஆல்,1° l'arbre banian ou ஆலமரம், affirmation,oui: ஆல்போல்தழைத்துஅறுகுபோல்வேரோடி மூங்கில்போல்சுற்றமுசியாமல்வாழ்ந்திருப்பீர் puissiez-vous prospérer et vous étendre comme les branches du banian,prendre racine comme le chiendent, être comme le bambou entouré d'une nombreuse parenté, (souhait de noces); ஆலும்வேலும்பல்லுக்குறுதிநாலுமிரண்டுஞ்சொல்லுக்குறுதி une bûchette de banian ou d'acacia arabica fortifie les dents dont on les frotte, de même une citation du நாலடியார் ou des குறள் donne du poids à ce que l'on dit. 2° *imp.et part. fut. d'*ஆலுகிறது.3° terminaison de l'ablatif causatif, qui exprime la cause ou l'intrument: வியாதியாற்செத்தான் il est mort de maladie; கத்தியாலறுத்தான் il a coupé avec un couteau. 4° particule explétive qui se met à la fin des mots et ne signifie rien: யாதானுநாடாமாலூராமாலென்னொருவன்சாந்துணையுங் கல்லாதவாறு l'homme instruit trouvant partout sa ville et son pays natal, comment peut-on rester jusqu'à la mort sans s'instruire? 4° terminaison du conditionnel si. *Ex.* செய்தால் si on fait;செய்யாதால் si on ne fait pas.

ஆல்மேற்புல்லுருவி, (ஆல்,மேல்,புல்லுருவி), plante parasite du banian,epidendrum.

ஆல்வாடுகிறது, (ஆல், வாடுகிறது), chauffer—, sécher un peu.

ஆல்வாட்டு,(ஆல்வாடுகிறது), chose séchée au soleil et ensuite rafraichie à l'ombre.

ஆல்வாட்டுகிறது,(ஆல், வாட்டுகிறது), *v.a.*rafraichir à l'ombre ce qui a séché au soleil, vanner le grain:ஆல்வாட்டினநெல்லு *ou* ஆல்வாட்டுப்பதமானநெல்லு riz séché au soleil et refroidi convenablement à l'ombre.

ஆல்வு,extension, diffusion,ce qui s'étend,ce qui est large,—vaste,perte: ஆல்வாய்ப்போகிறது s'étendre, s'élargir, se répandre, être large, se perdre:—போகிறநதி large fleuve.

ஆல்வேற்றுமை,(ஆல்), le cas terminé en ஆல்,l'ablatif causatif.

*ஆவகம்,(âvaha), un des 7 vents de la fable.

*ஆவகை,(âpagâ), rivière.

ஆவசம்,un des 7 nuages de la fable dit ஆவதம்.

*ஆவசதம்,(âvasatha), maison.

*ஆவசியகம், ஆவசிகம், ஆவசீகம், ஆவசியம், (அவசியம்), chose nécessaire, amour, grande affection:—ஆனவன் homme nécessaire;எனக்கது —,j'en ai besoin.

ஆவசீவானம்,*P.*யாவச்சீவம்.

ஆவடுதுறை,(ஆவடு), bourg appelé திருவாவடுதுறை.

ஆவட்டங்கொட்டுகிறது,(ஆ, வட்டம்),*V.*ஆவாய்க்கத்துகிறது.

ஆவட்டை,nom d'un plante.

ஆவணம்,1° la 7me constellation, signe, amitié, intimité, propriété, titres de propriété,billet de vente,—de vente d'esclave,autel ou place de statue au milieu d'un char de procession, rivage.2° **P.*ஆபணம்,rue, marché,rue du bazar.

ஆவணி,le mois d'Avani, dont le

commencement arrive à la mi-août, la 23me constellation.

*ஆவணியம்,ஆவணீயம், (ஆவணம்), marché,rue du marché.

ஆவதம், P. ஆவர்த்தம், un des 7 nuages de la fable, celui qu'on prétend donner de l'eau.

*ஆவதத்தம், 1° (âpad ஆபத்து, அத்தம்), ce qu'on a mis en réserve pour le temps de la nécessité. 2° P. ஆவர்த்தம் un des 7 nuages de la fable; V. ஆவதம்.

ஆவது,*n.v. du fut. d'*ஆகிறது. 1° ce qui sera, ce qui doit arriver, ce qui est:பாவமாவதென்ன qu'est-ce que le péché?கர்த்த ரானதுமாவது மறிவார் Dieu connait le passé et le futur. 2° il se met par élégance pour terminaison du nominatif et équivaut à l'article le, la. *Ex.* பாவமாவது le péché.3° Ajouté aux noms de nombre il en fait des adverbes ordinaux.*Ex.*முதலாவது premièrement:இரண்டாவது secondement. 4° répété il signifie ou, soit. *Ex.*இவனாவது அவனாவது soit celui-ci, soit celui-là. 5° après un nom verbal terminé en அது ou un nom précédé d'un participe, il signifie voici, savoir, ce qui suit.*Ex.* அவன்சொன்னதாவது voici ce qu'il a dit; நீயெழுதினவபத்தமாவது voici la fausseté que tu as écrite. 6° quelquefois on peut le traduire par remède, aide, avantage. *Ex.*அதிலேயாவதில்லை il n'y a pas de remède à cela, on ne peut y rien faire; அதிலுனக்காவதென்ன quel avantage avez vous à cela'que vous en reviendra-t-il?

ஆவத்து,P.ஆபத்து: ஆவத்தைக்கடந்துபோகிறது échapper au danger,au malheur.

ஆவநாழி,(ஆவம்), carquois.

ஆவம்,l'arbre odoriférant குங்குமமரம்,carquois,corde d'arc.

*ஆவரகம்,(âvaraka), rideau, couverture,couvercle.

*ஆவரணம்,(âvarana),forteresse, mur, abri, cachette, haie, défense, bouclier, lance, flèche, couverture, manteau,habit, toile: ஆவரணசத்தி état qui empêche de distinguer Dieu,l'âme et le corps.

ஆவரி,flèche.

ஆவளை,P.ஆவிரை.

*ஆவர்த்தகம்,(ஆவர்த்தம், ka), inquiétude, trouble, tournoiement, tourbillon, poil du cou.‖V.மயிர்முடி ou சுழி.

*ஆவர்த்தம்,(âvartta), tourbillon, tour en rond, tour—,boucle—, toupet de cheveux ou de poils.‖V. ஆவதம்.

*ஆவர்த்தனம், (ஆவர்த்தம், na), tourner,mélanger,faire tourner, —fondre,habitude,amitié.

ஆவலங்கொட்டல், (ஆவலம்), cri d'exclamation poussé par étonnement en frappant des mains ou en sautant.

ஆவலம்,enclos près d'une maison,cour de derrière.

ஆவலன்,*pl.*ஆவலர்,(ஆவல்), ami, amant,mari,maitre.

ஆவலாதி,(ஆவல்,ஆதி), mauvaise réputation,mauvais bruit,—renom, diffamation, flétrissure, infamie, crime, matière criminelle, désir, affliction: —க்காரன் diffamateur, homme médisant, vaurien; —சொல்லுகிறது, —படுத்துகிறது, —தூறுகிறது diffamer, répandre de mauvais bruits sur, flétrir la réputation, calomnier; —படுகிறது être diffamé,décrié,être le sujet de mauvais bruits; —பண்ணுகிறது commettre un crime, s'attirer un mauvais renom;—யாய் d'une manière infâme,— flétrissante;—வருவிக்கிறது attirer une mauvaise réputation

*ஆவலி,1° (âvali), ligne, ordre, rang,suite,famille.2° *imp.de*

ஆவலிக்கிறது, லித்தேன், லிப்பேன்,லி,லிக்க,*v.n.*ஆவலித்தல்,*n.v.* (ஆவல்), pousser des cris de joie, des houras, désirer,bailler.

ஆவலிப்பு,*n.v.du préc.ou*

ஆவல், désir, cupidité, avidité, courbure, forme d'arc: —ஆயிருக்கிறது,—ப்படுகிறது désirer, être désireux; —க்காரன் homme avide, qui désire;ஆவலைவெறுக்கிறது renoncer à ses désirs,à la concupiscence,se mortifier.

ஆவளி,P. ஆவலி, 1° ligne, ordre, rang.2° calomnie,fausseté,doute, incertitude:—ச்சேவகம் état, emploi incertain;—ப்பேச்சு discours sans fondement,sans ordre.

ஆவளிக்கிறது, ளித்தேன், ளிப்பேன்,ளி,ளிக்க,v.a.ஆவளித்தல்,n.v. (ஆவளி), régler,mettre en ordre, désirer,bâiller.

ஆவறி,grand désir,affliction.

*ஆவாகனம்,(ஆ,வாகனம்), prétendue transfusion de la divinité dans une statue par la consécration, évocation,érection, établissement.

ஆவாகிக்கிறது, கித்தேன், கிப்பேன்,கி,கிக்க,v.a. ஆவாகித்தல்,n.v. (ஆவாகனம்), établir, ériger, évoquer, prétendre faire la transfusion susdite. [habitation.

*ஆவாசம், (ஆ, வாசம்), maison,

ஆவாட்டுகிறது,P. ஆல்வாட்டுகிறது, vanner du blé.

*ஆவாபம், (âvâpa), bracelet, espèce de danse, grain pour semer, carreau de jardin.‖V.ஆலவாலம்.

*ஆவாபனம், (âvâpana), estille de tisserand, corde qu'on attache à la bouche du cheval.

ஆவாய்க்கத்துகிறது, (ஆ,வாய்), aller çà et là en disant non. [கை.

ஆவாரை,V. ஆவிரை,et நிலவா

ஆவாலம், 1° chauve-souris. 2° *(âvâla), V.ஆலவாலம்.

ஆவி,1° vapeur, exhalaison, fumée, vent, odeur, respiration, vie, esprit, âme, le Saint-Esprit (surtout parmi les Protestans), voyelle, chaleur, étang,gâteau cuit à la vapeur. 2° *imp.et part. fut. d'*ஆவிக்கிறது:—விடுகிறது respirer, expirer; —வீசுகிறது s'évaporer, exhaler une odeur;—வாங்குகிறது prendre haleine;—புறப்படுகிறது,—கிளம்புகிறது s'exhaler,(la vapeur,l'odeur),sortir, s'élever; — போகிறது expirer; —கிளம்ப *ou* புறப்படஅவிக்கிறது distiller, extraire les esprits des simples etc...

ஆவிக்கிறது,வித்தேன், விப்பேன், வி,விக்க,(ஆவி), v.n.bâiller,désirer.

ஆவிடை,figure de Satti.

ஆவிடையார்,P.ஆவுடையார்.

*ஆவிதம்,(âvidha),foret,vrille.

ஆவித்தல்,n.v.d'ஆவிக்கிறது,bâillement,excitation,désir.

ஆவிபதம்,œuf de pigeon. [டி.

ஆவிபத்தம், la plante பேராமுட்

ஆவிபத்திரம்,(ஆவி), tabac à fumer. [obtenue par distillation.

ஆவிப்பதங்கம், (ஆவி), substance

ஆவியம்,(ஆவி),vie,force du corps.

ஆவியர்,pl.chasseurs,cultivateurs.

ஆவியேற்றம், (ஆவி,ஏற்றம்), soupir. [*adj. d'*ஆவிரை.

ஆவிரம்,1° village de bergers. 2°

*ஆவிருத்தி,(ஆ,விருத்தி),cercle entier, tour, tourner, naître tour à tour, coutume,fois: இரண்டாவிருத்தி 2 fois.

ஆவிரை, l'arbrisseau cassia auriculata, on s'en sert en médecine et pour tanner:ஆவிரம்பூ sa fleur;ஆவிரங்காய் son fruit. [propreté.

*ஆவிலம்,(âvila),eau trouble, mal-

ஆவிவெந்தை,(ஆவி), gâteau cuit à la vapeur d'eau.

ஆவினன்குடி,(ஆ,இனன்), la ville nommée திருவாவினன்குடி et பழனி,où, selon les gentils, la vache et le soleil avec la terre et la foudre adorèrent Dieu;demeure de la vache et du soleil. [lait de vache.

ஆவின் , *gén. de* ஆ: ஆவின்பால்

ஆவீதம், (âvita), triple cordon, cordon bramanique.

ஆவுடையார், (hâ *copulation*), le lingam,signe infâme de Siven.

ஆவுடையாள், (*id.*),la partie inférieure de l'infâme lingam représentant le sexe féminin.

ஆவுரிஞ்சி,(ஆ,உரிஞ்சுதல்),*ou* ஆவுரிஞ்சுந்தறி, pieu auquel les vaches se frottent.

ஆவென்கிறது, v. n. (ஆ, என்கிறது), ஆவெனல்,n.v.dire ah! en signe de pitié, bâiller,ouvrir la bouche:ஆ

வென்றுவாயைத்திறக்கிறது bâiller et dire ah! ce qui est une marque de désir, d'anxiété: ஆவென்றுசீவன்போகிறது rendre le dernier soupir. [cipitation,désordre,perplexité.

*ஆவேகம்,(ஆ,வேகம்), hâte, pré-

*ஆவேசம்,ஆவேஷம்,(âvêsa),possession de démon, spectre, démon, fureur de possédé, transport—, extase d'enthousiaste, passion, déguisement, orgueil, grandeur, concentration de l'âme sur un objet, entrée, porte:—ஏறுகிறது le démon s'emparer de quelqu'un; —வருகிறது le démon, la furie, l'enthousiasme s'emparer de quelqu'un; அவன்மேலேபிசாசாவேசமாயிற்று le démon s'est emparé de lui,il est possédé.

*ஆவேசனம், (âvêsana), rue des sculpteurs, ou des peintres, atelier, manufacture,colère,orbite—,disque du soleil,entrée,porte.[vive,visiteur

*ஆவேசிகன், (âvêsika), hôte,con-

*ஆவேஷ்டகம்,ஆவேட்டகம்,(âvèchtaka), haie, clôture.

*ஆவேஷ்டனம், ஆவேட்டனம், (âvèchtana), tourner,environner.

*ஆவேதகன்,(âvêdaka), plaideur.

ஆவேலி,(ஆ), étable à vache, éta-

ஆவை, *acc. de* ஆ,vache.... [ble.

ஆவோ, *int. d'admiration et de pitié*,oh, oh!ah!

ஆழம், profondeur, creux, bas, mer, dissimulation, ruse, artifice, subtilité:—ஆன profond; —பார்க்கிறது sonder la profondeur, sonder; —பார்ப்பான் scrutateur, sondeur.

ஆழல்,*n.v.et opt.d'*ஆழுகிறது,couler à fond, s'enfoncer, termite ou fourmie blanche.

ஆழாக்கு,huitième de la mesure dite படி. Sa marque est ஒரு: ஆழாக்கெண்ணெய் un 8me de mesure ou un âjàccou d'huile.

ஆழாழி, (ஆழ், ஆழி), la pleine mer,mer,mer profonde,l'océan.

ஆழி, 1° (ஆழம்), mer, rivage, bord de la mer, bord, cercle, roue de char, et surtout de char d'idole, roue, anneau,bout de la trompe de l'éléphant.2° *imp.de*

ஆழிக்கிறது,ழித்தேன், ழிப்பேன், ழி,ழிக்க, *v.a.* (ஆழம்), enfoncer—, planter—,creuser profondément en terre,fixer solidement.

ஆழிக்கொடி,(ஆழி),corail.

ஆழித்தல்,*n.v.d'*ஆழிக்கிறது.

ஆழிப்படையான், (ஆழி, படை), celui qui a une arme circulaire,*i. e.* Vichnou. [து), Siven.

ஆழியளித்தோன்,(ஆழி, அளிக்கிற

ஆழியன்,1° (ஆழி). Varounen. 2° (ஆழம்), trompeur,homme perfide.

ஆழிவிட்டோன், (ஆழி, விடுகிறது), Siven,Vichnou.

ஆழிவித்து, (ஆழி), perle, *litt.* la semence de la mer.

ஆழிவிரல்,(*id.*),le doigt annulaire.

ஆழிவிளை,(*id.*),espèce de grain.

ஆழிவெம்முரசோன்,(ஆழி, வெம்மை,முரசு), Manmaden, qu'on prétend avoir la mer pour tambour brûlant.

ஆழுகிறது, ழ்ந்தேன், ழுவேன் *ou* ழ்வேன்,ழு *ou* ழ்,ழ,(ஆழம்), *v.n.*être bas, pressé en bas, humble, abaissé, profond,creux,s'enfoncer, s'abaisser

ஆழுதல், *n.v. du préc.* dépression, humiliation,action de s'enfoncer,de s'abaisser.

ஆழ்,*imp.et part. fut.d'*ஆழ்கிறது, profond:—கடல் la haute mer.

ஆழ்கிறது, *V.* ஆழுகிறது.

ஆழ்தல், *V.* ஆழுதல்.

ஆழ்த்தல்.*n.v.et opt. de*

ஆழ்த்துகிறது,த்தினேன், த்துவேன்,த்து,த்த,*v.a.d'*ஆழுகிறது,enfoncer, abaisser, presser dessus,planter profondément en terre,lier,bâtir.

ஆழ்ந்த, *part. parf. d'*ஆழுகிறது, profond:—சமுத்திரம் haute mer;—பேச்சு,—வாக்கு discours—, parole d'un sens profond; —அறிவினையுடையோர் hommes d'une science profonde.[திருக்கிறது être profond.

ஆழ்ந்து,*gér. d'*ஆழுகிறது, ஆழ்ந்

ஆழ்வார்,le faucon கருடன்,les 12 disciples de Vichnou: —பாடல் poème composé par ces disciples en

l'honneur de Vichnou et contenant 4000 strophes,dont chaque millier a un nom particulier.

ஆளகம்,la plante சுரை,courge.

ஆளரி,(ஆள்,அரி),lion mâle.

ஆளம்,(ஆள், அம்), comme மை sert de terminaison à quelques mots dérivés.*Ex.* de தயை bonté vient தயாளம் miséricorde.

ஆளல், *V.*ஆளுகை.

ஆளன், (ஆளுகிறது), 1° il sert de terminaison à bien des noms appellatifs dérivés des noms.*Ex.*de தயை bonté vient தயாளன் miséricordieux,de மணம் mariage vient மணவாளன் l'époux.2° *P.*ஆள்,ஆளன்கிழ்பெண்சாதி femme mariée.

*ஆளாபம், (ஆலாபம்), air, ton qu'on donne.

*ஆளானம்,1° (âlâna), pieu —,poteau pour attacher les éléphans et les autres animaux.2°(hâlâna),charrue.

*ஆளி,1° (âli), ordre,யாளி espèce de lion, lion, le Lion du zodiaque, lion à trompe d'éléphant, espèce de graine, rivage, rive, élévation de terre entre les différentes portions des rizières, espèce de moule, — de conque, coquille, pétoncle. 2° (ஆளுகிறது), gouverneur,maître,celui qui a.Ce mot comme ஆளன் sert de terminaison à bien des noms appellatifs dérivés des noms.*Ex.* de பகை haine, vient பகையாளி ennemi; de மணம் mariage, மணவாளி l'époux,l'épouse. [Manmaden.

ஆளிமுரசோன், (ஆளி, முரசு),

ஆளியூர்தி, (ஆளி, ஊர்தி), les fameuses காளி et துர்க்கை, qu'on prétend avoir pour monture l'animal யாளி.

ஆளுகிறது,ண்டேன்,ளுவேன், *ou* ள்வேன், ளு *ou* ள், ள,*v.a. et* ஆண்டுகொள்ளுகிறது, (avec l'acc.), gouverner, régner, dominer, régir,conduire, diriger, être maître, assujétir:இராச்சியத்தை—, gouverner le royaume; தன்பெண்சாதியை—, gouverner sa femme; இவள்தன்மருமகளையாளத்தெரியாது elle ne sait pas conduire sa bru; ஆளப்பிறந்தவன் celui qui est né pour régner, pour dominer.

ஆளுகை,ஆளுதல்,*n.v.du préc.*gouvernement, pouvoir—, manière de gouverner, régne,royaume,domination,maîtrise,direction.

ஆளொட்டி, (ஆள், ஒட்டுகிறது), cachette, guérite.

ஆளோட்டி, (ஆள், ஓட்டுகிறது), celui qui est chargé de presser les ouvriers.

ஆள்,1° *imp.et part. fut. d'*ஆளுகிறது.2° personne de la très Sainte Trinité, personne, homme fait,—puissant,—influent, — important,esclave, serviteur, domestique, journalier, ouvrier, manœuvre, messager, capable, digne.3° terminaison du f. de la 3me pers. sing. des verbes: ஆளாகிறது devenir un homme, —un homme important, parvenir à l'âge viril;ஆளாகக்கொள்ளுகிறது acheter pour esclave, prendre pour manœuvre; ஆளாகப்போகிறது aller comme ouvrier; ஆளாகவழைக்கிறது appeler pour journalier, chercher des ouvriers; ஆளாக்குகிறது élever, établir, apprendre à se conduire, procurer de l'ouvrage, —le moyen de vivre;ஆளாய்ப்போகிறது devenir grand (même en parlant des arbres), ஆளாயிருக்கிறது être capable, —digne, mériter; ஆளானவன் homme fait, —influent,—éminent: அவனதுக்காளல்ல il n'est pas l'homme qu'il faut pour cela;ஆளுக்கு —,ஆளான்—, ஆளில்ஒருவார்த்தைசொல்லுகிறது dire chacun son sentiment,s'accorder à blâmer quelqu'un de sa conduite; ஆளிலொருபணங்கொடுக்கிறது donner à chacun un fanon,ou chacun son fanon; ஆள்காட்டி,—காட்டிவிரல், —கூட்டுகிறது,—கூலி,—கொல்லி; —கொள்ளுகிறது, voyez le sens de ces mots à l'article ஆட்.

ஆள்கிறது, *V.*ஆளுகிறது.

ஆள்பவன், *n. app. d'*ஆளுகிறது,

gouverneur, directeur, maitre.

ஆள்பிடியன், V. ஆட்பிடியன்.

ஆள்வணங்கி, (ஆள், வணங்குகிற து), l'arbre அரசு, vénéré des Indous. [pha,manhiot.

ஆள்வள்ளி, (ஆள்), manioc, jatro

ஆள்வார், (ஆளுகிறது), maitre, gouverneur, directeur: —இலிமாடு bœuf que son maitre a,par vœu,mis en liberté, après lui avoir appliqué avec un fer chaud, sur les 2 cuisses, la forme d'un trident, et que la superstition nourrit bien partout où il va.

ஆள்வினை,(id.), bravoure, fermeté, exercice, effort: —யுடைமை excellence d'une occupation ou d'un exercice continuel démontré en taisant ses désavantages.

ஆள்விழுங்கி, (ஆள், விழுங்குகிற து), habit long,longue robe.

ஆள்விதம், (ஆள்), portion d'une personne,part,quote-part de chacun

ஆற,inf.d'ஆறுகிறது,avec calme, humblement, modestement: —ப்பேசுகிறது parler avec calme; —க்கட்டுகிறது consoler, apaiser, calmer; —த்தேறச்சொல்லுகிறது consoler et encourager.

ஆறகோரம்,l'arbre கொன்றை.

ஆறங்கம்,(ஆறு,அங்கம்), 1° les 6 systèmes communément appelés சாஸ்திரம்.2° les 6 parties du வேதாங்கம்.

ஆறடிவிருத்தம், (ஆறு,அடி), pièce de vers qui a le தரவு.|| V. கலிப் பா.

ஆறதிகம், V,கல்தார். [பா.

ஆறணியம்,P. ஆரணியம்.

ஆறவிக்கிறது. வித்தேன், விப்பேன்,வி,விக்க,v.n.être rêveur,pensif.

ஆறலே, V.ஆறலேத்தல்.

ஆறலேக்கிறது,லேத்தேன், லேப்பேன்,லே,லேக்க,v.a. (ஆறு, அலேக்கிற து), voler sur le grand chemin.

ஆறலேத்தல்,ஆறலேப்பு,n.v.du préc. vol de grand chemin,pillage.

ஆறல்,n.v.et opt. d'ஆறுகிறது, V. ஆறுதல்.

ஆறறிவுயிர்,(ஆறு, அறிவு, உயிர்), être vivant,—qui a les 5 sens et l'intelligence.

ஆறு,part.nég. d'ஆறுகிறது,insatiable,incurable,qui ne peut se calmer, —s'apaiser, —se refroidir;—ப்பசி faim insatiable; —க்காரியம் résolution, clarté. [débauché.

ஆறுடி,(ஆறு), fripon,brouillon,

ஆறு, 1° (ஆறு,ஆடுகிறது), friponnerie.2° (ஆறு,ஆடு), six brebis.

ஆறுட்டம், anxiété d'un malade qui se tourne et retourne continuellement, tourment de l'agonie: ஆறுட்டப்படுகிறது être fort inquiet, éprouver l'anxiété susdite, ne faire que se tourner et retourner. [rable.

ஆறுத, V.ஆறு:—புண் plaie incu-

ஆறுதாரம், (ஆறு, ஆதாரம்), les 6 régions du corps, qui sont selon les physiologistes indiens: மூலாதாரம் ou குதம் le derrière; சுவாதிட்டானம் ou குய்யம் les parties naturelles;மணிபூரகம் ou நாபி le nombril;அநாகதம் ou இதயம் le cœur et l'estomac;விசுத்தி ou அடிநா la partie inférieure de la langue: ஆஞ்ஞை,ஆக்கினை ou நெற்றி le front.

ஆறுதூறு,(ஆறு,தூறு), mauvais renom, diffamation, calomnie, destruction:—பண்ணுகிறது diffamer, calomnier,détruire.

ஆறுப்பசி,(ஆறு), faim insatiable.

ஆறுமீற்று, (ஆறும், ஈற்று), 6me portée des vaches... ஆறுமீற்றுய்க்கன்றுபோடுகிறது vêler pour la 6me fois. [ன்.

ஆறுமீன்,(ஆறும்,மீன்), P.அறுமீ

ஆறும்,(ஆறு,ஆம்), sixième.

ஆறுயிரம், (ஆறு, ஆயிரம்), six mille. [ment.

ஆறுவது,(ஆறு,ஆவது),sixième-

ஆறுறு,(ஆறு,ஆறு), six fois six, ou 36:ஆறுறாய் de six en six,6 par 6.

ஆறி,gér.—ஆறின,part.parf. d'ஆறுகிறது: ஆறின தண்ணீர் eau refroidie;—புண் plaie guérie,—fermée.

ஆறிரண்டுதோளான், (ஆறு,இரண்டு,தோள்), Soupramanien,qu'on prétend avoir 12 épaules.

ஆறிலக்கணம்,ஆறிலக்ஷணம், (ஆறு), les 6 attributs de Dieu; V. அறுகுணம்.

ஆறிலே,(ஆறு,இலே),six feuilles.

ஆறு, 1° six. Devant les voyelles உ s'élide. *Ex.* ஆறாடு 6 brebis. Lorsqu'il est pris adjectivement, devant un mot qui commence par une consonne, souvent l'initial ஆ devient bref. *Ex.* அறுகலம் six boisseaux. Devant un autre nom de nombre il le multiplie; ainsi: ஆறொன்று six fois un; ஆறிரண்டு six fois deux ou 12; அறுமூன்று 18; அறுநான்கு 24; ஆறைந்து 30; ஆறாறு; 36; அறுபது 60; அறுநூறு 600; ஆறாயிரம் 6000.. En se déclinant il ne double pas le ற். *Ex.* ஆறிலொன்று un sixième. 2° ஆறு, *gén.* ஆற்றின், rivière, fleuve, chemin, route, manière, moyen, régle. *A l'obl. V.* ஆற்றம் *et* ஆற்று: ஆறுகடக்கிறது traverser une rivière; ஆற்றைக்கட்டிப்பாய்ச்சுகிறது barrer une rivière et lui faire arroser les champs; ஆற்றைத்திருப்புகிறது —மடக்குகிறது détourner le cours d'une rivière; இதாமாறுசொல்லு dis-moi comment ou par quels moyens cela pourra se faire. 3° *imp. et part. fut. d'*ஆறுகிறது.

ஆறுகாடு, (ஆறு), 6 forêts.‖*V.* ஆற்காடு.

ஆறுகாட்டி,(ஆறு,காட்டுகிறது), pilote, guide, personne qui montre la route.

ஆறுகிராணி, (ஆறு), 6 espèces de diarrhées, savoir: பித்தக்கிராணி celle qui vient de la bile; உஷ்ண வாதக்கிராணி celle qui provient de la chaleur et de mauvaises humeurs; சிலேட்டுமவாதக்கிராணி diarrhée causée par le flegme et les mauvaises humeurs; மேகக்கிராணி celle qui vient de chaleur intérieure: மூலக்கிராணி dyssenterie; வாதக்கிராணி diarrhée provenant de mauvaises humeurs.

ஆறுகிறது, றினேன், றுவேன், று, ற, *v.n.ou* ஆறிப்போகிறது, se refroidir, se rafraichir, devenir froid, —frais, s'apaiser, se calmer, cesser, se guérir, une plaie se fermer, flotter: ஆறிவருகிறது se guérir, se rafraichir, devenir frais; சாப்பாடாறிப்போகிறது les alimens—, le riz se refroidir; கோபமாறிப்போயிற்று la colère s'est apaisée; ஆறுவதுசினம் la colère doit se calmer; காயமாறிப்போயிற்று la blessure est guérie; புண்ணாறிவருகிறது une plaie commencer à se fermer, à se guérir.

ஆறுகுறுக்கம்,(ஆறு), les 6 abréviations de lettres, savoir: குற்றியலிகரம், குற்றியலுகரம், ஐகாரக்குறுக்கம், ஔகாரக்குறுக்கம், மகரக்குறுக்கம், ஆய்தக்குறுக்கம் abréviations des lettres இ, உ, ஐ, ஔ, ம், ஃ. Voyez en l'explication dans la grammaire.

ஆறுகோணம்,(*id.*), hexagone.

ஆறுசக்கரவர்த்தி,(*id.*), les 6 empereurs ou monarques absolus et indépendans, savoir: அரிச்சந்திரன், நளன், முசுகுந்தன், புருகுற்சன், புரூரவன், கார்த்தவீரியன்.

ஆறுசாஸ்திரம்,(*id.*), les 6 sciences des Indiens, savoir: வேதாந்தம் la théologie indoue; வைசேடிகம் la morale; பாட்டம், les poëmes épiques; பிரபாகரம் les lois cérémoniales; பூர்வமீமாஞ்சை antiquité ou histoire; உத்தரமீமாஞ்சை la logique.

ஆறுதல், *n.v.d'* ஆறுகிறது, consolation, soulagement, allégement, adoucissement, rafraichissement, cessation, fluctuation: —அடைதல், —அடைகிறது être consolé, conforté, obtenir des consolations, du soulagement; —செய்கிறது consoler—, encourager—, soulager de fait: —சொல்லுகிறது consoler de paroles.

ஆறுதானே, (ஆறு), les 6 choses nécessaires à une armée, savoir: தேர் chars; கரி éléphans; பரி chevaux; வாள் sabres; வில் arcs; வேல் javelots ou lances.

ஆறுநாட்டுப்பெருமை, ou நாட்டமைதி, (ஆறு, நாடு), les six causes de grandeur et de prospérité d'un pays, savoir: செல்வம் richesses; விளைநிலம் champs fertiles; செங்கோல் gouvernement équitable; நோயின்மை salubrité; களவின்மை sureté contre les voleurs; பேரின்மை paix

ஆறுபதம், P. அறுபதம்.

ஆறுபருவம், (ஆறு). les 6 saisons de l'année, savoir: கார்காலம் temps du labourage en ஆவணி et புரட்டாசி; கூதிர்காலம் temps du froid en ஐப்பசி et கார்த்திகை; முன்பனிக்காலம் la saison des 1res rosées en மார்கழி et தை; பின்பனிக்காலம் la saison des dernières rosées en மாசி et பங்குனி; இளவேனிற்காலம் la saison des chaleurs tempérées en சித்திரை et வைகாசி; முதிர்வேனிற்காலம் la saison des grandes chaleurs en ஆனி et ஆடி.

ஆறுமலடு, ou கூ-மலட்டுநோய், 6 sortes de stérilité, ou les 6 infirmités qui causent la stérilité des femmes, savoir: வாதபித்தமலடு stérilité venant des mauvaises humeurs et de la bile; கிருமிமலடு celle qui provient des vers dans la matrice; சிழ்மலடு celle qui vient de matières putrides dans la matrice; வாயுமலடு celle qui est causée par des ventosités; ருதகமலடு celle de l'hystérie ou des menstrues; துன்மாம்சமலடு celle qui vient de môle ou de chair morte dans la matrice.

ஆறுமுகன். ஆறுமுகத்தோன், (ஆறு, முகம்). Soupramanien, qu'on prétend avoir 6 visages.

ஆறுறுப்பு, (ஆறு, உறுப்பு), les 6 parties constituantes d'un poème, savoir: எழுத்து les lettres; அசை les syllabes métriques; சீர் les pieds; தளை connexion des pieds entr'eux; அடி les vers; தொடை les rapports des vers entr'eux, tels que rimes etc.

ஆறெட்டு, (ஆறு, எட்டு), 6 fois 8, ou 48.

ஆறை, 1° la ville d'ஆற்றூர். 2° *acc. d'* ஆறு six. 3° *P.* ஆறாய், 2me *pers. nég. d'* ஆறுகிறது.

ஆறைந்து, (ஆறு, ஐந்து), 6 fois 5, ou 30.

ஆற்காடு, *P.* ஆறுகாடு, (ஆறு), la ville d'Arcate, ou Arcot près de Vellore.

ஆற்செபம், *P.* ஆர்ச்சவம்.

*ஆற்பதம், 1° *P.* ஆஸ்பதம், support, aide, appui. 2° *V.* ஆர்ப்பதம்: வயிற்றிலாற்பதமில்லை l'estomac n'a rien qui le soutienne, il est vide, il est affamé.

ஆற்பலம், jus, force.

ஆற்ற, *inf. d'* ஆற்றுகிறது.

ஆற்றடம்பு, (ஆறு, அடம்பு), la plante அடம்பு.

ஆற்றம், *adj. d'* ஆறு: ஆற்றங்கரை rivage, bord de rivière.

ஆற்றலரி, (ஆறு, அலரி), espèce *d'* அலரி ou laurier-rose, polygonum barbatum; c'est l'arbrisseau à fleurs des lieux ou l'on brûle les cadavres. ‖ *V.* செங்கொட்டை.

ஆற்றல், *n. v. et opt. d'* ஆற்றுகிறது, patience, action de souffrir, de consoler, de conforter, de fortifier, de calmer, de faire, de porter, transport, excès, abondance, action, sagesse, durée, stabilité, effort, activité, industrie, puissance, force: ஆற்றுவாராற்றல் பசியாற்ற லப்பசியை மாற்றுவா ராற்றலிற்பின் le devoir des pénitens d'endurer patiemment la faim est inférieur à celui qu'ont les autres d'apaiser leur faim par l'aumône, *i.e.* la charité est préférable à la mortification.

ஆற்றறுத்தல், (ஆற்று, அறுத்தல்), destruction de la force.

ஆற்றா, *part. nég. d'* ஆற்றுகிறது, inconsolable, insupportable, irréparable, impossible: —க்கொலை, —ப்பக்ஷம், —ப்பட்சம் ou

ஆற்றாமை, *n. v. nég. d'* ஆற்றுகிறது, état de désolation, — de ne pouvoir supporter, de ne pouvoir porter, impatience, envie, intempérance, insatiabilité.

ஆற்றாத, *V.* ஆற்றா: — பாவவினை tort—, mal—, injure irréparable, — intolérable.

ஆற்றாதவன், ஆற்றாதான், ஆற்றான், *pl.* ஆற்றார், *n. app. d'* ஆற்றுகிறது, homme mécontent, fâché, impatient, souffrant, vaincu, jaloux, envieux, pauvre, malheureux, troublé, sans consolation, dans la détresse.

ஆற்றி, 1° (ஆற்றுகிறது), consolation, repos, rafraichissement. 2° *gér. d'* ஆற்றுகிறது: — கேடு diminution de force, affaiblissement, désolation.

ஆற்றிடைக்குறை, (ஆறு, இடை), île au milieu d'une rivière, tertre dans un côté du lit d'une rivière, rétrécissement d'une rivière.

ஆற்றிறால், (ஆறு, இறால்), écrevisse de rivière. [கர்ப்பூரசிலாசத்து.

ஆற்றின்வித்து, (ஆறு, வித்து), V. ஆற்று, 1° *obl. et adj. d'*ஆறு. 2° *imp. et part. fut. d'*ஆற்றுகிறது. 3° *n.v. V.* ஆற்றல். 4° *s.* porte d'entrée, entrée, porche d'une maison: ஆற்றுக்கால், (ஆறு), ruisseau, petit ruisseau, canal d'irrigation, qui conduit l'eau d'une rivière dans les rizières;—க்கால்பாய்கிறது le canal d'une rivière arroser les champs; —க்காலாளன், *m.* —காலாளர், *pl.*—க்காலாட்டி, *f.*—க்காலாட்டியர், *f.pl.* cultivateur, cultivatrice de rizières, homme, femme de la caste des Pallers; —ச்செருப்படி la plante heliotropium malabaricum; —நீர் eau de rivière;—நீர்க்கழிவு embouchure de rivière, — நீர்ப்பொருள்கோள் une des 8 sortes d'interprétations, celle qui suit l'ordre des mots, et qui est naturelle comme le cours d'une rivière; —த்தும்மட்டி coloquinte; —நெட்டி la plante நீர்ச்சுண்டி;—ப்பச்சை un des 120 minéraux des Indiens, pierre verte et curieuse, espèce de pierre précieuse;—ப்பாசி la plante aquatique caulinia indica;—ப்பாய்ச்சல், —ப்பற்று irrigation de rivière; இரண்டாற்றுப்பாய்ச்சலாய் *ou* ஆற்றுயிருக்கிறது être environné, arrosé par 2 rivières; —ப்பித்தல் bord d'une rivière;—ப்பூவரசு l'arbre trevia nudiflora; — ப்பெருக்கம் gonflement d'une rivière; — மடை écluse entre une rivière et un canal; —மணல் sable noir, —de rivière; — மல்லிகை jasmin de rivière; — முகத்துவாரம் embouchure de rivière; — முள்ளி chardon de rivière;—மேலழகி la plante celsia coromandeliana; — வாய் embouchure de rivière.

ஆற்றுகிறது, ற்றினேன், ற்றுவேன், ற்று, ற்ற, *v.a.d'*ஆறுகிறது, consoler, conforter, apaiser, calmer, refroidir, rafraîchir, sécher, guérir, supporter, souffrir, endurer, porter, faire, être fort, délier, relâcher ce qui est trop serré: ஆற்றித்தேற்றுகிறது consoler, conforter; ஆற்றப்படுகிறது être consolé, conforté, guéri, adouci, allégé; —ப்போகாது on ne peut calmer, adoucir, faire; இந்தவழியென்னுலாற்றாது je ne puis faire ce chemin, cette marche; இங்கேயிருக்களனக்காற்றாது je ne saurais rester ici; ஆற்றப்படாத, *V.* ஆற்று.

ஆற்றுகை, *n.v. du préc. V.* ஆற்றுதல்.

ஆற்றுக்கக்கரை, (ஆற்றுக்கு, அ *dém.*கரை), l'autre bord de la rivière.

ஆற்றுக்கிக்கரை, (ஆற்றுக்கு, இ *dém.*கரை), ce bord-ci de la rivière.

ஆற்றுணா, (ஆறு, உணா), nourriture de voyage.‖ *V.* கட்டுசோறு.

ஆற்றுதல், *n.v.d'* ஆற்றுகிறது, consolation, adoucissement, action de consoler, de fortifier, d'encourager, d'apaiser, de calmer.

ஆற்றுப்படுத்துகிறது, (ஆறு), mettre dans le bon chemin, conduire, faire la conduite.

ஆற்றுப்படை, *n.v. du préc.* action de mettre dans le bon chemin, de faire continuer son chemin, de se mettre en route, espèce de poème dans lequel on introduit adroitement les louanges du roi.

ஆற்றுமரி, (ஆறு, உமரி), *V.* நீருமரி.

*ஆற்றுமம், ஆற்றுமா, *P.* ஆத்துமம், ஆத்துமா.

ஆற்றூர், (ஆறு, ஊர்), la ville d'Attoûr dans le Carnatic.

ஆற்றுவான், *n. app. d'*ஆற்றுகிறது, consolateur, celui qui encourage, pénitent: ஆற்றுவாருமில்லைத்தேற்றுவாருமில்லை il n'y a personne pour consoler ni pour encourager.

ஆற்றுவிக்கிறது, வித்தேன், விப்பேன், வி, விக்க, *v. caus. d'*ஆற்றுகிறது, faire consoler, encourager, consoler, fortifier.

ஆற்றுவித்தல், *n.v.du préc.* consolation, encouragement, corroborant, écluse d'irrigation, embouchure de rivière.

ஆற்றை,acc.d'ஆறு.

ஆற்றொழுக்கு,(ஆறு,ஒழுக்கு),suite ou marche naturelle des préceptes comme celle d'une rivière.

☞ஆன, 1° dans bien des mots est remplacé par ஆந dans la nouvelle orthographe; en conséquence voyez par ஆந les mots en ஆன,qui ne se trouveraient pas ici. 2° ஆன, *part. parf. d'*ஆகிறது, qui a été,qui a été fait, qui est devenu, qui est, propre, convenable, bon,utile, plaisant, heureux, agréable: ஆனகாரியம் la chose qui a été faite; ஆனமருந்து bon remède;—பிரத்தியுத்தரஞ்சொல்லு dis une réponse convenable,réponds convenablement;—குடித்தனம் famille heureuse. agréable. Joint aux noms il les rend adjectifs. *Ex.* சந்தோஷமான joyeux; நேத்திரமான joli;ஆனமட்டும் autant que possible; என்னாலானமட்டும் வேலை செய்கிறேன் je fais autant d'ouvrage que je puis; ஆனபடியால்,—படியினாலே parce que, c'est pourquoi, cela étant. [puisque, lorsque.

ஆனக்கால்,(ஆன), si, si cela est,

ஆனது, 1° 3me *pers. neut.sing. du parf. d'*ஆகிறது, il a été, il a été fait, il est fini: வேலையானதில்லை le travail n'est pas fait, n'est pas fini. 2° *n.v. du parf.d'*ஆகிறது, ce qui a été, ce qui est, ce qui est fait,ce qui est bon, utile etc. ஆனதுண்டு cela est, il y a, il est bon;—காட்டு montre ce qui a été fait; — கொண்டு c'est pourquoi; எனக்கானது ce qui m'est utile, ce qui me plait; அது வேலைக்கானது ceci est propre au travail; ஆனதால்,ஆனதினால் parce que,c'est pourquoi.3° ce mot se met aussi comme terminaison du nominatif,et se traduit par l'article:le,la. *Ex.* புண்ணியமானது la vertu.

ஆனத்தேர்,l'arbrisseau விடத்தேர்.

ஆனந்தம்,1° *V.*அரத்தை.2° ஆனந்தம்,*V.*ஆநந்தம் et tous ses dérivés sanscrits.

ஆனம், toddi, callou,liqueur enivrante.

ஆனல்,*n.v.d'*ஆனுகிறது, se retirer, reculer, se corrompre.

ஆனவர்,(ஆன், நலம்), bergers.

ஆனவல்லோர், *P.* ஆன்வல்லோர்.

ஆனவன்,*m.* ஆனவள், *f.n.app. du parf. d'*ஆகிறது, celui qui a été,qui est, qui a été fait, qui est devenu, qui est propre, bon, convenable: உனக்கானவன் ton ami, celui qui te plait. Joint aux noms il équivant à l'article. *Ex.* மனுஷனானவன் [l'homme.

ஆனனம், *P.*ஆநநம்.

ஆனாமை, *n.v. nég. d'*ஆனுகிறது, constance, fermeté, persévérance, intrépidité qui ne recule pas, incorruption,la 21me constellation.

ஆனார், *n. app. nég. du même*, braves qui ne reculent pas.

ஆனால், *conditionnel d'*ஆகிறது,si, si cela est, mais: வந்தானானால், வந்தானேயானால் s'il vient.

ஆனாலும், (ஆனால், உம்),1° quoique,quoique ce soit: தந்தானானாலும் quoiqu'il ait donné. 2° au commencement d'une phrase ce mot signifie: cependant,quoiqu'il en soit.3° après un nom ou un pronom il signifie au moins: அவனானாலும்வரவேணும் il faut que lui au moins vienne. 4° répété il veut dire soit, ou: இதானாலும்தானாலும் ou ceci ou cela. 5° Joint aux mots inte[illegible] il change l'interrogation [illegible]ralité: ஆரானாலும் qui que [illegible]

ஆனாலுமோ,mais si cel[illegible] quoiqu'il en soit ainsi, néanmo[illegible]

ஆனிலை, (ஆன்,நிலை), étable à vaches,étable.

ஆனு, douceur, bien,bonheur.

ஆனுகிறது,னினேன், னுவேன், னு ou ன்,ன,*v.n.* se retirer,reculer, se corrompre.

ஆனும்,*P.* ஆனாலும்.

ஆனுலகு,(ஆனு,உலகு), le paradis, le monde des bienheureux,— des dieux de la fable. [reau.

ஆனேறு,(ஆன், ஏறு), bœuf, tau-

ஆனேன், *parf. d'*ஆகிறது.

ஆனை,1° figuier. 2° *P.*யானை éléphant. (Voyez au mot யானை les dérivés qui ne se trouvent pas ici).

ஆனைக்கண் rejeton de figuier, taches (des feuilles et des fruits), souillure, tache; —க்கண்படுகிறது être taché; —க்காய் figue verte; —க்கால் pied d'éléphant, éléphantiasis, tuyau de terre pour conduire l'eau, conduit en terre; —க்கூடம், —ச்சாலை, —ப்பந்தி étable d'éléphans; —த்தடிச்சல், —த்தடிப்பு la plante புளிநறளை; —நெருஞ்சி la plante pedalium murex; —ப்படுவன் sorte de maladie des animaux; —ப்பாகன், —ப்பணிக்கன் cornac; — ப்பேன் pou d'éléphant; —மீன் éléphant de mer, gros poisson; —முகன் Vinâyaguen, l'idole à tête d'éléphant; —வணங்கி la plante தேட்கொடுக்கி; —வாழை, (ஆனை), espèce de bananier.

ஆனையறுகு, (ஆனை, அறுகு), chiendent d'éléphant.

ஆனையேற்றம், (ஆனை, ஏற்றம்), exercice de monter sur un éléphant, monter un éléphant sur un navire.

ஆன், 1° (ஆ), bœuf, vache. 2° *imp. et part. d'*ஆலுகிறது. 3° partic. exp. dite சாரியை. 4° terminaison du nom. sing. masc. de bien des noms app., de la 3me pers. sing. masc. des verbes, et de l'ablatif causatif du haut tamoul.

ஆன்கன்று, (ஆன்), veau.

ஆன்கொட்டில், (*id.*), étable à bœufs, à vaches.

*ஆன்மா, *P.* ஆத்துமா. âme, vie.

ஆன்மீட்சணம், recherche.

ஆன்வல்லோர், (ஆன்), pâtres, bergers, gens riches en bœufs.

ஆன்ற, *part. parf. d'*ஆலுகிறது.

ஆன்றல், largeur, grandeur, excellence, abondance.

ஆன்றவர், ஆன்றார், ஆன்றோர், (ஆன்றல்), grands, poètes, gens instruits, —intelligens, —réglés, — de bonne conduite.

ஆன்றிரள், (ஆன், திரள்), troupeau de vaches.

ஆன்று, *gér. d'*ஆலுகிறது.

இ

இ, 1° I bref dit இகரம், la 3me voyelle de l'alphabet tamoul. 2° lettre démonstrative qui indique les objets les plus proches, et fait doubler la consonne initiale du mot auquel elle se joint, et insérer deux வ்வ் euphoniques si le mot commence par une voyelle. *Ex.* இம்மனிதன் cet homme-ci: இவ்விடம் ce lieu-ci. 3° dans les mots composés qui viennent du sanscrit, இ initial avec l'அ ou l'ஆ final qui le précède se change en ஏ. *Ex.* தேவஇந்திரன், தேவேந்திரன். 4° en tamoul on met souvent un இ au commencement des noms sanscrits qui commencent par ட, ல, ர, et à ceux qui commençant par ய sont précédés d'une consonne finale ou d'un உ qu'on élide. *Ex.* கானியாறு pour கான்யாறு rivière de la forêt; ஆடியாது pour ஆடு யாது quelle brebis? 5° இ est la terminaison de divers noms masculins, et neutres, mais surtout des noms féminins. *Ex.* வில்லி archer; ஊருணி étang de village; செவிலி bonne d'enfans; செவியிலி être privé de l'ouïe. 6° C'est la terminaison de la 2me pers. sing. et de l'imp. du haut tamoul. *Ex.* செய்தி pour செய்தாய் tu as fait; உண்டி pour உண் mange. N.B. On a mis une croix (†) devant les noms sanscrits qui commencent par ட, ல ou ர et auxquels en tamoul on ajoute un இ; cet இ souvent ne se prononce pas et doit se retrancher dans les mots composés.

இக, 1° partic. expl. de la 2me personne. *Ex.* காணிக pour காண் vois. 2° *imp. de*

இகக்கிறது, கந்தேன், கப்பேன், க, கக்க, *v. a.* traverser, passer, partir, aller, transgresser, abandonner, se moquer.

இகட்சி, *P.* இகழ்ச்சி.

இகத்தல், *n. v. d'*இகக்கிறது, passage, allée, départ, transgression, abandon, moquerie, mépris.

இகந்துபடுகிறது, (இகக்கிறது), traverser, passer, se tromper, errer, tomber, être rejeté.

*இகபரம்,(இகம்,பரம்), cette vie et la vie future, ce monde et l'autre, la terre et le ciel, jouissance de la terre et du ciel: இகபரசாதனம் remplir les devoirs qui regardent cette vie et la vie future; இகபரசுகம் le bonheur temporel et l'éternel, le bonheur en ce monde et en l'autre; இகபரபுத்திரார்த்த பரபோகவிராகம் mépriser son corps, sa femme, ses enfans et les richesses de ce monde ainsi que les plaisirs du paradis.

*இகம்,(iha,*ici*), le monde, la terre, la vie présente, la naissance actuelle: இகம்பரம், *V.* இகபரம்.

*இகரம்,(இ,கரம்), la lettre i bref, ton, air.

இகல, *inf.d'* இகக்கிறது, comme. *Ex.* வரையிகல comme une montagne.

இகலல், *n.v.et opt. d'* இகலுகிறது, combat, haine, opposition, rivalité, ressemblance.

இகலன், 1° *pl.* இகலர், இகலார், இகலினர் இகலோர், (இகல்), ennemi, rival, brave guerrier. 2° இகலன், renard, vieux renard.

இகலாட்டம், (இகல், ஆட்டம்), combat, rivalité.

இகலுகிறது, கன்றேன், கலுவேன், கல், கல, *v.n.* (இகல்), haïr, combattre, rivaliser, égaler, l'emporter, résister, être fort, se hâter.

*இகலோகம், (இகம், உலோகம்), ce monde, la terre.

இகல், 1° force, une des parties d'un poème épique dite மறநிலை. 2° *imp.et part.fut. d'* இகலுகிறது. 3° *V.* இகலல். [tance, opposition.

இகல்வு, *n.v. d'* இகலுகிறது, résis-

இகவு, *P.* இகழ்வு.

இகழா, இகழாத, *part.nég. d'* இகழுகிறது, qui ne méprise pas, non méprisé, ironique: இகழாவிகழ்ச்சி louange ironique, figure de rhétorique par laquelle on se moque en faisant semblant de louer.

இகழுகிறது, ழ்ந்தேன், ழுவேன், ou ழ்வேன், ழு, ou ழ், ழ, *v.a.et* இகழ்ந்து போகிறது, se moquer, se railler, narguer, bafouer, injurier, mépriser.

இகழுகை, இகழுதல், *n.v. V.* இகழ்கை.

இகழுவிக்கிறது, வித்தேன், விப்பேன், வி, விக்க, *v. caus. d'* இகழுகிறது, faire injurier, —mépriser.

இகழ், 1° mépris. 2° *imp. et part. fut. d'* இகழுகிறது.

இகழ்கிறது, *V.* இகழுகிறது.

இகழ்கை, இகழ்ச்சி, *n.v. d'* இகழுகிறது, mépris, dérision, moquerie, affront, oubli, bassesse: இகழ்ச்சியான méprisant, dérisoire, de mépris, méprisable; —பண்ணுகிறது mépriser, se moquer; —விலக்கு figure de rhétorique qui réfute ou rejette en se moquant de la cause; —ப்புகழ்ச்சி louange ironique; இகழ்ச்சியில் புகழ்ச்சி louange sincère, sans dérision; —யுட்புகழ்ச்சி louange mêlée de dérision.

இகழ்தல், இகழ்வு, *n.v. d'* இகழுகிறது, mépris, dérision, insulte, affront.

இகனி, tonnerre, foudre.

இகளை, beurre frais.

இகாசம், médisance, dénigration.

இகிதம், *P.* இங்கிதம், délices, plaisir, douceur.

இகிறு, இகறு, *P.* ஈறு, gencive.

இகுடி, l'arbrisseau ஆதொண்டை.

இகுக்கிறது, குத்தேன், குப்பேன், கு, குக்க, *v.a.et n.* இகுத்தல், *n.v.* appeler, détruire, perdre, jeter, liquéfier, donner, tuer, abaisser, se courber, essuyer, nettoyer, renverser, subjuguer, arrêter, troubler, faire souffrir, passer par dessus, sauter, tomber, frapper, étendre, aller et venir, couper, travailler.

இகும், partic. explét.

இகுளை, parenté, compagne, femme de chambre, affection, amitié: இகுளையர் les parents. [constellation.

இகுள், foudre, un poisson, la 3me

இகைக்கிறது, கைத்தேன், கைப்பேன், கை, கைக்க, *v.a.* இகைத்தல், *n.v.* donner, conduire, exécuter, chasser.

இக்கட்டு, 1° pauvreté, détresse, misère, embarras, gêne, calamité, lieu étroit, jagre. 2° *P*. இந்தக்கட்டு ce lien: —ப்படுகிறது être dans la gêne, la détresse; அவனுக்குமெத்தவுமிக்கட்டாயிருக்கின்றது il est dans un grand besoin, dans une grande misère.

இக்கணம், (இ *dém*.), ce moment-ci, maintenant.

இக்கரை, 1° (*id*.), ce rivage-ci. 2° sel [de roche.

*இக்கவம், (ikchava), canne à sucre,

இக்கன, maintenant.

இக்காலம், (இ *dém*.), ce temps-ci.

இக்கியந்திரம், (இக்கு, இயந்திரம்), moulin à sucre.

இக்கிரசம், (இக்கு, இரசம்), jus de [canne à sucre.

இக்கிரி, sorte d'arbrisseau épineux.

*இக்கு, இக்ஷு, (ikchou), canne à sucre, toddi, caillou, danger, embarras, empêchement.

*இக்குவிகாரம், (இக்கு), sucre.

இக்குறி, 1° (இ *dém*.), ce signe. 2° autre jour, cette dépense.

இக்கூறு, 1° (*id*.), cette portion. 2° autre jour, cette dépense.

இக்கெனல், (இக்கு, என்கிறது), ou இக்கென்கிறது, dire ik, (ce qui est une marque de célérité), se hâter.

இக்கோ, ah! int. d'admiration et de [compassion.

இஃது, *P*. இது. ceci.

இங்கண், (இங்கு), ce lieu-ci, ici.

*இங்கம், (inga), connaissance, signe, regard.

இங்கரி, musc.

*இங்கிசை, (himsâ), meurtre, injure, manque de respect.

*இங்கிதம், (ingita), plaisir, douceur, pensée, opinion, intention, connaissance profonde, — de la pensée d'autrui, signe de la pensée. ‖ *V*. இங்கம்: —ஆன doux, flatteur, agréable; —ஆய் agréablement, d'une manière douce, flatteuse, agréable; இங்கிதக்காரன் homme agréable.

*இங்கு, 1° (hingou), assa-fetida. 2° ce lieu-ci; *ou adv*. ici, en ce lieu-ci; இங்கிருந்து d'ici; இங்குமங்கும் çà et là.

இங்குசுக்காண்டான், les plantes [நீர்முள்ளி et நெருஞ்சி.

இங்குடுமம், (இங்கு), assa-fetida.

இங்குதாரி, un des 120 métaux ou minerais des Indiens. [தரோகணி.

இங்குதாழி, la plante exotique வீ

இங்குமம், (இங்கு), assa-fetida.

*இங்குலிகம், (hingoulika), vermillon, couleur rouge.

இங்குழி, இங்குளி, *P*. இங்கு, assa-[fetida.

இங்கே, (இங்கு, ஏ), ici: —யிருந்து d'ici; —யும்அங்கேயுஞ்சாயாமலிருக்கிறது n'incliner ni d'un côté ni d'un autre.

இங்ஙனம், இங்ஙன், (இ *dém*. ஙனம்), ce lieu-ci, ici, cette manière-ci, ainsi.

இசகுபிசகு, இசக்குப்பிசக்கு, *P*. இ [சைவுபிசகு.

இசங்கு, l'arbrisseau சங்கு.

இசடு, croûte, gale, morceau qui se [détache.

இசமான், *P*. எசமான்.

இசலல், *n.v.d'*இசலுகிறது, ou

இசலாட்டம், (இசலும், ஆட்டம்), rivalité, émulation, dispute: —ஆய்க்கிடக்கிறது être obstrué.

இசலி, 1° *imp.d'*இசலிக்கிறது. 2° *gér.d'*இசலுகிறது. 3° *V*. இசலிப்பு *et* சபதம்.

இசலிக்கிறது. லித்தேன், லிப்பேன், லி, லிக்க, *v.a*. rivaliser avec, imiter, s'efforcer de surpasser, défier, disputer, tergiverser: இசலித்துக்கிடக்கிறது être obstrué.

இசலிப்பிக்கிறது, ப்பித்தேன், ப்பிப்பேன், ப்பி, ப்பிக்க, *v.a.caus.* d'இசலிக்கிறது, exciter l'émulation, la rivalité, jeter du blâme sur un autre.

இசலிப்பு, *n.v.d'*இசலிக்கிறது, rivalité, émulation, tergiversation, subterfuge, altercation, dispute.

இசலுகிறது, லினேன், லுவேன், லு, *ou* ல்ல, *v.a*. rivaliser, porter envie, tâcher de surpasser, s'efforcer, parler avec obstination, disputer: இசலிக்கொண்டு பாடுகிறது chanter à l'envie l'un de l'autre; —க்கொண்டே என்னோடேநிற்கிறான் il fait toujours concurrence avec moi.

இசலுகை, இசலுதல், *n.v.d'*இசலுகிறது, *V*. இசலிப்பு.

இசலுவிக்கிறது, வித்தேன், விப்பேன், வி, விக்க, *v.a.caus.d'*இசலுகிறது, *V*. இசலிப்பிக்கிறது.

இசி, 1° action d'entraîner, d'emporter, de rire, ris: இசியிசியென்று பல்லைக் காட்டுகிறது montrer ses dents en riant. 2° *imp.et part.fut.d'*இ

சிக்கிறது *et du verbe suivant.*

இசிகிறது, சிந்தேன், சிவேன், சி, சிய, *v.n. du suiv.* être entrainé, emporté, poussé, tiré, dépouillé, élagué, s'allonger.

இசிக்கிறது, சித்தேன், சிப்பேன், சி, சிக்க, *v.a. du préc.* entrainer, emporter, pousser, tirer, dépouiller, élaguer, allonger, resserrer, raccour- [cir, rire.

இசிதல், *n.v. d'*இசிகிறது.

இசித்தல், *n.v. d'*இசிக்கிறது.

இசிப்பு, 1° *n.v. d'*இசிக்கிறது, *V.* இசிவு: இசிப்புண்கிறது être tiré, étendu, tordu, agité de convulsions; இசிப்புண்டுவதைகிறது être torturé. 2° rire, ris.

இசிவு, *n.v. d'*இசிகிறது, spasme, convulsion, contorsion, entrainement, dépouillement: வயிற்றிசிவு colique, tranchées.

இசின், particule indiquant le passé et qui se place entre la racine et la terminaison. *Ex.* என்றிசினோர் ils ont dit.

இசுக்கென்று. (இசுக்கு *son imitatif,* என்கிறது), avec bruit, fort.

இசுதாரு, l'arbre கடம்பு.

இசை, 1° *imp. et part. d'*இசைகிறது *et d'*இசைக்கிறது. 2° son, harmonie, air, mélodie, concert, accord de musique vocale ou instrumentale, mot, parole, louange, combinaison, concorde, union, liaison, adhérence, assemblage de plusieurs choses, tamoul poétique, douceur, don, qualité, or, partie —, note de musique: —ஆய் harmonieusement; —ஆய்ப்பாடுகிறது s'accorder pour un contrat, — un marché, *ou* இசையோடேபாடுகிறது chanter harmonieusement, avec accord; —ஆய்ப்பாடினபாட்டு vers ou chant harmonieux. 3° On appelle இசை les 3 parties de la musique, savoir: மந்தவிசை ou மந்தரம் la basse; சமனிசை ou மத்திமம் la taille; வல்லிசை ou உச்சம் le dessus. 4° On nomme encore இசை les 7 principaux sons, qui dans la musique indienne s'appellent சுரம் ou notes, s'il s'agit de chant, et நரம்பு corde, s'il s'agit d'instrument. Voici leurs noms: குரல் son guttural ou du gosier; துத்தம் son lingual, ou de la langue; கைக்கிளை son palatal, ou du palais; உழை son de la tête; இளி son du front; விளரி son de la poitrine; தாரம் son nasal, ou du nez. Les Indiens comparent ces différens sons à ceux du chant ou du cri du paon, du taureau, du mouton, de la cigogne, du குயில், du cheval et de l'éléphant. Ils les comparent aussi pour la douceur aux goûts différens du lait, du miel, du கிழான், du beurre fondu, du cardamome, de la banane et de la grenade; et pour la suavité à l'odeur différente des arbrisseaux suivans: மௌவல், முல்லை, கடம்பு, வஞ்சி, நெய்தல், பொன்றுவிளா et புன்னை. Ils représentent ces notes par les lettres suivantes: la 1re par ஆஅ; la 2me par ஈஇ; la 3me par ஊஉ; la 4me par ஏஎ; la 5me par ஐஇ; la 6me par ஓஒ; la 7me par ஔஉ. Voyez au mot சுரம் une autre manière correspondante à la gamme française. Ils attribuent à ces notes 22 mesures ou மாத்திரை, savoir: 4 à குரல், 4 à துத்தம், 2 à கைக்கிளை, 3 à உழை, 4 à இளி, 3 à விளரி et 2 à தாரம். Par la combinaison de ces notes ou sons ils forment 7 espèces d'airs ou tons appelés பாலை, savoir: செம்பாலை celui qui se compose de la 1re note doublée; படுமலைப்பாலை composé de la 2me et de la 1re note; செவ்வழிப்பாலை composé de la 3me et de la 1re; அரும்பாலை composé de la 4me et de la 1re; கொடிப்பாலை composé de la 5me et de la 1re; விளரிப்பாலை composé de la 6me et de la 1re; மேற்செம்பாலை composé de la 7me et de la 1re note. Le ton கொடிப்பாலை est plus haut que செம்பாலை; les tons விளரிப்பாலை et மேற்செம்பாலை sont plus hauts que கொடிப்பாலை. Ils disent encore qu'il convient que le son dit உழை naisse ou vienne dans le தாரம், le குரல் dans l'உழை, l'இளி dans le குரல், le துத்தம் dans l'இளி, le விளரி, dans le துத்தம், et le கைக்கிளை dans le விளரி. Ces 7 tons ont pour rois, selon les Indous, விசுவாமித்திரன், சமதக்கினி, சந்திரன், சூரியன், கௌதமன், காசிபன் et நசன். Enfin l'on prétend que நசன் est leur vie.

இசைகிறது, சைந்தேன், சைவேன்,சை,சைய,*v.n.*(இசை),être apte, convenable, propre à,convenir, s'unir, se joindre bien, cadrer, consentir, s'accorder, être en harmonie, être d'accord, approcher, se rencontrer:அதனோடிதுநன்றாயிசைந்திருக்கிறது ceci cadre bien avec cela; இசையுந்தொழிலார் les choutres ou artisans; இசைய d'accord, justement, avec harmonie; தெய்வத்துக்கென்றிசைந்துவிட்டிருக்கிறது être voué, —consacré à Dieu.

இசைகேடு, (இசை), dissonance, discordance, désappointement, désavantage, rencontre malheureuse, non-réussite, désunion, discorde, division, déshonneur, diffamation: —கொண்டுவிடுகிறது causer la discorde, amener la division; இசைகேடாய்ப்போகிறது ne pas réussir,avorter.

இசைக்கழல்,(இசை),espèce d'anneau attaché en signe de bravoure au pied gauche des rois qui avaient remporté la victoire dans une bataille, où avaient péri 100 chars, 1000 chevaux, 100 éléphans et 10000 fantassins.

இசைக்கிறது, சைத்தேன், சைப்பேன்,சை,சைக்க, 1° *v.a.d'*இசைகிறது,joindre, lier ensemble,accorder, dire, donner: ஒருமொழியிசைத்தான் il a dit un mot; 2° *v.n.* résonner, s'accorder, acquiescer: நரம்புவின்னொனாஇசைத்தது la corde de la guitare a rendu un son, — un son tout céleste.

இசைக்குழல், (இசை), flûte, chalumeau, fifre.

இசைதல், *n. v. d'*இசைகிறது,accord, consentement,agrément, rapport,convenance.

இசைத்தமிழ்,(இசை),tamoul poétique,— musical,poésie tamoule.

இசைத்தல், *n. v. d'*இசைக்கிறது, son,retentissement, action d'accorder, de lier, de joindre, d'unir, de donner, de parler, discours.

இசைத்திரிபு, (இசை), changement, désaccord, variation de son qui change le sens sans changer l'orthographe. *Ex.* கண்ணன்று qui peut être pour கண் அன்று ou pour கண் நன்று. [constellation.

இசைநாள்,(*id.*),la 25me et la 26me

இசைநிறை, (*id.*), ce qui rend le son complet, particule explétive qui complète le son: —ஏகாரம் la lettre ஏ finale ajoutée pour compléter le son ou l'harmonie.

இசைநூபுரம், (*id.*), espèce d'anneau qui sert d'ornement distinctif au pied gauche du brave guerrier qui a tué un éléphant.

இசைந்த, *part.parf.d'*இசைகிறது, convenable, propre:—வேளை temps opportun,—voulu.

இசைபுணை,(*id.*), chaine qui sert d'ornement distinctif au pied gauche du brave guerrier qui a vaincu 1000 ennemis.

இசைப்பாட்டு, (*id.*), symphonie, vers—,chant harmonieux,air.

இசைப்பிக்கிறது,ப்பித்தேன், ப்பிப்பேன்,ப்பி,ப்பிக்க,*v.a.caus.d'*இசைக்கிறது,faire joindre,—accorder.

இசைப்பு, *n. v. d'*இசைக்கிறது, combinaison, accord, union, concours,jointure,diction,parler.

இசைப்புள்,(இசை), oiseau chantant,l'அன்றில்,le குயில்.

இசைமகள், —மடந்தை, (*id.*), la prétendue déesse de la musique, *i.e.* சரச்சுவதி.

இசைமணி, (*id.*), sonnette d'or qui sert d'ornement distinctif au pied gauche d'un roi qui a vaincu 10000 ennemis.

இசைமுட்டி,(*id.*),l'arbre செருந்தி.

இசைமூடி,(இசை), la plante கிரந்திநாயகம்.

இசையந்தாதி,(*id.*), fin de phrase qui sert de commencement à la suivante.

இசையுரிச்சொல், (*id.*), adjectif de qualité qui a un son imitatif. *Ex.*கலிகடல் la mer retentissante.

இசையெச்சம், —யெஞ்சணி, (இசை,எச்சம்,எஞ்சும்,அணி), ellipse de la fin d'une phrase.

இசையோலை, (இசை), feuille de palmier placée sous celle qu'on écrit

இசைவளை, (இசை), anneau que l'on met à l'orteil du lutteur qui a vaincu 100 chevaux dans un combat.

இசைவிக்கிறது, வித்தேன், விப்பேன், வி, விக்க, *v. caus. d'*இசைகிறது et இசைவித்துக்கொடுக்கிறது, prouver, démontrer, dédier, vouer, faire joindre, accorder.

இசைவிணைப்பு,(இசைவு, இணைப்பு),jonction,union:—ஆன bien uni, compacte.

இசைவிரும்பி, (இசை, விரும்புகிறது),l'oiseau அசுணம்.

இசைவு,*n.v.d'*இசைகிறது,union, accord, combinaison, proportion, opportunité, jonction, jointure, rapport, convenance, consentement:—ஆய் d'accord, avec ordre, —justesse, en harmonie, régulièrement, bien;—பிசகு désaccord, trouble,désunion; அதற்குமிதற்குமிசைவில்லை ceci ne s'accorde pas avec cela, il n'y pas de rapport entre ceci et cela

*இச்சகம்,1° (இச்சை,ka), flatterie,adulation,appât,attrait, nombre cherché en arithmétique. 2° *P.* இத்தச்சகம் ce monde-ci: —ஆன flatteur, plein de flatterie; —சொல்லுகிறது, —பேசுகிறது flatter; —ஆய் par flatterie, d'une manière flatteuse; இச்சகக்காரன் flatteur, adulateur.

இச்சயம்,(இச்சை),désir.

*இச்சா, se met pour இச்சை dans les mots composés; de là *இச்சாசத்தி prétendu pouvoir qui fait subsister les 5 élémens, réside en eux, et est l'ami bienfaisant de la vie: *இச்சாபத்தியம் diète libre, régime peu sévère où le malade peut user de certaines choses,ou de tout excepté la copulation, abandon du régime;*—போகம் jouissance de ses désirs; * — இச்சாரோகம் maladie qui vient de la luxure; * — வசு le vasou de la concupiscence,*i.e.*குபேரன்.

*இச்சாநுசரணம், இச்சாநுசாரம், (இச்சை,அநுசரணம்,அநுசாரம்), action de se laisser aller à ses désirs, suivre ses désirs.

*இச்சாநுசாரி,(இச்சை,அநுசாரி), celui, celle qui suit ses désirs.

*இச்சாநிவிர்த்தி, (இச்சை, நிவிர்த்தி), répression des désirs.

இச்சி,1° *V.*இச்சியால், 2° *imp.de*

இச்சிக்கிறது,ச்சித்தேன், ச்சிப்பேன்,ச்சி,ச்சிக்க,*v.a.*(இச்சை), இச்சித்தல்,*n.v.*désirer, souhaiter,convoiter.

இச்சியல்,hellébore.

இச்சியால்,(இச்சி,ஆல்), l'arbre ficus virens.

இச்சு, particule dite இடைநிலை qui s'insère entre la racine et la terminaison de certains mots.

*இச்சை, (itchtchhâ), désir, grand désir,convoitise, concupiscence, passion, volonté libre, propre désir, volonté, fantaisie, guise, ignorance, fausseté, flatterie, avis, recommandation, reproche, action d'inculquer:—ப்படுகிறது, இச்சையாயிருக்கிறது désirer, convoiter; தன்னிச்சையின்படி selon sa volonté, à sa guise; இச்சைபேசுகிறது flatter.

☞இஷ்ட, s'écrit aussi par இட்ட; voyez donc par இட்ட les mots en இஷ்ட qu'on ne trouve pas ici.

*இஷ்டகாமியம், (இஷ்டம்), objet des désirs,obtention de tout ce qu'on désire,fantaisie, plaisir: —கொடுக்கிறது donner à quelqu'un ce qu'il désire,ce qui lui plaît.

இஷ்டதம், (*id.*தம்), plaisir:இஷ்டதஸ்கலனம் petit écoulement, distillatio venerea.

இஷ்டதேவதை,(இஷ்டம்), divinité favorite, de la caste,de son choix.

*இஷ்டபோகம், (*id.*), jouissance d'un objet désiré, fantaisie, plaisir délicieux, tendresse conjugale, commerce charnel: —ஆயிருக்கிறது être uni,—accouplé,—dans la jouissance,—dans la prospérité; —ஆய்வாழுகிறது vivre dans la prospérité,—dans une tendre union, se rendre le devoir conjugal.

*இஷ்டப்பிரசாதம், (*id.*), la grâce sanctifiante, l'eucharistie, faveur divine ,grâce, présent, gage d'amitié, don qui produit l'affection, amour continu, riz bouilli offert aux faux dieux et mangé ensuite par ceux qui l'ont offert, reste de sacrifice.

*இஷ்டம்,(ichta), ce qui plaît, ce qui est agréable, plaisir, agrément, faveur, amitié, amour, fantaisie, volonté, liberté, émancipation, délivrance, palma-christi, sacrifice, oblation, cérémonie: இஷ்டமில்லாமை déplaisir, désagrément, malheur; இஷ்டமில்லாத, இஷ்டமற்ற désagréable, déplaisant, défavorable;—ஆன agréable qui plaît,qu'on aime;—பண்ணுகிறது faire une faveur,donner la liberté; —ஆயிருக்கிறது être agréable,—désirable,—ami,plaire;—ஆய்ப்போகிறது s'accorder, faire amitié, —la paix, s'unir; இஷ்டப்படுகிறது plaire, désirer, espérer; எசமானுக்கிஷ்டப்படுகிறுன் il plaît à son maitre; இஷ்டக்காரன் ami, homme libre; அவனுக்கிஷ்டமாயிருக்கிறுன், il lui plait, il est son ami.

*இஷ்டாநிஷ்டம், (இஷ்டம், அநிஷ்டம்), le plaisir et le déplaisir, le bien et le mal.

*இஷ்டான்னம், (இஷ்டம், அன்னம்), mets favori, nourriture à souhait.

*இஷ்டி, (ichti), lance, sacrifice, brique,désir.

*இஷ்டியம்,(இஷ்டி,ya), sacrifice.

*இஞ்சாகம்,(intchâka), chevrette, écrevisse de mer.

இஞ்சி,1° gingembre vert,zingiber officinale, plante médicinale, bouclier, mur, étang: —முதல் racine charnue de gingembre vert; —க்கொல்லை,—ச்சாறு,—யிலை champ, jus, feuille de gingembre vert; —தின்றகுரங்கு singe ivre du gingembre vert qu'il a mangé,homme stupide, niais. 2° *gér.d'*இஞ்சுகிறது.

இஞ்சிடை,flatterie,louange.

இஞ்சுகிறது,சினேன்,சுவேன்,சு,ச,*v.n.*s'imbiber, être absorbé comme l'eau dans la terre,sécher,se dessécher: இதிஞ்சட்டுபிறகுதொடலாம் laisse sécher ceci,ensuite tu pourras le toucher.

இஞ்சுசாரே, இஞ்சுச்சார், (இஞ்சும்,சாரம்), jagre,sucre brut.

இட,1° *adj.de* இடம், gauche, large,de lieu.2° *imp. d'*இடக்கிறது. 3° *inf.d'*இடுகிறது.

இடகலை,(இடம்), respiration par la narine gauche.

†*இடக்கயம்,*P.*இடக்கியம்.

இடக்கர்,1° cruche, urne, mot abject,—couvert, expression indécente, lieu étroit.2° *pl.d'*இடக்கன்:இடக்கரடக்கல் parties honteuses, expression figurée pour désigner une chose qu'on ne veut pas nommer. *Ex.*se laver les pieds pour dire faire ses besoins.

இடக்கன்,filou, trompeur, séducteur.

இடக்கால், (இடம்), pied gauche.

†*இடக்கியம்,(டக்கியம்),bannière, guidon, drapeau de char, étendard, étendard en queue d'hirondelle:—பிடிக்கிறது porter l'étendard;இடக்கியக்கழி bâton de l'étendard.

இடக்கிறது, டந்தேன், டப்பேன், ட,டக்க,*v.a.*(இடம்), creuser, ouvrir par force (un chemin), élargir, fendre, déchirer, séparer, écarter les pieds: இடக்க, இடந்து à califourchon.

இடக்கு,grossiéreté, rudesse, mot vil, injure, opposition, empêchement, trouble,tort, dommage:—பண்ணுகிறது faire tort,—une grossièreté,tromper;இடக்காய் grossièrement,rudement,indécemment.

இடக்குறைச்சல், (இடம்), lieu étroit,défaut de place.

இடக்கை, 1° (இடம், கை), main

gauche,désordre. 2° *(dhakkâ),grand tambour,tambour à 2 côtés,ou à 2 faces, tambourin. 3° (இடை, கை), bourg de bergers, — en terre cultivée: —க்காரன், —வாகானவன்,—வாட்டானவன் (de வாகு,வாட்டு,ஆனவன்),gaucher. [rier intrépide.

இடக்கையான்,(இடக்கு,ஐ), guer-

†*இடங்கணம்,(tankana),borax.

இடங்கணி, chaine (qu'on porte sur soi),hibou.

†*இடங்கம்,(tanka),ciseau.

இடங்கரம்,règles des femmes.

இடங்கர், (இடக்கர்), 1° crocodile, cruche, seau,jarre,sentier. 2° pl. gens débauchés,voluptueux.

இடங்கழி,இடங்கழிமை, (இடம்), V. இடமிடைஞ்சல்.

இடங்கழியர்,pl.(இடங்கழி), libertins,débauchés,joueurs,vauriens.

இடங்காரம்,(இடம்), coté gauche du tambour dit மத்தளம்.

இடங்கால்,(id.), pied gauche.

இடங்கெடுகிறது, (இடம்), perdre sa place, être banni:—கெட்டுத்திரிகிறது ou — கெட்டுப்போகிறது être —,devenir vagabond;—கெட்டவன் homme sans feu ni lieu, vagabond, vaurien;—கெட்டபேச்சு paroles déplacées,inconvenantes, indécentes.

இடங்கேடு, (id.), mauvaise conduite qui cause l'expulsion, bannissement,pauvreté, détresse: —பண்ணுகிறது se rendre si infâme qu'on se fasse interdire un lieu.

இடங்கை,(இடம்), main gauche: —க்காரன் gaucher. [une place.

இடங்கொளுகிறது,(id.), assigner

இடசாரி, (இடம் gauche), tour—, course de gauche à droite.

இடதட்டனை, (இடது, அட்டனை), être assis le pied gauche croisé.

இடதந்தம்,(இடம், தந்தம்), l'éléphant du roi. [béral,i.e. கன்னன்:

இடதானன்,(இடம்,தானம்), le li-

இடது,(இடம்), 1° côté gauche. 2° adj. gauche:—கால் pied gauche:—கை main gauche; —கைவாகானவன்,—கைவாட்டானவன் V. இடக்கைக்காரன்;—பாரிசம் le côté gauche; —பாரிசத்திலே au côté gauche, à gauche;—புயம்,—புசம் l'épaule—, le bras gauche.

இடத்தல்,n.v.d'இடக்கிறது, élargissement,déchirement,division, action de creuser. [per.

இடத்திடல்,flamber,briller, trom-

இடத்தே, (இடம், ஏ), à gauche, dans,à,avec,du côté de,lorsque.

இடநாகம், (இடம்), serpent qui couve.

இடந்தலைப்பாடு,—தலைப்படுதல், (id.), rencontre—,entrevue clandestine d'amans, découverte d'un endroit propre à cette fin.

இடபம்,P. இரிஷபம், taureau, le signe du Taureau. Le taureau est la monture de Siven;il est peint sur son drapeau et sur celui du gardien de l'occident; c'est leur signe; c'est aussi un des insignes de la royauté: இடபகதி pas du taureau, marche semblable à la sienne;இடபராசி le signe du Taureau;இடபவீதி la 2me des 3 divisions du zodiaque; elle contient les 4 signes les plus proches de l'équateur,savoir: les Poissons, le Bélier,la Vierge et la Balance.

இடபிங்கலை, (id.), les 2 narines, la narine gauche et la droite. [che.

இடப்பலகை,(இடம்), large plan-

இடப்பகுபதம், (id.), mot dérivé d'un nom de lieu.

இடப்பிறிதின்கிழமை,(இடம்,பிறிது), différence d'avec soi-même pour le lieu. Ex. அரசனதுமாளிகை le palais du roi.

இடப்பு,n.v.d'இடக்கிறது, ce qui est creusé,motte de terre,écarter les jambes etc..., laisser s'étendre,ouverture d'un chemin dans une forêt.

இடப்புகிறது, ப்பினேன், ப்புவேன்,ப்பு,ப்ப,v.n. (இடக்கிறது), marcher en écartant les jambs,aller à califourchon.

இடப்புறம்,(இடம்),le côté gauche.

இடப்பொருள்,(id.), sens de l'ablatif de lieu. [mité d'un pays.

இடமரம்,P. இடமறம், (id.),cala-

இடமலைவு,(இடம், மலைவு), transposition,changement de personne, licence qui permet de mettre une personne pour une autre.

இடமன்,(*id.*),côté gauche.

இடமானம், 1° (இடம், மானம்), large place, grand espace, étendue. 2° *V.* இடம்மானம்: இடமானவீடு maison spacieuse;இந்தவீடவனுக்கு நல்லஇடமானமாச்சுது cette maison est maintenant belle et spacieuse pour lui. [grossir,donner place.

இடமிடுகிறது,(இடம், இடுகிறது),

இடமிடைஞ்சல், இடமுடங்கு,(இடம்), lieu étroit, rétrécissement, resserrement,détresse.

இடமை,(இடம்,ஐ),terre.

இடம்,côté gauche, lieu, place,endroit, largeur, étendue, maison,richesses, prospérité, aisance, grandeur, l'air, temps, occasion, opportunité, personne des verbes, indulgence, cause, distance, terminaison de l'ablatif, .air adapté au lieu: —கொடுக்கிறது donner lieu,—une place, faire place;—ஆயிருக்கிறது être large, spacieux, opportun, convenable, raisonnable, à propos, être l'occasion: இடமுண்டு il y a lieu, il y a occasion, possibilité de;இடமில்லை il n'y a pas lieu de, il n'y a point de place, point d'occasion, il ne peut se faire;—படுகிறது être étendu, s'étendre, prendre beaucoup de place; —படவீடுகட்டுகிறது bâtir une maison spacieuse; —படவீடெடேல் ne bâtissez pas une vaste maison; இடங்கண்டுவிடாதே ne manquez pas l'occasion; இடத்தில், இடத்திலே dans le lieu, en, dans,à, auprès, avec, du côté de, lorsque, à gauche; வீட்டிவிடம்விடுகிறது,—கொடுக்கிறது donner un endroit dans la maison; சந்தோஷப்படுகிறதற்கிடமாயிருக்குது il y a lieu de se réjouir; என்னிடம்,என்னிடத்தில் en moi, auprès de moi;வந்தவிடத்திலே lorsqu'il vint; இடத்தாலணையும்பேர் mot dérivé d'un nom de lieu. *Ex.* வெற்பன் montagnard, de வெற்பு montagne.

இடம்பக்கம்,(இடம்), côté gauche, richesses,aisance,et autres avantages,étendue.

†*இடம்பம்,*P.*டம்பம்,ostentation, pompe,grandeur,excellence:இடம்பக்காரன்,*V.*இடம்பிகன்.

இடம்பரம்,(இடம்), moyen,manière.‖*V.*இடம்பக்கம்.

இடம்பாடு, (இடம், படுகிறது), étendue, extension; grand espace, grandeur, prospérité, richesses, aisance, moyen,abondance, grosseur: — உண்டு il y a abondance, — de l'aisance; — உள்ளவன் homme riche;—இல்லாதவன் pauvre.

†இடம்பிகன்,*P.*டம்பிகன், fat, faquin,homme glorieux plein d'ostentation.

இடம்புகிறது,பினே, புவேன்,பு,ப, *v.a.*இடம்புதல் *n.v.*éviter,quitter,rejeter avec aversion.

இடம்புரி, (இடம்), corde tournée à gauche,corde de tambour, coquillage dont la spirale tourne à gauche,conque:—வலம்புரி de gauche à droite. [bale,tambour de métal.

†இடம்மானம்,*P.*டம்மானம்,tim-

இடர்,affliction,calamité,détresse, danger. [*suiv.*largeur, étendue.

இடலம்,(இடம்),இடலிப்பு, *n.v. du*

இடலிக்கிறது, லித்தேன், லிப்பேன்,லி,லிக்க,*v.n.*இடலித்தல்,*n.v.* s'étendre,être large.

இடலை,chagrin,malheur. [டுதல்.

இடல்,*n.v.et opt.d'*இடுகிறது,*V.*இ

இடவகம்,gomme de palmier.

இடவகை,(இடம்,வகை),maison.

இடவம், 1° (இடம்), terre. 2° *P.* இடபம், taureau.

இடவழு, (இடம்), changement—, erreur de personne,licence qui permet de mettre une personne ou un genre pour un autre.

இடவன்,1° (இடம்), le bœuf attelé à la gauche de la charrue etc... bœuf du côté opposé.2° (இடக்கிறது), ce qui est creusé, — ouvert, motte de terre.

இடவாகுபெயர், (இடம் *lieu*, ஆகுபெயர்), nom de lieu donné métaphoriquement à une chose qui y est. Ex. அகம் l'intérieur, l'âme.

இடவியது, (இடம்), ce qui est large.

இடவியற்பெயர், (இடம், இயல்), nom propre de lieu.

இடவை, chemin.

இடவோட்டு, (இடம், ஓட்டம்), marche à gauche, marche rétrograde des nœuds de la lune nommés இராகு et கேது.

இடற்சம், gomme.

இடறல், n.v. d'இடறுகிறது, trébuchement, faux pas, choc, offense, scandale, empêchement, pierre d'achoppement. ou —படுதல், —படுகிறது donner contre, se choquer, s'offenser, se scandaliser, être empêché; —உண்டாக்குகிறது causer du scandale, choquer, faire trébucher, offenser, empêcher; —ஆக நடக்கிறது mener une vie scandaleuse, agir contrairement.

இடறி, 1° éléphant. 2° gér. d'இடறுகிறது.

இடறு, 1° V. இடறல். 2° imp. d'இடறுகிறது: —கட்டை celui qui fait obstacle, pierre d'achoppement; இடறுண்கிறது ou

இடறுகிறது, றினேன், றுவேன், று, ற, v.n. heurter du pied, broncher, trébucher, faire un faux pas, être près de tomber, perdre son état, —sa dignité: இடறிவிழுகிறது faire un faux pas et tomber; தலையிடறிப்போகிறது la tête rouler par terre séparée du tronc par le pied d'un éléphant; இடறவிடுகிறது faire trébucher, —tomber, supplanter; இடறடிக்கிறது, (இடற, அடிக்கிறது), mettre en déroute, dérouter.

இடறுகை, இடறுதல், n.v. V. இடறல்.

இடறுவிக்கிறது, வித்தேன், விப்பேன், வி, விக்க, v.a.caus. d'இடறுகிறது, faire trébucher, —tomber.

இடன், P. இடம், lieu, place: இடனறிதல் connaissance des lieux (que doit surtout avoir un roi,) இடனறிந்தொழுகல் se conduire d'après la connaissance des lieux; c'est une des 8 qualités des marchands; இடனுடைமை pays, possession d'un pays.

இடா, 1° P. இடார். 2° part. nég. et 3me pers. pl. neut. nég. d'இடுகிறது.

*†இடாகினி, (dâkini), n. pr. Dâkini servante de காளி.

†இடாகு, P. டாகு.

இடாசுகிறது, சினேன், சுவேன், சு,ச, v.a. et n. இடாசுதல், n.v. se tenir éloigné, —les pieds écartés, frapper, chasser, rejeter, serrer, l'emporter.

*†இடாடிமம், (dâdima), V. தாடிமாதளை.

†இடாப்பிக்கிறது, ப்பித்தேன், ப்பிப்பேன், ப்பி, ப்பிக்க, v.n. இடாப்பித்தல், n.v. (டாப்புகிறது), se tenir les jambes écartées.

†இடாப்பு, P. டாப்பு, catalogue, liste, table, copie.

இடாமுடாங்கு, opposition, trouble, désordre.

†இடாம்பிகன், P. இடம்பிகன்.

இடார், panier pour arroser, espèce de piége.

†இடால், P. டால், drapeau: —க்காரன் porte drapeau.

இடி, imp. et part. d'இடிகிறது, et d'இடிக்கிறது. 2° foudre, tonnerre, drapeau de Dêvendiren, coup, choc, poussée, son, bruit, parole dure, expression forte, farine (surtout de riz ou de millet), petit gâteau, repas frugal, parfum, poudre de senteur, onguent ou fluide odoriférent, ville, champ; —படுகிறது, —யுண்கிறது être frappé de la foudre, éprouver un coup, —un choc, être démoli, frappé, brisé, vexé, tourmenté; —யிடிக்கிறது tonner; —முழக்கம், —ச்சத்தம், —யொலி bruit du tonnerre; —விழுகை chute du tonnerre, foudre.

இடிகரை, (இடியும், கரை), rivage qui s'éboule.

இடிகிறது, டிந்தேன், டிவேன், டி, டிய, v.n. s'écrouler, s'ébouler, tomber en ruine, —en pièces, —en poussière, être brisé, détruit, renversé, pilé, réduit en poussière: இடிந்துவிழுகிறது s'écrouler, tomber en ruine, —en pièces; —விழுந்தவீடு maison ruinée, écroulée; இடிந்துபோகிறது s'en aller en pièces, se ruiner, s'écrouler.

*இடிகை, (idikâ), 1° terre. 2° n.v. d'இடிகிறது.

இடிகொம்பு, (இடி), boite, ou mortier assujetti à un morceau de bois et que l'on tire aux fêtes...

இடிக்கடை,(இடிக்கு, அடை), calamité,détresse,affliction: —படுகிறது être affligé,opprimé, dans la détresse.

இடிக்கிறது.டித்தேன், டிப்பேன், டி,டிக்க,v.a.tonner, broyer—, piler dans un mortier, concasser, jeter à bas, démolir, briser, casser, heurter contre, frapper, battre, pousser, chasser en avant, enjoindre,ordonner, sonner, faire retentir: இடித்துக்கொள்ளுகிறது heurter par accident; என்னைநெஞ்சிலேயிடித்தான் il ma donné un coup dans la poitrine; அவனைத்தோளாலிடித்துப்போனான் il s'est en allé en lui donnant un coup d'épaule; தலையிடித்தாற் குனிவான் celui qui se heurte la tête aura soin de la baisser ensuite; இடிக்கிறஇடி tonnerre qui gronde.

இடிக்கொடி, (இடி), le drapeau qui représente la foudre, *i.e.* celui de Dèvendiren.

இடிக்கொடியன்,(இடி,கொடி),celui qui a la foudre peinte sur son drapeau,*i.e.*Dèvendiren.

இடிசல்,*P.*இடிதல்: —ஆயிருக்கிறது tomber en ruine.

இடிசாந்து, (இடிக்கும்), mortier broyé,—pilé.

இடிசாமம், (இடியும்), temps de ruine, de malheur, diffamation,accusation.

இடிசுவர்,(*id.*), mur en ruine:—என்றுசொல்லுகிறது traiter de mur en ruine,—de bon à rien.

இடிஞ்சில்,lampe de terre ronde.

இடிதல்,*n.v.* d'இடிகிறது, ruine, décombres,débris, brèche, rupture, brisement.

இடித்தல்,*n.v.* d'இடிக்கிறது, menace,ordre,injonction, avis, démolition,bruit,son, tonnerre,broiement, brisement.

இடித்துரை,(இடித்து,உரை), parole véhémente,—foudroyante.

இடிந்த,இடிந்து,*part.parf,et gér.* d'இடிகிறது.

இடிப்பு,*n.v.* *V.*இடித்தல்.

இடிமரம்,(இடிக்கும்,மரம்),pilon.

இடிமயிர்,(இடியும்), cheveu qui tombe.

இடிமீன்,(இடி), torpille.

இடிம்பு,(இடும்பு),mépris,arrogance.

இடியப்பம், (இடி,அப்பம்), espèce de vermicelle ou de friandise qui ressemble à de la ficelle:elle est faite de pâte de riz passée dans un vase de bois à petits trous et frite; இடியப்பத்தட்டு plat dans lequel on fait cuire cette pâte: இடியப்பவுரல் vase à travers lequel on passe cette pâte.

இடியம்பு,(இடி,அம்பு), *V.*இடிகொம்பு.

இடியுரல்,(இடிக்கும்,உரல்), mortier à piler: இடியுரலாலிடிக்கிறது piler—, broyer—, moudre dans un mortier.

இடியேறு,(இடி,ஏறு),la foudre.

இடிலத்தனம்,audace, témérité.

இடிலன்,audacieux,téméraire.

இடிவு,*n.v.* *V.* இடிதல்.

*†இடிகை,(tikâ), nom d'un dictionnaire sanscrit.

இடுக்கு,célébrité.‖*V.*இடம்பம்.

இடு,*imp.et part. fut.* d'இடுகிறது: —கடை boutique—, porte où l'on donne l'aumône; —கலம் vase ou l'on met quelque chose;—கலன் bijou de toilette, joyau;—கறல் bois à mettre au feu; —காடு cimetière, lieu où l'on brûle les morts;—இடை lieu étroit,détresse,gêne,pauvreté.

இடுகிறது, ட்டேன், டுவேன், டு, ட,v.a.donner, procurer, produire, fournir, céder, jeter (à un animal), mettre dans, mettre sur soi, porter, répandre, destiner, faire passer ou aller,laisser aller;*au nég.*இடேன்:தானுமுண்ணுன்பிறர்க்குமிடான் il se refuse à lui-même la nourriture et ne donne rien aux autres; இடுகிற தெய்வ மெங்கனும் மிடும் lorsqu'il plait à Dieu de donner, il donne n'importe où; பொன்னிடுங்கலம் le vase ou la boite à mettre l'or. Souvent ce verbe est joint au gérondif d'un autre verbe,sans rien ajouter à sa signification. *Ex.* செய்திடுகிறது faire.

இடுகு, V. ஒடுக்கம்.

இடுகுதல், se retirer, douleur.‖n.v. V. இடுதல்.

இடுகுறி, ou இடுகுறிப்பெயர், (இடும், குறி), nom primitif, —de convention, qui ne tire son origine d'aucune cause spéciale: இடுகுறிச்சிறப்புப்பெயர் nom primitif propre à un individu, à une espèce; இடுகுறிப்பொதுப்பெயர் nom primitif commun à plusieurs individus, à plusieurs espèces.

இடுகை, n. v. don.‖V. இடுதல்.

இடுக்கணி, இடுக்கண், இடுக்கம், (இடுக்கு), lieu étroit, gène, détresse, pauvreté, tristesse, douleur, vexation, malheur, retraite: இடுக்கணழியாமை persévérance dans un ouvrage jusqu'à la fin; இடுக்கப்படுத்துகிறது, இடுக்கஞ்செய்கிறது opprimer, affliger, réduire à la détresse, à la misère; இடுக்கமாயிருக்கிறது être étroit, pauvre, à l'étroit, dans le besoin; இடுக்கவல்லடி oppression; மனஇடுக்கம் anxiété, angoisse, tribulation.

இடுக்கல், *n.v. d'*இடுக்குகிறது, action de presser, de serrer, d'embrasser, pression, embrassement.

இடுக்கன், (இடுக்கம்), homme pauvre, mendiant, dans la détresse, grossier. entêté, avare.

இடுக்கி, (இடுக்குகிறது), 1° tenailles, pinces, forceps, ce qui serre, serrement, avare, joue. 2° *gér. d'*இடுக்குகிறது.

இடுக்கு, 1° *imp. et part. d'*இடுக்குகிறது. 2° pinces des crabes, des écrevisses et des scorpions, serre, espace —, lieu ou passage étroit, détroit, défilé, espace entre les doigts et les dents, retraite, détresse: —த்தடி espèce de torture dans laquelle on serre entre 2 bâtons les mains, les oreilles et le nez des coupables; —ப்பனை palmier dont on tire le jus; —ப்பிள்ளை enfant qu'on porte; —மரம் arbre au moyen duquel on exprime de l'huile; —முடுக்கு lieu—, coin étroit; — வழி chemin étroit, ruelle; —வாசல் porte étroite.

இடுக்குகிறது, *sync.* இடுக்கிறது, க்கினேன், க்குவேன், க்கு, க்க, *v.a.* இடுக்குதல், *n.v. ou* இடுக்கிக்கொள்ளுகிறது, (இடுக்கு), pincer, saisir dans ses pinces comme les crabes, serrer, presser entre ses doigts, —entre 2 planches, embrasser, porter un enfant sur sa hanche comme la femme indienne: விரற்சந்தி லிடுக்கிக்கொள்ளுகிறது serrer et cacher entre ses doigts.

இடுங்குகிறது, *sync.* இடுங்கிறது, கினேன், குவேன், கு, க, *v.n. d'*இடுக்குகிறது, être pris, saisi, pincé, serré entre 2 choses.

இடுங்கலம், —காடு, V. இடுகலம், —காடு.

இடுசாபம், (இடும்), malédiction donnée à quelqu'un.

இடுதங்கம், (இடும்), or de qualité supérieure.

இடுதண்டம், (இடும்), révérence faite en joignant les mains, amende, punition, exaction, oppression: —பண்ணுகிறது, —பிடிக்கிறது, —கொள்ளுகிறது infliger—, exiger une amende; —கொடுக்கிறது la payer.

இடுதண்டல், (இடும்), amende, exaction, oppression.

இடுதல், *n.v. d'*இடுகிறது, donation, jet, destination, action de donner, de porter, de jeter, de mettre, de verser, de répandre.

இடுதிரை, (இடும்), rideau.

இடுதெண்டம், (*id.*), V. இடுதண்டம்.

இடுநிந்தை, (*id.*), fausse accusation, calomnie, mépris.

இடுபாப்பிடவை, (இடும், பா), toile qu'on fait faire en fournissant le fil.

இடுப்பு, reins, hanche, côté: இடுப்புவலி douleur des reins, sciatique.

இடுமருந்து, (இடும்), philtre, remède pour tourner la volonté à ses fins.

இடுமுடுக்கு, (இடும்), coin—, lieu étroit.

இடும்பர், gens hautains, méchans, malfaisans, espèce de géans; *pl. de*

இடும்பன், *m.* 1° (இடும்பு), vaurien, homme hautain, orgueilleux, violent, colère, dur. 2° *(hidimba), nom d'un géant: — ஆய்ப்போகிறது devenir hautain, —orgueilleux.

இடும்பி,*f.d'*இடும்பன், femme orgueilleuse, Hidoumbi, nom d'une géante femme de வீமன்;—கொழுநன் l'épouxde Hidoumbi, *i.e.*Vimen.

இடும்பு,orgueil, arrogance, hauteur, colère, mépris, malheur, calamité d'un pays:—செய்கிறது,—பண்ணுகிறது provoquer, exciter la colère, agir avec arrogance:—பேசுகிறது parler avec arrogance, avec colère; —க்காரன் homme hautain, —violent,—sévère, —colère.

இடும்பை, 1° (இடும்பு), orgueil, hauteur ,arrogance, peur, crainte, danger,malheur,affliction,mal, méfait,tort,pauvreté,erreur, faute. 2° * (hidimbâ), la géante Hidoumbi.

இடுவி,tortue femelle.

இடுவந்தி,(இடும்,வந்தி), calomnie, fausse accusation, diffamation, injustice,extorsion,infamie, gêne, détresse:—க்காரன் accusateur,calomniateur,délateur; —பண்ணுகிறது, —போடுகிறது, —சொல்லுகிறது accuser,calomnier.

இடுவேற்று,(இடு,ஏற்று), *V.*இடைத்தட்டு.

இடை,1° *imp.et part.fut. d'*இடைகிறது.2° *P.*இடாய். 2me *pers. sing. nég.d'*இடுகிறது. 3° poids, mesure, poids de 100 palams, milieu, centre, milieu du corps, la ceinture, place, côté, pleine lune, éléphant, tournoiement, terminaison de l'ablatif: நல்லாரிடைப்புகு fréquente les gens honnêtes. 4° *(idâ), le 2me des 10 நாடி,ou artères du corps humain, 5° *V.* இடைகலை et இடைச்சொல். 6° *adj. de* இடையர், de bergers, ce qui a rapport aux bergers: இடையிலே au milieu, dans l'intervalle, cependant; ஒருவராகனிடை le poids d'une pagode; இருபணவிடை le poids de 2 fanons.

இடைகலை,(இடை), nerf de la narine gauche, respiration par cette narine.

இடைகிறது,டைந்தேன், டைவேன்,டை,டைய,*v.n.*(இடை), *et* இடைந்துபோகிறது, se retirer, s'écarter, reculer,se mettre de côté, laisser le chemin libre, dévier, être vaincu, plier, dépérir, pencher: இடைந்துபோ va-t-en, retire-toi.

இடைக்கச்சு,(*id.*), ceinture.

இடைக்கட்டு,(*id.*), ceinture,équilibre,égalité de poids.

இடைக்கட்டுகிறது,(*id.*),*ou* இடைக்கட்டிக்கொள்ளுகிறது, mettre en équilibre, mettre la balance égale, mettre une ceinture, se ceindre.

இடைக்காடன்,un des 18 சித்தர் ou sages.

இடைக்கிடை, (இடைக்கு,இடை), poids égal, —équivalent, —pour poids, égalité de poids dans les échanges, équilibre, intervalle, entre-deux, moitié l'un moitié l'autre, alternative, tour à tour, entre:—விற்கிறது vendre poids pour poids;—முத்துக்கோக்கிறது enfiler des perles entre d'autres grains; பொன்மணியி விடைக்கிடை முத்துக்களைக் கோக்கிறது enfiler des perles entre des grains d'or.

இடைக்குலநாதன்,(இடை,குலம்), le chef ou seigneur de la caste des bergers,*i.e.*Vichnou.

இடைக்குறை,(இடை), île,mot auquel il manque quelques lettres au milieu.

இடைக்கொள்ளை,(*id.*), mort malheureuse,ramasser au milieu, pillage sans égard à aucun parti: —க்காரன் pillard universel,qui n'a égard à aucun parti.

இடைசுருங்குபறை, (இடை, சுருங்கும்), petit tambour étroit au milieu.

இடைசூரி, (இடை), anneau orné de boutons en relief.

இடைச்சங்கம்,(*id.*), la 2me académie de Maduré.

இடைச்சனி,(*id.*), la 11me constellation.

இடைச்சன்,(இடை,சம்),*ou* இடைச்சன்பிள்ளை,le second fils,ou le fils qui tient le milieu entre les autres.

இடைச்சாதி, (இடை), caste des bergers, la 2me ou la caste mitoyenne des வைசியர்.

இடைச்சி,*f.d'*இடையன், bergère, femme des bois: இடைச்சியாத்தாள்

கோனிச்சி la mère d'une bergère est une gardeuse de troupeaux: proverbe qui se dit de ceux qui répètent sans nécessité des mots synonymes. [entoure les reins, rideau.

இடைச்சீலை, (இடை), toile qui

இடைச்சூலை, (id.), spasme ou contraction des reins. [gers.

இடைச்சேரி, (id.), village de ber-

இடைச்சொல், (id.), particule explétive, particules qui se joignent aux noms et aux verbes pour former les cas et les personnes, conjonction, préposition, interjection: இடைச்சொற்பகாப்பதம் particules indivisibles.

இடைச்சோழகம், (இடை), vent du sud qui souffle dans l'intervalle des autres vents.

இடைஞ்சல், obstruction, obstacle, adversité, gêne, peine, détresse, embarras, lieu étroit:—வழி défilé, chemin étroit; —பண்ணுகிறது obstruer, retarder, s'opposer, gêner;—ஆயிருக்கிறது,—ஆய்நிற்கிறது être un obstacle, un embarras, une gêne: அவனுக்கிடைஞ்சலாயிருக்கின்றது il est dans la détresse, il est arrêté, empêché, gêné, saisi.

இடைதரம், (இடை), V. நடுத்தரம்.

இடைதல், n.v.d'இடைகிறது, toile, habit, défaite, fuite, retraite, dépérissement, pente—, inclinaison d'un côté. déviation, action de se retirer...

இடைத்தட்டு, (இடை), gestion intérimaire, entrepont, plancher ou étage du milieu. ‖ V. சஞ்சாயம்.

இடைத்தரம், (id.), V. நடுத்தரம்.

இடைத்திரிசொல், (இடை, திரியும்), particule dont le sens est obscur ou difficile.

இடைத்தொடர்க்குற்றுகரம், (id. தொடரும்), உ bref précédé d'une lettre de la classe dite இடையினம்.

இடைநடு, (இடை), juste milieu, au milieu, au travers; pléonasme: இடைநடுவிலே, இதற்கிடைநடுவிலே cependant, dans l'intervalle, par intervalle. [qui grisonnent.

இடைநரை, (id.), tête—, cheveux

இடைநிலை, (id.), lettres qui s'intercallent entre la racine et la terminaison, comme த் dans செய்தேன்:—த்தீபகம் mot qui en régit ou complète plusieurs et se trouve au milieu d'une strophe ou d'une phrase;—ப்பாட்டு, V. தாழிசை;—மயக்கு lettre mise pour une autre au milieu d'un mot; —யெழுத்து lettres qui peuvent se mettre l'une pour l'autre au milieu d'un mot.

இடைநீரினிற்றல், (இடை, நீரில், நிற்றல்), nager au milieu de l'eau, ou entre deux eaux.

இடைந்து, gér. d'இடைகிறது.

இடைப்பக்கம், (இடை), centre, milieu du corps, ceinture. [terposer.

இடைப்படுகிறது, (இடை), s'in-

இடைப்பழம், (id.), fruit mûr en quelques endroits.

இடைப்பழுப்பு, (id.), jaune mêlé de vert, fruit non entièrement mûr.

இடைப்புணரளபெடை, (இடை, புணர்), அளபெடை aux 2 pieds du milieu d'un vers.

இடைப்புணரியைபு, (id.), rime ou consonnance aux 2 pieds du milieu d'un vers.

இடைப்புணரெதுகை, (id.), espèce d'எதுகை qui vient aux 2 pieds du milieu d'un vers.

இடைப்புணர்முரண், (id.), antithèse aux 2 pieds du milieu d'un vers.

இடைப்புணர்மோனை, (id.), consonnance dite மோனை aux 2 pieds du milieu d'un vers.

இடைப்புத்தி, (இடை), esprit de berger:—பிடரியிலே les bergers ont l'esprit dans la nuque, i.e. ils n'en ont pas. [midité et de poussière.

இடைப்புழுதி, (id.), mélange d'hu-

இடைப்புள்ளி, (id.), ligne—, point intermédiaire.

இடைப்பூட்டு, (id.), ceinture d'argent ou de cuir etc...

இடைமடக்கு, (id.), répétition du milieu des vers d'une strophe.

இடைமுள், (id.), furoncle à la ceinture.

இடையல், *n. v. d'* இடைகிறது, bel habit, maigreur. ‖ *V.* இடைதல்.

இடையற, (இடை, அறுகிறது), continuellement, sans cesse.

இடையன், *pl.* இடையர், (இடை), berger, homme de la caste des bergers, qui est celle du milieu parmi les வைசியர், homme des bois: இடையரூர் village de bergers.

இடையாகெதுகை, (இடை, ஆகும், எதுகை), எதுகை qui vient au milieu du 1er pied des vers d'une strophe. [ம்), milieu.

இடையாந்தரம், (இடை, அந்தர

இடையிடுகிறது, (இடை, இடுகிறது), arriver—, mettre au milieu. ‖ *V.* இடைவிடுகிறது.

இடையிட்டெதுகை, எதுகை qui revient en sautant un vers, rime des vers pairs ensemble et des impairs ensemble.

இடையிடை, (இடை, இடை), *V.* இடைக்கிடை.

இடையியற்சொல், (இடை, இயல்), particules usitées dans le langage vulgaire et la poésie et dont le sens est clair.

இடையினம், (இடை, இனம்), classe moyenne, état mitoyen, lettres moyennes, *i.e.* ni dures ni douces, savoir: ய், ர், ல், வ், ழ், ள்: இடையினமோனை, இடையினவெதுகை mònei—, yédouguei au moyen des lettres susdites.

இடையீடு, (இடை), équilibre, contre-poids, poids égal, ce qui est au milieu, *ou*

இடையூறு, (*id.* ஊறு), empêchement, obstacle, dommage, malheur, chagrin, détresse, barre pour fermer un passage, ce qui peut offenser ou nuire, fin: இடையூறின்மை n'avoir point d'obstacle, ce qui est un des 8 attributs de Dieu.

இடையெண், (*id.* எண்), fraction, strophe de 8 vers tous également de 3 pieds. [11me constellation.

இடையெழுஞ்சனி, (*id.* எழும்), la

இடையெழுத்து, (இடை), lettres moyennes, savoir: ய், ர், ல், வ், ழ், ள்.

இடையொடுகடைமடக்கு, (*id.* கடை), répétition au milieu et à la fin des vers. [persécution.

இடையோட்டி, (இடை), injustice,

இடைவட்டம், (*id.*), interruption, intervalle.

இடைவழக்கு, (இடை), procès qui survient au milieu d'un autre, —aux parties litigantes.

இடைவழி, (*id.*), milieu—, moitié du chemin.

இடைவள்ளல், (*id.*), homme libéral de la 2me classe, *V.* வள்ளல்.

இடைவாய், (*id.*), degrés marqués sur un peson, ou une romaine.

இடைவிடுகிறது, (இடை, விடுகிறது), interrompre, suspendre, remettre à un autre temps: —இடைவிடாமல் sans interruption, continuellement; இடைவிடாமழை pluie continuelle; இடைவிட்டொருநாள் de 2 jours l'un, tous les 2 jours.

இடைவு, *n. v. d'* இடைகிறது, défaite, éloignement, espace libre, espace.

இடைவெட்டு, (இடை), manque de poids, avorton, chose répugnante: —ப்பணம் fanon rogné qui manque du poids voulu; —ப்பேச்சுபேசுகிறது tourner en ridicule, se moquer.

இடைவெளி, (இடை), espace intermédiaire, —intérieur, —au milieu.

†இடொம்பன், *pl.* இடொம்பர், *P.* டொம்பன், danseur de corde. [bour.

†*இடோல், *P.* டோல், large tam-

இட்டடை, tour à tourner, détresse, misère, calamité, pauvreté: —ப்படுகிறது être dans la misère; —ப்பட்டவன் homme pauvre, misérable; இட்டடையைத்தீர்க்கிறது soulager la misère, y mettre fin. [டம், etc...

*இட்டம், et ses composés *V.* இஷ்

இட்டவி, espèce de gâteau: —சுடுகிறது en faire cuire.

இட்டவிடைஞ்சல், obstacle, pauvreté, malheur, détresse.

இட்டளம், faiblesse, relâchement, affliction, tourment, malheur: இட்டளப்பட்டவன் homme faible, impropre à l'ouvrage.

இட்டறுதி, (இடுகிறது, அறுதி), détresse, pauvreté, gêne, terme, temps précis: இட்டறுதியாய்ப்போச்சுது le terme est passé, c'en est fait, on a fini de donner, ce qu'on a donné a été en vain.

*இட்டி, *V*. இஷ்டி.

*இட்டிகை, (ichtikâ), chemin étroit, brique, mastic:—யிட்டி moule à briques.

இட்டிடை, (இட்டு), modicité, petitesse. ‖ou

இட்டிடைஞ்சல், (இட்டு), gêne, détresse, pauvreté.

*இட்டியம், (இஷ்டியம்), sacrifice.

இட்டிவனம், certaine cérémonie.

இட்டு, 1° petitesse, finesse, délicatesse. 2° *partic.expl.*: நெஞ்சம்பிளந்திட்டு fendant le cœur. 3° *gér. d'*இடுகிறது: —க்கட்டிக்கொள்ளுகிறது diffamer, décrier, charger de reproches; —க்கட்டிப்பேசுகிறது dire des faussetés, forger des contes; —க்கொண்டுவருகிறது apporter; —க்கொடுக்கிறது servir à table, apporter les mets.

இட்டுறுதி, (இட்டு, உறுதி), fermeté, sévérité, rigueur, secours au temps du danger:—கேட்கிறது demander avec rigeur, extorquer.

இட்டேற்றம், (இட்டு), injustice.

இட்டொருசட்டு, (*id*. ஒரு), *V*. இஷ்டம்.

இட்டோடு, désunion, discorde, séparation, opposition: —பண்ணுகிறது causer de la discorde, désunir, contrarier, empêcher.

இட்டோட்டு, vexation, embarras, trouble.

இணக்கம், concorde, amitié, familiarité, intimité, accord, union, connexion, liaison, consentement: —கொடுக்கிறது unir, s'unir, persuader, faire amitié; இணக்கப்படுகிறது être uni, joint, persuadé, poussé à; இணக்கமுள்ள ami, familier, docile, traitable, facile à persuader, à conduire;—உள்ளவன், இணக்கக்காரன், *V*. இணக்கன்; நல்லிணக்கமல்லதல்லற்படுத்தும் où il n'y a pas une bonne amitié, il y aura du chagrin.

இணக்கன், (இணக்கம்), homme docile, traitable, facile à gouverner, à persuader.

இணக்கு, 1° *V*. இணக்கம். 2° *imp. et part.fut.d'*இணக்குகிறது.

இணக்குகிறது, *sync.* இணக்கிறது, க்கினேன், க்குவேன், க்கு, க்க, *v.a.* (இணக்கம்), joindre, unir ensemble, mettre d'accord, rendre ami, persuader, engager à.

இணக்கோலை, (இணக்கு, ஓலை), contrat, ôle—, billet de convention.

இணங்கலார், *pl.* (இணங்குகிறது, அல்ல), ennemis.

இணங்கல், *n.v.et opt. d'*இணங்குகிறது, consentement, accord.

இணங்கன், salpêtre.

இணங்கார், *n.app.nég.pl.d'*இணங்குகிறது, ennemis.

இணங்கி, (இணங்குகிறது), 1° compagne, amie. 2° *gér. d'*இணங்குகிறது.

இணங்குகிறது. 2° diable.

இணங்கு, 1° *imp.et part. fut. d'*இணங்குகிறது, *sync.* இணங்கிறது, கினேன், குவேன், கு, க, *v.n. d'*இணக்குகிறது, இணங்குதல், *n.et v.* acquiescer, consentir, s'unir, s'accorder, convenir, obéir, se soumettre, être engagé, poussé à: அதுக்கவனிணங்கவில்லை il n'y a pas consenti, il n'en a pas été content.

இணபம், un des 18 défauts corporels.

இணரெரி, (இணர், எரி), bâton de fer portant plusieurs torches, (en usage dans plusieurs cérémonies nocturnes.)

இணர், 1° bouquet—, anthère de fleurs, fleur épanouie, bourgeon, rejeton, citronnier. 2° *imp.de*

இணர்கிறது, *ou* இணருகிறது, ர்ந்தேன், ர்வேன், ர்ou ரு, ர, (இணர்), fleurir. [de palmier etc., bouquet d'épis.

இணுட்டு, feuille nouvelle ou jet

இணுப்பு, (அணுப்பு), tromperie, fraude, fourberie, dérision, mépris.

இணுப்புகிறது, ப்பினேன், ப்புவேன், ப்பு, ப்ப, *v.a.* (இணுப்பு), *et* இணுப்புதல், *n.v.* tromper, se moquer, railler.

இணி, (ஏணி), limite, borne, échelle.

இணுக்கு, 1° pièce, morceau, queue d'une grappe, ce qui a été tiré,—arraché: இணுக்கிணுக்காய்ப்பிக்கிறது mettre en pièces. 2° *imp.de*

இணுக்குகிறது,க்கினேன்,க்குவேன்,க்கு,க்க,*v.a.*இணுக்குதல்,*n.v.* (இணுக்கு), arracher,ôter (les feuilles), élaguer,tirer.

இணுங்குகிறது,கினேன்,குவேன், கு,க,*v.n.d'*இணுக்குகிறது, être ôté, arraché,élagué,tiré,se tirer.

இணை,1°*imp.et part.fut.d'*இணைகிறது *et d'*இணைக்கிறது. 2° paire, couple, deux, chevelure de femmes, ressemblance, comparaison, union, liaison, communication, compagnie, remplacement, association,société, assistance, aide, désir, concupiscence: இணையாய், இணையாக en union, ensemble, comme; —ஆகப்போகிறது s'en aller deux ensemble;—ஆயிருக்கிறது être uni,pareil; —ஆய்த்திரிகிறது être le compagnon de,rôder ensemble,fréquenter;—க்கயல் ou —கயல், 2 carpes, 2 poissons de rivière, ce qui est une des 8 rencontres heureuses et un des 21 insignes de la royauté; —க்குறளாசிரியப்பா espèce d'அகவல் dont le 1er et le dernier vers ont la même mesure et dont les autres à volonté vont en diminuant d'un ou de plusieurs pieds;—பிரிகிறது, —பிரிந்துபோகிறது se diviser, se séparer l'un de l'autre; —பிரியாமலிருக்கிறது, —பிரியாக்கட்டாயிருக்கிறது être inséparablement unis;—ப்படுகிறது être uni, ligué avec un autre;—ப்புறு une paire de pigeons; —மணிமாலை espèce de poème ou pièce de poésie, le 13me des 96 பிரபந்தம்; —முரண் antithèse dans les 2 premiers pieds; —மோனை,—மோனைத்தொடை consonance dite மோனை dans les 2 premiers pieds; —யசை, *V.* நிரையசை;—யடி les 2 pieds, union de 2 pieds de vers, 2 petits vers de strophe qui se répondent l'un à l'autre; —யளபெடை allongement du son d'un lettre *i.e.* அளபெடை dans les 2 premiers pieds du vers; —யிட்டுப்பார்க்கிறது comparer;—யியைபு rime des 2 dernières syllabes des vers;—யில்லை il n'y a pas de comparaison, il n'y a rien de semblable;—யெதுகை rime dite எதுகை dans les 2 premiers pieds du vers; —யெழுத்து lettres équivalentes comme ஐ, அய், அஇ; அடியிணை தொழுகிறது se prosterner aux pieds.

இணைகிறது,ணைந்தேன், ணைவேன்,ணை,ணைய,*v.n.* (இணை), s'unir, se joindre,s'allier,convenir,s'accoupler, ressembler.

இணைகுதல்,*n.v.V.* இணைதல்.

இணைக்கிறது,ணைத்தேன், ணைப்பேன்,ணை,ணைக்க,*v.a.*(இணை),joindre ensemble,unir,adjoindre,accoupler,comparer.

இணைதல்,*n.v.d'*இணைகிறது, union,rapport, jonction, jointure, proportion,accord, accouplement.

இணைத்தல், *n.v. d'*இணைக்கிறது, action de joindre,d'unir, de comparer etc...

இணைப்பு,*n.v.d'*இணைக்கிறது union,combinaison.

இணையல்,*n.v.V.*இணைதல்.

இணையாத, *part.nég. d'*இணைகிறது,insociable,qui ne s'unit pas.

இணைவிழைச்சு, (இணை), désir impur, plaisir égal et commun à l'homme et à la femme.

இணைவு,*n.v.d'*இணைகிறது,union, attachement,copulation,mélange.

இண்டம்,*adj.d'*இண்டு.

இண்டர்,bergers,amis,parenté.

இண்டு,ou இண்டஞ்செடி arbrisseau épineux,nommé aussi ஈகை et சிங்கிலி,mimosa:இண்டங்கொடி ses branches;இண்டமுள்ளு ses épines.

இண்டை, guirlande, nénuphar, jasmin.‖ *V.*இண்டு.

*இதங்குதம்,(இதம்,கு,தம்), le bien et le mal, l'agréable et le désagréable,le profit et la perte.

இதணம்,இதண்,hutte élevée sur 4 pieux pour garder les moissons.‖ *V.*அட்டாளை.

*இதமகிதம், (இதம், அகிதம்), faveur et haine: —சொல்லப்போகாது il ne convient de parler ni par faveur ni par haine.

இதமிக்கிறது,மித்தேன், மிப்பேன், மி,மிக்க,v.n.(இதம்),plaire,être agréable,s'unir,s'accorder,quadrer.

இதமித்தல்,இதமிப்பு,இதமிக்குகை, n.v.du préc.accord,union, action de plaire.

*இதமியம், (இதம்), ce qui plait, douceur,satiété,contentement, plaire, plaisir.

*இதம்,(hita), ce qui plait, ce qui est agréable, agrément, délices,plaisir, douceur, bien, propriété, meilleur état, mot, parole:—ஆன, —உள்ள délicieux,agréable,qui plait;—ஆய் délicieusement, agréablement; —ஆயிருக்கிறது, — ஆய்க்காண்கிறது plaire, être délicieux, agréable, en meilleur état: —பேசுகிறது dire ce qui est bon ou agréable;—ஆய்ப்பேசுகிறது parler délicieusement;—ஆய்க்காணேன் je ne trouve pas cela agréable; — ஆனபேர் amis chéris; — இல்லை il n'est pas agréable;வாய்க்கிதமாயிருக்கவில்லை cela n'est pas agréable au goût.

*இதயம்,P.இருதயம்: இதயத்தியங்கும்வாயு vent situé dans le cœur.

இதரபதார்த்தாநவச்சின்ன வான்மா,(இதரம்,பதார்த்தம்,அ,ந், அவச்சின்னம்,ஆன்மா), l'âme spirituelle,—destinée à l'autre vie.

*இதரம்,1° (itara), chose différente,—étrangère, différence, bassesse, infériorité, corruption.2° (P. இரதம்), mercure, vif-argent mêlé à un autre remède:இதர, இதரமான autre, différent, étranger, bas, vil; இதரமருந்தெல்லாம் toute sorte d'autres médecines.

இதரயோகவிவச்சேதம், (இதரம், யோகம்), choix, séparation.

*இதரர்,(itara), pl.étrangers, gens vils, —autres.

இதரவிதரம் } , (இதரம், இதரம்),
*இதரோதரம் } ,réciprocité:இதரோதரவுவமை, comparaison renversée ou réciproque. Ex. கனிக்குங்கயல் போலநின்கண், நின்கண்போற்களிக்குங்கயலும் vos yeux brillent de joie comme la carpe et la carpe brille de joie comme vos yeux.

இதலை,nombril.

இதல், caille, perdrix.

இதல்லாதே, இதல்லாது, இதல்லாமல்,(இது), outre ceci,en outre.

இதவு, (இதம்), plaisir, sensation agréable, sentiment,flatterie.

இதழி,l'arbre கொன்றை.

இதழ்,feuille, feuille de palmier, —de fleur, pétale, paupière, lèvre: இதழூன்றுகிறது baiser en pressant les lèvres sur l'objet. [தழ்.

இதன்,mercure,vif-argent. ‖V. இ

இதன்றியே,(இது),outre cela.

*இதாகிதம்,(இதம்,அகிதம்), le bien et le mal,le désir et l'aversion.

*இதார்த்தம்,P.யதார்த்தம்.

இதி,1° démon,fermeté,fin, cause, preuve,témoignage.2° *இதி,(iti),cette manière, ainsi.

*இதிகாசம் } , (itihâsa), vieille
இதியாசம் } histoire, récit traditionnel,(on en compte 2: le பாரதம் et le இராமாயணம்),histoire,exemple, texte, citation, connaissance: இதிகாசப்பிரியர் les gens curieux de vieilles histoires, les richis habitans du désert நைமிசம்.

*இதிகாசன், (இதிகாசம்), l'homme aux vieilles histoires,i.e. சூதமாமுனி et வியாசன்.

இது,neut.du pro. démonst.இவன், gén.இதின், dat.இதுக்கு, இதற்கு, இதனுக்கு, acc.இதை,இத்தை,இதனை, abl.இதில்,இதினில், இதனில், இதால், இதினால்,இதனால்,இத்தால்,இத்தோடு, இதினோடு, இதனோடு, ceci, cette chose-ci. Quelquefois il se met pour இந்த,ce, cette, ces: இதுகாரியத்துக்கு pour cette affaire, pour ce motif; இதுநிமித்தமாக, —முகாந்தரமாக pour cette raison;—வேளை, —சமயம் voici le moment, — l'occasion favorable; இதுக்காக pour ceci, pour ce motif;இதினருகே auprès de ceci; இதெப்படி, இதுவெப்படி comment ceci?இதெந்தக்காரியம்,இதென்ன, இதுவென்ன qu'est-ce que ceci?இதே, இதுவே ceci même; இதென்னத்துக்கு pourquoi ceci? à quoi bon ceci?இ

தைப்பார்க்க ou இதிலுமதுபெரிது cela est plus grand que ceci. Comme on le voit devant une voyelle l'உ dans இது s'élide ou non à volonté.

இதை, 1° *acc. d'*இது. 2° charrue, la plante காராமணி, voile de navire, espèce de crayon, craie. ||*ou*

இதைப்புனம், (இதை), morceau de terre—, champ nouvellement cultivé, nouveau champ.

இதோ, (இது, ஓ), voici: இதோபார் vois: —வருகிறான் voici qu'il vient.

இத்தகமை, (இ. *dém.*), cette manière: —போல ainsi, de cette manière.

இத்தனை, (*id.*), cette quantité, autant, autant que ceci: இத்தனைகண்டது c'est tout ce qu'il y a eu.

இத்தன்மை, (*id.*), cette manière, [ainsi.

இத்தால், *abl. de* இது.

இத்தி, l'arbre இறலி ficus virens.

இத்திநடையம், espèce de limaçon.

*இத்தியாதி, (இதி, ஆதி), et autres choses semblables, et cœtera, désor- [mais.

இத்து, l'herbe மாந்தப்புல்.

இத்துரு, sable contenant de l'étain. || *V.* இத்து.

இத்தை, 1° partic. expl. qui se joint à la 2me personne. 2° *acc. de* இது.

இத்தொகை, (இ *dém.*), ce nombre, cette sorte, ainsi: —ப்பட்ட tel, semblable, de ce genre.

இந்த, *pro. dém. indéclinable.* ce, cette, ces. (Il désigne les objets proches, et double les க, ச, த, ப): இந்தச்சமயத்தில் dans cette occasion-ci; —ப்பக்கம் ce coté-ci; —ப்படி cette mesure; *ou* — ப்பிரகாரம் cette manière-ci, ainsi; — மட்டு, — மட்டும் autant, tant, aussi loin, jusqu'ici. Quelquefois l'அ final s'élide devant un autre அ: இந்தடவாக ainsi, de cette manière ci; இந்தண்டை de ce côté- [ci.

இந்தம், tamarinier.

*இந்தம்பரம், (indambara), bleu, lotus ou nénuphar bleu.

*இந்தரி, (இந்து, அரி), l'ennemi de la lune, *i.e.* le serpent இராகு.

இந்தளம், encensoir, pied d'encensoir, sorte de mélodie ou ton.

*இந்தனம், (indhana), flamme, fumée odoriférante, parfum, dessus, hauteur, forêt, bois à brûler.

இந்தனுடை, (இந்தனம், உடை), vêtement de dessus.

இந்தன், *P.* இந்து, lune, ours, furet.

இந்தா, *sing.* இந்தாரும், *honor.* இந்தாருங்கள், *pl.* tiens, voici, prends, vois; இந்தாபிடி tiens, prends; இந்தாவென்றுகொடுக்கிறது remettre entre les mains, exhiber.

இந்தி, chat.

இந்திகோபம், plomb.

இந்தியம், *P.* இந்திரியம்.

*இந்திரகணம், (இந்திரம், கணம்), pied de 3 longues. [blée.

*இந்திரகம், (*id.* ka), salle d'assem-

*இந்திரகிலம், (இந்திரன்), le mont Mandaram. [d'Indiren.

*இந்திரகுஞ்சரம், (*id.*), l'éléphant

*இந்திரகோபம், (இந்திரம்), insecte couvert d'un velour cramoisi ou de couleur de pourpre, qui paraît après la pluie, acarus holosericus.

இந்திரக்காற்று, (இந்திரன்), vent d'orient.

*இந்திரசத்தி, (*id.*), *V.* இந்திராணி.

*இந்திரசலம், (*id.*), pluie qui tombe pendant que l'arc-en-ciel paraît.

*இந்திரசாபம், (இந்திரன்), *V.* இந்திரதனு.

*இந்திரசாலம், (இந்திரம்), jonglerie, ruse, stratagème, tromperie, illusion, art des tours de force, 54me கலைக்கியானம், traité de cet art.

*இந்திரசாலி, (இந்திரசாலம்), faiseur de tours de force, jongleur, trompeur, l'arbre அழிஞ்சில்.

*இந்திரசித்து, (இந்திரன், djit *vainqueur*), le vainqueur d'Indiren, *i.e.* le fils de Râvanen.

*இந்திரசிற்பம், (இந்திரன்), traité d'architecture d'Indiren.

*இந்திரசுதன், (இந்திரன்), le fils d'Indiren, *i. e.* Aroutchounen, et le singe Bâli.

*இந்திரதனு, —தனுசு, (*id.*), l'arc d'Indiren, l'arc-en-ciel.

*இந்திரதிக்கு, —திசை, (*id.*), le point cardinal d'Indiren *i.e.* l'est.

*இந்திரநீலம், (*id.*), saphir.

*இந்திரபதம், —பதவி, (*id.*), le paradis d'Indiren, le Souvarcam.

இந்திரபம், (*id.*), la plante வெட்பாலே.

*இந்திரபாஷாணம், (இந்திரம்), espèce d'arsenic préparé.

*இந்திரபிரகரணம், (இந்திரன்), l'arme prétendue d'Indiren, *i.e.* la foudre.

*இந்திரபிரஸ்தம், (*id.*), Indiraprastha, la ville d'Indiren, l'ancienne Délhy fondée par les Pandous.

*இந்திரபுஷ்பம், (இந்திரம்), une plante médicinale.

இந்திரமாசாலம், —மாஞாலம், (*id.* மா), *V.* இந்திரசாலம்.

*இந்திரம், (indra), organe des sens, excellence, ce qu'il y a de meilleur, âme, nuit, l'arbre கடம்பு, une des 9 divisions du monde, illusion, un des 32 traités d'architecture.

*இந்திரயாணி, *P.* இந்திராணி.

*இந்திரலோகம், (இந்திரன்), le monde d'Indiren, le Souvarcam.

*இந்திரலோகேசன், (இந்திரலோகம், ஈசன்), le maître du Souvarcam. *i.e.* Indiren.

*இந்திரவல்லி, (இந்திரம்), la plante கொத்தான்.

இந்திரவாசம், (*id.*), la plante நெய்தல், demeure d'Indiren.

இந்திரவிகூட்டம், இந்திரவிகூடல், (இந்து, இரவி), conjonction de la lune et du soleil, nouvelle lune.

*இந்திரவியாகரணம், (இந்திரன்), grammaire d'Indiren.

இந்திரவில், (*id.*), *V.* இந்திரதனு.

இந்திரனாள், (*id.* நாள்), la 18me constellation.

*இந்திரன், (indra), Indiren ou Dêvendiren, le prétendu roi des dieux inférieurs, chef, homme excellent, —éminent, Dieu, la 5me constellation: —ஆயுதம், —படை l'arme d'Indiren, *i.e.* l'arc-en-ciel, *ou* l'arme de diamant; —ஊர்தி, —வாகனம் la monture d'Indiren, l'éléphant blanc; —கொடி le drapeau d'Indiren; il représente la foudre; —மகன், —மைந்தன் le fils d'Indiren *i.e.* Sayanden qu'il eut de sa femme et Aroutchounen, qu'il eut de குந்தி; —மனைவி, —தேவி *ou*

*இந்திராணி, (இந்திரன்), Indrâni, femme d'Indiren: —கூத்து, —யாடல் la danse d'Indrâni nommée கடயம்; —ப்பூ un ornement des bras.

*இந்திராபரசன், இந்திராவரசன், இந்திராநுசன், (இந்திரன், அபரசன், அவரசன், அநுசன்), le frère cadet d'Indiren, *i.e.* Vichnou dans son incarnation en nain, *ou* வாமனன்.

*இந்திராயுதம், (இந்திரன், ஆயுதம்), l'arme d'Indiren, l'arc-en-ciel.

*இந்திராநுசன், *V.* இந்திராநுசன்.

இந்திரி, (இந்திரன்), aimant, orient, l'arbrisseau நன்னாரி.

*இந்திரிய, *adj. de* இந்திரியம், *d'ou*

*இந்திரியகிராமம் les 5 sens; —க்கழிவு pollution, effusion du sperme; —க்காட்சி perception par les sens; *—கோசரம் ce qui tombe sous les sens; *—த்துவாரம் porte ou organe des sens; *—நிக்கிரகம் mortification, répression des sens—, des passions; —நுகர்ச்சி; *—போகம் jouissance—, plaisir des sens; * —ப்பிரத்தியக்ஷம் évidence provenant des sens; *—வருக்கம் les 5 sens; * —விப்பிரதிபத்தி, (vipratipatti *perversion*), perception vicieuse ou erronée des sens.

*இந்திரியம், (indriya), sperme humain, semence, pouvoir, faculté, sens, organe des sens. On distingue 1° Les organes de perception ஞானேந்திரியம், au nombre de 5 appelés பஞ்சேந்திரியம் ou ஐம்பொறி savoir: கண் l'œil; மூக்கு le nez; காது l'oreille; வாய் la bouche; மெய் le corps. L'objet de ces sens s'appelle புலம் ou புலன்; il y en a également 5, savoir: ரூபம் la forme ou ஒளி la lumière; கந்தம் ou நாற்றம் l'odeur; சத்தம் ou ஓசை le son; ரசம், ருசி ou சுவை le goût, la saveur; ஸ்பரிசம் ou ஊறு le toucher. 2° Les organes d'action கருமேந்திரியம், aussi au nombre de 5, savoir: வாக்கு la bouche; பாதம் les pieds; பாணி les mains; பாயுரு l'anus; உபஸ்தம் le pénis. 3° Les organes intérieurs அந்தரிந்திரியம் ou உள்ளிந்திரியம், qui sont: மனம் l'esprit; புத்தி l'imagination; அகங்காரம் l'organe de l'amour propre; சித்தம் la volonté ou le cœur, organe du sentiment.

*இந்திரியாசங்கம்,(இந்திரியம், அசங்கம்), détachement des jouissances sensuelles, stoïcisme.

*இந்திரியாயதனம்,(*id.* ஆயதனம்), la résidence des sens, *i.e.* le corps.

இந்திரோயம், *V.* வெட்பாவட்டை.

*இந்திரை, (indirâ), Lakchoumi, espèce d'arsenic préparé: —கேள்வன் le mari de Lakchoumi *i. e.* Vichnou; இந்திரைக்குமூத்தாள் la sœur ainée de Lakchoumi, *i. e.* மூதேவி.

*இந்திவரம், இந்தீவரம், (indivara), nénuphar—, lotus bleu.

*இந்து, 1° (indou), la lune, ours, charbon, espèce d'arsenic préparé, camphre cru, —vert, une des 25 sortes de sels. 2° *P.* சிந்து, (sindhou), le Sinde ou Indus: *—கமலம் nénuphar blanc comme la lune; *—காந்தம், *V.* சந்திரகாந்தம்; * —சனகம் l'océan, père prétendu de la lune; *—சேகரன Siven, qui, dit-on, porte la lune sur sa tête; —ஸ்தானம் Indoustan, *ou*; —ஸ்தானி, (இந்துஸ்தானம்), Indoustâni, langue de l'Indoustan; * —தலம், *V.* இந்துரேகை; —தேசம், —நாடு, l'Inde; — நதி le fleuve Indus; *—புத்திரன் le fils de la lune, *i. e.* புதன்; *—மதி la pleine lune, jour de pleine lune.

இந்துப்பு, (இந்து, உப்பு), sel de roche, sel artificiel en usage en médecine et qu'on tire d'Ormus. [perle.

*இந்துரத்தினம், (*id.* இரத்தினம்),

*இந்துரம், (indoura), rat. [ளி.

இந்துரு, (இந்துரம்), *V.* பெருச்சா

*இந்துரேகை, இந்துலேகை, (இந்து), portion—, croissant—, doigt de la lune.

*இந்துலோகம், (இந்து), argent, métal de couleur de la lune. [ல்லி.

இந்துணம், les arbres கடம்பு et நெ

இந்துளி, *ou* இந்துழி, assa-fœtida. ‖*ou*

இந்துள், l'arbre நெல்லி.

*இந்தோளம், (hindôla), un des 42 nouveaux tons de musique pour le matin.

இந்நாள், (இ *dém.*), ce jour-ci, aujourd'hui, un autre jour: இந்நாளை *ou* இந்நாளைய, *adj.* d'aujourd'hui: இந்நாளைமனிதரைநம்பாதே ne te fie pas aux gens d'aujourd'hui.

இபங்கம், manguier à fruits acides.

*இபம், (ibha), branche d'arbre, éléphant: *இபபாலகன் cornac; இபமருப்பு ivoire, dent d'éléphant.

இபவஸு), *P.* விபவஸு).

இப்பக்கம், (இ *dém.*), ce côté-ci.

இப்படி, (*id.*), cette manière-ci, *ou* இப்படியே de cette manière-ci, ainsi, de la sorte: —ப்பட்ட *ou* இப்படிக்கொத்த (இப்படிக்கு, ஒத்த), tel, semblable; இப்படிப்பட்டவன், இப்படிக்கொத்தவன் un tel homme.

இப்பந்தி, 1° (இ *dém.*), cette rangée... 2° personne faible, misérable, stupide, un hermaphrodite: —யாடு brebis métisse, —engendrée de 2 espèces.

இப்பர், *pl.* bergers, laboureurs, marchands (en général, ou leur caste), commerçans.

இப்பவம், (இ *dém.*), cette naissance-ci, la génération présente, (dans le système de la métempsycose).

இப்பால், (*id.*), ce côté-ci, de ce côté-ci, ici, plus près, jusqu'ici, après, ensuite, de plus, désormais: —நூதனமென்ன ensuite quelle nouvelle? இப்பாலேவா viens ici, approche-toi; அதுக்கிப்பால்நடந்ததென்ன qu'arriva-t-il après cela? ஆற்றுக்கிப்பால் de ce côté-ci de la rivière.

இப்பி, (சிப்பி), huître à perles, coquille, conque.

இப்பிரகாரம், (இ *dém.*), cette manière-ci, ainsi, de cette sorte.

இப்புறம், (*id.*), ce côté-ci, de ce côté-ci, ensuite, après: இப்புறமென்ன quoi de plus?—புத்தியென்ன ensuite que faut-il faire?—quel avis me donnez-vous? இப்புறப்படுகிறது venir ici, de ce côté-ci; இப்புறப்பட்ட arrivé ici. [ற்று, ஆய்), de cette sorte.

இப்பெற்றிற்று, (இ *dém.* பெற்றி, இ

இப்பேர்ப்பட்ட, இப்பேர்பெற்ற, *ou* இப்பேர்க்கொத்த, (இ *dém.* பேர், ஒத்

ந), tel, semblable, de cette manière-ci.

இப்பொழுது, இப்போழ்து, இப்போது, par sync. இப்போ, (இ dém.), ce temps-ci, maintenant, dans ce temps-ci, en ce moment-ci: இப்போதானே maintenant même; இப்போதைக்கு pour le présent; இப்போதும் encore maintenant.

*இமகரன், (இமம், கரம்), l'astre de la fraicheur, i.e. la lune.

*இமசானு, (இமம்), les monts Himâlaya. [i.e. le soleil.

இமபடி, (id.), l'ennemi du froid,

*இமப்பிரவை, (id.), un des 7 enfers des Indous, le lieu du froid.

*இமம், (hima), rosée, froid, gelée, neige, or.

*இமயம், (இமம்), les monts Himâlaya, autrefois Imaüs et Émodes, la montagne d'or, —de la rosée, —de la neige: இமயகிரி, —பர்வதம், —மலை: les monts Himâlaya.

*இமயவல்லி, இமயவள், (இமயம்), Parvadi, née sur les monts Himâlaya.

இமலம், l'arbre மரமஞ்சள். [ya.

*இமவான், (இமம்), le roi des monts Himâlaya, —de la montagne.

*இமாசலம், இமாலயம், (இமம், அசலம், ஆலயம்), V. இமயம்.

*இமிசை, (himsâ), affliction, peine, meurtre, pauvreté, manque de respect, mépris.

இமிருகிறது, ou இமிர்கிறது, ர்ந்தேன், ர்வேன், ர், ர, v.n. résonner, retentir, se casser, se réunir, se presser en essaim, sucer.

இமிரல், இமிர்தல், n.v. du préc. retentissement, bruit, rupture, essaim.

இமில், bosse sur le garrot (des bœufs): இமிலெருது bœuf qui a cette bosse, zébu.

இமிழ், 1° douceur, son, bruit. 2° imp. et part. fut. de

இமிழ்கிறது, ழ்ந்தேன், ழ்வேன், ழ், ழ, v.n. et இமிழ்தல், n.v. devenir doux, résonner, retentir, vomir, être lié.

இமிழ்க்கிறது, ழ்த்தேன், ழ்ப்பேன், ழ், ழ்க்க, v.a. d'இமிழ்கிறது et இமிழ்த்தல், n.v. lier, gargariser, vomir. ‖v. n. résonner.

இமை, 1° paupière, clin-d'œil; moment, ours, paon, bagatelle. 2° imp. et part. fut. d'இமைக்கிறது: இமைப்பொழுது clin-d'œil, moment; கண்ணிமையாமுன்னே dans moins d'un clin-d'œil; இமைகொட்டுகிறது, —போடுகிறது, —வெட்டுகிறது cligner les yeux, clignoter.

இமைக்கிறது, மைத்தேன், மைப்பேன், மை, மைக்க, v. n. cligner les yeux, clignoter, briller, illuminer.

இமைத்தல், இமைப்பு, n.v. du préc. clignement des yeux, clignotement, clin-d'œil, clarté, splendeur: இமைப்பளவு clin-d'œil, instant.

இமையம், P. இமயம்.

இமையவர், இமையார், pl. (இமை), les dieux, les habitans des cieux: இமையவர்வேந்தன் Indiren, le roi des dieux de la fable indienne.

இமையில், (இமை, இல்), celui qui ne cligne point les yeux, qui est toujours vigilant, l'oiseau கருடன்.

இம்பர், ce monde, ce lieu-ci.

இம்பூறல், V. சாயவேர்: —சக்களத்தி la plante hedyotis graminifolia.

இம்மடி, 1° éléphant. 2° P. இந்தமடி.

இம்மட்டு, (இ dém.), cette mesure-ci, autant, jusqu'ici; ou இம்மட்டுத்தான் tant, autant, c'est tout; இம்மட்டுண்டு c'est tout ce qu'il ya; —கண்டது c'est tout ce qu'on a trouvé, —tout ce qu'il y a eu; இம்மட்டும், இம்மட்டுக்கும் jusqu'ici. [ainsi.

இம்மருவாதி, (id.), cette manière,

இம்மாத்திரம், (id.), cette quantité-ci, aussi, autant que ceci.

இம்மி, petitesse, finesse, subtilité, couleur d'or, connaissance, sens, organe des sens, la 1075200me partie d'une unité; 10 இம்மி et 1/2 font un கீழ்முந்திரை, et 320 கீழ்முந்திரை font un முந்திரை, qui est le 320me de l'unité: இம்மிரட்டி le double d'un இம்மி, le double d'une chose; இம்மிரட்டிக்கு pour 2 இம்மி, pour 2 fois autant, au double; இம்மியன்நுண்பொருள்களீட்டிநிதியாக்கிக் கம்மியருமுர்வர்தினிறு les orfévres eux-mêmes en amassant journellement un immi d'or peuvent acquérir des trésors et monter sur un éléphant.

இம்மென்கிறது, இம்மெனல், dire இம் (son imitatif qui marque la vitesse).

இம்மை, (இ *dém.*), cette vie, la vie—, la génération présente (dans le système de la métempsychose.)

*இயக்கம், 1° (yakcha), excellence, éminence, grandeur, force, bonheur, abondance, nord. 2° (இயங்குகிறது), action d'aller, de rôder, de faire, danse. ‖ *V.* இயங்கல்.

*இயக்கர், (yakcha), *pl.* Yackers, espèce de demi-dieux au service surtout de குபேரன்: —கோமான் le roi des Yackers, *i.e.* Coubêren.

*இயக்கன், 1° (yakcha), Coubêren. 2° ou இயக்கராஜபோன் Yacken, espèce de demi-dieu. 3° (இயங்குகிறது), chien.

*இயக்கி, 1° *f.* d'இயக்கன், Yacki, femme de la caste des Yackers. 2° *V.* தருமதேவதை. 3° *gér.* d'இயக்குகிறது

இயக்கு, 1° marche. 2° *imp. de*

இயக்குகிறது, க்கினேன், க்குவேன், க்கு, க்க, *v.a. et n.* d'இயங்குகிறது, *et* இயக்குதல், *n.v.* mouvoir, conduire, s'exercer, briller, s'arrêter, marcher.

இயங்கல், *n.v. et opt.* d'இயங்குகிறது, motion, mouvement, bond, promenade, séjour, marche, éclat, splendeur.

இயங்கா, இயங்காத, *part. nég.* d'இயங்குகிறது, qui ne marche pas: இயங்காத்திசை côté où l'on ne va pas; இயங்காத்திணை espèce qui—, ce qui ne marche pas.

இயங்கு, 1° sorte d'arbrisseau. 2° *imp. et part.* d'இயங்குகிறது: —திசை côté où l'on va, où l'on peut aller; —திணை espèce qui —, ce qui marche; —மா l'animal bondissant, le cerf, le cheval.

இயங்குகிறது, *sync.* இயங்கிறது, கினேன், குவேன், கு, க, *v.n.* இயங்குதல், *n.v.* se mouvoir, bondir, marcher, se promener, rôder, rôder autour, s'arrêter, briller, être fatigué, harassé.

*இயசுர், *V.* யசுர்.

*இயசு, இயசுரு, (yadjous), l'Ézour-vêdam.

*இயத்தனம், (yatana), instrument, vase, effort.

*இயந்திரம், (yantra), machine, moulin à sucre, presse pour exprimer le jus de la canne à sucre, char, chariot, roue, partie—, ornement d'un mur.

இயந்தை, luth des cultivateurs.

*இயமதூதி, (இயமன்), une des dents venimeuses des serpens, l'ambassadrice de Yamen.

*இயமம், (yama), une des 8 qualités d'un yoghi; elle consiste à réprimer ses sens et à éviter la concupiscence, le vol, le mensonge et le meurtre, (ce qu'ils entendent de tout être vivant.)

*இயமன், (yama), Yamen, le dieu prétendu de la mort, le roi des enfers, une des dents venimeuses des serpens.

*இயமானகணம், (இயமானன்), réunion—, pied de 3 longues.

*இயமானன், (yadjamâna), vie, celui qui fait faire un sacrifice. ‖ *ou*

*இயமான், (*id.*), maître, chef.

இயம், mouche, bruit, son, instrument de musique, espèce d'arsenic préparé, mot, parole.

இயம்பல், *n. v. et opt.* d'இயம்புகிறது, son d'instrumens de musique, bruit, retentissement, action de parler, parole, proverbe, section.

இயம்புகிறது, பினேன், புவேன், பு, ப, *v.n.* (இயம்), இயம்புதல், *n.v.* parler à haute voix, retentir: இயம்புதல்வேட்கையுவமை figure qui consiste à dire qu'on désire faire connaître ce qu'est telle chose.

இயலடி, (இயல், அடி), vers composé d'இயற்சீர்.

இயலல், *n.v. et opt.* d'இயலுகிறது, accord, union, acquiescement, possibilité, capacité.

இயலாத, *part. nég.* d'இயலுகிறது, impossible, non convenable, impropre: இயலாதவன் homme incapable, incompétent; இயலாதது ce qui est impossible, inconvenant, impropre.

இயலாப்பு, *P.* ஏலாப்பு.

இயலுகிறது, யன்றேன், யலுவேன், *ou* **யல்வேன், யலு,** *ou* **யல், யல,** *v.n.* être possible, convenir, s'accorder, acquiescer, cadrer, aller joliment, arriver, être fait, aisé, uni, ramassé; இயலும் il est aisé,—faisable; இயலாது il est impossible; இதெனக்கு *ou* என்னாலியலாது ceci m'est impossible je ne puis faire ceci.

இயலுவமம், comparaison naturelle.

இயல், 1° *imp. et part. fut. d'*இயலுகிறது. 2° nature, propriété, accord, union, section, division d'un chapitre, ressemblance, marche, ordre, règle, partie. ‖ *V.* இயற்றமிழ்.

இயல்கிறது, *V.* இயலுகிறது.

இயல்பகத்திணை, (இயல்பு), manière de désigner les choses par leurs différentes qualités.

இயல்பளவை, (*id.*), conséquence naturelle. *Ex.* sur 4 individus si l'on dit qu'un d'eux est voleur, en conclure que les 3 autres ne le sont pas.

இயல்பு, *n.v. d'*இயலுகிறது, caractère, qualité, propriété, nature, force, voie, manière, convenance, honnêteté, droiture: இயல்பாயிருக்கிறது être simple, naturel, mener une vie honnête; —தப்பிப்போகிறது n'être pas naturel, être déshonnête, vivre dans le désordre, être contre la règle; —தப்பினகாரியம் chose irrégulière; இயல்புள்ளவன் homme régulier et modéré; —கேடு faiblesse; —க்காட்சி vision—, apparence naturelle; —ப்புணர்ச்சி union simple des lettres,—sans aucun changement; நல்லியல்புடையோன் homme d'un bon naturel, அரசியல்பு, *V.* அரசியல்.

இயல்பூ, (இயல்), l'arbre வில்வம்.

இயல்பூதி, (இயல்), l'arbre வில்வம், la plante நாய்வேளை.

இயல்பேது, (இயல்பு, ஏது), manière de déterminer l'acception d'un mot, qui a plusieurs significations, en indiquant les qualités et la cause de l'objet en question.

இயல்வது, *n.v. d'*இயலுகிறது, ce qui est possible: —கரவேல் ne cachez pas ce que vous pouvez faire, donnez ce que vous pouvez.

இயல்வு, *P.* இயல்பு, possibilité, convenance: இயல்வான possible, convenable, naturel.

இயவர், *pl.* vauriens, gens vils,—hors de caste, ouvriers en cuir, tambours.

இயவனர், 1° *pl.* artisans, peintres. 2° * (yavana), descendans de Javan, grecs, mahométans.

இயவு, chemin, forêt, ville, village, louange. [digne de louanges.

இயவுள், chef, divinité, homme

இயவை, chemin, la plante துவரை, le riz nommé தோரை, graine de bambou. [heur du paradis.

இயறல், marche, mouvement, bon-

இயற்கை, *P.* இயல்கை, *n.v. d'*இயலுகிறது, nature, caractère, qualité, propriété, manière, convenance, ustensile, bonheur, ordre, régularité, cause; —க்குணம் naturel, disposition naturelle; —ஞானம் sagesse naturelle; —தப்பினவன் homme malhonnête; —ப்புகழ்ச்சியணி figure qui prend le caractère pour point de comparaison. *Ex.* un don de கன்னன் est véritablement un don; —ப்புணர்ச்சி rapports naturels, —faciles d'amans entr'eux; —ப்பொருள் chose—, signification naturelle; —யறிவு connaissance naturelle, —propre; —யானகுடி famille réglée, —probe; —யாயிருக்கிறவன், —யுடனேயிருக்கிறவன் homme honnête, probe; —யுணர்வுடைமை omniscience inhérente à la nature divine, un des எண்குணம்; —வினைக்குறிப்பு nom appellatif qui naturellement et sans augment forme un verbe dit குறிப்புவினை.

இயற்சீர், (இயல்), pied de 2 syllabes métriques. Il y en a 4, savoir: தேமா, புளிமா, கருவிளம், கூவிளம்: —வெண்டளை règle qui veut que dans l'enchaînement des pieds susdits la dernière syllabe du précédent et la 1re du suivant soient d'espèce différente.

இயற்சொல், (இயல்), mot ordinaire, langage ordinaire mais correct.

இயற்படுத்துரைக்கிறது, — படுத்தியுரைக்கிறது, (இயல், படுத்துகிறது), parler régulièrement en langage ordinaire, se préparer et parler.

இயற்பெயர், (இயல்), nom propre, —naturel, —qui ne vient d'aucune cause spéciale.

இயற்றமிழ், (இயல், தமிழ்), tamoul ordinaire, —pur, —simple, — de la prose, haut tamoul.

இயற்றல், n. v. d'இயற்றுகிறது, action de faire, bâtisse, érection, acquisition, instigation, ordre, magnanimité.

இயற்றளை, (இயல், தளை), arrangement des pieds dits இயற்சீர் de telle sorte que la dernière syllabe d'un pied et la 1re du suivant soient de même espèce.

*இயற்றனம், P. இயத்தனம்.

இயற்றி, 1° effort, exercice. 2° gér. d'இயற்றுகிறது.

இயற்று, 1° vase. 2° imp. et part. de இயற்றுகிறது, ற்றினேன், ற்றுவேன், ற்று, ற்ற, v.a. faire, bâtir, ériger, acquérir, exciter, commander.

இயற்றுதல், V. இயற்றல்: இயற்றுதற்கருத்தா sujet qui exécute l'action du verbe, (par opposition à celui qui commande).

இயற்றும்வினை, (இயற்றும்), verbe dont le sujet fait lui-même l'action du verbe: இயற்றும்வினைமுதல் sujet qui fait l'action du verbe.

இயனம், fourreau de sanars où ils mettent leurs instrumens pour monter les arbres.

இயனிலையுருவகம், (இயல், நிலை), figure qui fait cadrer les différens membres ou parties d'une chose dont on parle soit en figure soit simplement.

இயன்மொழிவாழ்த்து, (id. மொழி), le 93me des பிரபந்தம், poème pour instruire les enfans par les bonnes qualités de leurs ancêtres.

இயன்ற, part. parf. d'இயலுகிறது, possible, faisable: — காரியம் chose possible: —மாத்திரம், —மட்டும் autant que possible.

இயாகம், 1° l'arbre கொன்றை, vase. 2° (yâga), sacrifice.

*இயாகாதிபதி, (இயாகம், அதிபதி), Indiren, le roi des sacrifices.

*இயாதம், (yâda), action de conduire les éléphans avec un croc, le cou d'un croc de cornac.

இயாது, P. யாது, quoi?

இயாழ், P. யாழ், luth.

இயுசாவியம், l'arbre கொன்றை.

இயை, 1° P. இசை, combinaison, proportion, rapport, connexion, union, accord, louange. 2° imp. et part. de

இயைகிறது, யைந்தேன், யைவேன், யை, யைய, v.n. (இயை), V. இசைகிறது. [கிறது.

இயைக்கிறது, (id.), v.a. V. இசைக்

இயைதல், n.v. d'இயைகிறது, consentement, accord, union.

இயைத்தல், n. v. d'இயைக்கிறது, action de joindre, d'accorder.

இயைபணி, (இயைபு, அணி), nom d'une figure de rhétorique.

இயைபிசையணி, (இயைபு, இசை, அணி), fig. de rhét. qui fait cadrer ensemble les expressions finales de plusieurs phrases par la ressemblance de la terminaison.

இயைபிலுருவகம், (இயைபு, இல், உருவகம்), comparaison de choses qui n'ont entr'elles aucun rapport.

இயைபின்மையணி, (இயைபு, இன்மை, அணி), comparaison d'un objet avec lui-même, le prendre pour sujet et objet de la comparaison

இயைபு, n. v. d'இயைகிறது, 1° combinaison, proportion, connexion, union, concorde, accord, louange, rime. 2° gér. d'இயைகிறது: இயைபுத்தொடை rime de la fin des vers; இயைபுருவகம் comparer entr'elles diverses choses qu'on prend pour objets de comparaison et montrer les rapports qu'elles ont ensemble; —வண்ணம் emploi fréquent des lettres moyennes dites இடையெழுத்து;—வனப்பு une des 8 beautés de la poésie qui consiste à employer pour finales des consonnes douces ou moyennes.

இயைபுளன், (இயைபு, உள்),homme digne de louanges.

இயைப்பு,n.v. d'இயைக்கிறது, V. இசைப்பு.

இயைமே, bananier.

இயைய,inf.d'இயைகிறது,comme, de même que: என்றாயியையவெடுத்தளித்தாள் elle m'a pris et élevé comme si elle eût été ma mère.

இயைவு,n.v. d'இயைகிறது,V. இசைவு.

இர,imp.d'இரக்கிறது.

*†இரகசியம், (rahasya), secret, mystère, chose cachée,marque: இரகசியஸ்தானம் place cachée, sanctuaire d'un temple, parties naturelles, (modestement).

*†இரகம், (raka), lentille de cristal,qui s'enflamme,dit-on,au soleil.

*†இரகிதம்,(rahita), liberté, délivrance,abandon,éloignement.

*†இரகு, (raghou),n. pr. Raghou, roi d'Aoude, bisaïeul de Râmen:—நாயகன்,—நாதன் Râmen, chef de la famille Raghou:—வரன், (வரம்), Râmen, la gloire de cette famille; —வம்சம் race de Raghou, poème qui traite de cette famille.

இரக்கம்,(இரங்குகிறது), miséricorde, compassion, pitié, tendresse, clémence, nourriture, aumône, affliction, bruit, son: இரக்கச்சொல் mot de commisération; —ஆயிருக்கிறது avoir pitié;—செய்கிறது montrer de la compassion, traiter miséricordieusement:—இல்லாத impitoyable,cruel;—உள்ள compatissant, miséricordieux.

இரக்கிறது,ரந்தேன்,ரப்பேன்,ர, ரக்க,v.a.demander,prier, solliciter, mendier, demander l'aumône:இரந்தும்பரிந்தவர்க்கீ partagez avec vos amis même ce que vous aurez mendié.

*†இரக்ஷகத்தா, (இரக்ஷம்), Dieu sauveur,— protecteur.

*†இரக்ஷகம்,(rakchaka), salut,rédemption, délivrance,garde,conservation,protection.

*†இரக்ஷகன்,(id.), sauveur, rédempteur,libérateur,auteur du salut,gardien,protecteur.

*†இரக்ஷணம், இரக்ஷணியம், இரக்ஷணை, இரக்ஷண்ணியம், (rakchana,rakchaniya), V. இரக்ஷகம்,: இரக்ஷணியசீட்டு billet sur lequel on écrit des paroles sacrées et qu'on porte pour sauve-garde: இரக்ஷணியக்காரணன் ou

*†இரக்ஷணியன்,(id.), V. இரக்ஷகன்.

*†இரக்ஷம்,(rakcha),préservation, protection.

*†இரக்ஷாபந்தனம்,(இரக்ஷை,பந்தனம்), espèce d'amulette, cordon attaché au bras droit pour préservatif.

†இரக்ஷிக்கிறது,க்ஷித்தேன், க்ஷிப்பேன்,க்ஷி,க்ஷிக்க,v.a.(இரக்ஷம்),sauver,délivrer,protéger,garder, assister: இரக்ஷித்துவிடுகிறது délivrer, tirer de la misère, mettre hors de péril; இரக்ஷிக்கப்பார்க்கிறது s'efforcer —,essayer de sauver;இரக்ஷிக்கிறவன், n. app. sauveur.

*†இரக்ஷிதம்,(rakchita), ou

†இரக்ஷித்தல், இரக்ஷிப்பு, n. v. de இரக்ஷிக்கிறது, V. இரக்ஷகம்.

*†இரக்ஷை,(rakchâ), V. இரக்ஷகம்,et இரக்ஷணியசீட்டு.

*†இரங்கம்,(ranga), la ville et le temple de Sirangam près Trichinopoly: இரங்கநாதன் ou

*†இரங்கன்,(id.),l'Idole de Sirangam,i.e. Vichnou.

இரங்கல்,n.v. et opt. d'இரங்குகிறது, pleurs, compassion, lamentation,miséricorde,vacarme, bruit:—விலக்கு défense faite d'une manière pathétique.

இரங்குகிறது,sync.இரங்கிறது,கினேன்,குவேன்,கு,க,v.n.s'attendrir, avoir pitié, pleurer, compatir, avoir le cœur tendre, faire du bruit, retentir: சேசுநாதர்மனிதர்க்கிரங்கிமனிதனானர் Jésus-Christ s'est fait homme par compassion pour les hommes;இரங்கிக்கொடுக்கிறது accorder—,donner par pitié.

இரங்குதல்,n.v.du préc. affliction, V.இரங்கல்.

*†இரச, *adj. de* இரசம், de mercure, de jus, de goût...:—கந்தபாஷாணம் vermillon;—கந்தாயம் tribut, graisse de la terre;—கந்தாயமாயிருக்கிறது être utile, profitable, agréable; — கந்தாயமாய்ப் பேசுகிறது parler agréablement;*—கர்ப்பூரம், —கற்பூரம் mercure sublimé;—குண்டு petite boule de mercure(portée pour préserver d'accident),globe de verre rempli de mercure pour orner les pandels; —குளிகை pillule de mercure préparée par les சித்தர் et que les payens prétendent changer le fer en or et opérer d'autres merveilles; *—கேசரம் camphre; —க்கட்டு pilule de mercure, mercure condensé; —க்குடுக்கை petite bouteille de mercure; * — சிந்தூரம் poudre rouge faite de mercure;*—தாது mercure; — தாளி arbre d'espèce excellente; —தாளிவாழை bananier à fruits d'un parfum agréable; —தாளிநார்த்தங்காய் espèce d'orange;*—நாதம் mercure, le jus par excellence;*—நாயகன் Siven, *litt.* le maitre du mercure ou du jus;*—பஸ்மம், —பஸ்பம், —பர்ப்பம் poudre de mercure; *—பலம் l'arbre très-abondant en suc, *i.e.* le cocotier;*—பாஷாணம் espèce d'arsenic préparé; *—புஷ்பம், புட்பம் poudre de mercure; —ப்பிரீதி, —ப்பிறிதி,—மாதா espèce d'arsenic naturel; *—மணி grain de mercure;*— மாத்திரை, pilule de calomel,—de mercure.

*†இரசகம்,(rasaka),viande bouillie ou cuite à l'étuvée.‖*V.*இரேசகம்.

*†இரசகன், (radjaka), blanchisseur. [nuage.

*†இரசசானு, (radjasânou),cœur,

*†இரசதம், (radjata), argent, or, sang, collier, dent d'éléphant, couleur blanche:இரசதபஸ்பம், —பர்ப்பம் poudre médicinale d'argent;—மணல் sable mêlé d'argent; —மலை montagne d'argent, —contenant de l'argent.

*†இரசதாப்பிரகம், (இரசதம், அப்பிரகம்), mica couleur d'argent.

*†இரசம், 1° (rasa), mercure, vif-argent, vin, jus, jus des fruits, des grappes etc., séve, fluide des végétaux, décoction, goût, saveur, humeur, fluide du corps humain, sperme, sentiment, sensation, émotion, impression, poison, eau.*2° (radja), poussière, pollen des fleurs, excrétions mensuelles des femmes, — des éléphans, rut: இரசஞ்சுத்திபண்ணுகிறது purifier le mercure; இரசமுறிக்கிறது préparer le mercure pour en composer des remèdes, détruire la force du mercure, l'évacuer; இரசத்தைக்கட்டிப்புடமிடுகிறது réduire le mercure par décoction; இரசத்தைப்பஸ்பம் *ou* பர்ப்பமாக்கிறது réduire le mercure en poudre; இரசம்-கூ les 9 sentimens ou impressions, *V.* நவரசம். [llon.

*†இரசலிங்கம், (இரசம்), vermi-

*†இரசவாதம், (*id.*), *ou* இரசவாதவித்தை chimie, alchimie, l'art prétendu de changer le fer en or: இரசவாதம்பண்ணுகிறது s'occuper d'alchimie, chercher la pierre philosophale. [miste.

*†இரசவாதி, (*id.*), alchimiste, chi-

†இரசவாழை, (*id.*), espèce de bananier.

*†இரசவித்தை, (*id.*), *V.* இரசவாதம்

*†இரசனம், 1° (rasana), langue, l'organe du goût, un organe des sens, goût, dent, son, bruit. 2° (radjana), couleur.

†இரசனி, இரசனீ, (radjani), nuit, indigotier;—கரன், (கரன் *qui fait*), l'astre de la nuit, la lune.

*†இரசனீசலம், (இரசனீ), rosée de la nuit.

*†இரசனை, 1° (rasanâ), goût, saveur, jus, séve, langue, ceinture de femmes. 2° (ratchanâ), ornement, démêler—, arranger ses cheveux, faire des guirlandes, arrangement d'une phrase, composition littéraire, ordre de bataille, bataillon: இரசனையான savoureux, agréable au goût.

*†இரசாதலம், (rasâ *terre*, தலம்), l'abyme, un des 7 mondes inférieurs

mentionnés dans les fables de l'Inde

*†இரசாதிபன்,(இரசம்,அதிபன்), le souverain des sucs végétaux, l'intendant des vins et liqueurs.

*†இரசாபாசம், (*id.* அபாசம்), perte de saveur ou de jus.

*†இரசாயனம்,(*id.*அயனம்), chimie, emploi du mercure, sorte de remède, remède fortifiant qui empêche de vieillir et auquel on suppose la vertu de rendre à volonté infiniment grand ou infiniment petit, élixir de longue vie, poison, lait de beurre, figues confites au sucre.

*†இரசாயனன், (*id.*), le faucon Garouda, alchimiste.

*†இரசாலம், (*id.* ஆலம்), canne à sucre, manguier, jacquier, froment.

*†இரசானியம்,(இரசம்),douceur.

*†இரசிகம், (rasika), cheval, éléphant, libertinage.

*†இரசிகன்,(இரசிகம்), libertin.

*†இரசிகை,(*f.du préc.*), libertine, langue, ceinture de femme.

*†இரசிதம்,1° (rasita), argent, foudre, son, bruit. 2° (ratchita), espèce d'arsenic préparé: இரசிதசுத்தி étaim, plomb.

†இரசிக்கிறது,சித்தேன்,சிப்பேன், சி,சிக்க,*v.n.*இரசித்தல்,*n.v.*(இரசம்), avoir bon goût, être savoureux.

†இரசிப்பு,*n.v.du préc.* goût, saveur.

*†இரசுனம்,(rasouna), ail, oignon.

*†இரசேந்திரம்,(இரசம், இந்திரம்), mercure.‖*V.*பரிசனவேதி.

*†இரசோகரன்,(radjôhara), blanchisseur.

*†இரசோகுணம்,(radjas *passion*, குணம்), *V.*இராசதகுணம்.

*†இரசோபலம்,1° (இரசம், உபலம்), perle. 2° (radjòbala), *ou*

*†இரசோரசம்,(radjòrasa), obscurité, ténèbres, noirceur.

*†இரச்சு,(radjdjou), corde, tresse de cheveux, chevelure, nœud. [de.

†இரச்சுலம்,(இரச்சு,உலம்), fron-

இரச்சுவம், lettre brève.

†இரச்சை,(இரச்சு), corde.

†இரஸது, provisions, vivres pour une armée, banane.

*†இரஞ்சகம், இரஞ்சம், (randjaka), poudre à amorcer, bassinet, amabilité, affection.

*†இரஞ்சகன்,(*id.*), ami, celui qui éclaircit, qui nettoie, qui fait, peintre

*†இரஞ்சனம்,(randjana), sandal rouge.‖*V.*இரஞ்சகம்.

*†இரஞ்சிதம், (randjita), plaisir, amabilité, affection, éclaircissement.

*†இரட்சகத்தா, *V.*இரக்ஷகத்தா.

*†இரட்சகம், *V.*இரக்ஷகம்.

*†இரட்சகன், *V.*இரக்ஷகன்.

*†இரட்சணியம், இரட்சணை, இரட்சண்ணியம், *V.* இரக்ஷகம், *et* இரக்ஷணியம். [ந்தனம்.

*†இரட்சாபந்தனம், *V.*இரக்ஷாப

*†இரட்சம், *V.*இரக்ஷம். [து.

†இரட்சிக்கிறது, *V.* இரக்ஷிக்கிற

*†இரட்சிதம், *V.* இரக்ஷிதம்.

†இரட்சித்தல், இரட்சிப்பு, *V.* இர

*†இரட்சை, *V.*இரக்ஷை. [க்ஷகம்.

†இரட்டகத்துத்தி, (இரட்டு, அகம்), la plante பொட்டகத்துத்தி.

†இரட்டர்,*pl.*(இரட்டு), les marchands, la 3me caste de l'Inde.

†இரட்டல்,*n.v.et opt.d'*இரட்டுகிறது, action de doubler, de vergeter, d'agiter, de faire du bruit, double, répétition, se remplacer pour le travail.

†இரட்டாங்காலி, (இரட்டு, ஆம், கால்), deux arbres qui n'ont qu'un seul pied.

†இரட்டி, 1° *imp. d'*இரட்டிக்கிறது. 2° *gér.d'*இரட்டுகிறது. 3° le double, homme—, nom de la caste Retti.

†இரட்டிக்கிறது,ட்டித்தேன்,ட்டிப்பேன்,ட்டி,ட்டிக்க,*v.a.et n.*(இரண்டு), doubler, augmenter une fois autant, labourer—, faire une seconde fois, réitérer, répéter, se diviser en 2, se partager, se contredire: இரட்டித்தசெலவு double dépense; இரட்டித்துச்சொல்லுகிறது, —ப்பேசுகிறது répéter, dire de nouveau, contredire, interrompre celui qui parle; பாவமிரட்டிக்கும் ce sera un double péché, ou le péché sera doublement grand.

†இரட்டிச்சி, *f. d'*இரட்டி, femme

ou fille de la caste des Rettis.

†இரட்டித்தல்,இரட்டிப்பு,*n.v. du préc.* le double, 2 fois autant, répétition, redoublement, 2me labour, partage en 2, division, contradiction:இரட்டிப்புச்செலவு double dépense;—சொல்லுகிறது demander le double de la valeur, surfaire de moitié; — வாங்குகிறது recevoir—, prendre le double.

†இரட்டியர்,*pl.*(இரட்டு), les bergers, les marchands ou வைசியர்.

†இரட்டுனக்கம்பளி, (இரட்டுகிறது), tapis de Perse à double tissu.

†இரட்டு, 1° (இரண்டு), double, toile à double fil, grosse toile,—toile pour faire des sacs, son, bruit, nom d'une caste. 2° *imp.de* இரட்டுகிறது:இரட்டுப்பை sac fait de grosse toile;—தைக்கிறது coudre des sacs, —de la toile à double fil.

†இரட்டுகிறது,ட்டினேன்,ட்டுவேன்,ட்டு,ட்ட,*v.a.* (இரட்டு),*et* இரட்டுதல், *n. v.* doubler, vergeter, agiter, mouvoir, faire du bruit, retentir, battre du tambour avec les 2 mains, lancer, se remplacer pour le travail, doubler.

†இரட்டுமி, espèce d'instrument de musique.

†இரட்டுறமொழிகிறது,(இரட்டு, உறுகிறது), parler à double entente, dire des mots à double sens.

†இரட்டை, 1° *P.* இரட்டாய், 2me *pers.sing.neg.de* இரட்டுகிறது.2° (இரண்டு),le double, deux fois autant, couple, nombre pair, les Gémeaux, chanteuse, le poisson anthias testudineus:—க்கிளவி mot répété comme கலகல;—த்தொடை vers composé du même mot répété;—ப்படவெண்ணல் progression de nombres pairs, comme 2,4,6 etc... le double; —ப்பிள்ளை enfant jumeau;—ப்பிள்ளைபெறுகிறது accoucher de 2 jumeaux; —மணிமாலை le 12me des பிரபந்தம்; இரட்டையோஒற்றையோ est-ce pair ou impair?

*†இரண,*adj.de* இரணம், de bataille, d'ulcère, de blessure: —களம் champ de bataille; *—காளம் trompette pour sonner la retraite ou la fin du combat; * — கெம்பீரம் bruit du combat, cris des combattans, valeur guerrière; —க்கொடி drapeau de bataille;*—சங்கம் conque pour annoncer la victoire; —கின்னம் armes, gens d'armée;*—சுக்கிரன் maladie de l'œil qui détruit entièrement la prunelle; *—சூரன் guerrier intrépide; *—தாரை trompette pour sonner la charge; *—தூரியம் tambour de bataille; *—தோரணம் feston ou guirlande de têtes d'ennemis portée en triomphe;—த்தொடை entithèse de mots ou d'idées; *—பரிக்ஷை connaissance—, pratique de la chirurgie; *—பாதகம் meurtre, perfidie, confiance trahie; *—பாதகன் meurtrier; *—பேரி,—பேரிகை tambour de guerre, timbale; *—மத்தம் l'animal qui a la fureur des combats.*i.e.*l'éléphant: *—மாலை guirlande faite des entrailles des ennemis; —முடி couronne de la victoire, couronne de fleurs dont on s'orne la tête sur le champ de bataille après la victoire;—முழுக்கு bain de sang, se baigner dans le sang des ennemis, être inondé de leur sang dans le combat;*—மோசனம் corruption, destruction, cessation du combat.

*இரணம், 1° †(rana), bataille, combat, chasse, bruit,son. 2° †(vrana), ulcère, blessure, plaie. 3° (irana), désert, marais, saline,terre stérile.4° †(rouna),dette.5° (hirana),or. 6° proie, nourriture, dent, serpent; இரணக்கொல்லி nom d'une plante; நீயிரணந்தண்டியோ es-tu venu pour exiger le paiement d'une dette.

*†இரணரங்கம்,(இரணம், அரங்கம்), champ de bataille, front d'un éléphant, intervalle entre ses 2 défenses.

*†இரணவிரணம்,1° (*id.*இரணம்), cicatrice d'une plaie.2° (ranarana), moustique,chagrin,regret.

*†இரணவீரன், (இரணம்), bra-

voure guerrière, intrépidité qui porte à combattre contre la défense même de ses chefs.

*†இரணவீரன், (*id.*), brave guerrier.

*†இரணவைத்தியம், (*id.*), chirurgie.

*†இரணவைத்தியன், (*id.*), chirurgien.

*†இரணாங்கணம், இரணாசிரம், (*id.* அங்கணம், ஆசிரம்), champ de bataille.

*†இரணாபியோகம், (*id.* அபியோகம்), action d'engager le combat, mouvement d'armée.

*†இரணாம்பரம், (*id.* அம்பரம்), grand—, immense combat, *litt.* mer de combat.

*இரணியம், (hiranya), or: *இரணியகருப்பன் Brama, l'embryon d'or, celui qui jouit des exercices spirituels qui lui plaisent: *—தானம் présent en or fait aux brâmes.

*இரணியன், (இரணியம்), Hiranien, géant dont le corps, selon la fable, ressemblait à de l'or et qui fut tué par Vichnou métamorphosé en நரசிங்கம், un des 12 soleils: இரணியநேரம், — சந்திவேளை crépuscule du soir, temps ou Vichnou est dit avoir tué le géant Hiranien; — நேரத்தில்வந்தான் il est venu au crépuscule du soir.

*இரணியாக்ஷன், இரணியாக்கன், (*id.* அக்ஷன்), *n.pr.* Hiraniâkchen, autre géant, frère d'Hiranien et tué aussi, dit-on, par Vichnou.

இரணை, *P.* இரட்டை.

†இரண்டகம், (இரண்டு, அகம்), perfidie, trahison, tricherie, cœur double, duplicité: — பண்ணுகிறது trahir, agir perfidement; — நினைக்கிறது tramer une trahison; —பண்ணுகிறவன் *ou* இரண்டகவாதி traitre, homme perfide, — qui use de duplicité.

†இரண்டடியெதுகை, (இரண்டு, அடி, எதுகை), rime dite எதுகை qui change de 2 en 2 vers, strophe dont les 2 premiers vers ont un எதுகை et les autres vers un ou plusieurs autres எதுகை.

†இரண்டன், (இரண்டு), homme perfide, méchant, qui a de la duplicité.

†இரண்டன்மை, (இரண்டு, அன்மை), secte qui nie qu'il existe d'autre être que Dieu. ‖ *V.* அத்துவைதம்.

†இரண்டாக்கியம், (இரண்டு, ஆக்கியம்), *V.* இரண்டகம்.

†இரண்டாந்தரம், (இரண்டாம்), 2me fois, le milieu. ‖ *V.* நடுத்தரம்.

†இரண்டாம், (இரண்டு, ஆம்), second, deuxième: இரண்டாமிராசியின்சனி ou இரண்டாமிடத்துச்சனி Saturne placé dans le signe qui suit celui de la naissance; —பக்ஷம் disposition indifférente, qualité inférieure, 2me phase de la lune; —பக்ஷமாயிருக்கிறது n'être pas d'excellente disposition, être médiocre, — d'une qualité inférieure, n'être pas le principal, être l'accessoire.

†இரண்டாவது, (இரண்டு, ஆவது), secondement, en second lieu.

†இரண்டு, deux, fausseté, manquement à sa parole: —நினைக்கிறது faire l'hypocrite, méditer une trahison sous l'apparence de l'honnêteté; —படுகிறது se désunir, se diviser en deux, se partager en 2 factions, changer; —பண்ணுகிறது manquer à sa parole, tromper, mettre de la différence; இரண்டுக்கிருக்கிறது faire ses besoins, être aux grandes nécessités; இரண்டுக்குப்போகிறது aller faire ses besoins, aller à l'une et l'autre nécessité; இரண்டுக்குமுண்டு c'est une chose critique,— délicate, dont l'issue est incertaine; இரண்டுங்கெட்டது travail inutile, vains efforts; இரண்டுங்கெட்டநேரம் faible lumière du crépuscule, moment où il ne fait ni jour ni nuit; —கெட்டவன் homme ni bon ni mauvais; இரண்டிலொன்று l'un des 2, l'un ou l'autre; இரண்டிலொன்றுசொல்லு dis ceci ou cela; இரண்டுமில்லை aucune des 2 choses.

*†இரத, *obl.de* இரதம், de char, de mercure etc... —கசதுரகபதாதிகள் armée complète, composée de chars,

d'éléphans, de chevaux et de fantassins;—காரன், —காரனன் charron, faiseur de chars;*—கிலம் chien; *—குண்டகன் libertin, ravisseur;*—குரு mari; *—கூடிதம் dégoût du coït, chuchotement impudique; *—சாரி montée—, marche d'un char, prostituée, libertine;*—சாரதி cocher, voiturier; —தன்மாத்திரை goût, sens du goût; *—நாரி, —நாவி libertin, impudique;*—நாரிசம்,(நாரி,சம்), impudicité, libertinage, luxure, Kâmen, chien, prostituée;—பதம் pigeon, colombe; *—பந்தம் poème écrit en forme de char;*—பரிக்ஷை,—பரீட்சை art de conduire un char;*—பாதம் roue de [char.

இரதகம்,l'arbre இத்தி.

†இரதங்கட்டி, (இரதம்), maladie venant du mercure resté dans le corps.

*†இரதம்,1° (ratha), char, voiture, charrette, monture, membre, corps, pied.2° (rada), dent.3° *P.*இரசம், (rasa), mercure, douceur, goût, humeur, une des 7 humeurs du corps, salive, émotion, sensation. 4° (rata), copulation, combinaison, union. 5° ceinture, cordon attaché autour des reins, caractère, possibilité, facilité, manguier: இரதத்தை நடத்துகிறது conduire un char;—நிறுத்துகிறது l'arrêter.

*†இரதயோனி, (இரதம்), femme de mauvaise vie.

†இரதவாழை,(*id.*), espèce de ba- [nanier.

*†இரதவிரணம்,(ratavrana),chien.

*†இரதனம், 1° (radana), dent. 2° (rasana), ceinture, cordon attaché autour des reins, ceinture de femmes, chaîne qui leur sert de ceinture, grelot, clochette.

இரதன்,œil, perroquet.

*†இரதாங்கம், (இரதம், அங்கம்), roue,partie d'un char, disque: இரதாங்கபாணி celui qui tient un disque,*i.e.*Vichnou.

*†இரதாயனி,(இரதம், அயனம்), [prostituée.

*†இரதாரூடன், (இரதம், ஆரூடன்), homme monté sur un char.

*†இரதி, 1° (rati), Rati, femme de Kâmen, femme, grand désir, passion, désir, luxure, copulation. 2° (radin), éléphant, éléphant femelle. 3° arbre, jujubier, la plante காந்தன்,goût, cuivre, pierre à peser, prière, demande, action de mendier. 4° *imp. d'*இரதிக்கிறது: —காதலன், —ப்பிரியன், *V.* இரதிபதி;* —குகரம், —க்கிரகம் vulve; *—க்கிரியை,—சம்போகம் copulation; —பண்ணுகிறது coire actu venereo;* —க்கிரீடை jeux lascifs, impudiques, luxure.

†இரதிக்கிறது, த்தேன், திப்பேன்,தி,திக்க, *v.a.* (இரதி), இரதித்தல், *n.v.*désirer, couvrir, réprimer, entraîner, être gêné, pauvre, malheureux, savoureux.

*†இரதிபதி, (இரதி), Kâmen, l'é- [poux de Rati.

*†இரதிமந்திரம்,(*id.*),vulve.

†இரதியாளர்,*pl.*(*id.*ஆளர்),pauvres, mendians.

*†இரதிரமணன்,(*id.*இரமணன்), [*V.*இரதிபதி.

*†இரதோச்சவம், (இரதம், உச்சவம்),char de fête.

*†இரத்த,*adj.de* இரத்தம்,de sang, de couleur de sang:*—கதசுரம், (கதம்), fièvre qui affecte le sang; *—காசம் crachement de sang, hémoptisie;*—குமுதம்,—கைரவம், —கோகனதம் nénuphar—, lotus rouge;—க்கலப்பு consanguinité, parenté;—க்கலப்பாயிருக்கிறது être parent;—க்கலப்பிலேபெண்கொள்ளுகிறது se marier dans sa parenté; —க்கவிச்சு odeur de sang; —க்கழிச்சல் dyssenterie, flux de sang;—க்காட்டேரி démon femelle qui hante les forêts;—க்கொழுப்பு vigueur, force; —க்கோமாரி maladie qui fait saigner la corne du pied des bœufs et des vaches; —க்கோமாரிப்புல் l'herbe panicum stagninum varie pictum; *—க்ஷயம் consomption—, appauvrissement du sang; *—சந்தனம் sandal rouge; —சந்தியாகம், (சந்தியை, ka), *ou* —சரோருகம் nénuphar ou lotus rouge;*—சாகம் amaranthe rouge, sorte d'herbe bonne à manger; *—சாக்ஷி martyr,

V.இரத்தாக்ஷி; * — சிகுவம், (djihva *langue*),lion; *—சூலை espèce de maladie; *—செந்துகம், (செந்து, ka), ver de terre; —ச்சுரப்பு abondance de sang, pesanteur qu'elle cause, embonpoint; *—ஸ்பரிசம் proche parenté; *— தாது cuivre, orpiment rouge; *—துண்டம் perroquet à bec rouge; —நரம்பு artère, veine; *—பலி, sacrifice sanglant, aumône—, nourriture sanglante; — பழம் l'arbre ஆலமரம்; *—பாஷாணம் espèce d'arsenic préparé; *—பாதம் perroquet à pieds rouges; *—பாந்தியம் parenté, consanguinité; *—பாரதம் vermillon; *—பானம் breuvage de sang; *—பிண்டம் jasmin—, rose de chine; *—பித்தம் pléthore, hémoragie spontanée, vomissement—, crachement de sang considérable; *—பித்தசூலை espèce de maladie; *—பீனசம் ulcération dans la tête qui cause un écoulement des humeurs et du sang par le nez; —பேதி dyssenterie, flux de sang; *—புஷ்டி, —ப்பசப்பு, —ப்பசுமை, —ப்பசை force, embonpoint, vigueur du sang; —ப்பழி vengeance d'un meurtre, meurtre, crime digne de mort; *—ப்பிரமியம் pissement de sang; *—ப்பிரவாகம் ruisseau—, flots de sang; *—ப்பிரவை région du sang, un des 7 enfers des Indiens; *—ப்பிரியன் homme sanguinaire,— altéré de sang; —ப்புடையன் espèce de serpent; *—மண்டலம் nénuphar rouge; *—மண்டலி serpent dont la piqûre fait sortir le sang par les pores; *—மாரணம் sanguine, ochre rouge; *—மூலம் hémorroïdes.

*†இரத்தகம்,(இரத்தம்,ka), habillement rouge.

*†இரத்தம்,(rakta), sang, couleur rouge,—de sang,corail, cuivre, vermillon:—எடுக்கிறது, —வாங்குகிறது,—குத்திவாங்குகிறது saigner, tirer du sang; —கக்குகிறது, —வாயிலெடுக்கிறது, — வாந்திபண்ணுகிறது cracher le sang,vomir du sang; —சிந்துகிறது répandre le sang,tuer,le sang se répandre, le sang couler; —சுண்டுகிறது,—சுண்டிப்போகிறது le sang se dessécher, le corps s'engraisser; —ஒழுகுகிறது, —பாய்கிறது,—வடிகிறது le sang couler; —பீறிடுகிறது,—பீறோடுகிறது,—பீர்விடுகிறது, —பீறிட்டோடுகிறது,—பீர்விட்டோடுகிறது le sang jaillir; —புறப்படுகிறது saigner, le sang sortir; மூக்கிலிரத்தம்புறப்படுகிறது saigner au nez; இரத்தத்தைப்போகவிடுகிறது laisser couler le sang, verser le sang.

*†இரத்தரோகம்,(இரத்தம்), sorte de maladie,une maladie de l'œil.

இரத்தல்,*n.v.d'*இரக்கிறது,aumône,action de mendier,prière,demande.

*†இரத்தவடி, —வரடி, (இரத்தம், vati,varati *pistule*), petite vérole.

†இரத்தவலிப்பு, (*id.*), pléthore.

†இரத்தவற்கணம்,(*id.*vat *comme*,கணம்), cuivre.

*†இரத்தவிந்து,(இரத்தம்), tache rouge dans les pierres précieuses, goutte de sang.

†இரத்தவிரியன்,(*id.*), vipère rouge dont la morsure cause des vomissemens de sang.

*†இரத்தவீசம்,(*id.*), grenade.

†இரத்தவெடில், (*id.*), odeur de sang.

†இரத்தவெறி,(*id.*),orgueil, fierté, ivresse de sang,—causée par le sang qu'on a bu.

*†இரத்தாக்ஷம், இரத்தாக்கம்,(இரத்தம்,அக்ஷம்), buffle,perdrix rouge, pigeon.

*†இரத்தாக்ஷன், இரத்தாக்கன், (*id.*), homme cruel,sauvage,tyran.

*†இரத்தாக்ஷி, இரத்தாட்சி, (*id.*), la 58me année du cycle indien, qui répond à 1864.

*†இரத்தாசயம், (இரத்தம், ஆசயம்), siége—,place du sang, lieu où il s'élabore.

*†இரத்தாதாரம், (*id.* ஆதாரம்), peau.

*†இரத்தாதிசாரம், (*id.* அதிசார

ம்), dyssenterie, flux de sang.

*†இரத்தாம்பரம், (*id.* அம்பரம்), habit—, toile rouge.

இரத்தி, 1° *imp. d'*இரக்கிறது, demande, mendie. 2° jujubier. ||ou

இரத்திரி, l'arbre இத்தி.

*†இரத்தினம், (ratna), pierre précieuse, joyau, pierreries, perle, chose excellente dans son espèce: *இரத்தினகம்பளம், — கம்பளி, tapis de diverses couleurs; *—கருப்பம் la mer, où se forment les perles; —க்கல்லு pierre précieuse; *—சானு le mont Mérou; —ச்சுருக்கம் nom d'un livre de médecine; *—பரிசை art de connaître les pierreries, connaissance des pierreries; —ப்பல்லக்கு palanquin orné de pierreries; —மயமாயிருக்கிறது être orné de pierreries; —மயமானசிங்காசனம் trône orné de pierreries; —மாத்திரை espèce de pilule; *—மாலை rang—, collier de pierreries; —வகை sorte de pierre précieuse.

*†இரத்தினி, (ratni), coudée mesurée le poing fermé, main fermée, poing.

இரத்துகிறது, த்தினேன், த்துவேன், த்து, த்த, *v.n.* crier, vociférer.

இரத்துதல், *n.v. du préc.* cri, clameur, son de la voix.

*†இரத்தோற்பலம், (இரத்தம், உற்பலம்), nénuphar rouge.

*†இரந்திரம், (randhra), trou, cavité, fente, défaut.

இரந்து, *gér. d'*இரக்கிறது: இரந்துண்கிறது, —தின்கிறது vivre d'aumône.

இரந்துண்ணி, (இரந்து, உண்கிறது), mendiant, pauvre qui vit d'aumône.

இரப்பன், இரப்பாளன், இரப்பாண்டி, இரப்பாளி, இரப்பான், இரப்போன், *pl.* இரப்பர், இரப்பார், இரப்போர், (இரப்பு, ஆளர், ஆண்டி, ஆளி), *n.v. d'*இரக்கிறது), mendiant: இரப்பனாய்த்திரிகிறது aller mendier; இரப்போர்கலம் vase—, écuelle de mendiant.

இரப்பு, *n.v. d'*இரக்கிறது, action de mendier, mendicité, pauvreté, aumône, demande: இரப்புணி (உணி), mendiant.

*†இரமடம், (ramatha), assa-fœtida.

*†இரமணம், (ramana), joie pleine, jeux lascifs, libertés indécentes, copulation.

*†இரமணன், (ramana), mari, amant, chef.

*†இரமணியம், (ramanya), joie entière, —parfaite.

*†இரமதி, (ramati), corbeau, Kâmen, libertin, temps, paradis.

*†இரமம், (rama), désir.

*†இரமன், (*id.*), Kâmen, mari, amant.

*†இரமாபதி, (இரமை, பதி), Vichnou, l'époux de Lakchmi.

*†இரமாப்பிரியம், (*id.* பிரியம்), nénuphar, les délices de Lakchmi.

*†இரமியம், (ramya), joie entière, plaisir, délices, contentement, satisfaction.

*†இரமை, (ramâ), Lakchmi, femme, maitresse, bonheur, prospérité.

*†இரம்பம், (rambha), scie, chat musqué, animal qui donne le musc: இரம்பக்கல் spatum adamantinum.

இரம்பிலம், poivre.

*†இரம்பை, *V.* அரம்பை.

*†இரம்மியம், *V.* இரமியம்.

*இரலை, la 1re constellation, cornet, cor, trompette indienne, cerf, daim.

இரவச்சம், (இரவு, அச்சம்), honte—, peur de mendier.

*†இரவணம், (ravana), chameau, bronze, chaleur. ||ou

*†இரவதம், (ravatha), couil ou coucou indien.

இரவலன், இரவலாளன், *pl.* இரவலர், இரவலாளர், (இரவல்), mendiant.

இரவல், (இரக்கிறது), emprunt, prêt, chose empruntée, —prêtée, récompense: இரவல்கேட்கிறது demander à emprunter; —கொடுக்கிறது prêter; —க்குடி maison d'emprunt, —de loyer; —ப்புடவை habit —, toile d'emprunt; —வாங்குகிறது, —ஆய்வாங்குகிறது emprunter; —வாங்கின emprunté.

இரவறிவான், (இரவு, அறிகிறது), l'oiseau qui connait et indique les veilles de la nuit, le coq.

இரவாக்கல்,espèce de pierre précieuse. [n'être pas mendiant.

இரவாமை,*n.v. nég.* d'இரக்கிறது

†இரவி,(ravi), soleil,montagne: —காந்தம் lentille, pierre précieuse qui lance des flammes au soleil; —நாள் la 27me constellation; —நிறமணி rubis quadrangulaire.

†இரவிக்கை, corset, corset étroit, petit corset indien qui ne couvre que le sein.

இரவிமது,(இரவி),argent.

இரவு,1° *n.v. d*.இரக்கிறது, action de mendier,aumône,don charitable, mendicité.2° *P*.இரா,nuit: இரவும்பகலும்,இரவுபகல் nuit et jour;இரவுக்குறி lieu de rendez-vous nocturne entre amans.

†இரவுக்கை, *V*. இரவிக்கை.

*†இரவுத்திரம்,*P*.இரௌத்திரம்.

*†இரவுத்திரி,*P*.இரௌத்திரி.

*†இரவுரவம்,*P*.இரௌரவம்.

இரவெரிமரம், (இரவு, எரிகிறது), certain arbre.

†இரவை, particule de quelque chose,petitesse,peu, grain, grain de plomb,cendrée,voix tremblante.

இரவோன்,(இரவு),1° l'astre de la nuit, *i.e.* la lune.2° *pl.* இரவோர், mendiant,pauvre.

இரளி,l'arbre கொன்றை.

இரற்று,1° bruit,son.2° *imp.de*

இரற்றுகிறது,ற்றினேன், ற்றுவேன், ற்று, ற்ற, *v. n.* (இரத்துகிறது), faire du bruit, retentir.

இரா,1° *P*.இருந்து,இராத,et இராது,*gér.part.nég. et gér.nég.d'* இருக்கிறது,étant,qui n'est pas,qui ne doit pas être,n'étant pas.2° 3me *pers.neut. nég.*il n'est pas, ils ne sont pas.3° † (râtri), nuit: இராக்காலம் la nuit, temps de la nuit;—க்காலத்திலே de nuit,pendant la nuit;—ப்பகல்,இராவும்பகலும் nuit et jour; —ப்பகலாய்ப்பாடுபடுகிறது ou பிரயாசப்படுகிறது travailler—, se fatiguer nuit et jour;—த்தங்குகிறது, —த்தங்கியிருக்கிறது rester—, passer—, loger la nuit, passer la nuit dehors; —க்கொண்டு de nuit; —ப்போசனம் souper, cène, communion (en style protestant).

*†இராகசூத்திரம்,(இராகம்), corde d'une balance,fil de soie.

*†இராகம், (râga), amour, désir, concupiscence, ou l'impulsion du sang, qui est un des 6 feux dits சடத்தி, couleur rouge, couleur,musique, qui est une des 7 connaissances dites வித்தியாதத்துவம், mélodie, harmonie des sons, ton, air de musique. Il y a 32 tons anciens et 42 nouveaux; les anciens sont: 1° பைரவி, தேவக்கிரியை, மேகவிரஞ்சி, குறிஞ்சி. 5° பூபாளம், வேளாவளி, மலகரி, பௌளி. 9° சிராகம், இந்தோளம், பல்லதி, சாவேரி. 13° படமஞ்சரி, தேசி, இலலிதை, தோடி. 17° வசந்தம், இராமக்கிரியை, வராளி, கைசிகம். 21° மாளவி, நாராயணி,குண்டக்கிரியை, கூர்ச்சரி. 25° பங்காளம், தன்னியாசி, காம்போதி, கௌளி. 29° நாட்டை, தேசாட்சரி, காந்தாரி, சாரங்கம். Parmi ces 32 airs, le 1er, le 5me, le 9me, le 13me, le 17me, le 21me le 25me et le 29me sont, selon les Indous, des airs mâles et ont chacun pour femmes les 3 airs qui les suivent. De ces 32 airs, les 8 premiers sont réputés de la caste des Brames, les 8 suivans de celle des Rajas, les 8 autres de la caste des Marchands, et enfin les 8 derniers de celle des Choutres.On leur assigne aussi des dieux: savoir,Siven aux 4 premiers, Vichnou au 4 suivans et aux autres troupes de 4 airs en suivant, Saratchouvadi, Lakchimi, le Soleil, Nâraden, Vinâyaguen et Toumbourouven: இராகத்தகுதி rapport ou application des tons anciens ou nouveaux aux lieux, aux poèmes, ou aux dispositions de l'esprit. 1° Aux lieux,*c.à.d.* aux 5 espèces de terrains dits ஐந்திணை, ce qui fait classer les tons applicables à ces différentes espèces sous les noms suivans:குறிஞ்சி, பஞ்சுரம், சாதாரி, மருதம், செவ்வழி. 2° Aux poé-

mes, comme: வெண்பா விராகம், சங்கராபரணம்; அகவலிராகம, தோடி; கலிப்பாவிராகம், பந்துவராளி; கலித்துறையிராகம், பைரவி; தாழிசையிராகம், தோடி; விருத்தவிராகம், கலியாணி, காம்போதி, மத்தியமாவதி etc...; உலாவிராகம், சௌராட்டிரம்; தோடையவிராகம், சௌராட்டிரம், நாட்டை; மங்களவிராகம், மங்களகௌசிகம்; தேவாரத்திராகம், பூபாளம்; பிள்ளைக்கவியிராகம், கேதாரகௌளம்; பரணிராகம், கண்டாரவம். 3° Aux dispositions de l'esprit; ainsi à la commisération ஆகிரி, கண்டாரவம், நீலாம்புரி, பியாகடம், புன்னாகவராளி; au chagrin les mêmes que ceux de la commisération, et de plus வராளி யினமெல்லாம்; à la joie காம்போதி, சாவேரி, தன்னியாசி; au combat நாட்டை. 4° Aux divers temps: ainsi au printemps காம்போதி, அசாவேரி, தன்னியாசி; au soir கன்னடம், காம்போதி, கலியாணி, காபி; aux vieilles de la nuit ou au milieu de la nuit ஆகிரி; à l'aurore இந்தோளம், இராமகலி, தேசாட்சரி ou தேசாட்சி, நாட்டை, பூபாளம்; à midi சாரங்கம், தேசாட்சரி, ஆகிரி, இந்தோளம், இராமகலி, பூபாளம். Les autres tons conviennent à tous les temps: இராகம்பாடுகிறது chanter un air; —எடுக்கிறது commencer un air, entonner, donner le ton; —தப்புகிறது détonner, manquer l'air: இராகத்தின்படியேபாடுகிறது chanter juste, suivre exactement le ton; இராகபரிக்ஷைக்காரன் professeur de musique, homme qui connait les airs.

*†இராகவன், (râghava, *de* இரகு), Râmen arrière-petit-fils de Raghou.

இராகவி, la plante பெருநெருஞ்சி.

இராகவிண்ணுடகம், l'arbre கொன்றை.

*† இராகி, (râgi), *V.* கேவிரு.

*†இராகிக்கிராகம், இராகிக்கிராசம், (இராகு, கிராகம், grâsa *bouchée*), éclipse.

*†இராகு, (râhou), 1° le serpent noir, que les Indous supposent causer les éclipses, en réalité le nœud ascendant de la lune ou la tête du dragon, la 8me planète des Indous, qui est invisible, la couleur noire, onyx ou œil de chat: —காலம் le temps du serpent noir, *i.e.* que les payens prétendent être sous son influence et être très-néfaste surtout pour les mariages; —க்கோள் la planète invisible Râgou.

*†இராகூச்சிட்டம், (இராகு, உச்சிட்டம்), ail, oignon, *litt.* les restes de Râgou. [ne fille nubile, pleine lune.

*†இராகை, (râkâ), lèpre, gale, jeu-

*†இராக்கசி, *V.* இராக்ஷசி.

*†இராக்கத, இராக்கதம், இராக்கதன் et leurs composés, *V.* இராக்ஷத, இராக்ஷதம், இராக்ஷதன்...

இராக்கதிர், (இரா), l'astre de la nuit, *i, e.* la lune. [qui vient la nuit.

இராக்காய்ச்சல், (இரா), fièvre

*†இராக்கினி, (râdjni), reine, princesse.

*†இராக்ஷசன். இராக்ஷசி, *V.* இராக்ஷதன், இராக்ஷதி.

*†இராக்ஷத, 1° *adj. d'*இராக்ஷதன். 2° ou இராக்ஷதவருஷம், la 49me année du cycle indien de 60 ans, l'an 1855: இராக்ஷதத்தனம் caractère de géant; ou —கிருத்தியம் action de géant, grand exploit; —கிருத்தியம்பண்ணுகிறது faire des traits de bravoure gigantesque; —கணம் la 3me des correspondances superstitieuses des constellations pour le mariage, *V.* au mot கணம்; —க்கூட்டம் la caste des géans; —ப்பிறப்பு la race des géans; —மணம், *V.* இராக்ஷதம்; —மாயை prestiges ou enchantemens des géans; —மாயையிலகப்படுகிறது être pris ou déçu par les prestiges des géans.

*†இராக்ஷதம், (râkchasa), mariage des géans, mariage fait par rapt et violence, rapt, *V.* le 7me des அஷ்டமணம். [க்ஷதர், géant.

*†இராக்ஷதன், (râkchasa), *pl.* இரா

*†இராக்ஷதி, (râkchasi), géante; இராக்ஷதி யாட்டமா யாடுகிறது se

conduire en géante, en effrénée.

†*இராச, *adj.de* இராசன், royal, de roi;*—கரம் tribunal royal, —du ministre du roi de Travancore, taxe imposée par le roi; — கரத்தார் les gens du roi;—கரன் ministre—,officier du roi;*—கலகம் sédition d'une armée:—கனி citron, fruit royal; *—கன்னி, —கன்னிகை fille de roi, vierge du sang royal, princesse;*—காரியம் devoir d'un roi, affaire d'état;—கிரி mangouste blanche;* —குமாரன் fils de roi,prince;*—குமாரி, —குமாரத்தி fille de roi, princesse; —கோலம் habits royaux, costume royal;—கோழை crainte du roi, espéce de maladie;*—சபை assemblée de rois, cour royale, audience du roi;*—சாரசம் paon, grue royale; —சிருங்கம் parasol, insigne royal; *—சின்னம் royauté, insignes de la royauté;—சேர்வை alliance —,union—,réunion de rois;* —ஸ்தானம் résidence—,cour—,audience du roi, palais,cour royale; —ஸ்தானத்திலே பேசுகிறது parler en présence du roi, haranguer la cour;—ஸ்தானத்திலேயிருக்கிறது avoir un siége—une place à la cour;*—ஸ்திரீ reine, princesse;*—தந்தம் dent de devant, —supérieure de devant;*—தரிசனம் audience—, vue du roi;*— தருமம் devoirs—,justice d'un roi, gouvernement juste, munificence royale; *—தாலம் le palmier royal,*i.é.*l'aréquier;*— தானம், —தானி capitale, ville royale,métropole,résidence du roi;—தானியாயிருக்கிறது être arrogant, effronté;*—த்துரோகம் crime de lése-majesté, haute trahison, rébellion;—தெரு rue royale, grande rue, rue du palais du roi;* —த்திரவியம் trésor royal, finance—,richesse de roi;—த்துவம்,—தத்துவம் royauté,puissance royale; *—நகரம் ville royale,—où réside le roi, capitale;*—நாகம் espèce de serpent capelle;*—நிஷ்டூரம் tyrannie, cruauté de tyran; —நோக்கு regard—, bienveillance —,clémence du roi;* —பஞ்சகம் détresse du gouvernement;*—பட்டம் dignité royale, titre de roi, couronnement du roi, diadème, diamant d'une espèce inférieure;*—பட்டணம்,—பட்டினம் ville royale,capitale;*—பத்திரம் ordre du roi; —பாட்டை, — பாதை grande route, grand chemin, route royale;—பார்வை objet dont la vue est de bon augure;* — புத்திரர், *pl.* fils de roi, princes, Rajapoutres;—புரி ville royale, jagre;—புள் oiseau royal,—fabuleux à 8 pieds; —ப்பிளவை charbon, ulcère malin,—dangereux,cancer,large ulcère sur le dos;*—மகேந்திரம் la ville de Râdjamandri;* —மண்டலம் assemblée de rois;—மனை palais, résidence du roi;* —மாநகரம், — மாநகரி ville royale, capitale;*—மாநாகம், —மாமந்தம் énorme serpent noir, le roi des serpens;* —மார்க்கம் grande route, route—, démarche royale, manière royale;*—மாளிகை palais de roi, citadelle —,ville royale;*—மானியம், —மான்னியம் affaire du roi, terre du domaine de la couronne, concession royale, terre donnée franche d'impots par le roi;* — மான்னியராசஸ்திரீ,(மான்னியம்,இராசஸ்திரீ), excellence; —யானை éléphant royal,—qui a 7 coudées de haut, 9 de long et 13 de tour;* —யோகம் prospérité de roi, conseil du roi;*—ரணம், *V.* இராசவிரணம்;*—ராசன் roi des rois,Coubèren, Touriòdanen;* —ராசேசுபரி, (இராசராசன்,ஈசுவரி), maitresse du roi des rois, Parvadi, Tourkei;* — ரிஷி richi royal;*—லட்சுமி,*P.*இராச்சிய லட்சுமி prétendue déesse protectrice—,fortune des rois;*—லேகம் ordre—, lettre du roi;* —வசதி trône, palais royal, fort;*—வசித்துவம், —வசியம், —வசீகரம் action de se rendre maitre du roi;—வட்டம் affaires publiques,—politiques;—வட்டம்பேசுகிறது parler de la politique;—வரிசை appareil—,ornement royal;*—வர்க்கம் extraction royale,

généalogie—, parenté du roi; *—வல்லி sorte de plante rampante, petite gourde; —வாயில், —வாய்தல் porte du palais du roi; —விட்டேரம், P. இராசதிஷ்டேரம்; —விரணம், (இரணம்), grand ulcère, cancer; —விராசன், (இராசன்), V. இராசராசன்.; —விருக்ஷம், —விருட்சம் l'arbre சரக்கொன்றை; * —விரோதம் ou —விரோதமானகலகம் rébellion, sédition; *—வீதி rue royale, —principale, grande rue; —வீதியேபோகிறது passer par la rue principale.

*†இராசகம், (இராசன், ka), assemblée de rois, —de princes.

*†இராசசம், 1° (இராச, சம்), naissance d'un roi, extraction royale. 2°. V. இராசதம்.

*†இராசசூயம், (இராச, soûya *à faire*), sacrifice qui ne peut être fait que par un monarque environné de ses vassaux, nénuphar, montagne.

*†இராசதம், (râdjasa), orgueil, arrogance, présomption, le 2me des 3 caractères qu'on distingue parmi les hommes, V. au mot குணம்- ஈ, un temps: இராசதகுணம் caractère orgueilleux, prédisposition à l'orgueil, un des 3 caractères détaillés au mot குணம்; —உள்ளவன், —குணமுள்ளவன் homme orgueilleux, —porté à l'orgueil; என்னராசதம் quel orgueil! உன்னிராசதமறியேனோ ne connais-je pas ton orgueil?

†இராசரீகம், இராசரீக்கம்; (இராச), royauté, règne, gouvernement: —பண்ணுகிறது régner.

*†இராசன், இராசா, *pl.* இராசாக்கள், (râdj, râdjâ), roi, monarque, Raja, prince, Rajapoutre, homme de caste royale ou guerrière, Indiren, la lune.

*†இராசாக்கினை, (இராச, ஆக்கினை), ordre du roi, punition imposée par le roi.

*†இராசாங்கம், (*id.* அங்கம்), règne, gouvernement, royauté, marques de la royauté: இராசாங்கம்-ள்; V. அரசாங்கம்-ள்.

*†இராசாசனம், (*id.* ஆசனம்), trône, tribunal du roi.

†இராசாணி, (இராசா, ஆள்), reine, princesse.

*†இராசாதிகாரம், (இராச, அதிகாரம்), royauté, autorité royale, règne.

*†இராசாதிபதி, (இராசா, அதிபதி), souverain, roi des rois, empereur.

*†இராசாதிராசன், இராசாதிராசா, (*id.* அதி, இராசா), roi des rois, monarque, souverain.

†இராசாத்தி, (இராசா), reine, princesse.

*†இராசாவர்த்தம், (இராச, ஆவர்த்தம்), ou இராசாவர்த்தக்கல், espèce de pierre précieuse, lapis lazuli: il y en a de 4 sortes différentes: சுவேதராசாவர்த்தம் la blanche; நீலராசாவர்த்தம் la bleue; பீதராசாவர்த்தம் la jaune; சுரோணராசாவர்த்தம் la rouge.

†இராசாளி, (இராசா, ஆளி), faucon, milan: — வேட்டை chasse au faucon, fauconnerie.

*†இராசி, 1° (râsi), maison, signe du zodiaque; il y en a 12, savoir: மேஷம் le Bélier; இடபம் (ரிஷபம்), le Taureau; மிதுனம் les Gémeaux; கர்க்கடகம் le Cancer; சிங்கம் le Lion; கன்னி la Vierge; துலாம் la Balance; விருச்சிகம் le Scorpion; தனுசு le Sagittaire; மகரம் le Capricorne; கும்பம் le Verseau; மீனம் les Poissons. De ces 12 signes, les 6 de l'hémisphère nord s'appellent உத்தராயனராசி; ceux de l'hémisphère sud தக்ஷிணாயனராசி. De plus les 3 premiers et les 3 derniers s'appellent ஏறுமிராசி les signes ascendans, et les 6 autres இறங்குமிராசி les signes descendans. 2° இராசி, monceau, accumulation, assemblage, quantité, terme d'une proportion. 3° (râdji), ligne, rang, rangée, ordre. 4° midi. 5° (*hind.*), accord, agrément, consentement compromis: —சக்கரம், —மண்டலம், —வட்டம் zodiaque; —த்தலைவர்பொருத்தம், —ப்பொருத்தம் concordance des signes du zodiaque, ce qui est une des 10 concordances que les gentils consultent pour le mariage; — நாதன்

chef d'un signe, étoile ou planète qui est censée gouverner quelque signe; —ப்பணம், —வராகன் fanons —, pagodes en masse, sans examiner chaque pièce en particulier; —பண்ணுகிறது, —ப்படுத்துகிறது satisfaire, apaiser, faire consentir; —ப்படுகிறது agréer, consentir; —பாகம் fraction, portion, morceau; —யளக்கிறது mesurer un monceau de grains; —யாயிருக்கிறது être en rang, en monceau, en abondance, consentir, agréer; —யாய்க்கிடக்கிறது être accumulé en monceau; —யாய்ப்பேசுகிறது parler amicalement; —யான agréé, voulu, consenti, choisi; —வக்கிரம் une des divisions d'un signe; நல்விராசியாயிருக்கிறது être de bonne sorte, de bon augure; எனக்கிராசியாயிருக்கின்றது j'y consens.

*†இராசிகம், 1° (இராசன்), ce qui vient du roi, règne, gouvernement, actes—, actions du roi. 2° (இராசி), quantité algébrique, fraction (exprimée par le numérateur et le dénominateur), signe du zodiaque, monceau, nerf, ligne. [ligne.

*†இராசிகை, (râdjikâ), champ, இராசிநாமா, (*hind.*), démission.

*†இராசியம், *P.* இரகசியம், secret, mystère, lieu caché, harem, appartement des femmes, vulve, mort: இராசியஸ்தானம், —த்தானம் lieu caché, sanctuaire, signe, matrice, sexe, parties naturelles, verenda hominis vel mulieris (modestement).

*†இராசிலம், (râdjila), serpent d'eau, le serpent amphisbæna, le mâle du serpent capelle.

*†இராசிகம், (இராசன்), ce qui vient du roi: இராசிகதெய்விகம் ce qui vient du roi et de Dieu.

*†இராசிகரம், (இராச, கரம்), le propre de la royauté, gouvernement, règne.

*†இராசிலம், *P.* இராசிலம்.

*†இராசிவம், (râdjiva), nénuphar, fleur du nénuphar.

*†இராசேந்திரன், (இராச, இந்திரன்), roi des rois, empereur, François-Régis.

*†இராச்சியபாரம், (இராச்சியம்), gouvernement, règne, poids de l'administration: —பண்ணுகிறது, —தாங்குகிறது régner, gouverner, porter le poids du gouvernement; மணிநாவசையாம விராச்சியபாரம்பண்ணுகிறது gouverner justement de manière à ne donner lieu à aucune plainte, *litt.* gouverner de telle sorte que le battant de la cloche du palais ne bouge pas. Ceci fait allusion à la cloche, que les rois de la dynastie Sòja avaient fait mettre à leur palais, pour que ceux, qui n'avaient pu obtenir justice de leurs ministres, pussent demander leur audience.

*†இராச்சியம், (râdjya), royaume, empire, gouvernement, pays, monde: இராச்சியக்காரர் gens du gouvernement: —லட்சுமி la déesse prétendue des royaumes.

*†இராச்சியவதி, (*id.* வதி), régente, reine, gouvernante.

*†இராடம், (râdhâ), 1° district et ville au nord du Bengale. 2° âne, assa-fœtida, oignon.

*†இராட்சசன, இராட்சதன், இராட்சத, et leurs composés, *V.* இராக்ஷதன், இராக்ஷத...

†இராட்டினம், (ராட்டணம்), rouet (à filer), roue, balançoire à 4 siéges ou berceaux, en usage dans les fêtes de ce pays, et qui tourne comme un rouet: இராட்டினஞ்சுற்றுகிறது filer au rouet, faire tourner le rouet; *ou*—ஆட்டுகிறது faire tourner la balançoire; இராட்டினத்தொட்டி siége de la balançoire susdite; —வாழை bananier dont les fruits sont disposés en rouet; —ஊசல், —ஊஞ்சல், (ஊசல்), la balançoire [susdite.

*†இராட்டு, (rât), roi.

*†இராணம், (râna), feuille, queue de paon.

*†இராணி, (râdjni), reine, princesse: —வாசம் séjour—, résidence dans un sérail.

*†இராணுவம், இராணு, (இரணம்), armée, camp, bataille, devant—, face du combat: —கூட்டுகிறது en-

rôler des soldats;காலிராணுவம் infanterie, quart d'armée; இராணுவ ப்பேர் ou

†இராணுவத்தார், (இராணுவம்), troupes, soldats, gens d'armée.

இராதங்கம், pied. ‖ V. சோரம்.

*†இராதம், (râdha), tison, brandon, météore,étoile volante, éclair.

*†இராதரங்கம், (râdharanka), charrue, goutte de pluie.

*இராதை, (râdhâ), la 16me constellation, bergère amante ou maitresse de Krichna, d'où இராதைகாந்தன் Krischna. [la nuit.

†இராத்தங்குகிறது (இரா), passer

*†இராத்திரகம்,(râtraka), période de 5 nuits.

*†இராத்திரம், } (râtri), nuit;*இ
†*இராத்திரி, } ராத்திரிகாசம், (ஆசம்), nénuphar blanc; *—காலம் la nuit, temps de la nuit; — காலத்திலே de nuit, durant la nuit; *—சரன் voleur—, patrouille—, garde de nuit, diable; —முழுதும் toute la nuit; *—வேதம் l'oiseau qui connaît les veilles de la nuit, i.e. le coq:—வந்தான் il est venu de nuit, —la nuit dernière; இராத்திரியிலே de nuit,á la nuit,pendant la nuit.

†இராந்து, (ராந்து), hanche, jointure des cuisses,reins: இராந்திலேபோடுகிறது mettre sur sa hanche:இராந்தையொடிக்கிறது se démettre la hanche, la démettre à un autre; அவளுக்குஇராந்துகடுக்கிறது elle est en travail d'enfant;பின்னிராந்தும்புறங்காலும்வீங்கிஞற்பிழைக்கிறதுசடினம் lorsque le derrière des reins et le dessus du pied enfle, il est difficile de n'en pas mourir.

†இராபதன்,(இரா), la lune.

†இராப்பகல்,(id.),nuit et jour.

*†இராமகலி,(இராமன்), un des 42 nouveaux airs,qui est pour midi

*†இராமகிரி, (id.), la montagne de Râmen.

இராமக்கம், இராமக்கன், espèce dangereuse de petite vérole qui rentre après être sortie.

*†இராமக்கிரியம்,இராமக்கிரியை, (இராமன்), un des 32 airs anciens.

*†இராமசகன்,(id.), l'ami de Râmen, i.e. le singe Sougriben.

*†இராமசந்திரன், (id.), Râmachandra, (plus communement) Râmen. [tha), assa-fœtida.

*†இராமடம், இராமடை, (râma-

*†இராமதூதன்,(இராமன்),l'ambassadeur de Râmen, i.e. le singe Hanouman.

*†இராமநாதபுரம், (id. நாதன்), Ramnad, métropole du Marava.

*†இராமபத்திரி,(id.),espèce de remède.

*†இராமபாணம்,(id.)la flèche de Râmen,espèce de remède,—d'insecte ou de vers. [லாஆத்தா.

†இராமமரம், (id.), l'arbre மனி

*†இராமம்,(râma), beauté, désir, plaisir,chose agréable.

*†இராமன், (இராமம்), le beau, Râmen, fils de தசரதன்,et de கௌசலை, ou selon les Indous, Vichnou incarné pour tuer le géant இராவணன்; c'est encore le nom de 2 autres prétendues incarnations de Vichnou,sous les noms de பரசுராமன் et de பலராமன், surnom de Varounen:இராமன்றேவி la femme de Râmen,i.e.Sidei.

*†இராமாநுசன், (இராமன், அநுசன்),le frère cadet de Râmen,i.e. Lakchoumanen.

*†இராமாநுசரன், (id. அநுசரன்), Vichnouviste,sectateur de Râmen.

*†இராமாயணம், (id. அயனம்), Râmâyanam, grand poème contenant les aventures de Râmen. Il y en a un de Valmiki en sanscrit, un de Camben en tamoul, et d'autres qui en sont des abrégés.

†இராமார், இராமாறு, (இரா), la nuit,de nuit,chaque nuit.

†இராமாலை,(id.), le soir,la brune. [ர்பணம்), offrande à Râmen.

*†இராமார்பணம்,(இராமன், அ

†இராமானம்,(id.),heure de nuit, durée de la nuit.

*†இராமிலன், (râmila), Kâmen, mari,amant.

*†இராமேசுரம், (இராமன்,ஈசுரன்), Râmêsouram ou Râmanacor, ville et célèbre pagode dans une île sur la cote du Marava, regardées comme un lieu sacré par les Indous

*†இராமேசுரன், (id.), idole de cette pagode,à laquelle Râmen sacrifia pour se purifier du meurtre de Râvanen.

†இராயசம், secrétariat, office de secrétaire:இராயசக்காரன் ou

†இராயசன், (இராயசம்), secrétaire.

†இராயணி,V.இராயனி.

†இராயத்துவம், (இராயன்), dignité—,condition d'empereur, majesté impériale.

†இராயப்பன், (இராய், அப்பன்), n.pr.Pierre.

†இராயல்,இராயலு, (இராய், அல்), n.pr.Pierre.

†இராயனி,(இராயன்), impératrice,reine.

†இராயன்,empereur,roi,titre des rois de Bisnagar.‖n.pr.Pierre.

†இராய்,இராயி,(télinga), pierre.

இரால், V.இறால்.

†இராவசனம்,1° (இரா,அசனம்), souper.2° (இரா,வசனம்), parole,—verset pour la nuit.

இராவடம் ,1° l'arbre அசோகு uvaria.2° †இராவடம்,(இராவும், அடம்), action de limer: இராவடவேலை ouvrage fait à la lime.

இராவடி,cardamome.

†இராவணம், (இரா,வண், அம்), chandelle,lampe,le flambeau de la nuit,i.e.la lune.

*†இராவணன்,(râvana), Râvanen, fameux géant, tyran ou roi de Ceylan:—மந்திரி le 1er ministre de Râvanen,i.e.Magôdaren; —மீசை,—விசை moustache de Râvanen, i.e.la plante spinifex squarrosus; இராவணமந்திரி personne trompeuse.

*†இராவணாஸ்தம்,இராவணாத்தம், (இராவணன், அஸ்தம்), espèce de luth à 2 cordes dont on joue avec un arc. Râvanen le fit, dit la fable, en se coupant une main et se tirant deux nerfs pour servir de cordes.

*†இராவணாரி, (id.அரி), l'ennemi de Râvanen,i.e.Râmen.

*†இராவணி, (இராவணன்), Indirasittou,fils aîné de Râvanen.

இராவராக்கு, espèce de bijou pour les oreilles.

†இராவறிவான், (இரா, அறிவான்), V.இரவறிவான்.

இராவிரேக்கு, bijou attaché aux cheveux des enfans et qui pend sur le front, ornement qui ressemble à la feuille de l'அரசமரம்,petite plaque d'or ou d'argent destinée à couvrir les parties naturelles des petites filles.

†இராவுகிறது,வினேன், வுவேன், வு,வ,v.a.இராவுதல், இராவுகை,n.v. limer,polir.

†இராவுத்தன்,pl. இராவுத்தர், ou இராவுத்தன்மார்,cavalier.

†இராவுத்தாங்கம், (இராவுத்தன், அங்கம்), cavalcade d'hommes et de femmes déguisés dans certaines fêtes.

†இராவைக்கு, dat.de இரா,à la nuit.

*†இரிகம்,(rika), cœur,esprit.

இரிகிறது,ரிந்தேன்,ரிவேன்,ரி, ரிய, v.n.se gâter,être défait, délivré, décliner,pencher en bas,craindre,fuir, échapper.

இரிக்கிறது, ரித்தேன், ரிப்பேன்,ரி, ரிக்க,v.a.du préc. détruire, défaire, mettre en fuite,gâter, délivrer,intimider.

இரிங்கணம்,espèce d'oiseau.

இரிசல்,1° distraction, porter son attention sur une autre chose.2° P. இரிதல்.

இரிசியா,la plante பூணைக்காலி.

*†இரிஷபம்,இரிடபம், (richabha), taureau,le signe du Taureau.

*†இரிஷி,(richi), richi, ermite, pénitent, sage, prophète: —சம்பந்தமாயிருக்கிறது ce qui a rapport aux richis,comme leurs sciences, leurs hauts faits.

இரிஞன்,pl.இரிஞர்,(இரிகிறது),ennemi,celui qui met en déroute, peureux.

இரிதல்,n.v.d'இரிகிறது,fuite, défaite,dispersion, ruine, perte, inclinaison, pente, peur.

இரித்தல், *n.v. d'*இரிகிறது, action d'épouvanter,destruction,dispersion

இரிபு,1° *P.*இரிந்து, *gér. d'*இரிகிறது.2° *n.v. d'*இரிகிறது, fuite, perte, haine,crainte,aversion.3°†* (ripou), ennemi. [d'intimider.

இரிப்பு, *n.v. d'*இரிக்கிறது, action

†இரிப்பாய்ப்பட்டை,lattes.

இரியல்,1° *n.v. et opt. d'*இரிகிறது, *V.*இரிதல்.2° bon—,beau vètement.

இரீஇனேன்,*P.*இருந்தேன்,jai été.

*†இரீட்டம், (richta), raccourcissement.diminution.

*†இரீதி,(riti), ordre,usage, manière,méthode,façon,style,airain,cuivre:—கவுளம்,—கௌளம் un des 32 anciens airs.

இரு,1° (இரண்டு), deux.2° *imp. d'*இருக்கிறது. 3° *adj. de* இருமை, grand. [vaise—,double odeur.

இருகந்தம்,(இரு), bonne et mau-

இருகரை,(*id.*), les 2 rives,la droite et la gauche.

இருகால், இருகாலும், (*id.*), les 2 pieds,2 pieds,2 fois,2 quarts, demie.

இருகுறணேரிசைவெண்பா, (இரு, குறள்,நேரிசை), vembâ composé de 2 குறள் ou distiques.

இருக்கந்தனையும், *P.* இருக்குந்தனையும்,jusqu'à ce qu'il soit, tant qu'il sera. [றது,ஒட்டுகிறது). soit.

இருக்கட்டு, இருக்கட்டும், (இருக்கி

இருக்கல்,*n.v.d'*இருக்கிறது, station,résidence,séjour,être,existence.

இருக்கால்,(இரு), 2 fois,2 de dés, 2 de cartes. [2 noyaux.

இருக்காழி,(இரு,காழி), ce qui a

இருக்கிறது, ருந்தேன், ருப்பேன், ரு,ருக்க,*v.n.* être, exister,vivre,résider, demeurer, attendre, s'arrêter, rester, s'abaisser, être assis, s'asseoir,être présent,—en réserve,—en magasin: என்றிருக்கிறது croire, penser; அதுமெய்யென்றிருந்தேன் je croyais cela vrai: ஆயிருக்கிறது être(avec un adjectif ou un complément;)அவன்தகப்பனாயிருக்கிறான் il est père, c'est un père;அவன்தகப்பனிருக்கிறான் son père vit encore; அந்தத்துரை யிருந்தநாளிலே du temps de ce gouverneur, — de ce monsieur; காரியமிருக்கிறவகையறிவேன்je connais l'état de l'affaire,—où elle en est;எனக்கிருக்கிறதம்மட்டுந்தான் c'est là tout ce que j'ai;இருக்கச்சொன்னேன், நீயிருக்கவில்லை j'avais dit d'attendre,tu n'as pas attendu; அவனின்னமிருக்கிறானோ vit-il encore?இளைப்போடேவந்தாயோ? இரு es-tu arrivé fatigué? assis-toi; அங்கேயிருப்பான் il sera là, il demeure là. Ce verbe se joint souvent au gérondif d'un autre verbe et peut se traduire par avoir, comme செய்திருக்கிறது avoir fait. Quelques fois avec un gérondif il peut se traduire par être, dans le sens passif,comme எழுதியிருக்கின்றது il est écrit.

*†இருக்கு, (rouk), vêdam, Rik—, ou Rig vêda, le 1er des 4 vêdas, le 1er des உபநிஷதம்.

இருக்குதல்,*n.v. V.*இருக்கல்.

இருக்கை, 1° *n. v. d'*இருக்கிறது, être,existence,état,condition, siége, station,séjour,ville,village, maison. 2° *P.*இருக்காய்,tu n'es pas. [re.

இருங்கதை,(இரும்), longue histoi-

இருசமையவிளக்கம், (இரு, சமயம்), traité de controverse entre la secte de Siven et celle de Vichnou en faveur de cette dernière.

இருசி,Irousi, mauvaise déesse à qui on offre du riz, du lait et du sang ou des sacrifices sanglans, femme stérile qui n'a ni mamelles ni règles: இருசியுடைமைராத்தங்காததுபோலிருக்கின்றது c'est comme l'offrande faite à Irousi qui ne doit pas passer la nuit; expression que disent ceux qu'on presse de rendre quelque chose.

இருசீரகம்,(இரு), les 2 espèces de cumin,*i.e.*நற்சீரகம் et கருஞ்சீரகம்.

†இருசு,இருசுவு, 1° preuve, certitude, vérité, fer d'un essieu, bambou.2° *(roudjou), ce qui est droit, ligne droite,droiture, honnêteté, le

propre:இருசுவாக்குகிறது, இருசுப்படுத்துகிறது prouver, démontrer, vérifier.

இருசுடர்,(இரு), les 2 grandes lumières,*i.e.*le soleil et la lune: —த்தோற்றம் l'apparition des 2 grandes lumières,une des divisions d'un poëme épique.

இருச்சிக்கை, இருச்சிகைகாஞ்சி, certain bijou ou ornement de pierreries. ‖ *V.* காஞ்சி.

*†இருஷபத்துவசன், (இருஷபம், துவசம்), celui qui a un taureau à son enseigne,*i.e.*Siven.

*†இருஷபம், (rouchabha), taureau,trou de l'oreille.

*†இருஷி, (rouchi), rayon de lumière,Vêdam.‖*V.*இரிஷி.

*†இருஷிகம்,(இருஷி),état de Richi.

*†இருஷிகேசன், இருஷிகம், ஈசன்),Vichnou, ou Krichna.

*†இருஷியஞ்ஞம், (இருஷி yadjna *sacrifice*), connaissance—, lecture des vêdas.

*†இருஷியமூகம்,(rouchya *cerf* மூகம்), la montagne Rouchyamoûka ou Kitkindei où Râmen demeura avec le singe Sougriben.

இருஞ்சிறை,(இருமை), garde,muraille,dure prison.

*†இருடி,(Rouchi), hibou,fille ou femme qui n'a point ses règles. ‖*V.* இரிஷி.

இருட்சி } ,(இருள்), obscurité, té-
இருட்டு } nèbres, trouble d'esprit:இருட்டுஸ்தலம் lieu obscur, les limbes;இருட்டிலேநடக்கிறது marcher dans les ténèbres.

இருட்டுகிறது,ட்டினேன், ட்டுவேன்,ட்டு,ட்ட,*v.a.d'*இருளுகிறது et இருட்டுதல்,*n.v.*obscurcir,noircir,couvrir de ténèbres, rendre sombre,—obscur.‖*v. n. ou* இருட்டிப்போகிறது s'obscurcir, devenir sombre;—ப்போகின்றது il se fait nuit.

*இருணம்,1° (irina), saline, terre imprégnée de sel.2° *†(rouna), dette,moins, quantité négative.

இருணிலம், (இருள், நிலம்), lieu obscur,enfer.

இருண்ட,*part.d'*இருளுகிறது,obscur,ténébreux,sombre;—காடு noire forêt;—செவப்பு, —சிகப்பு rouge foncé,—mêlé de noir;—நிலம்,*V.* இருணிலம். [té,ténèbres.

இருண்மை,(இருள்,மை), obscuri-

*†இருதம்,(routa),eau,vérité.

*இருதயம், (hroudaya), cœur,volonté,affection,esprit,pensée,le siége du sang:இருதயத்தைமூடியவிருள் aveuglement de cœur.

இருதலை,(இரு); 2 têtes:—க்கபடம் anguille;—க்கொள்ளி tison allumé par les 2 bouts;—ஞாங்கர் trait à 2 têtes,—de Coumaren;—ப்பக்ஷி,—பட்சி aigle à 2 têtes; —ப்பாம்பு serpent à 2 têtes dit மண்ணுணி; —ப்பூச்சி vers à 2 têtes;—மணியன் serpent à 2 têtes; —மாணிக்சம் espèce de prière,ou de formule d'enchantement.

இருதாரைக்கத்தி, (இரு, தாரை), couteau—,épée à 2 tranchans.

இருதாளகம், (இரு), l'herbe இலாமிச்சு,arsenic violent, orpiment, ou arsenic en feuilles.

இருதி, syllabe de 2 lettres.

இருதிணை,(இரு), les 2 genres, *i.e.* உயர்திணை le genre des êtres raisonnables et அஃறிணை celui des choses ou êtres irraisonnables.

*†இருதிராசம்,(இருது,இராசன்), chaleur, été, printemps.

*†இருது,(routou),saison, 2 mois, (chaque saison est de 2 mois, *V.* ஆறுபருவம்), mois, lumière,règles des femmes, surtout les premières:—காலம் temps propre à la conception; ce sont les 16 jours qui suivent les règles;—க்காட்சி un des அகப்பொருள், une de ses parties;—சந்தி jonction de 2 saisons, les 7 derniers jours de l'une et les 7 premiers de l'autre; —சாந்தி cérémonie gentile des 1res règles des filles; — விருத்தி année,ensemble des saisons.

†இருதுவாகிறது. இருதுவாய்ப்போகிறது devenir nubile,avoir ses premières règles.

*†இருதோத்தி, (இருதம், உத்தி),

phrase—,sentence—,parole vraie.

இருதோற்றம்,(இரு), les 2 sortes d'êtres visibles, *i.e.* ceux qui marchent et ceux qui ne marchent pas.

*†இருத்தம், (rouddha), tas, amas, manière.

இருத்தல்,*n.v. d'*இருக்கிறது,*n.v. et opt.d'*இருத்துகிறது, être,existence, vie, séjour, action de s'arrêter, de s'abaisser, de mettre, de faire asseoir,de presser,de peser dessus,placement,pression,détention.

இருத்தி,1° *gér. d'*இருத்துகிறது.2° *P.* இரு, *et* இருப்பாய், *imp. et* 2me *pers.fut.d'*இருக்கிறது, sois,tu seras. 3° *†(rouddhi), béatitude, prospérité,succès.

இருத்துகிறது,த்தினேன், த்துவேன்,த்து,த்த,*v.a.d'*இருக்கிறது, இருத்துதல்,*n.v.*faire rester,—asseoir, retenir, mettre, placer sur, établir, fouler, presser, accabler, appuyer —, peser sur, enfoncer: இருத்திக்கொள்ளுகிறது,—வைக்கிறது arrêter, retenir;—க்கொண்டுபோகிறது être pesant; போகாதபடிக்கிருத்துகிறது retenir, empêcher de s'en aller; வீட்டின்மேலுன்னையிருத்தவோ faut-il te mettre sur la maison? சுமையிருத்திக்கொண்டுபோகின்றது le fardeau accable,—est très pesant.

இருத்தை,1° espace de 24 instans, le 4me le 9me et le 14 me jour après la nouvelle ou la pleine lune, (ou selon Rottler,) la 4me division des jours après la nouvelle lune et la pleine lune *i.e.* du 10me au 12me jour de la lune, heure indienne, horloge d'eau, montre. 2° *V.* செங்கொட்டை.3° *P.*இருத்தாய்,2me *pers. nég.d'*இருத்துகிறது.

இருநா,(இரு), l'animal à 2 langues,*i.e.*le serpent et l'உடும்பு.

இருநிதி,(இரு), grand trésor:—க்கிழவன் le grand richard, *i.e.* Coubêren;—க்கோன் le roi des trésors,*i. e.* Coubêren. [résolution.

இருநினைப்பு, (இரு), duplicité, ir-

இருநீர்,(*id.*), les 2 nécessités corporelles.

இருநூறு,(*id.*), deux cents.

இருந்தால்,*conditionnel d'*இருக்கிறது s'il est: இருந்தாற்போலே subitement, tout-à-coup.

இருந்து, 1° *gér. d'*இருக்கிறது, étant, s'asseyant: இருந்தல்லோபடுக்கவேண்டும் ne faut-il pas s'asseoir avant de se coucher,*i.e.* faire chaque chose en son temps; —பேசுகிறது attendre le moment de parler, s'asseoir pour parler; அவனிருந்துகொண்டு சில நியாயங்களைச் சொன்னான் il s'arrêta et dit quelques raisons. Quelquefois ce mot est purement explétif:எழுந்திருந்து se levant. Après l'abl. en இல் il signifie de. *Ex.* இதிலேயிருந்து d'ici; அதிலிருந்து de là; பட்டணத்திலிருந்துவந்தான் il est venu de la ville. 2° charbon.

இருந்தை.charbon.

இருபது, இருபஃது, (இரு,பத்து), vingt. Devant un autre nombre on double le த:இருபத்தொன்று 21; இருபத்திரண்டு 22; இருபத்துமூன்று 23; devant ஆயிரம் on se sert de இருபதின்: இருபதினாயிரம் 20000. On peut se servir aussi de இருபதின் devant கலம் et quelques autres mots:இருபதின்கலம் 20 mesures dites calam.

இருபதாம், (இருபது),vingtième.

இருபதாவது,(*id.*),vingtièmement.

இருபாவிருபஃது, (இரு,பா,இருபது), le 52me des பிரபந்தம்,pièce de poésie composée de 10 vemba et 10 agavel entremêlés, qui ont la répétition dite அந்தாதி.

இருபிறப்பன், (இரு,பிறப்பு), homme né de nouveau,—des 3 premières classes,(qui portent le cordon bramanique,dont l'investiture est censée une seconde naissance), homme dont le père et la mère sont de castes différentes,(ce mot est injurieux.)

இருபிறப்பது,(*id.*), animal ovipare, —à double naissance, secondes dents, croissant et déclin de la lune, plumes.(*V.*இருபிறப்பு.)

இருபிறப்பாளர், (*id.* ஆளர்), les brâmes qui par l'investiture du cordon sont censés subir une seconde naissance.

இருபிறப்பு, (இரு), seconde naissance, état d'un être né de nouveau, choses qui renaissent; savoir: les brames par l'investiture du cordon, les ovipares, la lune, les dents et les plumes. [bhoukcha), Indiren.

*†இருபுட்சன், இருபுக்ஷன், (rou-

இருபுறம், (இரு), 2 côtés: இருபுறமும் les ou des 2 côtés; இருபுறமுங்கருக்குள்ளகத்தி épée à 2 tranchans; இருபுறவசை, —வாழ்த்து dénigrement—, louange des 2 côtés, i.e. du côté paternel et du côté maternel.

இருபெயரொட்டு, (இரு, பெயர், ஒட்டு), union de 2 mots:—ப்பண்புத்தொகை union de 2 noms l'un propre et l'autre commun, entre lesquels on sous-entend ஆகிய. *Ex*:ஆயன்செல்வப்பன் Félix le berger.

இருப்பவல்,la plante gnaphalium multicaule. [de fer.

இருப்பாணி,(இரும்பு,ஆணி), clou

இருப்பாயுதம், (*id*.ஆயுதம்), arme de fer,arme.

இருப்பிடம்,(இருப்பு,இடம்), place, demeure,résidence,siége,le derrière.

இருப்பு,1° *n.v.d'*இருக்கிறது, être, existence, manière d'être, état,condition, demeure, habitation, résidence, séjour, lieu, siége, poste, possessions, biens, richesses, avoir, profit, reste, le derrière, le postérieur. 2° *adj.d'*இரும்பு,de fer:—க்கச்சை ceinture de fer des guerriers; — க்கட்டி masse—, barre de fer; —க்கட்டை tige d'une clef;—க்காய்வேளை la plante galega maxima; —க்காந்தம் fer aimanté;—க்கிட்டம் scorie de fer; —க்கோல் verge—, bâton—, barre de fer; —ச்சங்கிலி chaine de fer:—ச்சலாகை broche de fer, sonde de médecin, baguette de fusil;—ச்சில்லு palet de fer;—ச்சுவடு cotte d'armes;—த்தகடு plaque de fer; — த்தட்டுமுட்டு ustensiles de fer;—த்தாழ்ப்பாள், —த்தாள்ப்பாள், —த்தாட்பாள் verrou, pène; —த்தாளிடுகிறது fermer au verrou, au pène;—த்துப்பு, —த்துருப்பு, —த்துரு rouille de fer; —ப்பாறை instrument en fer pour creuser, espèce de levier; —ப்பார்க்கிறது voir—, examiner ce qui reste ou quel est l'avoir—, la fortune de quelqu'un; —ப்பாளம் masse—, barre de fer;—மணல், —மலை sable —, montagne contenant du fer;—முள் aiguillon, pointe de fer;—முறி plante médicinale indigofera argentea, qui a une vertu contraire au fer;இருப்புலக்கை,(உலக்கை), pilon de fer;—வளையம் anneau—, disque —, palet de fer; அரிசியிருப்பெம்மாத்திரம் combien reste-t-il de riz? உன்கிட்டவிருப்பிருக்கிறது tu as quelqu'avoir, quelque profit; இருந்தஇருப்பிலேதேடுகிறது chercher à gagner sur le champ, amasser sur le lieu même, sans courir çà et là.

இருப்பூறல்,(இரும்பு, ஊறுகிறது), tache de fer dans l'or ou l'argent:—ப்பணம் fanon de bas aloi.

இருப்பை,1° *P*.இருப்பாய்,tu seras. 2° *P*.இலுப்பை.3° toile.

இருமடங்கு, } (இரு), le double: இருமடி, } இருமடியேவல் double commandement, double impératif; —யாகுபெயர் double métaphore, nom métaphorique d'une chose donné à une autre chose qui en vient.

இருமரபு,(இரு), côté paternel et côté maternel.

இருமருப்பு,(*id*.), 2 cornes, 2 défenses:—மா éléphant; —மாமுகத்தோன் Vinâyaguen. [து, toux.

இருமல்,1° *n.v.et opt. d'*இருமுகிற

இருமல்லி,(இரு), les 2 espèces de jasmin,*i.e.*சிறுமல்லி et பெருமல்லி.

இருமனம், (*id*.), double volonté, irrésolution, hésitation, doute: இருமனப்படுகிறது être irrésolu, hésiter, douter.

இருமாத்திரை,(*id*.), les 2 quantités, *i.e.*les brèves et les longues.

இருமு, 1° mot d'une syllabe. 2° *imp.de.* [ம,*v.n.*tousser.

இருமுகிறது,மினேன்,முவேன்,ம,

இருமுரடன்,(இருமை,முரடு),houme opiniâtre,obstiné, revèche, têtu.

இருமுறி, 1° (இரு), demi-brique. 2° V. இருப்புமுறி.

இருமூன்று,(id.), 2 fois trois, six.

இருமை,1° chagrin, grandeur. 2° (இரு,மை), 2 manières d'être, les 2 vies, i.e. இம்மை la vie présente, மறுமை la vie future: —யியற்கை figure de rhétorique qui consiste à dire à la fois le possible et l'impossible.

இரும்,1° (இருமை), grand.2° imp. hon. d'இருக்கிறது, soyez, asseyez-vous.

இரும்பலி,(இரும்பு, அலி), arbrisseau dont le bois est très-dur, ferreola buxifolia.

இரும்பல்,n.v.d'இரும்புகிறது,toux

இரும்பறுத்தான், (இரும்பு,அறுக்கிறது), espèce de gros rat.

இரும்பன்,(இரும்பு), rat noir.

இரும்பிலி,espèce d'arbrisseau.

இரும்பு, fer, arme. Son adjectif est இருப்பு: இரும்புருக்குமுலை fournaise à fondre le fer. [பு,v.n.tousser.

இரும்புகிறது, பினேன்,புவேன்,பு,

இரும்பை, 1° (இரும்,பை), grand sac,serpent,cruche à l'eau.2° acc.de இரும்பு.

இருலவங்கம்,(இரு), 2 espèces d'épices,i.e.இலவங்கப்பூ et இலவங்கப்பட்டை.

இருவகை, (id.), 2 espèces: இருவகையாயுதம் les 2 espèces d'armes, i.e.அஸ்திரம் armes qu'on lance, சஸ்திரம் celles qu'on tient à la main; —தோற்றம், V. இருதோற்றம்.

இருவர்,(id.), 2 personnes: இருவரும் tous deux:இருவருமாய் tous deux ensemble; அவர்களிருவரும் eux deux; இருவர்மாறுகொளொருதலை துணிவு décision ou détermination en faveur de l'une de deux opinions contradictoires.

இருவளருவல்,ce qui est petit, la poussière et le gravier, sable fin.

இருவாட்சி, இருவாய்ச்சி, espèce d'arbre,—de jasmin, jasmin sambac. Il sert de remède au crachement de sang.

இருவாட்டித்தரை, (இரு,வாட்டி), terrain sablonneux et salé.

இருவாய்க்குருவி, (இரு,வாய்), oiseau à 2 becs.

இருவாளிப்பு,irrésolution.

இருவி,tige du millet dit தினை:—க்காந்தம் espèce de remède.

இருவினை,(இரு), les 2 actions,i.e. நல்வினை bonne action, et தீவினை mauvaise action, autrement le bien et le mal, la vertu et le vice; இருவினையற்றவன் homme consommé en vertu, bienheureux, délivré de la vicissitude de la vertu et du vice.

இருவேலி,l'herbe வெட்டிவேர்,andropogon muricatum;les racines en sont odoriférantes.

இருளம்,(இருள்), nuage obscur.

இருளல்,n.v. d'இருளுகிறது, obscurcissement,état de ténèbres.

இருளன்,pl.இருளர், (இருள்), sauvage, habitant des bois, chasseur, montagnard,espèce de diable, — de démoniaque.

இருளி,(இருள்), 1° cochon,le mâle de la truie, sanglier, honte, cumin noir,femme sans mamelle.2° f.d'இருளன்.

இருளுகிறது, ou இருள்கிறது, ருண்டேன், ருளுவேன், ou ருள்வேன், ருள், ou ருளு,ருள,v.n.(இருள்),et இருண்டுபோகிறது, s'obscurcir, devenir obscur, sombre,noir:இருண்டிருக்கிறது être obscur, sombre, noir.

இருளுதல்,n.v. V.இருளல். [honte.

இருளை,(இருள்),modestie,pudeur,

இருள்,1° ténèbres,obscurité,noirceur, couleur noire,enfer,éléphant, trouble, obscurité mentale, confusion d'esprit. 2° imp. et part. d'இருளுகிறது: —ஆயிருக்கிறது être obscur, sombre, noir; —அடைகிறது s'obscurcir, devenir sombre, noir; —அடைந்துகிடக்கிறது être noir, devenir obscur, tomber dans l'obscurité, être ruiné: இருளோவென்றிருக்கிறது douter de l'obscurité,être entièrement obscur.

இருள்வலி, (இருள், வலி), l'astre qui dissipe les ténèbres,i.e.le soleil.

†இரெக்கை,aile.

இரெசக்குணு,grain de moutarde.

இரெசன்,ail,argent.

†இரெசேந்திரம், (P. இரசேந்திரம்), mercure.

†இரெட்டி,Retti, caste de cultivateurs réputée la principale et primitive caste d'agriculteurs télinga.

†இரெப்பம்,(இரெப்புகிறது), plénitude.

†இரெப்புகிறது,ப்பினேன்,ப்புவேன்,ப்பு, ப்ப,v.a. de இரெம்புகிறது, remplir, combler.

†இரெப்பை,paupière. [yeur.

†இரெம்பம்,instrument de corro-

†இரெம்புகிறது,பினேன்,புவேன்,பு,ப,v.n.d'இரெப்புகிறது,être plein, rempli:இரெம்ப,inf.beaucoup,plein.

இரேகம்,P.திரேகம், corps: இரேகபிராணன் vie unie au corps,grande amitié.

*†இரேககணிதம், (இரேகை; கணிதம்),géométrie. [donné.

இரேகாத்திரயம்,protection, asyle

*†இரேகி,(rêka) homme vil,—fortuné, —qui a du bonheur.

†இரேகிக்கிறது, கித்தேன், கிப்பேன்,கி,கிக்க,v.a.et n. (இரேகை), இரேகித்தல்,n.v.mêler,incorporer, écrire, peindre, tirer une ligne, s'unir, se joindre,s'accoutumer. [ne,profit.

†இரேகு,(இரேகை), impôt,doua-

இரேகுத்தி,un des nouveaux tons des Indous.

*†இரேகை,1° (rêkhâ), ligne, ligne continue, trait de stylet, —de plume etc... lignes—, raies de la main ou des pieds, contour d'un dessin, lettre, écriture, peinture, esquisse, taxe, impôt, tribut, montant des taxes. 2° P.இரேக்கு, feuille d'or pour dorer: —கட்டுகிறது,—செலுத்துகிறது payer l'impôt, la taxe; இந்தவூர்க் கிரேகை யென்ன quel est le total des impôts de cette ville.

†இரேக்கு,pétale,feuille de fleur, habit long, feuille de métal pour plaquer, feuille d'or pour dorer, clinquant, faculté, qualité; —க்கட்டிடம் livre doré sur tranche.

*†இரேசகம், (rètchaka), expiration,émission de l'haleine surtout par une narine.

†இரேசம்,V.இரசம்.

இரேசலம்,couleur de riz, sorte de défaut des pierres précieuses.

*†இரேசனம்,(rêtchana), 1° purgation, purge. 2° V.இரேசகம்.

*இரேசன்,(இரா,ஈசன்), roi, Vichnou, Varounen.

†இரேசிக்கிறது,சித்தேன்,சிப்பேன்,சி,சிக்க,v.a.(இரேசகம்), இரேசித்தல், n.v.expirer, exhaler l'haleine surtout par une narine.‖V. அந்திக்கிறது, s'unir, convenir, etc.

*†இரேசிதம்,(rètchita), vide,pauvreté,course d'un cheval en rond, partie de la danse, ou d'un traité sur la danse.

இரேசுதல்,union,soupir.

*†இரேணு,(rènou), poussière,atome,beauté.

*†இரேணுகம், (rênoukâ), espèce de parfum et de médecine.

*†இரேணுகை,(id.),Rènouguei, n. pr.la mère de Parasourâmen.

†*இரேதசு,(rêtas), sperme,semen virile: இரேதஸ்கலனம் effusion du sperme, pollution.

*†இரேபதம், (rêvata), morceau, partie,un des 18 livres de jurispru-

*†இரேபதி,P.இரேவதி. [dence.

இரேயம்,(இரா),espèce de toddi et d'arack, liqueur spiritueuse tirée des fleurs du lythrum fruticosum, du sucre,etc...

*†இரேவதம்,(rêvata), 1° V.இரேபதம்.2° la 27me constellation.

*†இரேவதி,(rêvati), Rèvadi, femme de Balarâmen, la 27me et dernière constellation; elle renferme plusieurs étoiles de la ceinture, de l'épaule et du bras d'Andromède et du milieu du Poisson septentrional: —கொண்கன் Balarâmen, l'époux de Rêvadi.

†இரேவு, (rive), rivage, bord,gué, douane,lieu où l'on paie les impôts.

*†இரேவை,(rêvâ), le fleuve Nerboudda. [suis pas,je ne serai pas.

இரேன்,nég. d'இருக்கிறது, je ne

இரை, 1° proie, viande, chair des animaux, des oiseaux et des poissons, nourriture, mangeaille des oiseaux, appât, amorce. 2° *†(rei), bruit, son. 3° *(irâ), Lakchimi, eau, terre, parole, discours, liqueur enivrante; d'où இரேயம். 4° V. இருப்பு. 5° *imp. et part. d'*இரைகிறது *et d'*இரைக்கிறது. 6° *P.* இராய், tu n'es pas: இரையாகிறது devenir la proie, être dévoré; —மீட்கிறது,—மீட்குதல், இரையெடுக்கிறது ruminer, manger, prendre à l'appât.

இரைகிறது, ரைந்தேன், ரைவேன், ரை, ரைய, *v.n.* (இரை), faire du bruit, crier, retentir, résonner, gronder, mugir, bruire (les flots et le vent), ronfler, siffler bourdonner, murmurer: இரைந்துபோய்விழுகிறது se précipiter en criant.

இரைகொள்ளி, (இரை, கொள்ளுகிறது), jabot des oiseaux, glouton.

இரைக்கிறது, ரைத்தேன், ரைப்பேன், ரை, ரைக்க, *v.n.* (*id.*), haleter, être essoufflé, palpiter, enfler, faire du bruit, retentir: அவனுக்கிரைக்கின்றது il est essoufflé.

இரைக்குடர், இரைக்குடல், இரைக்குலே, (இரை), estomac, ventricule.

இரைச்சல், *P.* இரைத்தல், bruit, fracas, vacarme, bruissement, mugissement, bourdonnement, sifflement, enflure: —குடல் ventre relâché qui gronde.

இரைதல், *n.v.d'*இரைகிறது, bruit, mugissement, sifflement.

இரைத்தல், *n.v. d'*இரைக்கிறது, essoufflement, palpitation, courte haleine.‖ *V.*இரைச்சல்.

இரைத்து, 1° l'arbrisseau இண்டு. 2° *†(reitya), bronze.

இரைநீர், (இரையும், நீர்), mer.

இரைப்பற்று, இரைப்பிடி, (இரை), prendre à l'hameçon, —à l'appât.

இரைப்பு, *n.v. d'*இரைக்கிறது, courte haleine, asthme, essoufflement, palpitation.‖ *V.*இரைச்சல்.

இரைப்பெட்டி, இரைப்பை, (இரை), *V.*இரைக்குடர்.

இரைப்பெலி, (இரைப்பு, எலி), rat dont la morsure cause la courte haleine.

†இரௌத்தன், *P.*இராவுத்தன்.

*†இரௌத்திரம், (raoudra), இரௌத்திரவம், colère, grande colère.

*†இரௌத்திரி, இரௌத்திரிவருஷம், (raoudri), la 54me année du cycle indien, l'an 1860.

*†இரௌரவம், (raourava), un des 28 enfers, un des 28 livres des Sivénistes.

இல, *V.*இல்ல.

*†இலகடம், (lagada *joli*), siége—, pavillon placé sur un éléphant.

இலகம், la plante ஊமத்தை.

†இலகரி, 1° (இலாகிரி), ivresse, grande joie. 2° *†(lahari), grande vague.

இலகல், *n. v.et opt. d'*இலகுகிறது, clarté, splendeur.

†இலகாம், இலகான், bride, mors, bridon.

†இலகிக்கிறது, *P.*இலயிக்கிறது.

*†இலகிமா, (laghimâ), art de se rendre extrêmement léger.

†இலகிரி, (இலாகிரி), ivresse, opium, la plante enivrante கஞ்சா, muscade, macis, fleur de muscadier, chair membraneuse et huileuse qui couvre la noix muscade.

*†இலகு, (laghou), 1° légèreté, agilité, une des 4 qualités des anges et des corps ressuscités, subtilité, finesse, l'arbre அகில், agalloche, un autre arbre, brève, (dans les lettres, les syllabes et dans la musique), mesure de 2 துரிதம் en musique: இலகுவான, இலகுவுள்ள léger. 2° *imp. et part.de*

இலகுகிறது, கினேன், குவேன், கு, க, *v.n.* briller, étinceler, scintiller.

*†இலகுசம், (lakoutcha), espèce de fruit à pain, artocarpus lacucha, citronnier.

†இல்குடு, certain faucon.

இலகுதல், *n.v.d'*இலகுகிறது, clarté, splendeur, scintillement, lueur vive.

*†இலகுத்துவம், (இலகு), légèreté, l'art de se rendre léger.

*†இலகுமா, *P.*இலகிமா.

*†இலக்கணம், (lakchana), propriété, qualité, perfection, attri-

but, élégance, beauté, juste proportion, ce qui est suivant les règles, caractère naturel, marque, signe, honnêteté, politesse, décence, bonne disposition, art, ordre, règle, coutume, définition, exposition des beautés de son sujet, nom, place, lieu, vue, grammaire, traité, grammaire qui traite des 5 choses suivantes: எழுத்து ortographe; சொல் les mots; பொருள் les choses ou l'amplification: யாப்பு la prosodie et la poésie; அணி les figures de rhétorique: இலக்கணச்சிதைவு solécisme, mot qui s'écarte des règles de la grammaire; —குசலவிக்கிரகம் personnage de théâtre; —ச்சுழி poil des chevaux tourné en rond d'une manière réputée de bon augure; —ச்சொல், —மொழி mot élégant;—நூல்,—ப்புஸ்தகம்,—ப்புத்தகம் grammaire,—ப்போலி,—ப்போலிமொழி expression—, tournure reçue par l'usage quoique non strictement grammaticale, mot qui a l'air élégant; —முகம் préface d'une grammaire, ou இலக்கணமானமுகம் beau visage; இலக்கணவழக்கு tournure élégante; —வஸ்திரம் habit élégant, —joli; —வழு faute de grammaire, solécisme; —விளக்கம் grammaire; இலக்கண, இலக்கணமான élégant, beau, joli, gentil, honnête, civil; இலக்கணமாய் élégamment, poliment, décemment, honnêtement; இலக்கணம்படிக்கிறது étudier la grammaire; —ஆயுண்கிறது se nourrir délicatement, somptueusement.

*†இலக்கணன்,(*id.*), Lakchanen, le plus jeune fils de Râvanen, le beau

*†இலக்கணி, (இலக்கணம்), savant en grammaire. [poésie.

*†இலக்கணிகம், (*id.*), art de la

*†இலக்கணை,(இலக்ஷணம்), changement de signification, emploi d'un mot dans une acception qui n'est pas le sens propre, mais qui y a rapport.

*†இலக்கம், (lakcha), nombre, chiffre, compte, arithmétique, lumière, splendeur, marque, but, fraude, déguisement, cent mille, lac.

*†இலக்கர்,(laktaka), toile, vieille toile, haillons.

*†இலக்காந்தரம்,(இலக்கம்,அந்தரம்), nombre intermédiaire, nombre de jours entre 2 nombres des tables astronomiques.

*†இலக்காரம், *V.* இலக்கர்.

*†இலக்கியம், (lakchya), ouvrage classique, —selon les règles de l'art, exemple, marque, but, signe: —காட்டுகிறது prouver par des exemples tirés d'ouvrages classiques;—காட்டல் preuve par de tels exemples; இலக்கியபுஸ்தகம் ouvrage classique.

*†இலக்கினம், (lagna), lever d'un signe, son apparition sur l'horizon, heure déterminée, moment propice, arc de l'équateur qui passe à l'horizon en même temps qu'un signe, ascension droite du point qui se lève: இலக்கினசட்டுவர்க்கம் les 6 choses qui ont rapport à un signe du zodiaque; —விக்ஷேபம் parallaxe lunaire en latitude;—புடம் vraie longitude d'un signe; மத்திமஇலக்கினம் Lanka où passe le premier méridien de certains astronomes indous.

*†இலக்கு,(இலக்கம்), signe, marque, but (où l'on vise), comparaison, ressemblance, opposite, vis-à-vis, enjeu:—பார்க்கிறது viser à; நடுமையமானஇலக்கு centre; நடுமையமானஇலக்குக்குப்போகப்பண்ணுகிறது concentrer.

*†இலக்குமணன், இலக்குமன், (lakchmana), Lakchoumanen, frère cadet de Râmen. [தாளி.

*†இலக்குமணம், (*id.*), la plante

*†இலக்குமி,(lakchmi), Lakchimi, femme de Vichnou, déesse prétendue des richesses, bonheur, bonne fortune, beauté, perle, Sidei, femme de Râmen, orpiment.

*†இலக்குவன், *V.* இலக்குமணன்.

†இலக்கை, forteresse: —யேறிப்பிடிக்கிறது escalader—, prendre un fort.

*†இலக்ஷணம், *V.* இலக்கணம்.

*†இலக்ஷம், *V.* இலக்கம், cent mille.

*†இலக்ஷமி, V. இலக்குமி.

*†இலக்ஷயம், V. இலட்சயம்.

*†இலக்ஷாதிகாரி, இலக்ஷாதிலக்ஷம், இலக்ஷாபதி, V. இலட்சாதிகாரி...

*†இலக்ஷியம், V. இலட்சியம்.

*†இலக்ஷுமணன், இலக்ஷுமணம், இலக்ஷுமி, V. இலக்குமணன், etc.

*†இலங்கம், (langa), assemblée, union, association, défaut d'un membre estropié, fourmi, arène, champ de bataille, salle d'escrime.

†இலங்கர், (l'ancre), ancre: —போடுகிறது jeter l'ancre; —பாய்கிறது l'ancre prendre. [éclat, splendeur.

இலங்கல், n. v. d'இலங்குகிறது,

*†இலங்கனம், (langhana), diète (de malade), abstinence, jeûne, action de passer par-dessus, de sauter, d'escalader: —கிடக்கிறது, —பண்ணுகிறது être à la diète, l'observer; —போடுகிறது ordonner la diète; மூன்றிலங்கனம் 3 jours de diète.

*†இலங்காபுரி, (இலங்கை, புரி), la capitale de Ceylan, Candi.

இலங்கிசார், இலங்கிசு, V. இடைஞ்சல்.

இலங்கு, 1° étang. 2° imp. de

இலங்குகிறது, கினேன், குவேன், கு, க, v.n. இலங்குதல், n.v. briller, éclairer, luire: இலங்குநூல் livre de science.

*†இலங்கை, 1° (lankâ), île, Ceylan, chose suspendue, forteresse. 2° P. இலங்காய் de இலங்குகிறது.

இலங்கோடு, habit de dessous.

*†இலசுனம், (lasouna), ail, tache blanche ou défaut des pierreries.

*†இலச்சினை, (latchtch, marquer), marque, signe: ou: —மோதிரம் cachet, bague à cachet.

†இலச்சிக்கிறது, ச்சித்தேன், ச்சிப்பேன், ச்சி, ச்சிக்க, v.n. (இலச்சை), avoir honte.

*†இலச்சை, (ladjdjâ), honte, modestie, pudeur, timidité: —கெடுக்கிறது faire honte, —affront, —rougir; —கெட்டமரம் l'arbre கற்றேக்கு qui produit rarement des fleurs; —கேடு impudence, effronterie, indécence, immodestie, ignominie, déshonneur, affront; —பண்ணுகிறது importuner, troubler; —ப்படுகிறது, —யாயிருக்கிறது avoir honte, être honteux, modeste; —ப்பட்டவன் homme modeste, honteux; —யான honteux, déshonorant.

†இலஞ்சம், présent pour corrompre la fidélité, —la justice, —pour soudoyer: —வாங்கி personne qui reçoit de tels présens; —வாங்குகிறது en recevoir.

இலஞ்சி, étang, lac, nombril, le serpent சாரை, le mâle du serpent capelle, les arbres மகிழமரம் et புன்கு, nature, caractère, dessous, gouffre (dans une rivière), champ à menus grains.

இலடு, P. இலட்டுவம்.

*†இலட்சணம். V. இலக்கணம்.

*†இலட்சம், V. இலக்கம், cent mille, lac: பத்திலட்சம்ருபாய் dix lacs—, million de roupies; இலட்சப்பிரபு, V. இலட்சாபதி.

*†இலட்சயம், (lakchya), estime, ce qu'on peut compter.

*†இலட்சாதிகாரி, (இலட்சம், அதிகாரி), V. இலட்சாபதி.

*†இலட்சாதிலட்சம், (id. ஆதி), plusieurs centaines de mille.

*†இலட்சாபதி, (id. பதி), millionnaire, possesseur—, riche d'un lac de roupies.

*†இலட்சியம், (lakchya), marque, signe, but, estime, respect, considération, égard, déguisement, fraude, cent mille: —செய்கிறது estimer, respecter, avoir égard; —ஆயிருக்கிறது être estimé, considéré, fêté; அவனெனக்கிலட்சியமில்லை je n'ai aucun égard pour lui.

*†இலட்சுமணம், இலட்சுமணன், V. இலக்குமணம், இலக்குமணன்.

*†இலட்சுமி, V. இலக்குமி.

*†இலட்டகம், இலட்டு, இலட்டுகம், (laddouka), espèce de gâteau, boulette de farine cuite dans le beurre ou l'huile, pain.

*†இலட்டுவம், (lathva), cheval.

இலணை, l'arbre அரசமரம்.

†இலண்டம், 1° crotte d'éléphant. 2° (இலண்டு), entêtement.

†இலண்டன், m. இலண்டி, f. et n.

(இலண்டு), personne ou animal intraitable,entêté,rétif, fâcheux: இலண்டிக்குதிரை cheval rétif.

†இலண்டு, caractère intraitable, entêtement. [te,jujubier.

*†இலதை, (latâ), plante rampan-

†இலத்தி,இலத்தை, crotte de cheval,d'éléphant,d'âne,de chameau.

இலந்தம்,adj.d'இலந்தை, இலந்தங்கனி,இலந்தம்பழம் jujube.

இலந்தை, jujubier, étang, réservoir: —த்தம்பலம் excroissance sur l'écorce du jujubier, (causée par les insectes). [(lap,dire),ordre,précepte.

*†இலபி,1° (labh, gaqner), gain.2°

†இலபிக்கிறது, பித்தேன், பிப்பேன்,பி,பிக்க,(இலபி), v.n.et a. இலபிக்குதல்,n.v. réussir,profiter,être profitable, avantageux, arriver, gagner, obtenir.

*†இலபிதம், 1° (labdha), gain,ordre,précepte,événement,ce qui arrive,action de manger.2° (lapita), parole,discours. [fit,mérite.

*†இலபித்தம், (labdha), gain,pro-

†இலபித்தல், n.v. d'இலபிக்கிறது.

†இலப்பை,lappé, marchand, nom d'une certaine caste de mahométans.

*†இலம்பகம், (lambaka), chapitre,section, ouvrage divisé en livres ou parties,mais non en chapitres ou sections,joyaux de femme qui pend du haut de la tête sur le front,guirlande qui orne le front,guirlande.

இலம்படை, (இலம்பாடு), pauvreté,détresse..

*†இலம்பம், (lamba), 1° distance —,arc du zénith au pôle, ligne perpendiculaire, présent pour corrompre, grandeur,largeur.2° ou

*†இலம்பனம், (lambana), chose suspendue,guirlande, parallaxe.

†இலம்பாடி,1° Lambâdi,caste nomade de l'Inde, dont les habitudes ressemblent à celles des Bohémiens d'Europe; ils ont un langage particulier, trafiquent sur les grains et le sel, qu'ils transportent sur leurs bêtes de somme, d'une partie de la péninsule à l'autre. Ils sont adonnés au vol; les hommes volent surtout le bétail, et les femmes les enfans.2° (இலம்பாடு), femme pauvre.

இலம்பாடு, (இல் non, அம், பாடு), pauvreté,détresse,bassesse.

இலம்பாட்டோன், (இலம்பாடு), pauvre,homme dans la détresse.

*†இலம்பிதம், (lambita), mouvement, pendre, chose suspendue, parallaxe.

இலம்பை.(இலம்படை), pauvreté, détresse, vexation, corvée: —ப்படுகிறது être dans la détresse.

*†இலம்போதரன், (இலம்பம், உதரம்), le ventru,i.e.Poulléyar.

*†இலயம், (laya), mort, destruction, perte, ruine, retraite, retenue, danse,espèce de danse,air,ton,temps égal (dans la musique et la danse), fonte des métaux, adhésion, union: இலயகாலம் temps de destruction, fin du monde; இலயக்கியானம் pensée de la mort, —que donne la mort, ou —த்தானம்,—பிடி destruction, lieu où se rend l'âme à la mort, retraite; இலயமாகிறது être détruit, périr;—ஆன détruit,mort, perdu,péri;இலயந்தப்பிப்போயிற்று on a échappé à la mort, au danger de périr.

†இலயிக்கிறது, யித்தேன்,யிப்பேன்,யி,யிக்க,v.n.இலயித்தல்,n.v. (இலயம்), périr,être détruit,se perdre, se retirer,être contenu,adhérer, s'unir, se joindre.

*†இலயை,(இலயம்), temps de destruction,temps—,mesure en musique,une des 10 règles pour la mesure.

*†இலலாடம், (lalâta), front: இலலாடரேகை ride, signe—, ligne sur le front; —லிபி, V.தலைவிதி.

*†இலலாடிகை, (இலலாடம், ikâ), front,bijou—, signe qui se porte sur le front.

*†இலலாமம், (lalâma), marque, signe,insigne de la royauté,drapeau, cor,corne,queue.‖V.இலலாடிகை‖ ou

*†இலலாலம்,(lalâla), bijou, ligne,

cheval,signe sur le front, crinière, majesté.

*†இலலிதம்,(lalita), beauté,espèce d'air,air joli, badinage,pantomime, danse, marque de luxure, jeu de femmes. [anciens,femme,musc.

*†இலலிதை,(lalitâ),un des 32 airs

*†இலவங்கம்,(lavanga), giroflier, clou de girofle, cinnamome sauvage, cannelier, laurus cassia: இலவங்கப்பட்டை cinnamome, cannelle;—பத்திரி feuille de cannelier, espèce de remède;—ப்பூ clou de girofle.

*†இலவசம், (இலவம், சம்), don gratuit, chose faite ou donnée pour rien,gratification;—ஆய் gratis, gratuitement, pour rien; —ஆய்வேலை செய்தாயோ as-tu travaillé pour rien?

*†இலவணம், (lavana), sel, salure, goût de sel: இலவணசமுத்திரம் mer de sel; —பஞ்சாட்சரம் sorte de prière magique, —de livre de magie,—de science magique; —பாஷாணம் espèce d'arsenic composé; —வித்தை espèce descience, science des sels.

*இலவந்திகை, V.கவலையேற்றம்.

*†இலவம்,1° (lava), sacrifice,petitesse, exiguité, la 60me partie d'un clin d'œil,8 momens, 36 clins d'œil, laine,poil, destruction,perte,correction, éloignement de faute, noix muscade,clou de girofle, numérateur, cotonnier. 2° *adj.de* இலவு:—பொதுமணி espèce de rubis.

*இலவலேசம், (இலவம், இலேசம்), un peu,tant soit peu:—ஆனாலும் si peu que ce soit; — உமியில்லை absolument rien. [fils cadet de Râmen.

*†இலவன்,(lava), Laven, *n. pr.* le

*†இலவியம்,(lavya),V.இலவசம்.

இலவு,(*son adj.est* இலவம்), *ou* இலவமரம், cotonnier, arbre à coton, bombax pentandrum. Il donne de beau coton: இலவம்பஞ்சு son coton; —பிசின் sa gomme;—பூ sa fleur; இலவுகாத்தகிளிபோலே comme le perroquet qui attend le fruit du cotonnier,(espérance vaine).

*†இலவுகிகம்,*P*.இலௌகிகம்.

*†இலவுங்கம்,*P*.இலவங்கம்.

*†இலளிதம்,*P*.இலலிதம், affabilité,agrément,langueur,lubricité, badinage, beauté, un des 28 livres des Sivénistes: இலளிதபஞ்சகம் un des 42 airs nouveaux. [து.

இலா,*P*.இல்லா, இல்லாத, இல்லா

†இலாகரி,*V*. இலாகிரி. [soutien.

*¦இலாகவம், (lâghava), légèreté,

†இலாகம்,(இலாகு), saut.

இலாகன்,espèce de poisson.

†இலாகிக்கிறது,(இலாகு), sauter, cabrioler.

*†இலாகிரி,ivresse:—வஸ்து chose enivrante; —யெடுக்கிறது s'enivrer; —ஆன enivrant,ivre.

*†இலாகு, (இலகு), légèreté, soutien, saut, cabriole:—பாய்கிறது,—போடுகிறது sauter,faire des tours de force, —des sauts périlleux, cabrioler.

†இலாகை, façon, manière, bon marché: ஒரிலாகையாய்ப்பேசுகிறது parler d'une manière singulière; ஒரிலாகையாயிருக்கிறது être dérangé,—d'une humeur, —d'une façon différente des autres jours.

*†இலாக்கிரி,(lâkchâ),cire rouge.

†இலாக்கு,vexation.

*†இலாங்கலம்,இலாங்கலி,(lângala), charrue,cocotier,palmier et autres arbres semblables, pénis, la plante செங்காந்தள்.

*†இலாங்கூலம்,(lângoûla),queue couverte de poil,queue.

இலாசடி,இலாசடை,fatigue, lassitude,tourment:இலாசடைப்படுகிறது être fatigué.

*†இலாசம்,இலாசை, (lâdja, lâdjâ), grain grillé. [ல்.

இலாச்சம், la mesure dite மரக்கா

*†இலாஞ்சனம்,(lântchhana),marque,signe,point,nom.

*†இலாஞ்சனை, (*id.*), marque, signe, note, remarque, observation, renommée, réputation, fluctuation, vexation, indisposition, honte:—யாயிருக்கிறது être remarquable, remarqué, célèbre; —பண்ணுகிற

து honorer, estimer; —யுள்ளவன் homme considéré, célèbre; —க்குலைச்சல் discrédit, déshonneur, perte de la réputation;—க்குலைச்சல்பண்ணுகிறது déshonorer, diffamer, blesser la réputation, médire:—க்குலைச்சல்வருகிறது perdre sa réputation, être déshonoré.

இலாஞ்சி, cardamome.

*†இலாடம், 1° (lâta), Guzerate, faute, toile, habit. 2° fer de cheval, front, tamarinier: —கட்டுகிறது ferrer un cheval: இலாடசன்னியாசி yoghi mendiant et vagabond du Guzerate;—சங்கிலி chaîne très-compliquée du Guzerate (que portent généralement ces yoghis), rivalité, violence; — பாஷை langue du Guzerate; —லிபி,—வெழுத்து lettres—, caractères du Guzerate, V. தலைவிதி.

*†இலாடர், *pl.* (lâta), peuples—, yoghis du Guzerate.

†இலாடாணி, (இலாடம், ஆணி), clou à tête plate.

இலாதார், V. சஞ்சாயம்.

இலாந்துகிறது, தினேன், துவேன், து, த, *v.a.* இலாந்துதல், *n.v.* crépir.

*†இலாபம், (lâbha), gain, profit, utilité, avantage: இலாபங்காண்கிறது gagner, avoir—, tirer du profit; y avoir du profit; — பலிக்கிறது,—ஆகிறது,—ஆயிருக்கிறது être utile, avantageux, lucratif; —அற்றுப்போகிறது perdre, n'avoir aucun profit, être inutile; இலாபச்சேதம் perte du gain.

*†இலாபலோபம், இலாபாலாபம், (இலாபம், உலோபம், அலாபம்), le gain et la perte.

†இலாபிக்கிறது, பித்தேன், பிப்பேன், பி, பிக்க, (இலாபம்), gagner.

*†இலாமச்சை, இலாமிச்சு, இலாமிச்சை, (lâmadjdjaka), herbe odoriférante dite andropogon muricatum; *son adj. est* இலாமச்சம்: இலாமச்சம்வேர் racine d'andropogon...

†இலாயம், écurie, étable, graine de cardamome.

*†இலாலனை, இலாளனை, (lâlana), chérir, affection, caresse, cajolerie, badinage, chanson pour endormir, sollicitation.

*†இலாலி, (lâli), louange, cajolerie.

*†இலாவணம், இலாவணி, (lâvana), liste de recrues, rôle de soldats, sel, conversation.

*†இலாவணியம், இலாவண்ணியம், (lâvanya), grande beauté, amabilité.

*இலாவிருதம், (ilâvrouta), une des 9 divisions du monde connu des Indiens, le centre et la plus haute partie de l'ancien continent.

இலி, (இல்), ce qui n'a pas, non existence, sans; il se met à la fin des noms. *Ex.* அந்தநில மிறையிலி ce champ est sans impôt.

*†இலிகி, (likh, *écrire*), lettre, écriture.

†இலிகிக்கிறது, கித்தேன், கிப்பேன், கி, கிக்க, *v. a.* இலிகித்தல், *n. v.* (*id.*), écrire.

*†இலிகிதம், (likhita), lettre, écriture, l'art d'écrire, calligraphie.

*†இலிகுசம், *P.* இலகுசம்.

*†இலிங்கம், (linga), marque, signe, symptôme, sexe, pénis, parties honteuses, lingam, figure indécente qui représente les 2 sexes accouplés et qui est adorée par les sectateurs de Siven, genre des noms, induction, conséquence, conclusion probable, prémisses conduisant à une conclusion, un des 32 உபநிஷதம், un des états d'un élève étudiant ou non marié, le pouranam du lingam, un des 18 pouranams, cinabre ou vermillon artificiel, nature, élément: இலிங்கங்கட்டி, இலிங்கதாரி linganiste, adorateur du lingam. Il le porte suspendu au cou dans une petite boîte de métal, ordinairement d'argent; இலிங்கசுத்தி purification du lingam ou de l'emblème de Siven en y mettant de nouvelles fleurs, V. சுத்தி;—ஸ்தானம் pénis; —பாஷாணம் espèce d'arsenic naturel; —புராணம் le pourânam du lingam;—ப்புடோல் la plante ஐவிரலி;—ப்புற்று, —ரோகம் mal vénérien; இலிங்கம்பூசிக்கிறது adorer le lingam, lui faire

des offrandes; ஆத்துமலிங்கம் lingam particulier d'enthousiaste sivéniste, auquel il tient tellement, qu'il croit devoir mourir, s'il vient à le perdre; இஷ்டலிங்கம் lingam commun ou exposé à la fantaisie de chacun, comme ceux des boutiques et des lieux publics; பஞ்சலிங்கம் les 5 formes imaginaires ou élémens, sous lesquelles on adore le lingam ou Siven, savoir: பிருதிவிலிங்கம் la terre adorée à காஞ்சிபுரம்; அப்புலிலிங்கம் l'eau adorée à திருவானைக்கா; தேயுலிங்கம் le feu adoré à திருவண்ணாமலை; வாயுலிங்கம் le vent adoré à Calastri ou திருக்காளத்தி; ஆகாயலிங்கம் l'air adoré à சிதம்பரம்

*†இலிங்கி, (இலிங்கம்), pénitent, religieux sivéniste, adorateur du lingam, hypocrite, prétendu dévot.

*இலிகை, இலிதை, (ilikâ), terre.‖ V. குறிப்பிசை.

*†இலிபி, (lipi), écriture, caractère, nombre, destin, crépissage, action d'enduire, — d'oindre.

†இலிபிக்கிறது, பித்தேன், பிப்பேன், பி, பிக்க, v. a. இலிபித்தல், n.v. (இலிபி), écrire, destiner, ordonner, réussir. [dienne.

*†இலிபித்தம், (lipta), minute indienne.

இலிர்க்கிறது, ர்த்தேன், ர்ப்பேன், ர், ர்க்க, v.n. இலிர்த்தல், n.v. (இலிர்க்கிறது), se dresser, le poil se hérisser (par un mouvement de joie intérieure), bourgeonner, pousser. [de pou.

*†இலிக்கை, (likkâ), lente, œuf de pou.

*†இலீலாவிநோதம், —விநோதம், (இலீலை), passe-temps, jeu lascif.

†இலீலிக்கிறது, (இலீலை), v.n. jouer d'une manière lascive.

*†இலீலை, (lilâ), jeu, amusement, passe-temps, raillerie, plaisanterie, badinage lascif, jeu—, cajolerie de femme, imitation des manières et de la tournure de quelqu'un, copulation, fable, histoire; மகாத்துமாக்களுடையலீலை merveilles des hommes inspirés, —des demi-dieux.

இலுதை, rat palmiste.

இலுப்பெண்ணெய், P. இலுப்பையெண்ணெய்.

இலுப்பை, l'arbre bassia longifolia; il donne de l'huile et est bon pour bois de construction: —க்கட்டி, —ப்பிண்ணாக்கு gâteau fait du marc de la graine de cet arbre; —க்கசடு sédiment de son huile; —க்கொட்டை son noyau; —ப்பருப்பு pulpe de son noyau, sa graine; —யெண்ணெய், இலுப்பெண்ணெய் son huile; ஆலையில்லாவூருக்கு இலுப்பைப்பூசருப்பட்டி dans un bourg où il n'y a pas de moulin à sucre, la fleur d'ilupei sert de sucre, i.e. faute de mieux, on se contente de ce que l'on a.

*†இலேககன், (இலேகம், ka), écrivain, teneur de comptes, compteur.

*†இலேகம், 1° lêkha), lettre, caractère, écriture, épitre. 2° (lêha), V. இலேகியம். [ciel, dieux de la fable.

*†இலேகர், (lêkha), habitans du ciel, dieux de la fable.

*†இலேகனம், (id.ana), lettre, écriture, feuille de palmier, action de racler la langue.

*†இலேகனி, (id.ani), plume, stylet, poinçon—, roseau à écrire

†இலேகிக்கிறது, கித்தேன், கிப்பேன், கி, கிக்க, v.a. (id.), écrire, enduire, oindre.

*†இலேகியம், (lêhya), électuaire, sirop, ambroisie, action de lécher:—கூட்டுகிறது, —பண்ணுகிறது composer un électuaire. [கனி.

*†இலேகிணி, இலேகினி, V. இலேகனி.

*†இலேகை, (இலேகம்), lettre, écriture, ligne, marque.

*†இலேசம், (lêsa), subtilité, moment, petite division—, rapidité du temps, figure qui fait connaître par des signes ce qu'on pense intérieurement.‖ou

†இலேசு, (இலேசம்), petite quantité, peu, petitesse, minceur, légèreté, facilité, délicatesse, finesse: இலேசாய் légérement, faiblement, peu; இலேசாயிருக்கிறது être léger, facile, mince, en petite quantité.

இலேசுணம், orpiment.

இலேந்து, இலேவுந்து, sel commun en masse, — en bloc.

*†இலேபம், 1° allégresse, poivre long, piper cubeba. 2° (lêpa), ou

*†இலேபனம்,(lêpana),enduit,crépissage, onction, onguent, poudre de sandal et autres aromates, remède aphrodisiaque, —excitant à la luxure, désir et puissance pour la copulation, érection du pénis,copulation: —இல்லாதவன் impuissant; —உள்ளவன் homme capable d'engendrer. [2° (lêpi),écriture.

*†இலேபி, 1° V.இலபி,இலேபிதம்.

*இலேபிதம்,(lêpita),enduit,action d'oindre, de frotter. [பு.

இலேம்புகம், la plante நிலக்கடம்

*†இலேவனம்,P.இலேபனம்.

இலேவாதேவி,échange,troc.

இலை,1° feuille(d'arbre,de plante), feuille de bétel,feuillet, plat d'herbes, avarice, ténacité. 2° P. இல்லை: இலைகிள்ளல், — கிள்ளுகிறது cueillir—, éplucher des feuilles; —க்கதவு persienne, porte ou fenêtre à jalousie; —க்கலம் plat de feuilles, feuilles cousues ensemble (pour servir de plat); —க்கள்ளி la plante euphorbia neriifolia; — க்கறி plat d'herbes, de légumes; —க்கிளி sauterelle dont les ailes ressemblent à une feuille,mantis;—க்குட்டி jeune bananier sans force; —க்குறடு longues tenailles d'orfèvre; —க்கொடி plante—, jardin de bétel; — க்கொழுக்கட்டை espèce de gâteau; —ச்சன்னல் persienne; —தைக்கிறது coudre des feuilles ensemble (pour servir de plat); —த்திரி feuille roulée qu'on met à l'oreille; —நிறம் couleur de feuille, le vert; —ப்பசளி, V. பெரும்பசளே; —பறிக்கிறது cueillir des feuilles; —ப்பாசி petite plante aquatique, lemna obcordata; —ப்புல்லு la plante tanicum marginatum;—மூக்கரிகத்தி, (மூக்கு, அரியும்),instrument pour couper la tige des feuilles; — யறுக்கிறது couper des feuilles; —யாகிருதி, — யாகாரம் se nourrir—,nourriture de feuilles; —யாடுபொலிசை (ஆடுகிறது), gain violent,—énorme; இலையினரம்பு fibres de feuille; —யுதிர்வு chute des feuilles, V. முதுகாடு; —வாகை l'arbre வாகை mimosa flexuosa; —வாணிபம் commerce de feuilles, culture—, commerce de bétel, d'herbes et de légumes; —வாணிபன்,—வாணியன் marchand de bétel,—de légumes;—யிலேக்கிறது ou

இலைக்கிறது, லைத்தேன், லைப்பேன்,லை,லைக்க, v.n. (இலை), devenir vert,fade,insipide,perdre son goût, se dégoûter. [sipidité,fadeur.

இலைத்தல்,n.v.du préc: verdir,in-

*‡இலிங்கம்,(இலிங்கம்),le pourana du lingam,le lingam.

*†இலையம்,P.இலயம்.

இலையான்,mouche.

*†இலௌகிகம், (உலோகம், ika), mondanité, chose du monde, plaisir—,désir terrestre, —charnel, volupté,le monde: —ஆன, இலௌகிக mondain, terrestre,charnel: இலௌகிகதருமம் coutumes du monde.

இல்,1° maison, place, lieu, signe du zodiaque, mort, femme, maîtresse de maison, maîtresse. 2° terminaison de l'ablatif de lieu et de comparaison. Ex. ஊரிலிருந்தான் il était dans la ville:அழலிற்பிறழ்மணி pierrerie qui brille comme le feu;பாம்பினிற்கடிதுதேள் l'aiguillon du scorpion est plus sensible que la dent du serpent. 3° P.இல்லை et இல்லாத, non,il n'est pas, qui n'est pas ou n'a pas, sans.4° particule négative qui s'insère entre le gérondif et la terminaison des verbes.Ex.செய்திலன் il ne fait pas.

இல்புலப்பயன்றற்குறிப்பு, (இல்,புலம்,பயன்,தன்), figure qui représente comme existante une chose qui n'est pas.

இல்புலவேதுத்தற்குறிப்பு, (இல்,புலம்,ஏது, தன்), figure qui suppose une cause qui n'existe pas.

இல்பொருள்,(இல்), chose qui n'existe pas.

இல்ல,1°(இல்),3me pers.pl.neut.d'இல்லேன், ces choses ne sont pas. 2° inf. d'இல்லுகிறது.

இல்லடை,(இல், அடை), 1° V. இல்லுவமம். 2° chose mise en sureté

ou en dépôt dans une maison.‖ *ou*

இல்லடைக்கலம், (இல்), asyle, refuge dans une maison.

இல்லதாரம்,(இல்லம்),*V.*இல்லறம்.

இல்லது,1° (இல்), ménage, meubles, chose de la maison. 2° (இல், *non*), chose qui n'est pas, cela n'est pas, mensonge: இல்லதுமுள்ளதுஞ் சொன்னான் il a dit vrai et faux.

இல்லம்,1° (இல்), maison, épouse, bonheur domestique,vie conjugale. 2° (*P.*சில்லம்), l'arbre தேற்றுமரம்.

இல்லர், (இல்லேன்), ils ne sont pas,ils n'ont pas,ceux qui ne sont pas ou n'ont pas.

இல்லல், 1° (இல்), gouvernement de la maison. 2° *n.v.d'*இல்லுகிறது, allée, passage, marche, fréquentation d'une maison,d'un lieu.

இல்லவள், 1° (இல்), femme,épouse,mère de famille, maîtresse de maison,propriétaire de biens-fonds. 2° (இல் *non*), femme pauvre.

இல்லவன்,1° (இல்), mari, maître de maison,père de famille, propriétaire.2° (இல் *non*), homme pauvre.

இல்லவை,*pl.d'* இல்லது.

இல்லறம், (இல்), vertus domestiques,—de la vie conjugale,vie conjugale,état du mariage.

இல்லா, (*part. et gér. d'*இல்), qui n'est pas, qui n'a pas, n'étant pas, sans: —க்காட்டில், —க்கால்,—விட்டால் si cela n'est pas, sinon, autrement; —த்தனம், *V.* இல்லாத்தனம்; — ப்பொருள் chose qui n'est pas, fausseté, chose impossible.

இல்லாச்சிரமம்,(இல்),*V.*இல்லறம்.

இல்லாண்முல்லை,(இல்லாள்),forêt de l'épouse,pensée qu'un mari éloigné par discorde entretient au sujet des femmes.

இல்லாத,*part.d'*இல்,qui n'est pas, qui n'a pas:—தனம் pauvreté, manque, indigence, néant: — படியால் cela n'étant pas, parce que cela n'est pas.

இல்லாதது, (இல் *non*), cela n'est pas, ce qui n'est pas, ce qui est absent:இல்லாததினால் cela n'étant pas, parce que cela n'est pas, — n'existe pas. [cela n'est pas,cela n'étant pas.

இல்லாதால், (இல்லாது, ஆல்), si

இல்லாது, இல்லாதே, இல்லாமல், *gér.de* இல்,n'étant pas, sans: பணமில்லாமல் sans argent: இல்லாதிருக்கிறது, இல்லாதேயிருக்கிறது, இல்லாமலிருக்கிறது être sans, manquer de, être absent; இல்லாதிருக்கை absence; ஒன்றுமில்லாதிருக்கை le néant; ஒன்றுமில்லாதிருக்கையிலெல்லாவற்றையுஞ் சுவாமியுண்டாக்கினார் Dieu a tout créé du néant;விசுவாசமில்லாமலிருக்கிறது manquer de foi, de confiance; இல்லாது—,இல்லாதே—, இல்லாமற்போகிறது être sans,aller sans; இல்லாதேபோனால், இல்லாதிருந்தால்,இல்லாதிருக்கில்,இல்லாதாகில் sinon, autrement,si cela n'est pas;வாசியில்லாவிட்டாலாக்கினைப்படுவாய் lis, sinon tu seras puni.

இல்லாமை,*n.v.de* இல், non-existence,néant, manque, défaut, indigence,pauvreté: இல்லாமையினாலே par manque de,par pauvreté; இதில்லாமையால் cela manquant.

இல்லாய், (இல்லேன்), tu n'es pas, tu n'as pas. [லர்.

இல்லார்,(*id.*),1° ennemis.2°*V.*இல்

இல்லாவாட்டி, (இல்லா, ஆட்டி), femme pauvre. [me pauvre.

இல்லாவாளன்,(*id.*,ஆளன்), hom-

இல்லாவிட்டால், (*id.* விட்டால்), sinon,autrement.

இல்லாள்.1° (இல்லேன்), elle n'est pas, elle n'a pas.2° *V.*இல்லவள்.

இல்லான்,1° (*id.*), il n'est pas, il n'a pas.2° *V.*இல்லவன்.

இல்லி,1° *P.*சில்லி,petit trou, l'arbre dit—, feuille de தேற்றுமரம், poivre long. 2° (இல் *non*), femme qui manque de quelque membre:—க்கண்ணன் louche dont les yeux ne peuvent supporter la lumière; —க்குடம் cruche percée.[ment,largeur.

இல்லிடம், (இல்), maison, loge-

இல்லீர், (இல்லேன்), vous n'êtes pas,vous n'avez pas.[*d'*இல்லுகிறது.

இல்லு,1° *P.* இல்,maison.2° *imp.*

இல்லுகிறது,ல்லினேன், ல்லுவேன்,ல்லு,ல்ல, *v.n.*(இல்),passer,traverser,marcher, aller, se retirer, fréquenter une maison,—un lieu.

இல்லுவமம்,(இல்,உவமம்), comparaison avec une chose imaginaire, —qui n'existe pas.

இல்லுனர்,(இல்), amis,parens.

இல்லென்கிறது,(இல்,என்கிறது), *v.n.*இல்லென்றல்,*n.v.*dire non, nier, demander l'aumône,mourir.

இல்லேன்,(இல்), இல்லாய், இல்லான்,இல்லாள்,இல்லது *ou* இன்று,இல்லோம்,இல்லீர்,இல்லார், இல்ல,ou இல,je ne suis pas,ou je n'ai pas, tu n'es pas,etc...

இல்லை,1° (இல்),non,ne pas. Il nie l'existence ou la présence,et se joint aux noms,aux pronoms, aux infinitifs en அ, aux noms verbaux et aux noms appellatifs, et quelquefois aux personnes des verbes. *Ex.* இங்கேயரிசியில்லை il n'y a point de riz ici; எனக்குவீடில்லை je n'ai pas de maison; அங்கேயவனில்லை il n'est point là; அவன்வரவில்லை.—வந்ததில்லை, வந்தானில்லை il n'est point venu; அதைச்செய்தவனிங்கேயில்லை celui qui a fait cela n'est pas ici; இல்லையோ n'est ce pas? n'y a-t-il pas? வருகிறாயோவில்லையோ viens-tu ou non? இல்லையே point du tout; இல்லையென்கிறது dire non, —qu'il n'y a pas,nier l'existence de,mourir; இல்லையாகில், —யென்கில், —யென்றால் sinon, autrement; அவனுக்கிதுவுமில்லை அதுவுமில்லை,il n'a ni ceci ni cela; துப்பறவில்லை,சுத்தமாயில்லை, பரிச்சேதமில்லை point du tout, rien absolument.2° இல்லை *acc.de* இல்,maison.3° *P.*இல்லாய். 4° mourir.

இல்லொழுக்கம், (இல்), pratique des vertus domestiques, —propres à la vie conjugale,vie honnête des époux.

இல்லோம், (இல்லேன்), nous ne sommes pas.

இல்லோள், *V.*இல்லவள்.

இல்லோன், *V.*இல்லவன்.

இல்வழக்கு, (இல்),procés injuste, —sans fondement, —touchant une maison, querelle domestique.

இல்வாழ்க்கை,(இல்), vie conjugale, vie—, bonheur domestique, état du mariage, joie domestique, (depuis celle du chef de la famille jusqu'a celle de la nourrice): —விரி description de 10 particularités dont la première est l'éloge d'une compagne que le chef de famille fait devant son épouse et la dernière la manifestation de leur amour.

இல்வாழ்வு,(இல்),*V.*இல்வாழ்க்கை.

இல்வாழ்வான், —வாழ்வோன், (*id.*), homme marié, — qui vit en ménage, maître de maison.

இல்வாழ்வாள்,—வாழ்வோள்,(*id.*), femme mariée, —qui vit avec son mari,maitresse de maison.

இவக்காண்,(இ *dém.*கண்), maintenant,ici,ce temps-ci,ce lieu-ci.

இவடம், *P.*இவ்விடம்.

இவணம்,(இவண்),ici,ce lieu-ci.

இவண்,(இ *dém.*அண்), ce lieu-ci.

இவருகிறது *ou* இவர்கிறது, ர்ந்தேன்,ருவேன்,*ou* ர்வேன்,ரு,*ou* ர்,ர, *v.a.*désirer,convoiter, aspirer, s'élever,monter, arriver.

இவருதல்,*ou* இவர்தல்,*n.v.du préc.* désir,grand désir, élévation, lever, ascension,montée,arrivée,conduite, lieu étroit,abondance.

இவர்,1° *hon.de* இவன், lui, celui-ci.‖*ou* இவர்கள் *pl.*eux,elles. 2° *imp. et part.de* இவருகிறது.

இவவு,dégradation,bassesse.

இவள்,*f.d'*இவன்,elle, celle-ci: இவளது d'elle,ce qui est à elle.

இவறல், 1° *n. v. d'*இவறுகிறது, désir, grand désir, concupiscence, luxure,avarice, 2° (இவறுதல்,அல்), oubli.

இவறன்மை,1° (இவறல்,மை),désir,avarice. 2° (*id.*அன்மை),indifférence.

இவறுகிறது, றினேன், றுவேன், று,ற, *v.n.*இவறுதல்,*n.v.* convoiter, être avare,avide.

இவற்று,*obl.de* இவை.

இவன், (இ *dém.*), *pro.*lui, celui-ci:இவனது de lui,ce qui est à lui.

இவான்,P. இவர்கள். [rivage.

இவாவு, montée, accroissement,

இவாவுகிறது,வினேன், வுவேன், வு,வ,(இவாவு),v.n. இவாவுதல், n.v. augmenter,croitre,monter.

இவுளி,cheval: இவுளிமறவன் cavalier de la garde royale, —de la suite du roi, cavalier.

இவை, இவைகள், இவ், pl.n.de இவன்,ces choses-ci:obl. இவற்று, இவற்றின்,இவையற்று,இவையற்றின்.

இவ்,(devant une voyelle இவ்வ்), P.இந்த,ce,cette,ces,ces choses-ci.

இவ்வண்ணமே, (இ dém.வண்ணம்,ஏ), ainsi,de cette manière.

இவ்வளவு,(id. அளவு), cette mesure, autant que ceci.

இவ்விடம்,(id. இடம்), ce lieu-ci, ici: இவ்விடத்தில் ici.

இவ்விரண்டு,1° (id. இரண்டு),ces deux, ces 2 choses-ci. 2° (இரண்டு, இரண்டு), deux à deux, bini.

இவ்விருவர்,(இ dém. இருவர்), ces 2 personnes,ces deux-ci:இவ்விருவரும் ces 2 personnes ensemble. [de-ci.

இவ்வுலகம், (id. உலகம்), ce mon-

இழக்கிறது, ழந்தேன், ழப்பேன், ழ,ழக்க, v. a. et இழந்துபோகிறது, perdre, éprouver une perte; இழந்திருக்கிறது avoir perdu; தேவசிநேகத்தையிழக்கிறது perdre l'amour de Dieu;சிரமிழந்தான் il a été décapité; தகப்பனையிழக்கிறது perdre son père, devenir orphelin.

இழத்தல்,n.v.du préc.perte.[perdu.

இழந்த,part. d'இழக்கிறது, qui a

இழப்பன், (இழப்பு), homme pauvre, délaissé, qui a tout perdu.

இழப்பாளி, (id. ஆளி), prodigue, dépensier, dissipateur.

இழப்பிக்கிறது,ப்பித்தேன், ப்பிப்பேன்,ப்பி,ப்பிக்க, v. caus. d' இழக்கிறது, faire perdre.

இழப்பு, n.v.d' இழக்கிறது,perte, détriment, dommage, privation, omission, bassesse: இழப்பாய்ப்போகிறது se perdre, tomber en ruine.

இழப்புணி,(இழப்பு, உண்கிறது), V. இழப்பன். [soin des funérailles.

இழவாளி,(இழவு, ஆளி),celui qui a

இழவு, n.v.d' இழக்கிறது,1° perte, privation, manque, défaut. 2° lamentation, deuil (pour les morts), funérailles, mort: — காரன் celui qui mène le deuil, chef des funérailles; —கொண்டாடுகிறது célébrer—,faire les funérailles;ou—கொடுக்கிறது pleurer un mort, se lamenter aux funérailles, comme les femmes en se frappant le sein, compâtir à la perte; — கொடுக்கிறது tourmenter,vexer;—ச்செலவு dépenses des funérailles; —பட்டபாடாயிருக்கிறது être triste comme à un enterrement; —விழுகிறது, — விழுதல் mourir,la mort survenir,—frapper; —விசாவுகிறது célébrer—,faire les funérailles;—வீடு maison de deuil, —où il y a un mort; இழவுக்கடிக்கிறது, (இழவுக்கு, அடிக்கிறது), se frapper la poitrine à des funérailles etc..., se tourmenter en vain; இழவுக்குப்போகிறது aller aux funérailles, aller faire une visite de condoléance; அவளோடே ou அத்தோடே இழவுகொடுக்கவேண்டும் avec cette femme ou avec cela on est forcé de se lamenter comme à des funérailles,i.e. on éprouve une peine extrême; அந்தவீட்டி லிழவுபட்டபாடாயிருக்கிறது dans cette maison on n'éprouve que deuil et chagrin.

இழவெடுக்கிறது,(இழவு, எடுக்கிறது), mourir:அவனிழவெடுக்க puisse-t-il mourir! அவன்வீடு இழவெடுத்துப்போக puisse la mort entrer dans sa maison!

இழவோலை, (இழவு, ஓலை), lettre d'invitation à des funérailles, lettre qui annonce une mort.

இழி, 1° mépris,bassesse.2° imp. et part. d'இழிகிறது, bas,vil.

இழிகடை, (இழி), absolument le plus bas. [pière est ouverte.

இழிகண், (id.), œil dont la pau-

இழிகிறது,ழிந்தேன்,ழிவேன், ழி, ழிய, v.n. descendre, mettre pied à terre, s'abaisser, s'avilir, diminuer, être abaissé, humilié, enfoncé, bas, avili.

இழிகுலம்,(இழி),basse caste.

இழிகுலத்தோர்,(இழிகுலம்), gens de basse caste,descendans d'une personne de haute çaste et d'une autre de basse caste.

இழிக்கிறது,ழித்தேன், ழிப்பேன், ழி,ழிக்க, v.a. d' இழிகிறது, descendre, déposer, abaisser, avilir, supplier. [marque frétrissante.

இழிங்கு,(இழி), bassese, cicatrice,

இழிசனர்,(இழி,சனம்),gens vils, ignorans.‖V. இழிஞர்: இழிசனவார்த்தை langage du bas peuple.

இழிசொல், (இழி), parole indécente,—vile, —basse, —injurieuse, discours inconvenant.Il y en a de 4 sortes 1° கோள் rapport, calomnie. 2° பொய் mensonge. 3° கடுஞ்சொல் paroles offensantes. 4° பயனில்சொல் paroles inutiles.

இழிச்சல், n.v. d' இழிச்சுகிறது: —வாய் bouche ouverte.

இழிச்சுகிறது,ச்சினேன், ச்சுவேன்,ச்சு,ச்ச, v.a. இழிச்சுதல்,n.v.(இழிக்கிறது), descendre, décharger, abaisser, lâcher, mépriser, soumettre,rejetter sur,lâcher—, abaisser la détente d'un fusil: உன்குற்றத்தையென்மேலிழிச்சினுய் tu as rejetté ta faute sur moi.

இழிச்சொல்,V.இழிசொல்.

இழிஞர், (இழி), bas peuple, gens vils,—méprisés, —de basse caste.

இழிதகவு, (id.),mépris,chose méprisable,—infamante, pauvreté,abjection. [இழிசொல்.

இழிதகுசொல்,(id. தகுகிறது), V.

இழிதல், n. v. d' இழிகிறது, descente, abaissement, avilissement, infamie, défaut, diminution.

இழிதிணை, (இழி), genre vil,—neutre; il comprend les objets inanimés ou privés de raison.

இழித்தல், n. v. d' இழிக்கிறது, descente, dégradation, déposition, avilissement, assujettissement, supplique. [vil.

இழிந்த, part. d' இழிகிறது, bas,

இழிந்தேறும்வழி,(இழிந்து, ஏறும்), chemin inégal, qui monte et descend.

இழிந்தோர்,(இழிகிறது),V.இழிஞர்

இழிபு,1° n.v. de இழிகிறது, bassesse,abjection,humiliation,humble position, degré infime, minimum, figure qui consiste à déprécier, dépréciation. 2° gér. P. இழிந்து.

இழிப்பு, n.v. d' இழிக்கிறது,déshonneur, infamie,mépris, dérision, dédain, subjection, abaissement.

இழியல், n.v. d' இழிகிறது: இழியற்கண், V. இழிசண்.

இழிவு, n.v.d' இழிகிறது,bassesse, abjection, basse condition, lieu bas, creux, trou, mépris,affront,déshonneur, perte, destruction, faute: இழிவான,இழிவுள்ள vil,bas, avilissant, déshonorant, ignominieux; —சொல்லுகிறது parler avec mépris; —சிறப்பு exposition de la bassesse de quelque chose: — ச்சிறப்பும்மை le mot உம் marquant le mépris: Ex.பூனையுமதைத்தின்னுது un chat même ne mangerait pas cela. [avare.

இழுகுணி, (இழுகுகிறது, உணி),

இழுகுகிறது, கினேன், குவேன், கு, க, v. n. இழுகுதல், n. v. lésiner, être avare, reculer.

இழுக்கடிக்கிறது, (இழுக்க, அடிக்கிறது), différer de payer,- remettre de jour en jour le payement.

இழுக்கம், (இழுக்குகிறது), manque, diminution, faute, erreur, reculement, injure, écart du chemin.

இழுக்கல், n.v. et opt. d' இழுக்கிறது, et d' இழுக்குகிறது. action de pousser, de tirer, de différer,de glisser, de tomber, terrain glissant, écart, relâchement, nonchalance.

இழுக்கிறது, ழுத்தேன், ழுப்பேன், ழு, ழுக்க, v.a. tirer, entrainer, trainer, attirer, exciter,persuader,presser, pousser, différer, retarder,prolonger, tirer en longueur, remettre de jour en jour, coûter, jouer de la flûte,monter la gamme,reculer,puiser,glisser, faillir, s'égarer, se tromper: இழுத்துப்பறிக்கிறது,—வாங்குகிறது ravir,prendre par force;—வைகிறது décrier, injurier,diffamer;தாயையிழுத்துவைகிறது décrier la mère de quelqu'un pour le déshonorer; சிலுவையிழுத்துச்சுமந்தால் திகமாய்க்கனக்கும் si vous traînez votre croix, elle deviendra plus pesante; பேச்சிழுக்கிறது prolonger la conversation; இந்தக்காரியம்வெகுபணமிழுத்தது cette affaire a coûté beaucoup d'argent; நெஞ்சினின்று பெருமூச்சிழுத்தான் il a poussé un soupir du fond de son cœur; இழுத்துக்கொண்டுவருகிறது différer, prolonger, remettre de jour en jour, traîner, amener de force; — க்கொண்டுபோகிறது entraîner, emmener de force.

இழுக்கு, 1° bassesse, ignominie, déshonneur, perte, destruction, erreur, écart, fausseté, oubli, bagatelle, peine, partie d'un bijou. 2° *imp. et part. d'* இழுக்குகிறது:—வைக்கிறது, (*avec dat.*), jeter du déshonneur sur.

இழுக்குகிறது, க்கினேன், க்குவேன், க்கு, க்க, *v. n.* glisser, faillir, se tromper, s'égarer, reculer.

இழுக்குதல், *n.v.d'* இழுக்கிறது; *et d'* இழுக்குகிறது, action de tirer, d'entraîner, d'exciter, de monter la gamme, de glisser, de reculer, etc... entraînement, erreur, écart.

இழுக்குடையான், (இழுக்கு, உடையான்), homme vil, bas peuple:—பாட்டுக்கிசைநன்று un bon air relèvera la chanson d'un mauvais poète.

இழுக்குநர், (இழுக்குகிறது), ceux qui traînent.

இழுசுகிறது, சினேன், சுவேன், சு, ச, *v.a.* barbouiller, frotter, enduire.

இழுது, beurre fondu, graisse, douceurs, friandise.

இழுதுகிறது, தினேன், துவேன், து, த, *v.n.* இழுதுதல், *n.v.* (இழுது), engraisser, devenir gras.

இழுதை, démon, benêt, sot, ignorant, mensonge.

இழுத்தல், *V.* இழுக்குதல்.

இழுத்து, *gér. d'* இழுக்கிறது.

இழுபறி, (இழுக்கிறது, பறி), importunité, embarras, ennui: —ப்படுகிறது être importuné, ennuyé, embarrassé. [boîte d'un coffre.

இழுப்பறை, (இழுப்பு, அறை), tiroir,

இழுப்பாட்டம், இழுப்பாட்டியும், (*id.* ஆட்டம்), délai, retard.

இழுப்பாணி, (*id.* ஆணி), partie d'une charrue, retardataire, temporiseur.

இழுப்பு, *n.v.d'* இழுக்கிறது, délai, retard, remise, obstacle, difficulté, action de tirer, de pousser, courant, rapidité, violence du courant, accord, union, combinaison, prolongation du son:—பண்ணுகிறது différer, tarder; —இழுப்பாயிருக்கிறது être rapide, violent, entraînant, inconstant; இழுப்பில்லை il n'y a pas d'obstacle, de difficulté, de courant; இழுப்பிலேயிருக்கிறது,—வந்திருக்கிறது être remis, différé, en suspens, en délai; இழுப்புண்கிறது, இழுப்புண்டுபோகிறது être emmené, entraîné, tiré en longueur; இழுப்புண்டு il y a empêchement, retard;—மெத்த il y a bien des délais;—வலை filet que l'on tire à terre;—வகை procédé clandestin, délai;—வைக்கிறது différer, mettre du retard; இழுப்புள்ளவன் homme lent et irrésolu; இழுப்பும்பறிப்புமாய்க்கிடக்கிறது se saisir et se tirer l'un l'autre dans une querelle; அவன்பேச்சிழுப்பாயிருக்கிறது ses paroles ne sont que remise et irrésolution.

இழுமு, இழும், joie, plaisir, douceur, friandises, confitures: இழுமெனல் être doux, douceur, imitation d'un son doux. [tard.

இழுவல், (இழுக்கிறது), délai, re-

இழுவை, 1° (இழுக்கிறது), ce qu'on traîne, trace de ce qu'on a traîné, action de traîner, de tirer. 2° இழுவை certain arbuste épineux: —க்கயிறு corde à tirer, longue corde.

இழை, 1° fil, bijou, joyau, ornement, bracelet, troupe. 2° *imp. et part. d'*இழைகிறது, *et d'* இழைக்கிறது:—கட்டுகிறது, —தைக்கிறது, —பிடிக்கிறது coudre une blessure, recoudre, reprendre les mailles;—க்கயிறு corde mince, ficelle;—க்குளிர்த்தி poli d'une étoffe; —நெருக்கம் poli d'une étoffe, tissu bien serré;—ப்புடைவை

bel habit,belle toile;—போடுகிறது, —யிடுகிறது, — யோட்டுகிறது ravauder, rentraire, raccommoder: —யெடுக்கிறது démêler des fils;—யோடுகிறது mesurer avec un fil, dévider du fil,faufiler; நாலிழைநெய்சவு tissu de 4 fils unis; மூன்றிழைத்தையல் tricot de triple fil.

இழைகிறது, ழைந்தேன், ழைவேன்,ழை,ழைய, *v.n.* se frotter l'un contre l'autre, s'accoupler (les serpens), s'unir, se mêler, s'amollir: இழையத்தீட்டுகிறது bien aiguiser; மூங்கிலொன்றோடொன்றிழைந்து பற்றிக்கொள்ளும் les bambous s'enflamment en se frottant l'un contre l'autre; பாம்புகளொன்றோடொன்றிழையும் les serpens s'accouplent ensemble,les méchants s'unissent entr'eux

இழைக்கிறது, ழைத்தேன், ழைப்பேன்,ழை,ழைக்க, *v.a. de* இழைகிறது, raboter, doler, polir, oter les nœuds d'un roseau, dévider du fil, broyer ou composer un remède, enchasser des pierreries, faire, mêler, mixtionner, tresser,tisser, proposer, examiner: இழைத்தநாள் jour marqué, le dernier jour.

இழைக்கூடு, (இழை),rabot.

இழைக்கை,1° *n.v. V.* இழைத்தல். 2° *P.*இழைக்காய்,2me *pers. sing. nég. d'* இழைக்கிறது.

இழைதல், *n.v.d'*இழைகிறது,mixtion,mélange, union,accouplement, frottement, langueur.

இழைத்தல். *n. v. d'*இழைக்கிறது, action de raboter etc... mélange, mixtion, composition, action.

இழைபு, *n.v. d'* இழைகிறது, vers sans consonne rude, ce qui est une des 8 beautés des vers. [இழைத்தல்.

இழைப்பு,*n.v. d'* இழைக்கிறது, *V.*

இழைப்புளி,(இழைப்பு,உளி),rabot, rabot pour faire des cannelures.|| *V.* சீவுளி.

இழையூசி, இழைவாங்கி, (இழை, ஊசி), aiguille fine, —pour rentraire ou ravauder.

இள,*adj.d'*இளமை,tendre, jeune, faible, léger: இளந்திறம்... voyez au mot இளந்.

இளகடி, (இள),vestibule des maisons de brâmes.

இளகல்,*n.v. d'*இளகுகிறது, flexibilité, souplesse, mollesse, adoucissement, ralentissement, amollissement, attendrissement, sensibilité, compassion, tendresse.

இளகாத,*part. nég. d'*இளகுகிறது, dur,inexorable,insensible.

இளகின, tendre, compatissant, *part. de*

இளகுகிறது, *sync.* இளகிறது, கினேன்,குவேன்,கு,க, *v.n.* இளகுதல், *n.v.et* இளகிப்போகிறது, s'amollir, s'attendrir, s'adoucir, compâtir,s'apaiser, se ralentir, devenir pliant, mou, flexible,humide,poli,doux au toucher, compatissant: இளகப்பண்ணுகிறது,*ou*

இளகுவிக்கிறது,வித்தேன், விப்பேன்,வி, விக்க,*v. caus. d'*இளகுகிறது, attendrir, amollir,rendre flexible...

இளக்கம்,*n.v.d'* இளக்குகிறது,*V.* இளகல்.

இளக்கரம்,*P.*இளக்காரம்.

இளக்கரிக்கிறது, ரித்தேன், ரிப்பேன்,ரி,ரிக்க,(இளக்காரம்), *v.n.* இளக்கரித்தல்,*n.v.* être fatigué, lassé, épuisé,relâché,détendu, s'affaiblir, condescendre, s'accommoder, s'amollir, faiblir et reculer: இளகரித்துப்போகிறது être abattu,découragé.

இளக்காரம், (இளமை, காரம்), condescendance, complaisance, indulgence, bonté,bon naturel, amollissement: — ஆயிருக்கிறது céder facilement,*ou*: —கொடுக்கிறது être indulgent, condescendre, donner trop de liberté: இளக்காரக்காரன் homme complaisant, indulgent; பிள்ளைக்கிளக்காரங்கொடுத்ததினாற் பயப்படுகிறதில்லை l'enfant ne craint point parce qu'on lui a donné trop de liberté.

இளக்குகிறது, *sync.* இளக்கிறது, க்கினேன், க்குவேன், க்கு,க்க,*v.a.de* இளகுகிறது,*et* இளக்குதல், *n.v.ou* இளக்கிவிடுகிறது,amollir, adoucir,attendrir,relâcher,détendre, lâcher.

இளங்,*P.* இளம், *adj. d'*இளமை:—கதிர் épi tendre, rayon du soleil levant,soleil levant;—கலையன் espèce de riz;—கற்றி, (P. கற்று), jeune vache; —கன்று jeune veau, —buffle, —arbre:—காய் fruit vert,—nouvellement formé;—காயரும்பல் le fruit se former;—கார் espèce de riz; —கால் jeune rejeton,—tige; ou —காற்று vent doux, zéphir; —குடர் dernier intestin; —குரல் voix douce,—d'enfant, jeune épi; —கொடி cordon ombilical, arrière-faix, femme;—கொடியார் femmes (à cause de leur taille fine); —கொற்றி jeune veau, —vache; —கோக்கள்,les Vaissiers subdivisés en பூவைசியர் cultivateurs; தனவைசியர் marchands; கோவைசியர் bergers, pâtres.

இளசு, P. இளைசு, chose tendre, —jeune,—non mûre, jeune veuve.

இளஞ், P. இளம், adj. d'இளமை:—சந்திரன் jeune lune, croissant; —சாயம் couleur légère,—non foncée, —blanchâtre; —சாவி moisson en herbe desséchée faute de pluie;—சூடு chaleur douce: —சூல் épi tendre, —qui commence à paraître, embryon; —செவப்பு, —சிவப்பு, rouge tendre,—non foncé.

இளநாக்கடிக்கிறது,(இள, நாக்கு, அடிக்கிறது), hésiter en parlant, dire des choses dont on n'est pas sûr.

இளந், adj. de இளமை, jeune, tendre, faible, léger: இளநிறம் teinte légère,—blanchâtre;—நீர் eau de coco non mûr, coco tendre, éclat blanchâtre des pierres précieuses;—நீர்க்காய் coco encore tendre; —நீர்க்குழம்பு espèce de médecine;—நீலம் bleu clair; —நெஞ்சு cœur tendre, compatissant, esprit faible, timide;—நெஞ்சுக்காரன்,—நெஞ்சன், m. —நெஞ்சுக்காரி,—நெஞ்சி, f. homme—, femme qui a le cœur tendre, compatissant, sensible, l'esprit pliant, timide; இளந்தயிர் lait à moitié caillé;—தலை 1° jeune tête, tendre tête d'enfant, —d'herbe, faiblesse, souplesse. 2° (இழந்து, அலை), pauvreté, perte;—தலைக்கைம்பெண்சாதி jeune veuve;—தாரி jeune homme, —garçon;—தாரிக்குற்றம் faute de jeune homme, à laquelle on ne peut appliquer la rigueur des sastras, ou de la justice; —தாரிப்பட்டம் succession d'un mineur sous un tuteur; —தாரிக்கன்று jeune veau, —plante; —தென்றல் vent léger du midi; —தோப்பு bosquet de jeunes arbres; —தோய்த்தல் lait qui commence à se cailler; —தோய்த்தல்த்தயிர் lait à demi caillé;—தோய்த்தல், ou —தோயல் légère trempe (des outils, des armes et des métaux).

இளந்தை,(இளம்), enfant, jeunesse, ce qui est jeune, ou இளந்தைவயசு jeune âge (jusqu'à 30 ans).

இளப்பம், P. இளைப்பம், bassesse, infériorité, qualité inférieure, mal, malheur, infortune, dommage, faiblesse: —ஆயிருக்கிறது être d'une qualité inférieure: —ஆனசரக்கு marchandises de qualité inférieure; —வருகிறது un déshonneur—, une dégradation survenir; இந்தச்சரக்கிளப்பம் ces marchandises sont d'une espèce inférieure; சாதியிளப்பம் infériorité—, bassesse de caste; இளப்பக்காரன் pauvre sujet, homme dégradé, sans réputation, sans fortune, sans valeur, sans talent.

இளமட்டம், (இள), ce qui est jeune, jeunesse.

இளமண்,(id.), terre sablonneuse.

இளமண்டை, (id.), tête tendre, sans fermeté.

இளமத்தியானம், (id.), l'avant-midi.

இளமலர்,(id.), bouton prêt à fleurir.

இளமழை,(id.), pluie légère.

இளமின்னல்நிறம், (இள, மின்னல்), jaune clair.

இளமை, tendreté, chose tendre, âge tendre, enfance, jeunesse, folie, trouble d'esprit, sottise: —ச்செல்வி, —ப்பருவம் âge tendre;—ப்பருவங்கடந்தவர்கள் personnes d'âge mûr; —யுள்ளவன் jeune homme; —வழிபாடுகள் légèreté, inconstance propre à la jeunesse, élémens; இளமையிற்கல் étudie dans la jeunesse; இளமையிலேபுண்ணியத்தோடே பழகு accoutume-toi à la pratique de la vertu dès l'enfance.

இளமையோன், (இளமை), jeune homme.

இளம், *adj. de* இளமை, jeune, tendre, léger, faible: — பசி faim légère, —du matin; — பச்சை vert peu foncé; — பதம் demi-cuisson, demi-maturité, demi-température, demi-coagulation; —பயிர் moisson en herbe, riz ou autre plante céréale propre à être transplantée; — பருவம் jeune âge, *V.* இளம் பதம்; — பறியல் ce qui étant encore jeune et tendre a été arraché ou enlevé; — பாகம் demi-cuisson; —பாடு imperfection, ce qui est incomplet, *V.* இளம்பதம்; —பாடாயி ருக்கிறது n'être qu'à demi mûr ou cuit, être dans un état qui ne pourra parvenir à la perfection, à la maturité;—பாடானது ce qui est imparfait, ce qui n'est pas mûr; —பிடி fille, femme; —பிராயம் jeune âge, enfance;—பிள்ளை jeune enfant; — பிள்ளைவாதம் maladie —, pleurésie des enfans;—பிறை lune à son croissant, 1er quartier;—புல் herbe tendre, chiendent;—பூவரும்பு.(பூ, அரும்பு), bouton nouvellement fleuri.

இளவடி, இளவட்டி, (இள), distillation imparfaite, —faite avant la température voulue.

இளவரகு,(*id.*), வரகு en herbe.

இளவரசு, இளவரசன், (*id.* அரசு, அரசன்), jeune roi, —prince, fils de roi, prince héritier présomptif de la couronne, — associé au trône.

இளவரசி, (இள, அரசி), *f.* jeune reine.

இளவல், (இள, அல்), jeune homme, enfant, frère cadet, ce qui n'est pas mûr, ni dur.

இளவழிபாடு, (இள), science des petits enfans.

இளவன், espèce d'arsenic préparé.

இளவாடை, 1° (இள), vent léger, —léger du nord, odeur faible. 2° (*id.* ஆடை), crème légère.

இளவாதித்தன், (*id.* ஆதித்தன்), soleil levant.

இளவாவிப்பு, —வாவிப்பு, (இள), amollissement, devenir humide.

இளவிளவேனில், (*id.* இள), temps où les arbres bourgeonnent.

இளவுச்சம் (*id.* உச்சம்), l'avant-midi.

இளவுறை, (*id.* உறை), lait à moitié caillé.

இளவெந்நீர். (இள), eau tiède.

இளவெய்யில், (*id.*), chaleur modérée (surtout du matin.

இளவெழுத்து, (*id.* எழுத்து), lettres mal-formées.

இளவேந்து, (இள), *V.* இளவரசு.

இளவேனில், (*id.*), chaleur modérée, chaleur, *ou* இளவேனிற்காலம், —வேனிற்பருவம் saison tempérée, *i. e.* les mois de சித்திரை et de வைகாசி *ou* avril et mai; இளவேனிலுரிமை propriétés de la saison tempérée, savoir: le souffle du vent du sud, la joie des oiseaux et des scarabées, la floraison de différens arbres, la chute des mangues, l'amaigrissement de certains insectes et oiseaux.

*இளாவிருதம், (*P.* இலாவிருதம்), une des 9 divisions du monde connu des Indiens, c'est le centre de l'ancien continent.

இளி, 1° déshonneur, disgrâce, dégradation, honte, marque de mépris, moquerie, ris, rire fou, —extravagant, concorde, l'un des 7 sons ou notes, le son qui (selon les Indiens), vient du front, une des cordes du luth. 2° *imp. et part. d'* இளிகிறது *et d'* இளிக்கிறது.

இளிகிறது, ளிந்தேன், ளிவேன், ளி, ளிய, *v.n.* (இளி), être bas, abject, vil, s'avilir, s'abaisser.

இளிக்கிறது, ளித்தேன், ளிப்பேன், ளி, ளிக்க, *v. a.* (இளி), bâiller, avoir la bouche béante et montrer les dents, ouvrir de force, avilir, mépriser, rire, *ou* இளித்துக்கொள்ளுகிறது déflorer: குரங்குபோ லிளித்த வாயன் homme qui a la bouche béante et montre les dents comme un singe.

இளிச்சகண், (இளிச்ச, *P.* இளித்த), yeux chassieux.

இளிதல், 1° *n. v. d'* இளிகிறது. 2° *P.* இழிதல்.

இளித்தல், இளிப்பு, 1° *n. v. d'* இளிக்கிறது, mépris, rire, bâillement. 2° *P.* இழித்தல்.

இளிவு, *n.v.d'* இளிகிறது, abjection, bassesse, petitesse.

இளை, 1° tendreté, jeunesse, mollesse, fort défendu par une forêt, principal corps de garde, garde principale, nuage, haie, Lakchimi.

2° *imp. et part. d'* இளைக்கிறது.

இளைக்கிறது, ளைத்தேன், ளைப்பேன், ளை, ளைக்க, *v. n. et* இளைத்துப்போகிறது, maigrir, devenir maigre, chétif, mince, inférieur, lassé, se fatiguer: இளைத்திருக்கிறது être maigre, chétif, fatigué, faible; அவனுக்கிளைக்கான் il ne lui céde ou cédera pas; இளைத்தோய்கிறது, (இளைத்து, ஓய்கிறது), quitter—, cesser à raison de fatigue.

இளசு, (*P.* இளது), tendreté, ce qui est jeune,—tendre, ce qui n'a pas achevé de croître.

இளச்ச, *P.* இளத்த. [ne homme.

இளைஞன், இளைநன், (இளை) jeu-

இளைது, *P.* இளையது.

இளைத்த, *part. d'* இளைக்கிறது, maigre, maigri, mince, chétif, épuisé, harassé, faible: —மண் terre mai-

இளைத்தல், *n. v. V.* இளைப்பு. [gre.

இளைப்பம், (இளைப்பு), *V.* இளப்பம்.

இளைப்பு, *n. v. d'* இளைக்கிறது, fatigue, lassitude, épuisement, maigreur, amaigrissement: இளைப்பாறுதி recouvrement des forces après la fatigue; இளைப்பாகிறது se fatiguer; இளைப்பாயிருக்கிறது, இளைப்போடேயிருக்கிறது être fatigué, harassé; இளைப்பாறுகிறது se délasser, se reposer, se remettre de sa fatigue, se rafraichir; இளைப்பாறு மண்டபம் portique pour se reposer,—ou souffle le vent du midi; இளைப்பாறுதல், இளைப்பாற்றி repos, relâche, soulagement, rafraichissement; இளைப்பிளைக்கிறது haleter, respirer à peine; இளைப்புவருவிக்கிறது fatiguer, இளைப்புறல் fatigue, défaillance; இளைப்புறுகிறது être fatigué, défaillir

இளைமை, (இளை, மை), *V.* இளமை

இளைய, *adj. de* இளைமை, jeune, plus jeune, tendre, faible: —தம்பிரான் le frère du roi de Travancor; —பெருமாள் le plus jeune frère de Râmen; —தன்மை, *V.* இளமை; —மைந்தர் les jeunes gens.

இளையது, (இளைய), ce qui est jeune, tendre, faible, moindre, plus jeune, plus tendre, plus faible.

இளையள், (இளைய), fille, jeune femme, sœur cadette. Lakchimi, sœur cadette de மூதேவி.

இளையவன், *m.* (இளைய), le plus jeune, frère cadet, jeune homme.

இளையவள், (இளைய), la plus jeune, sœur cadette, jeune fille.

இளையவர், *pl. des préc.* les plus jeunes, les cadets, les femmes.

இளையாள், (இளைய), *V.* இளையள்.

இளையான், இளையோன், (இளைய), *V.* இளையவன்.

இளைவலி, forêt à éléphans.

இற, 1° *imp. d'* இறக்கிறது. 2° *inf. d'* இறுகிறது. 3° *V.* இறல்.

இறகர், இறகு, plume, aile, nageoire.

இறக்கம், (இறக்குகிறது), descente, pente, penchant, chemin en pente, endroit pour descendre, escalier en pierre pour descendre dans un étang, descente des humeurs, —des mets dans l'estomac etc.., diminution d'une enflure, reflux, décadence, chemin: இறக்கத்திலிருக்கிறது être en bas, dans une place inférieure, aller en décadence, n'aller pas bien: மழையிறக்கம் rayons du soleil vus par une ouverture à travers les nuages; அவனுக்குச்சோற்றிறக்கமில்லை il ne peut avaler le riz,—la nourriture, il a perdu l'appétit. [verbale.

இறக்காது, répétition, traduction

இறக்கிறது, 1° றந்தேன், றப்பேன், ற, றக்க, *v. n.* mourir, expirer, passer, marcher: இறந்துபோகிறது, —படுகிறது mourir. 2° றக்கினேன்... *sync. de*

இறக்குகிறது, *sync.* இறக்கிறது, க்கினேன், க்குவேன், க்கு, க்க, *v. a. d'* இறங்குகிறது, descendre, abaisser, faire descendre, décharger, débarquer, mettre bas, déposer à terre, soutirer, décanter, distiller, anéantir, faire descendre ou évacuer le poison: இறக்கிவைக்கிறது mettre à terre; உள்ளேயிறக்குகிறது dévorer, engloutir; சாராயத்தையிறக்குகிறது descendre—, décharger—, distiller le vin.

இறக்குதல், *n. v. d'* இறக்குகிறது *et*

d'இறக்கிறது, descente, débarquement,distillation,mort.

இறக்குமதி, (இறக்கும், மதி), importation:—செய்கிறது importer.

இறங்கர்,cruche,pot à l'eau.

இறங்கல், 1° n.v.et opt. d'இறங்குகிறது,action de descendre, descente, ce qui descend ou va en descendant, escalier d'étang, endroit pour descendre,marche,escalier,varangue.2° இறங்கல்,(இறங்கு,அல்), ne descends pas.

இறங்காத, qui ne descend pas, part. nég.de

இறங்குகிறது, sync. இறங்கிறது, கினேன்,குவேன்,கு,க,v.n. d'இறக்குகிறது,descendre,aller en bas, —en décadence,se soumettre, dégoutter, débarquer, mettre pied à terre, loger, s'arrêter—, demeurer pour un temps: இறங்கியிருக்கிறது être descendu,débarqué etc. ou descendre... [décadence,soumission.

இறங்குதல்,n.v.du préc. descente.

இறங்குதுறை,(இறங்கும்),endroit pour descendre, escalier pour descendre dans un étang,marche d'une affaire.

இறங்குபொழுது,(id.),soir,soirée.

இறங்குமிராசி, (id. இராசி), les 6 signes descendans, depuis l'Écrévisse jusqu'au Sagittaire inclusivement.

இறங்குமுட்டான், இறங்கமொட்டான்,grosse espèce de riz.

இறங்குவெய்யில்,(இறங்கும்), chaleur de l'après-midi.

இறஞ்சுகிறது,P.இருஞ்சுகிறது.

இறடி, V.கருந்தினை.

இறத்தல்,n.v.d'இறக்கிறது, mort, passage,migration, marche, excès, abondance.

இறந்த,part.d'இறக்கிறது, mort, passé, qui passe,—dépasse:—காலம் le prétérit,le parfait,le temps passé; —காலவினைத்தொகை élision de la terminaison du prétérit ou parfait, Ex. கொல்களிறு pour கொன்றகளிறு éléphant qui a tué; —காலவினையெச்சம் gérondif qui a l'une des 7 terminaisons suivantes:உ,இ, ய்,பு,ஆ,ஊ,என avec ou sans l'intercallation des lettres dites இடைநிலை; அளவிறந்த immense,sans mesure ni borne; எண்ணிறந்த innombrable.

இறந்தது,(இறந்த),ce qui est passé, —mort, —suranné: —விலக்கல் éviter ce qui est suranné; —தழீஇயவெச்சவும்மை le mot உம் accompagnant un prétérit et faisant allusion à d'autres objets. Ex. தகப்பனும்வந்தான் le père aussi est venu

இறந்தார், இறந்தோர், (இறந்த), les morts:—சேர்வனம் rendez-vous des morts, cimetière, lieu où l'on brûle les morts.

இறப்பு, n.v. d'இறக்கிறது,mort, sortie,issue, passage, excès, grande quantité,descente.‖V.இறவானம்.

இறலி,l'arbre இத்தி,espèce de figuier,une des 7 îles des Indiens, ver à soie: —ப்பை cocon de ver à soie.

இறல், n. v. et opt. d'இறுகிறது, éclat, rupture, brisement, destruction,perte,mort,coquillage,nerf,ressort,découlement,distillation.

இறவாணம்,espèce d'instrument de musique.

இறவானம், (இறப்பு, வானம்), avant-toit,larmier, extrémité d'un toit en saillie pour rejeter l'eau loin des murs.

இறவு,(இறக்கிறது),sortie,départ, descente,occasion favorable, attente d'une telle occasion,chevrette, borne.‖V.இறவானம்.

இறவுளர்,(இறவுள்), montagnards, faiseurs de corbeilles dits குறவர்.

இறவுள்,(இறவு,உள்), pays montagneux.

இறவை, (இறக்கிறது), 1° descente, échelle, seau de cuir ou panier pour arroser, caille.2° P. இறவாய் tu ne mourras pas.

இறா, 1° chevrette,crevette.2° இறா, இறாத, part.nég. d'இறுகிறது, sans fin,qui ne se rompt point.

இறுஞ்சுகிறது,கினேன், சுவேன், சு,ச,v.a.இறுஞ்சல்,இறுஞ்சுதல், n.v. frotter,enlever en frappant, le vautour empoigner sa proie.

இறுட்டணம்,*P*.இராட்டினம்.

இறுட்டாணியம்,détresse, pauvreté. [*part.de* இறுட்டுகிறது.

இறுட்டு.1° *P*. இறுற்று.2° *imp. et* இறுட்டுகிறது,ட்டினேன், ட்டுவேன்,ட்டு,ட்ட,*v.a*.இறுட்டுதல்,இறுட்டல்,*n.v*.frotter, haïr résister, s'obstiner. [*té*),opposition, haine.

இறுட்டுப்பிறுட்டு, (இறுட்டு *répé-*

இறுத்தல், livre, environ 14 palams (en certains endroits 6 palams),douane aux poissons. [dre.

இறுத்துக்கட்டுகிறது,lier, suspen-

இறுல்,1° chevrette,crevette, cancer serratus,rayon de miel, bœuf, le signe du Taureau, la 3me constellation,avant-toit.2° *opt.de* இறுகிறது.

இறுற்று,(இறுல்),chevrette, rayon de miel. [*d'* இறுக்கிறது.

இறு,*imp.et part. d'* இறுகிறது *et*

இறுக,*inf. d'* இறுகுகிறது, fortement,étroitement. [ங்கண்ணி.

இறுகங்கியான்,la plante கரிசலா

இறுகல்,*n.v. d'* இறுகுகிறது, serrement, rigueur, dureté, fermeté, étroitesse, compacité, pression, dépression, enfoncement, parcimonie, ténacité: —ஆயிருக்கிறது être serré, étroit,dense,compacte,resserré, avare, tenance.

இறுகிறது, 1° ற்றேன், றுவேன், று,ற,*v.n*.dégoutter,distiller,tomber goutte à goutte, —peu à peu,—par degrés, découler, être ruiné,—détruit;*ou* இற்றுப்போகிறது *et* இற்றுப்போகுதல் se briser, se casser, se rompre, se fendre, s'user, se consumer, se gâter, se perdre, périr, se séparer, cesser, s'éteindre, finir, déchoir, dépérir, mourir, être rompu, tomber en ruines; இற்றிறந்துபோகிறது être ruiné, réduit à l'indigence, périr; இற்றிறந்துபோகிறதுபோலேபேசுகிறது parler comme si tout était perdu; இற்றற்றுப்போகிறது cesser entièrement; இற்றுவிழுகிறது se briser et tomber;அடியிற்றுப்போகிறது la racine ou le tronc dépérir, être déraciné; குலையிற்றுப்போகிறது les fruits d'une grappe tomber l'un après l'autre,ou dégoutter; மலையிற்று மயிரிலேதொங்குகிறதுபோலேயிருக்கிறவேளையிலேயிரக்ஷித்தான் il l'a sauvé lorsque les montagnes détachées semblaient suspendues par un fil, *i. e*. lorsque tout semblait désespéré.2° றுகினேன்,*sync.de*

இறுகுகிறது,*sync*. இறுகிறது, கினேன்,குவேன்,கு,க,*v.n.ou* இறுகியிருக்கிறது *et* இறுகுதல், *n.v*.être lié étroitement, être serré, épais,resserré,coagulé,comprimé,avare,obstiné, enfoncé,pressé,se serrer, se presser, s'enfoncer,se durcir,s'obstiner: இறுகிப்போகிறது se resserrer, devenir dur,resserré,constipé,coagulé,épais; இறுகக்கட்டிக்கொள்ளுகிறது,—த்தழுவுகிறது embrasser étroitement, —tendrement; இறுகப்பிசைகிறது bien pétrir (la pâte); இறுகப்பிடிக்கிறது saisir—,tenir fortement, être avare,tenace;இறுகினகை parcimonie, avarice.

இறுக்க, 1° *inf. d'*இறுக்கிறது *et d'*இறுக்குகிறது. 2° *obl. de*

இறுக்கம்,(இறுக்குகிறது), état de ce qui est resserré,—étroit, —étouffant,chaleur,lieu étroit, dureté,solidité, avarice: —ஆயிருக்கிறது être étroit, resserré, renfermé, chaud, étouffant; —ஆனஸ்தலம் endroit resserré,—étouffant, —chaud.

இறுக்கர், (இறுக்கம்), 1° habitans des désers brûlans et arides. 2° *pl. d'*இறுக்கன்,avares.

இறுக்கல்,*n.v.et opt. d'* இறுக்குகிறது,action de serrer, de prendre, de s'habiller, de gronder.

இறுக்கன்,(இறுக்கம்),avare.

இறுக்கிறது, றுத்தேன், றுப்பேன், று, றுக்க, *v. a. d'*இறுகிறது, verser,transvaser, tirer au clair,distiller, couler, filtrer, acquitter, payer,dire,répondre,répliquer,se joindre,s'arrêter, rester, briser, casser, rompre,tordre,couper: இறுத்துத்தலைக்கிறது finir de payer, acquitter entièrement.

இறுக்கு,1° resserrement,contraction forcée, habillement, action de

s'habiller. 2° *imp. et part.* d'இறுக்குகிறது:—வார் sangle de selle, —de cheval;—ப்பட்டை ceinture.

இறுக்குகிறது, *sync.* இறுக்கிறது, க்கினேன், க்குவேன், க்கு, க்க, *v. a.* d'இறுகுகிறது, serrer, presser, resserrer, durcir, s'habiller, gronder, réprimander. [cus.

இறுங்கு, espèce de சோளம், hol-

***இறுதயம்**, *P.* இருதயம், cœur.

இறுதல், *n. v.* d'இறுகிறது, action de se rompre, de se briser, de se fendre etc... d'être coupé, rupture, fin, ruine, perte.

இறுதி, *n. v.* d'இறுகிறது, 1° limite, terme, terminaison, fin, mort. 2° *P.* இறு, இற்றாய் *et* இறுவாய், 2me *pers. de l'imp., du parf. et du fut.* d'இறுகிறது:—க்காலம் temps de la mort; —நிலைத்தீபம், —நிலைவிளக்கம், —விளக்கு mot qui en régit ou complète plusieurs et se trouve à la fin d'une strophe ou d'une phrase; அவனின்றிறுதியாகப்படித்ததில்லை jusqu'à ce jour il n'a pas étudié.

இறுத்தல், *n. v.* d'இறுக்கிறது, payement, rupture, réponse, séjour, jonction, union, aspersion, action de briser, —casser, —tordre, —couper, —dire, —s'arrêter.

இறுப்பு, *n. v.* d'இறுக்கிறது, payement, tribut, ôle—, billet de vente.

இறுமாக்கிறது, மாந்தேன், மாப்பேன், மா, மாக்க, *v. n. et* இறுமாந்திருக்கிறது, இறுமாத்தல், *n. v.* se réjouir être joyeux, ravi de joie, être réservé, circonspect, fier, hautain, orgueilleux, s'enorgueillir: இறுமாந்துநடக்கிறது marcher fièrement; —போகிறது être transporté de joie pour peu de chose.

இறுமாப்பு, *n. v. du préc.* plaisir, transport de joie, orgueil, fierté, arrogance, dédain, démarche altière, posture droite, raideur: —கொண்டவன், —க்காரன் homme fier, orgueilleux, dédaigneux; இறுமாப்பையடைகிறது s'enorgueillir, être fier, hautain.

இறுமாருகிறது, ரந்தேன், ருவேன், ரு, ர, *v. n.* (இறுமாக்கிறது), marcher orgueilleusement la tête levée.

இறுமுறி, (இறுகிறது, முறி), billet acquitté dont on déchire un côté.

இறும்பல், admiration, étonnement. [*P.* எறும்பு, fourmi.

இறும்பி, *P.* எறும்பி, éléphant; *ou*

இறும்பு, montagne, petite montagne, broussailles, buisson, taillis, fleur de nénuphar, la plante காந்தள், scarabée, insecte volatile.

இறும்பூது, admiration, merveille, prodige, buisson, arbrisseau, montagne, fleur de nénuphar, la plante காந்தள், rejeton, flambeau, grandeur, scarabée, insecte volatile, l'arbrisseau பித்திகை.

இறுவதஞ்சாமை, (இறுவது, *de* இறுகிறது, அஞ்சாமை), ne pas s'effrayer des pertes, ce qui est une des qualités des marchands.

இறுவரையம், (இறுகிறது, வரை, அம்), limite, le présent, provisoire.

இறுவாய், 1° (*id.* வாய்), fin. 2° 2me *pers. fut.* d'இறுகிறது.

இறை, 1° Dieu, le souverain maître, (les payens l'appliquent à) Brama, Vichnou, (et) Siven, roi, prince, homme en dignité, grand, maître, possesseur, grand homme, chef, tête, principal, vieillard, atome, petitesse, modicité, ténuité, rapidité du temps, instant, moment, seconde, dette, devoir, tribut, taxe, impôt, redevance, ligne de la main, —de la jointure des doigts, halte, séjour, demeure, place désignée de Dieu, (comme la terre aux hommes, l'air aux oiseaux), avant-toit, larmier, plume, aile, hauteur, élévation, exaltation, grandeur, peine, embarras, difficulté, douleur, maladie, réponse, congé, permission. ‖ *V.* ஊழித்தீ. 2° *imp. et. part.* d'இறைகிறது *et* d'இறைக்கிறது: —க்கள்ளன் espèce de gale ou de mal qui vient entre les doigts; —குத்தல், —குத்துகிறது mesurer, estimer, juger; —க்குத்தல், —க்குத்துகிறது rester sans pouvoir tourner les yeux; —மகன் le fils de Dieu, fils de roi, le fils de Siven *i.e.* Vinâyaguen et Soupramanien; —மாட்சி insignes royaux, dignité—, majesté royale; —மாண்டார் rois, ceux qui ont la dignité de roi; —வைக்கிறது consentir à payer une taxe ou une cotisation, en donner un billet d'assurance; —யிறுக்கிறது payer tribut; —யிறுக்காத exempt—, libre de tribut; —புணர்வு la connaissance de Dieu; இறையிலெண்ணுகிறது compter sur les jointures de ses doigts; இறையும்வரியும் l'impôt et la taxe.

இறைகிறது, றைந்தேன், றைவேன், றை, றைய, *v.n.* se répandre, se disperser, se dissiper, être dispersé, répandu, aspergé, dissipé, prodigué.

இறைகூடை, (இறைக்கிறது, கூடை), seau de cuir, panier pour puiser de l'eau et arroser.

இறைக்கிறது, றைத்தேன், றைப்பேன், றை, றைக்க, *v. a. de* இறைகிறது, *ou* இறைத்துப்போடுகிறது, arroser, tirer de, puiser, répandre, jeter dehors, jeter, parsemer, asperger, donner abondamment, prodiguer, dissiper, disperser.

இறைச்சி, viande, chair (bonne à manger): —குத்தி broche pour rôtir; —ப்பொருள் être matériel, — composé de chair, partie de la philosophie qui traite des êtres matériels, signification d'un signe extérieur, naître de Dieu, ou d'autres êtres.

இறைஞ்சல், *v.n. et opt. posit. et nég. d'* இறைஞ்சுகிறது, inclination de tête, révérence, vénération.

இறைஞ்சார், *n. app. nég. d'* இறைஞ்சுகிறது, ennemis, gens qui ne se courbent pas. [*de* இறைஞ்சுகிறது.

இறைஞ்சி, 1° *V.* நாரச்சிலை. 2° *gér.*

இறைஞ்சுகிறது, சினேன், சுவேன், சு,ச, *v. n.* இறைஞ்சுதல், *n. v.* baisser la tête, s'incliner, se courber, vénérer, adorer, supplier, solliciter humblement.

இறைதல், *n. v. d'* இறைகிறது, aspersion, dispersion, effusion, dissipation, prodigalité.

இறைத்தல், *n. v. d'* இறைக்கிறது, action de jeter dehors..., arrosement, profusion, dispersion.

இறைத்து, *gér. d'* இறைக்கிறது.

இறையப்பது, (இறை), une des 2 espèces de réponse; elle consiste à faire une demande contradictoire, à consentir, à exposer les conséquences, à dire l'état des choses, à ordonner, à trancher la question en récapitulant, à nier ou à réfuter.

இறைப்பிளவை, (இறை), pustule aux jointures des doigts.

இறைப்பு, *n. v. d'* இறைக்கிறது, arrosement, irrigation, profusion.

இறைமரம், (இறைக்கும், மரம்), picote, instrument pour arroser.

இறைமை, (இறை), divinité, supériorité, grandeur, royauté, régime de la royauté: —யாட்டி, (ஆட்டி), reine, princesse, supérieure, maîtresse, gouvernante.

இறையவன், (இறை), *V.* இறைவன்.

இறையனூர்பொருள், traité d'amplification ou de composition, fait par இறையனூர்.

இறையால், (réal), dollar, réal.

இறையிலி, (இறை, இலி), exempt de taxe, de tribut: அந்நிலமிறையிலி ce champ est exempt d'impôt.

இறையுண்டுபோகிறது, (இறைகிறது, உண்கிறது), *V.* இறைகிறது.

இறையோன், (இறை), *V.* இறைவன். [ம்], l'arbrisseau சிவனூர்வேம்பு.

இறைவனிம்பம், (இறைவன், நிம்பம்)

இறைவன், (இறை), Dieu, seigneur, (et abusivement) Brama, Vichnou, Siven; roi, prince, chef, maître, possesseur, prêtre, gourou, précepteur spirituel, vieillard, ancêtre, père.

இறைவாசநல்லூர், (இறை, வாசம், நல், ஊர்), Ireivâsanallour, *i. e.* résidence royale, nom d'une ville.

இறைவானம், இறைவாரம், (இறை), *P.* இறவானம், avant-toit, pente du toit.

இறைவி, *f. d'* இறைவன், reine, princesse, maîtresse de maison, supérieure, épouse.

இறைவை, (இறைக்கிறது), seau de

cuir *ou* panier pour arroser, seau *ou* vase de bois pour puiser de l'eau, échelle, van, corbeille à vanner.

இற்செறிப்பு, இற்செறிவுறுத்தல், (இல்,செறிவு), soin de garder une jeune fille renfermée dans la maison.

இற்பிறப்பு,(இல்), *V*.குடிப்பிறப்பு.

இற்புலி,(இல்), chat. *litt.* tigre domestique.

இற்று, 1° *P.* இது, ceci.2° de cette manière, de cette sorte.3° particule dite சாரியை. *Ex.* பதிற்றுப்பத்து dix fois dix. 4° *gér. d'* இறுகிறது. *voyez à ce mot* இற்றுப்போகிறது *etc.*

இற்றை,*obl.de* இன்று,de ce jour-ci, d'aujourd'hui: — நாள் aujourd'hui;—வரைக்கும்,—வரையில் jusqu'à ce jour; இற்றைக்குப்பத்தாநாளிலே le 10me jour à partir d'aujourd'hui.

இனக்கட்டு, (இனம்), alliance, union des parties,convention—,réunion de parens,lien—, usage de parenté:—இனக்கட்டுள்ளவன் homme de crédit,qui s'intéresse. [சசபை.

*இனசபம்,(இனன்,சபை),*V*.இரா

இனத்தவன் ,*ou* இனத்தான்,(இனம்), parent, allié, *pl.* இனத்தார் parens,proches,gens de même caste.

இனமொழிவிடை,(*id*.மொழி),réponse qui indique l'espèce.

இனமோனை, (இனம்), rime dite மோனை faite de lettres d'une même classe.

இனம், réunion, foule. troupe, troupeau de vaches, conseiller, ministre, parenté,consanguinité, race, caste, genre, espéce, classe, proportion, assortiment, subdivision des 4 principales espèces de poésies(expliquée au mot பாவினம்):classe de lettres;il y en a 3:வல்லினம் les fortes: க்,ச்,ட்,த்,ப்,ற்; மெல்லினம் les douces: ங்,ஞ்,ண்,ந்,ம்,ன்; இடையினம் les moyennes: ய்,ர்,ல், வ்,ழ்,ள்; —அல்லாத non assorti, non de la même classe ou parenté; —ஆகிறது s'unir; —ஆக்குகிறது réconcilier, arranger les différends. accomplir, effectuer; *ou* — ஆயெடுக்கிறது assortir,classifier; —ஆய்ச்செய்கிறது faire proprement; —ஆய்ச்சொல்லுகிறது parler avec justesse; —ஆய்வாங்குகிறது recouvrer une dette petit à petit, prendre avec grâce: —பண்ணுகிறது assortir, classifier, essayer, s'efforcer;—பண்ணிவைக்கிறது prendre les moyens convenables; —பார்த்துக்கொண்டிருக்கிறது attendre —,chercher l'occasion favorable,—les moyens convenables; —பிரிக்கிறது diviser en différentes classes; இனத்தோடிருக்கிறது demeurer—,vivre avec sa parenté; இனமுஞ்சனமுமா யிருக்கிறது être parens et alliés.

இனவழி,(இனம்), tradition de famille, succession de générations.

இனவெதுகை, (*id.* எதுகை),rime dite எதுகை faite de lettres de même classe.

*இனன், (ina), nom d'un roi,roi, soleil, lune, précepteur, maitre.

இனனிலே, (இனன்,நிலே), côté ou le soleil doit se trouver à une heure donnée.

இனு,plaisanterie.

இனும், présent,don.

இனி,désormais, à l'avenir,maintenant, de plus, encore: —ச்சொல்லு dis maintenant,continue de dire

இனிக்கிறது,னித்தேன்,னிப்பேன்னி,னிக்க,(இனிமை), être doux, savoureux, délicieux,exquis,aimable, suave, plaire.

இனிது, *P.* இனியது, douceur, agrément,charme, ce qui est doux, agréable: இனிதான doux,agréable.

இனித்தல், *n.v. d'* இனிக்கிறது.

இனிப்பிக்கிறது,ப்பித்தேன், ப்பிப்பேன்,ப்பி,ப்பிக்க, *v.a. caus. d'* இனிக்கிறது, rendre doux, plaire, charmer, délecter.

இனிப்பு, *n.v.d'* இனிக்கிறது, douceur,saveur, friandise, délices,amitié, suavité.

இனிமேல், (இனி), *et* இனிமேலைக்கு,இனிமேற்பட, désormais, à l'avenir.

இனிமை,(இன்), douceur, saveur, délices, friandise, charme, joie, élévation, supériorité, suavité.

இனிய,(இனிமை), *adj*.doux, délicieux, savoureux, agréable, aimable, affable, poli, courtois; *d'où* இனியன், இனியவன், *m.*; இனியள், இனியவள்,*f.*; இனியவர், *pl.*;இனியது, இனிது,*n.*;இனியவை, *pl. n.* homme —, femme—, chose aimable, agréable,remplie de douceur; இனியசொல் paroles douces,aimables, affabilité;இனியவைகூறல் paroles affables, — douces,parler avec douceur: —நாற்பது livre qui traite de 40 vertus ou biens.

இனியேன்,இனியை, இனியன், இனிது,(இனிமை), je suis,tu es,il est doux, aimable, agréable, suave.

இனியா, *part.nég. d'*இனிக்கிறது, qui n'est pas doux,— pas aimable, désagréable,incivil;—ச்சொல் paroles dures, —impolies.

இனைகிறது, இனைந்தேன், இனைவேன்,இனை, இனைய, *v.n.*être vexé, tourmenté,peiné,avoir pitié, s'attendrir, s'apitoyer; *ou*

இனைக்கிறது,இனைத்தேன், இனைப்பேன்,இனை,இனைக்க,*v.n.*retentir,résonner

இனைதல்,*n.v.d'*இனைகிறது, vexation,peine,pitié,bruit.

இனைத்தல், *n.v. d'* இனைக்கிறது, bruit, retentissement.

இனைத்து,(இ,ன்,ஐ,த்து), de cette façon,de cette sorte.

இனைய,1° (இனைத்து),pareil, tel. 2° *inf.d'*இனைகிறது. [tel.

இனையான், (இனைத்து), tel, un

இன்,1° *adj.sync.d'*இனிமை,doux, agréable, délicieux, aimable, affable, poli, civil. 2° terminaison de l'ablatif de lieu et de comparaison, qui signifie de, dans, que, comme. *Ex.*மலையின்வீழருவி ruisseau qui tombe de la montagne. 3° particule dite சாரியை qui forme le génitif vulgaire et l'oblique, et s'insère entre le nom et sa terminaison dans tous les cas. *Ex.* பூவின்மணம் l'odeur de fleur; மலையினை pour மலையை la montagne. 4° *P.*இன்ன.

இன்கண்,(இன்), chose qui plaît, plaisir.

இன்சுவை,(இன்), goût agréable.

இன்சொல்,(*id.*), douces—, belles paroles, civilités, compliment: இன்சொல்லுவமை figure qui consiste à user d'une comparaison,qui semble outrée, et à déclarer que quand bien même on assurerait qu'il y a encore beaucoup plus à dire, on n'exagèrerait pas.

இன்சொல்லன்,(இன்சொல்), personne affable, d'une conversation aimable,beau-parleur.

இன்பம்,(இன்),plaisir,délice,douceur,jouissance,bien, bonheur,joie, allégresse,figure qui cherche à plaire soit par les mots soit par les idées. Le plaisir ou le bonheur, selon les Indous, est un des 4 fruits de la science, une des 7 propriétés des grands, et une des 18 affections ou défauts du corps; le plaisir se divise en 2; பேரின்பம் le bonheur suprême,celui de la vertu et du paradis, et சிற்றின்பம் les plaisirs terrestres,—du corps, —impurs; d'où பேரின்பத்தாசையினாற் சிற்றின்பத்தாசைவிடு oublie les plaisirs du monde par le désir des plaisirs du paradis; இன்பமான délicieux,agréable, charmant; இன்பமாய் délicieusement, avec plaisir, —délice; இன்பத்தொழிந்த qui exclut tout plaisir; காதுக்கின்பமானசொல் parole—,mot agéable à l'oreille.

இன்பன்,(இன்பம்),mari.

இன்பு,*P.*இன்பம்.

இன்புளிப்பு, (இன்), aigre-doux, mélange de douceur et d'aigreur, oxymel, [யவேர்.

இன்பூறல்,(இன்பு, ஊறல்), *V.*சா

இன்மை,(இல்,மை), manque, privation,pauvreté,non-existence, néant, chagrin: இன்மைநவிற்சியணி figure qui montre que le défaut de quelque chose relève ou abaisse l'objet en question.

இன்றறுதி, (இன்று, அறுதி), durant ce jour-ci,jusqu'à la fin de ce jour-ci,tout ce jour-ci.

இன்றி,*gér.de* இல், sans: தாமதமின்றி sans délai; ஓர்கவலேயுமின்றி sans aucun chagrin;இன்றியமையாமை ce sans quoi une chose ne peut se faire ou être complète, chose nécessaire.

இன்று,1° ce jour-ci,aujourd'hui, maintenant: —முதல் dès aujourd'hui;—காலமேவந்தான் il est venu ce matin: இன்றிராத்திரிக்குவருவான் il viendra cette nuit.2° particule explétive.3° 3me *pers. neut.sing.* de இல்லேன், cela n'est pas,non.

இன்றை,*adj.de* இன்று,de ce jour: இன்றைநாள், —த்தினம் aujourd'hui;—யளவிலே jusqu'à ce jour.

இன்றைக்கு, *dat. de* இன்று, aujourd'hui; இன்றைக்கு வருவான் il viendra aujourd'hui;—நாளேக்கு என்றுவைக்கிறது remettre de jour en jour, renvoyer au lendemain, réserver pour l'avenir; —ப்பின்னேக்குஎன்று போக்குசொல்லுகிறது s'excuser en remettant—, remettre de jour en jour; இன்றைக்கவசியந்தருவேன் je le donnerai assurément aujourd'hui.

இன்றைய, *adj. de* இன்று, de ce jour-ci: இன்றையதினம், இன்றையநாள் ce jour-ci,aujourd'hui.

இன்ன,1° ce,cette, ces, (il ne double pas le க்,ச்,த்,ப்,)2° tel,un tel,pareil.3° de cette sorte,de cette espéce,quelle sorte,quel:—பாவம் ce péché *ou* un tel péché; —மனுஷனேப்பார் vois cet homme;—மனுஷனேயடிக்கலாமோ peut-on frapper un tel homme? அவனின்னமனுஷனென்றறிவேன் je sais quel homme il est. [manière ci,ainsi.

இன்னணம், *P.* இங்ஙனம், cette

இன்னது,(இன்ன), telle—,quelle chose,quel: செய்தபாவமின்னதென்றுசொல்லு dis quel péché tu as commis,dis quel est le péché que tu as fait; இவற்றிலின்னதுமெய்யின்னதுபொய்யென்றுஆர்சொல்லலாம் qui peut dire ce qui est vrai et ce qui est faux dans ces choses-ci?இன்னதல்லதிதுவெனமொழிதல் dire ce n'est pas telle chose mais ceci, un des 32 நூலுத்தி tours d'esprits ou arrangemens.

இன்னம், இன்னமும், encore, de plus,plus,jusqu'ici:இன்னமுண்டு il y a encore quelque chose;இன்னமில்லே pas encore; அவனின்னம்வரவில்லே il n'est pas encore venu.

இன்னலம், (இன், நலம்), plaisir, délice,mérite,vertu.

இன்னல்,(இன்,அல்),déplaisir,vexation,malheur,péché, mal.

இன்னவை, *pl. d'* இன்னது de pareilles choses.

இன்னு, *V.* இன்னல் et ஆகாமை: —நாற்பது livre qui traite de quarante maux ou péchés; — செய்தார் ceux qui font du mal; — செய்யாமை ne point faire de mal, ne point pécher; —ச்சொல் parole dure,—de mépris, de dérision, de colère; —செய்தாரையொறுத்தல்வர் நாண நன்னயஞ்செய்துவிடல் le meilleur moyen de punir ceux, qui nous ont fait du mal, est de leur faire du bien jusqu'à les en rendre confus.

இன்னுங்கு, (இன்னு), malheur, affliction, mal.

இன்னுதார், இன்னுது), ennemis.

இன்னுது, (இன்னு),mal,malheur.

இன்னுமை, (*id.*), erreur, faute, refus, répulsion, mal, *V.* ஆகாமை.

இன்னுர், *pl. de* இன்னுன், 1° ennemis, méchans. 2° de telles gens, quels hommes. [me, quelle femme.

இன்னுள்,(இன்ன), une telle fem-

இன்னுன், 1° (இன்னு), méchant, ennemi. 2° (இன்ன), un tel homme, quel homme: இராசாவின்னுனென்றுதெரியாது je ne sais qui est le roi, ou quel homme est le roi; இன்னுனிவனேயானென்கிற வித்தியாசங்கவையில்லே il n'est pas nécessaire de mettre de la distinction entre tel et tel homme.

இன்னிசை, (இன், இசை), chant harmonieux, harmonie vocale ou

instrumentale, air, luth à 7 cordes: —க்காரர், *V.* இன்னியர்; —க்கலிப்பா espèce de கலிப்பா; —ச்சிந்தியல்வெண்பா strophe de இன்னிசைவெண்பா contenant 2 vers de 4 pieds et un de 3 pieds; —வெண்பா espèce de வெண்பா composé de trois vers de 4 pieds et d'un autre de 3 pieds sans தனிச்சொல்.

இன்னியம், (இன், இயம்), doux instrument de musique.

இன்னியர், (இன்னியம்), musiciens, chanteurs, chantres.

இன்னின்ன, (இன்ன, இன்ன), tel et tel, de telle et telle espèce, *d'où* இன்னின்னவன், —வள், —து, tel et tel, quel: உன்சரக்குகளின்னின்னதென்றுகாண்பி montre quelles sont tes diverses marchandises.

இன்னினியே, (இன்ன, இனி), à présent.

இன்னும், *P.* இன்னமும், encore.

இன்னே, à présent, maintenant même, de cette manière-ci.

இன்னோசை, (இன், ஓசை), son doux, —agréable.

ஈ

ஈ, 1° I long nommé ஈகாரம், la 4me voyelle de l'alphabet tamoul. Dans les mots composés அ ou ஆ finals et ஈ initial se changent en ஏ. *Ex.* சர்வ·ஈசுரன் fera சர்வேசுரன். 2° mouche, moucheron, scarabée, escarbot. 3° *imp. d'*ஈகிறது. 4° terminaison de la 2me pers. sing. des verbes en composition. *Ex.* சென்றீபெருமநிற்றகைகுனர்யாரே allez, seigneur, qui peut vous arrêter?

ஈகம், arbre—, bois de sandal.

ஈகல், *n.v. V.* ஈதல்.

ஈகிறது, ஈந்தேன், ஈவேன். ஈ, ஈய, *nég.* ஈயேன், *v.a.* donner, accorder, distribuer, partager, diviser: ஈயார்தேட்டந் தீயார்கொள்வார் les méchans pilleront ce que les avares auront amassé: ஈந்துபார்க்கிறது considérer, distinguer, juger par comparaison; தண்ணீருமீயான் il ne donne pas même de l'eau.

ஈகை, 1° *n.v. d'*ஈகிறது, don, donation, largesse. 2° l'arbrisseau இண்டு, l'arbre கற்பகம், un des 5 arbres prétendus du paradis indien, or, nuage, terre. 3° *(îhâ), désir, effort.

ஈகையாளன், (ஈகை, ஆளன்), homme libéral, donneur, donateur, bienfaiteur.

ஈக்குதல், *P.* ஈதல்.

*ஈக்ஷணம், *V.* ஈட்சணம்.

ஈங்கம், *P.* ஈகம்.

*ஈங்கிசை, ஈங்கிஷை, ஈங்கைஷ, (இங்கிசை), meurtre, meurtrissure, marque infamante, flétrissure, peine, détresse, difficulté, embarras, mal, tort, malheur, affront, abjection, désir sensuel: —பண்ணுகிறது, —ப்படுத்துகிறது haïr mortellement, vexer, faire tort; —ப்படுகிறது être vexé, lésé.

ஈங்கு, 1° (இங்கு), ce lieu-ci, ici. 2° *P.* ஈகம். 3° *ou*

ஈங்கை, *P.* ஈகை, l'arbrisseau இண்டு.

*ஈசசகி, (ஈசன், சகன்), Koubèren, l'ami de Siven.

ஈசதேசாத்தி, la plante பெருமருந்து.

*ஈசத்துவம், (ஈசன்), souveraine puissance, —domination, un des 8 அஷ்டமாசித்தி.

ஈசர், *pl. ou hon. d'*ஈசன்: —தினம், *V.* ஈசனுள்.

ஈசல், 1° sifflement, coup de sifflet: —போடுகிறது siffler; —போடப்படுகிறது un coup de sifflet—, un sifflement se faire entendre, être sifflé. 2° *P.* ஈசெல்.

ஈசனுள், (ஈசன், நாள்), la 6me constellation, (sous laquelle naquit, dit-on, Siven).

*ஈசன், (isa), Dieu, le souverain seigneur de toutes choses, (et abusivement) Siven, Brama, Vichnou, Isânen; roi, prêtre, gourou, maître, possesseur, propriétaire, aîné, vieillard, ancien, supérieur, savon: ஈசனியல்பு la nature divine, l'emploi de la divinité: ஈசன்தார் guirlande de Siven, *i.e.* de கொன்றை ou Cassia; —மைந்தன் fils de Siven; —வாகனம் la monture de Siven, *i.e.* le bœuf.

*ஈசானம், (isâna), 1° *ou* ஈசானியம் et ஈசான்னியம், la 1re des 5 prétendues faces de Siven, celle qui gouverne tout. 2° ou ஈசானமூலை la 8me région du monde, le nord-est, (où est censé présider Isânen): ஈசானக்காற்று vent du nord-est.

*ஈசானன், ஈசானியன், ஈச்சானியன், (isâna), Isânen ou Siven, prétendu gardien du nord-est et un des 11 Routtirers: ஈசானமேரு la montagne d'argent où Siven est censé résider; —மூர்த்தி Siven.

*ஈசிதை, (ஈசன், tâ), V. ஈசத்துவம்.

*ஈசுரன், *ஈச்சுவரன், (isvara), 1° Dieu, seigneur, souverain maître, celui qui donne la jouissance, (et abusivement), Siven, Vichnou. 2° roi, chef: ஈசுரமருந்து, —மூலி, —வேர் la plante பெருமருந்து; —வருஷம் la 11me année du cycle de 60 ans qui correspond à 1817 et 1877; —வித்து mercure; ஈசுரன்குணம்-அ-les 8 attributs de Dieu, V. அஷ்டலக்ஷணம் et எண்குணம்; —பிரபுத்துவசாமர்த்தியகுணம்-ங- les 3 attributs souverains, de Dieu, (les gentils les attribuent à Siven), i.e. 1° கர்த்தத்துவம் création; 2° அகர்த்தத்துவம் conservation ou (peut-être) destruction; 3° அந்நியதாகர்த்தத்துவம் gouvernement par des agens subordonnés; —முகம்-இ- les 5 faces prétendues de Siven, i.e. 1° ஈசானம் celle qui gouverne; 2° தற்புருஷம் celle qui conserve; 3° அகோரம் celle qui détruit; 4° வாமம் celle qui brille, ou éclaire; 5° சத்தியோசாதம் celle qui crée ou produit; —முக்கியகுணம்-சா les 6 principaux attributs de Dieu, V. அறுகுணம்.

*ஈசுவரி, (isvari), f. d'ஈசுவரன், déesse, maitresse, Saratchouvadi, Lakchoumi, Parvadi: —நாதம், —பித்து soufre.

ஈசெல், (ஈ, செல்), fourmi blanche devenue ailée, termite, termes fatale: இறக்குங்காலம்வந்தாற்பிறக்குமீசெற்கிறகு il naît des ailes aux fourmis blanches quand le temps de leur mort approche; (proverbe qui se dit de ceux qu'on élève en dignité sans qu'ils le méritent.

ஈசை, sifflement: — கொட்டுகிறது siffler.

ஈச்சத்தோல், (ஈ, எச்சம், தோல்), peau entachée des excrémens de mouches.

ஈச்சப்பி, (ஈ, சப்புகிறது), avare.

ஈச்சம், adj. de ஈச்சு, de dattier sauvage: ஈச்சங்கொட்டை son noyau; —பழம் son fruit; —பாய் natte de dattier, -faite de ses feuilles: ஈச்சமட்டை sa branche; —மரம் dattier sauvage; ஈச்சமோலை, (ஓலை), ses feuilles.

ஈச்சு, 1° ou ஈச்சமரம், dattier sauvage, palmier sauvage, phœnix farinifera. 2° ஈச்சு coup de fifflet, sifflement: —கொட்டுகிறது siffler; —கொட்டல் sifflement.

ஈச்சுர, 1° V. ஈசுரவருஷம். 2° obl. de ஈச்சுரன், et de

*ஈச்சுரம், (isvara), une des 5 formes de Siven dans laquelle sa science décroit et son action augmente, (au dire des gentils).

*ஈச்சுரன், ஈச்சுவரன், etc... V. ஈசுரன்....

ஈச்சோப்பி, (ஈ, சோப்பி), avare, chasse-mouches.

ஈச்சோலை, (ஈச்சு, ஓலை), feuille de dattier sauvage.

*ஈஷணை, (ichanâ), désir, concupiscence.

*ஈஷிகை, V. ஈடிகை.

ஈஸ்வர, 1° V. ஈசுரவருஷம். 2° obl. de ஈஸ்வரன்.

*ஈஸ்வரன், ஈஸ்பரன், (isvara), V. ஈசுரன்.

ஈஸ்வரி, ou ஈஸ்பரி, (isvari), V. ஈசுவரி.

ஈஞ்சு, 1° P. ஈச்சு, dattier sauvage. 2° P. ஈந்து, gér. d'ஈகிறது.

ஈஞ்சை, P. ஈங்கிசை, moquerie, mépris, meurtre.

*ஈடணம், (idana), louange.

*ஈடணை, P. ஈஷணை.

ஈடன், (ஈடு), homme robuste, fort, puissant, riche.

ஈடாடுகிறது; et ஈடாடுதல், (id.), s'amollir, chanceler balancer, plier, disputer, chuchoter, tenir tête.

ஈடாட்டம், (id.), balancement, chancellement, force, étendue, dispute opiniâtre.

ஈடாயிருக்கிறது, (id.), avoir vaillant, valoir, égaler, compenser, garantir, être fort,—grand. [peintre.

*ஈடிகை, (îchikâ), pinceau de

*ஈடிதம்,(îdita), V. துதித்தல்.

ஈடு, gén. ஈட்டின், gage,garantie, grandeur, force,ressemblance, parité, égalité, comparaison, valeur,récompense, compensation,remplacement, place, lieu, richesses, moyen, faculté, salut, espèce de remède,décadence, dépérissement, ruine, placement, application, consentement, douleur, boue, ordure: —காட்டுகிறது,—பண்ணுகிறது donner en gage, engager, garantir, compenser, récompenser, égaler, satisfaire,rapporter, produire: ஈட்டுக்கீடுசெய்கிறது rendre la pareille; ஈடாக en place de, au lieu de; ஈடில்லாதகடன் prèt sans gage; அதுக்கீடல்ல ceci n'est pas comparable à cela; நீ யோவவனுக்கீடு serait-ce toi qui l'égalerait? அதுக்கீடாகவிதுகொடுக்கிறேன் je donne ceci en place de cela; அம்மாத்திரத்துக்கெனக்கீடில்லை je n'ai pas la force de—, je ne suis pas capable de faire tant.

ஈடேறுகிறது, (ஈடு), être sauvé, se sauver,faire son salut,obtenir la vie éternelle.

ஈடேறுதல்,ஈடேற்றம்,ஈடேற்றுதல்,(id.), salut, salut éternel, rachat, rédemption. [curer le salut.

ஈடேற்றுகிறது,(id.), sauver,pro-

*ஈட்சணம்,(ikchana),regard,vue.

ஈட்டம்,n.v.d'ஈட்டுகிறது, réunion,amas,foule,collection,action d'amasser de l'argent.

ஈட்டல்,(id.), collection, réunion, action d'amasser,ce qui est une des qualités des marchands.

ஈட்டி,1° lance,pique.2° gér.d'ஈட்டுகிறது:—த்தாங்கு bois d'une lance; —முனை sa pointe; —ப்பிடங்கு gros bout—,pied de la lance: ஈட்டியினலகு tête—,lame de lance.

ஈட்டியது, n.v.du parf.d'ஈட்டுகிறது,ce qu'on a amassé, —acquis, acquisition,collection.

ஈட்டு,1° obl.de ஈடு,2° imp.et part. d'ஈட்டுகிறது.

ஈட்டுகிறது,ட்டினேன்,ட்டுவேன், ட்டு,ட்ட,v.a.de ஈண்டுகிறது, unir, joindre,amasser,recueillir,acquérir, ஈணா, V.அகணி. [entasser.

ஈண்டல்,ஈண்டுதல்,n.v.et opt. d'ஈண்டுகிறது,assemblée,réunion, foule,presse,lieu étroit,resserrement.

ஈண்டு,1° cette manière-ci, ainsi, ce lieu-ci,ici,hâte, l'arbrisseau புலித்தொடக்கி.2° imp.et part.de

ஈண்டுகிறது, டினேன், டுவேன், டு,ட,v.n. d'ஈட்டுகிறது,se joindre,se réunir,adhérer, s'unir, se serrer, se presser,augmenter.

ஈண்டை,(ஈண்டு), ce lieu-ci,ici.

ஈண்டையான்,pl. ஈண்டையார், (ஈண்டை), homme—, gens de ce lieu-ci.

ஈதல்,n.v.d'ஈகிறது,don, largesse, division,action de donner,ce qui est un des emplois des brames,des rois et des marchands:ஈதவிரக்கம் bienfaisance;ஈதவிரக்கமில்லாமை manque de charité,de bienfaisance.

ஈத்தம், adj. de ஈந்து,V.ஈச்சம்.

ஈத்தல், P. ஈதல்.

ஈத்து,P.ஈந்து, en donnant.

ஈந்தி, 1° P. ஈச்சு, dattier sauvage. 2° P. ஈந்தாய், tu as donné.

ஈந்து,1° P. ஈச்சு, dattier sauvage. 2° gér. d' ஈகிறது. [che,lente.

ஈப்பி,(ஈ,பீ), excrément de mou-

ஈப்பிணி,(ஈ,பிணி), avare.

ஈப்புலி, (ஈ), espèce d'araignée, litt. le tigre des mouches.

ஈமத்தாடி,(ஈமம்,ஆடி), celui qui hante les lieux où l'on brûle les morts, i. e. Siven.

ஈமம்.1° ou ஈமவனம் lieu ou l'on brûle les morts, cimetière. 2° bois à brûler: ஈமப்பறவை oiseau des lieux ou l'on brûle les morts, i. e. vautour, milan, corbeau.

ஈம், (sync. de ஈமம்), V. சுடுகாடு.

ஈயம், plomb, étain, espèce d'arsenic composé: ஈயக்களங்கு plomb durci par un mélange; ou ஈயக்கிட்டம் crasse de plomb fondu; —க்குழவி espèce d'arsenic composé; —க்கொடி l'arbrisseau இண்டு; —ச்சட்

டி vase—,cuvette de plomb; —ப்பெட்டி caisse de plomb; —மணல் minerai de plomb; —மலை montagne qui renferme du plomb;—முத்திரை cachet de plomb; —வெள்ளை céruse; ஈயம்பூசுகிறது étamer, plomber, couvrir d'étain; ஈயத்தின்பிள்ளை, V. ஈயக்குழவி.

ஈயல், 1° n.v.d'ஈகிறது, donation, don, action de donner. 2° (ஈ imp. et அல்), opt.nég. d' ஈகிறது, ne donne pas. 3° P. ஈசெல், fourmi blanche devenue ailée. 4° (ஈ, அல்), l'insecte nommé இந்திரகோபம்.

ஈயவரி, la plante பெருமருந்து.

ஈயாமை, n.v.nég.d'ஈகிறது, avarice, ténacité, ne pas donner.

ஈயார், n.app.et pl.nég.d'ஈகிறது, ceux qui—, ils ne donnent pas, les avares.

ஈயுவன், le géant Râvanen.

ஈயை, 1° l'arbrisseau இண்டு. 2° acc.de ஈ, mouche... 3° P. ஈயாய், tu ne donnes pas.

ஈயோட்டி, (ஈ, ஓட்டுகிறது), chasse-mouche, homme qui chasse les mouches, éventail pour les chasser.

ஈய், P. ஈ, mouche, donne.

ஈய்கிறது, P. ஈகிறது, donner.

ஈரக்கல், (ஈரம்), pierre rouge et médicinale, sorte de minéral.

ஈரங்கை, (id.), main libérale.

ஈரங்கொல்லி, pl. —கொல்லிகள், —கொல்லியர், (id.), blanchisseur.

ஈரசை, (ஈர், அசை), 2 syllabes: —ச்சீர் pied de 2 syllabes métriques; il y en a 4, savoir: தேமா, புளிமா, கருவிளம், கூவிளம்.

ஈரடி, (ஈர், அடி), équivoque, doute, distique, 2 vers, ou strophe de 2 vers: —ப்பயன் sens équivoque, mot à double sens, distiques—, குறள் du poète திருவள்ளுவர்; —ப்பயனுய்ப்பேசுகிறது employer en parlant les expressions de ce poète; —ப்பா distique, strophe de 2 vers, il se dit du குறள், et du petit வஞ்சிப்பா; —மடக்கு répétition de 2 vers dans une strophe; —வருக்கம் équivoque, double sens, doute, strophe de 2 vers dans lesquels la même lettre se trouve au commencement et au milieu de chaque vers, espèce de சித்திரகவி; —வெண்பா, V. குறள்வெண்பா.

ஈரடுக்கொலி, (ஈர், அடுக்கு, ஒலி), son répété, mot répété pour produire un son imitatif, comme கடகடென்கிறது pour le bruit du tonnerre.

ஈரிணை, (id. அிணை), 2 paires de bœufs.

ஈரநாவு, (ஈரம்), langue médisante: ஈரநாவுக்கெலும்பில்லை langue médisante n'a pas de frein.

ஈரப்பசுமை, —ப்பசை, —பச்சை, —ப்பற்று, —ப்பிடி, (id.), humidité, verdeur, richesse, aisance, prospérité: ஈரப்பசையுள்ளவன் homme à son aise, riche.

ஈரப்பலா, (id.), sorte de jacquier dit ஆசினி.

ஈரம், humidité, moiteur, bonté, pitié, compassion, amour, affection, fraicheur, froideur, beauté, grâce, prospérité, connaissance, tribut, nature, caractère, safran: —சுவறுகிறது devenir humide, se sécher; —துவட்டுகிறது sécher, essuyer; —எடுக்கிறது sécher, devenir humide; ஈரச்சீலைபோட்டு—, ஈரக்கத்திகொண்டு—, ஈரவரிவாள் ou ஈரரிவாள்கொண்டு என்னைக் கழுத்தறுத்தாள் elle m'a calomnié secrètement, litt. avec un linge mouillé, avec un couteau ou une faucille mouillée (i. e. sanglante) elle m'a coupé le cou.

ஈரரிவாள், (ஈர்கிறது, அரிவாள்), scie, faucille.

ஈரவிக்கிறது, வித்தேன், விப்பேன், வி, விக்க, v.n. ஈரவித்தல், n.v. être—, devenir humide.

ஈரவிப்பு, n.v.du préc. humidité.

ஈரல், foie, poumon, rognon: —ப்பற்றுகிறது être terrifié, agité; ஈரற்கருகுகிறது, ஈரற்றீய்கிறது le foie se dessécher, —se flétrir, être saisi d'une grande crainte; ஈரற்குலை, —கொத்து, —குழி creux de l'estomac, le siége du foie; ஈரற்பித்து fiel qui tient au foie.

ஈரவன், (ஈரம்), l'astre frais, i. e. la lune.

ஈரவுள்ளி, ஈரவெங்காயம், ஈரவெண்காயம் (id. உள்ளி), oignon.

ஈரறம், (ஈர், அறம்), les 2 genres de vertus, *i.e.* celles de la vie domestique et celles de la vie religieuse.

ஈராசிடைநேரிசைவெண்பா, ஈராசிடைவெண்பா, (*id.* ஆசிடை), strophe dite நேரிசைவெண்பா, composée de 2 dystiques ou குறள், unis par un pied isolé, dit தனிச்சொல், de 2 syllabes métriques d'espèces différentes. [le.

ஈராடம், (ஈர்), 40 mesures d'hui-

ஈராடி, ஈராட்டி, (ஈரம், ஆடுதல்), humidité, disposition à la pluie.

ஈராயிரம், (ஈர்), deux mille.

ஈராறு, (ஈர்), 2 fois 6, douze: —தோளான் l'être fabuleux à 12 épaules, *i.e.* Coumaren.

ஈரி, (ஈரம்), haillons, division 2 par 2 dans le jeu dit கொக்கான், filamens du fruit du jacquier.

ஈரிக்கிறது, ரித்தேன், ரிப்பேன், ரி, ரிக்க, *v.n.* (ஈரம்), *ou* ஈரித்து—, ஈரிச்சுப்போகிறது, *v.c. et* ஈரித்தல், *n.v.* devenir humide, moite, froid, raide, engourdi, transi par le froid ou la maladie, se refroidir.

ஈரிச்சல், ஈரிப்பு, *n.v. du préc.* humidité, froid, refroidissement, froideur morbifique: ஈரிப்புகாண்கிறது cette froideur—, le froid de la mort se déclarer.

ஈரியது, (ஈரம்), ce qui est humide.

ஈரிரண்டு, (ஈர்), 2 fois 2, quatre.

ஈரிழை, (*id.*), 2 fils, fil double, ce qui a 2 fils. [*de* ஈருகிறது.

ஈரு, 1° *P.* ஈர், lente. 2° *imp. et part.*

ஈருகிறது, *V.* ஈர்கிறது.

ஈருயிர், (ஈர்), 2 vies, 2 âmes, grossesse: ஈருயிராயிருக்கிறது être enceinte.

ஈருவாள், (ஈருகிறது), scie. [ceinte.

ஈருள், *V.* ஈரல்.

ஈருள்ளி, *P.* ஈரவுள்ளி.

ஈரெச்சம், (ஈர்), les 2 எச்சம், *i.e.* பெயரெச்சம் et வினையெச்சம்.

ஈரெட்டு, (*id.*), 2 fois 8, seize.

ஈரேழு, (*id.*), 2 fois 7, quatorze.

ஈரைந்து, (*id.*), 2 fois 5, dix.

ஈரொட்டு, (*id.*), incertitude, doute, équivoque: ஈரொட்டாய் avec doute, —équivoque, d'une manière incertaine.

ஈரொலி, (*id.*), écho.

ஈர், 1° lente, œuf de pou. 2° *P.* ஈரு, deux, double. Il se met devant les voyelles. 3° *P.* ஈரமுள்ள, humide. 4° *imp. et part. d'*ஈர்கிறது et *d'*ஈர்க்கிறது. 5° terminaison de la 2me pers. honorifique et du pluriel des verbes.

ஈர்கிறது, ர்ந்தேன், ர்வேன், *ou* ருவேன், ர், *ou* ரு, ர, *v.a.* couper, scier, fendre.

ஈர்கொல்லி, —கோலி, (ஈர், கொல்லுகிறது, கோலுகிறது), 1° *V.* ஈர்வாரி. 2° *ou* ஈர்கொல்லிக்கொடி la plante asclepias microphylla.

ஈர்க்கில், 1° (ஈர்க்கு, இல்), *V.* ஈர்க்கு. 2° *P.* ஈர்த்தால், s'il tire...; *de*

ஈர்க்கிறது, ர்த்தேன், ர்ப்பேன், ர், ர்க்க, *v.a.* tirer, entraîner, extraire, arracher, couper, fendre, écorcher, devenir froid.

ஈர்க்கு, 1° chaume, brin de paille pour curer les dents, nerf de feuille de cocotier et de palmier, plume de flèche. 2° *part. de* ஈர்க்கிறது: —ச்சம்பா riz très-fin, —mince; —க்கம்பி bord étroit des toiles; —மல்லிகை espèce de jasmin à pétioles fort déliées.

ஈர்ங்கண், (ஈர்ம், கண்), lieu frais.

ஈர்ங்கதிர், (*id.*), rayons frais, la lune. [le repas.

ஈர்ங்கை, (*id.*), main lavée après

ஈர்தல், *n.v. d'*ஈர்கிறது.

ஈர்த்தல், *n.v. d'*ஈர்க்கிறது *et de*

ஈர்த்துகிறது, த்தினேன், த்துவேன், த்து, த்த, *v.n.* (ஈர்), arracher—, oter les lentes avec un peigne.

ஈர்ந்தமிழ், (ஈர்ம்), le tamoul frais, —élégant. [rer.

ஈர்பட்டு, (ஈர்க்கிறது), corde à ti-

ஈர்ப்பி, (ஈர், பி), lente.

ஈர்ப்பு, *n.v. d'*ஈர்க்கிறது, action de fendre, de tirer, d'écorcher etc, fente, douleur d'une plaie qui se dessèche.

ஈர்ம், *sync. pour* ஈரமுள்ள.

ஈர்வடம், (ஈர்க்கிறது), corde à tirer. [றது.

ஈர்வழிக்கிறது, (ஈர்), *V.* ஈர்த்துகி-

ஈர்வலி, } (*id.*), peigne—, instru-
ஈர்வாரி, } ment pour arracher et détruire les lentes.

ஈர்வாணி, { (ஈர்க்கிறது), corde à
ஈர்வெட்டு, { tirer.

ஈர்வாள்,(ஈர்கிறது),scie.

ஈவிரக்கம்,(ஈவு), charité, bienfaisance,don et pitié.

ஈவு,*n.v. d'*ஈகிறது, don, gratification,présent,quotient:—கணக்கு division (en arithmétique); —சோய்வு libéralité et indulgence.

ஈழத்தலரி, (ஈழம், அலரி), l'arbre plumieria alba,dont les fleurs blanches ont une teinte d'or.

ஈழத்தான்,(ஈழம்),homme de Ceylan,Cingalais.

ஈழத்தி, *f. d'*ஈழவன், femme de marchand—,marchande de toddi et d'arack.

ஈழம்,l'ile de Ceylan, pays cingalais,toddi,callou,or: ஈழக்குலச்சான்றோன் *ou* சான்றுன் un des 63 disciples de Siven;—க்குலத்தான்,—த்தேசத்தான் homme de Ceylan, Cingalais: ஈழமண்டலம் l'ile de Ceylan; ஈழத்துத்தெங்காய் coco de Ceylan; ஈழஅவணம் *ou*

ஈழவணம்,ஈழாவணம்,(ஈழம், அவணம்), 24 mille noix d'arec de Ceylan. [di et d'arack.

ஈழவன்,(ஈழம்),marchand de tod-

ஈழை,1° *P.* ஈளை.2° phlegme, timidité,épuisement: ஈழைக்கொல்லி sulphure jaune d'arsenic.

ஈளை,phthisie,consomption, asthme;—கொண்டான், — பிடித்தான் il est attaqué de consomption: —க்காரன் homme attaqué de phthisie, —étique; —கொண்டுசாவாய் puisses-tu mourir de consomption! (mot d'imprécation)

ஈறல்,chagrin, presse, lieu étroit, tresse,roseau,fente de porte.

ஈறுந்தம்,ஈறுந்தரம்,(ஈறு, அந்தம்,அந்தரம்), fin,fin totale.

ஈறிலி,(*id.*இலி), Dieu, l'éternel;*ou*

ஈறில்லாதவன்,ஈறில்லான்,*m.*ஈறில்லாதவள், ஈறில்லாள், *f.* ஈறில்லாத்து,ஈறில்லாது, *n.*(ஈறு), être sans fin, immortel, celui, celle qui n'a point de fin.

ஈறு,(*n.v. d'*இறுகிறது), *gén.* ஈற்றின்,fin,borne,limite,mort,gencive, saline:—கடை fin,fin totale; —கட்டி mercure sublimé.

ஈற்றசை. (ஈறு, அசை), syllabe explétive finale: —யோகாரம் l'ஓ quand il est syllabe explétive finale.

ஈற்றயல்,(*id.* அயல்), pénultième, avant-dernier. [lé.

ஈற்ற,(ஈற்று,ஆ), vache qui a vê-

ஈற்று,1° *obl.de* ஈறு,final.2°(ஈனுகிறது), ventrée, portée des vaches, des bufflones etc... veau, petit, produit, action de mettre bas: —ச்சீர் pied final; ஈற்றுளைகிறது, ஈற்றுளைதல் souffrir pour mettre bas; ஈற்றெலும்பு dernier os,—nerf; ஈற்றெழுத்து lettres qui peuvent être finales, savoir: les 12 voyelles et parmi les consonnes ஞ்,ண்,ந்,ம்,ய்,ர்,ல்,வ்,ழ்,ள், ன்; ஈற்றெழுத்துக்கவி pièce de vers où la dernière lettre ou le dernier mot d'une strophe revient au commencement de la strophe suivante; ஈற்றேறுகிறது pousser des épis; இரண்டாமீற்று 2me portée;பசுவானது ஆறுமீற்றுய்க்கன்று போட்டது la vache a vêlé pour la 6me fois.

*ஈனம்,(hîna), bassesse,abjection, mépris,défaut,manque, rebut, corruption:—ஆன, —உள்ள bas, vil, méprisable; ஈனசாதி basse caste, caste pauvre;*ou* ஈனசாதியான் homme vil,de basse caste,dégradé,le rebut de la société; ஈனபுத்தி sottise, bêtise; ஈனமிலணங்கு,(ஈனம், இல், அணங்கு),déesse,femme distinguée.

ஈனல்,*n.v.et opt. d'*ஈனுகிறது,accouchement, action de mettre bas, [épi.

ஈனனம்,argent.

*ஈனன், (ஈனம்), homme vil, abject,méprisable.

ஈனு,ஈனுத,*part.nég.d'*ஈனுகிறது, qui n'a pas encore enfanté,—porté, —mis bas, stérile, qui ne produit pas:ஈனுக்கதிர் épi non encore sorti du tuyau; —க்குமரி jeune femme qui n'a pas eu d'enfant; — மாடு vache qui n'a pas encore vêlé;—மலடு stérilité absolue.

ஈனுமம்,(ஈனம்),mépris,affront.

ஈனுகிறது, ஈன்றேன், ஈனுவேன், ஈனு,ஈன,*v.a.*ஈனுதல்,*n.v.* vêler, mettre bas,porter; (et en poésie surtout) accoucher, mettre au monde, pousser,porter des épis,des rejetons, lancer des rayons.

ஈனுமணிமை, (ஈனுகிறது, அணிமை), état d'une vache qui vient de vêler, impureté cérémoniale d'une femme pendant 12 jours après ses couches.

ஈர்க்கு, fibre d'une feuille, contour, ébauche d'une peinture,etc...: —யெழுதுகிறது, —வாங்குகிறது ébaucher,esquisser.

ஈனோர்,(ஈனம்),gens vils.

ஈன்ற,*part.parf.d'*ஈனுகிறது,qui a mis bas,qui a mis au monde:—மாடு vache—,bufflone qui a vêlé; ஈன்றவன் père; ஈன்றவள்,ஈன்றாள் mère;ஈன்றான் père,Dieu, Brama; ஈன்றவர்,ஈன்றார்,ஈன்றோர்,parens, père et mère; ஈன்றெடுத்ததாய் mère qui a enfanté et élevé; ஈன்றது, *n.v. et 3me pers.sing.neut.du parf. d'*ஈனுகிறது;மாடீன்றதில்லை la vache ou la bufflone n'a pas vêlé; வானமெனையீன்றதுபூமியேதாங்கிற்று le ciel m'a fait naître,la terre m'a porté, *i.e.* je suis tout-à-fait délaissé.

ஈன்றணிமை,ஈன்றணுமை,*V.* ஈனுமணிமை.

ஈன்றல்,1° *n.v.d'*ஈனுகிறது, *V.*ஈனல்.2° exister,devenir.

உ

உ, est 1° l'ou bref et se dit உகரம்.Il s'élide quand à la fin d'un mot il est joint à une consonne et suivi d'une voyelle initiale, excepté quand il n'est précédé que d'une syllabe brève sans double consonne. *Ex.* காடு—அல்ல, காடல்ல ce n'est pas une forêt; கடு—அல்ல, கடுவல்ல ce n'est pas du poison. Mais இது, அது, et உது peuvent élider ou garder l'உ à volonté. *Ex.* இதல்ல, இதுவல்ல ce n'est pas ceci. Dans les mots composés de 2 mots sanscrits dont l'un se termine par un அ ou ஆ et l'autre commence par உ ces lettres finales avec cette initiale se changent en un ஓ. *Ex.* மகா—உதரம், மகோதரம் l'hydropisie,ஞான உபதேசம்,ஞானோபதேசம் l'instruction religieuse. 2° உ en nombre vaut 2. 3° உ est une lettre démonstrative, qui désigne les objets mitoyens, tandis que இ marque les plus proches,et அ les plus éloignés; ainsi sur 3 hommes இம்மனுஷன் signifie cet homme-ci, le plus près; அம்மனுஷன் cet homme-là, le plus éloigné; உம்மனுஷன் cet homme qui est entre les 2 autres. உ démonstratif double la lettre suivante ainsi que இ et அ. 4° உ est une des particules dites சாரியை.Tel est l'உ intercallé entre பிதா et la terminaison கு dans பிதாவுக்கு. 5° உ est la terminaison du gérondif dans bien des verbes comme செய்து faisant.6° Il est une terminaison poétique de la 1re pers.du sing.comme செய்கு je ferai.7° உ est une particule sanscrite qui se met au commencement des mots et marque la compassion, le commandement,la colère, et le consentement. 8° உ est aussi une lettre qui ne s'emploie que pour l'euphonie, dans les mots sanscrits ou étrangers qui commencent par ர ou ல. Cet உ est marqué dans le dictionnaire par une croix (†); souvent il ne se prononce pas et doit se retrancher dans les mots composés. 8° Siven, Brama.

உக, 1° *inf. d'*உகுகிறது. 2° *adj. de* உகம்.3° *imp.d'*உகக்கிறது.

உககனல், (உகம்), *V.* ஊழித்தீ.

உகக்கிறது,கந்தேன்,கப்பேன்,க, கக்க, *v.n. et a.* se réjouir, se plaire, être joyeux,—agréable,désirer, accepter avec plaisir, s'élever,se lever.

உகசந்தி,(உகம்), rencontre ou conjonction du serpent,—de la terre

உகசூரியர், (*id.*), les 12 soleils.

உகட்டுகிறது,ட்டினேன், ட்டுவேன்,ட்டு,ட்ட, *v.n.et a.* devenir doux, se rouler, rouler, tourner.

உகண்ட,*part.parf.d'* உகளுகிறது.

உகத்தல்,*n. v. d'* உகக்கிறது, *V.* உகப்பு.

உகந்த, *part.d'* உகக்கிறது, chéri, agréable, qui plait, joyeux:— செய்தி nouvelle agréable; உகந்தது chose agréable, délicieuse; உகந்தவன் homme chéri,—content, favori, confident.

உகப்பு, *n. v. d'* உகக்கிறது, joie, plaisir, désir, accueil favorable, hauteur, élévation. [உவமிக்கிறது.

உகமை, உகமிக்கிறது, *P.* உவமை,

*உகம், 1° *P.* யுகம் terre, monde, jour, fin, paire, âge du monde: 2° *P.* உரகம், serpent: உகப்பிரளயம், உகமுடிவு fin du monde; — மாருதம் vent de la fin du monde, —qui doit contribuer à sa destruction; உகத்திலிருக்கிறது vivre dans le monde; உகந்தேங்கினாற்—, உகமுடிந்தாற்போலேபேசுகிறாய் tu parles comme si le monde était à sa fin.

*உகரம், (உ), la lettre உ: உகரக்குறுக்கம் abréviation de l' உ, *V.* குற்றியலுகரம். [tirers.

உகருத்திரர், (உகம்), les 11 Rout-

உகல், *n. v. V.* உகுதல்.

உகவை, (உகக்கிறது), joie.

*உகளம், *P.* யுகளம், paire, couple, deux, amitié.

உகளல், உகளுதல், *n.v. d'* உகளுகிறது, saut, bond, élan, passage.

உகளிக்கிறது, ளித்தேன், ளிப்பேன், ளி, ளிக்க, *v. n. et* உகளித்தல், *n. v.* sauter, bondir.

உகளுகிறது, கண்டேன், களுவேன், ளு, ள, *v.n.* sauter, bondir, s'élancer, passer, traverser, franchir.

உகா, 1° *ou* உகாமரம், l'arbre dillenia speciosa. 2° *ou* உகாத, *part. nég. d'* உகுகிறது.

*உகாதி, *V.* யுகாதி.

*உகாந்தம், *V.* யுகாந்தம்.

*உகாரம், *V.* உகரம்.

*உகாரி, (யுகம், அரி), Routren, l'ennemi—, le destructeur du monde.

உகிரம், l'herbe இலாமச்சை.

உகிர், ongle:—ச்சுற்று panaris;—ச்சுற்றுப்புறப்படுகிறது le panaris se former,—suppurer.

உகிர்க்கிறது, *P.* உகுக்கிறது.

உகுகிறது, க்கேன், குவேன், கு, க, *v.n. et a.* se répandre, être versé, répandu, tomber, se pulvériser, répandre, verser, abandonner.

உகுக்கிறது, குத்தேன், குப்பேன், கு, குக்க, *v. a. du préc.* verser, répandre, prodiguer, faire tomber, faire quitter.

*உகுணம், (oukouna), punaise.

உகுதல், *n.v. d'* உகுகிறது, effusion, profusion, chute.

உகுத்தல், *n. v. d'* உகுக்கிறது, effusion, libation.

உகைகிறது, கைந்தேன், கைவேன், கை, கைய, *v.n.* marcher, aller, se lever.

உகைக்கிறது; கைத்தேன், கைப்பேன், கை, கைக்க; *v.a. du préc.* exciter, presser, pousser, faire marcher, conduire, envoyer, monter, aller à cheval.

உகைதல், *n.v. d'* உகைகிறது.

உகைத்தல், *n.v.d'* உகைக்கிறது.

உக்க, 1° *part.d'* உகுகிறது. 2° *inf. d'* உக்குகிறது.

உக்கம், 1° la ceinture, milieu du corps, hanche, reins, milieu, poule, feu, corde qui sert d'anse pour suspendre, balle, lieu étroit, renfermé, chaleur étouffante, —renfermée. 2° *V.* ஆலவட்டம், *et* உக்ஷம்.

உக்கரிக்கிறது, ரித்தேன், ரிப்பேன், ரி, ரிக்க, *v.n. et* உக்கரித்தல், *n.v. V.* உங்கரிக்கிறது.

உக்கலே, 1° *V.* ஒக்கலே. 2° *acc. de* உக்கல், 1° côté. 2° *n.v. V.* உக்குதல்.

*உக்களம், (outkala), retranchement d'un camp, garde avancée, corps de garde, patrouille, garde nocturne:—வைக்கிறது placer une garde;—காக்கிறவன் garde, senti- [nelle.

உக்கலை, *V.* ஒக்கலை.

உக்கா, 1° houkah, espèce de pipe pour fumer le கஞ்சா, toddi, callou. 2° *part. nég. d'* உக்குகிறது.

உக்காக்கம், (உக்கம், அக்கம்), *V.* அரைஞாண்.

*உக்காரம், (oudgâra), vomissement, mugissement, cri, son.

உக்காரி, espèce de petit gâteau.

உக்கி, *gér. d'*உக்குகிறது.

உக்கிடர், araignée.

*உக்கிர, *adj. d'*உக்கிரம்:*—கந்தம், —கெந்தம், —கந்தி chose qui a une odeur forte et est échauffante, comme l'assa-fœtida, la canne à sucre, l'ail, l'oignon, la plante வசம்பு et les arbres வேம்பு et கருவேம்பு bergera. [re, fureur.

*உக்கிராமம், (உக்கிரம், ma), colè-

*உக்கிரம், (ougra), âcreté, âpreté, aspérité, véhémence, ardeur, vivacité, chaleur, impétuosité, sévérité, cruauté, fierté, obstination, colère, chose terrible, terreur; l'arbre முருங்கை, les constellations dites பரணி, மகம், உத்திரம், பாத்திரபதம் que les Indous redoutent, principal corps de garde: —ஆன ardent, violent, vif, rude; —ஆனகோபம் violente colère; —ஆனவெய்யில் chaleur excessive; —ஆய்ப்பேசுகிறது parler durement, avec force; ஒருவன்மேலுக்கிரமாயிருக்கிறது être dur, sévère à l'égard de quelqu'un, être échauffé contre lui; உக்கிரக்காரன் homme vif, violent, emporté, échauffé.

*உக்கிரன், (*id.*), homme violent, Siven, Virapattiren, Tourouvâsen, Visouvâmitren, chasseur né d'un Kchatria et d'une Choutresse.

*உக்கிராணம், garde-manger, office, dépense, magasin, grenier, trésor, arsénal, dépot: —விசாரிக்கிறது être économe, maître d'hôtel, avoir l'intendance; உக்கிராணக்காரன் économe, maître d'hôtel.

*உக்கிரி, (உக்கிரம்), femme violente, la cruelle துர்க்கை, la plante வசம்பு.

*உக்கிருட்டம், உக்கிருஷ்டம், (outkrouchta), excellence, supériorité.

உக்கில், *ou* உக்கினல், *conditionnel d'*உக்குகிறது, s'il pourrit.

உக்கின, *part. parf. d'*உக்குகிறது: —மரம் bois pourri, —vermoulu.

உக்கு, 1° giroflier, cinnamome, fer de toupie. 2° *gér. d'*உகுகிறது. 3° *imp. et part. du verbe suivant.*

உக்குகிறது, *sync.* உக்கிறது, க்கினேன், க்குவேன், க்கு, க்க, *v.n. et* உக்கிப்போகிறது, se pourrir, se corrompre; s'user, se consumer, languir, dépérir, être miné—, se consumer de chagrin, être accablé de tristesse, finir.

உக்குதல், *n. v. du préc.* corruption, pourriture, dépérissement, perte, fin.

உக்குளான், *V.* சருகுமுசல். [tils.

உக்தியம், un des 21 sacrifices gen-

உஃது, *P.* உது. [vache.

*உக்ஷம், (oukchan), bœuf, taureau,

உங்கரிக்கிறது, *ou* உங்காரிக்கிறது, ரித்தேன், ரிப்பேன், ரி, ரிக்க, *v.n. et* உங்கரித்தல், (உங்காரம்), menacer, gronder, crier, grogner, bourdonner.

உங்கள், *obl. et gén de* நீங்கள், de vous, votre, vos. *dat.* உங்களுக்கு à vous, *acc.* உங்களை vous. *abl.* உங்களில், உங்களால், உங்களோடு en vous, par vous, avec vous.

*உங்காரம், (humkâra), le cri houm, gronderie, son menaçant, grognement, bourdonnement.

உங்காரித்தல், *V.* உங்கரித்தல்.

உங்கு, (உ *dém.*), ce lieu entre les 2 autres. [sœur cadette.

உங்கை, (உன், கை), ta mère, ta

உங்ஙனம், (உ *dém.* ஙனம்), cette manière —, ce lieu qui est entre les 2 autres.

உசக்கிறது, சந்தேன், சப்பேன், ச, சக்க, *v.n. P.* உயர்கிறது, s'élever, être élevé: உசக்க, (et en bas tamoul) உசக்கே, *inf.* en haut.

உசத்தி, உசப்பு, *n.v. du préc.* hauteur, plus, augmentation, excellence.

உசத்துகிறது, த்தினேன், த்துவேன், த்து, த்த, *v.a. d'*உசக்கிறது, *et* உசத்துதல், *n.v.* élever, hausser.

உசந்த, *part. d'* உசக்கிறது, élevé, sublime, haut.

உசருகிறது, *ou* உசர்கிறது, சர்ந்தேன், சருவேன், *ou* சர்வேன், சரு *ou* சர், சர, *v. n. P.* உயர்கிறது, s'élever, être grand, élevé, haut: உசர, *inf.* en haut. [hauteur, élévation.

உசர்த்தி, உசரம், *n. v. du préc.*

உசலம்,உசல், certain arbre.

*உசற்காலம், (ouchas *aurore*), lever du soleil, aurore.

*உசனம், (உசனன்), un des 18 pouranas inférieurs, un des 18 livres de jurisprudence composé par Ousanen.

*உசனன், (ousanas), la planète Vénus, Ousanen, auteur du susdit pouranam et d'un code de loi.

உசா, 1° avis, conseil, considération. 2° examinateurs, inspecteurs, espions. 3° *imp. et part. d'* உசாவுகிறது:—க்கேட்கிறது demander conseil, consulter.

உசாத்துணை, (உசா), conseiller, compagnon qui conseille.

உசார், 1° exactitude, diligence. 2° (*mot anglais*), houssard.

உசாவல், உசாவுதல்,உசாவுகை, enquête, examen,délibération, considération; *n. v. de*

உசாவுகிறது, வினேன், வுவேன், வு,வ, *v. a.* (உசா), peser,considérer, examiner, aviser, délibérer: உசாவிச்செய்கிறது, — சொல்லுகிறது faire—, parler avec délibération, après examen.

உசி, pointe, son aigu, aphthe, le temps où la main de celui qui bat la mesure est levée.

*உசிதம், (outchita), convenance, décence, propriété,excellence, supériorité, bonté,beauté: —ஆன convenable, décent, propre, bon, excellent; உசிதசமயம் opportunité, occasion favorable.

*உசிதன், (உசிதம்), Pandien, roi de Maduré.

*உசிதாசனம்,(*id*. ஆசனம்,அசனம்), place convenable, — honorable dans une assemblée, bon repas, bon diner, festin.

உசிப்புகிறது,*V*. உசுப்புகிறது.

*உசிரம், (ousra), taureau, rayon de lumière, poivre noir.

உசிர்,*P*.உயிர், vie, âme.

உசிர்ப்பு, *n. v. du suiv.* excitation, stimulation:உசிர்ப்பேற்றுகிறது,*ou* உசிர்ப்புகிறது,ப்பினேன், ப்புவேன்,ப்பு,ப்ப,*v.a.* (உசிர்), *et* உசிர்ப்பிவிகிறது,exciter,stimuler (les chiens à la chasse), effrayer, faire sortir le gibier.

உசிலம்,உசிலே,உசில், l'arbre சிக்கிரிமரம் mimosa amara. On se sert de ses feuilles pour enlever l'huile dont on s'est frotté. [*V*. உஸ்.

உசு, 1° ver qui ronge le bois. 2°

உசுக்குகிறது,க்கினேன், க்குவேன்,க்கு, க்க,*v. a. et* உசுக்கல்,*n.v.ou*

உசுப்புகிறது, ப்பினேன், ப்புவேன்,ப்பு,ப்ப, *v. a. et* உசுப்புதல், *n. v. P*. உசிர்ப்புகிறது, éveiller, exciter, animer.

உசும்புகிறது, பினேன், புவேன், பு,ப, *v.n.et* உசும்புதல், *n. v. V*.இயங்குகிறது.

*உச்சடை, (outchtchadâ), colère, coutume, la plante கொடிக்கூடம்பு.

உச்சட்டம், but, ligne directe, vis-à-vis.

*உச்சதரு, (உச்சம்), cocotier, arbre élevé.

*உச்சதேவன், (*id*.), Krichna.

உச்சந்தம், retraite,retenue,augmentation.

உச்சந்தலை, (உச்சம்), le sommet de la tête.

உச்சந்திரம்,(out *priv*.சந்திரன்), dernière veille de la nuit, coucher de la lune.

*உச்சபாஷணம், (உச்சம்), parler à haute voix.

*உச்சம், (outchtcha), hauteur, sommet, zénith, hauteur perpendiculaire, sommet de l'orbite d'une planète, culmination des astres, midi,méridien, extrémité,pointe;*ou* உச்சசத்தம் le dessus (en musique):சூரியனுச்சத்திலிருக்கின்றது le soleil est au zénith.

*உச்சயனி,உச்சயினி, (oudjdjayani), Oudjein, ville de la province de Mâlwa மாளவம், et ancienne capitale du roi Vikramâditya.

*உச்சரணம்,*V*.உச்சாரணம்.

உச்சரிக்கிறது,ரித்தேன்,ரிப்பேன், ரி, ரிக்க, *v. a.* (உச்சாரம்), prononcer,réciter,dire des prières,dire, articuler,marmoter.

*உச்சரிதம்,*V*.உச்சாரிதம்.

உச்சரிப்பு,உச்சரித்தல்,*n.v. d'*உச்சரிக்கிறது,prononciation, articulation,récitation,récitation de prières, élocution,son des lettres.

*உச்சலம்,(outchtchala),esprit, intelligence,connaissance.

*உச்சவம்,*P*.உற்சவம்.

உச்சவீடு, (உச்சம்), passage au méridien,7me portion de l'orbite.ou 7me heure à partir du lever des planètes. [sus en musique.

உச்சவோசை,(*id*.ஓசை), le des-

*உச்சற்கம், (outsarga), le derrière,excrétion.

உச்சன்,objet lancé vers le but.

*உச்சாகம்,*P*.உற்சாகம்.

*உச்சாசனம், (oudjdjâsana), meurtre.

*உச்சாடனம் ,(outchtchâtana), exorcisme, expulsion des mauvais esprits,manière de désenchanter, ce qui est le 37me des கலைக்கியானம், expulsion,excitation,ordre,purification en parfumant,fumigation, ruiner par enchantement.

*உச்சாட்டியம், (outchtchâtya), expulsion,action de chasser.

உச்சாணி, உச்சாணிக்கிளை,உச்சாணிக்கொம்பு,(உச்சம்,ஆணி), la plus haute branche,le sommet d'un arbre,élévation.

*உச்சாயம்,*P*.உற்சாயம்.

*உச்சாரணாஞ்ஞன், (உச்சாரணம்,djna *qui connaît*), linguiste,homme habile dans les langues étrangères et la prononciation.

*உச்சாரணம், உச்சாரணை, 1° (outchtchârana), *V*.உச்சரிப்பு,2°(outsârana), *V*. உச்சாடனம்: உச்சாரணம்பண்ணுகிறது réciter des prières,faire des enchantemens en marmotant des paroles mystérieuses.

*உச்சாரம்,1° (outchtchâra), prononciation.2° élévation.

*உச்சாரிதம், (outchtchârita), ce qui est prononcé.

உச்சி, (உச்சம்), tête, sommet, haut, sommet—, milieu de la tête, hauteur perpendiculaire, zénith, point au-dessus de la tête, méridien, midi, l'espace de 10 heures à 2 heures après midi, poil—, cheveux d'homme, touffe de cheveux du sommet de la tête, milieu,extrémité, pointe, chien: —க்கலயம்,—க்கலசம் celui d'une pile de vases de terre qui est le plus haut, petit vase de terre; —க்கரண்டி, —க்கறண்டி petite cuillère qui sert surtout á verser de l'huile sur la tête des enfans; —க்கிழான் le soleil; —க்குடுமி touffe de cheveux du sommet de la tête; —க்குழி milieu de la tête,*V*. உச்சித்துவாரம்; —க்கொண்டை, *V*. உச்சிக்குடுமி; —க்கொம்பு la plus haute branche—, le sommet d'un arbre; —ச்சிகை, *V*.உச்சிக்குடுமி; —ச்சுட்டி bijou qui pend du sommet de la tête sur le front; —ச்செடி plante parasite qui croît au sommet des arbres; —த்திலகம் certain arbre; — த்துவாரம் creux du sommet de la tête, il est plus sensible dans l'enfance; —நேரம் midi, temps de midi; —ப்பின்னல், —ச்சடை longue tresse—, touffe de cheveux du sommet de la tête; —ப்பிளவை ulcère—,clou au sommet de la tête: —மலை montagne escarpée, précipice: — மோக்கிறது flairer—, sentir le sommet de la tête; —விடுதி,—விடுதலை temps de relâche—,repos à midi; —வேர்,*V*.ஆணிவேர்.

*உச்சிஷ்டம், உச்சிட்டம், (outchtchhichta), restes d'un repas,—d'un autre: உச்சிஷ்டசாங்கரியம் manger les restes d'un autre,manger dans le vase ou plat qui lui a servi; —மோதனம் cire.

*உச்சிதம்,(outchida), rareté,don, présent,beauté, convenance, excellence,hauteur, la plante நெருஞ்சில் tribulus:—ஆய் bien,joliment d'une manière rare, singulièrement; —ஆன joli,rare, choisi, agréable, charmant;—ஆய்க்கொடுக்கிறது donner en présent; —ஆய்ப்பண்ணுகிறது faire joliment,—sur un nouveau plan. [se de rebut, ce qui a été jeté.

*உச்சிரட்டம்,(outsrouchta), cho-

உச்சிரதம், l'arbrisseau மிரண்டை.

*உச்சிரதன்,(outchtchhrita),celui qui est né.

*உச்சிரயம்,(outchtchhraya),hauteur,côté perpendiculaire d'un triangle. [ble, —de poids.

உச்சிரயோகன்,homme respecta-

*உச்சிருதி,(outchtchhriti),V.உச்சிரயம்.[Kâli d'Oudjein.2° V.உச்சயனி

உச்சினிமாகாளி, (உச்சினி), 1° la

*உச்சினிநகரம்,P.உச்சயனி.

*உச்சின்னம்,(outchtchhinna),devenir égal,uni. [ter, aiguillonner.

உச்சுக்காட்டுகிறது,(உஸ்), exci-

உச்சுகிறது,ச்சினேன்,ச்சுவேன்,ச்சு,ச்ச, v.a. உச்சுதல், n.v. lancer vers le but, jeter,chasser,vaincre.

*உச்சுவலம், (oudjdjvala), désir, or. [piration.

*உச்சுவாசம்,(out,சுவாசம்),res-

*உச்சூடை, (outchtchhoûdâ), tête —,pointe du bois—, manche d'un drapeau. [graisse.

*உச்சூனம், (outchtchhoûna),

*உச்சேசனம், (outchtchhèsana), restes,desséchement,accroissement.

*உச்சேதம்,(out,சேதம்), destruction,coupure.

*உச்சைச்சிரவம், (outchtcheïs haut,சிரவம்), le cheval d'Indiren,— à longues oreilles.

*உஷ்ணம், (ouchna), chaleur, chaud:—உடையோன், —கொண்டிருக்கிறவன் homme tourmenté par un excès de chaleur intérieure;—ஆய்க்காய்கிறது être extrêmement chaud; உஷ்ணகாலம் temps des chaleurs;—பூமி pays chaud;—வாதக்கிராணி diarrhée causée par la chaleur et les mauvaises humeurs. ‖ V. உட்டணம் et ses composés.

*உஷ்ணாதிக்கம்,(உஷ்ணம், ஆதிக்கம்), excès de chaleur.

*உஷ்ணோதகம்,V.உட்டணோதகம்.

உஸ்,(son imitatif), hous,son pour exciter les chiens,effrayer le gibier etc...:உஸ்ஸென்றுஓட்டுகிறது faire courir—,chasser en disant hous.

உருற்று,1° courage, fermeté, effort,plaidoirie, procès, coutume. 2° imp.et part.de

உருற்றுகிறது, ற்றினேன், ற்றுவேன்,ற்று,ற்ற, v.n. et a.(உருற்று), être courageux, vigoureux, brave, s'efforcer,travailler à,faire, exciter, se tromper, errer.

உஞ்சட்டை,maigreur,délicatesse.

உஞ்சல்,V.ஊசல் 1°.

உஞ்சு, P. உஸ்:—க்காட்டுகிறது exciter les chiens à la chasse etc.

உஞ்சை,(உச்சயனி), la ville moderne d'Oudjein.

உடக்கு,le creux du milieu de la plante rampante dite சுரை.

உடங்கு, (உடம்), union, totalité, réunion,combinaison,cellule,coin.

*உடசம்,(outadja),petite chaumière,cabane de feuillage, cellule, ermitage.

உடந்தை,(உடம்), amitié,société, compagnie,association, participation,union, propriété: உடந்தையாய் ensemble,avec,de compagnie; —யாய்ப்போகிறது, —யாய்த்திரிகிறது s'associer, fréquenter; —யாய்ச்செய்கிறது faire ensemble, en commun, de commun accord;—க்காரன் compagnon,associé.

உடப்பு,l'arbre pisonia georgina.

உடமை,P.உடைமை.

உடம்,P.உடன்,union,avec.

உடம்படிக்கை, P. உடன்படிக்கை. [படுகிறது.

உடம்படுகிறது,(உடம்),V. உடன்

உடம்படுமெய், (உடன்படும்,மெய்), consonne insérée entre une voyelle finale et une voyelle initiale; c'est le ய் ou le வ் euphonique.

உடம்படுவிலக்கு, (உடம்படுகிறது,விலக்கு), figure de rhét. par laquelle, tout en parlant comme si on consentait, on rejette la chose en question.

உடம்பாடு,P.உடன்பாடு.

உடம்பிடி,(உடம்),lance,javelot.

உடம்பிடிக்கை, P. உடன்பிடிக்கை. [être sans corps,immatérialité.

உடம்பிலனுதல்,(உடம்பு, இலன்),

உடம்பு,corps,consonne: —தேறுகிறது se fortifier, se délasser; —நன்றாயிருக்கிறது se bien porter; —பு

ரட்டுகிறது se tourner et retourner; ce qui est le propre des enfans; உடம்பெடுக்கிறது, *V.* உடலெடுக்கிறது; உடம்பைத்தேற்றுகிறது se fortifier, se nourrir; —ப்பேணுகிறது se bien traiter, choyer son corps; உடம்பறியாதேபோகிறது perdre connaissance, être sans sentiment. [*du préc.*

உடம்பை, 1° eau trouble. 2° *acc.*

உடலம், (உடல், அம்), corps.

உடலல், *n.v.d'* உடலுகிறது, colère, fureur, haine, signe de colère, combat, splendeur.

உடலில்லான், (உடல்), être sans corps, Câmen, le Cupidon indien, dont le corps a été brûlé, dit-on, par Siven.

உடலின்மை, (*id.*), état de ce qui est sans corps, spiritualité, immatérialité.

உடலுகிறது, டன்றேன், டல்வேன், டல், டல, *v. a. et n. et* உடலுதல், *n.v.* se mettre—, être en colère,—en fureur, haïr, combattre, briller.

உடல், 1° corps, un des 3 ennemis de l'homme, être, substance, matière, objet, consonne, or, grand tambour. 2° *imp. et part. d'* உடலுகிறது: உடலிரண்டுயிரொன்று poisson à coquille, coquillage, amis intimes qui n'ont qu'une âme dans 2 corps; — எடுக்கிறது, — எடுத்தல் naître, s'incarner, se fortifier, prendre du corps; —எழுத்து consonne; —நாற்றம் puanteur du corps; — வாசகம் mot composé de longues, signature en toutes lettres à la fin d'un écrit, longue phrase; —வேலை ouvrage grossier.

உடறல், *P.* உடலுதல், *V.* உடலல்.

உடற்கருவி, (உடல்), armure du corps, armes défensives.

உடற்குறை, (*id.*), défaut corporel, corps sans tête, tronc.

உடற்கூறு, (*id.*), nature—, qualité—, propriété—, structure—, beauté du corps et de ses diverses parties; —தத்துவம் anatomie, description de la structure du corps.

உடற்கொழுப்பு, (*id.*), graisse des entrailles, maladie qui ôte l'appétit.

உடற்றல், *n. v. d'* உடற்றுகிறது, grande colère, fureur, signe de colère, haine, combat, vexation, tourment, trouble, agitation. [trice.

உடற்றழும்பு, (உடல், தழும்பு), cica-

உடற்றுகிறது, ற்றினேன், ற்றுவேன், ற்று, ற்ற, *v. n. et a.* (உடலுகிறது), se fâcher, haïr, combattre, tourmenter, vexer, affliger, s'accorder, ne pas finir. [gnon, propriétaire.

உடனாளி, (உடன்), associé, compa-

உடனிகழ்ச்சி, உடனிகழ்தல், உடனிகழ்வு, (*id.* நிகழ்ச்சி, நிகழ்தல், நிகழ்வு), concomitance, simultanéité, connexion, arrivée ensemble, c'est le sens de l'ablatif de société terminé en ஓடு: உடனிகழ்ச்சியணி figure qui montre la concomitance ou simultanéité de plusieurs objets.

உடனிகழ்கிறது, (*id.* நிகழ்கிறது), arriver ensemble,—simultanément, accompagner.

உடனிலை, (*id.* நிலை), concomitance, accompagnement, union, rencontre—, accord avec soi-même: — மயக்கம், — மயக்கு, — மெய்ம்மயக்கம் jonction—, réunion d'une consonne avec elle-même.

உடனிற்கிறது, (*id.* நிற்கிறது), accompagner, être—, se tenir avec, être uni, —en soi, s'accorder avec soi-même.

உடனுற்றவன், (உடன்), serviteur de la même classe qu'un autre.

உடனே, (*id.* ஏ), 1° aussitôt, immédiatement. 2° *V.* உடன்.

உடனேக்குடனே, (உடனேக்கு, *dat.* உடனே), immédiatement, aussitôt, sur le champ.

உடனொத்தவன், (உடன்), égal, homme du même rang.

உடன், (ou plus ordinairement) உடனே, 1° union, ensemble, l'instant même, aussitôt. 2° (après un nom) avec, en compagnie de: அவனுடன் avec lui; உன்னுடனே avec toi; கோபத்துடன் avec colère. 3° (après un participe), dès que, aussitôt que; அவன்வந்தவுடனே dès qu'il fut arrivé: அதைச்செய்தவுடனே aussitôt qu'il eût fait cela; ஒருசாமமானவுடனே aussitôt après la 1re veille de la nuit; உடன்கட்டையேறுகிறது (une veuve) monter sur le bûcher de son mari pour y être brulée avec lui, ne vouloir pas se séparer

உடன்கூட்டாளி, (உடன்), associé. [nion.

உடன்கூட்டு, (id.), société, réu-

உடன்கை, (id.) union, participation, avec, aussitôt.

உடன்பங்காளி, (id.), associé, cohéritier, copartageant, cousins qui ont droit de partage dans les biens de famille. [part égale.

உடன்பங்கு, (id.), part d'associé,

உடன்படல். 1° *n.v. d'*உடன்படுகிறது. *V.* உடன்படிக்கை. 2° consentement, ce qui est un des 7 மதம்; *ou:* —விடை mot qui marque consentement à ce qui a été demandé. *Ex.* செய்வேன் je le ferai.

உடன்படிக்கை, *P.* உடன்படுகை, contrat, convention, accord, alliance, stipulation, consentement: —யாகவழைக்கிறது inviter à faire alliance, ou amitié, sommer d'agir selon les conventions; —சொல்லுகிறது promettre, s'engager; —தப்பாமற்செய்கிறது tenir à sa promesse, accomplir ses engagemens; —தவிருகிறது, —மீறுகிறது retracter sa promesse, manquer à sa parole; —பண்ணுகிறது faire alliance, —un contrat, s'engager mutuellement, convenir ensemble, உடன்படிக்கைக்குவருகிறது en venir à un accord.

உடன்படுகிறது, *v. n.* (உடன்), *et* உடன்படுதல், *n.v.* consentir, agréer, acquiescer, convenir, s'engager, entrer dans une société: உடன்படுவிடை, *V.* உடன்படல்விடை; உடன்பட்டகடமை obligation consentie, —contractée; உடன்பட்டவன் personne liée par promesse — par contrat.

உடன்படுகை, (*id.*), *V.* உடன்படிக்கை.

உடன்படுத்துகிறது, (*id.*), faire consentir, —acquiescer, persuader, engager, faire entrer.

உடன்பாடு, *n.v. d'*உடன்படுகிறது, consentement, agrément, réunion, union: —பாட்டுவினை verbe positif ou sans négation.

உடன்பாட்டாளி, (உடன்பாடு, ஆளி), coopérateur. [ன்படிக்கை.

உடன்பிடிக்கை, (உடன்), *V.* உட

உடன்பிறக்கிறது, (*id.*), naître ensemble, —de même père et de même mère, d'où உடன்பிறந்தான், —பிறந்தவன் frère germain, உடன்பிறந்தாள். —பிறந்தவள் sœur germaine; உடன்பிறந்தார், —பிறந்தவர்கள் frères et sœurs germains.

உடன்பிறப்பு, (*id.*), *n.v. du préc.* fraternité, descendance —, enfans du même père et de la même mère.

உடன்போக்கிடையீடு, (உடன், போக்கு), 4 parties d'un poème érotique depuis l'annonce de la séparation jusqu'à l'attendrissement.

உடன்போக்கு, (உடன்), 8 parties d'un poème érotique depuis l'annonce de la séparation jusqu'à l'apparition.

உடன்போக்குவிரி, (உடன், போக்கு), 18 parties d'un poème érotique depuis l'annonce de la séparation faite par la compagne à l'amant jusqu'à la nouvelle donnée par celui-ci à son amante qu'il est parvenu au but de son voyage.

உடன்மகரம், (உடன்), couleur d'accompagnement, —peinte au milieu d'une toile. [rel, cicatrice.

உடன்மறு, (உடல்), défaut corpo-

உடன்றல், (*P.* உடலுதல்), colère, signe de colère, combat.

உடிக்கிறது, டித்தேன், டிப்பேன், டி, டிக்க, *v.n.* briller. [brillant, éclat.

உடித்தல், *n.v. du préc.* splendeur,

உடு, 1° * (oudou), étoile, constellation lunaire, eau. 2° fossé (de forteresse), flèche, tête—, pointe—, plume de flèche, perche de batelier, l'arbre உசிலம். 3° * (houdou), bélier, brebis. 4° *imp. et part. d'*உடுக்கிறது: உடுவின்காந்தன், —வேந்தன் (*litt.* le roi) la reine des étoiles, *i.e.* la lune.

உடுகலை, (உடு, *part.*), habit commun ou ordinaire (des femmes).

உடுகொட்டி,(உடு), la plante பொன்னாங்காணி.

உடுகூறை,(உடு), V.உடுகலை.

உடுக்கிறது, டுத்தேன், டுப்பேன், டு,டுக்க,v.a.et உடுத்திக்கொள்ளுகிறது,se vêtir,se revêtir,s'habiller,porter, être entouré, environné, s'entourer.

*உடுக்கு, 1° (houdoukka), petit tambour rétréci au milieu (ressemblant à un sablier), tambourin. 2° (உடுக்கிறது), toile, habits.

உடுக்கை,1° n.v.d'உடுக்கிறது,habillement, vêtement.2° V.உடுக்கு.

உடுக்குதல்,உடுத்தல்,n.v. d'உடுக்கிறது.

உடுத்தவாடை, (உடுக்கிறது, ஆடை),toile—,habit déjà porté.[ment.

உடுத்தாடை,(id.), petit habille-

உடுத்துகிறது,த்தினேன், த்துவேன், த்து, த்த, v.a. d' உடுக்கிறது et உடுத்துதல்,n.v. ou உடுத்திவிடுகிறது,habiller,vêtir: உடுத்திக்கொள்ளுகிறது s'habiller. [toure un fort.

உடுநீர்,(உடு), fossé, eau qui en-

*உடுபதம், (id.), air, firmament, litt.le lieu des étoiles.

*உடுபதி,(id.), la lune, la reine des étoiles,l'arbre மரமஞ்சள்.

*உடுபம், (id. pa, qui préserve), radeau,litt.ce qui préserve de l'eau.

*உடுபன்,(id.), la lune,litt.le gardien des étoiles.[propre,habillement

உடுபாவனை, (உடுக்கிறது), habit

உடுபுடவை, (உடு), V.உடுகலை.

உடுப்பகை, (உடு), le soleil, l'ennemi des étoiles.

உடுப்பு,n.v. d'உடுக்கிறது, habit, vêtement,habillement,toile,linge:உடுப்புடுக்கிறது s'habiller,prendre ses habits.

உடுப்பை, 1° l'arbre உசிலம். 2° nom d'une ville proche Tellichéry, où réside le Gourou des மத்துவர். 3° acc.de உடுப்பு.4° P.உடுப்பாய், tu te revêtiras.

உடுமானம்,(உடுக்கும்), vêtement, habit convenable à son rang.

உடும்பு,iguan, espèce de gros lézard, lacerta iguana: —நாக்கு langue d'iguan, (elle est fendue en deux), trompeur, homme à double langue;—முத்து perle d'iguan,—qui se forme dans ce lézard.

*உடுவம்,(உடு, va),étoile.

உடுவின்,gén. d'உடு.

உடுவை, 1° (உடு), fossé de citadelle.2° acc.de உடு.

உடை,1° (உடுக்கிறது), habit,vêtement, toile, linge,caleçon de danseur. 2° (உடைமை), possession, richesses,bonheur,selle de cheval,l'arbre வேலமரம் acacia, intérieur, dedans,pied,dessus, fois.3° imp.et part. d' உடைகிறது et d' உடைக்கிறது. 4° P. உடாய் nég. d' உடுக்கிறது, tu ne te revêtiras pas, 5° V. உடைய.

உடைகிறது, டைந்தேன், டைவேன்,டை,டைய,v.n.et உடைந்துபோகிறது,se briser,se casser,se rompre, crever, se détordre, se perdre,se relâcher, se dérouter, être en déroute.

உடைகுதல்,உடைகுகை, n. v. V. உடைதல்.

உடைகுளம்,(உடைகிறது),étang dont la digue est rompue, la 20me constellation (peut-être parce que, lorsque le soleil y est, les grandes pluies rompent les étangs).

உடைக்கிறது, டைத்தேன், டைப்பேன், டை, டைக்க, v. a. d' உடைகிறது, et உடைத்துப்போடுகிறது, rompre, briser, casser, détordre,détortiller, relâcher, mettre en déroute, perdre.

உடைச்சல், n. v. d' உடைக்கிறது, fracture, rupture, chose brisée.

உடைஞ்சு,P.உடைந்து, gér.d'உடைகிறது. [டைக்கிறது.

உடைச்சு. P. உடைத்து,gér.d'உ

உடைதல், n. v. d' உடைகிறது, fracture, brisure, déroute, relâchement, abattement, faiblesse, perte.

உடைத்தல், n.v.d' உடைக்கிறது, fracture, brisement,destruction, défaite, déroute, dispersion.

உடைத்தாரம், (உடை),ceinture.

உடைத்து, 1° gér. d' உடைக்கிறது, 2° n.v. de உடைமை, ce qui appartient à; உடைத்தாய் ayant; உ

டைத்தான qui a,qui possède; உடைத்தாயிருக்கிறவன், உடைத்தானவன் possesseur, propriétaire; கல்வியும் பொறுமையுமுடைத்தானவன் celui qui a de la science et de la patience.

உடைந்து, *gér. d'* உடைகிறது, உடைந்தறவு rupture, chose brisée.

உடைப்பு, *n. v. d'* உடைக்கிறது, brisement, fracture, mise en pièces, chose brisée; canal creusé par la rupture d'une digue, faiblesse, débilité, relâchement: உடைப்புண்ணகிறது se rompre, être brisé, défait, divisé, mis en déroute. [மரம்.

உடைமரம், (உடை), l'arbre வேல

உடைமானம், (*id.*), habit, toile, vêtement.

உடைமை, possession, propriété, richesses, biens, bijou, joyaux, ornement, bonheur, objet, chose: —க்காரன் maître, possesseur, celui à qui appartiennent les bijoux etc...

உடைய, *adj. de* உடைமை, qui a, qui possède, de, appartenent à. Il sert de terminaison au génitif ordinaire: என்னுடையவீடு ma maison; மரத்தினுடையகொம்பு la branche de l'arbre. Ce mot உடைய, ainsi que உடைத்தான, dans le sens de qui a, peut prendre pour régime l'accusatif ou le nominatif d'un nom neutre. *Ex.* நாமமுடைய, நாமத்தையுடைய qui a nom, nommé.

உடையது, (உடைய), ce qui appartient: இது என்னுடையது ceci m'appartient; இது ஆருடையது à qui appartient ceci?

உடையல், *n. v. d'* உடைகிறது, brisure, fracture, ce qui est brisé.

உடையவள், உடையாள், *f.* (உடைமை), maîtresse, propriétaire.

உடையவன், உடையன், *m.* உடையவர், உடையர், *pl.* possesseur, maître, propriétaire, Dieu: ஆஸ்தியுடையவன் propriétaire, homme riche: ஆஸ்திக்குடையவன் héritier.

உடையான், *hon.* உடையார், *pl.* உடையார்கள், (உடை) 1° titre honorifique de certaines castes. 2° *V.* உடையவன்: உடையார்பாளையம் ville et contrée du Tanjaour.

உடையாதது, *n. app. nég. d'* உடைகிறது, objet non brisé, entier.

உடையேன், உடையாய், உடையான், உடையாள், உடையோம், உடையீர், உடையார், 1° (உடை), j'ai, tu as...2° *nég. d'* உடைகிறது.

உடைவாரம், (உடை), produit entier d'une terre avant le partage.

உடைவாள், (உடை), cimeterre ou épée qui s'attache au côté.

உடைவு, *n. v. d'* உடைகிறது, brisure, fracture.

உடைவேல், (உடை), l'arbre குடைவேல் acacia eburnea.

உட், dans les mots composés, se met pour உள் devant க, ச, த, ப, et signifie intérieur, dedans.

உட்கட்டு, (உள்), ceinture —, force—, bâtisse intérieure, certain bijou.

உட்கரணம், (*id.*), puissance intérieure de l'âme.

*உட்கரிஷம், (outkarcha), admiration, merveille, excellence, excès, abondance, bord.

உட்கருத்து, (உள்), sens caché, intention, pensée, sentiment, le fond de la pensée, attention véritable: உட்கருத்தாய் de tout cœur, avec intention, attentivement.

உட்கருவி, (*id.*), faculté intérieure.

உட்கல், *n. v. et opt. d'* உட்குகிறது, crainte, honte, mort, mortalité.

உட்காத்தல், 1° (உள்), garder l'intérieur. 2° *P.* உட்காருதல்.

உட்காய்ச்சல், (உள்), fièvre—, chaleur intérieure, haine.

உட்காருகிறது, ர்ந்தேன், ருவேன், ரு, ர, *v.n. et* உட்காருதல், *n.v. sync. de* உளுக்காருகிறது, s'asseoir.

உட்கு, 1° crainte, honte, modestie. 2° *imp. et part. de*

உட்குகிறது, *sync.* உட்கிறது, கினேன், குவேன், கு, க, *v. n.* craindre, mourir, avoir honte.

உட்குத்துப்புறவிச்சு, (உள், குத்து, புறம்), espèce de maladie.

உட்குறிப்பு, (உள்), intention, but, signe de la pensée.

உட்குற்றம், (*id.*) péché intérieur. *v. g.* mauvaise pensée, luxure, *etc*...

உட்கூதல், (*id.*), froid intérieur.

உட்கை, 1° *n.v. V.* உட்கல், 2° *P.* உட்காய், 2me *pers. sing. nég. d'* உட்குகிறது. 3° (உள்), côté intérieur, dedans de la main, connivence, vérité cachée:—யாயிருக்கிறது être de connivence, favoriser sourdement, avoir une part secrète; — சுற்று tour à droite.

உட்கொள்ளுகிறது, (உள்), *v.a.* உட்கொள்ளுதல், *n. v.* avaler, prendre, engloutir, absorber, se mettre—, garder dans l'esprit,—dans le cœur, accepter, approuver, observer, regarder comme la volonté de Dieu.

உட்கோபம், (*id.*), colère intérieure.

உட்சட்டை, (*id.*), habit de dessous, gilet, veste, camisole, chemisette

உட்சமயம்,—சமையம், (*id.*), secte intérieure, réputée orthodoxe parmi les Indous. [doublure d'un habit.

உட்சீலை, (*id.*), habit de dessous,

உட்செல்லுகிறது, உட்செல்லல், உட்செல்லுதல், (*id.*), entrer, pénétrer, s'introduire.

உட்செலுத்துகிறது, உட்செலுத்துதல், (*id.*), faire entrer, —pénétrer.

*உட்டணம், (ouchna), chaleur, violence, poivre: உட்டணகாசம் mal d'yeux causé par la chaleur;—சஞ்சீவி eau, l'arbuste பிரண்டை;—சயித்தியம் fraicheur dans la chaleur;—சிகை rayons ardens, conjonction de Mars, Saturne et du soleil;—வாயு vent qui provient de la chaleur du corps.

*உட்டணுசகம், (உட்டணம், அ *priv.* சகன்), temps froid. [ம்.

*உட்டணுதிக்கம், *V.* உஷ்ணுதிக்க

உட்டணிக்கிறது, ணித்தேன், ணிப்பேன், ணி, ணிக்க, *v. n. et* உட்டணித்தல். *n. v*, (உட்டணம்), s'échauffer, s'enflammer, être chaud, brûler. [eau chaude.

*உட்டணோதகம், (*id.* உதகம்),

*உட்டணோபகமம், (*id.* உபகமம்) été, chaude saison.

உட்டிரம், 1° terre salée,—stérile. 2° (oudhra), eau, rose de Chine.

உட்டுளை, (உள், துளை), tube, tuyau, creux dans l'intérieur:—ப்பொருள் objet creux, tube.

உட்டெளிவு, (*id.* தெளிவு), clarté, lumière intérieure, grande intelligence,—connaissance, ce qu'on a adopté après correction.

உட்டொழில், (*id.* தொழில்), occupation intérieure.

உட்பகை, (உள்), haine intérieure, rancune, les 6 mauvaises inclinations de l'ame dites அறுபகை.

உட்படி, (*id.*), poids que l'on ajoute à ce que l'on pèse, pour connaître combien il manque pour faire le poids, qui est dans l'autre balance.

உட்படுகிறது, (*id.*) entrer, pénétrer, se soumettre, être dans, être renfermé dans les limites, consentir, acquiescer, s'accorder, se mêler, prendre part, partager, être participant, —complice, s'ingérer: உட்பட, *inf.* avec, ensemble, inclusivement, y compris; அதுட்பட y compris cela; சபைக்குட்படுகிறது, சபையிலுட்படுகிறது entrer dans une société ou une confrérie; பாவத்துக்கு *ou* பாவத்திலுட்படுகிறது consentir au péché.

உட்படுத்துகிறது, (*id.*), *v. a. du préc.* introduire, faire entrer, —pénétrer,—consentir,— prendre part, engager dans, associer, admettre, induire.

உட்பத்தியம், (*id.*) régime pour le temps où l'on prend des remèdes.

உட்பிரவேசம், (*id.*), entrée.

உட்பிரவேசிக்கிறது, உட்பிரவேசித்தல், (*id.*), *ou* [entrer, pénétrer.

உட்புகுகிறது, உட்புகுதல், (*id.*),

உட்புழை, (*id.*), creux—, trou intérieur, fistule.

உட்புறம், (*id.*), côté intérieur, l'intérieur, le dedans: உட்புறத்திலே dedans, intérieurement, en—, au dedans.

உட்பொருள், (*id.*), objet—, sens caché,—intérieur: பாட்டினுட்பொ

ருள் sens caché d'une poésie.

உட்போடுகிறது, (*id.*), mettre dedans, soumettre, s'emparer.

உணக்கம், 1° *n. v. d'* உணக்குகிறது, desséchement, pâleur, maigreur. 2° *P.* உணக்கோம் nous ne sècherons pas.

உணக்கல், *n. v. et opt. d'* உணக்கிறது *et d'* உணக்குகிறது.

உணக்கிறது, ணந்தேன், ணப்பேன், ண, ணாக்க, 1° *v.n. ou* உணந்துபோகிறது, sécher, se dessécher, se faner. 2° *v.a. ou*

உணக்குகிறது, க்கினேன், க்குவேன், க்கு, க்க, *v.a. de* உணங்குகிறது, dessécher, sécher, faner, échauffer, chagriner, faire languir.

உணங்கல், **உணங்குதல்**, } *n. v. d'* உணங்குகிறது, desséchement, chose exposée au soleil, langueur; *ou*

உணங்குகிறது, *sync.* உணங்கிறது, கினேன், குவேன், கு, க, *v. n.* (உணக்கிறது), se dessécher, sécher, languir, être chagrin, plier, se rompre.

உணத்தல், *n. v. d'* உணக்கிறது, *et d'* உணத்துகிறது, desséchement, fanage, exposition au soleil, langueur.

உணத்துகிறது, த்தினேன், த்துவேன், த்து, த்த, *v. a. d'* உணக்கிறது, sécher, dessécher, faire sécher.

உணராமை, *n. v. nég. d'* உணருகிறது, ignorance, défaut d'intelligence, de connaissance, trouble, stupidité, folie, léthargie.

உணருகிறது, ர்ந்தேன், ருவேன் *ou* ர்வேன், ரு *ou* ர், ர, *v. a.* sentir, percevoir, s'éclaircir, comprendre, connaître, penser, considérer, revenir à soi, assouvir sa luxure, s'apaiser, se réconcilier, se dessécher, se faner: துயில்—, le sommeil se dissiper, s'éveiller; அவனுணரவில்லை il ne comprend pas, il ne sent pas; உணருமறிவு esprit intelligent, —ouvert, instinct, habileté; எல்லாமுணரும் பராபரனுடைய குணம் omniscience divine.

உணருதல், **உணருகை**, *n. v. du préc.* connaissance, considération, réconciliation, action de s'apaiser, clarté d'esprit, desséchement, assouvissement de sa luxure, sensibilité.

உணர்கிறது, *V.* உணருகிறது.

உணர்ச்சி, (உணருகிறது), connaissance, intelligence, science, sentiment, sensibilité, pensée, esprit, avis, conscience, réveil: —யற்ற sans connaissance, insensible.

உணர்தல், *V.* உணருதல்.

உணர்த்தல், *n.v. d'* உணர்த்துகிறது, instruction, enseignement, avis, conseil.

உணர்த்தி, 1° (உணர்த்துகிறது), connaissance, intelligence, sentiment, sensibilité: — கெட்டவன் homme stupide, insensible, privé de connaissance; — யழிகிறது perdre la sensibilité, le sentiment, l'esprit, la connaissance: — யாயிருக்கிறது avoir la connaissance, le sentiment, être sensible, prudent. 2° *gér. de*

உணர்த்துகிறது, த்தினேன், த்துவேன், த்து, த்த, *v. a.* instruire, apprendre, enseigner, faire sentir, faire sortir de léthargie, éveiller, dessécher, assouvir sa luxure, avertir.

உணர்த்துதல், *V.* உணர்த்தல்.

உணர்ந்த, *part. parf. de* உணருகிறது, *d'où* உணர்ந்ததையுணர்தல் jugement d'après ses idées ou sensations antérieures. *Ex.* regarder le feu comme un remède, parce que dans le froid on a trouvé que c'en était le remède.

உணர்ந்தோர், (உணர்ந்த), savans, gens d'esprit.

உணர்வினன், (உணர்வு), homme intelligent, —d'esprit.

உணர்வு, *n. v. d'* உணருகிறது, connaissance, intelligence, sentiment, clarté d'esprit, avis, éloignement, réveil, fin de la léthargie, de l'acte vénérien, retour à soi-même: உணர்வாயிருக்கிறது avoir la connaissance; உணர்வில்லாமலிருக்கிறது être sans connaissance, insensible, sans sentiment, stupide; உணர்வுள்ள qui comprend; — கெட்டுப்

போகிறது être étourdi, abasourdi, insensible, perdre la connaissance, — l'esprit; —கேடு perte de l'esprit, — de la connaissance, insensibilité.

உணல், *P.* உண்ணல்.

உணவு, *n.v. d'*உண்கிறது, nourriture, repas, riz cuit, pluie: உணவின்மை défaut de nourriture, jeûne; —கொள்ளுகிறது manger, prendre son repas.

உணவுகிறது, விகேன், வுவேன், வு, வ, *v.a. et* உணவுதல், *n.v. V.* தெரிக்கிறது.

உணா, 1° (உணவு). *V.* உணவு. 2° *P.* உண்ணா, *part. nég. d'*உண்கிறது, qui ne mange pas.

உணி, (உண்கிறது), 1° tique. 2° terminaison de tous les genres, qui, jointe à quelques mots, signifie qui mange, qui souffre. *Ex.* அடியுணி personne souvent battue; தூக்குணி pendard. [*de* உலைகிறது.

உலை, 1° maigreur. 2° *imp. et part.*

உலைகிறது, லைந்தேன், லைவேன், லை, லைய, *v.n.* உலைதல், *n.v.* maigrir.

உண், 1° *imp. et part. d'*உண்கிறது. 2° *P.* உணவு, nourriture. 3° *P.* உன் devant ம், ந் ou ஞ்.

உண்கலம், (உண்), écuelle, plat, vase dans lequel on mange.

உண்கல், (*id.*), pierre à chaux, (qui boit l'eau).

உண்கிறது, ண்டேன், ண்பேன், ண், உண்ண ou உண்க, *v.a.* 1° manger, sucer, boire: நானுண்ணவில்லை je n'ai pas mangé; குதிரைகளுண்ணுதன les chevaux n'ont pas mangé. 2° Ce verbe joint à des noms verbaux, ou à des racines de verbes, leur donne un sens passif; comme: அடியுண்கிறது être battu; அறையுண்கிறது être crucifié; படைப்புண்கிறது être créé. (Il faut le traduire ainsi par le passif, quand il est joint à des noms de choses qui ne se mangent ou ne se boivent pas).

உண்ணு, 1° *imp. de* உண்கிறது, mange. 2° *P.* உண்பேன், je mangerai. *pl.* உண்ணும் mangez, nous mangerons.

உண்ட, *part. parf. d'*உண்கிறது: —சோற்றுக்கிரண்டகம் பண்ணுகிறது trahir celui qui a donné à manger, — son bienfaiteur, rendre le mal pour le bien. [tion de manger.

உண்டல், *n.v. d'*உண்கிறது, ac-

உண்டா, 1° (உண்டு, ஆ), y a-t-il? 2° *imp. de*

உண்டாகிறது, *sync. de* உண்டாகுகிறது, (உண்டு, ஆகிறது), டானேன், டாவேன், டா, டாக, *v. n. et* உண்டாகல், *n.v.* devenir, être fait, se former, être, sortir de, procéder, provenir, paraître, naître, commencer, croître: உண்டாகாது cela n'est pas, cela ne peut se faire; உண்டான, உண்டாகிய, உண்டாய qui est, qui existe; எனக்குண்டான que j'ai, qui m'appartient, mien; உண்டானது, உண்டானகாரியம் une chose qui est, qui est arivée, ce qui existe, un fait, la réalité, la vérité; உண்டானதைச்சொல்லுகிறது dire la vérité, —ce qui s'est passé; உண்டானவன் homme riche, qui a du bien, des propriétés, qui est.

உண்டாகுதல், *V.* உண்டாதல்.

உண்டாக்கல், உண்டாக்குதல், création, production, action de faire, formation; *n. v. de*

உண்டாக்குகிறது, *sync.* உண்டாக்கிறது, க்கினேன், க்குவேன், க்கு, க்க, (உண்டு, ஆக்குகிறது), faire, créer, produire, élever, faire croître.

உண்டாட்டு, (உண்டு, ஆட்டு), jeu, divertissement, réjouissance, jeu de femmes, ribotte, description d'un festin où l'on boit des liqueurs enivrantes, (ce qui est une partie des poèmes épiques indiens).

உண்டாதல், *n.v. d'*உண்டாகிறது, l'être, existence, formation, naissance. [il se fera, c'est ainsi, qui sera.

உண்டாம், (உண்டு, ஆம்), ce sera,

உண்டாய், 1° *gér. d'*உண்டாகிறது, existant, étant, s'étant fait, —formé: உண்டாயிருக்கிறது être, exister, vivre; உண்டாயிருக்கிறவன் celui qui vit, qui existe, un être vivant. 2° 2° *pers. parf. d'*உண்கிறது.

உண்டி, 1° (உண்கிறது), action de manger, aliment, nourriture, riz cuit, chose mangeable, nourriture des oiseaux: —சுருங்குதல்பெண்டிர்க்கழகு il est beau pour une femme de manger peu. Les Indiens distinguent 4 sortes de nourritures dites உண்டி - ச: உண்ணப்படுவன ce qu'on mange sans mâcher, comme le riz; தின்னப்படுவன ce qu'on mange en le mâchant, comme la viande; நக்கப்படுவன ce qu'on lèche, comme le miel; பருகப்படுவன ce qu'on boit, comme l'eau. 2° *P.* உண்டாய், tu as mangé. 3° *P.* உண், *imp.* mange. 4° *ou* உண்டிப்பெட்டி tronc (pour recueillir les aumônes), caisse des impôts: உண்டிச்சீட்டு, *V.* உண்டியல்.

உண்டிகை, tronc (pour recevoir les aumônes), caisse des impôts: —ச்சீட்டு *ou*

உண்டியல், உண்டியற்சீட்டு, billet à ordre, lettre de change, mandat, trésor: உண்டியற்பெட்டி, *V.* உண்டிப்பெட்டி.

உண்டில்லாதது, (உண்டு, இல்லாது), calomnie, ce dont on a besoin.

உண்டு, 1° *v. défectif*, il y a, il est, on est, il est vrai, être prêt, être suffisant, (avec le dat. il signifie) avoir: எனக்குண்டு j'ai; அதற்குநான்—நீயுண்டு, je suis—, vous êtes là pour répondre de cela, —pour l'exécuter; பத்துபேருண்டு il y a 10 personnes; பத்துபேருக்குண்டு il y a environ 10 personnes, il y a pour 10 personnes; வீட்டிலெலியுண்டு il y a des rats dans la maison. 2° ce qui est, étai, appui, support. 3° *gér. d'*உண்கிறது, ayant mangé. 4° *P.* உண்டேன், j'ai mangé, *pl.* உண்டும் nous avons mangé; — படுகிறது, être, exister, se faire, se former; —படுத்துகிறது, —பண்ணுகிறது faire, produire, former, créer, établir, feindre, inventer, forger, effectuer; —படுத்துதல், —பண்ணுதல் création, formation, production; உண்டென, *inf. du suiv.* suffisamment, affirmativement; உண்டென்கிறது, உண்டென்றுசொல்லுகிறது, உண்டென்றுரைக்கிறது assurer, affirmer, avancer, soutenir, confesser, avouer; உண்டென்றுரைத்தல் aveu, affirmation; உண்டென்றேற்றுக்கொள்ளுகிறது admettre, avouer—, reconnaître qu'il est vrai; உண்டென்றொப்பிக்கிறது démontrer, prouver qu'il est réel.

உண்டுகம், l'arbre பெருவாகை.

உண்டை, 1° balle, boule, pelote, peloton, globe, sphère, boulet, balle de fusil, trame, division *ou* détachement (d'une armée). 2° *P.* உண்டாய் tu as mangé. 3°(உண்கிறது), goûter, léger rafraîchissement: —யாய்ப்பிடிக்கிறது, —யாய்த்திரட்டுகிறது faire une balle, mettre en boule; —யாய்ச்சுற்றுகிறது mettre en peloton; —யும்பாவுமொத்திருக்கிறது la trame et la chaine sont semblables, la toile est bien tissue.

உண்டோ, (உண்டு.ஓ), y a-t-il? cela est-il? உண்டோவில்லையோவென்றுகேட்கிறது demander si c'est vrai ou non.

உண்ணல், *opt. et n.v. d'*உண்கிறது, action de manger.

உண்ணா, 1° (உள், நா), la luette. 2° *P.* உண்டு, *gér. d'*உண்கிறது, ayant mangé. 3° *nég. neut. du même P.* உண்ணாதது, *sing. et* உண்ணாதன, *pl.* il ne mange pas, ils ne mangent pas. 4° *ou* உண்ணாத, *part. nég. du même*, qui ne mange pas; உண்ணாமுலை mamelle qu'on ne suce pas, Pârvadi.

உண்ணாக்கு, (உள், நாக்கு), la luette.

உண்ணாடு, (உள், நாடு), l'intérieur du pays.

உண்ணாட்டம், (*id.* நாட்டம்), vue intérieure, connaissance profonde, parapet.

உண்ணாவு, (உள், நாவு), luette.

உண்ணி, (உண்கிறது), tique. ‖ *V.* உணி: —க்கொக்கு espèce de cigogne.

உண்ணீரம், (உள், ஈரம்), humidité intérieure, suc.

உண்ணீர், 1° (உள், நீர்), eau qu'on boit. 2° 2me *pers. hon. nég. d'*உண்கிறது, vous ne mangez pas. 3° *imp.* mangez. 4° (உள், நீர்), eau de l'intérieur, suc.

உண்ணுதல்,P.உண்டல்.

உண்ணோக்கல், (உள், நோக்கல்), contemplation, regard dirigé à l'intérieur.

உண்பது,n.v. d'உண்கிறது, action de manger,ce qu'on mange; *pl.* உண்பன choses à manger.

உண்பாக்கு,1° (உண்), V.ஊண்பாக்கு.2° pour manger.

உண்பிக்கிறது, பித்தேன்,பிப்பேன்,பி,பிக்க, *v.caus.de* உண்கிறது *et* உண்பித்தல்,n.v.faire manger,nourrir. [re de l'âme.

உண்மாசு,(உள்;மாசு), souillu-

உண்மை,(உள், மை), existence, vérité, certitude, sincérité, bonne foi, probité, connaissance: —த்தவறு erreur, faute; —த்துரோகம்;—ப்பாதகம் perfidie, manque de bonne foi, mensonge; —ப்படுகிறது être—, devenir véritable, croyable; —ப்பொருள் objet réel, —d'une comparaison, ce que l'on compare; —மொழியன் homme véridique;—யளவை conjecture—, jugement basé sur la vérité, sur ce qui est: —யுவமம் fig.de rhét.qui consiste à faire une comparaison, et à la rejeter, pour finir par dire la chose elle-même;—யாய் véritablement, certainement; —யாயிருக்கிறது être vrai; —யான, —யுள்ள véritable, vrai, fidèle, sincère,probe, certain;—யில்லாமை manque de fidélité, perfidie, mensonge:—யுள்ளவன் homme fidèle, probe, véridique; —யென்று கொள்ளுகிறது croire vrai: அதையுண்மையென்றுகொள்ளான் il ne croit pas cela vrai;—வசை médisance;—வாழ்த்து louanges vraies,compliment:—,vœu sincère;—வாதி homme véridique.

*உதகம்,(oudaka),eau,pluie,goutte de pluie,terre: உதகதானம், —க்கிரியை offrande d'eau, libation aux mânes. V.தாராதத்தம்.

*உதகவன்,P.உதவகன்,feu.

*உதகாதாரம்,(உதகம், ஆதாரம்), V.திரிலே. [te), nuage.

*உதகாரம்,(உதம், hâra *qui por-*

உதகு,l'arbre புன்கமரம்.

*உதகும்பம்,(உதம்),jarre,cruche.

*உதகோதஞ்சனம், (உதகம், உதஞ்சனம்), cruche. [hydropisie.

*உதகோதரம்,(*id*.உதரம்),nuage,

*உதக்கிரியை, (உதம்), espèce de libation,offrande d'eau aux mânes.

*உதக்கு,(oudak),nord. [V.சாபம்.

*உதசம்,(oudhasa), pis de vache,

*உதஞ்சனம்,(oudantchana), couverture, couvercle.

உதடன்,*m*.உதடி,*f*. (உதடு), qui a de grosses lèvres,grondeur.

உதடு,*obl*.உதட்டு,*gén*.உதட்டின், lèvre,bord,extrémité:—பிதுக்கி personne qui a une lèvre qui s'avance et tombe d'un côté; உதட்டுவெடிப்பு fente—,gerçure des lèvres;—ப்புண் mal à la lèvre.

உதட்டடி, (உதட்டு,அடி), réprimande,menace,paroles menaçantes.

உதணம்,flèche non affilée dont la pointe a la forme d'un bouton de fleur.

*உததி, (உதம், dhi *ayant*), mer, nuage,cruche; *—க்கிரமன், (கிரமம்), marin, matelot; *—சுதை Lakchimi,fille de la mer;*—மேகலை,(*id.*) la terre, *litt.* la ceinture de la mer.

*உதத்தியானுசன்,(outathya, அநுசன்), la planète Jupiter,frère cadet d'Oudathya. [d'eau.

*உதபாரம்,(உதம்),nuage,charge

*உதபானம், (*id.*), puits, boisson d'eau.

உதப்பி,1° ventricule des animaux, salive qui saute en parlant.2° *gér.de*

உதப்புகிறது, ப்பினேன், ப்புவேன்,ப்பு,ப்ப,*v.a.* gronder, réprimander. [pli d'eau.

*உதமேகம்,(உதம்), nuage rem-

*உதம், 1° (ouda), eau. 2° (houta), demande, invocation.‖V. அழைக்குகை.

உதம்பல்,fange que l'on fait pour semer le riz;*n.v.de*

உதம்புகிறது,பினேன்,புவேன்,பு,ப,*v.a.*உதம்புதல்,*n.v.*menacer,gronder,épouvanter,faire peur:உதம்பிப்பேசுகிறது parler rudement, gronder, réprimander; —க்கேட்கிறது demander en colère,—à haute voix.

உதயகாலே, (உதயம்), aurore, point du jour.

*உதயமனம்,(*id.*mana), lever des astres,temps de ce lever, *ou* உதயமனகிரி montagne orientale derrière laquelle les astres se lèvent.

*உதயம்,(oudaya),lever (du soleil et des autres astres), aurore, lumière, apparition, bonne chance, bonheur,profit,gain,revenu,création du monde.‖ *V.*உதயமனகிரி: —ஆகிறது se lever;உதயநேரம்,—வேளை,உதயமாதல் lever du soleil (ou de quelqu'autre astre); —காலந்தோறும் tous les matins au lever du soleil;—கிரி, *V.*உதயமனகிரி;உதயத்திலே, உதயத்துக்கு au lever du soleil.

*உதயலக்கினம், (உதயம்), moment de la naissance.

உதயனம்,(*id.*na), lever (des astres.)

*உதயன்,(உதயம்), soleil.

*உதயாதி,(*id.*ஆதி),point du jour, aurore.

*உதயாஸ்தமனம்,உதயாஸ்தம்,(*id.* அஸ்தமனம்,அஸ்தம்), lever et coucher du soleil,matin et soir.

உதரக்கொதி,(உதரம்),faim.

உதரகோமதம், l'arbuste பாலை.

*உதரதி, (oudarathi), la mer, le soleil.

*உதரம், (oudara), ventre, sein, matrice, guerre, combat:உதரக்கனல், *V.*உதராக்கினி;உதரத்தீ, *ou* உதரத்துள்ளதீ chaleur intérieure du ventre,du sein,une des 3 sortes de chaleurs vitales;—தோஷம் certain mal de ventre;—பந்தனம் ceinture d'or ou d'argent des femmes indiennes;—போசனம் entretien,nourriture; —ப்பிரிவு parens, proches, gens de sa maison;—வாயு vent,flatuosité (du ventre).

உதரவணி,la plante கண்டங்கத்தரி.

உதரன்,*m.*உதரி,*f.*qui a un ventre.

*உதராக்கினி,(உதரம், அக்கினி), faim, *litt.* feu du ventre. Les Indous pensent que la faim vient d'un feu qu'ils supposent dans l'estomac.

*உதராமயம்,(*id.*ஆமயம்), diarrhée,colique.

*உதராவர்த்தம், (*id.* ஆவர்த்தம்), nombril, maladie causée par la coagulation du sang menstruel.

உதராவி,(உதரம்,ஆவி), la plante மரமஞ்சள்.

*உதவகன்,(houtavaka), feu.

*உதவச்சிரம், (உதம், வச்சிரம்), trombe, siphon, colonne d'eau qui semble s'élever de la mer en l'air.

உதவரங்கெட்டது, (உதம்,வரம்), être très-vil, —bas, ce à quoi l'on refuse l'eau.

உதவல்,*opt.et n.v. d'*உதவுகிறது, secours,assistance,don,donation.

*உதவாகனம்,(உதம்), nuage,cruche,vase à l'eau.

*உதவாசம்,(உதம்), rivage, maison; maison sur le bord de l'eau, grotte marine.

*உதவாசனம்,(*id.*),nuage.

உதவா,உதவாத, *part. nég. d'*உதவுகிறது.

உதவி,1° secours,aide, assistance, service, don,largesse.2° *gér.d'*உதவுகிறது:—செய்கிறது, —யாயிருக்கிறது aider,secourir,assister,être utile; —சனம் gens utiles; கைக்குதவியாயிருக்கிறது être maniable, — sous la main.

*உதவிந்து,(உதம்).goutte d'eau.

உதவுகிறது, வினேன், வுவேன்,வு, வ,*v.n.*(உதவி), servir,être utile,aider,secourir, assister,soutenir, donner, convenir,être sous la main:பணமுதவாதேபோகிறது n'avoir pas d'argent à la main; உதவாமற்போகிறது ne pas servir, n'être bon à rien; கைக்குதவாது cela n'est pas maniable; உனக்கதுஎன்னத்துக்குதவும் que te servira cela?

உதவுகை,உதவுதல், *n.v. du préc.* secours,largesse.

உதள்,brebis, chèvre, bouc,le signe du Bélier.

உதறல்,உதறுதல்,*n.v. d'*உதறுகிறது.

உதறி,*gér.d'*உதறுகிறது:—முறிப்

பான் la plante விஷ்ணுகரந்தை.

உதறுகாலி, (உதறும், காலி), vache qui regimbe.

உதறுகிறது, றினேன், றுவேன், று, ற, *v.a. et* உதறிப்போடுகிறது, secouer, rejeter, ne pas écouter, brandir pour disperser, regimber, trembler de crainte: என்வார்த்தையையுதறினான் il a rejeté mes paroles, — mes avis; படிந்த தூளை — தூசியையுதறுகிறது seconer la poussière. [soif, soif d'eau.

*உதன்னியம், (oudanyâ, *de* உதம்),

*உதாகரணம், (oudâharana), témoignage, citation, exemple tiré des auteurs.

*உதாகலம், *P.* உதூகலம். [ரணம்.

*உதாகாரம், (oudâhâra), *V.* உதாக

*உதாசனம், 1° (houdâsana), feu. 2° injure, outrage, paroles déshonnêtes, —outrageantes, —sales, mépris.

*உதாசனன், (உதாசனம்), 1° feu, le dieu prétendu du feu. 2° insolent, qui injurie, qui insulte avec des paroles déshonnêtes, serpent qui saute aux yeux.

உதாசனிக்கிறது, னித்தேன், னிப்பேன், னி, னிக்க, (*id.*), *v.a.* injurier, outrager, insulter avec des paroles déshonnêtes.

உதாசினம், 1° *P.* உதாசனம். 2° *ou*

*உதாசீனம், (oudâsina), indifférence, neutralité.

*உதாசீனன், (*id.*), indifférent, étranger, personne neutre.

*உதாத்தம், (oudâtta), une des 35 figures de rhétorique, accent aigu, ton élevé dans la lecture des vêdas.

*உதாரணம், (*P.* உதாகரணம்), exemple, citation, exemple tiré des auteurs, preuve, évidence, témoignage, cause concomitante: —சொல்லுகிறது, —எடுத்துக்காட்டுகிறது citer, donner des exemples; *ou*—எடுத்தொப்பிக்கிறது démontrer, prouver par des exemples, par des citations des auteurs classiques.

உதாரத்தம், (உதாரம், அத்தம்), fig. de rhét. qui consiste à montrer l'abondance, —la richesse.

*உதாரம், (oudâra), libéralité, générosité, magnificence, largesse, don, bravoure, courage, figure qui consiste à remplir un vers de mots insignifians, mais auxquels le contexte ou l'esprit fait donner un sens: உதாரகுணம், —த்துவம் générosité, libéralité, caractère généreux; —பரித்தியாகம் parcimonie; உதாரமாய்ச் சொல்லுகிறது faire de grandes promesses.

*உதாரன், (உதாரம்), homme généreux, libéral, brave, courageux.

*உதாரி, (*id.*), femme généreuse, —libérale, courageuse. ‖ *V.* உதாரன்.

உதார்த்தம், espèce de fig. de rhét. qui use d'exagération: *Ex.* un cœur plus dur que le bronze. [ளி.

உதாவளி, la plante கண்டங்கா

*உதானம், உதானன், (oudâna), un des 10 vents du corps, qui, selon les Indiens, s'élève du nombril à la tête, nombril, paupière, cil.

உதி, 1° soufflet de forge, l'arbre ஒதியமரம். 2° *imp. et part. de*

*உதிக்கிறது, தித்தேன், திப்பேன், தி, திக்க, *v. n.* (உதயம்), se lever (les astres etc.), paraitre, naitre, croître, grossir, enfler: உதித்தசந்திரன் la lune levée; என்மனசிலிப்படியுதிக்கின்றது cela me semble ainsi.

உதிக்கை, *V.* உதித்தல்.

*உதிட்டிரன், உதிஷ்டிரன், (youdhi *dans la guerre,* ஸ்திரம்), Darmarâsa, l'aîné des 5 Pandouvers, et leur chef dans la guerre qu'ils eurent avec les Courous à la fin du 3me youga.

*உதிதம், (oudita), action de dire.

உதித்தல், உதிப்பு, *n.v. d'*உதிக்கிறது, lever, apparition, naissance, augmentation, grossissement, enflure.

உதியம்பூர், la ville de Diamper sur la côte malabare, ou s'est tenu un concile en 1596.

உதியன், Sêren roi du Malabar, Pandien roi de Maduré.

*உதிரம், (roudhira), sang: —காணுது le sang parait, —sort (d'une plaie, d'un furoncle); —பரவுது le sang circule,—se répand partout: உதிரக்கட்டு caillot de sang, maladie causée par la coagulation du sang menstruel; — க்கலப்பு consanguinité; —க்கிரிமி, (கிரிமித்தல்),sangsue, ours;—க்குடோரி l'oiseau கருடன், racine légumineuse;—நரம்பு veine; —பத்தம் grenade;—பாசம் lien du sang,affection entre parens; —வெட்டை lochies; —வாயு menstrues défectives à cause des vents ou flatuosités;—விரியன் vipère rouge dont la morsure cause un vomissement de sang; —வேங்கை sang de dragon, *litt.* sang de tigre, espèce de résine; *ou*—வேங்கைமரம் l'arbre pterocarpus marsupium.

*உதிரன், (roudhira), la planète de couleur de sang,*i.e.*Mars.

உதிரி,1° (உதிர்கிறது), ce qui est séparé. 2° (உதிரம்), pustule, éruption,espèce de petite vérole, apostème de sang. 3° espèce d'herbe légumineuse, basilic; —க்குத்து élancement—,douleur que cause la petite vérole; — புறப்படுகிறது des éruptions sortir, —paraître; —ப்பூ fleur séparée, —non attachée en guirlande ou en bouquet; —மண்terre dispersée, non humectée.

உதிருகிறது,ர்ந்தேன்,ருவேன், *ou* ர்வேன்,ரு,*ou* ர்,ர,*v.n.*உதிர்ந்துபோகிறது, — விழுகிறது, tomber (les feuilles, les cheveux etc.), se détacher,dégoutter,tomber en poussière, s'émier,s'en aller en morceaux: மரமாவாயுதிருது l'arbre s'en va en poussière; உதிர்ந்தசருகு feuilles desséchées et tombées de l'arbre.

*உதிரோற்காரி,(உதிரம்,உற்காரம்), nuage d'où l'on prétend qu'il pleut du sang, un des 7 nuages de la fable indienne.

உதிர்,*imp.et part.d'*உதிர்கிறது *et d'*உதிர்க்கிறது:—கல்லு pierre friable;—காய் fruit vert tombé,— qui tombe;—காலம் temps de la chute des feuilles;—மண் terre friable.

உதிர்கிறது,*V.*உதிருகிறது.

உதிர்க்கிறது,ர்த்தேன்,ர்ப்பேன்,ர், ர்க்க,*v.a.d'*உதிர்கிறது, verser,répandre,faire tomber, —,tomber en secouant, faire dégoutter.

உதிர்தல்,உதிர்வு, *n.v. d'*உதிர்கிறது;chute (des feuilles,des cheveux).

உதிர்த்தல்,உதிர்ப்பு,*n.v. d'*உதிர்க்கிறது,effusion,chute,action de faire tomber etc... [l'étoile du matin.

உதிவெள்ளி,(உதிக்கும், வெள்ளி),

*உதீசி,(ouditchi), le nord.

உது, *neut. d'*உவன், cette chose qui est entre les 2 autres.

*உதும்பரம்,(oudoumbara), espèce de figuier,ficus glomerata,cuivre, aire à battre le riz, l'arbrisseau எருக்கு.

*உதூகலம்,(oudoukhala), *V.* உரல்.

உதை,1° coup de pied, ruade, recul d'un canon, rebond, rebondissement, appui, étai. 2° *imp.et part. de* உதைகிறது, *et* உதைக்கிறது:—கொடுக்கிறது étayer, mettre un support;—சுவர் mur d'appui; —கால் arc-boutant,support,appui, étançon;—கால்கொடுக்கிறது mettre un arc-boutant,étayer; —காற்பசு vache qui regimbe et rue; —போடுகிறது ruer; —யுண்கிறது recevoir des coups de pied, —des ruades; — யுண்ணி vaurien habitué à recevoir des coups de pied,—qui en mérite.

உதைகிறது, தைந்தேன், தைவேன்,தை,தைய,*v.n.*donner contre et reculer ou refluer (comme l'eau contre une digue), appuyer contre, *V.*உதைக்கிறது: உதைந்திழுக்கிறது, உதைந்துவலிக்கிறது tirer—, pousser en appuyant les pieds contre quelque chose;—நின்றுபேசுகிறது parler insolemment,fortement,avec ardeur.

உதைக்கிறது, தைத்தேன், தைப்பேன்,தை,தைக்க,*v.a. et* உதைக்குதல்,*n.v.*donner des coups de pied,frapper du pied, ruer, regimber, rebondir,reculer,conduire, faire marcher: குதிரையுதைக்குது le cheval regimbe,—donne des coups de pied; குதிரையைக்குதிமுள்ளா லுதைக்கிற

று donner au cheval des coups d'éperon; உதைத்துப்போடுகிறது ruer;—தள்ளிவிடுகிறது chasser—, enfoncer à coups de pied; உதைதண்டமாயுதைக்கிறது frapper du pied avec violence, chasser à coups de pied.

*உதைதல்,n.v. d'உதைகிறது.

உதைத்தல்,உதைப்பு,n.v. d'உதைக்கிறது,coup de pied, ruade, recul, rebondissement,commotion, secousse,tremblement.

உதைமரம், (உதை),étai,étançon.

உதைமானம், (id.), support, appui, étai.

*உதையம்,P. உதயம்: உதையமலை le minéral ou la pierre சிலாநாகக்கல்.

உதையராகம், (உதையம்), toile bigarrée de femme.

உதைவு,(உதை), étai,appui.

*உத்,(out),particule sanscrite qui entre dans un grand nombre de mots composés et signifie dessus,en haut, supériorité,pouvoir,orgueil, séparation, faiblesse. Devant க, et ப le த் se change en ற் devant les autres consonnes il en prend la forme.

*உத்தண்டம்,(out en haut, தண்டம்), impétuosité,violence, insolence, fierté,arrogance, courage,hardiesse, force, bravoure, autorité, influence, éloquence, don: —பண்ணுகிறது faire l'insolent,—le fier,—le brave, agir avec violence;—ஆய்ப்பேசுகிறது parler insolemment, avec arrogance;—ஆய்விளைகிறது croître excessivement,—avec trop d'abondance;உத்தண்டக்காரன் homme violent, insolent;—மணி ou

உத்தண்டால், (mot télinga), collier de grains d'or.

*உத்ததி, (ouddhati), élévation, grandeur,arrogance.

உத்தம,adj. d'உத்தமம், parfait, excellent,vertueux,sincère,sans mélange:—சத்து espèce d'arsenic naturel;—சரீரம் être excellent,corps excellent,tel que ceux des கருடர் et des காந்தருவர் et autres prétendus êtres célestes; —தாளி, V. உத்தாமணி;*—தானம் présent d'arec et de bétel, bétel et arec, bétel dont on a ôté la principale fibre, récompense du mérite;*—பட்சம் bonne amitié, première qualité; —பரி coriandre; *—பாத்திரம் bon vase,personne excellente; *—புருடன், —புருஷன் homme—, mari excellent, la 1re personne (en grammaire);*—மனஸ்தாபம் contrition parfaite, regret—, repentir sincère.

*உத்தமம், (outtama,superlatif de out), perfection, excellence, vertu, vérité, bien: உத்தமமான, V. உத்தம; உத்தமமாய் parfaitement, excellemment,vraiment;—ஆயிருக்கிறது être excellent, pur,sans défaut.

*உத்தமவிமிசதி,—விம்சதி,(உத்தம,vimsati 20), les 20 premières années du cycle de 60 ans, réputées excellentes.

*உத்தமன்,(உத்தமம்), homme—, ami—,époux excellent, grand seigneur,le 3me Manou, la 3me personne: மனுஷருக்குள்உத்தமன் le meilleur des hommes.

உத்தமாகாணி, sorte de plante rampante, V. உத்தாமணி.

*உத்தமாங்கம், (உத்தமம், அங்கம்), la tête,le membre principal.

*உத்தமாராதனை,(id. ஆராதனை), adoration excellente,culte excellent, —irréprochable, hyperdulie.

*உத்தமி,உத்தமை,f. d'உத்தமன், femme excellente.

*உத்தமோத்தமம்,(உத்தமம், உத்தமம்), la plus haute perfection, le meilleur de tout.

*உத்தம்,1° P. யுத்தம். 2° fig. de rhét. qui montre la conformité de l'effet à la cause. 3° (oukta), action de dire.

உத்தம்பலம்,fruit de l'acajou,anacardium.

*உத்தரட்டாதி,P. உத்தரபாத்திரபதம், la 26me constellation; elle se compose de 2 étoiles,une dans l'aile de Pégase et l'autre dans la tête d'Andromède.

*உத்தரணம், (ouddharana), renoncement à tout.

உத்தரணி, V. சருவை.

*உத்தரம், (outtara, *comparatif de* out), supériorité, hauteur, élévation, sublimité, apogée, point supérieur des absides, ce qui est subséquent, postériorité, après, feu qui doit dévorer le monde, nord, septentrion, mot, parole, réponse, réplique, reste, force, conséquence, résultat, l'arrière, poutre, solive, la 12me constellation dite proprement உத்தரபாற்குணி composée d'une grande étoile dans la queue du Lion et d'une petite dans le laurier de la Vierge: —பாய்ச்சுகிறது mettre une poutre; —சொல்லுகிறது répondre; நானென்று சொல்லுகிறதற்குமுன் அவன்பத்துமறுவுத்தரந் தந்தான் avant que j'eusse dit un mot il m'en a répondu dix; அதற்குத்தரமில்லை il n'y a pas de réponse à cela; உத்தரகாலம் temps à venir, mois lunaire (de pleine lune à pleine lune), course du soleil du sud au nord; —கிராந்தம் passage d'une planète dans un autre signe; —குரு, —குருவம், —கோணம் la 6me des divisions du சுவர்க்கம், celle où les bons sont censés jouir du bonheur, région au-delà du pôle nord; —கோசமங்கை nom d'un lieu ou pays; —கோசலை Kòsalei du nord ou Ayòttia; —க்கிரியை obsèques, cérémonie funèbre, mauvaise action; —சாட்சி témoin du défenseur; —சா, —சிவை sinus verse d'un angle; —சூரிக்கத்தி espèce de poignard; —திக்கு le nord; —துருவம் pôle arctique; —தேசம், —பூமி pays septentrional; —பட்சம் preuve, réponse, réplique, réfutation, vérité démontrée, conclusion d'un argument (selon les règles), mineure, seconde partie d'un argument, déclin de la lune; —பதம் terminaison—, dernier membre d'un mot composé; —பாதம் réponse, réplique; —பாத்திரபதம் la 26me constellation, la 2me des 2 nommées பாத்திரபதம் (ou), la 27me constellation (selon quelques-uns); —பாற்குணி la 12me constellation dite vulgairement உத்தரம், la 2me des 2 dites பாற்குணி; —புருடன், —புருஷன் la 3me personne; —மடங்கல் feu qui doit consumer le monde; —மத்திமபூமி zòne tempérée septentrionale; —மந்தோச்சம் aphélie; —மீமாஞ்சை la 2me des 2 மீமாஞ்சை.

*உத்தரவாதம், (உத்தரம்), réponse, réplique, garantie, responsabilité, défense, restitution, distinction: —பண்ணுகிறது répondre pour, devenir responsable, prendre sous sa responsabilité, répondre à une accusation.

*உத்தரவாதி, உத்தரவாளி, (*id.*), répondant, défendeur, adverse partie, caution, garant: —யாயிருக்கிறது être caution, responsable, répondre pour.

உத்தரவு, (உத்தாரம்), permission, réponse: கொடுக்கிறது permettre; —சொல்லுகிறது répondre; என்னுத்தரவின்படியே நடக்கிறார்களா se conforment-ils à mes ordres?

*உத்தரவிக்ஷேபம், (உத்தரம்), latitude nord.

*உத்தராக்ஷம், (உத்தரம், அக்ஷம்), [latitude nord.

*உத்தராசங்கம், (*id.* ஆசங்கம்), habit de dessus, —jeté sur les épaules, châle.

*உத்தராசாடம், (*id.* ஆசாடம்), la 2me des constellations dites ஆஷாடம், *i.e.* la 21me constellation; elle est composée de 4 étoiles dans la tête et les épaules du Sagittaire.

*உத்தராசாபதி, (*id.* ஆசை, பதி), le gardien du nord, *i.e.* Coubèren.

*உத்தராசை, (*id.* ஆசை), le nord.

*உத்தராடம், *corr. d'*உத்தராசாடம்.

*உத்தராதரம், உத்தராதலம், (உத்தரம், அதரம், அதலம்), le haut et le bas, le dessus et le dessous.

*உத்தராதி, (*id.* ஆதி), nord, septentrion: —ராச்சியம் royaume—, pays septentrional.

*உத்தராதிகாரம், (*id.* அதிகாரம்), droit, droit à hériter.

*உத்தராத்தகோணம், (*id.* அத்த

ம்), hémisphère septentrional.

*உத்தராபதம்,(id. ஆ,பதம்),nord, route du nord.

*உத்தராபாசம்,(id. ஆபாசம்), réponse fausse.

*உத்தராபோசனம்,(id. ஆபோசனம்), nourriture qu'on prend pour la 2me fois, 2me repas.

*உத்தராயனம், (id. அயனம்). cours du soleil du sud au nord, de Janvier à Juillet,solstice d'été: உத்தராயனராசி les 6 signes de l'hémisphère septentrional, savoir: le Bélier, le Taureau,les Gémeaux, le Cancer, le Lion, et la Vierge.

உத்தரி,1° cheval.2° imp.de.

உத்தரிக்கிறது,ரித்தேன்,ரிப்பேன், ரி,ரிக்க, v.a. (உத்தரம்). restituer, rendre, payer, compenser, satisfaire, donner satisfaction, répartir également, répliquer, répondre,—d'une manière convenable, élever, supporter, soutenir, prouver, conduire, fonder, rétablir, renouveler, restaurer, réserver, délivrer, protéger, défendre,endurer,souffrir,tolérer, contester, disputer, persévérer, consentir: உத்தரிக்கிற ஸ்தலம் purgatoire: உத்தரிக்கப்படாத intolérable: மனிதர்செய்தபாவங்களுக்குக்கர்த்தருத்தரித்தார் le Seigneur a satisfait pour les péchés des hommes; நீ சொன்னதுக்கு நானுத்தரிப்பேன் je prouverai ce que tu as dit; தக்கபடியுத்தரிக்கிறது satisfaire—, dédommager convenablement.

உத்தரிக்குகை, V. உத்தரிப்பு.

*உத்தரிஷணம், (ouddharchana). érection du poil du corps causée par la joie.

உத்தரித்தல்,உத்தரிப்பு,n.v. d'உத்தரிக்கிறது, restitution, paiement,compensation, patience, tolérance, action d'endurer,peine,souffrance,persévérance.

*உத்தரியம், உத்தரீயம், உத்தரீகம், (outtariya). habit de dessus,—extérieur,manteau, vêtement qu'on jette sur les épaules,écharpe, scapulaire: உத்தரீயசபை confrérie du scapulaire: —சபையார் les confrères du scapulaire.

*உத்தரோத்தரம்,(உத்தரம்,உத்தரம்), réponse à une réplique, abondance,excès.

*உத்தவம், (ouddhava), fête, feu du sacrifice, உத்தவம், V. உத்தாரணம்.

*உத்தானம்,1° (outthâna de out, ஸ்தானம்), résurrection, élévation, levence qui s'est élevé, ce qui a monté, limite, joie, armée, combat, cause concomitante,autel de sacrifice, livre, déjection, évacuation (par les selles), virilité, nature humaine, effort, cour, la 13me constellation.2° (outtâna), concavité, dessous d'un ceintre, bas-fond, défaut de profondeur, être couché sur le dos,—la face en l'air.3° (ouddâna), ceinture,milieu du corps,milieu,foyer,entrée dans un signé du zodiaque,liaison, réunion combinaison. V. சுழுத்தி.

*உத்தாபம்,(outtâpa),grande chaleur,effort,détresse,affliction.

உத்தாபனம்,l'arbrisseau சங்கு.

*உத்தாபனம், (out, ஸ்தாபனம்), substitution. V. எழுப்புதல்.

உத்தாமணி,la plante médicinale வேலிப்பருத்தி cynanchum extensum.

உத்தாரசங்கம், P. உத்தராசங்கம்.

*உத்தாரணம்,(ouddhârana). élévation,restauration, restitution, division, partage.

*உத்தாரம்,1°(ouddhâra),réponse, permission, liberté, ordre,commandement, foyer, élévation, dette, portion, part. 2°(outtâra), vomissement: —ஆகிறது la permission être accordée: —கேட்கிறது la demander; —வாங்குகிறது l'obtenir, prendre congé; —கொடுக்கிறது permettre,donner la permission,commander; —இல்லை il n'est pas permis: உத்தாரப்படி avec la permission, par l'ordre; —விபாகம் partage, division des parts: என்னுத்தாரத்தின்மேல்நடக்கிறான் il observe mes ordres.

*உத்தானம், V. உத்தாரம்.

*உத்தானபாதன், (outtânapâda), n.pr. du fils de Svayambhoumanou.

உத்தி, 1° joyau du front, —que le marié porte sur le front, richesse, prospérité, collier de globules d'or et de pierres précieuses, taches jaunes sur la peau, marques ou taches sur la tête du serpent capel. 2° *(oukti), parole, discours. 3° P. யுத்தி, liaison, union, connexion, V. தத்திரயுத்தி.

*உத்திதாங்குலி, (outthita *élevé*, அங்குலி), la paume de la main avec les doigts étendus. || V. அபயஸ்தம்.

*உத்திட்டம், உத்திஷ்டம், (ouddichta), marque, signe, particularité.

*உத்தியதம், (oudyata), chapitre, division d'un livre. [யோகம்.

உத்தியம், P. உக்தியம் *et* உத்தி

*உத்தியாபனம், (யுத்தி, ஆபனம் *obtention*), fin, fin d'un vœu, d'une pénitence etc... [ம்.

உத்தியாவனம், P. உத்தியானவன

*உத்தியானம், (oudyâna), *ou* உத்தியானவனம், jardin royal, —de fleurs, jardin: உத்தியானபாலன் jardinier, gardien d'un jardin.

*உத்தியோகஸ்தன், உத்தியோகித ன், (உத்தியோகம்), employé, homme en place, officier.

*உத்தியோகம், (oudyôga), emploi, charge, occupation, place, office (avec autorité), soin, application, intention, effort vigoureux et continuel, zèle, fermeté, exercice, entreprise: —பண்ணுகிறது remplir un emploi, faire la fonction de; —ஆயிருக்கிறது s'occuper à; உத்தியோகத்திலமர்த்துகிறது ou வைத்துக்கொள்ளுகிறது mettre en fonction, donner —, procurer un emploi; உத்தியோகக்காரன், V. உத்தியோகஸ்தன்.

உத்தியோகிக்கிறது, கித்தேன், கிப்பேன், கி, கிக்க, *v.n.* s'occuper, s'appliquer, se préparer, prétendre.

உத்திரட்டாங்கம், une des 10 comédies des Indous.

*உத்திரட்டாதி, P. உத்தரட்டாதி.

*உத்திரதம், (oudratha), V. அஞ்சுருவாணி.

உத்திரம், P. உத்தரம், poutre, petit bracelet, *ou* உத்திரநாள் la 12me constellation.

உத்திரவருணி, (உத்தரம், வருணி), Aroundadi, devenue (selon la fable), l'étoile du nord.

*உத்திராசாடம், உத்திராடம், P. உத்தராசாடம், உத்தராடம் [bruit.

*உத்திராவம், (oudrâva), grand

உத்திராபன்னி, V. சணல்.

உத்திரி, cotonnier, *ou*

உத்திரிப்பொருள், (உ, திரி), les 3 sens du mot உ, *i.e.* prière, adoration, méditation.

*உத்திரேகம், (oudrêka), commencement, accroissement.

*உத்தினம், (out, தினம்), midi.

*உத்தீபனம், (out, தீபனம்), action de placer ou d'allumer un flambeau, une lampe, —d'exciter la passion.

உத்து, preuve, clarté, évidence.

*உத்துங்கம், (out, துங்கம்), élévation, grandeur, hauteur, supériorité, excellence, poli, douceur au toucher.

*உத்துபந்தனம், (out, பந்தனம்), action de suspendre, d'élever.

*உத்துவருத்தனம், (out. வருத்தனம்), action de broyer, de frotter, de parfumer, de monter, de pousser, de croître. [ge.

*உத்துவாகம், (oudvâha), maria-

*உத்துவாகனம், (oudvâhana), mariage, second labour.

*உத்துவாகிதம், உத்துவாகிதமுகம், (oudvâhita *élevé*), visage qui regarde en haut.

*உத்துவாசனம், (oudvâsana), grande croissance, action de quitter, de chasser, de tuer.

*உத்துவேகம், (out, வேகம்), peur, chagrin, noix d'arec.

*உத்துவேட்டனம், (out, வேட்டனம்), action d'entourer.

உத்தூளனம், உத்தூளிதம், (out, தூளிதம்), action de se frotter tout le corps de cendres ou de parfums, cendres fines, —pulvérisées. [sir.

உத்தேகம், estimation, estime, dé-

உத்தேகிக்கிறது, கித்தேன், கிப்பேன், கி, கிக்க, *v.a.* (உத்தேகம்), estimer.

*உத்தேசம், (out, தேசம்), dessein, objet, motif, but, estimation, estime, stipulation, marché, accord, action de

dire,—de n'indiquer que le nom de la chose en question, soin, enquête, recherche,détail.

*உத்தேசனம்,(out,தேசனம்), envoi, action d'envoyer, d'aiguiser.

உத்தேசிக்கிறது,சித்தேன், சிப்பேன்,சி,சிக்க,v.a.(உத்தேசம்), avoir le dessein, —l'intention, se proposer, estimer,juger, prouver: அவனையுத்தேசித்து pour l'amour de lui.

*உத்தேரிதம்,(outtèrita), une des 5 allures du cheval.

உந்தம்,P. உங்களது, உங்கள், le vôtre, votre. [(oundara), rat.

உந்தரம், 1° route, chemin. *2°

உந்தி,1° rivière, élévation, hauteur, la mer à l'embouchure d'une rivière, nombril, roue de char de procession, milieu du char où l'on place la statue, milieu, tournant, gouffre, poignée ou cou d'un luth indien, sorte de jeu ou de danse de femmes, étable à vaches, expansion, étendue, occupation. 2° gér. d'உந்துகிறது:—க்கமலம் nénuphar sorti du nombril de Vichnou et dans lequel naquit Brama, selon la fable; —க்கமலன்,—பூத்தோன் celui dont le nombril est un nénuphar fleuri, i.e. Vichnou;—சுழி tournant d'eau, nombril;—பறக்கிறது danser; உந்தியிலுதித்தோன், உந்தியில்வந்தோன் celui qui (selon les Indous), est sorti du nombril (de Vichnou), i.e. Brama.

உந்து, 1° cri—, mot usité pour appeler les bœufs et les vaches. 2° imp. de

உந்துகிறது, தினேன், துவேன், து,த,v.n.et a. monter, s'élever, conduire pousser,chasser.

உந்துதல், n.v.du préc. hauteur, action de monter,etc...

*உந்துரம்,(oundoura), rat.

*உந்துரு, (oundourou), rat, gros rat nommé பெருச்சாளி.

உந்தை,P.உன்றந்தை,ton père.

*உந்நதம்,V.உன்னதம்.

*உந்மத்தம்,V. உன்மத்தம்.

*உப,1° (oupa), particule qui se joint au commencement d'un grand nombre de mots sanscrits et marque l'étonnement, la beauté, la comparaison, le commandement, le reproche, l'infériorité, le meurtre,la proximité,l'abondance,l'effort,le désir, l'accompagnement, et peut ordinairement se traduire par: plus, sur, près, à côté,avec,ensemble, comme, moindre,inférieur, secondaire,sous, second,aide,auxiliaire, compagnon. 2° (oubha),deux, tous deux (ambo), secondement. [rire,rire.

*உபகசிதம்,(உப,hasita rire), sou-

*உபகதை,(உப), vieille histoire, vieux conte.

*உபகண்டம்,(id.), dessus—, bas du cou,proximité de la gorge, allure d'un cheval.

*உபகந்தம்,(id.), parfum,odeur.

*உபகமம்,(id. gam aller), proximité,rapport,acord, obtention, caractère.

*உபகரணம், 1° (oupakarana), moyen, instrument, aide, secours, cause concomitante, emploi, usage, avantage, ornement, insignes royaux, moyen de vivre, subsistence. 2° (oupaharana), offrande à un supérieur,distribution de nourriture.

உபகரிக்கிறது, ரித்தேன், ரிப்பேன்,ரி,ரிக்க,v.a.et உபகரித்தல்,n.v.(உபகாரம்), accorder une faveur, donner,rendre service,favoriser, protéger,aider,secourir,honorer.

*உபகாசம்,(உப, ஆசம்),moquerie,ris moqueur.

*உபகாதம்,(id.),maladie,attaque, toucher,contact. ‖V.பற்றுசு. [ன்.

*உபகாரணன்,(உப),V. உபகார

*உபகாரம், 1° (oupakâra), bienfait, service, bienfaisance, faveur, bonté,protection,assistance,secours, guirlandes etc... suspendues, fleur épanouie. 2° (oupahâra), don,présent à un supérieur,présent complémentaire: —செய்கிறது, —பண்ணுகிறது rendre service,accorder un bienfait;உபகாரமான ou

*உபகாரன், m. உபகாரி, m.et f.

(oupakâri), bienfaiteur,—trice,coopérateur, —trice,qui assiste, rend service.

*உபகாரிகை, (உபகாரம், ikâ), maîtresse, sattram ou maison pour les voyageurs. [secours.

*உபகிருதம்,உபகிருதி,(உப),aide,

*உபகுஞ்சிகை, (oupakountchikâ), cardamome,petit cardamome.

உபகுல்லம்,gingembre sec.

*உபகுல்லியை,(oupakoulyâ), fossé,canal,poitre long.

*உபகூகனம்,(oupagoûhana),embrassement,étonnement,merveille.

*உபகேசி, (உப), Pârvadi, V. உமை. [naissance—,étude des vèdas.

*உபக்கிரகணம்,(id.), prise, con-

*உபக்கிரகம், (id.), secours, poignée de l'herbe தருப்பை, action d'en prendre, directeur des planètes, planète secondaire, satellites, phénomène,comète, météore, étoile tombante. [geolier.gardien.

*உபக்கிரகன், (id.), prisonnier,

*உபக்கிரமம், (id.), commencement, effort pour faire une chose, prendre les moyens,épreuve, courage, médecine,pratique de la médecine.

உபக்கிரமிக்கிறது,மித்தேன், மிப்பேன்;மி,மிக்க,v.a.commencer.

*உபக்கிரோசம்,(oupakrôsa), mépris,reproche,censure.

*உபக்ஷீணம், V. உபஷ்சீணம்.

*உபக்ஷேபம். V. உபட்சேபம்.

*உபசங்காரம், (உப), réfutation, changement, massacre par représailles.

*உபசதனம்,(id.), voisinage.

*உபசத்தி,(id.), service,offrande, don,visite,réunion.

*உபசமம்,(id.), ou

*உபசமனம்,(உபசமம்,na),paix, concorde,tranquillité,calme.

*உபசயம்,(உப), élévation, monceau, boule, abondance, le 3me, le 6me,le 10me et le 11me dégré d'un signe du zodiaque à partir du 1er.

*உபசரணை,உபசரணம், உபசரிதம்,(oupatcharanâ, —rita), civilité, politesse,salut,compliment, urbanité,honneur,révérence, bienfait, service,bon office,bonté: —ஆய்ச்சொல்லுகிறது, —ஆய்ப்பேசுகிறது dire —,parler poliment; —பண்ணுகிறது,—செய்கிறது.ou

உபசரிக்கிறது,ரித்தேன், ரிப்பேன், ரி,ரிக்க,v.n.(உபசாரம்), agir civilement,faire des politesses, des complimens, saluer, parler—, traiter avec respect,rendre service, obliger, honorer,révérer,être poli, honnête.

உபசரிப்பு, உபசரித்தல், n. v. du prée: V. உபசரணை.

*உபசருக்கம், (உப), phénomène de mauvais augure, symptôme de mort, racine des mots, changement (occasionné par maladie). ‖ V. உபசர்க்கை. [éclipse.

*உபசருச்சனம், (oupasardjana),

*உபசர்க்கை, (P. உபசருக்கம்), particule sanscrite qu'on joint au commencement de certains mots,v. g.அநு,அப,அபி,உப...

உபசாந்தம்.உபசாந்தி,(உப),calme,tranquillité,patience,adoucissement,supplication,demande de pardon,cessation: —ஆயிருக்கிறது être calme, —tranquille; —பண்ணுகிறது calmer,pacifier.

*உபசாபகன், (உபசாபம், ka), calomniateur,semeur de querelles.

*உபசாபம்,(oupadjâpa), perfidie, division.

*உபசாயம்,(oupasâya), garde de nuit,veiller et dormir alternativement. [homme civil,obligeant,

*உபசாரகன், (உபசாரம், ka),

*உபசாரம்,(oupatchâra), 1° V. உபசாரணை. 2° emploi, service,pratique de la médecine, faire un remède, prière, sollicitation, requête, conséquence, phrase qui laisse quelque chose à conclure: —சொல்லுகிறது faire ses complimens, parler d'une manière obligeante, amicale, civile; —பண்ணுகிறது, —செய்கிறது faire des politesses, saluer, donner des marques d'honneur,de respect; —அறியாத incivil, impoli,

grossier: உபசாரவார்த்தை paroles obligeantes, complimens; —சாரணம், —வருமம், —விதிவை hospitalité, civilité.

*உபசாரன், m. உபசாரி, m. f. (உபசாரம்), homme poli, personne civile, obligeante.

*உபசிரதம், (oupasrouta), consentement, accord

*உபசிருட்டம், (oupasrouchta), copulation, union

*உபசீவனம், (உப), moyen de vivre.

*உபசேபனம், உபசேவனம், (உப, சேவனம்), service.

*உபஷிசேனம், diligence à faire son devoir.

*உபஸ்தம், (oupastha), organe de la génération, pudenda viri, aliquando et fœminæ.

*உபஞ்ஞை, (oupadjnâ), sagesse prématurée, —dans la jeunesse, science innée.

*உபட்சேபம், (oupakchêpa), style poétique.

*உபதரிசகன், (oupadarsaka), portier.

*உபதாது, (உப), métaux mélangés.

*உபதாபம், (id.), hâte, vitesse, maladie, peine, chaleur.

*உபதானகம், (id. தானம், ka), présent, don.

*உபதானம், (oupadhâna), oreiller, coussin, affection, poison, obligation, cause instrumentale, —concomitante, fondement.

*உபதி, (oupadhi), fraude, roue (d'un char), peur.

*உபதிசன், (உபதி, சம்), trompeur.

*உபதேசகன், (உபதேசம், ka,) V. உபதேசி.

*உபதேசம், உபதேசனம், (oupadêsa, —sana), instruction, catéchisme, instruction religieuse, prédication, doctrine, avis, monition, initiation: உபதேசகலை connaissance de Dieu, théologie, catéchisme.

*உபதேசி, (உபதேசம்), catéchiste, prédicateur, précepteur.

உபதேசிக்கிறது, த்தேன், ப்பேன், சிக்க, v. a. (உபதேசம்), et உபதேசித்தல், n. v. catéchiser, prêcher, enseigner, instruire, informer, avertir.

உபதேசிக்கை, n. v. du préc. instruction, enseignement.

*உபதை, 1° (oupadâ), présent, don. 2° (oupadhâ), épreuve (de la fidélité etc.), tromperie, prestige, fausse prétention, lettre pénultième.

*உபத்தம், P. உபஸ்தம்.

உபத்தாபம், fausseté, absurdité, expédient. V. உபத்திரம்.

*உபத்தானம், (உப, ஸ்தானம்), voisinage, proximité, assemblée.

*உபத்திதி, (உப, ஸ்திதி), connaissance, proximité.

*உபத்திரம், உபத்திரவம், உபத்திரவம், (oupadrava), affliction, malheur, souffrance, tribulation, peine, vexation, calamité, persécution, détresse, tyrannie, violence: —ஆயிருக்கிறது être incommode, gênant; உபத்திரவத்தையநுபவிக்கிறது, உபத்திரவப்படுகிறது être persécuté, affligé, peiné, souffrir persécution; —ப்படுத்துகிறது affliger, persécuter; —படுங்காலம் temps de tribulation.

உபத்தை, V. உறுட்டை.

*உபநயம், உபநயனம், (உப), cordon bramanique, cérémonie de l'investiture de ce cordon à quelqu'un des 3 premières classes, lunettes, besicles.

உபநயிக்கிறது, யித்தேன், யிப்பேன், யி. யிக்க, v. n. (உபநயம்), faire l'investiture du cordon bramanique.

*உபநாகம், (oupanâha), emplâtre, onguent ou médicament pilé qu'on applique aux plaies, remède pour les ulcères.

*உபநாகனம், (உபநாகம், na), onction.

*உபநாயம், P. உபநாகம், et உபநயம்.

*உபநிஷதம், உபநிடதம், (oupanichad), science [illegible], contenu [illegible], essence des vêdas, portion théologique et argumentative [illegible], portions ou divisions des vêdas; on en compte 32, savoir: இருக்கு, எசுர், சாமம், அதர்வம், சைத்திரியம், 5; பிருகதாரணியம், இலிங்கம், சாரீரம், நராயணகம், சதபதப்பிராமணம், 10: காருடம், கருடபம், சாந்தோக்கியம், கடவல்லி, முண்டகம், 15; முத்கலம், பிரமவித்து, தைத்திரியம், சுபாலம், யாக்கி

யவலக்கியம், 20; மைத்திராவருணம். சிற்குணலயம், மந்திரம், மானதியம், மகோபநிடம், 25: காலாக்கினியுருத்திரம், சாபாலம், நாராயணம், சுவேதாச்சுவதரம், சுபாலம், 30; பராமாத்துமியம், அதருவச்சிரம். On les nomme aussi: சிருத்திரம், மிருகதாரண்ணியம், சுவேதாசுவதரம், கைவல்லியம், காலாக்கினி, 5; கடம், வல்லி, காத்தியாயனம், பிரமம், நாராயணம், 10; அங்கிசம், பரமாங்கிசம், பார்க்கரம், பிரமபிந்து, ஆருணி, 15; அமிர்தபிந்து, பகுவபஞ்சம், பிரமசாபாலம், தேசோபிந்து, வார்சியாதீயம், 20: போதாயநீயம், ஆசுவலாயநீயம், சாங்கியாயநீயம், வாசிராயநீயம், சௌனகியம், 25; சிவசங்கற்பம், சிரவணம், யாராகம், கிம்புரோடியம், மாண்டூகம், 30; முண்டிரம், மௌண்டிரம்.

*உபநிட்கரம், உபநிஷ்கரம், (oupanichkara), rue, grande rue.

*உபநிட்கிரமணம், உபநிஷ்கிரமணம், (oupanichkramana), rue royale, *ou*

*உபநிட்டானம், உபநிஷ்டானம், (உப, நிர், ஸ்தானம்), cérémonie de sortir un enfant dehors, le 4me mois, et de lui montrer la lune.

*உபநிதானம், உபநிதி, (உப), dépôt, gage.

*உபநியாசம், (*id.*), dépot, gage, préface, exorde, mesure, serment.

*உபநியாயம், (*id.*) répétition de ses raisons, redite.

*உபபதம், (*id.*), prouver de nouveau, petitesse, racine d'un mot, 1re partie d'un mot composé.

*உபபதி, (*id.*), sous-employé, second en autorité, galant, complice d'adultère.

*உபபத்தி, (oupapatti), assemblée, association, action, méditation, naissance, cause, raison, fin, preuve, démonstration.

*உபபலம், உபபலன், (உப), armée —, corps de réserve, secours, protection, assistance, support, défenseur.

*உபபாதகம், (*id.*), grand crime.

*உபபீடனம், (*id.*), souffrance, peine, tourment.

*உபபுராணம், (*id.*), pourana secondaire. Il y en a 18, qui sont comme des extraits, des redites ou des développemens du contenu des 18 principaux அஷ்டாதசபுராணம்.

உபபுரம், உபபுறம், (*id.*), dehors d'une ville, faubourg. [sance.

*உபபோகம், (*id.*), plaisir, jouis-

*உபமம், (oupama), comparaison, ressemblance.

*உபமலம், (உப), corruption de l'esprit, souillure de l'âme.

*உபமாதிபகம், (உபமை, திபகம்), une des fig. de rhét. dites திபகம்.

*உபமானம், (உபமை, na), *V.* உவமானம்.

உபமிக்கிறது, *V.* உவமிக்கிறது.

*உபமிதம், (oupamita), chose comparée.

*உபமிதி, (oupamiti), *V.* உபமம்.

*உபமேயம், (oupamêya), sujet d'une comparaison, objet que l'on compare. Ainsi si l'on compare le visage au nénuphar, le visage est le உபமேயம்.

*உபமேயோபமானம், (உபமேயம், உபமானம்), métaphore, fig. de rhét. qui prend l'objet comparé pour celui auquel on le compare et vice versâ, ressemblance d'un objet avec celui auquel on le compare *v.g.* de la lune à une belle face.

*உபமை, (oupamâ), *V.* உவமை.

*உபம், 1° (oupa), bien (opposé de அபம்). 2° *P.* யுபம், sagacité.

*உபயகுலம், (உபயம்), 2 castes, 2 races, 2 sortes.

*உபயகோமுகி, (*id.* கோ, முகம்), vache à 2 faces, *i.e.* vache qui vèle de manière qu'on n'aperçoive encore que la tête du veau.

*உபயசம்பவம், (*id.*), dilemme.

*உபயத்தம், *P.* உபயார்த்தம், équivoque mot à double sens.

*உபயமம், (oupayama), mariage.

*உபயமாதம், (உபயம்), les mois correspondans aux signes de la Vierge, du Sagittaire, des Gémeaux et des Poissons.

*உபயம், 1° (oubhaya), deux, équivoque, ambiguité. 2° sort, condition, lot,série,changement.change, bienfait,gloire, reconnaissance, dépense pour une fête: உபயமாக d'une manière ambigue,à double sens; உபயமான double,ambigu,équivoque.

*உபயராசி,(உபயம், இராசி), les signes de la Vierge, du Sagittaire, des Gémeaux et des Poissons.

*உபயவாதி, (உபயம்), celui qui expose les raisons ou parle en faveur des 2 parties, avocat des 2 parties, ennemi,opposant.

உபயவோசை,(id. ஓசை), son redoublé,réduplication d'une syllabe, écho. [சாங்கலன்.

*உபயாங்கன், (id. அங்கம்), V. ச

*உபயார்த்தம்,(id. அர்த்தம்), double intention,—but,équivoque.

*உபயோகம்,(உப, யோகம்), usage,emploi,avantage,service, utilité, secours,instrument,aptitude à une chose, proximité, bonne conduite, préparation des médecines, imagination,action pour un but spécial: உபயோகப்படுத்துகிறது employer, se servir,rendre utile.

*உபயோகி, (உபயோகம்), aide, homme utile.favorable, propice.

உபயோகிக்கிறது, கித்தேன், கிப்பேன்,கி, கிக்க, v.n. et a. (உபயோகம்),et உபயோகித்தல். n.v être utile, servir.se servir,employer,faire servir, utiliser

*உபரசம்,(உப),minéraux secondaires,os de sèche, (qui est un des 120 minéraux secondaires) .

*உபரசன், P. உபரிசன்.

*உபரிதம், P. உபசரிதம்,civilité, garder le gourou.

*உபரட்சணன், உபரக்ஷணன், (உப,இரக்ஷணம்), portier.

*உபரதி,(உப,இரதி), rebut,aversion,rejeter avec horreur.

உபரதிக்கிறது, தித்தேன், திப்பேன்,தி,திக்க, v.a.et உபரதித்தல், n.v. (உபரதி), rebuter,donner de l'aversion,faire rejeter. [solu.

*உபரமணம்,(உப), abandon ab-

*உபராகம்,(உப,இராகம்). éclipse,temps d'une éclipse,Râgou ou le nœud ascendant,sa mauvaise influence (prétendue). affliction,mauvaise conduite. [prince héréditaire,

*உபராசன், (உப), jeune roi,

*உபராவம்,(உப,râva son), bruit, son,lumière.

*உபரி,(oupari), dessus, plus, surplus.excès,certain poisson. [det.

*உபரிசன், (உபரி,சம்), frère ca-

*உபரிசிலை,(உபரி), espèce de copulation ou de liberté indécente.

*உபரோதகம், (உபரோதம், ka), chambre intérieure.

*உபரோதம், (உப), empêchement,action de lier,de bâtir d'environner,de se défendre,protection.

*உபலத்தி, (oupalabdhi), intelligence,connaissance,acquisition.

*உபலம்,(oupala), pierre, caillou, rocher.petite pierre,pierre précieuse,bijou,adoration. [lerie.

*உபலாலனை,(உப), caresse,cajo-

*உபலாலிகை,(oupalâlikâ).soif.

உபலாளனம்,nettoyement, purification. [mauvais augure.

*உபலிங்கம்,(உப), phénomène de

*உபலேபம், உபலேபனம், (id.), action de frotter. ‖ V. உபாஞ்சனம்.

*உபலோத்திரம்,(id); gomme de l'arbre விளா.

உபவசிக்கிறது, சித்தேன், சிப்பேன்,சி,சிக்க,v.n. உபவசித்தல், n.v.(உபவாசம்),jeûner.ne boire ni manger

உபவம்,la plante சித்திலை.

*உபவருத்தனம்,(உப), pays, royaume,ville—,contrée inhabitée.

*உபவனம்.(id.), jardin, jardin de fleurs, bosquet,petit bois.

*உபவாசம், (oupavâsa), jeûne. abstinence entière du boire et du manger: —ஆயிருக்கிறது, — பண்ணுகிறது jeûner,s'abstenir entièrement du boire et du manger; உபவாசவிரதம் vœu de garder l'abstinence susdite,jeûne absolu,volontaire ou par vœu.

*உபவாசன், உபவாசி, (உபவாசம்), jeûneur,qui s'abstient entièrement du boire et du manger. [று.

உபவாசிக்கிறது, V. உபவசிக்கிற

*உபவீதம்,(oupavita), V. பூணூல்.

*உபவேசம்,(oupavèsa), siége, être assis, faire ses besoins, existence.

உபதியாவி, la plante கோஷ்டம்.

உபற்பவம், éclipse, le serpent Râgou, i.e. le nœud ascendant.

உபன்னியாசம்,(oupanyâsa), gage, action de donner, précepte, préface, exorde, accord.

*உபாகமம், (உப, ஆகமம்), accord, copie —, imitation d'un livre sacré.

*உபாகரணம், (உப, ஆ), action préparatoire à la lecture des vêdas.

*உபாகருமம்,(id.), cérémonie en l'honneur des ancêtres.

*உபாகிதம், oupâhita), météore.

*உபாகிருதம்,(oupâkrouta), phénomène de mauvais augure, victime à immoler, sacrifice.

*உபாக்கியானம், (உப, ஆ), poème épique, conte, vieille histoire, leçon d'élégance d'après les auteurs classiques.

*உபாங்கம், (உப, அங்கம்), signe sur le front désignant une secte, partie de danse ou de l'art de danser, membre extérieur, ce dont on est vêtu ou orné, subdivision d'une science.

*உபாசங்கம், (id. ஆசங்கம்), carquois inépuisable.

*உபாசயம்,(id. ஆசயம்), sommeil.

*உபாசனம்,(id. ஆசனம்), science de tirer de l'arc, ou

*உபாசனை,(oupâsanâ), adoration, hommage, vénération, observance, pratique.

உபாசிக்கிறது, சித்தேன், சிப்பேன், சிக்க, v. a. (உபாசிதம்), adorer, honorer, observer.

*உபாசிதம்,(oupâsita), V. உபாசனை.

*உபாசிரயம், (உப, ஆசிரயம்), refuge.

*உபாஸ்தி, (oupâsti), service, adoration, culte.

*உபாஞ்சனம், (உப, அஞ்சனம்), action d'enduire (de bouse de vache etc.)

*உபாதானம், (oupâdâna), abstraction, défense, retenue, répression des sens, don, aumône, poignée de grains donnée par charité, instrument, matière (dont une chose est faite), équivoque, expression à double sens, idée, pensée, cause première: ou உபாதானகாரணம் cause prochaine, —concomitante, —secondaire, —instrumentale.

*உபாதி,(oupâdhi), affliction, calamité, peine, tourment, empêchement, connaissance distincte, objet, chose, concours, méditation, déguisement, illusion, retenir son esprit ou sa volonté lorsqu'il vient des doutes sur des choses corporelles.

உபாதிக்கிறது, P. வாதிக்கிறது.

உபாத்தி, hon. உபாத்தியார், ou

*உபாத்தியாயன், (oupâdhyâya), maître d'école, précepteur.

*உபாத்தியாயை, உபாத்தியாயி, உபாத்தியானி, (id.), maîtresse d'école, femme d'un maître d'école.

*உபாந்தியம், (உப, அந்தியம்), état de ce qui est pénultième, avant dernier, second, le plus proche après un autre.

*உபாயம்,(oupâya), moyen, manière, expédient, artifice, ruse, industrie, compliment, paroles flatteuses, petitesse. On compte 4 sortes d'உபாயம், V. சதுருபாயம்: —பண்ணுகிறது prendre —, inventer un expédient, —les moyens voulus, user de ruses: உபாயக்காரன் homme rusé, —à expédiens: உபாயதந்திரம் ruse, expédient, stratagème; மோட்சம் பெறுகிறதற்குபாயம் le moyen d'obtenir le ciel.

உபாயவிலக்கு, fig. de rhét. défense au moyen d'un stratagème, action de déjouer les ruses.

*உபாயனம்,(oupâyana), bienfait, présent de cérémonie, —pour complimenter.

*உபாயி, (உபாயம்), m. f. personne rusée, —habile en expédiens.

*உபாயோபாயம், (உபாயம், உபாயம்), toute sorte de moyens: —ஆய் par toute sorte de moyens bons ou mauvais.

உபாரம், உபாரவை, lignes tra-

சைகள்—,peintures sous une tour.

உபுக்கல், enflure, débordement, inondation,*n. v. de*

உபுக்குகிறது, க்கினேன், க்குவேன்,க்கு, க்க,*v.n.*s'enfler,déborder.

*உபேக்ஷ, *V.* உபேட்சை.

உபேக்ஷிக்கிறது,*ou* உபேட்சிக்கிறது,சித்தேன்,சிப்பேன்,சி,சிக்க,*v.a.* (உபேட்சை), conniver,permettre ce qu'on devrait empêcher,rejeter, abhorrer.

உபேட்சித்தல்,உபேட்சிக்குகை,உபேட்சிப்பு, *n.v.du préc.* connivence, aversion,renoncement.

*உபேட்சை, (oupèkchâ), indulgence,connivence, indifférence, indolence,inaction,délai, négligence, dégoût,abandon, déplaisir, mépris, tromperie,ruse,expédient, patience, illusion: —யாயிருக்கிறது être le partisan,être du côté de quelqu'un, le favoriser; *ou* — பண்ணுகிறது conniver, consentir secrètement.

*உபேந்திரன், (உப, இந்திரன்), Vichnou (métamorphosé en) frère cadet d'Indiren.

*உபையம், *V.* உபயம்.

*உபோதகம்,உபோதம்,(உப,உதகம்,உதம்), la plante பேய்ப்பசளை.

உப்ப,*inf.d'*உப்புகிறது.

உப்பக்கம், (உ *dém.*), le dos.

உப்பங்கழி,(உப்பு,அம், கழி), saline, salière vase ou l'on met le sel.

உப்பசம்,(உப்புகிறது,சம்),enflure du ventre,gonflement, asthme: —ஆயிருக்கிறது être asthmatique,—gonflé.

உப்பட்டி,faisceau de rayons.

உப்பளைக்கிறது, உப்பளைத்தல், (உப்பு), faire du sel. [உப்பளவன்.

உப்பளைப்போரன்,*n.v.du préc. V.*

உப்பம்பருத்தி,(உப்பு,அம்), espèce de cotonnier. [puits.

உப்பரவன்,homme qui creuse les

உப்பரிகை, (உபரி,கை), tour,étage supérieur,chambre haute.

உப்பல், *V.* உப்புகை.

உப்பளப்போர், (உப்பு, அளக்கிறது), mesureurs de sel.

உப்பளம், (*id.* அளம்), saline, marais salant,champ où l'on peut faire du sel,rivière salée,embouchure de rivière: —கட்டுகிறது construire une saline.

உப்பளவன், (உப்பளம்), saunier, faiseur de sel,habitant des côtes de la mer.

உப்பறுகம்புல்,உப்பறுகு. (உப்பு, அறுகு), chiendent des terres salées, agrostis tremula.

உப்பன்பருத்தி, *V.* உப்பம்பருத்தி.

உப்பாரக்காரன்,plâtrier, maçon qui crépit. [salée.

உப்பாறு, (உப்பு, ஆறு), rivière

உப்பி,*gér.d'*உப்புகிறது.

உப்பிசம்,*P.* உப்பசம்.

உப்பிடுகிறது,(உப்பு, இடுகிறது), saler,mettre du sel: உப்பிட்ட salé.

உப்பிலி,(*id.* இலி), 1° l'arbrisseau இண்டு. 2° insipide,sans sel: —க்கொடி la plante ஈர்கொல்லிக்கொடி.

உப்பிலியன்,(உப்பிலி), faiseur de sel de terre.

உப்பு,1° sel, mer, la mer de sel (de la fable indienne), salure, goût salé, goût, saveur, douceur, borne, mélodie, jeu de femmes. 2° *imp. et part. d'*உப்புகிறது: —க்கசளை source salée, étang salé; —க்கட்டி l'arbrisseau கிலுகட்டிக்கொடி,masse de sel; —க்கண்டம் mouton salé, viande salée et séchée au soleil; —க்கண்டமிடுகிறது, —க்கண்டம்போடுகிறது saler du mouton; —க்கண்டம்போகடித்த பார்ப்பாத்திபோலே comme une bramine qui a perdu son mouton salé (proverbe qui se dit d'une personne qui a perdu, ou fait ce dont elle n'ose parler); —க்கரிக்கிறது, —க்கூர்க்கிறது être trop salé,avoir le goût de sel;—க்கரித்தல் goût de sel, dégoût; —க்கழி saline; —க்கீரை la plante முக்குளி, sorte d'herbe potagère; —க்குத்தி oiseau qui picotte le sel; —க்கூடு salière; —க்கொள்ளுதல் prendre du sel, certain jeu; —ச்சலம், —த்தண்ணீர் eau salée, —saumâtre; —த்தரவை, —த்தரை terre imprégnée de sel, certain lieu; —த்தளைக்கரத்தா

ளம

ன், V. காத்தவராயன்; —த்திராவகம் eau obtenue par la distillation de sels médicaux; —நீர் eau salée, sueur; —ப்படுகிறது le sel se former; —ப்பற்றுகிறது, —ப்பிடிக்கிறது prendre le sel, devenir salé, le sel se former; —ப்பார்க்கிறது goûter (les alimens), voir s'il y a assez de sel et d'épices, faire le 1er l'expérience d'un nouvel ouvrage; —ப்பால் 1er lait après les couches,— après que les animaux ont mis bas; —ப்புல்லு espèce d'herbe; —ப்பூக்கிறது le sel se former, —paraître dans les salines; —ப்போடுகிறது saler, mettre du sel; —மாறுகிறது vendre du sel; —வாணிகர் sauniers, marchands—, faiseurs de sel; —வித்து minéral dit ஆண்சரக்கு qui s'unit à un autre, alcali, sel neutre; உப்பில்லாத sans sel, insipide: என்னுப்புச்சாப்படுகிறவன் celui qui mange mon sel, *i. e.* que je nourris; இந்தக்கறியிலேயுப்பில்லை ce ragoût n'est point salé, —est insipide; இந்தப்பேச்சிலேயுப்பில்லை, இதுவுப்பில்லாப்பேச்சு ce discours manque de sel, est insipide; தென்சமுத்திரத்துப்பாறையுப்பு sel qui se forme sur les rocks ou le corail de l'océan méridional, (ce corail est, dit-on, blanc); வடசமுத்திரத்துப்பாறையுப்பு sel qui vient sur les rochers ou le corail de l'océan septentrional, là ou la mer s'est retirée; (ce corail est de différentes couleurs).

உப்புகிறது, ப்பினேன். ப்புவேன், ப்பு, ப்ப, *v.n.* enfler, s'enfler, se gonfler, être bouffi, enflé, bouffi d'orgueil, fermenter: உப்பிப்போகிறது s'enfler, être enflé, bouffi d'orgueil; உப்பப்பண்ணுகிறது faire enfler, faire lever ou fermenter; இருதயமுப்புகிறது le cœur se gonfler, —s'enfler d'orgueil.

உப்புகை, உப்புதல், *n.v. du préc.* enflure, gonflement, être bouffi de joie ou d'orgueil.

உப்புரிகை, உப்புரிசை, *P.* உப்பரிகை.

உப்புறைப்பு, (உப்பு, உறைப்பு), saveur du sel, assaisonner de sel.

உப்பூர், (உப்பு, ஊர்), ville du sel.

உப்பை, 1° Ouppei, célèbre femme poète sœur d'ஔவையார் et de திருவள்ளுவர். 2° *acc. de* உப்பு. 3° *P.* உப்பாய், tu n'enfles pas.

உம, *gén. de* நீர், de vous, votre.

உமக்கு, *dat. de* நீர், à vous.

உமணத்தி, *pl.* உமணத்தியர், (உமணன்), marchande de sel.

உமணன், *V.* உப்பளவன்.

உமது, *gén. de* நீர், de vous, votre, le vôtre.

*உமம், (ouma), ville, débarcadère, endroit pour descendre.

உமரி, limaçon, la plante salicornia herbacea: —க்காசு espèce de cauris ou petit coquillage qui sert de monnaie.

உமலகம், sulfure jaune d'arsenic.

உமலோத்திரம், *P.* உபலோத்திரம்.

உமல், panier ou sac de feuilles de palmier ou de cocotier à l'usage des pècheurs.

உமற்கடம், l'herbe குசைப்புல்.

உமன், *m.* உமள், *f.* (உம), personne de votre pays, un ou une des vôtres, *pl.* உமர் vos gens.

உமாகட்கம், (உமை), l'herbe தருப்பை.

*உமாகுரு, (உமை), le mont Himalaya, prétendu père d'Oumei.

உமாக்குருவி, (houma, *mot persan*), espèce d'oiseau de paradis.

*உமாசகிதன், (உமை), *V.* உமாபதி.

*உமாசுதன், (*id.*), fils d'Oumei, *i.e.* Vinâyaguen, Soupramanien et Virapattiren.

*உமாதசி, (உமை, atasi *lin*), chanvre, lin.

*உமாதம், (*id.* அதம்), ignorance, imbécillité.

*உமாதி, *m. f.* (உமாதம்), ignorant, ignorante, imbécile.

உமாபட்சி, *V.* உமாக்குருவி: —யிறகு plume de cet oiseau.

*உமாபதி, (உமை), le mari d'Oumei, *i.e.* Siven.

உமி, 1° paille, balle de riz, enveloppe du grain, cosse. 2° *imp. et part. de* உமிகிறது *et d'*உமிக்கிறது; —க்கரப்பான் espèce de petite gale qui couvre tout le corps, maladie des enfans;—க்காந்தல் balles de riz à moitié brûlées:—ச்சிரங்கு, V. சிறுசிரங்கு;—த்தவிடு son grossier; —நகம் ongle délicat; —புண்ணணி tique de balle de riz.

உமிகிறது,(P. உமிழ்கிறது), மித்தேன்,மிவேன்,மி,மிய, v. a. et உமிகுகை, உமிதல், n. v. cracher, vomir, lancer, se gargariser, amasser—,recueillir sa salive avec sa langue.

உமிக்கிறது,மித்தேன், மிப்பேன், மி,மிக்க,v.n.உமித்தல்,n.v.se corrompre,se gâter,cesser. [crachat.

உமிநீர், (உமிகிறது, நீர்), salive, உமிரி,V.உமரி.

உமிழ், 1° lumière, rayon.2° imp. et part.de

உமிழ்கிறது ou உமிழுகிறது, மிழ்ந்தேன்,மிழ்வேன் ou மிழுவேன்,ழ் ou ழு,மிழ,v.a.et n.cracher, vomir, lancer,répandre, rendre un son,se gargariser la bouche, bouillonner comme une source, s'étendre,se répandre,couler,avoir des nausées,s'amollir dans l'eau:பூவாசனையுமிழ்கின்றது la fleur exhale son parfum.

உமிழ்தல், n.v. du préc. gargarisme, bouillonnement, vomissement, effusion, crachement, extension, nausée.

உமிழ்த்துகிறது, த்தினேன், த்துவேன்,த்து,த்த, v.a.de உமிழ்கிறது, உமிழ்த்துகை, உமிழ்த்தல், உமிழ்த்துதல், n.v. amollir dans l'eau, faire cracher—vomir... [ve,crachat.

உமிழ்நீர், (உமிழ்கிறது,நீர்), sali-

உமிழ்ந்த,part.d'உமிழ்கிறது.

உமிவிக்கிறது, v. caus. de உமிகிறது,faire cracher.

*உமேசன், (உமை, ஈசன்), le maître d'Oumei,i.e. Siven.

*உமை, (oumâ), Oumei, Pârvadi ou Tourkei femme de Siven, tranquillité,calme,réputation, lumière, lin:—கரநதி le Gange qui (au dire des Indous) sort des mains d'Oumei;—மகன்,V.உமாசுதன்; —பொருபாகன் Siven dont un côté est Oumei. [battu.

உமையமார்க்கம், chemin très-

உமையவள், (உமை), la prétendue déesse Oumei.

உமையாள்,(id.), savon,plume de paon; à cause qu'elle est de la couleur d'Oumei.‖ V. உமையவள்.

உம், conj. ou இடைச்சொல், et, aussi,même.(உம் se met à la fin des mots auxquels il sert de conjonction ou qu'il spécifie). 1° généralement il signifie et; alors il se répète ordinairement à la fin de chacun des mots auxquels il sert de conjonction. Ex. நிலமும்நீருந்தீயுங் காற்றும் ஆகாசமும் பஞ்சபூதங்களாம் la terre, l'eau, le feu, le vent, et l'air sont les 5 élémens (des Indiens). 2° D'autres fois il se met élégamment à la fin du dernier mot seulement. Ex. நிலம், நீர், தீ, காற்று, ஆகாசமும்பஞ்சபூதங்களாம். 3° Il sert à spécifier certaines choses ou personnes entre plusieurs. Ex.அச்சனங்களிலேயிந்நாலுபேருங்கெட்டவர்கள் parmi ces gens-là ces quatre personnes sont des méchans; அம்மரங்களில்இந்நாலும் ou இதுகள்நாலும் பனைமரங்கள் parmi ces arbres ces 4 sont des palmiers. De même on ajoute உம் quand on distingue le nombre de la chose comptée. Ex. இதுகளிரண்டுமெருது ces 2 animaux sont des bœufs; sans உம் le sens serait: ces 2 bœufs, et la phrase serait incorrecte. 4° On ajoute உம் quand le nombre des objets dont on parle est complet et qu'il n'y en a pas d'autres. Ex. என்னிருகண்களும் ou என்கண்ணிரண்டும்வலிக்கிறது j'ai mal aux deux yeux; sans உம் le sens serait: j'ai mal à 2 de mes yeux,comme si j'en avais encore d'autres: உன்மூன்றுகுமாரருஞ்சுகமாயிருக்கிறார்கள் tous vos 3 fils se portent bien. 5° On l'ajoute aussi à un nombre lorsqu'il comprend tout ce dont on parle. Ex. இந்தநாலுபழங்களைப்பார்க்கிறாயோ நாலையுமிங்கேகொண்டுவா vois-tu ces 4 fruits? apporte les tous 4 ici. 6° உம் joint à une négation ne lui ajoute qu'une signification d'universalité. *Ex.* ஒருபோதுமில்லை jamais, ou pas une seule fois. S'il est répété et suivi d'une négation il signifie ni. *Ex.* அதுமண்ணுமல்லநீருமல்ல cela n'est ni de la terre ni de l'eau. 7° Joint à un seul nom, pronom ou infinitif, ordinairement il signifie aussi, même, et marque augmentation ou défaut. *Ex.* அவனும்வந்தான் lui aussi est venu; அடிக்கவுந்துணிந்தான் il a même osé frapper; எறும்புக்குந்தன்கையாலெண்சாணுடம்புண்டு la fourmi même a 8 empans à sa propre mesure, (proverbe pour dire qu'on ne doit pas se vanter de sa hauteur). 8° On ajoute உம் aux mots qui signifient tout, ou au substantif qui suit ces mots et alors il ne sert qu'à compléter l'idée d'universalité. *Ex.* எல்லாரும், எல்லாமனிதரும் tous, tous les hommes. 9° உம் joint aux mots interrogatifs leur donne le sens d'universalité. *Ex.* ஆர் qui? ஆரும் tous; எங்கே où? எங்கும் partout; எப்போது quand? எப்போதும் toujours; எப்படி comment? எப்படியும் de quelque manière que ce soit. 10° உம் joint à l'infinitif lui donne souvent le sens d'impératif ou d'optatif. *Ex.* கேட்கவும்ஆண்டவரே Seigneur! écoutez ou daignez écouter; நிச்சற்றேநிற்கவும் arretez un peu, je vous prie; ஆரோக்கியமுனக்குண்டாகவும் que la santé te vienne! 11° On ajoute souvent உம் à l'ablatif en இல், ou au datif pour marquer le comparatif et le superlatif. *Ex.* அதிலுமிதுபெரிது ceci est plus grand que cela; இதுவெல்லாமரத்திலும்பெரியது celui-ci est le plus grand de tous les arbres. 12° உம் ajouté au gérondif ou au conditionnel en ஆல் ou இல், leur donne la signification de quoique, et quelquefois le sens de doute. *Ex.* நாமதைமுடித்தும் ou முடித்தாலும் ou முடிக்கிலும்பயனிராது quoique nous achevions cela il n'y aura aucun profit; வரினும்வருவான் il viendra peut-être, *litt.* et s'il vient il viendra. 13° Quand ce conditionnel en ஆலும், இலும் est précédé d'un mot interrogatif, il équivaut à quoi que, quelque que. *Ex.* நீஎன்னசெய்தாலும் quoi que tu fasses, quelque chose que tu fasses, நீஎங்கேபோனாலும் en quelque lieu que tu ailles. 14° உம் sert de terminaison 1° à la 2me pers. plur. de l'impératif. *Ex.* வாரும் venez. 2° au part. du futur. *Ex.* வரும் qui viendra, à venir. 3° à la 1re pers plur. du futur du haut tamoul qui comprend ceux à qui ou de qui l'on parle. *Ex.* வருதும் nous viendrons. 15° உம் *gén. de* நீர், de vous, votre. 17° *உம், (oum), *int. de consentement*, oui. [காமதேனு.

உம்பரான், (உம்பர், ஆன்), V.

உம்பர், air, élévation, place mitoyenne, — entre la plus proche et la plus éloignée, dessus, brames, habitans des cieux, les bienheureux, les immortels: உம்பருலகம், — உலகு le ciel, le monde des immortels; — கோன் Indiren, le roi des dieux (de la fable); — மேல் élévation, hauteur, le haut des cieux.

உம்பல், taureau, bœuf, buffle (mâle), le mâle des animaux, éléphant, éléphant mâle, bélier, fils, usage, coutume, élévation, hauteur, force, caste, lignée.

உம்பளம், bienfait, don, présent, honneur. [frère cadet.

உம்பி, (*sync. de* உன்றம்பி), ton

உம்பளிக்கை, fief, terre exempte de tribut donnée pour récompenser quelque service, chose gratuite: — கிராமம் village accordé en fief; — விடுகிறது, — பாகக்கொடுக்கிறது accorder un fief, — en fief. [noyau.

உம்மங்காய், fruit de palmier sans

உம்மதம், (*P.* உன்மத்தம்), stupeur qui empêche de parler.

உம்மிடம்,(உம்,இடம்), votre place:உம்மிடத்தில்,உம்மிடத்து auprès de vous, à vous, à votre place.

உம்முடை, உம்முடைய, *gén.de* நீர்,de vous,votre: —உடைமை votre propriété;உம்முடையது le vôtre,ce qui est à vous.

உம்மென்கிறது, (உம் *oui*), dire உம்,—oui,consentir.

உம்மை,1° *acc.de* நீர்,vous. 2° (உ *dém.*மை), la naissance ou transmigration immédiate avant la présente,*ou* la naissance future (dans le faux système de la métempsycose). 3° (உம்,மை),la conjonction உம், la syllabe உம்:—த்தொகை ellipse du mot உம்,comme செல்கதி pour செல்லுங்கதி la voie que l'on suit; —யெஞ்சணி (எஞ்சும்,அணி). ellipse du mot உம்.

*உம்வரம்,(oumvara), linteau de porte.

உயக்கம்,உயங்கல்,உயங்குதல்,*n.v.du suiv.* détresse, chagrin, peine, tourment, vexation, peine, abattement d'esprit, maigreur.

உயங்குகிறது, *sync.* உயங்கிறது, கினேன்,குவேன், கு,க, *v.n.*se chagriner,être peiné,affligé,dans la détresse, se faner, se flétrir.

உயத்தி, *V.*வெள்ளைப்பாஷாணம்.

உயரம், (உயருகிறது), hauteur, élévation,accroissement, augmentation, abondance, excellence, grandeur,dessus:உயரத்திலே en haut.

உயரி, (உயரம்), ce qui est élevé, hauteur.

உயருகிறது *ou* உயர்கிறது,ர்ந்தேன்,ருவேன் *ou* ர்வேன்,ரு *ou* ர்,ர, (உயரம்), *v.n.et* உயருதல்.*n.v.*être élevé,exhaussé,grand, excellent, éminent, s'élever, grandir, augmenter, croitre,monter, l'emporter, se dresser; உயர்ந்துபோகிறது s'élever, grandir; தானியம்உயர்ந்துபோகிறது, — உயர்ந்துவிற்கிறது le grain se vendre à meilleur marché, la quantité donnée pour un fanon augmenter; உயர,*inf.* (*avec le gén. ou le dat.*) en haut, par-dessus, sur; உயரக்கிளம்புகிறது s'élever en haut, prendre son essor: —ப்பறந்தாலும் ஊர்க்குருவி பருந்தாமோ le passereau volât-il bien haut deviendra-t-il épervier, *prov.* tout en s'élevant on reste ce que l'on est; —ப்பார்க்கிறது regarder en haut, viser ou tendre plus haut,chercher à s'élever;—ப்போகிறது monter,aller en montant; —விருக்கிறது être dessus,—en haut;—விருந்துவிழுகிறது tomber de haut en bas; —வெறிகிறது jeter en haut ou dessus;—வெழுகிறது monter,s'élever,monter en haut ou dessus; அதினுயரவை mets sur cela.

உயர்,1° l'arbrisseau குன்றி,2°(*P.* துயர்), peine, difficulté. 2° *imp. et part.de* உயர்கிறது,haut, élevé, noble,grand, sublime; —குலம் haute caste, famille noble; —குலத்தோர் gens de haute caste;—கொடைவேந்தர் rois célébres par leur générosité; —குணமுடையோர் gens d'un caractère noble.

உயர்ச்சி,*V.*உயரம்.

உயர்தல்,*n.v.d'*உயருகிறது, augmentation, élévation, montée, accroissement,supériorité.

உயர்திணை,(உயர்), le genre noble ou sublime; il comprend les êtres intelligens, *i. e.* Dieu,les anges, les hommes et même les démons.

உயர்தினம்,(உயர்).jour heureux, —favorable,—de fête.

உயர்த்தல்,*n.v. d'*உயர்த்துகிறது, élévation, hauteur, accroissement, soulèvement d'un fardeau.

உயர்த்தி,*V.*உயரம்:—யான haut, élevé,excellent:ஏலத்திலுயர்த்தியாகக்கேட்கிறது mettre la dernière enchère dans une vente.

உயர்த்துகிறது, த்தினேன்,த்துவேன்,த்து,த்த,*v.a. d'*உயர்கிறது, *et* உயர்த்துதல்,*n.v.*élever,hausser,exalter, accroitre, augmenter, élever —,soulever un fardeau.

உயர்த்தோன், *pl.* உயர்த்தோர், *n.app.du préc.* qui élève, —lève l'étendard.

உயர்நிலம்,(உயர்), élévation,lieu

élevé, —qui va en montant, butte, colline, ciel: உயர்நிலத்தோர், உயர்நிலத்தவர், habitans des cieux.

உயர்நிலே, (உயர்), le ciel, position sublime, lieu élevé: உயர்நிலேயோர் les habitans des cieux.

உயர்ந்த, *part. parf. d'*உயருகிறது, haut, élevé, sublime, noble; —குலம் haute caste, tribu noble; —குளச்சி, *V.* பவளப்புற்றுப்பாஷாணம்; —மனிதன் homme de haute taille, de haut rang; —பாறை roc élevé; —வயசு âge avancé.

உயர்ந்தோன், *n. app. d'*உயர்கிறது, homme grand, — éminent: உயர்ந்தோர், *pl.* les grands, savans, brames, sages, ermites.

உயர்பு, *V.* உயர்வு.

உயர்ப்பு, *n. v. d'*உயர்க்கிறது, élévation, augmentation, accroissement, redressement. [gne.

உயர்மலே, (உயர்), haute monta-

உயர்மொழி, (*id.*), style sublime, mot relevé.

உயர்வு, 1° *n. v. d'*உயருகிறது, *V.* உயரம். 2° secours: உயர்வாயிருக்கிறது être élevé; உயர்வான haut, élevé; உயர்விழிவுப்புகழ்ச்சியுவமை, espèce de louange ironique: — சிறப்பு mot qui montre l'excellence propre à une chose, éloge mérité; —சிறப்பும்மை conjonction உம் employée pour rehausser la hauteur. *Ex.* குறவருமருளுங்குன்றம் montagne capable d'inspirer de l'effroi même aux Couravers; —நவிற்சியணி, (உயர்வு, நவிற்சி), fig. de rhét. qui consiste à récréer ses auditeurs par des métaphores ou mots que l'on sait n'être pas propres à son sujet.

உயர்வோன், (உயர்வு), grand homme, homme grand.

உயல், *n. v. d'*உய்கிறது, vie.

உயவர், (உயவு), gens affligés, dans la détresse.

உயவல், *n. v. d'*உயவுகிறது, pensée.

உயவு, pensée, affliction, peine, malheur. [வ, *v. a.* (உயவு), penser.

உயவுகிறது, வினேன், வுவேன், வு,

உயவை, (உயவு), affliction, la plante காக்கணம், nuage, rivière, champ fertile. [ல், உசாவுகிறது.

உயாவல், உயாவுகிறது, *P.* உசாவ

*உயித்தம், *P.* யுத்தம், combat.

உயிரளபு, உயிரளபெடை, (உயிர்), allongement du son d'une voyelle longue en y joignant la brève correspondante, comme தொழாஅர், ஐஇகை, pour தொழார், ஐகை; உயிரளபெடுக்கிறது allonger ainsi une voyelle, prendre l'உயிரளபெடை.

உயிர், vie, âme, souffle, respiration, air, vent, voyelle: —ஆயிருக்கிறது ou உயிரோடிருக்கிறது vivre, être vivant; —இழக்கிறது perdre la vie, mourir; —உடல் corps vivant; —உள்ள vivant, animé; — உள்ளதீ chaleur du corps; —எழுத்து voyelle; —ஒழிகிறது mourir; — ஒழிக்கிறது tuer; — ஒளிக்கிறது contrefaire le mort; — ஓம்புகிறது conserver —, soutenir la vie, entretenir, obtenir un moyen de vivre; உயிர்க்கருணேசம், (உயிர்க்கு, அருள், நேசம்), pouvoir de l'affection dit இச்சாசத்தி lequel est favorable à la vie; — குடிக்கிறது boire la vie, *i.e.* tuer; —க்கட்டை le corps; —ச்சேதம் perte de la vie; —தருமருந்து remède vivifiant, —qui rend la vie; —த்தறுவாய் danger de la vie; — த்தானம் siége de la vie, lieu ou siége de la conception, lieu de la naissance; —த்துணே Dieu, amitié—, ami intime, épouse; —த்துணேவன் compagnon inséparable, ami intime, mari; —த்துணேவி compagne inséparable, amie intime, épouse, Saratchouvadi: —த்தொடர்க்குற்றுகரம், உ bref joint à une lettre forte précédée d'une voyelle; —த்தோழமை amitié intime; —த்தோழன், —த்தோழி ami—, amie intime: —நிலே le corps, *litt.* l'habitation de l'âme, siége de la vie, dessein —, sens intérieur; —ப்பழி meurtre; —பிறக்கிறது naître, la vie revenir; —போகிறது mourir, la vie s'en aller; —ப்பிராணி créature vivante; —மாய்க்கிறது tuer, se suicider; —மாய்த்தல் meurtre, suicide; —மெய்

corps vivant, ou —மெய்யெழுத்து consonne-voyelle, consonne unie à une voyelle; on en compte 216; —வாழ்கிறது vivre; —வாழ்தல் vie, temps de la vie;—விடுகிறது quitter la vie, mourir;—வேதனை tourment de la vie,— ou chose qui fait une impression pénible à un corps vivant; on en compte 12,savoir: அனல் feu, சீதம் froid, அசனி foudre, புனல் eau, வாதம் vent, ஆயுதம் arme, விஷம் poison, மருந்து médecine, பசி faim, தாகம் soif, பிணி maladie, முனிவுறுமை colère continuelle. (D'autres disent: முனிவுமுதலியன la colère et autres choses semblables); உயிருமுடலும் போலேயிருக்கிறது être uni intimement comme le corps et l'âme.

உயிர்க்கிறது, ர்த்தேன்,ர்ப்பேன், ர், ர்க்க, v.n. et a. (உயிர்), revivre, être réanimé, ressusciter, respirer, soupirer, mettre au monde, mettre bas, animer, pousser, bourgeonner, bailler: உயிர்த்தெழுகிறது, உயிர்த்தெழுந்தருளுகிறது ressusciter; அவளிகருவுயிர்த்தாள் elle a accouché d'un enfant; உயிர்க்கப்பண்ணுகிறது, V. உயிர்ப்பிக்கிறது.

உயிர்க்குதல், உயிர்க்குகை,n.v.du préc. résurrection, accouchement.

உயிர்த்தல், n. v. d'உயிர்க்கிறது, résurrection, animation, respiration,soupir, accouchement,bourgeonnement, baillement.

உயிர்த்தெழுதல்,(உயிர்த்து, எழுதல்), résurrection.

உயிர்ப்பனவு,(உயிர்க்கிறது),genre de vie, état de l'âme, —de la vie, fertilité, fraîcheur, verdeur.

உயிர்ப்பிக்கிறது,ப்பித்தேன்,ப்பிப்பேன், ப்பி, ப்பிக்க, v. caus. de உயிர்க்கிறது, réanimer, ressusciter, faire revivre, vivifier, exciter.

உயிர்ப்பு, n. v. d'உயிர்க்கிறது, vent, souffle,respiration,soupir,vie, animation:—விங்குகிறது soupirer.

உயில், acte de contrat.

உயிறு, l'herbe இலாமச்சை.

*உயுத்தம், P. யுத்தம், combat.

உய், imp. et part. d'உய்கிறது et d'உய்க்கிறது.

உய்கிறது, ய்ந்தேன், ய்வேன், ய், ய,v.n. vivre, subsister, échapper, se sauver, obtenir le paradis, abaisser, être fait.

உய்க்கிறது,ய்த்தேன்,ய்ப்பேன், ய், ய்க்க, v.a.aller à cheval ou en voiture etc... conduire, placer, garder, réunir, joindre: உய்த்துணர்கிறது examiner, connaître exactement,en détail;உய்த்துணரவைப்பு manière de faire comprendre une chose en la considérant long-temps.

உய்தடி,(உய்), chair—, champ—, mesure—, bâton ou arc qui se forme, bâton pour se sauver.

உய்தல்,n.v.d'உய்கிறது, vie, existence, formation, salut, fuite, évasion, abaissement.

உய்தி, n.v. d'உய்கிறது, temps de la vie, moyen de vivre, expiation, pénitence, V. உய்தல்.

உய்த்தல், n.v. d'உய்க்கிறது, conduite (d'un cheval, d'une voiture), garde, conservation, union: உய்த்தலில்பொருண்மை, (உய்த்தல், இல்), fig.de rhét.qui exprime son idée en termes convenables sans ornemens empruntés.

உய்மணல்,(உய்), sable noir.

உய்யக்கொண்டான், gouyavier. ‖ V. எருமைமுல்லை.

*உய்யானம்,உய்யானனம், P. உத்தியானம், jardin, jardin royal, —de fleurs.

உய்வனவு, (உய்கிறது),salut, vie, existence, bonheur, bourgeonnement, pousse.

உய்விக்கிறது, வித்தேன், விப்பேன்,வி, விக்க, v.caus.de உய்கிறது,et உய்வித்தல், n.v. sauver, faire vivre, —échapper, rendre heureux.

உய்வு,n.v.d'உய்கிறது, salut, vie, subsistance. [d'உரம்.

உர, 1° imp. d'உரக்கிறது.2° obl.

உரகடல், (உரம்), pleine mer, grande mer.

*உரகம், (id. ga qui va), serpent, jasmin: உரகபந்தம்,—பந்தனம்,V.

நாகபெந்தம், lien de serpent;—படம் tête déployée—, chaperon de serpent;—மல்லி, *V.* நாகமல்லிகை.

*உரவர், 1° (உரகம்), les serpens. 2° Pour உரவர் les Samanéens.

*உரகன், (*id.*), le serpent ஆதிசேஷன். Les payens prétendent qu'une de ses têtes supporte la terre.

*உரகாசனன், 1° (*id.* அசனம்), le faucon கருடன். *litt.* celui qui se nourrit de serpens. 2° (*id.* ஆசனம்), Vichnou, qu'on suppose reposer sur le serpent ஆதிசேஷன்.

உரகாரி, (*id.* அரி), le faucon கருடன், *litt.* l'ennemi des serpens.

உரகேந்திரன், (*id.* இந்திரன்), le roi des serpens, *i.e.* ஆதிசேஷன்.

உரக்க, *inf. de* உரக்கிறது.

உரக்கம், ce qui est en sa possession, dépôt.

உரக்கிறது, ரத்தேன், ரப்பேன், ர, ரக்க, *v.n.* (உரம்), *ou* உரத்துக்கொண்டிருக்கிறது, devenir—, être fort, haut, violent, orageux, bruyant, *v. g.* le vent, la pluie, la mer: உரக்க, *inf.* உரத்து, *gér.* fort, haut, fortement, à haute voix, violemment; உரக்கக்கூப்பிடுகிறது crier fort; —ப்பேசுகிறது parler haut; —அழுகிறது se lamenter fortement; உரத்துப்படி,—வாசி lis à haute voix: உரத்த, *part.* fort, haut, violent, bruyant; உரத்த சத்தம் grand bruit, cri, haute voix; —காற்று vent violent.

*உரங்கம், (உரம், ga *qui va*), serpent.

உரங்குத்தல், உரங்குத்துகிறது, (உரம்), fortifier, rendre fort.

உரசல், *n.v.* d'உரசுகிறது, friction, frottement.

*உரசி, (ouras), poitrine, cœur.

*உரசிசம், உரசிருகம், (ourasi *sur la poitrine*, சம், உருகம்), mamelle.

உரசுகிறது, *ou* உரஞ்சுகிறது, சினேன், சுவேன், சு, ச, *v. a.* frotter, frictionner, essuyer, se frotter, se gratter.

உரஞ்சல், உரஞ்சுதல், *n. v.* d'உரஞ்சுகிறது, frottement, friction, action d'essuyer.

*உரணம், (ourana), bélier, nuage.

உரண்டம், உரண்டை, corbeau.

உரத்தல், *n.v.d'* உரக்கிறது, force, violence, bruit.

உரத்த, உரத்து, *part. et gér. d'* உரக்கிறது.

உரத்திதம், (உரம், இதம்), augmentation.

உரத்திதன், (உரத்திதம்), homme augmenté, accru, qui prospère.

உரந்தை, affliction, malheur.

உரபடி, உரபிடி, (உரம்), force, fermeté, épaisseur.

உரப்பல், *n.v. d'* உரப்புகிறது, menace, effroi, instigation.

உரப்பிக்கிறது, ப்பித்தேன், ப்பிப்பேன், ப்பி, ப்பிக்க, *v. caus. d'* உரக்கிறது, *et* உரப்பித்தல், *n. v.* fortifier, rendre fort.

உரப்பு, 1° *n. v.d'* உரக்கிறது, force, solidité, affermissement, dureté, durée, état de ce qui est fort et grossier: உரப்புச்சீலை toile forte et grossière. 2° *imp. et part. de*

உரப்புகிறது, ப்பினேன், ப்புவேன், ப்பு, ப்ப, *v.a.* (உரப்பு), *et* உரப்புதல், *n. v.* menacer, effrayer, exciter, presser de la voix.

உரம், 1° effort, grand effort, force, fermeté bravoure, ardeur, violence, muraille, sagesse. 2° * (ouras), poitrine, sein: — ஆன fort, ferme, violent, agité, haut, bruyant; — ஆனசத்தம் grand bruit; —ஆயிருக்கிறது être fort, ferme, violent; — ஆய்நிற்கிறது se tenir ferme, immobile;—ஆய்ப்பெய்கிறது pleuvoir à verse; —ஆய்ப்பெய்கிறமழை forte pluie;—உண்டாக்கிறது fortifier, enhardir;—எடுக்கிறது ôter la douleur contractée en se roulant par terre et qui se dit உரம்விழுகிறது; — கொள்ளுகிறது prendre de la force, se fortifier, devenir fort, vigoureux, s'endurcir;—சொல்லுகிறது animer, encourager;—செய்கிறது, —செய்தல், —போடுகிறது fortifier, rendre fort; —விழுகிறது contracter une douleur en se roulant par terre, (cela se dit d'un enfant qui n'a pas 12 mois).

உரல், mortier (pour piler le riz etc...), mortier fait d'un tronc d'arbre: உரற்கட்டை mortier (fait d'un tronc d'arbre), homme fort et trapu; உரற்குழி trou pour assujétir un mortier.

உரவர், 1° (உரம்), sages, savans, Samanéens, gens fermes. 2° (*P.* உரகர்), les serpens.

உரவல், *n.v.d'* உரவுகிறது.

உரவன், (உரம்) homme sage, éclairé, fort, robuste, ferme, Arouguen.

உரவு, (*id.*), 1° force, pesanteur, poids, mouvement, agitation, sagesse, connaissance. 2° *imp. et part. d'* உரவுகிறது: —நீர் eau en mouvement, —agitée, —salée, océan, grande mer.

உரவுகிறது, *P.* உலாவுகிறது, se promener. [anciens, ancêtres.

உரவோர், (உரவு), sages, savans,

உரறல், grande colère.

உரற்றல், *n.v. d'* உரற்றுகிறது, grand bruit, retentissement.

உரற்று, 1° bruit, son. 2° *imp. et part. de*

உரற்றுகிறது, ற்றினேன், ற்றுவேன், ற்று, ற்ற, *v. n.* (உரற்று), faire un grand bruit, résonner, retentir.

உரன், *P.* உரம், force, effort, fermeté, bravoure, connaissance, sagesse, victoire, poitrine: உரனுறுகிறது se fortifier, gagner de la force.

உராசல், உராசுகிறது, *P.* உரசல், உரசுகிறது.

உராஞ்சுகிறது, சினேன், சுவேன், சு, ச, *v.a.* உராஞ்சல், *n.v.* *V.* உரஞ்சுகிறது, உரஞ்சல். [melle.

உராதரம், (உரம், ஆதரம்), ma-

உராய், 1° *ou* உராய்போதல், friction, frottement. 2° *imp. et part. d'* உராய்கிறது: —போகிறது *ou*

உராய்கிறது, ய்ந்தேன், ய்வேன், ய், ய, *et* உராய்ஞ்சுகிறது, சினேன், சுவேன், சு, ச, *v. a.* (உராய்), frotter, frictionner, essuyer, gratter, se frotter, se gratter.

உராய்தல், உராய்ஞ்சல், உராய்ஞ்சுதல், *n.v. des préc.* frottement, friction. [வல், உலாவுகிறது.

tion.

உராவல், உராவுகிறது, *V.* உலா

உரி, 1° demi-mesure, moitié du படி: sa marque est [illegible]. 2° coriandre, peau, cuir, écorce d'arbre. 3° (உரிமை), propriété, qualité. 4° adjectif, adverbe. Pour les distinguer, l'adjectif se dit பெயருரி et l'adverbe வினையுரி. 5° *adj.* propre, particulier. 6° *imp. et part. d'* உரிகிறது, *et d'* உரிக்கிறது: —நெல்லு demi-mesure de riz non pilé; —அரிசி demi-mesure de riz pilé.

உரிகிறது, ரிந்தேன், ரிவேன், ரி, ரிய, *v. a. et n.* (உரி), *ou* உரிகுகை, *n.v.* se peler, s'écorcher, se dépouiller, quitter sa peau, être écorché, dépouillé, écorcé, pelé, germer, pousser. ‖ *ou*

உரிக்கிறது, ரித்தேன், ரிப்பேன், ரி, ரிக்க, *v.a. de* உரிகிறது, écorcher, écorcer, peler, ôter la peau, dépouiller.

உரிக்குதல், உரிக்குகை, *n.v. du préc.*

உரிசா, la province d'Orissa.

*உரிசை, (*corr. de* உருசி), goût, saveur, douceur: —கண்டவன் celui qui a goûté une chose; —காண்கிறது, —பார்க்கிறது goûter, faire l'essai; —யாயிருக்கிறது être savoureux, avoir bon goût; —யாயுண்கிறவன் homme friand, —qui mange de bons morceaux; உரிசையோடு சாப்பிடுகிறது manger avec plaisir.

உரிச்சீர், (உரி), pied de 3 syllabes métriques. Il y en a 8; dont 4 terminés par une longue s'appellent வெண்பாவுரிச்சீர் ou pieds propres au vembâ, savoir: தேமாங்காய், புளிமாங்காய், கருவிளங்காய், கூவிளங்காய்; et 4 terminés par deux brèves s'appellent வஞ்சியுரிச்சீர் ou pieds propres au vagnsi, savoir தேமாங்கனி, புளிமாங்கனி, கருவிளங்கனி, கூவிளங்கனி.

உரிச்சொல், 1° (*id.*), mot qui désigne la qualité, adjectif, adverbe. Pour les distinguer, l'adjectif se dit பெயருரிச்சொல், et l'adverbe வினையுரிச்சொல். 2° nom d'un dictionnaire.

உரிஞுகிறது, ஞினேன், ஞுவேன், ஞு, ஞ, *et* உரிஞ்சுகிறது, சினேன், சுவேன், சு, ச, *v.a. et n.* se frotter, se gratter, frotter, frictionner, avoir la peau pincée, —prise.

உரிஞுதல், உரிஞ்சல், உரிஞ்சுதல், *n. v. des préc.* frottement, friction.

உரிஞ்சு, *P.* உரிந்து.

உரிதல், *n.v. d'* உரிகிறது, action de se dépouiller, germination. ‖ *ou*

உரித்தல், *n.v. d'* உரிக்கிறது, excoriation, écorchure dépouillement, avoir la peau pincée, ou prise.

உரித்து, 1° *gér. d'* உரிக்கிறது. 2° (உரிமை), convenance, justesse, aptitude, affection, soin, charge, anxiété, intérêt, propriété, possession, droit d'héritage; ce qui est—, il est propre, convenable, apte: உரித்தாக்குகிறது rendre propre, affecter, approprier, destiner à; உரித்தானவன் propriétaire, possesseur, héritier, homme propre à,— digne de; என்றுடைமைக்குரித்தானவன் l'héritier de mes biens; சபைக்குரித்தானவன் sujet digne d'être admis dans une assemblée ou une congrégation, paroissien, congréganiste; உரித்தானவன், *V.* உரியவன்.

உரிந்து, *gér. d'* உரிகிறது: —கொண்ருகிறது, —போகிறது être écorché, s'écorcher, se dépouiller, quitter sa peau. ‖ *ou* உரிந்துபோடுகிறது écorcher, dépouiller.

உரிப்பகாப்பதம், (உரி), adjectif ou adverbe simple, —non dérivé et qu'on ne peut analyser, ni décomposer.

உரிப்பிக்கிறது, *v. caus. d'* உரிக்கிறது, faire écorcher.

உரிப்பு, *V.* உரித்தல்.

உரிப்பொருள், (உரி), une des 3 divisions de l'அகத்திணை, qui traite de la copulation, de la bouderie à cet égard, des pleurs qui s'en suivent entre les époux ou les amans, et de leurs causes.

உரிமை, caractère, le propre, qualité, aptitude, convenance, propriété, possession, droit, héritage, propriété exclusive, soin, intérêt, affection, épouse: —க்கஞ்சி cange que l'on donne aux parens dans la maison d'un mort; —க்கடன் devoirs que l'on rend aux proches, —à la parenté; —க்காணி patrimoine, terre d'héritage; —செய்கிறது rendre les derniers devoirs à ses parens, en faire les obsèques; —ச்சொல் mot propre, —juste, propos convenable; —த்தத்துவம் titre de propriété, preuve du droit, —du pouvoir qu'on a; —பாராட்டுகிறது faire valoir—, vanter ses droits,—son droit de propriété; —பேசுகிறது parler de—, démontrer ses droits, — la convenance; —ப்பங்கு part d'héritage; —ப்பாடு propriété, droit, convenance, possession; —ப்பிள்ளை enfant qui est héritier de droit; —ப்பெண் fille que (selon les idés de ce pays) on prétend avoir droit d'épouser à raison de la parenté; —மண் terre que les proches jettent dans la fosse; —யாட்சி patrimoine, droit—, pouvoir—, possession venue en héritage; —யின்மை manque de droit, de convenance, de propriété; —வழி source—, cause—, canal du droit, —de la propriété; —விடுகிறது donner la liberté, affranchir.

உரிய, (உரிமை), propre, apte, convenable, particulier, spécial, appartenant à: எனக்குரியபொருள் mon bien, ma propriété.

உரியடி, (உரி, அடி), vers composé d'உரிச்சீர்.

உரியது, (உரிய), ce qui appartient, ce qui est propre, juste, convenable, dû. ‖ *V.* உரித்து.

உரியவள், (*id.*), propriétaire, maitresse, héritière, épouse, femme qui mérite, qui est digne, capable, affectionnée, chérie.

உரியவன், *m.* (*id.*), propriétaire, maitre, chef, héritier, mari, homme qui mérite, qui est digne de, affectionné pour, agréable à: எனக்குரியவன் homme qui m'est affectionné ou que j'affectionne, qui est digne de moi, qui me touche de près; கர்த்தருக்குரியவன் homme chéri de Dieu, —qui lui plait.

உரியவர், உரியார், *pl. des préc.* parens, amis, alliés.

உரியாள், உரியோள், *V.* உரியவள்.

உரியாழாக்கு, (உரி, ஆழாக்கு). 5/8 d'une mesure, sa marque est வரிஜு.

உரியோன். propriétaire, héritier, mari; *pl.* உரியோர், savans, parens, ancêtres, amis, gens propres.

உரியியற்சொல், (உரி, இயல்), adjectif ou adverbe du haut tamoul dont le sens est clair, et qui est en usage en prose comme en vers.

உரிமெண்,(உரி,எண்), chiffre propre à chaque சங்கீதம்.

உரிவை,(உரி), peau,cuir.

*உரிகாரம்,(ourikâra), promesse.

உரு,1° (*sync. d'*உருபு), forme,figure,couleur,apparence,corps, substance, objet (qu'on ne distingue pas bien), beauté,image,idole,embryon, vaisseau, navire, pièce, partie, article, chose, sangsue, maladie, intérieur, dedans, croissant, possession par un esprit, figure de la prière (personnifiée),formule de prière,terminaison ou signe des cas et des autres particules dites இடைச்சொல், corde de paille. 2° (உருக்கிறது) colère. 3° *imp. et part. de* உருக்கிறது: தூரத்திற்காண்கிறவுருவென்ன quel est l'objet qu'on voit dans le lointain? மூன்றுருவருகுது il vient 3 navires; எத்தனையுரு combien y a-t-il d'articles? எட்டுமரமுமைந்துகத்தியுமொன்பதுகயிறுமாக வுருவிருபத்திரண்டு 8 arbres, 5 couteaux et 9 cordes,en tout 22 objets.

*†உருகம்,(rouha), naissance,production,produit, ce qui nait d'une graine,ce qui germe en terre, germination.

உருகல்,உருகுதல்,*n.v. d'*உருகுகிறது,fusion,liquéfaction, compassion, attendrissement,douceur,sensibilité.

உருகின,fondu,attendri:*part.de*

உருகுகிறது, *sync.* உருகிறது, கினேன்,குவேன்,கு,க, *v.n. ou* உருகிப்போகிறது,se fondre,se dissoudre, se liquéfier, s'adoucir,s'attendrir,avoir pitié,—compassion, céder à l'affliction ou à quelqu'autre impression: மனதுருகிறது, மனதுருகிப்போகிறது s'attendrir;avoir pitié, être touché, gagné; உருகப்பட்ட fondu, dissous,adouci,attendri.

உருக்கம்,(உருகுகிறது), attendrissement, affection,tendresse, compassion,pitié,sentiment,onction, fusibilité,manière de se fondre. ‖ *V.* தொனை: உருக்கமாயழுகிறது pleurer de tristesse, — de tendresse—sincèrement.

உருக்கல்,*n.v. V.* உருக்குதல்.

உருக்கண், உருக்கணடித்தல், découragement, chagrin, faiblesse—, dépérissement qui vient de maladie.

உருக்கி,1° *gér. d'*உருக்குகிறது. 2° dissolvant,dissolution,fusion, dépérissement.

உருக்கிறது, 1° ருத்தேன், ருப்பேன், ரு,ருக்க,*v.n.* se fâcher,être en colère. 2° ருக்கினேன்,ருக்குவேன், ருக்கு,ருக்க, *V.* உருக்குகிறது.

உருக்கினம்,(உருக்கு, இனம்), 1° matière propre à faciliter la fusion des métaux comme le borax: உருக்கினத்தாது borax. 2° l'arsenic அஞ்சனபாஷாணம்.

உருக்கு,1° *imp. et part. d'*உருக்குகிறது. 2° métal en fusion, acier:—க்கட்டி,—வட்டு morceau d'acier;—க்காரம்,—சரக்கு borax;—ப்பிரமியம் la maladie dite diabétès; —மணல், —மண் sable de fer; —மணி chapelet de grains—,grain de métal. ‖ *V.* உருக்குமிணி.

உருக்குகிறது, *sync.* உருக்கிறது,க்கினேன்,க்குவேன்,க்கு,க்க,*v.a. de* உருகுகிறது *et* உருக்கிப்போடுகிறது, fondre, dissoudre, liquéfier, attendrir: வியாதியவனையெப்படியுருக்கிப்போட்டது combien la maladie l'a desséché, —l'a fait fondre.

உருக்குதல், உருக்குகை, *n.v. du préc.* liquéfaction,fusion,dissolution.

*†உருக்குமிணி, (roukmini), une des femmes de Krichna.

*†உருக்குமம்,(roukma),or.

உருக்குவனை, (உருக்கு), instrument recourbé pour donner le lustre,—pour polir.

உருக்கொள்ளுகிறது,(உரு), prendre une forme, une figure, devenir possédé.

*†உருத்தாகம், *V.* உருத்தாகம்.

*†உருசி, (routchi), goût, saveur: —புண்டாயிருக்கிறது avoir du goût, être savoureux;—ப்படுகிறது, —தட்டுகிறது la saveur se faire sentir,goûter, prendre goût à, trouver

bon; —பார்க்கிறது, —யறிகிறது goûter, faire l'essai; —வருக்கங்கள் friandises, bonbons.

*†உருசிகரம், உருசிகரம், (routchikara), goût, saveur, assaisonnement: — ஆயிருக்கிறது être savoureux, appétissant, bien assaisonné.

†உருசிக்கிறது, சித்தேன், சிப்பேன், சி, சிக்க, v.a. et n. (உருசி), être savoureux, avoir bon goût, goûter, faire l'essai, savourer, aimer: உருசிக்கப்பண்ணுகிறது assaisonner, rendre savoureux; —ப்பேசுகிறது, —சொல்லுகிறது parler agréablement, —poliment; பழத்தையுருசித்தான் il a goûté le fruit; அதின்பேரிலவனுக்குருசிக்கின்றது il aime cela; வேம்புருசிக்குமோ peut-on aimer le goût du vèmbou ou margousier? [veur.

*†உருசிதம், (routchita), goût, saveur.

†உருசித்தல், உருசிப்பு, n.v. d'உருசிக்கிறது, saveur. [gnage.

†உருசு, உருசுவு, preuve, témoignage.

†உருசை, P. உருசி.

உருட்சி, (உருளுகிறது), rondeur, boule: —யான rond; —யானமுகம் visage rond, —plein.

உருட்டல், n. v. d'உருட்டுகிறது, roulement, action de rouler etc...

உருட்டி, gér. d'உருட்டுகிறது.

உருட்டு, 1° anneau, cercle, rond, tour, action de tourner, de rouler, défaite: —வண்ணம் air leste et accéléré, mesure rapide, série ou suite d'அராகம். 2° imp. et part. de உருட்டுகிறது.

உருட்டுகிறது, ட்டினேன், ட்டுவேன், ட்டு, ட்ட, v.a. d'உருளுகிறது, rouler, faire rouler, —tourner, mouvoir en rond, jeter les dés, tourner et retourner, vaincre: உருட்டித்தைக்கிறது coudre à doubles points; —ப்பார்க்கிறது regarder avec colère, lancer des regards menaçans; — ப்போடுகிறது rouler, tourner, perdre—, ruiner par son indiscrétion. [tourne.

உருணி, (உருளுகிறது), chose qui tourne.

உருண்டு, gér. d'உருளுகிறது.

உருண்டை, (உருளுகிறது), boule, balle, globe, chose ronde: —யாகிறது s'arrondir, devenir rond; —யான rond.

*†உருது, V. இருது.

உருத்தகம், sorte de convulsions.

உருத்தரிக்கிறது, (உரு), V. உருவாகிறது.

உருத்தல், n. v. d'உருக்கிறது, colère, signe de colère, apparition, abondance, action de germer, de pousser.

*†உருத்தாகம், (rouk maladie, தாகம்), douleurs du corps avec soif.

உருத்திதம், chose propre, propriété, profit, gain d'un emploi, augmentation, accroissement, intérêt de l'argent. [ன்), V. தேவதாரி.

*†உருத்திரகணிகை, (உருத்திரன்), V. தேவதாரி.

*†உருத்திரசடை, (id.), basilic dit மஞ்சிலிக்காரன்.

*†உருத்திரபஞ்சமம், (id.), espèce de ton ou d'air. [ராக்ஷம்.

*†உருத்திரமணி, (id.), V. உருத்திராக்ஷம்.

*†உருத்திரம், 1° (roudra), fureur, violente colère, figure qui consiste à montrer de la colère. 2° (roudhira), saffran.

*†உருத்திரரோகம், (உருத்திரம்), asthme, oppression de poitrine.

*†உருத்திரவீணை, (உருத்திரன்), luth de Routren, espèce de luth.

*†உருத்திரன், (roudra), homme colère, emporté, Routren, surnom de Siven, un des 11 Routrers. pl. உருத்திரர்கள், les 11 Routrers, formes ou manifestations de Siven; voici leurs noms qui sont différens en sanscrit: மாதேவன், அரன், உருத்திரன், சங்கரன், நீலலோகிதன், ஈசானன், விசயன், வீமதேவன், பவோற்பவன், கபாலி, சௌமியன்.

*†உருத்திராக்கம், உருத்திராக்ஷம், உருத்திராட்சம், (உருத்திரன், அக்ஷம்), œil de Routren, i.e. grain de l'elæocarpus dont les payens se font une espèce de chapelet: உருத்திராக்ஷதாவடம், —மாலை guirlande ou chapelet de ces grains; —தாரணம் action de les porter.

*†உருத்திராணி, உருத்திரை, (உருத்திரன்), Pârvadi ou Dourgâ, femme de Routren.

*†உருத்திராபிஷேகம், (id. அபிஷேகம்), onction ou effusion faite en récitant la prière de Routren.

*†உருத்திரோற்காரி, (id. உற்கார

ம்), la 57me année du cycle de 60 ans, correspondant à 1864.

உருத்து, *gér. d'*உருக்கிறது.

*உருத்துவம், (ourou *large*, துவம்), grosseur, grandeur, largeur.

உருநாட்டு, (உரு), peinture.

*†உருபகம், *V.* உருவகம்: *உருபகதீவகம், espèce de fig. de rhét.

உருபு, (*sync. de* உருபம்), figure, *ou* உருபிடைச்சொல் terminaison des cas, ou particules semblables:—த்தொகை suppression ou ellipse du mot qui exprime la comparaison. *Ex.* புயற்கருங்குழல் pour புயல்போலக்கருங்குழல் cheveux noirs comme un nuage; —ப்புணர்ச்சி union des mots par les terminaisons des cas; —மயக்கம் emploi d'un cas pour un autre, et dans le sens de ce dernier; —மாலை déclinaison des noms; உருபுவமானத்தொகை (உருபு, உவமானம்), ellipse du mot qui exprime la comparaison et du terme de la comparaison; உருபுவமைத்தொகை, (உருபு, உவமை), ellipse de la terminaison des cas et du mot qui exprime la comparaison. *Ex.* சேல்விழி pour சேலின்விழியைப்போல்விழி yeux de carpe, — pareils à ceux d'une carpe.

*†உருப்பசி, *V.* உருவசி.

உருப்படி, (உரு, படி), pièce, partie, article, morceau, objet, chose, forme, forme entière, toutes les parties d'un tout: இவ்வளவுவெள்ளியால்-௫௰ உருப்படியாம்படியாகச்செய்யலாம் de cette quantité d'argent on peut faire 50 articles différens; இவ்விடத்தில் -உ௰- உருப்படிசீலைகளுண்டு il y a ici 20 pièces de toile.

உருப்படுதல், உருப்படுகிறது, (உரு, படுகிறது), prendre une forme, devenir possédé.

உருப்படுத்துகிறது, (உரு), former, faire prendre une figure, figurer, peindre.

உருப்பம், chaleur, abondance, chose grosse, farine de millet.

உருப்பிரமம், corne de mouton.

உருப்பு, (உருப்பம்), chaleur, plénitude, abondance.

உருப்போடுகிறது, (உரு), répéter une leçon pour l'apprendre par cœur.

உருமணி, (*id.*), prunelle de l'œil.

உருமம், chaleur, midi, milieu du jour: உருமவேளை midi; விட்டபாம்புசெத்துப்போமுருமத்தி லேன்போகிறீர் pourquoi vous en aller par une chaleur qui tuerait un serpent qu'on lâcherait.

உருமணல்வாரி, minerai, sable contenant du métal.

உருமாறுகிறது, (உரு), changer [de figure.

உருமிக்கிறது, மித்தேன், மிப்பேன், மி, மிக்க, (உருமம்), *v.n.* உருமித்தல், *n.v.* s'échauffer, être chaud, brûler; avoir le cœur enflammé.

உருமு, (*son imitatif*), *ou* உருமேறு, (உருமு, ஏறு), foudre, tonnerre, éclair.

உருமுகிறது, மினேன், முவேன், மு, ம, *v.n.* (உருமு), உருமுதல், *n.v.* tonner, gronder, faire du bruit.

உரும், (உருமு), peur, tonnerre, foudre, abandon.

உரும்பரம், serpent, cuivre, assa- [fœtida.

*†உருவகம், (உருபகம்), figure, trope, métaphore, emploi de l'objet de la comparaison pour la chose comparée et réciproquement: உருவகவலங்காரம், உருவகவணி métaphore; உருவகவுருவகம் métaphore de métaphore, métaphore tirée d'une autre métaphore, ou changée en une autre; உருவகவுயர்வுநவிற்சியணி fig. de rhét. qui exprime l'objet que l'on compare non par son propre nom, mais par celui de l'objet auquel on le compare.

†உருவகிக்கிறது, கித்தேன், கிப்பேன், கி, கிக்க, *v.a.* (உருவகம்), employer indifféremment le nom de l'objet de la comparaison pour celui de l'objet que l'on compare.

உருவங்காட்டி, (உருவம், காட்டுகி [றது), miroir.

உருவசாத்திரம், (உருவம்), physiognomonie, métoposcopie, chiromancie, art prétendu de connaitre le tempérament et de prédire l'avenir par l'inspection du visage ou de la main,le 15me des கலைஞானம்,art de représenter par la peinture ou la sculpture.

*உருவசி,(ourvasi), Ourvasi, une des courtisannes du Souvargam.

*உருவம், (உருபம்), figure, forme, beauté, corps, partie du corps, chose visible,couleur,statue: —எடுக்கிறது prendre une forme,une figure;—மாறுகிறது se transfigurer, se transformer;—மாறியிருக்கிறது être transformé,—transfiguré.

உருவல், 1° espèce de boucle ou pendant d'oreille.2° V. உருவுதல்.

உருவழிகிறது. (உரு, அழிகிறது) ou உருவழிந்துபோகிறது,perdre sa forme,sa figure,être défiguré,périr.

உருவழிக்கிறது (id.), défigurer.

உருவாகிறது, (உரு, ஆகிறது), prendre une forme, une figure, se former,être créé,se changer en,devenir.

உருவாக்குகிறது, (உரு, ஆக்குகிறது), faire,former,créer, donner une forme, une figure.

உருவாணி,(உருவு, ஆணி), clou mince, ce qui est usé par le frottement: —பற்றுகிறது s'user par le frottement. [bre.

உருவாரம்,(உரு),stature,concom-

உருவி, 1° gér.et n.v.de உருவுகிறது,perçant,chose qui en perce ou traverse une autre.2° les plantes நாயுருவி et செம்முள்ளி: —யுப்பு espèce de sel,minéral où il y a du sel ou de l'âcreté.

உருவிக்கிறது, வித்தேன், விப்பேன்,வி,விக்க,v.a. (உருவகம்), et உருவித்தல்,n.v. prendre métaphoriquement,—dans un sens figuré,user de figures.

உருவிலி,(உரு,இலி), être sans figure,—sans corps, Manmaden, le Cupidon indien.

உருவு,1° (உருவம்), figure, forme, beauté,crainte:உருவில்லாதது chose informe,sans forme, sans beauté. 2° imp.et part.de

உருவுகிறது, வினேன்,வுவேன்,வு,வ,v.a. percer, pénétrer, transpercer, traverser,tirer du fourreau, dépouiller,élaguer,effeuiller,cueillir—,ôter les feuilles, raboter: உருவக்குத்துகிறது, —த்தைக்கிறது transpercer, percer, traverser, passer au travers; —நடக்கிறது traverser; நெஞ்சிலம்புபட்டுருவினது la flèche a frappé au cœur et l'a percé; ஆணியுருவத்தைத்தது le clou a percé de part en part;கத்தியையுருவிவந்தான் il est venu l'épée nue à la main:கீரையையுருவிப்போடுகிறது cueillir—,éplucher les herbes; உருவிப்போகிறது percer.‖ou

உருவுண்டுபோகிறது, (உருவுகிறது,உண்கிறது), se défiler (un chapelet etc.),le fil sortir de l'aiguille.

உருவுதல்,v.n.d'உருவுகிறது, action de percer etc...membre,partie.

உருவுவமம், (உரு,உவமம்), comparaison de la figure ou de l'apparence. [றது,உளி), rabot.

உருவுளி,உருவுளிக்கூடு, (உருவுகி

உருவெடுக்கிறது, (உரு, எடுக்கிறது), prendre une forme, une figure, former,se changer en.

உருவெளி, (id. வெளி), apparence—,représentation confuse de ce qu'on a dans l'esprit: —ப்படுகிறது s'imaginer voir ce qu'on a dans l'esprit.

உருவேறல்,உருவேறுகிறது,(உரு, ஏறுகிறது), augmentation, s'augmenter.‖V. உருப்படுதல்.

உருவேற்படுத்துகிறது,(உரு, ஏற்படுத்துகிறது), façonner, former.

உருவேற்றுகிறது, (id. ஏற்றுகிறது), répéter un certain nombre de fois un mot, une prière,un enchantement, rendre possédé. ‖ V. உருப்போடுகிறது.

உருவொளி, (உருவுகிறது, ஒளி), ombre—,figure qu'on voit dans un miroir, —à travers quelque chose, transparence: உருவொளியான transparent.

உருளரிசி,(உருள்), graine de coriandre, grain rond.

உருளல், உருளுதல், roulement, renversement; n.v. de உருளுகிறது.

உருளி, (உருளுகிறது),la 4me constellation, roue de char, char,cercle, rond, déboitement d'une jointure: —பேர்கிறது, — பெயர்கிறது une jointure se déboiter.

உருளுகிறது, ருண்டேன், ருளுவேன், ளு, ள, v.n. rouler, tourner, pirouetter, se renverser: உருண்டுபோகிறது, rouler, tourner, s'en aller en roulant, mourir, périr, s'en aller après avoir parcouru le cercle de la vie, le fil de la vie être dévidé; காரூப் பிணமாயுருண்டுபோகிறது mourir inconnu; நீயுருண்டுபோவாய் puisses-tu périr! அவன்கூட்டமெல்லாமுருண்டுபோயிற்று toute sa famille a péri, —est éteinte.

உருண்டை, (*id.*), globe, boule, pelote, roue de char, œuf, arsenic dit வெள்ளைப்பாஷாணம்; —க்காந்தம் pierre d'aimant ronde.

உருள், 1° *imp. et part. d'* உருளுகிறது. 2° la 4me constellation, roue de char, charrette.

*†உருடம், (roûdha), renommée, notoriété, familiarité, coutume, mot primitif non dérivé, mot d'origine étrangère ou inconnue: உருடபதம் mot primitif, —qui n'a pas de sens étymologique.

*†உருடன், (*id.*), monté sur: இரதருடராகி étant monté sur un char.

*†உருடி, (roûdhi), ce qui est fameux, notoire, mot primitif, —simple, non dérivé.

*†உருடியார்த்தம், (உருடி, அர்த்தம்), mot simple, —primitif, —qui n'a qu'une signification, signification reçue par l'usage, mais contraire à l'étymologie.

*†உருபகம், (roûpaka), preuve, figure de rhétorique, espèce de fig. de rhét. espèce de poésie. ‖ ou உருபகதாளம் une des 7 manières de battre la mesure.

*†உருபகாரம், (உருபம், காரம்), preuve, témoignage: உருபகாரப்படுத்துகிறது prouver.

*†உருபம், (roûpa), forme, figure, beauté, nature, troupeau, déclinaison, conjugaison: உருபப்படுகிறது, —ப்படுத்திக்கொள்ளுகிறது, *V.* உருபிகரிக்கிறது; உருபருசவிக்கிரகம் portrait au naturel; —ரேகை linéamens, trait du visage, beauté; —லாவண்ணியம் élégance, beauté, amabilité.

†உருபாய், (உருப்பியம் *argent*), [roupie.

*†உருபி, (உருபம்), ce qui a une figure, —une forme, beau. [re, forme.

*†உருபிகரம், (உருபி, கரம்), figu-

*†உருபிகரணம், (*id.* கரணம்), formation de l'image, de l'idée: உருபிகரணசத்தி puissance imaginative

†உருபிகரிக்கிறது, ரித்தேன், ரிப்பேன், ரி, ரிக்க. *v.a.* (உருபிகரம்), s'imaginer, se figurer, se représenter dans l'esprit, se présenter à l'imagination: உருபிகரிக்கிறகரணம் imagination *ou* —காரணம் cause formelle.

†உருபிகரித்தல், உருபிகரிப்பு, *n.v. du préc.* imagination.

†உருபிக்கிறது, பித்தேன், பிப்பேன், பி, பிக்க, *v.a.* (உருபம்), prouver, démontrer, se figurer, former une idée.

உருபு, (உருபம்), figure, apparence, air: உருபில்லாமை être sans forme.

*†உருப்பியம், (roûpya), beauté, objet—, bijou d'or ou d'argent, argent, blancheur, blanc.

*உரேந்திரன், (உரம், இந்திரன்), héros, brave.

உரை, 1° *imp. et part. d'* உரைகிறது *et d'* உரைக்கிறது: —படுகிறது être frotté, broyé, usé par le frottement. 2° explication, commentaire, sens des mots, prose, thème—, sujet d'un poème, —de vers, —de chants, parole, expression, sentence, son articulé, son, promotion, élévation, or, or de première qualité que gardent les orfèvres pour servir de base de comparaison, frottement, friction: —கட்டுகிறது commenter, faire un commentaire; உரையாயிருக்கிறது être en prose; என்பாவுக்குரைநீயே tu es le sujet de mes chants. Les Tamoulers distinguent 4 sortes d'explications ou d'உரை: கருத்துரை sommaire du contenu; பதவுரை explication littérale ou mot à mot; பொழிப்புரை traduction ou explication libre; அகலவுரை glose. En outre on appelle விருத்தியுரை un commentaire complet qui contient les 14 particularités suivantes: பாடவுரை exposition des diverses manières de lire le texte; கருத்துரை sommaire des matières; சொல்வகையுரை construction, ou transposition des mots pour montrer leur ordre grammatical en prose; சொற்பொருளுரை explication littérale; தொகுத்துரை version libre; உதாரணவுரை éclaircissement par des exemples ou citations; வினாவுரை explication par questions; விடையுரை explication par réponses; விசேஷவுரை remarques particulières; விரியுரை explication des ellipses en montrant ce qui est sous-entendu; அதிகாரவுரை explication où l'on cite les chapitres ou titres d'un livre, ou citation d'autorités; துணிவுரை solution des doutes que présentent les commentaires; பயனுரை conséquence pratique; ஆசிரியவசனவுரை citations d'autres auteurs, renvoi à leurs ouvrages pour plus d'explications. De plus on appelle காண்டிகையுரை un commentaire abrégé. Il ne contient que 5 articles: கருத்துரை sommaire; பதப்பொருள் explication littérale; உதாரணம் explication par des exemples; வினா — par des questions; விடை—par des réponses.

உரைகல், உரைகல்லு, (உரைக்கிறது, கல்), pierre de touche.

உரைகாரர், 1° (உரை), commentateurs. 2° (உரைக்கிறது), blanchisseurs, ceux qui frottent le linge.

உரைகிறது, ரைந்தேன், ரைவேன், ரை, ரைய, *v.n.* frotter, se frotter.|| *ou* உரைஞ்சு—, உரைந்துபோகிறது être broyé, frotté, s'user par le frottement, se réduire en poussière, se pulvériser.

உரைக்கிறது, ரைத்தேன், ரைப்பேன், ரை, ரைக்க, *v.a.* 1° dire, prononcer, articuler, parler, commenter. 2° *v.a. de* உரைகிறது, frotter, user en frottant, frotter—, éprouver l'or ou l'argent sur la pierre de touche, broyer, pulvériser (des remèdes, des couleurs etc...): உரைத்தசொல் parole dite.

உரைக்கோள், (உரை), sens—, intention du commentateur.

உரைசல் } *n. v. d'*உரைகிறது,
உரைதல் } frottement, friction.

உரைஞ்சல், உரைஞ்சுகிறது, *V.* உரோஞ்சல், உரோஞ்சுகிறது.

உரைத்தல், *n.v. d'*உரைக்கிறது, articulation, expression, bruit, son, frottement, friction, broiement.

உரைத்தாமென்றல், உரைத்துமென்றல், passer sous silence en disant nous avons dit ou nous dirons.

உரைநூல், (உரை), commentaire, livre d'explications, texte avec commentaire.

உரைப்பு, *n.v. V.* உரைத்தல்.

உரையல், *V.* உரைசல்.

உரையறிகருவி, (உரை, அறிகிறது), pierre de touche.

உரையாசிரியன், (*id.* ஆசிரியன்), commentateur.

உரையாடல், உரையாடுகிறது, (*id.* ஆடுகிறது), parler.

உரையாணி, (*id.* ஆணி), aiguille d'essai,—d'or qui sert de base aux orfèvres pour connaitre la qualité de l'or.

உரையிலக்கணம், (*id.* இலக்ஷணம்), traité des commentaires ou règles à observer pour faire un commentaire. Il y en a 14 qu'on appelle aussi விருத்தியுரை: voyez-les au mot உரை.

உரையிற்கோடல், développer dans le commentaire ce qui n'est qu'indiqué dans le texte.

உரையுண்கிறது, (உரை, உண்கிறது), être broyé,—frotté, —usé par le frottement.

†உரொக்கம், (*du télinga* ரொக்கமு *fanons*), argent comptant: உரொக்கத்துக்கு, உரொக்கமாய் pour *ou* en argent comptant, argent comptant; உரொக்கக்காரன், *ou* உரொக்கஸ்தன், (உரொக்கம்), capitaliste, homme qui a de l'argent comptant.

†உரொட்டி, (*hind.*), pain, biscuit:

—க்காரன் boulanger; —ச்சதை mie de pain. [lade,homme maladif.

*†உரோகவிந்தன்,(உரோகம்),ma-

*†உரோகணி, V. உரோகிணி.

*உரோகதி,chien.

*†உரோகம், 1° (rôga),maladie.2° (rôha), montée,descente,manque de lumière,bouton de fleur.3° (rôka), trou,bateau,mouvement.

*†உரோகணம், (rôhana), action de monter.

*உரோகாதம், (ourôghâta), se frapper la poitrine,—le sein.

*†உரோகி,(உரோகம்),malade.

*†உரோகிணி, (rôhini), la 4me constellation contenant 5 étoiles dans le Taureau, fille de 9 ans, la plante கடுரோகிணி, hellébore, le fruit dit கடுக்காய்,la plante பீதரோகிணி, Rôhini, mère de பலராமன்: —தனயன் ou—தநயன் le fils de Rôhini,*i.e.*Balarâmen,demi-frère de Krichna. [malade.

*†உரோகிணி,(உரோகம்), femme

உரோங்கல், (*télinga*), pilon(à piler le riz). [goût, plaisir.

*†உரோசகம்,(rôtchaka), appétit,

*உரோசம்,1° (ourôdja),mamelle. 2°†*V.*உரோஷம்.

†உரோசல், *n.v.d'*உரோசுகிறது, friction,frottement.

*†உரோசனி, (rôtchani), nénuphar rouge.||*ou*

*†உரோசனை, (rôtchanâ), grain de moutarde,bézoard,concrétion bilieuse de la vache,du buffle etc..dite கோரோசனை.

†உரோசிக்கிறது,சித்தேன்,சிப்பேன்,சி,சிக்க, (உரோசம்), *v. n.* se piquer d'honneur, avoir honte, détester, rejeter, renoncer. [றது.

†உரோசுகிறது,*V.* உரோஞ்சுகி

*†உரோஷம், (rôcha), honneur, courage,colère,honte, aversion: —வருவிக்கிறது,—எடுக்கிறது, உரோசப்படுத்துகிறது exciter, piquer d'honneur,faire rougir d'être lâche.

†உரோஷித்தல்,*V.* உரோசித்தல்.

†உரோஞ்சுகிறது,சினேன், சுவேன்,சு,ச ,*v.a.*frotter,frictionner,gratter.

†உரோஞ்சல்,உரோஞ்சுதல், *n.v. du préc.* frottement, friction.

†உரோஞ்சுண்கிறது, (உரோஞ்சுகிறது, உண்கிறது), être frotté, frictionné.

*†உரோணி, (*sync. de* உரோகிணி), la 4me constellation.

*†உரோதம்,(rôdha),obstacle.

*†உரோதனம்,1° (rôdana), pleurs, gémissement.2° (rôdhana),obstacle.

†உரோத்தை,saleté, immondice, paroles sales:—க்காரன் homme qui dit des paroles sales.

*†உரோபணம், (rôpana), action de descendre *ou* de monter.

*†உரோமகரிஷம்,(உரோமம், அரிஷம்),érection du poil du corps.

*†உரோமம், (rôman), poil, cheveu, poil du corps, endroit velu, accroissement—, augmentation du poil sur le corps: உரோமமுள்ளோன் homme couvert de poil: உரோமக்கட்டு poil touffu,touffe de cheveux liés ensemble;—க்கிழங்கு la plante வசம்பு;—த்துவாரம் pore,trou d'où sort le poil;—ப்புளகம், —ப்புளகிதம் érection du poil (effet de la joie): —முனி, —ரிஷி Rômarichi, ancien ermite tout couvert de poil; —கோவை rangée de poils.

*†உரோமன், (*id.*), homme couvert de poil.||*V.*உலோமன்.

*†உரோமாஞ்சலி, உரோமாஞ்சிதம்,(உரோமம்,அஞ்சலி,அஞ்சிதம்), érection du poil. [de Rome.

†உரோமாபுரி, (Roma), la ville

*†உரோமாம்பரம், (உரோமம், அம்பரம்), tapis,châle.

*†உரோமாவலி,(*id.*ஆவலி), rangée de poils.

†உரோமான்,(Roma), romain:—திருச்சபை l'Église romaine.

*†உரோமி, (உரோமம்), plante fine dite மயிர்ச்சிகைப்பூடு.

†உரோமை,(Roma),Rome: உரோமையர் les Romains. [melle.

*உரோருகம்,(உரம்,உருகம்),ma-

உல,*imp. d'*உலக்கிறது.

உலகத்தான்,(உலகம்), *V.* உலோகத்தான்.

உலகயீன்றாள், (*id.* ஈனுகிறது), Pârvadi, la mère prétendue du monde.

உலகமுண்டோன், (*id.* உண்கிறது), celui qui (selon la fable), a dévoré le monde, *i. e.* Vichnou.

*உலகம், (உலோகம்), monde, terre, ce bas monde, paradis, l'air, le firmament, les grands, hommes éminens, le peuple, les gens, région, contrée, choses du monde, caractère, côté, point cardinal: உலகசஞ்சாரம் plaisir, jouissance du monde, séjour dans le monde; —சயன், (சயம்), le vainqueur du monde, Bouddha; —நடை marche—, coutume—, caractère du monde; —நாதன் le maitre du monde, Dieu, roi, Brama, *n. pr.* d'un auteur; —நீதி justice du monde, traité de morale fait par உலகநாதன்; —நேத்திரன், (நேத்திரம்), l'œil du monde, *i.e.* le soleil; —பாந்தவன் (bândhava *ami*), l'ami du monde, le soleil, Vichnou; —ப்புரட்டன் grand fourbe, perturbateur; —மலைவு sorte de défaut d'élégance, tournure contraire à l'usage reçu, et qui met les savans même dans l'embarras: —மலையாமை observation des règles reçues (pour le langage), une des beautés des ouvrages d'esprit; — மாதா la mère du monde, (improprement), Lakchimi, Saratchouvadi; —வழக்கம் coutume—, règle du monde, marche naturelle des choses; —வாசை, (ஆசை), amour du monde; —விரட்சகன், —விரட்சகர், (இரட்சகர்), sauveur du monde. Les payens comptent 3 mondes: பூமி la terre; அந்தரம் les régions aériennes; சுவர்க்கம் le Souvarcam ou paradis d'Indiren. Une division plus juste est celle-ci: பூலோகம் la terre; பரலோகம் le ciel ou le paradis; பாதாளம் l'abyme ou l'enfer. En outre les Indous ont imaginé 14 mondes, dont 7 supérieurs மேலுலகம், et 7 inférieurs கீழுலகம். Les 7 mondes supérieurs sont: பூலோகம் la terre; புவர்லோகம் l'espace entre la terre et le soleil, où demeurent, disent-ils, les முனிவர் et les சித்தர்; சுவர்லோகம் le ciel d'Indiren entre le soleil et l'étoile polaire; மகர்லோகம் la demeure de Brigou ou பிருகு; சநலோகம் la demeure de Sanaka et autres fils de Brama; தவலோகம் la demeure des வைராகி; சத்தியலோகம் ou பிரமலோகம் la demeure de Brama. Les 3 premiers sont détruits, disent les Indous, après chaque jour de Brama ou chaque கற்பம்; les 3 suivans à la fin de la vie de Brama ou de 100 de ses années. Les 7 mondes inférieurs sont nommés அதலம், விதலம், சுதலம், நிதலம், மகாதலம், இரசாதலம், பாதலம்.

உலகர், (உலகம்), gens du monde.

உலகளந்தோன், (உலகு, அளக்கிறது), celui qui a mésuré le monde, Vichnou, (on prétend qu'il l'a mesuré d'un pas).

*உலகாசாரம், (*id.* ஆசாரம்), coutume, usage du monde.

*உலகாயதம், உலகாயிதம், (lôkayata), système de philosophie athée enseigné par சார்வாகன், scepticisme.

*உலகாயதன், உலகாயிதன், (lôkâyatika), sectateur de cette philosophie, sceptique.

உலகாள்வோன், (உலகு, ஆளுகிறது), monarque du monde, roi.

உலகியல், (உலகு, இயல்), le propre—, coutume du monde, des grands

உலகீன்றவன்னை, (உலகு, ஈன்ற, அன்னை), *V.* உலகயீன்றாள்.

உலகு, (உலகம்), monde, terre, sol, pays, coin—, côté du monde, hommes éminens, grands, savans, hommes, ordre, coutume, usage, air, le firmament: உலகுக்கோர்காப்பு l'unique garde du monde, (dit à tort de) Pârvadi.

உலகுண்டோன், *V.* உலகமுண்டோன்.

உலகுலம், poivre long.

உலகோம்புகிறது, *v.a.* உலகோம்பல், *n.v.* (உலகு, ஓம்புகிறது), défendre—, protéger—, gouverner le monde; c'est un des 6 emplois des rois.

உலக்கம், V. உலப்பு.

உலக்கிறது; லந்தேன், லப்பேன், ல, லக்க, v.n. être détruit, périr, mourir, finir.

உலக்கை, 1° la 22me constellation, pilon de bois, —à piler le riz, barre —, bâton de fer. 2° V. உலப்பு: —க்கொண்டை tête ronde du pilon, pilon qui a une tête ronde; —ப்பாட்டு chant des pileuses de riz; —ப்பூண் anneau de fer du bout du pilon. [pierre.

உலங்கலம், (உலம், கலம்), vase de

உலங்கு, moustique, moucheron.

உலண்டம், உலண்டு, V. கோற்புழு. [த்தல்.

உலத்தல், 1° V. உலப்பு. 2° P. உலா-

உலத்தி, P. உலர்த்தி: —ச்சூலை, V. உலர்த்திச்சூலை.

உலத்துகிறது, P. உலர்த்துகிறது.

உலந்த, 1° part. d'உலக்கிறது. 2° P. உலர்ந்த.

உலப்பு, n.v. d'உலக்கிறது, perte, ruine, destruction, mort, fin.

உலப்புதல், உலப்புகிறது, P. அலப்புதல், அலப்புகிறது.

உலமரல், உலமருதல், crainte, signe de crainte, affliction, inquiétude: n.v. et opt. de

உலமருகிறது, மர்ந்தேன், மருவேன், மரு, மர, (அலமருகிறது), craindre, s'effrayer, s'affliger, s'inquiéter.

உலம், pierre cylindrique, monceau de pierre.

உலம்பல், 1° V. உலம்புதல். 2° opt. d'உலம்புகிறது, ne faites pas de bruit, ne criez pas, etc...

உலம்பு, P. புலம்பு, bruit, lamentation. 2° imp. de

உலம்புகிறது, பினேன், புவேன், பு, ப, v.n. (புலம்புகிறது); retentir, résonner, faire du bruit, se lamenter, crier, rugir; avoir honte, se contenir.

உலம்புதல், n.v. d'உலம்புகிறது, bruit, son, retentissement, honte, retenue.

உலரல், 1° V. உலர்ச்சி. 2° n.v. et opt. de

உலருகிறது, ou உலர்கிறது, ர்ந்தேன், ருவேன், ou ர்வேன், ரு ou ர், ர, v.n. உலர்ந்துபோகிறது; sécher, se dessécher, être sec, se faner, languir, dépérir: உலரவைக்கிறது mettre sécher; உலர்ந்த sec, desséché; உலர்ந்ததரை terre desséchée; உலர்ந்ததராய் dans un état de sécheresse, de langueur, de dépérissement; உலர்மரம் bois sec. [se, aridité, dessèchement.

உலர்ச்சி, (உலர்கிறது), sécheres-

உலர்தல், n.v. d'உலருகிறது, V. உலர்ச்சி.

உலர்த்தல், உலர்த்துதல், n. v. d'உலர்த்துகிறது, dessèchement.

உலர்த்தி, 1° V. உலர்ச்சி: —ச்சூலை faiblesse des nerfs, dépérissement attribué à la trop grande chaleur du corps. 2° gér. du suiv.

உலர்த்துகிறது, த்தினேன், த்துவேன், த்து, த்த, v.a. de உலர்கிறது, dessécher, faire sécher, exposer au soleil: உலர்த்தப்பட்ட sec, desséché; நிழலிலுலர்த்துகிறது faire sécher à l'ombre. [உலர்கிறது.

உலர்ந்த, உலர்ந்து, part. et gér. de

உலவமரம், P. இலவமரம், cotonnier.

உலவம், (உலோபம்), avarice.

உலவா, உலவாத, part. du suiv. உலவாக்கிழி, bourse—, sac inépuisable.

உலவுகிறது, வினேன், வுவேன், வு, வ, v.n. 1° (உலா), marcher, se promener, avancer. 2° (உலக்கிறது), finir, s'épuiser.

உலவை, 1° l'arbuste ஒட்டமரம், vent, feuillage, jet—, branche d'arbre; trou dans un arbre, corne (de quadrupède), ville, village, rivière de pays de forêts, la plante வள்ளி, habitation, habitant; tribu, caste, bois sec, bois à brûler, l'arbrisseau கிளுகிளுப்பை. 2° 2me pers. sing. nég. d'உலக்கிறது, tu ne périras pas: —நாசி poivre long.

உலறல், உலறுதல், dessèchement, colère, état—, signe de colère. n.v. de

உலறுகிறது, றினேன், றுவேன், று, ற, v.n. sécher, se fâcher, être en colère, crier, faire du bruit.

உலா, 1° espèce d'élégie composée de குறள்வெண்பா, le 48me des

பிரபந்தம் ou pièce de vers décrivant en நேரிசைக்கலிவெண்பா une procession payenne chantée par des femmes ou la marche triomphale d'un jeune prince qui est chanté par des femmes des 7 degrés d'âge, procession, marche triomphale, promenade, gravité dans la marche. 2° *imp. et part.* d'உலாவுகிறது:—ப்போகிறது,—வருகிறது aller—, venir en procession,—avec pompe; —ப்போதல் procession, marche triomphale.

உலாகுமம், arsenic dit மனோசிலை

உலாங்கிலி, உலாங்கு, l'herbe காவட்டம்புல்.

உலாஞ்சுகிறது, சினேன், சுவேன், சு, ச, *v.n. et* உலாஞ்சுதல், *n.v.* avoir des vertiges, chanceler, vaciller.

உலாத்தல், *n.v. d'*உலாத்துகிறது, promenade.

உலாத்து, 1° promenade. 2° *imp. et part.* d'உலாத்துகிறது: —க்கதவு porte qui tourne sur des gonds.

உலாத்துகிறது, த்தினேன், த்துவேன், த்து, த்த, *v.a. et n. et* உலாத்துதல், *n.v.* promener, faire marcher, se promener, marcher: உலாத்திக்கொண்டிருக்கிறது se promener, faire un tour de promenade.

உலாமடல், (உலா), le 49me des பிரபந்தம் poéme qui décrit un songe impur.

உலாவல், 1° *opt. nég.* d'உலவுகிறது, qu'on ne se promène pas, qu'on ne marche pas. 2° *ou*

உலாவுதல், 1° marche, promenade, récréation, tour de promenade pour passer le temps; *n.v. de*

உலாவுகிறது, வினேன், வுவேன், வு, வ, *v.n.* se promener, faire un tour de promenade, marcher—, aller doucement, s'amuser pour passer le temps: உலாவித்திரிகிறது se promener désœuvré, —aprés la maladie, flâner; உலாவப்பண்ணுகிறது promener, conduire, faire marcher doucement. [pays.

*உலிந்தம், (oulinda), nom d'un

உலிற்கன், bronze. ‖ *V.* வெண்கலம்.

உலு, chafée, balle de millet et autres grains.

உலுக்குகிறது, *sync.* உலுக்கிறது, க்கினேன், க்குவேன், க்கு, க்க, (உலுக்குகிறது), *v.a. et n.* secouer, agiter, trembler, (*v.g.* dans un tremblement de terre). [*préc.*

உலுக்குகை, உலுக்குதல், *n.v. du*

உலுக்குமரம், (உலுக்கும் மரம்),

உலுடிதம், trou. [levier.

*†உலுண்டனம், (lountana), action de rouler,—de se rouler par terre. [cupidité.

*†உலுத்தம், (loubdha), avarice,

*†உலுத்தன், (உலுத்தம்), avare.

உலுத்துகிறது, த்தினேன், த்துவேன், த்து, த்த, *v.a. et* உலுத்துதல், *n.v.* faire tomber en secouant; *V.* உதிர்க்கிறது.

உலுப்பை, petit fruit vert, diverses espèces de fruits verts, sac (à effets), subsides, vivres fournis gratis sur sa route à un grand personnage par les habitans du lieu, secours qu'un supérieur donne à son inférieur pour son entretien: —கட்டுகிறது envoyer des subsides à un supérieur; —போடுகிறது en donner à un inférieur.

உலுவா, fenugrec, espèce de marchandise: —வரிசி, (அரிசி), graine de fenugrec.

*உலூகம், (ouloûka), grand hibou, chat-huant, Indiren, espèce de résine, bdellium.

*உலூகலம், (ouloûkhala), mortier (pour piler le riz).

†உலூட்டி, persécution, vexation.

*†உலூதை, (loûtâ), araignée.

உலை, 1° fournaise d'une forge, fourneau, foyer (allumé pour faire cuire le riz), pot rempli d'eau pour cuire le riz, marmite (placée sur le feu), perte, ruine, tort. 2° *imp. et part.* d'உலைகிறது *et* d'உலைக்கிறது: —க்களம் foyer, forge, feu d'une fournaise de forge; —காயவைக்கிறது, *V.* உலையேற்றுகிறது; —க்குறடு tenailles de forgeron; —த்துருத்தி soufflet de forge; —நீர் eau pour arroser le fourneau et tremper le fer; —ப்பானை vase—, pot au riz, —à cuire le riz; —முகம் feu d'une fournaise de forge,*ou*;—மூக்கு trou pour mettre le tuyau du soufflet d'une forge, conduit du soufflet au fourneau; —மூடி couvercle du pot au riz; —யாணிக்கோல், (ஆணி) fourgon de forge, verge de fer pour remuer les charbons;—யேற்றுகிறது, —வைக்கிறது mettre le pot au riz sur le feu: அவனென்தலைக்குஉலை வைக்கிறான் il me cherche du mal, il en veut à ma tête, à ma vie.

உலைகிறது, லைந்தேன், லைவேன், லை, லைய, *v.n.* être agité, se remuer, être affligé, vexé, ruiné, détruit, souffrir, périr, se gâter, se donner de la peine.

உலைக்கிறது, லைத்தேன், லைப்பேன், லை, லைக்க, *v.a. d'*உலைகிறது, vexer, affliger, détruire, perdre, ruiner.

உலைசல், *P.* உலைதல், crainte, discorde, contradiction, inconvenance.‖ *V.* உலைதல்.

உலைச்சல், *P.* உலைத்தல்: —மெத்த il y a beaucoup d'agitation, de vexation; —ஆயிருக்கிறது être vexé, tourmenté.

உலைதல், *n.v.d'* உலைகிறது, agitation, trouble, peine, ruine, destruction, vexatien.

உலைத்தல், உலைப்பு, *n.v.d'* உலைக்கிறது, trouble, agitation, importunité, vexation, affliction, souffrance, destruction, ruine, perte.

உலையிற்பிணந்தின்னி, (உலை, இல், பிணம், தின்கிறது), *V.* மாயிசபேதி

உலைவு, *n.v. d'* உலைகிறது, tremblement, crainte, agitation, trouble, tourment, instabilité, destruction.

†உலொங்குகிறது, *sync.* உலொங்கிறது, கினேன், குவேன், கு, க, *v.n.* s'humilier, être bas, humble, supplier, demander une faveur, se soumettre, se rendre, s'avouer vaincu, rougir, avoir honte. [mission, supplique.

†உலொங்குதல், *n.v. du préc.* sou-

†உலொங்குவிக்கிறது, *v.caus. de* உலொங்குகிறது, soumettre, réduire. [கிறது, faire un grand bruit.

†உலொடலொடென்று கூப்பிடு

†உலொடலொட்டை, inutilité, rien: —ப்பேச்சு bavardage frivole, inutile;—யாயிருக்கிறது être brisé, frivole, vain, inutile, bon à rien.

உலொடுக்கு, chose vide, non solide, bruit fait en marchant faiblement:—விழுந்துபோகிறது déchoir, dégénérer, dépérir, s'enfoncer; உலொடுக்குலொடுக்கென் றோடுகிறது imiter en courant le bruit du galop du cheval.

†உலொட்டி, affaire, occupation, embarras, liqueur—, matière enivrante, toddi, vin de palmier, vase de terre dans lequel on le recueille;—க்காரன், —குடிக்கிறவன் ivrogne; பணமுலொட்டியிற்போடுகிறது dissiper son argent à boire.

†உலொட்டை, rien, inutilité, baliverne, plaisanterie: —யாயெண்ணு கிறது regarder comme rien.

†உலோகத்தான், (உலோகம்), homme mondain, homme terrestre, —du monde, payen.

†உலோகத்திரம், *P.* உலோத்திரம்.

*†உலோகம், 1° (lòka), monde, terre, homme, vue. 2° (lòha), métal, fer, sang. Voyez au mot உலகம் les divers mondes des Indous. Quant aux métaux, il en comptent 5 பஞ்சலோகம்: பொன் or; வெள்ளி argent; செம்பு cuivre; இரும்பு fer; ஈயம் plomb. D'autres en comptent 7 சத்தலோகம், savoir: செம்பொன் or; வெண்பொன் argent; செம்பு cuivre; கரும்பொன் fer; ஈயம் plomb; வெண்கலம் bronze; தரா mélange de cuivre et de zinc; உலோககாந்தம் aimant;—காரன் forgeron; —க்கட்டி morceau de métal, masse composée des 5 métaux fondus ensemble; —தாது arsenic dit அத்தபாஷாணம், —த்துவம் choses—, nature du monde; —த்துவப்பிரகாசிக்கிரசாஸ்திரம் physique; — திமிளை espèce de bismuth; —பாலன் roi; — பர்ப்பம், — பஸ்மம் fer réduit en poudre médicinale; — மணல் sable de fer; — மலை montagne qui contient du fer ou des métaux; —மூடம், — வழக்கம் coutume—, usage du

monde: —வழக்கமாய்ச்செய்கிறது agir selon l'usage du monde; —வேட்கை, (வேட்கை), désir terrestre,—du monde, attachement à la terre; உலோகத்தின் துன்பம் les afflictions de ce monde; உலோகத்துக்கடுத்த காரியம் chose terrestre,—du monde; உலோகத்துக் கேற்ற வழக்கம் usage qui plait au monde; உலோகத்தையழிக்கிறது détruire le monde.

*†உலோகராட்டு,(உலோகம்,இராட்டு), le souverain du monde, Dieu.

*†உலோகர்,(உலோகம்), hommes du monde, mondains.

*†உலோகாதிதம்,(id. அதிதம்), ce qui est plus excellent que le monde.

*†உலோகாதியந்தம்,(id. ஆதி, அந்தம்), le commencement et la fin du monde, tout le monde.

*†உலோகாயதம், உலோகாய்தம், (lôkayata). V. உலகாயதம்.

*†உலோகார்த்தம், (உலோகம், அர்த்தம்), richesses—, biens du monde.

*†உலோகிதம், (lôhita), couleur rouge, sang, la planète de Mars, saffran, guerre, bataille.

*†உலோகேஷணை, (உலோகம், ஈஷணை), désir du monde.

*†உலோகோத்தமம், (id. உத்தமம்), l'or, le plus précieux des métaux.

*†உலோகோத்தரம், (id. உத்தரம்), ce qu'il y a d'excellent —d'élégant au monde, ce qui plaît.

*உலோகோயம், pays situés entre les monts Himâlaya et Râmêsouram

*†உலோசகம், உலோசம், (lôtchaka), prunelle de l'œil, pendant d'oreille, bijou que les femmes portent sur le front, corde d'arc, ciel.

*†உலோசனம், (lôtchana), œil.

*†உலோசனன், (உலோசனம்), celui qui a des yeux.

உலோசி, la plante, பேய்ப்பசளை.

உலோதிதம், l'arbre de sandal.

*†உலோத்திரம், (lôdhra), l'arbre விளா.

*†உலோபம் (1° (lôbha), avarice, lésinerie, mesquinerie, ténacité, défaut de libéralité, cupidité, avidité, désir, petitesse. 2° (lôpa), destruction, rature, rejet: உலோபத்துவம் avarice, lésinerie; —த்துவமாய்ச்செய்கிறது faire d'une manière mesquine; —உலோபமுடைமை avarice, état d'avarice.

*†உலோபனம், (உலோபம், na); diminution, épargne, mortification.

*†உலோபன், (உலோபம்), avare, homme chiche.

*†உலோபி, m. f. (உலோபம்), avare, homme chiche, cupide, chose mince, —délicate: —த்தனம் avarice; —யாயிருக்கிறது être mince, ou உலோபித்தனம்பண்ணுகிறது ou

†உலோபிக்கிறது, பித்தேன், பிப்பேன், பி, பிக்க, v. n. et உலோபித்தல், n. v. (உலோபம்), être avare, agir en avare, avec mesquinerie.

*†உலோமசன், (உலோமம், sa), Lômasen, n. p. d'un richi, homme couvert de poil.

*†உலோமம், 1° (lôma), queue. 2° (lôman), poil du corps. 3° règle, ordre: உலோமகருஷணம், (harchana, joie), V. உல்லகசனம்.

*†உலோமன், (உலோமம்), homme réglé, —couvert de poils.

*†உலோமாஞ்சம், (lômântcha), V. உல்லகசனம்.

*†உலோலம், (lôla), agitation, tremblement, désir, cupidité, concupiscence, luxure.

*†உலோலன், (id.), homme voluptueux, désireux.

*†உலோலிதம், (lôlita), mouvement, agitation, crainte, tremblement, air pensif qui fait pencher la tête sur une épaule: உலோலிதமுகம் visage triste, —pensif et penché sur une épaule.

*†உலோலை, (lôlâ), langue, Lakchimi.

*†உலௌகிகம், (laoukika), choses —, affaires du monde, mondanité: —தெரியாதவன் homme qui ne connaît pas les choses de ce bas monde; உலௌகிகதருமம் coutume —, façon du monde; —ப்பெருமை pompe du monde; —விவேகம் politique, prudence mondaine.

*†உலௌகிகர், உலௌகிகர், (உலௌகிகம்), mondains, gens habiles dans les affaires du monde.

உல், pieu pointu, pal, levier.

உல்கு, péage, douane, tribut.

*உல்லகசனம், (oullakasana), érection du poil du corps.

*உல்லங்கனம், (உத், இலங்கனம்), transgression, violation, déviation, passer par-dessus, déshonneur, mépris, trouble, guerre, guerre excessive, abondance: —பண்ணுகிறது passer par-dessus, transgresser, dévier, déshonorer, mépriser; உல்லங்கனப்படுகிறது être déshonoré, couvert de confusion.

உல்லம், உல்லமீன், உல்லன்மீன், alòse, espèce de poisson fort estimé: உல்லங்கருவாடு alòse salée; ஆற்றுல்லம் esox gymnocephalus, alòse de rivière; உன்னத்தைவிற்று உல்லத்தைக்கொள்ளு vends ce que tu as pour acheter l'alòse.

உல்லரி, bourgeon, rejeton.

*உல்லாகன், V. உல்லாபன்.

*உல்லாசம், (oullâsa), joie, plaisir, gaîté, délice, amusement, récréation, promenade, joie intérieure, —extrême, habit, arrogance, fierté, accroissement, augmentation. ‖ V. அத்தியாயம்: —செய்தல் amusement, récréation; —செய்கிறது, —பண்ணுகிறது, —ஆயிருக்கிறது se récréer, s'amuser à jouer, à se promener, divertir, amuser, régaler; —ஆய்ப்பேசுகிறது amuser par des discours agréables; —ஆய்ப்போகிறது se promener par manière de récréation; உல்லாசநடை démarche fière; —ப்படுத்துகிறது récréer, divertir, régaler; —வடம் collier de perles.

*உல்லாசன், (உல்லாசம்), homme qui se divertit, qui vit dans les plaisirs. [mince.

உல்லாடி, (உல், ஆடி), personne

*உல்லாபம், (oullâpa), caquet, bavardage d'enfans, voix enfantine, changement de voix causé par la maladie ou le chagrin, chaque partie d'un mot dérivé. v.g. அஞ்ஞானமான, அஞ்ஞானம்-ஆன.

*உல்லாகன், (oullâgha), convalescent, qui relève de maladie.

உல்லி, fleur d'oignon, personne mince, —maigre, ce qui est mince, léger, forteresse.

உல்லிங்கனம், P. உல்லங்கனம்.

உல்லியம், puits.

உல்லியர், (உல்லியம்), gens qui creusent les puits, —habiles dans l'art de les creuser.

உல்லு, P. உல்.

*உல்லேகனம், (உத், இலேகனம்), élévation, vomissement, action d'écrire, de creuser, de raboter, de s'élever. [கட்டி.

*உல்லோசம், (oullòtcha), V. மேற்

*உல்லோலம், (oullòla), flot, lame, houle, vague de la mer.

உவ, imp. d'உவக்கிறது.

உவகுலம், poivre long.

உவகை, (உவக்கிறது), joie, plaisir, allégresse: —ப்பறை tambour qu'on bat en signe de réjouissance, ou pour fêter quelqu'un. [கு.

உவக்காண், (உ, அ, கண்), V. உங்

உவக்கிறது, வந்தேன், வப்பேன், வ, வக்க, v.n. se réjouir, être joyeux, haut, élevé.

உவச்சர், V. சோனகர்.

உவட்சி, agitation, action d'agiter.

உவட்டல், opt. et n.v. d'உவட்டுகிறது, aversion, dégoût, nausée, rapports, vomissement, augmentation, débordement.

உவட்டிக்கிறது, ட்டித்தேன், ட்டிப்பேன், ட்டி, ட்டிக்க, v.n. (உவட்டுகிறது), détester, avoir horreur, —du dégoût, —des nausées, —des rapports, vomir.

உவட்டித்தல், உவட்டிப்பு, n.v. du préc. horreur, nausée, rapports, vomissement.

உவட்டிற்கூர்மை, (உவட்டு, இல், கூர்மை), V. மாமிசபேதி.

உவட்டு, 1° dégoût, nausée, renversement, débordement, augmentation, flot de la mer: உவட்டெடுக்கிறது se déborder, grossir. 2° imp. et part. de

உவட்டுகிறது,ட்டினேன், ட்டுவேன்,ட்டு,ட்ட,v.n.(உவட்டு), V.உவட்டிக்கிறது.‖augmenter,déborder,regorger,se rouler: உவட்டிப்போகிறது être dégoûtant,détester.

உவட்டுதல்,*n.v.du préc.* aversion, nausée,augmentation,débordement, roulement.

உவட்டுரை,(உவட்டு,உரை), mot de mépris.

உவணம், élévation, hauteur, le faucon கருடன்,aigle,milan:—உயர்த்தோன் *et* உவணகேதனன், (கேதனம்), celui qui a sur sa bannière le faucon கருடன்,*i. e.* Vichnou.

உவணன்,(உவணம்), le faucon கருடன்.

உவணி,épée, sabre.

உவணை,le monde des dieux de la fable.‖*ou*

உவண், (உ *dém.*) le lieu entre celui-ci et celui-là.

உவன்று,*gér.d'* உவறுகிறது.

*உவதி,(யுவதி), fille de 16 ans.

உவதை, rivière—, ruisseau qui descend des montagnes.

உவத்தல்,*n.v. d'* உவக்கிறது.joie, allégresse.

உவந்த, *part. du même*, joyeux, agréable,plaisant.

உவப்பு,*n.v.du même*,joie,allégresse,jeu,augmentation,hauteur: உவப்பின்மை,sérieux,tristesse,aversion.

*உவமம்,(உபமம்), comparaison, ressemblance,parabole: உவமவுருபு, (உருபு), particule qui exprime la comparaison. *Ex.* போல், அனைய comme:—த்தொகை ellipse des particules de comparaison. *Ex.* பான்மொழி pour பாலனையமொழி parole de lait,douce comme du lait;உவமத்தியல்பு,(உவமத்து,இயல்பு), le propre des comparaisons: உவமவகத்திணை, *V.* உவமையகத்திணை.

*உவமாதிவகம், *V.* உபமாதிவகம்.

*உவமாநம், *ou* உவமானம்,(உபமானம்), ressemblance,parité, comparaison, objet auquel on en compare un autre: உவமானசங்கிரகம் traité des comparaisons;—த்தொகை ellipse du nom de l'objet de la comparaison. *Ex.*முகத்திற்கொப்பாங்காத்திகொள்பொருளுமுண்டோ y a-t-il même un objet qui ait une beauté comparable à celle du visage?—ப்பிரமாணம் comparaison, manière de conjecturer ou de connaitre par comparaison,conjecture ou connaissance obtenue par comparaison. *Ex.*ஆமாவைஆப்போன்றிருக்குமென்றறிதல் connaitre la vache sauvage en conjecturant qu'elle doit ressembler à une vache ordinaire.

உவமாநிலம்,muraille.

உவமானிக்கிறது, னித்தேன்,னிப்பேன்,னி,னிக்க,*v.a.*(உவமானம்), comparer.

உவமானித்தல், உவமானிப்பு,*n.v.d'* உவமானிக்கிறது,comparaison.

*உவமானோவமானம்,(உவமானம்,உவமானம்), espèce de fig. de rhét,comparaison éclaircie par une autre comparaison.

உவமிக்கிறது, மித்தேன், மிப்பேன்,மி,மிக்க,*v.a.*(உவமம்), comparer, égaler.

உவமித்தல்,உவமிப்பு, *n.v.du préc.* comparaison.

*உவமேயம், *ou* *உவமேயப்பொருள்,*V.*உபமேயம்.

*உவமை,(உபமை),comparaison, ressemblance, parabole:—சொல்லுகிறது comparer, dire une comparaison,—une parabole; —யாய்ச்சொல்லுகிறது, யாய்ப்பேசுகிறது parler allégoriquement, en figure, en parabole,user de comparaisons; —த்தொகை,*V.* உவமத்தொகை;—யகத்திணை figures,usage des comparaisons, montrer le rapport ou la ressemblance qu'il y a entre 2 objets;—யாகுபெயர் emploi du nom de l'objet d'une comparaison pour celui de l'objet comparé. *Ex.*மயில்வந்தாள் la paonne est venue, *i.e.*cette femme semblable à un paon est venue;—யின்மை manque de terme de comparaison, incomparabilité;—யுருபு comparaison,particules qui expriment la comparaison, *v.g.* போல,என, terminaison des noms qui marque un degré de comparaison.*Ex.* இவனிலவன்பெரியவன் celui-là est plus grand que celui-ci;

—யுருவகம் fig. de rhét. qui montre la ressemblance qu'a, sous un rapport, avec quelqu'objet la chose que l'on a prise pour métaphore; தனக்குவமையில்லாதவன் l'incomparable, *i.e.* Dieu. [d'une éclipse.

*உவராகம், (உபராகம்), temps

உவரி, 1° (உவர்), amas d'eau salée, mer, urine. 2° (உபரி), jeu de femme: —க்கெண்டை espèce de poisson; —விலை, *V.* உபரிவிலை.

உவர், 1° sel, salure, goût de sel, âpreté, mer, terre salée, —imprégnée de sel, —stérile. 2° *adj.* salé. 3° *pl.de* உவன். 4° *imp. et part. d'*உவர்க்கிறது: —ஆயிருக்கிறது être salé; —க்கடல் la mer de sel; —க்களம் saline, terre salée, —stérile, savon; —க்காரம் savon, espèce de remède; —ச்சங்கம் l'arbuste épineux dit முள்ச்சங்கு monetia; —த்தரை saline, terre un peu salée, *ou*; —நிலம், —மண் terre salée, —stérile; —நீர் eau salée, —saumâtre, eau de mer.

உவர்க்கிறது, ர்த்தேன், ர்ப்பேன், ர், ர்க்க, *v.n.* (உவர்), être salé, désagréable.

உவர்த்தல், உவர்ப்பு, *n.v. du préc.* goût de sel, salure, âpreté, aversion, dégoût, mépris, affront. On compte 6 உவர்ப்பு, *i.e.* sentimens ou dispositions désagréables en l'homme, savoir: ஆசியம் ou அவமதிச்சிரிப்பு dérision; இரதி ou பேராசை violent désir; அரதி ou வெறுப்பு aversion; சோகம் ou சோர்வு évanouissement; பயம் ou அச்சம் crainte; குர்ச்சை ou அருவருப்பு horreur.

உவளகம், 1° village de bergers, saline, côté, étang, bas-fond, fossé, mur de forteresse, mur, harem, appartement des femmes, alun de plume. 2*(யுகளம்), paire, couple, deux.

உவளம், (கவளம்), riz cuit, fourrage pour les éléphans, etc...

உவளல், *opt. et n.v. d'*உவளுகிறது, flexibilité.

உவளிக்கிறது, ளித்தேன், ளிப்பேன், ளி, ளிக்க, *v.a.* purifier, nettoyer.

உவளித்தல், உவளிப்பு, *n.v. du préc.* purification, nettoiement.

உவளுகிறது, வண்டேன், ளுவேன், ளு, ள, *v.n.* être flexible, pliant, susceptible d'être agité.

உவள், *f. de* உவன்.

உவளுயம், cataplasme, emplâtre de remèdes pilés.

உவனி, *P.* உவணி, épée.

உவனிக்கிறது, னித்தேன், னிப்பேன், னி, னிக்க, *v.n.* devenir—, être humide. [*préc.* humidité.

உவனித்தல், உவனிப்பு, *n.v. du*

உவன், *m.*, உவள், *f.*, உவர், *pl.* celui qui est entre ces 2 autres, —entre celui-ci et celui-là.

உவா, 1°*(youvâ), jeune homme, cadet, adolescent (de 16 à 17 ans), frère cadet, homme fait, —dans l'âge viril. 2° plénitude, pleine—, nouvelle lune, mer, éléphant: —அறுதி temps vrai de l'opposition, ou de la pleine lune; —நாடி moment—, heure du commencement d'une éclipse.

*உவாகருமம், *P.* உபாகருமம்.

*உவாதி, *P.* உபாதி.

உவாத்தி, *hon.* உவாத்தியார், (*P.* உபாத்தி), maitre d'école.

உவாத்திமை, (உவாத்தி, மை), emploi—, qualité de maitre d'école: —த்தொழில்பண்ணுகிறது tenir une école. [ன், maitre d'école.

*உவாத்தியாயன், *P.* உபாத்தியாய

உவாந்தம், (உவா, அந்தம்), pleine—, nouvelle lune.

†உவாந்தி, (வாந்தி), vomissement.

உவாய், nom d'un arbre. [injure.

*உவாலம்பனம், (oupâlambhana),

உவாவறுதி, (உவா, அறுதி), fin de la nouvelle ou de la pleine lune.

உவிகிறது, விந்தேன், விவேன், வி, விய, *v.n. et* உவிதல், *n.v.* (அவிகிறது), mourir, s'éteindre, être étouffé, s'éteindre faute d'eau ou par inondation.

உவை } (*pl. de* உது), ces choses
உவ் } du milieu, —qui sont entre celles-ci et celles-là.

உவ்வி, maitresse, tête, chef.

உவ்விடம், (உ *dém.* இடம்), la place du milieu, —entre ces 2 autres.

உவ்வு, pénitence. [*d'*உழக்கிறது.

உழ, 1° *inf.de* உழுகிறது.2° *imp.*

உழக்கல்,1° *opt.et n.v.d'*உழக்குகி றது.2° *n.v.de*

உழக்கிறது, ழந்தேன், ழப்பேன், ழ,ழக்க,*v.a.et n.*souffrir, subir une —,faire pénitence, s'habituer, s'accoutumer, s'exercer, s'appliquer à l'étude,être employé (à quelque affaire), travailler,s'escrimer,apprendre l'escrime,se fatiguer,être harassé,troublé,se rouler,tergiverser.

உழக்கு,1° quart de mesure ou de படி;sa marque est ஐ:உழக்குழாக்கு 3/8 de mesure ou de படி,qu'on écrit ஐஈ.2° *imp. et part.de*

உழக்குகிறது,*sync.*உழக்கிறது,க்கினேன்,க்குவேன்,க்கு,க்க,*v.a.*troubler,se défier de, désoler, dévaster, diriger, conduire une affaire, apprendre l'escrime, tacher, faire des taches,imputer,fouler aux pieds.

உழக்கோல்,(உழு, கோல்), aiguillon de laboureur.

உழச்சியர்,*P.*உழத்தியர்.

உழத்தல்,*n.v. d'*உழக்கிறது, application,exercice,souffrance,peine, escrime, action de se rouler, tergiversation.

உழத்தி,*pl.* உழத்தியர், *f. d'*உழவன்,cultivatrice,fille—,femme de cultivateur,—qui travaille à la culture des terres: உழத்திப்பாட்டு chanson de cultivatrice, le 86me des பிரபந்தம் poème composé de சிந்து et de விருத்தம் entremêlés,qui célèbre l'agriculture et les agriculteurs.

உழத்துகிறது,த்தினேன், த்துவேன்,த்து,த்த,*v.n.*être desséché, souffrir de la soif.

உழப்பாளி,(உழப்பு,ஆளி),travailleur,qui fait des efforts.

உழப்பு,*n.v.d'*உழக்கிறது, fermeté,force,vigueur,courage,effort, travail, peine, pratique, exercice, discours séditieux, bredouillage.

உழப்புகிறது, ப்பினேன், ப்புவேன்,ப்பு,ப்ப, *v.n.* parler séditieusement,bredouiller,s'habituer à.

உழமண்,*P.*உழைமண்.

உழம்பல், retentissement, bruit, trouble,mélange, bredouillage, extravagance;*opt.et n.v.de*

உழம்புகிறது,பினேன்,புவேன்,பு,ப,*v.n.*retentir,résonner, rendre un son,se troubler,se mêler, bredouiller,extravaguer.

உழர்கிறது, ர்ந்தேன், ர்வேன்,ர்,ர,*v.n.*உழர்தல்,*n.v.* démêler et partager les cheveux,se rouler de douleur,se rouler.

உழலல்,tournoiement, tour,tourbillon,mouvement,agitation, action de rôder,tout troublé,vexation, *opt. et n.v.de*

உழலுகிறது,ழன்றேன், ழலுவேன்,ழலு ou ழல்,ழல, (சுழலுகிறது), *v.n.*tournoyer,tourner, tourner rapidement, — en tourbillon, rouler, balancer,se brandir, s'agiter, rôder, être inconstant, se rouler, se vautrer,s'exercer,devenir habile,le poivre piquer:உழன்றறுக்கிறது devenir habile,—adroit par la pratique, travailler fortement; உழன்றுகிடக்கிறது être relâché,inutile,hors d'usage;உழன்றுவருகிறது commencer à, se relâcher, être harassé, se fatiguer,s'affaiblir;ஒக்கவுழன்றான் il a travaillé ou souffert également.

உழலை, (உழலுகிறது), action de rôder,de tourner,de courir çà et là, grande chaleur.‖*V.*உழலைமரம்:—ப்படுகிறது être brûlé par la chaleur, —tourmenté par la soif; —மரம் cylindre de bois qui (dans un moulin à huile ou à sucre), exprime les sucs en tournant.

உழல்,1° *imp.et part. de* உழலுகிறது.2° *P.*உழலல்.3° *opt.et n.v.d'*உழுகிறது,*V.*உழுதல்,*et* உழவு.

உழவடைக்கிறது,(உழவு, அடைக்கிறது), louer—, engager une terre à un autre pour être cultivée, faire tout le labourage de l'année, payer la dette du labour.

உழவர், (*pl. d'*உழவன்), laboureurs,agriculteurs, cultivateurs, habitans d'un pays cultivé, Choutres, Vellajes.

உழவன்,(உழவு), laboureur,agriculteur,bœuf de labourage. homme habile (dans un art etc..), brave.

உழவாரம்,உழவாரி,*P*. உழுவாரம்,உழுவாரி. [tion du labourage.

உழவிடை, (உழவு, இடை), cessa-

உழவெருது,(உழவு,எருது), bœuf de charrue, —de labourage.

உழவு, (உழுகிறது), labourage, labour,agriculture, qui est un des 6 emplois des Choutres et des Vaissias,sillon: —கட்டி motte de terre renversée en labourant;—கோல் aiguillon (de laboureur...), baguette, houssine;—சால் sillon:—த்தண்ணீர், (உழமண்), eau imprégnée de soude,eau que l'on trouve dans une terre imprégnée de soude: —த்தொழில் labourage,métier de laboureur; —குண்டை,—மாடு, *V*. உழவெருது.

உழவோர்,(உழவு), *V*. உழவர்.

உழற்றல், *n.v.* d'உழற்றுகிறது, tournoiement,soif, chaleur, vexation: எனக்குத்தண்ணீருழற்றலாயிருக்குது j'ai soif; தண்ணீருழற்றலாய் வருகிறது arriver avec une grande soif; நாவுழற்றல் dessèchement de la langue, langue desséchée.

உழற்றி, 1° *gér. du suiv.* 2° tour, tournoiement, peine, tourment, action de rôder.

உழற்றுகிறது,ற்றினேன்,ற்றுவேன்,ற்று,ற்ற,*v.a.de* உழலுகிறது *et* உழற்றுதல், *n.v.* tourner vite en rond,—en tourbillon,faire tourner, —pirouetter,—rouler,brandir, chagriner,tourmenter,vexer, se rouler de douleur.

உழன்றி, (உழலுகிறது), chose propre à tourner,à pirouetter.

உழன்று,*gér. d'* உழலுகிறது.

உழா,உழாத,*part.nég.* d'உழுகிறது,non labouré,qui ne laboure pas.

உழி,place, côté, terminaison de l'abl.de lieu. *Ex.* அவனுழிவந்தான் il vint à lui. Après le gérondif en உ il signifie lorsque, puisque. *Ex.* அவனிதைச்செய்துழி lorsque—, puisqu'il a fait ceci.

உழிஞை,la plante சிறுபூளை,guirlande de cette plante dont on décore ceux qui prennent un fort ennemi: —மாலை la guirlande susdite, c'est la 6e des அஷ்டவெற்றிமாலை,le 39me des பிரபந்தம், panégyrique d'un guerrier ou d'une armée qui ornés de cette guirlande ont bloqué une ville ennemie.

உழிதரல்,tournoiement,tour,promenade,action de rôder, *n.v.de*

உழிதருகிறது, தந்தேன், தருவேன்,தா,தர,*v.n.* tourner, tournoyer, faire le tour, rôder, se promener—, aller çà et là.

உழு,1° *P*.உளு,espèce de ver qui ronge le bois. 2° *imp.et part.de*

உழுகிறது,உழுதேன்,உழுவேன்,உழு,உழ, *v.a.*labourer,sillonner,tracer des lignes. [agriculture.

உழுகை, *n.v.du préc.* labourage,

உழுத,*part.du même*,qui a labouré, labouré: —நிலம் terre labourée, —காடு terre à menus grains—, forêt labourée.

உழுதல்,*n.v.du même*, labourage, action de tirer des lignes.

உழுது, *gér. du même*, en labourant:உழுதுண்கிறது vivre en cultivant la terre: உழுதுண்போர் ceux qui vivent de la culture de la terre; உழுதுண்டுவாழ்வாரேவாழ்வார்மற்றெல்லாந் தொழுதுண்டு பின்செல்பவர் ceux qui vivent de la culture des terres jouissent réellement du bonheur, tous les autres vivent en servant les autres et en dépendent: உழுதுபுழுதிபண்ணுகிறது *ou* யாக்கிறது labourer et herser, ravager,dissiper;உழுதுபோடுகிறது cesser—,finir de labourer.

உழுநர்,(உழுகிறது), laboureurs, cultivateurs.

உழுநிலம்,(உழு),terre labourable

உழுந்து,*P*.உளுந்து.

உழுபடை, (உழு), charrue: —ச்சால் sillon. [ம், nous labourerons.

உழுவம்,1° fourmi. 2° *ou* உழுவோம்

உழுவல்,1° nature,propriété,usage,coutume familiarité,amour constant. 2° *ou* உழுவேன் je labourerai.

உழுவளைப்பு,(உழு),sinuosités que l'on fait en labourant.

உழுவாரம், உழுவாளி, (*id.*), sarcloir,instrument pour sarcler,ratissoire.

உழுவான், 1° il labourera, le laboureur. 2° insecte qui mine les couches des jardins, gryllus gryllotalpa, terre que cet insecte enlève.

உழுவை,1° tigre, espèce de poisson. 2° *ou* உழுவாய் tu laboureras.

உழை, 1° place, côté, cerf,biche, daim, une des cordes de la lyre, 4me des 7 sons ou notes de la musique vocale et instrumentale des Indiens et qu'ils prétendent venir de la tête, *V.*இசை,vache,nuit, aurore, matin, terminaison de l'ablatif de lieu,*Ex.* அவனுழைவந்தான் il est venu à lui. 2° *ou* உழாய் tu ne laboureras pas. 3° *imp. et part. de*

உழைக்கிறது, உழைத்தேன், உழைப்பேன்,உழை,உழைக்க, *v.a.* travailler, s'efforcer, se donner de la peine, faire des travaux pénibles,—rudes, acquérir à force de peine, amasser, parler à haute voix,s'efforcer à prononcer: உழைத்துக் கொடுக்கிறது travailler gratis,pour rien, en vain; தானுழைத்தஉடைமையிலே தின்கிறது vivre du fruit de ses travaux.

உழைத்தல், *n.v.du préc.* ouvrage, labeur, travail, effort, acquisition, collection, amas, assemblage, effort pour prononcer les lettres ou les mots, son des mots. Il y en a de 3 sortes; voyez les au mot ஓசை.

உழைப்பறிக்கிறது,(உழைத்தல்,பறிக்கிறது), travailler fortement, s'efforcer, lutter contre les difficultés, se vautrer, se rouler dans la boue,—dans l'ordure: பாவத்திலே யுழைப்பறிக்கிறது se vautrer dans l'ordure du péché.

உழைப்பாளி, (உழைப்பு, ஆளி), homme laborieux.

உழைப்பு, *n.v. d'* உழைக்கிறது, travail, ouvrage, labeur, effort,persévérance, force, diligence, acquisition,amas, assemblage: உழைப்பின் வாராவுறுதிகளுளவோ y a-t-il quelque bien qui ne s'obtienne par des efforts?

உழைமண், (உழை), terre à dégraisser, terre imprégnée de soude.

உழையர்,உழையோர்,(உழை),ministres,serviteurs,ceux qui sont près du roi,—près de leurs maîtres.

உழைவாரம்,*P.*உழுவாரம்.

உழைவு,*P.*உளைவு.

உளு, partie du luth.

உளதம், demande, action d'écouter.

உளது,*P.*உள்ளது.

உளத்தியலிடை, (உள்ளம், இயல், இடை), intervalle—, expression des sons du hautbois ou de la clarinette indienne:—ச்சொல் interjection.

உளபுலப்பயன்றற்குறிப்பு, (*id.*புலம்,பயன், தன்), fig. de rhét. par laquelle on s'imagine qu'un effet naturel vient d'une autre cause. *Ex.* முலைசுமந்துதேய்ந்ததிடை les reins se sont épuisés en portant les mamelles ou le sein.

உளபுலவேதுத்தற்குறிப்பு, (*id.* ஏது,தன்),fig.de rhét.par laquelle on suppose qu'une chose naturelle vient d'une cause particulière.*Ex.* நின்றுளவனிமிதித்தலினால் சேந்தனவென் றுள்ளு மென்னெஞ்சு mon cœur pense que vos pieds sont devenus rouges parce-qu'ils ont foulé la terre.

உளப்படுகிறது, (உளம்), consentir, s'engager, entrer,être dans l'esprit.

உளப்படுத்துகிறது, (*id.*), engager, faire consentir, persuader,rendre semblable.

உளப்பாடு, (*id.*), consentement, liaison, engagement,entrée,participation:உளப்பாட்டுவினை verbe qui a la terminaison propre à une personne et comprend aussi d'autres personnes.

உளம்,*P.*உள்ளம்.

உளராகிறது.உளராதல்,(உளர்), *V.*உள்ளாகிறது, உள்ளாதல்.

உளரிசிரதம், consentement.

உளருகிறது, *ou* உளர்கிறது, ர்ந்தேன்,ருவேன்,*ou* ர்வேன்,ரு, *ou* ர், ர,

v.a. உளருதல்,et உளர்தல், n.v. (un oiseau) agiter ou secouer ses ailes pour les sécher, nettoyer ses ailes avec son bec,s'agiter, remuer,chanceler, danser, crier,tourner autour, tournoyer, ròder, répandre, oindre, frotter.

உளர், 1° *imp. et part. du préc.* 2° société,complicité, cause, ce qui est entré; —ஆயிருக்கிறது participer, être participant,impliqué, être dans

உளர்ச்சி,உளர்வு,*n.v. d'* உளர்கிறது, mouvement, agitation,balancement, tour,tournoiement, action de ròder,grand bruit.

உளவன்,(உளவு), espion,coureur d'armée, émissaire, mouchard: உளவனுக்குகிறது rendre espion, mettre ou envoyer comme espion,engager quelqu'un à sonder les desseins d'un autre; உளவனில்லாமல் ஊரழியாது sans espion la contrée ou la ville ne sera pas ou ne serait pas ruinée. [mouchard.

உளவாளி, (உளவு,ஆளி), espion,

உளவு,(உள்), espionnage, secret, dessein caché,faute qu'on a découverte, secret qu'on arrache à quelqu'un pour le faire connaître à ses ennemis,soupçon:உளவடக்கிறது cacher—,excuser les fautes de quelqu'un;உளவறிகிறது,உளவறிந்திருக்கிறது connaître les secrets,les desseins cachés;உளவாக்குகிறது, *V.* உண்டாக்குகிறது *et* உளவனுக்குகிறது;உளவாய் secretement; உளவாய்த்தேடுகிறது espionner, explorer, sonder les secrets;உளவாய்ப்பேசுகிறது informer—, ourdir—, projeter —,parler secrètement;உளவுகண்டவன் celui qui a découvert ou qui connaît les secrets d'un autre;—காரன் espion, mouchard;சொல்லுகிறது révéler—,découvrir un secret;—பார்க்கிறது épier,espionner, explorer, chercher à découvrir un secret.

உளறுகிறது, றினேன்,றுவேன், று, ற, v.a. babiller, jaser comme un enfant, bavarder, bredouiller, parler incorrectement,—en homme effrayé ou qui rêve, crier de peur, brailler.

உளறல், உளறுதல், *n.v. du préc.* bredouillage,bavardage, paroles incorrectes,—sans ordre, grand bruit, cri de frayeur,

உளறுபடி, உளறுபிடி, (உளறும்), trouble, émeute, révolte.

உளன்,*P.*உள்ளான்.

உளார், (உள்), gens du dedans, possesseurs, ceux qui sont, qui ont, ils sont, ils ont.

உளி,1° ciseau de charpentier,burin, cisoire: —க்குத்தாகக்குத்துகிறது frapper à coups de poing, boxer, souffleter;—ப்பாரை barre de fer—, instrument pour creuser; —வைக்கிறது mettre le ciseau à une pièce de bois, couper du bois avec un ciseau. 2° terminaison de l'ablatif de lieu qui signifie à, en, dans: அவனுளிவந்தான் il est venu à lui; என்னுளி en moi. 3° après le gérondif en உ, il signifie lorsque, puisque; நீயிதைச்செய்துளி lorsque ou puisque tu as fait ceci.

உளிஞை, porte de tour, armée.

உளியம், ours.

உளு, 1° artuson, vers qui ronge le bois,poussière que laisse ce vers, vermoulure. 2° *imp.d'* உளுக்கிறது.

உளுக்காருகிறது, ர்ந்தேன்,ருவேன்,ரு,ர, v.n. (உள்,ஆருகிறது), s'asseoir, s'accroupir, s'affaisser, être, s'accroupir pour ses besoins: உளுக்கார்ந்திருக்கிறது être assis; உளுக்கார்ந்துபேசுகிறது parler—, discourir assis.

உளுக்காத்தல், உளுக்கார்த்தல், être assis, être, action de faire asseoir.

உளுக்கிறது,1° ளுத்தேன்.ளுப்பேன்,ளு,ளுக்க, *v.n. et* உளுத்துப்போகிறது, être vermoulu, mangé des vers, se gâter, être rongé, corrodé par le salpêtre: இச்சரீரம் உப்பிருந்தபாண்டம்போலுளுத்துப்போம் ce corps sera rongé comme une salière ou un vase où l'on a mis du sel. 2° க்கினேன்... *sync. d'* உளுக்குகிறது.

உளுக்கு, 1°. sorte d'instrument, 2° *P.* சுளுக்கு, entorse, contraction—, foulure des nerfs 3° *imp. et part. de*

உளுக்குகிறது, *sync.* உளுக்கிறது, க்கினேன், க்குவேன், க்கு, க்க, *v. n. P.* சுளுக்குகிறது, se donner une entorse, se disloquer, (un nerf) être foulé, dérangé, démis, se contracter.

உளுக்குதல், 1° *n.v. du préc.* foulure, entorse. 2° *V.* உளுத்தல்.

உளுத்த, உளுத்து, *part. et gér. de* உளுக்கிறது, mangé des vers, vermoulu, corrodé: உளுத்தமரம் pièce de bois—, arbre vermoulu.

உளுத்தம், *adj. d'* உளுந்து: —பயறு grain d'ouloundou; உளுத்தமா farine d'ouloundou; (après être moulue, elle s'aigrit et fermente.)

உளுத்தல், *n.v.d'* உளுக்கிறது, se vermouler, se gâter, corrosion.

உளுந்து, ouloundou, une des céréales de l'Inde, phaseolus radiatus.

உளுப்பு, *n.v. V.* உளுத்தல்.

உளுப்பொடி, (உளு), vermoulure.

உளுவை, espèce de poisson, ophicephalus punctatus.

உளை, 1° fondrière, bourbier, boue, fange, bruit, son des paroles, cheveux d'hommes, poil, poil du corps, crinière (de cheval etc...). 2° *imp. et part. d'* உளைகிறது *et d'* உளைக்கிறது.

உளைகிறது, ளைந்தேன், ளைவேன், ளை, ளைய, *v.n.* avoir la colique, des tranchées, des contorsions, se tordre les pieds et les mains, souffrir, être peiné, tourmenté, chagrin, éprouver les douleurs de l'enfantement, écumer, suppurer: உளைந்துபேசுகிறது parler avec amertume ou aigreur, exprimer son chagrin, sa peine en pensant à quelqu'un.

உளைக்கிறது, ளைத்தேன், ளைப்பேன், ளை, ளைக்க, *v. a.* 1° appeler, faire du bruit, résonner, avoir mal, souffrir, éprouver des douleurs dans la poitrine et dans les membres. 2° *P.* இளைக்கிறது, respirer avec peine: இடுப்புளைக்கிறது avoir mal aux reins.

உளைதல், *n.v.d'* உளைகிறது.

உளைத்தல், *n. v.d'* உளைக்கிறது, invitation, appel, bruit, son.

உளைந்து, *gér. d'* உளைகிறது.

உளைப்பு, *n. v. d'* உளைக்கிறது, douleur (dans la poitrine, les épaules et autres membres).‖ *V.* உளைத்தல்: உளைப்பாய்க்கிடக்கிறது avoir mal aux reins, être couché souffrant d'un mal de reins.

உளைமாந்தை, (உளை), inflammation de poitrine ou d'entrailles, abcès incurable dans le corps, phthisie: — கொள்ளுகிறது devenir étique, phthisique.

உளைவு, *n.v. d'* உளைகிறது, colique, tranchées, douleur corporelle, chagrin, peine, sollicitude, détresse.

உள், 1° *dat.* உள்ளுக்கு, intérieur, le dedans, esprit, volonté, place, lieu, terminaison de l'ablatif de lieu qui signifie dans: ஊருள் dans la ville. (N.B. après உள் on double le க, ச, த, ப, ou la lettre ள் se change en ட்). 2° *imp. et part. d'* உள்ளுகிறது 3° உள் est la racine inusitée d'un verbe qui désigne l'existence ou la possession et qui n'a que la 3me pers. et le gér. உண்டு, avec le participe உள்ள: உள்ளின்மாசு taches de l'âme; உள்ளுக்கு, உள்ளுக்கே, உள்ளுக்குள், உளளே, dedans, intérieurement, en dedans: உள்ளுக்குக்கொடுக்கிறது donner (un remède) pour être pris à l'intérieur; உள்ளுக்குமருந்து remède intérieur, —pour être pris à l'intérieur; உள்ளுக்காயிருந்து மோசம் பண்ணினான் bien qu'admis dans l'intimité il a trompé; உள்ளும்புறமும் le dedans et le dehors, au dedans et au dehors, intérieurement et extérieurement; அதற்குள் au dedans de cela, en cela, cependant; உள்க்கருத்து, *V.* உட்கருத்து; உள்க்காய்ச்சல், *V.* உட்காய்ச்சல்; —க்குறைச்சல் défaut secret, plus ou moins, peu; —க்கை connivence, participation secrète, vérité cachée, dedans de la main, côté intérieur; — க்கையாயிருக்கிறது conniver, avoir part, favoriser secrètement; — க்கொடுக்கிறது

ouvrir son cœur, admettre dans sa familiarité; —க்கொள்ளுகிறது, V. உட்கொள்ளுகிறது;—ச்சட்டை, V. உட்சட்டை;—ச்சமயம், V. உட்சமயம்;—ச்சிலே, V. உட்சிலே; —ச்சேர்வை office de lieutenant; —ச்சேர்வைக்காரன் lieutenant; —த்தொழில் emploi intérieur;—நாக்கு, V. உண்ணாக்கு;—ப்பகை, V. உட்பகை; —ப்படுகிறது, V, உட்படுகிறது; —ப்படுத்துகிறது, V. உட்படுத்துகிறது; —ப்பிரவேசம், —ப்புகுதல் entrée;—ப்பிரவேசிக்கிறது, —ப்புகுகிறது entrer dans;—ப்புறம், V. உட்புறம்;—மந்திரம் conseil privé; — மந்திரி conseiller intime;—யோசனை délibération—, intention secrète; —வட்டம் prix du change, agio, différence entre la valeur de 2 pièces de monnaie qu'on change, celle qui a la plus grande valeur contient l' உள் வட்டம்;—வணக்கம் respect intérieur,—sincère; —வயிரம் cœur de l'arbre, fermeté, constance;—வலிக்கிறது pousser ou attirer en dedans; —வலிப்பு douleur—, convulsion intérieure; —வழிகடந்தோன் Dieu dont les voies sont impénétrables, ou celui qui pénètre le fond des cœurs;—வளைக்கிறது plier en dedans:—வளையல் ce qui est concave, —plié en dedans; —வளைவு concavité;—வளைவான concave; —வாரம் part du propriétaire(dans le produit d'un champ), désir;—விழுகிறது entrer, faire amitié; —வினை hypocrisie, dissimulation, rancune, haine secrète; — விச்சுச்சன்னி espèce de சன்னி;—வெக்கை chaleur interne, maladie qui vient d'excès de chaleur intérieure;—வெட்டு creux formé dans la moelle d'un arbre;—வெண்டையம் anneau d'airain et sonore mis comme ornement aux pieds des chevaux des rois ou autres grands personnages, espèce de bât qu'on met au bœuf sous son fardeau

உள்கல், உள்குதல், pensée, réflexion, considération, *n.v.de*

உள்குகிறது, கினேன், குவேன், கு, க, *v.a.* penser, réfléchir, considérer.

உள்ள, 1° *part.de* உள், ayant, qui a, doué de, réel, qui est: —பதமை avoir réel,—en main, propriété qu'on possède;—படி état réel, —véritable, mesure réelle, selon la vérité, selon l'état actuel;—படிசெய்கிறது agir avec droiture, —selon l'état des choses;—படிசொல்லுகிறது dire la vérité, ce qui est;—படியாகிறது arrivez, mourir; அவனுக்குள்ளபடியாயிற்று il lui est arrivé selon son sort, il est mort; அவனுக்குள்ளவெல்லாம் tout ce qu'il possède; நானுள்ளமட்டுக்கும், என்னுயுசுள்ளமட்டும் tant que je vivrai. Ce participe se joint aux noms pour en faire des adjectifs. *Ex.* சந்தோஷமுள்ள joyeux. 2° *inf.d'* உள்ளுகிறது. 3° *obl.de* உள்ளம், de la volonté, intérieur: —க்களிப்பு joie de l'âme, —intérieure; —க்குறிப்பு intention, notion, manifestation—, signe de la volonté.

உள்ளங்கம், (உள், அங்கம்), propriété,—qualité—, partie intérieure

உள்ளங்கால், (உள், அம், கால்), plante du pied.

உள்ளங்கை, (*id.* கை), paume de la main.

உள்ளடக்கம், (உள்), secret, cachette, retenue, réserve.

உள்ளடக்கிறது, (*id.*), enfermer dans, renfermer, cacher, tenir secret, comprimer.

உள்ளடங்குகிறது, (*id.*), se renfermer, être contenu, compris, renfermé; உள்ளடங்கிப்போகிறது être renfermé, englouti, absorbé.

உள்ளடைக்கிறது, (*id.*), renfermer dedans, confiner, cacher.

உள்ளடி, (*id.* அடி), plante des pieds, parenté, proximité.

உள்ளடியார், (உள்ளடி), parens, proches.

உள்ளது, (உள்ள), ce qui est, ce qui existe, ce qu'on a, la vérité, propriété, possession: —தானே c'est vrai, en vérité; —சொல்லு dis la vérité, dis ce qui est; உள்ளதுமியதெல்லாம் toute la propriété réelle et personnelle; உள்ளதைக்கொடுக்கிறது donner ce qu'on a; உள்ளதைமறையா

தே ne cache pas la vérité; உள்ளதோ இல்லதோவென்று சொல்லு dis si c'est vrai ou non.

உள்ளத்தம், (உள், அத்தம்), objet de l'intention, dessein.

உள்ளத்தான், உள்ளத்தோன், (உள்ளம்), celui qui est dedans.

உள்ளநாள், (உள்ள), temps de la vie, la vie.

உள்ளப்புணர்ச்சி, (உள்ளம்), copulation imaginaire ou de pensée, plaisir mauvais causé par une pareille idée, —par une vaine imagination. [meté, énergie.

உள்ளமிகுதி, (உள்ளம், மிகுதி), fer-

உள்ளமை, (உள்ள, மை), propriété, objet, ce qui est, vérité.

உள்ளம், (உள்), volonté, intention, pensée, sentiment, opinion, esprit, intérieur, effort, energie, application: உள்ளத்துறைவோன் celui qui habite dans l'âme, *i.e.* Dieu: உள்ளத்திலே dedans, intérieurement; உள்ளத்திலேவைக்கிறது *ou* தரிக்கிறது cacher, tenir secret, garder dans son cœur, dans son esprit; உள்ளத்திலிருக்கிறது être dedans, —dans l'intérieur, —dans le corps; உள்ளத்தின்மிகுதி fermeté; உள்ளமுடையான் nom d'un traité d'astronomie et de son auteur. [intérieur.

உள்ளர்த்தம், (*id.*), sens caché, —

உள்ளல், 1° *P.* உள்ளான், espèce de bécassine. 2° *n.v. d'*உள்ளுகிறது, pensée, considération.

உள்ளவன், *m.* உள்ளவள், *f.* (உள்ள), propriétaire, homme—, femme riche, qui a, doué de. Ces mots se mettent ordinairement après les noms. *Ex.* அன்புள்ளவன் ami, homme affectionné.

உள்ளளவு, (உள்), dimension de l'intérieur; *ou* உள்ளளவும் durant, tant qu'il y aura, jusqu'à la fin de sa vie, terme de la vie.

உள்ளற, (உள்), dedans, intérieurement. [fond.

உள்ளறிகிறது, (*id.*), connaitre à

உள்ளறை, (உள்), chambre intérieure, case, division d'une boite.

உள்ளன், 1° (உள்ளம்), ami intime, familier, proche parent, homme ferme, violent. 2° (உள்), il est, celui qui est, qui a, celui du milieu (parmi 3 porteurs de palanquin): உள்ளனுங்கள்ளனுமாயிருக்கிறான் c'est un ami intime et malgré cela un fripon. *prov.*

உள்ளாகிறது, (உள்), *dat.* entrer, consentir, concourir, s'accorder avec, participer, prendre part, —parti pour, être impliqué, complice, intéressé dans, être dans le secret, y avoir lieu: ஆக்கினைக்குள்ளாகிறது mériter—, subir un châtiment, y être condamné; ஒருவனுக்குள்ளாகிறது prendre le parti de quelqu'un, se ranger de son côté; கோட்டைக்கு— *ou* கோட்டையுள்ளாகிறது entrer dans le fort; உள்ளாக, உள்ளாய் dedans, intérieurement, dans, dans l'espace de; உள்ளாக—, உள்ளாயிருக்கிறது être dedans, dessous, soumis, impliqué, participant, conseiller intime; கலாபத்துக்குள்ளாயிருக்கிறான் il est complice ou fauteur de la rébellion.

உள்ளாக்குகிறது, (*id.*), *V.* உட்படுத்துகிறது. [*v. du préc.*

உள்ளாக்குகை, உள்ளாக்குதல், *n.*

உள்ளாடுசத்துரு, (உள்ளாடுகிறது), ennemi qui feint d'être du parti.

உள்ளாடுகிறது, உள்ளாடுதல், (உள்), consentir, entrer, s'unir, être complice, participer. [sous, chemise.

உள்ளாடை, (*id.*), habit de des-

உள்ளாதல், (*id.*), entrée, complicité, participation.

உள்ளாந்தரங்கம், (*id.*), secret, lieu secret, intérieur.

உள்ளாய், *gér. d'*உள்ளாகிறது.

உள்ளார், 1° (உள்ளுகிறது), ennemis, gens inattentifs, qui ne—, ils ne pensent pas. 2° (உள்), *V.* உளார்.

உள்ளாரனம், espèce de danse, farce.

உள்ளாளுங்கள்ளாளும், (உள், ஆள், உம், கள், ஆள்), traitre qui est ou a l'air d'être des 2 partis.

உள்ளான, *part.* d'உள்ளாகிறது: உள்ளானவன் homme du parti.

உள்ளானம், *V* உள்ளானனம்.

உள்ளான், 1° *ou* உள்ளான்குருவி, sorte de bécassine, scolopax; il y en a de plusieurs espèces. 2° *V.* உள்ளன்.

உள்ளி, 1° oignon, ail. 2° *gér. d'*உள்ளுகிறது.

உள்ளிடுகிறது, (உள்), entrer dans, participer, être compris: உள்ளிட்டது ce qui est renfermé dans.

உள்ளிடை, (உள்), intérieur, chose intérieure.

உள்ளிட்டார், (உள்ளிடுகிறது), associés, participans, parties intéressées. Il se dit principalement des frères associés ou qui vivent sous le régime de la communauté; lorsque l'un d'eux fait un marché, les autres sont உள்ளிட்டார்.

உள்ளிந்திரியம், (உள்), sens intérieur, esprit, volonté.

உள்ளிய, *P.* உள்ளின, *part. d'*உள்ளுகிறது, estimé, considéré: உள்ளிய தெள்ளியராயினு மூழ்வினைபையநுழைந்திடும் quand on serait homme d'esprit et de considération le destin se glissera peu à peu, (*proverbe gentil.*)

உள்ளியர், (உள்ளிய), hommes intelligens, —d'esprit, savans.

உள்ளீடு, *n.v. d'*உள்ளிடுகிறது, entrée, complicité, participation, secret: உள்ளீட்டுக்காரியம் chose secrète.

உள்ளுகிறது. ள்ளினேன், ள்ளுவேன், ள்ளு, *ou* ள். ள்ள, *v.a.* penser, considérer, estimer.

உள்ளுக்கு, *dat. de* உள்.

உள்ளுடன், (உள்), ce qu'on met dans les pâtisseries.

உள்ளுடை. (*id.*), habit de dessous. || *V.* சோமனம். [cœur, chagrin.

உள்ளுடைவு, (*id.*), brisement de

உள்ளுதல், *n.v. d'*உள்ளுகிறது, pensée, considération.

உள்ளுயரம், (உள்), hauteur intérieure, profondeur.

உள்ளுயர், உள்ளுயர்ந்த, (*id.*), haut en dedans, profond: உள்ளுயர்நிலம் terrain—, lieu—, endroit profond.

உள்ளுயிர், (*id.*), vie intérieure *ou* de l'intérieur, Dieu, l'âme: —க்குன்று escargot.

உள்ளுரம், (*id.*), vigueur d'âme.

உள்ளுறுக்கிறது, உள்ளுறுத்தல், (*id.*), faire entrer, —penser, —souvenir. [re, fond de la pensée.

உள்ளுறை, (*id.*), pensée intérieu-

உள்ளுறையுவமம், (*id.* உறை), figure qui éclaircit son sujet par des comparaisons prises des oiseaux, des animaux ou autres êtres semblables

உள்ளூர், (உள்), bourg qu'on fréquente, qu'on a coutume d'habiter, l'intérieur du bourg.

உள்ளே, (*id.* ஏ), dans, dedans, intérieurement, dans l'espace de:— கொண்டுபோகிறது porter dans;— போ entre dedans; — வா viens en dedans;—யழைக்கிறது appeler en dedans, inviter à venir dedans;—யிருந்துவருகிறது venir—, sortir de dedans;—விடுகிறது laisser dedans, —entrer, introduire; அதுக்குள்ளே dans—, en cela, cependant, durant cet intervalle.

உள்ளோசை, (உள்), son qui provient de l'intérieur, voix—, bruit—, son intérieur (de cloches etc...)

உள்ளோர், (உள்ள), ceux qui ont.

உற, 1° *inf. d'*உறுகிறது. 2° *imp. de* உறக்கிறது.

உறக்கம், (உறங்குகிறது), sommeil, tristesse: —ஆயிருக்கிறது être assoupi, triste, mélancolique; உறக்கத்தைத்தள்ளுகிறது chasser le sommeil.

உறக்கல், *n.v. d'*உறக்குகிறது *et de*

உறக்கிறது, 1° றந்தேன், றப்பேன், ற, றக்க, *v.a.* saisir à la gorge, tuer entre ses ongles, traire, faire sortir en pressant avec les doigts, prendre ou voler entièrement. 2° க்கினேன்... *sync. de* உறக்குகிறது.

உறக்கு, 1° sommeil. 2° *imp. et part. de*

உறக்குகிறது, *sync.* உறக்கிறது, க்கினேன், க்குவேன், க்கு, க்க, *v.a.* 1° détruire, ruiner, traire, exprimer en pressant avec les doigts: கன்குடி

நசு

வையுறக்கிப்போட்டான் il a ruiné ma famille,—ma maison. 2° *v.a. de* உறங்குகிறது,endormir.

உறங்கல்,1° *opt. d'*உறங்குகிறது. 2° *ou* உறங்குதல்,*n.v.du même*, sommeil.

உறங்கி,1° tamarinier.2° *gér.de* உறங்குகிறது,*sync.* உறங்கிறது, கினேன்,குவேன்,கு,க, *v.n.* dormir, les feuilles se rétrécir,se faner: தையும்மாசியும்வையகத்துறங்கு dors sous un toit de chaume dans les mois de janvier et de février.

உறட்டலன், (உறட்டல்), homme sec,maigre,desséché.

உறட்டல், *n.v. d'*உறட்டுகிறது, dessèchement,ce qui est desséché:உறட்டற்களி bouillie desséchée,—brûlée.

உறட்டி, 1° pain, appe, ce qui est sec.2° *gér.d'*உறட்டுகிறது.

உறட்டு,1° puanteur de ce qui est desséché ou brûlé,défaut,faute, dire les défauts,terre marécageuse, importunité,vexation.2° *imp.et part.de* உறட்டுகிறது,ட்டினேன்,ட்டுவேன்,ட்டு,ட்ட, *v.a.de* உறண்டுகிறது, dessécher,brûler,rôtir,griller.

உறட்டுதல்,*n.v.du préc.* dessèchement.

உறட்டை, (உறட்டு), mauvaise odeur,dessèchement,sécheresse.

உறண்டல்,*n.v.du suiv.* dessèchement:—மண் terre desséchée; உறண்டற்களி bouillie desséchée,—brûlée.

உறண்டுகிறது, டினேன், டுவேன்,டு,ட,*v.n.d'*உறட்டுகிறது *et* உறண்டுதல், *n.v.* sécher, se dessécher, maigrir.‖*v.a.* tirer de la marmite.

உறண்டை, 1° *V.* உறட்டை. 2° désunion,séparation,dissention,importunité, vexation: —பிடுகிறது importuner,molester; உறண்டைக் குதிக்கிறது être en désaccord, ne pas s'accorder.

உறத்தல்,*n.v.d'*உறக்கிறது.

உறமுறை,*P.*உறவின்முறை.

உறமுறையார்,*P.* உறவின்முறையார்.

உறம், fumier, vent, affliction, queue, habit de soie, grandeur, lieu plein de pierres.

உறல், *opt.et n.v. d'*உறுகிறது, proximité,approche,arrivée.

உறவன்,*pl.* உறவர், (உறவு), parent.

உறவாடல்,*n.v.d'*உறவாடுகிறது, (உறவு), réconciliation,amour,amitié,procédé amical.

உறவி,vie,forge, parenté, proximité,ressemblance, fontaine, puits, fourmi, mite,espèce de vers, l'arbre dit மலைமுருங்கை.

உறவின்முறை,(உறவு,முறை),parenté, consanguinité.

உறவின்முறையான்,*pl.* உறவின்முறையார்,(உறவின்முறை),parent.

உறவு,(உறுகிறது), parenté,consanguinité,affinité,alliance, amitié, ressemblance,similitude, conformité,ce qui est intérieur, —proche, fourmi, bonne occasion: உறவாகிறது, உறவாடுகிறது, உறவாடுதல், faire connaissance, devenir ami, se réconcilier, traiter en parent, en ami; உறவாக்குகிறது réconcilier; உறவாயிருக்கிறது être parent,ami, intime ami; உறவாய்ப்போகிறது faire amitié, alliance, devenir parent allié,ami; உறவிற்றுப்போகிறது se brouiller, les liens de l'amitié *ou* de la parenté se briser;—கட்டுகிறது introduire quelqu'un comme parent,lier d'amitié; *ou* —கூடுகிறது se réconcilier,faire amitié;—செய்கிறது,—பண்ணுகிறது faire amitié,réconcilier;—முறையார் parens; —முறிதல் rupture de l'amitié,de la parenté; கிட்டினவுறவு proche parenté,—parent; தூரவுறவு parenté éloignée,parent de loin.

உறவோடுகிறது, (உற, ஓடுகிறது), un vaisseau toucher,échouer.

உறவோர்,(உறவு),parens.

உறழ,*inf.d'*உறழுகிறது,comme.

உறழல்,*opt.et n.v.du suiv. V.* உறழ்ச்சி.

உறழுகிறது, *ou* ழ்கிறது, ழ்ந்தேன்,ழுவேன்,*ou* ழ்வேன், ழு, *ou* ழ், ழ, *v.a.et n.*égaler, ressembler, équivaloir,rivaliser, combattre, multiplier (en arithmétique), interrompre.

உறழ், 1° *imp. et part. du préc.* comme, semblable à. 2° *V.* உறழ்ச்சி. 3° temps, pensée, intelligence, preuve, milieu, fin: துப்புறழ்வார்சடையான் homme qui a de longs cheveux épars comme le corail.

உறழ்ச்சி, உறழ்தல், *n.v. d'*உறழுகிறது, comparaison, ressemblance, rivalité, équilibre, contre-poids, équivalent, interruption, multiplication (en arithmétique): உறழ்ந்துவமை figure concernant la ressemblance etc...

உறழ்வு, 1° *V.* உறழ்ச்சி. 2° perception, intelligence, haine, combat, bataille, épaisseur, temps, milieu, fin.

உறா, உறாத, *part. nég. d'*உறுகிறது: கையுறாப்பொருள் chose difficile à obtenir, — qui ne vient pas à la main.

உறி, 1° *imp. et part. d'*உறிகிறது. 2° trait, gorgée. 3° suspensoir, sorte de filet grossier de corde ou de rotin —, corde pour suspendre des vases aux poutres de la maison ou à un bâton qu'on porte à deux sur les épaules: —யடிக்குச்சட்டி, —க்கலயம் pile de vases de cuisine —, vases ainsi suspendus; — கட்டுகிறது, போடுகிறது construire —, mettre un suspensoir de cordes *ou* de rotin; —யடி coup au suspensoir; cérémonie en l'honneur de la naissance de கிருஷ்ணன் au mois d'août; on suspend ainsi des vases pleins de fruits qu'on élève quand les pâtres tâchent de les frapper pour en avoir les fruits; —யடிக்கிறது faire cette cérémonie; —யடித்திருநாள் fête ou l'on fait cette cérémonie: உறிகண்டபூனையுறியையுறியைத்தாவுகிறது le chat est toujours à sauter au suspensoir après qu'il a goûté les mets qu'il contient. *prov.* pour dire que celui qui a trouvé son profit à voler y revient toujours. 4°. *P.* உற்று.

உறிகிறது, றிந்தேன், றிவேன், றி, றிய, *et*

உறிஞ்சுகிறது, ஞ்சினேன், ஞ்சுவேன், ஞ்சு, ஞ்ச, *v.a.* sucer, humer, boire à petits coups, par gorgées, avaler, absorber, prendre —, attirer par le nez, renifler: உறிஞ்சிக்குடிக்கிறது sucer, humer, pomper; மூக்குறிஞ்சுகிறது renifler.

உறிஞ்சுதல், உறிதல், *n.v. des préc.*

உறு, 1° *imp. et part. d'*உறுகிறது. 2° abondance. 3° *adj.* abondant.

உறுகண், peur, pauvreté, affliction, malheur, douleur, maladie: உறுகண்ணாளன், *pl.* உறுகண்ணாளர், pauvre, malheureux, malade, peureux.

உறுகிறது, ற்றேன், றுவேன், று, ற, *v.n.* être, exister, venir, approcher, arriver, convenir, plaire, avoir, acquérir, obtenir, ressentir, être affligé, affecté, (un navire) toucher, échouer: இன்பம் —, கிலேசம் —, ressentir de la joie, de la tristesse; கூறல் —, se mettre —, commencer à parler; பயம் — avoir peur; விருப்பம் — concevoir un désir; நோய் —, tomber malade, la maladie venir; உரன் —, prendre de la force.

உறுக்கல், *opt. et n.v. d'*உறுக்குகிறது, saut, action de franchir, colère, signe de colère, menace, réprimande.

உறுக்காட்டம், உறுக்காட்டியம், (உறுக்கும், ஆட்டம்), force, pouvoir, qualité, menace, colère, saut, passage par dessus.

உறுக்கிறது, 1° றுத்தேன், றுப்பேன், று, றுக்க, *v.a. d'*உறுகிறது, mander, faire venir, produire, faire approcher, joindre ensemble, appliquer, faire souvenir. 2° றுக்கினேன், *sync. de*

உறுக்குகிறது, *sync.* உறுக்கிறது, க்கினேன், க்குவேன், க்கு, க்க, *v.a.* se fâcher, être fâché, réprimander, gronder, menacer, presser, inculquer, renforcer, franchir, passer dessus, sauter: உறுக்கிக்கேட்கிறது demander d'un ton menaçant; என்னையுறுக்கிறாயோ te fâches-tu contre moi? அக்கிரமத்தைஉறுக்காமற்போகிறது ne pas gourmander le vice, ne pas réprimer l'iniquité.

உறுகுது, (உறும்,குது), fraude, tromperie.

உறுண்டுகம்,l'arsenic nommé அவுபலபாஷாணம்.

உறுதல்,*n.v.d'* உறுகிறது, venue, arrivée,événement,approche,obtention,rapport,réunion.

உறுதி 1° solidité, fermeté, force, constance, avis,exhortation, encouragement, assistance, érudition, connaissance, science, bien, prospérité, membre, partie, vérité, certitude, billet d'obligation, reconnaissance. 2° 2me *pers. sing. du parf. et de l'imp. d'* உறுகிறது: —கொள்ளுகிறது se fortifier, prendre de la force; —செய்கிறது affermir, fortifier, secourir; —சொல்லுகிறது consoler, fortifier, exhorter, encourager, donner des avis, presser, admonéter; —ச்சுற்றம் parent—, serviteur affidé, confident intime; —ச்சொல் assurance, parole sûre, expression forte, avis, menace; —பண்ணுகிறது confirmer, affermir, corroborer, consolider; —பண்ணப்பட்டிருக்கிறது être affermi; —பயக்கிறது, —பயத்தல் affermir, assurer, faire du bien; —பெறுதல் s'affermir, fermeté, assurance;—ப்படுகிறது se confirmer: — ப்படுத்துகிறது consolider, affermir, fortifier, établir, confirmer, conclure —, sanctionner un acte, le signer: —பத்திரம் *ou* —ப்பத்திரம் billet, obligation par écrit; —ப்பாடு stabilité, fermeté, solidité; —ப்பூசுதல் la confirmation, le sacrement de confirmation; —ப்பொருள் chose vraie, —solide: *V.* பொருள்-ச; —யற்றதாக்குகிறது annuler, casser, infirmer; —யாய் fortement, solidement, fermement, avec fermeté, énergiquement; —யாய்க்கேட்கிறது solliciter ardemment, s'informer exactement;—யாய்த்தரிக்கிறது garder fortement imprimé dans sa mémoire; —யாய்த்தாக்குகிறது battre rudement, assaillir fortement; —யாய்ப்பற்றிக்கொள்ளுகிறது,—யாய்ப்பிடிக்கிறது saisir fortement,tenir ferme, ne pas se relâcher, insister fort;—யிடுகிறது consolider, fortifier;—யுள்ள solide,ferme, fort, constant,stable;—வசனங்கள், *V.* உறுதிச்சொல்.

உறுதியர், (உறுதி), compagnons affidés,messagers,ministres.

உறுத்தல்,*n.v.* d'உறுக்கிறது, த்தேன், *et du suiv.*

உறுத்துகிறது, த்தினேன், த்துவேன்,த்து,த்த,*v.a.* étonner, épouvanter, terrifier, troubler, peiner, faire souffrir,être douloureux, molester,tourmenter,piquer, inspirer, exciter.

உறுத்துதல்,*n.v.du préc.* étonnement,effroi,épouvante,trouble,douleur,peine.

உறுத்தேன், 1° *parf. d'*உறுக்கிறது. 2° *nég. d'* உறுத்துகிறது.

உறுத்தை. 1° ecureuil indien,rat palmiste.2° *ou* உறுத்தாய் tu n'effraies pas... *ou* tu as mandé.

உறுநோய், (*id.*), grosse maladie, maladie qui survient.

உறுந்தறுவாய்,(உறுகிறது), occasion favorable, opportunité.

உறுபு, 1° lieu étroit, étroitesse, état de ce qui est étroit,caractère —, son du luth propre aux terres stériles.2° (உறு), abondance.3° *gér.de* உறுகிறது.

உறுப்படக்கி,(உறுப்பு, அடக்கிறது), tortue, *litt.*ce qui cache ses membres (sous son écaille).

உறுப்பற்றவன்,(உறுப்பு), homme estropié,mutilé, incapable, impropre, à qui il manque quelque membre.

உறுப்பிலபிண்டம்,(*id.*இல),avorton, fétus informe, qui n'a pas tous ses membres.C'est le 8me des அஷ்டவெச்சம்.

உறுப்பு,membre,partie, division, corps, branche d'arbre, abondance, pile,monceau,signe, fermeté, force, resserrement, compacité, étroitesse, chose substantielle,—importante, le fondement qui sort par maladie aux enfans: உறுப்பில்லாமை état d'avorton, manque de membres, maigreur; உறுப்பில்லாதவன், *V.* உறுப்பற்றவன்; உறுப்பினகவல் amplification sur une matière; உறுப்பினங்கெட்டவன் fou, homme difforme, —sans esprit; உறுப்புகுறைந்தவன், *V.* உறுப்பற்றவன்; —க்குறைவிசேஷம், —க்குறைவிசேடம் figure qui pour montrer le mérite d'une action, parle du défaut d'un membre nécessaire; —த்தற்கிழமை ce qui convient ou a rapport à un membre; —தலனழிதல் perte de la beauté ou dépérissement du corps (causé par le chagrin, ou un amour non satisfait: — மயக்கம் confusion —, impuissance—, inertie des membres, un des அஷ்டவெச்சம்; உறுப்புள்ளவன் homme membru, fort, vigoureux. courageux, entreprenant, non estropié, capable d'une affaire. [து.

உறுமல், *opt. et n.v. d'*உறுமுகிற

உறுமா, உறுமாலே, உறுமால், (*ind.*), toile que l'on met autour de la tête, toque, turban, mouchoir: உறுமாலேகட்டுகிறது attacher sa toque, —son turban.

உறுமி, 1° tambourin, espèce de tambour. 2° *gér. de*

உறுமுகிறது, மினேன், முவேன், மு, ம, *v.n.* gronder, grogner, murmurer, tonner, faire du bruit, se fâcher, être fâché, s'élever, se lever: உறுமிப்பார்க்கிறது regarder de travers, d'un air refrogné.

உறுமுதல், *n.v. du préc.*

உறும், *part. fut. d'*உறுகிறது.

உறுவது, (உறுகிறது), ce qui doit arriver, ce qui arrive, cas fortuit: —தெரிதல் prévoir ce qui arrivera, et connaitre ce qui se passe, *i.e.* les prix des marchandises; c'est la 1re qualité des அஷ்டவணிகக்குணம்; உறுவதுரைத்தல்விடை répondre à une interrogation en disant ce qui en arriverait. *Ex.* à cette question: as-tu mangé de ceci? répondre: j'en aurais mal au ventre.

உறுவல், 1° affliction. 2° *ou* உறுவேன், 1re pers. fut. d'உறுகிறது.

உறுவன், *pl.* உறுவர், (உறுகிறது), 1° celui qui est, l'éternel, Arouguen, le dieu des Samanéens, ermite, sage. 2° *P.* உறுவான் il sera etc...

உறுவிக்கிறது, வித்தேன், விப்பேன், வி, விக்க, *v. caus. d'*உறுகிறது, faire venir, causer, procurer.

உறுவை, 1° Ourouvei, une des 4 sœurs d'Aouveyâr. 2° *P.* உறுவாய். 2° *pers. fut. d'*உறுகிறது.

உறை, 1° fourreau, gaîne, étui, taie, enveloppe, couverture, présure, lait aigre dont on se sert pour en faire cailler d'autre, large cercle de terre cuite (que l'on met l'un sur l'autre dans les puits pour prévenir les éboulemens), nourriture ou mangeaille des oiseaux, — du bétail, —des animaux, eau salée, eau imprégnée de soude et bonne à décrasser les habits, hauteur, pluie, goutte, goutte de pluie, âcreté, acrimonie, longueur, médecine, panacée, temps de la vie, grenier, réceptacle pour le grain, lieu, place, siége, objet, bien, richesse, cuivre blanc, bronze, métal de cloche, sorte de marque de compte, marque ou jeton qui sert à marquer chaque dizaine de mesures de riz. 2° *P.* உறும் tu n'es pas; *nég. d'*உறுகிறது. 3° *imp. et part. d'*உறைகிறது *et de* உறைக்கிறது: நாலுறை 40 mesures de riz, *ou* 4 fourreaux etc... உறைத்துளி goutte de pluie; —கட்டுகிறவன், —காரன், —செய்கிறவன் faiseur de fourreaux, d'étuis, etc; —காலம் temps de pluie, le temps de la vie, vie; —க்கிணறு puits qui a des cercles de terre cuite; —குத்துகிறது mettre de la présure dans le lait, le faire coaguler; —யிடம், *V.* உறைவிடம்.

உறைகிறது, றைந்தேன், றைவேன், றை, றைய, *v.n.* (உறை), se cailler, se coaguler, se geler, prendre de la consistence, s'arrêter, rester, loger, habiter, être: உறையப்பண்ணுகிறது cailler, faire cailler, —coaguler; உறைந்தமழை neige, grêle; உறைந்தநீர் glace, eau gelée.

உறைக்கிறது,றைத்தேன்,றைப்பேன்,றை,றைக்க,(உறை), *v.n.*(les épices) piquer, être âcre, piquant, brûlant,(le soleil) brûler, être ardent; (le chagrin,le remords) ronger,tourmenter,vexer,percer—, déchirer le cœur,toucher au vif,enfoncer; சாறு —,கறியுறைக்கிறது la sauce—, le ragoût être piquant,—fort épicé; சூடு—, வெயிலென்மேலுறைக்கின்றது la chaleur—, le soleil me brûle; என்மனசிலுறைக்கின்றது cela me touche au vif; உறைத்துக்கொள்ளுகிறது s'endurcir,se fortifier, prendre courage.

உறைதல்,*n.v.d'*உறைகிறது, coagulation,consistence,séjour,demeure,existence.

உறைத்தல்,*n.v. d'*உறைக்கிறது, enfoncement, *V.*உறைப்பு.

உறைந்த,*part.d'*உறைகிறது,gelé,coagulé,caillé.

உறைபதி,(உறை), place,résidence,habitation,demeure propre.

உறைப்பு, *n. v. d'*உறைக்கிறது, âcreté,acrimonie,piquant, sévérité, dureté,force,fermeté: உறைப்பாயிருக்கிறது être âcre,piquant....

உறைமோர்,(உறை), présure,lait aigri qu'on mêle dans le lait qu'on veut faire cailler.

உறையல்,*n.v.d'*உறைகிறது,rancune, haine qui reste dans le cœur.

உறையுள், (உறை, உள்), ville, village dans un pays cultivé, rivière,contrée,lit,couche,maison, temps de la vie,vie,lieu (où l'on est).

உறையூர், (உறை, ஊர்), la ville du roi Sôjen, ville ou bourg d'un pays cultivé.

உறைவிடம்,(உறைவு,இடம்),lieu, demeure,habitation,station, endroit où l'on s'arrête,intérieur de maison

உறைவு,*n.v.d'*உறைகிறது, lieu, demeure, coagulation, manière de cailler.

*உற்கடம், (உத்,கடம்), éléphant en rut,éléphant,ivresse,fureur.

*உற்கடிதம், (உத், கடிதம்), une des 5 espèces de தாளம் ou mesures observées en battant la cymbale.

*உற்கடுகாசனம், உற்கடுகாதனம், (outkadoukâsana), être assis les jambes croisées.

உற்கணம், *V.*தட்டை.

*உற்கண்டிதம், (உத், கண்டிதம்),chagrin,regret.

*உற்கம், (உற்கை), tison, grand feu,feu éternel.

உற்கரிக்கிறது, ரித்தேன், ரிப்பேன்,ரி,ரிக்க,*v.n.* (உற்காரம்), tempêter, frémir de colère, faire grand bruit,vomir.

*உற்கருடம், (outkarcha), excellence, merveille.

*உற்கலம், (outkala), le pays d'Ourgala,une des 5 parties du pays de Gaouda,ou கௌடம்.

*உற்கலன்,(*id.*),couly,porte-faix.

*உற்களம்,(outkala), *V.*உக்களம்.

*உற்காதம்,(oudghâta), chose qui ou qu'on commence,début.

*உற்காமுகம்,(உற்கை,முகம்), *V.* கொள்ளிவாய்ப்பேய்.

*உற்காரம், 1° (oudgâra), bruit. ‖ *V.* உக்காரம். 2° (outkâra), tas de grains vannés, ou qu'on vanne, action d'avaler: உற்காரசூலை spasme —,convulsion de l'estomac,sorte de maladie arthritique.

*உற்கிரமச்சா,(உத்,கிரமம்,சா), sinus verse.

*உற்கிரமணம்,(outkramana),action d'aller,—de s'en aller.

*உற்கிராமம், (outkrâma), opposition,déviation,défaut,changement

*உற்கிருஷ்டம்,(outkrouchta), supériorité,excellence.

*உற்கிரணம்,(oudgirana), vomissement.

*உற்குரோசம், (outkrôsa), sorte d'oiseau aquatique,orfraie.

*உற்கை,(oulkâ), étoile, météore, étoile tombante, —filante, tison, brandon,flamme,feu.

*உற்கோசகன், (outkôtchaka), homme qui se laisse gagner par des présens.

*உற்சர்க்கம்,(outsarga), abandon, fondement.

*உற்சவம்,(outsava),fête religieuse,jour de fête, hauteur, élévation, joie,désir,colère, impatience: உற்சவவிக்கிரகம் statue—, idole que l'on porte en procession.

*உற்சற்சனம்,(outsardjana), don, présent.

*உற்சாகம், (outsâha), persévérance,effort continuel,effort, encouragement, énergie, force, fermeté, bonheur,joie,fil,livre: —கொண்டுமேச்சைத்தாவுகிறான் il est transporté de joie, il en saute au plancher.

*உற்சாதனம், (உத், சாதனம்), destruction, labourer entièrement, —une seconde fois,action d'aller,de parfumer. [portier.

*உற்சாரகன், (உத், சாரகன்),

*உற்சாயம்,(outsâha),effort,énergie,fermeté,spontanéité, bonne volonté, promptitude, diligence: உற்சாயப்படுத்துகிறது engager, persuader,porter à, pousser à; —ப்பலி sacrifice—,offrande volontaire; —ப்பிழை répugnance, aversion, mauvaise volonté,négligence; உற்சாயமாய்க்கொடுக்கிறது, —செய்கிறது donner—,faire volontiers, gratuitement;—ஆய்ப்பாடுகிறது composer et chanter des vers impromptu.

*உற்சூசி, (out soûtchi), exposant.

*உற்சூச்சிய, (out soutchya), adj. exponentiel.

*உற்சேதம், (outsêdha), corps, corps blessé,meurtre,hauteur.

*உற்சேபணம், (outkchêpana), éventail.

*உற்சேபம்,(outkchêpa), inondation,les flots rouler, action de lancer,—de heurter contre, envoi, jet, vomissement. [mauvaisse voie.

*உற்பதம், (உத், பதம்), erreur,

*உற்பதனம்,(உத், பதனம்), ou

*உற்பத்தி, (outpatti), naissance, création,production, formation,apparence: —க்கிரமம் généalogie;—ஸ்திதிலயம் création,conservation et destruction;—ப்பிரயோகம் résultat produit par l'opération réunie de la cause et de l'effet,effet de plusieurs causes,sens,signification, excellence d'un objet.

*உற்பலம், (outpala), nénuphar, —bleu,—rouge,lis d'étang, sorte de plante: உற்பலசாரணம்,(சாரணம்), assa-fetida; —பத்திரம் feuille de nénuphar, marque imprimée sur le front avec du sandal et dite திலகம், égratignure, marque— impression faite avec l'ongle.

உற்பலம்பம், V.தோற்றல்.

*உற்பலவனம், (outplavana), ce qui est passé,—est arrivé.

*உற்பவம்,(oudbhava),conception naissance,origine: —ஆகிறது être conçu,naître; உற்பவமாலை le 28me des பிரபந்தம் poème qui célèbre en vers ஆசிரியம் les dix incarnations de Vichnou, ou la naissance du héros d'un poème.

*உற்பவனம்,(outpabana), dernière libation de beurre dans le feu du sacrifice. [conçu.

*உற்பவி, (உற்பவம்), ce qui est

உற்பவிக்கிறது,வித்தேன், விப்பேன்,வி,விக்க, v. n. (உற்பவம்), être conçu,se former, naître: உற்பவிக்கிறகாரணம் cause génératrice.

உற்பவித்தல்,உற்பவிப்பு, n.v. du préc.conception,génération, formation,naissance.

உற்பவிப்பிக்கிறது,v. caus. d'உற்பவிக்கிறது,faire naître,produire.

*உற்பனம், ou உற்பன்னம், 1° (outpanna), naissance,formation,apparition.2° P.விற்பனம் ce qui est bon,excellent, parfait, convenance, justesse,pureté,esprit vif, —intelligent,sens caché: —ஆகக்கிரகிக்கிறது comprendre facilement,parfaitement; உன்வியாதிக்குதுவுற்பனம் ceci est le remède propre à ta maladie.

*உற்பாடனம், (உத், பாடனம்), vomissement, extirpation, destruction,stupidité. [fabuleux à 8 pieds.

*உற்பாதகம், (outpâtaka), oiseau

*உற்பாதம், (outpâta), prodige, phénomène, comme comète etc... méteore, étoile tombante, présage, présage de mauvais augure, cruauté,faute,événement spontané,ce qui arrive de soi-même,calamité publique comme tremblement de terre, etc...esprit grand,—distingué,vivacité, ardeur: —ஆய்ந்தினைக்கிறது méditer profondément un sujet; உற்பாதபிண்டம் génie,esprit grand,— distingué.

*உற்பாதனம், (outpâdana), production,action d'engendrer.

*உற்பிராசனம்,(outprâsana),mépris, dérision.

*உற்பீசம், (உத், பீசம்), être terrestre,ce qui naît sur la terre.

உற்ற,part.parf.d'உறுகிறது, qui est,qui existe,qui a,vrai, réel, propre,capable,convenable, sincère, fidèle, dévoué: —செய்தி nouvelle vraie,rapport fidèle; —செய்தியானால் si cela est vrai; —பண்புரைப்போர் (பண்பு), embassadeurs, exprès, gens qui font un vrai rapport: —மனிதன் homme sûr, fidèle, propre à une affaire; —விசேஷம் expression propre, chose convenable.

உற்றது,(உற்ற),ce qui est, ce qui existe, la vérité: —சொல்லுகிறது dire la vérité; —சொல்லஅற்றது பொருந்தும் en disant la vérité, les différends s'arrangent: உற்றதுரைத்தல்விடை répondre à une question en disant ce qui est, comme à la question:as-tu mangé?répondre:j'ai mal au ventre.

உற்றளவு, (உற்ற,அளவு), mesure exacte,—juste,comparaison.

உற்றவன்,m.உற்றவள்,f.(உற்ற), parent, partisan, personne alliée, —digne,—capable.

உற்றறிகிறது, உற்றறிதல், (உற்று,அறிகிறது), expérimenter, comprendre, connaître parfaitement,—par expérience,—par liaison.

உற்றறிவுபுலன்,(id.அறிவு),le toucher,sens qui donne une fidèle connaissance.

உற்றாண்மை, (id. ஆண்மை), secret,intimité,vraie amitié.

உற்றார், (உறுகிறது), parens, proches. [personne fidèle.

உற்றாள்,(உற்று, P. உற்ற,ஆள்),

உற்றிடம்,(id.இடம்), refuge, lieu où l'on va, —où l'on est, occasion favorable.

உற்று,gér.d'உறுகிறது, de près, attentivement, avec soin: —க்கேட்கிறது, —க்கேட்டுக்கொண்டிருக்கிறது écouter attentivement; —த்தேடுகிறது chercher —, examiner avec soin;—ப்பார்க்கிறது regarder attentivement,de près, fixer ses regards sur;—விசாரிக்கிறது faire une exacte enquête,—perquisition.

உற்றுணருகிறது, உற்றுணர்தல், (உற்று), examiner avec soin et connaître.

உற்றேன்,parf.d'உறுகிறது.

உற்றோர்,(உற்ற),parens, proches.

உனக்கு,dat.de நீ,à toi: உனக்கெனக்கென்றுசண்டைகொடுக்கிறது se disputer sur le tien et le mien, i. e. sur le droit à une chose.

உனது,gén.de நீ,de toi,ton,ta,tes, tien,ce qui est à toi: உனதுடைமை ta propriété,ton bien: இதுவுனதுவீடு voici ta maison;இந்தவீடுஉனது cette maison est à toi.

உன்,1° gén.de நீ,de toi,ton,ta,tes: உன்னிடம் ta place:உன்னருகே, உன்னண்டையில்,உன்னிடத்தில் auprès de toi, avec toi.2° imp. et part. de உன்னுகிறது.3° volonté.

*உன்மதம், 1° (உத்,மதம்), folie, trouble d'esprit.2° (உன்),ta secte.

உன்மத்தகி, la plante குறிஞ்சா asclepias.

*உன்மத்தம்,(உத்,மத்தம்), folie, frénésie,trouble d'esprit,ivresse,une des flèches de Câmen.||ou

உன்மத்து,உன்மத்தை,(உன்மத்தம்),l'arbrisseau ஊமத்தை. [tre

*உன்மந்தம்,(உத்,மந்தம்),meur-

*உன்மனா,1° (ounmanâ), regret, chagrin de la perte d'un ami,un des caractères de la bonté.2° (உன்), ta maison, etc..

*உன்மார்க்கம், 1° (உத்.மார்க்கம்), mauvaise voie,—conduite.2° (உன்), ton chemin,ta religion,ta conduite.

*உன்முகம்,1° (உத்,முகம்), regard en haut,visage qui regarde en haut. 2° (உன்) ton visage. [corpulence.

*உன்மேதை,(ounmêdâ), graisse,

உன்னை, pinces pour saisir ou arracher la chair.

*உன்னதம், (ounnata), hauteur, éminence, excellence: —ஆயிருக்கிறது être haut, élevé, éminent; உன்னதஸ்தானம் place élevée, éminente, hauteur; உன்னதத்தேறுகிறது monter, s'élever.

*உன்னதி, (ounnati), augmentation, accroissement.

உன்னது, (உன், அது), ce qui est à toi, le tien.

*உன்னமனம், (ounnamana), élévation.

*உன்னம், 1° (ounna), humidité, oiseau aquatique, cygne. 2° (உன்னுகிறது), pensée, volonté, esprit.

*உன்னயம், (ounnaya), élévation, hauteur.

*உன்னயனம், (ounnayana), délibération, conséquence, induction.

உன்னலர், (உன்னுகிறது, அலர்), ennemis.

உன்னல், n. v. d'உன்னுகிறது, pensée, considération.

*உன்னாகம், (ounnâha), vinaigre.

*உன்னாமம், 1° (ounnâma), action d'élever. 2° (உன், நாமம்), ton nom.

*உன்னாயம், (ounnâya), élévation.

உன்னாலயம், 1° (உன்னம், ஆலயம்), cœur. 2° (உன், ஆலயம்), ta maison, ton bâtiment, ton église.

உன்னால், *abl. de* நீ, par toi.

உன்னி, 1° *n. app.* d'உன்னுகிறது, être qui pense, qui se lance, cheval, l'arbre அழிஞ்சில். 2° *gér.* d'உன்னுகிறது. 3° *P.* உன்னும், tu ne penses pas.

உன்னிப்பு, *n.v.* d'உன்னுகிறது, pensée, soin, attention, considération, marque, force, effort.

உன்னியம், union, chose propre.

உன்னியர், (உன்னியம்), parens, proches.

உன்னினால், si on pense.

உன்னில், 1° *abl. de* நீ, en toi. 2° *P.*

உன்னுகிறது, ன்னினேன், ன்னுவேன், ன்னு, ன்ன, *v.a.* penser, considérer, faire attention, observer, soigner, s'arrêter sur un sujet, s'élever, sauter, s'élancer: உன்னிப்பார்க்கிறது regarder attentivement, observer, considérer.

உன்னுடைய, *et par sync.* உன்னுட, *gén. de* நீ, de toi, ton, ta, tes: உன்னுடையது ce qui est à toi; உன்னுடையவர்கள் les tiens.

உன்னுதல், *n.v.* d'உன்னுகிறது, pensée, élévation, élan, saut.

உன்னை, 1° *acc. de* நீ, toi, te. 2° *P.* உன்னும், tu ne penses pas.

உன்னொடு, 1° *abl. de* நீ, avec toi. 2° (உன், ஒடு), ton clou à l'aisselle.

உன்னோடு, 1° *abl. de* நீ, avec toi. 2° (உன், ஓடு), ta tuile, ton morceau de pot cassé.

ஊ

ஊ, où long dit ஊகாரம், 6me voyelle de l'alphabet tamoul, nourriture, chair, dépérissement causé par la fatigue ou la peine.

ஊகடன், l'arbre முருக்கை.

ஊகம், 1° tigre, singe. 2° *(oûha), intention, pensée, méditation, raisonnement, conjecture. 3° *P.* வியூகம், division d'armée, détachement.

*ஊகனம், (oûhana), raisonnement, conclusion, fin.

*ஊகனி, (oùhani), balai.

*ஊகாரம், (ஊ, காரம்), où long.

ஊகிக்கிறது, கித்தேன், கிப்பேன், கி, கிக்க, *v.a.* (ஊகம்), conjecturer, deviner, raisonner, penser, méditer, réfléchir, rendre raison, déterminer, mesurer, limiter.

ஊகித்தல், ஊகிப்பு, *n.v. du préc.* conjecture, raisonnement, explication des raisons, pensée, méditation, réflexion, limitation, mesurage.

ஊகிபாஷை, (யூகி), langage par signes, langue savante, — des sages.

ஊகை, *P.* யூகை.

ஊக்கம், fermeté, constance, persévérance, grandeur d'âme, joie, ardeur, effort continuel, effort, force, pouvoir, vérité, hauteur, élévation: —உடைமை fermeté, persévérance continuelle; —உடைமையாக்கத்திற் சிறந்தது la constance est plus belle que les richesses; ஊக்கமது கைவிடேல் persévérez toujours *litt.* n'abandonnez pas la persévérance.

ஊக்கல், *opt. et n.v. d'*ஊக்குகிறது;action de monter,de relâcher, de détendre,montée,relâchement.

ஊக்கு,1° *P.*ஊக்கம்,effort,persévérance,fermeté.2° *imp.et part.de* ஊக்குகிறது,*sync.*ஊக்கிறது.க்கி னேன்,க்குவேன்,க்கு,க்க,(ஊக்கம்), monter,s'élever, prendre des forces, s'efforcer, persévérer, faire avec ardeur. [fort,fermeté,persévérance.

ஊக்குதல்,*n.v.du préc.*montée,ef-

ஊங்கு,1°grande chose,grandeur, abondance,particularité, élévation. 2°*P.*உங்கு,ce lieu là qui est entre 2 autres. [coup, fortement.

ஊங்கென, (ஊங்கு,என), beau-

ஊசக்கறி,*P.*ஊசற்கறி. [திரம்.

ஊசரம், et ses composés *V.* ஊ

ஊசல்,1° brandilloire, balançoire,balancement,mouvement, agitation, le 87me des பிரபந்தம், chant usité en balançant ou en se balançant, chant composé d'ஆசிரியவிருத்தம் ou de கலித்தாழிசை et terminé par ces mots ஆடிருசல், ஆடாமோ ஊசல். 2° *n.v. d'*ஊசுகிறது, corruption, puanteur, nausée: ஊசற்கறி ragoût gâté,—trop vieux,—de la veille; —ஆடுகிறது se balancer; —ப்பாட்டு ou ஊசற்பாட்டு chant de balançoire,usité en balançant ou en se balançant;—போடுகிறது mettre—,établir une balançoire,une escarpolette,une corde pour se balancer; — நாட்டுகிறது planter les pieux d'une balançoire.

ஊசா,espèce d'arbrisseau.

ஊசாடுகிறது,டினேன், டுவேன், டு,ட,*v.n.*(ஊசல்,ஆடுகிறது). se balancer,se mouvoir, se promener,aller et venir,—de côté et d'autre.

ஊசாடுதல்,ஊசாடுகை, ஊசாட்டம்,*n.v.du préc.* balancement, promenade,allée et venue, vitesse, vol, larcin.

ஊசி,1° aiguille, poinçon, stylet, poinçon à écrire. 2° *gér. d'*ஊசுகிறது: —க்கண்,—க்காது œil—, trou d'une aiguille; —க்காந்தம் pierre d'aimant, (on s'en sert même pour médecine), aiguille aimantée, —de boussole;—க்கார் espèce de riz dont le grain est long et menu; —க்கால் pieu pointu par en haut placé perpendiculairement dans un mur et dont la pointe s'emboite dans les poutres sur lesquelles portent les chevrons; —த்தொளை trou d'une aiguille;—ப்பாலை la plante periploca esculenta; —ப்புல் espèce d'herbe:—மல்லிகை espèce de jasmin, jasminum auriculatum; —மிடறு cou petit, —délié, cou d'aiguille; —முனை pointe d'aiguille;—முனைநாட்டுகிற விடமாகிலும் வைக்கொடுக்கிறதில்லை il ne donne pas même la place voulue pour planter une aiguille; —மூலைத்திசைவாளை *V.* ஓர்தலைப்பெட்டு;—யோட்டுகிறது coudre, coudre légèrement, passer l'aiguille et le fil dans quelque chose.

ஊசுகிறது,சினேன், சுவேன்,சு, ச,*v.n.* et ஊசிப்போகிறது,se gâter, se pourrir,se moisir,sentir mauvais, puer,devenir dégoûtant: ஊசிப்போனகறி ragoût dégoûtant,gardé de la veille et gâté;அவன்ஆசைப்பட்டகாரியம் ஊசிப்போயிற்று la chose qu'il avait désirée lui est devenue odieuse:il ne l'a pas obtenue,ou il s'en est dégoûté.

ஊசுதம்,crainte. [து.

ஊசுதல்,ஊசுகை,*n.v.d'*ஊசுகிற

*ஊஷகம், ஊஷம், (oûchaka,oûcha),aurore.

*ஊஷரம்,(oûchara), terre à saline,terre imprégnée de soude: ஊஷரக்கல் pierre calcaire; —த்திராவகம் nitre,salpêtre.

ஊஞ்சல், *V.*ஊசல்,1°

ஊடகம்,espèce de poisson.

ஊடல்,*opt. et n.v. d'*ஊடுகிறது, querelle d'amour,feinte répugnance ou aversion qu'une femme montre à son mari,refus de consentir à ses désirs,discorde,dispute,bouderie d'époux ou d'amans; —ஆயிருக்கிறது,—ஆய்க்கிடக்கிறது bouder, ne pas s'accorder,être en discorde;—உ

வகை badinage, caresse, conversation, plaisir que le refus susdit occasionne et est censé ajouter à l'union maritale: —தீர்தல் cesser de bouder, réconciliation, réunion; —விரி détail d'une querelle d'amour entre époux ou amans.

ஊடறீர்தல், P. ஊடல்தீர்தல்.

ஊடறுக்கிறது, ஊடறுத்தல், (ஊடு), trancher un différend, le juger.

ஊடாடுகிறது, (ஊடு, ஆடுகிறது), டினேன், டுவேன், டு, ட, *v.n.* danser, s'agiter au dedans, se remuer, être enfoncé dedans, connaitre, être lié d'amitié, faire connaissance, s'accoutumer, être accoutumé, commun, familier, disputer avec son supérieur: பாரைக்கூடாடாதபாறை பசுமரத்தின்வேருக்கூடாடிவிடும் le rocher impénétrable à une barre de fer se laisse pénétrer par la racine d'une arbre vert, *prov.* plus fait douceur que violence.

ஊடாடுதல், ஊடாடல், ஊடாட்டம், *n.v. du préc.* amitié, familiarité, connaissance, habitude, danse.

ஊடான், sorte de poisson, zeus monopterygus.

ஊடி, *gér. d'*ஊடுகிறது.

ஊடு, 1° *imp. et part. d'*ஊடுகிறது. 2° intérieur, dedans, le milieu, trame, fil de la trame, terminaison de l'ablatif de lieu, dans, entre: ஊடே dans, entre, au milieu, à travers: ஊடுகம்பு millet semé parmi d'autres grains; —செல்லுகிறது, —செல்லல் passer au milieu; —தாக்குகிறது tenir ferme contre l'opposition ou la force, résister, s'opposer; —தாக்கியிருக்கிறது prévaloir, augmenter, pénétrer partout; —பற்றுகிறது le feu se mettre—brûler dans la lampe; —போக்குகிறது, —போக்கல் juger, terminer un différend; —விடுகிறது lâcher des oiseaux à l'épervier pour l'exercer; —வெளி dedans et dehors, *V.* இடைவெளி; ஒன்றோடொன்றூடு தாக்குகிறது être opposé l'un à l'autre.

ஊடுகிறது, டினேன், டுவேன், டு, ட, *v.n.* être en dispute, se disputer, se séparer, se diviser, avoir de l'aversion, du désagrément, bouder. [டல்.

ஊடுதல், *n.v. d'*ஊடுகிறது, *V.* ஊட

ஊடுருவுகிறது, (ஊடு, உருவுகிறது), வினேன், வுவேன், வு, வ, *v.a.* transpercer, percer, pénétrer, entrer, s'enfoncer, passer à travers, traverser, déchirer: ஊடுருவத்தைக்கிறது percer de part en part, transpercer, enfoncer dedans, —à travers, faire entrer de force. [*préc.*

ஊடுருவல், ஊடுருவுதல், *n.v. du*

ஊடை, 1° trame (de la toile), *2° (oûdhâ), épouse, femme mariée.

ஊடையம், retranchement, fossé d'un camp.

ஊட்டம், (ஊட்டுகிறது), nourriture, aliment. [து.

ஊட்டல், *opt. et n.v. d'*ஊட்டுகிற

ஊட்டி, 1° nourriture, mangeaille des oiseaux, gorge, gosier, pluie. 2° *gér. d'*ஊட்டுகிறது: ஊட்டியையறுக்கிறது couper la gorge; —யுறந்து போடுகிறது saisir à la gorge.

ஊட்டிரம், la plante தேள்க்கொடுக்கி. [veau qui tette, veau de lait.

ஊட்டுகன்று, (ஊட்டும், கன்று),

ஊட்டுகிறது, ட்டினேன், ட்டுவேன், ட்டு, ட்ட, *v.a.* nourrir, faire manger, mettre la nourriture dans la bouche, élever, (les animaux) teter, introduire, répandre, verser, mettre, ranimer, rendre (la vie, la mémoire): ஊட்டக்கொடுக்கிறது allaiter; இரண்டுஆட்டிலூட்டினகுட்டியானான் il ressemble à l'agneau qui tette deux brebis; *prov.* il n'a rien gagné à servir 2 maitres.

ஊட்டுக்குற்றி, (ஊற்றுகிறது), gorge. [causé par l'âge.

ஊட்டுவிணை, branlement de tête

ஊட்டுதல், *n.v. d'*ஊட்டுகிறது.

ஊட்டுத்தாய், (ஊட்டும், தாய்), nourrice, —qui fait manger.

*ஊணம், (hoûna), terre des barbares, pays des Huns, nom d'un pays.

*ஊணன், *pl.* ஊணர், 1° (ஊணம்), barbare, Hun. 2° (ஊண்), mangeur, glouton, grand mangeur.

ஊணி,(ஊண்), mangeuse,gloutonne,gourmande. [து.

ஊணுகிறது, corr. d'ஊன்றுகிற

ஊண்,n.v.d'உண்கிறது, nourriture,mangeaille,riz cuit: ஊணற்றபோதே உடலற்றுப்போம் faute de nourriture le corps dépérit; ஊணற்றபோதே உறவற்றுது sans repas mutuels l'amitié cesse. *prov.* ஊணுக்குமுந்தவேண்டுங் கோளுக்குப்பிந்தவேண்டும் soyez prompt pour manger et lent à médire. *prov.* ஊணுறக்கமில்லாதவன் homme qui ne prend ni nourriture ni sommeil; ஊண்பாக்கு noix d'arec prise après le repas; ஊண்பாக்கொழியவீண்பாக்காகாது on ne doit prendre de noix d'arec qu'après le repas; dans tout autre temps elle est inutile et ne convient pas; எனக்குஊணுமில்லையுறக்கமுமில்லை je n'ai ni nourriture ni sommeil; மிகுந்த ஊண் nourriture excessive,intempérance,excès dans le boire et le manger.

*ஊதநாதன், P. பூதநாதன்.

ஊதம், (hoûta), demande, action d'appeler.

ஊதல், *opt. et n. v.* d'ஊதுகிறது, vent,vent froid,grand bruit,pompe, enflure,action de souffler...: —அடிக்கின்றது un vent froid souffle.

ஊதா,ஊதாநிறம், violet, brun, couleur violette,—brune.

ஊதாரி,prodigue, dépensier, extravagant:—த்தனம் prodigalité;—ப்பிள்ளை enfant prodigue; —யாகிறது être—,devenir prodigue.

ஊதி, *gér.* d'ஊதுகிறது: —வொடுக்கம் souffle,respiration. [ல்லை.

ஊதிகை, espèce de jasmin dit மு

ஊதிடுகிறது,(ஊதுகிறது, இடுகிறது),souffler,sonner (en soufflant): ஊதிடுகுழல் pipeau,chalumeau,flageolet,clarinette; ஊதிடுகொம்பு, *V.* ஊதுகொம்பு.

ஊதிபம்,ஊதியம்,gain,profit, science: —ஆயிருக்கிறது être profitable,avantageux.

ஊது, *P.* ஊதும், *part. fut.* d'ஊதுகிறது :—கட்டி pur argent;—கரப்பன் gourme,espèce de teigne des enfans, crusta lactea; —காமாலை espèce de jaunisse qui fait enfler le corps;—குழல் hautbois, chalumeau, flageolet,clarinette,tube pour souffler le feu;—கொம்பு cor,cornet,cornet à bouquin; —மா espèce de bouillie délicieuse;—மாந்தம் espèce de maladie qui fait enfler; —முகன்,(முகம்), homme à face bouffie:—வாரம் argent; —விரியன் vipère dont la morsure fait enfler.

ஊதுகிறது, ஊதினேன், ஊதுவேன், து,த, *v. a. et n.* jouer ou sonner (d'un instrument à vent), souffler (le feu etc...) cribler ou nettoyer le grain en soufflant,le vent souffler doucement,enfler,faire gonfler,s'enfler, se gonfler, soupirer; ஊதியிருக்கிறது être enflé,—gonflé; —ப்பார்க்கிறது essayer une trompette,un cornet en en sonnant; —ப்போகிறது se gonfler,s'enfler, être bouffi;—ப்போடுகிறது, —விடுகிறது éteindre—, emporter en soufflant; உடலூதியிருக்கிறது le corps être enflé.

ஊதுதல், *n. v.* d'ஊதுகிறது.

ஊதுவிக்கிறது,வித்தேன்,விப்பேன்,வி,விக்க, *v. caus.* d'ஊதுகிறது, faire enfler,—souffler, —jouer des instrumens à vent.

ஊதை, (ஊதுகிறது), vent, vent frais;il souffle en octobre et en no[vembre.

ஊத்தால், *V.* ஊற்றல்.

ஊத்தை,ordure,saleté (du corps, des dents etc...), suie de marmite, flux—,sang menstruel,viande,chair des animaux et des poissons: —குடியன் démon qu'on suppose se repaître d'ordures; —ச்சீலை linge sale;—நாறி salope,personne—,femmesale, —malpropre, l'arbre பீநாறி; —ப்பல்லன் homme qui a les dents sales; —ப்பாண்டம் vase malpropre,—d'ordure,—puant, (et par métaphore) le corps, composition qui pue;—ப்பிணம் corps—,cadavre sale,—infect;—ப்பிணமாய்நாறுகிறது puer comme un cadavre infect. [damome.

ஊத்து,enveloppe—cosse de car-

ஊபம், *P.* யூபம்.

ஊமச்சி, espèce de moule, ou d'huitre,—de limaçon,d'escargot.

ஊமக்குமுஞ்சி,(ஊமவிணா), vilaine figure.

ஊமவிணா,chose difforme, mutisme,ce qui a un visage muet, homme lent,stupide. [laide.

ஊமவிணாச்சி, (ஊமவிணா), femme

ஊமவிணாயன்,(*id.*), homme laid.

ஊமத்தம்,ஊமத்து, ஊமத்தை, ஊமத்தஞ்செடி, (ஊ, மத்தம், மத்தை), stramoine, ou datura, plante très-narcotique et médicinale (l'adjectif est ஊமத்தம்): ஊமத்தங்காய் pomme épineuse,son fruit; ஊமத்தம்பூ sa fleur; ஊமத்தங்கூகை sorte de grand hibou.

ஊமல்,noyau de palmier dont on a oté les racines (venues après sa mise en terre): ஊமற்கச்சி, ஊமற்பாதி la moitié—, moitié d'un tel noyau.

ஊமன். *pl.* ஊமர், (ஊமை), muet,hibou. [muet.

ஊமாண்டி, (ஊமை, ஆண்டி),

ஊமை,mutisme,muet,mangouste,espèce d'instrument de musique: —க்கட்டு,—கட்டி abcès ou furoncle qui ne mûrit pas,qui ne parait pas au dehors; —க்காடை caille muette;—த்தனம் mutisme, état de muet;—த்தேங்காய் coco qui ne résonne pas;—ப்பாஷை langage de muet,—par signe,—de la main; —யெழுத்து lettre muette;—விளையாட்டு espèce de colin-maillard, —de jeu où l'on ne parle pas et où un des joueurs à les yeux bandés: என்னுள் களெல்லாமூமைகண்டகனாப்போ லொப்பழிந்தன mes jours sont perdus comme les rêves d'un muet.

ஊமைச்சி,(ஊமை), muette. ‖*V.* ஊமச்சி.

ஊமையன்,(ஊமை),muet.

*ஊம்,(hoûm), particule qui exprime le consentement,oui, silence: ஊமெகுமுஞ்சி figure laide, —silencieuse; ஊமென்கவில்லை il ne dit mot,—dit pas même *oum*.

ஊம்பல்,ஊம்புதல்,*n.v.du suiv.*

ஊம்புகிறது,பினேன்,புவேன்,பு, ப,*v.n.*sucer,sugere semen vel pollui in ore alterius.(mot et action infâme).

ஊய்கிறது,ய்ந்தேன், ய்வேன், ய், ய,*v.n.et* ஊய்ந்து *ou* ஊய்ஞ்சுபோகிறது,mourir de la peste,se gâter.

ஊய்தல்,*n.v.du préc.* corruption, mort causée par le peste.

ஊரப்பார்க்கிறது, ஊரப்பார்த்தல்,(ஊருகிறது), faire des enchantement pour faire marcher en se traînant.

ஊரல்,*opt.et n.v.d'*ஊருகிறது,action de ramper...friction, coquillage,poisson à coquille, humidité, plaie qui sèche,verdeur.

ஊரவர், *V.*ஊரார். [ன்.

*ஊரவியன்,(oûravya), *V.*ஊருச

ஊரற்க,*imp.nég. d'*ஊருகிறது.

ஊரற்பதம், (ஊரல்), cuisson—, température modérée. [che.

ஊரற்புண்,(*id.*), plaie qui se sè

ஊரா,ஊராத,*part.nég. d'*ஊருகிறது,qui ne rampe pas.

ஊரன், (ஊர்), chef d'un bourg ou village en pays cultivé.

ஊராண்மை,(*id.*ஆண்மை),haut fait,action faite par une force extraordinaire.

ஊராளி,(*id.*ஆளி), magistrat de la ville,homme d'une certaine caste

ஊரான்,*pl.*ஊரார்,(ஊர்), habitant d'une ville, d'un village, citoyen,magistrat,chef de ville ou de village,prochain,autrui: ஊராரிடை யிற்கொடுக்கிறது remettre entre les mains d'un autre; துஷ்டப்பிள் ளைக்குஊராற்புத்திசொல்லுவார்கள் l'enfant méchant sera corrigé par les chefs du villages; ஊரார்பெண் சாதிக்காசைப்படுகிறது désirer la femme de son prochain;ஊராருடை மைக்குப் பேராசைகொள்ளுகிறது convoiter le bien d'autrui.

ஊரி,(ஊருகிறது),chose qui rampe,limaçon,escargot, coquillage, enfant,âge tendre,nuage.

ஊரிலிகம்பலை, (ஊர், இலி, கம்ப

கை), trouble, sédition, révolte.

ஊரின்னிசை, (ஊர்), le 57me des பிரபந்தம், il contient 70 ou 90 இன்னிசைவெண்பா et finit par le nom de la ville du héros de cette pièce de poésie.

*ஊரு, 1° (oûrou), cuisse. 2° crainte, sangsue. 3° *imp. et part. d'*ஊருகிறது:—காலி limaçon, escargot, coquillage, conque.

ஊருகிறது, *ou* ஊர்கிறது, ர்ந்தேன், ருவேன், *ou* ர்வேன், ரு, *ou* ர், ர, *v.n. et a.* ramper, se traîner, se répandre, s'étendre, monter sur, aller à cheval, conduire, frotter: ஊர்ந்துபோகிறது ramper, se traîner, aller en rampant.

*ஊருசன், (ஊரு, சம்), un marchand, un vaïsien, un homme né (selon la fable) des cuisses de Brama.

ஊருடை, ஊருடைமுதலியவர், (ஊர், உடை), l'arbre முருங்கை.

ஊருணி, (ஊர், உண்கிறது), puits—, mare—, étang ou réservoir de village, où tous les habitans ont droit de puiser, *litt.* ce que boit le village: —நீர்நிறைந்தற்றேயுலகவாம் பேரறிவாளன்றிரு les richesses du sage sont recherchées par tout le monde comme un étang plein d'eau commun à tout un village.

ஊருதல், ஊருகை, *n.v. d'*ஊருகிறது. || *V.* ஊர்தல்.

ஊர், 1° bourg, village, ville, pays, contrée, halo, cercle autour du soleil et de la lune. 2° *imp. et part. de* ஊருகிறது, rampant: ஊருக்குப்போகிறது aller à la ville, faire un voyage; ஊருடன்கூடிவாழ் vis en bonne intelligence et sois heureux avec tes concitoyens; ஊருடன்பகைக்கின்வேருடன்கெடும் celui qui est en discorde avec ses concitoyens périra entièrement (*litt.* avec ses racines), ஊரெல்லை limites—, bornes de village, de ville; ஊரெழுச்சி les habitans se lever ou se soulever en masse, ensemble; ஊரேபோகிறது retourner à la ville, au village; ஊரோச்சம் toute la bourgade être capable de parler; ஊரோடிருக்கிறது être à la ville, à la maison; ஊரோடேபோய்ச்சேர்ந்தான் il est rendu chez lui, il est arrivé dans son pays; ஊர்கூடுகிறது, — கூடுதல் les habitans—, les citoyens se rassembler; — கூடிச்செக்குத்தள்ளவேண்டுமா faut-il que tout le village ou toute la ville se rassemble pour faire tourner le moulin à huile *i.e.* pour une bagatelle, *prov.*;—கூட்டிவழைக்கிறது convoquer les gens du village,—de la ville à une assemblée; —கோலம் (ou plutôt;)—க்கோலம் entrée solennelle d'un roi, d'un gourou etc... dans une ville ou un village; procession de nouveaux mariés par la ville ou le village;—க்கோலம்வருகிறது faire cette entrée ou cette procession; —க்கதை nouvelle—, bruit de la ville, —du village, nouvelle incertaine, vaine rumeur;—க்குருவி passereau; —வாயைமூடஉலைமூடியில்லை le couvercle du pot au riz ne suffit pas pour fermer la bouche du peuple.

ஊர்கிறது, *V.* ஊருகிறது.

ஊர்கோள், (ஊருகிறது, கோள்), ஊர்கோள்மண்டலம், ஊர்கோள்வட்டம், halo ou cercle autour du soleil ou de la lune.

*ஊர்ச்சம், (oûrdja), le mois de [கார்த்திகை.

*ஊர்ச்சிதம், (oûrdjita), solidité, fermeté, pouvoir, force, persévérance:—பண்ணுகிறது confirmer, affermir, fortifier, exalter, prôner: அவனை யந்தவுத்தியோகத்திலே ஊர்ச்சிதம்பண்ணினார்கள் on l'a confirmé ou maintenu dans cet emploi.

ஊர்தல், *n.v. d'*ஊருகிறது, action de ramper etc... extension, étendue.

ஊர்தி, (ஊருகிறது), 1° monture, voiture, moyen de transport, comme bœuf, cheval, éléphant, palanquin, char, voiture. 2° tu as rampé, rampe.

*ஊர்த்தம், (oûrddha), une des 16 sectes de Siven. || *V.* ஊர்த்துவம்.

*ஊர்த்துவகம், (ஊர்த்துவம், ga *qui va*), montée, action de monter, de s'élever: ஊர்த்துவகபுரம் la ville de அரிச்சந்திரன் qu'on prétend suspendue dans l'air.

*ஊர்த்துவம், (oûrddhva), dessus, le haut, direction—, regard en haut, ce qui tend— est tourné ou regarde en haut: ஊர்த்துவதிருஷ்டி regard—, marche en haut, montée, paradis; —காயம் corps, partie supérieure du corps; —தேவன் Vichnou, le prétendu dieu supérieur; —பாதம் l'oiseau fabuleux à 8 pieds; —புண்டரம் ligne perpendiculaire ou diagonale portée sur le front par les Vichnouvistes; —முகம் tête levée, visage élevé en haut, le dessus du visage; —ராசி signe ascendant; —லிங்கன், (இலிங்கம்), Siven; —லோகம், V. தேவலோகம்.

ஊர்தேரிசை, (ஊர்), le 59e des பிரபந்தம், pièce de poésie de 50, 70 ou 90 strophes de நேரிசைவெண்பா sur la ville du héros que l'on chante.

ஊர்பசை, V. ஊர்வன.

ஊர்புல், ஊர்புல்லு, (ஊர்), herbe rampante, l'herbe cyperus pangorei.

ஊர்பூரவாகனி, (id.), celle qui a pour monture le cent-pieds rampant, i.e. Saratchouvadi.

ஊர்ப்பகை, ஊர்ப்பழி, (id.), haine de ses conciteyens, ou des habitans du lieu qu'on habite.

ஊர்ப்புகைச்சல், (id.), apparence de couleur de fumée.

ஊர்ப்புரளி, (id.), révolte, trouble dans un village ou une ville.

ஊர்ப்புலம், (ஊர்), ricin, il se trouve ordinairement autour des villages.

ஊர்மச்சி, P. ஊமச்சி.

ஊர்மனை, (ஊர்), maison, habitation.

ஊர்மன்று, (id.), assemblée du village ou de la ville, maison commune.

*ஊர்ம்மிகை, (oùrmmika), flot, anneau.

ஊர்வலம், (ஊர்), entrée solennelle ou procession des nouveaux mariés, d'un gourou etc.. dans un village ou une ville en commençant par la droite: — வருகிறது faire cette procession.

ஊர்வது, pl. ஊர்வன, ஊர்வனவு, (ஊருகிறது), reptile, ce qui rampe, être —, animal rampant.

ஊர்வெண்பா, (ஊர்), le 60me des பிரபந்தம், pièce de poésie de 10 strophes de வெண்பா à la louange d'une ville ou de la ville, de son héros.

*ஊலுகம், ஊலூகம், (oùloûka), hibou. [தம்.

*ஊழகம், ஊழம், P. ஊழ்த்தம், ஊழ்

ஊழ்கிக்கிறது, கித்தேன், கிப்பேன், கி, கிக்க, v.n. (ஊழல்), maigrir, s'éventer, se corrompre, se gâter et prendre une mauvaise odeur.

ஊழல், chose mauvaise, —gâtée, défectueuse, enfer, puanteur, mépris, dédain: ஊழலத்தி arbre médicinal; — க்குடிவாழ்க்கை, lèsinerie, ménage malpropre; — நாற்றம் mauvaise odeur.

ஊழி, éternité, long temps, fin du monde, temps de la vie, le temps de la vie ou l'âge de Brama, terre, destin, un démon; —காலம் éternité, temps de la fin du monde; —க்காய்ச்சல் peste, contagion; —க்கால் vent de la fin du monde; —த்தீ le feu qui doit consumer et détruire le monde, —நாள் dernier jour, jour de la fin du monde, long temps; —நாள்வாழ்க puissiez-vous vivre long-temps heureux: —நோய் épidémie, peste, maladie contagieuse; — பெயரினும் ஊக்கமதுகைவிடேல் quand même le monde périrait ne vous déconcertez pas; —யுள்ள éternel; —யுள்ளவும் l'éternité, ou —யுள்ளமட்டும், — யுள்ளளவும் pendant toute l'éternité; ஊழியூழிகாலம் l'éternité; உனக்கூழிவர puisses-tu mourir!

ஊழியம், service, état—, qualité de domestique, office, fonction: —செய்கிறது, —பண்ணுகிறது servir, être au service de, remplir une fonction; —செய்விக்கிறது faire servir, —remplir une fonction; —செய்வித்துக்கொள்ளுகிறது être servi; ஊழியக்காரன், f. ஊழியக்காரி ou

ஊழியன், (ஊழியம்), serviteur, domestique.

ஊழைக்குருந்து,basilic.

ஊழ், 1° haine, antiquité, règle, coutume, usage, soleil, clarté—,rayons du soleil, nature, caractère, tempérament, disposition, destinée, destin, fin du monde, fin.‖ V. ஊழ்வினை.2° imp.et part.d'ஊழ்க்கிறது; —த்துணை femme, compagne de la destinée du mari;—முறை destinée, prédestination, ancien usage, raison—, règle antique; —விதி destinée, décret du destin;—வினை, actions passées,—antérieures, ou (selon les gentils) d'une vie précédente dont on doit recevoir la récompense ou le châtiment;—வினைப்பயன் conséquence des actions susdites, bien ou mal qu'on éprouve en conséquence des actions d'une vie précédente (au dire des gentils.)

ஊழ்க்கிறது,ழ்த்தேன், ழ்ப்பேன், ழ்,ழ்க்க, v.a.et n. convenir, considérer, penser, tomber, se gâter, passer le juste tempérament, plier, fleurir, mûrir,vieillir,se faner.

ஊழ்த்தல்,n.v.du préc. convenance, occasion, considération, pensée, perte, corruption, excès ou défaut dans le juste tempérament, perte d'une occasion,action de plier,chair, viande, chute, fleuraison, maturité, dépérissement.

ஊளன்,(ஊளை),renard(le mâle), chacal,chien marron.

ஊளா } ou ஊளிமீன்,grand pois-
ஊளி } son,brochet de mer.

ஊளான்,(ஊளை), renard,chacal.

ஊளுகிறது, ளினேன், ளுவேன், ளு,ள,v.n.(ஊளை), hurler,aboyer.

ஊளை, hurlement, aboiement, morve,roupie,mucus du nez, malpropreté, saleté; —கொள்ளுகிறது, —யிடுகிறது hurler, faire grand bruit;—மூக்கன்,(மூக்கு), morveux; —மூக்கி morveuse.

ஊளையன், m. ஊளைச்சி,f. morveux,morveuse,vilain,vilaine.

ஊறணி, (ஊறுகிறது), source, fontaine,étang de source.

ஊறல்,n.v. d'ஊறுகிறது, action de sourdre,de tremper etc... saumure,marinade,achars,chose qu'on fait confire,—à demi desséchée,imbibition,jaillissement, source, jus, suc,lie: —ஆயிருக்கிறது s'imbiber, boire (l'eau); —த்தாள் papier qui boit; —ப்பாக்கு ou ஊறற்பாக்கு noix d'arec qu'on a mise s'imbiber dans l'eau.

ஊறா,ஊறாத,part.nég.d'ஊறுகிறது,non trempé,non imbibé,qui ne boit pas:ஊறாத்தாள் papier qui ne boit pas.

ஊறி,gér du même.

ஊறு,1° imp. et part. d'ஊறுகிறது.2° action—,sens du toucher,tact, sensation,obstacle,détresse,meurtre, mal,tort,blessure, cicatrice: ஊறு-அ, V. அடுத்தூறு;இடையூறு obstacle qui survient au milieu d'une affaire;—காய் fruits confits, achars;—நீர் eau de source;—புண் plaie qui se ferme;—வைக்கிறது, —வைத்தல் mettre obstacle, empêcher, blesser, imprimer la marque des coups, laisser des cicatrices.

ஊறுகிறது, றினேன், றுவேன், று,ற,v.n.jaillir, sourdre,sortir (v.g. l'eau ou une source de terre), l'eau croître ou augmenter, s'imbiber, tremper,être mouillé,boire(le papier etc...) se confire,le jus pénétrer, venir de différens côtés,se réunir, les chairs se réunir et reprendre: ஊறவைக்கிறது mettre tremper, faire confire; ஊறிக்கொண்டிருக்கிறது tremper; ஊறிற்று cela a trempé; வாயூறுகிறது l'eau venir à la bouche; இறைத்தகிணறூறுமிறையாதகிணறூறாது tire-t-on l'eau d'un puits?elle sourd,il n'en est pas ainsi du puits dont on ne tire pas l'eau. prov.plus on donne et plus on reçoit; தொட்டனைத்தூறுமணற்கேணிமாந்தர்க்குக்கற்றனைத்தூறுமறிவு plus on creuse dans le sable plus il vient d'eau,plus les hommes étudient plus leur intelligence augmente.

ஊறுகோள்,(ஊறு),meurtre.

ஊறுதல்,n.v.d'ஊறுகிறது.

ஊறுபாடு,(ஊறு),obstacle,plaie, tort,dommage,perte: ஊறுபாடுநான்கு les 4 manières de blesser,savoir: எறிதல் jeter ou frapper; குத்துதல் poignarder ou frapper du poing; வெட்டல் couper ou trancher; எய்தல் lancer des flèches.

*ஊற்சிதம்,P.ஊர்ச்சிதம்.

ஊற்றங்கோல்,(ஊற்று, அம்), V. ஊன்றுகோல்.

ஊற்றம், (ஊற்று, அம்), érudition,possession de la science,louange,immobilité,puissance, force, effort,refuge,protection,appui, bâton, source.

ஊற்றல்,*opt.et n.v. d'*ஊற்றுகிறது, action de verser, de vider, de pleuvoir, de sourdre.

ஊற்றாணி,(ஊறு,ஆணி), obstacle,malheur,clou qui assujettit le timon de la charrue.

ஊற்றாம்பெட்டி,ஊற்றாம்பிள்ளை, (ஊற்று,ஆம்), vessie.‖ *V.* ஊற்றுப்பெட்டி.

ஊற்றால், la 4me constellation, nasse, panier d'osier pour prendre des poissons,corbeille pour couvrir des poulets:—கவிக்கிறது, —போடுகிறது couvrir des poulets avec cette corbeille,placer—,mettre une nasse

ஊற்றி,*gér.d'*ஊற்றுகிறது.

ஊற்று,*pl.*ஊற்றுகள்,*ou* ஊற்றுக்கள். 1° (ஊறுகிறது), source, fontaine, humidité qui s'exhale, filtration de la terre en temps de pluie. 2° (ஊன்றுகிறது), bâton (pour s'appuyer), 3° *imp.et part. de* ஊற்றுகிறது: ஊற்றுக்கண் ouverture—, trou—, orifice d'une source; —க்குழி fontaine, trou fait dans le lit d'une rivière—, trou creusé pour avoir de l'eau; —க்குழிவெட்டுகிறது creuser une fontaine, un trou pour avoir de l'eau; —க்கோல் bâton (pour s'appuyer); —நீர் eau de source; —ப்பட்டை espèce d'écorce d'arbre dont on se sert pour puiser et verser l'eau pour l'irrigation;—ப்பூ (ஊற்றும்,பூ), pulpe du coco dont on a exprimé l'huile;—ப்பெட்டி boite dans laquelle on exprime l'huile, ou de laquelle on la verse; —ப்பெயர்கிறது, ப்பெயர்தல் la source se détourner; —மரம் arbre qui exprime l'huile dans un moulin;ஊற்றெடுக்கிறது une source se former,creuser de manière à faire sourdre l'eau.

ஊற்றுகிறது,ற்றினேன், ற்றுவேன்,ற்று,ற்ற,*v.a.et n. de* ஊறுகிறது,verser,répandre, vider, jeter dehors,exprimer l'huile de ricin(après que le noyau a été broyé et bouilli), jaillir,pleuvoir: ஊற்றிப்போடுகிறது vider,jeter dehors,—ce qu'il y a dedans.

ஊற்றுண்கிறது, ஊற்றுண்ணல்,(ஊற்றுகிறது, உண்கிறது), être vidé,versé,répandu,dissipé,mourir: இந்தக்கலயத்திலெண்ணெயெல்லாமூற்றுண்டுபோயிற்று toute l'huile de ce vase s'est répandue, s'est perdue.

ஊற்றுதல், *n.v. d'*ஊற்றுகிறது, action de verser etc..,effusion, distillation,issue,sortie.

ஊனகத்தண்டு, (ஊனம்), scarabée noir,une des 120 sortes d'உபரசம்.

ஊனக்கண், (*id.*), tache—, mal à l'œil.

ஊனமானம், (*id.*), honneur et déshonneur.

*ஊனம்,(oûna), manque, défaut, privation,perte,mutilation, déshonneur,abjection, jus,jus de viande:—ஆயிருக்கிறது être mutilé, estropié, perclus; —உள்ளவன், ஊனவாளி, (ஆளி) *et*

*ஊனன், (ஊனம்), homme mutilé,estropié, perclus d'un membre, qui a un défaut corporel.

ஊனாங்கொடி,plante qui s'entortille,—grimpante dite convolvulus racemosus.

*ஊனாயம், (ஊனம், âya), défaut, faute,artifice:—பிடிக்கிறது trouver à redire; என்வார்த்தையிலெப்போதுமூனாயம்பிடிக்கிறான் il trouve toujours à redire à mes paroles.

ஊனான், ஊனான்கொடி, *V.* ஊனாங்கொடி.

க்கொடி. [nivore; cornassier.

ஊனுருக்கி,(ஊன்,உருக்கிறது),car-

ஊனுருக்கி, (id. உருக்குகிறது), phthisie,consomption.

ஊனெட்டி,(id.ஒட்டுகிறது),chair d'உடும்பு.

ஊன்,(ஊ), chair,viande,graisse, moelle, excroissance, chair baveuse, incrustation formée sur une plaie: —தள்ளுகிறது (une excroissance) se former,croitre; —விற்போர் marchands de viande,bouchers,poissonniers; ஊனைக்குறித்தவுயிரெல்லாம் நாணென்னும் நன்மைகுறித்தது சால்பு la vie dépend du corps, la perfection dépend de la modestie.

ஊன்ற,inf.d'ஊன்றுகிறது. [று.

ஊன்றல்,n.v.et opt. d'ஊன்றுகிற

ஊன்றி, 1° serpent, sorte de serpent. 2° gér.de ஊன்றுகிறது.

ஊன்று,imp.et part. d'ஊன்றுகிற து:—கால் étai, appui, support;—கோல் bâton,bâton pour s'appuyer, étai.

ஊன்றுகிறது,றினேன்,றுவேன், று,ற,v.a.et n.s'appuyer,s'enfoncer, être appuyé sur, insister, placer,fixer,ficher, enfoncer,planter, mettre en terre, imprimer, affermir, consolider, fortifier, appuyer,soutenir, apaiser, pousser, jeter, pousser des racines, s'enraciner, penser: ஊன்றக்கட்டுகிறது fortifier, édifier, bâtir solidement;—க்கட்டுதல் édification, construction solide; —க்கொடுத்தடி யென்றுச்சியையுடைக்கிற து le bâton que j'ai donné pour s'appuyer me brise la tête, i.e. on me rend le mal pour le bien, prov. —ப்பட்ட fixé, appuyé, consolidé; —ப்பட்டநினைவு idée fixe,— arrêtée, résolution prise; ஊன்றிக்கேட்கிறது faire diverses questions,écouter attentivement; —க்கொள்ளுகிற து s'appuyer sur; — ப்பிடிக்கிறது s'appuyer sur, tenir ferme, persévérer dans une entreprise; —ப்பெய்கிற து pleuvoir continuellement; —ப்பேசுகிறது parler fortement, avec force, parler en appuyant sur chaque syllabe,insister sur;—ப்போடுகிறது,—வைக்கிறது fixer, établir solidement, faire tenir ferme; ஊன்றின,part. fixé,appuyé,soutenu,sur lequel on s'appuye ou l'on appuye; சுவரின்மேலூன்றிக்கொண்டிருக்கிறுன் il est appuyé sur le mur; இந்தநியாயத்திலூன்றிப்பேசு insiste sur cette raison,fais valoir cet argument.

ஊன்றுதல்,n.v.d'ஊன்றுகிறது.

எ

எ, 1° l'é bref, nommé எகாரம், 7me voyelle de l'alphabet tamoul. Quand il s'unit à une consonne il est remplacé par ce caractère (ெ) dit கொம்பு ou சுழியாதகொம்பு,i.e. combou non tourné. Cette lettre n'existe point en Sanscrit; mais dans certains mots tirés de cette langue on la met au lieu de அ ou de ய initial. Ex. செபம், P. சபம் prière; செயம்,P.சயம்,victoire;செகம்,P.சகம் monde;செந்து, P. சந்து animal;எந்தனம், P. யந்தனம் instrument;எக்கியம்,P.யக்கியம் sacrifice. 2° lettre interrogative qui se met au commencement des mots. Ex. எவன் qui?என்ன quoi?எந்த quel?எங்கே où? Elle double la consonne suivante et prend deux வ்வ euphoniques devant les voyelles, comme les lettres அ,இ,et உ. Ex. எப்படி comment?எம்மனிதன் quel homme? எவ்விடம்,(எ,இடம்), quel lieu, où? 3° flèche. 4° en nombre எ vaut 7, [sept.

எஎ,int.de mépris. eh!hé!

எகரம், எகாரம், (எ), la lettre é [bref.

எகிறது,P.எஃகுகிறது.

எகினம்,எகின்,cygne,tamarinier, manguier à fruits aigres, chien, espèce de cerf dit கவரிமா, l'arbre அழிஞ்சில். ‖ V. நீர்நாய்.

எகு, V. எஃகு, acier....

எகுன்று,l'arbrisseau குன்றி.

எக்கச்சக்கம்,எக்கச்செக்கம், désordre,confusion, trouble, incohérence,inconvenance,injure, paroles inconvenantes,—à tort et à travers:

—சொல்லுகிறது parler à tort et à travers; —பண்ணுகிறது faire à tort et à travers, mettre en désordre; —ஆய் en désordre,confusément; எக்கச்சக்கக்காரன் ou

எக்கச்சக்கன்,(எக்கச்சக்கம்),perturbateur,qui met tout en désordre.

எக்கண்டம்,(எ,கண்டம்,ou P. அகண்டம்), ensemble, totalité, tout entier,non composé de parties:எக்கண்ட, எக்கண்டமான entier, tout; —ஆனபீரங்கி canon tout d'une pièce;—ஆனபலகை planche entière;—ஆனபுடவை pièce de toile entière, ou d'un seul tissu; —ஆய் en entier,entièrement, d'une seule pièce; —ஆய்நெய்கிறது tisser en une seule pièce;—ஆய்வீங்குகிறது enfler partout; எக்கண்டமும் பிழையாயிருக்கிறது être partout rempli de fautes

எக்கரணம்,எக்கரவம், mugissement,mugissement (du bœuf avant d'en attaquer un autre): —போடுகிறது mugir ainsi,mugir.

எக்கர்,(எக்கல்), mot couvert,langage bas et inconvenant, sable, ce qui est jeté sur le rivage, effusion, faire monter en haut.

எக்கல், n.v.et opt. d'எக்குகிறது, action de monter,... constipation, combat,contraction, rétrécissement, ce qui est jeté sur le rivage comme le sable,saletés que la mer ou les fleuves rejettent ou charrient, effusion:—வீசுகிறது rejeter sur le rivage; ஆற்றெக்கல் sable—, saletés charriées par une rivière;என்கொல்லைமுழுதுமாற்றெக்கல் மூடிப்போட்டது mon champ est couvert en entier par le sable que la rivière y a jeté. [ce,orgueil,ostentation.

எக்கழுத்தம்,எக்கழுத்தல்,arrogan-

எக்களிக்கிறது,எக்களித்தல்,P. அக்களிக்கிறது, அக்களித்தல், se réjouir beaucoup, être ravi de joie.

எக்களிப்பு,P. அக்களிப்பு, grande joie,ravissement.

எக்காலம்,(எ,காலம்),quel temps? quand?எக்காலமும்,எக்காலத்திலும் toujours,en tout temps, en quelque temps que ce soit,en toute occasion.

எக்காலும், (எ, கால், உம்), toujours,en tout temps,en toute occasion.

எக்காளம்,எக்காளே, 1° trompette.2° P.எந்த,காளம்:—ஊதுகிறது sonner de la trompette,trompeter.

*எக்கியம்,P.யக்கியம்,un des principaux sacrifices des payens:—பண்ணுகிறது,—வளர்க்கிறது offrir ce sacrifice. [வீதம்.

*எக்கியோபவீதம்,V. யக்கியோபவ

எக்குகிறது,க்கினேன்,க்குவேன், க்கு,க்க,v.a.monter,se tenir sur la pointe des pieds pour atteindre, se hausser,s'imprimer,s'enfoncer,combattre,tarir,se serrer—, resserrer le ventre,constiper,se resserrer,se réunir, répandre, se dessécher, décroitre d'un côté et faire le croissant:எக்கிப்பார்க்கிறது regarder en se tenant sur la pointe des pieds.

எக்குகை,எக்குதல்,n.v.du préc. V. எக்கல்.

எக்குவிக்கிறது,வித்தேன், விப்பேன்,வி,விக்க,v. caus. du même. faire rétrécir,—resserrer le ventre...

எக்கை,(எ,கை),quelle main?

எஃகம்,javelot, trait, arme qu'on lance,roue,cercle. [de எஃகுகிறது.

எஃகல், எஃகுதல், எஃகுகை, n. v.

எஃகு,1° (எஃகம்), acier,arme (en général), dard,javelot,roue, pointe, tranchant,modestie,retenue.2° *imp. et part. de* எஃகுகிறது:—கோல் arc pour carder ou nettoyer le coton etc...

எஃகுகிறது,கினேன், குவேன்,கு, க,v.a.carder la laine ou le coton,atteindre, monter, rencontrer, rendre petit,—fin,—délicat,élever—,prendre en haut.

எஃகுவிக்கிறது,வித்தேன்,விப்பேன்,வி,விக்க, v. caus. d'எஃகுகிறது, faire carder.

எங்கடா,எங்கடி,(எங்கு, அடா, அடி),eh!bien,gueux ou gueuse,où est-ce ?

எங்கண்,(எ,கண்), quel lieu,où?

எங்கத்து, எங்கத்தை, எங்கத்தை

ய,(எங்கு), *adj*.d'où?de quel lieu? de quel pays?—வார்த்தை de quel pays est ce mot?—மனுஷன் d'où est cet homme?

எங்கள், *obl.de* யாங்கள் *ou* நாங்கள், எங்களுடைய, *gén*. எங்களுக்கு, *dat*.எங்களை *acc*... notre, de nous, à nous, nous: எங்களிரத்தம் notre sang; எங்களுக்காக, *ou* எங்களுக்கு pour nous.

எங்கு,(எ), quel lieu?où?எங்கே où? en quel lieu? எங்கும், எங்கேயும் partout,en tout lieu; எங்கும்வியாபித்திருக்கிறது être présent partout; எங்கேயாகிலும் en quelque lieu que ce soit,partout où;*ou* எங்கேயாகுலும்,எங்கேயிருந்தாலும் en quelque lieu qu'il soit; எங்கெங்கே—,எங்கேபோனாலும் en quelque lieu qu'on aille; எங்கேபார்த்தாலும் de quelque côté qu'on regarde: எங்கே போகிறாய் où vas-tu? எங்கேயிருந்து—, எங்கிருந்துவந்தாய் d'où viens-tu?அதெங்கேயிதெங்கே où est celà,où est ceci? ces deux choses sont fort différentes l'une de l'autre; நீரெங்கேபோகிறீரோ அங்கேநானும்வருவேன் j'irai là où vous irez,je vous suivrai partout où vous irez.

எங்ஙனம்,எங்ஙன்,எங்ஙனே, (எ,ஙனம்), quel lieu?quelle manière? où? comment?

எசமாட்டி, எசமானி, எசமானினி,(*f.de* எசமான்),maitresse,dame, propriétaire.

*எசமானன்,எசமான்,*pl*. எசமான்கள், எசமான்மார்கள் (யசமானன்), maitre,chef,seigneur, propriétaire,mari,celui qui emploie un sacrificateur et paie pour le sacrifice.

*எசமானிக்கை, (எசமானன், ikâ), qualité de maitre,maitrise,supériorité,primauté.

எசம்,nerf,artère.

எசலாட்டம்,*P*.இசலாட்டம்.

எசுரு, எசுருவேதம், (யசுரு), l'Ézour-vèdam, le 2me des 4 vèdams des Hindous. [தம்.

*எசுர்,(*id*.),le 2me des 32 உபநிஷ

எச்சம், 1° *(yadjna), sacrifice:எச்சதேவன் dieu du sacrifice. 2° (எஞ்சுகிறது), reste, restant, défaut, manque, excrément (d'oiseaux, de rats, de lézards etc...) postérité, enfant, chose:—இடுகிறது salir de ses excrémens; —இல்லாத sans défaut; எச்சச்சொல் ellipse, mot auquel il manque un nom-un verbe-la conjonction உம்-un mot-une particule disjonctive-la particule என-une négation-une liaison-un signe etc.., mot qui demande après lui soit un nom (*v.g*. le பெயரெச்சம் ou participe),soit un verbe(*v.g*.le வினையெச்சம் ou gérondif,infinitif...)En grammaire on compte 2 எச்சம்,savoir: le பெயரெச்சம் ou le mot auquel manquent les propriétés du nom, telles que le genre,le nombre et le cas,ou auquel il manque un nom auquel il puisse se rapporter: c'est le participe; et le வினையெச்சம் ou les mots auxquels manquent les propriétés du verbe, telles que le nombre, la personne, et le temps: c'est l'infinitif,le gérondif et le conditionel en ஆல் ou இல்; ces mots demandent un verbe, pour compléter, le sens. En outre on compte 8 défauts du corps, *V*. அஷ்டவெச்சம்.

எச்சரிக்கிறது,ரித்தேன், ரிப்பேன், ரி,ரிக்க,*v.a*.avertir,prévenir,précautionner, donner à entendre, faire souvenir, —allusion, mentionner légèrement,donner l'éveil: எச்சரித்துவைக்கிறது avertir d'avance;—க்கொள்ளுகிறது être sur ses gardes.

எச்சரிக்கை, எச்சரீக்கை,*n.v. du préc*. précaution, circonspection, attention,intention,admonition, avis, garre-garre, espèce de பிரபந்தம், chant finissant par le mot எச்சரிக்கை qu'on chante dans les pagodes et devant les grands pour attirer l'attention et le respect: —ஆயிருக்கிறது être sur ses gardes, prendre garde;—ப்படுகிறது,—ப்பட்டிருக்கிறது être averti;—க்காரன், —யுள்ளவன் homme circonspect.

எச்சரித்தல்,எச்சரிப்பு,*n.v.du mé*-

me, avertissement, avis, monition.

எச்சவாய்,(எச்சம், வாய்), l'anus, le derrière,(mot modeste).

எச்சன்,(எச்சம்), le dieu—,la divinité principale du sacrifice.

எச்சவநுமானம், (எச்சம், அநுமானம்), conséquence des restes, conclusion d'après les restes; ainsi en voyant de l'eau dans un torrent conclure qu'il a plu dans les montagnes.

எச்சிலன்,(எச்சில்), avare.

எச்சில், restes (laissés par quelqu'un sur son assiette etc.), miettes de pain—, grains de riz tombés ou épars où l'on a mangé, salive, crachat, chose dégoûtante: —ஆகிறது devenir dégoûtant, —les restes d'un autre, ou de la même condition; —ஆக்குகிறது rendre dégoûtant, réduire des alimens à l'état de restes en les touchant avec la main ou la cuillère qu'on a portée à la bouche, ou en y mêlant des restes d'un autre, cracher dans la maison; —இலை feuille sur laquelle on a mangé: —உமிழ்கிறது, —உமிழ்கிறது cracher; —கலக்கிறது manger ce qu'un autre a laissé dans son assiette, son plat, ou sa feuille, manger dans le même plat (ce que font l'époux et l'épouse le jour de leurs noces); —காறியுமிழ்கிறது tirer un crachat de son estomac et le cracher; —துப்புகிறது cracher; —மாற்றுகிறது ou எச்சிற்சுத்தஞ்செய்கிறது nettoyer la place ou quelqu'un a mangé;—வாய் bouche non lavée après le repas; எச்சிற்கலை feuille sur laquelle on a mangé; எச்சிற்கலப்பு l'action ou la cérémonie de manger dans le même plat;—படுகிறது être souillé par des crachats, *V*. எச்சிலாகிறது; —பருக்கை restes de quelqu'un,— de ce qu'il a mangé; —பேய் diable qu'on prétend manger les restes;எச்சிற்கிதம்பாடுகிறது, (எச்சிற்கு, இதம்) consentir pour un rien à quelque chose de mauvais.

எச்சு,(*télinga*), préférence, excellence,augmentation, accroissement, clef haute,ton élevé (en musique), instrument de musique: அவன்பாடுகிறதிலேஎச்சுமெத்த il chante trop haut,l'opposé est தக்கு.

எஞ்சணி, (எஞ்சும்,அணி), ellipse,mot sous-entendu.

எஞ்சல்,*opt.et n.v.* d'எஞ்சுகிறது, manque,défaut, diminution, rétrécissement,excès.

எஞ்சிய, *part.* d'எஞ்சுகிறது, qui manque, sous-entendu: —சொல்லைச்சொல்லெனுக்கூடல் remplir selon les règles de l'art les lacunes laissées dans quelqu'ouvrage,sorte de trait d'esprit.

எஞ்சுகிறது,கினேன், சுவேன்,சு, சு,*v.n.*manquer, être sous-entendu, diminuer,être de moins,se rétrécir, abonder,être de reste: எஞ்சிநிற்கிறது être sous-entendu.

எஞ்சுமுரை,(எஞ்சுகிறது,உரை), explication qui supplée—développe ce qui est sous-entendu.

எஞ்ஞான்றும், (எ, ஞான்று, உம்), toujours.

எடா,எடாத,*part.nég.* d'எடுக்கிறது:எடாதஎடுப்பு chose importante, entreprise non commencée, —dont on ne doit pas se charger.

எடு,*imp.et part.* d'எடுக்கிறது:—கூலி port, salaire pour le transport.

எடுக்கிறது, டுத்தேன், டுப்பேன், டு,டுக்க,*v.a.*lever, soulever, relever, élever, bâtir, emporter,prendre,enlever, se charger de, ravir, porter, soutenir, peser, commencer, entreprendre, acheter, acquérir, gagner, ramasser, recueillir,amasser, cueillir, séparer, démêler, bâtir, prononcer comme lettre dure, éveiller, marquer une place, choisir, recevoir, accepter, embrasser (une religion), prendre un masque, ôter, éloigner, détruire, supprimer,tirer, creuser, citer, désigner l'endroit, convenir, s'accorder, s'élever, arriver: மனிதன் ou மனுஷஅவதாரம்— prendre la nature humaine, se faire homme; வியாபாரத்தொழில்—s'adonner au commerce: ஆலயம்—bâtir un temple,—un édifice; விழுந்தவனை—relever un homme tombé; இலக்கியம் —citer un exemple; பெட்டியிலிருந்தபணத்தையெடுத்தான் il a pris l'argent qui était dans le coffre; யானை தும்பிக்கையினாலே பணத்தையெடுக்கும் l'éléphant prendra un fanon avec sa trompe; சாராயத்தா லெரிகிரியெடுக்கும் de l'arack vient l'ivresse, l'arack cause l'ivresse; இந்தப்பொருளை யெந்தக்கடையி லெடுத்தாய் dans quelle boutique as-tu acheté cet objet; எடுக்கப்படாத qu'on ne peut prendre,— emporter; சோற்றிலிருக்கிற கல்லெடுக்கமாட்டாதவன் மோகனக்கல் தாங்குவானோ celui qui ne peut ôter les pierres qui sont dans le riz cuit, pourrait-il porter les dalles qui servent de linteaux aux portes des pagodes? *prov.* celui qui est incapable de faire une chose facile, pourra-t-il être chargé d'affaires considérables?

எடுக்குதல், எடுக்குகை, *n. v. du préc.*

எடுத்த, *part. de* எடுக்கிறது:—படி selon l'occurrence, —qu'il avait entrepris ou promis; —மொழியினெய்தவைத்தல் citer un ou plusieurs exemples qui conviennent à la règle dont on parle.

† எடுத்தடிமடக்கு, (எடுத்து, அடி, மடக்கு), vitesse, chose soudaine.

எடுத்தடிவைக்கிறது, (எடுத்து, அடி), un enfant marcher en chancelant, lever et poser les pieds lentement.

எடுத்தல், *n. v. d'*எடுக்கிறது, action de lever, d'éveiller, de porter, de peser etc..., prononciation des lettres dures: —அளவு, —அளவை mesure de pesanteur, poids, pesée; —அளவையாகுபெயர் nom du poids appliqué métaphoriquement à l'instrument avec lequel on pèse. *Ex.* துலாக்கோல் peson, *litt.* la verge du poids dit துலாம்; —உம்மைத்தொகை suppression du mot உம் (et) dans les mesures de pesanteur. *Ex.* ஒன்றேமுக்காற்பலம் un palam trois quarts, au lieu de dire un palam et trois quarts; —ஓசை son—, prononciation d'une des lettres fortes க, ச, ட, த, ப, ற, accent aigu.

எடுத்தன், (எடுத்த), bœuf de charge.

எடுத்தாட்சி, (எடுத்து, ஆட்சி), coutume, usage.

எடுத்தார், *n. app. et* 3me *pers. hon. parf. d'*எடுக்கிறது, ceux qui prennent, ils ont pris: —கைப்பிள்ளை enfant—, homme obéissant à tout ce qu'on lui dit.

எடுத்து, 1° *gér. d'*எடுக்கிறது. 2° *imp. et part. d'*எடுத்துகிறது. 3° fardeau, manière d'enlever, de lever, de charger: —க்கட்டு mensonge; —க்காட்டு exemple, citation; —க்காட்டல், —க்காட்டுதல், citation d'exemples (conformes à la règle dont on parle); —க்காட்டுகிறது citer des exemples; éclaircir par des exemples; —க்காட்டுவமையணி espèce de figure qui montre le rapport entre un objet et son image réfléchie; —க்கூட்டுகிறது arranger—, rejoindre à peu près ce qui était dérangé; —க்கைதிட்டுகிறது servir de ses propres mains, être serviteur, travailler; —க்கொள்ளுகிறது prendre pour soi,— pour son usage, s'arroger, s'attribuer, s'approprier; —க்கொண்டுபோகிறது emporter; —த்தொடுக்கிறது forger—, inventer (un conte...); —ப்பிடிக்கிறது examiner—, expliquer les divers caractères,—les qualités et les défauts; —ப்பேசுகிறது prendre pour sujet de son discours, parler sur, répondre, parler—, plaider pour, reprendre ce qu'on avait laissé; —ப்போகிறது emporter, enlever, être subjugué, vaincu, surpassé par, (l'eau de l'étang) emporter la digue; —விடுகிறது aider à hausser, à élever, à relever, à soulever quelque chose, relever quelqu'un, exciter, animer; அதையெடுத்துப்பேசினான் il a parlé sur ce sujet; ஏரிஎடுத்துப்போயிற்று

l'étang a emporté sa digne; அவனுலெடுத்துப்போவேனோ serai-je vaincu par lui?l'emportera-t-il sur moi?

எடுத்துக்கிறது,த்தினேன், த்துவேன்,த்து,த்த,v.a. (எடுக்கிறது), faire enlever,—lever,élever, soulever,lever et mettre dessus,charger. [préc.

எடுத்துகை, எடுத்துதல், n.v. du

எடுத்தேற்றம்,எடுத்தேற்றி,(எடுத்து,ஏற்றம்,ஏற்றி), être sans liaison, sans union, sans besoin.

எடுபடுகிறது, (எடு), v.p. d'எடுக்கிறது,et எடுபடுதல், n.v. être pris, enlevé,tiré, supprimé, abandonné, être sans refuge, sans fixité, manquer son coup, —son but,—aux règles,être découvert,dévoilé: எடுபட்டவன் vagabond, homme délaissé, enlevé,chassé,instable, sans refuge; எடுபட்டுப்போகிறது être enlevé, élevé, aboli, supprimé, défait, vaincu; உன்னாலேநானெடுபட்டுப்போவேனோ serai-je vaincu par toi? அந்தவுத்தியோகமெடுபட்டுப்போயிற்று cet emploi a été supprimé.

எடுபாடு,n.v.du préc.suppression, abolition, enlèvement, extraction, redressement,élévation, gloire, instabilité, marche fière,—forcée.

எடுபிடி, (எடு, பிடி); estime,estimation,effort.

எடுப்பல்,n.v.d'எடுப்புகிறது.2° opt. du même, qu'on lève,qu'on ne lève pas...3° 1re pers. du fut. d'எடுக்கிறது,je prendrai.

எடுப்பார், n. app. d'எடுக்கிறது, ceux qui lèvent, soulèvent... எடுப்பாரும்பிடிப்பாருமுண்டானால் இளைப்புந் தவிப்பு மெத்தத்தோன்றும் quand on a des gens pour se lever et se soutenir, la fatigue et la langueur se font grandement sentir. *prov.* plus on a ses aises et plus on souffre de la moindre gène.

எடுப்பிக்கிறது,ப்பித்தேன், ப்பிப்பேன் ,ப்பி,ப்பிக்க,v. caus. d'எடுக்கிறது,et எடுப்பித்தல்,n.v. faire lever,—hausser,—bâtir, —enlever...

எடுப்பு,1° n.v. d'எடுக்கிறது, élévation,action de lever, —d'élever, —d'enlever..,injure,langage méprisant,plaisanterie,grande estime,orgueil,ce qui se tire. 2° *imp. et part. du suiv.*: எடுப்பாயிருக்கிறது être élevé,—haut; —ச்சாய்ப்பு conduite conforme aux circonstances,se dresser et se courber selon l'occasion, élévation et bassesse, supériorité;—த்தேர் char portatif,—de procession, grand brancard pour porter des statues; ஒருத்தன்மேலெடுப்பெடுக்கிறது publier les fautes de quelqu'un.

எடுப்புகிறது, ப்பினேன், ப்புவேன்,ப்பு,ப்ப,v.a. (எடுக்கிறது), lever, élever,hausser,enlever, réveiller.

எடுப்புண்கிறது,(எடுப்பு, உண்கிறது), *v.p.du préc.* être enlevé,emporté, tiré: எடுப்புண்டது ce qui a été pris,emporté.

எடை,(எடுக்கிறது), action d'enlever, de lever, d'éveiller, poids (á peser.)

எட்கடை,எட்கிடை,(எள்), l'espace—, la mesure—,la largeur d'un grain de sésame: எட்கிடைநெற்கிடைவிட்டுநன்றாயெழுதுகிறது écrire joliment en laissant entre les lettres l'espace d'un grain de sésame, et entre les lignes l'espace d'un grain de nelly. [bouillis.

எட்சாதம்,(id.), grains de sésame

*எட்சிணி, (yakchini), nom commun aux 32 servantes infernales de துர்க்கை, espèce de silphide ou de fée qu'on prétend avoir commerce avec les mortels.

எட்ட,inf.d'எட்டுகிறது.

எட்டம், (எட்டுகிறது), distance, éloignement,chose accessible, accessibilité: — பற்றுகிறது obtenir, atteindre, se trouver.

எட்டர், panégyristes, poètes qui vivent des vers qu'ils composent et qu'ils chantent à la louange des uns

எட்டல்,V.எட்டுதல்.[et des autres.

எட்டன், (எட்டு,அன்), huitième: —உருபு le 8me cas tamoul,le vocatif.

எட்டா,எட்டாத,part.nég.d'எட்டுகிறது,qu'on ne peut atteindre,inaccessible:எட்டாக்கை distance, éloignement.

எட்டாம், (எட்டு,ஆம்), huitième;

எட்டாநாள் le 8me jour. [mement.
எட்டாவது, (*id.*ஆவது), huitiè-

எட்டி, 1° *ou* எட்டிமரம், l'arbre vénéneux et amer dit காஞ்சிரமரம் strychnos; nux vomica ou la noix vomique est, ce semble, le produit de cet arbre. 2° *P.* செட்டி, homme de la caste des marchands. 3° *gér. de* எட்டுகிறது, loin, de loin, vite: —க்காய் le fruit vert du strychnos; —க்காய்போலக்கசக்கிறது être aussi amer que le fruit du strychnos; —க்காப்பு bracelet du bois de cet arbre; —ப்பழுத்தென்ன, ஈயாதார்வாழ்ந்தென்ன à quoi bon les fruits du strychnos? à quoi bon le bonheur des avares? —வேர் racine du strychnos qui est médicinale.

எட்டிசை, *P.* எண்டிசை.

எட்டியர், *pl. d'*எட்டி, les marchands, les Vaissias.

எட்டிய, எட்டின, *part. d'*எட்டுகிறது: எனக்கெட்டினமட்டும் aussi loin que j'ai pu atteindre; எனக்கெட்டினதூரமட்டுஞ் சொன்னேன் j'ai dit tout ce qu'il a été à ma portée de dire.

எட்டினர், (எட்டின), amis, proches, personnes qui sont sous la main.

எட்டின், 1° *gén. de* எட்டு, de huit, huitième. 2° *conditionnel de* எட்டுகிறது, si on atteint.

எட்டு, 1° huit, le nombre 8. Pris adjectivement il se change en எண். 2° désir, sorte de cérémonie funèbre. 3° *imp. et part. du suiv.* எட்டிலொன்று un sur 8, *ou* எட்டிலொருபங்கு un huitième, une part sur 8, எட்டிலேபத்திலே *ou* எட்டிற்பத்தில் de temps en temps, par intervalles, une fois dans 8 ou 10 jours, ou sur 8 ou 10 fois.

எட்டுகிறது, ட்டினேன், ட்டுவேன், ட்டு, ட்ட, *v.n. dat.* être à la portée, pouvoir être —, être atteint, être accessible, —sous la main, s'étendre, atteindre, approcher, attraper: எட்ட *inf.* loin, vite; எட்டக்கட்டுகிறது s'éloigner, aller loin; எட்டவிடுகிறது laisser atteindre, —parvenir, —communiquer; அவனுக்கிந்தச்சொல்லை யெட்டவிடு fais lui part de cette nouvelle; எட்ட ou எட்டி நடக்கிறது marcher vite, —le plus vite possible, se hâter; எட்டிப்பறிக்கிறது atteindre et saisir, ou cueillir; —ப்பார்க்கிறது regarder par dessus quelque chose, s'efforcer d'atteindre, —de voir, s'approcher pour voir; —ப்போகிறது se retirer, s'éloigner; —ப்போடுகிறது rejeter loin avec force, mettre sur, tendre, présenter; இதுகைக்கெட்டும் ceci est à la portée de la main; கைக்கெட்டாது c'est hors de la portée de la main; எட்டுமெட்டாது on peut à peine y atteindre; அதுஎனக்கெட்டவில்லை, எனக்கெட்டாது je ne puis y atteindre, je ne puis le comprendre, cela ne m'a pas atteint, ne m'est pas parvenu, ne saurait m'atteindre.

எட்டுதல், எட்டுகை, *n.v. du préc.* action d'atteindre, —d'être atteint, accessibilité.

எட்டுவிக்கிறது, வித்தேன், விப்பேன், வி, விக்க, *v. caus. du préc.* rendre accessible, faire atteindre.

எட்டுவையல், (எள், துவையல்), sésame assaisonné et broyé qu'on mange avec le riz.

எட்பாகு, (*id.* பாகு), sauce—, assaisonnement de sésame. [ou 64.

எட்டெட்டு, (எட்டு, எட்டு), 8 fois 8

எட்பிரமாணம், (எள்), mesure d'un grain de sésame, ce qui fait une des bases ou un des étalons des mesures de longueur indiennes; 8 grains de sésame font la longueur d'un grain de riz, 8 grains de riz font un pouce.

எண், 1° nombre, compte, calcul, arithmétique, estimation, mesure totale, limite, astrologie, force, pensée, soin, pauvreté. 2° *P.* எள் sésame, (*devant* ந *et* ம). 3° *P.* எட்டு huit (*devant un nom.*) 4° *P.* எண்ணு *imp. et part. d'*எண்ணுகிறது: —கூட்டல் addition; —பெருக்கல் multiplication; எண்ணுமெழுத்துங்கண்

ணெனத்தகும் le calcul et les lettres peuvent être appelés les yeux de l'homme: எண்ணென்பவேனை யெழுத்தென்பவிவ்விரண்டுங் கண்ணென்பவாழுமுயிர்க்கு ces deux choses-ci, qui sont le calcul et les lettres, sont les yeux de l'âme vivante; எண்ணின்வகுப்பு table de numération tamoule; elle se compose de 36 nombres ou noms de nombres, savoir: ஏகம் unité; தசம் dixaine; சதம் centaine; சகத்திரம் mille; அயுதம் 10 mille: நியுதம் 100 mille; பிரயுதம் million; கோடி 10 millions; தசகோடி 100 millions; சதகோடி billion ou milliard; அர்ப்புதம் 10 billions; நியர்ப்புதம் 100 billions; கர்வம் trillion; மகாகர்வம் 10 trillions; பதுமம் 100 trillions; மகாபதுமம் quatrillion; சங்கம் 10 quatrillions; மகாசங்கம் 100 quatrillions; கோணி quintillion; மகாகோணி 10 quintillions; கிதி 100 quintillions; மகாகிதி sextillion; சோபம் 10 sextillions; மகாசோபம் 100 sextillions; பரார்த்தம் septillion: சாகரம் 10 septillions; பரதம் 100 septillions; அசிந்தியம் octillion; அத்தியந்தம் 10 octillions; அநந்தம் 100 octillions; பூரி novillion; மகாபூரி 10 novillions; அப்பிரமேயம் 100 novillions; அதுலம் décillion; அகம்பியம் 10 décillions; அவ்வியத்தம் 100 décillions. Ces noms sont tirés du சதுரகராதி. D'autres dictionnaires donnent une autre sorte de table de numération tamoule, savoir: 100 mille font un லக்ஷம்; 100 லக்ஷம் font un கோடி; 100 கோடி font un சங்கு; 100 சங்கு font un விந்தம்; 100 விந்தம் font un பதுமம்; 100 பதுமம் font un சமுத்திரம்; 100 சமுத்திரம் font un வெள்ளம்; 100 வெள்ளம் font un பிரளயம்; 100 பிரளயம் font un சஞ்சலம்; 100 சஞ்சலம் font un விளம்புரி; 100 விளம்புரி font un தன்பவேர. Ces noms ne s'accordent pas avec les précédens et diffèrent encore dans le dictionnaire sanscrit; ainsi பதுமம் dans le dictionnaire sanscrit est mis pour 10 milliards, dans le சதுரகராதி pour 100 trillions et dans d'autres dictionnaires pour 10 trillions. Nous pensons que ces noms sont tirés de divers pourânas où les divers auteurs ont inventé diverses nomenclatures pour exprimer les nombres qu'ils inséraient dans l'histoire fabuleuse de leurs géans. On trouve dans le சதுரகராதி une autre nomenclature qui procède par tranches de sept chiffres de droite à gauche, savoir: ஒன்று ou ஏகம் unité; பத்து ou தசம் dixaine; நூறு ou சதம் centaine; ஆயிரம் mille; பதினாயிரம் dizaine de mille: இலட்சம் centaine de mille; பத்திலட்சம் million. Au 8me chiffre on dit கோடி dizaine de millions. Ensuite prenant le கோடி pour une nouvelle unité, on procède de la même manière jusqu'à 7 autres chiffres, le கோடி compris, savoir: ஒருகோடி, பத்து—, நூறு—, ஆயிரம்—, பதினாயிரம்—, இலட்சம்—, பத்திலட்சங்கோடி. Au 8me chiffre de cette tranche, qui est le 15me en comprenant les premiers, ils disent கோடாகோடி qui fait cent trillions. Le கோடாகோடி devient une nouvelle unité, pour laquelle on procède comme pour le கோடி. Au 7me chiffre en sus, qui est le 22me de la totalité, on dit கோடிகோடாகோடி; et ainsi on procède de 7 en 7 chiffres ajoutant à chaque nouvelle tranche le mot de கோடி, jusqu'au 36me chiffre, qui se trouve être le maximum. En conséquence, une ligne de trente-six 6 de suite s'énoncerait ainsi: ஆறுகோடிகோடிகோடிகோடாகோடி, அறுபத்தாறுலக்ஷத்து அறுபதினாயிரத்து ஆறுநூற்று அறுபத்தாறு கோடிகோடிகோடாகோடி, et ainsi de suite en supprimant à chacune des deux autres tranches de 7 chiffres un des mots கோடி,

puis à une autre tranche le mot கோடா, enfin le premier mot கோடி; alors on arrive à la tranche des unités. En outre,il y en a qui se servent entr'eux des noms de nombres suivans pour n'être pas compris des autres: சா ou சதா 1; துவா 2; திஜ 3; பாத்து 4; தட்டல் 5; தடவல் 6; நுழைச்சல் 7; வஜு 8; தாயான் 9; புஜு 10; புஜுச்சதா 11; புஜுத்துவா 12; புஜுத்திஜ 13; புஜுப்பாத்து 14... துவாப்புஜு 20; திஜப்புஜு 30; பாத்துப்புஜு 40: தட்டல்புஜு 50; தடவல்புஜு 60; நுழைச்சல்புஜு 70; வஜுப்புஜு 80; தாயான்புஜு 90; சதா 100; சிறுபதம் 1/8: குணிச்ச 1/4; தம்மான் 1/2; முக்குணிச்ச 3/4.

எண்கணன்,எண்கண்ணான், (எண், கண்), Brama, l'être prétendu à 8 yeux.

எண்காற்புள், எண்காற்பறவை, (*id.* கால்),l'oiseau fabuleux à 8 pieds

எண்கு,ourse.

எண்குணம், (எண்), les 8 attributs de la divinité (selon beaucoup d'Indous), savoir: தன்வயத்தனாதல் exister de soi-même; தூயவுடம்பினனாதல் avoir un corps pur ou spirituel; இயற்கையுணர்வினனாதல் être de sa nature intelligent; முற்றுமுணர்தல் connaître tout; இயல்பாகவேபாசங்களினீங்குதல் être naturellement sans passions; பேரருளுடைமை grande miséricorde; முடிவிலாற்றலுடைமை puissance infinie; வரம்பிலின்பமுடைமை jouissance d'un bonheur sans borne.Ces attributs sont mentionnés dans le சைவாகமம்.

எண்குணன்,(எண்குணம்), celui qui possède les 8 attributs susdits, Dieu.(Les gentils donnent à tort ce nom à) Siven, Arouguen. [நக்.

எண்குற்றம்,(எண்), *V.* அஷ்டகுற்

எண்கோணம்,(*id.*), octogone: —ஆயிருக்கிறது être octogone,avoir 8 angles.

எண்சாண்,(*id.*), 8 empans: —உடம்பு le corps qui a 8 empans de haut,*i.e.*le corps humain; —உடம்புக்குச்சிரசேபிரதானம் bien que le corps ait 8 empans,la tête en est la principale partie,*prov.*quelque grande et éminente que soit une assemblée, le chef en est toujours le principal membre.

எண்சிறப்புள்ளோன், (*id.* சிறப்பு), celui qui possède les 8 excellences ou les 8 attributs dits எண்குணம், Dieu, (et à tort) Arouguen.

எண்சுவடி,(எண்),livre de compte,—d'arithmétique,table de multiplication, barême.

எண்செய்யுள், (*id.*), le 43me des பிரபந்தம்,louanges du pays et du nom du héros, qui peuvent avoir de 10 à 1000 vers ou plutôt strophes, et dont le nombre est joint au titre de la pièce. [திக்கு.

எண்டிசை,(*id.* திசை), *V.* அஷ்ட

எண்டோளன்,(*id.* தோள்), celui qui (selon la fable) a 8 épaules, ou 8 bras,*i.e.*Siven.

எண்டோளி, *f. de* எண்டோளன், Kâli,Dourguei, qu'on suppose avoir 8 bras.

எண்ண, 1° *inf. d'*எண்ணுகிறது. 2° *obl. de*

எண்ணம்,(எண்), pensée, opinion,estime,respect, égard,considération, crédit, souci, inquiétude,attente, espérance, marque; —குலைகிறது être déchu de ses espérances, perdre son crédit, — l'estime de quelqu'un: — கொண்டிருக்கிறது penser, avoir l'idée, —l'espoir de; எண்ணக்காரன் devin; —க்குறிப்பு pensée,signe de la pensée; —த்தப்பு trouble de l'esprit, ou de la mémoire, oubli, méprise, sottise, manque d'estime; தானென்கிற வெண்ணம் amour-propre, estime de soi-même, présomption; தானென்கிறவெண்ணமவனிடத்தில்அதிகமுண்டு il a trop d'amour-propre, trop d'estime de lui-même; ஒருவருமவனுக்கெண்ணமில்லை il ne fait cas de personne.

எண்ணர்,(எண்ணம்), ministres, conseillers du roi,astrologues,arithméticiens.

எண்ணலர்,(எண்ணுகிறது, அலர்), ennemis,ceux qui ne font cas de personne.

எண்ணல்,n.v. d'எண்ணுகிறது, calcul;compte,estime,considération, pensée,intention: எண்ணளவு, எண்ணளவை calcul, numération, compte, mesure qu'on obtient en comptant; —அளவையாகுபெயர் nom de nombre appliqué à la chose comptée. *Ex.* இரண்டுவந்தது (combien est-il venu de bœufs?)il en est venu deux;—உம்மைத்தொகை, *V.*எண்ணும்மைத்தொகை.

எண்ணா,எண்ணாத, *part. nég. d'*எண்ணுகிறது: எண்ணாதகண்டன், —நெஞ்சன்,எண்ணாதவன் homme hardi,courageux,qui ne craint rien, qui ne fait cas de rien.

எண்ணாயிரம், (எண், ஆயிரம்), 8 mille.

எண்ணார்,*n.app. nég. d'*எண்ணுகிறது,ennemis,ceux qui ne songent —n'estiment pas.

எண்ணாறு, (எண், ஆறு),8 fois 6, ou 48.

எண்ணான்கு,(*id.* நான்கு), 8 fois 4, ou 32.

எண்ணி,*gér. d'*எண்ணுகிறது: எண்ணிய,எண்ணின,*part. du même.*

எண்ணிக்கை,*n.v. du même*, nombre,calcul, numération, estimation, estime,respect, précaution: —யின்மை innumérabilité,chose sans nombre;—கொடுக்கிறது donner le nombre;—செய்கிறது, —பண்ணுகிறது compter,faire le calcul; —பிடிக்கிறது,—வாங்குகிறது prendre ou recevoir le nombre;சேவகரையெண்ணிக்கைசெய்கிறது faire l'appel ou la revue des soldats; எண்ணிக்கையற்ற,எண்ணிக்கைக்குள்ளடங்காத innombrable,sans nombre.

எண்ணிரண்டு,(எண், இரண்டு), 8 fois 2,ou 16.

எண்ணிலிகாலம்,(*id.* இலி), temps infini,éternité.

எண்ணில்கண்ணுடையோன்,(*id.* இல்,கண்), celui qui a des yeux innombrables,qui voit tout,Dieu,(et à tort) Bouddha.

எண்ணிறந்த, (*id.* இறக்கிறது), innombrable.

எண்ணுகிறது,ணினேன்,ணுவேன், ண,*v.a.* (எண்), compter, calculer, estimer, faire cas, respecter, penser, considérer, se proposer; இந்தமரங்களை யெண்ணினையோ as-tu compté ces arbres? அவனை நல்லவனென் றெண்ணியிருந்தேன் je le croyais bon et honnête homme; எண்ணப்படுகிறது être compté, réputé, pensé, estimé, venir à l'esprit; —ப்பட்டவன் homme estimé,considéré; —ப்படாத incalculable, non compté; —த்துலையாத, —த்தொலையாத innombrable; என்னை யெண்ணுவாருமில்லை personne ne fait cas de moi; எண்ணாமற்—,எண்ணாதேபேசுகிறது parler sans égard, sans respect: எண்ணாமலிருக்கிறது ne pas compter, ne pas estimer, ne pas faire cas, dédaigner, compter pour rien, mépriser, ne pas faire attention,être inattentif,insouciant; எண்ணிப்பார்க்கிறது compter,calculer;எண்ணிப்பேசுகிறது dire—parler avec réflexion, —après une mûre délibération; எண்ணிமுடியாத incalculable, innombrable; எண்ணித்துணிந்தவனெண்ணப்படுவான் celui qui se détermine après mûre réflexion sera estimé; எண்ணித்துணிக கருமந் துணிந்தபின் னெண்ணுவமென்பதிழுக்கு entreprenez après y avoir pensé, c'est folie de dire nous réfléchirons après avoir entrepris; இதையொருகுற்றமாகவெண்ணுவார்களோ comptera-t-on cela pour une faute?

எண்ணுகை, எண்ணுதல்,*n.v. du préc. V.*எண்ணல்.

எண்ணும்மை,(எண், உம்மை),la conjonction numérale உம் (et), *Ex.* அல்லும்பகலும் et la nuit et le jour; —த்தொகை ellipse de cette conjonction. *Ex.* அற்பகல் nuit (et) jour.

எண்ணுவண்ணம், (எண்ணும்), air où il entre différens comptes,exercice du calcul,manière de compter.

எண்ணுவமம், (எண், உவமம்), comparaison où il entre quelque

nombre. *Ex.* donner de la nourriture à quelqu'un c'est comme si on lui donnait 1000 vaches.

எண்ணுறுக்கிறது, எண்ணுறுத்தல், (எண், உறுக்கிறது), fortifier, affermir.

எண்ணூறு, (எண், நூறு), 8 cents: எண்ணூறாயிரம் 8 cent mille

எண்ணெய், (எள், நெய்), huile de sésame, huile (en général), onguent. Pour distinguer les diverses sortes d'huile on met devant ce nom le mot qui en désigne l'espèce ou l'usage. *Ex.* தேங்காயெண்ணெய் huile de coco; விளக்கெண்ணெய் huile pour la lampe; எண்ணெயெரிக்கிறது préparer au feu de l'huile médicinale, extraire de l'huile; எண்ணெயோதிக்கொடுக்கிறது bénir de l'huile et la donner aux femmes en couche; —குத்துகிறது verser de l'huile goutte à goutte; —க்காப்பு effusion —, onction d'huile; —க்காரன் marchand d'huile; —ச்சாணை pierre à aiguiser à l'huile; —ச்சாயம் peinture à l'huile; —தேய்க்கிறது, —பூசுகிறது frotter —, oindre —, barbouiller d'huile; —ப்பதம் état d'un remède à la consistance de l'huile; —ப்புல்லிடுகிறது mettre de l'huile à la chaine de la toile; —மணி pierre dont la blancheur est médiocre; —வாணிபன், —வாணியன் marchand —, faiseur d'huile; —வாணிச்சி marchande d'huile.

எண்ணேகாரம், (எண், ஏ, காரம்), la lettre ஏ servant de conjonction numérale. *Ex.* நிலனே நீரே தீயே et la terre et l'eau et le feu.

எண்ணை, *corr. P.* எண்ணெய்.

எண்ணைந்து, (எண், ஐந்து), 8 fois 5, ou 40.

எண்ணொன்று, (*id.* ஒன்று), 8 fois 1, ou 8.

எண்ணோகாரம், (*id.* ஓகாரம்), la lettre ô servant de conjonction numérique.

எண்ணோலை, (*id.* ஓலை), livre de compte sur óles, óle de compte.

எண்படுகிறது, (எண்), se trouver, se rencontrer, réussir.

எண்பது, (எண், பத்து), quatre-vingts: எண்பதாம் 80me: எண்பதாவது quatre vingtièmement; எண்பத்தொன்று 81; எண்பத்திரண்டு 82; எண்பத்துமூன்று 83...

எண்பிக்கிறது, பித்தேன், பிப்பேன், பி, பிக்க, *v. a.* prouver, démontrer.

எண்மடங்கு, (எண்), 8 fois autant, l'octuple, 8 personnes.

எண்மர், *pl.* (*id.*), calculateurs.

எண்மூன்று, (*id.*), 8 fois 3, ou 24.

எண்மை, (*id.* மை), pauvreté, estimation, estime. [indigent.

எண்மையன், (எண்மை), pauvre,

எண்வகை, (எண்), 8 sortes. 8 es-

எதற்கு, *dat. de* எது, à quoi? [pèces.

எதன், *gén. de* எது, de quoi?

***எதா,** *P.* யதா: எதாஸ்தானம் place convenable; —ப்பிரகாரம் de cette manière.

எதாகிலும், (எது. ஆகிலும்), quoique ce soit, une chose quelquonque.

***எதாஸ்து,** (எதா, அஸ்து), qu'il en soit ainsi.

***எதார்த்தம்,** (எதா, அர்த்தம்), vérité, justesse, exactitude, empressement.

எதிர, *inf. de* எதிர்கிறது, comme, à l'opposite, vis-à-vis. [vente.

எதிரடை, (எதிர்), reçu, billet de

எதிரது, (*id.* அது), le futur, l'avenir, négation, le contraire: —தழீஇயவெச்சவும்மை le mot உம் joint au futur pour expliquer une chose qui manque. *Ex.* இனிக்கொற்றனும்வருவான் désormais Cotten viendra aussi; —நோக்கியவெச்சவும்மை le mot உம் qui indique une négation ou un mot négatif; —போற்றல் adoption de mots nouveaux ou de règles nouvelles en fait de gram-

எதிரல், *V.* எதிர்தல். [maire.

எதிரர்த்தம், chose convenable, vérité, certitude.

எதிராப்பு, (எதிர்), coin à l'opposé qu'on met pour empêcher une chose de se défaire. [versaire, opposant.

எதிராளி, எதிரி, (*id.*), ennemi, ad-

எதிருக்கெடுக்கிறது, (எதிர், *dat.* எடுக்கிறது), vomir, roter.

எதிரேற்று, (எதிர்), action de parer, de renvoyer, de détourner ce qui vient droit contre soi.

எதிர், 1° opposition, résistance, contrariété, opposite, devant, vis-à vis, ressemblance, comparaison. 2° *imp. et part. d'*எதிர்கிறது *et d'*எதிர்க்கிறது: எதிரறை chambre opposée, —vis à-vis; எதிராக, எதிரம், எதிரே, (*avec le dat.*) à l'opposé, à l'opposite, vis-à-vis, en face, à la rencontre, au devant, devant: —ஆகப்போகிறது, —ஆகவருகிறது aller —, venir au devant, à la rencontre: சத்துருவுக்கு எதிராகப்போகிறது aller à la rencontre de l'ennemi; எனக்கெதிரே devant moi, vis-à vis de moi; அதுக்கெதிராக vis-à vis de cela; எதிரான contraire, opposé, à l'opposite, vis-à-vis; எதிரானது ce qui est opposé, — vis à-vis; எதிரிடுகிறது opposer, s'opposer, résister: எதிரிடை haine, inimitié, opposition, équivalent: எதிரிடையாக, —இடையாய் vis-à vis, au contraire, en opposition; எதிரிடையாய்ப்பேசுகிறது contredire, disputer contre; —இல்லை il n'y a pas d'opposition, — pas d'opposant; —இல்லாமல், —இன்றி sans opposition: எதிருத்தரம் réponse, réplique; எதிருரை réponse, réplique, contradiction, contredit; எதிருன்றல் résistance. opposition: எதிருன்றுகிறது résister, s'opposer, soutenir la bataille, tenir tête: எதிரெடுக்கிறது, avoir des rapports, des nausées, vomir, roter: எதிரொலி écho, son qui se répercute; எதிரொலிக்கிறது résonner, faire écho. le son se répercuter; —கட்சி, —கக்ஷி le côté de devant, la partie adverse; —காலம் le futur, l'avenir; —காலச்செயலறிந்தளிக்குந்தெய்வவியற்கை la providence divine qui connait et gouverne les événemens futurs; —காலவினைத்தொகை ellipse de la terminaison qui marque le futur, comme கொல் pour கொல்லும் qui tuera; —காலவினையெச்சம் conditionnels, gérondifs et supins qui marquent le futur: ce sont ceux qui se terminent par இன், ஆல், கால், கு, இய, இயர், வான் ou பான், பாக்கு, comme: செய்யின், ou செய்யில், செய்தால், செய்தக்கால் si on fait, செய்யிய, செய்யியர், செய்வான், செய்பாக்கு pour faire: எதிர்காற்று vent contraire, —opposé, —debout; —கொள்ளுகிறது, —கொண்டுபோகிறது aller au-devant, —à la rencontre, rencontrer; —கொண்டழைக்கிறது aller au devant de quelqu'un pour le recevoir, pour l'introduire; —கொள்ளல், —கோள் réunion, rencontre, aller au devant; —சாட்சி témoignage contradictoire, —différent; —சீட்டு contre-bon, contre promesse, billet de contrat réciproque, billet contradictoire, faux billet —செட்டு revente, contre vente; —தாக்கு contre coup, attaque ouverte; —நடை marche opposée, conduite contradictoire, —perverse; —நடைக்கணக்கு registre —, compte tenu par chaque associé pour être confronté; —நிரனிறை ordre inverse, ordre renversé: —நிலை position en face, opposite, opposition, se tenir à l'opposite, —contre, —vis-à-vis, miroir: —நிலையகத்திணை contraste, règle pour éclaircir une chose par le cas contraire, une des parties de l'அகப்பொருள். *Ex.* மூட்டருடாடியநட்புக்கட்டையூடாடியகால் l'amitié avec les sots est comme le vent qui souffle sur un tronc d'arbre; —நிலையணி fig. de rhét. qui consiste 1° à déprécier l'objet auquel on compare une chose. *Ex.* அணங்குமுகம்போன்மதியுஞ்செயுமேமகிழ் la lune aussi réjouit comme le visage d'une femme; 2° à déprécier l'objet décrit en mettant l'objet de la comparaison pour la chose comparée. *Ex.* முகமேமதியுமுன்னையொக்கும் ô visage, la lune aussi te ressemble; —நிற்கிறது tenir tête, s'opposer, résister; —நிற்பவன் opposant; —நோக்கிக்கொள்ளு.

ருக்கிறது, —பார்க்கிறது, —பார்த்தல், —பார்த்துக்கொண்டிருக்கிறது regarder en avant, être dans l'attente, espérer; ஒத்தாரியத்துக் கெதிர்பார்த்துக்கொண்டிருக்கிறது être dans l'attente d'une chose: —பேசுகிறது contredire; —ப்படுகிறது rencontrer, se rencontrer, aller au-devant, s'opposer, arriver; —ப்பாடு rencontre, arrivée, opposition; —ப்பாய்ச்சல் courant—, saut —, choc opposé, contre-saut, contre-coup; —மிறுப்பு, —மறை négation, négative, antithèse, parler contre les conventions, contre l'affirmative; —மறைமொழி négation; —மறைமொழியாம் வழங்கப்பட்டவசனம் phrase usitée en sens négatif; —மறையணி figure qui nie ou refuse d'une manière différente de l'ஒழிப்பணி et capable de plaire aux auditeurs; —மறையும்மை le mot உம் formant une négation, ou renfermant la phrase contradictoire. *Ex.* சாத்தன்வருதற்குமுரியன் Sâtten est aussi capable de venir (comme il est capable de ne pas venir); —மறையெச்சம் ellipse qui marque une négation. *Ex.* அவனோகொண்டான் est ce lui qui a reçu? (sous-entendu non); —மறையெஞ்சணி ellipse d'une négation; —மறையேகாரம் la lettre ஏ marquant négation. *Ex.* நானேசெய்தேன் quoi? c'est moi qui ai fait cela! (non); —மறையோகாரம் la lettre ஓ ô marquant négation. *Ex.* நானோகொண்டேன் est-ce moi qui ai reçu? (non): —மறைவிகுதி augment des verbes qui marque négation, savoir: இல், அல், ஆ, comme உண்டிலன், உண்ணலன், உண்ணான் il ne mange pas, (de உண்கிறது); —மறைவிடை réponse négative. *Ex.* செய்யேன் je ne ferai pas; —மறைவினை verbe négatif, —qui a l'augment இல், அல் ou ஆ; —மீன் poisson qui remonte le courant; —முகம் visage en face, —tourné vis-à-vis; —முகமாய் en face, vis-à-vis, à l'opposite; —முகமாய்ப்போகிறது aller au-devant; —முறி reçu, quittance. *V.* எதிர்சீட்டு; —மொழி réponse, réplique, contredit, contradiction, antithèse; —வருகிறது venir au-devant; —வாதம் partie contraire, réplique, réponse, mot contradictoire; —வாதி défendeur; —வினை verbe négatif, action—, chose future; வினைவிலக்கு figure qui prévient et réfute les objections, obstacles ou inconvéniens futurs; —வைக்கிறது opposer, comparer, égaler.

எதிர்கிறது, ர்ந்தேன், ர்வேன், ர், ர, *v. n.* s'opposer, résister, contredire, aller au-devant, rencontrer, se rencontrer, paraître, être substitué; எதிர்த்துப்போர்செய்தல் combat, dispute.

எதிர்க்கிறது, ர்த்தேன், ர்ப்பேன், ர், ர்க்க, *v. a.* d'எதிர்கிறது (*acc. abl.*), s'opposer à, résister à, contredire, contrarier, aller à la rencontre, —au-devant de l'ennemi, rencontrer, se rencontrer, être vis-à-vis, vexer: ஒருவனை—résister à quelqu'un; ஒருவன்மேல்—s'élever contre quelqu'un; எதிர்த்துத்தள்ளுகிறது repousser; —நிற்கிறது résister, s'opposer, tenir tête; —ப்பேசுகிறது contredire, répliquer, interrompre; —ப்போருதல், —ப்போர்செய்தல் combat, dispute.

எதிர்க்குகை, } *n. v. du préc.* opposi-
எதிர்த்தல், } tion, résistance, rencontre, vexation.

எதிர்தல், *n. v. d'*எதிர்கிறது, rencontre, opposition, résistance, apparition.

எதிர்த்தவன், *n. app. d'*எதிர்க்கிறது, celui qui a résisté..., espèce d'arsenic.

எதிர்த்து, *gér. d'*எதிர்க்கிறது.

எதிர்ந்து, *gér. d'*எதிர்கிறது.

எதிர்ந்தோர், *n. app. d'*எதிர்கிறது, ennemis, opposans.

எதிர்ப்பு, *n. v. d'*எதிர்க்கிறது, opposition, motif, ce que l'on donne pour rompre un marché.

எதிர்வு, *n. v. d'*எதிர்கிறது, l'avenir, le futur, ce qui vient, —se rencontre, opposition, rencontre.

எது, *pro. int.* quelle chose? quoi? எதினால், ou எதனால் pourquoi? par quoi? எதாகிலும் ou எதுவாகிலும் une chose quelconque, quoi que ce soit; எதுக்கு, எதுக்காக, எதற்காக pourquoi? எதினாலிப்படிசொல்லுகிறாய் pourquoi parles-tu ainsi? எதுக்கொப்பிடுகிறாய் quelle comparaison fais-tu là? que fait cela à la chose? இவ்விரண்டிலெது laquelle de ces deux choses?

எதுகை, *ou* எதுகைத்தொடை, consonance ou rime du commencement, des vers, et qui consiste en ce que la première lettre des vers qui riment étant différente mais de même quantité, la seconde lettre soit la même et de même quantité. Si la seconde lettre du premier pied des vers est la même, on l'appelle அடியெதுகை. Si les secondes lettres des 2 premiers pieds sont les mêmes on les appelle இணையெதுகை. On appelle aussi இரண்டாமெழுத்தொன்றெதுகை l'எதுகை simple; மூன்றுமெழுத்தொன்றெதுகை est la rime ou consonance de la 3me lettre des vers, les premières lettres ayant la même quantité; par ex. மை dans பொய்மை rimant avec நன்மை. En outre on appelle ஆசெதுகை l'எதுகை qui dans un vers a un ய், ர், ல் ou ழ் de plus que dans les autres. *Ex.* வாய்ந்த rimant avec வேந்து. On nomme இனவெதுகை l'எதுகை fait de lettres de même classe; si ces lettres sont de la classe des fortes, il se nomme வல்லினவெதுகை. *Ex.* தக்கார் rimant avec எச்சம். Si ces lettres sont de la classe des douces, il s'appelle மெல்லினவெதுகை. *Ex.* அன்பு rimant avec நண்பு. Si ces lettres sont des moyennes, il s'appelle இடையினவெதுகை. *Ex.* எல்லா rimant avec பொல்லா. Quand tout le premier pied de chaque vers de la strophe est semblable, la première lettre exceptée, cette rime se nomme தலையாகெதுகை. *Ex.* சோர்ந்போர்புரிவார் rimant avec வீந்போர்புரிவார். Quand la rime tombe sur le milieu du pied, c'est-à-dire sur la 2me ou la 3me lettre des vers, elle s'appelle இடையாகெதுகை. *Ex.* அகரம் rimant avec பகவன். Si la rime tombe sur la fin du pied, elle s'appelle கடையாகெதுகை. *Ex.* எச்சத்தார் rimant avec சுற்றத்தார்.

எதுக்கிறது, 1° *V.* எதிர்க்கிறது. 2° l'eau remonter le cours du fleuve.

*எதேச்சை, எதேஷ்டம், எதேட்டம், (எதா, இச்சை, இஷ்டம்), propre volonté, bon plaisir.

எதை, *acc. de* எது, quoi? quelle chose? [rie.

எத்தல், *n. v. d'*எத்துகிறது, trompe-

*எத்தனம், (yatna), moyen, instrument, apprêt, préparation, effort, intention, dessein, secours: —பண்ணுகிறது prendre les moyens, s'efforcer, préparer les voies, se disposer, machiner, méditer; நன்மைக்கெத்தனம்பண்ணுகிறது se préparer à faire le bien, en chercher les moyens; —பண்ணிப்பார்க்கிறது hasarder une entreprise, chercher les moyens; —ஆயிருக்கிறது être prêt, être le moyen, *ou* எத்தனப்படுகிறது se préparer, se proposer; எத்தனகாரணம் cause instrumentale; தெய்வஎத்தனம் moyen surnaturel, le secours divin, l'action de la providence; மனித எத்தனம் moyen—, secours humain; மனுஷ எத்தனஞ்செய்யவேண்டியதைச்செய்தால் தெய்வஎத்தனம்உள்ளபடியிருக்கும் si les moyens humains font ce qu'ils doivent, le secours de Dieu sera réel et efficace.

எத்தனிக்கிறது, னித்தேன், னிப்பேன், னி, னிக்க, *v. n. et a.* (எத்தனம்), *et* எத்தனித்தல், *n. v.* employer les moyens, s'efforcer, machiner, méditer, se préparer, se proposer, préparer.

எத்தனை, (எ, தனை), combien? —மனிதர் combien d'hommes? —தூரம் quelle distance? மரமெத்தனைபெரிது quelle est la grandeur de l'arbre?

எத்தன், (எத்து), trompeur, four

be, imposteur, séducteur.

எத்தன்மை, (எ, தன்மை), quelle façon? —manière? —nature? எத்தன்மைத்து, எத்தன்மைத்தோ, எத்தன்மையாய், எத்தன்மையாக de quelle façon? de quelle nature? comment?

எத்தாலே, எத்தால், *abl. d'*எது. en quoi? par quoi? எத்தாற்குறைவு en quoi y a t-il défaut? எத்தால் வாழலாம், ஒத்தால்வாழலாம் comment peut-on vivre heureux? on peut vivre heureux par l'union; எத்தாலும் par quoi que soit. [கிறது.

எத்தி, 1° trompeur. 2° *gér. d'*எத்து

எத்தினால், *abl. de* எது *et de*

எத்து, 1° *imp. et part. du suiv.* 2° tromperie, fourberie, ruse, déception. 3° *V.* எற்று: —பண்ணுகிறது tromper, duper; எத்திலேயகப்படுகிறது, எத்துக்குள்ப்படுகிறது être trompé, donner dans le panneau: அவனெத்திலேயகப்பட்டேன் j'ai été trompé par ses fourberies, j'ai été pris dans ses ruses.

எத்துகிறது, த்தினேன், த்துவேன், த்து, த்த, *v. a.* tromper, duper, décevoir, en imposer, tricher: எத்தப்பார்க்கிறது chercher à tromper: எத்திப்பறிக்கிறது attraper —, obtenir par ruse: தாயையெத்திப் பணத்தை வாங்கிக்கொண்டான் il a trompé sa mére et en a obtenu de l'argent.

எத்துணை, (எ, துணை). combien? quelle compagnie? —assistance?

எத்துதல், *n. v. d'*எத்துகிறது, tromperie, ruse.

எத்துவழி, (எத்து), intendant ou surveillant des ministres.

எத்துவாத்தம், (*id.*). fourberie, contradiction: — பண்ணுகிறது tromper, contredire.

எத்தேசகாலம், (எ, தேசம்), quel temps et quel lieu? எத்தேசகாலமும் en tout lieu et en tout temps, toujours.

எந்தை, *acc. de* எது, *et de* எத்து.

எந்த, (எ *int.*), *pro. interrogatif*, (il double le க, ச, த, ப), quel? —ச்சுரம் quelle fièvre? —த்தொழில் quel emploi? —மனுஷன் quel homme? —ப்பிரிவு quelle division? —க்கை quelle main? நீயெந்தவூர் de quelle bourgade es-tu? எந்தநாளிலேவந்தான் quel jour est-il venu? Suivi de உம், ஆகிலும், ஆனாலும், il signifie tout, quelque que, quelconque: எந்தமனுஷனாகிலும் tout homme, un homme quelconque: எந்தபடியாகிலும், எந்தவகையாகிலும், எந்தவிதமாகிலும், எந்தவகையினாலேயும், எந்தவிதத்தினாலேயும் de quelque manière que ce soit, par tous les moyens possibles; எந்தவிதத்தினாலேயும் பார்க்கிறது essayer de toutes les manières: நீசெந்தவேலையைச்செய்தாலும் quelque travail que vous fassiez.

***எந்திரம்**, (yantra). machine, mécanique, chose artificiellement travaillée, machine appliquée aux remparts comme pont levis ou porte en forme de trappe etc.., partie de rempart, char, charrette, moulin, moulin à bras, figure ou caractère mystérieux ou astrologique, espèce d'amulette ou signe superstitieux écrit sur une plaque d'argent ou de cuivre, ou sur òle: —எழுதிக்கட்டுகிறது écrire et attacher cette amulette; c'est au bras ou au cou qu'on l'attache en récitant certaines formules d'enchantement: எந்திரவாளி, *V.* கைவேலேயேற்றம்; எந்திரவூர்தி voiture à ressort ou à mécanisme, ou autre moyen de transport artistement travaillé et conduit par mécanisme.

***எந்திரன்**, (எந்திரம்), mécanicien, char.

எந்தெந்த, (எந்த, எந்த), quelconque, quelque que, qui que ce soit, (ordinairement suivi de உம் ou ஆனாலும்): —க்காரியம் quelque chose que ce soit; —ச்சமயத்திலும் dans quelqu'occasion que ce soit; —வார்த்தையானாலுமென்னுமனுச்சரிக்கவேண்டாம் quelque parole que ce soit, il ne faut point la prononcer inconsidérément.

எந்தை, *sync. de* என்றந்தை ou எந்தந்தை mon père, notre père, —

maitre:—seigneur, Dieu.

எந்நாளும்,(எ,நாள்,உம்),tous les jours,chaque jour.

எப்படி,(எ,படி),1° comment? எப்படிப்பட்ட ou எப்படிக்கொத்தகாரிய ம் quelle sorte de chose?—உன்னாலேயா அப்படிச்செய் fais comme tu pourras; —போகவேண்டும் par quel chemin—,de quel côté—, comment faut il aller? வழியெப்படிப்போகிறது de quel côté va—, quel est le chemin? அதுக்கெப்படி que faire à cela?எப்படியும், —யாகிலும், —யாகிலும்,—யாகுதும், —யாவது de quelque manière que ce soit, quoiqu'il en soit,néanmoins; எப்படியும் கொடுக்கவேண்டும் de quelque manière que ce soit ou d'une manière ou d'autre il faut donner. 2° quelle manière?—mesure?[றும் de tout côté

எப்புறம்,(எ), de quel côté? எப்புற

எப்பேரும்,(id.), toute personne.

எப்பொருட்குமிறைவன், (எ,பொருள்,உம்,இறைவன்), le maitre de toutes choses,i.e. Dieu.

எப்பொழுது,எப்போது, எப்போ து,sync.எப்போ, (எ), quel temps? quand? dans quel temps? எப்பொழுதும், எப்போதும், எப்போதும் toujours,en tout temps; எப்போதுமுள்ளது ce qui est éternel: எப்போதுமுண்டானது ce qui a toujours existé;எப்போதாகிலும், எப்போதாகிலும், எப்போதாவது, எப்போதாகினும் dans quelque temps que ce soit, jamais; நீயெப்பொழுதுவந்தாலும் à quelque moment que tu viennes; எப்போதைக்கும் pour toujours, à jamais.

எம, 1° obl. de நாம்,de nous, notre.2° *obl de எமன்:* —கணம் la troupe—,la suite de Yamen; *—தூதர் envoyés ou ministres de Yamen; *—தூதன்,—தூதி ambassadeur—, ambassadrice de Yamen,la 4me dent venimeuse de la mâchoire supérieure du serpent capelle;* —தூவம் la plante அமைதாவம்;*—தூவம் la plante காமந்தம்; *—லோகம் le monde—,le royaume de Yamen, le séjour des morts.

எமக்கு,dat.de நாம்,à nous:

எமது,gén.de நாம்,de nous,notre, ce qui est à nous, le nôtre.

எமர், (எம்), nos gens, les nôtres. nos parens. [parents.

எமன்,(எம்), une des nôtres, notre

*எமன்,1° (yama), Yamen, le dieu prétendu des enfers, où les Indous supposent qu'est sa capitale,dans laquelle est son tribunal,où,selon eux, il juge les morts,envoie les bons au Souvargam et les méchans à la partie des enfers réservée à leurs crimes;le roi des morts,le Pluton et le Minos indien, gardien du sud, la mort ou le temps personnifié, une des dents venimeuses du serpent capelle. 2° (எம்), un des nôtres, notre parent,pl.எமர்.

*எமாஸ்திரம்,(எமன், அஸ்திரம்), armes de Yamen:savoir:சூலிகை un trident; தண்டு une massue; பாசம் une corde.

எம்,1° obl.ou gén.de நாம்,de nous, notre.2° terminaison de la 1re pers. pl.Ex.செய்தோம் nous avons fait.

எம்பர், (எ), quel lieu? où?

எம்பி,sync.de என்றம்பி, mon frère cadet.

எம்பிராட்டி,(எம்), notre maitresse,notre dame,—supérieure. [Dieu

எம்பிரான்,(id.), notre chef,notre

எம்புகம்,la plante நிலக்கடம்பு.

எம்பெருமான், (எம்), notre Dieu, notre chef, notre roi, (à tort) Vichnou:—அந்தாதி pièce de vers de 100 strophes adressées à Vichnou;—மதம் la secte de Vichnou.

எம்பெருமானார், (எம்பெருமான்), célèbre professeur et auteur de philosophie Vèdanta:—மதம் sa secte.

எம்மட்டு,எம்மட்டும், (எ,மட்டு), jusqu'où? combien? எம்மட்டுக்குப் போனான் jusqu'où est il allé?

எம்மவர்,(எம்), les nôtres,nos gens.

எம்மனோர், (எம், அன்னார்), ceux qui nous ressemblent.

எம்மாத்திரம் (எ), combien? அது க்கு நான்—que suis-je pour cela? எ ம்மாத்திரத்துக்கு, எம்மாத்திரத்தில்

எம

எவ்விலைக்கு? pour combien —, à quel prix as-tu acheté cela?

எம்மன், (எம்), V. எம்மிரான்.

எம்முடைய, gén. de நாம், de nous, notre: எம்முடையது le nôtre.

எம்மை, 1° acc. de நாம். nous. 2° (எ, மை), quelle naissance, —renaissance, —condition, —nature, quel monde? எம்மையும் toutes les naissances (prétendues de la métempsycose).

எம்மோர், (எம்). les nôtres, V. எமர்.

எயில், rempart, fort, ville surtout la ville de திரிபுரம் détruite par Siven: —காத்தல் défense d'une ville; எயில்வளைத்தல் siége d'un fort, action d'entourer d'un rempart; எயில் திப்புறம் dehors —, alentour d'un fort.

எயிறலைத்தல், எயிறலைப்பு, (எயிறு), grincement de dents.

எயிறிலி, (எயிறு, இலி), sans-dents, édenté, surnom du soleil.

எயிறு, gén. எயிற்றின், gencive, dent, défense d'éléphant, —de sanglier, dent recourbée. —cruelle: —தின்கிறது, —அலைக்கிறது grincer des dents.

எயிற்றியர், f. d'எயினர், femmes de chasseurs, —d'un pays inculte et désert.

எயினர், (எயின்). chasseurs, habitans d'un pays inculte et désert.

எயின், (V. எய், இனம்.) caste des chasseurs, ce qui appartient aux chasseurs.

எய், (எய்கிறது), 1° porc-épic. 2° imp. et part. de எய்கிறது et எய்க்கிறது

எய்கிறது, எய்தேன், எய்வேன், எய், எய்ய, v. a. lancer (une flèche...), décocher, tirer de l'arc, darder, lancer, jeter, placer: ஒருவன்மேலம்பெய்கிறது, —அம்பொருவன்மேலெய்கிறது lancer une flèche à quelqu'un; எய்கிறவன் archer, arbalétrier, tireur: எய்தவனிருக்கஅம்பைநோவானேன் l'archer existant ou étant ici, pourquoi se plaindre de la flèche, prov. c'est à la cause et non à l'instrument qu'il faut s'en prendre.

எய்க்கிறது, எய்த்தேன், எய்ப்பேன், எ, எய்க்க, v. n. être las, fatigué, défaillir, maigrir, manquer de force, devenir pauvre.

எய்த, 1° part. de எய்கிறது 2° inf. d'எய்துகிறது [et part. du suiv.

எய்தல், 1° n. v. d'எய்கிறது 2° ...

எய்தாமை, n. v. nég. d'எய்துகிறது, non possession, non-jouissance, privation.

எய்து, 1° gér. d'எய்கிறது. 2° imp. எய்துகிறது, எய்தினேன், எய்துவேன், எய்து, v. a. obtenir, acquérir, connaître, parvenir, arriver, aller.

எய்துகை, } n. v. du préc. acquisiதுதல், } tion, obtention, connaissance, arrivée, événement.

எய்த்தல், n. v. d'எய்க்கிறது, fatigue, épuisement, faiblesse, maigreur.

எய்ப்பன்றி, (எய்கிறது), porc-épic.

எய்ப்பாடி, (id.), village de chasseurs ou de Vêdhers.

எய்ப்பினில்வைப்பு, (எய்ப்பு, இல). soutenir les autres dans l'adversité, —sans s'en lasser même dans sa propre détresse. [V. எய்த்தல்.

எய்ப்பு, n. v. d'எய்க்கிறது, asthme,

எய்யாமை, n. v. nég. d'எய்கிறது et d'எய்க்கிறது, ignorance, non obtention, ne pas lancer.

எய்விக்கிறது, விக்தேன், விப்பேன், வி, விக்க, v. caus. d'எய்கிறது, faire lancer des flèches... [lingue

எரல், espèce de coquille, coquil-

எரி, 1° feu, enfer, lumière, la 7ème et la 18ème constellation. 2° imp. et part. d'எரிகிறது et d'எரிக்கிறது: —கதிர் rayon brûlant; —கரும்பு bois à brûler, canne à sucre; — காசை chou, V. காசைக்கட்டு; —ஆமணி ricin sauvage: —குடலன், (குடல்), homme —, ventre affamé, dont les entrailles brûlent; —குன்மம் excès de chaleur et mal de tête: —கலைமாக்கோதி, (கலம்) espèce d'air, un des 48 nouveaux airs propre à toutes les saisons: —வாசர் habitans de l'enfer, gens qui brûlent: — தயிலம் huile obtenue par le feu: —நரகம் feu de l'enfer, enfer de feu: —நாள், —இறுத்தநாள் la 3ème constellation; —இல் à l'enfer; —பவளம் espèce de gala

brûlante; — எரிதழல் torche, flambeau. V. எரிவந்தம்: — வீடணன், homme colère, perturbateur, espèce de génie ou de méchante déesse; — பூச்சி, insecte noir qui par son venin cause une démangeaison brûlante. carabus bimaculatus: — பொழுது temps brillant, — brûlant: — புதம் l'enfer: — மருந்து remède brûlant, — corrosif: — மூட்டுகிறது, — மூட்டுதல் allumer le feu, faire brûler, mettre du bois au feu: — வட்டம் la région du feu, une des 7 régions de l'enfer des Indous; — வண்டு insecte qui cause une espèce d'inflammation ou de chaleur brûlante à ce qu'il touche; — வளர்ப்போர் ceux qui entretiennent le feu, — un feu réputé sacré; — வனம் lieu où l'on brûle les morts; — விரியன் la vipère brûlante, dont la morsure cause une douleur brûlante par tout le corps: — விழிக்கிறது, — விழித்தல் regarder avec colère.

எரிகிறது, எரிந்தேன், எரிவேன், எ, எய, ல் v. n. (எரி), brûler, être brûlant, se consumer, flamber, briller, être peiné, — fâché, — en colère, எரிந்துபோகிறது brûler, se consumer: அவன் பட்டபாடு நினைக்கிறபோது என் வயிறு எரிகிறது mes entrailles sont dévorées par un feu brûlant quand je pense à ce qu'il a souffert.

எரிக்கிறது, எரித்தேன், எரிப்பேன், க், க் v. a. de எரிகிறது, ou எரித்துப்போடுகிறது, brûler, incendier, consumer par le feu.

எரிச்சல், P. எரித்தல், ardeur, chaleur, inflammation, combustion, colère, indignation, jalousie: — ஆயி ருக்கிறது, être fâché: என்மேலெரிச்சலாயிருக்கிறான் il est fort en colère contre moi.

எரிதல், n. v. d' எரிகிறது, combustion, inflammation, ardeur, brûlure, lueur, chaleur.

எரிப்பு, n. v. d' எரிக்கிறது. [து.

எரிந்த, எரிந்து part. et gér. d'எரிகி

எரிப்பு, n. v. d' எரிக்கிறது, combustion, chaleur brûlante, jalousie, vexation: — உள்ளவன் homme jaloux, passionné.

எரிமுறி, (எரி), l'arbre சேங்கொட்டை மரம் ou semicarpus, dont le fruit a une vertu corrosive qui semble brûler.

எரியல், n. v. d'எரிகிறது, inflammation, brûlure, ce qui est brûlé: — இட்டமருந்து poudre médicinale obtenue par la calcination.

எரியுளவமெண்ணெய், (எரி, உளவம்), espèce d'huile.

எரிவந்தம், (எரிவு, அந்தம்), inflammation, douleur brûlante, ardeur, grande chaleur, colère, indignation.

எரிவு, n. v. d' எரிகிறது, combustion, brûlure, inflammation, douleur brûlante: உடலெரிவு le corps entier brûler.

எரு, fumier, engrais, fiente, ordure: — கூட்டுகிறது ramasser le fumier: — போடுகிறது fumer, mettre du fumier, de l'engrais, fienter.

எருகிறது, sync. எருகிறது, இ டுகேன், குடுவேன், இ, க, r. n. (எரு), foirer (les animaux), foirer de crainte (les hommes et les animaux).

எருக்கம், adj de எருக்கு: எருக்கஞ்செடி la plante எருக்கு: எருக்கமாலை guirlande de fleurs d'எருக்கு. Elle est propre à Siven: on en met une au cou des condamnés à mort avant l'exécution, et on en orne le cadavre d'un homme non marié; — வேர் racine; — பூ fleur de cette plante. [illegible]

எருக்கலைக்கோதி, V. எரிக்கலை

எருக்கலை, 1° (எருக்கு, அலை), la plante எருக்கு. 2° acc. de

எருக்கல், n. v. d'எருக்குகிறது.

எருக்கழல், (எருக்கு, அழல்), feu que l'on fait avec le bois de l'asclepias giganteа.

எருக்கசாலம், (எரு), étable à vaches.

எருக்கிலை, (எருக்கு, இலை), feuille d'எருக்கு dont on fait des guirlandes pour les suppliciés.

எருக்கு, 1° la plante asclepias gigantea dont le charbon sert à faire la poudre à canon. 2° inf. et part. d

எருக்குகிறது, எருக்கினேன், எருக்குவேன், எருக்கு, எருக்க, v.a. et எருக்குதல், n. v. tuer, couper, tailler, porter.

எருச்சாட்டி, (எரு, சாட்டுகிறது), terre fumée.

எருதடிக்கிறது, எருதடித்தல். (எருது, அடிக்கிறது). labourer, battre le blé avec des bœufs, leur faire fouler la paille aux pieds.

எருது, *obl.* எருத்து, bœuf, taureau, le signe du Taureau: எருதுக்காரன் bouvier, maître de bœufs; —மறிக்கிறது le taureau arrêter, *i. e.* couvrir la vache. [dernier vers.

எருத்தடி, (எருத்து, அடி). avant-

எருத்தம், cou, chignon, nuque: எருத்தங்கோட்டல், — கோட்டுகிறது courber la tête.

எருத்து, 1° *P.* எருத்தம், le cou. 2° *adj. de* எருது, de bœuf, de taureau: —க்காரன் bouvier; —க்காணம் espèce de lentille ou கொள்ளு pour les bœufs: — க்கன்று veau, jeune taureau: —த்திமில் bosse du cou des bœufs: — ப்பூட்டு lien de joug: —மாடு bœuf: —வாலன் l'oiseau எருவாட்டுவாலி.

எருநிலம், (எரு), terre fumée.

எருந்தி, petit coquillage.

எருந்து, mortier (à piler le riz), moule, coquille.

எருமணம், (எரு), nénuphar.

எருமுட்டை, (எரு), bouse séchée au soleil (pour brûler): — ப்பீநாறி la plante வெதுப்படக்கி.

எருமை, buffle, (et surtout) bufflonne: —க்கடா buffle; —க்கற்றாழை espèce d'aloès; —க்காஞ்சொறி espèce d'ortie, tragia: —க்கொத்தான் ou —க்கொற்றான் plante rampante de la famille du கொற்றான்; —ச்சுறா espèce de poisson, —de requin; —த்தக்காளி la plante பேய்த்தக்காளி; —நாக்கி la plante சாறணை: — நாக்கு langue de buffle, la sole, pleuronectes solea; —நாக்கள்ளி espèce de கள்ளி ou euphorbia; —நாத்தொட்டி espèce d'arsenic composé; —ப்பாற்சொற்றி sorte de plante; —ப்பால் lait de bufflonne; —ப்பாற்குடித்தவன் celui qui a bu du lait de bufflonne, un lourdeau, un stupide; —முல்லை espèce de முல்லை ou jasmin; —முன்னை espèce d'arbuste, l'arbre premna maysorensis; —யூர்தி celui qui a un buffle pour monture *i. e.* Yamen. [டை.

எருவரட்டி, (எரு), *V.* எருமுட்

எருவாரம், (*id.*), part de fumier, —à fumer, —d'engrais à mettre.

எருவிடுவாசல், (எரு, விடுகிறது), anus, le derrière.

எருவை, sang, l'aigle indien dit கழுகு, âne, roseau, jonc, cuivre, éléphant, espèce de plante.

எலாம்..., *P.* எல்லாம்...

எலி, rat, la 11me constellation, la plante கள்ளி: —க்கடி morsure de rat; —க்குஞ்சு petit—, jeune rat, —ச்செவி, —ச்செவித்துத்தி oreille-de-rat, la plante evolvulus emarginatus; —த்திசை la région du rat, le nord-ouest; —ப்பகை, *V.* எலிவகை; —ப்பாஷாணம் mort aux rats, espèce d'arsenic; —ப்பிடுக்கன் la plante crotalaria biflora; —ப்புலி le tigre du rat, *i. e.* le chat: —ப்புற்று, *V.* எலிவளை; —ப்பொறி, —ப்போன் ratière; —மாமணக்கு espèce de ricin, petit arbrisseau dit jatropha glauca; —மொட்டி, *V.* [illegible]; —யோடி chemin des rats, latte ou perche du haut du toit, ou mise le long du toit; —யோடிக்கவர் le mur supérieur d'une maison; —யோட்டி, —யோட்டிப்பூண்டு espèce de chardon ou de குருக்கு; —வளை nid—, trou de rats; —வாணம் espèce de fusée.

எலு, ours, amitié, compagnie.

எலுநன், (எலு), le roi சோழன் de Tanjaour.

எலுமிச்சை ou எலுமிச்சமரம், citronier, limonier: l'adj. est எலுமிச்ச: எலுமிச்சங்காய் citron vert; எலுமிச்சஞ்செடி jeune citronnier; எலுமிச்சம்பழம் citron, limon.

எலும்பன், (எலும்பு), homme décharné, —dont les os paraissent, squelette vivant. [lanica.

எலும்பி, l'arbre chionanthus zey-

எலும்பிலி, 1° V. எலும்பி, 2° (எலும்பு, இலி), animal sans os, ver, insecte.

எலும்பு, os, ossement: —க்கூடு, —க்கோவை squelette; —க்கோறை trou des os,— os dans un os: எலும்புருக்கி (உருக்குகிறது), maladie vénérienne qui corrompt les os, corruption des os, nom d'une plante et d'un arbre. [fidèle.

எலுவன், (எலு). compagnon, ami

எல். jour, journée, splendeur, lumière, soleil, soleil couchant, —levant, midi, rayons du soleil, nuit, injure, signe —, mot de mépris.

எல்லரி, sonnette, clochette.

எல்லவன், (எல்). la lune, le soleil.

எல்லா. adj. de எல்லாம், tout, tous.

எல்லாம். ou எல்லாரும், totalité, tout entier, tous: பூமியெல்லாம் toute la terre. Quand il se met adjectivement devant un nom, on retranche ம் de எல்லாம், et உம் se met ordinairement à la fin de ce nom, comme: எல்லாவீடுகள் ou எல்லாவீடுகளும் toutes les maisons. எல்லாம் est à proprement parler un nom neutre: il se met aussi comme adjectif après les noms; on dit ordinairement எல்லாம் après les pronoms et les noms neutres et எல்லாரும் après les pronoms et les noms masculins et féminins. Cependant எல்லாம் s'emploie aussi quelquefois comme adjectif après les noms ou les pronoms masculins et féminins. Ex. இராசாக்களெல்லாம் tous les rois; ஸ்திரிகளெல்லாம் toutes les femmes; நாம் —, நீங்கள் —, அவர்களெல்லாம் nous —, vous —, eux tous. எல்லா s'emploie indifféremment pour tous les genres. Ex. எல்லாமனிதரும் tous les hommes: எல்லாத்துன்பங்களும் tous les malheurs. எல்லாம் se décline ainsi; gén. எல்லாத்தின், எல்லாத்திலும் ou எல்லாவற்றின், எல்லாவற்றிலும்; dat. எல்லாத்துக்கும் ou எல்லாவற்றிற்கும்; acc. எல்லாத்தையும் ou எல்லாவற்றையும்; abl. எல்லாத்திலும், எல்லாத்தாலும், எல்லாத்தோடும், ou எல்லாவற்றிலும், எல்லாவற்றாலும், எல்லாவற்றோடும்.

எல்லார் ou எல்லாரும், pl. m. et f. de எல்லாம், tous, tous les hommes, tous les gens. Il se décline ainsi: எல்லாருடைய ou எல்லாரிலும், எல்லாருக்கும், எல்லாரையும், எல்லாரிலும், எல்லாராலும், எல்லாரோடும். Dans le haut tamoul on insère parfois தம், qui se décline, entre எல்லார் et உம். Ex. dat. எல்லார்தமக்கும், acc. எல்லார்தம்மையும், abl. எல்லார்தம்மிலும், எல்லார்தம்மாலும் etc... எல்லாரிலும்பெரியவர் le plus grand de tous; எல்லாரிலுமேலானவர் celui qui est supérieur à tous les autres, le Très-Haut.

எல்லி, (எல்), nuit, soleil. [tous.

எல்லீர், எல்லீரும், (எல்லாம்), vous

எல்லு, P. எல். [nous tous.

எல்லேம், எல்லேமும், (எல்லாம்),

எல்லை, 1° borne, limite, fin, extrémité, mesure, portée de la voix. 2° (எல்). soleil, jour, journée, durée —, fin du jour. 3° acc. de எல்: —கடக்கிறது passer les limites, —la mesure, violer un serment. —une défense faite avec serment ou imprécation; —கட்டுகிறது décider, juger, terminer, déterminer, borner, mettre des bornes, fixer les bornes, évaluer; —குறிக்கிறது fixer les limites, borner; —க்கட்டு borne, limite, bornage; —க்கல், —க்கால் borne, pierre —, pieu qui marque les limites; —க்காவல் garde —, gardien des limites; —க்குறிப்பு borne, bornage, marque des limites; —க்கெட்டநேரம் temps inopportun; —க்கேடு inconvenance, inopportunité; —த்தீ, V. [illegible]; —ப்படுத்துகிறது mesurer, déterminer, borner, fixer les bornes; —ப்பிடாரி prétendue déesse des limites: —ப்பொருள் borne, objet qui sert à borner et à montrer le côté ou une chose se trouve: ainsi l'équateur fait la borne au midi de l'hémisphère septentrional; —யின்மை immensité, grandeur sans borne; —யற்ற, —யில்லா

ஐ immense:—பேரெல்லையிடுகிறது faire le tour des limites d'un village pour en reconnaître marquer, ou fixer les bornes. C'est une cérémonie payenne accompagnée de beaucoup de superstitions.

எல்லைமானம், (எல்லை), borne, limite, extrémité.

எல்லோ, hélas! aie! ah! *int. d'étonnement et de pitié.*

எல்லோம், எல்லோமும், (எல்லாம்), nous tous.

எல்லோர், எல்லோரும், tous, tous les hommes, tous les gens. On peut insérer et décliner நாம் entre எல் லோர் et உம் comme à எல்லாரும்.

எல்லோன், (எல்), soleil.

எல்வை, (id); temps, jour.

*எவக்ஷாரம், எவக்ஷாரம், எவட்சாரம், (யவம் *orge*, க்ஷாரம் *sel*), salpêtre, nitre, nitrate de potasse.

எவண், (எ), quelle place? où?

எவர், *pl. d'*எவன், qui? எவரும் tous.

எவற்று, *obl. de* எவை *et de* எவ், de quelles choses, quelles choses?

எவன், *m.* எவள். *f.* எது, *n.* எவர், *pl. m. f.* எதுகள், எவை, *pl. n pro. int.* 1° qui? lequel? எவனது de qui? à qui? ஒருவன் quelqu'un, *ou* எவனுமி ருக்கும் qui que ce soit, quiconque. எங் களிலெவன் qui de nous? எவனும் quiconque, tout: பிறக்கிறவனுக்கு மரணமுண்டு tous ceux qui naissent mourront. 2° எவன் s'emploie aussi pour le neutre singulier ou pluriel, quoi? quelle chose? quelles choses?

எவை, எவைகள், *pl. n. d'*எவன், quelles choses? எவையும் tout, toutes choses: எவைகள் se décline comme les noms: எவை fait à l'obl. எவற்று, எவற்றின் ou எவையற்று, எவையற் றின், auxquels mots on ajoute les terminaisons des cas.

எவ், *P.* எவை, quelles choses? Il fait à l'obl. எவற்று, எவற்றின்.

எவ்வண்ணம், (எ *int.*) quelle manière? comment? —ஆகிலும் de quelque façon que ce soit.

எவ்வது, (எவ், அது), quoi? quelle chose? quelle manière?

எவ்வம், solitude, maladie incurable, affliction, peine, malheur, faute.

எல்லாரும், *P.* எல்லோரும், tous.

எவ்வளவு (எ *int.* அளவு), quelle mesure, combien? எவ்வளவாகிலும் quelque mesure ou quantité que ce soit, une mesure quelconque, au moins quelque chose quoi que ce soit: எவ்வளவாகிலுமல்ல combien plus? எவ்வளவும் au moins, une quantité quelconque.

எவ்வணம், *P.* வெவ்வணம்.

எவ்விடம், (எ இடம்), quel lieu? où? எவ்விடமும் tous les endroits: *ou* எவ் விடத்திலும் partout, en tout lieu.

எவ்வெட்டு, (எட்டு, எட்டு), 8 à 8, 8 de chaque espèce.

எவ்வெவைகள், (எவ், எவை), quelques choses que... chaque espèce.

எவ்வேழு, (ஏழு, ஏழு), 7 à 7, 7 de

எழு, *inf. d'*எழுகிறது.

எழுகை, *n v. et opt. du même*, action de se lever, chagrin.

எழா, எழாத, *part. nég. d'*எழுகிறது, qui ne se lève pas. ne lever.

எழாமை, *n. v. nég. du même*, ne pas

எழால், 1° certain oiseau, luth, son du luth. 2° *opt. nég. d'*எழுகிறது, puissiez-vous ne pas vous lever!

எழிச்சி, *corr. d'*எழுச்சி.

எழிலி, nuage, un des 7 personnages de la 3me classe d'hommes célèbres par leur libéralité.

எழில், beauté, jeunesse, jeune âge, couleur, force, courage, soupçon, conjecture: —அறிகிறது conjecturer, connaître les signes ou par signes, éclaircir et réprimer les soupçons. —அரிவேறு celle qui monte un lion, fort ou joli, *i.e.* Tourkei: எழிற்பெண் la belle jeune fille, Pârvadi: எழிலர் லைமோன் celui qu'on prétend né d'une belle fleur, *i.e.* Brama.

எழினி, 1° திரைச்சீலை.

எழு, 1° acier, pilier, bâton recourbé en usage dans les batailles, certain arbre, cylindre de bois pour exprimer l'huile etc... 2° *P.* ஏழு, sept (devant une consonne) 3° *imp. et part. de*

எழுகிறது, எழுந்தேன், எழுவேன், எழ, *v. n.* se lever, s'élever, monter, se mouvoir: கைகால்கள் அசையவில்லை ses pieds et ses mains n'ont pas bougé; நாவெழாது la langue ne bouge pas, ne tourne pas

எழுகூற்றிருக்கை, (எழு, கூற்று), le 88me des பிரபந்தம். description d'un jeu à 7 étages ou rangées de cases carrées, table contenant 7 divisions de nombres disposés en degrés comme un char d'idole, le premier degré contient 1.2.1: le second placé dessous contient 1.2.3.2.1; et ainsi graduellement jusqu'au 6e degré qui est 1.2.3.4.5.6.7.6.5.4.3.2.1. Le 7me degré est absolument semblable au 6me. Des lignes qui se croisent font une case à chaque chiffre. Ces chiffres au gré du poète pourront désigner différentes choses: ainsi 1 signifiera Dieu, l'unique; 2 signifiera 2 fois, 2 temps, le soir et le matin et par la réunion de ces chiffres, ils feront des phrases, ainsi 2 fois ou soir et matin j'adore Dieu. [கை], 7 mains

எழுகை, 1° n.v. d'எழுகிறது. 2° (எழு

எழுச்சி, (id.), élévation, hauteur, fierté, sorte de maladie d'yeux, — d'oreille; action de se lever, de s'élever, de monter, effort, ardeur: —க்கொடி sorte de cataracte ou mal d'yeux: —பாடுவோர், V. வைதாளிகர்: — முரசம், —முரசு tambour du réveil, —qu'on bat pour éveiller le matin les dieux indous et les rois; —யில்லை, V. பலவனில்லை.

எழுஞாயிறு, (எழு), soleil levant.

எழுதகம், (எழுதும், அகம்), figure —, statue peinte, corniche, cordon d'architecture.

எழுதலை, 1°(எழு, தலை). 7 têtes etc... septuple: —ஆக au septuple. 2° acc. de

எழுதல், n.v. d'எழுகிறது, et d'எழுதுகிறது, lever, élévation, écrit, écriture, peinture, dessin.

எழுதா, எழுதாத, part. nég. d'எழுதுகிறது, non écrit, qui n'écrit pas, qui ne s'écrit pas: —க்கிளவி, —மறை la loi —, la parole non écrite; les Vèdas (que selon les Indous, on ne doit pas écrire, mais apprendre par cœur).

எழுதி, gér. d'எழுதுகிறது.

எழுது, imp. et part. d'எழுதுகிறது: —கோல் roseau à écrire, pinceau: —படம் tableau, dessin, peinture, gravure.

எழுதுகிறது, தினேன், துவேன், து, த, c. a. écrire, tracer, peindre, dessiner: அக்ஷரம் (ou vulgairement) சின்னசாக எழுதுகிறது écrire en petites lettres, en pieds de mouches: திருத்தமாய் —, écrire —, peindre proprement, —correctement; பெயர்த்து —, பேர்த்து —, பார்த்து —, copier, transcrire: எழுதக்கை திரும்பவில்லை la main n'est pas encore formée à écrire: எழுதிக்கொடுக்கிறது donner par écrit: —க்கொள்ளுகிறது écrire pour soi-même, s'enrôler: —வைக்கிறது mettre par écrit: எழுதினவொப்பந்தம் contract par écrit.

எழுதுகை, எழுதுதல், n. v. d'எழுதுகிறது, écriture, peinture, dessin

எழுதுவிக்கிறது, வித்தேன். விப்பேன், வி, விக்க, c. caus. d'எழுதுகிறது, faire écrire, —peindre.

எழுதுவோன், (எழுதுகிறது), écrivain, copiste.

எழுத்தடுக்கிறது, எழுத்தடுத்தல், (எழுத்து) distribuer, remettre les caractères dans leurs casses.

எழுத்ததிகாரம், (id.), chapitre des lettres, partie de la grammaire tamoule qui traite des lettres et de l'orthographe.

எழுத்தந்தாதி, (id.), pièce de poésie où la dernière lettre des strophes des vers ou des mots sert d'initiale aux suivans.

எழுத்தலங்காரம், (id.), beauté des lettres. [sur ôle].

எழுத்தன், (id.), écrivain. (surtout

எழுத்தாணி, (id. ஆணி), stylet, poinçon pour écrire sur des òles ou feuilles de palmier: —க்கூடு fourreau de stylet, étui pour mettre le poinçon à écrire: —ப்பூடு sorte de plante ou: —ப்பூண்டு la plante prenanthes sarmentosa. [vains.

எழுத்தாளர், (id.), savans, écri-

எழுத்தாதந்தம், (id.), lettre qu'il

est défendu de chanter.]திசாரம்.

எழுத்திலக்கணம்,(*id.*), *V.* எழுத்த

எழுத்திலாவோசை, (*id.* இலா, இசை), son ou syllabe qu'on ne peut représenter par des lettres.

எழுத்திசை, (*id.* இசை), son distinct des lettres,son d'une lettre.

எழுத்தின்சாரியை, (*id.* சாரியை), particules ajoutées aux lettres pour exprimer leurs noms. Ce sont அ, கரம்,காரம்,கான். Parmi ces particules அ se joint aux consonnes: ainsi pour க் on dira க; கரம்,காரம்,கான் s'ajoutent aux 5 voyelles brèves soit simples soit unies à une consonne. *Ex.* pour அ on dira அகரம், அகாரம்,அகான்: pour க on dira ககரம்,ககாரம்,ககான்: காரம் se joint aux voyelles longues: ainsi pour ஆ on dira ஆகாரம்; கான் se joint à ஐ et à ஔ: ainsi ஐகான், ஔகான். En outre dans l'usage ordinaire et surtout dans les écoles on emploie comme சாரியை ஆன pour l'அ bref: ஈன pour இ; ஊன pour உ; ஏன pour எ et toutes les voyelles longues; et ஓன pour ஒ, soit que ces voyelles viennent seules, soit qu'elles soient jointes aux consonnes: ainsi அ se prononcera ஆன; ஆ se prononcera ஆவேன; க-கான; கா-காவேன; கி-கீன; கீ-கீவேன etc...

எழுத்து, lettre, caractère, écrit, écriture, dessin, peinture, tableau: எழுத்தறப்படிக்கிறது lire distinctement, s'exercer à bien lire; —க்காரன் écrivain, dessinateur, peintre (sur toile etc...) peintre d'indiennes; —க்காரியஸ்தன் écrivain, secrétaire; —க்குற்றம் inconvenance—, impropriété prétendue des lettres. Elle consiste à commencer un poème par une lettre réputée de mauvais augure nommée நச்செழுத்து ou autre semblable; —க்கூட்டுகிறது épeler; —க்கூட்டாமல்வாசிக்கிறது lire couramment, —sans épeler; —ச்சந்தி rencontre—, union des lettres finales et initiales des mots; —ச்சாரியை, சாரியை ou Sârièi composée d'une lettre, *V.* எழுத்தின்சாரியை; —ச்சீலை toile pointe; —ச்சுருக்கம் abréviation, écrire et lire les lettres en en omettant quelques-unes: —த்தானம்-இ, *V.* பொருத்தம் இ; —நடை lecture courante, phrase coulante, marche—, ordre des lettres; —ப்பிழை faute d'orthographe,—dans les lettres, omission ou changement vicieux de lettre en écrivant: —ப்புடைவை toile peinte; —ப்பொருத்தம், *V.* பொருத்தம் இ: —வருத்தனம், —வர்த்தனம் espèce de சித்திரகவி ou de figure faite en vers auxquels on forme un sens en séparant chaque lettre; —வாசனை art de lire et d'écrire, connaissance des lettres, அவனுக்குஎழுத்துவாசனையுண்டு il sait simplement lire et écrire; —வாசனைவருகின்றது il commence à savoir lire et écrire.

எழுநா, (எழும், நா), feu, langue de feu), flamme qui s'élève.

எழுநாயிறு, (எழும், நாயிறு), soleil levant, esquinancie qui commence au soleil levant, (maladie souvent mortelle).

எழுநான்கு, (எழு), 7 fois 4, ou 28.

எழுந்த, *part. d'*எழுகிறது: —படி à son idée, à sa fantaisie, comme cela vient, vaille que vaille; —மானம் irréflexion, insouciance.

எழுந்து, *gér. d'*எழுகிறது: எழுந்தருளுவிக்கிரகம் ou எழுந்தருள்விக்கிரகம் idole ou statue qu'on porte en procession; எழுந்தருளுகிறது, எழுந்தருளுதல், எழுந்தருளல் daigner se lever, (les grands) se lever, aller, ressusciter; எழுந்தருளுபடி procession; எழுந்திருக்கிறது se lever, se relever, ressusciter, être levé, —debout; எழுந்துபோகிறது s'en aller, une femme donner dans le désordre.

எழுந்தேற்றம், (எழுந்து, ஏற்றம்), insouciance, irréflexion, action de se lever, procession.

எழுபது, (எழு, பத்து), soixante-dix, 70: எழுபத்திரண்டு 72; எழுபத்திரண்டு 72; எழுபத்துமூன்று 73; எழுபதாம் 70me; எழுபத்தோராம் 71me;

எழுபதாவது soixante - dixièmement.

எழுபவம், 1° (எழுகிறது, பவம்), haute naissance. 2° (எழு), ou

எழுபிறப்பு,(எழு), les sept naissances ou renaissances du système de la métempsycose. ‖ *V.* எழுவகைப்பிறப்பு

எழுப்பம், (எழுப்புகிறது), élévation, croissance, danse.

எழுப்பு, action d'éveiller etc... *n. v. et imp. de*

எழுப்புகிறது, ப்பினேன், ப்புவேன், ப்பு, ப்ப, *v. a. d'* எழும்புகிறது *et* எழுப்பல், எழுப்புதல், *n. v. ou* எழுப்பிவிடுகிறது, *v. c.* faire lever, éveiller, réveiller, exciter, relever élever.

எழுமான், எழுமான்புலி, la plante stapelia corymbosa.

எழுமுகனை, (எழும், முகனை), commencement, principe.

எழுமூன்று, (எழு), 7 fois 3, ou 21.

எழுமை, 1° (எழும், மை). élévation. 2° (எழு), les 7 prétendues naissances ou renaissances des Indous.

எழும், *part. fut. d'* எழுகிறது.

எழும்புகிறது, பினேன், புவேன், பு, ப, *v. n. et* எழும்பல், எழும்புதல், *n. v.* (எழுகிறது), se lever, s'élever, se dresser, se redresser, se tenir debout.

எழுவகைப்பிறப்பு, (எழு, வகை), les 7 espèces de naissances ou d'êtres vivans, savoir: தேவர் êtres célestes, (ou dieux prétendus); மக்கள் hommes; விலங்கு bêtes; பறவை oiseaux; ஊர்வன reptiles: நீர்வாழ்வன poissons et autres êtres aquatiques; தாபரம் ou தாவரம் choses qui ne se meuvent point, arbres et plantes.

எழுவரைக்கூடு, espèce d'arsenic préparé.

எழுவாய், 1° (எழுகிறது), commencement, nominatif, sujet de la phrase. 2° 2

எழுவான், (*id.*), le levant, l'orient.

எழூஉதல். *P.* எழூதல், élévation.

எளிசு, *P.* எளிது: எளிசான facile, aisé; எளிசாயிருக்கிறது être facile; எளிசாய் facilement: எளிசாயகப்படுகிறது se trouver aisément.

எளிஞர், (எளிமை), pauvres.

எளிதரவு, (எளிமை, தரவு), pauvreté.

எளிது, (*P.* எளியது), aisé, facile, léger, pauvre, vil, ce qui est—, il est facile, etc... facilité, pauvreté: எளிதான facile, aisé; எளிதாய் facilement.

எளிமை, (எள், மை), pauvreté, bassesse, faiblesse, légèreté, facilité, isolement, abandon, relâchement.

எளிய, *adj. de* எளிமை, pauvre, indigent, bas, vil, chétif: —த்தனம் état de pauvreté, indigence, bassesse; —விலை bas prix.

எளியது, (எளிய), ce qui est—, il est pauvre, indigent, vil, bas, chétif, facile.

எளியவன், எளியன், *m.* எளியவள், எளியள், *f.* எளியவர், எளியர், *pl.* (எளிய), (homme—, femme—, gens—) pauvre, indigent, vil, abject, chétif, faible, de facile accès.

எள், 1° sésame, grain bon à faire de l'huile, sesamum orientale. 2° *imp et part. de* எள்ளுகிறது. 3° (எள்ளல்), mépris, défaut: எள்ளைத்தனையைமலையத்தனையாக்குகிறது faire une montagne d'un grain de sésame, exagérer.

எள்கல், எள்குதல், *n. v. du suiv. V.* எள்ளல்.

எள்குகிறது, கினேன், குவேன், கு, க, *v. a.* mépriser, se moquer.

எள்க்கிடை, *V.* எட்கிடை.

எள்ப்பிரமாணம், *V.* எட்பிரமாணம்.

எள்ள, *inf. d'* எள்ளுகிறது, comme, d'une manière supérieure à.

எள்ளல். *n. v. d'* எள்ளுகிறது, moquerie, mépris, dérision, affront.

எள்ளிடை, (எள்), poids—, mesure d'un grain de sésame.

எள்ளு, *V.* எள்: —ச்செவி espèce de plante; எள்ளுந்தண்ணீருமிறைக்கிறது offrir aux mânes du sésame et de l'eau; எள்ளுண்டை boule de sucerie mêlée de sésame, bonbon de sésame.

எள்ளுகிறது, எள்ளினேன், எள்ளுவேன், எள்ளு, ou ள், எள்ள, *v.a. et* எள்ளுதல், *n.v.* (எள்), railler, se moquer, mépriser, ridiculiser, dédaigner, rejeter.

எள்ளோரை, (எள், ஓரை), mets fait de riz et de sésame.

எறி, 1° jet, portée, ruade, talon. 2° *imp. et part. d'*எறிகிறது: —காலி vache qui regimbe; —கால் vent violent; —சக்கரம் espèce de roue ou d'arme circulaire qu'on lance sur les ennemis en la faisant tournoyer; —படை arme qu'on lance; —மணி grande plaque de métal pour sonner les heures, —qu'on frappe au lieu de cloche; —முத்து grains épars de petite vérole; —வாயுதம் arme qu'on lance; —ஈட்டி, —வல்லயம் lance, javelot; —வளையம், *V.* எறிசக்கரம்.

எறிகிறது, எறிந்தேன், எறிவேன், எறி, எறிய, *v.a.* jeter, lancer, frapper, fouetter, regimber, donner des coups de poing, couper, tuer: ஒருவனைக் கல்லெறிகிறது, —கல்லாலெறிகிறது jeter des pierres à quelqu'un, le lapider; எறிஞ்சு ou எறிந்துபோடுகிறது rejeter, jeter, tuer, menacer; எறிந்து போட்டாற்போலே பேசுகிறது, எறிந்தாற்போலே பேசுகிறது, parler avec mépris; —போட்டவன் un misérable, un homme délaissé, méprisable: —விடுகிறது rejeter.

எறிக்கிறது, எறித்தேன், எறிப்பேன், எறி, எறிக்க, *v.n.* briller brûler, être brûlant: நல்லவெயிலெறிக்கின்றது le soleil est bien brûlant.

எறிஞ்சு, *P.* எறிந்து.

எறிதல், *n.v. d'*எறிகிறது.

எறித்தல், *n.v. d'*எறிக்கிறது.

எறிந்து, *gér. d'*எறிகிறது.

எறிப்பு, *n.v. d'*எறிக்கிறது, éclat, splendeur, grande chaleur.

எறியால், espèce de poisson.

எறிவு, *n.v. d'*எறிகிறது.

எறும்பி, éléphant: எறும்பீசுரன், (ஈசுரன்), le prétendu Dieu éléphant ou des éléphans.

எறும்பு, fourmi: —வளை trou de fourmi; —முட்டைக்கொண்டு திட்டையேறின் மழைபெய்யும் lorsque les fourmis portent leurs œufs sur quelque butte, c'est signe de pluie: எறும்பூரக் கற்றேயும் la fourmi à force de marcher use la pierre.

எறுழி, cochon.

எறுழ், bâton, massue, pilier, colonne, force.

எற்கு, *P.* எனக்கு, à moi.

எற்கண், *P.* என்கண் *obl. de* நான், en moi.

எற்பாடு, (எல், பாடு), soleil couchant, le soir, soirée, l'espace de 2 heures à 6 heures.

எற்றல், *n.v. et opt. d'*எற்றுகிறது, action de battre, etc...ou: எற்றல்மரம் picote, arbre—; instrument pour arroser; எற்றற்கோட்டு sorte de picote pour battre la toile; எற்றற்பட்டை, *V.* இறைகூடை.

எற்றிக்கிறது, எற்றித்தேன், எற்றிப்பேன், எற்றி, எற்றிக்க, *v.n. et a.* avoir compassion.

எற்றித்தல், *n.v. du préc.* compassion.

எற்று, 1° (எ *int.*), de quelle manière, comment? 2° coup, jet, portée, marque de compassion. 3° *imp. et part. d'*எற்றுகிறது: —நூல் cordeau (d'alignement), —qui sert à voir les courbures d'un arbre.

எற்றுகிறது, எற்றினேன், எற்றுவேன், எற்று, எற்ற, *v.a. et* எற்றுதல், *n.v.* frapper, battre, donner contre, couper, tailler, jeter, lancer, répandre, donner des coups de poing, poignarder, tuer, arroser, s'opposer.

எற்றே, (எற்று, ஏ), aie! ah! *int. de pitié et d'étonnement.*

எற்றை, *obl. ou adj. de* என்று, de quel temps? quand? quel jour?—வரைக்கும் jusqu'à quand?

எற்றோ, (எற்று, ஓ), 1° *V.* எற்றே. 2° de quelle manière? comment?

எற்றோற்றம், (எல், தோற்றம்), soleil levant, matin, de 6 à 10 heures.

என, 1° *gén. de* நான், de moi, mes: எனகைகள் mes mains. 2° *P.* என்ன, *pro. interr.* quoi? quelle chose? 3° *P.* என்ன, *inf. d'*என்கிறது, en, comme, pour, que, et, en somme: புலியென comme un tigre, en tigre; உனக்கென pour toi; வந்தாயேயெனச்சொன்னான் il a dit que tu étais venu; நீயெனவவனென toi et lui; பகைபாவமச்சம்பழியென நான்கு la haine, le péché, la crainte, la vengeance, en somme quatre choses. (Dans le sens de comme என se joint au gér. ou au conditionnel), கொடிவீழ்ந்தென comme tombe une plante rampante; அவன்நகைத்தென, நகைத்தாலென comme s'il se moquait, comme en se moquant. Après le gér. il est aussi explétif: செய்தென en faisant. Joint à certains mots imitatifs il équivaut à des adverbes: படபடெனப்பேசினான் il a parlé rapidement, litt. en disant *padapada*; சிக்கென, பொட்டென, வெய்தென, vite.

எனக்கு, *dat. de* நான், à moi.

எனது, *gén. de* நான், de moi, mon, ma, mes. [து.

எனல், *P.* என்னல், *n.v. d'*என்கிற

எனவெஞ்சணி, (என, எஞ்சணி), ellipse du mot என.

எனு, *gér. nég. d'*என்கிறது, il s'emploie pour என்று que, et pour என dans le sens de உம் et: நீயெனுமவனெனு vous et lui.

எனுது, *V.* எனது.

எனில், எனின், *P.* என்னில், என்னின்: எனினும், எனினும், quoiqu'on dise, soit, quoique, néanmoins.

எனை, *P.* என்னை, 1° moi, me. 2° quoi?

எனைத்து, (எனை), combien, comment, de quelle façon? எனைத்தும் tout, toutes façons.

எனைத்துணை, (*id.*), combien?

எனைய, (*id.*), quel, de quelle façon?

எனையவன், எனைவன், *m.* qui? quelle espèce d'homme? [eux tous.

எனைவரும், (எனைவன், உம்), tous,

எனைவீர், (எனை), vous tous.

எனைவேம், எனைவேமும், எனைவோம், எனைவோமும், (*id.*), nous

எனைவோரும், (*id.*), tous. [tous.

என், 1° *obl. de* நான், de moi, mon, ma, mes: என்னிடத்தில் en moi, auprès de moi, chez moi. 2° particule exprimant le mépris, le doute ou servant simplement de mot explétif. 3° *P.* என்ன, quoi? 4° *imp. d'*என்கிறது, dis. 5° terminaison de la 1re personne du singulier. *Ex.* செய்தனென் j'ai fait.

என்க, *inf. et opt. d'*என்கிறது, dis, dites, qu'il dise, qu'on dise.

என்கில், *conditionnel d'*என்கிறது, si: என்கினும் quoiqu'on dise, quoique, néanmoins, soit.

என்கிறது, ன்றேன், ன்பேன், ன், ou ன்று, ன்ன, *v.a.* dire, nommer, parler: அப்படியென்கிறான் il parle ainsi; வேணுமென்கிறமனசு désir, grande envie de; எல்லாமாயையென்கிறதைக்கண்டேன் j'ai vu que tout est vanité; அவன்செத்தானென்கிறதுக்குச்சந்தேகமில்லை il n'y a pas de doute qu'il ne soit mort: அவன்வந்தானென்கிறதினாலே puisqu'il est venu.

என்கிற, *part. prés. du préc.* qui se nomme, qui est: பரிசென்கிறபட்டணம் la ville de Paris. Ce mot se met ordinairement ainsi entre les noms propres étrangers et les noms communs tamouls. என்கிறவன், *m.* என்கிறவள், *f. V.* என்பவன்.

என்கு, *sing.* என்கும், *pl. imp. d'*என்கிறது, dis, dites.

என்ப, 1° *inf. d'*என்கிறது, dire ou pour dire. 2° *P.* என்பார் ils diront, on dira.

என்பது, *n. app. neut. du fut. du même*, ce qu'on nomme, ce qu'on dit, ce qui est. Ce mot se met ordinairement après un texte.

என்பவன், *m.* என்பவள், *f. n. app. d'*என்கிறது, le nommé, la nommée. Ce mot s'ajoute ordinairement aux noms, surtout à ceux qui ne sont pas d'origine tamoule et souvent il ne se traduit pas: இராயப்பனென்பவன் Pierre, ou le nommé Rayappen.

என்பாபரணன், (என்பு), celui qui a des ossemens pour bijoux, *i.e.* Siven.

என்பிக்கிறது, பித்தேன், பிப்பேன், பி, பிக்க, v. caus. d'என்கிறது, என்பித்தல், n. v. faire dire, faire avouer, prouver: இதையவன்வாயினாலே யுமக்கென்பிப்பேன் je vous ferai dire ceci de sa propre bouche.

என்பு, sync. d'எலும்பு, os, herbe: என்புதின்றி l'animal qui mange les os, i.e. l'hyène; என்புருக்கி, V. எலும்புருக்கி. [ன்பார், ils diront, on dira.

என்மர், என்மனோர், என்மார், P. எ

என்றல், n. v. d'என்கிறது.

என்ற, part. parf. d'என்கிறது, qui a dit, qu'on a dit: என்றவன், என்றவள், V. என்பவன்; என்றவாறு, (ஆறு), c'est-à-dire, comme si l'on disait. (On met ces mots à la fin de la traduction d'un texte). [pour உம் et.

என்று, gér. d'என்கிறது, s'emploie

என்றால், conditionnel d'என்கிறது, si on dit, si: என்றாலும் quoiqu'on dise, quoique, néanmoins. [ont dit.

என்றிசினோர், P. என்றார்கள், ils

என்று, 1° dat. என்றைக்கு, (எ), quel jour? quand? என்றும் toujours, à jamais, pour toujours; என்றுந்நிலைபெற்றிராநின்ற continuel. 2° (என்), soleil. 3° gér. d'என்கிறது, disant, en disant, que, à, pour, dans l'intention de, et: என்றிருக்கிறது penser, croire, supposer; அவன்நல்லவனென்றிருந்தேன் je le croyais bon; வேண்டுமென்றிருக்கிறது vouloir, désirer; வந்தாயென்றுசொன்னான் il a dit que tu étais venu: சர்வேசுரனுக்கென்றுவிட்டிருக்கின்றது cela est offert ou consacré à Dieu; அவனைநாயென்றுங் கெட்டவனென்றுஞ்சொன்னான் il l'a appelé chien et vaurien; சுவர்மடமடவென்றிடிந்தது la muraille est tombée avec grand fracas, *litt.* en disant *madha-madha*. [jours.

என்றூழி, (என்று, ஊழி), tou-

என்றூழ், என்றூன், (என்று, ஊழ்), soleil, rayons du soleil, chaleur, été.

என்றென்றைக்கும், (என்று, என்று), pour toujours, pour toute l'éternité.

என்ன, 1° *inf.* d'என்கிறது, dire, en, comme, pour, que, et: என்னப்படுகிறது être dit, —nommé, s'appeler; புலியென்ன comme un —, en tigre, *V.* என் 3°. ‖ 2° *pro. interrogatif* (*qui ne double pas le* க, ச, த, ப), quel, quelle, quoi, quelles choses, de quelle façon, de quelle manière? அதென்ன? qu'est-ce que cela? என்னசொல்லுகிறான் que dit-il? என்னவென்றால் si vous dites quoi, savoir, or, voici; ஆனாலென்ன mais qu'est-ce? quoi donc? அவனையென்னவென்றெண்ணினார்கள் qu'ont-ils pensé de lui? qu'ont-ils cru qu'il était? அப்படியிருந்தாலென்ன qu'importe qu'il en soit ainsi: உனக்கவனென்னவேண்டும் quelle parenté a-t-il avec toi?

என்னடி, (என்ன, அடி), eh! quoi? (en parlant cavalièrement à une femme).

என்னது, 1° (என்ன), quoi? quelle chose? *acc.* என்னதை, *abl.* என்னதால். 2° என்னது, (என், அது), le mien, est le mien.

என்னம், (என்ன), quoi, quelle chose? Ce mot se décline régulièrement: என்னத்துக்கு, என்னத்துக்காக, என்னத்தினாலே pourquoi? என்னமாயிருக்கிறான் comment est-il? —se porte-t-il? என்னமானாலும் quoi que ce soit; என்னமென்றால் si vous demandez ce que c'est, savoir, or, voici: என்னத்தால்தாழ்வு en quoi y a-t-il défaut ou infériorité? என்னமோ qu'est-ce? comment cela? je l'ignore, qui sait ce que c'est?

என்னல், *n. v.* d'என்கிறது.

என்னால், *obl. de* நான், par moi,

என்னில், என்னின், 1° *abl. de* நான், en moi, dans moi. 2° *conditionnel* d'என்கிறது, si on dit, si; என்னினும், என்னிலும் quoiqu'on dise, quoique. [moi, mon, ma, mes.

என்னுடைய, *gén. de* நான், de

என்னும், *part. fut.* d'என்கிறது, qu'on dit, qu'on nomme.

என்னென்ன, (என்ன, என்ன), quoi? quelle chose? quelque chose que; —சொன்னாலுஞ் quelque chose

que l'on dise, quoi que l'on dise.

என்னோ,(என்ன,ஓ), eh! quoi! *int. qui marque l'admiration, la pitié, le doute.*

என்னை, 1° *acc. de* நான், moi, me. 2° *P.* என்ன, quoi? என்னவென்றால் si vous demandez ce que c'est, voici, savoir. 3° *sync. de* என்தந்தை, mon père.

என்னோ,(என்ன,ஓ), *V.* என்னோ.

ஏ

ஏ, 1° Ê long nommé ஏகாரம், la 8me voyelle de l'alphabet tamoul; quand il est joint à une consonne, il est remplacé par ce caractère (ே) nommé இரட்டைக்கொம்பு ou combou tourné. 2° *(hê) hé! *int. pour appeler des inférieurs.* 3° *s.* flèche. 4° (è) Vichnou. 5° particule explétive qui se met souvent à la fin d'un mot ou d'une phrase soit pour l'harmonie, soit comme mot de remplissage: elle ne signifie rien à la fin des வேற்றுமை உருபா et des ablatifs en இல், ஆல், ஒடு. *Ex.* வீட்டிலே dans la maison. 6° ஏ se met pour உம் et. *Ex.* நிலமேநீரே la terre et l'eau. 7° il sert de négation. *Ex.* பொய்யே cela est faux! (sous-entendu) certainement non. 8° Il marque certitude, emphase et attire l'attention sur le mot auquel il est joint, et alors il se double quand il vient avec un ablatif: அங்கேயிடத்திலேயே dans ce lieu-là même; நானேவந்தது c'est moi-même qui suis venu; நன்மையேசெய்தான் c'est certainement un bien qu'il a fait; அவனிடத்திலேயேவைத்தேன் c'est auprès de lui-même que je l'ai mis; பொருள்பொருந்தினார்மேற்றேபுகழ் la louange assurément s'attache aux personnes bienfaisantes. 9° Il sert à distinguer un objet d'un autre. *Ex:* எங்களுக்குள்ளிவனேதலைவன் parmi nous c'est celui-ci qui est le chef; 10° Il marque interrogation: நீயே கொடுத்தாய் est-ce bien toi qui as donné? தரவேவந்தது est ce pour donner que cela est venu.

*ஏஏ,(hè hé). *int. de mépris.* hé! hé! —புத்தியிலனே hé! imbécille que tu es.

ஏக, 1° *inf. d'*ஏகுகிறது. 2° *adj. de*

*ஏகம்,(èka), un, unité, isolement, solitude, totalité, ensemble, incomparabilité, excellence: —ஆய் en un, conjointement, ensemble; —ஆயிருக்கிறது ne faire qu'un, être uni, joint ensemble; —ஆன, ou ஏக unique, seul, incomparable, entier; ஏககுண்டலன் qui n'a qu'un pendant d'oreille, *i.e.* Koubèren, Balarâmen; —குரு condisciple, celui qui a étudié sous le même gourou; —சமஷ்டி union, ensemble, égalité, une seule somme; —சட்டிலே sans distinction, également, l'un portant l'autre: —சக்கரம், சக்கிரம், nom d'une ville, monarchie, pouvoir suprême; —சக்கராய பாருளுகிறது gouverner en monarque, avec un pouvoir suprême; —சக்கரவர்த்தி, —சக்கராதிபதி monarque, absolu; —சமன் égal; ou —சமானம் égalité; —சரம் flèche unique, animal qui va seul, *V.* ஏக சிருங்கம்; —சாதர், (சாதம்), parens, frères; —சாதி caste unique, soudra (qui ne renaît pas par l'investiture du triple cordon): —சித்தம் unanimité, volonté unique, union, attention entière; —சித்தமாயிருக்கிறது être unanime, fixer toute son attention; —சிருங்கம் rhinocéros ou unicorne, animal qui n'a qu'une corne; —சிருங்கன் celui qui n'a qu'une marque, i. e. Krichna; —சுபாவம் une seule nature, nature unique: —சுதன் fils unique, —né seul, non gémeau; —தந்தன் celui qui n'a qu'une dent d'éléphant, *i.e.* Poulléyar; il a perdu une de ses dents à la bataille; —தாளம் une des 7 manières de battre la mesure, elle n'a qu'un இலகு; —திரித்துவம், —திரியத்துவம், —திரீத்துவம் l'unique et indivisible Trinité, un seul Dieu en trois personnes, unité et trinité; —தேச

ம் beauté, élégance; — தேசம் part, portion, un lieu, ensemble, difficulté, différence, devant derrière, ou —தேசவுருவகம், —தேசவுருவகம் figure ou comparaison qui n'embrasse qu'un membre ou une partie de l'objet; —தேசக்காரன் homme changeant, —trompeur; —தேவன் le Dieu unique, (et dans le langage des payens) Siven, Boudha; —தொகை somme entière; —த்துவம் unité; —நாதன், —நாயகன் seul seigneur, maître unique, Dieu, monarque absolu, despote; —பத்திரிகை basilic blanc; —பத்தினி femme fidèle à son mari, —qui n'en a connu qu'un; —பந்தம் réunion en un, – en un seul corps, union: —பாதம் strophe dont les 4 vers n'en font qu'un; —பாதஸ்தானம், (பாதம், ஸ்தானம்), posture où l'on se tient appuyé sur un pied et une main tandis qu'on élève l'autre pied en l'air; —பாவனை imagination—, représentation unique;—பிங்கலன், —பிங்கன் celui qui regorge d'or, *i.e.* Coubèren: —பிண்டன் proche parent, issu d'un même corps; —புத்திரன் fils unique;—போகம் bonheur—, plaisir singulier,—incomparable,—universel, bon plaisir, cohabitation, plaisir commun à 2 individus, volonté, indifférence, possession entière, privilége impérial, récolte unique: —போகமா யிருக்கிறது jouir d'une prospérité unique et incomparable: இந்தக்கிராமமேகபோகமாயிருக்கிறது ce village est la propriété d'un seul; —ப் பிழை faute d'un bout à l'autre;—ப்பெருவெள்ளம் inondation universelle,—qui couvre tout; —ரூபன், (உருபம்), Dieu *litt.* l'être qui n'a qu'une forme, *i.e.* qui est immuable; —லிங்கன், (இலிங்கம்), celui qui n'a qu'une marque, *i.e.* Coubèren; —வசனம் nombre singulier, phrase ou mot au singulier, mot seul, —unique, vérité: —வஸ்து l'être unique, *i.e.* Dieu; —வாசம் cohabitation, demeure commune, isolement, l'arbre ஆலமரம்;—வீரன் guerrier incomparable;—வெளி plaine nue, lieu ouvert,—à découvert, extérieur découvert: —வேணி celle qui n'a qu'une tresse de cheveux, *i.e.* la déesse de la pauvreté dite மூதேவி.

ஏகஸ்தன், (ஏக, stha *qui se tient*), uni, rassemblé: ஏகஸ்தராய் unanimement, tous ensemble, conjointement.

ஏகம்பட்சாரம், un minéral.

ஏகம்பன், Siven.

ஏகிக்கிறது, கித்தேன், கிப்பேன், கி, கிக்க, *v.n.* (ஏகம்), s'unir.

ஏகல், *n.v. d'*ஏகுகிறது, élévation, marche, action d'aller, etc...

*ஏகவத்தவாதனம், (ஏகம், அத்தம், ஆதனம்), se tenir dans la posture dite ஏகபாதவாதனம் et lever une main en l'air.

*ஏகன், (ஏகம்), l'unique, Dieu, uni, (dans le langage des Sivénistes) Siven.

*ஏகாகரம், (*id.* ஆகரம்), or.

*ஏகாக்கம், ஏகாக்ஷம், (*id.* அக்ஷம்), corbeau, *litt.* ce qui est tout œil.

*ஏகாக்கிரம், ஏகாக்கிரதை, ஏகாக்கிரதை, (ஏகம், அக்கிரம், தா), regard—, attention fixe, —sur un seul objet.

*ஏகாங்கம், (ஏகம், அங்கம்), *V.* ஏகாந்தம்: ஏகாங்கவுருவகம் métaphore relative à un seul membre et qui vient après avoir déprécié les autres.

*ஏகாங்கி, (ஏகாங்கம்), ermite, solitaire, individu isolé, orphelin.

*ஏகாசம், (ஏகம், ஆசம்), manteau, habit de dessus, vêtement extérieur: —போட்டுக்கொள்ளுகிறது jeter un pan de sa toile sur l'épaule pour se couvrir le sein.

*ஏகாண்டம், (ஏகம், அண்டம்), l'air, plaine, place nue.

ஏகாட்சரி, (ஏகம், அட்சரம்), la prétendue force ou énergie qui, selon certains Sivénistes, a enfanté le monde, *i.e.* Parvadi, *V.* இச்சாசத்திம்: —க்கிரகம் formulaire d'enchantemens ou de prières magiques

*ஏகாதசம்,(ஏகம்,தசம்), onze.

*ஏகாதசி,(id.), le onze de la lune, le 11me jour après la nouvelle lune, et la pleine lune. Les Indous généralement jeûnent ce jour-là.

*ஏகாதிபதி, (ஏகம், அதிபதி), monarque absolu, despote.

*ஏகாதிபத்தியம், (id. ஆதிபத்தியம்), monarchie, pouvoir absolu.

ஏகாதேசி, P. ஏகாதசி.

*ஏகாத்தியம், (ஏகம், ஆத்தியன்), gouvernement absolu.

*ஏகாந்தம்,(id. அந்தம்). solitude, isolement, lieu solitaire, — retiré, sandal, la planète de Mercure: —ஆயிருக்கிறது être seul, isolé, retiré, en repos; ஏகாந்தசேவை culte privé, — secret, — de Dieu; —மண்டபம் salle d'audience, salle isolée; — வாழ்வு plaisir particulier, — goûté par un seul, — goûté dans l'isolement.

*ஏகாம்பரன்,(id. அம்பரம்), Siven.

*ஏகாரம்,(ஏ) l'ê long.

ஏகாரவல்லி, (ஏகாரம், வல்லி), le jacquier, la plante பாகல்.

ஏகாலி, savon, blanchisseur, pl. ஏகாலியர் blanchisseurs. [unique.

*ஏகார்த்தம்,(ஏகம், அர்த்தம்), sens

ஏகி, 1° f. de ஏகன், femme seule, veuve. 2° gér. d' ஏகுகிறது.

ஏகிபவிக்கிறது, வித்தேன், விப்பேன், வி, விக்க, n.v. (ஏகிபாவம்), s'unir, se joindre.

*ஏகிபாவம்,(ஏகம், பாவம்), nature ou propriété commune, sorte —, apparence d'union.

*ஏகியன்,(ஏகம், iya), compagnon.

ஏகுகிறது, sync. ஏகிறது, கினேன், குவேன், கு, க, v. n. ou ஏகிப்போகிறது, aller, marcher, passer sur ou par-dessus, s'élever, s'envoler: மலர்மிசை யேகினான் celui qui passe sur les fleurs, (et métaphoriquement) celui qui se plaît à passer par un cœur épanoui par la joie. [கல்.

ஏகுகை, ஏகுதல், n.v. du prèc. V. ஏ

ஏகுவிக்கிறது, வித்தேன், விப்பேன், வி, விக்க, v. caus. d' ஏகுகிறது, faire aller etc

*ஏகோதிஷ்டம், ஏகோத்திஷ்டம், ஏகோத்திஷ்டம், (ஏகம், உத்திஷ்டம்), cérémonie funèbre pour une seule personne.

ஏகோபிக்கிறது, பித்தேன், பிப்பேன், பி, பிக்க, v.n (id. oubhita rempli), s'unir, se joindre, s'accorder, être uni, ne faire qu'un. [réunion, accord.

ஏகோபித்தல், n.v. du prèc. union,

ஏக்கம், (ஏங்குகிறது), crainte, effroi, stupeur, trouble, anxiété, inquiétude, chagrin, affliction, langueur, regret, grand désir, gémissement, sanglot: —ஆயிருக்கிறது être chagrin, (ஒருவனுக்கு) ஏக்கம்பிடிக்கிறது, —ஏறுகிறது, languir, dépérir, se chagriner, être vexé: கனஏக்கமவனுக்கு il est très-effrayé, très-peiné; மகன்செத்ததினாலே தாய்க்கேக்கம் பிடித்தது la mère dépérit de chagrin de la mort de son fils.

ஏக்கழுத்தம்,(ஏக்கு, P. ஏக்கம், அழுத்தம்), fierté, arrogance.

ஏக்கறல், ஏக்கறுதல், n.v. d' ஏக்கறுகிறது, affliction, déshonneur, mépris, humiliation.

ஏக்கறவு, n.v. du suiv. acceptation, honneur, révérence, soumission. || V. ஏக்கறல்.

ஏக்கறுகிறது, ற்றேன், றுவேன், று, ற, v. comp. (ஏக்கு, P. ஏக்கம் et அறுகிறது), se lamenter, s'humilier, s'abaisser, se déshonorer, déshonorer.

ஏக்கிபோக்கி, (ஏக்கம், போக்கி), pauvre. [hoquet.

ஏக்கை, 1° mépris. 2° * (hèkkâ),

ஏங்கல், n.v. d' ஏங்குகிறது, pleurs, lamentation, regret, pitié, désir, crainte, son, bruit, cri du paon.

ஏங்குகிறது, sync. ஏங்கிறது, கினேன், குவேன், கு, க, n.v. languir, dépérir, désirer, regretter, déplorer, se lamenter, pleurer, être chagrin, affligé, craindre, s'apitoyer, faire du bruit, (le paon) crier: ஏங்கிப்போகிறது languir, se consumer, dépérir; —ப்போனவன் consumé de chagrin, de regret, de désir; —த்திரியவேல் ne vous abandonnez pas au chagrin; —மடியுண்டுகிடக்கிறது être abattu de chagrin, de douleur.

ஏக்குறுகிறது, v. comp. et ஏக்குறல், n.v. (ஏக்கு, உறுகிறது), être chagrin,—pensif, s'affliger.

ஏசம், airain, cuivre.

ஏசல், opt. et n. v. de ஏசுகிறது, injure, paroles injurieuses, outrage, reproche: —இடுகிறது,—இட்டுக்கொட்டுகிறது insulter, injurier, blâmer, faire des reproches.

ஏசறுகிறது, ஏசறுதல், (ஏசு, அறுகிறது), s'affliger. [blement.

*ஏசனம், (èdjana), trouble, trem-

ஏசாத, part. nég. d'ஏசுகிறது.

ஏசாதவர், (ஏசாத), les irréprochables, les immortels, les dieux (de la fable). [quet.

ஏசி, 1° gér. d'ஏசுகிறது. 2° perro-

ஏசு, 1° insulte, injure, outrage, paroles injurieuses, blâme, offence, faute. 2° imp. et part. de

ஏசுகிறது, ஏசினேன், ஏசுவேன், ஏச, ஏசி, v. a. (ஏசு), injurier, insulter, outrager, railler, blâmer.

ஏசுகை, ஏசுதல், n. v. du préc. ou ஏச்சு, (ஏசு). injure, outrage, reproche, raillerie, mauvaise parole: —காட்டுகிறது injurier, railler, redire les torts de quelqu'un.

ஏட, voc. d'ஏடன்.

ஏடகம், 1° (ஏடு, அகம்), pétale, feuille de fleurs, toile, habit, cocotier, palmier, planche. 2° (èdaka), bélier. ‖ V. திருவேடகம்.

*ஏடணை, (èchanâ), désir.

ஏடலகம், réglisse.

ஏடம், dessein, intention, pensée.

ஏடன், 1° (èda), sourd. 2° compagnon, camarade, ami; voc. ஏட, ou ஏடா, ô! camarade! eh! ami!

*ஏடாகூடம், ஏடாகடம், (hêla opposition), lieu escarpé, montée inaccessible, —insurmontable, désordre.

ஏடாகோடம், (èchâ désir, கோடம் courbure), conduite irrégulière plus ou moins convenable.

ஏடாசிரியர், (ஏடு, ஆசிரியர்), ceux qui sans maître ont appris dans les livres.

ஏடி, f. de ஏடன், compagne, amie; voc. ஏடி, ou ஏடீ, eh! compagne!

ஏடு, gén. ஏட்டின், ôle, feuille de palmier (sur laquelle on peut écrire), feuillet, feuille de livre, livre en ôles ou feuilles de palmier, pétale, feuille de fleurs, paupière, crème (du lait): — சேர்க்கிறது réunir les ôles en livre, faire un livre de feuilles de palmier: — வாருகிறது les tailler: —படர்ந்த, —படிந்தபால் lait couvert de crème: அவன்சுவடி முப்பத்தாறேடுள்ளது son livre a 36 ôles ou feuilles. [pulcre.

*ஏடுகம், (èdouka), tombeau, sé-

ஏட்டிக்குப்போட்டி, vis-à-vis, face-à-face, opposition, rivalité, contradiction: —செய்கிறது s'opposer, l'emporter sur.

ஏட்டிற்கல்வி, (ஏடு, கல்வி), science acquise dans les livres, — sans maître.

ஏட்டு, 1° obl. de ஏடு:—புஸ்தகம் livre d'ôles. 2° ou

*ஏட்டை, (èchtâ), désir, dépérissement, affaiblissement, détresse, malheur, pauvreté. [tilope.

*ஏணகம், (ஏணம், ka), cerf, an-

*ஏணம், 1° (êna), cerf, peau de cerf. 2° (ஏண்), stabilité, solidité, force, os.

ஏணல், (ஏண்), courbure.

*ஏணஜினம், (ஏணம், அஜினம்), peau de cerf.

ஏணுப்பு, fierté, arrogance.

ஏணி, 1° échelle, limite, borne, contrée, pays. 2° (ஏணம்), faon (de biche): —சாத்துகிறது appuyer une échelle contre un mur etc..; —க்கிரு l'herbe milium ramosum: —ப்படி échelon: — ப்படிவரிசையேறுகிறது, —மேலேறுகிறது monter à l'échelle.

ஏணிலையுடைமை, (ஏண், நிலை, உடைமை), regard favorable.

ஏணை, hamac, lit suspendu (pour les enfans et les malades): —க்கழிக்குக்கோணத்தறிவெட்டுகிறது couper un bâton tortueux pour suspendre un hamac, contrarier les bonnes intentions d'un autre.

ஏண், fermeté, stabilité, force, courbure, tortuosité.

ஏண்கோண், (ஏண்), fourberie, manque de droiture, tortuosité.

ஏண்டா, (ஏன், அடா), eh! pourquoi? gueux que tu es!

ஏண்டாப்பு, arrogance, fierté.

ஏண்டி, (ஏன், அடி), eh! pourquoi? gueuse que tu es!

ஏண்மை, (ஏண்) force.

*ஏதசன், (êtasa), brame. [haine.

ஏதடை, (ஏ, தடை), opposition,

ஏதண்டை, banc cingalais.

*ஏதம், 1° (êta), cerf, diverses couleurs. 2° faute, offense, défaut, destruction, affliction, perte, malheur: —இல்லா sans défaut.

*ஏதனம், (êtana), expiration, rendre l'air qu'on a aspiré.

ஏதன், (ஏதம்), coupable.

ஏதாகிலும், ஏதாவது, ஏதானும், (ஏது), V. எதாகிலும்.

ஏதி, (hêti), arme, épée, éclat, rayon, flamme, morceau.

*ஏதியம், (ஏதி, ya), rayon, éclat.

ஏதிலார், ஏதிலோர், 1° (ஏதில்), voisins, prochain, étrangers, ennemis. 2° (ஏது, இல்லை), pauvres.

ஏதில், 1° voisinage. 2° *abl. de* ஏது.

ஏதின்மை, (ஏது, இன்மை), pauvreté, déplaisir, aversion.

ஏது, 1° *(hêtou), *gén.* ஏதுவின், cause, raison, moyen, instrument, figure qui montre l'effet de telle ou telle cause: இதைச்செய்யக்கூடாதத ற்குத்தகுமானஏதுவில்லை il n'y a pas de raison pour ne pas faire ceci. 2° *pron. interr. gén.* எதின், quoi, quelle chose, pourquoi? அதேது qu'est-ce que cela? d'où cela vient-il? ஏதுங் கெட்டவன் homme inutile, —qui n'a ni feu ni lieu; அவனுக்கிங்கே யேதுபணம் quel argent y a-t-il ici pour lui? [tif, préparation.

*ஏதுகரம், (ஏது, கரம்), cause, mo-

ஏதுத்தற்குறிப்பு, (ஏது), figure par laquelle on s'imagine la cause.

ஏதும் (*id.* உம்), une chose quelconque, tout: —இல்லை rien du tout.

ஏதுவநுமானம், (*id.* அநுமானம்), conjecture de la cause. *Ex.* en voyant de la fumée conjecturer qu'il y a du feu.

ஏதுவாகிறது, (*id.* ஆகிறது), être cause, —le moyen, — l'instrument de, —la voie qui conduit à un objet, être apte, propre, convenable, exposé, digne, mériter: ஏதுவான, *part. parf.* exposé, digne, qui mérite, qui conduit à, qui est cause etc... ஏதுவானவன் homme digne, apte, convenable, qui a une demeure, — un lieu à lui; ஏதுவாகவில்லை il n'y a pas de raison, il n'est pas convenable; ஏதுவாய்க்கொண்கிறது conduire à; புண்ணியமேமோக்ஷத்துக்கே துவாய்க்கொண்கிறது c'est la vertu qui conduit au ciel; தெய்வசாபத்து க்கேதுவானஅக்கிரமம் crime digne de la malédiction de Dieu.

ஏதுவிலக்கு, (ஏது), réfutation de la cause, figure qui montre que telle chose ne suppose pas telle cause.

ஏதுவின்முடித்தல், (ஏது), finir, pour une raison alléguée, une chose non terminée.

ஏதுவு, *P.* ஏது, cause, moyen: ஏது வுருவகம் métaphore—, figure qui montre la cause; ஏதுவுவமை figure par laquelle on compare une chose à une autre en montrant les causes. *Ex.* மாமணியும்பாசிலையுமிளம் பிறையுங்கூடிப் பிரபையால்வான விற்போன்றது les pierreries, les feuilles vertes, le croissant de la lune réunis ensemble, ressemblent à l'arc-en-ciel par leur éclat.

ஏதுவை, *P.* ஏதுவு, cause, moyen: —யாயிருக்கிறது. *V.* ஏதுவாகிறது.

ஏதென்றால், ஏதெனில், (ஏது), car, si vous demandez ce que c'est.

ஏதை, 1° *P.* பேதை, pauvre, simple, ignorant. 2° *acc. d'*ஏது.

ஏத்தல், *n v. d'*ஏத்துகிறது, louange, adoration.

ஏத்திரி, macis, fleur de muscade, écorce intérieure de la noix muscade. [*imp. et part. de* ஏத்துகிறது.

ஏத்து, 1° louange, adoration. 2°

ஏத்துகிறது, த்தினேன், த்துவே

ன்

ன்,ந்து,ந்த,v.a.(ஏத்து), louer, adorer, vénérer.

ஏத்துகை,ஏத்துதல், V. ஏத்தல்.

*ஏத்துவம், 1° (ètvâ, étant venu), postériorité,ensuite.2° P.ஏத்துவோம்,nous louerons....

ஏந்தல்,n.v. d'ஏந்துகிறது, action de porter, etc... action d'étendre, roi,élévation,grandeur,homme éminent, montagne, hauteur. ‖ V. ஏந்திசை: —வண்ணம் manière élégante de s'exprimer,ton élégant.

ஏந்தானம்,(ஏந்துகிறது), action de soutenir,banc cingalais.

ஏந்தி,1° gér. d'ஏந்துகிறது.2° n. app., qui porte dans ses mains, qui soutient.

ஏந்திசை, (ஏந்தும், இசை), une des 3 sortes d'harmonies dans les vers:—ச்செப்பல் sorte de வெண்பா composé de pieds dits வெண்சீர் avec la connexion dite வெண்டளை;—த்துள்ளல் vers qui ont le கலித்தளை;—த்தூங்கல் vers qui ont le வஞ்சித்தளை;—யகவல் sorte d'அகவல் composé de pieds dits இயற்சீர் de manière que la dernière syllabe d'un pied et la première du suivant soient longues ou நேரசை.

*ஏந்திரம்,(yantra), machine,mécanique,moulin à sucre,presse pour exprimer le jus de la canne à sucre,moulin,moulin à bras: ஏந்திரக்கல் meule de moulin; ஏந்திரவச்சு, (அச்சு), axe d'un moulin à bras, essieu de charette.

ஏந்திழை, (ஏந்தும், இழை), femme,litt.celle qui porte des bijoux.

ஏந்துகுளம்,(id.குளம்), étang peu profond.

ஏந்துகிறது, திஜேன், துவேன், து,ந,v.a. porter —,prendre dans ses mains,—dans ses bras,porter, soutenir,étendre les mains ou une toile pour demander une grâce, s'élever; கையேந்தித்திரிகிறது, —நிற்கிறது aller çà et là —, se tenir debout tendant la main pour demander l'aumône: முன்றானையேந்திமன்றாடுகிறது étendre le bout de sa toile pour demander une faveur ou l'aumône; கையேந்திக் கொள்ளுகிறது tenir—, soutenir quelque chose, tendre une main secourable.

ஏந்துகொம்பு, (ஏந்து), branche dont le haut est courbé.

ஏந்துதல்,n.v.d'ஏந்துகிறது.

ஏப்பம்,rot, éructation:—விடுகிறது roter.

*ஏமகண்டன், (ஏமம்), nom d'un géant.

*ஏமகூடம், (id.), la montagne d'or, prison.

ஏமசிங்கி, (id.), espèce d'arsenic composé.

*ஏமதவஞ்சம், (ஏமம்,da qui donne), une partie du சுவர்க்கம்.

ஏமத்தி, (ஏமம்), arsenic préparé dans une coupe d'or.

ஏமத்தூரி, ஏமதரு, (id.), l'arbre dit பொன்னூமத்தை.

ஏமபத்திரம், (id.), figuier des montagnes.

ஏமபேதி, (id.), espèce d'arsenic naturel.

ஏமம்,1° *(hêma), or.2° nuit, joie, plaisir, délices, ivresse, confusion, trouble,—d'esprit,folie,garde, conservation,rideau, trésor caché, cendres censées sacrées (de bouse de vache):ஏமமணல் sable d'or:—மலை montagne qui contient de l'or; ஏமத்திலுஞ்சாமத்திலும்வருகிறது venir souvent et à des heures indues.

ஏமருகிறது, ர்ந்தேன்,ருவேன்,ரு, ர.v.n.ஏமருதல்,n.v.(ஏமம்), se troubler,chanceler, vaciller, être transporté de joie,s'obstiner.

*ஏமவஞ்சம், (ஏமம்), une partie du சுவர்க்கம்.

ஏமாக்கிறது,மாந்தேன், மாப்பேன்,மா,மாக்க,v.n.et ஏமாத்தல், n.v. (ஏம், ஆக்கிறது), être joyeux, se réjouir, désirer; ou ஏமாந்துபோகிறது être trompé, —désappointé; ஏமாந்தவன், ஏமாந்தான் homme trompé,désappointé. [ஏமாக்கிறது.

ஏமாந்த,ஏமாந்து,part. et gér. de

*ஏமாப்பிரகம்,(ஏமம், அப்பிரகம்), mica—, talc de couleur d'or.

ஏமாப்பு, n. v. d'ஏமாக்கிறது, contentement,transport de joie,désir,pensée,intention, orgueil, inso-

lence,prendre de la force: —உறுகிறது éprouver de la joie, devenir jo-
ஏமாறல், V. ஏமாறுதல். [yeux.

ஏமாறுகிறது,றினேன், றுவேன், று,ற,v.n. (ஏம், ஆறுகிறது), et ஏமாறிப்போகிறது,être désappointé, joué,trompé, déçu dans ses espérances,chanceler,se troubler,craindre.

ஏமாறுதல், ஏமாறுகை, n.v. du préc. désappointement, déception soufferte, chancellement, trouble, crainte.

ஏமாற்றல், ஏமாற்றுதல், ஏமாற்றுகை, désappointement, déception faite, trouble; n.v.de

ஏமாற்றுகிறது, ற்றினேன், ற்றுவேன், ற்று,ற்ற, v.a. d'ஏமாறுகிறது,désappointer,tromper,déconcerter,troubler.

ஏமி, compagnon, camarade.

ஏமிலாந்தல்,regarder avec effroi, —trouble.

ஏமிலாந்தி,(ஏமிலாந்தல்), qui regarde tout troublé,—effrayé.

ஏமிலாப்பு,(id.), effroi,trouble, affliction.

ஏமின்கோலா, sorte de poisson volant du genre கோலா,exocoetus.

ஏமுறல், ஏமுறுதல், sentiment de joie,arrogance,trouble; n.v.de

ஏமுறுகிறது, ற்றேன், றுவேன், று,ற, (ஏம் sync. de ஏமம், உறுகிறது),éprouver de la joie,devenir joyeux, fier,orgueilleux,se troubler.

ஏம்,1° terminaison de la 1re pers. du plur. 2° sync.de ஏமம்.

ஏம்பலிக்கிறது,லித்தேன், லிப்பேன்,லி,லிக்க,v.n.se lamenter, s'affliger,se désoler.

ஏம்பலித்தல்,n.v.du préc.ou

ஏம்பல்,ஏம்புதல்,n.v.du suiv.affliction,douleur,lamentation.

ஏம்புகிறது,பினேன், புவேன், பு, ப,v.n. V. ஏம்பலிக்கிறது.

ஏயும், 1° P. ஆயினும். 2° part. fut.du suiv.

ஏய்கிறது,ய்ந்தேன்,ய்வேன்,ய்,ய, n.v. convenir, être propre, apte, avantageux,égal,semblable:ஏய்ந்த, ஏயும் convenable,propre; இது அறுப்புக்குஏய்ந்தகாலம் voici un temps convenable pour la moisson.

ஏய்க்கிறது,ய்த்தேன், ய்ப்பேன்,ய், ய்க்க,v.a.tromper, duper, décevoir, abuser,accorder, comparer, égaler, être semblable,ressembler: ஏய்த்து —, ஏய்க்கப்பார்க்கிறது tromper, duper; ஏய்க்கிறவன் trompeur, fripon, imposteur; ஏய்ப்ப pour tromper, —égaler, comme; முத்தேய்ப்ப வெளவிர்முறுவல் dent blanche et brillante comme une perle.

ஏய்தல்,n.v.d'ஏய்கிறது, aptitude, convenance,justesse.

ஏய்த்தல்,ஏய்ப்பு,n.v.d'ஏய்க்கிறது, tromperie,fraude,imposture, déception, ressemblance, égalité, comparaison,accord:ஏய்ப்பிலேவட்டன்,(வட்டம்), homme pris au piége,insensé,inconsidéré,sans considération;ஏய்ப்புண்கிறது être trompé.

ஏரகம்,(ஏர், அகம்), Yéragam, une des 6 principales villes de Soupramanien.

ஏரடிக்கிறது,(ஏர்), labourer. [கு.
*ஏரண்டம்,(èranda), V. ஆமணக்

*ஏரம்பன்,(hèramba),Vinâyaguen.

ஏரல்,coquillage de mer,espèce de moule (de rivière).

ஏரா,ஏராப்பலகை,quille de navire, carène: —ப்பலகைபோடுகிறது placer la quille d'un navire.

ஏராண்மை,(ஏர்). V. ஏருழல்.

ஏராத,part.nég.d'ஏர்க்கிறது, désagréable,qui déplait,—ne convient pas:ஏராதது ce qui déplait, —ne convient pas.

ஏராமை,n.v.nég.du même, discorde,antipathie,opposition,aversion.

ஏராளம்,abondance, grand nombre,multitude,affluence: —ஆயிருக்கிறது abonder. [vateurs.
ஏராளர்,(ஏர்), laboureurs, culti-

ஏரி,lac, grand étang,la 7me constellation.|| V. இமில்: —வெட்டுகிறது creuser un lac;—க்கரைக்காட்டாமணக்கு, V. எலியாமணக்கு; ஏரியிலே ரிமாத்திரைதான்குறுகிநிற்பி னெ ன்னுறுந் தியாகுத்தானே si dans ஏரி la quantité d'un மாத்திரை diminue,il devient un feu violent.*i.e.* si ஏரி lac devient bref, il fait எரி feu.

ஏரிசா, mugissement—, bruit de la mer,mensonge,rapport, médisance. [ளர்.

ஏரின்வாழ்நர்,(ஏர்,இன்), *V.* ஏரா

ஏருழல்,(ஏர்), labourage, agriculture. [ர்.

ஏருழவர்,ஏருழுநர்,(*id.*), *V.*ஏராள

ஏருழுகிறது,(*id.*),labourer.

ஏரெழுபது, (*id.*), nom d'un poème de கம்பர்.

ஏரோட்டுகிறது,(*id.*),labourer.

ஏர்,1° *imp.et part.de* ஏர்க்கிறது. 2° charrue, bœuf de charrue, paire de bœufs pour labourer, labourage, attelage,paire,couple,beauté: —அடிக்கிறது,—உழுகிறது,—ஓட்டுகிறது labourer; —க்கால்,—க்காற்றடி,—க்கால்த்தடி timon de la charrue; —ச்சீர் instrumens de labourage,instrumens nécessaires pour un ouvrage; —தொடுக்கிறது atteler les bœufs à la charrue; —த்தொழிலர், —த்தொழிலோர் laboureurs; —த்தொழில் labourage, agriculture; —தாழி pièce de bois ronde et de 2 ou 3 pouces de diamètre avec un trou au milieu, où passe la corde dite வடக்கயிறு qui fait baisser ou lever le soc de la charrue à volonté; —ப்பண் instrumens de labourage; —ப்பூட்டு,*ou*;—பூட்டுகிறது atteler les bœufs à la charrue; அவனெத்தனையேருழுகிறான் avec combien de paires de bœufs laboure-t-il? combien de paires de bœufs ou de terres labourables a-t-il?

ஏர்க்கிறது,ர்த்தேன்,ர்ப்பேன்,ர்,ர்க்க,*v.n.et a.P.* ஏற்கிறது, convenir, plaire,recevoir, admettre, accepter, mendier: ஏர்த்துக்கொள்ளுகிறது prendre sur soi,se charger de.

ஏர்பு, élévation, cours journalier [des astres.

ஏர்ப்பு,*V.*ஏற்பு.

ஏர்மை,*V.*ஏர்வை.

ஏர்வாரம்,(ஏர்),*V.*சமவாரம்.

ஏர்வு,*V.*ஏர்பு.

ஏர்வை,(ஏர்), ce qui plait, ce qui convient, charge de bœuf qu'on amène dans une forteresse ou dans les magasins.

ஏல. 1° *inf. d'*ஏலுகிறது, *V.* ஏலவே. 2° *obl.de*

ஏலம், 1° encan, vente publique. 2° *(èlâ), cardamome, amomum, aromate, épice, onguent—, parfum pour les cheveux, nom d'un arbre et d'un arbuste, plante légumineuse dite முதிரை. 3° mot d'encouragement que disent ceux qui trainent...:ஏலக்காய் fruit du cardamome;—க்கோலம் préparatif,préparation, toilette; —ப்பாட்டு chant de gens qui trainent quelque chose; ஏலவரிசி *ou* [grain de cardamome.

ஏலரிசி, (ஏலம், அரிசி), graine—,

ஏலல்,*n.v.d'*ஏலுகிறது,acquiescement,accord, complaisance, possibilité. [fils d'Ilavilâ.

*ஏலவிலன், (èlavila), Koubèren,

ஏலவே,(ஏல,ஏ), avant, auparavant,plutòt,de préférence.

ஏலா, 1° *voc.de* ஏலாள், O!chère compagne.2° *ou*

ஏலாத,*part.nég. d'*ஏலுகிறது, *et d'*ஏற்கிறது,impossible,désagréable, qui ne convient pas: —காரியம் chose impossible, inconvenante;ஏலாத்து ce qui est impossible, désagréable, déplaisant, inconvenant.

ஏலாதார்,*n.app.nég.* (ஏலாத), ennemis,ceux qui ne peuvent pas, ne conviennent pas,ne plaisent pas.

*ஏலாதிகடுகம், (ஏலம், ஆதி), remède composé de cardamome et autres épices.

ஏலாது,*gér.nég. et* 3me *pers.sing. neut.nég. d'*ஏலுகிறது, ne se pouvant pas,ne se peut pas.

ஏலாப்பு,malheur,affliction.

ஏலாமை,*n.v. nég. d'*ஏலுகிறது, impossibilité, désagrément, désaccord, désunion, malheur.

ஏலாள்,*voc.*ஏலா,compagne,amie, ô! chère compagne!

ஏலி,toddi ou vin de palmier.

ஏலுகிறது,ஏன்றேன்,ஏலுவேன், ஏலு *ou* ஏல்,ஏல,*v.n.* (இயலுகிறது),

être possible, propre, convenable, capable, convenir: இதுவுன்னாலேலுமா cela t'est-il possible? peux-tu faire cela?

ஏலுதல், ஏலுகை, *V.* ஏலல்.

ஏலுநன், (ஏலும், நன்), le roi சோழன் de Tanjaour.

ஏலும், 1° *part.fut.et* 3me *pers. fut. neut.d'*ஏலுகிறது, possible, il sera possible. 2° *sync.de* எனினும், quoique.

*ஏலா, (èlâ), cardamome.

ஏல், 1° *sync.d'*எனில், si. Il se joint aux personnes et aux n.v. terminés en து même en supprimant து: நான்செய்தேனேல், செய்ததேல், செய்ததேல் si j'ai fait; வருமேல் s'il arrive. 2° *imp.et part. d'*ஏலுகிறது. 3° coquillage, ressemblance. 4° terminaison de l'imp.nég.: நடவேல் ne marche pas. 5° terminaison de la 2me pers.sing. de l'optatif.

ஏல்விலன், *P.* ஏவவிலன்.

ஏல்வு, *V.* ஏலல்.

ஏல்வை, étang, temps, jour.

ஏவ, *inf.d'*ஏவுகிறது, 1° *obl.de*

ஏவம், 1° faute, crime, réprimande faite au nom de quelqu'un: ஏவங்கேட்கிறது réprimander au nom de quelqu'un, aller au nom de quelqu'un en menacer un autre.

ஏவலாள், (ஏவல், ஆள்), serviteur, porteur de message.

ஏவல், *n.v.d'*ஏவுகிறது, ordre, commandement, instigation, exhortation, inspiration, direction, excitation, suggestion, possession du démon, impératif: ஏவலேபணி ordonner et faire sont la même chose; ஏவவிடுகிறது ordonner; —கொள்ளுகிறது faire obéir, —servir, —exécuter les ordres; —கேட்கிறது, —செய்கிறது obéir, exécuter les ordres, servir; —செய்வோர் serviteurs; —மேவல் obéissance, ordre et travail intérieur; —வாய்பாடு impératif: —விகுதி terminaisons de l'impératif, comme ஆய், மின், உம் et autres semblables; —விடை réponse par un impératif. *Ex.* A cette question: as-tu mangé? répondre: mange toi-même; —வினு interrogation qui ordonne. *Ex.* எழுதுகிறாயோ écristu? —வினை impératif, commandement; ஏவற்காரன், *V.* ஏவலாள்; ஏவற்குணம் possession ou obsession du diable; ஏவற்படி *ou* ஏவலின்படி selon les ordres ou l'inspiration; ஏவற்பணி, ஏவற்றொழில் exécution d'un ordre, service, action de servir; ஏவற்பேய் diable qu'on a envoyé posséder ou obséder quelqu'un.

ஏவறை, rot, vomissement.

ஏவா, ஏவாத, *part. nég. d'*ஏவுகிறது: ஏவாமக்கள்மூவாமருந்து les enfans à qui il n'est pas nécessaire de commander sont une consolation continuelle pour leurs parens.

ஏவாங்கம், la plante அசமதாகம்.

ஏவி, *gér.d'*ஏவுகிறது.

*ஏவிளம்பி, (hè), la 31me année du cycle de 60 ans; elle correspond à 1837 et 1897 de l'ère chrétienne.

ஏவு, 1° peine, affliction, flèche, envoi. 2° *imp.et part. de*

ஏவுகிறது, வினேன், வுவேன், வு, வ, *v.a.* (ஏவு), *ou* ஏவிவிடுகிறது, ordonner, commander, exciter, exhorter, inspirer, diriger, envoyer, suggérer, réveiller.

ஏவுதல், *n.v.du préc.*, ordre, commandement, exhortation, instigation, direction, envoi: ஏவுதற்கருத்தா instigateur, celui qui en excite un autre à agir.

ஏவும், *part.fut.et* 3me *pers.fut.neut. d'*ஏவுகிறது: ஏவும்விடை, *V.* ஏவல்விடை; —வினை verbe causatif, —de commandement; —வினைமுதல், *V.* ஏவுதற்கருத்தா.

ஏவுவான், ஏவுவோன், *n.app.d'*ஏவுகிறது, instigateur, maître, directeur, celui qui ordonne.

ஏழகம், brebis, bélier—, mouton, laineux, bélier rougeâtre.

ஏழத்தனை, (ஏழு, அத்தனை), *ou* ஏழத்தனையாக, 7 fois autant.

ஏழைமை, ஏழைமைத்தனம், *P*, ஏழைமை, pauvreté, misère, bassesse, médiocrité, ignorance, lâcheté: தோழனோடேழைமைபேசேல் ne parlez pas de votre pauvreté même à un ami.

ஏழரைநாட்டைச்சனி, *vulgairement* ஏழரைநாட்டுச்சனி,(ஏழு, அரை, ஆண்டு, சனி), Saturne traversant en 7 ans et demi le 12me, le 1er et le 2me signe du zodiaque.

ஏழன்,(ஏழு), sept, le septième: ஏழனுருபு terminaison du 7me cas,—de l'ablatif de lieu, *i.e.* கண் et les autres mots qui signifient lieu, place.

ஏழாம், (*id.*), septième.

ஏழாவது,(*id.*),septièmement.

ஏழாயிரம்,(*id.*), 7000, sept mille.

ஏழாறு,(*id.*),7 fois 6 ou 42.

ஏழிரண்டு,(*id.*),7 fois 2 ou 14.

ஏழிசை,(*id.*), les 7 sons ou notes, *V.* இசை et சுரம்.

ஏழிலம்பாலை, ஏழிலைம்பாலை, ஏழிலைப்பாலை,(ஏழு, இலை, பாலை), l'arbre echites scholaris qui a 7 feuilles autour de sa tige.

ஏழு, sept. (Quelquefois devant une consonne ஏ devient bref, ou bien ழு se change en ழ். *Ex.* எழுபவம் ou ஏழ்பவம் les 7 prétendues naissances ou renaissances des Indous, எழுபது 70): —கோவை 7 perles enfilées; —நிலைக்கோபுரம் tour à 7 étages; —நிலைமாடம் maison à 7 étages; —புரம் les 7 villes réputées sacrées, savoir: அயோத்தி Aoud: மதுரை Mathourà ou Modra, patrie de Krichna au nord d'Agra; மாயா ou மாயை Mâyé; காசி Bénarès; காஞ்சி Kantchibouram près de Madras; அவந்திகை Oudjein; துவாரகை Dvaraca, capitale de Krichna à l'extrémité du Guzerate; —வகைப்பருவம் les 7 différens âges des femmes selon certains écrivains tamouls. *V.* பருவம்-ஏ

ஏழேழு,(ஏழு,ஏழு), 7 fois 7 ou 49, 7 générations; — தலைமுறை 7 générations suivies de—ou multipliées par 7 autres, 14 ou 49 générations.

ஏழை, pauvre, ignorant, femme: —ச்சனங்கள் les indigens, le pauvre peuple; —யாயிருக்கிறது être pauvre; —யிடும்பு orgueil de mendiant; —யெளியவர்கள் gens pauvres et misérables; — யழுதகண்ணீர்கூரிய வாளுக்கொக்கும் les pleurs des pauvres sont comme une épée tranchante ou affilée.

ஏழைந்து,(ஏழு,ஐந்து), 7 fois 5 [ou 35.

ஏழைமை, ஏழைமைத்தனம், (ஏழை, மை), pauvreté, misère, bassesse, médiocrité, ignorance, lâcheté.

ஏழொன்று,(ஏழு), 7 fois 1 ou 7.

ஏழ், *P.* ஏழு, sept.

ஏழ்ச்சி, *P.* எழுச்சி.

ஏழ்பரியோன்,(ஏழு, பரி), celui dont le char est attelé de 7 chevaux, *i.e.* le soleil (au dire de la fable), celui qui a 7 chevaux.

ஏழ்பவம், *P.* எழுபவம், 7 naissances ou renaissances prétendues de la métempsycose.

ஏழ்பிறப்பு, *P.* எழுபிறப்பு.

*ஏளனம், (hêlana), manque de respect, mépris, dédain, dérision, badinage, caresse, lubricité, renvoi, éloignement.

*ஏளிதம்,(hêlita), mépris, moquerie, pauvreté, nonchalence: —ஆய்ப்பேசுகிறது se moquer, parler avec mépris.

ஏற, *inf. d'*ஏறுகிறது.

ஏறங்கோட்பறை,(ஏறு, அம்), tambour usité dans un pays de forêts.

ஏறல், 1° *n.v. V.* ஏறுதல். 2° *opt. de* ஏறுகிறது.

ஏறா, ஏறாத, *part. nég. d'*ஏறுகிறது: ஏறாமேடு,(ஏறா), hauteur où l'eau—, où l'on ne peut monter, chose qu'on ne peut arranger.

ஏறுங்கடைசி,(ஏறு, ஆம்), fin entière, fin dernière, finalement, enfin.

ஏறனர்,(ஏறு, ஆனர்), héros, braves, guerriers.

ஏறி, *gér. et n. app. d'*ஏறுகிறது, montant, qui monte.

ஏறிடுகிறது,(*sync. de* ஏற, இடுகிறது), appliquer, approcher, obtenir, laisser monter, faire entrer, réduire à une dénomination plus élevée: ஏறிட்டுப்பார்க்கிறது regarder fixement, —en haut.

ஏறிய, *part. de* ஏறுகிறது; — வீரி [mercure sublimé.

ஏறு, *imp. et part. d'*ஏறுகிறது. 2° la 1re constellation dite அசுவதி, le signe du Taureau, tonnerre, foudre, lion, taureau, bœuf, buffle, daim, cerf, les mâles des espèces de cerf dites கவரி et புல்வாய், porc, renard, gayal mâle, le mâle des animaux en général, des conques et des requins, cicatrice: —கடை, —கடைசி fin entière, —dernière; —குதிரை cheval de selle, —qu'on monte; —விடுகிறது lâcher un taureau (afin que celui qui vient conclure un mariage le saisisse; —தழுவல், —தழுவுகிறது saisir—, embrasser le taureau ainsi lâché.

ஏறுகிறது, றினேன், றுவேன், று, ற, v.n. monter, grimper, gravir, escalader, s'élever, surpasser, augmenter, croître, pénétrer, entrer, s'établir: இந்த ஊரிலே நூறு குடிகள் ஏறினார்கள் 100 familles se sont établies dans ce bourg ou dans ce pays; ஏற monter en haut, plus, beaucoup, extrêmement; ஏறக்குறைய, ஏறத்தாழ environ, à-peu-près, plus ou moins, en sens inverse; ஏறக்குறையப்பேசுகிறது injurier, parler d'une manière plus ou moins inconvenante; ஏறப்பெற்ற, ஏறப்பட்ட haut, élevé; ஏறக்கட்டுகிறது bâtir, bâtir dessus, élever, édifier, fortifier, fermer, fermer pour faire hausser; வீட்டையேறக்கட்டுகிறது bâtir une maison; ஏறவிடுகிறது lancer en haut, conduire en pleine mer, —loin du rivage, laisser monter: ஏறவிறங்கப்பார்க்கிறது regarder de la tête aux pieds; ஏறவெடுக்கிறது lever, élever en haut.

ஏறுக்குமாறு, trouble, révolte.

ஏறுசலாகை, (ஏறு), verge ou perche qui s'enfile dans des pièces de bois et les assujettit.

ஏறுண்கிறது, (id.), être élevé.

ஏறுதல், ஏறுகை, n.v. d'ஏறுகிறது, montée, escalade, augmentation, accroissement, élévation, supériorité, entrée.

ஏறுநெற்றி, (id.), front large.

ஏறுபடி, (id.), escalier, marche—, mesure de surcroit, tâvâram de maison.

ஏறுபெட்டி, (id.), vase dans lequel les Sânars descendent le jus des arbres qu'ils montent.

ஏறுபொழுது, (id.), matinée.

ஏறுமாறு, (id.), désordre, trouble.

ஏறுமிராசி, (ஏறும், இராசி), signes ascendans depuis le Capricorne jusqu'aux Gémeaux. [change.

ஏறுவட்டம், (ஏறு), agio, prix du

ஏறுவால், (id.), courte queue, longue queue (de cheval ou de bœuf, qui marque que l'animal est de bonne espèce). [sante de la matinée.

ஏறுவெயில், (id.), chaleur crois-

ஏறுழவர், (id. உழவர்), V. ஏருளர்.

ஏறூர்ந்தோன், (id. ஊருகிறது), celui qui a pour monture un taureau, i.e. Siven.

ஏறெடுக்கிறது, (P. ஏற, எடுக்கிறது), élever, lever, soulever.

ஏற்க, inf. de ஏற்கிறது; ou ஏற்கவே, d'une manière agréable, conformément à, avec joie: ou

ஏற்கனவே, ஏற்க... ஏவே, (ஏற்க), avant, auparavant, d'avance, antérieurement. [து, désagréab. déplaisant.

ஏற்கா, ஏற்காத, part. neg. d'ஏற்கிற

ஏற்கிறது, ற்றேன், ற்பேன் ... று, ற்க, v.n. (ஏலுகிறது), être possible, convenable, propre, bienséant, agréable, convenir, plaire, accepter, recevoir, mendier, demander l'aumône en tendant les mains, s'opposer: இது அவனுக்கேற்கும் ceci lui convient; அவன்செய்கிற தெனக்கேற்காது ce qu'il fait ne me plait pas.

ஏற்குனர், (ஏற்கிறது, உனர்), mendians, ceux qui mendient leur nourriture.

ஏற்குதல், n.v. de ஏற்கிறது, possibilité, convenance, acceptation, acquiescement, mendicité.

ஏற்கும், 3me pers. fut. neut. et part. fut. d'ஏற்கிறது, il—, qui convient, convenable, agréable.

ஏற்கெனவே, P. ஏற்கனவே, auparavant.

ஏற்கை, n.v. d'ஏற்கிறது, propriété, biens, richesses. ‖ V. ஏற்குதல்.

ஏற்படுகிறது, (ஏற்கிறது, படுகிறது), commencer à exister, se présenter, entreprendre, s'engager volontairement à, consentir, entrer dans, être établi, — institué, construire, projeter.

ஏற்படுதல், *n.v.du préc.* entreprise, engagement, consentement, établissement.

ஏற்படுத்துகிறது, *v. a. du même*, susciter, établir, nommer, désigner, mettre en train, —sur pied, engager, faire consentir, aposter, former.

ஏற்பது, *pl.* ஏற்பவை, *n.v. fut.d'* ஏற்கிறது, ce qui est convenable, agréable, demander l'aumône: ஏற்பதிகழ்ச்சி il est honteux de mendier.

ஏற்பாடு, *n.v.d'* ஏற்படுகிறது, coutume, règle établie, loi, consentement, agrément, engagement, convention, entreprise, dessein, préparatifs, choses nécessaires pour une entreprise, (nouveau ou ancien) testament.

ஏற்பிக்கிறது, பித்தேன், பிப்பேன், பி, பிக்க, *v.caus.et* ஏற்பித்தல், *n.v.de* ஏற்கிறது, faire recevoir, rendre propre, convenable, agréable, employer.

ஏற்பு, 1° *n.v.d'* ஏற்கிறது, condescendance, consentement, accord, convenannce, mendicité, action de mendier, aumône reçue. 2° *V.* சீர்ப்பு: ஏற்புளிகோடல் disposer—, présenter dans un ordre convenable, ce qui est un des யுத்தி; ஏற்புறவணிகிறது orner (la mariée) d'une manière convenable.

ஏற்போன், *pl.* ஏற்போர், *n.app.d'* ஏற்கிறது, mendiant.

ஏற்ற, 1° *part. parf. d'* ஏற்கிறது, propre, opportun, convenable, agréable, possible. 2° *adj.de* ஏற்றம். 3° *inf. de* ஏற்றுகிறது: —க்கால் poteau d'une picote, pilier; —க்களிறு, —க்குதிரை éléphant—, cheval que le roi monte; —க்குறைச்சல் moyen terme, à-peu-prés, plus ou moins, l'un portant l'autre, inconvenance, disproportion, manière de parler plus ou moins convenable, manque de respect; — க்கோல் bambou auquel est attaché le seau de la picote; —ச்சால் seau de picote; il est ordinairement de fer, et hémisphérique.

ஏற்றது, (ஏற்ற), chose possible, convenable, ce qui convient, —appartient à une chose.

ஏற்றத்தாழ்ச்சி, (ஏற்றம்), *V.* ஏற்றக்குறைச்சல். ‖ à rebours, devant derrière.

ஏற்றமடல், (ஏற்றம், மடல்), branche de palmier taillée sur laquelle on prétend que les amoureux et surtout les femmes éperdues d'amour montaient et se faisaient trainer pour mourir de la douleur que cela leur causait.

ஏற்றம், *n.v.d'* ஏற்றுகிறது, élévation, montée, augmentation, accroissement, croissance, abondance, crue des eaux, flux, excellence, préférence, louange; *ou* ஏற்றமரம் picote, bascule pour arroser; —மாலை nom d'une pièce de poésie; —மொழி éloge, parole de louanges; ஏற்றமிறைக்கிறது tirer de l'eau—, arroser avec la picote: ஏற்றம்வற்றம் flux et reflux.

ஏற்றரவு, *V.* முகவை.

ஏற்றல், 1° *n.v.de* ஏற்கிறது *et de* ஏற்றுகிறது, mendicité, acceptation, acquiescement, complaisance, convenance, opposition, enseignement, accumulation, action d'entasser, de réveiller, de prendre, de recevoir, d'élever, de jeter, de mendier.

ஏற்றவை, *pl.de* ஏற்றது.

ஏற்றி. *gér.d'* ஏற்றுகிறது.

ஏற்றிருக்கிறது, (ஏற்று), être propre, convenable.

ஏற்றினம், 1° *corr.de* எத்தனம். 2° (ஏறு, இனம்), la race des bœufs.

ஏற்றின், 1° *gér.de* ஏறு. 2° *conditionnel de* ஏற்றுகிறது, si on lève etc..

ஏற்று, 1° *imp.et, part. d'* ஏற்றுகிறது. 2° *gér. d'* ஏற்கிறது. 3° action d'élever, chargement, cargaison, banc fait sur un arbre. 4° *obl.de* ஏறு: —க்கொள்ளுகிறது recevoir, accepter, admettre, prendre sur soi; —க்கொள்ளுதல், —க்கொள்ளல் acceptation, admission; —துறை endroit—, port où l'on charge; —ப்பனை palmier mâle.

ஏற்றுகிறது, ற்றினேன், ற்றுவேன், ற்ற, ற்ற, *v.a.* lever, élever, hausser, faire monter, augmenter, multiplier, additionner, accumuler, empiler, charger, mettre dessus, enseigner, éveiller, prendre, recevoir; ஏற்றிக்கொள்ளுகிறது mettre sur, charger, se charger de; —ச்சொல்லுகிறது appliquer; இதையதின்மேலேற்றிச்சொல்லலாம் on peut faire l'application de ceci à cela.

ஏற்றுகை, ஏற்றுதல், *n.v.* d'ஏற்றுகிறது, élévation, augmentation, accumulation, action de hausser, de charger etc...

ஏற்றுமதி, (ஏற்றுகிறது, மதி), exportation, chargement, cargaison, marchandises exportées: —ச்செலவு frais de chargement; —பண்ணுகிறது, —செய்கிறது exporter, charger.

ஏற்றுவாகனன், (ஏறு, வாகனம்), *V.* ஏறூர்ந்தோன்.

ஏனக்கோடு, (ஏனம், கோடு), la plante வெதுப்படக்கி.

ஏனடா, *f.* ஏனடி, (ஏன், அடா, அடி), hé! pourquoi gueux que tu es?

ஏனமுத்து, (ஏனம்), perle verte qui se forme dans les défenses des sangliers.

ஏனம், 1° porc, sanglier, parasol fait de feuilles de palmier, vase quelconque, la ville d'Yanaon, particule qu'on ajoute à la lettre ஃ pour la prononcer; *d'où* அஃகேனம். 2° *P.* ஏத்தனம், instrument. 3° *(ênas), péché, faute.

ஏனல், épi de blé, millet dit தினை, panicum miliaceum, champ de millet, —semé du millet susdit, autre espèce de millet de couleur verte, et autre espèce dit செந்தினை.

ஏனவாயன், (ஏனம், வாய்), homme simple, benêt, sot, coupable.

ஏனவும், *P.* ஏனையவும், et le reste.

ஏனாதி, officier (d'armée), ministre (de roi), barbier, homme de la caste des Maravers, espèce de remède.

ஏனும், *P.* எனினும்.

ஏனை, 1° anguille. 2° autre, le reste: ஏனைய les autres choses, le reste; ஏனையவர், ஏனையோர் les autres; ஏனையவும் et le reste, et cætera.

ஏன், 1° *P.* எனின், si, si l'on dit. 2° pourquoi, pour quelle raison? Il se met avant le verbe ou après la 3me pers. sing. du fut. masc. pour tous les temps et toutes les personnes. Ex. ஏன்வந்தாய் *ou* நீவருவானேன் pourquoi est-tu venu? ஏனெனில், ஏனென்றால் car, parce que, *litt.* si l'on demande pourquoi; ஏனென்பாரில்லை personne ne demande pourquoi, —ne s'en inquiette; ஏனோ pourquoi? je l'ignore; ஏனோதானோவென்றிருக்கிறது être insouciant. 3° après l'imp. il signifie je vous prie: இப்படிசெய்யுமேன் faites ainsi, je vous prie. 4° terminaison de la 1re pers. sing.

ஏன்ற, *part.* d'ஏலுகிறது: —மாத்திரம் autant que possible.

ஏன்றல், *n.v.* d'ஏலுகிறது, possibilité, convenance, désignation, accord.

ஏன்று, *gér. de* ஏலுகிறது: —கொள்ளுகிறது, défendre, plaider pour, accepter, être possible, convenir.

ஐ

ஐ, 1° la diphthongue aï ou eï dite ஐகாரம், 9me voyelle du Tamoul. A la 1re syllabe des mots cette lettre se prononce aï, et ailleurs eï. Elle peut être remplacée par அய் ou அயி et réciproquement, comme ஐயன் pour அய்யன், தைரியம் pour தயிரியம். Au commencement et au milieu de certains mots elle se met parfois à la place de அ devant ச, ஞ, ய. *Ex.* பைசல pour பசல்; மைஞ்சு pour மஞ்சு; மையல் pour மயல்; அரைசன் pour அரசன்; முழைஞ்சு pour முழஞ்சு; ஆலையம் pour ஆலயம். 2° *adj. sync. de* ஐந்து, cinq; 3° *s.* Dieu, seigneur, prêtre, gourou, précepteur, roi, maître, père, mère, épouse, beauté, toux, phlegme, délicatesse, ténuité, subtilité, son—, expression dont se sert le cornac pour gourmander ou faire marcher l'éléphant. 4° *(aï), Siven. 5° terminaison de l'accusatif. *Ex*. மகனை le fils; மலையை la montagne. 6° particule explétive. 7° particule dite சாரியை, comme எருதொடேற்றை bœuf avec bœuf. 8° terminaison de la 2me pers. du sing. *Ex*. வந்தனை *P*. வந்தாய் tu es venu. 9° terminaison d'un grand nombre de noms substantifs et de noms verbaux, surtout de ceux qui avant கிறது ont அ ou உ qu'ils changent en ஐ. *Ex*. நடக்கிறது marcher, நடை marche; உடுக்கிறது se vêtir, உடை vêtement.

*ஐகாரம், (ஐ), la lettre ou diphthongue aI: ஐகாரக்குறுக்கம் abréviation de la lettre ஐ, ou la lettre ஐ rendue brève.

*ஐக்கம், ஐக்கியம், (aïkya), union, société, communion, association, liaison: ஐக்கியம்பண்ணுகிறது s'unir, s'associer, faire alliance: —ஆயிருக்கிறது, ஐக்கியப்பட்டிருக்கிறது être uni, associé, allié, être en communion; இராசாவோடே ஐக்கியமாயிருக்கிறான் il a fait alliance avec le roi, il est l'allié du roi.

ஐங்கணை, (ஐம்), les 5 flèches fabuleuses de Câmen: —க்கிழவன் ou ஐங்கணையன், (ஐங்கணை), celui qui est armé des 5 flèches, *i. e.* Câmen.

ஐங்கதி, (ஐம், கதி), les 5 sortes de pas ou allures des chevaux; *V.* au mot கதி.

ஐங்கரன், ஐங்கரத்தான், ஐங்கரத்தோன், (ஐம், கரம்), celui qu'on suppose avoir 5 bras, *i.e.* Siven, Vinâyaguen. On donne à celui-ci 4 bras; sa trompe fait le cinquième: ஐங்கரற்கிளையோன் le jeune frère de Vinâyaguen, *i.e.* முருகன் et சுப்பிரமணியர். [maracals.

ஐங்கலம், (ஐம்), 5 calams ou 60

ஐங்காயம், (*id.*), les 5 substances piquantes, savoir: உள்ளி oignon; கடுகு moutarde; சுக்கு gingembre sec; பெருங்காயம் assa fœtida et மிளகு poivre; première conception, embryon du premier enfant: ஐங்காயத்தைலம் espèce d'onguent produit du corps d'un enfant soumis à l'action d'une cuisson toute spéciale; —த்தூள், —வுண்டை, (உண்டை), poudre —, boule composée des 5 substances susdites qu'on donne aux femmes après leurs couches, et parfois aux enfans.

ஐங்குரவர், (ஐம்), les 5 personnes considérées comme pères, maîtres ou tuteurs, savoir: le roi, le prêtre ou gourou, le maître d'école, le père, le frère aîné. [*V*. அரசர்க்குக்குழு.

ஐங்குழு, (ஐம்), les 5 compagnies.

*ஐசானம், *P*. ஈசானம்.

*ஐசானி, (ஈசானம்), l'éléphant du nord-est.

*ஐசானியன், *P*. ஈசானியன்.

*ஐசுவரியம், (aïsvarya), richesses, opulence, prospérité, bonheur: —உள்ளவன் ou ஐசுவரியவான், (ஐசுவரியம்), homme riche, opulent.

ஐஞ்சீர், (ஐம்), 5 pieds de vers.

ஐஞ்ஞானத்தகம், méditer en comprimant ses 5 sens.

ஐஞ்ஞூறு, *P*. ஐந்நூறு.

*ஐட்டிகம், ஐஷ்டிகம், (aïchtika), cérémonie du sacrifice dit ஓமம்.

ஐணம், (ஏணம்), antilope, cerf, peau de cerf.

ஐதி, ஐதிகம், ஐதீகம், (இதி, itiha), tradition, coutume établie, imitation, initiation; ou ஐதிகப்பிரமாணம், ஐதியளவை témoignage traditionnel, adhésion—, croyance à ce témoignage. [serrée.

ஐது, petitesse, chose petite, —peu

ஐந்தடக்கல், ஐந்தடக்கிறது, (ஐந்து), répression des 5 sens.

ஐந்தடிவிருத்தம், (*id*. அடி), 1° strophe ou விருத்தம் de 5 vers. 2° *V*. தரவுகொச்சகம்.

ஐந்தரம், 1° ce qui est beau, largeur, ce qui n'est pas étroit, palmier. ‖*V*. மந்தம். 2° (ஐம்), 5 fois.

ஐந்தரு, (ஐம்), les 5 arbres fabuleux du சுவர்க்கம், savoir: அரிச்சந்தனம், கற்பகம், சந்தானம், பாரிசாதம், மந்தாரம். Les gentils prétendent que ces arbres accordent tout ce qu'on demande: —நாதன் le maître prétendu de ces 5 arbres, *i.e.* Indiren.

ஐந்தலைநாகம், (*id.* தலை), serpent fabuleux à 5 têtes.

*ஐந்தவம், (aïndava), la 5me constellation.

ஐந்தவித்தல், ஐந்தவிக்கிறது, (ஐந்து), réprimer ses 5 sens.

ஐந்தறிவுயிர், (*id.* அறிவு), être vivant doué des 5 sens.

ஐந்தன், (*obl. de* ஐந்து), cinquième: ஐந்தனுருபு la terminaison du 5me cas ou l'ablatif en இல் ou இன்.

ஐந்தாம், (ஐந்து, ஆம்), cinquième.

ஐந்தாவது, (*id.* ஆவது), cinquièmement.

ஐந்தார், palmier, borassus.

ஐந்தானம், (ஐந், தானம்), la 5me constellation.

ஐந்திணை, (ஐம்), 1° les 5 espèces de pays, de sol ou de terrain, savoir: குறிஞ்சி pays ou sol montagneux; பாலை pays ou sol stérile; முல்லை pays de forêts; மருதம் pays ou sol cultivé; நெய்தல் pays maritime ou terre salée. 2° passion de l'amour, amour lascif, 5 espèces ou phases d'amour lascif, ou 5 états par où il fait passer; —ச்செய்யுள் le 6me des பிரபந்தம், pièce de poésie dans laquelle on décrit les 5 espèces de terrains, et leur analogie prétendue aux 5 phases de la passion de l'amour.

*ஐந்திரம், (இந்திரன்), 1° ou ஐந்திரவியாகரணம் grammaire sanscrite d'Indiren. 2° traité d'architecture d'Indiren, le 26me des 27 யோகம், celui des points cardinaux auquel Indiren est censé présider, *i.e.* l'est.

*ஐந்திரன், (*id.*), Indiren, le singe Vâli et Aroutchounen, (tous deux fils d'Indiren).

*ஐந்திரி, (*id.*), l'épouse d'Indiren, l'est, (auquel Indiren est censé présider.)

*ஐந்திரியம், (இந்திரியம்), sens, les sens, nom d'un livre.

*ஐந்திரிய, *adj.* (ஐந்திரியம்), sensitif, des sens.

ஐந்து, *gén.* ஐந்தின், cinq. Dans les composés il se change en ஐ *ou* ஐம்: ஐந்துப்பு les 5 espèces de sels, savoir: கறியுப்பு sel de cuisine; கல்லுப்பு sel en bloc; வெடியுப்பு salpêtre; இந்துப்பு sel de roche; வளையலுப்பு fiel de verre, fel vitri; —முகத்தோன், *V.* ஐமுகன்; ஐந்துருவாணி, *V.* அஞ்சுருவாணி; ஐந்துலோகம் les 5 métaux; —வாயில் les 5 portes des sens.

ஐந்தை, 1° *acc. de* ஐந்து. 2° *V.* சிறுகடுகு.

ஐந்தொகைவினா, (ஐம், தொகை), question d'arithmétique composée de 5 termes, sorte de compte ou de règle d'arithmétique.

ஐந்தொழில், (ஐம்), les 5 opérations divines, (selon les Indous), savoir: சிருட்டி création; திதி conservation ou rédemption; சங்காரம் destruction; திரோதானம் secret; அநுக்கிரகம் miséricorde.

ஐந்நான்கு, (ஐம்), 5 fois 4 ou 20.

ஐந்நூறு, (*id.*), cinq cents, 500.

ஐப்பசி, la 1re constellation, le mois d'octobre, *i.e.* le mois qui comprend une partie d'octobre et de novembre.

ஐமிச்சம், *V.* ஐயம்.

ஐமீன், (ஐ), les 5 étoiles, nom donné à la 4me et à la 13me constellation.

ஐமுகன், (ஐ, முகம்), celui qui, (selon la fable), a 5 visages, *i.e.* Siven.

ஐமுகாஸ்திரம், (*id.* அஸ்திரம்), flèche à 5 pointes.

[*V.* ஐமுகன்.

ஐமுகி, (ஐ, முகம்), ricin sauvage.

ஐமை, resserrement, étroitesse, abondance, foule, portion, taxe; *ou* —வடிவு plaque de métal, plaque.

ஐம், *adj. de* ஐந்து, cinq.

ஐம்பது, (ஐம், பத்து), cinquante: ஐம்பதாம் 50me; ஐம்பதாவது cinquantièmement; ஐம்பத்தொன்று 51.

ஐம்பருத்தி, (ஐம்), espèce de cotonnier, —d'arbuste.

ஐம்பால், (ஐம்), 1° les 5 genres tamouls, qui sont: le masculin singulier, le féminin singulier, le neutre singulier, le masculin et le féminin pluriels, et le neutre pluriel. 2° cheveux de femme. 3° *V.* ஐவகைமயிர்முடி.

ஐம்புலம், ஐம்புலன், (ஐம்), 1° les 5 sens, les 5 objets des sens, savoir: சுவை le goût; ஒளி la lumière, la vue; ஊறு le toucher; ஓசை le son; நாற்

றம் l'odorat, l'odeur. Les mots sanscrits correspondans sont ரசம் ou ரூபி le goût; ரூபம் la forme; ஸ்பரிசம் le toucher; சத்தம் le son; கந்தம் l'odeur. (Pour les 5 organes des sens, V. ஐம்பொறி). 2° sorte d'arsenic composé: ஐம்புலவிடயன், (விடயம்), homme marié,—qui jouit des 5 sens; ஐம்புலனடக்கல் répression des 5 sens;—விழைவுறான் ermite, homme mortifié, qui ne désire point les jouissances des 5 sens; ஐம்புலம்—, ஐம்புலன்வென்றோன் homme mortifié, celui qui a réprimé ses 5 sens, ermite, religieux, Arouguen, arsenic préparé dit aussi பஞ்சபக்ஷிபாஷாணம்; ஐம்புலத்தடங்கான் celui qui ne tombe pas sous les 5 sens, i. e. Dieu; ஐம்புலனுகர்ச்சியினிறப்பன-இ les 5 espéce d'êtres qui trouvent la mort dans les jouissances de quelqu'un des 5 sens, savoir: les poissons par le goût சுவை, en mordant à l'hameçon; les insectes ailés dits வண்டு par les odeurs fortes நாற்றம்; les éléphans par le tact ஊறு, i. e. en s'accouplant; l'oiseau அசுணம் par un grand bruit இசை; les papillons par la lumiére ஒளி, en se jettant sur les lampes ou flambeaux.

ஐம்புலாதி, (ஐம், புலம், ஆதி), les 5 sens, grand désir.

ஐம்பூதம், ஐம்பூதியம், (ஐம்), les 5 élémens des Indous, V. பஞ்சபூதம்: ஐம்பூதவிலிங்கம் les 5 formes sous lesquelles les élémens sont adorés, V. பஞ்சலிங்கம் au mot இலிங்கம்.

ஐம்பொறி, (ஐம்), les 5 organes des sens, les 5 sens, savoir: மெய் le corps, le toucher; வாய் la bouche, le goût; கண் l'œil, la vue; மூக்கு le nez, l'odorat; செவி l'oreille, l'ouie; ஐம்பொறிநுகர்ச்சி jouissance des 5 sens; —யடக்கான் celui qui ne réprime pas ses 5 sens, homme marié; —யடக்கி celui qui réprime ses 5 sens, religieux, ermite, homme mortifié; —விடயம் objets perçus ou connus par les 5 sens. Voyez les au mot ஐம்புலம்.

ஐம்பொன், (ஐம்), les 5 métaux, savoir: பொன் l'or; வெள்ளி l'argent; செம்பு le cuivre; இரும்பு le fer; ஈயம் le plomb.

ஐம்முகப்பிரமன், (ஐம், முகம்), Brama à 5 visages ou à 5 têtes, l'antique Brama, qui avait 5 têtes avant que Siven lui en coupât une, parce qu'il avait abusé de la femme de ce dernier.

ஐம்மூன்று, (ஐம்), 5 fois 3, ou 15.

ஐய, 1° *adj. de* ஐ, beau. 2° *voc. de* ஐயன், ô maitre, ô père, monsieur. 3° *int. d'admiration*, oh, oh!

ஐயகோ, (ஐய, கோ), V. ஐயோ.

ஐயக்கனருலே, (ஐயம், கனம்), goutte provenant de phlegme et de chaleur.

ஐயக்காட்சி, (ஐயம்), doute, vue incertaine,—douteuse, où on ne distingue pas clairement l'objet aperçu, de sorte qu'on ne saurait dire si c'est un pieu ou un homme.

ஐயக்கிளவி, (*id.*), expression de doute.

ஐயங்கவீனம், (*id.* கவீனம்), beurre frais.

ஐயங்காய்ச்சி, (*id.* காய்ச்சுகிறது), nom d'une prétendue déesse et d'une maladie.

ஐயங்கார், (ஐயம், கார்), chef de brames, brame Vichnouviste.

ஐயஞ்சு, (ஐ, அஞ்சு), 5 fois 5, ou 25, la plante நிலப்பனைக்கிழங்கு curculigo.

ஐயநாடி, (ஐயம்), pouls phlegmatique, le 3me நாடி selon les Indiens.

ஐயபூளி, (*id.*), gros sable.

ஐயப்பாடு, (*id.*), doute, hésitation.

ஐயம், doute, (les Indous le comptent parmi les 3 obstacles au முத்தி ou à la béatitude finale), hésitation, crainte, scrupule, vue incertaine,—non distincte des objets, vase de mendiant, aumône, phlegme, lait de beurre; ஐயப்படாமை exemption de doute, assurance, une des 8 qualités de la vertu, *n. v. nég. de*—, ஐயப்படுகிறது,—ப்படுதல் douter, hésiter, craindre; ஐயமறுக்கிறது éclaircir un doute, trancher une difficulté; —இடுகிறது donner l'aumône; —உறுதி

றது concevoir un doute,douter, hésiter;—உற்றேன் j'ai douté, j'ai hésité;—மேலிடுகிறது être dans une grande crainte, —dans un grand doute, la crainte—, le doute l'emporter, le phlegme causer le râle dans la gorge d'un mourant;—புக்கினும்செய்வினைசெய் bien qu'il vous vienne quelque doute, ou quoique vous demandiez l'aumône accomplissez vos devoirs.

ஐயர்,pl.d'ஐயன்,brames, titre honorifique qu'on ajoute au nom des brames, grands personnages, sages, ermites, religieux,anciens, habitans des cieux,les dieux de la fable.

ஐயவணி, (ஐயம், அணி), figure qui exprime le doute entre un objet et sa ressemblance.

ஐயவி,grain de moutarde.

ஐயவிலக்கு, (ஐயம்), fig. de rhét. qui éloigne le doute.

ஐயவினா, (id.), question qui exprime un doute.

ஐயவும்மை,(id. உம்மை), le mot உம் (et) exprimant le doute, comme:பத்தாயினுமெட்டாயினுங்கொடு qu'il y en ait 8 ou 10, donne les, ou donnes-en au moins 8 ou 10.

ஐயவுவமை,(ஐயம்,உவமை), figure qui exprime le doute entre la chose comparée et celle à laquelle on la compare.*Ex.* முகமோமலரோவறியேம் est-ce un visage, est-ce une fleur?nous l'ignorons.

ஐயறிவுயிர்,(ஐ,அறிவு,உயிர்),être qui a 5 sens.

ஐயனார், *hon. de* ஐயன், Ayénar, dont les Indous ont fait un dieu tutélaire,le gardien des forêts; *V.* அரிகரபுத்திரன்,et சாத்தன்.

ஐயன்,père,prêtre,gourou,ancien, supérieur, maître d'école, précepteur,Arouguen, Ayénar ou அரிகரபுத்திரன்.

ஐயா,1° *gén.* ஐயாவின், seigneur, père.2° *voc.d'*ஐயன்,monsieur, maître, précepteur....

ஐயகோ, *V.* ஐயோ. [le.

ஐயாயிரம்,(ஐ,ஆயிரம்), cinq mille.

ஐயாநநம், ஐயானனம், (*id.* ஆநநம்), figure de roi, etc... beau visage, lion. [ஐமுகன்.

ஐயாநநன், ஐயானனன்,(*id.*), *V.*

ஐயிதழ்த்துத்தி, (ஐ, இதழ்), espèce de துத்தி ou mauve à 5 feuilles.

ஐயிரண்டு,(ஐ),5 fois 2,ou 10.

ஐயுறல்,ஐயுறுதல்,ஐயுறவு, (ஐ,*P.*ஐயம்,உறல்...) crainte, doute, soupçon:ஐயுறவாயிருக்கிறது *ou*

ஐயுறுகிறது, ற்றேன், றுவேன், று,ற,*v.n.*(ஐ, *P.* ஐயம், உறுகிறது), craindre,douter,soupçonner.

ஐயுறுத்துகிறது,*v.a.du préc.*faire craindre, inspirer des doutes, des soupçons.

ஐயுற்ற,*part.d'*ஐயுறுகிறது: —கிளவி mot qui exprime le doute.

ஐயெனல்,ஐயென்கிறது, (ஐ, எனல்), dire aï,ce qui est un signe de vitesse,se hâter, être terminé en ஐ, d'où ஐயென, ஐயென்று vite, à la hâte: ஐயென்னும்வேற்றுமை le cas terminé en ஐ,l'accusatif.

ஐயை,*f. de* ஐயன், (les prétendues déesses épouses de Siven), Parvadi, Kâli et Dourguei,religieuse, femme pénitente,maitresse, supérieure, fille. [25.

ஐயைந்து,(ஐ,ஐந்து), 5 fois 5, ou

ஐயையோ,*V.* ஐயோ. [ou 5.

ஐயொன்று, (ஐ, ஒன்று), 5 fois 1,

ஐயோ, interjection de douleur, de compassion et d'étonnement, hélas! ho! ha!: ஐயோவென்கிறது se lamenter; ஐயோபாவமே hélas! quel péché! உனக்கையோ malheur à toi! [ராணி.

*ஐராணி,*P.*இந்திராணி,*V.* அயி

*ஐராவணம், (aïravana),*V.* அயிராபதம்.

*ஐராவதம், (aïravata,) l'éléphant d'Indiren,—de l'est,orange.‖*V.*தோடை.

ஐவகை,(ஐ), 5 espèces,5 sortes:—ப்பொழுது 5 espèces de temps ou 5 parties du jour de 12 நாழிகை chacune,ce sont en commençant au lever du soleil காலை, நண்பகல், மாலை,யாமம்,வைகறை. Cette division ne s'accorde pas avec celle en 6 parties ou அறுபொழுது qui a de plus le ஏற்பாடு; —ப்பொன், —யுலோகம், V. ஐம்பொன்; —மயிர்முடி les 5 manières dont les femmes arrangent leurs cheveux, savoir: முடி cheveux noués sur le haut de la tête; கொண்டை cheveux noués sur le côté de la tête; சுருள் cheveux noués par derrière; குழல் cheveux entortillés en rouleau par derrière; பனிச்சை cheveux cordonnés et [pendans.

ஐவசு, V. பதில்.

ஐவணம், ஐவணி, l'arbrisseau மருதோன்றி.

ஐவணை, (ஐ, அணை), 5 paires de [bœufs.

ஐவண்ணமணி, (ஐ, வண்ணம்), pierre précieuse de 5 couleurs, espèce de rubis.

ஐவர், (ஐந்து), 5 personnes, les 5 sens, ou organes des sens, les 5 fils du roi பாண்டு nommés தருமன், வீமன், அருச்சுனன், நகுலன், சகதேவன்; ce sont les héros du Paradam: ஐவருக்குந்தேவி la femme de ces 5 frères (à la fois) *i. e.* la célèbre துரோபதை.

ஐவவ்வால், (ஐ), 5 espèces de chau-[ves-souris.

ஐவனம், riz des montagnes.

ஐவாய்மிருகம், (ஐ, வாய்), ours, lion.

ஐவிரல், (ஐ), les 5 doigts, la 13me constellation désignée par une main, et contenant 5 étoiles.

ஐவிரலி, } (ஐ), la plante bryonia
ஐவேலி, } laciniosa.

ஐவேசு, moyen, aisance, chemin, manière.

ஐவைந்து, (ஐ, ஐந்து), cinq à cinq.

ஐவைவர், (*id.*), cinq à cinq.

ஒ

ஒ, 1° o bref dit ஒகரம், la 10e voyelle de l'alphabet tamoul. Lorsque cette voyelle se joint à une consonne elle est remplacée par ces 2 signes (ெ ா) entre lesquels se met la consonne. *Ex.* கொ co, சொ so. Mais ண், ற், et ன், joints, à cette voyelle font ணொ, றொ, னொ. 2° *imp. d'* ஒக்கிறது.

ஒகரம், (ஒ), l'o bref, paon.

ஒக்க, *inf. d'* ஒக்கிறது.

ஒக்கம், hauteur, élévation, village, bourg, ville, rivage.

ஒக்கலர், ஒக்கலார், (ஒக்கல்), parens.

ஒக்கலிக்கிறது, லித்தேன், லிப்பேன், லி, லிக்க, *v.a.* (ஒக்கல்), rassembler sa parenté, en observer ou faire observer les régles, —les usages.

ஒக்கலை, (ஒக்கல்), hanche, os de la hanche, flanc, côté.

ஒக்கல், *opt. et n. v. d'* ஒக்கிறது, ressemblance, égalité, action de coudre deux pièces de toile ensemble, famille, tribu, parenté, affinité, côté, flanc, hanche, ceinture, milieu du corps, glutœus medius, réunion, habitation, habitant: —இடுகிறது, V. ஒக்கலிக்கிறது; —போற்றுகிறது, —போற்றல் soutenir—, entretenir sa parenté, une des 10 qualités des [cultivateurs.

ஒக்களை, P. ஒக்கலை.

ஒக்கிறது, ஒத்தேன், ஒப்பேன், ஒ, ஒக்க, *nég.* ஒவ்வேன், *v.n.* être semblable, —pareil, égaler, ressembler, convenir (avec le dat. l'abl en ஒடு et l'acc.): ஒக்க, avec, ensemble, également, pareillement, entièrement, beaucoup: —ப்போகிறது aller ensemble, —de compagnie.

ஒக்குகிறது, *v.a. et n.* ஒக்குதல், *n.v.* se gargariser, lancer, laisser derrière, ressembler, se retirer.

ஒக்கும், 3me *pers. neut. et part. fut. d'* ஒக்கிறது, il—, qui ressemble, convient, —est convenable, juste, à propos: இது அதற்கு, —அதனோடு—, அதையொக்கும் ceci ressemble à cela.

ஒக்கோலை, ambre.

ஒஃகல், V. ஒதுங்கல்.

ஒசிகிறது, சிந்தேன், சிவேன், சி, சிய, *v.n.* se remuer, s'agiter, branler, se briser, se rompre, plier, se tordre.

ஒசிக்கிறது, சித்தேன், சிப்பேன், சி, சிக்க, *v.a. du préc.* agiter, remuer, ébranler, rompre, briser, tordre.

ஒசிதல், *n.v. d'* ஒசிகிறது, motion, agitation, brisure, action de se remuer etc…

ஒசித்தல், *n.v. d'* ஒசிக்கிறது, action d'agiter etc… contorsion.

ஒச்சந்தம், P. உச்சந்தம்.

ஒச்சம், attention, attention à écouter. ‖ V. ஒச்சியம்.

ஒச்சிக்கிறது, ச்சித்தேன், ச்சிப்பேன், ச்சி, ச்சிக்க, v.n. et ஒச்சித்தல், n.v. (ஒச்சம்), avoir honte.

ஒச்சியம், (ஒச்சம்), plaisanterie—, expression lascive, mépris, honte:— ஆயிருக்கிறது être méprisable;— பேசுகிறது, —சொல்லுகிறது plaisanter d'une manière lascive.

ஒச்சை, attention à écouter.

ஒஞ்சட்டை, ce qui est rétréci,— maigre, maigreur, petitesse, chose méprisable, déliée, mince.

ஒஞ்சரி, *imp. et part. fut. d'*ஒஞ்சரிக்கிறது:— தீர்ப்பு jugement partial; — தீர்ப்புபண்ணுகிறது juger avec partialité; — வழக்கு procès où il entre de la partialité.

ஒஞ்சரிக்கிறது, ரித்தேன், ரிப்பேன், ரி, ரிக்க, *et* ஒஞ்சரித்தல், *n.v.* (ஒஞ், *P.* ஒரு), laisser une porte entr'ouverte, aller de côté,—sur le côté, pencher d'un côté: ஒஞ்சரித்துப்படுக்கிறது se coucher sur le côté.

ஒஞ்சி, sein, mamelle, teton:—கொடுக்கிறது donner à teter; —யுண்கிறது teter.

ஒஞ்சிக்கிறது, சித்தேன், சிப்பேன், சி, சிக்க, *v.n. et* ஒஞ்சித்தல், *n.v.* (*P.* ஒச்சிக்கிறது), *ou* ஒஞ்சுகிறது, ஞ்சினேன், சுவேன், சு, ச, *v.n. et* ஒஞ்சுதல். *n.v.* avoir honte, réprimer sa volonté, se contenir.

ஒடி, 1° *imp. et part. d'*ஒடிகிறது *et d'*ஒடிக்கிறது. 2° fronde.

ஒடிகிறது, டிந்தேன், டிவேன், டி, டிய, *v. n. et* ஒடிந்துபோகிறது, se briser, se casser, se rompre, se fendre, être brisé.

ஒடிக்கிறது, டித்தேன், டிப்பேன், டி, டிக்க, *v.a. du préc.* briser, casser, rompre, briller. [ture.

ஒடிசல், (ஒடிகிறது), brisure, frac-

ஒடிசில், (ஒடி, சில்), fronde.

ஒடிதல், V. ஒடிவு.

ஒடித்தல், *n.v. d'*ஒடிக்கிறது, fracture, rupture, splendeur.

ஒடியல், (ஒடிகிறது), éclat—, morceau du jet de jeune palmier, ce qui a été brisé. ‖ *ou*

ஒடிவு, *n.v. d'*ஒடிகிறது, fracture, cassure, brisure, rupture.

ஒடு, l'arbre andrachne orbiculata, pus d'une plaie, état d'une plaie qui semble guérie, mais qui cache du pus à l'intérieur, quille de navire, terminaison de l'ablatif de société qui signifie avec, particule explétive. ‖ V. ஒடுக்கட்டி:—பாய்கிறது,—வடிகிறது le pus couler.

ஒடுக்கட்டி, (ஒடு), loupe, tumeur dure. furoncle sous l'aisselle.

ஒடுக்கம், (ஒடுங்குகிறது), retraite spirituelle, modestie, retenue, recueillement, respect, retraite, lieu caché, lieu étroit, action de cacher, de se cacher, rétrécissement, compression, fin, moyen;— ஆயிருக்கிறது être étroit, serré, fermé, à l'étroit; — இல்லாத immodeste, sans retenue; ஒடுக்கநாள் jour ou le temps est lourd, jour—. temps de détresse, — difficile; ஒடுக்கவணக்கம் respect et vénération, hommage respectueux, obéissance respectueuse; ஒடுக்கத்திலிருக்கிறது être dans la détresse, être en retraite (spirituelle).

ஒடுக்கிடம், (ஒடுக்கு), place étroite, retraite, lieu de refuge, lieu—, coin retiré.

ஒடுக்கு, 1° *imp. et part. d'*ஒடுக்குகிறது. 2° ce qui est retiré, — étroit, coin, retraite, refuge: — துண்டு pièce—, morceau mis pour boucher un trou...

ஒடுக்குகிறது, *sync.* ஒடுக்கிறது, க்கினேன், க்குவேன், க்கு, க்க, *v.a. d'*ஒடுங்குகிறது, serrer, comprimer, resserrer, diminuer, rétrécir, restraindre, retenir, réprimer, assujétir, ranger dans un coin, vexer, opprimer, payer les impôts: ஒருகட்டைவொடுக்கிக்கட்டுகிறது serrer davantage un paquet.

ஒடுக்குதல், *n.v. du préc.* resserrement, rétrécissement, répression, retenue. oppression, vexation, diminution, payement d'impôt.

ஒடுக்குவாய், 1° (ஒடுக்கு), bouche étroite, —tordue, —de côté. 2° 2me pers. fut. d'ஒடுக்குகிறது.

ஒடுங்கல், n. v. d'ஒடுங்குகிறது.

ஒடுங்கி, 1° ger. du suiv. 2° l'animal qui se renferme dans son écaille, i. e. la tortue.

ஒடுங்குகிறது, sync. ஒடுங்கிறது, கினேன், குவேன், கு, க, v. n. d'ஒடுக்குகிறது, se retirer, se mettre à côté, se dévoyer, se rétrécir, se cacher, être renfermé, contenu, obéissant, soumis, s'humilier, s'affaiblir, diminuer, s'amoindrir, maigrir: ஒடுங்கிவருகிறது devenir pauvre, se soumettre; ஒடுங்கப்பண்ணுகிறது soumettre, opprimer, appauvrir.

ஒடுங்குண்கிறது, ஒடுங்குண்டிருக்கிறது, v. c. ஒடுங்குண்ணல், n. v. (ஒடுங்குகிறது, உண்கிறது), être resserré, affligé, opprimé, pressé, à l'étroit. [ங்குகிறது.

ஒடுங்குகை, ஒடுங்குதல், n. v. d'ஒடு

ஒடுதடங்கல், (ஒடு), ce qui est courbé, tortu, tortueux, non droit.

ஒடுவடக்கி, (id. அடக்கி), la plante குப்பைமேனி, et l'herbe—, l'arbre திராய். [tum.

ஒடை, l'arbre உலவை combre-

ஒட்ட, inf. d'ஒட்டுகிறது, près, proche, court, à la racine, étroitement: —அறுக்கிறது couper court: —ப்போடுகிறது faire mourir de faim, joindre, coller, plaquer.

ஒட்டகம், chameau: ஒட்டகக்கலணை harnais de chameau; —ப்பாரை le poisson scomber aculeatus.

ஒட்டங்கி, un instrument de fondeur, d'ouvrier en cuivre.

ஒட்டச்சி, 1° f. d'ஒட்டன். 2° V. உழைமண்.

ஒட்டடிக்கிறது, (ஒட்ட, அடிக்கிறது), affamer, faire mourir de faim.

ஒட்டடை, (ஒட்டும், அடை), suie, toile d'araignée.

ஒட்டத்தி, 1° f. d'ஒட்டன். 2° sync. de ஒட்டுத்துத்தி.

ஒட்டம், demi-cône de terre que les creuseurs d'étangs etc... laissent pour montrer la profondeur de leur ouvrage, ce qu'on met pour arrêter une voie d'eau, contrat, stipulation, tuile, gageure, chose gagée, morceau pour raccommoder un habit: —வைக்கிறது, —ஒட்டுகிறது faire une ga- [geure.

ஒட்டர், pl. d'ஒட்டன்.

ஒட்டலன், (ஒட்டு, அலன்), homme maigre, ennemi. || V. ஒரலன்.

ஒட்டல், n. v. d'ஒட்டுகிறது, action de coller, etc..., union, adhésion, permission, consentement, rétrécissement, desséchement, attaque: ஒட்டற்காது oreille courte, —raccourcie.

ஒட்டறை, P. ஒட்டடை, suie.

ஒட்டன், f. ஒட்டச்சி ou ஒட்டத்தி, homme de la caste des ஒட்டர், —qui creuse les puits et les étangs, —qui bâtit des murs de terre, —qui travaille à la terre.

ஒட்டா, ஒட்டாத, part. nég. d'ஒட்டுகிறது: ஒட்டாக்கொற்றி, vache qui ne se laisse pas traire. [ரை.

ஒட்டாம்பாரை, P. ஒட்டகப்பா

ஒட்டாரம், obstination, opiniâtreté: —ஒட்டுகிறது, —செய்கிறது s'obstiner; ஒட்டாரக்காரன் un opiniâtre. [statue de pierre.

ஒட்டாவுருவம், (ஒட்டா, உருவம்),

ஒட்டான், pl. ஒட்டார், n. app. nég. de ஒட்டுகிறது, ennemi.

ஒட்டி, 1° un poisson, ce qui s'attache, ce qui fait un. 2° gér. d'ஒட்டுகிறது: —க்குவான் nom d'une herbe; —க்கொள்ளுகிறது se coller, s'attacher à, adhérer, s'unir, s'accorder; மணல்—, கால்—, பொடிஒட்டிக்கொள்ளுகிறது les pieds brûler en marchant sur le sable ou le gravier échauffé par le soleil; —ப்போகிறது aller ensemble, se coller à, languir, dépérir, maigrir; —யிருக்கிறது être collé, attaché, s'attacher; —வருகிறது venir avec, ensemble, approcher avec modestie, se joindre: —வைக்கிறது coller, plaquer, joindre, unir. [au double, deux pour un.

ஒட்டிக்கிரட்டி, (ஒட்டி, இரட்டி),

ஒட்டிக்கிறது, sync. d'ஒட்டிக்கொள்ளுகிறது, se coller, s'attacher à: வெய்யிலிலடிபொட்டிக்கிறது les pieds brûler sur le sable qui s'y attache étant échauffé par le soleil.

ஒட்டிய,1° *P.* ஒட்டின, *part. parf. d'*ஒட்டுகிறது.2° *obl.d'*ஒட்டியம்:—க்கரு objets qui servent à la sorcellerie,qui en sont comme les embryons;—புண் mal —, éruption contagieuse;—மேளம் espèce de tambour, tambour d'ஒட்டியர்.

ஒட்டியம், (ஒட்டன்). espèce de sorcellerie,pays —,langue des ஒட்டர் (ou gens qui creusent les puits et les étangs),au nord de Madras.

ஒட்டியர்.(ஒட்டியம்). habitans du susdit pays, joueurs de cor, de trompette et de tambour.

ஒட்டியாணம், sorte de bijou, ceinture d'or ou d'argent à l'usage des femmes de l'Inde,ceinture tressée à l'usage des pénitens, des yoguis ou philosophes: —போட்டிருக்கிறது porter une telle ceinture;—போட்டிருக்கிறவன் homme assis sur ses jarrets ayant sa toile passée autour de ses reins et de ses genoux.

ஒட்டியாதேவி,nom d'une prétendue déesse.

ஒட்டினன்,*n.app.du parf. d'*ஒட்டுகிறது, ami. allié.

ஒட்டு,1° *imp. et part. d'*ஒட்டுகிறது.2° union,jonction,glu,gui,proximité,tranchée ,retranchement,détachement,ordre de bataille,petit pendant d'oreille,vœu,promesse,succès, avantage,cachette, piége, chaume, petit tinnei ou banc de terre ou de pierre pour s'asseoir sur le devant d'une maison, fig. de rhét. qui consiste à cacher la chose que l'on pense et à dire quelqu'autre chose qui peut en faire découvrir le sens:ஒட்டிடுகிறது ou ஒட்டிட்டுக்கொள்ளுகிறது vouer,faire un vœu; ஒட்டுடந்தை, *V.* உரித்து droit, propriété; ஒட்டுக்கண், sorte de mal d'yeux; —க்காய்ச்சல் fièvre contagieuse,—qui s'attache au corps: —க்காய்ச்சலாய்க்காய்கிறது avoir une fièvre contagieuse;ஒட்டுக்கு,(*dat.d'*ஒட்டு), ensemble;ஒட்டுக்குஞ்சு petits poux; —க்குடி maison de louage, d'emprunt,de retraite;—க்கேட்கிறது,—கேட்டல் écouter à la dérobée, —à la sourdine;—க்கொடுக்கிறது laisser,permettre,consentir,donner place,—lieu;—ச்செடி la plante மீனஞ்சு:—த்திண்ணை petit tinnei,banc de terre ou de pierre pour s'asseoir devant une maison;—த்திட்டுக்கலப்பு consanguinité,parenté: —த்துத்தி la plante urena sinuata dont la graine s'attache aux habits;—த்தையல் raccommodage,ravaudage: —ப்பணம் argent promis;—ப்பார்க்கிறது espionner,épier,—l'occasion,s'aventurer, hasarder; —ப்புல் l'herbe panicum verticillatum; —ப்போடுகிறது joindre,raccommoder, rapiéceter, être aux aguets, en embuscade; —மயிர் cheveux courts, —qui repoussent après avoir été coupés;—விசேஷம் chose entendue à la sourdine;—விடுகிறது,—விட்டுப்போகிறது être séparé,se séparer, se désunir;—வித்தை espèce de jonglerie, de tour de force; —வியாதி maladie contagieuse;—விலங்கு fers étroits de prisonniers; —வேலை marqueterie, ouvrage plaqué; —வைக்கிறது faire serment, jurer, faire une cachette,une trappe pour tuer les animaux,tendre un piége, environner de retranchemens.

ஒட்டுகிறது, ட்டினேன், ட்டுவேன்,ட்டு,ட்ட,*v.a.et n.*coller,plaquer, attacher, joindre,unir, faire adhérer, se coller, s'attacher, adhérer, prendre à, attaquer, cacher, se raccourcir,se dessécher,consentir,donner lieu, permettre, laisser. Dans ce dernier sens ce verbe,se joint à l'infinitif d'un autre verbe et alors dans le langage vulgaire on peut élider l'அ final de cet infinitif. *Ex.* போகவொட்டான் ou போகொட்டான் il ne laisse pas aller. Mais si cet infinitif est suivi de l'imp.act. d'ஒட்டுகிறது,c'est l'initiale de celui-ci qui s'élide. *Ex.* செய்யட்டு,செய்யட்டும், laisse—,laissez faire:ஒட்டாது cela ne se colle pas, ne s'attache pas, ne laisse pas etc... சட்டமண்ணும்பச்சைமண்ணுமொட்டாது la terre cuite et la terre crue ne se lient pas ensemble; தோலெல்லாமெலும்போடே யொட்டிப்போயிற்று toute la peau est collée aux os.

ஒட்டுதல்,*n.v. V.* ஒட்டல். [ami.

ஒட்டுநன், *pl.* ஒட்டுநர், (ஒட்டு),

ஒட்டும்,3me *pers. neut. fut., part. fut. et imp. pl. d'* ஒட்டுகிறது: இது னக்கொட்டுமோ ceci te conviendra-t-il? — fera t-il ton affaire? அவனப்படிசெய்யவொட்டும் *ou* செய்யட்டும் laissez le faire ainsi. Comme l'on voit, à l'imp. on peut élider ஒ après un infinitif. [propriété.

ஒட்டுரிமை,(ஒட்டு, உரிமை), droit,

ஒட்டுருவம்,(*id.* உருவம்), statue de bois. [droit, proche parent.

ஒட்டுறவு, (*id.* உறவு), parenté de

ஒட்டை, chameau, largeur de 10 doigts, *ou* distance de l'extrémité du pouce à celle de l'index étendu: —க்கன்று petit chameau; — க்காரன் conducteur de chameaux.

ஒட்டொட்டி,(ஒட்டு, ஒட்டி), nom d'un arbrisseau, —d'une herbe.‖ *V.* மீனாஞ்சு.

ஒட்டோலகம்,ஒட்டோலக்கம், (ஒட்டு, ஒலக்கம்), pompe, triomphe, victoire, grande assemblée, foule: ஒட்டோலகமாய்ச்செய்கிறது célébrer avec pompe;—ஆய்வருகிறது venir avec pompe, —en triomphe; ஒட்டோலக்கம்பண்ணுகிறது convoquer—, réunir une assemblée, rendre les honneurs du triomphe; ஒட்டோலகசபை l'église triomphante; —க்காரன் *ou*

ஒட்டோலகன்,(ஒட்டோலகம்), triomphateur, homme qui marche avec pompe et faste.

ஒட்பம்,ஒட்பு,(ஒள்), beauté, bien, supériorité, grande science, —intelligence.

ஒண்,*imp. et part. d'* ஒண்ணுகிறது. 2° *adj. de* ஒண்மை.‖ *V.* ஒள்.

ஒண்டல்,*n.v.d'*ஒண்டுகிறது, *V.*ஒண்டுதல். [le surtout.)

ஒண்டன்,renard ou chacal,(le mâ-

ஒண்டி, 1° *P.*ஒன்றி,seul,solitaire, délaissé, célibataire: — க்காரன், homme seul, —non marié;—யாயிருக்கிறது être seul, célibataire. 2° *gér. d'*ஒண்டுகிறது;— க்கொள்ளுகிறது approcher, avoir recours à; — பிழைக்கிறது s'attacher—, avoir recours à quelqu'un pour vivre.

ஒண்டு,1° *V.*ஒண்டுதல். 2° *imp. de* ஒண்டுகிறது,டினேன்,டுவேன்,டு, ட,*v.n.* s'appuyer—, se reposer—, se pencher sur, approcher, avoir recours, résister, attaquer, se retirer, dévier.

ஒண்டுதல்,ஒண்டுகை,*n.v.du prés.* action de s'appuyer sur, recours à, contre-coup, répercussion, ressort.

ஒண்டொடி, (ஒள், தொடி), celle qui porte de jolis bracelets, *i.e.* la femme.

ஒண்ணல்,*n.v. d'* ஒண்ணுகிறது, possibilité, convenance, union.

ஒண்ணா, ஒண்ணாத, *part. nég. du même*, impossible, inconvenant, illicite, non permis; ஒண்ணாதது ce qui est illicite, inconvenant, impossible.

ஒண்ணாது, 3me *pers.neut.nég. d'*ஒண்ணுகிறது, il ne convient pas, il est inconvenant, illicite, il n'est pas permis: இப்படிசெய்யவொண்ணாது il ne convient pas d'agir ainsi.

ஒண்ணாப்பு,(ஒண்ணா), mal, malheur, affliction; *ou*

ஒண்ணாமை,*n.v.nég.d'* ஒண்ணுகிறது, inconvenance, impossibilité.

ஒண்ணு, 1° *corr. d'*ஒன்று,un. 2° *imp. et part. de*

ஒண்ணுகிறது, *v. n. défectif*, être possible, convenable, permis.

ஒண்ணுதல்,1° *V.* ஒண்ணல். 2°(ஒள், நுதல்), femme, beau front.

ஒண்மை,(ஒள், மை), beauté, connaissance, bien, bonheur, bon ordre, régularité, abondance.

ஒதி,ஒதியமரம் l'arbre odina pinnata: ஒதிபெருத்துத் தூணாகுமோ l'arbre dit ஒதியமரம் devenu gros fera-t-il un pilier? (Non, il n'est bon à rien. C'est pourquoi ce proverbe se dit des gens qui, bien qu'ils aient une certaine apparence, ne sont bons à rien.)

ஒதுக்கம், (ஒதுக்குகிறது), conduite, mœurs, régularité, règle de conduite, bassesse, souillure, abri, refuge, coin, cachette.

ஒதுக்கல், *n.v.d'* ஒதுக்குகிறது.

ஒதுக்கி, *gér. du même.*

ஒதுக்கிடம், (ஒதுக்கு, இடம்), lieu de refuge, cachette, abri, retraite, porte de derrière, latrines.

ஒதுக்கு, 1° coin, lieu étroit, cachette, retraite, abri, recours, refuge: —க்குடி personne qui n'a point de demeure fixe, maison d'emprunt; —ப்படல் paravent, brise-vent, abri contre le vent; —ப்பாடு abri, cachette; —ப்புறம் abri, cachette, retraite, coin, lieu retiré, - solitaire. 2° *imp. et part. de*

ஒதுக்குகிறது, *sync.* ஒதுக்கிறது, க்கினேன், க்குவேன், க்கு, க்க, *v. a.* mettre de côté, écarter, ranger, chasser du chemin, faire retirer, ranger dans un coin, ajuster, mettre en ordre, finir, conduire—, dériver l'eau dans un champ, —de côté et d'autre, retrousser (un habit): கரையில் —, faire échouer, pousser sur le rivage; பயிருக்குத்தண்ணீரை—, conduire l'eau dans le champ en culture; மாட்டைவொதுக்கு chasse le bœuf du chemin; ஒதுக்கிப்போடு கிறது, —வைக்கிறது éloigner, faire retirer, mettre hors du chemin.

ஒதுக்குதல், **ஒதுக்குகை**, *n.v. d'*ஒதுக்குகிறது.

ஒதுங்குதல், *n.v. d'*ஒதுங்குகிறது, action de se retirer etc..., retraite, marche, abri, cachette.

ஒதுங்கி, *gér. d'* ஒதுங்குகிறது.

ஒதுங்கிடம், (ஒதுங்கும், இடம்), retraite, porte de derrière.

ஒதுங்குகிறது, *sync.* ஒதுங்கிறது, கினேன், குவேன், கு, க, *v.n.d'* ஒதுக்குகிறது, *et* ஒதுங்குதல், *n.v.* se retirer, se ranger, s'écarter, faire place, se mettre de côté, se retirer dans un coin ou dans un lieu de refuge, se cacher, se tapir, marcher, ad secessum ire: ஒதுங்கிநடக்கிறது... se comporter—, marcher humblement, se ranger, se retirer; —ப்போகிறது se retirer, se ranger, s'écarter, céder (à quelque chose); —வருகிறது se retirer auprès de.

ஒதுங்குப்புறம், (ஒதுங்கும்), porte de derrière, issue par derrière.

ஒதுப்புறம், *P.* ஒதுக்குப்புறம்.

ஒத்த, *part. parf. d'* ஒக்கிறது, semblable, pareil, conforme, égal, uni, convenable, proportionné: —தரை, —நிலம் terrain égal, —uni, plaine; —பண்புரைப்போர் messagers, ambassadeurs, gens qui font un rapport fidèle: —மொழி mot semblable, même manière, pareillement; —வாக்கியம் phrase semblable; —வண்ணம் manière conforme, pareillement; அதுக்கொத்தபடி pareil—, conformément à cela, comme cela.

ஒத்தல், 1° *n.v.d'* ஒக்கிறது, ressemblance, égalité, parallèle, similitude, convenance, acquiescement, milieu. 2° *n.v.d'* ஒத்துகிறது.

ஒத்தறுக்கிறது, **ஒத்தறுத்தல்**, (ஒத்து, அறுக்கிறது), battre des cymbales, —la mesure.

ஒத்தாசை, secours, aide, assistance: —செய்கிறது, —பண்ணுகிறது secourir, aider, assister, favoriser.

ஒத்தாப்பு, abri, cachette, refuge.

ஒத்தாழிசை, (ஒத்து, ஆழும், இசை), strophe de 2 ou 4 vers dite தாழிசை composée de pieds dits வெண்சீர்.

ஒத்தி, 1° *gér. d'*ஒத்துகிறது. 2° *P.* ஒற்றி, gage: —க்கொள்ளுகிறது fomenter une plaie, se retirer; —ப்போகிறது se retirer; —வருகிறது s'approcher; —வைக்கிறது mettre en gage: —வாங்குகிறது recevoir en gage.

ஒத்திக்கை, secours, préparation, nivellement, collationnage, promptitude, contrat, accord, union, confédération: —யாயிருக்கிறது être prêt, —sous la main, être associé; —யாய்ப் பேசுகிறது parler pour, seconder, appuyer ce qu'a dit un autre; பணமொத்திக்கையில்லை il n'y a pas d'argent comptant.

ஒத்திசை,(ஒத்து,இசை),symphonie,concert,consonnance, accord,accompagnement,note ou instrument qui accompagne sans faire de pause.

ஒத்து,1° *gér. d'*ஒக்கிறது. 2° *imp. et part. d'*ஒத்துகிறது. 3° musette, cornemuse indienne (qui est l'instrument qui dirige les concerts),mesure en musique,égalité,niveau: ஒத்திடுகிறது, ஒத்திடுதல், jouer de la cornemuse,battre des cymbales: ஒத்திராத inconsistent, dissemblable, différent,inconvenable,non en rapport; ஒத்திராததனம் *ou* ஒத்திராமை différence,incompatibilité,inconvenance.disconvenance, antipathie; ஒத்திருக்கிறது ressembler, convenir, être conforme; ஒத்திருக்கிறசாட்சி témoin ou témoignage qui s'accorde,qui ne se dément pas; உலகத்துக்கொத்திருக்கிறது se conformer au monde; ஒத்துக்கொடுக்கிறது donner ce qui est juste, —ce dont on convient, s'accorder sur le paiement;—க்கொள்ளுகிறது consentir, acquiescer,convenir, céder, s'accorder,admettre, approuver, être conforme,convenable,assorti; —க்கொள்ளுதல் consentement,accord, aveu; —ப்பார்க்கிறது comparer,collationner,confronter; —ப்பிடிக்கிறது jouer de la cornemuse,battre des cymbales; —வருகிறது s'accorder, acquiescer,être conforme; —வாழ்கிறது vivre en bonne harmonie, s'accorder; —விடுகிறது céder,abandonner,livrer,remettre de plein gré, se séparer en bon accord: இதற்குநானொத்துக்கொள்ளுவேன் je consentirai à ceci.

ஒத்துகிறது, த்தினேன், த்துவேன்,த்து,த்த,*v.a.*1° (ஒத்து), battre la mesure (avec les mains), battre des cymbales,convenir,consentir. 2°(*P.* ஒற்றுகிறது)fomenter,bassiner,panser une plaie,se retirer,éviter.

ஒத்துதல்,*n.v.du préc.*

ஒப்ப,1° *obl.d'*ஒப்பம்.2° *inf. d'*ஒக்கிறது,imiter, comme: மதியொப்ப comme la lune; ஒப்பக்கதிர் instrument pour polir les bijoux: —க்கல்லு pierre à polir:—செய்கிறது,—பண்ணுகிறது agir de manière à être approuvé;—ச்செய்கிறது,—ப்பண்ணுகிறது faire consentir, persuader;—சொல்லுகிறது convaincre,persuader,parler de manière à obtenir l'assentiment des autres;—ச்சொல்லுகிறது dire de consentir, demander le consentement;—விடுகிறது en référer à,s'en rapporter au jugement ou à l'arbitrage de.

ஒப்படை,*n.v.du suiv.*satisfaction, offrande. [re,offrir.

ஒப்படைக்கிறது,(ஒப்பு), satisfai-

ஒப்பணி, (ஒப்பு, அணி), sorte de fig.de rhet.,comparaison.

ஒப்பந்தம், (ஒப்பு, அந்தம்), conformité,ressemblance,rapport, contrat, accord,alliance,égalité,poli;—பண்ணுகிறது faire un contrat; நாயொப்பந்தம் comme un chien.

ஒப்பம்,(ஒப்பு),signature,sanction, certificat,égalité, niveau poli, conformité, accord, preuve, consentement:—இடுகிறது, —போடுகிறது souscrire,signer,unir,niveler, polir (les métaux): —கொடுக்கிறது signer,sanctionner, ordonner, appuyer;—பண்ணுகிறது égaliser,niveler,polir.

ஒப்பரவு,(ஒப்பு), association, amitié,paix,accord,union,parenté,poli, nivellement,unisson,égalité, règle, ordre:—க்காரன் compagnon, égal; ஒப்பரவாகிறது se réconcilier; ஒப்பரவாக்குகிறது réconcilier, unir.

ஒப்பராவி,*n.v.du suiv.* faiseur de balances, celui qui lime également.

ஒப்பராவுகிறது,(ஒப்ப,அராவுகிறது), limer—,faire des balances, limer également.

ஒப்பல்,*n.v. d'*ஒப்புகிறது, consentement,agrément.

ஒப்பளவை,(ஒப்பு, அளவை), manière de connaitre par comparaison,connaissance d'un objet par celui auquel on le compare.

ஒப்புமை,(ஒப்பு), comparaison,ressemblance, similitude, emblème, exemple, preuve, témoignage, ornement, décoration, égalité, droiture: —காட்டுகிறது donner un exemple; —செய்கிறது orner, décorer;— செய்தல் décoration;— சொல்லுகிறது, —யிடுகிறது comparer; —புரி, (உரி) comparatif.

ஒப்பாகிறது,ஒப்பாகுதல், (ஒப்பு), devenir semblable, ressembler, être égal, s'accorder, venir juste.

ஒப்பாசாரம், (ஒப்பு, ஆசாரம்), contrat, convention, pacte, signe donné par un coup d'œil, déguisement, feinte:—செய்கிறது,— பண்ணுகிறது faire un contrat;—சொல்லுகிறது promettre: உனக்கு மவனுக்கு மொப்பாசாரமென்ன quel pacte y a-t-il entre lui et toi?

ஒப்பாதல், *n. v. de* ஒப்பாகிறது conformité, ressemblance.

ஒப்பாரி, (ஒப்பு,ஆரி), conformité, ressemblance, égalité, lamentation —, élégie où l'on fait le portrait et l'éloge d'une personne morte ou absente: —கொள்ளுகிறது, —பிடிக்கிறது adopter quelqu'un à cause de sa ressemblance avec un parent défunt;—க்காரன்,—க்காரி personne ainsi adoptée;— சொல்லுகிறது,—யிட்டழுகிறது déplorer—, pleurer la mort de quelqu'un, faire l'élégie, le portrait ou l'éloge d'une personne qu'on pleure. [*gér. d'*ஒப்புகிறது.

ஒப்பி, 1° *imp. d'*ஒப்பிக்கிறது. 2°

ஒப்பிக்கிறது,ப்பித்தேன்,ப்பிப்பேன்,ப்பி,ப்பிக்க, *v.a. caus. d'*ஒக்கிறது, prouver, démontrer, recommander, présenter, délivrer, remettre, livrer, payer, comparer, accepter, consentir; ஒப்பித்துக்கொள்ளுகிறது recevoir, se charger de, entrer en charge.

ஒப்பிக்கை, *n.v. du préc.* preuve, démonstration, remise.

ஒப்பிடுகிறது, (ஒப்பு), comparer, égaler, aplanir, égaliser, s'accorder ensemble. [son, égalisation.

ஒப்பிடுதல், *n.v. du préc.* comparai-

ஒப்பிதம், (ஒப்பு, இதம்), accord, rapport, convenance, niveau.

ஒப்பித்தல், ஒப்பிப்பு, *n.v. d'*ஒப்பிக்கிறது.

ஒப்பிலபோலி, (ஒப்பு, இல), le mot போல lorsqu'il ne marque pas comparaison.

ஒப்பிலாரி, 1° (ஒப்பு, இல, ஆரி), faiseur de balances. ‖ou [précieux.

ஒப்பிலி, (*id.* இலி), incomparable,

ஒப்பிலுவமை, (ஒப்பு, இல், உவமை), figure qui consiste à dire qu'il n'y a pas de comparaison. *Ex.* தானேதனக்குநிகர் il est lui-même son pareil, *i.e.* il n'a de pareil que lui-même.

ஒப்பிறைக்காரன், (ஒப்பு, இறை), celui qui paie un égal tribut, égal en tribut.

ஒப்பின்முடித்தல், (ஒப்பு, *abl.*), mettre dans un endroit à cause de certain rapport ce qui n'est pas à sa place naturelle.

ஒப்பின்மை, (ஒப்பு, இன்மை), incomparabilité, manque de terme de comparaison.

ஒப்பு, 1° *imp. et part. d'*ஒப்புகிறது. 2° *n. v. d'*ஒக்கிறது, comparaison, ressemblance, conformité, égalité, convenance, accord, consentement, beauté, réunion: ஒப்பான semblable, égal, uni: ஒப்பில்லாத incomparable, précieux; ஒப்பில்லாதவன் l'incomparable: ஒப்புக்கழுகிறது, (ஒப்புக்கு), feindre de pleurer, pleurer de compagnie,—pour faire comme les autres; ஒப்புக்குச்சொல்லுகிறது dire pour la forme, —pour faire comme les autres; ஒப்புக்குச்செய்கிறது faire (une chose) pour se conformer aux autres; ஒப்புக்கொடுக்கிறது remettre, donner, livrer, rendre, offrir; ஒப்புக்கொடுத்தல் remise, reddition, tradition, oblation, offrande; ஒப்புக்கொள்ளுகிறது recevoir, accepter, prendre possession, se charger, consentir, agréer; ஒப்புக்கொள்ளான் il ne consent pas; ஒப்புக்கொண்டுறுதிப்படுத்திக்கொள்ளுகிறது consentir et confirmer; நீயொப்புக்கொடுக்கவுமில்லை நானொப்புக்கொள்ளவுமில்லை tu ne me l'as pas remis et je ne l'ai pas reçu; ஒப்புப்பொருள் terme—, point de la comparaison, chose que l'on compare; ஒப்புமொழி convention par écrit.

ஒப்புகிறது,ப்பினேன், ப்புவேன்,ப்பு,ப்ப,*v.n.*(ஒப்பு), consentir, agréer, approuver, avouer, convenir, ressembler, être égal.

ஒப்புக்கொப்பாரம், (ஒப்புக்கு,ஒப்பு,ஆரம்), donner un repas et faire d'autres civilités selon le rang des personnes.

ஒப்புதல்,*n.v.d'*ஒப்புகிறது, consentement, agrément, aveu, accord, ressemblance.

ஒப்புமை, (ஒப்பு,மை), comparaison: ஒப்புமைக்கூட்டம் *ou* ஒப்புமைக்கூட்டவுவமை réunion de comparaisons, comparaison faite d'un objet à divers autres.

ஒப்புரவு, obligation, devoir, don, paix, concorde, obligeance, coutume, loi, tribut: ஒப்புரவறிதல் connaissance de ses devoirs: ஒப்புரவொழுகு (ஒழுகு), conduisez-vous selon votre devoir, —d'une manière obligeante.

ஒப்புவமை, (ஒப்பு,உவமை), comparaison, dans laquelle on prend un objet déjà comparé pour sujet d'une autre comparaison.

ஒப்புவிக்கிறது,வித்தேன், விப்பேன்,வி,விக்க, *v. caus. d'*ஒப்புகிறது, prouver, persuader, offrir, remettre.

ஒப்புறுக்கிறது,ஒப்புறுத்தல், (ஒப்பு), comparer.

ஒம்மல்,*P.*ஓமல்.

ஒயிலமரம், *ou* ஒயில்மரம், pilori auquel on attache les criminels, sorte de châssis élevé sur un pilier et qui a des trous et des planches mobiles au travers desquelles on met la tête et les mains des criminels: ஒயில்மரத்திலேமாட்டுகிறது mettre —, attacher au pilori.

ஒயில், *V.*ஒய்யாரம்.

ஒய்கிறது,ய்தேன்,ய்வேன்,ய், ய்ய, 1° *v.a.* exécuter, faire. 2° *P.* ஓய்கிறது, cesser, être aboli.

ஒய்தல்,ஒய்யல்,*n.v.du préc.* exécution, cessation, exemption, mouvement.

ஒய்யாரம், beauté, pompe, hauteur, faste, orgueil, affectation, coquetterie, vanité, apparence: ஒய்யாரநடைநடக்கிறது marcher avec faste, avec affectation; —ப்பேச்சு vanterie, fanfaronade, paroles hautaines; —க்காரன், *m.* —க்காரி, *f. ou*

ஒய்யாரன்,*m.*ஒய்யாரி,*f.* (ஒய்யாரம்), personne orgueilleuse, —coquette, pleine de vanité.

ஒய்யெனல், signe d'indigestion, d'indolence démarche agréable, lenteur: ஒய்யென்று lentement.

ஒய்வு,*n.v.d'*ஒய்கிறது, cessation, interruption.

ஒரிக்கிறது,ரித்தேன், ரிப்பேன்,ரி,ரிக்க,*v.n.* plaire, être agréable, s'unir.

ஒரீஇனேன்,ஒரீஇன, ஒரீஇ, *parf. part. et gér. d'*ஒருவுகிறது.

ஒரு. *adj. de* ஒன்று, un, une: —கண்டசீர் uniformité, unanimité, immutabilité, toujours la même manière; —கண்டசீராய் également, uniformément, unanimement, immuablement, sans changement, toujours; —கண்டசீராயிருக்கிறது être uniforme, égal, immuable; —கண்டசீராய்நடக்கிறது avoir une conduite égale, continuer immuablement; —கண்ணன் borgne, qui n'a qu'un œil; —கண்ணுக்குறங்குகிறது, —கண்ணுக்குறங்கல் ne dormir qu'à demi, *litt.* que d'un œil; —காலிலி celui qui n'a qu'un pied, Coubèren, Saturne; —கண்பறை tambour qui n'a de cuir que d'un côté; —கால் une fois, 1 pied; —குடி, —குடித்தமர் parens, parens qui font une seule famille, —qui vivent en famille; —கூடுமுடைந்தவன் ஒன்பதுகூடுமுடைவான் celui qui a tressé ou fabriqué une cage en fabriquera neuf *prov. i.e.* celui qui a fait une fois une chose peut la faire plusieurs fois; —கூட்டு union, liaison, unanimité, connivence, un parti, un côté; —கை une main, *V.* ஒருகூட்டு; இவனுமவனுமொருகையாயிருக்கிறார்கள் ils sont l'un et l'autre du même parti, ils sont de connivence entr' eux;—கொடி une race, une famille;—கொள்ளை abondance; —க்கால் une fois;—க்காற்கண்டசீராயிருக்கிறது être immuable,—tel que la 1re fois, ne pas changer;—க்கால்செய்தவனிருகால்செய்வான் celui qui a fait une fois quelque chose, la fera deux fois; இன்னமொருக்கால் encore une fois;—க்காலும், — காலும் jamais;—க்காலுமில்லை jamais; —க்காலுஞ்செய்யான் il ne le fait jamais; — க்காலுமுன்னைக்கைவிடேன் jamais je ne t'abandonnerai: —க்காலும்பொய்சொல்லான் jamais il ne ment;—க்காலேtout ensemble,—à la fois,—d'une fois, abondamment; —க்காலேஎல்லாங்கொடுக்கிறது, செய்கிறது, வாங்குகிறது donner, faire, recevoir tout à la fois;—க்காலேகூட்டமாய்ப்போகிறது s'en aller tous ensemble,—tous de compagnie; —க்கிடை un seul côté, une seule bergerie; —க்கிடையாய்க்கிடக்கிறது être couché d'un seul côté;—சந்தி jeûne, un seul repas par jour, pénitence;—சந்தியாயிருக்கிறது, —சந்தியிருக்கிறது, —சந்திபிடிக்கிறது jeûner, ne faire qu'un repas par jour;—சார் un côté, une espéce;—சாரார், (சார்), maitre qui n'enseigne qu'une science, gens d'un parti,—d'un côté;—சாயல் ressemblance, même apparence, —manière, —forme; சாயலாயிருக்கிறது se ressembler parfaitement; —சாய்வு, V. ஒருகண்டசீர், même pente, même propension;—சிறை un côté,...refuge, retraite;—சேர ensemble; —சொன்னீர்மை, (சொல், நீர்மை), propriété d'un mot; —ச்சரிகிறது glisser—, tomber—, pencher d'un côté;—ச்சரிவு pente—, écoulement d'un côté:—ச்சாய்கிறது, —ச்சாய்தல் pencher d'un côté;—ச்சாய்க்கிறது,—சாய்த்தல் faire pencher—, incliner d'un côté;—ச்சாய்ப்பு penchement—, inclinaison d'un côté;—தரம் une fois; —தலை une seule tête, partialité, un côté, un parti, solidité, fermeté, certitude; —தலைக்காமம் désir voluptueux d'époux ou d'amans séparés, désir voluptueux d'une seule part, amour sans retour; —தலைதுணிதல் se déterminer pour l'un des 2 partis ou sentimens contestés;—தலைநோவு migraine, douleur d'un côté de la tête;—தலைநியாயம், —தலைவழக்கு procés où il y a de la partialité, où l'on n'écoute qu'un parti;—தலைப்பரம்—தலைப்பாரம் poids qui pése d'un côté, pesanteur de la tête d'un côté;—தலையுள்ளுதல் pensée continuelle d'union charnelle entretenue par des époux ou des amans séparés; ce qui est un des 10 tourmens ou அவஸ்தை; —தலைவலி, V. ஒருதலைநோவு; —தன்மை une seule manière,—position, uniformité, immutabilité;—தாரை ensemble; —தாரைக்கத்தி sabre—, épée—, couteau qui ne coupe que d'un côté: —த்தலை...V. ஒருதலை...;—நெல்லுப்பெருவெள்ளை espèce de riz; — நேரம் temps inopportun, —inconvenant, un temps; இவனிராத்திரிஒருநேரத்திலென்வீட்டுக்குவந்தான் il est venu chez moi la nuit dernière à une heure indue;—படி une manière,—mesure, d'une manière médiocre, ni bien ni mal, avec, à peine, une foule; —படியாயிருக்கிறது être ni mieux ni plus mal;—படித்தாய், (படித்து, ஆய்). ainsi, péniblement, médiocrement, passablement;—பவம் une naissance:—பாவொருபஃது (பா. ஒருபஃது), le 51me des பிரபந்தம், pièce de poésie de 10 அகவல், வெண்பா ou கலித்துறை avec la répétition dite அந்தாதி;—பிடி saisie forte, saisir vigoureusement, fermeté, opiniâtreté;—புடை un côté; —புடையொப்புமை comparaison qui ne tombe que sur une chose ou une partie:—பொருட்டீபகம் (பொருள், தீபகம்); objet qui fait le sujet de toute une piece de vers, et en lie l'ensemble: —பொருட்பன்மொழி (பொருள், பல்), synonymes, mots différens qui ont la même signification; —பொருள் l'être unique par excellence, Dieu, sens—, objet unique; —பொருள்குறித்தபலபெயர்த்திரிசொல் noms synonymes du haut tamoul, noms divers du haut tamoul propres à la poésie, entendus seulement des savans et donnant le même sens, bien qu'ils en aient aussi d'autres. *Ex.* கிள்ளை —தத்தை perroquet; —பொருள்குறித்தபலவிடைத்திரிசொல், (பல, இடை) particules synonymes du haut tamoul qui ont aussi d'autres sens, comme ci-dessus *Ex.* என் —ஏன் pourquoi; —பொருள்குறித்தபலவினைத்திரிசொல் verbes synonymes du haut tamoul qui ont aussi d'autres sens comme ci-dessus. *Ex.* சரித்தான்-நடந்தான் il a marché;—பொழுது jeûne, un seul repas par jour, une fois, un temps; —பொழுதுசாப்படுகிறது jeûner, ne faire qu'un repas par jour;—போது une fois:—போதும் jamais;—போதுமில்லை jamais;—ப்பட conjointement, ensemble, à la fois;—ப்படல் union, concorde;—ப்படுகிறது s'unir, s'accorder, se réunir, devenir unanime, consentir, concourir, se réconcilier;—ப்படுத்துகிறது unir, joindre, réconcilier;—ப்பாடு consentement, union:—ப்பார்வை un coup d'œil, regard non interrompu;—மட்டம் niveau, égalité;—மரம் un arbre, l'arbre அழிஞ்சில்;—மருப்பன், (மருப்பு), celui qui n'a qu'une dent d'éléphant, *i. e.* Vinâyaguen;—மனசு,—மனது,—மனம் concorde, unanimité, union; —மனப்படுகிறது,—மனப்படுதல், —மனமாய்— மனசாயிருக்கிறது s'accorder, être unanime, —d'accord, consentir, n'avoir qu'une même volonté: —மனப்பட்டு unanimement, de concert: —முகம் uniformité, unanimité, une troupe, un côté;—முகமாய் uniformément, unanimement, ensemble, de front; —முகமாய்ப்பேசுகிறது parler de concert; —முகமாய்ப்போகிறது aller ensemble, de front; —முறை une fois; மொழி un mot, mot qui n'a qu'un sens; —வாகை, —வகை une sorte,—façon,—manière; —வகைப்பேச்சு partie de discours, discours —, mot peu honnête, peu obligeant; —வகையாய்ப்பேசுகிறது parler d'une manière étrange, —inaccoutumée,—peu honnête, —peu amicale: —வகையாயிருக்கிறது être médiocre,—indisposé,—ni bien ni mal,—découragé: —வழிச்சொல்விலக்கு fig. de rhét. qui consiste à dire qu'une chose appartient à plusieurs autres objets outre celui dont on a parlé:—வழிப்படுகிறது,—வழிப்படுதல் s'unir, se réunir en un, se rencontrer, suivre la même route;—வழிமேவல் partialité, pencher d'un côté; —வழியொப்பினொருபொருண்மொழிதல் figure qui consiste à dire une chose de la manière qui lui convient;—விசை une fois; —விதம் une manière,—façon;—விதமாயிருக்கிறது être passable, —médiocre, —indisposé; —வியாழவட்டம் une révolution de Jupiter autour du soleil, *i.e.* 12 ans: —வினைச்சிலேடை fig. de rhét., mot à double sens venant d'un verbe; —வேளை une fois, —occasion, peut-être, par-hasard, quelquefois.

ஒருகு, espèce de coussin de terre ou de briques dans les chaudries.

ஒருக்கணிக்கிறது, ணித்தேன், ணிப்பேன், ணி, ணிக்க, (ஒரு), *v.n. V.* ஒருக்களிக்கிறது.

ஒருக்கம், 1° (ஒரு), une manière. 2° (ஒருங்குகிறது), modestie, retenue.

ஒருக்களிக்கிறது, ளித்தேன், ளிப்பேன், ளி, ளிக்க, *v.n.* (ஒரு), s'appuyer —, se coucher —, pencher d'un côté: ஒருக்கணித்துக்கிடக்கிறது, ஒருக்களித்துப்படுக்கிறது être couché sur un côté.

ஒருக்களிப்பு, *n.v. du préc.*

ஒருக்குகிறது, க்கினேன், க்குவேன், க்கு, க்க, *v. a. d'* ஒருங்குகிறது, et ஒருக்குதல் *n.v.* réunir, renfermer, contenir.

ஒருங்கல், *n v. d'* ஒருங்குகிறது, action d'être contenu etc... contenu, destruction, perte.

ஒருங்கு, 1° *imp. et part. du suiv.* 2° contenu, totalité, tout, ensemble, recueil, accord, union, réunion, retenue, une manière, destruction, perte: ஒருங்குடன் tous ensemble, tout à la fois; ஒருங்குடனெழுந்தார்கள் ils se levèrent ensemble; ஒருங்குடன்றோற்றம் figure qui montre ensemble la cause et l'effet.

ஒருங்குகிறது, sync. ஒருங்கிறது, கினேன், குவேன், கு, க, v.n. et ஒருங்குதல், (ஒரு), être contenu, se renfermer, se recueillir, se joindre, s'unir, se détruire, se perdre.

ஒருசி, (ஒரு), syllabe —, mot d'une seule lettre.

ஒருத்தல், le mâle des animaux, (surtout) le buffle, l'ours, le cochon. le tigre, le gayal, l'éléphant, le cerf et spécialement les mâles des espèces de cerfs dits கவரி et புல்வாய்.

ஒருத்தன், (ஒரு), un individu, un homme, quelqu'un, un certain: ஒருத்தனும்வந்தான் il est venu seul: —ஆயிருக்கிறது être seul; திருடனொருத்தன்வந்தான் il est venu un voleur; ஒருத்தனுமில்லை, ஒருத்தருமில்லை il n'y a personne; ஒருத்தனுமப்படிசெய்யான் personne n'agit de la sorte; ஒருத்தருக்கொருத்தர் l'un à l'autre; ஒருத்தரொருத்தராய் l'un après l'autre.

ஒருத்தி, *f. du préc.* une certaine femme, quelqu'une, une seule.

ஒருபது, ஒருபஃது, ஒருபான், (ஒரு, பத்து), dix: ஒருபத்தொன்று onze.

ஒருமிக்கிறது, மித்தேன், மிப்பேன், மி, மிக்க, *v.n.* (ஒரு), s'unir, se réconcilier, s'accorder: ஒருமித்துவாழுகிறது vivre en bonne harmonie; ஒருமிக்க ensemble, tout ensemble, tout à la fois; ஒருமிக்கப்போகிறது s'en aller ensemble.

ஒருமித்தல், ஒருமிப்பு, *n.v. du préc.* union, accord, réconciliation, alliance, confédération: — ஆயிருக்கிறது être unis, —confédérés; ஒருமிப்பில்லாதகுடி யொருமிக்கக்கெடும் les familles qui vivent en discorde périront toutes ensemble.

ஒருமு, (ஒரு), monosyllabe, mot d'une syllabe.

ஒருமை, (ஒரு, மை), unité, le singulier, union, concorde, bonne entente, le Dieu unique, connaissance de Dieu, uniformité, une seule manière, une naissance, solitude, certitude, fermeté; —த்தன்மை première personne du singulier; —ப்படுகிறது s'accorder, s'unir, se réconcilier, consentir: — ப்பட்டிருக்கிறது être uni, —d'accord, — réconcilié, consentir; —படுத்துகிறது unir, accorder, réconcilier; —ப்பாடு union, concorde; —ப்பாட்டானகட்டு communion, lien de la concorde, —de l'union; —மகள், — மகளிர் femme mariée, femme chaste, — qui ne connait qu'un époux, qui ne se remarie pas; ஒருமையிற்பன்மை emploi de la forme du pluriel dans le sens du singulier, emploi de l'honorifique pour le singulier. *Ex.* ஒருவர்வந்தார், *P.* ஒருவன்வந்தான் quelqu'un est venu.

ஒருவந்தம், (ஒரு, அந்தம்), solitude, concorde, union, rapport, connexion, force, fermeté.

ஒருவயிற்போலியுவமை, (ஒரு, வயின், போலி), fig. de rhét. qui consiste à ne mettre qu'une fois dans une phrase, qui contient plusieurs comparaisons, le mot qui signifie comme, au lieu de le mettre à chacune.

ஒருவன், (ஒரு), *V.* ஒருத்தன்: ஒருவர்க்காகவொருவர் l'un pour l'autre; ஒருவர்க்கொருவர் l'un à l'autre, —pour l'autre.

ஒருவு, (ஒருவுகிறது), 1° brebis, sorte de variante ou de particularité dans les membres d'un vers. 2° *imp. et part. de*

ஒருவுகிறது, வினேன், வுவேன், வு, வ, *v. n. et a.* se séparer, s'éloigner, renoncer, séparer, éloigner.

ஒருவல், ஒருவுதல், *n.v. du préc.*, séparation, éloignement, renonciation.

ஒருஉ, (ஒருவு), *ou* உருஉத்தொடை, une des 8 variantes ou sortes de தொடை revenant au 1er et au 4me pied des vers de 4 pieds: — த்

தொடை,—மோனை,—வெதுகை,—முரண், —வளபெடை la combinaison dite தொடை, les rimes dites மோனை et எதுகை, l'antithèse dite முரண், le prolongement de quantité dit அளபெடை revenant au 1er et au 4me pied d'un vers: —வியைபு la rime dite இயைபு se trouver au dernier et au 3me pied avant le dernier; —வண்ணம் variante dans la connexion des vers, espèce d'harmonie entre le 1er et 4me pied.

ஒரே, (ஒரு, ஏ), un seul, unique:—குமாரன் fils unique.

ஒரோவொன்று, (ஒரு, ஓ; ஒன்று), quelque, chaque, chacun, un à un.

ஒலி, 1° bruit, son, son articulé, tonnerre, foudre, vent, grand train, lumière, vêtement, maladie, collier de fleurs, vertige, volubilité. 2° *imp. et part. d'*ஒலிக்கிறது:—கடல் la mer qui gronde;—க்குறி, —க்குறிப்பு signe de bruit, son imitatif; —முகம், —முகவாசல், — முகவாய்தல் porte —, entrée extérieure, porte d'une maison, — d'une citadelle, lieu où l'on fait beaucoup de bruit;—யெழுத்து lettre qui représente un son;—வளை bracelets retentissans, femme qui en porte.

ஒலிக்கிறது, லித்தேன், லிப்பேன், லி, லிக்க, *v.n.* résonner, retentir, rendre un son, faire du bruit, représenter par le son, nettoyer, blanchir (les habits). lier, entraver, donner beaucoup de fruits, se couvrir de feuillage.

ஒலிசை, (ஒல், இசை), présent fait à l'époux par les proches parens de l'épouse le 4me jour des noces.

ஒலித்தல், *n.v. d'*ஒலிக்கிறது, retentissement, bruit, action de résonner.

ஒலியல், 1° (ஒல், இயல்), rivière, fleuve, feu, peau, peau préparée, guirlande de fleurs, toile, habit, rue. 2° *opt. de* ஒலிக்கிறது: ஒலியலந்தாதி le 45e des பிரபந்தம், il consiste en 30 strophes de 4 vers, chaque vers étant de 16 கலை, sur divers airs avec la répétition dite அந்தாதி; un கலை peut avoir 4 césures ou plus. L'ஒலியல் peut consister aussi en dix வெண்பா dix அகவல் et dix கலித்துறை ayant tous l'அந்தாதி.

ஒலுகல், *V.* ஒல்கல்.

ஒலுக்குகிறது, க்கினேன், க்குவேன், க்கு, க்க, *v.a. et* ஒலுக்குதல், *n.v.* agiter, secouer, relâcher.

ஒலுங்கு, espèce de grand moustique.

ஒல், 1° signe de bruit, son imitatif, terme, fin. 2° *imp. et part. d'*ஒல்லுகிறது.

ஒல்கல், ஒல்குதல், *n.v. du suiv.* action de se faner, de se retirer, retraite, dessèchement, langueur, dépérissement, amaigrissement, diminution, relâchement, flexibilité, retentissement, approche, retour.

ஒல்குகிறது, கினேன், குவேன், கு, க, *v.n.* se faner, se dessécher, maigrir, languir, dépérir, diminuer, se relâcher, devenir lâche, s'affaiblir, se détacher, se mouvoir de côté et d'autre, aller çà et là, branler légèrement, être flexible, se retirer, s'approcher, retourner, retentir, s'abaisser.

ஒல்லட்டை, *V.* ஒரலன்.

ஒல்லல், *n.v. d'*ஒல்லுகிறது, habileté, possibilité, acquiescement, accord, convenance, complaisance, raccommodage (de filets etc.), mépris, événement, accomplissement.

ஒல்லாடி, (ஒல், ஆடி), ce qui est étroit, rétréci.

ஒல்லாமை, *n. nég. d'*ஒல்லுகிறது, impossibilité résistance, désunion, dégoût, aversion, mépris, reproche.

ஒல்லார், *n. app. nég. du même*, ennemis.

ஒல்லி, 1° *gér. du suiv.* 2° manche à balai, chose étroite, —rétrécie, personne—, homme maigre, fluet, étique, retiré, coco vide, —sans chair:—மேய்தல் coco qui a des vides dans la chair.

ஒல்லுகிறது, ல்லினேன், ல்லுவேன், ல், *ou* ல்லு, ல்ல, *v.n.* être possible, capable, propre à, tresser—, raccommoder (des filets...), consentir, acquiescer, convenir, s'accorder, arriver, mépriser, accomplir: ஒல்லும்வகை

னா ஒத்தவர்க்குதவு assistez vos parens autant que vous le pouvez.

ஒல்குதல்,ஒல்குகை,*n.v. du préc.* V.ஒல்லல்.

ஒல்குநர்,(ஒல்குகிறது,நர்), amis. ‖ V. நாகுணையுணர்வோர்.

ஒல்லெனல், (ஒல்;எனல்), son imitatif,signe de bruit:*ou*

ஒல்லென்கிறது,(*id.*), faire grand bruit,dire ol: ஒல்லென்றொலிக்கிறது faire grand bruit,mugir (*v.g.* la mer).

ஒல்லை, hâte,promptitude, moment, vitesse du temps,antiquité,âcreté,les 6 divisions du jour (*V.* அறுபொழுது).

ஒவ்வா,ஒவ்வாத,*part.nég.* d'ஒக்கிறது,inconvenable,désagréable, différent,inconséquent, inconsistant, incohérent,incompatible, qui ne s'accorde pas: ஒவ்வாக்கூட்டிலுந்தனிமையழகு la solitude est préférable à une mauvaise compagnie; ஒவ்வாதகாரியம் chose désagréable; ஒவ்வாதது ce qui est incompatible, incohérent,désagréable, disconvenance,inconséquence; ஒவ்வாதபக்கம் côté non parallèle, —qui ne s'accorde pas.

ஒவ்வாது,ஒவ்வாமல், *gér.nég.d'*ஒக்கிறது: —இருக்கிறது être inconsistant,inconvenable inconséquent, ne pas s'accorder.

ஒவ்வாமை, *n.v.nég.du même,* désaccord,discorde,incompatibilité,inconvenance,discordance,incohérence,inconséquence,impossibilité.

ஒவ்வுதல்,*n.v.du même*, convenance,accord,acquiescement,proportion

ஒவ்வொரு,(ஒன்று,ஒரு), *adj.* chaque,un à un,quelque,un de chaque espèce:—மாதம் chaque mois.

ஒவ்வொருத்தன், ஒவ்வொருவன், *m.* ஒவ்வொருத்தி,*f.*(ஒவ்வொரு), chacun, chacune, un à un,une à une, l'un après l'autre: ஒவ்வொருவராய் வந்தார்கள் ils vinrent l'un après l'autre,—un à un.

ஒவ்வொன்று, (ஒன்று, ஒன்று), chaque chose, un à un,un de chaque espèce,quelque: ஒவ்வொன்றாய் un à un,l'un après l'autre; ஆயுதங்களை யொவ்வொன்றாய்ப்பார்க்கிறது examiner les armes l'une après l'autre.

ஒழி,1° paquet,fagot de paille,gerbe,poignée,faisceau. 2° *imp.et part. d'*ஒழிகிறது *et d'*ஒழிக்கிறது; —கடை fin.

ஒழிகிறது,ழிந்தேன், ழிவேன்,ழி, ழிய,*v.n.* finir,cesser,disparaître,être aboli,se perdre,se corrompre, mourir,s'en aller, s'éloigner, manquer, laisser,quitter,être de reste,être évacué,vidé, excepté: ஒழிந்துநின்றபடையோடுசென்றுபொருதான் il alla et combattit avec le reste de l'armée; ஒழிந்தவர்களெல்லாருமெங்கே où sont tous les autres, —tous ceux qui sont de reste? சண்டையொழிந்தது la bataille ou la dispute est terminée. [abandon,repos.

ஒழிகை, *n.v. du préc.* cessation,

ஒழிக்கிறது,ழித்தேன், ழிப்பேன், ழி,ழிக்க,*v.a.d'*ஒழிகிறது,finir,achever,excepter,renvoyer,éloigner, délivrer,détruire,tuer,diminuer, évacuer, vider, acquitter,se séparer de; ஒழித்துப்போடுகிறது, —வைக்கிறது,—விடுகிறது renvoyer, éloigner, finir; அவனையொழித்துப்போடு renvoie-le,chasse-le, sépare-toi de lui; நீவேலையொழித்துப்போட்டுப்போகலாம் tu peux t'en aller après avoir terminé ton ouvrage.

ஒழிதல்,*n.v.d'*ஒழிகிறது,fin,cessation, abandon, manquement, perte, mort,éloignement,départ, désertion.

ஒழித்தல், *n.v. d'*ஒழிக்கிறது, fin, renvoi, éloignement, destruction, perte,mort,meurtre,diminution,élévation.

ஒழிந்த,ஒழிஞ்ச,*part. d'*ஒழிகிறது, fini,qui reste,restant,excepté: வேலையொழிந்தபோது lorsque le travail est fini, dans un moment de loisir.

ஒழிபணி,(ஒழிபு,அணி), sommaire,abrégé, fig.qui montre plusieurs choses en abrégé.

ஒழிபியல்,(*id.*இயல்), supplément, appendix,section commune,ou partie de grammaire qui traite de ce qui reste à expliquer.

ஒழிபு,n.v.d'ஒழிகிறது et

ஒழிபொருள்,(ஒழி), le reste.

ஒழிப்பணி,(ஒழிப்பு, அணி), *V.* அபநுதி.

ஒழிப்பு,*n.v. d'*ஒழிக்கிறது, exception,éloignement,renvoi,fin; ஒழிப்புயர்வுநவிற்சியணி fig. de rhét. qui consiste à récréer ses auditeurs par des métaphores ou mots que l'on avoue n'être pas propres à son sujet

ஒழிய, *inf. d'*ஒழிகிறது, excepté, outre que,à moins que,sans: அப்படியேயொழியவேறில்லை il n'en est pas autrement; அவனேயொழியவேறொருத்தருமதுக்கானவனல்ல nul autre que lui n'est propre à cela; நீயொழியவேறொருவரும்வரவில்லை nul autre que vous n'est venu; சாதியிரண்டொழியவேறில்லைத்தாரணியில் excepté la distinction des 2 sexes il n'y en a pas d'autre réelle dans le monde; இப்படிச்செய்தாலொழியக்காரியமாகாது à moins que l'on ne fasse ainsi,la chose ne réussira pas: ஒழியவைக்கிறது finir,faire terminer, éloigner, excepter, mettre à part, chercher,—donner du loisir.

ஒழியா,ஒழியாத,*part.nég. d'*ஒழிகிறது,qui ne finit pas, continuel, éternel: ஒழியாவொழுக்கம் bonne conduite qui ne se dément pas,persévérance dans la vertu.

ஒழியாமை,*n.v.nég.du même*, perpétuité,continuité.durée sans fin.

ஒழியிசை,(ஒழி,இசை), ou ஒழியிசையெச்சம், ஒழியிசையெஞ்சணி, ellipse,phrase à laquelle pour être complète,il manque des mots qui sont sous-entendus; ஒழியிசையோகாரம் la lettre ஓ marquant une ellipse ou des mots sous-entendus. *Ex.* படிக்கவோபோகிறான் va-t-il pour étudier? Sous-entendu: non, mais pour jouer.

ஒழிவளவை, (ஒழிவு,அளவை),connaissance qui indique le reste, base pour connaitre ou juger du reste, comme lorsqu'en parlant de 2 armées ennemies, on dit que l'une d'elles a été vaincue on comprend que l'autre a été victorieuse.

ஒழிவிடம், (*id.*இடம்), place vide, —évacuée.

ஒழிவிக்கிறது, வித்தேன், விப்பேன்,வி,விக்க,*v.caus. d'*ஒழிகிறது,*et* ஒழிவித்தல்,*n.v.* mettre à part,éloigner, excepter,détruire,finir,faire cesser.

ஒழிவு,*n.v.d'*ஒழிகிறது,fin, cessation,repos,manque,diminution.

ஒழுகல்,*n.v.et opt. d'*ஒழுகுகிறது, écoulement, cours (de l'eau etc...), voie d'eau,eau etc... qui dégoutte, gouttière,conduite,—régulière, bonne conduite, ordre, marche, allée, longueur,éminence,élévation.

ஒழுகலான், (ஒழுகு, அல்லான்), homme qui n'a pas une bonne conduite.

ஒழுகிசை, (*id.* இசை), une des 3 espèces d'harmonies en poésie, période complète sans rien de dissonnant:—ச்செப்பல் mélange de pieds dits வெண்சீர் et இயற்சீர் suivant la connexion dite வெண்டளை; —த்துள்ளல் sorte de ton propre au கலிப்பா:—யகவல் vers dits அகவல் où les combinaisons dites நேரொன்றாசிரியத்தளை et நிரையொன்றாசிரியத்தளை se trouvent mélangées.

ஒழுகு,1° voie d'eau, gouttière,endroit où l'eau dégoutte,ordre, règle, —de conduite, loi,coutume,conduite régulière, —vertueuse, hauteur, longueur,voiture,charrette. 2° *imp. et part.de* ஒழுகுகிறது; —வண்ணம் air harmonieux,—bruyant.

ஒழுகுகிறது,*sync.*ஒழுகிறது,கினேன்,குவேன்,கு,க,*v.n.* dégoutter, distiller,la pluie dégoutter,—à travers le toit,tomber goutte à goutte, faire eau,couler,se répandre, aller, marcher,se conduire, agir bien ou mal: இரத்தத்தையொழுகவிடுகிறது laisser dégoutter—écouler le sang.

ஒழுகுதல்,*n.v.du préc.*, voie d'eau, gouttière.

ஒழுகுவிக்கிறது, வித்தேன், விப்பேன்,வி,விக்க,*v.caus.d'*ஒழுகுகிறது,

faire dégoutter,—distiller etc... [கு.

ஒழுகை,n.v.d'ஒழுகுகிறது,V. ஒழு

ஒழுக்கம், (ஒழுக்குகிறது), réglement,régle de conduite,mœurs,conduite,bonnes mœurs,probité, civilité,une des 4 marques extérieures de la vertu,une des 3 parties de l'அறப்பால்,qui consiste à faire ce qui est prescrit et à éviter ce qui est défendu,honnêteté,démarche, marche, éminence,élévation,qualité,chemin, manière,façon,méthode,usage,caste; —ஆயிருக்கிறது se bien conduire, être réglé, modeste, poli,de bonnes mœurs;—உடைமை bonne conduite,possession de bonnes mœurs;—உயர்குலத்தினன்று de bonnes mœurs sont préférables à une haute caste;—உள்ளவன், ஒழுக்கக்காரன் homme de bonnes mœurs,—réglé,—modeste;—ப்புறத்திணை régle pour prouver une doctrine en montrant qu'elle s'accorde avec les mœurs des gens de bien;—வணக்கம் bonnes mœurs,honnêteté,modestie;—வழு manque de bonne conduite,—d'honnêteté,un des défauts d'un caractère lent.

ஒழுக்கல்,n.v.d'ஒழுக்குகிறது, action de laisser dégoutter etc..., élévation,accroissement.

ஒழுக்கு,1° *imp.et part.du suiv.* 2° gouttière, voie d'eau, endroit où l'eau dégoutte,marche,conduite, régle,ordre,coutume:—விழுகிறது dégoutter,—à travers,faire eau;—மாற்றிப்போடுகிறது arrêter une voie d'eau,boucher les endroits d'où l'eau dégoutte; ஒழுக்காயிருக்கிறது faire eau,avoir des gouttières, —des endroits où l'eau dégoutte.

ஒழுக்குகிறது,*sync.* ஒழுக்கிறது,க்கினேன்,க்குவேன், க்கு,க்க, *v.a.de* ஒழுகுகிறது,*et* ஒழுக்குதல்,*n.v.* faire dégoutter, —découler, dégoutter, tomber goutte à goutte, faire marcher, conduire,mettre en ordre.

ஒழுக்கெறும்பு, (ஒழுக்கு), espèce de fourmi.

ஒழுங்கல்,n.v.d'ஒழுங்குகிறது, action d'arranger etc... s'arranger, écart de la règle,déviation, désordre

ஒழுங்கு,1° *imp.et part du suiv.* 2° ordre,rang,ligne,disposition,arrangement,règlement,régle, discipline, commandement,bonne conduite: ஒழுங்காகவைக்கிறது mettre en ordre;ஒழுங்கீனம் désordre,confusion; ஒழுங்கில்லாமற்கிடக்கிறது être en désordre,en confusion: ஒழுங்கோடிருக்கிறது être réglé,—en bon ordre.

ஒழுங்குகிறது, கினேன், குவேன், கு,க, *v.a.et n.* (ஒழுங்கு), arranger, mettre en ordre,coordonner, régler, ajuster, assujettir, modérer, réprimer,tenir en bride,se conduire,s'arranger,se coordonner,marcher, s'écarter de la régle: ஒழுங்கிப்போகிறது être hors—,s'écarter du chemin, faire place à un autre,se retirer,céder à,se laisser aller à; —யிருக்கிறது être bien réglé. [chemin étroit.

ஒழுங்கை,*n.v.du préc.*ordre,régle,

ஒளி,1° *imp.et part.d'*ஒளிகிறது, *et* ஒளிக்கிறது.2° cachette,lieu caché, action de cacher, recélement. 3° (ஒள்), lumière,splendeur,lune, soleil, feu,étoile,lampe,rayon—, clarté du soleil,prunelle de l'œil, louange;—களவாயிருக்கிறது être soupçonné de vol,être coupable de larcin,de recélement;—க்கடல் dent; —செய்கிறது éclairer, briller; —செய்தல் brillant,éclat;—மழுங்கல் obscurité,ombre,ombrager,la lumière diminuer, l'éclat se ternir;ஒளியுருவம் figure etc...tracée sur un mur; —யிழை bijou, femme;—யுருவிகல் pierre transparente,œil-de-chat; —யுள்ளுருவம் figure reproduite dans un miroir;—வட்டம் miroir, *V.*சக்கராயுதம்;—வட்டி camphre vert; —விடுகிறது.—வீசுகிறது briller, avoir l'air brillant, jeter du lustre; —வீசல் splendeur,éclat:—விளங்குமேனி espèce d'arsenic naturel;—வைக்கிறது mettre une trappe,—un piège caché pour prendre les animaux; —வைத்துப்பார்க்கிறது considérer, regarder fixement,—à travers sa main disposée de manière à faire de l'obscurité

ஒளிகிறது,ளித்தேன், ளிவேன்,ளி, ளிய,v.n.(ஒளி), 1° se cacher, s'embusquer,se tapir,être caché, secret. 2° P. ஒளிர்கிறது, briller: ஒளியவை க்கிறது cacher.

ஒளிக்கிறது,ளித்தேன், ளிப்பேன், ளி,ளிக்க,1° v.a. du préc., cacher,céler, taire. 2° v.n.se cacher, se tapir, s'embusquer: ஒளித்திருக்கிறது être caché; ஒளித் துத்திரிகிறது rôder à la sourdine, aller çà et là déguisé, —à la dérobée. [ஒளிர்தல்.

ஒளிதல்,1° n.v. d'ஒளிகிறது.2° P.

ஒளிக்குதல்,ஒளித்தல்,n.v.d' ஒளிக்கிறது.

ஒளிப்பு,n.v.du même, action de cacher,de recéler.‖ou ஒளிப்பிடம் lieu caché, cachette, embuscade, abri.

ஒளிமை,(ஒளி), lumière,éclat.

ஒளியோன்,(ஒளி), soleil.

ஒளிர்,imp.et part.d'ஒளிர்கிறது:—மருப்பு ivoire,dent d'éléphant: —மணம் diamant.

ஒளிர்கிறது,ou ஒளிருகிறது, ர்ந்தேன்,ருவேன் ou ர்வேன்,ரு ou ர்,ர,v.n. (ஒளி), briller. [éclat.

ஒளிர்தல்,n.v. du préc., splendeur,

ஒளிர்பு,n.v.du même.,lumière, rayon,éclat. [en secret,en particulier.

ஒளிவளவாய்,(ஒளிவு, அளவு,ஆய்),

ஒளிவு, 1° (ஒளி), lumière, splendeur. 2° n. v. d'ஒளிகிறது, cachette, lieu secret, embuscade: ஒளிவாய் en secret, en cachette; ஒளிவாடுகிறது, V. ஒளிவிடுகிறது. [flammer.

ஒளிறல்,P.ஒளிர்தல், briller, s'en-

ஒள்,1° ou ஒள்ளிய,adj.beau, brillant,excellent, sage, bon, régulier, abondant.2° s.beauté,lumière,excellence. [hommes intelligens.

ஒள்ளியர், (ஒள்), les savans, les

ஒள்ளியோன்,(id.),homme savant, intelligent,éclairé,vertueux,être qui brille,la planète Vénus.

ஒறு,imp.et part.de

ஒறுக்கிறது,றுத்தேன்,றுப்பேன், று,றுக்க, v. a. mortifier (v.g.son corps), macérer,faire souffrir,modérer,vexer,affliger, troubler, ne pas aimer,blâmer,abhorrer,punir, s'abstenir,diminuer, s'amoindrir: ஒறுத் துக்கொண்டிருக்கிறது mortifier etc... être affligé; அன்னத்தையொறு abstiens-toi de manger, modère-toi dans le manger.

ஒறுத்தல், ஒறுப்பு, n.v. du préc., mortification, macération, retenue, contrainte,vexation, trouble, peine, aversion,punition, blâme, menace, diminution: ஒறுத்தலைசெய்கிறது mortifier,punir,châtier.

ஒறுவாய்,(ஒறு),bouche brisée.

ஒறுவினை,(id.) peine sans fin.

ஒறுவு,(ஒறு), peine,travail,effort.

ஒற்கம்,pauvreté, contrainte, modestie,retenue,patience.

ஒற்றல்,opt.et n.v. d'ஒற்றுகிறது, fomentation, action de s'éloigner, de s'attacher, etc...

ஒற்றளபெடை, (ஒற்று, அளபெடை), redoublement d'une consonne.Les consonnes qui peuvent se redoubler sont ங்,ஞ்,ண்,ந்,ம்,ன்,ய்,வ், ல்,ள்,et ஃ. Ex.தெங்ங்கு,P.தெங்கு.

ஒற்றன்,pl ஒற்றர்,(ஒற்று), messager,espion,éclaireur,inspecteur.

ஒற்றுடல், ஒற்றுடுகிறது, (ஒற்று, ஆடல்), action de faire des messages,d'espionner,d'envoyer des espions.

ஒற்றி,1° gage,dépôt. 2° gér. d'ஒற்றுகிறது:—க்கொள்ளுகிறது reculer les bornes des champs, se mettre, s'appliquer (v.g.une fleur aux narines);—நடக்கிறது marcher à côté, à l'écart;—ப்போகிறது s'écarter, se mettre à l'écart; —யிருக்கிறது être à l'écart, se remuer,s'éloigner, faire place à un autre; —வருகிறது s'approcher; —வைக்கிறது hypothéquer,engager (v.g.des champs, des maisons),donner en gage,mettre de côté. 3° imp. de

ஒற்றிக்கிறது, ற்றித்தேன், ற்றிப்பேன்,ற்றி,ற்றிக்க, v.n.et a. (ஒற்று), être seul, faire un compte impair, ajouter ou compter un à un, faire la somme, unir.

ஒற்றிடம்,(ஒற்று,இடம்),fomentation,sorte d'enduit.

ஒற்றிடுகிறது, *et* ஒற்றிடுதல், (*id.* இடுகிறது), fomenter, appliquer des fomentations.

ஒற்றித்த,*part. parf.* d'ஒற்றிக்கிறது:—பக்கம் côté impair, —unique, —uni;—வெண் (எண்), nombre impair,somme.

ஒற்றியூரன்,(ஒற்றி),Siven.

ஒற்று,(ஒன்று),1° un,consonne,recherche,espionnage,espion,message, envoyé,fomentation; —போடுகிறது appliquer des fomentations;—கேட்கிறது écouter à la sourdine,—en passant;—ப்பேர்க்கிறது, —ப்பேர்த்தல் changer une lettre afin de donner à la phrase un autre sens outre le premier, ce qui fait une partie du மிறைக்கவி; ஒற்றுவைப்போர் savans, poëtes,espions. 2° *imp.et part.de*

ஒற்றுகிறது, ற்றினேன், ற்றுவேன்,ற்று,ற்ற,*v.a.et* ஒற்றுதல்,*n.v.* s'éloigner, se retirer, faire place, se mouvoir,s'approcher s'attacher,s'habiller,appliquer—,faire des fomentations, fomenter, frapper, rejeter, épier,connaitre par des espions.

ஒற்றுமை,(ஒற்று), propriété,convenance, union, accord, concorde, marque,bonheur,observation; —க்குறிகொள்ளுகிறது remarquer; —கொடல் garder l'union entre soi, vivre unis,en bon accord, (ce qui est une qualité des cultivateurs); —நயம் union,réunion,bien de la concorde.

ஒற்றெழுத்து,(ஒற்று),simple consonne.

ஒற்றொற்றுகிறது,(*id.*), épier,connaitre par des espions.

ஒற்றை,(ஒன்று), un,seul,unique, simple,impair,feuille unique,isolement: —க்கடவை simple verrou, feuille impaire,—unique, —qui n'a pas son pendant, endroit impair dans un ouvrage en feuille;—க்கண்ணன் borgne,Koubèren et Soukren (ils n'ont, dit-on,qu'un œil); —க்குடை un seul parasol, autorité absolue;—க்கொம்பன்,*V.* ஏகதந்தன்;—த்தாலி tâli simple, —unique, un seul mariage; —த்தாள்ப்பூட்டு,—தாட்பூட்டு serrure à un seul pêne; —ப்படவெண்ணுகிறது faire un compte impair,ajouter ou compter un à un; —யடிப்பாடு chemin étroit où l'on ne va qu'un à un;—யாழித்தேர் char du soleil qui, (selon la fable indienne,) n'a qu'une roue; —யாழித்தேரோன் le soleil;—யிரட்டை pair ou impair,sorte de jeu;—யிரட்டையடிக்கிறது jouer à pair ou impair;—யோயிரட்டையோ est-ce pair ou impair? ஒற்றைக்கிரட்டி deux pour un, le double.

ஒற்றொலிவெண்டுறை, (ஒற்று, ஒலி), espèce de வெண்டுறை qui n'a qu'un seul air.

ஒற்றொழிபாட்டு, (ஒற்று, ஒழியும், பாட்டு), pièce de poésie—, chanson sans pures consonnes.

ஒன்பது, (ஒன்று, ஒழி, பத்து), neuf,9: ஒன்பத்தொன்று 9 fois 1 ou 9;ஒன்பத்திரண்டு 9 fois 2 ou 18;ஒன்பதுக்கொன்பது 9 fois 9 ou 81;ஒன்பதினாயிரம் 9000; ஒன்பதுமூத்திரம், *V.* நவக்ஷாரம்; ஒன்பதின்கோடி,ஒன்பதிற்றுக்கோடி 90 millions.

ஒன்பதாம், (ஒன்பது,ஆம்), neuvième.

ஒன்பதாவது,(*id.*ஆவது), neuvièmement.

ஒன்பான்,*P.*ஒன்பது,neuf.

ஒன்ற,*inf.d'*ஒன்றுகிறது, ensemble,avec:—ப்பார்க்கிறது chercher à s'approcher,à se réunir; —விணைக்கிறது lier—,unir ensemble;—வில்லை il ne convient pas, il n'est pas convenable,—conforme.

ஒன்றடிமன்றடி, (ஒன்று,அடி,மன்று,அடி),espèce de mélange,trouble,étourdissement.

ஒன்றல்,*n.v.d'*ஒன்றுகிறது,union, accord,consentement.

ஒன்றற்றவன், (ஒன்று, அற்ற), homme pauvre,qui n'a rien,qui ne peut,insociable.

ஒன்றன்,*obl.de* ஒன்று, un: —கூட்டம் collection, amas (d'une sorte d'objets), somme; —பால் singulier neutre; —மேலொன்றேற்றுகிறது entasser une chose sur une autre.

ஒன்றா,ஒன்றாத,*part.nég.* d'ஒன்றுகிறது: ஒன்றாதவஞ்சித்தளை combinaison de pieds dite வஞ்சித்தளை dans laquelle après les pieds terminés en கனி ou நிழல் viennent des pieds commençant par நேர்.

ஒன்றாது,3me *pers.neut.nég.* d'ஒன்றுகிறது,il ne convient pas etc...

ஒன்றாம், (ஒன்று, ஆம்), premier, unique.

ஒன்றாய், (*id.*ஆய்), en un, ensemble,conjointement.

ஒன்றார், *n.v. nég.* d'ஒன்றுகிறது, ennemis.

ஒன்றான, (ஒன்று,ஆன), un, unique.

ஒன்றான், (ஒன்று), le premier homme, l'unique.

ஒன்றால்,*abl.d'*ஒன்று.

ஒன்றி,1° *imp.* d'ஒன்றிக்கிறது.2° (ஒன்று), un,simple,seul,isolé, personne isolée, célibataire, ce qui est seul:—க்காரன் célibataire, homme seul.3° *gér.d'*ஒன்றுகிறது: —ப்போகிறது s'unir,se conformer, devenir conforme, uni; —யிருக்கிறது être uni,conforme,convenable: நாடொன்றிவாழிற்கேடொன்றுமில்லை si un pays est uni il ne lui arrive aucun malheur,*prov.*où est la concorde, là est le bonheur.

ஒன்றிக்கிறது,ன்றித்தேன், ன்றிப்பேன்,ன்றி, ன்றிக்க, *v.n.* (ஒன்று), s'unir,se réunir,s'identifier, s'accorder: ஒன்றித்திருக்கிறது être uni, identifié.

ஒன்றித்தல்,ஒன்றிப்பு,*n.v.du préc.*, union,réunion, accord, identification.

ஒன்றிய,*P.* ஒன்றின: —வஞ்சித்தளை.combinaison de pieds dite வஞ்சித்தளை qui veut qu'après un pied terminé en கனி le pied suivant commence par நிரை.

ஒன்றில்,1° *abl.de* ஒன்று,dans un. 2° *si conditionnel d'*ஒன்றுகிறது, si on s'accorde, s'il convient. ஒன்றில் répété signifie ou,soit,ou bien. *Ex.* ஒன்றில்மோக்ஷம்ஒன்றில் நரகமுனக்குப்பலனும் tu auras pour récompense ou le paradis ou l'enfer.

ஒன்றிற்கு,*dat.d'*ஒன்று.

ஒன்றின,*part. parf.* d'ஒன்றுகிறது,uni,convenable,conforme,agréable:—காரியம் chose acceptable.

ஒன்றின்மை, (ஒன்று), rien, néant, nullité, détachement de toutes choses.

ஒன்று,1° *imp.et part.* d'ஒன்றுகிறது. 2° un, une chose, unité.Avant un nom on emploie l'adj. ஒரு devant une consonne et ஓர் devant une voyelle ou une consonne.ஒன்று répété signifie quelquefois ou, ou, une chose,une autre.*Ex.* ஒன்றுபாவத்தைவிடு,ஒன்றுநரகத்திலேவே ou autrement பாவத்தைவிடுவதொன்றே,நரகத்திலேவேவதொன்றே il faut ou quitter le péché ou brûler dans l'enfer; நான்சொன்னதொன்றுஅவன்செய்ததொன்று j'ai ordonné une chose et il en a fait une autre;ஒன்றத்தனை une fois autant;ஒன்றத்தனைகொடுத்தால்இரண்டத்தனைகொடுப்பேன் si on en donne une fois autant j'en donnerai 2 fois autant;ஒன்றறியாதவன் ignorant,homme qui ne sait rien;ஒன்றுகட்டுகிறது unir, lier en un,réunir,coordonner, égaliser,arranger: —கற்றவன் homme qui a appris quelque peu,qui n'a appris qu'une chose;—கூட்டியிருக்கிறது être uni,—accouplé; —கூட்டு parenté,union,sorte d'assaisonnement,—de mélange, explication du sens en prenant les mots que la tournure des vers a séparés pour les mettre dans leur ordre naturel; —தங்கிப்போகிறது faire une halte dans un voyage, faire un voyage de 2 jours;—படல் union, concorde, accord,réunion:—படுகிறது s'unir, se réunir,s'accorder,convenir,être uni; —பாதி minuit,moitié (d'une chose), quelque chose plus ou moins; —மாறியொன்று l'un après l'autre,alternativement;ஒன்றுக்கு, *dat. d'où*: ஒன்றுக்கற்றவன் homme insociable, qui ne se réunit pas, séparé des autres;ஒன்றுக்கிருக்கிறது, ஒன்றுக்குதிக்கிறது,être à faire ses petits besoins,lâcher de l'eau; ஒன்றுக்குப்

போகிறது aller aux petits besoins, aller lâcher de l'eau; ஒன்றுக்கொன்று l'un à l'autre, —avec l'autre, équivalent, compensation, réciproquement; ஒன்றுக்கொன்றொத்துப் பார்க்கிறது comparer une chose avec une autre, —l'un avec l'autre, collationner; ஒன்றும் (aveo une négation) rien, pas même un; ஒன்றுமறியாதவன் ignorant, qui ne sait rien; ஒன்றுமில்லை il n'y a rien: ஒன்றுமீயான் il ne donne rien; ஒன்றுக்குமுதவாத bon à rien, inutile; ஒன்றோடொன்று l'un avec l'autre: ஒன்றுவொன்றும் quoi que ce soit, rien absolument: எனக்குஒன்றுவொன்றுங்குறையில்லை je ne manque absolument de rien; ஒன்றினைமுடித்தறன்னினமுடித்தல் sorte de tour d'esprit, par lequel, en disant une chose, on y en comprend d' autres de même espèce, ou bien qui y sont étrangères.

ஒன்றுகிறது, ன்றினேன், ன்றுவேன், ன்று, ன்ற, (ஒன்று), *v.n.* s'unir, se réunir, s'allier, se coaliser, se conformer, consentir, agréer, s'accorder, convenir, être uni, convenable, conforme.

ஒன்றுகை, ஒன்றுதல், *n.v. du préc.* union, coalition, consentement, accord, amitié.

ஒன்றுநர், (ஒன்று, நர்), amis, alliés.

ஒன்றும், (*id.* உம்), rien, (avec une négation).

ஒன்றே, (*id.* ஏ), un, un seul: —கால் un et un quart; —யொன்று un seul.

ஒன்றை, *acc. d'*ஒன்று: —விட்டொன்று (விட்டு), médiat, le plus proche après un intermédiaire, alterne.

ஒன்றொழி, (ஒன்று, ஒழியும்), moins un: —நானூறு, (நாலு, நூறு), quatre cents moins un; —பொதுச்சொல் mot commun aux 2 genres, le noble et l'ignoble, le masculin et le féminin, et qui par le contexte se trouve restreint à un seul genre. *Ex.* ஆயிரமக்கள்போர்செய்தார் mille hommes ont combattu.

ஒன்றோ, (ஒன்று, ஓ), 1° interjection d'admiration et de pitié, particule explétive, 2° est-ce un?

ஒன்னப்பூ, espèce de pendans d'oreilles à l'usage des femmes.

ஒன்னலர், ஒன்னலார், ஒன்னுநர், (*P.* ஒன்றார்), ennemis: ஒன்னாரைச்சேரேல் ne vous joignez pas à des ennemis.

ஓ

ஓ, 1° ô long dit ஓகாரம், la 11° voyelle de l'alphabet tamoul. Quand cette lettre se joint aux consonnes, elle est représentée par les mêmes signes que l'ஒ bref, excepté que le premier dit கொம்பு est contourné en haut. *Ex.* கோ cò, நோ nò, etc... Dans l'union des mots sanscrits cette lettre vient de la contraction de அ ou ஆ final avec உ ou ஊ initial. *Ex.* ஞான உபதேசம், ஞானோபதேசம் catéchisme. 2° ஓ au commencement des mots est une interjection qui sert à appeler, ou qui exprime la compassion, la pitié et l'admiration et se traduit par ô! oh! holà! oh, oh! ஓபுதுமை ô merveille! ஓகெட்டேன் oh! je suis perdu; ஓ பாவிஇதுக்கோபிறந்தாய் oh! pécheur, est ce pour cela que tu es né? Cette interjection désigne aussi supériorité en bien ou en mal. *Ex.* ஓ பெரியன் oh! qu'il est grand! ஓகொடியன் oh! le cruel. 3° ஓ à la fin des mots marque interrogation: அடித்தவனிவனோ est-ce lui qui a frappé? 4° Il indique une négation sous-entendue: நானோசெய்தேன் est-ce moi qui ai fait cela? (Certainement non). 5° Il indique une ellipse ou une réponse contraire sous-entendue (ஒழியிசை): படிக்கவோபோகிறான் va-t-il pour étudier? (Non, mais pour jouer). 6° Il exprime le doute ou si dubitatif: அவன்நல்லவனோகெட்டவனோதெரியாது est-il bon, est-il méchant? je l'ignore; j'ignore s'il est bon ou méchant; வருவானோதெரியாது je ne sais s'il viendra. 7° Avec des mots interrogatifs il exprime l'ignorance: அவனெங்கேயோ où est-il? Je ne sais. 8° Il marque distinction (பிரிநிலை): சகலரிலுமிவனோ நல்லவன் est-ce lui qui est meilleur que tous les autres? 9° Il sert à la clarté (தெரிநிலை): இரத்தினங்களோ அல்ல கல்லுகளோ அல்ல sont-ce des pierreries? non; sont-ce des pierres? non. 10° Il exprime le rejet (கழிவு): பாவி நற்கதிபெறுவானோ le pécheur obtiendra-t-il le paradis?(non sans doute). 11° Il sert à l'énumération, et remplace alors la conjonction et: குதிரைகளோ யானைகளோ ஒட்டைகளோ மாடுகளோ திரளாய்நின்றன les chevaux et les éléphans, les chameaux et les bœufs étaient là en foule. 12° Quelquesfois ஓ est simplement explétif (அசைநிலை). 13° ஓ devant le mot என்றால் signifie mais,or, quant à: அவனோவென்றால் mais lui, quant à lui. 14° Après la terminaison ஆல் (si conditionnel) on peut le traduire par pourvu que,mais non autrement, ou par ne...que si,ne pas...à moins que: வேலைசெய்தாலோ கூலிவரும் vous recevrez un salaire pourvu que vous travailliez,mais non autrement,vous ne recevrez de salaire que si vous travaillez. 15° ஓ.*gén*.ஓவின்,*s*..écluse. 16°* (ô) Vichnou et Siven (désignés par la contraction d'அ et உ en ஓ).

ஓஓ,*int*.oh,oh!

*ஓகனம்,(ôkana),punaise.

*ஓகம்,1° (ôka), maison, asyle, refuge,certain oiseau. 2° (ôgha), quantité,multitude, torrent, inondation, avis,instruction,présence.

*ஓகாரம்,(ஓ), l'ô long: ஓகாரவுரு Dieu.

*ஓகுலம், (ôkoula), pain, gâteau fait de farine.

ஓகை,joie,plaisir,délice.

ஓகோ,*int*.oh,oh!

*ஓகோதனி,(ôkôdani), punaise.

ஓக்கம்,(ஓங்குகிறது),hauteur,élévation,grosseur, grandeur: —இரட்டி sorte de கவித்தாழிசை, double hauteur.

ஓக்காளம்,nausée,soulèvement—, mal de cœur,effort pour vomir, vomissement,dégoût.

ஓக்காளிக்கிறது,ளித்தேன், ளிப்பேன்,ளி,ளிக்க,*v. n.* avoir des nausées, des soulèvemens de cœur, —du dégoût,faire des efforts pour vomir.

ஓக்காளித்தல்,ஓக்காளிப்பு, *n.v. du préc. V.*ஓக்காளம்: ஓக்காளிப்பாயிருக்கிறது avoir des nausées.

ஓங்கல், *opt.et n.v. d'*ஓங்குகிறது, roi,hauteur,élévation,butte, vomissement,navire, montagne, colline, bambou,éléphant,homme fort: ஓங்கலுற்பவன் arsenic dit காந்தபாஷாணம்;—ஆனது ce qui est haut.

*ஓங்காரம், (ômkâra), la syllabe ôm; elle commence et finit toutes les prières des payens, et contient selon eux le nom mystérieux de la divinité. Elle est composée de 3 lettres: அ Vichnou, உ Siven,et ம Brama;les 2 premières sont contractées en ஓ,ce qui fait ஓம்: ஓங்காரவுரு Dieu,arsenic dit கௌரிபாஷாணம்.

*ஓங்காரி,(omkâri),Satti,ou la personnification féminine de l'énergie divine.

ஓங்காரிக்கிறது,ரித்தேன்,ரிப்பேன், ரி,ரிக்க,*v.n.et* ஓங்காரித்தல், *n.v.V.*உறுக்குகிறது.

ஓங்காளம்,*P.*ஓக்காளம்.

ஓங்கில்,thon,gros poisson de mer, thynnus.

ஓங்குகிறது,*sync.*ஓங்கிறது,கினேன்,குவேன்,கு,க,*v.a.et n.*élever, lever,hausser, s'élever, croître, augmenter, s'élever droit, pousser—, monter comme un arbre,se fortifier, prendre des forces, profiter: ஓங்கிப்பார்க்கிறது regarder en s'élevant sur la pointe des pieds; —அடிக்கிறது lever la main et frapper;—அறைகிறது donner un soufflet, —un coup (avec la main ouverte); —யிருக்கிறது être grand, éminent, illustre:—வளருகிறது croitre,s'avancer, profiter.

ஓங்குகை,ஓங்குதல்,*n.v.du préc.*

*ஓசம், (ôdja), 1° renommée, rayon,lumière,support,appui, virilité, pénis,vitalité ou souffle de vie. 2° *ou* ஓசரம்,cause, raison, équivalent.

அதுக்கோசம்,அதுக்கோசரம் pour cela,pour cette raison; எனக்கோசம்,எனக்கோசரம் à cause de moi, pour l'amour de moi.

ஓசரி,perte,marque de tristesse.

ஓசனிக்கிறது, ஓசனித்தேன், ஓசனிப்பேன், ஓசனி, ஓசனிக்க, *v.a. et* ஓசனித்தல், *n.v.*battre des ailes,(*v.g.*le coq avant de chanter).

ஓசன்,maître d'école.

ஓசிக்கிறது,ஓசித்தேன்,ஓசிப்பேன்,ஓசி, ஓசிக்க,*v.n.*1° (ஓசை), sonner, rendre un son.2° *P.*போசிக்கிறது.

ஓசீவனம்,(ஓ),moyen de vivre,subsistance.

ஓசு,(ஓசம்), renommée.

ஓசை,bruit, son, accent, grande réputation,renommée, bananier:—க்கழல் anneau bruyant qu'on porte aux pieds, *V.*வீரவெண்டயம்; —ப்படுகிறது,—யாயிருக்கிறது résonner, rendre un son; —யாய் d'un ton sonore, avec bruit; —யுடைமை ton sonore, une des beautés d'un livre; ஓசை-௩ les 3 accens, les 3 sons,savoir எடுத்தலோசை accent aigu, son des lettres fortes க,ச,ட,த,ப,ற; படுத்தலோசை accent grave,son des lettres douces ங,ஞ,ண,ந,ம,ன; நலிதலோசை accent circonflexe,son des lettres moyennes ய,ர,ல,வ,ழ,ள.

ஓச்சம்,(*P.*ஓசம்),renom,grande renommée:ஓச்சசாலியான், *V.*ஓச்சன்.

ஓச்சர்,(ஓச்சம்), 1° savans. ‖ *V.* கணக்காயர்.2° *pl.d'*ஓச்சன்.

ஓச்சல்,*n.v.*d'ஓச்சுகிறது.

ஓச்சன், sacrificateur de la diablesse பிடாரி.

ஓச்சுகிறது,ஓச்சினேன், ஓச்சுவேன், ஓச்சு,ஓச்ச,*v.a.*jeter,tuer,chasser, conduire,ordonner,gouverner.

*ஓஷதி,(ôchadhi), plante annuelle,—rampante,—médicinale, plante —,arbuste ou arbre qui meurt après avoir une fois porté son fruit,arbre.

*ஓஷதிபதி,ஓஷதீசன், (ஓஷதி,பதி, ஈசன்), la lune,qu'on suppose présider aux plantes susdites.

*ஓஷ்டம்,(ôchta), lèvre (et surtout) lèvre supérieure: ஓஷ்டபல்லவம் lèvre supérieure.

ஓட,1° *inf.d'*ஓடுகிறது. 2° *obl.d'*ஓடம்.

*ஓடதி,*V.*ஓஷதி.

ஓடதிபதி,*V.*ஓஷதிபதி.

*ஓடம்(hôda), bateau,barque, bac, radeau,navette de tisserand: —விடுகிறது lancer—, conduire un bac, être batelier; ஓடக்காரன் batelier; —க்கூலி prix du passage sur un bac; —க்கோல் perche de batelier:இரண்டோடத்திற் கால்வைத்தவனைப்போலிருக்கிறது ressembler a un homme qui a les pieds sur 2 barques, servir 2 maîtres;சிலவேளை ஓடம்வண்டியிலுஞ்சிலவேளைவண்டி ஓடத்திலும்வரும் quelquefois la charrette porte le bac,d'autres fois le bac porte la charrette,celui qui assiste a droit á être assisté,on a besoin de s'assister l'un l'autre.

ஓடல்,1° signe de crainte, extension.2° *n.v.d'*ஓடுகிறது,cours, course, fuite;மண்டிலமாய்—,வட்டமாய்— course circulaire.

ஓடன்,tortue.

ஓடா,ஓடாத, *part.nég.* d'ஓடுகிறது:ஓடாப்பொருதல் combat de pied ferme,sans fuir.

ஓடாணி,(ஓடும்,ஆணி), cheville, clou, clavette (pour assujétir un bijou etc...)

ஓடாவி,*pl.*ஓடாவிமார், charpentier,faiseur de bateaux,peintre.

ஓடி,1° *ou ஓடிகை (ôdi, ôdikâ), riz sauvage,—des déserts.2° (ஓடுகிறது), coureur,coureuse,ce qui court. 3° *gér.d'*ஓடுகிறது.

ஓடிய,*part.d'*ஓடுகிறது: ஓடியகோடம் conque,coquillage.2° *obl.de*

ஓடியம்,discours—,mots malhonnêtes,obscénité: —பேசுகிறது tenir de mauvais discours.

ஓடு,1° *imp.et part.du suiv.*2° ஓடு, *gén.*ஓட்டின், tuile, tesson, têt, pot cassé,vase de mendiant,crâne,écaille de tortue et autres testacées,coque, coquille de noyaux ou fruits, extension, terminaison de l'ablatif de société, avec: —தாவடி rôder—, courir çà et là;—பந்தல் pandel pour se promener; —பிரிக்கிறது ôter les tuiles; —பரப்புகிறது, —போடுகிறது,—மூடுகிறது, —மேய்கிறது couvrir de tuiles,mettre les tuiles; —விப்புருதி cancer,ulcère qui mange les chairs et s'étend; அவனோடேவியாபாரஞ்செய்கிறான் il fait le commerce avec lui,il est son associé.

ஓடுகிறது,டினேன், டுவேன்,டு,ட, *v.n.*courir,fuir,s'enfuir,couler, faire son cours,—sa course,croître,s'étendre, *V.* பிளத்தல்:ஓடவைக்கிறது purifier les métaux dans le creuset; ஓடிப்பிடிக்கிறது atteindre—, attraper à la course;—ப்போகிறது s'enfuir; —யாடிப்பார்க்கிறது courir et s'amuser—,ròder ça et là, s'efforcer; —வருகிறது accourir.

ஓடுகை,ஓடுதல், *n.v.du préc.* course,fuite,cours,croissance, extension, fente.

ஓடை,(ஓடுகிறது), ruisseau,cours d'eau,fossé,fossé de citadelle, étang, bijou qu'on porte sur le front,ornement que les hommes et les femmes portent sur le front, fronteau d'éléphant,espèce de vigne dite ஓடைக்கொடி ou combretum laxum, l'arbrisseau கிளுகிளுப்பை, route sur les montagnes,éléphant, sorte d'arbre. [*de* ஓட்டம்.

ஓட்ட,1° *inf.d'*ஓட்டுகிறது. 2° *obl.*

ஓட்டடை,(ஓடு,அடை), crèpe, petit gâteau:—சுடுகிறது faire des crèpes,les faire cuire.

ஓட்டம், 1° (ஓடுகிறது), course, cours,fuite, déroute. 2° **P.* ஓஷ்டம், lèvre,lèvre supérieure:—காட்டுகிறது montrer l'exemple de la fuite, diriger la fuite: —ஆயோடுகிறது, —ஆய்ப்போகிறது,—ஓடுகிறது courir,fuir,s'enfuir; —விடுகிறது galoper,cesser de courir ou de fuir:ஓட்டக்காரன் coureur,courrier;ஓட்டபல்லவம் lèvre supérieure.

ஓட்டல்,*n.v.d'*ஓட்டுகிறது.

ஓட்டாங்கச்சி, ஓட்டாங்கிஞ்சில்,(ஓடு,ஆம்), tèt,tesson,fragment de pot cassé. [poisson.

ஓட்டாங்கிளிஞ்சில்,(*id.*), espèce de

ஓட்டாங்குச்சு,(*id.*), *V.* ஓட்டாங்கச்சி. [poisson,scomber aculeatus.

ஓட்டாம்பாரை, (*id.*), espèce de

ஓட்டி,1° *gér.d'*ஓட்டுகிறது.2° (ஓட்டுகிறது),conducteur,celui qui chasse,qui pousse, qui conduit.

ஓட்டு,1° *imp.et part. de* ஓட்டுகிறது.2° *obl. de* ஓடு: —த்தடுக்கு toit couvert de tuiles; —த்தடுக்குவீடு maison couverte en tuiles;—த்துத்தி la plante urena sinuata; —முத்து, perle creuse, — dont l'intérieur n'est pas dur.

ஓட்டுகிறது, ட்டினேன், ட்டுவேன்,ட்டு,ட்ட,*v.a.d'*ஓடுகிறது,*et* ஓட்டுதல்,*n.v.*chasser,mettre en fuite, repousser,pousser,mener,conduire(un navire, une charrette, des troupeaux),diriger,gouverner,ordonner; ஓட்டிவிடுகிறது chasser.

ஓட்டை,fente,fèlure,cassure, tesson,trou: —ப்பானை cruche fèlée:—யாயிருக்கிறது ètre fèlé,cassé,fendu, percé,foré; —வாயன் bouche fèlée, —qui ne peut garder un secret.

ஓணம்,rivière, la 22me constellation dite திருவோணம்.

ஓணான்,espèce de caméléon, ou de lézard, lacerta cristata: —குத்தி,—கொத்தி espèce de faucon qui se nourrit surtout de ce caméléon, falco falconi indico proximus.

ஓதம்,mer.flot,vague,torrent,crue des eaux,inondation,hernie, rupture. hydrocèle, enflure du scrotum, humidité du sol des maisons en temps de pluie:ஓதக்கால் gros pied, pied enflé: ஓதமிறங்குகிறது une, hernie se déclarer, les testicules s'enfler, —வருகிறது, —ஏறுகிறது l'humidité se déclarer; ஓதவேளை temps d'inondation,—de la crue des eaux.

ஓதல்,1° *n.v. d'*ஓதுகிறது, la lecture des vèdas, elle est un privilége des brames,des rajas et des marchands,étude, lecture, instruction, enseignement,récitation de prières, parole,dire,diction,discours. 2° *P.* ஓய்தல் cessation: ஓதலினன்றேவேதியர்க்கொழுக்கம் pour les brames de bonnes mœurs sont préférables à l'étude des vêdas,pour ceux qui instruisent une bonneconduite est préférable à la science.

*ஓதனம்,(ôdana), nourriture, riz cuit,grandeur,combat.

ஓதன்மை,*ou* ஓதற்றன்மை, (ஓதல்,தன்மை), lecture,chant, action—, manière de lire,de chanter.

ஓதாதார்,*n.app.*|*nég. d'*ஓதுகிறது, ignorans,gens non instruits, qui ne savent pas lire: ஓதாதார்க்கில்லையுணர்வுடையொழுக்கம் les bonnes mœurs avec la science ne se trouvent pas chez les ignorans.

ஓதி, 1° cheveu de femme, lieu étroit,étroitesse,montagne, combat. 2° *P.*ஓந்தி,caméléon.3° (ஓது), chat. 4° (ஓதுகிறது), connaissance,science,érudition,sagesse, savant. 5° *gér. d'*ஓதுகிறது.

ஓதிமம்,cygne,espèce de cerf dit கவரிமா,montagne,tamarinier: ஓதிமமூர்த்தோன், ஓதிமக்கொடியவன், —ப்பாகன் celui qui a pour enseigne et pour monture un cygne,*i.e.*Brama.

ஓதிய,ஓதின,*part. parf. d'*ஓதுகிறது:—நீர் eau bénite. [*d'*ஓதுகிறது.

*ஓது,1°(ôtou),chat.2° *imp.et part.*

ஓதுகிறது,திேனன், துவேன்,து, த,*v.a.*lire, étudier, réciter, répéter, dire,réciter—, chanter des prières, enseigner,bénir: ஓதாமலொருநாளுமிருக்கவேண்டாம் il ne faut passer aucun jour sans étudier; ஓதுவதொழியேல் ne cessez jamais d'étudier; ஓதியிறைக்கிறது asperger d'eau bénite après avoir récité des prières; —யுடைக்கிறது briser un coco après la récitation de certaines prières (cérémonie payenne); —விடுகிறது cesser de lire. [தல்.

ஓதுகை,ஓதுதல்,*n.v.du préc. V.*ஓ

ஓதுஞ்சாலை,ஓதும்பள்ளி, (ஓதுகிறது). école,collége,lieu où l'on apprend les sciences.

ஓதுவான்,*n. app. du même,* gourou,précepteur,étudiant,élève, celui qui chante des chants sacrés: ஓதுவார்க்குணவிடுதல் nourrir les étudians,élever et instruire gratuitement, ce qui est réputé une des 32 vertus ou அறம்.

ஓதுவிக்கிறது, வித்தேன், விப்பேன்,வி,விக்க,*v.caus.d'*ஓதுகிறது,instruire, enseigner, faire lire; il s'entend surtout des vêdas.

ஓதுவித்தல்,*n.v.du préc.* enseignement,instruction,enseignement des vêdas,les faire lire,ce qui est un des priviléges des brames,et des rois.

ஓதை,bruit,son,grand bruit,montagne,mur, *V.*மதிலுண்மேடை.

ஓதைவாரி,plume.

ஓத்தி,*P.*ஓந்தி.

ஓத்து,système de doctrine religieuse,vêdas,section de chapitre, classe—,paragraphe—,chapitre où l'on réunit les choses d'un même genre: —ப்புறனடை remarque que l'on fait à la fin d'un chapitre ou paragraphe; —முறைவைப்பு disposition régulière des matières; ஓத்துரைப்போர் ceux qui connaissent et enseignent les vêdas,—quelque système,—une science, —les sciences indiennes ou சாஸ்திரம்,ceux qui parlent convenablement.

ஓநாய்,(ஓ), loup,chien qui hurle.

ஓந்தி,caméléon,espèce de lézard.

*ஓமம்,(hôma), espèce de sacrifice, —d'holocauste, effusion de beurre dans le feu réputé sacré en l'honneur des dieux du paganisme,sacrifice,la plante அசமதாகம், espèce de gâteau fait avec sa graine,une autre plante,talc: ஓமகுண்டம் trou fait en terre pour recevoir le feu du sacrifice hômam; —சாந்தி sacrifice expiatoire après l'hômam, sacrifice additionnel pour effacer les omissions faites dans l'hômam, —dans un sacrifice précédent; —த்திரவியம் instrumens—, choses nécessaires pour l'hômam;—த்தீ, *V.*ஓமாக்கினி; —ப்பொடி cendres de l'hômam,—du sacrifice,—réputées sacrées;—ப்பிறப்பு affinité provenant de ce sacrifice;—மண்டபம் *V.*ஓமாலயம்;—விறகு bois de l'hômam,qui consiste en 9 espèces différentes; ஓமம்வளர்க்கிறது faire le sacrifice appelé hômam

ஓமல், bruit public, rumeur, répandre un bruit, réputation d'être riche; —ப்படுகிறது devenir le sujet de toutes les conversations; ஊரோமலாச்சு c'est le bruit de toute la ville ou du village; ஊரோமலாகிறது devenir le bruit public; ஊருக்கோமல் வீட்டுக்கு வயிற்றெரிச்சல் dans la ville il a la réputation d'être riche mais dans sa maison on meurt de faim; ஓமற்கோரை l'herbe scirpus grossus.

*ஓமாக்கினி, (ஓமம், அக்கினி), feu de l'hômam, —du sacrifice.

*ஓமாலயம், (id. ஆலயம்), bâtiment —, chaudrie—, place pour l'hômam, —pour le sacrifice.

ஓமான், P. ஓனான், caméléon. [eau.

*ஓமி, (hômi), beurre fondu, feu,

ஓமிடி, chagrin.

ஓமுடிவு, perte, corruption.

ஓமை, manguier.

ஓம், 1° *(ôm), V. ஓங்காரம். 2° Particule qui exprime consentement, approbation, ou marque qu'on écoute, oui, vraiment. 3° Terminaison de la 1re pers. pl. des verbes: ஓமென்கிறது dire ôm en signe d'approbation, ou pour témoigner qu'on écoute, consentir; ஓமென்றுகேட்கிறது écouter en disant ainsi de temps en temps ôm. [prouver.

ஓம்படுகிறது, (ஓம்), consentir, ap-

ஓம்படல், ஓம்பாடு, n. v. du préc. consentement, approbation.

ஓம்படை, (ஓம்பும், அடை), garde, refuge, protection: ஓம்படைக்கிளவி mot de protection [garde, production

ஓம்பல், n.v. du suiv. soin, entretien,

ஓம்புகிறது, பினேன், புவேன். பு, ப, v.a. protéger, soigner, choyer, entretenir, élever, créer, faire.

ஓயல், n.v. V. ஓய்தல்.

ஓயா, ஓயாத, part. nég. d'ஓய்கிறது, continuel, incessant, sans interruption: ஓயாமாரி pluie continuelle, continuité.

ஓயாது, 1° 3me pers. neut. nég. d'ஓய்கிறது, il—, elle ne cesse pas. 2° ou

ஓயாமல், gér. nég. du même, incessamment, sans interruption, sans relâche: —இருக்கிறது être continuel, ne pas cesser.

ஓய், 1° int. pour appeler, ho! 2° terminaison du voc. sing. de certains noms, surtout de ceux terminés en ஓன். 3° imp. et part. de

ஓய்கிறது, ய்ந்தேன், ய்வேன், ய், ய, v.n. cesser, finir, laisser, discontinuer, se reposer, se désister, se relâcher, se calmer, mourir, pencher: ஓய்ந்திருக்கிறது avoir cessé, —cessé le travail, se reposer, être calmé, —en repos; ஓய்ந்துபோகிறது se lasser, se relâcher: அடித்தோய்கிறது cesser de frapper.

ஓய்தல், n.v. du préc. cessation, répit, repos, relâche, relâchement, pente.

ஓய்ப்பிடியாள், femme du frère du mari; celles qui ont épousé les 2 frères s'appellent ainsi; pl. ஓய்ப்பிடியார்

ஓய்வு, n.v. d'ஓய்கிறது, repos, relâche, relâchement, faiblesse, terme, fin, mort, reste: —காரை fin de la mesure; —நாள் le jour du repos, — du sabbat, le dimanche, jour de relâche, —de repos. [டியாள். 2° héritière.

ஓரகத்தி, (ஓர், அகம்), 1° V. ஓய்ப்பி

ஓரக்கண், (ஓரம்), œil louche.

ஓரக்கண்ணன், (ஓரக்கண்), louche, homme qui a les yeux louches, qui regarde de travers. [tial.

ஓரக்காரன், (ஓரம்), homme par-

ஓரசைச்சீர், (ஓர், அசை), pied d'une syllabe métrique. Il y en a deux, l'un d'une longue nommé நாள், et l'autre de deux brèves nommé மலர்.

ஓரடிமடக்கு, (id. அடி), répétition d'un vers dans une strophe. [bœufs.

ஓரிணை, (id. இணை), une paire de

ஓரபட்சம், (ஓரம்), partialité.

ஓரம், bord, extrémité, rivage, côté, partialité, espèce de sel âcre et brûlant, âpreté: —சொல்லுகிறது, —பேசுகிறது parler avec partialité; —சொல்லேல் ne parlez pas avec partialité; ஓரஞ்சொன்னபன்றுகிறது

agir avec partialité; ஆற்றோரம் bord de rivière; மண்ணினிருந்துவழக் கோரஞ்சொல்லாதே sur la terre ne jugez pas avec partialité.

ஓரவன்,(ஓர்,அவன்), homme dénué de tout.

ஓரல்,n.v.d'ஒருகிறது, examen, ce qui est étroit,resserré,—caché. [té.

ஓரவாரம்,(ஓரம்,வாரம்),partiali-

ஓரா,1° ou ஓராத,parf.nég. d'ஒருகிறது. 2° ou ஓராமீன் le poisson diodon hystrix: —ஓட்டி espèce de poisson.

ஓராசிடை, (ஓர், ஆசிடை), தனிச் சொல் ou pied séparé composé d'une seule espèce d'அசை ou syllabe métrique:—நேரிசைவெண்பா vers dits நேரிசைவெண்பா qui ont cette sorte de தனிச்சொல்.

ஓராட்டு,(id.ஆட்டு), V.ஓலாட்டு.

ஓராட்டுகிறது,ஓராட்டுதல்,(id.ஆட்டுகிறது),V.ஓலாட்டுகிறது.

ஓராயம், pente—, inclinaison—, disproportion dans les angles,jointure imperceptible de 2 planches:—பார்க்கிறது joindre 2 planches très-étroitement, voir si les angles sont justes. [mine,pèse.

ஓரால்,(ஒரு, ஆல்), considère, exa-

ஓராவொட்டி,espèce de poisson.

ஓரி,renard ou chacal mâle, vieux renard, —chacal, gros singe noir mâle, le mâle des animaux en général, cheveu d'homme,poil du corps, monture de la fameuse Kâli, un des 7 personnages de la 3me classe des hommes célèbres par leur libéralité, gîte des animaux, lieu où ils couchent,homme dénué de tout: —போலழுகிறது crier—,hurler comme un chacal. [liaison, union, paix.

ஓரிசு, préparation, combinaison,

ஓரிப்பூக்கிறது, ஓரிபூத்தல், (ஓரி), se trouver sans être cherché,se rencontrer par hasard.

ஓரீற்று, ஓரீற்றுப்பசு, (ஓர், ஈற்று, ஆ), vache qui n'a vêlé qu'une fois.

ஒருகிறது,ர்ந்தேன், ருவேன்,ரு,ர, v.n.considérer,examiner,peser, méditer,s'informer, faire des perquisitions,s'éclaircir: ஓர்ந்துபார்க்கிறது examiner,considérer, contempler.

ஒருதல்,n.v. du préc. recherche exacte,examen,considération.

ஒரும், 1° part.fut. et 3me pers.neut. fut.d'ஒருகிறது. 2° particule explétive. Ex. செயற்பாலதோருமறனே la vertu doit être pratiquée,—est praticable.

*ஓரை, (hôrâ), signe du zodiaque, heure indienne,heure,occasion, opportunité,joyau, compagne, troupe de femmes, place où les femmes jouent,jeu, bijoux—,instrumens de jeux de femmes,différentes sortes de riz cuit,forme.

ஓரோ,(ஓர்.ஓ), chaque,quelque:—வழி un côté, quelques chemins,—moyens,—côtés; —விடம், —விடை quelques endroits,chaque endroit.

ஓர்.1° P.ஒரு,un.2° imp.et part.d'ஒருகிறது: ஓராழித்தேரோன் le soleil dont le char (selon les fables indiennes), n'a qu'une roue; ஓரிதழ்த் தாமரை, ஓரிலைத்தாமரை nénuphar qui n'a qu'une feuille, espèce de plante médicinale,viola suffruticosa; ஓரிலைத்துத்தி espèce de plante,—de mauve à une feuille; ஓருப்பு un grain de sel: ஓருள்ளிப்பூடு oignon ou ail qui n'a qu'une gousse; ஓரெழுத்தினம் strophe composée de lettres de la même rangée,v.g.prises depuis க jusqu'à கௌ, de ச à சௌ et ainsi des autres; ஓரெழுத்துமடக்கு lettre qui revient dans chacun des vers d'une strophe; ஓரொன்று, une fois un: —கட்பறை, (கண்),tambourin, petit tambour qui n'a de peau que d'un côté;—கட்புள்,(கண்), l'oiseau, qui est tout yeux,i.e.le corbeau;—குடிமனுஷன், —குடியிற்கொண்டோன் mari de la sœur—, beau-frère de la femme. [rant.

ஓர்க்கோலை,sorte d'objet odorifé-

ஓர்சல்,V.ஓரிசு: —ஆக்குகிறது,—பண்ணுகிறது terminer un différent, décider, arranger une affaire en litige. [considération.

ஓர்ச்சி, (ஒருகிறது), délibération,

ஓர்தல்,V.ஓருதல்.

ஓர்ப்பு,(ஓருகிறது), examen, prévision,délibération,réflexion, ce qui est une des 4 qualités des hommes, soumettre à l'arbitrage, patience;*ou*

ஓர்மம்,ஓர்மிப்பு,(P.ஒருமிப்பு), fermeté,détermination. [meté.

ஓர்மை,(ஓர்,மை), hardiesse, fer-

ஓர்வு,*n.v. d'*ஓருகிறது, considération,réflexion,recherche,examen: ஓர்வில்லான் homme inconsidéré,stupide.

ஓலக்கம், assemblée du roi et des états du royaume,cour, conseil, assemblée générale, audience—, assemblée royale;*ou* ஓலக்கமண்டபம் salle d'assemblée; ஓலக்கமாயிருக்கிறது être assemblés; —பண்ணுகிறது tenir une assemblée générale,—publique.

ஓலம்,(ஓல்),mer,flot,bruit,serpent, marque de tristesse,cri, appel au secours,lamentation, hurlement; —இடுகிறது appeler au secours, pleurer, crier,hurler *ou*; —இட்டழுகிறது se lamenter.

ஓலாட்டு, (ஓல்), chanson qu'on chante en berçant (les enfans).

ஓலாட்டுகிறது, (ஓல்), chanter en berçant (les enfans). [மிடுகிறது.

ஓலிடுகிறது,(ஓல்), hurler.‖V. ஓல

ஓலை,òle,feuille de palmier, de cocotier,d'aréquier etc.., billet, òle écrite,billet—,ordre—, lettre écrite sur òle,*i.e.* sur une feuille de palmier, l'arbuste தாழை,. sa feuille, bruit,son:—க்கணக்கன் savant,étudiant,élève; —க்கண் trou fait dans une òle, écrit sur òle; —க்கரந்தல் charbon—,poussière d'òle; —க்கிறுட்டு pousse—, jet de feuille de palmier etc...; —க்கிளிஞ்சில் espèce de conque, coquille mince; —க்கூடு double natte d'òles qui sert de parapluie ou de couvert;*ou*—க்குடை parapluie de feuille de palmier: —ச்சட்டம் écrit sur òle: —தீட்டுகிறது écrire une lettre sur òle; —தீட்டும்படை stylet—,poinçon à écrire sur òle;—த்துகள் poussière d'òle, —qui couvre les òles; —ப்பூ fleur de l'arbrisseau தாழை;—முதிரை espèce de légume; —மூங்கில் espèce de bambou;—யெழுதுகிறது écrire une òle, —un billet,—une lettre sur feuille de palmier, écrire un billet ou une convention de dot; —வாங்குகிறது mourir;—வாளை sorte de poisson de l'espèce du trichiurus.

ஓலையாள், (ஓலை, ஆள்), porteur d'une òle, —d'une lettre écrite sur òle. [cri,hurlement.

ஓல்,son, bruit, appel au secours,

ஓவம்,hauteur, peinture, ouvrage de peinture.

ஓவர், (ஓவம்), peintres, ouvriers, artisans, cammâlers, chanteurs de

ஓவல்,*n.v. V.* ஓவுதல். [bas étage.

ஓவன்,(ஓவம்), peintre.

ஓவா,ஓவாத,*part.nég.d'*ஓவுகிறது, continuel, incessant: ஓவாப்பிணி maladie—,infortune continuelle; ஓவாமுயற்சி effort—, travail continuel, ce qui est un des attributs des cultivateurs.

ஓவியம்,(ஓவம்),peinture.

ஓவியர்,(ஓவியம்),peintres,artisans, cammâlers.

ஓவுகிறது,வினேன்,வுவேன்,வு,வ, *v.n.* (ஓய்கிறது), cesser,se désister, peiner,s'affliger,s'unir,convenir.

ஓவுதல்,*n.v.du préc.*,cessation,peine,affliction,liaison,convenance.

ஓவெனல்,ஓவென்கிறது, (ஓ,என்கிறது), oh! dire oh! exclamation d'étonnement ou de compassion: ஓவென்றவெளி grande plaine.

ஓழி,ஓழ்த்தி,ஓழ்வாடி, ஓழ்வாதி,(ஓழ்க்கிறது), fornicateur, corrupteur. (Tous ces termes sont malhonnêtes et infâmes,ainsi que les suivans et ce qu'ils expriment.) [viol.

ஓழ்க்கம்,*n.v.du suiv.*,fornication,

ஓழ்க்கிறது,ழ்த்தேன்,ழ்ப்பேன்,ழ், ழ்க்க,*v.a.*forniquer, corrompre, violer,chercher à séduire.

ஓளி,rang,rangée,ligne continue, troupe d'éléphans

ஓனம்,(ஓ), ô long, particule qui sert à nommer l'ô long.

ஓளம்,P.ஓநாய்,loup. [malabare.
ஓனூர், Onour, ville sur la côte

ஔ

ஔ,1° la lettre aou,la 12° et dernière voyelle du tamoul dite ஔகாரம்.Elle peut se remplacer par அவ்; ainsi pour ஔவையார் on peut écrire அவ்வையார். 2° *imp. d'*ஔவுகிறது 3° • (aou), int.qui sert à appeler ou exprime l'admiration,la défense, l'obstacle. 4° le serpent Ananden, la terre, action de mordre.

•ஔகாரம், (ஔ,காரம்), la lettre ஔ. ஔகாரக்குறுக்கம் abréviation de la lettre ஔ. [pierre de fer,borne.

•ஔசரம், (aouchara), sel fossile,

•ஔசனசம், (aousanasa), code de lois d'Ousanasen,un des 18 livres de jurisprudence indienne.

•ஔசிரம், (aousira), poil de l'espèce de cerf dit கவரிமான், éventail de poils de la queue de ce cerf, lit, siége.

•ஔஷதம்,ஔடதம், (aouchadha), remède, médecine, sorte de secte: ஔடதவாதி,(ஔடதம்), partisan de la secte aouchada.

•ஔதகம், *V.* உதகம்.

•ஔதாரியம், (உதாரம், ya), libéralité, générosité.

•ஔதாரியன், (ஔதாரியம்), homme libéral généreux.

•ஔபசிலேஷம், (உப, சிலேஷம்), embrasser un parti, prendre une route. [rette

•ஔபதேயம்,(உபதி),roue de char

•ஔபத்தியம், (உபத்தம்), cohabitation, accouplement.

•ஔபரோதிகம்,ஔபரிதிகம், (உபரோதம், ika), faveur.‖*V.* சடு.

•ஔபாசனம், ஔபாசனை, (உபாசனம்,உபாசனை), adoration, observance—,cérémonie religieuse.

•ஔரகம்,(உரகம்),serpent.

•ஔரசன்,(aourasa), ou ஔரசபுத்திரன்,enfant légitime,—né d'une épouse de même caste que son mari.

ஔரிதம்,un des 18 codes ou livres de jurisprudence indienne.

ஔவிக்கிறது, வித்தேன், விப்பேன்,வி,விக்க, *v.n.et* ஔவித்தல், *n.v.* (ஔவியம்). devenir—, être jaloux, hautain,s'élever.

ஔவியம்,envie, jalousie, impatience: -பேசேல் ne parlez pas par jalousie.

ஔவுகிறது, விஜேன்,வுவேன், வு, *ou* ஔவ, *v.n.et* ஔவுதல். *n.v.*se lamenter, se rouler —, tomber de tristesse, relever en se baissant, —en s'enfonçant.

ஔவை,*hon.* ஔவையார், femme pénitente,—qui vit dans la pratique de pénitences austères, matrone,dame âgée,mère,Avveiyar,femme poète célèbre et sœur de திருவள்ளுவர்; elle a écrit différentes petites pièces de poésies fort connues,

ஃ ou ஃ

ஃ ou ஃ, qu'on prononce அஃகேனம் et qu'on appelle ஆய்தம், est une lettre neutre, c'est à dire qui n'est comptée ni parmi les voyelles, ni parmi les consonnes. Elle a presque le son de kh ou gh aspiré,se prononce du gosier et vient entre une voyelle brève et une consonne dure.

க

க,1° k,c,ou g.Quand il est double, la prononciation est celle du *c*;s'il ne l'est pas, dans l'intérieur des mots, il se prononce *g*.Au commencement des mots il a ordinairement la prononciation de *c*,et parfois celle de *g*. க nommée ககரம், est la 1re des 18 consonnes tamoules, et aussi la 1re des consonnes dures ou rudes dites வல்லினம்.Elle remplace les 5 lettres sanscrites k,kh,g,gh,h.2° En chiffre க vaut 1.3°•க, (ka), roi, âme,esprit, volonté, corps, Câmen, vent, soleil, richesses, prospérité, Vichnou, feu, bruit, son,Yamen, Brama, paon. 4° • (ga), Vinâyaguen,la caste des Candarouvers ou musiciens célestes fabuleux. [கேசரி.

•கபதி,(கம், பதி), faucon.‖*V.* கசபு

*ககமம்,(kha *air*,gama *qui va*), oiseau. [காளி.

*ககமாறம், la plante மணித்தக்

*ககம்,(kha *air*, ga-*qui va*), oiseau, flèche, espèce d'arsenic naturel.

*ககரம்,(க), la lettre க,un, l'unité en chiffre. [l'arbre ஆலமரம்.

*ககவசுகம்,(ககம், vasouga *arbre*),

ககனபம்,ventre —, cou ou manche d'une guitare.

*ககனம்,1° (gagana), air,ciel, armée,espèce de navet,racine bonne à manger.2° (gahana), forêt.3° *V.* ககமம்.

*ககனுக்கிரகம்,(ககனம், ஆக்கிரகம்),le plus haut des cieux, le zénith

*ககனுரவிந்தம்,(ககனம், அரவிந்தம்), nénuphar de l'air,mensonge.

*ககன்,(khaga), soleil.

*ககாரம்,(க). la letre க.

*ககுஞ்சலம்,(kakoundjala), espèce d'alouette, — d'oiseau de paradis.

*ககுபம்,(kakoubha), 1° côté,région,l'arbre மருதமரம் 2°. *V.*கச்னபம்

*ககேசன், ககேசுரன், ககேந்திரன்,(ககம்,ஈசன்,ஈசுரன்,இந்திரன்), le roi des oiseaux *i.e.*le milan à tête blanche dit கருடன்.

*ககோளம்,(கம்), la voûte du ciel, sphère armillaire,globe:ககோளவித்தை astronomie.

*கக்கசம், (karkasa), *V.* கக்கிசாரம்:—ஆயிருக்கிறது être difficile: —ஆனவேலை ouvrage difficile,pénible

*கக்கம்,(kakcha), aisselle,dessous de l'aisselle,côté,flanc,lie de l'huile, du beurre.orbite d'une planète,cercle déférent qui porte l'épicycle. கக்கப்பாளம். —ப்பை, —ப்பொட்டணி besace, —étroite, sac —, besace de mendiant: கக்கத்தில்வைக்கிறது.—கொண்டுபோகிறது, —இடுக்கிக்கொண்டுபோகிறது mettre—, porter sous l'aisselle.

கக்கரி, கக்கரிகம், espèce de concombre,cucumis muricatus: —க்காய் concombre, —encore vert. [talis.

கக்கலாத்து.l'insecte blatta orien-

கக்கல்,*n.v.de* கக்குகிறது, vomissement, chose vomie, coqueluche, toux.

கக்கார், manguier à fruits doux.

கக்கிப்பலகை, *ou* கக்கவிப்பலகை, linteau.

*கக்கிசம்,கக்கிஷம்,(*P.* கக்கசம்). coutume, manière d'expliquer une chose.livre de conjurations.‖*ou*

கக்கிசாரம். கக்கிஷாரம், (கக்கிசம்). effort,peine,difficulté, violence, rudesse.

கக்குகிறது,*sync.*கக்கிறது.க்கினேன்,க்குவேன்,க்கு,க்க,*v.a.* vomir, rejeter,rendre,lancer,cracher, tousser, avoir la coqueluche. (un clou) sortir,pousser des épis,des grappes,s'élever en pustules: கக்கவைக்கிறது faire rendre,importuner pour une chose due.

கக்குதல்,*n.v.du préc.*vomissement, toux,coqueluche, action de vomir...

கக்குரிதி.*V.*கக்கிசாரம்: —யாயிருக்கிறது être difficile.

கக்குவான், (கக்குகிறது), 1° coqueluche,toux. 2° il vomira.

கக்குறுட்டி,pauvreté.

கக்கூஸ்வீடு, latrines.

கஃகான்,(க, கான்). la lettre க.

கஃசு,le quart du பலம், environ 9 grammes.

*கக்ஷம், *V.*கக்கம் et கட்சம்.

கக்ஷி. *V.* கட்சி. [te de mailles.

*கங்கடம்,(kankata), cuirasse,cot-

*கங்கணம்,(kankana), bracelet.—d'or ou d'argent,quelquefois orné de pierreries à l'usage des femmes; il sert aussi quelquefois de marque de distinction aux hommes; cordon jaune que les Indous attachent avec un morceau de saffran au bras droit de l'époux et au bras gauche de l'épouse dans les cérémonies du mariage, ou qu'ils s'attachent en signe de vœu, nom d'un oiseau aquatique,crête, couronne,goutte d'eau:—கட்டுகிறது, கட்டல் se préparer à une chose, s'orner du signe de la victoire,attacher ou s'attacher une marque distinctive;ou—கட்டிக்கொள்ளுகிறது s'attacher le cordon susdit dans un mariage ou en signe de vœu,faire un vœu, s'obliger à faire

quelque chose; இதாசாரியத்தைக்கு றித்துக்கங்கணங்கட்டிக்கொண்டார் il s'est engagé à entreprendre cette affaire.

*கங்கம்,(kanka), espèce d'arsenic naturel,peigne, étincelle de feu,aigle, milan, gros arbre, espèce de manguier,mort.‖V.வரம்பு:கங்கபத்திரம் plume d'aigle ou de milan, flèche, espèce de flèche.

*கங்கரம்,(kankara), V.மோர்.

கங்கன்,espèce d'arsenic naturel.

*கங்கா, (dans les mots composés pour கங்கை), le Gange ou du Gange:—சலம் eau du Gange; —சலக்குப்பி bouteille d'eau du Gange, sorte de bouteille grossière dans laquelle les Indous superstitieux transportent fort loin l'eau du Gange: —சுதன்,—சன்,—புத்திரன் fils du Gange, surnom de Bhishmen ou வீடுமன் et de Coumaren; —தரன் celui qui est censé porter le Gange sur sa tête, i.e.Siven;—தீரம் bord du Gange:—தேவி la prétendue déesse du Gange; -யாத்திரை pélérinage au Gange,transport d'un malade au Gange pour qu'il meurre sur ses rives.

*கங்காளம், (kankâla), squelette, grand plat de cuivre,vase à manger: கங்காளமாலி celui qui porte une guirlande d'ossemens,i.e.Siven.

கங்காளன்,(கங்காளம்), 1° vitriol bleu. 2° V. கங்காலமாலி.

கங்காளி,(id.), celle qui porte une guirlande d'ossemens,i.e.Kâli.

*கங்கு, (kangou), millet noir, panicum,héron,aigle,milan, élévation de terre qui sépare les rizières, côté de cette élévation de terre,côté,limite,borne,rivage, jeu où l'on tire une ligne sur le sable et où un égal nombre d'enfans de chaque côté empêche leurs antagonistes de passer, fourche, bifurcation d'une branche de palmier,mesure, étincelle de feu, brin de paille etc... allumé, —embrasé.

கங்குகரை,compte,nombre.

கங்குல்,nuit,ténèbres,la 2me constellation des Indiens:—விழிப்பு l'oiseau qui veille la nuit,i.e.le hibou.

கங்குற்கிறை,(கங்குல்,dat. இறை), la reine de la nuit,i.e.la lune.

கங்குனிறம்,(கங்குல், நிறம்), couleur noire, —sombre.

*கங்கேஷ்மிசுரன், ou கங்கேஷமிசிரன்,(கங்கை, ஈசன், மிசுரன்), célèbre logicien bramé auteur du livre intitulé: கங்கேஷமிசுரம் ou கௌடதர்க்கம்.

*கங்கை, (gangâ), le Gange (fleuve réputé sacré que les Indous supposent descendre du ciel sur la tête de Siven et dont ils font aussi une déesse,i.e.)Ganguei fille du mont Himâlaya et de Mênei et femme de Siven,fleuve, eau en général. [ou கங்கைக்குணன் soudure,ciment métallique dit நவக்ஷாரம்; —கோத்திரம் montagne d'où sort quelque fleuve ou ruisseau.la caste des laboureurs; —சக்களத்தி la rivale de Ganguei,i.e.Parvadi;—த்ராவி nuage; —தரித்தோன், V.கங்காதரன்; —தனையன், —புத்திரன்,—பெற்றோன், —மகன், —மைந்தன் le fils de Ganguei, i.e. 1° Coumaren et Vinâyaguen fils de Siven et de Ganguei. 2° V. கங்கையன்;—வேணியன்,(வேணி), celui qui est censé recevoir le Gange sur sa chevelure, i.e. Siven; ஆகாயகங்கை le Gange céleste (de la fable indoue).

கங்கையன், (கங்கை), Bhichmen ou வீடுமன் fils de Ganguei et du roi சந்தனு.

கங்கையோன்,(id.), vitriol bleu.

கசகசப்பு,(son imitatif), signe de bruit.

கசகசா,pavot,papaver.

கசகசெனல்,கசகசென்கிறது,faire கசகசு,faire du bruit.

கசகம்,concombre dit வெள்ளரி.

கசகரிகம், V.கக்கரி.

*கசகன்னம்,(கசம்), art de remuer l'oreille,déguisement.

கசகன்னி,chat mâle,chat.

கசகுகிறது,sync. கசக்கிறது,கினேன்,குவேன்,கு,க,v.n. glisser, échapper, être peiné, s'efforcer, disputer sur le prix.

கசக்கம், *n.v. de* கசக்குகிறது, défaillance, affaiblissement.

கசக்கல், *n.v. de* கசக்குகிறது.

கசக்கார், (கக்கார்), manguier à fruits doux.

கசக்கிறது, 1° சந்தேன், சப்பேன், ச, சக்க, *v.n. et* கசந்திருக்கிறது, être amer, désagréable, — indisposé contre, avoir de l'aversion: ஒருத்தன்மேற்கசந்திருக்கிறது être indisposé contre quelqu'un. 2° *sync.* de கசக்குகிறது

கசக்கு, 1° défaillance, défaut, manquement. 2° *imp. et part. de*

கசக்குகிறது, *sync.* கசக்கிறது, க்கினேன், க்குவேன், க்கு, க்க, *v.a. de* கசங்குகிறது *et* கசக்குதல். *n.v.* froisser dans ses mains, frotter, laver légèrement, serrer, presser, écraser, chiffonner, froisser, tordre, exprimer, tourmenter, faire défaillir, — maigrir, affaiblir: கசக்கிப்போடுகிறது froisser dans les mains, laver légèrement, serrer; கசக்கிப்பிழிகிறது serrer, exprimer, pressurer.

***கசங்கலம்**, (katchangala), mer.

கசங்கல், *n.v de* கசங்குகிறது.

கசங்கனம், (katchangana), bazar, marché, rue où se tient le marché.

கசங்கு, 1° espèce de dattier nommé ஈந்து phoenix. 2° défaillance, langueur, défaut 3° *imp. et part. de*

கசங்குகிறது, *sync.* கசங்கிறது, கினேன், குவேன், கு, க, *v.n. et* கசங்கிப்போகிறது, être brisé, chiffonné, froissé, pressé, mou, exprimé, lavé légèrement, s'amollir, se faner, se flétrir, languir, s'affaiblir, défaillir, maigrir, dépérir de douleur, être fatigué du travail, se retirer.

கசடன், *m.* கசடி, *f.* கசடர், *pl.* (கசடு), vaurien, homme —, femme —, gens inconsidérés, sans soin, de basse condition, bourrus, capricieux, difficiles.

கசடு *gén* கசட்டின், doute, faute, défaut, méchanceté, cicatrice, tache, bassesse, caprice, caractère intraitable, — bourru: கசடற sans défaut, parfaitement: கசட்டுத்தனம் imperfection, méchanceté, caractère bourru.

கசட்டை, chose —, âge tendre, amertume, légère amertume: — த்தயிர் lait caillé dont on a ôté la crême; — ப்பிஞ்சு fruit tendre, — amer, — à peine formé.

கசத்தல், *n.v. de* கசக்கிறது.

கசத்தொனி, (கசம்), cri de l'éléphant.

கசந்த, *part. de* கசக்கிறது, amer.

கசந்தலை, 1° (கசந்த, அலை), amertume de cœur, chagrin. 2° (கசம்), petit d'éléphant.

***கசபம்**, (katchapa), herbe.

***கசபரிக்ஷை**, — பரிட்சை, (கசம்), connaissance qu'on a de l'éléphant, connaissance des marques d'un éléphant, qu'on prétend indiquer ses bonnes ou mauvaises qualités et ses habitudes: ce qui est une des 64 sciences des Indiens; action de faire l'essai de ces marques.

கசபுடம், (*id.*), petit trou pour faire du feu et préparer des remèdes, creuset auquel on met, au lieu de charbon, gros comme un éléphant *i.e.* une centaine de bouzes sèches, d'autres disent mille. [— fanfaron.

கசபஞ்சன், (*id.*), grand menteur,

கசப்பி, les plantes மயிர்ச்சிகை, et வல்லாரை, l'arbre வேம்பு.

கசப்பு, *n.v. de* கசக்கிறது, amertude, chagrin, aversion.

கசமடையன், (கசம், மடையன்), grand sot, gros stupide

கசமாது, (*id.* மாது), la plante உன்மத்தம். [யமுனி.

கசமுகன், கசமுனி, *V.* கயமுகன், க

***கசம்**, 1° (gadja, éléphant, 2 coudées, 3 pieds, yarde (anglaise), trou pour faire du feu et mettre un creuset. 2° (கம், சம்), nénuphar. 3° (katcha), cheveu, poil 4° profondeur, grandeur, source de puits, fontaine, source d'un étang. *V.* கசரோகம், *et* கயம்: ஒருகசமாழத்தோண்டுகிறது creuser jusqu'à une profondeur de 2 coudées. [l'éléphant, *i.e.* le lion.

***கசரிபு**, (கசம், இரிபு), l'ennemi de

கசரோகம், (கசம்), consomption, phthisie, asthme.

கசர், (கசக்கிறது), amertume, goût un peu amer de l'eau de coco trop tendre etc..., espèce de marchandise.

கசர்ப்பு, P. கசரப்பு.

கசலை, malheur.

கசவஞ்சன், (கசம். வஞ்சம்), grand —, très-avare.

கசவம், sénevé, moutarde.

கசவாரக்கெட்டது, (கசம், ஆர), ce qui est entièrement perdu.

கசவிருள், (id. இருள்), grande obscurité.

கசற்பம், safran.

கசனை, humidité, ocre jaune.

*கசன், (katcha), le fils de Viâjen.

கசாகூலம், கசாகூளம், (கசை, கூலம்), tas, — de fumier, tas d'or dure.

*கசாக்கிரம், (கசம், அக்கிரம்), bout de cheveu.

*கசாசனை, (id. அசனம்), l'arbre அரசு dont l'éléphant mange les feuilles.

கசாப்பு, கசாய், viande: — க்கடை boucherie, boutique de boucher; — க்காரன் boucher.

கசாயம், P. கஷாயம்.

*கசாரி, (கசம், அரி), V. கசரிபு.

*கசாருகன், (கம், சாருகன்), meurtrier, bourreau. [V. அடையல்.

கசாளம், pus, saleté d'une plaie. ‖

கசிசிப்பு, (கசிகிறது), humidité qui s'attache, moiteur.

கசிகிறது, சிந்தேன், சிவேன், சி, சிய, v.n. devenir —, être moite, humide, s'imbiber, donner de l'humidité, v.g. un vase de terre neuf rempli d'eau, sourdre, se délayer, se fondre, pleurer, s'attendrir, avoir pitié: கசிந்தழுகிறது pleurer amèrement.

*கசிதம், 1° khadjita, pelle, cuiller, batte à beurre 2° (khatchita), impression, onction, onguent.

கசிதல், n. r. de கசிகிறது, pleurs, pitié, attendrissement, action de s'imbiber, de se fondre etc...

க. த்தி, l'arbrisseau வீழி.

கசியபன், (kasyapa), Kasyaben ou Kâsiben célèbre richi, époux des 17 filles de Dakchen et père prétendu des dieux, des démons, des hommes, des animaux, des plantes et même des éclairs et des vents.

கசிவகத்துண்மை, (கசிவு, அகம், உண்மை), compassion, une des 10 vertus des cultivateurs.

கசிவு, n.v. de கசிகிறது, humidité, moiteur, sueur, affliction, peine, affection, amour. ‖ V. கசிதல்: கசிவாயிருக்கிறது être humide; கசிவான humide, moite; கசிவானநிலம் terrain humide.

கசுகசுக்கிறது, சுத்தேன், சுப்பேன், சு, சுக்க, n. v. et கசுகசென்கிறது, (கசுகசு, son imitatif). s'humecter, être humide, moite, trempé.

கசுகசுப்பு, n. r. du préc. humidité, moiteur (qui fait que les habits etc. se collent au corps).

கசுகுசுக்கிறது, சுத்தேன், சுப்பேன், சு, சுக்க, v.n. et கசுகுசென்கிறது, (கசுகுசு, son imitatif), chuchoter, parler doucement, - à l'oreille, — en secret, dire un secret.

கசுபிசுக்கிறது, சுத்தேன், சுப்பேன், சு, சுக்க, v.n. (கசுபிசு, son imitatif), être humide, moite, mou, amolli par l'effet de l'humidité.

*கசுமாலம், (kasmala), saleté, malpropreté, chose gâtée: கசுமாலச்சீலை habit sale.

*கசுமாலன், m. கசுமாலி, m. et f. (கசுமாலம்), salaud, salope, personne sale.

*கசேந்திரன், (கசம், இந்திரன்), l'éléphant d'Indiren, éléphant royal, — chef d'une bande: கசேந்திரஐசுவரியம் bonheur de posséder un éléphant, grande prospérité.

*கசை, 1° (kasâ), fouet, cravache, fils (d'or ou d'argent) tordus, corde tressée, — bien torse. 2° ruban large et fort, cotte d'armes, ciselure ou autre travail sur bijou, ciment, crépissage: கசைபோட்டொட்டுகிறது cimenter, crépir; — முறுக்கி instrument pour tordre des fils d'or ou d'argent.

*கச்சகம், (கச்சம் arbre, ga qui va), singe.

கச்சக்கடாய், (கச்சம், கடாய்), tortue, écaille de tortue.

கச்சட்டம், (கச்சு, அட்டம்), pli dans un habit, — une toile, ceinture, guerre, laugoutti, *V.* கௌபீனம்.

*கச்சந்தூாஷன் ou கச்சதூாஷன், (கம் *eau*, சந்தோஷம்), grenouille, crapaud.

*கச்சபம், (கச்சம் *marais*, pa *qui habite*) tortue, une des attitudes des lutteurs. ‖ *ou* கச்சபநிதி une des richesses de குபேரன்.

கச்சம், 1° mesure, mesurage, mar cal, étrier, corde passée autour du cou d'un éléphant, hasard, risque, hardiesse, certitude, assurance, cuirasse, courroie, dette, espéce d'arsenic naturel 2° (கம், சம்), poisson, os de poisson. 3°' (katchtchha), pan —, bord d'habit, — d'habit replié dans la ceinture. marais, bord d'étang. 4° (gatchtchha), arbre கச்சச் செல்வம், கச்சத்தினங்கம் arrête—, os de poisson. [*V.* கிச்சலாட்டம்.

கச்சலாட்டம், (கச்சல், ஆட்டம்),

கச்சல், banane encore verte, sorte de poisson, erreur, amertume, aversion: கச்சற்கொடி espèce de plante rampante; — கோரை, — புல் sorte d'herbage de marais, plante médicinale, ocimum.

கச்சவடம், (கச்சம், வடம்), commerce, -de toile: — பண்ணுகிறது faire ce commerce; கச்சவடக்காரன் marchand de toile.

கச்சளம், (kadjdjala), obscurité, encre, noir pour les yeux, noir de fumée pour noircir les cils et les paupiéres: il est employé comme collyre soit pour orner ou pour guérir les yeux. [ச்சம்). désir.

கச்சன், 1° (கம், சம்), tortue. 2° (க

கச்சாசேர், le petit சேர், sorte de mesure. [ளை), l'herbe திராய்.

கச்சாந்தகளை, (கச்சு, ஆம், தக

கச்சாயம், petit gâteau, craquelin, cap, promontoire. [ம்.

கச்சாலம், *V.* காய்ச்சற்பாஷாண

கச்சாலே, 1° la ville de காஞ்சிபுரம். 2° *acc. de* [d'Inde.

கச்சால், filet de pêcheur, figue

கச்சான், ouest, vent d'ouest, ou du sud-ouest: —கோடை vent chaud d'ouest, ou du sud-ouest.

கச்சி, la ville de காஞ்சிபுரம், têt, morceau de pot cassé, moitié—, morceau de coque de coco ou de palmier, la plante சிந்தில்.

கச்சு, bande, ruban, ceinture, ceinturon, sangle, lien, courroie, écharpe, petit corset, corset étroit (qui couvre à peine le sein des femmes): —க்கட்டில் lit de sangle: — கட்டுகிறது, —சாத்துகிறது, கச்சிடுகிறது mettre une ceinture, un corset etc..., lier, attacher une statue; —ப்பட்டை ruban large et fort; —விடுந்தலைப்பு ou கச்சின் கடைக்கயிறு lacet de corset.

கச்சுக்கச்சென்கிறது, (கச்சுக்கச்சு, *son imitatif*), babiller—, extravaguer sans cesse.

கச்சுப்பிச்சுப்படுகிறது, (கச்சுப்பிச்சு, *son imitatif*), se disputer, parler avec importunité.

கச்சுரு, feu.

*கச்சூரம், (kartchoûra), l'arbrisseau கழற்சி, dattier.

கச்சேரி, tribunal, bureau.

கச்சை, 1° ceinture, baudrier, courroie, corde, corde du cou—, sangle d'un éléphant, cotte d'armes, cuirasse, cicatrice, empreinte de coup, pièce de toile. ‖ *V.* கோமணம்: —கட்டுகிறது mettre une ceinture etc..., ourdir la trame, ou la chaine au moyen de la navette, contredire: —கட்டிக்கொண்டிருக்கிறது être ceint, — prêt à faire quelque chose: —க்கொடியன் celui dont la bannière ressemble à une ceinture, *i. e.* Carnen; —நெய்கிறது tisser une ceinture. 2° *acc. de* கச்சு.

கச்சோணி, objet odoriférant.

கச்சோதம், *V.* கத்தியோதம், ver-luisant, mouche-luisante: கச்சோதநிறமணி rubis carré. [cardamome.

கச்சோலம், enveloppe—, peau de

*கஷாயம், கஷாயனம், (kachâya, na), décoction, tisane: —காய்ச்சுகிறது, —வைக்கிறது faire—, préparer une décoction; பஞ்சமூலகஷாயம் décoction de 5 racines médicinales, savoir: சுக்கு gingembre sec; தும்பராஷ்டகம் alpinia galinga major; செவ்வியம் poivre noir; சித்திரமூலம்

plumbago; கண்டுபொரங்கி autre espèce de racine médicinale.

*கஷ்டம், (kachta), peine effort, peine corporelle,—excessive,malaise,affliction,excrément humain. கஷ்டகாலம் temps malheureux,—fâcheux, —de famine et de peste;—ப்படுகிறது travailler fortement, peiner,souffrir.

*கஷ்டார்ச்சிதம், (கஷ்டம்,அருச்சிதம்). fortune—, chose acquise par son industrie.

*கஸ்தி, (kachti),chagrin,peine, affliction, souffrance, tourment, travail: —படுகிறது souffrir, être chagrin, affligé; —படுத்துகிறது, —வருத்துகிறது affliger,chagriner, tourmenter; —யாயிருக்கிறது être incommode, chagrinant fâcheux

*கஸ்தூரி, (kastoûri), musc, sorte de parfum: —மிருகம் une des 120 sortes d'உபரசம்; ou -நாவி, —ப்பிள்ளை, —மான், —ப்பில்லி, —ப்பூனை musc,animal qui donne le musc, espèce de chevreuil:—நாரத்தை espèce d'orange,orange musquée; —மஞ்சள் la plante amomum zedoaria, safran musqué: —வெலுமிச்சை citron musqué. espèce de citron, dite limonia trifoliata.

கஞறம், toddi, callou.

கஞலல்.கஞறல்.élévation, pointe, tranchant,violence,signe de colère. étroitesse,lieu étroit,brillant, abondance,plénitude.

கஞன்றல்,élévation.

கஞ்சகம், 1° ceinture, bout du baudrier.frange,pan -, bout d'une toile, —d'un habit.2° *(kamsaka),remède pour les yeux.

*கஞ்சகன், (கஞ்சன்,han tuer), le meurtrier de Kangsen,i.e.Crichnen.

சஞ்சம்,1° pain, toute sorte de pain,espèce d'arsenic naturel, tromperie.2° *(kamsa),métal, cymbale,—de bronze.gobelet.3° *(கம்,சம்), nénuphar, eau, nectar. 4° *(gandjâ), gandja, plante enivrante, cannabis indica,la ville de Gandjam: கஞ்சக்கருவி cymbale et autres instrumens de musique en métal; —க்காரன் chaudronnier, fondeur;—த்தகடு lame de plomb. [2° (கம்,சரன்).soleil.

*கஞ்சரன், 1° (kandjara), Brâma.‖

*கஞ்சரீடம், (khandjarita), petit oiseau noir, mainate.

கஞ்சல், tas, —de fumier, tas de paille etc.. réduit en petits brins ou en poussière,paille,balle.‖ V.கஸவது.

*கஞ்சனம், 1° (kandjana), v. கஞ்சரீடம்.(2°கஞ்சம், na),cymbale, miroir. [che,pot de bronze, miroir.

*கஞ்சனை. (கஞ்சம்,na), petite cru-

*கஞ்சன், 1° (kamsa), Cangsen, roi de Mathoura. oncle et ennemi de Crichna qui le tua.2° (கம்,சம்), celui qui est né dans l'eau,i.e. Brama. 3° (khandja).courtaud.estropié.

*கஞ்சா, (gandjâ). gandja. plante enivrante.cannabis indica, matière enivrante, callou,toddi, arack: —க்குடிக்கிறது fumer le gandja; —க்குடுக்கை houkah. espèce de pipe pour fumer le gandja.

கஞ்சாங்கொற்றி, chose mince, sans pesanteur,sans lait. coloquinte.

கஞ்சாங்கோரை,(கஞ்சாம், கோரை), espèce de basilic,plante médicinale. ocimum album.

*கஞ்சாரி,(கஞ்சன்.அரி), l'ennemi de Cangsen i. e. Crichna.

*கஞ்சாலேகியம். (கஞ்சா), espèce de remède, de sirop de gandja.

கஞ்சி,cange,riz bouilli avec l'eau, eau de riz, empois, amidon,la ville de காஞ்சிபுரம்: —க்காய்ச்சுகிறது faire du cange, —bouillir du riz: -த்தண்ணீர் cange,eau de riz bouilli, eau dans laquelle le riz a bouilli:—த்தண்ணீர் குடிக்கிறது boire du cange, —de l'eau de riz bouilli,c'est une cérémonie funèbre; —ப்பசை empois,amidon de cange;—போடுகிறது, —யிடுகிறது empeser, mettre de l'empois:—வார்க்கிறது verser du cange à quelqu'un; அவன்பசியாமற்கஞ்சிகுடிக்கிறான் il boit du cange sans avoir faim, il n'est ni pauvre ni riche.

*கஞ்சிகை, (kantchikâ), toile, rideau, litière ou palanquin orné de pierres précieuses.

*கஞ்சியம்,(kamsiya),bronze.

*கஞ்சுகம்,(kantchouka), peau de serpent,corset,gilet,veste, jaquette, robe,habit qui descend jusqu'au talon. [corps.‖V.வயிரவன்.

*கஞ்சுகன்,(*id.*), garde, garde du

*கஞ்சுகி, (கஞ்சுகம்), serpent, rideau,gardien,garde du corps, habit, veste, celui qui porte l'habit dit கஞ்சுகம்.

*கஞ்சுளி, (kantchoulikâ), habit, espèce d'habit, —de jaquette de diverses couleurs que portent les adorateurs d அங்காளி, sac, besace.

கடகடக்கிறது, டத்தேன், டப்பேன், டு, டக்க, *et* கடகடென்கிறது (கடகட *son imitatif du tonnerre*), *v n* tonner, faire des éclats de tonnerre, faire un bruit redoublé ou des roulemens comme le tonnerre, tourner rouler, glisser, sortir de sa place, maigrir,se gâter.

கடகடப்பு, கடகடெனல், *n v. du préc.* son imitatif—, éclat—, roulement du tonnerre, amaigrissement, malaise,corruption.

*கடகம், 1° (kataka), bracelet (d'or, de coquillage etc. .), bracelet de femme,arme,bouclier,armée,cercle,roue,panier, corbeille, espèce de danse, farce, pays, montagne, penchant—,côté de montagne, capitale, ville royale,maison, mur, rempart, anneau —, pommeau dont on orne les défenses des éléphans, le signe du Cancer. 2° (ghataca), arbre qui porte des fruits sans fleurir, troupe d'éléphans ordinairement de 12), pot qui a un bec ou un robinet.

*கடகன்,(khataka), entremetteur, médiateur,juge.

*கடகாதகம்,(கடம்,காதகம்), être qui mange les cadavres, *i.e.*le chacal,le corbeau.

கடக்கிறது, டந்தேன், டப்பேன், ட, டக்க, *v.a.* passer, traverser, franchir, passer—, sauter par-dessus, transgresser,aller,marcher, se lancer, conduire, achever, passer le temps, faire trainer en longueur, éviter,éloigner,prohiber, circoncire (parmi les mahométans):கடக்க *inf.* outre, au delà; கடக்கப்போகிறது s'éloigner,s'écarter,se retirer, ஒருவனைஊரைக்கடக்கத்துரத்துகிறது chasser quelqu'un de la ville.

கடசம்,(*P.*கடகம்), bracelet. ‖*V.*கங்கணம்.

கடசி,*P.*கடைசி.

*கடசியம், (kakchya), bassin ou plateau de balance.

*கடதாசி, (ghata *réunion*, தாசி), entremetteuse,maquerelle.

கடத்தல், 1° *n.v. de* கடக்கிறது, passage,marche, saut, transgression, action de passer, de franchir, de livrer...2° *n.v.de* கடத்துகிறது.

கடத்துகிறது.த்தினேன், த்துவேன்,த்து.த்த, *v.a. de* கடக்கிறது,*et* கடத்துதல் *n.v.*faire passer,—traverser, franchir, marcher,transférer, transporter,éloigner,défendre, laisser aller,passer le temps, faire aller, livrer, envoyer.

கடத்தேறுகிறது, (கடத்து, ஏறுகிறது), se sauver, se rétablir, recouvrer ses forces,améliorer sa fortune, ramasser. [salut,rétablissement.

கடத்தேற்றம், (கடத்து, ஏற்றம்),

கடத்தேற்றுகிறது, (கடத்து, ஏற்றுகிறது), sauver,rétablir, soutenir, secourir.

கடந்த,*part. parf. de* கடக்கிறது, qui a passé etc...transcendant:—ஞானம் sagesse transcendante,—qui a renoncé à tout:—பொருள் Dieu, objet transcendant, — inaccessible, chose passée; —வெண்ணம், (எண்ணம்), pensée ,réflexion mûrie: அணைகடந்தவெள்ளமழுதாலுந்திரும்புமோ quand on pleurerait, l'inondation ou le torrent qui a franchi la digue reviendra-t-il en arrière, il faut se consoler de ce qui est irrémédiable. [le bois de ce nom.

கடபலம்,(கடம்), teck, l'arbre—,

கடப்பம்,*adj.de* கடம்பு: கடப்பநெத்து espèce de riz noir.

கடப்பாடு, (கடம், பாடு); obligation,devoir, dette, usage, coutume, don,convenance, marche, conduite, droiture.

கடப்பாரை,(கடம்),levier de fer.

கடப்பு,1° *n.v. de* கடக்கிறது, action de passer etc..,chemin—,passage à travers une haie,fourche dans une haie pour empêcher le gros bétail de passer.2° espèce de riz. 3° *adj. de* கடம்பு: கடப்புக்கால் pilier fait de bois de கடம்பு,montant d'échelle, montant ou morceau de bois fixé sur une poutre pour soutenir un toit, pilier.

கடப்பை, la ville de Kadappa.

*கடமர்த்தன், (katha *malheur*, mardda *qui dissipe*), Siven,celui qui dissipe ou guérit la douleur.

கடமா,கடமான்,(கடம்,ஆ,ஆன்), vache sauvage, élan, cerf sauvage.

கடமுடென்கிறது, (கடமுடு, *son imitatif*), murmurer,faire un bruit répété semblable à celui des entrailles.

கடமுனி,(கடம்), le sage Agastien. On prétend qu'il naquit d'une cruche;d'où lui viennent aussi les noms de கடயோனி, கடோற்பவன்.

கடமை, 1° (கடன், மை), dette, obligation, devoir, usage, taxe, impôt.2° *P.*கடமா,élan ou cerf sauvage:—ப்பெண் élan femelle; கடமையின்குட்டி faon ou petit de l'élan.

*கடம்,1° (kata), corde, corde de paille ou d'herbe,tempes d'éléphant, corps, cadavre,endroit où l'on brûle les cadavres,bière.2° (kataka), penchant—,côté de montagne,colline.3° (katha), sorte de mandram ou prière mystérieuse, une portion de l'Ézour-vèdam, un des 32 உபநிஷதம். 4°(ghata),front—,joue—,rut—,troupe d'éléphans, cruche, pot à l'eau. 5° *P.*கடன்,dette, devoir. 6° porte, chemin étroit,—difficile,bois,forêt, justice, jardin,instrument de musique, ciel,corbeau, cruche qui sert de tambour, bout d'un drapeau, ou d'une plante rampante, rat.‖ *V.* சாரல்.

*கடம்பம்,1° (kadamba), la plante nauclea cadamba,la graine médicinale dite வாதுருவை, tige d'herbe potagère.2° (katamba), flèche.3° *adj. de* கடம்பு. [caste.2° *pl.de* கடம்பன்.

கடம்பர், 1° gens d'une certaine

கடம்பல், l'arbre குமிழ்.

கடம்பன், (கடம்பு), celui qui porte une couronne de கடம்பு,*i.e.* Soupramanien,un entêté, pétulant, revêche.

கடம்பாடவி, (கடம்பம், அடவி), forêt de kadambou, la ville de Maduré.

கடம்பு,l'arbre eugenia racemosa, espèce de riz noir;*ou* கடம்புப்பால் premier lait des femmes (après l'accouchement, item),—des bêtes; —வனம்,*V.*கடம்பாடவி. [Cadamboûr.

கடம்பூர்,(கடம்பு,ஊர்), la ville de

கடம்பை,1° (கடம்பு), *V.* கடம்பூர். 2° *P.*கடமை,élan. [se d'Indrâni.

கடயம்,*P.*கடகம்,bracelet,la dan-

*கடயோனி,(கடம்,யோனி), *V.* கட-

கடரி,l'arbre மரமஞ்சள். [முனி.

கடலகம்,1° passereau. 2° (கடல், அகம்),terre.

கடலடி,1° (கடல்,அடி),le fond de la mer.2° *V.*இலவங்கம்.

கடலன்,*pl.* கடலர், (கடல்), habitant des bords de la mer.

கடலை,espèce de pois-chiche, cicer arietinum:—க்கம்பி une des raies du bord d'une toile.

கடல்,mer,océan,un certain nombre considérable,vache,fort entouré d'eau ou de la mer, ce qui est une des marques de la royauté. Les Indiens comptent sept mers fabuleuses, savoir:உவர்நீர்க்கடல் mer salée; நன்னீர்க்கடல் mer d'eau douce; பாற்கடல் mer de lait;தயிர்க்கடல் mer de lait caillé; நெய்க்கடல் mer de beurre fondu; கருப்பஞ்சாற்றுக்கடல் mer de jus de canne à sucre;தேன்கடல் mer de miel ou de liqueur enivrante dite callou ou toddi; —அஞ்சிகம் l'herbe தருப்பை; —அடக்கி la plante பேய்முசுட்டை; —அடம்பு variété de la plante dite அடம்

பு;—அடைத்தான் opium, la plante கஞ்சா;—ஆடி la plante நாயுருவி; —அத்தி figuier d'Europe; —ஆமணக்கு l'arbrisseau jatropha curcas; —ஆமை tortue de mer, testudo imbricata; கடலியாத்திரை voyage sur mer; கடலியோச்சியம், (யோசியம்), science de la mer;—இருஞ்சி certain arbre; கடலிற்சேதம் naufrage, avarie; கடலிற்சேதப்படுகிறது faire naufrage, être avarié; கடலுடும்பு sorte de poisson;—உப்பு sel de mer; —உரம் agitation—, courroux de la mer; —உரமாயிருக்கிறது la mer gronder, —être agitée; —உராஞ்சி, —உராய்ஞ்சி certain oiseau de mer, orfraie;—உல்லம் alose de mer, esox sphyræna;—உளுவை autre poisson de mer;—எடுக்கிறது,—எடுத்தல் la mer devenir houleuse,—se gonfler; —எலி rat de mer, poisson, —எள்ளு sésame de mer;—ஓடி pilote, matelot;—ஓடுகிறது courir les mers, faire une voyage sur mer, —une traversée;—ஓட்டு conduite—, course de navire, navigation, traversée; —ஓரம் bord de la mer;—கட்டி celui qui lie la mer,—la bouche des poissons (par des conjurations), qui retient ou arrète la mer, —l'eau;—கொள்ளுகிறது, *V.* கடலெடுக்கிறது; —நாய் chien de mer;—துறை, *V.* கடற்றுறை;—படுதிரவியம் les 5 richesses qui se forment dans la mer, savoir: அக்கு cauris; உப்பு sel; சங்கு conque; பவளம் corail; முத்து perles; —மனிதன் marin, monstre marin à forme humaine; —மனிதர் marins, sirènes, monstres marins à forme humaine;—முனை promontoire, extrémité de la mer; —யோக்கியம் danger de la mer; —வண்டு espèce de conque,—de scarabée;—வண்ணன் celui qui a la couleur de la mer, *i.e.* Vichnou, Ayénar; —வருணனை description de la mer, ce qui est une partie d'un poème épique; —விராஞ்சி certain arbrisseau; கடற்கரை bord de la mer; —கழி golfe;—காகம்,—காக்கை corbeau de mer, *ou* கடலுராஞ்சி et கடலிருஞ்சி; —காய் fruit de plante maritime;—காளான் éponge, espèce de mousse qui s'attache aux rochers de la mer;—குதிரை cheval marin, espèce de poisson;—குருவி oiseau de mer, sel en masse; —கொஞ்சி l'arbrisseau murraya exotica;—கொடி la plante தும்பை; —கொழுப்பை la plante எ முத்தாணிப்பூண்டு; —சார்பு terre sur le bord—, voisinage de la mer; —சில் noyau d'arbre marin; —சேர்ப்பன் chef d'un pays maritime, le roi பாண்டியன்; — பக்கி, — பக்ஷி, — பட்சி oiseau de mer, coquille, coquillage de mer; — பன்றி cochon de mer, marsouin, souffleur, pourceau marin; —பாசி éponge, algue, mousse marine; —பாம்பு serpent de mer;—பாலே la plante சமுத்திரசோகி;—பெண் femme des bords de la mer;—பிறந்தாள் celle qui (selon la fable) est née de la mer, *i. e.* Lakchimi;—புறா pigeon de mer.

கடவ, 1° *inf. de* கடவுகிறது. 2° (கடவது), soit, ainsi soit-il.

கடவது, 3° *pers. sing. et verbal du verbe défectif* கடவேன் *ou* கடவன், கடவாய், கடவான் *ou* கடவன், கடவாள் *ou* கடவள், கடவது *ou* கடவும், கடவோம், கடவீர் *ou* கடவீர்கள், கடவார் *ou* கடவர் *et* கடவார்கள், கடவும், plût à Dieu que! puisse-t-il, qu'il soit, soit, il doit, ce qui est possible, ce qu'il faut faire, ce qui est de régle: வாசிக்கக்கடவேன் je dois lire, puissé-je-lire! போகக்கடவாய் puisses-tu-t'en aller! On peut y ajouter ஆக pour former l'optatif: செய்யக்கடவேனாக puissé-je faire! செய்வேனாகக்கடவது, நான்செய்வதாகக்கடவது *ou* செய்யக்கடவது *ou* செய்யக்கடவதாக puissé-je faire! கடவோமாகவும் nous nous obligeons, puissions-nous!

கடவல், *n. v. de* கடவுகிறது.

கடவல்லி, (கடம்), un des உபநிஷதம். *V.* உபநிடதம்.

கடவுநள், (கடவல், நாள்), ce jour-ci, le jour qui passe.

கடவன், 1re et 3me *personne du défectif* கடவது.

கடவாத்தியம், (கடம்), cruche qui sert d'instrument de musique, cruche sur laquelle on frappe en guise d'instrument de musique.

கடவாப்பாண்டம், (கடவு, ஆ), bagage, équipage de voyage.

கடவான், 1° (கடவது), il doit, puisse-t-il! 2° trou, rupture dans l'élévation de terre entre les rizières.

கடவு, 1° l'arbre தணக்கு, chemin. 2° *imp. et part. de*

கடவுகிறது, வினேன், வுவேன், வு, வ, *v.a.* (*P.* கடாவுகிறது), கடவுதல், *n. v.* exciter, être convenable, finir, accomplir. ‖ *V.* கடாவுகிறது.

கடவுட்பணி, (கடவுள்), service de Dieu. ‖ *V.* சேடன்.

கடவுண்மூர்த்தி, (*id.*), Arouguen.

கடவுமரம், (கடவு), l'arbre தணக்கு.

கடவுளர், *pl. de* கடவுள், les dieux (de la fable): —தாரம் l'arbre தேவதாரம் erythroxylon.

கடவுள், Dieu, l'être qui existe nécessairement, la divinité, habitant du ciel, ermite, prophète, gourou, prêtre, bien: —வணக்கம் culte divin *ou* —வாழ்த்து louange de Dieu. [sé-je!

கடவேன், (கடவது), je dois, puis-

கடவை, (கடக்கிறது), l'arbre தணக்கு, échelle, faute, porte, passage, action de passer, fourche dans une haie pour empêcher le bétail de passer, passage entre les bras d'une telle fourche: —ப்படுகிறது se séparer, s'éloigner; —ப்படுத்துகிறது éloigner, séparer, cribler, vanner.

கடறு, porte étroite, chemin difficile, forêt, fourreau d'épée. [*V.* கடல்.

கடற், *P.* கடல், devant க, ச, த, ப,

கடற்றாரா, (கடல், தாரா), canard de mer.

கடற்றாழை, (*id.* தாழை), certain arbre marin dit கொந்தாழை.

கடற்றிரை, (*id.* திரை), flot de la mer.

கடற்றீ, (*id.* தீ), *V.* கடனுரை. [mer.

கடற்றுறை, (*id.* துறை), port de

கடற்றேங்காய், (*id.* தேங்காய்), coco de mer. [mer.

கடனண்டு, (*id.* நண்டு), crabe de

**கடனம்*, 1° (katana), varangue d'une maison. 2° (ghatana), effort, chose à faire. [emprunteur.

கடனாளி, (கடன், ஆளி), débiteur,

கடனிறம், (கடல், நிறம்), couleur de mer. [couleur de la mer, Ayénar.

கடனிறவன், (*id.*), celui qui a la

கடனுரை, (கடல், நுரை), écume de mer, coquillage de mer usé par le temps, os de sèche, os sepiæ, espèce de gâteau, —de remède.

கடன், 1° *P.* கடல் devant ம: கடன்மரம் arbre marin; கடன்மூர்த்தி Arouguen. 2° கடன், dette, emprunt, devoir, obligation, règle, usage, taxe, impôt, mesurage, mesure, marcal, espèce de mesure: —அடைக்கிறது, —இறுக்கிறது acquitter—, payer une dette; —ஆக à titre de dette, —d'emprunt; —எடுக்கிறது emprunter, se venger, soutenir obstinément une imputation faite; —கட்டு dette, emprunt; —கழிக்கிறது acquitter—, payer une dette, faire une ouvrage désagréable, accomplir des devoirs envers les défunts ou les ancêtres, rendre la pareille; —காரன் débiteur, créancier, celui qui ne travaille ou ne sert que quand on le voit; —கேட்கிறது demander à emprunter, redemander ce qu'on a prêté; —கொடுக்கிறது prêter; —கொடுத்தவன் créancier; —சீட்டு billet de créance, —de dette, obligation (par ésrit); —செய்கிறது accomplir un devoir, s'acquitter de ses devoirs envers les morts; —திருநாள் fête d'obligation, —de précepte; —தீர்க்கிறது acquitter une dette, accomplir un devoir; —படுகிறது s'endetter, contracter des dettes; —பட்டவன் débiteur, endetté; —முறி, *V.* கடன்சீட்டு; —வழி inutilité, chose vaine; —வாங்குகிறது emprunter, contracter une dette; —றீர்க்கிறது, *V.* கடன்தீர்க்கிறது; கடனுக்குப்பாதகனாய்ப் போனவன் homme perdu de dettes; அப்படிசெ

ய்வது ou செய்யக்கடன் c'est une obligation de faire ainsi; இதுஎன் மேல்விழுந்தகடன் ceci est pour moi un devoir.

கடா, 1° P. கடாய். 2° *imp. et part. de* கடாவுகிறது. 3° question, interrogation: —க்கன்று jeune buffle (mâle); —க்குட்டி jeune bélier, jeune bouc.

*கடாகம், (katâha), large chaudière, puits.

*கடாகாசம், (கடம், ஆகாசம்), air d'une cruche, —qui se trouve dans une cruche.

*கடாகாயம், (கடம், ஆகாயம்), air —, vide dans l'intérieur du corps.

*கடாக்கம், கடாக்ஷம், (katâkcha), œillade, coup d'œil, regard favorable, —du coin de l'œil, faveur, bonté, bienveillance: கடாக்ஷவீக்ஷணம், (ஈக்ஷணம்), regard favorable.

*கடாக்ஷாவேக்ஷணம், (கடாக்ஷ, அவ, ஈக்ஷணம்), regard amoureux, —lascif.

கடாக்ஷிக்கிறது, க்ஷித்தேன், க்ஷிப்பேன், க்ஷி, க்ஷிக்க, *v.a.* (கடாக்ஷம்), favoriser, regarder—, traiter avec bonté.

கடாசுகிறது, சினேன், சுவேன், சு, ச, *v.a.* கடாசுதல், *n.v.* lancer (une pierre), enfoncer (un clou...)

கடாச்சங்காத்தம், (கடா), stupidité, irréflexion, défaut d'égard.

*கடாட்சம், et ses composés, *V.* கடாக்ஷம்.

கடாட்சாவேட்சணம், *V.* கடாக்ஷாவேக்ஷணம்.

கடாம், (கடம், அம்), rut des éléphants, æstus venereus.

கடாய், bélier, bouc, buffle, le mâle des brebis, des chevres et des buffles.

*கடாயம், கடாயனம், *P.* கஷாயம், கஷாயனம்.

*கடாரம், (kadâra), jaune—, rouge foncé, —mêlé de noir, chaudière de cuivre, bouilloir, nom d'une ville.

*கடாரன், (katâra), débauché, impudique.

கடாரி, jeune vache (qui n'a pas vêlé).

கடாரை, கடாரநாரத்தை, espèce de citronnier: கடாரைப்பழம் citron.

கடாவடி, (கடா, அடி), battage (du blé, du riz) par le moyen des buffles.

கடாவல், *n. v. de* கடாவுகிறது, question, action de clouer etc...

கடாவிட்டடிக்கிறது, (கடா, விட்டு, அடிக்கிறது), battre (le blé, le riz etc...) en le faisant fouler aux pieds des buffles.

கடாவு, 1° question, interrogation. 2° *imp. et part. de*

கடாவுகிறது, வினேன், வுவேன், வு, வ, *v.a.* clouer, enfoncer un clou, assujéttir avec des cloux, interroger, pousser, chasser, conduire, mener, envoyer, aller à cheval.

கடாவுதல், *n.v. du préc. V.* கடாவல்: கடாவுதற்சீட்டு contrat, engagement par écrit.

கடி, 1° morsure, cicatrice de morsure, (ce qui fait impression sur les sens comme), peur, doute, délice, plaisir, joie, divertissement, lumière, brillant, ornement, beauté, nouveauté, chose étrange, admiration, jardin de fleurs, figure, douleur cuisante, âcreté, tranchant, pointe, odeur, son, bruit, prise, mariage, premier—, nouveau mariage, coït, hâte, vitesse, temps, heure, instant, diable, cadavre, explication, garde, abondance, beaucoup, petite plante rempante, esprit, volonté, action d'éloigner, exclusion. 2° *(kati), hanche, fesse de femme, *derrière, ceinture, milieu, reins. 3° (ghati), plaque de métal pour sonner les heures, pot à l'eau, vase de mendiant. 4° *imp. et part. de* கடிகிறது *et de* கடிக்கிறது.

கடிகணம், (கடி), troupe de démons.

கடிகண்டு, la plante பூனைக்காலி.

*கடிகம், (khatika), poing, main fermée.

*கடிகாசூத்திரம், (கடி, kà), 1° *V.* கடிசூத்திரம். 2° (கடிகை), sablier.

*கடிகாசூத்திரன், (*id.*), potier, faiseur de sabliers.

*கடிகாஸ்நானம், (கடி, kâ), bain des reins, —de siége, demi-bain.

கடிகாரம், (கடி,காரம்) ,sablier, horloge.

கடிகிறது,டிந்தேன் டிவேன்,டி, டிய,v. a.et n.(கடி),se fâcher contre, gronder,réprimander,punir, censurer,désapprouver, couper, trancher, tailler,détruire,se hâter, être coupé: கடிந்துகொள்ளுகிறது réprimander,désapprouver,blâmer.

*கடிகை,1° (ghatikâ), heure indienne de 24 minutes,opportunité,occasion, vase à manger, cruche. 2° (kati,kâ) aine,mal vénérien à l'aine, parties naturelles. 3° (kathikâ), les vêdams.4° (கடி,கை), morceau,pièce coupée,—mordue, verrou: —மாக்கள் panégyristes, gens qui chantent des complimens aux mariages etc.., ceux qui chantent les poésies propres à chaque heure; —வெண்பா le 89me des பிரபந்தம் pièce de poésie qui décrit en 32 நேரிசைவெண்பா les occupations de chaque heure des dieux et des rois;—வேளாளர் sorte de vellagers. [கடியாரம்.

கடிகையாரம்,(கடிகை,ஆரம்), V.

கடிகோல், (கடி), bâton—, piége pour prendre des animaux, tyrannie,injustice.

கடிக்கிறது, டித்தேன், டிப்பேன், டி,டிக்க,v.a.(கடி), ou கடித்துக்கொள்ளுகிறது,mordre,piquer, mâcher, happer,cicatriser, faire une cicatrice,serrer—,lier fortement; கடித்துப்போடுகிறது emporter la pièce en mordant.

கடிசு,P.கடிது. rigueur, dureté, sévérité,cruauté,chose cruelle,—dure,aspérité,difficulté, urgence: கடிசாயிருக்கிறது être dur, rigoureux, difficile,pressant, urgent: கடிசாய்ப் பேசுகிறது parler avec rigueur; கடிசுக்காரன் homme dur,sévère,difficile;—பண்ணுகிறது traiter avec rigueur ou dureté.

*கடிசூத்திரம்,(கடி), corde que les Indiens s'attachent autour des reins et qui tient le langoutti.

கடிசை,base—,soutien d'un mât.

கடிச்சை,l'arbrisseau casearia elliptica, (son fruit tue les poissons), poisson, espèce de poisson, mesquinerie.

கடிஞை, (P. கடிகை), vase—, écuelle de mendiant. [fesses.

*கடிதடம், (கடி), reins, hanche,

*கடிதம், 1° (ghatita), accumulation,contact, union,ce qui est fait. 2° gomme.

கடிதல்,n.v. de கடிகிறது, réprimande,désapprobation,colère, signe de colère,punition, déchirure, coupure,destruction,hâte.

கடிதாசி,P.கடுதாசி.

கடிது,(கடுமை), 1° V.கடிசு.2° il est cruel,dur. [ceinture,milieu.

*கடிதேசம், (கடி), les reins, la

கடித்தம், livre dont les feuillets sont de toile couverte de colle ou de pâte noire sur laquelle on écrit avec une pierre douce.

கடித்தல், n.v.de கடிக்கிறது, action de mordre etc...morsure.

கடிநாய்,(கடி), chien qui mord.

*கடிந்தமன், (ghatindhama), potier.

கடிந்தோர்,(கடிகிறது), censeurs, sages,ermites,ceux qui ont renoncé

கடிபிடி,(கடி),dispute.[au monde.

கடிப்பகை,(id.), moutarde.

கடிப்பம்,(கடி,ba pot), boite à bijoux, vase,petit pot,—pendant d'oreilles (à l'usage des hommes).

கடிப்பா, கடிப்பான், (கடிக்கிறது), sauce,assaisonnement, ragoût, fruits confis.

கடிப்பிடுகோல். (கடிப்பு, இடும், கோல்), baguette de tambour.

கடிப்பிணை,(கடி,பிணை), paire de petits pendans d'oreille (à l'usage des hommes).

*கடிப்பிரதேசம், (கடி,பிர), derrière,fesses. [des cuisses,fesses,aine.

*கடிப்பிரோதம், (கடி), jointure

கடிப்பு,n.v.de கடிக்கிறது, morsure,plaie d'une morsure,bâton.

கடிப்பை,petite espèce de sénevé.

கடிய,1° adj.de கடுமை, dur, rigoureux,cruel,sévère.2° inf. de கடிகிறது,vite.

கடியது, (கடிய), chose cruelle, dure.

*கடியந்திரம்,(கடி), picote, instrument pour arroser, corde—, seau d'un puits. [verse de navire.

கடியல்,1° n.v.de கடிகிறது.2° tra-

கடியன,pl.de கடியது.

கடியன்,1° (கடி), homme mordu, —porté à mordre,ce qui a été mordu ou est porté à mordre.2° (கடிய), ce qui est cruel, sévère, dur, homme dur, sévère.

கடியாரம், (கடி, ஆரம்), horloge, montre, cadran, sablier: கடியாரக்காரன் horloger.

கடியிரத்தம், (கடி, இரத்தம்), la plante மூக்கிரட்டை. [ளைக்கிழங்கு.

கடிரோமம்,(கடி), la racine கோ

கடிலா, V.கடியிரத்தம்.

கடிவாய்,(கடி), place d'une morsure, endroit mordu, bouche qui mord: —வடு cicatrice d'une morsure, cicatrice.

கடிவாளம், (கடி), bride, mors, frein:—கழற்றுகிறது ôter la bride, débrider;—போடுகிறது, —மாட்டுகிறது brider,mettre la bride; —வாங்குகிறது ôter la bride,acheter une bride, tenir la bride courte; —விடுகிறது lâcher un peu—, lâcher la bride;—வெட்டுகிறது secouer la bride, lâcher et tirer ensuite la bride; கடிவாளவார்,—கயிறு rênes.

கடிவிஷம், (கடி), venin d'une blessure. [ent à la ceinture.

கடிவுகம்,(கடி), grosseur qui vi-

கடிவை,(kati), éléphant.

*கடினம், (kathina), dureté, rigueur, rigidité, sévérité, rudesse, cruauté, difficulté, solidité, roideur, abondance,chose pénible;—ஆய் sévérement,durement,difficilement;—ஆயிருக்கிறது être dur,endurci, sévère,rigoureux; —ஆய்ப்பேசுகிறது parler durement; —பண்ணுகிறது traiter durement,—rudement; —ஆக்குகிறது ou கடினப்படுத்துகிறது endurcir,maltraiter, opprimer; கடின,கடினமான dur, sévère, rigoureux,rude, cruel,triste,pénible; கடினகாலம் temps pénible,mauvais,— de famine et de peste;—செய்தி triste nouvelle; கடினக்காரன், கடினமானவன் ou [sévère,cruel.

*கடினன்,(கடினம்), homme dur,

*கடிரகம், (katiraka), postérieur.‖ V.உபஸ்தம்.

*கடிரம், (katira), vulve.

*கடு,(katou),1° adj.de கடுமை fort, véhément,dur,rude, rigoureux, difficile. 2° l'arbre cadou ou terminalia chebula (dont le fruit est le கடுக்காய்), amertume, goût piquant, poison,épine,crocodile,l'arbre மாவிலங்கு.3° (gadou),bosse,pointe.4° imp. et.part.de கடுக்கிறது, et கடுகிறது.

கடுக,inf.de.கடுகுகிறது, adv.vite.

கடுகடுக்கிறது, டுத்தேன், டுப்பேன்,டு,டுக்க,v.n.(கடு,கடுக்கிறது),paraître fâché,en colère,murmurer,être piquant,amer,rude,se hâter:கடுகடுத்தமுகம் visage austère, fâché.

கடுகடுப்பு, n.v. du préc. goût piquant,rigidité,austérité, sévérité,colère,grande hâte:கடுகடுப்பாயிருக்கிறது être rigide,sévère,en colère.

*கடுகம்,1° (katouka),goût piquant, — âpre, la plante கடுரோகிணி, poivre noir,poivre long, gingembre, remède piquant,—composé des 3 épices dites கடுகம்- ற, V. திரிகடுகம். 2° (gadouka) cruche,anneau.

கடுகல்,n.v. de கடுகுகிறது, hâte, précipitation. [கடுகுசாதம்.

கடுகன்னம்,(கடுகு, அன்னம்), V.

கடுகாலாத்தி, (கடுகு), âlâtti à la moutarde.

கடுகிய,part,parf. de கடுகுகிறது, précipité: —காந்தி espèce d'arsenic composé.

கடுகிறது,1° ட்டேன், டுவேன்,டு, ட,v.a.voler,enlever,arracher: கட்டது ce qu'on a arraché: கட்டபின் après avoir arraché l'ivraie.On écrit aussi கட்கிறது. 2° sync. de கடுகுகிறது.

கடுகு,1° *(katouka), sénevé, moutarde,sinapis chinensis: — கட்டுகிறது appliquer des sinapismes; —க்கொல்லை champ de sénevé;—சாதம் riz cuit à la moutarde, —d'une façon particulière; —மணி grain de sénevé,petit grain; எண்ணெய்க்கடுகு lie d'huile. 2° l'arbre குன்றி, lie, fécule, lie de l'huile, tisane mêlée d'huile. 3° *imp.et part.de*

கடுகுகிறது, *sync.* கடுகிறது,கினேன்,குவேன்,கு,க,*v.n.*se hâter,se presser: கடுக vite, கடுகச்சொல்லுகிறது dire promptement,—vite; —நடக்கிறது,— வருகிறது marcher —,venir

கடுகுதல், *V.* கடுகல். [vite,à la hâte.

கடுகுடுக்கிறது, டுத்தேன், டுப்பேன்,டு,டுக்க, *v.n.*(கடுகுகிறது), *et* கடுகுடுத்தல்,*n.v.*se presser,se hâter.

கடுகுரோகணி, கடுகுரோகிணி, (கடுகு), *V.* கடுரோகிணி.

கடுகென, *P.* கடுக. [ம்.

கடுகோரை, (கடுகு), *V.* கடுகுசாத

கடுக்கன், pendant—, boucle d'oreilles: —புல் l'herbe ischæmum cibare; —போட்டுக்கொள்ளுகிறது se mettre des —, s'orner de pendans d'oreilles; உருத்திராட்சக்கடுக்கன் pendans d'oreilles contenant des grains d'elæocarpus.

கடுக்காய், (கடு), fruit médicinal de l'arbre கடு terminalia chebula; —த்தலையன் espèce de serpent tacheté,enfant etc... qui a la tête petite et ronde; —நண்டு espèce de crabe; —ப்பூ fleur de கடு; —வேர், *V.* கடுவேர். [vert.

*கடுக்கிரந்தி, (கடு), gingembre

கடுக்கிறது,டுத்தேன்,டுப்பேன்,டு,டுக்க *et* கடுக்குகிறது,க்கினேன், க்குவேன், க்கு, க்க, (கடு), *v.n.*être piquant,âcre,âpre,amer,se fâcher,[être dur, sévère,en colère, causer de la douleur, faire mal, *v. g.* la piqûre d'un scorpion, d'une fourmi etc.., cuire,souffrir,souffrir des tranchées, de la dyssenterie, de la rétention d'urine,d'une morsure, ressembler, rendre collant: கடுத்துப்பேசுகிறது parler durement. [*V.* கடுத்தல்.

கடுக்குதல், *n.v.de* கடுக்குகிறது,

கடுக்கென்கிறது,(கடுக்கு,என்கிறது), கடுக்கென்குதல்,கடுக்கென்னல், grandir,croitre,se hâter: கடுக்கென்ற grand,qui a crû; கடுக்கென vite, à la hâte.

*கடுக்கை, (katoukâ), les arbres கொன்றை et மருதம்: —சூடி,—கண்ணியன் celui qui porte une guirlande de fleurs de cassia,*i.e.* Siven.

கடுக்கையம்,*adj.de* கடுக்கை.

கடுங், *P.* கடும் devant க: —கணார் (கண்,ஆளன்), gens cruels, sévères, sans pitié,qui ont l'œil farouche; —கண் cruauté,œil—,regard farouche; —கருத்து sens subtil,—difficile,dessein cruel, —rigoureux; —காந்தி espèce d'arsenic composé; —காய் 1° fruit âpre,non mûr, noix muscade, 2° *P.* கடுக்காய்; —காய்ச்சல் forte fièvre,—chaleur, grand échauffement; —காரம் grande âpreté,pierre infernale,macis,pulpe membraneuse qui enveloppe la muscade, piquant de fortes épices,—d'un fort assaisonnement,sel d'urine,—de souffre, —de mer—de graine de sésame; —காரநீர் œuf; —காலம் temps rude, —rigoureux,—de malheur,— de misère; —காற்று vent violent; —கூர்மை pointe fort aiguë,sel d'urine,—de souffre, —de mer,sel tiré de la graine de sésame; —கூர்மைலவணம் sel d'urine; —கை cruauté,rigueur; —கோடை grande chaleur,été, temps des chaleurs; —கோபம் grande colère,—indignation,fureur.

கடுசரம்,(கடு),*V.* கடுரோகிணி.

கடுசாரம், (*id.*), espèce de sel minéral.‖*V.* காரசாரம். [ழை.

கடுசித்தாழை, *P.* கடைச்சித்தா

கடுஞ், *P.* கடும் devant ச: —சாரி sel ammoniaque,soudure; —சினப்பூமி terre imprégnée de soude; —சினேகம் grande —,excessive amitié; —சுண்ணத்தி alun; —செட்டு commerce pénible,—cruel, —trop intéressé; —சொல் parole dure,—de colère,injure.

கடுடம்,l'arbrisseau மருக்காரை.

கடுதலைமுடிச்சு,(கடு,தலை), action frauduleuse,tromperie,ruse.

கடுதலைவிற்பூட்டு, (*id.*), manière régulière d'obtenir le sens en joignant les mots du commencement et de la fin d'une phrase.

கடுதல்,*n.v.de* கடுகிறது,vol,action de voler,d'arracher.

கடுதாசி,(charta), papier, lettre:—க்கட்டு rame de papier;—க்கை main de papier;—த்தாள் feuille de papier;—ப்பலகை carton; —தட்டு cahier;—யுறை porte-feuille.

கடுத்த,1° *obl.de* கடுத்தம், épais, serré. 2° *part.parf.de* கடுக்கிறது.

கடுத்தம், toile—,chose serrée,—dense,épaisseur,densité, carton,contrat de dot des Mahométans.

கடுத்தலை,(கடு),épée,sabre.

கடுத்தல்,*n.v.de* கடுக்கிறது, indignation,colère,accès,doute,âpreté, amertume,piquant, véhémence, vitesse,souffrance, comparaison:—ஊசி instrument pour percer les pierres.

கடுத்து,*gér.de.*கடுக்கிறது.

கடுத்திரயம்,(கடு),les 3 sortes d'épices piquantes,savoir: சுக்கு gingembre;மிளகு poivre noir et திப்பிலி poiver long.

கடுநடை,(*id.*), marche précipitée, vitesse.

*கடுநிம்பம், (*id.*), la plante médicinale நிலவேம்பு

கடுநீர்,(*id.*), nuage,lune, grande fraicheur.

கடுந்தணற்பூமி, (கடும், தணல்), terre imprégnée de soude.

கடுந்தது, 1° *P.*கடந்தது, ce qui est passé.2° *P.* கடிந்தது, ce qui est dur,sévère,cruel.

கடுந்தரை,(கடும்),terre dure.

கடுந்தழற்பூமி,(*id.*தழல்), *V.*கடுந்தணற்பூமி.

கடுந்தி,la plante நாயுருவி

கடுந்திலாலவணம், (கடும், திலம், லவணம்),sel tiré de la graine de sésame,sel d'urine.

கடுந்தோயல்,(கடும்),forte trempe (des métaux,outils,armes etc...)

கடுப்ப, *inf. de* கடுக்கிறது, *adv.* comme.

கடுப்படக்கி, (கடுப்பு, அடக்கி), la plante வெதுப்படக்கி.

கடுப்பு, *n.v.de* கடுக்கிறது,douleur aiguë,rigueur, hâte,colère, orgueil, bouillonnement: கடுப்பிறக்கல், கடுப்பிறக்குகிறது abaisser l'orgueil, le détruire; கடுப்பெடுக்கிறது ressentir de la douleur, —de la peine, souffrir, apaiser —,ôter la douleur..;—ச்சூடு chaleur extrême,—qui vient de dessèchement; —மரம் moulin à huile,pièce du moulin qui exprime l'huile.

கடுப்பூ,(கடு), fleur du கடு terminalia, la plante ஊமத்தை.

கடுப்பை,(கடு),sénevé blanc,moutarde blanche.

கடுமரம், (கடு), l'arbre எட்டிமரம்,l'arbre கடு terminalia,arbre venimeux.

கடுமலை, (கடு), montagne qui contient du plómb.

கடுமன்,(*id.*மன்), *V.*கடுமை.

கடுமுடுக்கு, (*id.* முடுக்கு), vitesse, hâte.‖*V.*வில்லங்கம்.

கடுமுடுக்கிறது, [டுத்தேன், டுப்பேன்,டு,டுக்க,*v.n.et* கடுமுடுத்தல், *n.v.* (*id.* முடுக்கிறது),se hâter, se presser.

கடுமுடென்கிறது, (கடுமுடு *son imitatif*), résonner, rendre le son de கடுமுடு; கடுமுடெனல் rendre ce son, signe du son.

கடுமுள், (கடு), arme, épine vénéneuse,la plante médicinale கண்டங்கத்தரி.

கடுமூர்க்கம், (*id.*), fureur, grande colère,—opiniâtreté.

கடுமூர்க்கன்,(*id.*),homme furieux,—opiniâtre.

கடுமை, (கடு), violence, sévérité, rigidité,cruauté,âcreté,difficulté,aspérité,roideur,abondance,hâte. De là on fait les adj.கடு,கடும்,கடிய,கட்டு.

கடும்,*adj.du préc.*violent,fort,dur, rude, rigoureux, sévère, difficile, prompt,pressé, âcre: —பகல் grand jour,midi;—பச்சை espèce curieuse de pierre précieuse verte; —பத்தியம் diète rigoureuse,—stricte; — பலம் gingembre vert, racine dite கரணைக்கிழங்கு.

கடும்பு,parenté,coussinet ou bourrelet pour mettre sous un fardeau qu'on porte sur la tête, état du lait d'une vâche nouvellement vêlée ou de chose semblable: — ப்பால் lait d'une telle vache.

*கடுரம்,(கடு,râ *qui donne*), lait de beurre.

*கடுரோகிணி, *sync.* கடுரோணி,

(கடு,rôhini *qui croît*),ellébore,(plante médicinale),helleborus, médecine d'ellébore. [bre (soit vert,soit sec).

'கடுவங்கம்,(*id.* அங்கம்), gingem-

கடுவட்டி, (கடு), usure injuste, —

கடுவல்,(*id.*),terre dure. [excessive.

கடுவழி, (*id.*),chemin difficile, —désert,—dans l'air.

கடுவன்,1° chien, chat, singe, renard, (etc...mâle, et aussi),le mâle des animaux en général.2° (கடு), l'arbre மாவிலங்கு.

கடுவாயன்,(*id.*வாய்), âne,serpent.

கடுவாய்,(*id.*),l'animal à la gueule cruelle,espèce de tigre, chien: கடுவாயெறும்பு espèce de fourmi noire (qui mord rudement).

கடுவெளி, (கடு),plaine nue,—stérile,—sans ombre.

கடுவேர்,(*id*), racine de கடு, *i.e.*de terminalia chebula.

கடூரம்,*P.*கடோரம்.

கடேந்திரநாதன். (கடம்,இந்திரன்),un des 9 சித்தர்.

'கடேரம், 1° (gadêra), nuage. 2° (kathêra),maladie, détresse.

கடேரன், (கடேரம்), malade, pauvre,homme dans la détresse.

கடை,1° fin,extrémité, limite,bazar,marché,boutique,côté,place,dessous,infériorité,agrafe de bijou,porte, entrée, porte d'entrée, porte —, cour extérieure,chemin, vulve, pudendum muliebre,lieu, terminaison de l'ablatif de lieu:*Ex.* அவன்கடைச்சென்றான் il est arrivé auprès de lui.2° *imp.et part.de* கடைகிறது: அடிகடை le commencement et la fin, tout;அடிக்கடை la première boutique dans la rue du marché;அடிக்கடைக்காசுதண்டுகிறது *ou* கேட்டுவாங்குகிறது lever un impôt sur les boutiques depuis la 1re jusqu'à la dernière;கடைகாரம் fin; கடைகாப்பாளன் portier;—கால் tuyau de bambou dans lequel on trait le lait, partie d'une agrafe, chose qu'on attache derrière, —qui vient ensuite, fondement,occasion favorable, dernière fois;—கெடுகிறது perdre toute honte, se perdre entièrement;—கெட்டவன் homme vil,déhonté, impudent,vaurien,pervers; —கெட்டதனம்,—கேடு extrême perversité,—bassesse:—கோல்,*V.* திக்கடைகோல்; —க்கட்டு fin, conclusion, nœud;—க்கணிக்கிறது favoriser, regarder avec bonté,—du coin de l'œil, mépriser, dédaigner; —க்கண் coin de l'œil,œillade,regard de tendresse;—க்கண்ணாற்பார்க்கிறது regarder favorablement, —amicalement, —du coin de l'œil;—க்கண்பார்வை œillade,regard favorable, —du coin de l'œil; —க்கயில் agrafe à l'extrémité d'un bijou; —க்கனல் feu qui doit dévorer le monde, feu de la fin du monde;—க்காப்பு dernière strophe d'une préface en vers ou பதிகம்;—க்காரன் boutiquier, marchand (qui tient boutique);—க்கால் occasion;—க்குடர் dernier intestin boyau inférieur; —க்குட்டி dernier des enfans (garçon ou fille); —க்குளம் la 21° constellation indienne,le dernier réservoir: —க்குறை apocope, mot dont la fin est retranchée: —க்கூட்டுகிறது, —க்கூட்டல் amasser pour jouir ensuite, jouir du fruit de ses actions, en éprouver le résultat;—க்கூழை arrière-garde, consonnance qui revient à chaque pied d'un vers excepté le premier; —கூழைமுரண், —கூழைமோனை, —கூழையளபெடை; —கூழையெதுகை antithèse—, mônei— alhabédei—, yédouguei qui revient à chaque pied d'un vers excepté le premier; —க்கூழையியைபு rime dite இயைபு qui revient à chaque pied d'un vers excepté le dernier; —க்கொள்ளி tison, brandon, épi qui reste;—க்கோடி extrémité, bout, dernière limite, finalement; —சாரம் fin, conclusion d'une chose; —சாதி personne vile, déhontée, perverse;—சார் chose, *ou*; —சால் dernier sillon, —détachement, arrière-garde;—சோறி boulangerie, boutique où l'on vend du pain; —ச்சங்கம்

dernière réunion, —assemblée; —ச்சரக்கு marchandises diverses, —du bazar, d'une boutique, ingrédient de ragoût; —தடம் porte, entrée; —த்தரம் dernière qualité,—fois;—தலைவிற்பூட்டு mot de la fin et du commencement qu'on doit réunir pour avoir le sens,prendre dans ses paroles; —த்திறப்பு nom d'un பிரபந்தம்,la dernière ouverture;—த்தலை cour ou porte extérieure d'une maison; —த்தலைவாய்தல் première porte, entrée;—த்தீ feu de la fin du monde; —த்தெரு dernière rue, V.கடைவீதி;—த்தேறுதல் se sauver:—த்தேற்றம் salut;—நாள் dernier jour, la dernière constellation indienne dite இரேவதி; —நிலை le 63me பிரபந்தம் pièce de poésie où de l'entrée où il se tient, un grand personnage venu de loin dit aux portiers d'annoncer au roi son arrivée, dernière situation etc... —நிலைத்தீபக,—நிலைத்தீபம் explication de la fin du complément de la proposition, mot qui vient à la fin et qui complète la phrase; —போடுகிறது établir une boutique;—ப்படல்,—ப்படுகிறது être avili,—très-vil, être terminé, —propre à finir; என்னுலிதுகடைப்படாது je ne puis finir ceci; —ப்பட்டமாத்திரம் autant qu'on pourra; —ப்படுதானம் don d'un mérite infime, don fait par un des 7 motifs mondains suivans: ஆசவம் affection; புகழ் désir de louange; அச்சம் crainte; கைம்மாறு attente d'un retour; காரணம் quelque motif particulier; கண்ணோட்டம் pure compassion; கடைப்பாடு détermination prise; —ப்பாடு détermination, résolution; —ப்பிடி détermination à finir, persévérance jusqu'à la fin, résolution, constance, certitude, attention—,fidélité à son devoir, ne pas oublier; —ப்பிடிக்கிறது prendre fortement à cœur, être constant, persévérer jusqu'au bout, se déterminer à finir, être clair,—certain, observer comme un devoir, ne pas oublier; —ப்பிறப்பு dernière naissance,basse extraction;—ப்புணர்வு; —ப்பூட்டு agrafe (à l'extrémité d'un bijou), —ப்புளி, V.கடைப்பிடி; —ப்போகிறது être accompli, devenir le dernier;—ப்போக்கு écluse—, bonde d'un étang; —ப்போடுகிறது établir—, ouvrir une boutique; —மடக்கு répétition du même mot à la fin de 4 vers mais avec des sens divers;—மரம் (கடையும்), bâton pour baratter,pièce de bois que l'on tourne; —மீன் poisson du bazar, le dernier poisson, la dernière constellation indienne dite இரேவதி;—முடிவளவும் jusqu'à la fin; —முரண் strophe dont chaque vers a une antithèse au dernier pied; —முறை éventualité,éventuellement, la dernière fois; —மோனை strophe dont chaque vers finit par la même lettre: —யழிகிறது,—யழிதல் le bout se gâter, souffrir, se donner de la peine, se perdre, décroître, s'user par lefrottement,—யழிக்கிறது frotter, user par le frottement, gâter,—beaucoup, perdre entièrement; —யளபெடை (அளபெடை) allongement dit அளபெடை à la fin d'un vers;—யனல், (அனல்), V.ஊழித்தீ; —யாக (ஆக),jusqu'à la fin, finalement; — யாகுமோனை mônei qui vient à la fin du vers au lieu de venir au milieu:—யாகெதுகை (ஆகு, எதுகை) sorte de rime dite எதுகை qui consiste en ce que le premier pied de chaque vers finit par les mêmes lettres. *v.g.* எச்சத்தார் rimant avec சுற்றத்தார்; —யாட்டம், (ஆட்டம்) travail dur, —pénible, peine, dernière danse, —secousse; —யாணி, (ஆணி), esse d'essieu, agrafe—, attache d'un collier ou autre ornement, V.அச்சுருவாணி; —யாந்தரம், (ஆம்,தரம்), fin, extrémité, limite, la dernière partie, —fois,—qualité; —யிணைமுரண், —யிணைமோனை,—யிணையளபெடை,—யிணையெதுகை antithèse—,mônei—, alhabédei—, édouguei aux 2 derniers pieds d'un vers;—யிணையியைபு rime dite இயைபு aux 2 premiers pieds d'un vers;—யியைபு rime dite இயைபு au 1er pied de chaque vers; —யிடு, (சடு), ce qui est faible, perdu, de qualité inférieure, le dernier gage etc... terre la plus faible en valeur et en taxe, ce qu'on a perdu;—யுகம் le கலியுகம், le dernier âge du monde;—யுணி, (உணி), homme vil, vaurien;—யெதுகை, (எதுகை), rime dite எதுகை qui vient à la fin de chaque vers, V. கடையியைபு; —யெழுஞ்சனி, (எழும்), la dernière des constellations nommées சனி, c'est la 12me des 27;—வளர்கிறது, —வளர்தல் la vulve s'élargir (dans le temps de l'accouchement): —வள்ளல் personnage libéral de la dernière classe, celui qui donne après avoir longtemps refusé: —வாசல், —வாயில் porte principale, porte d'entrée;—வாய் extrémité de la mâchoire, coin de la bouche;—வாய்நக்கி celui qui se lèche les coins de la bouche, avare;—வாய்ப்பல் dent de derrière,—de l'extrémité de la bouche, dent double;—வால் le bout de la queue,—de la scie, la dernière queue,—scie; —வீதி rue du marché, —où se tient le marché; —வைக்கிறது établir—, ouvrir une boutique; கடையையேறக்கட்டுகிறது fermer sa boutique pour faire monter le prix des marchandises.

கடைகிறது, டைந்தேன், டைவேன், டை, டைய, v.a. baratter, battre le beurre,—la crème pour faire du beurre, tourner, faire au tour, façonner, remuer une chose qu'on fait frire, creuser; கீரை—, பருப்புகடைகிறது remuer les herbes, les pois dans la casserole... [v. V. கடைச்சல்.

கடைகை, கடைகுகை, கடைசல், n.

கடைசி, (கடை), 1° fin, extrémité, conclusion: கடைசியாய், கடைசியில் à la fin, enfin, finalement; கடைசியான final. 2° f. de கடையன், femme d'un pays cultivé. pl. கடைசியர்.

கடைச்சல், (கடைகிறது), action de tourner, de faire au tour: கடைச்சலுளி ciseau de tourneur; —மரம் tour (à tourner);—வேலை ouvrage de tourneur; கடைச்சற்காரன் tourneur, homme d'une certaine caste; கடைச்சற்பிடிக்கிறது tourner, faire au tour. [er des enfans.

கடைச்சன், (கடை, சம்), le derni-

கடைச்சி, 1° f. de கடைச்சன், la plus jeune des filles. 2° f. de கடையன், femme d'un pays cultivé, —de basse condition. pl. கடைச்சியர். 3° l'arbrisseau செடி: கடைச்சித்தாழை ananas, bromelia. [pays cultivé.

கடைஞர், (கடை), habitans d'un

கடைதல், n.v. de கடைகிறது.

கடையம், P. கடயம்.

கடையல், V. கடைதல்.

கடையன், (கடை), pl. கடையர், f. கடைசி, கடைச்சி, கடையப்பெண், homme—, femme, de basse condition, gens vils,—d'une certaine caste, habitant d'un pays cultivé, cultivateur, marchand de chaux.

கடையாயர், கடையாயார், (கடை), les derniers, gens vils, de la plus basse condition, de bas aloi, les கடையர், cultivateurs, gens d'un pays culti- [vé.

கடையால், P. கடைசால்.

கடைவு, n.v. de கடைகிறது, V. கடைச்சல்.

*கடோரம், (kathôra), cruauté, sévérité, dureté, solidité, ce qui est dur: —ஆன ou கடோர cruel, sévère, dur, rude, désagréable; —ஆனவார்த்தை parole dure, mauvaise nouvelle:—ஆயிருக்கிறது être cruel, dur; —ஆய்ப்பேசுகிறது parler durement, sévèrement; அவன்மேல்வாத்தியின்கண் கடோரமாகின்றது le maître commence à le regarder de mauvais œil; கடோரமரணம் mort cruelle; —க்காரன் ou [cruel,—dur, tyran.

*கடோரன், (கடோரம்), homme

கடோரி, f. du préc. femme cruelle, —dure. [V. கடுமுனி.

*கடோற்பவன், (கடம், உற்பவம்),

கட், P. கண் ou கள் devant க, ச, த, ப.

கட்கட்டி, *P.* கண்கட்டி.
*கட்கம்,(khadga), épée,sabre :கட்கத்தம்பம், —ஸ்தம்பம் ensorcellement d'un sabre etc... pour l'empêcher de couper,le 63me des கலைக்கியானம். [ner),bouclier.
*கட்கராடம், (கட்கம்,rada *réson-*
*கட்காகாதம்,(*id.*ஆகாதம்), coup de sabre. [reau d'épée.
*கட்காதாரம்,(*id.*ஆதாரம்), four-
கட்கிறது,கட்டேன், கட்பேன், கள்,கட்க,*v. a. sync. de* களைகிறது, voler,arracher l'ivraie. [lou.
கட்குடியன்,(கள்), buveur de cal-
*கட்சம், (kakcha), science des prières ou enchantemens, espèce d'arsenic naturel, science qui traite —,traité de l'orbite des 9 planètes, chambre intérieure.‖ *V.*கக்கம்.
*கட்சாந்தரம்,(கட்சம்,அந்தரம்), *V.*அந்தப்புரம்.
கட்சி,(kakchi),faction,parti,corps, côté,partie,forêt, nid d'oiseau, chemin, lit:ஒருகட்சியிற்சேருகிறது, ஒருகட்சிக்குடன்படுகிறது se ranger [d'un parti.
*கட்சியம், *V.*கடசியம்.
கட்செவி,(கண்,செவி), ce qui entend par les yeux,*i.e.*le serpent.
கட்ட, 1° *inf. de* கட்டுகிறது. 2° *part.parf. de* கட்கிறது.3° *obl. de* கட்டம்:கட்டகாலம், *V.* கஷ்டகாலம்: —க்கடுமை rigueur—, cruauté excessive;*—சிவி douanier,garde-quai, homme qui gagne sa vie sur un quai, à garder les habits des baigneurs; —பாரை levier de fer; —ப்படுகிறது, —ப்படுதல் être lié,bâti,uni, allié, s'efforcer,travailler fortement.
கட்டங்கம்,கட்டங்கு, (கட்டு,அங்கம்), massue,bâton,appui, épi broui.
கட்டசாத்தியம்,(*id.*அசாத்தியம்), grande impossibilité, état désespéré et pénible. [சோறு.
கட்டமுது, (*id.*அமுது), *V.* கட்டு
*கட்டம்,1° *P.*கஷ்டம்,effort, peine,malheur,affliction,grande peine, excrément humain,forêt, barbe. 2° (ghatta), quai,port,endroit—, escalier sur le bord d'une rivière pour descendre dans l'eau.

கட்டல்,1° *n.v.de* கட்டுகிறது, action de lier,etc... empêchement, affliction,clou qui se forme. 2° *n.v. de* கட்கிறது,action d'arracher (l'ivraie etc...), vol,pillage, brigandage, callou ou toddi.
கட்டவிழ்கிறது, கட்டவிழ்தல், (கட்டு),se délier,se détacher, se défaire. [té,ornement.
கட்டழகு,(*id.*அழகு),grande beau-
கட்டழல்,(*in.*அழல்), feu.
கட்டழிகிறது,கட்டழிதல், (*id.* அழிகிறது), se déranger, dévier, se corrompre.
கட்டழிக்கிறது,கட்டழித்தல், (*id.* அழிக்கிறது), déranger, dévoyer, corrompre,perdre entièrement.
கட்டளை, commandement, ordre, précepte, mandement, permission, règle,régularité,bon ordre,coutume, taux,prix réglé par la loi ou l'usage,moule à brique,pierre de touche, balance,le signe de la Balance, pesanteur, gravité, poids (à peser), comparaison, mesure, jambages de porte, conseil ou ordre de revenir à confesse; —க்கலித்துறை espèce de கலித்துறை dont les 4 premiers pieds suivent la connexion dite வெண்டளை et dont le 5me pied est terminé en விளங்காய்; —க்கலிப்பா espèce de கலிப்பா ou strophe de 4 vers de 8 pieds divisés en deux parties dont le 1er pied est un மா et les 3 autres des கூவிளம்;—க்கல் pierre de touche,— qui sert de poids; —க்காரன் homme à qui on a dit de revenir à confesse;—க்கோல்,—ச்சட்டம் loi,décret,formule de loi;—ச்சோறு riz cuit donné selon la coutume; —யிடுகிறது (une personne éminente) accorder,octroyer,*ou*; —செய்கிறது,—பண்ணுகிறது ordonner,commander;—ப்பை sac où l'on met les poids; கட்டளைக்குவிரோதமாய்நடக்கிறது *ou* கட்டளையைமீறுகிறது transgresser un ordre,—une loi;கட்டளைக்குத்தக்கதாய் selon l'ordre,—le précepte. [taud.
*கட்டனன்,(khattana),nain,cour-

கட்டா,1° ou கட்டாத,part.nég. de கட்டுகிறது.2° P.கட்டு:—கட்டிமை grande avarice,lien très-fort;—க்காலி vache qu'on ne peut ni attraper ni lier.

*கட்டாசம்,(khattâsa),civette.

கட்டாஞ்சி,(கட்டு, ஆஞ்சி), l'arbre கண்டாஞ்சி celastrus emarginatus, vèlin épineux.

கட்டாடி,(id.ஆடி), devin,pronostiqueur,chef des blanchisseurs.

கட்டாட்டு,(id.ஆட்டு),divination, gyromancie.

கட்டாணி,1°(id.ஆணி),gros clou, goupille de pendant d'oreilles.2° personne expérimentée, habile, industrieuse,homme débauché,—cupide.

கட்டாண்மை, (id. ஆண்மை), grand courage.

கட்டாந்தரை,(id.ஆம்,தரை), terre dure,—nue,desséchée,stérile.

கட்டாம்பாரை,(id. ஆம், பாரை), nom d'un poisson.

கட்டாயம்,(கட்டு,ஆயம்), violence,force,contrainte, sévérité, gène, aversion.‖V. கட்டுப்பாடு. 2° (கட்டு P.கட்டை,ஆயம்), disposition des briques mises dans leur largeur:—பண்ணுகிறது, —செய்கிறது contraindre,forcer,violenter.

*கட்டாரம், கட்டாரி, (kattâra), poignard, épée: கட்டாரிக்குத்துணி espèce de toile.

*கட்டார்ச்சிதம்,V.கஷ்டார்ச்சிதம்.

கட்டி,1° furoncle,clou, grumeau, caillot,masse,motte,bloc,lingot, embryon,boule de pâte, jagre ou jus épaissi de la canne à sucre, sucre, masse de jagre etc..., joie,joie intérieure,oiseau,certain oiseau.‖V. கட்டிடை.2° *(khatti), cercueil. 3° (கட்டுகிறது), chose qu'on lie, celui qui lie,—qui arrête. 4° gér. de கட்டுகிறது:—க்காக்கிறது garder, protéger, préserver;—க்காத்துக்கொண்டிருக்கிறது avoir grand soin;—க்கொடுக்கிறது marier,donner en mariage;மகளையொருத்தனுக்குக்கட்டிக்கொடுக்கிறது donner sa fille en mariage à quelqu'un; —க்கொள்ளுகிறது embrasser; prendre pour femme, épouser,prendre, s'emparer, subjuguer,soumettre,conquérir, posséder, obtenir,commettre,exercer;அரைக்கட்டிக்கொள்ளுகிறது se ceindre;—சாதம்,—சோறு,P. கட்டுச்சோறு:—படுகிறது (un furoncle, un lingot etc.)se former,se coaguler en masse, en grumeau etc...; —ப்புகுகிறது (une veuve) se remarier; —ப்புகாத சாதி caste où (malheureusement) les veuves ne se remarient pas;—ப்போடுகிறது lier,amasser, placer; —முட்டி blocs—,masses—,grumeaux etc... de différentes grandeurs; —யடிக்கிறது attacher et battre;—யணைக்கிறது serrer dans ses bras, embrasser tendrement;—யரிதாரம் arsenic naturel et violent;—யாகிறது, V.கட்டிபடுகிறது; —யாயிருக்கிறது être en grumeau,en masse etc...être coagulé,(un furoncle etc...,) être formé; —யெழுதுகிறது composer des vers; —விழுகிறது l'embryon périr,—sortir,avorter, V. கட்டிபடுகிறது; —வைக்கிறது serrer,mettre en réserve,en magasin,amasser, réserver,retenir,arrêter,conserver.

கட்டிடம்,(கட்டும்,இடம்),reliure.

கட்டிடை,(கட்டு,இடை), poids de 25 பலம். [டுப்பாடு.

கட்டிமை,(கட்டி), avarice.‖V.கட்

கட்டிய,1° P.கட்டின, part. parf. de கட்டுகிறது.2° obl. de

கட்டியம்,déclaration, décret publié par ordre d'un roi, promulgation,éloge,louanges d'un grand, espèce de danse,office de panégyriste, —de héraut; —கூறல், —கூறுகிறது, —சொல்லுகிறது proclamer, promulguer,déclarer,annoncer l'arrivée d'un prince ou grand personnage,publier devant lui ses louanges; —கட்டியகாரன் ou —க்காரன் panégyriste, héraut, celui qui fait les offices susdits;—ப்பொல்லு bâton que porte le héraut.

கட்டியாரம்,(கட்டி,ஆரம்),resserrement,étroitesse,gène,sévérité, du- [reté.

கட்டில்,lit,couche,châlit.

கட்டிளமை, (கட்டு, இளமை), grande jeunesse, âge tendre.

கட்டிளமைபோன், (*id.*), jeune adolescent,—homme,—garcon.

கட்டு, 1° *imp. et part. de* கட்டுகிறது. 2° *gér. de* கட்டுகிறது. 3° *adj. de* கடுமை, grand, piquant, dur, violent, abondant. 4° lien, nœud, attache, bande, bandeau, chaine, liaison, union, connexion, complot, ligue, loi de caste, paquet, ballot, faisceau, fagot, chose liée, régle de poésie, empêchement, obstacle, obstruction, garde, emprisonnement, fers, ceps, mise aux fers, branche, fermeté, marque, sorte de signe, divination, pente—, côté de montagne, clou, furoncle, abcès, abondance, mensonge, fabrication, digue, levée de terre pour partager les champs, péché. 5° (கண்) 3me *pers. et app. neut.* il est dans, qui a les yeux: எல்லாரு மொருகட்டா யிருக்கிறது être tous de complot; கட்டோடே entièrement, tout ensemble; கட்டோடே தள்ளுகிறது rejeter entièrement; கட்டோடே யொழிந்துபோகிறது être totalement aboli; கட்டுகட்டுகிறது lier un fagot, un paquet etc...; —கதை fable, conte forgé à plaisir, fiction, récit mensonger; —கதைக்காரன் forgeur de contes, menteur; —கரப்பான் éruption qui vient aux enfans; —கரை môle, jetée, débarcadère, digue: —க்கலியாணம் mariage; —கழுத்தி femme mariée, —qui a un tâli attaché au cou; —க்காரன் devin, pronostiqueur, —க்காவல் garde stricte, —sévère; —கிடை, —கிடையன் vieilles marchandises endommagées, —long-temps en magasin; —கிடையாயிருக்கிறது être endommagé, —depuis long-temps en magasin; —குத்தகை ferme ou bail à un prix différent du taux ordinaire; —க்கூட்டு écriture changée, —contrefaite, écrire en changeant les lettres ou à rebours, réunion, union en un, fausse amitié, liaison simulée; —கூலி le prix ou salaire d'un ouvrage de bâtisse ou de reliure; —கொடி corde pour attacher une vache, l'arbrisseau smilax pseudochina; கட்டுங்காவலும் பண்ணுகிறது, —ஆயிருக்கிறது mettre—, être dans une étroite prison; கட்டுக்கோப்பு édifice, bâtisse; —சொல் fausseté, mensonge, conte forgé à plaisir, chose fausse; —சோறு, —சாதம் riz cuit et lié dans une toile etc... pour le voyage; —தறி pieu—, poteau pour attacher les animaux; —திரவியம் or ou argent etc.. lié dans un linge; —தேர் char de procession etc... qu'on construit, —qui se monte et se démonte; —தையல் double couture, sorte de couture; —தோணி radeau; —படகு chélingue, barque dont les planches sont cousues; —படுகிறது, —பட்டிருக்கிறது être lié, attaché, astreint, assujetti, forcé, renfermé, consentir, séjourner; —படுத்துகிறது faire lier, attacher, assujettir, soumettre, renfermer, contenir, borner; —பண்ணுகிறது lier, former un lien, —un digue, —une ligue, arrêter, empêcher; —பல்லக்கு litière basse, douli, palanquin à bâtons droits; —பாடு *ou* ப்பாடு lien, combinaison, accord, ligne, complot, convention, ordinairement pour défendre ou interdire quelque chose; —ப்பெட்டி espèce de boite; —பெண்கலியாணம் mariage par procureur; —மட்டு modestie, réserve, conduite —, démarche mesurée, *V.* அச்சறுக்கை; —முட்டாய்ப்பேசுகிறது parler avec habileté; —மரம் radeau (de quelques arbres liés ensemble, ordinairement 3 ou 5); —மாமரம் manguier de bonne espèce dont on lie le fruit pour le préserver des animaux; —முகனை, *V.* அச்சறுக்கை; —முறிக்கிறது, —முறித்தல் briser les liens, violer l'ordre, —la convention; —வடம் collier; —வருக்கம், —வர்க்கம் différentes—, toutes sortes de vêtemens, —d'ajustemens; —வார்த்தை, —விசேஷம், *V.* கட்டுகதை; —விடுகிறது, —விடல், —விடுதல் se délier, se briser, (une ligue, digue etc...) se rompre, se liquéfier, s'affaiblir, être délivré des sens; —விட்டுப்பாய்கிறது déborder,grossir en brisant ses digues; —விரியன் vipère ou aspic à raies blanches et noires, et dont la morsure rend les jointures des membres immobiles comme si elles étaient liées; —வேலை structure, bâtisse.

கட்டுகிறது,ட்டினேன்,ட்டுவேன், ட்டு,ட்ட,v.a.et n.(கட்டு), lier, attacher,relier,unir,marier,épouser,bâtir,construire,creuser,former,façonner,forger,inventer,mettre en rapport,couvrir,babiller, se revêtir,se coaguler, s'attacher, se cailler, se former en grumeaux ou lingots etc...,composer (des vers,des livres), (un furoncle—,un clou) se former, réussir,parer les coups (avec un bouclier): இரத்தங்கட்டுகிறது le sang se mettre en grumeaux,se coaguler.

கட்டுடைக்கிறது, கட்டுடைத்தல், (கட்டு), briser une digue.

கட்டுண்கிறது,கட்டுண்ணல், (id. உண்கிறது), être lié,attaché, arrêté. [qui a souvent été attaché.

கட்டுண்ணி,(id.உண்ணி), celui

கட்டுதல்,n.v. de கட்டுகிறது, action de lier,etc...

கட்டுமை,(கட்டு),V.கட்டுப்பாடு.

கட்டுரை, (கட்டு, உரை), 1° avis, admonition,encouragement, parole dure,bonne parole,mot convenable, —significatif,qui a un sens.2° mensonge,fausseté.

கட்டுரைக்கிறது,(கட்டுரை), parler—,dire d'une manière forte, encourager.

கட்டுவம்,1° P.கட்டுவேரம்.2° ou கட்டுவன், espèce d'ornement des pieds.

*கட்டுவாங்கம், (khatvânga), bâton avec un crâne au haut (que portent les yoguis),bâton,massue.

*கட்டுவை,(khatvâ),lit.

கட்டெலி,(கட்டு, எலி),rat dont la morsure est mortelle.

கட்டெறும்பு,(id.எறும்பு), espèce de fourmi noire dont la morsure fait enfler,formica compressa.

கட்டேனீ,(கள்,தேனீ), abeille qui suce le jus des plantes.

கட்டை,tronc d'arbre,bloc, tronçon,billot,bûche,pièce de bois,bois à brûler,cadavre,défaut de longueur ou de largeur,chose courte, défaut; —க்கச்சை toile de 3 coudées; —க்கருத்து esprit obtus,idée peu subtile;—க்கரடி,(கரடி), ours; —க்குச்சிக்கிழங்கு manioc;—க்குரல் voix faible,ton bas; —க்குருத்து jet d'arbre court et peu élancé; —நெருப்பு feu de charbon: —யாயிருக்கிறது être stupide,lourdaud;—யாய்ப்போகிறது s'émousser, s'hébéter; —வாக்கு éclat pâle,manque d'éclat des pierreries;—விரல் pouce,gros orteil; —வெட்டி hoyau pour arracher les troncs d'arbres,bûcheron; —வைத்தல் espèce de jeu:முலைவாய்க்—, முகக்—,மோவாய்க்—, மோக்கட்டை le menton.

கட்டையன்,m.கட்டைச்சி,f. (கட்டை), courtaud, courtaude, trapu, petit et fort. [bruit,ton fort.

கட்டோசை,(கட்டு,ஓசை), grand

கட்டோர்,(கட்டுகிறது),voleurs.

கணகண,son imitatif d'une cloche ou du pétillement du feu: —த்தொனி,V. கணகணத்தல்; —வென்கிறது ou

கணகணக்கிறது,ணத்தேன், ணப்பேன்,ண,ணக்க,(கணகண), faire ganagana,brûler avec ardeur,pétiller,avoir le son d'une cloche,

கணகணத்தல், கணகணப்பு,n.v. du préc. pétillement—, ardeur du feu,forte brûlure,—chaleur, tintement d'une cloche,son imitatif de ganagana.

*கணகம், (கணம், ka), corps de troupes composé de 3 குமுகம்,autrement de 27 chariots,27 éléphans, 81 cavaliers,135 piétons. (Rottler omet les éléphans.) [méticien.

*கணகன்,(id.), astrologue, arith-

கணக்கன், (கணக்கு), compteur, arithméticien, teneur de comptes, écrivain,notaire, devin, astrologue, certain arbre, la planète Mercure, homme de la caste des Canakers: க

ணக்கப்பிள்ளை écrivain, teneur de comptes,notaire.

கணக்காசாரம், (*id.*), régle du calcul,méthode de calculer: கணக்காசாரப்படி selon les régles du calcul.

கணக்காயர்,(*id.*), savans, maitres des comptes.‖*V*.ஒத்துரைப்போர்.

கணக்காய்ச்சல், (கணம்), fièvre accompagnée de dyssenterie.

கணக்கு, (கணம்), nombre,compte,calcul,comput,arithmétique, lettre,borne,limite,raison, motif: —அறுக்கிறது, —அறுதிபண்ணுகிறது clore—,finir—,liquider un compte; —இடுகிறது rendre compte, compter,faire un compte; —எழுதுகிறது écrire un compte;—ஏற்றுகிறது faire la somme,dresser—,grossir—, liquider un compte,*ou* கணக்கிலேஏற்றுகிறது porter au compte de; கணக்கொப்பிக்கிறது rendre compte, rendre ses comptes;கணக்குக்கேட்கிறது demander compte de;—சுமத்துகிறது porter au compte de; —சொல்லுகிறது dire le—,rendre compte; —தீர்க்கிறது; —தீர்த்துக்கொள்ளுகிறது régler—,arrêter—, liquider un compte;—பார்க்கிறது calculer,computer,examiner un compte; —வகை manière de compter;il y en a 4, savoir:கூட்டு, கூட்டல் ou தொகை addition;கழிப்பு,கழித்தல் ou கழிவு soustraction;பெருக்கல் ou பெருக்கு multiplication;கொடுத்தல் ou பிரிவு division;அவனுக்குமெனக்குங்கணக்குவழக்குத்தீர்ந்தது toute espéce de comptes et de différends entre lui et moi est terminée; இனியிங்கேயிருக்கக்கணக்கில்லை désormais il n'y a plus de raison pour rester ici.

கணக்கோலை,கணக்கேடு, (கணக்கு), feuille de comptes,—de palmier pour en écrire ou sur laquelle il y en a d'écrits,jet de palmier.

*கணத்திரவியம், (கணம்), richesses communes,propriété commune.

*கணநாதன்,கணநாயகன், கணபதி,(*id.*), le roi de la foule des ganas ou des dieux inférieurs des Indous,*i.e.* Vinâyaguen.

கணப்பு,*P*.கணகணப்பு, chaleur, brûlure,réchaud,feu pour se chauffer.

கணப்பூண்டு, (கணம்), la plante médicinale exacum pedunculatum;elle est bonne pour la maladie dite கணமந்தம்.

கணப்பொருத்தம்,(*id.*), 1° correspondance des pieds,ou régle superstitieuse sur le choix des pieds qui peuvent commencer un poéme; c'est un des தசபொருத்தம் ou règles sur le commencement de l'invocation en tête d'un poème.2° correspondance des constellations ou règle superstitieuse des Indous sur la correspondance des constellations sous lesquelles sont nés les futurs époux. C'est un des தசபொருத்தம் des mariages. Pour calculer cette correspondance,ils divisent les constellations en 3 classes:la 1re nommée தேவகணம் contient அச்சுவினி,அத்தம்,அனுடம், இரேவதி,சோதி,புனர்பூசம்,et மிருகசீரிடம்.Quand les époux sont nés sous ces constellations,c'est,selon eux,un signe favorable. La 2me classe,nommée மனிதகணம்,contient உத்தரம், உரோகிணி,உத்தரட்டாதி,உத்தராடம், திருவாதிரை,திருவோணம், பரணி, பூசம்,பூரட்டாதி,பூரம்,et பூராடம்.Si les époux sont nés sous ces constellations,ou l'un d'eux sous celles de la 1re classe,et l'autre sous celles de la 2me classe,c'est indifférent. La 3me classe,nommée இராக்கதகணம்,contient அவிட்டம்,ஆயிலியம், கார்த்திகை,கேட்டை,சதயம், சித்திரை, மகம்,மூலம்,et விசாகம். Si les époux sont nés tous deux sous ces constellations, c'est encore indifférent; mais si l'un d'eux est né sous les constellations de la 1re ou 2me classe, et l'autre sous celles de la 3me classe, c'est,à ce qu'ils prétendent,un signe néfaste.

கணப்பொழுது,(கணம்), un instant.

கணமந்தம்,(*id.*),dyssenterie avec fièvre;c'est un des அஷ்டமந்தம்.

கணமூலம்,(*id,*), racine de poivre long.

கணமூலி,(*id.*), la plante médicinale சாளுக்கி.

*கணம்,1° (*P.* க்ஷணம்), instant, moment,mesure de temps égale à 30 கலை ou 4 minutes.2° (kana), petitesse,étroitesse,minutie,atome,poivre long,manque, diminution, étincelle,goutte d'eau,espèce d'herbe.3° (gana), multitude, foule, troupeau de bêtes,classe,espèce, caste, tribu, chœur (des anges),corps de troupes, *V.*கணகம்,démon,troupe de Ganas, *i.e.*de démons,de phantômes, ou de divinités inférieures au service de Siven sous le commandement de Vinâyaguen, d'où lui viennent les noms de கணேசன், கணநாதன், etc..,classe d'êtres réputés célestes, (les Indous en comptent 18, *V.* அஷ்டாதசகணம்), étoile,série d'étoiles, constellation, (les Indous les divisent en divines,humaines et infernales, *V.* கணப்பொருத்தம்), quantité métrique, —de pieds de vers, traité ou chapitre qui traite des pieds métriques,classe de pieds propres,au dire des Indous, à commencer l'invocation d'un poème,(il y en a 8,*V.*அஷ்டகணம்), classe ou division des lettres,(il y en a 4,savoir:வன்கணம் les fortes;மென்கணம் les douces;இடைக்கணம் les moyennes;உயிர்க்கணம் les voyelles),maladie dite கணமந்தம் ou dyssenterie avec fièvre, cercle,boule,globe,nombre en arithmétique,quantité linéaire.

கணம்புல்லர்,un des 63 dévots de Siven.

கணரோகம், (கணம்), *V.* கணக்காய்ச்சல்.

கணவம்,l'arbre அரசமரம்.

கணவன்,*pl.*கணவர், (கணம்,va), seigneur,maître,mari, chef, chef de spectres,brave Ganas ou démon.

கணவாய்,(கணம்,வாய்), passage étroit,défilé,vallée entre des montagnes,la sèche ou sepia; —ஓடு *ou* கணவாயோடு os de sèche.

கணவீரம், (கணம்), l'arbrisseau அலரி.

*கணனம், (கணம், na), compte, calcul, arithmétique.

*கணாசலம்,(கணம்,அசலம்),la résidence des Ganas ou phantômes,*i.e.* le கைலாசம்.

*கணாதன்,(kanâda),Canâden,mouni fils de கசியபன்,et auteur du système de philosophie dit வைசேடிகம்.

*கணாதிபன்,(கணம், அதிபன்), *V.* கணநாயகன்.

கணாமுடி,tête étendue du serpent capelle.

கணார்,(*son imitatif.*): —இடுகிறது tinter,résonner, rendre le son de கணார்.

கணி,1° caste—,profession de danseurs et de chanteurs,champ cultivé,rizière, l'arbre வேங்கை, pterocarpus.2° *(gani),calculateur, calcul, horoscope.3° *imp.de* கணிக்கிறது.

*கணிகம்,(கணி,ka),un milliard.

*கணிகை,(ganika),prostituée.

கணிக்கிறது,ணித்தேன், ணிப்பேன்,ணி,ணிக்க, *v.a.* (கணிதம்), calculer,compter,estimer,faire cas, apprécier,penser: அவனுன்னைக்கணிக்கிறானோ t'estime-t-il?

கணிசம்,*P.*கணிதம், juste poids, valeur,estimation,estime,mérite,respect,ce qui mérite l'estime, excès, plus:—பார்க்கிறது examiner—,apprécier la valeur d'une chose.

கணிச்சி, ciseau de charpentier, hache,cognée,hachette,trident,fourche,fer pointu,couteau pour tailler les feuilles de bétel.

*கணிதம்,(ganita), nombre, numération,compte,calcul,(il y en a 8 espèces,*V.*அஷ்டகணிதம்), arithmétique,science du calcul (comprenant l'arithmétique பாடகணிதம்,la géométrie இரேகாகணிதம் et l'algèbre பீசகணிதம்), calcul astrologique, traité d'astronomie ou d'astrologie, astrologie: —இடுகிறது, —இட்டுக்கொள்ளுகிறது, —பார்க்கிறது,—வைத்தெண்ணுகிறது calculer,faire un calcul astrologique ou astronomique;—பண்ணுகிறது compter, faire la revue;கணிதக்காரன் arithméticien, astronome, astrologue:—சாஸ்திரம் mathématiques, astronomie ou astrologie, traité de ces sciences; —சிந்தாமணி nom d'un traité d'astrologie; —தீபிகை nom d'un traité d'arithmétique; அக்ஷரகணிதம் algèbre: இன்றைக்குச்சேவகரைக்கணிதம்பண்ணுவார்கள் on fera aujourd'hui la revue des soldats.

*கணிதன், 1° (கணிதம்), calculateur, arithméticien, astronome, astrologue. 2° ennemi.

*கணிதாநுமானம், (*id.* அநுமானம்), démonstration mathématique, raisonnament logique.

கணித்தல், கணிப்பு, *n.v. de* கணிக்கிறது, calcul, estime, estimation.

கணியான், *pl.* கணியார், (கணி), danseur, danseur de profession, —de basse caste, tireur d'horoscope.

கணிநீர், *P.* கண்ணினீர், larmes.

கணீர், 1° *P.* கண்ணீர், larmes. 2° *ou* கணீல், tintement, son imitatif: கணீரிடுகிறது, கணீர்கணீரென்கிறது, கணீலிடுகிறது tinter, résonner, rendre un petit son aigu, rendre le son de கணீர் etc...

கணு, *pl.* கணுக்கள், nœud—, jointure de la tige des plantes, jointure—, articulation des doigts, nœud—, bifurcation des arbres, fourche, bambou; —க்கால் cou-de-pied, cheville du pied; —க்கிரந்தி espèce de mal vénérien qui fait souffrir à toutes les jointures du corps; —க்கை le poignet, jointure de la main au bras; —ப்பாலை espèce de பாலை; —வட்டு petit régime de bananes.

*கணேசன், (கணம், ஈசன்), le chef—, le maître des Ganas ou démons, *i.e.* Vinâyaguen, Siven.

கணை, flèche, bois d'une flèche, manche, boule, balle, plénitude, la 11me constellation, gourdin recourbé, bambou recourbé de palanquin ou de litière, son, maladie qui fait maigrir les enfans; —க்கால் os extérieur de la jambe, péroné, jambe; —க்கை, avant-bras, bras depuis le poignet jusqu'au coude; —தொடுக்கிறது lancer une flèche; —ப்புல் l'herbe ஒட்டுப்புல்; —யாழி, (ஆழி), anneau à cachet, —qui a un cachet.

கணையம், (கணை, அம்), forte haie qui sert de clôture, forêt servant de défense, or, bataille, poteau—, piquet auquel on attache les éléphans, gourdin recourbé en usage dans les combats, flèche.

கண், 1° *imp. et part. de* கண்ணுகிறது. 2° œil, l'organe de la vue, regard, vue, œil sur les plumes du paon, maille de filet, trou d'un crible, espace entre les échelons d'une échelle, boutonnière, trou, trou d'une aiguille, trou par où l'on enfile les feuilles de palmier, endroit tendre des cocos et des fruits de palmiers par où l'on peut les ouvrir et d'où sort le rejeton, bourgeon—, nœud (d'arbres, de plantes), jointure, mamelon, teton, lieu, place, terminaison de l'ablatif de lieu, dans, en, à, sur, terminaison *v.g.* de வன்கண், bambou, tache, moucheture, grâce, bonté, grandeur, voûte d'un pont, chose chère comme l'œil, terme de tendresse: —கட்டி taie, furoncle à la paupière, —à l'œil, sorcier qui fascine la vue, ayant bandé l'œil ou les yeux; —கட்டு colin-maillard, jeu où quelqu'un a les yeux bandés, fascination des yeux; —கட்டுவித்தை jonglerie, tour de passe-passe, art de fasciner la vue; —கட்டுவித்தைக்காரன் jongleur, faiseur de tours, homme qui fascine les yeux; —கட்டுகிறது bander les yeux, fasciner la vue; —கலங்குகிறது la vue—, les yeux se troubler, —s'égarer; —கழு eau qu'on verse pour faire sortir le germe; —காசம் nom d'un mal d'yeux, gutta serena; —காட்சி vue spectacle, ce qui plait, ou déplait aux yeux; —காட்டி conducteur (d'aveugle); —காட்டுகிறது, —காட்டல் faire signe des yeux; —காணம் inspection, surveillance, garde; —காணம்வைக்கிறது mettre une garde, —un inspecteur, —un surveillant; —காணக்காரன், —காணச்சேவகன் garde, sentinelle, surveillant;—காணி inspecteur surveillant, évêque (surtout en style protestant); —காணியாசனமுள்ள ou அடுத்ததேவாலயம் cathédrale, église où il y a un siége épiscopal;—காணிக்கிறது surveiller, inspecter, garder; —காணித்தல், —காணிக்குதல் surveillance, garde, tutelle; —காரன் devin, magicien, qui connait les pronostics; —குத்திப்பாம்பு serpent qui s'attaque aux yeux; —குவளை, —குழி creux—, orbite de l'œil; —குளிர்க்கிறது rafraichir—, rejouir la vue;—குறிப்பு connaissance obtenue par la vue, signe de l'œil; —கூசல், —கூச்சம் éblouissement des yeux, vue trouble; —கூசுகிறது la vue être éblouie, —devenir trouble, voir confusément, clignoter;—கூடு évidence, apparence, *V.* கண்குவளை; —கூடாய் évidemment, d'une manière apparente;—கூர்மை vue perçante, vivacité du regard; —கூலி salaire donné pour avoir vue, salaire de surveillant, droit d'inspection; —கொழுப்பு orgueil, vanité, passion, concupiscence des yeux; —கொள்ளாக்காட்சி spectacle pour lequel on n'a pas assez d'yeux;—சமிக்கினை signe des yeux; —சாடை, —சாய்ப்பு signe · des yeux, œillade, regard de côté, connivence, faire semblant de ne pas connaître; —சாய்ப்பாய்ப் பார்க்கிறது regarder de côté,—avec jalousie, envier; —சாய்ப்பாயிருக்கிறது être partial (dans un jugement...), être de connivence, faire semblant de ne pas voir; —சாகிறது, —சாதல் se gâter, se faner, avoir l'œil mourant: —சிமிட்டுகிறது cligner de l'œil, clignoter, faire signe de l'œil; —சைகை signe de l'œil; —சொருகிப்போகிறது être aveuglé, avoir la vue courte; —திட்டம் estimation à vue d'œil; —திஷ்டி, —திட்டி,—திருஷ்டி, —திருட்டி coup d'œil, coup d'œil malin, prétendu mal causé par les regards jaloux, prétendue fascination provenant des yeux; —திஷ்டிகழிக்கிறது détruire—, ôter ce mal, —cette fascination; —திஷ்டிப்படுகிறது être fasciné —ensorcelé par un regard, éprouver—, recevoir un coup d'œil malin; —தீமை coup d'œil jaloux, œil malin, prétendu mal venant des regards jaloux; —தெரியாதவன் aveugle;—திமை... *V.* கண்ணிமை...; —படல், —படுதல் sommeil, fascination qui vient des yeux, effet prétendu des coups d'yeux malins; —படுகிறது dormir, éprouver des coups d'yeux malins; —படை sommeil, lit; —படைநிலை le 54me des பிரபந்தம், pièce de vers où les médecins, les ministres ou autres semblables remontrent au roi ou aux grands la nécessité du sommeil après qu'ils ont été long-temps occupés ou tenu une longue séance; —பட்டை paupière; —பாடு sommeil; —பிடி, —பிடிக்காய் fruits les moins avancés—les plus verts de ceux qui tiennent à une branche;—புகைகிறது la vue s'obscurcir, —devenir trouble; —புகைச்சல் maladie des yeux, obscurcissement—, affaiblissement de la vue;—புணராமை ignorer le nom de quelques choses qu'on a vues; —புதைக்கிறது, —புதைத்தல் bander—, fermer les yeux; —பூக்கிறது, —பூத்தல் la vue s'obscurcir, devenir trouble; —பூர்கிறது, —பூர்தல் l'œil être satisfait; —பொத்திவிளையாட்டு, —பொத்திவிளையாடல் jeu où l'on a les yeux bandés, espèce de colin-maillard; —பொத்திக்குட்டுகிறது jouer à ce jeu, enlever ce que l'on a caché; —பொத்துகிறது bander, —fermer les yeux; —பொறித்தட்டுகிறது l'œil briller, —étinceler; —பொன்றுகிறது l'œil être mourant, —se fermer; —போடுகிறது jeter des yeux de concupiscence, désirer; —மங்கல், —மங்குலம், —மங்குளம் obscurcissement de la vue, vue trouble; —மங்குகிறது l'œil s'obscurcir, —se troubler: —மடல் paupière, orifice d'une source;— ம

ட்டம், —மட்டு; *V.* கண்மதியம்; —மணி prunelle de l'œil, terme de tendresse; —மணியே ô toi! la prunelle de mes yeux; —மதியம், —மதிப்பு estimation à vue d'œil; —மயிர் cil, poil des paupières; —மயக்கு, —மருட்சி trouble de la vue, étourdissement; —மருட்டு trouble causé par un regard, troubler par son regard; —மருந்து remède pour les yeux, collyre; —மலர் l'œil, bijou—, ex-voto qui représente l'œil; —மறிக்காட்டுகிறது faire des signes des yeux; —மாயம் déception—, illusion des yeux, cacher—; boucher les yeux;—மின்னியார்க்கிறது les yeux tourner et étinceler; —முகிழ்க்கிறது fermer les yeux; —முடல் obscurité, *V.* கண்மூடுகிறது; —மூடி 1° ignorant, homme qui ferme les yeux, aveugle. 2° *gér.de* ;—மூடுகிறது fermer les yeux,—les paupières, faire semblant de ne pas voir, mourir, dormir; —மை bonté, faveur, collyre;—ரெப்பை paupière, —வரி iris des yeux, raies rouges dans le blanc des yeux;—வலி mal d'yeux; —வளர்தல் sommeil; —வளருகிறது dormir; —வாளர் *P.* கண்ணுளர்; —விடுகிறது se fondre, laisser un trou, être troué; —விதுப்பழிகிறது, —விதுப்பழிதல் la beauté de l'œil se perdre, une femme séparée de son mari le pleurer; —விழி prunelle de l'œil; —விழிக்கிறது ouvrir les yeux, s'éveiller, veiller, revenir d'un évanouissement; —விழிப்பு vigilance, réveil, veille, attention, exactitude, diligence; —வினைஞர் artisans, Cammalers; —வைக்கிறது convoiter, jeter des yeux de concupiscence; இதின்மேல்கண்வைத்திருக்கிறான் il convoite ceci, il le regarde avec convoitise; கண்ணில்வெழுபடுகிறது une tache—, une taie se former dans l'œil; கண்ணுயிருக்கிறது regarder—, considérer attentivement, surveiller, garder, être très-attentif, n'avoir d'yeux que pour...; கண்ணுப்பபார்க்கிறது examiner attentivement, —soigneusement; கண்ணுக்குப்புண்ணுமல்ல, காண்பார்க்குநோயுமல்ல il ne paraît à la vue ni plaie, ni douleur; கண்ணுக்குத்தைக்கிறது frapper la vue, donner dans l'œil, plaire aux yeux; கண்ணுக்குக்கண்ணுளவன் celui qui sert d'yeux, qui est cher comme les yeux, compagnon: கண்ணைக்காட்டுகிறது lancer un coup d'œil, faire signe des yeux;கண்ணைப்பிடுங்குகிறது arracher les yeux;வீட்டின்கண் dans la maison;பூமியின்கண் en terre;கமலத்தின்கண் sur le nénuphar;என்கண்ணே ô mon œil, ô toi qui m'es cher comme mes yeux: இராசாவுக்குக்கண்ணுமந்திரி un ministre est l'œil de son roi.

கண்ட, 1° *part.parf.de* காண்கிறது:—முதல் produit en espèce; —காரியஞ்சொல்லுகிறது dire ce qu'on a vu, en rendre témoignage; கண்டது ce qu'on a vu, il a paru, il a semblé;எனக்குக்குளிர்கண்டது j'ai attrapé du froid, le froid m'a saisi. 2° *adj. de* கண்டம்: கண்டகூணிகை luth indien;—கோடாலி petite hache, hachette, petite hache portée par les Vaïrages sur leurs épaules: —க்கரப்பான், —க்கரப்பன் éruption sur le cou; —க்கருவி cou, gorge;—க்காறை collier d'or, couleur d'or; —க்கிரந்தி ulcère—, plaies au cou venant de mal vénérien;—சரம் sorte de collier (ordinairement d'or);—சருக்கரை, —சர்க்கரை sucre candi; —சித்தி talent d'improviser, de faire ou de réciter des vers sur ce qu'on voit; —சூலை douleur arthritique au cou; —ஸ்நானம் bain jusqu'au cou sans mouiller la tête;—திப்பிலி tige—, branche de poivre long; —துண்டம் pièces, divers morceaux; —துண்டப்படுத்துகிறது mettre en pièces, couper en morceaux; —நாளம் œsophage, gosier, gorge;—பூர்த்தி satiété, rassasiement jusqu'au gosier;—பூர்த்தியாய் à satiété;—பேரண்டபக்ஷி, (பேர், அண்டம்), grande espèce d'aigle fabuleux à 2 têtes;—ப்புந்து ulcère au cou; —மணி 1° bijou du cou. 2° cloche; —மண்டலம் cercle—, rond imparfait, partie de cercle; —மாத்திரம் autant qu'on a vu, ou —மாத்திரத்தில் dès qu'on eut vu; —மாலை écrouelles, inflammation ou enflure autour du cou, collier.

*கண்டகம், 1° (kantaka), forêt, épine, chardon, la plante épineuse நீர்முள்ளி, épée, petit sabre, poignard, érection du poil du corps, atelier, boutique d'ouvriers, pointe d'épingle ou d'aiguille. ‖ V. வயிரம். 2° (gandaka), empêchement: கண்டகசங்கம் l'arbrisseau épineux monetia; *—பலம் jacquier, fruit du jacquier.

கண்டகன், pl. கண்டகர், homme cruel, —méchant, —vil, démon, Asouren.

*கண்டகாசனம், (கண்டகம், அசனம்), l'animal qui vit de chardons, i. e. le chameau.

*கண்டகி, (gandaki), ou —நதி le Gandagui, nom d'une rivière réputée sacrée proche de Bénarès: —க்கல், —சிலை pierre dite சாலக்கிராமம் que l'on trouve dans cette rivière et dans laquelle les gentils croient voir une image de Vichnou.

*கண்டகுப்சசன்னி, (கண்டம், koubdja bossu), mal de gorge.

*கண்டம், 1° (kantha), cou, gorge, gosier, son guttural, collier. 2° (khanda), morceau, pièce, fragment, partie, chapitre, section, terme d'une équation, contrée, région, partie du monde, (on en compte 9, V. நவகண்டம்), sucre-candi, jagre. 3° (ganda), cou—, joue—, sangle d'éléphant, ulcère, le 10me des யோகம். 4° (ghantâ), cloche, son de cloche. 5° (ghanda), scarabée, hanneton. 6° légion composée de 82 பத்தி, stylet, poinçon à écrire, cotte d'armes, cuirasse, petit sabre, petite épée, —scie, rideau, l'arbrisseau dit கள்ளி, la racine dite குன்றிவேர், vermillon, cinabre artificiel, accident, moment critique, péril, infortune, limite, borne, bulle d'eau, épine: கண்டமாய், கண்டங்கண்டமாய் en pièces; —கண்டமாயரிகிறது mettre en pièces; கண்டங்கத்தரி sorte de bringelle, la plante médicinale solanum jacquini; கண்டங்கருவிலி espèce de serpent; —காலி, V. கண்டங்கத்திரி; கண்டங்காறை, V. கண்டக்காறை; கண்டந்திறத்தல் ouvrir le gosier; —வந்தது l'accident est arrivé; அமாவாசைக்கண்டம் le moment critique de la nouvelle lune; ஒருகண்டத்துக்குத்தப்பினுன் il a échappé à une dangereuse maladie.

கண்டர், vitriol bleu.

கண்டல், l'arbre rhizophora candel, l'arbrisseau தாழை, la plante முள்ளி, la plante épineuse நீர்முள்ளி.

கண்டறிகிறது, (கண்டு), connaître par expérience, avoir vu et connu de ses yeux; கண்டறியாதவன் celui qui ne connaît pas par expérience.

கண்டறை, (கண். தறை), trou dans une pierre.

*கண்டனம், கண்டனை, 1° (khandana), censure, critique, blâme, châtiment, rejet, réfutation. 2° (kandana), action de vanner (le riz...), mortier à piler le riz.

*கண்டன், (ganda), mari, amant, maitre, chef, héros, brave, un des rois சோழர் de Tanjaour. ‖ V. சோழன்.

*கண்டாகண்டன், (ghantâkarna), nom d'un serviteur de Siven qui est censé présider aux maladies de peau.

கண்டாங்கி, (கண், தாங்குகிறது), toile de femme bigarrée, —de diverses couleurs.

கண்டாஞ்சி, P. கட்டாஞ்சி.

*கண்டாமணி, (கண்டை), cloche.

கண்டாயம், trou, porte, échelle, provisions de voyage.

*கண்டாரவம், (கண்டை, இரவம்), son de cloche, ton d'élégie, — de pitié, un des 42 nouveaux airs.

கண்டாராய்கிறது, (கண்டு), voir et—, bien considérer: கண்டாராய்மனமே considère bien, ô mon âme.

*கண்டாலம், (kanthâla), chameau, combat, guerre, levier, houe, hoyau.

*கண்டாவிழ்தம், (கண்டம், அவிழ்தம்), remède fort qu'on applique à la langue dans les convulsions qui font serrer les mâchoires.

கண்டாளம், (கண்டம், ஆளம்), bât (de bœuf ou de cheval,)sur lequel on charge son bagage.

கண்டி, Kandi, ancienne capitale de Ceylan, poids de 500 livres anglaises ou 226 kilogrammes 707 grammes, espace fermé pour prendre du poisson, sorte de bijou, échelle.

*கண்டிகை, 1° (kanthikâ), boite aux bijoux, cassette, bracelet, ornement d'or pour les épaules des hommes, ornement d'or garni de pierreries qu'on porte sur la poitrine, suspendu à un collier, collier de femmes, —de bijoux (à leur usage), collier de உருத்திராக்ஷம். || V. உருத்திராக்ஷம். 2° (khandikâ), aisselle, partie —, division d'un champ. 3° Kandiguei, courtisane changée (selon les Hindous) en la rivière கண்டகி.

கண்டிக்கிறது, டித்தேன், டிப்பேன், டி, டிக்க, v.a. (கண்டிதம்), gronder, réprimander, censurer, parler avec sévérité, —avec impartialité, traiter durement, couper, —en morceaux, trancher, diviser, hacher, mettre en pièces, se séparer: கண்டித்துக்கேட்கிறது demander durement, strictement, positivement, en grondant.

கண்டிடுகிறது, (கண்டு, இடுகிறது), 1° voir. 2° entortiller le fil sur le fuseau, mettre en fusée.

*கண்டிதம், (khandita), réprimande, censure, châtiment, rigueur, sévérité, exactitude, précision, décision, plénitude, estimation, coupe, coupure: —பண்ணுகிறது agir strictement, traiter rigoureusement; கண்டிதக்காரன் homme rigoureux, sévère, censeur. [றது.

கண்டித்தல், n. v. de கண்டிக்கி

கண்டிப்பு, n.v. du même, sévérité, rigueur, censure, blâme, exactitude, certitude, matérialité: கண்டிப்புள்ள matériel, tangible; கண்டிப்புள்ள சரீரம் corps matériel; கண்டிப்பற்ற, —இல்லாத immatériel, spirituel, qui ne tombe pas sous les sens; கண்டிப்பின்மை immatérialité.

கண்டியர், (kanthya *guttural*), chanteurs.

கண்டில், le poids dit கண்டி, 500 livres anglaises: —வெண்ணெய் espèce de plante.

கண்டிறக்கிறது, கண்டிறத்தல், 1° (கண், திறக்கிறது), ouvrir les yeux, veiller. 2° (கண்டு, இறக்கிறது), mourir après avoir vu.

கண்டிலை, P. கண்டலை.

கண்டீமை, (கண், தீமை), mauvais regard, mal prétendu causé par un regard jaloux. [துரக்கள்ளி.

*கண்டீரம், (gandira), l'arbre ச

*கண்டீரவம், 1° V. கண்டீரம். 2° (kanthirava), lion, tigre.

கண்டீராவி, V. கண்ணராவி.

கண்டு, 1° *gér. de* காண்கிறது. 2° peloton—, fusée de fil. 3° *(khanda), sucre, sucre candi, la plante கண்டங்கத்தரி. 4° (gandi), enflure—, loupe—, excroissance à la gorge, goitre. 5° (ganda), furoncle. 6° (kandou), grattelle, démangeaison, envie de gratter. 7° (ghandou), feu, lumière, boule de feu: —குணம்பாடி flatteur, louangeur; —கொள்ளுகிறது rencontrer, visiter; —சந்திக்கிறது visiter; —சாடை, —சாய்ப்பு, V. கண்சாடை; —சாய்ப்பாய்விட்டுவிடுகிறது conniver, fermer les yeux sur; —செய்கிறது imiter; —தரிசிக்கிறது voir, regarder, apercevoir, distinguer à la vue; —துத்தி la plante sida acuminata; —நோய் enflure de la gorge, goitre; —பாரங்கி l'arbuste சிறுதேக்கு, la plante dite சிறுகாஞ்சொறி; —பாவனை imitation, copie (tirée sur l'original), idée, imagination, représentation dans l'esprit; —பாவிக்கிறது imiter, copier, imaginer, s'imaginer, se représenter dans l'esprit; —பிடிக்கிறது comprendre, découvrir, trouver, attraper, concevoir dans son esprit; —பேசுகிறது avoir une entrevue, une conférence avec;—

முதல் produit en espèce; பத்துமரக்கால்விதைக்க நூறுமரக்கால்கண்டுமுதலாகும் en semant 10 maracals le produit sera de 100 maracals; கண்டுமூலம் l'arbuste சிறுதேக்கு, poivre long.

கண்டுகம், la plante மஞ்சிட்டி.

கண்டுஞ்சல், கண்டுஞ்சுகிறது, (கண், துஞ்சுகிறது), l'œil se fermer, dormir.

*கண்டூதி, (kandoûti), démangeaison, grattelle, ortie.

*கண்டூரம், (kandoûra), V. கண்டாவிழ்தம்.

கண்டெடுக்கிறது, (கண்டு, எடுக்கிறது), trouver, découvrir, inventer.

*கண்டை, (ghantâ), grande cloche, sonnette, —du cou d'un éléphant, plaque de métal que l'on frappe en guise de cloche, toile, fil—, galon d'or ou d'argent, fil d'or ou d'argent mêlé au tissu du bord d'une toile, sorte de bijou, écheveau de fil.

கண்ணகை, (கண், நகை), Cannaguei, la femme de Krichna.

கண்ணசந்துபோகிறது, (id. அசக்கிறது), avoir les yeux assoupis, être assoupi, tomber de sommeil.

கண்ணஞ்சனம், (id. அஞ்சனம்), collyre, onguent pour noircir les yeux, —les cils, vitriol bleu.

கண்ணஞ்சல், கண்ணஞ்சுதல், கண்ணஞ்சுகிறது, (id. அஞ்சுகிறது), craindre, cligner de l'œil.

கண்ணடியர், P. கண்ணாடியர்.

கண்ணடைகிறது, கண்ணடைதல், (கண், அடைகிறது), une source —, un trou se boucher, —se rétrécir, la moisson monter en tige.

கண்ணடைக்கிறது, கண்ணடைத்தல், (id. அடைக்கிறது), fermer un trou —, une source.

கண்ணப்பன், (id. அப்பன்), nom d'un serviteur de Siven.

கண்ணமங்கை, nom de ville, lieu consacré à Vichnou.

கண்ணயர்ந்துபோகிறது, V. கண்ணசந்துபோகிறது.

கண்ணராவி, (கண், அராவுகிறது), événement facheux, —tragique, —pitoyable, catastrophe, malheur.

கண்ணருள், (id. அருள்), grâce, faveur, regard de bonté: ஒருத்தனுடைய கண்ணருள்தனக்குக்கிடைக்கிறது trouver grâce devant quelqu'un.

கண்ணல், 1° *n.v. de* கண்ணுகிறது, considération, destination, désignation, opinion, pensée, intention, vue, marque. 2° *P.* கன்றல்.

கண்ணவிகிறது, (கண், அவிகிறது), la vue s'éteindre: அவன்கண்ணவிந்துபோயிற்று il a perdu la vue.

கண்ணழிக்கிறது, (id. அழிக்கிறது), gâter les yeux, faire perdre la vue, expliquer littéralement, donner le sens des mots.

கண்ணழித்தல், *n. v. du préc.* perte de la vue, explication littérale.

கண்ணழிவு, (கண், அழிவு), perte des yeux, empêchement, délai, excuse, explication littérale, mot à mot (d'un vers etc...) :—சொல்லுகிறது, —பண்ணுகிறது différer, traîner en longueur.

கண்ணறை, 1° (கண், அறை), largeur, trou, maille. 2° (கண், அறுகிறது), cœur dur, manque de pitié, —d'yeux.

கண்ணறையன், (கண்ணறை), aveugle, homme sans pitié.

கண்ணன், (கண்), celui qui a des yeux, —qui voit tout, (et à tort) Vichnou, Krichna: கண்ணனூர் Cannanore, la ville de Vichnou.

கண்ணு, un arbre, poivre long.

கண்ணாடி, (கண், ஆடி), miroir, lunettes, verre, vitre: —ச்சால் sillon tracé en rond; —ச்சில்லு, —வில்லை verres de lunettes...; —ச்சுவர் petit mur par dessus lequel on peut voir, —entre le foyer et le reste de l'appartement; —த்தரா sorte de தரா ou de composition métallique; —ப்பலகை planche percée pour voir sans être aperçu: —பார்க்கிறது regarder dans un miroir; —ப்பாத்திரம் verre (à boire); —ப்புடைவை toile claire, —transparente de qualité inférieure; —ப்புடையன், —விரியன் serpent à lunettes, 2 espèces de serpens.

கண்ணாட்டி, (கண், ஆட்டி), amante, épouse, celle qu'on aime comme ses yeux.

கண்ணாணை, (**கண்**, **ஆணை**), serment par ses yeux, j'en jure par mes yeux. [te—, trou de l'œil.

கண்ணாமண்டை, (*id.* **ஆம்**), orbi-

கண்ணாம்பூச்சிகாட்டுகிறது, (*id.* **ஆம்**), jouer à une espéce de colin-maillard.

கண்ணாம்பூச்சியாடுகிறது, (*id.*), avoir des vertiges, jouer à une espéce de colin-maillard.

கண்ணாம்பொத்தி, (*id.*), jeu où l'on a les yeux fermés, espèce de colin-maillard.

கண்ணாயிரம், (**கண்**, **ஆயிரம்**), l'être fabuleux aux 1000 yeux, Dèvendiren, l'Argus des Hindous.

கண்ணார, (*id.* **ஆர**), clairement, pleinement: —**க்காண்கிறது** voir clairement de ses yeux. [mariage.

கண்ணாலம், *corr. de* **கலியாணம்**,

கண்ணாளன், *pl.* **கண்ணாளர்**, (**கண்**, **ஆளன்**), mari, compagnon, ami, Cammâlen, artisan, peintre, maître.

கண்ணாள், (**கண்**, **ஆள்**), amie, Saratchouvadi, femme de Brama.

கண்ணி, 1° *gér. de* **கண்ணுகிறது**. 2° lacet, lacs, filet, trébuchet, piége pour prendre les oiseaux, corde, fleur, bouquet—, guirlande, —bouton de fleurs, vers: —**கட்டுகிறது** bourgeonner, *ou*; —**குத்துகிறது**, —**நடுகிறது**, —**வைக்கிறது** dresser des lacets, des piéges; —**க்கயிறு** corde de la chaine ou de la trame, une des cordes des tisserands; —**க்கொடி** la plante rampante apocynum frutescens; **கண்ணிக்குட்படுகிறது**. **கண்ணியிலேயகப்படுகிறது**, —**சிக்குகிறது** être pris—, tomber dans un piége. [**காளி**.

கண்ணிகம், la plante **மணித்தக்**

கண்ணிகை, (**கண்ணி**), bouton de fleurs, péricarpe de nénuphar.

கண்ணிணை, (**கண்**, **இணை**), paire d'yeux, sympathie d'un œil avec l'autre.

கண்ணிதழ், **கண்ணிமை**, (*id.* **இதழ்**, **இமை**), paupière (des yeux).

கண்ணிமைக்கிறது, (*id.* **இமைக்கிறது**), cligner de l'œil. [fourmi.

கண்ணிலி, (*id.* **இலி**), aveugle.

கண்ணின், **கண்ணில்**, 1° *gén. abl. de* **கண்**. 2° *conditionnel de* **கண்ணுகிறது**. [mes.

கண்ணினீர், (**கண்ணின்**, **நீர்**), lar-

கண்ணீர், (**கண்**, **நீர்**), larmes, pleurs: **கண்ணீராக்கி** camphre cru, —vert; —**சிந்துகிறது**, —**சொரிகிறது**, —**வடிகிறது**, —**விடுகிறது**, —**விட்டழுகிறது**, —**உகிர்க்கிறது**, —**உகுக்கிறது** répandre des larmes, pleurer: —**ததும்புகிறது**, —**தளும்புகிறது** avoir les yeux baignés —pleins de larmes.

கண்ணீறு, (**கண்**, **நீறு**), remède contre les mauvais regards: —**சுற்றுகிறது** appliquer ce remède.

கண்ணு, *P.* **கண்**.

கண்ணுகம், cheval.

கண்ணுகிறது, **ணினேன்**, **ணுவேன்**, **ணு**, *ou* **ண்**, **ண**, *v.n.* (**கண்**), voir, penser, considérer, marquer, se meurtrir, s'amollir. .[**சன்**), vitriol bleu.

கண்ணுக்கரசன், (**கண்**, *dat.* **அர**

கண்ணுக்கினியான், (*id.* **இனிய**), homme—, chose agréable aux yeux, nom de 2 plantes médicinales dites **பொன்னாங்கண்ணி** et **கரிசிலாங்க**

கண்ணுக்கு, *dat. de* **கண்**. [**ண்ணி**.

கண்ணுதல், 1° *V.* **கண்ணால்**. 2° (**கண்**, **நுதல்**), celui qu'on prétend avoir un œil au milieu du front, *i.e.* Siven.

கண்ணுதலோன், (**கண்ணுதல்**), Siven: —**வெற்பு** la montagne de Siven, *i.e.* le **கைலாசம்**.

கண்ணுலைமூடி, (**கண்**, **உலை**), couvercle de pot au riz qui sert à en faire écouler l'eau, couvercle de marmite troué pour faciliter l'évaporation. [travail, péché.

கண்ணுவம், ouvrage d'artisans,

***கண்ணுவன்**, 1° (kanva), nom d'un richi. 2° (**கண்ணுவம்**), artisan.

கண்ணுவர், **கண்ணுவாளர்**, (**கண்ணுவன்**), artisans, comédiens, personnes masquées, gens d'une mascarade.

கண்ணுள்,danse,mascarade, bal masqué:—விளைஞர், V. கண்ணுளர்.

கண்ணுறக்கம்,(கண், உறக்கம்), sommeil.

கண்ணுறங்குகிறது,(*id.*உறங்குகிறது), dormir,les yeux être accablés de sommeil. [கிறது,vue,vision.

கண்ணுறல், *n.v. de* கண்ணுறு

கண்ணுருவி, (கண், உரு,ஆவி), maigreur pitoyable.

கண்ணுறுகிறது, கண்ணுறுதல், (கண்,உறுகிறது),voir,apercevoir.

கண்ணுருக்கிறது, கண்ணுருட்டுகிறது,(*id.*உருக்கிறது, உருட்டுகிறது), tourner et retourner les yeux.

கண்ணூனம், (*id.* ஊனம்), défaut à l'œil,privation de la vue.

கண்ணூறு, கண்ணெச்சில், (*id.*ஊறு,எச்சில்), prétendu mal provenant des regards malins: —கழிக்குதல் action d'ôter—, cérémonie superstitieuse pour ôter ce prétendu mal. [mation des yeux.

கண்ணெரிவு, (*id.*எரிவு), inflam-

கண்ணெறிகிறது, கண்ணெறிதல்,(*id.*எறிகிறது), regarder du coin de l'œil,jeter des yeux de concupiscence sur,convoiter.

கண்ணேணி, (*id.* ஏணி), échelle de bambou,—qui a de grands intervalles entre les échelons.

கண்ணேறு,(*id.*ஏறு),V.கண்ணூறு:—படுகிறது,V. கண்திஷ்டிப்படுகிறது.

கண்ணொட்டுகிறது,(*id.* ஒட்டுகிறது), les yeux se coller,se fermer: கண்ணொட்டிக்கொண்டு வருகிறது s'endormir, s'assoupir, les yeux se fermer de sommeil.

கண்ணை,*acc.de* கண்.

கண்ணோ, 1° (*id.*ஓ), est-ce l'œil. 2° (*id.*நோ),*ou* [mal d'yeux.

கண்ணோக்காடு, (*id.*நோக்காடு).

கண்ணோக்கு,(கண்,நோக்கு), regard,œillade,coup d'œil.

கண்ணோக்குகிறது,(*id.* நோக்குகிறது), regarder,jeter les yeux sur.

கண்ணோடுகிறது,கண்ணோடுதல், (*id.*ஓடுகிறது),désirer,convoiter,être partial,surveiller,avoir l'inspection.

கண்ணோட்டம்,(*id.*நோட்டம்),faveur,bienveillance,amitié, signe de l'œil:—ஆயிருக்கிறது être favorable

கண்ணோய், கண்ணோவு, (*id.* நோய்,நோவு), mal d'yeux.

கதகதெனல்,கதகதென்கிறது,(கதகத,*son imitatif*), se hâter,se presser, faire *cadacada*. [—qui passe.

*கதகாலம்,(கதம்), le temps passé,

*கதகம்,*கதசம்,1° (kataka), l'arbre தேற்றுமரம். 2° (kathaka), histoire. 3° (kadaka), nuage. 4° (gadaka),maladie,chaleur.

கதண்டு,scarabée noir.

*கதம்,1° (gata), allée,mouvement. 2° violence,force,colère, famine, disette,serpent: —பிறந்தது il y a disette.

*கதபரிவிருத்தி,(கதம்), nombre de révolutions des planètes écoulées depuis une époque donnée.

*கதம்பம், 1° (kadamba), foule, troupe de gens,troupeau de vaches, nuage, poudre odoriférante, poule sauvage, —à longues pattes. 2° *ou* கதம்பு,l'arbre கடம்பு,le கடம்பு à fleurs blanches.

கதம்பை,l'herbe andropogon, fibres qui enveloppent la noix de coco:—க்கயிறு corde faite de ces fibres;—த்திரிக்கிறது faire des cordes de ces fibres:—ப்புல் espèce d'herbe, andropogon.

*கதரம், (kadara), croc de cornac.

*கதலம்,(kadala), bananier.

*கதலி, (kadali), espèce de bananier de qualité supérieure,drapeau, bannière,cerf-volant de papier,cerf-volant,l'arbre தேற்றுமரம்:—க்கிழங்கு racine de ce bananier; —பாகம் goût de banane (auquel on compare les sons et le chant); —ப்பூ camphre cru,—vert;—முத்து perle de couleur jaunâtre qu'on dit s'engendrer dans le bananier;—வனம் jardin de bananiers où Anouman fit,dit-on, pénitence pour ne pas mourir de faim.

*கதலிகம்,(கதலி,ka), V. கதலி.

கதலிகை, (கதலி, kâ), drapeau, bannière.

கதலிச்சி,camphre.

கதலிபாகம்,V.கதலிபாகம்.

கதலுகிறது, லினேன், லுவேன், லு,ல,v.n.கதலுதல்,n.v.remuer,bouger,se remuer,s'émouvoir,s'agiter,se secouer: ஒருவனைக்கதலமெதலவொட்டாமற் பிடித்துக்கொள்ளுகிறது saisir quelqu'un de manière à ce qu'il ne puisse bouger (மெதல est une répétion de கதல avec changement de l'initiale).

கதவடிகாரர்,gens d'une caste.

கதவம்,(கதவு),porte,garde.

*கதவாக்கியம்,(கதம்), révolution écoulée,(terme d'astronomie.)

கதவு,porte,battant de porte, garde:கதவிறல் fente de porte; கதவுநிலை jambage de porte, chambranle; கதவடைக்கிறது, boucher la porter ou கதவு—, கதவைச்சாத்துகிறது, —மூடுகிறது fermer la porte; —பூட்டுகிறது la fermer à clef,au verrou; —திறக்கிறது ouvrir la porte; — பேர்க்கிறது briser—, enlever une porte.

கதழ்வு,ressemblance, comme, décoration, grandeur,abondance, hâte, impétuosité,haine,aspérité, rigueur, peine,douleur.

கதறல்,கதறுதல்,n.v. du suiv. cri, vocifération, lamentation, gémissement,plainte,rugissement, mugissement.

கதறுகிறது, றினேன், றுவேன், று,ற,v.n.crier,vociférer,pousser des cris de crainte ou de douleur, se lamenter,pleurer,gémir, se plaindre, palpiter,mugir,braire,beugler,meugler:கதறியழுகிறது se lamenter,déplorer.

*கதனம், 1° (kadana), meurtre, bataille,confusion,douleur aigue. 2° (kathana), discours,parole.

*கதாசித்து,(kadâtchit), quelquefois, parfois, par intervalles, de temps en temps.

*கதாசிந்தாமணி,(கதை), la perle des fables, nom d'un recueil de fables.

*கதாப்பிரசங்கம், (id.), V. கதாயோகம்.

*கதாமஞ்சரி,(id.), bouquet —, recueil de fables, nom d'un recueil de fables.

*கதாயுதம்,(கதை, ஆயுதம்), masse,gourdin,massue.

*கதாயுதன்,(id.), celui qui a pour arme une massue,Vimen, Vaïraven.

*கதாயுத்தம்,(id. யுத்தம்), combat à la massue, —de gens armés de massues.

*கதாயோகம்,(கதை,யோகம்), récit,narration,conversation, récit de fables.

கதாம்,haillon, déchirure.

*கதார்த்தாநுமானம்,(கதை, அர்த்தம், அநுமானம்), raisonnement sur les faits,logique.

கதி,imp.et part. de கதிக்கிறது.2° (gati), marche,démarche, conduite, mœurs,manière,pas—,marche d'un cheval,mouvement diurne des planètes,vitesse,chemin,voyage, fin (de l'homme), paradis,bonheur céleste, richesses,bonheur,fortune,sort, destin,force,faculté, moyen, ressource, refuge,asyle, protection, naissance, état, mode d'existence, fistule. 3° (gadi), maladie:—கெட்டவன் homme devenu pauvre,qui a perdu sa fortune; —புள்ளவன் homme riche, capable,puissant; கொடுக்கக்கதியில்லை il n'y a pas moyen de donner: நாற்கதி les 4 espèces de naissances ou de modes d'existence,savoir:தேவகதி celle des dieux; மக்கட்கதி celle des hommes;விலங்கின்கதி celle des animaux;நரககதி celle des êtres infernaux;ஐங்கதி les 5 sortes de pas ou d'allures des chevaux,savoir:மல்லகதி pas rapide;மயூரகதி pas de paon: இடபகதி pas de taureau; வானரகதி pas de singe; வியாக்கிரகதி pas de tigre.On peut encore les exprimer comme il suit:தெளரிதகம் pas rapide;ஆக்கிரந்திதம் trot;வல்கிதம் amble;இரேசிதம் petit galop; புவிதம் ou முழுவோட்டம் grand galop.

கதிக்கிறது,தித்தேன்,திப்பேன்,தி, திக்க,v.n.devenir épais,croître,s'élever,grossir,augmenter,abonder, exceller,se distinguer,résonner,rendre un son.

கதிக்கும்,*part.fut. de* கதிக்கிறது:—பச்சை espèce de pierre précieuse verte,pierre verte.

கதிக்கை,1° *ou* கதிக்குகை, *V.*கதித்தல்.2° கதிக்கை l'arbre கருக்குவாளி, —கருவாளி.

கதித்தல்,*n.v.du même.* augmentation,abondance, accroissement, excellence,grossissement,grosseur,élévation,retentissement,son.

*கதிதபதம்,கதிபதம், (kathita *dit*), répétition. [est gros, *V.* கதித்தல்.

கதிப்பு,épaisseur, densité, ce qui

கதிமை, (கதிக்கிறது), grosseur, épaisseur,pointe. [tu.

கதியன,(கதிமை), ce qui est poin-

*கதிரம்,(khadira), flèche,l'arbre கருங்காலி,diospyros,l'ébénier.

கதிரவன், கதிரோன், (கதிர்), l'astre rayonnant,*i.e.*le soleil.

கதிரொழுதுகள்,(*id.*எழும், துகள்), poussière qu'on voit voler dans l'air aux rayons du soleil,ce qui est de la grosseur de 8 atomes.

கதிர்,*imp.et part. de* கதிர்க்கிறது. 2° rayon (de lumière etc...), rais ou rayon de roue, soleil, lune, fuseau, pointe—, cheville de fer,épi (de blé...),traverse de voiture qui en soutient les planches, cylindre de bois des moulins à sucre et à huile, qui sert à pressurer: —காமம் nom d'une ville: —கொய்கிறது cueillir des épis: —க்கற்றை gerbe—, poignée d'épis, gerbe de lumière; —க்கோல் cheville de fer,perche droite;—செய்கிறது briller,lancer des rayons;—த்தொகுதி gerbe d'épis de blé...;—நடு longitude moyenne du soleil; —நாள், *V.*செங்கதிர்நாள்; —புறப்படுகிறது les épis commencer à sortir,à paraître,être en épis;—ப்பகை les ennemis du soleil et de la lune, *i.e.* les 2 serpens fabuleux இராகு et கேது, qui,selon les Hindous,dans les éclipses dévorent le soleil et la lune, les plantes அல்லி et குவளை qui se ferment aux rayons du soleil; —ப்பக்குவம் temps où les blés montent en épis;—ப்பயிர் blé en épis;—ப்பாசி nénuphar;—ப்பாளை spathe de palmier mâle; —ப்புல் herbe qui porte un épi;—ப்போர் monceau—, meule d'épis;—மகன்,—மதலை le fils prétendu du soleil,*i.e.*la planète Saturne,le singe சுக்கிரீவன் et கர்ணன் roi d'Anga;—வாங்குகிறது monter en épis,commencer à avoir des épis;—வால் barbe d'épis;—விடுகிறது monter en épis, *ou* —விட்டெறிக்கிறது briller, rayonner,lancer des rayons, être dans la prospérité;—வீசுகிறது rayonner, darder des rayons, lancer—,pousser des épis.

கதிர்க்கிறது,ர்த்தேன், ர்ப்பேன்,ர், ர்க்க,*v.n.*briller,rayonner,se réjouir, s'enorgueillir,abonder,être pointu.

கதிர்வு, (கதிர்), l'action de monter en épis.

கது,verrue,fente,*V.*கதுவாய்.

கதுகொதுக்கிறது, துத்தேன்,துப்பேன்,து,துக்க,*v.n.et* கதுகொதுத்தல்,*n.v.* (கதுகொது,*son imitatif*), retentir,bouillir,faire *cadoucodou*.

கதுக்கு,oreille de rouet à filer,ou de balançoire tournante.

கதுக்குகிறது, க்கினேன், க்குவேன்,க்கு,க்க,*v.a.* கதுக்குதல், *n,v.* se gorger,se rassasier, dévorer, avaler goulument.

கதுப்பு,joue,cheveu (d'homme ou de femme), troupeau de vaches, safran,brûlure (faite en guise de remède):கதுப்புளி,(உளி), instrument de fer à 3 branches pour brûler les enfans sur la poitrine et les guérir de l'atrophie; கதுப்புளிபோடுகிறது appliquer cet instrument, cautériser.

கதுமுகிறது, மினேன், முவேன், மு,ம,*v.a.*கதுமுதல்,*n.v.*gronder, réprimander, grogner, grommeler, murmurer.

கதுமெனல், (கதும்,*mot imitatif*), dire *cadoum*,signe de hâte,promptitude,*ou* கதுமென்கிறது se hâter.

கதுமை,pointe,(*l'adj.est* கது, கதிய,கதும்). [sante.

கதுவாய்,cicatrice,marque flétris-

கதுவாரி,perdrix,caille.

கதுவுகிறது,வினேன், வுவேன்,வு, வ, *v.a.* troubler, inquiéter, saisir, prendre, tenir fortement, —ferme (une corde,des fibres etc.), lier et tirer fortement.‖ *v.n.* se troubler, être retenu.

கதுவுதல்,*n.v.du préc.*trouble,saisie,prise,ténacité.

*கதை,1° (kathâ), fable,conte, roman,histoire,récit, parole, mot. 2° *imp.et part. de* கதைக்கிறது.3° (gadâ), massue,bâton,gourdin:—கட்டுகிறது inventer une histoire, forger un conte; —சொல்லுகிறது raconter une histoire,—une fable; —பிடுங்குகிறது commencer le récit d'une chose pour en apprendre une autre, découvrir—,apprendre dans la conversation;—மாறுகிறது changer de sujet,dire une chose puis dire qu'on en a dit une autre,nier ce qu'on vient de dire; —யறிகிறது apprendre une chose; —விடுகிறது dire une chose pour en apprendre une autre.

கதைக்கிறது,கதைத்தேன், கதைப்பேன்,கதை,கதைக்க,*v.a.*(கதை), raconter une fable,une histoire,dire,babiller.

*கதோபகதனம்,(கதை,உப,கதனம்), conversation.

கத்தக்காம்பு,extrait sec des feuilles du nauclea aculeata (qui est un arbuste des îles de l'est); on le mange quelquefois avec le bétel, terra japonica,cachou:—வில்லை petit gâteau rond de cachou.

*கத்தபம்,(garddabha), âne.

கத்தம், 1° fable. 2° *(skandha), épaule.

கத்தராளி,(கத்தன், ஆளி), prince, chef.

கத்தரி,1° bringelle, solanum melongena,macis,fleur de muscade,canicule indienne,depuis le 23 சித்திரை jusqu'au 7 வைகாசி. Dans cette saison les brames font des cérémonies particulières pendant lesquelles ils peuvent boire à leur gré du sorbet.2° *P.*கத்திரி,espèce de serpent. 3° *(karttari), ciseaux, paire de ciseaux,espèce de charpente en forme de ciseaux,ou d'A.4° *imp.et part. de* கத்தரிக்கிறது: —க்காய் bringelle verte,tendre,fruit non mûr de bringelles;—க்கோல் ciseaux,paire de ciseaux;—நாயகம் cumin d'éléphant, la plante veronia;—பிஞ்சு fruit de bringelle fort petit,—à peine formé;—மணியன், —விரியன் espèce de serpent.

*கத்தரிகை, (karttarika), paire de ciseaux: —க்கால் leviers—, pieux unis en forme de ciseaux.

கத்தரிக்கிறது,ரித்தேன், ரிப்பேன், ரி,ரிக்க,*v.a.* (கத்தரி), *ou* கத்தரித்துக் கொள்ளுகிறது,couper avec des ciseaux,tondre,couper,rogner,(un fusil) rater,l'amorce se répandre et brûler en vain;கத்தரிக்குங்கருவி ciseaux.

கத்தரிக்கை,1° *n.v.du préc.*2° *V.* கத்திரிகை.

கத்தரித்தல்,கத்தரிப்பு,*n.v.de* கத்தரிக்கிறது.

கத்தனை,race,famille.

கத்தல்,*n.v.de* கத்துகிறது,cri, babil,bavardage.

*கத்தவியம், (karttavya), qualité, pouvoir,faculté.

கத்தளை,espèce de poisson.

*கத்தனம், (karttana), action de couper,de tondre.

*கத்தன்,(kartta),créateur,faiseur, Dieu,Seigneur,chef,supérieur,Arouguen,Siven,Vichnou.‖ *V.*கர்த்தன்.

*கத்தா,(karttâ), *V.*கர்த்தா.

கத்தி,1° couteau,canif,épée, sabre, arme.2° *P.*கலதி,chagrin. 3° *gér. de* கத்துகிறது. 4° à la fin des mots composés, il se met pour அத்தி meurtre:—கட்டி,(கட்டுகிறது),guerrier,homme qui ceint l'épée;—கட்டுகிறது ceindre l'épée,aller à la guerre,entamer une querelle, une conversation; —தீட்டுகிறது aiguiser (un couteau, une épée etc...), être en haine,s'obstiner dans son inimitié;—ப்போர் combat à l'épée; —முனை pointe d'épée;—யுறை fourreau d'épée:கத்தி *ou* கத்தியையுருவுகிறது tirer l'épée;—*ou* கத்தியைவீசுகிறது brandir une épée:அம்பட்டகத்தி rasoir.

கத்திகை,l'arbre கருக்குவாளி, petite plante qui s'entortille autour des autres, drapeau, bannière, guirlande de fleurs.

*கத்தியம், (gadya), prose, vers prosaïques, —qui ne sont pas selon les règles, toile, bel habit.

*கத்தியோதம், (khadyôta), vers luisant, mouche luisante.

கத்திரி, 1° *P.*கத்தரி, bringelle, le plante கண்டங்கத்தரி. 2° *(karttri), ciseaux, paire de ciseaux. 3° *f.de* கத்தன். 4° (கத்துரு), enfant prétendu de Kadrou, *i.e.* serpent, sorte de serpent: —க்காய் bringelle; —க்கை, —க்கோல் paire de ciseaux; —க்கைப்பூட்டு espèce de serrure.

கத்திரிக்கிறது, *V.*கத்தரிக்கிறது.

கத்திரிணி, l'arbre தேக்கு, teck.

*கத்திரியன், *pl.*கத்திரியர், (kchatriya), Kchatriya, ou Rajapoutre, homme de la caste militaire.

*கத்திரு, (karttrou), agent, faiseur, seigneur: —த்துவம் seigneurerie, domination, droit de seigneur; —வாச்சியம் verbe actif, —transitif.

கத்திருவம், *P.*கந்தருவம், cheval.

கத்து, 1° jointure, fente, intervalle. 2° cri, babil, croassement. 3° *imp. et part. de*

கத்துகிறது, கத்தினேன், கத்துவேன், கத்து, கத்த, *v.n.* crier, jaser, babiller, bredouiller, extravaguer, faire du bruit, croasser.

கத்துகை, கத்துதல், *n.v. du préc.* cri, babil, bredouillement, croassement.

*கத்துரு, 1° (karttrou), créateur, Seigneur, celui qui gouverne, qui conduit. 2° (kadrou), Kadrou, une des femmes de Kasyappen, celle que les Hindous prétendent être la mère des serpens: —த்துவம் seigneurerie, domination, gouvernement, direction, conduite.

கத்துருபம், கத்துருவம், *P.* கந்தருவம், cheval, espèce d'arsenic.

*கத்தூரி, etc... *V.*கஸ்தூரி etc...

கத்தை, 1° âne. 2° *V.*கற்றை.

*கந்தகம், (கந்தம், ka), soufre, espèce d'arsenic naturel, oignon, ail, l'arbre முருங்கை: கந்தகத்திராவகம் eau de soufre, —de soufre passée à l'alambic; —பாஷாணம் espèce d'arsenic, soufre; —பூமி terre sulfureuse, pays chaud; —மலை montagne où il y a une mine de soufre; —ரசாயனம், —விரசாயனம் médecine composée de soufre; —வுப்பு sel provenant de soufre.

கந்தகாலோத்தரம், nom d'un livre.

கந்தசட்டகம், l'arbre தமரத்தை.

கந்தசட்டி, (கந்தம் *ou* கந்தன், சட்டி), les 6 jours qui suivent la nouvelle lune d'ஐப்பசி, (peut-être sont-ils consacrés à கந்தன்.)

*கந்தசாரம், 1° (kandasâram), le jardin d'Indiren. 2° (கந்தம், சாரம்), sandal.

*கந்தப்புராணம், (கந்தன்), pourana ou légende de Scanden.

*கந்தம், 1° (kanda), racine bulbouse et bonne à manger, racine odoriférante, la racine dite கருணைக்கிழங்கு, oignon, ail. 2° (gandha), odeur, senteur, parfum, odorat, sandal, poudre—, pâte de sandal, poudre de sandal délayée dans de l'eau, l'arbre முருங்கை, safran, espèce d'arsenic. ‖ *V.*பஞ்சவாசம். 3° (skandha), le bas du cou, part, portion, division, chapitre, foule d'atomes, sens, les 5 objets des sens, le mont Podia, bonté, le pourana de Scanden: கந்தம்பூசுகிறது se parfumer, se frotter de parfums, d'essences: கந்ததன்மாத்திரை, (தன்), odorat, perception—, connaissance des odeurs, organe de l'odorat; கந்தநாகுலி poivre noir, plante qui le produit; —நாகுலியம் la plante அரத்தை; —பத்திரம் basilic blanc; —பாஷாணம், —பாடாணம் soufre; —புஷ்பை, —புட்பை, (புஷ்பம்), indigotier; —பூதியம் la plante நாய்வேளை; —ப்பொடி parfum, poudre de senteur; —மாதனம் nom d'une montagne à l'est du Mérou: —மாதிரு la terre; —மூஷிகம், —மூடிகம் musc, animal qui donne le musc, rat musqué; —மூலம் racine, —bonne à manger; —மூலபலாதிகளைப் பட்சிக்கிறது, (பலம், ஆதி), vivre de racines et de fruits; கந்தவருக்கம், bonne odeur,parfum,substance odoriférante;—வாகம், —வாகன் le véhicule des odeurs,*i.e.*le vent,l'air.

கந்தரசு, (கந்தம், இரசம்), benjoin,encens.

*கந்தராசம்,(*id.*இராசன்),le parfum par excellence,le sandal.

*கந்தரம், 1° (kandara), caverne. 2° (kandhara),cou,nuage,sorte d'indigotier dit புனல்முருங்கை,éponge, 2 espèces d'arsenic dites கரடகபாஷாணம், et திமுறுகற்பாஷாணம், serpent: கந்தரக்காட்டம், *V.* வெள்ளைப்பாஷாணம்.

*கந்தருப்பன், *V.*கந்தர்ப்பன்.

*கந்தருவம்,(gandharba),1° harmonie,chant,musique, classe des choristes célestes ou demi-dieux des Hindous nommes Gandarouvers, cheval,âme séparée du corps (avant son union prétendue à un nouveau corps).2° *ou* கந்தருவமணம் mariage clandestin,—à la façon des Gandarouvers. C'est un des அஷ்டமணம்: கந்தருவசாஸ்திரம், —வேதம், —வித்தை science des Gandarouvers, *i.e.*science de la musique.

*கந்தருவன், *pl.* கந்தருவர், (*id.*), Gandharba, prétendu choriste ou musicien céleste, une des 18 espèces d'êtres divins des Hindous.

*கந்தர்ப்பன், (kandarpa, de கம் Brama, தருப்பம் chaleur), celui qui enflamme Brama,*i.e.*Câmen.

*கந்தலோகம், (கந்தன்), le monde prétendu de Scanden ou Soupramanien.

கந்தல்,*n.v. de* கந்துகிறது, destruction,ruine,corruption,mauvaise vie,ce qui est mauvais, ce qui ne vaut rien,haillons,déchirure, homme inutile: கந்தலாய்க்கிடக்கிறது n'être bon à rien. [nes,nez,vent.

*கந்தவகம், (கந்தம்,வகம்), nari-

*கந்தவகன்,(கந்தவகம்),le vent.

கந்தவடி,(கந்தம்), parfum, huile odoriferante.

கந்தவாரம், (கந்தன்,*roi*), sérail, appartement de la reine,—des femmes,couche du roi.

*கந்தளம்,(kandala), cuirasse,cotte d'armes,joue, tempe, rejeton, or, guerre,combat.

*கந்தற்பன்,*P.*கந்தர்ப்பன்: கந்தற்பகூபம் vulve; —சுவரம், (djvara *fièvre*), fièvre de Câmen,luxure,passion,désir. [sages.

கந்தனேந்திரர், un des சித்தர் ou

*கந்தன், (skanda), Scanden ou Soupramanien, le 2me fils de Siven, Arouguen,Câmen,les espèces d'arsenic dites சூதபாஷாணம் et சேர்ப்பந்தபாஷாணம்,composé de mercure, un ancêtre.

*கந்தாபிஷேகம், (கந்தம்,அபிஷேகம்), onction—, effusion de parfums,consécration en répandant des poudres odoriférantes.

*கந்தாயம்,(கந்தம்,ஆயம்),tribut, taxe, rente (ordinairement payée par quartier), terme du paiement des tributs,portion,temps de la crue des moissons,saison.

*கந்தாரம், *V.*காந்தாரம்.

*கந்தி,1° (gandhi), odeur, aréquier,soufre, femme adonnée à la pénitence,arsenic dit கந்தகபாஷாணம். 2° *imp. et part. de* கந்திக்கிறது. 3° *gér, de* கந்துகிறது: —யுப்பு sel de soufre, —provenant du soufre; —வாருணி la plante பேய்த்தும்மட்டி, bryonea.

கந்திக்கிறது,கித்தேன், திப்பேன், தி,திக்க,*v.n. et* கந்தித்தல், (கந்தம்), exhaler une bonne odeur,sentir bon.

கந்தித்தம்,toile.

*கந்திரி, 1°(gantri), charrette. 2° nom d'une fête musulmane.

கந்து,1° *imp.et part.de* கந்துகிறது.2° jointure,articulation du corps, chemin de traverse,carrefour,espace, pilier,colonne,piquet—,poteau pour attacher les éléphans..., corde pour attacher les bœufs, charrette,essieu —,ferrement de voiture, refuge,appui,bâton,bas du cou,foule de palmiers,colonne de palmier, fagot de chaume, tas de pailles, proximité, bord du tas de grain vanné (ou plutôt venté);—கட்டுகிறது l'eau bouillie former un rebord d'écume,rouler la paille en forme de corde et l'entortiller; —கழுகிறது délier—, défaire ce qu'on a lié ou uni.

*கந்துகம், (kandouka), balle à jouer,cheval,cheval de petit roi.

கந்துகன்,l'arbre தான்றி.

கந்துகிறது, கினேன், துவேன், து,த,v.n.கந்துதல்,n.v.périr,se perdre,se gâter.

கந்துவான்,V.கந்து. [ளி.

கந்துளம், gros rat dit பெருச்சா

கந்துள்,charbon.

கந்தேறு,la plante கோடகசாலே.

*கந்தை, (kanthâ), haillons,toile —,habit déchiré, - rapiécé, toile, bel habit: —போர்த்துக்கொண்டிருக்கிறது être couvert de haillons.

*கந்தோதம்,. (kandôta), nénuphar,—blanc.

கபகபவென்கிறது,(கபகப son imitatif), faire glouglou, faire le bruit de l'eau qui sort d'un vase à petit goulot. [tient),trompeur,fourbe.

*கபடஸ்தன், (கபடம், stha qui se

*கபடம்,(kapata), fraude, tromperie,fourberie,ruse,imposture, supercherie,dissimulation: கபடநாடகம், —வித்தை,—கன்மஷம் action très-rusée,grande tromperie, friponnerie;—நாடகன் le fourbe, le trompeur,(surnom de) Krichna,Vichnou.

கபடன், (கபடம்), trompeur,fourbe. [peuse.

*கபடி,(id.), m.f.trompeur, trom-

கபடு, gén.கபட்டின்,V.கபடம்: கபடற sans fraude,sincèrement;கபடறியாத,கபடற்ற,கபடில்லாத qui est sans ruse, sans fourberie, sincère, franc,droit,honnête: கபடறியாமை, கபடில்லாமை sincérité; கபடுசெய்கிறது tromper,user de ruse.

கபட்டு, adj. de கபடு, trompeur, frauduleux,fourbe:—க்காரன் homme fourbe;—ச்சூத்திரம் trappe, piége; —த்தனம், V. கபடம்; —நாக்கு langue fourbe, —mensongère;—ப்படிக்கல் ou கல்லு poids frauduleux.

*கபந்தம்,(kabandha), tronc,corps sans tête, tronc qui remue encore, eau.

*கபம்,(kapha), phlegme, une des 3 humeurs du corps, phthisie, consomption: கபநாசம் la plante qui détruit le phlegme,i.e.கண்டங்கத்தரி;—நாசனி, நாசனம்), la graine —,le fruit antiphlegmatique du தேற்றுமரம்; —வியாதி consomption, phthisie. [te வாலுளுவை.

கபம்பம்,la graine médicinale di-

*கபாடம்,(kapâta),V.கவாடம்.

கபாய்,vêtement long,—qui tombe jusqu'à la cheville du pied et que portent surtout les musulmans,robe, angui, haillons.

*கபாலம், (kapâla), crâne, espèce de lyre:கபாலக்கரப்பன்,—க்கரப்பான் espèce d'éruption à la tête,—au crâne des enfans; —க்குஷ்டம் lèpre du crâne; —க்குத்து mal de tête, douleur qui se fait sentir au crâne de la tête;—சன்னி espèce de சன்னி ou de froid qui saisit le cerveau; —சாந்தி la plante médicinale ஆவிரை;—தரன் celui qui porte un crâne ou un collier de crânes,i.e.Siven, Vaïraven;—மலே le calvaire,le Golgotha;—மூர்த்தி celui du Trimourti qui porte un crâne, i.e. Siven qui porte à la main le crâne de la tête de Brama qu'il a coupée; —வறட்சி sécheresse du crâne,espèce de maladie;—வாசல் fontaine de la tête,fontanelle:—வாதம் flatulence qui affecte le crâne,autre maladie; —விதி prétendu destin. [ஷாணம்.

கபாலன், arsenic dit சிர்பந்தபா

*கபாலி,(கபாலம்), celui,celle qui porte un collier de crânes, Siven ou Vaïraven,Dourguei ou Oumei.

*கபாலீச்சுரன், (கபாலி, ஈச்சுரன்),Siven. [des singes.

*கபி,(kapi), singe: —க்குலம் race

*கபிஞ்சலம். (kapindjala), caille, coturnix,chouette.

*கபிதம்,(கபி,தம்), cumin noir,nigella.

*கபித்தம்,(கபி,ttha, P.stha qui se tient),l'arbre விளா,—qui sert de demeure aux singes.

*கபிலம்,(kapila), couleur tannée,

basanée,le brun, un des 18 pouranas inférieurs.

*கபிலன்,*ou* கபிலர்,(*id.*), Cabilen, célèbre mouni ou philosophe,auteur de la philosophie dite சாங்கியம்.

*கபிலை, (kapilâ), couleur brune, vache,vache fabuleuse réputée divine par les Hindous et célébrée dans les pouranas,la femelle de l'éléphant du sud est. machine pour arroser, *V.*கவலையேற்றம்.

கபுல்,1° *V.*கவுல்.2° Caboul,pays au nord-ouest de la pres qu'ile de l'Inde

*கபோதகம், (kapôtaka), filet—, cordon d'architecture,corniche, antimoine.

*கபோதம், (kapôta), pigeon, colombe,pigeon noir, —qui a le cou tacheté.corniche,cordon d'architecture.

கபோதி,*m.f.*aveugle.

*கபோலம்,(kapôla),joue.

கப்பச்சு,sorte d'instrument d'artisans,—de Cammâlers.

கப்படம்,toile,habit.

கப்படா,moitié,reins.

கப்படி,கப்படிமரம்,un arbre médicinal.

கப்பணம், dard, espèce de grille en fer qu'on porte par pénitence autour du cou,pointe—,cheville de fer semblable à l'épine du chardon, chausse-trape, espèce de bijou.

கப்பம், tribut(qu'on paie au suzerain etc...): —கட்டுகிறது payer tribut,être tributaire.

கப்பரை,écuelle—,vase de mendiant, chaudière: —யேந்துகிறது mendier.

கப்பல்,vaisseau,navire, bâtiment, barque:—அருகு carène de vaisseau; —உடைகிறது un navire se briser, faire naufrage; —ஏறுகிறது s'embarquer,aller à bord,monter sur un navire;—ஓடுகிறது le navire voguer,naviguer, faire voile; —ஓட்டு navigation, traversée, voyage sur mer;—ஓட்டுகிறது gouverner, conduire,diriger un vaisseau; —கரையிலேபோயடித்துப்போகிறது un navire échouer sur la côte; —யாத்திரை voyage sur mer,traversée; —வாணம் pièce de feu d'artifice qui représente un navire;—வாழை espèce de banane; —வைக்கிறது engager—, fréter un navire; கப்பலிலேற்றுகிறது embarquer; கப்பலிலிருந்திறங்கிறது débarquer; —இருந்திறக்குகிறது débarquer;கப்பலில்வந்தமனுஷரையிறக்குகிறது débarquer les passagers,les gens du navire;கப்பற்கடலை espèce de கடலை; —கதலி espèce de banane;—காடு forêt de navires, flotte;—காரன் maitre—, capitaine —,commandant de navire, marin; —கால் jambe tortue,—bancale;—சண்டை combat naval,de navires;—சேதம் naufrage; —சேதப்படுகிறது faire naufrage;—படை agrès—,cordages—, appareil de navire; —பாட்டு chant des marins,—de gens qui tirent quelque chose; —பாய் voile de navire.

கப்பறை,dé à jouer,damier.

கப்பி, 1° poulie, moufle, grain, grain à demi broyé,chose de rebut, —entièrement perdue ou gâtée. 2° *imp.de* கப்பிக்கிறது.3° *gér. de* கப்புகிறது:—ப்பிஞ்சு jeune fruit gâté; —மா farine grossière.

கப்பிக்கிறது,ப்பித்தேன், ப்பிப்பேன்,ப்பி,ப்பிக்க,*v.n.et* கப்பித்தல், *n.v.* (கப்பு),pousser des branches,un bouton se former,—fleurir.

கப்பியல்,(கப்பி,அல்),*V.*கப்பி.

கப்பு,1° branche d'arbre, —fourchue,petite colonne, composition pour noircir les cheveux.2° *imp. et part.du suiv.*:—க்கால் petit poteau, pilier fourchu; —க்குலையமறுதிசெய்கிறது perfectionner une pièce de toile colorée en remplaçant les mauvais fils par de bons; —த்தோள் les 2 épaules,les 2 épaules porter en même temps; —நாமம் double raie en fourche sur le front;—விடுகிறது pousser des branches;*ou* —வைக்கிறது se bifurquer,mettre une fourche; கப்புங்கவருமானமரம் arbre à branches fourchues.

கப்புகிறது, ப்பினேன், ப்புவேன், ப்பு,ப்ப,*v.a. et* கப்புதல்,*n.v.*couvrir, étendre, répandre, couvrir entièrement, cacher, environner.

கமகமக்கிறது, மத்தேன், மப்பேன், ம, மக்க, *v.n.et* கமகமத்தல், *ou* கமகமென்கிறது, *v.n.et* கமகமெனல், *n.v.* sentir fort, exhaler—, répandre une odeur forte et agréable.

கமகம், clarté, poli d'un miroir.

கமகன், commentateur, savant qui chante les poésies difficiles et les explique dans un style facile à comprendre.

கமக்காரன், (கமம்), cultivateur, Vellâge, propriétaire de terres cultivables, maître en fait de culture.

கமசுகட்டுகிறது, faire des efforts.

*கமடம், (kamata), tortue, bambou: கமடத்தரு l'arbre சிவதாரு ou சிவந்தி.

*கமண்டலம், (kamandalou), pot à l'eau, vase en terre ou en bois, espèce de demi-calebasse à l'usage des religieux mendians, et de leurs élèves.

கமபாஷை, (கமம்), langage des cultivateurs, espèce de langage par signes.

கமம், plénitude, terre cultivée,— en rapport: கமங்கட்டுகிறது, préparer une terre pour la culture, cultiver, diviser—, disposer une terre pour l'ensemencer, en faire les compartimens. [barica.

கமரி, கமரிப்புல், l'herbe poa malabarica.

கமருகிறது, ர்ந்தேன், ருவேன், ரு, *ou* ர், ர, *v.n.* கமருதல், *n.v.* pleurer.

கமர், fente, crevasse causée par la sécheresse:—ஆகிறது, —இடுகிறது, —விடுகிறது se fendre, se crevasser.

*கமலம், (kamala ou கம், அலம்), eau, nénuphar, nelumbium speciosum: கமலகுண்டலமாய்விழுகிறது tomber sens dessus dessous; கமலக்கண்ணன் celui dont les yeux ressemblent aux pétales de nénuphar, *i. e.* Vichnou;— நிருத்தம் espèce de danse;— நிறமணி pierre précieuse de couleur de nénuphar, rubis carré; —மூர்த்தி Arouguen; —யோனி celui qu'on prétend né du nénuphar, *i.e.* Brama;—ராகம் rubis, —de couleur de nénuphar;—ஊர்தி, (வார்தி), celui dont la monture ou le trône est un nénuphar, *i.e.* Brama, Arouguen.

கமலத்தோன், (கமலம்), Brama, (qu'on prétend né d'un nénuphar sorti du nombril de Vichnou).

*கமலாக்கினி, (கமலம், அக்கினி), feu modéré,—de la couleur de la fleur du nénuphar.

*கமலாசனன், (*id.* ஆசனம்), celui qui est assis sur le nénnphar, *i.e.* Brama.

*கமலாசனி, (*id.*), celle qui est assise sur le nénuphar, *i.e.* Lakchimi

*கமலாலயம், (*id.* ஆலயம்), la ville de திருவாரூர், étang de nénuphar près de Négapatam. [(*id.*), Lakchimi.

*கமலாலயை, *ou* கமலாலை,

கமலி, arsenic dit குங்குமபாஷாணம்:—ப்பட்டு espèce de soie.

*கமலினி, (கமலம், ini), une des servantes d'Oumei, lieu rempli de nénuphars.

*கமலை, (kamalâ), celle qu'on dit née d'un nénuphar, *i. e.* Lakchimi.

கமல், la plante குடசப்பாலை.

கமவாரம், coté—, partie de la proue.

கமழுகிறது, ழ்ந்தேன், ழுவேன், ழு, *ou* ழ், ழ, *v.n. et* கமழ்தல், *n.v.* sentir bon, exhaler une bonne odeur.

கமறுகிறது, றினேன், றுவேன், று, ற, *v.n.* crier, se lamenter, tonner, être brûlant,—très-chaud.

*கமனம், (gamana), allée, marche, démarche, allure, cohabitation: கமனக்குளிகை pilule de mercure magique qui rend, dit-on, capable de voler où l'on veut: —சித்தி prétendu pouvoir d'aller, —de se transporter où l'on veut; கமனம்பண்ணுகிறது aller, se transporter par la magie, voler magiquement dans l'air, cohabiter (coire) avec une femme.

*கமனி, (கமனம்), magicien—, celui qui vole dans l'air.

கமனிக்கிறது, (*id.*), voler dans l'air par la magie, aller.

கமார், bruit, détonnation, fente:—

இடுகிறது,—இடுதல் se fendre,*ou*;—என்கிறது,—எனல் détonner, faire du bruit.

கமிக்கிறது, மித்தேன், மிப்பேன், மி,மிக்க,v.a.et கமித்தல்,n.v. (க்ஷமை), endurer,souffrir,supporter.

கமுகம்,adj.de கமுகு, d'aréquier: —குலை, —தாறு spadix ou grappe d'aréquier,—de noix d'arec; —தீவு île d'aréquiers,une des 7 îles fabuleuses des Indous; —பாளை spathe d'aréquier (contenant le spadix);—பூச்சம்பா espèce de riz; கமுகமரம் *qu*

கமுகு,aréquier,areca catechu:கமுகுமுத்தம் perle verte qui se forme, dit-on,dans l'aréquier.

கமுகேடு, கமுகோலை,(கமுகு,ஏடு, ஓலை), feuille—,branche d'aréquier.

கமுக்கட்டு,aisselle,creux de l'aisselle.

கமுக்கம்,action de cacher, secret, réserve,retenue,modestie, soumission,condescendance,grandeur, ostentation:—ஆயிருக்கிறது être réservé; —ஆய்ப்போகிறது aller incognito; கமுக்கக்காரன் homme réservé.

கமுக்குக்கமுக்கென்கிறது,கமுக்குக்கமுக்கெனல், (கமுக்குக்கமுக்கு *son imitatif)*, faire—,dire *camoucсou camouccou*,bruit répété.

*கமை,*P.* க்ஷமை, patience, une des 7 vertus des Indous.

*கம்,1° (ka), air,éther, vent, tête, primauté,eau,nuage,blancheur,couleur blanche,Brama.2° (kha),action, acte,fait,connaissance, sens, organe des sens, semence, sperme, plaisir, joie,ciel, paradis, béatitude finale, champ. 3° (ga, *à la fin des mots*) qui va,action de chanter, (d'où pourrait venir le mot de gamme.)

கம்பக்களை, (கம்பம்), homme—, colonne inébranlable, *V.*தறுக்குணி.

கம்பட்டம், monnayage,art—, action de battre monnaie, type de monnaie, monnaie: —அடிக்கிறது, —போடுகிறது battre monnaie, monnayer;கம்பட்டக்காரன் monnayeur; —க்கூடம் la monnaie, hôtel des monnaies; —முளை coin —,type de monnaie.

கம்பத்தம், (கம் *champ*, பத்தன்), agriculture, moisson.

கம்பத்தன்,(கம்,பத்து), le géant à 10 têtes,*i.e.*Ravanen.

கம்பத்து,*P.*கம்பற்று.

கம்பம்,1° *(kampa), mouvement, tremblement,secousse. 2° pilier,colonne,piquet—, poteau pour attacher les éléphans, mât de pavillon, mât de danseurs de corde, mât de cocagne, pilier pour soutenir une tente,chandelier,porte-lampe, 4 espèces d'arsenics naturels: கம்பங்கூத்தாடி faiseur de tours sur un mât, espèce de danseur de corde: —நடுகிறது planter un mât pour un faiseur de tours. 3°*adj.de* கம்பு,de millet: கம்பங்கோரை espèce do கோரை;கம்பஞ்சோறு millet cuit;கம்பந்தட்டு tuyau—,tige de millet:—தாளி convolvulus bicolor: —நிலை espèce de millet: —நாய் la plante pharnaceum distichum; —புல் *ou*—புல்லு le millet dit கம்பு bolcus spicatus; —புல்லரிசி le dit millet pilé, dégagé de son écorce; கம்பபாணம், —வாணம் fusée tournante fixée à un pieu,—à une perche.

கம்பர், *hon. de* கம்பன்: —காஞ்சி nom d'une ville.

*கம்பலம், (kambala), espèce de baldaquin,toile—,habit rouge, cambouli, espèce de tapis et de couverture.

கம்பலை,crainte,bruit.son,malheur, affliction,peine,tremblement, rizière,terre à rizière, querelle, bataille: —கட்டுகிறது, —ப்படுகிறது se battre, se disputer,entrer en conversation;—மாரி querelleur, batailleur.

கம்பவேழம், (*id.*), éléphant attaché à un poteau.

கம்பளத்தார், (கம்பளம்), gens d'une certaine caste.

*கம்பளம், (கம்பலம்), cambouli, espèce de tapis et de couverture, habit rouge, bélier,bélier à laine.

கம்பளர், (கம்பளம்), gens à cambouli, habitans d'un pays cultivé qui portent un cambouli.

கம்பளி,(கம்பளம்), cambouli, espèce de tapis, de couverture ou de vêtement du pays, qui est ordinairement de couleur noire ou noirâtre, et dont les hommes dans les temps de froid surtout au Maïsour se servent comme de manteau, espèce de mûrier, —de brebis; —க்செடி கம்பளிச்செடி mûrier indien, morus indica, sorte de plante; —ப்பழம் fruit du mûrier, mûre; —ப்பூச்சி espèce de vers à soie ou de chenille velue. [faucille.

கம்பறை, espèce de serpette, —de

கம்பற்று, (கம்), voie d'eau, trou par où l'eau entre dans une barque.

*கம்பனம், (kampana), mouvement, tremblement, secousse.

கம்பன், Camben, poète célèbre, auteur du Râmayanam tamoul, nom d'un géant. [re.

கம்பாகம், cable (de navire), amar-

கம்பாநதி, le fleuve கம்பை (près de Candjivaram.)

கம்பாயம், espèce de toile.

கம்பாரம், V. கம்பாகம்.

கம்பி, 1° fil de métal, —d'archal, barreau, barre (de fer, etc.., de fenêtre etc...), espèce de boucles d'oreilles, barre—, raie de couleur sur les bords d'une toile, — d'un vêtement, salpêtre, filet—, cordon d'architecture, corniche, filet de piédestal. 2° *imp. de* கம்பிக்கிறது: —கட்டுகிறது tracer des raies sur les bords d'une toile etc...; —க்கடுக்கன் espèce de pendans d'oreilles; —க்குறி marque qui ressemble à des raies de couleur;—க்கரை, —ச்சேலை pagne—, toile à raies de couleur sur les bords; —நீட்டுகிறது allonger un fil d'archal, battre un fil de métal pour l'allonger, prendre la fuite; —ப்பிசின் espèce de gomme médicinale (qui fait le fil); —மணி espèce de cloche; —மச்சு (அச்சு), filière, corniche; —யிழுக்கிறது faire passer par la filière; —யுப்பு, (உப்பு), salpêtre; —வாங்குகிறது acheter du fil de métal etc., s'enfuir, lâcher, s'allonger; — வி

திரி espèce de fusée; சரிக்குக்கம்பி barre—, raie fine sur les bords d'une toile. [musique.

கம்பிகை, espèce d'instrument de

கம்பிக்கிறது, பித்தேன், பிப்பேன், பி, பிக்க, v. n. (கம்பம்), trembler, s'agiter, branler, se mouvoir.

கம்பித்தம், (kampita), *ou*

கம்பித்தல், *n. v. de* கம்பிக்கிறது, tremblement, mouvement.

கம்பிளி, *P.* கம்பளி.

*கம்பீரம், (gambhira), gouffre, profondeur, —d'esprit, grande science, acclamation, cri, bruit, orgueil, arrogance; —துமிருக்கிறது être réservé, arrogant, profond; கம்பீரசன்னி espèce de சன்னி tétanos.

*கம்பீரன், (*id.*), brave qui rugit, qui a une forte voix.

கம்பீரிக்கிறது, ரித்தேன், ரிப்பேன், ரி, ரிக்க, v. n. (கம்பீரம்), crier à haute voix, faire des acclamations, être emporté par sa valeur.

கம்பு, 1° *(kambou), conque, grande coquille. 2° branche d'arbre, petit bâton, espèce de millet dit cambou, holcus spicatus ou panicum grossarium, millet rouge dit செந்தினை; l'adj. est கம்பம்.

கம்புளி, *P.* கம்பளி.

கம்புள், 1° (கம்பு), conque. 2° (கம், புள்), espèce de poule d'eau dite கம்பங்கோழி, alouette.

கம்பை, la rivière கம்பாநதி, la ville de Cambay, borne, limite, soutien, linteau, traverse pour affermir les planches des portes ou fenêtres, broche de bois qui traverse un livre d'òles et en assujettit les feuillets, planchettes qui leur servent de couverture des 2 côtés, éclisse, corniche, la plus grande projection d'un mur ou d'une colonne; —க்கல் cailloux de Cambay, sémi-opale, sorte de pierre précieuse; கம்பைக்குள்ளாக்குகிறது soumettre, assujettir.

கம்மக்கை, (கம்மம்), vitesse—, presse à l'ouvrage. [des mains.

கம்மம், (கருமம்), ouvrage, travail

கம்மல், *n. v. de* கம்முகிறது, action

de couvrir, etc... couvert, temps couvert,enrouement, raucité, toux, tache, espèce de pendants d'oreilles: —ஆன enroué; —ஆய்ப்பேசுகிறது parler d'une voix enrouée; கண்கம்மலாய்ப்போகிறது la vue devenir trouble; பயிர்கம்மல்பட்டுப்போகிறது le blé en herbe ne pas profiter.

கம்மவார், (கம்மம்), cultivateurs, Cammavars,caste de cultivateurs télingas choutres. [où l'on travaille.

கம்மாலை, (கம்,ஆலை), atelier,lieu

கம்மாளன்,*pl.*கம்மாளர்,(*id.* ஆளன்), Cammâlen,artisan, artiste, ouvrier.La caste des Cammâlers est divisée en 5 classes, savoir: கற்றச்சர் tailleurs de pierre;மரத்தச்சர் charpentiers;கொல்லர் forgerons;தட்டார் orfèvres;கன்னார் fondeurs, ouvriers en cuivre. [ளையார்.

கம்மாறர்,marins, matelots. ‖ *V.*க

கம்மிய,1° *part.de* கம்முகிறது,enroué.2° *obl.de*

கம்மியம்,1° (கம்,ya), travail. ouvrage des mains.2° *(gamya),obtention,acquisition,mérite.

கம்மியர்,(கம்மியம்), *V.*கம்மாளர்.

கம்முகிறது,ம்மினேன்,ம்முவேன், ம்மு,ம்ம,*v.a.et n.*கம்முதல்,*n.v.* couvrir,étendre, répandre, couvrir entièrement,environner,s'enrouer,être —,devenir enroué,tousser, gronder d'un ton menaçant: கம்மிப்போகிறது s'enrouer; கம்மியிருக்கிறது être enroué.

கம்மெனகிறது, கம்மென்றுமணக்கிறது,*v.comp.et* கம்மெனல்,*n.v.*(கம்மு *son imitatif*), être odoriférant, sentir bon,exhaler une odeur suave.

கம்மை,la plante சிறுகீரை.

கயக்கம்,*n.v.de* கயக்குகிறது, défaillance, dépérissement, maigreur, abandon.

கயக்கல்,*n.v.de* கயக்குகிறது,*et de* கயக்கிறது,யந்தேன்,யப்பேன்,ய, யக்க,*P.*கசக்கிறது,être amer.

கயக்கு,1° affaiblissement, défaillance,maigreur,manque, action d'écraser,de tordre,torsion.2° *n.v. imp. et part.de*

கயக்குகிறது,*sync.* கயக்கிறது,க்கினேன்,க்குவேன்,க்கு,க்க,*v. a.de* கயங்குகிறது, *V.*கசக்குகிறது.

கயக்குகை,கயக்குதல்,*n.v. de* கயக்கிறது,*et de* கயக்குகிறது.

கயங்கு,1° *V.*கம்பு.2° *imp.et part.de*

கயங்குகிறது,*sync.* கயங்கிறது, கினேன், குவேன், கு,க,*n.v.* (கயம்),*V.* கசங்குகிறது.

கயந்தலை, *V.*கசந்தலை.

கயப்பிணை,1° sable mêlé de plomb.

கயப்பு,*P.*கசப்பு. [2° *acc.de* கயப்பு.

*கயமுகன், கயமுகவன், (கயம்,முகம்), celui qui a une tête d'éléphant, *i.e.* Vinâyaguen,le géant கயாசுரன்.

*கயமுகாரி,(கயம்,முகம்,அரி), Vinâyaguen. [phant.

*கயமுனி, (கயம்), pétit d'un élé-

கயமை,(கயம்,மை), bassesse, infamie,abjection,vileté,perversité.

கயம், 1° profondeur, fossé, place inférieure, basse condition,bassesse, étang,destruction, perte, corruption, diminution, frottement, usure (par l'usage), eau, grandeur, excellence, jeune âge, tendreté, consomption, phthisie. 2°* (gadja), éléphant. 3° *(gaya),gayal, espèce de bœuf.

கயரோகம்,(கயம்), *V.* கசரோகம்.

கயர்,1° *V.*கசர்.2° *imp.et part.de*

கயர்தல்,(கயர்), être amer.

கயல்,கயல்மீன், espèce de carpe.

கயவஞ்சி,*P.* கசவஞ்சி: —த்தனம் avarice. [rieur.

கயவளாகம்,(கயம்), monde infé-

கயவன்,*pl.*கயவர், (கயம்), homme vil,de basse caste,vaurien,pécheur.

கயவாய், (கயம்), un oiseau noir, embouchure de rivière, bouche très-fendue.‖ *V.*கஞ்சரீடம்.

கயவு,(கயம்), grandeur,excellence, hauteur, abondance, vol, ruisseau, embouchure.

கயறு,*P.*கயிறு,corde.

கயற்கொடி, (கயல்), l'étendard de la carpe; *ou* கயற்கொடியோன், celui qui a une carpe sur son étendard *i.e.*le roi Pandien.

கயற்றுகிறது, ற்றினேன், ற்றுவேன், ற்று,ற்ற,*v.a.*réprimander,

கயினா, *P.* கசினா.

கயாகரம், nom d'un vocabulaire.

*கயாசுரன், (கயம், அசுரன்), le géant à face de gayal, *i.e.* Gayasouren. [léphant, *i.e.* le lion.

*கயாரி, (*id.* அரி), l'ennemi de l'é-

*கயானனன், கயானன், (கயம், ஆநநம்), Vinâyaguen au visage d'éléphant, Gayâsouren au visage de gayal. [esclave.

கயிங்கரன், (kaïmkara), serviteur,

*கயிங்கரியம், (kaïmkarya), service, ministère, esclavage, travail.

கயிங்கிதம், (க, இங்கிதம்), connaître —, voir une figure dans l'air.

கயிப்பு, ivresse.

கயிரம், la plante அலரி.

*கயிரவம், *V.* கைரவம்.

*கயிரிகம், (gaïrika), espèce de terre, ocre rouge, or.

கயிளை, affinité, parenté.

கயிர், faute, erreur, écart.

*கயிலாசம், கயிலாயம், (kaïlâsa), le mont Kaïlâsa ou la montagne d'argent, prétendu paradis de Siven. On donne ce nom à un des pics les plus élevés de l'Himalaya au nord du lac Mânasam.

கயிலாயன், (கயிலாயம்), le prétendu seigneur du Kaïlâsa, *i.e.* Siven

கயிலி, espèce de toile bigarrée.

கயிலை, *V.* கயிலாசம்: கயிலையிற்கடுங்காரி minéral dit மாமிசபேதி ou dissolvant de la chair.

கயிலையாளி, (கயிலை, ஆளி), *V.* கயி[லாயன்.

கயில், *V.* கையில்.

கயிறு, *gén.* கயிற்றின், corde, câble, cordon, cordeau, sort: கயிறடிக்கிறது, tracer—, marquer—, tirer au cordeau; கயிறுகடக்கிறது, —கட்டுகிறது circoncire (se dit des Musulmans), employer quelqu'un pour en tromper un autre, lâcher, allonger, trainer en longueur; —சாத்துகிறது introduire une corde dans un livre pour tirer au sort ou deviner superstitieusement quelque chose; —தடி nom d'un instrument de tisserand; —திரிக்கிறது tordre une corde, faire de la corde; —பிடிக்கிறது prendre—, tenir le cordeau, aligner—, tirer au cordeau; —போடுகிறது tirer au sort (comme ci-dessus), tirer au cordeau, prendre l'alignement; —மாலைப்படுத்துகிறது tourmenter, donner de l'embarras, de la peine; —முறுக்குகிறது tordre une corde, faire de la corde, tourmenter vexer.

கயிற்று, *obl. de* கயிறு, de corde, —க்கொடி corde tendue (pour mettre des vètemens etc...); —க்கோலாட்டம் espèce de jeu ou les enfans font un tissu de corde tout en dansant et en frappant leurs baguettes; —க்கோல் romaine, peson; —ப்பொருத்தம் une des 10 correspondances que les gentils consultent pour le mariage; —வலை filet de corde. [le de corde.

கயிற்றேணி, (கயிறு, ஏணி), échel-

கயினி, *V.* கைனி.

*கயை, (gayâ), Cayé, ville et lieu de pélérinage dans la province de Bahar.

*கர, 1° *V.* கரவுருஷம். 2° *imp. de* கரக்கிறது.

*கரகம், (karaka), grêle, plat, coupe, gargoulette, aiguière, pot à l'eau, cruche, vase (de terre, de métal etc...) propre à mettre de l'eau et que les gentils portent avec certaine pompe dans des cérémonies superstitieuses.

கரகரக்கிறது, ரத்தேன், ரப்பேன், ர, ரக்க, *et* கரகரவென்கிறது, *ou* கரகரென்கிறது, *v,n.* (கரகர. *son imitatif*), *v.n.* râler, avoir le râle, avoir un espèce de chatouillement ou de démangeaison dans la gorge, tourmenter, gêner, faire *caracara*, —du bruit, être rauque, —aigre, —en contact.

*கரகரணம், (கரம்), une des parties de la danse ou de l'art de danser.

கரகரத்தல், கரகரப்பு, *n.v. de* கரகரக்கிறது, râle, râlement, bruit qui fait *caracara*, signe de contact, raucité, irritation ou chatouillement dans le gosier, âcreté, aigreur, aspérité,démangeaison,tourment, gène, désaccord. [—, signe de la main.

*கரக்கம்பம், (கரம்), mouvement

*கரகவசம், (id.), gantelet.

கரக்கிறது, ரந்தேன்,ரப்பேன்,ர, ரக்க,v.a. cacher, céler, voler, être trop chiche,lésiner,ne pas donner.

*கரசம்,(karadja), éléphant,le 5me des 11 Caranam.

கரசல், terre stérile, —à menus grains,champ de terre noire.

*கரசரணாதிகள், (கரம், சரணம், ஆதி), les mains,les pieds et les autres membres.

*கரசாகை,(கரம்),doigt.

கரிக்கிருட்டி,nom d'un oiseau.

*கரசீகரம்,(கரம்), eau que rejette la trompe de l'éléphant.

கரசை, V.கரிசை,et கரசம்.

*கரஸ்தம்பவாதம்,(கரம், ஸ்தம்பம்), une des 80 espèces de flatuosités.

கரடகம், கரடகம்பம், subtilité, adresse, ruse,artifice: கரடகபாஷாணம் espèce d'arsenic naturel.

கரடகன்,(கரடகம்), homme rusé, artificieux.

*கரடம், (karata), corbeau, humeur qui découle d un éléphant en rut,tempes d'éléphant (d'où découle cette humeur).

கரடி,ours: —கை espèce de tambour; —க்கூடம் salle d'escrime, place d'exercice militaire: —ப்பறை espèce de tambour; —வித்தை l'art de l'escrime, art de faire des armes; —வித்தைப்பழகுகிறது apprendre l'escrime,s'exercer à faire des armes

கரடு,gén. கரட்டின், nœud d'arbre,protubérance sur le tronc d'un arbre, cheville du pied, aspérité, inégalité,défaut de poli, pierres raboteuses,tromperie,rudesse, brouillerie, espèce d'herbe, broussailles: —முரடு inégalité, chose raboteuse et dure,—remplie de nœuds et d'aspérités,aspérité,rudesse;—முரடான raboteux,rude,inégal, difficile, épineux;இந்தமரத்திற்கரடுகெட்டியிருக்கிறது cet arbre a des nœuds.

கரட்டரிதாரம், (கரட்டு, அரிதாரம்), arsenic violent.

கரட்டான், V.கரட்டோணான்.

கரட்டு,obl.de கரடு,raboteux,inégal,non poli,dur,âpre: —க்கல் pierre brute,non polie: —க்கால் la cheville du pied; —த்தாளகம் arsenic violent et naturel;—நிலம் terre inégale, —dure et raboteuse; —வாதம் loupe,goitre;—கரட்டெனல்,—கரட்டென்கிறது faire une sorte de bruit dur et inégal.

கரட்டோணான், (கரட்டு,ஓணான்), espèce de caméléon,de petit lézard.

*கரணம்,(karana), cause, motif, moyen, instrument, action, bonne action, opération mentale, organe des sens,les 5 sens, faculté de l'âme, (on en compte 4,savoir: மனம் l'esprit,la pensée, l'idée;புத்தி la raison ou faculté de raisonner; சித்தம் la volonté,le désir; அகங்காரம் résolution qui porte à agir. Voyez au mot இந்திரியம் ces diverses facultés et les organes des sens.)bond,gambade, saut de danseurs de cordes, danse, farce,espèce de danse,le cas instrumental ou ablatif en ஆல், calcul, compte,nombre, quantité irrationnelle en algèbre,désir,billet de cession entière, —qui fixe le dernier prix,copulation,modus coeundi, (அதிவீரராமபாண்டியன் en compte 64,qu'il a l'impudence de décrire dans un livre obscène et infâme nommé கொக்கோகம்), astrologie karana ou division astrologique du temps,ce qui est la 5me partie de l'almanach indien. Il y a 11 karanas qui portent le nom des animaux suivans ou si l'on veut des constellations suivantes,savoir: பவம் lion; பாலவம் tigre; கௌலவம் cochon; தைதுலாம் âne; கரசம் éléphant; வணிக்கம் bœuf; பத்திரவம் poule; சகுனி oiseau; சதுஷ்பாதம் chien; நாகவம் serpent; கிமித்துக்கினம் vers: கரணம்போடுகிறது faire des gambades, des sauts périlleux. [celui qui fait.

*கரணி,(கரணம்),action de faire,

*கரணிதம்,(கரணம், ita), farce, espèce de danse,foule,réunion, coit, modus coeundi, facultés intérieures de l'âme,(savoir: மனம் l'esprit ou la pensée;புத்தி la raison ou la faculté de raisonner;சித்தம் la volonté ou le choix; ஆங்காரம் l'amour propre ou la résolution dans l'exécution), esprit, intelligence,volonté, orgueil.

கரணியமேனிக்கல், (கரணி, மேனி), espèce de pierre à taches noires.

கரணை,pièce nœud ou jointure de la canne à sucre, du bambou etc... petite truelle,manche—,barrure ou touche de guitare indienne, espèce de buisson,—de lien,ou de nœud, la plante dracontium:—க்கிழங்கு racine bulbeuse du dracontium, elle est bonne à manger;—ப்பலா la plante மெருகு; —ப்பாவட்டை espèce de பாவட்டை.

*கரண்டகம்,(கரண்டம்,ka),sorte de boîte,boite à la chaux,petite boîte dans laquelle les Indiens mettent un peu de chaux fine pour en frotter les feuilles de bétel avant de les mâcher.

*கரண்டம், (karanda), cruche, pot à l'eau de terre ou de bois, espèce de canard ou de corbeau aquatique. ‖ V. கரண்டகம்.

கரண்டி,cuillère,truelle: அகலக் கரண்டி large cuillère.

கரண்டை, ermitage, habitation des pénitens..

*கரதலாமலகம்,கரதலாமலகத்தெளிவு,(கரம், தலம், ஆமலகம்), chose transparente comme le fruit du phyllanthus emblica (நெல்லிக்காய்) dans la main,i.e. chose claire, évidente,non équivoque.

கரதல்,action,de se cacher.

கரதாளம்,(கரம்), petites feuilles de palmier,palmier.

கரத்தல்,n.v.de கரக்கிறது, action de cacher,vol,tromperie,parcimonie, lésinerie,avarice.

*கரநியாசம், (கரம்), action—, ouvrage—,imposition des mains.

*கரநியாசகன்,(கர,நியாசம்,ka), celui qui impose les mains.

கரந்த,கரந்து,part.et gér.de கரக்கிறது: கரந்துறைகோள் planète invisible,arc-en-ciel;கரந்துறைசெய்யுள், (id.), espèce de vers écrits en figures fantastiques.

கரந்தை,1° espèce de basilic, ocimum basilicum,c'est une 18 racines médicinales,guirlande de ce basilic, c'est la récompense de celui qui a repris le bétail enlevé par l'ennemi,sorte de ஆரை ou marsilea qui croit parmi les rochers. 2° P. கரந்தம் de கரக்கிறது. [scie manuelle.

*கரபத்திரம்,(கரம்,பத்திரம்), scie,

*கரபம்,(karabha), chameau,âne.

*கரபாத்திரம், (கரம்), vase de la main,main servant de vase, ou—எடுக்கிறது mendier, —en recevant et mangeant dans la main le riz cuit.

கரப்பன்,கரப்பான்,espèce de gale,teigne,éruption à la tête des enfans,espèce d'ulcère, —d'ulcère vénérien:—பூச்சி cancrelas, kakerlac; —பூடு, —பூண்டு la plante lepidagathes cristata.

*கரப்பிரசாரம்,(கரம்), partie de la danse,ou de l'art de danser.

கரப்பு, 1° V. கரத்தல். 2° bâton pour baratter,nasse,espèce de panier pour prendre le poisson: —க்குடில் petite cabane.

கரப்பொறி, (கரம்), signature, marque—,raie de la main, érection d'une cabane. [ருசி.

கரமஞ்சரி,(கரம்), la plante நாயு

*கரமுகன்,(கரம்), celui qui a au visage une trompe-d'éléphant, i.e. Vinâyaguen.

*கரம்,1° (kara), main,bras, trompe d'éléphant,tribut, impôt, rayon de lumière,tas de feuilles de palmier, சாரியை qui s'ajoute aux voyelles brèves jointes ou non aux consonnes (comme அகரம் la lettre a,ககரம் la lettre ca), ce qui fait. Ce mot s'ajoute aussi à certains mots pour en faire des mots composés, comme சுத்திகரம் purification; பயங்கரம் ce qui cause la peur,effroi.2° (khara), âne.3° (gara), poison: கரமர்த்திக்கிறது pétrir—, mixtionner entre les mains.

கரம்பு,terre en friche,non cultivée,terre dure,—stérile: அநாதிகரம்பு terre non cultivée auparavant, —depuis longtemps en friche.

கரம்பை, 1° V. கரம்பு. 2° argile, sorte de plante, l'arbrisseau சிறுக

கரவடம்,(கரவு,அடம்),vol. [ளா.

கரவடர்,(கரவடம்),ou

கரவர்,(கரவு),pl.voleurs.

*கரவருஷம், (khara), la 25me année du cycle indien;elle correspond

*கரவாகம்,(id.),corbeau. [à 1831.

கரவாளம், கரவாள், (கரம், வாள்), épée,scie,scie manuelle. [அலரி.

*கரவீரம்,(id.வீரம்), l'arbrisseau

கரவு, கரவுதல், V. கரத்தல்;கரவு வெளிப்படுப்பணி découvrir par ses actions les actions cachées d'un autre. [d'artisan,danse.

கரவை, nom d'un instrument

கரளம்,(கரம், la), poison, l'arbre எட்டிமரம். [sance,avorton.

கரனை,(கறனை), manque de crois-

*கரணியாசம்,P.கரநியாசம்.

*கரன், 1° (khara). le géant Kharen.2° (kara), agent, qui fait, qui cause,qui a des mains. Il s'unit à la fin de certains mots.

கரா, 1° crocodile, —mâle.2° V. இலவங்கம்: —முத்து perle blanche qu'on prétend se former dans le corps du crocodile.

கராகண்டிதம்,clarté,décision.

*கராசலம், (கரம், அசலம்), la montagne qui a une trompe, *i. e.* l'éléphant.

*கராசனம், (*id.* அசனம்), l'animal qui mange les ânes,*i.e.*l'hyéne, le tigre.

கராடம்,l'arbrisseau மருக்காரை.

கராம்,(கரா),crocodile,—mâle.

கராம்பு,P.கிராம்பு.

கரார்கண்டிதம்,clarté, décision: —ஆய்ச்சொல்லுகிறது dire décidément,—clairement.

கரார்நாமா, (*hind.*) contrat, accord,engagement par écrit.

கராளம்,கராளி,méchanceté, impiété,mauvais caractère: கராளகேசரி lion. [ne grandit pas.

கராளை, (கரளை), personne qui

*கரி,1° (kari *ou* கரம் *trompe*), éléphant.2° charbon,noirceur, couleur noire,suie,témoignage,témoin,cœur d'arbre,poison.3° *imp. et part. de* கரிகிறது et கரிக்கிறது, noir, brûlé:—கரம், espèce de jeu lascif; —கறுக்கிறது le visage devenir noir de chagrin,—de souci; —கன்னி, V.வெருகு: —காடு forêt brûlée,—où l'on fait du charbon,—remplie d'éléphans;—காலன் un des rois dits சோழர்;—க்கட்டை tison éteint;—க்கண்டு,V. கரிசலாங்கண்ணி;—க்காடு forêt pleine d'éléphans; —க்காந்தல் charbon en poudre; —க்காரன் charbonnier, marchand de charbon; —க்குடர் un des intestins, l'intestin replié, *litt.* l'intestin noir; —க்குருவி un oiseau noir;—க்கொடி drapeau noir,—qui représente un éléphant; —க்கோடிடுகிறது, (கோடு), former des raies noires,le poil follet commencer à paraitre au menton; —க்கோலம் l'arbre அழிஞ்சில்;—பூசுகிறது, —பூசுதல் noircir, dénigrer.

கரிகிறது, ரிந்தேன்,ரிவேன்,ரி,ரிய, *v.n.*(கரி), noircir,devenir noir, être brûlé,grillé,rôti,hâlé.

கரிக்கிறது,ரித்தேன்,ரிப்பேன்,ரி, ரிக்க,*v.n.*cuire,piquer,causer—, donner une douleur cuisante, avoir mal, ressentir de la douleur, avoir mal à l'estomac, avoir un goût piquant.

கரிக்கை,(கரி),V.கரிசலாங்கண்ணி

கரிசங்கு, bracelet de ver noir,—fait de charbon de feuille de palmier.

கரிசலை,la plante médicinale பொற்றலைக் கையாந்தகரை verbesina calendulacia.

கரிசல்,P.கரியல்,noirceur, obscurité,forêt sombre,terre noire,feuille mûre,—tombée,ouvrage d'Agastien en 300 vers sur les médecines et leurs vertus.‖V.காசம்: கரிசலாங்கண்ணி,(ஆம்), plante médicinale—, médecine bonne pour les yeux, eclipta erecta;— ஆயிருக்கிறது être noir,obscur;கரிசற்காடு terre noire, forêt épaisse,—obscure.

கரிசனம், கரிசனை,1° amour, faveur,soin,clémence.2° *(karchana), action de labourer,de tirer,d'attirer

கரிசன்னி, la plante வெள்ளைக்காக்கணம். [ணி et கையாந்தகரை.

கரிசாலை, (கரி), V. கரிசலாங்கண்

கரிசு,கரிசை, garce, (elle contient 400 marcals de Madras, 1600 marcals de Pondichéry), mesure de 200 பறை,diminution,manquement,faute,erreur,écart.

கரிச்சாங்கிழங்கு,certaine plante.

கரிச்சால், கரிச்சான்பூடு, (கரி), V. கரிசலாங்கண்ணி.

கரிச்சான்,(கரி),oiseau noir.

*கரிணி,f.de கரி,éléphant femelle, éléphant. [reilles.

கரிணிகம்,espèce de pendans d'o-

கரிணை,(கரிகிறது), plat de choses grillées,frites ou rôties.

கரிதம்,crainte.

கரிதல்,n.v.de கரிகிறது, action de noircir,etc...grande colère,fureur.

கரிதன்,(கரிதம்), peureux, homme effrayé.

கரித்தல்,n.v. de கரிக்கிறது, douleur,—cuisante,mal d'estomac, goût piquant. [les gentils).

கரிநாள்,(கரி),mauvais jour (selon

கரிப்பான்,nom d'une plante,V.கரிசலாங்கண்ணி.

கரிப்பு,V.கரித்தல், crainte.

கரிப்புறத்திணை,(கரி),V. சாட்சிப்புறத்திணை. [et difforme.

கரிமரநாய்,(id.மரம்), objet noir

*கரிமா, (garimâ), don prétendu de se rendre, extrêmement pesant, un des அஷ்டமாசித்தி.

*கரிமுகன்,(கரி), V.ஆனைமுகன்.

கரிமுண்டம், (id.), être entièrement noir,noir.

கரிமுரடு,(id.),tison éteint.

கரிய,adj.de கருமை,noir, sombre, obscur:—நிறம் couleur noire; —பாம்பு,V.கருவழலை;—போளம் aloès (de Socotora);—மணி prunelle de l'œil, ou —பாசி mousse noire;—மால் le noir Vichnou, l'arsenic காய்ச்சற்பாஷாணம்; —மால்துளசி espèce de basilic. [noire,ce qui est noir.

கரியது, neut. de கரியவன், chose

கரியல்,n.v.de கரிகிறது, noirceur, obscurité,action de devenir noir:—காடு terre noire, forêt sombre;—ஆங்கண்ணி, V.கரிசலாங்கண்ணி.

கரியவள்,f.du suiv.femme noire.

கரியவன்,கரியான், (கரிய), nègre, un noir, homme noir, voleur,(surnom de)Vichnou,Siven,Dêvendiren, Saturne,Dieu (peut-être parce qu'il est incompréhensible.)

கரியன், (கரி), noir, homme noir de couleur,voleur.

கரியாலங்கண்ணி,(கரி,ஆலம்), V. கரிசலாங்கண்ணி.

கரில்,piquant,goût piquant,âcreté,faûte,sévérité, rigueur.

கரிவங்கம்,(கரி),plomb.

*கரிவாகனன், (கரி), celui qui a pour monture un éléphant,i.e.Indiren et ஐயனார்.

கரிவைசி,(கரி),espèce d'arsenic.

*கரீரம்,(karira), jarre, cruche, le Verseau,bas—,racine de dent d'éléphant,éléphant,l'arbre அகத்தி.

கரு,1° adj.de கருமை,noir,sombre, obscur,grand,précieux.2° s. embryon, fétus,enfant, œuf, moule,génie, prudence,discrétion,idée, réflexion, conseil,instrument, moule (de fondeur etc...), chose employée dans les 8 espèces d'enchantemens dits அஷ்டகருமம்,(comme plantes,racines,peau,os,chair etc...) milieu,colline,hauteur,Vagnsi வஞ்சி ou கருவூர் ville du roi சேரன்,couleur,grandeur,excellence,supériorité.‖V. கருப்பொருள்: கருவூலம் trésor enfoui, argent ou bijoux cachés sous terre dans une maison,jagre,ou jus épaissi de canne à sucre;— க்கட்டுகிறது être pluvieux, réfléchir, joindre les différentes pièces d'un moule, faire un moule(pour ouvrage de fonderie); —க்கரைகிறது, —க்கரைதல் le fétus périr, avorter; —க்கிடை réflexion; —க்குழி, —க்கூடு matrice, ovaire; —க்கூடுதல் fécondation, conception; —க்கூட்டுகிறது chercher le sens, le but, la raison, devenir —, paraitre pluvieux, *ou* —க்கொள்ளுகிறது concevoir, devenir enceinte; —த்தங்குகிறது, —த்தரிக்கிறது concevoir, la conception s'opérer; —நடம், (*P.* கன்னடம்), le pays et la langue Canara, — du Maïssour; —நத்து limaçon, —noir; —நாகம் serpent noir, le prétendu serpent இராகு, nom d'un arbre; —நாசம் plante qui cause l'avortement; —நாடகம் *(karnâta), Carnate, Carnatic(comprenant autrefois le Maïssour et le centre de la péninsule, on dit aussi கன்னுடம்), ce qui est particulier aux gens du Carnate, politesse; —நாடகவித்தை science de la politesse; —நாடு Carnate; —நாவிக்கிழங்கு espéce de racine; —நாரை héron noir; —நார் filament noir; —நாள், *V.* கரிநாள்; —நிமலை, —நிமிளை pierre de fer magnétique employée pour noircir les yeux, elle est fortement attirée par l'aimant et on la trouve en poudre noire autour de Madras; —நிலம் terre noire, —stérile, —infructueuse, —que le défaut d'eau rend infructueuse dans les montagnes et les déserts; —நிறம் couleur noire; —நூல் traité des enchantemens; —நெய்தல் nénuphar bleu; —நெய்தனிறமணி pierre de la couleur du nénuphar bleu, rubis carré; —நெல்லி espèce de நெல்லி noir; —நெறி feu; —நொச்சி l'arbrisseau justicia gandarussa, flux menstruel; —ப்பற்று, —ப்பற்றல் conception; —ப்பற்றுகிறது, —ப்பற்றுதல் concevoir; —ப்பிடிக்கிறது concevoir, réfléchir, finir une délibération, mouler, jeter au moule; —ப்பெட்டி matrice, sein, arrière-faix; —ப்பை 1° matrice, sein, arrière-faix. 2° rat noir, palmier à fruits noirs; —ப்பொருள் propriétés et productions des différens terrains, (on en compte 14, savoir: தெய்வம் la divinité; தலைவர் chefs; குடிகள் habitans; புள் oiseaux; விலங்கு animaux; ஊர் villes et villages; நீர் eau; மலர் ou புஷ்பம் fleurs; மரம் arbres; உணவு nourriture; பறை tambours; யாழ் instrumens de musique; பண் airs ou tons; தொழில் métiers, occupations;) —மகள் fille noire, corbeau; —மஞ்சரி la plante நாயுருவி; —மணி prunelle de l'œil, saphir; —மயிர் cheveu —, poil noir, ours; —மருந்து poudre noire, —à canon...; மலை montagne à mine de fer; —முகன், (முகம்), homme noir de visage; —முகில் nuage noir, —sombre, *ou* —முகில்வர்ணம் espéce d'arsenic préparé; —முகிற்சிலை pierre d'aimant; —முகிற்பாஷாணம் espéce d'arsenic préparé; —முகை les arbrisseaux இருவாட்சி jasmin et சிறுசெண்பகம்; —முடிக்கிறது préparer les choses employées dans les 8 espéces d'enchantemens dits அஷ்டகருமம், préparer les choses nécessaires à la transmutation des métaux; —முதல் poisson de mer de couleur noire, nouvelle espéce de sparus; —முரடன் homme opiniâtre, désobéissant; —முரல் espéce de poisson; —மேகம் nuage noir; —வண்டு insecte —, scarabée noir; —வண்டிறால் espéce de chevrette dite astacus nigricans; —வண்ணம் couleur noire; —வதை meurtre d'un fétus, avortement, infanticide; —வவ்வால், (கரு), espéce de poisson; —வழலை serpent noir, le roi des serpens, le prétendu serpent இராகு; —வழிகிறது, (அழிகிறது), avorter, faire une fausse couche, le fétus périr; —வழிக்கிறது, (அழிக்கிறது), se faire avorter, faire périr le fétus; —வழிதல், (அழிதல்), avortement; —வழித்தல், (அழித்தல்), *V.* கருவதை; —வறிகிறது, (அறிகிறது), atteindre l'âge de discrétion; —வறிந்தவன் celui qui a atteint cet âge; —வறுக்கிறது, (அறுக்கிறது), கருவறுத்துப்போடுகிறது prendre —, emporter de temps en temps, *ou* —வற்று ப்போகப்பண்ணுகிறது, (அறுகிற து), détruire une famille, couper, extirper, faire avorter; —வாழை espèce de bananier noir; —வானம் ciel noir; —வித்தை magie, prétendu talent de préparer les கரு ou choses employées dans l'அஷ்டகருமம் et la transmutation des métaux; —விடு கிறது l'épi se former, —se développer, pousser des épis; —விடும்பயிர் moisson en épis; —விழி prunelle de l'œil; —விளா l'arbre ægle marmelos; —யுயிர்க்கிறது (உயிர்க்கிறது), enfanter, mettre au monde, mettre bas; — யுள்ளவன், (உள்ளவன்), celui qui a l'âge de raison; —ஊமத்தை, (ஊமத்தை), datura fastuosa, plante narcotique et médicinale dont la fleur est pourprée au dehors et d'un blanc satiné au dedans; —வெடுக்கி றது, (எடுக்கிறது), prendre un corps, s'incarner, naitre; —வேம்பு l'arbre bergera hœnigu, ou வேம்பு noir, (ses feuilles aromatiques servent d'assaisonnement de cuisine), l'adj. est கருவேப்பு et கருவேப்பம்: க ருவேப்பிலை ses feuilles; —வேல் javelot noir, l'arbre acacia arabica; l'adj. est கருவேலம்.

கருக, *inf. de* கருகுகிறது.

கருகருக்கிறது, ருத்தேன், ருப்பே ன், ரு. ருக்க, *v. a.* கருகருத்தல், *n. v.* faire souffrir, gêner.

கருகல், *n. v. de* கருகுகிறது, action de noircir, etc.., ce qui est brûlé, hâlé, noirci, le soir, obscurité, défaut de clarté: —ஆன brûlé, hâlé, noirci, trop rôti, obscur, difficile à comprendre; —ஆனவசனம் phrase obscure, —qui n'est pas claire; —ஆயிருக்கிறது être obscur, abstrus, difficile à comprendre.

கருகு, *imp. et part. de*

கருகுகிறது, *sync.* கருகிறது, கினே ன், குவேன், கு, க, *v. n. et* கருகுதல், *n. v. ou* கருகிப்போகிறது, noircir, devenir noir, brûler, être brûlé, hâlé, rôti, grillé, obscur, difficile à entendre: கருகவறுத்தல், —வறுக்கிறது faire trop rôtir, brûler; கருகுமாலை le soir, temps obscur, crépuscule, —obscurité du soir.

கருக்கல், *n. v. de* கருக்குகிறது, action de noircir etc.., vexation, obscurité, ténèbres, soir, ce qui est brûlé, noirci, applati, chose plate: அமாவாசைக்கருக்கல் obscurité de la nuit à la nouvelle lune, ou pareille à cette obscurité.

கருக்காமரம், (கருக்கு, ஆம், மரம்), l'arbre aux feuilles dentelées, *i. e.* zizyphus trinervius.

கருக்காய், 1° (கரு), fruit vert, —à peine formé, épi de blé non mûr. 2° (கருக்கு), d'une manière tranchante, —dentelée, en bosse. 3° 2ᵉ *pers. nég. de* கருக்குகிறது.

கருக்கு, 1° tranchant, fil d'une épée, dent d'une scie, d'une faucille, sculpture, gravure, ciselure, saillie, relief, ouvrage en bosse, branche de palmier, tronc nu de cette branche, dentelure des feuilles etc.., obscurité. 2° *imp. et part. de* கருக்குகிறது: க ருக்கரிவாள் faucille, —dentelée; கரு க்கரிவாளைக்கொண்டு ஈரலை யறுக்கிறது ceci me scie le foie ou les reins, *i. e.* me cause grandement de la peine ou de l'ennui: கருக்கழிகி றது, கருக்கழிதல் l'empreinte de la monnaie s'effacer, s'user: கருக்கான tranchant, pointu, aiguisé, dentelé; கருக்கானகத்தி couteau —, sabre bien affilé; கருக்கானவன் trompeur, rusé; கருக்காயிருக்கிறது être tranchant, dentelé, nouvellement frappé (la monnaie); கருக்காயிருக்கிறபணம் fanon —; argent nouveau, —nouvellement frappé; கருக்காக்குகிறது, கருக்காக்குதல், கருக்கிடுகிறது, கருக் கிடுதல் aiguiser, affiler, rendre pointu, denteler; கருக்குக்கருட்டு ruse, tromperie; —பீர்க்கு espèce de பீர்க் கு ou de concombre; —மழுங்குகிறது s'émousser; —வாய்ச்சி, —வாளி, *V.* க ருக்காமரம்; — வேலை ouvrage en bosse, —ciselé (sur pierre, bois, etc), bas relief, ciselure; —உள்ள tranchant, pointu, dentelé, ciselé; இருபு றமுங்கருக்குள்ளகத்தி couteau —, épée à 2 tranchans.

கருக்குகிறது,sync.கருக்கிறது,க்கி னேன்,க்குவேன்,க்கு,க்க,v.a. de கரு குகிறது, et கருக்குதல், n. v. noircir, brûler,rôtir, réduire en charbon, griller,hâler,chagriner.

கருக்குடி,savon.

கருங்,P.கரும்,devant க,noir,sombre,obscur:—கடல் mer noire,la mer azurée;—கடல்வண்ணன் celui qui a la couleur de la mer azurée, i.e. Vichnou,Ayénar: —கண்ணி espèce de poisson;—கந்து partie extérieure d'une jointure extérieure; —கரப்பன், V. கருங்கிரந்தி; —கல் pierre noire ou bleue, dure comme le granit, siénite; — கற்றலை, — கத்தலை le poison johnius carutta;—காக்கணம் la plante காக்கணம் clitoria ternatea à fleurs bleues; —காலி ébénier, diospyros ebenum; —காவி nénuphar bleu. indigo en pierre,couleur noire, —bleue; —கிரந்தி ulcère vénérien noir,(qui se transmet de père en fils);—கிளி perroquet noir ou bleu; —குங்கிலியம் résine noire;—குதிரை cheval noir; —குதிரைப்பாகன் celui qui monte un cheval noir,i.e.Vaïraven,Siven;—குத்தம் espèce de mal d'yeux; —குரங்கு singe noir; —குருவி oiseau noir ou bleu;—குவளை nénuphar bleu, pontederia hastata; —குளவி guêpe noirâtre; —குறுவை espèce de riz noir qui croît et mûrit plus vite que les autres espèces; —குன்றி espèce de குன்றி ou abrus precatorius à grains noirs;—கேசம் cheveux noirs, chevelure noire, bronze; —கை ouvrage pénible, action cruelle, main noire,—meurtrière; —கொடி l'arbrisseau smilax pseudochina, qui s'entrelace naturellement; —கொட்டி l'arbrisseau ou la plante கிள்ளி; —கொண்டல் vent du nord-est; —கொல் le métal noir, i.e. le fer;— கொல்லர் ouvriers en fer;—கொன், —கொள்ளு collou noir, cassia absus;—கோழி poule noire,—dont la peau et les os sont noirs;—கோள் le prétendu serpent noir dit இராகு.

கருசம், un des 56 pays de l'Inde ancienne.

கருசிலாங்கண்ணி, (கரு,சிலை, ஆம்), V.கரிசலாங்கண்ணி.

கருச்சிக்கிறது,P.கர்ச்சிக்கிறது.

*கருச்சிதம்,P.கர்ச்சிதம்.

கருஞ்,P.கரும் devant ச,noir,sombre,obscur: —சனம் gens noirs, la gente noire,les noirs, l'arbre முருங்கை; —சாதி caste—, espèce noire, gens noirs, —vils; —சாரை espèce de serpent noir; —சார், V. இடைப்பூட்டு; —சிலை, V. கருங்கல்;— சிறை noire prison, aile noire, vautour; —சீரகம் cumin noir, nigella sativa; —சுக்கான் pierre à chaux noire,marbre,—noir; —சுரை espèce de courge noire; —சூரை sorte d'arbrisseau épineux,l'arbre செங்கத்தாரி;—செம்பை l'arbre coronilla picta.

*கருட,adj. de கருடன்: —கேதனன்,(கேதனம்), celui qui a Garouden représenté sur son drapeau,i.e. Vichnou; —க்கல் pierre médicinale grisâtre et jaunâtre qui tire le poison des serpens;—க்கொடி les plantes பெருமருந்து et குறிஞ்சா asclepias;—க்கொடிபோன், V. கருடகேதனன்; —க்கொடிக்கண்ணி la plante காக்கணம் à fleurs bleues;—சாரம் sel (de mer);—திசை l'est; —தியானம் espèce de prière payenne; —த்தொண்டை les plantes காக்கணம் et கோவைக்கொடி bryonia;—பச்சை, —ப்பச்சைக்கல் émeraude, (les Indous la disent formée du sperme de Siven que Garouden laissa tomber dans la mer), V.கருடக்கல்;—பஞ்சாக்கரம், —பஞ்சாக்கரம் espèce de prière payenne;—பாஷாணம் espèce de pierre;—பார்வை regard qu'on prétend guérir du poison, œil—,regard louche,objet dont la vue est censée de bon augure; —வாகனன் celui qui a Garouden pour monture,i.e.Vichnou;—வித்தை,V. காருடவித்தை.

*கருடணம்,(gharchana),action de frotter,de broyer.

*கருஷணை, (karchana), assemblage, attraction.

*கருடர், *pl. de* கருடன், espèce de demi-dieux des Indous à figure de milan.

கருடல், *n.v.de* கருடுகிறது, désir.

*கருடன், (garouda), faucon rouge à tête blanche vénéré des Indous, milan ou aigle bramanique, falco Pondischerianus, Garouden, oiseau favori de Vichnou et qui, au dire des Indous, lui sert de monture. Il est généralement représenté comme tenant de l'homme et de l'oiseau, et est considéré comme le roi de tous les volatiles. Ils le disent fils de கசியபன் et de வினதை et frère cadet d'அருணன் prétendu cocher du soleil: கருடற்கன்னன் le frère ainé de Garouden, *i.e.* Arounen *ou* புதன் fils de Sandiren; கருடற்றாய், கருடன்றாய் *ou* கருடன்தாய், la mère de Garouden, *i.e.* Vinadei; கருடன்கிழங்கு, *V.* கற்கோவை.

*கருடாஞ்சனம், (கருடன், அஞ்சனம்), *V.* கருடப்பச்சைக்கல்.

கருடி, entourer, assiéger.

கருடிக்கிறது, *ou* கருஷிக்கிறது, டித்தேன், டிப்பேன், டி, டிக்க, *v.a.* (கருஷணை), attirer, tirer.

கருடுகிறது, டினேன், டுவேன், டு, ட, *v.a. et* கருடுதல், *n.v.* désirer.

கருணம், (*de* karna *oreille*), oreiller: உரோமகருணம் oreiller de poils.

*கருணன், (karna), Karnen, roi d'Angadêsa, un des 7 de la seconde classe des hommes célèbres par leur libéralité. On le dit fils du soleil et de குந்தி et frère ainé des பாண்டவர்.

*கருணாகடாக்ஷம், (கருணை, கடாக்ஷம்), œil de bonté, regard favorable, faveur, bonté.

*கருணாகரம், (*id.* அகரம்), siége—, source de la miséricorde.

*கருணாகரன், (*id.*), celui qui est le siége de la bonté et de toute bénédiction, *i.e.* Dieu, miséricordieux.

*கருணாக்கிரகன், (கருணை, அ *priv.* கிரகம்), homme sans miséricorde.

*கருணாநிதி, (கருணை), trésor de bonté, *i.e.* Dieu, homme miséricordieux.

கருணாப்பள்ளி, (*id.*), Carnapali, ville du Travancore.

*கருணாமூர்த்தி, (*id.*), Dieu, miséricordieux.

கருணாம்பரம், (*id.* அம்பரம்), mer de grâce, Jean.

*கருணாலயன், (*id.* ஆலயம்), Dieu, le siége de la misericorde, (et à tort), Siven.

*கருணி, 1° (karni), caverne, montagne. 2° *P.* கரிணி, éléphant femelle.

*கருணிகன், (கருணை, ika), homme miséricordieux.

*கருணிகை, (karnika), fruit qui se forme, le germe de ce fruit.

*கருணிதன், (கருணை, ita), miséricordieux.

*கருணியம். *P.* காருணியம்.

கருணீகன், écrivain, notaire, compteur, homme qui tient les comptes.

*கருணை, (karounâ), bonté, bienveillance, tendresse, amour, compassion, miséricorde, sensibilité, bien, bénédiction, faveur, viande rôtie, nom d'un arbrisseau, les plantes கரணை et பெருமருந்து, pamplemousse; —புரிகிறது faire une faveur, faire du bien, montrer de la bonté, de la compassion.

*கருணோதயன், (கருணை, உதயம்), le principe de toute bonté, *i.e.* Dieu.

கருதலர், (கருதுகிறது, அலர்), ennemis.

கருதல், *n.v. de* கருதுகிறது, considération, opinion, pensée, dessein, estime, égard, respect, désir: —அநுமானம் juger par les paroles de quelqu'un de la capacité de son esprit.

கருதார், *n.v. nég. de* கருதுகிறது, ennemis.

கருது, épi, fuseau, instrument semblable au fuseau, gros cylindre pour exprimer le sucre et l'huile: —பறிகிறது, கருதாய்ப்போகிறது le blé monter en épi.

கருதுகிறது, தினேன், துவேன், து, த, *v.a.* penser, imaginer, concevoir, estimer, respecter, avoir égard, désirer ou கருதியிருக்கிறது se proposer, avoir intention, avoir pensé...;—க்கொண்டிருக்கிறது considérer, délibérer, méditer, se proposer.

கருதுதல், V. கருதல்.

*கருத்தபம், (garddabha), âne.

*கருத்தமம், (kardama), boue, péché, action, chair.

*கருத்தமன், (id.), Kardamen, père de Varounen ou de Kapilen.

*கருத்தவியம், கருத்தவ்வியம், (kartavya), qualité, propriété, faculté, pouvoir, chose à faire.

*கருத்தன், கருத்தா, V. கர்த்தன், கர்த்தா: கருத்தருபெயர், கருத்தாவாகுபெயர், nom de l'auteur ou d'un agent appliqué à ses ouvrages. Ex. திருவள்ளுவர் pour les poésies de திருவள்ளுவர்: கருத்தாக்காரகம் nom dont la terminaison indique qu'il est le sujet d'un verbe.

கருத்தாளி, (கருத்து, ஆளி), homme prudent, intelligent, soigneux, qui connait les signes ou symptômes, nom d'un arbre.

கருத்து, (கருதுகிறது), pensée, esprit, attention, application, diligence, soin, dessein, but, intention, penchant, volonté, désir, opinion, sentiment, sens, signification, sens profond: —க்கொள்ளுகிறது se proposer, concevoir le dessein, désirer;—ப்பொருள் l'objet qu'on a en vue, la chose qu'on se représente dans l'esprit; கருத்தாய், கருத்தோடு à dessein, attentivement, avec soin,—application: கருத்தோடுபடிக்கிறது lire—, étudier attentivement, கருத்தோடு பார்த்தாலதைக்கண்டுபிடிப்பாய் si tu regardes attentivement tu le trouveras; கருத்தில்லாதவன் homme inconsidéré, inattentif, négligent: கருத்துள்ளவன் homme soigneux, attentif; கருத்துடையடைகோளியணி, (உடை, அடை, கோளி), figure qui consiste à se servir d'un adjectif ou d'un adverbe qui convient à son dessein ou à son sujet; கருத்துடையடையணி, (id.), figure qui consiste à se servir d'un adjectif ou d'un adverbe qui se rattache à son sujet, ou à son dessein; கருத்துரை, கருத்துரைத்தல், (உரை, உரைத்தல்), explication du sens et non des mots, abrégé, sommaire du contenu, sujet, matière; கருத்தொட்டுகிறது réfléchir, appliquer son esprit à.

கருந், P. கரும் devant த, noir, sombre, obscur, grand: —தகரை espèce de தகரை noire: —தனம் grandes richesses, prospérité, or; —தாது le métal noir, le fer; —தாரை lumière sombre, noire, trombe d'eau; —திடர் hauteur, colline, montagne; —திருக்கை espèce de raie noire (poisson); —தினை espèce de millet noir, —à grains noirs;—துகில் toile noire;—துகிலோன், —துகிலுடையோன் celui qui est vêtu d'une toile noire, i.e. Palapattiren ou Vichnou;—துவரை la plante légumineuse hedysarum biflorum, l'arbre dalbergia latifolia; —துளசி espèce de basilic noir; —தொளி,—தொழி indigotier, la plante qui produit l'indigo.

கருப்பஞ்சாறு, (கரும்பு, சாறு), jus de canne à sucre: கருப்பஞ்சாற்றுக்கடல் mer de sucre.

கருப்பஞ்சோலை, (id. சோலை), plantation ou jardin de cannes à sucre.

கருப்பட்டி, P. கருப்புக்கட்டி:—க்கூடு jagre en petits gâteaux, en petites boules.

*கருப்படம், (karpata), vieux haillons.

*கருப்பணம், (கருப்பம், na), grossesse.

*கருப்பணி, P. கருப்பிணி.

*கருப்பம், 1° (garbha), conception, grossesse, fétus, embryon, enfant, ventre, sein, matrice, milieu, intérieur, chambre intérieure, chambre à coucher, palais, un des 32 உபதிஷதம். 2° adj. de கரும்பு, de canne à sucre:—அழிகிறது,—அழிதல்,—கரைந்துபோகிறது, —விழுந்துபோகிறது avorter, faire une fausse couche, l'embryon périr et s'évacuer;—ஆகிறது, —உண்டாகிறது le fétus se former, la conception s'opérer, être conçu, ou—கொள்ளுகிறது, —தரிக்கிறது concevoir, devenir enceinte; அ

வளுக்குக்கருப்பந்தரித்தது elle a conçu: —வின்றுபிறக்கிறது naître, sortir du sein de sa mère, l'ouvrir en naissant; கருப்பகோசம், —கோ ளகை, V.கருப்பப்பை;—காசம் phthisie de la matrice: —க்கல்,—க்கல்லு pierre quadrangulaire employée pour aider à l'accouchement, sorte de pierre médicinale; —க்கிரணம் conception;—க்கிரகம் chambre intérieure, —à coucher, sanctuaire d'un temple etc..,matrice; —க்குவளை,—க்குழி valve,sein,matrice;—ச்சூலை spasme dans la matrice, affection hystérique;—ஸ்திரீ femme enceinte; —தாரணம் conception;—தானம் présent pour l'accouchement:—த்தலைவன் valeur: —நாசம் destruction du fétus, avortement; —நாடி cordon ombilical: —நாள் le 9me jour aprés la naissance; —நீர் (கரும்பு),jagre,jus de canne à sucre, jus de palmier ou de cocotier; —பாதகம் avortement, முருங்கை rouge qui le produit; —பாதனம் avortement,ce qui le produit: —ப்பரிசம், ou —ஸ்பரிசம் conception; —ப்பை matrice,sein,arrière-faix, enveloppes du fétus;—வாதை, —வேதை,—வேதனை douleurs de l'accouchement:—வாயு flatuosité dans la matrice (qui empêche,dit on,la conception), infirmité menstruelle:—விப்புருதி mal dans la matrice qui cause la stérilité.

*கருப்பரம்,(karpara), figuier,casserole —,poêle—,ustensile en fer, crâne.

*கருப்பவதி,(கருப்பம்), femme enceinte;—ஆயிருக்கிறது être enceinte.

*கருப்பனி,P.கருப்பிணி.

*கருப்பாகாரம், (கருப்பம்,ஆகாரம்), V.கருப்பக்கிரகம்.

*கருப்பாசயம், (id.ஆசயம்), place du fétus, la matrice: கருப்பாசயப்பை,V.கருப்பப்பை.

*கருப்பாதரணம்,(id.ஆதாரணம்),cérémonie payenne avant la conception,—du 4me mois de la grossesse.

கருப்பாலை,(கரும்பு,ஆலை), sucrerie; moulin à sucre, machine pour exprimer le jus des cannes à sucre.

கருப்பிக்கிறது, (கருப்பம்), concevoir.

*கருப்பிணம்,P.கருப்பணம்.

*கருப்பிணி,கருப்பிணி, கருப்பிணிஸ்திரீ,(garbhini), femme enceinte:கருப்பிணியவேக்ஷணம், —யவேட்சணம்,(அவேக்ஷணம்), art des accouchemens,—de traiter les femmes en couches,métier de sage-femme.

கருப்பிண்டம்,(கரு),embryon, fétus.

கருப்பிலை, (கரும்பு,இலை), feuilles de canne à sucre.

கருப்பு,1° difficulté,cherté,disette, famine.2° *adj.de* கரும்பு, de canne à sucre;—க்கடல் mer de sucre: —க்கட்டி jagre,jus épaissi de canne à sucre,sucre candi, mélasse ou sucre noir de palmier;—ச்சிலை,—வில் arc de canne à sucre,*i.e.*l'arc de Câmen, —du Cupidon indien;—வில்லி,—வின் (வில்) மதனன் celui qui est armé d'un arc de canne à sucre, *i.e.* Câmen.

*கருப்புரம்,(karboura), eau,or,espèce de riz,péché,action.

*கருப்பூரம், 1° (karpoûra), camphre. 2° (karboûra), or,orpiment: கருப்பூரச்சலாசத்து, —ச்சிலாசத்து, —சிலை espèce de beau gypse crystallisé et folié,employé comme caustique en médecine: —தீபம் camphre allumé,—employé comme encens; —த்துளசி basilic camphré,—qui a l'odeur du camphre;—த்தைலம்,—த்தயிலம் onguent camphré;—நீர் eau camphrée,sorte de remède; —ப்புல் l'herbe odoriférante andropogon;—மரம் camphrier,l'arbre dont on tire le camphre, laurus camphora;—வள்ளி la plante lavendula carnosa; —வில்வம் espèce de வில்வம் ou cratæva religiosa dont les fleurs et les feuilles sentent le camphre;—விளக்கு, V,கருப்பூரதீபம்;—வெற்றிலை bétel camphré,—qui a l'odeur de camphre.

கருப்பூர்,(கரும்பு,ஊர்), la ville de Carpour:—வழக்கு procés interminable,—ruineux, —non décidé, V. அழிவழக்கு.

கருப்பை,(கரு), matrice,sein, arrière-faix,rat noir.

கரும,*obl.de* கருமம்.

கருமகம்,(கருமம்,ka), pratique.

*கருமசம்,(karmadja), l'arbre அரசமரம், le kaliyouga,crasse, ordure, tache,faute,force,action.

*கருமம்,1° (karma), action, acte, œuvre (bonne ou mauvaise), action vertueuse, péché,observance religieuse,affaire,pratique,chose que l'on fait,ouvrage,occupation, travail, ce qu'il convient de faire, compensation. 2° (gharma), chaleur, chaude saison, été: —கட்டுப்படுகிறது, —கட்டுப்படல் pécher,un crime ne pouvoir s'expier,un mal ne pas cesser, l'exécution d'une chose être arrêtée; —முடிக்கிறது finir son ouvrage,—ce que l'on fait, accomplir ses devoirs religieux;—கரன் ouvrier, artisan, (surnom de) Yamen; —காண்டம் livre de médecine composé par Agastien, *V.* கருமபாகை; —காண்டிகர் ceux qui se sont astreints à des observances religieuses; —காரன் ouvrier,artisan, Cammâlen; —கிலகன் blanchisseur; —க்கர்த்தா celui qui fait une action, sujet du verbe;—க்காரகம் nom à l'accusatif et régi par un verbe; —க்கியானம் connaissance—, expérience des pratiques et cérémonies religieuses, connaissance de ses devoirs; —சண்டாளன் traitre,criminel;—சாஸ்திரம் science pratique; —சாதாக்கியம் forme de Siven où sa connaissance et son action sont égales; —சாந்தி expiation du péché; —சுத்தி expiation du péché,purification—, cessation de faute dans une action;—த்தலைவன் intendant, ministre, devin (qui prédit l'avenir); —தாதான்மியம் impression, mélange d'orgueil dans le corps; —த்துரோகம் péché d'action,trahison de fait;—த்தொலைவு éloignement du péché; —நிஷ்டன்,—நிட்டன், (நிஷ்டை), celui qui accomplit les sacrifices ou cérémonies religieuses, brame; —நிவர்த்தி expiation—,cessation du péché;—பந்தம் suite—, conséquence des actions qu'on fait;—பந்தனம் suite ou conséquence des anciennes actions; —பாகை 1re partie de chaque Vèda qui traite des cérémonies et de l'expiation des péchés;—பரிபாகம் cessation,du péché,—d'action; —பாவம் péché actuel,—d'action; —பூமி la terre,ce monde où l'on peut faire le bien et le mal, terre réputée sainte et propre à faire les cérémonies bramaniques comme le pays dit ஆரியம்,terre où l'on travaille par opposition à போகபூமி, *V.* அடுகோடு;—பூமிக்குரிமை-அ,les 6 occupations propres de ce mondé,(savoir:வரைவு mariage;தொழில் travail; métier; வித்தை étude,science; வாணிகம் commerce; உழவு agriculture; சிற்பம் architecture et mécanique); —ப்பழி trahison;—ப்பிறப்பு péché originel, naissance entachée de péché; —மூலம் l'herbe தருப்பை;—யுகம் le caliyougam ou âge de fer;—ரோகம் maladie incurable; —விடர் grotte de pénitens; —வலை filets du péché, attraits,amour du monde;—வாழி pécheur;—விதிக்காரர் devins; —விபாகம் prétendue conséquence des actions dans une naissance subséquente;—வியாதி maladie incurable par remèdes;—விருத்தி conduite pure;—வுவமம், (உவமம்), comparaison—, parabole en action;—வேதனை grande peine,—souffrance; —வொழுங்கு பெருமைக்களவு la régularité de la conduite est la mesure de la grandeur morale de chacun.

கருமா,(கரு), l'animal noir,*i.e.* le pourceau,le sanglier,l'éléphant.

*கருமாதி,(கருமம்,ஆதி), cérémonies ou sacrifices funèbres, exercices journaliers et autres cérémonies:—செய்கிறது accomplir les devoirs funèbres et autres cérémonies.

*கருமாதிகன்,(கருமாதி,ka), celui qui accomplit un devoir, —les devoirs funèbres et autres cérémonies.

*கருமாதிகாரம், (*id.* அதிகாரம்),

pouvoir d'accomplir les cérémonies religieuses, pouvoir d'agir, autorité voulue pour cela.

கருமாதிகாரன், *pl.* கருமாதிகாரர், (*id.* அதிகாரன்), gouverneur, chef, intendant,—qui assiste un roi, celui qui préside aux cérémonies, conduit une affaire, devin.

*கருமாத்துமா, (*id.* ஆத்துமா), âme pécheresse, personne active, douée d'un principe d'action, celui qui a fait une action,—une faute.

கருமாதிமிலை, (கரு, மா, திமிலை), *V.* கருதிமிலை.

*கருமாந்தம், கருமாந்தரம், கருமாந்திரம், கருமாந்தியம், (கருமம், அந்தம், அந்தரம், அந்தியம்), fin d'une cérémonie funèbre qui dure 16 jours, derniers devoirs, prétendu devoir du bûcher funèbre...péché, saison du labourage en août et septembre, terre labourée, fin des chaleurs, saison des pluies, *V* கருமாதி.

கருமாயம், (கரு), difficulté, chose difficile, prix excessif. [artisan.

*கருமாரன், (karmâra), maréchal,

கருமாரி, (கரு), nom d'un arbre, douleurs de l'accouchement.

கருமார், 1° *pl. de* கருமான், forgerons, maréchaux. 2° (கரு), noire poitrine.

கருமானம், (கரு), temps—, ciel noir, magie, prétendu talent de préparer les கரு ou choses employées dans l'அஷ்டகருமம் ou la transmutation des métaux.

*கருமானுஷ்டானம், கருமானுட்டானம், கருமானுட்டானம், (கருமம், அனுஷ்டானம்), accomplissement de ses devoirs religieux, *V.* நியமநிஷ்டை.

*கருமானுபவம், கருமானுபவம், (*id.* அநுபவம்), jouissance de ce qu'on fait, -du fruit de ses actions.

கருமான், 1° *(கருமம்), forgeron, maréchal, ouvrier en fer, artisan. 2° (கரு), cerf, daim, cerf noir, sanglier.

*கருமி, (karmi), celui qui agit, homme fidèle à ses devoirs, —religieux, pécheur.

கருமிசம், *P.* கருமசம்.

*கருமேந்திரியம், (கருமம், இந்திரியம்), organe d'action, *V. au mot* இந்திரியம்.

கருமை, le noir, la couleur noire, noirceur, obscurité, grandeur, force, valeur, poison. L'adj. est கரும், கரு, கரிய et கார்.

கரும், *adj. du préc.* noir, sombre, obscur, grand, fort, précieux: —படர் lieu élevé, hauteur; —பனை palmier sauvage; —பனசை, —பாம்பு, *V.* கருவழலை; —பித்தம் bile noire, sorte de maladie, folie, frénésie; —பிள்ளை corbeau, enfant noir: —பிறை, *V.* கருஞ்சுக்கான்; —புசம் insecte—, scarabée noir; —புலி tigre noir; —புல் palmier, herbe noire; —புள் oiseau noir, corbeau, insecte—, scarabée noir, —femelle, apis violacea; —புள்ளிக்கல் pierre à taches noires, pierre qui contient du métal; —புள்ளிகுட்டுகிறது imprimer des points noirs sur un vase blanchi pour éloigner l'effet prétendu des mauvais regards; —புறம் palmier; —புறவு, —புறா pigeon noir; —பூ nénnphar bleu; —பூமத்தை, (பூ, மத்தை), *V.* கரூமத்தை; —பேன் taches noires qui se forment snr une toile; —பொன் métal noir, *i. e.* le fer.

கரும்பசலை, 1° (கரும்பு, ஆலை), *V.* கருப்பாலை. 2° (கரும்), nom d'un arbre.

கரும்பு, (son adj. est கருப்பு, et கருப்பம்), canne à sucre, saccharum officinarum, la 7me constellation: —முத்து perle jaune qu'on prétend sortie de la canne à sucre; —தின்னக்கூலி கேட்கலாமா peut-on demander un salaire pour manger de la canne à sucre, *i. e.* pour un bienfait reçu.

கரும்புளிக்கிறது, (கரும்), le vert-de-gris se former sur le cuivre.

கருவகம், (கரு, அகம்), matrice, lieu où se forme le fétus.

கருவங்கம், (கரு), plomb.

கருவடக்கம், (*id.* அடக்கம்), prétendu secret pour empêcher les balles de fusil de blesser.

*கருவடம், (karvata), ville entourée de montagnes et de rivières,chef-lieu de 100 villes ou villages.

*கருவம்,1° (garva), V. கர்வம் et ses composés. 2° (kharva),un trillion. 3° P. கருப்பம் grossesse,embryon.

கருவரி,1° (கரு,அரி couleur), obscurité. 2° (கரு,வரி), raie noire de la prunelle de l'œil,raie noire.

கருவிளைச்சுக்காரன்,(கரு,விளை),V. கருஞ்சுக்காரன்.

கருவா, cannellier, laurus cinnamomum; —த்தைலம் huile de cannelle; —ப்பட்டை cannelle, cinnamome.

கருவாடு,poisson sec et salé: adj. கருவாட்டு de poisson salé: கருவாட்டுவாலி oiseau dont la queue ressemble à celle d'un poisson, corvus balicassius.

கருவாழுப்பு,(கரு,ஆழம்,உப்பு), salpêtre.

கருவாலி, (கரு, வால்), espèce de chêne,certain oiseau à queue noire.

கருவாளி,(கரு,ஆளி),qui a l'âge de raison.

கருவி,(de krou faire), instrument, outil,arme,cotte de mailles, moyen, cause,instrument de musique, guitare,luth,violon et autres instrumens à corde, tout ce qui a rapport au luth,sens,organe des sens, faculté,réunion,assemblage,rapport,connexion,enchaînement, amour, amitié,selle de cheval, nuage: —கரணம், —கரணங்கள் les organes des sens et les facultés intérieures; —கழலுதல் la force se perdre, les sens s'émousser; —காண்டம், V. கருவிநூல்; —க்காரகம் nom au cas instrumental,i.e. à l'ablatif en ஆல்; —நூல் livre élémentaire,alphabet; —ப்புட்டில், —ப்பை boîte à outils, fourreau d'outils etc...: —மகத்திலே principes, preuve par les causes; —யாகுபெயர் nom d'instrument donné métaphoriquement à un objet qui y a rapport. *Ex.* நாழி une mesure (de grains) et l'instrument qui la mesure.

கருவிருளை,(கரு, இருளை), V. கருந்தப்பு.

கருவிலி,(கரு,இல்), espèce de serpent.

கருவிளம், (கரு), la plante rampante et légumineuse dite காக்கணம்,l'arbre ægle marmelos, pied de 2 நிரைசீர்,i.e. de 4 brèves: கருவிளங்காய் pied de 4 brèves et d'une longue;—கனி pied de 6 brèves;—தண்ணிழல் pied de 4 brèves une longue et 2 brèves; —தண்பூ pied de 4 brèves et 2 longues; கருவிளநறுநிழல் pied de 8 brèves; —நறும்பூ pied de 6 brèves et une longue. Remarquez que dans ces différens pieds, comme généralement dans tous les autres, la 2e,la 4me,la 6me et la 8me brève,fut-elle longue de sa nature,est comptée pour brève, dès que précédée d'une brève elle forme avec elle un நிரையசை.Tous ces mots aussi pourraient avoir la signification que donne leur étymologie.

கருவிளை,(*id.*),la plante rampante காக்கணம்.

கருவுளமைப்பு,(*id.* உள், அமைப்பு), destinées prétendues de l'enfant conçu.Les Indous en comptent six, savoir: பேறு gain; இழவு perte; இன்பம் plaisir, santé et prospérité; பிணி maladie et calamité; மூப்பு vieillesse; சாக்காடு genre de mort.

கருவூர்,(கரு,ஊர்), Caroûr, ville du roi சேரன்.

கருவூலம்,(கரு),P. கருக்கூலம்.

கருவை,(*id.*), paille de வரகு,Carouvei,nom d'une ville.

கருளை,1° P. கருடன்.2° *acc. de*

கருள்,(கரு), couleur noire, ténèbres,obscurité, bon—, bel habillement.

*கருணிகசன்னி, (karna *oreille*, ika),surdité nerveuse,espèce de convulsion.

*கரேணு,(karênou),éléphant (mâle ou femelle).

கரை,1° bord,limite,borne,terme, fin, rivage, rive, côté, voisinage, sort,parole, digue, partage—, division des terres (de chaque bourg), asile, port, salut (de l'âme), chaleur,vapeur causée par la chaleur, mirage. 2° *imp. et part. de* கரைகிறது *et de* கரைக்கிறது; —கடக்கிறது

passer les bornes, se déborder; —கடந்த démesuré, immense, sans bornes, qui passe les bornes; —கடந்த வெள்ளம் torrent débordé, inondation; —கட்டுப்பட்டாடை toile de soie avec bordure de couleur à l'usage des femmes; —கண்டவன் homme expérimenté, habile dans les affaires;—கன்று, —குட்டி avorton, avortement;—காண்கிறது voir l'extrémité, —les bornes; —காணாத dont on ne voit pas les bornes, immense;—காணுப்பேரொளி la splendeur immense et infinie, *i. e.* Dieu; —க்கல்லோலம் éponge; —க்காரன் un des propriétaires (d'un village); —க்காற்று vent de terre, —du rivage;—கிலே, *V.* இந்துப்பு; —சேருகிற து (un navire etc...) arriver au port, —à la rade, aborder; —துறை port, lieu de débarquement, abord; —தெருங்கஒடுகிறது côtoyer le rivage; —படுகிறது, —படுதல் débarquer, aborder, toucher (à terre), être divisé en lots; —படுத்துகிறது diviser par lots; —பிடிக்கிறது aborder, arriver au rivage, —au port, —à la rade; —புரட்டுகிறது, —புரளுகிறது se déborder, inonder le rivage; —போடுகிறது tirer au sort, partager—, distribuer des pièces de terre, élever une chaussée —une digue autour d'un champ ou d'un étang; —ப்பாதை route le long du rivage: —ப்போக்கு rivage, bord du rivage, voie de terre, chose basse et vile; —போக்குமனிதன், *V.* அறுவோமன்; —ப்போர் combat sur le rivage, —de terre; —மடுக்கிறது s'approcher du rivage, aborder; —மடைகிறது arriver au port, aborder, prendre terre; —மரிக்குமணல் sable noir; —யாளன், *V.* கரைக்காரன்;—யிடுகிறது assigner une portion de terre à cultiver; —யேறுகிறது aborder au rivage, débarquer, se sauver, arriver au port du salut, faire son salut, (une pauvre fille) être établie, avoir recours à, faire appel; —யேற்றம் débarquement, salut, salut éternel; —யேற்றுகிறது sauver, débarquer, mettre à terre, tirer sur le rivage, établir (une pauvre fille; —யோட்டு action de côtoyer le rivage; —யோரம் bord de la mer, —யோரமாய் —யோரத்திற்போகிறது côtoyer—, suivre le rivage; —வலை filet qu'on tire sur le rivage; —வலைக்காரர் caste de pêcheurs, sorte de pêcheurs; —வழி route par terre, —le long du rivage, —le long du bord de la mer; —வழித்தீர்வை douane de terre; —வழித்தீர்வைச்சாவடி maison—, lieu où l'on paie la douane de terre; —வாடை vent du nord-ouest; —வீதம் *ou* கரைக்கேற்றபடிக்கு, கரைக்கேற்றவீதம், கரைக்கொத்தவிழுக்காடு, (ஏற்ற, ஒத்த), portion de terre accordée —échue à chacun dans un village; அக்கரை l'autre côté—, le côté opposé (d'une rivière etc...), அக்கரைபடுகிறது atteindre l'autre bord.

கரைகிறது, கரைந்தேன், கரைவேன், கரை, கரைய, 1° *v. a.* appeler, parler, dire, crier, faire du bruit. 2° *v. n. de* கரைக்கிறது, avoir pitié, pleurer sur, s'attendrir, s'amollir, mûrir trop, se gâter, être défiguré. 3° *ou* கரைந்து போகிறது, se dissoudre, se fondre, se liquéfier, se délayer, se dégrader, s'ébouler, (une digue, un mur) être dégradé, —emporté par les eaux, languir, dépérir: கனமழைபெய்ததினாலே சுவரெல்லாம் கரைந்துபோயிற்று un forte pluie étant tombée tout le mur en a été trempé et s'est éboulé: மகன்பட்டதைக்கண்டுதேவமாதாமனங்கரைந்துநொந்தாள் à la vue des souffrances de son fils la Mère de Dieu en fut accablée de douleur et son âme tout attendrie.

கரைக்கிறது, கரைத்தேன், கரைப்பேன், கரை, கரைக்க, *v. a. de* கரைகிறது, *et* கரைந்துப்போடுகிறது, dissoudre, fondre, liquéfier, délayer, attendrir, parler d'une manière inarticulée.

கரைச்சல், *n. v. de* கரைக்கிறது, compassion, tendresse, onction, cri, pleurs, fonte, liquéfaction.

கரைஞ்ச, *P.* கரைந்த.

கரைஞ்சான்,l'arbre அலில்.

கரைதல்,n.v.de கரைகிறது, dissolution,fonte, liquéfaction, éboulement,amollissement, défigurement, détérioration, appel,cri, grand cri, bruit,compassion, pleurs, discours, parole.

கரைத்தல், n.v. de கரைக்கிறது, bruit,son des paroles,son inarticulé, liquéfaction,fusion,fonte.

கரைந்த,part.de கரைகிறது.

கரைப்பான், P.கரப்பான்.

கரையல்,n.v.de கரைகிறது,ce qui est ou sera dissous, fondu, délayé, maturité.‖ V.கரைதல்.

கரையான்,(கரை), homme d'une caste de pêcheurs, habitant du bord de la mer,batelier.

கரைவு, V.கரைதல்.

*கரோடி,(karôti), suture du crâne,guirlande pour le sommet de la tête.

*கரோடிகை,(கரோடி, kâ), guirlande,—qu'on met en bandoulière, —pour le sommet de la tête,âne.

*கரோருகம், (கரம்,உருகம்), ongles des doigts.

*கர்க்கம், கர்க்கடம், கர்க்கடகம், (karka, karkata, karkataka), crabe, écrevisse,le signe du Cancer.

*கர்க்கிச்சா,(karki *le Cancer*),équation parallactique de l'orbite pour 6 signes à partir du Cancer, quand il s'agit des planètes supérieures;quant aux inférieures c'est l'équation de l'élongation pour les 6 mêmes signes,ou équation pour changer la longitude, héliocentrique en longitude géocentrique.

கர்ச்சிக்கிறது,சித்தேன்,சிப்பேன், சி,சிக்க,v.n.(கர்ச்சிதம்), rugir, tonner,résonner,retentir au loin, rendre un bruit sourd et terrible: மேகங்கர்ச்சிக்கின்றது il tonne.

*கர்ச்சிதம்,(gardjita), éléphant en rut, retentissement, bruit sourd et terrible, roulement d'un tonnerre lointain,fureur guerrière.‖ou

கர்ச்சிப்பு,கர்ச்சித்தல்,n.v.de கர்ச்சிக்கிறது,bruit du tonnerre, rugissement.

*கர்ச்சூரம்,(kartchoûra), l'arbrisseau கழற்கொடி guilandina, dattier.

கர்ஞ,instrument de musique.

*கர்த்தபம்,(garddabha),âne.

*கர்த்தன்,கர்த்தா,pl.கர்த்தர், கர்த்தாக்கள், (kartâ), créateur, faiseur, agent,auteur,seigneur,Dieu, le Dieu suprême, le Créateur, (les payens l'appliquent à) Brama, Siven,Arouguen,propriétaire, possesseur, maître,chef,celui qui conduit,directeur, nominatif ou sujet du verbe: கர்த்தத்துரோகம் crime de haute trahison,—de lèse-majesté:—த்துரோகி coupable de haute trahison;—த்துவம் souveraineté,seigneurie,domination,autorité,droit de supériorité; தகப்பன்தேடக்கர்த்தன்பிள்ளையழிக்க le père amasse et le fils dissipe;வெட்டவிடக்கர்த்தன் despote,monarque absolu.

*கர்த்திரி,(kartri),f.de கர்த்தன்.

*கர்த்திரு,(kartrou), agent.‖ V. கர்த்தன்.

*கர்ப்பம், (garbha), et ses composés, V.கருப்பம் 1° et ses composés.

*கர்ப்பூரம் et ses composés, V. கருப்பூரம் et ses composés.

*கர்மம் et ses composés, V. கருமம்....

*கர்வடம், V.கருவடம்.

*கர்வம்,1° (garva), orgueil, arrogance,colère,haine. 2° (kharva), un trillion: கர்வநடை démarche arrogante,orgueilleuse,impérieuse; கர்வமாயிருக்கிறது,ou

கர்விக்கிறது,வித்தேன்,விப்பேன், வி,விக்க,v.n.(கர்வம்), s'enorgueillir, être fier, arrogant, orgueilleux, insolent, hautain, faire le fier etc... s'obstiner.

*கர்விதன், (கர்வம், ita), un orgueilleux,—arrogant, insolent.

கர்வாலி, கர்வாலிமரம், ou கர்வாலியமரம் espèce de chêne.

*கர்ணம்,ou கன்னம்,(karna),oreille: கர்ணகுப்பிசன்னி sorte de mal d'oreille; —மூலம் le bout de l'oreille. V. les autres composés au mot கன்னம்.

*கர்னன்,(*id.*),Carnen,roi d'Angadèsam, fils du soleil et de குந்தி avant son mariage avec le roi Pandou et par conséquent frère ainé par sa mère des பாண்டவர்.

*கர்ணிகசன்னி, (கர்ணம்,ika),surdité nerveuse.

*கலகம்,(kalaha),tumulte,trouble, vacarme,grand bruit,sédition,révolte,rébellion,guerre,combat,violence (sans armes meurtrières), persécution,désordre,l'oiseau dit கலகக்குருவி: —பண்ணுகிறது faire du tumulte, —une émeute,se révolter, persécuter;—ஆயிருக்கிறது,—ஆய்க்கிடக்கிறது être en sédition, en émeute,en trouble, en désordre, en état de révolte;கலகக்காரன், persécuteur, *ou* —ப்பிரியன்,*V.* கலகன்;—வாயன், (வாய்), disputeur, querelleur, brailllard, séditieux; —வாய்க்குருவி certain oiseau.

கலகலக்கிறது, லத்தேன், லப்பேன்,ல,லக்க,*v.n.et* கலகலத்தல்,*n.v.*(கலகலம்), faire *calacala*, —du bruit, gazouiller,tinter,résonner (se dit du bruit des feuilles,des grelots et des sonnettes), parler beaucoup, être très-chaud.

*கலகலம்,1° (kalakala),bruit confus,murmure, bourdonnement, ramage, gazouillement (des oiseaux etc...), tintement. 2° (கலம்,கலம்). boite à bijoux.

கலகலென்கிறது, கலகலெனல்,*V.* கலகலக்கிறது, கலகலவென்று *ou* கலகலென்றுசத்திக்கிறது faire *calacala*, tinter, résonner.

கலகன்,(கலகம்), rebelle,séditieux, perturbateur, turbulent,amateur du trouble.

கலகிக்கிறது,கித்தேன், கிப்பேன், கி,கிக்க,*v.n.* (கலகம்), être en trouble,en persécution,faire du tumulte,une émeute,—une sédition.

கலக்கடி,(கலக்கு,அடி),*ou*

கலக்கம், *n. v. de* கலக்குகிறது, trouble, confusion, désordre, sédition,embrouillement,mélange,trouble d'esprit,défaut de clarté, affliction,grand bruit, clameur, crainte: —ஆயிருக்கிறது, —உற்றிருக்கிறது être troublé,confus, embarrassé, inquiet,en désordre, mélangé;—ஆய்ப்பேசுகிறது parler indistinctement, d'une manière confuse;—கொண்டிருக்கிறது être troublé,triste,inquiet, en confusion,en émeute.

கலக்கல்,*n.v.de* கலக்குகிறது,*et de*

கலக்கிறது,லந்தேன்,லப்பேன்,ல, லக்க,*v.a.et n.*mêler,mélanger,joindre,unir,s'unir,s'accoupler: கலந்துபோடுகிறது mêler;—கலந்துபோகிறது se mêler,se mélanger,s'unir, se réconcilier, s'accoupler, se mêler dans le combat.

கலக்கு, action de troubler, *n. v. imp.et part.de*

கலக்குகிறது,*sync.*கலக்கிறது, க்கினேன்,க்குவேன்,க்கு,க்க, *v.a.de* கலங்குகிறது *et* கலக்குதல், *n.v.* troubler,déranger, déconcerter, inquiéter,vexer,tourmenter, soulever, révolter.

கலங்கடிக்கிறது,*v.c.* கலங்கடித்தல்,*et* கலங்கடிக்குதல்,*n.v.* (கலங்க,அடிக்கிறது), troubler,inquiéter,mettre en déroute,—en désordre.

கலங்கல், *n.v. de* கலங்குகிறது, trouble, confusion, perplexité, pleurs, crainte, écluse,endroit d'où l'eau jaillit, *ou*

கலங்கனீர்,(கலங்கல்,நீர்),eau trouble, —bourbeuse.

கலங்கா,கலங்காத,*part.nég.de* கலங்குகிறது, qui ne se trouble pas,intrépide,clair: கலங்காதவீரன் héros intrépide,indompté; கலங்காவரிச்சு perches liées en travers sur un toit de distance en distance pour maintenir les autres.

கலங்கிய,கலங்கின,*part.parf.de*

கலங்குகிறது,*sync.*கலங்கிறது, கினேன்,குவேன்,கு,க,*v.n.de* கலக்குகிறது,*et* கலங்கிப்போகிறது,—யிருக்கிறது,se troubler, se déconcerter,être troublé,effrayé,inquiet, déconcerté, vexé,affligé,ne savoir que faire, être trouble,craindre,pleurer.

கலங்குதல்,*V.*கலங்கல்

கலக்கொம்பு,(கலை,அம்,கொம்பு), cornes de cerf.

*கலசம்,(kalasa), cruche,cruchon, pot de terre,petit vase de terre,pot à l'eau,vase,lait,pot de lait, mamelle: கலசப்பானை crachoir, petite cruche,ensensoir;—முனி le sage Agastien,(qu'on dit né dans une cruche).

கலசர்,(கலசம்),ceux qui vendent du lait,les bergers,ou pâtres.

கலசி, *V.*கலசம்:—சுதன் le fils de la cruche.*i.e.*Agastien.

கலடு,(கல்,அடு),terrain pierreux.

கலணை, selle (de cheval): —வார் sangle;—க்கரடு pommeau de selle.

*கலதம்,(khalati),*V.* சொட்டைத்தலை.

*கலதி,(khalati *chauve*), la prétendue déesse chauve,—de la misère,*i.e.*மூதேவி.

*கலதை, (khalatâ *méchanceté*), 1° *V.*கலதி.2° trouble,confusion.

கலத்தல்,*n.v. de* கலக்கிறது, mélange,copulation,son inarticulé.

கலந்த,*part. parf. de* கலக்கிறது, mêlé,uni, joint, accouplé: கலந்தவன், கலந்தான், ami intime.

கலந்தருநர்,(கலம்,தருகிறது, நர்), potiers,orfévres.

கலந்தார்,*n.app.*3me *pers.pl.ou honorifique de* கலக்கிறது, ceux qui sont—,ils sont mêles, unis etc...

கலந்து.*gér.de* கலக்கிறது.

கலந்தை,1° grandeur.2° *P.* கலந்தாய்,tu as mêlé....

கலபம்,*P.*கலாபம்,queue de paon

கலப்பத்து, கலப்பற்று, (calfat, *français*),voie d'eau dans un navire, calfatage: —க்காரன் calfat, calfateur;—ப்பார்க்கிறது,—அடிக்கிறது calfater,boucher les voies d'eau.

கலப்பிக்கிறது, ப்பித்தேன், ப்பிப்பேன்,ப்பி,ப்பிக்க,*v.caus.de* கலக்கிறது,faire mêler,—unir,etc...

கலப்பு,*n.v.de* கலக்கிறது, mélange, alliage, copulation: கலப்பிடம், (இடம்),mélange,alliage,lieu du mélange;கலப்பில்லாத pur,sans mélange, sans altération.

கலப்பை,charrue, partie de charrue et ce qui y a rapport, instrument;—க்கிழங்கு la plante காரத்திகைக்கிழங்கு; —ச்சக்கிரம் roue de charrue,roue qui sert à l'ajuster;—ப்படை pièce de la charrue qui tient le soc,c'est l'arme de பலதேவன்; —ப்படையோன் celui est armé d'une telle pièce,*i.e.*Paladèven;—யுறுப்பு partie de charrue,la charrue indienne en compte 4,savoir: கொழு le soc;மேழி le manche *ou* mancheron;ஏர்க்கால் le timon; நுகத்தடி le joug.

*கலமம்,(kalama), roseau à écrire,calamus.

கலமர்,(கலம் *luth*,மன் *roi*),chanteurs.

கலம்,1° bijou, joyau, plat, vase, bassin, tasse, vase de terre, —de bronze,écuelle,plat à manger,vaisseau,navire,arme,instrument, espèce de boisseau contenant 12 maracals,sa marque est ஊ,s'il est suivi d'une fraction on dit கலனே,‖*V.* கலன்.2° *(khala *inférieur*), la 27me et dernière constellation.3°(gala).luth, guitare,violon.4° *adj.de* கலை cerf:அருங்கலம் joyau rare,—de prix,*V.* அருங்கலம்.

கலம்பகம்,(கலக்கிறது), mélange, trouble, composition de différentes substances odoriférantes, guerre, mortier (à bâtir), mélanges,miscellanées, le 1me des பிரபந்தம், pièce de poésie où presque toutes sortes de versifications s'entremêlent: கலம்பகமாலை le 18me des பிரபந்தம், pièce de poésie où s'entremêlent diverses sortes de versifications, mais moins que dans le கலம்பகம்.

கலம்பம்,espèce d'arsenic naturel.

*கலயம்,*P.*கலசம்:கலயத்திறுதடு le bord du pot,—de la cruche.

*கலர், *pl.* (khala), gens vils,bas peuple.

*கலவகம்,(khala *bas*, வகம் *monture*),corbeau,monture d'சசானன்.

கலவடை, (கலம், அடை), bouche d'un pot cassé placée sur un mortier à piler le riz pour empêcher qu'il ne se disperse,base—,pied—, place d'un vase, petit creux—, bourlet pour placer un vase rond par le bas et empêcher qu'il ne se renverse.

கலவரம்,perplexité, trouble, embarras,confusion:—கொள்ளுகிறது, —ஆகிறது,ou

கலவரிக்கிறது,ரித்தேன், ரிப்பேன், ரி,ரிக்க,v.n.கலவரித்தல்,n.v. et கலவரித்திருக்கிறது,(கலவரம்), se troubler, être irrésolu,confus,dans l'embarras

கலவர்,(கலம்,வர்),guerriers,marins,nautonniers.

கலவல்,n.v.de கலவுகிறது, mélange,copulation,son inarticulé.

கலவன், (கலக்கிறது), ce qui est mêlé. [tuile cassée.

கலவாங்கட்டி,(கலம்,ஆம்,கட்டி), கலவாசு,sorte d'explosion.

கலவாய்,espèce de poisson,‖V.கலவாசு.

கலவி, n.v.de கலக்கிறது, accouplement,coït,union:கலவியிற்களித்தல் plaisir lascif,partie de l'அகப்பொருள் qui en traite. [டை.

கலவிடை,(கலம்,இடை), V. கலவ

கலவுகிறது, வினேன்,வுவேன்,வு,வ,v.a.கலவுதல்,n.v.(கலக்கிறது),mêler,mélanger, remuer le grain qui sèche.

கலவை,n.v.de கலக்கிறது,mélange,mortier,mélange de chaux et de sable,substance broyée avec un peu d'eau,une des 4 sortes de compositions ou mélanges de parfums, onguent odoriférant, boue: —க்கீரை mélange de divers légumes; —ச்சேறு onguent odoriférant,mélange de parfums,mortier.

கலவோடு, (கலம், ஓடு), gén. கலவோட்டின், morceau de pot cassé, tesson.

*கலனம்,P. ஸ்கலனம், émission, effusion,flux de sang,menstrues immoderées.

கலனை,1° charrue,tout ce qui fait partie—, partie d'une charrue, ce qui y a rapport.2° acc.de

கலன்,P.கலம்,bijou,vase, navire, luth,guitare,dispute, débat, procès, réclamation, prétension,instrumens de sacrifice surtout de l'Omam,espèce de boisseau contenant 12 maracals et dont la marque est ௧,s'il est suivi d'une fraction on ajoute ௧ à la fin de கலன்: இருகலனேகுறுணி, (உளம்),2 boisseaux et un maracal;கலனைத்தீர்த்துக்கொடுக்கிறது convenir d'un calam et le donner, indemniser; இதற்குயாதொரு கலனுமில்லை à ceci il n'y a point de réclamation;கலன்கழிமடந்தை femme dépouillée de bijoux,i.e.veuve.

களாங்கம்,களாங்கன், களாங்கழி, களாங்கனி, arsenic naturel dit துத்தபாஷாணம். [kâ),avant-bras.

*களாசி, களாசிகை, (kalâtchi,—

களாசு, (classis,latin),navire, flotte:—க்காரன் marin, matelot, nautonnier,dresseur de tente.

*களாதன்,(kalâda),orfèvre.

களாதி,vacarme,clameur, mélange,désordre,trouble,tumulte, émeute,persécution:—பண்ணுகிறது faire du trouble,du tumulte, se soulever.

*களாநிதி,(கலை,நிதி), la lune,l'astre dont le disque se divise en doigts dits கலை. [cou d'un éléphant.

*களாபகம், (kalâpaka), corde du

*களாபம்,(kalâpa),sédition, révolte,mutinerie,tumulte, trouble, persécution,clameur,ceinture, —de 16 cordons garnis de grelots à l'usage des femmes, autre ceinture garnie de bijoux ou d'un cordon de grelots, ceinture d'or ou d'argent, collier au moins de 4 cordons ou fils garnis de grains (d'or etc...), guirlande de joyaux, paon (le mâle), queue de paon, ombrelle de plumes de paon, carquois, lune,mélange: களாபக்காரன் mutin,séditieux,persécuteur;களாபப்பட்டிருக்கிறது être en état de révolte,de guerre.

களாபனை,(களாபம்), V.களாபம்.

*களாபி,(களாபம்), paon (le mâle), plume de paon.

களாபிக்கிறது,பித்தேன்,பிப்பேன், பி,பிக்க, v.n.களாபித்தல்,n.v.et களாபித்துக்கொண்டிருக்கிறது, (களாப

ம்), se révolter, être en état de révolte,de guerre,causer des troubles.

*கலாபிருது, (kalâbhrout), Cammalen,artisan,ouvrier,lune.

கலாபிலை,P.கலாபலை.

கலாப்பிக்கிறது,ப்பித்தேன், ப்பிப்பேன்,ப்பி,ப்பிக்க,v.a. (கலக்கிறது), mêler,faire mélanger.

*கலாபூரணன்,(கலை),lune,la pleine lune,litt.celle qui a tous les கலை ou doigts. [nation.

கலாமயம்,(கலை),imitation,imagi-

கலாம், sévérité, cruauté, colère, emportement,bouderie,dégoût feint

கலாம்பூரம்,espèce de remède.

*கலாவதி,(கலை,vati),lune.

*கலாவல்லபன், (கலை,வல்லபன்), homme habile à connaître les phases de la lune.

கலாவல்,mélange,mixtion,n.v.de கலாவுகிறது, விேனன், வுவேன், வு,வ,v.a.et கலாவுதல்,n.v. P.கலவுகிறது,mêler,mélanger.

கலானம், troupe de guerriers,— de combattans.

*கலி, (kali), 1° pauvreté, misère, bassesse, malheur, perte, combat, guerre,dissension, flèches, Saturne, démon,ennemi,bruit,son, mer,tromperie,force,espèce de vers dit கலிப்பா,bouton de fleurs; V. கலியுகம். 2° imp. et part. de கலிக்கிறது; —தீர்த்தான் celui qui met fin à la misère, qui a sauvé du malheur; கலிக்குப்புதுமையானகாரியமாயிருக்கின்றது c'est une chose nouvelle ou une merveille pour le caliyougam ou l'âge de fer.

கலிகம்,espèce d'arsenic naturel.

*கலிகாலம்,(கலி),V.கலியுகம்.

*கலிகை,(id.ka), jeune bouton de fleurs, l'arbrisseau நாகமல்லிகை justicia.

கலிக்கம்,espèce de collyre, de remède très-piquant qu'on applique aux yeux:—போடுகிறது, —இடுகிறது appliquer ce remède.

கலிக்கிறது, லித்தேன், லிப்பேன், லி,லிக்க,v.n.être élevé,s'élever,croître, pousser, bourgeonner, se couvrir de feuillage, abonder,résonner, faire du bruit,vomir, dégoutter,filtrer, se fendre.

*கலிங்கம்,(kalinga),le pays Calinga sur la côte Coromandel, de Madras à Cattack, langue de ce pays, alouette,passereau,la plante வெட்பாலை,toile,habit,cheval,poire, V. கலிக்கம்:கலிங்கத்துப்பரணி poème sur le roi du சோழதேசம்.

கலிங்கு,digue de pierre,écluse,— par laquelle s'écoulent les eaux surabondantes d'un étang.

கலிசம்,l'arbre வன்னி.

கலிச்சி, fille née avec un autre enfant jumeau,f.de கலியன்.

*கலிதம்,1° (kalita), addition, accord, consentement, combinaison, mélange.2° P.ஸ்கலிதம்,écoulement, flux de sang,menstrues immodérées

கலிதி,poivrier, plante qui donne le poivre.

கலித்தல்,n.v.de கலிக்கிறது, élévation, abondance, accroissement, croissance,germination, bruit, clameur, pompe, vomissement, fente, écoulement,filtration.

கலித்தளை, (கலி), connexion des pieds propre au கலிப்பா. Elle consiste en ce qu'après les pieds terminés en விளம்,காய் ou பூ le pied suivant commence par une double brève ou நிரை.

கலித்தாழிசை,(கலி),espèce de தாழிசை ou combinaison de deux ou plusieurs vers dont le dernier est plus long que les autres. Cette combinaison peut être d'une strophe ou de 3 sur le même sujet.

*கலித்துருமம்,(id.),l'arbre தான்றி. [qui ont chacun 5 pieds.

கலித்துறை,(id.),strophe de 4 vers

கலித்தொகை,(id.), nom d'un livre. [leur de 10 sous.

கலிபணம், (id.), fanon de la va-

கலிபிலி, } trouble,émeute, alar-
கலிப்பிலி, } me,tumulte, vacarme, opposition; —யாக்குகிறது, —பண்ணுகிறது causer du trouble, du tumulte ou une querelle.

கலிப்பா,(கலி), espéce de strophe dont les vers ont 4 pieds chacun,et qui suit des règles particulières expliquées dans les grammaires.

கலிப்பு,*n.v. de* கலிக்கிறது, hauteur,son,bruit,abondance, vomissement,fente,laiton ou fer blanc,mélange de cuivre et de pierre calaminaire:—மலே montagne de laiton.

கலிமா,requète *ou* prière des musulmans. [du kaliyougam.

*கலியத்தம்,(கலி,அத்தம்), l'année

கலியர்,(*id.*அன்), guerriers, pauvres, gens malheureux.‖ *pl. de*

*கலியன்,(*id.*) garçon né avec un autre enfant,jumeau,homme—,chef du kaliyouga,Saturne.

*கலியாணம், (kalyâna), mariage, noces,bonne fortune, bonheur,prospérité,joie, or: —பண்ணுகிறது,—முடிக்கிறது,—முடித்துக்கொள்ளுகிறது se marier; கலியாணக்காரன் homme marié; —க்காரி femme mariée;—க்கால் branche d'arbre—,pieu que les Indiens plantent près de la porte de la maison où ils doivent célébrer un mariage,à l'endroit où ils élèvent ensuite le pandel; —க்கிரதம் remède de jus de citrouille,de beurre etc...;—க்கோலம் procession nuptiale,—de noces, habits de noces,*ou*—ச்சம்பிரமம் pompe nuptiale,—ப்பூசணி, *V.* கூஷ்மாண்டம்; —ப்பொருத்தம்,*V.* மணப்பொருத்தம்;—மண்டபம் salle de noces, lieu où l'on célèbre un mariage;—முருக்கு l'arbre முருக்கு, erythrina indica, dont les gentils attachent une branche avec l'அரசாணி au pilier du milieu du pandel du mariage;—வாழ்த்து félicitation —, bons souhaits —,compliment de noces.

*கலியாணவந்தன், (கலியாணம்), homme marié. [—heureux.

*கலியாணன்,(*id.*),homme marié,

*கலியாணி, (*id.*), sorte d'air, un des 42 airs modernes qui convient au soir et au விருத்தம், être heureux,chose de bon augure, Parvadi *ou* Oumei:பஞ்ச—,cheval qui a les 5 choses de bon augure,selon les gentils,*i.e.*qui a les 4 pieds et le front blancs.

*கலியுகம், (கலி), le kaliyougam, le 4ᵉ et dernier âge du monde des Indous,âge de fer *ou* de misère,qui, selon eux,doit durer 432000 ans, et a commencé 3101 ans avant J.C. ce qui correspond au temps du déluge, calculé d'après la chronologie des Septante.

கலிவிராயன்,கலிவிராய்,espèce de riz moyen plus gros que le சொரிகுறும்பை. [vers de 4 pieds chacun.

கலிவிருத்தம்,(கலி), strophe de 4

கலிவெண்பா,(*id.*), espèce de வெண்பா qui suit certaines règles particulières.

*கலினம்,(khalina),mors de bride, bride:கலினப்புரவி cheval bridé.

கலினி,veuve,poivrier, plante qui donne le poivre long.‖ *V.* இடாகினி.

கலினே,(கலினி),veuve,poivre,

கலின்கலினென்கிறது, கலின்கலினெனல், கலீரிடுகிறது, கலீரிடுதல்,கலீரென்கிறது,கலீரெனல், கலீல்கலீலென்கிறது, கலீல்கலீலெனல், (கலின்கலின்,கலீர்,கலீல்கலீல்,*son imitatif comme drelindindin*), faire *calin calin* etc..., faire du bruit, retentir, résonner, tinter: கலீல்கலீலென்று நடக்கிறது faire *calilcalil ou dindin* en marchant.

கலீகரிக்கிறது,ரித்தேன், ரிப்பேன், ரி,ரிக்க,(கலே), réduire en minutes.

கலுகுலுக்கிறது,லுத்தேன், லுப்பேன்,லு,லுக்க,*v.n.*குலுகுலுத்தல், *n.v.* (கலுகுலு *son imitatif*), plusieurs petits sons—, plusieurs choses résonner ensemble.

கலுகுலுப்பு,*n.v.du préc.*bruit réuni de plusieurs choses,—de plusieurs sons faibles.

கலுக்குப்பிலுக்கு, (*son imitatif*), bruit des bijoux, pompe, magnificence. [trouble,péché.

*கலுடம்,கலுஷம்,(kaloucha),eau

கலுமொலுக்கிறது, லுத்தேன், லுப்பேன்,லு,லுக்க,கலுமொலென்கிறது,*v.n.et* கலுமொலுத்தல், கலுகை

மொலெனல், n.v. (கலுமொலு *son imitatif*), résonner, faire du bruit, faire *caloumolou.*

கலுவடம்,(கவி, வடம்), bouton de [fleur.

கலுவம், P. கல்வம்.

கலுழம், P. கலுடம், eau trouble.

கலுழன், le faucon கருடன்: கலுழக்கல், V. கருடக்கல்.

கலுழி, (கலுழம்), eau trouble, ruisseau dont la source est dans une forêt.

*கலுழிதம்,(kalouchita),être trou-[ble.

கலுழ்தல், (கலுழ்), pleurs, trouble, perturbation, effusion, pleurer, se troubler, se répandre.

கலேர்,(*son imitatif*), calèr.

கலேல், 1° V. கலேர், 2° *imp.nég. de* கற்கிறது, n'apprends pas.

*கலை, 1° (kalâ), phase, doigt ou seizième du diamètre de la lune, minute de degré, durée de 30 காட்டை, environ 8 secondes, part, portion, art, science, système. On en compte 64, V. கலைக்கியானம். 2° ceinture de femme, autre ornement composé de différentes espèces de grains enfilés et que les femmes portent en guise de ceinture, mâle, le mâle des animaux, daim, cerf, singe, babouin, requin, baleine, le signe du Capricorne, toile, habit, l'arbre காஞ்சி, cœur d'arbre, branche d'arbre, splendeur, éclat, clarté, souffle divin, narine, respiration, partie de la respiration, respiration par une narine (par la gauche se dit இடகலை ou சந்திரகலை; par la droite பிங்கலை ou சூரியகலை), vers de strophe de 8 pieds du genre de poésie dit வண்ணம், force. 3° *imp. et part. de* கலைகிறது *et de* கலைக்கிறது: கலைகுறைகிறது, —குறைதல் s'affaiblir, la force—, la science diminuer; கலைக்கோட்டுமாமுனி,(கோடு), célèbre pénitent qui avait, dit-on, des cornes de cerf;—ஞானம், V. கலைக்கியானம்;—நாதன் le maître des sciences, Arouguen;—நாயகன் le maître des sciences, Bouddha ou புத்தன்; —மகள், —மடந்தை la fille des sciences, ou la fille savante, Saratchouvadi *ou* சரசுவதி;—மலைவு confusion dans la science, désordre dans les idées;—மான் cerf, daim, V. சரசுவதி; —உடுக்கிறது s'habiller; —யுணர்ந்துவோன், —யுணர்புலவன் le docteur des sciences, le savant dans les sciences. Coumaren ou குமரன்; —யூர்தி,(ஊர்தி), V. கலையானத்தி;—யேறுகிறது,(ஏறுகிறது), croitre, prendre figure, se former, le souffle divin—, l'effet des formules magiques s'insinuer;—யேற்றுகிறது donner une figure, former, insinuer—, faire entrer le souffle divin,—l'effet des formules magiques;—வல்லோர் les savans, les poëtes.

கலைகிறது, லைந்தேன், லைவேன், லை, லைய, v.n. *et* கலைந்துபோகிறது, (குலைகிறது), se déranger, se dissoudre, se dissiper, se disperser, se retirer en désordre, être dissous, rompu, dissuadé, aliéné, détourné, dispersé: கலையப்பண்ணுகிறது, கலைவிக்கிறது, V. கலைக்கிறது.

கலைக்கியானம், (கலை), art, système, science. Les Indous en comptent 64 savoir: அக்ஷரவிலக்கணம் la lecture, l'art de lire, la connaissance des lettres, de l'épellation, de l'orthographe et de la manière de lire; இலிகிதம் l'écriture, l'art d'écrire, la calligraphie; கணிதம் l'arithmétique, l'art de compter; வேதம் les Vêdas, la connaissance des livres réputés sacrés. 5° புராணம் les Pouranas, la connaissance des Pouranas, ouvrages qui contiennent l'ensemble de la théologie indoue et l'histoire fabuleuse de ses faux dieux; வியாகரணம் la grammaire: நீதிசாஸ்திரம் la jurisprudence; சோதிடசாஸ்திரம் l'astronomie et l'astrologie; தர்மசாஸ்திரம் code des lois, la connaissance des lois indoues. 10° யோகசாஸ்திரம் règles de méditation des yoguis indous; மந்திரசாஸ்திரம் la connaissance des prières et hymnes liturgiques des Indous, qui font la 1re partie des Vêdas, s'adressent à différentes divinités et sont usitées dans leurs divers sacrifices et circonstances semblables: சகுனசாஸ்திரம் la science des augures; சிற்பசாஸ்திரம் l'architecture et la mécanique; வைத்தியசாஸ்திரம் la médecine. 15° உருவசாஸ்திரம் la physiognomonie *ou* métoposcopie et la chiromancie *ou* l'art de connaître le caractère et de pronostiquer les aventures de quelqu'un à l'inspection des traits de son visage et de sa main; இதிகாசம் histoire, surtout l'histoire fabuleuse des héros; காவியம் les poèmes épiques et la poésie; அலங்காரம் science des figures de rhétorique; மதுரபாடனம் l'éloquence. 20° நாடகம் l'art dramatique; நிருத்தம் la danse ou l'art de danser; சத்தப்பிரமம் science des sons ou des règles pour la modification des sons; வீணை l'art de jouer du luth; வேணு l'art de jouer de la flûte. 25° மிருதங்கம் l'art de battre le tambour; தாளம் l'art de battre des cymbales; அஸ்திரபரிக்ஷை art de lancer des flèches; கனகபரிக்ஷை art d'éprouver et de connaître l'or; இரதபரிக்ஷை l'art de conduire un char. 30° கசபரிக்ஷை la connaissance des différentes marques des éléphans; அசுவபரிக்ஷை la connaissance des différentes marques des chevaux; இரத்தினபரிக்ஷை la connaissance des pierreries ou l'art de les examiner et de les choisir; பூபரிக்ஷை la connaissance des divers terrains; சங்கிராமவிலக்கணம் l'art et la tactique militaires. 35° மல்லயுத்தம் l'art de la lutte, l'art des athlètes; ஆகருஷணம் science des évocations par enchantement; உச்சாடனம் l'art de chasser les mauvais esprits et les maux par enchantement; வித்துவேடணம் l'art d'exciter la haine par enchantement; ... யதிரசாஸ்திரம் la science ... la copulation modus coeundi. 40° மோகனம் l'... d'exciter à la luxure par enchantement; வசீகரணம் art de s'emparer de quelqu'un ou de quelque chose par enchantement; இரசவாதம் la chimie ou l'alchimie; காந்தருவவாதம் connaissance de la nature des êtres célestes; பிலவாதம் *ou* பைபிலவாதம் l'art d'explorer les cavernes des montagnes et d'en faire des habitations; d'autres disent la connaissance du langage des fourmis. 45° கவுத்துகவாதம் art de rendre la joie à une âme attristée; தாதுவாதம் connaissance du pouls; காருடம் art des tours de passe-passe; நட்டம் l'art de découvrir par des calculs astronomiques un objet perdu; முட்டி l'art de connaître par le même moyen, ce que quelqu'un a de caché dans sa main. 50° ஆகாயப்பிரவேசம் l'art d'entrer et de disparaître dans l'air; ஆகாயகமனம் l'art de marcher dans l'air; பரகாயப்பிரவேசம் l'art de changer de corps étant encore vivant; அதிரிசியம் l'art de se rendre invisible; இந்திரசாலம் l'art de faire des stratagèmes et des tours de ruse. 55° மகேந்திரசாலம் l'art de faire des prestiges dans le ciel et sur la terre; அக்கினிஸ்தம்பம் l'art de fasciner le feu et d'en arrêter les effets; சலஸ்தம்பம் l'art de fasciner l'eau; வாயுஸ்தம்பம் l'art de fasciner le vent; திஷ்டிஸ்தம்பம் l'art de fasciner les yeux. 60° வாக்குஸ்தம்பம் l'art de fasciner la bouche; சுக்கிலஸ்தம்பம் l'art de fasciner le sperme; சன்னஸ்தம்பம் l'art de fasciner la naissance; கடகஸ்தம்பம் art de fasciner les armes. 64 அவஸ்தைப்பிரயோகம் art de tuer par sorcellerie. Ainsi de ces 64 sciences si vantées des Indous, une vingtaine sont des arts de pure magie ou sorcellerie, arts diaboliques, que bien des fois les empereurs même payens ainsi que le vrai Dieu ont proscrits, parce qu'ils sont nuisibles à la société en général, et aux individus en particulier. Plusieurs autres de ces sciences ne sont que gentilité, superstition et immoralité. D'autres ont pour objet des choses si peu importantes qu'à peine méritent-elles le nom d'arts ou de sciences. En général le paganisme et la magie ont fait grand tort aux vraies sciences et aux arts utiles dans l'Inde.

கலைக்கிறது, கலைத்தேன், கலைப்பேன், கலை, கலைக்க, *v.a.de* கலைகிறது, dissiper, déranger, mettre en désordre, brouiller, disperser, dissuader, détourner, aliéner, indisposer, faire changer de sentimens ou d'affections, pervertir, rompre, déloger l'ennemi, chasser, faire cesser; கலைத்துப் போடுகிறது, —விடுகிறது dissiper, disperser, confondre, embarrasser, dissuader; கூடினமேகங்களைக்காற்றுகலைத்தது le vent a dissipé les nuages qui étaient réunis; எனக்குச்சகாயஞ்செய்யவிருந்தான் வேறொருவனவனைக்கலைத்தான் il avait l'intention de m'assister, un autre l'en a dissuadé; அவன்வந் தெல்லாத்தையுங்கலைத்தான் il est venu et à tout mis en désordre. [poëtes.

கலைஞர், (கலை), savans, gens lettrés,

கலைஞ்சு, *P.* கலைந்து.

கலைதல், *n.v.de* கலைகிறது, dispersion, dérangement, dissolution, déroute.

கலைத்தல், *n.v.de* கலைக்கிறது, dispersion, dérangement, dissuasion, action de dissiper etc...

கலைந்து, *gér.de* கலைகிறது.

கலைப்பிக்கிறது, *v.caus. de* கலைக்கிறது, faire dissiper...

கலைப்பு, *n.v. V.* கலைத்தல்.

கலைய, 1° *inf.de* கலைகிறது. 2° *obl. de*

*கலையம், *P.* கலயம், *V.* கலசம்.

கலையானத்தி, (கலை, யானம்), celle dont la monture est un cerf, *i.e.* துர்க்கை et சரசுவதி.

கலையினன், (கலை), l'astre qui a des phases, ou l'astre brillant,— dont le disque se divise en doigts, *i.e.* la lune.

கலையோன், (கலை), *V.* கலையினன்.

கலைவு, *n.v.de* கலைகிறது, dispersion, trouble, division.

*கலோரலம், *P.* கல்லோலம்.

கல் *ou* கல்லு, 1° *pl.* கல்லுகள், கற்கள், pierre, pierre brute, brique, pierre précieuse, montagne, ocre jaune, pierre qui guérit du poison, marque de son ou son imitatif, lest, ancre de pierre, fer à hosties. 2° *imp. et part. de* கற்கிறது *et de* கல்லுகிறது. (Dans les mots composés ல் devant une voyelle se double; ordinairement il se change en ற் devant க, ச, த, ப, et en ன் devant ஞ, ந et ம): கல்காய், *V.* கல்லங்காய்; கல்கண்டு, *P.* கற்கண்டு; கல்கருசிலை, *V.* கற்கருசிலை; கல்தலை *P.* கற்றலை; கல்நாதம், *P.* கன்னாதம்; கல்நார், *P.* கன்னார், asbeste; கல்நெஞ்சன், *P.* கன்னெஞ்சன்; கல்மதம், *P.* கன்மதம்; கல்மலை, *P.* கன்மலை; கல்மழை, கல்மாரி, *P.* கன்மழை, கன்மாரி; கல்போடுகிறது lancer une pierre *ou* des pierres; —பரவுகிறது paver; கல்லின்காரம் asbeste; கல்லூற்றுத்தண்ணீர் eau de roche: ஆமைக்கல் brique ou pierre hexagone pour paver.

*கல்ப்பம், *V.* கற்பம்.

*கல்மஷம், *V.* கன்மஷம்.

கல்லகம், (கல், அகம்), montagne rocheuse,—de pierre.

கல்லகாரம், *V.* கல்லாரம்.

கல்லக்காரம், (கல், அக்காரம்), sorte de jagre *ou* de liqueur de palmier

கல்லங்காய், (கல், அம்), fruit dur comme une pierre.

கல்லங்கோரை, (*id.*), la plante cyperus racemosus.

கல்லடிச்சேம்பு (கல், அடி), espèce inférieure de சேம்பு, bonne à manger. [nic naturel.

கல்லடிமூலம், (*id.*), espèce d'arse-

கல்லடைசல், (கல்), mal que fait une pierre entrée dans les souliers, etc... ‖*ou*

கல்லடைப்பு, (*id.*), gravelle, rétention d'urine qu'elle cause.

கல்லணை, 1° *P.* கலணை, selle. 2° (கல்), digue en pierre, le pont d'Adam, ou digue construite par Râmen entre Râmêsouram et l'île de Ceylan dont il fit la conquête.

கல்லத்தி, (கல்), espèce de figuier, ficus tomentosa.

கல்லரவிந்தம்,(*id.*),*V.*கற்றுமரை.

கல்லரிகிறது,*V.*கல்லறுக்கிறது.

கல்லல்,*n.v.de* கல்லுகிறது, action de creuser,—de creuser avec un petit bâton, bruit des paroles (surtout d'une foule de monde.) [ஞ்சில்.

கல்லழிஞ்சில்,(கல்), espèce d'அழி

கல்லளை,கல்லழை,(*id.*),caverne de montagne. [tailler des pierres.

கல்லறுக்கிறது,கல்லறுத்தல்,(*id.*),

கல்லறை, (*id.*), tombeau, tombe, fosse,cimetière,antre,caverne ou cave taillée dans le roc,lits en pierres ou en maçonnerie séparés par un petit mur.

கல்லாங்காசு, (கல், ஆம்), palet, morceau de tuile plat et rond pour jouer,tesson.

கல்லாசாரி,(கல்),*V.*கற்றச்சன்.

கல்லாடம், nom d'un ouvrage de poésie. [l'ouvrage susdit.

கல்லாடர், nom de l'auteur de

கல்லாத, *part. nég.* 1° *de* கற்கிறது,ignorant,idiot, sans instruction. 2° *de* கல்லுகிறது,non creusé. [லார்.

கல்லாதார், கல்லாதவர், *V.* கல்

கல்லாந்தலை,(கல்,ஆம்), espèce de poisson.

கல்லாமை,*n.v.nég. de* கற்கிறது, ignorance, défaut d'instruction,—d'étude.

கல்லாரம்,(கல்,ஆரம்), nénuphar,—odoriférant,la plante நீர்க்குளிரி,

கல்லாரை,1° *acc. de.* கல்லார். 2° (கல்,ஆரை), sorte d'herbe médicinale qui croit parmi les pierres.

கல்லார்,*n.app. nég. de* கற்கிறது, les ignorans, les gens non-lettrés, —sans instruction,—vils, bas-peuple. [த்தி.

கல்லாலம், (கல்,ஆலம்), l'arbre இ

கல்லால், 1° (கல், ஆல்), l'arbre ficus Maysorensis,multipliant pétrifié du Caïlasam.2° *abl. de* கல்.

கல்லான்,1° levier—, barre de fer 2° *sing.de* கல்லார்,ignorant.

கல்லி,tortue,passereau. [pierres.

கல்லிசை, (கல்), combinaison de

கல்லிச்சி, கல்லித்தி, (*id.*), l'arbre ficus retusa.

*கல்லியம்,(kalya), callou, toddi, arack, liqueur spiritueuse, boutique de callou,pied,eau.

*கல்லியாணம்,*V.*கலியாணம்.

*கல்லியாணி,*V.*கலியாணி.

கல்லிழைக்கிறது, கல்லிழைத்தல், (கல்),enchâsser des pierreries.

கல்லிறுல்,(*id.*),chevrette noire.

கல்லீயம்,(கல்), vitriol bleu, sorte de plomb.

கல்லீரல், (*id.*), gésier, estomac à muscles forts des oiseaux,foie.

கல்லு, *V.* கல்: —க்குடல் ventre constipé,—dur comme une pierre;—நிலம், —த்தரை terrain pierreux;—த்தூக்குகிறது lever l'ancre;—பாவுகிறது paver (avec des pierres);—போடுகிறது jeter l'ancre de pierre, lancer—, mettre une pierre ou des pierres;—வைக்கிறது mettre une pierre,arrêter la marche d'une affaire,lester (une barque) avec des pierres,mettre une pierre, (cérémonie pratiquée par les gentils à la cérémonie de la mort de quelqu'un), s'obstiner.

கல்லுகிறது, ல்லினேன், ல்லுவேன்,ல்லு, *ou* கல், ல்ல, *v.a.* creuser, creuser avec un petit bâton.

கல்லுக்கலைக்காத்தான், (கல், அலை),la plante பொன்னுங்கண்ணி

கல்லுண்டை,(கல்), boule—,bille de pierre,espèce de riz.

கல்லுதல்,*n.v.de* கல்லுகிறது.

கல்லுப்பு, (கல்), sel commun en masse,en bloc.

கல்லுரல்,(*id.*),mortier en pierre.

கல்லுருணி, } (*id.*), l'arbrisseau
கல்லுறுணி, } குருவிச்சி.

கல்லுருவி,(*id.*),la plante qui perce les pierres,ammannia debilis.

கல்லுளி, (*id.*), ciseau de tailleur de pierre,espèce d'acier. [son.

கல்லுளுவை, (*id.*), sorte de pois-

கல்லூசி,espèce de remède.

கல்லூரி,(கல் *de* கற்கிறது,ஊரி), école,collége,académie.

கல்லூருணி,(கல்)nom d'une ville, puits dans un rocher, —taillé dans le roc.

கல்லெடுக்கிறது, கல்லெடுப்பு,(கல்), prendre—,ôter une pierre,ôter la pierre qu'on a mise à la cérémonie de la mort,(sorte de cérémonie funèbre des gentils).

கல்லெரிப்பு,(*id.*), strangurie,difficulté à uriner.||*ou*

கல்லெரிவு,(*id.*),ardeur ou douleur que cause la pierre ou la gravelle.

கல்லெறி, (*id.*),jet—,portée d'une pierre,action de lancer des pierres, fronde:—தூரம் distance d'un jet de pierre. [une pierre,—des pierres.

கல்லெறிகிறது,(*id.*),jeter—,lancer

கல்லென்கிறது, கல்லெனல், (*id.*), dire *cal* (*son imitatif.*) [கல்லுகிறது.

கல்லேன், *nég.de* கற்கிறது, *et de*

கல்லை, 1° *acc.de* கல். 2° feuilles cousues ensemble pour servir d'assiettes,etc... cheville ou bouton des socques de bois des Indiens, calommie,diffamation, discorde, rancune. 3° *P.*கல்லாய்,2°*pers.de* கல்லேன்:—ப்படுகிறது, —ப்பட்டுப்போகிறது être diffamé, calomnié, —செய்கிறது diffamer, calomnier;—தீராக்கி, (தீர், ஆக்குகிறது), minéral qui dissout les pierres ou les chairs.

கல்லொட்டர்,(கல்),gens de la caste des ஒட்டர் qui tirent la pierre des carrières et bâtissent des murs de pierre. [qui se colle aux pierres.

கல்லொட்டி,(கல்), limaçon,*litt.*ce

*கல்லோலம்,(kallôla), houle, flot, vague de la mer et des fleuves.

கல்வம், petite pierre à broyer, pierre à broyer et creuse,petit mortier à broyer surtout des drogues.

கல்வரிக்கை,espèce de jacquier.

கல்வளை,(கல்), caverne, creux—, fente—,abyme d'une montagne.

கல்வி, *n.v. de* கற்கிறது, science, érudition,savoir, art, connaissance, instruction,étude,sagesse, ce qui est un des 4 mérites moraux; —க்களஞ்சியம் grenier de sciences,*i.e.*homme très-savant; —க்களம் école; —க்காரன் homme de science,savant; —ச்சாதனம் élémens—,rudimens d'une science; —த்திறம் habileté dans les sciences;—த்துறை,—நூல் science, ouvrage—, livre de science;—பயிலுமிடம்,—பயிலிடம் école, collége, séminaire,*litt.*lieu où l'on apprend les sciences; —ப்பயிற்சி usage pratique—,exercice des sciences; —ப்பிருதி le salaire—,l'avantage de la science;—ப்பொருள் science,érudition, possession de la science; —மதம் orgueil provenant de sa science; —யறிவு érudition,science acquise; —யூரி,(ஊரி),*V.*கல்லூரி.

கல்விமான், கல்வியாளன், (கல்வி), savant,lettré,homme instruit.

கல்வீடு,(கல்), maison en briques ou en pierres.

கல்வீரியம், (*id.*),vitriol vert.

கல்வெட்டு, (*id.*), incision de la pierre,—avec une pierre, action de tailler la pierre, inscription gravée sur la pierre,nom d'un livre.

கல்வெள்ளி,(*id.*),mélange d'étain et [de fer.

கல்வேகம்,(*id.*),vitriol vert.

கல்வேதி,(*id.*), minéral qui dissout les pierres.

கவக்குன்று,(கவம்), le mont மந்தரம் qui au dire de la fable,a servi de batte pour baratter la mer de lait et faire l'ambroisie.

*கவசம்,(kavatcha), cuirasse, cotte de mailles,armure,veste,habit,prière regardée comme un préservatif, amulette,ciment, composition argileuse pour boucher les vases des chimistes, pansement—, appareil d'une plaie, —d'une blessure:—கட்டுகிறது panser une plaie; —தரிக்கிறது porter une cuirasse; கவசகுண்டலன் le roi Carnen,(que les Indous font naître avec une cuirasse et des pendants d'oreille; கைக்— gantelet;தோட்—jaquette de peau; மார்க்—,மெய்க்—cuirasse.

*கவசனி,(கவசம்,nâ),*V.*கவசம்.

*கவடம்,*P.*கபடம்.

கவடி, 1° cauris ou coquillages qui servent de monnaie. 2° *P.*கபடி. 3° fourche:—பாய்கிறது sauter, espèce de jeu de barre où l'on saute à cloche-pied en répétant கவடி jusqu'à perdre haleine.

கவடு, *gén.* கவட்டின், 1° fourche, branche d'arbre fourchue, jambes écartées, —étendues, corde—, sangle d'éléphant, licou, corde mise au cou d'un animal. 2° *P.* கபடு, tromperie... அவன்கவட்டிலேநுழைந்தான் il a passé entre ses jambes écartées, *i.e.* il s'est soumis à lui.

கவட்டல், கவட்டுதல், *n.v. de*

கவட்டுகிறது, ட்டினேன், ட்டுவேன், ட்டு, ட்ட, *v.a.* mâcher, ruminer, sucer, courber, entourer.

கவட்டு, 1° *obl. de* கவடு. 2° *imp. et part. de* கவட்டுகிறது:—க்கால், *V.* கவட்டை, pieds écartés; —நெஞ்சன் trompeur, cœur double.

கவட்டை, (கவடு), fourche, pieu fourchu qui soutient un toit, —qui sert de porte dans une haie.

கவணம், espèce de remède: —கட்டுகிறது bander—, panser une plaie.

கவணி, mousseline, toile très-fine.

கவுணை, கவண், கவண்டி, கவண்டு, fronde: கவண்காரன் frondeur; கவண்டெறிகிறது, கவண்டாலெறிகிறது lancer avec la fronde, attaquer à coup de fronde.

கவண்டர், gens vils, bas peuple, vauriens, gens d'une certaine caste.

*கவந்தம், *V.* கபந்தம். [d'un géant.

*கவந்தன், (*id.*), Gavanden, nom

கவம், batte à beurre. ‖ *V.* கபம்.

கவயம், 1° (gaveta, *portugais*), tiroir. 2° **ou*

*கவயமா, *et* [de bœuf sauvage.

*கவயம், (gavaya, மா), gayal, sorte

*கவரம், (kavara), éventail—, vergette faite du poil de la queue du yack, colère.

கவராசம், (கவர், ஆசம்), vrille, foret, compas: —இடுகிறது, —வீசுகிறது tracer un cercle avec le compas.

கவரல், *n.v. V.* கவர்தல்.

கவராயம், *P.* கவராசம்.

*கவரி, (kavari), espèce de cerf à longue crinière ou plutôt le yack, bos grunniens, vergette ou éventail fait des poils de sa queue, ce qui est un des 21 insignes de la royauté, buffle, bufflonne, char, voiture.

கவரிமா, கவரிமான், (கவரி), le yack *ou* cerf susdit.

கவரிநுக்கி, கவரிநுக்கு, (கவர், இறுக்குகிறது), l'arbre கடவு gyrocarpus, passage étroit par-dessus une fourche. [து, கவர்தல்.

கவருகிறது, கவருதல், *V.* கவர்கிற

கவர், 1° fourche, branche d'arbre fourchue, bananier. 2° *imp. et part. de* கவர்கிறது *et de* கவர்க்கிறது. 3° *V.* கவர்ச்சி: கவரொழுசங்கம், l'arbrisseau முட்சங்கம்; —க்கொம்பு branche fourchue, ramure ou corne de cerf divisée en plusieurs branches; —க்கோல், —த்தடி fourche, bâton fourchu (pour prendre des épines etc...;)—படுகிறது, —ஆகிறது, —விரிகிறது devenir fourchu, se bifurquer, se diviser en deux; —படுபொருள் défaut de vers *ou* de composition, qui consiste en ce que les mots, qu'on a jouté pour expliquer une chose, ont eux-mêmes plusieurs significations et laissent du doute; —படுமொழி mot à plusieurs sens; —வழி chemin qui se divise en plusieurs branches, carrefour; —விடுகிறது, —விடுதல், *V.* கவர்க்கிறது.

கவர்கிறது, ர்ந்தேன், ர்வேன், ர், *ou* ரு, ர, *v.a.* piller, voler, emporter, convoiter, désirer charnellement, baratter, ramasser.

கவர்க்கிறது, ர்த்தேன், ர்ப்பேன், ர், ர்க்க, *v.n.* (கவர்), devenir fourchu, se bifurquer, pousser des branches, se partager, se diviser en deux, mettre une fourche: கவர்த்த, —கவர்த்திடுவழி chemin fourchu, qui se divise.

கவர்ச்சி, கவர்தல், *n.v. de* கவர்கிறது, pillage, vol, prise, désir ardent,—impur, concupiscence, action de baratter, d'emporter.

கவர்த்தல், கவர்ப்பு, *n.v. de* கவர்க்கிறது, devenir fourchu, mettre une fourche, bifurcation, pousse des branches.

கவர்வு, *n.v. de* கவர்கிறது, *et de* கவர்க்கிறது, saisie, acceptation. ‖ *V.* கவர்ச்சி *et* கவர்த்தல்.

கவலல், *n.v. de* கவலுகிறது, peine,

inquiétude,intérêt qu'on porte, désir,bruit confus d'une foule, —de paroles.

கவலி,1° *P.கவலை* 2° *imp.et part.de*

கவலிக்கிறது,லித்தேன்,லிப்பேன், லி,லிக்க,v.n.(கவலை),s'inquiéter,porter de l'intérêt,être inquiet, embarrassé,intéressé,touché, peiné, troublé,s'efforcer.

*கவலித்தல், கவலிப்பு, கவலிக்குகை,n.v.du préc.*intérêt, inquiétude, peine.

*கவலுகிறது, ன்றேன், லுவேன், லு,ல,v.n.கவலுதல்,n.v.*1° *V.கவலிக்கிறது*.2° glisser.

கவலை,1° *n.v.de கவலுகிறது*,souci,anxiété, perplexité, inquiétude, soin,embarras,affaire,intérêt qu'on porte,occupation,affliction, chagrin, peine, crainte,maladie, souffrance, carrefour, lieu où deux ou plusieurs chemins aboutissent, chemin qui se divise en plusieurs branches, branche d'arbre,millet rouge, sorte de plante rampante.2° *(kavalâ), espèce de poisson:—*படுகிறது,—யாயிருக்கிறது* être inquiet, embarrassé, concerné,intéressé,soigneux; —*பாய்ந்துபோகிறது* le poisson dit *கவலை* sauter,—s'élancer, le chagrin—, le souci venir, —s'emparer de quelqu'un,—s'en aller; —*யற்றிருக்கிறது* être sans soin,sans souci; —*யேற்றம்* machine qui au moyen d'une corde,qui est tirée par des bœufs et tourne sur une roue, puise avec un sac de cuir l'eau d'un puits pour arroser: *இப்போதுனக்குக்கவலையில்லாததாலிதையெழுது* écris ceci puisque tu n'es pas occupé maintenant.

கவல்,1° (*கவலை*), soin,inquiétude, affliction,peine.2° *imp.et part.fut.de கவலுகிறது.*

கவவு,action de renfermer, fourche,branche d'arbre,*n.v.imp.et part. de*

*கவவுகிறது,வினேன்.வுவேன், வு. வ,v.a.*mettre dans,renfermer.

**கவழிகை*, (kavalikâ), voile, rideau,bandage de plaie.

**கவளம்*,(kavala), 1° bouchée, riz cuit, boule, boulette, médecine—, fourrage pour les éléphans:—*கொடுக்கிறது,—போடுகிறது, —மேய்க்கிறது* donner un remède,—du fourrage aux éléphans. 2° *ou*

கவளி,கவளிகை, (*கவளம்*), paquet de 100 feuilles de bétel.

கவளீகரிக்கிறது, ரித்தேன், ரிப்பேன்,ரி,ரிக்க, v.a. (*கவளம்*),manger—, prendre comme médecine ou fourrage,dévorer,manger,couvrir entièrement. Le *n. v.* est *கவளீகரித்தல்*.

கவறல்,P.கவல்தல், ou கவலுதல், peine,chagrin,vexation,inquiétude, souffrance.

கவறு,gén.கவற்றின், dé à jouer, sort:—*உருட்டுகிறது, —எறிகிறது, —போடுகிறது* jouer aux dés, jeter les dés,tirer au sort.

கவறை, கவறைவடுகர், Cavarés, Choutres de race télinga,qui s'occupent pour la plupart à faire et à vendre des bracelets de verre.

கவற்சி, 1° *n. v. de கவலுகிறது*, soin,souci,peine.2° *P.கவர்ச்சி*,désir

கவற்றுகிறது,ற்றினேன், ற்றுவேன், ற்று, ற்ற, v.a. de கவலுகிறது, tourmenter,inquiéter.

கவனம், attention, application, soin,grand soin,précaution,considération,sollicitude,inquiétude,intention,trouble,confusion ,douleur aigue,bois,forêt,pas—, marche d'un cheval,hâte, vitesse, armée: —*ஆய்* attentivement;—*ஆன*, —*உள்ள* attentif,soigneux,appliqué; —*இல்லாமை* manque d'attention,de soin.

கவனன், (*கவனம்*), homme diligent,attentif,vif,agile,précipité, qui agit par boutade.

கவனி,1° espèce d'arsenic, naturel.2° *imp.et part.de*

கவனிக்கிறது,னித்தேன், னிப்பேன், னி,னிக்க,v.n. (*கவனம்*), s'appliquer,être attentif, soigneux, studieux,pensif,inquiet:*கவனித்துக்கேட்கிறது* écouter attentivement.

கவனித்தல்,கவனிப்பு,n.v.du préc. attention,soin,application, diligence,intention.

கவா,*கவாக்ஷி,(gavâkchi),la plante காக்கணம்.

*கவாக்ஷம்,கவாக்ஷி,(gavakcha,ou கோ,அக்ஷம்),œil de bœuf,ventouse, trou pour laisser passer l'air, fenêtre ronde.

*கவாடம்,1° (kavâta), porte, garde.2° fourrage pour les chevaux et les éléphans, charge d'herbe, —de foin,—de paille: கவாடக்கட்டி la plante வசம்பு, glaïeul; —க்காரன் faucheur,homme qui coupe de l'herbe, fourrageur, celui qui pourvoie au fourrage des éléphans et des chevaux:—த்தாள் verrou de porte.

கவாத்து,கவாய்த்து, exercice militaire, revue.

கவாய்.V.கபாய்.

கவாளம், pansement d'une plaie, sorte de remède pour les plaies.

கவான், cuisse.

*கவி,1° (kavi), vers,strophe,chant, poésie, poète, savant,chantre,chanteur de poésies, la planète Vénus, frein, la plante பூனைக்காலி. 2° *P.* கபி,singe. 3° *imp. et. part. de* கவிகிறது, *et de* கவிக்கிறது.Les Indiens comptent 4 espèces de poésies et de poètes, savoir: ஆசுகவி pièce de poésie improvisée, poète ou chantre improvisateur; மதுரகவி poésie qui traite d'objets agréables en vers harmonieux,dont le premier a pour le son une certaine correspondance avec le second et ainsi de suite,poète qui compose de ces vers; சித்திரகவி vers écrits en diverses figures de fantaisie, poète qui en fait de tels; வித்தாரகவி grand poème,poème—, poète épique: கவிகள்,*pl.*les poésies, les vers,les poètes; கவிக்கட்டு règles de la poésie,style poétique; கவிக்கருத்து intention—,but du poète, sens des vers;—கற்றோர் ceux qui apprennent et récitent des poésies, bardes,panégyristes, chanteurs d'éloges ou de souhaits en vers; —காளமேகம் nom d'un poète; —கேதனம் la bannière qui représente un singe, c'est celle d'அருச்சுனன்,—ச்சக்கிரவர்த்தி,—சேகரன் le roi—, le prince des poètes,le poète par excellence,கம்பன்,l'auteur du Râmâyana tamoul,Vâlmiki, l'auteur du Râmâyana sanscrit qui est regardé comme l'inventeur de la poésie sanscrite; —ச்சொல் terme poétique; —த்துவம்poésie,génie poétique, talent de faire et de chanter des vers; —நாயகன் héros d'un poème,d'une pièce de poésie; —பாடுகிறது, —சொல்லுகிறது composer—,chanter —,réciter des vers;—மாலை guirlande—,série de vers;—சாத்திரம் traité de versification;—ராயன், *V.*கவிசேகரன்,poète;—ராயர், —வல்லோர், —வாணர் poètes,savans: —வீரராகவமுதலியார் poètes illustres et d'un mérite distingué; அந்தகக் கவிவீரராகவமுதலியார் surnom d'un poète qui naquit aveugle.

கவிகம், gomme,résine.

கவிகிறது,விந்தேன், விவேன்,வி, விய,*v.a. et n.* couvrir, ombrager, être attentif à, désirer ardemment, être concave, se courber, plier,pencher: மேகங்கள் மலைச்சிகரத்தைக் கவிந்துகொண்டது les nuées ont couvert le sommet de la montagne.

கவிகுருத்தம், arsenic dit கந்தகபாஷாணம்.

கவிகை,1° *n.v.de* கவிகிறது, concavité, parasol,ombrelle,pente,penchant,don, libéralité. 2° *(கவி kâ), mors de bride.

கவிக்கிறது,வித்தேன், விப்பேன், வி,விக்க,*v.a. de* கவிகிறது, couvrir, courber,faire pencher, —ombrager, rendre concave.

கவிசனை, } enveloppe,couverture, கவிசினை, } foureau, voile, toile d'emballage.

கவிசினம்,*V.* கச்சட்டம்.

கவிசை, tumeur ou enflure morbide dans le ventre.

கவிச்சி,கவிச்சு, mauvaise odeur, puanteur, odeur de la viande crue, des œufs, du poisson,des ulcères...:

கவிச்சடிக்கிறது sentir mauvais....

கவிஞன்,*pl.* கவிஞர், (கவி). poète, savant, barde, panégyriste.

கவிதல், *n.v. de* கவிகிறது.

*கவிதை, (கவி, tà), vers, poésie, poème: —சொல்லுகிறது, —பண்ணுகிறது composer des vers.

கவித்தம், 1° fermer le poing, se boxer. 2° *P.* கபித்தம்.

கவித்தல், *n.v. de* கவிக்கிறது.

கவிப்பர், marchands.

கவிப்பு, *n.v. de* கவிக்கிறது, parasol, ombrelle, action de couvrir, objet creux, place du soleil en matière d'astrologie.

*கவியம், (கவி, va), bride, mors de [bride.

*கவிரம், *P.* கவீரம்.

கவிர், l'arbre முண்முருக்கு.

கவிவு, *n.v. de* கவிகிறது, centre, concavité, action de se plier en dedans, de se refermer.

கவிழுகிறது, *ou* கவிழ்கிறது, ழ்ந்தேன், ழுவேன் *ou* ழ்வேன், ழு *ou* ழ், ழ, *v.n. et* கவிழ்ந்துபோகிறது, se renverser, être renversé sens dessus dessous, être retourné le dedans dehors, mourir, se courber, baisser la tête: கவிழ்ந்துகிடக்கிறது, —படுக்கிறது être couché la face en bas: —கொள்ளுகிறது se traîner, ramper comme un enfant; முகங்கவிழுகிறது être confus, baisser la tête de honte.

கவிழ், *imp. et part. de* கவிழ்கிறது: —தும்பை la plante borago indica.

கவிழ்கை, கவிழ்ச்சி, கவிழ்தல், *n.v. de* கவிழ்கிறது, renversement, inversion, concavité, penchement, action de se renverser, de se courber, de se refermer.

கவிழ்க்கிறது, ழ்த்தேன், ழ்ப்பேன், ழ், ழ்க்க, *v.a. du préc. et* கவிழ்த்துப்போடுகிறது, renverser sens dessus dessous, retourner le dedans dehors, renverser, baisser, couvrir: தலைகவிழ்க்கிறது baisser la tête.

கவிழ்த்தல், *n.v. de* கவிழ்க்கிறது, renversement, bouleversement, subversion. [கவீனம், beurre.

*கவினம், 1° (கவி, na), bride. 2° *P.*

கவினல், (கவின்), être beau. ‖ *ou* கவின், beauté, élégance.

*கவீசுரன், கவிச்சுரன், (கவி, ஈசுரன், ஈச்சுரன்), *pl.* கவீசுரர், கவிச்சுரர், poète, habile poète. [அலரி.

*கவீரம், (கம், வீரம்), l'arbrisseau

*கவீனம், (கோ, ina), pâturage, lieu où ont brouté les vaches, beurre, [—frais.

*கவுசலம், *P.* கௌசலம்.

கவுசி, peine, incommodité, affliction. ‖ *V.* குழைவு.

*கவுசிகம், *P.* கௌசிகம்.

*கவுசிகன், *P.* கௌசிகன். [goutti.

கவுஷீணம், *P.* கௌசீனம், lan-

*கவுஸ்துவம், *P.* கௌஸ்துவம்.

*கவுஞ்சம், *P.* கௌஞ்சம், l'oiseau அன்றில்.

*கவுடம், *P.* கௌடம், கவுடதர்க்கம், *P.* கௌடதர்க்கம்.

*கவுடி, (gaoudi), sorte d'air, —de mélodie.

கவுண்டர், *P.* கௌண்டர்.

கவுண்டிகர், *P.* கௌண்டிகர்.

*கவுதமன், *P.* கௌதமன்.

*கவுதமி, கவுதமை, *V.* கௌதமி...

கவுதம், *P.* கௌதம்.

கவுதாரி, perdrix: —ப்புடம் coupelle de perdrix pour laquelle on fait brûler 3 bouzes de vache.

*கவுத்துகம், *P.* கௌத்துவம், rubis, tromperie, perfidie: கவுத்துகவாதம் le 45me des கலைக்கியானம், l'art de tromper la douleur, *i.e.* de rendre la joie à un esprit affligé.

*கவுத்துவம், *P.* கௌத்துவம்.

*கவுந்தி, *V.* கௌந்தி.

*கவுபீனம், *V.* கௌபீனம்.

கவுப்பு, *V.* கௌப்பு.

*கவுமாரம், *P.* கௌமாரம்.

*கவுமாரி, *P.* கௌமாரி.

*கவுரம், *P.* கௌரம்: கவுரகாசு cauris, coquillage qui sert de monnaie, *V.* அக்குமணி.

கவுரவன். *P.* கௌரவன்.

கவுரி, *P.* கௌரி.

கவுரியன், *P.* கௌரியன்.

*கவுலவம், *P.* கௌலவம்.

கவுல், 1° mauvaise odeur. 2° *(ind.)* convention, accord, contrat, reddition conditionnelle, capitulation: —ஆகிறது s'accorder, faire une convention; —இறங்குகிறது se rendre, capituler; —கேட்கிறது demander quartier, —à capituler; —கொடுக்கி

றது accorder quartier, —une capitulation; —சோதிக்கிறது examiner les conditions d'une capitulation; —பேசுகிறது parler—, traiter de capitulation.

கவுளம், P. கௌளம். [கௌளி.

கவுளி, 1° espèce de cocotier. 2° V.

கவுள், joue, tempe, joue d'éléphant, tempes d'éléphant, d'où lui découle le mucus dans le temps du rut. [rel. 2° V. கௌவுளி.

கவுளி, 1° espèce d'arsenic natu-

கவை, (கவர்), fourche, branche fourchue, —d'arbre, rameau de cornes de cerf, embranchement de 2 chemins, endroit où un chemin se divise en deux, forêt, fort, citadelle, intérêt, affaire, besoin, nécessité, la 9me constellation, gousse—, fruit tendre de sésame; —க்கொம்பு branche bifurquée; — த்தடி bâton fourchu; —த்தாள் écrevisse, crabe, *litt.* le pied fourchu; —நா serpent, *litt.* la langue fourchue; —யடி pied fourchu, corne du pied divisée en deux; —யாயிருக்கிறது être occupé, affairé, être nécessaire, avoir besoin, manquer de, regarder; எனக்குக்கவையுண்டு, —கவையாயிருக்கின்றது cela m'est nécessaire, me regarde; அதைத்தொட்டு *ou* அதுஉனக்குக்கவையில்லை cela ne te regarde pas, n'est pas ton affaire; —போடுகிறது, —விடுகிறது pousser des branches, des ramifications.

கவைகிறது, கவைதல், couvrir.

*கவையம், P. கவயம்.

கவ்வம், V. கவம்: கவ்வக்குன்று, V. கவக்குன்று.

கவ்வல், *n.v.de* கவ்வுகிறது. [lodie.

கவ்வாணம், sorte d'air, —de mé

*கவ்வியம், V. கௌவியம்.

கவ்வு, 1° branche fourchue 2° *imp. et part. de*

கவ்வுகிறது, (கௌவுகிறது), வ்வினேன், வ்வுவேன், வ்வு, வ்வ, *v.a.* கவ்வுகை, கவ்வுதல், *n.v.* saisir avec la bouche, avec les dents, happer, saisir, prendre, s'emparer, être attentif, s'appliquer, penser à: மனசு—, l'esprit s'appliquer à, s'adonner avec ardeur à; இன்னமவ னிதிலேகவ்வவில்லை il n'a pas encore mordu à cela, il ne s'y est pas encore appliqué.

கவ்வை, (கௌவை), affaire, ouvrage, injure, outrage, affliction, fruit tendre de sésame. la 9me constellation, bruit, son, toddi, caillou.

கழகம், place pour jouer, action de jouer, collége, école, séminaire, gymnase, école militaire, lieu où l'on apprend les sciences, —l'art militaire, —la lutte, champ de bataille; *ou*

கழகு, (கழகம்), place d'armes, —d'exercices militaires, champ de Mars. [me dé, carte, etc...

கழங்கம், instrument de jeu, com-

கழங்கு, espèce de jeu, l'arbrisseau

கழற்கொடி, danse de possédé, cérémonie gentile où par vœu l'on immole la nuit à quelque faux dieu des forêts un cochon, une brebis et des volailles. ‖ V. அபிஷேகம்.

கழச்சிக்கொடி, P. கழற்சிக்கொடி.

கழஞ்சு, poids de 2 pagodes et demie, 6me partie d'une once, poids de 12 fanons.

கழட்டுகிறது, P. கழற்றுகிறது.

கழந்து, P. கழன்று.

கழப்பன், கழப்பாடி, கழப்பான் கொள்ளி, கழப்புணி, (கழப்பு, அன், ஆடி, ஆன், உணி), paresseux, fainéant, lambin, homme qui diffère son travail. [கை.

கழப்பாடு, (கழப்பு, ஆடு), V. கழப்பு

கழப்பு, (கழப்புகிறது), fainéantise, hypocrisie, friponnerie: கழப்பின்வாராக்கையறவுளவோ y a-t-il quelqu'indi gence que ne produise la paresse.

கழப்புகிறது, ப்பினேன், ப்புவேன், ப்பு, ப்ப, *v.a. et n.* retarder, fainéanter, faire lentement—, différer un ouvrage, éluder une affaire, être paresseux, s'amuser à des riens.

கழப்புகை, கழப்புதல், *n.v. du préc.* paresse, fainéantise, indolence.

கழருகிறது, P. கழலுகிறது.

கழலல், *n.v. et opt. de* கழலுகிறது.

கழலன், 1° P. கழலையன். 2° *n. app. de* கழல்.

கழலி, l'arbrisseau பிரண்டை:—கிட்டு espèce d'oiseau.

கழலினன், (கழல்), homme qui porte des sandales.

கழலுகிறது, ou கழல்கிறது, ழன்றேன், ழலுவேன், ழலு ou ழல், ழல, n. v. et கழன்றுபோகிறது, se défaire, se démancher, se déboiter, se séparer, se lâcher, s'ôter, glisser, se dépouiller: கழலப்பண்ணுகிறது faire qu'une chose se défasse etc...

கழலுகை, கழலுதல், n.v. du préc.

கழலை, கழலைக்கட்டி, loupe, glande, goitre, excroissance de chair, protubérance.

கழலையன், homme qui a des glandes.

கழல், 1° imp. et part. de கழலுகிறது. 2° pied, sandale, pantoufle, anneaux aux pieds en signe de bravoure et de bienfaisance, scarabée doré, nom d'un arbre. 3° ou கழற்கொடி l'arbrisseau guilandina bonducella; கழற்காய் le fruit de cet arbrisseau.

கழல்வு, n.v. de கழலுகிறது.

கழறல், 1° n.v. P. கழலுதல். 2° n.v. de கழறுகிறது, exhortation, admonition, discours, parole, importunité, instance, vexation, cri, lamentation, presse.

கழறுகிறது, றினேன், றுவேன், று, ற, v.n. 1° exhorter, presser instamment, avertir, parler, tourmenter, importuner, crier, se lamenter. 2° V. கழலுகிறது.

கழற்கொடி, V. கழல் 3°.

கழற்சி, 1° n.v. de கழலுகிறது. 2° ou கழற்சிக்கொடி, V. கழற்கொடி.

கழற்பதி, (கழல்), l'arbre பெருங்குமிழ்.

கழற்றல், n.v. de கழற்றுகிறது.

கழற்றி, 1° (P. கழல்சி), V. கழலல். 2° ger. de

கழற்றுகிறது, ற்றினேன், ற்றுவேன், ற்று, ற்ற, v.a. de கழலுகிறது, et கழற்றிப்போடுகிறது, défaire, démancher, deboiter, dépouiller, ôter—, quitter habits, souliers etc., se dépouiller, rejeter, secouer le joug.

கழற்றுகை, கழற்றுதல், n.v. du préc.

கழற்றுரை, (கழறுகிறது, உரை), réprimande, mot dit en grondant, censure.

கழனி, terre cultivée, rizière, champ de riz, champ, boue, rideau: —படுத்தவர், கழனிக்கடுத்தவர் cultivateurs, Vellajes; —ப்பயிர் riz en herbe.

கழன்ற, கழன்று, part. et ger. de கழலுகிறது.

கழாநிலம், P. கழிநிலம்.

கழாயர், கழாய்க்கூத்தர், (கழை, ஆயர்), danseurs de corde, bateleurs.

கழாலை, terre salée, saline.

கழி, 1° imp. et part. de கழிகிறது, et கழிக்கிறது. 2° petit bras de mer, fleuve ou ruisseau qui se décharge dans la mer et où se fait sentir la marée, embouchure, saline, terre salée, pays maritime, bâton, baguette, perche, longue branche d'arbre, manche, bois de lance, flèche de roseau, baguette de fusée, tube pour piper, abondance, corde, corde de lyre, écheveau, —peloton de fil, cire rouge. 3° adj. abondant: —கடை chose de rebut, —mauvaise, —entièrement perdue; —கோல் perche, bâton ou baguette (pour prendre des animaux etc...); —க்கரை rivage d'embouchure de rivière, embouchure de rivière dans la mer; —க்காரை nom d'un poisson, —d'un arbrisseau; —சிறை personne difforme, —vagabonde; —நிதி perle, litt. trésor des pays maritimes; —நிலம் terre salée, marais salant, saline; —நிலத்தவன் habitant d'un terrain salé, —des bords de la mer; —நூல் écheveau de fil; —நெடில், —நெடிலடி vers de plus de 5 pieds; —நெடிலடி விருத்தம், —நெடில் விருத்தம், விருத்தம் ou strophe de 4 vers dont chacun a plus de 5 pieds, nom d'un poème composé de pareils vers; —பிறப்பு la prétendue naissance ou génération qui a précédé la présente (dans le systéme de la métempsycose); —படுகிறது, —பட்டவனாய்ப்போகிறது être rejeté, —réprouvé; —ப்புல் l'herbe rottboellia lavis; —முகம் embouchure d'une rivière dans la mer; —மீன் poisson qui s'y trouve; —விருக்கை île dans un fleuve; —முட்டான், —முட்டான்புல் l'herbe apluda aristata; —வாய்நஞ்சன் serpent très-venimeux.

கழிகிறது, கழிந்தேன், கழிவேன், கழி, கழிய, v.n. passer, s'écouler, finir, mourir, se séparer, marcher, aller, être abondant, avoir la diarrhée, le cours de ventre, le ventre se relâcher: சந்தைகழிந்தது la foire est finie; அவனுக்குவயிறுகழிகின்றது il a le cours de ventre; கழிந்துபோகிறது se passer, s'écouler, se fondre.

கழிக்கிறது, கழித்தேன், கழிப்பேன், கழி, கழிக்க, v. a. du préc. et கழித்துப்போடுகிறது, rejeter, ôter, mettre de côté, éloigner, consumer, passer (le temps), purger, purifier, détruire, abolir, abroger, finir, couper, tailler, rogner, émonder, retrancher ce qui est proéminent, payer (une dette), déduire, soustraire: காலத்தைவீணிலேகழித்துப்போடுகிறது perdre son temps, l'employer à des riens; தழைகளைக்கழிக்கிறது émonder un arbre, en couper le feuillage.

கழிச்சல், (கழிகிறது), forte diarrhée, cours de ventre, accroissement: —ஆயிருக்கிறது avoir le cours de ventre. [து.

கழிஞ்சு, 1° V. கழுஞ்சு. 2° P. கழிந்

கழிதல், n. v. de கழிகிறது, action de passer..., écoulement, passage, marche, mort, fin, séparation, abondance, [diarrhée.

கழிந்து, gér. du même.

கழித்தல், n. v. de கழிக்கிறது.

கழிப்பு, (id.) rejet, rebut, chose de rebut, —qu'on refuse, déduction, soustraction, faute, défaut, cérémonie superstitieuse pour ôter les enchantemens, —l'effet des mauvais regards etc..; elle consiste à faire tourner du riz cuit, ou du poivre long, ou autre chose semblable autour de la tête du patient, et à le jeter ensuite. [rejeter.

கழிமை, (கழி, மை), action de

கழியர், (கழி), habitans des bords de la mer, sauniers, faiseurs de sel.

கழியல், n. v. de கழிகிறது, chose de rebut, ce qui est rejeté, rebut, séparation, division.

கழியுடல், (கழி, உடல்), squelette, corps décharné, —sans chair.

கழியுண்ணன், (id. உண்), grand

கழில், abondance. [mangeur.

கழிவாணம், (கழி), fusée à queue, —à baguette. [petit ruisseau.

கழிவாறு, (கழிவு, ஆறு), ruisseau,

கழிவு, n. v. de கழிகிறது, rejet, rebut, chose de rebut, —bonne à rien, —à rejeter, déduction, soustraction, plénitude, abondance, grande joie, contentement, rejet qui fait ressortir l'excellence d'une chose; —கணக்கு soustraction; —நாள் fin du jour naturel précédent; கழிவானசரக்கு marchandises de rebut, —avariées; கழிவாய்ப்போகிறது s'endommager, être avarié, être de rebut, devenir bon à rien, se gâter; கழிவில், abl. de கழிவு ou கழிவில்லாத sans défaut.

கழு, 1° pal, pieu pour empaler, pieu, broche, trident, instrument à 3 dents, —à 3 fourchons, gazon, motte de gazon, aigle. 2° P. கழுவு, imp. et part. de கழுவுகிறது: கழுவிலேபோடுகிறது empaler par le milieu du corps après avoir coupé la tête; ou கழுப்போடுகிறது empaler: —மரம் pal, pieu pour empaler, pieu.

கழுகண்டு, (கழு, கண்டம்), homme impoli, —qui ne courbe pas la tête, qui a le cou comme un piquet.

கழுகு, (கழு), aigle.

கழுகுழுக்கிறது, குழுத்தேன், குழுப்பேன், குழு, குழுக்க, v.n. s'amollir, devenir mou. [trident.

கழுக்கடை, (கழு), lance, pique,

கழுக்கட்டை, (id.), pal, pieu aigu pour empaler. [—où l'on empale.

கழுக்களம், (id.), lieu de supplice,

கழுக்காணி, (id.), pendard, homme indolent, —sans cœur, —paresseux, —fort et trapu, tronc d'arbre dur, —tout du cœur.

கழுக்குன்றம்,(*id*), nom d'une ville et d'une montagne dédiées à Siven.

கழுச்சிறையன்,(கழு, சிறை), homme qui mérite d'être empalé, pendard,lâche,homme sans cœur.

கழுது, garde, démon, scarabée, hutte élevée sur 4 piquets pour garder les champs.

கழுதை, 1° *acc. du préc.* 2° âne. C'est la monture de la fausse déesse மூதேவி,et le signe de வாயு prétendu gardien du nord-ouest;—கடி maison qui manque d'un angle; —க்கடி morsure d'âne; —க்கரணம் l'âne,le 4me des கரணம்; —க்குடத்தி hiène; —க்குட்டி petit ânon; —த்தனம் sottise,bêtise; —த்தும்பை la plante borago zeylanica; —ப்புலி hiène; —மறி ânon,petit âne; —முள்ளி arbrisseau épineux, acanthus ilicifolius; —யாட்டடம்பண்ணுகிறது faire le fou, —l'âne,être sot;—யுங்குதிரையும் பிணைத்தாற்போலே d'une manière mal assortie, comme si on attelait un âne et un cheval; —வண்டு grande espèce de scarabée; —வாகனி, —வாகினி celle qui monte sur un âne, *i.e.* மூதேவி; —விட்டை crotte d'âne; —விரியன் vipère stupide comme l'âne, grosse vipère noirâtre,qui se remue lentement, ne bouge pas à l'approche de l'homme et dont la morsure cause des vertiges, mais n'est pas mortelle. [cou.

கழுத்தடி, (கழுத்து,அடி), bas du

கழுத்தல்,mensonge.

கழுத்தன், *m.* கழுத்தி,*f.* (கழுத்து), qui a le cou; ce mot se joint à un autre: கோணல்க்கழுத்தன் homme qui a le torticolis, —le cou de travers; கட்டுக்கழுத்தி femme mariée, —qui a un tâli attaché au cou.

கழுத்து,cou,gorge,cou d'un vase: —க்குட்டை mouchoir de cou, cravate; —க்கொடுக்கிறது exposer sa vie pour quelqu'un, s'exposer pour le tirer du danger;—ச்சந்து jointure du cou;—ப்பட்டை collet, cou d'un habit; —ப்பருத்திருக்கிறது le cou être gros, avoir un gros cou; —முறிக்கிறது *ou* கழுத்தைமுறிக்கிறது rompre—,briser le cou, importuner, presser instamment de faire quelque chose,obtenir au détriment d'autrui;—வளையத்தெலும்பு clavicule du cou; கழுத்தரிகிறது, கழுத்தறுக்கிறது couper le cou,—la gorge; கழுத்தைத்திருகுகிறது, —திருகிப்போடுகிறது tordre le cou; ஒருவன் கழுத்திறுகப்பூணுகிறது embrasser quelqu'un tendrement.

கழுநீர்,(கழுவுகிறது,நீர்),eau dans laquelle on a lavé le riz,nénuphar.

கழுந்து,bout d'un pied de table, de chaise,de banc, bout d'un pilon, d'un bâton, cœur d'arbre, cou de cruche etc...,chose émoussée —,figure arrondie par le frottement, jointure,tenon (d'une mortaise): உலக்கைக்கழுந்து bout de pilon à piler le riz. [de gazon.

கழுப்பத்தை,(கழு), pièce—, motte

கழுப்புண்ணி, (*id.* புண்), homme endurci au châtiment.

கழுமல்,*n.v.de* கழுமுகிறது,plénitude, abondance, saisie, prise; *ou*

கழுமு, (*id.*), trouble d'esprit, pamoison, confusion.

கழுமுகிறது,மினேன், முவேன்,மு, ம. *v.n.*கழுமுதல்,*n.v.et a.*être plein, rempli, abonder, se troubler, être confus, saisir,troubler, mêler, attacher, unir.

கழுமுள்,(கழு), pal,bout du pal ou pieu à empaler, arme,lance,trident, grenadier. [gazon.

கழுமோதுகிறது.(*id.*) couvrir de

கழுவல்,*n.v.de* கழுவுகிறது,lavage.

கழுவறைகிறது, (கழு, அறைகிறது), couvrir de gazon.

கழுவன், (கழு), homme obstiné à mentir, pendard. [வெளி.

கழுவாய்நிலம், (கழு,வாய்). *V.* கழு

கழுவுகிறது,வினேன்,வுவேன், வு, வ, *v.a. et* கழுவுதல்,*n.v. ou* கழுவிப்போடுகிறது,laver, nettoyer, purifier: கழுவிக்கொள்ளுகிறது laver, nettoyer, se laver; கலத்தைக்கழுவுகிறது laver un vase.

கழுவெண்ணெயுருக்கி, (கழு, எண்ணெய், உருக்குகிறது), celle qui fait fondre et extrait la graisse des cadavres empalés, femme cruelle, homme qui continue obstinément à importuner.

கழுவெளி,(கழு), pré, prairie, terre uniquement couverte de gazon.

கழுவேறி,(கழு,ஏறுகிறது),1° V.கழுச்சிறையன். 2° gér. de

கழுவேறுகிறது,(id.), être empalé

கழுவேற்றுகிறது, v. a. du préc. empaler, mettre à mort en mettant le patient sur un pal aigu qui lui entre par le fondement et sort vers la tête.

கழை, canne à sucre, la 7me constellation, bambou, perche de bambou: —க்கூத்தர், —க்கூத்தாடிகள் danseurs de cordes, gens qui dansent et font des sauts périlleux sur des perches; —க்கூத்து danse sur des perches;—முத்தம் sorte de perle de couleur de fumée qui se forme, dit-on, dans le bambou.

கள, l'arbrisseau களா carissa.

*களகண்டமாலை, (களம்), ulcère —, inflammation ou enflure des glandes du cou.

*களகண்டம்,(kala ton bas, கண்டம்), le coïl ou coucou indien.

களகம், gros rat dit பெருச்சாளி.

*களகம்பளம், (களம்), fanon de bœuf, glandes du cou des brebis.

களகளக்கிறது, ளத்தேன், ளப்பேன், ள, ளக்க, களகளவென்கிறது, களகளென்கிறது, களகுளென்கிறது, களகொளென்கிறது, (களகளம்), faire *calacala*,—un bruit répété, gazouiller, murmurer, résonner, faire glouglou, tinter, babiller, jaser, caqueter.

களகளப்பு, களகளத்தல், n.v. du préc.ou

*களகளம்,(kalakala), grand bruit, bruit, *glou-glou*, murmure, gazouillement. [le grain.

களக்கடை, aire, lieu où l'on bat

களக்கட்டை,(களம்), tronc d'arbre planté dans l'aire à battre le grain.

களக்கர், gens vils,—de basse caste, chasseurs, Vèdhers.

களக்குக்கொளக்கென்கிறது, (*son imitatif*), V.களகளக்கிறது [son.

களங்கட்டி,(களம்), espèce de pois-

*களங்கம், (kalanka), marque, signe, tache, défaut, faute, noirceur, noir, bleu, couleur bleue, espèce d'arsenic naturel: களங்கமற, (அற), sans défaut; —அற்றிருக்கிறது être pur, sans tache, sans mélange; —இல்லாத நடக்கை conduite pure, — sans tache; களங்கசத்துரு minerai de plomb, sable mêlé de plomb, montagne contenant de l'étain.

*களங்கன்,(களங்கம்), l'astre qui a des taches, *i.e.* la lune, celui qui a des taches.

களங்கு, 1° P. களங்கம், marque, signe. 2° ou களங்குமுறை, pilule de mercure,—composée de corps métalliques et de mercure.

களஞ்சி, espèce d'arsenic naturel.

களஞ்சியம், grenier, grange, ma-

களஞ்சு, P. கழஞ்சு. [gazin.

*களதவுதம், களதௌதம், (kaladhaouta), argent, miroir.

களதம், V. பெருச்சாளி.

*களத்திரம்,(kalatra), femme, famille, 7me place à partir de la constellation de la naissance (dans le calcul de l'astrologie).

களத்தூர்,(களம், ஊர்), Calattour, ville près de Chinglepet.

களந்தூரி, V. தான்றிக்காய்.

களந்தை, Calandei, nom commun à களத்தூர் et கடலூர்.

களபம், 1° (kalabha), éléphant, petit d'un éléphant. 2° mortier, chaux, boue, onguent odoriférant pour parfumer les cheveux, parfum, poudre de senteur, mélange, miroir: களபகஸ்தூரி, —கத்தூரி sorte de parfum, objet odoriférant; —முலை mamelle parfumée.

களப்பலி, (களம்), sacrifice offert par des guerriers,—sur le champ de bataille. [குமிழ்.

களப்பன்றி, (id.), l'arbre பெருங்

களப்பன்னை, (id.), espèce d'arbrisseau.

களப்பாட்டு, (*id.*), chanson—, chant usité en battant le blé.

களப்பாய்,(*id.*),natte—,lit d'épis.

களப்பிச்சை,(*id.*), aumône qu'on donne dans l'aire.

களப்பு,1° élévation *ou* île au milieu de la mer. 2° *V.* களம். 3° *P.* கழப்பு.

களப்புகிறது, *P.* கழப்புகிறது.

களப்பேச்சு,(களம்), propos tenus dans l'aire,—en battant le blé.

களப்பேறு, (*id.*), part du grain qu'on donne aux serviteurs du village.

களமதி, (*id.*), estimation de la quantité de grain qu'il y a dans l'aire.

களமர், (*id.* மன்),agriculteurs, laboureurs, fermiers, habitans d'un pays cultivé, choutres, artisans.

களமளக்கிறது, 1° (களம்), mesurer le grain dans l'aire. 2° களமளக்கிறது, ளத்தேன், ளப்பேன், ள, ளக்க, *v.n.* களமளத்தல், *n. v.* faire du bruit, résonner, faire *calamala*.

களமூர் (களம், ஊர்), Calamour, ville près de Maduré.

*களம்,1° (khala), place, lieu, arène, champ de bataille, aire (à battre le blé), terrain stérile, terre salée. 2° (gala), cou, gorge. 3° noir, couleur noire, obscurité, ténèbres, poison, femme, écueil, brisans, bas-fond, banc de sable en mer, Calame, nom de ville, l'arbrisseau களா. 4° (kala), bruit, son doux: —கூட்டுகிறது balayer l'aire; —கொள்ளுகிறது, —கொள்ளல் se mêler dans le champ de bataille, entrer dans la mêlée, engager le combat; —பாடுகிறது décrire un combat, un champ de bataille, une aire; —விடாமலொட்டடிக்கிறது bien balayer l'aire; களத்திலேறுகிறது donner sur un écueil, —dans un banc de sable.

*களரவம்,(kala *bas* rava *son*), tourterelle, pigeon sauvage.

களரி, (களம்), champ de bataille, arène, place—, salle d'armes,—d'escrime,—de jeu,—de danse, assemblée, foule, troupe de spectateurs, terre stérile,—en friche, forêt, noirceur, bord, rivage, gorge; —கட்டுகிறது,—கட்டுதல் faire modestement son apologie devant une assemblée, capter la bienveillance de l'assemblée, construire une salle d'armes etc ....; —க்கட்டு art —, action de fasciner—, d'ensorceler une assemblée pour se la rendre propice, accord—, complot d'une assemblée; —கோழை timidité devant une assemblée; —யேறுகிறது entrer dans l'arène, —dans l'assemblée etc...; —விடுகிறது lancer dans l'arène, introduire—, déposer devant l'assemblée, quitter l'arène etc...

களர்,terre stérile, —salée, boue, l'arbrisseau களா: —நிலம் terrain stérile,—salé;—மண் terre salée.

களவகத்திணை,(களவு, அகம்), partie de l'அகப்பொருள் qui traite des rapports clandestins entre amans.

களவம், *P.* களபம், mélange, onguent odoriférant, parfum, mortier, boue.

களவர், (களவு), voleurs.

களவழிநாற்பது, (களம், வழி), description en 40 strophes du champ de bataille du roi சோழன்.

களவன்,1° (களவு), voleur. 2° crabe, le signe du Cancer.

களவாசம், (களம்),salaire donné dans l'aire aux ouvriers.

களவாடுகிறது, களவாள்கிறது, (களவு, ஆடுகிறது, ஆளுகிறது), *ou* களவாண்கிறது, ண்டேன், ண்பேன்.ணு, ண, ணேன், *nég.* (களவு, ஆளுகிறது), voler, piller, dérober.

களவாடுதல், களவாளல், *n. v. du prés.*

களவாணி,களவாளி,(களவு,ஆளி), voleur, voleuse.

களவியல்(களவு, இயல்), rapports clandestins entre amans, ce qui est une partie de l'அகப்பொருள்.

களவின்மை, (*id.* இன்மை), non vol, sureté contre les voleurs, absence de voleurs.

களவு,1° *n.v. de* களவுகிறது, vol, larcin, un des 5 grands péchés des Indous. *V.* களவியல். 2° l'arbrisseau களா.3° (கள்), folie, confusion d'esprit, ivresse; —செய்கிறது voler; —போகிறது être dérobé; —ப்புணர்ச்சி, களவொழுக்கம், (ஒழுக்கம்), copulation—, fréquentation clandestine, mariage clandestin,—de கள்ளத்தருவர்.

*களன், P.களம், bruit, son, place, champ de bataille, terre cultivée, troupe, foule, cou, gorge, amitié, folie, ivresse, trouble d'esprit, véhémence.

களா, l'arbrisseau carissa, noirceur, noir; ou களர்நிலம் terre stérile, —salée;—நூல், (களா, P. கலை), V. கொக்கோகம்; *—படனம் instruction, communication de la science, enseignement, une des 14 œuvres de charité:—ப்பூக்கோரை espèce d'herbe;—வகம், V.கிருமிரை.

களாசி, P.காளாஞ்சி, crachoir.

களி, 1° imp. et part. de களிக்கிறது. 2° bouillie épaisse (surtout de கேழ்வு), jus, callou, toddi, ivresse, folie, trouble d'esprit, joie, gaieté, réjouissance, homme gai,—joyeux, amour propre, arrogance, cruauté, froideur, fraîcheur, abondance, grandeur, chaleur, étang:—கிண்டுகிறது,—கிளறுகிறது remuer la bouillie; —கூருகிறது se réjouir, être transporté de joie;—க்கண் instrument d'orfèvre; —க்காய் loupe, verrue, fruit qui a beaucoup de chair;—க்குளம் Callicoulam, ville de la côte malabare;—த்துறை Callitourey ou Callitour, ville près de Colombo dans l'île de Ceylan: —நெஞ்சன் homme cruel, —arrogant; —ப்பாக்கு, —ப்பிளவு noix d'arec coupée en morceaux, bouillie et séchée, (on la préfère à l'அலகுபாக்கு);—மண் terre glaise, —grasse, argile, terre à potier; —மண்ணடைக்கிறதுபோலவடைத்துப் போடுகிறான் il dévore et engloutit comme s'il remplissait un trou de terre glaise, i.e. il avale goulûment, il est un glouton, un gourmand;—வாய்நஞ்சன் sorte de serpent très-venimeux.

களிகம், V.வாலுளுவை.

*களிகை, (kalika), bouton de fleurs, bouton encore tendre.

களிக்கிறது, ளித்தேன், ளிப்பேன், ளி, ளிக்க, v.n.(களி), et களித்திருக்கிறது, se réjouir, tressaillir de joie, être joyeux, ivre, fou, arrogant, s'enorgueillir; களித்திருக்கிறது être transporté de joie.

களிதம், 1° bloc de—, grosse pierre. 2° *(galita), glissade.

களித்தல், n.v. de களிக்கிறது, joie, plaisir, transport de joie, d'ivresse, folie, arrogance.

களிப்பு, n.v. du même, joie, plaisir, délice, allégresse, satisfaction, intention, notion, ivresse, trouble d'esprit: களிப்பாய்ப்பாடுகிறது chanter de joie,—de plaisir.

களிமம், rat.

களிம்பு, vert-de-gris, rouille, malpropreté, onguent: களிம்பாகிறது, களிம்புதிக்கிறது, களிம்பூருகிறது, களிம்பேறுகிறது,—பிடிக்கிறது le vert-de-gris se mettre à, se rouiller.

களியர், 1° (களி), gens ivres. 2° P.களியர்.

களியாடுகிறது, (id.), badiner, se divertir, se réjouir.

களியாட்டம், களியாட்டு, (id.), divertissement, danse d'ivresse, chancellement causé par l'ivresse.

களிறு, gén. களிற்றின், la 13me constellation, le mâle des animaux (et surtout), l'éléphant, le réquin, le cochon, le sanglier: களிற்றியானை éléphant mâle; களிற்றுத்தானை armée d'éléphans.

களுகொளொன்கிறது, களுகொளொளல், glisser, devenir mou par trop de maturité.

களுக்குக்களுக்கென்கிறது,—என்ல், (son imitatif), faire du bruit,—calouccoucalouccou.

களேபரம், (kalèvara), corps, os, cadavre.

களை, 1° imp. et part. de களைகிறது et களைக்கிறது. 2° (கட்கிறது), ivraie, mauvaise herbe. 3° langueur, lassitude, pamoison, défaillance. 4° faute, défaut, clarté, splendeur, éclat, beauté, aspect, air, contenance, une des 10 règles de mesure du temps en musique. 5° (P.கலை), phase de la lune, le souffle divin, l'image de la divinité: —கட்கிறது, —கட்டல் sarcler, arracher l'ivraie, —la mauvaise herbe; —கட்டி, —கட்டு, —கொட்டு, —கொத்து sarcloir; —கொட்டுகிறது, —கொத்துகிறது sarcler; —கொள்ளுகிறது languir, défaillir, s'évanouir, être fatigué, prendre —, avoir un air pieux; —கோல் sarcloir, instrument pour sarcler; —தீர்கிறது, —தேறுகிறது revenir d'une défaillance, d'un évanouissement; —படுகிறது défaillir, s'évanouir, languir; —பறிக்கிறது, —பிடுங்குகிறது sarcler; —போடுகிறது, V. களைபடுகிறது, semer de l'ivraie, fatiguer, mettre de côté la fatigue; —ப்புல் ivraie; —யாகிறது languir, défaillir, tomber en défaillance; —யாறுகிறது se délasser, revenir d'un évanouissement: —யாற்றுகிறது, களையைஆற்றுகிறது, களையைத்தெளியப்பண்ணுகிறது remettre, faire revenir d'un évanouissement, tirer de la langueur, la guérir; —யேறுகிறது, —வருகிறது défaillir, la défaillance survenir, —prendre quelqu'un, languir; —வாரி râteau, herse, *ou* —வெட்டி sarcloir, sarcleur; —வெட்டுகிறது sarcler, arracher —, couper la mauvaise herbe.

களைகண், (களை; கண்), support, protection, asile, *litt.* place dans la fatigue.

களைகிறது, ளைந்தேன், ளைப்பேன், ளை, ளைய, *v.a.* défaire, déshabiller, dépouiller, ôter les habits, se déshabiller, éloigner, rejeter, ôter, enlever, arracher, sarcler, arracher les mauvaises herbes, tuer: உடையைக்களைந்துவிடுகிறது, —போடுகிறது se déshabiller, déshabiller, dépouiller.

களைக்கிறது, ளைத்தேன், ளைப்பேன், ளை, ளைக்க, *v.n.* (களை), défaillir, tomber en défaillance, s'évanouir, se fatiguer, être fatigué, languir.

களைஞர், (களை), bas peuple, gens vils, vauriens, ouvriers.

களைதல், களைவு, *n.v. de* களைகிறது, dépouillement, enlèvement, sarclage, action de défaire etc...

களைத்தல், களைப்பு, *n.v. de* களைக்கிறது, évanouissement, défaillance, fatigue.

கள், *gén.* கள்ளின், 1° *V.* கள்ளு. 2° suc des plantes, miel des fleurs, jus de certains arbres qui sert de remède, miel, espèce de scarabée, défaillance. 3° (கள்ளுகிறது), vol, mensonge. 4° *imp. et part. de* கட்கிறது *et* கள்ளுகிறது. 5° terminaison du pluriel dans les noms et les verbes: கள்விற்போர், —விலைஞர் marchands de callou.

கள்வன், (கட்கிறது), voleur, fripon, crabe, le signe du Cancer, babouin, singe, éléphant, (homme) noir.

கள்ள, *adj. de* கள்ளம் *et de* கள்ளன், faux, hypocrite, feint, contrefait, fautif, furtif, falsifié, supposé, de voleur: —ஒப்பம் fausse signature: —க்கடன் fausse dette, prêt frauduleux, prêt à usure injuste; —க்கதவு fausse porte; —க்கப்பற்காரன் pirate, corsaire; —க்கயிறு corde cachée qui fait jouer une machine; —க்கவறு dé à jouer, jeu de tricherie, jeu de hasard, —où l'on trompe; —க்கவி vers de plagiat; —க்களவு recèlement, cachette, action de cacher, vol déguisé, —caché: —க்காசு fausse monnaie, cache de mauvais aloi; —க்காடு pays de voleurs, bois de voleurs, —factice; —க்காதுபடுகிறது une oreille percée se gâter, se refermer; —க்காய் fruit desséché, —factice, pion frauduleux; —க்கோலம் déguisement, apparence trompeuse, ce qui ressemble à 2 choses; —ச்சரக்கு marchandise de contrebande: —ச்சாதி caste des Callers, —des voleurs; —ச்சாமம் minuit, le temps de la nuit le plus favorable aux voleurs; —ச்சிறுக்கி friponne, coureuse; —ச்சீட்டு faux billet; —ச்சுரம் fièvre intermittente, —qui cesse et revient; —ச்சூடு mauvais tour; —ஞானம் hypocrisie, fausse philosophie; —ஞானி hypocrite, faux philosophe; —ஸ்திரீ concubine; —த்தட்டு faux plancher, etc... trappe; —த்தனம் hypocrisie, feinte,friponnerie,penchant au vol, tromperie; —த்திறவுகோல் fausse clef, crochet; —த்தீர்க்கதரிசி faux prophète; —த்தோணி barque de pirate, espèce de barque; —நம்பிக்கை fausse espérance, présomption; —நீர் pus d'une plaie; —ப்படை corps de troupes en embuscade,fausse attaque; —ப்பணம் fausse monnaie,faux fanon;—ப்பயல்,—ப்பைய ல் petit fripon, —drôle; —ப்பற்று pays des Callers,—des voleurs;—ப்பால் profit frauduleux,casuel;—ப்பிள்ளை voleur de caste,bâtard,enfant supposé; —ப்புணர்ச்சி copulation furtive; —ப்புத்தி friponnerie, propension au vol,esprit fourbe,—méchant; —ப்புருஷன் concubinaire, amant, entreteneur;—ப்பெண்சாதி concubine,femme entretenue; —ப்பேச்சு parole fallacieuse, —trompeuse; —மயிர் faux cheveux; —மயிர்த்தொப்பி perruque;—மனம் esprit trompeur,fourberie; —மார்க்கம் fausse religion, —route, porte de sortie, —de derrière; —வல்லியன், homme—,nom d'une caste; —வாறு manière furtive; —வாறே furtivement;—விலை prix secret,—furtif;—வெட்டு, V. கள்ளத்தனம்; —வேலை ouvrage fardé, —contrefait, —fait à la dérobée,—supposé,friponnerie;—வேளை moment où l'on ne s'y attend pas,temps non désigné,à l'improviste.

கள்ளச்சி,f.de கள்ளன், femme de la caste des Callers ou voleurs, voleuse (de caste ou de métier), soude, terre à foulon, terre imprégnée de soude.

கள்ளம்,(கள்),vol,mensonge,fausseté, feinte, dissimulation, faute:—காட்டுகிறது feindre;—பண்ணுகிறது voler,tromper; —விடல் quitter le métier de voleur, laisser par supercherie. [ணல்.

கள்ளருந்தல்,(கள்), V. கள்ளுண்

கள்ளர்,pl.de கள்ளன்,voleurs;—பற்று pays des Callers ou voleurs de

கள்ளல்,n.v.de கள்ளுகிறது.[caste.

கள்ளறை,(கள், அறை),tiroir,compartiment de coffre, cassette.

கள்ளன்,(கள்ளம்), Callen, voleur (de caste ou de métier), fripon, larron,fourbe,rusé,faux fanon.

கள்ளாமை, n.v.de கள்ளுகிறது, ne pas voler, s'abstenir du vol.

கள்ளி 1° f. de கள்ளன்,voleuse. 2° sorte d'arbrisseau laiteux,euphorbia tiroucalli. Il y en a de diverses sortes, savoir: ஆட்டாங்—,இலைக்—,கொடிக்—,சதுரக்—,திருகு—,படற்—,பலகைக்—,பெருங்—,et மான்செவிக்—, ou முயற்செவிக்கள்ளி; கள்ளிக்காக்கை oiseau rouge nommé செம்போத்து;—க்கோட்டை la ville de Calicut sur la côte malabare;—ச்சிட்டு sorte d'oiseau du genre du motacilla;—மடையான், —முளையான் la plante stapelia virgata;—மந்தாரை l'arbre பெருங்கள்ளி; —மேடு la pointe de Calymère ou le monticule du Calli, promontoire presque vis-à-vis l'île de Ceylan. [caste.

கள்ளிச்சி,f.de கள்ளன்,voleuse de

கள்ளு,P.கள்,callou ou toddi, jus enivrant du cocotier,du palmier et du dattier,(surtout celui où l'on n'a pas mis de chaux).

கள்ளுகிறது,கட்டேன், கள்ளுவேன்,கள்ளு ou கள், கள்ள,nég. கள்ளேன்,v.n.கள்ளுதல்,n.v.(கள்),voler,dérober,boire du callou.

கள்ளுண்ணல்,கள்ளுண்டல், (கள்ளு,உண்ணல்), usage du callou,—des liqueurs enivrantes, en boire. Les Indous comptent cela parmi les 5 grands crimes.

கள்ளுண்ணாமை, (id. உண்ணாமை),abstinence du callou.

கள்ளுண்ணி,கள்ளுணி, (id.உண்,ஊண்), scarabée, insecte qui suce le suc des fleurs.

கறகறக்கிறது, றந்தேன், றப்பேன்,ற,றக்க,v.n.கறகறென்கிறது,v.c. et கறகறத்தல்,கறகறெனல்,n.v. (கற கற son imitatif),faire caracara,—du bruit,se hâter,s'empresser,causer de la peine,affliger.

கறக்கம்,vertige.

கறக்கிறது, றந்தேன், றப்பேன், ற, றக்க, *v.a.* traire (la vache...), exprimer avec les doigts, donner du lait: அந்தப்பசுவெம்மாத்திரங்கறக்கும் combien cette vache donne-t-elle de lait?

கறங்கல், *n.v. et opt. de* கறங்குகிறது, action de résonner etc..., bâton recourbé, diable.

கறங்கு, 1° tournoiement, vertige, cerf-volant (de papier), girouette, son. 2° *imp. et part. de*

கறங்குகிறது, *sync.* கறங்கிறது, கினேன், குவேன், கு, க, *v.n.* கறங்குதல், *n.v.* résonner, retentir, faire du bruit, tourner, tournoyer, pirouetter.

கறடு, *P.* கரடு.

கறட்டி, (வறட்டி), motte—, masse—, bouse desséchée, excrémens secs: —யோணான் espèce de petit lézard dit கரட்டோணான்,

கறட்டுக்கறட்டென்கிறது, —க்கறட்டெனல், (கறட்டுக்கறட்டு *son imitatif*), râler, avoir le râle, avoir la respiration gênée par les phlegmes.

கறணை, கறண்டகம், கறண்டம், கறண்டி, *V.* கரணை, கரண்டகம்....

கறண்டுகிறது, டினேன், டுவேன், டு, ட, *v.a.* mordre, ronger.

கறத்தல், கறப்பு, *n.v. de* கறக்கிறது

கறமன், ce qui est desséché.

கறல், bois à brûler.

கறவை, (கறக்கிறது), vache—, bufflonne—, brebis à lait.

கறவையான், (கறவை), marchand de lait, vache à lait.

கறளை, (கரளை), arbre nain, fruit avorté, —defectueux. ‖ *V.* கறுளை.

கறள், rouille, tache.

கறு, cri—, ramage de la caille.

கறுக்கி, கறுர், mesure, limite.

கறுளி, cheval intraitable.

கறுளை, (கறளை), ce qui manque—, défaut de croissance, avorton.

கறி, 1° cari, ragoût, mets, sauce, poivre, morsure. 2° *imp. et part. de* கறிக்கிறது: —க்கரணை espèce de கரணை ou dracontium, bonne pour les ragoûts; —க்கால் soucoupe, trépied qu'on met sous les plats; —ச்சுரை courge bonne pour les ragoûts; —த்தும்பை la plante phlomis indica bonne à manger en ragoût; —பதார்த்தம் différentes sortes de ragoûts, —de plats; —ப்பாலை, *V.* கொடிப்பாலை —ப்புடல் espèce de scarabée, espèce de plante du genre du புடோல்; —மசாலை ingrédiens de ragoût; —முள்ளி la plante solanum indicum; —யாணம் bouillon—, sauce pour prendre avec le riz; —யுப்பு sel de cuisine, —propre aux ragoûts; —வடகம் mets—, fruits séchés avec assaisonnement, assaisonnement de ragoût; —வேம்பு l'arbre bergera hœnigu dont les feuilles aromatiques entrent dans les ragoûts.

கறிக்கிறது, றித்தேன், றிப்பேன், றி, றிக்க, *v.a.* கறித்தல், *n.v.* manger, mordre.

கறு, *imp. et part. de* கறுக்கிறது.

கறுகாய்ஞ்சொறி, *P.* கறுப்புக்காய்ஞ்சொறி.

கறுக்காய், (கறு), goût un peu amer de l'eau de coco encore trop tendre, certain arbre.

கறுக்கிறது, றுத்தேன், றுப்பேன், று, றுக்க, *v.n. et* கறுத்துப்போகிறது, noircir, devenir noir, s'irriter, se fâcher, être triste, —mécontent, —en colère: கறுத்திருக்கிறது être noir, —irrité, —devenu noir.

கறுக்கை, *n.v. du préc.*

கறுத்த, *part. parf. de* கறுக்கிறது, noir: —கற்றலை le poisson johnius caroutta; —காக்கட்டான், *V.* கறுத்தபூ; —பாசி mousse noirâtre, prunelle de l'œil; —பூ la plante rampante clitoria ternatea à fleurs bleues; —மனுஷன் homme noir; —வுப்பு, (உப்பு), sel noir (produit des cendres de certaines plantes).

கறுத்தல், *n.v. de* கறுக்கிறது.

கறுத்தவன், *n.app. de* கறுத்த, homme noir, ennemi.

கறுப்பன், (கறுப்பு), homme noir, Carouppen, un des prétendus dieux de l'Inde, espèce de riz.

கறுப்பி, *f. de* கறுப்பன், femme noire, salpêtre, scarabée noir, bismuth noir.

கறுப்பு,n. v.de கறுக்கிறது, noir, couleur noire,noirceur,tache,ambre gris,colère, mécontentement, signe de colère rancune: —க்கட்டுகிறது les moissons—, les blés noircir, le temps devenir noir,—pluvieux; —க்காய் côté noir du jeton qui sert de dé;—க்காஞ்சொறி ortie noirâtre, tragia cannabina;—ச்சட்டை habit noir;—நூல் fil noir;—மரம் ébène.

கறுப்பெறிகிறது,(கறுப்பு),*V.*கறுக்கிறது.

கறுமுகிறது,மினேன்,முவேன்,மு, ம,*v.n.* கறுமுதல், *n.v.* (கறுமு, *son imitatif*),donner des signes de colère,se fâcher.

கறுமுறுக்கிறது, றுத்தேன், றுப்பேன்,று,றுக்க, *v.n. et* கறுமுறுத்தல்,*n.v.*(*id.*),se fâcher.

கறுமுறென்கிறது,கறுமொறென்கிறது *et* கறுமொறுக்கிறது, றுத்தேன், றுப்பேன், று, றுக்க, (கறுமொறு *son imitatif*), murmurer, se plaindre,dire *caroumourou*, faire du bruit.

*கறுவம்,*P.*கருவம்,*V.*கர்வம்.

கறுவல், 1° (கறுக்கிறது), noir, homme noir.2° *n.v.de* கறுவுகிறது, colère,menace,réprimande, obstination,signe de colère. [டை cannelle.

கறுவா,(கருவா),cannelier:—ப்பட்

கறுவிக்கிறது, வித்தேன், விப்பேன்,வி,விக்க, *v.n.et* கறுவித்தல், *n.v.* (கறுவம்),*P.*கர்விக்கிறது.

கறுவியம்,(கறுவம்), obstination, opiniâtreté,arrogance.

கறுவு, 1° *imp. et part.du suiv.* 2° colère,fureur,colère implacable, signe de colère,réprimande, menace, obstination,vengeance.

கறுவுகிறது,வினேன், வுவேன்,வு, வ,*v.n.*(கறுவம்),கறுவுதல். *n.v.* menacer,gronder,réprimander, s'obstiner,s'opiniâtrer,se fâcher, s'irriter: —கறுவிக்கொண்டிருக்கிறது être en colère.

கறுள்,bride (de cheval).

கறேரொன்கிறது,கறேரெலன்கிறது, கறேரொனல்,(கறேர் *son imitatif*),faire *carér*,—du bruit, se hâter, être noir,—très noir.

கறை, tache, souillure, couleur, couleur noire, —livide, obscurité, rouille, faute, défaut,sang, tribut, mortier(à piler le riz),poison:—கண்டன், (கண்டம்), Siven, *litt.* celui dont le cou est noir, (pour avoir avalé,au dire de la fable,le poison du serpent சேஷன்) ;—கட்டுகிறது, —படுகிறது, —பிடிக்கிறது se tacher,se salir,devenir—, être taché, —sali,—défectueux,se rouiller; —படுத்துகிறது salir;—ப்போக்கு infériorité,bassesse;—ப்போக்கன் homme vil,vaurien;—மிடற்றண்ணல்,—மிடற்றோன்,(மிடறு,அண்ணல்),*V.*கறைகண்டன்;—யடி l'animal dont le pied ressemble à un mortier,*i.e.*l'éléphant;கறையாய்—, கறைகறையாயிருக்கிறது être plein de taches.

கறையான், cariah, ou fourmi blanche,termite,termio fatale:—அரிக்கிறது les cariahs ronger,—détruire quelque chose;—கட்டுதல் les cariahs bâtir-élever leur butte,—leur nid;—புற்று butte de terre élevée par les fourmis blanches et qui leur sert de nid;—புற்றுவைக்கப்பாம்புகுடியிருக்கும் la fourmi blanche élève un tertre pour en faire son nid,et le serpent y habite, ce que l'un fait devient la proie de l'autre;—மேய்கிறது, —கட்டுகிறது les cariahs ronger,—bâtir.

*கற்கசம், (karkasa), dureté,violence,cruauté, effort,avarice: கற்கசக்காரன் homme dur,cruel prompt, tenace avare.

*கற்கசர்,(*id.*),gens durs,brutaux, avares,vils,vauriens.

*கற்கடம்,கற்கடகம், (karkata,ka), crabe,le signe du Cancer,racine fibreuse—,fil de nénuphar, moitié—, rayon d'un cercle: கற்கடககரம் scorpion,gros scorpion noir dit நண்டுவாய்க்காலி; —சிங்கி nom d'une plante,la noix dite கடுக்காய்; —பாஷாணம் espèce d'arsenic naturel; —வைரி le singe, *litt.* l'ennemi des crabes;—விராசி le signe du Cancer.

கற்கட்டு, (கல்), ce qui est bâti—,

bâtisse en pierre, consistance de la pierre.

கற்கண்டம்,(*id.*)rocher,roc.

கற்கண்டு,(*id.*), sucre candi.

*கற்கம்,1° (kalka), lie, sédiment d'huile,—de beurre fondu, remède composé de divers ingrédiens, médecine, sorte de marchandise. 2° (karka), nénuphar, pied; crabe,le Cancer.‖ *V*.நிட்டை.

*கற்கரம்.(gargara),batte à beurre

*கற்கரி,1° (karkari), petite jarre, —cruche, pot à l'eau.2° (gargari), vase de terre pour baratter,baratte.

*கற்கரிகை,(ghargharikâ). *V*.சதங்கை. [plante.

கற்கருசிலை, (கல்,கரு), sorte de

கற்கனல், (கல்), espèce d'arsenic naturel.‖ *V*.கன்மதம்.

கற்கா,un des 13 pays tamouls,un des pays où l'on parle le bas tamoul

கற்காந்தம்,(கல்),pierre d'aimant, sorte de pierre d'aimant.

கற்காமி,(கல்), *V*.கன்மதம்.

கற்காரம்,(*id.*), pierre infernale.‖ *V*.கல்லக்காரம். [காரம்.

கற்காரு,1° l'arbre அகில்.2° *P*.கற்

கற்காவி,(கல்),ocre,ocre en pierre, espèce de terre rouge de Perse.

*கற்கி,1° (kalki), nom de Vichnou dans sa 10me incarnation, dans laquelle, selon les Indous, il doit s'incarner en cheval pour détruire le monde,cheval,temple, pagode. 2° (karki),le signe du Cancer; —ச்சா, *V*. கர்க்கிச்சா: —மண்டலம் tropique du Cancer. [pierres.

கற்கிணறு, (கல்), puits bâti en

கற்கிறது,கற்றேன், கற்பேன், கல் ou கல்லு,கற்க,*nég*.கல்லேன்,*v.a*.apprendre,étudier,s'exercer, s'habituer:கற்கசடறக்கற்றவைகற்றபினிற்கவதற்குத்தகapprenez parfaitement ce que vous devez apprendre et après l'avoir appris persévérez-y convenablement. [cer.

*கற்கு,(கற்கம்), le signe du Can-

கற்குடல்,(கல்), constipation, entrailles dures comme la pierre.

கற்குதல்,*n.v.de* கற்கிறது.

கற்குவியல்,கற்குவை,(*id.*), monceau de pierres.

கற்குளிக்கிறது, (கல்), pêcher des perles,—des pierres précieuses.

கற்கொத்தி,(*id.*),l'oiseau dit tringa variegata.

கற்கோடன்,கற்கோடகன், (karkôta,ka), le serpent fabuleux கார்க்கோடன்.

கற்கோவை,(கல்), la plante கருடன்கிழங்கு,bryonia umbellata.

கற்சத்து,(*id.*),asbeste.

*கற்சம்,(gardja),cri de l'éléphant

கற்சரீரம்,(கல்), corps dur, —de

கற்சவளை,(*id.*),asbeste. [pierre.

*கற்சனம்,(கற்சம்,na), cri,bruit, son, grand bruit, colère, bataille, guerre. [d'acide.

கற்சன்னநீர்,(கல்,சன்னம்),espèce

கற்சரகம்,(கல்),émeraude.

கற்சாடி,(*id.*), jarre—, vase de pierre.

கற்சிக்கிறது, கற்சிதம், கற்சிப்பு, *P*.கர்ச்சிக்கிறது,கர்ச்சிதம்,கர்ச்சிப்பு

கற்சிற்பன்,(கல்), sculpteur, tailleur de pierre,architecte.

கற்சுண்ணாம்பு, (கல்), chaux de pierre. [de briques.

கற்சுவர்,(*id.*), mur de pierre ou

*கற்சூரம்,*P*.கர்ச்சூரம்.

கற்சூலை,(கல்), tympanite, hydropisie sèche. [ருத்தன் ou கர்த்தன்.

கற்தன்,*et ses composés*, *corr.P.* க

கற்பகத்திணை,(கற்பு,அகத்திணை), partie de l'அகப்பொருள் qui a rapport à la fidélité conjugale ou à l'état du mariage.

*கற்பகம், (கற்பம், ka), un des 5 arbres fabuleux du paradis d'Indiren, (qui,selon les Indous, donne à ceux qui mangent de ses fruits tout ce qu'ils désirent), espèce d'oseille, Vinâyaguen: கற்பகக்கரம் espèce d'arsenic préparé, supposé être la pierre philosophale. Les matières qu'on prétend lui servir de véhicules pour lui aider à opérer la transmutation des métaux sont:சிந்தூரம் le vermillon, செய்நீர் un fluide qui ressemble au sel ammoniaque;

திநீர் les liqueurs distillées; மெழுகு la cire etc...; —ச்சோலை le jardin de fleurs d'Indiren planté d'arbres dits கற்பகம்;—விருக்ஷம் l'arbre கற்பகம்; கற்பகத்திக்வளர் ou படர் கொடி la plante காமவல்லி qui s'entrelace dans l'arbre susdit.

கற்பகன்,(kalpaka),barbier.

கற்பகோளகை, P. கருப்பகோளகை. [paradis d'Indiren.

கற்பக்கா, (கற்பம்), le jardin ou

கற்படி,(கல்), degré—, gradin—, escalier en pierre.

கற்படுக்கிறது, கற்படுத்துகிறது, கற்படுத்தல், (id.), paver en pierres ou en briques):கற்படுத்ததளம்pavé, place pavée.

கற்படை,(id.), pavé,place pavée, lit —,rang —,rangée de pierres, porte de sortie—, chemin caché—, fausse porte d'un fort,guichet.

கற்பதிக்கிறது,(id.), enchasser des pierres précieuses, paver, poser—, ajuster les pierres: கற்பதிக்குங்குழி chaton de bague; கற்பதித்தவிடம் pavé,endroit pavé.

*கற்பம், 1° (kalpa), kalpa, ou un jour et une nuit de Brama,qui font, au dire des Indous, une période de 432 millions d'années sidérales ou la durée du monde,et autant d'années font la durée du temps où il reste anéanti, fin de la dite période, ou fin du monde, temps de la fin du monde,âge de Brama (qu'on suppose être de 15 trillions et 552 milliards d'années sidérales), durée d'un jour et de 2 nuits,le prétendu monde des dieux, l'arbre fabuleux du paradis d'Indiren dit கற்பகம், un de 6 Vêdangas comprenant la description ou le détail des rites religieux, science des mandirams ou des prières liturgiques et autres formules semblables, certitude,résolution,détermination,espèce d'oseille, l'herbe கஞ்சா, prétendu panacée qui prolonge extrêmement la vie et donne même l'immortalité. (N.B. Il y a 18 சித்தர் magiciens adeptes en chimie, parmi lesquels on nomme போகர், கொங்கணர், சட்டமுனி etc...Ils ont écrit sur ce panacée des pièces de poésie de cent vers chacune, dont quelques unes existent encore,les autres sont perdues).2° P.கருப்பம்.3°(kharba),10 milliards,petitesse, un des 9 prétendus trésors de Coubêren; கற்பஞ்சாதிக்கிறது appliquer un remède pour fortifier le corps,en continuer l'emploi; கற்பஞ்சாப்பிடுகிறது manger le panacée d'immortalité; கற்பதரு, —தாரு,—துருமம் l'arbre calpaga ou கற்பகம்;—நிதி un des 9 prétendus trésors de Coubêren.

கற்பரன், (கல்), espèce d'arsenic naturel.

கற்பரிபாஷாணம்,(id.பரி), espèce de remède,—d'arsenic qui s'engendre sur les rochers.

கற்பலகை,(id.), pierre—,ardoise pour écrire,grande pierre plate.

கற்பலங்காரி,(கற்பு,அலங்காரம்), fille ou femme ornée de la vertu de chasteté.

கற்பளம்,(கல்), creux dans les pierres,—sur les rochers,caverne.

கற்பழிகிறது,கற்பழிதல்,(கற்பு,அழிகிறது),ou கற்பழிந்துபோகிறது, être déflorée,violée, corrompue,perdre sa pureté, —sa virginité,la pureté—,la virginité se perdre;கற்பழிந்தபெண் fille—, femme déflorée, —violée,—corrompue,— déshonorée;கற்பழியாத pur, chaste,vierge; கற்பழியாதபெண் vierge pure, —intacte; கற்பழியாமலிருக்கிறது être pur,—chaste,avoir conservé sa virginité.

கற்பழிக்கிறது, (id.அழிக்கிறது), déflorer,violer,corrompre, séduire, ravir l'honneur.

கற்பனை,1° (கற்பிக்கிறது), commandement,précepte, ordre, loi,enseignement,étude.2° *(kalpanâ),invention,fabrication, composition;—தள்ளுகிறது,—மீறுகிறது, —விலக்குகிறது violer un commandement, désobéir; கற்பனைக்குட்படுகிறது obéir à un ordre, se soumettre.

கற்பாசி,(கல்),mousse,lichen qui

vient sur les pierres,lichen rotundatus,sorte de remède.

கற்பாஷாணம். (*id.*), espèce de remède,—d'arsenic naturel.

கற்பாட்டி,(கற்பு,ஆட்டி), fille—, femme chaste.

*கற்பாந்தம், (கற்பம், அந்தம்), fin du calpa,fin du monde.

கற்பாரியம்,un des 32 ordres d'architecture.

கற்பார்,1° (கல்,பார்),rocher.2° *n. app.de* கற்கிறது, étudians,ceux qui apprennent les sciences. [mer.

கற்பாலவணம்,(கல்,பா), sel de

கற்பாவுகிறது, (கல்), paver: கற்பாவினதரை pavé,endroit pavé.

கற்பாவை,(*id.*), statue de pierre, figure en pierre.

கற்பாளி,*ou* கற்பாழி,(*id.*), caverne de montagne,—dans le roc.

கற்பாள், (கற்பு, ஆள்), personne chaste.

கற்பாறை,(கல்), rocher,roc, terrain rocheux,rocher sous terre.

கற்பி, 1° (கற்பு), *V.* கற்பாட்டி. 2° *imp. de*

கற்பிக்கிறது,பித்தேன், பிப்பேன், பி,பிக்க,1° *v.caus. de* கற்கிறது, enseigner, instruire, ordonner, commander.2° (கற்பிதம்), inventer, fabriquer:கற்பித்தசொல் chose enseignée,prescrite, mot alongé, —qui détermine.

*கற்பிதம்,(kalpita), éléphant armé et caparaçonné pour la guerre, destination,arrangement,invention, chose faite,mise en ordre,construite ou produite artistement.

கற்பித்தல், *n.v. de* கற்பிக்கிறது, enseignement,instruction,commandement,invention.

கற்பித்தோன், *n. app. du même*, maitre,instituteur,précepteur.

கற்பியல், (கற்பு,இயல்), le propre de la chasteté,conduite chaste.‖ *V.*கற்பகத்திணை.

கற்பிரம்,la plante கல்லாரை.

கற்பிலக்கணம், (கற்பு), conduite chaste,partie de l'அகப்பொருள் qui a rapport à la fidélité conjugale et à l'état du mariage, et qui comprend la joie intérieure, le dégoût,la manifestation de ce degoût ou la bouderie,la séparation,etc...

கற்பிற்கிளவித்தொகை,(கற்பின்,கிளவி),partie de l'அகப்பொருள் depuis la séparation d'avec sa concubine jusqu'à l'abandon de ses biens.

கற்பினாள், (கற்பு,ஆள்),*V.* கற்பாட்டி. [கற்பு.

கற்பினை, 1° *P.*கற்பனை.2° *acc. de*

கற்பு,*n.v.de* கற்கிறது, instruction, érudition, ordonnance, commandement,chasteté,pudicité,pudeur, pureté,continence,virginité, destinée, destination,rempart, muraille, terrasse élevée dans l'intérieur d'un rempart,—d'une forteresse, espèce d'arbuste délicat du genre du jasmin:—குலைக்கிறது,*V.* கற்பழிக்கிறது; —சித்திக்கிறது, —பலிக்கிறது la chasteté se trouver, —se former (dans un cœur);கற்புள்ள chaste;கற்புடைமகள்,கற்புடையாள், (உடை), fille—,femme chaste,chaste épouse; கற்புடைமகளிரத்தியாயம் chapitre (du காசிகாண்டம்) qui traite des qualités d'une femme chaste: கற்புடைமை chasteté,pureté. [chastes.

கற்புடையோர், (உடை), gens

*கற்புரம்,*P.*கருப்புரம்,or.

கற்புழை, (கல்), trou dans un pierre. [et கற்றாமரை.

கற்பூ, (கல்) les plantes கல்லாரை

கற்பூசரம், (*id.*பூ), montagne qui contient du plomb.

கற்பூமி,(கல்),terrain pierreux.

*கற்பூரம்,*P.*கருப்பூரம், camphre, or:கற்பூரசத்து,—ச்சிலை,*P.*கருப்பூரச்சிலாசத்து.

கற்பெறுக்கி,*P.*கற்பொறுக்கி.

கற்பேதி,(கல்),minéral qui dissout les pierres.

கற்பை, 1° (*id.*), bourse—,sac où l'on met les pierres qui servent de poids. 2° *acc. de* கற்பு.3° *P.* கற்பாய் tu apprendras.

கற்பொடி,(*id.*),vitriol vert, petit morceau de pierre,petite pierre.

கற்பொளிகிறது,(*id.*), piquer une meule de moulin.

கற்பொறுக்கி, (*id.*), l'oiseau qui

ramasse des pierres, *i.e.* தூதுணம் tringa variegata, la colombe.

கற்போன், 1° *n.app. de* கற்கிறது, étudiant, élève. 2° (கற்பு), homme chaste.

கற்மகம், *P.* கருமகம்.

*கற்மம், *et ses composés, V.* கருமம்.

கற்ற, *part.parf. de* கற்கிறது, qui a appris.

கற்றசை, (கல், தசை), chair qui ne se dessèche pas, qui ne dépérit pas, —durable comme la pierre.

கற்றச்சன், (*id.* தச்சன்), tailleur de pierres, sculpteur, maçon.

கற்றடிவிரியன், (*id.* தடி), espèce de serpent.

கற்றலை, கற்றலைமீன், (கல், தலை), espèce de poisson de mer dit johnius.

கற்றல், *n. v. de* கற்கிறது, étude, exercice.

கற்றவர், *n. app. du même*, savans, gens instruits, poètes.

கற்றளம், (கல், தளம்), pavé, endroit pavé.

கற்றளி, (*id.* தளி), temple en pierre.

கற்றறிமூடன், (கற்று, அறிகிறது), sot qui est resté tel quoiqu'il ait étudié.

கற்றறிந்தோர், (கற்று), gens érudits, qui sont devenus savans par l'étude.

கற்றறிவு, (கற்று, அறிவு), érudition, connaissance acquise par l'étude.

கற்றா, (கன்று, ஆ), vache qui a un veau, jeune vache.

கற்றாமரை, (கல், தாமரை), nénuphar qui vient parmi les pierres.

கற்றார், *V.* கற்றவர்.

கற்றாழை, (கல், தாழை), aloès, aloe perfoliata, —vera: —மடல் sa feuille qui est bonne à manger et sert surtout de médecine. L'adj. est கற்றாழம்; கற்றாழஞ்சாறு jus d'aloès; —சோறு moelle d'aloès, la partie tendre —, le dedans de sa feuille.

கற்றானை, (கல், தானை), toile teinte en காவி ou ocre rougeâtre.

கற்றிடுகிறது, (கற்று), apprendre, étudier.

கற்றிரள், (கல், திரள்), quantité—, monceau de pierres.

கற்றீட்டு, (*id.* தீட்டு), *V.* கன்மதம்.

கற்று, 1° *adj. de* கன்று. 2° *gér. de* கற்கிறது: —க்குட்டி enfant qui étudie, celui qui apprend l'alphabet; —க்கொடுக்கிறது instruire, enseigner; —க்கொள்ளுகிறது apprendre, étudier; —ச்சொல்லி élève qui étudie les règles de la poésie, —qui apprend et va réciter les poésies de son maître pour lui en rapporter le profit, novice en poésie, petit—, jeune poète, celui qui répond ou dit les choses d'accompagnement; —வல்ல savant habile.

கற்றூண், (கல், தூண்), colonne de pierre.

கற்றேக்கு, (*id.* தேக்கு), sorte de teck, autre arbre médicinal dit aussi இலச்சைகெட்டமரம்; pour le propager on en plante les branches.

கற்றை, 1° petite botte, —gerbe, paquet, fagot, poignée (d'épis, de paille, d'herbe, de cheveux etc...), boucle ou tresse de cheveux, gerbe de lumière, gerbe—, collection de rayons, foule, quantité, feuilles de cocotiers ou autres choses tressées ensemble: —பிடிக்கிறது lier en paquets ou en petits faisceaux, —par poignés; —சொருகுகிறது, —போடுகிறது mettre les bottes de chaume, couvrir une maison de chaume. 2° *P.* கற்றாய் tu as appris.

கற்றொட்டி, (கல், தொட்டி), bassin —, auge de pierre.

கற்றோர், *n.app. de* கற்கிறது, savans, lettrés, poètes: —நவிற்சியணி figure qui consiste à donner pour cause d'abondance une chose qui ne l'est pas.

*கற்ணம், *P.* கர்ணம்.

*கற்னாடகம், (karnâta), la province du Carnate, ou le Carnatique: கற்னாடகச்சேவகர் soldats ou pioms du Carnate.

*கற்னிகம், *V.* கருணிகசன்னி.

*கன, 1° *adj. de* கனம், difficile, solide, dur, lourd, pesant, épais, important, considérable, grand, *V.* கனம். 2° *imp. et part. de* கனக்கிறது.

*கனகதம், (கனம், கதம்), l'animal qui a la marche dure, *i.e.* le chameau

கனகதர், (*id.*), gens vils, —de basse caste, bas peuple, vauriens.

*கனகம், (kanaka), or: கனகக்கொறிகை

டிமோன் le roi சுகனன், *litt.* celui qui a une bannière d'or; —சபை la salle dorée;le lieu doré; —தண்டிகை palanquin—,litière dorée; —தப்பட்டை espèce de tambour;—பரி சோதனை art d'éprouver l'or; —ப்பொடி poudre d'or;—ராசம்,(இராசம்), orpiment jaune.

கனகவம்,nom d'un lieu.

கனகனசங்கலிதம்,(கனம்,கனம்), multiplication de 2 cubes.

கனகனவென்கிறது, (கனகன *bruit imitatif*), faire *canacana*, —du bruit,pétiller:கனகனவென்றெரிகிறது brûler avec pétillement, avec une ardeur excessive.

*கனகன்,(கனகம்),*V.*இரணியன்.

கனகாசம்,(கனம்), sorte de maladie d'yeux.

*கனகாத்திரம்,(*id.*),poids.

*கனகாசலம்,(கனகம்,அசலம்), la montagne d'or,*i.e.*le மகாமேரு.

*கனகாபிஷேகம், (*id.* அபிஷேகம்), effusion d'or sur quelqu'un, pluie—,libation d'or:—பண்ணுகிறது répandre de l'or—, entasser des richesses sur quelqu'un. [gent.

*கனகாமிர்தம், (*id.*அமிர்தம்), ar-

கனக்கிறது,னத்தேன்,னப்பேன், ன,னக்க, (கனம்), et கனத்திருக்கிறது,peser,être lourd,pesant,dur, solide,massif,épais,serré,important: கனத்துக்கொண்டிருக்கிறது être pesant *v.g.* la tête dans une maladie, être lourd,augmenter,s'élargir, *v.g.* un furoncle.

கனக்குதல்,*n.v.du préc.*

கனங்கரம்,l'arbre uvaria kananga dont les fleurs sont odoriférantes

*கனசங்கலிதம்,(கனம்),cube d'un nombre. [camphre,mercure,eau.

*கனசாரம், கனசாரம், (கனம்),

கனசாரி,(கனம்),abondance,multitude. [—important,—de poids.

கனவந்தன்,(கனம்), homme riche,

கனட்டி,கனட்டு,petit champ,petite rizière. [te,—importante.

கனதண்டி,(கனம்), chose pesan-

*கனதி,(கனம்,ti),poids,pesanteur, épaisseur, importance, grandeur:—கனாமான் grand homme,homme important,—de poids.

கனத்த,*part.parf. de* கனக்கிறது, lourd,pesant,important, considérable,rude,grand:—குடி famille noble,—illustre,—importante;—நாள் jour—,temps critique dans les maladies,où d'ordinaire elles empirent. C'est vers la nouvelle ou la pleine lune,et le 3me,le 5me et le 7me jour depuis le commencement de la maladie;—வுடைமைக்கழிர்த்துவில்லை il n'y a pas de mal pour une propriété considérable,elle ne périra pas facilement.

கனத்தல்,*n.v.de* கனக்கிறது.

கனத்தி,espèce d'arsenic—, d'orpiment composé. [கனக்கிறது.

கனத்து,1° *obl.de* கனம்.2° *gér. de*

கனப்பு,*n.v.de* கனக்கிறது,pesanteur,épaisseur,roideur, importance: —காட்டுகிறது être pesant, —important.

*கனம்,(ghana), poids,importance,pesanteur,considération, gravité, dureté,solidité, épaisseur, largeur, extension,diffusion,cube d'un nombre, volume ou solidité d'un corps, nuée,nuage, racine médicinale du கோரை cyperus,assemblage,presse, foule,plénitude, abondance, cercle, pays,grandeur,dignité,mérite, respect,vénération, respectabilité, bon état,élégance,massue de fer, or, or pur,mercure,plomb;—ஆய் pesamment, considérablement, grandement,abondamment,d'une manière épaisse etc..,respectueusement,avec respect,avec dignité etc...;—ஆயிருக்கிறது être pesant,épais, de grand poids,important, considérable, respectable etc...;—ஆயெண்ணுகிறது estimer, faire grand cas;—ஆய்வை க்கிறது estimer, mettre respectueusement;—ஆன difficile, pesant, grave,respectable, important,considérable, abondant, estimable, de grand prix, épais, dur, massif, cube etc...; — இன்மை légèreté, minceur, manque de poids, — de

respect,incivilité,mépris;—உள்ளவன் personnage éminent,respectable, homme important; பண்ணுகிறது honorer,respecter, estimer; —பாடுகிறது chanter avec une voix trem blante; —பார்க்கிறது estimer au poids,voir la pesanteur,l'importance,la respectabilité,considérer l'état, les circonstances extérieures...;—பரப்பு masse, solidité ou volume d'un corps,cube,mesure cubique, multiplication de la largeur, de la longeur et de l'epaisseur;*—புடம் creuset—, feu considérable, feu de 100 bouses de vache sèches pour fondre ou calciner les métaux; —ப்படுத்துகிறது honorer,révérer, rendre important,—estimable,exalter;—பத்தி grande piété;—பத்தியானபொருத்தனை vœu qui provient d'une grande piété;—மழை, —மாரி grande pluie: *—மூலம் racine cubique,extraction de la racine cubique; *—யோகம் grande chance,grand bonheur,bonne fortune; —யோகசாலி homme très-fortuné; *—ரசம் eau, pluie, fluide pesant;*—ருசி (routchi lumière),éclair,goût fameux; —விமரிசை grande prudence,strict examen,investigation exacte.

கனலி,1° (கனல்), feu,soleil.2° cochon,l'arbrisseau கள்ளி.

கனலுகிறது,னன்றேன்,னலுவேன்,னல்,னல.v.n.(கனல்), brûler,être brûlé,être chaud,—ardent,s'échauffer,s'irriter.

கனலுகை,கனலுதல்,n.v.du préc. inflammation,ardeur,chaleur, brûlure.

கனல்,1° imp.et part. du même. 2° feu,chaleur,rayon,lumière: —இலுங்கு incendie,grand feu;—நிறம் couleur de feu, ou —நிறக்கல் pierre couleur de feu,i.e. rubis, escarboucle; —பேதி remède qui dissout les pierres,ocre rouge grossière;—மரம் espèce d'arbre dit aussi செந்திமரம்.

கனவட்டம்,(கனம்),cheval,cheval du roi பாண்டியன்.

*கனவான்,(கனம்),homme honorable,—respectable.

கனவிரதம், (கனம்,இரதம்), eau, fluide pesant.

கனவீனம்,(id.ஈனம்),légèreté,futilité, peu d'importance, bassesse, minceur,manque de respect,déshonneur.

கனவு,(கனு), songe,rêve,sommeil, assoupissement, engourdissement, léthargie,étourdissement: —நிலையுரைத்தல் récit d'un songe; —நூல் l'art de connaître le sens—, interprétation des songes:கனவிற்கண்டபொருள், கானலிற்கண்டபுனல் les richesses vues en songe ressemblent à l'eau que l'on voit dans le mirage,—à une nappe d'eau qu'il nous semble voir en été dans des plaines arides.

கனறல்,sync.de கனலுதல், action de brûler,de chauffer,ardeur, signe de colère,colère.

கனற்கூர்மை,(கனல்),fiel de verre,espèce de sel très-blanc.

கனற்சிலை,(கனல்), espèce de minéral,de pierre noire et médicinale.

கனற்பு,(கனலுகிறது),foyer.

கனற்றல்,கனற்றுதல்,n.v.de

கனற்றுகிறது,ற்றினேன்,ற்றுவேன்,ற்று,ற்ற, v.a. de கனலுகிறது, brûler,faire brûler,—chauffer.

*கனனம், (khanana), action de creuser,d'enfouir,d'enterrer, cachette,chute. [fascination du feu.

கனனத்தம்பம், (கனல்,ஸ்தம்பம்),

கனன்றல், P.கனறல்.

கனு, V. கனவு:—க்காண்கிறது rêver;—க்கண்டுளறுகிறது parler—, crier en rêvant; —வரைதல் sommeil.

*கனுகரம், (கனம் nuage,ஆகரம்), saison des pluies, V.கார்காலம்.

*கனுசிரயம்,(id.ஆசிரயம்), air,atmosphère.

கனி,1° fruit,fruit mûr, douceur. 2° *(khani), mine (d'or etc... ou de pierreries).3° imp.et part.de கனிகிறது. [V.கனிதல்.

கனிகரம்,(கனி), amour, amitié.||

கனிகிறது, னிந்தேன், னிவேன், னி,னிய,v.n.(கனி), mûrir, être trop mûr, briller, s'enflammer, être enflammé,— en feu, s'enflammer de colère,se fâcher, avoir le cœur tendre,s'attendrir,avoir pitié,s'amollir, fondre,être doux, —suave, enfouir, ensevelir: கனிந்துருகுகிறது fondre en larmes,crier—, pleurer amèrement; கனிந்துபோகிறது mûrir,s'amollir, s'attendrir, etc...; கனியவைக்கிறது mettre mûrir, —sur la paille pour faire mûrir.

கனிகை, V.கனிதல்.

கனிச்சீர்,(கனி), V.வஞ்சிச்சீர்.

*கனிஷ்டம்,கனிட்டம்,(kanichta), petitesse,bassesse, infériorité, petit doigt,beauté.

*கனிஷ்டன்,கனிட்டன்,(கனிஷ்டம்),homme vil,inférieur,frère cadet, jeune frère.*pl.* கனிஷ்டர்,கனிட்டர், bas peuple, gens vils etc...

*கனிஷ்டிகை, கனிட்டிகை, (கனிஷ்டம், ikâ),le petit doigt.

*கனிஷ்டை, கனிட்டை, *f.de* கனிஷ்டன், jeune sœur, sœur cadette, petit doigt.

கனிதல்,*n.v.de* கனிகிறது, maturité, excès de maturité,ardeur,marque de colère,colère, fureur, affection, amitié, attendrissement, tendresse,pitié, amollissement, fusion, sépulture,enfouissement.

*கனித்திரம்,(khanitra),hoyau.

கனிந்த,*part.de* கனிகிறது:—சொல் douce parole,parole affable.

கனியாமணக்கு, (கனி, ஆமணக்கு),l'arbre பப்பாமரம் papayer.

கனிவு,*n.v.de* கனிகிறது, familiarité.‖ V.கனிதல்.

*கனியசம்,(kaniyasa),cuivre.

கனுகுபினுகென்கிறது, s'attendrir,s'affectionner, prendre plaisir, éprouver une douce émotion de joie.

கனுக்கு,1° tremblement—, roulade (en chantant).2° *imp.et part.de*

கனுக்குகிறது, க்கினேன், க்குவேன்,க்கு,க்க,*v.a.* diminuer, détruire, faire des tremblemens ou des roulades en chantant.

கனுக்குப்பினுக்கு,parfum excessif,odeur trop forte.

கனை,1° bruit,son,plénitude,abondance, presse, étroitesse. 2° *imp. et part.de* கனைகிறது *et de* கனைக்கிறது:—வரிவண்டு,(வரி),gros scarabée rayé qui bourdonne,bombylius.

கனைகிறது,னைந்தேன்,னைவேன், னை,னைய,*v.n.* (கனை), se réunir, se presser,être pressé,étroit,serré.

கனைக்கிறது,னைத்தேன், னைப்பேன்,னை,னைக்க,*v.n.*(கனை), *et* கனைக்குதல்,*n.v.* hennir,résonner,crier,faire du bruit,rire,cracher, faire effort pour vomir,tousser ou cracher pour faire signe ou avertir.

கனைதல்,*n.v.de* கனைகிறது, réunion,rassemblement, presse, étroitesse.

கனைத்தல்,கனைப்பு,*n.v. de* கனைக்கிறது, hennissement, retentissement,bruit,cri,clameur, ris, crachement,effort pour vomir, action de tousser pour avertir.

கனைவு, V.கனைதல்.

*கன்றுபலம்,(கனம் *nuage*, உபலம் *pierre*),grêle.

கன், 1° bassin de petite balance, ouvrage en bronze,pierre. 2° *adj. de* கல் *devant* ம,de pierre.

கன்பாயாநாடு, Cambay dans le Guzerate.

கன்மகம்,*P.*கருமகம்,pratique.

*கன்மஷம்,(kalmacha),péché, tache,souillure, saleté, scorie, écume des métaux,plomb,noirceur,rouille.

கன்மடி,(கல்,மடி), mamelle dure comme une pierre.

கன்மதம், (கல்), alun de plume, alumen plumosum,un des 120 minéraux des Indiens.

*கன்மம்,*P.*கருமம், action (bonne ou mauvaise), le bien et le mal,ouvrage,occupation,métier,péché: கன்மகாண்டம் traité—, science de l'expiation du péché; —சண்டாளன் scélérat, criminel; —சாஸ்திரம் science pratique; —சாதாக்கியம் prétendue forme de Siven où sa connaissance et son action sont égales;—சாந்தி; —நிவர்த்தி abolition —,expiation du péché, renonciation au péché; —தாதாக்கியம் mélange —,sensation d'orgueil dans le corps; —நிதேசவிவு, —பரிபாகம் inaction,

V.கன்மசாந்தி; —பாவம் péché actuel;—பூமி,V. கருமபூமி; —ரோகம் maladie incurable;—வலை piéges- , attraits du monde;—வாழி homme sensuel,pécheur;—வியாதி maladie incurable.

கன்மணி,cardamome.

கன்மலை,(கல்),montagne de pierre,gros rocher.

கன்மழை, கன்மாரி, { (கல்),pluie de pierres, grêle.

*கன்மாதி,P.கருமாதி.

*கன்மாதிகன்,P.கருமாதிகன்.

*கன்மாந்திரம்,P.கருமாந்திரம்.

*கன்மி,P.கருமி.

கன்முதிரை,(கல்),arbre de l'espèce des முதிரை.

கன்முரிசு,espèce d'arbre.

*கன்மேந்திரியம், P. கருமேந்திரியம்.

கன்மொந்தன், (கல்), espèce de bananier.

கன்றல்,n.v.de கன்றுகிறது,vitesse,colère, marque de colère, pitié, pourriture,excès de muturité,amollissement,chose gâtée,pourrie,hâlée, rôtie par le soleil.

கன்றீனுகிறது,(கன்று, ஈனுகிறது),vèler,mettre bas.

கன்று,1° (adj.கற்று), jeune arbre,—plant d'arbre (excepté le cocotier pour lequel on se sert du mot பிள்ளை), veau,petit (de la vache, de la bufflone, du chameau, de l'éléphant,du cerf,de l'élan,du daim, du chevreuil, du gayal et quelquefois du cheval, et de quelques autres animaux), bracelet, petitesse, chose petite:கன்றூட்டுகிறது le veau téter,la vache donner à téter à son veau;—கொல்லி sorte de maladie des vaches:—க்குட்டி jeune veau: —த்தாய்ச்சி vache qui a un veau: —படல், —படுகிறது (les vaches etc...) devenir pleines, concevoir:—புக்கான் la plante commelina communis; —போடுகிறது mettre bas. 2° imp.et part.de

கன்றுகிறது, றினேன், றுவேன், று,ற,v.n.(le fruit) avoir une peau épaisse,devenir dur,—bon à rien,se hâler;(le visage etc...) être brûlé par le soleil, être meurtri de coups, se fâcher,s'amollir,se gâter,se pourrir, pourrir par excès de maturité, s'attendrir.

கன்றுதல்,V.கன்றல்.

*கன்னகம், (khanaka), levier—, barre—,instrument de voleur pour percer les murs.

கன்னங்கரியது, (கன்னம்), chose très noire.

கன்னங்கறேரென்கிறது, —கறேரெனல்,(id.),être très-noir.

*கன்னடம்,(karnâta),la province du Canara, (un des 56 pays connus des Indiens), le Carnatique, le peuple—,la langue Canara ou du Maïssour (une des 18 langues connues des Indiens), un des 42 airs nouveaux applicable au soir,espèce de danse: கன்னடகௌளம் ou —கவுளம் un des 42 airs nouveaux; —ச்சாதி la caste ou nation Canara, (une des 4 du sud de la presqu'ile.

கன்னடியம்,(கன்னடம்), la langue Canara,la province du Canara.

கன்னடியர்,(id.),le peuple Canara,les Canaras.

*கன்னம்,1° (karna),oreille, joue, mâchoire, joue—, oreille de l'éléphant, hypoténuse d'un triangle rectangle,diagonale d'un quadrilatère,rayon vecteur d'une planète à la terre.2° (khana creuser), V. கன்னகம்.3° veine,artère,orfèvre, bassin de balance,balance,plat,assiette,proximité,noirceur:கன்னமிடுகிறது percer un mur (surtout pour voler), voler,—avec effraction;*கன்னகண்டு démangeaison dans l'oreille*;—கூடம்,V. கன்னமலம்; —க்காரன் voleur,voleur qui perce les murs;—க்கிரந்தி ulcère ou cancer à la joue; —க்கோல்,V. கன்னகம்; —க்கோல் வைக்கிறது appliquer l'instrument fait pour percer les murs (surtout pour voler); *—ச்சூலை douleur arthritique à la joue; —தாலம் oreille pendante de l'éléphant; —த்தட்டு bassin d'une balance;* —பரம்பரை; —பாரம்பரை; —பாரம்பரியம் tradition orale,ouï-dire;—பாகம் oreille,inflammation de l'oreille extérieure;—புரம் la ville de Bhagalpour ancienne capitale de Carnen;* —பூஷணம் ornèment—, pendans d'oreilles;—பூரம் sorte d'ornement *ou* de pendans d'oreilles, oreille, l'arbre அசோகம், nénuphar bleu; —ப்பரிசை mâchoire inférieure, partie de la joue ou vient la barbe;—ப்பிளவை,—ப்புற்று ulcère ou cancer à la joue;—ப்பூ, *V.* காதுப்பூ; —ப்பொறி tempe,partie supérieure du côté de la tête,organe—,sens de l'ouïe;*—மதம் humeur qui découle des oreilles d'un éléphant en rut; —மலம் cérumen,cire—, saleté des oreilles; —மீசை poil des oreilles, favoris; *—மூலம் oreille,le bas de l'oreille; *—வேதனம்,—வேதை élancement—,douleur dans les oreilles;ou *—வேதம் perforation des oreilles: கன்னத்திலேயடிக்கிறது,—யறைகிறது,—போடுகிறது souffleter,donner un soufflet,frapper sur la joue.

கன்னல்,cruche,aiguière, canne à sucre, saccharum officinale, sucre, heure indienne de 24 minutes, cadran,veine,artère:கன்னற்கட்டி sucre candi.

*கன்னன், (karna), Karnen, roi d'Anga,prétendu fils du soleil et de குந்தி mère des Pandouvers: கன்னனூர் Cananore ville bâtie par ce roi.

*கன்னாடம்,(karnâta), *V.* கன்னடம்.

கன்னாதம், (கல், நாதம்), vitriol vert.

கன்னார்,1° *pl.de* கன்னான்.2° (கல், நார்),asbeste.

கன்னாபின்னா, கன்னாபின்னை,bavardage,caquet,vain babillage,paroles inutiles,confusion,désordre:கன்னாபின்னாவென்றுளறுகிறது parler à tort et à travers, déraisonner.

கன்னான், (கன்), fondeur, chaudronnier,ouvrier en bronze, en cuivre.

*கன்னாவதம்சம்,(கன்னம்,avatansa *boucle d'oreilles*), espèce de pendans d'oreilles.

*கன்னி,(kani),vierge,le signe de la Vierge,jeune fille,femme, —vertueuse,religieuse,pénitente,(prétendue) déesse, (les prétendues déesses) துர்க்கை et Parvadi, la 13me constellation,virginité,jeunesse,âge tendre,état de fille, intégrité, aloès, les plantes காக்கணம், காவிளர், et கரந்தை,rivière où Parvadi a, dit-on,fait pénitence: —க்கால் pieu—, pilier du coin de la Vierge;—க்கிழங்கு racine de la plante dite கன்னி, Isoetes coromandeliana: —க்குட்டி 1er petit d'un animal;—க்கோழி poule qui n'a pas encore pondu: —தாய் la mère de la vierge:—த்தாய் la Vierge-mère;—த்தீட்டு 1res règles d'une fille;—த்தன்மை,—த்துவம் virginité,état de vierge;—த்துரோகம், *V.* கன்னியாதூஷகன்;—த்தேங்காய் 1ers cocos que produit un cocotier; —நாகு génisse qui n'a pas encore vêlé;—ப்பருவம் virginité,âge de jeune vierge; —ப்பழி défloration—, viol d'une vierge,péché de celui qui corrompt une vierge;—ப்பெண் vierge, fille vierge;—மறி 1er petit de la brebis,du cerf,et autres animaux; —மாதம் le mois de la Vierge,*i.e.* le mois de புரட்டாசி septembre; —முத்திரை sceau de la virginité, hymen, virginité: —யழிகிறது (une vierge) être déflorée;—யழியாமலிருக்கிறது avoir conservé sa virginité,être intègre;—யாறு la rivière dite Canni, où Parvadi a,dit-on, fait pénitence; —ராசி,—யிராசி le signe de la Vierge.

*கன்னிகாசலம்,(கன்னிகை, அசலம்),le mont Mérou.

*கன்னிகாதானம், (*id.*), donner une fille en mariage.

*கன்னிகாபதி,(*id.*), gendre, mari de la fille.

*கன்னிகாரத்தினம்,(*id.*), la perle des filles, —des vierges, excellente fille,—vierge.

கன்னிகாரம்,l'arbre கோங்கு.

*கன்னிகை,1° (kanyâ),vierge,jeune fille,la prétendue déesse துர்க்கை,bouton de fleurs,graine de nénuphar.2° (கன்னி,கை), main de la vierge: கன்னிகை-யி,—ல்.Voyez celles que les Indous honorent de ces noms aux mots de பஞ்சகன்னிகை les 5 vierges, et de சப்தகன்னிகை les 7 vierges, parmi lesquelles on remarque வராகி la truie, femme de Vichnou métamorphosé en cochon!

கன்னிமார், 1° *ou* கன்னியர், *pl. de* கன்னி, les vierges, les jeunes filles. 2° (கன்னி), sein virginal.

கன்னிமை, (கன்னி), virginité.

*கன்னிகை, 1° (kanyâ), *P.* கன்னிகை. 2° *acc. de* கன்னி.

*கன்னியா, (kanyâ), *dans les mots composés P.* கன்னிகை, vierge, fille: —காரணம் rapt, enlèvement d'une fille; —குமரி, —குமாரி le cap Comorin, l'extrémité méridionale de la presqu'île de l'Inde, fille, vierge, nom d'une rivière; —க்கிரணம் mariage avec une vierge; —ஸ்திரீ vierge, religieuse, jeune fille; —ஸ்திரீமடம் couvent de vierges, —de religieuses; —தானம் don d'une fille en mariage, (ce qui est considéré par les Indous comme une des 32 vertus ou அறம்), don d'une fille en mariage sans rien recevoir; —தூஷகன், —தூஷணன் corrupteur—, calomniateur d'une vierge; —தோஷம் péché d'une vierge contre la pureté, mauvaise réputation d'une fille; —புத்திரன் bâtard—, fils d'une fille non mariée: —ப்பிரதானம், *V.* கன்னிகாதானம்: —வேதி gendre.

கன்னியீற்று, (கன்னி, ஈற்று), 1re portée des animaux.

கன்னிறம், l'arbrisseau épineux இசங்கு monetia.

*கன்னிகம், *P.* கருணிகசன்னி.

கன்னீறு, (கல், நீறு), chaux éteinte.

கன்னுவர், (கன்), fondeurs, ouvriers en bronze.

கன்னுநுகம், la plante சிறுகீரை.

கன்னெஞ்சன், (கல், நெஞ்சு), homme impitoyable, cruel, qui a un cœur de pierre, courageux: கன்னெஞ்சத்தனம் dureté de cœur, endurcissement.

கன்னெஞ்சி, (*id.*), femme impitoyable, cruelle, qui a un cœur de pierre, indigotier.

கன்னெல்லு, (*id.*), riz mêlé de pierres.

கன்னை, 1° côté, parti. 2° *acc. de* கன்: —க்கொற்றி homme de 2 partis, —qui aide les 2 partis.

கன்னைக்கோல், (*id.*), sorte d'instrument de tisserand. [றி

கன்னைமாறி, (*id.*), *V.* அம்பிகைத்

கா, 1° Câ, lettre et syllabe longue. 2° *n. v. imp. et part. de* காக்கிறது, garde, qui garde. 3° fardeau qu'on porte sur l'épaule, balance, bosquet, verger, jardin de fleurs, peine, travail, force. ‖ *V.* காவடி. 4° particule explétive. *Ex.* இவனிவட்காண்டிகா vois-la ici.

*காகம், (kâka), corbeau, corneille, (c'est) le signe du gardien du nord-est, mangouste, la 23me constellation, espèce d'arsenic composé: —அலுதல் *ou* காகங்கரைகிறது le corbeau crier; *காகக்கல் pierre d'aimant (noire comme le corbeau); —க்கருங்கல் marbre noir; *—துண்டம் bois odoriférant dit அகில், agalloche, aquila lignaloes; —தேவி la plante மணித்தக்காளி: —தாளியாயம் accident fortuit, —imprévu, hasard, chance, (suivant le sort du fruit mûr du palmier qui tombe quand un corbeau vient se percher dessus); —த்துரத்தி l'arbrisseau épineux qui chasse les corbeaux, c'est l' ஆதொண்டை; —த்துவசத்தாள் celle dont la bannière porte l'image d'un corbeau, *i. e.* மூதேவி, la prétendue déesse de la pauvreté; —நதி le Câvêri, la ville de Câvêripattanam; —நிமிளை bismuth noir; —பதம் mesure de temps de 2 குரு *ou* 2 longues; —பலி sacrifice—, aumône aux corbeaux, nourriture que leur donne l'Indou superstitieux; —பாஷாணம் espèce d'arsenic composé; —ப்புள் corbeau, la 23me constellation; —வாகனன் celui qui a pour monture un corbeau, *i. e.* சனி ou Saturne.

*காகளம், (kâhala), trompette.

காகாபிசாசு, காகாவிச்சி, espèce de démon.

காகிதம்,papier,feuille de papier, lettre, billet. [குறிஞ்சா.

காகித்தம், காகித்திரம், la plante

*காகு,(kakou),voix coupée, altération de la voix par crainte...

*காகுத்தன்,காகுஸ்தன், (kâkoutstha),nom d'un roi,Râmen,Vichnou

காகுராசி,la plante புடோல்.

காகுளி,siége,quoi que ce soit pour s'asseoir, matelas, lit,harmonie, la basse,ton bas,son guttural.

காகூ,*int.*ahloh!: —வென்கிறது crier,se récrier,faire des exclamations. [nos.

காகொடி, l'arbre எட்டி strych-

காகோடகி,la graine médicinale வாலுளுவை. [baladins.

காகோடியர்,comédiens,danseurs,

*காகோதரம்,(kâka *estropié*,உதரம்),serpent. [அண்டங்காகம்.

*காகோலம்,(kâkôla),corbeau, ‖ *V.*

காகோளி,l'arbre அசோகம்,uvaria, l'arbre கொடியரசு ficus, la plante தேட்கொடுக்கி heliotropium.

காக்கட்டான், காக்கணம், la plante clitoria ternatea.Elle est médicinale et serpente. Il y en a 2 espèces:l'une à fleurs blanches dite வெள்ளைக்காக்கணம்,l'autre à fleurs bleues dite காக்கணங்கொவ்வை ou கருங்காக்கணம்.

காக்கம்,corneille,les plantes குறட்டை et கோவை.

காக்கன்போக்கன்,vagabond.

காக்காச்சி, moules ou pétoncles des étangs.

காக்காய், corbeau, corneille, la 23me constellation;—க்கொல்லி nom d'une herbe vénéneuse pour les corbeaux:—ச்சோளம் espèce de sôlam ou de holcus saccharatus: —ப்பாலை l'arbre gelonium bifarium;—ப்பூ espèce de plante; —ப்பொன் oripeau, feuille de cuivre, —d'or, tincal,chrysocolle,résine de couleur d'or: காக்காய்க்குந்தன்குஞ்சுபொன்குஞ்சு même pour le corbeau ses petits sont des petits d'or, même le corbeau aime extrêmement ses petits; காக்காயின்கண்ணுக்குப்பீர்க்கம்பூபொன்னாகத்தோன்றும் les fleurs de பீர்க்கு ou de concombre paraissent d'or aux yeux du corbeau, des bagatelles paraissent précieuses aux yeux des sots;—மீன் le poisson trigla; —மூக்கன் homme à bec de corbeau, —qui a le nez aquilin et pointu: —மூக்கு espèce d'arsenic préparé:—வலி mal caduc,épilepsie.

காக்காரன், (கா), porte-faix qui porte sur l'épaule. ‖ *V.* காவடிக்காரன்.

காக்கிறது,காத்தேன், காப்பேன், கா,காக்க,*nég.*காவேன்,*v.a.* garder, préserver,conserver, défendre, protéger, gouverner, nourrir, élever, courtiser,surveiller, tenir, *ou* காத்திருக்கிறது attendre,espérer,être dans l'attente,garder: யாகாவாராயினும் நாகாக்க காவாக்கால் சோகாப்பர் சொல்லிழுக்குப்பட்டு négligeriez-vous la garde de tout le reste, au moins gardez votre langue, sinon les fautes qu'elle vous fera commettre vous causeront du chagrin; வெகுநாளிங்கேகாத்திருக்கிறேன் je suis à attendre ici depuis bien longtemps,*litt.*depuis beaucoup de jours

காக்குத்துவான், (கா, குத்துகிறது),certain oiseau.

காக்குறட்டை, காக்குறேட்டை, (கா),la plante கருங்காக்கணம்.

காக்கை,1° corbeau,corneille. un des 5 oiseaux ou பஞ்சபக்ஷிகள் dont les gentils tirent des augures, la 23me constellation.2° *n.v.de* காக்கிறது,*V.*காத்தல்: —க்கொடியாள். *V.* காகத்துவசத்தாள்;—முகர் hommes à tête—à visage de corbeau;—ப்பொன் oripeau.

காக்கைபாடினியம், nom d'une grammaire tamoule. [டை.

காக்கொறட்டை, *P.* காக்குறட்

*காங்கன்,காங்காயனி, (கங்கை, âyani), *V.*காங்கேசன்.

காங்கிசம்,காங்க்ஷம், *P.* காகிதம், papier,lettre. [châ),désir.

*காங்கிசை, காங்கிஷை, (kâmk-

காங்கு,toile bleue,jarre,cruche.

*காங்கேயம்,(gângêya),or.

*காங்கேசன், காங்கேயன், (கங்கை, dja né, èya, *affixes patronymiques*), le fils de Ganguei ou du Gange, *i.e.* Bhichma ou வீடுமன் fils de சந்தனுமகாராசன் et Koumaren.

காங்கை, chaleur.

காங்கையன், espèce d'arsenic préparé.

*காசம், 1° (kâsa), phthisie, consomption, pituite, phlegme, toux, catarre, asthme, un des 56 pays de la géographie indienne (peut-être celui de Câsi), 2° (kâtcha), mal d'yeux, gutta serena, or, espèce d'arsenic naturel: சுவாசகாசம் asthme, les autres espèces de காசம் sont: இரத்த—, சுருப்ப—ou செரிப்ப—, இலேசித—, நீல—, பித்த—, பால—, மந்த—, மந்திர—, வாத—, வீரணகாசம்.

காசறை, (காசு, அறை), musc, animal qui donne le musc, civette, onguent—, parfum pour les cheveux, bijou, pierre précieuse.

*காசனம், (ghâtana), meurtre.

*காசனன், (காசனம்), meurtrier.

காசா, 1° *(kâsâ), V. காயா. 2° buffle, l'arbrisseau memecylon capitellatum et tinctorium.

காசாக்கிரடி, espèce de cuivre.

காசாம், *adj. de* காசா:—பாரை espèce de poisson: —பூ fleur de l'arbrisseau susdit; —பூமேனியன் celui dont le corps ressemble à la fleur du காசா, *i.e.* Vichnou (au dire des Indous);—பூவர்ணன் vitriol, espèce d'arsenic naturel; —பற்று embrocation ou fomentation de காசா; கண்ணோவுக்குக் காசாம்பற்று போடுகிறது en appliquer pour le mal d'yeux.

காசாவில்லை, composition—, parfum de sandal.

*காசி, (kâsi), (la ville de) Câsi ou Bénarès, cette ville située sur le Gange est un lieu célèbre de pélérinage des Indous, cumin: —க்கல் pierre d'aimant; —க்காண்டம் un des 16 livres du காந்தப்புராணம்; —க்குப்பி bouteille ou fiole dans laquelle les gentils conservent de l'eau du Gange prise à Câsi, espèce de fiole mince; —க்கிளுட்டி espèce d'oiseau; —க்காரம் espèce de sel minéral; —த்தீர்த்தம் eau du Gange prise à Câsi et réputée bénite ou sacrée; —த்தும்பை espèce de plante; —லவணம், V. காசிக்காரம், *ou*—லிங்கம் le lingam adoré dans le temple de Câsi, sorte de lingam de Siven: காசிக்குப்போனாலுங் கருமந்துலையாது quand on irait à Câsi les péchés ne seront pas effacés pour cela.

*காசிபம், (காசிபன்), le livre de jurisprudence de Câsiben, c'est un des 18 codes de lois des Indous.

*காசிபன், (kâsyapa), Câsiben, un des 7 sages ou pénitens que les gentils prétendent être les 7 étoiles de la Grande Ourse.‖ *V.* கசியபன்: காசிபப்பிரமா, *V.* கசியபன். On le dit aussi père des bons et des mauvais génies, des சுரர் et des அசுரர்.

*காசிமீரம், (kâsmira), Cachemire, ville du nord de l'Inde, pays de Cachemire, un des 56 pays connus des Indous.

காசிரம், cercle, rond.

காசிரோத்தம், la plante வறட்சுண்டி.

காசினி, la terre.

காசு, cache, liard, un centime et 1/4, argent ou monnaie en général, pièce (de monnaie), or, faute, défaut, phlegme, collier de femme, pierre précieuse, ocre rouge, cachou, terra japonica, décoction de noix d'arec, espèce de pied de vers composé d'une syllabe longue avec un உ bref joint à une consonne forte; —கட்டுநிறுத்து, —கட்டுதல் sorte de jeu; —க்கடை banque, boutique de changeur; —க்காரன் *ou* —க்கடைக்காரன் banquier, changeur (de monnaie); —க்கட்டி cachou, sorte de médecine—, pilule composée de terra japonica avec différentes épices; —ச்செம்பு cuivre pur, —bon à faire des caches; —நாணயம் cache, argent monnayé, cours de la monnaie; —மண் ocre rouge; —மாறுகிறது (une monnaie, une pièce) avoir cours; —மாற்றுகிறது changer de l'argent, — des fanons en caches; —முத்திரை coin, empreinte de la monnaie, pièce de monnaie qui porte une empreinte visible:on distingue les suivantes: ஆள்—, ஆனை—, குதிரை—, சாணூரக்காசு monnaie portant l'empreinte d'un homme,d'un éléphant,d'un cheval,d'un Sânar.

காசுண்டை,(காசு,உண்டை),V. காசுக்கட்டி.

*காசுமீரம்,V.காசிமீரம்.

*காசை, 1° kâsâ), espèce de roseau,saccharum spontaneum,phthisie, consomption,l'arbre காசா memecylon.2° *acc.de* காசு.

காச்சக்கிரை,காச்சரக்கு, காச்சிரக்கு,(கா,P.காய்), l'herbe potagère புளிச்சகிரை. [ல்,காய்ச்சுகிறது.

காச்சல்,காச்சுகிறது,P. காய்ச்ச

காச்சுப்பு,P.காய்ச்சுப்பு.

காச்சுரை.,(கா),V.காச்சக்கிரை.

காச்சுமூச்சென்கிறது, babiller, dire des balivernes, radoter, faire du bruit,crier: காச்சுமூச்சென்றழுகிறது pleurer—,crier de détresse.

*காஷாயம்,(kâchâya),ocre rouge, bouillie, infusion—, amalgame de diverses médecines,sorte de remède, montagne de cuivre, —contenant du cuivre, *ou* காஷாயப்புடைவை toile—,habit rougeâtre,—teint avec de l'ocre rouge. [bois.

*காஷ்டம்,(kâchta),bois à brûler,

காஷ்டாச்சாரி, (காஷ்டம், ஆசா

*காஞா,P.காசா. [ரி),charpentier.

காஞ்சம்,vitriol bleu.

காஞ்சனம், (kântchana),or, l'arbre புன்கமரம்: காஞ்சனத்தூள் poudre d'or.

*காஞ்சனி,(kântchani),safran.

*காஞ்சா,V.கஞ்சா.

காஞ்சான்கட்டுகிறது, —பற்றுகிறது,se presser,s'irriter,tuer.

*காஞ்சி, (kântchi), ceinture de femme composée de 8 cordons ou fils garnis de perles ou de grains d'or,Cângsibouram ou Cântchibouram,ville située à 10 lieues sud-ouest de Madras et comptée parmi les 7 villes sacrées des Indous, crampon,crochet,agrafe,mobilité, instabilité, espèce d'air harmonieux ou de ton de musique, l'arbre ulmus integrifolia,orme:—மாலை guirlande d'orme,dont on couronne celui qui a affronté l'armée ennemie, ou vaincu l'ennemi avant qu'il soit en force,le 37me des பிரபந்தம், panégyrique du héros qui portant cette couronne a placé son camp près de la ville de l'ennemi.

காஞ்சிகை,காஞ்சிரம்,காஞ்சிரை, l'arbre vénéneux எட்டிமரம் ou strychnos.

காஞ்சினி,la plante மஞ்சிட்டி.

*காஞ்சுகம், காஞ்சுகி, காஞ்சுளி, habit.‖V.கஞ்சுகம்,கஞ்சுகி,கஞ்சுளி.

காஞ்சொறி,காஞ்சோன்றி,P. காய்ஞ்சொறி, ortie; காஞ்சொறிவேர் racine d'ortie,—de tragia involu-

காடகம்,toile,habit. [crata.

*காடபந்தம்,(gâdha *beaucoup*), V. காளபந்தம்.

காடவிளக்கு,(*id.*), grandes lampes,lampes employées pour illuminer des jardins dans des occasions solennelles.

காடன்,espèce de poisson.

*காடாக்கினி,(gâdha *excessif*,அக்கினி),grand feu,incendie,feu de forêt. [ம்),grande obscurité.

*காடாந்தகாரம், (*id.* அந்தகார

காடாரம்பட்டு,(காடு,ஆரம்), village dans les bois,nom d'un village dans les forêts près de Vêdarniam.

காடாரம்பற்று, (காடு, ஆரம்), pays de forêts.

காடாற்று,(காடு, ஆற்றுகிறது), extinction du feu du bûcher funèbre,une des cérémonies funèbres des Indous.

காடாற்றுகிறது, (*id.*), éteindre le feu du bûcher funèbre,pour recueillir les os du mort.Alors les Indous répandent dessus du beurre et du lait et les portent en cérémonie à la rivière.

காடி, vinaigre,(*il est employé et compté pour remède*), liquide aigri dans lequel on a fait confire quelque chose, marinade, achars, fruits confis,cange,eau de riz,toddi,callou, beurre liquéfié, moelle, mortaise, rainure, longue cavité; —க்காரம் pierre infernale, lapis infernalis, nitrate d'argent; —க்கூழ் bouillie aigrie; —ச்சோறு riz cuit qu'on a retiré du cange devenu aigre;காடியாய்த்தோண்டுகிறது, காடிவெட்டுகிறது faire une rainure,creuser en forme de mortaise,—en long.

காடிகம்,(காடகம்),toile,habit.

'காடினம், காடினி, காடினியம், காடின்னியம்,(kâthinya de கடினம்),grande difficulté,peine,dureté.

காடு,gén.காட்டின்,obl.ou adj.காட்டு,bois,forêt, broussailles, désert, cimetière, lieu où l'on brûle les morts,village,place, lieu, terre labourable,champ,terrain élevé,limite,borné,paille,brin (d'herbe etc...), la 2me constellation,multitude,presse,étroitesse, terminaison de certains noms,comme நோக்காடு douleur: காடழிக்கிறது détruire une forêt, un bois;காடாய்க்கிடக்கிறது être couvert de forêts, de bois, de broussailles:காடாய்ப்போகிறது se couvrir de broussailles,de forêts,devenir désert,rester en friche; காடுகலைக்கிறது,—கலைத்தல் les chasseurs épouvanter—déloger les bêtes d'une forêt; —காட்டுகிறது, —காட்டுதல் tuer, laisser en friche,—dans l'abandon;—சார்நிலம் terre attenante à une forêt;—படுதிரவியம் richesses des forêts.(Les Indiens en comptent 5,savoir: இறால் rayons de miel ou ruches d'abeilles,ou,selon d'autres,கருந்தினை millet noir; தேன் miel; அரக்கு gomme-laque; மயிற்பீலி plumes de paon; நாவி musc);—பலியூட்டுகிறது, —பலியூட்டுதல் (les குறவர் et les வேடர்) offrir des sacrifices, —pratiquer leurs cérémonies superstitieuses; —பிறண்டி, —புறண்டி instrumens pour arracher les broussailles,—pour défricher les forêts;—மேய்க்கிறது,—மேய்த்தல் flâner,rôder,courir les bois, litt.les faire paître;—வாரி,V.காடுபுறண்டி;—வாழ்சாதி gens grossiers—, sauvages des forêts, caste —,tribu nomade; —வாழ்த்து louanges des divinités fabuleuses des forêts,poéme en leur honneur;—வாவாவிடுபோபோவென்கிறகாலம்வந்தது le temps est arrivé où le cimetière dit:viens, viens,et la maison:va-t-en,va t-en, i. e.la mort s'approche;—வெட்டி bûcheron,sauvage, ignorant, stupide, petite pioche,bêche; காட்டிலேபோகிறது aller au bois,rôder, aller en vain;—வெட்டுகிறது couper—, défricher un bois; —வெட்டிக்கரம்புதிருத்திப்பயிரிடுகிறது défricher et cultiver les bois et les terres en friche;இந்தஊருக்குக்காடுகொஞ்சம் ce village a peu de bois ou peu de terres labourables.

காடுகாள், (காடு),prétendue déesse des terres incultes,la mère de வயிரவன்.

காடுவசாதி;(காடு, உவ,P. உவக்கும்), sauvages des forêts,tribu qui se plait dans les forêts.

காடேறி, (காடு,ஏறுகிறது), démon qu'on prétend hanter les forêts,les cimetières,ou les lieux où l'on brûle les morts.

காடை,caille, tetrao coturnix:—க்கண்ணி, (கண்), espèce de millet dont le grain ressemble à un œil de caille. d'où lui vient ce nom,panicum miliaceum;—க்கழுத்தன் espèce de riz;—ப்புடம்préparation des remèdes par la calcination ou l'oxydation avec le feu d'une bouze de vache desséchée, d'autres disent trois; —யிறகு panache de plumes de diverses couleurs dont s'ornent les comédiens.

காட்சம்,espèce d'arsenic.

காட்சி,(காண்கிறது),vision, apparition,révélation,apparence, vue, spectacle, merveille, connaissance, évidence (qui est une des manières de connaître), entrevue secréte d'amans,ce qui est un des 10 அவஸ்தை:—கொடுக்கிறது apparaître en vision,se montrer,montrer;—ப்பொருள் objet visible,—qu'on voit,—qui a une figure; —மறைத்தல் intercepter la vue,cacher,aveuglement, obstacle à tout voir,le 2me des அஷ்டகுற்றம்; —யாகிறது se montrer, apparaître (en vision etc...); காட்சியவர் gens instruits,qui voient clairement les choses; —யணி fig. de rhét.qui semble montrer l'objet comparé et l'objet avec lequel on le compare.

காட்டகத்தி,(காட்டு), l'arbrisseau விழுதி.

காட்டணம்,l'arbre பெருங்குமிழ்.

காட்டத்தி,(காட்டு),figuier sauvage.

*காட்டம்,(kâchta), bois à brûler, bois,airain, plancher inférieur, ce qui est plat au bas.

காட்டல்,*n.v.de* காட்டுகிறது,manifestation,démonstration,action de montrer etc...

காட்டவரை, (காட்டு),espèce de légume,—de pois sauvage, dolichos tetraspermus.

காட்டழல்,(*id.*),feu allumé dans une forêt par le frottement, incendie de forêt causé par le frottement.

காட்டா,(*id.*),vache—, bœuf sauvage,rhinocéros,licorne.

காட்டாக்கினி,1° (காட்டம்,அக்கினி), feu de bois à brûler. 2° *P.* காடாக்கினி.

காட்டாச்சாரி,*V.*காஷ்டாச்சாரி.

காட்டாடு,(காட்டு, ஆடு), brebis sauvage.

காட்டாத்தி, (*id.* ஆத்தி), l'ஆத்தி sauvage,l'arbre bauhinia parviflora.

காட்டாமணக்கு,(*id.*ஆமணக்கு), ricin sauvage *ou* l'arbrisseau jatropha curcas.

காட்டான், (*id.* ஆன்), vache —, bœuf sauvage,homme des bois, sauvage, étranger.

காட்டி,1° *gér.et app. de* காட்டுகிறது,montrant,qui montre.*Ex.* வழிகாட்டி guide, celui qui montre le chemin: காட்டிக்கழிக்கிறது tantaliser,se jouer de quelqu'un en lui montrant quelque chose et la retirant au moment où il est pour la saisir; —க்கொடுக்கிறது trahir, livrer—,découvrir quelqu'un à ses ennemis,accuser,enseigner, montrer la manière de faire quelque chose; —மறைக்கிறது,—மறைத்தல்,*V.*காட்டிக்கழிக்கிறது.

காட்டிஞ்சி, (காட்டு,இஞ்சி), gingembre sauvage nommé சாரணை.

காட்டிலுமிழி,காட்டிலுமிழ்,(காட்டில்,உமிழி *de* உமிழ்கிறது), grosse espèce de scarabée,scarabée des forêts

காட்டில்,1° *abl.de* காடு, dans la forêt.2° *ou mieux* காட்டிலும் (*ordinairement avec l'acc.*) *conditionnel de* காட்டுகிறது, si on montre, quoiqu'on montre,plus que,en comparaison de: சாவைக்காட்டிலும்பாவமே தின்மை le péché est un plus grand mal que la mort.

காட்டின்,1° *gén.de* காடு,de la forêt.2° *conditionnel de* காட்டுகிறது: காட்டினும் bien qu'on montre,plus que,en comparaison de.

காட்டு,1° *imp.et n.v.de* காட்டுகிறது,montre,exemple,action de montrer.2° *adj.ou obl.de* காடு, de forêt, de bois,sauvage,rustique;காட்டுழி யவாணன் espèce de riz sauvage,—qui demande peu de culture; —க்கஸ்தூரி,*V.*காட்டுக்கத்தூரி; —க்கஞ்சாங்கோரை *ou* கஞ்சான்கோரை la plante ocimum fastigiatum; —க்கடலை espèce de pois sauvage;—க்கதலி espèce de bananier sauvage dont les fruits sont très-amers; —க்கத்தூரி la plante பொட்டகத்துத்தி; —க்காடை caille sauvage,—des bois,oiseau qui ressemble à une motte de terre; —க்கருணை la plante médicinale dracontium polyphyllum: —க்கல் pierre blanche; — க்காய்ச்சுரை espèce d'herbe potagère sauvage et amère, hibiscus surattensis; —க்காய்வள்ளி; *V.* காட்டுவள்ளி;—க்காணவாழை la plante ommelina benghalensis; —க்கிட்டம் amas de scories, — d'écume de métaux; — க்கிராம்பு giroflier sauvage, la plante jussieua suffruticosa;—க்கிரிகை cérémonie du bûcher funèbre;—க்கீரை herbe potagère sauvage, herbes potagères mélangées qu'on vend ensemble; —க்குணம் caractère sauvage,—d'animal; —க்குருந்து, V. காட்டெலுமிச்சை; —க்குளவஞ்சி espèce de plante rampante;—க்கூந்தல் la plante evolvulus, sorte d'herbe; —க்கொஞ்சி citronnier sauvage, l'arbrisseau limonia pentaphylla;—க்கொட்டை, V. காட்டாமணக்கு; —க்கொளஞ்சி, espèce de plante—,de citronnier sauvage; —க்கொள்ளு lentille—,collou sauvage,la plante légumineuse glycine suaveolens; —க்கோரை la plante scirpus tricholomus;—க்கோழி poule sauvage;—ச்சேவல் coq sauvage, —des bois;—ச்சீரகம் cumin sauvage vernonia anthelmintica; —ச்சீரகவள்ளி la plante dioscorea bulbifera; —த்தனம் état—,caractère sauvage, rusticité,simplicité,timidité; —த்தகரை la plante cassia tora ou தகரை sauvage;—த்தாரா canard sauvage; —த்தாளி la plante convolvulus muricatus;—த்தினை millet sauvage; —த்துத்தி guimauve sauvage, sida hirta;—த்துவரை la plante glycine parviflora;—த்துளசி basilic sauvage,ocimum adscendens;—நாரத்தை oranger sauvage, limonia monophylla;—நெல்லி l'arbre ou arbuste phyllanthus polyphyllus;—ப்பசு vache sauvage; —ப்பயிர் céréales sauvages, —qui croissent d'elles-mêmes;—ப்பருத்தி l'arbrisseau hibiscus abelmoschus;—ப்பன்றி sanglier,cochon sauvage; —ப்பாகல் la plante பழுப்பாகல்; —ப்பிள்ளை enfant trouvé,—sauvage,bâtard;—ப்புத்தி esprit rustique,—sauvage,—sans culture;—ப்புளிச்சை, V. காட்டுக்காயிச்சுரை,ou—ப்புளிச்சைமரம் l'arbre antidesma acida;—ப்புறா pigeon sauvage;—ப்பூனை chat sauvage; —மத்தாளை l'arbre காட்டாத்தி; —மரம் arbre de forêt,—sauvage;—மல்லிகை jasmin sauvage,jasminum angustifolium; —மனுஷன் sauvage, homme des bois,—non civilisé, impoli,chasseur;—மா cheval—, manguier sauvage, cerbera manghas, l'arbre spondias mangifera;—மாவிளா amande du noyau—,graine des arbres dits காட்டுமா,espèce de pois ou d'amande dite aussi சாரப்பருப்பு;—மிருகம் animal sauvage; —மிருகாண்டி,—மிருண்டி sauvage, habitant des forêts,rustre,impoli;—முந்திரிகை vigne—,acajou sauvage;—முருக்கு l'arbre புரசு; —முருங்கை la plante hedysarum sennoides, V. மாவிலங்கு; —முன்னை l'arbrisseau croton repandum;—மூரி grosse espèce de scarabée dite நாகரவண்டு; —மொச்சை, V. காட்டவரை; —வள்ளி la plante dioscorea bulbifera;—வாகை l'arbre mimosa flexuosa.

காட்டுகிறது, ட்டினேன், ட்டுவேன், ட்டு, ட்ட, v.a.de காண்கிறது, faire voir, montrer, indiquer,prouver, démontrer,découvrir,manifester,faire ressouvenir.[action de montrer...

காட்டுகை,காட்டுதல்,*n.v.du préc.*

காட்டுமரி,(காட்டு, உமரி),la plante salsola. [sauvage.

காட்டுள்ளி, (*id.* உள்ளி), oignon

காட்டெரி,(*id.*எரி), incendie d'une forêt.

காட்டெருமுட்டை,(காட்டு),bouse de vache trouvée dans les bois.

காட்டெருமை,1° (*id.*)buffle sauvage, les plantes எருக்கு et சதுரக்கள்ளி: —ப்பால் lait de bufflone, suc laiteux des plantes எருக்கு et சதுரக்கள்ளி. 2° *V.* கூடைநீறு.

காட்டெலுமிச்சை,(*id.*), limonier sauvage,trechilia spinososa.

காட்டெள்,காட்டெள்ளு,(*id.*எள்), sésame sauvage.

காட்டேறி, (காடு,ஏறுகிறது), démon femelle qui, dit-on, hante les forêts.

*காட்டை,1° (kâchtâ),coin—,partie—,côté du monde,limite, temps, moment,mesure de temps qui contient 8 இலவம்,(d'autres disent), la 30me partie d'un கலை ou 18 clins d'œil, bois à brûler,pointe, bout. 2° *acc.de* காடு. [sauvage.

காட்டொலிவம், (காட்டு), olivier

காண, 1° *inf.de* காண்கிறது:—த் தோன்றஇடுகிறது donner suffisamment (de la nourriture etc...): —ப்படாத invisible, ce qu'on ne peut voir; —ப்படாதது ce qui est invisible; —ப்படுகிறது paraître, apparaître, être vu, —visible; —ப்பட்டது ce qui a été vu, ce qui est visible; —ப்போகிறது visiter, aller voir. 2° *obl.de*

காணம், 1° collou ou lentille; (dans l'Inde elle sert d'avoine aux chevaux et aux bœufs). 2° moulin à huile, or, pièce—, monnaie d'or, espèce de mesure. 3° (*காண்கிறது*), inspection, surveillance.

காணல், *obl.et n.v. de காண்கிறது*, action de voir..., vue, aspect, considération, révérence, honneur, intention, désignation.

காணு, காணுத, *part.neg.de காண்கிறது*, invisible, imperceptible, qui ou qu'on ne voit pas, qui ou qu'on n'a pas vu: காணுக்கடி morsure d'un animal ou d'un insecte inconnu,—qu'on n'a pas vu; —க்காட்சி spectacle extraordinaire, merveille, chose mauvaise à voir, —qu'on ne peut voir; —க்கிரகம் astre ou planète invisible; —ஸ்தலம், —த்தலம் lieu secret, —caché, parties naturelles, —que la pudeur ne permet pas de voir dans l'un ou l'autre sexe; —மாணிக்கங்காட்டுகிறது, —மாணிக்கங்காட்டல் montrer quelque chose de rare, —un bijou extraordinaire.

காணுது, 3° *pers.nég. neut. de காண்கிறது*, ne se voit pas, ne paraît pas, ne se trouve pas: அளவுகாணுது la mesure ne s'y trouve pas,—ne se trouve pas juste: இதுநாலுசொக்காய்க்குக்காணுது ceci ne suffit pas pour 4 vestes ou gilets.

காணுதே, காணுமல், *gér. nég. du même*: — போகிறது disparaître, se perdre, s'égarer; காணுமற்றிருடினவன் voleur qui a fait un vol clandestin, qui a volé adroitement.

காணுமை, *n.nég.du même*, invisibilité, ne pas voir.

காணுர், *n.app.nég.du même*, ennemis, gens qui ne se voient pas.

காணி, un 80me, câni, mesure de 100 cougis, environ un arpent, ou 5351 mètres carrés, (autre) mesure de 24 manei, (le manei contenant 2400 pieds anglais quarrés), propriété, possession, droit héréditaire,—de possession, patrimoine, héritage, fonds de terre: —த்தாயம் droit de propriété sur une terre: —மந்தங்கோடிதுக்கம் un 80me de paresse causera 10 millions de chagrins;—மானியம் champ libre d'impôt; —யாட்சி possession, héritage, domaine, seigneurie; —யாட்சியூர் ville ou village qu'on possède par héritage; —யாட்சிக்காரன், —யாளன், —க்காரன் celui qui a hérité d'une terre, possesseur par droit d'héritage.

காணிக்கை, (காண்கிறது), présent, offrande (à Dieu, à un supérieur); —கொண்டுவருகிறது, —வைக்கிறது, —யிடுகிறது faire un présent; —யாகஒப்புக்கொடுக்கிறது,—யாகவைக்கிறது ou இடுகிறது offrir, donner en présent.

காணுகிறது, *P.* காண்கிறது.

காணுதல், *P.* காண்டல்.

காணுது, *P.* காண்கின்றது, 3me *pers.neut.sing.prés. de காண்கிறது*, il voit, il semble, il paraît.

காணும், 3me *pers.fut.neut.et part. fut.de காண்கிறது*, il paraîtra, il se trouvera, on verra, on trouvera, il semble, il paraît, à ce qu'il paraît: எத்தனையாடு? பத்துகாணும் combien y a-t-il de brebis? Il semble qu'il y en a dix; அளவுகாணும் on trouvera la mesure, on la trouvera juste; அப்படியல்லகாணும் il n'en est pas ainsi, ce me semble. Il s'emploie aussi comme particule explétive en parlant à un egal.

காஞேம், 1re *pers.pl.ou honor.nég. de காண்கிறது*, nous ne voyons pas, nous ne trouvons pas: அதுகாஞேம் nous ne trouvons pas cela, je ne le *ou* on ne le trouve pas, cela a disparu, cela est égaré.

காண், 1° *imp. et part. de* காண்கிறது. 2° *partic. explétive.*

காண்கிறது, கண்டேன், காண்பேன், காண், காண, *v. a. et n.* apercevoir, voir, regarder, considérer, visiter, trouver, rencontrer, sentir, désigner, mentionner, penser, révérer, connaître, faire, mettre bas, obtenir, faire paraître, sembler, paraître, provenir, suffire: காரியம்—, voir une chose, achever son affaire, une affaire réussir; மனதிலே—, voir en esprit, s'offenser; எங்கும்பார்த்தேன்காணவில்லை j'ai regardé—, j'ai cherché partout et je ne l'ai pas vu,— je ne l'ai pas trouvé.

காண்குதல், *n. v. du préc.*

*__காண்டகம்__, 1° (காண்டம், ka), maladie, douleur, village, forêt, bois, aiguière, pot à l'eau, la plante médicinale நிலவேம்பு. 2° (gandaka *rhinocéros*), corne de rhinocéros.

*__காண்டம்__, (kânda), partie—, chapitre—, section d'un livre, tige, tige des fleurs, la plante médicinale நிலவேம்பு, arme, flèche, occasion, opportunité, eau, eau lustrale, —bénite, pot à l'eau, aiguière, vase, multitude, abondance, cheval, boîte aux bijoux, rideau, voile, toile, habit, forêt, bois; fin, terme, limite, ustensile, instrument de musique, montagne, espèce d'arsenic naturel, bâton, perche, soutien, appui, corbeau aquatique, globe, la plante médicinale justicia paniculata.

காண்டல், *n. v. de* காண்கிறது, vue, regard, perception, apparence, connaissance, révérence, visite, obtention, pensée, action de faire.

*__காண்டவம்__, (khândava), bois sacré d'Indiren: காண்டவதகனன், (தகனம்), celui qui a brûlé ce bois, *i. e.* Aroutchounen.

காண்டாதிகிருதம், (காண்டம், ஆதி), remède composé de la plante justicia paniculata et de beurre liquéfié.

*__காண்டாமிருகம்__, (ganda), licorne, unicorne, rhinocéros: காண்டாமிருக ரத்தம் sang de dragon, résine de calam draco.

*__காண்டாவனம்__, (காண்டம், வனம்), la forêt ou le jardin d'Indiren.

*__காண்டாவனன்__, (காண்டாவனம்), le maître du jardin susdit, *i. e.* Indiren.

காண்டி, *imp. de* காண்கிறது, vois

காண்டிகை, காண்டிகையுரை, commentaire abrégé qui contient les 3 choses suivantes: கருத்து le sens; பதப்பொருள் le mot à mot; உதாரணம் des exemples. D'autres y en ajoutent 2 autres: வினு des questions; விடை des réponses.

காண்டிபம், espèce d'arsenic naturel.

காண்டியம், chaleur: காண்டிய காலம் temps de chaleur.

காண்டில், espèce d'arsenic préparé.

*__காண்டீபம்__, காண்டீவம், (gândiva), l'arc d'Aroutchounen, le Sagittaire.

*__காண்டீபன்__, காண்டீவன், (காண்டீவம்), Aroutchounen, le 3me des Pandouvers.

காண்டு, distance d'une portée de voix, 1 kilomètre.

காண்டுமதம், peine.

காண்டை, sorte d'arbrisseau.

காண்பிக்கிறது, பித்தேன், பிப்பேன், பி, பிக்க, *v. caus. de* காண்கிறது, montrer, faire voir, représenter, démontrer, prouver, apparaître, se montrer: காண்பித்துக்கொள்ளுகிறது gronder, réprimander, blâmer, désapprouver; தன்மகனைக்காண்பித்துக்கொள்ளுகிறான் il réprimande son fils.

காண்பித்தல், *n. v. du préc.* action de montrer..., apparition.

*__காதகம்__, 1° (காதம், ka), meurtre, vexation, persécution, action d'affliger les autres.

*__காதகன்__, 1° (காதகம்), meurtrier. 2° (khâdaka), mangeur (dans les mots composés).

காதடைக்கிறது, (காது), se boucher—, boucher les oreilles, les oreilles se boucher (par fatigue ou maladie), les oreilles devenir paresseuses, devenir sourd. [ன்னடை.

காதட்டி, (கா), la plante ஆதொ

காதணி,(காது,அணி),bijou pour les oreilles, boucle—, pendant d'oreilles,grandes boucles d'oreilles;—வகுப்பு les différentes sortes de pendans d'oreilles parmi lesquels on distingue les suivans: கடிப்பிணை,கம்பி, கன்னப்பூ, கன்னுவதங்கம், குணுக்கு, குண்டலம், குழை, கொட்டை,செவிமலர்,தாடங்கம்,தூக்கம், தொங்கல், தோடு,மஞ்சிகை, வல்லிகை,வேடம்.

காதம்,1° câdam, espace d'environ 10 milles anglais,3 lieues *ou* 16 kilomètres, 4 portées de voix,callou,toddi.2° *(ghâta), meurtre.3° *(khâta),étang *ou* puits carré: காதவழி marche—, chemin —,distance d'un câdam,ou de 10 milles.

*காதம்பம், (கடம்பம்), cygne, poule sauvage.

*காதரம்,(kâtara), confusion, désordre, perplexité, crainte, timidité, détresse,suite de maux, désir.

காதரவு,(kâ *mal*,ஆதரவு), admonition où l'on montre les mauvaises conséquences du mal.‖*V.*காதரம்.

*காதரன்,(காதரம்),homme craintif,peureux. [compagnon, mari,fils.

காதலன், (காதல்), ami, amant,

காதலி, 1° (*id.*), amie, amante, compagne,épouse,fille.2° *imp. de* காதலிக்கிறது,லித்தேன், லிப்பேன்,லி,லிக்க,*v.a. et n.*(காதல்),aimer, affectionner,être ami, désirer, convoiter, avoir de la passion pour.

காதலித்தல், காதலிப்பு, *n. v. du préc.*affection,amitié,désir, passion, désir violent,concupiscence.

காதலித்தோர், *n.app.du même,ou* காதலோர்,(காதல்), amis,amans, parens.

காதல்,1° désir, affection,amour, concupiscence, passion, espèce de chant, fils,cheville pour chasser les cloux.2° *V.* காதுகை et எதிராப்பு: ஆந்தைக்காதல் cri de hibou, augure qu'on en tire,traité de divination ou d'augure tiré de ce cri; காதற் சிறப்புரைத்தல் expression —, manifestation de l'affection et du désir des époux l'un pour l'autre.

காதவடி, (காது, அவடி), bas—, bout —,creux de l'oreille.

காதவம், multipliant dit ஆலமரம், dinde, poule sauvage. [காது.

காதறுதல்,காதறுத்தல்,*V. au mot*

காதறை,1° (காது,அறை), creux —,intérieur de l'oreille. 2° (*id.*அறுகிறது),ce qui a l'oreille déchirée,ce à quoi l'on a coupé les oreilles,chose perdue,—mauvaise.

காதறைச்சி(*id.*அறைறகிறது),querelleuse, disputeuse.

*காதன்,(காதம்),meurtrier.

காதன்மை,(காதல்,மை),tendresse,qualité de l'affection.

காதாங்கி,la plante பாற்சோற்றி.

காதார,(காது,ஆர),pleinement, de ses oreilles, bien clairement, de toutes ses oreilles: —க்கேட்கிறது entendre bien plainement, de ses propres oreilles: —க்கேட்டசாட்சி témoin auriculaire.

*காதி, 1° (gâdhi), Gâdi, roi de Kanyakoubdja ou Kanoudje et père de Visvâmitren, espèce d'arsenic composé.2° *gér. de* காதுகிறது: காதிபுரம் la ville capitale de Gâdi,*i.e.* Kanoudje;—மைந்தன்,*V.* காதிசேன்; —வென்றோன் le vainqueur de Gâdi, *i.e.* Arouguen.

காதிசேன், காதிபு, காதேயன், (காதி,சம்), le fils de Gâdi, *i.e.* Visvâmitren ou விசுவாமித்திரன்.

காதிலி,(காது,இலி),sourd,sourde, être sans oreille.

காது,1° oreille, ouïe, côté percé —,trou d'une aiguille,d'une ôle ou feuille de palmier, d'un couteau fermant, lumière d'un canon.2° *(ghâtou),meurtre.3° *imp. et part. de* காதுகிறது: காதறுகிறது, காதறுந்துபோகிறது,காதறுதல், l'oreille se déchirer,avoir les oreilles déchirées,—coupées;காதறுக்கிறது,காதறுத்தல், couper les oreilles; காதறுப்புண்டவன் homme qui a les oreilles coupées; காதறுப்பான் ulcère autour des oreilles;காதற்றமுறி obligation —,billet déchiré, —annulé,billet écrit sur ôle dont on a déchiré le bout depuis le trou;காதுகடிக்கிறது chuchoter —,bourdonner —,souffler—,dire à l'oreille;—குத்துகிறது, —குற்றுகிறது percer les oreilles; —கேட்கிறது entendre bien,avoir de bonnes oreilles;—கேளாத,—கேளாதவன் sourd;—கொடுக்கிறது prêter l'oreille, écouter;—க்குறும்பி cérumen, ordure—, cire des oreilles;—சோணை partie extérieure—,bout—,lobe de l'oreille:—த்துவாரம் trou—,entrée des oreilles;—ப்பூ espèce de bijou pour les oreilles en forme de fleur ou d'étoile;—ப்பூச்சி petit reptile ou serpent qui entre dans les oreilles;—மடல் cartilages—, bord extérieur de l'oreille;—மந்தம் paresse de l'oreille, difficulté à entendre, demi-surdité;—மந்தமாயிருக்கிறது avoir l'oreille paresseuse,être un peu sourd;—மந்தன் homme un peu sourd;—வளர்க்கிறது allonger le bas des oreilles, élargir le trou qu'on y a fait; —விடாய் paresse de l'oreille ou faiblesse de l'ouïe occasionnée par la faim ou la maladie; —வெட்டுகிறது couper les oreilles, tailler le contour du trou d'une ôle ou feuille de palmier; காதுக்கின்பமான agréable à l'oreille;காதிலேசொல்லுகிறது dire—,chuchoter à l'oreille; —யூதுகிறது souffler dans l'oreille, raconter des contes,babiller,bourdonner aux oreilles; —விழுகிறது, —சந்திக்கிறது tomber dans les oreilles, parvenir aux oreilles, entendre dire,—peu distinctement, —en passant ou sans le vouloir;காதைப்பொத்துகிறது se boucher les oreilles; அவனுக்குக்காதுகேளாது il n'entend pas, il est sourd;என்சொல்லுக்குக்காது கொடுத்தான் il a prêté l'oreille à mes paroles.

*காதுகன்,(காது,ka),meurtrier.

காதுகிறது, தினேன், துவேன், து,த,*v.a.*(காது), tuer,diviser, partager,couper,mettre en pièces, briser,rompre.

காதுகை,காதுதல், *n.v. du préc.* meurtre, division, partage, coupe, rupture.

காதெழுச்சி,(காது,எழுச்சி), mal à l'oreille, —dans l'intérieur de l'oreille.

*காதை,1° (கதை),histoire,narration,récit,parole, diction, action de dire.2° (ghâtâ), meurtre.3° *acc. de* காது.4° *P.*காதாய்.2me *pers.nég. de* காதுகிறது:—கரப்பு espèce de poésie combinée de façon qu'en commençant par l'initiale du dernier mot d'un vers,et en laissant et prenant alternativement une lettre,on fasse un autre vers.

காதோதி,(காது,ஓதுகிறது),chuchoteur,médisant, méchant rapporteur.

காதோலை, (*id.* ஓலை), feuille de palmier—,ôle roulée en spirale que les femmes se mettent aux oreilles pour élargir le trou qu'on y a fait, bijou pour les oreilles des femmes.

காத்த,*part.parf.de* காக்கிறது.

காத்தடி,(கா,தடி),*V.*காவுத்தடி.

காத்தல்,*n.v.de* காக்கிறது, garde, protection,conservation, gouvernement,action d'élever...

காத்தவராயன்,*P.* காத்தராயன், gardien, gardien d'un lieu à brûler les morts dont on a fait un dieu, malgré sa conduite immorale.

காத்தளிக்கிறது,(காத்து,அளிக்கிறது), protéger, conserver, sauver, garder.

காத்தளிப்போன், *n.app. du préc.* protecteur, conservateur, sauveur, gardien.

காத்தான்,*n. app. de* காக்கிறது, *V.*காத்தவராயன்,*et* காத்தளிப்போன்.

*காத்தியாயனம்,(kâtyâyana), un des 32 உபநிஷதம், un des 18 livres de jurisprudence ou codes de lois composé par காத்தியாயனர்.

*காத்தியாயினி, (காத்தியாயனர்), la fille de காத்தியாயனர், *i.e.* Dourgâ ou துர்க்கை.

*காத்திரம், (gâtra), corps,corpulence,embonpoint, épaisseur, membre,pied de devant de l'éléphant, colère,indignation,mangouste, danse,serpent: —ஆனவன், *V.* காத்திரன்; ஒருமுழவகலத்திலேமுன்றுமுழநீளத்திலேநாலுவிரற்காத்திரத்திலேஒருபலகைவேண்டும் il faut une planche large d'une coudée,longue de 3 coudées et épaisse de 4 doigts.

காத்திரவேயம், (கத்துரு, èya), serpent, la progéniture prétendue de Kadrou et de Kasyapa.

*காத்திரன், (காத்திரம்), homme corpulent,dodu,fort,robuste.

காத்திரி,mangouste,arme.

காத்திரை,arme.

காத்து,*gér.de* காக்கிறது:—க்கொள்ளுகிறது garder, défendre, tenir: காத்திருக்கிறது, காத்துக்கொண்டிருக்கிறது, (*avec le dat.*)attendre (la venue,les moyens de...),espérer,être dans l'attente de;(*avec.l'acc.*) garder, protéger; காத்திருக்குதல், காத்திருக்கை,attente,espérance,protection.

காத்தொட்டி,la plante ஆதொண்டை.

*காந்தம்,1° (kânta),aimant, calamite,pierre d'aimant, aiguille aimantée,beauté, agrément,caractère agréable,—plaisant,éloge du caractère,—de la conduite des hommes, lumière. 2° (ஸ்காந்தம்), un des 18 pouranas qui contient l'histoire de ஸ்கந்தன் ou சுப்பிரமணியன் fils de Siven: காந்தஅயசு pierre de fer;—க்கல் pierre d'aimant, pierre qui sue à la lueur de la lune, pierre qui brille et scintille au soleil,pierre à fusil, —à briquet; —சத்துரு l'ennemi de l'aimant,ce qui le détruit, savoir:le vitriol bleu, le sel ammoniaque et le salpêtre; —பஸ்மம்,—பற்பம் poudre d'aimant, (elle sert de médecine); —பாஷாணம் espèce d'arsenic naturel; —மணி, *V.* காந்தக்கல்;—மண் terre rouge:—மலை montagne qui contient de l'aimant,nom d'une montagne; காந்தத்தின்சத்துரு. *V.*காந்தசத்துரு.

*காந்தருவம், காந்தருவமணம், (கந்தருவன்), mariage clandestin,—à la manière des Gandarouvers qui consiste dans l'union clandestine de deux amans.

*காந்தருவர், (*id.*),Gandarouvers, ou Gandharbas, prétendus musiciens célestes des Indous: காந்தருவவாதம் prétendue connaissance de la nature des Gandarouvers et autres êtres célestes des fables indiennes;—வேதம் la musique, la science des Gandarouvers.

காந்தல், *n. v. de* காந்துகிறது, chaleur,fièvre,signe de colère, colère,état de ce qui est—, ce qui est—, être trop cuit, —brûlé, —grillé, —desséché, —noirci par le feu, —absorbé par la chaleur,balle ou écorce du grain, action de couper avec les dents: காந்தலாய்ப்போகிறது être brûlé,grillé, desséché; காந்தற்சோறு riz brûlé,—qui par trop de chaleur a brûlé et s'est attaché au vase où il a cuit.

காந்தள்,la plante கார்த்திகைப்பூ, savon, bracelet, les amans désespérés aller à cheval sur une branche de palmier dépouillée de ses feuilles,ce qu'ils appellent குறிஞ்சிப்புறம்.

*காந்தன்,(kânta), mari,roi, seigneur,maitre,le souverain Seigneur de toutes choses.

*காந்தாரம், 1° (kântâra), forêt, bois.2° (gândhâra),Candahar,un des 56 pays connus des Indous, note, une des 7 premières notes de la musique,chant—,son harmonieux, un mode ou air de musique, espèce de luth des pays montagneux.

*காந்தாரி,(காந்தாரம்), Candhâri,fille du roi de Candahar femme de திரிதராட்டிரன் roi de Hastinabouri,femme cruelle, espèce d'air, —de substance ou de sel d'une nature âcre et brûlante, nerf qui, au dire des Indiens, commence au nombril et se divise dans le cou en 7 artères pour former les 7 notes, nom d'un pouls ou battement. (Les

Indiens en comptent dix):—மைந்த்ன் ou

காந்தாரேயன்,le fils de Candhâri,*i.e.* துரியோதனன்.

காந்தாளம்,indignation,colère.

*காந்தி,1° (kânti),beauté,chaleur, splendeur, lumière, brillant, éclat, lustre,désir, ocre, lentille, minéral médicinal dit கிலாசத்து, la pierre précieuse dite œil-de-chat, éclat—, chaleur du soleil,fig.de rhét.,éloge à différentes parties où la poésie est relevée par le choix des mots et des idées. 2° *gér.de* காந்துகிறது:—கொடுக்கிறது donner de l'éclat,du lustre,*ou*—யாவெறிக்கிறது briller,resplendir, étinceler: —பதிகமேனி ocre;—யோனி espèce d'arsenic naturel,*V.*கன்மதம். [ரசிலே.

காந்தியோன்,(காந்தி), *V.*கருப்பூ

காந்துகம், la plante—, la fleur வெண்காந்தள்.

காந்துகிறது,கினேன், துவேன், து,த,*v.n.* காந்திப்போகிறது, காந்துதல்,*n.v.*être rôti,grillé,brûlé,desséché,trop cuit,consumé—, gâté—, absorbé par la chaleur, être chaud, brûler,briller,dépérir,mordre, couper avec les dents.

*காந்தை,(kântâ), *f. de* காந்தன், fille,femme,épouse,*pl.*காந்தையர்.

காபரா,(gabarre),confusion, perplexité.

*காபாலம், (கபாலம்), danse de Siven, (sans doute un crâne à la main.)

காபாலன்,espèce d'arsenic.

*காபாலி,(கபாலம்),celui qui porte un crâne, *i.e.* Siven, un des 11 Routtirers,homme changeant,trompeur.

*காபாலிகம், (கபாலம், ika),une des sectes intérieures de Siven, qui, au rapport du dictionnaire sanscrit, porte la moitié d'un crâne,en guise de coupe,pour boire des liqueurs.

காபி,un des 42 airs nouveaux, air pour le soir.

காபிலகோலயூபம், un des 32 ordres d'architecture.

காமினி,sel ammoniaque. ‖*V.* நவச்சாரம்.

காப்பரிசி,(காப்பு), riz que l'époux et l'épouse ont à leurs mains dans l'une des cérémonies des noces. ‖*V.* அக்ஷதை. [corps.

காப்பாளன்,(*id.*),garde, garde du

காப்பாற்றுகிறது,காப்பாற்றுதல், (*id.*), conserver, garder, défendre, sauver,protéger.

*காப்பியம், *P.* காவியம், poème, (moins grand que le பெருங்காப்பியம்.) [nus, poète,auteur de poème.

*காப்பியன்,(kâvya),Soukren, Vé-

காப்பிரி, (caffre), Caffre, nègre d'Afrique:—சல்லாது chicorée, salade des Caffres.

காப்பிலியன்,காப்பிலி, *m.* காப்பிலிச்சி,*f.* (*P.*காப்பிரி),nègre,négresse.

காப்பு,*n.v. de* காக்கிறது, garde, protection, sauvegarde, conservation,porte,muraille,cendres de bouse de vache censées sacrées,toile,habit, anneau, bracelet (d'or ou d'argent etc...), cordon que les gentils attachent au bras droit de l'époux avant les cérémonies du mariage,ou à celui du gourou avant une fête,*V.* இரக்ஷாபந்தனம், amulette, préservatif, invocation à la divinité au commencement d'un poème,bambou,un des பிரபந்தம்:—கட்டுகிறது attacher le cordon susdit,entreprendre une chose; —சொல்லுகிறது,—சொல்லல் commencer un poème, en faire—,en réciter l'invocation,achever un traité commencé, commencer un pourana, —une affaire;—மாலை le 24me des பிரபந்தம், invocation à la divinité en 3,5 ou 7 [strophes.

காமணி,*V.*காமினி.

காமந்தகன்,(காமம்), *V.*காமாந்தகன்.

*காமம், (kâma), luxure, (elle est un des 6 ennemis intérieurs où அறுபகை,un des 6 feux ou சடத்தீ, une des 7 causes de chagrin, un des 7 péchés capitaux dits தலையானபாவங்கள் ou பாதகம்ஏழு, une des dispositions du தாமதகுணம்,un des 3 défauts dits முக்குற்றம், une des 8 mauvaises inclinations dites அஷ்டவிகாரம்), impudicité,lubricité, passion,désir, concupiscence, amour, sperme,semen virile,habitation,village,ville:காம *est adj. de* காமம் *et de* காமன்;காமகமனம் vie lascive, impudicité; —காண்டம், —காண்டீவம் l'arc de Kâmen; —க்கவலை pensée lascive,tourment d'une passion impudique;—க்காய்ச்சல் fièvre vénérienne,de l'impudicité, chlorose,febris alba, passion impudique, pensée lascive;—க்கோட்டத்தி, —க்கோட்டி Pârvadi; —க்கோட்டம் nom d'une ville; —சலம் sperme, semen virorum et mulierum; —தகனன் celui qui, dit-on, a brûlé Kâmen,*i.e.*Siven; —தேவன் Kâmen;—தேனு la prétendue vache d'abondance du Souvarcam, qui, au dire des Indous,donne tout ce qu'on désire;—த்துரோகி homme chaste,qui hait la luxure;—த்துவம் luxure;—நாசன் celui qui, dit-on, a détruit Kâmen, *i. e.* Siven; —நீர் sperme, écoulement produit par la luxure;—நூல் science—,traité de la luxure: —நோய் impudicité, passion impudique, mal vénérien; —பாலன் Balapattiren, frère de Krichnen, ou Vichnou dans sa 8me incarnation;—போகி l'arbrisseau குன்றி, luxurieux;—ப்பயித்தியம் folie de la luxure,pensées lascives; —ப்பற்று une des 3 mauvaises inclinations de l'âme, penchant à la luxure: —ப்பூ fleur d'une plante rampante qui cause des vertiges et des désirs voluptueux, pergularia tomentosa;—மரம் espèce de palmier,cycas circinalis; —ரூபத்துவம் tout ce qu'on peut souhaiter;—ரூபி être qui change de figure à volonté, caméléon;—வல்லி plante qui,au dire de la fable, serpente sur l'arbre கற்பகம் dans le Souvarkam; —விகாரம் impudicité, lubricité, pensées lascives; —வெறி ivresse de luxure,folie de l'amour; —வேள் Kâmen; —வேள்மைத்துனன் le cousin de Kâmen,*i.e.* Vinâyaguen;—காமத்து,*obl.de* காமம்: காமத்துப்பாலர், —ப்பாலோர் impudiques,luxurieux, gens lascifs;—ப்பால் traité de l'amour, 3me partie des குறள் de திருவள்ளுவர்,qui traite de l'amour, de ses plaisirs et de ses tourmens,sujet de l'அகப்பொரு

காமரசி,la plante நெருஞ்சில். [ள்.

காமரம், 1° (காமம், ra *feu, qui donne*), foyer,place du feu, la 13me constellation, harmonie, musique, l'arbre அகில்,le multipliant, scarabée.2° (கா,மரம்),bosquet d'arbres. ‖*V.*காவுத்தடி.

காமரி,la plante புளிநறளை.[ஆரி.

காமரிசம், la plante parasite புல்

காமர்,(காமம்),ornement, beauté, grande beauté,désir,lumière.

காமற்காய்ந்தோன்,(காமன், காய்ந்து),celui qui,au dire de la fable, a brûlé Kâmen,*i.e.*Arouguen,Siven.

*காமனன்,*m.*காமனி,*f.* (காமம், na),homme lascif,femme lascive.

காமனூடல்,காமனிருத்தம், (காமன்,ஊடல், நிருத்தம்), danse de Kâmen.

காமனாள்,(*id.*நாள்), chaleur modérée, le temps de காமன் ou de la luxure. [2° *acc.de* காமன்.

காமனை,1° la plante திருமிழுங்கு.

*காமன், (kâma),Kâmen ou Manmaden,fils de Vichnou et de Lakchimi,le cupidon indien,le dieu prétendu de la luxure, poivre long, scarabée; —பண்டிகை, காமன்றிருநாள் fête de Kâmen,qui se célèbre pendant 15 jours en Mars avec beaucoup de lubricité; —மைத்துனன் le cousin de Kâmen; *i.e.* Vinâyaguen.

*காமாக்கினி;(காமம், அக்கினி),le feu—,maladie de la luxure,l'impudicité.

*காமாக்ஷி,காமாட்சி,(காமம், அக்ஷம்), celle dont les yeux sont pleins de luxure,*i.e.*Pârvadi,femme de Siven,adorée sous ce nom à Maduré. [nalier.

காமாட்டாளன்,(காமாட்டி), jour-

காமாட்டி,journalier,ouvrier qui travaille avec la pioche,idiot.

காமாட்டியர்,*pl.du préc.*, journaliers,vagabonds.

*காமாதுரம், (காமம், ஆதுரம்), impudicité,maladie de luxure, désir lascif.

*காமாதுரன்,m.காமாதுரி,f.(காமாதுரம்),luxurieux,impudique.

*காமாந்தகன், (காமம், அந்தகன்),aveugle de luxure,Siven.

காமாபலகை, (conmah), planche supérieure du contour d'un bateau.

*காமாரி,(காமன்,அரி), l'ennemi de Kâmen,*i.e.*Siven.

காமாலை,காமாளை,jaunisse.

*காமி,1° (காமம்),luxurieux, impudique,la femme de Kâmen, terre salée, —alcaline, bismuth de couleur d'or.2° *imp.et part.de* காமிக்கிறது.

*காமிகம்,(காமம்,ika), un des 28 livres des Sivénistes, écoulement produit par des désirs lascifs.

காமிக்கிறது,மித்தேன், மிப்பேன், மி,மிக்க,*v.a.*(காமம்),காமித்தல், *n.v.* avoir de la passion pour, désirer, convoiter,aimer.

*காமியம்,(kâmya), luxure, désir, concupiscence,objet désiré, sacrifice pour obtenir l'objet de ses désirs, souillure de la luxure, —du péché, arc:காமியக்கல் onyx;—தானம் don agréable, —volontaire, —intéressé, —fait en vue de quelque chose qu'on désire;—மலம் souillure de la luxure, —de la concupiscence. [dique.

*காமியன்,(*id.*),luxurieux, impu-

*காமினி, (காம், ini), femme impudique.

*காமுகன், (காம், ouka *affixe*), luxurieux, impudique, homme qui désire, bourgeois, habitant de ville délicieuse.

காமுகி,காமுகை,*f.de* காமுகன்.

காமுட்டாள்,(காமாட்டி),ouvrier, journalier. [méléon,femme cruelle.

காமுருகி,(காம்,உருகுகிறது), ca-

காமுறல்,concupiscence, désir, *n. v.de* காமுறுகிறது.

காமுறுகிறது,முற்றேன், முறுவேன்,முறு, முற, *v.c.* (காம்), désirer, convoiter,avoir de la passion pour.

காமூச்சு, distance—, chemin de trois quarts de mille indien dit நாழிகை,un mille anglais.

காம்,*sync.de* காமம்.

காம்பி,*P.*காராம்பி.

*காம்பிலம், காம்பிலி, (kâmpilâ), nom d'un pays et d'une ville dans le nord de l'Inde. [ya),*V.*கம்பீரம்.

*காம்பீரம்,காம்பீரியம், (gâmbir-

காம்பு, manche, poignée (d'un instrument...), branche fleurie,—d'arbre,tige,pied,pédoncule, queue, (des feuilles,des fleurs et des fruits), étoffe de soie, bambou, citrouille, sorte de gourde:—க்கிண்ணாம்,*V.*அகப்பை.

*காம்போசம்,(கம்போசம்),Cambôsa ou Cambodie, pays au nord de l'Inde, sa langue, l'arbre rottlera tinctoria.

காம்போதி, un des 32 airs anciens,air du soir propre aux vers dits விருத்தம்.

காய,1° *adj.de* காயம்.2° *inf.de* காய்கிறது:காயப்படுகிறது être blessé, sécher,se sécher; —ப்படுத்துகிறது, blesser,sécher.

*காயகம்,(gâyaka),chant, tromperie,déception,l'art de fasciner,espèce de remède; —பண்ணுகிறது tromper. [pour fortifier le corps.

*காயகற்பம், (காயம்), médecine

*காயகன், (gâyaka), chanteur, trompeur.

காயக்கம், (காயகம்), tromperie, fascination,art de fasciner.

காயத்திரி, 1° (gâyatri), mesure de vers dans les vêdas, stance de 24 syllabes ordinairement écrites en trois lignes,Gâyatri, une des femmes de Brama,Saratchouvadi,prière ou vers sacré tiré des vêdas qu'on récite mentalement,qu'on personnifie et dont on fait la prétendue déesse Saratchouvadi,la mère métaphorique des 3 classes qui sont censées renaître par l'investiture du cordon bramanique,l'arbre கருங்காலி, ébénier. 2°(காயம்,திரி),les 3 substances piquantes, savoir: பெருங்காயம் assafœtida;மிளகு poivre; வெங்காயம் oignon.

*காயம், 1° (kâya), le corps. 2° *sync. de* ஆகாயம் air, atmosphère, ciel, firmament. 3° plaie, blessure, cicatrice, remède pour les femmes accouchées, sorte de sauce, colère, piquant, âcreté, chose piquante, — âcre, assa fœtida, poivre, oignon, moutarde, gingembre sec. 4° *P.* காசம்: காயங்கட்டுகிறது panser une plaie, —une blessure, exercer la chirurgie; காயம்படுகிறது être blessé: காயக்காரன் homme blessé; —சித்தி pouvoir prétendu de se rendre petit comme un atome, ou de se grossir indéfiniment, le corps se fortifier par des remèdes, la plante médicinale பொன்றுங்கண்ணி; —சித்திக்கடியான் l'aimant; —சித்திசுண்ணம், *V.* கருப்பூரச்சிலாசத்து; —சித்தியானோன் arsenic dit சூதபாஷாணம், *sing. de* சித்தியானோர்; *ou* —சித்தியானவர்கள் les சித்தர், ceux qui ont obtenu le pouvoir prétendu dit காயசித்தி; —சித்தியுப்பு sel d'urine; —ப்பெண் femme luxurieuse qui paraît en songe; காயத்தையிருத்தி terre de blanchisseur, —imprégnée de soude, terre médicinale qui fortifie le corps et lui conserve la santé; காயத்தையுருக்கி ocre de fer, maladie—, substance qui réduit le corps à n'avoir que les os et la peau; அடிக்காயம் la blessure d'un coup.

காயல், *n.v. et opt. de* காய்கிறது. 2° petit bras de mer, embouchure d'un ruisseau ou d'une rivière dans la mer et où se fait sentir la marée, saline, fièvre.

காயவியல், (காய், அவியல்), légumes—, fruits cuits, —pourris en mûrissant artificiellement, ragoût de légumes ou de fruits.

காயவேகம், (காயம், வேகம்), colère, fureur, grande colère, sorte de maladie, tourment de la faim, irritation —, fureur que cause une blessure.

காயா, roseau dit காசா, saccharum spontaneum, espèce d'arbre.

காயாகாயம், (காயம், காயம்), cicatrice du corps.

காயாசுவாதம், (காசம், சுவாதம்), [asthme.

காயாத, *part. nég. de* காய்கிறது, *et de* காய்க்கிறது, qui n'est pas chaud, —pas sec, stérile, qui ne porte pas de fruits.

காயாபுரி, காயாபுரிபட்டணம், (காயம், புரி), le corps considéré comme l'habitation ou la ville de l'âme.

காயும், *part. fut. de* காய்கிறது.

காய், 1° fruit vert et non mûr (des plantes et des arbres), légume vert, —non mûr, fruit, (coco, courge, citrouille, concombre, bringelle, fève; faséole mûre ou non), durillon, callosité, loupe, verrue, dame ou pion (des jeux d'échecs et de dame). 2° *imp. et part. de* காய்கிறது *et de* காய்க்கிறது; —க்கறி ragoût de fruits ou de légumes; —கறி fruits ou légumes bons à manger; —க்கடுக்கன் pendans d'oreilles d'உருத்திராக்ஷம் ou elæocarpus; —க்குலை grappe de fruits encore verts; —த்தானியம் murier; —ப்பழம் fruit qui n'est pas tout-à-fait mûr; —பறிக்கிறது cueillir des fruits encore verts.

காய்கிறது, ய்ந்தேன், ய்வேன், ய், ய, *v.n.* chauffer, être chaud, —échauffé, brûlant, tout-rouge, sec, ardent, avoir la fièvre, sécher, se dessécher, maigrir, (une plaie) guérir, briller, être passionné, transporté de fureur, brûlé par la passion, se fâcher, couper, déplaire, avoir de l'aversion: காயவைக்கிறது mettre sécher, faire chauffer, faire rougir au feu.

காய்க்கிறது, ய்த்தேன், ய்ப்பேன், ய், ய்க்க, *v.n.* (காய்), donner—, porter des fruits, devenir calleux, dégoûter, déplaire, avoir de l'aversion: காய்க்கிற ou காய்காய்க்கிறமரம் arbre qui porte du fruit: காய்க்கும்பருவம் le temps de porter des fruits, âge d'avoir des enfans; காய்த்துப்போகிறது devenir calleux.

காய்ச்சல், *n.v. de* காய்ச்சுகிறது, fièvre, chaleur, ardeur brûlante, sécheresse, aridité, temps sec, indignation, colère, réprimande, punition, dégoût: காய்ச்சலாய்க் கிடக்கிறது avoir la fièvre; காய்ச்சலாய்விழுகிறது attraper la fièvre; காய்ச்சற்கட்டி espèce de glande ou grosseur dans le ventre causée par la fièvre; காய்ச்சற்பாஷாணம் espèce d'arsenic naturel; அகோர —, கொடுங் —, கடுங் காய்ச்சல் fièvre violente; அச்சர ou அக்ஷரக்காய்ச்சல் fièvre venant ou accompagnée des aphthes, febris aphthosa; அஸ்திக்காய்ச்சல் fièvre qui affecte les os: இடைக்—, ஒட்டுக்காய்ச்சல் fièvre irrégulière; மாறல்க்—, முறைக்—, மூன்றுமுறைக்—, மும்முறைக்காய்ச்சல் fièvre tierce; நாலாமுறைக்காய்ச்சல் fièvre quarte; மாறுக்—, விடாக்காய்ச்சல் fièvre continue; விடுங்—, விடுகாய்ச்சல் fièvre intermittente.

காய்ச்சிச்சாரம், *V.* காய்ச்சுலவணம்.

காய்ச்சிரக்கு, *V.* காய்ச்சுரை.

காய்ச்சீர், (காய்), pied qui finit en காய், savoir: தேமாங்காய், புளிமாங்காய், கருவிளங்காய், கூவிளங்காய்.

காய்ச்சு, 1° rigueur, réprimande, chaleur, ardeur, desséchement. 2° *imp. et part. de* காய்ச்சுகிறது. 3° *P.* காய்த்து, *gér. de* காய்க்கிறது:—க்கட்டி, *V.* காசுக்கட்டி; —க்கல் fausse pierre précieuse, pierre coloriée; —க்குப்பி vase de verre employé en chimie pour la sublimation, cornue, alambic, aludel; —நீர் eau chaude, — qui chauffe: —பால் lait qui chauffe; —ப்பால் lait chaud; —வச்சிரம் glu, sorte de colle forte.

காய்ச்சுகிறது, ச்சினேன், ச்சுவேன், ச்சு, ச்ச, *v.a. de* காய்கிறது, faire chauffer, —bouillir, —cuire, —rougir au feu, faire sécher, teindre, gronder, réprimander, punir, dégoûter: இரும்பைக்—, faire rougir le fer.

காய்ச்சுண்டி, (காய்ச்சு, உண்டி), *V.* காசுக்கட்டி.

காய்ச்சுதல், *n.v. de* காய்ச்சுகிறது.

காய்ச்சுப்பு, (காய்ச்சு), sel produit par l'évaporation de l'eau salée, alcali, sel tiré de la terre imprégnée de soude, *ou*

காய்ச்சுலவணம், (*id.*), espèce de sel minéral, fiel de verre, sel très-blanc.

காய்ச்சுரை, **காய்ச்சுருக்கு**, la plante புளிச்சக்கீரை.

காய்ஞ்சு, *P.* காய்ந்து.

காய்ஞ்சொறி, (காயும், சொறி), espèce d'ortie, tragia involucrata: —அப்புகிறது, —ஒற்றுகிறது toucher quelqu'un avec des orties, le piquer.

காய்தல், *n.v. de* காய்கிறது, sécheresse, dessèchement, indignation, marque de colère, colère, dégoût, clarté, coupure, maigreur, action de chauffer etc...

காய்த்தல், *n.v. de* காய்க்கிறது.

காய்த்து, *gér. de* காய்க்கிறது.

காய்ந்து, *gér. de* காய்கிறது:—போகிறது devenir sec, sécher, chauffer, griller, rôtir.

காய்ப்பறங்கி, (காய்), sorte de maladie des poules.

காய்ப்பு, 1° *n.v. de* காய்க்கிறது, production des fruits, fructification, action de donner des fruits, callosité, durillon, cicatrice, défaut du fer qui se fend, dégoût. 2° *n.v. de* காய்கிறது, chaleur: காய்ப்பிரும்பு fer qui se fend en le forgeant; —காய்க்கிறது devenir calleux, donner du fruit,

காய்மகாரம், *P.* காய்மைகாரம், envie, jalousie, indignation: காய்மகாரப்படுகிறது être jaloux.

காய்மகாரன், **காய்மகாரி**, (காய்மகாரம்), jaloux, envieux.

காய்மடி, (காய்), mamelle dure comme un fruit vert.

காய்மடை, (*id.*), collation, repas de fruits.

காய்மண்டை, (*id.*), tête échauffée.

காய்முருங்கை, (*id.*), முருங்கை qui porte des fruits.

காய்மை, (*id.*), envie, jalousie, chagrin du bien d'autrui: —கரிக்கிறது être jaloux, la jalousie tourmenter; —காரம் jalousie, envie; —காரன் jaloux, envieux; —காரி jalouse, envieuse.

காய்ம்பனை,(காய்,பனை), palmier femelle,—qui donne des fruits.

காய்வள்ளி,(காய்), la plante dioscorea,sorte de வள்ளி qui donne des fruits semblables à des racines.

காய்வு,*n.v. de* காய்கிறது, desséchement,aridité, chaleur, brûlure, irritation,colère,sévérité,lumière.

காய்வெட்டி,(காய்),celui qui coupe les fruits, instrument pour les couper,spadix ou grappe (de cocotier etc...) dont on tire le callou:—க்கள் callou qui découle de cette grappe. [lega maxima.

காய்வேளை,(காய்), la plante ga-

காய்வோலை, (காய்வு), feuilles de palmier desséchées.

கார,*adj.de* காரம்.

*காரகம்,(kâraka), action (surtout en grammaire), mot qui a un verbe pour complément,terme—,partie de la grammaire qui comprend tous les noms qui indiquent l'agent,le régime,l'objet,l'instrument et les autres rapports,excepté l'idée simple et radicale,et qui renferme aussi l'application des cas ou la syntaxe, chaleur brûlante du corps:காரக்கருவி cause concomitante ou secondaire de l'action;—வகத்திணை narration ou explication qui montre l'agent, l'instrument,le lieu,l'action,le temps,la chose qu'il fait et autres particularités, *V.*அகத்திணை 10° *—வேது(ஏது),cause efficiente,—active,—concomitante, figure qui montre l'instrument,le sujet et les autres causes,sujet du verbe.

காரகவரிக்கொம்பு,(கார்,அகம்,வரி),corne de bœuf qui a des raies noires à l'intérieur.

*காரகன்,(kâraka),agent,faiseur.

காரக்கல்,(காரம்),pierre infernale,—corrosive,—qui brûle ou noircit ce qu'elle touche.

*காரக்ஷாரம்,காரசாரம்,(*id.*க்ஷாரம்,சாரம்), réunion des 6 saveurs, *V.*அறுசுவை,goût piquant, âpreté, sel de cuisine.

காரணம்,(kârana), cause, (en logique on distingue 3 causes: சமவாயிகாரணம் cause inhérente ou intime; அசமவாயிகாரணம் cause accidentelle ou indirecte; et நிமித்தகாரணம் cause instrumentale), motif, principe, origine, agent, le principal, un des 28 livres des Sivénistes, un des திரிதேகம், *i.e.* l'âme immatérielle: காரணமாயிருக்கிறது être la cause de; —இல்லாத sans cause; —இல்லாதபெயர் nom primitif, qui n'est pas dérivé; காரணகர்த்தா *ou* கர்த்தா cause efficiente; —காட்சி démonstration a priori,—d'après un axiome ou la cause originelle, merveille; —குரு, —க்குரு, —சற்குரு prêtre vraiment zélé pour le bien spirituel de ses disciples et celui de la religion et qui ne cherche pas son interêt personnel; —க்குறி présage, pronostic, signe de ce qui doit arriver, nom dérivé; —க்குறிமரபு nom dérivé qui vient de l'antiquité; —க்குறியாக்கம் nom dérivé qui a l'augment ou en est susceptible comme பொன்னன் celui possède de l'or; —சத்தி sel alcalin, salpêtre, nitrate de potasse; —ச்சிறப்புப்பெயர் nom propre ou surnom dérivé de quelque cause; —ச்சொல் fable, mot dérivé de quelque cause;—சரீரம்,—தேகம் l'âme immatérielle, ou selon d'autres,le rudiment intérieur du corps, le siége de l'âme; —ப்பெயர் nom dérivé qui désigne les objets par quelque particularité;—ப்பொதுப்பெயர் nom commun dérivé de quelque cause; —மறிநிலை figure qui emploie l'effet pour la cause et réciproquement; *—மாலை série ou chaîne de causes, —d'évènemens; —மாலையணி figure qui représente les évènemens antérieurs comme causes ou effets des évènemens postérieurs; —வகத்திணை principes, ou preuve par les causes,ou explication de la cause d'une chose; —வாகுபெயர் (ஆகுபெயர்), nom de la cause donné métaphoriquement à l'effet,comme திரு

வாசகம் l'ouvrage composé par மாணிக்கவாசகர்; —வாராய்ச்சியணி, (ஆராய்ச்சி,அணி), figure qui montre qu'une cause bien que sans défaut n'a pas eu son effet; —விடுகுறி (விடும்,குறி), mot pris tantôt pour un nom dérivé d'une cause et tantôt comme un nom primitif, comme முண்டகம்; —விலக்கணி figure qui prend la cause pour l'effet; —விலக்கு réfutation de la cause, fig. de rhét. qui réfute la cause; —வொழிப்பு figure qui pour donner plus de force à son idée dit que pour telle cause, telle chose n'est pas ce qu'elle paraît, mais une autre chose, ainsi accusant la lune, (qui se lève dans une nuit d'été), de vomir la chaleur, un poète dira que ce n'est pas la lune qu'on voit, mais un feu ardent; காரணத்தைக் காரியங்காட்டுகின்றது l'effet démontre la cause.

காரணன், (காரணம்), auteur, cause efficiente, agent, Dieu, roi, Siven, sorte d'arsenic naturel.

*காரணநுமானம், *(id.* அநுமானம்), raisonnement à priori.

*காரணவத்தை, (*id.* அவத்தை), angoisse provenant d'une cause.

காரணி, *f.de* காரணன், celle qui est cause, Oumei.

காரணிக்கம், histoire.

காரணியம், (காரணம்), cause instrumentale.

*காரண்டம், (kâranda), corbeau *ou*

*காரண்டவம், (kârandava), cormoran, corbeau aquatique, espèce de canard.

*காரம், 1° (kâra), affaire, action. 2° affixe qui se joint à la fin de certains mots composés, affixe dite சாரிகை qui se joint au caractère des lettres et peut se traduire par lettre. *Ex.* ஆகாரம் la lettre ஆ. 3° (kchâra), piquant, acrimonie, âcreté, composition—, chose—, substance âcre,—piquante,—caustique,—corrosive, corrosif, caustique, piquant des sauces, des épices, du poivre..., ingrédient—, remède piquant pour fortifier l'estomac, savon, composition ou substance mordante et âpre pour enlever les taches des habits, caustique pour les plaies, borax. 4° or, cœur d'arbre, arsenic dit சோரபாஷாணம், crainte, côté (d'où இடங்காரம் côté gauche): —ஆன âcre, piquant, caustique, corrosif, mordant; —வைக்கிறது, —போடுகிறது appliquer un caustique, mettre des épices piquantes; —இட்டதிரி séton; காரச்சேர்வை emplâtre caustique, cautère; —திரி séton; —நீர் eau corrosive; —ப்பசை colle d'orfévre mélangée de borax; —லவணம் sel corrosif.

காரல், 1° *n.v.de* காருகிறது, *V.* காறல். 2° nom d'un poisson.

*காரவல்லி, (kâravêlla), l'herbe potagère dite momordica charantia.

காரறல், (கார்), onde azurée, eau de la mer, sable noir.

*காரன், 1° (kâra), *pl.* காரர், *f.* காரி, qui fait, faiseur, qui a, qui soigne, maître, qui possède. Ce mot ne vient pas seul, mais il se met à la fin des mots dans la composition desquels il entre: வியாதிக்காரன் le malade. 2° espèce d'arsenic. 3° (கார்), homme timide, beau.

காரா, 1° (கார், ஆ), vache noire, bufflonne. 2° *V.* காராக. 3° *(kârâ), prison. [prison, maison de réclusion.

*காராகாரம், (காரா, ஆகாரம்),

காராக்கருணை, (காரா), espèce de கருணை tacca pinnatifida.

காராடு, *gén.* காராட்டின், (கார், ஆடு), chèvre, chèvre noire,—noirâtre ou bariolée à longues pattes.

காராத, *part.nég.de* கார்க்கிறது.

காராமணி, (கார், ஆம்), la plante légumineuse dolichos catiang. Il y en a 2 espèces nommées சிறுகாராமணி la petite et பெருங்காராமணி la grande.

*காராம பயத் திதய மோசனம், (kârâ *prison*, ஆமம், பயம், இதயம்), une des 7 œuvres de charité corporelle, *i.e.* la délivrance des 3 choses suivantes: la prison, la maladie, la crainte. [die noire,—cruelle.

காராமயம்,(கார்,ஆமயம்), mala-

காராம்பசு, (id. ஆம்,பசு), vache dont les pis sont noirs et qui est réputée divine par les Indous, vache toute noire.

காராம்பி, (id. ஆம்பி), machine hydraulique, jet d'eau, panier pour arroser. [teurs,laboureurs,soudras.

காராளர், (id. ஆளர்), cultiva-

காரானை, (id. ஆனை), éléphant, éléphant noir,nuage.

காரான், (id. ஆன்), bœuf noir, vache noire,buffle,bufflonne.

காரி, 1° f. de காரன். 2° Câri, un des personnages de la 3me classe des hommes célèbres par leur libéralité, homme vil, vaurien, Indiren, Ayénar,Vaïraven, சனி ou Saturne, corbeau, un autre oiseau noir,couleur noire, poison, perroquet,toddi,callou,terre salée, —stérile, borax,la plante médicinale கண்டங்கத்தரி. 3° *(kâri), manufacture,atelier,boutique d'artisan:—தாய் la mère de Câri ou வயிரவன் nommée வடுகி, la mère, selon Rottler, d'அரிகரபுத்திரன்; —ப்பிள்ளை l'oiseau noir dit கரிக்குருவி, un enfant noir. [ge,ocre,chemin.

காரிகம், couleur —,teinture rou-

*காரிகை, (kârikâ), actrice, danseuse,action,art,commentaire,beauté,femme,jeune femme, l'espéce de strophe dite கலித்துறை, un traité de poésie fait par அமுர்தசாகரன் écrit en strophes dites கலித்துறை et adressé à une femme dite காரிகை. [re lavé.

காரிக்கம்,habit neuf,—non enco-

காரிக்கூன், espéce de champignon,boletus ignarius,moucheron.

காரிச்சி,corr.de காரி.

காரிமை,la plante கொடிவேலி.

காரியஸ்தன், (காரியம்), homme d'affaires, —capable, intendant, agent,procureur.

*காரியம்,(kârya), chose, objet,affaire,emploi,occupation,chose à faire,effet,résultat succés, conséquence d'une proposition conditionnelle, procés,intérêt,motif, cause, origine, dénouement d'un drame, but, convenance,propriété, utilité, progéniture; —ஆயிருக்கிறது être occupé, être l'affaire,l'objet...; —ஆய்ப்போகிறது aller pour quelqu'affaire; காரியங்கட்டுகிறது réussir; —ஒன்றுமில்லாதவன் homme sans souci,sans embarras,sans affaire, sans emploi; —காண்கிறது, —கண்டுகொள்ளுகிறது, பார்க்கிறது soigner—, conduire—,faire —,achever une affaire;காரியக்கடிசு, espéce d'arsenic naturel; —கருத்தா, —கர்த்தா, —க்காரன் homme d'affaires,intendant, procureur,chef d'entreprise;—க்குரு gourou—,prêtre intéressé,—qui exerce ses fonctions par vues d'intérêt; —க்கெட்டி homme habile; —சாதகம்,—சித்தி succès d'une affaire;—சாதனம் motif—,moyen propre à une chose; —துரந்தரன், V. காரியஸ்தன்; —த்தலைவன் intendant, chef d'une entreprise, — d'une affaire;—த்தாழ்ச்சி décadence des affaires, perte des biens: —த்துவம் action, objet;—நிர்வாகி, —நிருவாகி agent, directeur—,conducteur d'une affaire;—பாகம் temps favorable pour une affaire,bon train d'une affaire; —ப்படுகிறது arriver,réussir,se faire,paraître, faire: —ப்பிரத்துவேஷம்,(பிர,துவேசம்), paresse, aversion pour les affaires ou le travail; —ப்பொறுப்பு charge d'une affaire, responsabilité,intérêt;—வகத்திணை effets,preuve par les effets, argument qui montre l'effet; —வாகுபெயர் nom de l'effet donné métaphoriquement à la cause;—வாய்ப்பு réussite d'une affaire, —விலக்கணை effet pris figurément pour la cause; —விலக்கு figure qui nie ou réfute l'effet d'une chose; —வேது, (ஏது), cause d'une affaire, effet qui fait connaitre la cause;காரியத்துக்குவருகிறது réussir, être expédient, profitable, utile; அதுகாரியமல்ல cela n'est pas expédient, ce n'est pas là le point de l'affaire; இதுவேயுனக்குக் காரியம் voilà ton affaire,—ce qui te regarde,ce qui te convient; காரியத்துக்குத்தக்கதாய்ப்பேசுகிறது parler selon qu'il convient à l'affaire.

*காரியவான்,(id.), homme habile.

*காரியாகாரியம்,(காரியம், அகாரியம்),différentes affaires, grande affaire,ce qui est et ce qui n'est pas l'affaire.

*காரியானுமானம், (id. அனுமானம்),raisonnement à posteriori.

*காரியார்த்தசித்தி,(id. அர்த்தம், சித்தி),réussite,accomplissement d'une chose. [intendance,—d'une affaire.

காரியேட்சணம், (id. ஈட்சணம்),

காரிரத்தம்,(கார்),1° sang noir.2° la plante குருதிக்கருப்பாலை.

காரிருள், (id.), grande obscurité, sombres ténèbres. [noir.

காரிலவணம், (id.), sorte de sel

காரீயம்,(id.), plomb, litt. plomb noir,par opposition à வெள்ளீயம் plomb blanc ou étain: காரீயமலை montagne à mines de plomb.

*காரு,(kârou),faiseur, agent, artiste.

*காருகபத்தியம், (gârhapatya de கிரகபதி),prétendu feu sacré entretenu perpétuellement par un maître de maison et qui se transmet de père en fils. On le conserve dans un vase rond.

*காருகம்,1° (sync. du préc.), culte ou entretien du prétendu feu sacré, adoration—, culte du feu,secte qui adore le feu et le regarde comme un Dieu. 2°(kârouka), tissage, la bourage. peinture et autres métiers semblables; காருகவினை, —தொழில் filer,tisser (le coton et la soie), emballer,porter,faire—,labourer et autres fonctions qui font un des 6 emplois des Choutres.

*காருகன்,pl. காருகர், (kârouka), artisan,faiseur,tisserand, peintre.

காருகிறது,P.காறுகிறது, et காந்துகிறது. [éponge,algue.

காருச்சிவல், (கார், உ, சிவல்),

*காருடம், (கருடன்), chose qui regarde கருடன், ou lui appartient, l'arbrisseau மருக்காரை, espèce de gourde ou புடோல், un des 32 உபநிஷதம், prétendue prière de கருடன் ou charme contre le poison.‖V. காருடம்:காருடவித்தை jonglerie,tour de passe-passe, espèce de charme contre le poison ou d'art de guérir du poison.

*காருடன்,(id.), jongleur, homme qui charme le poison ou qui connaît l'art d'en guérir,l'oiseau கருடன்.

*காருணி, (கருணை),alouette. ‖V. காருணிகன்.

*காருணிகம், காருணியம், காருண்ணியம்,(கருணை,ika,ya), miséricorde,compassion,grâce,bonté: காருணியப்பிரயோசனம் excellence de la bonté divine et bénédictions qui en découlent,titre d'un livre du siviniste உமாபதிசிவன்.

*காருணிகன்,காருணியன், காருண்ணியன்,(id.),homme miséricordieux.

காருதல்,n.v.de காருகிறது.

காருப்பு,(கார்), sel noir, sel produit de la graine de sésame,potasse.

காருகம்,(கார்,ஊகம்),singe noir.

காருடதம்,un des 32 உபநிஷதம்.

*காருடம், (கருடன்), la légende de கருடன், (c'est un des 18 pouranas), le 47me des கலைக்கியானம்,i.e. l'art des tours de passe-passe, —de tromper les yeux par la jonglerie, l'oiseau கருடன்: காருடவித்தை, V. காருடவித்தை.

காரெலி,(கார்),rat noir. [noir.

காரெள்,காரெள்ளு, (id.), sésame

காரை,1° enduit,crépi,stuc, mortier,ciment, plâtre,nom d'un poisson,zeus,l'arbrisseau webera tetrandra, nom d'un arbre: —க்கட்டுவீடு maison bâtie à chaux et à briques; —பூசுகிறது,—போடுகிறது,—யாடுகிறது,—யிடுகிறது crépir, enduire. 2° acc.de கார்.3° P.காறாய், nég. de கார்க்கிறது.

காரைக்கால், (காரை), Kârikal, ville du Tanjaour: காரைக்காலம்மை femme pénitente comptée au nombre des 63 dévots de Siven.

காரோடன், *pl.* காரோடர், faiseur de fourreaux, gainier.

கார், 1° *adj. de* கருமை, noir, sombre, obscur. 2° noirceur, couleur noire, obscurité, singe noir, chèvre, rat, nuage, eau, saison du labourage dans les mois d'août et de septembre, gros riz, riz dit *Câr* d'inférieure qualité qui vient dans la saison pluvieuse en certaines localités, en d'autres après cette saison, crainte, beauté, cheville de fer qui sert à l'attelage d'une charrue. 3° *imp. et part. de* கார்க்கிறது: —காத்தவேளாளர் classe de la caste des Vellages; —காலம் saison du labourage en ஆவணி et புரட்டாசி, *i.e.* en août et septembre; —காலத்துநெல், *V.* கார்நெல்; —காலவுரிமை propriété de la saison du labourage, (savoir: le souffle du vent du nord, la joie de l'insecte இந்திரகோபம், du paon et de l'oiseau கேகயம், la floraison des plantes வெள்ளகாந்தள், செங்காந்தள், கொன்றை, கூதாளம், வேங்கை, காக்கணம், முல்லை, கடம்பு, காயா et du குருந்து, la souffrance du cygne, du perroquet et du couil, la langueur du nénuphar et des fleurs aquatiques); —கோடன், *V.* கார்க்கோடகன்; —கோணி la plante தேள்க்கொடுக்கி heliotropium; —கோரை l'herbe cyperus முத்தக்காசு, la mer; —கோள் la mer, l'astre noir, la planète Saturne; —க்காய், fruit non mûr et noir, le prétendu serpent noir dit Râgou; —க்குறட்டை la plante நிலக்காக்கணம்; —க்கொள், —க்கொள்ளு la plante légumineuse cassia absus; —க்கோடகன், —க்கோடன் un des 8 serpens fabuleux qui, selon les Indous, soutiennent le monde, homme très-méchant, vaurien, la pierre கருடப்பச்சைக்கல்; —க்கோழி poule noire, *ou* —க்கோளி cumin —, collou noir; —நாற்பது pièce de poésie en 40 vers décrivant la saison du labour; —நிறம் couleur noire, espèce de pierre noire; —நெல், —நெல்லு espèce de riz dit கார், de qualité inférieure au சம்பா; —பருவம், *V.* கார்காலம்; —முகில் nuage noir, — sombre, espèce d'arsenic composé: —மேகசாரம் espèce de sel minéral; —வண்ணன், (வண்ணம்), le noir, le nègre, celui qui est de couleur noire, le noir Vichnou: கார்வண்ணர் les noirs, les démons ou அசுரர்; —வலயம் la mer.

கார்க்கிறது, ர்த்தேன், ர்ப்பேன், ர், ர்க்க, *v.n.* (காரம்), être piquant, âcre, brûlant, caustic, corrosif, mordant, piquer —, brûler la langue, *v.g.* le poivre.

*கார்த்த, 1° *part. de* கார்க்கிறது. 2° *obl. de* கார்த்தம்: —பட்சம், —பத்திரம் flèche garnie de plumes.

*கார்த்தபம், (கர்த்தபம்), âne.

*கார்த்தம், (gârddha), flèche, désir, cupidité, luxure.

கார்த்தல், *V.* கார்ப்பு.

*கார்த்தவீரியன், (kârttavirya), un des 6 monarques absolus, dits ஆறு சக்கரவர்த்தி.

கார்த்தன், vitriol bleu.

*கார்த்திகம், (kârttika), le mois de கார்த்திகை.

*கார்த்திகேசன், கார்த்திகேயன், (கார்த்திகை, ஈசன், èya), Soupramanien fils de Siven, le Mars Indien nourri par la nymphe கிருத்திகை.

*கார்த்திகை, (kârttika), Cârtiguei, le 8me mois de l'année tamoule correspondant à la fin de novembre et au commencement de décembre, la 3me constellation composée de six étoiles, les Pléiades, (ou selon les Indous), la nymphe கார்த்திகை, la fameuse துர்க்கை femme de Siven et mère de கார்த்திகேயன்; —க்கிழங்கு, —க்கொடி, —ப்பூ la plante காந்தள், gloriosa superba, sa racine, sa fleur; —சுற்றுகிறது faire tourner en la faisant brûler une fusée grossière pendant la fête de Cârtiguei dite கார்த்திகோற்சவம்.

கார்புகா. (கார்), espèce de riz, —de grain.

*கார்ப்படிகன், (kârpâtika), pélerin, homme qui passe sa vie en pélerinage.

*கார்ப்பணியம், (kârpanya), pauvreté, indigence, faiblesse d'esprit, imbécillité, irrésolution, avarice. [rière-faix.

*கார்ப்பம், (கர்ப்பம்), matrice, ar-

*கார்ப்பாசம், V. கார்ப்பாசம்.

கார்ப்பான், la plante கையாந்தகரை. [ப்பம்.

*கார்ப்பிகம், (கர்ப்பம், ika), V. கார்

கார்ப்பு, n.v. de கார்க்கிறது, piquant, acrimonie, âcreté, âpreté, caustique, corrosif. [dise.

கார்ப்பொகசி, sorte de marchan-

கார்ப்போகசி, la plante psoralea corylifolia.

கார்மணி la plante கையாந்தகரை, pierre précieuse noire, grain noir.

கார்மலி, (கார், மலிகிறது), la mer.

கார்முகம், 1° (கார்), nuage, visage noir. 2° *(kârmouka), arc, bambou.

கால, 1° obl. de காலம் et காலன். 2° inf. de காலுகிறது: —காலன் celui qui a vaincu Câlen ou Yamen, i. e. Siven. V. les autres composés au mot காலம். [creux de rivière.

காலகம், (கால்), endroit profond—,

*காலக்ஷயம், காலக்ஷியம், காலக்ஷேபம், (காலம்), perte de temps, passe-temps, emploi du temps, occupation, manière de vivre, subsistence: —பண்ணுகிறது employer—, passer le temps, subsister.

காலசம், vent, grand éventail.

காலடி, (கால்), la plante—, trace du pied, cou-de-pied, quart de pied ou 3 pouces.

*காலட்சயம், காலட்சேபம், P. காலக்ஷயம், காலக்ஷேபம். [pieds.

காலணி, (கால்), ornement des

காலணை, (id.), coussin pour les

காலதர், fenêtre. [pieds.

காலப்பன், காலப்பார், (காலம்), matinée. [démon.

*காலநேமி, (kâlanêmi), nom d'un

காலமீரம், crystal.

*காலம், (kâla), temps, espace de temps, circonstance, occasion, pointe du jour, aurore, une des 10 règles pour garder la mesure en musique, couleur noire: காலமல்லாக்காலம் temps malheureux, —inopportun; காலமறிதல் connaissance du temps, —du temps favorable à chaque chose, —du présent, du passé et de l'avenir; காலமாறு, 1°(ஆறு), les 6 saisons de l'année, V. அறுபருவம், 2° (மாறு), changement—, différence de temps; காலமே le matin, au matin, dès le matin; காலமேத்த antérieurement, de grand matin; காலங்கண்டவன் homme âgé, —expérimenté; —கூடுகிறது, —செய்கிறது mourir, finir son temps; காலஞ்செல்லுகிறது mourir, passer le temps, le temps s'écouler, —passer, —venir; காலஞ்சொல்லி l'être qui annonce le temps; ce mot conviendrait au coq; mais les Indous superstitieux l'entendent du corbeau et du lézard dit பல்லி qu'ils prétendent prédire l'avenir; காலம்பண்ணுகிறது, —பண்ணிப்போகிறது mourir, finir son temps; —பார்க்கிறது épier—, chercher l'occasion, —le moment; —புரளுகிறது les circonstances—, le temps changer; —போக்கிறது passer—, perdre le temps; —போம்வார்த்தைநிற்கும் le temps passe, mais les paroles restent; —விடுகிறது mourir, passer le temps, manquer l'occasion; கால est adj. de காலம் et de காலன்; காலக்கதி marche du temps, cours des choses; —க்கிரமம் ordre—, emploi du temps; —க்கிரயம் prix courant du bazard; —க்கிரயப்படி, —க்கிரயமாக au prix courant; —க்குறி, —க்குறிப்பு signe du temps, —qui annonce l'occasion, les vicissitudes ou la variation du temps; —க்கொடுமை malheur du temps; —சக்கரம் temps de la vie, cycle, révolution—, période de temps, l'écliptique, l'enseigne de காலன் ou யமன்; —சங்கதி histoire du temps, —de chaque époque, annales; —சங்கம் le point du jour; —சந்தி le point du jour, pratiques—, dévotions journalières; —சங்கை usage temporaire, ordre du temps;

—சுகம் opportunité, bonheur du temps, temps heureux; —சூத்திரம் un des 21 enfers des Indous, le cordeau de காலன், horloge; —க்கோந்தைக்காரன் importun, qui fait perdre le temps;—தாமசம், —தாமதம் délai, retard; —தீமை malheur —, rigueur —, incommodité du temps: —துரிதம் rapidité—, malheur du temps; —த்திரயம் les 3 temps, le présent, le passé et le futur ou l'avenir; —நுட்பம் minute, moment, très-petit espace de temps; —நெடுமை longueur du temps, longtemps, long espace de temps; —நேரம் temps, moment; —நோக்காடு douleur de la circonstance,—de ventre vers la fin de la grossesse;—பரிச்சேதம் limite quant au temps, changement avec le temps qui fait dire tantôt oui tantôt non; —பரிபாகம் maturité venue avec le temps; —பருவம் les différentes saisons, *V.* ஆறுபருவம்;—பாசம் le filet ou le lacet de காலன் ou யமன்; —பேதம் différence—, changement du temps, inopportunité; —போகம் temps favorable,—utile, bonne occasion, bonheur du temps; —ப்பகுபதம் nom dérivé d'un nom de temps, comme திருவோணத்தான் homme né sous la consellation dite திருவோணம்;—ப்பிறிதின்கிழமை chose étrangère qui a rapport au temps: *Ex.* மாரனை துவேனில் la chaleur de மன்மதன், le temps du vent du midi, *i.e.* le printemps; —ப்பெயர்ச்சி changement de temps; —மழை pluie de la saison;—மிருத்து mort naturelle,—venue en son temps;—யுத்தி la 52me année du cycle indien de 60 ans, correspondant à 1858; —வயிரவர் Vaïraven le destructeur—, l'égal de Yamen;—வருத்தமானம் évènement —, histoire du temps, annales;—வழு incohérence—, faute pour le temps, *Ex.* Je mangerai hier; —வாகுபெயர் nom de temps appliqué à une chose venue dans ce temps, comme கார்நெல்லு le riz appelé கார் parce qu'il croît dans la saison dite கார் காலம்; —விடைநிலை (இடைநிலை) lettres qui s'intercallent entre la racine et la terminaison d'un verbe pour désigner les temps comme கிறு, த், வ் dans செய்கிறேன், செய்தேன், செய்வேன்;—வித்தியாசம், —வேற்றுமை différence—, changement —, contrariété du temps; —விரைவு, —வேகம் vélocité du temps, vitesse: —வுரிமை, (உரிமை) qualité du temps, saison—, temps propre; காலத்தாலணையும்பெயர் nom dérivé d'un nom de temps ou de saison, comme de வேனில் vient வேனிலான் homme né dans l'été ou dans le printemps; காலத்தாலே le matin ou அதிகாலத்தாலே de grand matin; காலத்துக்குத்தக்கதாய்நடக்கிறது se conduire selon les circonstances, se conformer au temps.

காலல், *n.v. de* காலுகிறது.

காலவம், feu.

*காலன், (kâla), Kâlen ou Yamen, le Pluton indien, le dieu prétendu de la mort, la planète Saturne, le ministre de Yamen, une des planètes invisibles des Indous, arsenic naturel dit காந்தபாஷாணம், arsenic préparé dit நிலபாஷாணம்:—கொம்பு corne de bœuf.

காலா, espèce de poisson, polyneumus plebeius indicus.

காலாகாலம், 1° (காலம், காலம்), chaque—, tout temps, toujours, temps favorable. 2° *(காலம், அகாலம்), ou காலாகாலங்கள் temps favorable et défavorable.

*காலாக்கினி, (காலம், அக்கினி), feu qui doit détruire le monde, feu extrêmement ardent, un des 32 உபநிஷதம், un des 11 உருத்திரர்: —உருத்திரம் un des 32 உபநிஷதம்.

காலாங்கள், arsenic dit மூர்த்தபாடாணம்.

காலாடி, (கால், ஆடுகிறது), homme vif, bon marcheur, coureur, vagabond, titre honorifique parmi les பள்ளர், voleur subalterne.

காலாடுதண்ணீர், (*id.*), eau qui

vient jusqu'à la cheville du pied.

காலாட்கள்,pl.de காலாள்.

காலாட்சம்,(காலம், அக்ஷம்), V. காலக்கிரமம். [காலக்ஷயம்.

காலாட்சயம்,காலாட்செயம், P.

காலாட்டம், (கால்), vitesse de la marche,amitié. [rie.

காலாட்படை,(காலாள்), infante-

காலாணி,(கால்), cheville enfoncée dans un chevron ou autre pièce de la toiture, pieu planté sur les poutrelles des maisons indiennes pour supporter le toit,chapiteau de colonne,cor—,furoncle aux pieds,—aux orteils.

*காலாந்தகன்,1° (காலன்,அந்தகன்), le destructeur de காலன், i.e. Siven. 2°.(காலம், id.), le destructeur (du temps), i. e. காலன் ou யமன், homme très-puissant. [fin du temps.

*காலாந்தம்,(காலம்,அந்தம்), la

காலாயுதம்,(கால்),l'oiseau qui se sert de ses pieds pour armes, i.e. le coq,coq de combat.

*காலாரி, (காலன்,அரி), l'ennemi de காலன்,i.e.Siven.

காலாழி,(id.),anneau des pieds.

காலாழ்,(கால்,ஆழ்கிறது), boue, marne,terre grasse dans laquelle les pieds enfoncent.

காலாள்,(கால்), piéton,fantassin, petit garçon qui ne peut rien faire de lui-même: காலாட்கள் piétons, infanterie.

காலாறுகிறது,(கால்), se reposer.

காலி,pointe de Galle,ville au sud de Ceylan, l'arbre காட்டுமுருக்கு butea,vache,troupeau de vaches, la veille,le jour passé,—qui s'écoule, caillou,qui a des pieds (à la fin des mots composés).

காலிக்கிறது,லித்தேன்,லிப்பேன், லி,லிக்க,v.n.et காலித்தல்,n.v. (காலியம்), V. உதிக்கிறது.

காலிமாடு, காலியமாடு, (காலி), bétail—, bœuf gardé continuellement par un berger dans les forêts ou les champs.

*காலியம்,(kâlya,காலம்),le point du jour,aurore,temps.

காலியாங்குட்டி, espèce de serpent inoffensif.

காலியாந்துவரை, (காலி, ஆம்), துவரை de la pointe de Galle.

காலிராசி,(காலி), noix d'arec de la pointe de Galle.

காலிலி,(கால்,இலி),ce qui n'a pas de pieds,serpent, Arounen, (cocher du soleil),vent,poisson.

காலிறால்,(கால்),espèce de chevrette,astacus jamaicensis.

*காலீயம், காலீனம், (காலம்). ce qui a rapport au temps, contemporanéité.

காலுகிறது,கான்றேன்,கானுவேன்,காலு,ou கால்,கால,v.a. காலுதல்,n.v.vomir,cracher, se gargariser, lancer (des rayons etc...),réfléchir la lumière etc..,répandre, couler, distiller,suer,se lever.

காலூரம், (கால், ஊர், அம்), le quadrupède rampant, i.e. la grenouille.

காலூனம்,défaut aux pieds.

காலூன்றுகிறது,(கால்),se tenir sur ses pieds, mettre le pied dessus, ou காலூன்றிநிற்கிறது se tenir ferme,—debout.

காலெலும்பு, (கால்), os du pied, péroné. [une autre fraction).

காலே,(கால்,ஏ),un quart (devant

காலேகம், mélange de 4 substances odoriférantes, ou காலேகவண்ணம் onguent, —provenant de ce mélange.

*காலேயம்,1° (kâlêya), l'arbre அகில், agalloche, xylaloe. 2° (காலி), troupeau de vaches,lait de beurre, la plante கஸ்தூரிமஞ்சள்.

காலை,1° (காலியம்),matin,aurore, étoile du matin,temps, enclos, étable.2° P.காலாய,2° pers.nég. de காலுகிறது:—க்கடன் devoirs—,cérémonies du matin; —ச்செபம் prière du matin;—தோறும் chaque matin; —மாலை matin et soir; —வெள்ளி l'étoile du matin;காலையிலே le matin,dès le matin.

*காலோசிதம், (காலம், உசிதம்), opportunité,temps convenable.

காலோலம்,(gâ,*chant*, உலோலம்), *V.* அண்டங்காகம், corbeau.

கால்,un quart,(sa marque est வ), pied, jambe, patte, jambage, pied d'arbre,de table,de chaise,de banc..., base,queue—,tige des plantes, des fleurs,soutien,support, appui,pieu, pilier d'un pandel,poteau, colonne, pilier,piquet,échalas,bâton,petit bâton,roue (de char...),degré de parenté, fois, temps,moment,vent (un des 5 élémens des Indiens), germe, jet, rejeton,fils, chemin,canal, trenchée, fossé,ruisseau,maracal,sorte de mesure,Câlen ou Yamen, *i.e.* காலன், sel de roche dit இந்துப்பு, largeur de 240 fils,lieu plus bas dans une rivière,la figure ா qui sert à faire l'â long,(Ex.கா,சா), lieu,place, terminaison de l'ablatif de lieu. *Ex.* ஊர்க்கால் dans le village. Après un participe passé il signifie *lorsque, si. Ex.* அவன்வந்தக்கால் lorsqu'il viendra,s'il vient: காலிராணுவம் infanterie,troupe de fantassins; காலிழுக்கிறது, காலிழுத்துநடக்கிறது traîner les pieds;—கட்டு empêchement,entraves, fers aux pieds; —கழுவுகிறது laver les pieds, se laver les pieds,*i.e.*aller aux nécessités;—சீக்கிறது, —சீத்தல் traîner les pieds,essuyer (les pieds...); —செய்வட்டம் éventail,*V.*ஆலவட்டம்;—ச்சட்டை pentalon,culotte,caleçon;—நடை marche à pied, quadrupède, troupeau—,nombre de bêtes ensemble (surtout de bœufs ou de brebis), *Ex.*அவனுக்குமாட்டில்நூறுகால்நடையுண்டு il a 100 bœufs:—நடையாய் à pied; —நோக்கு octant ou position où l'on voit le quart d'un astre;—பாவுகிறது les pieds toucher par terre,prendre pied; —பிடிக்கிறது,—பிடித்தல் prendre—, saisir les pieds,presser doucement les pieds; —பின்னிக்கொண்டு நிற்கிறது se tenir debout les jambes croisées;—பின்னிக்கொண்டு போகிறது les jambes s'entrelacer, s'embarrasser de manière à ne poivoir marcher; —ப்படி quart de mesure; —மட்டம் mesure du pied,découvrir par l'empreinte du pied; —மாடு côté des pieds (dans un lit); —வாங்குகிறது retirer son pied,reculer, alonger les jambages des lettres,ôter un jambage,un pilier...,mourir, la pluie cesser,le temps s'éclaircir; —வாய் canal;—வாலாயிருக்கிறது être beau, —harmonieux, —bien en ordre;—விலங்கு fers aux pieds, entraves;—விழுந்துபோகிறது être fatigué de la marche,les jambes défaillir; காலோடேகால்சேர்த்துநிற்கிறது se tenir debout les pieds joints l'un contre l'autre; காலோடேகால்பின்னிக்கொள்ளுகிறது les jambes s'entrelacer, —s'embarrasser; இரண்டாங்காலுறவு, மூன்றாங்காலுறவு parenté au 2me —au 3me dégré: இரண்டாங்கால்மூன்றாங்காலிலே உறவின்முறையான் parent au 2me ou au 3me dégré,*ou bien* parent du second au 3me dégré.

காவகா, *V.*செங்கொட்டை.

காவடி,(கா,வடி), câvadhi, perche élastique que l'on porte sur l'épaule avec 2 fardeaux suspendus aux 2 bouts. ‖ *V.* காவுத்தடி:—க்காரன் porte-faix qui porte ainsi sur l'épaule.

காவட்டம்புல், காவட்டை, (கா), l'herbe médicinale மாந்தப்புல்.

காவணம்,pandel,ombrage: திருக்காவணப்பந்தலுக்கு நிழலுதவிவேணுமோ le secours de l'ombre est-il nécessaire au pandel du mariage? voulez-vous enseigner une chose que l'on connait mieux que vous?

காவணவன், chrysalide.

காவதம்,câdam,lieue indienne de 10 milles anglais.

காவந்து,maitre,possesseur, seigneur.

காவம்,incendie de forêt, —dans une forêt, —causée par le frottement des arbres agités par le vent.

காவலன், *pl.* காவலர், (காவல்), gardien,garde du corps, maître, roi (par devoir gardien de son peuple), mari (gardien de sa femme),pasteur.

காவலாளி,(id.ஆளி), gardien, mari (gardien de sa femme),prisonnier (à Tinnévelly).

காவல்,1° n.v.de காக்கிறது, garde,défense, conservation, gardien, mur,prison, emprisonnement, forteresse, cuirasse, haie, tout ce qui sert à garder.2° n.v.et opt.de காவுகிறது:—ஆகிறது, —காக்கிறது veiller,garder;காவல்கட்டு garde, gardien,grande précaution, —réserve; —ஸ்தலம் prison,corps de garde;—பண்ணுகிறது garder, mettre en prison,confiner en lieu de sureté;—மேரை portion de la récolte donnée dans l'aire au garde champêtre;—விடுகிறது relâcher;—வைக்கிறது emprisonner,mettre une garde, —un gardien; காவலிலேபோடுகிறது,—வைக்கிறது mettre en prison, confiner en lieu de sureté; காவற்கடவுள் Dieu notre protecteur,—qui nous garde,(et à tort) Vichnou; —கட்டை tison; —கப்பல் vaisseau en sentinelle contre les ennemis, navire garde-côte; —காடு forteresse entourée de forêts, —gardée par une forêt épaisse;—காரன் garde,gardien,garde champêtre,roi; —கூடம், —சாலை prison, maison d'arrêt, corps de garde;—சால் sillon de sureté;—செய்தல், —படுத்துகிறது,—பண்ணுகிறது garder, emprisonner; —புரி corde de paille dont on entoure une meule de paille ou de grains: —பெருமான் Vichnou le prétendu gardien du monde;காவலுறுவே (காவல்தானே) பாவையர்க்கழகு la réserve fait la beauté des femmes.

காவற்கலி,bananier.

காவனம்,(கா), jardin (surtout de fleurs).

காவன்,araignée.

காவா,1° jasmin sauvage.2° ou காவாத,part.nég. de காவுகிறது et de காக்கிறது.

காவாம்,nom d'une herbe.

காவாலி,jeunesse,trompeur:—ப்புத்தி imprudence de jeunesse,esprit de jeune homme; —ப்பயல் enfant pétulant.

காவாளை,jasmin sauvage,la plante காம்வேளை.

காவாளன், (கா,ஆள்), V. காவடிக்காரன்.

காவி,1° ocre rouge, ocre, couleur d'ocre, habit de pénitens teint en ocre rouge, rubrique, terre rouge, couleur rouge pour les dents,nénuphar bleu, toddi, callou, l'arbrisseau கருநொச்சி,bouée, ce qui flotte,ancre de bois.2° gér. de காவுகிறது:—க்கல் ocre rouge, rubrique;—க்கொண்டுபோகிறது, —யெடுக்கிறது,V. காவுகிறது; —தோய்க்கிறது, —யேற்றுகிறது teindre avec de l'ocre rouge;—பற்றுகிறது,—பிடிக்கிறது,—யேறுகிறது être teint en ocre, prendre la couleur d'ocre rouge, cette couleur prendre;—ப்பல்,—பற்றினபல், —பிடித்தபல் dent colorée en rouge (avec de l'ocre), dent jaunâtre; —ச்சீலை, —யேறியிருக்கிறசீலை,—வஸ்திரம், —வத்திரம் toile—, habit couleur d'ocre;—மாலை guirlande que l'amant envoie à son amante qu'il désire voir.

காவிதி, pl. காவிதியர், ministre, écrivain,teneur de comptes.

*காவியம்,(kâvya), poème,composition poétique, poème épique, le 17me des கலைக்கியானம்: —பாடுகிறது composer—,chanter un poème.

காவியா, pendant d'oreilles, lest, pierre que l'on met pour fixer un bateau,bouée.

காவிரி,le fleuve காவேரி: —ப்பூம்பட்டினம் la ville de Câvèripattanam.

காவிளை,la plante காம்வேளை.

காவு,1° n.v.de காக்கிறது, garde, bosquet,onguent magique, marque noire sur le front.2° imp. et part.de காவுகிறது: —த்தடி bambou ou perche pour porter des fardeaux entre deux ou plusieurs porteurs; —பொட்டு bottou ou marque mise sur le front,—le front avec de l'onguent magique.

காவுகிறது,விகேன், வுவேன், வு, வ,v.a. காவுகை,காவுதல், n.v. porter au moyen d'un câvadhi, —sur l'épaule 2 fardeaux suspendus au bout d'une perche.

காவேரி, 1° le Câvêri, un des 7 fleuves sacrés des Indous. Il sort des Ghattes, arrose le Maissour, le Coimbatour et le Tanjaour, se divise auprès de Trichinapally en 2 branches, l'une au sud qui retient ce nom, et se divise en un si grand nombre de canaux qu'elle n'est presque qu'un ruisseau à son embouchure, et l'autre au nord qui prend le nom de கொள்ளிடம் ou Coléron. Les payens font du Câvêri la prétendue déesse காவேரியம்மாள். 2° sable, limaille de fer:—ப்பூம்பட்டணம்,—ப்பட்டணம் la ville de Câvèripattanam;—ப்பாய்ச்சல் irrigation au moyen du Câvêri, inondation du Câvêri semblable à celle du Nil;—மணல் sable du Câvêri, —de fer.

காவேளை, P. காய்வேளை.

காவோலை, P. காய்வோலை.

காழகம், couleur noire, toile, habit, ville nommée aussi கடாரம், moelle (d'arbre), âne.

காழி, nom d'une prétendue divinité. || V. சீகாழி.

காழியன், *pl.* காழியர், blanchisseur, boulanger, marchand de pain, pâtissier: காழியர்கோன் un des 63 dévots de Siven dit aussi சம்பந்தன்

காழ், 1° petit caillou, gravier, cristal, collier (de perles ou autres ornemens), collier à 8 grains, cœur d'arbre, dureté, diamant, graine, semence, lumière, l'arbrisseau இரும்பிலி: அகக்காழ், அகங்காழ் cœur d'arbre, pièce de bois dure. 2° *imp. et part. de* காழ்க்கிறது, ழ்த்தேன், ழ்ப்பேன், ழ், ழ்க்க, *v.n. et* காழ்த்தல், *n.v.* être dur, fort, solide, courageux, résolu, vigoureux, déterminé, âcre, piquant.

காழ்ப்பு, *n.v. du préc.* acreté, piquant, dureté, solidité, vigueur, cœur d'arbre.

காளகம், (காளம், ka), trompette, l'arbrisseau மருக்காரை.

காளங்கன்றுதம், (காளம், கல், நாதம்), montagne de pierre blanche.

காளஸ்தி, காளத்தி, 1° *P.* காளகஸ்தி, (காளம், அஸ்தி), éléphant noir, Câlastri, montagne et ville du Carnatic où un éléphant noir adora, dit-on, Siven. 2° (*id.* ஸ்திரி), femme noire.

*காளம், (kâla), trompette, petite trompette, nuage, rangée ou suite de nuages, noirceur, couleur noire, trident, poison, l'arbre எட்டிமரம், pieu pour empaler: *காளகண்டம் l'oiseau au cou noir, *V.* குயில்; *—கண்டன் celui dont le cou est noir (pour avoir, au dire des gentils, bu le poison du serpent சேஷன்), *i.e.* Siven; *—கந்தரி, (கந்தரம்), celle dont le cou est noirci par le poison, *i.e.* Pârvadi; *—கூடம் poison, prison;—பதம் pigeon qui fait son nid dans de petits trous;—பத்தம் vase plein de graine de coton et d'huile placé sur un pieu pour éclairer;—முகி, (முகம்) le nuage à l'apparence noire, un des 7 nuages des Indous, celui qu'ils prétendent répandre des pierres;—மேகம் nuage noir,— chargé (symbole de fertilité ou d'abondance et de joie);--மேகன், (மேகம்), Câlamêguen, nom d'un poète célèbre;—வனம் lieu où l'on brûle les morts;—வாயன், (வாய்), homme à voix de trompette, —à forte voix;—வாய் bouche à voix de trompette, âne, four à chaux, four à briques, espèce de jeu;—வாய்க்கல் brique, nouvelle brique; —வாய்க்காரன் briquetier, marchand de briques.

காளன், *V.* மாகாளன்.

காளாஸ்திரி, (காளம்; அஸ்திரம்), la 2me des 4 dents venimeuses du serpent capelle.

காளாஞ்சி, crachoir, une des 80 espèces de வாதம் ou flatuosités du corps.

காளாத்தி, *P.* காளத்தி.

காளாத்திரி, P. காளாஸ்திரி.

காளாமுகம், une des 6 sectes intérieures des Sivénistes, *V.* சைவம்.

காளாமுகன், (காளாமுகம்), partisan de cette secte.

காளான், champignon, mousseron, agaricus campestris.

*காளி, (kâli, *f. de* காளம்), femme noire, Kâli ou துர்க்கை prétendue déesse femme et சத்தி de Siven, lion, la 1re des 4 dents venimeuses du serpent capelle, un des 18 pouranas inférieurs, trident, poison, jeune taureau; —க்கொடி le drapeau de Kâli, où le diable est représenté; —யாயுதம் l'arme de Kâli, *i.e.* le trident; —சேவற்செய்வாள், ou —சேவல்செய்மகளிர் servante de Kâli, *i.e.* இடாகினி; —வாகனம் sa monture, *i.e.* le chacal நரி ou l'animal யாளி; —போலிருக்கிறது être féroce, fort, fier, noir comme Kâli; —மர்த்தனன், (மர்த்தனம்), celui qui a battu Kâli, *i.e.* Siven; —யாட்டமாடுகிறது se quereller—, se battre comme Kâli avec Siven; —தாசன் Kâlidâsen ou le serviteur de Kâli, célèbre poëte de la cour de Vikramâditya ou de Bhodja rois d'Oudjein, et auteur de plusieurs ouvrages sanscrits.

*காளிகம், (காளம், ika), la plante மணித்தக்காளி, nuage.

காளிக்கம், (*id.*), couleur bleue, montagne contenant du cuivre: காளிக்கோசையெழுதுகிறது faire des dessins sur une toile avec des couleurs noires.

*காளிங்கன், (kâlinga), sorte de serpent: காளிங்கநடனம் danse de Krichna sur ce serpent; —மர்த்தனன் celui qui a tué ce serpent, *i.e.* Vichnou.

காளிதம், (காளி, ta), noirceur, couleur noire, tache.

காளிந்தம், cardamome.

*காளிந்தி, (kâlindi), la Djamna *ou* யமுனை, fleuve de l'Inde qui prend sa source au mont Kalinda dans l'Himâlaya, Kâlindi, une des femmes de Krichna, la mère de Sagaren roi d'Aoud, espèce de teck, vache marine, l'arbre வாகை.

*காளிமம், காளிமை, (காளி, ma, மை), noirceur, couleur noire, rouille, tache.

*காளியமர்த்தனன், (kâliya), celui qui a tué le serpent Kâlya, *i.e.* Vichnou.

காளினியம், la plante கத்தரி, bringelle.

காளை, jeune bœuf, taureau, homme, jeune homme, —garçon, —garçon au dessous de 16 ans, chef de pays stérile: —க்கன்று veau (mâle); —யெருது veau, jeune taureau.

காளையங்கம், combat.

*காறகன், (kâraka), longitude du soleil dans le zodiaque fixe.

காறல், *n.v.de* காறுகிறது, rancidité, acrimonie, crachement avec effort, —avec envie de vomir, *ou* காறற்கொட்டி la plante médicinale arum minutum: காறல்க்கத்தரி la plante solanum insanum.

காறன், *P.* காரன்.

காறுப்பிக்கிறது, ப்பித்தேன், ப்பிப்பேன், ப்பி, ப்பிக்க, *v.n. et* காறுப்பித்தல், *n.v. V.* காறுகிறது.

காறுவல், nom de lieu.

காறி, 1° *P.* காரி. 2° *gér.de* காறுகிறது: —த்துப்புகிறது, —ப்போடுகிறது, —யுமிழ்கிறது arracher de sa poitrine des phlegmes, —de gros crachats; —ப்போகிறது, —யிருக்கிறது devenir—, être rance.

காறு, 1° soc de charrue, mesure, limite, jusqu'à. 2° *imp. et part. de* காறுகிறது, றினேன், றுவேன், று, ற, *v.n. et* காறுதல், *n.v.* être—, devenir rance, —vieux, —âcre, cracher avec effort, tirer des phlegmes de sa poitrine.

காறுபாறு, réprimande sévère et bruyante, menace, animosité, mauvais dessein, mauvais vouloir, rigueur—, autorité qu'un receveur d'impôt exerce sur les cultivateurs, empire, hauteur, train—, soin des affaires, affaire: —படிக்கிறது apprendre le maniement des affaires; —பண்ணுகிறது faire le maître; ஒருத்தன்மேலே—பண்ணுகிறது garder de la haine et méditer quelque mauvais dessein contre quelqu'un.

காறை, 1° collier d'or ou d'argent, tuyau de chaume, —de paille, —d'herbe. 2° (*P.* காரை), crépi, enduit de chaux: —யெலும்பு collier d'ossemens, ossemens mis en collier.

காற், *P.* கால் devant க, ச, த, ப, pied, quart, etc...; —கட்டு entraves lien des pieds, bord de toile; —

காசு quart de cache, —d'un liard; —குதி talon; —[illegible] quart d'étang, la 8me cons[illegible]; —கொட்டை coussin pour [illegible]eds; —கோடகன், P. கார்க்கோடகன்; —சங்கிலி chaîne pour les pieds,quart de chaîne;—சரி anneau—,ornement pour les pieds; —சிலம்பு anneau résonnant dont on orne les pieds;—சவரம் action de raser la figure, (un quart du corps); —படம் partie antérieure—, partie supérieure du pied;—பலம் quart de sa force ordinaire,quart de பலம்; —பார்வை, V. கால்நோக்கு.

காற்திகை,P.கார்த்திகை.

*கார்பாசம்,(kârpâsa), cotonnier, coton,toile—,habit de coton, (carbasus).

காற்றசைகிறது, காற்றடிக்கிறது, (காற்று, அசைகிறது, அடிக்கிறது), le vent souffler.

காற்றடக்கி,(id.அடக்குகிறது), ce qui renferme du vent,soufflet, bulle d'eau.

காற்றடி,(காற்று,அடி),souffle du vent,brise.

காற்றடங்குகிறது, காற்றமருகிறது, (id. அடங்குகிறது,அமருகிறது),le vent s'apaiser.

காற்றண்டை, (கால், தண்டை), ornement bruyant des pieds.

காற்றாடி,1° (காற்று,ஆடி), cerf-volant (de papier),girouette. 2° *gér. de* காற்றாடுகிறது: —க்கொள்ளுகிறது se rafraîchir, prendre le frais.

காற்றாடுகிறது,(*id.*ஆடுகிறது), le vent souffler: காற்றாடவைக்கிறது exposer au vent, aérer, mettre à l'air. [doux,—léger.

காற்றிளவல், (*id.* இளவல்), vent

காற்றினாள்,(காற்றின், நாள்), la 15me constellation.

காற்று,vent,souffle, pet, la 15me constellation,Arcturus (qu'on prétend être gouvernée par le dieu fabuleux du vent அநிலன்), démon, possession du démon ou de quelqu'esprit—:அசைகிறது le vent s'agiter;—அடிக்கிறது, —ஆடுகிறது le vent souffler;—அடங்குகிறது,—அமருகிறது le vent s'apaiser; காற்றுரமாயிருக்கிறது le vent être fort violent,—எழும்புகிறது, —கிளம்புகிறது le vent s'élever; —கிளம்பவில்லை le vent ne s'est pas élevé;—க்கடுவல் *ou* உரத்த—, கடுங்காற்று vent violent,—orageux,forte brise; —க்காட்டி girouette; —ச்சங்கை soupçon que quelqu'un est possédé—, possession du démon; அவள்பேரில் —ச்சங்கையிருக்கின்றது elle est soupçonnée d'être possédée—, elle est possédée du démon; —ச்சங்கைபிடித்துக்கொண்டாடுகிறது être possédé du demon et faire des gestes de démoniaque; —ச்சங்கைதோஷம் état infortuné d'un possédé;—திரும்புகிறது le vent tourner; —நாள் la 15me constellation, jour de vent;—நிற்கிறது le vent s'apaiser, —s'arrêter,souffler d'un côté;—பறிகிறது lâcher un vent, péter; —முந்துநாள் la 16me constellation, qui est devant ou à l'est de காற்று;—வாக்கு manquement de parole, parole emportée par le vent,entreprise inachevée; —வீசுகிறது le vent souffler;காற்றின்சகாயன் l'auxiliaire du vent,le feu,le Dieu prétendu du feu; காற்றுக்குமறைவிடம் endroit à l'abri du vent, abri contre le vent; வாடைக்காற்று vent frais. [quart d'un துலாம்.

காற்றுலாம், (கால், துலாம்), le

காற்றெழும்புகிறது, (காற்று), le vent s'élever.

காற்றெடுக்கு, காற்றொதுக்கு, (*id.*),côté—,endroit à l'abri du vent.

காற்றோட்டி,(*id.*ஓட்டுகிறது),l'arbre ஆதொண்டை,dont les fruits et les feuilles chassent les vents.

கானகம்,(கான்,அகம்),forêt,bois, désert,cumin noir:கானகக்கல் pierre de la forêt,pierre à taches noires qui contient du métal; —க்கூபரம், V. நாகப்பச்சை; —க்கோழி poule sauvage; —கிதம் scarabée noir;—ச்சங்கம்,V. நாகரவண்டு;—ச்சேவகன் l'espèce d'épine dite எலிமுள்,

litt. le pion de la forêt: —நட்டாண் mille-pieds;—தாமம் l'arsenic naturel dit கற்பாஷாணம்; —த்தும்பி scarabée noir;—நாடன்,(நாடு), chef d'un pays montagneux, —d'un pays de bois:— ப்பச்சை sorte—, vert d'éméraude.

கானகுப்பிசம்,கானகுப்சம், une des 5 parties du pays கௌடம்.

கானடுவிரல்,(கால்,நடு),orteil du milieu. [pied.

கானடை, (*id.* நடை), marche à

கானம்,1° (கான்), forêt,bois,bosquet.2° *(gâna), musique, chant,son —,chant harmonieux, action de chanter,alouette, odeur: கானக்குதிரை cheval sauvage,le gayal, espèce de bœuf dit மரை; —க்குறத்திமுலைப்பால் miel,*litt.*lait de la mamelle d'une femme des bois; —க்கோழி, *V.*கானுங்கோழி; —ப்பலா jacquier sauvage,artocarpus dont les fruits servent à faire des *caris* ou sauces; —ப்புறு pigeon sauvage; —மயில் paon sauvage;—மா porc sauvage, sanglier;—மல்லல்,—மௌவல் jasmin sauvage;—யூகம் singe noir,—des forêts; —விருக்கம், —விருக்ஷம் l'arbre பாதிரி.

கானல்,exhalaison causée par une chaleur brûlante,mirage, apparence de plaines ondoyantes sur la surface de la terre causée par la chaleur excessive du soleil,chaleur, ardeur, splendeur,lumière,rayons du soleil, bosquet sur les bords de la mer, petit bras de mer,baie, crique, saline, forêt:—எறிக்கிறது, —ஓடுகிறது,—வீசுகிறது la chaleur brûler,—causer de brûlantes exhalaisons,—produire le mirage.

கானவன்,*pl.*கானவர்,(கான்), habitant d'un pays montagneux,—couvert de bois,chasseur ou வேடன்,berger,singe. [brûlant.

கானற்காடு,(கானல்),bois—,pays

கானற்குன்று,(கானல்), l'arsenic வக்கிராந்திபாஷாணம். [quet.

*கானனம், (kânana), forêt, bos-

கானு,poignée du gouvernail.

கானுங்கெளிறு,*ou* கானுங்கெளிற்றுமீன்,(கான்,ஆம்),bonite, bonito.

கானுங்கோழி,(*id.*),poule sauvage à longs pieds,Madras gallinule.

கானுங்கோரை, (*id.*), la plante commelina bengalensis.

கானுவாழை,(*id.*), la plante ommelina bengalensis.

கானுவேளை,(*id.*),espèce de plante.

கானுன்கோணுன்,différentes choses. [கான்,மேனி), *V.*கானகக்கல்.

கானியமேனிக்கல்,(கானிய,*adj.de*

*கானீனம், (கானீனன்),bâtardise d'un fils de fille non mariée.

*கானீனன், (kânîna,*ou de* கன்னிகை), bâtard—, fils d'une fille non mariée,surnom mérité 1° de கன்னன் fils de குந்திதேவி et du soleil, 2° de வியாசன் fils de மச்சகந்தி et de பராசரன். [boiteux (d'un pied).

காநொண்டி, (கால், நொண்டி),

கான்,forêt,bois, désert, ruisseau de forêt,odeur,chambre(de maison), chambre—,cabine—, compartiment de navire,சாரியை ou terminaison qui s'ajoute à certaines lettres. *Ex.*ஐகான் la lettre ஐ:—மரம் multipliant ou ஆலமரம்;—மா sanglier,cochon:—யாறு rivière de forêt.

கான்முளை,(கால்),fils,rejeton.

கான்றல், *P.*காலுதல்.

கான்றேன்,*parf.de* காலுகிறது.

கி,ki, lettre formée de la réunion du க் et de l'இ. [கஞ்சரீடம்.

கிகிணி,la plante காக்கணம். ‖ *V.*

கிக்கிரி,martin-pêcheur.

*கிங்கரன்,கிங்கிரன், கிங்கலியன், கிங்கல்லியன்,*pl.*கிங்கரர்... (kimkara),serviteur, domestique, esclave, envoyé,nom d'une caste.

*கிங்கிணி,*P.*கிண்கிணி.

*கிசம்,கிசலம்,கிசலயம், கிசலை.கிசாலம்,(kisala,kisalaya), bourgeon, jet,rejeton, pousse,extrémité d'une branche qui pousse de nouvelles feuilles.

கிசில்,goudron,poix,brai, gond de porte:—பூசுகிறது goudronner, enduire de poix.

கிசுகிசுப்பு,(கிசுகிசு,*son imitatif*),

bruit répété, —de kisoukisou, vitesse. [(id.),faire ce bruit,se presser.

கிசுகிசென்கிறது, கிசுகிசெனல், கிச்சடி,bouillie coagulée.

கிச்சலாட்டம்,கிச்சாட்டம், கிச்சிலாட்டம்,dispute, contestation, criaillerie,gronderie, altercation, débat,carrillon,trouble,embarras.

கிச்சிலி, *ou* கிச்சிலிமரம், espèce d'oranger: —ப்பழம் sorte d'orange; —க்கிழங்கு racine odoriférante, kompferia galanga.

கிச்சு,feu.

கிச்சுகிச்சென்கிறது,(கிச்சுகிச்சு *son imitatif*),gazouiller,ramager.

*கிஷ்ணம்,(krichna),ainsi que ses dérivés et ses composés *V.* கிருட்டிணம். [ligence.

*கிஞம்,(djna),connaissance,intel-

கிஞ்சம்,கிஞ்சல்,(கிஞ்சனன்),petitesse,pauvreté.

*கிஞ்சனன்,கிஞ்சன், (kintchana), pauvre,ignorant,benêt.

கிஞ்சி,crocodile,l'arbre வேம்பு.

*கிஞ்சிக்கிஞம், (kintchit *peu*, கிஞம்),intelligence bornée, —petite.

*கிஞ்சிக்கிஞர், (*id.*), gens de peu d'esprit.

*கிஞ்சிக்கியத்துவம்,(*id.*), connaissance faible,bornée,inférieure, (par opposition à la connaissance infinie de Dieu.

*கிஞ்சிக்கினம், கிஞ்சிக்கிஞ்ஞம்,கிஞ்சிஞ்ஞம், *P.* கிஞ்சிக்கிஞம்.

*கிஞ்சிக்கினன், (கிஞ்சிக்கினம்), âme,homme de peu d'esprit.

*கிஞ்சிதம், கிஞ்சித்து, (kintchit), quelque chose, un peu,une partie, peu,bagatelle,petitesse, manguier à fruits aigres.

*கிஞ்சித்துவம், (*id.* துவம்), petit esprit,connaissance bornée,petitesse

கிஞ்சில், (கிஞ்சித்து),petitesse,peu, bagatelle,bassesse,infériorité: கிஞ்சிற்பாட்டு ballade.

*கிஞ்சுகம், (kimsouka), rougeur, couleur rouge,perroquet, les arbres முண்முருக்கு et பலாசு, l'oiseau சேகயப்புள். [crocodile.

கிஞ்சுமம், கிஞ்சுமாரம், (கிஞ்சி),

கிஞ்ஞா,espèce d'arbrisseau.

கிடக்கட்டும்,(கிடக்கிறது, ஒட்டுகிறது),que cela reste là, soit, laissons cela,n'en parlons plus.

கிடக்கிறது, டந்தேன், டப்பேன். ட,டக்க,*v.n.* se coucher, s'étendre, être couché, —étendu, —étendu de son long,reposer,être: ஊரமர்க்களமாய்க்கிடக்கின்றது la ville est un vrai champ de bataille; வருகிறுனென்றுகிடக்கின்றது le bruit court qu'il vient (l'ennemi...).

கிடக்கை,*n.v.du préc.* lit, couche, couchette,terre,stabilité,état, action de se coucher etc...

கிடங்கு,magasin,grenier, hangar, gaudon,prison,lieu de réclusion,salle du trésor,fosse,fossé,étang, réservoir,jardin de bétel.

கிடத்தல்,*n.v.de* கிடக்கிறது *et de* கிடத்துகிறது,த்தினேன், த்துவேன்,த்து,த்த,*v.a.de* கிடக்கிறது,*et* கிடத்திவைக்கிறது, coucher (quelqu'un),faire coucher,étendre (par terre...),placer—,poser de son long.

கிடத்துகை, கிடத்துதல், *n.v. du préc.* [க்கை.

கிடப்பு,*n.v.de* கிடக்கிறது, *V.* கிட

கிடவா,கிடவாத,*part.nég. du même*:—க்கிடை être à jeun, mortifier son ventre.

கிடா,கிடாய்,*V.*கடாய்.

கிடாசுகிறது, *P.* கடாசுகிறது, clouer,enfoncer,lancer.

கிடாரம்,*P.*கடாரம்.

கிடாரி,*P.*கடாரி,génisse.

கிடாஜா,*P.*கடாஜா.

கிடாவுகிறது,கிடாவுதல்,*P.*கடாவுகிறது,கடாவுதல்.

*கிடி,(kiti),cochon, sanglier, porc sauvage et furieux qui vit dans les bois et les montagnes.

கிடியாரம்,*P.*கடியாரம்.

கிடுகிடாய்மானம், (கிடுகிடு,ஆய்), tremblement,secousse.

கிடுகிடு,(*son imitatif*), 1° tremblement,secousse,espèce de tambour. 2° *imp.et part.de* கிடுகிடுக்கிறது: கிடுகிடென்கிறது trembler,s'agiter, branler, craindre, donner des signes de crainte, retentir, résonner, rendre un son répété; கிடுகிடென்றசைகிறது (une dent) branler; மேகங்கிடுகிடென்றுசத்திக்கிறது un nuage retentir des éclats redoublés du tonnerre; கிடுகிடெனல், *n.v. du préc.* tremblement, secousse répétée, bruit, signe de crainte.

கிடுகிடுக்கிறது, டுத்தேன், டுப்பேன், டு, டுக்க, *v.n.* (கிடுகிடு), et கிடுகிடுத்திருக்கிறது, trembler (de peur ou de froid), craindre, branler, remuer, s'agiter.

கிடுகிடுப்பு, கிடுகிடுத்தல், *n.v. du préc.* tremblement, crainte, agitation.

கிடுகு, bouclier, règle plate (pour tirer des lignes), planche qui fait le contour d'un char de procession et sur laquelle les brames s'asseient autour de l'idole. ‖ *V.* பன்றுங்கு.

கிடுக்கட்டி, (கிடு *son imitatif*), espèce de tambour.

கிடுக்கு, son produit dans un vase vide par quelque chose qu'on remue dedans: கிடுக்குக்கிடுக்கென்கிறது rendre plusieurs fois ce son, résonner intérieurement.

கிடுபிடி, (கிடு), tambourin de forme ovale.

கிடுமுடி, (*id.*), espèce de tambour, —d'instrument de musique.

கிடை, 1° *n.v. de* கிடக்கிறது, situation de ce qui est couché, position, manière d'être couché, lit, couche, parc (à renfermer les troupeaux), 2° comparaison, l'arbrisseau aquatique சடை, son—, expression des vêdas. 3° *imp. et part. de* கிடைக்கிறது: —கூட்டுகிறது rassembler les troupeaux dans le parc; —ச்சரக்கு marchandise depuis long-temps en magasin; —நாய் chien de berger, vilain chien; —ப்படுகிறது, —ப்படுதல் être alité, —malade, tomber malade; —ப்பாடு maladie, être alité; —ப்பசு. —மாடு troupeau de vaches, —de bœufs dans un parc; —வாய்க்கிறது, —வாய்த்தல் se coucher pour être—, se trouver à son aise; கிடையோடேமூத்திரம்பெய்கிறது piser au lit; நான்மூன்றுமாசங்கிடைவிடவில்லை depuis 3 mois je n'ai pas quitté le lit; கிடையாய்க்கிடக்கிறது être couché, —au lit.

கிடைக்கிறது, டைத்தேன், டைப்பேன், டை, டைக்க, *nég.* கிடையேன், *v.n. la chose au nom., la personne au dat.* se trouver, se rencontrer, être trouvé, obtenu, acquis, possédé, arriver, s'approcher; எனக்குப்பாக்கியங்கிடைத்தது j'ai trouvé le bonheur, jai eu une heureuse chance.

கிடைச்சி, கிடைச்சை, l'arbrisseau aquatique சடை.

கிடைதலை, (கிடை), temps du danger, —de la mort.

கிடைத்தல், *n.v. de* கிடைக்கிறது, rencontre, approche, obtention.

கிடைப்பாய், 1° (கிடை), natte pour se coucher. 2° 2e *pers. fut. de* கிடைக்கிறது.

கிடையன், (*id.*), chose vieille, qui traine depuis long-temps.

*கிட்கிந்தம், கிட்கிந்தியம், கிட்கிந்தியை, கிட்கிந்தை. (kichkindhâ), Kichkindei, montagne du sud de l'Inde, au nord du Maïssour, proche des sources de la rivière பம்பை où regnaient les fameux rois et prétendus singes Bâli et Sougriven.

கிட்கிந்தியாதிபன், (கிட்கிந்தியம். அதிபன்), le roi de Kichkindhei, *i.e*, Bâli.

கிட்ட, 1° *inf. de* கிட்டுகிறது, près, auprès, proche, (avec gén. dat. et acc), என்—, எனக்கு—, என்னைக்கிட்ட auprès de moi: —ப்போகிறது approcher; —த்தட்ட, —முட்ட proche, environ, plus ou moins, par inversion, le devant derrière. 2° *obl. de* கிட்டம்: —க்கல் scorie de fer, brique trop cuite; —ச்சிலைக்கல் pierre qui ressemble au fer.

கிட்டங்கி, magasin, dépot de marchandises.

கிட்டடி, (கிட்டு, அடி), proximité, proche parenté: —ப்பாடு chemin abrégé.

கிட்டணிச, (*id.* அணிச), plus—, très-grande proximité.

*கிட்டம், 1° (kitta), scorie, —de fer, écume des métaux, rouille, excrétion, ordure, croute. 2° (கிட்டுகிறது), proximité,rencontre, réunion étroitesse.3° P.கிட்டோம் nous n'approchons pas: —பிடிக்கிறது. —போல ப்பிடிக்கிறது s'attacher fortement, —comme la scorie, la terre durcie serrer fortement: அதற்குக்கிட்டத்தி லேவை mets près de cela.

கிட்டலர்,(கிட்டு,அலர்),ou கிட்டார்,n.app.nég. de கிட்டுகிறது, ennemis,gens qui ne s'approchent pas.

கிட்டல்,n.v.de கிட்டுகிறது,action de s'approcher etc..,approche, proximité,rencontre, réunion, obtention,resserrement.

கிட்டா,nom d'un île,ou

கிட்டாத,part.nég.de கிட்டுகிறது, inabordable,dont on—,qui ne s'approche pas.

கிட்டி, 1° gér. de கிட்டுகிறது. 2° torture dans laquelle on serre entre 2 bâtons les mains,les oreilles et le nez des accusés,bâtons qui en sont les instrumens, espèce de menottes, bâtonnet, petit bâton, cymbale, vache qui a vêlé pour la 1re fois,cadran, —solaire.cochon,charrue usée,crampon de fer qui joint le joug au timon, la plante கின்னி ou சிறுகின்னி isoetes coromandeliana; —க்கிழங்கு sa racine bulbeuse; —கட்டுகிறது,—போடுகிறது, —கட்டிக்கேட்கிறது faire subir la torture susdite, torturer pour arracher de l'argent ou la vérité;—க்கயிறு corde qui sert à attacher,—à serrer,—qui serre les bâtons de cette torture; —க்கலப்பை petite charrue; —க்கோல்,—த்தடி,—ப்பந்து la torture susdite,bâtons qui y servent d'instrumens; —யடிக்கிறது jouer aux bâtonnets; —ப்புள்ளு bâtonnets qui servent à jouer.

கிட்டிய,கிட்டின, part.parf.de கிட்டுகிறது, proche: —வுறவு proche parenté.

*கிட்டிணம், (krichna), couleur noire, peau de cerf.‖ V. கிருட்டிணம் et ses composés.

*கிட்டிணன், (id.), Krichna,une des incarnations de Vichnou.

*கிட்டிணி,(id.), le Krichna, une rivière de l'Inde.

கிட்டிரம்,la plante நெருஞ்சில்.

கிட்டனர்,(கிட்டின), parens, proches,alliés,partisans.

*கிட்டினன், 1° (krichna), poivre long.2° sing.du préc.

கிட்டு, imp. et part. de கிட்டுகிறது: —மானம் proximité, voisinage.

கிட்டுகிறது, ட்டினேன், ட்டுவேன்,ட்டு,ட்ட, v.n. கிட்டுகை, கிட்டுதல், n.v. (dat.ou acc.),approcher,s'approcher, arriver, se trouver, se présenter,se rencontrer,être obtenu,aller au devant,se serrer, presser,serrer: கிட்டாதாகில் வெட்டெனமற si vous ne pouvez obtenir une chose, si une chose ne peut se trouver, oubliez-la promptement; அதுக்குநேரமெனக்குக்கிட்டாது je ne puis trouver de temps pour cela; என்னூருக்குக்கிட்டினேன் j'arrivai près de ma patrie.

கிணகன்,pl.கிணகர்,esclave.

கிணறு,gén. கிணற்றின்,puits: கிணறெடுக்கிறது creuser un puits;—கட்டுகிறது bâtir un puits. [bosa.

கிணுங்கு,l'herbe rotboellia corym-

கிணுட்டு,pousse—,jet des feuilles de palmier, etc..,petit morceau.

கிணி,(son imitatif), cymbale.

கிணிதி, (கிணி,ti qui a), l'arbrisseau கிலுகிலுப்பை.

கிணின், கிணீர்,கிணீல், (son imitatif),tintement,son de kinin etc...: —என்கிறது,—என்னல் rendre ce son,tinter; கிணின்கிணினென்கிறது,கிணீர் கிணீரென்கிறது,rendre deux ou plusieurs fois ce son.

கிணுகிணுக்கிறது, ணுத்தேன், ணுப்பேன்,ணு,ணுக்க, v.n. கிணுகிணென்கிறது,(கிணுகிணு,son imitatif), tinter,rendre un son redoublé,—un son doux comme une sonnette,parler du nez, murmurer.‖ V. அணுங்குகிறது.

கினேல்,(son imitatif), tintement, son de kinêl:—என்கிறது rendre ce son,tinter.

கிணை, tambour des pays cultivés.

கிண், (*son imitatif*), tintement, son de cloches, son de *kin*: கிண்கிண்ணென்கிறது. tinter, rendre ce son redoublé; கிண்கிண்ணென்றிருமுகிறது tousser avec un certain bruit d'asthmatique.

*கிண்கிணி, (kimkini), ceinture —, anneau de petits grelots, ou autres ornemens retentissans:— மாலை guirlande de grelots attachée à la ceinture d'une femme ou au cou d'un cheval.

கிண்டல்,*n.v.de* கிண்டுகிறது.

கிண்டன், guingan, espèce de toile de coton rayée.

கிண்டுகிறது, டினேன், டுவேன், டு,ட,*v.a.*கிண்டுகை,கிண்டுதல், *n.v.* remuer (avec une cuillère ce qui est dans un vase), retourner, mélanger, brasser, cribler, chercher, examiner, sonder, tâcher de découvrir, manifester, suggérer, mettre dans l'esprit,exciter,creuser, (*v.g.* le porc), fouir,enlever en creusant: கிண்டிக்கிண்டிக்கேட்கிறது sonder, arracher—,tirer le secret de quelqu'un;கிண்டிக்கொடுக்கிறது suggérer (les paroles etc...), exciter, animer,remuer (la bouillie...), attiser le feu,augmenter une querelle; —ப்பார்க்கிறது examiner, sonder, s'informer; செய்தியென்னவென்றுகிண்டிப்பார்க்கிறது chercher à savoir quelles sont les nouvelles;—விடுகிறது exciter,pousser, engager à, animer contre; — விட்டுக்கேளிக்கைபார்க்கிறது exciter les autres et prendre plaisir à les voir se battre ou s'amuser.

கிண்ணம்,bassin—,vase—, coupe de cuivre,coupe,tasse, plat, écuelle creuse, clepsydre: —வார்க்கிறது fondre un pareil vase.

கிண்ணரம், (கின்னரம்), grande guitare,grand violon: —வாசிக்கிறது en jouer.

கிண்ணி,(கிண்ணம்), 1° *V.* கிண்ணம்.2° pommeau d'une épée, couverture de la poignée d'une épée, petit pied d'écrevisse, ou de crabe, partie supérieure de la corne du pied du cheval:—க்கர்ப்பூரம் mercure sublimé,—qui a la forme d'une coupe après la préparation; —க்கோழி pintade;—த்தேர் char de procession orné de plaques de cuivre.

கிண்ணிடுகிறது,கிண்ணென்கிறது,(கிண்), tinter, faire *kin*, —du bruit,retentir.

கிதம்,ancienneté. [livre.

கிதாப்பு,(*hind.*), livre, titre d'un

கிதி,100 quintillions.

கித்தம்,ancienneté.

கித்தான்,espèce de gros fil, fil de chanvre, toile grossière, carton de pâte:—கடுதாசி, —படம் carton;—கட்டில் hamac de grosse toile; —கயிறு corde de chanvre; —பஞ்சு étoupe pour calfater les navires;—பாய் voile de navires.

கித்திகம்,racine de poivre long.

கித்து,1° saut,saut à cloche-pied. 2° *imp. et part. de* கித்துகிறது:—கால் pied boiteux, à cloche-pied;—காலன்,*m.*—காலி,*f.*boiteux,boiteuse,qui va à cloche-pied.

கித்துகிறது, தினேன், துவேன், து,த,*v.n.*கித்துதல்,*n.v.*boiter, clocher, clopiner, aller à cloche-pied, sautiller sur un seul pied,sauter: கித்திக்கித்திப்போகிறது, —நடக்கிறது aller à cloche-pied,—en sautant sur un pied; இருநினைவாய்க்கித்திக்கித்திநடக்கிறது hésiter—, balancer entre 2 opinions.

கிமா,கிமார்,murmure:கிமாரிடுகிறது,கிமாவென்கிறது faire retentir,—du bruit, murmurer, grommeler;கிமாவென்பாரில்லை personne ne dit mot. [ரணம்.

கிமித்துக்கிணம்,ver,le 11me des க

கிம்புரி, épaulette, ornement en bosse,ornement en relief sur une couronne, espèce de pommeau ou anneau qui sert d'ornement, —sert à orner les défenses d'un éléphant.,

*கிம்புருடர், (kim *quoi*, புருஷன்) oiseaux à figure humaine ou prétendus musiciens célestes des Indous,un des அஷ்டாதசகணம்.

*கிம்புரோடீயம்,(கிம்புருடர், ya), un des 32 உபநிஷதம்.

கியமதம்,fatigue. [connaissance.

*கியத்துவம், (djna *qui connait*),

*கியாதம்,(khyâta), louange, renommée, célébrité, publicité,excellence,dignité.

*கியாதி, கியாதை, (khyâti), la femme de பிருகு.‖ *V*.கியாதம்.

*கியாபகம்,கியாபனம், (khyâpaka),pensée,souvenir,déclaration.

கியாபிக்கிறது, பித்தேன், பிப்பேன்,பி,பிக்க,*v.a. et* கியாபித்தல், *n.v.* (கியாபகம்), penser,se souvenir, déclarer. [monie.

கியால்,espèce de chant, — d'har-

கியானம்,*P*.ஞானம்,sagesse, spiritualité.

கிய்யாம், (*son imitatif*), cri de poussins:கிய்யாங்கிய்யாவென்றுகத்துகிறது,piailler, crier comme les poussins;—கிய்யாவென்றுமிழிக்கிறது regarder autour de soi tout confus comme un voleur pris sur le fait.

*கிரகஸ்தன்,(கிரகம்,stha *qui habite*),maitre de maison,homme marié,—probe,—honorable, —d'honneur.

*கிரகஸ்தாச்சிரமம், (கிரகஸ்தன், ஆச்சிரமம்),état d'homme marié.

*கிரகஸ்தி, *fém. de* கிரகஸ்தன், femme mariée,maîtresse de maison.

*கிரகணம்,(grahana), prise, capture,acceptation, pensée, action de recevoir,—de penser, compréhension,éclipse:கிரகணதாரணம் action de prendre et de porter.

*கிரகணி,1° (grahani),*V*.கிராணி. 2° *imp.et part.de*

கிரகணிக்கிறது,ணித்தேன்,ணிப்பேன்,ணி,ணிக்க, *v.a.* (கிரகணம்), une éclipse commencer.‖ *V*.கிரகிக்கி[றது.

*கிரகத்தன்,*P*.கிரகஸ்தன்.

*கிரகம், 1° (grouha), maison. 2° (graha), planète,astre,prise,ardeur. 3° une des 10 règles pour observer la mesure en musique: —நடக்கிறது un astre s'avancer, —marcher; கிரகஜம் déclinaison d'une planète;—கதி marche d'une planète;—க்கழிப்பு,*V*.கிரகபலி;—சங்கம், —சங்கமம் conjonction des planètes;—சாந்தி expiation superstitieuse pour éloigner la mauvaise influence d'une planète;—சாரம் mouvement —,marche d'une planète, mauvaise fortune: அவனைப்பிடித்த—சாரவேளையப்படிபண்ணிற்று le moment de la mauvaise destinée qui l'a saisi a causé cela (disent les payens); —செபம் prière aux astres;—ச்சுற்று orbite—, révolution d'un astre; —தானம் présent offert aux astres; —தீமை,—தோஷம் prétendue mauvaise influence d'une planète,—des astres;—நிலை station—, place d'une planète; —நீசம் déclin des astres,leur arrivée à la 7me place à partir du zénith;—பகை opposition des planètes,*V*.கிரகதீமை; —பதி le maitre des astres, *i.e.* le soleil, feu, maitre de maison; —பலி sacrifice offert aux astres, offrandes des restes d'un repas aux prétendus dieux de l'air;—பாடு conjonction du soleil et d'un astre dans un même signe;—பிரீதி adoration—, culte des planètes;—பீடை, *V*. கிரகதீமை;—புடம் calcul de la situation actuelle d'une planète;—பூசை sacrifice aux astres;—ப்பிழை,*V*. கிரகதீமை, —ப்பிரவேசம் emménagement, entrée dans une nouvelle habitation, dédicace d'une maison; —மாலை suite —,série d'astres, constellation;—யோகம்,*V*.கிரகசங்கம்,—ராசன் le roi des astres, *i.e.*le soleil, la lune, Jupiter;—வட்டம் orbite—, révolution des planètes; —விப்பிரன், விப்பிரியன் astrologue;—வழிபாடு *ou*

*கிரகாராதனை,(கிரகம், ஆராதனை), adoration—,culte des astres.

*கிரகாதிபன், (*id*.அதிபன்), directeur—,chef des planètes.

*கிரகாதோகதி.(கிரகம், அதோகதி),déclin des astres.

*கிரகாத்துவம், (*id*. அத்துவம்), conjonction des planètes.

*கிரகாபமம், (*id*.அபமம்), déclinaison d'une planète.

*கிரகி,(கிரகம்),1° maître de maison,père de famille.2° *imp.et part.de* கிரகிக்கிறது,கித்தேன், கிப்பேன், கி,கிக்க,*v.a.* (கிரகம்), comprendre, concevoir,penser,prendre, saisir,recevoir,accepter,mesurer, s'emparer de, voler.

கிரகித்தல்,கிரகிப்பு, *n.v. du préc.* intelligence,conception, estimation, prise,saisie,acceptation,vol.

கிரசேமிரம்,camphre cru.

கிரஞ்சனம்,l'arbre முருங்கை.

*கிரணம்,1° (kirana), splendeur, clarté,éclat,rayon de lumière, —du soleil, —de la lune: —விடுகிறது lancer des rayons; கிரணமாலி le soleil.2°. (girana),action de dévorer.

*கிரணார்த்தம் } ,(கிரணம், அர்த்த
*கிரணியம் } ம்,ya), objet radieux. [dieux,*i.e.*le soleil.

*கிரணன்,(கிரணம்), l'astre ra-

*கிரது,(kratou), sacrifice, offrande,adoration,Kratou,un des 7 richis, un des 10 விசுவதேவர்.

கிரதோனடயம், louanges d'un sacrifice. [de manger.

*கிரத்தம், (grasta,*mangé)*, action

*கிரந்தம்,(grantha),strophe sanscrite de 4 vers ou lignes,chacune de 8 syllabes,strophe pareille en tamoul sans pure consonne, livre composé de pareils vers, le sanscrit ou grandam, la langue grandonique,caractères grandoniques, livre, science,pétulance,jeu: —பண்ணுகிறது être pétulant,faire le fou, s'amuser;கிரந்தகர்த்தா auteur d'un livre;—க்காரன் enfant pétulant, auteur;—பாஷை la langue sanscrite.

*கிரந்தனம், (krandana), pleurs, lamentation,bruit.

கிரந்தி, 1° ulcère, mal vénérien, capsule de cardamome, noyau du நெல்லிமரம். 2° *(granthi), nœud, jointure:—க்காரன் homme qui a le mal vénérien;—த்தொங்கு pustules vénériennes pendantes; —நாயகம், —நாயகன்,—நாயன் plante médicinale pour le mal vénérien,ruellia patula; —தையல் éruption vénérienne molle;—ப்புண் ulcère vénérien;—மூலம் ail, *V.*கிரந்திகம்;—வாயு espèce de vent ou de flatuosité provenant du mal vénérien; —வியாதி maladie vénérienne; அழிகிரந்தி mal vénérien très-mauvais.

*கிரந்திகம், (கிரந்தி,ka), racine de poivre long.

*கிரமச்சா, கிரமச்சிலை, (கிரமம்), sinus de la déclinaison d'une planète.

*கிரமம்,(krama), ordre,régularité,arrangement,droit,justice,honnêteté,manière,méthode, coutume,règle,cérémonie:—ஆன en ordre, régulier; —ஆய் régulièrement, avec ordre, dûment; —ஆயுட்காருகிறது s'asseoir dans un ordre régulier;—ஆய்நடக்கிறது se bien conduire, vivre d'une manière,réglée,marcher régulièrement, —en ordre; —தப்பாமலிருக்கிறது être bien réglé, bien en ordre; கிரமந்தோடேயிருக்கிறது être régulier,—en ordre;கிரமக்காரன் homme régulier, —de bonne conduite, —ப்படுத்துகிறது mettre en ordre,arranger,régler.

*கிரமி,(கிரமம்,i), personne d'une conduite réglée,—honnête,observateur des régles,—des régles de sa secte.

*கிரமுகம்,kramouka),aréquier.

*கிரணம்,(girana),action de dévorer

*கிரயம், (kraya), prix valeur, achat, vente: கிரயச்சீட்டு billet de vente;கிரயமாக்குகிறது,—செய்கிறது,—பண்ணுகிறது, கிரயப்படுத்துகிறது, கிரயத்துக்குக்கொடுக்கிறது vendre;கிரயமாகிறது, கிரயப்படுகிறது se vendre;கிரயமாக—, கிரயத்துக்குவாங்குகிறது, —க்கொள்ளுகிறது acheter.

*கிரவுஞ்சம், (kraountcha), l'oiseau அன்றில், espèce de héron, une des 7 îles de la mythologie indienne environnée de la mer de lait caillé,montagne de l'Himâlaya au nord d'Assam,portée du vol d'une poule. [Mènci.

*கிரவுஞ்சன், (*id.*),un des fils de

கிராகதி, la plante médicinale நிலவேம்பு.

*கிராகம், (grâha), tortue, prise, saisie.

கிராக்கி, cherté, rareté, diminution, difficulté.

கிராடம், un des 56 pays connus des Indiens.

*கிராணம், 1° (*sync. de* கிரகணம்) éclipse. 2° (ghrâna), nez. 3° petite coupe—, petit plat de bronze: —கணிக்கிறது calculer—, prédire une éclipse; —தீண்டுகிறது, —தொடுகிறது, —பிடிக்கிறது l'éclipse commencer; —விடுகிறது l'éclipse finir.

*கிராணி, *sync. de* கிரகணி, diarrhée, cours de ventre; —க்கழிச்சல் diarrhée causée par de mauvaises humeurs, dyssenterie; —யாயிருக்கிறது, —யாய்க்கிடக்கிறது avoir la diarrhée; —த்திரவியங்கள் remèdes —, *litt.* richesses contre la diarrhée; on en compte 19, savoir: பொடுதலை la plante verbena nodiflora; நாய்வேளை la plante cleome viscosa; திருகுநிஞ்சா la plante periploca silvestris; மோர் lait de beurre; புளியாரை oseille, oxalis corniculata; வசம்பு glaïeul, acorus calamus; திரிசாரம் les 3 espèces de sels dits நவச்சாரம், எவச்சாரம், சத்திச்சாரம்; கரிய— ou கருவேம்பு l'arbre bergera hœnigu; அழிஞ்சில் l'arbre alangium decapetalum; பெருங்காயம் assa-fœtida; இருசாரணை les 2 plantes nommées சத்திச்சாரணை boerhavia repanda et வெள்ளைச்சாரணை variété du trianthema monogyna; பஞ்சலோகம் les 5 métaux: l'or, l'argent, le cuivre, le fer et l'étain; மிளகு poivre noir; பாவட்டை l'arbrisseau pavetta indica; நற்சீரகம் cumin ordinaire, cuminum cyminum; முட்சாய்வேளை la plante galega spinosa; அகில் ou அகிலம்பட்டை l'écorce d'agalloche; காவட்டம்புல் l'herbe andropogon schœnanthus; ஐந்துப்பு les 5 espèces de sels marqués à ce mot. Le dictionnaire de Jafna saute திருகுநிஞ்சா et பஞ்சலோகம்; mais il met en détail les 5 sortes de sels compris sous le nom d'ஐந்துப்பு ce qui lui fait 21 remèdes au lieu de 19.

*கிராதன், *pl.* கிராதர், (kirâta) sauvage, homme des bois, montagnard, vêdhen, chasseur. ‖ *V.* குறவன்.

கிராதி, (grade *portugais*), balustrade, grille, créneau, jalousie, treillis, fenêtre.

*கிராந்தி, (krânti), marche du soleil, déclinaison des planètes. ‖ *V.* சுடர்ச்செலவு: —ச்சா, —ச்சியை sinus de déclinaison; —கக்ஷம் écliptique; —பாதம் nœuds de l'écliptique ou points équinoxiaux; —பாதகதி précession des équinoxes ou mouvement des nœuds de l'écliptique; —பாகம் déclinaison d'un point de l'écliptique; —மண்டலம் écliptique: —வலயம் espace entre les tropiques.

கிராந்துகிறது, கிந்தேன், துவேன், து, த, *v. a. et n.* cacher, se cacher, se tapir.

*கிராமணி, (கிராமம், ni), possesseur—, chef d'un village, homme excellent, —éminent, barbier, titre parmi les gens employés au commerce du callou.

கிராமத்தான், *pl.* கிராமத்தார், (கிராமம்), habitant d'un village.

*கிராமம், (grâma), village, hameau de 100 maisons, village de laboureurs, —au milieu de champs cultivés et des pâturages, village de pays montagneux, oiseau aquatique: கிராமசாந்தி espèce d'expiation faite pour tout un village; —தேவதை prétendue divinité tutélaire d'un village: —தேவதையின்திருவிழா fête d'une pareille divinité: —ப்பிரதக்ஷிணம் procession solennelle dans un bourg en tournant à droite.

கிராமணி, terre basse, creux.

*கிராமியம், (கிராமம், ya), ce qui est dans le village, ce qui y a rapport, langage de province, patois des campagnes (par opposition au sanscrit), dialecte ou mot usité dans quelqu'endroit particulier.

*கிராமியன், (*id.*), *V.* கிராமணி.

கிராம்பாணி, (கிராம்பு, ஆணி), clou qui a la forme d'un clou de girofle.

கிராம்பு, (cravo *clou*, portugais), clou de girofle, eugenia caryophyllata: —மரம் giroflier.

கிராய், terre dure.

கிராய்க்கிறது, ய்த்தேன், ய்ப்பேன், ய், ய்க்க, *v.a.* aplanir, polir par le frottement, *v.g.* un pavé ou un mur.

*கிராவணம், கிராவம், (grâvâ), pierre, rocher, montagne de pierre.

கிராவாதி, fer.

*கிரி, 1° (giri), montagne, mont, hauteur. 2° (kiri), porc, sanglier, porc sauvage. 3° otage, caution: —யிருக்கிறவன் otage; —வைக்கிறது donner des otages, —en gage; —கம்பலே, *V.* கிரிகம்பளை; —கன்னி le காக்கணம் des montagnes, *i.e.* la plante வெள்ளைக்காக்கணம்.

கிரிகிக்கிறது, கிரிகித்தல், *P.* கிரகிக்கிறது, கிரகித்தல்.

கிரிகித்துவம், (கிரிகிக்கிறது, துவம்), action de prendre, de recevoir.

*கிரிகை, *P.* கிரியை.

கிரிகோலம், *P.* கிலிகோலம்.

கிரிசகம், (கிரி), peine, travail.

கிரிசம், (*id.* சம்), fatigue.

*கிரிசரம், (*id.* சரம்), éléphant né dans les montagnes.

*கிரிசன், (*id.* sa *Siven*), Siven qui habite le mot Kaïlâsam.

கிரிசு, *ou*—க்கத்தி, cric, poignard des Malais.

*கிரிசை, 1° (கிரி, djâ *fille*). la prétendue fille du mont Himâlaya, *i.e.* Parvadi. 2° *P.* கிரியை.

கிரிச்சரம், *P.* கிருச்சிரம், espèce de vœu, —de pénitence. ‖ *V.* கிரிசரம்.

கிரிச்சிரிட்டம், noix muscade.

கிரிட்டணம், கிரிட்டம், (ghrouchtana), frottement, *V.* உறைப்பு.

கிரிதசாக்கிரி, espèce de ton ou [d'air.

கிரிபயம், (கிரி), arbre.

*கிரிமல்லிகை, (கிரி), jasmin des montagnes, la plante வெட்பாலே.

கிரிமா, *P.* கரிமா.

கிரியன், (கிரி), le roi des montagnes (du Maléalam), *i.e.* Sêren.

*கிரியா, *P.* கிரியை dans les mots composés: —கலாபம் instruction qui a rapport à l'observance des cérémonies, religieuses; *—காண்டம் partie des vèdas qui enseigne les cérémonies ou les pratiques religieuses des Indous; —சத்தி un des 3 சத்தி ou pouvoirs, celui de créer le monde, un des 5 சத்தி, celui d'agir, habileté, capacité; —சாதனம் observation des cérémonies, ce qui regarde cette observation, —சைவம் un des 4 exercices, états. ou grades de la secte des Sivénistes, la pratique étudiée des cérémonies religieuses de la secte; —பதம் verbe; —பாதம், *V.* கிரியைநிலே, 3me partie d'un procès *i.e.* preuve ou réplique du plaignant; *—பூசை sacrifice accompagné de cérémonies; *—மார்க்கம், *V.* கிரியைநிலே; —மாலே conjugaison des verbes, et des noms qui prennent la forme du verbe.

*கிரியாங்கம், (கிரியை அங்கம்), *V.* கிரியை: கிரியாங்கவிதி loi cérémoniale. [Vinâyaguen.

*கிரியாதிகாரன், (*id.* அதிகாரம்),

கிரியாத்து, கிரியாத்துவேர், la plante médicinale நிலவேம்பு.

*கிரியாநுஷ்டிப்பு, (கிரியை, அநுஷ்டிப்பு), observance des cérémonies.

*கிரியாவான், (*id.* vân), homme d'action, —qui fait une action, —qui pratique des cérémonies religieuses, — propre aux affaires.

*கிரியை, 1° (kriyâ), action, acte, pratique, emploi, verbe, adoration, pratique, accomplissement des cérémonies religieuses, investigation judiciaire, une des 10 règles pour observer la mesure en musique. ‖ *V.* கிரியாசைவம். 2° *acc. de* கிரி; —கேடு saleté, action vile, déshonneur, défaut d'une action: —கெட்டவன் homme méchant, dèhonté; —க்காரன் celui qui agit, qui fait une action: —நிலே l'état où l'on agit, —de l'action, *V.* கிரியாசைவம்; —வளைத்தோன் celui qui a plié en arc le mont மேரு, *i.e.* Siven, au dire de la fable. [moine.

கிரிவாணம், (கிரி), sulfate d'anti-

*கிரீசன்,(கிரி,ஈசன்),le maitre de la montagne, —du mont Kaïlâsa, i. கிரீச்சரம்,P.கிரிச்சரம். [e.Siven.

*கிரீடம்,(kirita), couronne,diadème, mitre, crête,la plante உத்தாமணி: கிரீடந்தரிக்கிறது porter la couronne,régner, couronner quelqu'un; கிரீடசாம்பிராச்சியம் la joie —,le bonheur de porter la couronne; —தாரணம் couronnement;—தாரி tête couronnée,roi, monarque; —பங்கம் déshonneur d'une couronne,affront à la couronne.

*கிரீடாதிபதி,(கிரீடம்,அதிபதி), V. கிரீடதாரி,la plante உத்தாமணி,

*கிரீடாதிபத்தியம்,(id. அதிபத்தியம்),royauté,le propre—,la gloire de la royauté.

கிரீடாப்பிரமவாதி,(கிரீடை,பிரமவாதம்),un des வேதாந்திகள் ou savans dans les vêdas.

*கிரீடி,1° (கிரீடம்,i.),roi, couronné,surnom d'அருச்சுனன். 2° *imp. et part.de*

கிரீடிக்கிறது,(கிரீடை), டித்தேன், டிப்பேன்,டி,டிக்க,*v.n.* jouer, folâtrer,s'accoupler.

*கிரீடை,(kridâ),jeu—, badinage lascif, —de femmes, passe-temps, plaisir, amusement, jeu avec des femmes,copulation. [ண்டை.

கிரீட்டி,P.கிருட்டி. la plante பிர

*கிரீபம்,கிரீவம்,(grivâ),le cou.

*கிருகம்,(krouka), gosier,cou, la- கிருகணம்,V.கிருகணம். [rynx.

*கிருகரன்,(kroukara), Siven, perdrix.‖ V. கிருதரன்.

*கிருகவாகு,(கிருகம், vâkou *parole*),paon,lézard dit பல்லி,coq.

*கிருகணம்,(கிருகம்,ana *résonner*), perdrix.

*கிருசம்,(krousa),maigreur, minceur,petitesse,ténuité,faiblesse.

*கிருசாட்சம், (கிருசம், அக்ஷம்), araignée.

*கிருசானு, கிருசாநு, (krousânou),feu,la plante பவளக்கொடி *ou* plumbago zeylanica.

*கிருசானுரேதசன், *P.* கிருசானுரேதசன்,(*id.* இரேதசு), Siven, qui, au dire des Indous, répandit son sperme sur le feu,d'où naquit,disent-ils, Soupramanien prétendu dieu de la guerre,qui fut reçu en sortant du feu par le Gange ou கங்கை et élevé par la nymphe Kartiguei;de-là ils lui donnent les noms de அக்கினிகருப்பன்,—குமாரன்,—சென்மன்,கங்கைமைந்தன்,கார்த்திகேயன்.

*கிருச்சிரம்,(kroutchtchbra),la pénitence dite சாந்தபனம் qui consiste à se nourrir de sucre,de தயிர் ou lait de beurre, de miel,de beurre fondu et de lait pendant 6 jours, et à jeûner le septième, péché, expiation,la pénitence dite பிராசாபத்தியம் qui consiste à ne manger que le matin pendant 3 jours, une fois le soir pendant 3 autres jours,à vivre d'aumône les 3 suivans et à jeûner 3 autres jours. V.பிராசாபத்தியம்.

*கிருச்சிராதிகிருச்சிரம், (கிருச்சிரம்,அதி), espèce de pénitence qui consiste à ne prendre que de l'eau pendant 3,9,12 ou 21 jours ou, selon d'autres,à observer le சாந்தபனம் pendant 21 jours.

*கிருச்சிரார்த்தம்,(*id.*அர்த்தம்),demi-pénitence, kroutchthbhra de 6 jours. [teur,laboureur.

*கிருஷிகன்,(கிருஷிம்,ka), cultiva-

*கிருஷிம் (kroucha), labourage, charrue,soc,agriculture.

*கிருஷி,(கிருஷிம்,i.),agriculture,labourage,moisson,céréales en herbes, porc.

*கிருஷ்ணம்,கிருஷ்ணன் et leurs composés. V. கிருட்டிணம், கிருட்டிணன்.... [chounen.

*கிருடி,1° V.கிருஷி.2°(கிரீடி),Arout- கிருடியை,espèce de danse.

*கிருட்டி,1°(grouchti),vache qui a vêlé une fois. 2° (ghrouchti), porc, sanglier,—féroce, —des forêts, la plante பிரண்டை.

*கிருட்டிணம்,கிருஷ்ணம்,கிஷ்ணம், (krouchna), noirceur, couleur noire,fer,corbeau,le couil ou coucou indien, les 14 derniers jours—,dé-

-clin de la lune, temps où elle laisse le soir dans l'obscurité, vitriol bleu, cerf, poivre,—noir: கிருட்டிணன்—, கிருஷ்ண ou கிஷ்ணசருப்பம் espèce de serpent noir;—கிஷ்குவாதரோகம் espèce de maladie mortelle;—பக்கம்,—பக்ஷம்,—பட்சம் les 14 derniers jours—, déclin de la lune;—ரோகம் fièvre typhoïde;—பாணம் l'arbre எட்டி;—பேடம் ellébore;—மிருகம் cerf, cerf noir, sanglier;—லோகம் sable de fer, pierre d'aimant;—லீலை les jeux lascifs—, la vie de Krichna; —வர்ணம் sable de fer, couleur noire;—வல்லி la plante médicinale நன்னாரி.

*கிருட்டிணன், (krouchna), le noir, séducteur, celui qui captive les esprits, Krichna (célèbre incarnation de Vichnou), Viasen, le compilateur des Vèdas, (surnom d')Aroutchounen:—ஓய்ந்தமிருகம் corne de cerf.

*கிருட்டிணாசனம், கிருட்டிணாஞ்சனம், (கிருட்டிணம், ஆசனம், அஞ்சனம்), peau de cerf pour s'asseoir.

*கிருட்டிணாவதாரம், (கிருட்டிணன், அவதாரம்), incarnation de Vichnou en Krichna.

*கிருட்டிணாப்பிரகம், (கிருட்டிணம், அப்பிரகம்), mica—, talc de couleur noire.

*கிருட்டிணார்ப்பணம், (கிருட்டிணன், அர்ப்பணம்), offrande à Krichna.

கிருட்டிணி, கிஷ்ணி, கிருஷ்ணி, (கிருட்டிணம்), la plante காக்கணம் à fleurs bleues.

*கிருட்டிணை, (fém. de கிருட்டிணன்), 1° ou கிருட்டிணாநதி le fleuve Krichna. 2° la fameuse துரோபதை Draoupadi, moutarde, —noire, sangsue noire, poivre long, grappe de raisin. V. முந்திரிகை.

*கிருதம், 1° (krouta fait), fait, chose accomplie, action, antériorité, devant, auparavant. V. கிரேதாயுகம். 2° (ghrouta), beurre liquéfié, l'arbre செம்முருங்கை: கிருதகபடம் fourberie, ruse; —காலம் temps fixé, —de ses devoirs,—des pratiques religieuses;—கிருத்தியம் accomplissement de ses devoirs, —de ce qui doit être fait;—குளபாலிதபோசனம், (குளம், பாலிதம்), nourriture rassasiante, —douce et agréable composée de beurre liquéfié, de sucre, de lait et de riz; —சங்கேதம் convention, accord, union; —சன்னிதானம் présence, approche, réserve;—சாபத்தினிகை,—சாபத்தினிகை, (ச avec, பத்தினி, kâ), femme qui reste avec son mari même après qu'il en a épousé une autre;—சூடன், (சூடம்), enfant auquel on a laissé le coudhoumi ou la touffe de cheveux du sommet de la tête;—சோபம் beauté, ornement, lumière, splendeur; —சௌசம் purification, nettoiement;—தாசன் serviteur, ouvrier; —தாரன், (தாரம்), homme marié; —நாசனம் ingratitude, défaut d'un bienfait; —நாசகன் ingrat; —நிருசேனன் (nirnèdjana *purification*), celui qui a accompli l'expiation du péché; —பலம் résultat—, succès—, fruit d'une action;—யுகம், V. கிரேதாயுகம்; —லக்ஷணம் bonnes qualités, beauté; —வேசம் décoration, ornement;—வேதனன் ouvrier, homme à gage.

*கிருதரன், (kroukara), vent qui, selon les Indous, réside dans la figure, cause l'éternument, la colère et la chaleur, est un des 5 airs vitaux et un des 10 vents du corps humain.

*கிருதாகிருதம், (கிருதம், அகிருதம்), ouvrage imparfait, non achevé.

*கிருதாஞ்சலி, (id. அஞ்சலி), révérence, salut en joignant les mains.

*கிருதாந்தசனகன், (கிருதாந்தன்), le père de Yamen i.e. le soleil.

*கிருதாந்தம், (கிருதம், அந்தம்), décision prise après discussion, conclusion démontrée, destinée, écriture.

*கிருதாந்தன், (id.), Yamen, le [Pluton indien.

*கிருதார்த்தம், (id. அர்த்தம்), succès, réussite, profit, bonne fortune.

*கிருதார்த்தன், pl. கிருதார்த்தர், (id.), homme heureux, de mérite, qui a accompli son œuvre, qui a obtenu son but,—le bonheur, —le contentement,—l'accroissement.

*கிருதி,(krouti),action, affliction, tourment,tort,tremblement:—கரன் Râvanen,homme qui fait tort, qui tourmente,qui vexe.

கிருது,joie,allégresse,jeu, spectacle,orgueil,beurre liquide, sacrifice.

*கிருதோபகாரம்,(கிருதம், உபகாரம்),aide,service.

*கிருதோபநயனன்,(id. உபநயனம்), étudiant—, homme décoré du cordon bramanique.

*கிருத்தி,(kroutti),peau,—de cerf, —d'antilope,—sur laquelle le religieux indou encore élève s'assied, dort etc..., une déesse prétendue, connaissance.

*கிருத்திகை,(krouttikâ), Krouttiguei,ou Cartiguei, prétendue nymphe nourrice de Soupramanien,dont on a fait la 3me constellation ou les Pléiades.

*கிருத்திகா,obl.de கிருத்திகை:—சுதன்,—சூதன்,—சூனு le fils ou plutôt le nourrisson de la nymphe Krouttiguei,i.e.Soupramanien: கிருத்திகாபவன், (bhava né),la lune,V. கிருத்திகாசுதன்.

*கிருத்திமம்,1° (கிருத்தி, ma), devoir,action, conduite religieuse,—selon les vèdas,peau.2° P. கிருத்திரமம்,fraude, tromperie, mensonge, fausseté,illusion, fantôme, démon, troupe de spectres.

*கிருத்தியம்,(kroutya),acte,action, affaire, ouvrage, emploi, manière d'agir,manière, exercice, pratique —,cérémonie journalière, devoirs envers les morts: கிருத்தியகருத்தன், —கருத்தா agent,chef d'entreprise; —ப்பிழை défaut—, faute dans une action.

*கிருத்தியை,(kroutyâ), prétendue déesse à qui on sacrifie pour détruire.

*கிருத்திரமம்,கிருத்திரிமம், (kroutrima),artifice,fraude,perfidie,mensonge, chose artificielle (opposée à naturelle): கிருத்திரிமபுத்திரன் fils adoptif,enfant qu'on élève; —மித்திரன்,—சத்துரு ami—,ennemi qu'on s'est fait.

*கிருத்திவாசன், (கிருத்தி, வாசம்), celui qui est revêtu d'une peau de tigre, i.e. Siven.

*கிருத்துவம், (krou faire), action de faire,mal,tromperie.

*கிருபணம், (kroupana), avarice.

*கிருபணன், (கிருபணம்), avare.

*கிருபன், (kroupa);Krouben, nom d'un sage,beau-frère de துரோணன் et un des 5 instituteurs de la race des Kourous.

*கிருபாகடாக்ஷம்,கிருபாகடாட்சம், (கிருபை), regard de bonté, —de miséricorde: — ஆய்ப்பபார்க்கிறது regarder d'un œil de bonté.

*கிருபாகரன், (id.கரன்), bon,miséricordieux,clément.

*கிருபாசனம்,(id.ஆசனம்), siége de la miséricorde.

*கிருபாசாரியன், (கிருபன், ஆசாரியன்), V. கிருபன்.

*கிருபாணகம்,கிருபாணம்,(kroupâna,ka), sabre, épée.

*கிருபாணி,கிருபாணிகை,(கிருபாணம்,i,ika),couteau,épée.

*கிருபாமகத்துவம், (கிருபை), grandeur de la miséricorde.

*கிருபாமூர்த்தி, கிருபாரூபி, (id.), Dieu, être rempli de miséricorde, ou

*கிருபாலு, கிருபாளு, (id. lou affixe), miséricordieux.

*கிருபி,(fém. de கிருபன்), Kroubi, femme de துரோணன்: —புத்திரன் le fils de Kroubi(et de Tourônen),i.e. Asvattâmen ou அசுவத்தாமன்;—பதி l'époux de Kroubi,i.e. துரோணன்.

*கிருபீடம், (kroupita), eau: கிருபீடபாலம்,(pâla qui conserve), la mer; —யோனி le feu (regardé comme cause de l'eau).

*கிருபை, (kroupâ), grâce, clémence,miséricorde,compassion,bonté, faveur:— கூருகிறது,— செய்கிறது,— பண்ணுகிறது,— புரிகிறது faire une faveur, traiter avec bonté, montrer de la miséricorde;— ஆயிருக்கிறது être bon, gracieux clément; —ஆய்ப்பார்க்கிறது regarder—,traiter avec bonté;—க்கண் œil—,regard de miséricorde,— de bonté; அவன்

'மேல்கிருபையாயிருக்கிறீர், அவனைக் கிருபையாய்ப்பார்க்கிறீர் vous êtes bon à son égard, vous le regardez —, vous le traitez avec bonté.

*கிருமி,(kroumi), ver, insecte, cancer;—க்கிரந்தி sorte de mal, insectes engendrés à la racine des cils;—க்குன்றம் la graine médicinale dite வாலுளுவையரிசி, (qui est une monticule pour les insectes): —சத்துரு graine du porcher *ou* பூவரசு (qui est vermifuge):*—சுத்தி moule, huitre; —ச்சுரம் fièvre qui vient des vers; —ச்சூலை douleur d'entrailles causée par les vers;'—ச்சைலம் fourmilière ou tertre élevé par les fourmis blanches;—ச்சொறி démangeaison causée par les vers; —நாசம் vermifuge, remède contre les vers,(savoir ஓமம் sison; குரோசாணி ou குராசாணியோமம் jusquiame noire, hyosciamus niger; பலாசம்விரை graine du butea frondosa; வேப்பீர்க்கு côte du milieu de la feuille du margosa; பேய்ப்பீர்க்கு espèce de concombre très-amer: பங்கம்பாலை la plante aristolochia bracteata);—நாசி la plante vermifuge நிலவாகை; —மலடு stérilité causée par les vers; —யோமம் (ஓமம்), la plante sison (qui est un vermifuge).

கிரொந்தி, gousse—, cosse de cardamome.‖ *V.*கச்சோலம்.

*கிரேதம், *P.*கிருதம். ‖*ou*

கிரேதாயுகம்,(கிரேதம், யுகம்), le krêtayougam, le premier des ௪ யுகம் de la mythologie indoue, âge d'or auquel les Indous donnent une durée de 1,728,000 ans. [கிரகஸ்தன்.

*கிரேஸ்தன், கிரேத்தன். *sync. de* கிரேந்தி, *V.*கிரொந்தி.

கிரோணிடுகிறது, கிரோன்கிரோனென்கிறது,(கிரோன், *du mot* crainte), craindre, donner des signes de crainte.

*கிரையம், *P.*கிரயம். [gatelle.

*கிலம்,(khila), ruine, petitesse, ba-

கிலி, effroi, crainte: —கம்பனை trouble, confusion:—கோலம் désordre, confusion; —பிடிக்கிறது, —மண்டுகிறது la crainte saisir quelqu'un, craindre;—பிடித்திருக்கிறது, —யாயிருக்கிறது, —யாய்க்கிடக்கிறது avoir grand'peur, être saisi de frayeur.

*கிலிபம், கிலீபம்,(kliva), impuissance, hermaphrodite, eunuque, genre neutre: கிலீபலிங்கம் marque d'hermaphrodite, d'eunuque.

கிலுகிலு,(*son imitatif*), sorte de bruit, cri du singe: கிலுகிலென்கிறது, கிலுகிலெனல், le singe crier, *ou*

கிலுகிலுக்குகிறது, *sync.* கிலுகிலுக்கிறது, க்கினேன், க்குவேன், க்கு, க்க, *v.n.*(கிலுகிலு), faire kiloukilou, craquer, sonner, retentir.

கிலுகிலுத்தல், கிலுகிலுப்பு, *n. v. du préc.* sorte de bruit, craquement, tintement.

கிலுகிலுப்பை,(கிலுகிலுப்பு), arbrisseau dont les graines mûres résonnent dans la gousse, crotalaria laburnifolia.

கிலுக்கு, 1° (*son imitatif*), drelin, grelot, hochet, claquet, chose qui fait du bruit, qui résonne, qui craque:—த்தடி bâton à claquet,—à anneaux qui font du bruit quand on les agite. 2° *imp. de*

கிலுக்குகிறது, க்கினேன், க்குவேன், க்கு, க்க, *v.a. de* கிலுங்குகிறது, கிலுக்குதல், *n.v.*(கிலுக்கு), faire retentir,—sonner,—craquer.‖*v.n.* sonner, tinter, craquer, retentir.

கிலுங்கி, 1° *V.* கிலுகிலுப்பை. 2° *gér. de*

கிலுங்குகிறது, கினேன், குவேன், கு, க, *v.n. de* கிலுக்குகிறது, *et* கிலுங்குதல், *n.v.* résonner, tinter, craquer.

*கிலுசிதம்,(klisita), misère, pauvreté, détresse. [pli.

கிலுட்டம், plénitude, être rem-

கிலுத்தம், poignet.

கிலுமொலு,(*son imitatif*), *kiloumolou*: கிலுமொலென்கிறது, *ou*

கிலுமொலுக்கிறது, லுத்தேன், லுப்பேன், லு, லுக்க, *v.n.* கிலுமொலுத்தல், *n.v.*(கிலுமொலு), faire du bruit, faire *kiloumolou*

*கிலேசம்,(klêsa), inquiétude, chagrin,souci,peine,douleur, affliction, détresse,soin,embarras, occupation, crainte: கிலேசப்படுகிறது, கிலேசமாயிருக்கிறது,*ou*

கிலேசிக்கிறது, சித்தேன், சிப்பேன், சி, சிக்க,*v.n.* **கிலேசித்தல்,***n.v.* (கிலேசம்),être chagrin,inquiet, peiné, [tourmenté.

கிலேசு,dessous.

கில்லம், cou.

கிழ, *adj. de* கிழமை, vieux, âgé, ancien: —க்கதை vieille histoire, —fable,vieux conte,conte frivole;—வயது vieillesse; —க்கோலம்,—வடிவு ancienne—,vieille forme.

கிழக்கத்தி, **கிழக்கித்தி**, (கிழக்கு), *adj*.oriental: —க்காற்று vent d'est;—மழை pluie venant de l'est; —மனிதன் ou

கிழக்கத்தியான்,(கிழக்கத்தி),homme de l'orient: கிழக்கத்தியார் les orientaux.

கிழக்கன்,கிழக்கர்,கிழக்கி, le poisson sciona, le merlan indien.

கிழக்கு,(கீழ்), orient,est, lieu bas, creux:—வெளிக்கிறது, —வெளுக்கிறது,—வெளித்துவிடுகிறது l'orient blanchir, l'aurore commencer à poindre; கிழக்கிராச்சியம் pays—, royaume oriental;கிழக்கே à l'orient, vers l'orient.

கிழங்கன்,கிழங்கான்,*V.* கிழக்கன்.

கிழங்கு, racine bonne à manger, *v. g.* rave,carotte etc...: —க்கொடி plante rampante à racine bulbeuse.

கிழடு,(கிழ),ce qui est vieux: கிழட்டு, *obl.* vieux: கிழட்டுப்பசு vieille vache; கிழட்டாடு vieille brebis.

கிழண்டுகிறது, டினேன், டுவேன், டு, ட,*v.n.* (கிழ),être affaibli par l'âge, chanceler de vieillesse.

கிழத்தனம், கிழத்தன்மை, கிழத்துவம்,(கிழ),vieillesse, ancienneté.

கிழத்தி,(கிழமை), épouse,propriétaire,maitresse,supérieure,maitresse dans un pays cultivé, la prétendue déesse சரசுவதி.

கிழத்து,espèce de poisson.

கிழமை,propriété,possession, devoir,nature,tempérament, vieillesse, ancienneté,excellence,grandeur, semaine,jour de la semaine,*v.g.* நாயிற்றுக்கிழமை dimanche: —வட்டம் une semaine, période—, cercle de 7 jours;—விரதம் pénitence hebdomadaire,—d'une semaine.

கிழம்,(கிழமை),1° chose vieille,—usée,ancienneté,vieillesse.2° *adj. de* கிழமை vieux,ancien,âgé: இந்தமாடுமிகுந்தகிழம் ce bœuf est très-vieux. [faux-bourg.

கிழலே,entourage,enclos,environs,

கிழவன்,(கிழமை), vieillard, ancien,propriétaire, maitre, chef, chef d'un pays cultivé,mari,la 2me constellation:கிழவனர் un vieillard; கிழவர் vieillards,anciens,chefs, propriétaires,parens,amis,tuteurs.

கிழவி,*fém.du préc.*vieille, propriétaire, maitresse, épouse, la racine-mère,—principale, —d'où naissent les autres,l'arbre முருங்கை: —சத்தங்கின்னரத்திலேறுமா la voix d'une vieille femme s'accordera-t elle avec le luth, proverbe qui se dit de celui qui ne veut pas écouter les avis qu'on lui donne.

கிழவு,(கிழமை), *ou* கிழவுத்தன்மை vieillesse,ancienneté,vétusté.

கிழவோர்,(கிழவு), vieillards, anciens,chefs. [poisson.

கிழாத்தி,nom d'un oiseau,et d'un

கிழாநெல்லி,*V.* கீழாநெல்லி.

கிழார்,jardin, machine hydraulique,panier à arroser.

கிழாலே, *P.* கழாலே.

கிழான்,(கிழமை),maitre, propriétaire,mari,comparaison de la douceur du son dit கைக்கிளே, chose à laquelle on la compare.

கிழி, 1° *imp.et part.de* கிழிகிறது *et de* கிழிக்கிறது. 2° ligne, égratignure, incision, déchirure faite avec les ongles,image—,toile peinte. 3° *ou* கிழிக்கட்டு récompense —, prix (du meilleur ouvrage ou de la meilleure composition) enveloppé dans une toile et suspendu à la vue du public, bourse, sac, besace;—கட்டுகிறது suspendre une telle récompense, proposer un prix; —க

கடை ce qui est minime, de qualité complètement inférieure, de rebut.

கிழிகிறது,ழிந்தேன், ழிவேன்,ழி, ழிய,v.n.de கிழிக்கிறது et கிழிந்து போகிறது,se déchirer,s'en aller en pièces, être déchiré, lacéré,se fendre,devenir inutile

கிழிக்கிறது,ழித்தேன், ழிப்பேன், ழி,ழிக்க,v.a. du préc. et கிழித்துப் போடுகிறது, déchirer,lacérer,égratigner,mettre en pièces,fendre, graver,dessiner,tracer.

கிழிதல்,n.v.de கிழிகிறது, déchirure,accroc,fente, action de se déchirer.

கிழிக்குதல், கிழித்தல்,கிழிப்பு, n.v. de கிழிக்கிறது, déchirure, lacération,fente.

கிழிமுறி,(கிழி), morceau de toile déchirée,billet annulé,—déchiré,—non recevable.

கிழியல்,n.v.de கிழிகிறது, déchirure.‖V.கிழிசடை.

கிழிவு,n.v.du même,déchirure,fente,perte d'une affaire,pièce de toile (ordinairement de 32 ou 36 coudées).

கிளக்கல்,n.v.de கிளக்கிறது.

கிளக்கன்,P.கிழக்கன்.

கிளக்கிறது,ளந்தேன், ளப்பேன், ள,ளக்க,v.a.et கிளத்தல்,n.v. dire, se lever.‖V.எழுப்புகிறது. [dire.

கிளத்து,(கிளக்கிறது),parole,mot,

கிளப்பம்,croissance,élévation.

கிளப்பல்,n.v.de கிளப்புகிறது.

கிளப்பு,1° n.v.de கிளக்கிறது, parole,mot,dire. 2° n.v. de கிளப்புகிறது, action d'élver etc... 3° imp. et part.de

கிளப்புகிறது, ப்பினேன், ப்புவேன்,ப்பு,ப்ப,v.a.கிளப்புதல்,n.v.et கிளப்பிவிடுகிறது,élever,lever. hausser, éveiller,susciter,exciter,faire lever, remuer.

கிளம்பல்,n.v.de கிளம்புகிறது.

கிளம்புகிறது,பினேன், புவேன்,பு, ப,v.n.de கிளப்புகிறது,et கிளம்புதல், n.v.croître,se lever,s'élever,augmenter:கிளம்பினவேலை bas-relief,ouvrage en bosse,ou avec des figures qui s'élèvent au dessus du niveau.

கிளரல்,கிளருதல்,V.கிளர்தல்.

கிளர்,1° lumière, splendeur, anthère des fleurs.2° imp.et part.de

கிளருகிறது, | ர்ந்தேன், ருவேன்,ரு,
கிளர்கிறது, | ou ர்,ர, v.n. (கிளர்), briller,luire,éclater,s'élever,se lever, croître,se remplir,être élevé,—rempli,saillir,s'exciter,remuer.

கிளர்க்கிறது,ர்த்தேன், ர்ப்பேன்,ர், ர்க்க,v.a.du préc.lever, élever, remplir,éveiller,exciter, remuer, éclairer,luire, briller.

கிளர்ச்சி,n.v. de கிளர்கிறது, élévation,saillie,action de s'élever etc..

கிளர்தல், n.v. du même, action de s'élever etc.... plénitude, suffisance, lueur,splendeur. ‖V. கிளர்வு.

கிளர்த்தல்,n.v.de கிளர்க்கிறது.

கிளர்வு,n.v.de கிளர்கிறது, lever, élévation,croissance,augmentation.

கிளவரி, l'arbrisseau தண்ணீர்விட்டான். [diction.

கிளவி,(கிளக்கிறது), parole,mot,

கிளறுகிறது, றினேன், றுவேன், று,ற, v.a. remuer, agiter, mêler, changer de place, exciter, réveiller, faire sortir, découvrir, montrer, fouiller,remuer.

கிளற்றுகிறது,ற்றினேன், ற்றுவே ன்,ற்று,ற்ற,v.a.(கிளக்கிறது),dire.

கிளா, V.களா.

கிளாம்பு,(கிளக்கிறது,அம்பு),pièce de rapport que l'on cloue aux portes etc...pour la force ou l'enjolivement.

கிளாய்,V.கோது.

கிளாலை,P.கழாலை.

கிளி,perroquet,perruche,sauterelle,cigale,gryllus, espèce de poisson: —கடிகருவி, —கடிகோல் fronde pour chasser les perroquets et autres oiseaux des blés etc...,petit bâton pour badiner avec les perroquets,tige de கம்பு,de சோளம்; —க்கொம்பு corne courte et recourbée en bas comme le nez d'un perroquet;—க்கொம்பன் bœuf qui a de pareilles cornes;—ச்சிறை aile de perroquet, —de sauterelle,ou —ச்சிறைப்பொன் or fin, or pur; —த்தட்டு espèce de

eu;—ப்பிள்ளை perroquet: —ப்பூச்சி sauterelle, grande espèce de sauterelle;—மீன் dorade, perroquet de mer;—மூக்கு bec de perroquet,chose qui lui ressemble,petit morceau d'ôle ou de bois qu'on met au bout de la corde à laquelle est enfilé un livre d'òles:—மூக்கன் homme à nez aquilin, aloès ou கற்றாழை (sa fleur se termine en bec de perroquet);—மூக்குமாங்காய் mangue terminée en bec de perroquet; —மூக்கெழுத்தாணி poinçon à écrire terminé en bec de perroquet;—யாறு la rivière des perroquets au sud de Pondichéry;—வெட்டுப்பாக்கு noix d'arec dont la peau est ôtée par intervalles; பச்சை—,பசுங்—,பைங்கிளி perroquet vert,sauterelle verte.

கிளிஞ்சில், coquille, coquillage, conque, poisson à coquille, moule. (Ces coquilles calcinées font dans bien des localités la chaux ordinaire): இலைக்—coquillage plat comme une ôle,ou feuille de palmier.

கிளுகிளு,(*son imitatif*), *kilhoukilhou*: கிளுகிளென்கிறது *et*

கிளுகிளுக்கிறது, ளுத்தேன், ளுப்பேன்,ளு,ளுக்க, *v.n.* (கிளுகிளு), rire aux éclats,— à haute voix,faire kilhoukilhou.

கிளுவை, sarcelle,espèce de petite anguille,l'arbre amyris spinosa.

கிளை, branche(d'arbre...), feuille tendre,rejeton, consanguinité, parenté,famille, foule, troupeau, bergerie,bambou, lumière, espèce d'air, chant mélodieux,la note ou le son nommé கைக்கிளை qui vient du palais, une des cordes de la lyre indienne. 2° *imp. et part. de* கிளைகிறது *et de* கிளைக்கிறது: —க்கதை digression (dans une fable...),épisode;—கழிக்கிறது,—தறுக்குகிறது émonder, élaguer, couper les branches; —புறப்படுகிறது pousser des rejetons, germer, bourgeonner; — ப்பூளை espèce de பூளை illecebrum;—ப்பெயர் nom de famille; —மை parenté, amitié;—வழி famille, race;—யோடுகிறது les branches s'étendre, *ou* —விடுகிறது, —வைக்கிறது pousser—, mettre des branches.

கிளைகிறது, ளைந்தேன்,ளைவேன், ளை,ளைய, *v.a.* கிளைதல்,*n.v.* ôter,arracher(une épine...), creuser —,piquer—,égratigner la chair pour cela, nettoyer,éplucher, laver (le riz, en) ôter les pierres, piquer.

கிளைக்கன், *P.* கிழக்கன்.

கிளைக்கிறது, ளைத்தேன், ளைப்பேன்,ளை,ளைக்க, *v.n.* (கிளை), pousser des branches,— des rejetons, bourgeonner, pousser, croître, se multiplier, s'étendre, se serrer, devenir étroit, se remplir, être rempli, remuer, creuser.

கிளைஞர், (கிளை), parens, compagnons, cultivateurs, habitans d'un pays cultivé.

கிளைத்தல், *n. v. de* கிளைக்கிறது, pousse,—des bourgeons, accroissement, multiplication, mouvement, remûment, plénitude,étroitesse.

கிளைமை,(கிளை), parenté, amitié.

கிள்ளல்,*n.v. de* கிள்ளுகிறது.

கிள்ளாக்கு,கிள்ளாக்கை, (கிள்ளு), mandat,billet à ordre,lettre de change,marque faite avec l'ongle sur une feuille de bétel que les princes donnent en guise de lettres à leurs sujets.

கிள்ளாப்பிறாண்டு,(கிள்ளுகிறது), espèce de jeu,prendre —,enlever en pinçant.

கிள்ளி,1° le roi சோழன் de Tanjaour. 2° *gér. de* கிள்ளுகிறது: —க்காட்டுகிறது faire voir—, apprendre en excitant; — க்கொடுக்கிறது donner par pincées;— ப்பிடுங்குகிறது arracher,—en pinçant.

கிள்ளு, 1° pincement,pincée,coupure, entaille, marque de l'ongle. 2° *imp. et part. de* கிள்ளுகிறது: கிள்ளுங்கிழியும் பட்டுப்போகிறது être égratigné et déchiré,devenir nul et sans valeur;—கீரை herbes cueillies sur pied;— கீரையா யெண்ணுகிறது,—கீரையாய்நினைத்துப்பேசுகிறது ne faire pas plus de cas que de pareilles herbes, mépriser; —ப்பிருண்டு, V.கிள்ளாப்பிருண்டு.

கிள்ளுகிறது, ளினேன், ளுவேன், ளு,ள,v.a. et கிள்ளுதல்,n.v. (கிள்ளு), pincer,égratigner, arracher en pinçant,cueillir,arracher.

கிள்ளை, 1° perroquet, —noir, —bleu,cheval, V.சாதிபத்திரி.2° P. கிள்ளாய், tu ne pinces pas.

கிறகிறவென்கிறது, (son imitatif), faire cracra,—le bruit de l'eau courante, d'une voiture etc... [வுகிறது.

கிருகிருவென்கிறது, (id.), V.கிரு

*கிருசாங்குலம், (grâsa bouchée, அங்குலம்), nombre de doigts éclipsés.

கிருப்பிருண்டு, V. கிள்ளாப்பிருண்டு.

கிரும்புகிறது, பினேன், புவேன், பு, ப,v.a. racler—, couper légèrement, ratisser. [de terre verte.

கிரும், gazon, motte de gazon,—

கிருவுகிறது, வினேன், வுவேன், வு, வ,v.n. (son imitatif), le paon crier, —imiter son cri.

கிறி, chemin,manière, mensonge.

கிறிசு, poignard.

கிறிச்சான்,கிறிச்சு,(son imitatif), crécelle, instrument pour faire du bruit:கிறிச்சுச்செருப்பு souliers qui craquent en marchant: —த்தலைக்காணி oreiller qui fait du bruit,à l'usage des grands; கிறிச்சுக்கிறிச்சென்கிறது, ou

கிறீச்சுக்கிறீச்சென்கிறது, (son imitatif), faire un bruit semblable à celui de la crécelle, du poinçon à écrire,de la roue d'une charrette etc.

கிறீச்சனம், nom d'une maladie, espèce de strangurie.

கிறீஸ்து,ou கிறீஸ்துநாதர், le CHRIST,notre Seigneur JÉSUS-CHRIST: —வேதம் l'Évangile, la religion chrétienne, ou

கிறீஸ்துவம்,(கிறீஸ்து), Christianisme:கிறீஸ்துவ, adj. chrétien, du christianisme.

கிறீஸ்துவன்,m.(id.), Chrétien, கிறீஸ்துவள்,f.Chrétienne, கிறீஸ்துவர்கள்,pl. les Chrétiens.

கிறு,particule qui dans les verbes se met entre la racine et la terminaison pour former le présent, v.g. செய்கிறேன், (செய், கிறு, ஏன்) je fais.

கிறுகிறுக்கிறது, றுத்தேன், றுப்பேன், று, றுக்க, v. n. (கிறுகிறு), craindre, tourner la tête, avoir des vertiges,la tête tourner,se hâter.

கிறுகிறுத்தல்,கிறுகிறுப்பு,n.v. du préc. crainte, signe de crainte,hâte, vertige, étourdissement, tournoiement de tête,tournoiement.

கிறுகிறு,(son imitatif), kroukrou: கிறுகிறென்கிறது, se hâter, ou கிறுகிறென்றுசுழலுகிறது, tournoyer, tourner rapidement, avoir des vertiges;—வருகிறது avec le dat. être saisi de vertiges ou de tournoiemens de tête;அவனுக்குக்கிறுகிறென்றுவருகின்றது il éprouve des étourdissemens.

கிறுக்கல்,n.v.de கிறுக்குகிறது.

கிறுக்கு,1° imp. et part. du même. 2° rature, biffage,griffonnage: —பிடிக்கிறது devenir fou; கிறுக்காயிருக்கிறது être raturé,griffonné.

கிறுக்குகிறது, sync. கிறுக்கிறது. க்கினேன்,க்குவேன்,க்கு,க்க, v.a. கிறுக்குதல், n.v. raturer, effacer, biffer,griffonner, écrire mal, écrire:இதையெழுதினதில்லை கிறுக்கினான் il n'a pas bien écrit ceci, il l'a griffonné. [கு,க,v.n. se remuer,branler.

கிறுங்குகிறது, கினேன்,குவேன்,

கிறுசன், safran, crocus, safran indien,curcuma. [gant,fanfaron.

கிறுதன்,(கிறுது), insolent, arro-

கிறுது, arrogance, insolence, orgueil,fanfaronnade,insubordination: —பாகை turban singulier; —பேச்சுபேசுகிறது parler avec insolence, avec mépris;—வேதன் la plante மிர்க்கு: அம்பட்டக்கிறுது hauteur—, insolence de barbier. [tacher.

கிற்கிறது,faire lier, engager, at-

கிற்பு,esclavage.‖ V.கட்டுப்பாடு:கிற்புறுகிறது, கிற்புறல், கிற்புறுதல், être lié,—engagé,écrire,se lever.

கிற்றல்,n.v. de கிற்கிறது.

கிளு,P.களு.

கிணி, maladie, souffrance: —பிடிக்கிறது tomber—,être malade.

கிண்ணி, couvercle pour empêcher l'évaporation des minéraux pendant la calcination, l'arbre விளா.

கின்று, particule qui dans les verbes se met entre la racine et la terminaison pour former le présent comme செய்கின்றேன் (செய், கின்று, ஏன்), je fais.

கின்னம், affliction, malheur, douleur, chagrin, bassesse.

*கின்னரம், (கின்னரி), espèce d'oiseau dit கின்னரப்பட்சி, oiseau aquatique, poule d'eau, hibou, luth ou violon qui a un son perçant, sistre.

*கின்னரர், (கின்னரம், ou kin *quel*நரன் *homme*), prétendus musiciens célestes qui jouent du luth, espèce de demi-dieux à figure d'homme et à tête de cheval au service de குபேரன்: —பிரான், V. கின்னரேசன்.

கின்னரி, (கின்னரம்), hibou, luth, violon: —வாசிக்கிறது jouer du luth, —du violon.

*கின்னரேசன், (கின்னரர், ஈசன்), Coubêren, le maître des Kinnarers.

கின்னி, ou இலைக்கின்னி, espèce de grande sauterelle.

கீ, 1° Ki long, lettre formée de la réunion du க் et de l'ஈ. 2° ou கீகீ, cri naturel du perroquet: கீகீயென்கிறது le perroquet crier, imiter son cri.

*கீசகம், 1° (kitchaka), bambou. 2° (கீசன், ka), singe, casque.

*கீசகன், (kitchaka), le roi—, le géant Kisaguen vaincu par Bhimen.

*கீசகாரி, (*id.* அரி), l'ennemi de Kisaguen, *i.e.* வீமன் ou Bhimen.

கீசம்பறை, désordre, confusion.

கீசரன், l'arbre சரக்கொன்றை.

கீசறை, கீசறைநாடகம், défaut d'une action.

*கீசன், (kisa), singe.

கீசா, mensonge.

கீச்சான், espèce de jeu, —de poisson, —d'oiseau, enfant: கீச்சான் கீச்சான்தம்பிளான் sorte de jeu d'enfans; கட்டைக்கீச்சான் variété de cette espèce de poisson.

கீச்சி, collier de petits grains.

கீச்சு, gazouillement—, ramage—, cri des oiseaux, cri des enfans: கீச்சிடுகிறது, (les oiseaux) gazouiller, crier; கீச்சிடுகை, கீச்சிடுதல், கீச்சீடு, V. கீச்சு; —க்கிட்டம் rouille de fer; —கீச்சுத்தம்பலம் sorte de jeu d'enfans; —க்குரல் voix aiguë, —criarde, —pareille au cri des oiseaux, fausset; —க்குரலாய்ப்பேசுகிறது parler d'une ton aigu, d'une voix criarde; —த்தாரா espèce de canard; —க்கீச்சென்கிறது ou கீச்சென்கிறது gazouiller, babiller, crier; —க்கீச்சென்றுகத்துகிறது crier (un enfant), gazouiller; அவன்வீட்டிற்கீச்சென்றுகத்துகிறதுக்கொருகுழந்தையுமில்லாமற்போயிற்று il n'est pas même resté chez lui un enfant pour crier.

*கீடமாரி, (கீடம், மாரி), la plante கிறுபுள்ளடி.

*கீடம், (kita), ver, insecte, scarabée, espèce de chrysalide qui s'attache au bout des branches.

*கீணம், (kchina), manque, défaut.

*கீணன், (கீணம்), homme vil; *pl.* கீணர் gens vils, bas peuple.

கீண்ட, 1° *part. de* கீள்கிறது. 2° *inf. de*

கீண்டுகிறது, டினேன், டுவேன், டு, ட, *v.a.* déchirer. ‖ V. கிழிக்கிறது.

*கீதம், (gita), musique, chant, harmonie, hymne, cantique, scarabée, bambou, le 3me Vêdam: —பாடுகிறது, —வாசிக்கிறது faire de la musique, chanter (un hymne etc...); கீதப்பாட்டு chant harmonieux; —வாத்தியம் instrument de musique, musique vocale et instrumentale; —வேதம் la science de la musique, le 3me Vèdam dit சாமவேதம்: ஒவ்வொருஇராகத்துக்கு ஒவ்வொருகீதமிருக்கிறது chaque air a son hymne.

*கீதி, (giti), musique, musicien, chant, chanteur.

*கீதை, (gitâ), chant, le பகவற்கீதை (nom d'une section du Mahâbhârata), extrait d'anciennes histoires ou romans, comme அவதூத—,

இரிபு—,உத்தர—,லைவ—,பிரமகீதை. கியாக்கணக்கு,réunion de plusieurs lettres sanscrites qui se prononcent ensemble comme kyâ.

*கிரணம், (girana), action d'engloutir.

*கிரம்,1° (kira),perroquet,— bleu. 2° (kchîra),lait:கிரநீரம் union semblable à celle du lait avec l'eau.

கிரன்,le poète நக்கீரன்.

கீரி,1° ou கீரிப்பிள்ளை,mangouste, espèce de furet ennemi des serpens, viverra mungo.2° *கீரி,(கிரம்), l'arbrisseau laiteux கள்ளி: —ப்பல் dent de mangouste, petite dent pointue; — ப்பாம்பு ver des intestins, lombric,ver solitaire,sorte de serpent: —ப்பூண்டு,—ப்பூடு la plante de la mangouste,ophiorrhiza mungos;—மரம் l'arbre lythrum pemphis;— புள்ளல்,—புள்ளான் sorte de bécassine.

கீரை,herbe potagère, plante légumineuse,feuilles bonnes à manger:—க்கடை marché—, boutique aux herbes potagères:—த்தண்டு tige d'herbe potagére,—de plante légumineuse; —நார்ப்பட்டு espèce d'habit de soie;—ப்பாம்பு,—ப்பூச்சி, V.கீரிப்பாம்பு; கீரைக்குத்தண்ணீரிறைத்தல் arroser les légumes, espèce de jeu; கலவைக்கீரை herbes potagères mélangées. [நீரம்.

*கீரோதகம்,(கிரம்,உதகம்),V.கிர

கீரோமரோ,signe de bruit, son imitatif.

*கீர்,(gir), parole, mot, signe de bruit, son imitatif:— கீரென்கிறது faire kîr kir,—du bruit.

*கீர்த்தனம்,கீர்த்தனை, (kirttana, —nâ),discours, parole, renommée, gloire,louange:—செய்கிறவன் louangeur, panégyriste; —பாடுகிறது chanter—, célébrer les louanges, louer,célébrer.

*கீர்த்தி,(kirtti),renommée,renom, réputation,gloire,splendeur, lumière;—பரவுகிறது la renommée se répandre:—பெற்றவன் homme renommé;—ப்பிரதாபம்,—ப்பிரபலியம் grande renommée,célébrité; கீர்த்தியைக்கெடுக்கிறது nuire à la réputation,diffamer,calomnier.

கீர்த்திக்கிறது,த்தித்தேன்,த்திப்பேன்,த்தி,த்திக்க, v.a.et கீர்த்தித்தல், n. v.(கீர்த்தி), louer,célébrer,la renommée se répandre, désigner: கீர்த்தித்துச்சொல்லுகிறது dire par éloge, bien distinguer des autres,ou —ப்பேசுகிறது louer,désigner,déterminer.

*கீர்த்திமான்,(கீர்த்தி,mân), homme célèbre,

*கீர்வாணம், (girvâna, dieu), le sanscrit (que les Indous prétendent être la langue des dieux), une division du sanscrit.

*கீலகம், (கீலம், ka), subtilité, adresse,ruse,fraude,tromperie, pieu, clavette,verrou,coin: —அறிந்துபேசுகிறது parler adroitement; —அறிந்தவன் qui connait la ruse,—les ruses d'un autre;கீலக, ou கீலகவருஷம் la 42me année du cycle de 60 ans correspondant à 1848; கீலகவெட்டை chaleur excessive, famine qui arrive ordinairement cette année.

கீலனை, V.கீழ்.

*கீலம்,(kila),coin,clou,gond,pieu, clavette,verrou,flamme, poix, goudron,gomme,morceau.fente, incision pour saler: கீலங்கீலமாய்க்கீறுகிறது faire des incisions dans le poisson etc...pour le saler. [naigre.

*கீலாலம், (kilâla), eau,sang, vi-

கீலுகிறது, கீன்றேன், லுவேன், லு.ou ல்,ல,v.a.creuser.fendre.

*கீல்,1° (kila), petitesse,gond, ténuité,charnière,penture,joint, jointure,poix,goudron. 2° imp. et part. du préc. [bas.

கீழ,inf.de கீழ்கிறது, dessous, en

கீழல்,n.v.de கீழ்கிறது.

கீழாத்தல், கீழாத்துகிறது, (கீழ்), se ralentir, baisser, s'affaisser, se courber.être relâché,affaibli, humilié,abaissé.

கீழாநெல்லி, (id. ஆம்), la plante médicinale phyllanthus niruri.

கீழை,(id.).adj. oriental: —க்கடல் mer orientale;—க்கரை coté oriental,Kilkaré,ville près de Ramnad;—த்திசை pays oriental, *ou* —ப்புறம் coté oriental,—de l'est.

கீழோங்கி.(*id.* ஓங்குகிறது), division de la caste des களையாளர்.

கீழோர், (*id.*), inférieurs,bas peuple, populace, vauriens, gens vils, —hors de caste: கீழோராயினும் தாழவுரை parlez humblement à ceux-mêmes qui sont vos inférieurs.

கீழ்,1° place inférieure,place,bassesse,mal,défaut,fosse, creux, profondeur,oubli,bride,terre,commencement,est, orient. 2° terminaison, de l'abl.qui sert de prép., gouverne le gén.ou le dat. et se traduit par sous, dessous, comme மரத்தின்கீழ் sous l'arbre:அதின்—, அதற்குக்கீழ் sous cela.3° *adj*.inférieur,bas,vil. 4° *adj.de* கிழக்கு, oriental,de l'est. 5° *imp.et part.de* கீழ்கிறது:கீழ், கீழே, கீழாக,கீழாய் dessous,sous, en dessous,en bas;கிழக்கு—, கீழேபோகிறது aller en diminuant, décroitre, décliner; கீழேயிருத்துகிறது faire asseoir,—déposer,abaisser, soumettre;கீழேபோடுகிறது jeter en bas, déposer,mettre à terre; கீழங்கிஷம், கீழம்சம் partie inférieure de l'âme; கீழண்டை côté de l'est; கீழண்டைவாடை côté de l'est dans une rue;கீழது ce qui est dessous; கீழதுமேலதாக்கிப்போடுகிறது mettre—, renverser sens dessus dessous:கீழயினம் espèce immédiatement inférieure (comme les pouces par rapport aux pieds); கீழிநெல்லி la plante phyllanthus simplex; கீழறுக்கிறது miner (pour faire tomber), creuser une mine,un souterrain, couper en dessous,—par le pied, aller par un souterrain pour n'être pas vu des ennemis; கீழறை chambre souterraine, —de dessous, cave, caverne, souterrain, mine (de guerre): கீழாங்கிஷம், *P.* கீழங்கிஷம்; கீழாண்டு l'année passée; கீழாயிருக்கிறது être dessous, inférieur, bas, vil; கீழாறு rivière souterraine,—du கொங்குதேசம்; கீழாறுகொண்டுபோகிறது, கீழாறெடுக்கிறது une rivière souterraine emporter quelque chose, (se dit d'une chose perdue on ne sait comment); கீழிருக்கிறது être sous, dessous, soumis, sujet, au pouvoir de;கீழிலக்கம் nombre inférieur, —de dessous, dénominateur; கீழினம் espèce inférieure;கீழுடை habit de dessous, vêtement qui s'adjoint au langoutti; கீழுதடு lèvre inférieure; கீழுலகம் enfer,l'abîme, région infernale, monde inférieur,(les Indous en comptent 7, voyez-les au mot உலகம்); கீழூற்று source—, rivière souterraine; கீழெண் fraction; —காய்நெல்லி, *V.* கீழாநெல்லி; —காற்று vent d'est, —de la saison du முன்பனி; —கை division—,série de basses castes,est, côté oriental, soumission, impression,*n.v.de* கீழ்கிறது;—க்கடல் mer orientale; —க்கணக்கு fraction, nombre inférieur à l'unité, nombre de dessous;—க்கண் regard en bas; —க்கதி descente, marche en bas, malheur suprême, demeure inférieure, l'enfer; —க்கதுவாயியைபு la rime dite இயைபு se trouver à tous les pieds excepté le second; —க்கதுவாயளபெடை, —க்கதுவாயெதுகை, —க்கதுவாய்முரண்,—க்கதுவாய்மோனை l'alongement dit அளபெடை, la rime dite எதுகை, l'antithèse dite முரண், la consonnance dite மோனை se trouver à tous les pieds d'un vers excepté l'avant-dernier; —க்காது le bas de l'oreille;—க்குடுமி pivot inférieur d'une porte; —க்குரல் voix basse, ton bas; —ச்சாதி basse caste, bas peuple, espèce de qualité inférieure; —ச்சீமை pays oriental, —de l'est;—த்தரக்காரன், —த்தரத்தான் homme vil, inférieur en mérite,en qualité, en capacité etc...;—த்தரம் espèce—, valeur—, qualité inférieure; —த்தரமாயிருக்கிறது être d'une qualité... inférieure; —த்திசை l'est, l'orient, le nadir: —த்திசையார் les orientaux;—த்திசைப்பா

லன், —த்திசைப்பாலகன், —த்திசைவேரன் le prétendu gardien de l'est i.e. Indiren; —நோக்கம், —நோக்கு regard en bas, visage baissé, yeux baissés; —நோக்கி regardant en bas, l'arbre நேர்வரளம்; —நோக்கித்திட்டுகிறது injurier de haut en bas, outrager de paroles obscènes; —நோக்குகிறது regarder en bas, —de haut en bas, descendre; —பால் l'orient; —பால்விதேகம், V. கீழ்விதேகம்; —பூமி l'abîme, pays—, monde inférieur; —ப்பக்கம் l'est, le côté oriental, le dessous; —ப்படி seuil inférieur de la porte; —ப்படல், —ப்படிதல் obéissance, soumission; —ப்படிகிறது, —ப்படுகிறது s'abaisser, obéir, se soumettre, s'humilier; —ப்படியப்பண்ணுகிறது, —ப்படுத்துகிறது soumettre, réduire à l'obéissance, dompter; —ப்படியதிகாரக்குரு diacre, vicaire, prêtre soumis à un autre; —ப்படியாத désobéissant, insubordonné; —ப்படியாத்தனம், —ப்படியாமை désobéissance, insubordination; —ப்பணிகிறது se soumettre, obéir; —ப்பயிர் légumes—, menus grains semés avec d'autres et qui croissent quand la moisson de ceux-ci est faite, menus grains—, légumes semés ou plantés dans un jardin planté d'arbres; —ப்பாடு, V. கீழ்ப்பக்கம், infériorité, obéissance; —ப்பாறை mine, souterrain, cave; —ப்பிள்ளை jeune cocotier etc... planté sous de plus grands; —ப்புறம் l'orient, le dessous; —ப்போக்கி canal souterrain; —ப்போக்கிப்பேசுகிறது injurier, dire des injures; —மகன் homme vil, vaurien, Saturne; —மக்கள் gens vils, méprisables, de basse caste, bas peuple, vauriens; —மடி pli de dessous, pli inférieur; —மாரி tonnerre qui gronde au loin, pluie qui tombe à l'horizon, —d'un nuage qui s'est formé à l'horizon; —மாரிகொள்ளுகிறது tonner au loin, un tel nuage se former; —முகம் visage baissé, —qui regarde en bas; —மேலாகிறது, —மேலாதல் tomber la tête en bas, se renverser sens-dessus-dessous, la tête se troubler; —வயிறு abdomen, bas-ventre; —வயசு âge avancé, la vieillesse; —வாடை vent de nord-est; —வாய் barbe, menton, anus, le derrière, fraction, partie inférieure d'une cloche; —வாயிலக்கம், —வாய்க்கணக்கு, —வாயெண் fraction; —வாய்ப்புறம் le menton; —வாரி, V. கீழ்மாரி; —விதேகம் un des நவகண்டம், le pays à l'est de விதேகை ou Tirhut; —விழுதல் tomber en bas, déchoir, s'abaisser pour quelque chose; —வீடு maison—, chambre inférieure, étage inférieur; அது மரத்தின் கீழிருக்கின்றது cela est sous l'arbre; அவன் கீழ் நாலுபேரிருக்கிறார்கள் il a 4 personnes sous lui; அவன்புத்தியுங் கல்வியும் வரவரக் கீழ்க்குப்போகின்றது son esprit et son savoir diminuent de plus en plus; ஒருத்தனுடையகீழ் sous la main, sous l'autorité, au pouvoir de quelqu'un.

கீழ்கிறது, ழ்ந்தேன், ழ்வேன், ழ், ழ, *v.a.* கீழ்தல், *n.v.* détruire, fendre, diviser, déchirer, creuser.

கீழ்ந்த, *part. du. préc.*

கீழ்மை, (கீழ்), bassesse, infériorité, abjection, défaut.

கீளல், கீளுதல், *n.v. de* கீளுகிறது.

கீளி ou கீளிமீன், *P.* கிளிமீன்.

கீளுகிறது, கீள்கிறது, கீண்டேன், கீட்பேன், கீள், கீள, *v.a. V.* கீழ்கிறது.

கீறல், *n. v. de* கீறுகிறது, trait, écriture, marque, égratignure, coupure, fente, déchirure, incision, action de tracer etc...

கீறு, 1° marque, ligne, trait, fente, déchirure, incision. 2° *imp. et part. de*

கீறுகிறது. றினேன், றுவேன், று, ற, *nég.* றேன், *v.a.* ou கீறிப்போடுகிறது, கீறிவைக்கிறது, tracer, tirer des lignes, esquisser, graver, écrire, sillonner, couper, disséquer, gratter, égratigner, blesser légèrement (*v. g.* le chat), déchirer, fendre, rayer, raturer, faire—, mettre—, montrer une marque, frotter sur la pierre de touche, frotter: கீறிக்காயப்போடுகிறது ou —வைக்கிறது faire des incisions—, fendre (le poisson etc...) et le mattre sécher au soleil; —ப்பார்க்கிறது disséquer, faire l'anatomie;—ப்புப் போடுகிறது faire des incisions—, fendre et saler (le poisson etc...);—வெடுக்கிறது, —வெடுத்துப் போடு கிறது trancher, couper, diviser en கீறுதல், V. கீறல். [morceaux.

கீற்றன், espèce de toile.

கீற்று, n.v.de கீறுகிறது, raie, ligne tracée. trait (de gravure etc...), incision, fente, déchirure, kittou ou moitié de feuille de cocotier tressée (pour couvrir les maisons, servir d'entourage etc...), défaut de pierre précieuse: கீற்றடிக்கிறது tirer au cordeau, tracer une ligne avec le cordeau; கீற்றைக்கால் la forme de la voyelle உ (ு) combinée avec la consonne dans ces 7 lettres து, ரு, ஞு, ணு, னு, ழு, று: கீற்றும்வெடித்திருக்கிறது, (un arbre etc...) avoir des fentes, des crevasses: கீற்றுக்கால் pied fendu, la forme de l'ஊ (ூ) combinée avec la consonne dans ces 7 lettres தூ, ரூ, ஞூ, ணூ, னூ, ழூ, றூ: கீற்றுக்கீற்றாயிருக்கிறது être rayé, bariolé; —நாமக்காரன் Vichnouviste qui porte sur son front 3 lignes minces: —முடைகிறது tresser des feuilles de cocotier.

*கீனம், (hîna), défaut, manque.

*கீனன், (கீனம்), homme vil,—sans caste; pl. கீனர், gens vils, bas peu- [ple.

கீன்றல் déchirure, n.v.de.

கீன்றுகிறது, கீன்றினேன், கீன்றுவேன், கீன்று, கீன்ற, v.a. déchirer.

கு, 1° lettre formée de la réunion du க் et de l'உ. 2° terminaison du datif. La grammaire explique quand il faut ajouter avant cette lettre la consonne க் et même les voyelles உ, இ, அ. 3° * (kou), la terre, mal, faute, péché, petitesse, abjection, diminution, mépris, empêchement, particule de dépréciation qui se met devant les mots et signifie défaut, manque, négation. 4° * (ghou), son, bruit. 5° terminaison de la 1re personne du singulier du haut tamoul. *Ex.* உண்கு je mangerai; la terminaison du pluriel est கும்: உண்கும் nous mangerons. 6° particule dite சாரியை comme வருகுதி, *P.* வருதி viens, செய்குவேன் *P.* செய்வேன் je ferai. 7° க்கு au lieu de வி ou de பி marque le verbe de commandement dans certains verbes comme போகிறது aller; போக்குகிறது faire aller. 8° கு est aussi la terminaison de divers noms qui marquent une qualité comme நன்கு bien de நல் bon. 9° il est aussi la terminaison de quelques noms verbaux comme போக்கு allée.

*குகம், 1° (kouka), acceptation, se revêtir. 2° (gouha), cheval vif, caverne (de montagne), cachette, chose qui cache. 3° prêtrise, petitesse, délicatesse.

*குகரம், 1° (கு), la lettre cou 2° (kouhara), caverne (de montagne.)

*குகரிதம், குகவிதம், (kouharita), couil ou coucou indien, chant de cet oiseau, voix, son, bruit.

*குகனன். (kouhana), rat, serpent.

*குகன், (gouha), Couguen, (surnom de) Soupramanien, nom d'un chasseur ami de Râmen, gourou, prêtre.

*குகு, (kouhoû), nouvelle lune, cri du couil, ou

குகுதன், une des 10 veines principales ou un des 10 pouls du corps humain selon les Indiens: il part, disent-ils, du nombril et réside dans les parties génitales. [pays.

*குகுரம், (koukourâ), nom d'un

*குகுரன், (koukoura), chien.

குகுலா, ellébore,—blanche (racine médicinale), abeille.

*குகூகண்டம், குகூகம், (குகு, கண்டம், ka), le couil, coucou indien.

*குகூபாலன், (kouhoûpâla), la reine des tortues, celle qui, au dire des Indous, soutient le monde sur son dos.

*குகூமுகம், (குகு), le couil.

*குகை, (gouhâ), antre, caverne (de montagne), ermitage (dans le roc), creuset (pour fondre les métaux), coupelle: —க்கோமன் asbeste; —க்

ட்டி chaudière;—ப்புடம் examen de l'or et de l'argent par le creuset; —மேருநாத்தி(மேல், நாதம், தி) drogue qui dissout l'or: குகையில்வைத்தூதுகிறது mettre au creuset et souffler, fondre—, épurer ou éprouver les métaux. [சோறு.

குகைச்சி, (குகை, சி), V. புற்றுஞ்

குக்கல், 1° chien. 2° n.v.de குக்குகிறது, toux, coqueluche, quinte: குக்கலிடுகிறது tousser fortement.

குக்கன், (télinga), voc. குக்கா, chien. [de குக்குகிறது.

*குக்ஷி, 1° (koukchi), ventre. 2° gér.

குக்கிலம், (gouggoula), racine médicinale dite அதிவிடையம்.

குக்கில், 1° (gouggoula), 1° résine: குக்கிற்சூரணம் espèce de médecine qu'on met dans une volaille et qu'on réduit ensuite en poudre. 2° (குக்குவி), l'oiseau செம்போத்து.

குக்குகிறது, sync. குக்கிறது, க்கினேன், க்குவேன், க்கு, க்க, v.n. s'accroupir, couver, tousser, avoir la coqueluche.

*குக்குடம், (koukkouta), coq, poule, volaille: குக்குடசர்ப்பம் dragon, serpent ailé: —ச்சுட்டு l'arsenic கோழித்தலைக்கந்தகம் ou —ப்புடம் feu de bouses de vache de la hauteur d'un coq, ou de 10 bouses (pour préparer des remèdes etc...)

குக்குடாதிவடகம், (குக்குடம், ஆதி), espèce de remède.

*குக்குடி, (குக்குடம் i), poule.

குக்குதல், n. v. de குக்குகிறது, toux, accroupissement, incubation.

*குக்குரம், (koukkoura), la plante கோடகசாலை, [குக்குரி, chienne.

*குக்குரன், (id.), chien, au fém.

குக்குவி, (son imitatif), l'oiseau செம்போத்து: —கத்தல், —குத்தல் cri —, chant de cet oiseau. [கிலியம்.

*குக்குலு, (gouggoulou), V. குங்

குக்குவான், (குக்குகிறது), toux, quinte, coqueluche.

குக்குறுப்பான், குக்குறுவான், (son imitatif), coucou.

*குக்ஷி, (koukchi), ventre.

குங்கிலியம், (P. குங்குலியம்), 1° graine médicinale dite வாலுளுவையரிசி. 2° ou

* குங்கிலியம், (gouggoula), espèce de résine, résine de l'arbre cambogia gutta: குங்கிலியத்தூள் cette résine réduite en poudre: —ப்புகைசொருக்கிறது ou குங்கிலியம்புகைக்கிறது parfumer avec la fumée de cette résine: —மரம் l'arbre qui donne cette résine.

குங்குகிறது, ங்கினேன், ங்குவேன், ங்கு, ங்க, v.n. குங்குதல், n.v. et குங்கிப்போகிறது, décroître, diminuer, déchoir, s'enfoncer, être humilié, abaissé.

*குங்குமம், (koumkouma), safran, l'arbuste qui le donne, crocus sativus, safran mêlé d'alun et de jus de chaux dont on fait un beau cramoisi, dont les Indiens se servent beaucoup pour se mettre des marques sur le front, mélange rouge de safran et d'autres parfums, espèce d'arbre: குங்குமஅலரி nerium ou அலரி à fleurs rouges; —க்காவி ocre de couleur de safran, ocre rouge; —ச்சம்பா riz de couleur de safran, —பாஷாணம் arsenic dit அஞ்சற்குளச்சி; —ப்பூ safran, fleur du crocus sativus; —மரம் l'arbuste ou la plante qui donne le safran; —வருணக்கல், —வர்ணக்கல் sel minéral piquant —, pierre de couleur de safran; —வர்ணம் couleur de safran; —வர்ணி, —வர்ணிச்சி sulfure jaune d'arsenic, pierre de safran: —வாடை odeur de safran.

*குங்குலியம், P. குங்கிலியம்: குங்குலியக்கலையர் un des 63 dévots de Siven. [லியம்.

*குங்குலு, (gouggoulou), V. குங்கி

குசக்கடை, (குசவன், கடை) boutique de potier.

குசக்கலம், (id. கலம்), vase de terre, —de potier, têt, tesson.

குசத்தி, 1° fém. de குசவன், femme—, fille de potier. ‖V. குசக்கலம். 2° (கு terre, சத்தி), terre à potier, —imprégnée de soude.

குசத்திகிரி, (குசவன்), roue de potier.

*குசந்தனம், (கு), sandal rouge (d'espèce inférieure).

குசமசக்கு, fausseté, grande confusion, trouble donné, déraison: குசமசக்காயிருக்கிறது être en grande confusion.

குசமணை, (குசவன், மணை), roue de potier.

குசம், 1° (kousa), l'herbe தருப்பை, eau, calomnie, invective pleine de faussetés. 2° (கு terre, சம் né), arbre. 3° (koutcha), mamelle, sein.

*குசலம், (kousala), santé, grande science, érudition, subtilité, habileté, ruse, magie, science des enchantemens: குசலக்காரன் homme rusé, —adroit, —à stratagèmes, enchanteur; —ப்புத்தி esprit rusé, adroit, fin.

*குசலர், (id.), gens instruits, —érudits, —très-savans, —habiles, —puissans, docteurs, poètes.

குசலவர், (kousa, lava), Kousen et Laven, les fils de Râmen.

குசவன், pl. குசவர் potier: —குசூளை four à potier; —மணை pied de roue de potier.

*குசனை, empêchement, embarras, obstruction.

குசன், 1° (koudja), la planète de Mars. 2° (kousa), Kousen fils aîné de Râmen.

*குசாக்கிரம், (குசம், அக்கிரம்), pointe de l'herbe தருப்பை: குசாக்கிரபுத்தி esprit très-subtil, pointu, intelligent.

*குசாங்குரீயம், குசாங்குலியம், (குசம், அங்குரீயம், அங்குலியம்), anneau d'herbe தருப்பை usité dans certaines cérémonies payennes. ‖ V. பௌத்திரம்.

*குசாக்ஷம், குசாட்சம், (kousâkcha), singe.

குசால், (kousalam), joie, spectacle.

*குசிருதம், (கு mal), mal, malheur.

குசினி, 1° (cuisine), cuisine. 2° chose petite. ‖ V. சிறுபயிர்: —க்காரன் cuisinier.

*குசீலர், (கு, mal), méchant, pervers.

குசு, pet, vent: —விடுகிறது lâcher un vent, péter.

குசுகுசு, (son imitatif,) son de cousou cousou; குசுகுசென்கிறது ou குசுகுசுக்கிறது, சுத்தேன், சுப்பே ன், சு, க்க, v. n. (குசுகுசு), chuchoter, parler en secret, à voix basse.

குசுகுசுத்தல், குசுகுசுப்பு, n. v. du préc. chuchotement, entretien secret.

*குசுமம், (kousouma), fleur, le roseau காயா.

*குசுமாகரம், (குசுமம், ஆகரம்), jardin de fleurs, parterre, printemps.

*குசுமாசவம், (id. ஆசவம்), miel, mal. [d'une fleur, —d'un arbre.

*குசும்பம், (kousoumbha), nom

*குசும்பா, (id.), la fleur du செந்துருக்கு, couleur rougeâtre, rouge mêlé de blanc, espèce de toile.

குசும்பைமலர்மணி, (குசும்பா, மலர்), une des 4 espèces de rubis.

குசூலம், cheval.

குசுவுகிறது, விகோன், வு, வ, v. n. (குசு), lâcher un vent.

*குசேசயன், (குசேசயம்), le soleil.

*குசேசயம், (kousê dans l'eau, சயம்), nénuphar.

*குசை, (kousâ), bride, licou, crin de cheval, l'herbe தருப்பை: —த்தீவு une des 7 îles fabuleuses des Indiens, celle qui, selon eux, produit l'herbe தருப்பை et est environnée par la mer de liqueur spiritueuse; —ப்புல் l'herbe தருப்பை, —saccharum.

குசையன், homme fougueux, emporté par sa bravoure.

*குசோதகம், (குசம், உதகம்), eau dans laquelle a trempé l'herbe தருப்பை. [ruse, subtilité, tour d'adresse.

*குசோத்தியம், (கு, சோத்தியம்),

*குச்சம், 1° (goutchtchha), bouquet de fleurs, grappe de fruits, touffe, houppe, frange, ornement qui pend, 2° espèce de roseau dit நாணல் ou saccharum, l'arbuste குன்றி, la plante பற்படகம் pharnaceum. 3° (குசம்), calomnie: குச்சத்தின்பாதி la plante சிறுபுள்ளடி.

*குச்சரம், (gourdjdjara), la province de Guzerat.

*குச்சரர், (குச்சரம்), gens du Guzerat.

*குச்சரி, (gourdjdjari), un des 32 anciens airs ou tons.

*குச்சரியர், P. குச்சரர்.

குச்சி, buchette, brin de bois, —

d'herbe,cheville,pieu, la plante மயிர்ச்சிகை.

குச்சிதம், *P.* குற்சிதம்.

குச்சிக்கிறது, குச்சித்தல், *P.* குற்சிக்கிறது,குற்சித்தல்.

குச்சியர். *P.* குச்சரர்.

குச்சில்,(குச்சு,இல்), cabane,chaumière,hutte.

குச்சு,buchette,brin, cheville,pieu, piquet poteau,hutte,chaumière, cabane,enclos,pli,petit grelot d'or que les filles portent aux oreilles, tresse ou flocon de cheveux, paquet, houppe,touffe,tige d'herbe,paille, chaume, pinceau, brosse ou peigne de tisserand, pointe,extrémité: —கட்டுகிறது bâtir une cabane, tresser les cheveux;—க்காரி femme de mauvaise vie;—ச்சார்த்துகிறது épousseter, nettoyer (les statues etc...): —பிடித்துக்கட்டுகிறது s'attacher sa toile de manière à ce quelle fasse des plis; —ப்புல் vergettes, brosse, cynosurus indicus;—மட்டை pinceau grossier pour blanchir les murs,brosse;—வாங்குகிறது polir les pierreries;—வீடு cabane,chaumière.

குச்சை,1° pli,—qu'on fait à la toile dont on se revêt.2° *acc.de* குச்சு.

*குஷ்டம், (kouchta), lèpre,lepra arabum,la plante costus,petit étang, creux, profondeur, un des 13 pays tamouls: குஷ்டரோகம், —வியாதி lèpre;—ரோகி, —வியாதிக்காரன், குஷ்டம்பிடித்தவன் lépreux. On compte 18 espèces de lèpres,7 dangereuses et 11 qui ne le sont pas.

*குஷ்டன்,*m.*குஷ்டி,*f.* (குஷ்டம்), lépreux,lépreuse.

*குஷ்டாரி,(குஷ்டம்,அரி),soufre.

*குஞ்சம், 1° (goundja), bouquet (de fleurs), grappe, touffe, gland de soie,houppe,frange,éventail, émouchoir,chasse-mouche,vergettes, l'arbrisseau குன்றி.2° (kountchi),mesure dite படி.3° (kountcha), bosse (au dos),petitesse de taille.4° (koundja), ivoire.5° nombre de fils formant la chaine d'une toile,120 fils réunis,—liés ou tressés, brosse ou peigne de tisserand dit குச்சு, la plante புளிநறளை,arsenic dit சிதரங்கபாஷாணம்,calomnie,faux rapport, perturbation,trouble d'esprit,*ou* குஞ்சப்புல் l'herbe cynosurus indicus: குஞ்சங்கட்டித்தொங்கவிடுகிறது suspendre des franges et autres ornemens semblables.

*குஞ்சரம்,(koundjara), éléphant, la plante கருங்குவளை nénuphar bleu,excellence,trouble d'esprit: குஞ்சரக்கன்று petit éléphant; —க்கோடு défense d'éléphant.

*குஞ்சராசனம், (குஞ்சரம்,அசனம்),la nourriture des éléphans, l'arbre அரசு. [re.

*குஞ்சனம்,(kountchana), courbu-

குஞ்சன்,(குஞ்சம்),courtaud.

குஞ்சாயி,(குஞ்சம்,ஆயி), *V.* சிறியதாய்.

குஞ்சி,1° cheveu,—d'homme,l'arbrisscau குன்றி, petit des oiseaux, petitesse.2° *imp.et part. de* குஞ்சிக்கிறது:—க்கடகம் petit bracelet: —ச்சடை petite chevelure ou tresse de cheveux (portée par une espèce de religieux indous),—ச்சடைக்காரன் celui qui porte cette tresse;—ப்பெட்டி petit bracelet.

குஞ்சிக்கிறது,சித்தேன், சிப்பேன், சி,சிக்க,*v.n.* (குஞ்சிதம்),se tenir sur un seul pied,—sur un pied ayant le dessus de l'autre appuyé sur la jambe,se tenir sur la pointe des pieds.

*குஞ்சிதம், (kountchita), se tenir comme ci-dessus, courbure: குஞ்சிதநிருத்தம் danse d'un seul pied.

*குஞ்சிதாதனம்,(குஞ்சிதம், அதனம்), se tenir sur le gros orteil d'un pied.

குஞ்சித்தல்,*n.v.de* குஞ்சிக்கிறது.

குஞ்சியப்பன், (குஞ்சி), frère cadet du père.

குஞ்சியாயி,(*id.*), *V.* சிறியதாய்.

குஞ்சிரிப்பு,*P.* குறுஞ்சிரிப்பு,sourire: —கொள்ளுகிறது,—செய்கிறது sourire.

குஞ்சு,petit,(quelquefois de la race humaine,mais en général des oiseaux, des rats, des insectes et des poissons, le requin சுறு et les autres gros poissons exceptés), chose petite, pénis;—க்கடகம் petit bracelet;—க்கூட்டம் couvée d'une poule: குஞ்சுங்குழந்தையும் les petits enfans d'une famille; குஞ்சுங்குழுவும் une foule de petites choses; குஞ்சும்வித்தையும் parties naturelles des petits garçons; குஞ்சுபொரிக்கிறது couver, faire éclore les petits, குஞ்சுமணி espèce de bijou que l'on met aux petits garçons à l'endroit que la pudeur devrait couvrir.

*குஞ்சரம், (குஞ்சம், oura), l'arbrisseau குன்றி [d'oiseau.

குஞ்சுறை, (குஞ்சு, உறை), nid

குட, *adj*. 1° *de* குடக்கு, occidental. 2° *de* குடம்.

குடகம், ouest, montagne à la côte de l'ouest. ‖ *V*. குடகு.

குடகரம், la plante உத்தாமணி.

குடகன், (குடகம்), l'occidental, Sêren roi de la côte de l'ouest.

குடகு, *ou* —மலை, le Courg, le pays du Courg près de Tellichéry.

குடகோளார்த்தம், (குட, கோளம், அர்த்தம்), hémisphère occidental.

குடக்கம், (குடங்குகிறது), courbure, pli.

குடக்கி, (*id.*), ce qui est courbé.

குடக்கியன், (*id.*), homme courbé.

குடக்கு, ouest, occident.

குடக்குழி, (குடம்), trou creusé pour avoir de l'eau. [maison).

குடக்கூலி, (குடம்), loyer (d'une

குடக்கோ, 1° (குடக்கு, ஓ), est-ce l'occident? 2° (குட, கோ), *ou*

குடக்கோன், (குட), le roi de l'occident, Sêren roi de la côte de l'ouest. [cruche. 2° *acc. de* குடங்கர்.

குடங்கரை, 1° (குடம்), place de la

குடங்கர், 1° (குடம், kar), cruche, le signe du Verseau. 2° (குடங்கம்), chaumière, hutte, cabane [du toit.

*குடங்கம், (koutanka), toit, chaume

குடங்கல், courbure, *n. v. de*

குடங்குகிறது, கினேன், குவேன், கு, க, *v. n. et* குடங்குதல், *n. v.* se plier, se courber.

குடங்கை, 1° (குடம், கை), paume de la main, bras recourbé (comme pour embrasser), mesure d'une coudée, brassée, botte—, quantité qu'on peut emporter sous le bras, ornement de char de triomphe et de bâtisses. 2° *n. v. du préc.* குடங்கையைக்குவித்துக்கொட்டுகிறது frapper des mains.

*குடசம், (*id.* சம்), jasmin des montagnes, l'arbrisseau வெட்பாலை: குடசப்பாலை la plante கொடிப்பாலை.

குடசிப்பி, (குட), coquillage rond.

குடச்செவி, (குடம்), oreille—, anse de cruche. [reau.

குடஞ்சுட்டு, (குடம்), vache, tau-

குடதிசை, (குட), occident.

குடத்தி, 1° espèce de loup, dont la tête, les oreilles et la queue ressemblent à celles de l'âne. 2° (குடம்), *pl.* குடத்தியர், femme de la caste des bergers, —des pâtres, habitante d'un pays de bois. [nom d'une ville.

குடநாடு, (குட), pays occidental,

குடநாதன், *V*. குடக்கோன்.

*குடந்தம், (குடம், da *qui donne*), cruche, pot à l'eau, balle, globe, boule, signe que l'on fait (surtout en dansant) et qui consiste à se tenir debout la main sur la poitrine, les 4 doigts fermés et le pouce élevé. ‖ *ou* [கோணம்.

குடந்தை, (*id.*), la ville de கும்ப

குடபாலான், (குட, பால்), occiden-

குடப்பம், *P*. குடவளப்பம். [tal.

குடப்பறை, (குடம்), espèce de tambour.

குடப்பாறு, (*id.*), espèce de cruche.

குடமண், sable blanc.

குடம், 1° (kouta), cruche, pot à l'eau, le Verseau, montagne, maison, ville, village, ville ou village d'un pays cultivé. 2° (gouda), sucre brut, cassonade, rondeur, globe. 3° battement de mains, vache, sorte de danse de Vichnou, la 8° constellation, un des 13 pays tamouls: குடமாடல், —ஆடுகிறது Vichnou danser, danser la danse de Vichnou;—ஊதுகிறது, —ஊதுதல் souffler dans une cruche,pour produire un son; —கட்டுகிறது, —கட்டுதல் arrondir en forme de cruche;—வைத்தல் espèce de jeu; குடத்தண்ணீர் cruchée d'eau;குடமல்லிகை jasmin à grandes fleurs,—முழா tambour,tambourin arrondi,—en forme de cruche; —மூக்கு la ville de கும்பகோணம்.

குடம்பை,nid d'oiseau,œuf,corps, réservoir,étang.

குடரி,P.குடாரி,croc de cornac.

குடர்,P குடல், entrailles.

குடலை, 1° espèce de corbeille, panier en feuilles de cocotier tressées (pour mettre des fleurs, des fruits ..),espèce de cape en feuilles de cocotier tressées ou chose semblable pour se garantir la tête et le corps de la pluie, large cercle de branchages (pour empêcher l'intérieur d'un puits de s'ébouler). 2° *acc. de* குடல்: —க்காளை jeune bœuf qui ne peut porter qu'un fardeau léger; —க்கிணறு puits à cercles de branchages;—வேற்றம் espèce de picote pour l'arrosement;—ப்பூச்சி espèce d'insecte.

குடல், intestin,entrailles, boyau, tripe: —அதிருகிறது les entrailles trembler;—ஏறுகிறது les entrailles se tordre, —se déranger et monter en haut; —ஏற்றம் convulsion—, spasme des intestins, tranchées violentes, passion iliaque;—கொழுக்கிறது les boyaux devenir gras,devenir orgueilleux; —திருகுகிறது les boyaux se tordre,*ou* —பிசகுகிறது les intestins se déranger; —வலி, —வாதம் douleur d'entrailles,colique; குடலைப்பிடுங்குகிறது arracher les entrailles, devenir dégoutant, causer,éprouver des nausées.

குடவம்,cuivre,airain: குடவப்பருப்பதம் montagne d'airain.

குடவர்,(குடம்), bergers, habitans d'un pays de bois.

குடவளப்பம், (*id.*), l'arbre இருப்பை.

குடவறை,P.குடைவறை.

குடவன்,1° (குடம்), berger, pâtre, la plante கோசிடம். 2° (குடவுகிறது), ce qui est courbé,ce qui a un noyau.

குடவிளக்கு, (குடம்), lampe du mariage,—de la cruche.

குடவு,1° courbure,la danse de குமரன்.2° *imp.et part.de*

குடவுகிறது,வினேன், வுவேன்,வு, வ,*v.n.*குடவுதல்,*n.v.*plier,se courber.

குடவுண்ணி, குடவுணி, (குடம்), tique des vaches et des brebis.

குடவுமூத்தன்,குடவுழுத்தன்,(*id.*), nom d'un poète.

குடவெழுத்தாணி, (*id.*), V. குண்டெழுத்தாணி.

குடற்,P.குடல், *devant* க,ச,த,ப, entrailles: —கொழுப்பு graisse des boyaux,orgueil; —சவ்வு épiploon, omentum,membrane graisseuse qui enveloppe les intestins; —பற்றுப்பிஞ்சு fruit encore tendre,non encore formé; —பிசகு,—பிரிவு dérangement d'entrailles, hernie; —பிடுக்கி vitriol bleu;—புழை trou—, cavité des entrailles;—பை,—போர்வை enveloppe des intestins; —போர்வைத்தோற்றம் une des 4 espèces de naissances, animaux vivipares,—qui naissent couverts d'une enveloppe et ont les oreilles formées de membranes ou peaux extérieures.

*குடா,(gouda), baie, golfe, coin, cavité faite par alluvion,globe, balle; —க்கடல் golfe,hâvre, baie, port, abri pour les vaisseaux; —க்கரை rivage d'une baie.

குடாக்கு,V.கூடாக்கு.

குடாசகம், médisance, rapport malin,tromperie.

குடாசகன், (குடாசகம்), médisant,calomniateur,trompeur.

குடாசுதல்,ruse,tentation.

குடாது,(குட,அது),occident.

குடாபாகம், suavité qui est un des goûts présumés de la musique et des vers.

குடாப்பு, poulailler, enclos pour les poules et les cochons, parc, bergerie.

*குடாரம்,(kouthâra),cognée, hache,hachette.

குடாரி, croc de cornac, poivre long.

குடாரு, vase au lait caillé, baratte.

*குடார்த்தகோளம், (குட, அர்த்தம்), hémisphère occidental.

குடாவடி, (குடாவு, அடி), ours, ce nom vient de ce qu'il a les griffes crochues.

குடாவு, cave, caverne.

குடான், la plante செம்முள்ளி.

*குடி, 1° (kouti), maison, habitation, logis, peuplade, village, ville, village en pays cultivé, tribu, caste, race, famille, habitant, sujet, épouse, sourcil. 2° boisson, ivresse, ivrognerie, action de boire. 3° *imp. et part. de* குடிக்கிறது: —காரன் buveur, ivrogne; —கெடுகிறது, —கெட்டுப்போகிறது une famille etc..., se perdre, dépérir, être ruinée, —réduite à la pauvreté: —கெடுக்கிறது, *ou* குடியைக்கெடுக்கிறது ruiner—, détruire une famille, —une habitation: —கெடுதல், —கேடு perte—, destruction —, ruine d'une famille: —கேடன், *m.* —கேடி, *f.* méchant, méchante, celui, celle qui cause la ruine d'une famille; —கொள்ளுகிறது habiter, prendre—, faire sa demeure: —க்காடு village, ville, réunion de maisons, village dans un pays ou endroit cultivé: —சனம் sujets, habitans: —செயல்வகை économie domestique, manière d'établir sa famille, de la rehausser, effort pour sa prospérité; —த்தனக்காரன் homme marié, maitre de maison, père de famille; —த்தனம் ménage, vie domestique, gouvernement d'une maison, train du ménage; —த்தனம்பண்ணுகிறது tenir ménage, gouverner sa maison, vivre en famille; —நாசம் ruine d'une famille; —நிலம் terre habitable, lieu de sa demeure; —நீர் tisane, décoction médicale; —ப்படை sujets, habitans, armée d'une nation, milice, garde nationale; —படுகிறது s'établir, se marier; —படுத்துகிறது établir, marier, emménager; —பலக்கிறது une famille s'enrichir, prospérer, acquérir de la force; —புகுகிறது, —புகுதல் aller habiter une nouvelle maison, s'établir dans une maison; —போகிறது quitter une maison, en aller habiter une autre, changer de demeure; —ப்பழுது flétrissure—, tache de famille: —ப்பிறப்பு naissance dans une bonne famille; —ப்பெண் fille—, femme légitime, —de bonne caste: —ப்பெயர் nom de famille, —de caste; —ப்பிள்ளை, —மகன் serviteur de village, (comme blanchisseur, barbier, joueur d'instrument, celui qui brûle ou enterre les morts etc...); *pl.* —மக்கள் serviteurs de villages, les gens des 18 espèces de castes qui servent une bourgade; —மதிப்பு compte du village, —des habitans, tribut par maison; —மார்க்கம் ménage, mariage légitime, économie domestique; —மிராசுகொடுக்கிறது donner certains privilèges dans un village; —முறை règle de la vie domestique, *V.* குடித்தனம்; —யரசு démocratie, république, gouvernement du peuple; —யழிகிறது une famille périr, —dépérir; —யழிக்கிறது perdre—, ruiner une famille: —யழிவு perte—, ruine d'une famille; —யாட்சி république, démocratie, gouvernement de sa famille; —யாட்டம், *V.* குடிவாழ்க்கை; —யானவன் habitant, citoyen, cultivateur, laboureur; —யாயிருக்கிறது, —யிருக்கிறது habiter, demeurer, s'établir; —யியல்பு le propre de la vie domestique, *V.* குடித்தனம்; —யிருப்பு habitation, village, lieu qu'on habite; —யிறங்குகிறது s'établir dans un endroit, —dans un pays, y former une colonie; —யிறை impôt par famille; —யெழுப்புதல் faire déloger, disperser des habitans; —யெழும்புகிறது déloger, changer de demeure, —de maison, —d'endroit; —யேறுகிறது s'établir dans une maison, —dans un lieu, le coloniser; —யேற்றம் colonisation, établissement dans un lieu; —யேற்றுகிறது coloniser—, peupler un lieu, y établir des habitans; —யோட்டி, —யோட்டிப்புள்ளு, *V.* குருக்கு; —வருகிறது vénir habiter une maison,un endroit; —வாங்குகிறது déloger, émigrer, changer d'habitation,—d'endroit; —வாரம் part du cultivateur, —des habitans dans les produits des terres;—வாழ்க்கை bonheur domestique,—d'un ménage,économie, gouvernement d'une maison,village —, ville dans un pays cultivé;—வாழ்க்கைக்கேற்றகாரியம் ce qui a rapport ou contribue au bonheur ou au gouvernement d'un ménage;—விளங்கப்பண்ணுகிறது augmenter la prospérité d'une famille, la faire briller;—வெறி ivresse causée par la boisson; —வைக்கிறது établir, s'établir,habiter,faire prospérer;ஏற்றிகுடி famille nouvellement établie, colonie,colon,nouvel habitant; வந்தேறுங்குடி habitant non fixé, —transitoire.

குடிகை,graine de cardamome.

குடிக்கிறது,டித்தேன், டிப்பேன், டி,டிக்க,v.a.boire,absorber.

குடிசை, (குடி), hutte, cabane, chaumière.

குடிஞை,(id.),hutte,cabane, maison,village de pays cultivé, rivière, oiseau,gros hibou.

குடித்தல்,n.v.de குடிக்கிறது.

குடிப்பிக்கிறது, v. caus.du même, faire boire. [de boire,boisson.

குடிப்பு,n.v.de குடிக்கிறது, action

குடிப்போன்,n.app.du même, buveur,celui qui boit ou boira.

குடிமை,(குடி),train d'un ménage,gouvernement d'une maison, les bonnes manières et coutumes des gens en famille, —de la noblesse, serviteurs de village, leur emploi, action—,usage de boire. [ivrogne.

குடியன்,pl.குடியர், (id.), buveur,

குடிலச்சி,scarabée noir.

*குடிலம்,(koutila), courbure,tortuosité,sinuosité,cercle,rondeur,air, firmament, longue chevelure,—chevelure tressée, —tresse de cheveux postiches,fraude,l'arbre குரா.

குடிலை,V. பிரணவம்: —ப்பொருள் sens du mot mystique ஓம்.

குடில்,(குடி),cabane,hutte, chaumière,air.

குடு,toddi,callou.

குடுகு,V.குடுக்கை.

குடுகுடா,குடுகுடி, (*son imitatif*), houkah,pipe pour fumer le கஞ்சா.

குடுகுடு, (*son imitatif*), glouglou, murmure—,bruit de l'eau qui s'écoule par un goulot étroit: —கிழவன் vieillard bossu; குடுகுடென்கிறது *ou*

குடுகுடுக்கிறது,டுத்தேன், டுப்பேன்,டு,டுக்க,v.n.(குடுகுடு),faire glouglou, aller vite çà et là, courir promptement,se presser.

குடுகுடுத்தான், *n. app. du préc.* coureur, homme agile, qui court avec vitesse. [pressée,course,vitesse.

குடுகுடுப்பு,*n.v. du même*, marche

குடுகுடுப்பை, (குடுகுடு), poisson ou autre comestible bien sec, chose entièrement desséchée, pipe pour fumer le கஞ்சா,espèce de petit tambour de basque;. —க்காரன் diseur de bonne aventure qui emploie le tambour susdit. [qu'à la cheville.

குடுக்கி, culotte qui descend jus-

குடுக்குக்குடுக்கென்கிறது, (குடுக்குக்குடுக்கு *son imitatif*), faire glouglou, —du bruit,murmurer.

குடுக்கை,sorte de demi-calebasse, vase fait de la coque de certains fruits.

குடுமி, touffe ou boucle de cheveux du sommet de la tête, —que gardent les Indiens généralement au sommet et quelquefois dans quelqu'autre partie de la tête, cheveu d'homme, sommet (de la tête, d'une montagne etc...), pivot de porte, victoire, queue ou poignée d'une charrue,extrémité,pointe,arc, preneur de serpens qui donne des contre-poison: —க்கதவு porte à pivot;—வைக்கிறது,—வைத்தல் inauguration du coudhoumi, cérémonie des Indous quand ils commencent à laisser croître la touffe de cheveux aux enfans;—ப்பருந்து, V. குடுமியன்: உச்சி—,முன்—,பின்குடுமி touffe de cheveux sur le sommet,—le devant,— le derrière de la tête; மேற்குடுமி le pivot supérieur; கீழ்க்குடுமி le pivot inférieur. [tour.

குடுமியன்,(குடுமி),espèce de vau-

*குடும்பம், (koutoumba), famille, race,parenté,femme,maison: —கலைக்கிறது désunir—,troubler une famille; குடும்பக்கோடாலி peste—, destructeur—;*litt.*hache de famille; —சம்ரக்ஷணை entretien—, conservation d'une famille; —த்தானம் don de famille,7me place à partir de la constellation de la naissance;—ப்பிரதிஷ்டை inauguration—,établissement d'une famille;—ப்பிரதிட்டைபண்ணுகிறது inaugurer—, établir une famille; —பாரஞ்சுமக்கிறது supporter—,entretenir une nombreuse famille; —வமிசோற்பத்தி, (வமிசம், உற்பத்தி), généalogie d'une famille,lignée.

குடும்பன்,(குடும்பம்), chef de famille,—de Pallers, titre honorifique dans cette caste.

*குடும்பி,குடும்பாளி, (குடும்பம்), 1° père de famille, -d'une nombreuse famille. 2° femme chef de பள்ளர்.

*குடும்பினி, (குடும்பம்), mère de famille,—d'une nombreuse famille.

குடும்பு,(குடும்பம்), race, lignée, famille, parenté, rameau garni de —,bouquet de fleurs ou de fruits.

குடுவை,petite cruche,pot à l'eau, petit pot,—vase de terre étroit et assez haut,grande casserole, grand plat:—ப்பொறி ventouse; —ப்பொறிபோடுகிறது appliquer des ventouses, ventouser; —யாறு nom d'une rivière.

குடை,1° parasol, parapluie, ombrelle,ce qui est un des insignes de la royauté,danse de குமரன்,l'arbre வேலமரம் acacia, l'arbre குடைவேல்,bouton—,cheville des sandales de bois dites பாதகுறடு etc.., pommeau. 2° concavité, chose creuse. 3° *imp. et. part. de* குடைகிறது: —கரி charbon creusé pour y fondre les métaux;—கவிக்கிறது déployer—, porter un parasol, ombrager d'un parasol, protéger ses sujets ou le monde de son autorité (comparée à un parasol);—கவிழ்கிறது un parasol etc... se renverser, verser;—கவிழ்க்கிறது verser,renverser un parasol etc...; —க்காம்பு manche—,poignée de parasol;—க்காரன் porte-parasol, celui qui le porte pour en ombrager quelqu'un;—க்கிழங்கு la plante சிற்றரத்தை :—க்கொள்ளுகிறது prendre un parasol, s'élever en forme de parasol, se bomber, s'arrondir en globe;—ச்செவி oreille dressée, recourbée en dedans;—ச்செவிக்கொள்ளுகிறது,—ச்செவியிடுகிறது, —ச்செவியெடுக்கிறது un animal dresser les oreilles de colère; —நிழற்றுகிறது, *V.* குடைகவிக்கிறது;—பிடிக்கிறது prendre un parasol, *V.* குடைகவிக்கிறது; — ப்புல் l'herbe andropogon barbatum; —முள் épine creuse d'acacia; —யாணி clou à tête, -à tête bombée, —semblable au parasol; —வண்டு espèce de scarabée,—de coquillage;—வேல் l'arbre acacia eburnea, épine creuse d'acacia: ஒருகுடையின்கீழெல்லாவற்றையுமாளுகிறது gouverner tout sous une ombrelle, *i.e.*avec un pouvoir absolu.

குடைகிறது,டைந்தேன், டைவேன்,டை,டைய,*v.a.*creuser, excaver, ôter le dedans,racler en dedans (un coco etc...), percer,faire un trou à travers,laver, —en dedans, ronger en dedans,la mer dégrader—, ronger le rivage,tourmenter, ronger—, briser le cœur, chagriner extrêmement,se bomber,se plier, se recourber,devenir concave:குடைந்துகொண்டிருக்கிறது avoir de la douleur dans les membres ou les os, ronger, emporter—, manger peu à peu: குடைந்தெடுக்கிறது creuser, excaver; குடைந்து போடுகிறது ronger (comme un cancer).

குடைச்சல்.*n.v.du préc.*mal, douleur continuelle, *V.*குடைவு.

குடைதல்,குடையல்,*n.v.du même*, excavation,courbure,action de creuser etc...

குடையன்பருவதம்,(குடையல்),airain,cuivre.

குடைவறை,(குடைவு,அறை), cave,caverne,grotte,antre souterrain, petite chambre.

குடைவு, *n. v. de* குடைகிறது, creux,excavation,courbure.

குடோரம்,*P.*கடோரம்.

குடோரி, incision, —pour mettre des remèdes,faire une incision et y mettre des remèdes,fente, déchirure,minerai de plomb,borax, mercure sublimé, arsenic blanc, terre calcaire,*V.*குடாரகம்: —பண்ணுகிறது,—யாடுகிறது, —விடுகிறது,—வைக்கிறது faire une incision sur le sommet de la tête pour y mettre un remède à des maladies dangereuses (ce qui se fait surtout pour guérir du சன்னி et du poison), donner de forts remèdes à prendre.

குட்டக்குறடு,(குட்டம்), espèce de petites tenailles.

*குட்டம்,(kouchtha), chose petite, —raccourcie.‖*V.*குஷ்டம்:குட்டக்கரப்பன் espèce d'éruption,—de gale;* —நாசனம் ce qui guérit la lèpre,*i. e.*la moutarde blanche.

*குட்டரி,(kouttâra),montagne.

குட்டல்,*n.v.de* குட்டுகிறது.

*குட்டனம்,(kouttana), action de taper,de briser,de broyer, de diviser,de couper,d'injurier. [agneau.

குட்டன், (குட்டி), enfant, fils,

குட்டா,*part.et gér.nég.de* குட்டுகிறது:—ப்பிழைக்கிறது vivre honorablement.

*குட்டாரி, (குஷ்டம்,அரி), soufre, *litt.*l'ennemi de la lèpre

குட்டான்,espèce de boîte, petite corbeille de feuilles de palmier.

குட்டி,1° poulain,ânon, petit (des quadrupèdes, et surtout des suivans: éléphant,cheval,âne,chameau, tigre,lion,cerf, brebis, chèvre, renard,chien,loup,cochon,chat, mangouste,lièvre,crocodile,singe et autres animaux qui vivent sur les arbres,et même des serpens et des requins;mais pour le bœuf et le buffle on dit கன்று *ou* கன்றுகுட்டி et pour les rats on se sert du mot குஞ்சு comme pour les oiseaux et les poissons), enfant, jeune fille, jeune bananier,rejeton—,plant de bananier.2°(devant un nom il signifie)petit,moindre,cadet 3° *gér. de* குட்டுகிறது:—க்கம்பு petit bâton en usage dans les jeux d'enfans; —க்கழுதை petit âne, ânon,(il se dit aussi pour injure et est moins grave que கழுதைக்குட்டி fils d'âne;ce qui retombe sur le père);—க்காய் petits fruits auprès d'un plus gros,*V.* கன்றபிடிக்காய்;—க்காருக்கெளிறு petite bonite; —க்கோக்கான் sorte de jeu; —ச்சாத்தன்,*m.*ச்சாத்தி,*f.*diablotin,lutin, esprit follet, —familier; —ச்சாத்திக்காரன் enchanteur,sorcier,qui a un lutin à ses ordres,ou qui en est possédé; —ச்சாத்தியையேவிவிடுகிறது envoyer un lutin posséder quelqu'un; —ச்சுவர் petit mur ruiné, masure,homme inutile, —bon à rien; —ச்சுவராய்ப்போகிறது dépérir, tomber en ruine,devenir inutile:—க்கொள்ளுகிறது se frapper les tempes avec les poings (ce que font les Gentils en adorant *பிள்ளையார்*);—த்தக்காளி la plante physalis angulata;—த்தாய்ச்சி femelle qui a un petit; —படுகிறது (une femelle) devenir pleine; —போடுகிறது (les brebis etc...) mettre bas, joindre;—ப்பலா petit jaquier; —ப்பல் dent qui pousse à côté d'une autre; —ப்பிசாசு,*V.*குட்டிச்சாத்தன்; —ப்பை petite bourse;—யண்ணன் le dernier des frères aînés; —யத்தை la plus jeune sœur du père,la cadette des tantes paternelles; —யப்பன் le plus jeune frère du père; —யம்மான் le plus jeune frère de la mère; —யிடுகிறது (les serpens etc...) mettre bas;—யிடுக்கி les plantes சிற்றரத்தை alpinia et கோஷ்டம் costus;—யுண்டாகிறது, —யுண்டாயிருக்கிறது une femelle devenir—, être pleine;—விரல் petit doigt surnuméraire à côté d'un autre; —வி

ளா petit விளாமரம்;—வைக்கிறது, —வைத்தல் mettre un petit, action du jeu dit கொக்கான்.

குட்டிமம், (kouttima), pavé, endroit pavé,—préparé pour l'emplacement d'une maison, cabane.

*குட்டியம். (koudya), mur.

குட்டிளம், cumin noir.

*குட்டினி. (kouttini), prostituée, courtisane, entremetteuse.

குட்டு, 1° soufflet, coup de poing, honneur. 2° imp. et. part. de குட்டுகிறது, ட்டினேன், ட்டுவேன், ட்டு, ட்ட, v. a. (குட்டு), donner des coups de poing (surtout à la tête), battre à coups de poing, souffleter, boxer, briser, tromper, usurper.

குட்டுணி குட்டுண்ணி. (id. உண்ணி). homme souvent battu, —accoutumé aux coups de poing, —insensible.

குட்டுண்கிறது, குட்டுண்ணல், (id. உண்கிறது), être souffleté, battu, battu à coups de poing.

குட்டுதல், n. v. de குட்டுகிறது.

குட்டுவன், (குட்டுகிறது), le boxeur, le roi சேரன்.

குட்டை, 1° (குட்டம்), mare, réservoir, petit étang, ceps, entraves de bois aux pieds, cravate, serviette, mouchoir, —de cou. 2° (கட்டை). chose courte.—minime,—infime, petitesse, sorte de maladie: —யடிக்கிறது mettre les entraves aux pieds; குட்டையைக்கலக்கிப்பருந்துக்கிரையிடுகிறது troubler l'eau d'un étang de sorte que le poisson sautant hors de l'eau devienne la proie des vautours, i.e. nuire à quelqu'un sans utilité pour soi; குட்டையாக்குகிறது rogner, raccourcir, écourter; —யாயிருக்கிறது être court,—courtaud.

குட்டையன், (குட்டை), courtaud, homme qui a la maladie dite குட்டை.

குட்டைச்சி, (id.), courtaude.

குண, 1° adj. de குணம். 2° adj. de குணக்கு, oriental: —கண்டி la plante சிவதை:—கோளார்த்தம் hémisphère oriental; —க்குறைவிசேடம் supériorité—, excellence provenant du manque d'une qualification; —க்குன்று montagne de qualités, i.e. Dieu, être—, homme parfait, doué de grandes qualités;—க்கேடன், m. குணக்கேடி, f. homme—, femme de mauvais caractère; —க்கேடு mauvais caractère, mauvaise disposition, —qualité, manque de qualité;* —சந்தி contraction des lettres அ ou ஆ finales et de இ ou ஈ initiales en ஏ ou bien de அ ou ஆ finales, et de உ ou ஊ initiales en ஓ Ex. சுர et இந்திரன் font சுரேந்திரன் le roi des Sourers ou dieux prétendus, வர, உதயன், வரோதயன் homme dont la naissance est un don du ciel;*—சாலி homme de bon caractère; *—சைவம் une secte de Siven;* —ச்சுபாவம் naturel, qualité—, disposition naturelle; —திசை l'orient; —த்தன்மையலங்காரம் espèce de fig. de rhét.* —த்திரயம் les 3 caractères, V. குணம்-ம; —த்தொகை, V. பண்புத்தொகை;*—நிதி trésor de toutes bonnes qualités, i.e. Dieu, homme doué de bonnes qualités;*—பத்திரன், (பத்திரம்), l'être doué de toutes bonnes qualités, i.e. Dieu, Arouguen; *—பலம் la plante அதிவிடயம்; —பாகி,—பாசி bon chien, diable;—பாடல், V. குணவாகடம்;*—பிரதி naturel, caractère, qualité;* —பேதம் changement—, différence de caratère, orgueil; —பேதன் homme bizarre, d'un naturel inconstant; —ப்படுகிறது s'améliorer, se repentir, se convertir, se réformer, aller mieux, guérir de maladie;—ப்பட்டவன் homme converti, repentant, pénitent, amélioré, guéri; —ப்படுத்துகிறது corriger, améliorer, convertir, réformer, amender, guérir, rendre la santé;—ப்பண்பு qualité qui tient au caractère.*—ப்பிரகிருதி nature, disposition naturelle; —ப்பிழை vice, mauvais caractère; —ப்பெயர் nom qualificatif, —qui marque une qualité; —மணி bon caractère, la perle des caractères.

*குணகம், (gounaka), multiplicateur.

*குணகர்,(*id.*),compteurs, teneurs de comptes. [ou de traité.

குணகாங்கிஷம், nom de science

*குணகாரம்,(gounakâra), multiplication: —பண்ணுகிறது multiplier. [ractère.

*குணகி,(குணம்,ki),qui a le ca-

*குணகீனம்,(*id.*கீனம்), défaut,—de caractère.

குணகு,(குணங்கு), 1° diable. 2° *imp.et part.de*

குணகுகிறது, கினேன், குவேன், கு,க,*v.n.P.* குணங்குகிறது, se réjouir.‖*V.*குணங்குகிறது.

குணக்கு,1° orient. 2° courbure, pli,tortuosité, sinuosité. 3° *imp. et. part.de*

குணக்குகிறது,க்கினேன், க்குவேன்,க்கு,க்க, *v.a. de* குணங்குகிறது, குணக்குதல்,*n.v.*courber, plier.‖*v.n.* reculer,se tenir derrière.

குணக்கெடுக்கிறது,குணக்கெடுத்தல், 1° (குணக்கு, எடுக்கிறது), redresser,rendre droit ce qui est tortueux.2° (குணம்,கெடுக்கிறது),pervertir,gâter le naturel: நாய்வாலைக் குணக்கெடுக்க ஒருவராலுமாகாது il est impossible à qui que ce soit de rendre droite la queue d'un chien.

குணக்கெழுங்காற்று,(குணக்கு,எழும்),vent qui s'élève de l'orient.

குணங்கர்,(குணங்கு),diable.

குணங்கல்,*n.v.de* குணங்குகிறது, paresse,courbure. [*part. du suiv.*

குணங்கு, 1° diable. 2° *imp. et*

குணங்குகிறது,கினேன்,குவேன், கு,க,*v.n.de* குணக்குகிறது *et* குணங்குதல்,*n.v.*être paresseux,lent, rôder,se plier,se courber.

குணங்குறி, (குணம்), le signe et la qualité,la nature et le signe.

*குணஞ்ஞன், (*id.* djna *qui connaît*),homme qui connaît les qualités naturelles des hommes et des choses,homme d'un bon caractère.

குணட்டு,bouquet d'épis.

*குணநியம்,*P.*குணனியம்.

*குணபம்,(kounapa), corps mort, cadavre,puanteur:குணபவுணர்,(உணர்),gens qui se nourrissent de cadavres,*i.e.*les géans.

*குணம்,(gouna),caractère, inclination,naturel,qualité,attribut,propriété,qualité accidentelle, —naturelle,espèce eucharistique,droiture, probité,excellence, mérite, exemption de faute ou de tache, bien,amélioration, mieux dans les maladies, guérison, parole d'approbation, couleur,fil, corde,corde d'arc, corde d'arc en géométrie,cruche, changement des lettres இ,ஈ en எ, de உ, ஊ en ஓ et de ரு.ரூ en அர் dans les mots sanscrits dérivés:குணம்-ம் les 3 caractères naturels à l'humanité, selon les Indous,savoir:சாத்துவிகம் la bonté,naturel honnête,franc.bon, doux, aimable,qui est un principe de vérité et d'existence; இராசதம் la passion ou naturel passionné, qui produit les désirs sensuels et mondains, la convoisise, l'orgueil, la malice, le mensonge, et est la cause de bien des peines: et தாமசம் l'indolence,le vice ou l'ignorance d'où procédent la folie, l'aveuglement spirituel, les illusions du monde etc... Au சாத்துவிகம் appartiennent les 8 qualités suivantes: ஞானம் sagesse, அருள் grâce, தவம் pénitence, பொறை patience, வாய்மை véracité, மேன்மை grandeur, excellence. மௌனம் silence, ஐம்பொறியடக்கல் mortification des 5 sens. Dans le இராசதம் sont comprises les 8 qualités suivantes: மனவூக்கம் magnanimité, ஞானம் sagesse, வீரம் courage, தவம் pénitence, தருமம் charité, தானம் libéralité, கல்வி érudition, கேள்வி instruction ou audition des savans.Du தாமசம் découlent les 11 défauts suivants: பெருண்டி gourmandise ou débauche, நெடுந்துயில் long sommeil, சோம்பு paresse, நீதிவழு déviation de la justice, ஒழுக்கவழு déviation de la vertu,வஞ்சம் tromperie, மறதி oubli, பொய் mensonge, கோபம் colère, காமம் luxure, கொலை meurtre;ஆடூக்குணம்-ச-les 4 qualités des hommes: அறிவு intelligence, நிறை probité et retenue, ஓர்ப்பு prévoyance, கடைப்பிடி persévérance; மகடூஉக்குணம் - ௪ les 4 qualités des femmes: நாணம் modestie, மடம் simplicité, அச்சம் timidité, பயிர்ப்பு imitation ou répugnance; குணமதுகைவிடேல் ne cessez jamais de montrer un bon caractère; —அற்றவன் méchant, qui n'a pas un bon caractère, qui n'est pas bien; —ஆகிறது guérir, aller mieux, s'améliorer; —ஆக்குகிறது guérir, améliorer; —ஆயிருக்கிறது être guéri, sain, bien portant, d'un bon naturel, en bon état; —இல்லாதவன் méchant, homme d'un mauvais naturel, malade; —இன்மை manque de bon naturel, indisposition; —உற்றவன் homme d'un bon naturel; —உற்றவன் மணமுற்றவன், குணமற்றவன் மணமற்றவன் un homme d'un bon naturel est loué, un méchant au contraire est méprisé: —என்னுங்குன்றேறிநின்றார்வெகுளிகணமேயுங்காத்தலரிது il est difficile de soutenir même un moment la colère de ceux qui sont montés au sommet de la vertu; —கெட்டவன் homme de mauvais caractère,— méchant; —பேதிக்கிறது changer de caractère, le caractère changer; குணத்துக்குவருகிறது s'amender, se corriger, se réformer, se repentir, se convertir, guérir, aller mieux: குணத்தால், —ou குணத்தானிணையும்பெயர் nom dérivé d'un autre, qui marque mesure, connaissance, ressemblance, forme, couleur, naissance, marche, but, habitation, famille, caste, particularité, ou beauté: அவனுக்குத்தாய்தகப்பன்குணம் பிடிபடுகின்றது le caractère de ses père et mère se fait remarquer en lui; இதுஅதிலுங்குணம் ceci est meilleur que cela: இவன்நல்லகுணமணி il est un excellent homme. *V.*

குணலி, la plante சித்தில். [குண.

குணலை, cri des guerriers dans l'ardeur du combat, espèce de danse: —யிடுகிறது crier ainsi, —en frappant de mains.

*குணவதி, *f.de* குணவான், femme de bon caractère.

*குணவந்தன், *m.P.* குணவான்.

*குணவாகடம், (குணம்), science de la médecine par laquelle on prétend connaître les caractères.

குணவாகுபெயர், (*id.* ஆகுபெயர்), nom de qualité métaphoriquement appliqué à l'objet qualifié. *Ex.* நீலம் couleur bleue, et par métaphore, indigo et saphir.

குணவாக்கு, (குணம்), caractère —, tempérament particulier, habitude singulière. [bon caractère.

*குணவான், (*id.*vân), homme de

குணவிரி, (*id.* விரிக்கிறது), étendue d'un terme. [gation d'une qualité.

குணவிலக்கு, (*id.*), *fig.de rhét.* né-

குணவுவமம், (*id.* உவமம்), comparaison qualificative. *Ex.* பான்மொழி parole de lait, —douce comme lait.

*குணனம், (gounana), multiplication: குணனவாய், —வாய்பாடு table de multiplication. [plicande.

குணனீயம், (gounaniya), multi-

*குணன், (குணம்), qui a une qualité. (Il se joint à la fin des mots).

*குணாகுணம், 1° (*id.* அகுணம்), qualités bonnes et mauvaises, certitude et incertitude. 2° (*id.* குணம்) diverses qualités.

*குணாதீதம், (*id.* அதீதம்), ce qui surpasse le naturel.

*குணாதீதன், (*id.*), homme délivré des vicissitudes de la vie, sage accompli. [fon.

குணாம்பி, (குணாம்பு), plaisant, bouf-

குணாம்பு, plaisanterie, bouffonnerie, drôlerie, bon mot, *n.v. imp. et part.de*

குணாம்புகிறது, பினேன், புவேன், பு, ப, *v.n.et* குணாம்புதல், *n.v.* (குணாம்பு), plaisanter, bouffonner, se jouer.

குணார்த்தகோளம், (குண, அர்த்தம்), hémisphère oriental.

*குணாலம், (kounâla), nom d'un pays, —d'un oiseau.

*குணாலயன், (குணம், ஆலயம்), celui en qui réside toute bonne qualité, *i.e.* Dieu.

குணலை,espèce de danse.

குணவதுதி,(குணம்,அவதுதி), figure qui exalte les qualités.

*குணி, 1° (குணம்), qui a une qualité ou disposition bonne ou mauvaise,être —,objet qualifié, arc. 2° (kouni),estropié,perclus,qui a un bras tortu ou desséché,muet,état de ce qui est estropié.3° *imp.et part.de* குணிக்கிறது:—ப்பெயர் nom qualificatif,— d'un objet qualifié.

குணிக்காரிக்கிறது,ரித்தேன், ரிப்பேன்,ரி,ரிக்க,*v.a.*(குணிக்காரம்),multiplier,faire une multiplication.

குணிக்காரம், (குணிக்கிறது), multiplication, manière de multiplier.

குணிக்கிறது, ணித்தேன், ணிப்பேன்,ணி, ணிக்க, *v.a.* (குணிதம்), multiplier,calculer,évaluer,estimer, prédire,pronostiquer.

*குணிதம்,(gounita),produit d'une multiplication,fois, puissance: இரண்டாங்குணிதம் seconde puissance ou carré;மூன்றாங்குணிதம் troisième puissance ou cube:குணிதமூலம் extraction des racines; —க்குறி exposant des puissances.

குணித்தல், குணிப்பு, *n. v. de* குணிக்கிறது,évaluation, estimation, estime,multiplication.

குணில்,fronde,bâtonnet, petit bâton,trique,baguette de tambour, espèce de tambour.

குணு,ver.

குணுகல்,*V.* குணுகுதல்.

குணுகுணு, (*son imitatif*), murmure:குணுகுணென்கிறது,குணுகுணுவென்கிறது,*ou*

குணுகுகிறது. கினேன், குவேன், கு,க,*ou* குணுகுணுக்கிறது,ணுத்தேன்.ணுப்பேன்,ணு,ணுக்க, *v.n.* (குணுகுணு),*et* குணுகுணுத்துப்பேசுகிறது,parler du nez,nasiller, murmurer,marmoter, grommeler, faire le —,être mécontent.

குணுகுதல், குணுகுணுத்தல், குணுகுணுப்பு,*n.v. des préc.* nasillement,murmure sourd, mécontentement.

குணுக்கம்,(குணுங்குகிறது),*V.* அணுக்கம்.

குணுக்கல்,plier,*V.* நுணுக்கல்.

குணுக்கன்,(குணுகுகிறது),nasillard,qui parle du nez.

குணுக்கு,anneau de plomb ou d'airain, qu'on met aux oreilles des femmes pour les élargir,morceau de plomb on de fer qu'on attache au bout ou au bas des filets,argent:—த்தடி massue,gourdin,gros bâton ferré.

குணுங்கர், vauriens, gens vils, tambourineurs, ouvriers en peau, diables. [*part.de* குணுங்குகிறது.

குணுங்கு, 1° diable. 2° *imp. et* குணுங்குகிறது,கினேன்,குவேன், கு,க,*v.n. et* குணுங்குதல்,*n.v.* *V.* அணுங்குகிறது.

*குண்டகம், (kounda), infidélité d'une femme.

*குண்டகன்,(kounda),bâtard, fils d'une femme adultère.

குண்டக்கம்,*V.*குடாசகம்.

குண்டக்கிரியம், குண்டக்கிரியை, un des 32 anciens airs.

குண்டடியன்,(குண்டு,அடி),panthère mâle,léopard.

குண்டணி,médisance, faux rapport,rapport malicieux,calomnie:—க்காரன் rapporteur, médisant, calomniateur.

*குண்டம்,(kounda),trou profond, fosse,puits,réservoir,étang, trou en terre pour conserver le prétendu feu sacré,cruche,pot,marmite, petit vase,plat, terrine, femme de mauvaise vie: குண்டப்பிங்கான் assiette creuse;—கோப்பை tasse creuse.

குண்டலகேசி,nom d'un ouvrage qui est un des 5 காவியம் ou poèmes célèbres.

*குண்டலம்,(koundala), sorte de pendans d'oreilles,pendans d'oreilles,—d'oreilles, de pénitent, cercle, air: — அணிகிறது, — தரிக்கிறது mettre—, porter des ou de ces pendans d'oreilles.

*குண்டலன், (*id.*), qui porte des pendans d'oreilles,Balarâmen.

*குண்டலி,(குண்டலம்),celui qui porte des pendans d'oreilles,serpent, paon,cerf,—tacheté,la fameuse Kâli,la plante சீந்தில்,l'arbrisseau இச

ங்கு,un vent, le derrière, sulfure jaune d'arsenic:—சத்தி grande force,—puissance,la puissante Satti.

குண்டல்,gros,ramassé,rond.

குண்டவண்டன், குண்டவண்டியன், (குண்டம், வண்டி), qui a un char rond. [re,plier.

*குண்டனம்,(kountana), courbu-

குண்டனி, 1° (குண்டம்,ni), femme adultère, —de mauvaise vie. 2° *P*.குண்டணி.

குண்டன், esclave, médisant, calomniateur,rapporteur,ce qui est courbe. [ipomœa bracteata.

குண்டாணிக்கொடி, la plante

குண்டான், (குண்டம்), terrine, grande casserole.

குண்டி, le derrière, postérieur, cœur,foie,frai, œuf de poisson: —க்காய் rognon, cœur;— வெலும்பு os sacrum,l'os du fondement,la dernière des vertèbres.

*குண்டிகம்,1° (goundika),poussière. 2° (gountika),bouse sèche.

*குண்டிகை, (koundikâ), cruche, pot à l'eau, vase d'étudiant à robinet.

*குண்டிதம்,(goundita),poussière.

குண்டியம், mensonge, calomnie, injure.

குண்டில்,(குண்டி), dos,le derrière,postérieur, petit quarré ou compartiment de champ de riz, espèce d'arbrisseau: —ஏறுகிறது aller à cheval sur le dos d'un autre, espèce de jeu d'enfant.

*குண்டினபுரம், (koundina), la ville de Vidarbha (où naquit Damayanti femme de நளன்),probablement le moderne Condavir.

*குண்டீரம்,(koundira), capacité, pouvoir.

குண்டு,boule,globe, balle de fusil,boulet de canon,—de pierre, de fer,ou de plomb,bille,pierre ronde, —cylindrique,pierre qui sert à peser,poids de pendule, testicule des animaux,mâle,étalon,cheval entier, chose creuse, concave, profondeur, enfoncement,bassesse,cavité, cercle, étang,réservoir,plénitude: குண்டாய்த்திரட்டுகிறது arrondir, rendre rond;குண்டெழுத்தாணி poinçon à écrire qui a une bosse vers la tête; குண்டுக்கட்டு paquet rond,manière de lier en rond,—en boule;—க்கட்டாகக்கட்டுகிறது attacher les talons au cou;—க்கட்டெருமை,(கண்),buffle qui a les jeux enfoncés; —க்கழுதை âne;—க்காயம் blessure d'une balle, —d'une boulet; —க்கிராமம் petit bourg, village à une portée de fusil;—க்குதிரை étalon,cheval entier;—க்குழல், —குழை canon, fusil, mousquet,canon de fusil;—குழற்றுவக்கு,(குழல், துவக்கு), fusil à gros canon; —ச்சட்டி terrine, casserole creuse,plat creux;—ச்சுழி petit cercle qui forme certaines lettres comme ே,ன,ண; —படுகிறது un balle —,un boulet frapper, être frappé d'une balle; —போட்டுச்சுடுகிறது tirer à balle;—ப்பிணையல் le cheval saillir, *V*. குண்டுக்கட்டு: —ப்பிங்கான் assiette creuse,plat creux;—ரோசனை, *V*. குண்டோசனை; —வட்டில் assiette creuse,plat creux.

குண்டூசி,(குண்டு,ஊசி), épingle, *litt*.aiguille à boule,—à tête.

குண்டேறு, espèce de poisson.

குண்டை, 1° *acc. de* குண்டு. 2° bœuf,taureau,le Taureau du zodiaque,terrine,plat, l'arbrisseau இண்டு:—ச்சட்டி, *V*.குண்டுச்சட்டி; —ச்சம்பா espèce de riz;இடது — bœuf attelé à gauche.

குண்டோசனை, *P*. குண்டுரோசனை,espèce de racine bulbeuse.

*குண்டோதரன்;(குண்டம், உதரம்), Coundôdaren, célèbre géant ou spectre,serviteur de Siven: —போலிருக்கிறது ressembler à Coundôdaren,*i.e.*avoir le ventre bien rempli, être bien nourri,bien rempli.

*குண்ணியம்,(gounya), multiplicande,caractère.

குதக்குகிறது, க்கினேன், க்குவேன்,க்கு,க்க,*v.a.*se remplir la bouche de nourriture,mâcher.

குதக்கேடு,(குதம்),désordre, malpropreté,mal,malheur,déshonneur.

குதட்டுகிறது,ட்டினேன், ட்டுவேன்,ட்டு,ட்ட,v.a.et குதட்டுதல், n.v. (le veau...) se lécher les babines après avoir tété.|| V. அதக்குகிறது.

*குதபம்,(koutapa), l'herbe தருப்பை,le 8me முகூர்த்தம்,temps, ou குதபகாலம் temps favorable (selon les gentils) pour sacrifier aux mânes depuis le 17me நாழிகை et 1/2 jusqu'au 20me après le lever du soleil;—சத்தகம் collection de 7 choses qu'emploient les payens au சிராத்தம் ou sacrifice pour les morts,savoir:l'heure de midi,vase en corne, tapis du Népal,argent, l'herbe தருப்பை, sésame,vaches.

*குதபன்,(id.),soleil,feu.

குதப்பம்,trouble,changement,tergiversation.

குதப்பல்,குதப்புதல்,n.v.de

குதப்புகிறது, ப்பினேன், ப்புவேன்,ப்பு,ப்ப,v.a.mâcher,se lécher les lèvres,exprimer,réprimander.

*குதம்,1° (gouda), anus,le derrière. 2° (koutha), l'herbe தருப்பை. 3° oignon.

குதம்பல்,1° ce qui n'est pas serré. 2° n.v.de

குதம்புகிறது,பினேன், புவேன்,பு,ப,v.a.et குதம்புதல், n.v.laver,rincer, bouillir.

குதம்பை,grosses boucles d'oreilles—,anneaux etc...—,ce qu'on met aux oreilles pour agrandir le trou et allonger le bout,sorte de bijou, nom d'une plante:—போடுகிறது, —விடுகிறது mettre des anneaux aux oreilles pour les allonger; —ச்சித்தர் nom d'un சித்தர் ou sage.

*குதரம்,(koudhra),montagne.

குதர்க்கம்,(கு,mal),sophisme, chicane,dispute vaine,—frivole.

குதர்க்கி,(id.),sophiste, chicaneur, vain disputeur,disputailleur.

குதருகிறது, ou குதர்கிறது, ர்ந்தேன்,ருவேன், ou ர்வேன்,ரு ou ர்,ர,v.a. et குதர்தல்,n.v. secouer,rejeter, disperser,démêler et partager les cheveux.

குதலை, ignorant, ou —வார்த்தை paroles enfantines, babil d'enfant, mot de tendresse;—மை faiblesse.

குதறுகிறது, றினேன், றுவேன், று,ற,v.a.V. உதறுகிறது,secouer,rejeter.

குதனம்,குதனை, குதனைக்கேடு,(குதனு),difformité, laideur, malpropreté,incapacité.

*குதனு, (கு mal, தனு corps), corps—,homme difforme,Coubêren, (on le représente avec 3 pieds et 8 dents). [hémorroïdes.

*குதாங்குரம், (குதம், அங்குரம்),

குதாவிடை,trouble,désordre, dérangement, examen, indécision, vaine dispute: —ஆயிருக்கிறது,—யாய்க்கிடக்கிறது être en désordre, n'être pas décidé.

குதானன்,la plante தாளி.

குதி, 1° talon, partie postérieure du pied,de la main, violence, emportement,saut,bond,trépignement, effort.2° imp.et part.de குதிக்கிறது: —கால் talon; —காலிலேதைக்கிறது,ou படுகிறது blesser au talon,une épine s'enfoncer dans le talon, le percer; —கொள்ளுகிறது, —கொள்ளல் sauter, croître, faire l'important,saillir; —க்கள்ளன் spasme—, crampe—, mal au talon; —க்கால் talon; —ப்பிளவை ulcère au talon, —முள்,—முள்ளு éperon; —வாதம் spasme—,crampe au talon.

குதிக்கிறது, தித்தேன், திப்பேன், தி,திக்க,v.a.sauter, sautiller, bondir de joie,trépigner,marcher fièrement, s'élancer,sauter par-dessus,franchir, vaincre: குதித்துக்குதித்துமாரடிக்கிறது se lamenter en trépignant et se frappant la poitrine (pour un mort...); குதித்துக்குதித்துமாவிடித்தாலும்புழுக்கைக்கொருகொழுக்கட்டையே quoique la domestique pile la farine avec beaucoup de fatigue, elle n'aura qu'un petit gâteau.

குதிங்கால்,(குதி,கால்),talon.

குதித்தல்,n.v.de குதிக்கிறது.

குதிப்பு,n.v. de குதிக்கிறது, saut, bond,espèce de poisson.

குதிமுள்,குதிமுள்ளு,(குதி),éperon.

குதியன்,(குதிக்கிறது), saut,bond, folâtrerie,tapage,trépignement:—குத்துகிறது jouer,folâtrer.

குதியாணி,(குதி),cor au talon.

குதிரு,*P*.குதிர்.

குதிரை,1° cheval, chevalet, tréteau,cavalerie,passereau. 2° *acc.de* குதிர்: —கொடுக்கிறது, கொடுத்தல் donner un cheval etc..., les vaincus servir de cheval aux vainqueurs; —கொல்லி la plante qui tue les chevaux,*i.e.*convolvulus tridentatus;—க்கசை cravache,fouet de cheval;—க்கச்சை sangle de cheval; —க்கடிவாளம்,—க்கருவி mords—, bride de cheval;—க்கல்லணை selle;—க்கவிசனை housse de cheval, caparaçon; —க்கழுத்துக்கயிறு, —க்கழுத்திடுகயிறு licou;—க்கழுத்துவட்டவளர் harnais,traits,licou: —க்காசு cache —, monnaie qui porte la figure d'un cheval;—க்காரன் palefrenier, celui qui soigne un cheval, cavalier; —க்காரர் palefreniers,cavaliers,cavalerie; —க்குசைக்கயிறு licou—, rênes de cheval; —க்குட்டி poulain;—க்குளம்பன் espèce de monnaie d'or;—க்குளம்பு corne du pied du cheval, la plante aquatique நீர்க்குளிரி; —க்குளம்புமோதிரம் espèce d'anneau,—de bague qui a quelque ressemblance à la corne du pied du cheval:—ச்சம்மட்டி, —ச்சவுக்கு cravache, fouet de cheval; —ச்சாணி crotte de cheval,homme qui dompte et dresse les chevaux: —ச்சாலை écurie;—ச்சீட்டு billet de loterie, —de gageure,—qu'on tire au sort; —ச்சுழி tour de poils, poils tournés en petit cercle et que les Payens prétendent signifier bonheur ou malheur suivant sa place et sa tournure;—ச்சேணம் selle; —ச்சோடிப்பு harnais d'un cheval:—த்தளை entraves qu'on met aux pieds des chevaux; —நடை allure—,pas —,marche d'un cheval, on en compte 5;voyez les au mot கதி: —ப்படைcavalerie; —ப்பட்டைcharpente de lucarne, grosse latte mise pour soutenir les tuiles ;—ப்பந்தயம் gageure—,prix pour la course des chevaux;—ப்பந்தி écurie,rangée de chevaux; —ப்பயிர் la plante trianthema crystallina; —ப்பரப்பு escadron de cavalerie;—ப்பற்பாஷாணம் arsenicum rubrum; —ப்பாகன் palefrenier,conducteur de chevaux, cocher,écuyer: —ப்பிடரிமயிர் crin —,crinière de cheval; —ப்பிடுக்கு testicules de cheval; —ப்பிடுக்கன் l'arbre sterculia fœtida dont le noyau ressemble aux testicules de cheval;—மயிர் poil—, crin de cheval; —மரம் porte d'écluse, pièce de bois pour soutenir une écluse ou pour rompre la violence du courant, chevalet,cheval de bois;—மறி poulain, jument; —மார்க்கம் chemin de chevaux;—முகம் face de cheval, péroné,os extérieur de la jambe;—மேலேபோகிறது aller à cheval;—யங்கவடி, —யங்கபடி, —யேறும்படி étrier; —யாளி Vaïraven (une des prétendues manifestations de Siven); — யிலக்கணம் marques d'un cheval,qualités naturelles—, naturel des chevaux;—யேறுகிறது monter—,aller à cheval,—à cheval sur les vaincus; —யேறிப்போகிறது,—யேறிவருகிறது aller—,venir à cheval;—யேற்றம் équitation, exercice à cheval;—ராவுத்தன் cavalier,écuyer,celui qui dresse et dompte les chevaux;—லத்தி crotte—,crottin de cheval; —லாயம் écurie; —லாடம் fer de cheval; —வட்டம் manége, lieu où l'on exerce les chevaux;—வலி maladie accompagnée de spasmes,—வாய் bouche du cheval;—வாயின்வடம் bride; —வாயினுரைப்பு hennissement de cheval; —வாய்க்கருவி bride, mors de bride; —வாய்நுரை écume de cheval; —வாய்வடம், —வாய்வட்டம் bride, licou, corde attachée à la bouche du cheval:—வாலி la plante convolvulus tridentatus, *ou* —வாலிச்சாமை l'herbe panicum semiverticillatum;—வாலிச்சம்பா espèce de riz; —வாலிப்புல்

l'herbe panicum brizoides; —வால் queue de cheval; —விட்டை crotte —,crottin de cheval; —விலங்கு V. குதிரைத்தலை; —விலை prix d'un cheval, prix surfait, —excessif;—வைத்தியன் médecin vétérinaire;—வைத்தியம் art vétérinaire; —வையாளிவீதி hippodrome,manége, rue —,place d'exercice pour les chevaux:ஆண்குதிரை cheval,étalon:குதிரைக்குலாடந்தைக்கிறது ferrer un cheval:குதிரையிலிருந்து ou குதிரையினின்றிறங்குகிறது descendre de cheval.

குதிர், cage, réceptacle, espèce de magasin á riz ou de réceptacle à grains. Il est fait de cercles de terre cuite,empilés et fermés en haut;—படுகிறது être tranquille,en paix,—décidé;—பாடு tranquillité,préparatif. [ment,désir,curiosité.

*குதுகம், (koutouka), empresse-

குதுகுலிக்கிறது, லித்தேன், லிப்பேன்,லி,லிக்க,v.n.et குதுகுலித்தல், n.v.(குதூகலம்), être transporté de joie,se réjouir beaucoup.

குதுகுலிப்பு,n.v.du préc.transport de—,grande joie, hérissement du poil du corps.

குதும்பகர்,la plante தும்பை.

குதுவை,gage,caution, hypothéque:—வைக்கிறது mettre en gage, engager,hypothéquer. [curiosité.

*குதூகலம், (koutoûhala), désir,

*குதூணகம்,(koutoûnaka), sorte de mal d'yeux, faiblesse des yeux dans les enfans.

குதை,bout,extrémité, bas d'une flèche,incision qu'on y fait pour l'adapter à la corde,le bas—, extrémités d'un arc où s'attache la corde, mousse,bouton,lacet,nœud coulant, ganse,bouton—,agrafe d'un Bracelet ou d'un collier (ordinairement d'or); —போடுகிறது, —யிடுகிறது boutonner,faire une coche à une flèche; —மணி espèce de bouton; —முடிச்சு bouton pour un nœud coulant;—யவிழ்க்கிறது déboutonner.

குதைச்சு,(குதை), boutonnière.

குத்தகை,ferme,redevance, rente, loyer,affermage, affermer; —க்காரன் fermier, redevancier: —ச்சரக்கு marchandises prises à ferme, biens affermés; —யாய்க்கொடுக்கிறது affermer, donner à ferme: —யாய்ப்பேசுகிறது être en pourparler—, faire marché pour une ferme;—யாய்வாங்குகிறது affermer, prendre à ferme, louer; —வேலை ouvrage à prix fait.

*குத்தம், (goupta), conservation, protection,défense,cacher, sauver.

*குத்நரசம்,(குத்தம்,இரசம்),assafœtida.

குத்தல்,n.v de குத்துகிறது.

குத்தாலர், la plante கடுரோகிணி ellébore.

*குத்தி,1° (goupti), action de cacher,de recéler,réserve, terre, fiole, petit vase,burette.2° gér.de குத்துகிறது;—க்கொல்லர் courriers qui portent de l'argent,postillons: —க்கொல்வோன் assassin, meurtrier qui poignarde; —ப்பேசுகிறது piquer par ses paroles,parler d'une manière piquante,—mordante; எண்ணெய்க்குத்தி la fiole—,la bouteille—,le vase à l'huile.

குத்திடுகிறது,(குத்து, இடுகிறது), donner des coups de poing,prendre à poignée,piquer,piler,être perpendiculaire.

குத்திடுதல்,n.v.du préc. perpendicularité, coup de poing,piqûre...

*குத்திரம். 1° (koudhra), montagne.2° (koudra),mensonge, tromperie,ruse.3° (kchoudra), cruauté. 4° vitesse, chose soudaine, espèce de chanvre, crotolaria: —பேசுகிறது parler artificieusement, —pour tromper;குத்திரவித்தை magie; —க்காரன்.ou

*குத்திரன்,(குத்திரம்), trompeur, fripon,filou,rusé.

குத்தின,part.parf.de குத்துகிறது.

குத்து, 1° point sur une voyelle pour la rendre longue (d'après l'ancienne méthode),point sur une pure consonne comme க்,ங், ச்...,coup de poignard,d'épée etc..., élancement, douleur,point de côté, douleur poignante causée par les vents, action d'entrelacer,de piquer,—de piler le riz..., battage du blé,chanvre,motte de terre,poignée de riz,de sel...,position—, chose perpendiculaire,—droite,droiture, vis-à-vis 2° *imp. et part.de* குத்துகிறது:—காயம் blessure d'un coup de poignard etc...; —கோல்,—க்கோல் bâton pointu,—d'une pique,—armé d'un fer aigu;—க்கரணம் culbutte,jeu qui consiste à en faire; —க்கரந்தை la plante erigeron obliquum; —க்கல்லாய்க்கட்டுகிறது, *ou* வைக்கிறது bâtir en mettant les briques perpendiculaires sur le flanc; —க்காளை petite espèce de webera tetandra: —க்கால் pieu planté perpendiculairement,—dans une charrette,étaie,étançon;—க்காலிடுகிறது étançonner,être assis ou couché les jambes courbées; —க்கால்நாட்டுகிறது étayer, étançonner,mettre des appuis à une maison;—க்காற்சம்மட்டி espèce d'arbre; —க்காற்பயறு pois ramés,—qu'on rame; —க்குளம்பு corne perpendiculaire du pied; —க்கூலி salaire pour piler le riz etc...; —க்கோரை espèce de jonc, cyperus compressus; —ச்செடி arbrisseau qui s'élève de terre, —qui ne rampe pas; —த்திராய் la plante mollugo stricta;—ப்பகன்றை la plante lechea verticillata; — பட்டுவிழுகிறது tomber percé d'un coup de poignard etc...; —ப்பயனி espèce d'herbe potagère; —ப்பன்னீர் espèce d'arbre; —ப்பாடு ce qui est perçant,—poignant, censure —,réprimande poignante: ஒருவேலேமேல் — பாடுசொல்லுகிறது trouver à redire à un ouvrage;—ப்புள் petit morceau de bois aigu aux extrémités pour jouer; —ப்போர் gerbes dressées, —perpendiculaires; —முள், —முள்ளு aiguillon, éperon; — வாய் place d'une piqûre, d'une morsure, blessure d'un coup de poignard etc...;— வாள் poignard: —விளக்கு chandelier.

குத்துகிறது, த்தினேன், த்துவேன்,த்து,த்த,*v.a.*(குத்து),piler (dans un mortier etc...), broyer, battre, frapper,cogner, enfoncer, enfouir, poignarder, percer, piquer, boxer, battre à coups de poing, donner des coups de poing, pousser, lancer, causer des élancemens, piquer de paroles,parler durement,d'une manière poignante ou mordante, une parole piquer,mettre un point sur une lettre, verser goutte à goutte, —peu à peu: கண்ணிலேஎண்ணெயைக்குத்துகிறது verser goutte à goutte de l'huile dans l'œil.

குத்துணி,குத்துண்ணி, (குத்து, உண்கிறது), pendard, vaurien qui mérite d'être poignardé, espèce de toile.

குத்துண்கிறது, (*id.*), être poignardé,percé d'une épée, assassiné: குத்துண்பாய், குத்துண்டுபோவாய் puisses-tu être—!tu seras poignardé.

குத்துதல்,*n.v.de* குத்துகிறது.

குத்தூசி,(குத்து,ஊசி),poinçon.

குத்தென,(குத்து,என்), vis-à-vis, droit,perpendiculairement.

*குநீதி,(கு),injustice,mauvais gouvernement, mauvaise conduite,homme injuste.

குந்தகம்,empêchement, *V.*குந்தக்கம்:—வருகிறது un obstacle survenir; —ஆய்ப்போகிறது, குந்தகப்படுகிறது être empêché, arrêté, différé: இந்தக்கலியாணங்குந்தகப்பட்டது ce mariage a été empêché: இதினாற்குந்தகமில்லை cela n'est pas un obstacle; இதற்குக்குந்தகம்வரும்படிசெய்தான் il a suscité à ceci des obstacles.

குந்தக்கம்,trouble, rapport malicieux,médisance.

*குந்தமம்,(koundama), chat.

*குந்தம்,1° kounta),dard,dard barbelé,petite lance,javelot, lance, trident. 2° (kounda), un des 9 trésors de Koubêren.3° (kountha), maladie, mal d'yeux. 4° cheval, l'arbre குருந்து,les 3 espèces d'arsenics dits கந்

பாஷாணம், கோளகபாஷாணம் et தாலம் பாஷாணம்: குந்தக்கண் œil blanc et sortant de son orbite.

குந்தரைக்கிறது, குந்தரைத்தல், (குந்து, அரைக்கிறது),être inutile.

*குந்தவிக்கம்,myrrhe, encens.

குந்தல், V.குந்துகை.

*குந்தளம்,(kountala),cheveu,boucle—,touffe de cheveux,cheveux de femme,un pays au nord-ouest de la péninsule.

குந்தனம், ou குந்தனவேலை, enchassure de pierreries (dans de l'or etc...)

குந்தாணி, grand mortier pour piler le riz, la maladie dite குந்தம்: —ப்பீரங்கி mortier à bombes, obusier. [faisan ou de bartavelle.

*குந்தாலம்,(gountâla), espèce de

குந்தாளம்,pic,pioche,hoyau,instrument pour creuser la terre.

குந்தாலி, குந்தாளி, } 1° V. குந்தாளம். 2° imp.et part.de

குந்தாலிக்கிறது, குந்தாளிக்கிறது, } லித்தேன், லிப்பேன், லி, லிக்க, v.n.sauter—,bondir—,tressaillir de joie:குந்தாளித்துவிழுகிறது, —திரிகிறது danser et sauter de joie.

குந்தாலிப்பு, குந்தாளிப்பு. } n. v. du préc.saut—,bond—, transport de joie:குந்தாளிப்பாயோடுகிறது bondir de joie:et courir comme

குந்தாள், V.குந்தாளம். [un cerf.

*குந்தி,1° (kounti),Kounti,femme de Pândou et mère des 3 premiers Pândavers et de Karnen, callou ou toddi, variété de l'espèce d'oiseau dit கிட்டு.2° gér. de குந்துகிறது:—புதல்வர் les Pândavers fils de Koundi,i.e.Darmarâsen,Vimen et .Aroutchounen; —க்கொண்டிருக்கிறது être accroupi; —க்குந்திநடக்கிறது, —க்குந்திப்போகிறது marcher à demi accroupi,aller clopin-clopant, —sur la pointe des pieds, marcher tout irrésolu;—நிற்கிறது, —நிற்றல் se tenir à demi-accroupi, —sur la pointe des pieds;—யிருக்கிறது être accroupi; —யிருக்கை accroupissement;—யடிக்கிறது,—யடித்தல் sorte de jeu.

குந்திரம், 1° (goundra), espèce d'herbe.2°.espèce d'oiseau.

*குந்திருக்கம்,P.குந்துருக்கம். || V. குங்கிலியம்.

குந்திய,குந்தின,part. de குந்துகிறது,accroupi:குந்தியகால்நிலை être debout sur un pied (en tirant de l'arc).

குந்து, 1° petit tinnei ou banc de terre ou de maçonnerie le long des maisons,bord de ce banc, corde des bœufs,accroupissement, V.தும்பு. 2° n.v.imp. et part. de குந்துகிறது:—கால் la pointe des pieds; —காலன் m,காலி,f.qui marche sur la pointe des pieds;-காலி arbre dont le pied est sans force,personne qui marche en sautillant,—à cloche-pied; —காலினிற்கிறது se tenir sur la pointe des pieds,—sur un pied en croisant l'autre,montrer de l'agilité.

குந்துகிறது, கினேன், குவேன், கு,க,v.n.s'accroupir,être accroupi, marcher sur la pointe des pieds, V. கிந்துகிறது. [accroupissement.

குந்துகை,குந்துதல்,n.v.du même,

குந்துத்தடி,(குந்து), bâton crochu pour ôter ou ramasser les fibres ou filamens.

*குந்துரு, குந்துருக்கம், (koundourou, ka), encens mâle, oliban, l'arbre qui le donne.

குந்தெடுக்கிறது,(குந்து), ôter—, ramasser les fibres ou filamens.

*குபங்கம்,(கு, mal). boue dégoûtante,bourbier,tas de fumier.

குபசுபா,l'arbre கட்டி. [—route.

*குபதம்,(கு), mauvaise conduite,

*குபலம்,(id.),faiblesse, perte.

*குபிதம்,(koupita),colère. 2° (gouphita),action d'enfiler.

*குபிதாந்தகம், (குபிதம், அந்தகன்), mort imminente, mauvaise mort.

*குபிலன்,(goupila),roi,prince.

*குபினர், P. குபினியர், (குபினி), pêcheurs.

*குபினி,(koupini),filet.

குபீர்,குபீல்,(son imitatif),mots qui marquent véhémence,—vitesse: கு

பீறிடுகிறது jaillir avec force, —avec vitesse, un fusil détonner; குபீரென, குபீரென்று, குபீலென, குபீலென்று, soudainement, avec force, abondamment; குபீர்குபீரென்கிறது faire *goupir goupir*, une bonne odeur se répandre, (une source...) jaillir, un bruit redoublé se faire entendre.

*குபுத்திரன், (கு), enfant méchant, —de basse caste, fils adoptif, —d'un dégré inférieur.

*குபுருஷன், (*id.*), homme vil, vaurien, méchant, poltron.

*குபேரன், (கு, *difforme*, வேரம்), Koubêren, le Plutus indien, fils de Visravas et de Iravirâ, et frère de Râvanen; il est le chef des Yakchers et le prétendu gardien du nord, nord, lune: குபேரசைலம் la montagne de Koubêren, *i.e.* le Kaïlâsam: —சம்பத்து richesses de Koubêren, grandes richesses; குபேரன்நவநிதி les 9 trésors de Coubêren, *V.* நவநிதி: —தேர் son char dit புட்பகவிமானம்; —உத்தியானம் son jardin nommé சைத்திரரதம்; —பட்டணம் sa ville nommée அளகை; —மகன் son fils nommé நளகூபரன்; —வாகனம் sa monture qui est un homme நரவாகனம்; —ஸ்தானம் sa place qui est le கைலாசம். Ses musiciens sont les கின்னரர் et les கிம்புருடர், ses serviteurs les இயக்கர்.

குபையம், la plante சிறுபுள்ளடி.

குப்பம், petit village, hameau, village, —de pêcheurs et de bas peuple, tas, amas, butte, élévation, monnaie d'Achem: குப்பக்காடு hameau, village dans les bois: குப்பக்காட்டான் homme de campagne, rustre; குப்பங்குடியேற்றுகிறது former un hameau, établir un village dans les bois: குப்பங்குப்பமாய்ப்போகிறது aller par pelotons; குப்பம்பருத்தி coton qu'il faut semer tous les ans.

குப்பலே, 1° *V.* குப்பளே. 2° *acc. de*

குப்பல், monceau, foule, tas de fumier: —குப்பலாயிருக்கிறது, *ou* கிடக்கிறது être en tas, en monceaux; —குப்பலாய்க்கூட்டுகிறது amonceler, mettre en tas; குப்பல்விளையாட்டு jeu d'enfans sur le sable.

குப்பளே, nom d'un arbrisseau.

குப்பாமணி, *V*, குப்பைமேனி.

குப்பாயம், longue robe, espèce d'angui porté surtout par les Musulmans, manteau.

குப்பி, (koûpi), fiole, bouteille, petit flacon, ornement d'or ou d'argent de la grosseur d'une noix qui s'attache à la chevelure des femmes, cheville ou goupille qu'on tourne pour tendre les cordes du luth, bande ou cercle de métal qu'on met à la pointe des fourreaux, aux cornes des bœufs, à la bouche d'un vase: —க்கடுக்கன் pendant d'oreilles qui a la forme de fiole; —ச்சரக்கு substance —, arsenic sublimé; —ச்சாரம் espèce de sel minéral; —மட்டு contenance —, contenu d'une bouteille; —மா, *V.* மாக்கல்; —முடிக்கிறது attacher l'ornement susdit à la chevelure; —வணம், *V.* வளையலுப்பு; —வைப்பு substance sublimée, —mise à l'alambic: குப்பிக்குட்சமைந்தகனி espèce d'arsenic.

*குப்பியம், (koupya), métal vil, métal (en général, l'or et l'argent excepté): குப்பியசாலே lieu où l'on fait des vases de cuivre, —de métal.

குப்புக்குப்பென்கிறது, குப்புக்குப்பெனல், (*son imitatif*), faire *coupou-coupou*, —un bruit répété.

*குப்புரகிதன், (கு *mal*), brame qui observe mal les règles, —la décence.

குப்புளாய், குப்புளே, nom d'un arbrisseau.

குப்புறல், *n.v.de* [குப்புறுகிறது]

குப்புறுகிறது, ப்புற்றேன், ப்புறுவேன், ப்புறு, ப்புற, *v.n.* tomber la face contre terre, passer, sauter, se jeter sur: குப்புற, *inf.* la face en bas, —contre terre; குப்புறக்கிடக்கிறது se coucher—, être couché la face contre terre; —த்தள்ளுகிறது jeter la face contre terre; —ப்பிடிக்கிறது tenir la face en bas; —விழுகிறது tomber la face contre terre; —குப்புற்றுக்கொள்ளுகிறது être couché la face en bas, —contre terre.

குப்பென்கிறது, குப்பெனல், (*son imitatif*), faire *couppou*, —du bruit, se hâter: குப்பென்று vite, subitement.

குப்பை, fumier, tas de fumier, balayures, chose de rebut, tas, monceau, amas, foule, butte, hauteur: —க்கீரை l'herbe potagère amaranthus polystachyus; —ப்பருத்தி espèce de colonnier; —மேனி la plante acalypha indica; —வாரி balai, râteau; குப்பையைப்பெருக்கித்தள்ளுகிறது, —பெருக்கிப்போடுகிறது, —பெருக்கிவாருகிறது balayer et enlever les ordures, —les choses de rebut.

குப்பையன், *m.* குப்பைச்சி, *f.* (குப்பை), 1° homme, —femme malpropre. 2° *n.pr.* [d'encens.

குமஞ்சம், குமஞ்சான், espèce

குமட்டல், *n.v. de* குமட்டுகிறது, nausée, dégoût, envie de vomir, effort pour vomir, colique, regorgement.

குமட்டி, 1° espèce de gourde: —க்கீரை herbe potagère dite celosia nodiflora. 2° *gér. de* குமட்டுகிறது: —க்கொண்டிருக்கிறது avoir des nausées, être dégoûtant.

குமட்டு, 1° *V.* குமட்டல். 2° *imp. et part. de*

குமட்டுகிறது, ட்டினேன், ட்டுவேன், ட்டு, ட்ட, *v.n.* (குமட்டு), avoir des nausées, du dégoût, en causer, abhorrer, avoir des coliques, des soulèvemens d'estomac, avoir envie de vomir, regorger: நெஞ்சைக்குமட்டுகிறது, குமட்டியெடுக்கிறது, —எடுத்துப்போடுகிறது vomir, faire effort pour vomir.

குமட்டுதல், *V.* குமட்டல்.

குமண்டை, (குமட்டு), satiété, nausée, regorgement: —யிடுகிறது regorger, avoir des nausées de satiété. [—conseil, mépris.

*குமதி, (கு, *mal*), mauvais esprit,

குமரகண்டன், mal caduc.

குமரதானம், (குமரன், ஸ்தானம்), un des 5 எழுத்துத்தானம்.

குமரம், animal sans cornes.

*குமரன், *P.* குமாரன், fils, garçon, enfant (au dessous de 5 ans), jeune homme (de 14 à 32 ans), Soupramanien, fils cadet de Siven, Vaïraven ou manifestation de Siven. *V.* குமாரதானம்: —ஆயுதம் l'arme de Soupramanien, le வேல் ou javelot; —கொடி sa bannière qui porte un coq: —வாகனம் sa monture, le paon, l'éléphant.

*குமரி, *f. du préc.* fille, vierge, virginité, jeune fille nubile, jeune dame, —femme (mariée), une des 7 மாதர் ou femmes célèbres, Koumari, femme de Soupramanien, (surnom de) துர்க்கை ou de Kali femme de Siven, le Coumari, un des 7 fleuves sacrés des Indous, le cap Comorin, l'extrémité sud de l'Inde, partie centrale de l'univers selon les Indiens, aloès, espèce d'arsenic naturel, les plantes அழுகண்ணி et சத்திசாரணை: —கண்டம் une des 9 parties de l'Inde, la partie australe où se trouve le cap Comorin; —ச்சேர்ப்பன் le roi பாண்டியன் dans le royaume duquel se trouve le cap Comorin; —ஞாழல் nom d'une plante; —நதி le fleuve Coumari près le cap Comorin; —யாயிருக்கிறது être vierge, non mariée.

குமர், *corr. de* குமரி virginité, *ou* குமர்ப்பிள்ளை vierge, jeune fille, fille [non mariée.

குமல், faucille, faulx.

குமளம்பாசு, nom d'un poisson.

*குமாரகன், (குமாரன், ka), enfant, jeune garçon.

குமாரத்தி, *f. de* குமாரன், fille, fille de roi, princesse. [épuré.

*குமாரம், (koumâra), or pur, —

*குமாரன், (koumâra), fils, fils de roi, jeune prince, —homme, Soupramanien, fils cadet de Siven: குமாரதந்திரம் sorte de magie, —de livre de magie; —தளவாய் 1er ministre du roi de Maduré: —பாலன் (surnom du roi) Sâlivâganen; —ப்பல்லக்கு petit palanquin orné; —வர்க்கம் lignée, postérité; —வாகனம் la monture de Soupramanien, *i.e.* le paon, l'éléphant; *—விருத்தியை (bhroutyâ *soin*), femme qui médicamente —, soigne les enfans, sage-femme.

*குமாரி, *f. du préc.* fille, ourgâ,

eau régale qui dissout l'or, *ou*

*குமாரிகை, (குமாரி, kâ), jeune fille (de 10 à 12 ans).

*குமார்க்கம், (கு *mal*), déréglement, irréligion, impiété, hérésie.

குமிகை, sésame tendre, — à fleurs blanches.

குமிக்கிறது, மித்தேன், மிப்பேன், மி, மிக்க, *v.a.* accumuler, entasser.

குமிடக்கல், குமிடக்கல்லு, *P.* குமிட்கல்லு, (குமிள்), crasse de fer.

குமிட்டிக்கிறது, ட்டித்தேன், ட்டிப்பேன், ட்டி, ட்டிக்க, *v. n.* (குமிழ்), s'arrondir, s'agglomérer.

குமிட்டித்தல், குமிட்டிப்பு, *n.v. du préc.* boule, globe.

குமிட்டில், espèce d'herbe potagère.

குமிட்டு, (குமிழ்), tas, monceau.

குமிதிகம், l'arbre தேக்கு, teck.

குமிலம், grand bruit.

குமிழம், *adj de* குமிழ்: குமிழமரம்; குமிழஞ்செடி l'arbre ou l'arbrisseau gmelina asiatica.

குமிழாணி, (குமிழ்), clou à tête ronde.

குமிழி, (*id.*), ce qui est rond, bulle d'eau, — d'air: — க்கொள்ளுகிறது, *ou*

குமிழிக்கிறது, ழித்தேன், ழிப்பேன், ழி, ழிக்க, *v.n.* (குமிழ்), former des bulles d'eau, s'élever en bulles, en pustules, bouillonner.

குமிழ், chose ronde, globule, globe, boule, bouton, bulle d'eau, pommeau, chapiteau, bosse sur le garrot des bœufs indiens, ampoule, enflure ou protubérance sous la plante des pieds, roseau, l'arbre ou l'arbrisseau gmelina asiatica; l'adj. est குமிழம்: — வண்டு espèce de conque, — de coquillage; pholas: குமிழாயிருக்கிறது être rond, — sphérique.

குமிழ்கிறது, ழ்ந்தேன், ழ்வேன், ழ், ழ, *v.n. ou* குமிழ்க்கிறது, ழ்த்தேன், ழ்ப்பேன், ழ், ழ்க்க, *v.n.* (குமிழ்), s'arrondir, être rond, sphérique. ‖ *V.* குமிழிக்கிறது.

குமிழ்தல், *n.v. de* குமிழ்கிறது, *et* குமிழ்த்தல், குமிழ்ப்பு, *n.v. de* குமிழ்க்கிறது, bulle d'eau, pustule, ampoule, enflure, éruption cutanée.

குமிளி, *P.* குமிழி; — க்கண் l'orifice —, ouverture d'une source.

குமிளிக்கிறது, *P.* குமிழிக்கிறது.

குமிள், *P.* குமிழ்.

குமீர்குமீரென்கிறது, (*son imitatif*), faire *coumîr coumîr*, — un bruit répété.

குமுகுமு, (*son imitatif*,), mot qui marque une odeur forte: குமுகுமென்கிறது, குமுகுமென்றிருக்கிறது, குமுகுமென்றுமணக்கிறது, *ou*

குமுகுமுக்கிறது, முத்தேன், முப்பேன், மு, முக்க, *v.n.* (குமுகுமு), exhaler une odeur forte.

குமுக்கு, boule, balle, somme.

குமுணன், Coumounen, un des 7 de la 1re classe des hommes célèbres par leur générosité.

*குமுதம், 1° (koumouda), nénuphar blanc, nymphœa alba, nénuphar rouge, nymphœa lotus, l'éléphant du sud-ouest, camphre, argent. 2° certain nombre de troupes contenant 3 சேனுமுகம், ou 9 éléphans, 27 chevaux, 45 piétons, et selon d'autres, 3 fois moins, foule, foyer, place du feu, grand bruit, l'herbe தருப்பை, sorte de mal d'yeux, 3 espèces d'arsenic nommées வயிக்கிராந்த—, வெள்ளைப்—, et கற்பாஷாணம்: குமுதசகாயன், — நண்பன், — பதி, — பிரியன், — பந்து, — வாந்தவன் l'auxiliaire, l'ami, le maitre, le parent du nénuphar, *i.e.* la lune, parce que cette fleur étend ses pétales la nuit et les referme le jour.

*குமுதன், (குமுதம்), Coumouden, singe célèbre des fables indoues, un des espions de Râmen, un des நாகர் ou serpens, et des தானவர் ou démons.

*குமுதி, குமுதிகை, (koumoudi, kâ), petit arbre dont la graine est aromatique.

*குமுதேசன், (குமுதம், ஈசன்), le maitre du nénuphar, *i.e.* la lune.

*குமுதை, (koumoudâ), la plante aquatique pistia stratiotes, l'arbre gmelina arborea.

குமுத்தம், arsenic naturel dit கற்பாஷாணம்.

குமுரம், corniche, filet —, cordon d'architecture.

குமுறல், குமுறுதல், } tonnerre, éclat—, bruit du tonnerre, bruit, grand bruit, bruit confus d'une foule qui parle, retentissement,tremblement,élévation, bouillonnement.*n.v.de*

குமுறுகிறது,றினேன், றுவேன், று,ற,*v.n.*tonner,résonner, retentir, gronder, faire du bruit, s'élever, bouillonner.

*குமேரு,(கு *mal*), hémisphère ou pôle sud,demeure des démons, l'opposé du mont மேரு qui est la demeure prétendue des dieux.

குமைகிறது,மைந்தேன், மைவேன்,மை,மைய,*v.n.et* குமைந்துபோகிறது,*v. c. et* குமைதல், *n. v.* être chaud,renfermé, étouffant,se gâter, s'amollir,dévenir mou.

குமைக்கிறது,மைத்தேன், மைப்பேன்,மை,மைக்க,*v.a.de* குமைகிறது, குமைத்தல், *n.v.et* குமைத்துப்போடுகிறது,piler (dans un mortier),broyer.briser, gâter, fouler aux pieds,amollir,rendre mou.

குமைஞ்சான்.*P.*குமஞ்சான், encens (parce qu'on le pile).

குமையல்,குமைவு,*n.v.de* குமைகிறது,ce qui est mou,gâté, amollissement,corruption,mélange.

*குமோதகன், (கு terre, மோதகம்), celui qui réjouit la terre,(et à tort)Vichnou.

*கும்பகம்,(koumbhaka), suppression de la respiration en fermant la bouche et se bouchant les 2 narines avec les doigts de la main droite, arsenic naturel dit சாலாங்கபாஷாணம், *ou* கும்பகவிம்பம் arsenic naturel dit தொட்டிபாஷாணம்.

*கும்பசன்,(கும்பம்,சம்),*V.*கும்பசம்பவன்.

கும்பஞ்சான்,la plante சிவதை.

*கும்பம்,(koumbha), cruche,petite cruche,pot à l'eau,le Verseau, Aquarius,les 2 protubérances ou bosses de la tête des éléphans, front, nuque du cou,le haut des épaules, tas,monceau, la plante சிவதை, la drogue médicinale—,l'arsenic பலண்டுருக்கம்,l'arsenic naturel தாலம்பம்: —சரிகிறது, —சரிதல் le cou se plier,courber le cou; —செய்கிறது entasser, enterrer un cadavre; —ஸ்தாபிக்கிறது. —நிறுத்துகிறது, —வைக்கிறது ériger une cruche en l'honneur des divinités payennes, présenter une cruche liée autour avec du fil de coton et remplie d'eau pour faire des cérémonies payennes; —கொட்டுகிறது, —போடுகிறது mettre une cruche et faire une cérémonie payenne devant la prétendue déesse மாரியம்மை (ce qui se fait surtout après qu'un enfant est guéri de la petite vérole ou lorsqu'il règne une maladie contagieuse): கும்பகலசம் cruche qui sert dans les cérémonies;—கர்ணன், —கன்னன், (கர்ணம்), le géant Koumbacarnen,frère cadet de Râvanen,—காமாலை espèce de jaunisse; —காம்போதி espèce de ton ou d'air; —காரகன்,—காரன் potier, faiseur de poterie; —காரி arsenic rouge, *ou* —காரிகை fille *ou* femme de potier, espèce de collyre ou de remède dont on peint les paupières pour fortifier la vue;—கோணம் la ville de Coumbacônam,fraude, ruse, supercherie; —சம்பவன் (சம்பவம்), Tourônen, Vasichten et Agastien (qu'on prétend nés d'une cruche par ce qu'ils en auront eu peut-être une pour berceau); —சலம் eau de la cruche du sacrifice;—சாலை poterie, atelier de potier; —ஸ்தலம் les 2 protubérances de la tête des éléphans; —ஸ்தாபனம்,—தாபனம் offrande d'une cruche aux prétendues divinités indoues,érection d'une cruche en leur honneur; —தாசி, (கும்பன்), entremetteuse, prostituée; —தெட்சணை offrande de caches ou liards qu'on met dans une cruche; —ப்பிளவை ulcère sur la nuque du cou;—மாசம் le mois du Verseau, février; —முனி Agastien, qu'on prétend né d'une cruche;—யோனி, *V.* கும்பசம்பவன்; —ராசி le Verseau;—வஸ்திரம், —வஸ்திரம் habit qu'on met à une cruche.

che; —வாதம் une des 80 maladies venteuses.

கும்பல்,1° multitude, troupe, foule, tas. 2° *n.v.de* கும்புகிறது: கும்பலாய்க்கூடுகிறது s'attrouper, se réunir en foule: —ஆய்க்கூட்டுகிறது rassembler, réunir en foule: —கும்பலாயிருக்கிறது être réunis par troupes, être attroupé.

கும்பளம், espèce de gourde ou citrouille, cucurbita: கும்பளமோரல், le poisson குரைமீன்.

கும்பளா, espèce de poisson.

*கும்பன், (koumbha), Coumben, géant neveu de Râvanen, débauché, vaurien.

கும்பா, (கும்பம்), espèce de vase, —de cruche de bronze: —குடம் cruche dans laquelle ou sur laquelle on met le pot à l'eau.

கும்பாரம், (கும்பம்), cruche.

*கும்பாபிஷேகம், (கும்பம், அபிஷேகம்), effusion de l'eau prétendue sacrée d'une cruche sur la tête d'une idole ou d'un roi, mettre le faite d'une maison, ériger une idole: —பண்ணுகிறது faire une telle effusion.

*கும்பி, 1° (கும்பம், i), vase de terre, le Verseau, éléphant. 2° enfer, feu, chaleur du feu, boue, tas, monceau, ventre, front, la plante சிவதை, les arsenics dits தாலம்பபாஷாணம் et பலண்டுறுகம். 3° *gér.de* கும்புகிறது. 4° *imp.et part.de* கும்பிக்கிறது; —பாகம் un des enfers prétendus des Indiens ou les méchans sont cuits comme dans un pot; —மதம் mucosité qui dans le temps du rut sort des tempes des éléphans; —யழித்தல் espèce de jeu.

கும்பிக்கிறது, பித்தேன், பிப்பேன், பி, பிக்க, *v.a.* (கும்பகம்), égaliser et supprimer—, arrêter la respiration.

கும்பிடரி, (கும்பிடும், அரி), épis ou gerbes de céréales qu'à la moisson on présente au propriétaire, —au chef du village ou à la pagode.

கும்பிடல், *n. v. de* கும்பிடுகிறது, adoration, vénération, révérence, hommage (rendu à genoux), salut (en joignant les mains et les portant au front ou à la poitrine), humiliation.

கும்பிடு, 1° *V.* கும்பிடல். 2° *imp. et part. du suiv.* — பண்ணுகிறது, —போடுகிறது *ou*

கும்பிடுகிறது, ட்டேன், டுவேன், டு, ட, *v.a.* (கும்பி), adorer, vénérer, rendre hommage (à genoux), faire la révérence, saluer en joignant les mains et les portant au front ou à la poitrine. [டல்.

கும்பிடுகை, கும்பிடுதல், *V.* கும்பி

கும்பிடுசட்டி, pot—, vase de terre où l'orfèvre entretient son feu, —où l'on garde du feu en hiver pour se chauffer.

கும்பிடுபூச்சி, espèce d'insecte.

கும்பிட்டு, 1° *gér.de* கும்பிடுகிறது: —க்கட்டுகிறது saluer et embrasser. 2° *obl.de* கும்பிடு.

கும்பித்தல், *n.v. de* கும்பிக்கிறது.

*கும்பிலன், (koumbhila), voleur, beau-frère, frère de la femme.

கும்பிடு, *V.* கும்பிடல்.

*கும்பீநசம், (koumbhînasa), grand serpent à larges narines.

*கும்பீநசி, (*id.*i) tante maternelle de Râvanen, sœur cadette de sa mère.

*கும்பீரம், கும்பீலம், (koumbhira, —bhila), crocodile.

கும்பு, 1° (கும்பல்), foule, troupe, multitude: கும்புகும்பாய் par troupes, en foule. 2° *imp.et part.de*

கும்புகிறது, பினேன், புவேன், பு, ப, *v.n.et* கும்புதல், *n.v.ou* கும்பிப்போகிறது, *v.c.* avoir—, prendre le goût de fumée, s'attacher—, prendre au fond (du vase...)

*கும்பை, 1° (koumbhâ), cruche, la ville de Coumbacônam, espèce de bananier, prostituée. 2° (koumbâ), autel du sacrifice, enclos autour de la place des sacrifices.

கும்மட்டம், dôme, arche, voûte, arceau, pinacle d'une pagode, lanterne ronde faite de papier, espèce d'instrument de musique.

கும்மட்டி, espèce de danse, — d'instrument de musique.

கும்மணி, grosse femme.

கும்மல், 1° faucille. 2° *n.v.de* கும்முகிறது.

கும்மாயம், mortier, chaux préparée, boue, sauce.

கும்மாளம், கும்மாளி, saut, bond: கும்மாளங்கொட்டுகிறது frapper des mains en sautant.

கும்மி, 1° nom d'un livre, sorte de danse, —de jeu de femme. 2° *gér. du suiv:*—ப்பாட்டு chant qui accompagne ce jeu, —cette danse; —ப்பாட்டு பாடுகிறது chanter en frappant des mains; —ப்பிழிகிறது battre et pressurer; —யடிக்கிறது taper, frapper des mains en dansant autour d'un panier (plein de plantes etc...); —யடித்தல் danse—, jeu que les jeunes femmes exécutent ainsi, tape.

கும்மு, (*son imitatif*), signe de ténèbres: கும்மெனல், கும்மென்கிறது faire noir, s'obscurcir,

கும்முகிறது, மினேன், முவேன், மு, ம, *v.a.* கும்முதல், *n.v.* battre, taper, rincer, laver des linges en les frappant doucement avec les mains.

குயக்கலம், *P.* குசக்கலம்.

குயக்காலம், la plante நிலக்கடம்பு.

குயத்தினலகை, l'arbrisseau நிலவாகை.

குயபிசகம், *P.* கும்பபிசம்.

குயமயக்கு, *P.* குசமசக்கு, trouble, confusion.

*குயம், (koutcha), jeunese, tendreté, délicatesse, cognée, hachette, faucille, mamelle.

குயவரி, tigre.

குயவன், *pl.* குயவர், *P.* குசவன், potier.

குயவிரிவு, (குயவன்), fente de vases de terre qui se fait en cuisant.

குயவு, char.

குயா, l'arbre கோங்கு cotonnier à coton soyeux.

குயிலல், *n.v.de* குயிலுகிறது, enchâssure, discours, déclamation, action, confection.

குயிலன், (குயில்), celui qui est porté sur les nuages, (à tort) Dèvendiren.

குயிலாயம், (குயில், ஆயம்), atelier de potier, placard —, enfoncement dans un mur pour y mettre différens objets, nid d'oiseau.

குயிலுகிறது, யின்றேன், யிலுவேன், யிலு, *ou* யில், யில, *v.a.* (குயில்), *et* குயிலுதல், *n.v.* déclamer, haranguer, dire, appeler, enchâsser, enfoncer, lier, coudre, faire, percer, creuser, transpercer, s'élever, retentir, faire du bruit, se serrer, être serré, —proche.

குயிலுவம், (குயில்), *ou* குயிலுவத்தொழில், emploi de tambouriner et de jouer des instrumens à vent et à cordes, ce qui est un des 6 emplois des Choutres.

குயிலுவர், (குயிலுவம்), ceux qui exercent l'emploi susdit, musiciens, joueurs d'instrumens à cordes, ouvriers en cuir, tambourineurs.

குயில், 1° le couil ou coucou indien, cuculus orientalis, discours, harangue, déclamation, parole, trou, chose creuse, gravure, instrument à percer, —à vent; flûte, chalumeau, fifre, nuage. 2° *imp. et part. de* குயிலுகிறது:—கூவுகிறது le couil chanter, ou plutôt crier; அவள்பாடுகிறதுகுயில்பாடுகிறதுபோலிருக்கிறது ou அவள் சாரீரங்குயிலிசைபோலிருக்கிறது en chantant elle crie comme le couil, elle a l'accent du couil.

குயிறல், *n.v. de* குயிலுகிறது, action de déclamer etc...appel, déclamation, discours éloquent, harangue.

குயிற்கண்மணி, (குயில், கண்), beau rubis semblable à l'œil du couil.

குயிற்றல், *n.v. de* குயிற்றுகிறது, discours, harangue, enchâssure, confection.

குயிற்றினர், perceurs, enfileurs de perles, *n.app.de*

குயிற்றுகிறது, ற்றினேன், ற்றுவேன், ற்று, ற்ற, *v.a. de* குயிலுகிறது, déclamer, haranguer, dire, chanter, enchâsser, faire, percer, épaissir, serrer.

குயின், (குயில்), nuage.

குயின்மொழி, réglisse.

குயுத்தி, (கு *mal*), mépris paroie per-

moquerie,hauteur, élévation d'esprit.

குய்,ragoût,carri assaisonné, parfum,encens,fumée odoriférante.

*குய்யகர்,(குய்யம்,ka), prétendus demi-dieux qui gardent les trésors de Koubêren.

*குய்யம், (gouhya), secret, confidence, lieu solitaire, —caché, cachette,chose qui doit être cachée, organes de la génération, verenda viri, —mulieris, anus, hypocrisie, tortue,mensonge,ruse,fraude, perfidie,marque: குய்யதீபகம் la lampe des lieux solitaires,*i.e.*le ver luisant, la mouche luisante;—பாஷிதம் formule—,prière mystérieuse,enchantement;—பீசம் l'arbre எட்டிமரம்.

*குரகதம்,(குரம்,கதம்),cheval, espèce d'arsenic naturel.

குரகம்,l'oiseau mainate, gracula, oiseau aquatique. [வரகு.

குரக்கன்,céréale—, grain dit கே

குரக்கு,*adj. de* குரங்கு, de singe: —முகம்,—மூஞ்சி figure de singe;—வலி maladie de singe,—à laquelle les singes sont sujets.

*குரங்ககம், (குரங்கம், ka), cerf, antilope. [pe,animal (en général).

*குரங்கம்,(kouranga),cerf,antilo-

குரங்கல்,*n.v.de* குரங்குகிறது,pitié,humiliation,courbette,acquiescement,révérence,vénération,instance

குரங்கன்சுறு, (குரங்கு, அன், சுறு),le poisson simiolus carcharias.

குரங்கி,1° la lune.2° *gér.de* குரங்குகிறது.

குரங்கு, 1° singe, animal (en général). 2° *imp.et part.de* குரங்குகிறது:—கடியன் fruit rétréci en dessous,—qui semblerait mordu par un singe; —ச்சேஷ்டை, —ச்சேட்டை grimaces—,gestes de singe,méchanceté, insolence, tour malin, tort:—ச்சேட்டைபண்ணுகிறது faire des grimaces de singe, gesticuler comme un singe, faire tort, —du mal; —த்தன்குட்டியின்கைகொண்டு பதம்பார்க்கிறதுபோலப் பார்க்கிறான் il fait comme le singe qui prend la main de son petit pour examiner la température de ce qu'il n'ose toucher,il essaye de faire par un autre ce qu'il n'ose faire lui-même;—பிடியன்,(பிடி),obstiné,dogmatiseur;—ப்பிடி ténacité, saisir sans lâcher prise;—முகம், —மூஞ்சி figure de singe; —முடி couronne à forme conique; —வலி interruption de la circulation du sang dans les membres—, engourdissement accompagné de frisson et de douleur: —வாற்பூட்டு espèce de cadenas cylindrique dont la clef n'est qu'un morceau de fer carré; குரங்குக்குந்தன்குட்டிபொன்குட்டி même le singe regarde ses petits comme des petits d'or,chacun estime ce qu'il aime.

குரங்குகிறது,*sync.* குரங்கிறது,கினேன்,குவேன்,கு,க,*v.n.*avoir pitié, s'humilier,se courber,plier,acquiescer,vénérer,prier instamment.

குரங்குதல்,*V.*குரங்கல்.

குரங்குளை, crinière frisée, —entremêlée. [pied du cheval.

குரச்சை, (குரம், சை), corne du

குரஞ்சி,espèce de ton ou d'air.

*குரடன்,(kourata),cordonnier.

*குரணம்,(gourana),effort.

*குரண்டகம்,(kourantaka), rouge jaunâtre, l'arbrisseau மருதோன்றி à fleurs vertes,amaranthe jaune.

குரண்டம்,héron.

குரத்தம்,cortége,suite,pompe.

குரத்தி,maitresse,supérieure,maitresse de maison,prêtresse.

குரப்பம், étrille (de cheval):—போடுகிறது, —இடுகிறது (*avec le dat.*),étriller.

குரமடம்,assa-fœtida.

*குரம்,1° (khoura), corne du pied (des animaux,mais surtout du cheval).2° (koura), son, bruit.3° vache, l'herbe தருப்பை,la plante பாகல்.

குரம்பு,borne,limite,bord, chaussée,petite chaussée entre les compartimens d'une rizière.

குரம்பை,corps,hutte,cabane, nid d'oiseau,œuf.

குரல்,voix,accent,son,bruit, mélodie de la voix, harmonie, son doux, gosier, accent—, son guttural ou venant du gosier (c'est un des 7 principaux tons ou இசை), la corde du luth correspondante à ce son, son de cette corde du luth, corde de luth, son de corde de luth, plume, aile, épi, épi de céréales, cheveux de femme, l'arbre பாதிரிமரம், espèce de millet dit தினை: குரலினம் défaut de voix, l'animal à l'accent vilain, *i.e.* l'âne: —எடுக்கிறது élever la voix; —எடுத்துப்பாடுகிறது chanter à haute voix; —ஓசை voix, son de la voix; —கம்மியிருக்கிறது la voix être enrouée; —வளை gosier, trachée-artère, tuyau de la voix; —வளைநெரிக்கிறது prendre à la gorge, serrer la gorge, étrangler, suffoquer; —வளையறுக்கிறது couper la gorge; குரற்சத்தம் son de la voix; குரற்காட்டுகிறது appeler, crier, faire entendre le son de sa voix, faire du bruit; நல்லகுரல் belle voix.

*குரவகம், (kouravaka), les arbrisseaux மருதோன்றிமரம் et வாடாக்குறிஞ்சி.

*குரவம், (kourava), dattier, l'arbrisseau குரா, bonne odeur, nom d'un arbre. [clepias.

குரவரம், la plante குறிஞ்சா as-

குரவளை, *P.* குரல்வளை.

குரவன், *pl.* குரவர், (குரு, *gourou*), Brama, gourou, prêtre, père, ayeul, ancêtre, vieillard, ancien, tuteur, ministre (de roi), roi, maitre d'école: குரவர்-ஐ, les 5 personnes qui sont considérées comme pères ou tuteurs, savoir: அரசன் le roi; உபாத்தியாயன் le maitre d'école; தந்தை le père; தேசிகன் le gourou; மூத்தோன் un ancien.

குரவு, l'arbre குரா, bonne odeur: —நிறமணி espèce de rubis.

குரவை, mer, danse, —en se tenant par la main, danse de femmes pallers en chantant et se prenant par la main, grand cri, —bruit, espèce de poisson: —யிடுகிறது appeler, crier, faire du bruit.

குரற், *P.* குரல் devant க, ச, த, ப.

குரா, *ou* குராமரம், arbre qui croit généralement dans les terrains stériles ou incultes, webera corymbosa.

குராசாணி, குராசாணி, la plante heliotropium ceylanicum: —யோசமம், (ஓமம்), jusquiame noire, hanebane, hyosciamus niger. [hibou.

குரால், couleur brune, vache, gros

குரிசிற்றுளி, *P.* குறுகுற்றுளி.

குரிசில், garçon, roi, noble, homme

குரீ, oiseau. [respectable.

*குரு, 1° (gourou), prêtre, docteur, directeur, précepteur, maitre d'école, gourou indien, வியாழம் ou Jupiter (le prétendu précepteur ou gourou des dieux), père, parent vénérable, mesure de temps de 2 இலகு, longue dont le son équivaut à 2 மாத்திரை, *i.e.* à 2 இலகு ou brèves, durée de 64 நிமிஷம், pesanteur, poids, difficulté, peine, grandeur, éminence, excellence, ce qui est le meilleur. 2° (kourou), un des 56 pays de la géographie indienne, le pays autour de Délhi, Kourou, ancien roi de Hastinabouri, de la dinastie prétendue de la lune et ancêtre des 2 frères திரிதராட்டிரன் et பாண்டு. (Son nom a été donné à ses descendans, les Kourous ou கௌரவர், surtout aux enfans de திரிதராட்டிரன் dont துரியோதனன் est le chef, tandis que les fils de பாண்டு s'appellent particulièrement பாண்டவர் les Pandous. La guerre allumée entre les 2 familles fait le sujet du poème épique nommé le மகாபாரதம்), riz cuit. 3° couleur, splendeur, couleur brillante, vitriol bleu, espèce de poudre ou de composition médicinale faite de divers métaux et qui (au dire des Indiens) peut changer les métaux en or ou en argent, pierre philosophale, petite vérole, pustule, bouton, rougeur, bourbouille, espèce de petite rongeole causée par la chaleur, eau pure. ‖ *V.* குருநாடி: குருஆராலமூ

க்குபோலிருக்கிறது la petite vérole ressemble à la bouche d'une lamproie; —கடாக்ஷம் regard bienveillant—, bienveillance du gourou;—கத்தி meurtre d'un gourou; —காரியம் affaire importante, office d'un gourou;—குலத்தோர்,—குலம் la famille—, la race des Kourous,la postérité du roi Kourou,arsenic naturel dit பலண்டுருகம்;—குலத்தரசர், —குலமன்னர், —குலவேந்தர் les rois de la dinastie des Kourous; —குலபாண்டுமைந்தன் Darmarâsen fils de Pândou de la race des Kourous; —கோபம் colère de gourou,violente colère; -க்கிரமம் coutume—,instruction traditionnelle et orale;—க்ஷேத்திரம், —க்ஷேத்திரம் le pays de Délhi, scène de la grande bataille entre les Kourous et les Pândous; —க்கொடுக்கிறது donner des avis; —க்கொள்ளுகிறது montrer un esprit mûr: —சந்தானம் postérité—, famille du gourou ou du roi Kourou; —சந்திரயோகம் conjonction de Jupiter et de la lune;—சனன், V.குருச்சனன்; —சாரபலம் influence de la marche de Jupiter: —சூரியன் diamant;—சேடம், —சேஷம் restes (du repas) d'un gourou considérés comme un don sacré;—சேவை action de servir un gourou; —ச்சனன், (சனம்), homme vénérable, chef, ancien d'une famille; —தக்ஷிணை offrande —,présent à un gourou; —தற்பகன்,—தற்பி (தற்பம் lit, ga qui va), homme qui a eu mauvais commerce avec la femme de son gourou: —தற்பவிரதம் pénitence de ce crime; —தாபம் chaleur excessive; —தேசம் le pays de Délhi: —த்துரோகம் trahison—, perfidie envers son gourou; —த்துவம்,—தத்துவம் prêtrise,sacerdoce, sacrement de l'ordre, respectabilité, grandeur,poids, fardeau;—நாடி un des 10 pouls du corps humain qui (selon les Indiens) part du nombril et reste dans les parties génitales, traité qui en parle; —நாதன் seigneur de son pére,(surnom de)Soupramanien qui expliqua à son père Siven le பிரணவம்,ou selon d'autres,le sens du mot உறி ou அரி qui se trouve en tête des alphabets et autres livres payens,gourou excellent,—supérieur, vitriol bleu;—நாள் la 8me constellation des Indiens; —நிந்தை mépris envers son gourou,—de son gourou; —நிலம் le pays de Délhi; —நோய் petite vérole; —பதம் une place sur la tête, paradis; —பத்தி foi—, dévotion—, confiance en son gourou;—பத்திரம் l'arbre abondant en feuilles,i.e.le tamarinier,zinc; —பத்தினி,—பன்னி femme de gourou;—பரன் Soupramanien, gourou supérieur, —excellent; —பரம்பரை tradition—, lignage de gourous;—பாலப்பிரபோதிகை un des commentaires sur le dictionnaire sanscrit amara cosha; —பீடத்தாள் femme de gourou;—பீடம் siége—, office d'un gourou;—பீடமாயிருக்கிறவர் précepteur spirituel, gourou; —புகர்சந்திரயோகம் conjonction dans un même signe de Jupiter, Vénus et la lune; —புடம் longitude de Jupiter: —புத்திரன் fils de gourou, disciple; —பூசை offrande—, distribution de nourriture au sujet d'un gourou décédé,repas donné à des gourous, hommage—, respect rendu au gourou,messe d'un prêtre; —ப்பட்டம் prêtrise,sacerdoce, ordination; —ப்பிரசாதம் chose donnée par un gourou et réputée sacrée;—ப்பிரமோதம் contentement—, joie provenant du gourou; — புறப்படுகிறது la petite vérole sortir; — புறப்பட்டவன் homme qui a—,qui a eu la petite vérole; —ப்பூச்சி espèce de guêpe tachetée;—முகம்,—முகதா,—முன்,—முன்னிலை présence du gourou; —முகறன் (ironiquement), personne marquée de petite vérole; —முறை savon, arsenic dit கோடாசுகி; —மூடிக்கிறது, —மூடித்தல் mettre dans le creuset les remèdes nécessaires pour pulvériser les métaux;—முன், —முன்னிலை, V.குருமுகம்;—மூஞ்சி, V.குருமுகநன்; —மூர்த்தம் venue de dieu ou d'un Dieu prétendu pour servir de gourou; —மூர்த்தி gourou suprême,—supérieur;—மொழி parole—,témoignage de gourou;—ரத்தினம் topaze;—ராசன்,—ராட்டு le roi des Kourous, *i.e.* துரியோதனன்;—வசனம்,—வாக்கியம், —வாக்கு parole du gourou;—வண்டு, V.குருப்பூச்சி: —வருடம், —வருஷம் le pays de Délhi,un des நவகண்டம் des Indous; —வாரம் jeudi;—வார்க்கிறது être attaqué de la petite vérole,ses symptômes se manifester partout le corps; —வியாதி la petite vérole;—வித்தம் l'arbrisseau குன்றி,orge, vermillon, rubis, une des 4 espèces de rubis,pierre précieuse rouge, V.முத்தக்காசு: —வுபதேசம் doctrine—, enseignement du gourou,le sacrifice ஓமம்; —வெறும்பு,(எறும்பு),grosse fourmi rouge:—வென்றசாரம் espèce de sel minéral dit காசிச்சாரம்;—வேர் plante dont les racines sont odoriférantes et qui ne produit point de fleurs.

குருகு, tendreté, jeunesse, l'arbre குருக்கத்தி, bracelet,poule, volaille, héron, autre espèce de héron dit கொய்யடி,oiseau,—aquatique,blancheur,la 19me constellation, un des 56 pays de la géographie indienne au nord de la péninsule de l'Inde, cervelle d'éléphant, rameau —, jet renfermé dans la tige, V. உலைமுக்கு:—மணல்,—மண் sable blanc.

குருக்கண், 1° mamelle. 2° P. குருட்டுக்கண்,œil privé de la vue.

குருக்கத்தி, l'arbre gœrtnera racemosa. [உருக்கன்.

குருக்கன்,nom d'une maladie. ‖V.

குருக்கிறது, குத்தேன், குப்பேன், கு,குக்க,*v.n.*குருத்திருக்கிறது,*v.c.* (குரு),avoir des bourbouilles, des boutons,—des rougeurs, s'irriter fortement.

குருக்கு,espèce de chardon, argemone mexicana.‖V.இக்கிரி: பாவியன்வீட்டிலே பெருக்குங்குருக்கும் முளைக்கும் à la place de la maison du pécheur croitront les arbustes et les chardons.

குருக்குத்தி, espèce d'arbrisseau épineux,maladie qui empêche le riz

குருச்சி,alun. [de croitre.

குருடன்,(குருடு), (homme) aveugle,சுக்கிரன் ou la planète Vénus,le roi aveugle திரிதராட்டிரன் père de துரியோதனன்: குருடனுக்குக்குருடன்கோல்கொடுத்து வழிகாட்டினாற்போல comme si un aveugle tendait un bâton à un autre aveugle et lui montrait le chemin; குருடனுஞ்செவிடனுங் கூத்துப்பார்க்கப்போய்க் குருடன்கூத்தைப்பழித்தான்செவிடன்பாட்டைப்பழித்தான் un aveugle et un sourd étant allés voir une danse,l'aveugle critiqua la danse et le sourd critiqua le chant, critique absurde. [aveugle.

குருடி, *f.du préc.* (femme ou fille)

குருடு, *gén.* குருட்டின், aveuglement, cécité, obscurité, défaut de clarté,ignorance,ce qui est aveugle, —obscur:குருடுங்குருடுங்குருட்டாட்டமாடிக்குருடுங்குருடுங்குழிவிழுவாறே comme deux aveugles qui se mettent à jouer à colin-maillard tombent tous deux dans le fossé.

குருட்டடி,(குருட்டு,அடி), fantaisie,caprice,démarche aveugle.

குருட்டாட்டம்,(*id.*ஆட்டம்),cécité,aveuglement d'esprit, ignorance: —ஆடுகிறது jouer à colin-maillard; —ஆய்ப்பேசுகிறது parler sottement,—en ignorant,en insensé.

குருட்டிலையான்,குருட்டீ, (குருட்டு, இலையான், ஈ), taon, espèce de mouche.

குருட்டு, *obl. de* குருடு, aveugle, ignorant,stupide:—க்கண் œil privé de la vue; —க்கல் pierre sans couleur;—ச்சாயம் teinture sans couleur prononcée,couleur sans éclat;—த்தனம், V.குருட்டாட்டம்;—த்தீர்ப்பு jugement insensé, —rendu par un ignorant; —நியாயம் mauvaise—, sotte—,fausse raison,injustice;—ப்ப

த்தி piété aveugle, —mal-entendue, superstition; —முத்து perle sans éclat; —மை encre blanche, qui ne marque pas; —வாக்கு rapport—, bruit incertain, —dont on ne connait pas l'auteur, fait arrivé on ne sait comment:—வைத்தியன் médecin ignorant;—வௌவால் espéce de chauve-souris; குருட்டெழுத்து lettre mal formée,dont l'œil ne parait pas bien.

குருணி,mesure dite மரக்கால் ou குறுணி,ce qui a cette mesure, son contenu.

குருதி,sang,couleur rouge,la planète de Mars,cerveau: —கக்குகிறது cracher le sang.

குருது, beurre fondu, réceptacle —,place pour mettre le grain, grenier portatif.

குருத்தல்,n.v.de குருக்கிறது,bourbouille,rougeur,grande colère,pousse,germination.

குருத்திறகு,(குருத்து),duvet, plumes tendres.

குருத்து,1° ger.de குருக்கிறது. 2° jeune pousse,jet —,rameau de cocotier,de palmier etc..,blancheur, âge —,chose tendre, cornes naissantes des animaux:—கக்குகிறது, —கக்குதல், —தெறித்தல், —விடுகிறது, —வீசுகிறது, —வைத்தல், குருத்தெறிகிறது,குருத்தெறிதல் pousser des rameaux, —un jet; —க்குழந்தை enfant nouveau né; —த்திருநாள் le dimanche des rameaux.

குருத்தோலே,(குருத்து). jeune rameau, —jet de cocotier et de palmier,etc...

குருந்தம், குருந்தக்கல், émeri, spath adamantin, spatum adamantinum.

குருந்து,V.குருந்தம் et குருத்து, l'arbre trichilia spinosa,enfant,diamant.

குருப்பிக்கிறது,ப்பித்தேன், ப்பிப்பேன்,ப்பி,ப்பிக்க,v.n. et குருப்பித்தல்,n. v. (குரு), faire venir les bourbouilles,irriter,germer,pousser. ‖V. குருக்கிறது.

குருப்பு,n.v. de குருக்கிறது, bouton,rougeur,bourbouilles,furoncle.

குருமன், குருமான், enfant, poupon,petite figure,—statue.

குருமிக்கிறது,மித்தேன், மிப்பேன், மி,மிக்க, v.n. retentir, bourdonner, faire du bruit, appeler, parler avec bruit.

குருமித்தல்,குருமிப்பு,n.v. du préc. bourdonnement, murmure, bruit confus,bruit de paroles,appel.

குருமை,(குரு).grandeur.

குரும்பட்டி, குரும்பை, espèce de ruche —, nid de fourmis blanches, fruit tendre de palmier ou de cocotier,sorte de riz.

*குருவகம், (kourouvaka), rouge blanchâtre.

குருவங்கனே, (குரு, அங்கனே), femme de gourou.

குருவஞ்செடி, nom d'un arbrisseau.

குருவால்,arbre dit இச்சில்.

குருவி, (குறு. petit), petit oiseau, moineau, oiseau,la 19me constellation,graine rouge du குன்றி:—க்கார் petite espèce de riz qui a la couleur du moineau:—க்குடல் estomac de moineau,petit estomac,—ventre; —க்கூடு nid —,cage de moineau:—க்கூட்டைக் கோலாலேகுலேக்கிறது défaire un nid d'oiseau avec un bâton,ruiner une famille;—த்தலே tête de moineau,guérite; —த்தலேப்பாகல் espèce de பாகல் à petits fruits:—த்தலேப்பாக்கு espèce de petite noix d'arec;—த்திருக்கை espèce de raie dont la tête ressemble à celle d'un moineau; —த்தேங்காய் la plante phyllanthus;—மீன் espèce de poisson;—யெச்சம் fiente d'oiseau;—வேட்டை chasse aux oiseaux; —வேட்டையாடுகிறது aller à la chasse aux oiseaux;—வேட்டைக்காரன், —பிடிக்கிறவன் oiseleur.

குருவிச்சி,குருவிச்சை, gui, espèce de plante parasite,ehretia buxifolia, dont les fruits sont mangeables.

குருவுக்காதி, (குரு,ஆதி), camphre cru,un des principaux ingrédiens de la pierre philosophale

குருளே,jeunesse,tendreté, tortue, petit (des animaux suivans: renard, chien,cochon,tigre,cerf, singe, lièvre,lion.) [femme.

குருள், chevelure—, cheveu de

*குருபதேசம், (குரு, உபதேசம்), enseignement de gourou. [deur.

*குருபம்,(கு mal),difformité, lai-

*குருபி, குருபன், (id.), difforme, laid,sans forme, être sans figure.

*குருப்பியம்,(id.),zinc,étain.

*குரூரம்,(kroûra),cruauté,dureté.

குரை,(குரம்),1° son,bruit,cheval, corne du pied (du cheval etc...), bulle d'eau,particule explétive: அது பெறலருங்குரைத்தே cela est difficile à obtenir; குரைத்தே est la 3me pers. neutre du குறிப்புவினை de குரை. 2° imp.et part. du suiv. குரைமுகன் chien.

குரைக்கிறது, ரைத்தேன், ரைப்பேன்,ரை,ரைக்க,v.n.(குரை), faire du bruit, retentir, rendre un son inarticulé,aboyer.

குரைத்தல்,n.v.du préc.retentissement,bruit inarticulé,aboiement.

*குரோசம், (krôsa), cos,[distance de 4000 ou, selon d'autres, 8000 coudées, environ 2 milles indiens, portée de voix.

குரோடாங்கி,(krôda sein, அங்கி), habit rayé de femme,communément கோடாங்கி.

*குரோட்டம், } (krôchta), renard
குரோட்டு, } ou chacal, sanglier. [chacal mâle.

*குரோட்டன், (id.), renard ou

*குரோதம், (krôdha), colère, haine, rancune, ce qui est une des 6 et des 8 mauvaises inclinations dites அறுபகை et அஷ்டவிகாரம்: —செய்கிறது, —பண்ணுகிறது se fâcher, s'irriter, montrer de la colère; —தீர்த்துக்கொள்ளுகிறது se venger, assouvir sa haine; —தீர்த்துக்கொள்ளுதல் vengeance; —வைக்கிறது garder de la rancune, —de la haine; —குரோதக்காரன், —க்காரி ennemi, ennemie, rancuneux, rancuneuse,homme—,femme en colère.

*குரோதன், —வருஷம், (குரோதம்,na),la 59me année du cycle indien de 60 ans, correspondant à 1805 et 1865 de l'ère chrétienne.

*குரோதன், (குரோதம்), ennemi, homme irrité, —rancuneux, (surnom de) Virapattiren fils de Siven.

*குரோதி, 1° m.f. (id. i.), V. குரோதக்காரன்,—காரி. 2° la 38me année du cycle de 60 ans, correspondant à 1844. 3° imp.et part.de

குரோதிக்கிறது, த்தேன், ப்பேன்,தி,திக்க, v. n. (குரோதம்), montrer de la haine, de la rancune,haïr, குர்ச்சை,P.குற்சை. [s'irriter.

*குல,adj.de குலம். [ஞுக்கு.

குலக்கு, (குலை), V. குலட்டு, et இ

குலசம்பலம், V. குள்ளம்.

*குலசன், (குலம், சம்), homme de caste,—né d'un père et d'une mère de bonne caste et de bonne conduite. [—acheté.

*குலடன், (koulata), fils adoptif,

*குலடாபதி. (குலடை, பதி), mari d'une femme infidèle.

*குலடி, (koulati), arsenic rouge.

*குலடை (குலம், அடம்), femme infidèle, —de mauvaise vie, qui déshonore la caste, ou n'en observe pas les usages.

குலட்சயம், (id. க்ஷயம்), ruine d'une famille,d'une caste.

குலட்டு, (குலை), grappe, bouquet de fleurs.

குலத்தான், (குலம்), homme de caste,—d'une tribu,—de bonne famille. [cuivre.

குலப்பம், sable contenant du

குலமசாதி, V.திலக்கல்.

*குலம், 1° (koula),caste, tribu,race, famille, descendance,tige, classe, foule,troupeau,—d'animaux de même espèce, pays habité, maison, demeure, palais—, résidence d'un roi, la 27me constellation. 2° (goula), sucre candi,—brut, mélasse: குலமிலான், —இல்லான் homme sans caste, chassé de sa caste, de basse caste; —உளோன், —உள்ளோன் homme de caste,—de bonne caste; —தெரிக்கிறது calomnier—,injurier une caste, en médire; —புகுகிறது

(mot injurieux) entrer dans une caste étrangère (et perdre la sienne); —புகுந்தவன் homme dégénéré, —qui est entré dans une caste ou une famille étrangère; —புகுந்தும் குறைந்திரவில்லை bien qu'on entre dans une caste étrangère, le déshonneur ou la détresse ne cesse pas pour cela; —பெயர்கிறது changer de caste, être chassé de la sienne; குலகண்டகன் celui qui déshonore sa caste; —கருமம் pratique—, coutume de caste; —கன்னி fille—, femme chaste, —de bonne famille; —காயம் règles et usages particuliers des castes, caractère naturel, nature propre, limaçon, la plante பேய்ப்புடோல்; —காலம் la plante திலக்கடம்பு; —கிரி montagne d'un point cardinal, chacune des 8 dites அஷ்டதிக்குப்பர்வதம்; —குரு gourou de la caste; —கூடஸ்தன் tige ou premier ancêtre d'une famille, —d'une caste, homme de haute caste; —க்காயம். V. குலகாயம்; —க்கொடி, V. குலஸ்திரீ; —க்கொழுந்து rejeton de la caste, enfant chéri, —qui est l'espérance et doit être le chef d'une famille ou d'une caste; —க்ஷயம் ruine d'une famille, —d'une caste; —சம்பவன் (சம்பவம்), homme de haute caste; —சவேதகன், V. சவரிலோத்திரம்; —சிரேஷ்டன் homme distingué par sa caste, ses mœurs et sa science, chef de caste; —ஸ்திரீ femme chaste, —légitime, —de la caste du mari, et dont les enfans héritent des droits de leur père; —தருமம், V. குலாசாரம்; —தாரகன் fils, soutien de la caste; —திதி le 4me, le 8me, le 12me jour de la lune, (réputé favorable); —திலகன், (திலகம்), V. குலாதிபன்; —தெய்வம் prétendue divinité particulière d'une caste, —d'une famille; —த்திரி, V. குலஸ்திரீ; —நக்ஷத்திரம் étoile réputée favorable; —நாசகம், —நாசம் chameau, ou —நிந்தை déshonneur—, honte—, tache de la caste, —de la famille; —பதி, V. குலாதிபன்; —பத்தினி femme chaste, —qui observe la décence de sa caste; —பருவதம், V. குலகிரி; —பாலகம் espèce d'orange; —பாலகன் enfant de bonne caste; —பாலி, —பாலிகை femme chaste; —பிரஷ்டன் homme chassé de sa caste, —de sa famille; —ப்பகை haine de famille, —de caste; —மகன், —மகள் fils—, homme—, fille—, femme de caste, —de bonne famille et de bonne conduite; —மரியாதை décence—, honneur convenable à la famille, —à la caste; —மலை, V. குலகிரி; —மித்திரன் ami—, partisan d'une famille, —d'une caste; —யீனன், —வீனன், (ஈனம்), homme de basse caste, —chassé de sa caste; —வாரம் jour réputé favorable, *i. e.* mardi ou vendredi; —வித்தை science de famille, —de caste; —விருது bannière—, titre—, devise de caste—, de famille, ce qui lui est propre; —விருத்தியை (bhroutyâ *servante*), sage-femme; —வீனன், V. குலயீனன்; இதெனக்குக்குலகாயமாயிருக்கின்றது ceci est pour moi un usage de caste ou de famille.

குலரி, (குலை), V. குலட்டு.

குலவணை, zinc minéralisé.

குலவுகாசம், le roseau நாணல்.

குலவுகிறது, வினேன், வுவேன், வு, வ, *v.a. et n.* குலவுதல், *n.v.* (*P.* குலாவுகிறது), célébrer, exalter, briller, s'accorder. [sandal.‖ *V.* செஞ்சந்தனம்.

குலவுரி, (குலம், உரி), l'arbre de

*குலன், 1° (koula), artiste habile, homme de bonne caste. 2° *P.* குலம்.

குலா, pompe, célébration, amitié, courbure, *n.v. imp. et part. de* குலாவுகிறது,

*குலாகுலம், (குலம், அகுலம்), chose d'origine —de caractère mêlé de bien et de mal: குலாகுலதிதி jour de la lune d'un caractère douteux au dire des payens, le 2me 6me ou 10me jour de la lune; —நக்ஷத்திரம் constellation d'un caractère douteux; —வாரம் le mercredi, jour douteux, au dire des gentils.

*குலாங்கனை, (குலம், அங்கனை), femme de caste, —de haute caste.

குலாங்குலி, l'herbe மாந்தப்புல்.

*குலாசலம், (குலம், அசலம்), V. குலகிரி.

*குலாசாரம், (id. ஆசாரம்), usage —, coutume—, conduite de caste.

*குலாசாரியன், (id. ஆசாரியன்), gourou de caste.

*குலாதிக்கம், (id. ஆதிக்கம்), excellence—, particularité d'une caste.

குலாதிபன், (id. அதிபன்), chef de caste,—de famille.

*குலாபிமானம், (id. அபிமானம்), honneur de caste.

குலாபு, espèce de rose. [filet.

*குலாயம், (koulâya), nid d'oiseau,

குலாரி, ou —ப்பண்டி, —வண்டில், P. குலால்வண்டில், carrosse, voiture.

*குலாலன், (koulâla), potier.

குலால், chose belle, jolie, agréable, plaisante, régulière: —வண்டில் char, voiture à la façon asiatique, carrosse: —வண்டிலேறுகிறது aller en carrosse, en pareille voiture.

குலாவல், n. v. et opt. de குலாவுகிறது, louange, célébration, amusement, passe-temps agréable, amitié, conversation, fréquentation, cercle, courbure, brillant.

குலாவு, 1° célébration, louange. 2° imp. et part. de

குலாவுகிறது, வினேன், வுவேன், வு, வ, v.a. converser familièrement, fréquenter, célébrer, louer, exalter, se réjouir, briller, se plier, se courber ou குலாவிக்கொண்டிருக்கிறது converser familièrement, être ami intime. [préc. V. குலாவல்.

குலாவுகை, குலாவுதல், n. v. du

*குலி, (kouli), corps, femme, sœur aînée de l'épouse.

*குலிகம், 1° (goulikâ), balle, 2° vermillon, couleur rouge, l'arbre இலுப்பை. [டை), jeu de balle.

*குலிகாக்கிரீடை, (குலிகம், கிரீ

*குலிங்கம், 1° (koulingaka), passereau. 2° corbeau, cheval, vermillon, nom d'un pays.

குலிங்கர் (குலிங்கம்), habitans du pays dit குலிங்கம், nom d'une caste.

*குலிசம், (koulisa), cotte d'armes —, arme de diamant, la foudre prétendue d'Indra, l'arbre வன்னி, l'arbre இலுப்பை. ‖ V. கலிசன்; குலிசபாணி celui qui est armé de la foudre, (selon les Indous) Indiren.

குலிசல், arsenic préparé dit நாகபாஷாணம். [பரிபாஷாணம்.

குலிசன், arsenic naturel dit கந்

குலிஞன், குலிஞ்சன், (குலம்), homme de caste. [des Indiens.

குலிந்தம், un des 56 pays connus

குலிலி, houra, cri de guerre, —de triomphe.

*குலீனன், (குலம், ina), homme bien-né, —de bonne caste.

குலுகுலு, (son imitatif), sorte de bruit, குலுகுலுவென்கிறது faire couloucoulou, —du bruit.

குலுகுலுக்கிறது, லுத்தேன், லுப்பேன், லு, லுக்க, v.n. (குலுகுலு), ramper, faire couloucoulou,— du bruit, démanger, gratter.

குலுகுலுத்தல், குலுகுலுப்பு, n.v. du préc. bruit, démangeaison, action de ramper etc...

குலுக்கம், nom d'un oiseau.

குலுக்கி, 1° coquette, insolente. 2° gér. de குலுக்குகிறது.

குலுக்கு, n. v. imp. et part. de குலுக்குகிறது, secousse, agitation, bruit qui en provient, gestes affectés, afféterie: குலுக்கென்கிறது branler, être agité, —secoué, faire du bruit.

குலுக்குகிறது, க்கினேன், க்குவேன், க்கு, க்க, v.a. et n. குலுக்குதல், n.v. agiter, secouer, faire le pédant,— l'insolent, prendre—, avoir un air d'afféterie, —un air affecté. [க்கை.

குலுக்கை, V. குலுமை et கோரி

குலுங்கல், குலுங்குதல், agitation, tremblement; n. v. de

குலுங்குகிறது, கினேன், குவேன், கு, க, v.n. de குலுக்குகிறது et குலுங்கிக்கொண்டிருக்கிறது, v.c. branler, être agité, —secoué, chanceler, trembler.

*குலுசம், குலுச்சம், குலுஞ்சம், (gouloutchtchha, goulountchha), bouquet de fleurs.

*குலுத்தம், 1° (koulattha), collou

ou lentille pour les chevaux etc... 2° (goulpha), cheville du pied.

*குழுமம், (goulma), action de discipliner—de conduire une armée, certain nombre de troupes contenant 3 சேனாமுகம், ou 9 éléphans, 9 chars, 27 chevaux et 45 piétons, fort, sorte d'arbrisseau, gazon. ‖ *V.* குன்மம்: குழுமமூலம் gingembre

குழுமி, *V.* பாசறை. [vert.

குழுமை, magasin ou réceptacle à grains fait d'osier ou de cercles de branchages.

குலை, 1° grappe (de raisins, —de fruits etc... surtout de bananiers, de palmiers, de cocotiers...), rameau—, bouquet de fleurs, etc., bout inférieur,—bas d'une flèche, bout, extrémités d'un arc, petite chaussée qui sépare les compartimens des riziéres, tremblement, creux de l'estomac. 2° *imp. et part. de* குலைகிறது *et de* குலைக்கிறது: —கட்டுகிறது la grappe—, le fruit se former aprés la floraison; —குலைகிறது trembler de crainte; —குலைதல் tremblement de peur; —குலையாய் par grappes; —க்கல் bézoard, pierre qui se forme dans l'estomac ou le ventre surtout de certains animaux; —தள்ளுகிறது pousser des grappes, la grappe sortir de la tige, —de son enveloppe; —தள்ளிற்று la grappe —, le bouquet est sorti de la tige; —நோய் mal d'estomac,—de poitrine, cardialgie; —படுவன் ulcère à la poitrine; —பிடிக்கிறது, *V.* குலைகட்டுகிறது; —பதைக்கிறது le cœur palpiter; —போடுகிறது, *V.* குலைதள்ளுகிறது; —முட்டி, *V.* குலைநோய்; —யெரிவு inflammation d'estomac, cardialgie; —வயிறு bas de l'estomac; —விலை affermage d'aprés l'estimation—, prix des grappes; குலையிலுதைக்கிறது donner des coups—, causer des élancemens dans le creux de l'estomac; என்குலைபதைக்கின்றது le cœur me bat.

குலைகிறது, லைந்தேன், லைவேன், லை, லைய, *v.n.* (குலை), se défaire, se déranger, se délier, s'endommager, se gâter, se troubler, se confondre, se mêler, se chiffonner, s'effacer, se ternir, disparaitre, se dissoudre, se dissiper, craindre, trembler, se presser, palpiter de hâte, diminuer, être irrésolu, dissuadé, dépouillé, privé, rayé, annulé, détester, abhorrer: குலைந்துபோகிறது s'évanouir, disparaitre, *V.* குலைகிறது; கோலமிட்டதுகுலைந்துபோய்விட்டது les figures qu'on avait tracées se sont effacées.

குலைக்கிறது, லைத்தேன், லைப்பேன், லை, லைக்க, *v.a. de* குலைக்கிறது, troubler, défaire, déranger, démancher, endommager, effacer, rayer, délier, annuler, confondre, mêler, dissuader, mettre en désordre, dissoudre, séparer, aboyer, japper: குலைத்துப்போடுகிறது défaire, troubler, effacer, etc... குலைத்துக்காட்டுகிறது imiter l'aboiement du chien.

குலைச்சல், *n. v. du préc.* désordre, dérangement, confusion, trouble, corruption, aboiement, cri de mépris, parole d'aversion; *ou*

குலைதல், *n. v. de* குலைகிறது, trouble, désordre, confusion, dissolution, crainte, tremblement, précipitation, palpitation, marque de crainte, action de se défaire, dérangement, etc..

குலைத்தல், குலைப்பு, *n. v. de* குலைக்கிறது, aboiement, tremblement, action de troubler, de défaire etc...

குலைப்பன், (குலைப்பு), frisson, maladie provenant du froid.

குலையல், *V.* குலைதல்.

குலையாத, *part. nég. de* குலைகிறது *et de* குலைக்கிறது: —நாய் குதிகாலைக்கடிக்கும் un chien qui n'aboie point mordra le talon.

குலைவு, *V.* குலைதல்.

குலோமிசை, *V.* வசம்பு.

*குல்மம், (goulma), *V.* குழுமம் et குன்மம்.

குல்லம், (koulya), van, petit van.

குல்லரி, l'arbre இலந்தை, jujubier.

குல்லா pièce de bois que l'on attache d'un côté des barques pour les empêcher de chavirer, *ou*

குல்லாய், bonnet, coiffure, calotte,

mitre:குல்லாவைப்போடுகிறது mettre un bonnet, etc... ou—ப்போட்டுக்கொண்டிருக்கிறது porter un bonnet. etc...

குல்லான்,sorte de poisson effilé.

குல்லி, nom d'une plante.

*குல்லியம், 1° (goulya), douceur. 2° (koulya), conseil.

*குல்லியன், (koulya), conseiller.

குல்லிலி, V. குலிலி.

குல்லை, les plantes கஞ்சா et துளசி, basilic, l'arbrisseau வெட்சி.

*குல்வலி, (kouvali). V. குல்லரி.

*குவங்கம்,(கு mal,வங்கம்),plomb.

*குவசம், 1° (id. வசம்), ce qui est perdu. 2° (id. vatcha, qui parle), injure, censure.

குவடு,gen.குவட்டின்,boule,globe, corps rond, branche d'arbre, montagne, colline, sommet de montagne, l'arsenic naturel சங்கபாஷாணம்:குவட்டிலுதித்தோன், V. சொர்ணபேதி;குவட்டிற்புளிதம் l'arsenic naturel சங்கபாஷாணம்; குவட்டினியம் vitriol bleu en pierre, sulphure d'antimoine.

குவட்டு, obl. du préc: —க்கல் bézoard,(surtout celui qu'on trouve dans les brebis qui paissent sur les montagnes); —க்கூர்மை l'arsenic naturel தொட்டிப்பாஷாணம்; —முலைச்சி,—நுண்முலைச்சி, V. சொர்ணபேதி.

*குவம்,(kouva),nénuphar,lotus.

*குவலம்,(kouvala),l'arsenic naturel அவுபலபாஷாணம், jujubier, jujube,nénuphar,perle.

*குவலயம், 1° (kouvalaya), nénuphar, pontederia, nymphæa alba, lotus,nénuphar bleu. 2° (கு, வலயம்), la terre,le globe terrestre: குவலயத்திலேவழங்குகிறது être d'usage—,se rencontrer dans le monde.

*குவலயாபீடம்,(குவலயம்,et âpida, qui comprime,ou பீடம்), nom d'un éléphant,l'animal qui est un poids pour la terre,ou qui est censé la soutenir.

குவலிடம், (குவல், இடம்),ville.

குவலையன், vitriol bleu.

குவவு, accumulation, tas, foule, globe, boule,balle,terre,grandeur,ce qui est gros.

குவளச்சி,minéral dit புத்தாம்பழம்.

குவளை, 1° (குவலயம்), nénuphar, pontederia, une des flèches de Kâmen,qui est de nénuphar. 2° (கு, வளை), œil,orbite—,creux—,angle de l'œil, ou canthus major, cou ou bord d'un vase, feuille représentée sur le கடுக்கன் ou pendant d'oreilles. V.பொக்கணி; —த்தாரகன் celui qui porte une guirlande de nénuphar,i.e. Darmarâsen;—பச்சு moule de nénuphar,instrument d'orfévre.

*குவாகம்,(gouvâka),arèquier.

*குவாகுலம், (kouvahoula), chameau.

குவாக்கிழங்கு,ararout, ou arrowroot,agutiguepa.

குவாட்டி., espèce d'huître, —de moule.

குவால், (குவிகிறது), accumulation,foule,élévation,colline.

குவி,imp.et part.du suiv.entassé:குவியிலைமுக்கரிகத்தி couteau pour couper l'extrémité des feuilles de bétel entassées.

குவிகிறது, விந்தேன், விவேன், வி,விய, v.n.s'accumuler, s'entasser, se rassembler,se serrer,se réunir, se joindre, s'arrondir, se resserrer. se fermer (une fleur), se retirer, être rond, —renfermé.

குவிக்கிறது, வித்தேன்,விப்பேன், வி,விக்க,v.a.du préc.accumuler, entasser, amasser, serrer,cacher,unir, joindre (les mains...), faire retirer, rétrécir.

குவிதல், n.v.de குவிகிறது, accumulation, tas, monceau, réunion, resserrement,retirement,rondeur.

குவித்தல்,குவிப்பு, n.v.de. குவிக்கிறது.

குவியல், n.v.de குவிகிறது, monceau,tas,amas,contraction, rétrécissement.

*குவிரம், (kouvra),forêt,bois.

குவில், action de couper,bruit.

*குவிவாகம், (கு), mariage dégradant.

குவிவு, V. குவிதல்.

குவேற்றுமை. (கு), le cas terminé en கு, i.e. le datif.

குவை, (குவிகிறது), boule, balle, tas, monceau, foule, tertre, colline.

குவ்வாகுவ்வா வென்கிறது, (son imitatif), un enfant crier, crier comme un enfant.

குவ்வியம், plénitude.

குழ, n. et adj. jeune, tendre, enfant, jeunesse: குழகுழவென்றிருக்கிறது, V. குழகுழக்கிறது; குழமகன் petit enfant, poupon, poupée, le 77me பிரபந்தம், poème en calivemba, dans lequel les femmes exaltent le poupon qu'elles portent dans leurs bras.

குழகம், (குழ), beauté, beaux vers pour les enfans.

குழகன், (id.), le jeune fils—, le fils cadet de Siven, i.e. முருகன், Siven.

குழகு, (id.), beauté.

குழகுழக்கிறது, ழத்தேன், ழப்பேன், ழ, ழக்க, v.n. (குழ) et குழகுழத்தல், n.v. être flasque, mou, doux au toucher, —visqueux.

குழங்கல், espèce de guirlande.

குழந்தை, (குழ), ou —ப்பிள்ளை enfant, petit—, jeune enfant, poupon: குழந்தைக்குத்தாலாட்டுகிறது bercer un enfant et chanter pour l'endormir: —குழந்தையையரவணைக்கிறது embrasssr—, caresser un enfant

குழப்படி, (குழப்புகிறது, அடி), ou

குழப்பம், (குழப்புகிறது), trouble, confusion, brouillerie, dissension, mutinerie, révolte rébellion, embarras (dans une affaire), difficulté, empêchement: —ஆயிருக்கிறது, —ஆய்க்கிடக்கிறது être en désordre, en révolte, en confusion, être troublé, embrouillé: —பண்ணுகிறது se révolter, exciter une révolte, troubler, bouleverser, retarder, empêcher; குழப்பக்காரன், குழப்பவாளி, (ஆளி), perturbateur, rebelle, brouillon, homme qui embrouille les affaires, qui bouleverse tout; குழப்பத்தைத்தீர்க்கிறது apaiser une révolte, des troubles, remettre en ordre.

குழப்பல், opt. et n.v. de குழப்புகிறது.

குழப்பன், (குழப்பம்), V. குழப்பக்காரன்.

குழப்புகிறது, ப்பினேன், ப்புவேன், ப்பு, ப்ப, v.a. de குழம்புகிறது, et குழப்பிப்போடுகிறது, —விடுகிறது et குழப்புதல், n.v. exciter des troubles, révolter, soulever, troubler, brouiller, embrouiller, bouleverser, embarrasser, mêler, mélanger, confondre: குழப்புகிறவன், V. குழப்பக்காரன்.

குழம்பல், opt. et n.v. de குழம்புகிறது, trouble, bouleversement, inversion, ce qui est liquide.

குழம்பு, 1° sauce, bouillon, jus, fluide épaissi, —épaissi en bouillant, eau de riz, cange, empois, mortier, argile—, boue pétrie pour bâtir, poudre de sandal etc... détrempée, chose liquide, mélange, Colombo, capitale de Ceylan, (et par extension) Ceylan. 2° imp. et part. du suiv: —காய்ச்சுகிறது faire une sauce, épaissir en faisant bouillir; —ப்பால் lait épaissi en bouillant.

குழம்புகிறது, பினேன், புவேன், பு, ப, v.n. (குழம்பு), குழம்புதல், n.v. s'épaissir, devenir épais, condensé, être trouble, troublé, confus, bouleversé, embrouillé, embarrassé, mêlé, liquide

குழலல், V. குழற்சி, excavation; opt. et n.v. de

குழலுகிறது, ழன்றேன், ழலுவேன், ழல், ழல, v.a. et n. (குழல்), குழலுதல், n.v. creuser, évider, boucler, rouler et nouer la chevelure derrière la tête, se friser, se mettre en rouleau, former un vide.

குழல், 1° tuyau, chose creuse, tube, mousquet, canon de fusil etc..., flûte, fifre, flageolet, chalumeau, chant harmonieux, chevelure—, cheveux de femme, touffe de cheveux, une des 5 manières d'attacher les cheveux, i.e. chevelure entortillée en rouleau par derrière, —nouée sur le côté, espèce de poisson. 2° imp. et part. de குழலுகிறது: —ஊதுகிறது jouer de la flute, etc...; —ஊதி joueur de flûte etc... —சுடுகிறது tirer un coup de fusil, —de canon.

குழவி, (குழ), pierre cylindrique, cylindre de pierre pour broyer, âge tendre, jeunesse, tendreté, jeune arbre, plant, croissant de la lune (jusqu'au 8me jour), enfant, petit (des animaux et surtout) petit buffle, —bœuf sauvage, —élan, —cochon, —cerf, —lion, —léopard, —éléphant, —chameau, —écureuil ou rat palmiste, —singe ou autre animal qui vit sur les arbres, grandeur, dette.

குழவு (*id.*), âge tendre, tendreté.

குழவிழைப்புளி, *P.* குழைவிழைப்பு ளி. [boucle de cheveux.

குழற்சொத்து, (குழல்), touffe—,

குழற்சி, (குழலுகிறது), touffe—, boucle de cheveux, état de ce qui est bouclé, roulé—noué, —frisé.

குழற்பிட்டு, (குழல்), croquignole roulée (en forme de tube), pâte—, gâteau qu'on fait cuire dans un tube.

குழற்றுறப்பு, (*id.* துறப்பு), clef forée, —percée.

குழன்று, *gér. de* குழலுகிறது.

குழாம், (குழு), foule, assemblée.

குழாம்பல், chose liquide, molle, fanée, mélange.

குழாய், (குழல்), tube, tuyau, chose creuse, trou: குழாயாயிருக்கிறது être creux, —en forme de tube; குழாயில் வார்க்கிறது verser dans—, remplir un tube; குழாயில்வைக்கிறது mettre dans un tube.

குழி, 1° fosse, fossé, trou, creux, cave, puits, étang, ventre, tombeau, magasin, cougi, *i.e.* perche carrée contenant généralement 576 pieds carrés anglais, c'est le centième d'un kâni, carré, mésure quelconque carré. 2° *imp. et part. de* குழிகிறது *et de* குழிக்கிறது :—க்கணக்கு compte de cougis ou perches carrées; —க்கல் pierre creuse qui sert de mortier, —qui sert à broyer les drogues etc...; —க்குத்து trou fait pour transplanter des plantes; —க்குத்துக்கோல் petit bâton qui sert à faire ce trou; —சிலே, *P.* குளிசிலே; —ச்சட்டி sorte de terrine ou casserole creuse pour faire certaines pâtisseries; —த்தன்மை forme creuse; —த்தாமரை la plante ஆகாசத்தாமரை; —நரி renard (à tanière); —நாவல் espèce de நாவல் calyptranthes jambolana; —படுகிறது un creux se former; —பறிக்கிறது creuser une fosse; மாறுகிறது multiplier des perches par des perches pour avoir des perches carrées: —மாறுதல் multiplication de perches carrées;—மாற்று table de multiplication—, multiplication de perches carrées;—முயல் lapin; —யச்சு instrument pour faire un creux dans les plaques de métal;—யம்மி pierre à broyer qui est creuse, *V.* குழிக்கல்;— யாகிறது, —யாதல் devenir creux, se creuser;—யாக்கிறது creuser, faire une fosse;—வெட்டி fossoyeur, homme qui creuse des fosses; —வெட்டுகிறது creuser une fosse; குழியிலேபுதைக்கிறது enfouir, cacher *ou* குழியிலேவைக்கிறது, enterrer, mettre dans la fosse.

குழிகிறது, ழிந்தேன், ழிவேன், ழி, ழிய, (குழி), se creuser, devenir—, être creux, concave: குழிந்தெடுக்கிறது se creuser le cerveau, creuser, être pensif, inquiet, examiner, chercher.

குழிகை, 1° *P.* குளிகை. 2° *n. v. de* குழிகிறது

குழிக்கிறது, ழித்தேன், ழிப்பேன், ழி, ழிக்க, 1° *v. a. de* குழிகிறது, creuser, faire une fosse. 2° *P.* குளிக்கிறது. [paume de la main.

குழிக்கை, (குழி, கை), creux—;

குழிசி, cruche, jarre, vase de terre à cuire le riz.

குழிதல், *n. v. de* குழிகிறது, se creuser etc..., *V.* குழிவு. [concave.

குழிந்த, *part. de* குழிகிறது, creux,

குழித்தல், *n. v. de* குழிக்கிறது.

குழிப்பு, espèce d'harmonie poétique qui consiste dans la correspondance des lettres d'un vers avec un autre. [écluse.

குழிமி, bec—, bouche d'un vase,

குழிமிட்டான், la plante நத்தைச்சூரி.

குழியம், balle, boule, forme cylindrique, gourdin recourbé usité dans les batailles, cercle.

குழிவு, *n. v. de* குழிகிறது, concavité, creux.

குழு, 1° foule,assemblée,troupe de femmes, collection, désobéissance. 2° *imp.et part.de* குழுவுகிறது: —க்காலி,—மாடு vache ou bœuf indomptable, —qui ne se laisse pas lier; —ப்பற்றுகிறது,—ப்பாய்கிறது courir çà et là par insubordination, être rebelle,indomptable.

குழுமல், foule,réunion, *n.v.de* குழுமுகிறது,மினேன்,முவேன்,மு, ம,*v.n. et* குழுமுதல், *n.v.* (குழு), se joindre,se réunir,s'attrouper.

குழுமுரல், espèce de poisson.

குழுவல், réunion,foule,*n.v.de* குழுவுகிறது,வினேன்,வுவேன், வு, வ,*et* குழுவுதல்,*n.v.*(குழு),*V.* குழுமுகிறது.

குழுவன், (குழு), désobéissant, in-[soumis,rebelle.

குழூஉக்குறி, (குழூ, குறி), mot d'ordre,—de convention,jargon,langage,mot propre à une corporation, mot technique.

குழூஉப்பெயர், (*id.* பெயர்), nom collectif,—de corporation.

குழை, 1° tuyau,cannelure, chose creuse en dedans,sorte de pendant d'oreilles, oreille,ouïe, nénuphar, marne,boue,mortier,bourgeon,rejeton, feuillage, fumier de feuilles pourries,forêt.2° *imp.et part. de* குழைகிறது,*et de* குழைக்கிறது: —க்கொக்கன் espèce de pendant d'oreilles; —கறி sauce —,ragoût liquide,—trop cuit,—de fruits broyés;—க்காடு pays de forêts; —சாந்து, —சுண்ணம் mortier, chose détrempée et mélangée;—சேறு terre glaise—, boue détrempée,terre visqueuse,boue solide et infecte;—நாற்றம், —மணம் odeur de parfums mélangés, puanteur de la boue;— பிடிக்கிறது prendre une branche pour chasser quelque chose; — மறைவு cachette de feuillage.

குழைகிறது, ழைந்தேன், ழைவேன்,ழை,ழைய, *v.n.* s'amollir,devenir mou,— mollasse, —comme de la bouillie, se fondre ensemble et ne faire qu'une masse,se gâter,se faner, se flétrir,languir, dépérir, plier, se mêler,se réunir,se joindre,s'assujétir servilement, s'associer par des motifs faux,se mêler: குழைந்துபோன சோறு riz trop cuit et réduit en bouillie அகங்குழைந்து போகிறது l'esprit être inquiet, troublé, languir,dépérir; இழையத்திட்டிக்குழையவடிக்கிறது bien piler le riz dans un mortier, et le faire égoutter quand il est réduit en bouillie.

குழைக்கடிக்கிறது, (குழைக்கு, அடிக்கிறது), frapper avec certain feuillage en récitant quelque formule payenne.

குழைக்கிறது, ழைத்தேன், ழைப்பேன், ழை, ழைக்க, *v.a.* (குழை), bourgeonner,pousser,—des feuilles, amollir,faire trop cuire le riz,mêler, détremper, pétrir la terre,faire du mortier avec les pieds, plier.

குழைச்சி, (குழை), ruche ou nid des fourmis blanches.

குழைச்சு,poignée—,tête—,cou—, fourreau des instrumens, jointure, tenon, rainure, jointure intérieure des os des pieds,des mains etc...

குழைஞ்சான்,(குழைகிறது), trouble,embarras.

குழைதல்,*n.v.de* குழைகிறது.

குழைத்தல், குழைப்பு, *n.v. de* குழைக்கிறது,bourgeonnement, pousse,liquéfaction, amollissement, mélange,pli.

குழையடி,குழையடித்தல், (குழை, அடி...), action de frapper—, coup donné avec certain feuillage en récitant des formules gentiles et regardant fixément, ordre donné alors, enseignement.

குழையல் } *n. v. de* குழைகிறது,
குழைவு } amollissement, attendrissement, dépérissement, langueur,mélange, union, cannelure, courbure, *ou* குழைவாயிருக்கிறது être mou,mollasse,se flétrir,se faner, se gâter; குழைவிழைப்புளி rabot à cannelures,—pour creuser.

*குளகம்,(koulaka), union de plusieurs stances,extension du régime des noms ou des verbes à plusieurs strophes contrairement à l'usage de finir le sens à chacune, pièce de vers qui ne contient que des brèves, un marcal,*i.e.*la mesure dite மராக்கால்,un âjâcou,*i.e.* un 8me de படி: குளகச்செய்யுள் pièce de vers de plusieurs strophes régies par un seul verbe.

*குளகன்,(koulaka *de bonne famille*), le fils cadet de Siven,குமரன்.

குளகு, feuillée, nourriture des bêtes qui vivent de feuilles ou de plantes.

குளகுள, *(son imitatif)*, son d'eau qui bouillonne etc...குளகுளென்கிறது *ou* குளகுளவென்கிறது,*V.* குளகுளக்கிறது: —வென்றழுகிப்போகிறது (un fruit) devenir mollasse, se pourrir:குளகுளவென்று *ou* குளகுள கொதிக்கிறது bouillir en faisant *coulacoula*: குளகுளவென்றுபோகிறது devenir mollasse,—mou.

குளகுளக்கிறது, ளத்தேன், ளப்பேன்,ள,ளக்க,*v.n.* குளகுளத்துப்போகிறது,(குளகுள),faire *coulacoula*,—du bruit, répéter un son,— une syllabe.

குளசு,*P.*கொளுசு, nœud, nœud coulant,l'arsenic composé dit பவளப்புற்று,*V.*குழைச்சு: கால்—, கைக்குளசு jointure intérieure des os des pieds, —des mains.

குளச்சு,quart, *V.*குழைச்சு.

குளஞ்சி,*P.*கொளஞ்சி,espèce d'oranger,sucre.

குளத்தம், குளத்து, *obl.ou adj.de* குளம்,d'étang: குளத்தங்கரை, குளத்தருகு, குளத்தோரம் bord d'étang; குளத்தேபோதல் aller aux besoins naturels.

குளம் 1° pièce d'eau, réservoir, étang(ordinairement carré). 2°*(koula),front. 3°*(goula),sucre,jagre ou sucre brut: —கட்டுகிறது faire—, bâtir un réservoir,—un étang;—தொடுகிறது,—தொட்டல், (et plus ordinairement), —தோண்டுகிறது, —வெட்டுகிறது creuser un étang;குளக்கட்டு bord d'étang;—கீழ் espace—,champ situé sous un étang;—க்குருவி moineau d'étang,*i.e.*crabe;—க்கொட்டி variété de la plante aquatique கொட்டி; —க்கோட்டன் nom d'un roi; —க்கோரை jonc d'étang, espèce d'herbe; —நண்டு crabe d'étang;—ச்செந்நெல், —நெல் riz des étangs,qui y croît de lui-même et dont les grains sont oblongs avec une barbe rude;—ப்பயறு espèce de pois; — ப்பாடு terre proche d'un étang;—மீன் poisson d'étang;—வடம்பு,(அடம்பு),certaine plante; —வட்டை,(அட்டை), sangsue d'étang;—வரகு espèce de வரகு qui croît dans les étangs;—வாழை espèce de riz, ou de nellou;குளத்துக்கு,—குளத்தே போகிறது aller aux besoins naturels (c'est ordinairement sur le bord d'un étang); குளத்துக்குமழைகுந்தாணி போற்பெய்கிறதா est-ce qu'il pleut gros comme des mortiers pour remplir les étangs; ce sont des gouttes multipliées qui les remplissent; de même ce sont les petites sommes multipliées qui rendent riche; கோயிலுக்குளத்துக்குப்போகாதவன் celui qui ne va ni à la pagode,ni à l'étang(*i.e.* de la pagode,pour y faire des ablutions superstitieuses.)

குளம்பு,corne du pied (des animaux):இருபிளவானகுளம்பு corne du pied fendue.

குளவஞ்சி,*P.*குளாஞ்சி.

குளவி, guèpe, abeille, jasmin des montagnes, l'arbre மலைப்பச்சை:—குத்துகிறது, —கொட்டுகிறது la guèpe piquer;—க்கூடு nid ou ruche de guèpe;—புழுவைத்தன்னிறமாக்கிறதுபோல comme la guèpe change un insecte en sa propre couleur;—மண் boue avec laquelle les guèpes font leur nid.

குளவித்தம்,espèce de safran.

குளறல்,*V.*குளறுகை.

குளறுட்டம், (குளறுபி, ஆட்டம்), trouble,confusion,embarras.

குளறுகிறது, றினேன், றுவேன், று,ற,*v.n.ou* குளறிப்பேசுகிறது,bredouiller, balbutier, radoter, parler confusément, sans savoir ce qu'on dit,se troubler, crier,faire du bruit; குளறிப்போடுகிறது embrouiller,embarrasser, troubler;—யடித்துக்கிடக்கிறது être dans un grand trouble, —embarras; —வழுகிறது parler indistinctement sans qu'on puisse comprendre.

குளறுகை,குளறுதல், *n.v du préc.* bredouillement,balbutiement,radotage,cri,bruit.

குளறுபடை, குளறுபிடி, குளறுபடி,(குளறும்), embarras, trouble qui fait balbutier, désordre: குளறுபடியாய்க்கிடக்கிறது rester confus,—à balbutier,—en confusion. [ger.

குளாஞ்சி,(குளஞ்சி),espèce d'oran-

குளாபாகம், *V.* குடாபாகம்

குளி,*n.v.imp.et part.de* குளிக்கிறது, *V.* குளிப்பு:—காரன் plongeur, pêcheur de perles,de conques etc...; —குளிக்கிறது être en couche, faire ses couches;—சீலை langoutti, morceau de toile qu'on met pour se baigner, *V.*கௌபீனம்;—தோஷம் maladie que contracte, dit-on,un enfant, quand sa mère ne s'est pas baignée après avoir visité sa voisine en couche;—நீர் eau pour se baigner;—ப்பச்சை *V.*ஆற்றுப்பச்சை;—மணி cloche de plongeur.

*குளிகசித்தி, *V.*குளிகாசித்தி.

*குளிகம்,(குளிகை),remède, médecine.

*குளிகன்,(koulika),un des 8 serpens qui,au dire des Indous, supportent le monde, une des planètes invisibles.

*குளிகாசித்தி, (குளிகை), prétendu pouvoir des pilules dites இரசகுளிகை,c'est un des அஷ்டசித்தி

*குளிகை,(goulika), pilule,boulette,bol,bolus,petit globe,boule, balle, remède,pilule médicinale, —magique composée de diverses sortes d'arsenics et de minéraux.

குளிக்கிறது,ளித்தேன், ளிப்பேன், ளி,ளிக்க,*v.n.* (குளி),se baigner,se laver le corps,plonger, pêcher les perles et les conques, s'enfoncer, se cacher,être caché: குளித்தெடுக்கிறது pêcher (les perles...).

குளிக்கை,*n.v.du préc.*

குளிசம்,petit tube pour mettre un talisman ou chose semblable, amulette,talisman,petite plaque de métal sur laquelle on écrit des léttres magiques ou sacrées, cercle, anneau,—que l'on fait de quelques racines ou herbes pour des cérémonies superstitieuses: —கட்டுகிறது porter une amulette etc...;—ஆடுகிறது ou குளியமாடுகிறது mettre un anneau,—un tel anneau.

குளித்தல்,cachette, *V.*குளிப்பு.

குளிப்பாட்டு, குளிப்பாட்டுதல், *et.*

குளிப்பாட்டுகிறது, (குளிப்பு, ஆட்டுகிறது), laver (quelqu'un...), baigner,faire baigner.

குளிப்பிடபாறுகள், (குளிப்பு, இடம்,பார்),bancs où l'on pêche les perles.

குளிப்பு, *n.v.de* குளிக்கிறது, bain, plongeon,action de se baigner etc...

குளியம், (குளிசம்), globe, boule, remède en général,tigre.‖ *V.*குளிசம்.

குளியாள், (குளி, ஆள்), plongeur, pêcheur de perles. [dans l'eau.

குளியோடுகிறது, (குளி), plonger

குளிரி,paquet—, faisceau de plumes de paon,instrument,pour cueillir les feuilles de bétel et en couper la queue,la plante நீர்க்குளிரி.

குளிருகிறது,ர்ந்தேன்,ருவேன், ரு ou ர்,ர,*v.n.* (குளிர்), devenir—, être froid ou frais,avoir froid,frissonner, être rafraichi, consolé,devenir roide, mourir: எனக்குக்குளிர்கின்றது j'ai froid; எனக்குமனங்குளிர்ந்தது mon esprit est tranquille,satisfait. (C'est ainsi que ce mot et ses dérivés signifiant la fraîcheur, donnent l'idée d'aise et de bonheur dans ce pays brûlant);சரீரமெல்லாங்குளிர்ந்தது tout le corps est froid,—est rafraichi; எரியும்வயிறு குளிர்ந்தது l'estomac brûlant—,l'appétit est satisfait, je suis ou il est content, satisfait; என்வயிறுகுளிர்ந்ததுபோல உன்மாளிகைகுளிரவேண்டும் puisse ta famille être satisfaite comme mon estomac l'a été,(formule de remerciement); குளிரக்கொடுக்கிறது

donner à satiété,de manière à satisfaire:குளிரப்பண்ணுகிறது faire refroidir,rafraîchir,satisfaire; குளிர்ந்திருக்கிறது être froid,refroidi, frais, rafraichi, satisfait, saisi du froid, transi,roide de froid:குளிர்ந்துகிடக்கிறது être étendu froid,roide,mort; —கொல்லி perfide,—qui tue ou dénigre avec un air affable et de belles paroles,la plante dite கொவ்வை: —போகிறது devenir froid,raide,un froid mortel se déclarer,mourir;குளிர்ந்துபற்றுகிறது, குளிர்ந்தேறுகிறது le vent s'élever, un vent—, le poison monter.

குளிர்,1° *imp. part. fut. et n.v.de* குளிருகிறது. 2°*adj*.froid,frais,rafraichissant.3°froid,fraicheur,temps rafraichissant,vent froid et humide ou chargé de rosée, crainte, peur,signe de crainte,ordre des poissons (parce qu'ils ont le sang froid),rang de poissons,fronde,espèce de tambour, trident,massue, cognée instrument pour cueillir les feuilles de bétel et autres,et en couper la queue, porcépic.*4° (koulira) crabe, signe du Cancer:—காய்கிறது, —காய்தல் se chauffer (au feu ou au soleil); —காய்ச்சல் fièvre avec frisson,fièvre froide:—காலம் l'hiver, la saison du froid; —காற்று vent froid ou frais; —குளிருகிறது,—கொள்ளுகிறது attraper du froid, devenir froid,roide, engourdi de froid,les symptômes empirer,—d'un froid mortel se déclarer;—சுரம் fièvre froide,—avec frisson:—த்தனம் froideur;—நடுக்குகிறது trembler—,frissonner de froid;—பனிக்காலம், —பனிக்காற்று temps —,vent de la rosée froide.

குளிர்கிறது... *V*. குளிருகிறது.

குளிர்க்கிறது, ர்த்தேன், ர்ப்பேன், ர்,ர்க்க,*v.a.de* குளிர்கிறது,*V*. குளிர்ப்பிக்கிறது.

குளிர்ச்சி,குளிர்தல்,*n.v.de* குளிருகிறது,fraicheur,froid, froideur, frisson, roideur causée par le froid, mort: குளிர்ச்சியாயிருக்கிறது être frais,froid,rafraichissant;—ப்பண்டம் chose fraiche,rafraichissante

குளிர்த்தல்,*n.v.de* குளிர்க்கிறது.

குளிர்த்தி,*n. v. du même*,fraicheur, froid, frisson, adoration à la prétendue déesse du froid:—பண்ணுகிறது rafraichir, faire refroidir, rendre froid; — போடுகிறது rendre hommage—, faire une offrande à la prétendue déesse du froid.

குளிர்ந்த, *part. parf.de* குளிருகிறது,froid,frais, rafraichissant,refroidi,agréable:—குரல் voix douce,agréable;—கொள்ளி tison éteint ou qui le semble, médisant avec de belles paroles et un air de bonté. *V*.குளிர்ந்துகொல்லி;—நிறம் couleur agréable, délicieuse, qui rafraichit les yeux;—நீர் eau fraiche, tiède, brillant des pierres précieuses;— பரிமளம் l'arsenic naturel சித்தாங்கபாஷாணம்:—பார்வை regard favorable,—bienveillant;—பேச்சு paroles douces,affables;—மணம் odeur suave, agréable; —மனசு affection, esprit bien disposé; — முகம் visage bienveillant,affable, joli: —வசனம் paroles affables, amicales;— வாசனை odeur suave;—வாயு vent frais, flatuosité qui cause la froideur du corps;—வேளை moment du frais, la soirée;—வொளி (ஒளி), éclat brillant des pierres précieuses.

குளிர்ந்து,*gér.du même*.

குளிர்ப்பிக்கிறது,ப்பித்தேன்,ப்பிப்பேன்,ப்பி,ப்பிக்க,*v.a.de* குளிருகிறது *et* குளிர்ப்பித்தல், *n.v.* rafraichir,rendre froid,faire refroidir.

குளிர்ப்பு,*n.v.de* குளிர்க்கிறது,*ou*

குளிர்மை,(குளிர்,மை), fraicheur, froideur, froid, maladie—, danger causé par le froid;—க்கட்டு fluxion, enflure à la joue;—காண்கிறது le froid de la mort se déclarer:—கொள்ளுகிறது attraper un coup de froid,s'enrhumer.

குளிறல், *n. v. de* குளிறுகிறது, bruit, retentissement, cri, les différens sons de la voix, —du discours, son inarticulé.

குளிறு,1° bruit,son, grand bruit, cri.2° *imp.et part.de*

குளிறுகிறது, றினேன், றுவேன், று, ற, v.n. (குளிறு), குளிறுதல், n.v. faire du bruit, résonner, crier.

* குளிரம், (koulira), crabe.

குளுகுளு, (son imitatif), glouglou: குளுகுளென்கிறது, V. குளுகுளுக்கிறது; குளுகுளென்றுதிரார்டுகிறது l'eau agitée (dans un coco etc...), faire glouglou.

குளுகுளுக்கிறது, ளுத்தேன், ளுப்பேன், ளு, ளுக்க, v.n. (குளுகுளு), faire glouglou,—du bruit, résonner (l'eau dans un vase, dans un coco, dans le ventre), gagner—, avoir la jaunisse, être doux au toucher, se corrompre, se gâter par trop de maturité; குளுகுளுத்திருக்கிறது (la face) être enflée: குளுகுளுத்துப்போகிறது tomber en pourriture.

குளுகுளுப்பை, jaunisse.

குளுத்தி, P. குளிர்த்தி. [fraiche.

குளுநீர், P. குளிர்நீர், eau froide,—

குளுந்த, P. குளிர்ந்த.

குளுப்பை, espèce de jaunisse, leucophlegmatia, enflure:— முகம், - மூஞ்சி visage enflé;— மூஞ்சிக்காரன் homme dont la figure est enflée;— வாய்ப்போகிறது enfler.

குளுமி, écluse.

குளுமை, P. குளிர்மை.

குளோச்சு, P. குளச்சு.

குளோமான், espèce de cerf.

* குள்ளம், (khoulla), petitesse, petite taille, tromperie: குள்ளக்கெண்டை espèce de poisson, aphya.

* குள்ளன், (குள்ளம்), courtaud, nain, pygmée, trompeur, perfide: குள்ளனைக்கொண்டாழம்பார்க்கிறான் il fait examiner la profondeur de l'eau par un nain, il emploie une personne incapable; கள்ளன்பின்போனாலும் குள்ளன்பின் போகப்படாது suivrait-on un voleur, qu'il ne faudrait pas suivre un nain, (suivant l'Indou superstitieux qui le croit de mauvais augure).

குள்ளி, 1° fém. du préc. femme courtaude, naine. 2° m. courtaud.

குற, adj. de குறம்: —ச்சாதி caste des குறவர் ou faiseurs de corbeilles etc...; — வேஷம் habillement—, mœurs et coutumes de cette caste.

குறங்கு, cuisse.

குறங்கொட்டி, (குறங்கு, ஒட்டுகிறது), pièce de bois qui s'adapte à la picote [ம்], tison à demi-brûlé.

குறங்கொள்ளி, (குறம், P. குறையு

குறஞ்சனம், borax

குறஞ்சாம், (குறம், P. குறையும், சாம்), partie de terre qu'on n'a pas fini de labourer.

குறஞ்சி, la plante செம்முள்ளி.

குறடு, gén. குறட்டின், tenailles, pinces, pincettes, crabe, enclume, base, piédestal (de statues, de colonnes etc...) avance, saillie, proéminence, corniche, saillie inférieure et supérieure des murs et des colonnes, trottoir, banc de maçonnerie ou de terre autour des maisons, planche, élévation, pièce de bois, sandales de bois dites பாதக்குறடு, la cheville de ces sandales, une des courroies des sandales dites செருப்பு: குறடுவைத்து ou காய்ச்சிப்பிடுங்குகிறது pincer—, torturer avec des tenailles rouges; குறட்டாலிடுக்குகிறது prendre—, tenir avec des tenailles; குறடுள்ளோன், l'être qui a des pinces, i.e., le crabe. [le.

குறட்டி, (குறள்), petitesse de taille.

குறட்டரியம், (id. அரி), manque.

குறட்டாழிசை, (id. தாழிசை), sorte de poésie dont les strophes ont 2 vers. Il y en a de 3 sortes suivant les règles différentes qu'elles suivent.

குறட்டு, obl. de குறடு: —ச்செருப்பு espèce de sandales;— ப்பாக்குவெட்டி espèce de ciseaux pour couper la noix d'arec; —வேலை ouvrage en bosse, —ou en saillie.

குறட்டை, 1° acc. de குறடு. 2° ronflement, la plante trichosanthes palmata dont le fruit est médicinal: —விழுக்கிறது, —வாங்குகிறது, —விடுகிறது ronfler.

குறண்டல், n.v. de குறண்டுகிறது, ce qui est roulé, ce qui s'est plié ou bosselé en se mettant en rouleau; —வாதம் flatuosité qui fait souffrir.

குறண்டி, 1° espèce de chant ou d'air. 2° gér. du suiv.

குறண்டுகிறது, டினேன், டுவேன், டு, ட, v.n. et குறண்டுதல், n. v. faire un pli — une bosse en se mettant en rouleau, se mettre en rouleau: குறண்டவாங்குகிறது tirer en mettant en rouleau.

குறத்தி, (குறம்), couratti, femme de la caste des குறவர் ou faiseurs de corbeilles, chiromancienne, diseuse de bonne aventure, montagnarde, femme chef d'un pays montagneux, la plante நிலப்பனை: —ப்பாட்டு le 85e des பிரபந்தம், pièce de poésie qui a rapport aux femmes de la caste des குறவர் ou diseuses de bonne aventure; குறத்திக்குக்கைகாட்டுகிறது montrer sa main à la குறத்தி pour demander la bonne aventure.

குறம், divination, pronostic, signe, espèce de chant, la caste des குறவர்: —பார்க்கிறது observer les signes, ou —விடுத்தல், — சொல்லுதல் dire la bonne aventure.

குறவஞ்சி, (குறம்), couratti, ou femme de la caste des குறவர், V. குறத்தி, espèce de chant, — de poème: —பாடுகிறது chanter ce poème.

குறவணாவன், espèce de ver.

குறவன், (குறம்), pl. குறவர், homme de la caste des குறவர், faiseur de paniers, chasseur, montagnard, (sorte de gens qui s'occupent de petit trafic et sont assez généralement mal famés), V. வேடன், mercure: —பெட்டி panier, corbeille.

குறவை, —மீன் espèce de poisson de rivière, ophicephalus punctatus.

குறளடி, (குறள், அடி), vers de 2 pieds: —வஞ்சிப்பா poésie de l'espèce dite vangsi en vers de 2 pieds: —விருத்தம், —செய்யுள் nom d'un poème composé de vers de 2 pieds.

குறளன், (குறள்), courtaud.

குறளி, (id.), prostituée, espèce de diable: —க்கூத்து diablerie; —விடுகிறது déranger, troubler.

குறளை, (குறள்), 1° petitesse, — de taille, affront, injure, médisance, calomnie: —ச்சொல், —மொழி injures, paroles outrageantes, — désobligeantes; —சொல்லுகிறது médire, injurier, dénoncer un vol, notifier les objets volés. 2° acc. de குறள்.

குறள், (குறு), petitesse, — de taille, chose courte, démon, espèce de fantôme, distique ou couplet de 2 vers, le premier de 4 pieds et le 2me de 3 pieds, poème moral fait par le fameux poète திருவள்ளுவர் et composé de cette espèce de distiques. (Il est divisé en 3 parties, savoir: அறத்துப்பால் traité de la vertu, பொருட்பால் traité des biens ou des richesses, காமத்துப்பால் traité du plaisir ou de la volupté; cette partie est dangereuse surtout pour la jeunesse). —வெண்செந்துறை strophe de 2 vers d'égale quantité: elle admet toute sorte de pieds et bien que le ton en soit défectueux, elle exige que le sens soit élégant: —வெண்பா petit vembâ ou distique susdit de 2 vers qui suit une ou 2 sortes de combinaisons; les autres vembâ ont plus de 2 vers.

குருசாணி, espèce de remède.

குருவுகிறது, வினேன், வுவேன், வு, வ, v.n. ou குருவிப்போகிறது, maigrir, s'attrister, se rétrécir, se retirer, crier: குருவியிருக்கிறது, குருவிக்கொண்டிருக்கிறது, être maigre, triste, mélancolique.

குருவுதல், n. v. du préc. maigreur, tristesse, retirement, cri.

குருள், குருளாடு, agneau, jeune brebis, chèvre qui n'a pas porté.

குறி, 1° imp. de குறிக்கிறது. 2° signe, marque, signal, signe de tête, — de la main, empreinte, caractère, qualité personnelle, spécialité distinctive, marque du sexe, apparence, symptôme, signe avant-coureur, présage, augure, pronostic, divination par les signes, dire la bonne aventure, marque qu'on met aux bœufs et autres animaux, blanc, but, point de mire, estime, considération, bonne conduite, bon ordre, toile: குறிகாண்கிறது un signe etc... paraître, en voir un; —கெட்டவன் méchant, homme sans loyauté; —க்கட்டு nœud distinctif que les marchands font pour distinguer le sac qui contient de l'argent; —க்காரன் homme de marque, augure, diseur de bonne aventure, habile tireur, —à viser; —கேட்கிறது consulter les devins, les augures; —கொள்ளுகிறது, —கொள்ளுதல் montrer, remarquer, distinguer; —க்கொள்வோர் étudians, ceux qui étudient les livres de religion, gens persévérans, déterminés à finir une chose; —க்கோள் persévérance, détermination à finir un ouvrage, convenence, estime, calcul; —சொல்லுகிறது pronostiquer, dire la bonne aventure; —சொல்லுதல் divination; —ச்சூத்திரம் règle pour désigner ou nommer; —தப்பாமற்போடுகிறது viser juste, tirer droit au but; —நிரை linéamens de la main qui servent de marques à la chiromancie; —நிலையணி fig. de rhét. qui consiste à désigner comme il faut l'objet qu'on loue sans le nommer; —பார்க்கிறது observer les signes, les augures, ou —பார்த்துச்சொல்லுகிறது dire la bonne aventure, exercer la chiromancie; —ப்பெண்டாட்டி devineresse; —போடுகிறது marquer (des habits etc...), mettre une marque; —ப்பட்டவன், —மனிதன், —யானவன் homme distingué, —honnête, —de considération, notable; —யிடம் marque, l'endroit de la marque, marque et lieu, lieu désigné; —யிடையீடு manquer, être empêché de venir au lieu marqué, d'arriver au but; —யில்லாதவன் homme ordinaire, méchant, sans probité; —யீடு action de marquer, *V.* நாமதாரணை, imposition d'un nom; —யுள்ளவன், *V.* குறிப்பட்டவன்; —யெண் nombre concret, —dont l'espèce est désignée; —வைக்கிறது mettre un but pour tirer; குறியைப்பார்த்துச்சுடுகிறது tirer au but, au blanc.

குறிக்கிறது, றித்தேன், றிப்பேன், றி, றிக்க, *v.a.* (குறி), marquer, désigner, nommer, assigner, destiner, montrer, mettre une marque, faire des remarques, noter, remarquer, se proposer, avoir en vue, estimer, tracer; அதற்குன்னைக் குறித்தேன் je vous ai désigné pour cela; இதிலவன் குறிக்கிறதென்ன quel dessein a-t-il en cela? que détermine ou désigne-t-il en cela? குறித்த நாளிலேவருகிறது venir au jour marqué; குறித்து, *gér. avec l'acc.* touchant, sur, à cause de, pour l'amour de, par égard pour: புண்ணியத்தைக்குறித்து sur la vertu, par rapport à la vertu; கடவுளைக்குறித்தாகிலும்வா viens au moins pour l'amour de Dieu; அதைக் குறித்துப் பேசினான் il a parlé sur cela; எழுதுகோலாலே குறித்துக்கொள்ளுகிறது marquer avec un pinceau; குறித்து வைக்கிறது se proposer, marquer, noter, mettre une marque, —une remarque.

குறிச்சி, village, hameau, bourg, village dans les montagnes, terminaison d'un grand nombre de noms de villages comme ஏலக்குறிச்சி, கல்லங்குறிச்சி.

குறிஞ்சா, espèce de plante dont on distingue 2 sortes, la petite சிறு— periploca sylvestris qui est un contre-poison et la grande பெரு—asclepias vomitoria.

குறிஞ்சி pays—, terrain montagneux, champs dans un pays montagneux, —sur le penchant des montagnes, espèce de luth ou de ton du luth propre aux pays cultivés, air—, ton—, penchant des montagnes, espèce d'harmonie ou de musique, nom d'un grand arbre des montagnes, dattier sauvage dit ஈந்து, la plante செம்முள்ளி, l'arbuste மருதோன்றி, espèce de boite: —க்கருப்பொருள் propriétés et productions d'un pays montagneux au nombre de 14, savoir: 1° —த்தெய்வம், —க்கிழவன், —வேந்தன் Soupramanien dieu prétendu des montagnes. 2° —த்தலைவன் chef d'un pays de montagne: on le nomme பொருனன், வெற்பன், சிலம்பன். Sa femme se nomme குறத்தி, கொடிச்சி. 3° —க்குடிகள், —நிலமக்கள் habitans des montagnes nommés இறவுளர், கு

றவர், கானவர்; —நிலப்பெண்கள் femmes des montagnes nommées குறத்தியர்.4° —ப்பறவை,—ப்புள் oiseaux des montagnes,le perroquet,le paon etc...5°—விலங்கு,குறிஞ்சிக்குரியவிலங்குகள் bêtes sauvages des montagnes, le tigre, l'ours, l'éléphant,le lion etc... 6° —நிலத்தூர் villages des montagnes qu'on nomme சிறுகுடி ou குறும்பொறை.7°—நிலத்துநீர் eau des montagnes: அருவி ruisseau qui en tombe et சுனை étang sur les montagnes. 8° —நிலப்பூக்கள் fleurs des montagnes,—des arbres suivans.9°—மரம் ou குறிஞ்சிக்குரியவிருக்ஷங்கள் arbres des montagnes i. e. le வேங்கை,le குறிஞ்சி, l'arbre de sandal,le teck, l'agolloche அகில், le grand arbre dit அசோகு uvaria longifolia,la plante grimpante காந்தள், le புன்னை etc... 10°—புணவு nourriture des montagnards: la graine du bambou dite மூங்கிலரிசி,2 espèces de riz dites ஐவனம் et தோரை,le தினை ou millet, différentes sortes de racines,le miel,etc..; 11°—ப்பறை,—நிலப்பறை tambours des pays montagneux:le துடி et le தொண்டகம், 12°—யாழ்,— யாழ்த்திறம் le luth des pays montagneux. 13°—ப்பண்,—நிலத்திராகம் air ou ton des montagnes; 14°—நிலமக்களதுதொழில் occupations des montagnards,savoir:வெறிகொள்ளல் s'enivrer,semer le riz dit ஐவனம்,garder le millet vert,tirer le miel des ruches,arracher des racines,se baigner dans les étangs des montagnes;—த்திணை choses propres aux pays montagneux, savoir: les monts, le froid, les premières rosées,l'obscurité,le riz ஐவனம்,le millet தினை,la graine du bambou,des unions clandestines,des chefs nommés சிலம்பன், வெற்பன், பொருப்பன், Soupramanien pour prétendu dieu tutélaire, des habitants nommés கானவர் et குறவர்,du miel,des liqueurs enivrantes ou l'ivresse,des bourgades nommées சிறுகுடி et குறிச்சி,des ruisseaux dits அருவி,des étangs nommés சுனை, des éléphans,des paons,des arbres dits வேங்கை;— த்திணைப்பொருள், V. குறிச்சிக்கருப்பொருள்; —க்கிழவன்,—த்தெய்வம் V. supra:—த்தேர் char de triomphe fixe,—qui ne marche pas: —த்தேன் miel sauvage, —des montagnes;—நிலம் pays —,terrain montagneux;—நிலச்சார்பு penchant des montagnes,champs qui y sont cultivés;—ப்புறம், V.காந்தள்; —ப்பொருள் chose propre aux pays montagneux:— முதற்பொருள் choses principales des pays montagneux, savoir:pour place les montagnes et les lieux environnans, et pour le temps celui du froid,celui des premières rosées et le milieu de la nuit; —வேந்தன், V.குறிஞ்சித்தெய்வம்.

குறிஞ்சிலேக்கல், P. குறுஞ்சிலேக்கல்

குறிஞ்சில்,l'arsenic préparé தொட்டிப்பாஷாணம்.

குறிது, P. குறியது.

குறித்த,part.de குறிக்கிறது, marqué, désigné, renommé: —கள்வன் voleur célèbre.

குறித்தல்,n. v.du même. action de marquer etc..., désignation,destination,marque,intention,appréciation.

குறித்து, gér. du même, sur, touchant,à cause de,pour.

குறிப்பாளி,(குறிப்பு,ஆளி),personne qui distingue parfaitement, qui connait bien les marques,les pronostics,physionomiste. [culé.

குறிப்பிசை,(id.இசை),son inarticulé.

குறிப்பிடம், (id. இடம்), abrégé, sommaire,compendium, catéchisme ou principaux articles de la doctrine chrétienne: சின்ன—, பெரியகுறிப்பிடம் petit—,grand catéchisme.

குறிப்பு,n.v.de குறிக்கிறது, marque,signe, signal, remarque, note, intention,dessein,désir,pensée, but, blanc(pour viser),espérance,attente, agenda,memorandum,abrégé, sommaire,modèle pour écrire,feuille de palmier sur laquelle on garde écrit le jour de la naissance, item,article de compte,union, concorde: குறிப்ப

டையாளம் marque,signe distinctif, abréviation; குறிப்பறிகிறது connaître les signes,marques,particularités ou circonstances; குறிப்பறிதல் connaissance des signes,des pronostics, physiognomonie, pronostic; குறிப்பறிந்தவன் habiledans la connaissnce des signes,des pronostics, physionomiste; குறிப்பாய்க்கேட்கிறது s'informer exactement d'une chose et de ses particularités: குறிப்பாய்ச்சில சொல்லுகிறது mentionner quelques points principaux; குறிப்பாய்ப் பார்க்கிறது considérer de près,remarquer,distinguer, marquer; குறிப்பானவன் homme distingué,recommandable, —de poids; குறிப்புச்சொல் mot d'indication,—désignant une qualité que l'esprit connait et indique,v.g. நுண்மை la subtilité; குறிப்பெழுதுகிறது écrire unsignalement, des signes, marques ou notes, écrire en abrégé; குறிப்புக்காரண வசத்திணை argument qui montre le but, —l'intention,*Ex.* பேருலகாள்யான் பிறந்ததாயின் பாருலகிழிதலம் பற்றிருக்கவோ si je suis né pour régner dans le ciel, dois je désirer et lécher les biens méprisables de la terre: -க்காரன் bon conseiller, *V.* குறிக்காரன்;— ச்செயல் du sens propre et de son amplification faire ressortir une autre signification;—ச்சொல் mot d'indication,—qui indique ou désigne une chose par quelque marque;—நவிற்சியணி figure qui parle par indication, qui dit une chose pour en indiquer une autre:—ப்பண்பு qualité et disposition de l'esprit,—qu'il connait et indique *v.g.* la sagesse, l'intelligence,le péché, la vertu;—ப்பொருள் chose indiquée —désignée par un குறிப்புச்சொல்: —மறுநிலை figure par laquelle on indique une chose différente du sens des mots;—வினை; —வினைப்பகுபதம் nom appellatif dérivé d'un nom d'objet,de lieu,de temps,de membre, de qualité ou d'emploi et que l'on conjugue en lui donnant les terminaisons du verbe,maisqui n'a qu'un temps et qui n'admet que le sujet sans régime direct, parce qu'il est renfermé en lui-même.*Ex.*de பூண் bijou on fait பூணினேன் j'ai un bijou,de நல் bon on fait aussi நல்லேன் je suis bon.

குறிப்பெஞ்சணி,குறிப்பெச்சம்,(குறிப்பு), ellipse du mot d'indication.

குறிப்போலை,(*id.*)feuille de palmier sur laquelle on a marqué quelque chose,—sur laquelle on a écrit un horoscope.

குறிய,*adj.de* குறுமை, bref,court, abrégé,petit:குறியன், *m.*courtaud:குறியள்,*f.*courtaude; குறியது chose petite,courte:குறியர் *pl.*courtauds.

குறில்,(குறுமை),brève, lettre brève,chose courte.

குறு,*adj de* குறுமை, court, bref, petit,abrégé:—நகை sourire; —நகைகொள்ளுகிறது,— நகைசெய்கிறது sourire;—நடை marche chancelante; —நிலம் petit pays, —champ;—நிலத்தரசன்,—நிலமன்னன், —நிலவேந்தன்,*V.*அரட்டன் et குறும்பன்;—நிலமன்னருர்மா cheval de petits rois; -நெல் riz concassé;—நெளிப்பு orgeuil,mouvement—,air de fierté;—நொய் riz concassé;—மணல் sable fin, — mêlé d'argent; —மலை petite montagne;—மன்னன் petit prince; —மன்னியம் caractére colère,— difficile,tel que celui despetits princes; —மாக்கள்,—மக்கள் enfans, petits enfans, jeunes gens;—மீன் espèce de—,petit poisson;—விழி,—முழி regard effaré,—de travers,colère,petit œil; -முட்டு proximité, approche, stupidité;—முறுவல் sourire;—முனி le sage ou pénitent courtaud, *i.e.* le célèbre Agastien;— வாழ்க்கை pauvreté, peu de bonheur;—விசாரம் inquiétude, tristesse,mélancolie;— விசாரப்படுகிறது peiner,affliger, *ou*—ஆயிருக்கிறது être triste, inquiet, pensif, en peine; —விலை cherté,disette:—விலைக்காலம் temps de famine;—விழி *V.*குறும்பார்வை; —விழிக்கொள்ளுகிறது, —விழிவிழி

க்கிறது avoir la regard effaré,—farouche;—வேர்வு,—வேர்வை moiteur du corps,sueur faible,—de frayeur; —வேர்வரும்புகிறது, —வேர்வைரகிறது la sueur paraitre,—commencer à venir.

குறுக,inf.de குறுகுகிறது,proche.

குறுகலர்,(குறுகு,அலர்),ennemis, gens qui ne s'approchent pas.

குறுகல்,n.v.de குறுகுகிறது. proximité,voisinage, petitesse,brièveté, manque, contraction; —ஆயிருக்கிறது être bref,court,proche.

குறுகிக்கிறது,கித்தேன்,கிப்பேன், கி,கிக்க,v.a.(குறு),et குறுகித்தல், n. v.regarder de près,d'un air effaré,de travers (par colère ou autrement), —d'un œil farouche.

குறுகு,imp.et part.du suiv.:—த்தாளி la petite espèce de தாளி.

குறுகுகிறது, sync. குறுகிறது, கினேன்,குவேன்,கு,க,v.n. குறுகுதல், n.v.(குறுமை), diminuer, décroître, s'amoindrir, se rétrécir, se raccourcir,se contracter,devenir court,bref, être abrégé,abaissé, s'approcher, approcher: குறுக, inf. auprès, près; குறுகக்காய்ச்சுகிறது réduire par l'évaporation un liquide à une petite quantité en le faisant bouillir;—ப்பண்ணுகிறது,V. குறுக்குகிறது;—ப்பிடி prends tout près, ou plus près; குறுகி யிருக்கிறது être court, proche;—வருகிறது s'approcher.

குறுகிய, part. bref, court, raccourci, contracté, diminué etc...;—மாத்திரை quantité d'une brève.

குறுகுறு, (son imitatif), courou-courou: குறுகுறென்கிறது, ou குறுகுறென்றிரைக்கிறது,les oreilles tinter,faire du bruit comme le phlegme dans la gorge des mourans, V. குறுகுறுக்கிறது: குறுகுறென்றுமிழிக்கிறது regarder d'un air effaré,comme un voleur: குற்றமுள்ளாநெஞ்சுகுறுகுறென்னும். குறும்பியுள்ளகாது குனிவுகின்னும் une conscience coupable cause la mélancolie et une oreille pleine de cérumen, des démangeisons.

குறுகுறுக்கிறது,றுத்தேன், றுப்பேன்,று,றுக்க,v.n.(குறுகுறு),et குறுகுறுத்தல், n. v.se faner, s'inquiéter, être pensif, mélancolique, inquiet, irrité, fâché, faire courou-courou,—du bruit.

குறுகுறுப்பு,n.v.du préc. signe de colère,colère,inquiétude,ou

குறுகுறுப்பை,(id.),ronflement.

குறுகுற்றளி, P. குறுகுத்தாளி.

குறுக்கடி,(குறுக்கு,அடி), raison opposée, —qui vient à la traverse, chemin de traverse.‖V.குறுக்களவு.

குறுக்கம், n.v.de குறுக்குகிறது, ce qui est court,—bref,—raccourci, l'arsenic naturel கௌரிபாஷாணம், ou

குறுக்கல்,n.v.du même, contraction, abréviation, diminution, action de raccourcir, de rendre bref etc...; விகாரம் changement d'une longue en brève.

குறுக்களவு,(குறுக்கு,அளவு),diamètre,mesure prise à la traverse,—au milieu.

குறுக்கி.gér.de குறுக்குகிறது.

குறுக்கிடுகிறது,(குறுக்கு,இடுகிறது),croiser,traverser, passer à travers,au milieu, contre-carrer, s'approcher:பூனைகுறுக்கிட்டது le chat a croisé le chemin,(ce que les Indiens superstitieux regardent comme un mauvais augure, au figuré) l'entreprise a été traversée,—arrêtée; குறுக்கிட்டுமறிக்கிறது contrarier, contre-carrer,empêcher, obstruer.

குறுக்கிறது. 1° றுத்தேன், றுப்பேன்,று,றுக்க, v. n. V. குறுகுகிறது. 2° sync.de குறுக்குகிறது.

குறுக்கு, 1° imp.et part.de குறுக்குகிறது.2° traverse, diamètre, diagonale,ce qui est à travers, par le travers,empêchement,milieu, petitesse, contraction,abrégé, os des reins,douleur des reins,sciatique: குறுக்கிடாகப்போகிறது croiser, traverser,passer à travers,contre-carrer;—க்கட்டு toile ou chose semblable liée en travers à la poitrine;—க்கேள்வி interrogation captieuse, —lancée à la traverse;—ச்சட்டம் traverse, pièce de bois mise en travers; —ச்சார் petite digue à travers une rivière pour prendre au filet le poisson à l'ouverture qu'on y laisse; —ச்சுவர் mur de traverse; —ச்சூத்திரம் règle abrégée,—facile à apprendre;—த்தடி,—த்தாள் barre de porte ou de fenêtre,bâton en travers; —நோய் mal de reins,sciatique;—ப்பலகை planche en travers;—ப்பாடு, V.குறுக்கு et குறுக்களவு; —ப்பாதை chemin de traverse; —ப்புத்தி esprit de contradiction,de travers, sans réflexion;—ப்பேச்சு contradiction, paroles qui interrompent, riposte;—மறுக்கு opposition réciproque,désordre;—மரி diamètre, diagonale;—வழி chemin de traverse; —வரிச்சு perches liées en travers sur un toit pour soutenir la paille;—வளை,—விட்டம் traverse,chevron,poutrelle en travers;—விசாரணை, —விசாரதனை perquisition—, interrogatoire captieux,qui vient à la traverse;—விழுகிறது tomber en travers, —dedans,survenir,la traverse tomber;—வெட்டி chemin de traverse; குறுக்கான traversier, de—, en travers, diamétral,diagonal; குறுக்காய் en travers,diamétralement, diagonalement;குறுக்கே de travers,à la traverse; குறுக்கேபேசுகிறது interrompre (celui qui parle), contredire;—போகிறது, —வருகிறது aller —,venir à la traverse;கும்பிடப்போனதெய்வங்குறுக்கேவந்ததுபோலநீவந்தாய் ton arrivée est comme si la divinité que j'allais adorer fut venue à ma rencontre, *i. e.* je suis charmé de te voir.

குறுக்குகிறது,*sync.* குறுக்கிறது, க்கினேன்,க்குவேன்,க்கு,க்க, *v.a. de* குறுகுகிறது *ou* குறுக்குதல், *n.v. et* குறுக்கிப்போடுகிறது, raccourcir, diminuer, rétrécir, faire une contraction,une syncope,rendre bref;குறுக்கிச்செலவழிக்கிறது, —ப்போடுகிறது diminuer la dépense, économiser.

குறுக்கையர், nom d'une caste de வேளாளர்.

குறும்,*P.*குறும் *devant* க:—கணக்கு lettres simples, *i.e.* les voyelles அ,ஆ etc... et les consonnes sans voyelle, comme க், ங், ச்..., compte abrégé,—petit;—கண் fenêtre,petite fenêtre,œil-de-bœuf,petit œil; —கண்வலை filet à petites mailles; —கலி luth—, ton propre aux terrains stériles, espèce de poème où des femmes médisent en présence de l'amant;—கற்றலை espèce de poisson; —காசு petite cache,espèce de cache ou de monnaie;—காடு petit bois, broussailles,taillis;—கிண்ணி bronze, petit vase de cuivre;— குடியான் orpiment;—கோல் bâton court, verge, bâton, mesure de 2 coudées; —கோல் வேந்தன் petit roi.

குறுஞ், *P.* குறும் *devant* ச: குறுஞ்சார், *V.* குறுக்குச்சார்; —சாலி jeune arbre;—சிரிப்பு sourire;—சிலைக்கல் espèce de minéral ou pierre rouge dite ஈரக்கல்; —சீர்வண்ணம் pièce de vers composée de brèves; —சுனை petit étang.

குறுஞ்சா,*V.*குறிஞ்சா.

குறுணல்,la mesure dite குறுணி.

குறுணி, ce qui est petit, crouni ou marcal,c'est la mesure dite மரக்கால்,le 12me d'un கலம் contenant généralement 8 படி ou நாழி (mais seulement 4 à Pondichéry.);la marque du குறுணி est ங.Quand il y en a plusieurs les noms et les marques varient,ainsi:2 குறுணி se nomment பதக்கு, ஹு;3 குறுணி-முக்குறுணி, ஈ;4 குறுணி தூணி, த;5 குறுணி - ஐங்குறுணி, தங; 6 குறுணி- தூணிப்பதக்கு, தஹு; 7 குறுணி-எழுகுறுணி, தஈ;8 குறுணி- இருதூணி, ஹத; 9 குறுணி - இருதூணிக்குறுணி,ஹதங; 10 குறுணி – இருதூணிப்பதக்கு, ஹதஹு: 11 குறுணி - இருதூணி முக்குறுணி, ஹதஈ; 12;குறுணி-கலம்,௲:பானையிலேபதக்குநெல்லிருந்தால் மூலையிலே முக்குறுணிதெய்வங்கூடத்தாடும் s'il cuit dans le pot 2 crounis de riz, 3 crounis de dieux danseront dans un coin de la maison,*i.e.*les gens imprévoyans se réunissent pour dépenser tout d'un coup ce qui devait servir à plusieurs jours et ensuite ils sont dans la misère.

குறுநொய்,(குறு),riz concassé.

குறுதல்,*P.*குற்றுதல்,cueillir.

குறுத்தல்,*n.v.de* குறுக்கிறது.

குறுந்,*P.* குறும் *devant* த், court, petit, bref, abrégé:—தடி bâtonnet, bâton court, houssine pour fouetter un cheval, baguette de tambour etc...;—தறி chapiteau de bois,*V.* குறுந்தடி;—துணி morceau de toile; —துளசி la plante சிறுதுளசி;—தெரு rue courte;—தேக்கம் le fruit dit சமுத்திராபழம்;—தொட்டி petit bassin, l'espèce d'ortie—,la plante சிறுகாஞ்சொறி, l'arbuste சிற்றமட்டி.

குறுப்பி,*V.*பொன்னாவிரை.

குறுமை,(குறு), petitesse, brièveté,diminution, abréviation, abrégé, péché,beauté; *l'adj.* est குறிய, குறு, குறும்,குற்று,

குறும்,*adj.de* குறுமை,court,bref, petit, abrégé: —பயிர், moisson en herbe;—பார்வை regard farouche,—effaré, —colère, —effrayé; —பொறை bois,forêt,village de pays montagneux, montagne, colline; —பொறைநாடன் chef d'un pays de forêts

குறும்பச்சி,குறும்பிச்சி, *f.de* குறும்பன், femme de la caste des குறும்பர்.

குறும்பன்,*pl.*குறும்பர்,(குறும்பு), pâtre,homme de la caste des bergers qui tissent des கம்பளி,homme bourru, méchant, roi d'un petit pays.

குறும்பாடு,(*id.*ஆடு),brebis à laine et à cornes en spirale. ‖ *V.* பள்ளையாடு.

குறும்பாட்டம்,(*id.*ஆட்டம்), méchanceté,mauvais caractère:—ஆடுகிறது, —செய்கிறது faire le —, être méchant.

குறும்பி,(குறும்,பீ),cire des oreilles,cérumen: —வாங்குகிறது curer les oreilles;—வாங்கி cure-oreille.

குறும்பிடி,(குறும்), petite scie,—épée, poignard, petit manche, saisir fortement.

குறும்பிடையன்,(குறும்பு, இடையன்),pâtre,berger de la caste des குறும்பர்.

குறும்பு,méchanceté, malice,mauvaise humeur, mal, méfait, combat, village de désert ou de pays stérile, forteresse, petitesse: —க்காரன், *V.* குறும்பன்;—த்தனம் méchanceté; —த்தனம் பண்ணுகிறது faire le —, être méchant; —வன்னியம் subdivision de la caste des Pallis ou Vanniers;—வன்னியன் homme de cette classe. [கு],caille.

குறும்புள்,*et corr.* குறும்பூழ், (குறு

குறுவால், (குறு,ஆல்) ,l'arbre dit ficus virens.

குறுவிக்கிறது, வித்தேன், விப்பேன்,வி,விக்க, *v.n.et* குறுவித்துப்பார்க்கிறது,*V.*குறுகிக்கிறது.

குறுகுத்தகடு, குறுகுப்பட்டை, lame de métal dorée, papier doré en clinquant et qui sert d'ornement.

குறூரம்,*P.*குரூரம்.

குறை,1° manque, besoin, défaut, imperfection, chose défectueuse, —non pleine,faute,erreur,égarement, pauvreté, vide, impôt, tribut du roi, reste, surplus, mécontentement, indignation, aversion, supplication 2° *imp. et part. de* குறைகிறது *et* குறைக்கிறது: — குடம் cruche non entièrement remplie;—கொள்ளுகிறது mendier; — கொள்ளுதல், —கொள் mendicité; — க்கண்ணுறக்குறங்குகிறது ne dormir que d'un œil; —க்காடு petite forêt; —க்கிராமம் petit bourg; — கோபுரம் pyramide tronquée,—imparfaite;—க்கொள்ளி petit tison, bout de tison; —சொல் plainte; — சொல்லுகிறது se plaindre, dire les défauts; —தீருகிறது un défaut—,un besoin cesser,être content, satisfait, ne manquer de rien;—தீர்க்கிறது,*V.*குறைநிரப்புகிறது;—த்தலை, —த்தலைப்பிணம் tronc sans tête; — நிறை plus ou moins, environ, l'un portant l'autre, terme moyen; —படுகிறது manquer, faire défaut, diminuer, décroitre, devenir rare, insuffisant, enchérir; நெல்லிலே —பட்டது il manque du riz; —பட்டுக்கொண்டிருக்கிறது être mécontent, manquer de quelque chose; —பாடு manque, défaut, pauvreté, bassesse, peine —, malheur causé par une faute; —பசி, —ப்பசி faim non assouvie; —ப்பணம் le reste de l'argent: —ப்பிராணன் faible souffle de vie, demi-mort; —ப்பேர் le reste des gens, les autres personnes; —யற்ற sans défaut: —யாயிருக்கிறது manquer, être défectueux, insuffisant, imparfait, mécontent, vexé: —யாயிருக்கிறவன் homme imparfait, qui manque de quelque chose, mécontent; —யாகப்பேசுகிறது so plaindre, dénigrer, médire; —யாற்றுகிறது suppléer au besoin, fournir ce qui est nécessaire, consoler, soulager; —யிரக்கிறது demander en suivant; —யில்லாத parfait, riche, qui ne manque de rien, content, joyeux; —யின்மை perfection, suffisance, plénitude, état sans défaut; —உள்ளவன் homme imparfait, mécontent, qui manque de quelque chose; —யுறல் état de privation, de nécessité; —யுறுகிறது être dans —, sentir le besoin, devenir pauvre; —யொட்டி, *V.* நிரொத்தி; —யொற்றுமை யுருவகம் figure de rhét. qui dans une comparaison marque quelque défaut, *v. g.* நெற்றி விழியில்லாச் சங்கரன் Siven á qui il manquerait un œil au front; —வயிறு ventre affamé; —விசளை, *V.* குறைஞ்சால்; —வேலை ouvrage inachevé, imparfait; இடைக்குறை syncope, mot qui a une syncope au milieu, *v. g.* உரம் *P.* உதரம்; கடைக்குறை apocope, *v.g.* நீல் *P.* நீலம்; முதற்குறை élision de la premiere lettre. *v. g.* மரை *P.* தாமரை.

குறைகிறது, றைந்தேன், றைவேன், றை, றைய, *v.n.* (குறை) *et* குறைந்துபோகிறது, manquer, être insuffisant, diminuer, décroitre, aller en diminuant, s'amoindrir, être court, se perdre, se ruiner: குறைய, *inf.* moins; ஒன்றுகுறைய moins un: குறையப்பண்ணுகிறது faire diminuer etc...

குறைக்கிறது, றைத்தேன், றைப்பேன், றை, றைக்க, *v.a.de* குறைகிறது, *et* குறைத்துப்போடுகிறது, diminuer, retrancher, abréger, raccourcir, écourter, amoindrir, couper, détruire.

குறைச்சல், *n.v. du préc.* manque, défaut, insuffisance, privation, rareté, cherté: —அல்ல il n'en manque pas, ce n'est pas rare, —cher; —ஆய்க்கிடக்கிறது manquer, être rare ou cher.

குறைஞ்சால், (குறை, சால்), partio laissée à labourer dans un champ.

குறைதல், *n. v. de* குறைகிறது, diminution, défaut, manque, insuffisance, besoin, rareté, disette, perte.

குறைத்தல், குறைப்பு, *n.v.de* குறைக்கிறது, diminution, raccourcissement, destruction, action de diminuer etc...

குறைந்த, குறைஞ்ச, *part.de* குறைகிறது, qui manque etc.., insuffisant, défectueux, imparfait, moindre; —மரக்கால் marcal —, mesure défectueuse, —faible.

குறைவு, *n.v. du même*, défaut, manque, insuffisance, imperfection, pauvreté: —படுகிறது manquer, être dans le besoin; குறைவான, *V.* குறைந்த; குறைவுறல், குறைவுறுகிறது, (உறல்), manquer, être dans le besoin, devenir pauvre; குறைவுறச்செய்தல் réduiro au besoin, à la pauvreté. [ம், l'arbre பிச்சுவிளாத்தி.

குறேட்டை, la plante காக்கண

*குற்குலு, (gougoulou), la résine dite குங்கிலியம்.

*குற்சலை, (koutsalâ), indigotier.

*குற்சனம், (குற்சை, na), mépris, dédain.

*குற்சிதம், (குற்சை, ita), horreur, aversion, détestation, malpropreté.

குற்சிக்கிறது, சித்தேன், சிப்பேன், சி, சிக்க, (குற்சை), *v. a.* détester, abhorrer, mépriser.

குற்சித்தல்,குற்சிப்பு,*n.v.du préc.ou*
*குற்சை,(koutsâ),mépris,aversion, horreur, abomination, reproche.

குற்பகம்,jonc;roseau.

குற்ற, 1° *inf.de* குற்றுகிறது. 2° *obl. de*

குற்றம், faute défaut, culpabilité, offense,crime,péché,erreur,maladie, incivilité:—இல்லான், —இல்லோன் innocent, celui qui est sans défaut, —sans faute, Dieu, Arouguen; —கடிகிறது,—கடிதல், réprimander, éviter les fautes; —ஏற்றுகிறது, —சாட்டுகிறது (avec மேலே) inculper,accuser,charger d'une faute;—சாட்டுதல்,—சுமத்தல் inculpation, accusation;—சாராதவன் innocent,sans faute;—சுமத்துகிறது inculper,accuser,trouver coupable, convaincre; —சுமருகிறது,—சுமக்கிறது porter une faute,se trouver—,être coupable;அவன்மேல்—சுமர்ந்தது ou சுமந்தது la faute est tombée sur lui, il a été trouvé coupable; —சுமந்து கொள்ளுகிறது prendre une faute sur soi,s'en charger;—சுமவாதவன் homme innocent,—sans faute;—செய்கிறது,—பண்ணுகிறது commettre une faute,pécher; —செய்தவன் coupable, malfaiteur;—பண்ணுகிறவனுக்குயுக்தாயுக்தமில்லை celui qui commet une faute manque à la justice et aux convenances,ou n'est bon à rien; —பார்க்கிறது chercher—, examiner—, trouver les fautes; —பார்க்கிற்சுற்றமில்லை si vous examinez trop les fautes d'autrui,il ne vous restera ni parent ni ami;—பாராட்டுகிறது exagérer— ,imputer une faute, s'offenser, prendre en mauvaise part; —பிடிக்கிறது trouver en faute,censurer,critiquer,montrer une faute; —பொறுக்கிறது pardonner les fautes; குற்றக்காரன் coupable,criminel;—ச்சாட்டு accusation, inculpation,blâme;—ச்சாட்டில்லாதவன் homme irréprochable, innocent;—ப்படுகிறது être en faute,être trouvé—,devenir coupable,*ou (de* குற்றுகிறது),être brisé, arraché; —ப்படுத்தப்பார்க்கிறது chercher à inculper, à faire trouver coupable, à rendre coupable; —ப்பாடு culpabilité, faute,défaut, erreur, déshonneur;குற்றத்தின்தண்டனை punition d'une faute,condamnation; குற்றத்தைமறைக்கிறது cacher—,nier une faute;குற்றம்-மூ les 3 fautes ou défauts,savoir:காமம் luxure, வெகுளி colère, மயக்கம் trouble; குற்றம்-ஐ les 5 fautes ou incivilités, savoir: கொட்டாவி bâillement, நெட்டை faire craquer ses doigts ou faire du bruit en marchant,குறுகுறுப்பு ronflement,கூன்கிடை se coucher replié sur soi-même,நட்டுவிழல் faire des révérences de tête en sommeillant; குற்றம்-அ, les 8 imperfections incompatibles avec la divinité, *V.* அஷ்டகுற்றம்.

குற்றல்,*n.v.et opt.de* குற்றுகிறது

குற்றவாளி,(குற்றம்,ஆளி), *m.et f.* coupable,criminel: குற்றவாளியைத் தண்டிக்கிறது punir le coupable.

குற்றிசை,(குற்று,இசை), courte cadence,son bref. [pieu,poteau.

குற்றி, 1° *gér.de* குற்றுகிறது. 2°

குற்றியலிகரம், (குற்று, இயல்), i initial de quantité abrégée, ou qui n'a qu'un demi மாத்திரை: quand un mot finit par un குற்றியலுகரம் et que le mot suivant commence par ய, on le fait précéder d'un குற்றியலிகரம் et l' உ final s'élide. *Ex.* de நாகு-யாது on fait நாகியாது quelle genisse?

குற்றியலுகரம். (*id.*), ou final de quantité abrégée ou d'un demi மாத்திரை;c'est l'ou final uni à une consonne forte et non précédé d'une seule syllabe brève.

குற்று, 1° *imp. et part.de* குற்றுகிறது. 2° *adj.de* குறுமை, petit, bref, court,abrégé. Il se met devant les voyelles en élidant l'உ final.

குற்றுகரம், (குற்று, உகரம்), *V.* குற்றியலுகரம்.

குற்றுகிறது,ற்றினேன்,ற்றுவேன், ற்று,ற்ற,*v.a.* 1° briser,rompre, arracher,cueillir. 2° *corr.P.*குத்துகிறது.

குற்றுடைவாள்,(குற்று,உடைவாள்),petit poignard.

குற்றுதல், *n.v.de* குற்றுகிறது.

குற்றுமி, (குற்று, உமி), enveloppe—, balle de grain brisée.

குற்றுயிர் (குற்று,உயிர்), voyelle brève, petit souffle de vie, agonie, demi-mort: —ஆய்க் கிடக்கிறது être étendu demi-mort.

குற்றுவாய்,(குற்றும்,வாய்),espèce de poisson, bouche mordante.

குற்றெழுத்து, (குற்று), brève, lettre brève, —d'un மாத்திரை.

குற்றேவல் (*id.*), petit service, domesticité: குற்றேவலாளர் laquais; —பெண் femme de chambre.

குற்றொற்று, (குற்று, ஒற்று), consonne unie à une voyelle brève, *v. g.* கி, கு.

குனஷ்டை,(கு,நஷ்டம்), chicane, embarras des affaires. ‖ *V.* துடுக்கு.

குனட்டம், la racine அதிவிடையம். குனட்டு, *V.* குனஷ்டை.

குனா, (*mot persan*), faute crime.

*குனுபி, (kounabhi), tourbillon.

குனி, 1° arc. 2° *imp. et part. de* குனிக்கிறது *et de*

குனிகிறது, னிந்தேன், னிவேன், னி, னிய, *v.n.* se courber, s'incliner, se plier, se bander, baisser la tête, s'attrister, s'attendrir: வில்லுகுனியா தெய்தால் விலகாதெதிர்த்த பகை si l'arc lance la flèche sans être assez bandé, l'ennemi qui attaque ne prendra pas la fuite; குனிந்திருக்கிறது être courbé, bossu, bandé, penché vers la terre; குனிந்து நடக்கிறது marcher courbé; குனியப்போடுகிறது. —வைக்கிறது mettre dans une position courbée, c'est une torture dans laquelle la tête est liée aux pieds.

குனிக்கிறது, னித்தேன், னிப்பேன், னி, னிக்க, *v. a. du préc.* courber, plier, bander, danser.

குனிதல் *n.v.de* குனிகிறது, position courbée, se courber etc...

குனித்தல், குனிப்பு, *n.v. de* குனிக்கிறது, action de courber etc..., courbure, danse, espèce de danse, de farce: குனிப்பாய்ப் பார்க்கிறது examiner de près, — attentivement.

குனிவு, *n.v.de* குனிகிறது, courbure, inflexion, inclination, humilité.

குனுக்கம், *V.* அனுக்கம்.

குனை, bout, extrémité.

*குன்மம், (goulma), espèce de maladie venant d'obstruction, (il y en a 8 espèces; *V.* அஷ்டகுன்மம்), corps de troupes composé de 9 éléphans, 9 chars, 27 chevaux et 45 piétons, buisson, arbrisseau, *V.* குலுமம்: குன்மக்கட்டி enflure mobile dans le ventre; குன்மக்கண்டிருக்கிறது avoir cette enflure; குன்மசூலை paralysie nerveuse, obstruction des viscères; —ப்புரட்டு, —வலி, —வாயு sortes de maux d'entrailles.

குன்ற 1° *inf. de* குன்றுகிறது. 2° *obl. de* குன்றம்: —க்கூறல் défaut de développement, un des défauts des livres; —வாணர், *V.* குன்றவர்; —வில்லி celui qui, au dire de la fable, a pour arc le mont மேரு, *i.e.* Siven, vitriol bleu.

குன்றம், (குன்று), montagne: குன்றத்துச்சித்தி l'arsenic naturel தாலம்பபாஷாணம்.

குன்றல், *n. v. de* குன்றுகிறது, dissolution, décadence, ruine, déclin, diminution, manque, dépérissement, rétrécissement, dérangement.

குன்றவர், montagnards, chasseurs, vèdhers.

குன்றா, குன்றாத, *part. nég. de* குன்றுகிறது, inaltérable, invariable, infaillible, stable, qui ne diminue pas: குன்றாதசத்தியம் vérité incontestable; குன்றாத—, குன்றாவாழ்வு bonheur inaltérable, — perpétuel; குன்றா வாடை vent du nord-est (parce qu'il n'est guère variable).

குன்றி, 1° l'arbrisseau médicinal abrus precatorius, dont les feuilles sont douces au goût, l'arsenic naturel மனோசிலை. 2° *gér. de* குன்றுகிறது: — நிறக்கண்ணன் homme dont les yeux ressemblent au grain rouge de l'abrus, le sanglier, (pour la même raison); — கிறமணி rubis, pierre précieuse rouge; — மணி grain rouge de l'abrus, 32 font le poids d'une pagode. Il y a 2 sortes de cet arbre dont les grains sont noirs et blancs.

குன்று, 1° montagne, hauteur, colline, la 24me constellation. 2° *imp. et part. de* குன்றுகிறது:—கூப்பிடு கிறது crier de manière que sa voix fasse écho; குன்றும்குழியுமாயிருக் கிறது être raboteux, non uni; கு ன்றுவாடை vent du nord-ouest, parce qu'il est variable; குன்றெறிந் தோன் celui qui, au dire de la fable, a fendu une montagne d'un coup de lance, *i. e.* Soupramanien.

குன்றுகிறது, ன்றினேன், ன்று வேன், ன்ற, ன்ற, *v. n. et* குன்றிப் போகிறது, déchoir, décroître, décliner, diminuer, se dissoudre, être ruiné, maigrir, se faner, se perdre, se gâter, se rétrécir, se déranger: கு ன்றாது il ne décroît point, il est inaltérable, infaillible, குன்றாமல் —, குன்றாதிருக்கிறது ne point diminuer, être inaltérable, infaillible. [றல்.

குன்றுதல், *n. v. du préc V.* குன்

*கூ, 1° (koû), cri, clameur, 2° *P.* கு, terre. 3° (goû), évacuation ou selle. 4° *imp. de* கூவுகிறது. 5° coû, lettre syllabique composée de க் et de ஊ. [மைநாய்.

*கூகமானம், (goûhamâna), *V.*

*கூகம், (ghoûka), hibou, chat-huant.

கூகனம், parole déshonnête.

*கூகனம், (koûhanâ), tromperie, கூகாகம், aréquier. [hypocrisie.

*கூகாரி, (கூகம், அரி), l'ennemi du hibou, *i. e.* le corbeau.

கூகா, கூகூ (*son imitatif*), interjection—, cri de tristesse et de crainte: கூகாவென்கிறது, கூகூ வென்கிறது crier, jeter les hauts cris: கூகாவென்றழுகிறது se lamenter, pleurer et crier à haute voix.

கூகை, (கூகம்), gros hibou, espèce de milan: —க்கட்டு enflure à la joue;— குளறுகிறது,— யிளாகிறது crier comme le hibou;—நீறு farine de racine de curcuma augustifolia, espèce de remède.

கூக்குரல், (கூ), grand cri, clameur, bruit, plainte, alarme:—அடங்கு கிறது les cris s'apaiser; —அடக்கு கிறது apaiser les clameurs; —ஆய்க் கிடக்கிறது un grand bruit—, de grands cris se faire entendre; —இடு கிறது crier, vociférer, jeter de grands cris.

*கூசம், (koûtcha), mamelle.

கூசல், *n.v. et opt. de* கூசுகிறது, honte, crainte, signe de crainte, cri, chatouillement, éblouissement (des yeux), clignotement, agacement (des dents).

*கூசனம், (koûdjana), mot couvert, —obscur, —déshonnête, son inarticulé.

கூசா, 1° (*hind.*), gargoulette. 2° *ou* கூசாது, *part. nég. de* கூசுகிறது.

கூசி, 1° *gér. de* கூசுகிறது 2°* கூசி *ou*

*கூசிகை, (koûtchi, kâ), pinceau, roseau à écrire.

*கூசிதம், (koûdjita), gazouillement, cri des oiseaux.

கூசுகிறது, சினேன், சுவேன், ச, ச, *v.n.* avoir honte, craindre, être honteux, timide, craintif, réservé, modeste, chatouilleux, s'éblouir (les yeux), facile à éblouir, clignoter, s'agacer (les dents) :கூசாமற்பேசு கிறது parler sans crainte ni honte.

கூசனை, கூசுதல், *n.v. V.* கூசல்.

கூச்சத்தம், (கூ, சத்தம்), cri, clameur, alarme.

கூச்சம், (கூசுகிறது), honte, timidité, crainte, modestie, pudeur, sensibilité au chatouillement, éblouissement (des yeux), agacement (des dents); — ஆயிருக்கிறது être honteux, chatouilleux;— கெட்டவன் homme sans honte, ni pudeur, intrépide, hardi; — தெளிகிறது la honte se dissiper; — உள்ளவன் ou

கூச்சக்காரன் homme honteux, timide, modeste, réservé, chatouilleux: —ப்படுகிறது avoir honte, être chatouilleux; —ப்பார்வையாயிருக்கிறது avoir la vue tendre, trouble, facile à éblouir; அக்குள்பாய்ச்சினுற்—ஆயிருக்கும் si on touche quelqu'un sous l'aisselle, il éprouve du chatouillement: அதினுலெனக்குக்—ஆயிருக்கிறது je suis honteux de cela, j'en frissonne.

கூச்சல், cri, clameur, grand bruit, confusion.

கூச்சி, pulpe du fruit de la plante சவரி. [ம்பு.

கூச்சிதம், கூச்சிரம், l'arbre கட

கூச்சு, P. கூர்ச்சு. [charrette.

கூஷ்டரம், (ghouchtra), voiture,

*கூஷ்மாண்டம், கூஸ்மாண்டம், (koûchmânda), espéce de citrouille, cucurbita hispida.

கூட, 1° *inf. de* கூடுகிறது, ensemble, avec, aussi, en même temps, s'unir etc... 2° *adj. de* கூடம்: —ப்பிறப்பு naissance des mêmes parens.

*கூடகம், (கூடம், ka), perfidie, tromperie, fraude, soc de charrue.

*கூடசன், (கூடம், சம்), bâtard, fils né d'un pére inconnu en l'absence du mari. [queue de paon.

*கூடணை, (goûchanâ), œil de

*கூடஸ்தன், கூடத்தன், (koûtastha), chef, principal, intelligence pure, — non sujette aux changement, Dieu, âme; கூடத்தர், *pl.* l'âme et Dieu unis ensemble.

*கூடம், 1° (koûta), l'endroit principal des maisons indigènes, salle de compagnie, maison, demeure, vestibule de maison, parloir, chambre, étable de l'éléphant, fraude, tromperie, perfidie, mensonge, piége pour les animaux, illusion, jonglerie, mal, arme ou instrument à fourreau, pic, sommet de montagne, marteau de forgeron, charrue, soc de charrue, tas de blé, foule, assemblée. 2° (goûda), chose—, place cachée, cachette, action de cacher, d'enfouir, retraite, lieu solitaire, retiré ou caché, parties honteuses, mystére, secret. 3° sésame, l'arsenic naturel கோளகபாஷாணம், *V.* அண்டம்: கூடகாரகன், —காரன் voleur, menteur, trompeur, perfide, faux témoin: —கிருதன், (krout *qui fait*), l'auteur des illusions, *i.e.* Siven; —சதுக்கம் sorte de சித்திரகவி ou de poésie élégante en strophes de 4 vers, lesquels à l'exception du 1er vers ne peuvent avoir le même mot répété, mais ont des lettres censées cachées ou sous-entendues qu'il faut prendre dans les autres vers; — சாசனம் jugement ou decret supposé; — சாட்சி faux témoin; —சாரன், —சாரி espion, émissaire, envoyé secret; —சாலம் un des 7 enfers des Indous; —சான்மலி arbre à coton soyeux; —சுவணம், —சுவர்ன்னம் or mèlé d'alliage, or faux; — பதம் être aux pieds ou aux chemins inconnus, esprit, serpent; —பாகலம் fièvre bilieuse d'éléphant, espèce de goutte; —பாஷிதம் intelligence—, conversation secréte; —பாதம், —பாதரம் serpent (être sans pieds); —புருஷர் espions, émissaires, adultéres; —மார்க்கம் faux chemin, sentier caché, —détourné; —மைதுனம் copulation secrète, corbeau (parce qu'il ne s'accouple qu'en secret); —யந்திரம், piége, lacet, filets (pour les animaux).

கூடம்பில், espèce de courge.

கூடலர், (கூடு, அலர்), ennemis.

கூடலூர், (கூடல், ஊர்), Goudelour ou Cuddalore, *litt.* la ville du confluent.

கூடல், *opt. et n. v. de* கூடுகிறது, approche, possibilité, confluence, embouchure de rivière, union réunion, presse, resserrement, recherche, copulation, consentement, la ville de Maduré, espèce de jeu: —விளாக்கிறது, —விளாத்தல் espèce de jeu de femmes: —வாய் gouttière, gargouille, petit canal étroit; கூடற்குறி signe de réunion, —que l'amante consulte au départ de son amant pour connaitre son retour; கூடற்கோ, —கோ

ம்பன் le roi de Maduré, *i.e.* Pandien. [grenouille.

*கூடவர்ச்சை, (goûdavartchichâ),

கூடா, *V.* கூடாத: —நட்பு amitié —, bonté incompatible, feinte, intéressée; —வியற்கைவிலக்கு, (இயற்கை), figure qui détourne d'une chose en montrant comme possible ce qui est imposible, ou inconvenant. *Ex.* le sandal tout frais qu'il est vomit du feu; —வுவமை, (உவமை), comparer une chose à une autre en lui supposant des qualités qu'elle n'a pas naturellement. *Ex.* malgré sa fraicheur la lune même parait aux amoureux vomir du feu; —வொழுக்கம், (ஒழுக்கம்), extérieur hypocrite, déguisement, fausse démonstration, faux prétexte.

*கூடாகாரம், (கூடம், ஆகாரம்), étage de maison, chambre haute, —supérieure.

கூடாக்கு, balle —, ou quantité de tabac et de jagre qu'on met dans le houcka pour fumer, feuille de tabac.

*கூடாங்கம், (கூடம், அங்கம்), l'animal dont le corps est caché, *i.e.* la tortue.

கூடாத, *part. nég. de* கூடுகிறது, impossible, incompatible, inconvenable, inalliable, qui ne s'unit pas, ou ne peut s'unir, illicite, inconvenant; —கூட்டம் amitié inconvenante, — avec les méchans; கூடாதது ce qui est impossible, inconvenable, incompatible; —படிக்குப்பண்ணுகிறது empêcher, rendre impossible, — incompatible.

கூடாது, *nég. de* கூடுகிறது, 1° *P.* கூடாதது, 2° cela est impossible. 3° *ou* கூடாமே, கூடாமல், *gér. nég. du même*: கூடாமையிருக்கிறது être impossible, ne pas s'unir....

கூடாமை, *n.v. nég. de* கூடுகிறது, impossibilité, inconvenance, incompatibilité: —யணி fig. de rhét. qui s'attache à montrer l'impossibilité ou la difficulté d'une chose.

கூடாய், 1° *adv. de* கூடு. 2° 2me *pers. nég. de* கூடுகிறது. 3° *voc. de* கூடை: பட்டதறியாயோ பெட்டிக் கூடாய், பகுண்ட தறியாயோ சாட்டைக் கூடாய் as-tu oublié ce que tu as souffert quand tu étais semblable à un petit panier, et ce que tu manges aujourd'hui étant devenu comme un grand panier? *i.e.* dans ton opulence as-tu oublié ton ancienne pauvreté?

கூடாரம், tente, pavillon, —de lit, ciel de lit (surtout à forme conique), assa-fetida: —அடிக்கிறது, —போடுகிறது dresser —, placer une tente; —பிடுங்குகிறது enlever la tente; கூடாரக்கட்டில் lit couvert d'un pavillon; —பல்லக்கு litière à pavillon, palanquin couvert; —வண்டில் voiture à pavillon, — couverte.

கூடார், *n. app. nég. de* கூடுகிறது, ennemis.

*கூடார்த்தபாஷிதம், (கூடம், அர்த்தம்), fable, conte fait à plaisir.

கூடி, *gér. de* கூடுகிறது, ensemble, avec, en s'unissant.

கூடிய, கூடின, *part. du même*, possible, convenable, réuni, uni: கூடினமாத்திரம், —மட்டும் autant que possible; பன்றியோடு கூடியகன்றும் பீதின்னும் même un veau mangera de l'ordure s'il se joint à un pourceau, les bons se gâtent dans la compagnie des méchans; கூடியது ce qui est possible, convenable, uni, ce qui se rencontre, ou arrive. [chair.

கூடூணி, carnivore, mangeur de

கூடு, 1° *gén.* கூட்டின், *obl.* கூட்டு, cage, nid (d'oiseau), petit vase, —réceptacle, étui, fourreau, mortaise, le corps (qui est l'habitation de l'âme), enclos. 2° *imp. et part. de* கூடுகிறது: கூடாயிருக்கிறது, être creux, — en forme de nid; கூடு *ou* கூட்டைக் கலைக்கிறது détruire un nid, en faire partir les oiseaux; கூடுங்கழுந்தும் la mortaise et le tenon; —விட்டுக் கூடுபாயாது (l'âme) ne quitte pas un corps pour entrer dans un autre; — விழுகிறது la racine d'un furoncle tomber, mourir, la racine d'une maladie être extirpée; — கலை

வரு

க்கிறது bâtir son nid, une maladie se fortifier et s'enraciner, un ulcère s'encroûter sans se guérir; குளிரும் காய்ச்சலும் கூட்டோடேகூட போயிற்று le froid et la fièvre sont partis avec le corps (par la mort), la mort a mis fin à ses maux.

கூடுகிறது, டினேன், டுவேன், டு, ட, v.n. se joindre, s'unir, se réunir, se rencontrer, s'accorder, s'accoupler, avoir commerce charnel, être possible, —convenable, se pouvoir. (Dans ce dernier sens il n'y a d'usité dans le langage vulgaire que கூடும், கூடுகிற, கூடின, கூடினது, கூட, கூடி, கூடாது, கூடாத, கூடாமல்): கூட, *inf.* avec, ensemble, aussi, en même temps; கூடக்கூடச்சொல்லுகிறது, — கூடப் பேசுகிறது dire ou demander ce qu'un autre a déjà dit ou demandé, tenir tête, parler en même temps; — ப்படாது cela ne peut s'unir; — ப்பிறக்கிறது naître de mêmes père et mère, être frère ou sœur; — ப்பிறந்தவன், — ப்பிறந்தான், — ப்பிறந்தவள், — ப்பிறந்தாள் frère —, sœur de père et de mère; — ப்போகிறது aller ensemble, s'unir; — வாசமாயிருக்கிறது habiter ensemble, — la même maison; — வாழ்கிறது, *V.* கூடிவாழ்கிறது; கூடிக்கொண்டிருக்கிறது être uni, joint; ஒருவனோடே — க்கொள்ளுகிறது se joindre —, s'adjoindre à quelqu'un, embrasser son parti, être du même avis, avoir mauvais commerce ensemble; — நிற்கிறது, — நிற்றல் se tenir auprès, — uni, se joindre, s'unir; — ப்போகிறது aller ensemble; — யிருக்கிறது être ensemble, —uni..; — வருகிறது venir ensemble, s'unir; — வாழுகிறது vivre bien ensemble, cohabiter; இதுக்குப்பத்துப்பேர்கூடினாற்சீக்கிரமாய்வேலைநடக்கும் si 10 personnes se réunissent pour cela, l'ouvrage ira vite; வழியிலேவர்களோடேகூடினான் il s'est joint à eux en route.

கூடுதல், *n. v. du préc.* union, jonction, consentement, agrément, possibilité, accouplement.

கூடும், *fut. et part. de* கூடுகிறது, il est —, possible: கூடுந்தன்மை possibilité; — இயற்கைவிலக்கு, fig. qui détourne d'une chose en disant ce qui est vraiment possible.

கூடை, 1° corbeille, panier, espèce de danse ou de farce. 2° *P.* கூடாய் tu ne te joins pas: — கட்டுகிறது, — முடைகிறது faire une corbeille, — un panier; அளவுக்கூடை corbeille qui sert de mesure.

கூடையன், (கூடை), homme gros comme un panier.

*கூடோற்பன்னன், (கூடம், உற்பன்னம்), *V.* கூடசன்.

கூட்டத்தான், (கூட்டம்), compagnon, confrère, associé, homme de la même compagnie ou société.

கூட்டம், (கூட்டுகிறது), foule, troupe assemblée, réunion, société, tas, monceau, union, corps moral, parenté, parens, caste, tribu, classe, division, petit gâteau de sésame ou de coco broyé, bataille, copulation: — ஆயிருக்கிறது être réuni, attroupé, en foule; — ஆய்நடக்கிறது aller par compagnies, en troupes; — இடுகிறது assembler, attrouper, réunir en foule; — கூட்டமாய்வருகிறது venir en troupes, en foule, en grand nombre, en corporations; — கூடுகிறது se rassembler, s'attrouper, se réunir; — கூட்டுகிறது assembler, réunir, attrouper, convoquer; கூட்டக்காரர், *pl.* — காரர் bandits, gens qui vont par troupes, *V.* கூட்டத்தான்; கூட்டப்படை compagnie de simples soldats; கூட்டத்தோடே நடக்கிறது aller par troupes, en compagnie; அவனென் கூட்டமல்ல il n'est point mon parent, —de ma caste, —de ma compagnie.

கூட்டரவு, (கூட்டம்), foule, assemblée.

கூட்டரிசி, (கூட்டு, அரிசி), riz broyé pour faire un ragoût.

கூட்டல், *n. v. de* கூட்டுகிறது, union, jonction, addition.

கூட்டவணி, (கூட்டம், அணி), figure qui montre l'assemblage de

différentes choses qui sont de nature à se réunir, quand rien ne s'y oppose, ou bien l'effet de plusieurs causes réunies.

கூட்டற்றவன், (கூட்டு, அற்ற), homme insociable, isolé.

கூட்டா, கூட்டாத, *part. nég. de* கூட்டுகிறது: — குழப்பம் désordre, confusion.

கூட்டாளி, (கூட்டு, ஆளி), compagnon, associé, camarade.

கூட்டி, *gér. de* கூட்டுகிறது. [me.

கூட்டின, கூட்டிய, *part. du mê-*

கூட்டிடைச்சொல், (கூட்டு, இடை), conjonction, — copulative.

கூட்டு, 1° *obl. de* கூடு, *et de* கூண்டு. 2° *imp. et part. de* கூட்டுகிறது. 3° (கூட்டுகிறது), société, compagnie, association, union, composition, mélange, assaisonnement, ingrédiens, ce qu'on met pour assaisonner: — க்கணக்கு addition; — க்கச்சவடம் trafic en commun; — க்கறி cari assaisonné, — mélangé, ragoût de 2 ou 3 sortes de légumes; — க்கால் pieds joints, se tenir les 2 pieds joints ensemble ou l'un sur l'autre; — த்தட்டு espéce de grand plat; — த்தொழில் commerce en commun, métier —, travail en commun, art d'enchanter, — d'amouracher, science des philtres; — போடுகிறது assaisonner: — ப்பயிர் champ ou moisson en commun: குடியிருந்து பார், கூட்டுப்பயிரிட்டுப் பார் (pour connaitre le caractére de quelqu'un) éprouve-le en cultivant un champ ou en habitant avec lui; — ப்பல்லக்கு palanquin couvert, — dont le dessus est rond; — மூட்டு réunion, union des jointures, calomnie; — மொழி, — ச்சொல் mot composé, — ajouté; — வர்க்கம் mélange de parfums, d'onguens; — வத்தகம், — வர்த்தகம், — வியாபாரம் commerce en commun; அதுவிசேஷத்தோடேகூட்டல்ல cela ne convient point au sujet en question, est incohérent, absurde; கறியிற்கூட்டு போடாதே n'assaisonne pas le cari.

கூட்டுகிறது, ட்டினேன், ட்டுவேன், ட்டு, ட்ட, *v. a. de* கூடுகிறது, unir, joindre, réunir, assembler, associer, mettre ensemble, composer, mêler, augmenter, additionner, composer de diverses parties, balayer: கணக்கு — additionner un compte; கூட்டிக்கொள்ளுகிறது s'adjoindre, s'associer, prendre avec soi, joindre à sa nourriture, à son riz; — க்கொண்டு போகிறது emmener, — avec soi; — கொண்டுவருகிறது amener; — முடிக்கிறது finir avec le secours de Dieu; — விடுகிறது joindre, unir, réunir, réconcilier: இன்று போசனத்துக்கு என்ன கூட்டிக்கொண்டாய் qu'as-tu mangé aujourd'hui avec ton riz, — avec ton pain?

கூட்டுண்கிறது; கூட்டுண்ணல், (கூட்டு, உண்கிறது), joindre à sa nourriture, manger avec son riz ou son pain.

கூட்டுதல், *n. v. de* கூட்டுகிறது.

கூட்டுவிக்கிறது, வித்தேன், விப்பேன், வி, விக்க, *v. caus. de* கூட்டுகிறது, faire unir etc..., joindre ensemble, réconcilier.

கூட்டுறவு, (கூட்டு, உறவு), amitié, intimité, alliance, relation sociale, amour conjugal, concubinage; — க்காரி concubine.

கூட்டெழுத்து, (கூட்டு, எழுத்து), lettres réunies, *v. g.* ன் et இ en னி, contraction de 2 lettres en une comme கூ pour க்க, தூ pour த்த, டட pour ட்ட, diphthongue ou lettres réunies et prononcées ensemble.

'கூணி, (koûni), bossu, tortu, qui a le bras tortu ou desséché. [luth.

'கூணிகை, (koûnikâ), cheville du

கூண்டு, nid d'oiseau, cage, corbeille pour couvrir des poussins, grand panier, grande corbeille.

கூண்டுகிறது, டினேன், டுவேன், டு, ட, *v. n. P.* கூடுகிறது.

கூண்டுதல், *P.* கூடுதல். [ண்டம்.

கூண்மாண்டம், *P.* கூஷ்மா

'கூதம், (goûtha), ordure, *V.* குதம்.

'கூதரன், (கு *mal*, உதரம்), enfant conçu pendant les règles de sa mère, — qu'une bramine a conçu ainsi d'un richi.

கூதல் froid: — ஓடுகிறது, — விறைக்கிறது, V. குளிருகிறது: கூதற்காய்கிறது, — காய்தல் se chauffer.

கூதளம், V. கூதாளம்.

கூதறை, déchirure, chose décousue, — désunie, — séparée.

கூதனம், mot couvert, expression cachée, — figurée.

கூதாரி, concombre.

கூதாளம், கூதாளி, l'arbrisseau solanum, solanum trilobatum, concombre.

கூதி, vulve, verenda feminæ, (mot sale).

கூதிர், froid, hiver, vent, vent froid, — du temps de la rosée, ou — காலம் la saison du froid, i. e. ஐப்பசி et கார்த்திகை; — கால வுரிமை propriété de la saison du froid, comme: le souffle du vent froid, la joie du héron, du cygne, de la cigogne, de la perdrix rouge, des conques, des crabes et des limaçons, la clarté de l'eau, le frai des poissons, les nuages pleins d'eau, la floraison de certains arbres et du jonc, la souffrance de divers oiseaux, de certains animaux et des hommes; — க்காற்று vent froid; — ப்பருவம், V. கூதிர்காலம்.

கூதை, vent, vent froid.

கூத்தரிசி, P. குத்தரிசி, (குத்தும்), riz pilé qu'on vend, riz qu'on pile.

கூத்தன், pl. கூத்தர், (கூத்து), danseur, comédien, acteur, Siven, vie, vitriol bleu; — குதம்பை la plante மூக்கொற்றிஞ்ஞு.

கூத்தாடி, m. (கூத்து, ஆடுகிறது), danseur, comédien, acteur: கூத்தாடிச் சிலம்பம் படைவெட்டுக்காகாது l'escrime d'un comédien ne convient pas à une bataille, un apprenti ne peut conduire une affaire.

கூத்தாடிச்சி, f. de கூத்தாடி, danseuse, comédienne, actrice.

கூத்தாடுகிறது, (கூத்து), danser, jouer une comédie, éprouver des tracasseries, — des peines: கூத்தாடுமிடம் place de danse.

கூத்தாட்டு, (id), danse, comédie, vexation, peine.

கூத்தி, கூத்திச்சி, (கூத்து), danseuse déguisée, comédienne, concubine, prostituée: கூத்திக்கள்ளன் libertin, qui fréquente les prostituées.

கூத்தியார், (கூத்தி), concubine: கூத்தியாரை ou — வைக்கிறது avoir —, entretenir une concubine.

கூத்து, danse, comédie, spectacle, pompe: — க்களரி salle de danse, — de spectacle, théâtre, scène; — ப்பயிலிடம் école —, salle de danse; — ப்பாட்டு chanson —, vers de comédie; — பார்க்கிறது voir une comédie, — une danse, y assister: — விடுகிறது exciter, lancer un danseur, — un comédien sur la scène; — வைக்கிறது donner une danse ou un bal; — வகை ou கூத்தின்விகற்பம்-உ, les 2 espèces de danses ou comédies, savoir: தேசிகம் celles qui viennent d'un autre pays, மார்க்கம் celles qui sont originaires du pays.

கூந்தல், chevelure de femme, cheveu, poil, crinière de cheval, poil du bas du cou de l'éléphant, feuille de palmier, — d'aréquier, queue de paon, V. கூந்தற் கமுகு, — பனை et கூந்தற்றெங்கு: — அறுகு espèce de chiendent, agrostis; — ஆற்றுகிறது faire sécher sa chevelure après le bain; — முடிகிறது attacher sa chevelure; — முடிக்கிறது y attacher des fleurs...; கூந்தலைவிரிக்கிறது laisser pendre —, étendre sa chevelure, éparpiller ses cheveux; கூந்தற் கமுகு, — பனை l'aréquier —, le palmier dit caryota urens; கூந்தற் றெங்கு espèce de cocotier; — பாசி la plante aquatique zannichellia indica ou chara setigera.

கூந்தாலம், கூந்தாலி, கூந்தால், pic, instrument de fer pour briser les pierres et creuser les puits.

*கூபகம், (கூபம், ka), puits, outre à huile, creux d'une petite source, creux qu'on fait dans le lit desséché d'une rivière pour avoir de l'eau, mât de navire, bûcher funèbre, bière.

*கூபம், (koûpa), puits, creux, arbre, rocher.

*கூபரம், P. கூர்ப்பரம்.

*கூபாங்கம், (koûpânga), érection du poil du corps.

*கூபாரம், (koûpâra), océan, mer.

*கூபி, (id. i), petit puits, nombril, flacon.

*கூப்பரம், P. கூர்ப்பரம்.

கூப்பல், n.v. de கூப்புகிறது.

கூப்பாடு, P. கூப்பீடு.

கூப்பிடல், கூப்பிடுகை, n. v. de கூப்பிடுகிறது, appel, cri, clameur.

கூப்பிடு, imp. et part. de கூப்பிடுகிறது: —தூரம், V. கூப்பீடுதூரம்.

கூப்பிடுகிறது, ப்பிட்டேன், ப்பிடுவேன், ப்பிடு, ப்பிட, v.a. et n. et கூப்பிடுதல், n.v. crier, vociférer, appeler, le coq chanter: எனக்குத்தலைநோவக்கூப்பிடுகிறாய் tu cries à me faire mal à la tête; கூப்பிட்டழைக்கிறது appeler, —à haute voix; கூப்பிட்டுக்கொண்டுவருகிறது venir en criant, —en appelant, ne cesser de crier....

கூப்பீடு, n.v. de கூப்பிடுகிறது, cri, appel, ou கூப்பீடுதூரம் portée de voix, demi-kilomètre, demi-mille.

கூப்பு, jonction, n. v. imp. et part. de கூப்புகிறது, ப்பினேன், ப்புவேன், ப்பு, ப்ப, v. a. de கூம்புகிறது et கூப்புதல், n.v. joindre, fermer, rétrécir, agglomérer, entasser.

*கூமம், (koûma), étang, réservoir, mare.

கூமா, nom d'un arbre.

கூம்பல், n.v. de கூம்புகிறது, action de se fermer etc..., l'arbre குமிழ்.

கூம்பு, 1° sommet hémisphérique—, pavillon de char, mât. 2° imp. et part. de

கூம்புகிறது, பினேன், புவேன், பு, ப, v.n. et கூம்புதல், (கூம்பு), se fermer, se joindre, se refermer comme une fleur, se rétrécir, se rapetisser, se coaguler, s'agglomérer, s'entasser, se comprimer.

கூரணம், 1° cruauté, dureté, impatience, jalousie, les plantes கோடகசாலை et பாகல். 2° * (goûrana), emploi, occupation, effort.

கூரம், 1° dureté, rigueur, jalousie, impatience, la plante கோடகசாலை, la plante பாகல் et son fruit, nom d'une ville. 2° (goûra), effort: கூரத்தாழ்வார், (கூரத்து, ஆழ்வார்) Koûratâjvâr, un des disciples de Râmanâtchâriâr.

கூரல், 1° plume d'oiseau, cheveu—, chevelure de femme, sorte de gros poisson, (des intestins duquel on fait la colle nommée பஞ்சிலை) 2° n.v. et opt. de கூருகிறது.

கூரன், chien, riz barbu ou pointu.

கூரா, கூராத, part. nég. de கூருகிறது.

கூராணி, (கூர்), clou pointu, —affilé, pointe.

கூராம்பாய்ச்சி, கூராம்பிளாச்சு, (கூர், ஆம்), sorte de broche, —de poisson.

கூராள், nom d'une plante. V. குல்வாள்.

கூரிய, adj. de கூர்மை et de கூரியம், aigu, pointu, piquant, subtil, sévère: —கண்ணன் homme qui a la vue perçante; —சொல் mot piquant, —ingénieux, bon mot; —புத்தி esprit pénétrant; —வாள் épée pointue, scie bien aiguisée.

கூரியது, (கூரிய), ce qui est pointu, —aigu.

கூரியம், (கூரிய), tranchant, pointe, sévérité, dureté, subtilité: —உள்ளவன் homme subtil, —qui parle durement; —பேசுகிறது parler durement, gronder, réprimander.

கூரியவான், கூரியன், (கூரிய), homme ingénieux, judicieux, subtil, habile, dur, sévère: —ஆயிருக்கிறது être ingénieux, avoir l'esprit fin, —subtil; கூரியனாயிருந்தும்வீரியம்பேசேல் quoique vous ayez l'esprit fin, ne vous ventez pas.

கூரிலவணம், (கூர்), sel d'urine.

கூருகிறது, ர்ந்தேன், ருவேன், ou ர்வேன், ரு ou ர், ர, v.n. (கூர்), s'aiguiser, s'affiler, être—, devenir pointu, aigu, affilé, subtil, ingénieux, fin, grandir, s'accroître, croître, augmenter, examiner: கூர்ந்துபார்க்கிறது fixer, considérer, regarder attentivement, —avec un œil perçant.

கூருதை,கூருதல்,n.v.du préc.
கூரேன், nég.de கூருகிறது et de கூர்க்கிறது.
கூரை, 1° P. கூரம். 2° pers. du préc. 1° toit de chaume,toit de maison, chaumière, cabane: —க்கட்டு chaumière, maison couverte—,couverture en chaume; —க்கட்டடம்க்கட்டுகிறது en bâtir une; —தட்டல் battre le chaume,signe de joie pour la naissance d'un garçon; —வீடு chaumière, maison couverte en chaume.
கூர், 1° adj.de கூர்மை, aigu, affilé, pointu, piquant, perçant,fin, subtil. 2° imp.et part.de கூர்கிறது, abondant, grand. 3° n.v.du même, pointe, —aigue,tranchant,aiguillon, bout, abondance, piquant, âcreté, acrimonie,queue de feuille,tenon à queue d'aronde: —ஆக்குகிறது aiguiser, affiler, rendre aigu, —pointu, tranchant; —ஆயிருக்கிறது être pointu, aigu,piquant; —க்கம்பி brochette, nom d'un instrument;—க்கறுப்பன் espèce de riz;—க்கொம்பு corne—, branche pointue;—சீவுகிறது irriter, V. கூராக்குகிறது,—சீவின பாக்கு, noix d'arec raclée;—மாக்குகிறது, V. கூராக்குகிறது; அவனுக்குக்கூர்சீவிக்கொடுக்கிறான் il l'instruit,il lui aiguise l'esprit,—les instrumens.
கூர்கிறது, V. கூருகிறது.
கூர்சேவு,moutarde blanche.
கூர்க்கிறது, ர்த்தேன்,ர்ப்பேன், ர், ர்க்க,v.n.avoir le goût de sel,être salé,—âpre,—dégoûtant,abonder,augmenter; கூர்த்தற—, கூர்த்துப்பார்க்கிறது fixer,regarder fixement.
கூர்ங்கோடு, (கூர்), branche—, corne pointue.
*கூர்ச்சகம்,(கூர்ச்சம், ka), brosse pour nettoyer les dents.
*கூர்ச்சம், (koûrtchtcha), tromperie, artifice,hypocrisie,fausse louange, flatterie, solidité,dureté,l'herbe தருப்பை,tête,barbe,haut du nez, intervalle entre les sourcils, botte, faisceau: கூர்ச்சசேகரம் l'arbre qui a un faisceau de feuilles au sommet, i.e.le cocotier.
கூர்ச்சரம், un des 56 pays connus des Indiens.
கூர்ச்சரி, sorte d'air ou de ton qui est une des prétendues femmes de l'air மாரனி.
*கூர்ச்சிகை, (koûrtchtchika), aiguille,bouton de fleurs. ‖V. எழுதுகோல்.
கூர்ச்சு, (கூர்), pointe, bout—, bâton pointu: கூர்ச்சாக்குகிறது aiguiser, affiler,rendre pointu; கூர்ச்சாயிருக்கிறது être pointu,—aigu; —மட்டையாய் ou மொட்டையாய்ப் போகிறது la pointe s'émousser;—க்கால் pieu pointu. V. உளிக்கால்;—க்குல்லா, —குல்லாய் bonnet haut et pointu;—க்கோல் bâton pointu,—aigu; —க்கோலால்கிழங்குகெல்லுகிறது déraciner une racine avec un bâton pointu, en piocher la terre tout autour.
கூர்தல், n.v.de கூருகிறது,examen, recherche exacte, abondance, s'aiguiser,s'affiler.
*கூர்த்தம், (koûrda), jeu, amusement.
கூர்த்தல், n.v. de கூர்க்கிறது, âpreté,goût de sel,aversion,augmentation.
*கூர்த்தனம்,(கூர்த்தம், na), jeu, passe-temps.
கூர்த்திகை, arme (en général).
கூர்ந்த,part.de கூருகிறது,aigu, pointu,subtil, fin,pénétrant:—புத்தி esprit subtil,subtilité,finesse.
கூர்ந்து, gér.du même.
*கூர்ப்பம்,(koûrppa),espace entre les sourcils.
*கூர்ப்பரம், (koûrppara), coude, genou.
கூர்ப்பாசகம், (koûrppâsaka), corset,petit corset.
கூர்ப்பு, n.v.de கூர்க்கிறது, abondance, grandeur, éminence, excellence, supériorité,âpreté,âcreté,goût de sel,aversion,pointe,tranchant, ce qui est: கூர்ப்பாய்ப்பார்க்கிறது regarder fixement.
*கூர்மம், (koûrma), tortue, prétendue incarnation de Vichnou en tortue (pour soutenir le mont மந்தரம் pendant qu'on barattait la mer

de lait pour faire l'ambroisie), un des 18 pouranas qui raconte cette fable: கூர்மபிருட்டகம், —பிருட்டம், —பிரிட்டம் écaille ou dos de tortue; —ராசன் ou ஆதிகூர்மம் la reine des tortues, celle que les Indous prétendent soutenir le monde.

*கூர்மன், (*id.*) un des 10 ents du corps qui en fait dresser le poil et fait clignoter, tortue: ஆதிகூர்மன், *V.* குக்கூபாலன். [rers.

கூர்மாண்டர், un des 11 Routti-

*கூர்மாவதாரம், (கூர்மம், அவதாரம்), incarnation en tortue.

கூர்மை, (கூர்), pointe, tranchant, état de ce qui est aigu, —pointu, bout, finesse, subtilité, intelligence, sel en masse ou en grains crystallisés: கூர்மைக்கரியவாள் savon; — க்காரன் homme fin, — subtil, — d'esprit; — மழுங்குகிறது la pointe s'émousser; — யாயிருக்கிறது être pointu, aigu; — யாய்க்கேட்கிறது avoir l'oreille fine, écouter attentivement; — யாய்ப்பார்க்கிறது, — பார்க்கிறது avoir l'œil vif, fixer, considérer, regarder attentivement; — யாளன், — யாளி, *V.* கூர்மைக்காரன்; — யில்லாதவன் esprit obtus, homme de peu d'esprit; — யின்மை stupidité, état de ce qui est émoussé, — non pointu; — யுள்ள அஸ்திரம் trait aigu; — யுள்ளோன் tortue.

*கூலகம், (கூலம், ka), tertre des fourmis blanches, monceau.

*கூலம், 1° (koûla), rivage, bord, — de la mer, monceau, étang, réservoir, arrière-garde, corps de troupes. 2° rue, rue du marché, petite chaussée, petit canal d'irrigation, vache, provisions, ustensile, singe, guenon, singe femelle, cerf, gayal, queue d'animal, chance, fortune, les plantes காராமணி et பாகல்.

*கூலவதி, (koûlavati), rivière.

கூலி, salaire, gage, appointement, loyer, louage: — கொடாத பாவி pécheur qui retient le salaire de ses gens; — க்காரன். *V.* கூலியாள்; — பெறுகிறது recevoir son salaire; — ப்பாடு travail à la journée, *ou* — ப்பிழைப்பு vivre de son salaire, état de journalier; — மாடு bœuf de louage; — வேலை செய்கிறது travailler à la journée, être journalier; கூலிக்கழைக்கிறது louer —, gager des journaliers; கூலிக்குப் பொருந்திக்கொள்ளுகிறது se louer pour un salaire; கூலிக்குவாங்குகிறது prendre a louage, —à loyer.

கூலியாள், (கூலி, ஆள்), couli, ouvrier, journalier, mercenaire.

கூவ, 1° *V.* கூவைநீறு. 2° *inf. de* கூவுகிறது. 3° *obl. de*

*கூவம் *P.* கூபம், puits, *V.* கூவைநீறு: கூவநூல் l'art de connaître les signes des sources souterraines, science des puits ou des sources; — நூலோர், — நூல்வல்லோர், — நூலுணர்வோர் hommes habiles dans cet art. *V.* உல்லியர்.

*கூவரம், (koûvara), timon de voiture, —de charrue.

*கூவரன், (*id.*) homme bossu.

*கூவரி, (koûvari), voiture, charrette. [வநூலோர், உல்லியர்.

கூவலர், (கூவல்), savans. *V.* கூ-

கூவல், 1° (கூவம்), puits, creux, fosse. 2° *n.v. et opt. de* கூவுகிறது. ‖ *V.* கூவுகை: பிறரைக் கூவற்குரியோர் huissiers, ceux qui ont droit d'assigner.

கூவியர், *V.* மடையர்.

*கூவிரம், *P.* கூவரம், chariot, char, sommet hémisphérique —, pavillon —, drapeau de char, l'arbre வில்வமரம். [dole.

*கூவிரி, *P.* கூவரி, char, — d'i-

கூவிளம், l'arbre வில்வம், l'arsenic naturel கோளக பாஷாணம்; dactyle tamoul, ou pied d'une longue et de 2 brèves: கூவிளங்காய் pied d'une longue, 2 brèves et une longue: — கனி pied d'une longue et de 4 brèves; கூவிள நறுநிழல் pied d'une longue et de 6 brèves; — நறும்பூ pied d'une longue, 4 brèves et une longue; கூவிளந்தண்ணிழ

ம் double dactyle, ou pied d'une longue, 2 brèves, une longue et 2 brèves; — கனிபூ pied d'une longue, 2 brèves et 2 longues. Remarquez que dans chaque double brève ou நிரை la 2e syllabe peut être longue de sa nature; ces divers noms de pieds peuvent aussi prendre la signification propre à leur étymologie; — பத்திரி feuille de l'arbre susdit.

கூவிளி, (கூ, விளி), appel, cri.

கூவிளிக்கிறது, கூவிளித்தல், (கூ), appeler, crier.

கூவிளை, V. கூவிளம்.

கூவுகிறது, கூவினேன், கூவேன், கூவ, கூவி, v. a. et n. crier, appeler, parler, (le coq, la tourterelle et autres oiseaux) crier, coqueliner, chanter.

கூவுகை, கூவுதல், n. v. du préc. cri, appel, dire, chant (d'oiseaux).

கூவுவான், (கூவுகிறது), 1° l'oiseau qui chante ou crie, i. e. le coq. 2° Il criera, chantera etc...

கூவென்கிறது, கூவெனல், (கூ), dire koû, — oh! crier, appeler, faire du bruit, commencer.

கூவை, P. கூகை.

கூழம், adj. de கூழை: கூழங்கை, V. கூழைக்கை.

கூழன், espèce de jacquier.

கூழா, nom d'un arbre.

கூழாங்கல், 1° caillou, sorte de pierre. 2° P. கூழான்கல்.

கூழாமட்டி, (கூழ், ஆம், மட்டி), nigaud, benêt, lâche.

கூழாமணி, (id. மணி), la plante கூழ்முன்னை.

கூழாம்பாணி, chose noire. V. களாயல்.

கூழான், கூழான்கல். V. கன்னடிக்கல்.

கூழுக்குப்பாடி, (கூழ், dat. பாடுகிறது), celui —, celle qui chante pour de la bouillie, Avvéyar, sœur de திருவள்ளுவர், qui, dit-on, chantait ses vers pour de la bouillie ou pour gagner sa vie, parasite, écornifleur, vagabond, mendiant, celui qui travaille pour une bagatelle.

கூழை, plume (d'oiseau), queue de paon, milieu, boue, bourbier, or, détachement, division d'armée, arrière-garde, une des parties ou particularités des vers, une des choses dont ils se composent, chevelure de femme, tronc, moignon, défaut de longueur, chose écourtée, —sans bout, —sans queue, —sans son extrémité, —trop courte, —émoussée, chose gâtée, —pourrie, manque d'énergie, stupidité, serpent: —க்கிடா, —க்கடா buffle sans queue, pélican, pelicanus onocrotalus; —க்கை bras manchot, —estropié, —trop court, —sans main; —க்கையன் manchot, —qui a le bras estropié; —க்கொம்பு corne émoussée, —petite, —défectueuse; —க்கொம்பன் bœuf qui a de telles cornes: —நரி renard, —écourté; —நாய் chien écourté, —sans queue; —ப்படை gens inutiles qui suivent les bagages d'une armée, arrière-garde; — முட்டை œuf pourri, — couvi; — த்தொடை, — முரண், — மோனை, — யெதுகை connexion dite தொடை —, antithèse dite முரண் —, consonance dite மோனை —, rime dite எதுகை qui revient à tous les pieds d'un vers excepté le dernier; — யளபெடை allongement dit அளபெடை qui revient à tous les mots d'un vers excepté le dernier; — யியைபு rime dite இயைபு qui revient à tous les pieds d'un vers excepté le premier; — யாய்ப் போகிறது s'émousser; — வால் queue coupée, courte queue.

கூழ், bouillie, — épaisse, riz cuit, nourriture, — faite de différentes espèces de grains bouillis dans l'eau, moisson en herbe, —qui croît, or, chose pourrie, — gâtée, tisane, l'arbre நருவிலி: கூழாய்ப் போகிறது (le riz etc... trop cuit) se changer en bouillie; —குடிக்கிறது manger —, avaler de la bouillie; —ப்பானை pot à la bouillie; —முட்டை œuf couvi; — முன்னை la plante premna cordifolia, espèce d'herbe potagère; — வரகு varagou propre à faire de la bouillie, *i. e.* kâverou.

கூளம், paillé, — hachée, balle de grain, — de paille: — போட்டுத் தட்டினசாணமுட்டை bouse de vache mêlée de pailles de grain, tapée et séchée au soleil; கூளத்தைத் தூற்றிப்போடுகிறது vanner les balles du grain.

கூளி, diable, fantôme, esprit, démon familier, taureau, bœuf, foule, affinité, parenté, force, aigle, vautour, petitesse, défaut, faute, général d'armée: — குழு troupe de démons.

கூளியர், (கூளி), guerriers, chasseurs, vèders.

கூறல், *n. v. et opt. de* கூறுகிறது, proclamation, dire, vente, l'arsenic préparé நாகபாஷாணம்: கூறலுறுகிறது parler, dire, prendre la parole.

கூறி, *gér. du même.*

கூறிய, கூறின, *part. du même*: கூறியதுகூறல் tautologie, redite, répétition des mêmes mots ou des mêmes idées en d'autres mots.

கூறியான், (கூறிய), chef boué, —de porteurs de palanquin.

கூறு, 1° *gén.* கூற்றின், part, portion, moitié, publication, ban, proclamation, propriété, qualité, énergie, pouvoir, cause, manière. 2° *imp. et part. de* கூறுகிறது: — கட்டுகிறது partager, faire les parts; — கொள்ளுகிறது bourrer, fourrer, presser, cogner, enfoncer avec un bâton, — avec les pieds ou les mains, fouler la terre (autour d'un pieu qu'on a planté ou sur un cadavre), souhaiter la mort, engager, recevoir une part; — செய்கிறது, — படுத்துகிறது faire les parts, partager, mettre en pièces, couper; — படுகிறது être divisé, tranché: — பாடு part, portion, partage; சோற்றைக்கூறு கொள்ளுகிறது se fourrer —, s'enfoncer le riz dans la bouche; மண்ணைக் கூறுகொள்ளுகிறது manger de la terre, s'en fourrer dans la bouche.

கூறுகிறது, றினேன், றுவேன், று, ற, *v. a.* (கூறு), dire, proclamer, publier (les bans de mariage, les édits... etc.), expliquer, crier (des marchandises etc... dans les rues, ou à une vente publique), vendre. [proclamation, dire, vente.

கூறுகை, கூறுதல், *n. v. du préc.*,

கூறுவிக்கிறது, வித்தேன், விப்பேன், வி, விக்க, *v. caus. du même*, faire dire, — proclamer...

· கூறை, 1° toile, habit, vêtement. 2° *ou* கூறைப் புடவை pagne de noces, nouvelle pagne que le fiancé donne à sa fiancée pour le jour des noces. 3° *P.* கூறாய் tu ne dis pas ...: —ப்பாய் natte bariolée donnée à l'épouse à son mariage, voile de navire.

கூற்சரம், *P.* கூர்ச்சரம்.

கூற்றம், (கூறுகிறது), 1° parole. 2° *ou* [dieu de la mort.

கூற்றன், (*id.*). Yamen, prétendu

கூற்று, (*id*), 1° *obl. de* கூறு. 2° parole, mot, Saturne, Kâlen, ministre de Yamen, *V.* கூற்றன்: கூற்றுதைத்தோன், *ou* கூற்றையுதைத்தோன் celui qui a donné un coup de pied à Yamen, ou l'a supplanté *i.e.* Siven.

கூற்றுவன், (*id.*), ennemi mortel, *V.* கூற்றன்: — ஆய்ச் ஜென்மிக்கிறது naître ennemi mortel; — ஆய் *ou* போலவருகிறது venir en ennemi, — avec l'intention de nuire.

கூற்றோலை, (கூறு *obl.* ஓலை), ôle de partage, feuille de palmier sur laquelle on a écrit un partage de biens. [ன்), bossu, bossue.

கூனலன், *m.* கூனலி, *f.* (கூன

கூனல், *n. v. de* கூனுகிறது, bosse, dos bossu, courbure, tortuosité, croissant de la lune, conque, limaçon; கூனலாயிருக்கிறது être bossu, courbé; கூனற்கிழவன் vieillard —, vieux bossu; கூனற்கிழவி vieille bossue.

கூனன், (கூன்), bossu, tortue, limaçon, conque: — ஆயிருக்கிறது être bossu; — முதுகு dos de bossu, écaille de tortue.

கூனி, 1° *m. et f.* (கூன்), bossu

bossue, ce qui est courbé, — tortu, prostituée, Mandarei ou மந்தரை vieille bossue au service de கைகேசி, qui par ses mauvais conseils causa l'exil de Râmen, petite chevrette. *V.* குளிசி. 2° *gér. de* கூனுகிறது — க்குயம் faucille.

கூனிநிமிர்க்கிறது, (கூன், நிமிர்க்கிறது), redresser une bosse. [*du suiv.*

கூனு, 1° *P.* கூன். 2° *imp. et part.*

கூனுகிறது, னினேன், னுவேன், னு ou ன், ன, *v. n. et* கூனுதல், *n. v.* (கூன்) être —, devenir bossu, se courber: கூனிப்பார்க்கிறது regarder en se courbant; கூனின, கூனிய, *part.* bossu, courbé.

கூனை, 1° chaudière pour faire cuire le jus de canne à sucre, *V.* துமலுண்டம் et கொடிப்பனை. 2° *P.* கூனும் tu n'es pas bossu.....

கூன், 1° bosse, ce qui est un des 8 défauts du corps dits அங்கடவச்சம், courbure, voûte, hibou, limaçon, chaudière, repos ou pause qu'on fait dans le 1er vers d'une strophe pour marquer le sens. 2° *imp. et part. de* கூனுகிறது, bossu: கூனிரும்பு faucille; — உள்ளா, உள்ளோன் bossu; — கிடை être couché —replié, replié sur soi-même, ce qui est un des 5 défauts ou incivilités dites குற்றம்டு; — பாண்டியன் Pandien le bossu, ancien roi de Maduré qui détruisit les Samanéens; — முதுகு dos bossu.

கெ, ké, lettre syllabique composée de க் et de எ. Dans beaucoup de mots sanscrits கெ se met pour க.

கெக்கட்டம், éclat de rire.

கெக்கரிக்கிறது, ரித்தேன், ரிப்பேன், ரி, ரிக்க, *v. n. et* கெக்கரித்தல், *n. v.* (karkara), durcir, devenir dur, solide.

கெக்கலி, joie, réjouissance, acclamation: — கொட்டுகிறது pousser des acclamations, — des cris de joie.

கெக்கலிக்கிறது, லித்தேன், லிப்பேன், லி, லிக்க, *v. n. et* கெக்கலித்தல், *n. v.* (கெக்கலி), se réjouir.

கெக்களம், éclat de rire.

கெக்களிக்கிறது, ளித்தேன், ளிப்பேன், ளி, ளிக்க, *v. n. V.* நெளிகிறது: கெக்களித்தல், கெக்களிப்பு, *n. v. du préc. V.* நெளிவு.

*கெங்கை, *P.* கங்கை.

கெசகர்ணி, *P.* கசகர்ணி.

*கெசம், *P.* கசம்: கெசகர்ணம் art de remuer les oreilles comme l'éléphant.

*கெசாசனை, *V.* கசாசனை. [தகரை.

கெசாசைதரா, la plante கையாந்

கெச்சம், *P.* கெச்சை, கெச்சங்கெட்டவன் malheureux, pauvre qui prend vite tout ce qu'il gagne ou qu'il trouve. [தநடை démarche fière.

*கெச்சிதம், *P.* கச்சிதம்: கெச்சி கெச்ச, (*son imitatif*): — க்கெச்சென்கிறது faire *quetsouquetsou*, — du bruit.

கெச்சை, petits grelots attachés aux pieds: — கட்டியாடுகிறது danser avec des grelots attachés aux pieds; — கட்டினகுதிரை cheval qui a des grelots attachés aux pieds; — நடை, — மிதி démarche assurée, fière.

கெஞ்சுகிறது, சினேன், சுவேன், சு, ச, *v. n.* prier, supplier, solliciter, implorer, importuner en faisant beaucoup de gestes, le singe faire des grimaces: கெஞ்சப்பண்ணுகிறது, — வடிக்கிறது, (அடிக்கிறது), forcer à supplier; — வைக்கிறது laisser supplier, se faire prier longtemps avant d'accorder: கெஞ்சிக்கேட்கிறது supplier, implorer, demander avec instance; — க்கொண்டுதிரிகிறது mendier, aller demander partout; — வாங்குகிறது obtenir à force de supplications.

கெஞ்சுதல், *n. v. du préc.* supplication, prière, instances: கெஞ்சுதலையூற்றுகிறது répandre ses prières.

கெடல், *n. v. et opt. de* கெடுகிறது, ruine, destruction, perte: கெடலணங்கு la prétendue déesse de la destruction, *i. e.* மூதேவி sœur aînée de Lakchmi.

கெடவரல், (கெடுகிறது, வரல்), jeu lubrique de femmes.

கெடா, கெடாத, *part. nég. de* கெடுகிறது, incorruptible, impérissable. [ரம்.

கெடாரம், *P.* கடாரம், *et* கடிபார

கெடி 1° réputation, renom, nom illustre, effroi, terreur, peur, cruauté, fort sur une montagne, ville. 2° *imp. du suiv.*: —ஸ்தலம் capitale, siége de l'autorité, chef-lieu de juridiction; —பண்ணுகிறது faire peur, effrayer; —மண்டலீகன் roi terrible,—redoutable; —பண்ணுகிறது craindre; —படிப்படுகிறது être redouté, — réputé strict et sévère;—யாயிருக்கிறது être effrayant, terrible, renommé, célèbre.

கெடிக்கிறது, டித்தேன், டிப்பேன், டி, டிக்க, *v. n. et* கெடித்தல், *n. v.* (கெடி), craindre, redouter.

கெடியன், (கெடி), héros, homme redoutable, brave, vaillant, intrépide, habile, agile: அதிராக்கெடியன் héros intrépide.

கெடிலவணங்கு, *V.* கெடலவணங்கு.

கெடிலம், caverne, golfe, abyme, torrent profond, défilé, passage étroit: கெடிலநதி nom d'une rivière près de Goudelour.

கெடு 1° *gén.* கெடுவின், terme, jour —, temps fixé, atermoiement, occasion, condition. 2° *imp. de* கெடுக்கிறது. 3° *n. v. imp. et part. de* கெடுகிறது, perte, péri, perdu, ruiné, qui périt, qui se perd; —குடி famille ruinée; —சொல்லுகிறது fixer un terme (pour un paiement...), différer, demander un délai,— du répit: —தப்பிப்போகிறது manquer le terme fixé, le jour marqué se passer;—நினைவு mauvaise pensée, mauvais dessein, malice; —படிக்கு au jour fixé, selon le terme fixé; —புத்தி, —மதி mauvais esprit, mauvaise intention;—விடுகிறது laisser passer —, laisser le terme fixé, *ou*; —வைக்கிறது fixer un terme, désigner un temps, — un jour: கெடுவிலே dans le —, au temps fixé; மற்றொரு கெடுவுக்கு விற்கிறது vendre à une autre condition.

கெடுகிறது, ட்டேன், டுவேன், டு, ட, *v. n.* périr, se perdre, se gâter, se corrompre, se pervertir, mourir, pourrir, moisir, être ruiné, perdu, détruit, corrompu, endommagé, volé, se retrancher (une lettre): கெடுவாய் puisses-tu périr! (imprécation); கெடுவதுசெய்யின் விடுவது கருமம் si quelqu'un vous pervertit ou cause votre perte, il convient de le quitter; கெட்டேனே ah! je suis perdu, ruiné! கெட்டான் il est perdu, c'est un vaurien; கெட்டுத்திரிகிறது mener une vie déréglée; —ப்போகிறது périr, se gâter, se corrompre, se ruiner: —ப்போனவள் femme perdue, séduite, corrompue; —ப்போன பார்ப்பானுக்குச்செத்துப்போன பசுவைத் தானம் கொடுத்தாற் போல comme si on faisait présent d'une vache crevée à un brame ruiné; —விடுகிறது, —வைக்கிறது se fendre, se partager, se perdre.

கெடுகை, *V.* கெடுதல்.

கெடுக்கிறது, டுத்தேன், டுப்பேன், டு, டுக்க, *v. a. de* கெடுகிறது, ruiner, gâter, pervertir, corrompre, détruire, perdre, débaucher, profaner, souiller: கெடுத்துக் கொள்ளுகிறது se perdre, se corrompre, se détruire soi-même, causer sa propre ruine.

கெடுக்கை, *V.* கெடுத்தல்.

கெடுதலை, 1° *acc. de* கெடுதல். 2° *ou* கெடுதல், (*n.v. de* கெடுகிறது), perte, ruine, destruction, détérioration, défaite, mort, corruption, moisissure: —விகாரம் retranchement des lettres, changement qui provient de ce retranchement.

கெடுதி, (*id.*), perte, ruine, perdition, corruption, dommage, perversité, objet gâté, - perdu: —படுகிறது périr, se perdre, se corrompre.

கெடுத்தல், *n. v. de* கெடுக்கிறது, destruction, ruine, corruption, perversion, profanation.

கெடுப்பிணி, sable mêlé de plomb.

கெடும்பு, (கெடுகிறது), perte, destruction, corruption, *V.* அழித்தல்.

கெட்ட, *part. parf. de* கெடுகிறது.

méchant, mauvais, pervers, gâté, perdu, corrompu, ruiné, difforme;— கேடு ruine —, perte considérable;— வியாதி maladie dangereuse,— honteuse, — vénérienne; — வார்த்தை mauvaise parole, obscénité; —வுருவம் figure difforme, — vilaine; கெட்டவன், *m.* கெட்டவள், *f.* méchant, méchante, pervers, personne vicieuse, ruinée; கெட்டது ce qui est perdu, —gâté; கெட்டதிலேபாதிகொடுக்கவேண்டும் tu dois donner la moitié de la perte.

கெட்டம், *P.* கட்டம், barbe etc...

கெட்டனை, action de battre, d'enfoncer, de bourrer. [fort.

கெட்டாக்கெட்டி, (கெட்டி, ஆ), très-

கெட்டி, 1° *imp. de* கெட்டிக்கிறது. 2° fermeté, dureté, solidité, ce qui est massif,—épais, excellence, élégance, habileté, bien, bravo! très-bien: கெட்டி கெட்டி très-bien! bravo!— க்காரன் homme habile, capable;— ச்சரீரம் corps robuste; — த்தனம் habileté, capacité, force; — பத்திரம் grand soin, administration exacte; —ப்பாகு bouillon —, sirop épais, bouillie épaisse; — மரம் arbre —, bois dur,—solide, — பண்ணுகிறது *ou* — யாகச் செய்கிறது affermir, rendre solide, ferme, stable; —யாய்க் கட்டுகிறது lier fortement.

கெட்டிக்கிறது, ட்டித்தேன், ட்டிப்பேன், ட்டி, ட்டிக்க, *v. a. et* கெட்டித்தல், *n.v.* (கெட்டி), rendre dur, ferme, solide, durcir, affermir, bourrer, charger.

கெட்டு, *gér. de* கெடுகிறது.

கெணம், le tout, *V.* சகலம்.

கெணிக்கிறது, ணித்தேன், ணிப்பேன், ணி, ணிக்க, *v.a. P.* கணிக்கிறது, se souvenir, compter, estimer.

கெணிப்பு, *n.v. du préc.* souvenir, [calcul.

கெணிதம், *P.* கணிதம்.

கெண்டம், *P.* கண்டம்.

கெண்டி, 1° *V.* கெண்டிகை. 2° *imp. et n.v. de* கெண்டிக்கிறது, action de couper, endroit de la coupure; கெண்டியாலே வார்க்கிறது verser par le bec du vase.

கெண்டிகை, (கெண்டி), bec d'un vase, pot à l'eau, aiguière. [றது.

கெண்டிக்கிறது, *P.* கண்டிக்கி-

கெண்டு, *P.* கெண்டை.

கெண்டூரம், *P.* கண்டூரம்.

கெண்டை, espèce de carpe, cyprinus fimbriatus, bord de toile broché, *ou* —க்கால் mollet, gras de la jambe, le bas de la jambe; — ப்பிளி bijou en forme de carpe pour les orteils des femmes; — மீன் carpe; — மேறல்,— வாதம் espèce de maladie venteuse; —வியாதி, — விழுந்த நோவு hypocondrie;—விழியாள் femme qui a les yeux beaux et vifs, *litt.* des yeux de [carpe.

கெதம், *P.* கதம்.

கெதி, *P.* கதி.

கெதை. *P.* கதை.

கெத்திடுகிறது, *v. comp. et* கெத்திடல், கெத்திடுதல், *n.v.* (கெத்து), couper en morceaux.

கெத்து, 1° palpitation, coup répété, babil. 2° *imp. et part. du suiv.*:— க்கெத்தென்கிறது, — க்கெத்தெனல், palpiter d'effroi ou de détresse, babiller.

கெந்துகிறது, ந்தினேன், ந்துவேன், ந்து, ந்த, *v.a.* couper, diviser, mettre en morceaux. [che, action d'aller.

*கெந்துவம், (ga, *qui va*), côté, mar-

*கெந்தகம், *P.* கந்தகம்.

*கெந்தகாப்பிரகம், (கெந்தகம், அப்பிரகம்), talc de couleur de soufre.

*கெந்தம், *P.* கந்தம், odeur: கெந்தபத்தம் espèce d'arsenic.

*கெந்தி, *P.* கந்தி, soufre, *V.* பொன்னிமிளை:— யுப்பு sel de soufre.

கெந்துகிறது, ந்தினேன், ந்துவேன், ந்து, ந்த, *v. n.* (les vers...) ramper, serpenter. [lumière.

*கெபத்தம், (gabhasti), rayon de

கெபி, antre, caverne, grotte, fosse, [trou.

கெப்பிதம், mépris.

*கெமனம், *P.* கமனம்.

கெமிளிக்கிறது, / கெம்பளிக்கிறது, } ளித்தேன், ளிப்பேன், ளி, ளிக்க, *v.n.* se réjouir, faire parade.

கெமிளித்தல், கெமிளிப்பு, கெம்பளித்தல், கெம்பளிப்பு, *n.v. des préc.* joie, pompe.

கெம்பனை, corbeille,—de riz.

கெம்பல், *n.v.de* கெம்புகிறது, cri, clameur, bruit, alarme, tumulte:—ஆய்க்கிடக்கிறது être en tumulte, dans les alarmes; —ஆய்க்கூப்பிடுகிறது jeter les hauts cris, faire un bruit excessif.

*கெம்பீரம், *P.* கம்பீரம், excellence, vaillance, *V.*கம்பீரம்.

கெம்பீரிக்கிறது, கம்பீரித்தல், *P.* கம்பீரிக்கிறது, faire le vaillant, montrer sa valeur, *V.*கம்பீரிக்கிறது.

கெம்பு, 1° *ou* கெம்புக்கல், rubis. 2° *imp.et part.de*

கெம்புகிறது, பினேன், புவேன், பு, ப, *v. n.* crier, vociférer, rugir, faire grand vacarme, — grand tumulte, s'intriguer, s'irriter, s'élever: கெம்பிக்கொண்டுபோகிறது rugir, tempêter, s'en aller en rugissant,— tout furieux.

கெய், espèce de poisson.

கெரடிக்கூடம், *P.*கரடிக்கூடம்.

கெரட்டுக்கெரட்டென்கிறது, (*son imitatif*).*ou* கெரட்டுக்கெரட்டென்று வாங்குகிறது *ou* இழுக்கிறது, lutter avec la mort, être à l'agonie, *V.*கறட்டுக்கறட்டென்கிறது.

கெரிக்கிறது, *P.* கரிக்கிறது.

கெரித்தல், *P.*கரித்தல்.

கெரிட்டம், colère.

*கெருடன், et ses composés, *V.*கருடன்...

கெருடி, *P.*கருடி.

கெருமத்தம், oiseau, volatile.

கெரோஸ்தன், *P.*கிரோஸ்தன்.

கெர்ச்சிக்கிறது, *P.* கர்ச்சிக்கிறது.

*கெர்ப்பம், *P.*கர்ப்பம்.

*கெர்வம், *P.*கர்வம்.

*கெலத்தம், (glasta), manducation.

கெலி, 1° *V.* கெலிசு. 2° *imp. de* கெலிக்கிறது:— கெட்டவன் homme qui se lamente, qui a perdu le désir ou la crainte.

கெலிக்கிறது, லித்தேன், லிப்பேன், லி, லிக்க, *v.a.*(கெலி), gagner (un procès, une bataille, au jeu...), vaincre, désirer, craindre.

கெலிசு, désir, crainte, gros ventre.

கெலித்தல், கெலிப்பு, *n.v. de* கெலிக்கிறது, gain, victoire, succès, crainte, désir: கெலிப்பாயிருக்கிறது réussir, être en gain.

கெல்லிக்கம்பு, *V.* கூரம்பரம்சி.

கெல்லுகிறது, *P.* கல்லுகிறது, fouir. ‖ *V.*கல்லுகிறது.

கெவி, *P.*கெவி.

கெவிடு, cassetin, casse à lettres.

*கெவுணம், (gaouna), qualité, bonté secondaire.

கெவுரி, *P.*கௌரி:— சங்கம் double grain de உருத்திராக்ஷம்; — பாஷாணம் espèce d'arsenic,—de remède.

கெவுளி, *P.*கௌளி, petit lézard dit பல்லி, lacerta gecko, (il court le long des murs et sert d'augure aux payens), conque rougeâtre, coco dont le bouton ou la spathe est rouge;—கேட்கிறது écouter le cri de ce lézard pour en tirer des présages; —கத்துகிறது, — சொல்லுகிறது ce lézard crier;—ச்செவ்விளை espèce de cocotier.

கெவுளி, fort, place fortifiée, porte de ville: — வாசல் porte d'une forteresse.

கெழு, 1° *adj. de* கெழுமை, abondant, nombreux, beau, lumineux, de couleur. 2° couleur, lumière, beauté, assemblage, qualité, amour, particule explétive. *Ex.*வேல்கெழுதடக்கை main forte tenant le javelot; —தகை, —தகைமை amitié, propriété, convenance.

கெழுகிறது, ழுதேன், ழுவேன், ழு, ழ, *v.n.* கெழுதல், *n.v.* *V.* கெழுமுகிறது.

கெழுமல், } *n.v. du suiv.* plénitude, étude, suffisance,
கெழுமுதல், } germination, union, accord.

கெழுமுகிறது, மினேன், முவேன், மு, ம, *v. n.* être plein, fertile, contenu, abonder, suffire, s'unir, convenir, apprendre, germer.

கெழுமை, (கெழு), germination, couleur, abondance, opulence, état florissant, fertilité, bonté, qualité.

கெழுவல், } abondance, suffisance,
கெழுவுதல், } plénitude, prise, obtention, accord, trouble d'esprit, *n.v.de*

கெழுவுகிறது, வினேன், வுவேன், வு, வ, *v.n.* abonder, être plein, rempli, recevoir, s'unir, convenir.

கெளிக்கிறது, ளித்தேன், ளிப்பேன், ளி, ளிக்க, v.n. ramper, serpenter, se plier.

கெளிசு, enflure de la jaunisse: — பற்றுகிறது avoir —, prendre un gros ventre.

கெளிதம், 1° grosse pierre. 2°*(galita), tomber en bas, action de manger.

கெளித்தல், கெளிப்பு, n.v. de களிக்கிறது, courbure, sinuosité.

கெளிற்சல்லியம், (கெளிறு), os de poisson.

கெளிறு, ou கெளிற்றுமீன், sorte de poisson, silurus vittates: காருகெளிற்றுமீன் sorte de thon. V. காறுங்கெளிறு.

*கெறு, கெறுவம், P. கர்வம், orgueil, arrogance.

*கெறுவி, (கெறுவம்), orgueilleux, homme habile.

கெறுவிக்கிறது, P. கர்விக்கிறது.

*கெற்சிதம், P. கர்ச்சிதம்.

கெற்சிக்கிறது, P. கர்ச்சிக்கிறது.

கெற்சிப்பு, P. கர்ச்சிப்பு.

கெற்பத்தி, la pierre dite சாலக்கிராமம்.

*கெற்பம், P. கர்ப்பம், V. கருப்பம்.

*கெற்பணி, P. கருப்பணி.

*கெற்பாதானம், P. கருப்பாதானம், cérémonie que les payens font le 4me mois après la conception.

கெற்பிக்கிறது, பித்தேன், பிப்பேன், பி, பிக்க, v.n. (கெற்பம்), concevoir.

கெற்பிரிக்கிறது, ரித்தேன், ரிப்பேன், ரி, ரிக்க, v.n. et கெற்பிரித்தல், n.v. flamber.

கெற்பு, faculté, pouvoir: கெற்புக்குத்தக்கது selon son pouvoir.

கெற்போட்டம், (கெற்பம், ஓட்டம்); cours des nuages qui au mois de மார்கழி servent de pronostics aux mois de pluie dont ils sont censés les embryons.

*கெற்வம், P. கர்வம்.

கே, kè, lettre syllabique composée de க் et de ஏ.

*கேகம், 1°(gèha), maison. 2° (kèkâ), cri du paon.

*கேகயம், 1° (kêkaya), un des 56 pays indiens, le royaume du roi கேகயன். 2°(கேகை), paon, l'oiseau dit கேகயப்புள் ou அசுணம், l'arsenic கெவுரிபாஷாணம்.

*கேகயன், (id.), Kègayen, ancien roi de Kègaya.

*கேகலன், (kèkala), V. கூத்தாடி.

*கேகாபலம், (கேகை), paon.

*கேகேயி, கேகேயீ, கேகையி, (கேகயன்). Kègêyi, fille du roi கேகயன் et une des femmes de Dasaraden, mère de Bharata, et belle-mère de Râmen.

*கேகை, (kèkâ), cri du paon.

கேசதம், la plante கையாந்தகரை.

*கேசம், (kèsa), 1° cheveu, chevelure, crinière de cheval. 2° P. கிலேசம், chagrin: கேசகலாபம் V. மயிர்முடி; — கிதன் (tchhit couper) barbier; — பந்தி rang —, touffe de cheveux; — பாசம் chevelure de femme; — மார்ச்சகம், — மார்ச்சனம், (mârdja nettoyer, ka, na), peigne; — முட்டி, முஷ்டி V. வேம்பு.

*கேசரம், (kèsara), filament —, étamines —, anthère des fleurs, l'arbre மகிழமரம், scarabée, talk, assa-fetida, cheveu, poil, crinière de lion, lion.

*கேசரர், (khêtchara, khè dans l'air, சரன் qui va), les வித்தியாதரர், espèce de prétendus demi-dieux qui jouent du luth.

*கேசராசனம், (கேசரம், ஆசனம்), espèce de position des Yoguis qui consiste à croiser les jambes repliées sous le postérieur et à étendre les bras en mettant les coudes sur les genoux.

*கேசராசம், (கேசம், râdja qui brille), espèce d'oranger.

*கேசரி, (kèsari), lion, cheval, assa-fetida. Kèsari, singe père d'அநுமான், ou கேசரியாசனம் espèce de position qui consiste à placer le cou de pied à l'anus sous les parties honteuses, à mettre le coude gauche sur le genou, à étendre les doigts et à regarder le nez; — யோகம் la lune être dans le 4me ou 7me lieu ou signe après son lever, conjonction de la lune et de Jupiter.

கேசரிகம், la plante நாயுருவி.

*கேசவம், (கேசம், va), chevelure épaisse, scarabée, — femelle, un des 18 livres de jurisprudence, odeur odoriférante, diable.

*கேசவன், (id.), homme chevelu, qui

a une belle chevelure, (surnom de) Krichna ou Vichnou (et du) roi சோழன்: கேசவற்குத்தோழன் compagnon de Krichna, *i.e.* Aroutchounen

*கேசாதிபாதம், (கேசம், ஆதி), de la chevelure aux pieds, le 71me des பிரபந்தம் ou description d'une personne de la tête aux pieds en vers dits கலிவெண்பா.

*கேசாந்தம், (கேசம், அந்தம்), cérémonie de la coupe des cheveux, (aux brames à 16 ans, aux Rajas à 22 et aux Vaïssias à 24 ans), bout de la chevelure.

*கேசி, (கேசம், i.) 1° *V.* கேசவன். 2° lion, un démon ou géant tué par Krichna, *d'ou* — சூதனன் le destructeur de Kêsi, *i.e.* Krichna.

*கேசிகன், (கேசம், ika), homme chevelu, qui a une belle chevelure.

கேசியா, l'arbre தாழை.

கேசினி, l'arbrisseau சங்கங்குப்பி.

*கேசுகம், (kêtchouka). racine bonne à manger, arum colocasia.

*கேஞ்சலிகை, (ghèntchalikâ), racine bonne à manger, arum orinense.

*கேடகம், (khètaka), bouclier, ville entourée de rivières et de montagnes, camp, campement de soldats, nom d'un fleuve, brancard de procession pour porter des statues, espèce de palanquin à canne droite, la plante புறுமுட்டி: கேடகக்காரன் homme armé d'un bouclier, porte bouclier; கேடகமுங்கத்தியுங்கொண்டுபோகிறது aller armé d'un bouclier et d'une épée.

*கேடம், (khêta), ville entourée de rivières et de montagnes, la rivière கெலியாறு, bouclier.

கேடயம், *P.* கேடகம், bouclier.

கேடன், (கேடு), destructeur, méchant, malheureux.

கேடி, *f.* (கேடு), destructrice, méchante, malheureuse.

கேடிக்கை, jeu de femmes.

கேடிலுவகை, (கேடு, இல், உவகை), éternelle béatitude, joie indestructible, paradis.

கேடு, *gén.* கேட்டின், *obl.* கேட்டு, (கெடுகிறது), perte, ruine, destruction, perdition, corruption, mal, défaut, manque: கேடாகிறது se perdre, empirer, tourner à la perte; கேடாக en mal, méchamment, à tort; கேடில்லா, கேடில்லாத impérissable, indestructible, sans perte, sans mal, inaltérable; கேடில்லாதவன் être exempt d'infortune, au-dessus du malheur; கேடில்லாவுவகை, *V.* கேடிலுவகை; — காலம் temps mauvais, — de malheur; — காலன் (injure) malheureux, misérable; — காலத்துக்கு ஓடுகப்பரை dans le malheur un têt sert d'écuelle, *i. e.* on tire parti de tout dans le malheur; — கெட்டவன் homme ruiné, perdu; — கெட்டுப்போகிறது périr, se perdre, se ruiner, se pervertir, s'appauvrir; — படுகிறது éprouver une perte; — பாடு perte, détriment, infortune, malheur, corruption; — வரும்போதுமதிகெட்டுவரும் quand le malheur arrive, l'esprit se perd, s'abâtardit: கேடாய்முடிகிறது finir mal, tourner à la perte de.

*கேடையம், *P.* கேடகம், bouclier, brancard pour porter des statues en procession: கேடயத்திலொட்டிக்கொண்டுவருகிறது se couvrir d'un bouclier, venir en se couvrant d'un bouclier.

கேட்கிறது, ட்டேன், ட்பேன், ன், ட்க, *nég.* கேளேன், *v.a.* écouter, entendre, entendre dire, percevoir, demander, prier, supplier, interroger, questionner, s'informer, examiner, obéir: கேட்டருளுகிறது daigner écouter, exaucer, accorder; கேட்டனுப்புகிறது, கேட்டுப்போகவிடுகிறது envoyer s'informer, — prendre des informations.

கேட்குதல், *n.v. du préc.*

கேட்கும், 3e *pers. et part. fut. du même:* — விடை réponse interrogative. *Ex.* என்னாலாகுமோ (ce qu'on demande) m'est-il possible?

கேட்கை, / கேட்டல், *n.v. du même*, question, demande, prière, audition.

கேட்ட, *part. du même*, qu'on a — qui a entendu, — écouté...: — காரியம்

ce qu'on a entendu:— வாய்க்கேட்டல்,— வாய் கேட்கிறது demander ce qu'on a entendu, interroger ceux qui ont entendu, ouir—, apprendre de plusieurs.

கேட்டி, V. மிளாகு.

கேட்டு, 1° gér. de கேட்கிறது. 2° obl. de கேடு.

கேட்டை, (djyeshtâ ainé, infortune), 1° la prétendue déesse de l'infortune, மூதேவி sœur ainée de Lakchmi. 2° ou கேட்டைநாள் la 18me constellation des Indous, elle contient 3 étoiles ou milieu du Scorpion. 3° P. கேட்டாய் tu as écouté....

கேட்பார், n. app. de கேட்கிறது, ceux qui entendent...:—பேச்சு கேட்கிறது croire toute sorte de rapports, écouter tous les oui-dire.

கேட்பு, V. கேட்கை.

கேணம், fertilité.

கேணி, puits, fontaine, citerne, réservoir, étang, fossé:— க்கரை bord d'un puits,— d'un étang:— த்துறை descente d'un puits ou d'un étang, endroit pour y descendre; —வெட்டுகிறது creuser un puits, un étang.

*கேண்டு, கேண்டுகம், (gèndou, ka), balle à jouer.

கேண்மை, (கேள், மை), parenté, amitié, faveur, bienveillance. [ழை.

*கேதகை, (kètaka), la plante தா

*கேதம், 1° (khèta), affliction, chagrin, (défaut. 2° (kèta), maison demeure. [invitation.

*கேதல், n. v. de கேதுகிறது, appel,

*கேதனம், (kètana), étandard, bannière, drapeau, maison, place, ouvrage, occupation. [dah, dans la Malaisie.

*கேதா, la ville de Quéda ou Ké-

*கேதாரம், (kèdâra), montagne, Kèdâra, ou le nouveau Kédar, ville ou lieu dans les monts Himalaya, paon: கேதார கவுளம், — கௌளம் sorte d'air applicable au poème nommé பின்னோக்கவி; — விரதம் espèce de vœu ou de pénitence. [Siven.

*கேதாரன், (id.), le montagnard,

*கேது, (kètou), le serpent rouge que les Indous prétendent causer les éclipses et qui est la 9me de leurs planètes. (En mythologie c'est le corps de சைங்கிகேயம் fils de சிங்கிகை, qui ayant bu l'ambroisie, lorsqu'on barattait la mer de lait, eut la tête nommée இராகு séparée du corps par Vichnou, mais tête et corps sont restés immortels; en astronomie c'est) la queue du dragon, ou le nœud descendant de la lune, i. e. le point où l'orbite de la lune passe l'écliptique allant du nord au sud, signe, marque, maladie, bannière, drapeau, lumière, comète, étoile tombante, race de pygmées fils de சைமினி et habitant l'île குசம்: — ச்சிலாங்கணம், (சிலை, அங்கணம்) topaze; — தாரை comète: — யஷ்டி, —யட்டி bâton de pavillon; — ரத்தினம் lapis-lazuli; —வசனம் drapeau, pavillon.

கேதுகிறது, கேதினேன், துவேன், து, த, v. a. (kèta appeler), கேதுதல், n. v. appeler, inviter.

*கேதுமாலம், (kètoumâla), une des 9 grandes divisions du monde selon les Indous, l'ouest du சம்புத்தீவு.

கேதுரு, (cedrus), le cèdre, arbre odoriférant.

*கேத்திரம், P. க்ஷேத்திரம். [terre.

கேத்து, (Ind.), champ, pièce de

*கேந்திரம், (kèndra), centre d'un cercle, anomalie, argument d'une équation, distance angulaire d'une planète au 1er point de son orbite (dans le 4me, le 7me, le 10me degré), lever, aurore: இரவி—, மதி—, anomalie du soleil, —de la lune.

கேந்திரிக்கிறது, ரித்தேன், ரிப்பேன், ரி, ரிக்க, v. n. (கேந்திரம்), s'arrêter —, se tenir au centre.

கேந்துருநியம், la plante நாய் வேளை. [ment.

*கேபம், (kèpa), agitation, mouve-

கேப்பை, V. கேழ்வரகு.

கேமனம், V. கமனம்.

கேமாச்சி, la plante வெள்ளோக்கரக்கனம்.

*கேயம், 1° (khèya), fossé, —de citadelle. 2° (gèya), chant, harmonie.

*கேயன், (gèya), chantre, chanteur.

கேயிகம்,brique.

*கேயூரம், (kèyoûra), bracelet qu'on porte au haut du bras.

கேரண்டம்,corbeau.

*கேரலம், }(kèrala), le Maléalam,
*கேரளம், }ou côte malabare,pays nommé par les Grecs Céralades.

*கேரளி, (kèrali), astronomie, traité d'astronomie, heure, espèce de riz.

கேரளன், (கேரளம்), le roi des Céralades, ou du Maléalam. *i.e.* சேரன்.

கேரிசை,harmonie,chant. [ரன்.

கேழுகிறது,கிகேரன்,ருவேன்,ரு,ர, *v.n.*கேழுதல், *n. v.* la poule glousser, s'enrouer, avoir la voix rauque, craindre.

*கேலகன், (kèlaka), danseur, faiseur de tours qui marche ou danse sur des épées.

*கேலம்,(khèla),jeu,jeu de femmes.

*கேலனம், (khèlana), jeu, — de femmes, passe-temps, mépris, plaisanterie.

*கேலாசம்,(kèlâsa),crystal,verre.

*கேலி,(kèli), mépris, plaisanterie, moquerie, censure, calomnie, diffamation,jeu, amusement: — க்கிரகம் maison de plaisance,— d'agrément, —de repos;—பண்ணுகிறது se moquer,ridiculiser, diffamer; — மாலி amusement, jeu; — விருத்தம் sorte de கடம்பு. [கமரம். V.கேலனம்.

*கேலிகம்,(கேலி,ka),l'arbre அசோக

*கேலிகலை,(கேலி,)le luth de Saratchouvadi,plaisanterie,bouffonnerie.

கேவணம், chaton (pour mettre une pierre précieuse).

*கேவர்த்தன்,(kèvartta),pêcheur.

*கேவலம்,1°(kèvala), tout, ensemble, contenu, intégrité, unité, simplicité, ce qui est entier, — seul, —sans mélange,solitude, bon plaisir, volonté propre,égoisme, formalité philosophique,ce qui est formellement,—absolument. 2° état désespéré d'un malade, moment de la mort, agonie, extrémité, fin, maigreur, abandon, malheur, petitesse, force, fermeté, augmentation, croissance,bonheur éternel,paradis:கேவலமாய் formellement,absolument...; —ஆயிருக்கிறது être entier,seul,en abondance, *ou* — ஆய்க்கிடக்கிறது être à l'agonie, —dangereusement malade; —அன்று ce qui est à l'extrémité, —sans force; கேவலக்கிரகணம்,கேவலாவபோதகணம் appréhension simple des philosophes;—சினேகம் amour très-tendre;—த்திரவியம் poivre,—noir;—ப்படுகிறது maigrir, se fatiguer, s'épuiser, défaillir;—வியதிரேகஅநுமானம் pur syllogisme catégorique d'une conclusion négative;—வையாகரணன் simple grammairien qui ne sait rien autre chose; சரீரம் கேவலமாயிளைத்துப்போயிற்று le corps est très-affaibli.

*கேவலன், (கேவலம்), égoiste.

*கேவலான்வயாநுமானம் *ou* கேவலவன்னுவயாநுமானம், (*id.* அன்னுவயம்,அநுமானம்),pur syllogisme catégorique d'une conclusion affirmative.

கேவல்,la plante வன்னிக்கொடி.

கேவிறு, P. கேழ்வரகு.

கேவு, moutarde blanche.

கேவுகிறது,வீகேன்,வுவேன்,வு,வ *v.n.* gémir,soupirer comme un mourant,avoir le râle de la mort, crier à perdre haleine,—comme un enfant.

கேவேடன், (kè, *dans l'eau,* வேட்

கேழல், cochon. [ன்), pêcheur.

கேழ், 1° *adj. de* கேழுமை. abondant. 2° *part. de* கேழ்த்தல்,brillant, semblable,comme.3° lumière,splendeur,couleur,ressemblance, comparaison. [*ou* கேழ்த்தல்.

கேழ்க்கிறது. 1° P. கேட்கிறது. 2°

கேழ்த்தல், (கேழ்), briller, ce qui est brillant, illumination.

கேழ்மை, (*id.*), V. கேழுமை.

கேழ்வரகு, (*id.*), kèverou *ou* கேவி ரு espèce de millet, cynosurus coracan: —மாவிலேகளி கிண்டுகிறது faire une bouillie épaisse de farine de kèverou.

கேளவன்,கேழ்வி, கேழ்வு, P கேள்வன்,கேள்வி,கேள்வு. [socié,ami.

கோளர், (கேள்), compagnon, as-

கேளா, 1° inutilité, V. அவமம். 2° ou கேளாத, part. nég.de கேட்கிறது, qu'on— ,qui n'entend pas..., inattentif, désobéissant, sourd: கேளாதகேள்வி question qu'on ne doit pas faire,injure,affront,outrage.

கேளாமை, n.v. nég. de கேட்கிறது, manque d'écouter..., inattention,désobéissance,surdité.

கேளார், n.app.nég.du même, ceux qui n'écoutent point...,ennemis.

*கேளி, (kèli), jeu, —de femmes, cocotier: —யிளநீர் eau de coco non mûr,coco tendre et rougeâtre; —விலாசம் promenade d'amusement, —accompagnée de jeu, passer le temps à jouer.

*கேளிக்கை, (கேளி, kâ), jeu, récréation,passe-temps,amusement, jeu de femmes:—யாடுகிறது danser, chanter et jouer. [parenté.

கேளிர், (கேள்), maris, amis, கேள் 1° amour, amitié, parenté, alliance, estime,évaluation. 2° imp. et part.de கேட்கிறது.

கேள்கிறது, P. கேட்கிறது.

கேண்மை, (கேள்), V. கேண்மை.

கேள்வன், (id.),ami, amant,mari, chef.

கேள்வி, 1° n. v. de கேட்கிறது, question, demande, interrogation, audition,action d'entendre, science, érudition,ouïe,oreille,pendant d'oreilles, obéissance, justice,audition des plaintes, enquête judiciaire. 2° (கேள்வு), fréteur de navire: —கேட்கிறது faire une question,interroger; —க்காரன் auditeur, celui qui écoute,qui entend, qui prend des informations, qui demande le prix, demandeur en justice;—கொடுக்கிறது,—தருகிறது prêter l'oreille; —ச்செவியன் homme crédule, qui écoute,—croit ce qu'il entend;—ப்படுகிறது entendre dire, apprendre, parvenir aux oreilles; —ப்படுத்துகிறது informer, faire entendre;—ப்பத்திரம் requête, supplique;—முளைக் bas—,bout de l'oreille,ouïe; —யற்றவூர் ville sans justice, sans administration de justice;—யற்றுக்கிடக்கிறது être sans justice, sans enquête, sans administration de justice; —யற்றுப்போகிறது l'administration de la justice— ,la justice devenir nulle,être réduit à ne pouvoir obtenir justice; — யுமில்லையுத்தரவுமில்லை il n'y a ni enquête ni réponse, il n'y a point de justice; —யுள்ளவன் homme savant;கேள்விக்குத்தரம் réponse à une question; கேள்வி- சு les 4 questions, enquêtes ou informations concernant: 1° அறம் la vertu et la manière de la pratiquer; 2° பொருள் les biens ou les richesses et la manière de les acquérir justement; 3° இன்பம் le bonheur domestique des époux,et la manière dont ils peuvent vivre heureux ensemble;4° வீடு la béatitude céleste et le moyen de l'obtenir,qui est, selon les Indous,d'abandonner toute pensée des 3 premières questions, pour concentrer son idée en Dieu; கேள்வி-ரு, les 5 questions, savoir: les 4 précédentes et la suivante: 5° இவற்றின்வழிநிற்றல் moyens de persévérer dans les 4 choses précédentes; selon eux, on doit trouver la réponse à ces questions dans les sciences ou les sastirams,et dans les réponses des savans et des grands hommes.

கேள்வு, (கேட்கிறது), fret (d'un vaisseau), frètement, affrètement, salaire; —க்காரன் fréteur, qui reçoit le fret; — க்கப்பல் petit navire frété, barque frétée;கேள்வுக்குவாங்குகிறது affréter(un navire): கேள்வுக்கேற்றுகிறது charger un navire en payant le fret.

*கேனாரம், (kènâra), une division de l'enfer.

கை, 1° kai, lettre syllabique composée de க et de ஐ, main, bras, poignée,trompe de l'éléphant,manche (d'instrument, d'habit),mesure de la main, empan, aile d'armée, corps de troupe, pouvoir, force, décoration, ornement, chevron, bonnes mœurs, conduite, petitesse, bagatelle, détresse, place, aussitôt, comparaison, sœur cadette, côté, partie, détachement, faction, expérience, tentative. 2me (kai), son, bruit. 3° *imp. de* கைக்கிறது. 4° terminaison comme dans கடுக்கை, செய்கை, நடக்கை: கைகடக்கிறது échapper, —de la main, lâcher; — கடன். *V.* கைக்கடன்; — கட்டுகிறது, — கட்டிக்கொண்டு நிற்கிறது croiser les bras, se croiser les bras par respect; — கட்டிக்கொண்டிருக்கிறது se tenir les bras croisés; — கண்ட *part. de* கைகாண்கிறது; — கலக்கிறது joindre les mains, s'unir, avoir commerce ensemble (avec une femme), en venir aux mains (avec l'ennemi...), engager le combat, —la mêlée, — கழுவுகிறது, — கழுவுதல் se laver les mains, montrer par là qu'on ne prend pas de part à un crime, rejeter décidément; — காட்டு geste, gesticulation, signe de main, *imp. de* — காட்டுகிறது, — காட்டுதல் gesticuler en déclamant, faire signe de la main, montrer la main, — avec la main, donner quelque chose; முன் கொடுத்தகைகாட்டினபடியாலே திரும்பிவந்தான் il est revenu parce que je lui avais donné auparavant; — காண்கிறது, — காணுதல் voir la main, la main paraître, s'accomplir, se pratiquer, réussir, connaître par expérience, savoir certainement, être prouvé, être exercé, habitué, expérimenté, prouvé par expérience, — கண்டது ce qui est expérimenté, habituel, pratique, d'usage, d'expérience, ce qui réussit; — கண்டபரிகாரி médecin expérimenté; — கண்டமருந்து remède ordinaire, usuel; — கண்டவேலை travail auquel on est habitué; — கண்டசாஸ்திரம். *V.* [illegible]; — கால்முடங்கினவன் homme perclus des mains et des pieds; — கால்முடங்கிப்போகிறது être perclus des mains et des pieds; — காவல் aide, garde, coup de main; — கீழ் sous la main, dépendance, possession, dessous de la main; — குவிக்கிறது, குவித்தல் joindre les mains (en signe de salut ou d'adoration), vénérer, battre des mains (ce qui est une espèce de jeu de femmes); — குவித்துக்கும்பிடுகிறது rendre hommage en joignant les mains; — குளிர்கிறது la main se refroidir, se rassasier, être satisfait; — குறண்டுகிறது la main se contracter; — கூடுகிறது, — கூடுதல் réussir, prospérer, arriver, s'obtenir; — கூடின — கூடிவருகிறவேலை ouvrage qui réussit; — கூடுகிறபொருள் chose ou bien qu'on peut se procurer: சகலமும் அவனுக்குக் கைகூடும் tout lui prospère; சகலநன்மையும் உனக்குக் கைகூடும் toute sorte de biens vous arrivera; — கூப்பல், — கூப்புதல் rendre hommage en joignant les mains, battre des mains et les joindre (sorte de jeu); — கூப்பு mesure de 5 coudées, *ou* — கூப்புகிறது ou கைகளைக்கூப்புகிறது joindre les mains pour adorer ou saluer, battre des mains, *ou* — கூப்பித் தொழுகிறது rendre hommage en joignant les mains; — கூம்புகிறது joindre les mains, les mains se joindre, —se fermer; — கெட்டுப்போகிறது s'affaiblir, s'appauvrir, la main perdre sa vigueur; — கொடுக்கிறது donner la main, présenter la main et introduire, aider, donner un coup de main, unir ses efforts, donner sa parole, consentir, réussir; — கொட்டல், — கொட்டிக்குவிக்கல் battement des mains, jeu où l'on bat des mains, *V.* குடந்தம்; — கொட்டிக் குவிக்கிறது *ou* — கொட்டுகிறது frapper —, battre des mains; — கோக்கிறது se prendre par la main, s'unir, s'accoupler, joindre les mains; — கோத்தாட்டம் danse (des femmes pallers etc...) en chantant et se tenant par la main; — கோத்துநடக்கிறது marcher —, aller en se tenant par la main; — கோளை, — கோர்வை, *V.* கைக்கோளை; — கோளன், *V.* கைக்கோளன்; — கோளர், *V.* கைக்கிளையவர்; — கைமாறு; — கைமாற்றுதல் prêt de confiance, —de main en main, sans billet ni gage, c'est un des caractères des cultivateurs; — கைகட்டி brassard, gantelet, ou — கைகட்டு espèce d'ornement; — கைக்கணக்கு note —, memorandum d'un compte, billet de compte; — கைக்கணிப்பு appréciation du poids à la main; — கைக்கத்தி couteau —, sabre qu'on porte avec soi, espèce d'arme, serpe; — கைசுரு poignet; — கைக்கவசம் gantelet, brassard, gant; — கைக்காணிக்கை présent, petit présent donné en main à un supérieur. v.g. un citron; — கைக்காங்கை, — கைக்காந்தி chaleur de la main; — கைக்காரன் aide, homme riche, — puissant, — fort, — robuste; — கைக்கிரியை ouvrage manuel, action des mains; — கைக்கிட்டி planchettes pour torturer les mains, torture où l'on presse les mains entre 2 bâtons ou planchettes; — கைக்கீறு marque qui sert de signature et que font ceux qui ne savent pas signer; — கைக்குடை petit parasol qu'on porte à la main; — கைக்குட்டை mouchoir, — de main; menottes; — கைக்குதி talon de la main; — கைக்குத்து coup de poing; — கைக்குத்துக் குறிக்கிறது se boxer, se tenir prêt à se boxer; — கைக்குழந்தை poupon, enfant qu'on porte dans les bras, — au bras; — கைக்குழலூதுகிறது jouer du flageolet, de la clarinette etc...; — கைக்குழி creux de l'aisselle; — கைக்குழிப்புற்றை espèce de taches cutanées à l'aisselle; — கைக்குறி signe de la main, chiromancie; — கைக்குற்றம் erreur —, défaut de la main; — கைக்குன்று la montagne qui a une trompe, i.e. l'éléphant; — கைக்கூச்சம் chatouillement de la main; — கைக்கூலி présent pour suborner; — கைக்கூலிக்காரன் homme qui reçoit de tels présens; — கைக்கொட்டு battement de mains; — கைக்கொட்டை coussin pour soutenir les mains; — கைக்கொள்ளல் acceptation, ou — கைக்கொள்ளுதல், — கைக்கொள்ளுகிறது accepter, recevoir, saisir, prendre en main; — கைக்கொள்ளப் பண்ணுகிறது faire accepter etc...; — கைக்கோடாரி hachette, petite hache, hache manuelle; — கைக்கோர்வை chef-d'œuvre —, habileté des mains; — கைக்கோல் bâton, canne (pour s'appuyer), béquille, appui, soutien, perche de batelier, 2 bâtons avec une corde liée au bout qu'on jette sur les cornes d'une vache intraitable pendant qu'on la trait; — கைக்கோலாயிருக்கிறது être l'appui de...; — கைச்சங்கிலி, — கைச்சரப்பளி chaîne d'or, sorte de joyau, — d'ouvrage d'orfèvre; — சருவுகிறது se permettre des jeux de mains, flatter de la main, V. கைகலக்கிறது; — சருவுதல் jeu de main, caresse, mêlée, coït; — சலிக்கிறது la main se fatiguer, — être épuisée de fatigue; — சாய்மானம் appui —, support pour la main ou le bras; — சுழற்றுகிறது faire tournoyer sa main ou son bras; — செய்கிறது décorer, orner, travailler des mains, travailler à l'agriculture; — செய்தல் décoration, ornement, travail des mains, agriculture; — சைகை signe de la main, signature; — சங்கிலி menottes, chaîne des mains; — சங்கிலியோடேதிரிகிறது porter des chaînes aux mains, comme font des mendiants robustes et vagabonds; — கைச்சட்டம் traverse de chevron, soliveau, chevron, V. கம்பிலை; — கைச்சட்டை manche d'habit, manchon, habit à manches, brassard; — கைச்சாமர்த்தியம் dextérité; — கைச்சயிக்கினை signe de la main; — கைச்சரசம் jeu de mains, badinage, — impur, mauvais attouchement; — கைச்சரடு bracelet; — கைச்சாத்து, — சாத்து signature, reçu, billet, facture, liste de marchandises, quittance d'une taxe, V. கைச்சீட்டு; — கைச்சாத்துப்போடுகிறது signer, mettre en attitude; — கைச்சாய்ப்பு appui, — des mains, pente; — கைச்சால் seau qu'on porte à la main; — கைச்சித்தி main —, objet qui est censé porter bonheur; — கைச்சித்திரம் représentation de la main, ou — கைச்சிமிட்டு adresse —, dextérité des mains, tour de main, tour de passe-passe; — கைச்சிறை otage; — கைச்சீட்டு billet, — écrit de sa main; — கைச்சீட்டுக்கொடுக்கிறது ou வாங்குகிறது donner ou recevoir un billet; — கைச்சிப்பு omoplate, os de l'épaule, peigne; — கைச்சுழி tour de main qui fait tomber ensemble le grain qu'on sème; — கைநழுக்கு agilité—, vitesse de la main;—கைருடு gerbe de blé (donnée aux moissonneurs);—கைசெட்டு marchandises qu'on a sous la main,ce qu'on vend *ou* achète chaque jour;—கைசெட்டை os de l'épaule,omoplate;—கைசெக்கை,—கைசெட்டை, *V.* கைச்சரசம்;— கைசரசை,— கைச்சின்னம் signe, signe de la main, signature; — தட்டுகிறது, —தட்டல் battre des mains,applaudir,manquer, lâcher, abandonner;— தட்டிப் பண்டாரம் mendiant sivéniste qui mendie en silence ou ne fait que frapper des mains;— தட்டிப் போகிறது être frustré dans son espérance,désapointé, s'en aller frappant des mains;-தட்டிப்போடுகிறது laisser une affaire,éviter de s'en mêler; — தப்புகிறது la main manquer, se méprendre, se retirer;— தப்பிக்கண்ணிலேபட்டால் அந்தக்கையைத் தறிப்பாருண்டோ si la main manquant vient frapper l'œil, la coupera-t-on pour cela? — கைதப்பு வாய்தப்பு பொறுக்கவேணும் il faut pardonner les fautes de la main et de la bouche;— தருகிறது donner la main,aider,consentir, réussir;—சலிக்கிறது la main se fatiguer,se relâcher,languir, être épuisé, abandonner;— தாங்கி appui-main, rampe, bras de fauteuil,poignée;—தூக்கு 1° *V.* கைத்தூக்கு. 2° *imp.et part. de* — தூக்குகிறது lever la main, —avec la main,sauver, secourir; — தூக்கிவிடுகிறது lever,relever d'une chute,tirer d'une fosse, délivrer, racheter; — தூவாமை ordre continuel, bonne conduite qui ne se dément pas;— தொடல், — தொடுகிறது,— தொடுதல் toucher la main, — de la main,consentir,se marier, mariage, manger, — du riz; — த்தலம் main, place de la main;—த்தலையணை coussin, oreiller; —த்தளை menottes;—த்தளைமாட்டுகிறது mettre les menottes,—les fers aux mains;—த்தாக்கு coup de poing, tape, poids pour la main,vitesse de la main; —த்தாதை père nourricier; —த்தாய் nourrice, bonne d'enfant, Aya; — த்தாளம் paire de petites cymbales, *V.* கைம்மணி; — த்தாளம்போடுகிறது battre de petites cymbales; —த்திட்டம் appréciation—, ajustement à la main; —த்திவத்தி torche (qu'on porte à la main);—த்தீன் nourriture donnée à la main;— த்துணிகரமாய் hardiment,avec présomption,précipitamment; — த்துப்பாக்கி, — த்துவக்கு pistolet,petit fusil;— த்துருவுமணை petite râpe portative, — de voyage; —த்தூக்கு appui-main,rampe, poignée,poids que -,ce que la main peut soulever, corde suspendue pour être prise par la main, poignée,autant que la main peut contenir, peu de choses: ஒருவனைக் கைத் தூக்காய்ப் பேசுகிறது parler avec mépris de quelqu'un; — த்தேக்கோல் coce qui sert à battre le blé;—த்தொண்டு,—த்தொழும்பு petit service,domesticité; — த்தொழில் ouvrage manuel, exercice de passe-temps;(il y en a 5, savoir: எண்ணல் compter; எழுதல் écrire; இலைகிள்ளல் cueillir des feuilles; பூத்தொடுத்தல் faire des guirlandes de fleurs;யாழ்வாசித்தல் jouer de la guitare ou du luth);—த்தோக்கு pistolet,petit fusil; — நலம் etc... *V.* கைத்தலம்...; —நாட்டு marque qui sert de signature pour une personne qui ne sait pas écrire:—நிறை à plaines mains,à poignée;—நிறைய வாருகிறது ramasser à poignées;— நெகிழவிடுகிறது renoncer, laisser, abandonner.(Ordinairement on double l'த் entre கை et les mots commençant par ந, ainsi qu'on le peut voir par les suivans); —ந்நடுக்கம் tremblement de la main, sorte de maladie,la main ne pouvoir se serrer,—se fermer étroitement; — ந்நட்டம் perte de la main, —même du capital;— ந்நலம் pureté des mains, innocence, *ou* — ந்நலப்பால் lait qu'on trait par la force de la main sans le secours du veau;—ந்நறுக்கு Billet de la main;—நீரிணக்கிறது, கைந்நிணத்தல் laver les mains, —ses mains;—ந்நன்றி bienfait, bien que l'on fait;—ந்நாடி pouls de la main; —ந்நாடிபார்க்கிறது tâter le pouls; —நீட்டுகிறது tendre —, étendre —, lever—, imposer la main, s'avancer pour frapper, célébrer les funérailles, rendre une visite de deuil, dérober; —நீளுகிறது la main s'étendre, donner trop, s'avancer pour....; —நெகிழ்கிறது abandonner; —நொடி claquement des doigts, temps qu'il dure, environ 4 secondes, moment; — நொடிக்கிறது, கைநொடித்தல் faire claquer ses doigts;—நொடு நொடுக்கிறது toucher tout ce qu'on voit;—படிகிறது,—படிதல் la main se former, s'habituer, se corriger;—படியப்பழகுகிறது accoutumer —, exercer la main à un ouvrage;—படியவெழுதுகிறது s'exercer à écrire;—பதறுகிறது la main trembler;—பரிமாறுகிறது en venir aux mains, se saisir et se battre,—பழகுகிறது la main s'exercer, s'habituer; — பறிகிறது,—, பறிதல் laisser, abandonner;— பற்றல் saisie, mariage, prise de possession, recette, réception; —பற்றுகிறது, —பற்றிக் கொள்ளுகிறது saisir, empoigner, usurper, s'emparer, recevoir, prendre la main,—par la main, —en main, épouser (une femme), prendre possession, s'emparer de force;—பாகம் habileté—, habitude de la main;—பார்க்கிறது, — பார்த்தல் tâter le pouls, examiner la main, (comme un devin), éprouver l'habileté de quelqu'un, examiner,—la mesure; நாம் ஒருகைபார்க்கவேணும் il faut faire l'essai de nos forces;—பிடி 1° V. கைப்பிடி. 2° imp. de —பிடிக்கிறது prendre, saisir, empoigner, prendre la main,—par la main, ravir, violer, épouser, tâter le pouls; ஒருஸ்திரீயைக்கைபிடிக்கிறது enlever une femme, la saisir par la main, attenter à son honneur; ஒருவனைக் கை பிடித்துத் தூக்கிறது relever quelqu'un par la main, le prendre par la main et l'élever en haut;—பிழைபாடு, V. கைப்பிழைபாடு;—புகுந்தவழக்கு procès dont on s'est chargé (en déchargeant le maitre);— புனை décoration, ornement, emploi —, action de faire ou de mettre des guirlandes de fleurs; — புனைகிறது,—புனைதல் orner, faire des guirlandes de fleurs;—போடுகிறது, —போட்டுக்கொள்ளுகிறது mettre —, donner la main, frapper dans la main ou donner la main en signe de promesse, promettre, répondre pour un autre; —ப்பட்டை omoplate, os plat de l'épaule, le bras, petite planchette; — ப்பணம் argent propre, — en main,—comptant, —mignon; —ப்பணத்துச்செலவாக à ses propres frais; —ப்பணி ouvrage des mains, domesticité, instrument de tailleur de pierres;— ப்பதட்டம் précipitation, penchant au vol;— ப்பதட்டமாயிடிக்கிறது être prompt ou adonné à frapper; — ப்பதட்ட முள்ளவன் voleur;—ப்பந்தம் torche (qu'on porte à la main); — ப்பயில் langage—, signe de main; —ப்பலகை omoplate, os plat de l'épaule;—ப்பழக்கம்,—ப்பழகு exercice —, habitude de la main;—ப்பறண்டை poignet, dessus de la main; — ப்பற்று prise, manche, poignée, rampe, poids évalué à la main;—ப்பற்றல், V. கைபற்றல்; —ப்பற்று, 1° possession, poignée, ce que la main peut enlever, recette, action de recevoir. 2° P. கைபற்று, imp. de கைபற்றுகிறது; — ப்பற்று நிலம் terre qu'on a en sa possession; —ப்பாடு possession, travail des mains, travail dur; — ப்பாடுபட்டுப்பிழைக்கிறது vivre du travail de ses mains, —d'un travail dur; — ப்பாதி petite moitié d'une chose fendue en 2; —ப்பிசகு méprise —, erreur de la main;— ப்பிசகாய்வந்திருக்கின்றது c'est arrivé par méprise de la main: — ப்பிச்சை aumône donnée en main, part de la moisson donnée dans l'aire aux blanchisseurs, barbiers et autres serviteurs du village; —ப்பிடி poignée, manche, prise par la main, mariage, contentement, garde-fous, chose mise pour soutenir la main, fermeté, espérance, ce qu'on a en main, propriété, ténacité, tenir ferme sans lâcher, tâter le pouls, pilon; — ப்பிடிகட்டை enrayure, croc ou crochet pour enrayer une roue dans une pente rapide; —ப்பிடித்தல், V கைப்பிடிக்கிறது; —ப்பிடிபத்திரம் amitié fidèle, ténacité, tenir ferme; —ப்பிடியாளவன் ami fidèle, —intime, — ப்பிடியாய்ப் பிடிக்கிறது saisir, prendre quelqu'un vivant; —ப்பிடிவாள் petite épée, —scie qui a un manche; —ப்பிடிவேலை ouvrage minutieux et difficile, —qui demande beaucoup de temps; — ப்பிரட்டு tour de main, —de passe-passe; —ப்பிழைபாடு manque d'adresse, —méprise de la main; — ப்புடை gantelet, brassard; —ப்புட்டில் dé à coudre, doigtier; —ப்புலி éléphant, *litt.* tigre qui a une trompe: — ப்பூட்டு jointure de la main, cadenas; — ப்பெட்டகம், — ப்பெட்டி cassette, petite boite, boîte manuelle; — ப்பொருள் propriété, possessions, biens, —mobiliers, —temporels, richesses; —ப்பொருடன்னின் மெய்ப்பொருள்கல்வி la science est un vrai bien plus précieux que les richesses; — ப்பொருளுக்குங் கண்ணாடி வேண்டுமோ faut-il des lunettes pour voir l'objet qui est dans vos mains? *i. e.* la chose est claire; —ப்பொலி riz non vanné qu'on prend dans sa main; — ப்பொக்கம் petit morceau; — ப்பொறுப்பு responsabilité—, devoir—, poids qui pèse sur soi; —மணி, etc... *V.* கைம்மணி...; car on double ordinairement l'ம் entre கை et les mots qui commencent par ம்; — ம்மடல் os de l'épaule, omoplate; —ம்மட்டம், — ம்மட்டு hauteur—, proportion montrée en élevant la main; — ம்மணி sonnette, clochette, cymbale, plaque de métal pour sonner; —ம்மண்டை vase que les Sivénistes mendians portent à la main; —ம்மதியம், *V.* கைம்மட்டம்; —ம்மயக்கு espèce de filtre; —ம்மரம் chevron, soliveau; —ம்மரம் பிணைக்கிறது joindre —, clouer les chevrons; — ம்மலை éléphant, *litt.* montagne qui a une main; — ம்மறதி défaillance, —de la main; — ம்மறிக்கிறது, — ம்மறித்தல் empêcher, retenir la main; — ம்மறுக்கிறது, — ம்மறுத்தல் les gens charitables même laisser ou renvoyer sans rien donner; — ம்மறை bouclier et autre arme dont on se couvre le bras et le corps; —ம்மா éléphant, *litt.* l'animal qui a une trompe; — ம்மாயம் poudre ou autre substance que l'on jette avec la main pour fasciner; — ம்மாய்ச்சி menottes, fers aux mains; —ம்மாறு, *gén.* கைம் மாற்றின், 1° récompense, pareille, change, troc, échange. 2° *ou* கம்மாறு feuille de bétel plus forte et d'une couleur plus foncée que la commune; — ம்மாறு செய்கிறது récompenser, reconnaître un bienfait, rendre la pareille; —ம்மாற்றாக வாங்குகிறது emprunter (pour peu de temps sur une promesse verbale); —ம்மாறுகிறது vendre, échanger, troquer, changer de main; —ம்மாற்று échange, change, troc; —ம்மிகுகிறது augmenter, abandonner, échapper; —ம்மிகுதல்; —ம்மிகல், *n.v. du préc.* augmentation..; —ம்மிஞ்சுகிறது excéder dans un ouvrage manuel, la main excéder; — ம்மிஞ்சிப் பற்றுகிறது recevoir plus qu'il n'est dû; —ம்மிடிப்பு détresse, n'avoir rien à la main; — ம்மீன் la constellation qui a une main, *i.e.* la, 13me dite அத்தம்; — ம்முடக்கம் pénurie, besoin, faute, défaut; —ம்முடிப்பு argent comptant, — lié dans un linge; —ம்முட்டிசெய்கிறது fermer le poing; —ம்முட்டு, *V.* கைம்மிடிப்பு; —ம்முதல் argent disponible; — ம்முழி, *P.* கைம்முளி, os du poignet; —ம்முறை règle des échanges, tour—, changement de main, note des expériences qu'on a faites; —ம்மூட்டு jointure de l'épaule; —ம்மூலம் le bas de la main, commencement du bras, l'épaule;—ம்மெய்காட்டுகிறது gesticuler,faire le pantomime;—ம்மேலே aussitôt;—ம்மேற் பணம், (மேல்), argent comptant;—ம்மோசம் erreur—, manque de la main,méprise;—வண்டில் petite voiture,voiture à bras,brouette;—வசல் dextérité, habitude de la main,habileté;—வருகிறது la main s'habituer,se former,devenir—,être expert,—exercé,habile,adroit dans les ouvrages manuels. venir à la main,tomber sous la main, s'acquérir,se trouver, s'obtenir; எனக்கெழுத்துக்கைவந்தது ma main s'est habituée à écrire; —வளர், V.கைவிளறு: —வல்லபம் force —, habileté de la main; —வல்லோர் gens forts,— habiles des mains, qui ont les mains habituées;—வழக்கம் largesse,argent donné pour des funérailles, dextérité—,habitude des mains; —வழங்கல்,—வழங்குகிறது faire des largesses, donner pour des funérailles, la main être habituée,adroite,s'habituer, ordonner de la main;—வளைச்சம்பா riz d'une couleur brillante et d'un goût délicieux; —வழம், P. கைவளம் côté de la main dont on se sert habituellement;—வளை bracelet (de femmes), petit bracelet, V.மருதாணி;—வாக்கு, V.கைவழக்கம்;—வாங்குகிறது retirer—,couper la main;—வாங்கப்பட்டவன் homme à qui on a coupé la main;—வாசி, V.கைச்சித்தி; —வாட்சம்பா espèce de riz;—வாய்க்கால் petit canal, rigole;—வாய்ச்சி petite doloire, herminette;—வாள் scie manuelle,petite scie;—வாறு ce qui convient à la main,ce que la main peut soulever; —விசேஷம்,V. கைச்சித்தி; —விசை vitesse—,tour de la main, changement de main;—வித்தாரம் dextérité, habileté de la main;—விடுகிறது abandonner, rejeter,laisser,—échapper;—விடுதல்,—விடுகை,—விடல் abandon, délaissement, rejet, fuite;—விட்டம் chevron, traverse, soliveau;—விதங்கொள்ளுகிறது essayer,voir si un instrument va bien à la main;—விரிக்கிறது,—விரித்தல் étendre—, ouvrir la main,(ce qui est un signe de refus), refuser assistance, abandonner, présenter la main ouverte;—விலக்கம் régles des femmes, *litt.* prohibition de la main, ou de toucher, chose qu'on ne peut toucher, ou qui empêche de toucher; —விலக்காகிறது, —விலக்காயிருக்கிறது avoir ses régles; —விலக்கு abri de la main;—விலக்குவைத்துப் பார்க்கிறது regarder en cachant la lumière avec la main; —விலங்கு menottes;—விலை argent comptant,— en main, vente argent comptant; —விளக்கு lampe portative; —வினை ouvrage manuel; —வினைஞர் artisans,artistes,gens habiles à l'ouvrage,Cammâlers; —வீச்சு coup, tape, brandissement de la main, grande largesse;—வேகம் vitesse de la main; —வேலை ouvrage manuel,— des mains;—வேல் javelot, arme manuelle, qu'on ne lance pas;—வைக்கிறது mettre la main, toucher, entreprendre,saisir,prendre à la dérobée, ruiner: அவன்தலையிலேகைவைத்தான் il lui a mis la main sur la tête, il l'a ruiné;கைக்குட்பட்டிருக்கிறது être assujetti, soumis, sous la main; கைக்குநீர்கொள்ளுகிறது,—நீர்கொள்ளுதல் lâcher de l'eau, pisser;கைக்குவருகிறது se présenter —, venir à la main,se trouver sous la main;கைக்காளில்லை il n'y a personne à la main,ou de disponible; கைக்கெளியது chose facile, soumission, dépendance,ce qui est docile,soumis; கையைவாங்கிப் போடுகிறது couper la main;கையைவிரிக்கிறது, V. கைவிரிக்கிறது; கையிலே கொண்டுபோகிறது porter dans sa main,— avec soi; கையிலேவரவிடுகிறது envoyer par quelqu'un;கையிற்செத்துப்போகிறது mourir sous la main ou entre les bras de quelqu'un; கையுங்கணக்கும் ce qui était en main et ce qui est parti ou dépensé,compte en main; கையு மெய்யும் preuve, assurance, force;கையுங்களவுமாய்—, கையுமெய்யுமாய்ப் பிடிக்கிறது prendre sur le fait, — dans l'acte même du vol ou autre méfait;கைபோடே avec—, par la main,avec soi ou aussitôt,sans lâcher prise; கைபோட்டழைத்துக் கொண்டுவருகிறது amener avec soi,— par la main,—de force; கைகோலேறெடுக்கிறது élever les mains; உள்ளங்கை le dedans—, la paume de la main. [சிரணம்.

கைகம், le poison வக்கிரார்த்திபா

கைகேசி,Kaïkèsi, nom de la mère de Râvanen,*ou*

*கைகேயி,(Kaïkêyi),Kaïkêyi, fille du roi கேகயன், femme de தசரதன் et mère de பரதன், marâtre de Râmen. [roi.

கைகேயன், (கேகயன்), nom d'un

கைகோளன், *V.*கைக்கிளைவன்.

கைக்கரணை,(கை, அரணை), espèce de tumeur oblongue à la main.

கைக்கிளைவன், *m.* கைக்கிளைச்சி, *f.* homme—,femme d'une caste de tisserands tamouls: கைக்கிளைச்சாதி la caste des கைக்கிளைவர்.

கைக்கிளை,son palatal,—qui provient du palais, c'est le 3me des 7 principaux sons,et une des 7 notes, corde de la lyre qui correspond à ce son, désir voluptueux (d'un homme ou d'une femme isolément), le 73me des பிரபந்தம்,poème qui décrit cette sorte de désirs en 5 virouttam ou en 32 vembâ: — மணம் les 3 espèces de mariages dits ஆசுரம்,இராக்கதம் et பைசாசம், *V.*அஷ்டமணம்.

கைக்கிறது, கைத்தேன், கைப்பேன்,கை,கைக்க,*v.n.et a.*être amer, vexer,abhorrer,avoir en aversion,se fâcher,orner:கைக்கும்,*part.fut.* amer.

கைக்குளவன், *V.*கைக்கிளைவன்.

கைக்குள்,(கை,*dat.* உள்), dedans de la main,dans—,sous la main,subitement,aussitôt. [tume.

கைக்கை,*n.v.de* கைக்கிறது,amer-

கைக்கோள், (கை), règles générales de la vie conjugale, règles des mœurs dans la famille, bon ordre, règle. [*V.*கைக்கிளைவன்.

கைக்கோளவன், கைக்கோளன்,

*கைங்கரியம்,கைங்கிரியம், (கிங்கரன்),service,ministère,servitude.

*கைசிகம்,1° (kaïsika), désir, passion,luxure,un des 32 airs tamouls; (il est supposé être la femme de l'air வசந்தம்). 2° (கேசம்),épaisseur d'un cheveu, quantité—, poids des cheveux.

கைசிகர்,brames. [veux.

*கைசியம்,(கேசம்,ya), chevelure.

*கைசோரம்,(kaïsòra), adolescence de 10 à 15 ans. [நாகரவண்டு.

கைச்சங்கம், (கை), scarabée dit

கைச்சல்,*P.* கைத்தல்:கைச்சந்தோடை orange aigre,citron.

கைச்சி, aréquier, *V.* ஊமத்தம்பாசி et கிரட்டை. [me, *V.*கச்சோலம்.

கைச்சோலம்,écorce de cardamo-

*கைடவஜிதன், (கைடவன், djit *vainqueur*), le vainqueur de Kaïdaven,*i.e.* Vichnou.

*கைடவன்,(Kaïtabha), Kaïdaven, géant tué par Vichnou.

*கைடவாரி,(கைடவன்,அரி), l'ennemi de Kaïdaven, *i.e.*Vichnou.

*கைடவை, (கைடவன்), Dourgâ qui à la prière de Brama, réveilla Vichnou de son sommeil pendant lequel Kaïdaven était près d'anéantir Brama.

*கைதவம், (kaïtava), affliction, mensonge,perfidie, tromperie, jeu, gageure.

கைதவன்,le roi Pandien. [ment.

கைது, (*m. arabe*), empresonne-

கைதை,l'arbre தாழை, pandanus, rizière,champ: — ச்சுரிகையன் celui dont l'épée est une feuille de தாழை,*i.e.* Kâmen.

கைத்த,*part.de* கைக்கிறது, amer: —கோட்டம் l'arbre எட்டி.

கைத்தல்,*n.v.de* கைக்கிறது,amertume,l'amer,horreur,aversion, colère, vexation, affliction, décoration.

கைத்தர, *V.*காட்டாமணக்கு.

கைத்து, 1° (கை), ce qu'on a à la main, *i.e.* biens, richesses, possessions,or. 2° (கைக்கிறது), dégoût. 3° *gér.de* கைக்கிறது. [particularité

கையியது, (*m. arabe*), nouvelle,

கைப்பு,*n.v.de* கைக்கிறது, amer-

ஏகை

tume,une des 6 saveurs,objet amer, dégoût, aversion, la plante ஆடுதின்றுப்பாலை.

கைமை, viduité.veuve.*adj.* கைம்:

கைம்பெண், *ou* கைம்பெண்சாதி, veuve; கைம்பெண்கூறு portion due à une veuve sur les biens de son mari; கைம்பெண்வஸ்திரம் habit de veuve; கைம் பெண் பெற்ற பிள்ளை enfant—,fils de veuve.

கைம்மை, *P.* கைமை.

கையகப்படுகிறது, (கை), se trouver,—sous la main, être pris,—à la main,

கையகப்படுத்துகிறது,கையகப்படுத்தல்,(*id.*),*v.a.du préc.*procurer, faire avoir,—trouver, —saisir,livrer, trahir, prendre.

கையசந்துபோகிறது, (*id.* அசக்கிறது),la main se fatiguer.

கையடிப்படுகிறது, (*id.* அடி), être soumis, — sous la main, — au pouvoir.

கையடிப்படுத்துகிறது, *v. a. du préc.*soumettre,mettre en possession.

கையடை, (கை), présent pour suborner, *V.* அடைக்கலம்: —கட்டுகிறது donner de tels présens; — ப்பொருள் dépôt, objet donné pour suborner.

கையணை,(*id.*),*V.*கைக்கொட்டை.

கையமர்த்துகிறது, கையமைக்கிறது,(கை), donner la main en signe de protection, prendre sous sa protection, protéger, faire signe de s'apaiser,—d'être tranquille.

கையம், (கை, அம்), beauté de la main.

கையம்பு,(*id.*), javelot, dard qu'on lance, assurance,espérance.

கையயர்கிறது, (*id.*), la main se lasser.

கையரிக்கொள்ளுகிறது,—க்கொள்ளல்,—க்கொளல்,(*id.* அரி), ramasser, —des feuilles sèches,chercher.

கையரியம்,fer.

கையரிவாள்,(கை, அரி),petite faucille.

கையர்,voleurs,vauriens,gens vils, —méprisables,bas peuple.

கையலுக்கிறது, (கை),la main se lasser.

கையழுத்தம், (*id.*), avarice, mesquinerie: —ஆனவன்கடைதேறமாட்டான் un avare ne prospèrera pas ou ne sera pas sauvé.

கையளிக்கிறது, (*id.*), remettre, mettre en main, livrer, donner, offrir.

கையறம்,(*id.*),chant—,prière magique pour maléfice,largesse.

கையறல்,கையறவு,*n.v.de* கையறுகிறது,privation de secours, épuisement, action d'épuiser, de mettre à sec, *V.*கையறை: கையறல்விலக்கு figure qui montre l'incapacité et porte à rejeter.

கையறிகிறது, கையறிதல், (கை), être expérimenté, exercé: —கையறிந்தவன் expert, homme d'expérience, adroit; கையறியாதவன் maladroit,inexpérimenté.

கையறுகிறது, கையறுதல், (*id.*), être épuisé,—à sec, impoli,de mauvaise conduite,inerte,incapable, paresseux,— dans la torpeur, mourir, chanceler,hésiter.

கையறுதி,abandon absolu,—complet d'un objet vendu:— யாய்ப்போகிறது être abandonné;—யாய்விடுகிறது abandonner, être abandonné des médecins, perdre toute espérance,se déconcerter.(கை,அறுதி).

கையறுநிலை,(கை,அறுகிறது), le 64me des பிரபந்தம்,élégie sur la perte d'un bon maître ou d'une bonne maîtresse, exprimant le regret de leurs amis et de leurs parens etc...

கையறை,(*id.*),inconduite, désordre,impolitesse, grossièreté, incapacité,inertie,perte totale,torpeur, paresse.

கையாடுகிறது, (கை), gesticuler, toucher,faire valoir,recevoir,se disputer,*V.*கையாளுகிறது.

கையாட்சி,(*id.*),maniement,administration,possession,pratique,réussite.

கையாணி,(*id.*),clou de charpente, —pour joindre les chevrons...

கையாந்தகரை,la plante médicinale eclipta prostrata:—ச்சாறு son jus.

கையார,(கை,ஆர்கிறது), à pleines mains.

கையாளி,(*id.* ஆளி), vaurien, méchant,rusé,trompeur,dissimulation, hypocrisie:—யாய்வருகிறது quereller avec grand bruit,brailler; — த்தனம் grande perversité,ruse,artifice, dissimulation,hypocrisie. [றது.

கையாளிக்கிறது, P. கையளிக்கி

கையாளுகிறது, (கை), manier, employer,user, pratiquer, administrer,conduire,posséder,prendre, voler: ஆயுதத்தைக் கையாளாவிட்டாற் கெடும் si on n'emploie pas un instrument,il se gâte: இதைக்கையாளமாட்டான் il ne saurait manier ou conduire ceci; சமயத்துக்கிவன்நன்றாய்க்கையாளுவான் il ne manquera pas de bien voler dans l'occasion.

கையாள், (id.), homme à la main, aide, assistant, serviteur: எனக்குக் கையாளில்லை je n'ai personne à la main,—pour m'assister.

கையாறு,(id.),1° bonne conduite, règle,politesse, histoire,affliction. 2° imp.et part.de [(id.),se reposer.

கையாறுகிறது, கையாறுதல், கையாற்றி,(id.),consolation, soulagement,aide,secours.

கையாற்றுகிறது, (id.), se soulager la main, se reposer, soulager, remettre à un autre ce que l'on a.

கையான், V. கையாந்தகரை.

கையிகக்கிறது,—யிகத்தல், (கை), se tenir à l'écart, perdre, n'être pas en ordre,traverser,passer.

கையிடுகிறது, (id.), mettre la main, entreprendre,se rencontrer: கையிட்டுக் கொள்ளுகிறது entreprendre.

கையிணக்கம்,(id.),coup de poing, se boxer, concubinage,copulation:—ஆகிறது en venir aux coups de poing,se boxer, forniquer, être en concubinage; இரண்டுபேருங்கையிணக்கமானார்கள், இரண்டுபேருக்குங்கையிணக்கமாயிற்று ils en vinrent tous deux aux coups de poing, *ou* ils s'accouplèrent ensemble.

கையிருப்பு, (id.), biens, possessions,avoir, argent comptant, — en main.

கையில், 1° *abl.de* கை. 2° *P.* கயில், *V*, [illegible]. 3° couil ou coucou indien.

கையிலஞ்சம்,(கை), *V.* கைலஞ்சம்.

கையிலி,(id.),être — ,personne sans mains.

கையிளகுகிறது,(id.),lâcher, — la main,laisser aller, consentir à donner. [lasser,défaillir,déchoir.

கையிளைக்கிறது,(id.), la main se

கையிறக்கம், (id.), don, déposer, dénûment,n'avoir rien à la main.

கையிறக்குகிறது,(id.), déposer, lâcher, laisser tomber de ses mains, donner, abaisser sa main, rester dénué de tout.

கையிறங்காமை, கையிறுக்கம், கையிறுகல், (id.), avarice, ténacité.

கையிறங்குகிறது, (id.), accorder, consentir à donner.

கையிறை, (id.), ligne ou linéament de la main, — de la jointure des doigts.

கையுடை,(id.),gant,gantelet.

கையுதவி,(id.),aide,secours.

கையுபகாரம், (id.), secours, léger bienfait,présent pour suborner.

கையுரக்கம், (id.), avoir,dépôt; *ou* கையுரொக்கம்,(id.),argent comptant. [mains.

கையுழைப்பு, (id.),travail, — des

கையுறுதி, (id.), force des mains, attestation, certificat, écrit de la main,— sous seing privé.

கையுறை, (id.), gantelet, gant, manche, manchon,brassard,présent de l'époux à l'épouse,ou de l'amant à l'amante.

கையுறுப்பொருள், (id. உறுகிறது),chose difficile à obtenir, qui ne vient pas sous la main.

கையூனம், (id.), privation —, défaut de main.

கையெடுக்கிறது, கையெடுத்தல், (id.),vénérer,élever les mains en signe d'hommage, —de consentement, faire serment.

கையெழுத்து,(id.),écriture,—à la main,- signature: — போடுகிறது apposer sa signature,signer.

கையேந்தல், கையேந்துகிறது, கையேந்துதல்,(id.),tendre la main, mendier,*ou* கையேந்திக்கொள்ளுகிற

து soutenir une chose,tendre une main secourable, recevoir dans ses mains ou ses bras,mendier.

கையேவுகிறது, (*id.*), *V.* கைவழுக்குகிறது.

கையேறல்,(*id.*), perle de moyenne qualité; *ou*

கையேறுகிறது, கையேறுதல், (*id.*), parvenir,venir à la main, être payé: அவனுக்குவிலைகையேறிப்போயிற்று le prix lui a été payé.

கையேற்கிறது, (*id.*),recevoir, accepter, demander, mendier, élever les mains pour demander.

கையேற்குதல், (*id.*), acceptation, demande,action de mendier,—d'élever les mains pour demander.

கையேற்பு,(*id.*),*V.* கையேற்குதல், *et* கைப்பிச்சை. [cadette.

கையை, 1° *acc.de* கை. 2° sœur

கையொப்பம், (கை), signature, sanction. [toile de 5 coudées.

கையொலி, (*id.*),bruit de la main,

கையொழியாமை, கையொழுக்கம், (கை), persévérance dans le bien, règle. *V.* கைநூரவாமை. [nomie.

கையொறுப்பு,(*id.*),épargne, éco-

கையொற்றி, (*id.*). hypothèque de biens-fonds passée par écrit sous seing privé.

கையோங்குகிறது, (*id.*), lever la main (pour frapper ou couper).

கையோலை, (*id.*), attestation —,certificat—,billet écrit sur ôle.

*கைரம்,(gaïra *de* கிரி),montagne.

*கைரவம், (kaïrava), nénuphar blanc,—rouge,ruse,fraude,perfidie.

*கைலிகம், (கைரம், ika), renard, montagne,orpiment, *V.*கயிலிகம்.

*கைரேயம், (கைரம்,êya), mont.

கைரொக்கம், (கை),argent comptant. [suborner.

கைலஞ்சம், (*id.*), présent pour

*கைலம், (kaïla), amusement, plaisir,dérision.

கைலாகு, கைலாகம், கைலாகை, (கை), support, aide donné avec la main,coup de main, *ou*—,கொடுக்கிறது soutenir de la main, donner le bras,—la main;—போட்டுத்தழைத்துக்கொண்டுவருகிறது amener en donnant le bras ou soutenant de la main; கைலாகிலேநடக்கிறது marcher appuyé sur le bras d'un autre.

*கைலாசம், கைலை, (kaïlâsa), le mont Kaïlâsam, —d'argent (au dire des Indous), demeure favorite de Siven: கைலையாளி le maître du Kaïlâsam, *i.e.*Siven.

கைசல், nuque—, derrière du cou, agrafe de bijou,moitié de coco.

கைவசம், (கை), possession, devenir la possession,*ou* கைவசத்திலிருக்கிறது, கைவசமாயிருக்கிறது être entre les mains, — en la possession de;கைவசமாக்குகிறது,கைவசப்படுத்துகிறது mettre en possession, livrer;—பண்ணி *ou* கைவசப்படுத்திக்கொள்ளுகிறது, தன்கைவசமாக்கிறது prendre possession de,usurper, accaparer.

கைவலம், 1°(கை),*V.*கைத்தலம். 2° *(கேவலம்),paradis, éternelle émancipation,béatitude future.

*கைவல்லியம்,(kaïvalya), paradis, béatitude finale,éternelle émancipation,solitude,succès, effet, un des 32 உபநிஷதம்:— ஆகிறது réussir, ar-

கைவழம், *P.*கைவளம். [river.

கைவாரம், (கை), part d'ouvrage, félicitation.

கைவாளை, கைவாளைப்பை, கைவாளைவட்டுவம், (*id.*), sac ou bourse avec une enveloppe, toile pour faire des sacs à bétel.

கைவிதை,(*id.*),fenugrec.

கைவிச்சன், (*id.* விச்சு),espèce de petit gâteau.

கைனி, 1° (கை), la constellation qui représente une main,*i.e.*la 13me. 2° (கைமை),veuve.

கொ,1° lettre syllabique composée de க et de ஒ, son imitatif du cri ou du chant de la poule.

கொக்கட்டி, *V.* குறண்டல்.

கொக்கரிக்கிறது, ரித்தேன், ரிப்பேன்,ரி,ரிக்க,*v. n.* (கொ), coqueriquer, coqueliner, glousser (la poule, les oiseaux), chanter après avoir pondu, pousser des cris, des acclamations,rugir.

கொக்கரித்தல், கொக்கரிப்பு, *n.v.du préc.* gloussement, chant du coq et autres oiseaux, cri, acclamation, rugissement.

கொக்கரை, conque dont les spirales tournent à droite, conque, filet, arc, serpent, *ou*

கொக்கறை, palme, feuille des jeunes palmiers et cocotiers: — யுடும்பு espèce d'உடும்பு ou d'iguan.

கொக்கட்டுகிறது, (கொக்கு), caresser, cajoler, jouer à de mauvais jeux. [பாலை), sorte d'arbre.

கொக்கொம்பாலை, (கொக்கோன், கொக்கான், (கொக்கு, ஆன்), sorte d'arbre, — de jeu:— வெட்டுகிறது jouer à ce jeu.

கொக்கி, கொக்கில், agrafe, boucle, crochet: கொக்கிப்பூட்டு crochet;— மாட்டுகிறது agrafer; இரட்டைக் கொக்கி paire d'agrafes; இதிலேயேயி ரட்டைக் கொக்கி மாட்டுவாயோ pouvez-vous par là attacher une paire d'agrafes, *i.e.* achever l'ouvrage

கொக்கு, héron, cigogne, cheval, chien rouge,—sauvage, manguier, la 19me constellation: கொக்கிறகுமந்தாரை sorte de மந்தாரை; கொக்கேசி *ou* கொக்கேறி l'herbe செட்டி;— க்கல் agate;—க்சாறுவைக்கிறது faire un bouillon de héron; —மட்டி espèce de moule,—de pétoncle; —மந்தாரை l'arbre bauhinia acuminata;—மீன் l'aiguille, (poisson); — முத்து perle blanche qu'on prétend se former dans le héron.

கொக்குவம், *V.* கொக்கோகம்.

கொக்கை, 1° agrafe, crochet, croc, bâton armé d'un croc. 2° *acc. de* கொக்கு:—ச்சக்கரம் espèce d'arme;—ச்சால் sillon courbé.

கொக்கோகம், *ou* கொக்கோகசாஸ்திரம், traité sur les 4 principaux caractères et la conduite des femmes, (composé par கொக்கோகவிருடி, traduit par அதிவீரராமபாண்டியன் et renfermant des choses extrêmement impudiques; il se rattache à un des 64 கலைக்கியானம்.)

*கொங்கணம், (kônkana), le Konkan, pays au nord de Goa, le Konkani ou langue de ce pays.

கொங்கணவர், nom d'un சித்தர்.

கொங்கணி, capuchon ou manteau fait de feuilles de palmier pour se préserver de la pluie.

கொங்கணியர், (கொங்கணம்), Konkanis, habitans du Konkan.

கொங்கணிப்பான், nom d'un poisson.

கொங்கம், le Kongou ou pays dit கொங்கு, l'arsenic préparé கோளகபாஷாணம்.

கொங்கலி, graine de cardamone.

கொங்கனம், la langue du கொங்கு.

கொங்கன், *pl.* கொங்கர், (கொங்கு), habitant du கொங்கு, Sêren ou சேரன் roi de ce pays.

கொங்காரம், safran, ou plante qui donne le safran.

கொங்கார், *ou* கொங்காரும், (கொங்கு, ஆர்), plein de miel...

கொங்கு, le Kongou, pays qui fait partie du Maléalam ou du pays malabare et même du Coimbatour et du Maïssour, toddi ou callou, anthère de fleur, odeur, miel, la plante குஞ்சரா:—நாடு le pays de Kongou; —வெள்ளம் torrent —, inondation qui vient du Kongou; —த்தலை lisière de toile, fils qui en pendent à l'extrémité. [bre.

கொங்கை, mamelle, nœud d'ar-

கொசகம், *V.* கொசுகம்.

கொசமசக்கு, (*mot imitatif*), désordre, trouble, confusion.

கொசு, 1° *V.* கொசுகு. 2° bout de toile que les brames passent entre les jambes et attachent par derrière, *V.* கொடுக்கு:— க்கட்டை sorte d'oiseau très petit;—த்தேன், *V.* கொசுகத்தேன்.

கொசுகம், *P.* கொய்சகம், plis que les femmes font à leur pagne et attachent sur le côté: —வைத்துடுக்கிறது se vêtir de sa pagne en y faisant ces plis; கொசுகத்திலேகட்டுகிறது attacher—, mettre dans les plis de sa pagne.

கொசுக்காந்தேன்,(கொசுகு,ஆம்), miel de moucherons ou de petites abeilles.

கொசுகு.moustique,cousin, moucheron,mouche, petite abeille: கொசு ou கொசுகு கடிக்கிறது, — பிடுங்குகிறது le moustique piquer.

கொசுறு,le par-dessus, ce qu'on donne ou demande en sus du marché. [espèce de vers.

கொச்சகம், கொச்சகக் கலிப்பா, கொச்சகாவே, V.கொம்ச்சகாவே.

கொச்சி,Cochin,ville et royaume sur la côte malabare, feu, pulpe de la plante சவுரி:— க்காய் poivre encore vert; — க்குழந்தை espèce d'arsenic préparé;— த்தமரத்தை espèce de தமரத்தை; — மஞ்சள் safran de Cochin,—de bonne qualité;—யேலம் cardamome de Cochin.

கொச்சிலித்தி,espèce d'herbe.

கொச்சை, bassesse, infériorité, qualité inférieure,maigreur,fatigue, brebis ou chevre bigarrée à longs pieds,brebis (en général),ou கொச்சைவார்த்தை,barbarisme, terme bas et vicieux, locution —, prononciation vicieuse, —barbare, —rustique;—த்தனம்,—ப்பழக்கம் grossièreté, incivilité, habitude basse ou vicieuse; —யாய்ப்பேசுகிறது parler d'une manière barbare,—vicieuse.

கொச்சையன், (கொச்சை),homme barbare,—rustique.

கொஞ்சம்,peu,un peu,médiocrité, petitesse, petite chose, —mesure, petit nombre, pauvreté, bassesse: கொஞ்சங்குறைய presque, à peu près;—கொஞ்சமாய் peu à peu,petit à petit; கொஞ்சமாக்குகிறது diminuer; —ஆயிருக்கிறது être petit, —médiocre, —peu de chose, —en petit nombre;—ஆய்க்கொடுக்கிறது donner peu,—en petite quantité;—ஆயெண்ணுகிறது, — ஆய்ப்பார்க்கிறது mépriser, dédaigner, faire peu de cas, regarder comme peu de chose;—ஆய்ப்பேசுகிறது dénigrer,parler sans respect; — ஆய்ப்போகிறது diminuer;—பேர் peu de gens, — de monde;—பேர்குறைய excepté quelques-uns; கொஞ்சக்காரன் homme vil—,de rien,—insignifiant; —காலம்,—நேரம்,—ப்பொழுது un peu, peu de temps, quelques momens;—ச்சாதி basse caste;—த்தனம் médiocrité,petitesse,bassesse, déshonneur, avilissement; — த்தனமுள்ளவன் homme vil,—méprisé,—déshonoré, —de rien;—த்தனம் பண்ணுகிறது mépriser,déshonorer, avilir;—நாள் peu de—,quelques jours;—ப்படுகிறது être méprisé,avili;— ப்படுத்துகிறது mépriser,dédaigner,avilir,déshonorer; கொஞ்சத்துக்குள்ளே en peu de mots, dans peu, — peu de temps,bientôt,à bon marché; கொஞ்சத்துக்குள்ளே பண்ணித் தருவேன் je le ferai et le donnerai dans peu,—dans peu de jours.

கொஞ்சல்,n.v. de கொஞ்சுகிறது, caresse,cajolerie,caquet, babil d'enfant,langage enfantin,baiser.

கொஞ்சி, 1° sorte d'arbrisseau et de plante rampante, V. காட்டுக்கொஞ்சி.2° gér.de கொஞ்சுகிறது.

கொஞ்சு,imp.et part.du suiv.:—கிளி perroquet qui babille; — குதிரை cheval qui a le pas agréable;—மொழி langage enfantin,cajolerie.

கொஞ்சுகிறது,கினேன், குவேன், ஞ,ச,v.n.et a.கொஞ்சுதல்,n.v.babiller, parler —, jouer avec ou comme un enfant, faire l'enfant, caresser, cajoler, badiner, baiser: கொஞ்சிக் கொஞ்சி நடக்கிறது marcher d'un pas doux et agréable; — கொஞ்சிப் பேசுகிறது parler comme un enfant,cajoler;—க்கொண்டாடுகிறது cajoler,badiner,converser agréablement.

கொடா, கொடாத, part. nég. de கொடுக்கிறது, qu'on ne —, qui ne donne pas.

கொடாமை,n.v.nég. du même. ne pas donner,détention,avarice,parcimonie,lésinerie.

கொடி, drapeau, bannière, étendard,pavillon,enseigne,plante rampante ou grimpante,jet,rejeton,longueur, ce qui est long et grêle, corde ou perche pour mettre —, agitation des habits, cordon, danse de Koumaren ou குமரன், corbeau, — qui est l'enseigne du prétendu gardien de l'est, sommet, *V.* அகிட்டம்: கொடியைக் கொழுக்கொம்பின்மேலேற்று கிறது échalasser une plante rampante, la faire monter sur des supports; கொடிகட்டி porte-drapeau, instigateur; — கட்டித்திரிகிறது être pressé; — கட்டித்தியாகம் ou அன்னக்கொடுக்கிறது mettre un drapeau pour marquer qu'on donne l'aumône ou du riz aux pauvres; — கட்டி வாழ்கிறது mettre un drapeau en signe d'honneur ou de prospérité; — கட்டுகிறது, — கட்டுதல் mettre —, hisser un drapeau, en mettre un en signe de victoire, — un à sa maison pour montrer qu'on a fait un vœu, être occupé sans relâche à une chose; — க்கம்பம் mât de pavillon, manche d'un drapeau, bâton auquel on attache un drapeau; — க்கயிறு corde pour mettre du linge etc. . dessus; — க்கழல், — க்கழற்சி l'arbrisseau கழற்கொடி; — க்கள்ளி la plante grimpante cynanchum viminale; — க்காரன் porte-drapeau, celui qui hisse le drapeau; — க்கால் plant —, jardin de bétel; — க்கால்ப்பயிரிடுகிறது cultiver le bétel; — க்கால்வெள்ளாளர் caste de vellagers qui cultivent le bétel; — க்கூடை panier d'osier ou matière semblable; — க்கையான், — க்கையாந்தகரை, — க்கையான்தகரை espèce d'eclipta prostrata; — க்கொத்தான், — க்கொற்றான் variété de la plante cassyta filiformis; — சுருக்குகிறது plier le drapeau; — சுருண்டு போகிறது une plante se raccourcir, — se retirer; — ச்சண்பகம் espèce de செண்பகம்; — ச்சீலை drapeau, étendard, toile peinte; — ச்சுரை variété de la plante சுரை; — த்தக்காளி variété de la plante தக்காளி; — த்தடக்கி espèce d'arbre, doigt supérieur du pied d'un chien; — த்தம்பம் mât de pavillon, perche pour arborer un drapeau; — த்தாளி, *V.* சாட்டுத்தாளி; — த்திருப்பாடகம் anneau que les femmes portent aux pieds; — த்துத்தி la plante sida montana, espèce de guimauve; — த்தூக்குகிறது, hisser —, arborer —, élever un drapeau; — நாய் sorte de chien allongé; — நெட்டி la plante நீர்ச்சுண்டி; — படருகிறது une plante ramper ou grimper; — பட்டுப்போகிறது une plante mourir, — se dessécher; — பறக்கிறது un drapeau flotter; — போடுகிறது hisser —, arborer —, mettre un drapeau, hisser l'enseigne de la victoire ou de conquérant du pays etc...; — ப்பசளை la plante basella alba; — ப்படை avant-garde, la 1re ligne d'une armée qui en porte l'étendard; — ப்பவுத்திரம் espèce d'hémorroïdes; — ப்பாசி la plante aquatique serpicula verticillata; — ப்பாலை la plante asclepias volubilis, air composé de la 5me et de la 1re note; — ப்பிண்ணாக்கு sable mêlé —, minerai de plomb; — ப்பிரம்பு rotin suspendu pour mettre du linge dessus; — ப்பிள்ளை petit du —, jeune corbeau; — ப்புலி tigre à long corps, qui ressemble à un lévrier; — ப்பூ fleur des plantes rampantes ou grimpantes; — ப்போடுகிறது, — ப்போடுதல் préparer les voies pour faire quelque chose pour soi, *V.* கொடிபோடுகிறது; — மரம் mât de pavillon; — மல்லிகை jasmin à grandes fleurs, jasminum grandiflorum; — மாடு bœuf long et efflanqué; — மாதளை espèce de citron, — de citronnier; — முடி sommet de montagne sur lequel flotte un drapeau, plante rampante dont on ne peut démêler les branches; — முடித்தவழக்கு procès embrouillé; — முடியன் espèce de serpent; — முந்திரி ou — முந்திரிகை vigne, treille; — முந்திரிப்பழம், — முந்திரிகைப்பழம் raisin; — முந்திரி ou முந்திரிகைப்பழரசம் vin, jus de la treille; — முறுக்கு corde ou fil trop retors et qui s'emmêle; — வசலை, — வசளை. *V.* கொடிப்பசளை; — வதக்குகி

று un plante rampante se faner; —வழுதலை espèce de bringelle longue ou de கத்திரிச்செடி; —வழுதலங்காய் son fruit;— விட்டுச்சறுக்கிறது aller en ligne droite,glisser—, tomber de dessus la corde ou du rotin; —வேம்பு espèce de vèmbou ou margosa;—வேலி l'arbrisseau plumbago zeylanica,plante qui cause l'avortement,bourg du Coimbatour.

கொடிசு,P.கொடிறு, joue, jointure des mâchoires: கொடிறிலடக்குகிறது renfermer —, tenir dans sa bouche.

கொடிசை,(id.),joue.

கொடிச்சி,bergère,nid ou ruche de carias,la plante கொடிவேலி, l'herbe மாந்தப்புல்;pl. கொடிச்சியர் bergères,femmes d'un pays montagneux; கொடிச்சிவால் queue blanche.

கொடிஞ்சி,char,— de procession, dessus—,pavillon de char.

கொடிது,P.கொடியது,1° ce qui est cruel,dur,atroce, féroce, douloureux, horrible.2° il est cruel...: கொடிதாய் cruellement; கொடிதான cruel,dur,atroce.

கொடிய,adj.de கொடுமை.1° cruel,violent,dur,atroce, féroce, tyrannique,sévère,oppressif.2° choses cruelles..., ces choses sont cruelles..., n.app.கொடியவன்,m.homme cruel, féroce,rigide,dur, méchant, trop sévère,le serpent கேது: கொடியவள், கொடியள்,f. femme cruelle, féroce, rigide,dure; கொடியவர், கொடியர், pl.gens cruels,rigides, sévères; கொடியது, V. கொடிது; கொடியவை, கொடியவைகள் choses —, peines cruelles, atroces,actes de cruauté; (le n. app. conjugué est கொடியேன், கொடியை... je suis cruel...) கொடியகோபம் colère atroce; — பிசம் l'arsenic naturel சித்ரங்கபாஷாணம்;—மனது cœur dur, — cruel;—மன்னன், — வீரன் roi —, guerrier cruel, féroce, l'arsenic préparé கோடாசொரிபாஷாணம்.

கொடியரசு,(கொடி,அரசு),variété de l'அரசமரம்,ficus acuminata, espèce d'அலவா.

கொடியத்தி,(id. அத்தி),V.தீரத்தி.

கொடியராகு,onyx.

கொடியன்,V.கொடியவன்.

கொடியாடு, (கொடி,ஆடு), brebis ou chèvre bigarrée à longs pieds.

கொடியாடுகிறது, (id.) un drapeau flotter.

கொடியாத்திரம்,(கொடிய, அத்திரம்),cruauté.

கொடியால்,(கொடி, ஆல்), espèce de multipliant qui étend ses branches presque horizontalement.

கொடியாளன், (கொடிய,ஆளன்), homme cruel,—féroce,V.கொடியமன்னன். [த்தல் espèce d'herbe.

கொடியாள்,V.கொடியவள்:—அ—

கொடியான்,V.கொடியவன்.

கொடியிலந்தை, (கொடி), espèce de jujubier qui s'étend beaucoup, zizyphus racemosus.

கொடியிறக்கம்,(கொடி),descente du drapeau,fin.

கொடியிறக்குகிறது,(id.),descendre le drapeau,finir une chose.

கொடியுலருகிறது,(id.)une plante rampante se dessécher.

கொடியெலுமிச்சை, (id.), espèce de citronnier, qui étend beaucoup ses rameaux.

கொடியேற்றம்,(id.),l'action d'arborer— de hisser un drapeau, commencement d'une fète, (parce qu'alors on en arbore le drapeau).

கொடியேற்றுகிறது,(id.),arborer —, hisser un drapeau, faire flotter —,déployer les enseignes,commencer une fète.

கொடியோன்,1° (கொடிய), homme cruel,aloès.2° (கொடி), celui qui porte sur son drapeau,e.g. அநுமக்கொடியோன் celui qui porte sur son étendard la figure d'Anouman.

கொடிறு, la 8me. constellation, joue,joue d'éléphant,V.குறடு.

கொடு,1° imp.de கொடுக்கிறது.2° adj.de கொடுமை,cruel,violent,dur, atroce, féroce, barbare, tyrannique, rigide, sévère, horrible, tortueux, courbé.3° P.கொண்டு:—தலைமடிப்பு,— தலைமுடிச்சு, — தலைவிற்பூட்டு union inséparable:—போதல்,—போ

தரல் emporter,apporter;—மரம் arc, le Sagittaire; — முடி sommet (d'une montagne,d'un temple,d'une tour..); —முடிச்சு nœud inextricable, — qu'on ne peut délier, faire un tel nœud,embrouiller;— விஷம் poison cruel,l'arsenic naturel வெள்ளைப்பாஷாணம்; — வினை action cruelle, mal;—வேலி l'arbrisseau கொடிவேலி; — வைஷ்ணவன் Vichnouviste rigide,—qui n'adore que Vichnou.

கொடுகடு, (கொடுகும், அடு), grand froid,frisson. 2°(கொடு),cruelle morsure.

கொடுகுகிறது,கிகொண்டு, குவேன், கு,க,v.n.et கொடுகுதல் n. v.ou கொடுகொடுக்கிறது,டுத்தேன், டுப்பேன், டு.டுக்க,et கொடுகொடெனகிறது,v. n.கொடுகொடெனல்,n.v.(கொடுகொடு son imitatif du choc des os), avoir grand froid, frissonner, trembloter, se contracter par l'effet du froid. V. நடுங்குகிறது.[de Koumaren (son fils).

கொடுகொட்டி,danse de Siven,—

கொடுக்கல்,n.v.de கொடுக்கிறது: —வாங்கல் prêt et emprunt,vente et achat,affaires de commerce mutuel; —வாங்கல்பண்ணுகிறது, — வாங்கல்பண்ணிக்கொண்டிருக்கிறது trafiquer—,faire des affaires—,brocanter ensemble,avoir des comptes ouverts ensemble; அவனுக்குமெனக்கும்கொடுக்கல் வாங்கலுண்டு nous avons des affaires de commerce ensemble.

கொடுக்கன்,கொடுக்காரன்,(கொடுக்கு),être—,insecte venimeux,—qui pique,—qui a un aiguillon.

கொடுக்கி,1° nom d'une plante.2° gér.de கொடுக்குகிறது.

கொடுக்கிறது, டுத்தேன். டுப்பேன்,டு,டுக்க,v.a.donner,accorder, remettre,livrer,faire,unir.On emploie surtout ce verbe quand il y a quelqu'un qui reçoit, ou quand on donne à un éléphant; pour les autres animaux on emploie போடுகிறது: யானைக்குச்சோறுகொடு donne du riz cuit à l'éléphant; நாய்க்குத்தீனி போடு donne à manger au chien. Quand il y a un régime indirect de la 1re ou de la 2me personne il vaut mieux employer தருகிறது que கொடுக்கிறது:எனக்கு —, உனக்குத்தந்தான் il m'a donné, il t'a donné. Joint aux gérondifs, கொடுக்கிறது change de signification ou devient en quelque sorte un mot explétif:கற்று—,சொல்லிக்கொடுக்கிறது enseigner, instruire; சாக —, சாகக்கொடுக்கிறது perdre par la mort; முடித்துக் கொடுக்கிறது finir une chose pour un autre ou la finir et la lui remettre; கொடுத்துவாங்குகிறது prêter et recevoir, donner et recevoir,brocanter; கொடுத்துவிடுகிறது rendre, donner, remettre; இடங்கொடுக்கிறது donner lieu, consentir,céder; நோய்க்கிடங்கொடாதே ne cédez point à la maladie; ஆ கொடுப்பாய் ah! tu donneras! (Imprécation elliptique,surtout employée par les femmes payennes, pour dire: puisses tu te livrer toi et les tiens au dieu de la mort!)

கொடுக்கு,aiguillon (de scorpion, de guêpe, d'abeille etc...), serres ou pinces (des crabes et scorpions...) fourche: கொடுக்காய் போடுகிறது, —குத்துகிறது ou

கொடுக்குகிறது,sync. கொடுக்கிறது,க்கினேன்,க்குவேன்,க்கு,க்க,v.a. piquer, percer —, piquer avec un aiguillon. [கொடுக்கிறது,த்தேன்.

கொடுக்குதல், n v. du préc. et de

கொடுக்குமதி, (கொடுக்கும், மதி), ce qu'il faut donner.

கொடுங்,adj.P. கொடும் devant ம, cruel:—கண் jalousie,envie, œil jaloux,—sévère,— farouche, cruauté; —சாட்சி faux témoignage; — காலம் temps malheureux, —rigoureux;— கால் pied tortu, —tordu en dedans: —கோளூர் Cranganore' ville sur la côte malabare;—கீறு petit trait,petite barre;—குழை pendant d'oreilles tordu, — recourbé; — கை bras plié,espace entre le bras plié et le corps, brassée, cruauté, extérieur d'une maison, V. தேர்க்கொடுங்கை;

—கையி லெடுக்கிறது prendre et porter sur ses bras, — sur son bras; —கொடிச்சிலை ou — கோமிச்சிலை espèce de pierre jaune;— கோல் tyrannie,gouvernement cruel,injustice; — கோன் மன்னன் tyran, roi injuste;—கோன்மை tyrannie,gouvernement tyrannique; — கோள் médisance, rapport malicieux —, injures dites par derrière.

கொடுங்குகிறது,கொடுங்குதல், *V.* கொடுகுகிறது.

கொடுஞ்சொல்,(கொடும்), injure, parole dure, de colère, expression barbare. [leuse,cheville de bois.

கொடுசி,tromperie,action fraudu-

கொடுத்தல்,*n.v.de* கொடுக்கிறது.

கொடுநுகம், (கொடு), la 10me constellation dite மகம்.

கொடுந்.*P* கொடும் *devant* த:—த மிழ் tamoul vulgaire,—barbare, qui s'écarte des règles de la grammaire, bas tamoul par opposition au tamoul relevé dit செந்தமிழ்; — தலை tête courbée, — dure,—opiniâtre;— தானை habit lié autour du corps,armée cruelle,—féroce.

கொடுப்பனை, கொடுப்பினை, கொடுப்பனவு,(கொடுக்கிறது), action—, usage de donner, — de donner une fille en mariage, (généralement à quelqu'un de sa caste).

கொடுப்பிக்கிறது,ப்பித்தேன், ப்பிப்பேன்,ப்பி,ப்பிக்க,*v.caus. de* கொடுக்கிறது,faire donner. [ce d'ulcère.

கொடுப்பு,*P*.கடுப்பு:—ப்பிறி espè-

கொடுப்பை,la plante பொன்னுங் கண்ணி:—க்கிருதம் remède composé de cette plante et de beurre fondu.

கொடுமை, cruauté, férocité, tyrannie,oppression, violence, sévérité,dureté,rigueur,mal,tortuosité,aspérité, l'arsenic nommé வக்கிராந்த பாஷாணம்,*l'adj. est* கொடு, கொடும், கொடிய: — செய்கிறது traiter avec dureté, — avec rigueur, faire violence, opprimer,tourmenter.

கொடும்,*adj.du préc.* cruel,féroce, rigoureux,barbare,atroce, dur, violent,courbé;— பனி les plus grandes rosées;— பாதகம் injustice cruelle, trahison, crime énorme; — பாவி grand pécheur, homme injuste, grande pécheresse, statue colossale de femme impudique que les gentils lient et promènent dans les rues en temps de grande sécheresse; — புரி ville etc... cruelle, lieu fort; — புலி tigre cruel,lion,le signe du Lion.

கொடும்பை,ruisseau qui découle des montagnes, réservoir, étang, égout,rigole,écluse,feuille verte.

கொடுவரல்,*P*. கொண்டுவரல்,action d'apporter.

கொடுவரி,(கொடு),le cruel animal tacheté ou à raies,*i.e.*le tigre.

கொடுவாய்,(*id.*)bête cruelle,espèce de tigre,calomnie, mauvaise langue, *ou*—மீன் espèce de poisson.

கொடுவாயன், (கொடுவாய்), calomniateur, homme qui a une mauvaise langue. [son.

கொடுவாளை,(*id.*),espèce de pois-

கொடுவாள்,(*id.*)faucille *ou* கொடு வாட்கத்தி serpe, hachette,couperet, sabre. [rigueur,dureté,solidité.

கொடூரம், *P*. கடோரம், cruauté,

கொடேன்,*nég.de* கொடுக்கிறது.

கொடை, *n. v. de* கொடுக்கிறது, don,donation, présent, largesse, libéralité,action de donner: — கொடுக்கிறது faire un présent,— un don, donner l'aumône;—க்கூலி loyer;— சாலி homme libéral,généreux; —த் தம்பம் mât de pavillon dressé en signe de largesse à faire;—ப்பொருள் objet donné; —மடம் prodigalité, donner sans refuser, fureur de donner, maison de charité, hospice ou autre édifice où l'on fait des distributions;—வீரம் supériorité—,réputation acquise par sa libéralité; — வினு interrogation pour donner. *Ex.* வேண்டுமோ voulez-vous?

கொடையர், கொடையோர், கொடையுள்ளோர்,(கொடை),gens libéraux,généreux. [béral,généreux.

கொடையாளன், (*id.*), homme li-

கொட்குகிறது,கினேன், குவேன்,

கு,க,v.n.et கொட்குதல்,n.v. tourner, se plier,se courber.

கொட்டகச்சி, கொட்டங்கச்சி, (கொட்டை,அம்),coquille intérieure —,coque de coco. [டம்),étable.

கொட்டகம்,கொட்டகை, (கொட்

கொட்டங்காய், (கொட்டை,அம்), fruit de certain arbre,coco.

கொட்டடி,(கொட்டு,அடி),lieu où l'on entasse et vend le riz.

கொட்ட வரை,nom d'une plante.

கொட்டத்திரட்சி,(கொட்டை), tas —,masse de coton, — de flocons de coton.

கொட்டம், P. கோட்டம், étable, certain remède, erreur, écart, mal, pétulence, libertinage, espièglerie, boutade:— அடிக்கிறது, — செய்கிற து,—பண்ணுகிறது faire l'espiègle, —le libertin,—des espiègleries;— அடக்கிறது réprimer l'espièglerie, —la pétulance; கொட்டக்காரன் espiègle, malin, pétulant, vaurien, méchant.

கொட்டல்,n.v.de கொட்டுகிறது.

கொட்டன், espèce d'arbre, coco, homme trapu,corpulent, ou — பொ க்கு bâton court.

கொட்டா, கொட்டாத, part. nég. de கொட்டுகிறது:—த்திருக்கை grande espèce de raie à fortes dents.

கொட்டாகை,P.கொட்டகை.

கொட்டாங்கச்சி, (கொட்டை, ஆ ம்),et par sync. கொட்டாஞ்சி. V.கொ ட்டங்கச்சி et கொட்டைக்கையில்.

கொட்டாங்கரந்தை,(id.),la plante sphæranthus indicus.

கொட்டாப்பிடி, கொட்டாப்புளி, (கொட்டு,ஆப்பு,இடி,உளி), maillet, mailloche,marteau de bois,battoir.

கொட்டாப்பிக்கிறது, ப்பித்தேன், ப்பிப்பேன்,ப்பி,ப்பிக்க,v.a.et கொட் டாப்பித்தல்,n. v.manger.

கொட்டாமட்டை,enveloppe de la noix de coco non encore battue.

கொட்டாய், (கொட்டம்), étable, toit à vaches.

கொட்டாரம்,porche,vestibule—, entrée de grande maison, étable à éléphans,endroit où on les attache.

கொட்டாவி, (கொட்டும், ஆவி), bâillement, (seulement en parlant des hommes: வாய்விடல் et உயிர்த்த ல் se disent des hommes et des animaux):—கொள்ளுகிறது,— விடுகிற து bâiller;—விட்டதுபோற்கூற்றன் வரும்போது விட்டாவி போவதுமே மெய் il est vrai que lorsque la mort vient,la vie s'en va comme si l'on bâillait;—விட்டிருக்கி la plante நா யுருவி.

கொட்டி, 1° la plante aquatique aponogeton monostachyon, porte de temple,signe,pronostic qu'on observe,mot,dire une parole 2° gér.de கொட்டுகிறது.3° app.du même,celui qui bat:பஞ்சுகொட்டி celui qui bat le coton, — க்கிழங்கு racine de la plante aponogeton qui est bonne à manger,— க்கோரை la plante scirpus spiralis. [bœufs de charge

கொட்டியம், bœuf, troupeau de

கொட்டியாரம்,Cotiari,port de l'île de Ceylan.

கொட்டில்,(கொட்டம்,இல்), étable,toit à vaches,asyle,place de refuge.

கொட்டு,1° imp. et part. de கொட் டுகிறது.2° boyau, coup, battement (des mains, du tambour), action de fouler,morsure—,piqûre venimeuse (des scorpions etc...), ouvrage en cuivre...étable, morceau ou tronc d'arbre creux,objet creux, corps,clitoris (mot indécent): —க்கன்னான் chaudronnier,ouvrier en cuivre,(qui travaille au marteau); — க்காரன் foulon,fouleur;— க்கிணறு puits qui sert à jeter les ordures,puits couvert de planches; — க்கூடை petite corbeille en forme de coupe, espèce de vase:—க்கோல் baguette de tambour; —சாலை foulerie, atelier de foulon; —ச்செத்தல் coco bien sec; —ப்பனை pied d'un palmier coupé;—போடுகி றது fouler;—போடுகிறவன் foulon; —ப்பித்தளை cuivre battu,—à battre, —pour ouvrage au marteau;—மரம் bloc sur le quel on bat ou on foule le linge; —மரத்திலேபோட்டுக் கொட்

டுகிறது battre ou fouler la toile sur un bloc; — முழக்கம், — முழக்கு bruit du tambour, des timbales et autres instrumeuts qu'on bat, instrumens de musique qu'on bat; — முறி cuivre de bonne qualité; — மேளம் instrumens de musique qu'on bat, — pour la danse; — வாய் endroit de la —, blessure de piqûre de scorpion etc...; — வீடு foulerie, atelier de foulon; — வேலை ouvrage battu, — fait au marteau, — en cuivre ou autre métal.

கொட்டுகிறது, ட்டினேன், ட்டுவேன், ட்டு, ட்ட, *v.a.* battre, frapper, piquer (le scorpion, l'abeille...), forger, travailler au marteau, fouler le drap, battre le cuivre, le travailler, battre le tambour et autres instrumens, battre des mains, applaudir, se battre les flancs de joie, répandre, vider (un sac, une corbeille...), entasser, oindre: கின்னரி —, jouer du violon, — du luth; தானியத்தைக் கொட்டி வாருகிறது vider un sac de blé et ramasser le grain; கொட்டிக் கலைக்கிறது disperser; கொட்டியிருக்கிறபுடவை toile bien battue, bien foulée; கொட்டினாற்றேள்கொட்டாமற்போனாற் பிள்ளைப்பூச்சி si vous piquez *i.e.* si vous vous vengez, vous êtes comme le scorpion, si vous ne piquez pas, *i.e.* si vous pardonnez, vous êtes comme un insecte innocent.

கொட்டுண்கிறது, (கொட்டுகிறது, உண்கிறது), être battu, piqué, versé etc... [கொட்டுகிறது.

கொட்டுதல், கொட்டுகை, *n. v. de*

கொட்டுவான், (கொட்டுகிறது), 1° insecte qui pique. 2° il battra....

கொட்டை, 1° noyau (des fruits), noix, amande, flocon de coton préparé pour être filé, sorte de pendans d'oreilles, morceau de toile roulée qu'on met dans le trou des oreilles pour l'élargir, cheville —, bouton des பாதக்குறடு, nom d'un arbre, coussin, oreiller, *V.* கொட்டைக்கரந்தை. 2° *P.* கொட்டாய், 2° *pers. nég. de* கொட்டுகிறது; — கச்சி coque du coco; — கட்டுதல் espèce de jeu; — க்கரந்தை la plante sphœranthus indicus; — க்கனம் fruit sans chair, — qui n'a que le noyau; — க்கைச்சி, — க்கையில் coque de coco etc..., moitié de coco, — de fruit de palmier; — ச்செத்தல் chose entièrement desséchée; — த்தேங்காய், *V.* கொப்பரைத்தேங்காய்; — நூற்கிறது, — நூற்றல் filer le coton (préparé en flocons), prendre —, dérober peu à peu; — பற்றுகிறது, பற்றுதல் le noyau se former; — போடுகிறது mourir, le fruit du jacquier se former; — ப்பாக்கு noix d'arec sèche, entière, et non bouillie; — ப்பாக்குத் தலைப்பா toque à toupet, — à houppe, espèce de toque ou de turban; — ப்பாசி, *P.* கொடிப்பாசி; — ப்புளி tamarin dont on n'a pas ôté le noyau; — ப்பெட்டி boite à coton, — pliante, — qui se plie en 2 pour se fermer: — முதல் capital, provision de semence; — முத்து noix —, grain de ricin: — முந்திரி, — முந்திரிகை acajou, l'acajou à noyau; — யாடுகிறது, — யிடுகிறது séparer le coton de son noyau: — யிலந்தை l'arbre zizyphus xylopyrus; — வாழை banane qui a des grains; கசக்கொட்டை noix d'acajou; காற்கொட்டை coussin pour les pieds.

கொட்டோசை, (கொட்டும், ஓசை), bruit du foulage.... [டன்.

கொட்பாட்டன், *V.* கோப்பாட்

கொட்பு, (கொட்குதல்), cercle, mouvement circulaire, tour, circuit, action de rôder, changement.

கொணர்கிறது, ர்ந்தேன், ர்வேன், ர், ர, (*sync. de* கொண்டுவருகிறது) *et*

கொணர்தல், *n.v.* apporter.

கொண்கன், chef d'un pays maritime ou salin, mari, chef.

கொண்ட, 1° *part. parf. de* கொள்ளுகிறது, qui a, qui a acheté, reçu. 2° *obl. de* கொண்டம்: நோய் — malade: முத்துஎன்றுபேர்கொண்ட ஒருவன் un nommé Mouttou; கலப்பைகொண்டமட்டும் autant que la charrue peut ou a pu pénétrer la terre; — குளம் l'arbre எட்டி; — க்காரர் caste de bateliers ou pêcheurs,—க்கிரி espèce de ton ou d'air; — ச்சாணி, *P.* கொண்டைசாணி la plante நஞ்சறுப்பான்;—பாரம் charge,poids pésant,—dont on s'est chargé,—qu'on peut porter.

கொண்டம், 1° la plante குறிஞ்சா asclepias, barrage, digue pour faire monter l'eau dans un terrain élevé. 2° *P.* கொண்டோம். [வாத்தி.

கொண்டவாத்தி, *P.* கொண்டை

கொண்டல், espèce de jeu, nuage, vent d'est, vent qui souffle dans la saison des premières rosées en décembre et janvier;—அடிக்கிறது,—அடித்தல் le vent d'est souffler, *V.* கொண்டலடித்தல்;— மிதிக்கிறது marcher sur le feu; — வண்ணன் celui qui a la couleur des nues, *i. e.* Vichnou; — வாடை vent du nord-est;—வீசுகிறது le vent d'est souffler; கொண்டற்கல் espèce de pierre noire;—காற்று vent d'est.

கொண்டாடல், கொண்டாடுதல், *n.v. du suiv.* célébration, solennité, fête, louange.

கொண்டாடுகிறது, (கொண்டு. ஆடுகிறது), *ou* கொண்டாடிக்கொள்ளுகிறது, célébrer, solenniser, fêter, observer, louer, applaudir, exalter, choyer: குழந்தையுந்தெய்வமுங் கொண்டாடினவிடத்திலுண்டு les enfans et la divinité aiment à être où on les loue, où on les fête.

கொண்டாட்டம், கொண்டாட்டு, *n.v. du préc.* solennité, fête, réjouissance, célébration, observance, louange, allégresse, joie, passe-temps, amitié, caresse;—ஆயிருக்கிறது être célébré, renommé, joyeux, ravi de joie.

கொண்டான், 1° 3me *pers. m. et n. app. du parf. de* கொள்ளுகிறது. 2° mari, possesseur, espèce de jeu:—அடிக்கிறது,—அடித்தல் se frapper les mains les unes contre les autres, jeu que les jeunes femmes exécutent en chantant கொண்டானவனெங்கே...

கொண்டி, 1° *P.* கொண்டாய், tu as pris... 2° pillage, butin, rapine, pivot d'une porte, fer du soc d'une charrue:—மாடு bœuf ou buffle égaré,— sans maître, — qui fait le dégat ça et là,—qu'on laisse errer à volonté.

கொண்டியம், calomnie.

கொண்டிமாரம், fierté, arrogance.

கொண்டிவாத்தி, கொண்டிவான். *P.* கொண்டைவாத்தி.

கொண்டு. *gér. de* கொள்ளுகிறது, par, avec, par le moyen de...: அதைக்கொண்டு avec—, par cela; புண்ணியத்தைக்கொண்டு par la vertu; அவனைக்கொண்டு par lui, par son moyen ou son entremise; கொண்டிருக்கிறது avoir, posséder, tenir, (et après un autre gérondif il marque habitude ou continuité et se traduit par) être à: பேசிக்கொண்டிருக்கிறது être à parler, s'entretenir; ஒருமணிநேரமட்டுமவனே பேசிக்கொண்டிருந்தான் il parla lui seul pendant une heure de temps; துக்கித்துக்கொண்டிருக்கிறது être à se lamenter; கொண்டுகூட்டு une des 8 règles ou manières d'expliquer les vers dites பொருள்கோள், elle consiste à réunir selon que le sens le demande les mots que la tournure des vers a séparés;— போகிறது emporter, emmener; — போய்க்கொடுக்கிறது emporter et donner;—வருகிறது apporter, amener; அழைத்துக்கொண்டுவருகிறது amener, appeler et amener avec soi, engager à. Souvent après un autre gérondif கொண்டுவருகிறது marque habitude, continuité, répétition: சொல்லிக்கொண்டுவருகிறது dire souvent, avoir coutume de dire ou venir en disant: பாடிக்கொண்டுவருகிறது ne cesser de chanter, ou venir en chantant; பிச்சைகொடுத்துக்கொண்டுவருகிறது avoir l'habitude de donner l'aumône ou venir en donnant l'aumône;— வந்துவிடுகிறது amener, conduire dans un lieu, mener, citer. (un passage d'un auteur), alléguer, proposer (un doute); அவனைவீட்டிலேகொண்டுவந்துவிட்டேன் je l'ai conduit à la maison; இதற்கோருதாரணத்தைக் கொண்டுவந்துவிட்டா

ன் à cela il a cité un exemple;—வரத் action d'amener; — விற்கிறது acheter et revendre; — விற்றல் revente.

கொண்டுணி (கொண்டு, உணி), porteur de nouvelles, rapporteur, médisant;— ப்பேச்சு rapport, nouvelle, discours de rapporteur, information.

கொண்டேட்டன், gingembre sec.

கொண்டை, 1° toupet, touffe de cheveux, chignon, chevelure de femme nouée sur le côté, crête—, huppe d'oiseaux, panache, tête de clou etc... jujube, nom d'une ville, bosse des bœufs. 2° *P.* கொண்டனம் tu as pris: எழுத்தாணிக்— nœud—, pommeau du stilet à écrire; ஒழுகு — chignon qui pend d'un côté; கிண்கொண்டை touffe de cheveux nouée; — கட்டி homme qui porte un toupet ou noue ses cheveux en forme de கொண்டை, homme d'une caste de vellages; —கட்டிகள்,— கட்டிவெள்ளாழர் gens de cette caste;—குலைக்கிறது la chevelure se défaire, les cheveux devenir épars, être échevelé; உன்—குலைய puisses-tu être échevelée, *i.e* perdre ton mari;—குலைக்கிறது décheveler, rendre échevelée, mettre la chevelure en désordre;—குலைந்தவள் femme échevelée; —க்கிச்சான் sorte d'oiseau noir;—க்கிருக்கி,—கிருட்டி,—க்கிளாறு la huppe;—க்காரன் homme qui porte un toupet ou un chignon de cheveux, homme honorable dont le toupet (ou la tête) est enveloppé d'un beau mouchoir, orgueilleux, insolent; —க்காரி femme qui a sa chevelure nouée sur le côté, orgueilleuse, insolente;—க்குச்சு bijou —, ornement que l'on met au கொண்டை; — சாரி —, சாணிக்கிழங்கு la racine bulbeuse தஞ்சறுப்பான்;—ச்சுத்தியல் espèce de marteau; —ச்செருகு,—ச்சொருகு chignon proéminent des hommes; — த்தலை tête à toupet,—à chignon de cheveux: — த்திருகு trou dans lequel tourne un pivot, —த்து லா espèce de balance, —de picote; — போடுகிறது porter un chignon,—un toupet, — sa chevelure nouée sur le côté: — மூஞ்சு espèce de babouin; — முடிக்கிறது lier ses cheveux en chignon,— sur le côté: —யாணி cheville d'un instrument à cordes pour en tendre les cordes, clou à tête; — யூசி épingle, aiguille de tête.

கொண்டைக்கசன், கொண்டைச்சான், (கொண்டை), nom d'un oiseau.

கொண்டையன், (*id.*), espèce de milan.

கொண்டைலாத்தி, (*id.*), la huppe, upupa epops.

கொண்டேடாடி, (கொண்டு, ஓடி), corde qui lie la perche de la picote.

கொண்டோன், *n.app.de* கொள்ளுகிறது, mari, maître.

கொண்மூ, கொண்மூ, air, nuage; —முத்து perle de couleur du soleil qu'on prétend se former dans les nuages.

கொதக்குகிறது, *V.* குதக்குகிறது.

கொதறுகிறது, றினேன், றுவேன், று, ற, *v.n.* trébucher, glisser, errer, percer l'òle en écrivant avec un stylet trop pointu.

கொதி, 1° *imp. et part. du suiv.* 2° bouillonnement, chaleur, échauffement, fièvre, colère, chagrin, gourmandise:—குடர்,—குடல் ventre affamé,— pressé de la faim; — கொள்ளுகிறது s'échauffer, se mettre à bouillir;—த்தண்ணீர் eau qui bout avec du riz, *ou* —நீர் eau bouillante, --brûlante.—chaude;— மந்தம் défaut de chaleur;— யிறக்குகிறது,—யொடுக்கிறது abattre —, diminuer l'orgueil; — யெண்ணி homme qui attend le repas;—யெண்ணெய் huile médicinale qu'on fait bouillir.

கொதிக்கிறது, தித்தேன், திப்பேன், தி, திக்க, *v.n.* bouillir, bouillonner, fermenter, chauffer, se fâcher, s'irriter, s'emporter, être en proie à la jalousie: இதைக்கேட்டுக்கொதித்தான் en entendant cela il fut transporté de colère.

கொதிப்பிக்கிறது,ப்பித்தேன், ப்பிப்பேன்,ப்பி,ப்பிக்க,*v.caus. du même.* faire bouillir,— chauffer, préparer quelque mets légers.

கொதித்தல்,கொதிப்பு, கொதியல், *n.v. de* கொதிக்கிறது, bouillonnement,chaleur, colére, transport de colère, fermentation; கொதிப்பாய்க்கிடக்கிறது bouillonner, (la mer) rugir,être en fureur; கொதிப்பெடுக்கிறது commencer à bouillir.

கொதுகு,*P.*கொசுகு. [badinage.

கொதுகுலம், langage enfantin,

கொதுகுலிக்கிறது,வித்தேன்,விப்பேன்,வி,விக்க, *v. n.* s'amollir et se fondre, babiller, badiner.

கொதுகொது, son imitatif du bouillonnement: கொதுகொதென்கிறது,—எனல், *ou*

கொதுகொதுக்கிறது, துத்தேன், துப்பேன், து, துக்க, (கொதுகொது), bouillonner, s'élever en gros bouillons,faire le bruit du bouillonnement.

கொதுகொதுப்பு, *n. v. du préc.* bruit du bouillonnement.

கொதுக்குக்கொதுக்கென்றுவயிறுகொட்டுகிறது, (கொது கொது), avoir le dévoiement,—une diarrhée d'indigestion.

கொத்தடிமை, (கொத்து), ancien esclave,esclave de génération en génération.

கொத்துமல்லி.coriandre:— வைசூரி petite vérole dont les grains ressemblent à la coriandre,varicelle.

கொத்தம்,1° borne,limite.2° (கொத்துகிறது), déchaussement (des arbres): போடுகிறது piocher autour des arbres,les déchausser.

கொத்தரிகிறது,கொத்தரிதல்,(கொத்து),piocher,fouir la terre.

கொத்தவரி,*(id.)*,espèce d'அவரி.

கொத்தல்,*n.v.de* கொத்துகிறது.

கொத்தவரை,(கொத்து),espèce de pois,dolichos fabæformis.

கொத்தவால், cotwal,* intendant des bazars et des marchés.

கொத்தளம், boulevard, bastion, [rempart.

கொத்தளி,natte.

கொத்தான், espèce de plante,cassyta filiformis (dont le jus sert aux marchands de lait à le faire épaissir.

கொத்திடம்,(கொத்து), lieu qu'on pioche. [கொத்துகிறது.

கொத்திடுகிறது, (கொத்து), *V.*

கொத்தி,*gér. de* கொத்துகிறது.

கொத்து,1° *imp.et part. de* கொத்துகிறது.2° *n.v. du même*, action de piocher, de creuser, de couper etc... ciselure.3° multitude, race, lignée, grappe,bouquet,touffe,faisceau,botte,flocon, *V.* தாழி: ஓலைக்கொத்து botte—,paquet d'òles, — de feuilles de palmier;கொத்துக்கட்டி motte de terre qu'on fait en piochant;—க்கத்தரி espèce de bringelle, solanum stramonifolium; — கொடிகளையெல்லாமறிகிறது connaitre toutes les ramifications d'une famille;—ச்சரப்பணி,—ச்சரப்பளி espèce de chaine d'or;—த்தாவடம் chapelet—,enfilade de petits grains d'elœocarpus, collier—, série d'objets enchainés ensemble:—த்தூர்வை poli de ciselure;—ப்பசளை sorte d'herbe potagère,la plante basella lucida; —ப்புடல் espèce de plante basse;—மேகம்,—வானம் nuage —, ciel pommelé, qui ressemble à des grappes; —வேலை ciselure, gravure, sculpture;—வேலைக்காரன்,—வேலைசெய்கிறவன் ciseleur,graveur, sculpteur.

கொத்துகிறது,த்தினேன்,த்துவேன்,த்து,த்த, *v. a.* கொத்துதல், *n. v.*piocher,bècher,creuser—,façonner la terre, briser les mottes de terre avec la pioche, déchausser les arbres, becqueter, piquer —, prendre —,arranger avec le bec, donner un coup de bec, prendre l'appât, mordre à l'hameçon, (un serpent) mordre,piquer,couper, hacher de la viande,piquer—, tailler la pierre,ciseler,graver,sculpter;கற் —, piquer —,tailler la pierre ou la brique (surtout pour l'aplanir): கொத்திக்கொடுக்கிறது piocher,—la terre avec un bâton pour l'empêcher de durcir;—த்தின்கிறது becqueter,prendre avec le bec et manger: — த்தெளிக்கிறது piocher et ensemencer; — ப்பிடுங்குகிறது (les oiseaux) becqueter et dévorer un cadavre..;— ப்போடுகிறது donner des coups de bec,*ou*; —வெடுக்கிறது saisir avec le bec,becqueter; —யழிக்கிறது détruire,— à coups de bec ou de pioche:— கொத்துங்குறடு l'être qui pique ou pince avec ses serres,*i.e.*le crabe,l'écrevisse.

கொத்துணி,(கொத்து, உணி),*V.* குட்டுணி.

கொத்துமல்லி,*P.* கொத்தமல்லி.

கொத்தை, 1° croûte, corruption, carie,défaut.2° *acc.de* கொத்து.

கொத்தல்,*n.v. de* கொத்துகிறது, ce qui est gâté,— rongé (par l'écureuil etc...),signe de colère,*V.* கொத்துதல்.

கொந்தழல்,(கொந்து,அழல்), incendie, conflagration finale. [ளம்.

கொந்தளங்காய், *P.* கோந்தளங்

கொந்தளம். espèce de danse,cheveux de femme, boucle de cheveux, licorne,corne de licorne: கொந்தள வோலை,*V.*காதோலை.

கொந்தளிக்கிறது, ளித்தேன்,ளிப்பேன்,ளி,ளிக்க,*v.n.* கொந்தளித்தல், *n.v.*(la mer...)mugir,se soulever,être orageux,—furieux,—violent,— inquiet,—en colère,s'emporter,rugir.

கொந்தளிப்பு,*n.v.du préc.* tempête,rage,fureur,véhémence,mugissement,rugissement,trouble: கொந்தளிப்படங்குகிறது (la tempête...) se calmer, s'apaiser; கொந்தளிப்புண்டாகிறது devenir furieux, violent, orageux. [per les pierres.

கொந்தாலி,instrument pour cou-

கொந்தாழம், sorte d'arbre, — de remède.

கொந்தாழை,sorte d'arbre marin.

கொத்தாளிக்கிறது, கொந்தாளித்தல், *P.* கொந்தளிக்கிறது...

கொந்து, 1° bouquet de fleurs, fuseau —, broche de tisserand. 2° *imp.et part.de*

கொந்துகிறது,தினேன்,துவேன்,து,த, *v.a.* ronger (le rat, l'écureuil etc...),becqueter,mordiller,s'irriter, s'emporter, s'opiniâtrer.

கொந்துதல்,*n.v.du préc.*action de ronger etc... grande colère,fureur.

கொப்பம், trappe,fosse,trappe—, fosse à prendre les éléphans.

கொப்பரம்பாய்ச்சுகிறது,menacer, lutter d'une certaine manière.

கொப்பரி, கொப்பரை,chaudière, marmite, cruche,grand pot ou cruche de cuivre, —de bronze, coprah: கொப்பரைத்தேங்காய் coco à coprah, coco mûr et sec, — dépouillé de sa coque, coprah, pulpe du coco desséché,morceau de coco séché au soleil. [கிறது.

கொப்பளிக்கிறது, *P.* கொப்புளிக்

கொப்பருத்தேங்காய், *P.*கொப்பரைத்தேங்காய். [*V.*கொற்றேன்.

கொப்பாத்தேன், (கொப்பு, ஆம்),

கொப்பி,danse—,jeu que les femmes exécutent en battant des mains, jeu nommé கும்மி:—கொட்டுகிறது, —கொட்டல் frapper des mains en dansant et en chantant.

கொப்பு, 1° branche d'arbre, cheveux de femme noués en chignon, *ou* கொப்புவாளி, bijou que les femmes portent au haut de l'oreille. 2° (*son imitatif*), கொப்பென்று vite, subitement. [qui a des pustules.

கொப்புழன், (கொப்புழ்), homme

கொப்புழ், *P.* கொப்புள்.

கொப்புளம், pustule, ampoule, fistule, élevure, bulle d'air,—d'eau; —ஆகிறது une pustule se former, —s'élever.

கொப்புளிக்கிறது, ளித்தேன், ளிப்பேன், ளி, ளிக்க,(கொப்புளம்),*v.n.*se gargariser la bouche ou le gosier, vomir,cracher, lancer, darder, l'eau bouillonner et former des bulles *ou* கொப்புளித்துப்போகிறது des bulles d'eau—, des pustules se former,— s'élever,— se déclarer. [*du préc.*

கொப்புளித்தல், கொப்புளிப்பு.*n.v.*

கொப்புளிப்பான், (கொப்புளிக்கிறது), espèce de variole.

கொப்புள், கொப்பூழ், (கொப்புளம்),bulle d'eau,— d'air,pustule, ampoule, nombril: கொப்பூழ்க் கொடி cordon ombilical.

கொப்பென,(கொப்பு),vite,subitement:— வருகிறது, கொப்பெனக், venir vite,—à l'improviste.

கொம்படிக்கிறது,(கொம்பு),frapper des cornes, donner des coups de cornes,exercer—,avoir la primauté.

கொம்பரக்கு,(*id.*அரக்கு),gomme-laque,cire à cacheter.

கொம்பர்,(கொம்பு),branche d'arbre,corne d'animal.

கொம்பன்,(*id.*),éléphant mâle, ce qui a des cornes ou des défenses, sorte de poisson,—de maladie.

கொம்பாளிப்பிள்ளை, (கொம்பு, ஆள்), fils de famille puissante.

கொம்பாளன், (*id.* ஆள்), sentinelle montée sur un arbre.

கொம்பு, branche d'arbre, corne d'animal,—de la lune, les extrémités de son croissant,— ou de sa forme à son déclin,défenses d'éléphant, —de sanglier, grande trompette indienne,trompe, cor, cornet, conque qui sert de trompette, bâton—,bras —, barre de palanquin, cheville de radeau de pêcheurs pour en lier les arbres ensemble ou y attacher le filet,radeau(de pêcheurs), nœud de la racine du gingembre,la figure ொ ou ோ qui sert à représenter la lettre எ ou ஏ, ஒ ou ஓ jointe à une consonne, les 2 bras ou extrémités d'un étang, (par où l'eau y en entre ou en sort), pouvoir,arrogance: அசை — corne mobile attachée à la peau; உளிக்—, கட்டைக்—tronc de corne; கவைக்—,கிளைக்—,கப்புக்—, branche—,corne fourchue; கூடு— cornes qui se joignent à l'extrémité; கொம்புக்கடமை impôt sur les barques de pêcheurs; —க்காரன் corneur,sonneur de cor, celui qui embouche la trompette indienne; —க்கால் caractère ொ joint à ா pour faire la lettre o unie à une consonne, v.g.கொ ko; -க்காவி porteur de palanquin,—de litière;— ச்சுழி le caractère ே combou retourné au haut et servant à former l'ê, long uni à une consonne,v.g.கே kè; — த்தேன் miel de ruche suspendue à une branche d'arbre;—பிடிக்கிறது corner, sonner du corps, emboucher la trompette indienne;—பிடிக்கிறவன் *V.* கொம்புக் காரன்; — ப்பயறு espèce de பயறு ou pois dont la gousse est longue, *v. g.* le காராமணி etc ...: — ப்பாகல் espèce de பாகல் dont le fruit est long et peu amer; — ப்பிறை la figure ெ jointe à un croissant (‿) pour former la lettre o comme ணொ no, றொ ro, னொ no;வடகொம்பிலேதண்ணீர் போகின்றது l'eau s'écoule au coin septentrional de l'étang; கொம்பாலேகிழிக்கிறஎருது taureau qui donne des cornes; இப்போதவனுக்குக்கொம்புமுளைத்ததோ lui a-t-il poussé des cornes? *i. e.* serait-il devenu puissant,—arrogant? கொம்புக்குமண்ணெடுக்கிறது un animal s'amuser à faire sauter la terre avec ses cornes ou l'éléphant avec ses défenses.

கொம்புகிறது, கொம்பினேன், கொம்புவேன், பு,ம,*v.n.*(கொம்பு),s'efforcer, s'obstiner,s'opiniâtrer.

கொம்புதல்,*n.v.du préc.*effort,opiniâtreté.

கொம்பூதுகிறது,(கொம்பு, ஊதுகிறது), corner, sonner du cor,emboucher la trompette indienne.

கொம்பேறிமூக்கன்,(கொம்பு,ஏறுகிறது), serpent qui a un long museau et qui monte sur les arbres.

கொம்மடி, **கொம்மட்டி**, melon d'eau,pastèque, cucurbita citrullus: —க்காய் son fruit,melon d'eau;—க்கீரை espèce d'herbe potagère,celosia nodiflora;— ச்சுரை espèce de courge; —மாதளை espèce de citronnier, —d'oranger.

கொம்மென்கிறது, (கொம் *son imitatif*), dire—, faire *kom*, donner par là un signal,faire du bruit.

கொம்மை, beauté, âge tendre, jeunesse, boule, balle, cercle, danse ou jeu qu'on exécute en battant—, battre des mains, cercle,boulevard, mamelle, pouvoir, force, melon d'eau.

கொய்,1° nom d'un poisson. 2° *imp.et part. de*

கொய்கிறது,ய்தேன், ய்வேன், ய், ய்ய,*v.a.*cueillir,couper,trancher,arracher,rompre,dérober,enlever, saisir en s'élevant, ou en s'étendant, choisir,trier,raccourcir: கொய்துகட்டுகிறது faire des plis et attacher;—போடுகிறது couper, cueillir; —வாங்குகிறது cueillir,enlever, saisir en [s'élevant.

கொய்கை,*n.v.du prés.*

கொய்சகம்,(கொய்சுக்,அகம்),pli, frange, tresse, bout de la toile,bout de la pagne mis en plusieurs plis que les femmes s'attachent sur le côté.

கொய்சுகிறது, கினேன், சுவேன், சு,ச,*v.a.*plier(un habit),plisser,mettre en double; கொய்சிச்சுருட்டுகிறது plier et mettre en rouleau, plisser;—யுடுக்கிறது faire des plis à sa toile et s'en revêtir. [கொய்சகம்.

கொய்சுவளம், (கொய்சகம்), *V.*

கொய்ச்சாளை, (கொய்), espèce de சாளை ou sardine.

கொய்தல், *n.v.de* கொய்கிறது.

கொய்து,*gér.du même.*

கொய்யகம்,*P.*கொய்சகம்:கொய்யகச்சட்டி espèce de plat,—de casserole.

கொய்யடி, (கொய், அடி), héron.

கொய்யா, 1° *ou* கொய்யாமரம், goyavier, psidium pyriferum:—ப்பழம் goyave. 2° *part.nég. de* கொய்கிறது.3°*ou* கொய்யாக்கயிறு corde—, instrument de tisserands.

கொய்யான், 1° *V.* பரணி. 2° 3° *pers.nég.de* கொய்கிறது.

கொய்யுளை,(கொய்,உளை),cheval.

கொய்யோ,mot—,cri de victoire: —கூறுகிறது crier—; chanter vic-

கொய்வு,*n.v.de* கொய்கிறது.[toire.

கொரணுத்தகடு,fer blanc. [பூண்டு.

கொரிக்கம்,la plante எழுத்தாணிப்

கொலு,audience, cour—, présence—,audience du roi,salle d'audience.—de réception,trône,salle du trône,service,joie,contentement,aise:—க்கூடம் vestibule,portique, *ou* —ச்சாவடி,—மண்டபம் salle d'audience,la cour;—த்தடியாணி large clou dont on garnit les portes pour les fortifier; கொலுவிருக்கிறது, —வீற்றிருக்கிறது l'audience se tenir, tenir sa cour,trôner, siéger; —விருப்பு cour séante, audience, être sur le trône;கொலுவுக்குப்போகிறது aller à la cour,à l'audience.

கொலுகொலுக்கிறது, லுத்தேன், லுப்பேன்,லு, லுக்க, *v.n.* (*son imitatif*), branler,chanceler.

கொலுகொலுத்தல், கொலுகொலுப்பு,*n.v.du préc.*branlement,chancellement,*V.* உல்லாசம்.

கொலுசு, chaîne, sorte de bijou des pieds,*P.*கொலுசு.

கொலை,*n. v. de* கொல்லுகிறது, meurtre,assassinat,c'est un des 3 காயத்திக்குணம்,un des தாமதகுணம், et un des 5 பாதகம்:—க்களம் place des exécutions;—காரன் ou —க்காரன் meurtrier,assassin, bourreau;—செய்கிறது, —பண்ணுகிறது tuer, assassiner,commettre un meurtre;—செய்வோன் meurtrier;—நினைக்கை pensée de meurtre,un des 3 மனத்திக்குணம்;—பாதகம் meurtre, crime du meurtre; —பாதகத்தைக் கட்டிக்கொள்ளுகிறது commettre un meurtre; —பாதகன், —த்துரோகி assassin,meurtrier;—யாளன் meurtrier,bourreau; —யுண்கிறது, —யுண்ணல் être tué; கொலைக்குரியவன் homme qui ne mérite que la mort.

கொலைஞர், (கொலை), meurtriers, scélérats,gens vils,chasseurs.

கொலைகிறது,கொலைதல்,*P.*குலைகிறது,குலைதல்.

கொல்,1° trouble,peine,affliction, truelle,métal.2° *imp.et part. de* கொல்லுகிறது.3° *particule de doute,comme:*அணங்குகொல் est-ce une déesse? இவ்வுருக்குற்றிகொல்மகன்கொல் cette figure est-ce un pieu ou un homme?4° *particule explétive:* வருவர்கொல்வயங்கிழாய் (*voc.de* வயங்கிழை),ils viendront,ô femme qui portez des bijoux brillans!5° *son imitatif:* கொல்லெனல், கொல்லென்கிறது dire, —faire *col*,faire du bruit.

கொல்லச்சேவகன், (கொல்லன்), pion qui garde le trésor, soldat de confiance, son emploi est கொல்லச்சேவகம்.

கொல்லத்தி, *V.* கொல்லிச்சி.

கொல்லத்து, *P.* கொல்லற்று.

கொல்லம், un des 56 pays de la géographie indienne, Collam, Coulan ou Quilon, ville du Maléyalam: கொல்லஆண்டு l'année de Quilon, c'est un cycle de 1000 ans, le 4me commence en 1824; கொல்லங்கோவை la plante ஆனைச்சக்கருடன்; கொல்லம்பாகல் la plante bryonia garcini.

கொல்லல், *n.v. de* கொல்லுகிறது, meurtre.

கொல்லறு, *obl.* கொல்லற்று, (கொல்), truelle; கொல்லற்றுக்காரன் maçon; கொல்லற்றுவேலை maçonnerie.

கொல்லன், *pl.* கொல்லர், (கொல்), forgeron, taillandier, artisan, cammâlen, gardien du trésor, serviteur responsable qui a la garde de l'argent, tire du coffre les sacs d'argent et les replace; கொல்லனுலை, *V.* கொல்லுலை; —கிட்டம் scorie de fer; —கோவை la plante காக்கணாங்; —பசை l'arsenic naturel அஞ்சன பாஷாணம்.

கொல்லா, *part.nég. de* கொல்லுகிறது, qu'on—, qui ne tue pas: —விரதம் une des observances des sectateurs d'Arouguen, s'abstenir de rien tuer; —வேதம் religion qui défend de tuer quelque créature que ce soit, celle des Samanéens; —வேதன் l'auteur de cette religion, *i.e.* Arouguen, le dieu des Samanéens.

கொல்லாமை, *n.v. nég. de* கொல்லுகிறது, s'abstenir du meurtre, —de rien tuer.

கொல்லி, 1° nom d'une montagne aux environs de Maduré, espèce d'air, —de ton ou de mélodie, feu. 2° (கொல்லுகிறது), celui—, ce qui tue; —த்திறம் espèce d'air; —வெற்பன் celui qui résidait sur le mont Colli, *i.e.* Sêren dont le royaume s'étendait jusqu'à la côte malabare.

கொல்லிச்சி, *f. de* கொல்லன், femme d'un forgeron.

கொல்லிடம், (கொல், இடம்), l'endroit mortel, le fleuve கொள்ளிடம், —Coleron. [nommé வராடி.

கொல்லியவராடி, variété du chant

கொல்லுகிறது, ன்றேன், ல்லுவேன், ல்லு, ல்ல, *v.a. et* கொல்லுதல், *n.v.* tuer, assassiner, mettre à mort, détruire: கொல்லத்தக்கசினம் haine mortelle; கொல்லாமற்கொல்லல், —கொல்லுகிறது faire du mal en ayant l'air de faire du bien.

கொல்லுலை, (கொல்), forge, fourneau de forgeron.

கொல்லை, champ, —à menus grains, terre haute non arrosée, cour de derrière, bosquet, jardin, —à fleurs, cabane: —ப்பயிர் production —, moisson d'un champ à menus grains; —ப்பல்லி la plante buchnera asiatica, (elle nuit aux moissons en herbe); அவன்கொல்லைக்குப்பல்லி, குடிக்குச்சகுனி il est comme une plante nuisible dans une moisson et comme Sagouni (un destructeur) pour sa famille; —வாசல் porte de la cour de derrière.

கொவிள், **கொவிளமரம்**, l'arbre mimosa frondosa: கொவிளம்பட்டை son écorce.

கொவ்வை, la plante கோவை bryonia: கொவ்வையங்கனி son fruit, (il est d'un beau rouge); கொவ்வைக்கனிமணி espèce du rubis.

கொழும்பு. *V.* கொழூம்பு.

கொழிக்கிறது, ழித்தேன், ழிப்பேன், ழி, ழிக்க, *v.a.* éplucher, séparer—, ôter les pierres du riz, vanner, ramasser, rejeter sur le rivage, lancer, manifester.

கொழிஞ்சி, espèce d'oranger, arbre qui porte des fruits sans fleurir, *V.* கொழுஞ்சி. [moul elair.

கொழிதமிழ், (கொழிக்கிறது), ta-

கொழித்தல், *n.v. de* கொழிக்கிறது.

கொழிப்பு, 1° *V.* கொழித்தல். 2° rebut, faute, culpabilité, défaut.

கொழியல், (கொழிக்கிறது, அல்), (riz) qui n'est pas bien pilé et nettoyé, *V.* கொழிப்பு.

கொழிற்பூண்டு, **கொழிப்பூண்டு**, la plante குப்பைமேனி.

கொழு, 1° *imp.de* கொழுக்கிறது. 2° soc de charrue. 3° *adj.de* கொழுமை, gras, fertile. 4° moelle. 5° *V.* மழு: —க் கட்டுகிறது, —தைக்கிறது assujettir—, clouer le soc à la charrue; —க் கட்டை espéce de gâteau fait de riz, de கேவிரு et de sucre, et quelquefois de son; —க்கொம்பு échalas, rame, soutien (des plantes...), appui, tige, branche droite au milieu d'un arbre; —ச்சிராய் morceau de bois pour faire tenir le soc: இருப்புக்கதவிடித்து த் தவிட்டுக்கொழுக்கட்டை யெடுக்கிறுன் il rompt une porte de fer pour prendre un gâteau de son, il se donne beaucoup de peine pour rien.

கொழுக்கிறது, ழுத்தேன், ழுப்பேன், ழு, ழுக்க, *v.n.* s'engraisser, prendre de l'embonpoint, être gras, —orgueilleux, s'enorgueillir, faire l'insolent: கொழுக்கப்பண்ணுகிறது engraisser, rendre gras; கொழுக்காத maigre, qui n'est pas gras; கொழுத்த gras, dodu; —ஆடு mouton gras; கொழுத்தவன்கைக்கு இளைத்தவன் துரும்பு un homme maigre n'est qu'une paille dans la main d'un homme gras, *i.e.* le pauvre n'est rien devant le riche; கொழுத்திருக்கிறவன் celui qui est gras, insolent, orgueilleux; கொழுத்துப்போகிறது s'engraisser, s'enorgueillir, devenir gras, orgueilleux, insolent; —ப்போய்த்திரிகிறது faire le fier, se conduire—, marcher fièrement. [ricordieux.

கொழுங்கண், (கொழும்), œil misé-

கொழுங்கிரி, la plante மல்லிகை jasmin.

கொழுஞ்சி, espéce d'oranger, citronnier, la plante கொள்ளுக்காய் வேளை.

கொழுத்தல், *n.v.de* கொழுக்கிறது.

கொழுத்தாடுபிடித்தல், (கொழுத்த, ஆடு), jeu d'enfans où ils feignent de saisir un mouton gras. [à fleurir.

கொழுநனை, (கொழு), bouton prêt

கொழுநன், le souverain maître, Dieu, Seigneur, maître, chef, mari.

கொழுநீர், (கொழு), sueur.

கொழுந்தன், *hon.* கொழுந்தனார், frère du mari, beau-frère.

கொழுந்தி, *hon.* கொழுந்தியார், sœur de la femme, belle-sœur.

கொழுந்து, rejeton, jet, pousse, jeune branche, flamme, tige du bétel, absinthe: கொழுந்திலே feuille tendre; —க்கால் appui d'une jeune tige; —விடுகிறது pousser des rejetons, *ou* — விட்டெரிகிறது flamboyer, lancer des flammes, être enflammé, brûler; — வேர் racine tendre, —mince.

கொழுந்துகிறது, ந்தினேன், ந்துவேன், ந்து, ந்த, (கொழுந்து) *v.n.et* கொழுந்துதல், *n.v.* flamber, flamboyer. [plante.

கொழுந்தொட்டி, nom d'une

கொழுப்பம், *et* கொழுப்பு, *n. v. de* கொழுக்கிறது, graisse, gras, embonpoint, omentum, orgueil, insolence, arrogance: கொழுப்பாய்ப் பேசுகிறது parler insolemment, effrontément; —க்கல் pierre rouge et tendre; கொழுப்புள்ள gras, dodu: கொழுப்பெடுத்துப்போடுகிறது ôter la graisse, humilier l'orgueil, abattre la fierté; ஆகட்டும், உன்கொழுப்பையெடுத்துப்போடுவேன் soit, je dompterai bien ton arrogance. [arrogance.

கொழுமதி, (கொழு), entêtement,

கொழுமரம், (*id.*), *V.* செம்மரம்.

கொழுமிச்சை, *adj.* கொழுமிச்சம். *V.* கொழுஞ்சி.

கொழுமீதி, (கொழு), ce qui reste au propriétaire, ou au cultivateur, tout droit payé: இவ்வருஷத்திற்கொழுமீதியில்லே cette année il ne reste rien au cultivateur après avoir payé l'impôt; —யில்லாக்குடியுங் குடியோ s'il ne reste rien au cultivateur, pourra-t-il cultiver?

கொழுமுதல், (*id.*), fertilité, graisse, embonpoint, *V.* கொழுமீதி.

கொழுமை, (கொழுக்கிறது), graisse, embonpoint, fertilité, fécondité, bon état, prospérité, couleur: —யாய் வளர்க்கிறது élever avec grand soin, choyer.

கொழும், *adj. du préc.* gras, fertile: கொழும்புகை encens, parfum.

கொழும்பு, Colombo, capitale de Ceylan: —வேர் racine de Colombo.

கொழுவு. P. கொழு, soc, moelle,
கொழுனன், P.கொழுநன். [étai.
கொளகொளக்கிறது,ளத்தேன்,ளப்பேன்,ள,ளக்க,v.n. et கொளகொளத்தல்,n.v.chanceler,balancer,s'affaiblir,se relâcher,ou
கொளகொளென்கிறது, (கொளகொள, son imitatif.) chuchoter,déraisonner,faire *colacola*. [கொழுஞ்சி.
கொளஞ்சி, espèce d'oranger dit
கொளல்,*sync.de* கொள்ளல்: — வினு question d'acheteur. *Ex.* பயறுண்டோவணிகீர் marchand, avez-vous des fèves?
கொளுகொளுக்கிறது, *et* கொளுகொளுத்தல், *V.*கொளகொளக்கிறது.
கொளுசு, *V.*குளசு, *et* குளச்சு.
கொளுத்து,1° jointure, articulation,couture.2° *imp.et part.de*
கொளுத்துகிறது,த்தினேன், த்துவேன்,த்து,த்த,*v.a.* கொளுத்துதல், *n.v.*allumer, mettre le feu,enflammer,exciter(la colère,les passions...) jouer d'un instrument à cordes, enseigner,instruire,insister, présenter à manger: அவனுக்குஎரிச்சல்கொளுத்தினான் il a excité son indignation; வீட்டைக் கொளுத்திப்போடுகிறது mettre le feu à une maison. Ce verbe marque la répugnance: எனக்கேதாகிலுங்கொடுத்துக்கொளுத்து donne-moi quelque chose,(dit à contre-cœur).
கொளுந்துகிறது,தினேன், துவேன்,து,த.*v.n. du préc. et* கொளுந்துதல்,கொளுந்தல்,*n.v.*s'allumer,s'enflammer, prendre — feu. ‖*v.a.* allu-
கொளுமீந்தி, *P.* கொழுமீந்தி. [mer.
கொளுமுதல், *P.*கொழுமுதல்.
கொளுவம்,mot d'indication usité dans le கோவைத்துறை.
கொளுவல்,கொளுவுதல், கொளுவுகை,*n.v.de* கொளுவுகிறது,accrochement.
கொளுவி,1° croc, crochet, agrafe. 2° *gér.de* கொளுவுகிறது.
கொளுவு,*imp. et part.du suiv.*—கயிறு corde qui sert à lier,*v.g.*un livre de óles etc...
கொளுவுகிறது,வினேன், வுவேன், வு,வ,*v.a.et n.* joindre, unir, lier,— ensemble, accrocher, enchainer,saisir,prendre, machiner, tramer,amener,exciter,se prendre,s'accrocher,se trouver, faire trouver, se vêtir, se chausser: வேலி — entourer d'une haie; கொளுவிக்கொண்டுபோகிறது compliquer,mêler, embrouiller, faire des nœuds; —க்கொண்டுவருகிறது défier,provoquer(au combat...); —ப்பிடிக்கிறது poursuivre(un procès commencé...);—யழைத்து —யிழுத்துவருகிறது défier, provoquer;—விடுகிறது accrocher,brouiller,désunir, metre la discorde et se retirer; —வைக்கிறது adjoindre, unir, accrocher. [monie,concert.
கொளை, (கொளுத்துகிறது), har-
கொள், 1° *imp.et part. de* கொள்ளுகிறது.2° collou, espèce de lentille (qu'on donne aux chevaux, bœufs, etc... en guise d'avoine),glycine tomentosa.(Dans le pays de Tinnevely et le sud de la presqu'île, ce mot signifie vulve et est obscène;là au lieu de collou on dit காணம்); — கலம் boite ou vase (à mettre des bijoux, des habits, du bois de sandal, des parfums...), vase, boite de bambou, de feuilles de palmier etc..;— கொம்பு support,appui,échalas.
கொள்க, *inf. de* கொள்ளுகிறது, prenez,—cela comme vous voudrez; உமதுசித்தத்தின்படிகொள்க prenez-le selon votre bon plaisir.
கொள்கை,*n.v.de* கொள்ளுகிறது, action de prendre etc... , opinion, préjugé, jugement formé d'avance, connaissance.caractère,naturel.qualité,amitié,action.
கொள்வனை,கொள்வனவு, (கொள்ளுகிறது),ce qu'on reçoit, prise, acceptation,contenu,amitié *ou*
கொள்வினை, கொள்வினை, (*id.*), alliance par mariage, action —,usage—, droit de prendre femme dans une caste ou une famille:—கொடுப்பினைபண்ணுகிறது prendre et donner des filles en mariage, se marier ou être donné en mariage;அவர்களு

க்கும் எங்களுக்குங் கொள்வினைகொடுப்பினையில்லை nous n'avons pas l'usage de contracter des alliances ou des mariages avec eux.

கொள்விலை,(கொள்),prix d'achat.

கொள்வான்,கொள்வோன்,*n.v. de* கொள்ளுகிறது, acheteur, receveur, celui qui achète,qui reçoit:கொள்வாருமில்லை,கொடுப்பாருமில்லை il n'y a personne qui donne ou qui reçoive.

கொள்ள,1° *inf.de* கொள்ளுகிறது. 2° (après un infinitif), lorsque,puisque,parce que: நான்பேசிக்கொண்டிருக்கக்கொள்ள pendant que je parlais;இப்படியாகக்கொள்ள puisqu'il en est ainsi,c'est pourquoi; நாளையவன்வருவானுகக்கொள்ள puisqu'il doit venir demain. 2° *P.* கொள்க; கொள்ளாதநோய்கொள்ள puisses-tu attraper une maladie mortelle.

கொள்ளட்டு, (கொள், அட்டு), 1° plante légumineuse, dolichos ciliatus.2° qu'il prenne etc...

கொள்ளம்,boue,terre glaise.

கொள்ளல்,*n.v.de* கொள்ளுகிறது: —விக்கிரயம் achat et vente:—விக்கிரயம்பண்ணுகிறது brocanter,acheter et vendre.

கொள்ளா, கொள்ளாத,*part. nég. de* கொள்ளுகிறது, qui ne contient pas ou ne peut être contenu, —pris, —reçu etc... கொள்ளாகொள்ளை,—க்கொள்ளை extrême abondance.

கொள்ளாமை, *n.v.nég. de* கொள்ளுகிறது.

கொள்ளார்,*n.v.nég. du même*, ennemis.

கொள்ளி,tison,*ou* —க்கட்டை tison,brandon,boute feu, homme féroce: —க்கட்டையாலடியுண்டபூனை மின்மினியைக்கண்டாலும் வெருளும் le chat battu avec un tison craindra à la vue d'un ver luisant, chat échaudé craint l'eau froide;—க்கண்ணன் homme qui a l'œil étincelant, — ardent,— farouche, —colère,— méchant; —க்கரப்பான் éruption semblable à la cicatrice d'une brûlure,et qui vient surtout aux enfans; —செருகுகிறது faire du mal, faire tomber dans quelque malheur; —த்தேள் espèce de scorpion; —யெறும்பு fourmi qui se trouve prise sur un tison, espèce de fourmi dont la piqûre est cuisante; — வட்டம் cercle que fait un tison allumé en tournoyant; —வாய்ச்சர்ப்பம், —வாய்விரியன் serpent dont la morsure cause une douleur brûlante;—வாய்ப்பிசாசம்; —வாய்ப்பிசாசு, —வாய்ப்பேய் feu follet, flammerole, feu-St-Elme: —வாலி ce qui a le corps noir et la queue blanche;—வாலெறும்பு sorte de fourmi dont la piqûre est cuisante;—வால் bout de queue blanc;—வைக்கிறது mettre le feu,—le feu au bûcher funèbre,faire du mal;—வைத்துக்குடமுடைக்கிறது mettre le feu au bûcher funèbre de son parent en brisant une cruche pleine d'eau,(cérémonie payenne);கொள்ளிக்கெதிர்போனாலும் வெள்ளிக்கெதிர்போகலாகாது (au dire des payens superstitieux),quoiqu'on aille à l'encontre d'un tison,on ne peut aller à l'encontre de la planète Vénus, soit à l'est le matin,soit à l'ouest le soir, lorsqu'elle y est; அடிக்கொள்ளி tison;குடியிருந்தவீட்டிற்கொள்ளிவைக்கிறது mettre le feu à la maison où l'on a logé,rendre le mal pour le bien.

கொள்ளிடம்,*P.*கொல்லிடம்.

கொள்ளியம்,la plante உமரி,l'arbre புன்கமரம்.

கொள்ளு, *V.* கொள்: —க்காய்வேளை la plante காய்வேளை galega maxima.

கொள்ளுகிறது,ண்டேன், ள்ளுவேன் *ou* ள்வேன், ள்ளு *ou* ள்,ள்ள, *v.a.* prendre, accepter, agréer, recevoir avec la main,tenir, avaler, prendre de la nourriture,—un remède,—racine,acheter (surtout avec விலைக்கு, விலையாக), acquérir,obtenir,ramasser,avoir,contenir,imaginer, supposer, épouser, prendre pour femme (pour soi ou pour un autre), dire, plaire:அறிவுகொள்ளுகிறது acquérir de l'intelligence,apprendre;இது விரண்டாத்திரங்கொள்ளும் ceci a 2 sens; அவளைக் கொள்ளமாட்டேன் je ne l'épouserai pas; இந்தப்பெண்ணைத் தன்மகனுக்குக்கொண்டான் il a pris cette fille pour épouse de son fils; நீர்க்குட்பாசிவேர்க்கொள்ளாது la mousse ne prend point racine dans l'eau; பத்துபடிகொள்ளுகிறகுடம் cruche qui contient 10 mesures; வீட்டவர்களுக்கிடங்கொள்ளாதது போலக்காண்கிறது il paraît que la maison ne contient pas de place pour eux; ஒருவனைவேலைகொள்ளுகிறது surveiller-, examiner le travail de quelqu'un; ஒருவேலையைச்செய்துகொண்டேன் je me suis fait—, je me suis fait faire un ouvrage; அரிசியில்லாதேபோனாற்கொள்ளப்போ s'il n'y a pas de riz vas-en acheter. Souvent le verbe கொள்ளுகிறது se joint au gérondif d'un autre verbe lui laissant les mêmes significations, mais ordinairement relatives a la personne qui agit. *Ex.* எழுதிக்கொண்டேன் j'ai écrit pour moi, j'ai tiré une copie; அதைச்செய்துகொண்டேன் j'ai fait cela pour moi. Pour les autres on se sert de போடுகிறது, ainsi: எழுதிப்போடுகிறது... Quelquefois le mot கொள்ளுகிறது n'ajoute rien au sens du verbe auquel il est joint. *Ex.* கற்றுக்கொண்டேன் ou கற்றேன் j'ai appris; வணங்கிக்கொண்டேன் ou வணங்கினேன் j'ai rendu hommage. [*préc.*

கொள்ளுகை, கொள்ளுதல், *n.v. du*

கொள்ளை, (கொள்ளுகிறது). 1° pillage, proie, butin, dépouilles, abondance, beaucoup, peste, contagion, épidémie. 2° *P.* கொள்ளாய். 2me *pers. sing nég. de* கொள்ளுகிறது; —கொடுக்கிறது être pillé, dépouillé; எல்லாத்தையுங்கொள்ளைகொடுத்தேன் j'ai été dépouillé de tout; —கொள்ளுகிறது piller, enlever les dépouilles, butiner; —க்காய்ச்சல் fièvre épidémique, —contagieuse; —க்காரன் pilleur, voleur; —நோய் maladie épidémique, peste, contagion; —நோய்கொள்ளுகிறது être attaqué de la peste ou d'une maladie épidémique; —நோயுள்ளவனுய்க்கிடக்கிறது être au lit attaqué de maladie épidémique; —யாய்க்காய்க்கிறது porter des fruits en abondance; —யாகிறது, —யாய்ப்போகிறது être pillé, volé; —யடிக்கிறது, —யள்ளுகிறது, —யாடுகிறது, —யிடுகிறது, —யெடுக்கிறது piller, voler, ravager, saccager, butiner; —யாடல், —யிடல் pillage; —யுடைமை butin, proie, dépouille, objet pillé; —போகொள்ளை ô pillage! hélas! on pille!

கொறகொற, (*son imitatif*), கொற கொறென்கிறது, —எனல் faire *cora-cora*—, un bruit répété.

கொறடா, *P.* கோல்டா.

கொறட்டை, *P.* குறட்டை.

கொறான், le Koran.

கொறி, 1° brebis, mouton, le signe du Bélier. 2° *imp. et part. du suiv.* கொறிநெற்பதமாயிற்று le riz est si mûr que le grain se sépare de la cosse dès qu'on le mord.

கொறிக்கிறது, றித்தேன், றிப்பேன், றி, றிக்க, *v.a.* ronger (le rat, les insectes...), becqueter, mordre, séparer le grain de son écorce (avec le bec ou les dents), couper le grain avec le bec, (le serpent et autres reptiles etc...) mordiller: அந்துகொறிக்கின்றது l'insecte dit அந்து ronge le riz. [ப்பு, *n.v. du préc.*

கொறிக்குதல், கொறித்தல், கொறி

கொறிதலை, கொறித்தலை, la plante médicinale நிலவேம்பு.

கொறு, muselière (d'épines etc... tressées) qu'on met aux veaux pour les empêcher de téter.

கொறுகொறுக்கிறது, றுத்தேன், றுப்பேன், று, றுக்க, *v.a.* ronfler, importuner, gêner.

கொறுகொறுத்தல், கொறுகொறுப்பு, *n.v. du préc.* importunité, gêne, ronflement. [கொறென்கிறது.

கொறுகொறென்கிறது, *V.* கொற

கொறுக்கச்சி, *P.* கொறுக்கைச்சி.

கொறுக்கா, கொறுக்காய்மரம், l'arbre garcinia cambogia: கொறுக்காய்ப்பால் son jus ou sa gomme; கொறுக்காய்ப்புளி sorte de tamarin, ou கொறுக்காய்ப்புளி le fruit acide du garcinia cambogia qui sert d'assaisonnement comme le tamarin.

கொறுக்குவலி, *P.* குரக்குவலி, sorte de maladie des singes.

கொறுக்கை, sorte de poisson, le roseau கொறுக்கைச்சி, ronflement, baillement, respiration, *V.* வலி: —த்தட்டாலெழுதுகிறது écrire avec un roseau; —விடுகிறது ronfler.

கொறுக்கைச்சி, (கொறுக்கை), le roseau எருவை arundo karka.

கொற்கை, Korkey, ville du sud de l'Inde, résidence de Pàndien: —வேந்தன் le roi de Korkey, *i.e.* Pândien.

கொற்றம், force, pouvoir, victoire, *V.* அரசியல்: கொற்றவள்ளை ravager le pays ennemi.

கொற்றவன், (கொற்றம்), roi, monarque: —அறிதலுற்றிடத்துதவி la connaissance du roi est utile dans l'occasion. [*V.* துர்க்கை.

கொற்றவை, (*id.*), la victorieuse,

கொற்றன், 1° (*id.*), victorieux. 2° (கொல்), maçon, *V.* கற்சிற்பன். [pante.

கொற்றான், sorte de plante ram-

கொற்றி, (கொற்றம்), un démon, la fameuse துர்க்கை, வடுகி, la prétendue déesse des lieux stériles, jeune génisse, jeune veau.

கொற்று, 1° (கொல்), journée—, ouvrage de maçon: இந்தக்கோவில்கட்டுகிறதற்குஆயிரங்கொற்றுப்பிடித்தது pour bàtir ce temple il a fallu 1000 maçons ou plutôt 1000 journées de maçon. 2° *imp. et part. de*

கொற்றுகிறது, ற்றினேன், ற்றுவேன், ற்று, ற்ற, *v. a. et* கொற்றல், கொற்றுதல். *n. v. P.* கொத்துகிறது.

கொனை, *P.* குனை.

கொன், 1° crainte: கொன்முனையிரவூர் ville dans laquelle il y a eu la nuit un combat terrible. 2° temps: கொன்வரல்வாடை temps de la venue du vent du nord. 3° grandeur: கொன்னூர்துஞ்சினும் யாந்துஞ்சலமே quoique cette grande ville s'abandonne au sommeil, nous autres nous ne dormons pas. 4° inutilité: கொன்னேகழிந்தன்றிளமை sa jeunesse s'est passée en choses inutiles.

கொன்றல், *sync. de* கொல்லுதல், meurtre, tuer. [—போடுகிறது tuer.

கொன்று, *gér. de* கொல்லுகிறது:

கொன்றை, 1° *P.* கொன்றாய் tu as tué. 2° l'arbrisseau cassia ou cæsalpinia: —க்குழல் *ou* கொன்றையங்குழல் espèce de flûte; —சூடி celui qui porte une guirlande de cassia, *i. e.* Siven; —வேந்தன் nom d un petit livret de sentences morales composé par ஔவையார் et qui commence par ces mots, *V.* கொன்றைசூடி.

கொன்றூளர், (கொன், ஆளர்), pécheurs, gens inutiles, —timides.

கொன்னிக்கிறது, னித்தேன், னிப்பேன், னி, னிக்க, *et* கொன்னுகிறது, ன்னினேன், ன்னுவேன், ன், ன்ன, *v. n. et* கொன்னிக்கொன்னிப்பேசுகிறது, bégayer, bredouiller, balbutier, avoir la langue embarrassée pour parler.

கொன்னெச்சன், (கொன், எச்சன்), taon, mouche des bœufs.

கொன்னை, (கொன்னுகிறது), bégaiement, bredouillement, hésitation á parler, embarras de la langue, petite coupe faite—, vase de feuilles: —வாயன் *ou* [leur.

கொன்னையன், bègue, bredouil-

கோ, 1° lettre syllabique composée de க் et de ஓ, kô 2° *(gò). bœuf, vache, vaches en général, sacrifice d'une vache, foudre, tonnerre, eau, œil, flèche, région, côté du monde, terre, ciel, air, souvarcam, prétendu mondes des dieux, poil du corps, rayon de lumière, lumière, lune, soleil, mère, Sarasvati, prétendue déesse de l'éloquence, parole, *V.* வச்சிராயுதம். 3° Dieu, roi, homme, garçon, montagne, excellence, oh! interjection de peine, de pitié, son imitatif, l'arbre இலந்தை jujubier. 4° *imp. de* கோக்கிறது. [èvre.

*கோகடம், (kôkada). espèce de li-

*கோகண்டம், (gôkantaka), la plante நெருஞ்சில்.

*கோகத்தி, கோகத்தியை, (கோ, அத்தி), meurtre d'une vache (dans les idées des Indous),

கோகதந்தம்,(கோ),l'arsenic சுத்த பாஷாணம்.

*கோகம்,(kôka),grenouille, lézard dit பல்லி, chien sauvage, —rouge, loup, l'oiseau சக்கரவாகம், oie rouge.

*கோகயம்,(கோ),nénuphar. [ம்.

*கோகருணம்,(id.),V. கோகர்ண

கோகலி,(id.),l'arbre கடம்பு.

கோகழி,(id.),nom d'un lieu.

*கோகனகம்,(id.), nénuphar rouge: கோகனகச்சிலை rubis.

கோகனகை, (கோகனகம்), celle qui est censée assise sur une fleur de nénuphar, i.e. Lakchmi.

கோகனகத்தி,(id.ti), Lakchmi, Saratchouvadi. [phar rouge.

*கோகனதம், (kôkanada), nénu-

கோகனதை, V. கோகனகை.

கோகனம்,les plantes கைவர்த்தனை, திலக்கடம்பு et கரிசாலை.

கோககுசனி, (கோகனம், ஆசனம்), V. கோகனகத்தி.

*கோகர்ணம்,(கோ,carna,oreille), place de pélérinage payen sur la côte malabare, ou கோகர்ணவாசனம் espèce de position dans laquelle on met les mains en forme d'oreilles de vache pour se boucher les oreilles, les yeux et le nez. [de bambou.

கோகானம்,(கோ),son de la flûte

கோகிறம்,P.கோகிரம்.

*கோகிரகம், (கோ), palais de roi, étable à bœufs, butin de bétail,—enlevé par les vainqueurs.

*கோகிருத்தி, (id.),étable à bœufs, bouze desséchée.

*கோகிரம்,(gôhira),talon.

*கோகிராசம், (கோ, grâsa bouchée), cérémonie payenne où l'on présente de l'herbe à une vache (pour expiation).

*கோகிருட்டி, கோகிருஷ்டி,(கோ), vache qui a vêlé une fois.

*கோகிருதம்,(id.),beurre —, bouze de vache, pluie.

*கோகிலம்,1° (kôkila),le couil ou coucou indien, lézard dit பல்லி. 2° P. கோகிலம்: கோகிலவாசகம்,ou

*கோகிலாவாசம், (கோகிலம், ஆவாசம்),l'habitation chérie du couil, i.e. le manguier.

*கோகிலாக்ஷம், (id. அக்ஷம்), la plante நீர்முள்ளி, espèce de citronnier dit கொம்மட்டிமாதளை, grenadier.

*கோகிலோற்சவம்,(id. உற்சவம்), le plaisir du couil, i.e. le manguier.

கோகிலம்,,(கோ),pilon, charrue.

கோகு, âne, V. புயம். [மல்லிகை.

கோகுந்தம்,(கோ), le jasmin dit

*கோகுலம், 1°(id.),étable à bœufs, bourg de bergers, espèce de vache, singe, cavité, objet creux,—percé, lézard dit பல்லி. 2° P. கோகிலம் le couil. [vacher.

*கோகுலிகன், (கோகுலம், ka),

கோகோ, int. de douleur,—de pitié et d'admiration: கோகோவென்கிறது crier *kó kó*, jeter les hola! கோகோவென்றழுகிறது se lamenter; கோகோவெனல் haut cri, lamentation.

கோகோசனம், V. கோரோசனை.

*கோகோஷ்டம், கோகோட்டம், (கோ), étable, crèche. [de bœufs.

*கோகோயுகம், (கோ,கோ), paire

கோக்கலம், V. கோர்க்கலம்.

கோக்கள், *pl. de* கோ, vaches, rois, grands hommes, les grands: கோக்களைக்காத்தல் garder les vaches.

கோக்கிறது, கோத்தேன், கோப்பேன், கோ, கோக்க, *v.a.* கோக்குதல், *n.v.* enfiler, unir, joindre, composer (une fable...), ajuster une flèche (sur l'arc): கோத்திருக்கிறது être —, avoir enfilé....; கோத்துப்பார்க்கிறது essayer d'enfiler,— après avoir enfilé; —வைக்கிறது finir d'enfiler, déposer ce qu'on a enfilé.

கோக்குஞ்சம்,(கோ), carquois inépuisable, paquet de flèches.

*கொங்கணை, (kònkana *le pays Konkan*), femme konkani, la mère de Parasourâmen: கொங்கணைசுதன் *ou* சுதன் le fils de Konkanei, *i.e.* Parasourâmen.

கோங்கம், 1° l'arbre கொங்கிலவு. 2° (ghongha), espace intermédiaire, milieu.

கோங்கு ou கோங்கிலவு, cotonnier qui produit un coton soyeux, bombax gossypinum. [le, marque.

*கோசகம், (kôchaka), œuf, testicu-

*கோசகாரம், (கோசம், காரம்), canne à sucre, ver à soie. [volte.

கோசக்கம், trouble, désordre, ré-

*கோசக்கிரகம், (கோசம்), chambre intérieure, —à coucher.

*கோசங்கம், (கோ), point du jour, moment où l'on rassemble les vaches. [eunuque.

*கோசநாசி, (கோசம், நாசம்),

கோசமம், (கோ), la plante பிர்க்கு.

*கோசம், (kôcha), œuf, globe, boule, balle, fourreau, étui, boite, cosse, gousse, manteau, richesses, joyau, ustensile, trésor, chambre du trésor, registre des terres d'un village, pénis, scrotum, testicule, vulve, matrice, muscade, l'arsenic கற்பூரபாஷாணம், bouton de fleur, vérité, serment, épreuve judiciaire par serment ou ordalie, livre, dictionnaire, vocabulaire, saillie et autres ornemens d'un mur, rue, (surtout à la fin des mots composés il signifie globe, boule, balle): கோசம்-ஐ- les 5 propriétés ou modes du pouvoir productif ou génératif: 1° அன்னமயம் manière dont le corps croît et décroît. 2° பிராணமயம் état dans lequel la vie ou le principe vital agit et manière dont il agit dans les différens membres. 3° மனோமயம் manière dont la connaissance est acquise par les organes des sens en rapport avec l'âme, lorsqu'en même temps une chose est admise ou rejetée sur le témoignage des sens. 4° விஞ்ஞானமயம் manière dont la raison opère conjointement avec les sens, d'où résulte une connaissance juste et une intelligence véritable. 5° ஆனந்தமயம் l'extase, manière dont l'insensibilité est produite par un excès de joie.

*கோசரம், (gôtchara), particularité, objet, —des sens, (comme le son, la figure, la couleur, l'odeur), sens, sensation, compréhension, compréhensibilité, ce qu'on peut connaître, contenu, ville, district, signe, —dans lequel se trouve une planète: கோசரபலன் influence d'une planète (dans tel signe); கோசரஅம்பராந்தம் horizon sensible.

கோசரன், P. கோசரகன் (கோசரம்), ermite, religieux qui a renoncé au monde.

*கோசலம், 1° (கோ), urine de vache, (réputée eau lustrale et purifiante par les Indous.) 2° (kôsala), un des 56 pays de la géographie indienne, la ville d'Ayodhya, *i.e.* Aoude et le pays environnant, la langue de ce pays. [pour suborner.

*கோசலிகம், (kôsalika), présent

*கோசலை, (kôsalâ), le pays autour d'Ayodhya, Kôsalei, fille du roi கோசலன் et mère de Râmen.

*கோசவம், (கோ, sava *sacrifice*), sacrifice d'une vache, *V.* கோமேதகம்

*கோசனை, 1° *P.* கோரோசனை. 2° (ghôchanâ), grand bruit.

*கோசன், (kôtcha), homme dégénéré, fils de pêcheur et de mangeuse de viande ou de femme de basse caste, l'arsenic சிப்பந்திபாஷாணம்.

*கோசாங்கம், (கோசம், அங்கம்), espèce de roseau.

*கோசாடகம், (kôsâtaka), poil.

*கோசாமி, (கோ), possesseur de bétail, ermite, religieux, précepteur.

கோசாரி, la plante பிர்க்கு.

*கோசாலம், (1° gôtchhâla), paume de la main. 2° (கோ), troupe de vaches, de bétail. [vaches.

*கோசாலை, (கோ). étable, toit à

*கோசிகம், (கௌசிகம்), étoffe de soie, toile, habit, le சாமவேதம்.

*கோசிகன், *P.* கௌசிகன், le sage Visouvamitren.

*கோசு, (krôsa), côse, lieue (petite ou grande selon les pays), longueur de 2 milles indiens, rue, corde du côté—, côté d'un navire, civadière, défaite, coutume, manière, *V.* தாமகன்:—கால் chose longue et mince, ce qui croit en longueur sans grossir; —போகிறது,—போதல் être abaissé, —vaincu.

*கோஷணை, (ghôshanâ), bruit, grand bruit, parler haut, faire grand bruit, instrument de musique, V. கொக்கரை. [கோசம் et கோடம்.

*கோஷம்,(ghôcha),bruit, son, V.

*கோஷாபஹரணம்,(கோசம், அபகரணம்),enlèvement des trésors.

*கோஷி,(kôchi),manguier.

கோஷிக்கிறது,ஷித்தேன், ஷிப்பேன், ஷி,ஷிக்க,v.a.et n.et கோஷித்தல், n.v. (கோஷம்), résonner, faire du bruit, retentir comme un tonnerre lointain, vouer, faire un vœu, orner, renouveler. [discours.

*கோஷை,(கோஷம்), son, bruit,

*கோஷ்டகம் | ,(kôchta,ka), pro-
கோஷ்டம் | ,priété, ce qui est en propre, grenier, magasin, trésor, bassin—, auge (en briques pour abreuver le bétail), la plante costus arabicus: கோஷ்டபாலன் trésorier, garde-magasin.

*கோஷ்டாகாரம்,(கோஷ்டம், அகாரம்), salle du trésor, magasin.

*கோஷ்டி, (gôchti), conversation, discours, babil, dire des contes, assemblée, réunion: தரித்திரருக்குவிஷம் கோஷ்டி le bavardage est un poison ou une source de malheurs pour les pauvres en entrainant la paresse.

கோஷ்பாரா,compte, sommaire.

கோடகசாலை,la plante médicinale justicia procumbens.

*கோடகம்,1° (ghôtaka),cheval. 2° carrefour, lieu où 4 rues se réunissent, nouveauté, ornemens d'une couronne, aiguière (à bec.)

*கோடகன்,(kôtaka), couvreur en chaume, bâtisseur de cabanes.

கோடங்கி,devin, diseur de bonne-aventure. [கோரைக்கிழங்கு.

கோடம்கிழங்கு,(கோரை, அம்), V.

*கோடணை, V. கோஷணை.

கோடதரம்,gingembre sec.

*கோடம்,1° P.கோசம் et கோஷ்டம்.2° *(kôta), citadelle, fort, cabane, hangar, courbure. 3° (ghôta), cheval. 4° borne, limite, prospérité, richesse, grenouille, l'arbre செங்கருங்காலி, l'arsenic சங்கபாஷாணம்.

கோடரம்,1° *(kôtara), trou dans un arbre. 2° cheval, singe, pommade, parfum pour les cheveux, pavillon hémisphérique—, couronnement d'un char, arbre, branche d'arbre, bosquet, l'arbre எட்டிமரம்.

*கோடரி,1° (kôtari), V. கோடவி. 2° P. கோடாலி.

கோடல், 1° n.v. de கோடுகிறது, courbure, pli, action de plier etc..., mécontentement, animosité, rupture, brisement. 2° n.v. de கொள்ளுகிறது, prise, acceptation, action de prendre etc... 3° la plante வெண்காந்தல்: கோடற்கிழங்கு la plante சிற்றரத் [தை.

கோடவீ,luth indien.

*கோடவி, (kôtavi), femme nue, Dourguei.

கோடா, 1° lie ou sédiment d'arack: —வார்க்கிறது verser cette lie aux pourceaux; —வடிக்கிறது dissoudre cette lie dans l'eau, la tirer au clair. 2° கோடா, கோடாத, *part. nég. de* கோடுகிறது. 3° P. கோடி (quand il est répété, l'avant-dernier se change en கோடா): கோடாகோடி 100 trillions, infinité; —குளிகை espèce de remède; —சுழி dose de remède, pilule composée de divers ingrédiens auxquels on joint le jus de la plante suivante; —சூரி la plante கோடகசாலை.

கோடாங்கு, V. கோரைக்கிழங்கு.

கோடாங்கி, P. குரோடாங்கி, habit rayé de femme, mascarade.

கோடாசொரி, espèce d'arsenic naturel: கோடாசொரிபாஷாணம் espèce d'arsenic préparé. [non épais.

கோடாநீர், eau limpide, liquide

கோடாய், 1° (கோள், தாய்), aya, bonne d'enfant. 2° *nég. de* கோடுகிறது, tu ne plies pas.

கோடாரி, கோடாலி, cognée, hache, hachette: கோடாரிக்காம்புகுலத்துக்கீனம் le manche de la cognée détruit sa propre espèce, de même l'homme adonné à la débauche ou autre vice capital est un குடிக்கேடன் கோடாலி ou destructeur de sa famille.

*கோடி, 1°(kôti), 10 millions, pointe d'épée, bout d'un arc, complément d'un arc ou d'un angle, le 2me ou 4me quadrant d'une circonférence, ligne perpendiculaire, côté perpendiculaire d'un triangle. 2° toile neuve, toile, nouveauté, chose nouvelle, jeunesse, ornement de couronne, vingt, courge ou vingtaine(de pièces de toile, de paires de bas, de pierres précieuses etc. .), coin, angle extérieur, sein, golfe, baie, cap, derrière de maison. 3° gér. et 2me pers. sing. nég. de கோடுகிறது. 4° P. கோண்டு, imp. de கொள்ளுகிறது. 5° imp. de கோடிக்கிறது: —காண்பிக்கிறது expliquer brièvement, faire allusion, montrer—, donner le contour; — க்கரை Kôdicarei ou la pointe Kalimère கள்ளிமேடு; — க்கல் pierre angulaire: — க்கா, — க்கோஸ cosinus d'un angle ou sinus du complément d'un angle: — ச்சேலை toile neuve, —crue, —écrue; —சேலை 10 millions de toiles; — தீர்த்தம் l'eau de la baie de Râmessouram (réputée sacrée par les Indous), V. தனுஷ்கோடி; — தூரம் homme qui va de maison en maison; — நிலம் terre nouvellement travaillée, —façonnée; —ப்பருவம் jeunesse; —முடிதல் espèce de jeu; — யுடம்பு corps neuf, — infatigable, non accoutumé à la fatigue, à la peine, novice; —வயது jeunesse: எத்தனைகோடிகள் combien y a-t-il de vingtaines de pierreries? கோடியிலே யிருக்கிறது être dans un coin.

கோடிகம், boite à bijoux, toile, plat pour présenter des fleurs, aiguière, grand pot(à bec).

கோடிக்கிறது, டித்தேன், டிப்பேன், டி, டிக்க, v.a. et n. கோடித்தல், n. v. V. கோலிக்கிறது.

கோடியன், pl. கோடியர், (கோடி coin), le premier ou le dernier des boés ou porteurs de palanquin, ceux qui sont aux extrémités, le bœuf qui est à l'extrémité de la rangée qui foule la moisson, celui qui fait le plus grand cercle, danseur, histrion, comédien. [னி.

கோடிநரம்பு, la plante சதுரக்கள்ளி கோடிஞாயம், l'arbrisseau கோட்டம் webera.

*கோடிவர்ஷம், (kôtivarcha), Vânâpouram ou Dévikôté sur la côte Coromandel, [lure mêlée.

*கோடீரம், (kôtira), longue cheve-

கோடு, gén. கோட்டின், 1° trait, ligne, raie, cor, cornet, conque, corne d'animal, défense d'éléphant, de sanglier, cornes de la lune, extrémités de son croissant, branche d'arbre, fort, rivage, bord de rivière, — de l'eau, sommet de montagne, fraude, tromperie, petite chaussée qui sépare les champs, cercle, courbure, lieu environné de lignes, — renfermé dans une ligne, côté, chambre, réunion, foule, limaçon, V. கழி. 2° imp. et part. de கோடுகிறது: — முத்தம் perle blanche qui se forme dans les conques; — கிழிக்கிறது, — கீறுகிறது tirer des lignes, des traits, rayer, régler; —கோடாயிருக்கிறது être plein de lignes; இந்தக்கோட்டைக்கடவாதே ne passe pas cette ligne; நீரிழுத்தகோட்டுக்குள் ளடங்கியிருக்கிறேன் je suis resté dans la ligne que vous avez tracée, je suis vos ordres; கோட்டில்வாழ்விலங்கு animal qui vit sur les branches des arbres, comme le singe, l'écureuil etc...

கோடுகிறது, டினேன், டுவேன், டு, ட, v. n. et கோடுதல், n. v. plier, se courber, brûler, être mécontent, mélancolique, dévier, s'écarter de la bonne voie, V. குறுவுகிறது.

கோடை, été, la saison chaude, vent, vent chaud, —d'ouest, — de terre qui souffle surtout en juin et juillet, rayons —, lumière —, chaleur du soleil, cheval, sorte de plante à racine bulbeuse, les plantes கொம்மட்டி, வெள்ளரிக்காய்: —காலம் été; —க்காற்று vent chaud, —d'ouest; —க்கிழங்கு la plante சிற்றரத்தை; —ப்

போகம் utilité—,plaisir de l'été;—படுபடுகிறது être exposé au soleil, recevoir un coup de soleil: கொடைக்கு வாடாதா, (வாடுகிறது), l'arbrisseau médicinal ஆவிரை.

கொடைவாசனி,la plante திருகொருப்பை.

கொட்,P.கொள் devant க,ச,ப:—காரன்,—காரி calomniateur,calomniatrice,médisant,rapporteur, fourbe...;—கொட்கேட்கொண்டிருக்கிறது écouter la calomnie, — la médisance;—சொல்லுகிறது calomnier,médire, diffamer;கொட்சொல்லுறவாயத் தீயுடனொருப்பு la calomnie et l'oreille qui l'écoute sont comme une incendie accompagnée d'un vent violent.

கொட்கூறு,(கொள்), 1° division d'un signe en 30 degrés. 2° calomnie.n.v.et imp.de கொட்கூறுகிறது

கொட்டகம், (கொட்டு, அகம்), étang,temple,V.கொஷ்டகம்.

*கொட்டம், 1°(gôchta),étable,parc—,toit à vaches,troupeau de vaches, assemblée, réunion, foule, troupe, l'arbrisseau costus arabicus, remède qu'on en tire, V.கொஷ்டம். 2° envie, haine,malice,injustice, place,l'arbre dit குரா,étang,tortuosité,courbure, arche,voûte,bosse,place où l'on brûle les morts,le ciel, le souvarcam ou monde des dieux,pays,village—,ville dans un pays cultivé, rizière, champ de riz,parfum,chose odoriférante, luth,temple,mugissement de la mer, figure—,traits faits avec de la craie etc..., éléphant, singe, jardin,vertu. [rosé,pièce d'eau,étang.

கொட்டரம்,singe,champ non ar-

கொட்டரவு, tristesse, maigreur, dépérissement.

கொட்டல்,n.v.de கொட்டுகிறது.

*கொட்டாக்கினி,(kôchta estomac, அக்கினி), chaleur de l'estomac, faculté digestive.

கொட்டாரி, la plante கல்லாரை.

கொட்டாலை, affliction, chagrin, tourment,agitation,force,bouffonnerie, jeu lascif, —indécent: —க்கார ரன் bouffon, farceur, moqueur;—செய்கிறது,—பண்ணுகிறது faire le bouffon,—le fou, —des bouffonneries;அவனைப்பிடித்த கொட்டாலையே ப்படியிருக்குது tel est son caractère bouffon, telle est sa conduite folle; அகோரக்கொட்டாலையும் கோரணி யும் பண்ணிப்போட்டான் il a fait diverses grimaces et bouffonneries indécentes.

கொட்டான்,gros hibou,sorte d'oiseau:—போலவிழிக்கிறது regarder comme un hibou, avoir l'air stupide.

கொட்டி, 1° gér.de கொட்டுகிறது. 2° *(gôchti),conversation,foule, congrégation,assemblée. 3° beauté,porte sous une tour de pagode,ignominie, affront,vexation, plaisanterie, badinage, petit bâton avec lequel les enfans s'amusent à en frapper un plus petit. V.கொட்டாலை: என்னைக் கொள்ளாதகொட்டியெல்லாங் கொண்டான் il m'a fait toutes sortes d'affronts insupportables.

கொட்டியம்,merveille. [luth.

கொட்டியாழ்,une des 4 espèces de

கொட்டு,1° imp.de கொட்டுகிறது. 2° obl. de கொடு: கொட்டிடை ou கொட்டில்வாழ்விலங்கு animal qui vit sur les arbres,comme le singe,l'écureuil etc...:கொட்டுப்பூ fleurs des arbres; —மண்கொண்டுக்கிறது l'éléphant,le sanglier etc... fouir et faire sauter la terre avec ses défenses pour s'amuser;—மலை, V.கொம்பணி க்குன்றம்; —மா animal qui a des défenses,éléphant,sanglier, cochon; —முத்து sorte de grain ou de perle qui se forme dans les défenses de l'éléphant.

கொட்டுகிறது, ட்டிகொண்டு,ட்டுவேன்,ட்டு,ட்ட, v.a. கொட்டுதல், n.v. courber,plier,bander, voûter,rendre tortueux, pervertir, écrire,peindre, tracer. [aquatique.

கொட்டுவான், sorte d'oiseau

கொட்டை, 1° (kôtta). citadelle, fort,forteresse. 2° halo,cercle autour de la lune et du soleil, certain nombre de mesures de grains de 21 à 25 marcals (selon les endroits), meule —, monceau de paille, paquet de quelque chose enveloppé de paille. 3° P. கோட்டாய், 2ᵐᵉ pers. sing. nég. de கோட்டுகிறது: — கட்டுகிறது bâtir un fort, faire un entourage, enclore; —கட்டிக்கொள்ளுகிறது prendre un fort; — க்கட்டு manière de ranger les troupes en bataille qui imite un fort; —க்காரன் possesseur —, commandant d'un fort; —பிடிக்கிறது prendre un fort, s'emparer du pays, — du royaume de l'ennemi: — ப்போர் monceau de paille; —மதில் murs de citadelle; — வகழ் fossé de forteresse; —யரணிப்பு fortification; —வாசல் porte d'un fort; உட்கோட்டை intérieur d'un fort.

கோட்படுகிறது, (கோள்), être reçu, pris, contenu, calomnié, troublé, mis en désordre.

கோட்பதம், கோட்டுப்பதம் (gôchpadam), corne du pied (des bœufs et des vaches).

கோட்பறை, (கோள்), tambour des pays maritimes ou salins.

கோட்பாடு, (கோள்), opinion, sentiment, dogme, manière de penser, — d'agir, — d'être, état, observance, observation. [ட்டன்.

கோட்பாட்டன், (id.), V. கோப்பா

கோட்பு, n. v. de கொள்ளுகிறது.

கோண, 1° adj. de கோணம், courbé, plié, tortu, bossu. 2° inf. de கோணுகிறது.

கோணங்கி, (கோண், அங்கம்), bouffon, arlequin de comédie: —க்குல்லா bonnet d'arlequin: —க்கூத்து bouffonnerie, comédie burlesque; — க்கூத்தாடுகிறது jouer une comédie burlesque, faire des bouffonneries, — le fou; — த்தனம் nom —, titre de bouffon; — வக்கை espèce de maladie qui fait faire des contorsions; — வேஷம் habit de bouffon, — d'arlequin: — வேஷம்போடுகிறது prendre des habits de bouffon, s'habiller en bouffon.

*கோணம், (kôna), angle, coin, point cardinal intermédiaire, cercle, voûte, courbure, sabre, — recourbé, tranchant d'un sabre, hachette, croc de cornac, archet de violon, de luth, baguette de tambour, pièce de machine, Saturne, Mars. 2° (ghônâ), nez, cheval, impasse, cul-de-sac, rue étroite, distance, éloignement: பலகோணம் polygone; திரி—, முக்கோணம் triangle; — சதுர், — நாற்கோணம் quadrangle: பஞ்ச—, ஐங்கோணம் pentagone; சட—, அறுகோணம் hexagone; சத்த—, சப்த—, எழுகோணம் heptagone; அஷ்ட, — எண்கோணம் octogone; நவ—, ஒன்பதுகோணம் nonagone; தசகோணம் décagone; துவாதசகோணம் dodécagone; கோணத்திசை point cardinal intermédiaire entre les 4 principaux; — த்தெரு rue étroite, — tortueuse; — மலை, V. கோணமலை; — வாசல் entrée qui a des détours, porte tournante; — வாயன் homme qui a la bouche de travers; கோணங்களைக்கணித்தளவாகஅளக்கும்பணிமூட்டு rapporteur, instrument pour mesurer et tracer les angles.

கோணவயம், (கோணல்), faucille.

கோணல், n. v. de கோணுகிறது, courbure, curvité, bosse, tortuosité, sinuosité, cercle, confusion, changement, fraude, tromperie, opposition: — ஆக்குகிறது courber, plier, tordre, contourner, rendre tortueux; கோணகத்தி serpette, sabre —, couteau recourbé: கோணற்கழுத்தன் homme qui a le cou courbé.

கோணன், (கோணம்), bossu.

கோணமலை, (கோணம், ஆம்), Trinquemaley ou Triconamaley, ville de Ceylan.

கோணமுகம், (id.) pièce de terre entourée d'un crique, île ou presqu'île, village entouré de salines.

கோணாய், 1° P. கோணாய். 2° 2° pers. nég. de கோணுகிறது, tu ne te courberas pas.

கோணி, 1° gér. de கோணுகிறது. 2°* (gôni), haillons, sac de toile grossière, quintillion. 3°* (ghôni), cochon.

கோணிகை, கோணியல், (கோணி),sac de toile grossière:கோணிப்பட்டை,கோணியற்பட்டு toile grossière,— propre à faire des sacs.

கோணுகிறது, ணினேன், ணுவேன், ணு,ண,v.n.(கோணம்), கோணுதல்,n.v.se courber,se plier, devenir —,être courbé,tortu,bossu,se tordre le visage,se contourner, dévier:கோணிக்கொடுக்கிறது donner à contre-cœur,en faisant la grimace;—க்கோணுகிறது,—ப்போகிறது se tordre, devenir tortueux, tortu,courbé,bossu; —க்கோடிகொடுப்பதைப்பார்க்கிலுங்கோணாமற்காணிகொடுக்கிறது உத்தமம் mieux vaut donner un 80me sans faire la grimace que de donner dix millions en la faisant;முதற்கோணல்முற்றுங்கோணும் si le commencement est tortu,tout le sera.

* கோணை,(கோணம்), 1° P·கோணாய் tu ne plieras pas. 2° tortuosité, courbure, souffrance, incorruption, aspérité,cruauté;— க்கத்தி serpette, sabre—,couteau recourbé; —க்கழுத்தன் homme qui a le cou courbé; —ப்பேச்சு langage incorrect, étranger;—வாயன்,m. —வாய்ச்சி f. (வாய்),homme—,femme qui a la bouche tordue.

கோணல்,1° imp.et part.de கோணுகிறது.2° cercle,voûte,courbure,tortuosité, sinuosité, tergiversation, changement, tyrannie, gouvernement tyrannique, bec de cruche,—d'aiguière.

கோண்டம்,l'arbrisseau குறிஞ்சா lawsonia,la plante நெருஞ்சில், V.நாக்கு.

*கோண்டன்,(gònda),homme vil, Gonde, habitant de la province de Gondwana, V.கொப்புழன்.

*கோண்டை, (ghòntâ), jujubier, jujube,aréquier.

*கோதண்டம், (kòdanda), arc, sourcil, paupière, corde suspendue dans les écoles pour punition:—போடுகிறது,— தூக்குகிறது suspendre par les mains un enfant à cette corde sans lui permettre de les détacher; கோதண்டபாணி celui qui tient un arc, i.e. Râmen.

*கோதத்தம், V.கோத்தத்தம்.

கோதந்தி,joue,mâchoire.

கோதமநதி, V.கோதாவரி.

கோதமம்,கோதமதீவு,le royaume de Pégou.

*கோதமன், V.கௌதமன்.

கோதம்,l'arsenic naturel சிதாங்க பாஷாணம்.

கோதல்,n.v.de கோதுகிறது.

*கோதனம்,1° (கோ),troupeau de vaches,nombreux bétail,veau. 2° P. கோத்தனம் pis de vache.

*கோதா, 1° (gòdhâ), gros lézard dit உடும்பு, iguan.2° P. கோதாது, கோதாமல்,கோதாத,nég. de கோதுகிறது.

கோதாட்டம், கோதாட்டு, (கோது,ஆட்டம்,ஆட்டு),plaisanterie, caresse,badinage, jeu lascif, —criminel: —கோதாட்டொழி abstiens-toi de jeu criminel.

கோதாட்டுகிறது,ட்டினேன், ட்டுவேன்,ட்டு,ட்ட,v.a.(கோது,ஆட்டுகிறது),bercer,caresser,badiner, jouer d'une manière criminelle.

*கோதாரணம்,(gò terre, dârana qui déchire),charrue,pioche,hoyau.

கோதாரி,peste, maladie contagieuse.

*கோதாவரி,கோதாவிரி, (gòdâvari),le Godavéri,(fleuve au milieu de la presqu'île, un des 7 fleuves réputés sacrés par les Indous).

*கோதானம்,(கோ),don d'une vache.

கோதி,1° gér.de கோதுகிறது. 2° froment.3° *(gòdhi),front,ou

*கோதிகை,(கோதி,kâ), crocodile, ou alligator,le lézard iguan.

கோது,1° imp.et part.de கோதுகிறது.2° faute,crime, fibre, filament, marc,reste d'une chose dont on a tiré tout le suc,coque:கோதில்லாக்கருப்பஞ்சாறு jus de canne à sucre sans marc;கோதில்லாப்புளி tamarin sans filamens: கோதுங்கோதாயிருக்கிறது être plein de fibres et de filamens.

கோதுகிறது, தினேன், துவேன், து,த,v.a.கோதுகை,கோதுதல், n.v.

se démêler les cheveux (avec les doigts), se peigner, arranger ses plumes avec son bec, éplucher, becqueter, prendre avec le bec, baiser tendrement, —en faisant résonner ses lèvres, donner un baiser savoureux, sucer les lèvres, percer, V. கொத்துகிறது: கோதிக்கட்டுகிறது, —முடிகிறது démêler sa chevelure et la lier; —முடிக்கிறது démêler et ajuster sa chevelure; —வாங்குகிறது se faire démêler les cheveux par d'autres, ou விடுகிறது, démêler les cheveux des autres, becqueter...; சோற்றைக்கோதித்தின்றுபோலத்தின்கிறது manger son riz lentement, comme en becquetant.

கோதுகுலம், caresse, flatterie.

*கோதுமம், (gôdhouma), orange douce, ou

*கோதுமை, கோதும்பை, (*id.*), froment: கோதும்பையரிசி froment, grain de froment. [protecteur.

*கோதேரன், (gôdhêra), gardien,

*கோதேநு, (கோ), vache à lait.

*கோதை, 1° (gôdâ), le fleuve Godavéri. 2° (gôdhâ), espèce de gant de peau à l'usage des archers pour protéger l'avant bras en tirant de l'arc. 3° bon ordre, vent, le roi சேரன், sac —, charge de riz, guirlande de fleurs, femme, cheveux de femme, tambour qui n'a qu'un côté, la plante சத்திசாரணை. 4° *P.* கோதாய், 2me *pers. sing. nég. de* கோதுகிறது. [de vache.

*கோத்தந்தம், (கோ), dent—, corne

கோத்தல், *n.v. de* கோக்கிறது.

*கோத்தனம், (கோ, ஸ்தனம்), pis de vache.

*கோத்தனி, (gôstani), grape, raisin, vigne. [parenté, union.

*கோத்திரசம், (கோத்திரம், சம்),

*கோத்திரம் (gôtra), famille, race, lignée, extraction (défaut qui ne convient pas à la divinité), caste, tribu, genre, classe, espèce, terre, champ, forêt, montagne, parasol, ombrelle, richesse, prospérité, accroissement, rue, route, la plante கொட்டி, espèce de céréale dite வரகு, l'arsenic கொட்டிபாஷாணம்: —அறிந்துபெண்ணைக்கொடு donne ta fille en mariage après avoir connu la famille du prétendant; —இன்மை n'avoir ni famille, ni caste, ce qui est un attribut de la divinité.

*கோத்திரவம். 1° (kôdrava), l'espèce de céréale dite வரகு. 2° (கோ, drava *qui coule de*), urine de vache.

கோத்திரி, கோத்திரிகை, vigne.

*கோத்திரை, (gôtrâ), terre, montagne.

கோத்து, *gér. de* கோக்கிறது.

*கோநசம், கோநாசம், (gônasa, gônâsa *ou* கோ, நாசம்), espèce de serpent boa. [vier, pâtre.

*கோநாதன், (கோ), taureau, bou-

கோநாய், (*id.*), espèce de—, loup, renard, - mâle.

கோநிலயம், (*id.*), palais de roi.

கோந்தனங்காய், le fruit dit சமுத்திராபழம். [rie, folie.

கோந்தி, singe; —க்குணம் singe-

கோந்து, résine, gomme.

கோந்துரு, confusion, trisaïeul, grand-père du grand-père, *V.* குடாசகம். [ன்.

*கோபகன், (கோபன், ka), *V.* கோப

*கோபகன்னிகை, (கோபன்), bergère. [டிமரம்.

கோபகுண்டம், (*id.*), l'arbre எட்

கோபங்கம், l'arsenic naturel சரகண்டபாஷாணம்.

*கோபணை, (gôphanâ), fronde.

*கோபதி, (கோ), taureau, Indiren, Siven, soleil. [nénuphar.

*கோபத்திரம், (கோ *eau*), fibres du

*கோபம், 1° (kôpa), *V.* கோவம். 2° (gôpa), conservation, garde, imitation, arsenic préparé dit குத்தபாஷாணம். 3° (கோ *lumière*, pa *qui nourrit*), l'insecte இந்திரகோபம்: கோபக்காரன், —க்கிரமன், —சீலன் homme colère, emporté; —ச்சுவாலிதம், —தாபம், —த்தம் grande colère, fureur; —நிறமணி espèce de rubis carré.

*கோபவல்லி, (கோபன்), la plante rampante dite echites frutescens. Elle est médicinale pour le bétail.

*கோபனம், (gôpana), protection,

mépris, injure, lumière, *V.* நிந்தித்தல். [mystère.

*கோபனீயம், (gopanîya), secret,

*கோபன், (gôpa), berger, protecteur, conservateur, magistrat, intendant d'un district.

*கோபாக்கினி, (கோபம், அக்கினி), feu de la colère, grande colère, fureur, rage. [*habile*), berger, pâtre.

*கோபாடவிகன், (கோ, pâtavika

*கோபாட்டமி, கோபாஷ்டமி, (கோபன், அஷ்டமி), le 8me jour de la lune de கார்த்திகை. En ce jour, dit-on, Krichna devint berger et les Indous adorent les vaches.

*கோபாயகன், (gôpâyaka), conservateur, gardien. [vation, garde.

*கோபாயிதம், (gôpayita), conser-

*கோபாலகன், *pl.* கோபாலகர், (கோ), Siven, *ou*

*கோபாலன், *pl.* கோபாலர், (*id.*), berger, pâtre, vacher, bouvier, Krichna, roi.

கோபாளி, (*id.*), sorte de monnaie d'or du district de Salem; —சக்கரம் autre mannaie d'or du district de Trichinopoly. [re.

*கோபாலிகை, (*id.*), bergère, vaché-

*கோபி, 1° (கோபம்), *m.f.* homme —, femme colère, — emporté. 2° *imp. de* கோபிக்கிறது. 3° (gôpi), l'arbrisseau கருநொச்சி, l'arsenic préparé கௌரிபாஷாணம், *ou* *கோபிசந்தனம் espéce d'ocre jaune dont quelques Indous se mettent des marques au front.

கோபிக்கிறது, பித்தேன், பிப்பேன், பி, பிக்க, *et* கோபித்துக்கொள்ளுகிறது, *v.a. et n.* se mettre en colère, se fâcher, s'irriter, réprimander, gourmander. [kâ), bergère, vachère.

*கோபிகாஸ்திரி, கோபிகை, (gôpi-

*கோபிஷ்டன், கோபிட்டன், *m.* கோபிஷ்டி, கோபிட்டி *f.* (கோபம்), homme —, femme colère.

*கோபிதம், (கோபம், ita), colère.

கோபிதாரம், l'arbre குராமரம்.

கோபித்தல், *n.v. de* கோபிக்கிறது.

*கோபியர், (கோபன்), bergers, vachers.

கோபிரண்டை, (கோ), variété de l'arbrisseau பிரண்டை.

*கோபிலன், (gôpila), gardien.

*கோபினை, (கோபம், inâ), colère.

*கோபீதம், (gopitha), lieu saint, — de pélérinage. [che.

*கோபுச்சம், (கோ), queue de va-

கோபுரம், (gôpoura), tour, clocher, pyramide sur les portes des pagodes, porte de ville, — de pagode sous une tour: —கோபுரக்கல் brique; —த்தும்பை espèce de தும்பை qui imite une pyramide; —வாயில் porte (de pagode...) surmontée d'une pyramide; —வாயிற்றிண்ணை banc de pierre sous le porche de ces pyramides; கோபுரந்தாங்கி la plante justicia echioides, statue qui semble supporter une tour.

*கோபுரீஷம், கோபுரீடம், *et par corr.* கோபுருட்டம், (கோ), bouze de vache.

*கோபேசன், கோபேந்திரன், (கோபன், ஈசன், இந்திரன்), le roi des bergers, *i.e.* Krichna.

கோபோன்னவிலக்கினம், (கோ *ciel*, போகிறது, இலக்கினம்), ascension droite du milieu du ciel.

கோப்பாட்டன், (கோ), chef —, tige de famille ou de tribu, ancêtre, trisaïeul, grand-pére du grand-père; கோப்பாட்டி, *f.* trisaïeule.

*கோப்பியகன், கோப்பியன், (gôpya, ka), esclave, serviteur.

*கோப்பியம், (*id.*), garde, conservation, action de cacher, ornement, costume. [gage.

*கோப்பியாதி, (கோப்பியம், ஆதி),

கோப்பு, *n.v. de* கோர்க்கிறது, manière, méthode, caractère, — de grandeur, amusement, plaisanterie, jeu, bouffonnerie, troupe, partie, avantage: கோப்பில்லாத கூத்துங் குருவில்லாத ஞானமும் நன்று மிராது une danse sans méthode ou une comédie sans rien de burlesque et une sagesse sans gourou ne plaisent pas; கோப்புகாட்டுகிறது faire des bouffonneries; —கொடுக்கிறது donner ce qui est nécessaire pour préparer le dîner, servir toute espèce de mets,—de plats; கட்டுக்கோப்பானவீடு maison bien bâtie: இவைகளெல்லாந்தமக்கொருகோப்பாய் வந்தகப்பட்டதுகள் nous avons reçu toutes ces choses ensemble au complet.

கோமகள்,(கோ), princesse, maitresse, supérieure.

கோமகன்,(id.), roi, prince, fils de roi, chef.

கோமட்டி, V. கோமுட்டி.

கோமணம், langoutti, petit morceau de toile dont les Indiens se couvrent ce que la pudeur ne permet pas de voir.

கோமணாண்டி, (கோமணம், ஆண்டி), mendiant de la secte de Siven qui ne porte qu'un langoutti.

கோமணிக்குன்றம்,(கோ, மணி), montagne qui contient du bronze ou du cuivre.

*கோமண்டலம், (கோ), le globe de la terre.

*கோமதல்லிகை,(கோ, matallikâ *excellence*), bonne vache.

*கோமதி, கோமதை, (gòmati), la rivière Goumti dans la province d'Aoude.

*கோமயம்,(கோ), bouze—, caractère—, nature—, urine de vache:—தெளிக்கிறது asperger de l'urine de vache;—விடுகிறது la vache pisser; கோமயவருணம் onyx dont la couleur ressemble à l'urine de vache.

கோமரம், l'arbrisseau சதுரக்கள்ளி.

*கோமலகம்,(kòmalaka), fibres du nénuphar.

*கோமலகீதம்,(கோமலம்), chant agréable.

*கோமலதை, (*id.*tà), douceur au toucher.

*கோமலம், 1° (கோ, மலம்), bouze de vache. 2° (kòmala), beauté, V. கோமலதை.

கோமலை,(கோ), la montagne des vaches etc...

*கோமளம்,(kòmala), douceur,—au toucher, délicatesse, tendreté, jeunesse, beauté, agrément, joie, vache.

கோமாட்டி, *f. de* கோமான், maitresse, princesse, dame.

*கோமாமிசம், கோமாங்கிசம், (கோ), chair de vache ou de bœuf: கோமாமிசபட்சணி mangeur de bœuf,—de viande de vache.

*கோமாயு, (gòmâyou), renard, chacal.

*கோமாரி,(கோ), sorte de maladie—, maladie contagieuse des vaches:—கொண்டமாடு bœuf ou vache malade,—attaqué de cette maladie.

*கோமாளம்,(koumâla *jouer*), farce, bouffonnerie, harlequinade, plaisanterie, joie, vanterie, louange, célébration.

*கோமாளி,(கோமாளம்), bouffon, harlequin des comédies indiennes, farceur, discours hautain ou insensé:—த்தனம் bouffonnerie, harlequinade;—க்குணம் folie, arrogance.

கோமாளிக்கிறது, (*id.*), faire le bouffon, plaisanter.

கோமான், V. கோமாட்டி.

*கோமான்,(gòmân), roi, prince, maitre, chef, prêtre, gourou, vieillard, ancien, homme distingué, cochon.

கோமியவண்ணம், onyx.

கோமிலாய், homme d'un caractère sauvage.

*கோமுகம்,(கோ), visage de vache, V. கோமுகை *et*

கோமுகாதனம்,(கோமுகம், ஆதனம்), position dite கோமுகம், *V. la au mot* ஆதனம்.

*கோமுகை,(கோ, முகம்), ouverture en forme de tête de vache pour verser l'eau d'un bain prétendu sacré.

கோமுட்டி, Cômoutti, marchand d'une certaine caste.

*கோமூத்திரம்,(கோ), urine de vache.

*கோமூத்திரி,(கோ, மூத்திரம்), sorte de சித்திரகவி, qui imite le pissement de la vache. Il consiste en ce que deux vers qui se suivent peuvent se lire naturellement en deux lignes, ou en prenant la 1re lettre d'un de ces vers puis la 2e de l'autre vers et ainsi de suite en sautant les lettres correspondantes de l'autre vers et de cette façon on trouve les mêmes vers.

*கோமூத்திரிகை, (கோமூத்திரம், ika), espèce d'herbe.

*கோமேதகம், (கோமேதம், ka), onyx, une des 9 மணி ou pierres précieuses; elle est de la couleur de la chair de vache.

*கோமேதம், 1° (கோ), sacrifice d'une vache. 2° (கோ, mèda *graisse*), onyx.

கோம்பல், *n.v. de* கோம்புகிறது, grande colère, signe de colère.

கோம்பறை, chose bonne à rien.

கோம்பி, 1° caméléon. 2° *gér. de* கோம்புகிறது, பினேன், புவேன், பு, ப, *v.n.* கோம்புதல், *n.v.* se fâcher, se mettre—, être en colère.

கோம்பை, fibres de coco etc...

*கோயாணம், (கோ), charrette (traînée par des bœufs).

கோயிலார், (கோயில்), gens d'église ou de l'église, serviteurs d'un temple. [Lakchimi.

கோயிலாள், (*id.*), (surnom de)

கோயில், (கோ, இல்), maison de Dieu, église, temple, pagode, palais de roi, sac à cendre de bouze de vache: —அலகிடுகிறது, -அலகிடல் balayer un temple; —குளம் pagode et étang; —குளத்துக்குப்போகாதவன் homme qui ne va ni à la pagode ni à l'étang; —கொள்ளுகிறது fixer sa demeure, séjourner, vivre heureux dans un lieu; — மணியம் *ou* கோயின் மணியம் administration des affaires d'une église, d'un temple, marguillerie; —மணியக்காரன் marguiller, administrateur des affaires susdites; —மானியம் *ou* கோயின்மானியம் propriété—, terre sans redevance donnée *ou* appartenant à une église, —à un temple; —வலம்வரல், —வலம்வருகிறது faire le tour d'un temple en commençant par la droite; — விசாரணைக்குரு curé, pasteur; —விசாரிப்புக்காரன், *V.* கோயில்மணியக்காரன்; கோயிற்கணக்கு compte d'une église, d'un temple, registre qui contient le dénombrement des gens de chaque village; —கால் pilier d'église, palais; —கிராமம் village appartenant à une église ou à une pagode; —குளம் étang—, réservoir de pagode; —கூடு portion qui revient à l'église...; —பழக்கம் coutume d'église, —de pagode, —de congrégation; —பற்று terre d'église, ou de pagode, village; —பிரதிஷ்டை consécration —, dédicace d'une église etc... *V.* கும்பாபிஷேகம்; —பிள்ளை serviteur d'église, sacristain, catéchiste de second ordre; —புராணம் légende particulière de pagode; — பொக்கிஷம் trésor d'église, — de pagode; —கோயின்மகமை redevance—, impôt —, contribution etc.. pour une église ou une pagode; —மேரை portion de moisson donnée à une église ou à une pagode.

கோயின், *P.* கோயில் *devant* ம.

கோர், *V.* பரணி.

*கோரகம், (kòraka), bouton de fleurs, plat, assiette, coupe. [couil.

*கோரகை, (*id.*), bouton de fleurs,

கோரக்கர், கோரக்கநாதர், un des 9 சித்தர்: கோரக்கர்மூலி la plante enivrante கஞ்சா.

*கோரங்கி, (kòrangi), la ville de Còrangui ou Coringhi, près de Yanaon, cardamome, nom d'une plante, —d'un remède. [lait caillé, perdrin.

*கோரசம், (கோ), lait de vache,

*கோரட்சகன், கோரட்சன், (*id*), vacher, bouvier, Siven.

கோரணி, épilepsie, mal caduc, aspect mélancolique, — touchant, contorsions de l'agonie, trouble, dérangement, moquerie, grimaces, gestes, bouffonnerie, jeu des marionnettes, chose curieuse, *V.* விற்பன்னம்: —காட்டுகிறது, —கொள்ளுகிறது faire des grimaces, des bouffonneries, des gestes, se moquer.

கோரண்டம், l'arbre குறிஞ்சி *ou* பெருங்குறிஞ்சி, l'arbuste மருதோன்றி.

*கோரம், 1° (ghòra), horreur, peur, terreur, cruauté, atrocité, poison, l'arsenic கோரகபாஷாணம், chaleur, hâle, vitesse, cheval, le cheval du roi சோழன், courbure, plat, coupe. 2° (kòra), bouton de fleur: கோரதந்தம், — ப்பல் surdent, dent recourbée,

—vénéneuse des serpens;—புஷ்பம், —புட்பம் métal de cloche, airain; —விருத்தி caractère orgueilleux.

கோரம்பர், danseurs de corde.

கோரம்பலம், spectacle, désordre, trouble. [cri), renard, chacal.

*கோரராசனம், (கோரம், râsana

கோரவாரம், sandal. [Siven.

*கோரன் ,(id), l'épouvantable,

கோராசன், (கோ), le roi des vaches, i. e. la taureau.

கோராவாரி, orage, nuage.

கோரான், ou— செடி l'arbre ixora parviflora: —குச்சு, —சுளுந்து, —குள் ses branches, (elles brûlent facilement et servent de torches aux voyageurs etc...) [கிடங்கு.

கோரி, tombe, tombeau, fosse, V.

கோரிகை, கோரியை, (cuillère à pot, corbeille. [கை.

கோரிக்கை, (கோருதல், V. கோரிக்

*கோரிதம், (kôrita), poussière, bourgeonnement, floraison, épanouissement.

கோருகிறது, V. கோறுகிறது.

கோரை, ou கோரைப்புல், jonc (en général), cyperus, scirpus et autres plantes marécageuses: —க்கிழங்கு racine bulbeuse du cyperus, que les médecins appellent aussi முத்தக்காசு, பாதாளமூலம் et பாதாளமூலி; —ப்பாய் natte de jonc, — d'herbe; —யுள்ளான் bécasse, scolopax Madraspatana; —வொன்றி espèce de cigogne; ஈருள்ளிக்—, la plante scirpus articulatus; கன்னிக் — cyperus fastigiatus; கிலேக் —sorte d'herbage; குளப்படிக்— cyperus haspan.

*கோரோசனம், கோரோசனை, (கோ), bézoard trouvé dans le ventre de la vache, V. உரோசனை.

கோர்க்கலம், P. கோக்கலம், terrine, poterie, vase de terre.

கோர்க்கிறது, V. கோக்கிறது.

கோர்ட்டு, (court, anglais), cour.

கோர்வை, n.v. de கோர்க்கிறது, V. கோவை. [long.

*கோலகம், (கோலம், ka), poivre-

கோலகொண்டை, la ville de Golconde. [nom d'un poisson.

கோலமாலம், ricin des montagnes,

கோலம், 1° ornement, décoration, beauté, apparence, extérieur, forme, figure, masque, habillement, costume, accoutrement, équipage, manière, façon, ressemblance, magnificence, pompe, majesté, ostentation, parade, parure ridicule, lignes —, figures (faites sur la terre, sur les murs, sur des vases ou sur le corps avec de la chaux, de la farine ou du sandal), courant, cours de l'eau, oiseau, serpent, noix d'arec, la plante பீக்கு cucumis, la ville de Vinadei, belle ville. 2° (kòla), cochon, —sauvage ou des montagnes, sanglier, radeau, train de bois, jujube, espèce d'arme, poids d'un துலாம் ou 100 பலம், le pays கலிங்கம், Saturne, embrassement, cuisse, hanche, flanc, côté, poivre: —இடுகிறது peindre de diverses figures la terre, les murs ou les vases, orner: —இட்டவங்கப்பானை urne bien peinte renfermant les os des corps brûlés, sépulcre blanchi; —எழுதுகிறது écrire—, tracer des figures, se faire des raies etc... avec du sandal, des parfums etc...; —கட்டுகிறது déguiser, mettre un masque, un déguisement, décorer: —காட்டுகிறது montrer la manière etc.., se masquer, se déguiser, avoir l'air de, faire semblant de; —கெடுகிறது la beauté se perdre, se détériorer, se gâter; —கொள்ளுகிறது prendre la forme de, se déguiser, mettre un masque etc..., faire semblant de;—செய்வாள், —புனைபெண் femme de chambre qui habille sa maitresse ou quelqu'autre femme, coiffeuse; —பண்ணுகிறது, —புனைகிறது, —போடுகிறது orner, tracer des lignes etc..., prendre la forme— le masque de; —வருகிறது aller—, venir en procession de parade; கோலக்காரன் histrion, homme qui aime la parure, badin qui prend toute sorte de formes; —ச்சங்கம், —சங்கு l'arbrisseau முட்சங்கு; —புச்சம் espèce de héron à queue de cochon (à en croire l'étymologie et le dictionnaire sanscrit);

—மூலம் racine de poivre long;—வல்லி plante à fruit âcre comme le poivre; அரசகோலம் பூண்டிருக்கிறது jouer le roi, —lerôle de roi,être habillé en roi;பெண்பிள்ளைக்கோலமா யிருக்கிறது jouer un rôle de femme, être habillé en femme; தலைவிரிகோலமாய்த்திரிகிறது courir çà et là —, rôder les cheveux épars; இராச— magnificence royale; அம்மிவிட்ட கோலம் figures faites sur l'eau. [jet.

கோலரம், jeune pousse, germe,

கோலவண்ணம், vitriol bleu, espèce d'acide.

கோலல்,n.v.de கோலுகிறது.

கோலவேர், la plante திப்பிலி.

கோலறை,(கோல்,அறை), souterrain, chambre souterraine, caverne, creux. [exococtus mesogaster.

கோலா,ou—மீன், poisson volant,

*கோலாகலம், (kôlâhala), grand bruit,vacarme,fracas,tumulte, bruit confus,—des animaux,bravoure militaire,houra, ostentation,pompe, V. குசால்: — பண்ணுகிறது être fort et brave, se vanter, faire le fier,causer du trouble, se comporter mal; கோலாகலத்தோடேபோகிறது marcher avec pompe,—sans rien craindre;—துண்டுவெட்டிச் செயங்கொண்டு கிறது tailler avec bravoure ses ennemis en pièces et remporter la victoire. [noir à queue de vache.

*கோலாங்கூலம்,(கோ), babouin

கோலாசாரி, (கோலம், ஆசாரி), personne habile à tracer des figures.

கோலாச்சி,espèce de poisson.

*கோலாஞ்சம்,(kôlântcha),le pays dit கலிங்கம்.

கோலாஞ்சி, pile, accumulation-ornement,parure, V. அணியம்.

கோலாட்டம், (கோல்), danse en frappant des bâtonnets en cadence.

கோலாரிக்கம்,duel,appel en duel, défi:—பண்ணுகிறது défier, se battre en duel.

கோலாறு,(கோலம்,ஆறு), manière de bâtir, lois d'architecture.

*கோலி, 1° (kôli),jujubier, poivre long,cheveu,poil. 2° (gôlâ), boule—, bille (pour jouer).3° *gér.de* கோலுகிறது:—க்குண்டடாடுகிறது, — யாடுகிறது jouer aux billes.

கோலிக்கற்றை, (கோலி), espèce de cerf dit கவரிமா.

கோலியன், *pl.* கோலியர், tisserands parias: கோலியச்சாதி leur caste.

கோலியை, V. கோரிகை.

கோலியாரி,ours.

கோலுகிறது,கோலினேன், லுவேன், லு,*ou* க,ல,*v.a.et n.* கோலுதல், *n.v.* courber, plier, se plier, se courber, enclore,faire trouver—, faire prendre place,puiser et prendre dans le creux de sa main, *ou* கோலிவளைகிறது entourer,environner, cerner: வயல்களைக்கோலிவிதைக்கிறது enclore des champs et les ensemencer.

கோலுபட்டடை, V. பூட்டடை.

*கோலோகம்,(கோ *cache*), le prétendu ciel—,le monde de Krichna.

கோல்,1° bâton, verge, baguette, houssine,lance,pique, perche (à mesurer les terres)—, mesure de 24 pieds anglais,perche de batelier,bâton pour s'appuyer, ligne de pêcheur, branche d'arbre, roseau pour écrire, pinceau,—pour peindre les sourcils etc...en noir,sceptre:gouvernement, flèche. 2°(*P.*கோலம்)jujubier,jujube, balance,romaine, la Balance,radeau. 3°corde de luth,cravache,marque,tache. 4° *imp.et part. de* கோலுகிறது: —ஊன்றுகிறது s'appuyer sur un bâton; —ஊன்றிக்கொண்டு நடக்கிறது marcher appuyé sur un bâton; —கொடுக்கிறது donner un bâton —aux aveugles le bout d'un bâton pour les conduire;—கோடுகிறது,—கோடுதல் le gouvernement dévier de l'équité; — பிடிக்கிறது prendre —,tenir un bâton, tenir le bâton qui sert à guider un aveugle, le conduire à l'aide d'un bâton; கோலாலடிக்கிறது, — எறிகிறது battre avec un bâton,donner des verges.

கோல்டா,petite fouet, cravache.

கோல்வளை, (கோல், வளை), beau bracelet, femme.

கோவசியர். P. கோவைசியர்.

கோவசூரி,(கோ), espèce de petite vérole.

கோவணம்,P.கோமணம்.

கோவணன், (கோவணம்), Siven, le richi Vasichten.

கோவதை,கோவத்தி, (கோ,வதை, அத்தி), action de tuer une vache (ce que les Indous traitent de meurtre).

***கோவம்**,P. கோபம், colère,emportement,mauvaise humeur,feu de la colère, fureur, ressentiment, or: கோவக்காரன், —க்காரி homme—, femme colère,—emporté; அதிககோவக்காரன் homme trop ou trés-colère,furieux;கோவமாய்ச் சொல்லுகிறது, —ப்பேசுகிறது parler avec colère; கோவம்ஆறிப்போகிறது, —தணிகிறது la colère s'apaiser, se calmer;— செய்கிறது se mettre en colère,se fâcher, *ou* — வரப்பண்ணுகிறது, — வருவிக்கிறது*(avec le dat.)* provoquer la colère,irriter; கோபத்தைத்தணிக்கிறது,—யடக்கிறது,—யாற்றுகிறது calmer—,reprimer—, apaiser—,adoucir la colère;தன்கோபத்தைமாற்றுகிறது détourner sa colère de dessus quelqu'un.

கோவரகழுதை, P. கோவேறுகழுதை.

கோவரங்கம், espèce de rubis.

***கோவர்**, (கோபன்), vachers, pâtres,bergers.

***கோவர்த்தனம்,கோவர்த்தனகிரி**, (கோ,வருத்தனம்), montagne qu'au dire de la fable indienne Krichna soutint sur un doigt pour préserver les vaches ou les pâtres d'une tempête ou d'une grêle terrible suscitée par Indiren,d'où:கோவர்த்தனதரன் (தரன்,*qui soutient*), Krichna.

***கோவர்த்தனர்,கோவலர்**,(கோ,வருத்தனம்;வலன்), pâtres, bergers.

***கோவலன்**,(கோ), pâtre, vacher, berger, Krichna,marchand mari de கண்ணகை.

கோவளம்,(*id.*),Còvalam,ville près du cap Comorin,Covelong,autre ville près de Madras.

***கோவற்சை**,(கோ),vache stérile.

***கோவாக்கினி**,(கோவம்,அக்கினி), feu de la colère:—மூளுகிறது le feu de la colère s'allumer, prendre feu, se fâcher tout rouge.

***கோவி**, 1° *P.* கோபி, personne colère. 2° *imp. de* கோவிக்கிறது, *V.* கோபிக்கிறது: கண்கோவிக்கிறது les yeux s'irriter,—devenir rouges de colère.

கோவிடை,(கோ),taureau.

***கோவிதம்**, (kòvida),science, connaissance.

***கோவிதன்**,(*id.*),savant,sage.

***கோவிதாரம்**, (kòvidâra), l'arbre குராமரம், espèce d'ébène, bauhinia variegata.

கோவித்தல்,*n.v.de* கோவிக்கிறது, colère,réprimande.

***கோவிந்தன்**, *pl.* கோவிந்தர், (கோ,vinda *qui obtient*), Krichna ou Vichnou, pâtre,vacher,bouvier, berger: கோவிந்தசதகம் série de 100 strophes ou vers en l'honneur de Vichnou.

***கோவியர்**, *P.*(கோபியர்,), pâtres, bergers, gens d'une certaine caste.

***கோவிரசம்**, (கோ, vradja *parc*), étable, parc à vaches,ou à bœufs.

***கோவிருஷம்**,(*id.* விருடம்), bœuf.

***கோவிருந்தம்**,(கோ),troupeau de bœufs ou de vaches.

கோவில், (*id.* இல்), *et ses composés*, *V.* கோயில்.

கோவுகந்தம், l'arsenic naturel தாலம்பபாஷாணம்.

கோவென்கிறது ,(கோ), dire kò, —oh!crier, se lamenter (expression de surprise, de peine,de pitié etc...): கோவென்றழுகிறது se lamenter; கோவென்றுகூப்பிடுகிறது crier kò, —à haute voix, pousser de hauts cris.

கோவெனல், *n.v.du préc.* haut cri, lamentation, exclamation de surprise, de pitié etc...

கோவேறுகழுதை, (கோ, ஏறுகிறது),mulet, mule, *litt.* âne que monte un roi,ou qu'il peut monter.

கோவை, 1° *ou* கோர்வை, *n. v. de* கோக்கிறது, action d'enfiler...,série—,chaîne d'objets enfilés, enfilade, guirlande, collier,file,rangée,ordre, choses assorties, assortiment, convenance, accord,ce qui s'accorde, —est assorti,compilation,espèce de poème dit கோவைத்துறை de 400 strophes de களித்துறை qui enseigne les règles de la vie conjugale et est une compilation de divers sujets. 2° la plante கொவ்வை, bryonia grandis dont les fruits sont d'un beau rouge,Goa, ville de la côte malabare:—க்கொடி, — ச்செடி la plante bryonia; —கிச்சான் variété des poissons dits கிச்சான்; —ப்பழம் le fruit du bryonia:இவர்களெல்லாரு மொருகோர்வைக்கொப்பாயிருக்கிறார்கள் ils sont tous unis comme une chaîne; இவனுக்கவள்கோர்வையல்ல elle n'est pas un parti assorti pour lui; கிழவிக்குங் குமரனுக்குங்கோர்வையல்ல une vieille, et un jeune homme ne sauraient faire un couple assorti. [chers,bergers.

*கோவையர், (கோ), pâtres, vachers,bergers.

கோவையாணி ou கோர்வையாணி,(கோவை),cheville de bois pour joindre les chevrons d'une maison.

கோவையார், (கோவை), Goanais. gens de Goa. [ஷாணம்.

கோழகம்,l'arsenic naturel சங்கபாஷாணம்.

கோழி,poule,coq,la ville d' உறையூர் capitale du roi சோழன்: —க்கரணம் le 7me des கரணம், la poule: -க்கல், V. ஈரக்கல்; —க்கறி ragoût de poule;—க்காரம் fiente de poule, c'est un corrosif; —க்காரன் marchand de poule, homme qui élève des poules; —க்காற்புல் l'herbe panicum ramosum; —க்கீரை pourpier; —க்குஞ்சு poulet, poussin;—க்குறுமான் nom d'une plante;—க்குரல்,—கூவல் chant du coq,le point du jour; —க்கூடு nid de poule, poulailler, Calicut,ville de la côte malabare;—க்கொடி drapeau de Soupramanien, —qui représente un coq,les plantes கோழியவரை et கோழிமுளையான்; —க்கொடியோன் celui qui a un coq sur sa bannière, Soupramanien, Ayénar; — க்கொண்டை crête de coq, ou—ச்சூடன்,(சூடு),la plante celosia cristata; —ச்சாறு bouillon de poule; —ச்சாவல், —ச்சேவல் coq; —த்தலைக்கந்தகம் l'arsenic préparé சிலந்தகந்தகம்; —நெஞ்சு cœur de poule, timide,irrésolu,indiscret;—ப்பசலை pourpier; —ப்பதியோன், V. கோழிவேந்தன்;—ப்பஸ்பம்,—பஸ்மம் espèce de poudre;—ப்பறவைத்தூரம்,—ப்பறவையளவு distance du vol d'une poule;—ப்புடம், V. குக்குடப்புடம்; —ப்பெட்டை,—ப்பேடு poule; —முட்டை œuf de poule;— முட்டைத்தயிலம் onguent d'œuf de poule; —முளையான் la plante மூக்குளி;—யவரை la plante dolichos gladiatus; —யாணம் bouillon de poule:—யுள்ளான் espèce de bécassine scolopax gallinago; — விடை poularde, jeune poule; —வேந்தன், சோழன் roi de கோழி;கார்க்—, V.கருங்கோழி.

கோழை, phlegme,pituite, crachat épais, honte, crainte,timidité,pusillanimité, personne honteuse, —timide,—pusillanime,violence,dureté, aspérité,creux de l'œil etc..,manque, erreur, écart; —கட்டிக்கொண்டிருக்கிறது (la poitrine) être obstruée par un phlegme épais, un tel phlegme s'être formé; கோழையாயுமிழுகிறது ou விழுகிறது cracher des phlegmes épais;— க்கட்டு amas de phlegme, obstruction de la poitrine par le phlegme; — க்கட்டுவிழுகிறது le phlegme diminuer; — க்குத்து certain mal,— élancement causé par le phlegme;—த்தனம் crainte, timidité, pusillanimité, bassesse; —த்தனமுள்ள, —யுள்ள craintif, timide, pusillanime,honteux;—மனசு cœur—,esprit timide,—pusillanime; —விந்து la plante துளசி basilic.

கோழையன், (கோழை), homme timide,honteux, craintif.

கோளகம், 1° *(kôlaka), poivre, poivre long. 2° (gôlaka),globe,boule de bois. 3° habit de soie, l'arsenic naturel கோளகபாஷாணம், le serpent மண்டலி: கோளகவச்சிரம் gallet, pierre tirée d'une eau profonde.

*கோளகன், (gôlaka), bâtard né —,fils d'une veuve.

*கோளகை, (gôlakâ), cercle, le serpent மண்டலி.

*கோளம்,(gôla), cercle,boule,balle,globe,sphère: கோளசக்கிரம் cercle de la sphère;அசாத்திய—,sphère oblique; சக்கிர—, sphère parallèle; சாத்திய—,ou சம—, sphère droite; அத்த—,V.கோளார்த்தம்.

கோளம்பம்,V.கிரணம்.

கோளரி,(கோள்,அரி),lion, — mâle, — meurtrier. [மணல்.

கோளவங்கம்,(கோளம்), V. வங்க

கோளன்,(கோள்), V. கோட்காரன். [கைக்கல்.

கோளாங்கல்,(id.ஆம்,கல்),V.பருக்

*கோளார்த்தம், கோளார்த்தம், (கோளம்,அத்தம், அர்த்தம்), hémisphère,demi-globe.

கோளாறு,gén.கோளாற்றின், désordre, confusion, trouble,dérangement, dissension, croquis d'un ouvrage,V.குடாசகம்: அதவனுல்வந்த கோளாறேயொழிய என்னுல் வந்தகோளாறல்ல ce désordre,c'est lui qui l'a causé et non pas moi;வயிறுகோளாறுயிருக்கிறது le ventre être dérangé;கோளாறாய்க் கிடக்கிறது être en confusion,tourner mal;இவனுக்குமவனுக்கும் யாதோவொருகோளாறு நடந்திருக்கின்றது il s'est élevé entre celui-ci et celui-là je ne sais quelle dissension.

கோளி,1° figuier,les arbres ஆலமரம் ou multipliant et கொழிஞ்சி, nom générique des figuiers ou autres arbres qui portent des fruits sans fleurs apparentes.2° n.v.de கொள்ளுகிறது, acheteur, celui qui reçoit: கோளிப்பொருள் objet qu'on achette ou qu'on reçoit.

கோளிகை,femelle du cheval et de l'âne:—க்கழுதை ânesse;—க்குதிரை jument,cavale.

கோகோசம்,safran.

கோளை,rat,V.சங்கிதம்.

கோள்,n.v.de கொள்ளுகிறது, action de prendre, d'acheter...,empêchement,caractère,naturel,meurtre, malheur, mal, tort,planète, étoile, constellation,jour, calomnie, médisance,rapport,—malicieux, injure, mensonge, fausseté,fausse, accusation,— imputation, parole de mépris,force,opinion,principe,manière de penser et d'agir; — க்காரன்,—க்காரி,P.கோட்காரன்...,கோள்படுகிறது,P.கொள்ளப்படுகிறது. [ரணி.

கோறணி, V. குண்டணி et கோர

கோறல்,1° n.v.de கோறுகிறது.2° P.கொல்தல்,tuer.

கோறுன்,le Koran.

கோறிக்கை,invitation,prière,désir,pensée,dessein,n.v.de

கோறுகிறது, றினேன், றுவேன், று,ற,v.a.et கோறுதல்,n.v.ou கோறிக்கொண்டிருக்கிறது, prier,inviter, désirer,penser.

கோறை,1° trou,—dans un arbre. 2° P.கோறும்,2e pers.nég.du préc.

கோற்கணக்கு, (கோல்), compte de perches,—d'arpenteur.

கோற்கொடி, (id.), jujubier, la plante சுரை,courge.

கோற்புழு, (id.), chrysalide attachée aux branches des arbres, insecte qui forme ces chrysalides.

கோற்றேன், (id.தேன்), rayon de miel—,miel suspendu aux branches des arbres. [ornée des bracelets.

கோற்றொடி, (id. தொடி), femme

கோனுன்,(கோ).pl.கோனுர், titre honorifique des pâtres ou des bergers,pâtre,berger. [vachère,bergère.

கோனச்சி,கோனிச்சி, f. du préc.

கோன், (கோ), roi, maître, seigneur, Dieu, souverain seigneur, berger.[ment,justice royale,—du roi

கோன்மை, (கோன்), gouverne-

கௌ,1° lettre syllabique composée de க et de ஔ,caou. 2° imp. de கௌவுகிறது.3° (கு) mal, mauvaise action,repentir, V.கிருத்தியம்:கௌகிருத்தியம் action mauvaise,repentir.

*கௌகணம், கௌங்கம், கௌங்கிணம்,(kaounka,kaounkina), la province du Konkan, V.கொங்கணம்.

*கௌகுடிகம், ou கௌக்குடிகம், (kaoukkoutika), ne pas regarder devant soi, ne pas voir de loin—, regarder de loin ceux qui viennent, marcher les yeux fixés à terre pour ne pas écraser les insectes.

*கௌசலம், (kaousala), bonheur, prospérité, bien-être, félicitation, compliment, salut, question d'honnêteté, le pays d'Aoude, *ou*

*கௌசலிகை, (கௌசலம், ika), présent,—d'honneur.

*கௌசலேயன், (கௌசலை, èya), le fils de Kaousalei, *i.e.* Râmen.

*கௌசலை, (கோசலன்), Kaousalei fille du roi Kòsalen et mère de Râmen.

கௌசனை, *V.* கோமணம். [men.

*கௌசிகம், (kaousika), hibou, habit de soie, chandelier, un des 42 nouveaux airs qui sert surtout aux éloges, le சாமவேதம், la langue d'Aoude, serpent, Jupiter, cauris.

*கௌசிகன், *(id.)*, (surnom de) Dêvendiren, Visouvamitren, pénitent fils de காதி, preneur de serpens, homme qui les fait danser.

*கௌசிகாயுதம், (கௌசிகன், ஆயுதம்), l'arme d'Indien, *i. e.* l'arc-en-ciel.

*கௌஸ்துபம், கௌஸ்துவம், (kaoustoubha), joyau suspendu sur la poitrine de Vichnou, ou de Krichnen. [tagne dite கிரவுஞ்சம்.

*கௌஞ்சம், (Kountcha), la mon-

*கௌஞ்சிகர், (gaoundjika), orfèvres.

*கௌடகிகன், கௌடிகன், (kaoutakika, kaoutika), vendeur ou mangeur de chair (d'oiseaux, d'animaux etc...), chasseur, homme vil.

*கௌடம், 1° (kaouta), tromperie, perfidie, nom d'une plante qui s'entrelace. 2°(gaouda), le pays de Gaour ou Bengale central, (il se divise en 5 parties dites கௌடம்-ஐ ou பஞ்ச கௌடம், savoir: சுத்தகௌடம், கானகுப்பிசம், சாரசுபதம், உத்கலம், மைதிலை), une fig. de rhét. *ou* règle de conduite non comprise dans les 10 குணவலங்காரம்: கௌடசாட்சி faux témoin,— témoignage; —தருக்கம் traité de logique —, logique de கங்கேசமிசிரன் ou de கௌடமன் et de கணாதன்; —மார்க்கம் coutumes des habitans de Gaour. [Gaour.

*கௌடர், (gaouda), habitans de

*கௌடிகம், (kaoutika), piège, trappe. [tue et vend les animaux.

*கௌடிகன், (*id*), chasseur, —qui

*கௌடில்லியம், (kaoutilya), courbure, malhonnêteté, mépris.

*கௌணபன், (kaounapa), nom d'un—, géant.

*கௌணம், (குணம்), caractère.

கௌண்டர், titre honorifique de quelques castes, *V.* புலிஞர்.

கௌண்டிகர், corroyeurs, ouvriers en peau, cordonniers.

*கௌதமநதி, (கௌதமன்), le fleuve Godavéri.

*கௌதமம், *(id.)*, un des 18 livres de jurisprudence composé par Gaoudamen.

*கௌதமன், (gaoutama), Gaoudamen, mari d'அகலிகை, un des 7 richis ou sages qui, au dire des Indous, sont devenus les 7 étoiles de la grande ourse, l'auteur de la philosophie நியாயம், du தர்க்கசாஸ்திரம் et du கௌதமம் ou தர்மசாஸ்திரம், surnom de சாக்கியமுனி fondateur du Bouddhisme.

*கௌதமி, கௌதமை, (gaoutami), le fleuve Godavéri, un bras de ce fleuve, la sœur de Gaoudamen, nom d'une vache, bézoard.

கௌதம், l'oiseau மீன்கொத்தி, martin-pêcheur.

*கௌதாலிகன், (kaoudâlika), fils d'un pêcheur et d'une blanchisseuse.

*கௌதுகம், (kaoutouka), joie, grand désir, cordon—, signe du mariage dit தாலி, nouveauté, curiosité, amusement; கௌதுகபந்தனம் amulette, cordon attaché au bras pour préservatif.

*கௌதுவம், (*id.*), temps de la jouissance, union, familiarité, civilité, fête, passe-temps, amulette. *V.* கௌதுகம். [désir, curiosité.

*கௌதூகலம், (குதூகலம்) grand

*கௌத்துவம், 1° *P.* கௌஸ்துபம். 2° rubis, escarboucle, la 13me constellation, chapelet de racine de துளசி ou basilic, fraude, tromperie, danger. 3° *P.* கௌதுவம், temps de la jouissance, amulette, conservation: —பண்ணுகிறது tromper, filouter; கௌத்துவக்காரன் trompeur, fourbe; —வழக்கு chicane.

*கௌந்தி, (kaounti), femme pénitente, religieuse. Kaoundi ou குந்தி mère des பாண்டவர், poivre, —long, sorte de plante.

*கௌந்திகன், *pl.* கௌந்திகர், 1°(குந்தம்), lancier, homme armé de lance. 2° *ou* கௌந்தேயன், (குந்தி), fils de குந்திதேவி.

*கௌபம், (*de* கூபம்), puits, eau d'un puits.

*கௌபீனம், (kaoupina), erreur, faute, péché. *V.* கோமணம்.

கௌப்பு, grandeur.

*கௌமாரம், (குமாரன்), enfance, jeunesse d'un an à 16 ans; et pour les filles de 16 à 32 ans, (ou selon d'autres, enfance jusqu'à 5 ans et pour les filles jusqu'à 16 ans), nom d'une secte, un des 18 உபபுராணம், c'est peut-être la secte et la légende de குமரன்.

*கௌமாரி, (குமரி), Parvadi, une des 7 மாதர், la femme de குமரன்.

*கௌமோதகி, (kaoumôdaki), la massue de Vichnou.

*கௌமோதம், (kaoumouda), le mois de கார்த்திகை.

*கௌமோதி, (kaoumoudi), fête, —en l'honneur de கார்த்திகேயன் dans le mois de கார்த்திகை, clair de la lune.

*கௌரமம், (கூர்மம்), tortue.

*கௌரம், (gaoura), couleur blanche, —jaune, propreté.

*கௌரவம், 1°(gaourava), réputation. 2°(கோரம்), crainte. 3° (gaoura), or, filament du nénuphar.

*கௌரவன், *pl.* கௌரவர், (kaourava, குரு), roi de la race —, descendant du roi Kourou de Hastinabouri.

*கௌரி, (gaouri), (les diablesses ou prétendues déesses) Parvadi, Kâli, Dourgâ, fille de 10 ans, couleur jaune ou jaunâtre, moutarde, terre, basilic ou துளசி, la plante புளிநறளை: —கேணி la plante வெள்ளைக்காக்கணம்; —சங்கம், —சங்கரமணி double grain d'elæocarpus; —சன், —சேயன், —நந்தனன், —புத்திரன் le fils de Parvadi, *i.e.* Vinâyaguen ou Soupramanien; —சிப்பி, —பாத்திரம் grande conque qui sert de coupe dans les offrandes ou sacrifices; —பதி le mari de Parvadi, *i.e.* Siven; —பாஷாணம் espèce d'arsenic préparé; —மாயூரம் nom de lieu, —de ville.

*கௌரிகை, (gaourika), vierge, jeune fille non nubile.

கௌரியம், l'arbre கருவேம்பு.

*கௌரியன், le roi Pândien de Madurei.

*கௌரிலலிதம், (கௌரி, இலலிதம்), orpiment jaune, (il sert à teindre les habits de femme).

*கௌருதற்பிகன், (குரு, தற்பம், ika), celui qui viole la femme de son gourou.

*கௌலகேயன், கௌலடிகேயன், கௌலடேயன், கௌலடேரன். (kaoulakêya, குலடை), bâtard, fils de femme débauchée.

*கௌலவம், (kaoulava), cochon, le 3me des கரணம்.

*கௌலாலகம், (koulâla *potier*), vase de terre, poterie.

*கௌலிகன், (kaoulika), imposteur, défendeur.

*கௌலினம், (kaoulina *de* குலம்), haute caste, mauvaise action, lieu secret, —caché.

*கௌலேயகம், கௌலேயம், (குலம்), naissance de bonne caste.

*கௌலேயகன், (கௌலேயகம்), chien, *ou*

*கௌலேயன், (கௌலேயம்), fils de bonne caste.

*கௌலோகம், *P.* கோலோகம்.

*கௌவலம், (kouvala *jujube*), jujubier.

கௌவல், *n.v.de* கௌவுகிறது.

*கௌவியம், *P.* கவ்வியம், bézoard, *ou* கவ்வியம்-ஞ, les 5 choses qui sortent de la vache, savoir: lait, lait caillé, beurre, urine et bouze.

கௌவுகிறது, வினேன், வுவேன், வு, வ, *v.a.* கௌவுதல், *n.v.* *P.* கவ்வுகிறது.

கௌவை, *P.* கவ்வை. trouble, chose, injure, *V.* கவ்வை: —சொல்லிலெவர்க்கும்பகை les paroles injurieuses déplaisent à tout le monde.

கௌளம்,un des 32 anciens airs.

கௌளி,*P.* கவுளி, *V.* கெவுளி:—க்காறல் cri du lézard dit பல்லி,augure qu'en tirent les Indous superstitieux: —யெழும்புகிறது ce lézard faire un cri;— க்கட்டாய்ச்சொல்லுகிறது tromper comme ce lézard,—par de fausses prédictions.

கௌளிதம்,action de manger.

க்ஷ

க்ஷ,lettre composée de க் et de ஷ, elle est souvent remplacée par க ou ச.

*க்ஷணம்,(kchana), instant, moment: க்ஷணகாலம்பொறு attends un instant:க்ஷணத்திலே, க்ஷணத்துக்குள்ளே dans un moment, en un instant, க்ஷணப்பொழுது la durée d'un instant. [ment.

*க்ஷதை,(kchata),objet brisé,frag-

க்ஷத்திரியன், (kchattriya),kchatriya ou rajapoutre,homme de la caste militaire. [diste,chef de bouddhistes.

*க்ஷபணகன்,(க்ஷபணம்,ka),boud-

க்ஷபணம்,*ou* க்ஷபணமதம்,(kchapana *déhonté*),la secte déhontée, *i.e.* le Bouddhisme,ou la secte des சமணர், dont les chefs, les Gymnosophistes,allaient nus.

க்ஷமிக்கிறது, மித்தேன், மிப்பேன், மி,மிக்க,*v.a.* (க்ஷமை), être patient, patienter,supporter.

*க்ஷமை,(kchamâ),patience.

க்ஷயம்,(kchaya),perte,corruption, dépérissement,consomption,*ou:*க்ஷயவியாதி phthisie.

க்ஷயிக்கிறது, யித்தேன், யிப்பேன்,யி,யிக்க,*v.n.* (க்ஷயம்), dépérir,se gâter,décroitre,se consumer, se rui- [ner.

*க்ஷவரம், *P.*க்ஷௌரம்.

*க்ஷாத்திரம்,(க்ஷத்திரியன்),qualité militaire,bravoure,haine·

*க்ஷாமம், (kchâma),disette, faiblesse,infirmité:க்ஷாமகாலம் temps de —,famine; — தேவதை la prétendue déesse de la famine;— தேவதைபோ va-t-en, sorcière de mauvaise [augure.

*க்ஷாரம்,(kchâra),sel.

*க்ஷீணம்,(kchina), faiblesse, déclin,dépérissement,déchet:க்ஷீணகாலம் temps de déclin,—de décadence; —சந்திரன் déclin de la lune,la lune dans son déclin.

க்ஷீணிக்கிறது ,ணித்தேன், ணிப்பேன்,ணி,ணிக்க,*v.n.*dépérir, se gâter, déchoir.

*க்ஷீரம்,(kchira), lait: க்ஷீரசாகரம் mer de lait;—நீரம்,*V.* க்ஷீரோதகம்;—பானம் breuvage de lait.

*க்ஷீராப்தி, (க்ஷீரம், abdhi *mer*), mer de lait:—தநயை la fille de la mer de lait,*i.e.* Lakchimi.

*க்ஷீரான்னம,(க்ஷிரம், அன்னம்), lait et riz,riz au lait.

*க்ஷீரோதகம், (க்ஷீரம், உதகம்), union intime comme celle du lait et de l'eau: க்ஷீரோதகநியாயம் argument fondé sur une coïncidence fortuite, *non causa pro causâ*;க்ஷீரோதகநியாயமாய்க் கலந் திருக்கிறார்கள் ils sont intimement unis comme l'eau et le lait.

*க்ஷுத்திரம்,(kchoudra), petitesse, bassesse,cruauté,tromperie, artifice: க்ஷுத்திரதேவதை petite—, mauvaise déesse,— divinité; — ப்பிரயோகம் emploi de mauvais moyens;— யோகம் mauvaise secte, mauvaise conjonction des astres.

*க்ஷுத்து,(kchoudh),faim:— க்ஷுத்பாதை tourment de la faim. [ரம்.

க்ஷுரம்,(kchoura),rasoir,*d'où* க்ஷௌ

*க்ஷேணதை,*P.* க்ஷீணதை(க்ஷீணம், tâ) défaut, tache, opprobre, diffamation.

*க்ஷேத்திரம்,(kchêtra), lieu sacré, —célèbre,—de pélérinage, chef-lieu,terre,champ.—cultivé,corps:க்ஷேத்திரகோவை livre Sivéniste qui décrit les lieux sacrés; — சுத்தி lustration des lieux sacrés:—பாலன் Vaïraven, une des formes prétendues de Siven.

*க்ஷேத்திரக்கியன், (kchêtra, djna *qui connait*), l'âme.

*க்ஷேபம், (kchêpa), occupation, emploi du temps,passe-temps.

*க்ஷேமம்,(kchêma),bonheur,bien-être,conservation, réserve sépulture: —ஆயிருக்கிறது être bien portant, *V.* சேமம்.

க்ஷேமிக்கிறது. *V.* க்ஷேமிக்கிறது.

*க்ஷோபம்,(kchôbha), défaillance, maladie accidentelle, tristesse, trouble, agitation.

க்ஷோபிக்கிறது, பித்தேன், பிப்பேன், பி, பிக்க, *v.n.*(க்ஷோபம்), défaillir, se troubler.

*க்ஷௌரம்,(க்ஷுரம்), action de raser.—பண்ணுகிறது raser.

☞Voyez aux initiales ச ou க les autres mots commençant par க்ஷ.

ங

ங், est la 5e consonne et la première des lettres douces; elle se met toujours devant க, et se prononce comme un *n* devant g. *Ex.* தங்கிறது *tangradou*; ம் finale se change en ங் devant le க்; ங் se joint quelquefois aux voyelles அ, உ, ஐ, ஒ.

ங, 1° lettre composée de ங் et அ: ஙப்போல்வளை bâtis l'entrée d'un fort en tours et détours comme la lettre ங, *ou* comme la lettre ங, reste uni à ta parenté, quand même elle ne te serait d'aucune utilité ou te dédaignerait. 2° ங est la marque du மரக்கால் ou குறுணி.

ஙங், son imitatif.

ஙனம், place, manière, (ce mot qui reste ordinairement indéclinable, sert surtout à former les mots composés அங்ஙனம், இங்ஙனம், etc...)

ஙுங், ஙை, ஙொங், sons imitatifs.

ச

ச், 3me consonne est la seconde des lettres dures; elle se prononce *s*, toujours dure, sans s'adoucir entre 2 voyelles, et quand elle est doublée elle prend le son de tch. *Ex.* சுசி *souci* pureté, அச்சம் *atcham* crainte. Souvent ச se change élégamment en ய. *Ex.* முசல் ou முயல் lièvre. ச் remplace 8 lettres sanscrites qui sont souvent representées par ஷ, க்ஷ, ஸ, ஜ et autres caractères semblables, savoir les 4 palates, les 2 s ou sifflantes, les lettres ch et kch quand elles sont initiales. *Ex.* tchakra சக்கரம் cercle, tchhinna சின்னம் pièce, djala சலம் eau, djhatiti சடிதி promptitude, soûla சூலம் trident, sani சனி Saturne, chadânga சடாங்கம் six parties du corps, kchamâ சமை patience.

*ச, lettre syllabique composée de ச் et de அ; dans les mots composés elle se met pour சம் avec, ou pour சத், bon, vrai.

*சக, 1° (saha), avec, ensemble (dans les mots composés), 2° *adj. de* சகம், du monde:—கமனம் accompagnement, mort volontaire d'une femme qui se fait brûler avec le corps de son mari.

*சகாரம்,(சக), manguier à mangues douces.

*சகசட்சு,(சகம்), l'œil du monde, *i.e.* le soleil.

சகசண்டி, (சகம்), le plus obstiné ou le plus impudent du monde.

*சகசதாதான்மியம், (சகம், ச, தாதான்மியம்), union de l'orgueil avec l'âme.

*சகசம், 1° (சக, சம்), état—, disposition naturelle, instinct, ce qui est inné, —naturel, —originel, — inhérent, — habituel, union. 2° vérité, plat, assiette, coupe:—ஆயிருக்கிறது — ஆய்ப்போகிறது être —, devenir naturel; — சொல்லுகிறது dire la vérité;— தொட்டு depuis l'origine du monde; சகசக்காரன் homme habitué, accoutumé; — நீதி justice originelle;—பாவம் péché originel.

*சகசரன்,(சக, சரன்), intime confident, compagnon, — qui suit partout.

*சகசரி, 1° *f. du préc.* compagne, confidente, épouse. 2° l'arbre மருதோன்றி ou lawsonia à fleurs bleues mêlées de jaune, l'arbre வாடாக்குறிஞ்சி.

*சகசன்,(சக, சம்), frère germain.

சகசா, la plante சிறுகுறிஞ்சா.

*சகசாட்சி, (சகம்), le témoin de l'univers, *i.e.* le soleil.

*சகசை, *f. de* சகசன், sœur germaine.

*சகசோதி,(சக), multitude de —, faisceau de rayons.

*சகஸ்திரம், (sahasra), mille, un des 28 livres des Sivénistes: சகஸ்ரு

நதாரம் (dhâra *tranchant*), disque usité dans les combats, le disque de Vichnou: —நாமன் celui qui a mille noms, Dieu, Vichnou; —பாதன் celui qui a mille pieds, le soleil, Vichnou; —பேதி, V. கல்வேதி; — வேதி, (vèdhi *qui perce*), assa-fœtida, espèce de roseau, calamus fasciculatus, *V.* சாத்திரவேதி.

*சகஸ்திராக்ஷன், சகஸ்திராட்சன், (சகஸ்திரம், அக்ஷம்), *V.* ஆயிரங் கண்ணன். [ஆயிரங்கதிரோன்.

*சகஸ்திராமிசன், (*id.* அமிசு), *V.*

*சகஸ்திராதிபதி, (*id.* அதிபதி), chef de 1000 hommes ou villages.

*சகடகனன், (sakata, hana *destructeur*), le destructeur de சகடன், *i.e.* Krichnen.

*சகடம், (sakata), char, voiture, —trainée par des bœufs, 4me constellation, passereau, plat, assiette, l'arbre தமரத்தை, saleté, impureté, un des யோகம்: சகடக்கால் roue de charrette; —வியூகம் chars rangés en ordre de bataille; — யோகம் position de la lune à 6,8, ou 12 signes de Jupiter; —பாதை route pour les voitures, grande route. [de நந்தன்.

*சகடாலன், (sakatâla), le ministre

*சகடான்னம், (சகடம், அன்னம்), nourriture impure, —sale.

*சகடிகை, (சகடம், ikâ), brouette, petite voiture qu'on traine à la main.

சகடு, *gén.* சகட்டின், *obl.* சகட்டு, (*P.* சகடம்) voiture, chariot, la 4me constellation, doute, le tout ensemble, en bloc, moyenne, terme —, prix moyen (de plusieurs choses achetées à divers prix, etc...): நான்வாங்கினபத்தாட்டுச்குஞ் சகட்டிலேயொவ்வொன்றுமும் மூன்றுபணம் விழுந்தது les dix brebis que j'ai achetées coutent, terme moyen, 3 fanons chacune; சகட்டிலெடுக்கிறது prendre tout ensemble, —en bloc: — எண்ணிவிடு compte le tout ensemble, (sans distinguer combien de chaque espèce); —கொள்ளுகிறது, — வாங்குகிறது acheter tout ensemble, —en masse; — பத்துமிருக்கின்றது il y a en tout dix copies; — விற்கிறது vendre en bloc, — indistinctement; — வைகிறது injurier en général, sans nommer personne.

சகடை, (*id.*) voiture, chariot, nom d'un instrument de musique, *V.* சகண்டை. [vache sèche.

*சகணம், (tchhagana), bouze, —de

சகண்டை, (சகடை), grand —, tambour, instrument de musique en général.

*சகதண்டம், (djagat *monde*, அண்டம்), le monde entier.

*சகதந்தம், (*id.* அந்தம்), la fin —, les bornes du monde.

*சகதாத்திரி, (*id.* தாத்திரி), Dourgâ, la prétendue mère du monde.

*சகதாத்துமா, (*id.* ஆத்துமா), l'âme du monde, Dieu

சகதி, 1° boue, bourbier, mauvais terrain. 2me (djagati), terre, monde: —பதி, —பாலன் maître—, protecteur du monde, roi; — யாய்க்கிடக்கிறது être sale, boueux, plein de boue; சகதியிலேகல்லெறிட்டெறிந்தால் தன் துணியென்றும் அசலார்துணியென்றும் பார்க்குமா si vous jetez une pierre dans un bourbier, elle ne distinguera pas entre votre habit et celui de vos voisins, elle les salira tous; ainsi le mauvais exemple.

*சகதேசவாசர், —வாஞ்சகர், (சக, தேசம்), compatriote.

*சகதேவன், (சக), Sahadèven, le plus jeune des பாண்டவர்.

*சகதேவி, (சகம்), la déesse du monde, Lakchimi, la terre déifiée.

*சகத்திரம்... *P.* சகஸ்திரம்...

*சகத்திராக்ஷன், *P.* சகஸ்திராக்ஷன். [ன்.

*சகத்திராமிசன், *P.* சகஸ்திராமிச

சகத்திரானிகன், nom d'un roi.

*சகத்து, 1° (djagat), le monde, jouissance. 2° *obl. de* சகம்.

*சகநாதம், (சகம்), la ville de Jagarnath, célèbre pélérinage payen sur la côte d'Orissa.

*சகநாதன், (*id*), seigneur du monde, Dieu, (et à tort) Siven, Vichnou (adoré sous ce nom à Jagarnath).

*சகநாயகன், (*id.*), pierre d'aimant.

*சகந்தம்,(ச), bonne odeur.

*சகபதி,(சகம்),seigneur du monde, Dieu,roi.

சகபாடி, (சக, பாடுகிறது), celui qui chante avec un autre, camarade d'école,souffleur, *V.* சகலன்.

*சகப்பிராணன்,(djagat), air,vent, *litt.* vie du monde. [au monde.

*சகப்பிராந்தி, (*id.*), renoncement சகமார்க்கம்,profession de Yogui.

*சகமோகம்,(சகம்),désir des biens de la terre.

*சகம், 1° (djagat), monde, terre, univers,habit, veste. 2° (tchaga), chèvre. 3° (saha),le mois de மார்கழி, ensemble, avec (dans les mots composés). 4° (saka), ère, époque, particulièrement celle de Sâlivâhana qui date de la 78me année de l'ère chrétienne,un pays,celui des Saces(Sacæ) ou Scythes: — எல்லாம்பார்க்கிறது, — பார்த்துக்கொள்ளுகிறது voyager partout—, explorer—, courir le monde; சகத்திலேவிடையாதது chose rare,—qu'on ne trouve pas dans le monde; சகத்திலேவழங்குகிறவழக்கம் coutume usitée dans le monde.

சகரச்சாரி,espèce de sel fort âcre et brûlant.

*சகரம்,(ச), la lettre ச.

*சகரன்,(sagara),Sagaren,roi d'Ayodhya et un des 7 de la 1re classe des personnages célèbres par leur libéralité: சகரர் *ou* சகரபுத்திரர் les fils de ce roi. Les Indous prétendent qu'ils étaient au nombre de 60 mille et qu'ils furent réduits en cendres par Kapila.

சகரிகம்,la plante தயுருவி.

*சகருணன், (ச, கருணை), homme tendre,miséricordieux.

*சகருவம்,(ச),grandeur,orgueil.

*சகருபன், (*id.* கர்ப்பம்), frère germain.

*சகர்மகம், சகர்மம்,(*id.* கர்மம்,ka), verbe transitif: சகர்மக கத்துருப்பிரயோகம்,(கர்த்தா *sujet*), finir par le nominatif du verbe transitif.

*சகலகம், (tchlagala *chèvre*, ka), chèvre, bouc.

*சகலபாடி,சகலப்பாடி *V.* சகலன்.

சகலம், 1° (sakala), part, morceau, peau, écaille—, arète de poisson. 2° (ச avec, கலை *partie*), totalité, le tout, chose: *adj.* சகல, சகலமான, tout, entier. On ajoute généralement உம் à tous les cas de சகலம் ou au nom qui suit l'adjectif சகல; de plus சகல se met devant les noms auxquels il se joint; சகலம் se met après les noms neutres et சகலர், சகலர்கள் après les noms masculins et féminins. *Ex.* சகலமும் tout; சகலபாவங்களும் *ou* பாவங்கள் சகலமும் tous les péchés; சகலநன்மைகளும் *ou* நன்மைசகலமும் tous les biens; சகலத்துக்கும்நானிருக்கிறேன் je me charge de tout; ஊர்சகலத்திலிருந்தும் de toute la ville ou de tous les villages; சகலத்திலும் en toutes choses; சகலத்தையும் வாங்கினான் il a tout acheté; சகலகலாவல்லவன் (கலா *P.* கலை), celui qui connait toutes les sciences, (surnom de) குமரன்;—காமேட்டி(காமம்,இஷ்டி), sacrifice qui remplit tous les désirs; —குணசம்பன்னன் celui qui a toutes les bonnes qualités; — த்தியாகம் renoncement à tout; —த்திராளும் (திரான் *P.* திரள்கள்), tous les hommes, chaque homme, les hommes partout, —en tout lieu;—பாடி,—ப்பாடி, *V.* சகலன்: — பாசனம் un des 3 parasols d'Arouguen;—மங்கலை (surnom de) Parvadi;—மோகினி, *V.* மாயை,—வியாபி l'être,présent partout,Dieu.

*சகலர், சகலர்கள், 1° (சகலம்), tous, tout le monde. On ajoute généralement உம் aux divers cas qu'ils prennent ou aux noms pluriels masculins ou féminins auxquels ils se joignent, *Ex.* சகலரும் tous; சகலமனிதரும்,மனிதர்சகலரும் *ou* மனிதர்கள் சகலர்களும் tous les hommes; சகலஸ்திரீகளும்,ஸ்திரீகள்சகலரும் toutes les femmes. 2° *pl.* de சகலன். 3° une des 3 classes d'hommes.

*சகலன்,(*de* சக *ensemble*, la *prendre*), beau-frère (pour avoir épousé la belle-sœur),mari de la belle-sœur.

Ceux qui ont épousé les 2 sœurs s'appellent சகலர்: சகலபாடி, —ப்பாடி ou சகபாடி mari de la belle-sœur; சகலன்வழி, — உறவு affinité pour avoir épousé les 2 sœurs; சகலனுறவு தன்பெண்சாதிசாகுந் தனையுந்தான் l'affinité de mari de la belle-sœur ne dure que jusqu'à la mort de sa femme.

சகலாத்து, drap, étoffe de laine (faite en Europe), la rouge surtout: — ச்சட்டை habit de drap, — ச்சேணம் selle couverte en drap; — ப்பை bourse de drap.

*சகலாவத்தை, சகலாவஸ்தை, (சகலம், அவஸ்தை), toutes les angoisses, une des அவஸ்தை ou angoisses.

*சகலி, (சகலம்), sorte de poisson: — கரணம் briser, mettre en morceaux.

சகல், moucheron.

*சகவம், (sakava), oie.

*சகவாசம், (சக), intimité, amitié, attachement, compagnie, union, cohabitation.

*சகவாசி, (id.), ami intime, compagnon, qui habite avec un autre,

சகவாழ்வு, (சகம்), jouissance commune, — du monde.

சகவிசையை, nom d'une ville.

சகளம், apparence trompeuse, — qui semble vraie.

சகளப்பாடி, சகளன், V. சகலன்.

சகளாதனம், (சகளம், ஆதனம்), position qui consiste à avoir les jambes croisées et le bras gauche appuyé sur les 2 pieds.

*சகனம், 1° (sahana), patience, souffrance. 2° (djaghana), le derrière, les hanches, les reins, le dedans des cuisses: சகனமோகினி, V. சகன்மோகினி.

*சகன், 1° (sakhi), ami, associé, compagnon, suivant. 2° (saka), Sâlivâhana, roi de பிரதிஷ்டானம் dans le Dékan. 3° (djagat), monde: — மோகினி femme capable de séduire tout le monde.

*சகன்மகம், (ச, கன்மம், ka), verbe transitif, pratique, சகன்மகசாஸ்திரம் science pratique; சகன்மகத்துப்பிரயோகம் verbe transitif, ou qui a un régime, finir par le sujet du verbe transitif.

*சகன்னம், (ச, karna oreille), action d'écouter attentivement.

*சகா, (sakha), ami, compagnon, la plante பாம்புகொல்லி, tout.

*சகாகௌலம், (sakâkaoula), un des 21 enfers des Indous.

*சகாசிதம், (tchakâsita), beauté, rayons, splendeur.

சகாடி, la plante பீர்க்கு.

*சகாதேவன், P. சகதேவன்.

*சகாத்தம், சகாப்தம், (சகம், அத்தம், abda année), l'année de l'ère Saka i.e. de Sâlivâhana.

*சகாத்தன், (சக, ஆத்தன்), ami, compagnon.

*சகாந்தகன், (சகன், அந்தகன்), le destructeur de Sâlivâhana, i. e. Vikramâditya.

சகாபாடி, P சகபாடி.

சகாப்தம், V. சகாத்தம்.

*சகாயதம், (சகாயம், tâ), troupe d'amis, — de compagnons.

*சகாயம், (sahâya), secours, assistance, aide, bienfait, faveur, bonté, indulgence, mieux d'un malade, bas prix: — ஆயிருக்கிறது, — செய்கிறது, — பண்ணுகிறது (avec le dat.), assister, secourir, aider; — ஆயனுப்பிவிடுகிறது congédier avec bonté; — ஆய் à bon marché, en aide, au secours; — ஆய்ப்பேசுகிறது ou சொல்லுகிறது parler en faveur de...; சகாயக்காரன் aide, assistant, qui se plait à assister; — விலை bas prix, bon marché; — விலைக்குவாங்குகிறது acheter à bon marché; — வுபாயம் secours des conseils: சகாயத்தைமறந்தவன் ingrat, qui a oublié les secours reçus.

*சகாயன், (சகாயம்), aide, assistant, compagnon.

*சகாயானம், (id.) V. சகாயதம்.

*சகாயி, 1° f. de சகாயன், aide, amie, compagne. 2° V. சகாயன்.

சகாயிக்கிறது, யித்தேன், யிப்பேன், யி, யிக்க, v.n. (சகாயம்), devenir léger, — facile, aider.

*சகாரம், (ச), la lettre ச: சகாரகுக்ஷி Vyasen dont les entrailles (i.e. les

poèmes),sont pleins de la lettre ச.

*சகாரணம், (ச), ce qui a une cause.

*சகாரன், un des hommes célèbres par leur libéralité,benèt,beau-frère d'un raja.

*சகாரி, (சகன், அரி), l'ennemi de Sâlivâhana,*i.e.*Vikramâditya.

*சகாலம்,(ச),de grand matin.

*சகி,1° (sakhi),amie,compagne.2° *imp.de*

சகிக்கிறது, கித்தேன், கிப்பேன், கி,கிக்க, *v. a. et* சகித்துக்கொள்ளுகிறது,souffrir,supporter,tolérer,endurer,pardonner; சகிக்கப்படாது, —க்கூடாது on ne peut supporter: சகிக்கமாட்டாதவன்,சகிக்காதவன் homme impatient, qui ne peut rien endurer: அவன்குணத்தைச்சகிக்கக்கூடாது on ne peut supporter son caractère: பிரயாசத்தைச்சகிக்கிறவன் homme qui supporte la fatigue.

*சகிதம்,(sahita),association, union,accompagnement, rester ensemble,accord; சகிதமாய்,சகிதமாக ensemble,avec.

*சகிதன்,1°(*id.*)compagnon, associé,ami,partisan,patient.2° (tchakita),timide,peureux.

சகித்தல்,சகிப்பு,*n. v. de* சகிக்கிறது, patience, tolérance, souffrance, pardon.

*சகித்துவம்,(சகி),*V.*தோழமை.

சகு,sagou.

*சகுடம்,(djakouta).la plante சேம்பு,chien,le mont பொதியமலை.

சகுடை,la plante சிற்றகத்தி.

சகுட்டகம்,la plante ஆடுதின்னும்பாலை.

சகுட்டம், racine bulbeuse en forme de navet

*சகுணம்,(ச),bonne qualité, bon caractère.

*சகுந்தம்,(sakounta), oiseau,l'aigle ou vautour indien, autre oiseau aquatique,aréquier,splendeur.

*சகுந்தலை,(sakountalâ), Sagoundaley, fille du richi Visouvamitren et de la courtisane Mènaguei;élevée par le richi Kanva, elle épousa le roi Douchyanta et fut mère du roi Bharata. C'est une épisode célèbre du Mahâbhârata.

*சகுந்தி,(sakounti),espèce d'oiseau, oiseau (en général).

*சகுப்பிரயோகம், (sakrout *une fois*),employer une—, une fois.

*சகுலகண்டம்,(sakoula),dorade. espèce de poisson.

*சகுலம்,(ச),*V.*சமுசாரம்.

*சகுலி,(சகுலம்), poisson, son:—பதம் (sahouri *soleil*), nœud des planètes.

*சகுல்லியன்,(sakoulya),parent.

*சகுனம்,(sakouna),augure,présage,pronostic,auspices,oiseau, racine bulbeuse en forme de navet:—பார்க்கிறது observer —, consulter les augures;—என்னகண்டது quel présage avez-vous rencontré? சகுனசாஸ்திரம் augure,science des augures, un des 64 கலைக்கியானம்;—த்தடை mauvais présage,obstacle provenant de mauvais augure;— த்தடையாகிறது *ou* ஆயிருக்கிறது rencontrer un mauvais augure, un mauvais augure arrêter;— த்தடையாய்ச்சொல்லுகிறது empêcher une chose par une parole réputée sinistre, *v. g.* lorsqu'on demande à quelqu'un qui part: où allez vous? —ப்பிழை mauvais présage.

*சகுனி,(சகுனம்),hibou,oiseau,le 8me des கரணம்,devin, augure, devin qui consulte les augures,Sagouni,oncle maternel de Douryòdhanen et qui lui donnait de mauvais conseils.

*சகுனீசுபரன், (சகுனி, ஈசுவரன்),le roi des oiseaux,*i.e.*கருடன், le roi des devins

சகை,chaton d'anneau pour mettre une pierre précieuse.

சகேரா,(*télinga*), magasin, amas, provisions:—சேர்த்துக்கொள்ளுகிறது entasser, mettre en magasin.

சகோடயாழ், une des 4 espèces de யாழ் ou guitares.

*சகோதரத்தானம், (சகோதரம், ஸ்தானம்),le 3me signe éloigné de 90 degrés du signe de la naissance.

*சகோதரம்,(சக,உதரம்), fraternité,naissance du même père et de la même mère: சகோதரங்கள் les frères et sœurs.

*சகோதரன்,(id.), frère germain, (et par extension,en général),frère.

*சகோதரி,f.du préc.sœur germaine,sœur (ut supra.)

*சகோத்திரம்,(ச),parenté, famille,lignée.

*சகோரகம்,சகோரம்,சகோரப்புள்,(tchakòra,ka),bartavelle, perdrix grecque ou rouge qui paraît au clair de la lune,gros hibou, oiseau rouge dit செம்போத்து, le cormoran சக்கரவாகம், oiseau (en général), ou சகோரயாழ், V.சகோடயாழ்.

சக்கட்டம்,சக்கந்தம்,mépris,moquerie,badinage, cajolerie, jeu immodeste, poil ou cheveu:— பண்ணுகிறது,—பேசுகிறது se moquer, ridiculiser, plaisanter, badiner,jouer immodestement;— ஆனபேச்சு dérision, plaisanterie, badinage;சக்கட்டடம்—, சக்கந்தக்காரன் moqueur, railleur,cajoleur.

சக்கட்டை, faiblesse, infériorité, manque d'habilité.

சக்கப்பணியவிருக்கிறது,(சக்கனிய, பணிகிறது),être assis les jambes croisées.

*சக்கரகம்,V. சக்கிரகம்.

*சக்கரம்,(tchakra) roue (de char, —de potier,—de montre, —de pendule etc...),supplice de la roue, cercle,anneau,sphère,horizon,cours—, orbite d'une planète, cours du temps,temps—, cours de la vie, cycle de 60 ans,disque ou arme circulaire qui se lance, (c'est l'arme de Vichnou), tourbillon de vent,tour, circuit, moulin ou machine pour extraire l'huile,— le sucre etc...,armée,disposition circulaire d'une armée,mamelle,sein de femme, la terre,le globe terrestre, mer, le cormoran dit சக்கரவாகம், (à cause de sa forme ronde),grandeur, multitude, monceau,montagne,jasmin de montagne, fanon presque rond qui a l'empreinte d'un cercle et est usité dans le Tanjaour et le Travancore, cache,cercle magique,signes et figures superstitieuses faites sur une pièce plate de métal pour faire des offrandes aux faux dieux, figure superstitieusement mystérieuse ou astrologique, espèce d'amulette, diagramme pour calculer les horoscopes et les événemens futurs,souveraine autorité, gouvernement, justice (qui comme un cercle doit être parfaite et égale, sans commencement ni fin),bourg,province,district,région, royaume, côté du monde, naissance,espèce de vers écrits en forme de roues à 4,à 8,et à 6 rayons,marques en spirales sur le சாலக்கிராமம்,régions ou parties du corps, autrement dites ஆறாதாரம், dans lesquelles les Indous supposent que diverses qualités et divinités resident: சக்கரங்கள் roues, rouages(d'horloge etc...),சக்கரத்தாலெறிகிறது lancer l'arme circulaire susdite; அதனுக்கித்தோடேசக்கரமறுதி avec cela le cours de sa vie finira; —அறுதியாய்ப்போகிறது le cours de la vie finir, —être près de finir;சக்கரமுருட்டுகிறது, —சுழற்றுகிறது faire tourner —,tourner une roue, gouverner uniformément ou justement; — அடைக்கிறது,—அடைத்தல் renfermer des lettres dans un diagramme superstitieux ou de vers de fantaisie; —தரிக்கிறது faire tourner une roue, —une mécanique;சக்கரக்கவி vers écrits et renfermés dans une figure circulaire à raies; —கோளம் sphère parallèle; —கீவன் celui qui vit du travail de sa roue,le potier; —நாகன் serpent, V. சக்கரநாசி; —தாபனம் tracer—,établir des caractères magiques dans les figures superstitieuses dites சக்கரம்;—தாரி celui qui porte un disque de guerre, Vichnou; —திசை un des côtés du monde que les devins prennent pour signe de la fin de la vie; —த்தேர் voiture—, char à roues;—பதி la plante தகரை; —பா

ணம், *V.* சக்கரவாணம்; —பாணமெறிகிறது lancer cette fusée; —பாணி celui—,celle qui tient un disque —,une arme circulaire à la main, *i. e.* Vichnou, Dourgâ ou துர்க்கை; —பாரம் charrette, éléphant; —பாலன் prince,gouverneur,intendant de province; —பரிபாலனம்பண்ணுகிறது régner avecjustice,—uniformité; —பேதினி la nuit qui sépare les oiseaux சக்கரவாகம் (le mal et la femelle se séparent la nuit) ;—ப்பணம் fanon portant l'empreinte d'un cercle:— ப்பொறி empreinte d'un cercle magique, marque qui s'y trouve;—மணம் marche triomphale, — de promenade; — மண்டலி espèce de grand serpent; — முகம் cochon qui creuse la terre avec son museau; — முடிவு fin de la vie; — யானம் charrette,voiture à roues; — வியூகம் disposition d'une armée en rond;—ரதம் (rada *dent*),cochon, sanglier;—ரேகை lignes qui forment un cercle; —வட்டம் cercle, figure en cercle; —வதன்,(vat *affixe*), *V.* சக்கராயுதன்; —வர்த்தி(varttin *habitant*),empereur, monarque indépendant,— absolu d'un சக்கரம் ou royaume qui s'étend d'une mer à l'autre,prince, roi juste;on compte 6 சக்கரவர்த்தி *V.* ஆறுசக்கரவர்த்தி;—வாகம்,—வாகப்புள் l'oiseau dont le corps est sphérique,le cormoran, oie rouge, — bramanique;—வாடம் borne, limite;—வாணம் fusée tournante, — en cercle, en forme de roue, roue de feux d'artifice; — வாதம் tourbillon de vent; — வாந்தவன்,(பாந்தவன்), le soleil, *litt.* l'ami des சக்கரவாகம் dont le mâle et la femelle ne se réunissent que de jour; — வாளம் horizon sensible,figure circulaire, un oiseau,peût-être le சக்கரவாகம், borne,—de l'horizon,*ou*—வாளகிரி chaine de montagnes que les Hindous supposent entourer le monde et séparer la lumière des ténèbres; – விருதன்,(விருது), Vichnou; – விருத்தி intérêt composé,—accumulé;— வேதினி,*V.* சக்கரபேதினி.

*சக்கரன்,1°(சக்கரம்), homme armé d'un disque de guerre, Vichnou. 2° (sakra),Indiren, un des 12 soleils.

*சக்கராகாரம், (சக்கரம், ஆகாரம்),circuit,rond, figure d'un cercle:—ஆய்ச்சுழன்றெதிரியின் படையைவெட்டினான் en tournant autour il défit l'armée de l'ennemi; தேரைச்சக்கராகாரமாய்நடத்துகிறது faire faire un circuit à son char; வில்லைச்சக்கராகாரமாய் வளைவளைத்தான் il banda son arc en forme de cercle.

*சக்கராக்கினை,(*id.*ஆக்கினை),supplice de la roue, punition arbitraire infligée par un despote, décret d'un monarque.

*சக்கராங்கம்,(*id.*அங்கம்), chariot,charrette,jars.

*சக்கராங்கி,(*id.*), femelle du jars, [oie.

*சக்கராங்கனம், சக்கராங்கிதம், (*id.* ankana *impression*, அங்கிதம்), impression d'un sakram sur les épaules avec un fer rouge:on fait cette cérémonie payenne aux enfans de 8 à 10 ans.

*சக்கராடன், சக்கராடி, (*id.* ata *rôdeur*,ஆடி), jongleur qui fait danser les serpens,trompeur. filou.

*சக்கராதிபதி,(*id.*அதிபதி), monarque indépendant. [oranger.

*சக்கராதிவாசி, (*id.* அதிவாசம்),

*சக்கராயுதம்,(*id.* ஆயுதம்), l'arme circulaire,le disque de guerre.

*சக்கராயுதன், (*id.*) celui qui est armé d'un disque, Vichnou.

*சக்கராயுதி, (*id.*), *V.* சக்கராயுதன்,*ou* [disque pour arme, Dourkei.

*சக்கராயுதத்தி,(*id.*), celle qui a le

*சக்கராவர்த்தம், (*id.* ஆவர்த்தம்), tourner en rond, mouvement circulaire. [monarque absolu.

*சக்கரேசுவரன், (*id.* ஈசுவரன்),

*சக்கரி,சக்கரிகை, சக்கரிவதம், *V.* சக்கிரி....

*சக்கரை,*P.* சர்க்கரை, sucre:—யமுது,(அமுது), nourriture sucrée.

சக்கல், marc, chose dont on a exprimé le jus,ce qui est moisi.

*சக்களத்தி, (சக, களத்திரம்), rivale,femme ou concubine qu'un même homme a,ou a eue, en même temps qu'une autre ou successivement, femme du frère de son mari, plante ou chose qui ressemble à une autre;—ப்பிள்ளை enfant de sa rivale; — ப்பிள்ளையைப்போலப் பார்க்கிறது regarder —,traiter comme l'enfant de sa rivale, *i.e.* de mauvais œil:— ப்பெண், —மகள் belle-fille; — மகன் beau-fils; இம்பூறல்சக்களத்தி la plante hedyotis graminifolia, parce qu'elle ressemble à la racine de l'oldenlandia umbellata இம்பூறல்.

சக்களமை,(சக்களத்தி,மை), rivalité—.dispute entre les femmes ou les concubines d'un même homme.

சக்களவன்,*m. de* சக்களத்தி, amant, rival, galant.

சக்கனிகிறது, *னிந்தேன், னிவேன், னி, னிய, v. n. et* சக்கனிதல், *n: v.* s'aplatir, s'étendre, s'asseoir les jambes croisées.

சக்கனியல்,*n.v. du préc.* être aplati, étendu, assis les jambes croisées.

சக்கனையன், chose aplatie, être ainsi assis, *V.* சக்கனிதல்.

சக்காரம், *P.* சககாரம்.

சக்கிமுக்கி, briquet: — க்கல் pierre à briquet,—à fusil; — போடுகிறது battre le briquet:—ப்பஞ்சு amadou, amorce; — ப்பஞ்சுக்குடுக்கை boîte à amorce;—ப்பை sac à briquet, —contenant le briquet, la pierre à fusil et l'amadou.

*__சக்கியம்__,1° (sakhya), amitié, union. 2°(sakya), ce qui est possible, possibilité, habileté. [habile, capable.

*__சக்கியன்__, (சக்கியம்), ami, homme

*__சக்கிரகம்__,(சக்கரம்,ka), cercle vicieux, espèce de logique. *V.* பிசாங்கு

*__சக்கிரம்__, *V.* சக்கரம். [ரதியாயம்.

*__சக்கிராவத்தம்__, *V.* சக்கராவர்த்தம்.

*__சக்கிரி__, (சக்கரம், i), homme armé du disque de guerre, Vichnou, Indiren, roi, empereur ou Sakravarti, chef, potier, homme qui tient un moulin à huile, serpent, l'oiseau சக்கரவாகம்.

*__சக்கிரிகை__,(tchakrikâ), genou.

*__சக்கிரீவதம்__,(tchakrîvat), âne.

சக்கிலிச்சி, femme de sakili ou savetier, *V.* சத்துசாரம். [vetier.

சக்கிலியன், sakili, cordonnier, sa-

சக்கு, 1°*(tchakchous), œil. 2° moisissure:—கட்டுகிறது, —பிடிக்கிறது, — பூக்கிறது, —பூத்தல் se moisir:—ரோகம் ophthalmie; — திட்சை, *V.* சட்சுதிட்சை: — தானம் cérémonie de laver ou d'oindre les yeux d'une statue au moment d'une procession.

சக்குச்சக்கு, (*son imitatif.*) சக்குச்சக்கென்கிறது, — எனல் rendre ce son, faire du bruit,—un bruit répété.

சக்குபு.la plante கரிசாலை eclipta.

சக்கை, marc, ce qui reste de la canne à sucre etc... après qu'on en a exprimé le jus, chose sèche et insipide, copeau, jacque, fruit du jacquier, plante dite தக்கை, brin ou chose bonne à rien:— சக்கையாய்ப்பிளக்கிறது fendre ou couper en copeaux,—en morceaux, *ou* — சக்கையாயுரிக்கிறது railler, ridiculiser;— சக்கையாய்க்கிடக்கிறது être sec et insipide comme marc; — யாய்ப்போகிறது devenir tel,—plat, sans force; —யாய்மென்றுதுப்புகிறது mâcher, sucer le jus et cracher le marc; —மரம் jacquier;— க்காய் jacque encore vert;—ப்பழம் jacque mûr.

சக்கைமுக்கி, *P.* சக்கிமுக்கி.

சக்கையன், (சக்கை), monstre—, homme qui a grossi sans membres.

சக்கோரி, nom d'une plante.

*__சக்ஷு__, (tchakchous), œil: சக்ஷுர்தானம், *V.* சக்குதானம். [dis.

சஷ்குல்லி, espèce de gâteau, para-

சங்க, 1° (*télinga*), aisselle. 2° *adj. de* சங்கம்:—க்குழையோன் Siven.

சங்கங்குப்பி,(*சங்கு,அம்*), l'arbuste பீநாறி volcaneria inermis. [கு.

சங்கஞ்செடி,(*id*), l'arbrisseau சங்

*__சங்கடம்__, சங்கட்டம், (sankata), chemin—, lieu étroit, défilé, étroitesse, rétrécissement, molestation, gêne, difficulté, peine, embarras, trouble, radeau de poutres de bois, première porte d'entrée: சங்கடப்படுகிறது,—ப்படல் être molesté, gêné, embarrassé.

*சங்கடாக்ஷம், சங்கடாட்சம்,(சங்கடம், அக்ஷம்), clignotement des yeux, fermer les yeux.

சங்கடை, (சங்கடம்), temps—, douleurs de la mort.

*சங்கதம்,(sangata),amitié,union, réunion, adhésion. rapport, accord, conjonction de planètes, langage prétendu des dieux, sanscrit, plainte, procès, affaire: — இடுகிறது, — பண்ணுகிறது se plaindre, —ஆய்க்கிடக்கிறது la plainte être déposée devant la caste; — ஆய்க்கூட்டுகிறது la caste se réunir pour juger un procès, une plainte; — தீர்க்கிறது juger un procès, une plainte, terminer un affaire.

*சங்கதி. 1° (sangati), réunion,assemblée, mélange, suite. 2° histoire, nouvelle, article, cas, matière, sujet, circonstance, affaire, contenu d'un écrit, chose litigieuse: விசுவாசத்தின்சங்கதிகள் articles de foi.

*சங்கதை,(sangatâ), *V.* சங்கதி.

சங்கத்தவர்கள்,1° (சங்கம்),assemblée de gens nobles,la noblesse,personnes de haut rang. 2° *ou*

சங்கத்தார்,(*id*), membres d'une assemblée, d'un conseil, d'une académie, sénateurs, académiciens, —de Maduré, confrères.

*சங்கபதம், (sankha), un des 18 codes de lois des Indiens dit aussi சாங்கம்.

சங்கபுஷ்பி,ellébore blanc,la plante exotique கடுரோகிணி.

*சங்கம, *obl. de* சங்கமன் *et de*

*சங்கமம், 1° (sangama), union, assemblée, foule, rencontre, jonction, mélange, confluent de rivières et particulièrement de 2 fleuves réputés sacrés, *v.g.* le Gange et un autre, conjonction de planètes, copulation,espèce de vers,réunion des esprits, esprits qui se rencontrent. 2° (djangama),mobilité, instabilité, créature vivante. —qui marche par opposition aux plantes.

*சங்கமன், *pl.* சங்கமர், (சங்கமம்), linganiste, sectateur de Siven de la secte dite வீரசைவர், congréganiste: சங்கமக்குரு le gourou de cette secte; —ரூபம் une des formes de Siven.

சங்கமாண்டி,(சங்கமம்,ஆண்டி), certaine caste d'ஆண்டி.

*சங்கமாராதனை, சங்கமார்ச்சனை, (சங்கமன், ஆராதனை, அர்ச்சனை),donner du riz cuit aux pandarams ou aux linganistes.

சங்கமேந்தி, (சங்கம்,ஏந்தி), celui qui tient une conque à la main, *i.e.* Vichnou.

*சங்கம்,1° (sanga), union société, assemblée,réunion,association, rencontre, concile, congrégation,poète, académie, réunion de poètes, —de savans, copulation, coït, confluent de rivières,désir. 2°(sangha),troupe, foule multitude. 3°(sankha),conque, grand coquillage, un des 9 trésors de குபேரன், front,os frontal, 10 ou 100 trillions, (ou plutôt) 10 quatrillions, corps d'armée composé de 3 சமுத்திரம். 4° (djanghâ), jambe, os antérieur de la jambe. 5° (tchanga), beauté,homme habile,expérimenté. 6° *P.* சங்க, aisselle. 7° les 2 espèces d'arsenic dites சங்கபாஷாணம் et தாலம்பபாஷாணம். 8° *adj. de* சங்கு,de monetia: —ஆய்க்கூடிப்போகிறது se rassembler, aller en corps,—en foule,réunis par castes ou familles;—ஏறியநூல், —கண்டநூல் livre approuvé par une académie;—கூடுகிறது,(une assemblée...) se réunir,tenir sa séance; — பண்ணுகிறது s'accoupler; — பட்டை, — பழம் écorce—,baie de monetia; — பழம் போலக்கொப்புளிக்கிறது des pustules se former pareilles aux baies du monetia;—பழம்போலஅவன்கையெல்லாங் கொப்புளித்துப்போயிற்று ses mains sont toutes couvertes de pustules blanches comme les baies du monetia;—மருவியநூல் livre reçu, —usité parmi les académiciens; —மருவினோர் les savans,les membres de l'académie; — வாங்கி entremetteur,entremetteuse,maquereau, maquerelle; — வாங்குகிறது ménager une entrevue, procurer une femme pour le crime, *ou* — வாங்கிக்கொண்டு திரிகிறது faire le métier d'entremetteur;—வேர் racine de monetia; சங்கக்கூலி salaire d'entremetteur; —சீவி portier; —ச்செய்யுள் vers composés ou approuvés par les académiciens, vers dignes d'eux;—தாணம் sac —, bissac qu'on porte sous le bras ou pendu à son épaule; — ஆரதன் entremetteur;—தோஷம் mal qui se fait en compagnie, mauvaise compagnie, péché de scandale;— த்தமிழ் tamoul clair, — des académiciens; — த்தலைவன் chef d'une assemblée, d'une académie... (surnom de) குமரன்;—த்திராவகம் liqueur spiritueuse obtenue par la distillation et qui peut dissoudre les conques;—த்தொனி,—நாதம் son intérieur —, son des conques;—நிதி or qui ressemble aux conques;—நிவர்த்தி éclaircissement—, raisons et preuves données à une assemblée; — பாஷாணம்,— பாடாணம் l'arsenic naturel தாலம் பபாஷாணம்;—பாணி, *V.* சங்கமேத்தி;—பாலன் un des 8 serpens fabuleux qui supportent le monde, le serpent Sankha;—ப்பலகை planche de l'académie de Maduré, — fabuleuse placée sur l'étang prétendu sacré de cette ville et qui servait de siége aux académiciens ou aux savans; elle s'étendait ou se rétrécissait selon leur mérite; il y en avait 49 assis dessus lorsque le célèbre poète திருவள்ளுவர் se présenta et quoique Vallouven il eut la meilleure place parmi eux;—ப்புலவர் les poètes d'une académie, les académiciens (de Maduré...)

சங்கரகம், (சங்கம்). propre—, règle d'une assemblée, abrégé.

*சங்கரகிதம், (சங்கம், இரகிதம்), exemption de tout attachement, indifférence stoïque, divergence, défaut d'union.

*சங்கரகிதன், (*id.*), homme libre de tout attachement, indifférent, qui a quitté toute société.

*சங்கரம். 1° (sankara), mélange, confusion, méprise, poussière, balayures, tas, — d'ordures. 2° (sangara), guerre, bataille, commerce, poison, infortune, peine: சங்கரசங்கேதம் dilemme; சங்கரசாதி caste mélangée, — formée du mélange des hautes castes et des basses et qui n'est pas comprise dans les quatre primitives. On en distingue de 2 sortes: யோனிசங்கரம் caste ainsi formée par naissance et ஆசாரசங்கரம் caste ainsi formée par la conduite de ses membres; — பின்னம் nombre fractionnaire où un entier est suivi d'une fraction comme 3 1/2.

சங்கரர், (சங்கரம்), guerriers, combattans.

*சங்கரன், (sankara), Siven, un des 11 Routtirers, homme né de gens de différentes castes: — ஐம்முகம் les 5 visages prétendus de Siven.

*சங்கராசாரியர், (சங்கரன், ஆசாரியன்), célèbre gourou et docteur de la philosophie dite வேதாந்தம், fils de அரசியார் fille de நீலகண்டஆசாரியர்; on le nomme encore சண்மதஸ்தாபனுசாரியர் pour avoir soutenu les 6 sectes indoues. On rapporte de lui des choses mémorables.

*சங்கராதனம், (சங்கரன், ஆதனம்), position qui consiste à plier les 2 jambes, réunir les 2 pieds, et se tenir sur les 2 jambes.

*சங்கராபரணம், (சங்கரம், ஆபரணம்), air propre au வெண்பா.

*சங்கரி, 1° *f. de* சங்கரன், Pârvadi. 2° *imp de* சங்கரிக்கிறது.

சங்கரிகம், *V.* சங்கரகம்.

சங்கரிக்கிறது, ரித்தேன், ரிப்பேன், ரி, ரிக்க, *v.a.* (சங்காரம்), détruire, tuer, massacrer.

சங்கரித்தல், சங்கரிப்பு, *n.v. du préc.* destruction, meurtre.

*சங்கரீகரணம், (சங்கரம். கரணம்). trouble, confusion, révolte, mélange de caste, péché contre nature.

*சங்கரீகிருதன், (சங்கரம், கிருதம்) homme vil, dégradé, réduit à l'état de caste mêlée, chassé de sa caste.

*சங்கருடணம், (samkarchana), action d'attirer, de tirer, de labourer.

*சங்கருடணன்,(*id.*), பலபத்திரன் qu'on suppose avoir été tiré étant embryon du ventre de Dèvaki et mis dans celui de Ròhini.

*சங்கருடம், (sangharcha), envie, émulation, rivalité, opposition.

*சங்கரேகை, (சங்கம், இரேகை), lignes ou spirales de conques.

*சங்கலம், 1° (sankala), addition, foule, troupe, union, amitié. 2°(djangala), désert, forêt, chair.

*சங்கலனம், (சங்கலம், na), addition, mélange, union, tas, monceau.

சங்கலார், (சங்கு, அல்லார்), ennemis.

*சங்கலிதம், (சங்கலம், ita), addition, sorte de compte, progression, mélange, un des 18 traités ou codes de lois: சங்கலிதசங்கலிதம் sorte de

*சங்கல்ப்பம், *P.* சங்கற்பம். [compte.

*சங்கவர்ச்சிதம், (சங்கம், வருச்சித்தல்), détachement de tout attachement au monde.

சங்கவாசிதம், (*id.* வாசிதம்), salut, obtention du paradis.

சங்கவை, planche qui couvre un puits en terre: —க்கிணறு puits couvert de planches.

சங்கறுப்போர், (சங்கு, அறுக்கிறது), ceux qui coupent les conques et en font des ornements, —des bijoux. [ussite à souhait.

*சங்கற்பசம், (சங்கற்பம், சம்), ré-

*சங்கற்பம், (sankalpa), volonté, volition, résolution, détermination, dessein, désir, vœu solennel, déclaration de ses desseins, espérance: சங்கற்பசம்பவம் obtention de ses désirs: —சம்பவன், —சம்பன், —சன், —சன்மன், — பவன், —யோனி, *V.* சங்கற்பவன்; சங்கற்பஞ்சொல்லுகிறது, —பண்ணுகிறது, *ou*

சங்கற்பிக்கிறது, பித்தேன், பிப்பேன், பி, பிக்க, *v.a.et n. et* சங்கற்பித்தல், *n.v.* (சங்கற்பம்), *ou* சங்கற்பித்துக்கொள்ளுகிறது, résoudre, prendre la résolution, faire vœu, se déterminer, déclarer solennellement.

*சங்கற்பவன், (சங்கற்பம்), Kâmen, le Cupidon indien, qu'on dit né de la volonté. [veine, tendon.

*சங்கன்னம், (சம், கன்னம்), nerf,

*சங்காகாரிகன், (djanghâ *jambe*, kârikâ *profession*), courier, avant-coureur.

*சங்காசம், (sankâsa), comparaison, similitude, amitié, compagnie.

சங்காடுகிறது, (சங்கு), polir une toile avec une conque

*சங்காதம், 1°(sanghâta), réunion, foule, plante toute entière, destruction, meurtre, espèce de danse dans laquelle on saute 5 fois les pieds joints, phrase, composition des mots, formation des mots composés. 2° (sanhâta), un des 21 enfers des Indous.

*சங்காத்தம், (சங்கம். ஆத்தன்), amitié, familiarité, union: —பண்ணுகிறது faire amitié.

*சங்காத்தி, *m. et f.* (*id.*), ami, amie, compagnon, compagne, associé, sectateur, partisan.

சங்காமரம், espèce d'arbre.

சங்காயிரமுறு, (சங்கு, ஆயிரம்), épithète du வலம்புரி, qui a 1000 conques pour escorte.

*சங்காரம், (sanhâra), destruction, ruine: —பண்ணுகிறது détruire, ruiner, massacrer; சங்காரகத்தா le dieu destructeur, Routtiren ou Siven: —காலத்துப்பு sel d'urine, —fort et âcre; — க்கிரமம் ordre détruit, — dans la destruction. [sacreur.

*சங்காரன், (*id.*) destructeur, mas-

*சங்காரி, 1°(sankâri), nouvelle mariée. 2° la plante குதிரைவாலி convolvulus. 3° *imp.de*

சங்காரிக்கிறது, *P.* சங்கரிக்கிறது.

சங்காரித்தம், un des 7 nuages de la fable, celui qui répand des fleurs. [pidité.

*சங்காலம், (djanghâ *jambe*, la), ra-

*சங்காவியம், சங்காவேசம், (சங்கை, வியம், ஆவேசம்), trouble —, étourdissement qui vient de la frayeur; — கட்டுகிறது être étourdi, — troublé par la crainte.

சங்கிக்கிறது, கித்தேன், கிப்பேன், கி, கிக்க, (சங்கை), *v. n.* honorer, respecter,craindre,douter, soupçonner, révoquer en doute, objecter, contester,s'informer.

*சங்கிதை,(sanhitâ), histoire, légende,compilation,abrégé.

சங்கித்தல்,சங்கிப்பு,*n.v. de* சங்கிக்கிறது, honneur, respect, crainte, doute,etc... [compte.

*சங்கியை, (sanghyâ), nombre,

*சங்கிரகணம், (சம், கிரகணம்), acceptation,action de prendre, espérance, commerce charnel, paroles qui s'y rapportent.

*சங்கிரகம்,(சம், கிரகம் *prise*),abrégé,sommaire, hauteur,élévation, conservation, garde, consentement, collection, rondeur,fermer le poing, bataille à coups de poing, (சங்கிரம், ka), forêt: சங்கிரகக்கூர்மை sel de mer;சதுர்வேத—,abrégé des 4 vêdas

சங்கிரகிக்கிறது, கித்தேன்,கிப்பேன்,கி,கிக்க,*v.a.*(சங்கிரகம்), abréger, raccourcir, faire un abrégé, suivre son cours. [cours,marche.

சங்கிரகித்தல்,*n.v.du préc.* abrégé,

சங்கிரதம்,(சங்கு, இரதம்), entrevue—,réunion d'amans.

*சங்கிரந்தனன்,(சம்,கிரந்தனம்), celui qui fait pleurer les gens, *i. e.* Indiren.

*சங்கிரமணம், (tchankramana), marche,—tortueuse ou lente.

*சங்கிரமம்,(சம்,கிரமம்), passage du soleil à travers le zodiaque, marche des astres,fin d'un mois et commencement d'un autre, mélange, cours—, passage difficile, expédient (pour l'effectuer),voie détournée:சங்கிரமசாதி caste mélangée;— த்துருவம் partie fractionnaire de la semaine où commence le nouvel an.

சங்கிரமிக்கிறது, மித்தேன்,மிப்பேன்,மி,மிக்க,*n.v.*(சங்கிரமம்),(le soleil et les autres astres)passer d'un signe dans un autre.

சங்கிரம்,forêt:சங்கிரபுரி bourg de bergers,pays de forêts.

*சங்கிராந்தம், சங்கிராந்தி,(சம், krânta,krânti *passage*), passage d'un lieu dans un autre,passage du soleil d'un signe dans un autre à commencer par son entrée dans le Bélier qui s'appelle மேஷசங்கிராந்தி et ainsi des autres,(et par conséquence) fin—,commencement du mois solaire, (spécialement) passage du soleil du Sagittaire au Capricorne; alors le soleil commence à revenir vers nous et les payens célèbrent le பொங்கல், fin de l'année.

*சங்கிராமம்,1°(sangrâma),guerre, combat.2°(sankrâma),chemin sur les montagnes: சங்கிராமசூரன் grand guerrier, héros; — விலக்கணம் le 34me des கலைக்கியானம் la tactique —,l'art militaire.

*சங்கிரீடனம், சங்கிரீடமானம், (sankridana, sankridamâna), jeu, amusement. [ge, le sanscrit.

*சங்கிருதம்,(சம், கிருதம்), mélan-

*சங்கிலி, (*P.* சிருங்கலம்), chaine (pour lier,orner ou mesurer), fers,entraves,suite,enchainement,liaison:—க்கொத்து deux ou plusieurs rangs de chaines,double ou triple chaine·—போடுகிறது mettre une chaine, enchainer; -ப்பின்னல் chainon—,entrelacement d'une chaine;— ப்பூட்டு agrafe d'une chaine,erreur.méprise; —மடிப்பு tour —, pli d'une chaine (mise en 2,en 3...) autour du cou etc...; —யிசைப்பு entrelacement —, combinaison d'une chaine; — வடம் chaines unies ensemble,chaine pour trainer un char d'idole; — வலயம் chainon,anneau de chaine.

சங்கிலீகரணம், (சங்கு,இலி), accouplement—,péché contre nature.

சங்கிலிதம்,*P* சங்கலிதம்.[monetia.

சங்கிலை, (சங்கு, இலை), feuille de

சங்கிற்கூர்மை, *V.* சங்கிரகக்கூர்மை,autre sel dit பிடாலவணம்.

*சங்கினி,(sankhini), femme irascible et à fortes passions, c'est une des 4 espèces de femmes,*V.* பெண்ரவகை,un des 10 nerfs ou pouls du corps humain, qui réside, selon les Indiens,dans les parties naturelles.

சங்கின்,*gén. de* சங்கு: — குடிபோன் *ou* — கொடிபோன் scarabée de couleur d'or; — பின்ளை perle, fruit d'une conque.

*சங்கீதம், (சம்,கீதம்), musique, cantique,hymne,psaume, hymne—, chant accompagné d'instrumens, concert, harmonie: — பாடுகிறது chanter un hymne...; —முழங்குகிறது en chanter avec accompagnement de musique; சங்கீதகோலாகலன்,(கோலாகலம்), V. சங்கீதலோலன்;—க்காரன் chantre, musicien;—சாயித்தியம்,—ப்பரிட்சை exercice de la musique; — சாஸ்திரம் science de la musique;—மேளம், — வாத்தியம் musique vocale et instrumentale, instrumens de musique; —லோலன், (உலோலம்), amateur du chant,— de la musique.

*சங்கிதி, (சங்கீதம்), science de la musique,conversation.

*சங்கீரணம், 1°(sankirna),mélange, malpropreté, impureté, presse, étroitesse,sorte de fig.de rhét.,assemblage de diverses figures dans une phrase,mais différent d'un mélange de métaphores. 2°(sangîrna),promesse,consentement.

சங்கிர்தம்,சங்கிர்த்தம், règle pour l'union—,union—, contraction des voyelles de 2 mots qui se rencontrent,copulation.

*சங்கீர்த்தனம், (சம், கீர்த்தனம்), louange, célébration, manifestation: —பண்ணுகிறது célébrer,louer,déclarer,(surtout) louer Dieu, chanter ses louanges.

*சங்கு, 1° P. சங்கம்,conque, grand coquillage, voluta ryrum, bracelet fait de coquillage, jambe, péroné, front,os frontal, copulation, union. 2° (sankou), gnomon ou aiguille de cadran,un certain nombre,arme,instrument. 3° l'arbrisseau monetia barlerioides,dont l'adj.est சங்கம்:—காசம் sorte de mal d'yeux: —க்கீரை sorte d'herbe potagère:—சக்கரம் la conque et l'arme circulaire de Vichnou, raies en forme de spirales de conque, lignes en forme de cercle, taches de la tête déployée du serpent capelle;—சக்கரக்கடுக்கன் pendant d'oreilles rond à l'usage des Vichnouvistes et qui représente la conque et le sakram de Vichnou; —க்குளி,—ச்சலாபம் pèche des conques: —ச்சுரி spirale de conque, clou à vis:— ச்சுரை clou à vis,courge en spirale; — திரி spirale des conques et coquillages;—திருகி instrument pour couper les conques,tire-bouchon;—த்தாலி bijou,tâli en forme de conque (usité parmi les femmes de pêcheurs); — த்துவாரம் trou du gnomon; —நாதம் son d'une conque;—நாதிக்கிறது, — நாதித்தல் sonner de la conque,souffler dedans;— புட்பம் la plante ஞாழல் cassia;— ப்புரி spirale de conque; — மடப்பளி nom d'une caste;— மணி chapelet ou collier de grains—,grain de conque; — மறை religion pure et claire; —முத்து perle formée dans une conque; —வளையல் bracelet de conque;—வெள்ளை enduit de chaux fine,—de chaux de coquillage,beau blanc; —வெள்ளையடிக்கிறது stucquer, mettre la chaux fine.

*சங்குட்டம்,சங்குஷ்டம்,(sanghouchta),écho, retentissement.

சங்குமரு,l'arbre வேம்பு melia.

சங்குருளை,(சங்கு,உருளை), tortue.

*சங்குலம், 1°(sankoula),assemblée, foule,guerre, combat, réplique,réponse contradictoire. 2° (djangoula), poison.

சங்கூடம்,(sangoûdha),monceau, tas,pile,abrégé.

சங்கூதி,(சங்கு, ஊதுகிறது), celui qui sonne de la conque, un des 18 serviteurs de villages.

சங்கூதுகிறது, (id.)sonner de la —,emboucher la conque.

சங்கூபிலம், un des 18 சிதபுராணம்.

சங்கூமச்சி, (சங்கு,ஊமச்சி), espèce de conque ou de coquillage, cymbium.

*சங்கேதம்,(sankèta), engagement, accord,condition,signe, marque,complot, conjuration, convention—,assemblée séditieuse, plan, dessein, V. குழூஉக்குறி: சங்கேதா

ட்டார்த்தம் proposition conditionnelle;—அநுமானம் syllogisme conditionnel: உன்சங்கேதத்துக்குஎன்னையிழுக்கவேண்டாம் ne cherchez pas à m'attirer à votre dessein.

*சங்கை,1° (sankâ), doute incertitude, peur, crainte, appréhension, terreur. 2° P. சங்கியை, nombre. 3° honneur, respect, estime, égard, usage, coutume, gingembre sec:—க்காரன் homme honorable, respectueux;—க்கேடு déshonneur;—செய்கிறது, —பண்ணுகிறது honorer, respecter;—சனம் cérémonie du lendemain des funérailles;—த்தாழ்ச்சி déshonneur;—பொருந்திய honorable, respectable; — யற்றுப்போகிறது,— யில்லாமற்போகிறது la peur —, le doute se dissiper, le respect se perdre;—யாயிருக்கிறது être vénérable;—யீனம் déshonneur, affront; —யீனன் homme vil,— déshonoré; அதுக்குச்சங்கையில்லை il n'y a pas de doute à ce sujet; அவனுக்குஅவள் விதவையென்கிறசங்கையில்லை il n'a pas le moindre soupçon qu'elle soit veuve; மாறாத—usage constant,—inviolable. [honorable.

சங்கைமான், (சங்கை), homme

*சங்கோசம், 1° honte, pudeur, modestie, timidité, retenue, éblouissement, chatouillement. 2° *(sankôtcha), action de fermer, de clore, contraction, artifice, safran: சங்கோசக்காரன்,— க்காரி timide, honteux, modeste, pudique; —ப்படுகிறது, சங்கோசமாயிருக்கிறது être honteux, timide etc... ;—விட்டால்சங்கையுமில்லை si l'on abandonne la modestie, il n'y a plus d'honneur.

சங்கோசை, சங்கோதை, (சங்கு, ஓதை, ஓசை), son d'une conque.

*சங்கோபனம், (sangôpana), cachette, recèlement, secret.

*சங்க்ஷேபம், சங்க்ஷேபணம், (sankchêpa, na), abrégé, sommaire, récapitulation.

சங்க்ஷேபிக்கிறது, பித்தேன், பிப்பேன், பி, பிக்க, v. a. (சங்க்ஷேபம்), abréger, faire un extrait.

சங்ஙியை, P. சங்கியை.

*சம்சயம், (samsaya), V. சமுசயம்.

*சம்சாரம், (samsâra), V. சமுசாரம். சாரம்.

*சம்ஸ்காரம், (samskâra), V, சமஸ்

*சம்ஸ்கிருதம், (samscrouta), le sanscrit. [de la lune.

*சசம், (sasa), lièvre, lapin, tache

*சசலம், (ச, avec, சலம்), humidité.

*சசவிஷாணம், சசவிஷாணம், (சசம்), corne de lièvre, i.e. chose imaginaire, —improbable,—extraordinaire.

*சசாங்கம், (சசம், அங்கம்), l'astre qui a des taches, i.e. la lune.

*சசி, 1° (satchi), Sasi ou Indrâni, femme d'Indiren, amitié, union. 2° (sasi), lune. 3° camphre: —கடம் pluie;—சேகரன் Siven qui, au dire des Indous, porte la lune sur sa tête; —தரன் Siven, Vinâyaguen; — தரி Parvadi, V. சந்திரன்; —த்துருவம் place de la lune, longitude de la lune au lever du soleil pour le commencement du பஞ்சாங்கவாக்கியம், longitude de l'apogée de la lune au même instant; la lune est supposée être à l'apogée; —தேகம் disque de la lune. demi diamètre apparent de la lune;—கேந்திரம் anomalie de la lune; —ப்புடம் longitude vraie de la lune;—பதி,—மணாளன் l'époux de Sasi, i.e. Indiren;—லேகை doigts de la lune.

*சஸியம், 1°(sasya), fruit, grain en général, blé, moisson,—en herbe. 2° l'arbre மராமரம் ou ஆச்சா, les plantes கஞ்சா et நிலப்பனை.

*சஸியாதிபன், (சஸியம், அதிபன்), l'astre qui fait croître les moissons; il change tous les ans, au dire des Indous, qui le marquent dans l'almanach.

*சசிவன், (satchiva), ami, ministre.

*சசீசன், (சசி, ஈசன்), le maitre prétendu de la lune, i.e. Siven.

*சசேதனம், (ச), intelligence, connaissance.

*சசேலம், (id.) habit: சசேலஸ்நானம் bain pris avec ses habits.

அங

சச்சடம், nénuphar, nelumbium.

சச்சடி, mélange, fracas—, tracas—, ennui que cause une foule de monde.

சச்சம், vérité.

*சச்சரவு, P. சருச்சரை, 1° V. சச்சரை et சச்சடி 2° censure: — உண்டாகிறது une querelle s'élever, — exister.

சச்சரி, sorte d'instrument de mu-[sique.

*சச்சரை, P. சருச்சரை, querelle, dispute, rixe, dissension: — படுகிறது se quereller, être en dissension, ou — பிடித்தல் quereller.

சச்சற்புடம், 1er des 5 தாளம் ou manières de battre des cymbales en mesure, *V. au mot* தாளம்-ஞ.

*சச்சனம், (sadjdjana), garde, sen-[tinelle.

*சச்சிதம், 1° (sadjdjita), se revêtir, s'armer, décoration. 2° (*சத்து, சித்து*), sagesse.

*சச்சிதானந்தம், (*id.* அனந்தம் *ou* ஆனந்தம்) la sagesse infinie, la cause—, l'auteur de la sagesse, l'être suprême source d'existence, de sagesse et de bonheur.

*சச்சிதானந்தன், (*id.*), celui qui est la sagesse infinie etc... *i.e.* Dieu, (et à tort), Brama.

சச்சு, bruit, tumulte d'une foule —, foule de monde, modicité, peu, chose perdue, bec d'oiseau, la plante திரிச்சுண்டி: சச்சாயிருக்கிறது être en foule, — pressé par la foule; சச்சாயிருக்கப் பேசிக்கொண்டிருக்கிற haranguer le peuple réuni; சச்சுநாணயமாயிருக்கிறபணம் argent —, fanon usé; இதுசச்சோ est-ce peu de chose que ceci?

*சஷ்ட, (chachta), sixième.

*சஷ்டி, (chachti), le 6me jour après la nouvelle lune ou la pleine lune, six, soixante.

சஞ்சடி, V. சச்சடி.

சஞ்சம், (*télinga*), ceinture.

*சஞ்சயம், (santchaya), foule, monceau, tas, quantité: சஞ்சயவாதம் livre d'une certaine secte.

*சஞ்சயனம், (santchayana), cérémonie funèbre—, action de recueillir les os d'un corps brûlé et de les asperger de lait.

*சஞ்சயன், (sandjaya), Sangsayen, un des disciples de Viasen et diseur de bonne aventure des Pandouvers.

*சஞ்சரம், (santchara), corps, meurtre, route, défilé, lieu étroit.

*சஞ்சரி, (tchantchari), abeille.

*சஞ்சரிகம், (சஞ்சரி, ka), grosse abeille noire, scarabée noir.

சஞ்சரிக்கிறது, ரித்தேன், ரிப்பேன், ரி, ரிக்க, *v. n.* (சஞ்சாரம்), demeurer, habiter, séjourner, rôder, cohabiter, vivre avec, fréquenter: அவனோடே சஞ்சரிக்கிறதரிது il est difficile de vivre avec lui.

சஞ்சரித்தல், சஞ்சரிப்பு, *n. v. du préc.* séjour, fréquentation, demeurer ensemble.

*சஞ்சரீகம், V. சஞ்சரிகம்.

*சஞ்சலம், (tchantchala), émotion, agitation, fluctuation d'esprit, inquiétude, chagrin, tristesse, déplaisir, trouble, malaise, incertitude, embarras, vent, éclair, tremblement, lait qu'on porte au bûcher funèbre; — உண்டுபண்ணுகிறது troubler, chagriner; — ஆயிருக்கிறது, V. சஞ்சலிக்கிறது; சஞ்சலக்காரன் homme mélancholique, inquiet, dont l'esprit se trouble facilement, embarrassé de beaucoup de choses; — த்துவம் inquiétude, chagrin, inconstance, irrésolution; — புத்தி esprit inquiet, chagrin, irrésolu; — ப்படுகிறது, V, சஞ்சலிக்கிறது; — வோசை voix tremblante.

*சஞ்சலனம், (சஞ்சலம், na), tremblement (de crainte).

சஞ்சலிக்கிறது, லித்தேன், லிப்பேன், லி, லிக்க, *v. n.* (சஞ்சலம்) se chagriner, s'inquiéter, se troubler, être triste, affligé, irrésolu.

*சஞ்சலை, (tchantchalâ), éclair, poivre long, Lakchmi: — சிவகன் topaze.

*ஜஞ்சனம், (djhandjhana), bruit [de bijoux.

*சஞ்சனனம், (சம்), action d'engendrer.

*சஞ்சன், (sandja), le Créateur, (et à [tort) Brama.

சஞ்சாயம், salaire d'un journalier, partie du produit d'un champ qu'on donne aux cultivateurs, *v. g.*

40 ou 50 pour cent, *V.* இலவசம்: — ஆயேற்றுக்கொள்ளுகிறது prendre à prix fait, à ferme, pour une part du revenu; —ஆய்விடுகிறது donner à prix fait, —à ferme, moyennant une partie du produit.

*சஞ்சாரகன், (santchâraka), guide, conducteur, instigateur.

*சஞ்சாரணம், (santchârana), instigation, conduite.

*சஞ்சாரம், (சம், சாரம்), séjour, habitation, cohabitation, société, fréquentation, familiarité, course, allées et venues, vagobondage, foule, troupe, monter la gamme, maladie contagieuse, *V.* நாசரத்தினம்: சஞ்சாரப்பிணம், —ப்பிரேதம் ermite, personne morte au monde, qui vit dans l'obscurité; சஞ்சாரம்பண்ணுகிறது, —செய்கிறது habiter, cohabiter, vivre avec; அங்கேமனிதசஞ்சாரமில்லை c'est un lieu inhabité, —non fréquenté des hommes; இந்த வீட்டிலெலிச்சஞ்சாரமெத்த il y a beaucoup de rats dans cette maison.

*சஞ்சாரன், (சஞ்சாரம்), l'habitant du corps, *i.e.* l'âme, la vie.

*சஞ்சாரி, (*id*), habitant, qui fréquente, vagabond இவன்ஒருதேசசஞ்சாரி c'est un coureur, —vagabond.

*சஞ்சாரிகன், (*id.*ika), messager, envoyé, entremetteur. [entremetteuse.

*சஞ்சாரிகை, *f. du préc.* messagère,

*சஞ்சாரவாதம், சஞ்சாரனிலம், (சஞ்சை, அநிலம், வாதம்), ouragan, grand vent accompagné de pluie. [bée.

சஞ்சாரிகம், *P.* சஞ்சரிகம், scara-

*சஞ்சிதம், (santchita), ce qu'on a amassé, amas, collection, mal qui s'est attaché à quelqu'un, —qu'il a commis.

*சஞ்சிந்தனம், சஞ்சிந்தியம், (சம், சிந்தனை), réflection, délibération, méditation. [nexion, association.

*சஞ்சிலேட்டுமம், (சம்), union, con-

*சஞ்சீவகரணி, (சம், சீவம்), tamarinier, remède à l'évanouissement, —qui procure une longue vie.

சஞ்சீவனம், (சம்) animation, rappel à la vie, résurrection.

*சஞ்சீவனை, சஞ்சீவினி, (*id.*, சீவனம்), remède qui dissipe l'évanouissement ou la léthargie et procure une longue vie. achée, ver de terre.

*சஞ்சீவி, (*id.* சீவி), la plante சீந்தில், Raphaël, *ou* சஞ்சீவிமூலி, *V.* சஞ்சீவனை.

*சஞ்சு, (tchantchou), ricin, ressemblance, *ou* [seau.

*சஞ்சுகை, (சஞ்சு, kâ), bec d'oi-

சஞ்சுபம், சஞ்சுவம், préparatif, harnais d un cheval, cordages —, équipement d'un vaisseau, munitions, provisions de guerre etc...

*சஞ்சுவிருதம், (சஞ்சு, bhrout *qui possède*), oiseau.

*சஞ்சூரியமாணம், (tchantchoûryamâna), être porté —, adonné au mal.

சஞ்சேபம், *P.* சங்க்ஷேபம், abrégé, marque, riz cuit, dispute. [றது...

*சஞ்சேபிக்கிறது. *P.* சங்க்ஷேபிக்கி

*சஞ்சேயம், (santchêya), ce qu'on a amassé, collection. [grand bruit.

*சஞ்சை, (djhandjhâ), grande pluie,

*சடகம், 1°(tchataka), passereau. 2° (tchachaka), vase à boire, arack, miel.

சடக்கு, (*son imitatif*), சடக்கென்கிறது, —எனல், rendre ce son, se hâter: — ச்சடக்கென்கிறது, — ப்புடக்கென்கிறது, rendre ce son à 2 ou diverses reprises.

சடக்கோதன், l'herbe வசம்பு.

சடங்கம், 1° cérémonie, paquet de voyage, hâvresac, occupation, affaire, serrure, crochet. 2° *(chach *six*, அங்கம்), les 6 membres, (*V. au mot* சடாங்கம்), 6 parts, 6 ingrédiens, 6 sciences ou parties supplémentaires des Vêdas. (savoir: grammaire prosodie, astronomie, prononciation, sens des mots inusités et rituel de la religion indoue), *V.* ஆறுசாஸ்திரம்: சடங்கம்போடுகிறது faire un paquet; சடங்கத்திலேபோட்டுக் கட்டுகிறது mettre et lier ensemble dans un sac.

சடங்கு, cérémonie, rite extérieur, solennité, formalité, action: — செய்கிறது faire une cérémonie; — அறுக்கிறது, —முடிக்கிறது la finir.

சடசட, (*son imitatif*) சடசடென்கி

றது,சடசடப்பு,faire sadhasadha,—du bruit,rendre un son répété.

சடசிதி,un யோகம். [தைவு.

*சடதி, (tchachati), infirmité, V. சி

சடபுடக்கிறது,சடபுடத்தல், சடபுடாவென்கிறது, சடபுடென்கிறது, rendre le son de *sadhapoudha*, faire du bruit.

*சடம், 1° (djada), ce qui n'a pas d'esprit, stupidité, bêtise, corps, un des feux du corps, mensonge, fausseté, sévérité, cruauté, racine—, pied d'arbre. 2° (chach), six: —விழுந்து போகிறது mourir: சடசீவி être corporel; சடத்தீ les 6 feux, *i. e.* காமம் etc ..; சடத்துவம், —த்தன்மை corporalité, matérialité; —திறம் espèce de pierre noire; —பதார்த்தம், V. சடவத்து; —ப்பால் lait de femme; —லட்சணம் caractère d'un corps matériel et fantastique, *i. e.* s'ignorer soi-même et son créateur; —வாதி matérialiste; —விம்சதி six vingts, cent vingt; சடமுள்ள, சடத்துக்கடுத்த corporel, matériel; சடமின்மை immatérialité.

*சடரம்,(djathara), ventre: சடரச்சுவாலை mal de ventre, colique, V. சடராக்கினி; —யாதனை douleurs de l'enfant dans le ventre de sa mère, douleur de l'enfantement.

*சடராக்கினி, (சடரம், அக்கினி), feu—, chaleur du ventre, —de l'estomac, faim.

சடராமயம், (*id.* ஆமயம்), hydropisie, eau dans le ventre.

*சடர், *pl. de* சடன்.

சடலம், corps: சடலபுடலம் *ou* சடலை, ce qui est gros.

*சடவத்து,சடவஸ்து,(சடம், வஸ்து), être corporel, — inintelligent.

சடவுப்பு, (*id.*), sel d'urine. [idiot.

*சடன், (*id.*), ignorant, imbécille

*சடாங்கம், 1° (சடம், அங்கம்), les 6 membres du corps (savoir: les 2 pieds et les 2 bras, la tête et la poitrine. 2°(சடை, அங்கம்), lion.

*சடாசுவாலம், (சடை, சுவாலை), flambeau.

*சடாகுடம்,(சடை),épaisse chevelure emmêlée ou tressée, chevelure, —de Siven, longue tresse de cheveux. [*lie*),Siven.

*சடாடங்கன், (சடை, tanka *qui*

*சடாடவி,(சடை, அடவி), épaisse chevelure emmêlée, forêt de cheveux entrelacés. [prière de குமரன்.

*சடாட்சரம், (சடம், அக்ஷரம்),

*சடாட்சரன், (*id.*), குமரன் ou Soupramanien. [di,prière de Satti.

*சடாட்சரி, (*id.*), உமை ou Parva-

*சடாதரம், (சடை), l'arbre அரிநெல்லி.

*சடாதரன், (*id.*), celui qui porte une longue chevelure, Siven, Virapattiren, richi, *V.* சடாதரம்.

*சடாதரி,(*id.*), *V.* சடாதாரி. [தாரம்.

*சடாதாரம், (சடு *six*), *V.* ஆறு

*சடாதாரி, (சடை), celui —, celle qui porte une longue chevelure entrelacée, Siven, Parvadi, l'herbe கொடியாள்கூந்தல்.

*சடாபலம், (*id.*), palmier.

*சடாபாரம், (*id.*), poids d'une longue chevelure—, chevelure entrelacée. [longues tresses de cheveux.

*சடாமகுடம், (*id.*), couronne de

*சடாமகுடன், (*id.*), Siven ainsi couronné.

*சடாமாஞ்சி, — மாஞ்சில், (*id.*), l'herbe médicinale cyperus stoloniferus, nard indien, valeriana jatamansi.

*சடாமுடி, (*id.*), *V.* சடாமகுடம்.

*சடாமுனி, (*id.*), mauvais génie, fantôme gigantesque dans lequel est changé, au dire des Indous, un brame qui n'accomplit pas le devoir d'enseigner et les autres devoirs bramaniques.

*சடாயு, (சடை, ஆயு), oiseau fabuleux fils d'Arounen; il fut tué par Râvanen en s'opposant à l'enlèvement de Sidée et enterré par Râmen.

சடாய்க்கிறது,ய்த்தேன்,ய்ப்பேன், ய்,ய்க்க, *v.a et n. et* சடாய்த்தல், *n.v.* charger un fusil, avertir, gronder, censurer, parler d'une voix de tonnerre, se rétablir: சடாய்த்திருக்கிறது être gras, gros, corpulent.

சடாம்ப்பு, *n.v.du préc.* graisse, embonpoint, avis, réprimande, etc...

சடாரட்டியென்கிறது, (*son imitatif*), rendre ce son, faire du bruit, se presser. [*V.* ஆர்க்காடு.

*சடாரணியம், (சடம், ஆரணியம்), சடாரி, cuirasse, cotte d'armes.

சடார், (*son imitatif*): — இடுகிற து, — என்கிறது, — படாரென்கிறது rendre ce son, faire du bruit.

*சடாலம், 1°(சடை, la), l'arbre ஆலமரம். 2° (tchachâla), rûche d'abeilles, anneau qu'on met au haut du pieu du sacrifice. [sement.

சடாவு, (*hind.*), montée, accrois-

*சடானனன், (சடம், ஆனனம்), *V.* சண்முகன்.

*சடிதி, (djhatiti), promptitude, vitesse, chose soudaine, —subite, —imprévue: —யாயிருக்கிறது être inattendu, arriver subitement; சடிதி யாய், சடிதியில் subitement, soudainement; சடிதியிலேபோவாய் puisses-tu mourir subitement! சடிதியில்வரும ரணம் mort subite; சடிதியான subit, imprévu.

சடிதிவு, gousse—, cosse de cardamome.

*சடிலம், (சடை, ila), ce qui a une crinière, cheval, lion, longue chevelure tressée, étroitesse, lieu étroit.

*சடினம், (சடை, ina), l'arbrisseau சடை æschynomene, la plante வசம்பு.

*சடு, 1° (chach), six, 2° (tchatou), ventre, pleurs, cris perçants, —de douleur, ou de frayeur.

*சடுதி, *P.* சடிதி.

சடுத்தம், dispute, débat, concurrence, brigue, rivalité, violence, force: —பண்ணுகிறது briguer, rivaliser, violenter; —பூட்டுகிறது charger par force; —ஆய்வாங்குகிறது acheter en enchérissant sur un autre; சடுத்தத்தி லேவிற்றுப்போடுகிறது vendre à l'enchère, —au dernier enchérisseur; சடுத்தத்திலேவந்துவிழுகிறது en venir à une dispute, இவ்விரண்டு பேருக்குஞ்சடுத்தமாயிருக்கிறது ces 2 personnes se contrarient ou rivalisent entr'elles.

*சடுலம், 1° (tchatoula), agitation, émotion, crainte, beauté. 2° (djadoula), tache, —de rousseur, marque: சடு லவோசை bruit du mouvement de la flamme etc...

*சடுலை, (tchatoulâ), éclair.

*சடுலோலம், (tchatoulôla), tremblement, beauté.

*சடை, 1° (djatâ), longue et épaisse chevelure entrelacée ou emmêlée (*v.g.* celle de Siven et des ஆண்டிகள் ou mendians de sa secte), longue tresse de cheveux, cheveux tressés, crinière, racine, tête de clou, la plante தொட்டி sensitive bâtarde, æschinomene aspera, *V.* கிடைச்சி. 2° (tchhatâ), lumière, rayon, foule, assemblage, raie, ligne droite ou continue, bouchon, bondon, bâton qui bouche. 3° *imp. et part. de* சடைகிறது. 4° *imp. de* சடைக்கிறது: —க்கஞ்சா la femelle de la plante enivrante கஞ்சா; —க்கத்தம் la plante வசம்பு: — க்கா ரன் homme qui porte une longue chevelure emmêlée; — நாகம் serpent, sorte de bijou; — நாய் chien à crinière; — பில்லை, ou —ப்பில்லை, *V.* சடைவில்லை; —ப்பயறு espèce de gros haricot; —ப்புல் l'herbe poa bifaria; —ப்பாசி espèce de mousse ou பாசி; —ப்பூச்சி espèce de chenille velue; —ம ரம் la sensitive bâtarde æschynomene aspera; — முடி longue tresse de cheveux, l'arbre சரக்கொன்றை; —முடியோர், — முனிவர் religieux payens qui portent une longue tresse de cheveux ou une longue chevelure emmêlée; — யாணி clou à grosse tête; — யாண்டி, *m.* — யாண்டிச்சி, *f.* mendiant —, mendiante de la secte de Siven qui porte une longue chevelure entrelacée ou emmêlée; — வளர்த்துக்கொண்டிருக்கிறது garder —, porter une telle chevelure; — வில்லை espèce de petite calotte d'or que les femmes portent sur la tête: — வேர், *V.* சடைமரம்; சடையாய்ப்பின்னி க்கொண்டுபோகிறது être emmêlé— entrelacé ensemble comme une crinière: சண்ணுயிரமாண்டுதீர்ந்[illegible]

நாலு முண்ணீரமிவ்லாச் சடை quand l'æschynomone resterait huit mille ans dans l'eau l'humidité ne la pénétrerait pas.

சடைகிறது, டைந்தேன், டைவேன், டை,டைய,*v.n.* faire sortir un clou etc.., enfoncer un clou, clouer, se chagriner, se décourager, être triste, peiné, ne pas croître.

சடைக்கிறது, டைத்தேன், டைப்பேன்,டை,டைக்க,*v.n.*(சடை), pousser des branches touffues, — des rejetons épais ou serrés.

சடைச்சி,(சடை),femme qui porte une longue chevelure tressée ou emmêlée, Parvadi, la plante aquatique பாசி ceratophyllum demersum, l'arbrisseau நெட்டி, le minéral நிமிளை ou பொன்னிமிளை, l'oseille புளியாரை;—வேர் la plante achyranthes corymbosa.

சடையன், சடையோன், (சடை), celui qui porte une longue chevelure entrelacée ou emmêlée, Siven, Virapattiren.

சடைதல், சடைவு, *n. v. de* சடைகிறது, action de faire sortir ou d'enfoncer un clou, empêchement, découragement, chagrin.

சட்,(chach),*abrév.de* சட்டு,six.

*சட்கருமம், (சட்), les 6 emplois d'un brame, savoir: le bain, l'étude volontaire ou sans maître, la prière, faire le sacrificeஓமம்,le sacrifice aux ancêtres ou la cérémonie dite தருப்பணம்,et le sacrifice aux dieux. 2° *V.* அறுதொழில். 3° 6 actions permises aux brames pour vivre: glaner, accepter des dons, demander l'aumône, l'agriculture,le commerce,garder les troupeaux ou prêter à intérêt. 4° 6 actions enseignées dans les தந்திரம்: tuer,rendre fou, asservir, chasser la colère,l'exciter,priver de quelque faculté. [அறுதணம்.

*சட்குணம்,(*id*), six attributs, *V.*

*சட்கோணம்,(*id.*), hexagone.

*சட்சணம்,(djakchana),action de manger.

*சட்சரணம்,(சட்),*V*,சட்பதம்.

*சட்சமயம்,(*id.*),*V.*அறுசமயம்.

சட்சன்,(*son imitatif*), சட்சன்னென்கிறது rendre ce son, faire du bruit.

*சட்சு,(tchakchous), œil :— தீட்சை cérémonie que fait un gourou; —விந்திரியக்காட்சி vue claire de ses yeux,voir et connaître la forme.

சட்கவை, (சட்), *V.* அறுசுவை.

சட்டகப்பை,sorte de grande cuillère. [figure.

சட்டகம், corps,lit, couche, forme,

சட்டம், cadre (de fenêtre, de tableau etc...),châssis, châlit,monture, encadrement,bordure de table etc... rebord,règle,bon ordre,bonne—,direction,ordre,loi, règlement, ordonnance,condition, tarif, netteté, élégance, exactitude, justesse, perfection, plénitude, modèle d'écriture, copie que doivent en faire les écoliers,copie —,ôle qu'on donne à écrire, musc,ventricule du chat musqué où se trouve le musc:சட்டமாய் en ordre,régulièrement,correctement, bien,élégamment,joliment; — ஆயடுக்குகிறது, — ஆய்வைக்கிறது empiler —,mettre régulièrement,—avec ordre; — ஆயிருக்கிறது être correct, bien fait,élégant,régulier,propre,joli,en ordre,selon les règles; — ஆய்ச்செய்கிறது faire régulièrement, — correctement,—élégamment;— ஆய்ப்பேசுகிறது parler correctement,— élégamment; —ஆய்க்கிறுகிறது couper—,canneler,—chanfreiner—, tracer régulièrement,—un cadre; —எழுதுகிறது écrire un modèle, — sa copie,apprendre à écrire,faire son devoir d'écriture;—கட்டுகிறது régler, régulariser,arranger,faire un cadre, — un règlement,ordonner;—குலைகிறது un cadre etc... se défaire, —se déranger,être privé de sa subsistance; — கொழிக்கிறது dire de gros mots, avoir le verbe haut, parler d'une manière hautaine; — திருத்துகிறது corriger l'écriture d'un écolier;—தைக்கிறது faire—, fabriquer —,clouer un cadre,—un châssis,encadrer;— பண்ணுகிறது régler, déterminer, ordonner, v. g. அகவிலை யைச்சட்டம் பண்ணுகிறது régler le prix des grains etc... — பார்க்கிற து examiner l'écriture.—les copies des écoliers;—பிள்ளை moniteur d'école, élève le plus capable,—qui guide les autres;சட்டதிட்டம்,— பட்டம்,—வட்டம் régle,ordre, ordonnance,réglement, plénitude, perfection, netteté,élégance;—ப்பலகை régloir, régle,— plate (pour rayer le papier etc...), — வளை traverse, poutre en travers; — வாள் scie garnie d' un châssis;—விளக்கு espèce de lustre ou de lampe; புதுச்சட்டமாகநடக்கிறது les choses marcher d'après un nouvel ordre,— un nouvel arrangement;அதிகாரச்சட்டம் ordre émané de l'autorité, — du gouvernement; அந்தவூர்ச்சட்டமப்படி telle est la manière ou la coutume de cette ville;இருப்புச்சட்டம் cadre—, barre de fer,cercle de fer du contour d'une roue.

சட்டம்பி,(சட்டம்), maitre d'école:—பிள்ளை *ou*

சட்டாம்பிள்ளை,*P*.சட்டம்பிள்ளை.

சட்டி,1° casserole, —de terre,terrine, poêle, plat. 2° *P. சஷ்டி*. 3° *imp.de* சட்டிக்கிறது:—த்தலை grosse tête,butor, lourdaud; — த்தலையன், *m*.—த்தலைச்சி,*f*. homme—, femme qui a une grosse tête, lourdaud; —த்தலைப்பா gros turban,turban rond;—த்தலையுள்ளான் bécassine à grosse tête;—பானை les casseroles et les cruches; — பூர்த்திசாந்தி cérémonie gentile que l'on fait à 60 ans;—ப்பீரங்கி mortier,gros canon à bombes; —ப்புல் espèce d'herbe; —யாட்டுகிறது,—யுருட்டுகிறது remuer—, faire tourner la casserole, jouer à un certain jeu de hasard: — யொட்டி, *V*. பொருவாய்;—விரதம் espèce d'observance,—de pénitence; அருக்கன்சட்டி cosserole plate; தளச்—, பதலைச் —, பெருஞ்சட்டி grande casserole de terre.

சட்டிக்கிறது, ட்டித்தேன், ட்டிப் பேன்,ட்டி,ட்டிக்க,*v. a.**(sattita *tué*), détruire,tuer [tion, meurtre.

சட்டித்தல்,*n. v. du préc*. destruc-

சட்டு,1° *(chach),six.2° perte,corruption:—வருக்கம்,*V*. இலக்கினசட்டுவருக்கம்

சட்டுவம், cuillère à pot, grande cuillère de métal: — செலுத்துகிறது prendre avec une cuillère à pot.

சட்டை,habit,veste, vêtement,—cousu,— adapté au corps à la manière européenne,robe,soutane,etc..., cas,estime,honneur,respect, plume —,aile d'oiseau,peau de serpent, sac dont on charge une bête de somme: —கழற்றுகிறது ôter sa veste ou autre vêtement,se déshabiller, un serpent quitter sa peau;—க்காரன், *m*. —க்காரி,— க்காரிச்சி, *f*. homme—, femme qui porte des habits à l'européenne, topas. topasine; —ச்சாம்பு toile pour un habit;—தைக்கிறது coudre un habit,une veste etc..:—தொடுக்கிறது,—போட்டுக்கொள்ளுகிறது s'habiller,mettre son habit,—sa veste;—பண்ணுகிறது faire cas,estimer honorer,respecter;—பண்ணுமலிருக்கிறது dédaigner, mépriser, ne faire nul cas,ne pas estimer;—நாதன் Siven,Vaïraven;—முனி nom d'un சித்தன்;—யில்லாமற் பண்ணிப்போடுகிறது mépriser, déshonorer, couvrir de honte.faire négligemment,—avec dédain; சட்டைக்குச் சிலைகிழிக்கிறது déchirer un vêtement,—de la toile pour faire un habit. [écrire.

சட்டோலை,(சட்டம், ஓலை), ôle à

*சட்பதம், (சட்), abeille, scarabée, insecte à 6 pieds.

*சட்பதாதிதி, (சட்பதம், அதிதி, hôte), l'arbre சண்பகம் et le manguier, (ils sont recherchés des abeilles).

*சட்பம்,(sachpa),herbe verte, gazon,chiendent,poil,puberté.

*சட்பிதாபுத்திரிகம்,(சட்,பிதா,புத்திரி),3me des 5 தாளம் ou manières de battre des cymbales en mesure, *V*.au mot தாளம்-ஙு.

*சட்பிரஞ்ஞன்,(சட்),sage qui connaît les 6 choses suivantes:la vertu,la richesse ou la prospérité, le désir ou le plaisir sensuel,le bonheur final,la nature du monde, et la vérité divine,ou la nature de Dieu.

சட்புள்ளென்கிறது,(*son imitatif*), parler avec colère.

*சட்விம்சதி,(சட்),vingt-six.

*சட்விம்சகம், (*id.*) réunion de 26 personnes ou choses.

சணப்பம், *adj. de* சணம்பு, de chanvre: சணப்பநார்,*V.* சணலுர்.

சணப்பன்,*P.*சணற்பன்.

சணப்பு, 1° *P.*சணற்பு,chanvre. 2° *adj.de* சணம்பு,de chanvre:— க்கயிறு corde de chanvre;—நார்,*V.*சணலுர்; - நூல் fil de chanvre.

சணப்புரி,*P.* சணற்புரி, corde de chanvre.

*சணம்,1°(kchana),moment, instant 2°(sana,),chanvre,3°(tchanaka), la plante கடலை. 4° l'herbe தருப்பை, unanimité,union.

சணம்பு,chanvre,*V.*மருள்.

சணல்,(சணம்),chanvre, - de l'Inde, crotalaria juncea: சணற்கயிறு corde de chanvre:—கழி tige ou tuyau de chanvre:—கற்றை paquet de chanvre; — கூளம் étoupe de chanvre; - புரி corde de chanvre.

சணற்பம், *adj. de* சணற்பு, de chanvre:சணற்பநார்,*V.*சணலுர்.

சணற்பன், (சணற்பு), chanvrier, ouvrier en chanvre:— வீட்டுக்கோழிதானே விலங்கிட்டுக்கொண்டது la poule du chanvrier s'est prise elle-même,*i. e.*il s'est mis lui même dans l'embarras. [சணலுர்.

சணற்பலுர்,(சணற்பன், நார்),*V.*

சணற்பு,(சணல் , chanvre: — க்கயிறு corde de chanvre;— த்திரி mèche de chanvre. ணலுர்.

சணற் றூம்பு,(சணல், தூம்பு), *V.*ச

சணற்றெளிக்கிறது (*id.* தெளிக்கிறது).semer du chanvre.

சணலுர், (சணல், நார்), fibres—, filame s —,filasse de chanvre.

சணைக்கிறது, சணைத்தேன், சணைப்பேன்,சணை,சணைக்க,*v. n. et* சணைத்தல்,*n.v.*croître,s'étendre, pousser des branches,des rejetons.

சணைப்பு,*n. v. du préc.* action de croître etc..., fertilité.

சண்கேஷபம்,*P.*சங்கேஷபம்.

சண்டகன்,l'arsenic naturel இலிங்கபாஷாணம்.

*சண்டம். 1°(tchanda), violence, cruauté,colère,vitesse,promptitude, chose soudaine,acreté,piquant, chaleur. 2°(sandha),hermaphrodite, eunuque,bœuf,taureau, —laissé en liberté. 3° ventre, sein: சண்டப்பிரசண்டம் valeur, *V.*சண்டவேகம்;—ப்பிரசண்டமாய்ப் பேசுகிறது parler avec force,— emphatiquement;—ப்பிரசண்டன் vaillant guerrier; சப்பாணிக்குநொண்டி— ப்பிரசண்டன் le boiteux est un vaillant en comparaison du cul de-jatte;—ப்பை la matrice: — ப்பைக்குள்ளிருந்துதாயருந்தத்தானருந்து மண்டத்துயிர்பிழைப்பதாச்சரியம் (le fétus) dans la matrice mange quand sa mère mange, mais la vie de l'être qui est dans un œuf est une merveille:— மாருதம் grand vent, tempête, ouragan, typhon;— மாருதம்போல avec véhémence, avec force, comme une tempête;— மாருதம்போலப்பிரசங்கிக்கிறது, - ப்பேசுகிறது, —க்கவிபாடுகிறது prêcher,parler ou chanter des vers avec beaucoup de véhémence; —மாருதம்பொழிதல் pleuvoir à verse,répandre abondamment; —வே ம் grande vitesse,impétuosité.

*சண்டன். 1° (tchanda), homme impétueux,vif, violent, le soleil, Siven,Yamen,Kâlen,le ministre—, un messager de Yamen,démon ou asouren,tamarinier. 2°(sandha),eunuque, hermaphrodite.

*சண்டாளம்,(tchandâla),bassesse, —de caste,trahison,malice,démon.

*சண்டாளன், (*id.*), homme vil, chassé de sa caste, vaurien, coquin, traitre, sandâlen ou fils d'une bramine et d'un choutre: சண்டாளத்தனம் extrême bassesse ou méchanceté, coquinerie; — நீர் eau qu'a touchée un homme vil;— ப்பிராயச்சித்தம் expiation d'une faute ou prétendue souillure provenant des sandalers; சண்டாளனுக்கடிமையாகிறது devenir —, être l'esclave d'un homme vil, être dans le plus vil esclavage.

*சண்டாளி, *f. du préc.* femme de basse condition,—de caste vile, traitresse, coquine.

சண்டி, 1° *m.f.* obstiné, entêté, mutin, revêche, endurci aux coups, déhonté, rétif, lâche. 2° *(tchandi), la mauvaise déesse துர்க்கை, nom d'un arbre: — க்கார் espèce de riz difficile à piler; — க்கீரை espèce d'herbe potagère;—க்குதிரை cheval rétif,—intraitable; — த்தனம் obstination, entêtement, mauvaise volonté, effronterie, incivilité, improbité; —த்தனம்பண்ணுகிறது faire le revêche, le têtu, montrer de la mauvaise volonté;—யாயிருக்கிறது,—யாய்ப்போகிறது être —, devenir entêté, revêche.

*சண்டிகை, (சண்டி, kâ), la mauvaise déesse காளி,— துர்க்கை.

*சண்டிலன், (tchandila), barbier, Siven.

சண்டிவாளம், dédit, ce qu'on donne pour défaire un marché, pour racheter un objet:—கொடுக்கிறது,—இடுகிறது payer le dédit,—pour racheter quelque objet, etc... [de.

சண்டு, paille—, balle de grain vi-

சண்டை, dispute, querelle, bataille, combat, guerre, discorde:—தொடுக்கிறது engager le combat, *ou* —செய்கிறது,—பண்ணுகிறது,— போடுகிறது se quereller, se disputer, se battre, livrer bataille; — முகத்திலேநிற்கிறது être au front de la bataille;—மூட்டுகிறது,—கொளுவுகிறது exciter des querelles,—une dispute,—au combat,—à se battre;— யாய்க்கிடக்கிறது être en guerre, —enveloppé dans une guerre, dans une querelle; — விடுகிறது quereller, se disputer, exciter une rixe; சண்டைக்கணிவகுக்கிறது ranger une armée en bataille, சண்டைக்கழைக்கிறது, சண்டைக்குக்கூப்பிடுகிறது défier au combat, provoquer à une querelle, — à se battre, appeler en duel; சண்டைக்குநிற்கிறது être prêt à se battre, à se disputer, au combat; அடியுந் தடியுமுள்ளசண்டை querelle où l'on en vient aux coups de poings et de bâtons; அடியும்பிடியுமுள்ளசண்டை dispute où l'on s'empoigne et se bat: அவன்வலியச்சண்டைக்குப் போகிறதுமில்லை வந்தசண்டையை விடுகிறதுமில்லை il ne va pas de lui-même provoquer les autres, mais une fois attaqué, il ne quitte pas facilement la querelle ou la bataille.

சண்ணுகிறது, ணினேன், ணுவேன், ணு, ண, *v.a. et* சண்ணுதல், *n. v.* faire, injurier.

*சண்பகம், (tchampaka), l'arbre à fleurs odoriférantes dit michelia champaka.

சண்பணி, la fameuse காளி.

சண்பை, la ville de சீகாழி.

சண்பையர், (சண்பை), les habitans de சீகாழி: —கோன் leur roi nommé சம்பந்தர்.

*சண்மதம், (chash 6), les 6 sectes, *V.* அறுசமயம்: சண்மதஸ்தாபனாசாரியர் *V.* சங்கராசாரியர்.

*சண்முகன், (*id.*), celui qui a 6 visages, *i.e.* Soupramanien.

*சதகம், 1° (சதம், ka), centaine, série de 100 vers ou stances. Il y a différentes séries de cette sorte à la louange des grands hommes, et des faux dieux, qui contiennent aussi des sujets moraux; ordinairement le nom du héros termine la pièce. 2° l'arbre தான்றிமரம்.

சதகுப்பி, சதகுப்பை, (*id.*), variété de l'anet ou anethum graveolens.

*சதகோடி, (*id.*), l'arme de diamant à 100 faces ou angles, la foudre d'Indiren, foudre, un milliard: —காலமும்முடையராட்சியபாரம் நீடித்திருக்கக்கடவது puisse votre règne durer un milliard d'années.

*சதக்கினி, (sataghni), scorpion.

சதக்கல், boue. [éclair.

*சதக்கிரதம், (sata, hradâ *rayon*),

*சதக்கிரதன், சதக்கிருதன், சதக்கி

அச

நது,சதக்கிருது,(சதம்,கிருது),celui qui (pour obtenir sa place) a fait 100 sacrifices de cheval, *i.e.* Dèvendiren.

சதங்கை, (சதம்,கை *son*), ornement à son perpétuel, petit grelot, cercle de grelots de cuivre ou d'argent qu'on attache pour ornement au bas de la jambe des enfans et des femmes: — கட்டியாடுகிறது danser avec des grelots attachés aux pieds; —போடுகிறது,—யிடுகிறது attacher ces grelots, —ce cercle de grelots;—ப்பூரம்; —ப்பூரான் gros cent-pieds qui fait du bruit en marchant; —மாலை guirlande de grelots attachée au poitrail d'un cheval.

சதசதக்கிறது, சத்தேன், சப்பேன்,த,தக்க, *v.n.* (*son imitatif*), s'amollir. [*préc.* amollissement.

சதசதத்தல், சதசதப்பு, *n. v. du*

*சதசத்து, (sadasat,*ou* சத்து, அசத்து), existence et non-existence, vérité et mensonge,perceptibilité et imperceptibilité.

*சதசு,(sadas),assemblée,réunion.

*சதசுலோகம்,(சதம்), ouvrage de 100 slokas sur les plantes médicinales.

*சதசுலோகிபண்டிதன்,சதசுலோகி,(சதசுலோகம்), médecin,—habile dans la connaissance des plantes.

*சதசமை, (சதம்), 100 ans.

*சதசமபாகமான, (சதம், சமம், பாகம்), centigrade, divisé en 100 parties égales.

*சதசம்வற்சரம்,(*id.*)*V.*சதசமை.

*சதச்சதம்,(*id.*சதம்),l'oiseau aux 100 plumes,pivert,grimpereau.

*சதசஞ்சீவி,(*id.*), centenaire, agé de 100 ans.

*சததம்,(satata),éternité,perpétuité, toujours, continuellement: சததமான éternel;சததகாலம் l'éternité

*சததளம்,(சதம்),nénuphar.

*சததாமன்,(*id.*தாமம்),l'être aux 100 corps, Vichnou (à cause de ses prétendues incarnations multiples, ou parce qu'on le suppose répandu dans les différens êtres créés.

*சததாரை,சததாரம்,(*id.* தாரை), la foudre.

*சதத்திருதி (*id.* திருதி), celui qui a fait 100 sacrifices, Indiren, Brama.

*சதத்துவம், (ச), nature, propriété naturelle [un des 32 உபநிஷதம்.

*சதபதப்பிரமாணம்,(சதம்,பதம்),

*சதபதுமம்,(சதம்), le nénuphar blanc. [vert.

*சதபத்திரகம், (சதபத்திரம்), pi-

*சதபத்திரம்,(சதம்), la plante aux 100 feuilles, *i. e.* le nénuphar, ce qui a 100 plumes, le perroquet, le pivert, le paon, le héron blanc ou la grue indienne.

*சதபத்திரி,(*id.*),la plante aux 100 feuilles,ou dont la fleur a 100 pétales,feuille de nénuphar, la plante புழுக்கொல்லி. [plante சதகுப்பி.

*சதபுஷ்பம் சதபுட்பம், (*id.*), la

*சதமகத்தான், சதமகன், சதமன்னியு, (*id.*மகம், மன்னியு), *V.* சதக்கிரதன்.

சதமுனை, (சதம்),l'arme qui a 100 tranchans, *i. e.* l'arme de diamant d'Indiren. [paragus racemosus.

*சதமூலி, (*id.*மூலம்), la plante as-

*சதம்,1° (sata), cent.2° (tchhada), feuille, plume, aile,l'arbre தமாலம், 3° (sada), dépérir, baisser, aller. 4° (*P.*சதா),certitude,perpétuité,durée, éternité,tout. 5° blé dont on coupe le haut parce qu'il pousse trop, foudre:சதகும்பம்,*V.*சாதகும்பம்;சதமாயிருக்கிறது être durable, —perpétuel; உலகவாழ்வுசதமல்ல le bonheur du monde n'est pas durable; இதுனக்குச் சதமல்ல cela ne vous restera ou durera pas long-temps.

*சதயம்,(satabhichâ),la 24me constellation; (elle comprend 3 étoiles dans la bouche de Pégase).

சதரவறி,(*arabe*), susdit.

சதர், *P.* சதசு, assemblée devant laquelle on danse, on joue ou on chante.

*சதலக்ஷம், (சதம்), 10 millions.

*சதவருஷம், (*id.*), 100 ans: சதவருஷன் centenaire. [cageux.

சதவல், fondrière, terrain maré-

சதவிரு, espèce de jasmin.

சதனம், assemblée, foule de monde, grande compagnie : — ஆயிருக்கிறது être en foule, avoir une nombreuse famille; சதனக்காரன் homme qui a une nombreuse famille; சதனத்திலிருந்து பழகினவன் qui connaît et fréquente beaucoup de monde; சதனத்திலேவருகிறது venir en foule, ou சதனத்துடனேதண்டெடுத்துப்போகிறது entrer en campagne avec une grande armée; சதன மெழும்பிவருகிறது une grande armée approcher.

*சதனம், 1° (tchhadana), feuille, plume, aile, fourreau, enveloppe. 2° (sadana), maison.

*சதா, (sadâ), toujours, tout. 2° navire, défaut au dedans de l'arbre:—கதி cours—, mouvement perpétuel, vent :—காலம் éternité, perpétuité, toujours;—காலமும் toute l'éternité; —காலமுமிருக்கிறது être éternel;—காலமுங்கொடுக்கிறது donner toujours, — journellement et continuellement; —சிவம் bien éternel, félicité perpétuelle, vrai paradis, (qui est pur et éternel, et non celui de Siven), ou —சிவன் Siven toujours heureux (au dire de ses sectateurs), Sadâsiven; — படம் l'arbrisseau எருக்கு; — பதி mille-pieds dit மரவட்டை; —பலம் l'arbre qui a toujours des fruits, le petit citronnier, le cocotier, le jacquier; —புசம், — புயம் scarabée; — மூர்க்கம் la plante பாம்புகொல்லி; —மூலம், — வேரி la plante et la racine தண்ணீர்விட்டான். [pion.

*சதாக்கினி ,(சதம், அக்கினி), scor-

*சதாக்ஷன், (id. அக்ஷம்), qui a 100 yeux.

*சதாங்கம், (id. அங்கம்), animal attelé à un char, char, chariot. [huit.

*சதாஷ்டம், (id. அஷ்டம்), cent

*சதாத்தம், (id. அத்தம்), siècle, 100 ans. [joie—, félicité perpétuelle.

*சதாநந்தம், (சதா, ஆநந்தம்),

*சதாநந்தன், 1° (id.), l'être toujours heureux, i. e. Dieu. 2° (சதம் 100, ஆநந்தம்), Brama, Vichnou, le sage Gaoudamen, le fils aîné de Gaoudamen.

சதாப்பு, (hind.), la plante trifolium indicum:—க்கீரை, V. சதகுப்பி.

*சதாரம், (satâra), foudre.

*சதார்த்தம், P. சதாத்தம்.

*சதாவர்த்தன், (சதம், ஆவர்த்தம்), Vichnou. [l'on brûle les morts.

*சதானகம், (id. ஆநகம்), lieu où

சதானந்தன், V. சதாநந்தன்.

*சதானீகன், (satânika), vieillard, nom d'un roi.

*சதி, 1° (sati), épouse, —fidèle, femme vertueuse, chaste, sobre, industrieuse, Parvadi. 2° (sati), destruction, ruine. 3° trahison, perfidie, ruse, tromperie, piége, embûche, la 4me constellation, riz cuit, temps ou mesure (en musique), cercle, chaume —, toit—, varangue de maison, chose soudaine: —காரன் perfide, traître, trompeur;—செய்கிறது, —பண்ணுகிறது trahir, dresser des embûches, surprendre, en se mettant en embuscade;—செய்துவெட்டுகிறது surprendre par embuscade et tailler en pièces; பிறர்பொருளைச்—செய்துகொண்டுபோகிறது s'emparer par artifice du bien d'autrui; ஒருபெண்ணைச் — பண்ணி யழைத்துக் கொண்டு போகிறது ravir—, enlever, une femme par surprise; — த்துவம் chasteté d'une femme;—பதி le mari de Parvadi, i. e. Siven; —புருஷநியாயம் droits et priviléges de l'homme et de la femme; —புருஷர், —யும் புருஷனும் l'homme et la femme;—ப்போர் combat accompagné de stratagémes;—மகள், V. இந்திராணி;—மரணம் mort subite; —மிதிக்கிறது observer la mesure en dansant; —யாக perfidement, en trahison;—யோசனை trahison, perfidie, pensée de trahison; —மோசம் tromperie, déception, perfidie. [திக்க, v.a.(சதி), trahir.

சதிக்கிறது, தித்தேன், திப்பேன், தி,

சதித்தல், சதிப்பு, n.v. du préc. trahison. [die, tromperie.

சதிமானம், (சதி), trahison, perfi-

சதிமான்,(*id.*)traitre,perfide. [se.
சதியன்,*m.*சதியி,*f.*traitre,traitres-
சதிரம்,1° *V.*கக்கரி.2° *P.* சதுரம், carré. [te,comparaison.
*சதிருசம்,(sadrousa), ressemblan-
சதிர்,1° bas prix, bon marché, légèreté.2° borne,frontière:—க்கிராமம் bourg situé sur les frontières; —ஆய்க்கொள்ளுகிறது acheter à bon marché; —ஆய்விற்றுப்போடுகிறது vendre à bas prix; —ஆய்வந்தது c'est venu à bon compte.

*சதிலம்,(satila),bambou,air,vent, *ou* [la,satina,ka),pois,légume.
*சதிலகம்,சதினகம்,சதினம்,(sati-
*சது,*P.*சதுர்,quatre:—ச்சாலை, *V.*சதுரசாலை.
*சதுகம்,(djatouka),assa-fetida.

சதுக்கம்,*P.*சதுஷ்கம்,carré,quadrilatère, carrefour, lieu où 4 rues aboutissent,mouchoir carré,sattram
சதுங்கம்,oiseau. [ou chauderie.
*சதுச்சமம்,(சது,சமம்),onguent composé également de 4 ingrédiens, *i. e.* sandal, agallochum, saffran et musc mélangés.

*சதுஷ்கம்,சதுஷ்க்கம்,*ou* சதுட்கம்,(tchatouchka),quatre,carré,quadrilatère, carrefour où 4 rues se réunissent. [latère,figure à 4 angles.
*சதுஷ்கோணம்,(சதுர்),quadri-
*சதுஷ்டயம்,சதுஷ்டையம்,சதுட்டயம், (tchatouchtaya *de* சதுர்), quatre,quadruple,quadrilatère, carré.

*சதுஷ்பதம்,சதுஷ்பாதம்,சதுட்பதம்,சதுட்பாதம்,(சதுர்,பதம், பாதம்),carrefour,lieu ou 4 rues se rencontrent,strophe de 4 vers,*V.* சதுர்ப்பதம். [ponse favorable.
சதுத்தரவு,(sat *bon*,உத்தரவு) ré-
சதுப்பு, சதுப்புநிலம், fondrière, bourbier,marais,terre marécageuse, —molle.

*சதுமணி,(djatou *laque*), tache, marque sur la peau,glande.
*சதுமுகன்,*P.*சதுர்முகன்.
*சதுரகராதி,(சதுர்),dictionnaire quadruple,— du haut Tamoul,composé par le R. P. Beschi, et comprenant 4 parties: பெயரகராதி dictionnaire des mots ou des significations; பொருளகராதி dictionnaire des choses ou des synonymes; தொகையகராதி dictionnaire des sommes, *i. e.* des noms collectifs et génériques qui se donnent à plusieurs choses; தொடையகராதி dictionnaire des rimes.

*சதுரங்கம்,(*id.*),carré, quadrangle, armée composée de 4 divisions: (இரதம் chars,கெசம் éléphans, துரகம் chevaux, பதாதி piétons), jeu d'échecs: — ஆடுகிறது jouer aux échecs, சதுரங்க எத்து stratagème au jeu d'échecs;—க்காய் pion (de ce jeu);—சேனை, —தளம், —த்தானை armée composée des 4 divisions susdites; — தாரணை le 5me des 9 தாரணை ou exercices du yogui;—த்தோல்வி échec et mat;—பட்டணம், *V.*சது ரை;—பத்தம் pièce de vers écrite en carré; —ப்பலகை échiquier, tablette divisée en carrés et qui sert au jeu d'échecs;—பலம், *V.*சதுரங்கசேனை; —ப்பெட்டி boite à échiquier,—contenant le jeu d'échecs;— யுத்தி stratagème du jeu d'échecs;சதுரங்கத்துக்கு அடிபார்க்கிறது réfléchir sur le jeu d'échecs,délibérer.

*சதுரந்தயானம்,(சதுர், அந்தம், யானம்), litière, palanquin.

*சதுரம்,1°(சதுர்),carré,quadrangle,quadrilatère. 2° (tchatoura), habileté,dextérité,vitesse,étable à éléphans; — ஆயிருக்கிறது être carré, quadrangulaire;சதுரக்கள்ளி cactus ou cactier,la plante euphorbia antiquorum;— சாலை salle carrée, maison à 4 ailes, carré formé de 4 bâtimens; — ப்படக்கிழிக்கிறது équarrir,rendre carré, réduire à la forme d'un carré;—வோடு,(ஓடு),tuile carrée;—மாடம் niche carrée.

*சதுரன்,(tchatoura), *pl*, சதுரர், homme habile, savant, adroit, poli, honnête,avide,avare,bourgeois, habitant d'une grande cité. [தம்.
*சதுராகமம், (சதுர்), *V.*சதுர்வே
*சதுராச்சிரமம்,(சதுர்),les 4 états de vie, *V.* ஆச்சிரமம்-ச.

*சதுரானனன், (*id.*), Brama aux [4 visages.

*சதுரி, *f. de* சதுரன்.

*சதுரிசை, (சதுர்), quarantaine, carême.

*சதுரியுகம், *P.* சதுர்யுகம்.

*சதுருபாயம், (சதுர்), les 4 moyens de vaincre ses ennemis et de parvenir à ses fins, savoir: சாமம் conciliation; பேதம் mettre la division parmi eux; தானம் les gagner par présens; தண்டம் les subjuguer par le châtiment. [Madras.

சதுரை, la ville de Sadras près de

*சதுர், 1° (tchatour), quatre. 2° (*P.* சதுரம்), esprit, habileté, force. 3° *P.* சதர், danse devant une assemblée, assemblée devant laquelle on danse, on joue ou on chante:— க்கதி l'animal qui marche à 4 pattes, *i. e.* la tortue;—க்கரணம் les 4 facultés de l'âme, savoir: மனம் l'esprit, புத்தி l'imagination ou la faculté de raisonner, சித்தம் la volonté, ஆங்காரம் l'amour propre ou la résolution; — க்காலம் les quatre-temps, les 4 saisons de l'année: le printemps, l'été, l'automne et l'hiver; — க்குணன் homme qui possède les 4 qualités suivantes: அறிவு l'intelligence, நிறை probité ou retenue, ஓர்ப்பு prévoyance, கடைப்பிடி persévérance; (d'autres au lieu d'அறிவு et de நிறை mettent குறிக்கோள் et தேற்றம்);— க்குணி femme qui possède les 4 qualités suivantes: நாணம் modestie, மடம் simplicité, அச்சம் timidité, பயிர்ப்பு imitation; — க்கோணம், —ச்சிரம் carré, tétragone ou quadrilatère;—த்தசபுவனம் les 14 mondes des Indous, *V.* les au mot உலகம்;—த்தசம் quatorze; — த்தசி, (தசம்), le 14me jour après la nouvelle lune ou la pleine lune; — த்தந்தம் l'animal aux 4 défenses, *i. e.* l'éléphant d'Indiren; — பண்ணுகிறது arranger—, préparer une représentation ou danse;—ப்பதம் quadrupède, animal—, chose à 4 pieds, le chien, le 9me des கரணம்;—ப்பாகம் les 4 parties, la 4me partie; — ப்பாதை carrefour où aboutissent 4 rues;—ம்புயன், (புயம்), celui qui a 4 bras, Vichnou, Siven;— முகன், (முகம்), celui qui a 4 visages, Brama, Arouguen;— யுகம் les 4 âges du monde selon les Indous, savoir: கிரேதாயுகம், திரேதாயுகம், துவாபரயுகம் et கலியுகம்; — விதவுபாயம், —விதோபாயம், (விதம், உபாயம்), *V.* சதுருபாயம்;—விம்சதி vingt-quatre; — விம்சகம் réunion de 24 personnes ou 24 choses;—விம்சதிதூலதேகம் le corps visible qui a 24 propriétés; — வேதம் les 4 Vèdas, savoir: இருக்கு, எசுரு, சாமம், அதர்வணம்;— வைக்கிறது, *V.* சதுர்பண்ணுகிறது.

சதுர்கூடலி, l'arbrisseau ஆவிரை.

சதுர்க்கிறது, ர்த்தேன், ர்ப்பேன், ர், ர்க்க, *v.a.* frapper, taper, battre.

*சதுர்த்தம், (சதுர், tha), 4 choses, quatrièmement, quatrième: சதுர்த்தபலம் 4me quotient, seconde inégalité ou équation d'une planète:—காலம் 4me saison, soir de chaque second jour de jeûne.

*சதுர்த்தர், 1° (சதுர்த்தம்), la 4me caste de l'Inde, les choutres. 2° *P.* சதுரர், gens habiles, adroits.

சதுர்த்தல், *n.v. de* சதுர்க்கிறது.

*சதுர்த்தாம்சம், (சதுர்த்த, அம்சம்), 4me partie, quart.

*சதுர்த்தி, (சதுர்த்தம்), le 4me jour après la nouvelle lune et la pleine lune, vers donné à quelqu'un pour qu'il continue à composer une pièce de poésie. [placer, de déposer.

*சதுலம், (tchatoula), action de

*சதுனி, (djatouni), chauve-souris.

சதேகரு, cinnamome, cannelle.

*சதேசன், 1° (சதம், ஈசன்), maître de 100 villages. 2° (ச, தேசம்), compatriote, du même pays.

*சதேரன், (satèra), ennemi.

சதை, *P.* தசை, chair des animaux, —des fruits, pulpe, les arbres பாலை mimusops et முன்னை premna: — தெறிக்கஅடிக்கிறது battre de manière à faire voler la chair, déchirer à force de coups;—புரளுகிறது avoir une entorse,—une foulure;—ப்புக்கு

embonpoint,vigueur; —ப்புஷ்டியுள்ளவன் homme dodu, qui a de l'embonpoint:— ப்பொருத்தி nom d'une plante aquatique; சதையைக்கிழிக்கிறது,—க்கழித்துத்தின்கிறது déchirer—, arracher et manger la chair; vexer terriblement; — ப்பிடுங்குகிறது arracher la chair, la déchirer à coups de fouet; சடையொட்டி(ஒட்டி),espéce de plante.

சதைகிறது,தைந்தேன்,தைவேன், தை,தைய, *v. n. du suiv. et* சதைதல், *n. v.* se briser, se broyer, être écrasé.

சதைக்கிறது, தைத்தேன், தைப்பேன்,தை,தைக்க,*v.a.ou* சதைத்துப்போடுகிறது, écraser, briser,broyer, dévorer, la chair reprendre.

சதைத்தல், சதைப்பு, *n. v. de* சதைக்கிறது.

சதையம்,*V.*சதயம்.[ment,fatigue.

சதைவு, *n.v.de* சதைகிறது,broie-

சதோகநாதர், un des 9 சித்தர்.

சதோடம்,qualité de l'émeraude, finesse. [du temps.

*சத்காலக்ஷேபம்,(sat),bon emploi

*சத்தகம்,(சத்தம்,ka),sept, collection de 7 choses,sorte d'arme.

சத்தசீயம், alongement élégant d'un mot sanscrit.

சத்தமி, (சத்தம்) le 7me jour aprés la nouvelle lune et la pleine lune: சத்தமியான septénaire.

*சத்ததி,(*id.*),soixante-dix.

*சத்தம், 1°(saptan),sept. 2° (sabda), bruit,son,voix,cri, clameur, mot,—déclinable comme nom, pronom... 3° louage des charrettes, des bœufs: — இடுகிறது faire du bruit, crier, parler haut;—காட்டுகிறது crier,—à haute voix, s'annoncer de loin;—ஆய் à haute voix, haut,avec bruit; —ஆயிரைகிறது,— ஆய்க்கூப்பிடுகிறது faire grand bruit, crier à haute voix; — ஆய்வாசிக்கிறது lire à haute voix,—distinctement; சத்தத்தின்வன்மை effort—,son de voix donné à la syllabe emphatique d'un mot: சத்தத்துக்கேதுகரணம் les 5 causes du son,savoir: தோற்கருவி instrumens en peau, tambour etc..: தொளைக்கருவி instrumens percés, —à vent; நரப்புக்கருவி instrumens à cordes; கஞ்சக்கருவி instrumens d'airain,comme cymbales etc...; மிடற்றுக்கருவி l'organe du gosier, la voix humaine; சத்தகன்னிகை les 7 vierges des Indous, *V.*மாதர்-எ;—குலாசலம் les 7 monts célébres, *V.*மலை-எ;—கோணவடிவம் heptagone; —சமுத்திரம்,— சாகரம் les 7 mers fabuleuses des Indiens.(*V.*les au mot கடல்),abondance,plénitude:—சாகரமாய்ப்பெருகுகிறது couler—,jaillir —,déborder avec abondance;—சாகரமாய்ப்பெய்கிறது pleuvoir à verse, —extrêmement;—சாஸ்திரம்,— சாத்திரம் partie de la grammaire qui traite des mots,philologie;—சாசனம் régles de la grammaire;—சங்கிரகம் lexique, dictionnaire; — சோரன் plagiaire,voleur de mots;—சிப்பி conque, coquillage (qui résonne quand on souffle dedans), poisson à coquille; — சுரம் les 7 notes de la gamme;—சுராக்கரம்,— சுராக்ஷரம் les 7 lettres qui désignent les 7 notes,ce sont ச-ரி-க-ம-ப-த-நி qui répondent à *ut,ré,mi,fa,sol,la,si*;—தசம் dix-sept;—தன்மாத்திரை nature—,mesure du son;—தாது les 7 parties essentielles du corps humain,(*V.*les au mot தாது), le corps qui les renferme; —தாரணை le 6me des 9 தாரணை ou exercices du yogui;—தாளம் les 7 mesures de musique,les 7 différentes notes et les 7 tons, *V.*தாளம்-எ; — தாளம் salpêtre:—தீர்த்தம் ou—நதி les 7 rivières sacrées, *V.* les au mot தீர்த்தம்;—தீவு les 7 iles fabuleuses des Indous, *V.*les au mot தீவு;—நரகம் les 7 enfers des Indous, *V.*les au mot நரகம்; —தெரிசனம் chose qu'on connait par la voix,par oui-dire; —பருணி l'arbre ஏழிலம்பாலை;—பாதகம் les 7 péchés capitaux, *V.*பாதகம்-எ;—புஷ்டி mots élégans; —புரி les 7 villes sacrées, *V.* எழுபுரம்;— ப்படுகிறது résonner, faire du bruit;— ப்படாமல்

sans bruit, à la sourdine, à l'insu de tous;— ப்பிரதி perception du son, écho; — ப்பிரமம் direction pour la modification des sons, le livre qui prétend que le son des lettres est Dieu; — ப்பிரமவாதம் secte qui le prétend;— ப்பிரமவாதி personne de cette secte; — ப்பிரமாணம் un des அஷ்டபிரமாணம் ou 8 manières de découvrir la vérité, i.e. témoignage de gens sûrs et préceptes religieux;—மண்டலம் les 7 régions de l'univers, V. மண்டலம்-ஏ; —மருத்துக்கள் les 7 vents, V. —மருத்துக்கள்-ஏ; மாதர்க்கள்,—மாதர்கள் les 7 femmes célèbres, V. மாதர்கள்-ஏ;— மேகம் les 7 espèces de nuages, V. மேகம்-ஏ; —யோனி racine d'un mot, mot radical; — ராசர்செங்கோல் heptarchie; —ரிஷிகள் les 7 richis qui, au dire des Indous, forment la grande Ourse, V. முனிவர்-ஏ;—லோகம் les 7 mondes ou les 7 métaux, V. உலோகம்-ஏ; --வற்சரசம்பவமான septennal, qui arrive tous les 7 ans;— வருக்கம்,—வர்க்கம் les 7 espèces de remèdes, savoir: நெல்லிக்காய் fruit du phyllanthus emblica, வெட்டிவேர் racine d'andropogon muricatum, குருவேர் racine odoriférante de certaine plante, சடாமாஞ்சில் l'herbe médicinale cyperus stoloniferus, ஏலம் cardamome, இலவங்கம் cannelle, ou இலவங்கப்பத்திரி feuilles du laurus cassia, திராட்சம் raisin; — வாரம் 1° les 7 jours de la semaine, V. வாரம்-ஏ. 2° 7 semaines;—விசனம், 1° V. சத்தபாதகம். 2° 7 sujets de chagrin;—விதம் 7 manières, éloge; —விம்சதி, — விம்சதி 27, sept-vingt ou 140;—விருடிகள், (இருஷி), les 7 richis, V. முனிவர்-ஏ;—வெடி coup (de boite etc) tiré pour le bruit (sans viser);— வொலி, (ஒலி), bruit, son de la voix.

*சத்தன், (sakta), puissant, fort, capable.

*சத்தாங்கோபகாரம், (சத்தம், அங்கம், உபகாரம்), les 7 bienfaits corporels.

சத்தாதி, (id. ஆதி), le son et les autres objets des sens.

சத்தாதிக்கராசாட்சி, (id. ஆதிக்கர்), heptarchie.

சத்தாதிஷ்டானம், (id. அதிஷ்டானம்), l'oreille, réceptacle du son.

சத்தானுசாசனம், (id. அனுசாசனம்), sens des mots.

சத்தானுரூபம், (id. அனுரூபம்), conformité—, imitation du son.

*சத்தாபாசம், (sattâ *existence*, அபாசம்), non-existence.

சத்தார், V. ஓராயம்.

*சத்தார்த்தம், (சத்தம், அர்த்தம்), sens des mots.

சத்தாலங்காரம், (id. அலங்காரம்), figure de mots.

*சத்தி, 1° (sakti), pouvoir, force, —des mots, énergie ou pouvoir actif d'une divinité (dont on fait sa femme), symbole ou organe féminin, qui est la contre-partie du lingam de Siven et est adoré littéralement ou en figure par une secte d'Indous nommés Sâktas ou சாக்தர், (cette secte se nomme சாக்தேயம் ou சாத்தேயம்), une des 5 தத்துவம் ou qualités de Siven dans laquelle il est tout action, femme, Parvadi (prétendue déesse que l'on dit mère, femme et fille de Siven et qu'on nomme aussi la mère des dieux), menstrues des femmes, partie du வர்ணனம் qui traite des femmes, ou de la volupté, javelot, dard, lance, trident. 2° (tchhardi), vomissement. 3° (P. சப்தி), séquestre, séparation, opposition. 4° bannière de char, drapeau distinctif d'un roi, —d'une caste, parasol, ombrelle, —blanche, soufre, savon, sel de roche, sel corrosif dit சத்திச்சாரம், stratagème, voie détournée, bismuth,—de couleur d'or, les plantes சிறுமுள்ளி, சத்திச்சாரணை et குமட்டி, l'arbre வேம்பு. 5° *imp. de* சத்திக்கிறது. Les Indiens comptent 3 சத்தி, *i. e.* pouvoirs ou facultés: இச்சாசத்தி pouvoir d'affection, favorable à l'âme ou à la vie; ஞானசத்தி pouvoir d'intelligence pour distinguer les actions bonnes et mauvaises; கிரியாசத்தி pouvoir d'action pour agir, —créer les mondes. Ils comptent encore 5 சத்தி, savoir: சிற்சத்தி pouvoir d'éclairer l'âme, பராசத்தி pouvoir de produire certaines actions vitales, இச்சாசத்தி pouvoir qui fait subsister les 5 élémens, ஞானசத்தி pouvoir de percevoir par les organes des sens, கிரியாசத்தி pouvoir de faire les différentes autres actions: சத்திகிலம் cheville de luth, — qui sert à en accorder les cordes; — குறைகிறது manquer de forces, la force diminuer; —குன்மம் vomissement, sorte de maladie; —க்கூட்டுறேன், (கூட்டு), sel ammoniaque; —க்கொடி la plante குமட்டி, ou —ச்சாரணை la plante boerhaavia repanda; —சாரம், —ச்சாரம் un des 25 corps contenant un sel—, sorte de sel brûlant ou âcre; —செய்கிறது, —பண்ணுகிறது vomir, faire des efforts pour vomir; —செய்யல், — பண்ணல் vomissement; —ஸ்பரிசம் contact ou union intime de l'âme et du corps par la puissance divine; —தத்துவம் une des 5 qualités de Siven dans laquelle il est supposé tout action; — த்திரையம், — த்திரயம் 3 choses importantes, nécessaires aux rois, savoir: பிரபுசத்தி des princes vassaux, மந்திரசத்தி de bons ministres, உச்சாகசத்தி de la valeur; —நாதம் bismuth de couleur d'or, mica de couleur jaune; — நிபாதம் abandon de la force; —பூசை sacrifice abominable en l'honneur de Satti ou Parvadi dans lequel les payens se livrent à toute espèce de débauches en fait d'ivrognerie et de luxure ne faisant alors aucune distinction de caste; — மதம் secte de Satti; —யாய்வழங்குகிறது user grandement, — fortement de; —யில்லை il n'y a pas de force, —de pouvoir; — யில்லாமலிருக்கிறது être sans force, ne pas pouvoir; — யீனன் impuissant, faible, — யுண்டு il y a de la force, —un pouvoir; — யுண்டாக்குகிறது donner de la force; விக்கிரகத்துக்குச் — யுண்டாக்குகிறது consacrer une idole, cérémonie par laquelle les gentils prétendent y attacher un certain pouvoir et une divinité; —யுண்டானவன், — யுடையவன் homme fort, —puissant; சத்தியிதுடைய—, சத்தியின்கூறு attribut du pouvoir que les Indous prétendent appartenir aux sactis susdits; சத்திக்குத்தக்கது ou தக்கதாய் selon sa force ou son pouvoir; சத்தியைச்செலுத்துகிறது faire passer une force (en quelqu'endroit), montrer sa force, autoriser: அதுசெய்யச் சத்தியில்லாதிருக்கிறேன் je n'ai point de force — point de pouvoir pour faire cela.

*சத்திகம், (sapti), cheval.

*சத்திகர், (சத்தி ka), V. சத்துவகர்.

சத்திக்கிறது, த்தித்தேன், த்திப்பேன், த்தி, த்திக்க, v. n. 1° (சத்தம்), résonner, retentir, faire du bruit, 2° (சத்தி), vomir.

*சத்திமான், (சத்தி), homme puissant, fort.

*சத்தியம், (satya), vérité, vrai, chose vraie, —réelle, serment (accompagné de quelque action qui s'y rapporte, comme de mettre sa main sur l'autel ou sur quelqu'objet sacré etc...), jurement, imprécation, la plante குறிஞ்சா asclepias; —செய்கிறது, —பண்ணுகிறது, —செய்து ou பண்ணிக்கொள்ளுகிறது jurer, faire serment; — பண்ணப்பட்டக் கடுதாசி déclaration —, attestation sous serment; —செய்து ou பண்ணிக்கொடுக்கிறது faire serment à quelqu'un (pour dissiper ses soupçons etc...); —கொள்ளுகிறது, — கேட்டுக்கொள்ளுகிறது, —கண்டுகொள்ளுகிறது recevoir le serment de quelqu'un, lui faire prêter serment; —ஆய்க்கேட்கிறது demander sous serment; —ஆய்ச்சொல்லுகிறது affirmer avec serment, dire en verité, —la vérité; சத்தியசம்பன்னன் homme véridique, —d'honneur, —digne de foi; — நாதர் un des 9 சித்தர், ou honorif. de — நாதன், n.pr. Vérus; — நிருவாணம் initiation d'un genre supérieur (au dire des Indous), délivrance de naissances futures; — பாமை une des femmes de Krichna; — பராசன் le poète Viâsen auteur du பாரதம்; —

பிரமாணம், — பிரமாணிக்கம் serment vrai; — பிரமாணிக்கன் homme véridique;—யுகம் l'âge d'or des Indous nommé கிரேதாயுகம்; — லோகம் le 7me de leurs mondes supérieurs, la demeure de Brama, le monde de la vérité;—வசனம்,—வாக்கு,—வாசகம் parole vraie, véridique;—வசனன், —வாக்கி, — வாசகன்,—வாதி homme véridique;—விரதன் homme fidèle,qui a fait vœu de dire toujours la vérité, fidèle à ses vœux, Sattyavrata le 25me roi de la dynastie du soleil, le Noé indien, Darmarâsâ l'ainé des 5 Pandavers; — வேதம் la vraie religion,la Bible, le Christianisme, le Catholicisme;— வேதத்தான் chrétien,catholique,observateur de la vraie religion; சத்தியத்துக்குடன்படுகிறது s'accorder avec la vérité, consentir à faire serment,affirmer par serment.

*சத்தியவதி, (சத்தியம்), la véridique,(*n.pr. de*) la mère de Vyasen et autres femmes. [véridique.

*சத்தியவான், (சத்தியம்), homme

*சத்தியன்,(*id.*),homme véridique, —qui ne ment jamais, — dont l'âme est immuable.

*சத்தியோசாதம்,(sadyas *instantanément*, சாதம் *naissance*),la 5me face d'Isouren ou de Siven chargée,au dire des Indous, de créer et de produire.

*சத்திரம்,1° (sattra),sacrifice, hôtellerie, satram ou chauderie (où les voyageurs trouvent un logement gratuit,—où l'on donne en quelques endroits gratuitement de la nourriture surtout aux brames.)2° (sastra), arme manuelle,—en général, javelot,dard,flèche,épée,sabre, cimeterre,couteau,lancette,chirurgie, incision,opération chirurgique,fer, instrument. 3° (tchhatra), ombrelle,parasol blanc et large. 4° les plantes தும்பை et கவிழ்தும்பை: —இடுகிறது,—பண்ணுகிறது,— வைக்கிறது faire une incision;— கட்டு *ou* பண்ணிஆற்றுகிறது faire une incision pour guérir une blessure; சத்திரக்கத்தி bistouri, lancette,instrument de chirurgie;—சாலை,—ச்சாலை chambre à manger,réfectoire,salle de rafraîchissemens,chauderie où l'on donne à manger gratis,salle d'arme;—பதி roi absolu,— qui abrite ses sujets de son ombrelle ou de son autorité; —பரிட்சை;—பிரயோகம் exercice de la chirurgie, incision; — யாகம் espèce de sacrifice;—வித்தை,—வித்தை science de la chirurgie,—*ou* வைத்தியம் chirurgie;—வைத்தியன் chirurgien.

சத்திராப்பை,(சத்திரம், ஆப்பை), chaudron—,poêle ou plat de fer.

*சத்திரி,(sattri),éléphant.

சத்திரிக்கிறது,ரித்தேன், ரிப்பேன், ரி,ரிக்க,*v. a.* (சத்திரம்), inciser, faire une incision.

*சத்திரியன், (kchatriya), kchatrien, rajah, rajapoutre, homme de la caste militaire, qui est la 2e des 4 grandes castes de l'Inde,guerrier: சத்திரியநாபி antidote royal au வச்சநாபி,il est rouge.

சத்திலி,camphre.

*சத்து,(sat),vérité,existence,bien, force,les grands, le vrai Dieu, l'être suprême, l'esprit présent partout et qui pénètre tout, arsenic naturel dit அயபலபாஷாணம்: — ச்சாரணை une plante, peut-être est-ce le சத்திசாரணை;—வாங்குகிறது, சத்தெடுக்கிறது ôter—,diminuer la force (des poisons etc...); சத்துமசத்தும், *V.* சதசத்து.

*சத்துராதி,சத்துரு, சத்துருவாதி,(satrou).ennemi,adversaire:சத்துருசகம் (saha *qui supporte*) patience, — à supporter ses ennemis;—த்தனம் inimitié,haine; — பாஷாணம் la plante திர்விஷம்;சத்துருவாயிருக்கிறது être ennemi; சத்துருவான ennemi,hostile.

*சத்துருக்கன்,சத்துருக்காள்வார், (satroughna *qui tue l'ennemi*), Satrouken fils de Dasaraden et de Soumitrei et frère de Râmen.

*சத்துருதை,(சத்துரு,tâ),haine.

அபி

*சத்துருத்தானம்,(*id.*ஸ்தானம்),la 5me place après la naissance.

சத்துருநாமத்தி,(சத்துரு), l'arsenic ஏகம்பபாஷாணம்.

*சத்துவகர், (சத்துவம், ka), les puissances, 5me chœur des anges, ceux qui par le don de Dieu peuvent faire des prodiges.

*சத்துவம்,(satva), force, puissance, pouvoir, nature, excellence, la qualité dite சாத்துவிகம்: — உண்டானவன், — உள்ளவன் homme fort; சத்துவக்குறிவிளக்கம், *V.* பாவருவுருவகம்; —க்கேடு faiblesse, débilité: அம்மாத்திரமுனக்குச்சத்துவமில்லையோ *ou* அவ்வளவுசத்துவமுனக்கில்லையோ n'as-tu pas assez de force ou de pouvoir pour cela?

*சத்துவரம், (tchatvara), pièce de terre nivelée et préparée pour un sacrifice, basse-cour, *V.* வேதிகை.

சத்துவாரி, *V.* சாளேசரம்.

*சத்துவாலம்,(tchatvâla), matrice, fétus, l'herbe தருப்பை, *V.* ஓமகுண்டம்.

*சத்துவேது,(சத்து, ஏது), rapport [entre la cause et l'effet.

*சத்தை, 1°(sattâ), existence, être, état, bonté, efficacité, force. 2° suc des arbres, essence des végétaux obtenue par distillation; —யின்றி sans effet, sans force; —யிறக்குகிறது distiller du goudron, — des acides pyroligneux tirés des arbres, — des liqueurs de diverses substances.

*சநம், *P.* சனம்

*சநலோகம், *P.* சனலோகம்.

*சநி, *P.* சனி.

*சந்தகம்,(tchandaka), joie, plaisir: சந்தகபுஷ்பம், —புட்பம் clou de girofle.

*சந்தகன், (*id.*), la lune, clair de [la lune.

சந்தகை, vase servant à faire des pâtisseries: —ப்பணியாரம், *V.* இடியப்பம்; —ப்பலகை, *V.* இடியப்பவுரல்.

சந்தடி, foule, affluence de peuple, bruit, tumulte, tapage, vacarme, tracas que donne une foule de monde: —கலைகிறது la foule se disperser; —பண்ணுகிறது faire du bruit, du tapage; —யடங்குகிறது, —பொழிகிறது le bruit —, le tumulte s'apaiser; —யாகிறது le bruit —, le tapage commencer, —avoir lieu; —யாயிருக்கிறது être bruyant, tumultueux.

*சந்தனி,(சந்தனம்), sandal.

சந்தனுணி, serpent.

*சந்ததம், (santata), perpétuité, toujours, éternellement, continuellement, demande réitérée.

*சந்ததி, (santati), postérité, race, descendans, génération, famille, fils, fille: —பெருகுகிறது, — வர்த்திக்கிறது une famille etc... croître, s'augmenter; — யழிகிறது une famille etc... se perdre, —s'éteindre; சந்ததிக்கழகுவந்திசெய்யாமை la beauté d'une famille (selon les Indous) c'est de n'avoir point de femmes stériles.

சந்தமாமா, la lune (mot enfantin).

சந்தம், 1° beauté, sandal, couleur, forme, figure, caractère, qualité, cadence, air, rythme des vers; (il revient un peu au genre des poésies lyriques des Grecs et des Latins), l'arsenic கற்பரிபாஷாணம். 2° *(tchhanda), désir: — அறியாதவன் méchant poète, celui qui ne connait pas la cadence, —le rythme; —சிதையாமற்பாடுகிறது composer ou chanter des vers sans violer la cadence; — ஆய்ப்பாடுகிறது composer des vers ou en chanter d'une manière harmonieuse; — ஆயிருக்கிறது être harmonieux; சந்தச்சிதைவு manquement—, défaut de cadence, —de rythme; —பேதக் changement—, différence de mesure, —de cadence, — de rythme; — பேதமாயிருக்கிறது différer dans la cadence etc...; —ப்பா strophe de 26 syllabes en 4 vers, ou selon Rottler, strophe de 4 vers chacun de 26 syllabes; —ப்பாஷாணம் espèce de remède; —வாக்கு caractère propre, —de jeune homme; —விதி art—, règles de poésie, —de cadence; — விருத்தம் strophe harmonieuse du genre dit virouttam; இந்தவண்ணத்திற்சந்தச்சிதைவுண்டு dans cet air ou ce chant la cadence est manquée.

சந்தயம், *P.* சந்தேகம்.

சந்தசி, la plante துளசி, basilic.

*சந்தர்ப்பம், சந்தற்பம், (sandarbha), convenance, occasion, opportunité, faire des guirlandes, enfiler; —ஆயிருக்கிறது être favorable, convenable, opportun.

*சந்தனம், (tchandana), sandal, santalum album, (l'arbre, le bois et la poudre odoriférante de ce bois):—அரைக்கிறது, —இழைக்கிறது, —உரைக்கிறது broyer—, pulvériser le bois de sandal; —இழைக்கிறது, —சேர்க்கிறது le broyer, le mixtionner: —பூசுகிறது, —சாத்துகிறது se frotter de sandal; சந்தனகுடம் nom d'une fête payenne; —க்கட்டை morceau—, bois de sandal; —க்கல் pierre pour broyer le sandal: —காப்பு onction de sandal; —க்குழம்பு poudre de sandal délayée, onguent; —க்குறடு espèce de divination superstitieuse. (On prend un cube oblong de sandal, sur les faces duquel sont écrits les nombres 1, 2, 10, 100. On le jette 3 fois comme un dé et on marque les nombres qui se présentent sur la face supérieure, puis on cherche dans ce même ordre ces mêmes nombres écrits en marge d'un livre de présage écrit sur ôle, et on tire de là la bonne aventure); —க்கூட்டு mélange de sandal et d'autres matières odoriférantes, *V.* அகிற்கூட்டு; —க்கோரை espèce d'herbe; —ச்சிராய் copeau de bois de sandal; —ச்சேறு poudre de sandal délayée; —த்தூள், —ப்பொடி poudre de sandal; —த்திரி mèche ou bougie odoriférante où il entre du sandal; —ப்பொட்டு bottou ou marque ronde faite sur le front avec de la pâte de sandal; —பர்வதம் ou

*சந்தனசலம், சந்தனத்திரி, சந்தாத்திரி, (சந்தனம், சந்தம், அசலம், அத்திரி), la montagne de sandal, le mont பொதியம் près du cap Comorin.

*சந்தனபிஷேகம், (*id.* அபிஷேகம்), onction de sandal.

*சந்தனு, (santanou), célèbre roi de Hastinabouri, 21me roi de la dynastie lunaire, qui, au dire de la fable, épousa la déesse du Gange et la mère de Vyasen; — மன்மகன்; — மைந்தன் Bhismen ou வீடுமன் fils de ce roi et de la prétendue déesse du Gange.

சந்தாதிகம், (சந்தம், அதிகம்), [amour des ennemis.

*சந்தாபம், சந்தாபனம், (santâpa, na), chaleur, grande chaleur, effet de la 4me —, 4m flèche de Kâmen, brûlure, peine, affliction, détresse.

சந்தாபிதம், (சந்தாபம், ita), mourir dans le feu.

சந்தாயம், 1° chose possédée en commun. 2° *V.* சஞ்சாயம்: சந்தாயநிலம் terre possédée en commun.

*சந்தானம், 1° (santâna), famille, race, lignée, progéniture, fils ou fille, un des 5 arbres du paradis d'Indiren. 2° (sandhâna), union, rapport, liaison, alliance, association: —தழைக்கிறது une famille fleurir, prospérer, se multiplier; *சந்தானகரணி remède pour faire reprendre les membres brisés, les plantes அறுகு et பெருமருந்து; —குரு gourou héréditaire, —par succession, —de génération en génération; —க்கூர்மை sel de calcination; —சருவோத்தம் un des 28 livres des Sivénistes; — தீபிகை nom d'un livre; —பரம்பரை, — பாரம்பரை, —பாரம்பரியம் coutume traditionnelle, —de famille ou de caste, droit héréditaire; — பாரம்பரியமாய்ப்பட்டமாளுகிறது régner par droit héréditaire; — லட்சுமி famille nombreuse; — விரதம் pratique de pénitence—, observance de famille, — pour avoir de la postérité; — விருத்தி augmentation d'une famille; — வுவமை fig. de rhét. qui montre la ressemblance d'un objet avec celui auquel on le compare, bien qu'elle soit [surprenante.

சந்தாணி, borax.

*சந்தி, 1° (sandhi), rencontre, réunion, union, jonction, connexion, réconciliation, pacification, jointure, articulation, combinaison, — des lettres finales avec les lettres initiales des mots, une des parties des mots dé-

rivés, carrefour, lieu où plusieurs rues aboutissent, souterrain, mine, trou pour entrer dans une maison, soir,cérémonie des brames auprès de l'eau le soir, matin, cérémonies du matin,bambou. 2°(சந்தியா), division du temps ou de la journée surtout par rapport au manger (d'où ஒருசந்தி un seul repas par jour ou jeûne). 3° *imp.de* சந்திக்கிறது:— காரன் voleur,—qui perce les murs;— காரியம் affaire de réconciliation, faire un traité—,négociation de paix;— காவலன் le prétendu dieu tutélaire des carrefours;—பண்ணுகிறது,*V.* சந்தி முடிக்கிறது; — பந்தனம் nerfs, *litt.* liens des jointures; — ப்பார் visite —, punition judiciaire, mal ou accident causé par les mauvaises divinités ou mauvais génies qu'on prétend hanter les carrefours;—மித்தல் cérémonie payenne faite le 6me mois après une naissance; — முடிக்கிறது faire —, achever les cérémonies du soir;—யோகம் pluie;—வந்தனை adoration—,cérémonie du soir; — வழு union fautive des mots ou des lettres finales et initiales; — விக்கிரகம் idole de carrefour, amour des ennemis; —விசக்ஷணன், —விசட்சணன், (vitchakchana *habile*), habile négociateur,— messager de paix.

*சந்திகம்,(சந்தி,ka), maladie provenant du commerce charnel inopportun.

சந்திக்கிறது, ந்தேன், திப்பேன், தி,திக்க,*v.a.*(சந்தி),visiter, rendre visite, rencontrer, se rencontrer, s'assembler,se réunir எனக்குக்கண்ணி லேசந்தித்தது, என்கண்ணுக் கெதி ரேசந்தித்தது cela s'est présenté à ma vue;சந்தித்துக்கொள்ளுகிறது se rencontrer,se visiter; சந்திக்கப்போ கிறது rendre visite,visiter,aller voir.

*சந்திதம்,(sandhita),ce qui est enfilé,enchainé,combiné, lié ensemble.

சந்தித்தல், *n. v. de.* சந்திக்கிறது, rencontre,visite,assemblée, réunion, accord.

சந்திப்பு,*n. v. du même,* présent de visite, — d'honnêteté ou de cérémonie,offrande, carrefour, lieu où plusieurs chemins aboutissent, jonction, jointure,*V.*சந்தித்தல்: — இடையாடி ருக்கிறது n'avoir pas l'occasion de se voir; இராசாவுக் கென்னசந்தி ப்புகொண்டுவந்தீர்கள் *ou* இராசாசந் திப்புக்கென்ன கொண்டுவந்தீர்கள் quel présent avez-vous apporté au roi?

சந்திமான்,un des 7 de la seconde classe des hommes célèbres par leur libéralité.

*சந்தியா, } (sandhyâ), crépuscule
சந்தியை, } (du matin ou du soir),
période de temps, (comme) matinée, midi, soirée, méditation ou récitation de prières à ces époques,union, consentement, limite, jasmin, intervalle entre la fin d'un யுகம் et le commencement de l'autre: சந்தியா காலம் le soir; — காலகருமம் dévotion ou cérémonie du soir;— காலத் திலேபடுக்காதே ne vous couchez pas à l'un ou l'autre crépuscule (règle de bienséance des Indous); —ராகம் rougeur de l'atmosphère au coucher du soleil;—வந்தனம், —வந்தனை adoration ou cérémonie du soir, — qu'on fait le matin,à midi et le soir.

*சந்தியானுஷ்டானம், (சந்தியா, அநுஷ்டானம்), observances religieuses usitées le matin, à midi et le soir. [திரன்.

*சந்திர, *obl. de* சந்திரம் *et de* சந்

*சந்திரகம்,(சந்திரன், ka), ongle, mouche cantharide, œil de la queue du paon,poivre,—noir.

*சந்திரகி,(சந்திரகம்),paon.

*சந்திரகுத்தன்,(tchandragoupta), un des greffiers de Yamen, Sandrocoptus roi de Patalipoutra, contemporain de Séleucus roi de Syrie.

*சந்திரம்,(tchandra),camphre, or, eau, yeux de la queue du paon.

சந்திரநாள், (சந்திரன்,நாள்),*et* சந்திரனுட்கூடியநாள், jour lunaire, jour—,phase de la lune. [lune.

சந்திரவொளி (*id.* ஒளி,) clair de la

*சந்திரன், (tchandra), la lune,

Sandiren ou le pretendu dieu de la lune,Siven,prééminence: — காய்கிறது la lune briller, — être brillante; — கிருஷ்ணபக்கம் déclin —, décours de la lune; — எறிக்கிறநாள், — குன்பக்கம் 1re partie d'une lunaison, croissant de la lune, jour —, temps où la lune brille,—croit;—குன்றும்பக்கம் 3me partie d'une demi-lunaison, du 6me au 9me jour aprés la nouvelle lune ou la pleine lune; —சிப்பி huître à perles; சந்திரகலை phase—,doigt de la lune,jour lunaire,petit tambour,narine gauche,respiration par la narine gauche;— காந்தம் nénuphar blanc,*ou* —காந்தச்சிலை, — காந்தக்கல்லுருடி pierre précieuse qui,dit-on,sue aux rayons ou au lever de la lune et se forme de la congélation des rayons de la lune;— காந்தி arbuste à fleurs—,fleur qui se tourne vers la lune; — காந்தை la nuit,la femme prétendue de la lune; —காவி couleur rouge tirée du செந்துருக்கு, ocre rouge brillant; — கிரணம் rayon de la lune; — கிரகணம்,— கிராணம் éclipse de lune; — கும்பம் cruche,— de Varounen;— குலம், *V.* சந்திரவமிசம்;—கோளம் disque—,sphère—,globe de la lune; — கோளஸ்திதன் ancêtre déifié qu'on prétend habiter le globe de la lune, —சம்பவன் Mercure ou புதன் fils de Sandiren;—சாலிகை,— சாலை appartement sur la terrasse ou l'algamace d'une maison, *V.* நிலாமுற்றம்; —சாலோக்கியம் parvenir au ciel ou au monde de la lune;—சுவணம் l'arsenic dit குதிரைப்பற்பாஷாணம்;— சூடன்,—சேகரன் celui qui porte la lune ou un croissant sur sa tête, *i.e.* Siven;—சேகரி celui ou celle qui porte la lune sur sa tête,Oumei ou Parvadi,Siven, Vinayaguen; — சைலம் la montagne de la lune au nord de l'Inde; — ஞானம் un des 28 livres des Sivénistes; — தாரம் femme de Sandiren ou de la lune,les 27 étoiles filles de தக்ஷன் et femmes de Sandiren ou de la lune; — தரிசனம் vue —,adoration du croissant de la lune;—திலகம் sandal; — தோஷம் facheuse influence de la lune, *V.* சந்திரரோகம்;— நாகம் le serpent noir *ou* இராகு qui veut dévorer la lune, *i.e.* le nœud ascendant de la lune, sorte de marchandise: — நாகூர் la ville de Chandernagore dans le Bengal;— பக்கம் jour lunaire, demi-lunaison, côté de la lune, 3 jours lunaires;— பாகை partie de la lune,le Tchénab Acesines,fleuve du Pandjàb; — பிரபை rayons de la lune;— பீசம் l'insecte இந்திரகோபம்;— புடம் longitude de la lune; — பூரம் camphre cru;—மணி, *V.* சந்திரகாந்தச்சிலை;— மண்டலம் orbite—,disque —, sphère—, région de la lune, sa situation dans son orbite, cercle —, halo —, rond autour de la lune,diamétre apparent de la lune, partie du corps humain commençant au cœur et comprenant la tête et les épaules: — மந்தோச்சம் périgée —, aphélie de la lune;— மாதம் lunaison,mois lunaire; — மானம் orbite —,cours —, mouvement de la lune,mois ou année lunaire,calcul sur ou d'aprés la marche de la lune; — மூத்து espèce de perle;—மோலி,—மௌலி, *V.* சந்திரசூடன்; — ராசி les 27 étoiles ou demeures lunaires;—ரேகை,— லேகை doigt—,phase de la lune: — ரோகம் maladie du lunatique; — ரோகி lunatique; — லவணம் sel de roche; — லோகம் région—,sphère ou ciel de la lune, argent; — லோகவாசி habitant de la lune; — லௌகம் argent, métal ressemblant à la lune;— வங்கிஷம்,—வமிசம், — வம்சம் Bouden fils de Sandiren,race—,dynastie de la lune,titre de la dynastie des rois de Hastinabouri, de Maduré et d'autres rois, une des 3 branches de la caste des சத்திரியர்;—வட்டம் un des 3 parasols d'Arouguen, parasol blanc;—வருஷம் année lunaire;— வலையம் sorte d'instrument de jeu; — வாதம் nom d'une secte; — வாலை grand cardamome;—விம்பம் diamètre apparent de la lune;—விரதம் espèce de pénitence, *V.* சந்திராயணம்.

*சந்திராதபம், (சந்திரன், ஆதபம்), rayon —, clair de la lune.

சந்திராதம், *V.* தாளகம்.

*சந்திராதித்தர், (சந்திரன், ஆதித்தன்), le soleil et la lune.

*சந்திரார்த்தம், (*id.* அர்த்தம்), demi-lune, croissant.

*சந்திராந்தம், participe.

*சந்திராபமம், (சந்திரன், அபமம்). déclinaison de la lune. [Siven.

*சந்திராபீடன், (சந்திரன், âpîda),

*சந்திராயணம், (*id.* அயணம்), cours de la lune, pénitence réglée sur le cours de la lune; on commence à la pleine lune, diminuant sa portion de nourriture d'une bouchée par jour jusqu'à ce qu'elle soit réduite à une bouchée à la nouvelle lune, après quoi on l'augmente d'une bouchée par jour jusqu'à la pleine lune.

சந்திரிகம், சந்திரிக்கம், (சந்திரன், ika), enveloppe —, couverture d'une ôle ou lettre sur feuille de palmier: elle ressemble à la lune: சந்திரிகத்தி்ற்சுருட்டுகிறது renfermer une ôle dans son enveloppe.

*சந்திரிகாபாயி, (சந்திரிகை, pâyi *qui boit*), perdrix des montagnes dite சகோரம். [nénuphar blanc.

*சந்திரிகாம்புயம், (*id.* அம்புயம்),

*சந்திரிகை, (சந்திரன், ikâ), grand cardamome, *V.* சந்திராதபம். [சிவ.

சந்திரேகம், la plante கார்ப்போக

சந்திருக்கம்பூ, *P.* செந்திருக்கம்பூ.

*சந்திரோதயம், சந்திரோதையம், (சந்திரன், உதயம்), lever de la lune. [சந்திரகாந்தக்கல்.

*சந்திரோபலம், (*id.* உபலம்), *V.*

*சந்திரோபாலம்பனம், (சந்திரன், உப, ஆ, lampana *qui descend*), maladie vénérienne qu'on prétend causée par la lune.

சந்தில், Saturne.

சந்து, 1° articulation, jointure, (et surtout) jointure de la hanche, carrefour, lieu où 4 rues aboutissent, copule, réunion des membres coupés, connexion ou liaison des vers entr'eux dite தொடை, union de 2 planches, fente ou vide entre des objets mal joints, ruelle, coin, opportunité, sandal, message. 2° * (djantou), animal, *V.* செந்து: — அடைக்கிறது, *V.* சந்துபிசைகிறது; சந்து ou சந்தைஒடிக்கிறது disloquer, déhancher: — சந்தாகத்துண்டிக்கிறது partager en 4, mettre en pièces; — செய்கிறது, — செய்தல் unir, joindre: — பார்க்கிறது épier l'occasion, attendre l'opportunité; — பார்த்துக்கொள்ளையிடுகிறது saisir l'occasion qu'on a épiée pour piller; — பிசைகிறது boucher les fentes (des murs), remplir les intervalles des briques avec du mortier; — பேர்கிறது se déhancher: — பேர்க்கிறது disloquer, déhancher, déboiter; — பொந்து fente et trou, cachette, embuscade; — பொந்தாய்க்கிடக்கிறது être en désordre, — irrégulier, (une rue...). — பொந்திலேபதித்துக்கொள்ளுகிறது voler —, piller en sortant d'une cachette, —d'une embuscade; — பொந்திலொதுங்குகிறது, — ஒதுங்கிக்கொள்ளுகிறது se retirer dans une cachette, — en embuscade: — பொருத்துகிறது rejoindre, remboîter, boucher les fentes, — மந்து, — முந்து trouble, confusion, ruelle, rue tortueuse et étroite; — வாதம் goutte sciatique; — வாய் fente, crevasse, endroit où les chairs coupées se réunissent, jointure; — வாயிசைக்கிறது boucher une fente, rejoindre, — les parties séparées: — வாய்பிசைகிறது, *V.* சந்துபிசைகிறது; — விப்புருதி espèce d'ulcère (aux jointures): — வீடு maison dans une ruelle.

*சந்துஷ்டம், சந்துஷ்டி, சந்துட்டம், சந்துட்டி, (santouchta, santouchti), joie, plaisir.

சந்துஷ்டியம், dire. [சொ.

சந்துநயத்தான், la plante தாது

சந்துயிர், (சந்து, உயிர்), os.

சந்துருஷ்டி, *corr. de* சந்துஷ்டி, joie. [spectacle.

சந்தெரிசனம், (சம்), bonne vue,

சந்தூக்குஜட்டி, (*arabe*), examen de la caisse, *v. g.* du trésor ou autre.

*சந்தேகம், (sandêha), doute, incertitude, soupçon, conjecture, supposition, hésitation: — அற sans doute, — aucun reste de doute, tout doute dissipé, avec assurance, certainement; — அறுகிறது le doute se dissiper, s'éclaircir: — அறுக்கிறது résoudre —, dissiper un doute: — அற்ற indubitable, sans doute, certain: — ஆயிருக்கிறது être douteux, incertain, — ஆன incertain, douteux; — உள்ள qui doute, qui soupçonne; — தீர்க்கிறது, — தேற்றுகிறது, — போக்குகிறது dissiper —, résoudre un doute; தீர்கிறது, — தெளிகிறது, — தேறுகிறது un doute s'éclaircir, — se dissiper; சந்தேகக்காரன், — க்காரி personne soupçonneuse; — நிவாரணம் éclaircissement d'un doute, un des 14 actes de bienfaisance dits தயாவிருத்தி; — ப்படுகிறது douter, soupçonner, suspecter: அளவைக்குறித்து ou அளவைக்குறித்திருக்கிறசந்தேகம் doute sur la mesure.

சந்தேகிக்கிறது, (சந்தேகம்), *v. n.* douter, *et* சந்தேகிப்பிக்கிறது, *v. caus. du préc.* faire douter, (inusité.)

சந்தை, 1° foire, marché (à certains jours), lieu —, rue où il se tient. 2° *acc. de* சந்து: — கலைகிறது la foire... finir, — se disperser; — கூடுகிற வெளி *ou* இடம் place où se tient la foire...; — க்கூட்டம் foule de peuple dans un marché...; — யிரைச்சல் bruit de la foire ou du marché; — யேறுகிறது la foire se tenir, se rassembler, — se remplir de monde; — யேறினதில்லை la foire ne s'est pas tenue; — யேற்றுகிறது établir une foire: — வெளி lieu de la foire.

*சந்தையம், *P.* சந்தேகம், doute.

*சந்தோஷம், சந்தோடம், சந்தோஷணம், (santôcha, na), joie, plaisir, allégresse, contentement, délice: — ஆன, — உள்ள, joyeux, content, gai; — பாராட்டல் fête, célébration joyeuse, témoignage de contentement; — ஆயிருக்கிறது, சந்தோஷப்படுகிறது être joyeux, gai, content, se réjouir; — மயக்கம் transport —, ivresse de joie; — முகமாயிருக்கிறது avoir l'air joyeux; சந்தோஷத்தினாலேபூரிக்கிறது remplir —, être rempli —, tressaillir de joie.

சந்தோஷிக்கிறது, (சந்தோஷம்), *v. n.* se réjouir, être joyeux, content.

சந்தோஷிப்பிக்கிறது, *v. caus. du préc.* réjouir, causer de la joie.

*சந்தோவிசிதம், சந்தோவிசிதி, (tchhandas *poésie*), partie du வேதாங்கம் qui traite de la versification.

*சந்நதி, *P.* சந்நிதி

*சந்நத்தன், (sannaddha), homme préparé au combat.

*சந்நிகருஷணம், சந்நிகருஷம், (சம், நிகருஷணம்), *et*

*சந்நிதானம், சந்நிதி, (sannidhâna, sannidhi), présence (de Dieu ou des grands), proximité, approche, sanctuaire d'un temple, lieu saint: சந்நிதித்துவாரம் ouverture dans le mur d'un temple par laquelle on peut voir l'idole quand la porte est fermée: இராசசந்நிதானம் la présence du roi; இராசசந்நிதியிலே பிரசங்கிக்கிறது faire un discours en présence du roi: குருச்சந்நிதியிலே வந்தாற் சிஷனுக்குஞானம்பிரகாசிக்கும் la sagesse éclairera le disciple s'il vient en la présence de son précepteur; தெய்வசந்நிதியிற்சத்தியம்பண்ணுகிறது faire serment en présence de la divinité; (les payens le font devant leurs idoles ou leurs pagodes; mais cela ne doit se faire qu'en présence du vrai Dieu).

*சந்நிபம், (sannibha), comparaison, similitude.

*சந்நியம், (djanya), marché, bazar, qualité naturelle, caractère —, naturel, guerre, combat, l'arbre மராமஞ்சன்.

*சந்நியன், (*id.*), père, compagnon (de l'époux...).

*சந்நியாசம், (சம் *tout*, நியாசம்), renoncement au monde, — à tout, le 4me état de vie, selon les Indous, état religieux, — d'anachorète ou d'ermite: — பெற்றுக்கொள்ளுகிறது se faire anachorète, renoncer au monde, obtenir le rang d'anachorète: சந்நியாசமுத்திரை marques d'un Sannyasi Sivéniste, V. பஞ்சமுத்திரை; சந்நியாசம் பண்ணுகிறது se faire religieux, ermite, Sannyasi.

*சந்நியாசி,(சந்நியாசம்), homme qui a renoncé à tout,— entièrement au monde, Sannyasi ou ascète indien, religieux, anachorète, ermite;— ப்பட்டம் dignité—, état d'anachorète; —ப்பட்டங் கட்டுகிறது donner la dignité de Sannyasi, consacrer un anachorète;— ப்பட்டந்தரிக்கிறது se faire —, faire Sannyasi, on distingue 2 sortes de Sannyasis indous: 1° ஏகதண்டசந்நியாசி celui qui porte un seul bâton, suit la secte ஸ்மார்த்தம் et les lois dites ஸ்மிருதி. 2° திரிதண்டசந்நியாசி celui qui porte 3 bâtons liés ensemble, suit la secte de Vichnou et les Vêdas: சந்நியாசிக்குஞ்சாதிமானஞ் சமயமானம்விடாது (parmi les Indous) même le Sannyasi ne quitte ni sa caste ni sa secte.

சந்நியாசிக்கிறது, (சந்நியாசம்), mener la vie d'anachorète, se faire religieux.

*சந்நியை, *f. de* சந்நியன், mère, compagne (de l'épouse...)

*சந்நிரோதம்,சந்நிரோதனம், (சம்), obstacle. [plaine.

*சந்நிவேசம்,(*id.*), lieu découvert,

*சபக்கம்,சபக்ஷம்,சபட்சம்,(ச), le même parti, — côté. [bras étendu.

*சபடம்,(tchapata), main étendue,

*சபதம், (sapatha), serment, promesse avec serment, vœu, promesse solennelle, parole sûre, gage, sûreté, gageure, vérité, imprécation contre soi-même si l'on manque à sa parole, malédiction, imprécation; —இடுகிறது jurer, faire serment, mettre en gage, parier, se vanter, faire l'insolent, braver; —ஓட்டுகிறது.— கூறுகிறது donner un gage, parier; — பண்ணுகிறது faire serment, s'obstiner, menacer; என்னோடே — பண்ணுகிறாய் *ou* பேசுகிறாய் tu me menaces; — பேசுகிறது menacer, faire l'insolent, se vanter, morguer; சபதக்காரன் V. சபதவாளி.

சபதரிக்கிறது, V. சவதரிக்கிறது.

சபதவாளி, சபதவாளன், (சபதம்), parieur, gageur, jureur. [l'instant.

*சபதி, (sapadi), vitesse, hâte, à

சப்பு, சபப், (*arabe*), cause, raison.

*சபம், 1° (sapa), cadavre, serment, imprécation. 2° (sapha), racine qui descend des branches du multipliant et de quelques autres arbres, bambou. 3° (djapa), prière: சபத்துவம் hommage, servir. [préparation, plénitude.

சபரணை, (சவரணை), protection,

*சபரம், (saphara), carpe, cyprinus.

சபர், (*hind.*), voyage, tour, V. சவர்.

*சபலம், 1° (ச), profit, gain, avantage, plénitude, accomplissement, réussite. 2° (tchapala), tremblement, inconstance, agitation, mercure, éclair: சபலத்துவம் réussite, succès.

*சபலா, (tchapalâ), poivre long.

சபலி, (sabali), crépuscule du soir.

*சபலை, (tchapalâ) inconstance, Lakchimi ou la fortune, poivre long, langue, liqueur spiritueuse, prostituée, éclair. [cation.

*சபனம், (sapana), serment, impré-

*சபா, (sabhâ), P. சபை. (au commencement des mots composés):— சம்பம் timidité à parler en public, — qui rend comme un pilier;— கம்பமுள்ளவன் homme timide pour parler devant une assemblée; — சனம். 1° assemblée, — délibérante, gens assemblés pour affaires publiques. 2° (sabhâdja *plaire*), courtoisie, civilité, action de faire plaisir; — ஸ்தம்பம், — த்தம்பம் pilier de l'état, — de l'assemblée, — d'une salle d'assemblée; — நாதன், — நாயகன், — பதி président —, chef d'une assemblée, Siven, (surnom de l'idole de சிதம்பரம் ou Chillambram), — மண்டபம் cour, salle d'assemblée, — d'audience, — de réunion; — ரஞ்சிதம் principe —, union d'une assemblée.

சபாசு. V. சவாசு.

சபிக்கிறது, சபித்தேன், சபிப்பேன், சபி, சபிக்க, *v.a.* (sapa), maudire, faire des imprécations, charger de malédictions, excommunier, injurier.

*சபிண்டர், (sapinda), mânes, parens défunts, parens qui (selon les Indous) ont droit d'offrir des gâteaux funèbres jusqu'au 3me degré en ligne droite ou collatérale.

*சபிண்டி, சபிண்டன், (id.), ancêtre, parent décédé, joindre aux 3 parts du riz cuit destinées aux ancêtres celle du cadavre: சபிண்டிகரணம் offrande aux mânes des parens.

சபித்தல், சபிப்பு, n. v. de சபிக்கிறது, malédiction, imprécation, injure.

சபினம், சபீனம், la plante வசம்பு.

சபுக்கு, P. சவுக்கு, fouet.

சபுக்காரம், P. சவுக்காரம், savon.

*சபேடம், (tchapêta), V. சபடம்.

*சபை, 1° (sabhâ), assemblée, réunion, congrégation, confrérie, ordre religieux, église ou assemblée des fidèles, place ou salle de réunion, —où se traitent les affaires publiques, salle d'audience, assemblée délibérante, poëtes, savans, — qui forment une académie, certain endroit du temple de சிதம்பரம். (Il y en a 5 ainsi nommés: தேவசபை lieu où, au dire des payens, les dieux se réunissent pour adorer Siven; கனகசபை salle dorée ou plaquée d'or; திருச்சிற்சபை place où Siven a, dit-on, dansé et où dansent ses sectaires en son honneur; சித்திரசபை salle ornée de peintures et de gravures ou statues; சிற்சபை ou ஞானசபை salle sans idole et destinée à représenter le ciel visible et l'immensité de Dieu. 2° (djapâ), rose de Chine: —க்காரர் associés, congréganistes, confrères; —கூடுகிறது l'assemblée... se réunir; —கூடுகிறமண்டபம், V. சபாமண்டபம்; —கூட்டுகிறது convoquer, — une assemblée, réunir la congrégation; —க்கோழை personne timide —, timidité à parler en public; —க்கோத்திரர் paroissiens, confrères; —த்தலைவன், —நாயகன் chef —, président d'une assemblée; —யுள்ளார் associés, congréganistes, gens qui étudient pour aider les comédiens; —யேறுகிறது se rendre à une assemblée, parvenir à la connaissance de l'assemblée; —யேற்றுகிறது introduire dans une assemblée...; —வன்மை, —வலிமை puissance —, autorité ou acte public d'une assemblée; சபைக்கொவ்வாதசொல், (ஏறுகிறது), parole inconvenante dans une assemblée; சபையில்வேற்றுக்கீரன் அரசிலே வீரசேரன் personnage qui est comme Narkiren dans l'académie de Maduré et Virsêren parmi les rois; சபையிலேபோய்ப்பேசுகிறது, சபையேறிப்பேசுகிறது entrer dans une assemblée et la haranguer.

சபையார், (சபை), gens d'une assemblée ou d'une congrégation, associés, congréganistes, confrères, paroissiens, religieux de l'ordre de...

*சப்தம், 1°(saptan) sept. 2°(sabda), son, voix... V. சத்தம்: சப்தபேதனி, V. சத்தபேதனி; —புஷ்டி mots élégans; —புஷ்டியும் அர்த்தபுஷ்டியு முள்ளசாஸ்திரம் science qui enseigne des choses excellentes en termes élégans; —விதி V. சத்தவிதிகள்.

சப்தி, (hind.), séquestration, séquestre, dépôt.

சப்திக்கிறது, V. சத்திக்கிறது.

சப்பங்கி, nom d'un pays, — d'un arbre, homme lâche, — sans bravoure, poltron.

சப்பட்டை, chose plate, aplatie, épatée, écrasée; aile, omoplate, os de l'épaule, V. பட்டை: —மூக்கு nez camus, —épaté; —யாயிருக்கிறது être plat, —aplati.

சப்பணம், jambes croisées sous soi, V. சம்மணம்: —கூட்டுகிறது, —போடுகிறது s'asseoir les jambes croisées.

சப்பரம், espèce de chaise ou de siége couvert d'un dais ou pavillon, siége surmonté d'un pavillon placé sur —, siége sur un éléphant' brancard orné et à niche pour porter une statue en procession: சப்பரமஞ்சம் lit de parade, —à baldaquin, —à pavillon; சப்பரத்திலேவைத்து

அசை

பத்தைதளஎழுந்தருளப் பண்ணுகிறது porter en procession une statue dans un brancard orné et à niche.

சப்பல், *n.v. de* சப்புகிறது, action de sucer, chose sucée.

சப்பளிகிறது, ளிந்தேன், ளிவேன், ளி, ளிய, *v.n. et* சப்பளிதல், *n. v.* se rider, *ou*

சப்பளிக்கிறது, ளித்தேன், ளிப்பேன், ளி, ளிக்க, *v.n.* சப்பளித்தல், *n. v. et* சப்பளித்துப்போகிறது, être creux, —enfoncé (les joues, les yeux), s'enfler, se gonfler, se meurtrir, s'aplatir, se briser, ou s'endommager en tombant, *v.g.* un fruit, être assis les jambes croisées sous soi et de mauvaise grâce.

சப்பளியல், சப்பளியன், *n.v. de* சப்பளிகிறது, ce qui est ridé, aplati, épaté.

சப்பாணி, 1° *m. f. ou* சப்பாணியன், *m.* estropié, impotent, cul-de-jatte. 2° sorte de jeu d'enfans, — de diable-boiteux, battement de mains: — கொட்டுகிறது avoir les jambes croisées, jouer au jeu susdit en battant —, battre des mains; — ப்பருவம் 1er âge de l'enfance où l'on ne peut se tenir sur ses jambes, titre d'un chapitre d'un livre; — மாடன் espèce de diable. [vate.

சப்பாத்து, (*savate*), soulier, sa-

சப்பி, 1° blé broui, épi avorté, —stérile, sans grain. 2° *gér. de* சப்புகிறது.

*சப்பியம், (sabhya), parole ou chose convenable à une assemblée.

*சப்பியன், (*id.*), homme honorable, — digne d'entrer dans une assemblée. [ரம், சப்பரமஞ்சம்.

சப்பிரம், சப்பிரமஞ்சம், *V.* சப்ப

*சப்பிரமை, (ச, பிரமை), désir.

சப்பு, 1° *imp. et part. du suiv.* 2° son imitatif: சப்பென்கிறது rendre ce son, faire *sap*, —du bruit, se presser, être fade, sans saveur; — ச்சப்பென்கிறது faire du bruit, — *sapousapou*; — ச்சவர் chose de rebut, terre salée, marais salans.

சப்புகிறது, ப்பினேன், ப்புவேன், ப்பு, ப்ப, *v.a.* சப்புதல், *n.v.* sucer, lécher, manger avec un bruit indécent, faire résonner les lèvres, couper avec les dents, aplanir une masse: உதட்டைச் —, கையைச் —, நாக்கைச் சப்புகிறது se lécher les lèvres, — les mains, —la langue; பழத்தைச் — sucer un fruit, le goûter; முலையைச் — téter; வாயைச் — mouvoir doucement la bouche; வாயைவாயைச் — tourner la langue et être sur le point de parler sans le faire; விரலைச்சப்புகிறது se sucer le doigt (comme font les enfans).

சப்பை, 1° ce qui est maigre, chétif, vieux, plat, aplati, épaté. 2° hanche, cuisse, épaule de mouton, prostituée: — மூக்கு nez plat, —camus; — வாய் bouche plate; — வாயன் homme qui a la bouche plate, — les lèvres rentrées; எனக்கைந்தாறுமாட்டுச்சப்பையுண்டு j'ai 5 ou 6 bœufs vieux et maigres.

*சம, *adj. de* சமம்.

*சமகம், (samaka), paix, tranquillité, concorde.

*சமகன், (*id.*), pacificateur.

*சமகை, (சமம், kâ), plénitude, entièrement. [tout, entier.

*சமக்கிரம், (samagra), totalité,

*சமக்கிருதம், *P.* சமஸ்கிருதம்.

*சமங்கை, (samangâ), la plante வறட்சண்டி, sensitive dite தொட்டால்வாடி.

*சமசனம், 1° (சம் *avec*, asana *jeter*), contraction, combinaison de termes composés, répression. 2° (சமம்), gens égaux, — semblables.

*சமஷ்டி, சமஷ்டியை, சமஷ்டியார்த்தம், சமசை, (சமம்), plénitude, accroissement, capacité, *V.* சமஷ்டி 2°

*சமஸ்காரம், (samskâra), réminiscence de ce qu'on a su ou de ce dont on a joui autrefois, mémoire, établissement, fixité, élasticité, achèvement, cérémonie réputée essentielle et purificatoire pour les Indous des 3 premières classes, accomplissement de cette cérémonie. (on en compte 10 depuis la conception jusqu'au mariage, savoir: கருப்பாதான

ம் sacrifice pour la conception; புஞ்சவனம் pour la vitalité du fétus; சீமந்தோந்நயனம் ou சீமந்தம் cérémonie du 4me, du 6me et du 8me mois; சாதகருமம் celle de donner à l'enfant du beurre clarifié dans une cuillère d'or avant de couper le cordon ombilical; நாமகரணம் celle de lui donner un nom; நிஷ்கிரமணம் lui montrer la lune le 3me jour de la 3me lunaison; அன்னப்பிராசனம் lui donner du riz le 6me ou le 8me mois; சூடாகரணம் lui faire le குடுமி; உபநயனம் l'investiture du cordon à l'âge de 5,8 ou 16 ans; விவாகம் le marier).

*சமஸ்கிருதம், (samskrouta), sanscrit, langage conforme aux règles de la grammaire.

*சமஸ்தம், 1° (samasta), totalité, universalité, tout, entier. 2° (samastha), égalité, égal, uni. 3° (samstha), appui, base: சமஸ்தமனிதரும் tous les hommes.

*சமஸ்தானம், (samsthâna), la cour, audience —, résidence du roi, métropole, capitale, chef-lieu, demeure d'un chef, ville.

*சமஞ்சசம், (samandjasa), convenance, justesse, bonne coutume.

*சமட்சம், சமக்ஷம், (சம், அக்ஷம்), présence, vue, abrégé.

சமட்டி, (de சமஸ்தம்), totalité, tout: — புருடம் figure renfermée en petit.

*சமணம், (kshapana *déhonté*, car les chefs Djaïnas allaient nus, ou sramana *ascète, religieux mendiant*,) la secte —, la religion d'Arouguen et des Samanéens ou Djaïnas, une des 6 புறச்சமயம், V. அருகசமயம்.

*சமணர், சமணான், pl. சமணர், சமணகர், (சமணம்), Samanéen, Djaïna ou Bouddhiste, sectateur d'Arouguen, probablement ceux que les Grecs ont appelé Sarmanes. Autrefois fort répandus, ils sont maintenant en petit nombre dans l'Inde. Jadis] ils ont composé plusieurs ouvrages classiques, des dictionnaires et l'art poétique. Les brames les regardent comme athées, parce qu'ils n'admettent pas leur polythéisme, et qu'ils nient la prééminence bra- [manique.

சமண்ர், V. சமணம்.

சமண்டலை, l'arbre சமண்டலை.

சமத்தை, défaut.

*சமதக்கினி, (djamadagni), un des 7 grands pénitens indous, père de Parasourâmen. [quillité.

சமதம், (samatha), patience, tran-

*சமதர், (samatha), ami, partisan.

சமதி, combat.

*சமதிதம், (samatita ou சம், அதித ம்), union, commune possession, communion: சமதிதப் பிரயோசனம் communion, —des Saints, bien—, avantage commun.

*சமதை, (சமம், தா), ressemblance, égalité, strophe de 4 vers dont les lettres ont un grand rapport entr'el- [les.

*சமஸ்தம், V. சமஸ்தம்.

*சமஸ்தவம், (samstava), longue connaissance, — cohabitation, intimité.

*சமஸ்தாவம், (samstâva), louange du sacrifice, hymnes qu'on y chante.

*சமஸ்தானம், V. சமஸ்தானம்.

சமந்து, P. சமந்து.

*சமந்தம், 1° (samanda), V. சமஸ்தம். 2° diverses manières, limite, terme, fin. 3° P. சம்பந்தம். [pétion, redite.

*சமபிகாரம், (samabhihâra), ré-

*சமம், (sama), ressemblance, similitude, comparaison, égalité, niveau, surface plane, le même, indifférence, impartialité, égalité d'âme, retenue, calme, patience, totalité, tout, entier, justice, milieu, un des தாளப்பிரமாணம், *i. e.* accord de la voix avec la cymbale, paradis, bonheur final, répression —, délivrance des sens, — des naissances futures, raison, combat, bataille: — ஆக்குகிறது égaliser, niveler, aplanir; —ஆயிருக்கிறது être égal, semblable, uniforme, invariable; — இல்லாமை différence, partialité, injustice; சமபட்சம் côté égal, partis égaux, sans décision ni prépondémnce;—கன்னி fille nubile; —காலம் bonne occasion, le présent, le même temps;—கோளம் sphère droite; —கிராமம் village voisin,—semblable, qui a les mêmes revenus;— சக்கரம், —சக்கிரம், V. சமகோணம்; — சந்தி union, alliance ou paix à conditions égales; — சந்திரன் longitude vraie de la lune au milieu d'une éclipse;—நிலம் terrain égal,—uni, —nivelé;—நிரூபணம் preuve, témoignage;— நிலை impartial, V. சமநிலைமான்;—நிரைமம் foule, troupe;—நாராசம் une des 9 manières de battre les cymbales;—நிலன், V.சமநிலத்திரன்;—நிதுக்கம் sympathie pour la douleur d'autrui, compassion; — திரிபுசம் triangle équilatéral; — திரிகோணம் triangle équiangle; — சீதோஷ்ணம் zône tempérée;— நிலை justice, impartialité, mélange (en poésie) des lettres fortes, douces et moyennes, beauté qu'il produit; —நிலைச்செய்யுள் pièce de vers qui a ce mélange; — நிலைச்சக்கரவாளம் horizon rationnel; — நிலைவெள்ளியா, V. சமநிலைவெள்ளியா; —நிறை équilibre;— ப்படுத்துகிறது égaler, égaliser; — பந்தி repas dont les convives sont égaux, lieu uni; — பலம் produit—, revenu égal, force —, efficacité égale; — பாகம் portion égale;—பதம்,—பாதம் pieds joints, tenir les pieds joints en tirant de l'arc; — புத்தி esprit calme, indifférent, stoïque;— பாவம் nature égale, égalité, identité; — பூமி plaine, pays —, terrain uni;— போகம் jouissance—, plaisir égal en 2 personnes;— ப்பிரதேசம் terrain—, pays maritime,—de forêts; — முகம் position fixe et immobile de la tête, comme celle des ascètes indiens; — மேகலை zône tempérée;—மூலம் même origine,—cause;—மாத்திரம்,—மிதி, (மிதம்) même mesure,—grandeur;— யுத்தம் combat égal,—à forces égales;—ராத்திரம் équinoxe, égalité de jour et de nuit, lieu où l'écliptique coupe l'équateur;—வருணம் même couleur, —caste; —வாசம் cohabitation, logement commun, fréquentation; — வாரி plénitude, V. நிறைந்தது; — வாதம் débat—, controverse pacifique; — விதம் même manière;—விருஷ்டி pluie modérée.

சமயத்தார், சமயத்தோர், (சமயம்), sectateur, homme d'une secte.

*சமயம், (samaya), secte, religion, occasion, opportunité, temps, loisir, signe, indication, traité, contrat, marché, limite, jugement, décision. Les Indous reconnaissent parmi eux 6 sectes principales, V. அறுசமயம். Ils distinguent ensuite 6 sectes dites extérieures ou புறச்சமயம், savoir: உலோகாயதம் athéisme; புத்தம் Bouddhisme; சமணம் la secte des Samanéens ou Djaïnas; மீமாஞ்சை la philosophie Mimansa; பஞ்சராத்திரம் une secte de Vichnouvistes; பாட்டாசாரியம் la secte de Battâsarien. En outre, les Sivénistes comptent parmi eux 6 sectes intérieures dites உட்சமயம், savoir: சைவம், வாமம், காளாமுகம், மாவிரதம், பாசுபதம், வைரவம். Les Vichnouvistes nomment aussi உட்சமயம் 6 sectes qui se sont formées parmi eux, savoir: யாதவம் celle de Yâdava Misra; மாயாவாதம் celle de சங்கராசாரியர்; இராவியம் celle d'un gourou ainsi nommé; இராமானுஜீயம் celle de Râmânoudja; பாஸ்கரம் celle de Bhascara; மத்துவமதம் celle de Madhvacharia ou மத்துவாசாரியர்: சமயந்தப்புகிறது l'occasion se perdre, manquer l'occasion; — தப்பிப்போயிற்று l'occasion est perdue; — தப்பிவருகிறது venir hors de saison,—quand l'occasion est passée;—நேரிடுகிறது l'occasion se présenter; — நேரிடும்போது quand l'occasion se présentera, selon l'occasion; — பார்க்கிறது épier—, attendre l'occasion; சமயஆசாரம்,—சடங்கு cérémonie d'une secte; —கட்டு règle—, lien —, convention de secte;—சாஸ்திரம் science —, doctrine d'une secte;—தீட்சை premières instructions qu'on donne aux initiés d'une secte;— திருமுறை occasion, — favorable; — நிலை état—, régles d'une secte;— நூல் doctrine —, livre—, traité d'une secte; — பேதம் inopportunité, différence de temps, —de secte, rupture d'un traité; —பேதி hétérodoxe, hérétique, partisan d'une secte différente,— extérieure: —பற்று, —மானம் attachement à sa secte, constance, — stabilité dans sa secte; — முறை règle —, coutume de secte;—வாதி, V. சமயி: சமயத்தி லேகைவிடுகிறது,— கைவிடுகிறது abandonner dans l'occasion,—au moment du besoin;—வருகிறது, —சகாயம்பண்ணுகிறது venir—, secourir à propos,—au moment voulu; —போகிறது aller dans un moment favorable; சமயத்துக்குதவுகிறது servir dans l'occasion.

*சமயாசமயம், (சமயம், சமயம்), bonne occasion.

*சமயாசாரம், (id. ஆசாரம்), coutumes—, régles d'une secte.

சமயாநுசரிப்பு, (id. அநுசரிப்பு), observation d'une secte.

*சமயாநுசாரி, சமயி, (id. அநுசாரி), sectateur, partisan d'une secte.

*சமயை, (samayâ), occasion favorable, proximité, milieu.

*சமரசம், (சமம், இரசம்), paix, union, égalité, uniformité, société, familiarité, V. ஒற்றுமைநிலை.

*சமரசர், (சமரசம்), gens unis, compagnons, amis, intimes. [லை,

சமரட்சிலை, (சம), V. சமரட்ச

*சமரம், 1° (samara), guerre, combat. 2° (tchamara), V. சாமரை.

*சமரவி, (சமம், இரவி), longitude vraie du soleil au milieu d'une éclipse. [நாகம், serpent.

*சமரி, (சமரம்), la belliqueuse,—

*சமருச்சாரணம், (சம்), V. சமுச்சாரணம்.

*சமரேகை, (சமம், இரேகை), équateur, ligne équinoxiale.

சமர். (சமரம்), guerre, combat, porc-épic: —ஒலி bruit du combat; —இடுகிறது, — செய்கிறது combattre, faire la guerre.

*சமர்த்தகம், (samarddhaka), bienfait, faire une—, faveur.

சமர்த்தசாந்திமாணம், (சமர்த்தம்), ou சமாந்தர்), 2° ou dernière cérémonie du mariage des Indous, celle qui en est le complément. [—égal.

*சமர்த்தம், (samartha), terrain uni,

*சமர்த்தனம், (samartana), méditation, délibération, conciliation, pacification, nivellement.

*சமர்த்தன், (samartha), homme habile, capable, accompli, puissant.

*சமர்த்தி, 1° (samrouddhi), plénitude, accomplissement, accroissement, pouvoir, habileté, capacité. 2° sujet donné, partie d'une stance donnée à finir à quelqu'un pour éprouver sa capacité, V. சமஸ்யை. 3° f. de சமர்த்தன்:—பாடுகிறது faire —, chanter des vers sur un sujet donné;—யாகிறது se remplir, s'accomplir; —யாய்ப்பெய்கிறது pleuvoir en abondance, à verse.

சமர்த்திக்கிறது, த்தித்தேன், த்திப்பேன், த்தி, த்திக்க, v. a. சமர்த்தித்தல், n. v. (சமர்த்தி), remplir, compléter, accomplir.

சமர்த்து, (சமர்த்தன்), capacité, habileté, force, bravoure, combat, guerre: சமர்த்தாகிறது devenir nubile.

*சமர்ப்பகம், சமர்ப்பணை, (samarppaka,— na), présent à un supérieur: சமர்ப்பணம்பண்ணுகிறது, ou

சமர்ப்பிக்கிறது, ப்பித்தேன், ப்பிப்பேன், ப்பி, ப்பிக்க, v. a. et சமர்ப்பித்தல், n. v. (சமர்ப்பிதம்), faire un tel présent, offrir, présenter, donner, faire parvenir.

*சமர்ப்பிதம், (samarppita), offrande, présent, plénitude. [saleté.

*சமலம், சமலை, (ச, மலம்), ordures,

சமவர்த்தி, (samavarti), V. யமன்.

சமவளி, சமவுவமை, (சமம், அளி), comparaison, qui montre la ressemblance, —l'égalité.

*சமவாயம், (samavâya), foule, troupe, collection, état, relation, rapport intime et constant, v. g. de la laine au drap qui en est fait; c'est une des 7 catégories ou பதார்த்தம் de la logique.

*சமவாயிகாரணம், (சமவாயம்), cause première, — intimement liée à l'effet.

சமழ்க்கிறது, ழ்த்தேன், ழ்ப்பேன், ழ், ழ்க்க, v.a. et n. avoir honte, tourmenter, affliger, abaisser.

சமழ்த்தல், சமழ்ப்பு, n. v. du prés. affliction, peine, travail, ou

சமழ்மை, n.v. du même, honte, pudeur, abaissement.

*சமத்காரணம், சமத்காரம், (tchamat), étonnement, merveille, beau spectacle, pompe, fête, ou [nante.

*சமத்திருதம், (id.) chose surpre-

*சமத்திருதி, (id.), beau spectacle, étalage. [ration.

*சமத்சனம், (சம்), vénération, ado-

*சமத்பகம், சமத்பவேர், சமத்பிக்கிறது... V. சமர்ப்பகம்....

*சமனம், 1° (djamana), nourriture, repas. 2° les plantes வசம்பு et புழுக்

சமனுதம், terre salée. [கொல்லி.

சமனிக்கை, P. சவனிக்கை.

சமனிசை, (சமன், இசை), taille, ténor, ton moyen entre la basse et le dessus.

சமனியகரணி, nom d'un remède prétendu divin qui fait disparaître les cicatrices.

சமனிலை, (சமன், நிலை), V. சமநிலை au mot சமம்.

சமன், 1° P. சமம், égalité, niveau, surface plane, ressemblance, milieu, justice. 2° Yamen, dieu de la mort, காலன் un de ses ministres: — ஆக்குகிறது égaliser, niveler, aplanir; — ஆகச்செய்கிறது faire —, mêler en égales portions, égaliser, niveler, — ஆகப்பகிர்கிறது distribuer —, diviser également; — ஆனபூமி plaine, terre unie; — சங்கலிதம் addition d'une double colonne de chiffres; — சமன்சங்கலிதம் addition d'une double colonne de chiffres en 2 endroits; — விஷமசங்கலிதம் addition d'une seule colonne de chiffres en 2 endroits. [proximité.

*சமாகதம்? (சம், ஆ, கதம்), union,

*சமாகாதம், (id. ஆகாதம்), bataille, combat, guerr.

*சமாகாரம், (id. âhâra porter), combinaison ou enchaînement des lettres, —des mots, foule, aggrégation.

*சமாகிதம், P. சமாயிதம்.

*சமாசம், (samâsa), composition des mots, formation de mots composés, contraction, élision, assemblage, tout, l'arsenic இலிங்கபாஷாணம்.

*சமாசாரம், சமாச்சாரம், (சம், ஆசாரம்), nouvelle, bonne nouvelle, bonne conduite: சமாசாரப்பத்திரிகை journal, gazette.

*சமாதானம், (samâdhâna), paix, union, tranquillité, réconciliation, conciliation, consentement, renoncement absolu, — à tout, retenir son esprit des objets extérieurs et le fixer dans une profonde méditation, éloigner la peine et considérer la lumière intérieure: — ஆகிறது se réconcilier, rentrer en paix: — ஆயிருக்கிறது être en paix; — கட்டுகிறது, — பண்ணுகிறது faire la paix, réconcilier; — பேசுகிறது traiter de paix, de réconciliation: சமாதானகாரணி vulnéraire; — கட்டுப்பாடு lien de la paix; — ப்பட்டிருக்கிறது être en paix, — tranquille; — அலங்காரம் figure qui tend à montrer qu'une chose ne fait pas de mal, quoiqu'elle en fasse.

*சமாதானி, (சமாதானம்), personne pacifique.

*சமாதி, (samâdhi), sépulcre, tombeau, mort, sépulture les jambes croisées, vision de soi-même, c'est-à-dire de l'âme libre de tous les désirs du corps, quoiqu'elle y demeure, qu'elle lui soit unie et en cause les actions, c'est un des அஷ்டாங்கயோகம், contemplation abstraite d'un ascète dans laquelle l'âme est censée indépendante des sens, tranquillité, silence, pacification, égalisation, fig. de rhét. qui unit par un seul verbe 2 phrases ou 2 actions qui n'ont qu'un rapport accidentel, ou applique, l'action du verbe de l'objet principal à l'objet d'une comparaison: —

க்குழி fosse, tombeau; —பண்ணுகிறது s'exercer à la méditation des yoguis, faire le yogui, être en profonde méditation; சமாதியிலிருக்கவைக்கிறது mettre dans la fosse, enterrer, ou சமாதிவைக்கிறது mettre dans la fosse un cadavre assis à la manière des yoguis; —வைத்தெடுக்கிறது porter au cimetière dans cette posture: சமாதிக்குப்போகிறது (un yogui par ostentation de pénitence) se retirer pour quelque temps dans une fosse creusée pour cela: சமாதிட்டத்சம்பத்தி, P. சமாதிசட்டத்சம்பத்து, (சட்டு, அறுசம்), 6 qualités requises pour l'état de சமாதி, savoir: la patience, l'égalité d'âme, la concorde, l'amour, la modestie, et l'offrande.

*சமாதிமகான், (சமாதி), grand contemplatif, ascète en profonde méditation.

சமாசு, P. சமாதி, posture d'un mort les jambes croisées: சமாதிருத்தல் être en cette posture, — en profonde méditation. [l'année.

*சமாந்தம், (சமை, அந்தம்), fin de

*சமாப்தி, (samâpti), fin, conclusion, achèvement.

சமாபிசாரம், P. சமவிசாரம்.

*சமாயிதம், (samâhita), consentement, expression ou description de l'attention, fig. de rhét. qui exprime qu'on a obtenu d'une autre manière le fruit de ce qu'on faisait avec effort.

*சமாயுதம், (samâyouta), union, jonction, décoration, nom d'une fig. de rhét.

*சமாயோகம், (சம், ஆ), cause, foule, assemblée, union, connexion.

*சமாரம், (sambhâra), assemblage, rassembler ce qui est dispersé.

*சமாராதனை, (சம், ஆராதனை), satiété, repas—, nourriture de brame.

சமாரியத்தார், சமாரியர் (சமாரியம்), Samaritains.

சமாரியம், le pays de Samarie.

சமாரியா, Samarie.

*சமார்ச்சனம், (சம், ஆர்ச்சனம்), action de combler.

*சமாலம், (ச, மாலை), panache de plumes de paon.

*சமாலம்பம், சமாலம்பனம், (சம், ஆ, இலம்பம்), onction, se frotter de parfums colorés, v.g. de safran.

*சமாலி, (ச, மாலை), 1° bouquet de fleurs. 2° imp. de சமாலிக்கிறது, V. சமாளிக்கிறது.

சமாதுலம், la plante குறிஞ்சா asclepias.

*சமாலேபனம், (சம், ஆ, இலேபனம்), action d'enduire, de frotter.

*சமாவர்த்தனை, சமாவருத்தனம், (samâvarttana), retour d'un écolier après ses études religieuses finies, sorte de cérémonie.

*சமாவிருத்தன், சமாவிருத்தகன், (samâvroutta), jeune brame qui a fini ses études et pris congé de son précepteur.

சமாளம், joie.

சமாளி, 1° chaussure de prince. 2° imp. de சமாளிக்கிறது, ளித்தேன், ளிப்பேன், ளி, ளிக்க, v.n. et a. se réjouir, conduire, —à bonne fin, accomplir, gouverner, fournir, subvenir, soutenir (un procès, —une assertion), vaincre (les difficultés par la persévérance), contrôler, réprimer: விக்கினங்கள்வரும்போது சமாளித்தாலல்லோ சாமர்த்தியம் lorsqu'une foule de difficultés se présentent l'habileté ne consiste-t-elle pas à les surmonter?

சமாளித்தல், சமாளிப்பு, n. v. du préc. joie, conduire avec justesse.

*சமானஸ்தர், (சமானம், stha se tenir), gens égaux.

*சமானம், (samâna), égalité, conformité, ressemblance, comparaison, correspondance comme d'une longue à sa brève, bonne conduite, bonté, vertu: சமானகட்சி condition égale, partis égaux (en force...); —கரணி vulnéraire; —காலீயம், —காலீனம், —காலம் contemporanéité, synchronisme; —கோத்திரம் même famille; —சாதி même caste; —ரகிதம் incomparabilité: இது அதுக்குச் சமானம் ceci ressemble à cela.

*சமானன், (id.), un des 10 airs vitaux, réputé nécessaire à la digestion et qui, d'après les Indous, a son siége au creux de la gorge, V. சமானனி.

*சமானாதிகாரம், சமானாதிகாரணம், (id. அதிகாரம்), même office, — autorité, caractère générique.

*சமானி, (சமானம்), 1° égal, semblable. 2° imp. de சமானிக்கிறது.

*சமானியம், (id.), chose commune.

சமானிக்கிறது, னித்தேன், னிப்பேன், னி, னிக்க, v.a. et n. et சமானித்தல், n.v. (id.), comparer, égaler, être égal.

*சமி, 1° (sami), les arbres தணக்கு gyrocarpus, et வன்னி prosopis, le pacifique, Arouguen dieu des சமணர். 2° imp. de

சமிக்கிறது, மித்தேன், மிப்பேன், மி, மிக்க, (க்ஷமம்), v. a. digérer, faire la digestion, supporter, souffrir, endurer, réprimer: கோபத்தைச் — retenir sa colère, சமிக்கமாட்டாதவன் impatient, qui ne peut rien endurer; சமித்திருக்கிறது avoir digéré, enduré, être allégé, soulagé; சமித்துப்போகிறது digérer (sa nourriture, un affront); நான் செய்த அபராதத்தைச் சமித்தான் il a souffert mon offense avec patience.

*சமிக்கை, 1° (sandjnâ), marque, signe, geste, terme technique d'art ou de science. 2° n.v. de சமிக்கிறது.

*சமிட்சேபம், P. சங்க்ஷேபம்.

சமிட்சேபிக்கிறது, P. சங்க்ஷேபிக்கிறது.

*சமிதம், 1° (samitha), feu, guerre, combat. 2° (samita), tranquillité.

சமிதர், fantômes.

*சமிதன், (samitha), Agni, dieu du feu.

*சமிதி, (samiti), guerre, bataille, foule, réunion.

*சமிதை, (samidh), bois à brûler, —du sacrifice ஓமம்.

*சமித்தம், (samiddha), bonté, miséricorde, V. தயாலயம்.

சமித்தல், n.v. de சமிக்கிறது, digestion, patience, support.

*சமித்து, 1° (samidh), ustensiles—, bois du sacrifice ஓமம், la plante enivrante கஞ்சா. 2° gér. de சமிக்கிறது.

*சமிந்தனம், (samindhana), bois à brûler.

*சமிந்தானம், (samindhâna), élévation d'un nombre aux diverses puissances, v.g. au carré, au cube.

சமிபாடு, (சமிக்கிறது), temps de la —, digestion.

சமிப்பாகம், l'arbre கொன்றை cassia.

சமிப்பு, V. சமித்தல்.

சமியம், (P. சமீக்ஷம்), soin, examen, investigation.

சமியன், (சமி), Arouguen.

சமியாமை, n. v. nég. de சமிக்கிறது, indigestion.

சமிக்து, P. சமித்து, bois du sacrifice ஓமம்.

*சமிரக்ஷக், சமிரக்ஷணை, சமிரட்சணை, (சம்), V. சவரட்சணை.

சமிலாகி, poivre long.

சமீகம், (samika), guerre, bataille, pique, flèche.

*சமீகரணம், (சமம், கரணம்), égalisation, équation.

சமீகிரணம், (id. கிரணம்), égalisation.

*சமீக்கிரியை, (id. கிரியை), équation.

*சமீக்ஷம், (சம், ikcha voir), recherche, examen, investigation.

*சமீக்ஷணம், சமீட்சணம், (சம்), examen, perquisition.

*சமீபம், (samipa), proximité, voisinage, approche: —மான proche, voisin; —மாயிருக்கிறது être proche.

சமீபிக்கிறது, பித்தேன், பிப்பேன், பி, பிக்க, v.n. (சமீபம்), சமீபித்தல், n.v. ou சமீபித்துவருகிறது, s'approcher, approcher.

*சமீரணம், (samirana), action de jeter, de lancer.

*சமீரணன், (id.), vent, air.

சமீரம், 1° guerre, combat, 2° ou

*சமீரன், (samira), air, vent.

*சமீனம், (samina), fin de l'année, annuellement.

*சமீனிகை, (சமீனம், ika), vache qui vêle tous les ans.

சமீன், (hind.), terre, terrain, sol.

சமீன்தார், (hind.), zémindar, petit prince tributaire, possesseur de la terre.

*சமு, 1° (tchamoû), armée, bataillon, légion, division d'armée compo-

sée de 729 chars,729 éléphans,2187 chevaux,3645 piétons. 2° *P.* சமுகம்.

சமுகத்தார், (சமுகம்), conseillers, courtisans: இராசாவின் சமுகத்தார் les conseillers,les courtisans du roi.

*சமுகம், 1°(ச), présence,face d'un grand personnage, proximité. 2° *P.* சமுகம்:— அறிந்தவன் homme de cour, — qui a facilement audience; — காண்கிறது voir le prince, avoir audience;— காக்கிறது attendre audience;—சேவித்தல்,ou சமுகசேவை service de la cour,— du roi; சமுகா சமுகத்துக்குக் நடக்கிறது s'adresser à divers supérieurs pour obtenir une grâce ou un emploi; சமுகவிலாசம் espèce de louange qu'on chante devant les princes; இராசசமுகங்கிடைக்கிறதருமை il est difficile d'avoir accés auprès du roi; இராசாவின்சமுகத்திலே en présence du roi.

சமுக்கா, boussole (de marins): சமுக்காவைப்பார்த்துக் கொண்டோடுகிறது naviguer à l'aide de la boussole.

*சமுக்காரம், *P.* சமஸ்காரம்.

சமுக்காளம், (*ind.*), tapis,—de coton de diverses couleurs:— போடுகிறது mettre—,étendre un tapis; சமுக்காளக்கோட்டுப்புலி tigre royal,— rayé comme un tapis.

*சமுசயம், (samsaya), soupçon, doute, incertitude: சமுசயக்காரன் homme soupçonneux, — qui doute ou சமுசயாத்துமா, (ஆத்துமா), sceptique: நான் சொன்னதற்குச் சமுசயமில்லை il n'y a aucune doute sur ce que j'ai dit.

*சமுசாரம், (samsâra), vie conjugale,état du mariage,famille, cohabitation, monde, existence mondaine,épouse:—சாகரதுக்கம் l'état du mariage est une mer de chagrin ou d'embarras;—உள்ளவன் homme marié,— qui a des enfans; — பண்ணுகிறது entrer dans l'état —, user du mariage, cohabiter, vivre en ménage; — பெருத்தவன் homme chargé d'une nombreuse famille,— dont la famille s'est augmentée; சமுசாரக்கட்டு lien—,régle—,lois du mariage; —குரு Kâmen; — க்காரன் homme marié,père de famille; — க்கிருத்தியம் devoir conjugal, affaires domestiques;— க்கிருத்தியத்தின்படியேநடக்கிறது se conduire selon les régles de la vie conjugale,—en bon époux,— en bon père de famille;—சந்நியாசம் renoncement à la vie conjugale; —நடக்கை vie conjugale, conduite des gens mariés, événemens qui se rencontrent dans le mariage;— பந்தம் lien—,lois du mariage, — de la vie conjugale, *V.* அபிமானம்;—பொறுப்பு fardeau d'une famille, — du mariage; — மார்க்கம் état du mariage, régles de la vie conjugale, vulve;—விருத்தி augmentation de la famille: அவனுக்குச் சமுசாரமெத்த, அதைத் தாங்கமாட்டான் il a une nombreuse famille, il ne saurait la soutenir; சமுசாரத்திலே வடிபட்டவன் celui qui est habitué à la vie conjugale,qui en connait les tracas.

*சமுசாரி, (சமுசாரம்), homme marié,femme —, personne mariée, père ou mère de famille, femme [chaste.

*சமுசியம், *P.* சமுசயம்.

சமுசு, assemblée séditieuse, complot, pacte séditieux, jour fixé pour terminer une affaire: —அழிந்து போகிறது un complot être déjoué, —dérouté;—கூடிப்பேசுகிறது comploter ensemble, — dans une réunion à cette fin; — செலுத்துகிறது, சமுசின்படி நடக்கிறது exécuter un complot.

*சமுச்சயம், 1° (samoutchtchaya), foule, *V.* சமாரம். 2° *P.* சமுசயம்: சமுச்சயவுவமை ressemblance sous un double rapport.

*சமுச்சரணம், (samsarana), naissance d'un enfant.

*சமுச்சேபணம், *P.* சங்க்ஷேபணம்.

*சமுஷ்காரம், *P.* சமஸ்காரம்.

*சமுஷ்கிருதம், *P.* சமஸ்கிருதம்.

சமுதாடு, *gén.* சமுதாட்டின், espèce de poignard, coutelas.

*சமுதாயம், (samoudâya), guerre, combat, arrière-garde, assemblée;

அஎ

troupe,chose commune,-possédée en commun,—générale,— vulgaire:—ஆய்ப்பேசுகிறது parler avec impartialité,en termes généraux;சமுதாயக்கிராமம் commune, bourg possédé en commun, village dont les revenus sont partagés entre le propriétaire et les habitans: — விண்ணப்பம் supplique générale.

சமுதாயிக்கிறது, யித்தேன், யிப்பேன்,ய்,யிக்க,*v.a.*fournir,pourvoir.

*சமுதிதம்,*P.*சமதிதம்,chose commune:சமுதிதப்பிரயோசனம் avantage commun, communion (des Saints.)

*சமுத்தானம், (சம், உத்தானம்), accomplissement. fin,croissance.

*சமுத்தி, (சம், உத்தி), pensée —, phrase ou matière qu'on donne à son rival pour la mettre en vers:—கட்டுகிறது donner le ton, — la mesure, commencer une pièce de poésie.

*சமுத்திரம்,(samoudra),mer, océan,abondance,armée composée d'un அக்குரோணி (selon le dict. de Jaffna de 3 பிரளயம்), nombre considérable,1 quatrillion,(10 trillions d'après Rottler et le சதுராகராதி), 100 quintillions d'après le dict.de Jaffna: —ஆயிருப்பவன் homme très-riche, qui est un océan de richesses; — ஆனவீடு maison —, famille grande et opulente; — போலஎழும்பி வருகிறது (une armée...) se lever comme la mer en furie;சமுத்திரகிரகம் maison de plaisance au milieu de l'eau; —கோஷம் bruit de la mer; —கோஷ்டம் écume de mer,coquillage usé de vétusté,*ou* —கபம் os de sèche;—காந்தை fille de la mer,*i. e.* rivière; — க்கரை bord de la mer;—சண்டி coquillage de mer dit ஏரல்;— சோகி la plante convolvulus speciosus, espèce de liseron ou liset; — சுலுகன் celui qu'on prétend avoir bu la mer dans le creux de sa main, *i. e.* Agastien;— ஸ்நானம் bain de mer; —தடம் côte de la mer;—தீரம் bord de la mer; —தோயம் eau de mer,la plante முடக்கற்றான்; — நவநீதம் le beurre de la mer,*i.e.* l'ambroisie, la lune;—பலவான், — ராசன் le prétendu dieu ou roi de la mer,*i.e.* Varounen;—ப்பாலை, *V.* சமுத்திரசோகி; — பேனம் écume de mer, os de sèche;—யானம் voyage par mer; —மேகலை,—ரசனை la ceinture de la mer,*i.e.* la terre; — லவணம் sel de mer;—வருணச்சிலை béryl;—வர்ணச்சேலை toile de couleur de mer, soie ondulée,—bleue;—வாசி marin; — வேலை flot de la mer; சமுத்திரம்-எ. les 7 mers: இலவணசமுத்திரம் mer d'eau salée; இக்குசமுத்திரம் mer de jus de canne à sucre; சுராசமுத்திரம் mer de liqueur enivrante; சர்ப்பிசமுத்திரம் mer de beurre fondu: — ததிசமுத்திரம் mer de lait caillé; க்ஷீரசமுத்திரம் mer de lait; சுத்தோதகசமுத்திரம் mer d'eau douce, (Au mot கடல் elles sont exprimées en termes plus ordinaires.)

*சமுத்திராதேவி, (சமுத்திரம்), la prétendue déesse de la mer, la femme de Varounen.

*சமுத்திராந்தம், (*id.* அந்தம்), noix muscade,bord de la mer.

சமுத்திராபச்சை, — ப்பச்சை, (*id.*),la plante mentha zeylana.

சமுத்திராபழம், (*id.*), fruit du கொந்தாழை,*litt.* fruit de la mer, espèce de fruit ou de petit coco qui croît dans les îles de l'est et est apporté sur nos côtes par les vagues de la mer;on s'en sert en médecine.

*சமுத்திராம்பரை,(*id.* அம்பரம்), la terre qui a la mer pour vêtement. [moutarde bâtarde.

சமுப்பலம், la plante நைவேளை,

*சமுருத்தம், (samrouddha), augmentation,plus,excès. [naissance.

*சமுற்பத்தி, சமுற்பன்னம், (சம்),

*சமுன்னயம்,*P.* சமுன்னம், (சம்),

*சமூ,*V.*சமு, *ou* [humidité.

*சமூகம், (samoûha),foule, multitude, assemblage, collection, tas, nombre, quantité, assemblée, société, cour, palais, présence: இராசசமூகம் cour du roi, chambre d'audience; சமூககாரியம் affaire générale,—de la multitude.

*சமூகனி,(samoûhani),balai.

*சமூசரன்,(சமூ,சரன்), guerrier, soldat. [—de division.

*சமூபதி,(id.பதி),général d'armée,

*சமூர்ச்சனம்,(sammoûrtchtchhana), extension, expansion uniforme ou universelle,action de traverser.

*சமூலம், (ச, மூலம்), le tout, la plante entière, — avec ses racines et ses feuilles: சமூலமுந்தின்கிறது ou பட்சிக்கிறது dévorer le tout; சமூலம்போடுகிறது,—வாங்குகிறது mettre—,prendre le tout.

*சமேதம்,(samêta),être uni, — de compagnie,—associé,voisin.

*சமேதன்,pl.சமேதர்,(id.),compagnon,associé,uni,voisin,proche.

*சமை, 1° (kchamâ), patience. 2° (samâ),année,3° (சம்),collection, assemblage.4° P.அமை,nouvelle lune ou conjonction lunaire. 5° (ind.), corps de troupes.6° imp.et part.de சமைகிறது et imp. de சமைக்கிறது; —கடை fin.

சமைகிறது,சமைந்தேன், சமைவேன்,சமை,சமைய,v.n.se faire,se préparer, se cuire, être fait,prêt, cuit,apprêté, devenir nubile, avoir ses 1res règles,cesser,finir: எல்லாஞ்சமைந்திருக்கின்றது tout est prêt; சமைந்துகொண்டார்கள் (les acteurs) sont prêts; சமைந்தவள், சமைந்திருக்கிற ou சமைந்தபெண் fille nubile, bonne à marier; கறியெல்லாஞ் சமைந்துபோச்சுது tous les ragoûts sont apprêtés.

சமைக்கிறது, சமைத்தேன், சமைப்பேன்,சமை,சமைக்க,v.a. du préc. préparer, accommoder, faire cuire (les mets...),faire la cuisine,faire,terminer,faire cesser: கூத்துச் — préparer une comédie,donner une danse; சமைத்திருக்கிறது être bouilli, cuit, préparé: சமைக்கிறவன் cuisinier; சமைக்கிறவள் cuisinière; சமைக்கிறவீடு cuisine; சமைத்தசோறு riz cuit.

சமைதலை,சமைதலைப்பு, (சமை), extrémité d'une toile, l'endroit où l'on a fini de tisser.

சமைதல்,n.v.de சமைகிறது.

சமைதார்,(ind.சமை),sous-officier,(ailleurs) caporal, chef de 10 à 20 hommes.

சமைத்தல்,n.v.de சமைக்கிறது.

சமைந்த,சமைஞ்ச, part. parf. de சமைகிறது.

*சமையம்,P.சமயம்.

சமையல்,n.v.de சமைகிறது,acte, action,—de cuire, cuisine: — ஆகிறது la cuisine se faire;— ஆயிற்று la cuisine est faite,les mets sont prêts; —செய்கிறது,—பண்ணுகிறது faire la cuisine;—வீடு cuisine; சமையற்காரன் cuisinier.

சமோசிதம்,P.சமுசிதம்.

*சம்,1° (dja, né de; affixe qui se met ordinairement à la fin des mots),naissance, hâte, presse, jouissance,plaisir,santé, victoire. 2° (sam avec, préposition sanscrite qui se met au commencement des mots), ensemble, avec, plénitude, beauté, bonté, bien, amour, affection. 3° (tchha), pureté, propreté, trouble, tremblement,division.

*சம்க்ஞை,(samdjnâ),V.சைகை.

*சம்சயம்,V.சமுசயம்,doute.

*சம்சாரம்,V.சமுசாரம். [gé.

*சம்க்ஷேபம், P.சங்க்ஷேபம்,abré-

*சம்க்ஷேபிக்கிறது,P. சங்க்ஷேபிக்கிறது,abréger.

*சம்ஸ்காரம்,V.சமஸ்காரம்.

*சம்ஸ்கிருதம், V. சமஸ்கிருதம், sanscrit. [satisfaction.

சம்ஜாயஷி, (ind.), réconciliation,

*சம்பகம், (tchampaka), l'arbre à fleurs dit செண்பகம், michelia champaca.

சம்பங்கி, (சம்பகம்), l'arbre சம்பகம்,parfum,chose odoriférante, l'arsenic சாணக்கபாஷாணம்:— யெண்ணெய் huile odoriférante.

*சம்படம், (சம்), toile, vêtement, paresse.

சம்பதம்,(id.),V.சமபதம். [riche.

சம்பத்தான், (சம்பத்து) homm

*சம்பதி,சம்பத்தி,(sampatti), bonheur,richesse,prospérité.

*சம்பத்து,(sampad), fortune, acquisition, richesse, prospérité, succès, accroissement, avancement, meubles, ustensils:— கொட்டம் une des 5 தாளம் ou mesures pour battre des cymbales.

*சம்பந்தம், (சம், பந்தம்), parenté, affinité (par mariage), mariage, connexion, liaison, union, relation, rapport, —naturel et essentiel, v.g. de la propriété à la substance, du sens au mot etc..., conformité, conséquence, génitif ou cas possessif, meubles, intérêt regardant diverses personnes: —கலக்கிறது, —பண்ணுகிறது s'unir par affinité, contracter alliance, — affinité, se donner réciproquement des festins à cette occasion; —பண்ணினவன் allié, uni par affinité; —ஆயிருக்கிறது être parens, alliés, proches; சம்பந்தக்குடியார் gens alliés, —unis par affinité; — ப்பொருள் sens—, rapport du génitif; —மாற்றம், V. சம்பந்தன்; —வெறுப்பு union, opposition; உலகசம்பந்தம் rapport mondain, conformité du monde ou avec le monde: அவன் சம்பந்தமே வேண்டாம் aucune liaison avec lui ne me convient; அவனுக்குச் சம்பந்தமாயிருக்கிறவன் quelqu'un qui est son allié, ou qui a des rapports avec lui.

*சம்பந்தன், hon. சம்பந்தர், (சம்பந்தம்), Sampantar, personnage dont on raconte beaucoup de choses remarquables; il fut un des 3 plus célèbres Sivénistes et grand antagoniste des Bouddhistes ou Djaïnas.

*சம்பந்தி, (id.), allié, uni. Ceux dont le fils et la fille sont mariés ensemble s'appellent சம்பந்திகள்.

சம்பந்திக்கிறது, த்தேன், ப்பேன், க்க, v. n. சம்பந்திப்பு, n. v. (id.), contracter alliance, —affinité, avoir des liaisons, des relations, des rapports ensemble, mêler, unir, lier ensemble.

*சம்பம், 1° (tchampa), pays d'Anga, Bengale. 2° (sampa), foudre. 3° (samba), arme de diamant d'Indiren, 2me labour, eau, 4° (djambha), limonier. 5° adj. de சம்பு. 6° cœur d'arbre, ostentation, excellence, diamant: அவன் அதிக சம்பக்காரன் il est un grand fanfaron, —un vanteur; சம்பங்குட்டை espèce de grand capuchon ou de manteau de jonc tressé pour garantir de la pluie; — கோரை espèce d'herbe; — கோழி espèce de poule d'eau ou de coq ou poule sauvage qui se nourrit surtout de la graine du சம்பு ou typha; சம்பம்புல், espèce d'herbe.

*சம்பரம், (sambara), eau, richesse, prospérité, petite chaussée de rizière, l'oiseau fabuleux à 8 pieds, toile.

*சம்பரன், (id.), Sambaren, nom de 2 géans: சம்பரசூதனன் le destructeur de Sambaren (un de ces géans), i. e. Kâmen.

*சம்பராரி, (சம்பரன், அரி), l'ennemi de சம்பரன், i.e. Kâmen ou Indiren, (chacun ennemi d'un géant de ce nom),

சம்பவனம், ce qui a été.

*சம்பவம், (சம், பவம்), évènement, fait, naissance, cause d'une chose, coexistence, union, mélange, liaison, combinaison, ruine, perte: சம்பவப்பிரமாணம் conclusion d'un fait, coexistence, un des 8 அஷ்டப்பிரமாணம் ou manières de découvrir la vérité, v.g. lorsqu'une pierre attire le fer, conclure de ce fait que c'est une pierre d'aimant.

சம்பவிக்கிறது, வித்தேன், விப்பேன், விக்க, v. n. (சம்பவம்), சம்பவித்தல், n. v. arriver, avoir lieu.

சம்பளம், 1° paye, solde, salaire (par mois etc..), gage, appointement, traitement, honoraire. 2° *(sambala), magasin, provisions de voyage, — pour les voyageurs, grenier, trésor, impatience, jalousie des succès d'autrui, bord, rivage, espèce de brebis, — de bélier. 3° (djambhala), limonier: —பேசுகிறது parler des gages mensuels à donner; சம்பளக்காரன், —க்காரன் homme—, serviteur à gages mensuels; சம்பளந்திட்டஞ்செய்துகொள்ளுகிறது

குறைக்கிறது faire une retenue sur les gages; சம்பளத்தைக் குறைக்கிறது diminuer les gages; சம்பளத்திலே அமர ou இசைய ou பிடிப்பிக்கப் பண்ணுகிறது faire obtenir une place salariée, faire consentir à y entrer.

சம்பளி, (சம்புடம்), sac à bétel etc...

சம்புடக்கம், (samparka *contact*), diamètre apparent de la lune et du soleil dans les éclipses de soleil, diamètre apparent de la lune et de l'ombre de la terre dans les éclipses de lune: சம்புடக்கார்த்தம், (அர்த்தம்), moitié des diamètres susdits.

*சம்பன், (djambha), nom d'un géant ou démon.

*சம்பன்னம், (sampanna), perfection, plénitude, état sans défaut: சம்பன்னகரணி vulnéraire, rémède aux blessures: — கிரகஸ்தன் homme célèbre, parfait honnête-homme, voleur qui a belle apparence, voleur de grand chemin, — du trésor pulic, concussionnaire; — கிரகஸ்தன் வந்தான், செம்பை வெளித்து உள்ளே வை le parfait honnête-homme est arrivé, cachez votre vase ou votre bien.

*சம்பன்னன், (*id.*), homme accompli, parfait, sans défaut: சகலகுணசம்பன்னன் — homme —, être qui a toute sorte d'excellentes qualités.

சம்பா, 1° espèce de jeu, mesure de 4 doigts. 2° ou சம்பாநெல்லு riz de 1re qualité, oriza sativa; le grain en est blanc et de bon goût; on le sème en juillet, on le transplante en octobre et on le récolte en janvier. Il y en a de plusieurs espèces, savoir: சீரகச் —, சன்ன — riz fin et délicat; குங்குமச் — riz de couleur de safran: குன்றிமணிச் —, மிளகு — riz qui ressemble au grain de poivre; கைவளச் —, riz de couleur brillante et de goût délicieux; சீரகச் — riz qui a l'odeur du cumin; புழுகு — riz odoriférant; முத்துச்சம்பா riz qui a la couleur de perle; சம்பா நாற்று plants de riz samba; சம்பாவரிசி riz samba pilé, grain de ce riz dépouillé de sa paille.

சம்பாகம், pays, contrée.

சம்பாஷணம், சம்பாடணம், சம்பாஷணை, சம்பாடணை, (சம், பாஷ், na), conversation, entretien, colloque, dialogue: — பண்ணுகிறது ou சம்பாஷிக்கிறது, ஷித்தேன், ஷிப்பேன், ஷி, ஷிக்க, v.n. (சம்பாஷணம்), et சம்பாஷித்தல், n.v. converser, s'entretenir, parler, discourir, conférer.

*சம்பாதனம், (sampâdana), gain, acquisition: அநியாய — க்காரன் concussionnaire, homme qui acquiert injustement.

*சம்பாதி, 1° (sampâti), oiseau fabuleux fils d'அருணன் et d'அரும்பை et frère de சடாயு. 2° *imp. de* சம்பாதிக்கிறது, தித்தேன், திப்பேன், தி, திக்க, v.a. சம்பாதித்தல், n.v. (சம்பாதனம்), acquérir, gagner: சம்பாதித்துக்கொள்ளுகிறது gagner pour soi; — வைக்கிறது amasser, accumuler, faire provision.

*சம்பாபதி, (சம்பை, அதிபதி), le roi de சம்பை ou Tchampâ, *i. e.* Carnen.

*சம்பாத்தியம், (sampadya), acquisition, gain, ce qu'on a acquis, — amassé, conclusion: — பண்ணுகிறது acquérir, gagner.

*சம்பாரம், (sambhâra), mélange —, provisions d'épices pour assaisonner les mets (comme poivre, piment, cloux de girofle, cannelle, muscade etc...), assemblage, préparatifs, apprêts, ustensils, espèce de poutre pour supporter les chévrons: — இடுகிறது, — கூட்டுகிறது, — போடுகிறது assaisonner d'épices, en mettre.

*சம்பாரி, (சம்பன், அரி), l'ennemi de சம்பன், *i.e.* Indiren, le feu ou le dieu du feu.

*சம்பாலம், (samphâla), bélier, [mouton.

சம்பாவரிசி, (சம்பா, அரிசி), riz sambâ pilé, grain de ce riz dépouillé de sa paille.

*சம்பாவனம், சம்பாவனை, (சம், பாவனை), récompense, honneur, respect, estime, offrande à la divinité, présent offert aux supérieurs: மோட்ச—la récompense du paradis.

*சம்பாவிதநையாயிகம்,(sambhâvita *douteux*), syllogisme fondé sur une hypothèse. [bourbier.

*சம்பாளம், (djambâla), boue,

சம்பான்,petit navire,barque, bateau: சம்பாரோட்டி, (ஓட்டி), batelier,marin,pilote,capitaine d'un petit navire;—க்காரன் batelier, maitre ou capitaine d'un bateau,ou petit navire; எனக்குச் சம்பானோடுகிறதுண்டோ ai-je un navire à moi? suis-je assez riche pour cela?

*சம்பிரகாசம், (சம்பிரம்,ஆசம்), joie,rire de joie.

*சம்பிரகாரம், (சம்), guerre, bataille,action de blesser.

*சம்பிரசாதம், (*id.*), confiance, சம்பிரதம், *V.*சித்து. [espérance.

*சம்பிரதாயவித்தன், (சம்பிரதாயம்),homme habile.

*சம்பிரதாயம்,(sampradâya), doctrine traditionnelle(enseignée comme sacrée par les gourous), coutumes et règles de castes (enseignées par les gourous ou les chefs), moyen, habileté,adresse,artifice,subtilité: சம்பிரதாயவிளக்கம் nom d'un livre: வித்தில்லாதசம்பிரதாயமேதுமில்லையிழிவில்லை dans les régions ou dans les conditions basses ou élevées il n'y a pas de doctrine traditionnelle ou de coutume sans semence, *i. e.* sans cause ou sans enseignement.

*சம்பிரதாரணை, (சம்,பிர), détermination,jugement,décision.

*சம்பிரதானம், (*id.*), don, récompense,honneur,le datif.

சம்பிரதி,secrétaire,écrivain,vérificateur des comptes, principal comptable natif (d'un bureau),—யுத்தியோகம் பண்ணுகிறது tenir les comptes,remplir la fonction de secrétaire, etc...

*சம்பிரமம்,(சம்), pompe, magnificence,splendeur,noces,joie,richesses, prosperité,hâte, mercure sublimé:—ஆய்ச்சாப்பிடுகிறது se traiter somptueusement,faire bonne chère;—ஆய்ச்செய்கிறது faire avec pompe (une fête,un mariage etc...),—ஆய்ப்போகிறது marcher majestueusement,aller avec pompe; — பண்ணுகிறது déployer une grande magnificence.

சம்பிரம்,1° *P.*சம்பிரமம்,pompe, prospérité,perfection,plénitude,agitation du corps. 2° (djambira), limonier: சம்பிரமாய் முடித்தான் il a bien fini,il a terminé cela pompeusement.

*சம்பிரோக்ஷணம், (சம், பிர,உக்ஷணம்),délibération,considération.

*சம்பிரேட்சியம், சம்பிரேக்ஷிதம், (சம்,பிர,ikch *voir*,ya,ita),chose considérée, ce qu'on a vu, examiné et connu. [tronnier.

*சம்பீரம்,(djambira),limonier,ci-

*சம்பு,1°(sambhou),Siven,Brama, Vichnou, Arouguen, Bouddha, soleil.2° (djambou),l'arbre நாவல் calyptranthes caryophyllifolia,le pays qui produit cet arbre appelé சம்புத்தீவு Djambou dvîpa,(c'est l'Inde que les Indous supposent être une des 7 grandes îles ou continens et située au centre du monde), fleuve fabuleux qu'on prétend descendre du mont மேரு.3° (சம்,பூ),père,ancêtre. 4° *P.*சுயம்பு,Dieu,l'être existant par lui-même. 5° limonier, renard, la plante நெட்டி æschynomene, ou நெரிநெட்டி scirpus plantagineus, espèce de jonc ou roseau typha angustifolia, (on s'en sert en quelques endroits pour couvrir les maisons; l'adj.est சம்பம்), l'arsenic சிப்பந்தபாஷாணம், *V.*தட்டை:—க்கோரை l'herbe சம்பங்கோரை —ச்சயனம் serpent, l'arbre ஆலமரம் multipliant; —த்தீவு l'île Djambou des Indous ou l'Inde:—நாவல் l'arbre eugenia jambolana, sorte de pommier dont les fruits sont roses;—தனயன், —நந்தனன் le fils de Siven, *i. e.* Poulléyar et Soupramanien;—பத்தினை la femme de Siven,*i.e.* துர்க்கை

*சம்புகம்,1° (djambouka),renard,

l'arbre நாவல் eugenia jambolana. 2° (sambouka), limaçon, conque, coquille bivalve. 3° ou nen.

*சம்புகன், (djambouka), Varou-

*சம்புகேச்சுவரம், சம்புகேசுவரம், சம்புகேசிவரம், (சம்புகம், ஈச்சுவரம்), temple de Siven dans l'île de Siringam. [appel, vocatif.

*சம்புத்தி, (சம், புத்தி), bon esprit,

*சம்புரோக்ஷணம், (சம்), lústration —, consécration d'une maison, d'un temple. [கிறது.

சம்புவிக்கிறது, corr. de சம்பவிக்

*சம்பூகம், V. சம்புகம். 1°. et 2°.

*சம்பூதம், சம்பூதி, (சம்), naissance.

*சம்பூயகாரி, (id. பூய étant), personne qui travaille avec, aide, assistante.

*சம்பூரணம், சம்பூர்ணம், (சம்), abondance, plénitude: — ஆயிருக்கிறது être rempli, parfait, abonder; — ஆய் abondamment, pleinement.

*சம்பூலம், சம்பூலமாலிகை, (djamboùla), complimens ou plaisanteries que les compagnes de l'épouse adressent à l'époux et à l'épouse, traits ou caractères que par amusement ils leur tracent sur le corps barbouillé de safran.

*சம்பேசன், (சம்பை, ஈசன்), le roi de சம்பை, i.e. Carnen.

*சம்பேதம், (சம்), confluent (de 2 rivières), embouchure d'un fleuve dans la mer.

*சம்பை, 1° (tchampâ), la capitale de Karnen, la moderne Bhagalpour. 2° (sampâ), éclair, foudre. 3° poisson sec, feuilles de palmier (qu'on porte au marché en bateaux), un des 7 தானம், i.e. tons ou mesures en musique, V. தானம், sorte d'air, fertilité, chose perdue. 4° acc. de சம்பு, V. சம்பு.

*சம்போகம், (சம்), jouissance, cohabitation conjugale, copulation: — பண்ணுகிறது ou

சம்போகிக்கிறது, கித்தேன், கிப்பேன், கி, கிக்க, v. n. (சம்போகம்), cohabiter, avoir commerce charnel. [débauché.

*சம்போகி, (id.), homme sensuel,

சம்போக்கு, (சம்), flotte, troupe de navires.

*சம்போசனம், (சம்), festin, repas commun.

*சம்போதனம், சம்போதனை, (சம்), vocatif, sens du vocatif, appel.

சம்மட்டி, marteau de forgeron, fouet (de cheval), sorte de plante: — க்கூடம் gros marteau d'enclume; சம்மட்டியாலடிக்கிறது forger, donner des coups de fouet.

சம்மணம், manière de s'asseoir les jambes croisées, — à la façon indienne: — கூட்டுகிறது s'asseoir ainsi; — கூட்டிக் கொண்டிருக்கிறது, — போட்டுஇருக்கார்ந்திருக்கிறது, ou

சம்மணக்கிறது, ணித்தேன், ணிப்பேன், ணி, ணிக்க (சம்மணம்), v. n. être assis —, s'asseoir les jambes croisées.

*சம்மதம், (sammata), consentement, agrément, permission, approbation, assentiment, bon plaisir, gré, concorde, V. கோட்பாடு: — ஆகிறது, — ஆயிருக்கிறது, சம்மதப்படுகிறது, V. சம்மதிக்கிறது; — ப்படுத்துகிறது faire consentir, persuader; — ப்பட்டுக்கொடுக்கிறது donner de son propre gré, -en y consentant; சம்மதமாகாமலிருக்கிறது ne pas consentir; அதுனக்குச்சம்மதமோ ou சம்மதிபோ consens-tu à cela?

*சம்மதி, 1° (sammati), V. சம்மதம்: — ப்படுத்துகிறது, — ப்படுத்திப்போடுகிறது faire consentir, persuader; உனக்குச்சம்மதியுண்டானால் செய் fais-le, si tu veux; — யானவன், — யுள்ளவன் consentant; — யில்லாதவன் qui ne consent pas. 2° imp. du suiv.

சம்மதிக்கிறது, தித்தேன், திப்பேன், தி, திக்க, v. n. (சம்மதம்), consentir, acquiescer, agréer, permettre, approuver: சம்மதிக்காதவன் qui ne consent pas, opposant.

சம்மதித்தல், சம்மதிப்பு, n. v. du préc. consentement, agrément.

சம்மதிப்பிக்கிறது, v. caus. du même, faire consentir.

சம்மந்தம், P. சம்பந்தம்.

சம்மந்தி, P. சம்பந்தி.

*சம்மனசு, (சம்), ange, bonne volonté.

சம்மானம், சம்மானி, V. சம்மா னம்.

சம்மாதம், convention —, contrat fait par un marchand avec la douane (pour l'année).

*சம்மாதுரன், (சம், மாதுரு), fils d'une bonne mère, — d'une femme vertueuse.

*சம்மாரம், P. சங்காரம், destruction: —பண்ணுகிறது détruire.

*சம்மார்ச்சனம், (சம்), action de nettoyer, de balayer, de brosser, de couvrir.

*சம்மானம், (சம், மானம்), civilité, respect, hommage, terres exemptes de taxes, V. சம்மானர்.

*சம்மானனம், (சம்மானம், na), honneur, hommage, adoration.

சம்மான், petit vaisseau à voile, vaisseau marchand, barque.

*சம்மியக்த்துவம், (samyak), totalité, plénitude, exactitude.

சம்மியக்தண்டனம், (id.), punition légale.

சம்மியம், espèce de danse.

*சம்மோகம், (சம்). grand désir.

*சம்மோகனாஸ்திரம், (சம், மோகனம், அஸ்திரம்), arme ou trait enchanté.

*சம்மோதிதம், (சம்), juste récompense (que Dieu accorde selon qu'on le sert ou qu'on le loue).

*சம்யாமம், (சம்), examen, recherche, défense, contrainte.

*சம்யோகம், (id.), cohabitation, commerce charnel, association, union intime. [ஜென்.

*சம்ராட்சன், (சம்), V. சவராட்ச

*சம்வர்த்தம், (samvartta), un des 7 nuages fabuleux des Indous, celui qui donne des pierres précieuses, V. சாம்வர்த்தம்.

*சம்வற்சரம், (சம்), année.

சம்வனனம், சம்வதனம், (samvanana, samvadana), ensorceler par charmes ou drogues magiques.

சம்வாசம், ville nouvellement bâtie sur une montagne.

*சம்வாசம், (சம்), cohabitation, fréquentation, habiter avec.

சம்வாயிலொருணம், P. சமவாயிலொ ருணம். [ception, sentiment intime.

*சம்வேதனம், (சம்), jouissance, per-

*சய, (djaya), 1° int. victoire! victoire! gloire, louange. 2° ou சயவருஷம் la 28me année du cycle de 60 ans; elle correspond à 1834 et 1894. 3° adj. de சயம்: — சய victoire! victoire! ou gloire! gloire!

சயசம், bouton de fleurs.

*சயதத்தன், (சயம், தத்தம்), le fils d'Indiren.

*சயத்திரதன், (djayadratha), un roi de l'armée de Douryodhanen.

*சயந்தனம், (சயம், tana qui répand), char, charriot.

*சயந்தன், (djayanta), Sayanden fils d'Indiren, Sandiren ou la lune, Siven: சயந்தமான் nom d'un système de calcul pour les éclipses.

*சயந்தி, (djayanti), Sayandi fille d'Indiren, la fameuse தூக்கை, bannière, drapeau.

*சயமரம், sync. de சுயம்வரம், choix d'un époux par une princesse.

*சயம், ou க்ஷயம், (djaya), victoire, conquête, triomphe. 2° (kchaya), phthisie, consomption, maladie, perte, destruction, corruption, quantité négative (en algèbre). 3° (tchaya), foule, multitude. 4° (saya), main, couche, lit, sommeil. 5° nénuphar, soleil, sucre, guirlande, jus. 6° P. சசம் lièvre: — கொள்ளுகிறது vaincre, remporter la victoire; —புனைகிறது, —புனைதல் vaincre, orner la victoire: — உள்ள victorieux: சயங்கொண்டான், V. கேசவம்; — காசம் toux de consomption; — காலம் temps de la victoire, —de la destruction générale; —கோலாகலம் cris de victoire; —கர்வம் orgueil de la victoire; —சத்தம் hourra —, cri de victoire; —சாலி, — சீலன் victorieux, vainqueur; — ஸ்தம்பம் colonne en signe de victoire, — élevée par un vainqueur, —à laquelle on attache le drapeau de la victoire, trophée; —டக்கை gros tambour; — தாளம் la 4me des 9 தாளம் ou règles de mesure en musique; — ஸ்தம்பம்

V. சயஸ்தம்பம்;—பக்ஷம் les 14 derniers jours d'une lunaison;—பத்திரம் attestation de victoire, sentence en faveur d'un parti;—பாலன் Brama, Vichnou, roi;—மித்தம் consomption, phthisie;—மகன் les Gémeaux, V. சயமடந்தை;—மங்களம் éléphant royal, congratulation de victoire;—மடந்தை la fameuse துர்க்கை, la déesse de la bravoure,—de la victoire;—யுத்தி temps propre à la destruction;—ரோகம் consomption;—ரோகி personne étique, attaquée de phthisie;—வருஷம் la 28me année du cycle de 60 ans;—வாயு vent destructeur,—qui doit souffler à la fin du monde.

*சயம்பு, P. சுயம்பு, l'être existant par lui-même; Dieu, (et à tort) Brama, Vichnou, Siven, Arouguen.

*சயனம், (sayana), sommeil, repos, position couchée, copulation, lit, couche, matelas:—கொள்ளுகிறது dormir, reposer: சயனகிரகம், —வறை, (அறை), chambre à coucher, dortoir;—ப்பிரியன் dormeur, ami du lit et du sommeil; சயனங்கள், pl. les lits etc... libertinage, luxure.

*சயனன், (சயனம்), couché (à la fin des mots). [னகிரகம்.

*சயனோகாரம், (id. ஆகாரம்), V. சய

*சயனார்த்தம், (id. அர்த்தம்), lit, couche. [imp. de சயனிக்கிறது.

*சயனி, 1° (சயனம்) dormeur. 2° சயனிக்கிறது, னித்தேன், னிப்பேன், னி, னிக்க, v. n. ou சயனித்துக் கொள்ளுகிறது, சயனித்தல், n. v. (சயனம்), se coucher, être couché, dormir, reposer, avoir commerce charnel.

சயனிப்பு, n. v. du préc. sommeil, repos, commerce charnel.

சயனிப்போன், n. v. du même, dormeur. [diren.

*சயன், (djaya), Sayanden fils d'In-

*சயாந்தராயம், (சயம், அந்தராயம்), obstacle à la victoire.

*சயாபாகம், சயாவகம், (id. ஆபாகம், âvaha qui porte), victoire.

*சயாரவம், (id. ஆரவம்), chant de victoire. [dormi, dormeur.

*சயாலு, (sayâlou), paresseux, en-

சயி, 1° imp. de சயிக்கிறது. 2° சயி se met souvent pour சை; en conséquence cherchez par சை les mots qui ne se trouvent pas par சயி.

சயிக்கம், finesse, minceur: சயிக்கச்சீலை, —ச்சேலை toile fine, mince;—த்துப்பட்டா, —த்துப்பட்டி toile—, drap fin et large.

சயிக்கா, l'arbre அரசு.

*சயிக்கினை, (sandjnâ), signe, geste:—காட்டுகிறது, — பண்ணுகிறது faire signe;—யாய்ப்பேசுகிறது parler par signes, ou—யாய்ச்சொல்லுகிறது dire par signe, indiquer, faire allusion.

சயிக்கிறது, யித்தேன், யிப்பேன், யி, யிக்க, v. a. et சயித்தல், n. v. (சயம்), 1° ou செயிக்கிறது vaincre, triompher. 2° P. சகிக்கிறது, souffrir, supporter, endurer. 3° P. க்ஷயிக்கிறது, se perdre, se corrompre, se gâter, se faner. [க்கினை.

சயிக்கை, 1° n. v. du préc. 2° V. சயி

சயித்தகம், un des 32 ordres d'architecture.

*சயித்தியம், P. சைத்தியம்.

*சயித்திரம், P. சைத்திரம்.

*சயித்திரியம், P. சைத்திரியம், (சித்திரம், ya), charmes de la jouissance, spectacle, diverses merveilles, clarté.

*சயிந்தலவணம், சயிந்தனம், (சிந்து), sel de roche.

*சயிந்தவம், P. சைந்தவம்.

*சயிரிபம், P. சைரிபம், bœuf, buffle.

சயிரேகம், l'arbre மருதோன்றி à fleurs de couleur de nuées.

*சயிலம், P. சைலம்.

*சயை, (djayâ), la victorieuse, Parvadi, le 3me, le 8me, le 13me jour de chaque demi-lunaison.

சயோத்தியம், P. சுவாத்தியம், santé, bien-être, douceur, plaisir.

*சய்கை, P. சைகை, signe, marque.

*சய்யோகம், P. சம்யோகம்.

சரகண்டம், (சரம்), différence ascensionnelle.

சரகத்து, (pers.), limite, borne.

*சரகம், (saraghâ), abeille, scarabée. [saire, envoyé.

*சரகன், (tcharaka), espion, émis-

*சரகாண்டம், (சரம்),tige du roseau saccharum,carquois,— inépuisable,bois d'une—, flèche,*ou* சரகாண்டபாஷாணம் espèce d'arsenic naturel.

*சரகூடம்,(சரம்), maison ou retraite formée de —,faisceau de javelots entrelacés.

சரக்கு,marchandise,denrée,objet de commerce,chose, substance, drogue, ingrédiens de ragoût, minéral usité en médecine, arsenic dont les Indiens comptent 32 espèces dans leur état naturel, qu'ils nomment தாது ou பிறவி,et 32 espèces préparées nommées வைப்பு. Parmi les minéraux,ceux qui se combinent avec un autre et s'y coagulent, sont appelés par eux ஆண்சரக்கு minéral mâle, ou உப்புவிந்து de விந்து sperme; tels sont les alcalis ou sels neutres. Celui avec lequel ils se combinent se nomme பெண்சரக்கு minéral femelle,ou புளிச்சுரோணிதம் de சுரோணிதம் sang de la matrice; tels sont les acides. Les Indous ont par-là indiqué,d'une manière grossière,l'affinité des alcalis et des acides,selon leurs idées de propriétés mâles et femelles répandues dans toute la nature, et comparé la combinaison des minéraux à la génération et à la formation du corps humain. Voici une liste d'alcalis ou sels avec leurs acides correspondants selon eux.

SELS.	ACIDES.
வெடியுப்பு salpêtre,	படிக்காரம் alun.
கல்லுப்பு sel en bloc,	பழப்புளி acide de fruits.
சூடன் camphre,	துருசி vitriol bleu.
கடல்நுரை os de sèche,	கந்தகத்திராவகம் espèce d'acide.
சூதம் mercure,	கந்தி soufre.
காந்தம் aimant,	காடி vinaigre.
இரும்பு fer,	எரியாலமெண்ணெய் espèce d'huile.
பேதி minéral dissolvant,	பொன்னம்பர் ambre jaune.
தொட்டிப்பாஷாணம் orpiment,	புளியநறளை ou புளிநறளை cissus acida.
மாமிசபேதி dissolvant de la chair,	கல்மதம் alun de plume.
வீரம் espèce de remède,	புளியாரை oseille.
அப்பிரகம் mica,	காய்ச்சுருக்கு hibiscus cannabinus.
கௌரி moutarde,	புளிமாங்காய் mangue amère.
வெள்ளைப்பாஷாணம் arsenic blanc,	பனங்கள்ளு vin de palmier.
வைக்கிராந்தம் espèce d'arsenic,	நிமிளை bismuth.
தங்கம் or pur,	மனோசிலை espèce d'arsenic.
சாரம் 3 espèces de sel,	வெண்காரம் borax.
பச்சைக்கர்ப்பூரம் camphre vert,	இந்துப்பு sel de roche.
வீரம் espèce de remède,	நாகம் plomb.
கல்லுப்பு sel en bloc,	இலிங்கம் cinabre artificiel.
சிலாசித்து bitume,	செம்பு cuivre.

அசல்சரக்கு substance naturelle, production de la nature et non de l'art; ஆடுஞ்சரக்கு minéral qui s'évapore au feu,*v.g.* le mercure, le soufre etc..; உருகியாடி யெழும்பிப் போகுஞ்சரக்கு minéral qui se fond et s'évapore graduellement, *v. g.* les 2 susdits; ஆடி நெருப்புக்கு நில்லாமலோடுஞ்சரக்கு minéral qui s'évapore et disparaît au feu,*v.g.*le cinabre factice etc..., on en compte 64 espèces: உருக்குஞ்சரக்கு minéral qui dissout ou facilite la fusion des métaux,le principal est le வெண்காரம் ou borax; சரக்கிளப்பம் qualité inférieure des marchandises, marchandise de rebut; சரக்கிறக்குகிறது décharger —,débarquer les marchandises; —ச்சுண்ணம் mercure sublimé;—ப்பண்ணுகிறது,—

சரக்காய் வெண்ணுகிறது estimer, faire cas, —marchandise; அவனைவொரு சரக்காக வெண்ணுவார்களோ fera-ton le moindre cas de lui?

சரக்கொன்றை, (சரம்), l'arbre cassia fistulata, sorte de séné sauvage. [பாஷாணம்.

சரங்கம், l'arsenic naturel சங்க

*சரசம், 1° (sarasa), badinage, caresses, jeu indécent, jeu, plaisanterie, bouffonnerie, humeur —, caractère agréable. 2° (சரம், சம்), beurre frais: —ஆய்ச் சொல்லிக்காட்டுகிறது expliquer d'une manière plaisante; —ஆய்ப்பேசுகிறது, —பண்ணுகிறது, — விடுக்கிறது V. சரசிக்கிறது; —பேசுகிறது plaisanter, railler, parler trop librement; சரசக்காரன், —க்காரி, V. சரசி; —வார்த்தை plaisanterie, expression badine, — un peu libre; —வித்தை art du —, badinage, habitude —, exercice des gestes plaisans; சரசத்திலேபோக்குச் சொல்லுகிறது, —வழிவிடுகிறது s'excuser en plaisantant, — sous prétexte d'avoir voulu seulement plaisanter.

சரசர, 1° *imp. du suiv.* 2° (*son imitatif*), bruit des feuilles: சரசரவென்று, — வென்கிறது ou

சரசரக்கிறது, த்தேன், ப்பேன், ர, ரக்க, *v. n.* (சரசர), bruire, faire *sarasara*, — le bruit des feuilles ou d'un serpent etc... qui court à travers des feuilles sèches, se presser.

சரசரத்தல், சரசரப்பு, *n. v. du préc.* bruissement, bruit des feuilles, — d'un serpent etc... qui court à travers des feuilles sèches, vitesse, inégalité à la surface ou au tranchant. [சருவளைபவன்.

*சரசன்மசன், (சரம், சன்மம்), V.

*சரசா, (*id.* சா), sinus de différence ascensionnelle.

*சரசி, 1° (சரசம்), *m. f.* personne badine, d'un caractère jovial, plaisant, bouffon, railleur. 2° *imp. de*

சரசிக்கிறது, சித்தேன், சிப்பேன், சி, சிக்க, *v. n. et* சரசித்தல், *n. v.* (சரசம்), plaisanter, badiner, folâtrer, s'amuser, — indécemment, railler.

*சரஸ், (saras), étang.

*சரஸ்வதி, சரச்சுவதி, (sarasvati), Sarasvadi, femme de Brama, prétendue déesse de l'éloquence, de la musique et des arts; on dit qu'elle inspire les poètes et réside dans la langue, le Sarsouti, un des 7 fleuves sacrés des Indiens, (c'est une petite rivière au nord de Délhy, qui coule de l'est à l'ouest et se perd dans les sables du grand désert dans le pays des Batties; selon les Indiens elle continue de couler sous terre et va se réunir au Gange et à la Djamna à Allahabad), l'arsenic naturel மலேகு ஷிலே: —தேவி espèce de remède; —பீடம் principal siége d'une académie de savans; — மாலை nom d'un livre; —நதி, —யாறு le Sarsouti (susdit); —வாக்கு éloquence —, science naturelle, qui vient sans étude, et que les Indous attribuent à Sarasvadi.

சரஞ்சாம், (*arab.*), bagage, équipage, attirail, meubles.

*சரடம், 1° (sarata), caméléon, lézard dit பல்லி. 2° (djaratha), dureté, solidité, cruauté, chose vieille.

*சரடு, *gén.* சரட்டின், *obl.* சரட்டு, (sarat), fil, —retors, cordon, fil —, collier d'or etc..., série, ordre, rangée, succession, ruse, artifice, tromperie: —கோக்கிறது enfiler une aiguille; —திரிக்கிறது, —முறுக்கிறது retordre du fil, jouer des tours, tromper; தெற்குச்சரடு rangée de maisons tournées au sud; மேற்பக்கத்துச்சரடு rangée de maisons tournées à l'ouest; மணலைச் சரடாகத் திரிப்பான் il ferait même une corde de sable, il est très-habile.

சரட்டுத்தாலி, (சரடு), tâli suspendu à un fil ou à des fils d'or, — à un collier de fils d'or.

*சரணம், 1° (sarana), refuge, asile, abri, défense, maison. 2° (tcharana), pied. 3° (djarana), assa-fétida, faiblesse, infirmité, inutilité, vieillesse. 4° salut, salutation, révérence, hommage (ordinairement en joignant les mains et quelquefois les

abaissant vers les pieds de la personne qu'on salue), paon, queue de paon, les 3 dernières parties du poème dit சிந்து, bourg d'un pays de rizières, l'arbre அரசு:— ஆகவோடி வருகிறது avoir recours à la protection, se réfugier auprès; —அடைகிறது trouver—, chercher asile; உம்முடைய ou உம்மைச்— அடைந்தேன் j'ai trouvé ou cherché un refuge auprès de vous; — சொல்லுகிறது saluer humblement; — பண்ணுகிறது saluer, faire une profonde salutation, tomber aux pieds de quelqu'un; —புகுகிறது se réfugier (dans ou auprès), சரணகராதி (கரம், ஆதி), pieds et mains; சரணக்கிரந்தி cou-de-pied; —க்கேடு manque de protection; — கதம், — பதனம், — பதுமம் prostration aux pieds; —சேவை service; —கமலம், —நளினம், — பதுமம், V. சரணாரவிந்தம்; — யுகம் les 2 pieds; — வாதம் enflure des pieds, mal aux pieds; உன்சரணமேசரணம் vos pieds sont mon refuge; சுவாமியுமக்கே சரணம் Seigneur! je vous adore.

*சரணாகதம், சரணாகதி, (சரணம், ஆ, கதம், கதி), refuge, asile.

*சரணாபரணம், (*id.* ஆபரணம்), ornement des pieds.

*சரணாமிருதம், சரணாமிர்தம், (*id.* அமிருதம்), eau qui a servi à laver les pieds d'un goureu.

*சரணாயுதம், (*id.* ஆயுதம்), le coq dont les pieds ont des armes naturelles.

*சரணாரவிந்தம், (*id.* அரவிந்தம்), pieds comparables au nénuphar, — d'une personne vénérée ou chérie.

*சரணார்த்தம், (*id.* அர்த்தம்), moitié du pied.

*சரணார்த்தி, (*id.* அர்த்தி), malheureux qui cherche asile:—வேண்டுகிறது demander asile pour un malheureux, exprimer son humble respect.

*சரணி, (sarani), route, chemin.

*சரணியம், (saranya), refuge, asile, protection, maison.

*சரணோதகம், (சரணம், உதகம்), V. சரணாமிருதம்.

சரண், *sync. de* சரணம், pied, refuge, asyle: —புகல், —புகுகிறது se réfugier, entrer dans un asyle; —சரணுவிழுகிறது se prosterner en demandant protection.

*சரண்டம், 1° (saranda), oiseau (en général), lézard dit பல்லி, caméléon. 2° (djaranda), chose vieille.

சரதம், vérité.

*சரதலம், (சரம், தலம்), différence ascensionnelle.

*சரதிசம், (saradidja), l'été, la chaude saison, automne.

சரநூல், V. சரசாஸ்திரம்.

*சரந்தம், (djaranta), bœuf, buffle.

சரபடி, (சரம்), tribu, caste, famille, race, coutume, habitude, voie, chemin: சரபடியிலேசேர்க்கிறது réintégrer dans la caste; என்சரபடியாயிருக்கிறான் il est mon parent; இவனெங்கள் சரபடியிற்சேர்ந்தவனன்று il n'est point de notre caste; இந்தச்சரபடியிலிருக்கிறவன் homme de cette caste; அந்தச்சரபடியிலேயே பெண் கொள்ளுகிறது prendre une femme dans la même caste ou famille.

*சரபம், 1° (sarabha), chameau, sauterelle, petit éléphant, V. எண்காற்புள். 2° V. குறும்பாடு et வரையாடு.

*சரபலம், (சரம்), pointe recourbée—, lame de flèche.

*சரபாதவிஸ்தாரணம், (சரம், பாத *chute*), portée d'une flèche.

*சரபத்திரம், (சரம்), virole de flèche, *ou*

*சரபுங்கை, (*id.* poumkhâ *plume*), plume de flèche.

சரப்பணி, சரப்பளி, (சரம்), chaine d'or double ou triple (qu'on suspend au cou).

சரப்பம், poil, cheveu.

*சரமசரம், (சரம்), V. சராசரம்.

*சரமம், (tcharama), fin.

சரமோடுகிறது, சரமோடல், (சரம்), la respiration avoir son cours.

*சரம், 1° (sara), flèche, roseau ou jonc dit நாணல் saccharum, autre espèce dite கொறுக்கை arundo, marche, mouvement, eau, crème, sinus verse d'un arc, différence ascensionelle. 2° (tchara), être mouvant, — mobile, qui se meut, qui respire. 3° collier de perles ou de pierreries, guirlande, rangée, file, enchainement. 4° (svara), souffle, respiration, (qui vient des narines), cours—, marche de la respiration, V. சுரசாதி: — ஓடுகிறது la respiration marcher, —கட்டுகிறது, —கட்டல் faire une guirlande de fleurs, les enfiler une à une; — தொடுக்கிறது ajuster une flèche sur l'arc, composer —, faire une couronne; ஒருவன்மேல்—தொடுக்கிறது lancer des flèches à quelqu'un, lui imputer des fautes;—பார்க்கிறது observer—, examiner la respiration (par les narines), en tirer des présages; — விடுகிறது lancer des flèches; சரசாஸ்திரி devin qui observe la respiration; சரசாஸ்திரம், — சாத்திரம், —ஞானம் art de pronostiquer par l'observation de la respiration (par les narines); — நூலுக்கு மிகுந்த சாஸ்திரமுஞ் செந்தூரவகிக்கு மிகுந்த மந்திரமுமில்லை (au dire des payens) il n'y a point de science au dessus de l'art de deviner par la respiration, ni d'enchantement plus fort que le livre செந்தூரவகி; — நக்ஷத்திரம் étoile qui marche;—மணி ceinture de femme, d'or ou d'argent;—மணிக்கோவை guirlande de bijoux; —மண், V. சுரமண்டலம், — மண்டலம் sorte d'instrument de musique à cordes, V. சுரமண்டலம்; —மாதம் les mois nommés சித்திரை, ஆடி, ஐப்பசி, தை, i.e. le 1er mois de chaque saison; —மாலை guirlande suspendue à travers le chemin;—முல்லை dent,—ராசி les signes qui commencent les saisons, savoir: மேஷம் le Bélier, கர்க்கடகம் le Cancer, துலாம் la Balance, மகரம் le Capricorne; — வருடம், — வருஷம், —விருஷ்டி pluie de flèches;— வருஷமாக வருஷிக்கிறது lancer une pluie de flèches.

சரகபரம், l'arsenic dit சரகாண்டபாஷாணம்.

*சரயு, (sarayou), 1° ou சரயுநதி le Sarayou ou Sarjou, rivière au-delà du Gange, 2° vent.

*சரலகம், (saralaka), eau.

சரவடி, V. சரபடி. [le,—de rien.

சரவட்டை, petitesse, chose inuti-

*சரவணபவன், சரவணோற்பவன், சரவணன், (சரவணம், பவம், உற்பவம்), Soupramanien ou Kartiguêyen né et élevé dans des buissons de சரம் saccharum, ou dans un étang plein de roseaux dits நாணல்.

*சரவணம், (சரம், வனம், P. வனம்), bois ou buisson de roseaux de சரம், de கொறுக்கை ou de நாணல், les roseaux dits கொறுக்கை et நாணல்: சரவணத்துதித்தோன், V. சரவணபவன்.

சரவழுதி, சரவாசி, l'arsenic குதிரைப்பற்பாஷாணம்.

சரவளக்கல், sel de cuisine.

*சரவாணி, (சரம், வாணம்), archer, tireur—, faiseur de flèches.

*சரவியம், (id. vya), marque, but, —où l'on tire.

*சரவிநாடி, (id.), différence ascensionnelle en temps. [noir.

*சரவில்லை, (id. வில்லை), scarabée

சரவை, examen et correction d'un écrit, brouillon, ébauche, croquis, ouvrage grossier et imparfait, défaut, petitesse, guirlande: — திருத்துகிறது,—பார்க்கிறது,—விடுகிறது corriger (un écrit...); — எழுதுகிறது écrire un brouillon, ébaucher un dessin; — வேலை ébauche, ouvrage grossier.

*சரளம், (sarala), honnêteté, sincérité, candeur, droiture, régularité, bon ordre, convenance, prospérité.

சரளி, 1° gamme, monter et descendre la gamme. 2°(P. சளி), phlegme, morve:—கற்கிறது,—பழகுகிறது,—பாடுகிறது apprendre la gamme,—à la monter et à la descendre,—à chanter d'après la gamme; — கட்டு, —கட்டி amas de morve ou de flegme, abcès qui s'en forme;—வரிசைக்கிரமம் transposition et arrangement de notes, chant de la gamme.

*சரத்காலம், (sarad automne), temps des pluies, (en quelques pays) les 2 mois qui suivent les pluies.

*சரத்காரு,(djaratkârou),Saratkârou,célèbre Mouni,mari de மனசை sœur des serpens.

*சரன்,pl. சரர், (tchara qui marche),envoyé,émissaire,espion.

சராசம், facilité,chose directe,aisée,sans obstacle,droiture,sureté des chemins,guerre,bataille,scarabée: —ஆகப்போகிறது aller tout droit,v.g. une épée dans son fourreau, l'eau dans un canal: —ஆய்ப்போகிறவழி route directe,facile,sans obstacle.

சராவை, pot,coupe,bassin.

சராங்கம், 1° P. சராசம். 2° fermeté,solidité.

சராங்கு, (ind.), chef ou conducteur de matelots, de bateliers,de lascars.

*சராசந்தன்,(djarâsandha),Sarâsanden roi de Magadha;il naquit,au dire des Indous,en 2 parties qui furent réunies par la géante சரானா, de qui il tient son nom;il fut beau-père de கஞ்சன் ennemi de Krichna,et tué par வீமன் qu'on a surnommé சராசந்தஜித்து le vainqueur de Sarâsanden.

*சராசரம்,(சரம்,அசரம்), choses animées et inanimées, douées de mouvement et sans mouvement,air, atmosphère, ciel, paradis, l'arsenic naturel அவுபலபாஷாணம், V. பிரபஞ்சம்:சராசரத்துக்கர்த்தாவானவர் le seigneur de toutes les créatures.

சராசரி, (ind.),terme moyen,l'un portant l'autre,part juste, — égale, environ, à-peu-près: —க்கணக்கு compte—,terme moyen, en prenant la moyenne, part contingente; — த்தொகை somme—,moyenne; — மதிப்பு estimation moyenne.

சராசரிகை,V.சரகம். [arc.

*சராசனம்,(சரம்,அசனம் jeter),

*சராச்சிரயம், et par corr. சராத்திரயம்,(id. ஆச்சிரயம்),carquois.

*சராடி, (sarâti), l'oiseau turdus ginginianus.

*சராதுரம், (சரா,ஆதுரம்), faiblesse,décrépitude infirmité.

*சராப்பியாசம்,(சரம், அப்பியாசம்), exercice de l'arc, —de lancer des flèches,étude de la marche de la respiration.

சராப்பு,(arab.),changeur.

*சராயணி,(சரா,yani),le roi Sarâsanden.

*சராயு,(djarâyou),sein, matrice: *—சம் animal vivipare, qui sort vivant de la matrice.

சராய், (ind.),culotte,pantalon.

*சராரோபம்,(சரம்,ஆரோபம்),arc.

*சரார்த்தம்,(சரம்,அர்த்தம்,ஆதி), somme de 3 corrections,savoir:demi-différence ascensionnelle சரார்த்தம், correction pour la différence de longitude தேசாந்தரம் et équation du temps தொசுவியந்தரம்.

*சராவம்,1° (sarâva),coupe ou sous-coupe ronde —,lampe de terre, couverture, couvercle. 2° grosse pierre précieuse,broche—, baguette de fer.

சராளம், promenade, excursion, marche libre, — sans obstacle, voie directe, droiture: —ஆய்ப்போகிறது aller se promener;அந்தவழிசராளம் ce chemin est libre, praticable, sans obstacle.

சராளிக்கிறது, ளித்தேன், ளிப்பேன்,ளி,ளிக்க,v.n. avoir la diarrhée(les animaux).

சரி, 1° égalité,niveau,ressemblance,droiture,justesse,ce qui est droit, propre, juste,vrai,convenable,exact, sans erreur,légitime, pair, uni, oui, bien,c'est vrai, c'est juste. 2° bracelet,penchant de montagne, chemin, foule.3° imp. et part. de சரிகிறது et சரிக்கிறது: சரியாய்க்கிறது paraître juste, égal, semblable, fini, prouvé, égaler,égaliser,rendre la pareille:—க்கட்டுகிறது, —கட்டுதல் payer entièrement,—exactement,rendre la pareille,prendre sa revanche, compenser, dédommager, être fini, achevé, consumé, tuer (par malice), comparer,égaler,rendre égal,corriger, perfectionner, rendre droit, égaliser, suppléer ce qui manque, achever, compléter; —சமானம் égalité, ressemblance, parfaite égalité, niveau; —சாமம் minuit; —சொல்லுகிறது répondre juste, — pour un autre, être caution, satisfaire, payer ce qu'un autre doit; —தான் c'est vrai, —juste, — bien, (quelquefois dit ironiquement pour signifier le contraire): —பங்கு, —பாதி la juste moitié; —பண்ணுகிறது, —பண்ணிப்போடுகிறது, —ப்படுத்துகிறது égaler, égaliser, accommoder, accorder, rendre égal, juste, aplanir, satisfaire, orner, rendre droit, redresser, corriger, finir, achever, faire consentir; இருதரத்துக்கு —பண்ணுகிறது contenter, satisfaire; —ப்படுகிறது égaler, s'arranger, s'accommoder, s'accorder, convenir, plaire, se corriger, être juste, égal, complet, redressé, en bons termes, réussir, consentir; அத்தோடே — ப்பட்டுப்போயிற்று avec cela tout s'est arrangé, —est complet, c'est là tout; மனதுக்கு—ப்படாமலிருக்கிறது ne pas satisfaire, ne pas plaire; மனதுக்குச் — ப்பட்டிருக்கிறது plaire, être agréable, satisfaire; — ப்பிடிக்கிறது, — ப்பிடித்தல் prendre sa revanche, — comme il faut, égaler, comparer, accomplir, redresser; —பொழுது (சரியும்) la soirée; — ப்போகிறது s'accorder, être d'accord, uni, consentir, avoir pour agréable, plaire; தனக்குச் — ப்போனபடி செய்கிறது faire à sa volonté, à sa guise, comme on le trouve bon; தனக்குச் —ப்போனபடி நடக்கிறது se conduire à son gré; தன்பார்வைக்குச் —ப்போகிறபடி செய்கிறது agir selon que cela plait, *litt.* (à ses yeux); —யாகிறது devenir —, être égal, semblable, juste, droit, convenable, complet, s'achever, finir, égaler, s'amélierer; இராத்திரிகாலஞ் சரியாயிற்று la nuit est passée; —யாக selon, conformément à; என்னக்குச்— யாக à l'égal de moi, selon mes désirs: —யாக்கவைக்கிறது égaler, comparer, rendre égal, redresser, ratifier; —யாக்குகிறது, —யிடுகிறது, *V.* சரிப்பண்ணுகிறது; —யாயிருக்கிறது égaler, être égal, juste, droit, exact; —யான semblable, égal, convenable, droit, exact, juste; —யாய் également, bien, juste, convenablement; —யாய்வைக்கிறது mettre comme il faut; — யொக்கிறது, —யொத்தல் égaler, être égal, semblable; — யொத்த égal, semblable, juste, convenable; — வயது même âge, âge égal, —moyen; — வருகிறது, —வருதல், acquiescer, consentir, s'accorder, égaler, devenir égal, semblable, droit, uni, se redresser; —வைக்கிறது, —வைத்தல் comparer, égaler, égaliser; சரிக்குச்சரி, சரிக்குச்சரிசெய்தல் compensation, équivalent, revanche, répresaille; சரிக்குச்சரிக்கட்டுகிறது *ou* செய்கிறது *ou* பண்ணுகிறது (avec le dat.) compenser, dédommager, rendre la pareille, se venger, prendre sa revanche; அதுசரி c'est juste, —bien, — vrai; இதுஅதற்குச்சரியல்ல *ou* சரியன்று ceci n'est pas conforme à cela; எல்லையித்தமட்டுஞ் சரி la limite vient juste jusqu'ici.

சரிகமபதநி, dénomination de la gamme ou des 7 notes; ut, ré, mi, fa, sol, la, si; lettres qui représentent ces notes.

சரிகிறது, ரிந்தேன், ரிவேன், ரி, ரிய, *v.n.* glisser, couler, crouler, *v. g.* un tas de grains, s'écrouler, échapper, fuir, reculer, rouler en bas, se répandre, tomber en glissant, (*v.g.* les pierres d'un mur, la toile de dessus l'épaule...), aller en décadence, décliner, se pencher, se courber: மணல் —, நெல் *ou* கற்குவைசரிந்தது le tas de sable, de riz ou de pierres s'est écroulé; வெட்டுண்டதோள்சரிகின்றது l'épaule coupée pend en bas; சரிந்துபோகிறது couler, glisser, rouler en bas; —விழுகிறது s'écrouler, glisser et tomber; தலைக்காணியிலிருந்து தலைசரிந்தது la tête a glissé de dessus l'oreiller.

சரிகை, 1° petit galon—, fil—, tissu —, broderie d'or ou d'argent. 2° *V.* சரிதல்: —க்கொண்டை frange ou bord d'un habit garni de pareils fils ou galons;—ச்சீலை toile de femme dont les bords sont ainsi ornés: — த்திம்மை balle de fils d'or;—த்திரி cordon ou écheveau de fils d'or;—த்துப்பட்டடா toile—,habit brodé d'or,à bord tissu de fils d'or;—ப்பட்டை bordure—,filets ou raies de fils d'or ou d'argent aux extrémités d'une toile;—ப்பாகைtoque—,turban broché ou orné de fils d'or;—மலை montagne qui contient du cuivre.

சரிக்கிறது, ரித்தேன், ரிப்பேன்,ரி, ரிக்க, v.a. de சரிகிறது,et சரித்தல்,n. v.faire glisser,—rouler,—crouler(v. g.du sable. du grain), — tomber en bas,— couler, pencher un vase pour verser,tirer du grain par un trou(au bas de l'endroit qui le contient),étendre un monceau de blé.‖v.n.se mouvoir,remuer, marcher, aller, séjourner,habiter,fréquenter.

சரிசு,nom d'un ornement,V.வளை.

*சரிதம்,(tcharita),histoire,anecdote,fait,aventures,marche. conduite, nature,habitation. [—fréquentent.

*சரிதர்,(சரிதம்),ceux qui habitent,

சரிதல்,n. v. de சரிகிறது, écroulement,chute,écoulement,déclin, pente, inclinaison, fuite, action de glisser,de crouler etc.

*சரிதாப்பிரசங்கன்,(சரிதை, பிரசங்கம்),conteur d'histoires,V.புராணிகன்.

*சரிதை,(tcharitâ),histoire,histoire—,récit des bonnes actions, conte, bonne conduite,bonnes mœurs, détail, circonstances, un des 4 பாதம் ou சிவபூசையியல்பு,i.e. l'accomplissement d'actes religieux ou d'actes serviles relatifs aux temples de Siven,comme:அடியார்க்கேவல் செய்தல் obéir aux brames et autres chefs; குளந்தொட்டல் creuser des étangs; கோயிலலகிடல் balayer la pagode; திருமெழுகிடல் en enduire le pavé de bouse de vache; திருவிளக்கிடல் y allumer des lampes; நந்தவனம்வைத்தல் planter un jardin de fleurs; மாலைதொடுத்தல் faire des guirlandes de fleurs.

*சரித்திரம், (tcharitra), histoire, (surtout des actions bonnes et nobles),aventures,conte,anecdote, vie, conduite (bonne ou mauvaise), bonnes mœurs,caractère,nature, disposition: சரித்திரத்தைக் கேட்கிறது écouter—,apprendre l'histoire ou les actions des hommes; உன் சரித்திரந் தெரியும் ta conduite est connue.

*சரித்திரா,(tcharitrâ),tamarinier.

*சரித்து,1° (sarit), rivière, Gange. 2° gér.de சரிக்கிறது.

சரிந்து, gér.de சரிகிறது.

சரிபம்,l'arbre அசோகு uvaria.

சரிப்பு,n.v. de சரிக்கிறது, mouvement,marche,allée,inclinaison.

சரியம்,la plante திருநன்றுசி periploca.

*சரியை,1° (tcharyâ), bonne conduite, ordre, aumône. 2° P. சரிகை petit galon—,fil d'or ou d'argent.

*சரிலம்,(sarila),eau.

சரிவு, 1° V. சரிதல். 2° chute ou écoulement des intestins par une blessure: சரிவாயிருக்கிறது être sur le point de glisser, de s'écrouler, de rouler en bas. [fleuves,i.e. l'océan.

*சரிற்பதி,(சரித்து,பதி), le roi des

*சரிற்சுதன்,சரிற்புதல்வன், (id.), le fils de கங்கை,i.e.வீடுமன்.

*சரீரகம்,(சரீரம், ka), corps bien portant,petit corps délicat.

*சரீரம்,(sarira),corps(humain).—தாஷ்டிக்கிறது,— பெருத்திருக்கிறது le corps être dodu, prendre de l'embonpoint, engraisser; சரீரகுணம் tempérament,état du corps;—கிருஷ்ணம்.—சோடணம்,— சோஷணம்,—பாகம் maigreur du corps;—க்கட்டு corps resserré, — constipé, lien du corps; — க்கனப்பு embonpoint, pesanteur —, torpeur du corps: — க்கூறு, — க்கூறுபாடு état —, nature du corps, ses différentes parties;— ச்சலம் peine corporelle;—சத்தி force du corps; — சம்ரட்சணை,—சம்ரக்ஷணை conservation —,soin du corps;—சம்ஸ்காரம் prétendue purification du corps (par différentes cérémonies indoues); — சு

கம் santé du corps;—சுத்தி,— புனித ம் pureté—,propreté du corps;—ச்ச ஞ்ஞானம்,— ச்சொரஞானம், —விமஞானம் sensation,impression corporelle,sentiment de sensibilité,— de son existence,tact;—த்திரயம் les 3 corps (selon les Indous) savoir: காரணம் l'âme immatérielle, சூக்குமம் l'âme sensitive, தூலம் le corps matériel:—ப்போக்கு,—ப்போக்கு état—,nature—,tempérament du corps;—யோகம் union corporelle;—புணர்ச்சி,V. சரீ ரச்சஞானம்; — சம்பந்தம் consanguinité, parenté;சரீரத்தின்உபாதி peine corporelle;சரீரத்தைக்கிழிப் பரிசோதிக் கிறது disséquer le corps:—த்தண்டிக்கிறது punir —, mortifier le corps; — த்தண்டித்துச் சீவிக்கிறது vivre en travaillant péniblement.

*சரீரராவச்சின்னவான்மா, (சரீர ம்,அவச்சின்னம், ஆன்மா), âme vitale, —unie au corps.

*சரீராவரணம், (id. ஆவரணம்), peau, *litt.*enveloppe du corps.

*சரீரி, (சரீரம்), être corporel, âme sensitive.

*சரு,(tcharou), riz cuit,ambroisie, nourriture des dieux de la fable.

சருகட்டை,(சருகு,அட்டை),espèce de sangsue.

சருகரிக்கிறது,(id.அரிக்கிறது),ramasser les feuilles tombées. [tortue.

சருகாமை, (id. ஆமை), espèce de

சருகு,feuilles desséchées, — mortes,—tombées:—சன்னவம்,—சன்னவம் légère cotte d'armes, cuirasse de fer;—சாதனக், —சாதனங்கள் contrat —,titres écrits sur ôles ou feuilles de palmier;—பித்தளை clinquant, cuivre de 1re qualité;—புலி espèce de petit tigre; — மடைப்பள்ளி sorte de cuisinier;— முசல் espèce de lièvre.

சருகுண்ணி,சருகுண்ணி,(சருகு, உண்ணி),espèce de tique ou d'insecte des bois,homme qui vit de feuilles sèches.

சருகுதிரி, (id.உதிரி), espèce de petite vérole.

சருகொட்டி, (id. ஒட்டி), espèce d'oiseau.

*சருக்கம், (sarga), section d'un livre,chapitre,création.

*சருக்கரை,V.சர்க்கரை.

*சருசபம், (sarchapa), moutarde.

*சருசிரபணம், (சரு,srapana *disperser*), asperger (une oblation...) de lait et de beurre fondu.

*சருச்சனை,V.சர்ச்சனை.

*சருச்சை,V.சர்ச்சை.

சருத்தி, bannière distinctive, drapeau d'un char,— d'honneur accordé à des chefs.

*சருப்பம்,V. சர்ப்பம்.

*சருப்பதோபத்திரம்,P. சருவதோ பத்திரம்.

*சருப்பமணி, V. சர்ப்பமணி.

*சருப்பாகாரம்,(id.ஆகாரம்),différentes dénominations de nombres mis l'un sous l'autre dans une colonne.

*சருப்பாக்ஷம்,(id. அக்ஷம்),œil de serpent,*i.e.*graine de உருத்திராக்ஷம்

*சருப்பாசனம், சருப்பாசனன், (id. அசனம்),le paon qui mange les serpens.

*சருப்பாஸ்திரம், (சருப்பம், அஸ் திரம்),flèche—,trait semblable à un serpent.

*சருப்பாபரணன், (id. ஆபரண ம்), celui qui porte des serpens en guise de bijoux ou de collier, *i. e.* Siven. [Pârvadi.

*சருப்பாபரணி, *f.du préc.*Kâli et

*சருப்பாராதி, சருப்பாரி, (சருப்ப ம், அராதி, அரி), l'ennemi des serpens, *i.e.* le faucon கருடன்,la mangouste, le paon.

*சருப்பி, 1° (sarpi) *ou* சருப்பிணி, femelle de serpent. 2° (sarpis),beurre fondu: —சமுத்திரம் mer de beurre liquéfié. [de la peau:

*சருமணி, (சருமம், ni), l'endroit

*சருமம்,V.சர்மம்.

*சருமன்,V.சர்மன்.

*சருவ,V.சர்வ. [வஞ்ஞன்.

*சருவக்கியன்,சருவஞ்ஞன், V. சர்

*சருவதா,(sarvadâ), toujours, ou tout temps.

*சருவதோபத்திரம், (sarvatas *de tout côté*), forme fantastique de vers

அக

tellement combinés qu'on trouve les mêmes mots et le même sens, soit qu'on lise la ligne de haut en bas ou de bas en haut, de gauche à droite ou de droite à gauche. Pour cela on forme un carré de 64 eases dans lesquelles on écrit de haut en bas une strophe de 4 vers de 8 lettres chacun, et ensuite on l'écrit de bas en haut de manière qu'on puisse la lire en tous les sens susdits.

*சருவத்திரம், (sarvatra *partout*), tout, toujours, *ou* சருவத்திரவிதேயம், —விதேசம், —வித்திவேசம் partout

*சருவம், *V.* சர்வம்.

*சருவரி, *V.* சர்வரி.

சருவல், *n.v. de* சருவுகிறது, caresse, badinage, flatterie, cajolerie, courtiser, embrassement, importunité, approche, accrochement, combat, signal.

*சருவன், (sarva) Siven.

*சருவாங்கம், (சருவம், அங்கம்), tout le corps, tous les membres: சருவாங்கமும் tout le corps, tous les membres, toutes sortes de choses; சருவாங்கமுங்கொடுக்கிறது faire toute sorte de présens: — தடவுகிறது oindre—, palper—, frotter tout le corps; — நோகிறது tout le corps souffrir, —faire mal; — பார்க்கிறது voir —, examiner—, diseerner toutes choses: —பூசுகிறது oindre tout le corps: சருவாங்கக்ஷவரம், —சவரம் raser tout le corps (excepté tout au plus quelques endroits); —தகனம், —தகனபலி holocauste.

*சருவாணி, (சருவன், âni), Parvadi, ou துர்க்கை.

*சருவாதாரன், (சருவம், ஆதாரம்), celui qui soutient tout.

சருவாதவன், *n. app. de* சருவுகிறது, prétendant qui ne sait pas faire la cour.

*சருவாதிகாரம், (சருவம், அதிகாரம்), autorité absolue, —entière.

*சருவாதிகாரி, (*id.*), celui qui a une tello autorité, maitbre absolu.

*சருவாதிஷ்டானம், சருவாதிட்டானம், (*id.* அதிஷ்டானம்), cause de toutes choses.

*சருவாதியக்ஷன், (*id.* அதியக்ஷன்), inspecteur général, qui pourvoit á tout.

*சருவாத்துமம், (*id.* ஆத்துமம்), l'âme suprême, —universelle, (selon certains sectaires): *சருவாத்துமபூதி tous les êtres collectivement.

*சருவாநுகூலம், (*id.* அநுகூலம்), succés universel.

*சருவாந்தரியாமி, (*id.* அந்தரியாமி), Dieu présent partout: — த்துவம் sa présence universelle, — en tout lieu.

*சருவாபரணம், (*id.* ஆபரணம்), toute sorte de bijoux: — உம்பூண்டிருக்கிறது, — உம்போட்டிருக்கிறது, être orné de toute sorte de bijoux.

*சருவாலங்காரம், (*id.* அலங்காரம்), toute sorte d'ornemens (comme vêtemens, bijoux, fig. de rhét. etc...)

*சருவான்னம், (*id.* அன்னம்), toute espèce de nourriture.

சருவி, *gér. de* சருவுகிறது.

*சருவிதம், (tcharvita), action de manger. — de cracher: *சருவிதபாத்திரம் crachoir.

*சருவித்திரவிதேயம், (*P.* சருவத்திரவிதேசம்) en tout lieu.

சருவு, 1° *P.* சருகு, 2° *imp. et part. de*

சருவுகிறது, வினேன், வுவேன், வுவ, *v.a.* caresser, badiner avec, cajoler, enjoler, courtiser, embrasser, flatter, faire signe, importuner, molester, glisser, s'approcher, s'accrocher, s'unir, combattre: சருவிக்கொண்டிருக்கிறது être à caresser etc...; —க்கொண்டுநிற்கிறது être à caresser, ne faire que cajoler etc...; —க்கொண்டுபேசுகிறது parler doucereusement, cajoler, flatter, courtiser.

சருவுதல், *V.* சருவல்.

*சருவேசன், சருவேசுரன், சருவேசுவரன், சருவேச்சுவரன், (சருவம், ஈசன், ஈசுரன்...), le souverain Seigneur de toutes choses, Dieu.

*சருவேச்சுரத்தனம், சருவேச்சுரத்துவம், (சருவேச்சுரன்), souveraineté absolue.

சருவொட்டி, *P.* சருகொட்டி.

*சருவோத்தமம், (சருவம், உத்தமம்), souveraine perfection.

*சரோத்திரன், (சரம், இந்திரன்), habile à tirer de l'arc.

சரேர், சரேல், (*son imitatif*): — இடு கிறது, — என்கிறது rendre ce son, faire du bruit, se jeter sur, aller vite, passer auprès avec vitesse.

*சரை, (djarâ) nom d'une géante, vieillesse, décrépitude, cheveux blancs, homme—, corde (de paille ou d'autres matières).

சரையாப்பிக்கிறது, சரையாப்பித்தல், faire entrer.

சரையு, nom d'une rivière.

*சரோசம், சரோசன்மம், (சரஸ், சம்), ce qui nait des étangs, le nénuphar.

*சரோசலம், (*id.* சலம்), eau d'é-[tang.

*சரோருகம், (*id.* உருகம்), *V.* சரோசம்: சரோருகசரம் guirlande de fleurs de nénuphar.

*சரோருகன், (சரோருகம்), *ou* சரோருகாசனன், (*id.* ஆசனம்), Brama qu'on prétend né sur un nénuphar sorti du nombril de Vichnou: சரோருகன்மகன் le fils de Brama, *i.e.* வசிட்டன்.

சர்காடி, vinaigre très-fort.

☞ சர், bien des mots commençant par சர் suivi de க, ச, ப, ம ou வ s'écrivent aussi par சரு; en conséquence voyez à la file de ces initiales ceux qui ne se trouvent pas ici.

*சர்க்கம், *V.* சருக்கம்.

சர்க்கரை, (sarkarâ), sucre, terrain pierreux, morceau, masse coagulée: — க்கஞ்சி gruau—, cange sucré, paroles sucrées, tromperie: — க்கஞ்சிவார்க்கிறது verser du cange sucré, flatter, tromper; — க்கட்டி gros morceau—, globule de sucre, terme de tendresse; — க்கொம்மட்டி melon sucré, — musqué: — நாரத்தை orange douce, —sucrée; — ப்பந்திலே தேன் மாரிபொழிந்தாற் போல comme si on faisait pleuvoir une pluie de miel dans un pandel de sucre (se dit d'une éloquence ou autre chose très-agréable): — ப்பூசினி, — ப்பூசணி citrouille sucrée, cucurbita pepo; — ப்பேச்சு paroles sucrées; — யமுது riz sucré, nourriture sucrée; — வர்த்தி la plante பருப்புக்கீரை; — வழங்குகிறது faire des présens de sucre, ou de sucreries, (en signe de réjouissance etc...); — வள்ளி patates douces, convolvulus batatas.

சர்க்கார், (*ind.*), gouvernement, l'administration, appentis, hangar, varangue autour d'une maison, maison en appentis.

*சர்ச்சரை, (சர்சரை, ra *qui donne*), rudesse, manque de poli, chose raboteuse, querelle, dispute: — வடிவு figure raboteuse, manque de poli.

*சர்ச்சை, (djhardjha), injure, affront, censure, blâme. [secours.

சர்பரா, (*pers.*), provision, renfort,

சர்பராஜ், (*id.*), distingué, honoré.

*சர்ப்பம், (sarpa), serpent, reptile: சர்ப்பகங்கணி celle qui a des bracelets de serpens, Kâli et Parvadi; — சவனை, *V.* சருப்பாஸ்திரம்; — குண்டலன் celui qui a des serpens pour pendans d'oreille, *i.e.* Siven; — சத்திரம், *V.* சர்ப்பயாகம்; — சத்துரு le destructeur des serpens, *i.e.* சனமேசயன்; — சாஸ்திரம், — சாத்திரம் science des poisons, connaissance des serpens et de leurs poisons; — சாந்தி prétendue expiation de la malédiction encourue pour le meurtre d'un serpent; — தானம் don —, distribution de serpens de métal; — திஷ்டம் morsure de serpent; — மணி, — பணாசம், (பணம், சம்), pierre précieuse qu'on dit se former dans la tête des serpens; — யாகம் sacrifice de serpent, dans lequel on en attache la tête en bas et l'on allume du feu dans l'intention de tuer son ennemi, sacrifice pour la destruction des serpens; il fut fait par le roi சனமேசயன் fils de பரிக்ஷித்து roi de Hastinabouri; il força, dit-on, par ses enchantemens les serpens de se précipiter dans une fosse de feu pour venger la mort de son père tué par une morsure de serpent; au dire des Indous, tous les serpens furent détruits exceptés quelques uns des chefs; —

நாசன், — நாசா le roi des serpens. —நாஙி roseau dit நாணல்; — நாச்சியம் royaume des serpens, ou — நாசி l'arbrisseau சங்கங்குப்பி; —விஷம் venin de serpent, mauvaise —, malicieuse disposition.

*சர்ப்பயோ,(சர்ப்பம்,மா), trahison, perfidie, tromperie, mauvais tour.

*சர்மம்,(tcharman),peau,cuir, siége de peau non tannée, bouclier; சர்மகாரன், —காரன், — காரன், —காரி, —காரியன் cordonnier, savetier, ouvrier en peau; —கருவி instrument en peau; —கீலம் verrue; —சம் ce qu'engendre la peau, poil, sang; —சாரம் lymphe, serum; —தண்டம், —தாரிகை, — யஷ்டி, — யட்டி fouet, cravache; —சடகை (சடகம்), — பத்திரை(பத்திரம்) la chauve-souris (dont les ailes sont de peau); —தரங்கம் rides de la peau; — தூஷிகை lèpre; —பட்டிகை pièce de peau pour jouer dessus aux dés; —பாதுகை, —பாதம் souliers, chaussure de peau; — பந்தம் bande de cuir; — முண்டை celle dont la tête chauve ressemble à un bouclier, *i.e.* துர்க்கை.

*சர்மன், *pl.* சர்மர், 1° (சர்மம்), cordonnier, savetier, ouvrier en peau. 2° (sarman), homme gai, heureux, de bon caractère. 3° *P.* தருமன், libéral.

*சர்வ, *adj. de* சர்வம், 1° tout, entier, général, total, complet, universel. 2° de cuivre, d'airain: —அத்திருத்துவம், ou— சர்த்திருத்துவம் toute autorité, pouvoir absolu; —சர்ஷ்டித்துவம் pouvoir de tout créer; —காரணன் l'auteur de tout, Dieu; — காருண்ணியம் miséricorde universelle, — envers toutes les créatures; — க்ஞத்துவம், — க்ஞானம் science universelle, omniscience; — க்ஞானி, sage qui connait tout; — குடம் cruche de cuivre; — சங்கபரித்தியாகம் renoncement à tout, — à toute société, état d'ermite; — சங்கபரித்தியாகி ermite qui a renoncé à tout, — à toute société; — சங்கராதனம் posture qui consiste à placer les pieds d'une manière commode, à mettre les 2 mains entre les pieds en les tenant, et à se pencher en appuyant les coudes sur le ventre; — சம்காரம் destruction universelle, — à la façon de Routren: — சம்காரம் பண்ணுகிறது détruire tout, — entièrement; — சம்காரகாலம், — சம்காரநாள் le temps —, le jour de la destruction universelle, la fin du monde; — சம்காரமூர்த்தி, — சம்காரன், — சம்காரி le destructeur universel, Routren; — சக்தித்துவம் toute puissance; — சம்ரக்ஷணம் le soin de conserver tout le monde; — சம்ரக்ஷகன் le protecteur ou conservateur de tout le monde; — சனப்பிரியம் bienveillance universelle, popularité; — சனப்பிரியன் homme populaire, aimé de tout le monde; — சன வசீகரம் science de fasciner et de s'assujettir tout le monde, philtre pour le faire; — சாட்சி le témoin universel, — de tout, Dieu, le soleil; — சர்தகம் l'arbre வெண்கடம்பம்; — சித்தி succés complet, universel, en tout genre; — சித்து la 21me année du cycle de 60 ans correspondante à 1827 et 1887; — சிரேஷ்டன், — சிரேட்டன், — ச்சிரேஷ்டன், — ச்சிரேட்டன் maitre de tout, supérieur général; — சீவதயாபரன் celui qui est miséricordieux pour tous les êtres vivans, Dieu (et à tort), Siven, Vichnou; — ச்சட்டி casserolle, vase de cuivre ou d'airain; — ஞானம் omniscience, science universelle, sagesse suprême; — தப்பறை erreur —, faute en tout; — தரிசி celui qui voit tout, Dieu; — தாரி la 22me année du cycle de 60 ans correspondante à 1828 et 1888; — துக்கநிவர்த்தி délivrance de tout chagrin, — des naissances futures; — த்தியாகம் renoncement universel, — absolu; — துமான்ய, (துமான்), terre exempte d'impôt; — நியந்திருத்துவம் souveraine autorité de donner des lois et de punir les transgresseurs; — ப்பானை grand vase —, cruche de cuivre; — ப்பிரகாசம் état de rêve; — மானியம் pur maniam, franc-fief, village —, terre exempte de toute taxe; — மானியமெனஙிக்

கிறது, — மானியமாய் விடுகிறது donner un ou en pur mâniam, donner un fief, — une terre exempte de tout impôt; — மானியக்காரன் possesseur d'une telle terre; — ளசம் sel de cuisine; — ரட்சணியம், — ரட்சணை conservation —, soin de toutes choses; — வல்லபம், — வல்லமை toute puissance; — வல்லவர் tout-puissant; — விக்கினம் toute sorte d'obstacles, — de malencontres; — விக்கினமுண்டாகிறது toute sorte d'obstacles ou de malencontres arriver; — விக்கினமுறுகிறது être malheureux —, échouer en tout; — வியாபகம் présence universelle, — en tous lieux, état de vigilance universelle; — வியாபி celui qui est présent partout, Dieu.

*சர்வஞ்ஞத்துவம், (சர்வ, djnatva science), V. சர்வஞானம்.

*சர்வஞ்ஞன், (id. djna qui connait), celui qui connait tout, Dieu.

*சர்வத்திரம், V. சருவத்திரம்.

*சர்வம், 1° (sarva), tout, totalité, universalité. 2° airain, pot ou vase de cuivre ou de métal semblable: சர்வமுங் கொள்ளையிடுகிறது piller tout; — போகிறது tout partir, — se perdre, — périr; — போனவன் qui a tout perdu; சர்வம்விஷ்ணுமயஞ்சகத்து dans le monde (disent les Vichnouvistes) tout est pénétré de la présence de Vichnou; சர்வத்துக்குங்கர்த்தன், — உடையவன் le souverain Seigneur de toutes choses, le maitre de tout; — வல்ல tout-puissant; — வல்லவர் le Tout-Puissant; — ஆதிகாரணமானவர் celui qui est la cause première —, le créateur de toutes choses. V. les composés au mot சர்வ. [fran.

*சர்வரி, (sarvari), nuit, femme, sa-

*சர்வாங்கம், V. சருவாங்கம்.

*சர்வாணி, V. சருவாணி.

*சர்வேசன், சர்வேசுரன், சர்வேச்சுரன், V. சருவேசன்.

*சல, adj. de சலம்.

*சலகம், 1° (djalaka), conque, coquillage, flot, mouvement de l'eau, V. சலக்கம். 2° (djalaha), maison de plaisance au milieu de l'eau. 3° (salaka), sorte d'araignée venimeuse.

சலகன், — பன்றி, (சலகு), cochon châtré.

சலகு, l'action de châtrer, d'émonder, castration: — அடிக்கிறது, சலகிடுகிறது châtrer, émonder.

சலகை, 1° présent d'œufs, de bois, de bétel etc ... donné aux pions ou autres gens, lorsqu'on en apporte au marché. 2° (சலம், ga qui va), radeau, barque, navire.

சலக்கம், (சலம்), bain, action de se baigner, latrines: — ஆடுகிறது se baigner; — பண்ணிக்கொண்டிருக்கிறது être à se baigner; சலக்கப்புரை place de bain, baignoire, bain: — மனை, — வீடு latrines.

சலக்கரணை, avantage, remise, rabais, élargissement, bon état, état favorable à la santé: வட்டியிலே — பண்ணுகிறது faire une remise sur les intérêts. [V. நவட்சாரம்.

சலக்கி, சலக்கு, sel ammoniaque,

சலங்காரன், (சலங்கு, ஆள்), batelier, rameur de chélingue, de bateau.

சலங்கு, (djalanga qui va sur l'eau), chélingue, barque, bateau dont les planches sont clouées: — க்காரன் batelier; — நடை allée et venue d'une chélingue, tour —, voyage en bateau; — பறிக்கிறது décharger un bateau; — வலிக்கிறது conduire un bateau à forces de rames; — விடுகிறது lancer un bateau, le conduire à la rame, passer (les gens) dans un bac; சலங்கிலேற்றுகிறது charger —, mettre dans un bateau.

சலங்கை, P. சதங்கை: — க்கொதி bouillonnement considérable; — பூரான் gros cent-pieds qui fait du bruit en marchant; — ச்செடி espèce d'arbrisseau.

*சலசம், (சலம், சம்), ce qui nait dans l'eau, le nénuphar, nelumbium: சலசலோசனன் (உலோசனம் œil), celui dont les yeux ressemblent au nénuphar, i.e. Vichnou.

சலசல, (son imitatif.), — வெனல் ou சலசலக்கிறது, சத்தேன், சப்பே

க்ர,ல, லக்க, (சலசல), faire *salasala*, bruire, murmurer, imiter le bruit des feuilles d'arbre, le murmure de l'eau: சலசல வென்றோடுகிறது couler—, courir en murmurant.

சலசலப்பு, சலசலத்தல், *v. n. du préc. ou* சலசலித்தல், bruissement, bruit des feuilles, murmure de l'eau: நான்சொல்லுகிறதுனக்குச்சலசலப் பாயிருக்கிறதோ mes paroles te semblent-elles un vain son; பனங்காட் டுநரி சலசலப்புக்கஞ்சாது le renard qui habite une forêt de palmiers ne craint pas le bruit des feuilles, l'habitude ôte la défiance et la crainte.

*சலசை, (சலம், சை), celle qui est née de l'eau, ou (selon la fable), de la mer de lait, lorsqu'on la barattait, *i. e.* Lakchmi.

சலஞ்சலம், conque, — dont les spirales tournent à droite, conque qui est entourée de mille conques de ce genre.

*சலதம், (சலம், da *qui donne*), nuage: சலதசங்கதி temps sombre et nébuleux. [saison pluvieuse.

*சலதாகமம், (சலதம், ஆகமம்),

*சலதி, (சலம், dhi *avoir*), la mer, l'océan: —சை, *V.* சலசை.

*சலத்திரம், (*id.* trâ *défendre*), parapluie de feuilles de palmier.

*சலபம், (salabha) sauterelle, cigale, grillon. [தம்.

*சலபிதம், (djalpita), dire, *V.* சற்பி

சலமை, (சலம், மை), froid, fraîcheur, *V.* சன்னி.

*சலம், 1° (djala), eau, onde, pus (des plaies), urine, espèce d'odeur, — de parfum, froid. 2° (sala), piquant du porc-épic. 3° (tchala), agitation, mouvement, marche, chancellement, tremblement. 4° opiniâtreté (à nier ou affirmer), obstination, colère —, haine implacable, mensonge, fausseté, jalousie, mal: —அடைப்பு, —அடைத்தல் rétention d'urine; — இறங்குகிறது l'urine prendre ou reprendre son cours, les humeurs superflues du corps s'écouler par cette voie; —சாதிக்கிறது, —செய்கிறது, —பிடிக்கிறது s'obstiner, s'opiniâtrer, affirmer—, nier—, haïr opiniâtrement, résister; —சாதித்தல், —சாதிப்பு obstination, opiniâtreté dans son sentiment, résistance obstinée; —திரட்டுகிறது geler—, glacer l'eau, ce que faisait, dit-on, autrefois l'attouchement des saints personnages, des vierges ou femmes chastes; சலகண்டகம் la plante aquatique trapa bispinosa, crocodile; — கண்டம் sueur abondante; —கற்றி ocre rouge grossière; —கரங்கம் (karanka *réceptacle*) conque, nénuphar, flot, coco, nuage; — கர்த்தம் boue; — கர்ணம், — கர்ணம் distance vraie d'une planète à la terre; — காகம் corbeau aquatique, plongeon; —காங்கிஷம் soif, *litt.* désir de l'eau; —காந்தாரன் (காந்தம் *perle*, ara *qui gouverne*), le roi de la mer, Varounen; — காமி (gam *aller*), cheval qui (au dire de la fable) marche sur l'eau; — கிராடம் crocodile; —கேசம், —குந்தலம், (kountala *cheveux*), la plante aquatique vallisneria; —கூர்மம் tortue (du Gange); —க்கடுப்பு strangurie, rétention d'urine; — க்கழிச்சல் diarrhée, cours de ventre; — க்கிரியை cérémonie funèbre de présenter de l'eau aux mânes; —க்கிரீடை jeux lascifs dans l'eau, ou en se baignant; (il s'entend surtout de jeux entre personnes de différens sexes; —க்குடர், — க்குடல் vessie; —க்கூர்மை sel d'urine; —க்கோவை hydropisie; —சந்தி articulation mobile des os; — சயனன், — சயன், (saya *qui dort*), celui qu'on prétend dormir sur l'eau ou plutôt sur la mer de lait, *i. e.* Vichnou; — சரம் poisson, être aquatique, le signe des Poissons; — சரக்குழி, *V.* சலதாரை; —சர்ப்பிணி, —சருப்பிணி sangsue, *litt.* serpent d'eau; —சன்மம், *V.* சலசம்; —சாதி êtres—, créatures —, choses aquatiques; —சாயி, (sâyi *qui dort*), *V.* சலசயனன்; — சாலை canal; —சித்திரம், *V.* சித்திரசலனம்; — சூகரம் cochon de mer, crocodile; —சூசி sangsue, *litt.* aiguille d'eau; —சூத்திரம்

machine hydraulique,—pour arroser, jet d'eau;—சூத்திரம்பண்ணுகிறது construire une machine hydraulique;—செந்து être aquatique, ver d'eau, poisson;—ஸ்தம்பம்,—ஸ்தம்பனம் fascination de l'eau, magie qu'on suppose arrêter les propriétés de l'eau et en altérer la nature,—ஸ்தம்பவாதம் dysurie,difficulté d'uriner; — ஸ்தானம் étang, lac, réservoir;—தரங்கம் vague,flot;—தரமாலை rangée de nuages; — தரம் (dhara *qui contient*),étang,mer, nuage;—தரன்,(*id.*),Siven;—தனம் l'arbre அரசமரம்,(dont les feuilles s'agitent facilement);—தாரை écluse, canal,égout,courant d'eau; — தானம் présent d'eau,donner de l'eau; — தோஷம் rhume, catarrhe, qualité malfaisante de l'eau;—தோஷங்காண்கிறது un rhume se déclarer; — தோஷங்கொள்ளுகிறது *ou* பிடிக்கிறது attraper un rhume, s'enrhumer; —தோஷமாயிருக்கிறது être enrhumé;—த்தம்பம்,—த்தம்பனம், *V.* சலஸ்தம்பம்;—த்துவாரம் égout,canal, urètre, canal de l'urine; — நகுலம் loutre;—நிதி océan, mer; — படலம் nuage; — பதி le prétendu roi de l'eau,*i.e.* Varounen; — பந்தனம் canal,môle,digue, pierres qui arrêtent le courant de l'eau;—பந்து, *V.* சலபுஷ்பம்; — பாதை petits besoins, action— ,envie d'uriner;— பாதைக்குப்போகிறது aller uriner,— aux petits besoins:—பாத்திரம் vase à boire,verre;— பானம், — பானம்பண்ணுகிறது boire de l'eau; — பித்தம் feu,*litt.*bile de l'eau;— பிப்பலி piment aquatique, commelina salicifolia: — புஷ்பம், — பெந்து poisson, chair de poisson,*litt.*des fleurs—,parenté de l'eau,(expression usitée devant les personnes qui n'en mangent pas); — ப்பரிசம்; — ஸ்பரிசம் bain,jeu dans l'eau,contact de l'eau; —ப்பிரமியம் gonorrhée aqueuse; — ப்பிரவாகம் crue d'eau excessive *ou* —ப்பிரளயம் inondation, déluge;— ப்பிராயம் île,pays environné d'eau, —abondant en eau;—ப்பிரியம், *V.* சலபுஷ்பம்;—ப்பிலாவனம்,(பிலாவம், na),inondation, grande crue d'eau; —ப்பை vessie:—மசி nuage;—மறிப்பு rétention d'urine;—மலம் éponge,*litt.*immondice de l'eau;— யானம் allée,action d'aller;—மிகுதி abondance—,excès d'eau,—de phlegme; — மிகுதி கொண்டிருக்கிறது le phlegme prévaloir dans le corps; — மார்க்கம் écluse d'étang; — மார்ச்சாரம் loutre; —மூர்த்தி Siven;—மூர்த்திகை,(மூர்த்தி,kâ),grêle;— யந்திரம் machine hydraulique,— pour arroser:—யந்திரகிரகம் maison bâtie au milieu de l'eau pour prendre le frais;—ரசம் sel; — ராகம் couleur rougeâtre,rouge pâle; — ராசி mer, pièce d'eau;— ருகம், *V.* சலசம்; — ரோகம் maladie venant de l'eau,diarrhée;—வரண்டம் pustule aqueuse;—வாகம் nuage;—வாகன் porteur d'eau;—வாகனம் cours de l'eau; — வாசயம், *V.* சலாசயம்;—வாசல் urètre;—வாயில் endroit où l'on urine, urètre; —விஷுவம் équinoxe d'automne,cours du soleil depuis son entrée dans la Balance jusqu'aux Poissons, ou de septembre à mars; — விடாலம் loutre; —விந்து goutte d'eau; — வியாளம் serpent d'eau; உடம்பெல்லாஞ் சலமாய்ப் போகிறது tout le corps être en eau,—en sueur.

சலம்புரி,(சலம்),conque.

*சலத்காரன்,*P.* சரத்காரு.

*சலத்காரை,*f.du préc.* மனசை femme de சரத்காரு et sœur des serpens.

*சலலம்,சலலி,(சலம்,la), piquant de porc-épic.

*சலலியம்,(சலலம்,ya),porc-épic.

சலவகு,résine —, gomme du cotonnier இலவு.

சலவர், (சலம்), habitans de pays salins,—des bords de la mer, menteurs,gens obstinés.

சலவன், (*id.*), habitant des bords de la mer,le mâle (des chiens et des porcs),ce qui a un gros fil.

சலவாசயம்,(*id.* ஆசயம்),vessie.

சலவாதம்,(சலம்),obstination.

சலவாதி,(*id.*), 1° homme obstiné, opiniâtre, colére; piquant de porc-épic. 2° Salavâdi, appariteur, messager, porteur de nouvelles ou de lettres de deuil etc... 3° *ou* சலவாதை, *P.* சலபாதை.

சலவு,(சலம்),membre viril,urètre.

சலவை,(*id.*),blanchissage(du linge etc...),lavage,pièce qui représente les centaines (et que l'on met de côté en comptant le bois, les briques etc...), manière de marquer un compte, espèce d'hydropisie causée par le froid, -- par le rhume ou le phlègme, castration: —க்கல் pierre sur laquelle le blanchisseur frappe le linge,jaspe,marbre, *V.* கருங்கல்;--பண்ணுகிறது laver,blanchir,-- en exposant à l'air;—ப்புடவை toile—, linge blanchi, — lavé;—மண், *V.* சாந்திமண்; — மறுவாக்குகிறது finir de blanchir —,finir des toiles (pour les vendre au marché);—யிடுகிறது châtrer; சலவைக்குப் போடுகிறது donner à blanchir;நித்தஞ் சலவையுடுக்கிறது prendre tous les jours des habits blancs,changer tous les jours de linge.

*சலனம், (tchalana), agitation, mouvement,chancellement,tremblement,inquiétude, allée, action d'aller,pied,cerf,vent,fin,abolition: சலனகாலம் temps de famine,—de malheurs,—de tribulation;--ப்படுகிறது être agité, remuer; கட்டளைக்குச்சலனமில்லாமலிருக்கிறது un ordre n'être pas aboli.

*சலனன், (*id.*), vent, Vâyou, le dieu prétendu du vent.

*சலன்,(tchala),pied,vent.[sangsue.

*சலாகம், (சலம், அகம் *serpent*),

*சலாகு,1° (சலம், ஆகு *rat*), loutre. 2° *P.* சலாகை,baguette --, barre (de bois,de fer ..),sonde de médecin.

*சலாகை, (salâkâ), grosse pierre précieuse,pierre précieuse plate,gros grain,lance, flèche, pierre d'aimant, aiguille aimantée, barre—, baguette --,broche (de fer, d'or etc...), sonde de médecin,stylet à écrire,piquant de porc-épic. domino ou pièce d'ivoire oblonguepour jouer;—ப்பாளை, *V.* குலிசாள்;— யாணி clou long; —போடுகிறது sonder (une plaie...).

*சலாக்கியம், *P.* சிலாக்கியம்.

சலாங்கம்,(சலம், அங்கம்), espèce de héron.

சலாங்கு,espèce d'escargot.

சலாசம்,sel.

*சலாசயம்,(சலம், ஆசயம்),vessie, réservoir,pièce d'eau,étang,mer.

*சலாசலம், 1° (சலம், அசலம்), mouvement et repos. 2° (*id.* சலம்), mobilité,inconstance,vache.

*சலாசிரயம்,(*id.* ஆசிரயம்), மண்டபம் ou espèce de galerie au milieu d'une pièce d'eau,chauderie où l'on donne de l'eau, lieu où l'on met l'eau, *V.* சலாதாரம்.

*சலாசனம்,(*id.* அசனம்),se nourrir d'eau seulement.

*சலாஞ்சலி, (*id.* அஞ்சலி), eau qu'on verse en signe de don,--qu'on présente dans le creux de la main.

*சலாதாரம்,(*id.* ஆதாரம்), étang, réservoir, pièce d'eau.

சலாத்தி,rideau.

*சலாத்தியம், *P.* சலார்த்திரம், (சலம்,ârdra *humide*),humidité.

சலாபம்,(ச *ou* சலம் *et* இலாபம்), pèche des perles:—கட்டுகிறது fixer —, déterminer —, arrêter la pèche des perles;— கூறுகிறது la proclamer;—குளிக்கிறது pècher les perles; —குளிக்கிறவன் pècheur de perles; சலாபக்குளி pèche des perles;—குளியிலேற்படுத்துகிறது employer à cette pèche;— க்கூலி salaire du temps de cette pèche (qui est double);—த்துறை côte où se fait cette pèche,côte de la pècherie.

சலாபாகரம், (சலாபம், ஆகரம்), mer,pièce d'eau,réservoir,source.

*சலாபிஷேகம், (சலம், அபிஷேகம்), aspersion d'eau, bain réputé sacré.

சலாம், (*arabe*), paix, bonjour, salut (à la manière turque):—செய்கிறது,—இடுகிறது,—பண்ணுகிறது, —சொல்லுகிறது saluer, complimenter (à la turque).

*சலாலோசை,(சலம், ஆலோசம்), sangsue.

சலிகை, 1° patronage, protection, crédit, influence, autorité, grandeur, gloire, exemption de punition, pouvoir, —obtenu de l'autorité supérieure: 2° *(djalikâ), sangsue: — கூட்டிக்கொண்டு வருகிறது amener un protecteur avec soi; — க்காரன் patron, protecteur, défenseur; —க்கிராமம் village principal, —sous la protection spéciale du roi; —தேடுகிறது chercher protection; — பாசலொளுவ ...வழைத்துவருகிறது implorer la protection —l'appui de quelqu'un; —புள்ளமனிதன் protégé, personne à qui on porte intérêt, qui a de la protection; —புள்ளவனும்வருகிறது venir en qualité d'ancien protégé réclamer l'assistance de quelqu'un, paraître devant quelqu'un appuyé sur la protection d'un autre; சலிகையி லுலேவாங்குகிறது prendre par abus d'autorité, obtenir par concussion.

சலிக்கிறது, லித்தேன், லிப்பேன், லி, லிக்க, *v. a. et n.* cribler, passer au crible, tamiser, examiner, s'ennuyer, se dégoûter, être ennuyé, dégoûté, affligé, vexé, fatigué, épuisé, se reposer de sa fatigue, résonner, faire du bruit, remuer, s'agiter: சலித்தெடுக்கிறது trouver (un bijou...) en passant au crible, ou en cherchant; சலிக்கச்சாப்படுகிறது manger à satiété; —ச்சொல்லுகிறது répéter à satiété; கைசலிக்கஎழுதுகிறது écrire jusqu'à ce que la main en soit fatiguée; அக்காரியத்திலேசலித்தேன் je suis ennuyé de cette affaire: ஒருவன் மேல்சலித்துக்கொள்ளுகிறது *ou* —கொண்டிருக்கிறது s'ennuyer —, être dégoûté de quelqu'un.

சலித்தல், *n. v. du préc.* action de cribler etc.., bruit, son, repos à raison de fatigue, mouvement, *ou*

சலிப்பு, *n.v. du même*, dégoût, ennui, aversion, déplaisir, fatigue, chagrin, peine, mouvement:— வருவிக்கிறதுe nnuyer, dégoûter, fatiguer, affliger; சலிப்பாயிருக்கிறது être ennuyé, dégoûté, fatigué, chagrin, triste, ennuyant, dégoûtant, fatigant, சலிப்பாகிறது, சலிப்பாய்ப்போகிறது s'ennuyer, se dégoûter, se fatiguer, s'attrister; சலிப்பாறுகிறது l'ennui—, le dégoût etc..; diminuer, —se dissiper; சலிப்பாற்றுகிறது dissiper —, soulager l'ennui, — le dégoût etc..; சலிப்பிலுலே par dégoût, par ennui; ஒருவன்மேற்சலிப்புவருகிறது *ou* உண்டாகிறது le dégoût venir au sujet de quelqu'un, le prendre en aversion.

சலியாமை, *n.v. nég. du même*, constance qui ne se dégoûte pas, immobilité, stabilité.

*சலிலம், (salila), eau: சலிலக்கிரியை cérémonie funèbre de laver le corps; —சம், *V.* சலசம்; —நிதி océan; —ராசி pièce d'eau.

சலினி, poivre long.

*சலு, (tchalou), autant d'eau qu'en contient le creux de la main.

*சலுகை, 1° (djaloukâ), sangsue. 2° *P.* சலிகை.

சலுப்பு, 1° (சலம்), rhume, catarrhe. 2° *P.* செலுப்பு.

*சலேசரம், (சலே *abl. sanscrit de* சலம், சரம்), poisson, oiseau aquatique.

*சலேசாதம், (*id.* சாதம்), *V.* சலசம்.

*சலேந்திரியம், (சலம் *mouvement*, இந்திரியம்), sensualité, liberté des sens, défaut de retenue.

*சலேந்திரன், சலேசுவரன், (*id.* இந்திரன், ஈசுவரன்), le prétendu roi de la mer, Varounen.

*சலோகசம், சலோகை, சலோரி, (*id.* ஓகம், சம், உரகம்), sangsue.

*சலோதரம், (*id.* உதரம்), hydropisie. [se née dans l'eau.

*சலோற்பவம், (*id.* உற்பவம்), cho-

சலோபாசனை, *P.* சல்பாசனை.

சலோர்க்கம், சலோர்சம், சலோற்கம், சலோற்சம், *V.* குங்கிலியம்.

*சல்லகண்டம், (சல்லம்), pigeon.

*சல்லகம், (*id.* ka), cymbale, filament, écorce.

*சல்லகி, (*id.*) l'arbre ஆத்தி, l'ébénier des montagnes, le cotonnier dit இலவு, la plante தேள்க்கொடுக்கி.

சல்லக்கடுப்பு,douleur corporelle, *P.* சலக்கடுப்பு.

சல்லடம், petit caleçon (étroit et court qui ne vient pas aux genoux): —போட்டு *ou* தொடுத்துக்கொள்ளுகிறது prendre —, mettre —, porter ce petit caleçon.

சல்லடை, crible, tamis, sas, van, trou: —க்கண் trous d'un crible; —க்கொப்பு sorte de pendans d'oreilles (à l'usage des femmes), —யிடுகிறது, சல்லடையாலரிக்கிறது cribler, tamiser, vanner. [épic.

*சல்லபம், (சல்லம், pâ *nourrir*), porc-

*சல்லம், 1° (salla), écorce, fibre, piquant de porc-épic. 2° (djalla), son imitatif, (en ce sens il ne vient guère que dans les mots composés.)

*சல்லரி, 1° (djallari), espèce de tambour, —de clochette, de bijou. 2° *imp. et part. de*

சல்லரிகிறது, சல்லரிதல், (சல்லு, அரிகிறது), couper, mettre en pièces.

சல்லா, mousseline, tissu —, toile sans lisière.

*சல்லாபம், (samlâpa), dialogue, colloque, conversation, une des 10 parties d'une drame, dialogue d'un sens profond et caché.

சல்லாபிக்கிறது, பித்தேன், பிப்பேன், பி, பிக்க, *v.n.* (சல்லாபம்), conver-

சல்லாது, (salade), salade. [ser.

சல்லாரி, toile claire, —mal tissue, l'arbre hartwigia, homme indigne, —déguisé: —க்கட்டை pièce de bois de l'arbre susdit.

சல்லி, fragment de brique, de tuile, de pierre, petite pierre, têt, pierre plate, morceaux de briques concassés et mêlés de chaux qu'on met aux argamasses, mensonge, vanterie, frange, gland de frange, falbala, tenture, draperies suspendues, cache de la valeur de 3 சின்னம்: —க்கல் petite pierre, —pierre plate; —க்காசு cache de 3 சின்னம்; —பேசுகிறது débiter des mensonges ou de faux bruits; —ப்பொதி sac de mensonge, *i. e.* menteur effronté, badin; —யளக்கிறது, —விளைக்கிறது répandre de faux bruits, des contes futiles —யளக்கிறவன் menteur, babillard.

சல்லிக்கிறது, லித்தேன், லிப்பேன், லி, லிக்க, (சல்லி), *v. a.* mettre en morceaux, briser, cribler, vanner.

*சல்லியம், (salya), pointe d'arme, de flèche, d'aiguillon, flèche, javelot, lance, pique, trouble, vexation, gêne, embarras, détresse, poison, os, corps étranger entré dans la chair, sandal rouge, traité sur les enchantemens, *ou* சல்லியகண்டம் porc-épic; —கரணி remède pour guérir les blessures, vulnéraire, baume astringent; —கரு objet propre aux enchantemens; —வித்தை science des enchantemens; — க்கிரியை extraction des corps étrangers; —சாஸ்திரம் partie de la chirurgie qui en traite. [te.

சல்லியர், gens d'une certaine cas-

*சல்லியன், (salya), le roi Sallien oncle maternel des Pandouvers, Soucren ou la planète Vénus: சல்லியபர்வம் livre du Pâradam qui représente le roi Sallien commandant l'armée de துரியோதனன் contre les Pandouvers. [se Sallyâ.

சல்லியாதேவி, la prétendue dées-

*சல்லியாரி, (சல்லியன், அரி), l'ennemi de Sallien, *i. e.* Darmarâsen, l'aîné des Pandouvers.

சல்லு, 1° morceau, fragment. 2° *imp. et part. de*

சல்லுகிறது, ல்லினேன், ல்லுவேன், ல்லு, ல்ல, *v. a.* cribler, vanner, asperger d'eau.

சவ, *obl. de* சவம். [faillance.

சவக்கம், *n. v. de* சவங்குகிறது, dé-

சவக்களிக்கிறது, சவக்களித்தல், *P.* சவர்க்களிக்கிறது.

சவங்குகிறது, *sync.* சவங்கிறது, கினேன், குவேன், கு, க, *v. n.* சவங்குதல் *et* சவங்கல், *n. v.* défaillir, décliner s'épuiser, faillir, manquer, — son coup, ne pas réussir, être désappointé, se soumettre, se contenir, s'humilier, prier humblement: நான்சற்றுகோபத்தைக்காட்டினவுடனேஅவன்சவங்கிப்போனான் dès que j'ai montré un peu de colère il s'est soumis.

சவடி, 1° ou சவடியெலும்பு, clavicule—, os du cou. 2° sorte de bijou, grand collier de femmes.(qui se porte sur les épaules), espèce de serpent: —க்கடுக்கன் pendans d'oreilles de femmes qui ressemble à l'அநந்தமுடிச்சு;—க்கதிர், —முள் instrument pour tresser le bijou dit சவடி; —க்கோவை le bijou dit சவடி;—ப்பொட்டு bijou rond ou petite boite attachée au சவடி et qui sert de தாலி à quelques castes, joyau d'or et de pierreries auquel pend une petite plaque ronde et que les femmes portent sur le front.

சவடு, gén. சவட்டின், sédiment, terre à foulon,—imprégnée de soude, V. ஒநரிவு.

சவட்டல், opt. et n.v. de சவட்டுகிறது.

சவட்டு, 1° obl. de சவடு: சவட்டுப்பு alkali, sel produit de terre soudeuse, ou —க்கூர்மை,— மண்ணுப்பு sel ammoniaque dit நவக்ஷாரம். 2° imp. et part. de சவட்டுகிறது.

சவட்டுகிறது, ட்டினேன், ட்டுவேன், ட்டு, ட்ட, v.a. de சவளுகிறது, et சவட்டுதல், n. v. donner des coups de pied, fouler aux pieds, détruire, rendre flexible, courber, plier, mâcher, augmenter: காலைச் சவட்டினான் il m'a renversé en me donnant le croc en jambe, il m'a supplanté.

சவண்டலை, ou சவண்டிலைமரம் l'arbre rouge de Trincomalé, berria ammonilla.

சவண்டு, gér. de சவளுகிறது.

சவதம், P. சபதம்.

சவதரிக்கிறது, ரித்தேன், ரிப்பேன், ரி, ரிக்க, v.a. acquérir, gagner, amasser, pourvoir, procurer, faire gagner, protéger, supporter, préparer: சவதரித்துவைக்கிறது entasser, amasser.

சவதலை, (சவம்), partie de toile, tissue la dernière (et ordinairement inférieure au reste).

*சவம், 1° (sava), cadavre, corps mort, paresseux, eau, diable, sacrifice. 2° (djava), vitesse, vélocité: சவமே ô cadavre! ô paresseux! சவக்காடு cimetière, lieu où l'on brûle les morts; —க்காமியம் l'animal avide de cadavres, le chien;—க்காலை cimetière, tombeau;— க்கிரியை cérémonie funèbre;—க்குழி fosse (pour enterrer); —சாதனம் cérémonie payenne et magique faite sur un cadavre, V. பிரேதாலங்காரம்;—ச்சேமம் enterrement, sépulture;—தாகம்,— தகனம் action de brûler un cadavre;—ப்பெட்டி cercueil; — யானம் palanquin pour les morts.

*சவரகன், P. க்ஷௌரகன், barbier.

*சவரட்சணை, (சவம்), entretien, conservation, soin; —செய்கிறது entretenir, conserver.

சவரணை, élégance, beauté, propreté, délicatesse, appareil, ornement, préparation, entretien, vœu:—யாயிருக்கிறது être élégant, net, joli; — யாயுடுக்கிறது s'habiller élégamment;— யாயுண்ணுகிறது faire bonne chère, se nourrir somptueusement;—யாய்விசாரிக்கிறது traiter magnifiquement, s'informer pleinement et en détail;— செய்கிறது entretenir, conserver.

*சவரம், 1° P. சாமரம், éventail ou brosse faite du poil de la queue du cerf கவரி ou bos grunniens, cheveu, poil,—de la queue. 2° P. க்ஷௌரம், action de raser:— பண்ணுகிறது raser;—பண்ணிக்கொள்ளுகிறது se raser, se faire raser; சவரக்கத்தி rasoir; சவரக் கத்தியால் வழிக்கிறது raser, faucher la barbe, racler avec un rasoir.

*சவரன், pl. சவரர், (savara), barbare, chasseur, habitant des montagnes, qui s'orne de plumes de paon, homme vil, de basse caste, (surnom de) Siven, V. குறவன்.

*சவராலயம், சவராவாசம், (சவரன், ஆலயம், ஆவாசம்), demeure de barbares ou de gens vils.

சவரி, P. கவரி, le cerf கவரி ou bos grunniens, évantail ou cheveux postiches faits du poil de sa crinière ou de sa queue, la plante trichosanthes palmata, espèce d'herbe potagère, fibres de coco, corde faite de ces fibres:— க்கொடி l'herbe கொடியான் கூடற்றல்; — கொத்திரம் pulpe du fruit du trichosanthes.

சவர்,1° (hind.), traversée, voyage par mer. 2° terre salée;—க்களி terre salée et argileuse; — க்களிக்கிறது prendre—,avoir le goût du sel;—க்காரம் savon, sorte de médecine; —க்காரக்கல் pierre de savon, stéatite; —க்காரம்பூசுகிறது savonner,frotter de savon;—நாயகம் espèce de riz;—நிலம்,—மண் terre salée;—பண்ணு கிறது voyager par mer, faire une traversée. [masse.

சவர்க்கம்,(சவர்),sel en bloc,— en

சவலம்,1° (சபலம்), profit,avantage. 2° *(savala),eau. 3° l'arsenic அவு பலபாஷாணம்.

சவலை,maigreur,petitesse,tendreté, débilité, faiblesse (se dit des enfans et de l'esprit);—நெஞ்சம் esprit faible,cœur pusillanime; — போகிற து maigrir faute de lait;—ப்பிள்ளை enfant qui maigrit faute de lait parce que sa mère est enceinte;— ப்புத்தி esprit enfantin,enfance;—வெண்பா espèce de வெண்பா de 4 vers ayant la même rime ou எதுகை sans தனிச்சொல்,le 1er et le 3me vers ont 4 pieds,le 2me et le dernier 3 seulement. [sépulcre.

சவவறை,(சவம்,அறை),tombeau,

சவளசௌரபியம்,politesse,science.

சவளச்சி,V.சத்திச்சாரம்.

சவளம்,lance,pique, certain poisson, l'arsenic naturel சங்கபாஷாணம்: சவளக்காரன் lancier, piquier,poissonnier.

சவளி, 1° P. சவடி, clavicule, collier de femmes. 2° toile, drap, étoffes—,choses de toute espèce, mercerie. 3° (சவளுகிறது), chose dont le pied fléchit: — க்குக்கன், V. சவடிக்குக்கன்; — க்கடை boutique de mercier,—de marchand de toile;—க்கடைக்காரன் mercier,drapier,marchand de toile; —ப்பொட்டு, V. சவடிப்பொட்டு.

சவளுகிறது, ன்டேன், ளுவேன், ளு, ள, v. n. de சவட்டுகிறது, et சவளுகை ou சவளுதல்,n.v. être flexible, plier, se courber. [plomb.

சவள்ளை, sable mêlé d'étain, — de

சவன், aviron,croc,perche de batelier. [humilité, maigreur.

சவறுகேடு, abaissement, bassesse,

சவற்சலம்,(சவர், சலம்), V. சவர்க்கம்.

சவனம், 1° P. சகுனம், augure, observation du vol des oiseaux:—பார்க்கிறது observer les augures. 2°* (savana), bain réputé sacré, bain avant une cérémonie religieuse,ablution purificatoire. 3°(djavana),vitesse, vélocité,la terre de Javan, i. e. la Grèce.

*சவனன், (id.),homme fougueux, vif, léger,un descendant de Javan, i. e. un Grec. [nikâ),rideau.

*சவனிகை, சவனிக்கை, (djava-

சவாசு,(ind.),interjection d'étonnement.

சவாது, 1° copie,contrôle,opposition,réprimande. 2°*(djavâdi parfum), civette:—க்கட்டு copie d'un acte; —ப்பூனை, — ப்பிள்ளை civette, animal qui donne la civette.

சவாப்நவீஸ்,(ind.),secrétaire.

*சவாபுஷ்பம்,சவாபுட்பம், (djavâ), rose de Chine.

சவாரி, (ind.), voiture, promenade —,course à cheval, ou en voiture; — போகிறது faire une promenade à cheval; — வைத்திருக்கிறது avoir une voiture,—un équipage.

*சவாநிலம், (சவம், அநிலம்),vent violent,ouragan,vent du midi.

*சவி,1° (tchhavi),beauté, lumière, lustre. 2° (tchavi), poivrier (plante). 3° collier de bijoux, rectitude, droiture, force.

சவிகம், 1° (tchavika), plante qui donne une espèce de poivre long. 2° la plante விஷ்ணுகரந்தை.

சவிகை,சவிகை, carré, bâtiment—, abri—, hangar carré (ordinairement supporté par des colonnes et ouvert de tous côtés).

சவிக்கிறது,P.சபிக்கிறது.

சவிசங்கம், ou சவிசங்கவாதம்,

sorte de maladie causée par les vents, une des 80 espèces de flatuosités.

*சவிஸ்தாரம்,(ச,விஸ்தாரம்), extension, étendue: — ஆய்ப்பேசுகிறது parler au long, en détail, détailler.

*சவிதா,(savitrou),le soleil.

சவித்தல்,P.சபித்தல்.

*சவித்திரு,(savitrou),un des 12 ஆதித்தர் ou soleils.

சவிர்சம்பி, சவிர்ச்சம்பி, petit canon.

சவிளிக்கடை,P.சவுளிக்கடை.

☞ சவு... s'écrit souvent pour சௌ; en conséquence voyez par சௌ les mots commençant par சவு, qui ne se trouvent pas ici.

*சவுகரியம்,P.சௌகரியம்.

சவுக்கம்,P.சதுக்கம், carré, morceau de toile carré, toile —, maison carrée, maison d'été.

சவுக்களி,toile,drap, manteau soit coloré soit garni de quelqu' autre étoffe:—க்கடுக்கன் pendans d'oreilles avec un accessoire carré d'or.

சவுக்களிக்கிறது, ளித்தேன், ளிப்பேன், ளி,ளிக்க,v. n. (சவர்க்களிக்கிறது),aigrir,être aigre.

சவுக்காரம்,(சவர்க்காரம்),savon: சவுக்காரப்பிறுக்கு ostentation, vanité dans les vêtemens; —ப்பிறுக்கன் faquin dont tout le mérite est dans ses beaux habits; — ப்பிறுக்காய்த்திரிகிறது se promener avec de beaux habits;—ப்பிறுக்குப்பண்ணுகிறது singer les modes, faire le faquin.

சவுக்கி,(ind.), douane secondaire, maison de détention,salle de garde.

*சவுக்கியம்,P.சௌக்கியம்.

சவுக்கிறது, வுத்தேன், வுப்பேன், வு,வுக்க,v.n.சவுத்தல்,n.v.se fatiguer, s'épuiser,se dégoûter, s'amollir, diminuer,maigrir.

சவுக்கு,(ind.), fouet: சவுக்காலடிக்கிறது fouetter, donner des coups de fouet; — உரிக்கிறது écorcher à coups de fouet.

சவுக்கை,1° P.சதுக்கம்,carré,toile carrée,lieu pour se reposer, V. சவிகி.2° n. v. de சவுக்கிறது,V. சவுதம். 3° (ind.), bureau de douane: — மேடை lieu —, bâtiment carré et ouvert pour s'asseoir,espèce de maison d'été;—வாய்ப்போகிறது diminuer de prix,devenir à bon marché.

சவுக்கைக்காரர்,(சவுக்கை),douanier.

சவுங்குகிறது,sync.சவுங்கிறது, கினேன்,குவேன்,கு,க,v.n.se relâcher, s'épuiser, devenir lâche, paresseux.

*சவுசம்,P.சௌசம்.

சவுசயம், l'arbre முருக்கு erythrina.

*சவுசன்னியம், P. சௌசன்னியம்.

சவுடு,P.சவடு.

சவுடோல், chaise—, siége placé sur un éléphant.

*சவுண்டம்,P.சௌண்டி., poivre long.

*சவுண்டிகர்,P.சௌண்டிகர்.

சவுதம்,(சவுக்கிறது),fatigue,épuisement,abaissement, faiblesse, maigreur, diminution, — de prix, bon marché.

சவுதரிக்கிறது,ரித்தேன், ரிப்பேன், ரி,ரிக்க,v.a.P.சவதரிக்கிறது.

சவுதாமினி,P.சௌதாமினி.

*சவுதாயம்,P.சௌதாயம்.

சவுத்தல்,n.v.de சவுக்கிறது,V.சவுதம்.

சவுத்து,1° modèle,exemple:சவுத்தாய்க்கட்டுகிறது bâtir joliment, — sur un beau modèle.

*சவுந்தரம்,சவுந்தரியம், சவுந்திரியம்,P.சௌந்தரம்....beauté:சவுந்தரமுகம் beau visage,affabilité.

*சவுந்தரி,P.சௌந்தரி.

*சவுந்தரன்,சவுந்தரியன்,P. சௌந்தரன்.

*சவுபாக்கியம்,P. சௌபாக்கியம்.

சவுமம்,un des 32 ordres d'architecture.

*சவுமியம்...P.சௌமியம்...

*சவுரகன்,P,சௌரகன்,barbier.

*சவுரமானம்,P.சௌரமானம்.

*சவுரம்,V. சௌரம்.

சவுரி,1° la plante முதியார்கூந்தல்.2° *P.சௌரி

*சவுரியம்,V. சௌரியம்.

சவுல்,1°P.சூல்,état d'une vache—, d'une jument etc... pleine. 2° n. pr. Saül.

சவுளம்,P.சௌளம்.

சவுளி,toile, pièce, marchandises, effets:—க்கடை, P. சவுளிக்கடை;—

ப்பலசரக்கு toiles ou marchandises en divers morceaux et chiffonnées.

சவேரி,hon.சவேரியார்,Xavier.

*சவை,1° P.சபை, assemblée, réunion,société,poètes.2° (djavâ), rose de Chine:—க்கோரை, V.சபைக்கோரை.

சவ்வரிசி,(சவ்வு,அரிசி), sagou, fécule qu'on retire de la moelle de certains palmiers.

சவ்வாசு,P.சவாசு.

சவ்வாது,V.மரவள்ளி.

*சவ்வியம்,1° (tchavya),poivre. 2° (savya) côté gauche:சவ்வியசாசி (sâtchi *courbé*),le héros gaucher, அருச்சுனன் habile à lancer des traits de la main gauche comme de la droite.

*சவ்வியை,(savyâ), le sud, Pârvadi.

*சவ்வீரம், P. சௌவீரம், pays à l'ouest de l'Inde,un des 56 connus des Indiens,(il touche au pays qui est sur les bords de l'Indus),mercure sublimé dit பறங்கிப்பாஷாணம்.

சவ்வு, sagou dit சவ்வரிசி, membrane,pellicule,épiploon, omentum, réseau,ce qui ressemble à une membrane,vessie:—த்தோல் peau membraneuse qui couvre le tambour d'un enfant ou des jouets;—வாங்குகிறது, சவ்வெடுக்கிறது ôter les membranes,—l'épiploon;சவ்வாயிருக்கிறது être coriace, — membraneux.

சழக்கு, faute,défaut, ignorance, mensonge, craquement, bruit, — d'une chose qui tombe.

சழிகிறது,ழிந்தேன், ழிவேன், ழி, ழிய,*v.n.et* சழிதல், *n. v. ou* சழிந்துபோகிறது, se rider, la figure être sillonnée de rides,décliner—, se gâter par l'âge,(les joues, les yeux....) se creuser,être enfoncé,s'aplatir.

சழியல்,*n.v.du préc.*aplatissement, enfoncement,ce qui est aplati.

சழுக்கம்,*n.v.de* சழுங்குகிறது,relâchement,chose lâche.

சழுங்கல்,V.சழியல்,*n.v.de.*

சழுங்குகிறது,*sync.*சழுங்கிறது,கினேன்,குவேன்,கு,க,*v.n.* se rider en mollissant,saillir au dehors,V.சழிகிறது.

சளகந்தம்,la plante வசம்பு

சளக்குப்புளக்கு,(*son imitatif*), சளக்குப் புளக்கென்கிறது rendre ce son,faire du bruit. [té,entêté.

சளசண்டி,(சளம்),homme déhon-

சளசள,(*son imitatif*) :—வென்கிறது *ou*

சளசளக்கிறது, ளத்தேன், ளப்பேன்,ள,ளக்க,*v.n.et* சளசளத்தல்,*n. v.* (சளசள),babiller,jaser, faire *salasala*,—le bruit de la pluie qui tombe fort, devenir humide, s'amollir par l'humidité; சளசளவெனமழைத்தாரைகளான்றன des torrens de pluie tombèrent en faisant *salasala*;சளசளவென்றுபேசுகிறது caqueter, ne faire que babiller.

சளசளப்பு,*n.v.du préc.*vain babil, amollissement par l'humidité.

சளபுளக்கிறது, ளத்தேன், ளப்பேன்,ள,ளக்க,*v.n.* (*son imitatif*), faire du bruit,— *salaboula*, s'amollir, — par l'humidité.

சளப்புகிறது,ப்பினேன்,ப்புவேன்,ப்பு,ப்ப,*v.n.*(*son imitatif*), jaser, bavarder,bredouiller,déraisonner.

*சளம்,(tchhala),mensonge, tromperie,ruse.

சளவட்டை,ce qui est perdu, perte, chose vaine, inutilité: — யாய்ப்போகிறது n'aboutir à rien, devenir inutile,ne pas réussir.

சளார், (*son imitatif*), சளாரிடுகிறது,சளாரிடுதல்,rendre ce son, faire du bruit,— ப்பிளாரென்கிறது rendre ce son répété,

சளி,(சலம்),rhume,catarrhe,morve,mucus du nez;— நாற்றம் odeur de ce qui commence à se gâter:—பிடித்திருக்கிறது avoir attrapé un rhume,— un catarrhe; சளியைச்சிந்துகிறது se moucher. [து.

சளிகிறது,சளிதல், V. சக்களிகிற

சளிக்கிறது, ளித்தேன், ளிப்பேன், ளி,ளிக்க,*v.n.*avoir un rhume,se pourrir,se gâter,se dissoudre par macération,s'aigrir; சளிக்கவைக்கிறது faire macérer,mettre tremper; சளிக்

ஊறுகிறது se macérer, se dissoudre,fermenter,tremper.(de சவி.)

சவிச்சல்,சவித்தல்,சவிப்பு,n.v. du préc.aigreur,fermentation.

சளு,bave,salive:—வாய் bave; — வாயன் baveux,—வாயி baveuse;— வாய்வடிகிறது, — வாய்விடுகிறது baver.

*சளுகம்,P.சளுகை,sangsue.

சளுக்கன்,m.சளுக்கி, f.(சளுக்கு), orgueilleux,vaniteux ,hautain, entêté,obstiné.

சளுக்கு,orgueil, hauteur, vanité, ostentation,hardiesse, bassesse, partie d'un moulin à bras:— க்காரன், —க்காரி,V.சளுக்கன், சளுக்கி; —பண்ணுகிறது faire l'orgueilleux, — le pimpant, se conduire avec fierté, avec vanité:சளுக்காய் orgueilleusement,avec vanité; சளுக்காய்த்திரிகிறது aller çà et là pour se montrer, pour faire parade;—வேந்தர் ou

சளுக்கையர்,(சளுக்கு),rois du pays Tchaloukya.

சளுவுவாயன், P.சள்ளுவாயன்.

*சளுகம்,P.சளுகை,sangsue.

சள்,சள்ளட்டி, (son imitatif), சள்ளட்டியென்கிறது,சள்ளிடுகிறது, சள்ளென்கிறது, rendre ce son,faire du bruit.

சள்ளல்,n.v.de சள்ளுகிறது,action de se relâcher..., pet, boue, chose sans suc,—sans goût.

சள்ளு, 1° imp. et part. du suiv. 2° embarras, bavardage: — சள்ளடை querelle avec criaillerie;—வாயன் bavard, criailleur; — சள்ளென்கிறது parler à haute voix, criailler,faire du bruit;—சள்ளென்றுபேசுகிறவன் criailleur,disputeur; — ம் புள்ளு dispute,bataille, trouble, embarras.

சள்ளுகிறது,ளினேன்,ளுவேன்,ளு, ள, v. n. et சள்ளவிடுகிறது, se relâcher,se ralentir, s'apaiser (le vent), se calmer,lâcher un vent,être enveloppé, impliqué, laisser tomber une affaire.

சள்ளை, (சள்ளுகிறது), embarras, trouble,embrouillement, complication —, multiplicité d'affaires et de comptes,côté—,alentours du ventre, nom d'un poisson:— கழிந்துபோகிறது des affaires s'arranger, se désembrouiller;— க்காரன் brouillon, qui embrouille les affaires;— யாய்க் கிடக்கிறது être—,rester embrouillé,embarrassé; சள்ளையைக்கழிக்கிறது, — தீர்த்துப்போடுகிறது désembrouiller, démêler et terminer (un compte); அவன் சள்ளையாகாது il n'est pas bon qu'il vienne nous embarrasser.

சறசறென்கிறது, (son imitatif), faire sarasara,—du bruit,se hâter.

சறடு,P.சரடு.

சறுகல்,சறுகுதல்,glissade,n.v.de சறுகுகிறது, sync. சறுகிறது, கினேன், குவேன், கு, க, v. n. glisser, couler,tomber, échapper des mains, s'égarer,errer:சறுகிவிழுகிறது glisser et tomber,faire un faux pas.

சறுக்கல்,opt.et n.v.de சறுக்குகிறது,qualité glissante, endroit glissant:— ஆயிருக்கிறது être glissant; சறுக்கலிலேயகப்படுகிறது être pris —,s'engager dans un terrain boueux et glissant.

சறுக்கார்,(சறுக்குகிறது), 1° varangue autour d'une maison, toit en pente, V.பொறியல்.2° n. app. et 3° pers. nég. de சறுக்குகிறது ceux qui —,ils ne glissent pas.

சறுக்கு, சறுக்குதல், glissade, faux pas,erreur,excuse, levier (pour faire tourner une roue etc...),n.v.de சறுக்குகிறது,sync.சறுக்கிறது,க்கினேன்,க்குவேன்,க்கு,க்க,v.n. glisser, broncher, faire un faux pas, chanceler, errer: சறுக்கிவிழுகிறது glisser et tomber; கால்சறுக்கினது le pied a glissé.

சறுக்குன்கிறது,(சறுக்கு, உன்கிறது), glisser.

சறுநாகம், l'arbre வேங்கைமரம் pterocarpus.

*சறுவம்... P.சருவம்... V.சர்வம்...

*சற், (sat bon,t changé en ற் devant க,ச,ப),bon,parfait,vrai: —கதி V.நற்கதி;—கருமம் bonne œuvre,— action; — கிருதம் civilité, honneur,

respect,hospitalité, ou— நெறி bonnes mœurs,bonne conduite;—குணம் bon caractère,bonne conduite, —qualité,perfection;—குணன், —குணி homme—,femme de bon caractère, — de bonne conduite,doué de bonnes qualités;—குரு prêtre vertueux,bon pasteur,—précepteur;—கிரியை bonne œuvre,civilité,courtoisie, cérémonie funèbre,— purificatoire;—சகுனம் bon augure;—சங்கம் réunion de gens de bien;— சலம் eau claire,—limpide;—சனன், (சனம்), homme de bien;—சன்னிதானம் présence de gens de bien; — பாத்திரம் homme digne,parfait, — de bonne conduite;—பிரசாதம் Ste Eucharistie,grâce—,don —,secours de Dieu, faveur des grands;— புத்தி bon esprit;—புத்திரன் enfant doué de bonnes qualités; — புருஷன் homme de bien,bon mari.

சற்கதம்,P.சற்கலம்,ou

*சற்கம், 1° (salka), part, portion, filamens,eau,tout,rupture,ou

*சற்கலம், (salkala), écorce, arête de poisson.

*சற்கரை,...V.சர்க்கரை....

*சற்காரம்,(sat bon),honneur, respect,politesse.

சற்கரிக்கிறது,ரித்தேன்,ரிப்பேன், ரி,ரிக்க,v.a.et சற்கரித்தல், (சற்காரம்), honorer, respecter, faire des politesses.

*சற்சனை,P.சர்ச்சனை.

*சற்சிதம்,(tchartchita),odeur,parfum,désir.

சற்சுகாதி,la plante பெருமருந்து.

*சற்பகன், (djalpaka), bavard, homme qui a le hoquet en parlant.

*சற்பம்,V.சர்ப்பம்.

*சற்பனை,V.சர்ப்பனை.

சற்பன்னபாஷை, langue générale,toute langue.

*சற்பாகாரம், manière de mettre les uns sous les autres les nombres d'une addition,V.சருப்பாகாரம்.

சற்பிணி,espèce de danse.

*சற்பிதம், (djalpita), babillage, parler avec le hoquet.

*சற்மம்,V.சர்மம்.

சற்று,peu,un peu, peu de temps, un instant: — கைவேலையாயிருக்கிறது être un peu affairé,—occupé, attentif; — நேரம், — போது un peu de temps; — நேரஞ் செல்லுகிறது un peu de temps se passer, durer peu de temps; — நேரம்பொறு attends un peu; — பிந்துகிறது rester un peu en arrière,reculer un peu;— முந்துகிறது avancer un peu;—மெதுவாயிருக்கிறது être un peu lent;—மெதுவாய்நட marche un peu doucement;சற்றே un peu,tant soit peu; சற்றேகசக்கிறது être un peu amer; சற்றேசற்றே tant soit peu,peu-à-peu, en passant;சற்றேதடைபாயிருக்கிறது arrêter—,empêcher un peu, y avoir un peu de retard,—d'obstacle;—பின்னே un peu après;—முன்னே un peu avant;—பொறு,—இரு attends un peu; சற்றேறக்குறைய, (சற்று,ஏற),environ,à peu près; சற்றாகிலும்,சற்றாவதும் tant soit peu; சற்றும் un peu, (avec une négation) rien absolument;சற்றுங் கொடான் il ne donne rien du tout. [சம்பு.

சனகத்தகம்,(சனம்), la plante வ

சனகம், l'oseille sauvage புளியாரை.

*சனகன்,1° (djanaka),père, ancêtre, Djanaka roi de Midilei et père de Sidei. 2° (sanaka), le richi Sanaka, un des 4 fils de Brama et réputé une des 15 incarnations inférieures de Vichnou: சனகத்துவம் qualité —, puissance générative,paternité;— நகர் la capitale de Djanaka,i.e. Midilei;—தனயை,—சுதை,—மகள், சனகாத்துமசை, (ஆத்துமசை), la fille de Djanaka,i.e.Sidei.

சனமித்திரம்,(சனம்),V.சனகம்.

*சனதை,(சனம்,தா),peuple, genre humain, gens.

சனத்தான்,pl.சனத்தார், (சனம்), parent,allié,homme—,gens de la famille, de la tribu, de la caste, du peuple..;இவனென்சனத்தான் il est mon parent,--de mes gens;என்சனத்தார் mes gens,les gens de ma famille, de ma caste, ma parenté; இனத்

திரர் சனத்திரர் les parens proches ou éloignés.

*சனந்தன், சனந்தனன், (sananda) le richi Sananden, un des 4 fils de Brama et réputé une des 15 incarnations inférieures de Vichnou.

சனமாலி, le cotonnier இலவு.

*சனமேசயன், (djanamêdjaya), nom d'un roi de Hastinâbouri de la race des Kourous, successeur de பரிக்ஷித்து.

*சனம், (djana), peuple, gens, populace, personne, hommes, parens, race: எத்தனைசனம் ou சனங்கள் combien de gens, —de personnes; ஒரு சனம் une personne; சனக்கலப்பு alliance, union —, rapport de parenté, de caste; —க்கூட்டம், —சந்தடி, —திரள் foule de monde, multitude, troupe; —சமுகம் foule, présence du peuple...; —சுருதி bruit, nouvelle; —ச்சச்சடி embarras —, train que cause une foule de monde; —பதம் pays, —habité; —பிரவாதம், (பிர, வாதம்), bruit confus d'une foule de peuple, bruit—, rumeur populaire; — லோகம் le 5me des mondes supérieurs des Indous, demeure prétendue des fils de Brama et des hommes déifiés; —ரவம் (அரவம்), —வாதம் bruit, —, populaire, nouvelle.

*சனத்காரம், (djhanatkâra), bruit des bijoux, — des ornemens de métal.

*சனற்குமாரம், (சனற்குமாரன்), code de lois—, un des 18 உபபுராணம் composé par le richi Sanatkoumâren.

சனற்குமாரன், (sanat, *Brama*), Sanatkoumâren un des 4 fils de Brama et réputé une des 15 incarnations de Vichnou.

*சனனம், (சனம், na), naissance, race, famille: —ஆகிறது, —எடுக்கிறது naître; சனனகாலம் temps de la naissance; —சக்கரம் traité de physiologie contenant une description du corps humain par Tirounandidêver; —சாபல்லியம் avantage de naître, —de la naissance; — ஞுதகம், *V.* சனனு

ஞுசகம்; — பூமி terre natale, patrie; — மரணம் la naissance et la mort; — மூலி la plante சதகுப்பி; —மோசனம் délivrance des naissances futures; —ராசியிற்சனி Saturne à son lever, *V.* சன்மச்சனி.

*சனனுசூசகம், (சனனம், ஆசூசகம்), souillure de la naissance, de l'accouchement.

*சனனி, 1° (djanani), mère, père, enfant, production, ce qui est né, naissance, tendresse, compassion, espèce de jasmin. 2° *imp.de*

சனனிக்கிறது, சனித்தேன், சனிப்பேன், சனி, சனிக்க, *v. n.* சனனித்தல், *n.v.* (சனனம்), naître, être conçu, — formé, —produit.

*சனுசனம் (சனம், அசனம்), l'animal qui mange le monde, *i. e.* le loup. [conduite, politesse.

*சனுசாரம், (*id.* ஆசாரம்), bonne

*சனாதன், சனாதனன், (Sanâtana), le richi Sanâta, un des 4 fils de Brama et réputé une des 15 incarnations de Vichnou.

*சனாதிகம், (சனம், அதிகம்), supériorité, primauté. [nou.

*சனாதிபதி, (*id.* அதி), roi, Vich-

*சனாந்தம், (*id.* அந்தம்), lieu —, pays habité, habitation, district.

*சனாந்திகம், (*id.* அந்திகம்), secret, secrète communication.

*சனார்த்தனன், (*id.* arddana *adoration*), celui que les gens adorent (à tort), *i.e.* Vichnou. [à fond, immersion.

சனார்ப்பியம், (*id.* arpya *livré*), couler

*சனி, 1° (sani), la planète Saturne, son conducteur le prétendu dieu Sani, (l'un et l'autre réputés de mauvaise influence), samedi, tristesse, infortune, mauvais génie, méchant, nom de 3 constellations, la 10me, la 11me et la 12me distinguées par les noms de எமுவாயெழுஞ்சனி, இடையெழுஞ்சனி, கடையெழுஞ்சனி. 2° (djani), mère, 3° *imp.de* சனிக்கிறது: — க்கிழமை samedi; —பகவான் le prétendu dieu Sani, le conductenr de Saturne; —பிடிக்கிறது Sani ou Saturne, *i.e.* le malheur saisir quelqu'un; —ப்பகைல் l'atbrisseau சொள்ளை;—ப்பாட்டு espèce de vers;—மூலை le coin du monde auquel Sani ou Saturne est censé présider, *i.e.* le nord-est; —யாட்டி,—வாரம் samedi;—வித்து,— ப்பிரியம் saphir; — வேதை influence de Saturne, maladie qu'il est censé causer, souffrance;— ப்பிரசு la mère de Sani, *i.e.* சாயை. [se, mère.

*சனிகை, (சனம், ikâ), femme, épou-

சனிக்கிறது, னித்தேன், னிப்பேன், னி, னிக்க, *v.n.* (சனம்), naître, s'engendrer, être engendré: சனித்திருக்கிறது être né,—engendré. [noir.

*சனிசம், (சனி, சம்), poivre,—

*சனிதம், (சனம், ita), naissance, ce qui est né, femme, bru.

*சனிதா, (djanitâ), père.

சனித்தல், *V.* சனிப்பு. [சனிக்கிறது.

சனித்த, சனித்து, *part. et gér. de*

*சனித்திரி, (djanitri), mère.

*சனித்துவன், (djanitva), père.

*சனித்துவை, *f. du préc.* mère.

சனிப்பிக்கிறது, ப்பித்தேன், ப்பிப்பேன், ப்பி, ப்பிக்க, *v. caus. de* சனிக்கிறது, faire naître, engendrer, créer, causer, produire. [sance, génération.

சனிப்பு, *n.v. de* சனிக்கிறது, nais-

சனியன், (சனி), infortuné, homme méchant,—de mauvaise disposition, gouverné par un mauvais génie, génie mauvais, la planète Saturne, malheur.

*சனிச்சுவரன், (*id.* ஈச்சுவரன்), Sani, le conducteur de Saturne.

சநு, 1° *pl.* சநுக்கள் courtisan, favori. 2° *ou* சநுவு, faveur, bonté, indulgence, secours, miséricorde, vertu, amour conjugal, bienveillance entre époux. 3° *(djanou), naissance. 4° (djahnou), nom d'un richi dont le Gange troubla les dévotions; il l'avala, dit la fable, et le relâcha ensuite à la prière de பகீரதன்; de-là;—சுதை,—தனயை la fille de Djahnou, *i.e.* le Gange; சநுவாயிருக்கிறது être en faveur,—favorable; சநுவாய்ப்பேசுகிறது parler amicalement; அவனுக்குச் சநுவுமுண்டு மநுவுமுண்டு il est plein d'indulgence, pour pardonner et de bonté pour écouter de nouvelles requêtes.

சநுசம், *P.* சனிசம். [les requêtes.

*சநோபகாரம், (சனம், உபகாரம்), philanthropie. [philanthrope.

*சநோபகாரன், (சநோபகாரம்),

*சன், 1° (dja), né, fils de, (il se met à la fin des mots). 2° (sat, *ou* சத்து), bon, (en ce sens il se met au commencement des mots). [ne), père.

*சன்மதன், (சன்மம், da *qui don-*

*சன்மம், (djanma), naissance, génération, production:—எடுக்கிறது naître; சன்மகேலன் Vichnou;—சாபல்லியம் effet—, fruit—, résultat de la naissance, mort; — ச்சனி Saturne s'élevant à l'horizon; — நக்ஷத்திரம் étoile sous laquelle on est né;—பத்திரிகை horoscope; — பாஷை *ou*—ப்பாஷை langue maternelle;— பாவம் *ou* —ப்பாவம் péché originel; — பூமி *ou* ப்பூமி terre natale, patrie; — ப்பகை aversion innée, haine héréditaire, — entre proches parens; — வாரம் jour de la naissance;—வைலக்ஷண்ணியம் défaut dans la naissance, conduite contraire aux devoirs de sa naissance, (le contraire est)—சோதனம் accomplissement des devoirs de sa naissance.

சன்மலி, *P.* சன்மாலி. [ce.

*சன்மனசு, (சன்), ange, bonne volonté.

*சன்மனம், (சன்மம், na), conception, naissance [ன்.

*சன்மன், (சன், மன்), *V.* சற்குண

*சன்மாந்தன், சன்மாந்தகன், (சன்மம், அந்தன், அந்தகன்), aveugle-né.

*சன்மாந்தரம், சன்மாந்திரம், (சன்மம், அந்தரம்), l'autre monde, chaque—, autre naissance, transmigration, régénération. [voie,—conduite.

*சன்மார்க்கம், (சன், *bon*), bonne

*சன்மானம், (*id.*), civilité, honneur, présent honorifique.

*சன்மி, (சன்மம்), 1° ce qui est engendré, animal, être existant, père. 2° *imp. de*

சன்மிக்கிறது, மித்தேன், மிப்பேன், மி, மிக்க, *v.n.* (சன்மம்), naître, s'engendrer, *ou* சன்மித்திருக்கிறது être né,—engendré.

சன்மித்தல்,சன்மிப்பு, *n.v.du prée.* naissance,génération. [ளி.

சன்மினி,une des servantes de கா

சன்வாரு, (*pers.*) annuel,tous les ans;—பாக்கி arrérages annuels, balance de chaque année.

*சன்னதம்,(sannata *courbé*), état de possédé—, possession par un bon ou mauvais esprit,enthousiasme —, fureur d'oracle,oracle prononcé pendant la possession,grande colère: —சொல்லிக் கொண்டிருக்கிறது prononcer des oracles,prophétiser;— ஆடுகிறது s'agiter comme un possédé, être agité par le démon; — ஏறுகிறது la possession se manifester,devenir possédé; சன்னதக்காரன் énergumène, possédé qui prononce des oracles; சன்னதத்திலே கேட்கிறது interroger un oracle, —dans la possession.

*சன்னதி,*P.* சந்நிதி. [session.

சன்னது,(*arab.*) concession,document,piéce,—justificative.

*சன்னத்தம், (sannaddha), préparation au combat. [நத்தன்.

*சன்னத்தன்,(சன்னத்தம்), *V.* சந்

*சன்னம், 1° (sanna), petitesse,ténuité,minceur,délicatesse,finesse(du fil,de la toile, d'une lame...), petite perle,petit bouton de fleur. 2° (tchhanna),chose secrète,cachée: — உருக்குகிறது faire fondre l'or ou l'argent;மீந்தசன்னங்கலொங்கே où sont les parcelles restées de l'or ou de l'argent;சன்னக்காரை, — க்காறை chaux fine,crépi fin, sorte de stuc; —காரையடிக்கிறது crépir avec de la chaux fine,stucquer;—சம்பா riz très-mince,—fin,—délicat;—சாலே, —சாலம் espèce de plante,moutarde blanche:—சேலம்புரி toile fine,mousseline;—பின்னம் morceau, *V.* சின்னபின்னம்;— ப்பின்னப்படுத்துகிறது ou ப்படுத்தல் mettre en pièces;—ராஷ்டகம்,—ராட்டகம் la plante சிற்றரத்தை; — வீரம் guirlande de vainqueur; — லவங்கப்பட்டை cannelle fine,—d'espèce supérieure.

*சன்னயம்,(sannaya),foule, multitude.

சன்னவித்தி, distance vraie des centres du soleil et de la lune.

சன்னல்,(*portugais* janella), fenêtre:—பின்னல் jalousies,treillis,embarras, embrouillement, entrelacement (des branches etc... l'une dans l'autre); — பின்னலானகாடு forêt épaisse dont les branches sont entrelacées;—பின்னலாயிருக்கிறது (une affaire...) être embrouillée.

சன்னவாளம்,nom d'un pays:சன்னவாளப்புச்சேலே espèce de toile.

சன்னவோரா,espèce de poisson.

*சன்னாகம், (sannâha), armure, cuirasse. [ம்,சந்நியாசி.

*சன்னியாசம்,சன்னியாசி,*P.* சந்நியாச

சன்னி,espèce de paralysie provenant du froid, tétanos, convulsions, (on en compte 13 espèces, savoir:கண்டகுப்சம் affection nerveuse à la gorge,mal de gorge;சந்திகம் maladie provenant de coït intempestif, (il y en a 2 sortes:1° சுகசன்னி qui vient du commerce charnel après le bain avec friction d'huile.2° ருதுகசன்னி qui vient aux femmes qui se permettent un pareil commerce pendant leurs règles);தாந்திரிகம் faiblesse des nerfs; பக்கினேத்திரகம் affection des nerfs des yeux, aveuglement;ருக்தாகம் douleur du corps avec soif;சிஃகுவிகம் affection nerveuse de la langue,mutisme; பிரலாபம் épilepsie;அந்தகம் convulsions de l'agonie;ரக்தஷ்டீவி morve mêlée de sang; சித்தவிப்பிரமம் défaillance,syncope; சீதகாத்திரகம் ou சீதாங்கம் congestion du sang accompagnée de spasmes et de transpiration, choléra spasmodique;கர்ணிகம் surdité nerveuse; அபின்னியாசம் contorsions convulsives;—குன்மம் convulsions; —க்கட்டு, obstruction provenant de convulsions, ou qui s'y joint;— நரம்பு nerf qui aboutit au gros doigt du pied; — நாயகம் sorte de தும்பை qui est un remède aux convulsions; — பாதம் sorte de paralysie, état morbide des 3 humeurs,mélange,foule,action de descendre,espèce de danse;—வாதசுரம் fièvre accompagnée de convulsions.

சன்னிகளுயன்,nom d'une plante. [நிதானம்.

*சன்னிதானம், சன்னிதி,V. சந்

*சன்னிபம்,(சம், நிபம்), similitude,V. உவமையுருபு. [ம், சந்நியன்.

*சன்னியம், சன்னியன்,V. சந்நிய

*சன்னியாசம், சன்னியாசி... V. சந்நியாசம், சந்நியாசி...

*சன்னியை,V. சந்நியை.

*சன்னிரோதம், சன்னிரோதனம்,V. சந்நிரோதம்.

*சன்னிவேசம்,V. சந்நிவேசம்.

*சன்னை,P. சமிக்ஞை,signe, geste,badinage:—காட்டுகிறது,—பண்ணுகிறது faire des signes de tête ou de main,badiner.

சா,1° lettre syllabique composée de ச் et de ஆ,sâ. 2° *imp.de* சாகிறது. 3° la mort, diable. 4° *(djyâ), corde d'un arc,sinus naturel.

சாக,1° *inf.de* சாகிறது. 3° *obl. de* சாகம்.

*சாககம்,(djâhaka),lit,chat.

*சாகங்காரம்,(ச, அகங்காரம்),arrogance,orgueil,grandeur,faste.

*சாகசம்,(sâhasa), force, vigueur, bravoure,hardiesse,violence, cruauté, haine, éléphant, vérité,l'oiseau சாகசப்பட்சி:—பண்ணுகிறது faire violence,agir avec vigueur etc...; —உள்ளவன், சாகசக்காரன் homme brave, — vigoureux; — ப்பட்சி trochilos,petit oiseau qui nettoie les dents du crocodile.

*சாகசரியம்,(sâhatcharya),compagnie,société,association.

சாகச்சூம்பி, சாகச்சோம்பி, (சாக), homme épuisé, maigre, exténué à en mourir.

சாகடிக்கிறது, (சாக, அடிக்கிறது),battre à mort,tuer.

*சாகதம்,P. சாகசம். [ணம்.

*சாகமணம்,(சா P. சக்),V. சக்கம

*சாகம்,1° (tchhâga),brebis, bouc. 2° (sâka), herbe potagère, jus de feuilles, l'herbe potagère dite சிறுகீரை,l'arbrisseau தாழை, le teck, la 6me des 7 iles ou தீவு des Indous qu'ils disent environnée de la mer de lait,ère, époque (surtout celle de Sâlivâhana),abeille.

*சாகயகம், (sâhayaka), amitié, union,compagnie.

*சாகரணம், (djâgarana), état de —,veille,insomnie, vigilance.

*சாகரம், 1° (sâgara), mer,océan, 10 septillions. 2° (djâgara),veille, vigilance, insomnie, manque de sommeil: — ஆயிருக்கிறது veiller, être vigilant, ne pas dormir, avoir une insomnie: சாகரநேமி la terre entourée de l'océan; — ப்பிரவை une des 7 régions de l'enfer des Indous, celle où l'on ne dort point; —மேகலை *ou*

*சாகராம்பரை, (சாகரம், அம்பரம்),la terre qui a la mer pour ceinture ou pour vêtement.

*சாகராலயன்,(*id.* ஆலயம்), celui qui habite la mer, Varounen.

*சாகரி,(sâkari),espèce d'air mélodieux ou de chant.

*சாகல்லியம்,(sâkalya),tout.

*சாகவில்வம், (சாகம்), la plante சேம்பு, autre plante dite solanum melongena.

*சாகளம்,(tchhâgala),chèvre.

*சாகாங்கம், (சாகம், அங்கம்),poivre,poivrier.

சாகா 1° *ou* சாகாத, *part. nég. de* சாகிறது,immortel. 2° *obl.de* சாகை: —நகரம்,—புரம் faubourg;—பேதம் différence de secte;—மருந்து l'ambroisie, breuvage d'immortalité, *V.* சாகாமூலி;—வண்ணம் immortalité; —வரம் le don de l'immortalité,l'immortalité;—வரம்பெறுகிறது obtenir —,recevoir le don de l'immortalité; —மிருகம் animal qui vit sur les branches d'arbres,singe,écureuil,rat palmiste;—மூலி la plante சீந்தில், *V.* சாவாமூலி.

*சாகாசிவை,(சாகை), racine qui descend des branches du multipliant. [la 4me constellation.

*சாகாடு,(சகடம்),char, charrette,

*சாகாகுண்டம், (சாகை), l'arbre அகில். [*et.gér.nég. de* சாகிறது.

சாகாத, சாகாது, சாகாமல், *part.*

சாகாமை, n. v. nég. de சாகிறது, immortalité,incorruptibilité.

*சாகாரம், P. சாகரம், veille, vigilance,insomnie.

*சாகி,(sâkhi),arbre.

*சாகித்தியம்,(sâhitya), 1° poésie, belles-lettres, composition et chant de vers régulier,—selon les règles de la poésie et de la musique,—suivant la mesure et le plan d'ouvrages approuvés et classiques. 2° ou

*சாகியம், (sahyâ), société, foule: சாகியகிருது (krout *qui fait*),compagnon.

*சாகிரதை, சாகிரகம், சாகிரியம், (djâgrat,djâgaroûka,djâgryâ), *V.* சாக்கிரதை.

சாகிறது, செத்தேன், சாவேன், சா, சாக, *nég.* சாகேன், *v. n.* mourir, expirer,perdre la vie,aimer éperdument; அவள்பேரிலே சாகிறான் il l'aime éperdument; தன்பிள்ளையோடே சாகிறான் il meurt avec son enfant,il aime excessivement son enfant; சாகக்கொடுக்கிறது perdre par la mort; சாகத் துணிகிறது se résoudre à mourir,s'exposer à la mort, exposer—,risquer sa vie; சாகத்துணிந்தவன் சமுத்திர முழங்கால்மட்டாநினைக்கிறான் celui qui est décidé à risquer sa vie croit que la mer ne lui vient qu'aux genoux, quand on a fortement à cœur une entreprise on méprise les difficultés; சாகிறகாலம்,—நேரம்,—வேளை, சாகும்நாள் le temps, — le moment —, l'heure de la mort; சாகுமட்டும் jusqu'à la mort; சாகாமல் —, சாகாதிருக்கிறது ne pas mourir, être immortel.

*சாகினி,(சாகம்,ini), l'herbe potagère கிறுகீரை, la plante aquatique சேம்பு,bouc,chèvre.

சாகுதல், *n.v.de* சாகிறது.

*சாகுந்தலேயன், (சகுந்தலை), le fils de சகுந்தலை, *i. e.* பரதன் roi de Hastinabouri.

சாகுபடி (*télinga*),culture: — க்கணக்கு compte de culture; — செய்கிறது cultiver.

சாகும், *part.fut.de* சாகிறது.

*சாகுனிகன்,(சகுனி),pêcheur.

*சாகுனிகம்,(சகுனம்),interprétation—,science des augures, présage.

*சாகேதம், (sâkèta), la ville d'Ayottia ou Aoude.

*சாகை, 1° (sâkhâ),subdivision,—des vêdas, les vêdas, secte, branche d'arbre, feuille, la plante galedupa arborea,bras,épaule,plat,bassin, eau de riz. 2° (*hind.*),chauderie, place ou station où les voyageurs font un court séjour,maison. 3° *n. v. de* சாகிறது,mourir,mort. 4° *P.* சாகாய், tu ne mourras pas: —மாமிருகம், *V.* சாகாமிருகம். [yures.

சாக்கடை, boue, ordures, balayures.

சாக்காடு, (சா, காடு *affixe*), la mort, (c'est le 10me des அவஸ்தை), mortalité: அவத்தச் சாக்காடாய்ச் சாகிறது mourir de mort funeste ou prématurée; உங்களுக்குச் சாக்காடு வராது vous ne mourrez pas, puissiez-vous ne jamais mourir!

சாக்காட்டுகிறது,(சா), servir les mourans.

*சாக்கி, *P.* சாக்ஷி. [mourans.

சாக்கிடுகிறது,(சாக்கு), *ou* சாக்கிட்டுக்கொள்ளுகிறது, s'excuser,donner une excuse, prétexter, déguiser le motif réel.

*சாக்கியம், 1°(சாக்கியன்),le Bouddhisme, la secte des Djaïnas ou Samanéens. 2° *P.* சாக்ஷியம்: சாக்கியநாயனார் nom d'un Bouddhiste devenu un des 63 dévots de Siven; —முனி *ou*

*சாக்கியன்,(sâkya), Sakyamouni, le fondateur du Bouddhisme: சாக்கியர், *hon. le même*: *pl.* les Bouddhistes,

*சாக்கிரதை,(djâgrat), soin, diligence,activité,exactitude, attention, circonspection, vigilance; — படுகிறது avoir soin,être diligent, — vigilant,se donner de la peine; — யாய்ப் பார்க்கிறது veiller avec diligence; அதின்மேலவன்—யாயிருக்கிறான் il est diligent pour cela, il fait des informations sur cela.

*சாக்கிரம்,(djâgrat), soin, attention,activité,vigilance,(ce qui est un des 5 அவஸ்தை), faculté ou organe

de la perception; on en compte 9: மனம் esprit, புத்தி raison, சித்தம் volonté, ஆங்காரம் passion ou orgueil, சத்தம் ouïe, பரிசம் tact, உருபம் vue, இரசம் goût, கந்தம் odorat), சாக்கிரத்தானம் la place de l'attention, le front. [qui est circulaire.

*சாக்கிரிகம், (tchâkrika), cercle, ce

*சாக்கிரிகன், (id.), marchand d'huile, cocher, poète ou barde qui chante les louanges des princes.

சாக்கின், (arab.), habitant, personne qui demeure, ou loge.

சாக்கு, fausse excuse, vain—, prétexte, subterfuge, sac, bourse, poche, gousset, or: —சொல்லுகிறது prétexter, s'excuser, donner une fausse excuse, rejeter la faute sur autrui; —போக்கு vaine excuse; நொண்டிக்குதிரைக்குச் சறுக்கினதே சாக்கு on excuse un cheval qui boite en disant qu'il a bronché ou glissé.

சாக்குமாண்டி, சாக்கும்மாண்டி, homme gros, égal, régulier.

சாக்குருவி, (சா), oiseau de la mort, fresaie, orfraie, chat huant.

சாக்குறி, (id.) signe de mort.

சாக்கை, devin, diseur de bonne-aventure, V. புரோகிதன்.

*சாக்ஷாது, சாக்ஷாத், (sâkchât), devant, présence, en vue, en présence, avec les yeux, seul, propre (devant les noms de proche parenté): சாக்ஷாற்காரம், V. சாட்சாற்காரம்.

*சாக்ஷி, (ச avec, அக்ஷி œil), témoin, témoignage, V. சாட்சி.

*சாக்தேயம், V. சாத்தேயம்.

*சாக்தர், சாக்தியர், (சாக்தேயம்), Sactas, sectaires qui adorent சத்தி et le symbole ou organe féminin.

*சாங்கம், 1° (ச, அங்கம்), tous les membres, tout ce qui est nécessaire (pour un ouvrage, un bâtiment, un mariage), accomplissement, achèvement, intégrité, sureté, règle, ordre, apparence, l'arsenic naturel dit சங்கபாஷாணம். 2° (sànkha), son d'une conque, un des 18 codes de lois composé par சங்கன்: —ஆயிருக்கிறது être parfait, —bien, —en sureté, —bien réglé, —en bon ordre; —ஆய்த்தர்மம்பண்ணுகிறது donner l'aumône d'une manière impartiale; இந்தவழியிலே சாங்கமாய் நடக்கலாம் on peut suivre cette route en sureté.

சாங்கதன், (சங்கம்), ami, compagnon.

*சாங்கரிகம், சாங்கரியம், (சங்கரம், ya), mélange, confusion. [de la mort.

சாங்காலம், (சாம், காலம்), temps

*சாங்கியம், ou சாங்கியசாஸ்திரம், (sânkhya rationnel), espèce de secte, la philosophie Sankhya, école ou système de philosophie de Kapila, le livre de ce philosophe sur la triple énergie de la nature ou de மாயை prétendue femme de Brama (l'être suprême) pour créer, conserver et détruire, respect, honneur, cérémonie: சாங்கியயோகம் secte qui prétend que l'être suprême est l'âme et que l'âme est l'être suprême: —வாதி sectateur de la philosophie Sankhya.

*சாங்கியாயநியம் un des 32 உபநிஷதம். [fait,) V. சதங்கை.

*சாங்கிருதம், (djhân son, கிருதம் qui

சாங்கு, espèce de javelot (en usage dans le sud).

சாங்குகெளரி, la plante புளிநறளை.

சாங்குசித்தன், (ச, அங்கு, சித்தன்), celui qui désire être disciple d'un gourou.

*சாங்குலம், (சங்குலம்), poison.

*சாங்குலி, (id.) traité—, connaissance des poisons et de leurs antidotes.

சாங்குவாதி, P. சாங்கியவாதி. [tes.

*சாங்குவாதிகன், (sâmvâdika), logicien.

*சாங்கோபாங்கம், (ச, அங்கம், உபாங்கம்), le corps avec tous ses membres, perfection, plénitude, accomplissement, intégrité, totalité, le corps et ses vêtemens ou ornemens, secours: —ஆய் parfaitement, entièrement, en bon ordre; —ஆயிருக்கிறது être parfait, —entier, complet; —ஆய்ப்பேசுகிறது, —ஆய்ப்பிரசங்கிக்கிறது parler—, prêcher parfaitement; —ஆய்ச்செய்கிறது, —ஆய்முடிக்கிறது faire—, achever une chose parfaite.

ment,—entièrement;— ஆமூலங்குடியைக்கெடுத்தான் il m'a ruiné complètement; — ஆமூலாந்தச்சரித்திரத்தைச்சொல்லு raconte cette histoire dans tous ses détails,

சாசம்காரம்பண்ணுகிறது, ou சாசம்கரிக்கிறது (சா), ôter l'équation du சாரவாக்கியம் ou de la table des sinus. [lézard பல்லி.

*சாசயந்தகம், (sâsayandaka), le சாசபுடம், 2e des 5 தாளம் ou manières de battre des cymbales en mesure, *V. au mot* தாளம்.

*சாசனம், (sâsana), serment, ordre,—du roi, édit, titre,— de concession royale, écrit, acte,—de donation etc..., inscription, contrat, règle, répression des sens, gouvernement des passions, punition, bourg exempt de tribut, punition, village de pêcheurs, moutarde blanche: சாசனகாரன் messager qui porte une lettre, — un ordre,—une ôle; — பத்திரம் ordre du roi, lettre, billet, écrit, titre: சிலா —, தாம்பர —, தங்கசாசனம் inscription—, concession gravée sur pierre, —sur cuivre,—sur une plaque d'or.

சாசி, la plante திராய்.

சாசிபம், grenouille.

*சாசுவதம், (sâsvata), immutabilité, immobilité, durée perpétuelle, éternité, certitude: — ஆயிருக்கிறது durer; —ஆன perpétuel, éternel; இந்தயாக்கை செல்வ மிளமை சாசுவதமா est-ce que le corps, la prospérité et la jeunesse durent toujours?

சாச்சடங்கு, (சா), cérémonie funèbre, enterrement. [ration, surprise.

*சாச்சரியம், (ச, ஆச்சரியம்), admi-

சாச்சா, V. சவுரிஷேத்திரம்.

*சாஸ்திரம், (sâstra), art, science, doctrine, traité sur un art,—une science, livre, les vêdams, sâstras, doctrines ou sciences des Indous, règles ou institutions religieuses, règle, ordre, commandement, fausse—, vaine prédiction, astrologie, bonne-aventure, divination, sorcellerie, abservance superstitieuse. Les Indous comptent 2 sortes de சாஸ்திரம் ou classes de doctrine. La 1re nommée அத்தியாத்மிக நூல் se divise en 3 systèmes, savoir: le சாங்கியசாஸ்திரம், *i.e.* philosophie Sânkhya ou système de கபிலன்; le பாதஞ்சலியம் ou philosophie yoga, *i.e.* des அஷ்டாங்கயோகம், enseignée par பதஞ்சலியன்; et le வேதாந்தம் ou philosophie Vêdanda fondée par Viyasen et dont le plus grand défenseur fut சங்கராசாரியன்: elle comprend la partie théologique des vêdas contenue dans les உபநிஷதம். La 2e classe de doctrine se divise en 6 systèmes dits ஆறுசாஸ்திரம், savoir: 1° le வேதாந்தம். 2° வைசேஷிகம் doctrine ou philosophie de கணாதன். 3° le பாட்டம் système ou école de Battâchâria. 4° le பிரபாகரம் ou lois cérémoniales. 5° பூர்வமீமாம்சை ou système du mouni Djaïmini qui explique la portion des vêdas relative aux rites et obligations morales et légales. 6° le உத்தரமீமாம்சை système qui ressemble au வேதாந்தம் et est aussi attribué à Viyasen; il traite de l'âme de l'univers et explique la partie théologique des vêdas en se fondant sur le Gnâna cânda, *V.* ஆறுசாஸ்திரம்: சாஸ்திரத்தின்படிநடக்கிறது se conduire selon les règles de l'art,— de la science, ou selon les paroles du devin; சாஸ்திரம்பார்க்கிறது consulter les augures,—l'astrologie,—la divination, examiner les présages; சாஸ்திரக்காரன் astrologue, devin: —க்கியன், (djna *qui connaît*), savant, docteur, artiste; — க்கியதை connaissance des sciences,—des sâstras;—சக்ஷு, — சட்சு l'œil de la science, *i.e.* la grammaire; — சாலை collége, séminaire, école; — சித்தம் sens d'un livre, — fondé sur des institutions divines ou les livres saints;—ஞானம் connaissance dérivée des livres divins; —தத்துவம் vérité enseignée dans les ouvrages divins; — தத்துவக்கியன் savant dans les ouvrages sacrés, astrologue;—தக்ஞி savant dans les sciences sacrées;—திட்டை explication de la philosophie ou de la théologie; —நிந்தை mépris de la science,—des ouvrages réputés sacrés;—பள்ளிக்கூடம் collége,séminaire, école où l'on enseigne les sciences; — பேதி nom de plante; — ப்பிரசங்கம் contenu —,sujet des livres sacrés, discussion des ouvrages de littérature sacrée: —வாதி,V.சாஸ்திரி; — விதானம் rituel sacré,précepte cérémonial;— விரோதம் opposition à la science, à l'autorité sacrée, contradiction de différens systèmes;—வயேதேயன், P. சாத்தியவதேவன்;வியான —, V. ஞான சாஸ்திரம்.

*சாஸ்திராசரணன், (சாஸ்திரம், ஆசரணம்),savant,—versé dans les sâstras, — observateur des vêdas ou des sâstras.

*சாஸ்திராதிக்கிரமம்,(id. அதிக்கிரமம்),transgression des sâstras.

*சாஸ்திராநுஷ்டானம்,சாஸ்திராநுசாரம்,(id. அநுஷ்டானம், அநுசாரம்),observance des sâstras, conformité aux règles de la science, — aux livres sacrés.

*சாஸ்திரி, (சாஸ்திரம்), savant, docteur,érudit,artiste,celui qui enseigne les vêdas et autres sciences, astrologue,devin,arithméticien.

*சாஸ்திரீயம், (id.), conformité aux règles de la science ou de la doctrine.

*சாஷ்டாங்கம், (ச; அஷ்ட,அங்கம்),ou சாஷ்டாங்கதெண்டன் prostration,—entière,—des 8 membres, i.e.des 2 mains,des 2 pieds, des 2 épaules,de la poitrine et du front; (ils doivent toucher la terre): hommage: —பண்ணுகிறது ,— செய்கிறது, —ஆய்நமஸ்காரஞ்செய்கிறது,— ஆய்விழுகிறது, சாஷ்டாங்க தண்டம்பண்ணுகிறது se prosterner entièrement, faire la prostration, rendre hommage. [tabilité,V.அநித்தம்.

*சாஞ்சலியம்,(tchântchalya), ins-

சாஞ்சிதம், défaut des émeraudes qui est d'avoir la couleur de feuille de citron ou de laurier.

சாடராக்கினி,P. சடராக்கினி

*சாடன்,(tchâta), trompeur,perfide,—qui dissipe l'argent qu'on lui [a confié.

சாடா,le tout.

*சாடாஸ்திரகம், சாடாத்திரகம், (djhâtâstraka), melon d'eau.

சாடி, 1° jarre, jatte, grand pot, grande cruche, le Verseau, cheveux d'homme,poivre long,cendre,accusation, calomnie 2° * (sâti),toile,habit. 3° gér.de சாடுகிறது.4° imp.de

சாடிக்கிறது,டித்தேன், டிப்பேன், டி,டிக்க,v. a. briser, broyer, désapprouver,réprimander.

சாடிவி,cannibale,anthropophage.

*சாடு,1°(tchâtou), éloquence, flatterie,discours agréable,assemblée de poëtes.2° char, charrette, holcus ou sôlam non encore mûr, grain non mûr de சோளம்.3° imp.et part.de.

சாடுகிறது,டினேன்,டுவேன், டு, ட,v.a. et n.agiter, secouer,se jeter sur,battre,frapper,défaire,tuer, briser, désapprouver,réprimander,blâmer,étendre les bras ou les jambes par indolence ou lassitude, ramasser, vaciller, chanceler,pencher,—de côté et d'autre,se balancer,s'agiter, remuer,se briser: பகைஞரைச்சாடுகிறது défaire les ennemis; சாடிக்கொண்டுவருகிறது venir en chancelant, en vacillant,en se balançant.

சாடுதல்,n.v. du préc: அவனிடச் சாடுதலாயிருக்கிறது la chose a été confiée à ses soins;இவன்மேலத்தனை சாடுதலில்லை, அவன்மேலேசாடுகிறது il n'y a pas tant de soupçons sur celui-ci,mais le soupçon tombe sur celui-là.

சாடை,1° signe,geste,œillade, indice,insinuation,allusion, connivence,tolérance,faible notion, apparence,rapport,médisance,inclinaison. 2° P. சாடாய் 2° pers.sing.nég. de சாடுகிறது:—க்காரன் rapporteur, médisant;—காட்டுகிறது,—காண்பிக்கிறது,—செய்கிறது faire signe, —connaitre par signe,donner à entendre; — யாய்க்காண்பிக்கிறது faire connaitre par signe (de manière à n'être pas compris d'une tierce personne);

—சாட்டிக் கூப்பிடுகிறது, — பல்லி ளியழைக்கிறது appeler par signe; —யாய்யெழுதுகிறது écrire avec réserve, d'une manière déguisée, de manière à faire comprendre à demimot et comme par signe;—யாய்க்கேட்கிறது entendre —, écouter une chose sans paraître y faire attention, demander —, interroger par signe, d'une manière détournée;—யாய்ப்பார்க்கிறது regarder —,voir sans faire semblant; — யாய்ப்பேசுகிறது faire allusion,donner à entendre,suggérer; —யாய்ப்போகிறதுப்விலகுகிறது se retirer furtivement, s'évader doucement;காரியஞ் சாடையாய்ப்போயிற்று la chose passa sans être remarquée,sans qu'on en dit rien.

*சாட்குண்ணியம், (சட்குணம், ya),ensemble de 6 qualités ou attributs,6 fois autant,sextuple.

*சாட்குலக்,(sâchkoula), nourriture de chair (et de poisson).

*சாட்கூலி, (சாட்குலக்), homme qui se nourrit de chair.

*சாட்குலிகம்,(sâchkoulika),espèce de croquignole, petits gâteaux tordus,foule de pâtés.

*சாட்சாது,சாட்சாத்,1° gloire durable,— immuable.2° P.சாக்ஷாது.

*சாட்சாத்காரம்,(சாட்சாத், காரம்), être témoin des organes des sens et des facultés intérieures.

*சாட்சி,(sâkchi),témoin,—oculaire,(et même auriculaire), témoignage,déposition:— கேட்கிறது écouter les témoins,—le témoignage; —கொடுக்கிறது présenter des témoins; ou — சொல்லுகிறது témoigner, rendre témoignage; —க்காரன் témoin; —சம்பந்தம் chose qui a rapport —, rapport au témoin,—au témoignage, témoignage de possession ou de propriété;—ப்படுத்துகிறது prouver par témoins,rendre témoin;— ப்பத்திரம் lettre testimoniale;—பரிக்ஷை,— பரிக்ஷணம் examen de la crédibilité des témoins; — ப்புறத்திரேவை règle pour expliquer et prouver une doctrine par les écrits et le témoignage des savans;—யபாவம் absence —, manque de témoins;—யிடுகிறது,— வைக்கிறது prendre —, mettre pour témoins,—produire des témoins,—pour témoins; — லக்ஷணம் preuve par témoins; — விளக்கம், — விசாரணை examen des témoins;அவரவர்மனமே அவரவருக்குச் சாட்சி chacun a pour témoin sa propre conscience; லோகசாட்சி le témoin du monde,i.e.Dieu: கர்த்தாவினுடையசாட்சிக் குட்பட்டதாயிருக்கிறது être sous les yeux du Tout-puissant,l'avoir pour témoin.

*சாட்சியம், (சாட்சி), témoignage.

சாட்டம்,P.சதாஷ்டம்,108.

சாட்டல்,n.v.de சாட்டுகிறது.

*சாட்டாங்கம்... V.சாஷ்டாங்கம்..

சாட்டி,1° ou—க்கயிறு fouet, corde pour faire tourner un sabot,— une toupie. 2° verge,houssine,ou —த்தரை terre moissonnée.3° gér. de சாட்டுகிறது: சாட்டியால்மழுக்குகிறது fouetter.

*சாட்டியம் 1°(sâtya),mal,méchanceté,scélératesse,bassesse.2° (djâdya), froideur,frigidité,apathie,indisposition, maladie.3° tromperie,perfidie, violence,affliction,peine.

சாட்டு,1° accusation, excuse, gazon,moyen,entremise.2° imp.et part. de சாட்டுகிறது: — சொல்லுகிறது s'excuser; அவன் சாட்டாய் வரவேண்டும் il faut que cela vienne par son entremise;அவன்சாட்டிலேகொண்டேன் j'ai acheté ou obtenu par son moyen ou pour l'amour de lui.

சாட்டுகிறது, ட்டினேன், ட்டுவேன்,ட்ட,ட்ட,v.a.transférer (à un autre une dette,une charge, une obligation),faire tomber—,rejeter—, jeter sur un autre, accuser, frapper, battre (le tambour), s'excuser, prétexter:ஒருவன்மேலேகுற்றஞ் சாட்டுகிறது accuser quelqu'un, rejeter la faute sur lui;இவனெனக்குக் கொடுக்கவேண்டியபணத்தை யின்னானுக்குக்கொடுக்கும் படியாய்ச் சாட்டிவிட்டேன் j'ai transféré à un tel l'argent que celui-ci me doit; சாட்டிக் கொள்ளுகிறது prendre sur soi;அவ

ன்கடனைச் சாட்டிக்கொண்டேன் j'ai pris sur moi sa dette; உன்கவலையைக்கர்த்தர்மேலேசாட்டிவிடு jacta super Dominum curam tuam, remets les inquiétudes dans le sein du Seigneur.

சாட்டுதல், *n.v. du préc.* அது அவன் சாட்டுதலாகவிட்டிருக்கின்றது cela est confié à ses soins.

*சாட்டுவலம், (sâdvala), gazon, pré, terre couverte de gazon. [கிறது.

சாட்டுவிக்கிறது, *v. caus. de* சாட்டு

சாட்டை. 1° fouet, —très-long, discipline —, fouet de flagellans mendians, espèce de planche. 2° *P.* சாட்டாய், 2me *pers. sing. nég. de* சாட்டுகிறது; —க்கூடை panier très-largo et haut d'un empan.

சாணகம், bouse (de vache ou de [bœuf).

*சாணக்கியம் (tchânakya) ouvrage sur la politique et la morale composé par le braine சாணக்கியன் ministre du roi சந்திரகுப்தன்.

சாணங்கி, *P.* சாணுக்கி, la plante துளசி, basilic.

*சாணம், (sâna), pierre à aiguiser. — de touche, — sur laquelle on broie. 2° *P.* சாணி, bouse de vache; சாணத்தனம் raillerie, plaisanterie, obscénité.

சாணளப்பான் *ou* சாணளந்தான்பூச்சி, (சாண்), nom d'un insecte.

சாணன், homme habile, d'esprit.

சாணுகம், bouse de vache: சாணுகமுதலை espèce de crocodile; — மூக்கன் espèce de serpent, — de scarabée (qui aime la bouse de vache).

சாணுக்கி, espèce de basilic, ocymum polystachion.

சாணுங்கி, bouse de vache.

சாணாத்தி, *f. de* சாணான். Sânâtti, femme de la caste des Sânârs.

சாணாரக்காசு, (சாணார்), pièce d'or portant l'empreinte d'un Sânar.

சாணான், *pl.* சாணார், Sânar, caste dont l'emploi est de monter sur les palmiers et les cocotiers et d'en tirer le jus.

சாணி, 1° bouse, (de vache, de bœuf, de buffle), crotte de cheval, *V.* விபூதி. 2° *f. de* சாணன், femme industrieuse, d'esprit. 3° écuyer qui dresse les chevaux: — க்கெண்டை espèce de poisson, aphya: — தட்டுகிறது frapper dans ses mains et aplatir la bouse de vache en forme de galette pour la faire sécher et en faire du feu; — தெளிக்கிறது arroser la terre ou le pavé de bouse, de vache délayée (avant de balayer); —போடுகிறது. — யிடுகிறது (la vache etc...) fienter, rendre sa bouse, répandre de la bouse de vache, arroser de bouse délayée, enduire —, frotter de bouse de vache.

*சாணை, (sâna), pierre à broyer, — sur laquelle on broie, toile —, linge sur lequel on couche les petits enfans, *ou* —க்கல் pierre à aiguiser, à repasser, —d'un endroit où l'eau est profonde et bleue; —க்கத்தி fleuret pour l'escrime: — க்கூறை toile propre à coucher les petits enfans, — qu'on donne à une fille en signe de mariage à conclure; —ச்சீலை toile —, linge sur lequel on couche les petits enfans; —திருகிறது, — பிடிக்கிறது, — பிடித்தல் repasser, aiguiser (un couteau, un rasoir, une épée), couper et polir les pierres précieuses: —ப்பனங்கட்டி mélasse de jus de palmier mise en forme de galettes plates; — ப்பிள்ளை enfant au dessous de 4 mois.

சாண், empan, mesure d'un empan, demi-coudée; —சீலை la toile qui a un empan de largeur, *i. e.* le langoutti; —சாணாய்நறுக்குகிறது couper en morceaux d'un empan chacun; —வயிறு abdomen, bas-ventre; சாணளவாய் de la longueur d'un empan: எறும்புந் தன் கையாலெண்சாண் la fourmi elle même a 8 empans à la mesure de ses pattes, aussi ne faut-il mépriser personne à cause de son état naturel, puisque sous certains rapports il est notre égal.

சாண்டு, sperme humain, (mot déshonnête).

*சாண்மாதுரன், (chach 6, மாதுரு), celui qui a eu 6 mères, *i. e.* Soupramanien, qu'on dit avoir été élevé par les 6 nymphes dites கார்த்திகை.

*சாதகம்,(djâtaka), horoscope, naissance, le 1er des பிரபந்தம் ou description (autrefois en vers, maintenant souvent en prose) du jour de la lune, du jour de la semaine, de la position de la constellation ou se trouve la lune, du யோகம், du கரணம், du signe du zodiaque, et de l'astre sous lequel on est né, suivie des prédictions astrologiques que l'horoscope en tire; cause secondaire. 2° (tchâtaka), alouette. 3°(sâdhaka), prospérité, succès, achèvement, exercice, habitude, habileté, caractère, disposition naturelle, titres, pièces justificatives, fantôme, — dodu, troupe de fantômes, la plante எருக்கு, mesure: —எழுதுகிறது tirer un horoscope, l'écrire; சாதகக்கட்டி pierre d'aimant; —கின்னேயோகன் arsenic naturel dit காய்ச்சற்பாஷாணம்; —குணசலம் soufre: —க்காரன், m. —க்காரி, f. tireur d'horoscope; — க்குறிப்பு note —, memorandum du temps de la naissance; —க்கோடு l'arsenic dit சங்கபாஷாணம்; — சக்கிலி, V. சத்திசாரம்; —சூதகம் impureté contractée par la naissance ou l'accouchement; —சித்தி arsenic préparé dit இரத்தபாஷாணம்; —திசை, V. முத்திநிசை; —நீர்க்கில் la pierre dite கண்டக்கிக்கில்; —பலன் prétendue influence des astres sous lesquels on est né; —புஷ்பம் vieille coquille ou pierre marine employée en médecine; —ப்புள் alouette ou oiseau de paradis, paradisea; — நாகத்தி l'arsenic préparé dit கோழித்தலைக் கந்தகம்; —வன்னி sorcier qui fascine le feu, charbon ardent. —வாதி. V. நாகமணல்; —வர்ணத்தி, V. சாதகசிர்த்தி; —வித்தை action à laquelle on est habitué; அவனுடையசாதகமப்படியிருக்கின்றது tel est son naturel, —son horoscope; அவனுக்கந்தவித்தையில் நல்ல சாதகம் il est très-habile dans cet art; காரிய சாதக மாயிற்று l'affaire a réussi. [de சாதகன்.

சாதகர், 1° gardes du corps. 2° pl. சாதகலம்பம், (சாதகம் ou சாதம்), l'arsenic naturel தாலம்பபாஷாணம்.

*சாதகன், (djâtaka), mendiant, homme habile, exercé, né, qui a son horoscope, qui soutient obstinément.

*சாதகாசிரியன், (சாதகம், ஆசிரியன்), homme propre à la dignité de gourou, qui a l'âge voulu pour cela, gourou auxiliaire.

*சாதகாலங்காரம், (id. அலங்காரம்), livre d'astrologie, — qui enseigne les détails des horoscopes.

*சாதகி, f. de சாதகன் femme monstrueuse, — qui soutient obstinément, tireuse d'horoscope.

*சாதகும்பம், சாதகௌம்பம், (sâtacoumbha), or.

*சாதம், 1° (djâta), naissance. 2°(sâta), joie, plaisir, bonheur. 3° (sâda), boue, herbe tendre. 4° (sâda, 3me sifflante ல), pureté, propreté. 5° vérité, sincérité, riz cuit, potage, gnome, fantôme, excellence, supériorité: — செலவழிக்கிறது employer le—, donner du riz cuit; — பகிருகிறது distribuer du riz cuit; உண்டைச் — riz cuit et mis est boule; சாதகருமம், — கன்மம் cérémonie de la naissance, — qu'on fait en coupant le cordon ombilical; —க்கல் saphir; — சூத்திரம் œil de chat, espèce de pierre précieuse; — மரணம் mort qui suit de près la naissance ou arrive en naissant; — மாத்திரம் moment de la naissance; —ரூபம் or, une des 4 espèces d'or; —ரூபி homme nu, — tel qu'il est né, Arouguen, soufre; — வண்டு espèce de scarabée; — வாகனன் le roi Sâlivâhanen qui enfant allait à cheval sur le Gandharba ou கந்தருவன் nommé Sâta metamorphosé en lion, Ayenâr porté par des hommes; — வேதா, (வேதம்), le feu ou Agni, de la bouche duquel (selon une légende) sortirent les vêdas.

சாதல், n.v. de சாகிறது.

*சாதனம், 1°(sâdhana), acte, billet, écrit, contrat, preuve, acte de donation etc... pièce justificative, attestation, solidité, matière, instrument, moyen, cause, accomplissement, réussite, richesse, prospérité, armée, chose, substance, pénis, signe, union, amitié, cérémonie funèbre, prémisses d'un syllogisme, soutenir obstinément les coutumes de sa secte, destruction, calcination (des métaux), convenance, effort, exercice, bonne œuvre, observances pour parvenir au bonheur final. 2° (sâdana), maison, habitation, place, gros village, ville, village exempt de taxe, maigreur, amaigrissement, exhaustion, dépérissement: —பண்ணுகிறது rédiger —, faire un acte, s'exercer, s'accoutumer; சாதனாசதுஷ்டயம், —சதுஷ்டயம் réunion des 4 choses suivantes: le mépris de son corps, de sa femme, de ses enfans, des richesses de ce monde et des plaisirs du paradis, l'acquisition des qualités requises pour l'état de சமாதி, la connaissance de ce qui est éternel ou passager et le renoncement à tout; —சாத்தியம் effet d'une cause. la cause et l'effet: —பத்திரம், —பத்திரிகை, —முறி acte, contrat, titre, billet, testament, promesse écrite: உத்தரவாதத்தின்—, acte de cautionnement, attestation de dépôt. [qui est né.

*சாதனன், P. சாதன், (djâta), celui

*சாதனுத்தரம், (சாதனம், அத்தரம்), document—, compte —, ressource —, pièce accessoire ou subséquente: இதைச்சாதனுத்தரங்களிலேவெல்லவேண்டும் il faut gagner cette affaire par des pièces subséquentes, ou accessoires, ou en alléguant un autre compte.

சாதனை, (சாதிக்கிறது), obstination, résistance, opposition haineuse, constance, persévérance (dans une entreprise), mensonge, fausseté, habileté, expérience (dans un art), comme la danse, l'escrime, le jeu etc...): — க்காரன், m. — க்காரி, f. homme—, femme opiniâtre dans son assertion, —செய்கிறது exercer un art, pratiquer; —த்திருப்பு obstination dans son assertion; இல்லையென்றுசொசாதனையாய்ச் சாதிக்கிறான் il persiste obstinément à dire non.

சாதா, manière —, ouvrage simple, uni, sans ornemens spéciaux, sans gravures ni peintures: —கம்மல், —க்கொப்பு pendans d'oreilles en or sans ornemens (les derniers pour le haut de l'oreille).

சாதாக்கியம், forme de Siven où sa connaissance et son action sont censées égales.

*சாதாபத்திமை, (சாதம், அபத்தியம்), mère, femme qui a un enfant.

*சாதாரணா, V. சாதாரணவருஷம்.

*சாதாரணம், (sâdhârana), universalité, chose commune, générale, vulgaire, vile, générique, manière —, règle commune, applicable à tous, facilité, habitude, coutume: சாதாரணகாரணம் cause universelle; —தருமம் devoir commun à tous; —ஸ்திரீ femme publique; —திருச்சபை l'Église universelle, —catholique; —வருஷம் la 44me année du cycle indien correspondant à 1850; சாதாரணமாய்ப்போகிறது devenir général, aisé, naturel; —ஆய்ப்போகலாம் on peut facilement aller et venir; —ஆய்ப்போ va où tu veux; —அனுகுணம் bonté accoutumée, —générale.

*சாதாரண்ணியம், (சாதாரணம், ya), universalité, partout.

சாதாரி, espèce d'air, de mélodie, ton propre aux pays de forêts.

சாதாவேலி, —க்கிழங்கு, la plante தண்ணீர்விட்டான்.

சாதாழை, certaine production ou plante marine: —திம்பம் ou

சாதாளநிம்பம், feuille de la plante எருக்கு.

*சாதான்மம், (sadâtma *honnête*), un des 18 codes des Indiens.

*சாதி, 1° (djâti), caste, tribu, famille, race, lignée, sexe, espèce, genre, classe, naissance, un des 10 தாளம் ou règles de mesure du temps en musique, muscade, jasmin. 2° (sâdi), cocher, héros, brave. 3° chose excellente, de qualité supérieure, parfaite, de bonne espèce, élévation, toddi ou callou, jus de palmier, arbre (en général), l'arbre திருச்சண்பகம், teck, rotin, arbre de qualité supérieure, la plante சீந்தில், l'arbuste ஆடாதோடை. 4e imp. de சாதிக்கிறது. Les Indiens sont divisés en 4 grandes castes primitives, savoir: பார்ப்பார் ou பிராமசாதி les Brames; அரசர் ou க்ஷத்திரியசாதி les rois ou Rajapoutres; வணிகர் ou வைசியசாதி les marchands ou Vaïsyas; சூத்திரர் ou சூத்திரசாதி les Choutres ou Soudras. Le Dékan ou sud de la presqu'île est divisé en 4 peuples: ஆந்திரம் ou தெலுங்குசாதி les Télingas; திராவிடம் ou தமிழ்ச்சாதி les Tamoulers; கன்னடம் ou கன்னடச்சாதி les Canaras; மகாராட்டிரம் ou மகாராட்டிரச்சாதி les Marattes. On trouve une autre division au mot திராவிடம்: — கோசம் muscade; — கீனன் homme de basse caste, ou qui déshonore sa caste; — கெட்ட chassé de caste, qui a perdu sa caste; — க்கட்டு lien —, union —, ligue —, coutumes de caste; — க்கலப்பு mélange de castes; — க்காம் muscade (c'est un des பஞ்சவாசம்); — க்காய்மரம் muscadier; — க்காரன் homme de race supérieure, Européen; — க்கோவை convenance; — க்குதிரை cheval de bonne race; — க்குறைவிசேஷம் faire ressortir le mérite ou l'élévation de quelqu'un par la bassesse de sa caste; — சாங்கரியம் mélange de caste; — சுபாவம் caractère —, naturel —, mœurs d'une caste; — ச்சரக்கு marchandise d'Europe, — de qualité supérieure; — த்தருமம் devoirs —, usages de caste; — த்தலைமை qualité de chef —, supériorité de caste, excellence; — த்தலைவன் chef de caste, supérieur, homme distingué: — த்தன்மை état d'une caste, ou — த்துவம் naturel d'une caste, caractère générique, propriété spécifique; — பலம் muscade; — பத்திரி macis, sorte de pulpe membraneuse et huileuse qui couvre la muscade, V. சாதி-ரி; — ப்பதங்கம் vermillon; — ப்பாய் natte de rotin; — ப்பிரஷ்டன் homme chassé de sa caste; — ப்பிரஞ்சம், (bhransa chute), perte de sa caste, infraction des coutumes de la caste; — ப்பிரஞ்சகரம், (id. kara qui fait), infraction susdite, conduite contraire à la caste, — qui fait perdre la caste, union avec des castes viles; — ப்புஷ்பம், — ப்பூ, V. சாதிபத்திரி; — மரம் arbre de qualité supérieure, l'arbre dit திருச்சண்பகம்; — மல்லிகை espèce supérieure de jasmin, jasminum grandiflorum; — மனுஷன் homme de caste, Européen; — மாத்திரம் espèce, genre, caste de nom sans observances ou règles spéciales; — மார்க்கம் usages —, mœurs d'une caste; — மானம் honneur de caste, sympathie —, union d'intérêt d'une caste; — யாசாரம், — யொழுக்கம் règle —, bienséance —, coutume de caste; — யடி pied métrique européen; — யிளப்பம் défaut dans la caste; —contre la caste; — யுவமம் comparaison qui a rapport à la caste, — à l'espèce; — லிங்கம் vermillon, peinture rouge, cinabre factice fait de mercure et de soufre; — லிங்கமிழைக்கிறது ou உரைக்கிறது broyer le vermillon; — லிங்கவருணம் couleur rouge, —de vermillon, — லக்ஷணம் distinction générique ou spécifique, marque de la caste; — வயிரம் diamant de qualité supérieure, haine de caste, — innée, — naturelle, ou — வைராக்கியம் attachement à sa caste, entêtement sur la supériorité de sa caste: — வைலக்ஷண்ணியம் incompatibilité avec la caste; சாதிக்கீனமாயிருக்கிறது être déshonorant pour la caste; சாதிக்குத் தக்கபுத்தி தானிருக்கும் l'esprit est (généralement) proportionné à la caste ou la condition; சாதிக்குப்புறம்பாக்குகிறது chasser de la caste; சாதியிலேயுயர்வுதாழ்வு la noblesse ou la bassesse d'extraction tient à la caste; சாதியிலேகூட்டிக்கொள்ளுகிறது recevoir dans la caste; இழிந்த —, கீழ்ப்பான

—,நீச—, கீழ்ச்சாதி basse caste, —extraction; உயர்ந்த—, உயர்—, நல்ல—, மேற்சாதி haute caste,— famille, noblesse d'extraction; எந்தச்சாதியாடு quelle espèce de brebis?

சாதிகம், V. சாதீகம்.

சாதிகை, (சாதி), habileté.

சாதிக்கிறது, தித்தேன், திப்பேன், தி, திக்க, *v.a.* soutenir, assurer, — obstinément, affirmer, insister, s'obstiner, persister dans son assertion, prendre à cœur, chicaner, réussir —, obtenir à force de persévérance, vaincre, dompter, accorder, dire (parmi les Vichnouvistes en parlant d'un grand), presser sur, frotter—, se frotter d'huile ou choses semblables, s'accoutumer, conclure, déduire, appliquer: சாதிக்கத் தெரியாதவன் homme qui ne sait pas soutenir son assertion; — ப்படுகிறது être affirmé,—vaincu; சாதித்துப் பிடிக்கிறது,—வாங்குகிறது prendre à force de persévérance (un pays, un fort etc...); சாதித்துப் பார்க்கிறது essayer de soutenir son assertion etc...; இல்லையென்று—, உண்டென்றுசாதிக்கிறது s'obstiner—, persévérer à nier ou à affirmer; தான் பிடித்தமுசலுக்குமூன்றுகாலென்றுசாதிக்கிறான் il soutient que le lièvre qu'il a pris n'a que 3 pieds, *i. e.* il soutient son assertion quelqu'absurde qu'elle soit; அவனைச் சாதித்தான் il l'a vaincu; சுவாமி சாதித்தார் le Seigneur—, le gourou a dit, —a accordé; காரியஞ்சாதிக்கிறது obtenir une chose à force de persévérance.

*சாதிசம், (சாதி, சம்), myrrhe, gomme odoriférante.

*சாதிட்டம், (sâdhichta), grande dureté, — difficulté, — convenance, —longueur. [chée.

*சாதிதம், (tchhâdita), chose ca-

சாதித்தல், சாதிப்பு, *n.v.de* சாதிக்கிறது, persévérance, obstination, — à soutenir etc.., friction, habitude, victoire. [te, —de bonne caste.

*சாதிமான், (சாதி), homme de cas-

சாதியான், சாதியோன், *pl.* சாதியார், சாதியோர், (சாதி), homme de caste, de la même caste.

*சாதிரசம், (*id* இரசம்), V. சாதிசம்.

சாதிரம், la plante விஷ்ணுகரந்

*சாதிரியம், P. சாதுருசியம். [தை.

சாதிரேகம், சாதிரேசம், safran.

சாதினி, murier,—indien, V. பிரக்

சாதினை, P. சாதனை. [கு.

*சாதீகம், சாதீயம், (சாதி), usage—, coutumes—, régle—, affaire de caste, état de la caste.

*சாது, 1°(sâdhou), douceur, mansuétude, bonté, bon caractére, clémence, excellence, docilité, homme doux, bon, vertueux, pieux, sage, excellent, dont les passions sont soumises, Arouguen. 2° lait caillé (artificiellement): —குணம் caractère doux; —சங்கம் réunion de gens de bien: —சன் homme bien-né, de bonne famille; —சீலன் homme vertueux; —த்துவம் douceur, bonté, excellence; — முகன் homme dont la figure respire la douceur; —விருத்தம் vertu, piété; — விருத்தன், *m.* — விருத்தி, *f.* personne douce, vertueuse, pieuse; சாதுவாக avec douceur, doucement, patiemment: சாதுவான doux, docile, gentil, apprivoisé; சாதுவானமாடு bœuf doux, paisible; —மிருகம் animal doux, apprivoisé.

*சாதுகம், (சதுகம்), assa-fetida.

*சாதுதி, (sâdhoudhi), belle-mère, mère de la femme ou de mari.

*சாதுரங்கம், P. சதுரங்கம்.

*சாதுரம், (tchâtoura), char, —à 4 places. [cocher.

*சாதுரன், (*id.*), homme prudent,

*சாதுரிகன், (சாதுரம், ika), cocher. [கிரமம்.

*சாதுராச்கிரமியம், V. சதுராச்

*சாதுரியம், (tchâtourya), éloquence, profonde connaissance, dextérité, habileté, proverbe, civilité, connivence, faire semblant de ne pas voir: —ஆய்ப்பேசுகிறது parler éloquemment; —ஆனவார்த்தை mot—, discours éloquent; —உள்ளவன் ou

*சாதுரியவான், சாதுரியன், (சாதுரியம்), orateur, homme éloquent, — habile.

*சாதுரியாகமம்,(சாதுரியம், ஆகமம்),le livre des Proverbes.

*சாதுருசியம்,(sâdrousya),ressemblance,similitude, évidence,ce qu'on voit des yeux,exemple, preuve.

*சாதுருமாசியம்,(சதுர், மாசம்), sacrifice fait tous les 4 mois.

*சாதுர்,P.சதுர்,quatre;— ப்பாகம் un quart,un 4me;—வருணம்,—வருணாணியம் les 4 castes primitives, les Brames,les Khattriers,les Vaïsiers et les Choutres;— வருணத்தார் les gens de ces 4 castes;— வைத்தியன் gourou versé dans les 4 vêdas.

*சாதூரியம்,P.சாதுரியம்.

*சாதேஷ்டி,சாதேட்டி,(சாதம்,இஷ்டி).sacrifice—, cérémonie qui se fait à la naissance.

சாதேவம்,l'arbre குழிநாவல்,l'arbrisseau சிறுநாவல்.

*சாதேவன்,P.சகதேவன், [து.

சாத்தல்,opt.et.n.v.de சாத்துகிற

சாத்தம், cérémonie funèbre des

சாத்தவர்,cavaliers. [Syriaques

*சாத்தன்,(sâstâ),précepteur, correcteur,maître,celui qui gouverne, qui avertit,qui informe,qui châtie, Ayénar,Arouguen, Vaïraven, Bouddha.

*சாத்தா,1° V.சாத்தன்:சாத்தாவின்தேவி la femme d'Ayénar, i.e. பூரணை.2° part.et gér.nég.de சாத்துகிறது.

சாத்தாதவர் (சாத்தா),ceux qui ne portent pas,—pas le cordon bramanique et le குடுமி ou touffe de cheveux,c'est une classe de Vichnouvistes,mais mélangée et dégradée, dont l'occupation est de cueillir des fleurs, de faire de la musique et de mendier.Lorsque des personnes d'autres subdivisions de Vichouvistes se joignent à eux,toutedistinction cesse entr'eux; on dit même que la communauté des femmes est en usage parmi eux. Le Sivéniste dégradé se nomme சங்கமன்; ce qui a donné lieu à ce proverbe: சாதிகெட்டவன் சாத்தாதவன்,சாதிகெட்டவன்சங்கமன், le Vichnouviste dégradé se nomme சாத்தாதவன், le Sivéniste dégradé se nomme சங்கமன்.

சாத்தாவாரி, la plante தண்ணீர்விட்டான். [punition.

*சாத்தி, (sâsti), commandement,

சாத்திகம்,P.சாத்தியம்,ce qui doit réussir,un des 32 ordres d'architecture, V.சாத்துவிகம்.

*சாத்தியந்தன், (சாதி, அந்தன்), aveugle de naissance.

*சாத்தியம்,1° (sâdhya),possibilité, chose praticable, guérissable, possible, soutenable, prouvée,à prouver, matière en débat, accomplissement, perfection, plénitude, vérité,un des யோகம், conclusion d'un syllogisme. 2° (djâtya), rectangle, angle droit: — ஆயிருக்கிறது être guérissable,possible,surmontable; சாத்தியகுணம் caractère traitable,—docile; —குணமாய்க்காண்கிறது paraître curable,—traitable;—கோளம் sphère droite; — த்திரிபுசம் triangle rectangle;—சாதனம் accomplissement de ce qui est à faire;—சித்தி preuve, conclusion;— சித்திபாதம் 4me partie d'un procès, le jugement; — தேவர் (surnom de) Viâsen;—ரோகம்,—வியாதி maladie guérissable.

*சாத்தியகி,(sâtyaki), le cocher de Krichna.

*சாத்தியவதன்,சாத்தியவதேயன், (சத்தியவதி),le fils de Sattiavadi,i.e. Viâsen.

*சாத்தியாசாத்தியம்,(சாத்தியம், அசாத்தியம்), le possible et l'impossible, V.குறுகுணம்.

*சாத்தியன்,(djâtya),homme bien-né,—né de parens de même caste.

*சாத்திரம்... P.சாஸ்திரம்.

*சாத்திரவாதி,சாத்திரி,P.சாஸ்திரி.

*சாத்திரியம்... P. சாஸ்திரியம்...

சாத்திரவேதி,espèce grossière d'ocre rouge. [ர்விட்டான்.

சாத்திரவேரி, l'arbrisseau தண்ணீ

*சாத்திரை, (yâtra),fête religieuse, —de déesse de village.

சாத்தினவர்,n. app. de சாத்துகிறது, brames Vichnouvistes qui portent le cordon bramanique et le குடுமி

ou touffe de cheveux; le contraire est சாத்தாரவர்.

சாத்திகம், P. சாத்துவிகம்.

சாத்து, 1° imp. et part. du சாத்துகிறது. 2° coup, action de revêtir, d'orner, d'appuyer, etc...; — கவி vers ajouté à la suite ou en tête d'un ouvrage par une main étrangère, poète qui imite la poésie d'un autre; — சாப்பு bracelet qu'on met ou à mettre, ornement d'une idole, bonne rossée: — நாறு, — நாற்று plantes à transplanter, jeunes plantes mises à la place de celles qui sont mortes; — ப்படி, — படிசெய்கிறது orner de fleurs, de guirlandes etc...; — பெட்டி, V. சார்த்துபெட்டி.

சாத்துகிறது, த்தினேன், த்துவேன், த்து, த்த, v. a. P. சார்த்துகிறது, frapper, battre, donner un coup, — un soufflet, fouetter, appliquer, infliger, placer —, appuyer contre (un mur etc...), boucher, couvrir, fermer (la porte...simplement; si c'est à clef, le terme propre est பூட்டுகிறது), battre le tambour, enduire, s'oindre —, oindre le front, mettre des marques sur le front, revêtir, mettre (v. g à une statue des habits, des bijoux, des guirlandes etc...): சாத்திக்கழிக்கிறது ôter les ornemens qu'on a mis (à une statue etc...): அவரோசோடசாத்துகிறது, — சாத்திவைக்கிறது appuyer contre la muraille.

சாத்துகை, சாத்துதல், n. v. du préc.

*சாத்துவசம், (sâdhvasa), crainte.

*சாத்துவாலம், (tchâtvâla), trou en terre pour recevoir un holocauste ou le feu du sacrifice.

*சாத்துவிகம், (sâtvika), excellence, douceur, bonté, le 1er des 3 caractères, V. குணம்-ம்.

*சாத்துவிகன், (id.), Brama.

*சாக்தேயம், (sâktya), secte de ceux qui adorent சத்தி et le symbole ou organe féminin.

*சாந்நித்தியம், (sânnidya), approche, proximité, voisinage, présence, — de Dieu; — ஆயிருக்கிறது être présent, près de, avec: சர்வேசுரன் அவனுக்குச் சாந்நித்தியமாயிருக்கிறார் le Seigneur est avec lui; அவனுக்கு மூதேவி சாந்நித்தியமாயிருக்கிறாள் la vieille déesse de la pauvreté est avec lui, il est pauvre.

சாந்தகப்பை, (சாந்து, அகப்பை), cuillère au mortier etc...

சாந்தகம், சாந்தகுணம், (சாந்தம்), douceur (au toucher...), mansuétude.

*சாந்தபனம், (sântapana), espèce de pénitence payenne qui consiste à se nourrir de sucre, de தயிர் ou lait de beurre, de miel, de beurre fondu et de lait pendant 6 jours et à jeûner le 7me. [Clément.

சாந்தப்பன், (சாந்தம், அப்பன்),

*சாந்தம். 1° (sânta), calme, tranquillité, douceur, bonté, clémence, mansuétude miséricorde, indulgence patience, longanimité, froid, fraicheur. 2°. (சந்தம்), sandal, onguent, bouse de vache: — ஆகிறது, — ஆதல் devenir doux, — patient: — உள்ள doux, clément, calme, paisible; — பண்ணுகிறது mitiger, adoucir; சாந்தகுணம் caractère doux, douceur; — சந்திரோதயம் nom d'un remède excellent; — முகம் visage doux, — serein et frais; — ரூபம் apparence —, figure douce, calme, fraiche; — கிரந்தகர்த்தர் auteur du livre nommé ஞானக்கியசதகம்; மிகவுஞ்சாந்தமுள்ள, அத்தியந்தசாந்தமுள்ள très doux, très-patient. [ce, Clémentine.

சாந்தம்மாள், (சாந்தம்), Clémen-

சாந்தவம், pente —, flanc de montagne. [ட்டான்.

சாந்தவாரி, la plante தண்ணீர்விட்

*சாந்தனவன், (சாந்தநு), le fils de சாந்தநு, i. e, வீஷ்மன்.

*சாந்தனிகம், (சந்தனம், ika), poudre de sandal délayée.

*சாந்தநு, V. சந்தநு. [mort.

சாந்தமரியும், (சாவு), jusqu'à la

*சாந்தன், (சாந்தம்), homme doux calme, clément, ascète bien réglé, dont les passions sont domptées, Arouguen, Bouddha, l'astre frais, i. e. la lune.

சாந்தாயி, (சாந்தம், ஆயி), Clémence,Clémentine, *n.pr.*

சாந்தாற்றி, (*id.*), petit éventail, vergette, éventail de plumes de paon.

*சாந்தானவிசேஷசை,(சந்தானம், ika),chose donnée aux grands pour en jouir de génération en génération.

*சாந்தி, (sânti), calme, douceur, mitigation, adoucissement, dissolution,abolition,expiation (d'une faute...):—பண்ணுகிறது abolir, abroger,expier;—கலை un des கலை des Sivénites, —விருத்தி augmentation de la qualité dite சாத்துவீகம்.

*சாந்தியாதீதகலை,(சாந்தியை,அதீதம்),கலை des Sivénistes supérieur au சாந்திகலை.

*சாந்திரகம், (tchândraka), gingembre vert.

*சாந்திரம்,1° (*de* சந்திரன்), chose qui a rapport à la lune, mois lunaire, pierre précieuse qui sue au lever de la lune, les 14 premiers jours d'une lunaison. 2° (sândra), étroitesse,densité, plénitude, abondance,poli,douceur au toucher:சாந்திரமாதம் mois lunaire; — மாசம் mois —, année lunaire, calcul fait sur ou d'après le cours de la lune; —வருடம் ou [ம்),année lunaire.

சாந்திராயனம்,(சாந்திரம், ஆயனம்)

*சாந்திராயணம், (*id.* அயனம்), pénitence d'un mois lunaire, qui consiste à diminuer la nourriture d'une bouchée chaque jour, jusqu'à ce qu'elle soit réduite à une bouchée le jour de la pleine lune, et à l'augmenter ensuite d'une bouchée par jour jusqu'à la nouvelle lune.

*சாந்திராயனம், (*id.* அயனம்), orbite ou cours de la lune.

சாந்து,1° bois de—,sandal, pollen des fleurs, mortier, ciment (de chaux et de sable),stuc, plâtre, parfum, poudre odoriférante, onguent, —composé: 2° *P.* சாந்தம்,douceur, caractère doux: களிச் —, argile pétrie,—employée en guise de mortier:சாந்தரைக்கிறது broyer finement,réduire en poussière; — க்கோவை espèce de collier d'or ou d'argent,pavé fait en stuc, — en chaux; —சாத்தி, —சேவை onction de parfums faite à une idole; — பூசுகிறது crépir,enduire de chaux fine; — ப்பொடி poudre odoriférante; — ப்பொட்டு bottou—, marque noirâtre mise sur le front; — வகை-ச les 4 espèces d'onguent, dites: பிசம், கலவை,வட்டிகை et புனி;— வாரி homme qui nettoie,qui enlève les ordures;சாந்திடுகுழம்பு onguent odoriférant,parfum détrempé.

சாந்துருவம், (சாந்து, உருவம்), figure—, statue en chaux.

*சாந்துவம், (sântva), douceur, mansuétude.

*சாந்தை,*fém.de* சாந்தன்,femme douce,Ganguée,le Gange,la terre.

*சாந்தோக்கியம், (tchhandôgya), un des 32 உபநிஷதம்.

சாபத்தீடு,*P.*சாபத்தீடு.

சாபத்தீடு,(சாபம் *obl.*ம்டு), malédiction,—donnée et ses effets,imprécation, jeter une malédiction, anathème:சாபத்திடப்பட்டது chose maudite, anathématisée, frappée d'anathème.

*சாபம்,1° (sâpa),malédiction,imprécation,anathème, excommunication. 2° (tchâpa),arc (d'archer...), arc ou portion d'un cercle,demi-circonférence,le Sagittaire:—இடுகிறது,—கொடுக்கிறது,— போடுகிறது maudire, anathématiser, excommunier; —தீர்க்கிறது, சாபத்தைநிவர்த்திக்கிறது ôter une malédiction, lever l'excommunication;—சாபநிவர்த்தி, —நிவாரணம்,—விமோசனம்,révocation—, levée d'une malédiction, d'une excommunication.

*சாபலம், 1° (சா, பலம்),équation du centre. 2° (tchâpala), *ou*

*சாபலாக்கியம், (சாபலம், ஆக்கியம்), courte durée, *V.* அநித்தியம்.

*சாபலன், (djâbâla), berger,marchand de moutons.

*சாபல்லியம், 1° (சாபலம், ya), inconstance, légèreté,courte durée

2° (sâphalya), réussite, produit, fécondité. [—de pays maritime.

சாபறை, (சா), tambour funèbre,

*சாபனை, (சாபம்), malédiction, imprécation, anathème.

*சாபாநுக்கிரகம், (id. அநுக்கிரகம்), malédiction et bénédiction: சாபாநுக்கிரக சாமர்த்திய முள்ளவர் celui qui a le pouvoir de bénir et de maudire. [d'une malédiction.

*சாபாந்தம், (id. அந்தம்), fin

*சாபாலம், (djâbâla), un des உபநிஷதம். [mouni.

*சாபாலி, (djâbâli), nom d'un

சபிக்கிறது, பித்தேன், பிப்பேன், பி, பிக்க, v. a. (சாபம்), V. சபிக்கிறது.

சாபிணம், (சா), extrême vieillesse.

சாபிதா, (ind.), liste, catalogue, inventaire, cédule, table des matières, spécification: —ப்படிக்கு suivant la liste…

சாபித்தல், சாபிப்பு, சாபினை, n. v. de சாபிக்கிறது, V. சாபனை.

சாபிள்ளை, (சா), enfant mort-né, —qui meurt aussitôt après sa naissance.

சாபினை, P. சாபனை. [sance.

சாபூ. (arab.), prouvé, confirmé.

*சாபேட்சை, (ச avec, அபேட்சை), désir extrême, —insatiable.

சாப்பிடுகிறது, ப்பிட்டேன், ப்பிடுவேன், ப்பிடு, ப்பிட, v. a. சாப்பிடுதல். n. v. prendre son repas, manger, boire: சாப்பிடவழைக்கிறது inviter à manger, appeler pour le repas: சோறு—, manger du riz cuit; பால்—, boire du lait; மருந்து—, prendre une médecine. [impression, coin.

சாப்பா, (ind.), sceau, empreinte,

சாப்பாடு, gén. சாப்பாட்டின், n. v. de சாப்பிடுகிறது, repas, nourriture, mets: சாப்பாட்டுக்கழைக்கிறது, —ச்சொல்லுகிறது inviter à manger; —ஆயத்தம்பண்ணுகிறது préparer à manger.

*சாப்பியம், (yâpya), maladie qu'on peut soulager mais non guérir.

சாப்பிள்ளை, V. சாபிள்ளை: —பெற்றவள் mère d'un enfant mort-né.

சாப்பை, natte de paille, fouet, chose plate: —ச்சொண்டன் espèce de héron.

*சாமகம், (sâmaka), pierre à aiguiser. [hymne du Sâmavêdam.

*சாமகானம், (சாமம்), chant—,

*சாமகானன், (சாமகானம்), (surnom de) Siven.

*சாமக்கிரி, சாமக்கிரிகை, (sâmagri, sâmagrya), ce qui est nécessaire (pour un mariage, pour un diner, pour bâtir…), matériaux, ustensils, préparatifs.

சாமணம், tenailles d'orfèvre.

சாமண்டலம், révolution comptée de l'apogée.

*சாமத்தியம், P. சாமர்த்தியம்.

*சாமந்தம், (sâmanta), voisinage, espèce d'air ou de récitatif.

*சாமந்தர், (id), ministres de roi, généraux, chefs de districts.

சாமந்தி, 1° sorte d'arbre à fleurs, —de fleurs de jardin, chrysanthemum indicum; il y en a 3 espèces dites: சிவப்புச்—, மஞ்சள்—, வெள்ளைச்சாமந்தி, selon que leurs fleurs sont rouges, jaunes ou blanches. 2° camomille, anthemis nobilis.

*சாமம், 1° (sâman), le Sâmavêdam, paix, accord, conciliation, ce qui est un des சதுருபாயம். 2° (yâma), espace de 3 heures, veille de nuit, minuit. 3° (syâma), couleur noire, —verte, nuit. 4° (kchâma), famine, disette, rareté, faiblesse, mort. 5° or pur, chiendent: —காக்கிறது veiller, monter la garde, faire le quart; சாமக்காவல் veille de nuit, garde qui change à chaque veille de nuit, ou சாமகாவற்காரன் garde de nuit, sentinelle; —க்கோழி coq; —த்துரோகி cruel, scélérat, grand coupable; சாமத்திலேவருகிறது venir à minuit, i. e. à une heure indue.

*சாமயோனி, (சாமம்), le prétendu fils du Sâmavêda, i. e. Brama.

*சாமரம், (tchâmara), la plante சிவதை, V. சாமரை: சாமரபுஷ்பம் aréquier, manguier (dont les fleurs ressemblent à l'éventail dit சாமரம்).

*சாமரி, (சாமரம்), cheval (sa queue, ayant la même ressemblance).

*சாமரீகரம், P. சாமீகரம், or.

*சாமரை (சாமரம்), éventail, — fait surtout du poil blanc du yack ou கவரி (ce qui est un des அஷ்டமங்கலம், et des insignes de la royauté), queue du yack, ou animal semblable, employée comme éventail, ou comme vergette: — வீசுகிறது, — போடுகிறது —, விரட்டுகிறது éventer avec —, agiter cet éventail.

*சாமர்த்தியம், (sâmarthya), dextérité, habileté, capacité, pouvoir, 1res règles des femmes: — காட்டுகிறது, — பண்ணுகிறது montrer son habileté; — பார்க்கிறது voir —, éprouver la capacité; — ஆகிறது, சாமர்த்தியப்படுகிறது une fille devenir nubile; — கலியாணம் cérémonie qui est le complément du mariage des Indous, (et qui se fait à la nubilité des femmes).

*சாமர்த்தியன், (சாமர்த்தியம்), homme habile, capable: யுத்தத் துக்குச் —, habile guerrier, — combattant.

*சாமளம், (syâmala), couleur verte, bleu foncé. [lâ), Pârvadi.

*சாமளாதேவி, சாமளை, (syâma

சாமளவும், (சாம், அளவு), jusqu'à la mort.

*சாமன், (syâma), Boudhen ou la planète de Mercure, le frère cadet de காமன்.

சாமாசி, சாமாதி, சாமாஞ்சி, messager honorable, embassadeur, envoyé, délibération, réflexion: சாமாதித் தூதன் interprète, envoyé.

*சாமாத்தியம், சாமார்த்தியம், P. சாமர்த்தியம்.

*சாமானியம், (sâmânya), chose commune, — générale, — fréquente, — vulgaire: — ஆயிருக்கிறது être commun, vulgaire, d'un usage ordinaire; சாமானியசங்கமம் simple réunion, exclusion de la volupté: — தாட்டாந்தம் proposition générale; — சுபாபம் nature commune à tous.

*சாமானியன், (id.), homme ordinaire, du commun, sans qualité remarquable: அவன் சாமானியனோ? — சாமானியனல்லவே est-il un homme ordinaire? pas du tout, (il l'emporte soit en bien, soit en mal).

சாமான், (persan), pl. சாமான்கள், bagage, effets, biens, meubles, ustentifs, matériaux, ingrédiens, appareil, attirail.

*சாமி 1° (svâmi), seigneur, maître, maitresse, propriétaire, roi, prince, le Seigneur, Dieu, sage accompli, gourou, prêtre, précepteur, supérieur, chef, ancien, or, (et à tort) Arouguen, Soupramanien, et autres faux dieux, terminaison d'un grand nombre de noms propres d'hommes, comme ஆரோக்கியசாமி Marie, சின்னசாமி Paul. 2° (djâmi), femme chaste, honorable matrone, mère, supérieure: — நாதன் Dominique, (surnom de) Soupramanien; — துரோகம் trahison —, perfidie envers un supérieur: — போகம் part du seigneur, — du propriétaire; — மலை ville près de Coumbacônam où il y a un temple de Soupramanien; il y est représenté enseignant Siven son père qui est à ses pieds: சாமீபராக்கு seigneur, un moment de distraction, voyez, écoutez, (paroles d'un hérault à l'arrivée d'un roi ou d'une idole, — à un roi de théâtre etc...)

*சாமியம், 1° (sâmya), ressemblance. 2° (tchâmya), repas, nourriture.

சாமியன், (சாமீன்), caution, répondant, garant.

*சாமீகரம், (tchâmikara), or.

*சாமீபம், சாமீப்பியம், (சமீபம், ya), proximité de Dieu, ce qui est le 2me des 4 பதவி ou degrés de béatitude des Indous.

சாமீன், (arabe), caution, cautionnement, répondant, garant, qui répond pour un autre: ரொக்கசாமீன் caution pour argent dû; தகுமான ரொக்க சாமீன்கொடுக்கிறது donner une caution convenable pour l'argent à payer. [pâle, — de mort.

சாமுகம், சாமுஞ்சி, (சா), visage

சாமுகூர்த்தம், (id.), moment funeste, — défavorable.

*சாமுண்டி, (tchâmoundâ), காளி ou துர்க்கை (adorée à Maissour sous ce nom), l'indigotier.

சாழுதம், le fruit dit கடுக்காய், l'herbe கோரை, cyperus textilis.

சாமுதிராசா, le samorin ou roi de Calicut.

*சாமுத்திரிகம், சமுத்திரிகலக்ஷணம், சமுத்திரிகை, (Sâmoudrika), chiromancie, physiognomonie, interprétation des marques ou taches du corps, livre de chiromancie, beauté —, marque du corps. [physionomiste.

*சாமுத்திரிகன், (id.) chiromancien,

சாமேளம், (சா), tambour funèbre, —de funérailles.

சாமை, espèce de millet, panicum, espèce de சேம்பு dite கற்சேம்பு, V. கல்லடிச்சேம்பு.

*சாமோபாயம், (சாமம், உபாயம்), l'expédient de la conciliation.

சாம், P. சாகும்: — போது moment de la mort, lorsqu'on mourra.

சாம்பச்சி, f. de சாம்பான்.

சாம்பம், la plante யானைநெருஞ்சி

சாம்பர், P. சாம்பல். [ல் pedalium.

சாம்பலச்சி, salpêtre.

சாம்பல், 1° cendre, l'arbre நாவல். 2° opt. et n. v. de சாம்புகிறது, compression, rétrécissement, oppression, flétrissure, desséchement des fleurs, fleur fanée, — vieille: — ஆண்டி mendiant tout barbouillé de cendres; —ஓட்டி la plante எருக்கு; —நிறம், — வர்ணம் couleur de cendre; — பூசுகிறது se frotter le corps —, frotter de cendres; —பூசணிக்காய் citrouille cendrée; —மொந்தன் espèce de bananier.

*சாம்பவம், (djâmbava), or, l'arbre சம்புநாவல், pommier - rose, un des 18 pouranas inférieurs.

*சாம்பவன், 1° (sâmbhava), Siven. 2° (djâmbavan), singe ou ours, un des généraux de Râmen.

*சாம்பவி, 1° f. du préc. Pârvadi femme de Siven 2° (சாம்பவம்), l'arbre பெருநாவல் calyptranthes: சம்பவி ou சாம்பவியார்வித்து l'arsenic préparé கௌரிபாஷாணம்.

சாம்பற்பூசணி, (சாம்பல்), citrouille cendrée. [cendré.

சாம்பற்குருவி, (id. நாரை), héron

சாம்பாத்தி, fém. de

சாம்பான், (சாம்பு), titre honorifique des Parias. [கிறது.

சாம்பி 1° poulie. 2° gér. de சாம்பு

*சாம்பிராச்சியம், (sâmrâdjya), empire, règne, souveraineté, gouvernement, puissance, bonheur, excellence: சாம்பிராச்சியப் பட்டங்கட்டிக்கொள்ளுகிறது obtenir —, s'arroger la souveraineté, être capable de vivre comme un prince; —லட்சுமி la prétendue déesse du bonheur, Lackhmi.

சாம்பிராணி, benjoin, gomme odoriférante (qui sert d'encens), arbre qui la donne: — த்தயிலம் espèce d'onguent odoriférant; — த்தூபம் encens; — த்தூபங்காட்டுகிறது encenser; —போடுகிறது mettre —, offrir —, brûler de l'encens; — ப்பட்டையம் acte par écrit, acte parfumé de donation à un temple; — ப்பட்டையங் கொடுக்கிறது faire un tel acte, — une donation part écrit; —வத்தி bougie parfumée; — ப்பதங்கம் espèce de remède.

*சாம்பு 1° toile, pièce entière, —de toile contenant plusieurs serviettes ou mouchoirs etc..., espèce de tambour, la caste des Parias. 2° imp. et part. du suiv. உறுமாலைச்—, pièce de mouchoirs; கயிலிச்—, pièce de toile bigarrée; —செய்கிறது, —நெய்கிறது tisser une pièce de toile; — சம்பகம் fleur de l'arbre நாவல்.

சாம்புகிறது, பினேன், புவேன், பு, ப, v. n. சாம்புதல், n. v. se contracter, se rétrécir, être oppressé, se fermer, se faner, se flétrir, déchoir, décliner, pencher, pendre. v. a. pomper, tirer de l'eau (par une machine...), tirer, —une corde sur une poulie, hisser (une voile), frapper.

*சாம்புவன், சாம்புவத்தன், சாம்புவான், (djâmbouvân), Sâmbouvan, ours ou singe fabuleux et l'un des 18 capitaines de Râmen, le beau-père de Krichna, gardien des cimetières ou des lieux où l'on brûle les morts.

*சாம்பூநதம், சாம்பூனதம், (சம்பு

றதி), or, une des 4 espèces d'or.

*சாம்வத்தம், சாம்வர்த்தம், (சம்வர்த்தம்), un des 18 codes de lois ou livres de jurisprudence composé par le முனி Samvartten. [de சாயம்.

சாய, 1° *inf. de* சாய்கிறது. 2° *obl.*

*சாயகம், (sâyaka), flèche, épée.

*சாயங்காலம், சாயந்தரம், சாயந்திரம், (சாயம்), soir, soirée: சாயங்காலவந்தனை adoration—, prières —, cérémonies du soir.

*சாயம், 1° (sâya), soir, soirée, flèche. 2° couleur, teinture: அரைச் —, இளஞ் —, demi-teinte, légère —, faible couleur; காரச் —, teinture, couleur composée pour teindre; —காய்ச்சுகிறது, —தீருகிறது, —தோய்க்கிறது, —போடுகிறது, — இடுகிறது teindre; — பிடிக்கிறது prendre la teinture; சாயக்காரன் teinturier; —ச்சால் grand vase—, jarre —, chaudière pour teindre: — சந்தி sacrifice funèbre, — du soir; — ப்பணி teinturerie, teinture rouge; — நட்சை le soir; —வேர் racine à teinture rouge, —d'écarlate, plante qui donne cette racine, oldenlandia umbellata; —வேர்ச்சக்கரத்தி, *V.* இம்பூறல்சக்கரத்தி.

சாயரி, nom d'un air. [me.

சாயர், (*arab.*), taxe, douane, coutu-

சாயல், 1° (சாயம்), couleur, forme, figure, apparence, ressemblance, image, manière. 2° (சாயை), ombre. 3° beauté, excellence, finesse, subtilité, safran. 4° *opt. et n. v. de* சாய்கிறது, pente, inclinaison, lit, couche: சாயலாயிருக்கிறது ressembler, être excellent; சாயலாய்க் காண்கிறது paraitre semblable, — égal, ressembler: இந்த நாய்க்குப்புலியின்சாயலுண்டு ce chien a l'apparence d'un tigre; இந்தப்பிள்ளை தகப்பன் சாயலாயிருக்கின்றது cet enfant ressemble à son père.

சாயவேளாகொல்லி, espèce d'air, variété du கொல்லி. [léon.

சாயனதம், (சாயல், நதம்), camé-

*சாயனம், 1° (ச, அயனம்), longitude céleste comptée de l'équinoxe. 2° sève ou jus des arbres, callou, toddi: சாயனஅயனவிலக்கினம் ascension oblique du point de l'écliptique qui se lève.

*சாயா, 1° *obl. de* சாயை. 2° *part. nég. de* சாய்கிறது: — வழும்,—வெளாம் espèce d'air ou de mélodie: *—க்கிரகம் les prétendus serpens இராகு et கேது *i. e.* les nœuds ascendant et descendant de la lune; —தேவி Sâyei une des femmes de Sourien ou du soleil; — த்துவம் caractère d'une épouse vertueuse; — பதி, 1° (tchhâyâ), le mari de Sâyei, *i. e.* le soleil. 2° (djâyâ, pati), mari et femme; —சுதன், —தனயன், —புத்திரன், சாயாத்துமசன், (ஆத்துமசன்), le fils de சாயை et du soleil, *i. e.* சனி ou Saturne; — விம்பம் diamètre apparent de l'ombre de la terre.

சாயாதனதம், *P.* சாயனதம்.

சாயி, (*pers.*), encre. [tique, science.

சாயித்தியம், union, talent, — poé-

*சாயுச்சியம், (sâyoudjya), union de manière à ne faire qu'un—, mélange—, identification avec Dieu, ce qui est le plus haut des 4 பதவி ou degrés de béatitude des Indous, paradis, union, mélange: சாயுச்சியக்காரன் homme intimement uni à Dieu; (il se dit d'un) linganiste qui porte son prétendu dieu à son cou.

சாயும், *part. de* சாய்கிறது: —காலம் soirée, soir.

*சாயை, 1° (tchhâyâ), ombre, couleur, une des femmes du soleil. 2° (djâyâ), femme, épouse légitime.

சாய், 1° espèce de jonc ou cyperus. 2° *imp. et part. de* சாய்கிறது *et* சாய்க்கிறது: —காலம் soir, soirée.

சாய்கிறது, ய்ந்தேன், ய்வேன், ய், ய, *v. n.* pencher, incliner, s'incliner, se pencher, s'appuyer sur, — contre, se courber, décliner, pendre, plier, prendre la fuite, — la déroute, être défait, se perdre, périr, mourir, se remuer, branler, se retourner, arriver, réussir: சாயவிடுகிறது faire —, laisser pencher, —aborder, —approcher le navire du rivage; சாய்த்

இருக்கிறது ou சாய்ந்துபோகிறது pencher —, incliner —, aller d'un côté, prendre une route, (மரம் l'arbre, தூண் la colonne, கோடு ou வரி la ligne, சுவர் le mur) சாய்கின்றது penche, n'est pas droit; மேற்கே—pencher vers l'ouest; இதின்மேலேசாயாதே ne t'appuye pas là-dessus; நான்செய்யுங்காரியஞ்சாயுமா ce que je fais réussira-t-il? நாளையதினஞ் சாயும்போலத் தோன்றுகின்றது cela semble devoir avoir lieu demain; சாய்ந்ததண்டைப் பார்த்தான் il a vu l'armée en déroute; தண்டு அப்படி சாய்ந்து போயிற்று l'armée a pris cette route, a tourné de ce côté, ou a pris ainsi la déroute; இந்த வழியிலேமாடுசாய்ந்திருக்கின்றது les bestiaux sont allés par ce chemin. [de feuillage. 3° *P.* சாலை.

சாய்கை, 1° *n.v. du préc.* 2° cabane

சாய்க்கிறது, ய்த்தேன், ய்வேன், ய், ய்க்க, *v.a. de* சாய்கிறது, incliner, pencher, plier, courber, faire plier, mettre en déroute, ébranler, tourner, mourir: சாய்த்துக் கொள்ளுகிறது plier, faire pencher, se pencher, s'incliner, se plier: சாய்த்துக்கொண்டுபோகிறது emmener, enlever, marcher courbé, —baissé; செயவீரன் வெகுசனங்களையும் ஆடுமாடுகளையுஞ் சாய்த்துக்கொண்டு போனான் le vainqueur a emmené une foule de gens et de bestiaux.

சாய்தல், *n.v. de* சாய்கிறது, pente, penchement, talus, défaite, déroute, déclin, ébranlement, ruine, changement, finesse, subtilité, mort.

சாய்த்தல், *n v. de* சாய்க்கிறது.

சாய்ப்பு, *n v. du même*, pente, penchant, inclinaison, talus, déclin, décroissement, diminution, toit en pente, appentis, varangue, aversion, déviation, déroute, ébranlement, ce qui n'est pas droit, inclination, affection, dévotion, marche, bétel: சாய்ப்பறிந்துபோகிறது se conduire selon la pente des choses, —selon les circonstances, savoir supporter quand il faut; சாய்ப்பாயிருக்கிறது faire en pente, —un appentis, —une varangue; சாய்ப்பாய்ப்போகிறது dissimuler les injures, filer doux *ou* சாய்ப்பிலேபோகிறது biaiser, dévier, ne marcher pas droit, se dévoyer; சாய்ப்புத்தெரியாதவன் qui ne connaît pas la pente ou la marche des choses, qui ne sait pas se faire aux circonstances, ni profiter des occasions. [கை, arbre penché.

சாய்மரம், (சாய்), la plante சிவ

சாய்மானம், (*id.*), support, appui, étai, coussin etc. . . pour s'appuyer, pente, inclination, s'appuyer, connivence, agrément, convention.

சாய்வு, *n.v. de* சாய்கிறது, pente, penchant, talus, côté.

*சாரசந்தம், (சாரம்), sandal.

*சாரகம், (சரகம்), miel.

*சாரகன், (tchâraka), palefrenier, cavalier, ami, compagnon.

சாரங்கதரன், le roi Sârangadaren fils de Narendiren et le dernier de la race de தருமராசா: சாரங்கதரநாடகம் la comédie de Sârangadaren, *i.e.* à son sujet.

*சாரங்கம், (sâranga *couleur bariolée*), l'oiseau சாதகப்புள், cerf, nuage, arc, l'arc de Vichnou, éléphant, scarabée, insecte volatile, abeille, alouette, ornement, bijou, nuit, camphre, le குயில் ou coucou indien, conque, lion, toile, habit, terre, paon, lumière, un des 32 airs ou tons, espèce de mélodie, les arbres குறிஞ்சா et குருகுறிஞ்சா asclépias: சாரங்கபாணி *ou*

*சாரங்கன், (சாரங்கம்), Vichnou tenant à la main l'arc dit சாரங்கம்.

*சாரங்கா, (சாரங்கம்), espèce de mélodie.

*சாரங்கி, (sârangi), espèce de luth ou violon: —வாசிக்கிறது en jouer.

*சாரசம், (sârasâ), héron, cigogne, grue, nénuphar, ceinture de femme, l'arsenic naturel அவுபலபாஷாணம். [femme (de 25 cordons).

*சாரசனம், (sârasana), ceinture de

*சாரசன், சாரசாதன், (சாரம், சன், சாதம்), enfant adultérin.

*சாரஸி,(சரஸி),Lakchmi.

*சாரஸியம்,(சரஸம்,ya), goût,douceur,onction (en littérature), érudition:—ததும்பப்பேசுகிறது,—ததும்பப்பேசுகிறது chanter—,parler avec suavité ou onction.

*சாரஸ்வதம்,(சரஸ்வதி),éloquence,une des 5 divisions du pays கௌடம்,partie nord-ouest de la province de Délhi.

*சாரஸிநி,(சாரம்),femme adultère.

சாரணத்தி,V.சாரணை,

*சாரணம்,1° (djârana), calcination des métaux.2° (tchârana), action d'aller.

*சாரணர்,(tchârana),espions, (ils sont une des 5 espèces de personnes de la suite d'un roi), danseurs,pantomimes,poétes, bardes, Samanéens ascétiques.

சாரணை, sel de calcination, la plante trianthema monogyna: இரு சாரணை les 2 espèces de sâranei dites சத்திச்சாரணை et வெள்ளைச்சாரணை.

சாரதம்,சாரதப்பாட்டு, espèce de chant de pièce, — de poésie dont tous les vers en nombre indéterminé finissent par la même rime,qui correspond au 1er mot et après la dernière rime on ajoute ces mots தெய்வசாரதம்,air doux,—agréable, nom d'une plante,fantôme.

*சாரதன்,P.சாரதி.

*சாரதா,சாரதாம்பாள், (sâradâ), Sarasvati, prétendue déesse de l'éloquence: இவன்கல்வியிற்சாரதாம்பாளாயிருக்கிறான் il est en fait de science une Sarasvadi,i.e.très-savant,

*சாரதி,(sârathi), cocher, conducteur de char, Vichnou,savant, poète; இரதசாரதி conducteur de char.

*சாரதிகம், (sâradika), espèce de cérémonie funèbre.

*சாரதீயம், (sâradîya), automne, hiver, temps froid.

*சாரதை,(sâradâ), espèce de luth ou guitare, (surnom de) Sarasvadi, Dourgâ.

*சாரத்தியம்,(சாரதி, ya),emploi de cocher:ரத—பண்ணுகிறது remplir cet emploi,être cocher.

*சாரபதம், (சாரம், பதம்), carrefour,lieu ou 3 chemins aboutissent

*சாரமேயன்,(sârameya),chien.

*சாரம்,1° (kchâra), jus,suc, alcali ou borax pour décrasser les habits, 2°(sâra),sève des arbres,moelle,cœur d'arbre,essence, substance, douceur, saveur, goût, force, crème, acier. 3° (tchâra),marche,conduite, allée,fréquentation, cours (des astres). 4° (djâra),adultère,fornication.5° échafaud, échafaudage, ceintre pour les voûtes, colline, hauteur, oiseau de paradis,chèvre-feuille,agul ou alhagi,hedysarum,acajou,l'arbre இலுப்பை,V.சதன்டை: — அற்றதாயிருக்கிறது être insipide,sans goût; — அற்ற,—இல்லாத fade, insipide, sans goût,—agrément:— இல்லாதபேச்சு discours sec et dénué d'agrément;— உள்ள succulent, doux, savoureux; — உள்ளபிரசங்கம் discours substantiel et savoureux; — இறக்குகிறது,— வடிக்கிறது couler le jus,le passer à l'alambic; — போடுகிறது dresser un échafaudage;— பிரித்துப்போடுகிறது le défaire; சாரக்கட்டை pilier ou mur provisoire qui soutient le moule d'une voûte;—கள்ளி femme adultère, prostituée;— த்துவம் adultère,fornication;—த்தொளை trou pour échafaudage; — பூமி bonne terre; — ப்பருப்பு espèce de pois dite காட்டுமொச்சை; — மண் terre à foulon; — வாக்கியம் calcul de la marche d'une planète, parole d'adultère;சாரத்தின்சத்துரு œuf;சவிதாசாரம், (கவிதை), douceur —, charme de la poésie: இதிலேசாரமில்லை en ceci il n'y a pas de goût, —pas de saveur; சாரசாரம் goût âcre,—du sel et des épices,V.சாரகுணம்.

*சாரர்,pl.de சாரன்.

சாரலம்,P.சாரளம்.

சாரலி,espèce de riz.

சாரல்,1° vent froid et pluvieux, petite pluie fouettée par le vent, pente —,penchant de montagne, mélodie ou air des pays cultivés. 2° *n.v. de* சாருகிறது, approche, union, pente, inclination etc... [reté.

சாரலறுதி, (சாரம், அறுதி), légé-

*சாரன். 1° (djâra), adultère, amant, galant. 2° (tchâra), espion.

*சாராசாரம், (சாரம், அசாரம்), force et faiblesse.

சாரா, *part. nég. de* சாருகிறது: — சாரி aller en foule.

சாராயம், arack, eau de vie des Indes, liqueur forte, — distillée et enivrante: அரிசிச் —, கள்ளுச் —, பட்டைச்சாராயம் arack de riz, de callou, d'écorce du வேலமரம், *i.e.* liqueur de ces substances distillées; — காய்ச்சுகிறது faire bouillir la liqueur pour la distiller; — வடிக்கிறது distiller —, passer à l'alambic pour faire de l'arack ou des liqueurs fortes; சாராயக்கடை cabaret, boutique où l'on vend de l'arack, — des liqueurs; — க்காரன் fabriquant ou marchand d'arack, — de liqueurs; — ப்பானை, — ப்பானை cruche d'arack, vase à mettre l'arack.

*சாராலம், (sârâlâ), sésame.

*சாரி, 1° (sâri), instrument de jeu, *v.g.* dé à jouer, pion aux échecs, housse d'éléphant, siége qu'on met dessus l'éléphant. 2° *sync. de* சவாரி, promenade. 3° tourbillon, — de vent, tempête, arsenic naturel dit அஞ்சனபாஷாணம், le sceptre ou l'autorité royale être respectée, — reconnue, une des parties de la danse; — திருக்கை espèce de dé à jouer; — புறப்படுகிறது, — போகிறது aller se promener; — செய்கிறது, — செய்தல் rendre un emploi (qu'on avait perdu), juger, terminer, se plaindre; இடசாரி tour à gauche (au manége, en dansant, en combattant, en se promenant etc...).

*சாரிகை, 1° (sârikâ), l'oiseau mainate, archet de violon, — de luth, instrument de jeu, dé —, pion à jouer. 2° cuirasse, cotte d'armes, douane, droits (à payer), devoir, tourbillon de vent, tour, course en rond. [ne,

சாரிசம், sel commun, — de cuisi-

சாரிசாரன், V. கஸ்தூரிப்பூனை.

*சாரிதம், 1° (சரிதம்), ordre, règle de conduite. 2° (சாரதம்), voix mélodieuse, mélodie, son harmonieux.

*சாரித்திரம், (சரித்திரம்), bonne conduite, ordre, histoire, détail, récit.

சாரியம், la plante நன்னாரி.

சாரியம், l'arbre எட்டி.

சாரியல், sel de roche.

சாரியை, (சார், இயை), particule ou augment qu'on ajoute dans la formation des noms, dans les déclinaisons et les conjugaisons. On en compte 17, savoir: அன், ஆன், இன், அல், அற்று, இற்று, அத்து, அம், தம், நம், நும், ஏ, அ, உ, ஐ, கு, ன். Voici comme ils s'emploient: அன்: அதன்கை, *P.* அதுகை, sa main; ஆன்: ஒன்பான், *P.* ஒன்பது, neuf; இன்: மாதாவினை, *P.* மாதாவை, la mère; அல்: தொடையல், *P.* தொடை, guirlande; அற்று: பலவற்றை, *P.* பல, ஐ diverses choses; இற்று: பதிற்றுப்பத்து, *P.* பத்துபத்து, 10 fois 10; அத்து: நிலத்துக்கு, *P.* நிலம், கு, à la terre; அம்: புளியங்காய், *P.* புளி, காய், fruit du tamarinier; தம்: எல்லார்தம்மையும், *P.* எல்லாரையும், eux tous; நம்: எல்லாநம்மையும், *P.* எம்மேயும், nous tous; நும்: எல்லீர்நும்மையும், *P.* எல்லீரையும், vous tous; ஏ: ஒன்றேகால், *P.* ஒன்று-கால், un et quart; அ: தனக்கு, *P.* தன், கு, à lui; உ: நாதனுக்கு, *P.* நாதன், கு, au Seigneur; ஐ: இன்றைக்கு, *P.* இன்று, கு, aujourd'hui; கு: செய்குவன், *P.* செய்வேன், je ferai; ன்: ஆன்கன்று, *P.* ஆ, கன்று, petit de la vache. Le நன்னூல் et le தொன்னூல் page 16 ne marquent que ces 17; d'autres grammaires en ajoutent 5, savoir: ஆ qui forme le négatif, comme இல்லாப்பொருள் chose qui n'est pas; ஆம்: புற்றுஞ்சோறு, *P.* புற்று, சோறு nid de fourmies blanches; தான்: அவன்றான், *P.* அவன் lui; தாம்: அவர்தாம், *P.* அவர், eux; தன்: அரசன்தன்னை, *P.* அரசனை, le roi. Ces particules n'ont aucune signification; exceptez தம், நும்,

obliques de நாம் et de நீர், qui signifient nous, vous, et ஆ qui marque le négatif; தான், தாம், தன், தம் ne sont autre chose que le pronom தான் même, que l'on joint aux noms ou pronoms, et qui signifie même, ou le plus souvent ne sert qu'à prendre les terminaisons des cas, surtout lorsqu'il s'insère entre எல்லார் et உம். Voyez aussi எழுத்தின்சாரியை.

சாரித்தை, l'arbre எட்டி.

*சாரீரம், 1° (சரீரம்), âme (unie au corps), excrément. 2° voix mélodieuse, mélodie, son modulé, un des உபநிஷதம்: சாரீரக்காரன் homme qui a une voix mélodieuse; சாரீரம் நன்றாயிருக்கிறது le ton de la voix être mélodieux. [corps.

*சாரீரகம், சாரீரிகம், (சரீரம், ka)

*சாரு. 1° (tchârou), beauté, perroquet. 2° imp. et part. de சாருகிறது.

*சாருகம், (சாருகன்), meurtre.

*சாருகன், (sârouka), meurtrier, bourreau.

சாருகிறது, ர்ந்தேன், ருவேன், ரு, ர, nég. ரேன், v.n. ou சார்ந்துகொள்ளுகிறது, s'approcher, s'accoster, s'attacher à, adhérer, s'unir, s'accoupler, être partisan, partial, d'un parti, d'un côté, pencher, incliner, s'appuyer contre, se reposer sur, se confier en, dépendre, appartenir: சார்ந்திருக்கிறது être proche, penché, incliné, enclin, partisan, appuyé sur etc...; சார்ந்தவர்களைக்காக்கிறது défendre ses gens, ses partisans, — ceux qui s'attachent à soi: சுவரோரமேசாருகிறது être appuyé contre un mur; என்னைச்சார்ந்தவன் mon partisan, celui qui m'est attaché, qui se confie en moi, qui est de mes gens.

சாருசம், sel en masse. [ர்தல்

சாருதல், n.v. de சாருகிறது, V. சார்

*சாருலோசனம், (சாரு, உலோசனம்), cerf.

*சாருவபூமம், V. சார்வபூமம்.

*சாருவாகம், (சாரு, வாக்கு), culte de son esprit, secte de gens qui se croient eux-mêmes la divinité et s'adorent, scepticisme sur la religion indoue, espèce de matérialisme ou d'athéisme, division de la secte dite உலகாயதம்.

*சாருவாகன், (சாருவாகம்), partisan de cette secte, sceptique sur la foi indoue, sophiste, beau parleur, Sârouvâguen auteur de la secte dite உலகாயதம்.

*சாரூபம், (ச, ரூபம், sâroûpya), identité de forme —, ressemblance avec Dieu, ce qui est un des 4 பதவி ou degrés de béatitude des Indous, ressemblance, œillade, connivence, surprise en revoyant un objet, or.

*சாரூப்பியம். (id. ya) union, rapport, uniformité, ressemblance, —avec Dieu, éloquence.

சாரூரகம், sel en masse.

சாரை, 1° ou சாரைப்பாம்பு, espèce de serpent verdâtre ou grisâtre, le mâle du serpent capelle, sa morsure n'est pas très-dangereuse. 2° P. சாராய் tu n'approches pas ...: சாரை யோட்டம் course en droite ligne; —வாலன் bœuf qui a une longue queue semblable au serpent சாரை, espèce de புகைமரம், ou d'arbre qui donne beaucoup de fumée.

சாரோசி, soude, V. நவக்ஷாரம்.

சாரோலை, (சார், ஓலை), jeune feuille de palmier ou de cocotier dans toute sa crue, (par opposition à குருத்தோலை).

சார், 1° imp. et part. de சார்கிறது. 2° P. சாரு, beauté, place, endroit, ilot —, élévation en mer, promontoire, barrage dans une rivière avec une entrée garnie d'un filet pour prendre le poisson, claie, part, espèce, côté, V. சாரோலை et திண்ணை: சார் போடுகிறது barrer une rivière pour pêcher. [v. n. V. சாருகிறது.

சார்கிறது, ர்ந்தேன், ர்வேன், ர், ர,

சார்கேசபுஞ்சம், gomme du cotonnier இலவு. [di, crème.

*சார்க்ககம், (sârkaka), sucre can-

*சார்ங்கம், (sârnga), arc, —de Vichnou: சார்ங்கபாணி, V. சாரங்கன்.

சார்ச்சி, சார்தல், n.v. de சாருகிறது. approche, penchement, attachement;

adhésion,connexion, rapport, combinaison, mélange, accouplement, union,partialité,confiance.

சார்த்தல்,*n.v.de* சார்த்துகிறது.

*சார்த்தவகன்,—வாகன் (ச,அர்த்தம்,வகன்,வாகன்),marchand.

சார்த்து,*imp.et part.du suiv*:—பெட்டி boite qu'on met sous le crible ou le tamis.

சார்த்துகிறது,*த்தினேன்*,*த்துவேன்*,*த்து*,*த்த*,*v.a.de* சாருகிறது, joindre,unir,fermer (la porte), appuyer contre,appliquer, *V.* சாத்துகிறது.

*சார்த்தூலம்,(sârdoûla),tigre,espèce d'oiseau, —de mètre ou stance de 4 vers chacun de 18 syllabes.

சார்ந்தார், சார்ந்தோர் n app. de சாருகிறது,parens,amis,alliés,partisans,adhérens. [உபாசமம்.

சார்பாகமம், (சார்பு, ஆகமம்), *V.*

சார்பிலார்,(*id.* இலார்), ennemis, ceux qui n'ont point d'attachement,—d'adhérens, qui ont renoncé à tout.

சார்பு,*n v.de* சாருகிறது,inclinaison,talus,inclination, grand —, désir,penchant,tendance (d'un corps), adhérence, union, attachement, accouplement, chose adhérente, — à laquelle on est attaché, sur laquelle on s'appuie, refuge, secours, protection,Dieu,lieu, caractère, manière, dépendance,bord,environs, voisinage: சார்பறுத்தல் renoncement à tout: —நூல் système de doctrine —, livre fondé sur les livres sacrés dits முதனூல் et sur leurs commentaires dits வழிநூல், mais avec quelques divergences.

சார்பெழுத்து, (சார்பு, எழுத்து), lettres unies ou composées ou dépendantes, (par opposition aux lettres primitives dites முதலெழுத்து). Il y en a 10 espèces,savoir: les consonnes voyelles உயிர்மெய், comme க,கா,கி,கீ..;la lettre ஆய்தம்,ஃ;l' உயிரளபெடை ou allongement des voyelles,*v.g.* ஆஅ; l' ஒற்றளபெடை ou allongement des consonnes comme கங்ங்;et les 6 abréviations de lettres, dites ஆறுகுறுக்கம்.

சார்மனை, (சார்), escabeau mis pour s'appuyer contre, chevet de banc de pierre. [dance, *V.* சார்பு.

சார்மானம், (சார்) ,union,dépen-

*சார்வகாலம்,(சர்வம்),*ou*

*சார்வதா, *V.* சருவதா,toujours.

*சார்வபூமம், சார்வபௌமம், (சர்வம்,பூமி), l'éléphant de Koubêren qu'on prétend soutenir le nord du monde.

*சார்வபூமன்,சார்வபௌமன்,(*id*), souverain de toute la terre, monarque universel,—indépendant.

*சார்வரி, (சர்வரி), la 34me année du cycle indien, correspondant à 1810 et 1900.

*சார்வாகம், *V.* சாருவாகம்.

சார்வாய்,1° fruit de palmier coupé et bouilli 2° (சார்வு,ஆய்),en pente,avec inclination.

சார்வாரம், (சார்வு, ஆரம்), cordon ou lacet de corset de femme, bord de vêtement.

சார்வு 1° *n.v.de* சார்கிறது, *V.* சார்பு.2° jeune feuille dans toute sa crue: —தேடுகிறது chercher protection,— refuge; சார்வாயிருக்கிறது être le protecteur,le support; சார்வி லேயொதுங்குகிறது se réfugier auprès,se mettre sous la protection; கடற்சார்வு bord —, voisinage de la mer.

சால,1° *inf. de* சாலுகிறது. *adv.* beaucoup, pleinement: சாலக்கேட்டேன் j'ai entendu pleinement. 2° *obl et adj.de* சாலம்,abondant,grand.

சாலகடங்கடர், (சாலம், கடம், ghata *qui tue*),géans.

*சாலகம், (djâlaka), jeune bouton de fleurs,filet, toile d'araignée, nid d'oiseau,fenêtre à jalousie, guichet, foule,orgueil,grandeur, égout,rigole,canal, *V.* அதலலோகம். [parleur.

சாலகன், (வாசாலகன்), grand

சாலகிரி, égout, sentine, lieu où l'on jette les saletés, latrines (de palais.)

*சாலக்கிராமம்.(sâlagrâma),nom d'une ville, espèce d'ammonite ou pierre ronde qui a naturellement différentes figures de couleur jaune ou dorée et en laquelle les Vichnouvistes croient Vichnou incarné. On la trouve dans la rivière கண்டகி ou Gandhak, et elle sert dans les sacrifices: சாலக்கிராமபர்வதம் montagne près de la rivière கண்டகி,

*சாலசாரம், (sâlasâra), nom d'arbre, assa-fétida. [on entre les sillons.

சாலடிமேடு, (சால், அடி), élévati-

*சாலபஞ்சி, (sâlabhandji), statue, peinture, poupée, marionnette.

*சாலபஞ்சிகை (id, kâ), prostituée, V. சாலபஞ்சி.

*சாலப்பிராயம், (சாலம், prâya semblable), cuirasse, cotte de mailles.

சாலமாலம், (சாலம்), œillade, signe de l'œil, connivence, illusion.

*சாலம், 1° (djâla), multitude, assemblée, troupe, — d'animaux, fenêtre, — à jalousie, filet, bouton de fleur encore tendre, arrogance, grandeur, illusion, charme, l'art des prestiges, magie, déception, promesse feinte, délai prémédité, science de la médecine, l'arbre கடம்பு, guirlande en forme de filet suspendue à travers une rue. Ézour-vèdam. 2° (sâla), mur d'entourage autour d'un bâtiment, arbre (en général), arbrisseau, l'arbre ஆச்சா ou மராமரம் dios pyros, divergence, différence, varangue: — பண்ணுகிறது faire une fausse promesse, différer, trainer en longueur; சாலகாரகன் faiseur de filets, araignée: —க்காரன் jongleur, magicien, faiseur de prestiges, — de fausses promesses, trompeur, temporiseur; —துக்கம் grand chagrin: —துக்கவாளி homme très-affligé; இத்தனை சாலமெல்லாம் பேசுகிறான் il donne toutes ces belles promesses pour tromper.

சாலம்பம், nom d'un arbre.

சாலரி, nom d'un instrument de musique. [des bords de la mer.

சாலர், (சாலம்), pêcheurs, habitans

சாலல், n.v. de சாலுகிறது, abondance, suffisance, supériorité.

*சாலவகன், (சாலவன், han tuer), Vichnou destructeur de l'asouren சாலவன் ou Sâlva.

*சாலவம், (sâlva), un des 56 pays connus des Indiens, situé au centre de l'Inde. [abondamment.

சாலவும், (சால, உம்), pleinement,

*சாலன், சாலவாகனன், (sâla), V. சாலிவாகனன்.

சாலாகர், (arab.), fin de l'année.

சாலாங்கபாஷாணம் sorte de remède, — d'arsenic naturel.

*சாலாங்கி, (sâlânki), V. சாலபஞ்சி.

*சாலாரம், (sâlâra), échelle, degré, — d'escalier, cage d'oiseau.

*சாலாவிருகம், சாலாவிருகம், (சால, விருகம்), singe.

*சாலி, 1° (sâli), grain de riz, la meilleure espèce de riz, civette, animal qui donne le musc, étoile près de la Grande-Ourse que les Indiens prétendent être அருந்ததி, callou, toddi. 2° (சாலம்), cotte d'armes, cuirasse. 3° (sâlin), possédant, doué de, abondant en. (Il se met à la fin des mots composés, comme ஊகோசாலி homme —, femme qui a du bonheur, du succès, de la prospérité; குணசாலி doué d'un bon caractère); சாலி நெல்லுந் தன்னுமியுள்ளது la meilleure espèce de riz a aussi sa balle ou paille, les meilleurs gens ont aussi leurs défauts.

*சாலிகன், pl. சாலிகர், (sâlika), V. சாலியன். [de mailles.

*சாலிகை, (djâlikâ), cuirasse, cotte

*சாலிகோத்திரம், (சாலி riz hôtra, offrande), cheval.

சாலிச்சி, f. de சாலியன்.

சாலியன், P. சாலிகன், pl. சாலியர் tisserands (d'une caste particulière); சாலியச்சாதி leur caste; — ச்சேலை toile qu'ils font; —க்கிராமம் village de ces tisserands (surtout à Ceylan); —ப்பெண் fille —, femme de cette caste.

*சாலிவாகனன், Sâlivâhana roi célèbre dont la capitale était பிரதிஷ்டானம் dans le Décan. Il a vaincu Vikramaditya et est l'auteur

d'une ère nommée சகாப்தம் qui commence l'an 78 de l'ère chrétienne.

*சாலினி, (djâlini *trompeuse*), concombre, vendeuse de callou ou toddi, pythonisse, bayadère ou femme publique et danseuse des temples.

*சாலினிகரணம், (sâlinikarana), mépris, affront, reproche.

*சாலீனத்துவம், (sâlîna, *honteux*), modestie, décence.

சாலுகிறது, சான்றேன், சாலுவேன், சாலு ou சால், சால, v.n. (சாலக்), suffire, abonder, être plein, rempli, suffisant, excellent, supérieur.

*சாலுகம், சாலூகம், (sâlouka), racine bulbeuse de nénuphar, muscade. [le, excellence, supériorité

*சாலூரம், (sâloûra), grenouil-

சாலேகம், l'arbre de—, sandal vermillon, jalousie (de fenêtre), guichet, bouton de fleur.

சாலேசரம், *V.* சாளேசரம்.

*சாலேயம், (sâlêya), rizière, champ à riz, tapis, drap. [rante, cette année.

சாலேஹால், (*arab.*), l'année cou-

சாலை, (sâlâ), maison, édifice, palais, grande chambre, salle, hospice, maison de charité, portique, porche, galerie extérieure, écurie, rang de chevaux à l'attache, allée, avenue, route à double —, double rangée d'arbres: —வைக்கிறது planter une allée, — une avenue; — விசாரணைக் காரன் celui qui soigne une allée d'arbres; கல்வி —, collége, séminaire; குதிரை —, écurie, allée qui sert d'écurie; பண்டக —, magazin: பர்ண — hermitage; யாகசாலை lieu du sacrifice.

*சாலோகம், சாலோக்கியம், (ச *avec*, லோகம்), être au ciel, —avec Dieu, 1er degré de béatitude selon les Sivénistes.

சால், 1° *imp. et part. de* சாலுகிறது 2° jarre, jatte, grande—, cruche, grand vase où l'on conserve l'eau, labour, sillon, abondance, année, *V.* ஏற்றச்சால்: —அய்ந்தா l'année suivante, —prochaine; இருப்புச்சால் seau de picote—, jarre en fer; இறை—seau à arroser, — de picote: சால்கட்டுகிறது, —வளைக்கிறது tracer des sillons, labourer; ஒரு—, இரண்டுசாலுழுகிறது labourer une fois, — 2 fois, donner à la terre un — deux labours; ஒருசாலடிக்கிறது labourer une seule fois; —திகுஸ்தா (*persan*) l'an dernier; —பமிக்கு dans un an; — பசால் (*persan*), annuellement, chaque année; —மஜகூர், (*arab.*), l'an dernier; —ஜமாகர்ச் (*arab.*), recette et dépense annuelle; —ஷிரு (*arab.*), le commencement de l'année.

சால்பு, *n.v. de* சாலுகிறது, suffisance, plénitude, abondance, accomplissement, excellence, supériorité, qualité, caractère, union, combinaison, science, fermeté.

*சால்வம், *V.* சாலவம்.

சால்வை, (*persan*), châle, schall, — de Cachemire: —க்குட்டை, petit châle, châle qui sert de mouchoir.

சாவ, *P.* சாக: — க்கொடுக்கிறது perdre (par la mort).

சாவகம் 1° une des 18 langues, celle de Malaca. 2° *(djâpaka), prière.

சாவகர், (சாவகம்), gens de Malaca, ou de Java. Djaïners ou Samanéens.

சாவகன், 1° Sani ou la planète Saturne. 2° *sing. de* சாவகர்: —குறிஞ்சி espèce d'air ou de chant des montagnards.

*சாவகாசம், (ச, அவகாசம்), temps, loisir, opportunité: —ஆய் à loisir. [cte.

சாவகாரியம், connaissance distin-

*சாவகேலம், (ச, அவகேலம்), mépris. [சேஷம்), reste.

*சாவசேஷம், சாவசேடம், (ச, அவ

சாவடி, chauderie, caravanserai, logement public, — pour les voyageurs, auberge, prison: —ச்சீட்டு billet—, concession du gouvernement, —du roi.

சாவட்டை, desséchement, papillon, moisson brouie, *V.* சாவி.

சாவணம், tuyau (de blé etc...), tube, pinces d'orfèvre, roseau dit நாணல்.

*சாவதானம், (ச avec, அவதானம்),précaution, attention, diligence, vigilance,soin, circonspection, douceur au toucher,poli:— ஆயிருக்கிறது être circonspect, — sur ses gardes;—ஆய் நடக்கிறது marcher avec précaution;—ஆய்க்காத்துக்கொண்டிருக்கிறது épier—, observer attentivement.

*சாவம்,(sâva),petit(des animaux).

*சாவரம்,(sâvara), bassesse, mépris,faute,péché. [Manou.

*சாவருணன்,(sâvarna),le second

*சாவருணியம், (ச, வருணம்), caste sans mélange,identité de caste.

சாவல், coq, le mâle des oiseaux:—கூவுகிறது le coq chanter, coqueriquer;—முள்ளு ergot de coq; சாவற்கோழி coq;—பண்ணை,—குட்டுப்பண்ணை la plante கோழிச்சூடன். [ment—, temps de la mort.

சாவறுதி, (சாவு, அறுதி), mo-

*சாவனம்,(sâvana),V. பூரணகுதி.

*சாவாக்கியம்,(சா),espèce de calcul,table de sinus.

சாவா,சாவாத,P.சாகாத,qui ne meurt pas:சாவாக்கிழங்கு,la plante சுற்சோரவை: — மூலி la plante dite மயிர்ச்சிகை, l'arbre வேம்பு.

*சாவாசம், P. சகவாசம், amitié, familiarité, compagnie: சற்சன—, துர்ச்சன—, amitié—, compagnie des bons,—des méchans;சற்சனசாவாசஞ்செய்து தாழ்வடைந்தோரில்லை personne n'a été abaissé ou dégradé en fréquentant les gens de bien; துர்ச்சனசாவாசஞ்செய்துயர்ந்தோரில்லை personne ne s'est élevé en fréquentant les méchans.

சாவாமை,n.v.nég. de சாகிறது, immortalité,incorruption.

சாவாளை,nom d'un poisson,chose maigre,—maigrie.

சாவான,(சாவு, ஆன), mortel:—பாவம் péché mortel.

சாவான்,3ᵉpers.fut.et n.app.de சாகிறது,pl.சாவார்,il mourra,mortel, fanatique qui se tue devant une idole et est adoré comme martyr, squelette ou image de la mort; சாவாரோ mortels, ils mourront certainement.

சாவி 1° moisson brouie, — desséchée en herbe ou avant maturité faute d'eau,épi broui,— sans grain. 2° (portug. chave), clef: சாவியாய்ப்போகிறது la moisson périr faute d'eau,—sécher sur pied avant de mûrir, — n'avoir que de la paille sans grains; சாவிக்குத்தெண்டமிறுத்துச்சமுசாரி முழுகிப் போனான் le père de famille s' est ruiné en payant la taxe pour le blé qui a péri faute d'eau.

*சாவிகை, (sâvikâ), sage-femme.

சாவிசேஷம், சாவிசேடம், (சா), nouvelle de mort.

*சாவித்திரன், (sâvitra),vent,Siven, soleil,Brama,brame,un des Vasous, embryon.

*சாவித்திரி. (sâvitri), verset des vèdas nommé aussi காயத்திரி,dont la répétition forme une partie essentielle des cérémonies journalières des brames,(cette prière personnifiée est censée) une des femmes de Brama et la mère mystique de 3 premières castes, qui sont dites renaître par l'investiture du triple cordon, Oumei femme de Siven,rayon du soleil, homme qui ne porte pas le triple cordon:—சூத்திரம் le triple cordon (que portent les 3 premières castes): — பதிதன், — பரிப்பிரஷ்டன் homme des 3 premières castes non revêtu du triple cordon au temps convenable.

சாவிர்,1° P.சாவி,moisson desséchée avant de mûrir. 2° 2ᵉ pers.hon. fut.de சாகிறது, vous mourrez.

சாவு, n.v.de சாகிறது, mort, trépas,démon: —காயம் blessure mortelle; சாவான mortel: சாவில்லாமை,சாவின்மை immortalité;சாவுக்குத்தீர்ப்புசொல்லுகிறது prononcer sentence de mort,ou — த்தீர்வையிடுகிறது condamner à mort: —ப்பாத்திரவானாயிருக்கிறது être digne de mort;சாவுக்குரியதன்மை, ou சாவுக்குரியதானநிச் condition sujette à la mort: சாவுக்கேதுவாயிருக்கிறது être sujet à la mort, être une occasion - une cause de mort.

சாவுன்,(*français*),savon. [davre.

சாவெடில்,(சா),puanteur d'un ca

சாவெழுத்து, (சாவு), lettre de mort,*i.e.*de mauvais augure (au dire des gentils), *V*.நச்செழுத்து.

சாவேரி,espèce d'air ou de chant.

சாவோடுகிறது, சாவோடுதல், (சாவு),la mort courir, — régner,se flétrir, se faner.

சாவோடிணங்கி, (சாவோடு, இணங்கி), l'allié de la mort,le démon.

சாவோர்,*n. app. de* சாகிறது, les mortels,les mourans.

சாவோலை,(சாவு),lettre de mort, òle qui annonce une mort.

சாழல்,ours,espèce de poème, — de jeu de femme.

சாழை, hutte, cabane, battement des mains: —யகத்தி espèce d' அகத்தி qui donne d'agréables fruits.

*சாளக்கிராமம்,*P*.சாலக்கிராமம்.

சாளம்,espèce de résine,sable.

சாளரம்,fenêtre.

சாளை,nom d'un poisson.

சாளிகம்,scarabée,escarbot.

சாளிகை,jarre, jatte,grande cruche,bourse contenant une certaine somme d'argent, *V*.சாளிகம்; —நிரை jarres ou cruches rangées en ligne: —ப்பணக்காரன் homme très-riche; —ப்பொன்கொடுத்தேன் சோளியைக்கைகொடுத்தாள் je lui ai donné une bourse pleine d'or et elle m'a rendu un sac de mendiant.

சாளியா, —விரை,espèce de graine médicinale.

சாளுவர், *V*.சளுக்குவேந்தர்.

சாளேசுரம்,சாளேசுரம், obscurcissement —,faiblesse de la vue,myopisme,vue courte: அவன்கண்ணுக்குச்சாளேசுரம் (*ou* சந்துவாரி) வந்தது sa vue s'est obscurcie.

சாளை espèce de poisson, sardine: கருஞ் —, sardine noire; — க்கெண்டை le poisson aphya, autre sorte de sardine. [plante.

சாறடை, சாறணை, nom d'une

சாறல், 1° *P*. சாரல், vent froid, pluie qui fouette. 2° *n.v.de* சாறுறது.

சாறு,1° *gén*.சாற்றின்,*obl*.சாற்று sauce,bouillon,jus, — des plantes, — des fruits, sève qui sort des arbres, jus de palmier ou de cocotier, caillou mêlé de chaux pour le rendre doux, grappe, bouquet de fruits ou de fleurs,fête: சாறயருகிறது,சாறயர்தல் célébrer une fête. 2° *imp.et part.de* சாறுகிறது, றினேன், றுவேன் று,ற,*v.a*.சாறுதல்,*n.v*.balayer l'aire (pour amasser le grain), glisser, s'écouler,tarir,tailler d'une manière très-lisse. [டை

சாறுநாரி,la plante டையாந்தை

சாறுவேளை,(சாறு), *V*. சாறணை,

சாற்சமந்தம், (சால்), l'arbre மலையாத்தி.

சாற்றமுது, (சாறு, அமுது), eau de poivre,eau poivrée. [*part.du suiv.*

சாற்று,1° *obl.de* சாறு.2° *imp. et* சாற்றுகிறது, ற்றினேன், ற்றுவேன்,ற்று,ற்ற,*v. a.* சாற்றுதல்,சாற்றுகை, சாற்றல், *n. v.* dire, parler, déclarer.

சாற்றுவாய்,1° (சாறு,வாய்), bouche qui bave. 2° 2me *pers.fut. de* சாற்றுகிறது.

சானகம்,arc.

*சானகி,1° (சனகன்), la fille de Sanaguen,*i.e* சீதை. 2° bambou, nom d'un géant, la plante médicinale பொன்னுங்கண்ணி.

*சானசி,(sânasi),or.

*சானம்,1° (sana),pierre à broyer (dite அம்மி).—de touche.2° méditation,réflexion,vermillon,assa-fétida.

*சானவி,(djâhnavi),le Gange prétendue fille de Djahnou,

சானி, 1° dame, demoiselle (de haut rang).2° *par corr.* prostituée.

*சானித்தியம், *V*.சாநித்தியம்.

சானினி, les plantes சிறுகீரை et சேம்பு.

*சானு,1° (djânou), genou.2° sânou),penchant d'une montagne. 3° arc,épaule:—சந்தி jointure du genou;—பலகை rotule du genou.

*சானுக்கிரகம்,(ச,அநுக்கிரகம்), parole divine,oracle.

*சாறுவி, P.சாவளி.

சான், arc.

சான்மலம், சான்மலி, (sâlmala,—li), sorte d'இலவு, cotonnier soyeux, bombax heptaphyllum, une des 7 iles fabuleuses des Indiens environnée de la mer de beurre fondu et produisant l'arbre susdit; சான்மலி சாரம் gomme de cet arbre.

சான்ற, *part.parf.de* சான்றிறது.

சான்றவர், V.சான்றோர்.

சான்றாண்மை, (சான்று, ஆண்மை), air majestueux, grandeur, dignité, sagesse, magnanimité.

சான்றார், *n. app. de* சான்ற, sages, savans, gens d'une caste, les சாணார்.

சான்று, *gér.et. n.v.de* சான்றிறது, complément, plénitude, témoignage, évidence.

சான்றோர், *n.app.de* சான்ற, sages, savans, gens graves, vertueux: —ஆட்சி, —வழக்கு coutume —, discussion de savans; —இனத்திரு fréquente les gens sages es vertueux; —என்கைபயி ன்றோர்க்கழகு le nom d'enfans sages et vertueux est une gloire pour leurs parens.

சான்றோன், *sing. du préc.* homme sage, savant, vertueux, (surnom du) soleil. [சு et de இ.

சி, lettre syllabique composée de

*சிக. *adj.de* சிகம் et *de* சிகை.

சிசுடு, (*pers.*), cassé, endommagé,

*சிகண்டகம், சிகண்டிகை, (சிகண்டம், ika), touffe de cheveux du sommet de la tête.

*சிகண்டம், (sikhanda), queue de paon, V. சிகண்டகம்.

*சிகண்டி, (சிகண்டம், i), paon, queue de paon, flèche, Sikanti fils de துருபதன், auparavant fille sous le nom de சிகண்டினி puis métamorphosé en garçon, hermaphrodite, eunuque, espèce d'air, son du luth des pays stériles, ricin, nom des 7 richis qui composent la grande ourse, *d'ou*

*சிகண்டிசன், சிகண்டிதன், Viâjam, la planète Jupiter, Vribaspati ou பிரகற்பதி régent de cette planète et fils d' அங்கிரன் un des 7 சிக சிகாரு, P. சிகைகாரு. [ன்டி.

சிகநரம், (சிகம்), talc, mica.

*சிகம், P. சிகை, rayon de lumière.

சிகப்பு, P. செயப்பு, rouge, couleur rouge.

*சிகரகேந்திரம், P. சீக்கிரகேந்திரம், (சிகரம்), distance angulaire du soleil à une planète.

சிகரப்பாடி, la plante கோஷ்டம்.

*சிகரம், 1° (சி, கரம்), la lettre சி. 2° (sikhara), pic ou sommet de—, montagne, haut d'une tour, tour, clocher, hauteur, sommet, tête, toupet —, touffe de cheveux sur la tête, casque, maison, rideau, grand plat, —bassin, — vase de bronze, corbeau, le yack ou கவரிமா, gingembre sec, goutte d'eau: —வைக்கிறது mettre le faite, — une boule faitière sur une tour; சிகரக்கொடிமுடி boule d'un clocher ou d'une tour sur laquelle on place la girouette

*சிகரி, (சிகரம், i), montagne, fort sur une montagne, tour, sommet, la plante புல்லுருவி ou le gui, héron noirâtre, rat: —நிம்பம் l'arbre மலை வேம்பு azidarachta melia; —பத்திரம் gui, — qui vient à la cime des arbres.

சிகல், manque défaut, ruine, *n.v.de* சிகலுகிறது, கினேன், லுவேன், லு, ல, *v.n.* manquer, diminuer, se gâter, périr, être ruiné.

சிகழிகை, guirlande, — de fleurs, collier, rang de grains etc..., cercle au dessus d'une idole sur lequel on met des guirlandes, V. சிகண்டகம்.

*சிகா, 1° (tchikkâ), rat. 2° (*persan*, shikeh), impression d'un cachet. 3, *(sikhâ), touffe de cheveux, crête, chef, principal. 4° *P.* சிகை dans les mots composés: —கோலம் la ville de Chicacole; —சீசெரும் mettre sa chevelure en désordre ou s'arracher les cheveux en signe de deuil; —தரு pieu—, pied de lampe, chandelier; —தரம், — தாரம் (dhara, dhâra *qui a*), l'oiseau qui a une crête, le paon; —மணி pierre précieuse —, joyau qu'on porte sur la tête, le prince, le chef, le meilleur; (இராசசிகாமணி le meilleur des rois; உலுத்தசிகாமணி le prince des gueux; கவிஞர்சிகாமணி le prince des poètes); — மூலம் racine d'où sort une touffe de feuilles comme carotte, navet etc...; — மோதிரம் anneau à cachet; — வலம் herbage—, mousse d'étang, ceratophyllum; — வளம் paon.

சிகாரி, (*hind.*), chasse.

*ஜிகானகம், (djihânaka), destruction—, fin du monde.

*சிகி, (sikhi), oiseau à crête, paon, coq, montagne, bœuf, cheval, flèche, feu, flambeau, le serpent கேது ou nœud descendant, *V.* சிலம்பு: — சிகை flamme, *ou* — சேகரம் crête de paon; — த்துவசன், — வாகனன் celui qui a un paon sur son drapeau, — pour monture, *i.e.* Soupramanien; — புச்சம் queue de paon.

*சிகிச்சகன், (tchikitsaka), médeein.

*சிகிச்சை, சிகிச்சனம், சிகிச்சிதம், (tchikitsâ, —sana, —sita), pratique de la—, médecine, action de guérir, guérison.

சிகிடிமா, acajou, anacardium.

*சிகிலம், (tchikila), boue.

சிகிலி, சிகில், nettoiement—, fourbissure des armes, instrument pour polir ou égaliser: சிகிலாடுகிறது fourbir—, nettoyer des armes. [ne.

*சிகிற்சை, *P.* சிகிச்சை, la médeci-

சிகுகிறது, கினேன், குவேன், கு, க. *v.n. et* சிகுதல், *n.v. V.* சிகலுகிறது.

*சிகுரம், (tchikoura), poil, cheveu.

*சிகுவாக்கிரம், (சிகுவை, அக்கிரம்), bout de la langue.

*சிகுவாநிர்லேகனம், (*id.* நிர்), action de racler ou laver la langue, racloir pour la langue.

*சிகுவாபம், (*id.* pa *qui boit*), l'animal qui lappe, *i.e.* le chien. [langue.

*சிகுவாமூலம், (*id.* racine de la

*சிகுவிகம், சிகுவிகசன்னி, (சிகுவை, ika), affection nerveuse à la langue, mutisme.

*சிகுவை, (djihvâ), langue, un des 10 pouls du corps, le nerf de l'œil.

*சிகூரம், (tchikoûra), cheveu.

*சிகை, (sikhâ), touffe de cheveux du sommet de la tête, crête, pointe, branche d'arbre, flamme, rayon, riz cuit: — தரு peigne pour tenir les cheveux, aiguille de tête, un des ornemens de la chevelure; சிகையைப் பற்றியிழுக்கிறது trainer —, tirer par les cheveux; நெருப்பின்சிகை flamme. [*V.* சிக்குமுக்கு.

சிக்கடி, pois, *V.* சிக்கு: — முக்கடி,

*சிக்கணம், சிக்கணதை, சிக்கணத்துவம், (tchikkana, tâ), chose douce, —onctueuse, — huileuse, —serrée; —compacte.

*சிக்கம், 1° (sikya) suspensoir, corde pour porter ou suspendre des pots etc.... 2° *(cime), sommet, prison; peigne, maigreur, scarabée ou insecte ailé, bourse en forme de réseau, tresse, ouvrage, *V.* சிகண்டகம்.

சிக்கர், callou, toddi.

சிக்கல், *n.v. et opt. de* சிக்குகிறது, entrelacement, embrouillement, embarras, rencontre, maigreur, épuisement, nom d'une ville, espèce de pierre dite காக்கைக்கல். [loir.

சிக்கறுக்கி, (சிக்கு), peigne démê-

சிக்கறுக்கிறது, (*id.*), démêler, débrouiller, éclaircir, dépêtrer: வழக்கின்சிக்கறப்பேசுகிறது débrouiller un procès; நூல்கள்சிக்கறுக்கிறது démêler du fil, collationner—, corriger (pour éditer d'anciens manuscrits...), résoudre les difficultés: வேதங்களின் சிக்கறுத்த வேதவியாசன் Vêdaviasen qui a corrigé, collationné et édité les Vêdas.

சிக்கனவு, சிக்கனம், avarice, ténacité, parcimonie, étroitesse, embarras: சிக்கனமாயிருக்கிறது être avare, — trop parcimonieux; சிக்கனக்காரன் homme chiche, avare.

சிக்காரம், pleurs.

சிக்கி, *gér. de* சிக்குகிறது.

*சிக்கிலிதம், (tchiklida), humidité, fraicheur.

சிக்கிறது, *sync. de* சிக்குகிறது.

சிக்கு, 1° embrouillement, entrelacement, embarras, accrochement;

cheveux emmêlés, piége, erreur. 2° tache, saleté, souillure. 3° (sick, *anglais*), malade. 4° *imp. et part. de* சிக்கு கிறது: எண்ணெய்ச்—tache d'huile; எண்ணெய்ச் சிக்காய்ப் போகிறது être tout taché d'huile; சிக்காய் d'une manière embrouillée, sale, malade; சிக்காயிருக்கிறது être malade; சிக்கான embrouillé, emmêlé, embarrassé, difficile; சிக்கானவழக்கு procès embrouillé; சிக்குச்சடை chevelure emmêlée, grande bévue,—difficulté; —ப்படுகிறது être emmêlé, embrouillé, accroché; — ப்பாடு *ou*— ப்பிக்கு, — முக்கு, (*mots redoublés*), embrouillement, embarras, erreur, empèchement; — வாங்குகிறது démêler, désembrouiller; — வாங்கி,— வாரி peigne, démêloir.

சிக்குகிறது, *sync.* சிக்கிறது, சிக்கினேன், சிக்குவேன், சிக்கு, சிக்க, *v. n.* சிக்குதல், *n. v. ou* சிக்கிப்போகிறது, s'embrouiller, s'embarrasser, s'enlacer, s'accrocher, s'emmêler, se prendre à un piége, être trouvé, saisi, emprisonné, enjôlé, se trouver, se rencontrer, maigrir; சிக்கிக்கொள்ளுகிறது s'emmêler, s'enlacer, se prendre dans un piège, s'embarrasser, être attrapé, —pris: அவன் மாயையிலே சிக்கிக்கொண்டான் il a été pris dans ses faux attraits; நீ தேடினதுசிக்கிற்றோ ce qui tu cherchais est-il trouvé?

சிக்குண்கிறது, சிக்குண்ணல், சிக்குண்டுபோகிறது, (சிக்கு, உண்கிறது), s'embrouiller, s'emmêler, s'embarrasser.

*சிக்குரு, (sigrou), l'arbre முருங்கை.

*சிக்குவை, (djihvâ), langue.

சிக்கெடுக்கிறது. (சிக்கு), démêler (du fil...), débrouiller: சிக்கெடுக்கப்படாதது chose indébrouillable, indéchiffrable.

சிக்கென, (*id.* என), d'une manière embarrassante, — qui tienne fortement, vigoureusement, fermement: —அடிக்கிறது, — மழுக்குகிறது frapper fort, — rudement; — அறைகிறது donner un rude soufflet; — கட்டுகிறது, — கிள்ளுகிறது lier —, pincer fortement; — சொல்லுகிறது parler à haute voix; — ப்பிடிக்கிறது tenir ferme, — fortement: அகிகமுங்கனகஞ் — தேடு cherche avec soin du grain et de l'argent, (dit Avéyar).

சிக்கெனவு, *V.* சிக்கனவு,

*சிகுவிகம், சிஙீகம், சிஙீகரன்னி, *V.* சிருவிகம்.

சிகுறுழிசைக்கொச்சகக்கலிப்பா, (சில், தாழிசை), espèce de கலிப்பா où après quelques தாழிசை on finit par d'autres espèces de vers.

*சிக்ஷகன், சிக்ஷன், (sikcha, *apprendre.* ka), disciple, écolier.

*சிக்ஷாகரன், (சிக்ஷை, கரன்), maître d'école, Viyasen.

சிக்ஷிக்கிறது, சிக்ஷித்தேன், சிக்ஷிப்பேன், சிக்ஷி, சிக்ஷிக்க, *v. a.* (சிக்ஷை), enseigner, instruire, corriger, punir: இவனுக்கு நன்றாய்ச் சிக்ஷிக்கவேண்டும் il faut bien l'instruire; இவனை நன்றாய்ச் சிக்ஷிக்கவேண்டும் il faut le bien corriger. [அக்ஷரன்), écolier.

*சிக்ஷிதாட்சரன், (sikchita *étudié*,

சிக்ஷித்தல், சிக்ஷிப்பு, *n. v. de* சிக்ஷிக்கிறது, enseignement, instruction, châtiment, correction.

*சிக்ஷை, (sikchâ), étude, science, enseignement, instruction, correction, châtiment, la 1re partie des வேதாங்கம் dite சிக்ஷை, qui enseigne la prononciation des mots: — பண்ணுகிறது, — ப்படுத்துகிறது corriger, châtier, instruire, exciter; — ப்படுகிறது être instruit, corrigé, excité, apprendre, obéir: இவனுக்குத்தக்கசிக்ஷைபண்ணுமலடங்கமாட்டான் il ne saurait se soumettre à moins qu'on ne le corrige comme il faut,

*சிங்கம், (sinha), lion, (c'est un des insignes de la royauté), le signe du Lion, jeu des bâtonnets, l'arsenic naturel சரகண்டபாஷாணம், (dans les mots composés), principal: — அடிக்கிறது, — அடித்தல் jouer aux bâtonnets; — கெர்ச்சிக்கிறது le lion rugir; ஆண் — lion; பெண் — lionne; சிங்கக்குட்டி lionceau; — கேசரம் crinière de lion; — க்கெர்ச்சிப்பு rugissement du lion; — த்திரை (terme

d'augure) le côté du lion, le sud;— த்துவாரம் la porte principale d'un palais; —த்தோலுடையோன் celui qui est vêtu d'une peau de lion, *i.e.* Virapattiren;—நாதம் rugissement du lion, houra, cri des guerriers, nom d'un instrument à vent; — நோக்கு regard de lion,—des 2 côtés à la fois, mot qui se joint ou se rapporte à ce qui précède et à ce qui suit, ce qui est un des 8 சூத்திரநிலை;—ப்பல் surdent, dent qui pousse sur les autres; —ப்பல்லன், *m.* ப்பல்லி. *f.*(personne) qui a des surdents;—மதாணி bijou à figure de lion; que porte sur la poitrine un roi qui a vaincu tous ses voisins;—முகக்காப்பு bracelets à figure de lion;—முகப்பல்லக்கு palanquin à figures de lion;—முகி la plante பொன்னூமத்தை; — ராசி,—வீரசி le signe du Lion; — ராசித்திசை, *V.* சிங்கத்திசை;—வாகினி, —யாளீ,—ரதை(யானம், இரதம்), Dourgâ ou துர்க்கை, Parvadi, *litt.* celle qui a pour monture, un lion:—வாழை espèce de bananier.

சிங்கல், *opt.et.n.v.de* சிங்குகிறது, maigreur, épuisement, manque, diminution, dépérissement.

*சிங்களம், (sinhala), l'île de Ceylan, un des 56 pays connus des Indiens, le Cingalais, une des 18 langues, espèce de danse: சிங்களசாதி la race cingalaise, les Cingalais; — பாஷை le Cingalais, langage de Ceylan.

சிங்களன், சிங்களவன், *m.* சிங்களத்தி, *f.* Cingalais, Cingalaise, homme—femme de Ceylan.

சிங்கன், surnom honorifique des குறவர் ou faiseurs de paniers: — வாழை espèce de bananier.

*சிங்காசனம், (சிங்கம், ஆசனம்), trône, siége orné de lions ou supporté par des lions; சிங்காசனத்தில்—, சிங்காசனமேறுகிறது monter sur le trône, devenir roi; சிங்காசனத்திலிருக்கிறது être sur le trône, சிங்காசனபதி celui qui est sur le trône, le roi.

சிங்காடி, சிங்காணி, arc, arc à lancer des pierres etc...:—க்காரன் archer; சிங்காணியால் லெய்கிறது ou போடுகிறது lancer des flèches, — des pierres etc...avec un arc.

*சிங்காணகம், சிங்காணம், (singhâna, ka), morve, mucus du nez.

*சிங்காதனம், *P.* சிங்காசனம்.

*சிங்காரம், *P.* சிருங்காரம், ornement, décoration, beauté (surtout des compositions poétiques), correction, élégance, amour, qui est un des 9 ரசம் ou sentimens des compositions poétiques: — பண்ணுகிறது orner, décorer;— ஆய்ப்புறப்படுகிறது sortir avec pompe: சிங்காரக்கழு gibet, potence;— க்காரன் faquin, qui aime le luxe des habits, petit-maître; — த்தோட்டம், — த்தோப்பு jardin —, bosquet agréable, — délicieux,— de plaisance, paradis terrestre; —ப்பேச்சு,—வார்த்தை beau langage, belle expression, vains ornemens du discours;— வனம் jardin de fleurs, *V.* சிங்காரத்தோட்டம்; உள்ளேபார்த்தால் ஓக்காளம் வெளியேசிங்காரம் si on regarde au dedans c'est dégoûtant, au dehors c'est beau.

*சிங்காரி, (சிங்காரம்), 1° *m.* beau, orné. 2° *f.* belle, ornée. 3° *imp.de* சிங்காரிக்கிறது, ரித்தேன், ரிப்பேன், ரி, ரிக்க, *v.a.*(சிங்காரம்), *v.a.* சிங்காரித்தல், *n.v.* orner, décorer, embellir.

சிங்காரிப்பு, *n.v.du préc.* beauté, ornement, décoration.

சிங்கி, 1° poison, l'arsenic composé சிங்கிப்பாஷாணம், noix astringente du terminalia dite கடுக்காய், sorte de plante, — de maladie, —de poisson. 2° *f.de* சிங்கன், femme ou fille de குறவர், méchante femme, prostituée. 3° *gér.de* சிங்குகிறது:—யடிக்கிறது se battre les flancs avec les coudes (espèce de jeu).

சிங்கிகம், la plante கறிமுள்ளி.

*சிங்கிகா, *obl.du suiv*:— சூனு Râgou, fils de [serpent இராகு.

*சிங்கிகை, (sinhikâ), *n.pr.* la mère du

சிங்கிட்டம், l'arbre mimusops, ou சிங்கிரம், l'arbrisseau பாலை, asclepias.

சிங்கிலி,les arbrisseaux இண்டு et குன்றி.

சிங்கிவேரம், (சிங்குகிறது, வேர்), [gingembre sec.

சிங்கிறால்,(சிங்கம்,இறால்), homard, écrevisse de mer, astacus polyphagus.

சிங்குகிறது, கினேன், குவேன்,கு, க,v.n. சிங்குதல்,n.v. maigrir, s'épuiser,diminuer, manquer, dépérir, se gâter,s'user.

*சிங்குவை, P. சிகுவை, la langue, un des 5 பொறி ou organes des sens, une des 10 veines ou pouls, (i. e. தசநாடி),qui aboutit aux yeux.

சிங்கேறு,(சிங்கம்,ஏறு),lion mâle.

*சிங்ஙுவை,P.சிகுவை,la langue:— யிந்திரியக்காட்சி connaissance qui vient du sens de la langue, ou du [goût.

சிசம்,l'arbre தமரத்தை.

*சிசிரம்,(sisira),froid,la saison dite பின்பனிக்காலம்,sandal.

*சிசினம்,(sisna),pénis.

*சிசு,(sisou),enfant (au-dessous de 8 ans),poupon,écolier,petit (des animaux et des oiseaux);—கத்தி, —வத்தி,(அத்தி),—வதை infanticide,avortement;—த்துவம் enfance; — புடம் calcination opérée en brûlant gros comme un enfant de bouses i. e. 20 bouses de vaches.

*சிசுகம், (சிசு, ka), enfant, nom d'un arbre,marsouin.

*சிசுபாலகன், (சிசுபாலன், han tuer),le meurtrier de Sisoupâlen,i.e. Krichna.

*சிசுபாலன்,(சிசு), Sisoupâlen,roi de சேதி au centre de l'Inde,ennemi de Krichna et tué par ce dernier; il est de la 2me classe des rois généreux.

*சிசுமாரம்,(id.மாரம்),marsouin, crocodile.

*சிசுருட்சை, (sisroukchâ), création, composition, désir de créer, — de finir un ouvrage.

சிச்சிலி,martin - pêcheur,alcyon.

சிச்சிலிப்பான்,சிச்சிலிர்ப்பான்,சிச்சிலுப்பை,espèce d'éruption,de pustules de petite vérole.

சிச்சிலுப்பான்,nom d'un oiseau.

சிச்சீ,P.சீச்சீ, (சீ,சீ), fi! fi! int. de mépris.

*சிஷ்டர்,ou சிட்டர், (sichta) supérieurs,les grands,les bons,chefs,gens vertueux,dévots,serviteurs de Dieu: சிஷ்ட —, சிட்டபரிபாலனம் protection des gens de bien; — பரிபாலன் protecteur—,rémunérateur des bons; —சபை conseil d'état, assemblée des chefs.

*சிஷ்டாசாரம், (சிஷ்டர், ஆசாரம்),docilité,bonne conduite.

*சிஷ்டி,1° (sichti),règle,ordre,commandement,correction. 2° P.சிருஷ்டி, création,créature,3° boîte à mettre les dés à jouer, petite mesure pour mesurer le riz etc...

*சிஷ்டிகன்,சிஷ்டிகர், P. சிருஷ்டிகன்,créateur, Dieu, (et faussement) Brama.

சிஷ்டிக்கிறது, டித்தேன், டிப்பேன்,டி,டிக்க,v.a. et சிஷ்டித்தல், n. v. P. சிருஷ்டிக்கிறது, créer, tirer du néant.

சிஷ்டிப்பு, n. v. du préc. création, [créature.

*சிஷ்டை,P.சிக்ஷை.

சிஸ்துவசூல்,perception des rentes, des revenus à terme fixe.

*சிஞ்சதை,(sintchatâ),poivre long.

*சிஞ்சம், (sindja), manguier à fruits aigres, V. சிஞ்சிதம்.

*சிஞ்சாரி,(tchintchâ), tamarinier.

*சிஞ்சிதம்,(sindjita), cliquetis —, bruit des bijoux (qui s'agitent sur celui qui en est orné).

*சிஞ்சினி,(sindjini), corde d'arc.

*சிஞ்சினிதம்,(சிஞ்சினி,ta), bruit de la corde d'un arc en vibration.

சிஞ்சிர்ஜாமின், sureté de collatéraux, caution prise entre parens.

சிஞ்சுகம்,l'oiseau செகயப்புள்.

*சிஞ்சுமாரம்,P.சிசுமாரம்,crocodile.

சிஞ்சை,1° (sindjâ), bruit de bijoux,corde d'arc, V. சிஞ்சினிதம். 2° (tchintchâ),tamarinier.

சிடம்,muscade.

*சிட்சகன்,சிட்சன்,V.சிக்ஷகன்.

சிட்சிக்கிறது... V. சிக்ஷிக்கிறது...

*சிட்சை... V.சிக்ஷை...

*சிட்சாகாரன், V.சிக்ஷாகாரன். [dr.

*சிட்சிதாட்சரன், V. சிக்ஷிதாட்சர

சிட்டம், scorie des métaux.

*சிட்டர், V. சிஷ்டர்.

சிட்டா, (ind.), compte, mémoire, note.

சிட்டம், V. au mot சிட்டு.

*சிட்டாசாரம், V. சிஷ்டாசாரம்.

*சிட்டி, V. சிஷ்டி: இரண்டுசிட்டியரிசிக்கொருசிட்டிக் கொட்டிக்கிழங்கு கொடுக்கிறது donner un சிட்டி de racines de கொட்டி pour 2 சிட்டி de riz; பணத்துக்கொருசிட்டியிற்கும்பஞ்சம்வந்ததோ est-il survenu une famine telle qu'on ne donne qu'un சிட்டி de riz pour un fanon.

*சிட்டிகள்... V. சிஷ்டிகள்.

சிட்டிக்கிறது... V. சிஷ்டிக்கிறது...

சிட்டிவிங்கி, nom d'un arbre de forêt.

சிட்டு, 1° ou சிட்டுக்குருவி, petit oiseau, espèce de motacille, motacilla sutoria 2° peu, un peu, petite part: சிட்டற, (அற), totalement, entièrement: சிட்டறப்பண்ணுகிறது compléter, finir entièrement; சிட்டறப்போகிறது s'éloigner entièrement, s'en aller tout-à-fait: —க்குருவிபறக்கிற துபோலப்பறக்கிறது voler—, courir avec la rapidité de la motacille.

*சிணம், P. க்ஷணம், instant.

சிணுட்டுகிறது, ட்டினேன், ட்டுவேன், ட்டு, ட்ட, v.a. prendre, saisir, reprendre, saisir de nouveau: சிணுட்டிக்கொண்டிருக்கிறது (la fièvre...) être intermittente, quitter et reprendre, revenir par intervalles, —ப்பார்க்கிறது former—, tramer de mauvais desseins, chercher l'occasion de nuire, —de quereller: போனவியாதியவனைச்சிணுட்டிக்கொண்டே யிருக்கிறது la maladie qui l'avait quitté l'a repris.

சிணுட்டுதல், n.v. du préc. rechute, retour d'une maladie...

சிணுறு, gén. சிணுற்றின், petite branche, branche d'arbre, ce qu'on a élagué, — coupé en émondant un arbre, différence: சிணுற்றைறக்கழிக்கிறது élaguer, émonder, tailler un arbre, terminer un différent, raccommoder une affaire, débrouiller un procès difficile: அந்தச்சிணுற்றைறக்கழித்துப்போடு mets fin à ce différent.

சிணி, puanteur, odeur.

சிணுக்கம், n.v. de சிணுங்குகிறது. pleurs, mécontentement.

சிணுக்கு, 1° chiquenaude, pincer, coup d'ongle, toucher, attouchement, provocation, embarras, embrouillement, confusion, implication, cheveux ou fils emmêlés, pleurs, cylindre de moulin à huile. 2° imp. et part. de சிணுக்குகிறது: — வாங்கி, சிணுக்கருக்கி démêloir, peigne; சிணுக்கறுக்கிறது démêler les cheveux, débrouiller, démêler; சிணுக்காயிருக்கிறது être emmêlé, embrouillé, impliqué dans un procès; சிணுக்கெல்லாம் பிணக்குக்கிடம் toute provocation est une occasion de disputes.

சிணுக்குகிறது, க்கினேன், க்குவேன், க்கு, க்க, v.a. சிணுக்குதல், n.v. donner des chiquenaudes, pincer, piquer, toucher légèrement, embrouiller, emmêler, impliquer, embarrasser provoquer, attirer et voler les enfans, exprimer, serrer, presser, faire sortir, — découler; சிணுக்கிப்பார்க்கிறது taquiner pour voir, éprouver le caractère; சிணுக்கிவிடுகிறது exciter une querelle; சிணுக்கிக்கொண்டிருக்கிறது ne faire que pincer, que provoquer...; சும்மா யிருக்கிறவனைச்சிணுக்கிக் கொண்டே யிருந்தாற் கோபம்வராதா si on est toujours à pincer celui qui est tranquille, la colère ne lui viendra-t-elle pas?

சிணுங்கல், pleurs, murmure, mécontentement, flatterie, embrouillement, n.v. de

சிணுங்குகிறது, கினேன், குவேன், கு, க, v.n. சிணுங்குதல், n. v. pleurer, murmurer, se fâcher, être mécontent (comme un enfant qui a éprouvé un refus), arracher par flatterie ce qu'on désire, flatter sa mère pour en obtenir ce qu'on veut, être embrouillé, emmêlé.

சிண், manœuvre, V. கையாள்

சிண்டி, cheveux, chevelure, espèce de mesure, V. சிண்டகம்: அரைப்படிக் —, கூற்படிக் சிண்டி mesure d'un demi-padi, — d'un quart de padi.

சிண்டு, 1° V. சிண்டி. 2° imp. et part. de

சிண்டுகிறது, டினேன், டுவேன், டு, ட, v.a. et சிண்டுதல், n.v. toucher, se serrer. V. சுருங்கிறது.

*சித, obl. de சிதம்.

*சிதகம், (tchhidaka), la foudre, — d'Indiren, l'oiseau தாக்குணாங்குருவி.

*சிதகன், (sita blanc), Soukren ou la planète Vénus, l'oiseau தாக்குணாங்குருவி.

சிதகுகிறது, கினேன், குவேன், கு, க, v.a. effacer, rayer, annuler.

சிதடன், (சிதடு), ignorant, sot, aveugle.

சிதடி, 1° fem. du préc. ignorante, sotte, femme aveugle. 2° cigale, scarabée, morceau.

சிதடு, gén. சிதட்டின், simplicité, niaiserie, stupidité.

சிதப்பூரம், la plante பொன்னாங்காணி.

*சிதம், 1° (djita), ce qui est conquis, vaincu. 2° (tchit comprendre), sagesse, intelligence. 3° (sita), blanc, blancheur, étoile, l'astre blanc, i.e. la planète Vénus, le métal blanc, i. e. l'argent, sandal, vacuité, vide, choses remuées, oseille, la plante விஷ்ணுக்ராந்தை: சிதகுஞ்சரம் l'éléphant blanc, — d'Indiren; — சத்திரம் parasol blanc; — சத்துரு vainqueur; — சிந்து la rivière blanche, i.e. le Gange; — மரிசம், poivre blanc.

சிதம்பரம், Sidambaram ou Chillumbrum, ville et pagode célèbres près du Coléron; சிதம்பரச்சக்கரம் espèce de diagramme gentil ou de figure superstitieuse; — ப்பாட்டியல் nom d'un traité de versification.

சிதம்பல், n.v. de சிதம்புகிறது.

சிதம்பு, 1° excès de cuisson (en matière de fonte etc...), chose ainsi gâtée, perte qui en provient, défaut de caractère, de tempérament; chose gâtée, — mauvaise, V. பதனழிவு. 2° P. சிலம்பு, grelots qu'on attache aux pieds. 3° imp. et part. de

சிதம்புகிறது, பினேன், புவேன், பு, ப, v.n. et சிதம்புதல், n.v. se gâter par excès de cuisson, (en matière de fonte etc...) V. பதனழிகிறது.

சிதரம், suspensoir, corde pour suspendre ou porter des vases etc..., goutte de pluie.

சிதருகிறது, ரினது, ரும், ரு, ou ர், ர, v.n. se répandre, être répandu, versé.

சிதர், 1° V. சிதரம். 2° morceau — pièce de toile, bruine, pluie fine, poussière, poudre, pollen —, anthère de fleurs, abeille, terre. 3° imp. de சிதர்க்கிறது. 4° imp. et part. de

சிதர்கிறது, V. சிதருகிறது.

சிதர்க்கிறது, ர்த்தேன், ர்ப்பேன், ர், ர்க்க, v.a. du préc. répandre, verser.

சிதரல், சிதர்ச்சி, சிதர்தல், சிதருதல், n.v. de சிதர்கிறது, effusion.

சிதர்த்தல், n.v. de சிதர்க்கிறது, effusion.

சிதலம், excès de cuisson, dommage qu'il cause, V. பதனழிவு.

சிதலை, 1° fourmi blanche ou cariah, morceau de toile, maladie. 2° acc. de

சிதல், fourmi blanche, espèce d'insecte ou de vers, pus.

சிதவல், drapeau d'un char, chose défectueuse, diminuée, desséchée, dispersion, couche, lit; V. சிதார்.

சிதவி, la plante பொன்னாங்கண்ணி.

சிதள், fourmi blanche, écaille de poisson.

சிதறடிக்கிறது, சிதறடித்தல், (சிதறுகிறது, அடிக்கிறது), disperser, dissiper, mettre en fuite, défaire, briser, ruiner, répandre.

சிதறல், opt. et n. v. de சிதறுகிறது, dispersion, écart etc...

சிதறி, 1° pluie, effusion, l'arbre பாடலமரம். 2° gér. de

சிதறுகிறது, றினேன், றுவேன், று, ற, v.a. et n. சிதறுதல், n.v. disperser, répandre, verser, dissiper, se disperser, se dissiper, se répandre, errer, rôder, s'égarer, se perdre, manquer, ne pas réussir, devenir inutile, — infructueux: சிதறப்பண்ணுகிறது disperser, dissiper, mettre en fuite, briser; சிதறித்திரிகிறது errer —, rôder çà et là; — ப்போகிறது se dissiper, se répandre,se disperser;— ப்போடு கிறது disperser,dissiper, répandre; புத்திசிதறி யிருக்கிறது l'esprit être égaré,—troublé; பார்வைசிதறியிருக் கிறது la vue être égarée, troublée, détériorée; பதறாத காரியஞ் சிதறாது une chose faite sans précipitation ne peut manquer de réussir; தண் ணீராயெங்குஞ்சிதறாதே ne répand pas l'eau partout; பணமெல்லாஞ்சித றிப்போட்டான் il a dissipé tout l'argent, கூடின மேகமெல்லாஞ் சித றிப்போயின les nuées qui s'étaient agglomérées se sont toutes dispersées.

சிதனம்,la plante கோடகசாலை.

*சிதன்,(sita),l'astre blanc,i.e, Vénus ou Soukren,homme faible,peureux.

*சிதாகாசம், (tchit *intelligence*, ஆகாசம்), Dieu, l'intelligence divine qui pénètre tous les espaces éthérés, et à laquelle l'éther sert comme de corps et de véhicule selon les Advitas ou l'அத்துவைதம்,l'espace éthéré

*சிதாக்கினி,(சிதை, அக்கினி), feu du bûcher funèbre.

*சிதாத்துமா, (tchit *esprit*, ஆத்துமா),Dieu,l'âme intelligente.

*சிதாசிதம், (சிதம், அசிதம்), le blanc et le noir.

*சிதாநந்தம், *V.*சிதானந்தம்.

*சிதாபாங்கம்,(சிதம், அபாங்கம்), paon.

*சிதாபாசம், (tchit *esprit*, ஆபாசம்),trouble de l'esprit.

*சிதாபாசனம், (சிதாபாசம், na), la prudence unie solidement avec l'un des 3 caractères dits முக்குணம்.

*சிதாபாசன், (சிதாபாசம்), celui dont l'esprit est troublé,Siven.

*சிதாப்பிரம், (சிதம், அப்பிரம்), nuage blanc,camphre.

*சிதாம்புசம், சிதாம்போசம், (*id.* அம்புசம், அம்போசம்), nénuphar blanc.

*சிதாயம்,(சிதை,ya), lieu où l'on brûle les morts.

சிதாரம்,drapeau de char.

*சிதாகாவன்,சிதாமித்திரன்,சிதாரி,(சிதம்,ஆகாவம், அமித்திரன். அரி), vainqueur des ennemis.

*சிதாரோகணம், (சிதை,ஆரோகணம்), *V.*சித்தியாதிரோகணம்.

சிதார்,tissu—,habit fait de fibres de l'écorce des arbres,écorce intérieure des arbres.

*சிதானந்தம், (tchit *esprit*, ஆனந்தம்),joie de l'âme, — spirituelle, venant de la connaissance de Dieu.

*சிதானனன், (சிதம், ஆனனம்), celui qui a la face blanche, *i. e.* Garouden.

*சிதி, 1° (siti), blanc, blancheur, noir. 2° (tchiti), bûcher funèbre. 3° (tchhidi), hache. 4° vulve, (*mot honteux*),5° *P.*க்ஷிதி terre: — சதம்,—பக்ஷம் oie à plumes blanches;— ரத்தினம் saphir. Le mot க்ஷிதி terre,a beaucoup de mots composés, comme க்ஷிதிபன், —பதி, —பாலன், க்ஷிதீசன்,க்ஷிதீச்சுவரன் roi; - கண்டன் celui qui a le cou noir, *i. e.* Siven.

*சிதிகை,(tchitikâ),chaine qui sert de ceinture aux femmes.

*சிதிரம், (tchhidira), hache,feu, épée.

*சிதிலம்,(sithila),relâchement,flaccidité,lâcheté, langueur, *V.* சிதலம்.

சிதுமலர்,la plante தண்ணீர்விட்டான்.

சிதுரம்,l'arbrisseau நேர்வாளம்.

*சிதுரன்,(tchhidoura),ennemi.

சிதேகி,fruit du terminalia dit கடுக்காய்.

*சிதேசகதிரம்,(சித, ஈச, கதிரம்), ébénier blanc.

*சிதேதரம், (*id.*இதரம்),noirceur.

*சிதேந்திரியம்,(*id.*இந்திரியம்),sens spirituels, subjugation des sens,*V.* ஞானேந்திரியம்.

*சிதை,1° (tchitâ),bûcher funèbre. 2° bassesse.3° *imp. de* சிதைக்கிறது. 4° *imp.et part.du suiv:*—சுற்று moulin à sucre,—à huile,cercle,roue.

சிதைகிறது, தைந்தேன், தைவேன்,தை,தைய,*v.n.* சிதைந்துபோகிறது,se perdre, se gâter,se détruire,se ruiner,périr,se réduire à rien:சிதைந்தசொல் mot qui a subi quelqu'élision ou changement de lettres.

சிதைக்கிறது,தைத்தேன்,தைப்பேன்,தை.தைக்க,*v.a.du préc.*détruire, perdre,ruiner,tailler en pièces, anmuler, résonner; சத்துருவின்எத்தனங்களைச்சிதைக்கிறது détruire les machines de l'ennemi, confondre ses projets. [te, ruine.

சிதைதல், n. v. de சிதைகிறது, per-

சிதைத்தல், சிதைப்பு, n.v. de சிதைக்கிறது, destruction, perte, ruine, son.

சிதையர், (சிதை), bas peuple, populace.

சிதைவு, n.v. de சிதைகிறது, destruction, ruine, perte, diminution, défaut: சிதைவுறுகிறது se perdre, se gâter; சிதைவுறுமங்கலவசிதி, V. அசதை.

*சிதோதரன், (சிதம், உதரம்), celui qui bien que noir a le ventre blanc ou tacheté de lèpre blanche, i.e. Koubèren. [cristal.

*சிதோபலம், (id, உபலம்), chaux,

*சிதோபலே. (id. id.), sucre candi, — raffiné.

சித்த, 1° obl. de சித்தம். (voyez-en les mots composés à la suite de ce nom.) 2° obl. de சித்தன், de la volonté, achevé, parfait, vrai, démontré, éternel, de சித்தன்: —கங்கை le prétendu Gange céleste; — கலிதம் chose connue, combinée dans l'esprit; — சங்கம் assemblée de சித்தர்; — சிந்து le Gange; —தேவன் le dieu des சித்தர், i.e. Siven; —தாது, —ரசம் mercure; —புருஷன் homme fortuné, — doué des prétendus dons et pouvoirs extraordinaires des சித்தர், — qui a obtenu l'immortalité.

சித்தகம், casque. [de intelligence.

சித்தகாசம், P. சிதாகாசம், gran-

சித்தக்கல், (சித்தம்), sorte de pierre dite சிலாநாகக்கல், V. நாகக்கல்.

*சித்தசன், சித்தசன்மன், (சித்தம்), celui qu'on prétend né de la volonté de Vichnou, i.e. Kâmen.

*சித்தசாதனம், (id.) moutarde blanche, matériaux employés en magie et en alchimie.

*சித்தசித்தான, (சித்து, அசித்து, ஆன), matériel et immatériel.

*சித்தசேனன், (சித்தன், சேனை), le chef des சித்தர், i. e. Soupramanien.

சித்தமன், ricin.

*சித்தம், 1° (tchitta), volonté, intention, bon plaisir, esprit, intelligence, intérieur. 2° (siddha), vérité, certitude, promptitude, preuve, démonstration, fin, accomplissement, perfection, renoncement à tout, renommée, sel, — de mer, perpétuité, éternité, toujours, le 21me des 27 யோகம், un des 28 livres des Sivénistes, l'arbre முருங்கை: —ஆகிறது vouloir, concevoir le désir, — la volonté; —இரங்குகிறது s'attendrir, avoir pitié, daigner, consentir, accorder; — இரங்காதவன் homme sans pitié, inflexible, difficile à persuader; — உள்ளவர்களுக்குக்கொடுக்கிறது donner à ceux qui désirent, — à qui l'on veut; — திரும்புகிறது se convertir, la volonté changer en bien, devenir favorable; — களிகூருகிறது se réjouir, être content; சித்தசமாதானம் paix —, tranquillité de l'âme; — சமுசயம் doute de l'esprit; — சமுன்னதி, (சம், உன்னதி), orgueil, arrogance (un des விசனம்); — சலம் —, சவிலம் eau de riz aigrie; — சலனம் instabilité de l'esprit; — சலனமுள்ளவன் homme inconstant; —சாந்தி calme de l'âme, retenue; — சுத்தி pureté de l'âme; —ஞானம் sagesse accomplie, entière, connaissance de l'unité; — த்தியாகம், — நிவர்த்தி renoncement absolu à tout; — பேதம் désaccord, incohérence; — ப்பிரசன்னதை, (பிரசன்னம், தா), joie, contentement (de l'esprit; —ப்பிரமை trouble de l'esprit, folie, distraction; —யோகம் yôga favorable; —ராகம் passion, désir de la volonté; — லயம் retenue, recueillement de l'âme; — விகாரம் changement de l'âme, d'intention, divergence de sentimens; —விகாரி personne qui change de sentimens; —விப்பிரமம் syncope, évanouissement, ou — விப்பிலவம் folie, dérangement d'esprit: —விலாசம் désir mondain; —வேதனை peine —, trouble —, inquiétude d'esprit: V. aussi சித்த...: உம்முடையசித்தம், உம்முடையசித்தத்தின்படி, உம்முடையசித்தத்துக்குச்

சரிப்போனபடி selon votre bon plaisir, comme il vous plaira; உம்முடையசித்தமென்பாக்கியம் votre volonté fait mon bonheur ou m'est très-agréable.

சித்தம்பலம், la ville de சிதம்பரம்.-

*சித்தர், (siddha), sages qu'on prétend avoir acquis des qualités et des pouvoirs surnaturels, qui les rendent une sorte de demi dieux et immortels, magiciens, ascètes qui par leurs grandes austérités se sont élevés au-dessus du sort des hommes et qu'on suppose habiter le milieu de l'air ou l'espace situé entre la terre et le soleil avec les முனிவர் et les வித்தியாதரர். On compte 9 சித்தர், V. நவநாதசித்தர்: சித்தராந்தாதி pièce de vers avec அந்தாதி composée par les சித்தர்; — ஆருடம் traité scientifique sur les reptiles, insectes et animaux venimeux et les différens remèdes usités contre leurs blessures, un des traités des antidotes: —குளிகை pilule magique des சித்தர், qui donne, au dire des Indous, le pouvoir de s'envoler partout où l'on désire, V. இரசகுளிகை; —நூல் science de la médecine.

சித்தல், toile, habit.

சித்தன், (siddha), 1° sing. de சித்தர் 2° homme fortuné, - qui a obtenu l'immortalité et des dons ou pouvoirs extraordinaires, homme qui fait des merveilles, (surnom donné à) Arouguen, Siven, Veïraven, prestigiateur, magicien, jongleur, trompeur. 3° homme fidèle, juste, probe, cotonnier, pierre d'aimant: —சபக்கல் pierre de fer.

*சித்தாகாரம், (சித்த, ஆகாரம்), invisibilité, V. அருபகம்.

*சித்தாசங்கம், (id. ஆசங்கம்), amour, attachement.

*சித்தாதிகள், (சித்தர், ஆதி), V. சித்தர்.

*சித்தாந்தம், (சித்தம், அந்தம்), conclusion, vérité établie, démonstration, certitude, fin d'une démonstration, détermination, résultat, satisfaction, dernière volonté, secte, religion qu'on professe, doctrine, croyance religieuse, division de la secte de Siven, système astronomique, V. சூரியசித்தாந்தம்: சித்தாந்தசாராவளி nom d'un livre; வைஷ்ணவசித்தாந்தம் la doctrine des Vichnouvistes; அவர்கள்சித்தாந்தமென்ன quelle est leur croyance religieuse?

*சித்தாந்தன், (சித்தாந்தம்), celui que ses sectaires regardent comme un Dieu certain, Siven.

*சித்தாந்தி, (சித்தாந்தம்), démonstrateur, — qui établit ses conclusions, sectateur, —de la secte de Siven dite சித்தாந்தம், —de la philosophie மீமாஞ்சை.

*சித்தாபகை, (சித்தம், ஆபகை), le Gange.

*சித்தாபாசம், (சித்த, ஆ, பாசம்), le corps, *litt.* le lien de l'âme.

*சித்தாபோகம், (*id.* ஆபோகம்), sensation de joie et de douleur.

சித்தாமோகம், grand dessein, profonde réflexion, ou சித்தாமோசம், - une des 120 espèces de minéraux.

*சித்தாராகம், P. சித்தராகம், (சித்த, இராகம்), désir, passion.

*சித்தார்த்தம், (*id.* அர்த்தம்), moutarde, — blanche, prospérité, V. தத்துவஞானம்.

*சித்தார்த்தி, (சித்தார்த்தம்), la 53e année du cycle indien; elle correspond à 1859 et 1919.

*சித்தி, 1° (siddhi), succès, réussite, efficacité, effet, résultat, accomplissement, exécution, évènement, arrivée, occurrence, rencontre, prospérité, bonheur du —, paradis, béatitude, — finale, exemption de nouvelles renaissances, connaissance, intelligence, don miraculeux, — surnaturel (optenu, au dire des Indous, par une austère pénitence ou par la magie et l'alchimie, V. அஷ்டமாசித்தி), un des யோகம் astronomiques, paiement d'une dette ou d'un tribut, influence, crédit, parole certaine et infaillible, validité (de loi), recèlement, cachette, abri, souliers de bois sur lesquels on a prononcé des formules magiques et qui (au dire des Indous) conduisent en un instant celui qui les porte partout où il désire, fruit de la piété,du culte divin et de la pénitence.2°(tchitti), action de couper 3° fermeté,force,joie, savon, outre,grande bouteille en peau ou en métal pour mettre de l'huile, du beurre etc...,empêchement,mal,l'arbre எட்டி,la plante médicinale பொன்னாங்கண்ணி,drapeau 4° *imp.de* சித்திக்கிறது:—நெறி chemin du paradis;—மூலம் racine de la plante திலப்பனை;—பெறுகிறது,—படைக்கிறது obtenir le don de l'immortalité, —un don extraordinaire; —யாகிறது réussir, prospérer;காயசித்தி force et longue durée procurée au corps par une espèce de remède, *V.* aussi au mot காயம்.

*சித்திகரம்,(சித்தி),effet: சித்திகரப்பிரசாதம் grâce efficace.

சித்திக்கல்,1° (சித்தி),espèce de minéral, —de pierre.2° *V.* சித்தித்தல்.

சித்திக்கிறது, த்தித்தேன், த்திப்பேன்,த்தி,த்திக்க,*v.a.*arriver,avenir, se rencontrer,réussir, prospérer: சித்திக்கப்பண்ணுகிறது faire réussir, —arriver,causer, procurer: இப்படி நடந்தாற்பொல்லாங்கேயுனக்குச் சித்திக்கும் si tu te comportes de la sorte, il t'en adviendra du mal; காரியஞ்சித்தித்தது l'affaire a réussi.

சித்தித்தல்,சித்திப்பு, *n. v. du préc.* événement,rencontre,réussite, prospérité. [causer,faire arriver.

சித்திப்பிக்கிறது, *v. caus. du même,*

*சித்தியம்,1°(tchitya), tombeau,sépulcre.2° *V.* உறி.

சித்தியாதிரோகணம், சித்தியாரோகணம், (tchityâ, *bûcher*,அதி,ஆரோகணம்), une veuve monter sur le bûcher de son mari pour y être brûlée avec lui.

*சித்தியாமலகம்,(சித்தி,ஆமலகம்), espèce de நெல்லிமரம். [த்தாரூடம்.

*சித்தியாரூடம்,(*id.*ஆரூடம்), *V.*சி

சித்தியார், *V.*சிவஞானசித்தியார்.

*சித்திரகம்,(சித்திரம்,ka), ricin, la plante கொடிவேலி,tigre,*V.*திலகம்.

*சித்திரகன்,(*id.*),peintre, dessinateur,sculpteur,graveur.

*சித்திரகுத்தன், சித்திரகுப்தன், (*id.*குத்தம்), le prétendu greffier de Yamen qui écrit les vertus et les vices des hommes.

*சித்திரம்,(tchitra),peinture, figure—, chose —,statue peinte, image, tableau, dessin, sculpture, gravure, relief, écriture, beauté, ornement, élégance, netteté, grande beauté, merveille,chose admirable,surprise, nouveauté, bariolage, bigarrure, fausse apparence, erreur déguisée, sophisme qui ressemble à la verité, langage fardé,énigme,ricin,marque, circulaire sur le front, air, firmament,ciel,un des 32 ordres d'architecture,espèce de vers,vers écrits en figure de fantaisie et nommés சித்திரகவி,petitesse,chose de rien,mesure de temps de 2 மாத்திரை en un கலை, c'est un des 8 மார்க்கசடப்பிரமாணம், les plantes கொடிவேலி et சிறுகுறிஞ்சா, impureté dite சித்திரகரணம்: — எழுதுகிறது, — தீர்கிறது peindre, dessiner, graver, sculpter, ciseler; — த்திரஅரமனை palais orné de peintures ou de gravures; — த்திரக்கல் roche —, pierre gravée ou ciselée;—எழுதுமண் terre rouge,—à peinture, ocre; — போலிருக்கிறது être immobile comme une statue; — பேசுகிறது parler avec affectation,d'une manière hypocrite ou mensongère: — பேசேல் ne parlez pas avec affectation ou hypocrisie; சித்திரகடம் belle —, forêt, bois, forêt en peinture; — கண்டம் pigeon au cou bariolé; — கம்பலம் tapis de diverses couleurs,(il sert de housse aux éléphans etc...);— கம்பி filet d'architecture, corniche; — கரணம் unus ex modis coeundi enumeratis in turpissimo libro dicto கொக்கோகம்;—கரன்,—காரன், *V.*சித்திரகன்;—கவி pièce de vers écrite de manière à faire une figure de fantaisie;il y en a de diverses formes ou figures comme celle de char dite இரதபந்தம்,celle de carré சதுரங்கபந்தம்,de serpens entrelacés... நாகம்

கபந்தம்,de pissement de vache கோமூத்திரி;en outre les principales sont: எழுகூற்றிருக்கை,எழுத்துவருத்தனம், ஏகபாதம், ஒற்றெழுத்தில்லாத் தீர்ந்தவொருபொருட்பாட்டு, ஓரெழுத்தினம்,கரந்துறை,காதைகரப்பு,கூடசதுக்கம், சக்கரம், சருப்பதோபத்திரம், சித்திரப்பா, சுழிகுளம், ஆசங்கொளல்,பாதமயக்கு, பாவின்புணர்ப்பு, மாலைமாற்று, வாவனஞாற்று, விசித்திரப்பா, விறுவுத்தரம் etc..; —காயம் l'animal au corps bariolé, *i.e.*le tigre;—க்காரன், *V.* சித்திரகன்;—கூடம் atelier de peinture,salle d'audience,salon,surnom du temple et de la ville de சிதம்பரம்,montagne du Bandelkand, première habitation de Râmen dans son exil, *V.* சித்திரசாலை; — கோலம் espèce de lézard venimeux;—க்காவி espèce de riz;—க்கிளிச்சி scarabée noir;— க்குள்ளன் nain;—சபை, — சாலை salle ornée de peintures et de sculptures, galerie de tableaux;—சருப்பம்,—சர்ப்பம் gros serpent bariolé;—சிகண்டி nom commun aux 7 richis de la Grande Ourse;—சிகண்டிசன், —சிகண்டிபிரசூதன், *V.* சிகண்டிசன்; — சுரூபம் belle statue,— peinture,statue,tableau;—சேனன், (சேனை), un des juges ou greffiers de l'enfer des Indous; — தண்டகம் cotonnier dit பருத்தி;—தரம் mesure de musique d'un மாத்திரை en un கலை,c'est un des 6 மார்க்கசடப்பிரமாணம்;—தாரணை le 9me des தாரணை ou exercices d'un yôgui; — தாளம் un des 9 தாளம் ou règles de mesure en musique;— தீபம் bougie —, chandelle peinte,—en peinture;— தீபம்போலிருந்தாதியானஞ்செய்கிறது être en méditation, immobile comme une bougie en peinture;—தையல் broderie;—நேத்திரை, —பாதை mainate, oiseau qui a les yeux —les pieds bariolés; — பக்ஷம் perdrix aux ailes bariolées;—பலம் espèce de concombre;—பானு soleil, — en peinture, feu, la 16me année du cycle indien qui correspond à 1822 et 1882;— பிச்சகம்,புச்சகம்,(பிச்சம்,ka), l'oiseau aux plumes bariolées,*i.e.*le paon;—பிருஷ்டம் passereau au dos bariolé;—ப்படம்,—ப்படாம் tableau, peinture,image—,toile peinte, indienne;—ப்பா vers écrits en figure de fantaisie;—ப்பாலடை la plante hedysarum பாலடை; — ப்பாலாவி la plante அம்மான்பச்சரிசி euphorbia hypericifolia;— ப்பதுமை; — ப்பாவை,—ப்பிரதிமை statue peinte,—de femme,—en peinture, tableau, poupée,marionnette; — ப்பதுமை ou—ப்பாவைபோலிருக்கிறது être immobile comme une statue; —ப்பூம்பட்டாடை bel habit—, belle toile de diverses couleurs;—மகிழ்ச்சி scarabée noir;— மண்டபம், *V.* சித்திரசாலை;— மிருகம் antilope bariolée ou tachetée, cerf; — மூலம், — மூலி la plante கொடிவேலி; — மேகலை l'oiseau à ceinture bariolée,*i.e.* le paon; —ரதன் celui qui a un char peint,le soleil,le chef—,un des கந்தருவர்;—ரேகை l'arbre அரசமரம்,ligne peinte,—de couleur;—லேகை,— லிகிதம் portrait,tableau,peinture; — லோசனை mainate aux yeux bariolés;—வகவல் (அகவல்),agavel enjolivé, variété de l'espèce de vers dite அகவல்; —வண்ணம் jolie cadence,— mesure,espèce d'harmonie dans laquelle les brèves et les longues se joignent pareillement;—வதை, *V.* சித்திராச்சினை;—வாராத்தி la plante கண்டங்கத்திரி; —விதழ்,(இதழ்),guimauve;—வித்தாரன் savant;—வித்தை science curieuse,jonglerie, l'art des prestiges; — விநோதம் beauté d'une peinture,ouvrage curieux,bien fait, élégant; — விநோதமாய் élégamment,avec art; — வேலை ouvrage de peinture ou de ciselure; — வேளாக்கொல்லி espèce de mélodie harmonieuse;—வேடாவி,(ஓடாவி), peintre;இது நல்லசித்திரம் ceci est bien joli,—est une belle peinture.

சித்திரர்,(சித்திரம்),peintres,sculpteurs,menuisiers,mécaniciens,artistes.

*சித்திராக்கினை, (சித்திரம், ஆக்கினை), meurtre —, mort accompagnée de supplices recherchés (pour épouvanter), tous les supplices que la cruauté peut inventer. [seau mainate.

*சித்திராகூழி, (*id.* அக்ஷம் *œil*), l'oi-

*சித்திராங்கதன், (*id.* அங்கம், *da qui donne*), Sittirangaden, roi de Hastinabouri, de la race des Kourous, et fils du roi சந்தனு et de la mère de Vyasen, un des juges ou greffiers des enfers des Indous.

*சித்திராங்கம், (*id.*), safran, orpiment jaune, vermilion, sorte de serpent. [சேந்திரன், trompeuse.

*சித்திராங்கி, (*id.*), la femme de ந

*சித்திராதிவிலே, (சித்திரம், ஆதி), diversi modi coeundi incipiendo ab illo சித்திரம் dicto vel சித்திரகரணம்.

*சித்திராபூபம், (*id.* அபூபம்), espèce de petit gâteau.

*சித்திராபூரணை, —பௌர்ணிமி, (சித்திரை), pleine lune de சித்திரை ou avril, jour de jeûne des Indous en l'honneur de la naissance de சித்திர குப்தன் greffier de Yamen.

சித்திரான்னம், (சித்திரம், அன்னம்), riz préparé de diverses manières recherchées, riz préparé avec des assaisonnemens colorés.

சித்தி 1° sel de soufre. 2° *imp. de*

சித்திரிக்கிறது, சித்தேன், சிப்பேன், சி, க்க, *v. a.* (சித்திரம், peindre, dessiner, graver, ciseler, sculpter: சித்திரிக்காதபொருள் chose simple, sans peinture ni sculpture; சித்திரித்தகல் pierre sculptée,

சித்திரித்தல், சித்திரிப்பு, *n. v. du préc.* peinture, ciselure, sculpture.

*சித்திரிணி, சித்திரிணி, (சித்திரம், ini), femme d'un caractère lascif.

*சித்திரை, (tchitrâ), le mois de sittirei, de la mi-avril à la mi-mai, c'est le 1er mois de l'année tamoule), la 14me constellation des Indous, c'est l'épi de la vierge, Sittirai ou சுபத்திரை nom de la sœur de Krichna, et d'une nymphe du Souvarkam; —க்கதை histoire de சித்திரகுத்தன்; —க்கார் riz qui mûrit en avril; — ச்சிலம்பன் (surnom du) Kavèri au mois de சித்திரை quand le bruit de son faible courant imite le bruit des bijoux des pieds; — ப்பாலாவி, *V.* சித்திரப்பாலாவி; — வசந்தன் vent du sud qui souffle en சித்திரை.

*சித்திரேசன், (சித்திரை, ஈசன்), le mari de la nymphe சித்திரை, *i. e.* Sandiren ou la lune.

*சித்திரோதனம், சித்திரௌதனம், (சித்திரம், ஓதனம்), riz cuit coloré avec du safran.

*சித்திரோத்தி. (*id.* உத்தி), parole venant du ciel, — d'un être invisible, conte merveilleux, discours éloquent.

*சித்திலி, (siddhili), petite fourmi.

சித்திவிகை. (சித்திரம்), toile, — peinte, indienne, bel habit.

சித்தி ஊத்தை, parallaxe de la lune en latitude.

சித்தில், connaissance, intelligence.

சித்தினி, *P.* சித்திரிணி.

*சித்து, 1° (tchit), esprit, intelligence, sagesse, connaissance de Dieu, invisibilité, *V.* அரூபம். 2° (djit), victoire, vainqueur (à la fin des mots composés). 3° espèce de —, sacrifice, prestige, illusion d'optique, merveille prétendue (des grands hommes), tour de force, —de passe-passe, tour de main, jonglerie, fascination des yeux: சித்தில்லாதபோது வேறு சிவனில்லையில்லையே quand on n'a pas la connaissance de Dieu, la vie n'est absolument rien; —காட்டுகிறது, — செய்கிறது faire des tours de jonglerie; —ஞானம் esprit fin, subtilité; —ப்பொருள் être intelligent; —ரூபம் forme subtile, —délicate, — spirituelle, l'arbrisseau நேர்வாளம் ou — ரூபத்துவம் immatérialité; —ரூபன் l'être qui est un pur esprit, *i. e.* Dieu; — வித்தை art de la jonglerie, — des tours de passe-passe; — வித்தைகற்றவன், — வித்தைக்காரன் jongleur, prestigiateur, fascinateur des yeux; — விளையாடுகிறது faire le jongleur.

. சித்துடு l'arbrisseau கிலுகிலுப்பை.

சித்தை,(சித்தி),outre,vase—, bouteille de peau ou de métal, petit vaisseau,maturité,cuisson.

*சித்தைக்கியம்,(சித்தம், ஐக்கியம்), unanimité. [gueil.

*சித்தோன்னதி,(id ,உன்னதி), or-

*சிநேகம்... V. சினேகம்.

சிந்தகம், l'oiseau தூக்கணாங்குருவி,tamarinier.

சிந்தடிவஞ்சிப்பா, (சிந்து, அடி), vers de 3 pieds,pièce de poésie composée de vers de 3 pieds,avec le தனிச்சொல் et finissant par le சுரிதகம் des vers dits ஆசிரியம்.

சிந்தம்,tamarinier. [sion.

சிந்தல்,*n.v. de* சிந்துகிறது, effu-

*சிந்தனாபோகம்,(சிந்தனை, போகம்),jouissance de l'âme, — intérieure,plaisir—,copulation mentale.

*சிந்தனை,(tchintanâ),pensée,idée, sentiment,réflexion,méditation,anxiété,inquiétude, souci,soin, affliction,peine,désir:—படுகிறது,— யாயிருக்கிறது être inquiet, pensif;—பண்ணுகிறது songer,se ressouvenir, —கெட்டுப்போகிறது l'esprit se perdre,— s'égarer, perdre l'esprit, devenir hébété; இனிச்—வேண்டாம் n'ayez plus d'inquiétude,—de souci; உனக்கொரு—யுமில்லைபோ va-t-en, tu es un insouciant, ou tu n'as pas d'anxiété à avoir; நானிருக்கவுனக்கென்ன—pourquoi t'inquiéter pendant que je suis vivant? படித்தபாடத்தைச் — பண்ணினால்மறவாது si on songe bien à la leçon qu'on a apprise on ne l'oublie pas.

சிந்தன், courtaud, nain, l'oiseau தூக்கணாங்குருவி,l'arsenic சிப்பந்த பாஷாணம்.

*சிந்தாகுலம், (சிந்தை, ஆகுலம்), peine d'esprit,grande anxiété.

சிந்தாக்கட்டிகை,(சிந்தாக்கு, அட்டிகை), espèce de collier ou de joyau de cou,(à l'usage des femmes).

சிந்தாக்கு,espèce de bijou.[கிறது.

சிந்தா,சிந்தாத,*part.nég.de* சிந்து

சிந்தாத்திரி,சிந்தாத்திரை,(சிந்தா, யாத்திரை),heureux voyage, heureuse traversée,prospérité,délice: — யாய்ப்போய்வருகிறது faire un bon voyage, — un voyage et revenir en bonne santé.

*சிந்தாமணி, (சிந்தை,மணி), 1° pierre précieuse prétendue divine et qu'on suppose procurer à son possesseur tout ce qu'il désire. 2° *ou* சீவகசிந்தாமணி poème épique très-estimé comme livre classique contenant l'histoire du roi samanéen சீவகன், Sindâmani, ville du Tanjaour, certain remède, le meilleur, la perle (surtout à la fin de certains mots composés, *v. g.* தர்க்கசிந்தாமணி la perle de la controverse, nom d'un traité de logique);—மாத்திரை excellent remède, la perle des pilules,des médecines.

சிந்திக்கிறது, தித்தேன், திப்பேன், தி,திக்க,*v.a.* (சிந்தை), penser, réfléchir,considérer, observer, méditer, songer,se ressouvenir:சிந்தித்துப்பார்க்கிறது examiner, peser dans son esprit.

சிந்தித்தல், சிந்திப்பு, *n. v. du préc.* pensée, réflexion, considération, souvenir. [தை),pensée,réflexion.

*சிந்திதம், சிந்திதி, சிந்தியை, (சிந்

*சிந்தியம், (tchintya), chose compréhensible,un des 28 livres des Sivénistes.

சிந்தியல்வெண்பா,(சிந்து, இயல்), vemba de 3 vers. On en distingue 2 sortes nommées இன்னிசைச் — et நேரிசைச்—suivant qu'elles ressemblent à l'இன்னிசைவெண்பா ou au நேரிசைவெண்பா.

*சிந்து, 1° (sindhou) mer, océan, eau, rivière, fleuve (en général), le Sind ou l'Indus,la province du Sind, (un des 56 pays connus des Indiens), la langue de cette province,éléphant, rut de l'éléphant,mucus qu'il lui fait sortir des tempes,sorte de poésie peu estimée,(elle se compose de 5 parties la 1re nommée பல்லவி ou refrain n'a qu'un petit vers, la seconde அநுபல்லவி est une strophe plus courte que les autres et qui finit par le refrain; les 3 dernières parties ou strophes se nomment சரணங்கள் et consistent en vers d'égale mesure entr'elles;mais elles varient au gré de l'auteur pour l'harmonie et les régles qu'elles suivent), vers de 3 pieds, courtaud, nain, l'arbrisseau வெட்சி,pierre précieuse dite வைடூரியம்,œil-de chat. 2° *imp. et part.du suiv:*—சங்கமம் embouchure de fleuve, confluent de rivière,—சம், sel, *ou* —சாரம் sel de mer;—சை Lakchimi prétendue fille de la mer;—சயனன் Vichnou couché sur la mer;—தேசம் l'Inde;—நதி l'Indus;—நந்தனன்,—சன்மன் Sandiren ou la lune qu'on prétend née de la mer de lait, ou வீடுமன் Bhismen fils de la prétendue déesse du Gange;—நாடர்,(நாடு), habitans des bords de la mer;—நாதன் le prétendu roi de la mer,*i.e.* Varounen;—புஷ்பம்,—புட்பம் les fleurs de la mer, *i. e.* les conques;—ரசம் sel gemme.—fossile.—ரத்தம் sel ou—லவணம் sel de mer, sel gemme;—ராச்சியம் l'Inde.

*சிந்துகம், (சிந்து, ka), l'arbrisseau நொச்சி, vitex.

சிந்துகிறது, சிந்தினேன், துவேன், து, த.*v.a.et n.et* சிந்துதல், *n. v.* répandre,verser,disperser,éparpiller,se répandre,couler,être versé,ruiné, se gâter,se perdre,se corrompre, périr: சிந்தாதேசிதறாதே எடுக்கிறது emporter sans répandre ni verser; சிந்திப்போகிறது se répandre,couler; சிந்திப்போகாமற் ou சிந்தாதே கொண்டுபோகிறது emporter sans que rien ne se répande; சிந்திப்போடுகிறது verser,répandre,disperser; சிந்திக்கிடக்கிறது (le riz...) être répandu,dispersé,éparpillé; முத்து முதலிய மணிசிந்துகிறது jeter (au peuple) —,répandre—, disperser des perles et d'autres pierreries.

சிந்துண்டுபோகிறது, (சிந்து, உண்டு),se répandre,être versé,dispersé,gâté,ruiné.

சிந்துரிக்கிறது, *P.* சிந்தூரிக்கிறது.

*சிந்துரம்,*P.*சிந்தூரம்.

*சிந்துவாரம்,(சிந்து),mer,arc,ou

*சிந்துவாரி,(*id.*),l'arbrisseau வெண்ணொச்சி.

*சிந்தூபலம்,சிந்தூற்பலம், (சிந்து,உபலம்,உற்பலம்),sel gemme.

*சிந்தூரம்,(sindoûra),couleur—, rouge,vermillon,minium,bottou,— de vermillon,ou marque ronde et rouge sur le front, poudre médicinale de minéraux calcinés,précipité de mercure, noyau dit சேங்கொட்டை,tamarinier, éléphant, l'arbrisseau வெட்சி,le கிடைச்சி rouge: சிந்தூரகாரணம் plomb *litt.* l'origine du vermillon; —திலகம் éléphant, bottou de vermillon;—திலகை femme qui a ce bottou,— dont le front est frotté de vermillon;—விதி manière de faire le vermillon,de le mettre,ou de s'en frotter;— வைப்பு réduction des métaux en vermillon, *V.* சிந்தூரவிதி.

*சிந்தூரிகை,(சிந்தூரம்,ikâ),rouge de plomb,vermillon.

சிந்தூரிக்கிறது, ரித்தேன், ரிப்பேன், ரி,ரிக்க,*v.a.et n.*சிந்தூரித்தல்,*n.v.* (சிந்தூரம்), rendre rouge, préparer —,faire du vermillon,le pulvériser, calciner les métaux (*v. g.* l'or, l'argent,le bismuth etc.., ou l'arsenic, le mercure etc...) et les réduire en poudre rouge,se changer en vermillon.

*சிந்தை,(tchintâ), esprit, pensée, attention, réflexion, considération, dessein,intention, objet en vue, inquiétude,anxiété,vexation, peine:—கூடியவன் homme d'un esprit pénétrant, la planète Mercure prétendu fils de Sandiren ou Bouden ancien roi et tige de la dynastie lunaire;—கெட்டுப்போகிறது avoir l'esprit dérangé, dépravé;—யாயிருக்கிறது être pensif, —attentif — appliqué, penser à; பலசிந்தையாய்ச் செய்கிறது faire avec distraction,—en pensant à bien des choses; சிந்தையில் வைக்கிறது considérer,remarquer, mettre dans son esprit.

சிபாயம், desséchement, évaporation.

சிபாயி,*ou* சிப்பாயி,(*ind.*),cipaye, soldat indien.

சிபாரிசு,(*persan*), lettre de —, recommandation,protection, certificat de bonne conduite.

சிபி,nom d'un roi de la race du [soleil.

சிபிட்டகம்,riz frit dit அவல்,petit enfant.

சித்துவம்,fracture,rupture.

*சிபிவிஷ்டம்,சிபிவிட்டம், (sipivichta),tête chauve,—blanche.

சிபுகம்,pouls,artère.

சிப்பந்தி,(*pers.*), établissement de [serviteurs.

சிப்பம்,petit—,paquet,ballot,—de toile...:— கட்டுகிறது mettre la toile en ballot.

சிப்பாரிசு, 1° faire connaissance. [2° *P.* சிபாரிசு.

சிப்பி,(இப்பி),coquillage,coquille, —bivalve, huitre à perles, conque, dent venimeuse; — ச்சுண்ணாம்பு chaux de coquillage, — d'huitres à perles;—நீறு cette chaux en poudre;—முத்து perle d'huitre. — non parvenue à sa perfection,perle artificielle:—யச்சு,(அச்சு),espèce d'outil;—வேலை ouvrage en coquillage, en forme d'huitre à perles.

சிப்பியன்,*pl.* சிப்பியர்,tailleur,panégyriste,—qui chante les louanges.

சிப்பிரம்,petitesse,chose petite.

சிப்பிலாட்டி,*V.*சில்லறை,*ou*

சிப்பிலாட்டு,vexation,embarras.

சிமட்டி, coloquinte.

*சிமம்,(sima),tout,chose entière.

சிமயம், cime de —, montagne; le mont பொதியமலை.

சிமாலம்,l'île de Sumatra.

சிமாளம்,joie,gaité,jeu: — போட்டுப்பாய்கிறது *ou*

சிமாளிக்கிறது, ளித்தேன், ளிப்பேன்,ளி,ளிக்க,*v. n.et* சிமாளித்தல்,*n. v.* se réjouir,sauter de joie.

சிமி, *V.*சிகண்டகம்.

*சிமிகம்,(tchimika), perroquet.

சிமிக்கி, espèce de pendans d'oreilles:சிமிக்கிப்பூ autre espèce de bi-[jou.

சிமிடன்,*V.*சுமடன்.

சிமிட்டி,1° *P.*சிமட்டி,coloquinte. 2° *gér.de* சிமிட்டுகிறது.

சிமிட்டு,*n.v. imp. et part. du suiv.* clignotement, clin d'œil, œillade, tromperie:—க்கண், —ப்பார்வை œil clignotant; —க்கண்ணன் homme dont les yeux clignotent.

சிமிட்டுகிறது, ட்டினேன், ட்டுவேன்,ட்டு,ட்ட, *v.n.et* சிமிட்டுதல், *n. v.* clignoter, cligner de l'œil, faire des signes d'yeux,tromper;சிமிட்டிச்சைகைசெய்கிறது faire signe de l'œil, —en clignant les yeux.

சிமிண்டி,*gér.et n.app.de* சிமிண்டுகிறது,filou, — qui prend à la dérobée.

சிமிண்டு,1° cheville, bâton, pieu, poteau. 2° *imp.et part.de*

சிமிண்டுகிறது, டினேன், டுவேன், டு,ட,*v.a.*enlever—, prendre à la dérobée,arracher,pincer, piquer, chatouiller, toucher avec le doigt: சிமிண்டிக் காட்டுகிறது pousser et montrer du doigt; கக்கத்திற்சிமிண்டுகிறகைநமனல்லவோ la main qui chatouille sous l'aisselle n'est -elle pas le dieu de la mort?

சிமிலம்,montagne.

சிமிலி,suspensoir,corde —, roseau pour porter des vases,cigale,la plante médicinale பூளை,barque,vaisseau, *V.*சிகண்டகம்.

சிமிழிக்கிறது, ழித்தேன், ழிப்பேன்,ழி,ழிக்க,*v.n. V.*சிமிட்டுகிறது.

சிமிழித்தல்,சிமிழிப்பு,*n. v. du préc. V.*சிமிட்டு.

சிமிழ்,1° *imp.du suiv.* 2° petite—, boite,cassette: உலோகச் —, தந்தச் —,மரச் —,boite de métal,— d'ivoire,—de bois.

சிமிழ்க்கிறது,ழ்த்தேன், ழ்ப்பேன், ழ்,ழ்க்க,*v.a.*lier,attacher.

சிமிழ்த்தல்,சிமிழ்ப்பு *n.v.du préc.*attache,lien,lier.

சிமிளிக்கிறது,*P.* சிமிழிக்கிறது.

சிமிளிப்பு,*n.v.du préc. V.*சிமிட்டு.

சிமிள்,*P.* சிமிழ்.

சிமிள்க்கிறது,சிமிள்ப்பு,1° *P.* சிமிழ்க்கிறது,சிமிழ்ப்பு. 2° clignoter.

சிமுக்கு,petit bruit:சிமுக்கிடுகிறது faire un petit bruit,se remuer.

சிமுட்டி,la plante கிழாநெல்லி.

சிமை,*V.*சிகண்டகம்.

சிம்பத்தை, la plante சிறுபுள்ளடி.

சிம்பர், *P.* சிம்பா.

சிம்பல், *n. v. et opt. de* சிம்புகிறது, bond, saut, gambade, vivacité, malice, résistance, bruit, son, filament, copeau: — அடங்குகிறது devenir calme, — traitable; — இல்லாத மாடு bœuf doux, — traitable; — ஆயிருக்கிற ou உள்ளமாடு bœuf intraitable, qui résiste ou s'effarouche, — qui ne veut pas suivre quand on le tire par la corde.

சிம்பா, bourre (de fusil...).

சிம்பு, 1° baguette, copeau, éclat (de bois), fibres, étoupe, filament. 2° *imp. et part. de*

சிம்புகிறது, சிம்பினேன், புவேன், பு, ப, *v. n. et a.* சிம்புதல், *n. v.* s'effaroucher, houspiller, tirer, tirailler (en luttant ou jouant), jeter, sauter, bondir, sautiller, prendre furtivement, dérober, résonner: காலாலே — donner le croc en jambe.

சிம்புரி, bourlet, coussinet (pour porter des fardeaux sur la tête).

சிம்புளி, drap, étoffe de poils, tapis, couverture, toile —, habit rouge.

சிம்புள், oiseau fabuleux à 8 pieds: சிம்புளானவன் celui s'est métamorphosé en un de ces oiseaux, *i. e.* Virapattiren.

*சிம்பை, (simbhâ), espèce de pois.

சிம்மதம், serpent.

*சிம்மம், *P.* சிங்கம், lion.

*சிம்மாசனம், சிம்மாதனம், *P.* சிங்காசனம்.

சிம்மு, borne, limite.

சியச்சினி, la plante உத்தாமணி.

சியநாகம், l'arsenic préparé துத்தபாஷாணம்.

சியிருதம், சியிறுதம், le fruit du terminalia dit கடுக்காய்.

*சியை, (djyâ), sinus: சியாவாக்கியம் table des sinus.

சிர, 1° *obl. de* சிரம். 2° *imp. de.* சிரக்கிறது.

*சிரகபாலம், (சிரம்), crâne.

*சிரகபாலி (*id.*), dévot indou qui a un crâne humain pour emblème.

சிரகம், 1° goutte de pluie, — de pluie poussée par le vent, aiguière, cruche. 2° *(சிரம், ka), casque, turban.

சிரக்கிறது, ரத்தேன், *ou* ந்தேன், ரப்பேன், ர, ரக்க, *v. a.* détruire, corrompre.

சிரக்கோழி, la plante வசம்பு, l'arbrisseau குழலாதொண்டை cappparis.

*சிரங்கம், (சிரம், ka), tête, principal.

சிரங்கை, (சிரம், கை), poignée, autant que la main peut contenir: ஒரு சிரங்கையரிசி une poignée de riz.

சிரங்கு, gale, grattelle, éruption, rogne: சிரங்கமறிப்போகிறது la gale se guérir, se sécher; சிரங்குபிடிக்கிறது attraper la gale; ஆனைச் சிரங்கு gale à grosses pustules.

*சிரசம், சிரசிசம், சிரசிருகம், (சிரம், சம், sirasi *sur la tête*, உருகம்), cheveu, *litt.* ce qui croit sur la tête, poil.

சிரசன், arsenic naturel dit சீதபந்தபாஷாணம்.

சிரசாவகிக்கிறது, சிரசாவகித்தல், (சிர, சாவகம்), se mettre sur la tête (un ordre, une lettre, langage figuré pour marquer l'obéissance et le respect): சிரேஷ்டர்வார்த்தையைச்சிரசாவகிக்கிறது se mettre sur la tête les paroles du supérieur, lui obéir.

*சிரசிவி, (சிர, சிவி) *V.* சிரஞ்சீவி.

*சிரசு, (siras), tête, chef, principal, origine, commencement: — வேஷ்டி, *V.* சிரோவேஷ்டம்; உமதுபாதமென் சிரசின்மேலே votre pied est sur ma tête, je suis votre serviteur.

*சிரசுதையம், (சிரசு, உதயம்), apparition de la tête à la naissance.

*சிரஸ்தம், (tchirastha), long-temps, longue durée.

*சிரஸ்தார், சிரஸ்தா, (sirastha), chef, supérieur, conducteur, 1er secrétaire, — écrivain, chef natif des comptes des cours indiennes, *ou*

சிரஸ்ததார், சிரஸ்தாதார், (*ind.*), 1er employé, chef natif d'un tribunal indien, *ou* d'une catchérie de collecteur.

*சிரஞ்சீவி, *pl.* சிரஞ்சீவியர், (சிரம், சீவி), personnage —, être qui vit long-temps, corbeau, Vichnou: — வாயிருக்கிறது vivre long-temps; சிரஞ்சீவியர்-எ les 7 personnages qui ont vécu long-temps, savoir: அசுவத்தாம

ன்,le roi மாபலி,வியாசன், le singe அநுமான், விபீஷணன் frère de Râvanen,இருபன்,பரசுராமன்.

சிரட்டை,coque du coco.

சிரணி,l'arbrisseau ஓமம்.

சிரத்தக்காழகம்,l'arbrisseau மருக்காரை. [tées.

சிரத்தம்,choses remuées, — agi-

சிரத்தல்,1° *n.v.de* சிரக்கிறது,destruction,ruine,2° *V.*சிராத்துதல்.

*சிரத்தனம்,சிரத்தினம், (சிரம், தனம்),chose vieille.

சிராத்துகிறது, த்தினேன், த்துவேன்,த்து,க்க, *v. n.* résonner, faire du bruit,bourdonner.

சிரத்துதல்,*n.v.du préc.*retontissement,bruit,son inarticulé,bourdonnement,cris—, murmure confus (de la foule).

*சிரத்தை, 1° (sraddhâ), fidélité, foi,amour,respect,dévotion,attachement à son gourou et aux sciences. 2° (sirastha), primauté, supériorité, autorité,orgueil,—க்காழகம், *V.* சிரத்தக்காழகம்.

*சிரமணர், (sramana), religieux mendians indous,les Samanéens.

சிரமருதி,(சிரம்,அறுகிறது),tronc, corps sans tête.

சிரமம்,(srama), escrime, exercice militaire,fatigue,travail, bruit:சிரமப்பணிக்கன் maitre d'escrime;—க்கூழகம் salle d'escrime;,சிரமஞ்செய்கிறது *ou*

சிரமிக்கிறது,மித்தேன், மிப்பேன்மி,மிக்க,faire des armes,s'escrimer.

சிரமிலி,(சிரம்,இலி), l'animal sans tête,le crabe. [effort.

*சிரமை,(srama), fatigue, travail,

*சிரம்,1° (sira),tête, hauteur, racine du poivrier. 2° (tchira),*V.*சிரஸ்தம்.3° cruche, aiguière, *V.* கூடைத்ரு: — இழக்கிறது perdre la tête, avoir la tête coupée;சிரகம்பம், — கம்பிதம், — க்கம்பம் mouvement—, signe de tête, tremblement paralitique de la tête; — கம்பங்கரகம்பம் ou — கம்பிதங் கரகம்பிதமுண்டோ y a-t-il des signes d'approbation de la tête ou de la main;— கரகம்பிதஞ்செய்யலாகும் on peut approuver d'un signe de tête et de main;—கம்பஞ்செய்கிறது ou பண்ணுகிறது approuver d'un —, faire un signe de tête;—கரகருமம் gesticulation de la tête et des mains,pantomime,une des parties du பரதம் ou de la comédie;—காலம் long-temps;—சேவகன் vieux serviteur;—ச்சேதம்,—ச்சேதனம் décapitation,décollation,peine capitale; ஒருவனைச்—ச்சேதம்பண்ணுகிறது décapiter quelqu'un;—ச்செனனம்,—ச்சவரம் action de raser la tête;—ஸ்நானம் bain de tête;—நதி le fleuve qu'on prétend couler de la tête de Siven,*i. e.* le Gange,(de-là vient qu'on représente la déesse Ganguei assise sur la chevelure tressée de Siven);— பங்கம் peine capitale,décollation; — ப்பீடை mal de tête;—மாலை guirlande de la tête,— de crânes,collier de உருத்திராக்ஷம் qu'on porte sur la tête; — மித்திரன் ancien—, intime ami.

சிரம்பம், 1° l'arsenic naturel சாலாங்கபாஷாணம்.2° *P.* சிரமம், escrime. [tion,refuge.

*சிரயணம்,சிரயம், (sraya),protec-

சிரல், martin-pêcheur, bout, fin, achèvement.

*சிரவணம்,(sravana),oreille,ouïe, audition, docilité, obéissance, la 22me constellation dite திருவோணம்,un des 32 உபநிஷதம்: — உள்ள obéissant,docile;சிரவணபதம் oreille,voie de l'ouïe;சிரவணசத்தி,சிரவணிகசக்தி puissance obédientielle des philosophes.

*சிரவணேந்திரியம், (சிரவணம்,இந்திரியம்),sens de l'ouïe.

*சிரவணோதரம்,(*id.*உதரம்),creux extérieur de l'oreille. [le.

*சிரவணன், *(id.)*,obéissant,doci-

*சிரவணி,*f.du préc.*obéissante.

*சிரவம், 1° (srava), oreille.2° perdrix,*ou*

சிரவை,accroissement.

சிரற்புள்,(சிரல்),martin-pêcheur.

*சிராங்கம்,(சிர, அங்கம்),la tête.

*சிராத்தம்,(srâddha),espèce de cérémonie funèbre pour les morts, ce qui est un des 21 sacrifices indous.

*சிராயம், சிராயணம், (சிரயம்),observation, protection. [vie.

*சிராயுசு, (சிரம், ஆயுசு), longue

சிராம், — ப்பொடி éclat de bois, copeau, planure: — அருகுகிறது un éclat de bois piquer, — causer de la douleur; — ப்பாக்கு noix d'arec d'une saison spéciale; — ப்பொடிவி ரவிலே ou காலிலே தைக்கிறது un éclat de bois entrer dans la main ou dans le pied. [d'சுவணி, pierre.

*சிராவணம், (srâvana), le mois

*சிராவணி, un des 21 sacrifices.

*சிராவிருத்தம், (sirâvroutta), plomb.

*சிரி, 1° (siri), flèche, épée, sauterelle, meurtrier, vulve (mot honteux). 2° *imp. de* சிரிக்கிறது. (On doit l'éviter à cause du sens précédent et dire சிரித்துக்கொள்).

சிரிக்கிறது, சிரித்தேன், சிரிப்பேன், சிரி, சிரிக்க, *v.n.* rire, plaisanter, railler, moquer: சிரித்தமுகம் visage riant, — joyeux; சிரித்துச் சிரித்து வயிறு நும்புண் ணுகிறது à force de rire le ventre même en fait mal, crever de rire; — ப்பேசல் dire —, parler en riant, — avec un air riant, plaisanterie, mot joyeux, — d'amitié; — ப்பேசிவருத்திக் கொல்லுகிறது tourmenter et donner le coup de la mort d'un air riant et avec de belles paroles; — வி ளையாடுகிறது rire et jouer.

சிரிட்டம், écorce médicinale de l'arbre விளா.

சிரிப்பாணி, (சிரிப்பு, ஆணி), plaisanterie dérision, risée, ridicule, personne ridicule: — படுகிறது être moqué, bafoué, s'exposer à la risée, à la plaisanterie, être dans la détresse ou la privation; சிரிப்பாணிக்கிட மாயிருக்கிறது y avoir lieu à la plaisanterie, à la dérision.

சிரித்தல், சிரிப்பு, *n. v. de* சிரிக்கிறது, ris, rire, risée, plaisanterie.

*சிரீ, (sri), *V.* சிறீ: சிரீமுகவருஷம், *V.* சிறீமுகவருஷம்.

*சிரீசம், சிரீடம், (siricha), l'arbre வாகை mimosa siricha, l'arbrisseau குன்றி.

*சிரு, 1° (tchirou), jointure de l'épaule. 2° (srou), aller. [nuphar.

*சிருகம், (srouka), flèche, vent, né-

*சிருகாலன், (srougâla), renard, jackal, poltron, méchant, qui parle durement, vaurien, fripon, Krichna.

சிருக்கு, *P.* சுருக்கு.

*சிருங்கம், (srounga), corne d'animal, marque, pointe, cime de montagne. [chaîne, — d'éléphant.

*சிருங்கலம், (srounkhala), fers

சிருங்கலை, 1° (srounkhalâ), entraves, fers pour les pieds. 2° (sroungalâ), espèce de plante.

*சிருங்கபேரம், (சிருங்கம், பேரம்), gingembre vert, *litt.* racine qui ressemble à une corne.

*சிருங்காடகம், சிருங்காடகம், (sroungâta, ka), carrefour ou 4 rues aboutissent.

*சிருங்காரம், (sroungâra), amour, clou de girofle, beauté, ornement, marque ronde ou bottou de vermillon sur le front, copulation.

சிருங்காரிக்கிறது, சிருங்காரித்தல், (சிருங்காரம்), *V.* சிங்காரிக்கிறது.

*சிருங்கி, (sroungi), or.

*சிருஷ்டம், சிருட்டம், (srouchta, orné), un des 32 ordres d'architecture.

*சிருஷ்டி, சிருட்டி, 1° (srouchti), création, nature, caractère. 2° *imp. de* சிருஷ்டிக்கிறது: — கர்த்தா (கர்த்தா), *V.* சிருஷ்டிகன்; — காலம் temps de la création.

*சிருஷ்டிகன், சிருட்டிகன், *hon.* சிரு ஷ்டிகர், (சிருட்டி, ka), *V.* சிருஷ்டிகன்.

சிருஷ்டிக்கிறது, சிருட்டிக்கிறது, டித்தேன், டிப்பேன், டி, டிக்க, *v.a.* (சி ருட்டி), créer, produire, faire naître.

சிருஷ்டித்தல், சிருஷ்டிப்பு, சிருட்டித்தல், சிருட்டிப்பு, *n. v. du préc.* création.

சிருட்டியாளன், savon. [tion.

*சிருணி, (srouni), ennemi, croc de cornac. [chat.

*சிருணிகை, (srounikâ), salive, cra-

*சிருதம், (srouta), science sacrée, écrit sacré, chose entendue, bien.

*சிருதரம், (sroudara), serpent.

*சிருதி,(srouti), 1° rue, chemin. 2° oreille, les védas, l'écriture sainte, quart de ton en musique, V.சுருதி.

*சிருபாடிகை, (sroupâtikâ), bec d'oiseau.

*சிரும்பணம், சிரும்பம், சிரும்பமாணம், சிரும்பிகை, சிரும்பிதம், (djroumpa, na,mâna,ikâ,ita), bâillement.

சிரேசு,P. சிரேயசு, bonheur, fortune.

*சிரேஷ்டம், சிரேட்டம், (srêchta), supériorité, excellence,prééminence, primauté, ancienneté, fertilité: சிரேஷ்டபுத்திரன் fils aîné.

*சிரேஷ்டன், pl. சிரேஷ்டர், (id.), supérieur,chef,grand, ancien, aîné, meilleur,excellent. [ஷ்டன்.

சிரேஷ்டி,1° f. du préc. 2° V. சிரே

*சிரேஷ்டாதிகாரணக்கடவுள், (சிரேஷ்டம், ஆதி), Dieu la 1re et suprême cause de tout.

*சிரேஷ்டாதேவி, சிரேட்டாதேவி, (சிரேஷ்டா, fém. de சிரேஷ்டன்), la vieille déesse prétendue மூதேவி Sœur aînée de Lakchimi,

*சிரேடம்,(slêcha),réunion, union.

*சிரேணம்,(tchirêna),long-temps, longue durée.

*சிரேணி,(srêni),ligne,rangée,degré, ordre,rue de bergers.

*சிரேயசு, (srêyas), bonne renommée,excellence, vertu, mérite, bonheur,—final,prospérité:—அடைகிறது,—பெறுகிறது acquérir de la réputation;—பெற்றுக்கொண்டவன் homme renommé; சிரேயசாயிருக்கிறது être célèbre,distingué.

சிரேவணம், V.காட்டாமணக்கு.

*சிரை,1° (sirâ),nerf,veine, singe. 2° imp.de

சிரைக்கிறது,சிரைத்தேன், சிரைப்பேன், சிரை, சிரைக்க, v. a. ou சிரைத்துப்போடுகிறது,raser,faire la barbe,retrousser un habit;சிரைத்துக்கொள்ளுகிறது se raser ou se faire raser.

சிரைத்தல்.சிரைப்பு,n.v.du préc.

சிரைப்பிக்கிறது, v. caus.du même, faire raser.

சிரையன்,(சிரைக்கிறது), barbier.

*சிரோ, (obl.de siras சிரசு tête), —சிரகம் chambre haute au sommet d'une maison;—க்கிரீவம் la tête et le cou;—சம் cheveu;—தரம் ou சிரோதி, (dhara, dhi qui soutient), cou;—பத்தியம் le fruit nommé கடுக்காய்;—மணி,—ரத்தினம் pierre précieuse—,bijou qu'on met à la tête,—à la crête,le chef,le meilleur; சிரோமணியாயிருக்கிறது être éminent,— excellent;—ருகம் cheveu;—ரோகம் mal à la tête;—வல்லி crête de paon;—விருத்தம் poivre;—வேஷ்டம்,—வேஷ்டி,—வேட்டம்,—வேட்டனம் casque, turban, toile dont on s'entoure ou dont on se couvre la tête.

*சிரோட்டம், (siras, அட்டம்), le fruit nommé கடுக்காய், les arbres நெல்லி et தான்றி, V.திரிகடுகு.

*சிரோத்தி,சிரோஸ்தி,(id.அஸ்தி os) crâne de la tête.

*சிரோத்திரம்,V.சுரோத்திரம்.

சிரோந்தம், (siras,அந்தம்),épaisse chevelure.

சில, 1° adj. quelque, quelques, peu,un peu:—காலம் pendant quelque temps, ou —விசை, —முறை quelquefois;—பேர்,—மனிதர் quelques personnes, quelques-uns, peu de monde,—de gens;—காலத்திலே dans peu,en peu de temps. 2° nom. pl.n.சில,obl. சிலவற்று,gén.சிலவற்றின், quelques choses,peu dechoses; சிலச்சில, சிலசில quelques, peu.

சிலசம்,V.சட்டுவம்.

சிலக்கு, série, cours, fois: இன்னொரு— encore une fois.

சிலக்குணம்,V.திமிங்கிலம்.

சிலங்கம்,V.சிசிட்டம்.

சிலதன்,pl.சிலதர்,serviteur,camarade,compagnon.

சிலதி,pl.சிலதியர்,f.du préc.servante,suivante,compagne,amie.

சிலது,pl.சிலதுகள்,(சில),quelque, —chose. [ம்.

சிலத்திற்கடுகு,(சிலம்),V. திமிங்கில

சிலத்தின்மிசிதி,(சிலம், மிருதி), V.கருட்பூரச்சலாசத்து.

சிலந்தி,ulcère,—vénérien, furoncle, bubon, araignée, nom d'un arbre à fleurs, *ou* சிலந்திமரம் l'arbre ochna squarrhosa;—நாயகம் la plante médicinale சிரந்திநாயகம்; —நூல்,—வலை fil—,toile d'araignée; —புறப்படுகிறது un ulcère...sortir,—se former;—ப்பூச்சி araignée;—ப்பூச்சிக்கூடு nid—,toile d'araignée;— யரிசி grains de l'herbe cyperus geminatus,(ils sont mangeables),cette herbe même.

சிலப்பு, *obl. de* சிலம்பு: சிலப்பதிகாரம் poème tamoul classique qui contient le récit de la mort de கோவலன் occasionnée par un anneau bruyant dit சிலம்பு.

சிலமம், (*P.* சிலம்பம்), escrime, soupçon,conjecture:— காட்டுகிறது montrer des soupçons,effrayer, *V.* சிலமிக்கிறது;சிலமக்காரன், *V.* சிலமி; —ப்படுகிறது soupçonner,conjectu-

சிலமன், *P.* சிலமம். [rer.

சிலமான்கல்,agate (pierre précieuse).

சிலமி,(சிலமம்), maitre d'escrime, escrimeur,homme qui menace, qui gronde.

சிலமிக்கிறது,மித்தேன், மிப்பேன், மி,மிக்க,*v.n.*(சிலமம்),s'escrimer,faire des armes,menacer,gronder.

*சிலமிலிகை,(tchilamilikâ),éclair,

சிலம்,sel de roche. [*V.*மின்மினி.

சிலம்பணி, (சிலம்பு, அணி), anneau bruyant dont on s'orne les pieds.

சிலம்பம்,*corr.de* சிரமம், escrime, art de faire—,exercice des armes:—ஆடுகிறது,—செய்கிறது,—பண்ணுகிறது escrimer,faire des armes,s'escrimer. *ou* —பழகுகிறது apprendre —, pratiquer l'escrime, s'y exercer; — பழக்குகிறது, — பழகுவிக்கிறது enseigner l'escrime,y exercer; சிலம்புக்காரன், *V.* சிலமி;—க்கூடம்,—க்கழகம் place—,salle d'escrime.

சிலம்பல்,*opt.et n. v. de* சிலம்புகிறது,son,bruit, retentissement.

சிலம்பன், (சிலம்பு), chef de pays montagneux, Soupramanien fils de Siven,commencement de la crue du Câvéri en avril, (qui imite par son doux murmure le son des grelots)

சிலம்பி,1°.araignée: — நூல் toile —,fil d'araignée. 2° *gér. de* சிலம்புகிறது.

சிலம்பு,1° *imp. et part. du suiv.* 2° bruit,son,gros anneau d'argent,— anneau bruyant creux et rempli de petits cailloux,que se mettent au bas de la jambe les filles,les femmes et les jeunes garçons,(les comédiens en portent de cuivre),anneau oblong aussi de cuivre et rempli de petits cailloux que les sacrificateurs gentils agitent dans leurs mains en chantant surtout dans les pagodes, montagne:—போடுகிறது mettre ces anneaux aux jambes, *ou* சிலம்பாட்டுகிறது les faire résonner;—கூறல் nom d'un livre;சிலம்பைக் கையிற்பிடித்துக்கொண்டுபூசாரிகள்பாடுவதுண்டு il est d'usage que les Pousâris chantent en tenant des anneaux bruyans.

சிலம்புகிறது, பினேன், புவேன்,பு, ப,*v.n.*(சிலம்பு), *n.v.* faire du bruit, résonner. [bit long.

சிலம்புரி,longue toile,espèce d'ha-

சிலர்,(சில), *m.f.* quelques-uns,peu de gens,— de monde: சிலருக்குச்சிலவும்பலருக்குப்பலவும் peu de choses à un petit nombre, beaucoup à un grand nombre.

சிலவங்கம்,os de poisson.

சிலவர்,Vêdher,chasseurs.

சிலவு,*P.*செலவு.

*சிலா,(silâ),pierre,roc,arsenic,pierre à broyer: — சாசனம் inscription —, donation gravée sur la pierre; — சாதனம், instrument de tailleur de pierre; — சாரம் fer; —சம், — குசுமம், — டலம், — புஷ்பம்,—ரசம் storax,benjoin; — தலம் rocher, escalier en pierre: — தாது craie;—நதி nom d' une rivière, rivière pierreuse;—நாகம்,— நாகக்கல் espèce de pierre, un des 120 minéraux des Indiens;—மணி, *V.* கருப்பூரச்சிலாசத்து; —மதம் alun de plume, espèce d'arsenic naturel; —மேனி la pierre dite கண்டகிச்சிலை;

—வங்கம் pierre —, minerai qui contient du plomb; — வட்டம் pierre à broyer, à aiguiser, meule à aiguiser; — வருடம். — வருஷம், — விருஷ்டி pluie de pierres, grêle, le nuage காளமுகி; — விக்கிரகம் idole —, statue de pierre; — வியாதி bitume; — வைரம், *V.* சிலாசத்து.

சிலாகை, 1° *P.* சலாகை, broche. 2° (சிலா, kâ) pierre bleue, l'arsenic dit சிதாட்டி பாஷாணம்.

*சிலாக்கியம், (slâghya *louable*), excellence, dignité, privilége, ostentation, parade, vaine gloire, vanité: — காட்டுகிறது faire parade, se pavaner, montrer de l'ostentation, de la vanité; — உடையவன், — உள்ளவன் homme distingué, privilégié, *ou* சிலாக்கியக்காரன் homme vaniteux, glorieux, qui aime l'ostentation; — ப்படுத்துகிறது honorer, distinguer: சிலாக்கியத்துக்காக *ou* சிலாக்கியம்பெற par ostentation, pour la vaine gloire, pour se distinguer.

*சிலாக்கியன், (*id.*), homme distingué, supérieur, meilleur, vaniteux, glorieux: என்னிலும் நீ சிலாக்கியனு, es-tu meilleur que moi? m'es-tu supérieur?

*சிலாசத்து, சிலாசது, சிலாசித்து, (சிலா, djatou *laque*, djit *qui excelle*), minéral qu'on suppose découler des montagnes, bitume, *V.* கருப்பூரச்சிலை.

*சிலாஞ்சனம், (*id.* அஞ்சனம்), espèce de pierre bleue, lapis lazuli, lazulite.

*சிலாடகம், (silâtaka), chambre haute, —au haut d'une maison.

சிலாதரன், le père de Nandi portier de Siven.

சிலாதிக்குமரி, l'arsenic dit கௌரி பாஷாணம்.

*சிலாத்துமசம், (சிலா, ஆத்துமசன்), fer.

சிலாநஞ்சு, (*id.*), alun de plume.

சிலாந்தி, la plante சிந்தில்.

சிலாபம், *P.* சலாபம்.

*சிலாபலகம், (சிலா), table de pierre.

சிலாபேதி, la plante செப்புநெருஞ்சில்.

சிலாப்பி, 1° paresseux, qui perd le temps. 2° *n. app. et gér. du suiv.*

சிலாப்புகிறது, ப்பினேன், ப்புவேன், ப்பு, ப்ப, *v. n. et* சிலாப்புதல், *n. v.* passer le temps à ne rien faire, perdre son temps.

சிலாமனு, (சிலா), arsenic naturel dit மனோசிலை.

சிலாம், *P.* சில, quelque.

சிலாம்பு, écaille, — de poisson, éclat de bois, copeau, écharde: — தைக்கிறது un éclat de bois piquer, *ou* — ஏறுகிறது un éclat de bois entrer dans la chair.

*சிலாயுதன், (சிலா, ஆயுதம்), tortue.

சிலாரு, சிலார், trouble, querelle, discorde; — பண்ணுகிறது troubler, quereller; அவன்வீட்டிலேசிலாராயிருக்கின்றது on est en dispute ou en discorde chez lui.

சிலாவி, 1° *ou* சிலாவித்து, (சிலா, ஆவி, வித்து), asbeste. 2° *gér. de* சிலாவுகிறது.

சிலாவுகிறது, சிலாவுதல், *V.* சலாவுகிறது.

சிலாவுறட்டி, (சிலா, உறட்டி), espèce de petit gâteau.

சிலியாவேர், la plante முடக்கற்றான்.

*சிலிட்டம், சிலிஷ்டம், (slichta), சிலிஷ்டாலங்காரம், paronomase, figure qui rassemble dans une même phrase des mots de même consonnance, mais de sens différens.

சிலிர்க்கடிக்கிறது, (சிலிர்க்க, அடிக்கிறது), faire hérisser, déranger les fils d'une toile fine (en la lavant...).

சிலிர்க்கிறது, *ou* சிலிர்சிலிர்க்கிறது, ர்த்தேன், ர்ப்பேன், ர், ர்க்க, *v.n.* (சிலிர்), se hérisser, être hérissés (les cheveux), se dresser sur la tête de frayeur ou de froid, éprouver l'horripilation, trembler, pousser. (*P.* சிலிர்த்து ou dit vulgairement சிலுத்து): அவனுடம்பெல்லாஞ்சிலிர்த்து ou சிலுத்துக்கொண்டது tout son corps a tremblé de peur ou de froid, tous les poils de son corps se sont hérissés; என்னுடம்பெல்லாஞ்சிலிர்த்துக்கொண்டுவேர்த்தது tout mon corps après avoir tremblé s'est mis à transpirer.

சிலிர்சிலிர்த்தல், சிலிர்சிலிர்ப்பு, சிலிர்த்தல், சிலிர்ப்பு, *n. v. de* சிலிர்சிலிர்க்கிறது *et de* சிலிர்க்கிறது, hérissement, érection des cheveux sur la tête (par une émotion subite), horripilation.

*சிலிபதம்,(sili *seuil*), enflure morbide des pieds, éléphantiasis.

*சிலிமுகம், (sili *dart*), flèche, abeille, scarabée, guerre, combat, benêt, lourdaud, mamelon.

சிலிர், (*son imitatif*), சிலிர்க்கிறது, சிலிரென்கிறது, rendre ce son, être engourdi, transi de froid ou de crainte, craindre, frissonner.

சிலுகன், *m.* (சிலுகு), perturbateur, disputeur. [disputeuse.

சிலுகி, *f. du préc.* perturbatrice,

சிலுகு, 1° dispute, querelle, trouble, tort, dommage, faute, malheur. 2° *imp. et part. du suiv:* — செய்கிறது, — பண்ணுகிறது susciter du mal, — des troubles, exciter des disputes; சிலுக்கானவழி chemin difficile, embarrassé, non sûr; சிலுக்காய்க் கிடக்கிறது être arrêté, — en trouble, manquer, ne pas réussir.

சிலுகுகிறது, கினேன், குவேன், கு, க, *v.n.* se disputer, chercher querelle, être affligé, éprouver du malheur.

சிலுக்கடிக்கிறது, 1° *P.* சிலுக்க, அடிக்கிறது, faire ébouillir, — trop bouillir. 2° (சிலுக்கு, அடிக்கிறது), diviser les fils de la toile lavée pour qu'ils ne se prennent pas.

சிலுக்கம்பு, (சிலுக்கு, அம்பு), flèche à dents recourbées.

சிலுக்கன், (சிலுக்கு), 1° perturbateur, querelleur. 2° homme qui marche vite et à petits pas.

சிலுக்கிறது, லுத்தேன், லுப்பேன், லு, லுக்க, *v. n.* bouillir trop, — beaucoup, ébouillir, se fondre entièrement, se délayer, se fâcher, se fendre: சிலுத்துப் போகிறது bouillir trop; சாதஞ் சிலுத்துப்போயிற்று le riz a trop bouilli; சிலுக்கவேகப்போடுகிறது faire ébouillir, — bien bouillir.

சிலுக்கு, anneau de fer, dent de scie, — de faucille, coche, crochet ou dent recourbée d'une flèche, d'un hameçon etc..., légère entaille ou blessure, inégalité sur un ouvrage poli, dispute, querelle, trouble, obstacle, embarras, difficulté, choses diverses; சிலுக்குவெட்டு légères blessures: அவனுடம்பெல்லாஞ் சிலுக்குவெட்டாய்வெட்டினான் il lui a tailladé tout le corps, il lui a couvert tout le corps de légères blessures.

சிலுசிலு, (*son imitatif*), சிலுசிலென்கிறது la douleur cuire, — brûler, *ou*

சிலுசிலுக்கிறது, லுத்தேன், லுப்பேன், லு, லுக்க, *v.n.* சிலுசிலுத்தல், *n.v.* (சிலுசிலு), rendre le son de silousilou, importuner, bavarder, avoir froid, frissonner, être transi de froid: உடம்பு சிலுசிலுத்து வருகிறது le corps trembler (de froid...), — frissonner. [pèce de petite vérole.

சிலுசிலுப்பான், (சிலுசிலுப்பு), es-

சிலுசிலுப்பு, *n.v. de* சிலுசிலுக்கிறது, bavardage, importunité, son de silousilou, bruit, froid, frisson, ardeur ou cuisson du charbon ou du feu: சிலுசிலுப்பு முன்னேகண்டதன்மேல் வெதுப்புவந்தது d'abord le frisson s'est déclaré, ensuite est venu la chaleur de la fièvre.

சிலுத்தல், *n.v. de* சிலுக்கிறது.

சிலுத்து, 1° *gér. du même.* 2° *P.* சிலிர்த்து, *gér. de* சிலிர்க்கிறது.

சிலுநீர், goutte de pluie qui tombe des feuilles.

சிலுப்பல், *n.v. de* சிலுப்புகிறது.

சிலுப்பா, (*ind.*), touffe —, tresse de cheveux sur les oreilles.

சிலுப்பு, agitation, tremblement, frisson, *n.v. imp. et part. de*

சிலுப்புகிறது, ப்பினேன், ப்புவேன், ப்பு, ப்ப, *v.a.* சிலுப்புதல், *n.v.* mélanger, — en remuant, remuer, agiter, hérisser (son poil ou ses plumes): சிலுப்பிக்கொண்டிருக்கிறது se hérisser, se fâcher: மயிரைச் சிலுப்பிக் கொண்டோடுகிறது courir çà et là les cheveux hérissés et épars.

சிலும்பலி, femme laide.

சிலும்பல், *opt. et n. v. de* சிலும்புகிறது, ce qui dépasse, *v.g.* les fils inégaux d'une lisière, les bouts de fil qui dépassent les bords d'une toile, les bouts d'osier qui dépassent d'un panier, inégalité, saillie, désordre,

son, agitation:—ஆகிறது,—ஆடுகிறது,—ஆயிருக்கிறது dépasser, être inégal, hérissé, en désordre, branler; —இல்லாமலிழைக்கிறது filer un fil bien uni, sans brins qui dépassent; சிலும்பலைக்கொய்கிறது, —த்தறித்துப்போடுகிறது couper les poils ou les fils qui dépassent le reste.

சிலும்பு, poil—, fil.... qui dépasse, inégalité, manque de poli.

சிலும்புகிறது, பினேன், புவேன், பு, ப, *v.n.* சிலும்புதல், *n.v.* (les fils d'une toile, les copeaux...), dépasser, faire saillie, être hérissé, sortir de l'alignement, branler, résonner, remuer: சிலும்பிப்போகிறது les fils d'une toile etc...dépasser.

சிலுவலி, *V.* சிலும்பலி.

சிலுவல், confusion, trouble, manque de civilité.

சிலுவை, (*syriaque*), croix:—ப்பிரகாரமாயிருக்கிறது être en forme de croix, *i.e.* être croisé,—traversé à angles droits;—வரைகிறது,—போடுகிறது faire le signe de la croix; சிலுவையின் அடையாளத்தை வரைகிறது (*dat.*) faire sur un autre le signe de la croix; சிலுவைமரத்தில்—, சிலுவையில்அறைகிறது ou கடாவுகிறது crucifier, attacher,— clouer à la croix; சிலுவையில் அறையப்படுகிறது être crucifié; சிலுவையி லறையுண்டகர்த்தர் le Seigneur qui a été crucifié (pour le salut des hommes); —அறைதல் crucifiement.

*சிலேஷை, *V.* சிலேடை.

*சிலேஷ்மம், *V.* சிலேட்டுமம்.

*சிலேடாதீபகம், (சிலேடை, தீபகம்), mot ambigu qui se rattache à plusieurs choses ou à plusieurs membres de phrase.

சிலேடிக்கிறது, சிலேஷிக்கிறது, டித்தேன், டிப்பேன், டி, டிக்க, *v. n.* (சிலேடை), rendre ambigu, parler ambigûment, à double sens.

*சிலேடை, (slèchâ), ambiguité, jeu de mots, mot à double sens, fig. de rhétorique qui emploie des mots à double entente, paromomase. *Ex.* நீ ர்வாரும் vous (même) venez, ou versez de l'eau; சிலேடையின்முடித்தல்விலக்கு fig. qui par un mot donnant de l'ambiguité ou un double sens à ce qui précède et à ce qui suit rejette ou nie une chose; சிலேடையுருவகம் métaphore à double entente, *i.e.* qui laisse de l'équivoque sur l'objet comparé et celui auquel on le compare: சிலேடையுவமை comparaison à équivoque,—à double entente; சிலேடைவிலக்கு, fig. de rhét. qui après avoir présenté avec équivoque 2 choses comme n'en faisant qu'une en rejette une comme ne convenant pas à l'affaire.

சிலேட்டர், சிலேட்டியர், marchands.

*சிலேட்டுமம், (slèchman), flegme, tempérament flegmatique, pituite: —அடைகிறது devenir flegmatique, gagner du flegme; சிலேட்டுமகாசம் sorte de phthisie,—de consomption: —கிரந்தி maladie vénérienne mêlée de flegme; — குணம் tempérament ou pouls flegmatique; — குன்மம் excès de phlegme, maladie provenant d'obstruction qu'il cause; — க்காய்ச்சல் fièvre causée par le phlegme; — சூலை goutte provenant du flegme; —நாடி pouls bas, —flegmatique; — பித்தசூலை goutte causée par le phlegme et la bile; — வியாதி phthisie, maladie provenant du phlegme; — வியாதிகொள்ளுகிறது contracter cette maladie, abonder en phlegme: நாடிசிலேட்டுமத்தைப் பற்றியிருக்கிறது le pouls être très-bas, le malade être accablé par le phlegme.

*சிலேட்டுமாதிசாரம், சிலேஷ்மாதிசாரம், (சிலேஷ்மம், அதிசாரம்), diarrhée causée par le froid et le flegme.

சிலேபியர், marchands.

சிலேற்பனம், *P.* சிலேஷ்மம், phlegme, pituite: சிலேற்பனநாடி pouls flegmatique,—très-bas.

*சிலை, 1° (silâ), pierre, roc, montagne, idole, statue (de pierre ou de quelque matière que ce soit), les 2 espèces d'arsenic dites மனோசிலை et குதபாஷாணம், 2° bruit, son, arc, le

Sagittaire, la 19me constellation dite மூலம் (le jour où elle tombe est considéré comme sinistre), nom d'un certain arbre. 3° *P.* செலவு, fistule 4° *imp. de* சிலைக்கிறது: — க்கல் pierre pour frotter, les pierres nommées சர்க்கல் et சிலாநாகம்; — க்காறி l'arsenic naturel அஞ்சனபாஷாணம்; — க்கெந்தி, *V.* சாத்திர்வேதி; — ச்சாதனம் instrument de tailleur de pierres; — ச்சுரூபம் statue de pierre; — ச்சோணிதம் alun de plume; — த்தாசி la pierre dite சாலக்கிராமம்; — த்தாது l'arsenic naturel சிலாமதபாஷாணம்; — த்திட்டு, — தூமம், — நஞ்சு alun de plume; — நார் asbeste; — நாகம் sorte de pierre, un des 120 minéraux; — நிறக்கல் espèce de pierre noire; — மா pierre à aiguiser, stéatite, craie; — யாவி asbeste; — யிரத்தம் alun de plume: — யிராசன் la reine des pierres, *i. e.* le diamant; — யுருக்குக்கல் brique; — யொழுக்கு alun de plume; — யோடுகிறபுண் fistule, ulcère profond; — யிரத்தம், — ரத்தம் alun de plume; — வங்கம் l'arsenic naturel அஞ்சனபாஷாணம்; — வயிரம் le diamant; — வார்க்கிறது jeter en moule —, fondre une statue; — விக்கிரகம் idole de pierre; — வித்து asbeste; — வைத்துவணங்குகிறது mettre une pierre ou une idole et l'adorer.

சிலைக்கிறது, லைத்தேன், லைப்பேன், லை, லைக்க, *v. n.* சிலைத்தல், *n. v.* (சிலை), résonner, retentir. [montagne.

*சிலோச்சயம், (சிலா, உச்சம், ya),

சில், 1° *P.* சில, quelque, peu, petitesse. 2° bruit, clameur d'une multitude, train, pompe, petite calotte ou disque d'or dont les femmes s'ornent le sommet de la tête, cercle, roue (de char), verre de lunettes.

சில்சில, *P.* சிலசில, quelques, peu.

சில்லம், l'arbre தேற்றுமரம், extrême nécessité, détresse, morceau: — கெடுகிறது être dispersé; — தட்டிப்போகிறது être réduit à l'extrémité, — à une extrême nécessité ou pauvreté; — தட்டுகிறது, — தட்டல் abhorrer, détester; சில்லசில quelques, peu; சில்லபொல்லம் dispersion, divers fragmens, chose réduite en morceaux; — பொல்லமாகிறது se briser, être réduit en morceaux.

சில்லம்பாய், (சில்லம்), vieille natte déchirée.

சில்லரி, (சில்லு, அரி), petit caillou de l'anneau dit சிலம்பு.

சில்லர், chasseurs, Vêdher.

சில்லறை, (சில், அறை), un peu, peu, quelques, petit nombre, petite chose, détail, petite monnaie (pour le change), quantité fractionnaire, petit —, reste, quelques-uns de plus, trouble, vexation, infestation, affliction: — க்கடன் quelques petites dettes; — க்கடன் சீரழிக்கும் les petites dettes ruinent la fortune (des débiteurs); — க்கடை boutique où l'on vent en détail; — க்குடிகள் le petit peuple, le vulgaire; — பண்ணுகிறது troubler, infester, molester; — ப்பணம் petite monnaie (pour changer); — பாதை petit sentier; — புத்தி petit esprit; — யாகக்கொள்ளுகிறது acheter en petite quantité, — en détail; — யாகவிற்கிறது vendre en détail; — யாயிருக்கிறது être en trouble, en commotion; — யுண்டு il y a peu, il y en a un peu; நூற்றுச்சில்லறைவிராகன் cent et quelques pagodes (moins de 110); கள்ளர் — யில்லை il n'y a rien à craindre des voleurs; கள்ளர் — infestation des voleurs.

சில்லா, (*ind.*), district, province; — க்கோர்ட்டு cour judiciaire de district; ஆறுகாட்டுச்சில்லா le district d'Arcate. [ஆடை), *V.* நெய்யரி.

சில்லாடை, சில்லாட்டை, (சில்லு,

சில்லாட்டு, *V.* சில்லறை.

சில்லி, 1° *(djhilli), criquet, grillon, cigale, membrane. 2° (சில்), herbe potagère dite சிறுகீரை, roseau, maille, roue de char, cercle, petit trou, voie d'eau, pièce, petit morceau, — fragment; — க்காது oreille percée d'un petit trou; — க்குடம் cruche percée de petits trous; — மூக்கு nez percé, — qui saigne facilement; — யடைக்

சிறது boucher une voie d'eau;—வாக்குசிறது mettre en pièces, briser en petits morceaux, percer;—வாயன் homme qui a la bouche percée, qui dit tous ses secrets.

சில்லிகை, 1° * (djhillikâ), grillon, cigale, splendeur du soleil, 2° habit, bel habit.

சில்லிடுகிறது, (சில், இடுகிறது), rendre le son de *sil*, faire du bruit, craindre, frissonner, se glacer, *V.* விம்முகிறது.

சில்லிரத்தம், (சில்லி), sang qui suinte par gonflement, — découle avec bruit.

சில்லு, (*P.* சில்), petite pièce ronde et plate, palet, — de pot cassé pour jouer, tesson, verre de lunette, roue, l'arbre mimosa scandens:—குத்துகிறது, — தெட்டுகிறது jouer au palet, le pousser du pied en se tenant à cloche pied; — விளையாட்டு jeu du palet; குதிரைச்சில்லு palet.

சில்லூறு }, (சில், ஊறு), cigale, criquet, grillon, sauterelle.
சில்வண்டு }

சில்லை, 1° (சில்லி), femme débauchée, l'arbrisseau சிறுசிறுப்பை, perdrix, *V.* சில்லூறு. 2° *acc. de* சில்.

சில்வாய், coin de la bouche.

சில்வானம், (சில்), nombre indéterminé à ajouter à une somme, reste, et quelques, et un peu plus, et au-delà: ஆயிரத்துச் சில்வானம் mille et au-delà (*v.g.* 10 ou 100 de plus); நூற்றுச்சில்வானவருஷம் cent et quelques années.

சில்விஷம், சில்விடம், (சில்), un peu de venin, insecte—, animal qui en a un peu.

*சிவ, 1° *adj. de* சிவன் *et de* சிவம். 2° *imp. de* சிவக்கிறது: — கணம் suite —, serviteurs de Siven; — கதி bonheur final, paradis,—de Siven;—கதிப்பிரான் le roi —, le maître de la béatitude céleste, (à tort) Arouguen, Siven; — கரந்தை la plante sphœranthus zeylanicus;— களை éclat—, souffle divin;—கருமசன், |—கன்மசன் (gharma *sueur*, சன் fils), Mars ou செவ்வாய் né (au dire des Indous) de la sueur de Siven;— காமி Pârvadi femme de Siven — கீதை nom d'un livre; — கீர்த்தனன் louangeur de Siven, Vichnou ou Krichna;—சங்கற்பம் un des 32 உபநிஷதம்; —சதுர்த்தசி, *V.* சிவராத்திரி; — சத்தி Oumei ou Pârvadi, femme de Siven, Siven et sa femme, prétendue énergie ou pouvoir actif de Siven, partie féminine du lingam, vitriol bleu, *ou* — சத்திவைந்து les 5 pouvoirs de Siven, *V.* les au mot சத்தி;— சமயம் la secte de Siven; — சமயத்தான், — சமயத்தோன் Sivéniste, sectateur de Siven;—சாஸ்திரம் science—, traité de la nature de Dieu; — சேகரம் ce qui est sur la tête de Siven, *i.e.* la lune; —சேத்திரம்,—க்ஷேத்திரம் séjour —, demeure de Siven;—ஸ்தலம் demeure de Siven, lieu qui lui est consacré, ville ou lieu où on l'adore;— ஞானசித்தியார், —ஞானபோதம் la 4ᵐᵉ et la 3ᵐᵉ partie de la science et du livre nommés சைவசித்தாந்தம்; — ஞானம் intelligence divine,—de Siven, *V.* சிவசாஸ்திரம்; — தத்துவம் ஐ les 5 qualités ou propriétés qui sont le partage de la divinité dans les 96 du compte des Indous, les 5 prétendues formes ou modifications de Siven suivant sa science et son opération, savoir: 1° சுத்தவித்தை celle où sa science croît et son action décroît: c'est உருத்திரன் le destructeur; 2° ஈச்சுரம் celle où son action croît et sa science décroît; c'est மகேசுரன் le grand dieu (des Sivénistes.) 3° சாதாக்கியம் celle où sa science égale son action et dans laquelle il distribue les récompenses et les punitions selon les mérites; 4° சத்தி celle où il n'est qu'action; 5° சிவம் celle où il n'est que science;— தரிசி celui qui contemple Siven, ou jouit de la vue du Paradis, celui qui croit être lui-même l'être suprême;— தர்மம்,—தன்மம் vertu divine,—de Siven, un des 18 pouranas inférieurs;

—தரோத்தரம். —தன்மோத்தரம் (உத்தரம்),la dernière partie du pourana susdit;— தலம்,V. சிவஸ்தலம்; —தாது opale ou pierre de lait,mercure;—தாரம்,— தாரு l'arbre தேவதாரம் ou erythroxylon aureolatum; —தீக்ஷை, — திட்சை initiation à la secte de Siven; — துளசி la plante ocymum tenuiflorum;—தூதி Dourgâ, messagère et femme de Siven; —தொண்டர் serviteurs —, dévots de Siven;—தொண்டு service—,culte de Siven;—த்தாபனம் consécration d'un lingam à Siven;—த்தானம்,V.சிவஸ்தலம்;—த்துரோகம் prétendu crime envers Siven, renoncement—,opposition à son culte, ou à sa doctrine;—நிசி,V. சிவராத்திரி:—பத்தி dévotion à Siven, observation de sa secte;—பத்தன், — பத்திக்காரன் Sivéniste, sectateur —, dévot—, adorateur de Siven;—பத்திக்காரி dévote—, femme sivéniste; — பாவம் càractére—, nature —, péché de Siven;—பிராமணன் brame sivéniste; — புராணம் pouranas qui célébrent la gloire prétendue de Siven, ou l'exaltent au-dessus des autres dieux. En voici les noms:இலிங்கம், காந்தம், கூர்மம், சைவம், பிரமாண்டம்,பௌடிகம்,மச்சியம், மார்க்கண்டேயம்,வராகம்,வாமனம்;—புரி la cité de Siven,i e. Bénarès; — பூசை sacrifice à —, culte de Siven;—பூசையியல்பு-ச, les 4 propriétés du culte de Siven, savoir: சரிதை actes religieux, கிரியை cérémonies religieuses,யோகம் contemplation jointe à la répression des sens extérieurs, ஞானம் connaissance spirituelle ou sagesse mystique qui sépare l'esprit des objets terrestres; ce que les Sivénistes regardent comme le comble de la perfection;—போகம் plaisir de Siven,grande joie, délices;—ப்பிரகாசம் la 7me section du சைவசித்தாந்தம்; — ப்பிரியை la femme chérie de Siven,i.e. Pârvadi;— ப்பிரீதி adoration de —,dévotion à Siven; —மதம் secte de Siven;—மதத்தான் Sivéniste,sectateur de Siven;—மது clémence de Siven,la plante திருபுன்னடி; — மயம் ce qui a rapport à Siven, manière d'être —, nature de Siven, (les Sivénistes appliquent ce mot à l'univers) — மரம் l'arbre casuarina equisetifolia; —ரசம் cange dans lequel le riz a trempé et fermenté 3 jours;— ராத்திரி la nuit de Siven,c'est la nuit qui précède la nouvelle lune du mois de மாசி ou février,que les Indous célèbrent par un jeûne et une veille en l'honneur de Siven;— லிங்கப்பெருமான் Siven qui a pour temple le lingam,ou phallus emblême de Siven,que les Linganistes portent en son honneur;—லோகச்சேவகன் pierre d'aimant;—லோகம் paradis,— de Siven,le Kaïlâsam; — வல்லபன், V.சிவபத்தன்;—வல்லபைPârvadi;—வாக்கியம் poéme composé par சிவவாக்கியன் sur le déisme et qui condamne fortement le polythéisme; —வாகனம் la monture de Siven, i. e. le bœuf;—விந்து,— வீசம் la semence de Siven,i.e.le mercure; — வேஷம்,—வேடம் accoutrement de Siven, —de sa secte.

சிவகம், 1° muscade, la plante நாய்ச்சிரகம். 2° (sivaka), poteau pour attacher les vaches.

சிவக்கிறது, வந்தேன், ou வத்தேன்,வப்பேன்,வ, வக்க, P. செவக்கிறது,et சிவக்குதல்,n.v. rougir,devenir —,être rouge,se fâcher.

சிவச்சி,noix muscade.

சிவணல்,சிவணுதல்,mélange,mêlée,approche,combat,accord, union, n.v.et சிவணல்,opt.de

சிவணுகிறது, ணினேன், ணுவேன், ணு,ண,v. a.et n. mêler, mélanger, approcher, combattre, en venir aux mains,s'accorder,plaire: சிவண, inf.comme. [Rik-Vêdam.

சிவதம்,(corr.de sroûta, Védam), le

சிவதை,la plante médicinale convolvulus turpethum.

சிவந்த,part.de சிவக்கிறது, rouge: —தாசி prostituée à couleurs rouges, cotonnier à fleurs rouges dit செம்பருத்தி,la plante செம்பரத்தை;— பிள்ளை enfant rubicond,rougeâtre,— de couleur rouge; —முகம் visage rubicond,—rouge. [ஸ்கை.

சிவத்தம்,(சிவத்த),l'arbre செம்முரு

சிவத்தல்,*n. v.de* சிவக்கிறது, rougeur,colère,être rouge, — en colère, geste—,signe de colère.

சிவந்த,*part. de* சிவக்கிறது, rouge:—எருக்கு la plante asclepias;—கண் œil rouge; — கல் pierre rouge dite நரக்கல்; — முகம் visage rubicond,—rouge (de colère ou de honte);—மேனியாயிருக்கிறது être rubicond; — லோகமண் sable contenant du cuivre; உலையிற்காய்ந்து சிவந்தவிரும்பு fer rougi au feu de la forge.

சிவந்தி,la plante பாலை asclepias.

சிவந்து,*gér.de* சிவக்கிறது: சிவந்திருக்கிறது être rouge, *V.*செவந்து.

சிவப்பம்மான்பச்சரிசி,(சிவப்பு),la plante euphorbia rosea.

சிவப்பவரை.(*id.*), *V.*செவ்வவரை.

சிவப்பன், (*id.*), homme rubicond, —rougeâtre. [ricin rouge.

சிவப்பாமணக்கு, (*id.*), espèce de

சிவப்பான,(*id.*ஆன),rouge:— வெள்ளைச்சி espèce de minéral dit புத்தாம்பழம். [biconde.

சிவப்பி,*f. de* சிவப்பன், femme ru-

சிவப்பு,*n.v. de* சிவக்கிறது, rouge, couleur rouge, rougeur, geste—, signe de colère: — க்கத்தி l'arsenic préparé கோழித்தலைக் கந்தகம்;—க்கல், *V.*சிவந்தகல்;—க்கொடிப்பசளை la plante basella rubra;—ச்சோளம் solam rouge,holcus sorghum;— நெருஞ்சி, *V.*செப்புநெருஞ்சில்;—ப்பசளை variété de la plante portulaca oleracea,espèce d'épinards rouges;— மந்தாரை l'arbre bauhinia purpurea.

*சிவம், (siva), bien, félicité, joie, plaisir, bien-être, paradis, bonheur éternel,divinité,Dieu,délivrance des naissances futures,conjonction favorable des planètes, moment favorable,un des 27 யோகம், la 5me forme ou தத்துவம் de Siven où il est tout science,pieu planté pour que les vaches s'y frottent,—pour les attacher, espèce de pilule ou de drogue,sel,— de mer,sel fossile,espèce de sel composé,espèce d'odeur,— de parfum, le lingam ou phallus, emblème de Siven,pénis,vulve, eau, mercure, borax, les Vèdas, la mesure dite குறுணி,renoncement à tout.

சிவலை,*P.*செவலை, [ruellia.

சிவல்,perdrix,la plante பசுன்றை,

சிவனார்,*hon.de* சிவன்:— கிழங்கு la plante கார்த்திகைக்கிழங்கு;— பாகல் la plante ஐவேலி; — வேம்பு l'arbrisseau aspalathus indicus.

சிவனி, ânesse: — ப்பால் lait d'ânesse.

சிவனிருத்தம்,(சிவன்,நிருத்தம்), la danse de Siven.

சிவனுன்மலே,(*id.* உன்), pierre de fer. [று),pierre d'aimant.

சிவனேறுங்கிவன்னி, (*id.* ஒங்குகிற

*சிவன்.1° (siva), Siven ou Routtiren,le 3me du Trimourti,le dieu destructeur selon les Indous.2° (சிவம்), l'Être souverainement heureux,*i. e.* Dieu,la pierre précieuse dite œil-dechat: — அடியார் les sectateurs de Siven, (et surtout) les 63 dévots de Siven,dont l'histoire est dans le பெரியபுராணம்;—ஆடல்,— கூத்து,— நிருத்தம் la danse de Siven; — ஆயுதங்கள் les armes de Siven, (ce sont le trident சூலம், le nœud coulant பாசம்,l'arc பினாகம்; — ஊர்தியுங் கொடியும் la monture et l'étendard de Siven,c'est le taureau;—ஐம்முகம் les 5 visages de Siven, *V.* ஈசுரன்முகம்-டு;—புதல்வர் les fils de Siven, savoir:விநாயகன் l'aîné et சுப்பிரமணியன் le cadet,et en outre ஐயனார்;—மனைவிகள் les femmes de Siven, savoir: Pârvadi ou Dourgâ et Ganguei;—வேம்பு, *V.*சிவனார் வேம்பு; சிவன்தேகம் crystal de Cachemire: சிவனைப் பணிதல் அஞ்ஞானம் adorer Siven est une idolâtrie; சிவனுக்குச் சந்தபுஷ்ப அக்ஷதையணிதல் offrir à Siven des parfums de fleurs et du riz safrané.

*சிவா,(Sivâ), l'arbre நெல்லி, vacuité,vide,disette.

*சிவாகமம்,(சிவன்,ஆகமம்),science divine, traité sur la divinité, les 28 livres des Sivénistes,savoir: காமிகம்,யோகசம்,சிந்தியம்.4° காரணம், அசிதம்,தீப்த்தம், சூக்குமம். 8° சகத்திரம்,அஞ்சுமான், சுப்பிரபேதகம், விசயம்,12° நிசுவாசம், சுவாயம்புவம், அனலம், வீரம், 16° இரௌரவம், மகுடம்,விமலம்,சந்திரஞானம். 20° விம்பம்,புரோற்கிதம்,இலளிதம், சித்தம்,24° சந்தானசருவோத்தம், பாரமேச்சுரம்,கிரணம், பேதம், 28° வாதுளம். [ம்),V.உருத்திராக்ஷம்.

*சிவாக்ஷம், சிவாட்சம், (id. அக்ஷி

*சிவாஸ்திரம்,(id.அஸ்திரம்),trait, javelot, (on dit que c'est un don de Siven),javelot de Siven.

*சிவாதரம், (siphâ racine fibreuse, dhara qui a),branche d'arbre.

*சிவாருகம்,(id.உருகம்),l'arbre ஆலமரம். [mi du chacal,i.e. le chien

*சிவாராதி,(சிவை,அராதி),l'enne-

*சிவார்ச்சனை, சிவார்ச்சனை, (சிவன், அர்ச்சனை), adoration —, culte idolâtrique de Siven.

*சிவாலயம்,சிவாலயம், (id.ஆலயம்), temple de Siven, lieu où l'on brûle les morts. [V.சிவபோகம்.

*சிவானுபவம்,(சிவம்,அநுபவம்),

சிவிகரம்,noix muscade.

சிவிகாரம்,P.சுவிகாரம்.

*சிவிகை, (sivikâ), litière, palanquin, — de mariage ou de gourous, voiture trainée par un bœuf, ou des bœufs:—யாளன் possesseur d'un tel palanquin,—d'une litière;—பொறுப்போன்,ou

சிவிகையான்,pl.சிவிகையார்,(சிவிகை),V. சிவியான்: சிவிகையார்வழக்கு querelle violente,— obstinée.

சிவிங்கி, espèce de léopard, ou de lynx,once (animal qui sert à la chasse), sorte d'oiseau, — de poisson:—நாய் chien de chasse très-vif.

சிவிடு,P.சுவடு,petite mesure, un 5me de l'ஆழாக்கு contenant 360 grains de riz,chose petite.

சிவியான்,pl. சிவியார், P. சிவிகையான்,boué,porteur de litière, — de palanquin, gens d'une certaine caste. [ம்),V.சிவிகை.

*சிவிரதம்,(சிவி,P. சிவிகை, இரத

*சிவிரம், (sivira), armée, camp—, résidence d'un roi.

சிவிறி, pompe,machine hydraulique,—pour lancer l'eau,grand soufflet.

சிவேதை, l'arbrisseau சித்தில், le sud,les plantes பகன்றை ruellia, et சிவந்த.

சிவேரெனல், சிவேரென்கிறது, சிவேரென்றிருக்கிறது,P. செவேரென்கிறது.

*சிவை,1° (sivâ),Pârvadi, Dourgâ, femme de Siven,la mère de Bouddha,renard,— mâle.2° (siphâ), racine,— fibreuse.3° forge, fournaise—, soufflet de forge,trou pour mettre le tuyau du soufflet d'une forge,nez, sorte de mesure.

*சிவைகத்துவம்,சிவைக்கியம், (சிவன்,ஏகத்துவம், ஐக்கியம்), union de Siven et de la vie ou de l'âme.

சிவ்வல்,algue.

சிவ்வென்று,promptement,vite.

சிளுசிளு,(son imitatif),சிளுசிளெனல்,சிளுசிளென்கிறது ou

சிளுசிளுக்கிறது,ளுத்தேன்,ளுப்பேன்,ளு,ளுக்க,v.n. (சிளுசிளு), faire silousilou,—du bruit,se gâter,se pourrir, V. பதனழிகிறது.

சிளுசிளுத்தல், சிளுசிளுப்பு, n. v. du préc.son de silousilou, bruit,corruption,pourriture.

சிளுபிளுக்கிறது, ளுத்தேன், ளுப்பேன்,ளு,ளுக்க,v.n,faire siloupilou.—du bruit,s'amollir,devenir mou.

சிள்வண்டு,சிள்வீடு,சிள்ளீடு, (சிள் son imitatif),cigale, grillon.

சிள்ளு,—பிள்ளு,—புள்ளு,(son imitatif),bruit,—d'eau bouillante,bouillonnement, murmure: சிள்ளுபுள்ளென்றுகாய்கிறது, — கொதிக்கிறது bouillonner,bouillir à gros bouillons. bouillonner de colère:—பேசுகிறது babiller,jaser,faire entendre son caquet.

சிறகடி, சிறகாற்றல், (சிறகு,அடி, ஆற்றல்),battement d'aile.

சிறகடிக்கிறது, சிறகடித்தல், சிறகாற்றுகிறது,சிறகாற்றுதல், (*id.* அடிக்கிறது,ஆற்றுகிறது), battre des ailes,les déployer, les étendre (pour les sécher ou s'envoler): சிறகடித்துப்பறந்துபோகிறது battre des ailes et s'envoler; சிறகடித் துலர்த்துகிறது battre des ailes pour les sécher.

சிறகர்,*P.*சிறகு. [poisson volant.

சிறகி,(சிறகு), sarcelle, *ou* — மீன்

சிறகு, plume, aile d'oiseau, nageoire de poisson, plumes de flèche, côté,rangée ou ligne de maisons, *V.*சிறகோலை:கீழ்—,தென்—,மேற்—,வட—rangée de maisons de l'est,du sud, de l'ouest,du nord (d'une rue);—கதவு porte à 2 battans; —குடில் chaumière couverte de feuilles de palmiers, *i.e.* de branches avec leurs feuilles déployées);—கொள்ளுதல் voler, prendre des ailes; —கோதுகிறது,தெரிக்கிறது (l'oiseau) redresser—,peigner ses plumes avec son bec,les faire sécher; —முளைக்கிறது les plumes des ailes commencer à pousser; சிறகை அசைக்கிறது agiter ses ailes; — விரிக்கிறது étendre ses ailes;சிறகுலர்த்துகிறது (உலர்த்துகிறது)sécher ses ailes; சிறகுலர்கிறது,(உலர்கிறது),les ailes se sécher;சிறகுள்ள ailé; சிறகொதுக்குகிறது, (ஒதுக்குகிறது), plier ses ailes;சிறகோலை,(ஓலை), branche de palmier entière,avec ses feuilles déployées,qui ressemble à une aile.

சிறகை,1° *acc. de* சிறகு. 2° nom d'un oiseau.

சிறக்கணிக்கிறது,ணித்தேன்,ணிப்பேன்,ணி,ணிக்க,*v.n.*(சிறு),se rider,se froncer,se rétrécir,diminuer, manquer,regarder du coin de l'œil, ||*v.a.* diminuer, rétrécir, raccourcir, faire peu de cas,mépriser.

சிறக்கணித்தல்,சிறக்கணிப்பு,*n. v. du préc.* diminution, manquement, défaut,raccourcissement,ride,regard du coin de l'œil,dédain.

சிறக்கிறது,றந்தேன்,றப்பேன்,ற, றக்க,*v.n.*exceller,se distinguer,surpasser, être exquis, excellent, élégant,orné,distingué,abondant,supérieur,parfait.

சிறங்கணிக்கிறது, ணித்தேன், ணிப்பேன்,ணி,ணிக்க,*v.a.et n.*mépriser,faire peu de cas, diminuer, manquer. [manquement,défaut.

சிறங்கணிப்பு,*n.v.du préc.*mépris,

சிறங்கிக்கிறது,கித்தேன்,கிப்பேன்,கி,கிக்கிறது,*v.a.*(சிறங்கை),faire peu de cas,prendre à poignées, à pleine main.

சிறங்கை,(சிறு,அங்கை), poignée, plein le creux—,creux de la main.

சிறத்தல்,*n.v.de* சிறக்கிறது,excellence,supériorité,habileté,élégance, beauté,ornement,rareté,abondance, mérite supérieur.

சிறந்த,*part.parf. du même*, distingué,spécial,beau,élégant,orné,pompeux,excellent,magnifique:—சுற்பஸம் l'arsenic préparé நாகபாஷாணம்; —நடக்கை conduite exemplaire; சிறந்தவன் homme distingué,excellent,beau.

சிறந்தோர்,*n.app.de* சிறந்த, hommes distingués, beaux,d'un mérite supérieur,les grands,parens.

சிறப்பகத்திணை, (சிறப்பு), réflexion,faculté de l'âme distincte de la perception et de la sensation,louange des bonnes qualités de l'esprit dans les autres,distinction ou explication des particularités qui distinguent une chose d'une autre.

சிறப்பாங்கல், (சிறப்பு, ஆம், கல்), émeri, corindon,spath adamantin.

சிறப்பிக்கிறது, பித்தேன், பிப்பேன்,பி,பிக்க,*v.caus.de* சிறக்கிறது,distinguer,honorer, orner, — élégamment, célébrer,louer,rendre recommendable.

சிறப்பிலசீர், (சிறப்பு, இல), pied manquant d'élégance parce que les mots se partagent en divers pieds.

சிறப்பு,*n.v.de* சிறக்கிறது,particularité distinctive,spécialité,différencespéciale,pompe,magnificence,spectacle, élégance, ornement, beauté, abondance,élévation,grandeur,éminence, distinction, état prospère, rang, sacrifice—, fête extraordinaire,—particulière, solennité; சிறப்பி க்கிறது,—செய்கிறது orner,donner de l'élégance,de la pompe,célébrer,—une fête,—une fête extraordinaire;சி றப்பாயிருக்கிற,சிறப்புள்ள pompeux, magnifique, distingué, beau,élégant,excellent etc.;சிறப்பற்ற,சிறப்பி ல்லாத sans beauté,—élégance,—art, grossier,simple, plat; சிறப்பில்லாதா ள்,சிறப்பில்லாள் la déesse de la pauvreté dite மூதேவி; சிறப்பில்லாமை, சிறப்பின்மை défaut d'élégance,simplicité,laideur,grossiéreté; சிறப்புள் ளஅரமனை palais magnifique; சிறப் புச்சூத்திரம் régle particulière,exception; —ச்சொல் style fleuri, — élégant,*ou* —ப்பதம் terme particulier, — non général, mot spécifique et non générique;—ப்பாயிரம் préface particulière concernant le titre,l'objet ou la cause, le nom de l'auteur, l'étendue et l'utilité du livre; —ப் பேர்,—ப்பெயர் nom propre,—spécifique;—வகையால் d'une manière spéciale;—விதி régle particulière,exception à la régle générale.

சிறப்புடைச்சீர், (சிறப்பு, உடை), pieds élégans;dont les mots ne sont pas partagés en plusieurs pieds.

சிறப்பும்மை,(*id*.உம்),la conjonction உம் servant à relever ou à ajouter de la force à l'idée:*Ex.* அரசனு ம்பொய்சொன்னுன் le roi même a menti.

சிறப்புருவகம்,(*id.* உருவகம்), métaphore élégante qui renferme plusieurs comparaisons gracieuses.

சிறப்பெழுத்து,(*id*.எழுத்து),lettres particulières à une langue.

சிறப்போகாரம்,(*id*.ஓகாரம்),l'exclamation ஓ servant à distinguer: *Ex.* ஓ பெரியன் Oh! qu'il est grand!

சிறப்பை 1° *acc.de* சிறப்பு. 2° *P.*சி றப்பாய்,2° *pers.sing.fut.de* சிறக்கிற து.3° claquet,crécelle,grains de chapelet ou de collier en bois.

சிறுங்கணிக்கிறது,*V.* சிறங்கணிக் கிறது.

சிறும்பி,échafaud, *V.*அட்டாலை.

சிறும்பு,1° éclat de bois,copeau.2° *imp.de*

சிறும்புகிறது,பினேன்,புவேன், பு, ப, *v.a.* சிறும்புதல்,*n.v.*faire—,laisser des cicatrices de coups de fouet ou de rotin...

சிறுய்க்கிறது,ய்த்தேன், ய்ப்பேன், ய்,ய்க்க,*v.a.et* சிறுய்த்தல், *n.v.* *V.* சீக் கிறது.

சிறுய்த்துக்குச்சி,(சிறுய்க்கிறது),la plante médicinale gentiana chirayita et sa tige. [fans (de 3 à 10 ans).

சிறார், சிறார்கள், (சிறு), petits en-

சிறிசு,*P.*சிறிது. [ஷ்டி...

சிறிஷ்டி, சிறிஷ்டிக்கிறது, *P.*சிரு

சிறிட்டம்,*P.* சிரிட்டம்.

சிறிது,*P.*சிறியது,1° chose petite, peu.2° *adj*.petit,quelque,peu.3° cela est petit: சிறிதாயிருக்கிறது être petit;சிறிதான petit,peu,quelque; சிறி துகாலம் peu de temps,quelquefois; — காலஞ்செல்லுகிறது durer peu de temps; — காலத்துக்கிருக்கிறது être pour peu de temps;— காலமிரு க்கிறது y avoir peu de temps;— நா ள் quelques jours.

சிறிய,1° *adj.* *de* சிறுமை, petit.2° *pl.de* சிறியது,ces choses sont petites, petites choses; — சிந்தையார், —சிந் தையர் les petits esprits,gens de peu d'esprit;—தகப்பன்,—தகப்பனர்,—பிதா,*V.*சிற்றப்பன்;—தாய்,—தாயா ர்,—மாதா,*V.*சிற்றுத்தாள்;சிறியவன், *m.*jeune —,petit homme,homme du peuple;சிறியவள்,*f.*jeune—,petite fille;சிறியது,*n.*petite chose,peu, petit, cela est petit;சிறியவர்,*V.*சிறியர்;சிறி யவை petites choses. [ணி.

சிறியத்திணி, la plante உத்தாம

சிறியர்,சிறியார்,சிறியோர், *n.app. de* சிறிய, petites gens, populace, bas peuple,les petits enfans,jeunes gens, courtauds:சிறியோர்பேச்சைக்கேட்கி றது écouter les propos,les conseils des jeunes gens ou des petites gens,.

சிறியாணங்கை,சிறியாநங்கை, (சி றிய, ஆள், ஆம், நங்கை),: la plante médicinale polygala glabra.

சிரீவில், l'arbre அகில், agalloche.

*சிரீ, 1° *P.* ஸ்திரீ femme. 2° (sri), félicité, fortune, richesses, acquisitions, splendeur, lumière, gloire, renommée, état, titre, pouvoir surhumain, divinité, essence divine, Lakchimi déesse de la fortune, Sarasvati, sorte d'air. 3° *P.* சிரீமது (devant les noms de dieux, de villes ou de livres) divin, illustre: ராச — royauté, titre —, état de roi, majesté royale; ராம — la fortune de Râmen, grand succès; ராஜ — dignité —, majesté impériale; — கண்டன் celui qui a une gorge de prospérité, *i.e.* Siven; — கரம் la main de Lakchimi ou de la fortune, cause de —, prospérité; — காகுளம் la ville de Chicacole; — காந்தன் le mari de Lakchimi, *i. e.* Vichnou; — காரியம் chose —, occupation sacrée; — காரியகர்த்தன் supérieur d'une pagode ou d'un monastère payen; — காளஸ்தி la ville et la montagne célèbres de Kalastri; — சக்கரம் cercle magique, roue de la fortune; — சகோதரன் le frère de Lakchimi, *i. e.* Sandiren qu'on dit né de la mer de lait; — ஜயந்தி fète de la naissance de Krichna; சிரீசன், (சிரீ, ஈசன்), 1° *V.* சிரீதரன். 2° (*id.* ஈசன்), *ou* — நந்தனன், — புத்திரன் le fils de Lakchimi, *i.e.* Kâmen; — தரன் celui qui porte ou possède Lakchimi, *i. e.* Vichnou ou Râmen; — தாளம் large feuille de palmier pour écrire des livres; — தேவி, *V.* சீதேவி; — நிவாசன் celui en qui réside Lakchimi, *i.e.* Vichnou; — பதி l'époux de Lakchimi, *i.e.* Vichnou, le maître de la fortune, Dieu, prince, roi; — பலம் le fruit de l'arbre வில்வம்; — பிராதிரு, (frater), le frère de Lakchimi, *i e.* le cheval qu'on dit né comme elle de la mer de lait; — மது (srimat), divin, illustre, renommé, fortuné, (préfixe des noms de grands personnages); — மந்தன், — மாந்தன், சிரீமான் (srimân), homme riche, heureux, Vichnou: — முக, — முகவருஷம் la 7me année du cycle de 60 ans correspondant à 1813 et 1873; — ராகம் sorte d'air, le 3me des airs ou tons personnifiés; — ராமன் le célèbre Râmen, le héros du Râmayanam; — லிங்கம், *V.* ஸ்திரீலிங்கம்; — வச்சம், — வத்சம் marque sur la poitrine de Vichnou ou Krichna qui, dit-on, désigne le domaine et la possession de toute prospérité, *d'ou* சிரீவச்சன், — வச்சலாஞ்சனன், — வச்சாங்கன் celui qui a cette marque, *i.e.* Vichnou: — வதி femme heureuse; — வராகன் le divin cochon, *i. e.* Vichnou; — வாசன் celui en qui la fortune est censée resider, Vichnou, Siven; — விருக்ஷம் l'arbre de Lakchimi, *i.e.* அரசமரம்.

சிறு, *adj. de* சிறுமை, petit, faible, médiocre: — அம்மான்பச்சரிசி *V.* சிற்றம்மான் பச்சரிசி; — உமரி, *V.* சிற்றுமரி; — உரு, *V.* சிற்றுரு; — கசப்பு amertume légère, — partielle; — கசப்பாயிருக்கிறது être un peu amer; — கஞ்சாங்கோரை la plante ocymum ciliare; — கடலாடி la plante நாய்குருவி; — கடுகு petite moutarde, sinapis racemosa; — கடுக்காய் petite espèce de கடுக்காய்; — கட்டுக்கொடி l'arbrisseau உப்புக்கட்டி; — கண்ணாகம், (கண், நாகம்), serpent à petits yeux; — கப்பல் petit navire: — கலம் petit vase, — vase creux (de métal...); — கல் petite pierre: — கல்லூரி petit collége, petite académie, sorte de remède; — களா l'arbuste carissa spinarum; — காஞ்சொறி, — காஞ்சோன்றி espèce d'ortie, tragia cannabina: — காடு petite forêt, forêt de broussailles, bois taillis; — காப்பியம் petit poème épique, — காய் petit fruit vert, *ou* — காரிடம் muscade: — காய்ஞ்சொறி, *V.* சிறுகாஞ்சொறி; — காரை petite espèce du poisson dit காரை ou zeus; — காலை aurore, lever du soleil; — கால் petit pied. — pieu, etc... vent du sud, l'herbe மாந்தப்புல்; — காற்று vent léger, doux zéphir; — காணாவாழை la plante commelina virginica; — கிடைச்சி variété de la plante கிடை

ச்சி; — கிண்ணம் petit bassin, — plat; — கிலுகிலுப்பை la plante crotolaria racemosa; — கிழங்கு petite racine légumineuse, racine tubéreuse dite plectranthus rugosus; — கிராமம் petit bourg, village de 100 maisons ou familles; — கீரை petite herbe potagère, amaranthus gangeticus, *V.* அறைக்கீரை; — குடல் petit boyau, intestin grêle; — குடி petit village, hameau dans un pays montagneux, *ou* — குடில் cabane; — குரங்கு petit singe, petite espèce de singe; — குரு petit gourou, terre salée, — alcaline; — குரும்பை espèce de riz; — குழி table de multiplication des parties fractionnaires d'une perche carrée dite குழி, petit cougi, carré de 4 coudées de long et de large, seizième de cougi; — குறடு petites tenailles, — pinces; — குறட்டை la plante trichosanthes incisa; — குறிஞ்சா la plante médicinale periploca sylvestris: — குறிஞ்சி l'arbre தேர்வாளம், l'oseille புளியாரை; — கொடி petite plante rampante, — rampante à racine bulbeuse, petit drapeau; — கொட்டைக்கரந்தை la plante ethulia divaricata, un des அஷ்டாதசமூலம்; — கொம்மட்டி petite espèce de melon d'eau, bryonia callosa; — கொன்றை l'arbre cassia arborescens; — கோல் petite perche de 4 coudées ou 6 pieds: — க்கீரை, *P.* சிறுகீரை; — சண்பகம் arbrisseau médicinal dont les fleurs sont plus petites que celles du சண்பகம் ordinaire: — சாதாரணபாச்சியம் le plus petit multiple d'un nombre: — சாமை petite espèce de millet dite panicum ramosum; — சிரங்கு petites éruptions sur la peau; — சின்னம் petite trompette, flûte; — சின்னி espèce d'arbrisseau; — செம்பகம், *V.* சிறுசம்பகம்; — செய், — ச்செய் carreau —, planche de jardin; — செருப்படி, — செருப்படை la plante glinus dictamnoides; — சொல் injures, accusation, paroles viles; — சோறு riz que les enfans font cuire pour s'amuser; — தக்காளி la plante மணித்தக்காளி; — தனம் médiocrité, petite fortune: — தாயார், *V.* சிற்றுத்தாள்; — தாரை machine hydraulique —, outre pour lancer de l'eau; — தாளி la plante convolvulus gemellus; — தானியம் menus grains (en général); — திப்பிலி espèce de poivrier; — தீனி goûter, collation, morceau, bouchée; — துடி espèce de claquet, de tambour; — துத்தி sorte de mauve, hibiscus obtusifolius; — துருமம் salpêtre; — துளசி petite espèce de basilic; — தூறு arbrisseau, broussailles, buisson, — தென்றல் vent léger du midi; — தேக்கு nom d'un arbre, — d'un arbrisseau médicinal, sorte de racine médicinale; — தேங்காய் petit coco, fruit médicinal dit சமுத்திராபழம்; — தேர் petite voiture (d'amusement...), section du poème dit பிள்ளைக்கவி; — தேன் miel de petites —, petites abeilles; — த்துத்தி, *V.* சிறுதுத்தி; — தேன்மெழுகு cire de petites abeilles; — த்தொண்டன் un des 63 dévots de Siven; — நறளை la plante cissus crenata; — நன்னாரி la plante சரியம்; — நாகம் petit serpent, nom d'un arbre; — நாகப்பூ fleur de cet arbre, sorte de marchandise; — நார் asbeste, léger filament; — நாவல் l'arbrisseau calyptranthes jambolana; — நாவற்பூ sa fleur; — நிம்பம் l'arbre மலைவேம்பு melia; — நீர் urine (modeste); — நீரிறங்குகிறது l'urine couler, — descendre; — நீர்பெய்கிறது uriner; — நீர்விடுகிறது uriner, mêler de l'urine avec d'autres ingrédiens de cataplasme; — நெரிஞ்சி, — நெருஞ்சி variété de la plante நெருஞ்சி; — பகன்றை la plante ruellia balsamica; — பசளி, — பசளை variété de la plante பசளை; — பசி faim légère, — ordinaire au temps du repas; — பஞ்சமூலம் sorte de traité, assemblage de 5 petites racines, savoir: (கண்டங்கத்தரி solanum jacquini; சிறுமல்லி jasminum angustifolium; சிறுவழுதுணை solanum indicum; நெருஞ்சி tribulus terrestris; பெருமல்லி jasminum undulatum); — பதம் sentier,petit chemin;—பதி, V. சிறுகிராமம்;—பயறு petits pois, phaseolus mungu; —பயிர் culture —, moisson en herbe,— de menus grains;—பருவம் jeunesse, âge tendre,défaut d'âge;—பறை petit tambour,section du poème dit பிள்ளைக்கவி;—பாம்பு petite espèce de serpent qui est venimeuxse. petit serpent; —பாலடை la plante hedysarum diphyllum;—பாலை la plante பேய்ப்புடோல்;—பானி la plante கள்ளி;—பானை petite—, cruche; — பான்மை quelquefois,rarement; — பிராயம் jeune âge,enfance;—பிள்ளை petit enfant;—பிள்ளையாட்டம் enfantillage, jeu d'enfant;—பிள்ளையாட்டம்பண்ணுகிறது faire l'enfant,agir en enfant;—புலி petit tigre;—புள்ளடி la plante hedysarum nummularifolium;—புறம் nuque du cou;—பூளை la plante illecebrum lanatum;—பெண் petite—,jeune fille,—femme;—பொழுது court espace—,peu de temps, petite division du temps,*i.e.* division du jour en 6 parties de 10 najigués ou 4 heures chacune,savoir: காலை,உச்சி,மாலை,யாமம், அர்த்தசாமம், வைகறை. V.(au mot அறுபொழுது,où les noms diffèrent un peu)Quelques uns divisent le jour en 5 parties en retranchant la dernière dite எற்பாடு; —போகம் récolte de menus grains;— போதே dès l'enfance; —மட்டம், V. இளமட்டம்;— மணி petit grain(d'or,de riz etc...),petite cloche,sonnette,grelot, espèce de riz;— மணிக்கொட்டுவான் petite espèce de கொட்டுவான் ou d'oiseau aquatique; —மலை petite montagne, colline, montagne près d'அம்மையநாயக்கன்பாளையம் district de Dindigul;— மலைப்பழம் bananes d'un goût particulier qui croissent sur cette montagne;—மல்லி,—மல்லிகை, V. சிற்றுமல்லி;—மாரோடம் l'arbre செங்கருங்காலி;— முட்டி marteau, petit marteau de forgeron;—முன்னி petite espèce de முன்னி;—மூலகம்,— மூலம் espèce de poivre, — long, piper, la plante சிறுகிழங்கு;— வட்டில் petit plat,petite coupe;— வயது bas âge, enfance,jeunesse;— வயல் petite rizière,petit champ,planche —, carré de jardin;—வழி chemin étroit, sentier;—வழுதுணை,— வழுதலை espèce de bringelle, solanum indicum, ce qui est un des தசமூலம், et un des சிறுபஞ்சமூலம்;—வள்ளி, la plante dioscorea aculeata; — வாள் petite épée,—scie;—விதி petite règle,etc... (surnom de) Dakchen ou தக்கன்; —விதிமகஞ்சிதைத்தோன் celui qui a aboli le sacrifice de Dakchen,*i.e.* Virapatiren;—விரல் le petit doigt;—விலை cherté,disette;— விலைநாள் jour —,temps de disette; — வீடு petite maison,cabane; —வுமரி(உமரி), V. சிற்றுமரி;— வெள்ளரி petite espèce de concombre.

சிறுக,*inf.de* சிறுகுகிறது.

சிறுகடிக்கிறது, (சிறுக,அடிக்கிறது),diminuer,réduire,

சிறுகம்மான்பச்சரிசி, (சிறுகு),la plante சிற்றம்மான்பச்சரிசி.

சிறுகல்,1°*n.v.et opt.de* சிறுகுகிறது,rareté,manque,diminution,petitesse.2° (சிறு),petite pierre.

சிறுகு,affliction, embarras, gène, *n.v.imp.et part.de*

சிறுகுகிறது, *sync.* சிறுகிறது, கினேன்,குவேன்,கு,க, *v.n.* சிறுகுதல், *n.v.*(சிறு),*ou* சிறுகிப்போகிறது,décroitre,diminuer,se rétrécir,se rapetisser,devenir rare;சிறுக peu,un peu, petitement,chichement, en diminuant; சிறுகக்கட்டிப்பெருகவாழ் bâtis une petite maison et vis-y heureux croissant et prospérant avec le temps;—க்கொள்ளு prends—,achete peu;—ச்சிறுக peu à peu, petit à petit;—ச்சிறுகஉளவடைக்கிறது payer une dette peu à peu;—ச்சிறுகக்கொடுக்கிறது donner petit à petit,—par petits morceaux; — ச்சிறுகத்தின்னு mange peu mais souvent,— petit à petit,—à petites bouchées;—வார் verse un peu; வெட்கத்தினாலேயவனுக்குமுகஞ் சிறுகிப்போயிற்று de honte son visago s'est contracté.

சிறுக்கடிக்கிறது,(சிறுக்க, அடிக்கிறது),appauvrir,ruiner.

சிறுக்கல்,*n.v.de* சிறுக்குகிறது,diminution,contraction.

சிறுக்கன்,(சிறு),jeune homme, —garçon.

சிறுக்கி,1° *fém.de* சிறுக்கன், (terme de familiarité et de mépris), fillette,jeune fille,—servante, esclave: கறுத்த—,செவத்த—,கெட்டசிறுக்கி fillette noirâtre,—rougeâtre,— méchante (termes bas et dégradans.) 2° *gén.de* சிறுக்குகிறது.

சிறுக்கிறது,1° றுத்தேன்; றுப்பேன்,று,றுக்க,*v.n.*(சிறு),*ou* சிறுத்துப்போகிறது, diminuer, décroître, se rapetisser,devenir petit,se fâcher.2° க்கினேன்..,*sync.de*

சிறுக்குகிறது,*sync.*சிறுக்கிறது,க்கினேன்,க்குவேன்,க்கு,க்க,*v.a. de* சிறுகுகிறது,*et* சிறுக்குதல்,*n.v.*rapetisser,rendre petit, diminuer, rétrécir, contracter,accourcir.‖ *v.n.*se fâcher, s'irriter:சிறுக்க,*inf.*peu,petitement; சிறுக்கவெழுதுகிறது écrire en petites lettres.

சிறுத்தல்,*n. v. de* சிறுக்கிறது,diminution,colère décroître,se rapetisser.

சிறுத்தை,(சிறு), (espèce de) petit tigre.

சிறுபம்,சிறுப்பம்,(சிறு),enfance, jeune âge,jeunesse: சிறுபத்திலேதுவக்கி depuis son enfance,—வைத்து அவனை நானறிவேன் je le connais depuis son jeune âge.

சிறுப்பமை,(*id.*),pauvreté,manque, diminution.

சிறுப்பிக்கிறது,ப்பித்தேன், ப்பிப்பேன்,ப்பி,ப்பிக்க,*v. caus.de* சிறுக்கிறது,diminuer,— la considération, rapetisser,raccourcir,causer la diminution.

சிறுமல்,la plante தண்ணீர்விட்டான்.

சிறுமி,(சிறு),fille, jeune fille,fillette.

சிறுமியம்,boue,fange.

சிறுமை,(சிறு),âge tendre,enfance,petitesse,bassesse,vileté,médiocrité,pauvreté,manque,affliction,misère,détresse,gêne, maladie,(l'adj. est சிறு,சிறிய et devant une voyelle சிற்று,சிறு):—த்தனம் bassesse, détresse,gêne,pauvreté,misère; — படுகிறது être abaissé, humilié, vexé, être dans la détresse,la misère,la pauvreté;என்— சொல்லிமுடியாது ma misère est indicible;—யும் பெருமையும் அவனவன்செய்கையினால் வரும் la bassesse et la grandeur (morale) viennent des actions de chacun;சிறுமைப்படுத்தப்பட்டவன் homme réduit à la misère.

சிறுமையர்,(சிறுமை);petites gens, gens vils.

சிறுவது,*neut.de* சிறுவன்,petitesse,chose petite.

சிறுவம்,(சிறு),âge tendre,enfance,jeunesse.

சிறுவரை,1°(சிறு),bagatelle,un rien,peu de chose,rapidité du temps, court intervalle.2° *acc.de* சிறுவர்.

சிறுவல்,(*id.*),*V.*சிறுவம்.

சிறுவன்,(சிறு), *pl.*சிறுவர்,fils,enfant,jeune homme.

சிறுவி,*f.du préc.*fille,fillette, jeune fille.

சிறை,garde,prison,réclusion,captivité,servitude ,captif, esclave,prisonnier,mur,enclos,clôture,lien,convention,cygne,aile d'oiseau, place, côté,femme,belle femme:நல்லசிறை belle femme; (on le dit surtout des courtisannes); எனக்குப்பத்துசிறையுண்டு j'ai 10 esclaves;—க்கணிக்கிறது,—க்கணித்தல் compter pour esclave, regarder de travers, dédaigner, mépriser;— க்காரன் voleurs d'hommes, — d'enfans; — க்களம், —க்கூடம்,—ச்சாலை prison,maison de détention;—கொண்டுபோகிறது emmener en captivité;—கொள்ளுகிறது acheter des esclaves;— க்கோலம் état de captivité,accoutrement de captif;ஒரு — சாருகிறது pencher d'un côté;— செய்கிறது réduire en esclavage ,lier,garroter;— ச்சோறு riz cuit—,aliment donné en aumône aux prisonniers; — த்திரவை impôt payé pour des esclaves;—நீக்குகிறது délivrer de prison, donner la liberté;—நீங்குகிறது être mis en liberté,sortir de prison, — d'esclavage;—நீங்குதல் élargissement, délivrance de prisonniers,de captifs;— படுகிறதுêtre fait prisonnier,—captif, être arrêté, —emprisonné;— ப

கை

டல் état de captivité; — படுத்துகிற து emprisonner, arrêter, ou — பிடிக்கி றது faire prisonnier, réduire en esclavage; — பிடித்துக்கொண்டுபோ கிறது emmener en esclavage; — ப் பாடு esclavage, servitude, arrestation, empêchement, lien, convention; — போகிறது être mis en prison, — au pillage, être emmené en esclavage; — போனவர்கள் gens emmenés captifs; — மச்சம் poisson volant; — மீட்கி றது, V. சிறைநீக்குகிறது, — மீளுதல், V. சிறைநீங்குதல்; — யிருந்துநோகிற து souffrir une sorte d'emprisonnement, (se dit d'une femme qui désire le retour de son mari absent; — யிரு ப்பு captivité, esclavage, emprisonnement; — யெடுக்கிறது délivrer, relâcher, prendre femme; — விடுகிறது, — விடுதல், — விடுக்கிறது, — விடுத்த ல் relâcher, délivrer, mettre en liberté; — வைக்கிறது réduire —, tenir en esclavage, mettre en prison.

சிறைவி, (சிறை), sarcelle.

*சிற்குணம், (tchit, ou சித்து), caractère pur, pureté.

*சிற்குணாலயம், (சிற்குணம், ஆல யம்), un des 32 உபநிஷதம்.

*சிற்சத்தி, (tchit, சத்தி), pouvoir de produire dans l'âme une lumière intellectuelle et naturelle, i.e. l'intelligence.

*சிற்சபை, (id.), place (du temple de சிதம்பரம்...), qui n'a pas d'idole, mais qui est destinée à représenter le ciel visible et à être un emblême de l'immensité de Dieu..

சிற்சில, P. சிலசில, quelques, peu: சி ற்சிலர் quelques-uns.

சிற்சிவிர்ப்பான், espèce de petite vérole.

*சிற்சொருபம், (tchit ou சித்து), sagesse, la Sagesse par essence, i.e. Dieu.

சிற்சோமன், l'arsenic dit சிர்பந்த பாஷாணம்.

*சிற்பம், (silpa), architecture, sculpture, art mécanique ou manuel, ouvrage délicat, (comme sculpture ou menuiserie), délicatesse, finesse, petitesse, chose petite: சிற்பசாஸ்திரம் l'architecture, la sculpture, art de tailler les pierres, traité d'architecture; — க்காரன், — சாஸ்திரி, V. சிற்பன்; — சா லை atelier de sculpture, — de mécanicien; — கருமம், — தொழில் emploi —, profession d'architecte, — de sculpteur; — நூல் traité d'architecture, ou — வித்தை l'art —, la science de l'architecture; — வேலை ouvrage d'architecture; — தொழிற்குறுப்பு-டு, (உறுப்பு), les 10 espèces de matériaux employés dans l'architecture, savoir: கல் pierre, உலோகம் métaux, செங்கல் briques, மரம் arbres, மண் terre, சு தை chaux, தந்தம் ivoire, வண்ணம் couleurs, வெல்லம் jagre ou sucre brut, மெழுகு cire; — நூல்-கூட les 32 systèmes ou ordres d'architecture: savoir: விச்சுவதருமம், விச்சுவேசம், விச்சுவசாரம், விருத்தம், 5° தாவட்ட ம், நளம், மயம், அநுமான், பாநு, 10° கற்பாரியம், சிருட்டம், மானசாரம், வத்துவித்தியாபதி, பாராசரியம், 15° அரிடிகம், சயித்தகம், வாத்துபோதம், வித்தாரம், ஐந்திரம், 20° வச்சிரம், சௌமம், விச்சுவகாசிபம், மகதந்தி ரம், விசாலம், 25° சித்திரம், காபிலகா வயூபம், நாமசங்கிதை, சாத்திகம், வி ச்சுவபோதம், 30° ஆதிசாரம், வெகு ச்சுருதம், மான்போதம்.

*சிற்பரம், சிற்பரன், (tchit, சித்து, ப ரம்), l'être présent partout et qui connait tout, Dieu, (et à tort) Siven: சிற் பரக்கூர்மை sel de soufre; — வுப்பு, (உப்பு), sel de mer, sel de soufre.

சிற்பரி, bismuth de couleur d'or, borax.

சிற்பனை, savon, bismuth, pyrite, V. பராசத்தி.

*சிற்பன், சிற்பாசாரி, சிற்பாசாரிய ன், pl. சிற்பர், சிற்பாசாரியர், (சிற்பம், ஆசாரி), architecte, sculpteur, mécanicien, artiste, ou

*சிற்பி, pl. சிற்பியர், (சிற்பம், i), tailleur de pierre, artisan.

சிற்பொருள், (tchit, சித்து), être intelligent.

சிற்றகத்தி, (சிற்று), espèce d'அகத் தி employée en médicine, cassia cuspidata.

சிற்றகப்பை, (id.) V. சிற்றுப்பை.

சிற்றடி, (id.), petit pied, — vers, trace d'un petit pied.

சிற்றடிப்பாதை,(*id.*),petit sentier.

சிற்றடியார்,(*id.*),petits serviteurs, laquais. [i.e.le corps,œuf de poule.

சிற்றண்டம்,(*id.*),le petit monde,

சிற்றப்பன்,(*id.*), oncle,frère cadet du père,mari de la sœur cadette de la mère. [முட்டி.

சிற்றமட்டி, சிற்றமுட்டி, *P.* சிற்று

சிற்றம்பலம்,(சிற்று),la ville de சிதம்பரம்.

சிற்றம்மான்பச்சரிசி,(*id.*),la plante euphorbia macrophylla.

சிற்றரத்தை,(*id.*),la plante alpinia galanga minor,sorte de remède.

சிற்றருக்கன்,(*id.*),petite espèce d'அருக்கன்,gingembre sec.

சிற்றல்லி,(*id.*),petit espèce de nénuphar blanc,nymphæa stellata.

சிற்றவரை,(*id.*),petite espèce d'அவரை.[peu ou dénué d'intelligence.

சிற்றறிவினன்,(*id.*), homme de

சிற்றறிவு, (*id.*),petit esprit, faible intelligence. [agrostis linearis.

சிற்றறுகு,(*id.*), chiendent mince,

சிற்றாடை,(*id.*), habit —, toile de petits enfans: சிற்றாடையுத்தரித்தவள் fille qui en a été revêtue.

சிற்றாட்டாங்கோரை, (*id.*), espèce de jonc,scirpus tricholomus.

சிற்றாதாயம்,(*id.*),petit gain,fraude,malversation.

சிற்றாத்தாள்,(*id.*), tante,sœur cadette de la mère,femme du frère cadet du père. [pot.

சிற்றாப்பை,(*id.*), petite cuillère à

சிற்றாமணக்கு,(*id.*),la petite espèce de palma-Christi ou ricin ordinaire,ricinus communis.

*சிற்றாமல்லி,சிற்றாமல்லிகை,(*id.* ஆ *P.* ஆம்),petite espèce de jasmin,jasminum angustifolium.

*சிற்றாமுட்டி, (*id.* ஆ, முட்டி), la plante pavonia zeylanica.

சிற்றாம்பல், (சிற்று), *V.*சிற்றல்லி.

சிற்றாலவட்டம், (*id.*), petit ஆலவட்டம்,petit—,éventail.

சிற்றால்,(*id.*), *V.* குறுவால்.

சிற்றாள், (*id.*),petit journalier,jeune ouvrier (à demi-paie ou à 3/4 de paie),commissionnaire, domestique, celui qui va porter aux bayadères l'ordre du chef de la pagode.

சிற்றி,(சிற்று), pourpier dit பசளி, *V.*சிற்றாத்தாள்.

சிற்றிதழ்,(*id.*),petite feuille,—pétale,*V.*அகவிதழ். [டை.

சிற்றிரு, l'arbrisseau சிறுசிறுப்

சிற்றிரை, (சிற்று),goûter, collation,petit morceau. [nombre.

சிற்றிலக்கம், (*id.*), fraction, petit

சிற்றிலை,(*id.*), petite feuille, la plante நெய்ச்சிட்டி,herbe aux puces,l'arbrisseau குன்றி, l'arbre கடு: —ப்பாலாவி sorte de plante.

சிற்றில்,(*id.*),maisonnette,cabane, vêtement,(maison du corps),section du poème dit பிள்ளைக்கவி,jeu d'enfans qui consiste à faire et à détruire des maisonnettes de sable.

சிற்றிளைப்பு, (*id.*), légère fatigue.

சிற்றினம், (*id.*),petite espèce,race vile,mauvaise compagnie:—சேருசிற்று,—சேர்தல் fréquenter les gens vils,les mauvaises compagnies;—சேராமை les éviter; சிற்றினமாற்று réduction en espèces plus petites,*v.g.*des roupies en anas.

சிற்றினிப்பு, (*id.*), légère douceur, (mêlée d'un peu d'âcreté.)

சிற்றின்பம்,(*id.*),volupté,*litt.*léger plaisir, plaisir périssable,*i.e.*impur, sensuel,mondain,charnel,sensualité, impureté:— ஏனையோர்மற்றின்பங்கண்டவர் ceux qui ont goûté les autres plaisirs méprisent les plaisirs sensuels:—வெஃகிவறனல்லசெய்யார் மற்றின்பம் வேண்டுபவர் ceux qui désirent les autres plaisirs ne feront point de choses contraires à la vertu par le désir de la volupté.

சிற்றீ,(*id.*), petite mouche.

சிற்றீரம், (*id.*),légère humidité.

சிற்று,*adj.de* சிறுமை,petit; il se met devant une voyelle en élidant உ. [ligence.

சிற்றுணர்வு,(சிற்று), faible intel-

சிற்றுண்டி, சிற்றுணா,(*id.*), repas frugal,collation,goûter. nourriture légère,—de racines et d'herbes,petits gâteaux,pâtisseries,pain, confitures, viande rôtie:—க்கோரன் homme qui est toujours à manger,à prendre des rafraîchissemens. [sativa.

சிற்றுமலி, (id.), la plante salsola

சிற்றுமல்,(id.),petit panier—,sac ou boite de feuilles de palmier.[லை

சிற்றுமல்விளை, P. சிறுமல்வி

சிற்றுயிர், (சிற்று. உயிர்), petit animal,—être vivant.

சிற்றுரு, (id. உரு), petite figure, —taille, —chose,barque,petit vaisseau.

சிற்றுலாத்து,(id.உலாத்து),petite promenade,marche lente,—à petits pas.

சிற்றுளி, (id.உளி),burin,petit ciseau (de charpentier...) [te bécasse.

சிற்றுள்ளான்,(id.உள்ளான்,peti-

சிற்றூர்,(id. ஊர்), hameau,petit village,—bourg,village de montagnes,Sittour ou Chittour (nom propre de plusieurs villes ou bourgs),

சிற்றூறல்,சிற்றூற்று,(id.),petite source,—fontaine.

சிற்றெண்,(id.),fraction,petit nombre,strophe de 16 vers de 2 pieds.

சிற்றெழுத்து, (id), petite lettre, écriture fine,impression en petites lettres. [espèce de sésame.

சிற்றெள், சிற்றெள்ளு, (id.), petite

சிற்றெறும்பு, (id.),petite fourmi rouge. [ளக்கு

சிற்றேரண்டம், (id.), V. சிற்றாம

சிற்றேலம்,(id.),petit cardamome.

சிற்றொழுங்கை,1°acc.de சிற்றொழுங்கு.2° ou சிற்றொழுங்கு,(id.), petite régle,petit sentier.

சிற்றோடம், (id.),petit bateau.

சிற்றோடு, (id.),petite tuile,— tuile plate. [pagode.

சினகரம், (சின்,நகரம்), temple,

சினக்கிறது,னந்தேன், ou னத்தேன்,னப்பேன்,ன,னக்க,v.n. (சினம்), ou சினத்துக்—, சினந்துகொள்ளுகிறது,se fâcher,s'irriter,se mettre—, être en colère,

சினத்த,சினந்த, part.du préc. fâché,irrité,courroucé,colère: சினந்தவன்,qui s'est fâché,—est irrité.

சினத்தல்,n.v.du même,V.சினம்.

சினப்பு,1° n.v. du même, colère, courroux gémissement.2° P. சிலேப்பு,pustules,petits boutons.

சினமதநூல், (சினன், மதம்), le poëme de la secte des Djaïners, i. e. le சிந்தாமணி.

சினம்,colère,irritation, courroux, emportement:— ஆயிருக்கிறது être irrité,fâché;— அடக்கிறது réprimer —,dompter la ou sa colère;—கொள்ளுகிறது s'irriter, se fâcher;— தவிர்த்தோன் celui qui a dompté sa colère,(epithète d'Arouguen);சினத்தைப்பேணிற்றவத்துக்கழிவு si on garde de la colère, elle ruine la pénitence;சினத்தீயெழுந்தீ ou சினத்தீ feu de la colère,un des 3 feux dits முத்தீ;சினப்பகை haine implacable.

*சினவரன்,(சினன்,வரன்), Arouguen, Bouddha.

சினவர், (சினம்), ennemis.

சினவல், சினவுதல், colère, signe de colère,bataille,combat,n.v.de

சினவுகிறது, வினேன்,வுவேன்,வு, வ,v.n.(சினம்),s'irriter,se fâcher,combattre,se battre:சினவிய,ou சினவின part. irrité,fâché.

*சினன்,(djina), Arouguen, Bouddha,Vichnou,vieillard,sage qui connait tout,docteur des Djaïners,Djaïnen ou bouddhiste.

சிறு,la plante வட்டத்திருப்பி.

சிறுடி,சிறுடிகா, la plante மூக்கிரட்டை. [chéa.

சிறுது, chose maigre, — dessé-

சிறுவில், la plante தும்பை phlo-

சினிபம்,l'arbre வாகை. [mis.

*சினீவாலி,(sinivâli),nuit qui précède la nouvelle lune, (où l'on ne voit plus qu'un doigt de la lune).

*சினேகம்,(snêha),amitié, affection,amour,bienveillance, ce qui est un des 7 actes de vertu, huile:—பண்ணுகிறது,— பண்ணிக்கொள்ளுகிறது faire amitié: சினேகசத்துரு faux ami,ennemi déguisé en ami;—ப்பொட்டிலம் fomentation, linge imbibé d'huile ou d'autre remède et appliqué à un membre malade: — ப்பொட்டிலத்தாலொற்றிக்கிறது appliquer une fomentation.

*சிநேகி, 1° *m. et surtout f.*(சிநேகன், i), ami, amie. 2° *imp. de*
சிநேகிக்கிறது, சிநேகித்தேன், சிநேகிப்பேன், கி, கிக்க)*v.a.*(சிநேகம்), aimer, chérir, être ami, avoir en—, contracter amitié.

*சிநேகிதம், (சிநேகம், ita), amitié, affection, bienveillance: சிநேகிதக்காரன், —க்காரி ou

*சிநேகிதன், *m.*(*pl.* சிநேகிதர்,)*et* சிநேகிதி, *f.*(*id.*), ami, amie.

சிநேகித்தல், சிநேகிப்பு, *n.v. de* சிநேகிக்கிறது, amitié. [muscadier.

சினேசம், muscade: சினேசதாரு

*சினேந்திரன், (சினன், இந்திரன்), Dieu des Djaïners, *i.e.* Arouguen, Bouddha.

சினை, 1° membre, partie, ce qui est un des 6 பொருளிடம் ou lieux communs, grossesse, conception, embryon des animaux, état de femelle pleine, œuf, frai de poisson, bouton de fleur, branche d'arbre, bambou, graisse. 2° *imp. du suiv.* —பருவம், —ப்பருவம் temps—, saison de la conception, temps ou une femelle peut devenir pleine;—கொள்ளுகிறது,—ப்படுகிறது, —யாகிறது, *V.* சினைக்கிறது;—ப்பட்டிருக்கிறது, சினைபோட்டிருக்கிறது être pleine;—ப்படாமற்போகிறது ne pas concevoir, être stérile;—ப்பட்டழிகிறது avorter;—மாடு vache pleine; —யாடு brebis pleine;—ப்பகுபதம்,—ப்பெயர் mot —, nom dérivé d'un nom de membre, *v.g. de* கண் œil, கண்ணன் celui qui a des yeux; de முடம், முடவன் manchot; —முதற்பெயர் nom primitif joint à un nom de partie, comme முடக்கொற்றன் Kotten le manchot;—யாகுபெயர் nom métaphorique d'une partie prise pour le tout, comme வெற்றிலைநட்டான் planteur de bétel, *litt.* de feuille de bétel, ici le nom de la feuille étant prise pour la plante;—யெண் nombre composé;—வினை verbe qui montre l'action ou l'emploi d'un membre comme கால் ஒடிந்தது la jambe est cassée.

சினைகிறது, சினைந்தேன், சினைவேன், சினை, சினைய, (சினை), et

சினைக்கிறது, சினைத்தேன், சினைப்பேன், சினை, சினைக்க, *v.n.* concevoir, (une femelle) devenir—, être pleine, bourgeonner, pousser des boutons, fleurir, engraisser, les poils du corps se hérisser, de petits boutons de chaleur—, les bourbouils sortir,—se déclarer.

சினைதல், சினைத்தல், சினைப்பு, *n. v. du préc.* conception, grossesse, état de femelle pleine, bourgeonnement, floraison, graisse, engraissement, éruption de boutons de chaleur etc... bourbouils.

சின், 1° particule augmentative, comme கண்ணும்படுமோவென்றிசின்யானே j'ai dit: mes yeux dormiront-ils? 2° * (tchin, *P.* tchit, devant ம்), sagesse, intelligence: சின்மதநூல், சின்மதநூல், (மதன், நூல்), le poème qui montre la force de l'intelligence, *i. e.* le சிந்தாமணி, *V.* சின்மதநூல்;—மந்திரன், (மந்திரம்), l'intelligent, celui qui est l'intelligence même;*—மயம் ce qui est sagesse,—vient de la sagesse;*—மயாநந்தம், (மயம், ஆனந்தம்), joie spirituelle,—qui vient de la sagesse; *—மாத்திரம் nature—, état propre de l'âme;—முத்திரை cachet spirituel,— de la sagesse;*—மூர்த்தி l'être souverainement intelligent, *i.e.* Dieu.

சின்மை, (சின்ன, மை), petitesse, bassesse.

*சின்ன, *adj. de* சின்னம், petit, jeune, bas, léger, faible, de peu de conséquence:—காசு,—க்காசு petite cache, huitième de cache;—குரு petit gourou, *V.* சின்னம்மை; —கோவில் chapelle, petite église,—pagode, petit temple;—சாதி basse caste;—ச்சிலவானை petits besoins, action d'uriner;—த்தனம் petitesse, bassesse, déshonneur, affront;—த்தனம்பண்ணுகிறது déshonorer, faire affront, —une bassesse;—பின்னம் pièce, petits morceaux;—பின்னமாக்குகிறது réduire en petits morceaux, tailler en pièces;—பின்னமாய் en pièces, en morceaux; —பின்னமாய்ப்போகிற

து s'en aller en lambeaux, être réduit—taillé en pièces;—பின்னமாக்கவெட்டுகிறது tailler en pièces, couper en petits morceaux, dépecer; —ப்படுகிறது, — ப்பட்டுப்போகிறது être déshonoré, humilié, diffamé;—ப்பூ poème, où l'on chante le தசாங்கம் ou 10 attributs de la royauté en 30,60,70,90,ou 100,strophes de நேரிசைவெண்பா;—மனிதன் petit homme, homme de basse condition;— முத்து petite perle, petite vérole dont les boutons sont petits;—மேளம் petit tambour, *V.* மத்தளம்; — யோகம் marque, signe;—வீடு petite maison; —வைசூரி, *V.* சின்னம்மை.

சின்னட்டி, (சின்ன), nom d'une plante, *V.* சின்னன், *ou*

சின்னது, *neut. de* சின்னவன், chose petite: சின்னதாயிருக்கிறது être petit.

சின்னப்பன், (சின்ன, அப்பன்), Paul, oncle, frère cadet du père.

*சின்னம், 1° (tchhinna, *coupé*), pièce, morceau, particule, fraction, petitesse, bassesse, mépris, déshonneur. 2° (tchihna), signe, marque, symbole, marque du sexe, vulve, verenda feminæ. 3° trompette, plat, soucoupe, étamines, pollen des fleurs, petit van à vanner, beauté, ce qui est beau, espèce de cache, conque; சின்னஞ்சிறிய, —சிறு très-petit; — சிறியது chose très-petite; —சிறியஇடை très-petit corsage; சின்னம்பூத்ததுபோலிருக்கிறது être florissant, — brillant, — toujours beau.

சின்னம்மாள், (சின்ன, அம்மாள்), Pauline, tante, sœur cadette de la mère.

சின்னம்மான், } (*id.* அம்மான்),
சின்னவம்மான் } oncle, frère cadet de la mère.

சின்னம்மை, (*id.* அம்மை), petite vérole dont les boutons sont petits.

சின்னவன், *m.* சின்னவள், *f.* jeune enfant, —garçon, —fille, petit homme, petite femme, homme—, personne de basse condition.

சின்னன், (சின்ன), petit homme, Paul, petite chose:— பெரியன் petit et grand, choses soit grandes soit petites.

சின்னாயி, சின்னாய், (சின்ன, ஆயி), belle-mère, tante, *V.* சிற்றுத்தாள்.

சின்னுருகம், l'arbrisseau சித்தில்.

சின்னி, 1° l'arbrisseau acalypha betulina, giroflier, plante à racine bulbeuse, isoetes coromandeliana;—க்கிழங்கு sa racine;—யிலை sa feuille qui est médicinale. 2° *P.* சின்ன:—விரல் petit doigt.

சின்னீர், 1° *P.* சிறுநீர், urine. 2° peu d'eau, *V.* சிறுநீர்.

சின்னை, espèce de poisson.

*சீ, 1° lettre syllabique composée de ச் et de ஈ. * 2° (sri), Lakchimi, richesses, fortune, prospérité, acquisition, élégance, splendeur, éclat, Sarasvadi, Parvadi, *V.* ஸ்ரீ et ses composés. 3° * (si), sommeil, repos, tranquillité, retenue, 4° *P.* ஸ்திரீ, femme. 5° *P.* சீழ், pus, matière putride qui sort des plaies ou des ulcères, cariabs (qui ressemblent à du pus), poison. 6° (tchi), *interjection de mépris*, fi! fi donc! 7° *imp. de* சீக்கிறது; — க்கொள்ளுகிறது, —க்கொண்டிருக்கிறது engendrer du pus, suppurer, apostumer, se pourrir; —ப்பிதுக்குகிறது exprimer le pus, le faire sortir en pressant: — போ fi! va-t-en;—யென்கிறது dire fi! faire fi! manifester son aversion, mépriser;— யென்றுசொல்லஉடம்பெடுத்தாய் tu es né pour dire fi! *i.e.* dans un état méprisable;—யென்னப்படத்தக்க méprisable.

*சீகண்டன், *P.* ஸ்ரீகண்டன்.

சீகம், l'arbre தமரத்தை.

*சீகரம், 1° *P.* ஸ்ரீகரம், prospérité, élégance. 2° *(sikara), pluie, — fine, bruine, goutte d'eau, —de pluie. 3° aiguière, —à bec, flot (de la mer, des rivières etc...), éventail, le cerf dit சமரி, émouchoir fait des poils de ce cerf.

*சீகரி, (சீகரம்), goutte d'eau.— de pluie, légère pluie.

*சீகர், 1° (சீகரம்), *V.* சீகரி, 2° *V.* பஞ்சலோகம்.

சீகாரம், 1° certain air ou ton. 2° la lettre சீ.

சீகாழி, (ஸ்ரீ, காழி), la ville de Stgâji ou Siaji à quelques milles sud du Coléron. [selacea.

சீகு,balai, herbe à balai,aristida

சிக்கண்,(சீ), œil chassieux, — dont il coule du pus.

*சிக்கரம்,V.சீக்கிரம்.

சீக்கல்,1° sifflement,sifflet. 2° n. v.de சிக்கிறது: சீக்கலிட்டழைக்கிறது appeler en sifflant; சீக்கல்போடுகிறது siffler;சீக்கற்குழல் sifflet.

சீக்காச்சா, la plante நாய்ப்புடோல்.

சீக்காய்,1° (சீக்கல்),sifflement.2° (சீ),fruit vert,—qui ne mùrit pas.3° adv.de சீக்கு: சீக்காய்நிறம் couleur blanchâtre.

*சீக்கிரகம்,சீக்கிரதை, (சீக்கிரம், ga qui va,tâ),hâte,vitesse,presse,diligence.

*சீக்கிரம்,1° (sighra),vitesse,presse,hâte,célérité, parallaxe,—annuelle, élongation. 2° colère, cruauté, âcreté:சீக்கிரம், சீக்கிரமாய், சீக்கிரத்திலே,சீக்கிரத்துக்கு vite,promptement, à la hâte; சீக்கிரகதி vitesse, marche accélérée, grande vitesse; —கேந்திரம் angle de commutation, distance angulaire d'une planète au soleil;—சேதனம் l'animal qui a l'intelligence prompte, i.e. le chien; —ப்படுகிறது se hâter,se presser;—வளை ou

*சீக்கிரார்த்தம், (சீக்கிரம்,அர்த்தம்), première longitude géocentrique égalée.

சீக்கிரான், சீக்கிரி,l'arbe உசிலம்.

*சீக்கிரியம்,(சீக்கிரம்,iya), vitesse.

*சீக்கிரியன்,(சீக்கிரியம்),le diligent, le vif.Siven,Vichnou.

சீக்கிரியான்,V. சீக்கிரான்.

சீக்கிறது,சீத்தேன்,சீப்பேன், சீ,சீக்க,v.a. ou சீத்துப்போடுகிறது, racler,polir,gratter(la terre...),se gratter,frotter, balayer, nettoyer, purifier,ôter,éloigner,dissiper, égaliser, s'enorgueillir:நிலவுசீக்கிறது ou இருளைச்—la lune en se levant dissiper l'obscurité.

சீக்கு,balayures,décombres,V.செத்தை;—வழிக்கிறது ôter les défauts ou empêchemens d'un mariage, le rendre légitime,ainsi que les enfans nés ou à naître (cérémonie usitée parmi les Maravers). [று.

சீக்குதல்,சீக்குகை, n.v. de சீக்கிற

சீக்குரு,l'arbre முருங்கை.

சீக்கூட்டுகிறது,(சீ),les cariahs se mettre ou se réunir quelque part,ou

சீக்கொள்ளுகிறது,(id.), suppurer, le pus se former,pourrir.[ka),plomb.

*சீசகம்,சீசம்,சீசபத்திரகம், (sisa,

சீசா,espèce de —,bouteille,fiole.

சீசீ,சீச்சீ,(சீ répété), fi!fi!fi donc!சீச்சீபோ நீயொருமனிதனா? உன்னிடத்தில் மனிததன்மையில்லை fi donc! es- tu bien un homme? non,tu n'en as pas le caractère.

*சீஷன்,சீடன்,pl.சீஷர்,சீஷர்கள், சீஷர்க்கள், சீடர், (sichya), disciple, élève, écolier: சீஷனாக்குகிறது prendre pour—, rendre disciple; சீஷப்பிள்ளை disciple.

*சீஷி,f.de சீஷன்,élève, écolière.

சீஷிக்கிறது, (சீஷன்), instruire, former un disciple.

சீடு, nombre de fils contenant 8 குஞ்சம்.

சீடை,espèce de gâteau,défaut de croissance,V.சடைவு: சீடையாய்ப்போகிறது (un enfant, le blé) ne pas croitre.

சீட்டி,chalumeau, sifflet d'enfant, chite,indienne, toile peinte,calicot peint:—தீருகிறது peindre—,imprimer des chites.

சீட்டு, billet,écrit,obligation,contrat,petite lettre,sort,lot,chite, indienne:—த்தெரிப்பு billet sous seing privé;—போடுகிறது tirer au sort;—வந்தது le billet est sorti,le lot—, le sort est échu;—வாங்குகிறது, —பெறுகிறது,—ப்பெறுதல் obtenir—,recevoir un billet,—un lot,obtenir le billet gagnant;—வாங்குதல் recevoir un billet pour l'autre monde,mot qui indique la mort, V. சீட்டுபெறுகிறது;சீட்டெழுதுகிறது écrire un billet; சீட்டெழுதிக்கட்டுகிறது écrire une convention par laquelle on s'engage à observer la décision des arbitres.

சீட்டை, 1° ou சீட்டைக்கதிர் rejet—,épi de கம்பு ou de கேழ்வரகு qui a poussé après la moisson, (et que généralement on laisse glaner aux pauvres). 2° *acc.de* சீட்டு: சீட்டை பொறுக்குகிறது glaner ces épis.

*சீணம்,(kchîna), déclin, décroissance,maigreur,corruption,se gâter: சீணகாலம் temps de déclin,de décroissance;— சந்திரன் lune à son déclin;—ராகம் indifférence,exemption de désir, ce qui est sans désir.

சீணிக்கிறது (சீணம்), *V.* க்ஷீணிக்கிறது.

சீண்டல்,*n.v.de* சீண்டுகிறது, signe du doigt,attouchement, caresse, puanteur.

சீண்டறம், puanteur, pourriture, embarras, vexation.

சீண்டிரம், paroles viles,—de mépris,bassesse.—பிடிக்கிறது s'avilir, se souiller,devenir vil,—sale.

சீண்டுகிறது, டினேன், டுவேன், டு, ட, *v. a.* faire signe du doigt à l'insu d'une tierce personne, toucher,caresser,—de la main: சீண்டிக் காட்டுகிறது indiquer,faire un signe pour attirer l'attention et la diriger surquelqu'autre objet;—க்கொடுக்கிறது,—விடுகிறது exciter—,encourager par gestes.

*சீதகம்,(சீதம்,ka),plomb, mélange de cuivre et de zinc.[*V.*சுக்கிரன்.

*சீதகன்,(*id.*),la lune, paresseux,

*சீதம்,(sita), froid, fraîcheur, hiver, froide saison, temps des pluies, paresse,apathie,eau,nuage,chose digérée,blancheur,sandal,les arbres அகில் et நறுவிலி,selle —,évacuation mêlée de glaires et de pituite, un des 13 pays tamouls,l'arsenic சீதாங்கபாஷாணம்: சீதகாத்திரகம்,(காத்திரம்,ka), évacuation—,congestion de sang accompagnée de spasme et de perspiration,coléra spasmodique;—காலம் temps du froid,hiver;—கிருச்சரம் pénitence qui consiste à ne boire que de l'eau pendant 3 jours, ou selon d'autres,à boire de l'eau froide 3 jours,du lait froid 3 jours, du beurre fondu froid 3 jours, et à jeûner 3 autres jours; — கடுப்பு mal de ventre, colique (provenant du froid);—க்கட்டு,—ப்பற்று,—ப்பிடிப்பு maladie dite ஆமம்,obstruction—,évacuation de glaires;— சுரம் fièvre froide,diarrhée accompagnée de fièvre;—பாறு,*V.*சீதன்;—நோய் —,பேதி évacuation de glaires,maladie provenant du froid;— ப்பிரபம், (பிரபை),camphre;— மண்டலி serpent venimeux dont la morsure cause du froid et du frisson;— மரசி,— மயூகம் l'astre aux rayons frais,*i.e.* la lune;—வழும்பு diarrhée accompagnée de glaires;—வாதம் maladie causée par le froid,rhume de cerveau,catarrhe:—வாதக்கடுப்பு strangurie,rétention d'urine;—வாரம் la plante உத்தாமணி, jasmin: இரத்தமுஞ்சீதமுமாய்க்கழிகிறது avoir des selles mêlées de sang et de glaires; சீதஞ்சீதமாய்க் கழிகிறது, சீதம்விழுகிறது ou அவிழுகிறது avoir des selles mêlées de beaucoup de glaires.

*சீதரன், *P.*சிறீதரன்.

*சீதளம்,1° (சீதம்,la *qui donne*), froid,fraîcheur,camphre cru, humidité,sandal,nénuphar,perle, vitriol bleu,la plante கோடகசாலே. 2° *adj. de* சீதளே *d'ou* சீதளங்காய் espèce de citron;—கொள்ளுகிறது s'enrhumer, attraper du froid,*ou* கொண்டிருக்கிறது avoir une maladie causée par le froid, être enrhumé; சீதளகாலம் saison du froid,temps des pluies;— மேகலே,—தேசப்புறம் zone glaciale

*சீதளாதேவி,(*id.*),la prétendue déesse de la petite vérole,espèce de சத்தி ou d'énergie prétendue divine.

*சீதளி,(சீதளம்),la plante பொன்னாங்கண்ணி.

*சீதளே,(*id.*),espèce d'oranger, — de citronnier dit கொடிமாதளே.

*சீதனம்,(சீ *P.*சிறீ),dot, don des parens à leur fille après le mariage, bien de ménage: — கொடுக்கிறது donner une dot,—des présens de mariage;—போகிறது aller recevoir la dot..;—வருகிறது les présens de mariage—, la fourniture du ménage arriver; சிதனவோலை, சிதனவுறுதி contrat de dot. [ne.

*சிதன்,(sita),l'astre frais,*i.e.*la lu-

*சிதாங்கம்,(சிதம்,அங்கம்),congestion de sang accompagnée de spasmes et de perspiration, coléra spasmodique (maladie alarmante), *ou* சிதாங்கபாஷாணம் espèce d'arsenic naturel.

*சிதாங்கனி,சிதாதேவி,(சிதை, அங்கனை),Sidei, femme de Râmen.

*சிதாத்திரி,(சிதம்,அத்திரி),la montagne froide,*i.e.*l'Himâlaya.

*சிதாபதி,(சிதை),l'époux de Sidei, *i.e.*Râmen.

சிதாரி,1° le cèdre,arbre odoriférant:—க்கட்டை morceau de bois—, bois de cèdre;—போட்டுப்புகைக்கிறது faire des fumigations avec du bois de cèdre. 2°* (சிதை,அரி), ennemi de Sidei.

*சிதாலம்,சிதாளம்,சிதாளே, (சி P. சிறீ,தாலம்),palmier de Ceylan dit தாளப்பம்,corypha umbraculifera, borassus, *ou* சிதால—, சிதாளபத்திரம் ses feuilles.

*சிதி,(சிதம்), froid, renoncement entier,—à tout,*V.* பாவம்.

*சிது,(sidhou), callou,vin de palmier...,rhum,plomb,fraicheur.[silic.

சிதுளாம்,espèce de துளசி,ou ba-

*சிதேவி,*P.*ஸ்ரீதேவி, la prétendue déesse de la fortune et de l'abondance, Lakchimi,la fortune: —யவனைச் சேர்ந்திருக்கிறாள் la déesse de la fortune est unie à lui, *i.e.*il est fortuné; நடந்தவன்காலிலே—இருந்தவன்காலிலேமூதேவி la fortune est aux pieds de celui qui se donne du mouvement, l'infortune aux pieds de celui qui reste assis, *i. e.* l'homme diligent prospère, l'indolent est dans la misère; சிதேவியார்செங்கழுநீர் espèce de plante.

*சிதை,(Sitâ),Sidei,fille de சனகன் roi de மிதிலை, femme de Râmen,et une des 5 vierges des Indous, qu'on dit être une incarnation de Lakchimi,Oumei femme de Siven,sillon, liqueur spiritueuse,la plante பொன்னாங்காணி. [le froid et le chaud.

*சிதோஷ்ணம், (சிதம்,உஷ்ணம்),

*சிதோதம், சிதோதகம்,(சிதம்,உதம்,உதகம்), eau froide, —fraîche.

சித்தலைச்சாத்தன், (சி, தலை), un des académiciens de Maduré.

சித்தல்,*n.v.de* சிக்கிறது.

சித்தா, cachimentier, corossolier, annona squamosa: —ப்பழம் cachiment,petit corossol, cœur,de bœuf.

சித்தி,1° perte,dommage, infériorité,médiocrité,2° *P.*சித்தாய்,*de* சிக்கிறது:—யாய்ப்போகிறது *ou* சித்திப்போகிறது perdre;—யோரான்(ஓணான்), très-petite espèce de lézard ou de caméléon;அவனிலும் நான்சித்தியா lui suis-je inférieur?

*சித்தியம்,(sitya),grain,blé.

சித்து, *gér. de* சிக்கிறது: சித்துப்போகிறது,*P.* சித்தியாய்ப்போகிறது perdre.

சித்துப்பூத்து,(*son imitatif*), சித்துப்பூத் தென்கிறது, respirer vite et avec bruit,gronder,murmurer:சித்துப்பூத்தென்று சீறுகிறது,(le serpent) siffler de colère;சித்துப்பூத்தென்றெரிகிறது pétiller, craquer dans le feu ou en brûlant. [*V.*செம்மை.

சித்துவம், capacité,faculté, force,

சித்தை,1° homme vil,femme—, personne vile,excès de cuisson, de maturité ou de temps,'dommage qui en vient, chassie, douleur que cause la morsure d'un cent-pieds.2° *P.* சிட்டி toile peinte:—க்கண் œil chassieux. [bruine,pluie fine.

சிந்தல்,1° *n.v. de* சிந்துகிறது.2°

சிந்தில்,1° *P.*சிந்திலும், *condit. de* சிந்துகிறது.2° *ou* சிந்திற்சத்து, la plante grimpante menispermum cordifolium: சிந்திற்சர்க்கரை sel médicinal provenant de la tige de cette plante.

சிந்துகிறது,சிந்தினேன்,சுவேன்,து, த, *v. a.* சிந்துதல், *n. v.* moucher,se moucher,siffler (le serpent ou le chat irrité),aimer,désirer, soigner, faire cas,estimer,favoriser: மூக்கு—moucher le nez,se moucher;அதையொரு

ஈ

வருஞ்சீந்தார்கள் personne ne fait cas de cela.

சீந்தை,1° V. சிந்தை. 2° P. சிந்தாய், 2me pers.nég.du préc.

*சீபதி,(சீ,பதி),Arouguen, V. ஸ்ரீபதி.

சீபம், l'arsenic சரகாண்டபாஷாணம்.

சீபாதம்,(சீ),pieds sacrés.

சீப்பங்கோரை,(சீப்பு,அம்),espèce d'herbe,scirpus miliaceus.

சீப்பாய்கிறது,(சீ),le pus découler.

சீப்பு,peigne,régime ou bang de bananes (en forme de peigne),verrou de porte,collier d'os: சீப்பாடுகிறது, சீப்பிடுகிறது, சீப்பிட்டுச்சீவுகிறது ou வாருகிறது peigner; சீப்பாய்ப்பிட்கிறது diviser—, rompre par régimes une grappe de bananes;—க்காய் régime de bananes non mûres; —ச்சாரட்டை poisson dont les nageoires sur le dos ressemblent à un peigne;—ச்சிப்பி coquillage en forme de peigne;—ப்பணிகாரம் gâteau en forme de peigne.

சீமங்கலி,(சீ),barbier.

சீமணல்,(சீ),V. நாகமணல்.

*சீமந்தகம்,(சீமந்தம்,ka),pâte de —,vermillon,rouge de plomb avec lequel on marque la séparation des cheveux dite சீமந்தம்.

*சீமந்தம்,(சீமை,அந்தம்),1° tête, cérémonie dite முதுகுநீர்ச்சடங்கு. 2°ou சீமந்தரேகை et சீமந்தோந்நயனம்,(உந்நயனம்),séparation de la chevelure en 2 parties de manière à laisser une ligne distincte sur le sommet de la tête, (c'est une cérémonie que l'on fait aux femmes le 4me,6me,8me mois de la grossesse), சீமந்தபுத்திரன் fils ainé.

*சீமந்தனி,சீமந்தினி,(சீ,மந்தம்,ini),femme (en général), femme—, fille chaste.

*சீமா, *obl. de* சீமை: —லிங்கம் borne, marque des limites (d'une terre...);—விவாதம் dispute sur ces limites;—சந்தி jonction—,jointure de 2 bornes; —விருக்ஷம் arbre qui sert de borne.

சீமாட்டி, *f. de* சீமான்,dame,femme riche, honorable matrone, maitresse,—de maison.

சீமாள் V. சீமாட்டி.

*சீமான், P. ஸ்ரீமான்,(srimân), homme riche, puissant,de distinction, grand personnage, chef, Arouguen: சீமானாயிரும் puissiez-vous prospérer,—devenir riche...; சீமானாலேதரிகொண்டிருந்தோம் nous avons été établis par un homme puissant; சீமானை யண்டுகிறது se mettre sous la protection d'un grand;—அண்டினவன் celui qui a la faveur ou la protection d'un richard.

*சீமூக,—வருஷம்,(சீ,மூகம்),V. ஸ்ரீமூகவருஷம்.

*சீமூதம்,(djimoûta),nuage,—noir,—chargé d'eau,trombe, montagne, femelle d'éléphant,Indiren: சீமூதகூடம் monticule près d'une montagne; —வாகனன் Indiren qu'on dit porté sur un nuage.

*சீமூதன், (*id.*), laboureur, agriculteur,Siven,homme affligé, infortuné,nom d'un அசுரன், le cocher de நரகாசுரன், V. சீமூதவாகனன்.

சீமூதை,nuit,vigne,treille.

*சீமை,(simâ), contrée, pays, royaume, Europe (le pays par excellence),borne, limite, rivage, champ, nuque,le haut des épaules, observation des règles,—des usages: —க்கரி gros charbon, charbon d'Europe;—ச்சுண்ணாம்பு blanc d'Espagne,chaux d'Europe; — த்தக்காளி, — மணத்தக்காளி espèce de தக்காளி solanum lycopersicum;—ப்பற்று juridiction,territoire,seigneurie;—ப்பற்றிலேவிடுகிறது lever un subside extraordinaire en argent sur tout le territoire d'un roi dans un cas de nécessité; —ப்பிரப்பமரம் l'arbre conghas zeilanica;—மனுஷன் Européen; —யத்தி, (அத்தி), figuier d'Europe,ficus carica;— யாளுகிறது régner, gouverner un pays, —un royaume;—வெள்ளரி melon d'Europe; சீமையைக் கட்டிக் கொள்ளுகிறது conquérir un pays, en prendre possession, s'en emparer; —யடைமானமாகவைக்கிறது. donner—, mettre un pays en gage.

சீம்பால்,(சீ,பால்),V.கடம்புப்பால்.

சீயக்காய்,சீயக்காய்,fruit de l'arbrisseau சீயா;séché et broyé,surtout après une légère ébullition,il sert à frictionner la tête et à nettoyer les cheveux avant le bain.

சீயம்,P.சிங்கம், lion, le Lion du zodiaque, drapeau du lion, (c'est l'étendard de Yamen prétendu gardien du sud,jus laiteux de la plante எருக்கு:சீயங்கணக்கு compte préparé pour la 3me fois.

சீயா, l'arbrisseau mimosa abstergens: சீயக்காய் fruit de cet arbrisseau.

சீயாள்,trisaïeule,f. de

சீயான்,pl. சீயார், trisaïeul: சீயானைக்கூப்பிடுகிறது appeler au secours ses trisaïeux, i.e. les morts;சீயானோடேசொல்லுகிறது dire une chose à ses trisaïeux,i.e.aux morts, se plaindre en vain; சீயானென்றழைக்கிறது appeler trisaïeul; (par plaisanterie).

சீயெனல்,சீயென்கிறது,V.au mot சீ.

சீய்க்கிறது,சீய்த்தல்,V.சீக்கிறது, சீத்தல்.

*சீரகத்தாமன், சீரகத்தாரோன், (சீரகம்,தாமம்,தார் guirlande),celui qui porte une guirlande de cumin, i.e.Koubêren,marchand ou செட்டி.

*சீரகம்,1° (djîraka),cumin,cuminum cyminum.2°(siraka),pourceau, —de mer, marsouin:சீரகக்கோரை l'herbe கன்னிக்கோரை cyperus fastigiatus; —ச்சம்பா riz qui a l'odeur ou la saveur du cumin;—மாலை guirlande de cumin, —de Koubêren.

சீரங்கம்,(சீ),Sirangam,ville et pagode célèbre dans une île du Kâvêri près de Trichinapali: சீரங்கப்பட்டணம்,1°Sirangam (la ville susdite). 2°Siringapatam,ville dans une autre île du Kâvêri près de Maïssour,(la 1re de ces villes s'appelle aussi ஆதிரங்கம் et la 2e அந்தியரங்கம்).

*சீரணம்,(djirna),digestion, ancienneté, vieillesse,déclin, décadence, flétrissure,un des livres des Sivénistes, V.பழமை:—ஆகிறது se digérer,décliner,déchoir:— ஆகாமலிருக்கிறது ne pas se digérer, n'être pas digéré;—ஆக்குகிறது digérer; —ஆய்ப்போகிறது déchoir,décliner,tomber en ruine; சீரணகாலம் temps de ruine, de décadence;—மருந்து un digestif;—வஸ்திரம் habit vieux, —déchiré; —வாடிகை maison en ruine;சீரணத்துக்குவருகிறது être facile à —,pouvoir se digérer; சீரணத்துக்குவராமலிருக்கிறது être indigeste.

*சீரணன்,(id.), vieillard, homme sur son déclin.

சீரணி;1°bois,forêt,espèce de bonbon,— de danse, l'arbrisseau ஓமம். 2° imp.du suiv.

சீரணிக்கிறது,ணித்தேன்,ணிப்பேன்,ணி,ணிக்க,v.n.et சீரணித்தல்,n.v. (சீரணம்),se digérer, déchoir, se gâter, être ruiné, V. பதனழிகிறது: சீரணித்துப்போய்விடுகிறது décliner, se ruiner, s'en aller en ruines, சீரணிக்கத்தக்க ou கூடிய qu'on peut digérer.

சீரணிப்பிக்கிறது, v.caus.du préc. faire—,digérer.

சீரலை, (சீரணம்), habitude, connaissance.

*சீரோத்தாரம், சீரோத்தாரணம்,(சீரணம்,உத்தாரம், உத்தாரணம்), restauration, rétablissement: —பண்ணுகிறது restaurer,rétablir.

சீரந்தாதி, (சீர், அந்தாதி), répétition du pied final d'une strophe au commencement de la strophe suivante.

*சீரபாணி,(சீரம்),celui qui porte une charrue à la main i.e. Balapattiren.

சீரமேடா,l'arbrisseau விழுதி.

*சீரம், 1° (tchira), habit naturel d'écorce fine et fibreuse, toile faite de fibres d'écorce d'arbre, haillons, écorce,ligne,lettre,guirlande, crête, couronne. 2° (sira), charrue,soleil. 3° P. க்ஷீரம், lait,les plantes laiteuses எருக்கு et சதுரக்கள்ளி.

சீரா,armure,cuirasse, cotte d'armes,—de mailles,jacquier:—போடுகிறது se revêtir d'une—,mettre son armure,—sa cuirasse; சீராவின்சந்

ருகள் jointures de l'armure; சிராக்குதிரை cheval enharnaché.

*சிராகம், *V.* சிறீராகம்.

*சிராங்கம், (சிரம், அங்கம்), soc de —, charrue. [resser, flatter, se fâcher.

சிராடுகிறது, (*id.*), badiner, ca-

சிராட்டல், *n. v. de* சிராட்டுகிறது *ou* சிராட்டு, 1° *n. v. du même*, caresse, flatterie, jeu, badinage, célébration, pompe, décoration, ornement, politesse. 2° *imp. et part. du suiv.* சிராட்டில்லாதவன் personne négligée; —பண்ணுகிறது *ou*

சிராட்டுகிறது, (சீர்), caresser, choyer: சிராட்டிக்கொள்ளுகிறது se choyer, flatter, bien traiter, orner, célébrer, louer, s'orner —, se flatter—, se louer soi-même.

*சிராப்தி, *P.* ஸ்ரீராப்தி.

சிராய், *adv. de* சீர், *V. ce mot.*

சிராளன், (*id.*), Sirâlen, fils de சிறுத்தொண்டன்.

*சிரி, (tchiri), voile (pour le visage): —விருக்கம் —, விருக்ஷம் l'arbre qui cache, tamarinier.

*சிரிகை, (djhirikâ), criquet, grillon.

சிரிக்கிறது, ரித்தேன், ரிப்பேன், ரி, ரிக்க, *v. n.* s'accoutumer.

*சிரிடம், சிரிஷம், 1° (sîrcha), tête. 2° *P.* சிரீடம் l'arbre வாகை mimosa.

*சிரிணபன்னம், (tchîrna *divisé*, பர்ணம் *feuille*), l'arbre வேம்பு.

*சிரிணன், (tchîrna), savant.

சிரித்தல், சிரிப்பு, *n. v. de* சிரிக்கிறது, coutume, habitude.

சிரிய, *adj. de* சீர், excellent, convenable, juste, bon, grand: சிரியகூரியதிஞ்சொல் expression propre, subtile et douce.

சிரியன், *pl.* சிரியர், (சிரிய), homme distingué, excellent, savant, poète, sage, grand. [lon, scarabée.

*சிருகை, (djhiroukâ), criquet, gril-

சிருணம், சிருணி, cuivre.

சிருத்திரம், un des 32 உபதிஷதம்.

சிருள், (சீர், உள்), plomb, étain, cuivre, les 5 métaux, bonheur.

*சீரை, 1° (சிரம்), habit, toile, écorce d'arbre, toile—, vêtement d'écorce, —de fibres d'arbres. 2° *acc. de* சீர்.

*சீரோத்தம், சீரோத்தகம், *P.* க்ஷீரோத்தகம்.

*சீர், (*P.* srî, ஸ்ரீ), beauté, élégance, louange, gloire, distinction, particularité, peinture, figure, félicité, bonheur, or, bien, bienfait, état, condition, nature, bon état, santé, convalescence, succès, décence, modestie, convenance, qualité, propriété, ordre, régularité, uniformité, égalité, milieu, médiocrité, fixité, immutabilité, massue, poids, pesanteur, le signe de la Balance, mesure de musique, harmonie, bruit, ornement bruyant des pieds, chose triple qui se réunit et se termine en une, mot, pied de vers. Les pieds métriques tamouls se composent d'une, 2, 3 ou 4 syllabes métriques dites அசை; on les divise en 4 classes suivant le nombre des syllabes métriques; savoir: 1° அசைச்சீர் les pieds d'une syllabe métrique; il y en a 2, nommés நாள் et மலர், dont le 1er est un நேரசை, le second un நிரையசை. 2° இயற்சீர் les pieds de 2 syllabes métriques; il y en a 4. 3° உரிச்சீர் ceux de 3 syllabes métriques; il y en a 8, qui se subdivisent en வெண்சீர் et en வஞ்சிச்சீர்; ceux-là se terminent en நேரசை ou une longue, et ceux-ci en நிரையசை ou 2 brèves. 4° பொதுச்சீர் les pieds de 4 syllabes métriques; il y en a 16. En tout 30 pieds. Comme la syllabe métrique peut contenir 2 syllabes ordinaires, les pieds tamouls peuvent avoir de 1 à 8 syllabes ordinaires): சீருக்குவருகிறது s'améliorer, se corriger, rentrer dans l'ordre, réformer sa conduite; சீரைத்தேடில்ஏரைத்தேடு si vous cherchez à améliorer votre condition, devenez laboureur; சீரைவிசாரிக்கிறது s'informer de la santé de quelqu'un; சீரற sans élégance, mal, grossièrement, en désordre; —அற்ற vicieux, grossier, sans ordre, —élégance; —ஆகிறது se corriger, s'améliorer; —ஆகாதேபோகிறது ne pas s'améliorer, devenir incorrigible; —ஆக்குகிறது corriger, régler, mettre en ordre; —ஆய் bien, élégamment, convenablement, décemment, honnêtement, poliment, en bon état; —ஆய்க்காண்கிறது avoir belle apparence paraître joli, —bien; —ஆய்ச்செய்கிறது agir —, faire bien, —régulièrement; —ஆய்நடக்கிறது se conduire honnêtement, —bien; —ஆயிருக்கிறது être bien, —joli, —élégant, en bon état; —இடுகிறது égaliser, régulariser, arranger proprement, fournir une fille mariée d'ustensils de ménage et autres objets; —இல்லாத, *V.* சீரற்ற; —இழுக்கிறது ruiner *ou*; —இழக்கிறது perdre sa fortune; —இன்மை défaut d'élégance, inégalité, désordre etc...; —உண்டாயிருக்கிறது être élégant, prospère, riche, modéré, en bon état; —உள்ள régulier, élégant, réglé, riche, en bon état, en bon ordre; —காரம் écho; —குலைகிறது, —கெடுகிறது se déranger, se détériorer, se gâter, se corrompre; —குலைச்சல் désordre, détérioration, immodestie; —கெட்ட pauvre, infortuné, ruiné, en mauvais état, en désordre; —கெட்டது, —கேடானது chose gâtée, corrompue, détériorée, dérangée; —கேடி infortunée, l'infortune, la prétendue déesse de la pauvreté dite மூதேவி; —கேடு mauvais état, désordre, détérioration, laideur, défaut d'élégance; —க்காரம், —க்கிருதம் écho; —க்காரங்கொள்ளுதல் répéter le son, faire écho; —க்கோழி la plante நரைக்கொள்ளு; —க்கோள் opinion juste, bon naturel, belle étoile; —சால் rempli d'équité; —சிறப்பு bonheur, prospérité, élégance; —செய்கிறது régler, régulariser, disposer, *ou* —திருத்துகிறது réformer, corriger, améliorer; —திருந்துகிறது se corriger, s'améliorer, se réformer; —திருத்தம், —திருத்தல், —திருந்தல் réforme, correction, réformation, amélioration; —தூக்குகிறது, —தூக்கிப்பார்க்கிறது considérer, peser, bien examiner, comparer; —தூக்கிச்செய் agis après avoir tout pesé; —த்துழாய், —த்துளாய் espèce de துளசி ou de basilic; —திருவாளம் caractère, naturel, fixité, persévérance; —படுகிறது s'améliorer, se corriger, s'arranger, être réformé, guérir, se remettre en ordre; —படுத்துகிறது améliorer, réformer, corriger, rétablir, relever, soulager, *ou* —படுத்திவைக்கிறது régler, arranger, mettre en ordre; —பண்ணுகிறது préparer, régler, mettre en ordre, améliorer; —பதி le maître —, la source de toute prospérité, *i.e.* Dieu; —பந்தம், —பந்தபாஷாணம் espèce d'arsenic naturel; —பாதம் pieds sacrés; —ப்பாடு célébrité, renommée, distinction, beauté, ordre; —ப்பிழை désordre, irrégularité, défaut; —பெறுகிறது s'améliorer, prospérer; —பொருந்துகிறது être en bon état, —parfait; —மடக்கு répétition de pieds de vers (*v.g.* dans un vers suivant); —மரம், —வண்டு instrumens de tisserands.

சீர்க்கிறது, ர்த்தேன், ர்ப்பேன், ர், ர்க்க, *v.n.* (சீர்). devenir —, être élégant, distingué, illustre, renommé, pompeux.

***சீர்ணம்**, *P.* சீரணம்:

சீர்த்த, சீர்த்தல், சீர்த்து, *part. n. v. et gér. de* சீர்க்கிறது.

சீர்த்தி, *n.v. du même*, grande louange, renommée.

சீர்மை, 1° (சீர்), élégance, beauté, bon état, régularité, droiture, respect, égalité, poli (d'une surface), sensation du poli. 2° *P.* சீமை, pays, l'Europe.

***சீலம்**, 1° (sila), qualité, propriété, caractère, nature, inclination, beauté, vérité, bonnes mœurs, bonne —, conduite, histoire, biographie, charité, intelligence, connaissance exacte. 2° abstinence, mortification, la plante சீந்தில்: சீலமாயிருக்கிறது s'abstenir de chair et de liqueur enivrante; சீலக்காரன் homme très-mortifié, qui s'abstient; —சம்பன்னன் *V.* சீலவான்; —த்துவம் caractère, qualité, disposition, conduite; —விருத்தன் homme d'une conduite irréprochable, —invariable.

சீலம்பாய், natte déchirée.

***சீலவான்**, (சீலம், vân), homme de bon caractère, de bonnes mœurs.

*சிலாணம்,(silana),érudition, étude assidue—,connaissance des சாஸ்திரம் ou écrits sacrés.

*சிலன், (சிலம்), homme doué de, habile dans, V. சிலவான்.

சிலா,1° espèce de poisson.2° ou சிலாப்பட்டை,—ப்பூட்டை,—ப்புட்டி seau de cuir, panier pour arroser, porteur d'eau, celui qui vide l'eau d'un vaisseau avec des seaux;—சிலாப்புட்டியாலிறைக்கிறது arroser avec un seau de cuir, vider l'eau avec un tel seau.

சிலி,1°f.de.சிலன், femme de bon caractère.2° imp.de

சிலிக்கிறது, லித்தேன், லிப்பேன், லி,லிக்க, v.n. (சிலிதன்), s'accoutumer,s'habituer.

*சிலிதன், (silita), savant, homme habile,exercé,qui a appris les sciences. [றது,coutume,habitude.

*சிலித்தல், சிலிப்பு, n.v. de சிலிக்கி

சீலை,toile,vêtement,étoffe:—த்துணி morceau de toile;—ப்பாம்பு espèce de serpent venimeux dont la morsure relâche le ventre;—ப்புல் l'herbe panicum violaceum;—ப்பேன் poux qui s'attache aux habits;—மண் toile enduite de terre avec laquelle on lute les vases dans lesquels on fait brûler des remèdes;—மண்செய்கிறது luter; — மேற்போர்வை manteau, — qui couvre tous les autres vêtemens;—யுடுக்கிறது,—கட்டுகிறது s'habiller, mettre—, attacher sa toile;சீலையையுடுத்துவிக்கிறது,—தரிப்பிக்கிறது faire habiller, ou —உடுத்திவிடுகிறது habiller quelqu'un; சந்திரகாவிச்சீலை toile rouge,—peinte en rouge. [ம்பலம்.

*சீவகம்,(சீவம்,ka),V.இலந்தைத்த

*சீவகன்,(id.),1° Sivaguen roi de la secte des Samanéens ou Djaïnas,héros du poème சிந்தாமணி.2°(pl.சீவகர்), bouddhiste, ermite—,pénitent bouddhiste, mendiant, vivant d'aumônes, ouvrier, serviteur, குறவன் qui prend les serpens et guérit de leur morsure,homme dont la vie est prolongée par des bénédictions, V.சீவன்முத்தன்.[Dieu 1re cause de tout.

*சீவசிதாபாசர்,(சீவம்),vie de la vie.

*சீவதம்,(சீவம்,tha),tortue, bonne voie,vertu,piété,vie,existence,paon, nuage.

*சீவதன்,1°(சீவதம்), homme vertueux,—qui vit long-temps.2° (சீவம்,dâ donner, dô détruire), médecin, ennemi.[—ஆயிருக்கிறது être vivant.

*சீவந்தன்,(சீவம்,anta),vivant:—

*சீவந்தி, f.du préc. vivante, l'arbrisseau சீந்தில், les arbres பாலை et கடு,la plante புல்லூரி.

*சீவந்திகன்,(சீவந்தன்,ika), oiseleur,preneur d'oiseaux. [ல்.

சீவந்தில்,(சீவந்தி),la plante சீந்தி

*சீவம்,(djiva),vie, âme sensitive, être vivant, sinus d'un arc:சர்வசீவகர்த்தா le maître de tous les êtres vivans; சீவஉற்பத்தி, V. சீவோற்பத்தி;—காருண்ணியம் sentiment affectueux,bonté, bienveillance;—காருண்ணியன் miséricordieux, bienveillant;—கோடிகள், V.சீவராசிகள்;—சஞ்சீவி la plante சீந்தில்; —சாட்சி conscience, l'esprit,la base de la connaissance;—சாதனம் grain,blé, riz;—சாபல்லியம் accomplissement de tous les désirs;—செந்து être vivant, créature vivante;—ஸ்தானம் jointure, articulation;—ஸ்திதி état de vie,—de la vie;—தயை,V.சீவோபகாரம்;—தருமம் bienfaisance—, vertu exercée envers les êtres vivans;—தனம் richesse en êtres vivans(comme bétail,troupeaux);—நாடி veine, artère où réside le pouls ou le souffle de la vie;—தாரு l'arbre சீவந்தி, litt. l'arbre de vie;—திசை région de la vie;—தேகம் corps vivant,—qu'habite l'âme; —த்தறுவாய் temps de la mort,—où l'âme devient libre, danger pour la vie;—த்தன்மை,—த்துவம் état de l'âme, —de la vie,—de ce qui est vivant, ce qui a rapport à la vie, V.அறநாடி;—நாடி, V. சீவதாது;—நாயகன் le maître de la vie,Dieu;—நாள் temps de la vie;—பரிபாலனம் conservation des êtres vivans;—பிராணி être vivant;—புண்ணியம், V. சீவதருமம்;—பேதம் différence de vie,—entre les êtres vivans;—மந்திரம் la demeure de l'âme, i.e. le corps;—முத்தன், V. சீவன்முத்தன்;—ரட்சை salut éternel, conservation de la vie,—des êtres vivans;—ராசிகள் les diverses sortes d'êtres vivans,(on en compte 7 genres et 8400000 espèces) V. எழுவகைப்பிறப்பு et பிறப்பு-எ;—வதை meurtre;—வதைசெய்கிறது ôter la vie, tuer (un être vivant); — லயம், —விலயம்,(இலயம்),mort, perte de la vie, destruction d'un être animé;—லயமான mortel,dangereux,qui fait perdre la vie;—லோகம் le monde des êtres vivans; இந்தச்சீவஸ்திதியிலே நானிருக்கச் சர்வேசுரன் திருவுளமானார் il a plu à Dieu que je fusse dans cet état de vie.

*சீவரம், (tchivara), toile bleue, haillons d'un mendiant djaina.

*சீவரன் ou சீவரி, pl. சீவரர்,(id.), bouddhiste,mendiant bouddhiste ou djaïna.

*சீவர், (சீவன்),les vivans,—êtres vivans.

*சீவலம்,(sivala), la plante aquatique vallisneria.

சீவல், n.v. de சீவுகிறது, action de racler...,ténuité,minceur, chose polie,—raclée,—rabotée...,chose mince, sans force,toile claire, mince, peu serrée: —ஆயிருக்கிறது être clair, mince,peu épais;—ஆயிருக்கிறநெல்லு riz maigre,non parvenu à sa perfection.

*சீவனகம்,(சீவனம்,ka),riz cuit.

*சீவனம்,1°(சீவம்,na),vie,existence,subsistance, moyen de vivre,profession,ce qu'on mange, nourriture, ambroisie, eau,beurre frais,moelle. 2°(sivana),couture,action de coudre: கஷ்ட—vie dure,—malheureuse;—இல்லை il n'y a—,il n'a aucun moyen de vivre;—நடக்கிறது,—பண்ணுகிறது vivre, subsister;சீவன்கேது(ஏது)fin—,cause de la vie;—யோனி communication de vitalité avec le corps;—விடம்பனம் désappointement de ses espérances.

*சீவனாகாதம்,(சீவனம்,ஆகாதம்), poison.

சீவனாமலி,fouille de bétel,eau.

*சீவனாந்தம்,(சீவனம்,அந்தம்),fin de la vie,mort.

*சீவனார்த்தம்,(id.அர்த்தம்),choses propres à la vie,—à la subsistance, cause de vie.

*சீவனாவாசன், (id.ஆவாசம்), le prétendu habitant des eaux, i.e. Varounen.

*சீவனாவுடதம், சீவனௌஷதம்,(id. ஔஷதம்),remède qui donne la vie.

சீவனாளி, (சீவன், ஆளி), être—, homme vivant,femme vivante.

*சீவனி,1°(சீவனம்,i.),remède pour prolonger la vie,anus ou fondement, l'arbre பாலை,la plante செவ்வள்ளி, la plante ஆடுதின்னாப்பாலை,le minéral மந்தாரச்சிலை. 2° ou சீவனிநாடி, pouls, V. சீவநாடி. 3° imp. de

சீவனிக்கிறது, னித்தேன், னிப்பேன்,னி,னிக்க,v.n.(சீவனம்) et சீவனித்தல், n. v. vivre, subsister.

*சீவனியம், சீவனீயம், (சீவனம், iya), le support de la vie,i.e. l'eau.

*சீவனோபாயம்,(id.உபாயம்),moyen de vivre, industrie pour vivre, V. சீவனார்த்தம்.

*சீவன்,(சீவம்),vie,existence,âme, principe de vie,être vivant, remède qui prolonge la vie, jouissance, la planète Jupiter ou வியாழம்,la plante சீந்தில்,aimant,V. வைரியம்: அறிவில்லாத—être dénué de raison;அறிவுண்டான—créature raisonnable;—அற்றுப்போகிறது la vie s'éteindre,—s'en aller,être sans vie,sans force, sans énergie;—உண்டாய்ப்பேசுகிறது parler avec force,à haute voix;—உள்ள vivant, animé; —கொடுக்கிறது donner la vie,fortifier;—முத்தன், (djivanmoukta),sage qui a renoncé à tout,homme purifié par la sagesse et délivré des prétendues naissances futures et de tout rite et cérémonie;—முத்தி acquisition de la sagesse ou délivrance des naissances futures et des rites; சீவனைக்கொல்லுகிறது ôter la vie;—க்கொல்லப்போனது il

ne faut tuer aucune créature vivante, (au dire de bien des sectes indoues); —மாற்றிக்கொள்ளுகிறது changer son existence,—de corps(dans le système de la métempsycose), transmigrer d'un corps dans un autre; தன்கையாலே—மாய்த்துக் கொள்ளுகிறது se suicider,se tuer de sa propre main; ஜீவனோடிருக்கிறது être vivant,—en vie; ஜீவன்கள் les êtres vivans; சர்வஜீவன்கள் toutes les créatures vivantes.

ஜீவா, l'arbre பாலை.

*ஜீவாக்கினி, (ஜீவம், அக்கினி), chaleur animale,—vitale.

*ஜீவாதாரம்,(*id.*ஆதாரம்),le support des êtres vivans,le monde.

*ஜீவாத்துமம்,ஜீவாத்துமா,(*id.*ஆத்துமம்...),être vivant,âme vivante, âme sensitive,émanation de la divinité,(selon certains philosophes indous),qui incorporée au corps animal lui donne la vie,le mouvement et les sensations;il y en a une pour chaque animal et chaque plante;elle est(à leur idée)sujette à la métempsycose,et différente de l'âme suprême ou intelligente, பரமாத்துமா, qu'ils confondent avec Dieu,et qu'ils disent être la même pour tous: எறும்புகடையானைதலையெண்பத்து நான்கு நூறுயிரஞ் ஜீவாத்துமபேதம் (selon certains Indous) depuis la fourmi jusqu'à l'éléphant il y a 8400000 espèces différentes d'êtres animés.

*ஜீவாநுக்கிரகம், (*id.* அநுக்கிரகம்),bonté pour les créatures.

*ஜீவாந்தகன்,(*id.*அந்தகன்), destructeur de la vie,meurtrier, chasseur,oiseleur.

*ஜீவாந்தம்,(*id.*அந்தம்),fin de la vie.

*ஜீவாவஸ்தை,ஜீவாவத்தை,(*id.*அவஸ்தை),danger de la vie, agonie, état de vie.

*ஜீவான்மா,(*id.*ஆன்மா), *V.*ஜீவாத்துமா.

*ஜீவி,1°,(ஜீவம்,*i*,),*m.f.* vivant, vivante,être vivant,chose vivante,l'arbre அழிஞ்சில்: ஜீவியாயிருக்கிறது vivre,être vivant. 2°*imp.de* ஜீவிக்கிறது. 3°*gér. du* verbe ஜீவுகிறது.

ஜீவிகா,muscade.

*ஜீவிகை,(ஜீவம்,ikâ), subsistance, profession,manière—,moyen de vivre.

ஜீவிக்கிறது,வித்தேன், விப்பேன், வி,விக்க,*v.n.*(ஜீவம்),vivre,subsister, mourir, parvenir au paradis: ஜீவித்தான் il a vécu,il est mort; ஜீவிக்கமாட்டான் il ne saurait vivre, *il ne guérira pas*,il mourra; ஜீவித்திருக்கிறது être vivant; ஜீவித்துப்போகிறது finir de vivre, mourir; எந்தவேளையிலே ஜீவித்தான் quand est-il mort?

ஜீவிடம், (ஜீவும், இடம்), action de polir,de brunir,de raboter.

*ஜீவிதம்,(djivita,*vivant*),vie, existence: ஜீவிதகாலம் durée—, temps de la vie; —சமுசயம் doute sur la vie, crainte de la mort.

*ஜீவிதஞ்ஞை, (ஜீவிதம், djnâ *connaître*),artère, vaisseaux du corps, *V.* இரத்தாசயம்.

*ஜீவிதன், (ஜீவிதம்),vivant:—ஆயிருக்கிறது être vivant.

*ஜீவிதாசை,(*id.* ஆசை), désir de vivre.

*ஜீவிதேசன்,(*id.*ஈசன்),maitre de la vie,Dieu,mari,soleil,la lune ou சந்திரன்,Yamen,remèdequi prolonge la vie.

*ஜீவிதோற்சர்க்கம், (*id.*உற்சர்க்கம்),abandon de la vie, mort volontaire.

ஜீவித்தல், ஜீவிப்பு *n.v. de* ஜீவிக்கிறது.

ஜீவிப்பிக்கிறது, ப்பித்தேன், ப்பிப்பேன், ப்பி, ப்பிக்க,*v. caus.du même*, faire vivre,—mourir.

ஜீவிப்போன்,*n.app.de* ஜீவிக்கிறது, vivant; ஜீவிப்போர் les vivans.

ஜீவியங்கம், *V.*கல்லுப்பு.

ஜீவியம்,(ஜீவம்,ya), vie, existence, subsistance,moyen de vivre,occupation,emploi du temps: ஜீவியகாலம், —நாள் fin—, durée de la vie; ஜீவியகாலம்வரைக்கும் tout le temps de sa vie,jusqu'à la fin de ses jours; ஜீவியம்பண்ணுகிறது vivre,subsister.

*ஜீவியர்,(ஜீவியம்),les vivans.

*ஜீவியன்,(*id.*) être—, vivant, vie, Vichnou.

சீவிய,1° obl.de சீவியம்,2° ou சீவின,part.de சீவுகிறது.

*சீவினி, f. de சீவி, remède pour prolonger la vie,un des sons du luth, air ou ton des pays maritimes.

*சீவசாரூப்பியப்பிராந்தி,(சீவம், ஸ்வரூபம்),voir ou prendre la vie pour Siven i.e.சீவன் pour சிவன்.

*சீவாகாரம்,(சீவம்,ஆகாரம்),l'âme.

சீவு, 1° nom d'une herbe.2° imp. et part.de

சீவுகிறது, சீவினேன், சீவுவேன், சீவு,வ, v. a. racler, raboter, planer, raser,peler,ôter l'écorce d'un arbre.., peigner,démêler les cheveux, polir, fourbir, aiguiser, affiler,tailler (une plume),couper mince: சீவிப்போடுகிறது peler,racler etc..;—முடிகிறது,—முடிக்கிறது,—முடித்தல் démêler la chevelure et la lier.

சீவுகை,சீவுதல்,n.v. du préc.

சீவுளி, (சீவும்,உளி), rabot, ciseau de charpentier,brunissoir,fer à polir, polissoir:— க்காரன் fourbisseur, polisseur;—போடுகிறது,—யாடுகிறது, சீவுளியாற்சீவுகிறது raboter, fourbir ,polir,brunir.

*சீவோபகாரம், (சீவம், உபகாரம்),bonté pour les êtres vivans.

*சீவோபாயம்,(id. உபாயம்),V.சீவனோபாயம்.

*சீவோற்பத்தி,(id.உற்பத்தி), animation,1er commencement de la vie, conception, naissance, ou—க்காலம் temps de la conception,—de l'animation,le commencement de la vie.

சீழ்,pus,sanie,matière,son imitatif,signe debruit,sifflement.

சீழ்க்கை,sifflement,ou —க்குளி, —க்குழல் sifflet:—விடுகிறது,—போடுகிறது siffler.

சீறடி,(சிறுமை,அடி), petit pied.

சீறல், n.v. et opt. de சீறுகிறது,sifflement, —de colère,menace, réprimande,ton impérieux,signe—,geste de colère,grande —, colère, vitesse, bruit.

சீறு,(son imitatif),sifflement,—de colère,n.v.imp.et part.de

சீறுகிறது,றினேன்,றுவேன், று, ற,v.n.(சீறு),siffler, — de colère (le serpent...),souffler par le nez,s'irriter,se fâcher,tempêter,bouillonner de colère,montrer du déplaisir,faire du bruit,menacer,gronder,réprimander ou சீறிக்கொண்டிருக்கிறது être en fureur,se dépiter;—ப்பார்க்கிறது regarder avec colère. [றல்.

சீறுகை,சீறுதல்,n.v.du préc.V. சீ

சீறுபூறு,(son imitatif),சீறுபூறென்கிறது,சீறுபூறெனல் rendre ce son, se fâcher,siffler.

சீறுமாறு,(சீறு),mauvais traitement,trouble,révolte:—பண்ணுகிறது traiter mal,— avec indifférence.

சீறூர்,(சிறு,ஊர்), petit village, hameau de chasseurs,—dans les montagnes. [pété.

*சீற்காரம்,(sitkâra),écho, son ré-

சீற்றம்,(சீறுகிறது), colère, indignation.

*சீன,adj.de சீனம்.

*சீனசம்,(சீனம், dja né),acier.

சீனட்டங்குருவி, espèce d'oiseau.

சீனட்டி,espèce de riz.

*சீனம், (tchina), la chine, le Chinois,ou la langue chinoise,fil,espèce de toile,—de cerf,plomb: சீனக்கண்ணாடி besicles, lunettes chinoises;—க்கற்பூரம் camphre de Chine,—excellent;—க்காக்கை espèce de corbeau; —க்காரம் corrosif de Chine, i. e. alun; —க்கிழங்கு espèce de racine médicinale; — க்குடை parasol de papier;—ச்சட்டி terrine—, plat de Chine,porcelaine, espèce de métal; —லிங்கம்,—விட்டம் vermillon,rouge de plomb,(on le tirait des montagnes entre la Chine et le Bengal);—ப்பாகு espèce de remède; —ப்பூ espèce de fleur; — மல்லிகை jasmin de Chine;—மிளகு poivre de Chine,—usité comme médecine; — முத்து espèce de perle artificielle;—வங்கம் plomb,zinc;—வெடி coup de canon —,fusil chinois;சீனத்து—ou சீனப்பட்டு soie de Chine.

*சீனன்,(சீனம்),Chinois.

சீனு,(id.),Chine,de Chine:— க்காகிதம்,—த்தாள் papier de Chine;—ச்சரக்கு

சர்க்கரை, V. சீனிச்சர்க்கரை.

சீனி, 1° (id.), ou சீனிச்சர்க்கரை, sucre de Chine,—blanc en poudre. 2° alun, sable mêlé de cuivre. 3° (ind.), ancre de bois, selle, bât: — க்கயிறு câble d'ancre de bois;—க்கிழங்கு patates douces, convolvulus batatas; —ப்பாகு sirop très-doux, — très-sucré;—மிளகு, V. சீனமிளகு;—யவரை V. கொத்தவரை;—யதிரசம் espèce de gâteau.

*சு, 1° lettre syllabique composée de ச் et de உ. 2° (sou), particule sanscrite qui se met au commencement de certains mots et signifie bien, bon, respect, bonheur, grandeur, plaisir. 3° signe d'admiration, son menaçant. 4° P. சுவ, son, propre.

*சுக, *adj. de* சுகம் *et de* சுகன்.

சுகட்டான், l'herbe dite நாணற்புல், la plante முடக்கற்றான்.

சுகண்டி, (சு), espèce de pierre précieuse.

*சுகதம், P. சுவகதம், ce qui est propre: சுகதபேதம், V. சுபேதம்.

*சுகதர், (சு, கதம்), Bouddhistes, sages de la secte de Bouddha.

*சுகதாரு, (சுகம்), l'arbre கடம்பு.

*சுகத்திரம், சுகத்திரவம், சுகத்திருமம், (சுகம்), l'arbre வாகை.

*சுகந்தகம், (சு, கந்தம், ka), oignon, poudre de soufre, orange douce.

*சுகந்தம், 1° (சு), bonne odeur, parfum, cumin, nénuphar bleu, sandal, soufre, oignon, racine bulbeuse, —bonne à manger. 2° bananier, la plante அரத்தை: சுகந்தபரிமளம் parfum suave, odeur forte, objet odoriférant; — திரவியங்கள் matières des parfums;—வர்க்கம்,— வருக்கம், —வற்கம்,— பொருள்,— ரசவஸ்து parfum, objet odoriférant, aromate; —மா l'animal qui donne le musc, l'arbre qui donne le camphre, camphrier;—மூலி, — மூலம், V. வெட்டிவேர்.

சுகந்தி, சுகந்திக்கல், P. சுகாந்தி.

*சுகந்திகம், (சுகந்தம், ika), grande espèce de riz, encens, fumée odoriférante, nénuphar blanc.

சுகந்திரம், P. சுதந்திரம்,

சுகம், 1° (soukha), santé, bien-être, plaisir, délices, volupté, vie commode, sensualité, bien, bonheur, aise, sureté, charité, libéralité, eau, paradis, ciel, mamelon. 2° (souka), perroquet, toile, turban:—அடைகிறது,— ஆகிறது, V. சுகப்படுகிறது; — ஆய் en bonne santé, heureusement, sain et sauf;—ஆயிரு portez-vous bien, soyez heureux;—ஆயிருக்கிறது, சுகமேயிருக்கிறது se bien porter, être bien,—en bonne santé;—ஆய்ப்போகிறது s'en aller—, partir en bonne santé; சுக்கீனம், (கீனம்), V. சுகவீனம்;—க்காரன் voluptueux, débauché; —சரீரம் corps sain, bien-portant, —délicat, non accoutumé au travail, bonne constitution; —சரீரன் homme bien-portant,—delicat; —சரீரி, m.f. personne bien-portante,—délicate,—qui se choie;—சன்னி maladie vénérienne provenant du commerce charnel après le bain précédé de frictions à l'huile; — சிம்பி la plante பூனைக்காலி;—சீவி, m.f. personne qui se porte bien, — qui vit heureuse;—சீவியாயிருக்கிறது être à son aise et bien-portant, vivre heureux;—செய்தி bonne nouvelle:—செல்வம் prospérité, santé et richesses, délices;—செல்வன், m.—செல்வி, f. personne fortunée, bien portante, voluptueuse, qui vit dans les délices; —தாதை le père de சுகன் i.e. Viyâsen; —துக்கம் plaisir et chagrin, prospérité et adversité; — தேவன் Souguen fils de Viyâsen;—நயம் avantage de la santé,—de la prospérité; —பச்சம் poudre de soufre (de la couleur de la queue du perroquet; —நிறம் teint de santé;—பேதி purgatif léger,—pour conserver la santé;—போகம் jouissance du plaisir, volupté:—போகி, m.f. personne voluptueuse qui ne pense qu'à ses plaisirs; —போசனம் bonne nourriture;— ப்படுகிறது guérir, recouvrer la santé, être bien,— à son aise, prospérer, s'enrichir;—ப்பட்டவன் homme riche et bien portant,—à son aise; —ப்பிரியை ce qu'aime le perroquet, i. e. la pomme rose dite சம்புநாவல்; —ப்பிரியை, V. சுகவினம்; — வல்லபம் ce qu'aime le perroquet, i.e. grenade; —வாகன், — வாகனன் celui qui a pour monture un perroquet, i.e. Kâmen;—வாசி bourgeois, — qui vit heureux de ses rentes, de son commerce ou de son industrie, habitant fixe, —permanent;—வாசிக்குடி fermier, habitant établi, — qui vit du produit de terres louées ou affermées;—வாசித்தீர்வை rente —, taxe qu e le fermier paie au propriétaire; —வாசிவாரம் part du fermier, partie du revenu d'une terre qui appartient au cultivateur;— வார்த்தை bonne nouvelle de la santé de quelqu'un;—வாழ்வு,— வாழ்க்கை bonne santé et prospérité; — விருத்தி bonne nouvelle, santé et prospérité; —விரோசனம், (இரோசனம்), V. சுகபேதி;—வீனம், (ஈனம்), indisposition, mauvaise santé, infortune;— வேளை temps salubre, — favorable, bon temps; அவன்சுகவாழ்க்கையைக்கேட்டுச் சந்தோஷித்தேன் j'ai appris avec plaisir qu'il était heureux et bien portant.

சுகம்பல், la plante புளிநறளை. [ce.

*சுகரம், (சு), libéralité, munificen-

*சுகருமம், சுகர்மம், (id.), bonne action, œuvre méritoire, un des 27 யோகம்.

*சுகன், 1° (சுகம்), homme heureux, bienheureux, habitant du paradis,—du Souvarcam. 2° (sonka), Souguen ministre de Râvanen, Souguen fils de Viyasen, l'auteur ou le narrateur du பாகவதம், Sougabrama ou சுகப்பிரமா: சுகன்றுதை, சுகதாதை, Viyasen père de Souguen; சுகபிதாமகன் Parâsaren grand-père de Souguen.

*சுகன்மம், (சு), bonne action.

*சுகாசகம், சுகாசம், (சுகம், asa manger, ka), concombre.

*சுகாசனம், (id. ஆசனம்), posture aisée,—la plus convenable à la santé et aux forces d'un pénitent.

*சுகாசுகம், (id. அசுகம்), plaisir et chagrin, santé et indisposition.

*சுகாதனம், 1° (id. adana nourriture), la nourriture du perroquet, i.e. la grenade. 2° P. சுகாசனம்.

*சுகாதாரம், (id. ஆதாரம்), le séjour du plaisir, i.e. le Souvarcam.

*சுகாதிசயம், (id. அதிசயம்), bonne nouvelle.

*சுகாதீதம், (id. அதீதம்), délices, plaisir excessif,—extrême.

*சுகாநுபவம்... V. சுகானுபவம்...

*சுகாந்தம், 1° (P. சுகந்தம்), oignon. 2° (சுகம், அந்தம்), subversion du bonheur. [d'améthyste.

சுகாந்தி, சுகாந்திக்கல், (சு), espèce

சுகாம்பல், P. சுகம்பல்.

சுகாய், V. சுக்காய். [pour le plaisir.

*சுகார்த்தம், (சுகம், அர்த்தம்),

*சுகார்ச்சனம், சுகார்ச்சனை, (id. அர்ச்சனம்), désir d'une vie commode: சுகார்ச்சனசோதனை tentation de sensualité.

*சுகானந்தம், (id. ஆனந்தம்), délice, extrême plaisir, paradis.

*சுகானுபவம், சுகானுபோகம், (id. அநுபவம், அநுபோகம்), jouissance du plaisir, délice, sensualité, volupté, santé.

*சுகானுபோகி, m. f. (id. அநுபோகம்), homme sensuel, voluptueux.

*சுகி, 1° (சுகம்) m. f. voluptueux, —se, personne riche et bien portante. 2° santé, délice, jouissance du plaisir, espèce de petit gâteau. 3° imp. de சுகிக்கிறது, கித்தேன், கிப்பேன், கி, கிக்க, v. n. (சுகம்), et சுகித்திருக்கிறது ou சுகித்துக்கொண்டிருக்கிறது, jouir, savourer, être bien portant, — riche, — à son aise, prospérer, vivre dans les plaisirs, dans les délices: சுகிக்கவறியாதவன் qui ne sait pas jouir de ses biens (v. g. un avare).

சுகித்தல், சுகிப்பு, n. v. du préc. jouissance, plaisir, délice.

*சுகியன், (சுகம், ya), voluptueux, homme adonné aux plaisirs, au faste, à la bonne chère etc..., épicurien.

*சுகீர்த்தி, (சு), bonne renommée, célébrité.

சுகிருகிறது ou சுகிக்கிறது, க்ந்தேன், குவேன் ou க்வேன், கு ou க், ர், v.a. et n. diviser, fendre (v.g. les fibres des arbres), trancher, couper par tranches, se diviser.

சுகிர், 1° tube, tuyau. 2° V. சுகிர்தல், 3° imp. et part. du préc. et du suiv.

சுகிர்க்கிறது, ர்த்தேன், ர்ப்பேன், ர், ர்க்க, v.a. de சுகிர்கிறது, diviser, séparer.

*சுகிர்தம், (சு, கிருதம்), vertu, bonne action, —conduite, mérite, bien, pureté, bonté, bienfaisance, fortune, chance, bonheur, récompense de la vertu, beurre fondu: சுகிர்தங்கள் mérites, œuvres méritoires; சுகிர்தமடைகிறது obtenir le bonheur, la béatitude, la récompense de la vertu; —ஆன, —உள்ள méritoire, vertueux; சுகிர்தகுணம் caractère vertueux, —porté au bien; —குறள் distiques sur la vertu, nom d'un livre; —உள்ளவன், —சாலி personne vertueuse, —qui jouit de la récompense de ses mérites; —நூல் traité—, science de la vertu, —de la religion; —புண்ணியம் véritable vertu; —லாபம் acquisition de la vertu, gain méritoire, — charitable; —வசனம் paroles de vertu, de vérité, de charité.

சுகிர்தல், சுகிர்வு, n.v. de சுகிருகிறது.

*சுகிர்தன், (சுகிர்தம்), homme, vertueux, bienfaisant, bienveillant, qui (au dire des Indous), reçoit dans cette vie la récompense des mérites acquis dans une vie antérieure.

சுகிர்தி, f. du préc.

சுகிர்த்தல், n.v. de சுகிர்க்கிறது.

*சுகு, (djouhoû), espèce de vase de bois en forme de demi-cercle.

*சுகுடம், (djoukouta), la plante செம்பு.

*சுகுணம், (சு), bon caractère, bonne qualité.

*சுகுணன், (id.), homme de bon caractère.

*சுகுமாரம், (சு), jeunesse, tendreté, douceur au toucher, espèce de canne à sucre, —de grain, panicum colonum: சுகுமாரதூளி cotonnier dit இலவமரம்.

*சுகுமாரதை, (சுகுமாரம், தா), fig. de rhét. douceur et élégance provenant de l'exclusion des lettres fortes.

*சுகுர்தம், P. சுகிர்தம்.

*சுகுவது, சுகுவாணம், (djouhouvat, —vâna), le feu.

*சுகேச்சை, (சுகம், இச்சை), désir du bien-être.

*சுகை, (soukhâ), Souguei, capitale de Varounen.

*சுகோச்சம், (சுகம், உச்சம்), délice, bonheur extrême.

*சுகோற்சவன், (id. உற்சவம்), mari.

சுக்கச்சிலை, (சுக்கம்), pierre à chaux, —de plomb.

சுக்கடித்தம், சுக்கடுத்தம், (சு), toile très-serrée.

சுக்கம், 1° vol, cachette, abri. 2° obl. de சுக்கு: சுக்கங்காய் fruit vert d'une espèce de bryonia; —கீரை espèce d'herbe potagère; சுக்கஞ்செடி vigne, plante rampante; சுக்கம்பழம் fruit mûr du bryonia: —வைக்கிறது dérober, prendre furtivement.

சுக்கல், petit morceau, pièce, petitesse: சுக்கல் சுக்கலாயுடைக்கிறது briser en petits morceaux.

சுக்காணி, (சுக்கான்), pilote, timonier.

சுக்காய், jaquette, veste qui descend jusqu'aux genoux.

*சுக்காரம், (tchoukkâra), rugissement, —du lion.

சுக்கானீறு, (சுக்கான், நீறு), chaux éteinte, —de pierre.

சுக்கான், gouvernail de navire, pierre à chaux: —அடிமயிருக்கிறவன், —கி pilote, timonier; —கல் pierre à chaux; —கீரை espèce d'oseille, rumex vesicarius; —திருப்புகிறது, —பிடிக்கிறது tenir le gouvernail, gouverner; — பருப்பதம் pierre à chaux, montagne où il y en a.

*சுக்கிர, obl. de சுக்கிரம், et de சுக்கிரன்.

*சுக்கிரம், 1° (soukra), le mois d'ஆனி. 2° (tchoukra), vinaigre de grains fermentés, acide pour assaisonner.

*சுக்கிரன், (id. 1°), la planète Vénus, Soukren son conducteur fils de பிருகு et précepteur des அசுரர் ou démons, sorte de mal d'yeux, tache blanche à l'œil, feu: சுக்கிரபேடர், —சிஷ்ர் les disciples de Soukren, *i. e.* les Asourers ou démons; — பகவான் le prétendu dieu Soukren, le conducteur de Vénus, —வாரம் le jour de Vénus, le vendredi. [perle.

சுக்கிரகுளி, (சுக்கிரன், ஆளி),

*சுக்கிராசாரியன், (*id.* ஆசாரியன்), Soukren le précepteur (des démons).

*சுக்கிரியை, (சு), bonne action.

*சுக்கிரீபன், சுக்கிரீவன், (சு, கிரீபம்), celui qui a un beau cou, Soukriven, prétendu fils du soleil et frère de Vâli. (Au dire des Indous, il était roi des singes, régnait à கிட்கிந்தை et fut ami et allié de Râmen dans la guerre contre Râvanen).

*சுக்கிரீபேசன், (சுக்கிரீபன், ஈசன்), le maitre de Soukriven, *i. e.* Râmen.

*சுக்கில, *V.* சுக்கிலவருஷம். [honte.

*சுக்கிலபம், (சு, klava *craindre*),

*சுக்கிலம், (soukla), blancheur, couleur blanche, argent, beurre frais, maladie de la cornée de l'œil, albugo, sperme, —humain, l'arbre பாலைமரம், un des 27 யோகம்: சுக்கிலகலிதம், —ஸ்கலிதம் émission de sperme; —ஸ்தம்பம், —த்தம்பம் fascination du sperme; —தாது chaux, minéral blanc; —த்துவம் blancheur; —பக்ஷம், —பக்கம், —பட்சம் partie brillante d'une lunaison, espace de la nouvelle lune à la pleine lune; —ப்புட்டர் l'arbre ஞாழல்; —ப்பிரமியம் espèce de maladie, —de gonorrhée; —மண்டலம் cornée de l'œil; —மூத்திரம் pissement gonorrhoïque; —மூத்திரம்விடுவிக்கல் provoquer ce pissement; —மேகம் gonorrhée, sorte de mal vénérien contagieux; —வருஷம் la 3me année du cycle de 60 ans correspondant à 1809 et 1869; —வருக்கம், — வர்க்கம் classe d'objets blancs, *i.e.* la conque, l'huitre à perles et les cauris; — வாயசம் le corbeau blanc, *i.e.* la grue.

*சுக்கிலாங்கம் (சுக்கிலம், அங்கம்), corps blanc, paon.

*சுக்கிலாசயம், (*id.* ஆசயம்), le siége du sperme, pénis.

*சுக்கிலாபாங்கம், (*id.* அபாங்கம்), ce qui a le coin de l'œil blanc, *i.e.* le paon.

*சுக்கிலோபாலை, (*id.* உபாலை), sucre candi, *litt.* pierre blanche.

சுக்கு, gingembre sec, ce qui est un des திரிகடுகு et des அஷ்டமூலம், petit —, morceau, particule, pierre à chaux: — க்கஷாயம் décoction de gingembre sec; —ச்சுக்காயுடைத்துப்போடுகிறது briser en petits morceaux; —ச்செட்டு chétif trafic, — gain; —ச்செட்டுக்காரன் chétif marchand, homme pauvre, — qui fait un chétif commerce; —ச்செட்டுபண்ணுகிறது faire un chétif commerce; —ப்பொடி petit morceau —, poudre de gingembre sec; — நாறிப்புல் l'herbe மாத்தப்புல்.

சுக்குமம், petit cardamome.

சுக்குமாத்தடி, gourdin —, massue des Sivénistes.

சுக்கை, 1° guirlande, étoile, la plante முசுமுசுக்கை, prix du passage sur un navire: —யெடுக்கிறது le demander. 2° *acc. de* சுக்கு.

சுங்கென்கிறது சுங்கெனல் (*son imitatif*), rendre ce son, faire du bruit.

*சுங்கம், 1° (soulka), douane, péage, droit sur les marchandises, tribut, la plante ஆடுதின்னாப்பாலை. 2° *V.* சுக்கம்: —கொடுக்கிறது payer la douane; —வாங்குகிறது percevoir les droits de la douane; —உங்கூழுமிருக்கத்தடிக்கும் avec le temps la douane et la bouillie s'épaississent, il convient d'expédier promptement les affaires ennuyeuses; சுங்கக்காரன் douanier; —ச்சாவடி bureau de la —, douane.

சுங்கன், la planète Vénus ou Soukren son conducteur, nom d'un poisson.

சுங்கான், pipe à tabac.

*சுங்கிதன், (djoungita), homme vil, dégradé, chassé de caste.

சுங்கு, pli d'habit, de ceinture ou de turban: —விட்டு ou வைத்துக்கட்

டுகிறது s'attacher—,mettre une toile en y faisant des plis,plier une toile et la mettre de côté.

சுங்குத்தாரக்குழல், long tube avec lequel en soufflant on lance (aux oiseaux...) des balles de terre glaise.

*சுசலம்,(சு),bonne eau,eau pure..

*சுசனம்,1°(svasana),air, vent. 2° (சு),bonnes gens: சுசனத்தன்மை,—த்துவம், V.சௌசன்னியம்.

*சுசனன்,(சு),brave homme,ami.

*சுசாதி,1° (சு), bonne caste.2° (சு P.ஸ்வ),sa propre caste,son espèce:—பேதம் différence entre des choses de même genre,v.g. entre 2 arbres d'espèce différente,bien que de la classe des arbres.

*சுசி,1° (soutchi),blancheur, ombrelle blanche,pureté (du corps ou de l'âme),propreté,élégance,délicatesse, exactitude,fidélité,état de disciple, feu,été,le mois d'ஆடி, amitié, concorde,pensée lascive, passion de l'amour, soleil, lune, Siven,la planète Vénus ou Soukren son conducteur, brame.2°(tchoutchi), mamelle.—யாய்ச்சாப்பிடுகிறது manger proprement,des mets préparés proprement.

சுசிகம்,espèce d'oseille.

*சுசிகரணம்,(id.),purification.

*சுசிகரம்,(சுசி), pureté, propreté, décence, droiture, excellence:—ஆயுடுத்துக்கொண்டிருக்கிறது être vêtu proprement,—décemment.

*சுசிதம்,(சுசி,தம்),lait.

*சுசிந்தனம், சுசிந்தை, (சு), réflexion, méditation,délibération.

*சுசிமணி,(சுசி),pierre précieuse, cristal.

*சுசிமிதம்,(சு,smita ris), sourire.

*சுசிரம்,(sousira).feu, trou, flûte.

*சுசிலம்,(souchila),air,vent.

*சுசீலம்,(சு),bon caractère, droiture. [caractère.

*சுசீலன், (id.), homme de bon

*சுசுகம்,(tchoutchouka) mamelon.

*சுசுந்தரி,(tchhouthhoundari),rat—,chat musqué,personne colère.

சுசுலம், colifichet, bagatelle, un rien.

*சுசுக்குமை,(சு),V.சுக்குமை.

*சுசேலகம்,(சு, சேலம்,ka), toile, —fine.

சுச்சம்,gingembre sec. [d'oiseau.

சுச்சு,(சுக்கு), gingembre sec, bec

*சுஷ்கம்,(souchka),ou சுஷ்கத்துவம், sécheresse, aridité, dessèchement:—ஆய்ப்போகிறது,V. சுஷ்குகிறது: சுஷ்கமாங்கிஷம், —மாமிசம் viande desséchée,poisson sec et salé; —வைரம் haine sans fondement;—விரணம் cicatrice mal desséchée.

சுஷ்குகிறது, கினேன், குவேன், கு,க,n.v.(சுஷ்கம்) et சுஷ்கிப்போகிறது,se dessécher, devenir aride, maigrir,dépérir. [ma)feu,soleil.

*சுஷ்ணம்,சுஷ்மம் (souchna—,

*சுஸ்தம்,(சு,stha qui se tient),bonne santé. [ce,lenteur.

சுஸ்தி,(pers.), paresse, nonchalan-

*சுஞ்ஞானம், (சு), vraie sagesse, solide connaissance.

சுட,inf.de சுடுகிறது.

*சுடகம்,1° (djoutaka), chevelure tressée(de pénitens...)2°P.சுட்கம், V. சுஷ்கம்.

சுடருகிறது,ர்ந்தேன்,ருவேன் ou ரிவேன்,ரு ou ர்,ர,v.n.(சுடர்),சுடருதல்;n.v.briller, luire,rayonner, étinceler. [soleil.

சுடரோன்,(id.),l'astre radieux,le

சுடர்,1°lumière,clarté,splendeur, astre—,objet lumineux,soleil, lune, feu,lampe,flamme—,lumière (d'une lampe,—d'une bougie...),bourgeon, rejeton.2°imp.et part de சுடருகிறது, lumineux,brillant, rayonnant: சுடரிரு—உ les 2 lumières,i. e. le soleil,et la lune; சுடர்-௩ les 3 lumières,i. e. les mêmes et le feu;சுடரெண்ணெய் huile obtenue par cuisson,V. பக்கதயிலம்;சுடரெறிக்கிறது briller, rayonner,scintiller,étinceler;—க்கடை la dernière des lumières,i.e.le ver luisant, la mouche luisante, paon;—க்கொடி camphre (brûlé comme encens...),fille;—க்கொழுந்து flamme (de chandelle..) —ச்செலவு division d'un signe en deux; —த்தகழி, —த்தகளி lampe orientale, petit chamdelier, — candélabre; —த்தண்டு chandelier, candélabre, pied de lampe, pieu qui la soutient, V. தகழி; — மௌலியர்,(மௌலி), ceux qui ont des couronnes de lumières, i. e. les habitans du ciel dont la tête est entourée d'une auréole de gloire;—விடுகிறது, —விட்டெரிகிறது, — விட்டெறிக்கிறது briller,rayonner,étinceler,flamboyer,jeter de l'éclat;— விட்டெறிக்கிறகத்தி épée flamboyante;—விழியோன் celui qui a l'œil flamboyant, Virapattiren;—விழுகிறது,—விழுதல் la flamme(du feu, d'une lampe...) descendre,—tomber, l'huile enflammée en dégoutter.

சுடர்கிறது, V. சுடருகிறது.

சுடர்தல், சுடர்வு, n. v. du préc. splendeur,lumière,éclat.

சுடலை, 1°acc. de சுடல். 2°(சுடல், ஐ), ou சுடலைக்கரை,— க்காடு lieu où l'on brûle les morts; — க்குருவி oiseau qui hante ces lieux;—ஞானம் sagesse—,réflexion qu'inspirent ces lieux,—la pensée de la mort; —மாடன் prétendue divinité de ces lieux;—யாடி celui qui rôde ou danse dans les lieux où l'on brûle les morts,i.e. Siven, savon;—வயிரவன் le Vaïraven ou prétendu dieu de ces lieux;சுடலைப்பொடி, (சுடலைப்பொடி), cendre de cadavre,—de bûcher funèbre. [bleu.

சுடலைப்போன், (சுடலை), vitriol

சுடல், n. v. de சுடுகிறது.

சுடர்கி, cuirasse, cotte d'armes.

*சுடிகை, (djoutikâ), chevelure tressée(des mendians sivénistes), toupet de cheveux noués sur le sommet de la tête, le haut de la tête, bijou—, ornement du front(que portent les enfans et les femmes de certaines castes), couronne, sommet, callou, toddi. [prouesse, bravoure.

*சுடீரியம், (soutiriya), héroisme,

சுடு, imp. et part. de சுடுகிறது, brûlant, où l'on brûle, qui—, qu, on cuit ou brûle : —கலம் vase de terre, brique;—காடு lieu où l'on brûle les morts;—காடுபிட்டான் la plante முடக்கொற்றான்; — காட்டுக் குப்போனபிணந் திரும்புமோ un cadavre porté au bûcher funèbre en reviendra-t-il? i.e. peut-on revenir sur une chose faite?—காட்டுமணி பொறுக்கி pigeon sauvage, huppe, upapa;—காட்டுவைராக்கியம் bon propos formé à des funérailles(et qui s'oublie bientôt); — கோல், V. சுட்டுக்கோல்; — சுண்ணாம்பு chaux, —vive;—துரந்தம் la plante சித்திரப்பாலாவி; — தொறட்டி certain arbrisseau; — நிலம் terre brûlante, V. சுடுகாடு;—நீர் eau chaude,—brûlante; — மருந்து remède brûlant, corrosif;—வனம் sang, V. சுடுகாடு.

சுடுகிறது, சுட்டேன், சுடுவேன், சு, டு, v. a. et n. சுடுகை, சுடுதல், n. v. brûler, rôtir (de la viande...), griller, roussir, échauder, cautériser, consumer (du bois, une forêt...), réduire en cendres, faire brûler, enflammer de passion, cuire (au four...), faire cuire, tirer (un canon, un fusil,) — sur quelqu'un, tuer d'un coup de fusil etc..., être brûlant, ardent, chaud, enflammé, enflammé de désir ou d'amour, cuisant, attristé, chagriné, s'attrister, souder les métaux (en les faisant chauffer ou rougir: சுடச்சுடத்தின்னுகிறது manger tout chaud (un mets...); சுடச்சுடப் பொன்போலொளிவிடுந் துன்பஞ் சுடச்சுட நோற்கிற்பவர்க்கு comme l'or brille quand il est en fusion, ainsi brillera l'austérité qui consume les pénitens; சுட்டழிக்கிறது consumer, détruire par le feu; சுட்டுப்போடுகிறது brûler, consumer, tirer (un oiseau, un homme);— ப்போகிறது être brûlé: அவனைச்சுட்டான் il l'a brûlé, il lui a tiré un coup (de fusil...); அவனைச் சுட்டுப்போட்டான் il l'a brûlé, il l'a tué d'un coup (de fusil...); வீட்டைச் சுட்டுக்கொட்டைபரப்புகிறது brûler une maison et y semer du ricin, i.e. ruiner entièrement une famille.

சுடுசுடு, (son imitatif), சுடுசுடெ ன்கிறது ou சுடுசுடுக்கிறது, டுத்தேன், டுப்பேன், டு, டுக்க, v. n. (சுடுசுடு), rendre le son de —, faire soudousoudou, se hâter, se fâcher, être ardent.

சுடுசுடுத்தல்,சுடுசுடுப்பு, n. v. du préc. hâte,presse.

சுடுதல், n.v.de சுடுகிறது, brûlure.

சுடுவல்,1° (சுடு,வல்),sang. 2° fut. de சுடுகிறது,je brûlerai.

சுடுவான்,1° (சுடு,வான்), endroit d'une barque où l'on fait la cuisine. 2° 3° pers.et appellatif. fut. de சுடுகிறது,il brûlera,celui qui brûle.

சுடுவிக்கிறது,v. caus. de சுடுகிறது, faire brûler..

சுடுவு, V.சும்மாடு.

*சுட்கம்,(souchka), V.சுஷ்கம்.

சுட்சுள்ளெனல், cri, bruit,— qui indique la piqûre d'une épine ou la douleur d'un vent ou d'un rhumatisme.

சுட்ட,1° part. parf.de சுடுகிறது: —செங்கல் brique cuite,2 °inf.de சுட்டுகிறது.

சுட்டல்,1° n.v.du prét.de சுடுகிறது, brûlure,brûlement, inflammation.2° n.v et opt.de சுட்டுகிறது,indication,désignation,rapport.

சுட்டா, 1° ou சுட்டாத, part.nég. 2° part. simple de சுட்டுகிறது: சுட்டாவிரல் l'index.

சுட்டி,1° gér.de சுட்டுகிறது, au sujet de,à cause de,pour.2° ou

சுட்டிகை, (சுடிகை), bijou que portent au front les enfans et les femmes de certaines castes, marque —,tache blanche sur la tête (des oiseaux...).

சுட்டித்தலை,(சுட்டி),méchanceté, indocilité,fourberie,espiéglerie.

சுட்டித்தலையன்,சுட்டியன்,(id.), méchant,celui—,ce qui porte un bijou sur le front.

சுட்டு,1° gér.de சுடுகிறது,2.imp. et part.de சுட்டுகிறது.3° signe,marque,but,indication,désignation, distinction,honneur,estime:— க்கோல் fourgon (de forgeron...), verge de fer pour remuer ou attiser le feu;—ச்சொல் pronom démonstratif அவன்,இவன்,உவன்,celui- là,celui- ci, celui du milieu, qui n'est ni proche ni éloigné,ou selon d'autres,qui est par derrière;—ப்பொருள் objet désigné;—விரல் l'index,le doigt qui sert à montrer: — வினா réponse qui montre l'objet comme இஃது ceci; —வைக்கிறது mettre une marque, —un but,—un point de mire.

சுட்டுகிறது, ட்டினேன், ட்டுவேன்,ட்டு,ட்ட,v.a.சுட்டுதல், n.v. désigner,indiquer, montrer, distinguer, estimer,traiter avec honneur,se rapporter à:சுட்டிக்காட்டுகிறது indiquer,désigner,montrer du doigt:ஒன்றைச் சுட்டிச் சொல்லுகிறது parler de quelque chose, y faire allusion; பிள்ளைகளைச் சுட்டிச்செய்தேன் j'ai fait cela à cause des enfans, ou pour eux.

சுட்டெழுத்து, (சுட்டு, எழுத்து), lettres démonstratives அ,இ,உ,dont la 1re, indique les objets éloignés,la 2me ceux qui sont proches,et la 3me ceux du milieu Ex அம்மனிதன், இம்மனிதன்,உம்மனிதன்,cet homme-là,cet homme-ci,cet homme qui est entre les 2 autres,ni loin ni près, ou selon d'autres,qui est derrière.

சுணக்கம், n.v.de சுணக்குகிறது, torpeur,engourdissement, faiblesse, défaillance,retard,lenteur.

சுணக்குகிறது, க்கினேன், க்குவேன், க்கு,க்க,v a.de சுணங்குகிறது,சுணக்குதல்,n .v. affaiblir, faire maigrir, retarder, rendre lent.

சுணங்கல்,opt.et n.v.de சுணங்குகிறது,affaiblissement,maigreur,défaillance, retard: — ஆயிருக்கிறது être maigre,fluet,chétif.

*சுணங்கன்,P.சுனகன், chien:— முத்திரை empreinte—,marque d'un chien (imprimée pour flétrissure à un criminel):சுணங்கத்தனம் caractère de chien;—த்தனம்பண்ணுகிறது faire le chien,se conduire en chien,mordre comme un chien; — திசை le côté du chien,le sud-ouest; —ப்புத்தி esprit —, caractère de chien.

சுணங்கு,1° taches jaunes sur la peau:—பூக்கிறது de telles taches se former.2° imp. et part.de

சுணங்குகிறது, sync. சுணங்கிறது,கினேன்,குவேன்,கு,க, v.n. de சு-

ளைக்குகிறது,சுணைக்குதல்,n.v. maigrir, devenir étique,faible,lent, languir,tarder, faire le chien couchant, cajoler,amadouer,lutter comme par jeu, se rouler: சுணங்கிவிழுகிறது tomber de faiblesse,s'affaiblir.

சுணை,coton ou duvet des fruits, des feuilles,des plantes, pointe, piquant de la tige des plantes et de l'ortie,démangeaison causée par le toucher de l'ortie,des barbes du riz, etc...,sensibilité,sentiment:—கழியா தபிஞ்சு fruit nouvellement formé qui n'a pas encore perdu son duvet; —யழிந்துபோனவன், —இல்லாதவன்,—கெட்டவன் homme insensible, déhonté,sans sentiment; —யுள்ளவன் homme sensible, qui a du sentiment, énergique, qui comprend promptement; — கோரை l'herbe fairena scirpoides; — நெருஞ்சில் espèce de நெருஞ்சில்.

சுணைகிறது, ணைந்தேன், ணைவேன், ணை, ணைய,v.n.du suiv.se proportionner,symétriser: சுணைந்திருக்கிறது être proportionné.

சுணைக்கிறது, ணைத்தேன், ணைப்பேன், ணை, ணைக்க,v. a. et n. சுணைத்தல், n. v. démanger, causer—,avoir des démangeaisons, proportionner, former symétriquement,—au compas,rendre carré,compasser.

சுணைவு, la plante பேய்க்கடலை.

சுண்ட, 1° *inf.de* சுண்டுகிறது.2° *adj.de* சுண்டம்.

*சுண்டகன்,(சுண்டம்,ka),distillateur,faiseur d'arack.

சுண்டங்காய்,(சுண்டு,அம்), petit fruit encore vert, fruit de la sensitive dite சுண்டி.

*சுண்டம்,(sounda),liqueur spiritueuse,callou ou toddi,trompe d'éléphant.

சுண்டல்,1° *n.v.de* சுண்டுகிறது, évaporation,desséchement,action de s'évaporer.2° bonbon,espèce de dragée,pois bouilli avec d'autres substances. 3° *ou* சுண்டற்கறி mets réchauffé, — brûlé, — qui s'est réduit au feu.

சுண்டன்,ignorant, la 24me constellation,rat musqué.

சுண்டாங்கி,petitesse,bagatelle.

*சுண்டாபானம், (சுண்டை), boisson enivrante,en boire, taverne.

*சுண்டாரன், (சுண்டை, ra *qui donne*), *V.*சுண்டகன்.

*சுண்டாலம்,சுண்டாலி,(சுண்டம், âla), éléphant.

*சுண்டி, 1° (sounti), gingembre sec.2°(சுண்டம்),callou, vin de palmier....3° les plantes சுண்டில் et நீர்ச்சுண்டி,4° *gér. de* சுண்டுகிறது:—யுண்டை pilule ou boulette qui produit la fermentation et se compose de l'écorce de la racine சித்திரகம், de l'écorce du கொஞ்சி ou limonia monophylla, de celle de la racine du cactus ou சதுரக்கள்ளி et de graine de cumin.

*சுண்டிகை, (soundikâ), luette, uvula,palais de la bouche.

சுண்டிச், சுண்டில், *ou* சுண்டிநெடி,la sensitive,mimosa pudica.

சுண்டெலி,paon,rat musqué.

சுண்டு,1° *imp.et part.de* சுண்டுகிறது. 2° petitesse, petite mesure (en comparaison d'une plus grande du même nom dans d'autres lieux), quart de படி,teigne, gale de la tête, raclure,ce qui s'attache au fond du vase:—கட்டை un des instruments de tisserands; — விரல் le petit doigt;—வில் arc pour lancer des pierres ou des boulettes de terre; —வில்லாலே போடுகிறது *ou* எறிகிறது en lancer.

சுண்டுகிறது,டினேன்,டுவேன்,டு, ட,*v.n.et* சுண்டுதல், *n.v.* s'évaporer, se réduire,diminuer (par l'évaporation), bouillir, cuire à l'étuvée, s'épaissir,se dessécher,sécher,griller, éclater,se rétrécir,être serré, lancer —,décocher de petites balles d'argile, racler, ramasser ensemble des feuilles sèches, des copeaux,etc....: சுண்டக்கட்டுகிறது lier fortement, —étroitement; —க்காய்கிறது se réduire—,s'épaissir par la cuisson;—க்காய்ச்சுகிறது, — எரிக்கிறது faire chauffer ou cuire de manière à réduire la quantité par l'évaporation, (se dit de l'huile et des médicamens); —ப்பிடிக்கிறது saisir—, tenir fortement, serrer; சுண்டிப்போகிறது se réduire —, diminuer —, tarir par l'évaporation; —ப்போன்முகம் visage pâle, refrogné de honte; முகத்தைச்சுண்டிக் கொள்ளுகிறது se contracter le visage, prendre un air refrogné, triste et honteux.

சுண்டுகை, சுண்டுதல், *n.v. du préc.*

சுண்டெலி, (சுண்டு, எலி), petit rat, souris.

*சுண்டை, (soundâ), liqueur enivrante, callou, vin de cocotier..., hippopotame. 2° (tchountâ), petit puits, réservoir près d'un puits. 3° ou சுண்டைச்செடி l'arbrisseau solanum pubescens; —சுண்டைக்காய் son fruit encore vert, (il est bon à manger); —வேர் sa racine, elle fait éternuer.

*சுண்ணம், (tchoûrna), chaux, — en poudre, poussière, poudre, — odoriférante, parfum, pollen des fleurs, la 24me constellation: —ஆடுகிறது, —இறைக்கிறது jeter —, répandre des poudres de senteur (par amusement, en réjouissance etc...); —இடிக்கிறது pulvériser, réduire en poudre, c'est un des actes du sacrifice ஓமம்; சுண்ணக்கல் pierre à chaux; —ப்பொடி pollen des fleurs. poudres odoriférantes; —மொழிமாற்று espèce de changement ou de transposition de mots à faire pour avoir le vrai sens; — வாசி, (அரசி), l'arbrisseau முல்லை, jasmin; —விரோதி mercure sublimé.

சுண்ணும்பு, (சுண்ணம்), chaux: கற்—, சுக்கான் —chaux de pierre; கிளிஞ்சில்ச்—chaux de petits coquillages; குழை—mortier, chaux éteinte; சங்குச்—chaux de conques, —de gros coquillages; நத்தைச் — chaux de coquilles, de limaçons; முத்துச்—chaux de perles que les rois mangent avec leur bétel par luxe; —அடிக்கிறது blanchir (avec de la chaux délayée; en certains lieux சுண்ணும்படிக்கிறது signifie avoir commerce public avec une femme dans le sacrifice யக்கியம்; alors pour blanchir on dit வெள்ளையடிக்கிறது); — ஆக்குகிறது calciner; — இடிக்கிறது piler —, pulvériser la chaux; — குழைக்கிறது mêler —, remuer —, éteindre la chaux, en faire du mortier; —குத்துகிறது piler la chaux; — க்காரன் chaufournier, marchand de chaux; —க்காளை enduit de chaux; —க்காளவாய் four à chaux; — க்கிளை la plante துயுலி; — சுடுகிறது faire cuire la chaux; —தாளிக்கிறது éteindre la chaux, la réduire en poudre; —த்துடுப்பு, — தோண்டி palette—, planchette pour remuer la chaux; —பூசுகிறது enduire de chaux.

சுண்ணி, pénis, (mot obscène).

சுண்ணிக்கிறது, ணித்தேன், ணிப்பேன், ணி, ணிக்க, *v.a.* (சுண்ணம்), சுண்ணித்தல், *n. v.* éteindre de la chaux, réduire en poudre, enduire (de chaux...)

*சுதஸ்தம், (சு, tasta *orné*), louange.

*சுதத்துவம், (சுதன், துவம்), filiation, qualité de fils.

*சுதந்தரம், சுதந்தரன், சுதந்தரி, சுதந்தரிக்கிறது, சுதந்தரியம், *V.* சுதந்திரம்......

*சுதந்தன், (சு, தந்தம்), danseur, acteur.

*சுதந்தி, (*id.*), la prétendue femelle de l'éléphant du nord-ouest

*சுதந்திரம், (sva *propre*, தந்திரம் *dépendance*), indépendance, gouvernement indépendant, liberté, propriété, héritage, droit héréditaire, droit, privilége, honoraire: — உள்ளவன், சுதந்திரக்காரன், சுதந்திரவாளி, (ஆளி), héritier, celui qui a droit à une chose, propriétaire; சுதந்திரத்தைப் பெற்றுக்கொள்ளுகிறது recevoir un héritage, en prendre possession: சுதந்திரமாக par héritage, en propre; — அற்ற sans héritier, — propriétaire; செல்லுஞ்— droit valable, ce qui est dû par héritage ou autre droit.

*சுதந்திரன், (சுதந்திரம்), héritier, propriétaire, qui a droit, maître indépendant, Dieu.

*சுதந்திரி,(*id.*),1° *f. du préc.* 2° *m. f.* homme—,femme libre;indépendant, propriétaire,qui a droit,héritier. 3° *imp. de*

சுதந்திரிக்கிறது, ரித்தேன், ரிப்பேன்,ரி,ரிக்க,*v. n.*(சுதந்திரம்),சுதந்திரித்தல்,*n. 6.* 1° être libre,—indépendant, interposer une opinion sans être interrogé. 2° *v. a. ou* சுதந்திரித்துக்கொள்ளுகிறது hériter,devenir maitre, entrer en possession,acquérir la possession,—le droit.

*சுதந்திரியம்,(*id.* ya),*V.* சுதந்திரம்.

சுதந்தை, *P.* சுதந்திரம், droit, privilége.

சுதமாரதை, (சுதம், மாரம், tâ), élégance ou beauté qui consiste à rejeter les consonnes fortes et à se servir surtout des douces.

*சுதம்,1°(tchyouta),chute,destruction, perte. 2° la plante நெருஞ்சில், coutume,régle.

*சுதரிசனம்,(சு), belle apparence, beauté, miroir, cercle,le disque de Vichnou,pomme-rose dite சம்புநாவல்,le mont Mérou,le monde des dieux indous,la ville d'Indiren, vautour.

*சுதருமம்,சுதர்மம்,1° (சு),bonne œuvre,charité. 2° (sva), statut, coutume,loi: சாதியின்—coutumes de la caste. [couil.

*சுதர்த்தனம், (soutarddana), le

*சுதலம்,(சு), le 6me des mondes inférieurs des Indous.

*சுதனம், (சு),arme,outil (en général): சுதனபாரம் fourreau d'arme, —d'outil.

*சுதனுவன், (சு, தனு), archer, Visvakarma, l'architecte des dieux.

*சுதன்,(souta *engendré*),fils.

*சுதன்மம், சுதன்மை, (soudharmam,சு,தன்மம்), salle de repos ou d'audience d'Indiren, assemblée des dieux indous.

சுதா,1°(சு *P.* ஸ்வ,thâ,) *ou* சுதாவிலே, சுதாவாய், volontairement, de soi- même, de bon gré; சுதாவிலே திடப்படுத்துகிறது affermir par soi-même,par une entrevue personnelle. 2° *obl. de* சுதை.

*சுதாகரன்,1°(சுதை,ஆகரம்), la lune réceptacle ou mine d'ambroisie. 2° (*id.* hara *qui vole*), Garouden qui a volé l'ambroisie. [Garouden.

*சுதாஹிருது, (*id.* hrout *qui vole*)

*சுதாங்கன்,*et corr.* சுதாங்கரன், (*id.* அங்கம்),la lune,dont le corps est d'ambroisie. [fice,nénuphar.

*சுதாகுதி,(*id.* ஆகுதி), la lune,sacri-

சுதாச்சி,(*id.* ஆச்சி),le cactus ou சதுரக்கள்ளி.

*சுதாதாரன்(*id.* ஆதாரம்),la lune réceptacle d'ambroisie.

*சுதாத்துமசன், (சுதன்,ஆத்துமசன்),petit-fils: சுதாத்துமசை petite-fille. [trésor d'ambroisie.

*சுதாநிதி,(சுதை,நிதி),la lune, *litt.*

*சுதாப்பிரீதி, சுதாபிருதி, (*id.*), la lune,sacrifice. [ge,montagne.

*சுதாமனு,(சு,dâman *corde*), nua-

*சுதாவருஷம்,—விருஷ்டி,(சுதை), pluie d'ambroisie.

சுதாவாய்,*adv. de* சுதா.

*சுதி,1°(soudhi),savant. 2° (soudi), la 1re quinzaine d'une lunaison. 3° *P.* சுருதி,accompagnement d'un air,note—,ton—,voix etc...qui fait accompagnement,cornemuse: —க்கியானம் science des accompagnemens;—கூட்டுகிறது,—ஏற்றுகிறது accorder les cordes d'un instrument;—பிடிக்கிறது faire accompagnement,accompagner un air;—யேற்றுகிறது élever le ton,prendre le dessus.

*சுதினம்,(சு),bon—,beau jour.

சுதுப்புநாங்காரை, சுதுப்புறுங்காரை, variété du poisson nommé காரை ou zeus.

சுதும்பு,espèce de poisson nommé en anglais milk-fish ou poisson à lait.

*சுதேசம், (சுய, தேசம்), propre pays, patrie: சுதேசபரிதி circonférence d'un cercle parallèle à l'équateur; — மத்தியபரிதி circonférence de l'équateur terrestre;—தேசம் amour de la patrie, *ou*—நயாநுசாரம் (நயம், அநுசாரம்), patriotisme.

*சுதேசி, சுதேசத்தான், (சுதேச

ம்),indigène,natif, né dans le pays, compatriote.

*சுதை,1° (soutâ),*f.de.*சுதன்,fille. 2° (soudhâ), ambroisie, nectar, jus, miel de fleurs,eau, le Gange, éclair, chaux, plâtre, ouvrage en plâtre, mortier,brique,goût,lait,blancheur, lumière, médecine, cactus, euphorbia.3°(svadhâ),Soudei,femme d'Agni, nourriture des mânes personnifiée en femme d'Agni.4° mauvaise vache qui rue quand on la trait:—மண், terre de blanchisseur.

*சுதோற்பத்தி, (சுதன், உற்பத்தி), naissance d'un fils.

*சுத்த,*adj.de* சுத்தம்,propre, pur, net,correct,vrai,innocent,saint, entier,complet, sans mélange, absolu, parfait, d'après la nouvelle lune (devant les திதி):—கரணம் une des parties de la danse;—கேவலம் sorte de détresse,agonie complète;—கோடி un des côtés de l'angle droit dans un triangle;—கௌடம் une des provinces ou parties du கௌடம்; — க்கட்டி lingot d'or pur; — சத்தியம் pure vérité; — சந்திரன் vraie longitude de la lune;—சலம், *V.* சுத்தோதகம்; —சாரி une des parties de la danse; —சாத்துவிகம் pure bonté, satti incorporelle,femme ou énergie d'une forme spirituelle; — சாந்தம் pure douceur, satti—,femme ou énergie d'une forme délicieuse;—சிவன் être innocent;—சூனியம் vide absolu,pur sortilége;—சைதன்னியம், — சுருப ஞானம் pure sagesse, vraie connaissance; — சைவம் une des sectes des Sivénistes; — ஞானம் connaissance —,sagesse parfaite, sans mélange d'obscurité;—ஞானி sage parfait;— தாமதம் pure lenteur,satti—,femme ou énergie puissante, — sous une forme vigoureuse; — தப்பு, — தப்பறை pur mensonge, erreur—,faute complète, endroit d'ouvrage plein de fautes;—தினம் jour pur,—passé, —sacré,—de vertu, 1er jour de l'an, jours écoulés du Kaliyouga à une époque donnée;—த்துவம் pureté, propreté,innocence;—நீர்க்கடல் mer d'eau douce,—simple;—பஞ்சமி le 5me jour après la nouvelle lune, (temps où la lune commence à briller):—பத்தி piété véritable,—innocente;—பரிசுத்தம்,—பரிசுத்தத்தனம் entière pureté; — பரிசம் temps vrai du commencement d'une éclipse; —பருவம் temps vrai de l'opposition ou de la conjonction de la lune avec le soleil;—பவித்திரம் parfaite sainteté,—pureté;—புடம், *V.* சுத்தப்புடம்;—பூமி terrain net,—propre;—போசனம் abstinence de chair, nourriture pure (selon les Indous, sans viande, poissons,œufs,champignons ou oignons);—ப்படுகிறது être purifié,nettoyé,devenir propre,pur, net; —ப்படுத்துகிறது purifier,nettoyer, clarifier,purger;— ப்பாழாய்ப்போகிறது tomber complétement en ruines, être totalement ruiné; — ப்பிரமம் témoin universel; — ப்பிழை faute complète,chose entièrement fautive; —ப்புடம் vraie longitude, défalcation—,correction d'un compte, ce qui reste après déduction faite,chose pure,—raffinée;—ப்பொய் pur mensonge;—மனம்,—மனசு intention pure,volonté droite, sans duplicité; —மாயை pure illusion;— மார்க்கம் bonne conduite, — voie, voie de la vérité;—மோக்ஷம் temps vrai de la fin d'une éclipse;— வாசனை bonne odeur; —வான்,(ஆன்), homme pur,innocent,saint,pieux;— வானாகிறது devenir pur,saint,etc...;—வானி,(ஆனி), personne pure, innocente; — வித்தை celle des 5 தத்துவம் ou formes de Siven où sa science croît et son action décroit;—விக்ஷேபம் distance des centres du soleil et de la lune au moment d'une éclipse; —வீரன் parfait—,grand héros;—வுபவாசம்,(உபவாசம்),jeûne absolu.

*சுத்தம், 1° (souddha), propreté, pureté, innocence, simplicité (sans mélange),vérité,intégrité,correction, 2° (soukta), chair rôtie:— ஆக்குகிறது,—பண்ணுகிறது purifier, nettoyer,clarifier,corriger(une quantité en astronomie...);—ஆய் purement, proprement, entièrement, correctement, simplement; சுத்தமாயில்லை point du tout,il n'y a absolument rien; —ஆய்ப்போகிறது s'en aller—, disparaître complètement, devenir pur,—propre; —ஆன,—உள்ள pur, propre,net,saint,correct;—ஆனமனம் volonté droite, intention pure, innocente; — ஆனவஸ்திரம் habit propre;—ஆனவீடு maison propre,—nette; —உள்ளவனாக்குகிறது purifier, rendre pur, — propre;சுத்தத்தோடிருக்கிறது être pur,—propre, V.les composés au mot சுத்த.

*சுத்தன்,(சுத்தம்),être—,homme pur,saint,innocent,véridique, Dieu, sage qui n'a ni caste ni ermitage, (en style payen) Brama,Siven,Arouguen.

சுத்தா,(*hind.*),avec,ensemble.

*சுத்தாங்கம்,(சுத்த, அங்கம்),corps pur,propreté,pureté (du corps ou de l'âme), intégrité, (sans mélange), totalité: — ஆயெடுத்துக்கொண்டுபோகிறது prendre—,emporter tout entièrement;—உள்ள pur,net, propre. [âme pure,homme saint,—pur.

*சுத்தாத்துமா, (*id.* ஆத்துமா),

*சுத்தாந்தம், (*id.* அந்தம்), sérail, harem,appartement de la reine: சுத்தாந்தபாலகன் gardien du sérail,—du palais.

*சுத்தாவஸ்தை, (*id.* அவஸ்தை), état innocent, complète détresse,—agonie.

*சுத்தி, 1° (souddhi), propreté, netteté,pureté, innocence, purification. 2° (soukti),conque,huitre à perle,fragment cassé de coquille d'huître,fiole—, vase à l'huile ou autres vases. 3° marteau:ஆத்துமசுத்தி pureté—,innocence—, purification de l'âme;—செய்கிறது,— பண்ணுகிறது purifier,nettoyer;—யடைகிறது, —யாகிறது devenir pur, propre;—யான pur,net,propre;—யானவிடம் endroit propre;—சம்,—வீசம் perle; —புடம்,—பேழி coquille d'huître à perles. Les Sivénistes comptent 5 purifications nommées பஞ்சசுத்தி, savoir: தேகசுத்தி purification du corps par le bain, par des formules de prières et des invocation à Siven; ஆத்துமசுத்தி purification de l'âme par la répétition mentale de certaines invocations après la cérémonie précédente et la rétention de la respiration; திரவியசுத்தி purification des vases, ustensils, fleurs et offrandes etc... par aspersion d'eau et répétition de certaines invocations; இலிங்கசுத்தி purification du lingam du temple; pour cela les Sivénistes après les 3 cérémonies précédentes, entrant dans leur temple, ôtent de dessus le lingam les fleurs et objets semblables, et en mettent d'autres avec plusieurs cérémonies. Alors ils supposent que Siven y vient de nouveau habiter; மந்திரசுத்தி purification des défauts qui se rencontrent dans les 4 précédentes purifications et les autres formules d'invocations, en mettant en tête et en répétant mentalement la syllabe ஓம், qu'ils regardent comme mystérieuse, et à la fin நமசிவாய (salut à Siven). C'est après ces purifications préparatoires qu'ils font les diverses cérémonies de leur culte idolâtrique.

*சுத்திகரம்,(சுத்தி),purification,ce qui purifie: சுத்திகரஸ்தலம் purgatoire; சுத்திகரஞ்செய்கிறது *ou*

சுத்திகரிக்கிறது, ரித்தேன், ரிப்பேன்,ரி,ரிக்க, *v.a.*(சுத்திகரம்),purifier, nettoyer.

சுத்திகரித்தல்,சுத்திகரிப்பு,*n. v. du préc.* purification,nettoiement.

*சுத்திகை, (souktikâ), huitre à perles,petit vase de terre,lampe de terre ronde. [nettoyer.

சுத்திக்கிறது (சுத்தம்), purifier,

சுத்திப்பு,*n.v.du préc.V.* சுத்திகரிப்

சுத்தியல்,(சுத்தி), marteau. [பு.

சுத்துரு,சுத்துரம்,la plante கண்டங்கத்திரி.

*சுத்தோதகம், (சுத்தம், உதகம்), eau pure,—claire,—propre.

*சுத்தோதனசுதன், (*id.* ஒதனம்), Sâkyamouni, fondateur du Bouddhisme, fils de Souddhôdana roi de Kapila.

*சுநகன், *V.* சனகன்.

*சுநயம், (சு), bonne conduite.

சுநாசி, (சு), beau nez. *ou*

*சுநாசீரன், (*id.* nâsira *avant garde*), Indiren, prétendu chef des armées célestes des Indous.

*சுநாரம், (sounâra), passereau, œuf de serpent.

*சுநித்திரை, (சு), bon—, profond sommeil.

*சுநி, (souni), chienne.

*சுநீதம், சுநீதி, (சு), bonne conduite, équité.

*சுநீலம், (சு), bleu foncé.

சுந், la planète Saturne.

*சுந்தரம், (soundara), beauté: சுந்தரத்தாது l'arsenic naturel துத்தபாஷாணம்; —வல்லி la femme de குமரன் dite தெய்வயானை.

*சுந்தரன் (*id.*), bel homme, Kâmen, le Cupidon indien: சுந்தரமூர்த்தி un des 63 dévots de Siven, un des 3 auteurs du தேவாரம்.

*சுந்தரி, 1° *fém. du préc.* belle—, femme, (épithète de) Parvadi, Dourgâ, Indrâni. 2° *P.* சுசுந்தரி, rat musqué; —சுட்டது sel de roche.

*சுந்தரேசுவரன், (சுந்தரம், ஈசுவரன்), le dieu de la beauté, *V.* சொக்கநாதன்.

*சுந்தன், Sounden, géant du Râmâyanam.

*சுப, *adj. de* சுபம்.

*சுபகரன். (சுபம், கரன்), homme libéral, bienfaisant.

*சுபகரி, *fém. du préc.* femme libérale, charitable.

*சுபக்கம், சுபக்ஷம, சுபட்சம், (சு). bon côté, côté où il y a des richesses.

*சுபங்கரி, *P.* சுபகரி, la bienfaisante, (et à tort) Parvadi.

*சுபத்தம், (சு), *ou* சுபத்தவிசேஷம், chose vraie, —dite ou faite à propos.

*சுபத்திகாதனம், *P.* சுவத்திகாதனம்.

*சுபத்திரேசன், (சுபத்திரை, ஈசன்), le mari de Soubattirei, *i. e.* Aroutchounen.

*சுபத்திரை, (soubhadrâ *fortunée*), Soubhattirei sœur de Krichna et femme d'Aroutchounen, nom d'une des statues ébauchées du temple de Jagarnath.

*சுபம், 1° (soubha), bien, bienfait, santé, prospérité, célébrité, élégance, le 23me des யோகம். 2° (tchhoupa), tact, toucher, air, vent, guerre, combat: சுபகதி joie, bonheur, béatitude, gloire, paradis, fin bienheureuse; —கருமம், —கன்மம், —காரியம், —கிரியை chose bonne, —heureuse, bonne action; —காலம் temps heureux, —prospère; —கிருது la 36me année du cycle indien correspondant à 1842 et 1902; —க்கிரகம், —க்கோள் astre favorable; —சகுனம் augure favorable, bon signe; —சோபனம் salut, félicitation, prospérité; —ஸ்தலம், *V.* சுபத்தலம்; —ஸ்தானம் position favorable (des planètes); —தந்தி, *V.* சுதந்தி; —தினம் jour favorable, —de fête, bonne rencontre, bon jour (espèce de salutation); —த்தலம் lieu propice, *i.e.* temple; —மங்கலம் salut, félicitation, bon souhait; —மிருது bonne mort; —முகூர்த்தம் instant favorable; —யோகம் le 23me des யோகம்; —வசனம், —வாக்கு, —வாசகம், —வார்த்தை bonne parole, parole amicale, —d'amitié, salutation, adieu; —வாசனம் parfum; —வாதனை l'âme être plongée dans la joie; —வாரம் jour—, semaine favorable, dont les astres sont propices (en style gentil).

*சுபர்ணன், சுபன்னன், (சு, பர்ணம்), celui qui a de belles ailes, Garouden, coq: சுபர்ண—, சுபன்னகேது celui qui a Garouden représenté sur sa bannière, *i.e.* Vichnou.

சுபா, (*ind.*), district, province, gouvernement.

*சுபாங்கி, (சுபம், அங்கம்), belle femme, Rati femme de Kâmen.

*சுபாசுபம், (*id.* அசுபம்), bien et mal, prospérité et malheur, joie et douleur, mariage et funérailles, ou choses semblables.

*சுபாதிசயம், (*id.* அதிசயம்), bonne nouvelle, nouvelles de la santé: சுபசெ-

சுபாதிசயங்களை யெழுதியனுப்பப் பிரார்த்திக்கிறேன் je vous prie de m'écrire les nouvelles de votre santé. [னம்.

*சுபாநிட்டானம், P. சுவாநிட்டா

*சுபாபம், P. சுபாவம்.

*சுபாபாங்கை, (சுபம், அபாங்கம்), belle femme.

சுபாபாவிகம், P. சுபாவிகம்.

சுபாலம், un des 32 உபநிஷதம்.

*சுபாலிகை, (சுவாலை, ika), foyer.

*சுபாவம், (சு, P. ஸ்வ, பாவம்), nature, naturel, disposition naturelle, simplicité, naïveté, sincérité, vérité: —ஆய் naturellement, franchement, sincèrement, ingénument, candidement, véritablement, réellement; —ஆய்ச்சொல்லுகிறது, —ஆய்ப்பேசுகிறது dire—, parler franchement, ingénument, sans flatterie ni déguisement; —ஆய்வாங்கினேன் j'ai réellement reçu ou acheté; —ஆயிருக்கிற, —ஆன naturel, inné, sincère, naïf, franc, honnête; —ஆனநடத்தை conduite honnête, —sincère; சுபாவசத்தி force—, faculté naturelle; —குணம் naturel, caractère inné, disposition naturelle; —சாரம் marche directe d'un astre; —சுரூபம் image naturelle, —semblable à l'original; —ஞானம் sagesse naturelle, être sans cause efficiente, sans méprise; —முத்தி, béatitude pure, —réelle; —மேனா modération, manière naturelle, —franche; —வாதம் nom d'un livre; சுபாவத்தைக்காட்டுகிறது montrer la vérité.

*சுபாவி, (சுபாவம்), personne de bon caractère, véridique.

*சுபாவிகம், (id. ika), disposition —, chose naturelle.

*சுபானு, (சு, பானு), la 17me année du cycle, correspondant à 1823 et 1883.

*சுபானுபோகம், (சுபம், அநுபோகம்), V. சுபோகம்.

*சுபானுபோகி, (id.) V. சுபோகி.

*சுபானுபாவாதிதம், (சுபம், அநுபாவம், அதிதம்), Dieu, l'être qui surabonde de bonheur.

*சுபிக்ஷம், (சு, பிக்ஷை), abondance (où il y a de quoi faire l'aumône); —ஆனகாலம் temps d'abondance, —de fertilité.

*சுபுட்பம், சுபுஷ்பம், (சு), cloux de girofle, arbre de corail.

*சுபுத்தி, (id.). bon esprit.

*சுபேதம், (சு, P. ஸ்வ), différence entre les diverses parties d'une chose, v.g. entre les branches, les feuilles, les fleurs, les fruits d'un arbre.

சுபை, 1° (ind.) soubah, province, gouvernement, préfecture, juridiction, tribunal. 2°* (soubhâ), assemblée des dieux indous, bambou: சுபைக்குவருகிறது être nommé gouverneur de province, parvenir aux dignités.

சுபையதார், (ind. சுபை), gouverneur de province, capitaine de cipayes. [sir.

*சுபோகம், (சு), jouissance, plai-

*சுபோகி, (id.) personne—, homme qui vit dans les délices, qui jouit de toute sorte de prospérité.

சுப்பல், சுப்பி, menu bois sec, menues branches d'arbres (pour faire du feu): —பொறுக்குகிறது en ramasser; —ஆய்ப்போகிறது, —போல்உலர்ந்துபோகிறது devenir fluet, —sec comme un bâton.

சுப்பியம், écorce de câprier, —de l'arbre மாவிலங்கு, V. விளாம்பட்டை. [கிறது.

*சுப்பிரகிறது, (சுப்பிரம்), V சுப

சுப்பிரதீகம், (சு), grande splendeur, l'éléphant du nord-est.

சுப்பிரமணியன், hon. சுப்பிரமணியர், (சு, brahmanya *l'ordre bramanique dont il est censé le protecteur ou* சுப்பிரமணி, *diamant, auquel on l'assimile*), Soupramanien ou குமரன் fils cadet de Siven et prétendu dieu de la guerre, V. கிருசானுரதசன்: சுப்பிரமணியன் பிரதானஸ்தலம்-ஆறு les 6 principales places dédiées à Soupramanien, savoir: திருப்பரங்குன்றம் ou ஸ்கந்தமலை à 5 milles sud de Maduré, திருச்சீரலைவாய் ou திருச்செந்தூர் Trichendour sur la côte de la pêcherie, திருவாவினன்குடி ou ப

முனி Pyney,à l'ouest de Dindigul, திருவேரகம் ou ஏரகம் Tirouvéragam,குன்றுகள் toutes les montagnes et pays montagneux dont il est censé le patron,சோலைமலை ou Alagarmalei prés de Maduré.

*சுப்பிரம், (soubhra), grande—, splendeur,éclat,lumière, blancheur, argent, le 24me யோகம், qualité—, nature de l'émeraude: சுப்பிரசுதை lait de buffionne sauvage;—தந்தி, V.சுதந்தி: - திபம்,V.சுப்பிரதீகம்;—திபன்,(திபம்),homme renommé,célèbre: அவன்மகாசுப்பிரதிபன் il est trés-renommé;—பேதகம் un des 28 livres des Sivénistes;—மணி brillante pierre précieuse,i.e.le diamant;—மதுவா,V.கூடைகதிறு.

*சுப்பிரயோகம், (சு), dextérité, approche, n'être que parole et pensée, privation des facultés excepté la parole et la pensée, (c'est un des effets des flèches de Kâmen).

*சுப்பிரலாபம்,(id.),éloquence.

சுப்பு, (son imitatif): சுப்பென்கிற து rendre ce son,faire souppou,—du bruit,se hâter.

சுமக்கிறது, மந்தேன், மப்பேன், ம,மக்க,v.a.et n.மவேன், nég. சுமக்குதல்,n.v.porter,supporter,soutenir, reposer,peser, appuyer: அவன்மேற் குற்றஞ்சுமந்தது la fauteest tombée sur lui;இதுஉன்மேற்சுமந்தகடன் c'est une obligation ou une dette qui pèse sur vous; ஒருத்தனுக்காக இரத்தப்பழிசுமக்கிறது souffrir la peine de mort pour un autre; குற்றஞ்சுமவாதவன் homme innocent; சுமவாது ou சுமவாமலிருக்கிறது ne pas porter,—appuyer;சுமக்கப்படுகிறது être porté, soutenu; சுமந்தவன் qui a porté; சுமந்துகொள்ளுகிறது prendresur soi,se charger,porter, soutenir;சுமந்துபோகிறது emporter,être chargé,surchargé,accablé de dettes, surchargé de crimes.

*சுமங்கலம், (சு), bonne fortune, prospérité,félicitation.

*சுமங்கலி, (id.மங்கலி), femme mariée, — qui porte un tâli,Oumei.

சுமங்கை, la plante வறட்சுண்டி.

சுமடன், (சுமடு),ignorant, homme vil: சுமடர், ignorans, gens vils, bas peuple.

சுமடி,(id.),ignorante,femme vile.

சுமடு, 1° ignorance,bassesse,vileté. 2° P. சும்மாடு.

சுமதலை, (சுமக்கிறது), charge, devoir,obligation, action de porter:—யான chargé, imposé (obligation...),surchargé,surfait(prix...),de surplus.

*சுமதி,(சு),bon esprit, homme—, femme d'un bon esprit,—d'un bon naturel. [சுமத்துகிறது.

சுமத்தல்,n.v.de சுமக்கிறது et de

சுமத்தி,1° gér.de சுமத்துகிறது.2° charge,surcharge:—யானவிலை prix élevé.

*சுமத்திரை,(சு,மத்திரை),la belle Mattirei, 2me femme du roi Pandou.

சுமத்து, charger, chargement, charge,n.v. imp.et part. de

சுமத்துகிறது,த்தினேன்,த்துவேன்,த்து,த்த,v.a.de சுமக்கிறது ou.சுமத்திப்போடுகிறது,—விடுகிறது,—வைக்கிறது, charger, mettre dessus, imposer,—un fardeau,charger d'une faute...,accuser, condamner, porter au compte de quelqu'un, molester, tourmenter; ஒருத்தன்மேற்குற்றஞ்— condamner quelqu'un, le déclarer coupable, faire tomber la faute sur lui, l'accuser, lui imputer une faute.(சுமத்துகிறது se dit surtout d'un juge ou d'un arbitre,et சாட்டுகிறது d'un accusateur et d'un témoin;cependant ils se disent aussi de toutes sortes de personnes).

சுமந்த,சுமந்து, part et gér.de சுமக்கிறது.

சுமப்பு,n.v. de சுமக்கிறது,poids, charge,fardeau,soutien,portage.

*சுமம்,(souma),fleur.

*சுமரணம், P. ஸ்மரணம்,ou

சுமரணை, (smarana), mémoire, connaissance,sentiment,sensibilité.

சுமருகிறது, மர்ந்தேன், ருவேன், ரு,ர,v.a.et n.ou சுமருதல்,n.v.V.சுமக்கிறது.

சுமலி,callou,vin de palmier....

சுமவா,சுமவாத,*part.nég. de* சுமக்கிறது, insupportable, intolérable, qui *ou* qu'on ne peut supporter: சுமவாச்சுமை fardeau intolérable,qu'on ne peut porter. [*même.*

சுமவாது,சுமவாமல், *gér.nég.du*

*சுமனசம், (soumanasa), fleur.

*சுமாரகம்,(smâraka) ,mémoire, souvenir: — தப்புகிறது la mémoire manquer,devenir insensible.

*சுமாரகன்,(*id.*)homme de bonne mémoire. [(smârana),mémoire.

*சுமாரணம்,*et corr.* சுமாரணம், சுமார், (*pers.*), estimation, calcul,—approximatif. [*த்தம்...

*சுமார்த்தம்,சுமார்த்தர், *V.* ஸ்மா

*சுமாலி, 1° *V.* சுமலி.2° Soumâli, géant ancètre de Râvanen,géant de l'armée de Râvanen.

சுமாலியவான், géant père de கற்கேசி et aïeul de Râvanen auquel il donnait de bons avis.

*சுமிருதி, *V.*ஸ்மிருதி.

*சுமித்திரை, (சு), Soumitrei, une des femmes de தசரதன் mère de Lakchoumanen,nommé de-là சுமித்திராசுதன், சுமித்திரசு, le fils de Soumitrei.

*சுமுகம்,(சு), beau—,bon visage.

*சுமுகன், (*id.*), 1° homme joli,qui a un beau visage, (et par dérision sans doute) Ganèsen, Garouden.2° Soumouguen fils de Garouden.

*சுமுகி, சுமுகை, *f. du préc.* jolie femme. [rable.

*சுமுகூர்த்தம், (*id.*) moment favo-

*சுமுத்திரை, 1° (சு), exactitude, soin,droiture,probité,justesse, juste poids,—mesure,bon cachet. 2° *P.* சுமித்திரை:—யற்றவன் homme malhonnête,injuste;—யாய் exactement, justement,régulièrement,soigneusement;—யாய்ச்சொல்லுகிறது dire exactement; — யாய்நிறுக்கிறது peser juste; — யாயிருக்கிற, — யான juste,exact,probe,régulier;—யான நிறை, — யானபடிக்கல் poids juste, — égal; — யானபடி mesure juste, exacte.

*சுமேரு,(சு),le mont Mêrou.

சுமை,*n.v.de* சுமக்கிறது, charge, poids,fardeau:—க்காரன் porte-faix, possesseur d'une charge; — கூலி salaire pour porter un fardeau;—தாங்கி celui qui porte le fardeau, répondant,caution,*V.*சுமையிறக்கி;— யடி,—யடை, *V.* சும்மாடு; — யிறக்கி banc pour déposer les fardeaux; c'est un espèce de banc fort élevé,en pierres ou en maçonnerie,dressé sur les chemins pour que les porteurs puissent déposer leurs fardeaux;— யிறக்குகிறது déposer un fardeau, décharger; — யெடுக்கிறது se charger d'un—, prendre—, porter un

சுமைதலை,*P.*சுமதலை. [fardeau..

சுமைபு,(சுமக்கிறது),*V.*சுமப்பு.

சுமையாள், (சுமை, ஆள்), porteur,porte-faix.

*சும்பகம், (tchoumbaka), pierre d'aimant,— à fusil,baiser.

*சும்பகன்,சும்பன், (*id.* tchoumban),baiseur, qui lèche, débauché, (mot trivial).

*சும்பனம்,(tchoumbana) *ou* சும்பிக்கிறது,பித்தேன்,பிப்பேன், பி,பிக்க, *v.a.* (சும்பிதம்), baiser, lécher (mot indécent.)

*சும்பிதம்,(tchoumbita),*ou* சும்பித்தல்,*n.v.du préc.*

சும்புகிறது,பினேன், புவேன், பு, ப,*v.n.et* சும்பிப்போகிறது,se rétrécir,se retirer, se rapetisser, se rider, se dessécher,dépérir: சும்பிப்போனகை main desséchée.

சும்புள்,l'arbre கடம்பு.

சும்மா,inactivité,oisiveté,inutilité,gratis,pour rien,sans intention,—raison déterminée,par hazard;— இருக்கிறது être tranquille,libre, sans emploi, sans rien faire; — இருப்பானேன் pourquoi rester sans rien faire?—கொடுக்கிறது donner gratis;—சொல்லு dis sans crainte, parle, n'importe;— சொல்லுகிறது parler sans fondement,sans raison,inutilement,vaguement,mentir;— வருகிறது venir sans aucun motif, sans affaire particulière,sans réussir, sans rien apporter; — யடிக்கிறது battre sans raison, rouer de coups.

சும்மாடு, bourlet de porte - faix, coussinet—, bourlet (de linge ou de paille) pour aider à porter un fardeau sur la tète, *V.* பட்டடை.

சும்மை, 1° bourg, village, ville, pays, contrée, bruit, son, tas de riz (dans l'aire), meule de gerbes de riz non battu, l'arbrisseau ஆவிரை. 2° (*P.* சுமை), charge, fardeau.

*சுய, *obl. de* சுயம், son, sa, ses, propre, naturel, spontané, de soi-même, absolu, indépendant: — கர்த்தன் seigneur indépendant; —காரியம் sa propre affaire; — காரியதுரந்தரன் மற்றவர்காரியவழுவழுன் égoiste qui soigne bien ses propres affaires et laisse perdre celles des autres; — காருபாருபண்ணுகிறது agir de sa propre autorité; — குணம் caractère propre, naturel; — குரு propre gourou, gourou de famille; — சாதி propre caste, caste sans mélange; — சினேகம், —பக்ஷம், —பட்சம் amour-propre; —சோதி, *V.* சுயஞ்சோதி; —ஸ்தானம் place propre; —ஸ்திரீ, *V.* சொஸ்திரீ; —தேசம் patrie; —பழக்கம் naturel, inclination, coutume—, liaison particulière; — பாஷை sa propre langue; —பாரபத்தியம், *V.* சுயம்பாரபத்தியம்; — பாரபத்தியம்பண்ணுகிறது être indépendant, maître de soi- même, gouverner arbitrairement, —en despote; — புணர்ச்சி, — மைதுனம், V. தற்புணர்ச்சி; — புத்தி propre esprit, —volonté; — புத்திரன் propre fils; —விச்சை, (இச்சை), désir propre, fantaisie, caprice.

*சுயங்கர்த்தன், (சுயம்), seigneur indépendant, absolu.

*சுயங்கிருதம், (*id.*), qui se forme de soi-même.

*சுயஞ்சோதி, (*id.*), lumière propre, originelle, naturelle, increéée, existante par elle - même, sans mélange, Dieu; —புள்ளசூரியன் le soleil qui a une lumière propre.

*சுயம், (svayam), propre, naturel, ce qui vient de soi, appartient à soi, est spontané, est sans mélange: — ஆய் de soi-même, spontanément, de son propre gré, —mouvement; — ஆயாடுஞ்சூத்திரம் automate, machine qui va d'elle- même; — ஆய்ச்சொல்லுகிறது, —ஆய்ப்பேசுகிறது dire—, parler spontanément; — பிரகாசம், *V.* சுயஞ்சோதி; — பிரகாசன் l'ètre lumineux par lui-même, Dieu.

*சுயம்பாகம், (சுயம், பாகம்), cuisine, préparation ou cuisson des mets: — கொடுக்கிறது donner par charité ce qu'il faut pour faire la cuisine; ஒரு — கொடுக்கிறது donner ce qu'il faut pour un repas; — செய்கிறது, — பண்ணுகிறது faire la cuisine, préparer les mets; சுயம்பாகத்துக்கமைக்கிறது préparer ce qu'il faut pour la cuisine; சுயம்பாகவீடு cuisine, lieu où l'on prépare les mets.

*சுயம்பாகன், சுயம்பாகி, (சுயம் பாகம்), cuisinier, savon.

சுயம்பாடுகிறது, சுயம்பாடுதல், 1° (சுயம்), composer—, chanter des vers, faire des impromptus. 2° (சுயம்பு, ஆடுகிறது), se donner pour Dieu, faire l'ètre indépendant.

*சுயம்பாரபத்தியம், (*id.*), gouvernement absolu, despotique, indépendant, héréditaire.

*சுயம்பிதம், (சுயம், pita *qui va*), catégorique, absolu: சுயம்பித்தாட்டபத்தம் proposition catégorique; — நையாயபிதம் syllogisme catégorique.

சுயம்பிலிங்கம், (சுயம்பு), lingam qu'on prétend exister de lui-même.

*சுயம்பு, (சுயம், bhoû *exister*), aséité, existence propre, — par soi-même, l'ètre indépendant, existant par lui-même, Dieu (et à tort) Brama, Siven, Vichnou, Arouguen.

*சுயம்புவன், (*id.* va), *V.* சுவாயம்பு.

*சுயம்வரம், (சுயம்), liberté, propre gré, choix public d'un époux fait par une princesse; elle en choisit un entre plusieurs princes rassemblés, en signe de quoi elle lui passe au cou une guirlande de fleurs.

சுயம்வரன், (சுயம்வரம்), époux ainsi choisi, —de son choix.

*சுயம்வரை,(*id.*), princesse qui a ainsi choisi son époux.

*சுயாதிகாரம்,(சுயம்,அதிகாரம்) propre autorité.

*சுயாதிபதி,(*id.*அதிபதி),empereur, monarque indépendant, — absolu, despote.

*சுயாதிபத்தியம்,(*id.*ஆதிபத்தியம்), pouvoir absolu,indépendant,—d'empereur,propre autorité.

*சுயாதீனம், (*id.*, ஆதீனம்), propriété,indépendance,liberté.

*சுயாதீனன்,(*id.*)homme libre,—indépendant.

சுயிரம், l'herbe குசப்புல் saccharum.

*சுவேச்சை, (சுய, இச்சை), propre désir,bon plaisir,fantaisie,liberté.

சுயோதி, *V.* சுவோதி.

*சுயோதனன்,(சு, யோதனன்), le beau guerrier,*i.e.* Douryodhanen.

*சுர, *obl.de* சுரம் *et de* சுரர்: — கணம் troupe —, classe des dieux inférieurs (des Indous); — குரு le gourou de ces dieux,*i.e.*பிருகஸ்பதி ou வியாழன் régent de la planète Jupiter: —க்காய்ச்சல் fièvre brûlante; —கிராமணி Indiren;— சத்துரு ennemi des dieux indous,*i.e.*அசுரர்;—சங்கம் troupe de dieux;—சந்தி espèce d'air,—d'harmonie;— சபை assemblée de dieux;—சந்நிதி.—சன்னிதி présence —,assemblée des dieux; —சரித்து,—சித்து,*V.*சுரநதி;— சுந்தரி belle—, courtisane des dieux indous,nymphe du Souvarkam;— சுரம் fièvre intermittente;—சேட்டன் le chef des dieux,Brama;—தரு,—தாரு arbres prétendus divins du Souvarkam,qu'on suppose donner tout ce qu'on désire;—தனு,—தனுசு l'arc des dieux,*i.e.* l'arc-en-ciel;—தீர்த்திகை,*V.*சுரநதி; — தாருமம் le pin déodar;—துவிபம் l'éléphant des dieux;—தூபம் leur résine,encens,térébenthine;— நடை description de la peine des femmes qui entrent dans un désert;—நதி le fleuve des dieux,*i.e.*le Gange,—céleste;—பதம் le lieu —,le séjour des dieux,*i.e.*l'air, le Souvarkam;—பதி le prétendu roi des dieux,*i.e.*Indiren,le Souvarkam, demeure des dieux;— பாதை chemin de désert,—dans un pays dépourvu d'ombre et d'eau; —புரி la capitale des dieux;—புன்னை,—புன்னாகம் l'arbre வழை; — ப்பிரியன் l'ami des dieux,*i.e.*Indiren leur prétendu roi et Vrouhaspati leur gourou;— மண்டலம், — மண்டலிகை espèce de harpe ou d'instrument à 32 cordes; —மண்டலப்பெட்டி clavecin;—மண்டலம்வாசிக்கிறது jouer de la harpe susdite;— ரிஷி Richi d'un ordre divin comme Naraden;— லோகம் le prétendu monde des dieux,le Souvarkam; — வைரி ennemi des dieux,Asouren.

சுரக்கிறது,ரந்தேன்,ரப்பேன்,ர, ரக்க,*v.n.*sourdre,sortir,jaillir, couler (l'eau d'une source, le lait de la mamelle), se former, profiter, être plein,donner libéralement, — avec bonté (se dit de Dieu et des hommes).

*சுரங்கம்,(சு,ranga *couleur*),mine, souterrain,cave,tranchée, ouverture clandestine faite dans un mur pour voler, orange, — douce, vermillon, marque de vermillon sur le front, sandal rouge:—அறுக்கிறது creuser une mine, un souterrain..., une ouverture pour voler;—அறுத்துப்பட்டணத்தைப் பிடிக்கிறது prendre une ville par un souterrain ou une mine qu'on y a creusée;—அறுத்துத் திருடுகிறது faire une ouverture clandestine et voler.

*சுரசம்,(சு,இரசம்), la plante சிறுமிழுங்கு,jus de plantes chauffé légérement et employé en médecine, jus, mercure, sucre-candi et autre objet savoureux, jus savoureux, basilic, gomme odoriférante.

*சுரசனி,(சு,இரசனி),nuit.

*சுரசா,சுரசை,(சு,ரசம்),basilic.

*சுரசிதம்,*P.*சுரக்ஷிதம்,சுரட்சிதம், (சு),bonne délivrance, conservation, rachat:—ஆக sain et sauf;— ஆகப் போகிறது aller sain et sauf,— heureusement,—muni d'un sauf-conduit.

சுரச்சதி,(சுரம்), mesure des notes. [quier.

*சுரஞ்சனம்,(சு),noix d'arec,aré-

சுரடி,un des 42 tons ou airs nou-

சுரணை,P.சுவரணை. [veaux.

சுரண்டல்,சுரண்டுதல்,n.v.de

சுரண்டுகிறது,டினேன்,டுவேன், டு,ட,v.a.gratter,racler.

*சுரதம், (சு, இரதம்), copulation, union,adhésion,accord,mercure,tendresse,amour,jus médicinal,science: சுரததாசி entremetteuse: — நீர் sperme;—நூல்,—வித்தை science de la luxure, livre traitant d'impureté; — மங்கை courtisane, prostituée;— லீலை, — லீலாவினோதம் jeu lascif,—impur dans le commerce charnel

சுரதாக்கு,la plante அரத்தை.

*சுரதாபதயிலம்,(சுரம், தாபம்), huile médicinale pour calmer le feu de la fièvre.

சுரத்தல்,n.v.de சுரக்கிறது, sourdre, jaillissement, écoulement, formation,utilité,libéralité,largesse.

சுரந்த,சுரந்து,சுரந்தோன்,part. gér.n.app.du même: அருள்சுரந்தோன் celui qui donne sa grâce libéralement,celui qui est plein de miséricorde.

*சுரபி,(sourabhi), odeur, poudre odoriférante,—de soufre, muscade, basilic,jasmin,liqueur enivrante,vache,la vache d'abondance,la terre,le mois de சித்திரை,les plantes பிரமி et கள்ளி:—பத்திரை l'arbre சம்புநாவல்;—வாணன் celui dont les flèches sont odoriférantes,i.e.Kâmen. [லவு.

சுரபு, gomme du cotonnier dit இ

சுரப்பு,n.v. de சுரக்கிறது, sourdre,écoulement, jaillissement, flux, abondance, pesanteur causée par l'affluence ou l'amas du sang etc...: —த்தண்ணீர் eau de source:— வடிவு écoulement surabondant,lait surabondant qui coule ou s'attache sur la mamelle,épuisement—,desséchement d'une source, contour, forme d'un sphéroïde aigu. [araignée.

சுரமதி, ulcère, herpe vénérien, சுரமவி, சுரமவிகம்,érysipèle,ulcère,furoncle,mal.

*சுரம்,1° (djvara),fièvre.2°(svara), note,les 7 notes de la musique,dont les noms sont ச - ரி - க - ம - ப-த - நி,correspondant à ut, re, mi,fa,sol, la,si,3° P.சுரா,callou, vin de palmier... 4° chemin difficile, route, chemin,forêt,terre stérile,—épuisée, désert,sel, sorte de sel, tuyau, chose creuse, rameau intérieur, corne tendre qui croît dans l'intérieur de la corne proprement dite; — ஆயிருக்கிறது avoir la fièvre;— கண்டிருக்கிறது les symptômes de fièvre s'être déclarés;—தணிகிறது, — தணிந்துபோகிறது la fièvre diminuer;—பாடுகிறது, — போடுகிறது monter la gamme, solfier;— போக்கு entrée—,voyage dans un désert;—மும்முரமாயடிக்கிறது ou காய்கிறது la fièvre être violente;—வந்துகிடக்கிறது être au lit ou couché avec la fièvre;—விட்டுப்போகிறது la fièvre cesser,—s'en aller; சுரத்திற்கேற்றஔஷதம் ou அவுஷதம் fébrifuge,remède contre la fièvre;அதிகசுரமாயிருக்கிறது avoir une forte ou une plus forte fièvre.

*சுரர், (soura), espèce de demi-dieux,dieux inférieurs (des Indous), habitans des cieux; சுரரிடம் le monde des dieux, le Souvarkam;—பகைவன் Asouren, ennemi des dieux,mauvais génie;—பதி, V.சுரபதி.

சுரழ்,(சுரபு),gomme du cotonnier soyeux dit இலவு.

சுரலிகை,l'arbre பாலை.

சுரன், (soura), demi-dieu,dieu inférieur,soleil,savant;au pl. V.சுரர்.

*சுரா,P.சுரை,(sourâ),callou,toddi,vin de palmier ou de cocotier: —சுரம் (qui fait) ce dont on tire le callou,cocotier;—சமுத்திரம் mer de callou; —சிவன்,—சீவி distillateur, faiseur d'arack;—துவசம் enseigne de taverne;—பானம் usage du callou et autres liqueurs enivrantes, boisson —,liqueur enivrante;—பானி buveur de callou; - பாகம்,— ம

கிட்டம் levure de callou;—பாசனம் coupe à callou. [de la fièvre.

*சுராக்கினி,(சுரம், அக்கினி),feu

*சுராங்கனை, (சுரன், அங்கனை), courtisane des dieux du Souvarkam.

*சுராசவம், (சுரா,ஆசவம்), liqueur enivrante.

*சுராசாரியன், (சுரன், ஆசாரியன்), le gourou des dieux, *i.e.* la planète Jupiter *ou* வியாழன்.

*சுராசா,(சு),bon roi,divinité.

*சுராட்டிரம், 1° (சு, râchtra *district*),le pays de Surate. 2° (சு, *P.*ஸ்வ),son propre pays.

*சுராட்டு,1° (சு),bon roi. 2° (svar *P.svarga,*ராட்டு),le roi du Souvarkam,*i.e.* Indiren. 3° (svarât, *brillant de lui-même*),Brama,l'Être suprême, l'âme du monde,Siven.

*சுராட்புருஷன், (சுராட்டு), Siven,Vichnou.

*சுராதிபன், (சுரன், அதிபன்), le roi des dieux indous,*i.e.*Indiren.

*சுராத்திரி,(சு),belle—,bonne nuit.

*சுராந்தகம்,(சுரம்,அந்தகம்),fébrifuge. [ரநதி.

*சுராபகை,(சுரன்,ஆபகை),*V.* சு

*சுராரி,(*id.*அரி), ennemi des dieux,*i.e.*Asouren ou démon.

*சுராரவர்,(*id.*ஆரவம்),les ennemis des dieux,les géans.

*சுரார்க்கம்,(surârha),or.

*சுராலயம்,1° (சுரன்,ஆலயம்),la demeure des dieux,le mont Mérou, le Souvarkam. 2° (சுரா,ஆலயம்), cabaret de —,taverne à callou.

சுராளம்,*V.*கெச்சைநடை.

சுரி,1° renard mâle,trou,trou dans les ôles ou feuilles de palmier pour les enfiler,vis,filet—,pas de vis,spirale, —d'une conque,tournoiement,mouvement circulaire, torsion, boue. 2° *imp.et part. du suiv.*:—குழல் boucle de cheveux,femme,femelle,cuirasse, cotte d'armes;—போடுகிறது percer, faire un trou,tarauder;—புறம்,—முகம் conque, escargot (dont la coque est en spirale);—மண் boue;—மயிர் cheveux bouclés;—யாணி,(ஆணி),clou à vis,vis;—யாணியிடுகிறது visser;—யூசி,(ஊசி),tarière,vrille,foret.

சுரிகிறது,ரிந்தேன்,ரிவேன்,ரி, ரிய, *v.n.*(சுரி),tourner,—en rond, en spirale,en vis,çà et là, se rouler, se friser, se rider,se rétrécir,se retirer en tournant, se cacher dans un trou,—en terre,devenir boueux.

*சுரிகை,1° (tchhourikâ), couteau, épée,poignard,petit sabre,cotte d'armes. 2° *V.*சுரிதல்.

சுரிக்கிறது,ரித்தேன்,ரிப்பேன்,ரி,ரிக்க,*v.a.de* சுரிகிறது,tourner—,rouler en rond.., friser.‖ *v.n.* se retirer en dedans(la tête de la tortue).[ப்பா

சுரிதகம்,une des 6 parties du கலி

*சுரிதம், (tchhourita), chose mêlée,—coupée,—percée.

சுரிதல்,*n.v.de* சுரிகிறது, tourner etc..., tour (en rond...), tournoiement, rétrécissement.

சுரித்தல்,*n.v. de* சுரிக்கிறது, tour, mouvement circulaire, action de tourner...

சுரிப்பு,*n.v. du même*,tour,spirale, (surtout d'un coquillage).

சுரியல்,*n.v.de* சுரிகிறது,tour,tournoiement, spirale, tournant d'eau, gouffre,cheveux bouclés,— qui frisent,cheveux de jeunes gens, — de femmes. [பாஷை le syriaque.

சுரியானதேசம்,la Syrie:சுரியான்

சுரீர்,(*son imitatif*):—இடுகிறது,—என்கிறது rendre ce son,donner des signes de crainte, faire du bruit, se hâter. [கோரை scirpus articulatus.

சுருக்கங்கோரை, le jonc சுருளிக்

சுருக்கம், *n. v. de* சுருக்குகிறது, brièveté,petitesse,abréviation,abrégé,compendium,contraction,resserrement,diminution, — de grosseur (en liant fortement),lien,paquet,pli dans un vêtement,petit pli: சுருக்கமாய் brièvement,en abrégé,sommairement,petitement;— ஆய் ou சுருக்கத்திலேயிருக்கிறது être court,abrégé,petit,plissé;—ஆய்க்காட்டுகிறது ou வெளிப்படுத்துகிறது montrer —, indiquer—, manifester brièvement; —ஆய்ச்சொல்லுகிறது ou பேசுகிற

து dire en peu de mots; —ஆய்முடிக்கிறது faire —, finir petitement, sans étalage, ni grandes dépenses (un mariage, une comédie etc...); சுருக்கமில்கேள்வித்துகடீர்புலவர் (துகள்தீர்), savans irréprochables et qui avez une vaste érudition.

சுருக்கல்,opt.et n.v.de சுருக்குகிறது, raccourcissement, contraction, abréviation, diminution, action de raccourcir...

சுருக்கி,1° *gér.de* சுருக்குகிறது.2° *n.app.du même*,ce qui se contracte, tortue,la sensitive, l'herbe potagère சிறுகீரை.

சுருக்கு,1° contraction, rétrécissement,abrégé,pli (d'habit...),lien,paquet,chose liée fortement,nœud coulant, lacet, piége,trape. 2° * (srouk), cuillére au beurre fondu (usitée dans les sacrifices etc...). 3° *imp.et part.du suiv.*: — ப்பிடிக்கிறது faire des plis,prendre des ris,plier et lier; —ப்பை bourse à coulisse,dont l'ouverture se ferme et s'ouvre par un double cordon;—ப்போடுகிறது lier avec—, tendre un nœud coulant, mettre un lacet,un piége;— வைக்கிறது tendre un piége; — வைத்துத்தைக்கிறது faire des plis à un vêtement et les coudre; சுருக்கைநெகிழ்த்துகிறது,— நெகிழவிடுகிறது détendre un piége, lâcher un nœud coulant etc...,défaire les plis;—இழுக்கிறது serrer un lien,un piége, un nœud coulant; சுருக்கிலேமாட்டுகிறது prendre—,engager dans un piége,dans un nœud coulant.

சுருக்குகிறது,*sync.* சுருக்கிறது,க்கினேன்,க்குவேன்,க்கு,க்க,*v.a.de* சுருங்குகிறது,(சுருக்கு), சுருக்குதல்,*n.v.et* சுருக்கிப்போடுகிறது, raccourcir, rétrécir, contracter, diminuer, abréger,restreindre, serrer, resserrer,lier,—fortement, — ensemble, prendre des ris,ferler les voiles,serrer—,tirer un filet, plisser, plier, froncer,entourer, fermer; சுருக்கிக்கொள்ளுகிறது abréger, diminuer, rapetisser.

சுருங்க,*inf. de* சுருங்குகிறது,*adv.* brièvement,en abrégé en peu de mots:—ச்சொல்லல் concision, laconisme,le 1er des 10 ornements du style;—ச்சொல்லணி figure ou tournure laconique,qui par des épithètes ou des comparaisons fait entendre bien des choses sans les exprimer;—ப்பிடிக்கிறது diminuer,raccourcir, rétrécir, contracter.

சுருங்கல், *opt.et n.v. de* சுருங்குகிறது,rétrécissement, diminution, contraction, manque, ride, pli, guichet, petite porte dans une grande,porte à 2 battans de temple ou de forteresse, guirlande.

சுருங்கு,1° égout, canal. 2° *imp. et part.de*

சுருங்குகிறது,*sync.* சுருங்கிறது,கினேன்,குவேன்,கு,க, *v.n.de* சுருக்குகிறது,சுருங்குதல்,*n. v. et* சுருங்கிப்போகிறது,se raccourcir, se rétrécir, se rapetisser, se contracter, se retirer,diminuer, se rider, se froncer,se plier,se fermer,se serrer,se resserrer, se chiffonner,se perdre.

சுருங்கை,1° fausse-porte,porte de sortie (d'un fort...), guichet, petite porte dans une grande, écluse. 2° 2° *pers.nég.du sing.du préc.*

சுருசுருக்கிறது,சுருசுருத்தல், சுருசுருப்பு,சுருசுரென்கிறது,*P.* சுறுசுறுக்கிறது...

சுருட்சி,*V.*சுருள்வு.

சுருட்டல்,*n.v.et opt.de* சுருட்டுகி[றது.

சுருட்டி, 1° *gér.de* சுருட்டுகிறது. 2° rouleau,espèce d'écran à 2 pieds ou montans,sorte d'éventail,*V.* ஆலவட்டம்,un certain air,la plante மயிர்ச்சிகை.

சுருட்டு,1° *imp.et part.et n.v.de* சுருட்டுகிறது.2° rouleau,chose roulée, —frisée,boucle de cheveux,cigarre, chiroute,flots de la mer qui se roulent sur le rivage: அலைச் — ondulation des vagues;கடற் — vague—, flot—,lame de la mer; — குடிக்கிறது, —பிடிக்கிறது fumer une chiroute,—un cigarre; —க்கொழுக்கட்டை espèce de petit gâteau en rouleau;—வாள் épée qui se raccourcit ou s'allonge (par ressort ...).

சுருட்டுகிறது,ட்டினேன், ட்டுவேன்,ட்டு,ட்ட,*v.a.de* சுருளுகிறது *et* சுருட்டுதல்,*n.v.* enrouler, entortiller, mettre en rouleau, rouler,tourner, friser,envelopper:சுருட்டிக்கொள்ளுகிறது s'enrouler,s'entortiller,prendre la part du lion,envelopper et dérober,voler; — க்கொண்டுகிடக்கிறது rester roulé ou frisé;—க்கொண்டுபோகிறது s'en aller en se roulant ou en roulant,envelopper et emporter,voler; — க்கொண்டுவிழுகிறது s'enrouler et tomber,défaillir,s'évanouir;— ப்பிடிக்கிறது diminuer,*ou* —வாங்குகிறது prendre—, tirer en mettant en rouleau.

சுருட்டை,1° *ou* — ப்பாம்பு serpent venimeux qui s'entortille et vit dans la paille et les feuilles sèches etc...2° rouleau.3° 2° *pers.nég. sing. de* சுருட்டுகிறது: ஊதுசுருட்டை serpent de ce genre dont la morsure fait enfler; —த்தலை chevelure frisée,laineuse, *ou*—மயிர் cheveux bouclés;—விரியன் vipère qui s'entortille,couleuvre.

*சுருணி,(*P.*சிருணி),croc de cornac.

சுருணை,(சுருளுகிறது),rouleau,ce qui est roulé,peloton de fil,de ficelle,de corde, botte de paille mise en cordes,paille entortillée, — roulée, balle de riz,enveloppe de paille:கயிற்றுச்சுருணை peloton de cordes; சுருணையவிழ்க்கிறது délier—,défaire un peloton de fil,etc...

சுருண்மயிர்,(சுருள்),cheveux frisés,—bouclés. [சுருளுகிறது.

சுருண்ட,சுருண்டு,*part. et gér. de*

*சுருதம், (srouta),science sacrée, l'objet de l'ouie,*V.*சுரோத்திரம்.

*சுருதி,(srouti),les Vèdas (séparément ou collectivement comme objet de lecture ou d'instruction orale),la loi,oreille,ouïe,son, note, intervalle en musique, accompagnement, note—, ton d'accompagnement,mot entendu au hasard et pris pour bon ou mauvais augure:—சுட்டுகிறது accorder un instrument: —சம்மதம் contentement qui vient des livres sacrés, connaissance de l'être suprême;—சாரம் l'essence des Vèdas,nom d'un livre; —விலோசனம் connaissance des Vèdas,nom d'un célèbre ouvrage;— மூலம் bout de l'oreille,le texte des Vèdas.

சுரும்பர், } insecte volatile,scarabée.surtout le mâle.
சுரும்பு, }

சுரும்பாயன்,சுரும்பாவன், (சுரும்பு),Kâmen qui a à son arc une corde composée d'insectes volatiles.

*சுருவம்,சுருவை, (srouva), cuillère de bois pour verser le beurre (sur le feu du sacrifice...)

சுருளல்,*opt.et n.v.de* சுருளுகிறது, enroulement,rouleau,frisure, boucle,anneau. [தொழுகண்ணி.

சுருளி, (சுருளுகிறது), la plante

சுருளுகிறது,ருண்டேன், ருளுவேன் *ou* ள்வேன்,ளு *ou* ள்,ள,*v.n.* (சுருள்), *et* சுருண்டுபோகிறது, s'enrouler, s'entortiller, se mettre en rouleau, se rouler,friser,se boucler, se rouer, se courber: சுருண்டிருக்கிறது être roulé, enroulé,entortillé etc...; சுருண்டுவிழுகிறது s'enrouler et tomber, tomber de faiblesse, de défaillance...;சுருளும் *part.fut.*

சுருளுதல்,*n.v. du préc.* enroulement,entortillement,frisure.

சுருளை,(சுருளுகிறது),rouleau,peloton(de fil...),chose roulée,—enroulée: கணக்குச்—paquet de comptes roulés ensemble;கயிற்றுச்—peloton de cordes,corde roulée.

சுருள்,1° rouleau,chose roulée,—enroulée,—entortillée,volute, peloton(de fil...),cheveux de femme,manière d'enrouler et de lier les cheveux par derrière, cheveux ainsi enroulés,feuille frisée, — de nénuphar roulée sur elle - même dans l'eau,rouleau de feuilles de bétel, etc... 2° *imp.et part.de* சுருளுகிறது: ஓலைச்சுருள் rouleau de feuilles de palmier; சுருளிலடைக்கிறது mettre en rouleau,envelopper, — dans un rouleau;சுருள்பண்ணுகிறது mettre en rouleau (une ôle ou lettre sur feuille de palmier etc...) சுருள்மடிக்கிறது rouler—, plier les feuilles de bétel; —மயிர் cheveux frisés.

சுருள்கிறது, *V.* சுருளுகிறது.

சுருள்வு, *n.v.de* சுருளுகிறது, rouleau.

*சுருபம், 1° (சு), belle figure,—forme, beauté, 2° (சு, *P.* ஸ்வ), propre figure,— état, condition naturelle, forme, essence, ressemblance, image, statue, médaille:— உடையவன் bel homme, celui à qui appartient une médaille...;—கெட்ட défiguré, difforme, gâté; சுருபக்காரி belle femme, celle à qui appartient une médaille...

*சுருபி, (சுருபம்), *m.f.* bel homme, belle femme, personne de belle figure,—de bon caractère, de bon naturel, qui a une forme, qui est par essence:—யாயிருக்கிறது être beau, avoir essentiellement ou de sa propre nature telle ou telle qualité; சகலநன்மைச்சுருபி celui qui est essentiellement et de sa nature tout bien, ou toute bonté, Dieu.

*சுருபிணி, *fém.de* சுருபி, belle femme, qui a belle apparence.

சுரோசன், சுரோசுவரன், (சுரன், ஈசன், ஈசுவரன்), Isânen ou Siven, Koumaren, *V.* சுரோந்திரன்.

சுரோசுவரி, (*id.* ஈசுவரி), Dourgâ ou Oumei, le prétendu Gange céleste.

*சுரோந்திரன், (*id.* இந்திரன்), le roi ou maître des dieux indous, *i.e.* Dêvendiren: —மைந்தன் Aroutchounen fils de Dêvendiren: சுரோந்திரசித்து le vainqueur du roi des dieux, *i.e.* Garouden.

*சுரா, 1° (sourâ), callou, vin de cocotier... 2° (tchourâ), vol, larcin. 3° tête de flèche, vache, pis (de vache et autres animaux), écrou, tuyau, courge, bouteille, gourde, cucurbita lagenaria;—க்கந்தகம்,—க்காய்க்கந்தகம் espèce de soufre,—de composition ou de mélange de soufre et d'arsenic,—க்கரந்தை, la plante sphœranthus zeylanicus;—க்காய் courge encore verte;—க்குடுக்கை calebasse de mendiant; —க்கொடி courge (plante);—க்கொழுந்து jet—, pousse de courge; —மலர் fleur de courge, écrou;—யோடு fragment de calebasse.

*சுரோணராசாவர்த்தம், (சுரோணம், *P.* சோணம் *rouge*), pierre précieuse dite lapis lazuli de couleur rouge.

*சுரோணி, (srôni), fesses des femmes, circonférence des hanches et des reins, vulve.

*சுரோணிதம், *P.* சோணிதம், sang, flux menstruel, menstrues, *V.* சுரக்கு: சுரோணிதவழலை sel de roche.

*சுரோத்தமன், (சுரன், உத்தமன்), le soleil. [ouïe.

*சுரோத்திரம், (srôtra), oreille,

*சுரோத்திரியம், (srotriya, *brame savant*), présent ou donation (de terre etc...) faite à des savans etc..., terre accordée pour une faible redevance, (genéralement à raison de services rendus).

*சுரோத்திரேந்திரியம், (சுரோத்திரம், இந்திரியம்), sens de l'ouïe.

*சுலபம், (சு, labha *acquisition*), facilité, facile acquisition, chose facile,—légère, petitesse, légèreté, abrégé:—ஆக்கிறது, — ஆக்கிக்கொள்ளுகிறது rendre facile, alléger; சுலபமாய் facilement, aisément, sans peine, en abrégé; — ஆயிருக்கிறது être aisé, facile;—ஆகப்பண்ணுகிறது alléger, rendre aisé, baisser (le prix), *ou* — ஆய்ச்செய்கிறது faire aisément; இந்தவிலை மிகவுஞ்சுலபம் ce prix est très-bas; இந்தராசாவை சுலபமாய்க்காணலாம் ce roi est d'un accès facile.

சுலவல், *opt. et n.v.de* சுலவுகிறது, tourbillon, tournoiement. [ழல்வு.

சுலவு, *n.v.imp.et part.du suiv. V.* சு

சுலவுகிறது, வினேன், வுவேன், வு, வ, *v.n.et a.* சுலவுதல், *n. v.* tournoyer, tourner, pirouetter, faire tourner, faire pirouetter.

*சுவலனன், (djvalana), le feu.

சுலாவல், *opt.et n.v.du suiv.* tour, action d'entourer...

சுலாவு,*imp. et part.du suiv.* சுலாவுறட்டி, (உறட்டி),espèce de gâteau.

சுலாவுகிறது,வினேன்,வுவேன்,வு,வ,*v.a.*சுலாவுதல்,*n.v.*:entourer,environner,tourner autour,faire le tour: சுலாவி,*gér.*autour: சுலாவிக்கழுவுகிறது laver un vase en le frottant tout autour avec la main;—யூற்றுகிறது rincer et jeter l'eau dehors.

சுலு,*P.*சுலுபம்,légèreté,facilité: சுலுவான facile,aisé,léger.

*சுலுகம், (tchoulouka), boue, creux de la main (pour prendre de l'eau), petit vase, cruchon,trouble, défaut,diminution.

சுலுத்தான், (*ind.*),sultan.

சுலுபம்,சுலாபம்,*P.*சுலபம்.

சுலுப்பு,(anglais),sloop,sloupe.

*சுலோகம்,(slòka),vers—, strophe —,distique sanscrit,phrase, réputation,louange.

சுலோகி, callou,jus de cocotier...

*சுலோசனம், (சு, உலோசனம்), beaux yeux,cerf, besicles, lunettes.

*சுலோசனை,(*id.*),besicles, lunettes,belle femme.

சுலோபம்,1°*P.*சுலபம்.2° fourmi.

சுல்,சுல்லு,argent.

*சுல்லம்,(soulla),corde.

*சுல்லி,(tchoulli),foyer,cuisine.

*சுல்வம்,1°(soulva),cuivre.2°*P.*சுலபம்.3°(tchoullaka),creux de la main.

*சுவ,(sva),son,sa,ses,propre, spécial. (Quelquefois il se change en சு ou சுய):—கதம் propriété,le propre; —க்ஷேத்திரம் propre place.

*சுவசந்தம்,(சு),la pleine lune de சித்திரை où l'on célèbre la fête de Kâmen.

*சுவசனம்,1° (சு),éloquence, élégance,bonne parole,—phrase.2° (சுவ),parenté,propres gens.

*சுவச்சம், (சு, அச்சம்), pureté, blancheur, exemption de tache, *V.* சொச்சம்.

*சுவஸ்தம்,(சுவ,sthâ,*stare*),santé, bon état,convalescence,état naturel, —propre d'une chose. [état naturel.

*சுவஸ்தானம்,(சுவ),propre place,

*சுவஸ்தி, (சு,asti *est*), c'est bien, terme d'approbation,mot de bénédiction,—de bon augure,signe superstitieux de bonne fortune que tracent les gourous gentils dans les mariages.

*சுவஸ்திகம்,(சுவஸ்தி,ka),1°espèce de signe,figure mystique dont l'inscription est censée favorable, c'est presque une croix.2° *ou*

*சுவஸ்திகாசனம்,(சுவஸ்திகம், ஆசனம்),position qui consiste à placer les plantes des pieds entre les cuisses et les genoux et à se tenir droit.

சுவடி,petit livre,livret,livre écrit sur òles à l'usage des écoles:—சேர்க்கிறது joindre ensemble les feuilles d'un tel livre,en faire un;—துவக்குகிறது commencer à lire ce livre; —படிக்கிறது l'apprendre,le lire; சுவடியையவிழ்க்கிறது délier un livre d'òles,l'ouvrir.

சுவடு,*gén.*ட்டின், signe, vestige, marque,—des coups, cicatrice, vestige,—des pieds,ornière,trace d'une roue,étrier,cotte d'armes,lien,petite mesure,1/5 de l'ஆழாக்கு,expédient.

*சுவணம்,*P.* சுவர்ணம், or: சுவணக்காரன் orfèvre;—தானம் présent en or; —புஷ்பம், —புட்பம் or d'offrande,or employé au culte, fleur d'or,nom de diverses plantes; —பூமி terre d'or, le Souvarkam; — மயம் d'or,orné d'or.[ந்திரம், *V.*சுதந்திரம்

*சுவதந்தரம்,சுவதந்திரியம்,சுவத

*சுவத்தம், *P.*சுவஸ்தம்.

*சுவத்தி, *P.*சுவஸ்தி.

*சுவத்திகம்,சுவத்திகாதனம்,*V.*சுவஸ்திகம்... [ம்.

*சுவபாவம்,(svabhâva), *V.* சுபாவ

*சுவப்பிரம்,(svabhra),enfer, abyme,trou (sous terre...)

*சுவம்,(sva),propriété,richesses.

*சுவயம்,(svayam),*V.* சுயம்:—சிருதம் ce qui se fait de soi-même; சுவயத்தானம் place—,lieu propre.

*சுவயம்பு, (*id.*bhoû *être*), *V.* சுவாயம்பு.

*சுவயம்புவன், *V.* சுவாயம்புவன்.

*சுவயம்வரம்...*V.*சுயம்வரம்...

*சுவயம்வரை,*V.*சுயம்வரை.

சுவரணை, P. சுமரணை, connaissance, sens, sentiment, sensiblité.

சுவரொட்டி,(சுவர், ஒட்டுகிறது), la plante prenanthes sonchifolia, mur d'appui.

சுவர், 1° mur, muraille, 2°*(svar), le Souvarkam: சுவரகழ்கருவி instrument pour percer les murs; சுவரறை enfoncement —, placard dans un mur; சுவர்கங்கை, சுவர்நதி, —வாவி le prétendu Gange céleste; —க்கருவிவி espéce de serpent; —க்கீரை sorte de plante médicinale; —க்கோழி criquet, grillon; —ச்சாதி espéce de sel âcre nommé சத்திச்சாரம்; —தாங்கி mur d'appui, arc-boutant; —த்தலம் muraille; — ப்பாம்பு, —ப்புடையன், —வளையன் serpent qui fait son nid surtout dans les trous ou les fentes des murs; —ப்புறத்துநீண்டவுத்திரம் longue poutre mise au travers du mur; —முள்ளங்கி la plante சுவரொட்டி; —லோகம், V. சுவர்க்கம்; — வது, —வேசியை courtisane du Souvarkam; —வைத்தியர் les médecins du Souvarkam, — des dieux; —வைக்கிறது bâtir un mur; அணைசுவர் mur d'appui; கைப்பிடிச்சுவர் parapet, balustrade

*சுவர்க்கம், (svarga), le Souvarkam, ciel des hommes déifiés, Svarga, paradis d'Indiren, prétendu monde ou demeure des dieux inférieurs dits தேவர் ou சுரர், le ciel, mamelle de femme: சுவர்க்கபதவி, —பூமி, — லோகம், —வீடு le Souvarkam, le ciel.

சுவர்க்கர், சுவர்க்கத்தார், சுவர்க்கத்தோர், (சுவர்க்கம்), les prétendus habitans du Souvarkam.

*சுவர்க்காதிபதி, (சுவர்க்கம், அதிபதி), Indiren, roi du Souvarkam.

*சுவர்ணம், சுவர்ன்னம், (சு, வர்ணம்), ce qui a belle couleur, l'or: சுவர்ன்னத்திராவகம், — பேதி eau régale qui dissout l'or, aqua-regia.

*சுவர்ன்னாதாயம், (சுவர்ன்னம், ஆதாயம்), taxe—, impôt de jardins, —d'arrière-cours.

*சுவலோகம், P. சுவர்லோகம்.

சுவலே, l'arbre அரசமரம்.

சுவல், crinière de cheval, dessus des épaules, nuque du cou, échine, monticule: —வரி ce qui a des raies sur le dos, *i.e.* le rat palmiste.

*சுவல்ப்பம், (svalpa), bagatelle, V. சொற்பம். [rat musqué.

சுவவு, le Souvarkam, bec d'oiseau,

சுவறல், சுவறுதல், *n.v. du suiv.* desséchement, évaporation, s'imbiber.

சுவறுகிறது, றினேன், றுவேன், று, ற, *v.n. et* சுவறிப்போகிறது, se dessécher, tarir (une riviére etc...), s'évaporer, l'eau s'absorber, s'imbiber en terre: சுவறக்குடிக்கிறது boire sans rien laisser.

*சுவற்கம், P. சுவர்க்கம்.

*சுவற்பம், (svalpa), petitesse, bagatelle, front.

சுவற்றல், சுவற்றுதல், *n.v. de*

சுவற்றுகிறது, ற்றினேன், ற்றுவேன், ற்று, ற்ற, *v.a. de* சுவறுகிறது, tarir, épuiser, dessécher, boire, absorber. [feu.

*சுவனன், (souvana), soleil, lune,

*சுவன்னம், (சு), V. சுவர்ணம்: சுவன்னக்காரன் orfèvre; — யூதி, (yoûthi *jasmin*), jasmin jaune.

*சுவா, (svâ), chien, fourmi. [quet.

சுவாகசம், P. சுவாசகம், perro-

*சுவாகதம், (சு, âgata *venue*), bienvenue, salutation, réception affable, perroquet.

*சுவாகா, (svâhâ), Svâhâ, prétendue déesse épouse du feu, invocation qu'on lui fait—, exclamation usitée dans les offrandes aux dieux indous et à la fin des priéres; —பதி, —ப்பிரியன் l'époux de Svâhâ, *i. e.* le feu: —காரம் prononciation du mot Svâhâ.

சுவாகு, fourmi.

சுவாசகம், 1° (சு, வாசகம்), perroquet. 2° la plante பேரமுட்டி, l'arbre விஷமுட்டி, terre à foulon.

*சுவாசம், 1° (svâsa), respiration, haleine, soupir; (l'aspiration se dit உச்சுவாசம் et l'expiration நிசுவாசம்; la respiration par la narine droite சூரியகலே, par la narine gauche சந்திரகலே). 2°(சு, வாசம்), belle

habitation,agréable parfum, terre à foulon: சுவாசமடங்குகிறது la respiration s'affaiblir,—diminuer(surtout au moment de la mort);—அடக்குகிறது comprimer —, retenir la respiration: — கட்டியேற்றுகிறது comprimer la respiration et la faire passer par le pouls nommé சுழிமுனை qui s'étend de l'anus à la tète; —நடக்கிறது la respiration marcher,—avoir son cours;—வாங்குகிறது prendre haleine,aspirer l'air;—விடுதல் expirer l'air qu'on a aspiré;—வாங்கிவிடுகிறது aspirer et expirer l'air.respirer;சுவாசகந்தி l'arbre இத்தி:—காசம் asthme;—க்குத்து douleur à respirer.

*சுவாஸ்தியம்,(svâsthya),richesse, bonheur, santé, contentement, fermeté,habileté, indépendance, terres exemptes d'impôt ou de rente possédées par les brames dans leurs villages. [V.சுதந்திரம்.

*சுவாதந்திரியம்,(சுவதந்தரம்,ya),

*சுவாதம்,1°(svâda).goût,saveur.2° P.சுவாசம்,respiration,haleine,sorte de maladie: சுவாதகந்தி l'arbre இத்தி.

*சுவாதி,(svâti),la 15me constellation,Arcturus, grande étoile dans la cuisse du Bouvier.

*சுவாதிகாரம்,சுவாதிபதி,சுவாதிபத்தியம்... V.சுயாதிகாரம்...

*சுவாதிட்டானம்,(சுவ,அதிஷ்டானம்), la 2e des 6 régions du corps humain dites ஆதாரம்,i.e.les parties naturelles, ou la partie supérieure de l'abdomen.

*சுவாதீனம்,(சுவ,அதீனம்),indépendance,liberté, propriété, propre droit,revenu,habileté: நூறுபொன் சுவாதீனம் revenu de 100 pièces d'or;இவ்வூரில் நூறுபொன்னவனுக்குச் சுவாதீனமுண்டு, il a dans ce village un droit ou un revenu de 100 pièces d'or; அவனுக்குச்சுவாதீனம் போதாது son habileté, son pouvoir n'est pas suffisant;இந்தஸ்தலமவனுக்குச்சுவாதீனந்தான் ce lieu est réellement sa propriété.

*சுவாதீனன், (சுவாதீனம்),homme libre,indépendant.

*சுவாது,(svâdou), douceur: —கண்டம் la plante நெருஞ்சில்; —கந்தி le basilic துளசி;—மூலம் carotte.

*சுவாத்தியம்,P.சுவாஸ்தியம்.

*சுவாத்தியாயம்,(சுவ,அத்தியாயம்), étude volontaire,science acquise dans les livres et sans maitre,prononciation des prières,lecture des—, les vèdas. [volonté.

*சுவாந்தம், (svânta),esprit, âme,

*சுவாபம்,1° P.சுவபாவம், V. சுபாவம். 2° (svâpa), sommeil, songe, paralysie: சுவாபப்பிரமாணம் manière naturelle de connaître la vérité,v.g. lorsqu'un mot a plusieurs sens prendre celui qui convient à la circonstance: si donc un cornac demande un தோட்டி, naturellement on doit donner à ce mot le sens de croc (de cornac).

*சுவாபாவிகம்,சுவாபாவிகம், (சுவபாவம்),être de soi- même, ce qui est naturel, particulier, inhérent à une chose V.சுபாவிகம்.

*சுவாமி,(svâmi),1°Seigneur,Dieu. 2° (dans le style payen) Arouguen, Siven,Soupramanien, Vichnou, Garouden.3°gourou,prêtre,roi,maitre, propriétaire,ancien, supérieur, précepteur,maitre d'école,mari,or:—த்துரோகம் crime de lèse-majesté, trahison envers un supérieur;—நாதன் Soupramanien. V. குருநாதன்; —மலை, V.சாமிமலை.

*சுவாயம்பு,சுவாயம்புவன்,(சுவயம்பு),le fils de சுவயம்பு ou de Brama, nom du 1er Manou, auteur du code dit lois de Manou.

*சுவாயம்புகம், சுவாயம்புவம், (id.),un des 28 livres des Sivénistes.

சுவாயை, (svâbâ), Souvâyei, prétendue déesse femme du feu.

*சுவாரசம்,(சுவ,ரசம்),goût,douceur,onction (en littérature),V. வெள்ளிலோத்திரம்.

*சுவாராட்டு, (சுவர், ராட்டு), le prétendu roi du Souvarkam,i.e.Dêvendiren (சுவர் *changé en* சுவா.)

*சுவாராச்சியம், (*id.*),le royaume du Souvarkam.

சுவாரி, (*persan*),palanquin et autre moyen de transport, poupe de navire. [le second Manou.

*சுவாரோசிஷன், (svârôtchicha),

*சுவார்த்தம், (சுவ,அர்த்தம்), sens propre,—véritable, naturel, le propre,propriété,substance, propres richesses,même effet,—sens, pléonasme:சுவார்த்தவநுமானம், induction—, conjecture naturelle, détermination de la vérité de manière à satisfaire l'esprit,propre estimation.

சுவாலிக்கிறது,லித்தேன், லிப்பேன்,லி,லிக்க,*v.n.et* சுவாலித்தல், *n.v.* (சுவாலை),flamboyer,flamber,briller, s'enflammer,être très-chaud, faire chaud: இந்தவீட்டிலேமிகவுஞ்சுவாலிக்கின்றது il fait très- chaud dans cette maison. [flamme.

*சுவாலிதம்,சுவாலை, (djvâlâ,ita),

*சுவானம்,(svâna),chien,la plante நாயுருவி,or.

*சுவாநுபவம்,(சுவ, அநுபவம்), jouissance du plaisir, propre délectation,—volupté.

*சுவாநுபூதி,(*id.*அநுபூதி), grâce —,connaissance divine.

*சுவாநுபூதிகம்,(*id.*ka), connaissance acquise par ses propres forces.

*சுவான்,(sva), *m.f.* propriétaire, possesseur: இந்தப்பூமிக்கிவன்சுவான் il est le propriétaire de cette terre. [சி.

சுவி,l'arbre இத்தி,le basilic துளசி.

சுவிகரிக்கிறது,சுவிகரிப்பு,சுவிகாரம்..., *V.*சுவீகரிக்கிறது...

சுவிகை,callou,jus de cocotier..., gousse de cardamome,*V.*கச்சோலம்

*சுவிக்கிரமம்,சுவிக்கிராந்தம், *et corr.*சுவிக்கிராதம், (சு),valeur, héroïsme,prouesse.

*சுவிசக்ஷணம்,சுவிசட்சணம்,(சு, vitchakchana *habileté*),grand esprit, grande habileté,—connaissance.

*சுவிசாலம்,(சு),grande extension,—étendue.

*சுவிசாரம்,சுவிசாரிதம்,(*id.*),bonne idée,—réflexion,— délibération.

*சுவிசேஷகன்,சுவிசேடகன்,*hon.* சுவிசேஷகர்,(சுவிசேஷம், ka), porteur de bonnes nouvelles,évangéliste,auteur —prédicateur de l'Évangile. [ne nouvelle,Évangile.

*சுவிசேஷம்,சுவிசேடம்,(சு),bon-

*சுவிதம்,(சு),bonne manière.

*சுவிதன்,*V.*சௌவிதன்.

சுவீகரிக்கிறது,ரித்தேன்,ரிப்பேன், ரி,ரிக்க,*v.a.*(சுவீகரம்),employer,jouir,user,s'emparer, accaparer, prendre pour soi,adopter:வியர்த்தமாகச் சுவீகரிக்கிறது prendre —, employer en vain.

*சுவீகரம், சுவீகாரம்,சுவீகரணம்,(சுவ,*propre*,ì *augment*),acceptation, adoption, possession,jouissance, usage,agrément,consentement: சுவீகரச்சுதன்,—புத்திரன் fils adoptif; சுவீகரம்பண்ணுகிறது, — செய்கிறது adopter,prendre pour soi.

சுவீகரித்தல், சுவீகரிப்பு, *n.v.de* சுவீகரிக்கிறது,*V.*சுவீகரம்.

*சுவீரம்,(சு),pays situé sur les bords de l'Indus.

*சுவீரியம்,(சு),valeur,bravoure.

*சுவேச்சை,(சுவ,இச்சை), propre désir,—volonté,fantaisie.

*சுவேதகம்,(சு, வேதகம்), le fruit rouge du feronia dit aussi சவரிலோத்திரம்.

*சுவேதசம்,(*id.*சம்),ce qui naît de la sueur,(ou de la chaleur et de l'humidité,comme) vers,insectes.

*சுவேதம்,1° (svêta), blanc, blancheur,ce qui est blanc,la planète Vénus,argent,le mont blanc,*i. e.*le கைலாசம்,coris,le roseau நாணல்,l'arbre மாவிலிங்கம்,l'arbrisseau வஞ்சி. 2° (svêda),sueur, transpiration: சுவேதகாண்டம் la plante grimpante சீந்தில்;—கசம்,—கஸ்தி(அஸ்தி),—குஞ்சரம் l'éléphant blanc d'Indiren;—குசுமம் l'arbrisseau வெள்ளெருக்கு;—சலம் sueur;—சாரம் le roseau நாணல்;—தாது chaux; —தீவு l'ile blanche,division secondaire du monde connu des Indiens(on ne sait où elle est;Wilson suppose que c'est la *Bre-*

tagne); —தேசம் la Suède; —நாதம் sperme;—பதுமம் nénuphar blanc; —பத்திரம் l'oiseau à plumes blanches,le cygne,oie;—பத்திரரதன் celui qui a le cygne pour char,*i.e.* Brama;—மூலம் la plante சாரணை; —மூலி la sensitive:— ரதன் l'astre au char blanc, *i.e.* Vénus;—ராசாவர்த்தம் lapis lazuli de couleur blanche; —வராக்கற்பம் embryon—,incarnation de Vichnou en cochon blanc;—வராகமூர்த்தி Vichnou incarné en cochon blanc;—வனம் la forêt blanche,nom d'un lieu,—d'un bourg;—வனப்பெருமான் idole de ce lieu nommée மெய்கண்டதேவர்;—வாகன்,—வாகனன்,—வாகி,—வாசி, celui qui a une monture blanche,*i.e.* Aroutchounen (dont le cheval était blanc), la lune (dont le disque ou le char est blanc).

*சுவேதாசுவதரம்,*ou mieux* சுவேதாச்சுவதரம்,un des 32 உபநிஷதம்.

சுவை,1° goût,saveur,(on en compte 6,voyez அறுசுவை),douceur, —des compositions oratoires,poétiques etc..,figure de rhét.qui y a rapport, la 14me constellation dite சித்திரை. 2° *imp.du suiv.*:—ப்பண்புத்தொகை élision de la forme adjective à un nom de saveur, *v. g.* தேன்மொழி, (*P.* தேனுடையமொழி) parole de miel; உட்சுவை saveur intérieure (d'un fruit etc...),அறுசுவைபதார்த்தங்கள் mets de toutes saveurs, provisions de tout genre.

சுவைக்கிறது, வைத்தேன், வைப்பேன்,வை,வைக்க,*v.a.* (சுவை),*et* சுவைத்தல்,*n.v.*goûter,savourer, manger.

சுவ்,*P.*சு devant une voyelle.

சுழகு,*P.*சுளகு.

சுழங்குகிறது, கினேன், குவேன், கு,க,*v.n.* *V.*சுழலுகிறது. [tourner.

சுழலம்,*P.*சுழல்:சுழலமாடுகிறது,

சுழலல்,*opt.et n.v.de* சுழலுகிறது, mouvement circulaire, tournoiement,tourbillon.

சுழலன்,(சுழல்),fourbe,trompeur, fripon,imposteur, séducteur, tentateur.

சுழலி,1° *fém. du préc.* 2° 2° *pers. nég.sing.de* சுழலுகிறது.

சுழலுகிறது,ழன்றேன், ழலுவேன்,ழலு *ou* ழல்,ழல, *v.n.* சுழலுதல், *n.v.*(சுழல்),tourner, — en rond,pirouetter,tournoyer,tourbillonner,se troubler:சக்கராகாரமாய்ச்சுழலுகிறது tourner en rond,— en cercle.

சுழலையாடுகிறது,*V.*சோருகிறது.

சுழல்,1° girouette,moulinet,tournoiement,tourbillon,tournant d'eau, gouffre.2° *imp.et part.de* சுழலுகிறது:சுழலாவிரை espèce d'ஆவிரை; —காற்று tourbillon de vent;— காற்றடிக்கச் சுழன்றெழும்புழுதி poussière enlevée en tournoyant par un tourbillon de vent;— நோய் sorte de maladie qui donne des vertiges: —படை bâton recourbé qui tournoie quand on le lance; — வண்டு scarabée tournoyant; சுழற்றண்ணீர் eau qui tournoie ou se roule en coulant;சுழலிலேயகப்படுகிறது être pris dans un tourbillon, — dans un tournant d'eau.

சுழல்தல்,சுழல்வு, சுழற்சி,*n.v. de* சுழலுகிறது,action de tourner etc.., tournoiement,tour,trouble,vertige.

சுழற்றல் *opt.et n.v.de* சுழற்றுகிறது,action de tourner etc..,tournoiement,—de tête,vertige.

சுழற்றி,1° *P.* சுழற்சி, tournoiement,tour,vertige,essieu—, poignée d'un rouet(à filer...),tourniquet ou machine à tordre des cordes, scarabée noir.2° *gér.de* சுழற்றுகிறது.

சுழற்று,1° tournoiement,2° *imp. et part.de*

சுழற்றுகிறது,ற்றினேன்,ற்றுவேன்,ற்று,ற்ற,*v.a.* *de* சுழலுகிறது *et* சுழற்றுதல்,*n.v.*tourner,faire pirouetter,—tourner en rond,brandir,enrouler, envelopper சுழற்றியெறிகிறது faire tourner et lancer,*v.g.*une pierre avec une fronde; தலை— faire tournoyer sa tête,—la tête,avoir des vertiges, avoir la tête légère.

சுழன்று,*gér.de* சுழலுகிறது.

சுழானை, (*P.* சுழலாவிரை), la plante பொன்னாவிரை,

சுழி, 1° tour, tournant (d'eau...), tourbillon, cercle, boucle, petit rond dans la forme de certaines lettres, (v. g. dans ன qui a 2 சுழி, ண qui en a 3), le petit tour ou rond qui distingue certaines lettres longues des brèves correspondantes, (v. g. தீ, ஓ, ே,), point, tournure circulaire, tour du poil des chevaux ou autres animaux (d'où les payens tirent des augures suivant qu'il est tourne à droite ou à gauche), artifice, fourberie, obstination. 2° *imp. et part. de* சுழிகிறது. 3° *imp. de* சுழிக்கிறது: —குளம் strophe de 4 vers écrite en carré et qu'on retrouve soit en les lisant naturellement soit en les lisant en tournant; —க்காற்று tourbillon de vent; —க்குணம், —த்தனம், —ப்புத்தி caractère fourbe, esprit trompeur; —சுழிக்கிறது faire un petit rond, de petits cercles, des boucles; —ச்சுத்தம்பார்க்கிறது voir si la tournure circulaire du poil d'un cheval etc... est de bon augure; — மழை pluie qui tourbillonne, qui tombe ou fouette en tous sens, —de tout côté; — மாந்தம் colique, entortillement des intestins des enfans (qui se manifeste par le roulement des yeux); —மின்னல் éclair fourchu; —யச்சு moule de petits ronds, instrument d'orfèvre; —யாணி, —யாணிக்கட்டை pivot d'une porte; —யாணிக்கதவு porte à pivot; —யிடுகிறது faire un petit rond ou cercle (avec une plume...); —போடுகிறது s'enfoncer dans l'eau, — dans un tournant d'eau, aller—, couler en tournant; இராசகோபாலச்சக்கரச்சுழி fanons ronds ou à cercles du berger royal (frappés à Tanjaour par le roi விசையரகவன், et nommés ainsi en l'honneur de Krichna auquel il avait bâti un temple): மூன்றரைமாற்றுச்சக்கரச்சுழி fanons ronds de 3 carats et demi frappés à Kijvèlour prés Négapatam; on les nomme aussi கீழ்வேளூர்ச்சுழி.

சுழிகிறது, ழிந்தேன், ழிவேன், ழி, ழிய, *v.n.* (சுழி), *et* சுழிதல், *n.v.* se boucler, se mettre en rond, en cercle, en anneaux, se rouler, se troubler: சுழியப்பேசுகிறது parler artificieusement, user de détours.

சுழிகை, *n.v. du préc.* se boucler..., boucle, rouleau, rond, callou, jus de cocotier..., nom d'un lieu.

சுழிக்கிறது, ழித்தேன், ழிப்பேன், ழி, ழிக்க, *v.a. de* சுழிகிறது, boucler, faire—, former des ronds, un tournant, des cercles, des anneaux, mettre en rouleau, rouler, s'élever en tourbillon, froncer les sourcils, circonvenir, agir frauduleusement: சுழித்தது chose—, lettre bouclée, à petit rond, comme ே, ரு; சுழியாதது chose, —lettre sans boucle ou petit rond comme ெ, ரு; சுழித்துப்பார்க்கிறது voir en fronçant les sourcils, en rechignant: சுழித்துவாங்குகிறது tirer en dedans, en roulant.

சுழிக்குதல், சுழித்தல், *n.v. du préc.* 1° action de boucler etc... 2° élévation, hauteur.

சுழிப்பு, 1° *n.v. du même.* action de boucler etc... 2° morceau de terre.

சுழிமுனை, *V.* சுழுனை.

சுழியல், *n.v. de* சுழிகிறது, boucle, rouleau, cheveux (d'homme ou de femme).

சுழியன், (சுழி), trompeur, fourbe.

*சுழுத்தி, (souchoupti), sommeil profond, —léger; c'est le 3me des அவஸ்தை, qu'ils prétendent venir de l'இதயத்தானம் ou des regions du cœur.

சுழுந்து, *V.* சுளுந்து.

சுழுனை, (souchoumnâ *en canara*), respiration par les 2 narines, nerf ou artère qui passe par les 6 régions du corps dites ஆறுதாரம், (ou selon d'autres), qui s'étend du postérieur au creux du sommet de la tête.

சுளகு, van, —pour vanner le blé.., la 16me constellation nommée விசாகம்: —ப்பின்னல் tresse en forme de van, certaine manière de tresser; சுளகாலேகொழிக்கிறது, — நோம்புகிறது, —புடைக்கிறது vanner, — le blé..., (ces mots ont quelques légères nuances de différence); — யடிக்கிறது frapper avec le van (espèce d'affront): சுளகிலே பரப்பி விடுகிறது étendre et laisser sur le van pour faire sécher.

சுளாவுகிறது, *V.* சுலாவுகிறது.

சுளி, 1° oseille dite புளியாரை, tempe. 2° *imp. de* சுளிக்கிறது. 3° *imp. et part. de* [ளிய, *v.n.* se fâcher.

சுளிகிறது, ளிந்தேன், ளிவேன், ளி,

சுளிகை, 1° l'arbre முருங்கை. 2° *n. v. du préc.*

சுளிக்கிறது, ளித்தேன், ளிப்பேன், ளி, ளிக்க, *v.n.* se fâcher, s'irriter, rechigner, se refrogner, être mécontent, dégoûté, montrer de l'indignation: சுளிக்கச்சொல்லேல் ne parle pas de manière à faire fâcher ceux qui entendent. [des voyageurs.

சுளிக்கு, bâton, —pointu à l'usage

சுளிதல், சுளிவு, *n.v. de* சுளிகிறது, சுளித்தல், சுளிப்பு, *n. v. de* சுளிக்கிறது, indignation, colère, marque de colère; அவன்முகத்திலேசுளிப்பு *ou* சுளிவுகண்டேன் j'ai vu de l'irritation sur sa figure. [à expédiens.

சுளுகன், (சுளுகு), homme rusé, —

சுளுகு, 1° expédient, moyen, ruse, chose petite, bagatelle, petitesse. 2° *P.* சுளுவு.

*சுளுகோதகம், (சுளுகம், உதகம்), eau contenue dans le creux de la main.

சுளுக்கு, 1° entorse, foulure. 2° *imp. et part. du suiv.*: — மந்திரம் prière pour guérir une entorse; — வழிக்கிறது frotter avec la main (un membre foulé pour le remettre); சுளுக்குருவுகிறது, (உருவுகிறது), oindre—, frotter —, remettre un membre foulé; சுளுக்குருவுகிறவன் celui qui guérit les entorses, —remet les membres foulés; சுளுக்கேற்றிவிடுகிறது, (ஏற்றுகிறது), augmenter une entorse (par ignorance ou méchanceté pour demander plus ensuite pour la guérison),

சுளுக்குகிறது, *sync.* சுளுக்கிறது, க்கினேன், க்குவேன், க்கு, க்க, *v.n.* சுளுக்குதல், *n. v.* se fouler, être foulé, attraper—, avoir une entorse, —une foulure, se disloquer: கால்சுளுக்கினது, கால்சுளுக்கிக்கொண்டது le pied est foulé, il a attrapé une entorse au pied; சுளுக்கப்பண்ணுகிறது fouler, causer—, donner une entorse.

சுளுந்து, l'arbrisseau கோரான், ixora parviflora, branches sèches de cet arbrisseau qui servent de torches pour les voyageurs, espèce de fronde contenant des cendres chaudes de charbon et qui en tournoyant jette quantité d'étincelles, *V.* சூள்.

சுளுவு, (*corr. de* சுலபம்), facilité, douceur, légèreté, rabais, remise, diminution: — பண்ணுகிறது faire une remise, diminuer le prix; சுளுவாயிருக்கிறகாற்று vent doux, douce brise.

சுளை, pulpe des fruits (dont on a ôté l'écorce et le noyau; il se dit surtout du jacquier, et même de la banane.): சுளையெடுக்கிறது ôter la pulpe des fruits; தோலிருக்கச்சுளையைவிழுங்கினான் il a avalé la pulpe avec la peau, il a volé adroitement sans laisser de traces; தோலைவிட்டுச்சுளையைவிழுங்கவருகிறான் il vient avaler la pulpe quand la peau est ôtée, il jouit du profit sans partager la peine. [poisson sec, *V.* சூள்.

சுள், petitesse, ce qui est mince,

சுள்ளக்கம், (சுள்ளம்), colère, furie, bassesse, malhonnêteté, insolence: — அடங்குகிறது la colère... s'apaiser.

சுள்ளக்கன், (*id.*) homme colère, furieux, féroce, vil, malhonnête, insolent: — ஆய்த்திரிகிறது se comporter—, rôder comme un homme colère... [ம்.

சுள்ளம், (சுள்ளு, அம்), *V.* சுள்ளக்க

சுள்ளலன், *m.* சுள்ளலி, *f. et n.* (சுள்ளல்), flandrin, homme—, femme—, chose mince, —grêle, —dont la grosseur ne correspond pas à la hauteur.

சுள்ளல், (சுள்), chose mince, —grêle, *V.* சுள்ளி.

சுள்ளாக்காய், (சுள்ளு, ஆம், காய்) poivre vert, non mûr.

சுள்ளாணி, (சுள்,ஆணி), pointe, clou mince,—petit.

சுள்ளாப்பிக்கிறது, ப்பித்தேன், ப்பிப்பேன்,ப்பி, ப்பிக்க, *v. a. et n.*சுள்ளாப்பித்தல்,*n.v.*(சுள்ளாப்பு),piquer, être âcre, brûler, chauffer, frapper, lancer,souffler, devenir impétueux, se hâter.

சுள்ளாப்பு, (சுள்ளு), acrimonie, âcreté,vitesse,chaleur,ardeur du soleil,(surtout après ou avant la pluie ou dans des intervalles de pluie).

சுள்ளி, l'arbre exotique அவிச்சமரம்,les arbres ஆச்சாமரம்,ஞாழல், மயிர்க்கொன்றை, manguier, broutilles,menu bois sec pour brûler.

சுள்ளு, colère, chaleur excessive, démangeaison, irritation de la peau comme celle que cause la piqûre des orties, *V.*சுள்:சுள்ளிடுகிறது être âcre,piquer,brûler,cuire,faire mal; சுள்ளிடுவான் poivre,—vert,*ou* —ப்பூச்சி l'insecte qui fait soullou-soullou,*i. e.* le grillon;சுள்ளெறும்பு petite fourmi noire dont la piqûre est cuisante;சுள்ளென்கிறது,—சுள்ளென்கிறது être en colère, — ardent,brûlant,piquant;—சுள்ளென்று முகத்தைக்காண்பிக்கிறது montrer un visage irrité, — refrogné;— சுள்ளென்று காற்றுவீசுகிறது le vent être extrêmement chaud;—சுள்ளெனவெயிலெறிக்கிறது le soleil darder des rayons ardens;அந்தச்சுணைசுள்ளுசுள்ளென்று பற்றிக்கொள்ளுகிறது le duvet de cette plante pique et cause des démangeaisons.

சுள்ளை, (சூளை), fournaise de potier.

சுறடு,chose desséchée,—tarie.

சுறட்டலன், (சுறட்டு, அலன்), desséché,sec,*ou* tre.

சுறட்டன், (சுறட்டு);têtu,opiniâtre.

சுறட்டு,1°*obl.de* சுறடு.2° crochet, *ou* —த்தனம் opiniâtreté, obstination;—ப்பண்ணுகிறது s'opiniâtrer, s'obstiner;—ப்பிடி ténacité,obstination,—à ne pas lâcher;—வலி douleur qui tord, *V.*சுறட்டுப்பிடி.

சுறட்டை,(சுறடு),ce qui est desséché,sec,sans suc.

சுறணம்,la plante bulbeuse சுரணை tacca.

சுறண்டி,1° espèce de cuillère.2° *gér.de* சுறண்டுகிறது.3° *n. app. du même,* instigateur, excitateur, voleur. [on,*imp.part.et n.v.du suiv.*

சுறண்டு,prise,caresse, instigation.

சுறண்டுறது,டினேன், டுவேன், டு,ட, *v.a.*சுறண்டுதல், சுறண்டல், *n.v.*enlever, piller, caresser,cajoler, exciter,gratter: சுறண்டிவிடுகிறது exciter.

சுறவம்,சுறவு,சுறு,requin, squalus carcharias, le Capricorne, malpropreté,saleté,crasse du corps: துள்ளிச்சுறு requin sautant, espèce de thon,thynnus;கொம்பன்சுறு espèce de poisson,zygena ou balista;சுறுக்கவடி espèce de jeu,maison d'arrêt, prison;—க்கலிறு requin mâle;— க்குட்டி jeune requin; — ப்பிடிக்கிறது le requin saisir, prendre un requin,devenir sale,— crasseux;—மீன் le requin.

சுறுளம்,colère,vitesse,galop.

சுறீர்,(*son imitatif*), சுறீரென்கிறது,piquer,cuire,causer une douleur cuisante (comme la piqûre d'un scorpion, d'une abeille,une prise de tabac etc...),siffler,faire le bruit d'un charbon dans l'eau,faire du bruit,se presser:—என்றுகடிக்கிறது piquer fortement;—என்றுவலிக்கிறது causer,—sentir une douleur excessive.

சுறுக்கன், (சுறுக்கு), homme—, chose alerte,—agile.

சுறுக்கு,vitesse,promptitude,hâte, vivacité,activité, âcreté, acrimonie, piquant, douleur aiguë: சுறுக்காய் promptement, vite, à la hâte; சுறுக்காயெழுதுகிறது,— நடக்கிறது, —செய்கிறது,— படிக்கிறது écrire —,marcher—,faire—,apprendre vite;சுறுக்கில்லாத sans activité,lent, paresseux; சுறுக்காயிருக்கிற, சுறுக்குள்ள,சுறுக்குக்காரன் prompt, diligent,actif,vif,habile, piquant;—த்தாக்குகிறது,— தாக்கிவிடுகிறது montrer de la rigueur, — த்தாக்காமலிருக்கிறது être indulgent,facile;

சுருக்கென்கிறது, சுருக்கெனல் se hâter,arriver subitement, être surpris à l'improviste,être peiné, ressentir de la douleur; சுருக்கென்று, சுருக்கென à la hâte, subitement,à l'improviste; சரக்குகளுக்குச் சுருக்குக்கொடுக்கிறது lier les minéraux, les empêcher de s'évaporer au feu.

சுருசுரு,(*son imitatif*), son perçant: சுருசுறென்கிறது, — எனல் rendre ce son,se presser,se fâcher,*ou* சுறுசுறுக்கிறது, றுத்தேன்,று ப்பேன்,று,றுக்க,*v.n.*சுறுசுறுத்தல், *n.v.*(சுறுசுறு),se hâter, être diligent,rendre un son perçant.

சுறுசுறுப்பு,*n.v.du préc.* diligence,activité,promptitude, célérité,ardeur,ferveur,vivacité:—அடங்குகிறது l'activité—,l'ardeur diminuer,se relâcher;—ஆயிருக்கிறது être diligent,actif,plein d'ardeur...;—உள்ள diligent,actif,prompt, fervent, zélé; சுறுசுறுப்போடே செய்கிறது agir —,faire avec diligence.

சுறுதி,*V.*சுறுசுறுப்பு: —பாய்ந்தோடுகிறது courir vite.

சுறை,la plante கொத்தான்.

*சுறேணிதம்,*P.*சுரோணிதம்.

சுற்கை,étoile.

*சுற்பம்,(soulva), cuivre.

சுற்றத்தார்,(சுற்றம்),parens, proches,compagnons,suite,entourage.

சுற்றம்,(சுற்று),parenté, affinité, consanguinité:— தழுவல் s'attacher à—,embrasser —, bien accueillir sa parenté; சுற்றத்துக்கழகுசூழவிருத்தல் il est beau pour des parens d'habiter ensemble.

சுற்றல்,*opt.et n.v.de* சுற்றுகிறது, action d'entourer etc..., entourage, circuit,course en rond,tour,prise, levée,accroissement.

சுற்றளவு,(சுற்று,அளவு),contour, circonférence,circuit.

சுற்றாரல்,(சுற்று,ஆரல்),mur d'enclos,—d'entourage couvert de chaume.

சுற்றி,*gér.de* சுற்றுகிறது.

சுற்றில்,1° *abl. de* சுற்று,2° *condit. de* சுற்றுகிறது,si on entoure etc...

சுற்றிலும் autour,à l'entour, tout autour, quoiqu'on fasse le tour; சுற்றிலுமதிலெடுக்கிறது élever un mur tout autour;—பார்க்கிறது regarder tout autour.

சுற்று,1° tour,circuit,cours,entourage,alentours,contour, circonférence,course en rond,route autour,chemin détourné,—tortueux,courbure, tournoiement,entortillement,peloton de fil,—de corde,rouleau,mur, mur d'entourage, prise,pillage. 2° *imp. et part.du suivant*:—க்கடுக்கன் espèce de pendans d'oreilles;—க்கட்டு bâtisse d'alentour,—extérieure(d'une maison), parafe, vignette à l'entour, cadre; — க்காவிட்டுக்கொண்டுதிரிகிறது visiter,attendre patiemment,faire antichambre, courtiser, importuner pour obtenir quelque chose;—க்கோயில் pagodin bâti à l'entourage d'une pagode,temple dont on fait le tour;— ச்சுழற்சி, — த்திரிபு détours, circuit,tergiversation, changement, fourberie,erreur;—ப்படாகை bourg voisin,faubourg;—ப்பட்டு, — ப்புறம் alentour,voisinage,environs, faubourg,hameau à côté d'un bourg;—ப்பட்டுக்கிராமம் faubourg, village voisin,—dépendant d'une ville;—ப்பட்டார்,—ப்புறத்தார் habitans des environs,des faubourgs,des villages voisins;—ப்பலி,— ப்பூசை sacrifice aux prétendus gardiens des 8 points cardinaux;—ப்பிரகாரம் rue—,procession autour d'un temple:—மதில்,—மதிள் mur d'enclos,—d'entourage,tour,fort;— முற்றும்பார்க்கிறது regarder tout autour;—வழி chemin détourné,—tortueux; — வாரி école, collége, séminaire, poutre qui sort hors du mur pour soutenir une varangue.

சுற்றுகிறது,ற்றினேன், ற்றுவேன்,ற்று,ற்ற,*v.a.*சுற்றுதல், *n. v.* entourer,environner, envelopper, entortiller,habiller,mettre—, aller—, tourner —,rouler autour, enrouler, mettre en rouleau,—en peloton,faire le tour,enlever,dérober,importuner: சுற்றிக்கொள்ளுகிறது s'entor-

ஈடு

tiller,s'embarrasser,s'envelopper,environner,entourer,dérober;—த்திரிகிறது rôder autour, tourner —, aller çà et là;— ப்பேசுகிறது parler sur une matière,tourner autour du pot, parler par détours sans aller au fond de l'affaire;—ப்பார்க்கிறது regarder tout autour; —ப்போடுகிறது rouler autour, entortiller (du fil etc...);—யாட்டுகிறது environner, tourner;—வருகிறது faire le tour, tourner autour; பட்டணத்துக்குள்ளேசுற்றித்திரிகிறது se promener çà et là par la ville; ஒருவனைச்சுற்றுகிறது tourner autour de quelqu'un, l'importuner. [faire tourner.

சுற்றுவிக்கிறது v. caus. du préc.

*சுனகன்,(sounaka),chien: சுனகதிசை côté du chien,i.e.le sud-ouest.

சுனக்குடம்,V.சுனுக்கு.

*சுனம்,1° (souna),chien.2° P. இலசுனம்,ail. [நாசிரன்.

*சுனசி,சுனசிரன், V. சுநாசி, சு

சுனுவணி,(ind.), lecture de pétitions etc...

*சுனி,(souni),chienne. [க்கள்ளி.

*சுனுக்கு,(snouh),le cactus சதுர

சுனை,1° étang, source,source —, étang sur les montagnes,— dans un roc,lieu proche de l'eau,.2° P. சினை embryon. 3° P. சுணை,honte,sensibilité, démangeaison, pointe, duvet des plantes.4° imp.et part. du suiv. 5° imp. de சுனைக்கிறது:சுனைக்கரந்தை basilic poilu,ocimum pilosum; — த்தவிடு son grossier.

சுனைகிறது,னைந்தேன்,னைவேன், னை,னைய,v.n.சுனைதல்,n.v. s'amollir,devenir mou,doux au toucher,se faner,faire un trou.

சுனைக்கிறது,னைத்தேன்,னைப்பேன்,னை,னைக்க,v.a.சுனைத்தல்,n.v.démanger,gratter.[plante பேய்க்கடலை.

சுனைவு,(சுனை),eau de roche, la

*சுன்,(sounya), vide,rond, zéro, point,blancheur,Saturne. [ம்.

சுன்னச்சி,sel âcre,V. சத்திச்சார

சுன்னத்து, circoncision (des Turcs):—க்கலியாணம் fête de la circoncision (chez les Mahométans);—பண்ணுகிறது circoncire.

*சுன்னம், (sounya), zéro, rond.

சுன்னுக்கட்டி,fromage. [point

சுன்னை,ou சுழி,rond des lettres, v.g.dans ன,ண.

சூ,soû,lettre syllabique composée de ச் et de ஊ,mot pour faire avancer ou chasser les animaux, mot de compassion.

*சூகம்,(soûka),pointe—,barbe d'épi de riz, soie (de sanglier...), duvet —,piquant des plantes,compassion, flèche,vent, air, nénuphar, reptile (en général): சூக்கிடம் chenille poilue;—தானியம் grain barbu comme l'orge,le riz.

*சூகரம்,(soûkara),cochon,cerf.

சூகை,espèce de fourmi,éléphant, chambre de derrière —, derrière d'une maison, tourbillon, tournoiement,—de tête:— யொண்டிக்கேட்கிறது être aux écoutes; என்சூகையோரத்திலேவந்துகிடந்தாயே tu es venu t'étendre sur le bord de ma maison,tu as vécu sous mon toit par charité;சூகைக்கண் œil qui ne peut supporter la lumière;—யாடுகிறது tourner,tournoyer, avoir des étourdissemens.

*சூக்கம்,P.சூக்ஷம். [guillonner.

சூக்காட்டுகிறது,(சூ), exciter, ai-

சூக்காய்நண்டு,espèce de crabe.

*சூக்குமம்...V. சூட்சுமம்...

*சூக்குமர், (சூக்குமம்),espèce de dieux indous. [து.

சூக்குமிக்கிறது, V. சூட்சுமிக்கிற

சூக்குமில், (சூக்குமம்,இல்), nid d'araignée,litt. maison très-fine ou très-subtile.

*சூக்குமை,(சூக்குமம்), un des 4 வாக்கு,son qui vient du nombril, qu'on suppose la source de l'air ou du vent qui donne le ton.

சூக்குளி,feuille de bétel.

*சூக்ஷம், சூக்ஷமம், சூக்ஷணம், (soûkchma),subtilité,une des 4 qualités des corps glorieux,ruse,délicatesse,finesse,ténuité, V.சூட்சுமம்:சூக்ஷமகாயம்,—தேகம், V. சூட்சுமகாயம். [ingénieux.

*சூக்ஷன்,(சூக்ஷம்),homme subtil,

*சூக்ஷி,*f.du préc.*femme subtile.

சூங்குமம்,la plante உத்தாமணி ou வேலிப்பருத்தி.

*சூசகம்,(soûtchaka), espionnage, *V.*சூங்குமம்;சூசகவாயு,*P.* சூதகவாயு,maladie hystérique. [cole.

*சூசகன்,(*id.*),espion, maître d'é-

சூசம்,bélier laineux.

*சூசனம்,(soûtchana),avis, information,vue,voir.

*சூசனை,(soûtchanâ),geste, signe, information par signes,pointe,tranchant,exactitude, subtilité, instruction, prudence, soin: — க்காரன் homme fin, exact, habile; —யாய்ச் செய்கிறது faire exactement, soigneusement; — யாய்ப்பார்க்கிறது examiner attentivement.

*சூசாக்கிரம்,*P.*சூசியக்கிரம்.

*சூசி,(soûtchi),aiguille, signe, indication par signe,trou,index, catalogue;—க்கண் trou d'aiguille;—க்கல் boussole de marins,aimant;— முகம் oiseau;—யக்கிரம் pointe d'aiguille;—ரோமம் cochon;— வதனம் mangousse,moustique(dont la figure ou le nez ressemble à une aiguille).

*சூசிகன்,(சூசி),tailleur.

*சூசிகா,*obl. de* சூசிகை: — தரம், (dhara *qui porte*), éléphant;—பாணம் javelot,arme qu'on lance;—முகம் conque,coquillage;—வாயு,*V.* சூதகவாயு. [d'éléphant.

*சூசிகை,(சூசி,kâ),aiguille,trompe

சூசியம்,viande rôtie,—chaude.

*சூசியாசியம், (சூசி, ஆசியம்), rat musqué,—dont le museau ressemble à une aiguille. [lon.

*சூசுகம், (tchoûtchouka), mame-

சூச்சான்,espèce de jeu.

*சூடகம்,1° (tchoûdaka), puits. 2° bracelet. [gerbes de blé.

சூடடிக்கிறது, (சூடு), battre les

*சூடம்,(djoûta),longue chevelure emmêlée.

சூடல்,*opt.et n.v.de* சூடுகிறது.

சூடன், espèce de poisson, camphre,espèce de camphre qu'on brûle devant les idoles.

*சூடா, 1° *part. nég. de* சூடுகிறது. 2° *obl. de* சூடை:— காணம்,—கருமம், —லக்ஷணம் action de raser la tète en laissant la touffe de cheveux dite குடுமி, faire le குடுமி pour la 1re fois: — க்கல் espèce de pierre;*—மணி grosse pierre précieuse, joyau qu'on porte sur le sommet de la tête ou sur un diadème;—மணிநிகண்டு nom d'un dictionnaire tamoul en vers.

*சூடாலம்,(சூடை,la *qui a*),tête.

சூடாலைக்கல், espèce de pierre précieuse.

சூடி,1° toile,habit.2° *gér.de* சூடுகிறது.3° *n.app.du même qui se met à la fin des mots,* qui porte, couronné de,*v.g.*கொன்றைசூடி celui qui porte une guirlande de cassia.

*சூடிகை,(சூடை, ika), couronne, diadème,crête.

சூடிச்சி, *V.*சவுக்காரம்.[gossypium.

சூடிணர், l'arbre கோங்குமரம்,

சூடிய,சூடின,*part. de* சூடுகிறது: —மாடு bœuf marqué d'un fer chaud.

சூடு,1° *gén.* சூட்டின்,*obl.* சூட்டு, chaleur,combustion, brûlure, marque—,flétrissure imprimée avec un fer rouge, explosion, coup de fusil, tas d'épis—,gerbe de riz etc...,gerbe que l'usage fait donner par les cultivateurs en certains lieux aux serviteurs du village tels que charpentier,forgeron, blanchisseur,barbier, taléary etc...2° (*de* சூடை),touffe de cheveux du sommet de la tête, crête (de coq, — de paon...), couronnement,couronne, bosse du cou des bœufs indiens,tête,pointe, 3° *imp.et part.du suiv.*; சூடாயிருக்கிறது être chaud;—கட்டுகிறது lier—,amonceler les gerbes,les mettre en meule; —காட்டுகிறது faire chauffer un peu;—சூடிருக்கிறது être marqué d'un fer chaud;—படுத்துகிறது faire chauffer: — மிதிக்கிறது battre le blé,le fouler aux pieds dans l'aire; எந்தச்சூடுசூடியிருக்கிறது quelle brulûre a-t-on faite? quelle marque de fer chaud a-t on imprimée?

சூடுகிறது, டினேன், டுவேன், டு, ட, v.a. சூடுதல், n.v. brûler, marquer d'un fer chaud, imprimer un fer chaud (pour guérir certaines maladies), être couronné, s'orner de, porter, se mettre (une couronne, une guirlande): கொண்டைக்குப்பூச்சூடுகிறது se mettre des fleurs à son chignon; சூடிவிடுகிறது,—ப்போடுகிறது brûler, imprimer un fer chaud, marquer d'un fer chaud.

சூடுண்கிறது, (சூடு, உண்கிறது), être brûlé,—marqué d'un fer chaud, சூடுண்டவன் homme ainsi marqué; சூடுண்டபூனை யடுப்பங்கரை சேராது le chat marqué d'un fer chaud n'approche pas du foyer, *prov.* chat échaudé craint l'eau froide; சூடுண்டுமவனுக்கு வெட்கமில்லை quoique marqué du fer chaud, il n'a pas de honte.

*சூடை, 1°(tchoûdâ), touffe de cheveux du sommet de la tête, le குடுமி, crête d'oiseau. 2° *ou* சூடைமீன் espèce de petit poisson, espèce de sardine

*சூட்சம், *P.* சூட்சுமம், finesse, subtilité, délicatesse, petitesse, abrégé.

*சூட்சாதிசூட்சம், சூட்சாநுசூட்சம், (சூட்சம், அதி, அநு), extrême finesse,—subtilité.

சூட்சி, *P.* சூழ்ச்சி.

*சூட்சுமம், (soûchma), atome, petitesse, finesse, légèreté, délicatesse, pensée ou expression subtile, ce qui est une figure de rhétorique, abréviation, syncope, subtilité, dextérité, perspicacité, industrie, fraude, ruse, tromperie, faute, erreur, intelligence, subtilité, (selon les gentils) l'âme de l'univers, l'esprit qui pénètre tout, Dieu, subtilité ou spiritualité, ce qui est un des 4 dons des bienheureux, l'âme sensitive, (*V.* சூட்சுமதேகம்), un des 28 livres des Sivénistes, la plante சித்தில்:—ஆயிருக்கிறது être fin, subtil, délicat, petit etc...;—ஆய்ச்சொல்லுகிறது, —ஆய்ச்சொல்லிவருகிறது parler subtilement,—adroitement et doucement (pour apaiser quelqu'un..);—ஆய்ப் பேசுகிறது parler avec artifice, finesse, subtilité, circonspection ou élégance;—ஆன,—உள்ள subtil, fin, délicat, adroit, industrieux, rusé, léger;—ஆனகாரியம் chose subtile, légère, triviale; சூட்சுமக்காரன் homme subtil, fin, rusé, adroit, trompeur; —காயம், —சரீரம், —தேகம் corps subtil, corps spirituel, fantastique ou invisible (des anges ou des dieux selon les Indous), l'âme sensitive douée du principe vivant, de mémoire, d'intelligence, de raison, de volonté, d'affection ou de passion; on la distingue du corps matériel தூலதேகம் et de l'âme immatérielle et immortelle காரணதேகம்;—தண்டுலம் poivre long;—தரிசனம்,—திஷ்டி vue perçante, voir par l'esprit;—தாரி, *V.* சூட்சுமக்காரன்;—த்துவம் finesse, subtilité;—பஞ்சாக்கரம் espèce de பஞ்சாக்ஷரம் ou de réunion de 5 lettres mystiques; —பத்திரம் moutarde, coriandre, cumin, canne à sucre rouge;—புத்தி esprit subtil, fin, industrieux, plein de sagacité;—பூதம் élément intérieur d'une forme subtile, fantôme subtil;—மக்ஷிகை moustique;—வஸ்திரம் habit fin, léger;—வார்த்தை expression subtile, d'un sens caché ou profond;—வேலை ou சூட்சுமமானவேலை travail —, ouvrage industrieux, subtil, délicat; எழுத்துச்சூட்சுமம் abréviation, *v.g.* உம் pour உதாரணம் exemple, இன் pour இதின்பொருள் le sens de ceci.

*சூட்சுமர், (சூட்சுமம்), espèce de dieux, les subtils.

சூட்சுமாதிசூட்சம், (*id.* அதி), *V.* சூட்சாதிசூட்சம்.

சூட்சுமிக்கிறது, மித்தேன், மிப்பேன், மி, மிக்க, *v.n.* (சூட்சுமம்), *et* சூட்சுமித்தல், être subtil, fin, délicat.

சூட்டடுப்பு, (சூடு, அடுப்பு), foyer.

சூட்டிறைச்சி, (சூடு, இறைச்சி), rôti, viande rôtie,—chaude.

சூட்டு, 1° ornement du front, crête (de coq, de paon etc...), diadème, couronne de fleurs, guirlande,—qu'on met sur le front, couronnement, manière d'orner,de revêtir,de chauffer, de brûler.2° (télinga),sagacité,subtilité.3° *obl. de* சூடு. 4° *imp. et part.de* சூட்டுகிறது:—க்காரன் homme subtil, fin, prudent;—க்கோல் fer pour brûler, — pour marquer, — ப்பாய் natte d'épis;—மாலை guirlande passée au cou; — மிதி action de fouler aux pieds ou de battre le blé dans l'aire.

சூட்டுகிறது,ட்டினேன்,ட்டுவேன், ட்டு,ட்ட, *v. a. de* சூடுகிறது,சூட்டுதல், *n. v.* mettre, orner, — de bijoux etc...,revêtir,appliquer, destiner, se mettre, s'orner;மாலை—orner d'une guirlande.

சூட்டெண்ணெய்,(சூடு,எண்ணெய்), huile distillée,—obtenue par la cuisson.

*சூத,*adj.de* சூதம் *et* சூதன்.

*சூதகம், 1° (soûtaka), saleté, impureté légale des femmes provenant de leurs règles,de l'accouchement ou d'une mort dans la maison, règles des femmes,menstrues,naissance,antiquité,horreur. 2° (tchoûtaka), manguier: — கழிக்கிறது ôter l'impureté légale susdite par offrande ou cérémonies; சூதகக்கட்டி caillot—, obstruction des menstrues;—க்காரி, —ஸ்திரீ femme qui a ses règles; —க்கிரகணி espèce de maladie;—சத்துரு l'aimant;—சன்னி espèce de tétanos—,maladie que cause le coït à une femme qui se le permet pendant ses menstrues; — மலடு stérilité provenant de l'hystérie ou des menstrues; —வாயு hystérie,maladie hystérique qui arrête les menstrues;—வீடு maison impure,—souillée; சனன—,இருது—,உச்சிட்ட—,சண்டாளபரிச—, மரணசூதகம் prétendue impureté provenant de l'accouchement, des menstrues,des restes d'un repas ou des crachats d'un autre, de l'attouchement d'un சண்டாளன், *i.e.* d'un homme sans caste,ou d'une mort dans la maison.

*சூதம், 1° (dyoûta), jeu, — de hasard, dé ou instrument de jeu. 2° (tchoûta),manguier,—amer,une des flèches de Kâmen qui est une fleur de manguier.3° (soûta),mercure,vif-argent. 4° (soûda) art —, métier de cuisinier. 5° l'arbre பவளமல்லிகை, scarabée,signe, marque,audition,chute:சூதகண்டகி, *V.* சத்திசாரம்;—கரன், — காரன் joueur;—சபை maison de jeu, troupe de joueurs;—சாலை cuisine;—நதி le fleuve பொருந்தம்;—நோக்கல் vitriol bleu, sulfate d'antimoine; — பாஷாணம் arsenic composé de mercure:—ப்பூ fleur de manguier;—மாமுனி nom d'un Richi; — ராட்சசன் ambre jaune;—வஞ்சனம், (அஞ்சனம்), *V.* சூதநோக்கல்; — வைசி jet qui a 8 feuilles;சூதத்தைப்பொன்றுக்கி l'arsenic préparé நாகபாஷாணம்.

சூதவம்,scarabée.

*சூதனம், (soûdana),action de détruire,de tuer,destruction, meurtre.

*சூதன்,*pl.* சூதர்,1° (djoûta), joueur,—de profession, trompeur, perfide,filou.2° (soûta),homme né d'un Kchatria et d'une bramine et dont l'emploi est de conduire les chars, cocher, charpentier, le richi சூதமாமுனி,soleil,barde, chantre, panégyriste, louangeur. 3° (soûda), cuisinier: சூதபுத்திரன் Karnen fils du soleil.

*சூதாஞ்சனம்,(சூதம்,அஞ்சனம்), vitriol bleu.

சூதாடல்,*n.v.de* சூதாடுகிறது,jeu, filouterie,tromperie.

சூதாடி,1° *n. app.du suiv.*,joueur, filou,escroc.2° *gér.de*

சூதாடுகிறது, சூதாடுதல், (சூது, ஆடுகிறது),jouer,—aux dés,— à des jeux de hasard,pour gagner de l'argent, filouter, tromper, frauder: சூதாடுகிறவன்,சூதாடுவோன் joueur, filou,trompeur;சூதாடுகருவி instrument de jeu, dé à jouer; சூதாடுமிடம் place de jeu.

சூதாட்டம், சூதாட்டு, (*id.* ஆட்டம்,ஆட்டு),jeu de dés,ruse.

சூதானம், avis, circonspection, précaution,prudence, sureté;—ஆனவிடம் place de sureté;சூதானத்துக்

கழிவில்லை on ne perd rien à prendre des precautions.

*சூதி, 1° (djoûti), mouvement, marche, promptitude. 2° (soûti), naissance, accouchement, accouchée, *P.* சூதிகை:— மாசம் dernier mois de la grossesse;—க்கிரகம், *ou*

*சூதிகாகிரகம், சூதிகாபவனம், (சூதிகை), chambre de l'accouchée.

*சூதிகை, (சூதி, kâ), accouchée, chambre de l'accouchée.

*சூதிமம், (syoûti, ma), action de coudre. [caste.

சூதிரிமான், homme de certaine

சூது, (*de* சூதம்), jeu, —de hasard, —de dés, dé, instrument de jeu, ruse, fraude, tromperie, artifice, nénuphar, la plante ஒரிதழ்த்தாமரை:— க்காரன் joueur, filou, rusé, trompeur; — ப்பணம் argent du jeu;—பண்ணுகிறது tromper, user d'artifice, jouer un tour; —பயில்களம் école de jeu; —போர், —விளையாட்டு jeu, —de hasard;— விளையாடுகிறது jouer aux dés, — à des jeux de hasard;—ப்பலகை damier, échiquier; அவனுக்குக்கபடமுஞ்சூதுந்தெரியாது il ne connait ni ruse ni supercherie, c'est un homme loyal.

சூத்தாடியுள்ளான், *P.* சூத்தாட்டியுள்ளான், (சூத்து, ஆட்டி), bécassine qui remue beaucoup le derrière.

*சூத்திர, *adj. de* சூத்திரம் *et de* சூத்திரன்: —கண்டன் celui qui a le triple cordon au cou, brame;— க்கயிறு cordon de l'aube;— க்காரன் mécanicien, machiniste, artiste, inventeur ou faiseur de machines ou de travaux compliqués; — தருமம் devoirs des Soudras, *V.* சூத்திரத்தொழில்;— தாரி mécanicien, faiseur—, joueur de marionnettes, bateleur;— நாகம் espèce de serpent; — நாபி antidote choutre, —servile, —noir;—நிலை sentence bien suivie, —enchainée, *V.* சூத்திரப்பாடல்; —புஷ்பம், — புட்பம் cotonnier dit பருத்தி; — ப்பா sorte d'அகவல், *ou* — ப்பாடல் règle ou sentence en vers, strophe—, vers qui renferme une sentence;— ப்பாவை, —பதுமை *ou* —ப்பதுமை, — ப்பிரதிமை marionnette, poupée à ressort, statue à ressort, que par des cordes on fait mouvoir;—ப்பதுமையாட்டுகிறது les faire jouer, les faire mouvoir;—ப்பதுமையாட்டுகிறவன் celui qui les fait mouvoir, joueur de marionnettes, inférieur qui fait agir son supérieur selon son bon plaisir;—ப்புறனடை exception à une règle, remarque à la fin d'une règle;— புரோகிதன், —யாசகன் gourou des Choutres, —qui fait des sacrifices pour les Soudras;—ப்பெண் Choutresse;—ராச்சியம் royaume choutre, — dont *le* roi est Soudra;—விருத்தி, *V.* சூத்திரத்தொழில்;— வீணை guitare choutre, espèce de luth;—வுருவம், (உருவம்), *V.* சூத்திரப்பாவை; — யந்திரம் machine, —mue par des cordes;—வேட்டணம், — வேஷ்டணம் navette de tisserand, entortiller du fil;—வேலை machine, ouvrage mécanique.

சூத்திரச்சி, சூத்திரத்தி, *fém. de* சூத்திரன், Choutresse, fille ou femme choutre.

*சூத்திரம், (soûtra), fil, cordon, corde, ficelle, fil de coton, triple cordon, cordon bramanique, —dit பூணூல், secret, mystère, machine, ouvrage—, mécanique, mécanisme, invention, artifice, ruse, fourberie, moyen, expédient, jugement, sentence, édit, règle, précepte (de grammaire, de logique, de morale, de science etc..., contenue dans une sentence courte et souvent obscure; c'est le texte qu'on explique ensuite par des gloses et des commentaires); *V.* வழிநூல்:— ஆயிருக்கிறது être en cordon, —en forme de machine, de règle, de sentence, de texte, de mystère, d'invention; — வைத்திருக்கிறது avoir placé une machine, une machine être placée, être inventé, tracé, projeté;—வைத்தவேலை machine, ouvrage —, mécanique; கபட— machine trompeuse, piége, stratagème, ruse, tromperie; கபடநாடகசூத்திராவதாரி le moteur invisible de la machine de l'univers,(surnom de) Vichnou, *litt.* celui qui s'est incarné dans la machine théâtrale et trompeuse; சக்கர சூத்திரம் machine à roues,roue mue par l'eau pour faire monter de l'eau; சாத்திரத்தைச்சுட்டுச்சதுமறையைப்பொய்யாக்கிச் சூத்திரத்தைக்கண்டுசுகம்பெறுவ தெக்காலம் quand viendra le temps où brûlant les sastras,montrant la fausseté des 4 vêdas et comprenant le secret de la vraie religion, on deviendra heureux? அன்னையறியாதிருந்தாடுஞ்சூத்திரமிது, தன்னையுணர்ந்து தவம்பெறுவதெக்காலம் ô mère! ceci (ce corps)est une machine qui se meut sans se connaître; quand viendra le temps où se connaissant on fera pénitence?(பத்திரகிரியிராசாபுலம்பல்).

*சூத்திரன்,*pl.*சூத்திரர்,1° (soûtra), mécanicien,charpentier,artiste, ouvrier, —habile, homme qui porte le triple cordon.2° (soûdra), Soudra ou Choutre,homme de la 4me classe ou grande caste des Indiens,dont les membres sont censés les serviteurs des 3 premières classes, topaze, œil-de-chat,2 espèces de pierreries: சூத்திரர்தொழில் emploi des Choutres, *V.*அறுதொழில்,5°.

*சூத்திர,*obl.de* சூத்திரை:— சுதன்,—புத்திரன் fils de Choutresse.

*சூத்திராணி,(soûdrâni),*V.*சூத்திரச்சி. [dras,les Choutres.

சூத்திரார்,*P.* சூத்திரர், les Sou-

*சூத்திரி,1° (சூத்திரம்), mécanicien,artiste,artificier.2°(soûdri),Choutresse.3° *imp.de*

சூத்திரிக்கிறது,ரித்தேன்,ரிப்பேன், ரி,ரிக்க,*v.n.*(சூத்திரம்), faire marcher une machine. [Choutresse.

சூத்திரிச்சி,* சூத்திரை, (soûdrâ),

சூத்து,(*expression basse*),le derrière,le postérieur,les fesses,les parties honteuses: சூத்தின்மேலடிக்கிறது fouetter sur le derrière.

சூத்தை,1° *acc.du préc.*2° corruption,carie des dents,vermoulure:— சூற்றுகிறது,—சூற்றுதல் carier,gâter; —யாகிறது se carier.

*சூநம்,(soûna),bouton,—fleuri,—épanoui, accouchement,faire naitre, enflure,cerf,daim. [ande.

*சூநி, (soûni), marchands de vi-

*சூநு,(soûnou),fils,fille, frère cadet,soleil. [கம்.

சூந்துமம்,la plante கிரந்திநாய

*சூபம்,(soûpa), soupe, bouillon, sauce, assaisonnement, emploi—, art de cuisinier,flèche,espèce de pois ditசூபபர்ணி phaseolus trilobus: சூபகாரன் cuisinier; — தூபனம் assa-fetida,*litt.*parfum des sauces.

*சூபாங்கம்,(சூபம்,அங்கம்), l'ingrédient des sauces,*i.e.*l'assa-fetida.

சூப்பி,1° (*mot turc et bas*), prépuce:—க்கலியாணம் circoncision des Turcs, solennité —, cérémonie de leur circoncision; — யறுக்கிறது circoncire. 2° *gér.et n. v.de* சூப்புகிறது,qui lèche,mangeur de restes,parasite,qui vit de ce qu'il reçoit çà et là. [வி.

சூப்பியம் la plante பாம்புகொல்

சூப்புகிறது,ப்பினேன்,ப்புவேன்,ப்பு,ப்ப,*v.a.* sucer, (le jus d'un fruit etc..),tirer le suc,lécher,baiser, raccourcir: சூப்பிப்போடுகிறது sucer, tirer en suçant.

சூப்புகை,சூப்புதல், *n. v. du préc.* sucement,baiser lascif.

*சூமம்,(soûma),ciel,air,lait,eau.

சூம்புகிறது, பினேன், புவேன், பு, ப,*v.n.de* சூப்புகிறது,1° être sucé, se faner,se flétrir,se dessécher,dépérir, le sang—,le suc diminuer.2°*V.* ஊம்புகிறது: சூம்பிப்போகிறது,—யிருக்கிறது se faner,se dessécher,dépérir; —ப்போனகாய்,—கை fruit—,main desséchée;—யிருக்கிறது être desséché,fané,sucé.....

*சூர,1° *adj. de* சூரம் *et de* சூரன். 2° *inf. de* சூருகிறது:— சுதன் le fils du soleil,*i.e.* புதன்;cependant on le dit généralement fils de சந்திரன்; —சூதன் le cocher du soleil,*i.e.* அருணன்;—சேனம்,(சேனை),le pays fécond en héros, le pays autour de Mathoura; — சேனன் le roi Sourasènen, grand père de Krichna;—ப்ப

கைவன் l'ennemi du géant சூரன், i. e. Supramanien;—த்தனம், —த்து வம், V. சூரதை.

சூரணங்கு, (சூர்), déesse.

*சூரணம், 1° (soûrana), la racine கரணைக்கிழங்கு, tacca. 2° (tchoûrna), poudre,—médécinale, cendres:—ஆக்குகிறது, — பண்ணுகிறது faire une poudre médicinale; சூரண்பாரதம் mercure en poudre, vermillon: ஏலாதி—poudre médicinale dont le cardamome est le principal ingrédient.

*சூரணிகை, (tchoûrnaka), espèce de chant, — de poésie, remarque, explication,—en prose des vers précedens.

சூரணிக்கிறது, ணித்தேன், ணிப்பேன், ணி, ணிக்க, v. a. et சூரணித்தல், (சூரணம்), réduire en poudre,—en petits morceaux.

சூரத்து, la ville de Surate.

*சூரதை, சூரத்தனம், சூரத்துவம், (சூரம், tâ), bravoure, courage, valeur, héroïsme, prouesse:—பண்ணுகிறது faire des exploits héroïques;—ஆயிருக்கிறது être brave, héroïque.

சூரபதுமன், சூரபன்மன், nom d'un géant. [vanterie, fanfaronnade.

*சூரமானம், (சூரம்), bravoure,

*சூரம், 1° (soûra), valeur, bravoure, courage, force. 2° crainte, la plante légumineuse கடலை. [—guerriers.

*சூரர், pl. de சூரன், héros, braves,

சூரலன், (சூர்), V. பாண்டியன்.

சூரல், la plante பிரம்பு, rotin, canne.

*சூரன், (soûra), héros, brave, nom d'un géant, lion, ours, soleil, feu, savant, poète, chien, coq, poule, l'arsenic préparé கௌரிபாஷாணம், V. நவச்சாரம்: சூரன்கதை l'histoire ou roman de Souren.

*சூரி, 1° (soûri), savant, poète, médecin, brave, Krishna, soleil, gourou bouddhiste. 2° fém. de சூரன், héroïne, les intrépides காளி et காளி. 3° (tchhoûri), couteau, —qui se ferme, —dont la lame se replie. 4° les plantes எருக்கு, நத்தைச்சூரி et புலிச்சூரி:—க்கத்தி petit couteau, couteau pliant,—joint à un poinçon à écrire; —க்கிளிஞ்சில் espèce de coquillage.

*சூரியர், 1° pl. de சூரி, savans, poètes. 2° pl. de சூரியன், les 12 soleils ou ஆதித்தர் nommés தாத்துரு, சக்கரன், அரியமன், மித்திரன், வருணன், அஞ்சுமான், இரணியன், பகவான், திவச்சுவான், பூடன், சவித்திரு, துவட்டன். Ces noms s'appliquent au soleil suivant le signe où il se trouve; quand il est dans le signe du Bélier au mois de சித்திரை, il s'appelle தாத்துரு, et சக்கரன் quand il se trouve dans le signe du Taureau, et ainsi de suite.

*சூரியன், (soûrya), le soleil, சோழன் ou Sourien, (titre des rois de Tanjaour, comme se prétendant de la race du soleil), montagne contenant du cuivre, l'arbrisseau செவ்வெருக்கு, une des 8 prétendues formes ou மூர்த்தம் de சிவன், V. சூரியகணம்:—உதிக்கிறது, —அஸ்தமிக்கிறது le soleil se lever, se coucher;—வீதி le zodiaque; சூரியஅடி coup de soleil; சூரியகடியாரம் cadran solaire;—கணம் pied d'une longue, 2 brèves et une longue, (il est censé présager la perte de la force);— கண்ணாடி lentille de crystal (pour extraire du feu des rayons du soleil);-கதி mouvement journalier—, marche du soleil;—க்கந்தை sorte de plante;—கலை narine droite;—கிரணம் rayon du soleil; —காந்தக்கண்ணாடி verre ardent, miroir ardent;—காந்தம் tournesol, héliotrope, helianthus annuus, l'arbre hibiscus phœniceus, ou—காந்தச்சிலை lentille de crystal, pierre précieuse, qui, dit-on, vomit des flammes au soleil, (on lui attribue des propriétés fabuleuses);—காந்தப்பட்டு soie qui a la beauté du soleil, velours;—காந்தவாமணக்கு, — காந்தாமணக்கு, (ஆமணக்கு), ricin vert, ricinus viridis;—காந்தி splendeur, — chaleur du soleil, fleur de sésame, l'arbre hibiscus phœniceus;—காந்திப்பட்டு soie qui a le brillant du soleil, vejours;—காந்திவீச்சு coup de soleil; —காலம் temps où le soleil est sur l'horizon, le jour;—கிரகணம் éclipse de soleil;—கிரகம் ce qui saisit le soleil, *i. e.* les prétendus serpens இராகு et கேது, éclipse de soleil, l'astre du soleil; — கிரணம் rayon du soleil;—கிராணம் éclipse de soleil; —கும்பம் cruche qu'on met en signe —, cruche du soleil;—குலம் la race du soleil, dynastie solaire,—royale qui régnait autrefois à Ayodhya ou Aoud;—சங்கிரமம், — சங்கிராந்தி entrée du soleil dans un signe, commencement du mois solaire;—சந்திராக்கிரகவீதி-ம, les 3 rues du soleil, de la lune et des autres planètes, 3 divisions du zodiaque: 1° மேஷவீதி celle du Bélier contenant les 4 signes les plus au nord, savoir: le Taureau, le Lion, les Gémeaux, et le Cancer. 2° இடபவீதி celle du Taureau, contenant les 4 signes les plus près de l'équateur, savoir: les Poissons, le Bélier, la Vierge et la Balance. 3° மிதுனவீதி celle des Poissons contenant les 4 signes les plus au sud, savoir: le Sagittaire, le Capricorne, le Verseau et le Scorpion; —சரம் la narine droite, respiration par la narine droite;—சன், — சுதன், —தனயன் le fils du soleil, *i.e.* le singe Sougriven, Karnen;—சாரதி le cocher du soleil, *i. e.* Arounen ou l'aurore personnifiée; — சித்தாந்தம் nom d'un système d'astronomie suivi dans le nord de l'Inde ou l'Indoustan, (dans le sud on suit le système nommé வாக்கியம்), un des வைஷ்ணவாகமம் ou livres des Vichnouvistes; — தனயை,—புத்திரி, —சை la fille du soleil, la rivière யமுனை, la Djamna;— தரிசகம் hélioscope;—தேசு splendeur—, lumière du soleil;—நமஸ்காரம்,— நமஸ்காரம் adoration au soleil; — பகவான் le soleil (supposé un dieu);—பதவி, *V.* சூரியலோகம்,— பத்தன் adorateur du soleil;—பரிவேடம் halo;— பிரீதி culte agréable au soleil;—புடம் exposition—, cuisson au soleil, longitude du soleil; — புடம்வைக்கிறது cuire au soleil, faire épaissir (un remède, un fluide etc...) en l'exposant au soleil;—புத்திரன் fils du soleil, *i. e.* Saturne, Yamen, Varounen, Karnen, Sougriven;—புராணம் légende du soleil, surnom du பிரமகைவர்த்தம்;—பூசை sacrifice au soleil;— பீ பலகை planche qu'on met sur le linteau d'une porte;— ப்பிரபை halo autour —, disque du soleil, cercle de gloire autour d'une statue; — மணி l'arbre hibiscus phœniceus, la pierre précieuse qui vomit des flammes au soleil; — மண்டலம் diamètre apparent —, orbite du soleil, l'écliptique;—மூர்த்தி le soleil; — லம்பனம் parallaxe du soleil; — லோகம் le ciel—, la région—, l'orbite du soleil;—மைய, —மையக்கவர்ச்சியுள்ள héliocentrique;—மையப்புடம் *ou* விட்சேபம் longitude—, latitude héliocentrique;—வட்டம் cadran solaire, diamètre—, disque du soleil;—வமிசம்,—வம்மிசம், *V.* சூரியகுலம்;—வணக்கம் culte —, adoration du soleil;— வாதம் secte qui adore le soleil, qui le prend pour un dieu;— வாதி adorateur du soleil;— விட்சேபம் latitude du soleil, argument de cette latitude;—விம்பம் diamètre apparent —, disque—, lumière du soleil; — வாகனம் la monture du soleil, (c'est, selon les Indous, un char d'or à une seule roue et attelé de 7 chevaux).

*சூரியாஸ்தம், சூரியாஸ்தமனம், (சூரியன், அஸ்தம்), coucher du soleil, le soir. [pèce de trait.

*சூரியாஸ்திரம், (*id.* அஸ்திரம்), es-

*சூரியாபமம், (*id.* அபமம்), déclinaison du soleil. [rayon du soleil.

*சூரியாலோகம், (*id.* ஆலோகம்);

*சூரியேந்துசங்கமம், (*id.* இந்து), conjonction du soleil et de la lune, nouvelle lune.

*சூரியை, *f. de* சூரியன், la femme du soleil, nouvelle mariée.

*சூரியோதயம், (சூரியன், உதயம்), lever du soleil.

சூருகிறது,ர்ந்தேன்,ருவேன் *ou* ர்வேன்,ரு *ou* ர்,ர,*v.a.*carder—, éplucher—,démêler—,préparer le coton (pour le filer): சூர்ந்தபஞ்சு coton ainsi préparé. [மசாந்தப்புல்.

சூருமம்,les herbes குசைப்புல் et

சூரை,1° jujubier,zizyphus napeca,plante —,blé qui pousse trop et ne donne point de grain, la plante தூதுளை,ivraie, callou, toddi, nom d'un poisson;—ப்பழம் jujube. 2° *P.* சூராய்.2° *pers.nég de* சூர்கிறது *et de* சூர்க்கிறது.

சூர்,1° *imp.et part.de* சூர்கிறது *et de* சூர்க்கிறது,2° crainte, affliction, peine,douleur,force, divinité, Dieu, déesse,diablesse,le géant சூரன்,poivre,poivre long,piper cubeba,*V.* கரளி;—க்கடவுள் Dieu,*ou*—மகன்,—மகளிர் déesse,diablesse: — ப்பகைவன் l'ennemi de சூரன் *i.e.* Soupramanien.

சூர்கிறது,*V.* சூருகிறது,

சூர்க்கிறது,ர்த்தேன்,ர்ப்பேன், ர்,ர்க்க,*v.a.*tourner,rouler,faire pirouetter,effrayer,se fâcher, diviser, séparer: சூர்த்தநோக்கு yeux qui roulent dans la tête,regard féroce,— de travers,cruauté.

சூர்க்கை,1° *n.v.du préc.*2° van.

சூர்தல்,*n.v. de* சூருகிறது.

சூர்த்தல்,*n.v.de* சூர்க்கிறது.

*சூர்ப்பம்,(soûrpa),van,petit van: சூர்ப்பகன்னம், — சுருதி l'animal dont les oreilles ressemblent à un van,*i.e.* l'éléphant;—நகி,—நகை (நகம்),celle dont les ongles étaient larges comme un van, Sourpanagui géante sœur cadette de Râvanen.

சூர்ப்பு, *n. v. de* சூர்க்கிறது, tour, roulement,crainte.

சூர்வு,*n.v. de* சூர்கிறது, séparation,démêlement,carder.

*சூலம்,(soûla),trident, arme, pique,dard,brochette—,broche de fer, pal à empaler, lance au haut d'un drapeau, bannière, douleur aiguë, colique,la goutte,mort, un des 27 யோகம், la dernière constellation dite இரேவதி, empêchement superstitieux à voyager;ainsi les payens disent: திங்கள்சனி கிழக்கேசூலம் le lundi et le samedi on ne peut pas aller à l'orient;செவ்வாய்புதன்வடக்கேசூலம் le mardi et le mercredi on ne peut pas aller au nord; வெள்ளி ஞாயிறுமேற்கேசூலம் le vendredi et le dimanche on ne peut aller à l'ouest;வியாழந்தெற்கேசூலம் le jeudi on ne peut aller au sud; சூலம்போட்டுவிடுகிறது imprimer à une vache un trident avec un fer chaud et la consacrer à un temple de Siven;சூலகிருது (hrout *qui éloigne*) assa-fetida; சூலக்குறடு trident —, instrument qu'on fait rougir pour marquer les animaux; —சத்துரு ricin; — தரன்,—பாணி,—பாணியன் celui qui est armé d'un trident,Siven, Vaïraven;—நாசனம்,espèce de sel;—ப்படை le trident, (considéré comme arme); — விளக்கு espèce de lampe; —வேல் pal,pieu à empaler,lance.

சூலல்,*opt.et n.v.de* சூலுகிறது.

*சூலாக்கிரம், (சூலம், அக்கிரம்), pointe d'une pique,d'une lance.

சூலாஞெண்,(சூல்),savon.

*சூலி,1° (சூலம்,i),celui —,celle—, ce qui est armé d'un trident, d'une pique,Siven,Kâli,Dourgâ, diablesse, le cactus சதுரக்கள்ளி,*V.* கசநோன். 2° (சூல்),femme enceinte.

*சூலிகை, (tchoûlikâ), bas de l'oreille de l'éléphant. [la broche.

*சூலியம்,(soûlya), viande rôtie à

சூலினி,feuille de bétel,savon.

சூலுகிறது, சூன்றேன், சூலுவேன் *ou* சூல்வேன்,சூலு *ou* சூல், சூல, *v.a.*சூலுதல், *n. v.* couper,arracher (les yeux, la chair avec des pinces etc...),creuser en dedans,déchirer.

சூலுளைகிறது,சூலுளைதல்,(சூல்), avoir les douleurs de l'enfantement, souffrir pour mettre bas.

*சூலை, 1° (soûla), goutte, douleur arthritique,spasme.2° *acc de* சூல்:சூலைகிருது,(hrout *qui éloigne*), assa-fetida; —குன்மம் maladie de nerfs, *V.* குன்மச்சூலை;— க்கட்டு roideur ou contraction des membres, état de paralysie;—க்கட்டுகட்டுகிறது confracter les membres;— க்கட்டாய்க் கிடக்கிறது être couché dans un état de paralysie;—குணம் tempérament goutteux;—சத்துரு ricin commun;—நீர் espèce d'humeur, morbifique qui se forme dans le corps. Il y a diverses sortes de சூலை. Voyez les 6 principales au mot அறுசூலை; de plus அகடு—,ஆம்—,உலர்த்தி—, உத்கார—,கருப்ப—,கந்—,கன்னச்—, கிருமிச்—,சர—,தார—, நிதம்ப—, பக்க—,முறிதிரி—, மேகசூலை; சூலை௰௫ les 15 douleurs arthritiques, savoir: மேக—,முறிதிரி—,வாத—,பித்த—,சிலேட்டுமை—,ஆடி—,உத்கார—, குன்ம—,உலர்த்தி—,நிதம்ப—,கந்—, சர—,பக்க—,கருப்ப—,தாரசூலை.

சூல்,1° grossesse, gestation, état d'une femelle pleine, conception, fœtus, (il se dit des femmes et des animaux),jeune épi de blé. 2° (*ind.*), harnais,housse, couverture pour les éléphans,les chevaux, les bœufs. 3° *imp.et part.de* சூலுகிறது: சூலாயிருக்கிறது être enceinte, grosse, pleine;—கொள்ளுகிறது concevoir, devenir enceinte,— pleine; பயிர்சூல் கொண்டது le blé a son épi formé intérieurement; சூல்ச்சங்கு grosse conque ou huître femelle, *V.* சூற்சங்கு

சூவாளை,espèce de poisson. [சூ.

சூவாணம், cuisine: சூவாணக்காரன் cuisinier;—க்காரி cuisinière.

சூழ *inf.de* சூழுகிறது,autour.

சூழல்,*opt. et n.v.du même*, action d'entourer,entourage,environs,faubourg,place,recherche,perquisition, réflexion, avis, conseil, intention, sens,idée, notion,signe,foule, troupe.

சூழாமை,*n.v.nég. du même*,défaut d'examen,— de recherche; inconsidération,irréflexion.

சூழி,(சூழ்), sommet de la tête; touffe de cheveux du sommet de la tête, mer, étang,source—, fontaine sur ou dans le roc,toile dont on orne le front des éléphans, soutien de l'avant-toit (qu'on fixe dans la corniche ou dans le mur),avant-toit;சூழியைச்சாய்க்கிறது mettre un avant-toit,lui donner la pente voulue.

சூழிகை,callou,vin de palmier...

சூழியல்,(சூழ்,இயல்), *et* சூழியற்படை,corniche en pente (d'un mur...)

சூழுகிறது, ழ்ந்தேன், ழுவேன் *ou* ழ்வேன்,ழு *ou* ழ்,ழ,*v.a.* சூழுதல், சூழுகை,*n.v.*(சூழ்),environner, entourer, ceindre,enclore, accompagner, faire cortége,considérer—, examiner attentivement,délibérer,réfléchir: சூழ, *inf.* autour, à l'entour, tout autour; சூழப்படுகிறது, சூழப்பட்டிருக்கிறது être environné,entouré; சூழ்ந்திடல்,சூழ்ந்திடுகிறது entourer, aller—,rôder autour; சூழ்ந்திருக்கிறது, சூழ்ந்துகொண்டிருக்கிறது être entouré,placé tout autour,environner; —போகிறது aller autour, faire le tour,environner;— வருகிறது venir autour,dans le cortége (d'un grand), entourer. [environner..,

சூழுவிக்கிறது,*v.caus.du préc.*faire

சூழ்,1° tour,contour, alentours. 2° *imp.et part.du préc.* qui entoure,autour, de tout côté. 3° la plante légumineuse சடலை: —கழியிருக்கை ile (dans un fleuve),terre ou village entouré d'un ruisseau;— போதல்,—போகிறது entourer, environner, faire cortége.

சூழ்கிறது, *V.* சூழுகிறது.

சூழ்ச்சம், *P.* சூக்ஷம்,subtilité,délibération,avis,conseil,ruse,moyen.

சூழ்ச்சி,*n.v.de* சூழுகிறது, réflexion,considération,prudence, perspicacité;avis,conseil,examen, connaissance—,examen des systèmes scientifiques: —த்துணைவர் conseillers—,ministres d'un roi.

சூழ்தல்,*n.v.du même*, action d'entourer,d'accompagner, cortége, réflexion,considération, examen, arrière-garde.

சூழ்தழை,(சூழ்),nénuphar.

சூழ்ந்த,சூழ்ந்து,*part. et gér.de* சூழுகிறது.

சூழ்ந்தோர்,சூழ்வோர்,*n.app.de* சூழுகிறது,parens,proches, entourage, cortége,ceux qui entourent,qui sont près,ministres d'un roi.

*சூளாமணி,(tchoùlâ *créte*), *V.* சூடாமணி:—நிகண்டு, *V.* சூடாமணி நிகண்டு.

சூளி,cheveux d'homme.

*சூளிகை, *V.*சூலிகை.

சூளுகிறது,சூளுதல், *P.* சூழுகிறது.

சூளுறல்,சூளுறவு,சூளுறுதல், *n.v. et* சூளுறுகிறது, சூளுற்றேன், சூளுறுவேன்,சூளுறு,சூளுற,*v.n.*(சூள்),affirmer (la vérité...), faire serment,—vœu, jurer,vouer.

*சூளை,1°(soûlâ),prostituée. 2° four à briques, à tuiles,à chaux, four—, fournaise de potier: —க்கல் brique: —யோடு tuile; — யாடுகிறது,*P.* சூறையாடுகிறது piller.

சூள்,serment,jurement, vœu, imprécation,germe ou embryon du spathe des palmiers et des cocotiers.

சூறல்,*P.*சூன்றல்.

சூறன்,(சூறல்),rat musqué.

சூறவளி,சூறவாரி,(சூறு,*P.* சூறை) *ou* சூறவளிக்காற்று, tourbillon, —de vent: —க்குணக்காரன் homme léger,—changeant comme une girouette:—ச்சட்டம் espèce de cercle ou de rond fait de l'arbre நெல்லி et sur lequel est bâti le revêtement intérieur d'un puits;on dit que ce bois conserve l'eau pure.

சூறு, *V.*சூத்து.

சூறை,pillage, butin,*ou* சூறைக்காற்று,tourbillon,—de vent:— யாடல்,—யிடல், — யிடுதல் pillage; — யாடுகிறது,—யிடுகிறது piller, butiner,saccager,rançonner;— யாய்விடுகிறது livrer au pillage.

சூற்கொள்ளுகிறது, (சூல்), concevoir. [qui contient des perles.

சூற்சங்கு,(*id.*),huitre ou conque

*சூர்ணம், (tchoûrna), poudre,—médicinale.

*சூற்பம்... *V.*சூர்ப்பம்...

*சூனம்,(soûna),enfantement, accouchement, production, bouton, fleur,—épanouie,enflure, cerf;— வயிறு grosse panse, gros ventre (surtout des enfans).

*சூனர், (soûni), bouchers, marchands de viande,*pl. de*

*சூனன்,1° சூனம்), homme ventru,pansu. 2° (soûni),boucher.

சூனும்வயிறு,(சூன்,ஆம்),*V.* சூனம்வயிறு. [un gros ventre.

சூனி,*f.de* சூனன், femme qui a

*சூனியம்,1° (soûnya),rien,néant, vide,manque,privation,désert, ruine,perte,zéro,tache,souillure,saleté, marque,point,air. 2° sorcellerie,magie, maléfice, sortilége, enchantement,—pour tuer:—ஆயிருக்கிறது, —ஆய்க்கிடக்கிறது être vide,désert, abandonné, ruiné;— ஆயிருக்கிறவீடு maison vide, ruinée, long-temps fermée;— ஆய்ப்போகிறது devenir vide,se vider,se perdre, se ruiner, s'anéantir,être détruit,réduit à rien, dissipé;—எடுக்கிறது ôter les maléfices,les sorts,les enchantemens;— எடுக்கிறவன் celui qui ôte les maléfices;—செய்கிறது,—பண்ணுகிறது anéantir, vider, dévaster, ensorceler; —வைக்கிறது, — போடுகிறது, —இடுகிறது mettre un sort,un maléfice,ensorceler (en cachant quelque chose en terre etc...); சூனியக்காரன் sorcier, enchanteur, magicien:—க்காரி sorcière, magicienne; —திசை côté où l'on ne va pas,nord-est;—திதி jour lunaire néfaste pour les sacrifices aux morts;— திரவியம் -எ,les 7 richesses de la sorcellerie, ou 7 objets dont se servent les sorciers pour ensorceler ou jeter des sorts,savoir:எலும்பு des os, எட்டிவிறகு le bois de strychnos, ஊமத்தம்வித்து la graine du datura;வேப்பெண்ணெய் l'huile du margousier ou margosa; கரி du charbon; எருக்கம்பூ la fleur de l'asclepias gigantea;பாம்புமுண்மாலை une guirlande des vertèbres du serpent capelle;—த்துவம் néant,vide, manque de réalité, destruction;—ப்படுகிறது perdre sa force,être anéanti, ruiné; —மனை terrain ensorcelé,—vide:—மாதம் les 4 mois nommés ஆடி-புரட்டாசி-மார்கழி-மாசி; — வாதம் scepticisme, athéisme,secte qui semble venir des disciples de சங்காராசாரியன் et nie l'immortalité de l'âme et l'existence de Dieu et des êtres spirituels;—வா

ரி riéniste, athée, sceptique, Bouddhiste:—வித்தை magie, sorcellerie, art de tuer par sortilége; அவன்செல்வஞ்சுத்தசூனியமாய்ப் போய்விட்டது sa prospérité a passé et est réduite à un dénûment complet.

*சூனியன்,(*id.*),homme dépourvu, destitué de, privé,vide de,estropié, sans..,qui hésite:ஞான—,விவேக—homme dépourvu de sagesse, d'esprit ou de prudence. [det,soleil.

*சூனு,(soûnou).fils,fille,frère ca-

*சூனா,(soûnâ),fille.

சூன், 1° (சூனம்), gros ventre, enflure.2° *P.*ஊன்,viande,chair:—சுவர்ப்போகிறசுவர் mur qui se bombe, fait bosse et menace ruine; —பிடிக்கிறது devenir ventru; —பிடித்தவன் homme ventru, paresseux, misérable.

*சூன்மதம்,(சு,உன்மதம்),folie.

சூன்முகில், (சூல்), nuage noir, —plein d'eau. [கிறது.

சூன்ற,சூன்று,*part.et gér.de* சூலு

சூன்றல்,*n.v. de* சூலுகிறது, excavation,action de couper, d'arracher.

செ,1° lettre syllabique composée de ச் et de எ.2° racine d'un grand nombre de mots tamouls signifiant rouge,régulier,droit,bon,comme செப்பம்,செம்மை,செவ்வை.செ se met pour ச,dans plusieurs mots sanscrits commençant par dja, comme செகம்,செயம்,செபம்,*P.*சகம், சயம் சபம். [on, nourriture.

*செகதம், (djagdha), manducati-

செகதி,1° *V.* இங்கிதம்.2° * (djagdhi), action de manger ensemble, vivres.3° (djagati),terre.

செகப்பு,*P.*செவப்பு, couleur rouge,rougeur, rouge.

*செகம்,*P.*சகம், le monde, l'univers:செகசோதி lumière du monde, grande lumière;—நாதம்,*V.* சகநாதம்;—நாதன் *V.*சகநாதன்.

செகலிகம்,la plante நாயுருவி.

*செகத்பிதா, (djagat *monde*), le père du monde,Dieu.

*செகனம்,*P.* சகனம்:செகனவாதம் douleur dans les hanches,une des 80 maladies provenant de flatuosités.

செகில்,dessus des épaules, la nu-

செகின்,*P.*செதின். [que.

செகுக்கிறது,குத்தேன்,குப்பேன், கு,குக்க,*v.a.* tuer,détruire.

செகுத்தல்,*n.v. du préc.* meurtre, destruction. [தல்.

செக்கச்சிவத்தல்.*P.*செக்கர்ச்சிவத்

செக்கர்,(செ),rougeur,ciel rouge: —ச்சிவக்கிறது,—ச்சிவத்தல்,—ச்செவக்கிறது devenir très-rouge, *ou* —ச்செவந்திருக்கிறது,—ச்செவேலென்றிருக்கிறது,—ச்செவேலென்றிருக்கிறது être très-rouge;—ச்சிவப்பு, —ச்செவப்பு couleur très-rouge,rouge de—,pourpre;—மேகம் nuage—, ciel rouge; —வான் nuage —, ciel rouge, rougeur de l'atmosphère au coucher du soleil;—வானிறத்தோன்,(வான்,நிறம்), celui qui a la couleur rouge du ciel au coucher du soleil,(épithète de)Siven,Virapat-

செக்கல்,(செ),soirée,soir. [tiren.

செக்கவுரி, la plante கற்றுளை.

செக்காடல், செக்காடுகிறது, செக்காட்டுகிறது (செக்கு), faire aller le moulin à l'huile,faire de l'huile.

செக்காட்டி, செக்கான், (செக்கு, ஆட்டி),faiseur—,marchand d'huile, celui qui fait marcher le moulin à l'huile:செக்கான்துணி,—சீலை habit huileux, — sale, —de faiseur d'huile.

செக்கிலை,(செக்கு),feuille de l'herbe potagère செக்குக்கீரை: —க்கறி ragoût—,plat de cette herbe.

செக்கு,moulin—,presse à huile,la 24me constellation dite சதயம்: —க்கீரை la plante légumineuse—,l'herbe potagère loeflingia indica;செக்கிலேயரைக்கிறது, —யாட்டுகிறது broyer dans un moulin à huile,(même des hommes,ce qui est un cruel supplice).[détermination des limites.

செக்குபந்தி, (*ind.*), démarcation,

செங், *P.* செம் *devant* க, rouge, droit,exact,régulier,juste,uni, bon: —கடம்பு l'arbre கடம்பு rouge;—கடல் mer rouge;—கட்டி morceau de brique, pierre d'ocre—,ocre rouge, vermillon; — கண் œil rouge; — கணன், — கண்ணன் celui qui a les yeux rouges, ou — கண்மால் Vichnou aux yeux rouges; — கண்ணி nom d'un poisson; — கண்மாரி espèce de maladie qui rend les yeux rouges, jaunisse; — கதிர், — கதிரோன் l'astre aux rayons rouges, le soleil; — கதிர்நாள், — கதிர்பிறந்தநாள் la 12me constellation dite உத்தரம் qu'on dit être celle de la naissance de சூரியன்; — கத்தரி espèce d'arbre exotique dit அலந்தல்; — கமலம் le nénuphar rouge; — கமலை celle qui est assise sur une fleur de nénuphar rouge, *i.e.* Lakchimi; — கரப்பன், — கரப்பான் sorte de teigne rouge des enfans; — கரா espèce de poisson rouge; — கருங்காலி ébénier rouge; — கரும்பு canne à sucre rouge; — கலங்கல் eau trouble rougeâtre; — கல்லு, *V.* செங்கல்; — கழுநாரை héron —, cigogne qui a les pieds rouges; — கழுநீர், *V.* செங்குவளை; — களம் champ rouge, *i.e.* champ de bataille; — கனை canne à sucre rouge, arsenic rouge, — dit குதிரைப்பற்பாஷாணம்; — கற்றலை poisson dit கற்றலை rouge; — காகம் l'oiseau dit செம்போத்து, *litt.* le corbeau rouge; — காடு terre rouge, — ravagée, forêt, désert, *ou* — காட்டாங்குடி (காடு, அம்), nom d'un lieu; — காந்தள் la plante காந்தள் rouge, gloriosa superba, lis rouge, — superbe; — காய் fruit presque mûr; — காய்வேளை la plante காய்வேளை rouge, galega purpurea; — காரன், — காரி homme —, femme d'une couleur noire mêlée de rouge, ou d'un rouge noirâtre; — கார் espèce de riz qui vient dans la saison pluvieuse, rouge foncé, — noirâtre; — காணாரை, (கால், நாரை), *V.* செங்கழுநாரை; — கிடை, — கிடைச்சி la plante கிடைச்சி rouge; — கிரந்தி herpe vénérienne; — கிளுவை sarcelle rouge, — rouge en dessous; — கீரை amarante rouge, dont les feuilles et la graine sont bonnes à manger), position d'un enfant qui s'appuyant sur les 2 mains et les genoux relève la tête et s'agite, *ou* — கீரைப்பருவம் âge où un enfant peut prendre cette position, section du poème nommé பிள்ளைத்தமிழ்; — கீரையாடுகிறது, — கீரையாடுதல் un enfant sur la toile qui lui sert de couche s'appuyant sur les mains et les pieds, remuer son corps; — குங்கிலியம் espèce de résine; — குடை parasol rouge; — குத்து escarpement, perpendicularité, position perpendiculaire, précipice, lieu escarpé; — குத்தான் escarpé, perpendiculaire, en précipice, à pic; — குத்தாயிருக்கிறது être perpendiculaire, — en précipice; — குத்தாயெடுக்கிறது élever —, enlever perpendiculairement; — குத்துமலை, — குத்தான்மலை montagne —, roche escarpée, perpendiculaire; — குத்தான்முனை pointe —, promontoire escarpé, bord d'un précipice; — குந்தம் espèce de mal d'yeux; — குமிழ் l'arbre குமிழ் rouge; — குமுதம், — குவளை nénuphar rouge, nymphæa odorata; — குரங்கு singe rouge; — குருத்து jeune pousse, jet droit, — rouge; — குளவி guêpe rouge; — குன்றி l'arbrisseau குன்றி rouge; — குன்று mont rouge, lieu; — கை main rouge, — bienveillante, la 6me constellation dite திருவாதிரை; — கையான் celui qui a la main rouge, — bienfaisante, nom d'une plante; — கொடிவேலி, — கொடுவேலி l'arbrisseau கொடிவேலி rouge, plumbago rosea; — கொல் le métal rouge, *i.e.* l'or pur; — கொல்லர் orfèvres, (ceux qui travaillent ce métal); — கோஷ்டம் la plante கோஷ்டம் rouge, espèce de remède; — கோடு ligne —, trait —, branche —, cime rouge, nom d'une montagne au sud de Madras, l'arbre செருந்தி ochna; — கோடுபாய்கிறது se précipiter du haut d'une montagne; — கோட்டம், *V.* செங்கோஷ்டம்; — கோட்டியாழ் une des 4 espèces de luth; — கோலம் sable qui contient du cuivre; — கோலன் celui qui porte le sceptre, roi; — கோல், *litt.* bâton droit,—royal,sceptre,gouvernement, —juste,justice; — கோலாண்மை, — கோல்முறைமை royauté, gouvernement—,pouvoir royal,souverainelé; — கோல்கோணாமை இராச்சியபாரம் பண்ணுகிறது ou பண்ணிக்கொண்டிருக்கிறது régner avec une parfaite justice;— கோல் கோணிப்போகிறது un roi—,le gouvernement s'écarter de la justice,régner tyranniquement; — கோல்கோணினெல்லாங் கோணும் si le sceptre s'écarte de la justice,tout s'en écartera;— கோல் செலுத்துகிறது,— கோல்நடத்துகிறது,—கோலோச்சுகிறது porter le sceptre, gouverner, régner, — avec justice;—கோனுக்குமுன்கோளுஞ்சேதமும்நடக்குமா une conspiration aura-t-elle lieu contre un gouvernement équitable;— கோற்கடவுள் le dieu qui porte le sceptre, *i.e.* Yamen roi des morts;— கோன்மை gouvernement juste,—juste et heureux d'un roi, gouvernement,royauté.

செங்கல்,(செம்,கல்), brique, ocre rouge,rouge indien: — சுடுகிறது faire cuire des briques; — பதிக்கிறது,—பாவுகிறது paver avec des—, enduire de briques;—மங்கல் rouge pâle,—blanchâtre ou noirâtre;—மா poudre de briques broyées, ciment; —மாவெள்ளம் 1re crue d'une rivière qui a une teinte de terre rouge;— வேலை ouvrage en briques;— அச்சு moule à briques;—அறுக்கிறது faire des briques,les couper, les mouler; செங்கற்கட்டளை moule à briques; —கட்டு bâtisse en briques;— கட்டி fragment de brique; — சூளை four à briques;—பால் eau mêlée de poudre de brique; — பொடி poudre—, fragment de brique, briqueton; செங்கனிறமணி, (நிறம்), rubis de couleur de brique; செங்கன்மா, V. செங்கல்மா;—மாவெள்ளம், V. செங்கல்மாவெள்ளம்.

செச்சை,(செ),basilic rouge,la lune à son lever,terre rouge, — ravagée,forêt, désert, onguent odoriférant de couleur rouge, l'arbrisseau வெட்டி,paire, chaux éteinte, — en poudre;cendres,bouc,algamasse,terrasse,—d'une maison, petite bâtisse sur cette terrasse, maison préparée pour recevoir un roi en voyage,petite boite à lingam portée par les linganistes.

செஞ்,*P.*செம் devant ச, rouge, droit,régulier,juste,uni,bon,parfait: —சடைவேணன் sorte de pierre ou de crystal rouge de Cachemire,celui qui porte une chevelure rouge emmêlée,*i.e.*Sivon,Vaïraven, Virapattiren;—சந்தனம் bois de sandal—, sandal rouge, l'arbre dit pterocarpus sandalinus; -சம்பா riz rouge de l'espèce dite சம்பா;— சாந்து mélange de safran ou d'autres parfums rouges;— சாயம் couleur —, teinture rouge;—சாலி, V. செந்நெல்;—சிலை brique,pierre—,statue—, ocre rouge, V.சாத்திரவேதி;—சீரகம் cumin rouge,— exquis;— சுடர் ce qui a une lueur rouge, le soleil, le feu;—சுடர்ப்பகவன் le soleil,le feu, Agni (considérés comme dieux);—சுடர்விழியான் celui qui a les yeux tout de feu;—செயல் action convenable,faire entendre—, donner le sens propre;—செல்வர் les riches,les heureux;—செவே,—செவ்வே,—செவ் directement,bien —, exactement droit;—செழிப்பு grande—,fertilité, abondance;—சேறு boue rouge;—சொல் mot clair,— dont le sens est naturel;—சோதி lumière rouge,crépuscule rougeâtre du soir et du matin;— சோளம் espèce de céréale rouge dite holcus sorghum;— சோறு riz cuit mêlé de sang, paye des gens de guerre qui est censée le prix de leur sang;—சோற்றுக்கடன் devoir qu'impose cette paye et qui oblige les soldats à défendre leur prince et leur pays.

செஞ்ச,proche,pleinement,plein.

செஞ்சால்,espèce d'arme à feu, djindjal,fusil et armes semblables.

செஞ்சி,Ginji, nom de ville,autrefois ville fortifiée à environ 12 lieues à l'ouest de Pondichéry: —க்கோட்டை le fort de Ginji.

*செடகன், செடன், P. சேடன், (tchèta,ka),esclave,serviteur,ouvrier

செடி,arbrisseau,arbuste,buisson, broussailles, petit bosquet, feuilles sèches,bois mort,splendeur,lumière, excès de maturité, —de cuisson,péché,manque de bon naturel:—க்காடு désert—, lieu couvert de buissons, broussailles, hallier, bosquet; —க்குடிப்புக்கி, (குடி,புகுதல்), l'insecte ailé நாகரவண்டு.

செடிக்கிறது, டித்தேன், டிப்பேன்,டி,டிக்க,v.n.செடித்தல், n. v.(செடி),les arbustes pousser, se couvrir d'arbustes,—de buissons.

செடிச்சி,(செடி), méchante femme.

செடியன், (செடி), homme méchant,—rustique,insociable.

செடில்,suspensoir ou potence du fanatisme indou, machine qui au moyen d'un croc que l'on enfonce dans la peau du dos sert à suspendre un homme et à le faire tournoyer dans l'air en l'honneur de மாரியம்மன் la cruelle déesse de la petite vérole, croc de cette machine. Quand ce suspensoir est porté sur une charrette il s'appelle வண்டிச் செடில். Quand on enfonce les crocs dans les côtés,on le nomme பக்கச் செடில்:—ஆட்டம்,—ஊஞ்சல் spectacle d'un homme ainsi suspendu, se donner ainsi en spectacle, se balancer ainsi suspendu par un croc; —ஆடப்பிரார்த்திக்கிறது faire vœu de se suspendre ainsi; மாரியம்மனுக்குச்செடிற்றிருநாள்செய்கிறது célébrer une fête de Mâriammen avec un tel spectacle;—குத்துகிறது enfoncer le croc dans la chair pour se balancer dans l'air; அந்தவூர்மாரியம்மன்கோவிலிற் செடிலாட்டமுண்டு dans ce village à la pagode de Mâriammen on donne le spectacle du suspensoir.

செட்டா,P.செட்டாய்,(செட்டு,ஆய்);—விற்கிறது vendre trop chichement, — mesquinement, i. e. trop exactement, sans laisser passer la moindre bagatelle.

செட்டி,1° (செட்டு),marchand(de profession ou de caste), homme de la caste des Chettis ou des வைசியர், Soupramanien. 2° (télinga), lutteur, athlète:—நாகம்,espèce de serpent; —த்தனம்,—த்தன்மை, V. செட்டிமை;—ப்பெண் ou

செட்டிச்சி, (செட்டி), marchande, femme ou fille de la caste des Chettis.

செட்டிமை,(id.),commerce,négoce,état de marchand.

செட்டு, commerce, négoce, marchandise,ténacité,mesquinerie,avarice:—க்காரன்,m.—க்காரி, f. marchand,homme—,femme trop tenace ou mesquine dans le commerce, —trop avide de gain;—பண்ணுகிறது, — த்தொழில் பண்ணுகிறது commercer, trafiquer;—பலிக்கிறது le commerce prospérer, réussir—, gagner dans le commerce;— பொட்டாய்ப் போகிறது le commerce échouer,ne pas réussir dans le commerce;—வாய்க்கிறது,V. செட்டுபலிக்கிறது;செட்டுக்குவாங்கிவைத்துவிற்கிறது accaparer,faire le monopole; எதிர்ச்செட்டு revente, contre-vente, rivalité ou opposition dans le commerce,la pareille.

செட்டை,sync. de செப்பட்டை.

*செணம்,P.சணம்,moment.

செண்டாடுகிறது, (செண்டு), jouer à la balle.

செண்டாயுதன்,(id. ஆயுதம்), celui dont l'arme est une balle,i. e. Ayénar.

செண்டு,balle à jouer,lieu pour jouer à la balle, balle de coton, tassette, touffe, houppe, fleurs mises en guirlandes et roulées en balle, bouquet de fleurs,cirque, grande rue,—rue où l'on exerce les chevaux: — ச்செவ்வந்தி la plante tagetes erecta à large circonférence; அரும்பு—ச்செவ்வந்தி variété de la même fleur: — வெளி place découverte,—pour jouer à la balle, pour exercer les chevaux,cirque.

செண்ணம்,figure,forme.

*செண்பகம்,(tchampaka), l'arbre à fleurs odoriférantes dit michelia champaca: செண்பகப்பூ fleur de cet arbre;—வருக்கை espèce de jaquier ou பலா.

செதில்,செதிள்,écaille (de poisson), fragment, petit morceau (de bois, d'os...),copeau,planure,peau,restes: செதிளெடுக்கிறது,—ச்செதுக்கிறது écailler; — கிள்ளுகிறது ôter —,arracher les écailles. [றது.

செதுக்கல்,opt.et n.v. de செதுக்கி

செதுக்கி,1° gér. du même. 2° racloir,sarcloir,petite pioche indienne pour couper l'herbe à fleur de terre, houe, autres instrumens. Ce mot se met à la fin des mots composés, comme புல்லுச்ச—, புற்செதுக்கி la petite pioche susdite.

செதுக்கு,1° imp.et part. du même. 2° boue,bourbier, fantôme, gnome, vampire, babouin, cicatrice:—ப்பாரை sarcloir, pioche pour couper l'herbe;—வேலை enchâssure et gravure (de pierres précieuses...)

செதுக்குகிறது,sync.செதுக்கிறது, க்கினேன்,க்குவேன்,க்கு,க்க,v.a. செதுக்குதல்,n.v. et செதுக்கிப்போடுகிறது,planer,dégrossir (une planche etc...),aplanir, doler,râcler, sarcler, couper,—l'herbe avec une pioche à la manière indienne, nettoyer ainsi le terrain: செதுக்கிச்சித்திரிக்கிறது sculpter.

செதுக்கை, 1° cicatrice,2° P. செதுக்காய்,2° pers. nég. du préc.

செதுப்பு, adj. du suiv. —நிலம் marais,marécage, fondrière, bourbier.

செதும்பு,boue,bourbier.

செத்த, part. de சாகிறது, mort, crevé:—மாடு vache ou bœuf crevé: —மாடுபுல்லுதின்னுமா une vache morte mangera-t-elle de l'herbe? prov. être sans défense,sans secours, sans réponse;—முகம் visage défait, —d'une pâleur mortelle; —வெழுத்து lettre morte,i.e.consonne.

செத்தவன்,V.செதுவன்.

செத்தல்,n.v. de சாகிறது, action de mourir,mort,chose fanée,—maigrie,sans verdeur,entièrement desséchée.

செத்தால்,cond.de சாகிறது: செத்தாற்போலேகிடக்கிறது être étendu comme mort ou mourant.

செத்து,1° doute.2° gér.de சாகிறது:—ப்போகிறது mourir,trépasser, s'en aller,se dessécher,se faner, dépérir,sécher sur pied;—ப்பிறந்த mort-né;—ப்போனசெடி arbrisseau mort,desséché;செத்தெழுத்து lettre morte i.e.consonne.

செத்தை,(செத்து),bois mort, buchettes, branches—, feuilles desséchées, paille, chaume, menu bois (pour faire du feu ou couvrir les cabanes),broussailles.

செந்,P. செம் devant த et ந, rouge,correct,droit,exact,bon, régulier, uni,juste:—தட்டு grand plat rouge, plate-forme—,étage ou plat suspendu en l'air,chose sans appui, manque d'appui;—தணல் feu—,flamme ardente;—தணற்கொடி corail;—தளிர் jeune pousse rouge,corail;—தமிழ் haut tamoul,tamoul relevé,correct,poli,poétique;—தமிழ்க்குரியோன் celui qui possède le haut tamoul,le sage Agastien auteur de la 1re grammaire tamoule, Vaïraven;—தமிழ்நாடு,—தமிழ்நிலம் pays où l'on parle le bon tamoul, le Maduré ou royaume de பாண்டியன்;—தமிழ்வழக்கு tournure—, style propre au haut tamoul;—தருப்பை sorte d'herbe vénéneuse;—தலைவிரியன் vipère dangereuse à tête rouge;—தழல் la 18me constellation dite கேட்டை,feu,feu clair,lumineux, ardent;—தழற்கொடி tige de corail;—தளிர் 1re pousse qui est rouge;—தாது le métal rouge,i.e. l'or,or pur;—தாமரை nénuphar rouge,—à fleurs rouges;—தாமரையாள் (épithète de) Lachmi;—தாழை le தாழை à fleurs rouges;—தாளி la plante convolvulus purpureus;—தாள் feuille—,rejeton rouge;—நிறம் couleur rouge, contrée—,terre voisine de la mer, côte de la mer;- திரு la vraie riches-se,Lakchimi,sulphure jaune d'arsenic;—திருக்கை la raie rouge(poisson),espèce de safran;—திறம் couleur rouge,luth propre aux pays montagneux;—தினை millet rouge, autre espèce de céréale dite கம்பு holcus;—தீ feu,— rouge,— ardent érysipèle;—தீவண்ணன் la planète de couleur de feu,i.e.Mars;— தீவளர்ப்போர் ceux qui entretiennent le prétendu feu sacré et font les sacrifices au feu,i.e.les brames,les mounis; —துத்தி espèce de guimauve dite hibiscus obtusifolius:—தும்பை la plante osbeckia ceylanica;—துளசி basilic rouge;—துளிர்,V. செந்தளிர்;—துறை chant propre à la danse,ou — துறைவெண்பா,— துறைவெள்ளை vèmbâ de 2 vers égaux; —தூக்கு espèce de vers,poids léger qu'on peut lever—, saisie d'une main,enlèvement d'un animal du milieu des autres,V.கைத்தூக்கு:—தூக்காயெடுத்துக்கொண்டு போகிறது enlever,—ainsi (v.g. le milan un poulet);—தூள் poudre—,poussière rouge,—légère,—fine, poussière rougie par le sang répandu (dans une bataille...),pollen rouge des fleurs,— தூள்பறக்கிறது la poussière rouge voler:—தேன் miel rouge (d'un goût exquis):—தொடை guirlande rouge, — de fleurs rouges,poésie irrégulière dans laquelle on n'observe pas les choses comprises sous le nom de தொடை, comme le மோனை l'எதுகை...;—தொடையன் celui qui porte une guirlande rouge, i.e. Siven, Vaïraven:—தொட்டி arsenic préparé dit செவப்புத்தொட்டி, ou — தொட்டி les espèces d'orties ou de tragia dites சிறுகாய்ஞ்சொறி et பெருங்காய்ஞ்சொறி,autre sorte de plante;—தோன்றி,V.செங்காந்தள்;—நகரை le நகரை rouge:—நாகம் le prétendu serpent rouge dit கேது;— நாயுருவி ou —நாய்குருவி la plante நாயுருவி rouge;—நாய் chien sauvage,— marron;—நிறக்கல் espèce de pierre rouge, V. மாமிசச்சிலை;—நீர் eau rouge,i.e. sang;—நீர்ப்பவளம் corail rouge;—நெல் espèce supérieure de riz (qui croît de lui- même dans les rivières et les étangs;—நென்முத்து grain du riz susdit, perle du riz:—நெறி bon chemin, bonne conduite; —நொச்சி espèce rouge de l'arbuste dit நொச்சி. [மூண்டு.

செந்தம்,la plante எழுத்தாணிப்

செந்தளிக்கிறது, ளித்தேன், ளிப்பேன்,ளி,ளிக்க, v.n. செந்தளித்தல், n.v.(செந்தளிர்),V.செழிக்கிறது.

செந்தளிப்பு.n.v.du prec.,fertilité.

செந்தி,la ville de திருச்செந்தூர் sur la côte de la Pêcherie, consacrée à Soupramanien. [திரிகம்.

செந்திரிக்கம்,செந்திருக்கம்,V.சந்

செந்தில்,V.செந்தி: செந்திற்சதகம் poème en l'honneur de Soupramanien honoré à செந்தில்.

*செந்து, (djantou), être vivant, animal (d'ordre inférieur), insecte, ver,reptile, créature, atome, vieux renard,enfer,la plante பெருங்காயம் ferula assa fetida,l'herbe médicinale சடாமாஞ்சி:—ஸ்தானம்,— த்தானம் le séjour des vers, nom d'un enfer des Indous; — நாசனம் le vermifuge,assa fetida.

செந்துரசம்,(செந்து), copal,espèce de gomme ou résine qui entre dans le vernis.

செந்துருக்கம், 1° P.சந்திரிக்கம், 2° adj.du suiv.3° ou

செந்துருக்கு,la plante carthamus tinctorius,sa fleur nommée சந்துருக்கப்பூ donne la couleur rouge dite சந்திரகாவி.

செந்துருதி,un des enfers des Indous,sorte d'air,—de mélodie.

*செந்தூரம்,P. சிந்தூரம், vermillon,poudre rouge métallique, l'arsenic naturel இலிங்கபாஷாணம்,V.சிந்தூரம். [ஆதி),soufre.

செந்தூரத்தாதி,(செந்தூரத்து,

செந்தூரிக்கிறது,P.சிந்தூரிக்கிற

செந்நல்,espèce de poisson. [து.

செந்நாயடிக்கா, la plante மூக்கிரட்டை.

*ஜெபம்,(djapa),prière,— vocale, supplication,action de prier,formule de prière,(parmi les chrétiens ce mot et ses dérivés s'entendent de la prière soit publique et à haute voix, soit particulière,mentale ou à voix basse:les Indous ne les entendent que dans ces derniers sens qui sont leurs sens propres:pour la prière publique il se servent du mot அர்ச்சனை): — பண்ணுகிறது prier,réciter —,faire ses prières;ஜெபக்குணம்,—த்துவம் vertu —,force d'une prière, disposition à la prière, don—, esprit de prière;ஜெபதபம் prière et pénitence; —த்தியானம் prière et méditation, dévote méditation, prière mentale, — à voix basse; — மந்திரம் formule de prière, prière (qu'on récite); —மாலை, —வடம் chapelet, rosaire; ஜெபத்திலேபிரீதியாயிருக்கிறது aimer la prière; —மன்றாடுகிறது, —வேண்டிக்கொள்ளுகிறது demander dans la prière.

*ஜெபவான்,(ஜெபம்,vân), homme de prière, adonné à la prière.

*ஜெபனம், (id. na), prière,récitation de prières.

ஜெபிக்கிறது,பித்தேன், பிப்பேன், பி,பிக்க,(ஜெபம்),n.v. ஜெபித்தல், n. v. prier,réciter des prières(surtout à voix basse), répéter des prières magiques ou des enchantemens.

செப்படி,செப்படிவித்தை,(செப்பு, அடி), V.செப்பிடுவித்தை.

செப்பட்டை,P. சப்பட்டை, aile, os de l'épaule,omoplate.

செப்பம்,(செ),droiture,ligne droite,surface unie,poli,égalité, régularité,convenance,justice impartiale, accord,bon état, réparation, correction, poitrine, chemin, route pratiquée, —artificielle,rue,boîte: செப்பமான,—ஆயிருக்கிற en bon état, droit,uni, régulier,juste, d'accord, réparé,raccommodé,rectifié, préparé; —இடுகிறது,—இடுதல், — பண்ணுகிறது, —பண்ணல் réparer,raccommoder, corriger, rectifier, redresser,aplanir,niveler,polir, régulariser,arranger, préparer;—செப்பப்புல் l'herbe நாணற்புல்.

செப்பல்,opt.et n. v. de செப்புகிறது, dire, parler,ou செப்பலோசை son—,ton moyen, ton du vembâ:—வெண்பா vèmbâ de 7 pieds.

செப்பவாய்,(செப்பம்),milieu.

செப்பன், P. செப்பம்:—இடுகிறது, V.செப்பமிடுகிறது.

செப்பிடில்,1° la plante சடாமாஞ்சி.2° P.செப்பிட்டால் condit.du suiv.

செப்பிடுகிறது,(செப்பு), jouer des gobelets.

செப்பிடுவித்தை,(செப்பிடுகிறது), jeu de gobelets, jonglerie, tour de passe-passe, escamoterie,tromperie, artifice, chicane:—க்காரன் joueur de gobelets,jongleur,escamoteur.

*செப்பியம், (djapya), répétition, redite.

செப்பிலை,(செப்பு,இலை), la plante [தும்பை phlomis indica.

செப்பு, 1° imp.et part. de செப்புகிறது. 2° parole, réponse, petite—, boite, gobelet,petit pot,tasse.3° adj. de செம்பு, de cuivre: — க்கடாரம் chaudière—,chaudron de cuivre;—க்கட்டி pommeau—,boule de cuivre; —க்கம்பி fil de laiton,— d'archal;—க்காசு cache —,monnaie de cuivre; —க்குடம் cruche de cuivre:— ச்சட்டி casserolle —,plat — ,assiette de cuivre; —ச்சிலை idole —, statue de cuivre, pierre couleur de cuivre;—த்தகடு plaque ou lame de cuivre:—த்தொட்டி auge—,baquet de cuivre, V.செந்தொட்டி:நிறம் couleur cuivrée,rouge foncé, — noirâtre: — நெரிஞ்சி,—நெருஞ்சில் la plante indigofera cuneaphylla: —ப்பட்டயம் donation —,titre écrit sur une plaque de cuivre; —ப்பாளம் lingot —,barre de cuivre;—ப்பானை grande cruche —, grand vase de cuivre; — மணல் sable mêlé de cuivre; — மலை montagne contenant du cuivre: — மல்லிகை jasmin jaune; — வர்ணம் couleur cuivrée.

செப்புகிறது,ப்பினேன்,ப்புவேன், ப்பு,ப்ப,v.a.(செப்பு), செப்புதல்,n. v. dire,parler.

செப்பூசி, (செப்பு,ஊசி), aiguille de cuivre: —நெருக்குகிறது enfoncer une aiguille de cuivre dans les doigts pour torturer.

செப்போடு, (id. ஓடு),tuile de cuivre.

செம், *adj. de* செம்மை, rouge, droit, régulier,juste, uni,bon,parfait,exact, correct. (Il se met devant ப, et ம; devant க il se change en செங், devant ச en செஞ், et devant த et ந en செந்): —பசலை,—பசளை *V.* சிவப்புப்பசளை; —பஞ்சி,—பஞ்சு coton rouge; — பஞ்சு நிறமணி pierre précieuse de couleur de coton rouge,espèce de rubis;—பஞ்சூட்டுகிறது,—பஞ்சழுத்துகிறது fourrer—, enfoncer du coton rouge,le presser; —படாம் toile rouge;—படிகம் cristal rouge,—de Cachemire;—படை, —பட்டை,—பட்டைமயிர் cheveux roux, rouges ou blonds;—படைச்சி 1° femme à cheveux rouges.2° *P.* செம்படத்தி femme de pêcheur;—பண்ணை la plante colosia cristata ou crête de coq;—பரத்தம்,— பரத்தை le joli arbrisseau hibiscus rosa sinensis, fleur à souliers, dont les fleurs servent à noircir les souliers; —பரம்பாக்கம்,*P.* செம்பெரும்பாக்கம் nom d'un bourg près de Counatour;—பருத்தி cotonnier à fleurs rouges;—பருந்து faucon bramanique,—rouge à tête blanche (regardé comme sacré par les Indous qui le nomment கருடன்):—பலகை brique;—பவளம் corail rouge;—பவளச்சம்பா espèce de riz de couleur de corail;—பழம் fruit qui n'est pas tout-à fait mûr;—பனசை espèce de serpent;—பாகம் composition d'adoucissement,—en style moyen, portion égale,ce qui est droit, juste, impartialité;—பாடு terre rouge:—பாதி exacte moitié;—பாம்பு le prétendu serpent rouge dit கேது, le nœud descendant ou la queue du dragon;—பாரை espèce de crabe, —பாலை son qui nait et qui résonne dans la gorge,le 1er des 7 airs ou tons appelés பாலை, qui se compose de la 1re note doublée;—பால் lait rouge,*i.e.* le sang;— பால்மூடக்கி variété de la plante பால்மூடக்கி; —பாளை,—பாளைநெல் espèce de riz rougeâtre; — பிரமிட்டி espèce d'herbe potagère;—புலம் lieu où l'on brûle les morts, terre stérile, désert,champ de bataille, montagne contenant du cuivre;—புலி tigre rouge;—புலிச்சை l'arbre சிதாரி;—புலிச்சங்கட்டை son bois odoriférant; —புறா pigeon rouge, espèce de poisson;—புனல் eau rouge,*i.e.*le sang; —பூ fleur rouge; — பூரம்,—பூரான் cent-pieds—,scorpion rouge;—பெரும்பாக்கம் le bourg nommé செம்பரம்பாக்கம்;—பொடி sable — ,poudre rouge,sable mêlé de cuivre, *V.* தேக்கல்;—பொருள் l'être parfait, *i.e.*Dieu,explication de chaque mot, sens convenable,—exprimé en paroles convenables;—பொன் or, or pur;—பொன்மலை la montagne d'or pur,*i.e.* le mont Mèrou, montagne qui produit du cuivre; — மட்டி espèce d'huître ou de moule;—மணத்தி,(மணம்), l'arbre சிதாரி;—மணல் sable rouge;—மணி cercle rouge autour de la prunelle de l'œil, pierre précieuse rouge (*i. e.* மாணிக்கம் l'escarboucle, பதுமராகம் ou செம்பு le rubis,குருவிந்தம் ou குருந்தக்கல் émeri ou spath adamantin,மாம்சகந்தி la pierre précieuse couleur de sang); — மண் terre—, ocre rouge;—மண்சிலை ocre en pierre;—மந்தாரை l'arbre à fleurs bauhinia purpurea; — மயிர் cheveux rouges; — மயிர்க்கொன்றை l'arbre மயிர்க்கொன்றை à fleurs rouges;—மரம் arbre rouge, l'arbre அழிஞ்சில்;—மலர் fleur rouge;—மலை, 1° montagne rouge. 2° l'arbrisseau ஆவிரை.3° *acc. de* செம்மல்;—மலைப்பார் rocher rouge; — மலைப்பாலை espèce d'air ou de ton, *V.* செம்பாலை;—மறி, —மறியாடு brebis, mouton, espèce de brebis rougeâtre de bonne espèce qui a un peu de laine;—மறிப்புழுக்கை,—மறியாட்டு

க்குட்டி agneau;—மறியாட்டுக்கடா bélier—,mouton rougeâtre (de l'espèce susdite);—மானம் rougeur du ciel au coucher du soleil, ciel —, nuage rouge;—மீன் espèce de poisson rouge;—மீன்வயிரம் ambre gris;—முருங்கை l'arbre முருங்கை rouge;—முள்ளி la plante épineuse barleria prionitis;—மூக்கன் crocodile qui a le nez rouge; — மேனி corps—,homme de couleur cuivrée; —மொழி bonne parole, mot —, phrase correcte, tamoul relevé;—மொழிச்சிலேடை paronomase dans laquelle les mots ne sont pas divisés.

செம்படவன், *pl.* செம்படவர், pêcheur,homme d'une caste de pêcheurs;செம்படவப்பெண் *ou*

செம்படத்தி, செம்பட்டத்தி,*f. du préc.* pêcheuse, fille ou femme de cette caste. [basané,rougeâtre.

செம்பன்,(செம்பு),homme cuivré,

செம்பி, 1° *f.de* செம்பன், femme cuivrée,rougeâtre.2° grillon, scarabée noir.3° *V.* மருதணி.

செம்பிச்சி, l'arsenic préparé dit செவப்புத்தொட்டி,la plante சிறுகாஞ்சொறி tragia.

செம்பியன், 1° சோழன், titre de l'ancienne dynastie des rois de Tanjaour.2° un de rois de la 1re classe des hommes célèbres par leur libéralité. [chef,prince (au Travancor).

செம்பிரான், செம்பிராப்பிள்ளை,

செம்பிரால்,(செம்பு,இரால்), *ou*—மீன்,nom d'un poisson rouge.

செம்பில்வேதை,(செம்பு,இல்).l'arsenic préparé சேரபாஷாணம்.

செம்பிறை,(செம்பு,இறை), scorie de minerai,pierre brûlante,—noire ou bleue,saphir.

செம்பு, (செம்), cuivre, chimbou, vase de cuivre,(pour boire...),(*l'adj. est* செப்பு): செம்புக்காசு cache —, monnaie de cuivre;—ப்பணம் fanon de cuivre;—மணல் sable mêlé de cuivre; செம்பின்னிறம் couleur de cuivre,pierre de cette couleur;செம்பின்பச்சை pierre précieuse verte; செம்புக்குள்வேதை l'arsenic préparé சற்பயிபாஷாணம்.

செம்புகம்,(செம்), l'oiseau dit செம்போத்து.

செம்புறைக்கல், (செம்பு, உறை), espèce de pierre rouge. [de-gris.

செம்பூறல், (செம்பு, ஊறல்), vert-

செம்பை,l'arbre coronilla sesban.

செம்போத்து,(செம்),oiseau rouge dit aussi சன்விக்காக்கை,*V.* சண்பகம்.

செம்மல், 1° (செம்), roi, prince, maître, seigneur, souverain maître, fils,—aîné,grand personnage,Arouguen,Siven,brave, héros, grandeur, force,beauté,mamelle,cercle.2° fleurs fanées,—vieilles,— de la veille, — qu'on a mise la veille (a une statue...),fleurs qui ne se flétrissent pas, immortelle,battre des mains, *V.* வாசி.3° *n.v.de* செம்முகிறது.

செம்மாக்கிறது,மாந்தேன், மாப்பேன்,மா,மாக்க,*n.v.* செம்மாத்தல், *n. v.* s'enorgueillir,se tenir droit, se réjouir,être fier,droit,fort joyeux.

செம்மாணி,espèce de souliers.

செம்மாத்தி,*f. de* செம்மான்,femme—,fille de cordonnier.

செம்மாப்பு,*n.v. de* செம்மாக்கிறது, orgueil, fierté, position droite, droiture, élévation, dignité, joie, contentement.

செம்மாரி, espèce de sandale à l'usage des Paravers ou pêcheurs de la côte de la Pêcherie.

செம்மான்,*pl.*செம்மார், cordonnier,savetier,corroyeur.

செம்மிளி,*corr.de* செம்மறி.

செம்முகிறது,மினேன், முவேன், மு,ம,*v.a.ou* செம்மிடுகிறது, மிட்டேன்,மிடுவேன்,மிடு,மிட, *et* செம்மிவைக்கிறது, *v. a.* luter, enduire—,couvrir de lut,boucher avec du lut, de l'argile ou avec de la chaux délayée sur du linge, *V.* பொருமுகிறது: செம்மிப்போகிறது la couleur pénétrer des 2 côtés;வயிறுசெம்மியிருக்கிறது le ventre être dur de constipation.

செம்முகை,செம்முதல்,*n. v. de* செம்முகிறது.

செம்மேவுகிறது, வினேன், வுவேன்,வு,வ,*v.a.et n.*(செம்),செம்மேவுத

ல்,செம்மேவல்,n.v.joindre,engager, s'unir, consentir, s'accorder, être égal, —de niveau,convenir.

செம்மை, (செம்.மை), couleur rouge,rougeur,direction —,position droite, droiture, rectitude, ordre, arrangement, régularité, justesse, poli,niveau,égalité,grandeur,poids, importance,perfection,beauté, bonté,bon état,certitude, vérité, accord, escarboucle:—கட்டுகிறது égaliser, niveler,redresser,mettre droit,ajuster, arranger, attacher comme il faut;—க்கல் pierre rouge qui contient du métal;—செய்கிறது, —பண்ணுகிறது,—ப்படுத்துகிறது, —யாக்குகிறது disposer, arranger, ajuster,orner,régler,régulariser,redresser, metter en ordre,réformer;—ப்படுகிறது,—யாகிறது s'arranger, se réformer,se corriger,se rectifier, s'améliorer,se redresser,devenir droit, se mettre en bon état.

செய்,1° P.செய்ய,inf.de செய்கிறது. 2° * செய், adj. de செயம்,de victoire:செயகாலம் temps de victoire, —de prospérité; —சாலி, —சீலன் vainqueur, victorieux:—க்குறை butin de la victoire;—செய் ou—செயா int. vicoire, victoire, acclamation,houra,vivat;—செய் ou—செயா வென்கிறது faire des acclamations, louer,crier victoire!victoire! —சேதி nouvelle de victoire,sel;—ஸ்தம்பம், —த்தம்பம் colonne de la victoire, trophée;—நீர் mélange de chaux et de sel ammoniac qui exposé à la rosée devient fluide; —நீர்க்கருத்தன்.V. நவக்ஷாரம்;—பரம் l'arbre médicinal மரமஞ்சள்;—பரி cheval de victoire, —de triomphe,de parade,de roi ou de prince;—பீதம் l'arsenic préparé வெளிபாஷாணம்; —ப்படுகிறது se faire,être fait;—ப்படுபொருள் chose qui se fait:—ப்படுபொருளுடைவினை,—படுபொருள்குன்றாவினை verbe actif ou transitif; —ப்படுபொருளில்லாவினை,—ப்படுபொருள்குன்றியவினை verbe neutre ou intransitif; —ப்பாட்டின passif;—ப்பாட்டுவினை verbe passif composé de la racine du verbe (à laquelle on joint ordinairement l'அ sâriei) et du verbe படுகிறது,et dont l'agent est à l'ablatif en ஆல், (la racine du verbe suivie du சாரியை அ c'est l'infinitif actif);—மணி cloche qu'on sonne pour annoncer la victoire;—மன்னர் rois—, princes victorieux, —guerriers; —முரசு tambour de la victoire;—வருஷம் la 38me année du cycle indien correspondant à 1834 et 1894;—வாரணம், (ஆனை), éléphant royal,— de triomphe,de parade, le principal éléphant d'un roi;—வீரர் guerriers victorieux,— vaillans; —வென்வாய்பாடு,—வென்றும்வாய்ப்பாடு mot servant de modèle à l'infinitif. V.au mot சயம் d'autres composés. [ர், V.சயந்தி.

செயந்தி la ville de திருச்செந்தூர்

*செயம்,(djaya), victoire, succès, prospérité: —ஆகிறது, réussir, la victoire s'opérer; —ஆயிருக்கிறது réussir,être victorieux,prospérer;—உள்ள victorieux,prospère;—உள்ள நாளிற்பயமில்லை on ne craint pas dans un jour de victoire, dans le temps de la prospérité;—அடைகிறது,—கொள்ளுகிறது,—பெறுகிறது remporter la victoire;—பெற்றுவருகிறது revenir victorieux;—பொருந்துகிறது obtenir la victoire,—des succès; அவனுக்கிப்போதுசெயகாலம் c'est pour lui maintenant un temps de victoire,—de succès.

செயலை,1° l'arbre அசோகம். 2° acc.de

செயல்,1° opt.et n.v.de செய்கிறது, action,œuvre,ouvrage,emploi, office,fait,effet,manière d'agir,conduite,mœurs. 2° garde,boue,bourbier:என்செயலாவதியாதொன்றுமில்லையினித்தெய்வமே,உன்செயலேயென்றுணரப்பெற்றேன் ô Dieu! mon action ne peut rien, j'ai appris à connaitre dorénavant que tout est votre œuvre;—அறல்,—அற்வு,—அறுதல் inaction,dénûment,abandon, incapacité,privation de secours;—அறுகி

று து l'action cesser, être sans action, sans secours, sans force, sans capacité; —அறுநிலே, V. கையறுநிலே; —இன்மை inaction, incapacité pour agir; —உவமம் comparaison d'une action à une autre. *Ex.* நனவிற்செயல் போலுங் கனவிற்செயல் une action en songe ressemble à une action en état de veille; செயற்கரிய difficile à faire. [phant royal.

செயவாரணை, (செயம், ஆணை), élé-

செயற்கை, (செயல், கை), expérience, pratique: செயற்கையுணர்வு connaissance—, science expérimentale, —acquise par l'expérience, par la pratique; —வடிவு manière de faire, façon. [செய்யா.

செயா, 1° *P.* செய, victoire! 2° *P.*

செயிக்கிறது, யித்தேன், யிப்பேன், யி, யிக்க, *v.a.* (செயம்), செயித்தல், *n.v.* vaincre, dompter, l'emporter sur: செயித்துக்கொண்டுவருகிறது avoir l'habitude de vaincre; செயித்துப்போடுகிறது vaincre, soumettre, subjuguer, défaire; செயிக்கப்படுகிறது être vaincu, —dompté.

செயிரியர், musiciens, joueurs de luth et d'autres instrumens.

செயிர், 1° faute, colère, indignation, haine, affliction, malheur. 2° *imp. et part. de*

செயிர்க்கிறது, ர்த்தேன், ர்ப்பேன், ர், ர்க்க, *v.n.* (செயிர்), être en colère, se fâcher, s'irriter.

செயிர்த்தல், செயிர்ப்பு, *n.v. du préc.* indignation, irritation.

செயில், செயின், V. செய்யில்.

செய், 1° (செ), *adj.* rouge, régulier, droit, juste, convenable. 2° rizière, champ. (Il y en a de 2 espèces: நன்செய் terre à riz, புன்செய் terre à menus grains). 3° *imp. et part. de* செய்கிறது, fait, qu'on fait...: —கடன் obligation, usage, devoirs journaliers, devoir envers les ancêtres décédés; —கரை chaussée, — qu'on fait; —காரியம் chose à faire, —qu'on fait ou qu'on peut faire, accomplissement de tout ce qu'on doit faire; —காரியத்தவிர் காரியமறியவேண்டும் il faut connaître ce qu'il y a à faire et à omettre ou à éviter; —குற்ற, —குற்றம் faute qu'on fait, défaut d'une action; —குன்று butte—, tertre qu'on élève; —கூலி salaire de ce qu'on a fait; —க்கரை chaussée, petite chaussée entre les compartimens d'une rizière; —தவம் pénitence convenable, — qu'on fait; — தவமறந்தாற்கைதவமாளும் si on oublie la pénitence qu'on doit faire, le mal dominera; —துவம் faculté—, action de faire; —தொழில் emploi, ouvrage qu'on fait; —நன்றி bien qu'on fait, service; — நன்றியறிதல் reconnaissance, —pour les bienfaits reçus; — நேர்ச்சித்திரம், V. நவசாரம்; —பலம் force, - pour agir, — ப்பயறு pois qui croissent dans un champ, dans une rizière; — பாகம் juste disposition prise, juste point ou degré (de cuisson etc... qu'on procure); — பாட்டுவினை verbe passif, V. செயப்பாட்டுவினை; —முறை cérémonie, rite, usage, manière; —வினை action qu'on fait, emploi, sorcellerie, maléfice, verbe actif ou neutre, verbe sans la terminaison படுகிறது et dont l'agent est au nominatif; — வினைதிருந்தச்செய் fais bien ce que tu fais.

செய்ய, *inf. de* செய்கிறது.

செய்கிறது, ய்தேன், ய்வேன், ய், ய்ய, *v.a.* faire, agir, donner, offrir, favoriser, secourir: சொல்லாமற்செய்வார்பெரியோர், சொல்லிச்செய்வார் நல்லோர், சொல்லியுஞ்செய்யார்கசடர் ceux qui font du bien sans avoir promis sont grands; ceux qui en font après avoir promis, sont bons; ceux qui n'en font pas quoiqu'ils aient promis, sont vils; வரச்செய்கிறது faire venir. Quelquefois après un infinitif ce verbe n'est qu'auxiliaire, surtout si உம் est joint à cet infinitif: இதைச்சொல்லவுஞ்செய்தேன் எழுதவுஞ்செய்தேன் je l'ai dit et je l'ai écrit, ou je l'ai fait dire et écrire: செய்யத்தகுங் காரியங்களைச் செவ்வையாகச்செய் fais bien ce qu'il convient de faire; செய்யவேணுமென்றிருக்கிறது être résolu ou disposé à faire.

செய்கின்ற,1° *part.prés. de* செய்கிறது,qui fait,qu'on fait.2° forme ou modèle du part.prés.en général.

செய்குதல்,*P.*செய்தல்.

செய்கை,*n.v.du même*, action,œuvre,office, emploi, métier, affaire, mœurs,conduite,manière —, action de faire,d'arranger:—க்காரன்,celui qui fait, agent, ouvrier;-ச்சரக்கு drogue—,substance—,minéral médicinal—, arsenic composé,—préparé artificiellement;—ச்சீட்டு billet —, contrat pour un ouvrage; — த்தரை terrain nivelé,arrangé,préparé;—த்தாழ்ச்சி,--ப்பிழை défaut d'un ouvrage...; —பூணுகிறது, —பூணுதல் faire(une action)*ou*—ப்படுகிறது être fait;—ப்பங்கு part dans une action, part qu'on donne pour un travail;—யாட்சி droit acquis par son travail ou son action; —யிட்டோன் agent, ouvrier;—யுப்பு sel fabriqué;—யொப்பம்,*V.*செய்கைச்சீட்டு

செய்த,1° *part.parf.de* செய்கிறது, qui a fait, qu'on a fait.2° modèle du participe passé:—க்கால் si on fait; —பாவம் péché commis;—பாவங்களுக்கிடாய்வருகிறது arriver en punition des péchés qu'on a commis;—புண்ணியம் vertu qu'on a pratiquée.

செய்தல்,*n.v.de* செய்கிறது,action, —de faire,accomplissement.

செய்தால்,*conditionnel du même*,si on fait; செய்தாலும் quoiqu'on fasse,bien qu'on agisse.

செய்தி,1° *n.v.du même*,action,fait, conduite,vie,mœurs,nouvelle,bruit, rumeur,histoire,ce qui se fait,ce qui se passe.2° *imp.de* செய்கிறது, fais, *pl.*செய்யின் faites.3° *P.*செய்தாய்,tu as fait,*pl.*செய்தீர் vous avez fait:—கொன்றார் ingrats; — கொண்டுவருகிறது apporter une nouvelle;—யறிகிறது connaître les nouvelles, l'état des choses;—யனுப்புகிறது envoyer la nouvelle, informer, donner avis; —யென்ன quelle nouvelle? —விசாரிக்கிறது s'informer des nouvelles;—வருகிறது la nouvelle arriver.

செய்திடல், செய்திடுகிறது, (செய்து,இடல்),*V.* செய்தல், செய்கிறது.

செய்து,1° *ou* செய்தென், modèle ou forme du gérondif. 2° *gér.de* செய்கிறது, en faisant: செய்துழி,செய்துழி,(உழி,உழி),lorsqu'on fait; செய்தே,(il se joint à l'infinitif et quelquefois se contracte en தே),lorsque, pendant que,quoique; நானிருக்கச்செய்தே lorsque je suis;நானெழுதச்செய்தே pendant que j'écris.

செய்பாக்கு, *un des gér. de* செய்கிறது,pour faire.

செய்பு,1° modèle d'une des formes du gérondif.2° *gér.de* செய்கிறது,en faisant:செய்புழி,செய்புழி,(உழி,உழி), lorsqu'on fait ou qu'on faisait.

செய்ய,1° modèle de l'infinitif. 2° *inf.et opt.de* செய்கிறது,faire,puisset-on faire! 3° *part. ou adj. de* செய், rouge,régulier,beau,distingué,droit, propre, convenable.

செய்யல்,*n.v. opt et imp.nég.de* செய்கிறது, action,œuvre, boue, fais,ne fais pas: செய்யலும்,*gér.*en faisant.

செய்யவன்,*pl.*செய்யவர், (செய்ய), la planète Mars,homme rouge,droit, probe,beau,régulier,sans artifice.

செய்யவள்,செய்யள்,(*id.*)la prétendue déesse rouge Lakchimi, femme rouge,belle,probe,régulière.

செய்யன்,*pl.*செய்யர்,(*id.*), homme rouge,beau,droit,franc,sans artifice, Siven.

செய்யா,1° *ou* செய்யாத,*part.nég. de* செய்கிறது,qui—, qu'on ne fait pas.2° *ou* செய்யாது,3° *pers.neut. du même*,ne fait ou ne font pas. 3° *ou* செய்து,modèle d'une des formes du gérondif.4° *gér.de* செய்கிறது, faisant.

செய்யாத,1° *part.nég. de* செய்கிறது: —காரியஞ்செய்கிறது faire une chose inconvenante, qui ne se fait pas.2° *ou* செய்யாதன,*pl.neut.de* செய்யாதது,choses inconvenantes.

செய்யாது,3° *pers. neut.et gér.nég. du même*,il ne fait pas,sans faire:செய்யாதே,*imp.nég.*ne fais pas;செய்யாதேபோகிறது ne pas faire,s'en aller sans faire.

செய்யாமல்,செய்யாமே, *gér. nég.* [*du même*,sans faire.

செய்யாமை,1° *n.v.nég. du même*, omission. 2° *ou* செய்யாமைக்கு,*gér. nég.*sans faire.

செய்யார்,1° (செய்ய),gens rouges, réguliers,droits.2° *n.app.nég. et* 3me *pers.plur.nég. de* செய்கிறது, qui—, ils ne font point.

செய்யாள்,1° 3° *pers. fém. nég. de* செய்கிறது, elle ne fait pas.2° *V.*செய்யவள்.

செய்யான், 3me *pers. masc. nég. de* செய்கிறது,il ne fait pas.2° cent-pieds rouge et venimeux.3° *V.*செய்யன்.

செய்யிய, செய்யியர், 1° modèle d'une des formes du gérondif.2°*gér. de* செய்கிறது,pour faire.

செய்யிழை,(செய்,இழை), femme, *litt.* beau bijou.

செய்யில்,செய்யின்,*cond. de* செய்கிறது,si on fait: செய்யினும், செய்யினும் quoiqu'on fasse.

செய்யுட்,*P.*செய்யுள், *devant* க,ச,த,ப:—கணப்பொருத்தம், *V.* அசை; —சொல் mot de poésie,—relevé, *V.* திரிசொல்; —பொருத்தம் *ou*—தசப்பொருத்தம், 10 espèces de convenances observées en poésie par les poëtes indous; ce sont 10 espèces d'observations superstitieuses prescrites par leurs grammaires pour le commencement ou l'invocation d'un poëme, savoir: மங்கலப்பொருத்தம் convenance ou choix d'un mot de bon augure, *V.* மங்கலமொழி. சொற்பொருத்தம் convenance de ce mot pour la clarté; il ne doit pas être susceptible de plusieurs significations, ni altéré par de violens changemens de lettres. எழுத்துப் பொருத்தம் convenance des lettres; ce mot choisi doit être,selon eux,de 3 5,7,9, lettres; une voyelle, une consonne jointe à une voyelle, et une consonne muette ou pointée comptent chacune pour une lettre ou அசை. தானப் பொருத்தம் convenance de la place, *V.* பொருத்தம்—பாற்பொருத்தம் accord des genres.Les voyelles brèves sont mâles; les consonnes jointe à une voyelle sont femelles; les consonnes muettes et ஃ sont neutres.Si le héros du poëme est un homme,la 1re lettre de l'invocation doit être mâle; si c'est une femme,cette lettre doit être femelle. உண்டிப் பொருத்தம் convenance de la nourriture; la 1re lettre doit être une des அமுதெழுத்து et non une des நச்செழுத்து. வருணப்பொருத்தம் convenance de la caste; ils attribuent les lettres à diverses divinités et castes,ainsi que l'expliquent quelques grammaires,entr'autres la grammaire du haut Tamoul de Beschi et la traduction qu'en a faite Babington; நாட்பொருத்தம் convenance de la constellation;les lettres sont partagées entre les 27 constellations, *V.* les mêmes grammaires. கதிப்பொருத்தம் convenance de l'espèce de lettres; d'après cette règle, il faut employer pour 1re lettre une des lettres nommées தேவர்கதி qui sont: அ,இ,உ,எ,க,ச,ட,த,ப, ou de celles nommées மக்கட்கதி, savoir: ஆ,ஈ,ஊ,ஏ,ங,ஞ,ண,ந, ம, et non pas une des விலங்கின்கதி, ஒ,ஓ, ய, ர,ல,ழ,ற), ni des நரகர்கதி: ஐ,ஔ, வ,ள,ன. கணப்பொருத்தம் convenance des pieds, *V.*அசைகணம்.

செய்யுட்டாரணை,(செய்யுள்,தாரணை), c'est le மந்திரதாரணை,le 4me des 9 தாரணை.

செய்யுணடை, (செய்யுள், நடை), marche de la poésie.

செய்யும், 1° *part. fut. de* செய்கிறது, qu'on—,qui fera. 2° modèle du participe futur.3° 3me *pers. neut. du futur, qui s'emploie aussi pour tous les genres du sing.et du pluriel,et pour le futur et le présent*,il,elle,cela fera *ou* fait,ils,elles *ou* ces choses feront *ou* font.

செய்யுள், (செய்கிறது), poésie, pièce de poésie, ouvrage poétique, poëme, hymne, chant, strophe: —உறுப்பு les divers membres ou parties de la poésie;on en compte 6, *V.* ஆறுறுப்பு. D'autres en ajoutent 2, savoir: பா }, diverses espèces de vers, de stroph.. ou de poésies, et இனம் les subdivis.. ons de chaque espèce; —வழக்கு march.. ..e—,usage de la poésie; —விகாரம் irre.. gularités ou licences dans l'orthograp.. ..e des mots permises en poésie; elles .. t d'une nombre de 9. 1° changemen.. rte en douce en sa forte. 2° d'une fo.. rne. 4° sa douce. 3° d'une brève en long.. ble- d'une longue en brève. 5° redou.. ment d'une lettre. 6° retranchement d'une lettre. 7° 8° et 9° retranchement du commencement, du milieu ou de la fin d'un mot.

செய்பூ, 1° modèle d'une des formes du gérondif. 2° *gér. de* செய்கிறது, en faisant.

[village de sauniers.

செய்யூர், (செய், ஊர்), nom d'un

செய்யோன், (செய்ய), Arouguen, V. செய்யவன்; *pl.* செய்யோர், gens droits, honnêtes, sans ruse.

செய்வது. *pl.* செய்வன, *n.v. de* செய்கிறது, chose qu'on fera, —à faire, — convenable: செய்வனதிருந்தச்செய் fais bien ce que tu dois faire.

செய்வான், 1° *pl.* செய்வார், 3me *pers. masc. du fut. de* செய்கிறது, il fera, ils ou elles feront. 2° *n. app. du même*, celui qui fait ou fera. 3° *gér. du même*, pour faire. 4° modèle d'une des formes du gérondif.

செய்விக்கிறது, வித்தேன், விப்பேன், வி, விக்க, *v. caus. de* செய்கிறது *et* செய்வித்தல், *n.v.* faire faire, —préparer.

செய்வினை, V. à la fin de செய்.

செய்வோன், *pl.* செய்வோர், *n. app. de* செய்கிறது, celui qui fait.

செரிகுடல், செரிகுடர், (செரிக்கிறது, குடல்), entrailles relâchées, qui ne gardent pas la nourriture et la rendent promptement par la diarrhée.

செரிக்கிறது, ரித்தேன், ரிப்பேன், ரி, ரிக்க, *v.a et n.* digérer (la nourriture, un affront...), apaiser, calmer, modérer, dissiper (la colère, la douleur), se digérer, profiter, tourner à bien: சாபாடு—la nourriture se digérer:

செரித்துப்போகிறது, se digérer, s'apaiser; —வருகிறது se digérer, être à digérer; தருமத்துக்குவைத்தபணம்பகரித்தால்உனக்குச்செரிக்குமா si tu t'appropries l'argent destiné à l'aumône, te profitera-t il? பலபேர்சொத்து ஒருவனுக்குச் செரிக்குமா le bien de plusieurs profitera-t- il à un seul, (qui l'aura volé)? [gestion.

செரித்தல், செரிப்பு, *n.v. du préc.* di-

செரிப்பிக்கிறது, *v. caus. du même*, digérer, faire digérer, aider la diges-
..tion (par des remèdes): செரிப்பித்துக்
..ன்றுகிறது digérer, défendre et
செ.. ..une cause.
gagner .. செரியாத, *part. nég. du*
செரியா.. ..digère pas, indigeste:
même, qui ne.. ..ம், —மாந்தம் indiges-
செரியாக்குண.. ..nt qui ne digère pas,
tion, tempérame.. ..r; —க்குணமாயிரு
difficulté à digér.. ..indigestion, avoir
க்கிறது avoir une .. ..r; — ப்படுவன்
de la peine à digér.. ..*même*, indiges-
nom d'une maladie. .. ..er.
செரியாமை, *n.v. du* ..
tion, difficulté à digé.. ..bataille: —க்
செரு. guerre, combat.. ..:—க்களஞ்
களம் champ de bataill.. ..description
தி le 36me des பிரபந்த.. ..où les dé-
d'un champ de bataille, o.. ..urs et les
mons, les chiens, les vauto.. ..nvie, et
corbeaux se repaissent à .. ..s sol-
avec allégresse, des cadavre..
dats, des éléphans et des che..

செருகல், செருகுகை, செரு.. *v. de*

செருகுகிறது, V. சொருகு..

செருகு. *imp. et part. de* செரு..
து: —கொண்டை chignon rel..
sé par derrière la tête, un des
கைமயிர்முடி dit aussi அருள்:
fleurs entremêlées, —placées çà e..

செருக்கம், grenadier.

செருக்கல், *opt. et n.v. de* செருக்..
றது, transport de joie, orgueil, a..
rogance.

[arrogan..

செருக்கன், (செருக்கு), orgueilleux

செருக்கு, 1° orgueil, arrogance amour propre, fierté, joie, allégress.. délicatesse. 2° *imp. et part. du suiv.*
குக்காய்வணக்கிறது élever dél..

tement;செருக்குகுலைகிறது la fierté être abaissée,confondue.

செருக்குகிறது,*sync.*செருக்கிறது, க்கினேன்,க்குவேன்,க்கு,க்க,*v. n. et a.*(செருக்கு),செருக்குதல், *n.v.* s'enorgueillir,être fier,arrogant, superbe,égoïste,s'obstiner, être transporté—,tressaillir de joie,être presque étranglé par un os ou autre objet resté dans la gorge, s'arrêter dans la gorge,troubler, infatuer: எனக்குப் பாக்குசெருக்கிற்று la noix d'arec m'est restée dans la gorge.

செருத்தல்,mamelle ou pis (des vaches et autres animaux).

செருத்தி, drapeau, bannière distinctive.

செருநர்,(செரு),héros,braves guerriers,combattans.

செருந்தி,l'arbre ochna squarrhosa,espèce d'herbe ou de jonc dit வாட்கோரை, la plante மணித்தக்காளி.

செருப்படி,செருப்படி நாயன், செருப்படை,(செருப்பு,அடி), la plante coldenia procumbens.

செருப்பு,sandales à courroies,—qui ne couvrent que la plante des pieds et sont attachées avec des courroies:செருப்பாலடிக்கிறது frapper de la savatte,(ce qui est un très grand affront); செருப்புதின்னி rongeur de savatte, *i.e.*chien (injure).

செருப்பூசி, (செருப்பு,ஊசி),alène de cordonnier.

செருமல்,toux des animaux,*opt.et n.v.de*

செருமுகிறது,மினேன், முவேன், மு,ம,*v.n.et a.*செருமுதல், *n. v.* (les animaux) tousser, remplir,bourrer, presser.

செருனர்,*P.*செருநர்.

செல,1° *inf.de* செல்லுகிறது. 2° *adj.de* செலம்.

செலசம்,le jasmin மல்லிகை.

செலம்,1° l'herbe இலாமிச்சை. 2° (*P.*சலம்,djala),eau,urine,pus: செலக்கனல் furoncle enflammé,charbon, érysipèle:—க்குரு,—க்கூர்மை ammoniac,sel d'urine,*V.* நவசாரம்;—க்கூடம் crabe,écrevisse; — ப்பிரீதி, *V.*சுருப்பூரச்சிலை;—மலம், *V.* கடந்[illegible]தி.

செவல்,*P.*செ[illegible]

செலவயருகிறது,செலவயர்தல்,(செலவு, அயருகிறது), aller.

செலவழிகிறது, செலவழிந்து போகிறது, (*id.*அழிகிறது), se dépenser,se consumer, se consommer, se dissiper, être dépensé, consumé, dissipé.

செலவழிக்கிறது, செலவழித்துப் போடுகிறது.(*id.* அழிக்கிறது), dépenser,consumer,dissiper,vendre:குதிரையைச்—vendre un cheval;பிராணனைச்—employer—,consumer,ou donner sa vie.

செலவழித்தல்,செலவழிப்பு,*n.v.du préc.* dépense, dissipation, consommation.

செலவாளி,(*id.*ஆளி),dépensier,prodigue, dissipateur.

செலவிடல்,செலவிடுகிறது,1° (*id.* இடுகிறது), dépenser, donner pour la dépense,être chargé de la dépense,régler les dépenses.2° (செல,விடுகிறது),envoyer,lancer,jeter,lâcher, laisser aller,décharger.

செலவு,*n.v.de* செல்லுகிறது, dépense,frais,déboursé,argent pour la dépense,congé,permission,fin,allée, chemin,voie, marche, voyage, une des parties d'un poème épique,trou de rats et de fourmis: செலவாகிறது,செலவாய்ப்போகிறது,*V.* செலவழிகிறது; செலவோடுகிறது, செலவோடுதல் suppurer, couler (une plaie),s'élargir,s'étendre;செலவோடுகிறபுண் plaie qui s'élargit ou suppure;செலவுக்காரன், *V.* செலவாளி;—நடக்கிறது la dépense marcher,—se faire,se dépenser;— நடத்தல் se dépenser,*ou*—நடத்துகிறது dépenser,faire les dépenses;— பண்ணுகிறது dépenser,débourser,consumer, dissiper;— பண்ணுகிறவன் celui qui fait la dépense,dépensier, dissipateur;—பிடிக்கிறது coûter:— மட்டாய்ப்பண்ணுகிறது dépenser peu, — avec parsimonie; செலவைக்குறைக்கிறது,—க்குறைத்துப்போடுகிறது diminuer la dépense; எனக்குச்செலவுக்கில்லை je n'ai rien pour la dépense;எந்தச்செலவுந்தள்ளி இவ்வளவுமிருந்தது déduction faite de tous les frais il est resté tant; அவர்க ளிலொருவன் செலவாய்ப்போனான் un d'entr'eux est mort.

செவியம்,l'herbe இலாமிச்சை.

செளு,1° l'arbre நறுவிலி, écaille de poisson, *V.* செளுந்தி. 2° *P.*செல் லும்,*part.fut.de* செல்லுகிறது.

செலுத்தல்,செலுத்துதல்,செலுத் துகை,*n.v.du suiv.*conduite, direction,accomplissement,exécution, envoi,renvoi,payement.

செலுத்துகிறது,த்தினேன், த்து வேன்,த்து,த்த,*v.a.de* செல்லுகிறது *et* செலுத்திப் போடுகிறது, faire marcher,— avancer, — arriver,— parvenir,—entrer,—obtenir,— circuler,—passer (comme de bon aloi), diriger,conduire,guider,gouverner, autoriser,introduire, envoyer, renvoyer,lancer,entremêler, lâcher,accomplir, exécuter (un vœu, une promesse,un devoir, un ordre), payer (une dette,les taxes): செங்கோ லைச்செலுத்துங்கோல் ஏரடிக்குஞ்சி றுகோலே le sceptre qui sert à gouverner un royaume, ressemble au petit bâton aveclequel on frappe les bœufs de labour: மனிதனைநித்தியசி வனிற்செலுத்துகிறதே சத்தியவேத ம் ce qui conduit les hommes à la vie éternelle c'est la vraie religion; சத்தியமார்க்கத்திற்செலுத்தப்படுகி றது être conduit et dirigé dans la voie de la vérité;செலுத்திவருகிறது continuer à—,conduire....

செளுந்தி,செளுந்தில், branchette desséchée,chose fanée. [ment.

செளுப்பு, petit morceau, frag-

செளுமுரல், (செளு), espèce de

செளுவல்,*V.*செளுந்தி. [poisson.

செளுவன்,(செளு),homme desséché,maigre.

செல்,1° cariah ou fourmi blanche,coup de tonnerre(non prolongé), billet à ordre,—de banque, signature,nuage,dard,javelot, chemin. 2° *imp.et part.de* செல்லுகிறது: செல் காரியம் chose en main,— présente; —காலம் temps qui passe,—passé,— à venir,temps où une chose réussit.

செல்ல,1° *inf.de* செல்லுகிறது. 2° *obl.de* செல்லம்:—க்கட்டுகிறது unir, joindre,couler,expédier.

செல்லடிக்கிறது / செல்லரிக்கிறது (செல்லு, அடிக் கிறது),les fourmis blanches dévorer,— consumer, —ronger. [றது,caresser.

செல்லம்,*P.*செல்வம்:—கொஞ்சுகி

செல்லல்,*opt.et n.v. de* செல்லுகி றது,action d'aller..., aller, marche, cours, retraite,affliction.

செல்லன்,*P.*செல்வன்.

செல்லா,செல்லாத,*part.nég.de* செ ல்லுகிறது,qui ne va pas,qui ne passe pas,qui n'a pas cours, qui n'est pas recevable:செல்லாக்காசு,— ப்ப ணம் cache—, fanon de mauvais aloi,qui n'est pas recevable;—க்கால ம் temps non propice,—où rien ne marche.

செல்லாது,1° 3me *pers.nég.*2° *ou*

செல்லாமல்,*gér.nég.du même*, செ ல்லாமற்போகிறது ne pas passer, manquer,—d'aller.

செல்லாமை,*n.v.du même*, ne pas aller, — passer etc..., insuffisance,

செல்வி,*V.*செல்வி. [pauvreté.

செல்வியம்,poule,volaille.

செல்லு,1° (செல்), cariah ou fourmi blanche: செல்லுப்பூச்சி la mère —,la reine des cariahs;— அழிக்கிற து,—தின்கிறது les cariahs détruire, —dévorer. 2° *imp. et part. de* செல் லுகிறது:— சீட்டு reçu, quittance, billet recevable,—en bonne forme.

செல்லுகிறது, சென்றேன், செல் லுவேன் *ou* செல்வேன், செல்லு *ou* செல்,செல்ல *ou* செல,*v.n.*aller,marcher,avancer,passer,s'écouler, avoir cours,être recevable,valable,valide, authentique, de bon aloi, légitime, être en usage,réussir, parvenir, atteindre à,s'étendre jusqu'à,entrer, appartenir(de droit),convenir,falloir, suffire, être dépensé, employé,consumé, mourir: இதுகட்டுகிறதற்குக் கல்லும்பணமுநாளுமெத்தச்செல்லு ம் il faudra pour bâtir ceci beaucoup de pierres,d'argent et de temps; வீட் டிற்— entrer dans la maison; அவ

சே—approcher; எத்தனை நாள்செல்லும் combien faudra-t-il de jours? இந்தஅதிகார மெனக்குச்செல்லும் cette autorité m'appartient; அந்தச் சிங்காசனமேறுதற் கவனுக்குச்செல்லுமா a-t-il droit de monter sur ce trône? பூசைக்குநேரஞ்செல்லும் il y a encore du temps avant la messe,ou il faut encore du temps pour que la messe finisse; அவன்வர வேநாள்செல்லும் il se passera encore bien du temps avant qu'il ne vienne.

செல்லுகை, செல்லுதல், n.v. du [*préc.*

செல்லுமதி,(செல்லும்,மதி), chose valable, recevable,qui a cours.

*செல்லும்,part.fut.du préc.*recevable,valable,qui a cours,etc; — சீட்டு reçu,billet—,quittance valable,—authentique;—காற்று vent qui passe;—சுதந்தரம் droit valable,—héréditaire,héritage;—சொல் avis influant.

செல்லெரிக்கிறது,(செல்லு,எரிக்கி[றது,V.செல்லரிக்கிறது.

செல்லொளி,(*id.*ஒளி),œil-de-chat, lapis lazuli.

செல்வம், 1° *P.* செல்வோம் 1re *pers. pl. de* செல்லுகிறது, nous irons...2° prospérité,bonheur, aise, richesse,état florissant, délices, science,le Souvarkam ou paradis d'Indiren: — ஆயிருக்கிறது prospérer, être riche,—dans la prospérité;—ஆய்வளர்க்கிறது élever délicatement; —கொஞ்சுகிறது caresser, choyer, dorloter;—செருக்குகிறது être fier de ses richesses;—பொழிகிறது répandre les richesses, — les délices, abonder en richesses,en délices; செல்வக்கடி grande morsure;—ச்சிரிப்பு sourire;—ச்செருக்கு orgueil des richesses;—ச்செருக்காயிருக்கிறது être dans la prospérité et les délices,*ou* — ச்செருக்காலே திரிகிறது vivre dans les délices et le faste;—த்தீன் bons morceaux,friandises,bonbons;—நடை marche douce,—lente;—நரை cheveux qui commencent à grisonner;—ப்பிள்ளை enfant gâté, —trop aimé;— ப்பிள்ளைக்காய்ச்சல் espèce de fièvre;—ப்பெருக்கு accroissement de —, grande prospérité;—ப்பேச்சு mot de tendresse, paroles enfantines; — ப்பொருள் richesses mondaines,biens de la fortune;—மடி grosses mamelles (des animaux gonflées par leur embonpoint);— மட்டி espèce de plante rampante;—வனம் jardin de délices,paradis terrestre; செல்வத்துட் செல்வஞ் செவிச் செல்வமச்செல்வஞ் செல்வத்துளெல் லாந்தலை la science qui vient de l'ouïe est le bonheur des bonheurs,ce bonheur est le premier parmi tous les bonheurs;சேயோடு தான்பெற்ற செல்வம்போம் le bonheur qu'on a acquis s'en va avec un fils (qui meurt); தனையரில்லாத செல்வஞ் செல்வமல்ல la prospérité sans enfans n'est pas une vraie prospérité; நன்றியில்செல்வம் richesses inutiles,—qui ne produisent aucun bien;நன்றியிற்செல்வம் le bonheur consiste à faire du bien.

செல்வவான், (செல்வம்), homme [riche,heureux.

செல்வன்,1° (செல்வம்),homme riche,—heureux,Dieu,roi,fils, Arouguen.2° *P.*செல்வேன் *et* செல்வான், *fut.de* செல்லுகிறது,j'irai, il ira.

செல்வாக்கு, (செல்), parole puissante,influence (de la parole), autorité:—உண்டாயிருக்கிறது y avoir de l'influence,se faire selon le commendement;—அடைகிறது, — செலுத்துகிறது gagner—, exercer de l'influence;—ஆனவன், — உள்ளவன் homme influent.

செல்வி,f.de செல்வன், femme riche,dame,maitresse de maison,fille, la déesse des richesses et de la prospérité,*i.e.*Lakchimi.

செல்விக்கை, (செல்வம், ikâ), richesse, *V.*செல்வாக்கு.

செல்வு,n.v.de செல்லுகிறது, allée,marche,voyage.

செவ,imp.du suiv.:—செவென்கிறது,—செவென்றிருக்கிறது être rouge,—enflammé (les yeux,une plaie): இவனுக்குக்கண்செவ செவென்றிருக்கிறது ses yeux sont enflammés.

செவக்கிறது,*வத்தேன் ou வந்தேன்,வப்பேன்,வ,வக்க*,*v.n.* (செ), rougir,être—, devenir rouge, s'irriter, s'enflammer de colère: **செவக்கக்காய்ச்சுகிறது** faire chauffer jusqu'à rendre rouge; —**ச்செவக்கச்சூடுகிறது** brûler—,marquer profondément avec un fer rouge; **செவத்திருக்கிறது** *ou* **செவந்திருக்கிறது** être rouge; **செவந்துகாணுகிறது**,—**தெரிகிறது** sembler—,paraître rouge; **செவத்துப்** *ou* **செவந்துபோகிறது** devenir rouge,rougir. [rougeur.

செவக்கை,*n.v.du préc.* être rouge,

செவத்த,*part.passé de* **செவக்கிறது**,rouge,rubicond: —**தாசி** l'arbrisseau gossypium,prostituée rubiconde; —**பிள்ளை** enfant rubicond; —**முகம்** figure rouge,—rubiconde; **செவத்தவன்**,**செவத்தவள்** homme—,femme rouge, —rubiconde.[**ங்கை** rouge.

செவத்தம்,(**செவத்த**), l'arbre **முரு**

செவத்தல்,*n.v. de* **செவக்கிறது**, rougeur,être rouge, —en colère,geste de colère.

செவத்து,*gér.du même.*

செவந்த,*part.passé du même*,rouge, rubicond: —**எருக்கு**, *V.* **செவந்தி**; —**கண்** œil rouge,—couleur de sang; —**கல்** pierre rouge; —**முகம்** figure rubiconde,—rouge (de honte ou de colère; —**மேனியாயிருக்கிறது** avoir le corps rougeâtre. [ge.

செவந்தி,la plante asclepias rou-

செவந்து,*gér.de* **செவக்கிறது**.

செவப்பம்மான்பச்சரிசி, (**செவப்பு**),la plante euphorbia rosea. [**னை**.

செவப்பவனை, (*id.*), *V.* **செவ்வ**

செவப்பன்,(*id.*),homme rubicond, —rouge. [**வாமணக்கு**.

செவப்பாமணக்கு,(*id.*), *V.* **செவ்**

செவப்பி, (*id.*), *f. de* **செவப்பன்**, femme rubiconde,—rouge.

செவப்பு,*n.v. de* **செவக்கிறது**, 1° couleur—,rouge, rougeur, signe—, geste de colère. 2° *ou* **செவப்பான**, *adj.*rouge,rubicond: **செவப்பானகந்தகம்** l'arsenic préparé **கோழித்தலைக்கந்தகம்**; —**வெள்ளைச்சி** espèce de minéral **செவப்புக்கந்தி** espèce d'arsenic composé; —**க்கல்** pierre rouge; —**க்காய்வேளை** la plante galega purpurea; —**க்கொடிப்பசளை** la plante basella rubra; —**ச்சாமந்தி**, *V.* **செவ்வந்தி**; —**ச்சோளம்** solam rouge,holcus sorghum; —**ப்பசளை** la plante basella rubra; —**மந்தாரை**, *V.* **செம்மந்தாரை**; **இருண்ட**—, brun, rouge foncé,—mêlé de noir.

செவப்போணான், (**செவப்பு**, **ஓணான்**),le caméléon rouge,la plus petite espèce de lézard.

செவலை,(**செ**), homme—, femme —,animal rougeâtre.

செவல்,(*id.*),*adj.* rouge; (il se dit seulement des bêtes): **செவலெருது** bœuf rouge.

செவி, 1° oreille,l'organe de l'ouïe, l'ouïe,un des 5 sens. 2° (préfixe indiquant intensité),très,fort,une mesure: —**கூர்ந்துகேட்கிறது** écouter avec attention,—d'une oreille attentive; —**கேளாத** sourd, qui n'entend pas; —**கொடுக்கிறது**, —**கொடுக்கேட்கிறது** écouter,prêter l'oreille, entendre,donner audience; —**சா[illegible]கிறது**, —**தாழ்த்துகிறது** incliner, pencher—, prêter l'oreille pour écouter; —**க்குத்து** mal d'oreille, élancement dans l'oreille; —**ச்சொல்** parole entendue; —**தின்கிற[illegible]** chuchoter,parler secrètement, —l'oreille,importuner,médire secrètement; —**தின்கிறவன்** chuchoteur,importun,médisant; —**நிறக்கல்** pierre cuivrée,—de la couleur de l'oreille. —**படுவாதம்** flatuosité qui affecte l'oreille, une des 80 espèces de flatuosités; —**ப்பாம்பு** petit serpent ou ver qui entre dans les oreilles; —**ப்புலன்** sens de l'ouïe; —**ப்புற்று** mal —,ulcère à l'oreille; —**ப்பூரான்** petit cent-pieds qui se glisse dans l'oreille; —**மந்தன்** homme presque sourd,—qui a l'oreille paresseuse; —**மந்தம்** demi-surdité, difficulté à entendre,faiblesse de l'ouïe; —**மலம்** cérumen des oreilles; —**மலர்** espèce de bijou pour les oreilles; **ஒரு** —**மழைபெய்ந்தது** il est tombé une forte pluie, une pluie capable de remplir un படி ou 1 mesure mise pour la recevoir; —மடி, (அடி), le bas de l'oreille, la joue;— மடிக்கிறது,—யாட்டுகிறது remuer—,agiter les oreilles;— யறிவுறுத்தல் instruire—,instruction de vive voix;—யறிவுறுமருட்பா pièce de poésie du genre du மருட்பா,qui explique aux rois et aux princes l'obligation de se conduire d'une manière agréable aux grands; - யறிவுறூஉ instruction orale,le 81me des பிரபந்தம்,poème qui explique le devoir d'être soumis aux supérieurs: — யளை creux de l'oreille; செவிக்கெட்டுகிறது, செவிக்கேறுகிறது parvenir aux oreilles,être entendu; செவியிலேசொல்லுகிறது.— பேசுகிறது parler- ,dire à l'oreille, médire;—தைக்கச்சொல்லுகிறது parler avec énergie,de manière à faire impression,à pénétrer dans les oreilles;—தைக்கவில்லை cela n'est pas entré dans les oreilles;—யேறியிருக்கிறது être parvenu aux oreilles;—யேற்றிவைக்கிறது,—யேற்றுவிக்கிறது porter aux oreilles,i.e.à la connaissance de quelqu'un; செவிக்குள்வருவிரணம் mal—,ulcère dans l'intérieur de l'oreille. [sourd.

செவிடன்,pl.செவிடர், (செவிடு),

செவிடி,f.du préc.sourde.

செவிடு,gén.செவிட்டின், obl. செவிட்டு,(செவி), surdité; செவிடான் sourd;செவிட்டுத்தனம் surdité; செவிடாகிறது devenir sourd;செவிடாக்குகிறது rendre sourd.

செவிட்டல்,செவிட்டுதல்,destruction,n.v.de

செவிட்டுகிறது, ட்டினேன், ட்டுவேன்,ட்டு,ட்ட,v.a.détruire.

செவியம்,V.செவ்வியம்.

செவியிலி,(செவி,இலி), qui manque d'oreilles, sourd, surdité.

செவிரம், la plante aquatique பாசி,ceratophyllum demersum.

செவிலி,mère nourricière, bonne —,garde d'enfant,sœur ainée.

செவுடன்,செவுடி,செவுடு, P. செவிடன்,செவிடி,செவிடு. [chies.

செவுள்,ouïes de poisson, bran-

செசேவேர்,செசேவேல், mots imitatifs désignant le rouge:—எனல்,— எனவிருக்கிறது,—என்கிறது,—என்றிருக்கிறது être rouge, — extrêmement rouge: செசேவென, செசேவெலன d'une manière très-rouge;செசேவென்று செவந்தது il est devenu extrêmement rouge,

செவை, V.செவ்வை.

செவ்,(செ),1° couleur rouge, poli, droite direction,droiture.2° adj.rouge,poli,droit,direct,régulier: செவ்வாக droit,juste,directement.

செவ்வகத்தி,(செவ், அகத்தி), l'arbuste agati à fleurs rouges (dont les feuilles sont bonnes à manger), coronilla coccinea. [pieds rouge.

செவ்வட்டை,(id.அட்டை), mille-

செவ்வணி, (id.அணி), ornement de couleur rouge qu'une amante qui est fâchée avec son amant donne à la fille que celui-ci lui a envoyée.

செவ்வன்,(id. அன்), perpendicularité,position droite,précipice.

செவ்வந்தி,(செவ்,அந்தி),chrysanthème indien à fleurs rouges, (il y en a de plusieurs espèces), nuage rouge:—க்கல் espèce de pierre.

செவ்வம்மான்பச்சரிசி, (id.), la plante euphorbia rosea.

செவ்வரத்தமணி,(id. அரத்தம்), espèce de rubis. [est rouge.

செவ்வயிரம்(id.),cœur d'arbre qui

செவ்வலரி,(id. அலரி), espèce de laurier rose.

செவ்வல், (செவ்), terre rouge:—நார் ou

செவ்வல்லி,(செவ், அல்லி), nénuphar rouge, i. e. nymphœa lotus à fleurs rouges.

செவ்வவரை,(id. அவரை), espèce de pois à fleurs rouges, dolichos lablab.

செவ்வழி,(id.),chemin droit,—direct,air—,mélodie propre aux habitans des bords de la mer:— பேபாலை nom d'un autre air;— யாழ், —

யாழ்த்திறம் luth des habitans des bords de la mer. [dioscorea var.

செவ்வள்ளி,(*id.*வள்ளி), la plante

செவ்வனூர்,(செவ்வல்,நார்), nénuphar rouge.

செவ்வனிறை,(செவ்வன்), réponse directe,—juste à la question.

செவ்வன்,(செவ்), 1° droite direction, *V.*செவ்வை.2° *adv.*droit, juste, directement.

செவ்வாக்கு,(*id.*),arche longue,—surabaissée,parole juste.

செவ்வாப்பு,(*id.*ஆப்பு),coin droit, espèce de clou ou de lien.

செவ்வாமணக்கு,(*id.*ஆமணக்கு), ricin verd,ricinus viridis, *litt.* ricin rouge. [phar rouge.

செவ்வாம்பல்,(*id.*ஆம்பல்), nénu-

செவ்வாய்,(*id.*),bouche rouge, lèvres rouges, la planète Mars ou son conducteur,(ainsi nommé de sa rougeur; les Indous le font fils de la terre),mardi,rubis:—க்கிழமை mardi;—ப்பிள்ளையாரை அஞ்ஞானிகள் கும்பிடுகிறார்கள் les gentils adorent Pilléar les mardis de janvier et de juillet et lui font une fête domestique.

செவ்வாரம்,(*id.*), partage égal du produit d'une terre entre le propriétaire et le fermier.

செவ்வாரை,(*id.*ஆரை),plante médicinale rouge et à 4 feuilles, qui croit sur les montagnes.

செவ்வாவிரை, (*id.* ஆவிரை), la plante ஆவிரை rouge.

செவ்வாழை,(*id.*),bananier rouge: —ப்பழம் banane rouge.

செவ்வானம், (*id.*), ciel —, nuée rouge vers le soir; — இட்டிருக்கிறது les nuées être rouges, le ciel être rouge.

செவ்வி,(செவ்),beauté,temps, saison, occasion, opportunité, la 14me constellation dite சித்திரை:—நிறம், *V.*மாந்தளிர்க்கல்;— யருமை rareté des occasions.

செவ்வின்று,(*id.* இன்று), grand arbrisseau à fleurs rouges dont la tige ou le tronc est épineux,mimosa paniculate.

செவ்விய,(செவ்வி),régulier,beau: —கை main bienveillante.

செவ்வியம், poivrier, plante qui donne le poivre,sorte de remède.

செவ்விளநீர்,(செவ்,இள,நீர்),espèce de coco dont l'écorce est rougeâtre.

செவ்விறகு, (*id.* இறகு), volatile à ailes rouges,grande espèce de scarabée. [palmier.

செவ்விலை,(செவ்,இலை),espèce de

செவ்வு,(செவ்), droite direction, droiture,rectitude,couleur—,rouge, certaine règle ou manière pour compter les perles: செவ்வே,droit, tout droit,juste,directement.

செவ்வெண்,(*id.*எண்),compte exact,—juste.

செவ்வெண்ணெய்,(*id.* எண்ணெய்),huile que l'on donne aux enfans. [buste எருக்கு à fleurs rouges.

செவ்வெருக்கு,(*id.* எருக்கு), l'ar-

செவ்வேல், (*id.*), acacia à écorce rouge.

செவ்வேள்,(*id.*),le fils rouge, *i.e.* Soupramanien (à cause de sa couleur rouge).

செவ்வை,(செவ், ஐ), ce qui est droit,—bien,—régulier, position—, direction droite,régularité,arrangement,droiture, rectitude, bon état, poli,égalité, niveau:— யாகுகிறது s'arranger,être—, devenir droit,— uni,régulier,égal; — யாக்குகிறது arranger, accommoder, rectifier, unir,égaliser, rendre droit, — régulier,corriger; — யாய்நடக்கிறது marcher droit, se bien conduire, procéder—, vivre régulièrement; — யாய்நிறுத்துகிறது redresser, faire tenir—, rendre droit;— யாய்ப்போகிறதுmarcher—,aller droit, —tout droit,—sans se détourner,se bien conduire; — யாய்வைக்கிறது mettre droit,— en ordre, arranger; —யானபாதை grande route droite, ou—வழி ou வெட்டி chemin droit, —direct;செவ்வைக்கதுவராது cela ne saurait s'arranger, — réussir,— aller droit.

செழிக்கிறது,ழித்தேன்,ழிப்பேன்,ழி,ழிக்க,*v.n.* செழிக்குதல், *n.v.* être fertile, florissant,*ou* செழித்துவளருகிறது prospérer,croître,—bien;செழித்திருக்கிறசீமை pays fertile;செழித்தகல் pierre de chaux; செழித்தமுகம் visage joyeux,—ouvert,—de santé, —de prospérité;—நாடு pays fertile.

செழிச்சி,செழித்தல்,செழிப்பம்,செழிப்பு,*n.v.du préc.*fertilité, abondance, croissance, augmentation, prospérité,richesse, gaîté: செழிப்பான fertile,fécond; செழிவுள்ள fertile, prospère,joyeux;செழிப்பிலேசெய்கிறது agir d'après la fertilité, — la prospérité.

செழிப்பிக்கிறது,*n.v.du même*,fertiliser,rendre fertile,—florissant.

செழியன்,(செழிக்கிறது), Pândien,titre des anciens rois du Maduré.

செழிய,செழு, *V.*செழும்.

செழுப்பம், *V.*செழுமை.

செழுமறை,(செழு),feu.

செழுமை,fertilité,fécondité,croissance,graisse,excellence, grandeur, bonté,beauté,luxe;l'adj.est செழு,செழும்,செழிய:— மாயிருக்கிறது être fertile,gras, pousser avec trop de force;— யானைகதிர் épi riche, — de bonne venue.

செழும்,*adj. du préc.* fertile,gras, bon ,beau:—பூமி terre fertile.

செழும்பல்,fertilité:—ஆயிருக்கிறது être fertile,*ou*— ஆய்வளருகிறது pousser avec force,croître en abondance;—உள்ளவன் homme d'une belle prestance. [mauvais caractère.

செளிம்பன்,(செளிம்பு),homme de

செளிம்பு,vert-de-gris,rouille:செளிம்பூறுகிறது,—பிடிக்கிறது,—பற்றுகிறது se couvrir de vert-de-gris, se rouiller. [*V.*சேறுடுகிறது.

செள்ளல்,boue:செள்ளலாடுகிறது,

செள்ளு,*P.*தெள்ளு *ou* — ப்பூச்சி, puce,ver,vermine de volaille; செள்ளரிக்கிறது les vers ronger.

செறல்,*opt.et n.v.de* செறுகிறது, *V.*செறுக்குதல்.

செறி,1° foule, presse, étroitesse, densité,état de ce qui est épais,— serré.2° *imp.et part. du suiv.* serré, épais,abondant,en foule,dense, dodu,plein,copieux.

செறிகிறது, றிந்தேன், றிவேன், றி, றிய,*v.n.et* செறிதல்,*n.v.* (செறி), abonder, s'attrouper, se serrer, se remplir,se mêler,se joindre,s'accorder,s'entrelacer, être pressé, serré, dense,épais, abondant, plein, mêlé, uni,entrelacé,se baigner: செறிந்தபகல் plein jour;செறிந்தவெட்டு coupures ou blessures fort rapprochées.

செறிக்கிறது,றித்தேன்,றிப்பேன், றி,றிக்க,*v.a.du préc.n.v.*serrer,presser,rétrécir,resserrer,unir, joindre, renfermer,briser,détruire, tuer,sauver,conserver,baigner,enfoncer.

செறித்தல்,செறிப்பு,*n. v. du préc.* resserrement, presse, contraction, jonction,union,brisement, destruction,meurtre,conservation,bain.

செறிமை,(செறி,மை), étroitesse, foule,presse,resserrement,abondance.

செறிவு,*n.v.de* செறிகிறது,resserrement,étroitesse,foule,presse, densité,état de ce qui est épais,— serré, abondance,plénitude, trou d'arbre, une des 10 beautés dites குணாலங்காரம் qui consiste à éviter les lettres dures dans des vers.

செறு, 1° champ, rizière, petit champ, petite rizière.2° *imp.et part. du suiv.*:—பகை danger de la vie de la part des ennemis.

செறுகிறது,செற்றேன், செறுவேன்,செறு,செற, *et* செறுக்கிறது, றுத்தேன்,றுப்பேன்,று,றுக்க,*v.a.et n. ou* செறுத்துப்போடுகிறது,haïr,détester,se fâcher,s'irriter,tuer,resserrer,rétrécir,condenser,remplir,combler, *V.*தூர்க்குகிறது.

செறுக்குதல், செறுதல், செறுத்தல்,*n.v.du préc.* haine,détestation,colère, meurtre, presse, rétrécissement, resserrement, remplissage, levée.

செறுநர்,(செறுகிறது), ennemis.

செறுப்பு, *n. v. de* செறுக்கிறது, meurtre, haine.

செறும்பு, (செறுகிறது), obstination, aversion, opposition haineuse, inégalité, manque de poli (dans un ouvrage), copeau.

செறுவு, (செறு), champ, rizière.

செறுனர், *V.* செறுநர். [2° *P.* செத்த.

செற்ற, 1° *part.pass.de* செறுகிறது.

செற்றம், (செற்ற), colère, courroux, haine, jalousie, contradiction, obstination.

செற்றவர், (செற்றல்), ennemis.

செற்றல், 1° (செற்ற), *V.* செறுக்குதல். 2° *opt.et n.v.de* செற்றுகிறது.

செற்றார், (செற்ற), ennemis, meurtriers.

செற்றி, *gér. de* செற்றுகிறது.

செற்று, 1° resserrement, étroitesse, presse, densité, arbrisseau. 2° *gér. de* செறுகிறது. 3° *corr. P.* செத்து, *gér. de* சாகிறது. 4° *imp.et part.de*

செற்றுகிறது, ற்றினேன், ற்றுவேன், ற்று, ற்ற, *v.a.* செற்றுதல், *n.v.* enchâsser des pierres précieuses, graver sur métal des lettres...), presser, [resserrer.

செற்றை, *P.* செத்தை.

*செனம், *P.* சனம்.

*செனனம், *P.* சனனம்.

செனிக்கிறது, *P.* சனிக்கிறது, être conçu, naitre.

செனிப்பிக்கிறது, *P.* சனிப்பிக்கி [றது.

செனிப்பு, *P.* சனிப்பு.

*சென்மம் et ses composés, *V.* சன் [மம்.

*சென்மாந்தரம், *V.* சன்மாந்தரம்.

சென்மிக்கிறது, *P.* சன்மிக்கிறது, [être conçu, naitre.

சென்மிப்பு, *P.* சன்மிப்பு, conception, naissance.

சென்ற, *part. passé de* செல்லுகிறது:—காலம் temps passé.

சென்றீர், *P.* செல்வீர் allez.

சென்று, *gér. du même*:—போகிறது, aller, arriver, partir pour l'autre monde, mourir; — போனான் il est mort; —போனார் les morts; —தேய்ந்திறுதல் un des 10 défauts d'un livre, *i.e.* l'élégance des mots et des pensées aller en diminuant peu à peu.

சென்னபட்டணம், சென்னபுரி, Madras, chef-lieu de la présidence de ce nom; cette ville fut ainsi appelée de சென்னப்பநாயக்கர் prince vassal du raja de சந்திரகிரி. [beauté.

சென்னம், espèce d'oiseau, forme,

சென்னல், 1° le poisson nommé தேட்கென்னை. 2° *P.* சன்னல், fenêtre.

சென்னுக்கூனி, chevrette, cre- [vette.

சென்னுங்கூனி, le poisson சன்ன வோரா.

சென்னி, tête, couronne, la 1re constellation dite அச்சுவினி, le roi சோழன், Sôjen (nom titulaire de sa dynastie), ménestrel, chantre ambulant, musicien. [trels, bardes indiens.

சென்னியர், *pl.de* சென்னி, ménes-

சென்னை, 1° joue, mâchoire. 2° *abrév. de* சென்னபட்டணம், *ou* சென்னைபட்டினம், Madras.

சே, 1° lettre syllabique composée de ச் et de ஏ. 2° bœuf, taureau, le signe du Taureau, le mâle de certains animaux, négation, les arbres அழிஞ்சில் et சேரான். 3° *imp.et part. de* சேக்கிறது. 4° *adj.* rouge, éloigné, haut. 5° *P.* சேய், enfant, poupon. 6° *P.* செய்தே, pendant que, quoique.

சேகண்டி, garde des rues, patrouille, *V.* சேமக்கலம்:—மால் hutte de la patrouille, corps de garde.

*சேகம், (sèka), aspersion.

சேகரத்தார், (சேகரம்), membres d'une société, d'une congrégation, associés, paroissiens, confrères.

*சேகரம், 1° (sèkhara), chapelet, couronne, guirlande, ce qui est tressé ou noué en touffe sur la tête (comme cheveux, fleurs, bijoux), crête, diadème, tête, l'arbre முருங்கை, racine de cet arbre, manguier. 2° provision, amas, approvisionnement, assemblage, acquisition, ajustement, préparatif, assemblée, foule, réunion, congrégation, paroisse:—ஆகிறது s'amasser, se rassembler, se préparer; — ஆயிருக்கிறது être amassé, rassemblé, préparé, prêt;—ஆக்குகிறது, — பண்ணுகிறது, *V.* சேகரிக்கிறது.

சேகரி, 1° la plante நாயுருவி. 2° *imp.de*

சேகரிக்கிறது,**ரித்தேன்**, **ரிப்பேன்**, **ரி**,**ரிக்க**,*v. a.* (சேகரம்), amasser, ramasser, rassembler, recueillir, se procurer, faire provision, préparer, pourvoir, adopter, ajuster, accommoder, réunir convenablement ensemble, lever des soldats; சேகரித்துக் கொள்ளுகிறது faire provision, rassembler, amasser (pour soi).

சேகரித்தல்,**சேகரிப்பு**,*n.v.du préc.* assemblage, amas, préparation, préparatif, ajustement.

சேகிலி, (சேகு, இலி), l'arbre qui n'a point de partie dure, *i.e.* le bananier.

சேகு, partie dure—, cœur d'arbre, cicatrice:—மரம்,சேகுள்ளமரம் arbre qui a du cœur, — dont le bois est dur.

சேக்கரிக்கிறது,**ரித்தேன்**,**ரிப்பேன்**, **ரி**,**ரிக்க**,*v.n.*சேக்கரித்தல்,*n.v.* coqueriquer, glousser, une poule chanter après avoir pondu.

சேக்கிறது,**சேத்தேன்** *ou* **சேந்தேன்**,**சேப்பேன்**,**சே**,**சேக்க**, *v. n.* (சே), être rouge. [க்கும்,*part.fut.du préc.*

சேக்கு,1° lait de femme. 2° *P.* சே

சேக்குதல்,*n.v.de* சேக்கிறது, rougeur.

சேக்கை,1° *n.v.du même*, rougeur, être rouge. 2° cicatrice, marque des coups reçus, la plante செம்பசளை pourpier rouge. 3° crabe, le signe du Cancer, lit, couche, litière des animaux, mamelle (de femme). [bœuf.

சேங்கன்று, (சே), jeune veau, —

சேங்கொட்டை,(*id.*), noix de l'arbre சேரான்:—ப்பால் le suc noir de cette noix qui sert à marquer le linge;—ப்பாற்குறி marque faite avec ce suc. [mouiller, d'asperger.

***சேசனம்**, (sètchana), action de

சேசுரணம், (சே), l'arsenic composé கௌரிபாஷாணம். [manger.

சேசுனம், action d'asperger, de

சேசே, cri, acclamation, hourra:—என்றுயிடுக்கிறது être en tumulte, rempli de bruit; —என்றுசத்தமயமாயிருக்கிறது être plein de bruit, de tumulte.

***சேஷசாயி**,(சேஷன், sâyi *couché*), celui qu'on dit couché sur le serpent Adisèchen, *i.e.* Vichnou.

***சேஷம்**,(sècha), reste, restant, réliquat, reste d'une division, restes de quelqu'un à son repas (regardés comme impurs et souillés), nourriture qu'on a touchée, chose qu'on rejette, flegme, meurtre, destruction, fin:—ஆயிருக்கிறது, — ஆகவிருக்கிறது être de reste;—ஆகவைக்கிறது laisser, réserver;—ஆகவையாமற் சங்கரிக்கிறது détruire sans rien réserver; சேஷகாலம் le temps de la mort; — சங்கலிதம் progression arithmétique;—சுரம் espèce de fièvre;—த்தியாச்சியம் reste de rebut, —d'heure ou de temps qu'on rejette parce qu'il est regardé comme défavorable, ou néfaste; —நீர் phlegme, pituite; —பாகம் part qui est restée; —போசனம் restes d'un repas, manger les restes;—மெத்தை Adisèchen servant de couche à Vichnou;—ப்படுகிறது, — ப்பட்டுப்போகிறது être de reste, être ou devenir impur ou profané par contact; —ப்படாமலெடுத்துவைக்கிறது mettre—, garder à part sans que cela devienne un reste, sans souillure;— நடத்தனம் soin de conduire une entreprise à bonne fin; — ராத்திரி la dernière veille de la nuit;—வட்டில் vase à manger; இராஜாவுங்கொள்ளையிட்டத்திற்சேஷம் le reste du butin de l'armée.

***சேஷன்**,(*id.*), Sèchen, nommé aussi அநந்தன் et ஆதிசேஷன், (prétendu roi des serpens, qui a mille têtes, sur une desquelles il est censé porter le monde; il sert de couche à Vichnou sur la mer de lait), surnom de Baladèven, *V.* சேடன்:சேஷவாகனம் vehicule —, char pour porter une statue de Vichnou.

***சேஷார்த்தம்**,(சேஷம், அர்த்தம்), chose de reste,—défectueuse,— qui a rapport, sens du génitif.

*சேஷாவஸ்தை, (*id.* அவஸ்தை), la dernière condition de la vie.

சேஷான்னம், (*id.* அன்னம்), restes d'un repas.

சேஷிக்கிறது, *V.* சேடிக்கிறது.

*சேஷை, (sèchâ), partie des cérémonies du mariage, riz qu'on répand sur les époux en signe de bénédiction, fleurs et autres choses qui ont été offertes à une idole et qu'on distribue aux dévots idolâtres: — யரிசி riz employé à l'usage susdit, répandu par les assistans sur les époux en signe de bénédiction; — யிடுகிறது répandre ainsi du riz, faire cette bénédiction cérémonielle.

*சேஷ்டகம், (சேஷ்டம், ka *son*), son primitif ou principal, grand bruit.

*சேஷ்டம், 1° (tchèchta), force, effort. 2° (djyèchta), le mois d' ஆனி, primauté, priorité, ancienneté, supériorité.

சேஷ்டனம், (சேஷ்டம், na), effort.

*சேஷ்டன், *hon.* சேஷ்டர், (djyêchta), supérieur, frère ainé, ancien: சேஷ்டகனிஷ்டன் l'ainé et le cadet; — த்தனம் supériorité; — தாதன், *V.* பெரியப்பன்; — பாரி, — பாரியை la 1re femme, la plus ancienne, femme du frère ainé; — வருணன் brame, homme de la 1re caste; — விருத்தி devoirs de l'ancienneté.

*சேஷ்டா, *obl. de* சேஷ்டை: — தேவி, la vieille déesse de la pauvreté, மூதேவி sœur ainée de Lakchimi; — நாசம் fin des badinages, - du monde.

*சேஷ்டி, *fém. de* சேஷ்டன், supérieure, sœur ainée, femme de considération.

சேஷ்டிக்கிறது, டித்தேன், டிப்பேன், டி, டிக்க, *v.n.* (சேஷ்டம்), réussir, se faire avec effort, se fortifier, se faire, marcher, se mouvoir, agir.

சேஷ்டிப்பிக்கிறது, *v.caus. du préc.* conduire, diriger.

*சேஷ்டை, 1° (tchèchtâ), action, effort, grimace, geste, malice, badinage, jeu —, mouvement lascif, — obscène, action déshonnète, convulsion, 2° *fém. de* சேஷ்டன், sœur ainée, supérieure, femme honorable, — de qualité, la 18me constellation dite கேட்டை, la 16me constellation dite விசாகம், van (à vanner), *V.* சேஷ்டாதேவி: — க்காரன், — பண்ணுகிறவன் grimacier, malin, méchant, celui qui fait des grimaces, des malices etc...; — செய்கிறது, — பண்ணுகிறது faire des grimaces, des malices, des gestes lascifs, de mauvais badinages.

சேடகம், *P.* கேடகம், bouclier.

சேடச்சி, *fém. de* சேடன், fille —, femme d'une caste de tisserands.

*சேடசாயி, *V.* சேஷசாயி.

*சேடம், et ses composés, *V.* சேஷம்.

*சேடன், *pl.* சேடர், 1° *V.* சேஷன். 2° (tchêta), esclave, domestique, serviteur (à gages). 3° (சேடு), jeune homme, joli garçon, compagnon, Baladêven demi-frère de Krichna. 4° une caste de tisserands, tisserand de cette caste.

*சேடாத்திரம், *V.* சேஷாத்திரம்.

*சேடி, 1° *f. de* சேடன், esclave, domestique, servante. 2° (சேடு), belle femme, jeune fille, compagne. 3° rue des bergers, le monde des வித்தியாதரர். 4° *imp. de*

சேடிக்கிறது, டித்தேன், டிப்பேன், டி, டிக்க, *v.a. et n.* 1° (சேஷம்), diminuer, être de reste, 2° (சேடு), orner.

சேடியர், *pl. de* சேடி, servantes, les principales esclaves, compagnes.

சேடு, beauté, jeunesse, foule, assemblée, bien, bienfait, grandeur.

*சேடை *P.* சேஷை.

சேட்சி, (சேண், சி *affixe*), distance.

சேட்செலவு, (*id.*), éloignement, s'éloigner, s'en aller au loin.

*சேட்டகம், *P.* சேஷ்டகம்.

*சேட்டம், et ses composés *V.* சேஷ்டம்.

*சேட்டனம், *P.* சேஷ்டனம்.

*சேட்டன், *P.* சேஷ்டன்.

சேட்டா, *obl. de* சேட்டை, *V.* சேஷ்டா...

சேட்டி, சேட்டிக்கிறது, சேட்டிப்பிக்கிறது, *V.* சேஷ்டி....

*சேட்டை, *P.* சேஷ்டை.

சேட்படைநிலை, (சேண், படை), la compagne empêcher la réunion de l'amant et de l'amante.

சேணம்,selle de cheval,bât,coussinet, coussin qui sert de selle aux Indiens, siége,matelas, lit:—கட்டுகிறது,—போடுகிறது, — வைக்கிறது seller,bâter,mettre la selle, le bât, le coussin; —தைக்கிறது faire une selle, un bât...;—தைக்கிறவன் faiseur de selles etc... sellier;—வைத்திருக்கிறகுதிரை cheval sellé — de selle. [esprit,intelligence.

*சேனாவி,சேனை, (sênavi, sênâ),

சேணாடர், (சேணாடு), habitans du ciel. [le ciel,le monde supérieur.

சேணாடு,(சேண்,நாடு),le paradis,

சேணி,échelle,le monde des வித்தியாதரர்,règle,coutume, route, flots, ou —க்காரர் troupe de pêcheurs.

சேணிச்சி,சேணியச்சி, சேணியப்பெண்,f. de சேணியன்,fille—,femme d'une caste de tisserands.

சேணியன்,pl.சேணியர், homme —,gens d'une certaine caste de tisserands (différens des சேடர்).

சேண்,l'air, le firmament, le ciel visible, largeur, longueur,hauteur, distance.

சேண்டிரவர்,(télinga), tisserands.

சேதகம், rougeur, couleur rouge (adhérente à quelque chose), boue.

*சேதகரம், (tchhèdakara), action de couper.

*சேதம்,1°(tchhêda),coupure,division,section,part,portion.2°(tchhid), perte, dommage, avarie, ruine,destruction,malheur, obstacle:—ஆகிறது,—ஆய்ப்போகிறது, V. சேதப்படுகிறது;—வராமற்பார்க்கிறது veiller à ce qu'il n'arrive aucun dommage; —ஆக்குகிறது,—வருவிக்கிறது, சேதப்படுத்துகிறது causer la perte, faire tort, perdre, endommager,gâter, détruire;—ப்படுகிறது se perdre, être perdu,endommagé,gâté;—பாதம் dommage,perte, destruction; கடலிற் சேதம் perte—,dommage en mer, avarie; கப்பற்சேதமேயல்லாமல் மனிதர்சேதமில்லை le navire est perdu,mais personne n'a péri.

*சேதனம்,1°(tchhêdana),coupure, rognure,portion,ce qui est coupé.2° (tchêtana), âme, esprit, intelligence, connaissance.

*சேதனன்,(id.),être intelligent,— raisonnable,homme,âme.

சேதா, (சேது,ஆ),vache rouge,— de bonne espèce. [phar rouge.

சேதாம்பல், (id.ஆம்பல்), nénu-

சேதாரம்,1° (சேதம்,ஆரம்),perte, dommage, déchet de l'or ou de l'argent (par la fusion,la pierre de touche, la lime, le marteau ou autre travail),déchet ou avarie (des marchandises ou des grains qui motivent un rabais ou une remise). 2° (சே,தாரு,அம்), le manguier doux. 3° l'arbrisseau வெட்சி.

சேதி, 1° P.செய்தி, nouvelle. 2° (tchêdi), nom d'un pays (peut-être le moderne Chandaïl) dont fut roi சிசுபாலன் tué par Krichna:—பதி,—ராசா Sisoupalen;—பாதி nouvelle; நடந்த சேதியைச் சொல்லுகிறது dire ce qui s'est passé.

சேதிக்கிறது,சித்தேன், சிப்பேன், சி,சிக்க,v.n.(சேதம்),சேதித்தல், n.v. couper,trancher. [pée.

*சேதிதம், (tchhêdita), chose cou-

சேதிமம், temple, pagode.

*சேது, 1° (sètou), isthme, pont, chaussée,digue, petite chaussée qui sépare les diverses parties des rizières, digue ou pont de Râmen (dans le détroit de Manar; les fables indiennes disent qu'elle a été faite par அநுமான் pour procurer un passage à l'armée de Râmen de Râmèssouram à Ceylan, (vulgairement), le pont d'Adam, isthme qui autrefois unissait l'île de Râmêssouram au continent, l'eau réputée sacrée de ce lieu.2° (சே), couleur rouge:—ஸ்நானம் பண்ணுகிறது se baigner dans la mer près du pont susdit;—நாதன் le seigneur de ce pont,i. e. l'idole de Râmêssouram dite இராமேசுரன்; — பதி le maître ou gardien du pont de Râmen,ou de l'isthme et du temple de Râmêssouram,(titre du roi de Ramnad ou du Marava);—பந்தனம் digue, chaussée, bâtisse du pont de Râmen;—புராணம் légende du pont de Râmen; — யாத்திரை போகிறது aller en pélérinage au pont de Râmen ou à Râmèssouram; ஆசேதுகண்டம், (ஆ jusqu'à), ou இமசேதுபரியந்தம் le continent compris entre les monts Himalaya et Râmèssouram, *i.e.* l'Inde.

சேத்த, *part. passé de* சேக்கிறது, rouge, rubicond, rougi. [rougeur.

சேத்தல், *n.v. du même*, être rouge, சேத்திகை, *P.* சேர்த்திகை.

*சேத்திரக்கியன், சேத்திரஞ்ஞன், (சேத்திரம், djna *qui connait*), l'âme, celui qui connait les 3 espèces de corps dits சரீரத்திரயம்.

*சேத்திரம், *P.* க்ஷேத்திரம் lieu, corps, les 3 espèces de corps susdits, champ, vent, *V.* க்ஷேத்திரம்: சேத்திரக் கோவை,—நாமமாலை, *V.* க்ஷேத்திர கோவை;—வாசம் habitation dans un lieu,—d'un lieu sacré.

*சேத்து, 1° (tchit *pensée*), dessein, délibération. 2° (tchèt, *si*), doute. 3° membre, étroitesse, resserrement, comparaison, ressemblance, champ, pièce de terre. 4° *gér. de* சேக்கிறது, étant rouge. 5° couleur rouge, rouge foncé. [rouge, rubicond.

சேந்த, *part. passé. de* சேக்கிறது,

சேந்தன், (சேந்த), le rubicond, Soupramanien, Sènden, *V.* இவாசுரன். [tier ou de palmier.

சேந்தி, (*ind*), callou, jus de coco-

சேந்து, 1° *gér. de* சேக்கிறது, 2° couleur rouge, feu, l'arbre அசோகு uvaria: — பத்தம் cire rouge, — à cacheter.

சேந்தை, voile, couverture.

*சேபம், 1° (sèpa), pénis. 2° *P.* க்ஷேபம்.

சேபனம், s'absorber, tarir.

சேபஞுர்த்தகம், *V.* இறைத்தல்.

சேபாலங்கொட்டை, (சே, பால், அம்), *V.* சேங்கொட்டை.

*சேபிட்டம், (kchèpichta), vitesse.

சேபேது, briser, mettre, jeter.

சேப்பு, *n.v. de* சேக்கிறது, couleur

சேப்பம், *adj. de* சேப்பு. [rouge.

சேமணி, (சே), clochette pendue au cou des bœufs, *V.* சேமக்கலம்.

*சேமம், (kchêma), bien-être, plaisir, bonheur, conservation, réserve, sépulture, tombeau, lieu de réserve, cave, caverne, garde, prison, corps de garde, forteresse, trésor caché, sureté: —ஆயிருக்கிறது être bien portant; —கொள்ளுகிறது, —பண்ணுகிறது conserver, réserver, enfouir, enterrer; — புகினுஞ்சாமத்துறங்கு quoique vous descendiez dans une cave pour mieux reposer, ne dormez que trois heures; சேமக்கலம் plaque ronde de métal qui sert de cloche et à sonner les heures parmi les Indous; les religieux mendians s'en servent en demandant l'aumône;—க்காரன் circonspect, gardien, qui conserve avec soin;—க்கூடம் corps de garde;—ஸ்தலம்,—ஸ்தானம் sépulcre, lieu de sureté;—தருமம் devoirs propres à sa condition;—த்தேர் char auxiliaire, —de réserve;—நிதி trésor caché;—ப்படைக்கலம் ustensiles—, armes en réserve pour l'occasion;—ப்பொருள் trésor, choses mises en réserve,—en dépot, en lieu sûr. [et அழிஞ்சில்.

சேமரம், (சே), les arbres சேரான்

சேமறி, (சே), accouplement du taureau et de la vache.

சேமறிக்கிறது, (சே), le taureau couvrir la vache. [précieuse rouge.

சேமணவம், (சே, மணவு), pierre

சேமன், homme dissimulé, filou, rusé, captieux, coquin:— ஆய்த்திரிகிறது mener une vie de filou et de vagabond, friponner; கள்ளசேமன் archi-coquin, grand vaurien.

சேமா, *voc. du préc.* nom de chien.

*சேமாசாரம், சேமாதிசயம், (சேமம், ஆசாரம், அதிசயம்), manière d'enterrer, d'enfouir.

சேமாலைச்சம்பா, espèce de riz.

சேமி, *fém. de* சேமன், coquine, dissimulée, drolesse, friponne.

சேமிக்கிறது, மித்தேன், மிப்பேன், மி, மிக்க, *v.a.* (சேமம்), enfouir, enterrer, ensevelir, mettre en réserve,—en sureté,—sous bonne garde, luter, enduire de lut ou de terre glaise.

சேமித்தல், சேமிப்பு, *n.v. du préc.*

சேமை,சேம்பு,சேம்பை,(*l'adj. est* சேப்பங்), la plante caladium nymphœifolium: சேப்பங்கிழங்கு sa racine;—இலை ses feuilles; சேப்பந்தண்டு, சேப்பமட்டை sa tige; பிள்ளைக்கிளியது காட்டாதே சேம்புக்குப்புளியிடவிடையாதே ne montrez pas de douceurs aux enfans et ne craignez point de mettre du tamarin avec le சேம்பு, *i. e.* n'ayez point trop d'indulgence, mais ne refusez pas le nécessaire.

சேம்,*adj.de* சே,rouge.

சேய்,(சே),1° rouge, rubicond. 2° *obl.de* சேயம்,*et de* சேயன்

சேயமம், l'arsenic composé வெள்ளைப்பாஷாணம். [bord,digue.

*சேயம்,(tchèya), assemblage, tas,

சேயவன், (சேய்), le rubicond, Soupramanien,Mercure. [gné.

சேயன், (சேய்), fils, parent éloi-

சேயா,le fruit dit கடுக்காய்.

சேயார்,(சேய்),ennemis,étrangers, prochain,parens éloignés.

சேயிலம் l'arbre இலுப்பை.

சேயிழை, (சேய்), bijou, —d'or, femme,—ornée de bijoux.

சேசேபசம், l'arbre médicinal மரமஞ்சள். [ven,Soupramanien.

சேயோன்,(சேய்),le rubicond, Si-

சேய்,(சே),couleur rouge,la planète rouge, *i. e.*Mars, le rubicond, Soupramanien,grande —, distance, longueur, âge tendre, fils, enfant, poupon, bambou,canne de bambou, maison, emplacement de maison de 2400 pieds carrés.

சேய்த்து, (சேய்), chose éloignée, distance,longueur. [cinale.

சேய்நீர்,(சேய்),espèce d'eau médi-

சேய்மை,(*id.*),distance, longueur: —ச்சுட்டு pronom qui désigne les objets éloignés,*i.e.* அது cela.

சேர,1° *inf.de* சேருகிறது,proche, près, étroitement, ensemble, conjointement,tous ensemble. 2° *adj.de* சேரன், de Sêren: — கட்டுகிறது lier ensemble, — fortement ensemble, unir;—தேசம், —நாடு le pays du roi Sêren, le Maléalam dit aussi சேரளம். Il s'étendait du cap Comorin à l'ouest des Gattes; ses bornes, dit-on, étaient au nord பழனி, à l'est செங்கோடு ou, selon d'autres, தென்காசி ou பேரூர்;au sud la mer, à l'ouest கோழிக்கோடு ou Calicut lui servaient de limites. Quelques fois il comprenait une partie du Mayssour. — ப்பட்டார்கள் ils ont été tués ensemble; — ப்பார்க்கிறது chercher accès,— à approcher; —ப்போகிறது approcher, aller auprès; —மண்டலம், 1° le royaume de Sêren. 2° petit halo autour de la lune (formé par la réfraction),*d'où le proverbe:* சேரமண்டலந்தூரமழை,தூரமண்டலஞ்சேரமழை si le halo est près de la lune,la pluie est éloignée, si le halo est éloigné, la pluie est proche. [—du Maléalam.

சேரமான்,(சேரன்), le roi Sêren,

சேரலர், (சேர், அலர்), ennemis, gens qui ne s'approchent pas.

சேரலன்,1° *sing.du préc*, ennemi. 2° le roi Sêren,—du Maléalam.

சேரர். *pl. de* சேரன்,la dynastie —,les descendans de சேரன்.

சேரல்,*opt. et n.v. de* சேருகிறது, approche, jonction, union, arrivée, riz qui n'est pas bien pilé et netto- [yé.

சேரறை,(சேர், அறை),prison.

சேரன், le roi Sêren, le roi du Maléalam; (son cheval se nommait பாடலம்,sa guirlande était de fleurs de palmier,sa bannière portait pour emblème un arc;on le dit de la race d'Agny ou du feu);son nom est aussi celui de sa dynastie,l'une des 3 anciennes dynasties du sud de la presqu'île,que les chroniques représentent comme contemporaines; (les 2 autres sont celles de பாண்டியன் et de சோழன்); சேரனூர் la ville de Sêren, வஞ்சி ou கருவூர் dans le Coimbatour.

சேரா,1° callou, liqueur de cocotier etc...2° *ou* சேராத,*part.nég. de* சேருகிறது: சேராத்தனம் antipathie. [கொட்டை.

சேராங்கொட்டை, *P.* சேராங்

சேராமை, *n.v.nég.de* சேருகிறது, antipathie, aversion, éloignement, ne pouvoir—, ne point approcher.

சேரார், 1° *n.app. et* 3me *pers.plur. nég. de* சேருகிறது, ennemis, ceux qui—, ils n'approchent pas.

சேரான், 1° *sing.du préc.* ennemi, celui qui—, il n'approche pas. 2° l'arbre dit semecarpus anacardium:—கொட்டை la noix de cet arbre, qui sert à marquer le linge. Le jus aigre de cette noix cause par son contact une enflure à certaines personnes et point à d'autres; de-là la question: அந்தக்கொட்டை யுமக்குச்சேருமோசேராதோ cette noix vous fait-elle quelque chose? La réponse négative est devenue le nom de l'arbre: சேரான்.

சேரி, (சேருகிறது), village, bourg (de bergers, de parias, de pallers, et quelquefois) ville, rue, quartier, rue des femmes publiques:—ப்பரத்தையர் espèce de femmes publiques.

சேரிடுகிறது, (சேர்), mettre le lien nommé சேர், lier ensemble (2 vaches par un pied de devant).

சேருகம், l'oiseau mainate.

சேருகிறது, ர்ந்தேன், ருவேன் *ou* ர்வேன், ரு *ou* ர், ர, ரேன் *nég.* approcher, arriver, atteindre, obtenir, s'assembler, se réunir, se joindre à, s'accorder, acquiescer, s'associer, se mettre du côté de, s'accoupler, appartenir, regarder, concerner, ressembler: சுவரோடேசேர்ந்திருக்கிறது rester —, être près du mur; நம்மோடே *ou* நம்மைச்சேர்ந்தவன் un de nos partisans, de nos associés, de nos amis; பாவிகளோடேசேராதே évite la compagnie des pécheurs; அதென்னைச்சேர்ந்தநிலம் cette terre m'appartient; அதுஎங்களைச் சேராது cela ne nous appartient pas, ne nous regarde pas, n'est pas notre affaire; சேர்ந்திருக்கிறது être proche, arrivé, uni..., appartenir, concerner: சேர்ந்துசெய்கிறது faire ensemble, en société; — நடக்கிறது marcher ensemble, de compagnie, en rang (*v.g.* des soldats);—நடத்துகிறது conduire ensemble, —de concert; — போகிறது aller ensemble, accompagner, approcher, arriver, atteindre; — வருகிறது venir de compagnie, approcher, arriver; போய்ச்—, atteindre, arriver; வந்து — arriver.

சேருகை, **சேருதல்**, *n.v.du préc.*

சேரும்பாடும், (சேருகிறது, பாடு), jusqu'à ce qu'on se rende, inversion.

சேரை, *V.* சிறங்கை.

சேர், 1° *P.* சேரும், *part. fut. de* சேருகிறது. 2° *imp. de* சேர்கிறது *et de* சேர்க்கிறது. 3° *ou* கச்சாசேர் serre, poids de 8 பலம் ou onces indiennes 8/14 de la livre française. 4° mesure pour les grains et les liquides contenant à Pondichéry un peu moins d'un demi-litre, contenu de cette mesure. 5° petit tas, tas de céreales coupées et déposées dans les champs, attache, lien—, entrave pour empêtrer les pieds des vaches etc...(et qui sert à en lier 2 ensemble par un pied de devant): —கட்டுகிறது mettre en tas, entasser, — les céréales coupées; —கால் pied d'animal empêtré, —ainsi lié à un autre: —காலிடுகிறது attacher, lier ainsi ensemble —, empêtrer les pieds de devant des chevaux, bœufs, vaches, ânes etc... pendant qu'ils paissent; — சவுக்கு fouet; —திரள் collection de diverses choses; —விலங்கு fers serrés, — qui tiennent les pieds joints et ne laissent marcher qu'avec beaucoup de peine: —போடுகிறது mettre de tels fers aux pieds.

சேர்கிறது, *P.* சேருகிறது.

சேர்க்கிறது, ர்த்தேன், ர்ப்பேன், ர், ர்க்க, ர்க்கேன், *nég.v.a.de* சேருகிறது rassembler, réunir, amasser, approcher, unir, joindre, accoupler, mettre —, attacher ensemble, ajuster, faire joindre, mêler, recevoir, admettre, associer, préparer, faire, se revêtir, couper: அவனைச்சேர்க்கமாட்டான், —ச்சேர்க்கான், il ne veut pas le recevoir; சேர்த்திடுகிறது joindre, réunir,amasser; சேர்த்துக்கொள்ளுகிறது s'associer, recevoir, admettre, adopter, loger, héberger, protéger, patrociner;—க்கொள்ளுதல் admission, adoption etc...; — ப்பிடிக்கிறது prendre dans ses bras, rassembler,amasser,protéger,donner asyle.

சேர்க்கை,சேர்க்குதல்,n.v.du préc. assemblage,union, réunion, refuge, lieu de réunion,accouplement.

சேர்தல்,n.v.de சேர்கிறது, approche,union,réunion, arrivée, obtention. [inf.de சேர்த்துகிறது.

சேர்க்க, part. de சேர்க்கிறது et

சேர்த்தல்,n.v.de சேர்க்கிறது et de சேர்த்துகிறது.

சேர்த்தி,சேர்த்திகை,n.v.des mêmes, union,assemblage,parenté.

சேர்த்து,1° gér.de சேர்க்கிறது.2° imp.et part.du suiv. சேர்த்தெழுத்து lettre qui s'insère.

சேர்த்துகிறது,த்தேன், த்துவேன்,த்து,த்த,v.a.de சேருகிறது,joindre,unir,faire joindre,insérer.

சேர்ந்த,part.de சேருகிறது: — மனிதர் parens, partisans, gens de la famille, de la maison, de la faction etc...,nouveaux venus; சேர்ந்தவன் partisan,adhérent,proche,parent.

சேர்ந்தகைமை,(சேர், த inséré,த கைமை) aptitude à s'unir.

சேர்ந்தலை,(id.தலை),têtes réunies, intimité,union.

சேர்ந்தார், 1°(சேர்ந்த), parens, proches,cliens, partisans, adhérens, gens de sa maison etc...2° P. சேர்ந்தார்கள் ils se sont joints: சேர்ந்தார்,சிநேகித்தார்,உற்றார், பெற்றார், மக்கள்,மனிதர், proches,cliens,amis, parens, enfans, serviteurs;(phrase d'amplification).

சேர்ந்தால்,condit. de சேருகிறது: சேர்ந்தாற்கொல்லி ce qui tue ou détruit ce qui s'en approche, i.e. le [feu.

சேர்ந்து,gér.du même.

சேர்பந்து,(ind.),fouet,martingale,coup de fouet,fléau.

சேர்பு,n.v. de சேருகிறது, union, assemblée, maison, résidence, demeure,logis,(v.g.caverne,montagne, chauderie).

சேர்ப்பது,n.v.fut.de சேர்க்கிறது, ce qui rassemble ou est rassemblé, renferme ou est renfermé,enchaînement,prison.

சேர்ப்பன்,(சேர்ப்பு), chef de village des bords de la mer ou des fleuves,chef de riverains.

சேர்ப்பிக்கிறது,v.caus. de சேர்க்கிறது,faire joindre,—recevoir,—rassembler.

சேர்ப்பு,n. v. de சேர்க்கிறது,supplément, appendix, assemblage, rivage,débarcadère,lieu de débarquement. [union.

சேர்ப்புட்டு,(சேர்), paire, couple,

சேர்மானம்,(சேர், மானம்),union, réunion, amitié, attachement, rapport,relation,assemblage,collection, jonction,dépendance,accessoire.

சேர்விடம், (சேர்வு, இடம்), place de rassemblement,réunion,lit, couche:— அறிந்துசேர் rendez-vous dans une assemblée avec connaissance de cause.

சேர்வு,n.v. de சேருகிறது, foule, assemblée, assemblage, village dans un pays cultivé, maison,habitation.

சேர்வை,n. v. du même, mélange, mixtion,emplâtre,onguent,sorte de remède composé, adjonction, foule, réunion,annexe,accessoire, troupe, compagnie—, détachement de soldats,20 paquets de feuilles de bétel, espèce de danse ou de mascarade, espèce de pendans d'oreilles (à l'usage des femmes), alliage, mauvais aloi: ஆடி—danse des dévots de Vichnou après leur retour de திருப்பதி; —கட்டுகிறது lier ensemble 20 paquets de feuilles de bétel,réunir les branches du haut des arbres pour former un berceau;— கூட்டுகிறது composer —,préparer un emplâtre; —க்காரன் capitaine, centurion, commandant d'une compagnie de soldats,titre honorifique d'une subdivision de Maravers et de quelques autres castes, soldat;— க்கால் pied—,base sur laquelle on met le plat dans lequel on mange et autres

சாடி

choses semblables; —போடுகிறது appliquer un emplâtre; —மொழி appendice,supplément. [ரை.

சேலகம்,racine bulbeuse du சோ

சேலம், 1° la ville de Sêlam, (en anglais) Salem,capitale du பாரமால் ou Baramal. 2°* (tchêla),toile,habit: சேலப்பிரக்ஷாளகன், —ப்பிரட்சாளகன் blanchisseur.

*சேவியால், (sèvya), racine de l'herbe இலாமிச்சை, V. இலாமச்சை. [—, sandal, vermillon.

சேலேகம்,(சே,இலேகம்), bois de

*சேலை,(tchêla),toile,—de femme, l'arbre அசோகு uvaria.

சேலோதம்,(சே,lôdha *l'arbre* விளா), bois de —,sandal. [pe,poisson.

சேல்,le poisson கெண்டை car-

*சேவகம், (sèva *servir*,ka), service (militaire, domestique, divin), ouvrage,fonction, adoration, hommage,milice,état de soldat,de pion, courage,bravoure militaire,étable à éléphans,sommeil,indolence, paresse;—ஒப்பிக்கிறது, —ஒப்புவிக்கிறது remettre son service, accomplir sa fonction,fournir l'ouvrage commandé;சேவகத்தொழில் service, fonction—,état de domestique;— மோடி manière—, habitude—,bravoure—, accoutrement militaire; — மோடியாயிருக்கிறது être brave comme un soldat, être armé de pied en cap; செவகத்தில்அமருகிறது être reçu—, se mettre au service de, s'enrôler, devenir pion,domestique ou soldat; — அமர்த்துகிறது faire enrôler, prendre à son service, procurer un emploi de pion,de domestique ou de soldat;—எழுதுகிறது enrôler comme pion ou soldat;— எழுதிக்கொள்ளுகிறது s'enrôler (ainsi); எனக்குச் சேவகமில்லை je ne suis pas pion,—pas enrôlé,je ne suis au service de personne; உன் சேவகமிம்மட்டோ est-ce là toute ta bravoure? சுவாமி — je vous rends hommage,ô mon Seigneur!

*சேவகன்,(*id.*),pion,serviteur,soldat,brave guerrier,le prétendu dieu ஐயனார்,espèce d'oignon sauvage:சேவகனார்,*hon.*vaillant soldat,héros,tyran,le susdit ஐயனார்; சேவகன்பூண்டு, —பூடு les plantes சிற்றுமுட்டி,காந்தன் et சிறுபுள்ளடி;ஒளிக்குஞ்சேவகனுக்கு முகத்திலேதுக்கு மீசை pourquoi le soldat qui se cache (un jour de bataille) a-t-il encore la moustache au visage? செட்டியார்க்கொருகாலம் சேவகனுக்கொருகாலம் il y a un temps pour le marchand et un autre pour le soldat, aujourd'hui marchand,demain soldat. [se de Koubêren.

*சேவதி,(sêvadhi),trésor—,riches-

சேவலங்கொடியோன்,(சேவல்,அம்,கொடி),celui dont le drapeau a un coq pour devise,*i.e.*Soupramanien. [du blé dans les champs.

சேவலாள்,(சேவல்,ஆள்), gardien

சேவல்,coq,le mâle des oiseaux (excepté le paon),garde du blé dans les champs,boue: சேவலுக்குப்போகிறது aller garder le blé dans les champs; சேவற்கத்தி petite épée qu'on attache au coq pour le combat;—கொடியோன் celui dont le drapeau a un coq pour devise, Soupramanien,Ayénar;—கட்டு,— போர் combat de coqs;— கோழி coq;—பண்ணை la plante celosia cristata, sorte d'arbre à fleurs. [ture.

*சேவனம்,(sèvana), service, cou-

*சேவனை,(*id.*),service,servir,adoration:—க்காரர் serviteurs, adorateurs.

சேவாலம்,l'arbre நேர்வாளம்:சேவாலங்கொட்டை,noix de cet arbre. [ச்சி.

சேவாலிகம், l'arbrisseau கருநொ

சேவிக்கிறது, வித்தேன், விப்பேன், வி,விக்க,*v.n.et a.* (sêva, *servir*), servir(comme domestique,pion,soldat etc.. ...),adorer(Dieu):கோவிலில் —,adorer dans un temple, remplir les fonctions d'employé,faire le service—,être au service d'une église. —d'un temple;கடவுளைச்—, servir Dieu. [tion-

*சேவிதம், (sèvita);service, adora-

சேவித்தல்,சேவிப்பு,n.v.de சேவிக்கிறது,service adoration.

சேவுகம்,சேவுகன்,usité pour சேவகம்,சேவகன்.

*சேவை,(sèvâ),adoration, service: வைத்தியன்—,ராசாயன்சேவை cours de médecine;சேவையூர் la ville de l'adoration (payenne),—de சிதம்பரம்.

சேறல்,n.v.passage, marche, accroissement, élévation, promenade.

சேறுடல்,சேறுதெறது, சேறுதெல், (சேறு, ஆடுகிறது), se vautrer dans le boue, faire—, pétrir de la boue.

சேறி,P.செல்வாய்,tu marcheras.

சேறு,1° gén.சேற்றின்,obl.சேற்று, boue, bourbier, mortier, —de terre glaise, délices, douceurs, sucreries, caillou,jus de cocotier etc..., fête, marque, l'arbre விளா.2° P. செல்வேன்,je marcherai:சேற்றுநீர் eau boueuse; —த்திருநாள் fête de la boue, orgie—, mascarade du carnaval.

சேறும்,P. செல்வோம்,nous marcherons.

சேற்கண்ணி, (சேல்),orpiment.

சேற்கெண்டை,(சேல்), espèce de carpe. [சை,சேர்க்கிறது.

சேற்கை, சேற்கிறது P. சேர்க்

சேற்பம்,சேற்பனம்,சேற்றுமம்,P. சிலேற்பனம்,சிலேட்டுமம்,'phlegme, pituite:சேற்பனசுரம் fièvre de pituite. [சேர்த்து.

சேற்று.1° obl.de சேறு.2° corr.P.

*சேனம்,(syèna),espèce de faucon, milan;—பாம்பு espèce de poisson.

சேனன், homme d'une illustre naissance, qui a quelque chose de remarquable dans la naissance.

சேனு,1° anguille:கடற்—ou கடற்சேனு anguille de mer. 2° nom d'une plante,dont il y a 2 variétés dites காட்டுச்—celle des bois, et நிலச்சேனு celle des champs.3° * obl. de சேனை: —சமுத்திரம் armée considérable, —grande comme une mer; —சரன் guerrier, soldat, celui qui suit une armée;—பதி,V. சேனாதிபன்;—பதித்துவம், — பதிப்பட்டம் commandement d'une armée,dignité de général;—பதிபட்டங்கொடுக்கிறது donner ce commandement,—cette dignité;—பத்தியம், (பதி, ya), dignité de général;— முகம் avant-garde,le front de l'armée,corps d'armée contenant 3 பத்தி, i.e. 3 éléphans,3 chars,9 cavaliers et 15 piétons, détachement de 3 fantassins; —ரக்ஷகர் garde,sentinelle;— விசை une infinité de fois.

*சேனாங்கம்,(சேனா, அங்கம்), division —, partie—, corps d'armée, (comme éléphans,chars,cavaliers ou fantassins).

*சேனாதிபதி,சேனாதிபன்,(id. அதிபதி,அதிபன்),général d'armée,commandant.

*சேனாதிபத்தியம், (id. ஆதிபத்தியம்),dignité de général d'armée, généralat: சகல—கொடுக்கிறது donner la dignité de—,nommer généralissime.

சேனாநாயகன்,சேனாபதி,(id. நாயகன்,பதி),général d'armée, généralissime ou தேவசேனாபதி le général des dieux indous,i.e.Soupramanien,prétendu dieu de la guerre.

சேனாவரையர்,n.pr. d'un auteur.

சேனாவு,la plante தகரை.

*சேனானியன், (Sènâni), général d'armée,Soupramanien.

*சேனை,(Sènâ),armée,troupe,multitude,grande quantité,arme,rue du marché:—கூட்டுகிறது lever—,rassembler une armée, — des troupes; —த்தலைவன் général d'armée;—த்திரவியம் grandes richesses;— பணந்தந்தான் il a donné beaucoup d'argent:—பூமலர்ந்தது il y a une grande quantité de fleurs épanouies.

சை,1° lettre syllabique composée de ச்,et de ஐ. 2° int. de mépris qui n'est usitée que dans les livres,fi! fi! donc:சைவென்கல்,—வென்கிறது dire fi! marquer du mépris; —வென்றத்திரியேல் ne te conduis pas de manière à faire dire fi sur toi.3°*(djâ),fém.de சன்,née de,fille: (il ne se met qu'à la fin des mots composés.)

*சைகதம், (saïkata), sable, rivage de—, banc de sable: சைகதவுண்டை boule de —, montagne de sable, montagne. [dégradé,—en désordre.

*சைகன், (saïkha), fils de brame

*சைகை, சைக்கினை, (sandjnâ), signe, geste: —காட்டுகிறது faire signe, indiquer par un signe; — காட்டிக்கொடுக்கிறது donner furtivement en faisant un signe; — செய்கிறது, —பண்ணுகிறது faire signe; —செய்தழைக்கிறது appeler par signe; —யாய்ச்சொல்லுகிறது ou பேசுகிறது donner à entendre —, dire —, parler par signes, insinuer, suggérer; கையாலேசைகைசெய்தான் il a fait signe de la main.

*சைங்கம், சைங்கிகம், சைங்கியம், (சிங்கம்), lion.

*சைங்கிகேயம், (சிங்கிகை), le fils de Sinhikâ, *i.e.* le serpent இராகு.

*சைசவம், (சிசு), âge tendre, enfance, jeunesse au dessous de 16 ans.

*சைதன்னியம், (சேதனம், ya), esprit, âme, connaissance, Dieu (considéré comme l'essence de toutes choses): சைதன்னியதரிசனம் se considérer soi- même uni à Dieu.

*சைதிகம், (tchhêdika), rotin.

*சைத்தியமுகம், (சைத்தியம்), pot à l'eau —, vase d'étudiant.

*சைத்தியம், 1° (saïtya), froid, fraicheur, phlegme, rhumatisme, rhume. 2° (tchaïtya), autel, place du sacrifice, tombe, monument sur un tombeau, inscription de pierre sépulcrale; — உண்டாயிருக்கிறது avoir un rhume, — un rhumatisme, être d'un tempérament phlegmatique; —கொள்ளுகிறது attraper un rhume; — முறிகிறது le rhume se pourrir, —se guérir. —நீங்குகிறது, —வாங்குகிறது le rhume s'en aller; — நீங்கவில்லை, — வாங்கவில்லை le rhume n'est pas parti.

*சைத்தியோபசாரம், (சைத்தியம், உபசாரம்), rafraîchissement, remède rafraîchissant, petits soins pour rafraîchir une personne épuisée, comme de l'éventer avec un éventail etc..., civilités extérieures.

*சைத்திரகம், (சைத்திரம், ka), le mois de சித்திரை.

*சைத்திரம், 1° (சித்திரை), le mois de சித்திரை. 2° (djaïtra), victoire: சைத்திரரதன் guerrier triomphant sur son char; —ரதம் le jardin de Koubèren gardé par சித்திரதன்.

*சைத்திராவளி, (சைத்திரம், ஆவளி), pleine lune de சித்திரை.

*சைத்திரி, (சைத்திரம்), le mois de சித்திரை, une des 21 espèces de sacrifices des Indous. [சித்திரை.

*சைத்திரிகம், (*id.* ika), le mois de

*சைத்திரியம், (சித்திரம், ya), clarté, *V.* சயித்திரியம்: சைத்திரியஞானம் grande intelligence, sagesse —, science parfaite.

*சைத்திரோச்சவம், (சைத்திரம், உச்சவம்), fête du mois de சித்திரை.

சைத்துவம், *P.* செய்துவம், action, [faire.

*சைநியம், *V.* சைனியம்.

*சைந்தவம், (saïndhava), sel de roche, cheval, tête. [neur.

சைமானம், (சை, *P.* செய்), hon-

*சைமினி, 1° (djaïmini), Djaïmini, Richi, philosophe, disciple de Vyasen et fondateur de la philosophie உத்தரமீமாஞ்சை: — சூத்திரம் le système philosophique de Djaïmini. 2° *ou* சைமினிநகர் la ville—, le monde prétendu de Yamen; — நகரோன் Yamen.

சையம், 1° (*P.* சைலம்), pierre, montagne. 2° *ou* சையகிரி le mont Sayane, montagne du Courg où le Cavèri prend sa source. 3°* (samyya), bonheur, prospérité: சையத்திருக்கிறது être riche, prospérer; சையத்திருந்தால்ஐயமிட்டுண் si tu es riche, mange aprés avoir donné l'aumône.

சையென்கிறது, *V. au mot* சை.

*சையை, *P* சைகை, signe, geste.

*சையோகம், *P.* சம்யோகம், union, réunion, association, copulation: சையோகஜேலம் somme des demi-diamètres du soleil et de la lune; —ஜேலவர்க்கம் carré de cette somme.

*சையோகாக்ஷரம, (சையோகம், அக்ஷரம்), lettre composée.

சையோகிக்கிறது, கித்தேன், கிப்பேன், கி, கிக்க, *v.n.*(சையோகம்), சையோகித்தல், *n. v.* s'unir, se joindre, s'accoupler.

சையோகை,(சையோகம்), affliction ou perte que la sagesse de Siven éprouve par l'accroissement de son action ou de sa force.

* சையோத்திகம், சையோத்தியம், (samyògita), union, amitié, familiarité, communication.

*சைரிகம்,(சீரம், ika), charrue.

*சைரிகன்,(*id.*), laboureur, bœuf de charrue.

*சைரிபம்,(சீரம், இபம்), bœuf, buffle. [மயிருவேலி.

*சைலகம்,(சைலம், ka), l'herbe ம

*சைலம், 1° (saïla), montagne. 2° (tchaïla), toile, habit: சைலகடகம் penchant de montagne;—சிகரம்,—சிருங்கம் pic—, sommet de montagne;—சனன் montagnard;—தரன் celui qui porte une montagne, Krichna, qui, au dire de la fable, a soulevé une montagne pour abriter des bergers;—பதி le roi des montagnes, *i.e.* le mont Himalaya;—பித்தி ciseau de tailleur de pierres;—ரந்திரம் caverne de montagne.

*சைலாக்கிரம், (சைலம், அக்கிரம்), pic de montagne.

*சைவம்,(சிவன்), ce qui a rapport à Siven, adoration—, culte—, secte de Siven, (c'est une des 6 sectes intérieures dites உட்சமயம்), un des 18 pouranas contenant la légende de Siven: சைவகுரு gourou sivénistes qui suit les ஆகமம்;—சமயநிலை état de la secte de Siven;—சமயநிலை-ச. *V.* சிவபூசையியல்பு-ச;—சமயம் secte de Siven;—சாஸ்திரம் doctrine—, livre des Sivénistes;—சித்தாந்தம்,—சித்தாந்தசாஸ்திரம் doctrine—, profession—, exposition de la secte de Siven, nom d'un livre des Sivénistes divisé en 14 sections, savoir: திருவுந்தியார், திருக்களிற்றுப்படியார், சிவஞானபோதம், சிவஞானசித்தியார், இருபாவிருபஃது, உண்மைவிளக்கம், சிவப்பிரகாசம், திருவருட்பயன், விருவெண்பா, போற்றிப்பஃறொடை, கொடிக்கவி, நெஞ்சுவிடுதூது, உண்மைநெறிவிளக்கம், சங்கற்பநிராகரணம்;—ஸ்தலம் lieu—, temple consacré à Siven;—தீக்ஷை initiation à ses prétendus mystères;—நூல் livre de la secte de Siven;—பூஷணம்,—பூடணம் ornement de cette secte, nom d'un livre;—மதம் secte de Siven, Sivénisme;—மிசை prétendue excellence de la secte de Siven;—லிங்கம் le lingam de Siven.

*சைவலம், (saïvala), la plante aquatique பாசி.

*சைவன், *pl.* சைவர், (சிவன்), Sivéniste, sectateur de Siven, initié aux prétendus mystères de Siven, homme qui s'abstient de manger de la chair.

*சைவாகமம், (சைவம், ஆகமம்), livre de la secte de Siven, *V.* சிவாகமம்.

*சைவாசாரம்,(*id.* ஆசாரம்), observances—, coutumes et rites des Sivénistes. [de Siven.

*சைவாலயம்,(*id.* ஆலயம்), temple

*சைவியம்,(சிவன், ya), ce qui a rapport à Siven,—au Sivénisme.

*சைனன், *pl.* சைனர், 1° (சினன்), Djaïna, sectateur d'Arouguen, Samanéen, Bouddhiste, Arouguen, Bouddha. 2° (சீனம்), Chinois: சைனவேளாளர் Djaïners ou Djaïnas cultivateurs.

*சைனாபத்தியம்,(சேனாபதி, ya), généralat, commandement d'une armée. [னை, ya), armée.

*சைனியம், *ou* சைன்னியம், (சே

*சைனியாதிபதி, சைனியாதியக்ஷன், (சைனியம், அதிபதி, அதியக்ஷன்), général d'armée.

சொ, 1° lettre syllabique composée de ச் et de ஒ, so bref. 2° *P.* சுவ dans les mots sanscrits en sva, comme சொர்க்கம், *P.* சுவர்க்கம்.

சொகுசா, composition d'or et de cuivre dite en Indoustani tambac, similor, pinchebec, cuivre de qualité supérieure:—மோதிரம் anneau de tambac; சொகுசாவிலேபண்ணுகிறது faire en tambac.

சொகுசு, beauté, élégance, grâce, parure, luxe, délicatesse, santé: சொகுசாயிருக்கிறது être beau, élégant, brillant, fastueux; — க்காரன் homme bien-mis, fastueux, petit-maître, damoiseau; —த்தனம் beauté, élégance, pompe, gentillesse; —த்தனம்பண்ணிக்கொண்டுதிரிகிறது faire étalage de sa personne ou de ses habits, mener une vie débauchée et dissipée; —பண்ணுகிறது orner, embellir, faire le délicat, raffiner (pour la nourriture).

சொக்கட்டான், espèce de jeu de dames, échiquier indien: —ஆடுகிறது jouer à ce jeu; —கவறு dé de ce jeu, dé à jouer; —காய் pion ou dame de ce jeu; — சீலை toile à carreaux pour ce jeu, —en forme d'échiquier; —பந்தல் pandel en forme d'échiquier; —பாச்சிகை, dé à jouer, — du jeu susdit; —மனை échiquier, damier et chose semblable, planche pour jouer au jeu susdit.

சொக்கப்பனை, சொக்கப்பானை, P. சொர்க்கப்பனை.

சொக்கப்பையன், (சொக்கன்), jeune domestique, laquais, ouvrier.

சொக்கம், beauté, pureté, — sans mélange, bien, ce qui est bien, chose jolie, —bien faite, bel ouvrage, excellence, vol, rubis, *int.* bien, bravo: சொக்கக்கேவலன் espèce de hibou, enflure à la joue; — நாதன் le beau seigneur, Siven (adoré sous ce nom à Maduré comme époux de மீனாட்சி reine de cette ville, où on prétend qu'il régna lui-même sous ce nom ou celui de சுந்தரசோமசுந்தரன் ou சுந்தரபாண்டியன், c'est l'objet du 5me திருவிளையாடல்); —லிங்கன், V. சொக்கநாதன்; —வெள்ளி pur argent.

சொக்கரை, சொக்கறை, (சொக்கு, அறை), défaut, ce qui manque.

சொக்கவி, சொக்கலி, la plante முக்கிலி.

சொக்கன், 1° (சொக்கம்), pur, bon, le beau, (surnom de) Siven dit சொக்கநாதன். 2° (sokra), V. சொக்கப்பையன்: சொக்கசெல்வம்பயறுத்தும் பெறுவர் ceux qui sont bons obtiendront des richesses.

சொக்காய், சொக்காயம், tunique, longue veste. சொக்காரன், P. சொக்காயக்காரன். [வி.

சொக்காவி, சொக்காவலி, V. சொக்க

சொக்கவிடுகிறது, (சொக்கு), stupéfier, troubler l'esprit: சொக்கவிடுவித்தை art d'ensorceler, de troubler l'esprit (afin de voler pendant ce temps...)

சொக்கு, 1° (சொக்கம்), beauté, or. 2° *n.v. du suiv.* défaillance, abattement, appesantissement des yeux par le sommeil, trouble, — d'esprit, stupéfaction, étourdissement, ignorance, charme, joue. 3° *imp. et part. du suiv.*: —ப்பொடி poudre composée ou magique qui, répandue sur quelqu'un, l'endort profondément ou lui trouble l'esprit et lui fait suivre son séducteur comme malgré soi; — ப்பொடிபோடுகிறது jeter cette poudre sur quelqu'un; — வித்தை, V. சொக்கவிடுவித்தை.

சொக்குகிறது, *sync.* சொக்கிறது, க்கினேன், க்குவேன், க்கு, க்க, *v.n. et* சொக்குதல் *n.v.* être stupéfait, étourdi, troublé, égaré, séduit, trompé, ensorcelé, avoir l'esprit troublé; சோளப்பயிரைத்தின்று மாடு சொக்கிக்கொண்டுசெத்தது le bœuf ayant mangé le solam en herbe en fut étourdi et est mort.

சொக்குவிக்கிறது, வித்தேன், விப்பேன், வி, விக்க, *v.caus. du préc.* troubler l'esprit, étourdir, stupéfier, ensorceler.

சொக்ஷேத்திரம், (சொ, P. சுவ), sa propre place.

சொந்தக்காரன், (சொந்தம்), héritier.

சொச்சம், சொச்சு, 1° reste, restant, surplus, ce qui manque, intérêt (de l'argent...), quelque peu. 2° P. சுவச்சம், pureté, — sans mélange: சொச்சமும்போடு ajoute le reste, — ce qui manque; — உம்முதலும் intérêt et capital; —வாங்குகிறது prendre ou recevoir de l'intérêt; சொச்சத்துக்குப்பணங்கொடுக்கிறது prêter de l'argent à intérêt; சொச்சவிலைகொள்ளுகிறது acheter à vil prix,à bon marché; நாலுநூற்றுச் சொச்சவராகன் 400 et quelques pagodes.

சொச்சோர்,P.சொற்சோர்.

*சொஸ்தம்,P. சுவஸ்தம்,santé,bien-être,guérison,convalescence;—ஆகிறது guérir,recouvrer la santé;—ஆக்குகிறது guérir,rendre la santé; —இல்லாமலிருக்கிறது n'être pas bien portant; — சொஸ்தமனம் esprit sain,tranquille.

*சொஸ்தானம்,P. சுவஸ்தானம், propre place,lieu convenable,résurrection.

*சொஸ்திரி,(P. சுவஸ்திரி), épouse légitime,de sa caste, propre femme.

சொடக்கு,moutarde,castagnettes, claqet,V. கிலுகிலுப்பை.

சொடிகிறது,டிந்தேன், டிவேன், டி,டிய,v.n.se tordre,se rider, se rétrécir.

சொடிக்கிறது, டித்தேன், டிப்பேன், டி,டிக்க,v.a.du préc. சொடித்தல், n.v.diminuer,rétrécir.

சொடுகு,gale,teigne.

சொடுதலை,vase de fer-blanc. V. போகணி.

சொட்டடா,espèce de sabre.

சொட்டு,1° coup—,tape—,claque sur la tête (avec les 2 mains, dans une espèce de jeu),coup de poing, goutte (de pluie...),morceau. 2° *imp. du suiv.*:—த்தண்டம் violence,extorsion: — போடுகிறது donner une claque,taper,faire dégoutter;— மூத்திரம் urine qui sort goutte à goutte,espèce de strangurie des enfans; சொட்டுசொட்டென்று ஒழுகுகிறது dégoutter,tomber goutte à goutte.

சொட்டுகிறது, ட்டினேன், ட்டு வேன்,ட்டு,ட்ட,v.n. et a.(சொட்டு),et சொட்டுதல்,n.v. dégoutter, tomber par goutte,pleuvoir,taper,battre,—à coups de poing,briser,tromper.

சொட்டை,courbure, contorsion, chose tordue,cavité,creux,excavation,sillon,lignes creuses—, cannelures d'un vase,d'une planche..., espèce d'arme,badinage:—த்தலை tête chauve,—chauve en certains endroits(par suite de maladie);— வாளை variété du poisson dit வாளை.

சொண்டறை,சொண்டடி,(சொண்டு, அறை, அடி), homme important, —sans emploi.

சொண்டி,gingembre sec,emploi, obligation,billet de dette, *ou* —வித்து espèce de boule de levure (pour exciter la fermentation).

சொண்டு,occupation,emploi,obligation,promesse, billet de dette ou de reconnaissance,pointe d'arme,lèvre,bec d'oiseau,bord épais, homme vil,mépris: சொண்டாயிருக்கிறது, *et corr.* சொண்டாவிருக்கிறது, être occupé,obligé, engagé, méprisable, vil;—க்கதை histoire calomnieuse, médisance,conte flatteur;— க்காரன்,—பண்ணுகிறவன் dédaigneux, qui méprise,homme délicat sur la nourriture, dissipateur, chicaneur; —த்தீன் friandises,bonbons;—பண்ணுகிறது mépriser,outrager: ஒருவனை—பேசுகிறது insulter, injurier.

சொதை,richesses.

சொத்தலி,(சொத்து, அலி), fruit avorté de palmier.

சொத்தி,état d'estropié:—கையன் manchot;—யன் estropié.

சொத்தியன்,(சொத்தி),estropié.

சொத்திரி,P.சொஸ்திரி.

சொத்து,richesses, biens, possession,propriété,colle,glu, onguent, fausse couleur,tache,défaut:—க்கையன் manchot,—qui a la main tortue; —கூட்டுகிறது composer une colle colorée;—பூசுகிறது se frotter (un membre) avec de la colle rouge pour faire croire qu'il est cassé et exciter la pitié);—மரம் bois menu des toits;— வெட்டாய்வெட்டுகிறது couper imparfaitement,— à moitié, —sans vigueur,avec un instrument émoussé; ஒருவன்சொத்தைத்தின்கிறது manger le bien d'autrui,friponner,tromper; அதிலேஉன்சொத்து விழவில்லை il ne t'est rien échu en cela,ta propriété—, ta part n'y est pas comprise.

*சொத்துவம், (P. சுவத்துவம்),

propriété, droit, titre, prétention à une chose.

சொத்தை, 1°*acc.de* சொத்து. 2°vermoulure, chose vermoulue, —véreuse, trous que font les vers dans un objet qu'ils rongent, carie des dents, carie de la—, machoire: —ப்பல் dent cariée; —ப்பாக்கு noix d'arec vermoulue; — க்களா l'arbrisseau flacourtia sepiar.

சொந்தம், (சுவம்), propriété, possession, bien propre, le propre; —ஆயிருக்கிறது appartenir; சொந்த, சொந்தமான propre, appartenant; —சொந்தக்காரன் possesseur, propriétaire; —உடைமை bien propre.

*சொப்பனம், *P.* சொர்ப்பனம், songe, rêve.

சொப்பனாவஸ்தை, (சொப்பனம், அவஸ்தை), l'état de songe ou de rêve qui un des 5 états dits பஞ்சாவஸ்தை.

சொம், (சுவம்), bien, richesses, propriété, héritage: சொக்காரன், சொங்காரன், சொம்மாளி, (ஆளி), héritier, propriétaire, richard.

*சொயம், *P.* சுயம், propriété.

*சொயம்பு, *P.* சுயம்பு.

*சொயாதீனம், *P.* சுயாதீனம்.

சொரங்கம், cosse de cardamome, *V.* கச்சோலம்.

சொரசத்தோரசி, cannellier, cannelle, cloux de girofle.

சொரடு, croc, crochet (de fer ou de bois), fer, bâton recourbé.

சொரணை, *P.* சுவரணை, sensibilité, sensation, connaissance, sentiment: —தப்பிப்போகிறது devenir insensible, perdre connaissance; —யில்லாத insensible, sans connaissance, lourdaud; — கேடு insensibilité, perte de la connaissance; அவனுக்குச் — தப்பிப்போயிற்று il a perdu connaissance.

சொரி, *imp.et part.du suiv.*: —குறும்பை espèce de riz dit மிளகுசம்பா.

சொரிகிறது, ரிந்தேன், ரிவேன், ரி, ரிய, *v.a.et n.* couler, —abondamment, découler, s'écouler, tomber, pleuvoir, répandre, verser, lancer, — en abondance, donner abondamment, prodiguer, tournoyer, rôder, courir çà et là: சொரிந்தாள் ஒருபிடிதீர்ச்சோறு elle m'a fait la largesse d'une poignée de riz cuit tout froid (ironie); சொரிந்தளக்கிறது mesurer en versant le grain dans la mesure, (par opposition à பாய்ச்சியளக்கிறது mesurer en enfonçant la mesure dans le monceau de grain); சொரிந்துவிடுகிறது répandre, lancer: அம்புமாரியைச்—, lancer une pluie de flèches; மழையிற்சொரிந்தான் மாகனகம் il a répandu l'or avec l'abondance de la pluie; உள்ளெருப்பெரியஉதடுபழஞ்சொரிய le feu brûlant l'intérieur, et les lèvres répandant des fruits, ayant le cœur plein de fiel, et la bouche de miel.

சொரிதரல், *n.v.du suiv.* largesse, profusion, tournoiement.

சொரிதருகிறது, தந்தேன், தருவேன், தா, தர, *v.a.* (சொரிகிறது, தருகிறது), répandre —, donner en abondance, tournoyer, rôder.

சொரிதல், சொரிவு, *n.v.de* சொரிகிறது, écoulement, profusion, largesse, pluie, aspersion, chute, action de couler......,

சொருகம்புல், espèce d'herbe.

சொருகல், *n.v.de* சொருகுகிறது.

சொருகு, 1° retroussement, troussis, pli, repli. 2° *imp.et part.du suiv.* —கொண்டை chignon de cheveux tressés et retroussés; — தோவத்தி ceinture.

சொருகுகிறது, *sync.* சொருகிறது, கினேன், குவேன், கு, க, *v.a.* trousser, retrousser, relever, replier, plier, serrer, tresser, entrelacer, envelopper, entortiller, tordre, enfoncer, fourrer (dans des feuilles, dans des cheveux...), pendre à un croc; — சொருகிக்கொள்ளுகிறது se retrousser, se replier; வயிற்றைச்சொருகிக்கொண்டிருக்கிறது (la faim, la maladie) tordre le ventre, le faire souffrir; சொருகிப்போடுகிறது, — வைக்கிறது serrer, placer quelque part; கத்தியைச்சொருகிவிடுகிறது plonger son épée (dans la poitrine... de quelqu'un); கண்சொருகுகிறது fermer involontairement les yeux (par l'effet du sommeil ou de la maladie); சொருக்கு— plier et retrousser le bout de la toile dont on est ceint; பாகையுள்ளாகச்—, replier en dedans —, retrousser le bout de son turban; முன்றானைச்—, replier —, retrousser le bout de sa toile; கூரைசொருகல்— relever—, réparer le chaume qui couvre une maison.

சொருகுகை, சொருகுதல், n. v. du préc. [ளை.

சொருளை, P. சுவருளை, V. சொரு

*சொரூபம், 1° (svaroûpa), état—, condition naturelle, corps, hypostase, forme, beauté, beau naturel, personne en Dieu, la divinité. 2° P. சுரூபம், image, statue, médaille: சொரூபஞானம் la sagesse suprême,— par essence.

*சொரூபன், (id.), Dieu.

*சொரூபானந்தம், (சொரூபம், ஆனந்தம்), la félicité parfaite,— par essence, traité sur le வேதாந்தம்: சொரூபானந்தச்சுடர் la splendeur de la parfaite félicité, (épithète de la divinité).

*சொரூபி, (சொரூபம்), beau, belle, qui a la nature ou la forme de, qui est de sa nature ou par essence.

*சொர்க்கம், P. சுவர்க்கம், le Svarga, le paradis d'Indiren: சொர்க்கப்பனை fête dite Sorcapanei qu'on célèbre en novembre en l'honneur de மாவலிச்சக்கரவர்த்தி ou Mahâbali et dans laquelle on allume des lampes et des feux de joie de feuilles de palmier empilées, arbre qui est au centre de ces feux de joie.

*சொற்பனம், (svapna), songe, rêve: —காண்கிறது rêver, avoir un songe; சொர்ப்பனத்திலேகாண்கிறது voir en songe. [ணம்.

*சொர்ணம், (svarna), V. சொர்

சொலவு, (சொல்லுகிறது), parole, mot (surtout dont on tire augure).

சொலா, corps—, haut d'habit.

சொலிக்கிறது, லித்தேன், லிப்பேன், லிக்க, v. n. (djvalita brillant), ou சொலித்திருக்கிறது briller, reluire, flamber: கண்களில் அக்கினிசொலிக்கிறது le feu (de la colère...) briller dans les yeux.

சொலித்தல், சொலித்திடல், சொலிப்பு, n. v. du préc. briller etc... lueur, flamme, splendeur, lustre, éclat.

சொலிப்பிக்கிறது, v. caus. du même, faire briller,—flamber. [ன்.

சொலியன், la plante முடக்கற்று

சொலுசொலு, (son imitatif), bruit de choses qui tombent: சொலுசொலென்கிறது ou

சொலுசொலுக்கிறது, லுத்தேன், லுப்பேன், லு, லுக்க, v. n. (சொலுசொலு), rendre ce son, faire ce bruit, (les feuilles etc...) tomber.

சொலுசொலுத்தல், சொலுசொலுப்பு, சொலுசொலெனல், n. v. du préc., chute (des feuilles...).

சொல், 1° parole, mot, son d'un mot, discours, diction, élocution, louange, commandement, callou ou jus de cocotier...), riz, riz d'espèce supérieure dit சொந்நெல், épi de சொந்நெல். 2° imp. et part. de சொல்லுகிறது:—வகை sorte de mots, analyse des mots, division des mots en noms, verbes, adjectifs et particules;—வகையுரை analyse, construction ou transposition des mots pour montrer leur ordre grammatical en prose;—வேர் racine des mots, étymologie;—வளம் éloquence, force—, élégance —, volubilité—, abondance de paroles;—வன்மை éloquence, force des expressions, puissance—, véracité de la parole; — விலக்கு fig. de rhét. qui consiste à rejeter ce qu'on a dit sans l'examiner; — விளம்பி babillard, ce qui fait parler, i. e. le callou ou jus de cocotier; சொல்லின் முத்தம் énergie d'une expression, ou சொல்லின் அழுத்தம் emphase, appuyer sur un mot; சொல்லிற்குற்றந்தேடுகிறது chercher des fautes dans les paroles, éplucher les mots; சொல்லிற்குற்றம் ou பிழைபிடிக்கிறது découvrir une faute de mot, faire la

சாடை

critique d'un mot, — des mots; சொல்லின்முடிவிலைப்பொருண்முடித்தல் un des யுக்தி, terminer — des matières, le sens avec le mot même. [ம்.

*சொல்ப்பம், (svalpa), V. சொற்ப

சொல்ல, *inf. de* சொல்லுகிறது.

சொல்லட்டவணை, (சொல்), table, — des matières, liste de mots.

சொல்லணி, (*id.* அணி), élégance des mots, — de la phrase, expression élégante, terme de rhétorique, figure de mots, (par opposition à பொருளணி, figure de pensée).

சொல்லதிகாரம், (*id.* அதிகாரம்), chapitre des mots, partie de la grammaire qui traite des mots et de leurs déclinaisons ou conjugaisons.

சொல்லலங்காரம், (*id.* அலங்காரம்), V. சொல்லணி: — ஆயச்சொல்லுகிறது dire —, parler élégamment.

சொல்லலங்காரன், (*id.*), beau parleur, homme qui parle élégamment.

சொல்லல், *opt. et n.v. de* சொல்லுகிறது.

சொல்லறிபுள், (சொல், அறி), l'oiseau qui sait parler, *i. e.* le perroquet.

சொல்லா, சொல்லாத, *part. nég. de* சொல்லுகிறது, qui ne dit pas, qu'on n'a pas dit, qu'on ne doit pas dire: சொல்லாதசொல், — வார்த்தை parole indécente, mauvais discours, injure, secret; சொல்லாதகாரியம் chose honteuse, dont on ne doit pas parler; சொல்லாத்துபிறவாது, அள்ளாத்துகுறையாது ce qu'on n'a pas dit ne se répand pas dans le public, où l'on ne prend point, il n'y a pas de diminution.

சொல்லாகுபெயர், (சொல், ஆகுபெயர்), nom métaphorique, application d'un nom à l'objet qu'il désigne, *v.g.* நன்னூலிற்குரைசெய்தான் il a fait le commentaire du நன்னூல். [லுகிறது, ne pas dire.

சொல்லாமை, *n. v. nég. de* சொல்

சொல்லாமல், சொல்லாமே, *gér. nég. du même*, ne disant pas.

சொல்லானந்தம் (*id.* ஆனந்தம்), licence, faute (dans les mots), *litt.* la joie des mots.

சொல்லி, *gér. de* சொல்லுகிறது.

சொல்லிணக்கம், (சொல், இணக்கம்), enchainement des mots, liaison du discours. [*de* சொல்லுகிறது.

சொல்லிய, சொல்லின, *part. passé*

சொல்லியல், சொல்லிலக்கணம், (சொல், இயல், இலக்கணம்), propriété —, traité —, règles des mots, partie de la grammaire qui traite des mots, des déclinaisons et conjugaisons, étymologie. [(dans les mots).

சொல்லிழுக்கு, (*id.* இழுக்கு), faute

சொல்லின்பம், (*id.* இன்பம்), suavité —, douceur des mots.

சொல்லில், சொல்லின், 1° *abl. et gén. de* சொல், dans —, de la parole. 2° *conditionnel de* சொல்லுகிறது, si on dit; சொல்லினும், சொல்லினும் quoiqu'on dise.

சொல்லுகிறது, சொன்னேன், (*haut tamoul* சொல்லினேன், சொற்றேன்), சொல்லுவேன் *ou* சொல்வேன், சொல்லு *ou* சொல், சொல்ல, *nég.* சொல்லேன், *gér.* சொல்லி, *part. passé* சொன்ன, சொல்லிய, சொல்லின, சொற்ற, (சொல்), *v. a.* dire, parler, raconter, composer ou chanter des vers: அப்படிசொல்லு dis ainsi, (et quelque fois), c'est cela même, c'est vrai; அவர்கள்சொன்னது ce qu'ils ont dit, voici ce qu'ils ont dit; சொன்னதுபோதும் ce qui a été dit suffit; நான்சொன்னதைமனதிலே வை mets dans ton esprit —, n'oublie pas ce que j'ai dit; உன்னோடேசொன்னேன் je t'ai dit; ஒருத்தனுக்குச்சாப்பாட்டுக்குச்சொல்லுகிறது inviter quelqu'un à un repas; சொல்லுமிடமறிந்துசொல்லு parle selon le lieu, — les circonstances; சொல்லலையே tu ne parles pas! சொல்லத்தக்கவிசேஷஞ்சொல்லுகிறது dire ce qu'il convient de dire; சொல்லவுங்கருதவுங்கூடாது on ne peut ni dire ni imaginer; சொல்லிக்காட்டுகிறது montrer en disant, faire ressouvenir, expliquer, rapporter; — க்கொடுக்கிறது enseigner, apprendre, informer, insinuer; இவனுக்குப்பாடஞ் — க்கொடு enseigne lui sa leçon; — க்கொ

கிறுகிறது se dire à soi-même,s'entretenir, converser, se dire l'un à l'autre, parler sur,désigner, convenir, garantir,se rendre caution ;நேரஞ் — க்கொண்டார்கள் ils se sont fixé ou assigné le temps: — முடியாத inexprimable,ineffable,indicible.

சொல்லுகை, சொல்லுதல்,*n.v.du préc.*

சொல்லுதவி,(சொல், உதவி), recommandation,secours de la parole, —par parole.

சொல்லுவமை,(*id.* உவமை), belle expression emphatique,convenance —,propriété des mots; (sur ce point les poëtes distinguent le langage des dieux,le langage du bas peuple, et le langage commun.)

சொல்லுரை, (சொல், உரை), explication des mots.

சொல்லுவான், (சொல்லுகிறது), 1° il dira.2° celui qui parle:—குறிப்புசென்ஸ்—,intention de celui qui parle.

சொல்லுவிக்கிறது, *v. caus. de* சொல்லுகிறது,faire dire,faire parler,prouver par le moyen d'un autre.

சொல்லுறுதி, (சொல், உறுதி), énergie d'expression, parole vraie, encouragement de vive voix.

சொல்லெச்சம்,சொல்லெஞ்சணி, (சொல்,எச்சம், எஞ்சும்,அணி), ellipse, fig.de rhét. par laquelle on retranche un mot.

சொல்லேருழவர், (சொல்,ஏருழவர்),laboureurs de paroles,*i.e.* poëtes, savans, ministres d'un roi.

சொல்லொடு பொருள், (சொல், *abl.*),explication donnée mot à mot: —ஆம்மொழிபெயர்ப்பு métaphrase, traduction mot à mot.

சொல்லொப்பணி, (சொல், ஒப்பணி),ressemblance de mots.

சொல்லொழிபு, (*id.* ஒழிபு), ellipse.

சொல்விக்கிறது,*P.* சொல்லுவிக்கிறது.

சொல்வோன்,சொல்வான்,*n. app. de* சொல்லுகிறது, celui qui dit, parleur, celui qui porte la parole.

சொருசொருக்கிறது, ருத்தேன், ருப்பேன்,ரு,ருக்க,*v. n.*சொருசொருத்தல். *n.v.*devenir mou(par humidité ou excès d'eau). [*V.*சுருத்தை.

சொள்ளல், manque, diminution.

சொள்ளை, chose gâtée, vermoulue, piquée des vers, marques de petite vérole:—முகம் visage marqué de la petite vérole;— ப்பாக்கு noix d'arec vermoulue;—விழுந்தது *ou* பிடித்தது ce qui a été piqué des vers.

சொறி,1° gale,grattelle, démangeaison,prurit,ce qui l'excite,comme l'ortie et une espèce de poisson ou de zoophyte dit spongia urens,lèpre. 2° *imp. et part. du suiv.* — கட்டை pieu planté pour que les vaches s'y frottent;—கல் pierre à chaux, latérite ou pierre de fer, pierre de safran; —கிட்டம் mâchefer, rouille—,scorie de fer;— சிரங்கு éruption qui démange,gale de l'Inde;—நாய் chien galeux;—மண்டலி serpent dont la morsure cause des démangeaisons;— பிடித்துக்கிடக்கிறது avoir la gale,être galeux,—malade de la gale,;—ப்பிலாச்சை grenouille de mer.

சொறிகிறது,றிந்தேன், றிவேன், றி,றிய,*v.n.*சொறிதல்,*n.v*,gratter, se gratter,démanger,avoir des démangeaisons,se frotter:சொறிந்துகொடுக்கிறது presser,exciter, pousser,taper;—கொண்டிருக்கிறது ne faire que—,être à se gratter,—se frotter; இவனைவழுக்குச்சுத்து— கொண்டிருக்கிறான் il est toujours à lui gratter le derrière (se dit d'un sycophante).

சொறியன்,(சொறி),galeux, grenouille.

சொறிவு,*n.v.de* சொறிகிறது,démangeaison,prurit,action de gratter.

சொற்,*P.*சொல், parole,mot, (*devant* க,ச,ப):—கலகம் discussion,argument,divergence (d'opinions...); —கருவி instrument de la parole, (*i.e.*les lèvres,la langue,les dents):—காத்தல் fidélité à sa parole; — குறி marque de la parole, l'arsenic குருபாஷாணம் qui est une composition de mercure; —குற்றம் faute (dans les mots);—கேளாதவன் désobéissant,qui n'écoute rien; — சந்தி,—புணர்ச்சி enchainement—,union des mots (l'un avec l'autre);—சாதுரியம் éloquence,habileté à manier la parole;— சாதுரியமாய்ப்பேசுகிறது parler éloquemment;—சாதுரியன் homme éloquent;— சித்திரம் élégance des mots, paroles d'un grand sens;—சிமிட்டு éloquence;—சீரடி une ou plusieurs connexions de pieds dites தளை venir de suite;—சுவை suavité d'expression,— des mots —செறிவு, V. சிலிட்டம்;—சோர், V.சொல்லிழுக்கு;—பகுதி racine des mots,étymologie;— படிகேட்கிறது ou நடக்கிறது être obéissant,obéir;—பயன் sens—, explication des mots;—பிழை fauté (dans les mots ou dans la phrase);—பின்வருநிலை répétition d'un mot, mais dans un sens différent;—புத்தி avis, admonition verbale;—பொருட்பின்வருநிலை répétition du même mot avec le même sens: *Ex.* வைகலும் வைகல் வரக்கண்டு tous les jours voyant le jour venir;—பொருள் sens d'un mot, explication littérale;—பொருள்விரித்தல் explication avec analyse des mots pour en faire bien comprendre le sens.

*சொற்கம், V.சொர்க்கம்

சொற்கப்பனை, V. சொர்க்கப்பனை.

சொற்சோர்,(சொல்),faute,—dans un mot.

*சொற்பம்,(svalpa),peu,modicité, petitesse,légèreté,bassesse, bagatelle,petite chose.

*சொற்பனம்,(svapna),songe, rêve.

சொற்றவறுமை, (சொல், தவறுமை),fidélité à sa parole,exactitude dans ses paroles.

சொற்றளருகிறது, (*id.* தளருகிறது),marmoter,parler peu distinctement (par vieillesse ou infirmité).

சொற்றிருத்தம்,(*id.*திருத்தம்), justesse des expressions, discours correct,bien articulé.

சொற்றுகிறது, ற்றினேன், ற்றுவேன்,ற்று,ற்ற,v.a.et சொற்றல், s. v. (*poétique, P.*சொல்லுகிறது),dire, parler.

சொற்ற,*inf.de* சொற்றுகிறது,*ou part.de* சொல்லுகிறது.

சொற்று,*imp.et part.de* சொற்றுகிறது, *ou gér. de* சொல்லுகிறது.

சொற்றேன்,*nég. de* சொற்றுகிறது *ou parf.de* சொல்லுகிறது.

சொற்றுணை, (சொல், துணை),V. சொல்லுதவி.

சொற்றொடர்,(*id.*தொடர்), enchaînement—, connexion des mots:—நிலைச்செய்யுள் pièce de poésie qui a la répétition dite அந்தாதி.

*சொற்ணம்,(svarna),or,le remède composé dit கோடாசுழி:சொற்ணக்கல் pierre dite இராசாவர்த்தம், lapis lazuli de couleur d'or;—க்காரர் orfèvres;—ச்சீரம் canne à sucre;—தானம் présent en or (ou généralement)en argent;—தானம்பண்ணுகிறது faire un tel présent;— புஷ்பம் or offert au temple,—qui a servi au culte;—பேதி minéral qui dissout l'or;—மயம் chose d'or,— dorée,— ornée d'or, couleur d'or;—மயமான d'or ou doré; — மயமாய்ச்சொரிகிறது donner de l'or en abondance,répandre une pluie d'or;சொற்ணமாக்கி l'arsenic composé பவளபாஷாணம்.

சொஜுகம், la plante உத்தாமணி.

சொன்மாலை,(சொல்), expression convenable,—agréable,guirlande—, série de mots.

சொன்மிக்கணி,(சொல்,மிக்கு, அணி),répétition réitérée d'un mot, pléonasme.

சொன்றி, riz cuit,gingembre sec: —க்குழிசி pot au riz cuit,—qui sert à cuire le riz.

சொன்ன,1° *part.de* சொல்லுகிறது,dit,qui a dit: சொன்னக்கால் si on dit.2° *adj. de* சொன்னம், d'or, doré.

*சொன்னம்,*P.*சொற்ணம்,or.

சொன்னயம், (சொல், நயம்), la justesse—,bienveillance des paroles, V.சொல்வளம்.

சொன்னால், la plante சோனம்,
சொன்னாலும்,cond.de சொல்லுகிறது,si on dit: சொன்னாலும் quoiqu'on dise. [fer.

சோ,1° lettre syllabique composée de ச் et de ஓ long,sô.2° interjection d'admiration,fortification,fort, mur.2°* (sô), Pârvadi, Oumei: சோ வென்றுபெய்கிறது ou சோனிக்கிறது, pleuvoir à verse.

சோகநீக்கி,(சோகம்,நீக்குகிறது), l'arbre குருக்கத்தி.

*சோகம்,1° (sôka),affliction,chagrin,douleur,malheur.2° balle,boule,pelote, chameau, cuisse,ellébore, paresse,lenteur,indolence,évanouissement,épuisement, effet d'une des flèches fabuleuses de Kâmen qui consiste dans l'épuisement, une grande chaleur et le dégoût de la nourriture:சோகவிருத்தி un des 7 அவஸ்தை, pendant qu'on est dans l'état de vie penser qu'on n'a plus à craindre ni mort ni nouvelles naissances ni chagrin.

*சோகவிகன்,P.சோகவிகன், (ருசம்,ika),chasseur. [கியம்.

*சோகவியம்,சோகாசியம்,P.சோக

*சோகாக்கினி,(சோகம்,அக்கினி) grand chagrin,feu de l'affliction.

சோகாக்கிறது,காத்தேன், காப்பேன்,கா,காக்க,v.n.s'affliger, s'attrister,se chagriner,se flétrir,se faner.

*சோகாபநோதன்,(சோகம், அபநோதம்),docteur spirituel, philosophe qui chasse les chagrins.

சோகாத்தல்,சோகாப்பு, n. v. de சோகாக்கிறது,chagrin, flétrissure.

*சோகாரி,(சோகம்,அரி),l'arbre கடம்பு,litt.l'ennemi du chagrin.

சோகி,1° coquillage qui sert de monnaie, cauris. 2° (P.யோகி), pl. சோகிகள்,சோகியர்,homme—,gens qui charment les serpens, guérissent de la morsure des serpens et de divers poisons et maladies et habitent généralement dans les lieux déserts,V.விஷவைத்தியன்.

சோகிக்கிறது,கித்தேன்,கிப்பேன், கி,கிக்க,v.n.(சோகம்),சோகித்தல்,n. v.se chagriner,s'affliger,se troubler, [être hors de soi.

சோகு,diable.

சோகை,(sôpha),leucophlegmatie, espèce de jaunisse,enflure, tumeur, —aqueuse:—சோகைகட்டவன் qui a cette maladie;—முகம்,—முஞ்சி face enflée,gonflée. [qui a la jaunisse.

சோகையன், (சோகை), homme

*சோங்கம்,(djôngaka),1° la racine odoriférante dite இச்சிலிக்கிழங்கு.2° V.அகில்.

சோங்கு, héron, jonque, navire long et léger,oubli,culasse de fusil, —de canon:—வெட்டு coup de culasse,—donné en sautant. [d'arbre.

*சோசகம், (tchôtcha, ka), écorce

*சோசம்,1° (tchôtcha), écorce. 2° (sôtcha),chagrin. [tchana),chagrin.

சோசனம்,1° oignon,ail.2°* (sô-

*சோசனக்கினி, சோசாக்கினி, (சோசனம்,சோசம்,அக்கினி),grand chagrin.

சோதியம்,P.சோதிடம், (djyoticha),astrologie, confection—,tirage d'horoscope.

சோதியன்,P.சோதிடன்,pl.சோதியர்,astrologue, faiseur d'almanac indien,tireur d'horoscope.

சோச்சி,(mot enfantin P.சோறு), riz cuit: —தின்கிறாயோபாப்பாக்குடிக்கிறாயோ manges-tu du riz ou bois-tu du lait? [me vil.

*சோச்சியகன்,(sôtchyaka), hom-

*சோஷம்,1° (djôcha),joie,plaisir, bonheur, corset, gilet. 2° (sôcha), dessèchement.

*சோஷணம்,(சோஷம்,na), action de sucer, dessèchement, langueur.

சோஷிக்கிறது,ஷித்தேன், ஷிப்பேன்,ஷி,ஷிக்க,v.n.(சோஷம்),சோஷித்தல்,n.v.défaillir, languir, dépérir, s'évanouir,se dessécher,se faner; அவனுக்கிரத்தமெல்லாஞ் சோஷித்துப்போயிற்று tout son sang s'est desséché.

*சோஷை,1° (djôchâ), femme. 2° (சோஷம்),défaillance,faiblesse (par maladie ou manque de nourriture):

—யடைகிறது,—யாயிருக்கிறது, *V.* சோஷிக்கிறது.

*சோடசம்,1° (chôdasa), seize. 2° (சோசம்), fibres d'écorce: சோடசசைவம் les 16 sectes des Sivénistes, savoir:ஊர்த்த—,அநாதி—, ஆதி—, மகா—,பேத—,அபேத—,அந்தர—, குண—, நிற்குண—, அத்துவா—, யோக—,ஞான—,அணுச்—, கிரியா—,நாதபாத—,சுத்தசைவம்; —முத்திரை les 16 marques ou cachets de la secte de Siven;—வுபசாரம் 16 espèces d'hommages ou d'offrandes des Indous à leurs dieux ou aux grands,savoir:தவிசளித்தல் présenter un siège; கைகழுநீர்தரல் donner de l'eau pour laver les mains;கால்கழுநீர்தரல் donner de l'eau pour laver les pieds;முகக்குடிநீர்தரல் *ou* ஆசமனநீர்தரல் donner de l'eau pour se laver le visage ou la bouche:நீராட்டல் baigner;ஆடைசாத்தல் vêtir; முப்புரிநூறரல் (நூல்தரல்) donner un triple cordon;தேய்வைபூசல் frotter de parfums; மலர்சாத்தல் orner d'une guirlande de fleurs; மஞ்சளரிசிதூவல் asperger de riz safrané: நறும்புகைகாட்டல் parfumer ou encenser; விளக்கிடல் présenter une lampe;கருப்பூரமேற்றல் *ou* கருப்பூரதிபமேத்தல் offrir du camphre ou du camphre et de la lumière: அமுதமேத்தல் offrir de la nourriture; அடைகாய்தரல், donner des achars; மந்திரமலரானருச்சித்தல், offrir des fleurs bénites. D'autres expriment plus brièvement ces offrandes ainsi: தூபம் de l'encens;தீபம் un flambeau; நிவேத்தியம் une offrande de nourriture;தாம்பூலம் du bétel; சந்தனம் du sandal;புஷ்பம் des fleurs; கருப்பூரம் du camphre; சலம் de l'eau:எண்ணெய் de l'huile etc..

*சோடசாவதானம், (சோடசம், அவதானம்),l'art de faire 16 choses à la fois. [sacrifices.

*சோடசி,(சோடசம்), un des 21

*சோடசோபசாரம்,(*id.* உபசாரம்), *V.* சோடசவுபசாரம்.

*சோடணம்,*P.*சோஷணம்.

*சோடம்,1° (tchôda),corset, gilet, jaquette.2° (sôdha), patience. 3° *P.* சோஷம். [resseux,niais,butor.

*சோடன்,(sôtha),homme vil, pa-

சோடிக்கிறது, டித்தேன், டிப்பேன்,டி,டிக்க,*v.a.*சோடித்தல்,*n.v.* orner,embellir,équiper,garnir,préparer,fabriquer, சோடித்துவைக்கிறது préparer,tenir tout prêt.

சோடிப்பு,சோடினை,*n.v.du préc.* décoration, embellissement, choses nécessaires pour l'embellisement, fourniture,apprêts,préparatifs,équipement: சோடிப்பாய்—, சோடிப்போடேவருகிறது venir avec pompe,—en grand équipage.

சோடு,*gén.*சோட்டின்,*obl.* சோட்டு,paire, couple, deux, le pareil, le semblable,paire de souliers,de pantoufles ou de sandales..., cotte de mailles,cuirasse,courriers:கழுத்துச்சோடு collier ou ornement pour le cou;சோடணிந்துசண்டைகொடுக்கிறது *ou* செய்கிறது combattre revêtu de sa cuirasse,—à force égale, —deux à deux; சோடாயிருக்கிறது être par paires,être apparié,— pareil,faire le pendant; சோடாகிறது s'apparier,devenir pareil; சோடாய்ப்போகிறது *ou* திரிகிறது aller par paires,de compagnie avec un autre, marcher deux à deux; சோடாய்வளர்கிறது croître également,—ensemble,— 2 par 2; சோடாய்வளர்க்கிறது élever ensemble, par couples; சோடுகட்டுகிறது apparier, réunir par couples,jouer à une espèce de jeu;—பிரியாமலிருக்கிறது être inséparable.—inséparablement uni;—காட்டுகிறது montrer un couple,— les futurs époux (pour examiner s'il y a des empêchemens);ஒரு—புறக்குஞ்சு une paire de pigeonneaux; செருப்புச் — போட்டுக்கொள்ளுகிறது mettre une paire de sandales; இதுக்குச்சோடில்லை ceci n'a point son pareil,— son pendant; இவன் சோட்டுப்பிள்ளை இங்கேயில்லை cet enfant n'a pas d'égal ici, — n'a personne pour faire son pendant;

சோடல்ல cela n'est pas pareil, ne fait pas un couple, ces 2 choses ou personnes ne sont pas proportionnées.

*சோகை, P. சோகைக், chagrin, découragement, dépérissement, chose dépérie. [bé, —recourbé au bout.

சோட்டா, —த்தடி, bâton recour-

சோட்டை, 1° grand—, désir. 2°. acc. de சோடு. [ணகம்.

*சோணகம், (சோணம், ka), V. சோ

சோணங்கி, (id. அங்கம்), et —நாய் chien rouge à longues oreilles.

*சோணம், (sòna), rouge, couleur rouge, cramoisi, vermillon, feu, le prétendu dieu du feu, sang, canne à sucre rouge, le Sòna (rivière qui se jette dans le Gange à l'ouest de Patna), la mer, ou சோணகிரி, — சைலம், V. சோணாசலம்; —நதி la rivière dite Sòna; —ரத்தினம் rubis.

*சோணகம், (சோணம், âka), l'arbre பெருவாகை.

*சோணாசலம், (id. அசலம்), la montagne rouge, i.e. திருவண்ணாமலை. [டு, le Tanjaour.

சோணாடு, contraction de சோழநாடு

சோணாடு, V. விருத்தம்.

*சோணிதம், (சோணம், ita), couleur rouge, cramoisi, sang, menstrues, safran: சோணிதபுரம் la ville rouge, —de Bânâsour, une des résidences des அசுரர்.

*சோணேசன், (சோணம், ஈசன்), le maître de சோணகிரி, i.e. Siven.

சோணை, lumière, splendeur, bout —, lobe de l'oreille, bord, proximité, nom d'une ville, —d'une montagne, le fleuve Sòna ou சோணம், le côté inférieur des feuilles du tabac et autres plantes semblables: - க்காது, —பெருத்தகாது larges lobes d'oreilles non percées.

*சோதகம், (sòdhaka), nombre à soustraire, —à ôter dans une soustraction, purification, nettoiement.

சோதகர், (id.), ceux qui purifient, les ancêtres —, les descendans jusqu'à la 7me génération.

*சோதகும்பம், (ச, உதம்), cruche d'eau pure.

*சோதம், (tchyôta), découler, dégoutter.

*சோதநியம், (sòdhanya), minuende, nombre dont il faut soustraire un autre chiffre.

*சோதரம், (ச, உதரம்), fraternité.

*சோதரன், சோதரியன், (id.), frère, —utérin. [rine.

*சோதரி, fém. du préc. sœur, — uté-

*சோதனம், (sòdhanâ), purification, nettoiement, correction, soustraction, raffinement des métaux, examen, recherche, perquisition, vitriol vert, —bleu.

*சோதனை, 1° (sòdhanâ), examen, recherche, perquisition, action de sonder, essai, visite des objets à la douane, visite qu'un roi déguisé fait de sa ville, suite de questions captieuses (des cours de justice), purification, nettoiement, correction, raffinement des métaux, épreuve, affliction, tentation, dimension, mesure, grandeur. 2° (tchôdanâ), ordre, commandement: — க்காரன் examinateur, perquisiteur, employé de la douane qui examine les objets et s'ils ont payé les droits, tentateur; — கொடுக்கிறது subir un examen, une perquisition; — க்கோல் sonde de médecin; —பார்க்கிறது, — பண்ணுகிறது examiner, faire l'examen, —la recherche; இந்தவருஷத்தெனக்கு வெகுசோதனைவந்தது cette année il m'est survenu beaucoup d'afflictions, —d'épreuves.

சோதா, (de சோதனை), épreuve, examen, recherche, enquête.

*சோதி, (djyôtis), 1° lumière, splendeur, étoile, soleil, feu, le dieu du feu, la 15me constellation nommée சுவா தி, Arcture. 2° la lumière par essence, Dieu, Seigneur, (et à tort) Arouguen, Siven, Vichnou, vermillon, camphre employé comme encens, ver de terre dit achée. 3° imp. de சோதிக்கிறது: —சக்கரம் le firmament, le ciel étoilé, le zodiaque; —சாஸ்திரம் l'astromonie; —நாயகன் le maître de la lumière, Dieu; —நிட்டம், (நிஷ்

சு,அடம்),la lumière qui nage,*i. e.* l'huître à perles;— நாள் la 15me constellation,Arcture;— நூல் l'astronomie,livre d'astronomie;— பிழம்பு lumière intense, Dieu;—மண்டலம் le firmament,le ciel étoilé:—மயம் splendeur, gloire,figure resplendissante, grande lumière, *V.* சோதியம்;—மயமேதி ver de terre, ver luisant;—மர,—மரம்,—விருட்சம் arbre qui brille la nuit;—மின்னல் éclairs brillans,(et surtout)éclairs qui paraissent au nord-est avant la mousson;—மின்னல்பார்க்கிறது regarder —,examiner ces éclairs, (on dit que des gens sur une barque s'en vont chaque année à quelque distance en mer dans cette intention);—ராத்திரி minuit; —ரூபம் éclat —,forme de la lumière, forme resplendissante;சோதிக்குட்சோதி, (உள்)lumière dans la lumière,*i.e.*Dieu; சோதிக்குன்மமணி,(உள்),perle.

சோதிக்கிறது,தித்தேன்,திப்பேன், தி,திக்க,*v.a.*சோதித்தல்,*n.v.ou* சோதித்துப்பார்க்கிறது,examiner, faire des recherches,des perquisitions,explorer,rechercher,sonder,scruter,essayer,tenter,épier:மனதைச்—,sonder la volonté;சோதித்தறிகிறது connaître par une exacte recher che.

*சோதிஷம்,சோதிடம்,(djyôticha), astronomie,astrologie, bon augure, horoscope:சோதிஷ *ou* சோதிடக்காரன் astrologue,astronome;— சாஸ்திரம்,—நூல் astronomie,astrologie, livre d'astronomie, —d'astrologie;—சாஸ்திரம்பார்க்கிறது examiner—, consulter les pronostics astrologiques;—சாஸ்திரி,—நூலோன் astronome,astrologue;—வாதம் astrologie,croyance à l'astrologie;— வாதி partisan de l'astrologie.

*சோதிஷன்,சோதிடன், *pl.* சோதிஷர்,சோதிடர்,(*id.*),astrologue, astronome.

*சோதிஷ்டம்,சோதிட்டம், (kchôdichta),chose très-petite.

*சோதிதம், 1° (sôdhita),différence de 2 nombres,reste de soustraction.2° (tchôdita), chose annoncée,—ordonnée,—destinée,—projetée.

சோதித்தல்,சோதிப்பு,*n.v.de* சோதிக்கிறது, examen, recherche, perquisition.

சோதிமா,*V.*சோதிமரம்.

சோதியம்,la graine amère et médicinale dite வாலுளுவை.

சோதிரம், சோதிஷிகம், *corr. de* சோதிடம். [தை.

*சோதனி,(sôdhani),balai,*V.*சோத்தை.

*சோதினர்,*P.*சோதனர்.

சோத்தி, *contraction de* சுழுத்தி, sommeil profond,temps où l'on dort profondément,de minuit à 3 heures, minuit.

*சோத்தியம், 1° (tchôdya), merveille,admiration,étonnement,question,demande,série de questions captieuses des tribunaux. 2° (sôdhya), chose examinée,—à examiner,pureté,propreté,erreur,somme à déduire, —constante à déduire dans certains comptes astronomiques.3° *V.* சோத்தி:—ஆயிருக்கிறது être étonnant,*ou* சோத்தியப்படுகிறது admirer,s'étonner.

*சோத்திரம்,(srôtra),oreille:சோத்திரசுகம் plaisir —,bien de l'oreille, mélodie.

சோத்திராதி,(சோத்திரம்,ஆதி),les sens de l'ouïe et les autres, *i.e.* les 5 sens.

*சோத்திரியம்,(srôtrya),ouïe,oreille:சோத்திரியவிந்திரியக்காட்சி nature—,perception du son,du sens de l'ouïe.

சோதிசி,*V.*குகை. [l'ouïe.

சோந்தை,empêchement, embarras,embrouillement, société,participation:—தீர்த்துப்போடுகிறது,சோந்தையைக்கழிக்கிறது ôter—, lever un empêchement;இந்தச்— தீர்த்துப்போ வா viens après avoir ôté cet obstacle.

*சோபகிருது,(சோபம்,krout *qui fait*),l'année embellissante, la 37me année du cycle indien, elle correspond à 1843:

*சோபம்,1° (sôbha),beauté,lumière,splendeur.2° *P.**க்ஷோபம் paresse,(un des effets du தாமசகுணம்), langueur, défaillance, évanouissement,trouble d'esprit.3° dix sextillions,callou ou jus de cocotier...: —அடைகிறது, — ஆகிறது s'évanouir,défaillir,s'affaiblir,languir;—ஆயிருக்கிறது, — கொண்டிருக்கிறது être évanoui,languissant;—தீர்கிறது, — தெளிகிறது l'évanouissement finir,revenir d'un évanouissement,reprendre ses sens; சோப்பிரகாசன் celui qui brille de sa propre lumière,— qui connait tout par son intelligence,Dieu. [indolence.

*சோபலம்,(சோபம், ல), paresse,

*சோபலாங்கி,(சோபலம்,அங்கம்), paresseux,indolent.

*சோபனம் ,(சோபம்,na), beauté, bon état, bien, santé, bien-être, plaisir, félicitation, louange, panégyrique, joie, fête,nénuphar, le 5me யோகம்: — கூறுகிறது annoncer une bonne nouvelle; சோபனகாரியம் chose agréable, nubilité d'une femme;சோபனப்பாட்டு hymne—, chant de louange,—de félicitation.

*சோபாதானம் (ச, உபாதானம்), première cause.

சோபாவிகை, ce qui flambe, foyer, buisson —, arbrisseau qui s'étend beaucoup, la plante அடம்பு.

*சோபானம், (sòpana), degré en pierre, escalier, varangue, larmier, bon augure, commodité, lieu commode.

சோபிக்கிறது, பித்தேன், பிப்பேன்,பி,பிக்க,v.n.(சோபம்),et சோபித்தல்,n. v. défaillir, s'évanouir, languir, se décourager, briller, être éclatant:சோபித்துக்கிடக்கிறது être étendu évanoui; — ப்போகிறது, s'évanouir, tomber en pamoison, défaillir.

*சோபிதம்,(sôbhita), rayon,ou

*சோபை,(sòbhâ), beauté, lumière. [défaillance, langueur.

சோப்பம், n. v. de சோப்புகிறது.

சோப்பறுதி, (சோப்பு, அறுதி), grande défaillance, dépérissement.

சோப்பி, 1° gér. de சோப்புகிறது. 2° V. சுச்சோப்பி.

சோப்பு,1° coup. 2° imp.et part.de சோப்புகிறது, ப்பினேன், ப்புவேன், ப்பு,க்ப, v. a. de சோம்புகிறது, et சோப்புதல், n. v. frapper, battre, faire dépérir,—languir.

*சோம், (sòma), adj. de சோமம் et de சோமன்: — கதி mouvement journalier de la lune;—க்கொடி drapeau qu'on arbore dans le sacrifice dit சோமம்; — சித்தாந்தம் secte de Sivénistes, espèce de rationalisme;—சுதை la prétendue fille de la lune, la rivière Nerbouddа; —சுந்தரன் un des Pandiers ou rois de Maduré, Siven;— சூரியவமிசம் race formée du mélange de celles de la lune et du soleil; — சூரியர் le soleil et la lune; — சூரியாக்கினி,(அக்கினி), la lune, le soleil et le feu;— சேகரன் un des Pandiers ou rois de Maduré, celui qui est censé porter la lune sur sa tête, i.e.Siven; —தரி (même sens), Siven, sel de roche;—தாரை la route de la lune, le firmament, l'air; —நாதன் V. சோமேசன்; — நாதி espèce d'assafétida;—பந்து l'ami de la lune,i.e. le nénuphar blanc qui s'ouvre la nuit;—பானம் boisson enivrante,—du jus de l'asclepias acida (dont les brames usent dans certains sacrifices);—பு Boudhen fils de Sandiren; — மணல் sable blanc comme la lune, qui contient de l'argent;— மண்டலம் orbite de la lune;— யாகம் sacrifice qu'on fait à la pleine lune, —où l'on boit le jus de l'asclepias acida; — விங்கன், V. சோமநரணி யோகரன்; — வமிசம் la race de la lune;—வல்லி la plante சீந்தில்;— வல்லரி la plante பொன்றுங்காணி;—வாரம் le jour de la lune, le lundi; —விக்கிரயி vendeur de jus d'asclepias acida; — விருக்ஷம் nom d'une plante médicinale et d'un arbrisseau.

*சோமம்,(sôma), la plante sôma, asclepias acida ou sarcostema viminalis,jus de cette plante,(les brames en boivent dans leurs sacrifices),eau de riz, cange, callou, liqueur enivrante, nom d'un sacrifice, ciel, firmament. [tion.

சோமவல்லுக்கம், le teck, vénéra-

சோமன்,1° sômen,toile de 6 à 12 coudées que portent les hommes autour des reins, toile. 2° (sôma),la lune, Sandiren, Sômen (l'un des 8 Vassous), un des hommes célèbres par leur générosité, Siven,Yamen, Boudhen Koubêren, camphre, —cru, ambroisie, vent, air, montagne, savon, l'arsenic préparé நிலபாஷாணம்: சோமனுப்பு sel de roche; — கட்டுகிறது s'attacher sa toile autour des reins;— சரம்பு, — மடி pièce de toile tissue en plusieurs sômens; —சோடு paire de sômens, (un qu'on porte sur la peau et l'autre par-dessus.

*சோமாக்கியம், (சோமம், ஆக்கியம்),nénuphar,—rouge.

*சோமயாசி, (sômayâdji),sacrificateur qui boit du jus d'asclepias acida.

*சோமாரணியம், (சோமன்,ஆரணியம்), la forêt de la lune, — de Sômen: சோமாரணியேசுரன் le maître de cette forêt,i.e. சோமலிங்கன்.

சோமாறுகிறது, சோமாற்று,P. சோர்மாறுகிறது,சோர்மாற்று.

*சோமிகயாகம், (சோமன், ika), sacrifice qu'on fait à la pleine lune.

சோமுகன், (சோ), nom d'un அசுரன்.

*சோமேசன், (சோமன், ஈசன்), le prétendu seigneur de la lune,i.e. Siven.

சோம்பனை,V. சோம்பறை.[டை.

சோம்பலம், V. சொரான்கொட்-

சோம்பல், opt. et n.v.de சோம்புகிறது, paresse, nonchalance,lenteur, engourdissement, lamentation, pleurs, petite vérole, V. சேங்கொட்டை: — அகற்றுகிறது chasser la paresse;—ஆட்டம் paresse; — ஆளி paresseux;—த்தனம் paresse, indolence; — முறிக்கிறது s'étendre en bâillant (pour dissiper l'engourdissement),சோம்பற்காரன் paresseux.

சோம்பறை, (சோம்பு), paresse, indolence, lâcheté, affliction.

சோம்பன், pl. சோம்பர், (சோம்பு), paresseux, fainéant: சோம்பரென்பவர்தேம்பித்திரிவர் les paresseux languissent en rôdant çà et là.

சோம்பி, 1° fém. du préc., paresseuse. 2° P. சோம்பன். 3° gér. de சோம்புகிறது.

சோம்பு,1° paresse, lenteur, nonchalance, affliction, lamentation, pleurs, graine d'anis, pimpinella anisum,V.பெருஞ்சீரகம்: — த்தனம் paresse. 2° imp. et part. de

சோம்புகிறது, பினேன், புவேன், பு,ப,v.n.,(சோம்பு),சோம்புதல், n. v. être paresseux, lâche, nonchalant, lent, engourdi, agir nonchalamment, languir, dépérir, se flétrir, faire avec répugnance: சோம்பித்திரிகிறது flâner, rôder par paresse, être indolent;— த்திரியேல் ne flânez pas, ne soyez pas paresseux; — ப்போகிறது devenir paresseux, languissant, lâche.

சோம்பேறி, 1° (சோம்பு, ஏறி), paresseux. 2° minéral qui dissout l'or: — த்தனம் paresse, nonchalance.

சோம்வு,P.சோர்வு.

சோர, 1° adj. de சோரம் et சோரன். 2° inf. de சோருகிறது.

*சோரகன், (சோரம்,ka), voleur.

*சோரணம், (tchhôrana), abandon.

*சோரம்,1° (tchôra), vol, pillage, larcin, (et par figure), adultère,fornication. 2° une des 32 espèces d'arsenics préparés: — ஆய்த்திரிகிறது mener une vie déréglée, hanter les mauvaises maisons, vivre en coureuse;— இடுகிறது piller, enlever; — போகிறது être volé, s'égarer, faillir, se laisser corrompre, être déflorée, aller s'abandonner au désordre; சோரகவி plagiat, vers volés à un autre et donnés comme siens, poète coupable de plagiat; — க்கண்டு scarabée noir; — க்காளன் li-

bertin, débauché, adultère;—சத்து மெ mercure sublimé qui sert d'antidote au சோரபாஷாணம்;— ஸ்திரி, —ஸ்திரீ,— த்திரீ femme adultère, — débauchée,prostituée;— த்தனம், — த்துவம் penchant au vol,libertinage, débauche;— த்திரவியம் objet volé, —pillé;— நாசம்,— பஞ்சதம் perte causée par les voleurs; — பயம் crainte des voleurs; — பாஷாணம் un de arsenics composés; — பேதி l'arsenic naturel அஞ்சனபாஷாணம்;—புத்திரன் fils adultérin, bâtard; — புத்திரி bâtarde ;— புருஷன் adultère,concubinaire, mari illégitime;—புஷ்பம் l'arbre பிச்சுவிளாத்தி;—ப்பார்வை regard lascif; — மார்க்கம் conduite déréglée, concubinage, prostitution, libertinage.

சோரல், *opt.et n. v. de* சோருகிறது,évanouissement, desséchement, relâchement,se faner...

*சோரன், *pl.* சோரர்,1° (tchôra), voleur. 2° agneau, une des prétendues divinités d'une année.

சோரராவரி, *P.* சோரர்வரி, butin,pillage. [சேருப்படை.

சோரி,sang, pluie, la plante திரு

*சோரிகை,(சோரம்,ikâ),vol, larcin.

சோருகிறது *ou* சோர்கிறது,ர்ந்தேன்,ருவேன் *ou* ர்வேன்,ரு *ou* ர்,ர,*n.v. ou* சோர்ந்துபோகிறது,languir,défaillir, s'évanouir,tomber,—de faiblesse, de fatigue, de langueur; en syncope,s'affaiblir,se ralentir,devenir lâche,engourdi,lourd,dépérir, se faner,se flétrir,se dessécher, glisser, s'échapper, s'écouler, s'égarer, l'esprit se troubler,—se déranger,devenir fou d'amour: சோர்ந்துகிடக்கிறது être tombé en défaillance, être épuisé, languir (de faim,de fatigue, de tristesse),se déranger;—தவிக்கிறது languir—,dépérir de besoin;சோரப்போடுகிறது mettre sécher,différer: சோரவிடுகிறது lâcher, laisser échapper,— défaillir,—se ralentir, différer, remettre; ஒருவனைக்கை சோரவிடுகிறது abandonner quelqu'un.

சோருதல்,சோர்தல்,*n. v. du préc.*

சோர்,1° *imp. et part. du même.*2° *V.*சோர்வு;—மாறுகிறது abandonner, délaisser, laisser tomber;—மாற்று abandon, relâchement.

சோர்க்கி,*n.v.du même*,défaillance, relâchement, épuisement, chagrin, oubli.

சோர்த்தல்,piller,enlever.

சோர்பு,*n.v. de* சோருகிறது, tristesse,lassitude, défaillance.

சோர்வாதம், (சோர்),nom d'une maladie.

சோர்வு,1° *n. v. de* சோருகிறது, épuisement, défaillance, lassitude, langueur, paresse, abattement, relâchement, desserrement, desséchement, flétrissure, dépérissement, oubli,confusion d'esprit,égarement, abandon. 2° (சோரம்), vol, libertinage, débauche, corruption: சோர்வாய்ப்போகிறது se perdre, périr, disparaître.

சோலர், *V.* சோலர்.

சோலி,1° affaire, occupation,travail, embarras, difficulté, tracas.2°* (tchôli), courte jaquette, corset:—தீருகிறது, — யற்றுப்போகிறது une occupation—,un embarras cesser;—யாய்த்திரிகிறது aller pour affaire, être affairé, occupé; — யில்லை il n'y a pas d'embarras, de difficulté, — d'occupation; ஒர்சோலியிலேஅகப்பட்டு *ou* ஒலேயிட்டுக்கொள்ளுகிறது s'engager—,se mêler—,s'embarquer dans une affaire,—dans un embarras; அவன்சோலிக்குப் போகாதே ne te mêle pas de ses affaires;எந்தச்சோலியும்வேண்டாம் il ne faut avoir aucun tracas; எனக்கேன்இந்தச்சோலி pourquoi ai-je ce tracas,— cet embarras? ஒருசோலியுமில்லாமலிருக்கிறது être sans occupation,sans embarras.

சோலை, bosquet, bocage, verger, lieu planté d'arbres: — வைக்கிறது planter un bosquet, (ce qui est un des 32 actes de charité);—மலை nom d'une montagne, une des 108 places consacrées à Vichnou, Alagarmaley.

(près de Maduré, une des 6 places consacrées à Soupramanien).

*சோவை, V. சோலை.

சோழகம், sud, vent du sud: சோழகக்கச்சான் sud-ouest, vent du sud-ouest; —க்கொண்டல் sud-est, vent du sud-est.

சோழம்பாஷாணம், espèce d'ar[senic.

சோழங்கன், (சோழம், அங்கம்), V. சோழன்.

*சோழம், (tchòla), [le Tchòla ou Sòja, (aujourd'hui) le Tanjaour, un des 56 pays connus des Indiens, qui s'étend le long d'une partie de la côte est de la presqu'île. C'est le Paralia Soretanum de Ptolémée. La 1re capitale de ce pays fut உறையூர் et ensuite தஞ்சையூர்: சோழதேசம், —தேயம், — நாடு, — மண்டலம் le Tchòla ou le Tanjaour, la côte de Coromandel, (nom corrompu de சோழமண்டலம்).

*சோழன், pl. சோழர், (id.), Sòjen un des 3 rois et une des 3 dynasties du pays tamoul, titre héréditaire des anciens rois du சோழதேசம்; leur cheval se nommait கோரம்; sur leur bannière était représenté un tigre; leur guirlande était de fleurs de l'arbre ஆத்தி. Ils se prétendaient de la race du soleil, i.e. de சூரியன்; par des canaux qui répandent au loin l'eau du Cavéri ils ont rendu leur pays très-fertile.

சோழியன், pl. சோழியர், (சோழம்), habitans du pays Soja, i.e. de la côte de Coromandel, sorte de Vellagers, de cultivateurs, V. மண்வெட்டி: சோழியக்கடகம் instrument pour enlever de la terre, corbeille, panier; —ப்பார்ப்பார் brames du pays susdit, (ils portent le குடுமி sur le devant de la tête); —வெள்ளாழர் ou வேளாளர் Vellages Sòjiers, i. e. du pays susdit.

சோழியவணம், சோழியாவணம், (சோழியன், அவணம்), 20,000 noix d'arec, (terme usité à la côte de Coromandel).

சோளகம், P. சௌளம், cérémonie de faire le குடுமி à l'âge de 3 ans, V. சௌளம்.

சோளம், sòlam, espèce de céréale, (la plante ou le grain) holcus saccharatus, l'arbrisseau இசங்கு monetia: சோளக்கதிர் épi de sòlam; —த்தட்டு, —த்தட்டை tige de sòlam; —ச்சோறு sòlam cuit.

சோளாகு, espèce de bourse.

சோளன், P. சோளம்.

சோளி, சோளிகை, poche, besace: bissac, sac de mendiant, corbeille: ஒன்று மாளிகைக்காரராயிருக்கவேணும் ஒன்று சோளிகைக்காரராயிருக்கவேணும் l'on doit habiter un palais ou bien porter la besace, (proverbe pour dire qu'il doit y avoir des riches et des pauvres).

சோறு, gén. சோற்றின், obl. சோற்று, riz —, grain cuit, (il se dit surtout du riz, mais aussi des autres grains cuits comme le riz, v. g. le கம்பு, le சோளம், le வரகு), moelle ou partie tendre des arbres (comme du cocotier, du palmier, de l'aloès), nid ou ruche de fourmis blanches dites cariahs, pollen des fleurs, la 2me constellation dite பரணி, V. புற்றுச் சோறு: சோறாகுகிறது le riz...cuire; சோறாக்குகிறது faire cuire le riz...; சோறாக்கப்போ va faire cuire le riz; சோறிடுகிறது donner—, servir du riz cuit; சோறூட்டுகிறது donner du riz à manger; சோறூட்டு en faire manger, sevrage, V. அன்னப்பிராசனம்; சோறுகொல்லி, glouton, litt. tueur de riz cuit, vitriol vert; —குழைந்துபோகிறது le riz être trop cuit, —comme du mortier; —சமைக்கிறது faire cuire le riz...; —போடுகிறது donner—, servir du riz... cuit; சோறுங் கூறையுங் கொடுக்கிறது donner la nourriture et le vètement; சோறுண்ணக் கூப்பிடுகிறது inviter à manger (du riz...); சோற்றுலெடுத்தசுவர் le mur élevé par le riz i.e. le corps; சோற்றுக்குலை, (உலை), pot rempli d'eau et mis sur le feu pour cuire le riz...; சோற்றுக்குச்சாகிறது être très-affamé, avoir une grande envie de manger du riz.

சோற்றகப்பை, (சோற்று, obl.),

cuillère au riz cuit, (pour remuer le riz qui cuit ou le servir).

சோற்றலகு, (*id.*), couloir d'osier pour faire égoutter le riz.

சோற்றுவாத்தி, (*id.*), cérémonie superstitieuse de l'ஆவாத்தி faite avec du riz cuit.

சோற்றி, (*id.*), moelle d'arbre, ce qui n'est pas dur, ce qui n'a pas de partie dure.

சோற்றிலை, (*id.*), feuilles qui ont de la moelle, *i. e.* feuilles de கற்று ழை.

சோற்றிறக்கம், (*id.*), descente du riz dans l'estomac: — இல்லை le riz ne peut pas descendre, (le malade) ne peut pas manger.

சோற்று, *obl. de* **சோறு**: — க்கடன் obligation—, service pour nourriture reçue; — க்கற்றலை espèce de poisson dit johnius très-tendre; — க் காரன், — க்காரி gourmand, glouton, gloutonne, personne qui sert pour sa nourriture; — க்கூடை corbeille pour servir le riz à plusieurs personnes; — க்கை main du riz (qui sert à le prendre et à le manger), *i.e.* la main droite; — ச்சட்டி casserole —, plat de terre pour faire refroidir le riz cuit; — த்தட்டு couloir d'osier qui sert à faire écouler l'eau du riz cuit; — த்துருத்தி le sac du riz, *i.e.* l'estomac; — ப்பதம் temps où les fruits doivent mûrir; — ப்பாளையம் le camp où le riz cuit, partie du camp où on le fait cuire et où sont les bagages et les serviteurs; — ப்பானை pot au riz cuit, pot à cuire le riz; — ப்பை sac au riz cuit, *i.e.* l'estomac; — மரம் arbre à moelle, — tendre, — non mûr, ou sans partie dure; — மாடு bête —, fainéant qui ne fait que manger; — மாப்பிள்ளை mari pour le riz, jeune homme pauvre qui épouse une fille riche et vit chez elle.

சோனகத்தி, *fém. de* **சோனகன்**.

சோனகம், un des 56 pays connus des Indiens et qu'on croit être l'Arabie, la langue de ce pays, l'arabe.

சோனகன், *pl.* **சோனகர்**, (சோனகம்), Sônaguen, mahométan, — de basse caste, musulman Indien, Choulias: சோனகமாப்பிள்ளை mahométan de la côte malabare.

சோனை, *obl. de* **சோனை**: — மாரி, — வாரி grande pluie, pluie continuelle; — மேகம் nuage très-étendu, — qui donne ou porte une forte pluie.

சோனை, (ச, உஷ்ணம்), pluie, — continuelle, brouillard épais et humide, profusion, la 22me constellation, dite திருவோணம்: — பெய்தல் une pluie continuelle tomber (dans les montagnes et s'étendre aux pays voisins): — ப்பெய்ச்சல் pluie continuelle; — ப்புல் l'herbe dite அக்கசேதவி; — மழை grande pluie.

***சோன்மதன்**, **சோன்மாதன்**, (ச, உன்மதன்), fou, insensé.

சௌ, lettre syllabique composée de ச et de ஔ, saou.

☞ Au lieu de **சௌ** on écrit souvent சவு. En conséquence cherchez à la suite de சவு les mots commençant par **சௌ** qui ne se trouveraient pas ici.

***சௌகத்திகன்** (சுகம், soupti *sommeil*, ka), *V.* வைதாளிகன்.

***சௌகதன்**, (சுகதன்), disciple de சுகதன், riéniste, sceptique, athée, hérétique, bouddhiste.

***சௌகதிகம்**, (சுகதன், ika), scepticisme, doute.

***சௌகந்தகம்**, (சுகந்தம், ka), bonne odeur.

***சௌகந்தி**, (சுகந்தம்), l'arsenic naturel கந்தகபாஷாணம்

***சௌகந்திகம்**, (சுகந்தம், ika), nénuphar blanc.

***சௌகந்தியம்**, (சுகந்தம், ya), bonne odeur.

***சௌகம்**, (சுகம்), troupe de perroquets, perroquet, chagrin.

***சௌகரியம்**, 1° (saoukarya, *de* சு, கரன்), facilité (à faire quelque chose). 2° *P.* சௌக்கியம்.

***சௌகார்த்தியம்**, **சௌகார்த்தகம்**, **சௌகார்த்தம்**, **சௌகார்த்தியம்**, **சௌஹிருதம்**, **சௌஹிருத்தியம்**, (saouhârdya, —hârdda, ka, —hrouda, — broudya, *de* சு *bon*, hroud *cœur*), amitié.

***சௌகுமாரியம்**, (சு, குமாரன்), jeunesse, délicatesse, tendreté.

சௌக்கி, V. சவுக்கி.

*சௌக்கியஸ்திதன், (சௌக்கியம், stha *qui se tient*), bien-portant.

*சௌக்கியம்,(சுகம்,ya),bonne—, santé, bon état, aise, agrément,commodité,plaisir,bonheur,agréable—, belle situation, soulagement:— உள்ள,—ஆன bien portant, à l'aise, salubre, commode,agréable, heureux: —ஆயிருக்கிறது être bien, — bien-portant...; சௌக்கியகாலம் temps de prospérité, de santé; சௌக்கியத்தையடைந்திருக்கிறது être bien, dans la prospérité, en bonne santé; ஆத்தும—, bien —, santé de l'âme; அவ்விடத்துக்கு இவ்விடஞ்சௌக்கியம் ce lieu-ci est plus salubre, plus commode ou plus salutaire que celui-là.

*சௌசம்,(சுசி, a), nettoiement, purification,netteté,propreté, action de se laver après les nécessités: சௌசவறை,(அறை),latrines;— விதி règles de propreté, — de purification indoue (après un enterrement etc...)

*சௌசன்னியம், (சு,சனம்,ya), amitié, familiarité, amour,compassion,bonté. [bon,affable.

*சௌசன்னியன்,(*id.*),ami,homme

*சௌசாசாரம்,(சௌசம்,ஆசாரம்),règle de propreté, manière de se purifier après les besoins naturels ou autres impuretés légales.

*சௌசி,சௌசிகன்,(சூசி,ka),tailleur. [blanchisseur.

*சௌசேயன், (சுசி, èya *affixe*),

*சௌடீரம், சௌடீரியம், (saoutîra,ya),bravoure,héroïsme,fierté.

*சௌண்டரியம்,(saoundarya), V. சௌண்டிரம்.

*சௌண்டி, 1° (saoundi), poivre long. 2° espèce de mânes: —காரணம் espèce de sacrifice aux mânes.

*சௌண்டிகன்,*pl.*சௌண்டிகர், (சண்டை,ika),vendeur de callou ou toddi. [arrogance.

*சௌண்டிரம்,(saoundira),fierté,

*சௌதம்,(saoudha),place, palais, argent, bon marché,bas prix,V. சாலை. [d'un métier).

சௌதரி,(*ind.*), chef (d'un trafic,

சௌதரிக்கிறது,V.சவுதரிக்கிறது.

சௌதாகிரி, (*ind.*), marchand de chevaux:—க்குதிரை cheval à vendre.

*சௌதாமினி,(saoudâmini),éclair, une prétendue nymphe du Souvarkam.

*சௌதாயம்,(சு,தாயம்), don, — spécial, présent, — de noces, pari, gageure, prix, objet gagné par une gageure. [sent nuptial.

*சௌதாயிகம்,(*id.* ika), dot,pré-

சௌத்தி,P.சதுர்த்தி, le 4me jour de la lune.

*சௌத்திரன்,(சூத்திரன்),soudra, choutre,—né d'un père des 3 premières castes et d'une choutresse.

சௌத்திராமணி,un des 21 sacrifices. [டபாஷாணம்.

சௌந்தம்,l'arsenic naturel கந்த

*சௌந்தரம், (சுந்தரம்), beauté: சௌந்தரமுகம் beau visage épanoui:—லகிரி livre contenant des prières et des louanges à Satti ou à Parvadi et fort estimé des Sivénistes.

*சௌந்தரன், (*id.*), bel homme, Siven. [femme, Parvadi.

*சௌந்தரி,(*id.*),*fém. du préc.*belle

*சௌந்தரிகம், சௌந்தரியம்,(*id.* ya), beauté: சௌந்தரியமுகம் beau visage, air joyeux; — ரூபாளவன் homme joli, de belle contenance.

*சௌந்தரியன்,(*id.*), bel homme.

*சௌந்தரியவதி,(*id.* வதி), *fem. du préc.* belle femme.

*சௌந்தரேசன்,(சௌந்தரம், ஈசன்),le seigneur de la beauté,Siven

*சௌபஞ்சனம்,சௌபாஞ்சனம், (saoubhândjana),l'arbre hyperanthera morunga,le முருங்கை ordinaire, la plante புனல்முருங்கை.

*சௌபத்திரன்,சௌபத்திரேயன், (சுபத்திரை), அபிமன்னியு fils d'அருச்சுனன் et de சுபத்திரை.

*சௌபம்,(saoubha),la ville fabuleuse d'அரிச்சந்திரன், (suspendue avec lui dans l'air).

*சௌபர்ணம், (சு,பர்ணம்), gingembre sec, émeraude,

*சௌபாக்கியம், (சு), bon succès,

réussite, bonheur, richesses, le 4me des யோகம்.

*சௌபிகன், (saoubhika), jongleur, magicien, enchanteur.

*சௌமனசியம், (சு, மனசு, ya), jouissance, satisfaction, plénitude.

சௌமன், (சோமன்), Boudhen ou புதன், fils de Sandiren. [jeunesse.

சௌமாரம், P. சௌகுமாரியம்,

*சௌமிகம், (சோமன், ika), V. சோமியாகம்.

*சௌமித்திரன், (சுமித்திரை), le fils de Soumittirei, *i.e.* Lakchoumanen.

*சௌமித்திரை, P. சுமித்திரை.

*சௌமியம், (சோமன், ya), *ou* சௌமியத்துவம், beauté, patience, douceur, modestie, retenue, gentillesse; சௌமியதாது phlegme, humeur phlegmatique; சௌமிய, ou — வருஷம் la 43me année du cycle indien, qui correspond à 1849

*சௌமியன், (*id.*), homme doux, tranquille, Boudhen *ou* புதன், Arouguen, un des 11 உருத்திரர்; *pl.* சௌமியர் sages, ermites, gens doux. [or.

*சௌமேசகம், (saoumêtchaka),

*சௌமேருகம், (சுமேரு, ka), or.

*சௌரகன், (சௌரம், ka,) barbier. [odeur.

*சௌரபம், (saourabha), bonne —,

*சௌரம், 1° (சூரன்), chose qui a rapport au soleil, jour, — solaire, mois solaire, valeur, un des 18 pouranas inférieurs. 2° (kchaoura), action de raser: சௌர solaire; — ஆண்டு année solaire; — மாதம் mois solaire; — மானம் mois —, calcul solaire, — réglé sur la marche du

*சௌரவம், P. சௌரபம். [soleil.

*சௌரன், (சூரன்), le soleil, Saturne. 2° (சோரன்), voleur.

*சௌராடி, சௌராட்டிரம், சௌராஷ்டிரம், (சுராஷ்டிரம்), récitatif, espèce de ton, de mesure poétique et musicale dans la récitation.

*சௌரி, (சூரன்), Sani ou Saturne, Vichnou ou Krichna, le roi கர்ணன் prétendu fils du soleil, le faucon கருடன், Yamen le Pluton indien, Saouri, femme du soleil, Dourgâ ou துர்க்கை.

*சௌரிகம், (சுரன், ika), paradis, la prétendue demeure des சுரர்.

*சௌரிகன், (சுரா, ika), vendeur de callou. [cin.

*சௌரிகை, (சோரம், ika), vol, lar-

*சௌரியம், 1° (சூரம், ya), valeur, héroisme, bravoure, prouesse, force. 2° (சோரம், ya), larcin, vol: சௌரியப்பிரதாபம் gloire militaire, magnificence royale. [brave, homme fort.

*சௌரியவான், (சௌரியம்), héros,

*சௌரியன், (*id.*), le roi கர்ணன், Saourien, géant ou அசுரன் tué par Soupramanien, V. சௌரியவான்.

*சௌரியார்ச்சிதம், சௌரியோபார்ச்சிதம், (சௌரியம், உப, அருச்சிதம்), butin, objet acquis par la valeur, par la vol. [nance.

*சௌவம், (saouva), édit, ordon-

*சௌவிதன், (சு, vida *qui connait*), surveillant du sérail, de l'appartement des femmes, eunuque.

*சௌவீரம், (saouvîra), jujube, antimoine, eau de riz aigrie, V. சவ்

சௌவு, V. சவ்வு. [வீரம்.

*சௌளகம், சௌளம், (tchaoula, ka), action de raser (la tête): சௌளகருமம் cérémonie de raser la tête, (à un enfant de 3 ans), en laissant seulement le குடுமி.

*சௌளகன், (*id.*), barbier.

*சௌனகன், (saounaka), Saounaguen richi ou législateur plus ancien que Manou. [ம்.

சௌனகீயம், un des 32 உபநிஷத

*சௌனந்தம், (Saounanda), massue.

*சௌனந்தி, (*id.*i), celui qui est armé d'une massue, *i.e.* Balaramen.

*சௌனிகன், (சூனன், ika), boucher, vendeur de viande.

ஶ

ஶ est la première sifflante de l'alphabet sanscrit; elle est remplacée en tamoul par ச, quand elle vient devant une voyelle; *Ex.* சரணம், P. ஶரணம் protection. Généralement elle ne conserve sa forme que devant les consonnes; et encore le plus souvent les mots commençant par ஶ insèrent les voyelles இ ou உ entre cette lettre et la consonne suivante ou suppriment entièrement ஶ,comme மசானம், P. ஶ்மஶானம் cimetière; சிறீ. P. ஶ்ரீ, fortune; சுலோகம், P. ஶ்லோகம் distique sanscrit. Quelques Indianistes dans la transcription des mots sanscrits remplacent ஶ par ç, comme Çiven pour Siven, çâstra pour sâstra,et ils réservent la lettre s pour représenter la 3me sifflante

ஶ்மசானம்,V.ஸ்மசானம். [ஸ்.
ஶ்மரணம்,V. ஸ்மரணம்.
ஶ்மரிக்கிறது,P.ஸ்மரிக்கிறது.

ஶ்யாமம்,(syâma,*on écrit généralement* சாமம்),couleur noire,—verte.

*ஶ்ர lettre composée de ஶ et de ர,sr. Si la voyelle suivante est அ, ஆ,ou ஏ,on les ecrit ainsi que ஶ்ர par சிர,சிரா,சிரே, comme சிரவணம்,P.ஶ்ரவணம் sravana; சிராத்தம், P.ஶ்ராத்தம் srâddha et சிரேஷ்டம், P.ஶ்ரேஷ்டம்,srêchtha; si la voyelle qui suit ஶ்ர est உ ou ஓ,on écrit சுரு, சுரோ,comme சுருதி, சுரோத்திரம், P.srouti,srôtra.

ஶ்ரீ, lettre composée de ஶ et de ரீ srì,et qui se remplace généralement par சிறீ. Aussi voyez au mot சிறீ cette lettre et tous ses composés qui sont nombreux. Quelquefois pour ஶ்ரீ,on met aussi ஸ்ரீ par abréviation.

*ஶ்லேஷை, ஶ்லேஷ்மம்,V. சிலேடை,சிலேட்டுமம்.

*ஶ்லோகம்,V,சுலோகம்.

*ஶ்வாசம்,ஶ்வானம்,V.சுவாசம், சுவானம்.

*ஶ்வேதம்,(svêta),blanc,blancheur, V.சுவேதம்.Dans le sens de sueur சுவேதம் vient de ஸ்வேதம், svêda.

ஷ

ஷ, seconde sifflante de l'alphabet sanscrit, se prononce comme ch français. Au commencement des mots elle est remplacée en tamoul par ச. Dans l'intérieur des mots elle conserve sa propre figure ou se change en ட; ce qui a toujours lieu en vers. *Ex.* chach, *six*, சட்டு ou சட். [ம்),6 forêts,V.ஆறுகாடு.

*ஷடாரணியம்,(chach, ஆரணிய
*ஷட்விம்சகம்,V.சட்விம்சகம்.
*ஷோடசம்,V.சோடசம்,seize.

ஸ

ஸ, 3me sifflante du sanscrit; est remplacée par ச quand elle vient devant une voyelle, et ne conserve cette forme que devant les consonnes; en outre, dans le haut tamoul cette lettre se supprime quand elle est initiale, et se change en la suivante dans l'intérieur des mots.*Ex.* தலம்,P.ஸ்தலம்,place; கந்தன்,P. ஸ்கந்தன், Soupramanien; சாத்திரம்,P.சாஸ்திரம்,science. En conséquence cherchez par ச, ou par la consonne qui suit ஸ்,les mots qu'on ne trouve pas ici. [ந்தன்.

*ஸ்கந்த,*obl.de* ஸ்கந்தம் *et de* ஸ்க

*ஸ்கந்தம், (skandha), section *ou* chapitre;surtout du Bhagavadam,V. கந்தம் 3°.

*ஸ்கந்தன்,(skanda),Skanden,*i.e.* சுப்பிரமணியன்: ஸ்கந்தபுராணம் V.ஸ்காந்தம்;— மலை montagne à 5 milles sud de Maduré au pied de laquelle est en temple de Soupramanien,V.சாமிமலை.

*ஸ்கலனம், ஸ்கலிதம்,(skhalana, —lita),flux, écoulement, pollution nocturne involontaire, chute, glissade,menstrues,V. கலனம்.

*ஸ்காந்தம்,(ஸ்கந்தன்), légende de ஸ்கந்தன்,un des 18 Pouranas.

*ஸ்தண்டிலம், (sthandila), élévation de terre en carré pour un sacrifice,திண்ணை autour des maisons.

*ஸ்தபதி,(sthapati), *pl.*ஸ்தபதியர், charpentier,artisan.

*ஸ்தம்பம்,(stambha), 1° colonne, pilier,poteau, — pour attacher les éléphans, soutien, appui, se tenir. 2° *ou*

*ஸ்தம்பனம்,(ஸ்தம்பம், na), suspension—,suppression d'une faculté par la magie, empêchement—, immobilité—,insensibilité magique,

— causée par la magie, fascination, enchantement, magie, art d'arrêter, de rendre immobile, un des அஷ்ட கருமம்; ஸ்தம்பனக்குளிகை pilule magique qui (au dire des Indous) rend le corps invulnérable, — impénétrable; — த்தொழில், — வித்தை l'art de la magie; — க்காரன், — வித்தைக்காரன் magicien, enchanteur.

ஸ்தம்பிக்கிறது, பித்தேன், பிப்பேன், பி, பிக்க, (ஸ்தம்பம்), 1° *v. n.* s'arrêter, devenir perclus, paralysé. 2° *v.a. ou* ஸ்தம்பிக்கப்பண்ணுகிறது, paralyser, priver de tout mouvement, arrêter, obstruer, fasciner, empêcher, rendre immobile, stupéfait: ஸ்தம்பித்துநிற்கிறது s'arrêter, se tenir immobile.

ஸ்தம்பித்தல், ஸ்தம்பிப்பு, *n. v. du préc.* suppression (de l'haleine, de la respiration, du mouvement etc...) fascination.

*ஸ்தலம், (sthala), lieu, place, siége, lieu sacré, — de pélerinage: ஸ்தலத்தோறும், ஸ்தலங்கடோறும் tous les lieux, — pays ou villages; ஸ்தலசுத்தி, — புனிதம் pureté —, sainteté d'un lieu; — தரிசனம் visite —, vue d'un lieu sacré; — புராணம் légende particulière d'un lieu de pélerinage; — பேதம் différence de lieu, changement d'air, — de climat; — மகிமை, — விசேஷம் gloire d'un lieu, particularité qui le distingue.

ஸ்தலத்தார், (ஸ்தலம்), habitans d'un lieu, — d'un lieu sacré.

*ஸ்தவம், (stava), louange, éloge, panégyrique.

*ஸ்தனம், (stana), *ou* ஸ்தனபாரம், — மண்டலம், sein (de femme), mamelle, poitrine; — நுனி, — முகம், — விருந்தம் *ou* [mamelon, téton.

*ஸ்தனாக்கிரம், (ஸ்தனம், அக்கிரம்),

*ஸ்தன், (stha), qui se tient, qui est, (à la fin des mots composés): *ex.* வியாதிஸ்தன் malade. [lait de femme.

*ஸ்தன்னியம், (ஸ்தனம், ya), lait,

*ஸ்தாணு, (sthânou), Siven, le lingam, état stable, — d'une chose, chose ferme, colonne, pieu, lance, tronc d'arbre, *V.* தாணு.

*ஸ்தாபகம், (sthâpaka), fondation, établissement, placement, érection, exposition. [seur.

*ஸ்தாபகன், (*id*), fondateur, bâtis-

*ஸ்தாபனம், (sthapana), établissement, placement, érection, arrangement, attention d'esprit, abstraction.

ஸ்தாபிக்கிறது, பித்தேன், பிப்பேன், பி, பிக்க, *v. a.* ஸ்தாபித்தல், *n. v.* (sthâ *stare et* sthâpa *stabilire*), *et* ஸ்தாபித்துப்போடுகிறது, fonder, ériger, établir, bâtir, élever, affermir, proposer, avancer, offrir, cacher en terre: ஒருகுடியை — établir une famille; நிலையிலிருக்கிற மூர்த்தியைக்கும்பத்தில் ஸ்தாபிக்கிறது faire passer une prétendue divinité d'une statue dans une cruche (pendant qu'on rebâtit son temple), *de là le proverbe:* அவன்கும்பத்தில் ஸ்தாபிக்கப்பட்டிருக்கிறான் il est mis dans une cruche, (cela se dit d'un homme de pouvoir réduit à l'état de nullité par un inférieur, comme les rois fainéans).

*ஸ்தாபிதம், (sthâpita), établissement, fondation, chose cachée sous terre: — பண்ணுகிறது, *V.* ஸ்தாபிக்கிறது.

ஸ்தாபித்தல், ஸ்தாபிப்பு, *n.v. de* ஸ்தாபிக்கிறது, fondation, établissement, affermissement.

*ஸ்தாலம், (sthâla), chaudron, ustensile de cuisine, pot de terre, *V.* உண்கலம்.

*ஸ்தாவரம், (sthâvara), fixité, fermeté, chose fixée, immobile, (*v. g.* montagne, arbre). ஸ்தாவரசங்கமம் choses fixées en terre, *ou* — சங்கமம் choses immobiles et mobiles, douées ou privées de mouvement (ou de locomotion), *V.* தாவரம் et ses composés.

*ஸ்தானம், 1° (sthâna), lieu, place, site, station, situation, office. 2° *P.* ஸ்நானம், bain: சமுகஸ்தானம், *P.* சமஸ்தானம்; சமுகஸ்தானபதி prince, chef; சமுகஸ்தானாதிபதிகள் princes, seigneurs, courtisans, grands qui approchent du roi; ஸ்தானத்திலே வைக்கிறது mettre à la place; இரா

னமே

ஜஸ்தானத்திலே à la place du roi, où le roi réside, au lieu du roi; ஸ்தானசுத்தி nettoiement —, purification d'un lieu; ஸ்தானப்பிரஷ்டன் homme qui a perdu sa place ou son emploi, ex-officier.

ஸ்தானத்தான், (ஸ்தானம்), chef héréditaire, qui a soin des cérémonies dans un temple.

*ஸ்தானுபதி, (ஸ்தானம், பதி), ambassadeur, envoyé, remplaçant, représentant (d'un roi, d'un prince); — யாய்வருகிறது venir en ambassade, — comme ambassadeur.

*ஸ்தானுபத்தியம், ஸ்தானுபதிக்கம், (ஸ்தானுபதி, ya, ka), ambassade: — பேசுகிறது parler en qualité d'ambassadeur, *ou* — பண்ணுகிறது remplir les fonctions d'ambassadeur, d'envoyé.

*ஸ்தானி, (ஸ்தானம்), qui occupe une place.

*ஸ்தானிகம், (*id.* ika), office de brame surintendant d'un temple.

*ஸ்தானிகன், (*id.*), brame surintendant ou sacrificateur d'un temple.

*ஸ்திதம், (sthita), état de fixité, immobilité, fermeté, stabilité, chose fixe, — ferme.

*ஸ்திதி, (sthiti), état, séjour, fixité, stabilité, fermeté, arrêt, limite, borne, richesse, conservation, durée d'une éclipse: — கர்த்தா le seigneur qui préside à la conservation, (selon les Indous) Vichnou; — ஸ்தாபகம் élasticité; — ப்பிரகரணம் conservation.

ஸ்திதிக்கிறது, திக்தேன், திப்பேன், தி, திக்க, (ஸ்திதி), *v. a.* ஸ்திதித்தல், *n. v.* conserver, préserver.

*ஸ்திமிதம், (stimita), humidité.

*ஸ்திரம், (sthira), fermeté, stabilité, permanence, solidité, force, dureté, constance, fidélité: — ஆகுகிறது, *V.* ஸ்திரப்படுகிறது: — ஆக்குகிறது consolider, établir, affermir, fixer, prouver; — ஆன ferme, solide; ஸ்திரசித்திரம் peinture solide, fresque; — ப்படுகிறது devenir —, être stable, ferme, solide, prouvé; — ப்படுத்துகிறது. *V.* ஸ்திரமாக்குகிறது; — மதி esprit ferme; — மாசம் les mois correspondans aux ஸ்திரராசி, ce sont வைகாசி, ஆவணி, கார்த்திகை, மாசி; — ரங்கம், (அரங்கம்), la couleur durable, l'indigo; — ராசி signes stables, — sous l'influence desquels on peut (au dire des Indous) commencer toute espèce d'ouvrage; ce sont le Taureau, le Lion, le Cancer, le Verseau.

ஸ்திராங்கம், *corr. P.* ஸ்திரரங்கம்.

*ஸ்திரி, ஸ்திரீ, (stri), femme, épouse, repassage du linge:, குலஸ்திரீ femme de caste, — honorable, — de la caste de son mari; — சுத்தி, — சுத்தியை, *V.* ஸ்திரியத்தி; — சபை assemblée de femmes; — சம்பந்தம் parenté du côté des femmes, mariage; — சனப்பிரியன் homme galant, amoureux des personnes du sexe; — சாதி les personnes du sexe, le sexe féminin; — சோரம் rapt, violence faite à une femme ou à une fille; — சோரன், — சௌரன் ravisseur, libertin qui fait violence à une personne du sexe; — த்தனம் le propre d'une femme; — தருமம் devoirs de femme; — ப்பிரியன் homme fou de sa femme, *V.* ஸ்திரீசனப்பிரியன்; — போடுகிறது repasser le linge; — ஹத்தி, (hatyâ), meurtre d'une femme; — ரத்தினம் la perle des femmes, femme excellente; — லக்ஷணம் honnêteté —, decorum —, décence —, le propre —, beauté des femmes; — லிங்கம் le genre féminin, verenda mulieris; — லோலன் libertin, galant.

*ஸ்துதி, (stouti), louange, éloge, panégyrique: — செய்கிறது louer; — நிந்தை louange en forme de mépris; — பாடகன், — விரதன் hérault qui chante les louanges.

ஸ்துதிக்கிறது, திக்தேன், திப்பேன், தி, திக்க, *v. a.* (ஸ்துதி), louer, glorifier, penser: ஸ்துதித்துக்கொண்டிருக்கிறது célébrer; நான் ஸ்துதிக்கவில்லை je n'y ai pas même pensé.

ஸ்துதிக்கை, ஸ்துதித்தல், ஸ்துதிப்பு, *n. v. du. préc.* louange, panégyrique.

*ஸ்துத்தியம், (ஸ்துதி, ya), chose louable, — exaltée, louange.

*ஸ்தூணன், (sthoûnâ), poteau, colonne, pilier de maison, soutien, *V.* தூண்.

ஸ்தூலம், (sthoûla), corpulence, graisse, embonpoint, grosseur, épaisseur, corps matériel, matière, substance matérielle, la quintescence, la substance (d'un livre ou d'une matière): — உள்ளவன் homme corpulent, dodu, charnu; ஸ்தூலகாயம், — சரீரம், — தேகம் corps matériel et grossier (des hommes et des animaux opposé à சூக்ஷ்மகாயம்); — ஸிருஷ்டி, — பூதம் créature —, élément matériel et visible; — பஞ்சாக்ஷரம் les 5 lettres mystérieuses des élémens; — ப்பிரகாரம் manière ou forme grossière, grossièreté, difformité, maladresse; — புத்தி esprit grossier; — மயமானகர்மேந்திரியசித்தை perception sensuelle et grossière.

*ஸ்தூலன், (*id.*), être qui a un corps matériel, homme corpulent, gras et fort. [corpulente.

*ஸ்தூலி, (ஸ்தூலம்), personne

ஸ்தூலிக்கிறது, லித்தேன், லிப்பேன், லி, லிக்க, *v. n.* (ஸ்தூலம்), *ou* ஸ்தூலித்துப்போகிறது, prendre de l'embonpoint, devenir gros et gras, épais, robuste; ஸ்தூலித்திருக்கிறது être gros et gras; ஸ்தூலித்தசரீரம் corps gros, gras et vigoureux.

ஸ்தூலித்தல், ஸ்தூலிப்பு, *n.v. du préc.* grosseur, graisse, embonpoint.

*ஸ்தேயம், ஸ்தேனம், ஸ்தைனம், ஸ்தைன்னியம், (stêna, — ya), vol, larcin.

*தேனர், (*id.*), voleurs. [peu.

*ஸ்தோகம், (stôka), petitesse, petit,

*ஸ்தோத்திரம், (stôtra), louange, éloge, remerciement, action de grâces, culte, adoration: — சொல்லுகிறது, — செலுத்துகிறது, — பண்ணுகிறது, *V.* ஸ்தோத்திரிக்கிறது; ஸ்தோத்திரபாடம் leçon —, livre d'hymnes; — பாடல் hymne, — de louange, — d'action de grâces; அந்தக்கரணமான ஸ்தோத்திரம் louange —, remerciement du fond du cœur.

ஸ்தோத்திரிக்கிறது, ரித்தேன், ரிப்பேன், ரி, ரிக்க, *v. a.* (ஸ்தோத்திரம்), louer, remercier, rendre grâces, glorifier. [mée, offrande, sacrifice.

*ஸ்தோமம், (stôma), multitude, ar-

*ஸ்தௌத்தியம், (ஸ்துத்தியம்), éloge, louange: — பண்ணுகிறது louer, chanter les louanges.

*ஸ்நாபகன், ஸ்நானன், ஸ்நானகன், (snâpaka, ஸ்நானம், ka), qui baptise, Baptiste; ஸ்நாபக அருளப்பர் St Jean Baptiste. [ver, baptiser.

ஸ்நாபிக்கிறது, (snâpita, *lavé*), la-

*ஸ்நானம், (snâna, de snâ *laver*), bain, ablution, purification: — செய்கிறது, — பண்ணுகிறது faire le bain, se baigner, laver, baigner; — செய்விக்கிறது faire baigner, — prendre le bain; ஸ்நானத்தொட்டி baignoire. Les brames comptent 7 espèces de bains ou de purifications prétendues: வாயவியஸ்நானம் bain de poussière soulevée par les pieds des vaches et le vent; திவ்வியஸ்நானம் bain prétendu divin, (il consiste à recevoir sur soi une pluie en plein soleil); மனஸ்நானம் bain de l'âme ou purification de l'esprit par la méditation; மந்திர ஸ்நானம் ablution ou aspersion d'eau sur un malade pendant qu'il entend la lecture des vêdas...; பூமிஸ்நானம் bain de terre qui consiste à se frotter ou à se saupoudrer de terre prise dans le voisinage des arbres prétendus sacrés tels que le துளசி, l'ஆலமரம், l'அரசு; ஆக்கினியஸ்நானம் bain ou plutôt onction de cendres de bouse de vache; யோகஸ்நானம் bain ou purification de l'esprit par la contemplation.

*ஸ்நேகம், (snêha), amitié, amour, affection, tendresse, huile, *V.* சிநேகம்.

ஸ்நேகிக்கிறது, கித்தேன், கிப்பேன், கி, கிக்க, *v. a.* (ஸ்நேகம்), aimer, chérir.

*ஸ்நேகி, *m. et f.* ஸ்நேகிதன், *m.* ஸ்நேகிதி, *f.* (ஸ்நேகம், ita), ami, amie.

*ஸ்நேகிதம், (ஸ்நேகம், ita), ஸ்நேகித்தல், ஸ்நேகிப்பு, *n. v. de* ஸ்நேகிக்கிறது, amour, amitié, affection.

*ஸ்பஷ்டம்,(spachta), clarté, évidence,netteté,perspicuité.

*ஸ்பஷ்டார்த்தம்,(ஸ்பஷ்டம், அர்த்தம்),sens clair,—intelligible.

*ஸ்பஷ்ட,P. ஸ்பஷ்டம்: —காரணம்,—இருதம் rendre clair,—intelligible.

*ஸ்படிகம்,(sphatika),crystal:ஸ்படிகவானம், ou

ஸ்படிகாகாசம், (ஸ்படிகம், ஆகாசம்), ciel transparent, — de crystal,

*ஸ்பரிசம், (sparsa), tact, toucher, attouchement,contact,ce qui touche, don, donation, présent nuptial dit பரிசம் que l'époux fait au père et à la mère de l'épouse,consonne,maladie douloureuse: ஸ்பரிசஇந்திரியம் organe du tact;—திட்சை, V. பரிசதிட்சை; ஸ்பரிசமணி la pierre philosophale;—மணிப்பிரபவம் or, production de la pierre philosophale;—லச்சை la sensitive; — வகுதி classification des consonnes.

ஸ்பரிசனம்,(ஸ்பரிசம்,na),toucher, tact, contact, don,donation: ஸ்பரிசனவகுதி classification des consonnes;— வேதி la pierre philosophale,

*ஸ்பரிசனன்,(id), le vent,l'air.

ஸ்பரிசிக்கிறது, சித்தேன், சிப்பேன்,சி,சிக்க,v.a. (ஸ்பரிசம்), toucher.

ஸ்பரிசித்தல், ஸ்பரிசிப்பு, n. v. du préc.ou [contact, attouchement.

*ஸ்பிருஷ்டி, (sprouchti), toucher,

*ஸ்புடம், (sphouta), vrai, apparence,justesse:ஸ்புடசூரியகதி marche vraie ou apparente du soleil.

*ஸ்புலிங்கம், (sphoulinga), étincelle,—de feu. [petite vérole.

*ஸ்போடகம்,(sphôtaka), tumeur,

*ஸ்மசானம்,(smasâna),cimetière, lieu où l'on brûle les morts: ஸ்மசானவாசி celui qui hante ces lieux, ou y demeure,i.e. Siven.

*ஸ்மரணம்,(smarana), mémoire, souvenir. [don Indien.

*ஸ்மரன்,(smara),Kâmen,le Cupi-

ஸ்மரிக்கிறது, ரித்தேன், ரிப்பேன், ரி,ரிக்க,v.a. (smrou), se souvenir, se ressouvenir,se rappeler.

*ஸ்மார்த்தம், (smârtta), smarta, chose qui a rapport aux ஸ்மிருதி ou livres de lois, secte des Smartten, mémoire: ஸ்மார்த்தகாலம் autant que la mémoire peut se conserver.

*ஸ்மார்த்தன்,pl.ஸ்மார்த்தர், (id.), Smartten,sectateur des ஸ்மிருதி ou des lois du வேதாந்தம்,sectateur de சங்கராசாரியர்.

*ஸ்மிருதி, (smrouti), loi, code de lois,mémoire,souvenir:— சாஸ்திரம் système,—code de lois.

*ஸ்வ, (sva), son, spécial, propre.

☞Au lieu de ஸ்வ, on écrit aussi சுவ; en conséquence cherchez à la suite de ces initiales சுவ, les mots qui manqueraient ici.

*ஸ்வகதம்,(svagata),chose secrète, —gardée pour soi-même, V.சுகதம்.

*ஸ்வகதன், (id.), sceptique: ஸ்வகதமார்க்கம் secte—,école sceptique, scepticisme. [pureté sans mélange.

*ஸ்வச்சம், (svatchtcha), netteté,

*ஸ்வஸ்தம்,(svastha), V. சுவஸ்தம்.

*ஸ்வஸ்தானம், (ஸ்வ, ஸ்தானம்), propre place.

*ஸ்வஸ்தி, (சு, asti est), V. சுவஸ்தி; —வாசனம் mot de bénédiction,rite préparatoire des brames. (Ils jettent du riz cuit par terre, en invoquant la bénédiction de leurs dieux sur ce qu'ils vont faire).

*ஸ்வஸ்திகம், V. சுவஸ்திகம். [னம்.

*ஸ்வஸ்திகாசனம், V. சுவஸ்திகாச

*ஸ்வதந்திரம்...,(svatantra), V.சுதந்திரம்....

*ஸ்வதர்மம்,(ஸ்வ),occupation propre,devoir spécial (d'un état...).

*ஸ்வதா,(svadhâ), de soi-même, volontairement. [ம்.

*ஸ்வபாபம்,ஸ்வபாவம், V. சுபாவ

*ஸ்வபூ, (ஸ்வ, bhoû être), l'être existant par lui-même, V.சுயம்பு.

*ஸ்வப்பிரம், V. சுவப்பிரம்.

*ஸ்வம்,(sva),richesse,propriété,le propre,naturel.

*ஸ்வயம்,(svaya), V. சுயம்:—இருதம் chose spontanée,ce qui se fait de soi-même; ஸ்வயஸ்தானம் lieu propre. [pre.

*ஸ்வயம்பு, V. சுயம்பு.

*ஸ்வயம்புவன், V. சுவாயம்புவன்.

*ஸ்வயம்வரம், V. சுயம்வரம்:— நாட்டல் proclamation royale convoquant tous les prétendans à la fille du roi. [சுயம்வரன்,

*ஸ்வயம்வரன், (ஸ்வயம்வரம்), V.

*ஸ்வயம்வரை, (id.), V. சுயம்வரை.

*ஸ்வரம், (svara), note de musique: ஸ்வரபங்கம் voix tremblotante, ondulation—, tremblement de la voix; —மண்டலம், V. சுரமண்டலம்.

*ஸ்வரூபம், V. சுரூபம்.

*ஸ்வர், ஸ்வர்க்கம், (svar, svarga), V. சுவர்க்கம்.

*ஸ்வர்க்கர், (id.), V. சுவர்க்கர். [தி.

*ஸ்வர்க்காதிபதி, V. சுவர்க்காதிப

*ஸ்வர்லோகம், (ஸ்வர்), le Souvarkam, un des 7 mondes supérieurs des Indous.

*ஸ்வர்ணம், ஸ்வர்ணம், (svarna), or: ஸ்வர்ணகாரன் orfèvre.

*ஸ்வல்ப்பம், V. சுவல்ப்பம்.

*ஸ்வா, (svâ), chien, fourmi.

*ஸ்வாகதம், V. சுவாகதம்.

*ஸ்வாகை, V. சுவாகை.

*ஸ்வாசம், (svâsa), respiration, haleine, soupir.

*ஸ்வாஸ்தியம், V. சுவாஸ்தியம்.

*ஸ்வாதந்திரியம், V. சுதந்திரம்.

*ஸ்வாதி, V. சுவாதி.

*ஸ்வாதிகாரம், ஸ்வாதிபதி, ஸ்வாதிபத்தியம், V. சுயாதிகாரம்...

*ஸ்வாதிட்டானம், V. சுவாதிட்டானம். [தினம்...

ஸ்வாதினம், ஸ்வாதினன், V. சுவா

*ஸ்வாது, V. சுவாது. [யம்.

*ஸ்வாத்தியாயம், V. சுவாத்தியா

*ஸ்வாந்தம், V. சுவாந்தம்.

*ஸ்வாபாவிகம், V. சுவாபாவிகம்.

*ஸ்வாமி, V. சுவாமி.

*ஸ்வாயம்பு, ஸ்வாயம்புவன், ஸ்வாயம்புவம், V. சுவாயம்பு...

*ஸ்வாராட்டு, ஸ்வாராச்சியம், V. சுவராட்டு... [ஷன்.

*ஸ்வாரோசிஷன், V. சுவாரோசி

*ஸ்வார்த்தம், V. சுவார்த்தம்.

*ஸ்வானம், V. சுவானம்.

*ஸ்வானுபவம், V. சுவானுபவம்.

*ஸ்வானுபூதி, ஸ்வானுபூதியம், V. சுவானுபூதி...

*ஸ்வான், V. சுவான்.

*ஸ்விகாரம்... V. சுவிகாரம்...

*ஸ்வேச்சை, V. சுவேச்சை.

*ஸ்வேதம்.... V. சுவேதம்.

ஞ

ஞ், 4me consonne tamoulé, et 2me lettre douce. Suivie d'une voyelle elle se prononce comme *gn* dans agneau; souvent elle remplace les 2 lettres sanscrites *dj*, et *n*, comme ஞானம், (djnâna), sagesse. Devant ச, elle se prononce á peu prés comme ng: பஞ்ச *pangsa*, cinq, அஞ்சலி *angsali*, révérence. A la fin des mots, ஞ் se met pour ம் devant ச initial. Quelquesfois ஞ se met pour ந ou ன, comme ஞண்டு, P. நண்டு crabe; ஞாயிறு P. நாயிறு soleil; ஞேயம், P. நேயம் amitié; பூஞை, P. பூனை chat. [ஞ் et de அ.

ஞ, lettre syllabique composée de

ஞண்டு, P. நண்டு, crabe, écrevisse, le signe du Cancer.

*ஞத்துவம், (dja *qui connaît*), connaissance, (il se joint à la fin de quelques mots). [invisibles.

ஞமண்டன், une des planètes

ஞமலி, chien, paon, callou ou toddi. [ton indien.

ஞமன், P. நமன், Yamen, le Plu-

ஞரலுகிறது, P. நரலுகிறது.

ஞரலுதல், ஞரல்வு, *n.v. du préc.* bruit, son.

ஞலவல், mouche luisante.

ஞற, (*son imitatif.*), cri du paon.

*ஞன், *pl.* ஞர். 1° (djna), qui connait (terminaison de mots composés). 2° terminaison de certains mots tamouls dérivés, comme பகைஞன் ennemi, de பகை inimitié.

ஞா, lettre syllabique longue composée de ஞ் et de ஆ.

ஞாங்கர், place, dard, javelot, côté, ensuite, après, avant, dessus.

ஞாஞ்சில், P. நாஞ்சில்.

ஞாட்பு, P. நாட்பு, foule, assemblée, armée, pesanteur, poids, bataille, force, pouvoir.

ஞாண், P. நாண், corde,— d'arc, augmentation de la latitude de la lune pour chaque quinzaine de degrés de longitude à partir du nœud: ஞாசேஷைத son de la corde d'un arc; — வாக்கியம் tables des arcs de latitude lunaire.

*ஞாதம்,(djnâta), chose connue: ஞாதசித்தாந்தம் science —,connaissance parfaite,perfection dans toute espèce de science.

*ஞாதர்,1° (ஞாதம்), savans, gens instruits.2° P. நாதர் seigneurs.

*ஞாதி,(djnâti), parenté, parent: pl. ஞாதிகள்,ஞாதியர்,parens,descendans d'un même père, cohéritiers, alliés: ஞாதிக்கருமம் devoirs de parenté, —envers les parens, devoirs funèbres envers eux.

*ஞாதுரு,(djnâtrou), l'intelligence,l'esprit,l'âme douée d'intelligence,celui qui voit.

ஞாத்தல்,P. யாத்தல்,lier.

*ஞாபகம்,(djnâpaka *qui fait connaître*),mémoire, souvenir,connaissance,sagesse,intelligence,raison,attention,pensée,note, remarque, annotation,exception,citation (d'un auteur classique...),chose rare,—précieuse: அதுஎனக்கு — இல்லை je n'ai pas souvenance de cela, je n'ai aucun exemple de cela; ஒருவனுக்கு — உண்டாக்குகிறது rappeler à quelqu'un le souvenir; — ஆய்ச்சொல்லுகிறது dire avec attention,—avec raison;—செய்கிறது,— பண்ணுகிறது se souvenir,se rappeler, rappeler le souvenir,examiner,s'informer: — வைக்கிறது garder dans sa mémoire, remarquer,faire attention; ஞாபகக்கருவி les instrumens ou organes de la connaissance, —de la mémoire,les sens intérieurs et les organes des sens extérieurs, les objets et les organes des sens; —க்குறைவு manque de mémoire; — சூத்திரம் mnémonique, l'art de graver dans la mémoire ou de faire connaitre par quelque chose de difficile ce qui pourrait s'exprimer facilement; — த்தவறு oubli, faute de mémoire; —த்துணைக்கருவி instrumens qui aident à l'intelligence ou à la mémoire; ce sont les 5 organes des sens dits ஐம்பொறி; — த்திறவம்,— வித்தை mnémonique; — நிமித்தகருவி cause instrumentale de la mémoire,*i.e.* l'âme;—ப்படுகிறது se ressouvenir,prêter son attention;—ப்படுத்துகிறது faire ressouvenir,rappeler à la mémoire,exciter l'attention; —முதற்கருவி le principal instrument de la connaissance ou de la mémoire, V. சேவசாட்சி;— வேது,(ஏது),cause de la connaissance ou de la réminiscence.

*ஞாபகி,(ஞாபகம்),homme qui a de la mémoire, qui a une bonne mémoire,qui se souvient.

*ஞாபிதம், ஞாபிதை, ஞாபனம், ஞாபதி,(djnâpita, djnâpana,djâpti), avis,information.

*ஞாயம்,P. நியாயம்,raison, justice,droit, équité, règle, précepte de morale: ஞாயமான juste, raisonnable; ஞாயக்காரன் juge;—க்கேடு injustice.

ஞாயில்,P. நாயில்.

ஞாயிறு,P. நாயிறு,*gén.* ஞாயிற்றின், soleil, dimanche: — திரும்பி tournesol,héliotrope; ஞாயிற்றுக்கிழமை le dimanche.

ஞாலம், la terre, lest d'un navire —உண்டோன் celui qui a mangé la terre,*i.e.* Vichnou;— ஏற்றுகிறது lester,prendre du lest; ஞாலமாது, (மாது),la prétendue déesse de la terre, la plante ஊமத்தை.

ஞாலல்,ஞாலுதல்,*n.v.de*

ஞாலுகிறது, ன்றேன், லுவேன், லு,ல,*v.n.P.* நாலுகிறது,ou ஞான்றுகொண்டிருக்கிறது,pendre, être suspendu,—pendant: ஞான்றுகொள்ளுகிறது se pendre.

ஞாழல்,safran, l'arbuste aromatique qui le donne,cœur d'arbre,espèce de cotonnier dit கோங்கு, les plantes பலினி ou பொன்னாவிரை cassia occidentalis, மயிற்க்கொன்றை cæsalpina pulcherrima, சரக்கொன்றை cassia:—மாது la plante ஊமத்தை.

ஞாழி,V.ஞானிகம்.

ஞானி,P. நானி,chien,callou:— ஊர்தி,(ஊர்தி),celui qui a un chien pour monture,*i. e.* வைரவன்.

ஞாவிலம், P. நாவிலம், la plante aquatique கவிழ்க்கொடி.

ஞாற்சி, s.v. de ஞாலுகிறது, pendre, être suspendu, pendaison.

ஞாற்றுகிறது, P. நாற்றுகிறது, pendre, suspendre.

*ஞானம், (djnâna), sagesse, raison, connaissance, science, érudition, sagesse parfaite, ou science divine (qui vient de la méditation, fait voir le néant des choses humaines et procure après la mort le bonheur éternel), bonnes mœurs, bonne conduite, spiritualité, purs actes ou actions pures de l'âme; (la sagesse ஞானம் est une des qualités du சாத்துவிகம் et du இராசதம், un des 4 திவ்ய சையியல்பு):— உள்ளவன் homme sage;— இல்லாத déraisonnable, sans raison, insensé; ஞானஅர்த்தம் sens spirituel,— mystique;— உபதேசம், V. ஞானோபதேசம்;— உணர்த்துதல் instruction spirituelle;— காண்டம், V. ஞானபாதை;— காண்டி homme mystique, engagé dans la méditation des vérités divines pour obtenir le paradis;— காரியம் chose —, matière spirituelle;— குரு gourou spirituel, - excellent, qui ne cherche que le bien de ses disciples;— க்கண் œil spirituel,— de l'âme, sagesse divine, vision mentale, intelligence qui fait comprendre les choses invisibles ou spirituelles; — க்கண்ணீர் fatigue morale ou spirituelle, signe de grande application:— க்காட்சி vision intellectuelle,— de l'âme,— de la divinité;— சட்சு œil spirituel, vision de l'esprit;— சக்தி, V. ஞானசத்தி; — சபை assemblée d'êtres spirituels, place sans idoles dans le temple de சிதம்பரம் et qui est une emblème du ciel visible et de l'immensité de Dieu;— சமாதி espèce d'observance —, sépulture spirituelle;— சித்தர் les sages;— சாஸ்திரம், — சாத்திரம் doctrine —, science spirituelle,— religieuse, philosophie, théologie;— சாதனம்,— சாதனை exercice de la spiritualité,— de la méditation;— சித்த pensée spirituelle, esprit intelligent;— சுகம்,— சந்தோஷம் joie —, plaisir spirituel;— சூட்சம் subtilité mystique, mystère divin;— சைவம் espèce de secte de Siven;— சொரூபம் la sagesse ou l'intelligence par essence, i.e. Dieu;— ஸ்நானம், P.— ஸ்நானம் bain spirituel, baptême;— ஸ்நானங்கொடுக்கிறது (dat.), donner le baptême, baptiser;— ஸ்நானங்கொடுப்பிக்கிறது (dat.), faire baptiser;— ஸ்நானஞ் செய்விக்கிறது ou பண்ணுவிக்கிறது (acc.), faire baptiser, — prendre le bain spirituel;— ஸ்நானம்பெறுகிறது recevoir le baptême, être baptisé;— ஸ்நானம்பெறுவிக்கிறது faire recevoir le baptême;— ஸ்நானம்பெற்றவன் homme baptisé;— ஸ்நானத்தொட்டி fonts baptismaux;— ஸ்நானன் baptiseur;— திசை temps qu'on reste dans une observance religieuse;— திருஷ்டி,— திட்டி,— திருஷ்டி,— திருட்டி, V. ஞானக்கண்; — திருஷ்டியினாலறிகிறது ou பார்க்கிறது connaître ou voir par révélation, par la vue de l'âme; — திருஷ்டியினாற் சொல்லுகிறது prédire:— தீக்கை, தீஷை, — தீட்சை initiation aux mystères religieux, instruction spirituelle, (parmi les Chrétiens) le baptême:— தீபம் lampe —, lumière spirituelle,— de l'intelligence; — தகப்பன் père spirituel, parrain; — தாய் mère spirituelle, marraine; — நாயகன் maître spirituel, — de la sagesse, Dieu, (et à tort) Siven; — நிஷ்டை, — நிட்டை observance religieuse ou spirituelle, culture de la science spirituelle; — நிலை état spirituel, voie spirituelle, i.e. la religion; — நிறைவு sagesse abondante; — நூல் science spirituelle, ouvrage —, traité de philosophie, — de spiritualité;— பரன் Dieu, gourou, homme mystique, versé dans la sagesse;— பாதை système religieux, principalement la partie spirituelle ou doctrinale des vêdas dite உத்தரகாண்டம் seconde partie, (la partie cérémoniale qui est la 1re se nomme சரியபா தை);—பாதம் le 4me des 4 பாதம் ou சிவபூசையியல்பு qui consiste à se figurer que Siven et la vie ou l'âme ne sont qu'une même chose;—பார கன் docteur spirituel, — de spiritualité, homme mystique, — consommé en spiritualité, commentateur des choses spirituelles;—புத்திர ன் fils spirituel, filleul,disciple;—பூ சை offrande spirituelle,culte—,sacrifice intérieur; — பூர்த்தி sagesse abondante,—parfaite;—பூருவம்,—பூ ர்வகம் prescience, prévision—, connaissance de l'avenir;—பூரணி celle qui est pleine de sagesse,(à tort)Parvadi; — போசனம் nourriture spirituelle; — போதனை, — போதகம் doctrine—, instruction spirituelle; —போதகர் docteur—, maitre spirituel, prédicateur,précepteur;—ப்பா ல் lait spirituel, la parole de Dieu, section d'un livre qui traite de la science divine;—ப்பிராந்தி,—ப்பை த்தியம்,—மயல் folie spirituelle; — ப்பிள்ளை enfant spirituel, filleul, filleule; — ப்பொருள் chose spirituelle,—sainte;—மார்க்கம் chemin de la sagesse,*i. e.* la religion, conduite sage;— முத்திரை cachet de la sagesse, caractère spirituel, signe —, insignes de contemplatif;—மூ ர்த்தி Siven,Sarasvadi, *litt.* la forme de la sagesse; — மூலம் fondement spirituel;— ரேகை la ligne prétendue de la sagesse, une des lignes de la main;—வஸ்து être —, objet spirituel, Dieu;—வடிவம் forme spirituelle, — imperceptible aux sens; —லக்ஷணம் caractére—, marque de sagesse;—வல்லி Parvadi,*litt.* femme sage,puissante en sagesse;—வழி,*V.* ஞானமார்க்கம் *et* ஞானபாதம்;— விஞ்ஞானம் science sacrée et profane;—விரல் le doigt annulaire,—de la sagesse; — வொழுக்கம் conduite sage,— spirituelle; ஞானத்திலேதே றுகிறது avancer en spiritualité;— தேறினவன் homme consommé en spiritualité; —பழகுகிறது s'exercer dans la sagesse,dans la spiritualité; ஞானத்திந்நிலை,—சிலை,ஞானத் தில்ஞானம்,—யோகம் un des 16 பா தம் ou exercices fondamentaux de la secte de Siven. [instruite.

*ஞானவதி,(ஞானம்),femme sage,

*ஞானவான்,*m.*ஞானவதி,*f.*(*id.*), homme sage,savant.

*ஞானன்,(*id.*),le sage,*i.e.*Dieu,(et à tort) Brama. [ரவேசி.

*ஞானுகாயம்,(*id.*ஆகாயம்), *V.* ப

*ஞானுசத்தி,(*id.*ஆசத்தி), pouvoir de l'intelligence, un des 3 et des 5 ச த்தி,*V.*à ce mot. [duite sage.

*ஞானுசாரம்,(*id.*ஆசாரம்), con-

*ஞானுசாரியன்,(*id.*ஆசாரியன்),*V.* ஞானபோதகர்.

*ஞானுதிகாரம்,ஞானுதிக்கம்,ஞா னுதிக்கியம், (*id.*அதிகாரம், ஆதிக்க ம்),autorité spirituelle,supériorité en science,en sagesse,en intelligence.

*ஞானுதிக்கர், ஞானுதிக்கியர், (*id. id.*),êtres —,gens d'une sagesse ou d'une intelligence supérieure, les Chérubins,anges doués d'une connaissance supérieure (de la divinité. [de la sagesse.

*ஞானுதுரம், (*id.*ஆதுரம்), désir

*ஞானுத்துமா, (*id.* ஆத்துமா), âme intelligente,—sage,—pure.

*ஞானுநந்தம்,(*id.*ஆநந்தம்), joie spirituelle,*V.*பேரின்பம்.

*ஞானுநந்தன்,(*id.*அநந்தன்),celui dont la sagesse ou l'intelligence est infinie,*i.e.*Dieu.

*ஞானுநுஷ்டானம்,ஞானுநுஷ்டிப்பு,(*id.* அநுஷ்டானம்), *V.* ஞானநி ஷ்டை, [jouissance spirituelle.

*ஞானுநுபவம், (*id.* அநுபவம்),

*ஞானுநுபானம், (*id.* அநுபான ம),breuvage spirituel, — d'un festin sacré,richesses.

*ஞானுநுமானதிவ்வியதிரவியங்க ள்,(*id.* அநுமானம்), les saints sacremens, (expression équivoque).

ஞானுமிர்தம்,(*id.* அமிர்தம்), ambroisie spirituelle. [spiritualiste.

*ஞானுர்ச்சிதன்,(*id.* அர்ச்சிதன்),

*ஞானுர்த்தம், (*id.* அர்த்தம்), sens spirituel.

*ஞானவரணம்,ஞானவரணியம், (id. ஆவரணம ce qui cache), obstruction de l'intelligence,ignorance, un des அஷ்டகுற்றம்.

*ஞானவேடணை, (id. அவா, ஈடணை),désir de la sagesse.

*ஞானி,1° m.(ஞானம்,i.),sage,savant,philosophe,homme très-intelligent,Arouguen, Brama.2° f. femme sage,savante,intelligente.

*ஞானேந்திரன்,(id. இந்திரன்),celui qui excelle en sagesse,— en intelligence.

*ஞானேந்திரியம்,(id. இந்திரியம்), organes de l'intelligence,— de perception,—des sens,ce sont: l'œil, le nez,l'oreille,la bouche,le corps.

*ஞானோபதேசம்,(id. உபதேசம்), doctrine—,instruction spirituelle, catéchisme.

ஞான்று,1° gér. de ஞாலுகிறது, 2° jour,temps,particule explétive.

ஞி,lettre syllabique composée de ஞ் et de இ.

ஞிமிர்,1° bruit, son.2° imp.et part. du suiv.

ஞிமிருகிறது, et ஞிமிர்கிறது, ர்ந்தேன்,ருவேன் ou ர்வேன்,ரு ou ர்,ர, v.n.1° (ஞிமிர்),résonner,retentir,sonner,faire du bruit.2° P.நிமிர்கிறது.

ஞிமிருதல்,ஞிமிர்தல்,n.v.du préc.

ஞிமிறு,P.மிஞிறு,scarabée ,insecte,volatile.

ஞெ, lettre syllabique composée [de ஞ் et de எ.

ஞெகிழம், anneau d'or bruyant dont on s'orne les pieds.

ஞெகிழி,anneau bruyant dont on s'orne les pieds,anneau oblong et bruyant dit சிலம்பு (en usage dans les pagodes),feu,étincelle,tison,brandon de feu, l'arbrisseau கொடிவேலி.

ஞெகிழுகிறது,ஞெகிழ்கிறது, ழ்ந்தேன்,ழ்வேன்,ழ்,ழ,v.n.errer, rôder, être flottant, — inconstant, glisser, tomber—,glisser doucement,se délier,se flétrir.

ஞெகிழுதல், ஞெகிழ்தல், n. v. du préc.

ஞெண்டு,P.நண்டு.

ஞெண்டுகம்,l'arbre பெருவாகை.

ஞெமிருகிறது, ஞெமிர்கிறது, ர்ந்தேன்,ர்வேன்,ர்,ர,v.n. se répandre, s'étendre,se briser, se casser.

ஞெமிருதல்,ஞெமிர்தல்,n.v.du préc. effusion,expansion,extension, brisement,fracture.

ஞெமுக்கம்,ஞெமுங்கல், ஞெமுங்குதல்,dépression,enfoncement, abaissement,n.v.de

ஞெமுங்குகிறது,sync.ஞெமுங்கிறது,கினேன்,குவேன்,கு, க, v.n. s'abaisser,s'enfoncer, couler à fond, être abaissé, enfoncé.

ஞெரி,P.நெரி.

ஞெரிகிறது, ஞெரிதல்,P. நெரிகிறது,நெரிதல்.

ஞெரிக்கிறது,ஞெரித்தல், P. நெரிக்கிறது,நெரித்தல்.

ஞெரேல்,(son imitatif),craquement (d'une charrette ou d'un moulin à huile),ஞெரேலென்கிறது, rendre ce son,craquer,crier,craindre,se hâter; ஞெரேலெனல் craquement, signe de crainte,—de précipitation.

ஞெலி,imp.et part.du suiv.:—கோல், V.தீக்கடைகோல்.

ஞெலிகிறது, லிந்தேன், லிவேன், லி.லிய,v.n.et a.tourner, frotter (un morceau de bois sur une autre pour qu'il prenne feu,(la batte-à-beurre) tourner,la faire tourner, baratter, creuser, faire au tour.

ஞெலிதல்,n.v.du préc., frottement d'un morceau de bois pour qu'il prenne feu,tournoiement de la batte-à-beurre, creusement.

ஞெளுவல்,V.செத்தல்.

ஞெளுவன்,compagnon,ami.

ஞெளிர்,son,son intérieur.

ஞெளிருகிறது, ஞெளிர்கிறது, ர்ந்தேன்,ர்வேன்,ர்,ர,v. n. résonner,—intérieurement.

ஞெள்ளல், consentement, bruit, son,hâte,défaillance,langueur,manquement,écart,rue,route,large chemin,trou,bas fond,abondance, excellence,n.v.de

ஞெள்ளுகிறது, ள்ளினேன், ள்ளுவேன்,ள்ளு,ள்ள,v.n. résonner, faire du bruit,consentir,se hâter,languir, s'évanouir, abonder, exceller, s'égarer, manquer. [le son de gnel.

ஞெள்ளொளல், (*son imitatif*), rendre

ஞே, lettre syllabique composée, de ஞ் et de ஏ

*ஞேயம், 1° (djnèya), chose connue ou qui sera connue. 2° *P.* நேயம், amour, affection, amitié, beurre fondu.

*ஞேயர், 1°(ஞேயம்), ceux qui connaissent, hommes intelligens, savans. 2° *P.* நேசர், amis.

ஞேயா, la plante பெருமருந்து.

ஞை, 1° lettre syllabique composée de ஞ் et de ஐ. 2° signe—, interjection de mépris. [de ஞ் et de ஒ.

ஞொ, lettre syllabique composée

ஞொள்கல், ஞொள்குதல், action de rôder, d'errer, fatigue, langueur, paresse, signe de peur, *n. v. de*

ஞொள்குகிறது, *sync.* ஞொள்கிறது, கினேன், குவேன், கு, க, *v. n.* errer çà et là, rôder, se fatiguer, être las, lâche, paresseux.

ட்

ட், dit டகரம், est la 5me consonne de l'alphabet tamoul, et la 3me lettre dure, remplace les 4 linguales sanscrites ta, tha, da, dha. C'est une lettre particulière aux langues indiennes et très-difficile à prononcer pour les Européens. Simple elle se prononce comme dh, et double elle se prononce comme tt, mais la langue recourbée vers le palais. Aucun mot d'origine tamoule ne commence par cette lettre; le peu de mots sanscrits, indoustanis ou étrangers, qui commencent par cette lettre, prennent ordinairement un இ devant comme இடாப்பு, *P.* டாப்பு liste. ட்ச dans l'intérieur des mots représentent la lettre sanscrite க்ஷ, ainsi சாட்சி pour சாக்ஷி témoin. Dans le pur tamoul la lettre ட remplace ஷ, et ட்ட se mettent pour ஷ்ட: ainsi சேடம், *P.* சேஷம் restes, இட்டம் pour இஷ்டம் gré. Souvent ட் se met pour ண் ou ள் final devant க, ச, த, ou ப initial; ainsi மட்குடம் pour மண்குடம் cruche de terre; நாட்செய்தி, *P.* நாள்செய்தி la nouvelle du jour; நாட்கள் *P.* நாள்கள் les jours. Il remplace aussi le த initial après l'ண் final ou l'ள் final changé en ண், comme கண்டிறந்தான், *P.* கண்திறந்தான் il ouvrit les yeux; நாட்டோறும் pour நாள்தோறும் tous les jours. Quelquefois même la lettre ட remplace l'ள் final et le த initial: *Ex.* நாடோறும் tous les jours. [ட் et de அ.

ட, lettre syllabique composée de

டக்கணி, டக்கண். (*P.* தக்ஷிணம்), le Dékan, le sud de l'Indoustan: டக்கணிச்சாதி le peuple du Décan, les Dachinabades des anciens; டக்கணிப்பாஷை la langue du Décan, dialecte de l'indoustani.

டக்கயம், டக்கியம், *V.* இடக்கியம்.

*டக்கா, (dhakka), Dacca, ville du Bengale. [bour.

*டக்கை, (dhakkâ), grand tam-

*டங்கசாலை, (டங்கம்), hôtel de la monnaie.

*டங்கணம், (tankana), borax.

*டங்கம், (tanka), ciseau, épée, monnaie: டங்கபதி intendant de la monnaie. [postillon.

டபால், (*ind.*), la poste: — காரன்

டபேதார், (*arab.*), principal pion, chef subalterne [petite boite.

டப்பி, boite de l'argent du péage.

டப்பு, sou, monnaie de cuivre, fausseté. [bambou fendu.

டப்பை, 1° *V.* டப்பி. 2° moitié d'un

டம்பக்கம், டம்பத்தம், hypocrisie, *ou*

டம்பம், ostentation, (surtout de gens pauvres), *V.* இடம்பம்: டம்பக்காரன், டம்பமுள்ளவன் *ou*

டம்பிகன், fat, fanfaron, vaniteux, *V*, இடம்பிகன்.

டமா, டமாரம், டமாணம், டம்மாரம், டம்மாணம், tambour de métal, paire de timbales: டம்மாரக்காரன் timbalier, celui qui bat des timbales; டம்மாரங்கொட்டுகிறது battre des timbales.

டர், (*ind.*), peur; டர்வாங்குகிறது

s'effrayer, avoir peur. [ment, accord.

டவுக், (*ind.*), estimation, régle-

டா, 1° lettre syllabique composée de ட் et de ஆ. 2° *P.* அடா.

*டாகினி, *V.* இடாகினி.

டாகு, point, marque, tache, moucheture: — போடுகிறது marquer, — le bétail avec un fer chaud; — போட்டுப்பிடிக்கிறது entreprendre tout-à-coup de saisir quelque chose, viser et saisir.

டாக்கன், (டாக்கு), pétulant, insolent, orgueilleux. [lence.

டாக்கு, pétulance, orgueil, inso-

டாடிமம், *P.* தாடிமம்.

டாபால், mine, tranchées (pour approcher d'une ville fortifiée), ligne de circonvallation: — நடத்துகிறது conduire —, creuser une mine, — des tranchées etc...; — போடுகிறது, — எடுக்கிறது faire des tranchées, — une ligne de circonvallation; — முறிக்கிறது rompre les tranchées, lever le siége; டாபாலிலேவிழுந்துவெட்டுகிறது tomber sur les lignes de l'ennemi et massacrer.

டாப்பு, catalogue, liste, table, tableau, lettre, ordonnance (de médecin), compte particulier, — détaillé: டாப்பிலேபதிகிறது inscrire dans une liste etc...; டாப்பெழுதுகிறது écrire une liste, un billet, une ordonnance.

டாப்புகிறது, ப்பினேன், ப்புவேன், ப்பு, ப்ப, *v.n.* se tenir les jambes écartées, *ou* டாப்பிநடக்கிறது marcher les jambes écartées. [து.

டாப்பிக்கிறது, *V.* இடாப்பிக்கிற

டாம்பிகன், டாம்பீகன், *P.* டம்பிகன்.

டால், (*ind.*), 1° drapeau, bannière. 2°* (dhâla), bouclier: டால்காரன் enseigne, porte-drapeau; டால்டம் மாரம் போட்டுக்கொண்டு போகிறது marcher tambour battant et enseignes déployées; — கட்டுகிறது, — போடுகிறது hisser un drapeau; — பிடிக்கிறது porter le drapeau, tenir —, porter un bouclier.

டாவளம், *V.* தவளம்.

டி, 1° lettre syllabique composée de ட் et de இ. 2° *P.* l'interjection அடி.

டில்லி, Délhi, ancienne capitale du grand Mogol, et de l'Indoustan, bâtie près des ruines de இந்திரப்பிரஸ்தம் sur le fleuve யமுனா ou Djamna, et qui remplaçait l'antique capitale dite Hastinapouri sur le Gange: டில்லிபாத்ஷா, le Padischah de Délhi, *i.e.* le Grand Mogol: டில்லிநாவட்டம் rubis excellent, — de choix, *litt.* le poli de Délhi. [ட் et de ஈ.

டீ, lettre syllabique composée de

*டீகை, (tikâ), nom d'un dictionnaire sanscrit. [d'encouragement.

டீடீ bravo! courage! interjection

டொ lettre syllabique composée de ட் et de ஒ.

டொக்கு, trou (dans un arbre, dans un mur ou en terre), courbure, tortuosité.

டொம்பரவன், *V.* டொம்பன்.

டொம்பன், *pl.* டொம்பர், Tômben ou danseur de corde (de caste ou de profession), charlatan, jongleur.

டொம்பி, டொம்பிச்சி, danseuse de corde, femme de cette caste ou de cette profession.

டொரு, l'arbre இருப்பை.

டோ, lettre syllabique composée de ட் et de ஓ.

டோக்கு, son du tambour: — செய்கிறது battre le tambour.

டோக்குகிறது, கினேன், குவேன், கு, க, *v.n.* jouer avec des balles de terre cuite (que les enfans poussent à terre avec leurs coudes).

டோலாயமானம், (டோல், ஆம்), incertitude, fluctuation, perplexité.

டோலி, (*ind.*), dôli, litière, palanquin léger.

டோலேந்திரம், (டோல்), chose suspendue par une corde dans un vase rempli d'eau et mis sur le feu pour bouillir: — கட்டுகிறது suspendre ainsi, *ou* — கட்டிவேவிக்கிறது suspendre et faire ainsi cuire une médecine ou autre objet.

*டோல், (dhôla), grand tambour, hamac, lit suspendu.

டட,se met pour ட்ட.Au commencement des mots,cette lettre double ne sert qu'a représenter des sons étrangers.Dans les mots suivans elle représente la lettre aspirée th.

டாபிக்கிறது, பித்தேன், பிப்பேன்,பி,பிக்க,v.a.fixer, établir, mener chez soi.

டவளி,fraude,tromperie,mensonge.

டாக்கோட்டாக்கு, (*Mahratte*), hâte, vitesse.

டாணா,(*ind.*),thâna.salle de police,poste—,lieu de police subalterne,corps de garde: டாணாவிலேவைக்கிறது mettre au thana,—à la salle de police;—க்காரன், — ச்சேவகன்,*ou*

டாணாதார்,(டாணா),chef—, pion —,gens du thana,pion de police, garde,sentinelle.

டக்கு,1° (*ind.*),propre,juste,bon, apte,exact,complet,vrai.2° *ou*

டம்பு,orgueil,vanité,vaine—,gloire: —க்காரன் homme vain, orgueilleux;—பண்ணுகிறது s'enorgueillir, tirer vanité,être orgueilleux, vaniteux.

ண

ண், 6me consonne de l'alphabet tamoul et 3me lettre douce, est la nasale correspondant au ட, devant lequel elle vient souvent. Aucun mot tamoul ne commence par cette lettre;si elle se trouve au commencement d'un mot,c'est une permutation du ந occasionnée par un ண் ou un ள் final qui le précède.*Ex.*தெண்ணீர், *P.*தெள்நீர் de l'eau claire; ou bien elle remplace l' ள் final et le ந initial.*Ex.* நாணெடிது,*P.* நாள்நெடிது le jour est long.

FIN DE LA PREMIÈRE PARTIE

DICTIONNAIRE TAMOUL-FRANCAIS

DICTIONNAIRE TAMOUL-FRANCAIS,

PAR DEUX MISSIONNAIRES APOSTOLIQUES DE LA CONGREGATION DES MISSIONS-ETRANGERES.

TOME SECOND

M. B. DUPUIS

GYAN

Published by

Gyan Publishing House
5, Ansari Road
Daryaganj, New Delhi-110002
Phone: 011-47034999, 9811692060
E-mail: books@gyanbooks.com

Distribution Network
gyanbooks.com
India, USA, Canada, UK, Australia, France

ISBN : 978-81-212-4302-5 (Set)
ISBN : 978-81-212-4854-9 (HB)
First Published, 1862

2nd Impression 2020

Printed at: Gyan Press, Delhi.

Dictionnaire Tamoul-Francais
Author: M. B. Dupuis

DICTIONNAIRE

TAMOUL-FRANÇAIS,

PAR DEUX MISSIONNAIRES APOSTOLIQUES

DE LA CONGRÉGATION

DES MISSIONS-ÉTRANGÈRES,

TOME SECOND.

அந்நியதேசத்துப்போதகர் சபையிலுள்ள

அப்போஸ்தொலிக்குக் குருக்களி லிருவர்

செய்தருளிய

தமிழ்பிராஞ்சகராதியின்

உ-ம் பங்கு.

PONDICHÉRY,

IMPRIMERIE DES MISSIONNAIRES APOSTOLIQUES

DE LA DITE CONGRÉGATION.

1862.

Avec l'approbation des Supérieurs.

PREFACE.

Nous avons enfin la satisfaction de livrer au public la fin de cet ouvrage, fruit de plus de huit ans de travail. Ceux qui considérent combien de temps et de recherches pénibles exige la confection d'un dictionnaire d'une langue étrangère s'étonneront peut-être qu'il ait pu finir si tôt. Mais les deux Missionnaires, qui y ont travaillé simultanément, tant d'années, étant parvenus, l'un à la fin de sa trentième année de séjour dans l'Inde, et l'autre à sa vingt-septième, ne sont plus des étrangers ni pour leur patrie adoptive, ni pour le tamoul, que depuis long-temps ils parlent presque aussi aisément que leur langue maternelle.

A peine arrivés dans l'Inde, ils s'adonnèrent à l'étude de cet idiome, avec toute l'application dont ils furent capables. Puis lancés dans l'intérieur des terres, ils ont passé plus de huit ans dans la carrière Apostolique, où l'exercice continuel du saint Ministère, au milieu des populations natives, leur a procuré de plus en plus la connaissance de la langue, et celle des mœurs et des diverses particularités de ce pays.

Appelés ensuite par leurs Supérieurs à répandre l'instruction par la presse et par l'enseignement, ils ont, Dieu aidant, composé ou revu et publié les ouvrages de piété, de méditation, de controverse, d'histoire, etc..., ainsi que les livres classiques et les dictionnaires contenus dans le catalogue mis en tête de cet ouvrage.

C'est aprés plus de douze ans de travaux littéraires encouragés par un succès, qui a dépassé toute espérance, et après avoir recueilli les divers matériaux nécessaires à leur but, que s'aidant du secours de natifs intelligens et éclairés, ils ont entrepris la rédaction et l'impression de ce dictionnaire.

Sans doute ils auraient désiré qu'il fut encore plus complet et moins imparfait; néanmoins ils espérent qu'il sera d'une grande utilité. L'accueil favorable qui a été fait aux livraisons, qui ont paru jusqu'à présent, leur en garantit le succés, d'autant plus que c'est le dictionnaire tamoul le plus complet, qui ait paru jusqu'à présent.

Dans la préface du premier volume, analysant succinctement cette langue, son origine, sa nationalité, sa composition, ses emprunts etc..., nous nous sommes plu à rendre hommage à sa pureté, à sa beauté, à son antiquité et à sa naturelle facilité. Maintenant que nous en avons examiné, analysé et pesé tous les mots, qu'il nous soit permis de confirmer cet hommage bien sincère, que nous aimons à lui rendre, convaincus qu'il y a peu de langues au monde, qui aient si bien conservé leur pureté primitive, et qui, dans les emprunts faits aux langues étrangères, aient suivi des régles aussi précises, pour en garder les mots intacts ou parfaitement reconnaissables.

A voir l'élégance, l'antiquité et la beauté de cette langue, quelles riches productions, dans tous les genres de connaissances, n'aurait-on pas droit d'attendre d'un peuple ingénieux, doué d'une imagination vive, et qui ne manque pas de capacité pour les sciences, surtout dans l'Inde, dans un pays qui certainement a dû être un des premiers peuplés, et qui ayant puisé sa civilisation aux premières sources du genre humain, l'a toujours plus ou moins cultivée et conservée, dans la longue série de siècles, qui s'est écoulée depuis lors?

Dans un tel laps de temps, que de royaumes se sont élevés dans ces vastes contrées! Que de dynasties ont dû s'y succéder! Que de guerres, que d'alliances et autres événemens mémorables ont dû s'y passer! Quelle mine féconde n'y avait-il pas pour une histoire nationale? Plusieurs royaumes, ceux du Tanjaour et du Maduré entre autres, ont eu leurs académies; Les rois indigènes les ont quelquefois encouragées. Quels résultats heureux pour la science ne devaient-elles pas produire? Sous un ciel presque toujours pur et serein, quelles découvertes ou observations utiles la science astronomique ne pouvait-elle pas faire? Centre d'un commerce, qui paraît toujours avoir été passablement étendu avec les peuples circonvoisins, et souvent la proie de conquérants étrangers, les Indiens avaient d'assez fréquentes occasions de connaitre les autres peuples, leur histoire et la géographie. Plusieurs arts et sciences ont été connus dans l'Inde dés l'antiquité; quel beau champ n'y avait-il pas à d'utiles progrés? De tous côtés, et dans la langue, et dans le peuple, et dans les sujets à traiter, on voit qu'il y avait, pour les sciences et les arts, matière aux plus belles productions scientifiques, littéraires et industrielles.

Voyons maintenant quelles sont celles que l'Inde à enfantées, quelles sont les sciences qui y ont été cultivées, et tâchons d'analyser les causes des divers résultats que nous trouverons.

A entendre exalter par les Indous leurs 64 [illegible], c'est-à-dire leurs 64 sciences ou arts, il semblerait que nous aurions de nombreux et d'heureux résultats à constater. Mais quand on examine ce que sont ces 64 sciences ou arts si vantés, on est étonné de l'illusion étrange, que l'on se faisait, et de la déception que l'on éprouve. Au mot [illegible] nous en donnons la liste complète et l'indication de ce qu'est chacune de ces sciences. On peut voir que cette liste renferme 20 à 22 arts de magie, de sortilége, d'enchantement et de divination; et entre autres l'art de tuer par sorcellerie.

En outre, elle contient cinq à six sciences qui tiennent au paganisme, et au moins une douzaine d'arts, qui ont pour objets des choses si peu importantes, qu'à peine méritent-ils le nom d'arts ou de sciences; ou bien ce ne sont que des parties ou sections d'un art principal, tandis qu'il y a une foule d'arts et de sciences véritables, utiles et recommandables, dont cette liste ne parle pas, et qui ont été jusqu'ici comme inconnus aux Indiens. Il ne reste donc de cette longue liste qu'une quinzaine d'arts ou de sciences dignes de ce nom. Voyons maintenant à quel point ces peuples ont cultivé ces sciences et arts divers, dans l'Inde en général, et surtout dans le pays tamoul.

Ils n'ont de l'histoire que le nom, et encore souvent, dans leurs ouvrages, les noms d'histoires, de contes et de fables se trouvent pris l'un pour l'autre, parce qu'effectivement, de leur faits historiques les plus intéressants, ils ont fait des romans poétiques, où la vérité historique n'est plus reconnaissable. La chronologie et la géographie, qui servent tant à l'histoire, sont devenues aussi chez eux le domaine de la fable, au point qu'on peut à peine assigner avec certitude l'époque de quelques faits historiques de l'Inde, et qu'on ne trouve chez eux qu'une légère teinture de géographie, encore n'est-ce que pour ce qui concerne leur patrie et quelques pays circonvoisins. (On peut le voir aux mots [illegible] les 9 divisions du monde, ou plutôt de l'Inde, et [illegible] les 56 pays.)

L'astronomie véritable paraît avoir été extrêmement négligée parmi les Indiens. Les brames, tout en conservant de cette science ce qu'il faut pour calculer les lunaisons et les éclipses, ont donné au peuple les idées les plus ridicules de ces phénomènes. Au lieu de s'occuper d'astronomie, ils ont cultivé avec soin l'astrologie judiciaire, art mensonger et illusoire, qu'ils ont exploité journellement à leur profit, mais au détriment du peuple ignorant qu'ils auraient dû éclairer.

L'arithmétique est une des sciences que les Indiens cultivent avec le plus de soin dès l'enfance, de manière à s'habituer à faire vite, de mémoire et sans écrire, des comptes soit entiers soit fractionnaires assez considérables; ce qui étonne d'autant plus, qu'ils ont adopté pour leurs comptes, surtout dans le pays tamoul, un système d'opérations et de fractions extrêmement compliqué et difficile. Mais généralement parlant, ils n'ont pas cultivé les hautes mathématiques.

L'éloquence du barreau, de la tribune et de la chaire, semble avoir été complètement négligée par l'Inde payenne, et nous ne voyons aucun ouvrage en ce genre, qui ait quelque célébrité. L'éloquence de la chaire est absolument nulle dans la gentilité; nulle instruction n'y est donnée aux peuples. Cependant les rhéteurs dans l'art de l'éloquence et dans celui des figures de rhétorique, ont donné des principes et des régles qui auraient pu, plus au moins, conduire à quelque résultat.

La jurisprudence ne parait pas avoir été l'objet de grandes études parmi eux, et ne l'est pas encore; leurs anciens législateurs ou sages leur ont, il est vrai, laissé dix-huit codes de lois ou livres de jurisprudence, mais sous les rois indigènes, et plus encore sous la domination mahométane, la justice était généralement trop arbitraire, trop prompte ou trop vénale pour s'astreindre à d'ennuyantes procédures et à de longs et éloquents plaidoyers.

L'architecture semblerait avoir été cultivée autrefois; car divers témoignages attestent qu'il y a eu 32 (சிற்பநூல்) Sirpanoûl, mot qui signifie traité ou ouvrage sur l'architecture, et que l'on traduit aussi par système ou ordre d'architecture. D'anciennes pagodes attestent encore que l'architecture et la sculpture ont été cultivées dans l'Inde, mais sans arriver à une grande perfection, à quelques exceptions près. Et comme les monumens, qui existent encore, se ressemblent presque tous, et sont à peu près du même ordre d'architecture, on a lieu de douter que les Indiens en aient jamais connu 32, au moins en pratique. A l'architecture quelques-uns rattachent la mécanique, qui parait avoir été très-peu l'objet de l'étude et des soins des Indiens. En général dans tous leurs arts et métiers la mécanique joue un faible rôle;rien de plus simple que les moyens qu'ils emploient.Une certaine dextérité supplée à ce qui leur manque sous ce rapport.

La médecine a été l'objet du travail de quelques auteurs,qui ont laissé des écrits sur cette science. Mais on peut dire que, depuis long temps au moins, c'est une étude peu approfondie des Indiens. Comme c'est un art vraiment peu contrôlé dans l'Inde, bien des individus se mettent à l'exercer,quand ils ne voient plus d'autres moyens de gagner leur vie, et, avec quelques simples et autres remèdes généralement connus, ils se font quelquefois une vogue assez considérable. Cependant on rencontre quelques praticiens passablement habiles,et qui font des cures remarquables. Dans un pays si riche en plantes médicinales, et en remèdes vraiment spécifiques, si la botanique et la médecine étaient bien étudiées et utilement mises en pratique, sans doute ce serait un immense service rendu à l'humanité et à la science. Les gouvernemens européens ont déjà commencé à y initier les indigènes. Quant à la chirurgie, elle a,ce semble, toujours été l'objet de l'aversion et du dédain des Indiens.Ils ont abandonné cet art au barbier,qui,dans quelques cas, l'exerce vaille que vaille,sans en avoir fait une étude spéciale.

De la physiognomonie, à laquelle ils ont joint la chiromancie, ils ont fait,en grande partie,un art de divination, par lequel bon nombre de charlatans prétendent arriver à pronostiquer même les avantures des individus qu'ils examinent.

Bien que Siven, un des principaux dieux des Indous, ait été un grand danseur, les Indiens, comprenant sans doute ce que la danse a de dangereux pour les mœurs, ont réservé cet art aux comédiens et aux bayadères,dont les danses parfois lascives ont bien aussi leurs dangers pour les spectateurs.

Ils ont cultivé et exercent encore avec une certaine habileté l'art dramatique,et souvent des acteurs improvisés se plaisent à donner des représentations théâtrales sur des théâtres de feuillage ou en plein air: car ils n'ont point de salles à cette fin. Mais cet art,parmi eux, n'a point encore produit de ces ouvrages dramatiques,qui méritent d'être classiques et de passer à la postérité.

La musique semble remonter, dans ce pays, à une assez haute antiquité. Depuis long temps les Indiens connaissent la gamme, les tons, l'usage des notes d'accompagnement, et la musique soit vocale, soit instrumentale. Mais leur musique vocale est généralement monotone et nasale, tandis que leur musique instrumentale est bruyante et confuse. En outre, cette science est depuis long temps stationnaire parmi eux, étant comme réduite à 32 airs anciens et 32 nouveaux (dans leur antique origine). Jusque dans leur musique, les Indiens ont mêlé des puérilités et des idées superstitieuses; ils distinguent leurs airs en airs mâles et en airs femelles, qu'ils donnent pour femmes aux premiers, désignant à chacun la sienne. Ils leur assignent aussi différentes castes et différens dieux, et ils prétendent que plusieurs de leurs mesures de musique ou de leurs tons sont sortis de la face de Siven (voyez plusieurs détails sur leur musique aux mots இராகம், தாளம், et பாவம்). Enfin les Indiens ont nui aux progrès de la musique parmi eux, en réduisant l'usage des instruments à vent à la caste des barbiers, et celui de plusieurs sortes de tambours ou de tambourins à la caste des Parias.

L'art militaire indien a produit le jeu d'échecs; c'est peut-être le résultat le plus considérable qu'il ait obtenu. Car nous ne voyons guère qu'il ait fait faire aux Indiens des conquêtes au dehors; au contraire dans presque tous les temps, il a laissé ce pays, si vaste et si populeux, devenir la proie des étrangers. Il est vrai que le défaut de leur art militaire n'en est peut-être ni l'unique, ni la principale cause; l'art ne suffit pas, si la bravoure et l'union font défaut.

L'art de lancer des flèches n'est qu'une partie de l'art militaire.

La lutte et les autres parties de l'art des athlètes ont été abandonnées à certains jongleurs, et ne semblent pas avoir eu grande importance dans ce pays.

Les arts de connaître les différentes marques des éléphants et des chevaux sembleraient être une petite partie de la zoologie; mais dans les idées indoues, ou du moins dans la pratique journalière, ce sont plutôt les arts superstitieux de découvrir les marques qui peuvent porter bonheur ou malheur aux possesseurs de ces animaux.

La chimie ou plutôt l'alchimie, la transformation des métaux, a été fort élaborée dans l'Inde; mais, comme bien d'autres peuples, les Indiens sont encore à chercher la pierre philosophale.

Quelques Indiens sont habiles dans l'art d'apprécier la qualité de l'or et des pierreries; mais ces arts ne semblent que de faibles parties de la minéralogie ou de l'orfèvrerie et de la joaillerie.

L'art de connaître les terrains est un point important, sans doute, pour l'agriculture et pour l'imposition des terres; mais en soi il n'est pas un art fort compliqué.

Celui de conduire les chars avait autrefois plus d'importance qu'aujourd'hui, lorsque les chars figuraient dans les batailles; maintenant il se borne ici, comme ailleurs, à l'art de cocher, devenu un des emplois de domestiques.

L'art d'explorer les cavernes est trop minime, pour que nous nous y arrêtions. Il en est de même des arts de tours de ruse et de passe-passe, dans lesquels les jongleurs indiens excellent véritablement, au point de faire craindre quelquefois qu'ils n'y joignent de l'intervention satanique.

Quant aux arts pernicieux et diaboliques des enchantemens, magie, sorcellerie, évocation, divination et autres semblables, ils sont malheureusement devenus vulgaires parmi les Indiens, surtout dans certaines castes; mais de nos jours dans l'Inde, comme autrefois dans d'autres contrées, le pouvoir supérieur de Dieu, qui rend impuissante, contre les bons Chrétiens, la force diabolique des enchantemens et des sorcelleries, a tellement frappé ceux-mêmes qui les employaient, qu'il en a converti au christianisme.

Enfin trouverons-nous quelque science ou quelque art véritable et littéraire, dans lequel les Indiens aient excellé? Oui, c'est la poésie, et cependant ils ne la font figurer dans la liste de leurs sciences et arts que sous le nom de poème épique, qui en est la production la plus considérable. La poésie a été réellement cultivée avec soin parmi eux, et ils comptent jusqu'à 96 espèces de poèmes dits பிரபந்தம், que le génie de leurs poètes a enfantées. Quelques-unes, il est vrai, sont peu de chose, et ne méritent guère ce beau nom (voyez பிரபந்தங்கள்). Mais ils ont certains poèmes moraux, jolis et pour la poésie et pour les pensées, sauf quelques restrictions. Ainsi que nous l'avons déjà fait connaître dans notre notice sur le Tèmbâvani, ce magnifique poème tamoul du R. P. Beschi, leur poésie est extrêmement riche en toutes sortes de beautés poétiques, abstraction faite des sujets païens ou immoraux auxquels elle a souvent été employée. Parfaitement cadencée en pieds nombreux, composés de longues et de brèves, et modifiée par une foule de combinaisons, suivant le genre de poème, elle est extrêmement variée, harmonieuse et laconique; mais la variété de ses règles et de ses combinaisons rend surtout quelques espèces de poèmes passablement difficiles, d'autant plus qu'elle demande ordinairement, soit pour les rimes, soit pour la quantité et l'élégance, des mots recherchés; ce qui fait que généralement la langue poétique est comme une langue différente de la langue ordinaire; et comme leurs grammaires, leurs figures de rhétorique et leurs règles d'éloqence ont été faites surtout pour la poésie, elles participent à ces obscurités.

De plus ces combinaisons difficiles, s'étant étendues jusqu'à leur orthographe, ont rendu même les arts de lire et d'écrire passablement ardus, et ont plus ou moins empêché la science de devenir populaire; aussi est-il rare, dans les campagnes surtout, de trouver des gens qui sachent bien lire, quoiqu'il y en ait un certain nombre qui passent plusieurs années dans les écoles.

Il semblerait même que les savans indiens, au lieu de prendre les moyens de rendre facile l'accès aux diverses sciences, aient pris ceux de les rendre obscures au suprême degré. Car ils en ont donné les principes dans le style inintelligible d'une poésie recherchée. Le moyen d'inculquer les premiers principes des sciences en vers, ou dans des sentences courtes et faciles à retenir, qu'on développe ensuite dans un style clair et à la portée du commun des lecteurs, peut avoir, sans doute, un grand succès; mais au lieu d'employer, comme il faut, la seconde partie de ce moyen, il parait que les auteurs anciens ont cherché à tenir la science au-dessus de la portée du vulgaire. Car, dédaignant le style clair et facile de la prose, ils ont tenu à honneur de ne parler que le langage de la poésie, lors même qu'ils n'en employaient pas le rhythme. Aussi jusqu'à ces derniers temps, où le christianisme est venu promulguer de nouveau à ces peuples ses dogmes et ses préceptes régénérateurs, dans un style clair et intelligible, et les lui a exposés dans des livres, qui ont mis enfin la prose en honneur, dans ce pays, il était rare de trouver des ouvrages, tant soit peu considérables, qui ne fussent pas en vers. Même les traités de médecine et les horoscopes étaient versifiés. En outre la poésie, charmant ces peuples par ses beautés, et les lançant dans la vaste carrière de l'imagination, les a détournés de l'amour du vrai, et des sciences solides et véritables.

Mais quelle a été la cause principale de cette tendance à la versification et aux chimères de l'imagination, ainsi que de ce système de tenir la science hors de la portée du vulgaire? et d'où vient en grande partie cette stérilité de l'esprit indien pour les sciences?

C'est évidemment au bramanisme que l'on doit principalement attribuer tous ces fâcheux résultats; car non seulement il s'est fait une règle de mettre en vers, au moins en grande partie, ce qu'il donnait pour védas ou livres sacrés, mais encore il a mis en principe qu'il ne devait y avoir que les brames et les 2 castes supérieures et privilégiées qui les lussent; c'est en vers qu'il a donné les contes plus que romanesques des légendes de ses dieux, où le délire de l'imagination de ses poëtes a dénaturé tout ce qu'il traitait. Dans ces compositions gigantesques, charmant les lecteurs et les auditeurs par la beauté du style et les figures séduisantes de la poésie, par des aventures forgées à plaisir et favorables aux passions, enfin par des récits fabuleux où le merveilleux et le grandiose jouent le plus grand rôle, les auteurs du bramanisme ont falsifié les idées presque sur tout. Ils ont avili la divinité, en lui prêtant toutes les passions et les désordres de l'humanité. Ils ont défiguré l'histoire de manière à la rendre méconnaissable. Ils ont forgé une chronologie, où ils ont accumulé à plaisir les années, les siècles et les âges, oubliant cependant d'égaliser l'âge de leurs trois dieux principaux, dont ils ont fait par-là une triade ou trinité incohérente.

Ils ont fait une cosmographie ou géographie digne des romans les plus mensongers, à laquelle il ne manque que la vérité et même la vraisemblance. Supposant la terre plate, ils ont imaginé sept iles concentriques séparées par sept océans ambians, qu'ils prétendent être l'un d'eau salée, l'autre d'eau douce, les autres de lait, de lait caillé, de beurre fondu, de jus de canne à sucre, et de miel ou de liqueur enivrante.

En astronomie, des planètes faisant des dieux, ils en ont forgé les contes les plus ridicules; ils ont mis la lune au-dessus des étoiles; des nœuds ascendans et descendans de la lune ils ont fait deux gros serpens, qui chaque jour, sont censés causer quelques quarts d'heure de temps néfaste, et, au moment des éclipses, dévorer le soleil ou la lune. Détournant l'astronomie à des buts astrologiques, ils ont divisé le zodiaque en 27 constellations lunaires, dont ils ont fait les femmes de la lune, qu'ils supposent être une divinité mâle. Dans le même but, ils ont inventé les 11 Caranam (கரணம்) ou divisions astrologiques du temps, et les 27 Yôgam (யோகம்) ou sections de l'écliptique.

Des erreurs et des déviations si capitales, dans des sciences si importantes, ont été données par les brames, ces dépositaires de la science, et ces maîtres de la religion des Indous, comme faisant en quelque sorte partie de leurs doctrines sacrées; car elles sont contenues dans les pouranas ou légendes de leurs dieux. Imbu de pareilles erreurs par des maitres aussi accrédités, que le furent les Brames jusqu'à nos jours, comment l'Indien aurait-il pu se faire quelque idée juste de ces sciences. Aussi à peine lui reste-t-il quelques notions de géographie et des autres principales sciences.

Mais ce sont surtout les doctrines religieuses que le bramanisme a corrompues; son souffle pestilentiel a tout vicié; sous sa funeste influence, l'erreur et le paganisme ont de toutes parts inondé ce pays. Aussi parmi les Indiens qui ne sont pas encore éclairés des lumiéres du christianisme, on ne voit guére qu'un polythéisme incohérent, ou un panthéisme grossier, et une idolâtrie si déhontée qu'elle ne rougit pas des plus grandes turpitudes et des absurdités les plus déraisonnables, qui sont comme consacrées par les légendes et le culte de ses faux dieux..

Néanmoins au milieu de cet alliage incohérent de doctrines et de pratiques idolâtriques, on peut encore retrouver des traces et des témoignages irréfragables des principales vérités de l'antique tradition, conformes aux dogmes principaux du christianisme.

Ainsi le polythéisme et le panthéisme même n'étant qu'une fausse application de la croyance à la divinité, on ne s'étonnera pas de trouver, dans la langue comme dans les usages de ce peuple, des témoignages de sa foi à l'existence de Dieu.

Mais ce qui étonnera peut-être, c'est de trouver dans sa langue, et même dans les noms ou dans les épithètes qu'il donne à ses faux dieux, des termes qui font contraste avec leurs légendes, et qui ne peuvent convenir qu'au seul vrai Dieu que les chrétiens adorent. Peut-être même, n'y a-t-il pas de langue, qui ait des termes plus propres et plus riches pour exprimer les divins attributs. Ces belles expressions sont de temps immémorial, parmi les païens même, des noms de la divinité. Ainsi ils appellent Dieu ஏகன் l'unique, சயம்பு l'être existant de lui-même, அநாதி l'éternel, அரூபி l'incorporel, கருணாலயன் l'océan de grâce, சகலவியாபி l'être présent partout, ஆதி le principe de tout, சர்வேசுரன் le souverain Seigneur de toutes choses, பூரணன் le parfait, அமலன் l'immaculé ou celui qui est sans tache, நீதிபரன் le Dieu de toute justice. Ces noms et bien d'autres semblables expriment, d'une manière parfaite, les divins attributs du Seigneur, et attestent l'antique croyance au Dieu véritable, et même à son unité, à sa pureté ou à sa sainteté et à son domaine absolu sur toutes les créatures.

La triade indienne, appelée trimourti, rappelle la très-sainte Trinité.

La création et l'idée du créateur se retrouvent dans plusieurs mots de la langue, et dans plusieurs ouvrages des Indous.

Le péché originel et la dégradation de l'homme, par le péché, sont encore attestés par les mots de பழவினை et de சஞ்சிதவினை, c'est-à-dire, d'ancien mal ou d'ancien péché, et par les divers sacrifices expiatoires et les purifications, en usage parmi les sectateurs du bramanisme.

Les luttes que les Indous racontent des démons et des géans, contre ceux qu'ils appellent தேவர் ou dieux inférieurs, et les calamités que ces êtres malfaisans firent souffrir aux hommes, rappellent les combats des bons et des mauvais anges, les luttes spirituelles des hommes contre les démons, et les calamités dont ceux-ci ont souvent été la cause ou les agens.

Le mot de சலப்பிரளயம் ou déluge, et plusieurs anecdotes des légendes indoues ne permettent pas d'oublier la catastrophe qui engloutit et régénéra le monde du temps de Noé.

Nous retrouvons dans le mot அவதாரம், et dans les diverses incarnations de Vichnou, des traces palpables de l'antique croyance à l'incarnation du fils de Dieu, pour sauver les hommes de l'esclavage du démon.

Le jugement de l'homme, après la mort, est encore une croyance des Indous. Ils n'ont changé que le nom du juge.

Le dogme des peines ou des récompenses après le trépas suppose nécessairement celui de l'existence de l'âme et de son immortalité. Or cette croyance et celle de l'enfer et du paradis sont encore populaires dans l'Inde, et on les retrouve souvent exprimées dans les ouvrages indous. Seulement ils ont mêlé à ces dogmes, comme à tout le reste, une foule d'erreurs et de fables inventées à plaisir.

La croyance à l'expiation du péché, par des bains sacrés, nous rappelle le sacrement de baptême et l'usage de l'eau bénite.

La croyance au mérite des bonnes œuvres, à celui de la prière, de la méditation et même de la contemplation, à celui du jeûne, de la pénitence et des diverses autres pratiques de la vraie religion, se trouve dans des actes semblables, que les Indiens dénaturent en les faisant en l'honneur de leurs faux dieux, ou en les mêlant d'actes superstitieux et idolâtriques. Les Indous ont exalté jusqu'aux nues ceux de leurs sages, qui, vivant en ermites, se sont rendus célèbres par les austérités de la pénitence,et qui rappellent nos anachorètes, nos ermites et autres saints pénitens. C'est ainsi que l'on retrouve dans ce pays,comme dans tous les pays infidèles,de précieux restes des anciennes traditions, les principales vérités et pratiques de l'antique et vraie foi. Mais dans quel alliage d'erreurs et d'absurdités ne les trouve-t-on pas confondues,et quel travail d'épuration ne faut-il pas faire pour les retrouver?

Cela étant, peut-on supposer,avec certains incrédules,que c'est le christianisme qui a emprunté ses dogmes des peuples de l'Inde? Autant vaudrait-il dire que c'est le soleil qui emprunte sa lumière de la lune, et non celle-ci du soleil. Car quand on voit le christianisme, bien que répandu par toute la terre, professer un corps de doctrine et de morale, où tout est conséquent,raisonnable, uniforme, appuyé sur des faits et des témoignages incontestables,pur et sans alliage d'erreurs et d'incohérences; quand on le voit recevoir le dépôt des vérités saintes du peuple chéri de Dieu, du peuple juif, avant qu'il fut réprouvé du Seigneur, et par lui, par les prophètes et par les patriarches, remonter jusqu'à l'origine des temps et à la révélation divine, tandis que dans l'Inde, et chez les autres peuples infidèles, ces mêmes vérités ne sont que des lambeaux cousus à un tissu disparate d'erreurs, d'absurdités et d'immoralités, il est incontestable que ce n'est pas le christianisme qui a emprunté ses dogmes des gentils,mais que ce sont les païens qui tiennent ce qu'ils ont de vérités religieuses, soit du christianisme, soit des Juifs et des patriarches, qui,comme peuple de Dieu, ne font qu'une seule chaîne de succession avec lui.

Que les divers peuples de la terre n'aient eu qu'une origine commune, non seulement l'histoire sainte et cette unanimité dans les traditions primordiales l'attestent,mais encore l'identité d'une foule de mots dans les diverses langues primitives, et surtout la division de la semaine en sept jours,ainsi qu'une foule d'autres faits le confirment. Comment se fait-il,en effet, que les divers peuples du globe,qui diffèrent tant d'idées et d'usages, se soient accordés sur une division semblable,qui de soi paraît arbitraire. On ne lui trouve point d'autre origine que la création,et ce n'est que dans le livre de la Genèse,le 1er des livres saints et le premier des livres authentiques, que l'on en trouve la raison. Les noms des mêmes planètes donnés ensuite aux jours de la semaine,chez les principaux peuples,confirment encore cette unité d'origine, non moins que la même division du zodiaque en 12 signes, et les mêmes noms donnés généralement à ces signes. Comme les divers peuples du globe tiennent d'une origine commune ces divers points de ressemblance, il est évident qu'ils ont emprunté aussi à la source commune, au peuple de Dieu, les nombreuses vérités dans lesquelles ils s'accordent. Ensuite à ces vérités primordiales chaque peuple gentil a joint une foule de fables et d'absurdités de son invention.

En cela le peuple indien semble les avoir surpassés tous; il n'y a pas de vérité qu'il n'ait corrompue par un alliage impur. Ainsi il garde bien des témoignages de l'unité de Dieu; et non seulement il prodigue son encens à plusieurs dieux de sa fabrique; mais il en fait même monter le nombre à 330 millions; il va jusqu'à prétendre que de vils animaux, des bœufs, des singes et des serpens sont dieux; enfin il porte son délire jusqu'à dire que tout est dieu. Il admet une espèce de Trinité dans la triade de ses trois dieux principaux; mais c'est une triade incohérente et dans la durée d'existence ou l'âge qu'il donne à ces 3 dieux prétendus, et dans les idées qu'il donne de leur origine, de leur prééminence et de leurs qualités. Car d'un côté il les prétend tous trois dieux, et de l'autre il laisse Brama sans culte, comme un être dégradé par la malédiction d'un richi, c'est-à-dire d'un sage; et il représente Siven ayant dans sa main le crâne d'une des têtes de Brama, et faisant pénitence de l'avoir coupée, pour le punir d'avoir convoité sa femme.

En outre, le bramanisme proclame, comme nous l'avons dit plus haut, les plus belles idées de la divinité: qu'elle est éternelle, sans figure ou incorporelle, immaculée, parfaite, ayant le souverain domaine de toutes choses et tous les autres attributs divins; et puis dans les légendes de ses dieux, dans les pouranas ou autres écrits semblables, il raconte, même de ses principales divinités, toutes sortes de choses diamétralement opposées à ces divins attributs; il donne, de diverses manières contradictoires, la théogonie de ces dieux; leur attribue un commencement et une fin, une ou plusieurs naissances, un corps, un lieu particulier de résidence et de domaine; il donne les noms de leurs femmes et de leurs enfans, et même il en fait des dieux tellement adonnés à l'impudicité, à l'adultère, à la débauche et au vol, que le libertin le plus corrompu aurait honte de leur ressembler. D'un côté il met l'impudicité au nombre des vices, qui souillent et déshonorent ceux qui s'y adonnent, et de l'autre non seulement il fait un dieu de Kâmen, le Cupidon indien, dont l'occupation est de porter les hommes à la luxure, par l'effet de ses flèches enchantées, mais il en fait même le fils de Vichnou, un de ses plus grands dieux. Dans ses temples et sur les chars de procession de ses dieux, les figures les plus indécentes peintes ou sculptées prêchent le libertinage au peuple. Les servantes des temples, dites தேவதாசிகள் ou servantes des dieux, sont des bayadères, c'est-à-dire des danseuses et des prostituées de profession, et une d'elles, avec un brame sacrificateur, est admise à servir de compagnie à l'idole sur le char de procession dans les fêtes publiques. Au lieu que les chrétiens vouent de chastes vierges au service du vrai Dieu, les Indous vouent de pauvres jeunes filles à la prostitution pour honorer quelques-unes de leurs infâmes divinités; plusieurs temples sont devenus célèbres par les désordres contre les mœurs, qui y étaient comme une partie du culte idolâtrique, et dans le சத்திபூசை (Sattipoûsei) ou sacrifice à Pârvadi, la débauche et la licence la plus effrénée, sous tous les rapports, font partie de cet abominable sacrifice, en l'honneur de cette prétendue déesse, femme de Siven. C'est ainsi que les Indous, tout en conservant les idées les plus sublimes et les plus justes de la divinité, l'ont avilie à un degré qui fait horreur, ont dégradé son culte, et démoralisé les peuples.

Ils ont perverti jusqu'au sens du mot de vierge ou de கன்னிகை, en le donnant non seulement à quelques-unes des femmes de leurs dieux, et à d'autres femmes mariées, mais encore à des personnes corrompues ou enlevées par d'autres que leurs maris, à une Drôpadei femme commune et simultanée des cinq fils de Pândou, et même à Varâgui, c'est-à-dire à la truie, femme de Vichnou métamorphosé en pourceau! (Voyez les mots கன்னிகை, பஞ்சகன்னிகை, சப்தகன்னிகை et வராகி).

Ils avouent que les Ganas sont des phantômes et des démons, et cependant ils en font des divinités inférieures, au service de Siven, sous le commandement de Vinâyaguen son fils.

Est-il possible de considérer sérieusement tous ces faits, toutes ces raisons, (et il y en a bien d'autres encore), sans avouer que tous les dieux indous ne sont que des démons, ou, ce qui équivaut au même, de fausses divinités forgées par les passions humaines?

Ayant créé aussi des divinités malfaisantes (துஷ்டதேவதைகள்), le bramanisme a appris à les imiter dans l'art de nuire. Aussi a-t-il exalté la magie, la sorcellerie, la divination, l'astrologie, et tous les arts d'enchantement et de maléfice, que non seulement le vrai Dieu, mais les Romains et plusieurs autres peuples, soit chrétiens, soit païens, proscrivaient de leurs empires. Ces arts diaboliques sont enseignés dans un de ses védas ou livres sacrés, dit அதர்வணம் (adarvanam); aussi sont-ils devenus en grande vogue dans ce pays, et y ont pris rang, comme nous l'avons vu, parmi les 64 sciences ou arts, tant vantés des Indiens sous le nom de Caleikiânam (கலைக்கியானம்).

Malheureusement ces sciences et ces arts malfaisants ne sont pas restés de simples spéculations; réduits en pratique, que de maux et de crimes n'ont-ils pas enfantés et n'enfantent-ils pas encore? et ce pauvre peuple, aveuglé par ceux qui auraient dû l'éclairer, par ses sacrificateurs, et ses savans dans ses diverses sectes, est journellement la victime de son ignorance et de sa crédulité, ayant, presque pour tout, à payer pour consulter les augures, et étant à chaque pas arrêté par les funestes présages qu'ils lui annoncent, et les vaines craintes qu'ils lui inspirent. C'est ainsi que souvent ses voyages, ses contrats de vente ou d'achat, ses mariages, et mille autres affaires importantes de la vie, sont retardés ou empêchés par les mauvais augures qu'on lui fait accroire et qui l'épouvantent inutilement.

Il est donc évident que le bramanisme, c'est-à dire le paganisme indien, a nui non seulement aux lettres, aux sciences et aux arts, mais au bien des peuples et à leur bonheur.

La philosophie indoue, ou plutôt le philosophisme indien, n'a pas peu contribué à plonger ce pays dans l'erreur et l'abrutissement. Comme le bramanisme et ses deux principales branches, le Vichnouvisme et le Sivénisme, ce philosophisme s'écartant de plus en plus du chemin de la vérité, et se partageant en diverses sectes, a fini par enfanter le panthéisme, le matérialisme, le scepticisme et toutes les autres aberrations de l'esprit humain. (Voyez les mots சமயம் secte, et அறுசமயம் les six sectes).

Aussi on a peine à croire jusqu'à quel degré d'ineptie sont tombés même les ascètes et les contemplatifs indous. Pour vous en faire, une idée, voyez les explications qui suivent les mots அஷ்டாங்கயோகம், ஆசனம் et தாரணை, c'est à-dire les 8 pratiques, les positions du corps et les exercices du contemplatif indou.

Qu'après cela certains esprits impies ou incrédules, épris de quelques beaux principes de morale ou de logique, ou même par quelques traités passables qu'on trouvera dans des ouvrages philosophiques, admirent, s'ils le veulent, le philosophisme indien, qui en définitive a pu enfanter tant d'erreurs, d'absurdités et d'inepties. Par-là c'est à leur jugement qu'ils feront tort. Mais que pour contredire la chronologie de nos livres saints, et s'inscrire en faux contre leur authenticité, ils ne viennent pas faire étalage de la chronologie du bramanisme et de ses Yougam ou âges fabuleux (voyez au mot யுகம்). Car ils se mettraient, pour être conséquens, dans la nécessité d'admettre aussi sa mythologie, sa géographie et son astronomie, qui sont de même fabrique et de même valeur; et par-là ils s'exposeraient au risque d'être moqués par tous ceux qui ont reçu les moindres notions de géographie et de cosmographie.

Quelle immense différence entre les résultats du christianisme et ceux du paganisme par rapport aux lettres, aux sciences, aux arts et au bonheur des peuples! Nous venons de voir évidemment combien le bramanisme, c'est-à-dire le paganisme indien, leur a nui dans ces vastes contrées et dans une si longue suite de siècles. Le christianisme au contraire partout où il a pénétré, dans l'ancien comme dans le nouveau monde, a fait fleurir les lettres, les sciences et les arts; et il a contribué immensément à procurer aux peuples divers le bonheur, la puissance et la gloire ici-bas, tandis qu'il prépare aux individus une félicité éternelle et infinie dans le ciel. Ah! puissent les Indiens apprendre à goûter enfin les bienfaits du christianisme! Puissent-ils comprendre que c'est le désir sincère de les rendre heureux, ici bas et dans le ciel, qui amène, de si loin dans leur pays, les prêtres catholiques, qui sont les envoyés du vrai Dieu pour leur montrer le chemin du salut, et du vrai bonheur!

DICTIONNAIRE

TAMOUL-FRANÇAIS.

தமிழ்பிராஞ்சகராதி.

SECONDE PARTIE.

த

த், 7me consonne de l'alphabet tamoul et 4me des lettres fortes, remplace les 4 dentales sanscrites, ta, tha, da, dha. Au commencement des mots elle a le son du t; seule au milieu des mots, et après sa nasale ந், elle se prononce d; quand elle est doublée elle se prononce tt. Dans un verbe le த் doublé indique souvent qu'il est actif. *Ex* வருந்துகிறது souffrir, வருத்துகிறது faire souffrir. Dans les noms cette duplication indique souvent l'oblique ou l'adjectif. *Ex.* மருந்து remède, மருந்துப்பை sac aux remèdes.

த, 1° lettre syllabique composée de த் et de அ. 2° (dha), Brama, Koubèren.

தர, *inf. de* தருகிறது.

தகர், blaireau, animal qui fait son trou en terre.

தகடு, *gén.* தகட்டின், *obl.* தகட்டு, plaque, —mince de métal, feuille, plat de feuilles, resserrement, compacité: —தட்டுகிறது aplatir une plaque de métal; — தைக்கிறது clouer une plaque; தகட்டுத்தாரம், தகட்டுத்தாளம் arsenic en plaques ou morceaux minces et menus, sorte de remède.

தகட்டி, habits précieux etc...

தகதகென்கிறது, (தகதகு *son imitatif*), *ou* தகதகென்றுபிரகாசிக்கிறது, briller, reluire, réfléchir la lumière (comme les métaux...)

தகப்பன், (தகும், அப்பன்), père, oncle paternel. (Dans ce sens on ajoute ordinairement les adjectifs suivans): சிறிய — le frère cadet du père; பெரிய — le frère aîné du père.

தகைமை, *V.* தன்மை: அத்தகைமை cette manière, *ou* அத்தகைமைபோல் ainsi, de cette manière-là; அத்தகைமைபோன்ற tel, semblable.

*தகம், 1° (daha *brûler*), chaleur, brûlure. 2° (daka), eau.

தகரம், 1° étain, plomb, fer blanc, pommade, onguent pour les cheveux, parfum, un des பஞ்சவிரை. 2° (tagara), sorte d'arbrisseau, de plante. 3° (த, கரம்), la lettre த. 4° (dahara), petit (des animaux). 5° *adj. de* தகை: தகரப்பொடி poudre odoriférante.

தகராறு, (*ind.*), empêchement, obs-

த

tacle, opposition, contrariété: —படுகிறது être empêché, arrêté, contrecarré.

தகரு, la plante புன்முருக்கு.

தகருகிறது, தகருதல், V. தகர்கிறது, தகர்தல்.

தகரை, la plante cassia tora: —விரை sa graine employée en teinture: ஊசித்—cassia tora affilée, (le jus de cette plante bouillie est excellent pour guérir les plaies gangrénées).

தகர், 1° *imp. et part. de* தகர்கிறது. 2° *imp. de* தகர்க்கிறது. 3° *n.v. du même*, morceau, fragment. 4° éléphant —, requin mâle, bélier, mâle de l'espèce de brebis dite செம்மறியாடு, bouc de l'espèce dite குறுவாடு, mâle de l'animal fabuleux யாளி, le signe du Bélier, la terre, étamines ou pollen des fleurs, jacquier.

தகர்கிறது, ர்ந்தேன், ர்வேன் *ou* ருவேன், ர் *ou* ரு, ர, *v.n. ou* தகர்ந்து போகிறது, se briser, se casser (les verres, pots etc...), s'écrouler (un mur, une maison), se fracasser, se broyer, tomber en morceaux, — en ruines: தகரவாங்குகிறது, —வாங்கிப்போடுகிறது raser, détruire (une butte, un fort, une maison), anéantir, ôter le pouvoir, —la dignité.

தகர்க்கிறது, ர்த்தேன், ர்ப்பேன், ர், ர்க்க, *v.a. du préc. ou* தகர்த்துப்போடுகிறது, briser, casser, broyer, fracasser, mettre en pièces, démolir, renverser, frapper, heurter, froisser: ஒருவன்பல்லைத் தகர்த்துப்போடுகிறது briser les dents à quelqu'un.

தகர்ச்சி, தகர்தல், *n.v. de* தகர்கிறது, fracture, brisement, fracas, broiement, froissement, ruine.

தகர்ந்த, *part. du même*, brisé, cassé, broyé, écroulé, ruiné.

தகர்த்தல், தகர்ப்பு, *n.v. de* தகர்க்கிறது, action de briser..., coup.

தகர்வு, *n.v. de* தகர்கிறது, brisure, fracture.

தகலங்கட்டுகிறது, (தகல்), tromper (en vendant pour bon ce qui est mauvais).

தகல், 1° *n.v. et opt. de* தகுகிறது, V. தகுதல். 2° la plante திராய் pharnaceum. 3° (daghal *arabe*), déception fraude, séduction, obstacle: தகல்பாசி trompeur, fripon, séducteur; —பாசித்தனம் déception, tromperie.

தகவல், exemple, citation (d'un auteur): —கொடுக்கிறது donner un exemple, citer en preuve.

தகவு, (தகுகிறது), convenance, aptitude, justesse, propriété, qualité, bonté, bien, justice, droit, prétention, mœurs, manière, conduite, faveur, grâce, connaissance, clarté, évidence, comparaison.

தகழி, V. தகளி,

தகழிகை, vase à manger, écuelle.

தகழிச்சி, camphre.

தகளி, lampe de terre.

*தகனம், (dahana), brûlement, brûlure, combustion, incendie: — பண்ணுகிறது, V. தகனிக்கிறது; தகனகேதனம் l'étendard ou signe du feu, *i.e.* la fumée; —க்கிரியை cérémonie du sacrifice ஓமம்; —பலி holocauste; —பலிபீடம் autel des holocaustes; —ப்பிரியை, V. சுவாகை.

*தகனன், (*id.*), le feu, Agni prétendu dieu du feu, vaurien, méchant.

*தகனாராதி, (தகனம், அராதி), l'ennemi du feu, *i.e.* l'eau.

தகனிக்கிறது, னித்தேன், னிப்பேன், னி, னிக்க, *v.a.* brûler, consumer, (*v.g.* un cadavre), réduire en cendres, incendier.

தகனித்தல், *n.v. du préc.* V. தகனம்.

தகலா, lingot, masse de métal.

*தகனோபலம், (தகனம், உபலம்), lentille de crystal.

*தகன், 1° (daha *brûler*), le feu. 2° le cent-pieds dit பூரான், la plante தகல்.

தகா, 1° (*ind.*), déception, fraude, ruse. 2° * (daha *brûler*), soif, désir ardent: —க்காட்டுகிறது, —க்காட்டுதல் engager, attirer, allécher; —பண்ணுகிறது tromper, duper. 3° தகா *ou*

தகாத, *part. nég. de* தகுகிறது, inconvenant, indécent, inconvenable, impropre, inapte, incapable, indigne: தகாதஊழியக்காரன் serviteur incapable,indigne;—விசேஷம் chose —,parole indécente; — வார்த்தை mot indécent,impropre; தகாதது ce qui est inconvenant...; செய்யத்தகாதது ce qu'il—,il ne convient pas de faire; தகாததைச்செய்யாதே ne fais rien d'inconvenant.

தகாரா,1° procès, dispute. 2° (தகாது,-ஆ),ne convient-il pas?

தகாது,1° 3me *pers.neut.nég.de* தகுகிறது,il ne convient pas.2° *ou*

தகாமல்,*gér.nég.du même*,ne convenant pas.

தகாமை,*n. v.du même*, inconvenance,incapacité, impropriété, incompatibilité,indignité.

தகிக்கிறது,கித்தேன்,கிப்பேன்,கி,கிக்க,*v.a.*(daha *brûler*), *ou* தகித்துப்போடுகிறது,brûler, consumer, dévorer, digérer: தகித்துப்போகிறது se consumer,se digérer.

தகித்தல்,தகிப்பு,*n.v.du préc.*

தகிப்பிக்கிறது,*v.caus. du même*, faire brûler...

*தகிலன்,(takila),trompeur, fourbe.

தகிலாயம்,(தகிலன்,ஆயம்),amour, amitié,affinité,gratitude,retour: தகிலாயக்காரன் ami.

தகிலிக்கிறது,லித்தேன்,லிப்பேன், லி,லிக்க,*v.a.*(தகிலன்),*et* தகிலித்துப்போடுகிறது, — க்கொள்ளுகிறது, tromper, filouter, attraper, duper, donner un objet volé,échanger,troquer,faire entrer, fortifier, frotter, mèler,transporter de l'un à l'autre.

தகிலித்தல்,தகிலிப்பு,*n.v. du préc.*

தகிலிமா, l'arbre சேரான் qui produit le சேங்கொட்டை.

தகுகிறது, க்கேன் *et* குந்தேன்,குவேன்,கு,க,*v.n.*convenir, être convenable, propre, bienséant, digne, capable,possible,appartenir: புகழத்தகுவாய் tu seras propre à louer, ou digne d'être loué.

தகுணிதம், instrument de musique.

தகுதல்,*n.v. de* தகுகிறது, convenance,capacité,aptitude,droit.

தகுதி,(*id.*),convenance,bienséance, capacité, aptitude, propriété, droit, qualité,mérite,connaissance,mœurs, moralité, conduite, caractère naturel,disposition,patience,impartialité,justice,possibilité,foule,troupe;தகுதிப்பொருள் objet—,chose convenable; தகுதியாய் convenablement, dignement, suffisamment, justement,dûment;— யாயதிகாரம்பெற்றிருக்கிறது avoir obtenu légitimement l'autorité, être parvenu légitimement au pouvoir;—யாயுணருகிறது comprendre comme il faut,dûment considérer; — யாய்க்கற்றிருக்கிறது avoir bien appris; — யாய்ப்பாடுகிறது chanter convenablement;—யாய்ப்போகிறது,— யாய்வருகிறது aller—, venir d'une manière convenable, avec la pompe ou avec une suite convenable; தன்பாவங்களுக்குத் தகுதியாய் selon la grièveté de ses péchés;தகுதியான,—யாகிய,*V.*தகுந்த;—யான ஏது cause juste; — யானகாரியத்தைவிடலாகாது il ne faut pas abandonner ou négliger une chose juste ou convenable;— யான காலம் temps propre; தகுதியின்மை inconvenance,inaptitude, incapacité,indignité.

தகுதியர்,தகுதியோர்,(தகுதி), gens convenables,dignes,justes impartiaux,les savans,les grands,les grands personnages,les parens.

தகுந்த,*part.parf. de* தகுகிறது, convenable,bienséant,propre, apte, capable, décent, juste raisonnable,possible,proportionné: தகுந்தவர் personnes convenables,—de bonne conduite; தகுந்தாற்போல comme il convient,—s'il convenait.

தகும்,3me *pers.neut.et part.fut.*il—, qui convient,il est juste,convenable, propre, capable, apte,possible:நீரென்னசொன்னாலுந் தகும் quoi que vous disiez ce sera juste ou convenable;அதுசெய்யத்தகும் il convient de faire cela;செய்யத்தகுங்காரியம் chose convenable ou possible; தகுமான *V*,தகுந்த;தகுமானஏது cause juste, raisonnable:—ஆனசமயம் occasion favorable,temps propre;தகுமோ est il convenable?...

தகுபவன்,m.தகுபவள்,f.தகுபவர், pl.தகுவது,neut.தகுவ,pl.n. *app. du fut.de* தகுகிறது, personne—chose convenable,possible.

தகுவர்,les அசுரர் ou géans.

தகுளம்,jeu de femmes.

தகை,1° (தகுகிறது),convenance, bonne qualité, naturel, disposition naturelle,beauté,grandeur, amour, amitié,morceau,*V.* துகடு. 2° armure,cotte d'armes, fatigue, relâchement. 3° *imp.et part. des suivans:* தகையணங்குறுத்தல் la beauté inspirer des désirs,titre du 1er chapitre de la 3me partie des குறள் de Tirouvallouver.

தகைகிறது,தகைந்தேன்,தகைவேன், தகை,தகைய,*et* தகைக்கிறது, தகைத்தேன்,தகைப்பேன்,தகை,தகைக்க,*v. a.et n.* (தகை),défendre,interdire,prohiber, empêcher, arrêter, retenir, se fatiguer,être las,épuisé,empêché, arrêté,jurer,conjurer,interposer un jurement,flétrir, faner: இராசாவின் ஆணையிட்டுத்தகைந்தான் il a été arrêté ou il a mis obstacle par une défense au nom du roi; ஒருவனைத் தகைந்துபோடுகிறது arrêter —, retenir ou empêcher quelqu'un; வழியிலேதகைந்துபோனான் il a été fatigué en route.

தகைகுநர், *P.* தகைவார்:செல்நீ பெருமநிற்றகைக்குநர்யாரோ allez, seigneur, qui peut vous arrêter?

தகைதல்,தகைத்தல்,*n.v.de* தகைகிறது *et de* தகைக்கிறது.

தகைப்பு,*n.v.de* தகைக்கிறது, fatigue,lassitude,empêchement,obstacle,mur d'entourage.

தகைமை,(தகை),convenance,aptitude,propriété,bonne —, disposition, caractère, beauté, grandeur, manière,sorte,voie, moyen.

தகையவர்,(தகை),gens vertueux, —de bon caractère.

தகைவு,*n.v.de* தகைகிறது,prohibition,empêchement, relâchement, lassitude: தகைவிலான்குருவி, (இலான்,*P.*இல்லான்),l'oiseau infatigable, *i.e.*l'hirondelle,ou l'oiseau qui entre partout sans empêchement, *i.e.* le passereau.

தக்க,1° *inf.de* தக்குகிறது.2° *part. parf.de* தகுகிறது,*V.*தகுந்த. 3° *obl. de* தக்கன்: — பதிலுத்தரிக்கிறது restituer—, satisfaire convenablement; வேலைக்குத்தக்ககூலி salaire proportionné au travail; செய்யத்தக்ககாரியம் chose qu'il convient de faire; கத்திக்குத்தக்கவுறை fourreau qui convient à l'épée, அதற்குத்தக்க மனுஷனவன் il est l'homme voulu pour cela,ou propre à cela; தக்கது,*n.* ce qui convient; சொல்லத்தக்கது il convient de dire,ou ce qu'il convient de dire; தக்கதாய்,தக்கதாக convenablement,d'une manière convenable, dûment, pour, afin de, (après un infinitif), தக்கதாய்க்கொடுக்கிறது donner convenablement, (soit pour la quantité,la manière,les motifs etc...); தக்கதாய்ச்செய்கிறது faire convenablement,accommoder; செய்யத்தக்கதாக pour faire, afin de faire; தக்கவன், *m.* தக்கவள், *f.* தக்கவர், *pl.* homme —, femme —, gens convenables, dignes, capables; நீபுகழத்தக்கவன் tu mérites d'être loué,tu es capable de louer.

*தக்ககன்,1° (takchaka), un des 8 serpens qui,au dire des Indous,supportent la terre.2° *V.*விஷவைத்தியன்.

*தக்கன, *obl. de*

*தக்கனை,(தக்கன்,ஐ),la fille de Dakchen, Dourgâ, les 27 நட்சத்திரம்; தக்கனாபதி le mari de la fille de Dakchen, *i.e.* Siven ou Sandiren.

தக்கடி, mauvais raisonnement, sophisme.

தக்கடை,balance,— dont les plateaux sont d'osier: — வித்தை tromperie en pesant (avec la balance), tour de passe-passe, escamotage,jonglerie; — வித்தைக்காரன் jongleur,trompeur, escamoteur,faiseur de tours.

*தக்கணம்,(dakchina),1° *V.* தக்ஷிணம். 2° un des நாலத்தின்மார்க்க சடப்பிரமாணம் qui contient 8 மாத்திரை en un சீர்.

*தக்கணுக்கினி,தக்கணுக்கினியம், (தக்கணம், அக்கினி), V. தக்ஷிணுக்கினி.

*தக்கணுட்சம்,தக்கணுபயம்,தக்கணுயனம்,தக்கணுயனந்தம்,தக்கணுச்சிதேனம்... V.தக்ஷிணுட்சம்....

*தக்கவேணா,V.தக்ஷிணா.

தக்கது, (தக்க,) ce qui convient.

*தக்கம்,(தக்கன்),un des 18 codes de lois fait par Dakchen, espèce de [jeu.

தக்கை,jarre, grande cruche.

தக்கல்,1° n.v.de தக்குகிறது.2° V. தக்கை. [s.

தக்கவன்,தக்கவள், v. au mot தக்

*தக்கன்,1° (takchaka), le serpent dit தக்ஷகன்.2° V. தட்சன்.3° (dakcha), Dakchen,un des 9 Brama ou des 9 fils de Brama.Au dire des Indous,il naquit de son pouce droit pour peupler le monde. Il eut 60 filles:27 furent mariées à சந்திரன்; ce sont les 27 நட்சத்திரம் ou mansions lunaires. Parmi les autres, 17 épousèrent கசியபன், et devinrent mères de tous les êtres créés; சதி ou தாக்ஷாயணி femme de Siven était aussi fille de Dakchen. Celui-ci, ayant fait un sacrifice, invita tous les dieux et les Richis,excepté son gendre Siven et sa fille சதி; mais elle vint sans être invitée,et étant reçue froidement se jetta dans le feu. வீரபத்திரன், une émanation de Siven, marcha contre Dakchen et lui livra un combat,dans lequel les dieux et les Richis furent dispersés, et Dakchen décapité, puis ressuscité. Mais on lui mit une tête de bélier pour celle qu'il avait perdue: தக்கன்மகத்தையழித்தோன் celui qui a anéanti le sacrifice de Dakchen; i.e. Virapattiren தக்கன்கன்னிகை la fille de Dakchen,i. e.Dourgâ;—யக்ஞம் le sacrifice de Dakchen;— யக்ஞவிநாசனி la destructrice du sacrifice de Dakchen i. e. Dourgâ; — ப்பிரசாபதி Dakchen un des Pradjâpatis.

தக்கா,தக்காத,part.nég. தக்காதே gér. nég.de தக்குகிறது. [convient.

தக்காப்போலே, (தக்க), comme il

தக்காரி, (தக்க),V.நருளி.

தக்காலி,l'arbre வாதமடக்கி.

தக்காள், (தக்க), celle qui convient.

தக்காளி, ou தக்ல தக்காளி la plante physalis pubescens: — ப்பிள்ளை l'insecte உழுவான்.

தக்கி,gér.de தக்குகிறது.

தக்கிஷிராவகம்,ambre jaune.

*தக்கிணம், தக்கிணுக்கினி, தக்கிணை... V.தக்ஷிணம்...

*தக்கிரம், (takra), lait de beurre: தக்கிரமமாம்சம், viande mangée avec du lait de beurre.

*தக்கிராடம், (தக்கிரம், அடம்), batte-à-beurre.

தக்கு,1° gér. de தகுகிறது.2° imp. et part.du suiv.3° (télinga),ton bas.4° son imitatif:தக்கென்கிறது, rendre ce son,faire tack,—du bruit; தக்குத் தக்கென்கிறது, தக்குப்பொக்கென்கிறது faire tacktack,— tackoupockou,— un bruit répété.

தக்குகிறது,க்கினேன்,க்குவேன்,க்கு,க்க,v.n.et தக்குதல், n.v. appartenir, être—, devenir la propriété, rester en la possession ou entre les mains de quelqu'un,venir—,tomber au pouvoir de, réussir, devenir —, être convenable, profitable, avantageux, à bon marché,déterminer—, agrandir les limites, frotter,broyer: அதெனக்குத்தக்காது cela ne m'appartient pas,ne me restera pas; இது உனக்குத்தக்குமோ ceci t'appartiendrait-il? te restera-t-il ? அவளுக்கு ப்பிள்ளைதக்கவில்லை l'enfant ne lui est pas resté,elle a fait une fausse couche,elle n'a pas réussi à l'élever; தக்கச்செய்துகொள்ளுகிறது, —ப்பண்ணிக்கொள்ளுகிறது usurper, s'approprier (une terre etc..),prendre pour soi, s'emparer (injustement du bien d'autrui);— ச்செய்து கொண்டிருக்கிறது avoir usurpé, avoir en son pouvoir; தக்கப்பண்ணுகிறது. V.தக்குவிக்கிறது; தக்காதேபோகிறது ne pas réussir, ne pas profiter, n'être pas avantageux, — salutaire; தக்கிப்போகிறது rester,

—au pouvoir de, profiter, tirer son profit (frauduleusement), se bien digérer par l'estomac; நாய்க்குமுழுத்தேங்காய்தக்காது un coco entier ne sert de rien —ne convient pas à un chien.

தக்குவிக்கிறது, வித்தேன், விப்பேன், வி, விக்க. *v.caus. de* தக்குகிறது, faire tomber au pouvoir de, procurer—, assurer la possession, mettre en possession: தக்குவித்துக்கொள்ளுகிறது s'approprier, s'emparer (du bien d'autrui...).

தக்கேசி, espèce de ton ou d'air.

தக்கை, 1° morceau de toile roulée ou de bois léger (dit நெட்டி qu'on met dans les oreilles percées pour en élargir le trou), radeau, le tambour dit பம்பை, diverses sortes de tambour, *V.* கிடைச்சி. 2° *P.* தக்காய், 2me *pers.sing.nég. de* தக்குகிறது, —யுருவம் vaine —, simple figure, figure faite avec le bois dit நெட்டி.

தக்கோர், (தக்க), gens convenables, capables, savans.

தக்கோலம், parfum, différentes sortes d'aromates, sorte de plante médicinale dite cubèbe, un des பஞ்சவாசம், poivre long.

*தக்ஷசிலை, (takchasilâ), Taxila, ville du Pandjab, prise par Alexandre.

*தக்ஷகன், *V.* தக்ககன்.

*தக்ஷன், *V.* தக்கன்.

*தக்ஷணம், (tat *ce*, க்ஷணம்), ce moment; தக்ஷணமே au même moment.

*தக்ஷசாபர்ணி, (dakchasâvarni), Dakchassâpanni, le 9me Manou.

*தக்ஷாயம், (dakchâya), l'oiseau de Vichnou dit கருடன்.

*தக்ஷிணம், (dakchina), le sud, le midi, le côté droit, prudence, habileté, honnêteté, exactitude, droiture, franchise, abondance: தக்ஷிண sud, méridional, droit; —கயிலாயம், —கயிலை le Kaïlasam du sud, *i,e.* le பொதியமலை; —கௌளி, —கௌளி le lézard பல்லி au sud, — criant au sud d'une personne, (ce que les superstitieux Indous regardent comme un bon augure); —திக்கு le côté sud, le point cardinal sud; —துருவம் le pôle sud, le point cardinal sud; — பதம் côté sud, rue au sud, route du sud; —பாகம் le côté droit, sud; —பூர்வை le côté du sud-est; —பூமி pays méridional; தக்ஷிணமாய் au sud, vers le sud.

*தக்ஷிணாக்கினி, தக்ஷிணாக்கினியம், (தக்ஷிணம், அக்கினி), feu allumé au sud par les brames dans les sacrifices, (c'est un des 3 வேதாக்கினி).

*தக்ஷிணாக்கிரம், (*id.* அக்கிரம்), pointe sud.

*தக்ஷிணாசலம், (*id.* அசலம்), la montagne du sud, *i. e.* பொதியமலை, la chaine des monts மலயம் ou Ghattes occidentales.

*தக்ஷிணாசாபதி, (*id.* ஆசை), le prétendu gardien du sud, *i.e.* Yamen.

*தக்ஷிணாசை, (*id.id.*), le côté sud, le sud.

*தக்ஷிணாஸ்தம், (*id.* அஸ்தம்), la main droite.

*தக்ஷிணாட்சம், (*id.* அட்சம்), latitude méridionale.

*தக்ஷிணாத்ரி, (*id.* அத்ரி), côté sud du mont Mèrou.

*தக்ஷிணாபதம், (தக்ஷிண), le sud, route—, direction au sud.

*தக்ஷிணாபமம், (தக்ஷிணம், அபமம்), déclinaison méridionale.

*தக்ஷிணாப்பிரவணம், (தக்ஷிண), pente—, route vers le sud.

*தக்ஷிணாமுகம், (*id.*) face tournée au sud.

*தக்ஷிணாமூர்த்தி, (*id.*), le Siven ou le mouni du sud, Siven transformé en ascète, Agastien.

*தக்ஷிணாயனம், (தக்ஷிணம், அயனம்), cours du soleil du nord au sud, du 21 juin au 21 décembre, (ou selon quelques-uns), cours du soleil au sud de l'équateur du 21 septembre au 21 mars; தக்ஷிணாயனமண்டலம் le tropique du sud, *i. e.* —du Capricorne; — ராசி les signes méridionaux du zodiaque, l'hémisphère méridional.

*தக்ஷிணாயனாந்தம், (தக்ஷிணாயனம், அந்தம்), le solstice du sud, *i.e.* le solstice d'hiver.

*தக்ஷிணாரணியம், (தக்ஷிணம், அரணியம்), la forêt du sud, la péninsule indienne.

*தக்ஷிணார்த்தகோளம்,(id. அர்த்தம்),hémisphère méridional.

*தக்ஷிணாவர்த்தம், தக்ஷிணாவிருத்தம்,(id. ஆவர்த்தம்), conque dont les spirales tournent à droite.

*தக்ஷிணை, (dakchinâ), sud, côté droit,don, présent, récompense, offrande aux brames à l'occasion d'un sacrifice,offrande des écoliers à leur maitre.

தங்கச்சி, P. தங்கைச்சி, sœur cadette.

தங்கம், or pur, or fin, pureté (d'un objet), netteté: — அழுத்துதல்,—அழுத்துகிறது,— இழைக்கிறது enchâsser dans de l'or,— de l'or; —சலமாக்கி minéral qui dissout l'or, qui le liquifie; — பூசுகிறது dorer; தங்கக்காசு monnaie—,pièce d'or;—க்கட்டி lingot—,barre d'or; —சாசனம் inscription —,donation gravée sur une plaque d'or ou écrite en lettres d'or;—சாலை,P. டங்கசாலை), hôtel de la monnaie; —ச்சிலை idole —, statue d'or;—ச்சரிகை petit galon d'or, bordure brochée en or;— த்தகடு plaque d'or,— mince en or; — பஸ்பம் poudre d'or; — ப்பட்டை ceinture d'or (à l'usage des femmes),sangle de selle; —ப்பாளம் barre—, lingot d'or;—ப்புனை dorure;—ப்பூச்சு dorure;—ப்பூவிராகன் espèce de monnaie —, pagode d'or;— மயம்,— முலாம் dorure,ouvrage doré;— மலை la montagne d'or, le mont மேரு;—மிருதியாஜி vermillon d'or;—மோகரு, —மோகரா pièce d'or (de la valeur d'environ 15 roupies); —ரேக்கு, — வரேக்கு feuille d'or (pour dorer...);—வேலை செய்கிறது travailler sur l'or,—en orfèvrerie; தங்கத்தைத்தங்காளமாகவும் ou ப்பாளம்பாளமாகவாக்கித் து வைத்திருக்கிறது fondre l'or en lingots ou en barres et le tenir caché; தங்கத்திலிரத்தின மிழைக்கிறது enchâsser une pierre précieuse dans de l'or.

தங்கவாளர், titre honorifique des Parias.

தங்கல்,opt.et n.v. de தங்குகிறது, station, pause, relais, halte, séjour —,halte d'une nuit en voyage,abri, hôtellerie, logement (pour la nuit), fluctuation; அந்தவழியிலேதபாலுக்கு இரண்டுதங்கலிருக்கிறது il y a 2 relais de poste sur cette route; இரண்டொருதங்கலிலே போய்ச்சேரலாம் on peut arriver là en 2 ou 3 relais ou haltes; இது நல்லதங்கல் voilà un bon endroit ou un bon logement pour passer la nuit.

தங்கள்,*obl. ou gén. de* தாங்கள், d'eux,d'elles,leur,votre (en parlant honorifiquement à une personne), தங்களுடைய, தங்களுக்கு, தங்களை, தங்களால்,*gén.dat.acc. abl. du même.*

தங்காள், 1° *P.*தங்கை, sœur cadette. 2° 3me *pers.fém. nég.de* தங்குகிறது.

தங்கார், 1° demi, (en langage secret de marchands). 2° 3me *pers. masc.nég. du même.*

தங்கி,*gér.de* தங்குகிறது.

தங்கு,1° *n.v.imp.et part. de* தங்குகிறது,station,halte, relais: —தடை obstacle, obstruction; — தரிப்பு demeure,—fixe,résidence, habitation, retenue; — தரிப்புக்காரன் homme fixé,établi dans un lieu; — தரிப்பில்லாமற்றிரிகிறவன் vagabond qui n'a ni feu ni lieu;—தரிப்பில்லாமற் பேசுகிறது bavarder indiscrètement, parler sans garder rien de secret; — துறை lieu propre pour demeurer,—pour s'arrêter;—நடை marche par étapes,—par relais;—நடையா தபாற்நடையா est-ce par étapes ou en poste que s'est fait ou se fera le voyage.

தங்குகிறது,*sync.*தங்கிறது, கினேன், கவேன்,கு,க,*v.n.* தங்குதல், *n. v.* ou தங்கிப்போகிறது, s'arrêter,faire halte, séjourner, rester, loger,être, demeurer en chemin,lambiner,rester derrière, abriter: அவன்தங்கிப் போகிறான் என்னோடே நடக்கமாட்டான் il s'arrête ou lambine en chemin et ne peut marcher de pair avec moi: ஒன்றுதங்கிப் போகிறது faire une halte dans un voyage; ஒன்

தங்கித்தங்கிச்சேருகிறது se rendre en faisant une halte ou passant une nuit en chemin; தங்கித்தரித்திருக்கிறது s'arrêter,se fixer en un lieu;—ப்பார்க்கிறது attendre avec patience,—une meilleure occasion; தங்கலுமில்லை தரிக்கலுமில்லை il n'y a ni halte ni relâche.

தங்குடிச்சுற்றம், தங்குடித்தமர், (தம்.குடி), parens,gens d'une même famille,d'une même maison.

தங்குதரி,(தங்கு), demeure—,résidence fixe, repos, tranquillité: அவனுக்குத்—யில்லை il n'a point de demeure fixe; — கொள்ளுகிறது se fixer, rester tranquille, souffrir patiemment (une douleur); இந்தக்குழந்தைநோவினாலே—கொள்ளவில்லை cet enfant ne peut rester tranquille à cause de la douleur.

தங்குலம்வெட்டி,(தம்,குலம்), destructeur de sa propre race, de sa propre famille.

தங்கை, 1° sœur cadette. 2° (தம்), leur main.3° P.தங்காய்,2° pers.nég. de தங்குகிறது: தங்கையைக்கொல்லி la plante சிறியாநங்கை.

தங்கைச்சி, 1° sœur cadette. 2° la plante குவளை,nénuphar.

*தசகம்,(தசம்,ka),dix.

*தசமம், (id.ma), un 10me, un sur 10,ou தசமஸ்கந்தம் le 10me livre du பாகவதம்; — பாகம் la 10me partie, un 10me

*தசமி, fém. du préc. le 10me jour après la nouvelle lune ou après la pleine lune, dixièmement, la 10me et dernière partie de la vie ou d'un siècle, personne arrivée à cet âge.

*தசம்,1° (dasan), dix, dizaine.2° palanquin, litière: தசகண்டன்,—கந்தரன் le géant aux 10 cous ou aux 10 têtes,i.e.Râvanen;—கண்டசித்து le vainqueur de Râvanen, i. e. Râmen; —கரம் les 10 poisons de l'âme, ou — காமசவியசனம்,(காமம், சம்), les 10 défauts provenans du désir,savoir: வேட்டம் chasse,சூது jeu de hasard, பகற்றுயில் sommeil pendant le jour, அபவாதனை injure, காமம் lubricité, மதுவுண் ivrognerie, நடனம் danse,சிற்றின்பகவி poésie lascive ou chant lascif; விளையாட்டு jeu, மாயம் hypocrisie; —குணம் décuple,10 fois autant,10 qualités;—க்கிராமம் 10 bourgs,district de 10 villages; —க்கிராமபதி, —கிராமிணி le chef—, le maître de 10 villages;—க்கிரீபன், V. தசகண்டன்;—சதம் 10 dizaines, mille; —சகஸ்திரம் 10 mille, myriade;—தானம் 10 sortes de dons, savoir: உப்பு du sel, எள் du sésame, நெய் du beurre,நெல் du riz, பசு des vaches, பூமி des terres, பொன் de l'or, வஸ்திரம் des habits, வெல்லம் du jagre, வெள்ளி de l'argent;—திக்கு,—திசை les 10 coins ou régions du monde, les 10 points cardinaux,savoir: nord, nord-est, est, sud-est, sud, sud-ouest, ouest, nord-ouest, le zénith et le nadir;—நாடி, V. நாடி-டு;—பட்டணம் 10 villes,ou— நகர நாடு décapole, district de 10 villes;— பலன் Bouddha, docteur bouddhiste; — புரம் 10 villes, district de 10 villes,nom d'un district de Malva;—ப்பிராதுற்பவம் nom d'un livre; —பூமிகன்,—பூமீசன் (ga qui va, ஈசன்), Bouddha, prétendu maître des 10 mondes; — ப்பொருத்தம் dix espèces de convenances superstitieuses observées pour commencer un poème ou faire un mariage, V. செய்யுட்பொருத்தம் et மணப்பொருத்தம்; — முகன் le géant aux 10 visages,i.e.Râvanen; —முகாந்தகன், (முகம், அந்தகன்), le destructeur de Râvanen, i.e.Râmen; —மூலம் 10 espèces de racines médicinales, remède composé de ces 10 racines; en voici les noms: வாகை mimosa flexuosa, முல்லை jasminum augustifolium, பாதிரி bignonia chelenoides, நெருஞ்சி tribulus terrestris, பேராமுட்டி pavonia odorata, கூவிளை cratæva religiosa, சிற்றாமுட்டி pavonia zeylanica, சிறுவழுதுணை solanum indicum; கண்டங்கத்திரி solanum jacquini; குமிழ் gmelina asiatica;

d'autres disent கண்டங்கத்தரி,சிறுவழுதுணை, கழுதாழை,நெருஞ்சி, பாதிரி, பெருங்குமிழ், பெருமல்லிகை, வாகை, வில்வம்;—ராத்திரம் période de 10 jours et 10 nuits;—ரூபமிருத்து,—ரூபவிருத்து, (bhrout *qui prend*), celui qui a pris 10 formes,Vichnou aux 10 incarnations prétendues; — லக்ஷம் un million; — லக்ஷணம் dix marques ou attributs;—வதாரம், *V.* தசாவதாரம்;—வாசி, *V.* தசாசுவன்;— வாயு les 10 airs vitaux qu'on suppose être dans le corps humain, *V.* வாயு-ல;— விம்சணம், *V.* தசாமசவிம்சணம்.

*தசரதன், (தசம்,ரதம்), Dasaraden roi d'Ayodhia et père de Râmen.

தசிப்பு,(*ind.*),présent.

*தசனம், (dasana), dent, cime de montagne,cuirasse,cotte de mailles: தசனப்பொடி poudre pour nettoyer les dents.

*தசனுங்கம், (தசனம், அங்கம்), marque —, forme des dents, morsure. [manque de dents,baiser.

*தசனுச்சிட்டம்,(*id.*உச்சிட்டம்),

*தசாகம், (தசம், ahan *jour*), espace de 10 jours.

*தசாகர்சம், தசாகர்சி, (தசை, *mèche*, karcha *qui tire*),lampe.

*தசாங்கம்,(தசம்,அங்கம்), les 10 parties d'un panégyrique ou d'un poème à la louange de quelqu'un, les 10 richesses des rois, *V.* அரசாங்கம்-ல, *ou* தசாங்கப்பத்து poème de 10 stances de தேசிகைவெண்பா sur les 10 richesses susdites;c'est le 65me பிரபந்தம்; தசாங்கத்தயல்,(அயல்), le voisin du தசாங்கம்,*i.e.* le 66me பிரபந்தம், le poème susdit en ஆசிரியவிருத்தம்.

*தசாசியன்,(*id.*ஆசியம்),*V.* தசமுகன்:தசாசியசித்து,*V.* தசகண்டசித்து.

*தசாசுபன்,தசாசுவன்,(*id.* அசுவம்),l'astre qui a 10 chevaux à son char,*i.e.*la lune, (au dire des Indous),

*தசாதிசை, (தசை), condition, état de vie. [ou ton.

தசாட்சரி,*P.*தேசாட்சரி, un air

*தசாநாதன்,(தசை), période astrologique du gouvernement de chaque planète.

*தசாபலம்,தசாபலன்.(*id.*), force proportionnée à la constitution ou à l'âge,résultat de l'influence des planètes,résultat des circonstances ou conditions de la vie.

தசாரம், (தசம் அருகம்),ancien royaume de யது dans le Dékan.

*தசாருகன், (*id.id.*), Arouguen, Bouddha,habitant du தசாருகம்.

*தசாருணம், (*id.* அருணம் *fort*), pays ou sud-est des monts விந்தியம்.

தசார்,*P.*தயார், préparation.

*தசாவஸ்தை,(தசம், அவஸ்தை). 10 peines,douleurs,agonies ou luttes avec la mort,10 états.

*தசாவதாரம்,(*id.*அவதாரம்), les 10 incarnations de Vichnou,*V.* திருமால்அவதாரம்-ல.

*தசானனன்,*P.*தசான்னன்,(*id.* ஆநநம்),*V.*தசமுகன்.

*தசியு, (dasyou), oppresseur, voleur, ennemi, homme injuste, vil, hors de caste.

*தசிரம்,1° (dasra),pluie fine,— légère.2° creux d'un tube.

*தசிரர்,(*id.*),les 2 Asvins,*V.*அச்சுவினிகள்:தசிரதேவதை la prétendue déesse ou nymphe Asvini,la 1re constellation.

*தசுமம்,(dasma),feu.

*தசுமன்,(*id.*),celui qui fait faire un sacrifice,voleur.

தசும்பர்,(தசும்பு),cruche.

தசும்பு,cruche,pot à l'eau, urne, pot de cuivre,chaudron, chaudière, or. [னம்),lampe.

*தசேந்தனம்,(தசை *mèche*,இந்த

*தசேந்திரியம்,(தசம், இந்திரியம்), les 10 organes,c'est-à-dire les 5 organes des sens et les 5 membres d'action,savoir: தொக்கு la peau,சட்சு l'œil,சிங்குவை la langue, ஆக்கிராணம் le nez, சிரோத்திரம் l'o-

ஏ

reille, வாக்கு la bouche, பாணி la main, பாதம் le pied, பாயுரு l'Anus, உபஸ்தம் les parties naturelles.

தசை, 1° chair (vive ou morte), viande, graisse, les parties constitutives du corps humain, V. தாது - எ. 2°* (dasâ), état, condition, période de la vie, moment, — favorable, position des planètes à la naissance, bout d'une toile, mèche de lampe: — அழிந்தவெலும்பு os dégarni de chair, squelette; — பிடி, — பிடிப்பு, — ப்பற்று engraisser, embonpoint, obésité; — பிடிப்பாகிறது, — பூரிக்கிறது, — பற்றுகிறது, — முற்றுகிறது, — யூறுகிறது, — வைக்கிறது, V. தசைக்கிறது, — படைப்பு obstruction causée par l'excès d'embonpoint, une des maladie de l'urètre: அந்தக்காரியமெந்தத்தசையிலேநிற்கிறது en quel état est cette affaire? dans quel degré de sa marche est-elle restée? அவனுக்குத்தசை அடிக்கிறது le moment favorable sonne pour lui: சரம்—, மரணதசை le moment de la mort.

தசைகிறது, சைந்தேன், சைவேன், சை, சைய, v. n. et தசைதல், n. v. ou தசைக்கிறது, சைத்தேன், சைப்பேன், சை, சைக்க, v. n. et தசைத்தல், n. v. engraisser, prendre du corps, — de l'embonpoint, devenir gras, — dodu.

தசைப்பு, n. v. du préc., graisse, embonpoint, engraisser.

*தச்சன், (takchan), ou மரத்தச்சன், charpentier, charron, menuisier, une des 5 castes comprises parmi les கம்மாளர், la 14e constellation: — குருவி le pivert, தச்சவேலை ouvrage de charpentier; — ப்பெண் ou

தச்சிச்சி, (தச்சன்), femme ou fille de la caste des charpentiers.

தச்சு, (தச்சன்), ouvrage—, journée de charpentier, charpentier: இந்தவேலை யெத்தனைதச்சிலேமுடியும்? ஆறுதச்சிலேமுடியும் en combien de journées de charpentier cet ouvrage finira-t-il? en 6 journées; ஒருதச்சுக்கெவ்வளகூலி quel est le salaire d'une journée de charpentier.

தச்சுளி, (தச்சு, உளி), ciseau de charpentier.

*தஸ்கரம், (taskara), vol, larcin.

*தஸ்கரன், (id.), voleur, [ficative.

தஸ்தவேசு, document, pièce justificative.

தஸ்தா, (ind.), main de papier.

தஸ்திரம், (ind.), livres détachés mis ensemble, archives, registres.

தஞ்சம், 1° appui, secours, aide, compagnie, refuge, support, protection, bâton pour s'appuyer, grandeur. 2° pauvreté, bassesse: தஞ்சக்கேடு abandon, manque d'aide, d'appui, faiblesse: உமதுதஞ்சமாயோடிவந்தோம் nous sommes accourus nous mettre sous votre protection; தஞ்சமாக—, தஞ்சமென்றுவருகிறது venir chercher protection, — refuge; தஞ்சமாகவந்தவனைவஞ்சிக்கலாகாது on ne doit pas tromper celui qui est venu chercher protection; நீயேதஞ்சமென்றுநம்புகிறேன் j'espère que vous serez mon refuge, mon appui.

தஞ்சன், (தஞ்சம்), Tangsen, fondateur de Tanjaour: — பொனி vitriol bleu. [Madu ré.

தஞ்சாக்கூர், nom d'une ville du

தஞ்சாவூர், (தஞ்சை), la ville de Tanjaour, (en anglais Tanjore): — சீமை le pays du —, le Tanjaour.

தஞ்சை, (contraction commune aux 2 noms précédens) Tanjaour, Tangsagour.

தஞ்ஞன், savant.

தடக்கம், தடக்கு, n. v. de தடக்குகிறது, empêchement, obstacle, obstruction, heurt, bronchade.

தடக்குகிறது, sync. தடக்கிறது, க்கினேன், க்குவேன், க்கு, க்க, v. a. de தடங்குகிறது, et தடக்குதல், n. v. empêcher, arrêter, retarder, mettre obstacle, frapper contre, heurter, broncher; தடக்கிவிழுகிறது broncher, trébucher, heurter et tomber.

தடக்கை, 1° (தடம்), main vigoureuse, bras fort. 2° n. v. de தடக்கிறது.

தடங்கண்ணாள், தடங்கண்ணி, (id. கண்), femme qui a de grands yeux.

தடங்கல், obstacle, empêchement,

retard, *n.v. et opt.de* தடங்குகிறது.

தடங்குகிறது,கினேன், குவேன், கு,க,*v.n.et* தடங்குதல்,*n.v.* retarder, être empêché,arrêté.

*தடஸ்தம்,(தடம்,ஸ்தன்), bord,rivage, proximité, abandon de tout souci mondain.

*தடஸ்தன், (*id.*). 1° homme sage,indifférent, impartial, neutre, ni ami ni ennemi.2° personne respectable.

தடதட,(*son imitatif*); தடதடவென்கிறது ou

தடதடக்கிறது, டத்தேன், டப்பேன்,ட,டக்க,தடதடென்கிறது,(தடதட,*son imitatif*).chanceller, vaciller, balancer,trembler de crainte, bégayer,balbutier.

தடதடத்தல்,தடதடப்பு, தடதடெனல்,*n.v.du préc.*vacillation,chancellement,bégayement,signe d'hésitation,tremblement. [தடஸ்தன்.

*தடத்தம்,தடத்தன்,*P.* தடஸ்தம், தடநார்,(தடம்),*V.*தலைநார்.

தடபட,(*son imitatif.*), தடபடென்கிறது ou

தடபடக்கிறது, டத்தேன், டப்பேன்,ட,டக்க,*v.n* (தடபட),*V.*தடதடக்கிறது.

தடமண்,(தடம்),*V.*சுதைமண்.

*தடம்,1° (tata), bord, rivage (de la mer,d'une rivière), étang.2° balance,le signe de la Balance.3° fosse pour le sacrifice ஓமம், grandeur, montagne, flanc —, penchant de montagne,petite chaussée (qui sépare les compartimens des rizières etc ..),chemin,—battu, sentier des éléphans,moyen,vestige,trace, pleine campagne,étendue, piége, filet, lacet,cercle,courbure, vulve, l'arbre microcos paniculata: —காட்டுகிறது montrer le chemin; — தேடுகிறது chercher le moyen (de perdre...), tendre des piéges;—புரளுகிறது dévier,sortir du chemin; trébucher, perdre sa stabilité, *V.* தடுமாறுகிறது; —முடிக்கிறது, தடத்திலமாட்டுகிறது prendre dans un piége;தடத்திற்கொண்டுபோய்விடுகிறது faire la conduite,mettre en route,— dans le bon chemin; உருவுதடம் nœud coulant. [nanier.

தடல்,nature des filamens du bananier.

தடவருகிறது,*v.a.*(தடவுகிறது, வருகிறது),தடவரல், *n. v.* frotter les pieds de quelqu'un, frictionner, masser,gratter,toucher du luth.

தடவல்,*opt.et n.v.de* தடவுகிறது, tâtonnement, frottement, friction, massage,barbouillage,caresse,jouer du luth,six (terme de marchands).

தடவு,1° *imp.et part.du suiv.* 2° pied d'encensoir, grandeur, courbure, voûte;—ச்செவி oreille large,—d'éléphant;—த்தாழி très grande jarre.

தடவுகிறது,வினேன்,வுவேன், வு, வ,*v.a.*தடவுதல்,*n.v.* tâter, tâtonner, frotter doucement,frictionner,masser,barbouiller,oindre (de quelqu'onguent),toucher légèrement, flatter —,caresser de la main, jouer du luth:தடவிக்கொண்டுதிரிகிறது aller —,marcher en tâtonnant, chercher à tâtons; குருடனுந்தடவிக்காண்பான் même un aveugle trouvera en tâtonnant;முதுகைத்தடவுகிறது *ou* தடவிக்கொடுக்கிறது flatter de la main le dos,(*v. g.* d'un cheval).

தடவை,1° fois,façon, borne: இரண்டு— 2 fois; —யொன்றுக்கு d'une seule fois,d'un coup.2° *P.* தடவாய். 2° *pers.nég.de* தடவுகிறது.

தடறு,fourreau (d'arme, d'outil).

தடா,grande—,cruche, pot, marmite,pot à l'eau.

*தடாகம், (tadâka), étang, réservoir,pièce d'eau (assez profonde pour le nénuphar). [désordre.

தடாதடி, (*son imitatif*), trouble,

தடாரி,1° tambour, (surtout les espèces dites பம்பை,பேரிகை, மத்தளம்),tambourin,instrument de musique.2° *imp.de*

தடாரிக்கிறது,ரித்தேன்,ரிப்பேன், ரி,ரிக்க,*v.a.*தடாரித்தல்,*n.v. et* தடாரித்துப்போடுகிறது,percer, transpercer,traverser: நெஞ்சகம்தடாரிக்கும்

ஒள்வேல் le trait brillant qui perce le cœur.

தடி, 1° *imp. et part. de* தடிகிறது. 2° *imp. de* தடிக்கிறது. 3° bâton, gourdin, trique, bâton recourbé et court, massue, pieu, (aliquandò turpiter) pénis, pilon, mesure, bâton—, perche pour mesurer, le gros lézard உடும்பு iguane, chair, champ, rizière, petit champ, petite rizière, éclair, arc: எஃகுத்தடி baguette d'acier; குணில்த்தடி, குணிற்றடி baguette de tambour, bâtonnet; குண்டாந்தடி bâton, gourdin; *தடிக்கொம்பு, — க்கோல் bâton, — ordinaire, gourdin; — ப்பயல் lourdaud, jeune benêt; — மயிலை torpille, torpedo; — மிண்டன், *V.* தடியன்; — மூக்குள்ளான் espèce d'உள்ளான், bécasse à long bec.

தடிகிறது, டிந்தேன், டிவேன், டி, டிய, *v. a.* தடிதல். *n. v.* déchirer, couper, — en deux, trancher, tuer, diminuer, briller, houer.

தடிக்கிறது, டித்தேன், டிப்பேன், டி, டிக்க, *v. n.* தடித்தல், *n. v.* épaissir, engraisser, devenir épais, pesant, gras, fort, s'aggraver, enfler (de coups...), se relâcher, retarder, lambiner, éprouver des délais, des difficultés, briller: காரியந் தடித்துப்போகிறது une affaire s'aggraver, rencontrer des difficultés.

தடித்த, *part. du préc.* épais, gros, et gras, replet, calleux: — மனிதன் homme replet.

*தடித்து, 1° (tadit), éclair. 2° *gér. du même.*

தடிப்பம். தடிப்பு, *n. v. du même,* graisse, embonpoint, épaisseur, grosseur, pesanteur, callosité, enflure de coups, cicatrice, *V.* தழுதணை: தடிப்பாய்ப்பேசுகிறது parler brusquement, sans politesse; தோள்தடிப்பாயிருக்கிறது l'épaule avoir des callosités.

தடிமம், 1° sorte de plante. 2° *ou* தடிமல், தடிமன், rhume, catarrhe, morve, mucus du nez, épaisseur.

தடியன், (தடி,), homme grossier, obstiné, têtu, qui ne plie pas.

தடிவு, *n. v. de* தடிகிறது, meurtre, coupure, déchirure, trancher, couper.

*தடினி, (tatini), rivière.

தடுகிறது, ட்டேன், டுவேன், டு, ட, *v. n.* தடுதல், *n. v. V.* இசைகிறது.

தடுக்கல், *n. v. du suiv. et de* தடுக்குகிறது, empêchement, défense, achoppement, bronchade, heurt, scandale, offense.

தடுக்கிறது, 1° *sync. de* தடுக்குகிறது. 2° டுத்தேன், டுப்பேன், டு, டுக்க, *v. a. et n.* empêcher, arrêter, prohiber, défendre, — au nom de quelqu'un, arrêter par conjuration, par maléfice, faire une cloison, un mur de séparation, heurter, choquer, donner contre, broncher, trébucher: தடுக்கப்பட்டுநிற்கிறது être arrêté; தடுத்துப்போடுகிறது empêcher, arrêter, résister, faire un mur de séparation, — une cloison: கால்தடுக்கிறது heurter du pied, ou le pied heurter, broncher.

தடுக்கு, petite natte (qui sert surtout de siége aux enfans), petit siége: — தள்ளுகிறது jeter cette natte, flatter, faire le sycophante; எல்லாரும் *ou* அவன் தடுக்கின்கீழே நுழைந்தால் இவன் கோலத்தின்கீழே நுழைவான் si qui que ce soit, ou si celui-là se glisse sous la natte, celui-ci se glissera sous les figures tracées sur le pavé, *i. e.* il est encore plus fin et plus rusé.

தடுக்குகிறது, *sync.* தடுக்கிறது, க்கினேன், க்குவேன், க்கு, க்க, *v. n.* heurter, choquer, donner contre, broncher, trébucher: கால் — le pied heurter, broncher; கால்தடுக்கிவிழுகிறது broncher, heurter du pied et tomber; தடுக்கிநிற்கிறது heurter et s'arrêter, s'arrêter dans sa course.

தடுக்கை, *n. v. de* தடுக்கிறது, prohibition, obstacle.

தடுதல், *n. v. de* தடுகிறது, *V.* இசைதல்.

தடுதாளி, nécessité, hâte, empressement.

தடுத்தல், *n. v. de* தடுக்கிறது, défense, empêchement, achoppement.

தடுத்தாளுகிறது, தடுத்தாட்கொள்ளுகிறது, (தடுத்து, ஆளுகிறது, ஆ

ன்), sauver, racheter, préserver du mal, empêcher de se livrer au désordre ou ramener dans le bon chemin.

தடுத்து, gér de தடுக்கிறது.

தடுபடை, (தடுக்கும்), arme défensive.

தடுபொடு, (son imitatif): — தாயம் hâte, précipitation, besoin, bruit; தடுபொடென்கிறது ou

தடுபொடுக்கிறது, டுத்தேன், டுப்பேன், டு, டுக்க, v. n. (தடுபொடு), se hâter, s'empresser, avoir besoin, faire du bruit.

தடுபொடுத்தல், தடுபொடெடனல், n.v. du préc. V. தடுபொடுதாயம்.

தடுபொறி, grand empressement, vitesse.

தடுப்பு, n.v. de தடுக்கிறது, empêchement, défense, obstruction, place séparée du reste par un mur.

தடுப்போன், n.app. du même, celui qui empêche.

தடுமன், P. தடிமன், rhume, catarrhe.

தடுமாறல், தடுமாறுதல், V. தடுமாற்றம், n.v. de.

தடுமாறுகிறது, றினேன், றுவேன், று, ற, v.n. chanceler, hésiter, vaciller, tituber, se troubler, être confus, embarrassé, irrésolu, inconstant, en désordre: தடுமாறித்திரிகிறது rôder, vagabonder, errer çà et là; — விடமொழுக்கிறது s'en aller tout confus, conduire une affaire sans ordre; — விழுகிறது faire un faux pas et tomber; மனந்தடுமாறேல் que votre esprit ne se laisse pas aller à la perplexité.

தடுமாற்றம், n.v. du préc. vacillation, hésitation, irrésolution, doute, perplexité, chancellement, confusion, trouble: — தீர்ந்துபோகிறது le doute —, l'hésitation se dissiper: — ஆயிருக்கிறது être incertain, irrésolu, hésiter; — ஆகச்சொல்லுகிறது dire —, parler confusément, — avec hésitation; — உள்ளவன், தடுமாற்றக்காரன் homme irrésolu, troublé.

தடை, n.v. de தடுக்கிறது, obstacle, empêchement, défense, obstruction, prétendu obstacle causé par de mauvais présages, cotte de mailles, remise sur le poids, déduction du poids d'un vase (dans lequel on pèse quelque chose): — கட்டுகிறது mettre un obstacle, arrêter (par sortilége....), faire la déduction susdite, — une remise en pesant; — கட்டுமந்திரம் enchantement, prière magique pour arrêter; — விடுவிக்கிறது ôter un obstacle, laisser aller, lever l'enchantement qui arrêtait; — செய்கிறது, — பண்ணுகிறது mettre obstacle, empêcher, défendre, prohiber; — படுகிறது être empêché, arrêté; — யற, — யில்லாமல் sans obstacle; எனக்கு வழியிலேதடையாயிற்று j'ai rencontré un obstacle sur la route.

தடைகிறது, டைந்தேன், டைவேன், டை, டைய, et தடைக்கிறது, டைத்தேன், டைப்பேன், டை, டைக்க, v. a. empêcher, arrêter, défendre.

தடைதல், தடைத்தல், தடைப்பு, n. v. du préc. empêchement défense.

தடையம், (தடை), remise sur le poids, déduction du poids d'un vase dans lequel on pèse quelque chose, poignée —, garde d'une épée; கத்திதடையம் மட்டும் உருவிப்போயிற்று l'épée est entrée jusqu'à la garde.

தட்கிறது, தட்டேன், தட்பேன், தள், தட்க, v.a. arrêter, empêcher, — par quelque mauvais augure: தட்கும் part. fut.

*தட்சகன், V. தக்ககன்.

*தட்சசாவர்ணி, (dakchasâvarni), le 9me Manou.

*தட்சணம், et ses composés, V. தக்ஷிணம்....

*தட்சணாமூர்த்தி... V. தக்ஷிணாமூர்த்தி....

*தட்சிணை, (dakchinâ), V. தக்ஷிணை.

தட்சகம், pied —, bas de tige.

தட்சன், 1° (takchaka), le serpent தக்ககன். 2° (dakcha), ou தட்சப்பிரசாபதி, Dakchen, un des பிரசாபதி, fils de Brama, V. தக்கன். 3° taureau, le taureau de Siven, Siven, coq, le feu ou Agny, luxurieux, adonné aux femmes perdues, poète, homme habile.

*தட்சாபன்னி, *P.* தட்சசாபன்னி.
*தட்சாயம், *P.* தக்ஷாயம்.
*தட்சிணம் et ses composés, *V.* தக்ஷிணம்...
*தட்சிணை, *V.* தக்ஷிணை.
தட்ட, 1° *obl. de* தட்டம். 2° *inf. de* தட்டுகிறது. 3° *part. parf. de* தடுகிறது *et de* தட்கிறது: — த்தனி solitude absolue sans aucune compagnie; — ப்பிங்கான் assiette plate, — peu creuse.
தட்டம், 1° écuelle, plat, assiette, vase plat, grand bassin, soucoupe, plateau, grand plat (d'or ou d'argent... pour porter des présens...), dent, dent venimeuse des serpens, lit, couche, vulve, réservoir, sentier des éléphans, champ, blancheur, *V.* தாடி. 2° *P.* தட்டோம்.
தட்டல், *opt. et n.v. de* தட்டுகிறது, tape, caresse de la main, coup léger, coup, choc, heurt, rejet, refus, empêchement, contradiction, défense —, arrestation par conjuration, publication faite au son d'une plaque de métal, aplatissement, approche, proximité, usurpation, cinq (mot de convention entre marchands), un des actes du joueur de violon: — ஆயிருக்கிறது être empêché, arrêté, diminué.
தட்டழிகிறது, (தட்டு. அழிகிறது), perdre sa fixité, sa consistance, devenir chancelant, inconstant.
தட்டழிவு, *n.v. du préc.* chancellement manque de fixité.
தட்டாத்தி, *f. de* தட்டான், femme —, fille d'orfèvre. [pillon.
தட்டாரப்பூச்சி, (தட்டார், அ), pa-
தட்டாரப்பொட்டு, (*id.*), apparence extérieure.
தட்டாரூப்பி, nom d'une plante grimpante.
தட்டான், *pl.* தட்டார், orfèvre, une des 5 divisions des கம்மாளர், papillon, la plante கோஷ்டம், *ou* — கொட்டோனை la plante புடோல்.
தட்டி, 1° *gér. de* தட்டுகிறது. 2° claie, (faite de bambous, de roseaux etc...; il y en a de différens genres employés à divers usages), châssis, cloison, abri, écran, garde, bouclier, planche, pièce de bois plate, ceinture, la plante கோஷ்டம்; வெற்றிலைத் தட்டி treillage pour le bétel: — க்கம்பு bâton d'un certain jeu; — ச்சிந்து variété du poëme dit சிந்து.
தட்டிலம், la plante சதகுப்பி.
தட்டு, 1° *imp. et part. de* தட்டுகிறது. 2° *gér. de* தடுகிறது. 3° tige ou tuyau (des divers céréales telles que le கம்பு...), milieu de char de procession (où l'on place la statue), siége d'un char de guerre, bouclier, plateau de balance etc .. van, corbeille, assiette, plat (peu creux), soucoupe, plateau, grand plat, plat (d'or ou d'argent ou de bois pour porter des présens...), roue de potier, support, appui, pont de navire, tillac, grenier —, étage planchéié, étage, construction intérieure, cercle, rond, voûte, arcade, cintre, tape, coup léger, culpabilité, faute, défaut, manque, disette, bidet, petit cheval du pays, rejet, refus, résistance, plaque, feuille de métal, ruse, stratagème, croupe, derrière du cheval, poupe de navire, planche de piége: தட்டிலேகொடுக்கிறது, — பரப்புகிறது présenter —, étendre ou arranger dans un plat: எனக்குப்பணத்தட்டாயிருக்கிறது je manque d'argent; தட்டுக்கெடுகிறது se troubler, devenir irrésolu, vacillant, hésiter, flotter; — கெட்டுத்தடுமாறுகிறது être fort irrésolu, —dans une extrême perplexité; — கெட்டிருக்கிறது ne savoir que devenir, être dans le besoin, dans l'embarras: — க்காரன் homme rusé; — க்கிளிப்பாய்தல் espèce de jeu; — க்கூடை couloir —, corbeille pour faire égoutter le riz cuit; — க்கேடு manque, pauvreté, instabilité, vacillation, support; — க்கோடி cerf-volant de papier; — க்கொட்டு ruse, *V.* கொட்டுமுழக்கம்; — ச்சுளகு van de forme ronde; — படுகிறது heurter contre, échouer; — ப்பட்டுபோகிறது manquer, enchérir, heurter, échouer sur le rivage; — ப்பாடன் toile foulée ou battue, et à laquelle

on a donné le lustre;— ப்பரம்தம் espèce de jeu;—மணி cloche qu'on tinte,grains d'or à diverses facettes pour collier, collier de ces grains,*ou* —மணிச்சத்தம் tintement d'une cloche;—மாறுகிறது se déconcerter, devenir inconstant,changeant,chanceler;—முட்டு ustensiles,meubles de ménage; — வெட்டியிணைக்கிறது couper les plaques ou les morceaux fendus (de cuivre ou d'argent) pour les raccommoder;—விக்கினம் position supérieure, *V.*தட்டம்.

தட்டுகிறது, ட்டினேன், ட்டுவேன்,ட்டு,ட்ட,*v.a.*frapper, taper, tapoter, frapper —, toucher légèrement,caresser de la main, tinter (une cloche),frapper (sur une plaque ou un bassin),toucher du luth, ou de la guitare,frapper (à une porte),choquer—,heurter contre,échouer,aplatir (en frappant de la main), rendre plat,laisser—, faire tomber de la main, appliquer (*v. g.* de la bouse de vache à un mur), secouer (la poussière),désapprouver,repousser, rejeter (une tentation, un avis,un ordre),désobéir,refuser,contredire,arrêter en conjurant, empêcher,s'approcher, usurper, enlever, manquer,se tromper,tourner, provoquer l'effusion du sperme; அல்ல —,அல்லவென்று—,rejeter, repousser, empêcher, défendre, renier;கதவைத் — frapper à la porte; கத்தியாலே — frapper du plat de l'épée, —à droite et à gauche avec l'épée; கன்னத்திலே—taper —, caresser à la joue,donner un petit soufflet; தலையைத் —, couper la tête; சொல்லை —,வார்த்தையைத்—,rejeter les paroles,désobeir; பாயைத் —, battre une natte pour secouer la poussière; விசாரத்தைத் — rejeter une pensée,une inquiétude; மழை— la pluie manquer,—faire défaut; தட்டச்சொல்லுகிறது dire de taper, de battre,—de frapper:— வைக்கிறது laisser—,faire échouer,— heurter,—toucher,—porter,*ou*—வைத்துப்போகிறது aller échouer,—heurter, s'emparer de quelque chose et s'en aller;—வைக்கத்திரிகிறது *ou* ப்பார்க்கிறது *ou* நினைக்கிறது être sur le point de—,chercher ou songer à laisser échouer,à laisser heurter,à laisser chercher inutilement;தட்டாமல்வைக்கிறது placer(diverses choses)de sortes qu'elles ne se touchent ou ne se heurtent pas; தட்டிக்கொடுக்கிறது (*acc.*),apaiser—,endormir un enfant en le tapant doucement,taper en caressant,frapper doucement (un animal); — க்கொடுத்துப்பேசுகிறது flatter—,caresser en frappant doucement et adressant quelques paroles; —ச்சொல்லுகிறது apaiser en frappant doucement et disant quelques mots:—ச்சாற்றுகிறது publier au son d'une plaque de métal;— ப்பறைசாற்றுகிறது publier au son du tambour;—ப்போகிறது (un navire...) échouer,laisser échouer; எனக்கு அது — ப்போயிற்று j'ai échoué,je suis désappointé;—ப்போடுகிறது rejeter..., frapper (*v.g.* la main de quelqu'un pour disperser ce qu'elle contient); — பறைகிறது frapper sur une plaque de métal, annoncer au son d'une plaque;—வெழுப்புகிறது éveiller en frappant légèrement; -வெழுப்பிவிடுகிறது réveiller—,exciter —, reprendre en tapant légèrement ou comme en caressant;—விடுகிறது laisser ou faire tomber de la main.

தட்டுண்கிறது,(தட்டு, உண்கிறது),diminuer,s'égarer, se tromper, être frappé,résonner (par le frappement).réverbérer,répercuter,*ou* தட்டுண்டுபோகிறது être renversé par un choc,être désappointé,échouer, heurter,s'entrechoquer.

தட்டுதல்,தட்டுகை,*n.v.de* தட்டுகிறது,action de frapper etc..., tape, rejet...தட்டுதல்பண்ணுகிறது, rejeter. [து),traverser,transpercer.

தட்டுருவுகிறது,(தட்டு, உருவுகிற

தட்டுவாணி,(தட்டு), bidet,rosse, petit cheval du pays de peu de valeur, prostituée femme dissolue.

தட்டை,1° chaume,tuyau,tige(de millet et autres céréales),chose plate,—aplatie, étendue,calvitie, tête chauve,bambou,fronde, espèce de claquette ou de cliquet pour effrayer les oiseaux,feu. 2° *acc.de* தட்டு. 3° *P.* தட்டாய். 2° *pers.nég. de* தட்டுகிறது:கம்பந்—,tige de millet;—க்களா poisson plat de l'espèce dite zous;—ச்சிட்டு variété de l'espèce d'oiseau dite சிட்டு; — த்தலை tête chauve,—plate ou large;—த்திருப்பு espèce de bijou;—ப்பயறு espèce de pois; —ப்பிங்கான் assiette plate(de faïence...);—யம்மை petite vérole à grains plats,et peu dangereuse;—யோடு *ou*

தட்டோடு,(தட்டு),tuile plate: தட்டோட்டுக்காளவாய் four à tuiles plates.

தட்பம்,(தண்),fraicheur.

தணக்கிறது,ணந்தேன், ணப்பேன்,ண,ணக்க, *ou* தணர்கிறது, ர்ந்தேன்,ர்வேன்,ர,ர,*v.n.*se séparer, (il se dit surtout de la séparation du mari et de la femme par choix *ou* pour affaire),s'éloigner, s'en aller, cesser.

தணக்கு,les arbres நுணா morinda umbellata,et gyrocarpus jacquine.

தணத்தல்,தணப்பு, *et* தணர்தல், *n.v.de* தணக்கிறது *et de* தணர்கிறது, séparation, éloignement, allée, marche,cessation.

தணலம்,la plante எருக்கு.

தணல்,braise,charbons ardens:—விழுங்கி l'oiseau qui dévore des charbons ardens,*i.e.* l'autruche: தணலிலேவெதுப்புகிறது,— வெதுப்பிக்கொள்ளுகிறது,— வாட்டுகிறது faire chauffer,—sécher ou rôtir sur la braise ou sur les cendres chaudes

தணவம்,l'arbre அரசமரம்.

தணி,(தண்),1° *adj.* froid, frais, humble,bas. 2° *imp.et part. du suiv.* 3° montagne.

தணிகிறது, ணிந்தேன், ணிவேன், ணி,ணிய,*v.n.*(தண்),*ou* தணிந்துபோகிறது,s'apaiser, se calmer, s'adoucir,diminuer,s'humilier, s'abaisser, se soumettre, se refroidir, devenir mou,frais,tranquille, doux au toucher,s'amollir,prospérer,profiter,épaissir,grossir: அவனுக்குத்தணியச்சொல்லு parle-lui pour l'adoucir;மனந்தணியப்போகிறதில்லை son esprit ne s'adoucira point;வீடு வெந்துதணிந்துபோயிற்று la maison étant brûlée le feu s'éteignit; தணிந்திருக்கிறது être apaisé,adouci, soumis, dompté, éteint, humilié, abaissé, remis de maladie, rétabli dans ses affaires,rassis,fixé, se porter bien;தணிந்தவன் homme apaisé,calme,remis de maladie,humble.

தணிகை,1° *V.*தணிதல். 2° montagne,nom d'une ville, et d'une montagne.

தணிக்கிறது,ணித்தேன்,ணிப்பேன்,ணி,ணிக்க, *v.a.de* தணிகிறது, apaiser,calmer,adoucir,alléger, diminuer, éteindre, relâcher, rafraichir,soumettre,humilier, (et quelques fois) faire grossir, — croitre, augmenter:வருத்தத்தைத்— adoucir —,calmer la douleur,la peine.

தணிக்கை,*V.*தணித்தல்.

தணிசு,*n.v.de* தணிகிறது, diminution,concavité, abaissement, humilité,allégement.

தணிதல்,*n.v.du même*, diminution,allégement,adoucissement,soulagement,accroissement,corpulence.

தணித்தல், *n.v.de* தணிக்கிறது, mitigation,adoucissement, diminution,action d'apaiser etc...

தணிந்து,*gér.de* தணிகிறது.

தணிப்பிக்கிறது,*v.caus.de* தணிக்கிறது,faire apaiser...

தணிப்பு,*n.v.du même*,mitigation, allégement, humiliation, abaissement,diminution.

தணிமை,(தணி),soumission, humilité,fraicheur.

தணிய,1° *inf. de* தணிகிறது. 2° *adj.de* தணிமை,soumis, bas, humble,abaissé,frais.

தணியல்,*n.v.de* தணிகிறது,allégement,adoucissement,le jus rafraichissant,le callou.

தணியா,தணியாத,*part. nég. du même*, implacable, indomptable, qu'on ne peut apaiser etc...; தணியாக்கோபம்,—முனிவு colère implacable.

தணிவு,*n.v. du même*, adoucissement,soulagement,soumission, calme,fraicheur,décroissement, diminution: தணிவாயிருக்கிறது être adouci,calme, tranquille, humble, soumis:தணிவாய்ப்பேசுகிறது parler doucement,humblement; தணிவாய்ப்போகிறது s'apaiser, devenir calme,rassis,humble;தணிவானவார்த்தை parole douce, obligeante, humble.

தண்,*adj.de* தண்மை,froid,frais: —கதிர் rayon frais,*ou*—சுடர் l'astre aux rayons frais,*i.e.*la lune.

*தண்டகம்,1° (dandaka), *ou* தண்டகவனம் la forêt de Dandaka, la majeure partie de la presqu'île de l'Inde au sud du Krichna (ou même des fleuves நருமதை *et* கோதாவிரி), laquelle était une vaste forêt du temps de Râmen, spécialement le district de Tondamandalam. 2° (*id.*),espèce de stance sanscrite qui excède 27 syllabes et peut s'étendre à 200. 3° (tandaka), écume, bâton court,pilier droit de maison:தண்டகநாடு le pays de காஞ்சிபுரம்;—மாலை le 31° பிரபந்தம் poème de 300 வெண்பா ou stances d'une espèce particulière.

*தண்டகன்,(tandaka, *trompeur*), Tandaguen,nom d'un géant.

*தண்டகாரணியம்,(தண்டகம்,அரணியம்),*V.*தண்டகவனம்.

தண்டமிழ்,(தண்,தமிழ்), la fraîche—,la douce langue tamoule.

*தண்டம்,1° (danda),soutient,appui,poteau,massue,gourdin, bâton,—court et recourbé, perche de la hauteur d'un homme ou de 4 coudées, batte-à-beurre,poignée—,manche de parasol,tige ou tronc d'arbre,amende,peine pécuniaire,punition,châtiment,un des 4 expédiens dits உபாயம்,*i.e.*celui de subjuguer ses ennemis par le châtiment,une des 3 divisions de l'அறத்துப்பால்,*i.e.*celle qui prescrit de châtier ceux qui s'écartent des bonnes mœurs et de la coutume, pour les ramener à la bonne voie,acte tyrannique,infliction d'une cruelle punition, l'espace d'un நாழிகை ou 24 minutes, armée,grandeur,orgueil,arrogance. 2° contrée,pays,trésor,trace—, sentier—,trompe d'éléphant,salut, salutation,vénération,prostration, digue; monture: அடிதண்டம் donner le fouet,bastonnade,marche par prostration,espèce de pénitence de certains pélerins indous qui mesurent leur route par leurs prostrations,se relevant, avançant jusqu'où allait leur tête et se prosternant ainsi de nouveau jusqu'au but de leur pélerinage,prostration servile devant un supérieur pour l'apaiser:இடு—prostration les mains jointes,*V.* இடுதண்டம்;தண்டமிறுக்கிறது,—கொடுக்கிறது payer une amende;—குறிக்கிறது,—இடுகிறது,—போடுகிறது,—செய்கிறது imposer une amende;—வாங்குகிறது prendre—, recevoir une amende; ஒருத்தனைத்—பிடிக்கிறது prendre —, exiger une amende de quelqu'un, (ou rigoureusement ou injustement); தண்டகிரகணம் prendre le bâton d'ascète mendiant; —சக்கரம் (தண்டன்) roue de potier.—ச்சாப்பாட்டுக்காரன் paresseux dont la nourriture est à la charge des autres; —தரன் celui qui porte une massue, *i.e.* Yamen,roi,potier,Vimen, mendiant ascète prétendu,*V.*தண்டேசன்;-தாசன் esclave (surtout pour dette);—தாமிரி (தாமிரம்), espèce de clepsydre,(c'est un vase de cuivre percé et placé dans un vase d'eau;en se remplissant il enfonce et marque par là les heures); —தாரணம் châtiment,porter le bâton de mendiant ascète et en faire profession;—தாயகன் roi,général d'armée,magistrat, personne qui a autorité pour punir, celui qui impose une amende, le bœuf நந்தி monture de Siven;— நீதி ordonnance, police, système d'administration civile et militaire;— நீயத்துவம், (தண்டநீய punissable), démérite, culpabilité digne de punition.— பாசிகன், (பாசம், ika), bourreau, celui qui pend;— பாணி celui qui porte une massue à la main, *i.e.* Vichnou, Yamen, *V.* தண்டகொடன்; — பாருஷ்யம் infliction d'un châtiment cruel, ce qui est un des 7 défauts des rois; — பாலகம் garde de la porte;— பாலன் portier; — பீதி crainte du châtiment; — மானம் préparation (d'un chat etc...) pour se jeter sur sa proie, pétulance d'un cheval, folle hardiesse, se précipiter —, impétuosité au combat, poursuite acharnée de l'ennemi qui se retire, *V.* தண்டமானம்;— மானங்கொள்ளுகிறது acquérir de la fougue, être plein de vivacité, d'impétuosité; மானவன் ascète qui porte un bâton; — யாத்திரை conquête d'un pays, procession nuptiale;— யோகம் infliction d'une peine; — லேசம் amende légère; —வாசி,—வாசி portier;—வாலதி éléphant;—விகற்பம் punition appropriée, différence de punition;—விதி loi criminelle, manière de punir;—விசேஷம் espèce ou degré de punition; நீட்டித்தண்டமாய்விழுகிறது faire une grande prostration. [mis.

தண்டவசி, (தண்டு, அவசி), ennemis.

தண்டலை, (தண், தலை), bosquet, jardin de fleurs, nom d'une ville.

தண்டல், 1° contre-maitre natif d'un navire (subordonné au சாரங்கு ou capitaine natif), lieutenant d'une compagnie de lascars ou லஸ்கர்க்காரர். 2° *opt. et n.v. de* தண்டுகிறது, *V.* தண்டுதல்: தண்டலதிகாரி, தண்டற்காரர், தண்டற்கரர், percepteur, collecteur (d'impôts), celui qui collecte;— குறிப்பு billet indiquant ce qu'il y a à percevoir d'impôts ou de rentes...; — கொட்டி la plante arum trilobatum.

தண்டவாளம், (தண்டம், பாளம்), fer fondu, fer en barre.

*தண்டனம், தண்டனை, (தண்டம், na), punition, châtiment: தண்டனைத் தீர்ப்பு condamnation, —à une punition; —பண்ணுகிறது punir.

*தண்டன், (danda), salut, révérence, vénération, prostration, adoration, Yamen prétendu roi des morts, roi, potier: —இடுகிறது,— பண்ணுகிறது saluer, révérer, adorer;— பண்ணிக்கெஞ்சுகிறது saluer et supplier; நீட்டித்தண்டனுமிழுகிறது faire une grande prostration; அவனுக்குத் தண்டன்—சொல்லு salue-le en mon nom.

*தண்டாகதம், (தண்டம் *batte*, ஆகதம் *battu*), lait de beurre.

*தண்டாங்கம், (*id.* அங்கம்), nombres placés l'un après l'autre selon leur valeur locale (en forme de bâton), sorte de manière de disposer les nombres et de compter.

தண்டா, தண்டாத, *part. nég. de* தண்டுகிறது, inséparable...: தண்டாச்சிறப்பினள் (சிறப்பு), celle dont l'excellence est perpétuelle, (épithète que les gentils donnent à) Sarasvati.

தண்டாபூபநியாயம், raisonnement à fortiori.

தண்டாமரை, (தண், தாமரை), nénuphar frais;—க்கோரை l'herbe cyperus iria.

தண்டாமை, *n.v. nég. de* தண்டுகிறது, stabilité, fixité, fermeté.

தண்டாயம், (தண்டு, ஆயம்), longue perche pour porter des fardeaux, terme, époque (de payement etc...), *V.* அத்தாயம்: மூன்றுதண்டாயத்திலே en 3 termes.

*தண்டாயுதம், (தண்டம், ஆயுதம்), massue, bâton recourbé: தண்டாயுதபாணி celui qui porte une massue à la main. *i.e.* Soupramanien

*தண்டாயுதன், (*id.*), celui qui est armé d'une massue, *i.e.* குமரன், வைரவன் et வீமன்.

*தண்டாரம், (dandâra), roue de potier, éléphant en rut ou en fureur, arc, litière, véhicule.

*தண்டி,1° (தண்டம், i), porteur d'un bâton d'ascète,ermite, portier, Yamen,Dandi poète renommé à la cour de Bhoja,et qui a composé un traité des figures de rhétorique, *V.* தண்டோட்டன்.2° *imp.de* தண்டிக்கிற து.3° *gér.et n.v.de* தண்டுகிறது,receveur d'impôts,collecteur,fois;தண்டியலங்காரம் le traité des figures de rhétorique *de* தண்டி.

*தண்டிகை,(dandikâ),litière, palanquin doux et noble suspendu par des cordes de soie, (c'était autrefois un privilége donné par les rois), sorte d'ornement de cou:— கொடுக்கிறது accorder le droit d'user d'un tel palanquin;—யேறுகிற அதிருஷ்டமுண்டு il a le sort fortuné de monter dans un tel palanquin, (présage d'astrologue);—க்குச்சு pilier de varangue.

தண்டிக்கிறது,டித்தேன், டிப்பேன்;டி,டிக்க, *v.a.et n.*(தண்டம்),punir,châtier,corriger,travailler durement,—avec effort,s'efforcer, cultiver soigneusement la terre, affliger, mortifier,couper,—en deux: இதிலே தன்னுடம்பைத்தண்டிக்கிறான் il travaille fortement à cela;நிலத்தைத்—cultiver la terre avec soin; உடம்பைத்—mortifier son corps,travailler durement; தண்டித்துக் கேட்கிறது mettre à la question,torturer et interroger (pour faire avouer).

தண்டித்தல்; தண்டிப்பு, *n.v. du préc.*punition, châtiment, sévérité, travail dur, soin, effort, action de couper...:தண்டிப்புக்கடங்காமலிருக்கிறது résister—, s'endurcir au châtiment. [celui qui punit....

தண்டிப்போன், *n.app. du même*, தண்டியக்கோம்பு, pièce de bois fixée —,pieu fixé dans le mur pour soutenir l'avant-toit, perche transversale portant sur 2 appuis aux extrémités pour s'exercer à danser (sur la corde etc...), barre à travers l'entrée intérieure des pagodes pour empêcher une entrée tumultueuse et pour recevoir la taxe avant l'admission.

தண்டியம், *P.*தண்டிகை,(தண்டு, தண்டியம், *V.*இண்டை. (இயல்).

தண்டு,1° *imp.et part.de* தண்டுகிற து. 2° massue, la massue—, l'arme de Yamen,bâton,gourdin, gros bâton,bâton recourbé,bambou, rame, aviron,perche de batelier,verge,pénis (*turpiter*), tige de plante, spadix —,grappe de bananier,fléau de balance,chandelier,litière,palanquin, armée, troupes,arme (en général), flèche,arc,champ,luth,violon, tube, chose creuse,creux de brancard destiné à porter des statues en procession,feuille de fleurs,les Gémeaux, caméléon, lézard, digue, petite—; chaussée,Tandou un des portiers de Siven,tragus ou protubérance de l'oreille,(celle du côté droit se dit வலத்தண்டு ou வலத்தண்டு, celle du côté gauche பெண்தண்டு ou பெண்டண்டு),*V.*தண்டோட்டன்;—க் கழி,—க்கோல் aviron,perche de batelier,—க்கோல் long bâton de pèlerin,bourdon;—க்கீரை blette; கீரைத்—tige d'herbes potagères...;-தாங்கல் porter le bâton d'ascète;—ப்பிள்ளை,—ப்புற்று ulcère—,maladie du pénis:—ப்பாதை route militaire,— d'une armée;—விண்டு, *V.* அடாத்து;—வலிக்கிறது ramer, forcer de rames;—வாங்கிப்போகிறது décamper,l'armée—,la troupe décamper et se mettre en marche: தண்டுக்கப்பாயுக்கொண்டுபோகிறது aller à la rame et à la voile; தண்டுக்குப்போகிறது aller au camp, — à l'armée;தண்டிலேசேவிக்கிறது servir à l'armée.

தண்டுகிறது,டினேன், டுவேன், டு,ட,*v.a.* percevoir (les impôts, une dette, une souscription...), collecter, recueillir,lever, exiger, se séparer de,s'éloigner,éviter,laisser aller,toucher,périr,se perdre: பொன்னை வெள்ளியைப்போகத்தண்டித் — se faire donner—,exiger l'or et l'argent;தண்டிக்கொண்டுகொடுக்கிறது percevoir et remettre (à qui de droit); தாக்கிலே தண்டாமல் வருத்தப்படுகிறது...

avaler un remède sans qu'il touche la langue.

*தண்டுதல்,தண்டுகை,*n.v.du préc.* perception,collecte, levée (des impôts, rentes...), contact, abandon, perte: தண்டுதற்குப்போகிறது aller faire la collecte.

*தண்டுலம்,(tandoula),riz pilé.

*தண்டுலாம்பு, தண்டுலோதகம், (தண்டுலம்,அம்பு, உதகம்), cange, eau de riz. [டு,உறை),nom de ville.

தண்டுறை,(தண், துறை, *ou* தண்

*தண்டுலீயம்,தண்டுலீயம்,(தண்டுலம்,iya), *V.* கிழுகீரை.

தண்டெடுக்கிறது,(தண்டு), lever une armée,la mettre en marche, la conduire au combat,prendre—lever une massue. [dorsale.

தண்டெலும்பு,(*id.* எலும்பு),épine

*தண்டேசன், தண்டேசுரன்,(தண்டம்,ஈசன், ஈசுரன்), nom d'un dévot de Siven,une des formes de Siven,*ou*

தண்டேந்தி, (தண்டு, ஏந்துகிறது),celui qui porte le bâton d'ascè- [te.

தண்டேறு,(தண்டு,ஏறு),os.

தண்டை,1° anneau bruyant—, ornement des pieds (des femmes... ordinairement d'argent); bouclier de rotin,trouble, embarras, queue, grand plateau. 2° *acc. de* தண்டு. 3° *P.*தண்டாய்.*nég.de* தண்டுகிறது:—க்காரன் imposteur, trompeur;—மாறம்,—மாளம் tordre la queue; —யிடுகிறது mettre aux pieds le bijou தண்டை. [cum ischomodies.

தண்டையம்புல் l'herbe pani-

தண்டொட்டி,(தண்டு, ஒட்டுகிறது),espèce de bijou, — d'ornement des oreilles des femmes.

தண்ணடை,(தண்,அடை), pays, feuille verte,ville en pays cultivé, —fertile.

தண்ணம்,(தண்,அம்),froid,fraîcheur,forêt,bois,tambour, tambourin,—qui n'a de peau que d'un côté,fer rouge. [tre frais,*i.e.* la lune.

தண்ணவன்,,(தண்,அவன்),l'as-

தண்ணளி,(தண்,அளி),pitié, mi-icorde,faveur.

தண்ணளவு,*P.*தண்ணெளவு.

தண்ணிய,*adj.de* தண்மை, frais, froid,bas,vil:—குலம் basse caste: தண்ணியது ce qui est frais,bas, vil.

தண்ணீர்,(தண், நீர்), *litt.* eau fraîche (*opposé à* வெந்நீர் eau chaude,*habituellement*),eau,—en général, de l'eau simple:— உண்கிறது boire de l'eau;—உழலை,—த்தவனம்,—த்தாகம் soif;—இறைக்கிறது arroser; — உழந்திவருகிறது venir fort altéré,avec grand besoin d'eau; —கட்டுகிறது arrêter —, barrer l'eau,des pustules se former, devenir hydropique; — காட்டுகிறது abreuver des animaux,tromper,gâter, corrompre,causer de la perte; — க்காரி,*et corr.* —க்காரிச்சி porteuse—, tireuse d'eau;— க்கால் canal, conduit,fossé,cours d'eau; —ச்சாலை hôtel—,lieu où l'on donne de l'eau; —ப்பகை qualité nuisible de l'eau (en divers lieux),hydrophobie;— ப்பந்தல் cabane de feuillage—,pandel où l'on donne à boire de l'eau gratis,(ce qui est un des 32 actes de charité);—பாய்ச்சுகிறது,— மாறுகிறது arroser, faire couler l'eau,donner cours à l'eau d'irrigation,(ce qui se fait à tour de rôle);—வார்க்கிறது verser de l'eau; —விட்டான் l'arbrisseau asparagus racemosus,scorsonère;— விட்டான்கிழங்கு racine de l'asparagus susdit qui contient une belle eau fraîche.

தண்ணுமை,tambour ou tambourin,(surtout ceux qu'on nomme உறுமி,உடுக்கை,மேளம், பேரிகை, மத்தளம் *et* தண்ணம் ou ஒருகட்பறை),tenon à queue d'aronde.

தண்ணென்கிறது, (தண்), être froid,frais.

தண்ணெனல்,தண்ணெனவு, *n.v. du préc.* fraîcheur, signe de fraîcheur.

தண்மை,(*id.*), froid, fraîcheur, pauvreté,bassesse, chose vile, petit esprit,légère connaissance.

*ததம்,1° (tata),étendue, extension,largeur. 2° (dada), qui donne (à la fin des mots composés). 3° (tatas), postériorité, ensuite: ததபத்திரி la plante aux larges feuilles *i.e.*le bananier.

*தத்ப்பணம்,(tad *cela*, அர்ப்பணம் *livraison*), chose rendue, livraison d'un objet,prendre ce qui a été donné.

ததல்,état,fermeté,stabilité.

*ததநந்தரம், , ததனந்தரம், (tad *cela*, அநந்தரம்),après cela.

*தத்த்தம்,(*id.*),pour cette raison.

*ததா,(tathâ),ainsi.

*ததாகதன்,(*id.*கதம்), Bouddhiste.

*ததாகாரம்,(ததம்,ஆகாரம்),vaste étendue.

*ததாஸ்து,(ததா, அஸ்து), qu'il soit ainsi,ainsi soit-il.

*ததாரம்பம், (tadâ *alors*), commencement.

*ததி,1° (dadhi),lait caillé, résine, térébenthine, maison, habitation. 2° (tati),ligne, rangée. 3° qualité, puissance,saison,temps convenable: —காலம் saison des semailles:—கூட்ச்சிலை mélange de riz cuit et de lait caillé,—de lait bouilli et épaissi;—கேடு faiblesse,manque de force;—சம் beurre frais;—சரம் crème de lait caillé; —சாரம் beurre frais, batte-à-beurre;—அவேதம் lait de beurre;—சோணம் singe rouge,—de couleur de lait caillé;—தேனு quantité de lait caillé offert à chaque sacrifice indou;—பலம் le fruit du விளாமரம்; — பாண்டம் vase à mettre le lait caillé; — மண்டம் crème de lait caillé, lait de beurre; — மண்டோதகம், (உதகம்), la mer fabuleuse de lait caillé;—யறிந்துபயிரிடுகிறது faire les travaux d'agriculture en temps convenable; —யோதனம்,*V*.தத்தியோதனம்.

ததிசி,*P*.ததிசு.

*ததியை,*P*.திதியை.

ததிரம்,un des 21 sacrifices indous.

*ததீசன் *ou* ததீசி, (dadhitcha,i.), Dadhitchi,richi qui se dévoua à la mort pour que les dieux se servissent de ses os en guise de foudres contre le démon விருத்திரன்.

ததும்பல்,trouble,confusion,tracas.

ததும்பல்,ததும்புதல்,*n.v. de* ததும்புகிறது, பினேன், புவேன், பு,ப,*v.n.*se balancer,flotter, s'agiter (l'eau d'un vase...), frapper contre les bords et le couvercle,se remplir, croitre,se répandre,jaillir.

ததுமன்,jeune homme,vent.

*ததேகநிஷ்டை, (tad *cela*,ஏகம்), méditation profonde,—sans distraction ni mouvement.

ததைகிறது, ததைந்தேன், ததைவேன்,ததை,ததைய, *v.n.* ததைதல், *n. v.* être serré,resserré,étroit, à l'étroit, inséparable,s'unir.

ததைக்கிறது, ததைத்தேன், ததைப்பேன்,ததை,ததைக்க,*v.a.du préc. et* ததைத்தல்,réunir,serrer,presser.

ததைவு,*n.v.de* ததைகிறது, étroitesse,resserrement,pression, presse.

தத்தடி,(தத்து, அடி), 1ers pas—, marche chancelante d'un enfant:—யிடுகிறது, — யிட்டு நடக்கிறது marcher d'un pas chancelant,— en trébuchant comme un enfant.

*தத்தகன், *ou* தத்தகபுத்திரன், (தத்தம்,ka),fils adoptif.

*தத்தம்,1° (datta *donné*),don,présent,donation,adoption. 2° *P*. தம்தம், *obl.pl.de* தான் *répété*, chacun son,—leur:—கொடுக்கிறது,—பண்ணுகிறது faire don, donner en adoption;—செய்கிறது donner, remettre, faire l'abandon (préalable pour qu'un autre puisse adopter): —வாங்கிக்கொள்ளுகிறது recevoir —,accepter un don,adopter: எள்ளுந்தண்ணீருங்விட்டுத் — பண்ணுகிறது faire un don en répandant du sésame et de l'eau en signe de cession perpétuelle; தத்தபுத்திரன் fils adoptif; அவர்தத்தம்மனையிற்சென்றார் ils se rendirent chacun à leur maison;தத்தமக்கு chacun à soi-même; தத்தமக்கேற்ற மனையுண்டு chacun a pour soi une maison convenable.

தத்தரம்,tremblement,hâte, précipitation:தத்தரப்படுகிறது se hâter,être très-empressé.

தத்தல்,*opt.et n.v. de* தத்துகிறது,

saut,bond,élan, sauter par-dessus, franchir,grenouille.

தத்தளிக்கிறது,-ளித்தேன், ளிப்பேன்,ளி,ளிக்க,*v.n.* (தத்து, அளிக்கிறது), *ou* தத்தளித்துப்போகிறது,-க்கொண்டிருக்கிறது,hésiter,vaciller,chanceler, broncher, remuer, trembler de peur,être ému,troublé, embarrassé, dans les transes.

தத்தளித்தல், தத்தளிப்பு, *n. v. du préc.* hésitation, chancellement, vacillation,tremblement,crainte, embarras: தத்தளிப்பாயிருக்கிறது, *V.* தத்தளிக்கிறது.

தத்தாங்கி,battement des mains (en chantant,dansant,jouant ou encourageant un enfant):—யடிக்கிறது battre des mains (en chantant...)

*தத்தாத்திரேயன், (தத்தம், அத்திரி), Dattâtireyen *ou* Datten, certain richi fils d'Atri,qui,(au dire des Indous),lui fut donné par les Trimourtis;il est considéré comme une des 15 incarnations inférieures de Vichnou.

*தத்தாபகாரம், தத்தாப்பிரதானிகம்,(தத்தம், அபகாரம், apradânika *non donné*), reprise d'un objet donné.

*தத்தாபிசாரம்,(*id.* அபிசாரம்), vue,attention, *V.* தத்தாபகாரம்.

*தத்தாவதானம், (*id.* அவதானம்),attention.

*தத்தானபகருஷம், (*id.* அன் *nég.* அபகருஷம்),ne pas retirer un objet donné.

*தத்தி,1° (datti), don, donation, force. 2° *gér.de* தத்துகிறது. 3° *P.* ததி (devant les voyelles.)

தத்திசாரம், mensonge, fausseté.

*தத்திதம், (taddhita), nom dérivé ou composé.

*தத்தியம்,(tathya),vérité.

*தத்திரோதனம், (ததி, ஓதனம்), mélange de riz cuit et de lait caillé, (désignant surtout celui qu'on prépare en offrande dans les pagodes des Vichnouvistes et qu'on distribue ensuite aux brames).

தத்தியாகரம்,தத்தியுததம், (ததி, ஆகரம், உததம்),mer de lait caillé.

*தத்திரம்,(tatra), remplacement, au lieu de.

தத்து,1° saut,bond,élan, choppement,bronchade,faux pas,péril,crise périlleuse,malheur,mort funeste, irrégularité du cours—,écart d'une planète. 2° *imp. et part. de* தத்துகிறது:—க்கல் pierre au milieu d'une cascade d'où l'eau jaillit de nouveau;—க்கிளி sauterelle, perroquet qui babille;— பரி cheval qui va l'amble;—ப்புரட்சி une des irrégularités de la marche des planètes;—ப்பூச்சி,—வண்டியன்,—வெடியன், (*P.* விட்டில்) espèce d'insecte,sauterelle;—மடை ouverture sur le côté d'un canal de jardin; பெரியதத்திலே யிருக்கிறது être en grand danger; மூன்று தத்துக்கும் பிழைத்தேன் j'ai échappé à 3 crises périlleuses (dans le style astrologique).

தத்துகிறது, த்தினேன், த்துவேன், த்து,த்த,*v.n.* தத்துதல், *n.v.* sauter,sautiller, trépigner, sauter par-dessus,franchir,s'élancer,chanceler, trébucher,broncher,vaciller: தத்தித் தத்தியோடுகிறது courir en sautillant (comme une grenouille ou un oiseau); தத்தித்தலைகீழாகவிழுகிறது se précipiter tête baissée, agir avec grande arrogance ou présomption; தத்தித்தத்தி ou தத்தி நடக்கிறது marcher en trébuchant,— lentement et avec précaution comme un enfant,ou en clochant comme un malade; நீர்தத்திப்பாய்கிறது l'eau courir en bouillonnant,ou en moutonnant.

*தத்துவம்,(tad *ce, propre,* துவம் *qualité*),faculté,puissance,force, autorité,autorisation,propriété, qualité, nature,—essentielle (des choses temporelles ou spirituelles...),l'âme de l'univers (au dire des payens), l'âme humaine (supposée une portion de la précédente), esprit, intelligence,vérité,fidélité,réalité, substance (opposée à illusion), élément, propriété élémentaire, axiome, 1er principe (en logique), *V.* தத்துவத்தி.

ரூபம்:தத்துவம்-கள்,les 96 qualités ou propriétés des choses, savoir: 1° ஆன்மதத்துவம் les propriétés essentielles des choses matérielles et spirituelles, au nombre de 24, savoir:les 5 élémens பூதம்-ம், les 5 sens பஞ்சேந்திரியம்,les 5 objets des sens,புலன்-ம்,les 5 organes d'action, கருமேந்திரியம்-ம்,les 4 organes intérieurs அந்தக்கரணம் ou உள்ளிந்திரியம்-கள்.Voyez ces 19 derniers au mot இந்திரியம்.2° les 10 nerfs ou artères, நாடி-ம்.3° les 5 incidens, états,passions ou changemens d'action dits பஞ்சாவஸ்தை.4° les 3 défauts ou vices dits மும்மலம்.5° les 3 caractères dits குணம்-ம்.6° les 3 divisions du corps humain dites மண்டலம்-ம்.7° les 3 vices de tempérament dits பிணி-ம்.8° les 8 mauvaises inclinations nommées அஷ்டவிகாரம். 9° les 6 régions du corps humain appelées ஆறுதாரம். 10° les 7 parties ou substances essentielles du corps dites தாது-ம்.11° les 10 flatuosités ou airs vitaux nommés வாயு-ம்,12° les 5 modes de production appelேs கோசம்-ம்.13° les 9 orifices du corps dits நவத்துவாரம்; தத்துவம்பார்க்கிறது étudier—,examiner la physique,l'anatomie; தத்துவக்கைச்சீட்டு procuration (pour agir au nom d'un autre);—க்கட்டளை physiologie indoue,traité sur cette matière;—க்கட்டு, V. தத்துவதரிசனம்; — சாஸ்திரம் physique, traité de physique,philosophie,métaphysique,V.தத்துவாசாமம்; — சாஸ்திரி physicien,philosophe métaphysicien;— சாலி homme fort, puissant, qui a de l'autorité; — சூத்திரம் règle d'axiome; — சொரூபன் physicien,naturaliste;—ஞானம் connaissance de Dieu.— de la vérité,—des qualités et facultés des divers êtres,physique, véritable sagesse;—ஞானி savant, sage, physicien,qui connaît les diverses qualités des êtres;—தரிசனம் vision i.e. connaissance de l'essence ou des facultés essentielles des choses;—திரயம்,—த்திரயம் la triple puissance, triade métaphysique comprenant Dieu, l'âme, et la matière, ou selon d'autres,ஆத்துமதத்துவம், சிவதத்துவம், வித்தியாதத்துவம்;—நிரூபணம் sorte de traité de philosophie; - நூல், V. தத்துவசாஸ்திரம்; —நூலோர்தல் étude de la physique ou de l'anatomie;—பாரகன் docteur, sage;—போதகர் prédicateur de la vérité, nom tamoul du P. Robert de Nobili;—ப்பிரகாசம் nom d'un livre; — வாதம் nom d'une secte, sorte de naturalisme;— வாதி partisan de cette secte;—விளக்கம் physique.

*தத்துவன், (தத்துவம்), l'Être Suprême,Dieu,(et à tort) Brama,Vichnou,Siven,Arouguen,roi, homme puissant,qui a de l'autorité, véridique, sage.

*தத்துவாசமம்,(id. ஆகமம்), livre de physique et surtout d'anatomie.

*தத்துவாதி,(id.), brame Dvita ou துவைதவாதி,sectateur de Madhvâchârya; on les nomme மூத்திரா ரு த்திப்பார்ப்பார். [ஊமத்தை datura.

*தத்தூரம்,(dhathoûra),la plante

தத்தெறிகிறது, (தத்து, எறிகிறது),lancer des vagues, espèce de jeu.

தத்தை,1° perroquet, sœur ainée. 2° P.தத்தாய்.2° pers.nég.de தத்துகி து. [2° obl.de தத்தம்.

தத்த, 1° part.parf.de தருகிறது.

*தந்தசம்,(dandasa),dent.

*தந்தசூகம், (dandasoûka), serpent. [chant.

*தந்தசூகன், (id.), homme mé-

*தந்தம்,(danta),dent, défense—, dent d'éléphant,ivoire,cime—,penchant de montagne V.சாரல்:தந்தசம் வாங்கி arracheur de dents: தந்தசர் சணம்,—கர்சணம் (harchaka,na plaisir),citron,citrus acida;—கருஷணி, (karchana arracher), arracheur de dents:—காட்டம்,— காஷ்டம் buchette qui sert de cure-dents,— க் காரி un des arbres dits வாசமடக்

கி;—க்குறி marque des dents; — க்கோரை l'herbe cyperus iria;—சடம் (sata nuire),citronnier, V. கிடாரமரம்; —சிரம்,(சிரா),gencive;— சாரணம் dentifrice; —சுத்தி propreté,— nettoiement des dents; — சர்க்கரை tartre des dents; — சூலை espèce de mal de dents: — ச்சிமிழ் boite d'ivoire; —தாவனம், V. தந்தசுத்தி, ou — தாவனக்குச்சி cure-dents, brosse à dents;—தாவனம்பண்ணுகிறது nettoyer les dents; —த்தண்ணீர், V. அஸ்திபேதி;— பத்திரம்,—பத்திரகம் espèce de jasmin, *litt.* feuille d'ivoire;—பவனம் dentifrice; —பாசம் front d'éléphant, partie d'une dent:— ப்பிடி poignée,— manche d'ivoire;—ப்பூண் ornement d'ivoire,—mis aux défenses de l'éléphant;—மலம் saleté—, tartre des dents;—மலை la montagne à l'ivoire, *i.e.* l'éléphant;—மாமிசம் gencive; —முத்து perle tirée de l'ivoire; —யாவனம் ébène;—ரேகை rangée de dents, V. பற்குறி; — ரோகம் mal de dents; — வக்கிரன், Tandavakkiren, un de la 2e classe des hommes généreux, Siven; — வஸ்திரம் l'habillement des dents, *i.e.* les lèvres;—வத்திரன் Siven; — வாயு flatuosité des dents, cause prétendue des maux de dents;—வியாசனம் fractures des dents;—வேலை ouvrage en ivoire;—வேட்டம், (vèchta *enclos*), gencive;—வைத்தியன் dentiste; தந்தத்திலேபண்ணுகிறது *ou* செய்கிறது travailler—, faire en ivoire.

தந்தருளுகிறது,(தந்து), daigner donner, accorder. [morsure.

*தந்தாகாதம்,(தந்தம், ஆகாதம்),

*தந்தாயுதம்,(தந்தம், ஆயுதம்), l'animal armé de ses dents ou de ses défenses, *i.e.* le sanglier.

*தந்தாலிகை, (dandâlikâ), bride de cheval.

*தந்தாவளம், (தந்தம், ஆ, வளம்), l'animal dont la force est dans ses défenses, *i.e.* l'éléphant.

*தந்தி, 1° (தந்தம், i), ce qui est armé de défenses, éléphant,— mâle, l'arbre நேர்வாளம். 2° (tanti), tisserand, étendue, serpent. 3° *P.* தந்தி corde d'instrument de musique:—முகன் celui qui a une tête d'éléphant *i.e.* Poulléyar;— ப்படுகிறது s'indigner, s'irriter; எஃகு—, எஃகுத்தந்தி corde d'acier,—de métal;—யுரியுதன் போர்த்தோன்,—விழுரியோன், (விழுக், உரி), celui qui s'est couvert d'une peau d'éléphant (pour s'accoupler avec la femelle de cet animal), *i.e.* Si- [ven.

தந்திரகம், la plante சீந்தில்.

*தந்திரமம், தந்திரமணம், (dandramma, na), marche lente,—douce.

தந்திரம், 1° ruse, stratagème, tour, artifice, finesse, subtilité, moyen, expédient, tentation, art, science, traité scientifique, industrie, action, actions et gestes ou mouvemens des mains qu'on fait dans les sacrifices. 2°* (tantra), prétendue doctrine révélée, tantras ou traités religieux enseignant des formules mystiques et particulières et des rites pour l'adoration des dieux indous et l'obtention de dons surnaturels, (ils sont ordinairement en forme de dialogue entre Siven et Dourgâ qui sont les divinités particulières des தாந்திரிகர் ou sectateurs des tantras; il y a un grand nombre de tantras; et leur autorité a en partie remplacé celle des vèdas), partie des vèdas qui enseigne des prières et formules mystiques ou plutôt magiques, texte, armée, corde de luth, ornement, décoration, sorte de pilule, drogue, foule, assemblée, preuve, démonstration, fil, toile, habillement, grande joie, bonheur, maison, dépendance, estille:—செய்கிறது, —பண்ணுகிறது user des ruses, de stratagèmes, de fraudes, faire des tours d'adresse, tenter;—ஆகக்கொண்டுபோகிறது emporter frauduleusement ou par ruse; தந்திரகலை science des tantras, ce qui est une division des âgamas; — க்காரன் homme rusé, adroit, artificieux, trompeur, tentateur;—பாவன் génétal d'armée;—மணம் mariage conclu par artifice, marche lente ou tortueuse; —மா l'animal rusé, *i.e.* le renard; —யுத்தி, *V.* தந்திரயுத்தி;—வா தம் nom d'une secte;—வாதி expert, adroit, subtil, rusé;—வாபன், —வேபன், (வாபம், வேபம்), tisserand;—வாயன், 1° (வாயம் *tissage*), tisserand, araignée; 2° (வாய்), homme rusé, au langage artificieux; — வித்தை science des ruses, adresse, artifice, ruse; —யுத்தி, (et mieux) —யுத்தி, — யுக்தி (en rhétorique) disposition adroite des choses ou des diverses parties du discours comme la proposition, la division, l'amplification ou démonstration de chaque chose; en grammaire on compte 32 தந்திரயுத்தி ou manières adroites de donner un joli tour à ce que l'on dit.

*தந்திரன், *pl.* தந்திரர், (தந்திரம்), musicien, joueur de luth, homme rusé, adroit, ministre, général d'armée, *V.* சத்ருவன்.

*தந்திராகமம், (*id.* ஆகமம்), les livres nommés tantras, science des tantras.

*தந்திரி, 1° (தந்திரம், *i.*), son de corde—, corde de luth. 2° *m. et f.* musicien, homme —, femme rusée, adroite, général, ministre, militaire, *au pl.* தந்திரியர். [somnolence.

தந்திரிகை, (tandrikâ), paresse,

தந்து, 1° *gér. de* தருகிறது. 2° (tantou), fil, fil de coton, race, postérité, requin. 3° *P.* தந்திரம், ruse, science, livre de science, demande réitérée: —கடம், *P.*— கீடம், ver qui fait du fil, *i. e.* araignée; — சாரம் aréquier; —சாலை atelier, maison de tisserand. [—bha), moutarde,

*தந்துகம், தந்துபம், (tantouka,

தந்துமந்து (*répétition euphonique*), trouble, confusion.

தந்துரை, (தந்து, உரை), préface.

தந்துரைக்கிறது, (*id.* உரைக்கிறது), dire avec les préparations oratoires et l'enchainement voulu.

*தந்துவன், தந்துவாயி, *pl.* தந்துவர், (தந்து, vâ *tisserand*, வாயம் *tissage*), tisserand.

*தந்துவாபன், தந்துவாயன், (*id.*) tisserand, araignée, [bananier.

*தந்துவிக்கிரகை, (*id.* விக்கிரகம்);

தந்தேன், *part. de* தருகிறது.

தந்தை, 1° père (en général), le propre père. 2° *P.* தந்தாய், tu as donné: தந்தையர் ஐ les 5 individus honorés du nom de pères, savoir: பிறப்பித்தோன் le propre père, கற்பித்தோன் le précepteur, மணமுடிப்பித்தோன் celui qui fait les frais du mariage, அன்னந்தந்தோன் le père nourricier, ஆபத்துக்குதவினோன் celui qui a secouru dans le danger. Quand le mot தந்தை est précédé des pronoms என், எம், உன், நும், உம் et de நின், on élide la dernière lettre du mot précédent et la 1re de celui-ci et on a எந்தை mon père ou notre père, உந்தை et நுந்தை ton père ou votre père, முந்தை un ancêtre.

*தபமிருசன், தபமிருஷ்டன், (தபம், மிருசம்), exténué de pénitence. [ரன்.

*தபசன், (tapasa), la lune ou சந்தி

*தபசி, (தபசு), pénitent, *V.* தவசி: —ப்பிள்ளை serviteur d'un gourou.

*தபசு, (tapas), pénitence, mortification, vie austère, devoirs et obligations de son état ou de sa caste, le mois de மாசி, *V.* தவசு: — காலம் temps de pénitence, carême; — பண்ணுகிறது faire pénitence. [le soleil.

தபநாமிகாரம், regarder le feu, —

*தபதி, 1° (tapati), சாயை femme du soleil, une fille du soleil changée, au dire des Indous, en la rivière Tapti. 2° (sthapati), architecte, charpentier, charron, artisan: *pl.* தபதியர்.

தபத்தன், (தபம்), pénitent, religieux, ascète, reclus. [tente, religieuse.

தபத்தி, *fém. du préc.* femme péni-

*தபம், 1° (tapa), chaleur, la chaude saison, l'été. 2° (tapas), pénitence, austérité, le mois de மாசி, *V.* தவம்; —பண்ணுகிறது faire pénitence, mener une vie austère.

தபலை, vase —, bassin ou pot de cuivre, chaudron, marmite, ustensile de ménage.

*தபலோகம்,(தபம்), le 6me des 7 mondes supérieurs des Indous, la prétendue demeure des pénitens et des வைரகி.

*தபனம்,(தபம்,na),chaleur,chaude saison,été,soif,chagrin: தபனகரம் rayon du soleil; — மணி lentille de crystal dite சூரியகாந்தம்.

*தபனன்,(id.),soleil,feu,Agni, la plante கொடுவேலி. [--ka),or.

*தபனியம்,தபனியகம், (tapaniya,

*தபன்,(tapa),le soleil.

தபாது,faute.

*தபாத்தியயம்,(தபம், அத்தியயம்), ce qui met fin à la chaleur, la saison des pluies.

தபால்,(ind.),poste,relais.

தபிக்கிறது, V.தவிக்கிறது.

தபிலே,P.தபலே.

தபுகிறது,பினேன்,புவேன்,பு,ப,v. n.தபுதல்,n.v.mourir,périr,se perdre.

தபுதாரம்,தபுதாரநிலே, (தபும்,தாரம்), désir d'un amant envers son amante qui boude.

*தபோ,(obl.de தபசு,devant certaines lettres):—தனன், (pl. தபோதனர்),ou—தனி (dhani riche), pénitent, ascète,religieux,ermite, sage;— தி, (dhi avoir),pénitent,pénitente;—துக்கம் aversion pour le monde, renoncement au monde;— நிதி pénitent,ascète;— நுபாவம், (அநுபாவம்),influence de la pénitence; — பலம்,—புண்ணியம் mérite —, force —, vertu de la pénitence;—புத்திரன் fils obtenu par la pénitence;—மகிமை excellence de la pénitence;— மயம் essence —,pratique de la pénitence,nom d'une forêt;— மூர்த்தி, —ராசி pénitent,ascète;— லோகம், V.தபலோகம்;—வனம் bosquet sacré fréquenté par les pénitens.

தப்ப,inf.de தப்புகிறது.

தப்படி,(தப்பு, அடி), faux - pas, glissade,fausse démarche, pas, enjambée,pas géométrique de 5 pieds.

தப்படிக்கிறது, (தப்பு, அடிக்கிறது),battre du tambourin,tambouriner. [bourin.

தப்பட்டை,(தப்பு,அட்டை), tam-

தப்பல்,opt.et n.v. de தப்புகிறது, erreur,méprise,échappade.

தப்பளே, P. தவளே, grenouille, espèce de poisson, V.சழியல்.

தப்பறை,(télinga),mensonge,fausseté,erreur,absurdité,bévue, méprise,fourberie: — க்காரன் menteur, hâbleur;—சொல்லுகிறது,— பேசுகிறது mentir,dire des faussetés...

தப்பா,தப்பாத,part.nég. de தப்புகிறது,infaillible,immanquable.

தப்பாமல்,gér.nég. du même, immanquablement,infailliblement.

தப்பாமை,n.v.nég.du même, chose immanquable,infaillibilité.

தப்பி, 1° gér.de தப்புகிறது.2° imp. de

தப்பிக்கிறது, ப்பித்தேன்,ப்பிப்பேன்,ப்பி,ப்பிக்க,v.caus.de தப்புகிறது, laisser—,faire échapper;தப்பித்துக்கொள்ளுகிறது s'échapper, s'évader,éviter,fuir.

தப்பிதம்,(தப்பு,இதம்),erreur,méprise,bévue,faute, manquement:— ஆய் d'une manière fautive, faussement,—par erreur:— ஆகப்போகிறது faillir, s'égarer; தப்பிதக்காரன் coupable,qui a fait une faute, une bévue; தப்பிதத்தில் அகப்படுத்துகிறது, — மாட்டுகிறது induire —, surprendre en faute, faire tomber—,envelopper dans une faute, égarer;—விழுகிறது tomber dans une faute,dans une erreur,faillir.

தப்பிலி, 1° (dabbili, mot télinga), coupable, vaurien, vagabond; —பிள்ளே méchant enfant, vaurien. 2° (தப்பு,இலி), innocent.

தப்பு, 1° imp.et part.de தப்புகிறது. 2° faute,culpabilité,défaut,manquement ,erreur,méprise,bévue,fausseté,mensonge, fourberie, espèce de tambour ou de tambourin:தப்பாய்த்திருக்கப்பண்ணுகிறது falsifier, donner un tour ou un sens fautif: தப்பாய்க்காண்கிறது paraitre fautif; —க்காண்பிக்கிறது mal représenter,montrer sous un faux jour, déguiser, tromper;தப்பாய்க்கிரகிக்கிறது entendre mal;தப்பான,தப்புள்ள

fautif, coupable, infidèle; தப்புகொட்டுகிறது battre du tambourin, tambouriner; —த்தண்ணீர் eau qui se répand; —தவறு erreur, méprise; —பேச்சு parole fautive, fausseté; —பார்க்கிறது examiner—, corriger les fautes (d'un écrit...); —மார்க்கம், —வழி fausse voie, —religion; —மேளம் espèce de tambour; —வீணை espèce de luth; — லெக்கு பார்க்கிறது viser ailleurs qu'au but; தப்போ வொப்போசுவாமிக்குத்தான் தெரியும் est-ce à tort ou avec raison? Dieu le sait.

தப்புகிறது, ப்பினேன், ப்புவேன், ப்பு, ப்ப, *v.a.* தப்புதல், *n. v.* se tromper, faillir, se méprendre, manquer, échapper, survivre, esquiver, éviter, errer, s'égarer, laver (le linge en le frappant contre une pierre). *V.* தப்பவிக்கிறது: குறி —manquer le but, se comporter mal; சொல் —, பேச்சு —, வார்த்தை —, manquer à sa parole, la parole manquer: தயவு — manquer de bonté, perdre les bonnes grâces, —la faveur; சாவுக்குத் —échapper à la mort; நான்விழுகிறதுக்குக்கொஞ்சந்தப்பிற்று j'ai manqué de tomber, peu s'en est fallu que je ne tombasse; தப்பக்கூடாது on ne peut échapper, — manquer...; தப்பவழியாது on ne peut manquer, il ne peut y avoir de faute, d'erreur; தப்பவிடுகிறது laisser échapper, — manquer; நல்ல சமயத்தைத்தப்பவிடுகிறது laisser échapper une bonne occasion: தப்பவைக்கிறது faire échapper, —manquer, préserver du mal; தப்பிப்போகிறது manquer, faillir, faire défaut, se tromper, esquiver, *ou* —வோடிப்போகிறது échapper et prendre la fuite, s'échapper par la fuite: —ப்போகத்திரிகிறது être sur le point de faillir, chercher—, penser à s'enfuir: அந்தக்கணக்குக்கை தப்பிப்போச்சுது la main a failli dans ce compte, il est fautif.

தப்புவிக்கிறது, *v. caus. de* தப்புகிறது, faire—, laisser échapper, délivrer: தப்புவித்துக் கொள்ளுகிறது s'échapper, s'esquiver, éviter.

தப்பை, éclisse, planchette ou bâton plat pour tenir en place les os fracturés.

*தம, 1° (tama), particule sanscrite qui ajoutée à un adjectif forme le superlatif (comme *ssimus* en latin), très: அர்ச்சியசிஷ்டதம très-saint, சுத்ததம très pur. Si aucun nom ne suit cette particule, elle se change en தமன், *m.* தமை, *f.* தமம், *n.* Ainsi de உத் haut, on fait உத்தமன், உத்தமை, உத்தமம் (altissimus, altissima, altissimum), très-haut, très-haute, excellent. 2° *P.* தம், *gén. de* தாம், devant un nom pluriel neutre. 3° *obl. de* தமம். [forgeron.

*தமகன், (dhamaka), maréchal,

தமக்கிறது, மத்தேன், மப்பேன், ம, மக்க, *v.n. et* தமத்திருக்கிறது, se calmer, abonder, être apaisé, abondant: தானியந்தமத்தது le blé est abondant et à bon marché; வயிறுதமத்தது le ventre—, *i.e.* la faim est apaisée. [*imp. et part. du suiv.*

தமக்கு, 1° *dat. de* தாம், à soi. 2°

தமக்குகிறது, க்கினேன், க்குவேன், க்கு, க்க, *v.a. du préc.* apaiser, calmer, remplir. [கையார், sœur ainée.

தமக்கை, (தம், அக்கை), *hon.* தமக்

*தமசம், (tamasa), ville, nom d'une ville, *ou* [rité.

*தமசு, (tamas), ténèbres, obscu-

தமதமெனல், தமதமென்கிறது, (*son imitatif*), faire tamatama, — du bruit.

*தமதம், 1° (tamata), désir. 2° (damatha), répression des 5 sens.

தமது, *gén. de* தாம், d'eux, leur, de lui, son, sa, ses. கூலியாட்கள்தமது வேலையைமுடித்தார்கள் les manœuvres on fini leur ouvrage; இராசாதமதருகில்வரச்சொன்னார் le roi a dit de venir auprès de lui.

தமப்பன், (தம், அப்பன்), père (usité parmi les brames).

*தமம், 1° (tamas), *ou* தமகுணம், *V.* தாமசம், le dernier des 3 caractères dits குணம்-ங், ignorance, ténèbres spirituelles, la 1re des 5 மாயை ou illusions, obscurcissement des facultés supérieures de l'âme, ténèbres,nuit,le prétendu serpent Râgou ou le nœud ascendant de la lune. 2° (à la fin des mots) தமம் est la forme du superlatif,comme மந்தத மம் très-doucement. 3° (dama),soumission, retenue, répression,— de ses sens, recueillement, action de dompter,punition,boue,chagrin,péché,salle du sacrifice: தமப்பிரபை une des 7 régions de l'enfer des Indous,celle des ténèbres.

தமயந்தி,(damayanti), Damayanti femme du roi நளன்.

தமயன்,(தம், அயன்), frère aîné, aîné,ancien.

தமரகம்,trachée-artère, tambour rétréci au milieu: தமரகவாயு asthme,respiration courte et difficile; தமரகவொளி,V.இலுப்பை.

தமரத்தை,l'arbre averrhoa carambola;*l'adj.*est தமரத்தம்:தமரத்தங்காய் le fruit encore vert —,தமரத்தம்பழம் le fruit mûr de l'averrhoa.

*தமரம்,1°(tamara),plomb. 2° son, grand bruit,fracas, gomme- laque, cire à cacheter.

தமரம்,*n.v.de* தமருகிறது, grand bruit,son considérable.

தமராணி,(தமர்,ஆணி), tarière, vrille,foret, drille, virebrequin.

தமரிக்கிறது, ரித்தேன், ரிப்பேன், ரி,ரிக்க,*v.n.*(தமரம்),faire du bruit, retentir,désirer.

தமரித்தல்,தமரிப்பு,*n. v.du préc.* bruit,retentissement,désir.

தமருகம்,tambour rétréci au milieu et dit உடுக்கு, tenon à queue d'aronde

தமருகிறது *ou* தமர்கிறது,ர்ந்தேன்,ருவேன்,ர்,ர, *v.n. et* தமருதல், *n.v.* (தமரம்), résonner, faire grand bruit. [ணி.

தமருசி,(தமர், ஊசி), V. தமரா தமரோசை, (தமர், ஓசை), l'arbrisseau இலுப்பை,bruit.

தமர்,1° trou. 2° *imp.et part. de* தமர்கிறது. 3° *pl.de* தமன், ses gens, ses proches,parens, montagnards: தமரிடுகிறது percer,forer;— ப்படுகிறது consentir,acquiescer,désirer.

தமன்,*f.de* தமன்,V.தம்மவன்.

*தமனகன், (தமனான்), Damanaguen, nom d'un renard acteur du பஞ்சதந்திரகதை.

*தமனம்,(damana),la fleur damana artemisia,*ou*

*தமனகம்,(damanaka), la plante மருக்கொழுந்து absinthe.

*தமனன்,(damana),héros, philosophe,savant.

தமனி,l'arbre வன்னி.

*தமனியம்,*P.*தபனியம்,or.

*தமனியன்,(*id.*),le géant இரணியன்,la planète Saturne,Brama.

*தமன்,1° (tama), Râgou ou le nœud ascendant. 2° (dhama), Dieu, Brama,Krichna,Sandiren ou la lune. 3° (தம்), V.தம்மவன்.

தமாசு,(*ind.*),plaisanterie,facétie, amusement,moquerie,spectacle.

தமாரிக்கவம்,V.பிரக்கு.

*தமாலம்,(tamâla),feuille, l'arbre பச்சிலைமரம்,marque de sandal sur le front,sabre, cimeterre, écorce de bambou.

*தமி,1° (tami),nuit. 2° solitude.

தமிக்கிறது, மித்தேன், மிப்பேன், மி,மிக்க,*v.n.*தமித்தல்,*n.v.*être seul.

*தமிசிரம்,(tamisra), diminution, déclin de la lune,ténèbres: தமிசிரபக்கம்,—பக்கம் déclin de la lune, dernière quinzaine d'une lunaison.

தமிசு,l'arbre வேங்கை, pterocarpus. [rou.

தமிதம்,chose établie par un gou-

தமியம்,callou,toddi.

தமியன்,*m.*தமியள்,*f.*(தமி),seul,solitaire,pauvre.

தமிழச்சி,தமிழத்தி, தமுழிச்சி,*f. de* தமிழன், fille —, femme tamoule, choutresse.

தமிழன்,*pl.*தமிழர்,homme—, gens du pays tamoul,Choutre,(improprement) Malabare:தமிழப்பெண்,V. தமிழச்சி; தமிழப்பிள்ளை enfant tamoul,—choutre.

தமிழ்,1° *s.* le tamoul, la langue tamoule, douceur, délices, nature, qualité,propriété. 2° *adj.* tamoul, choutre. On divise le tamoul,en 2 langues:savoir, le செந்தமிழ்,autrement அசிய ou அருந்தமிழ், haut tamoul,tamoul pur, poli et difficile, et le கொடுந்தமிழ் tamoul vulgaire et grossier. On le divise encore en 3 espèces dites முத்தமிழ்,savoir: இய ற்றமிழ் tamoul simple,—de la prose; இசைத்தமிழ் tamoul poétique,et நாடகத்தமிழ் tamoul des comédies; —எல்லை bornes du pays tamoul;— க்கூத்தர்,— நாடகர் danseurs—, comédiens tamouls;— ச்சொல்,— மொழி,—வார்த்தை mot tamoul;— த்தேசம் pays tamoul,—où l'on parle tamoul;—த்தோரணை,—நடை,—ப் போக்கு marche—,tournure du tamoul:—நடவை lieux où le tamoul se parle;—நாடன் le roi du pays tamoul,le பாண்டியன் de Maduré; —நாடு pays tamoul, le Maduré;— நாடு-விரு les 13 districts où l'on parle tamoul,le 1er dit செந்தமிழ் நாடு le pays du pur tamoul, celui où on le parlait autrefois, est situé entre les villes de Carour கருவூ ர் et de Marour மருவூர்,et les rivières வைகை et மருதம். Dans les 12 autres districts ou pays, on parle le கொடுந்தமிழ் ou tamoul ordinaire. Ces districts qui entourent le 1er se nomment தென்பாண்டி,குட்டம்,கு டம்,கற்கா,வேண்,பூழி,பன்றி, அரு வா,அருவாவடதலை,சீதம்,மலாடு,பு ன்னாடு;—பேசுகிறது parler tamoul; — ப்படுத்துகிறது traduire en tamoul;—ப்பாஷை,—ப்பேச்சு la langue tamoule;—மலை la montagne du pays tamoul,i.e.le பொதியமலை;—மு னி le richi tamoul,i.e.அகஸ்தியன் (à qui on attribue la 1re grammaire tamoule);—வாணர் ou வாழ்நர் les poëtes tamouls;—வேதம் le vêda tamoul,(ce sont les distiques ou குற ள் du poëte திருவள்ளுவர்); தமிழிலே பழகுகிறது s'accoutumer—, être habitué au tamoul.

தமுக்கம்,lieu d'où l'on envoie les éléphans au combat,arène où on les envoie combattre.

தமுக்கு, tamtam,espèce de tambour au son duquel on publie les ordres du gouvernement: — க்கார ன் celui qui bat du tamtam, crieur public;—ப்போடுகிறது, தமுக்கடிக் கிறது battre du tamtam, annoncer au son du tamtam.

*தமையந்தி,P.தமயந்தி.

தமையன்,(தம்,ஐயன்),hon. தமை யனுர் frère ainé,l'arsenic அரிதாரம்.

*தமோ,obl. de தமசு obscurité, (devant certaines lettres):— கரன், hara qui chasse),l'astre qui chasse les ténèbres,la lune;— குணம் le caractère nommé தாமசம்; — க்கினன்,(ghna qui détruit), ce qui détruit les ténèbres,feu,lune, soleil, Vichnou,Siven,Bouddha;— சோதி, — மணி ce qui brille dans les ténèbres,la mouche luisante, le ver luisant;—நுதன்,(nouda chasser),lune, soleil,lampe;—பகம்,(apaha, qui détruit),lumière;—பகன்,(id.), soleil, lune,Bouddha;— விகாரம் maladie —,indisposition provenant du தம குணம்.

*தமோநுதன், V.தமோநுதன்.

தம்,1° gén.de தாம்,de lui,son, sa, ses,d'eux,leur.2° particule explétive,—dite சாரியை,v.g dans எல்லார்த மேயும் P.எல்லாரையும் eux tous. 3°° (dâ),don,partage.4° (dam), femme,épouse.5° (tha),propre —,conservation,moment favorable,un des 4 மகாவாக்கியம்.6° (dham, mot turc), respiration,obstacle,couvercle.

*தம்பகனம்,தம்பகன்னம்,(stambaghana,—hanana), houe, pioche, —en bois,faucille.

தம்பட்டம்,1° petit tambour dit தமுக்கு.2° P.தம்,பட்டம்sa dignité.

*தம்பதி,1° (தம்),femme et mari, 2° P.தம்,பதி.

*தம்பம்,1° (stambha), V. ஸ்தம்பம் et ஸ்தம்பனம்.2° bâton pour s'appuyer,fixité,état,cuirasse,cotte d'armes,symphonie,musique,—vocale et instrumentale. 2° (dambha); fourberie,fraude,hypocrisie, arrogance,colère,péché.

தம்பலம்,1° reste—,suc de bétel,

de chaux et d'arec mâchés (que l'on crache). 2° *P.* தம், பலம்: தம்பலப்பூச்சி l'insecte nommé இந்திரகோபம்; தின்றுமிழ்ந்த தம்பலத்தைத் திரும்பஎடுப்பார்களோ reprend-on les restes de bétel, d'arec et de chaux qu'on a mâchés et crachés. [ம், பனி.

தம்பனி, 1° l'arbre மருதம். 2° *P.* த

தம்பலே, 1° l'arbrisseau நிலவிலந்தை. 2° *V.* பாக்குவெட்டி. 3° *acc. de*

தம்பல், 1° *opt. et n.v. de* தம்புகிறது. 2° boue, *V.* தம்பலம்: தம்பலடிக்கிறது, தம்பலடித்தல், labourer une moisson en herbe pour la dégager et la faire mieux croitre.

தம்பனகம், *P.* தம்பகணம். [கணம்.

*தம்பணம், *P.* கிதம்பணம், et தம்ப

தம்பாக்கு, (*ind.*), espèce de pinchebec ou de similor.

தம்பி, 1° frère —, puiné, cadet, (il se dit aussi comme terme d'amitié ou de bienveillance aux jeunes gens); *voc.* தம்பீ; *pl.* தம்பிமார். 2° *gér. de* தம்புகிறது. 3° *imp. de*

தம்பிக்கிறது, பித்தேன், பிப்பேன், பி, பிக்க, *v.n. et a. P.* கிதம்பிக்கிறது.

தம்பிச்சை, 1° vase de cuivre garni d'un tube. 2° ou [*V.* கிதம்பித்தல்.

தம்பித்தல், தம்பிப்பு, *n.v. du v. préc.*

தம்பிராட்டி, (தம்), reine, femme qui doit être brûlée avec son mari décédé.

தம்பிரான், (*id.*), 1° Dieu, roi (au Travancore). Seigneur, maître, directeur, qui conduit selon les ordres, ascète sivéniste distingué des பண்டாரம் par le célibat, chef d'une congrégation religieuse. 2° (தம். பிரான்); பெரிய — chef d'ascètes sivénistes, figure —, forme de Siven qu'on représente quelquefois par une énorme statue de terre cuite ou de briques.

தம்பு, 1° *P.* தம்பி. 2° *imp. et part. de*

தம்புகிறது, பினேன், புவேன், பு, ப, *v.n.* தம்புதல், *n.v.* se scorifier.

தம்புரு, espèce de luth ou de guitare à 3 cordes: — வாசிக்கிறது en jouer pour accompagner la voix.

தம்பூர், (*français*), tambour: — க்கா ரன் celui qui bat du —, tambour.

தம்மவன், *m.* (தம், அவன்), un de ses gens, sien, parent, proche; தம்மவள், *f.* personne de ses gens, parente; தம்மவர், *pl.* ses gens, ses proches.

தம்மனை, 1° (தம், அன்னை), mère; sa mère. 2° *P.* தம், மனை, sa maison.

தம்மால், *obl. de* தாம், par lui, par soi. [être empêché, arrêté.

தம்மிடுகிறது, (தம், இடுகிறது),

*தம்மிலம், (dhammilla), touffe de cheveux du sommet de la tête noués ensemble.

தம்மில், 1° particule explétive, 2° *obl. de* தாம், dans lui, en soi.

தம்முடைய, *gén. de* தாம், de lui, de soi, son sa ses. [2° devant lui, — soi.

தம்முன், (தம், முன்), 1° frère ainé.

தம்மை, 1° *acc. de* தாம், lui, soi. 2° (தம், ஐ), mère, sa mère... 3° *P.* தம், மை. [— soi. 2° *P.* தம், ஒடு.

தம்மோடு, 1° *obl. de* தாம், avec lui,

தயக்கம், தயங்கல், *et (quelquefois)*, தயங்கம், *n.v. de* தயங்குகிறது, mouvement, vacillation, fatigue, fluctuation, perplexité, hésitation, désolation, affliction, lumière, splendeur.

தயங்குகிறது, *sync.* தயங்கிறது, கினேன், குவேன், கு, க, *v.n.* தயங்குதல், *n.v.* remuer, vaciller, chanceler, hésiter, être agité, incertain, inquiet, désolé, affligé, épuisé, fatigué, abandonné, sans secours, briller, reluire: தயங்கிக்கொண்டிருக்கிறது rôder incertain, — plein de perplexité; — நிற்கிறது rester incertain, irrésolu; — ப்போகிறது devenir irrésolu, embarrassé. [அயமணல்), sable noir.

தயமணற்குன்றம், (தயமணல், *P.*

தயவு, *P.* தயை, bonté, bienveillance, clémence, miséricorde, faveur: — புரிகிறது user de bonté, faire une grâce, — faveur; ஒருத்தன்மேலே — புரிகிறது faire une faveur à quelqu'un: தயவைக்காட்டுகிறது montrer de la bonté; — ப்பாழ்க்கடிக்கிறது perdre les bonnes grâces; தயவாக avec bonté, — clémence, — affabilité; தயவுள்ள bon, miséricordieux, plein de bonté;தன்குமாரன்மேலிருந்ததயவினால் par bonté pour son fils.

*தயா,P.தயை,(*dans les mots composés*):—கரம் bonté, compassion;—கரன் l'Être plein de bonté,Dieu;—சமுத்திரம் l'océan de bonté, de clémence,*i.e.*Dieu;—சீலம் naturel clément:—பரம்,—பரன் le Dieu de bonté,homme miséricordieux,plein de bonté;—பரி, *f.* miséricordieuse, compatissante;— மூர்த்தி être plein de bonté,Dieu de bonté, de miséricorde;—ரசம் miséricorde.

*தயாபம்,P.தயாவம்.

தயார்,(*ind.*),préparation:தயாராயிருக்கிறது être prêt.

*தயாளு,*m.et f.*(தயை, âlou *affixe*),bon, miséricordieux, bienveillant,compatissant:—த்துவம் bonté, compassion. [miséricorde.

*தயாவம்,(*id.*va),bonté,clémence,

*தயாவிருத்தி,(*id.*),acte de miséricorde ou de bienfaisance. On en compte 14,savoir:சாஸ்திரபடனம் ou கல்விபயிற்றல் enseignement, l'instruction dans les sciences; வியாதசாரம் ou துயர்தீர்த்தல் consolation dans la tristesse; நிற்கத்தண்டனம் ou தண்டத்தினீக்கல் délivrance du châtiment; சந்தேகவாரணம் ou ஐயந்தேற்றல் éclaircissement des doutes;அந்நியகுணசகனம் ou பிறர்குணத்தழுக்காறின்றிப்பொறுத்தல் supporter sans impatience le caractère d'autrui; பரதிருஷ்டானயோகம் ou பிறராற்செய்யப்படு தீமைமறந்துநன்றிநினைத்தல் l'oubli du mal que le prochain nous a fait et l'intention de lui faire du bien;பரார்த்ததேவப்பிரார்த்திதம் ou பிறர்க்குவேண்டித்தெய்வம் வழிபடல் prier Dieu pour le prochain. Ces 7 actes de bienfaisance regardent l'âme; les 7 autres qu'on nomme சத்தாங்கோபகாரம் regardent le corps,savoir:அன்னம் *ou* உணவு donner à manger;பானம் donner à boire; அம்பரம் *ou* உடை donner des vètemens;மந்திரம் *ou* இடம் donner un logement;தாசபலனம் *ou* அடிமைகாத்தல் préserver de l'esclavage *ou* racheter les esclaves; காராமயத்திரிதயமோசனம் ou சிறைநோயமூன்றுந்தீர்த்தல் délivrer de 3 afflictions habituelles en prison,(qui sont:மலசலவாதை la gène pour les besoins grands ou petits,சரீரதெண்டனை le châtiment corporel,விலங்குபோடல் les fers);சவச்சேமம் *ou* பிணமடக்கல் ensevelir les morts. On distingue encore தயாவிருத்தி-அ les 8 actes de bienveillance,savoir:பிறர்க்குப்பொருள்வரவையுவத்தல் se réjouir du bien qui arrive au prochain;பிறர்செல்வம்பொறுத்தல் supporter sans envie la prospérité d'autrui; பிறர்கருமத்திற் குடன்படல் s'intéresser aux affaires du prochain;தீமைக்கஞ்சல் craindre de faire du mal; பிறர்கருமம்முடிக்கவிரைதல் s'empresser à aider le prochain à finir ce qu'il a faire; பிறரையந்தீர்த்தல் dissiper les craintes ou les doutes du prochain; நன்மைகடைப்பிடித்தல் persévérer à faire le bien;பிறர்துயர்க்கிரங்கல் compatir au chagrin d'autrui.

*தயாளம்,(தயை),bonté,bienveillance,miséricorde,faveur:அந்நியோந்நிய—bienveillance mutuelle.

*தயாளன்,(தயாளம்),homme bienveillant,clément, compatissant.

*தயாளி, *f.du préc.*

*தயாளு,P.தயாளு.

☞தயி,s'écrit souvent pour தை. En conséquence voyez par ces initiales les mots qui ne se trouvent pas ici.

*தயிரியம், *P.* தைரியம், fermeté, constance, courage: தயிரியநாதன் Constant,*V.*தைரியம் et ses composés.

தயிர்,lait caillé ou aigri:—உறைகிறது le lait se cailler,se coaguler;—ஏடு crème qui se forme sur le lait caillé;—கடைகிறது baratter le lait caillé;—கடைதறி batte-à-beurre;—கடைதாழி baratte,vase où l'on baratte,batte-à beurre;—க்கடல் la mer fabuleuse de lait caillé;—ச்சா

தம் riz cuit mêlé de lait caillé;—க்கால்,—த்தாழி jatte de lait caillé, baratte;—தோய்க்கிறது mettre du lait cailler, faire cailler du lait, y mettre de la présure;—வார்க்கிறது verser du lait caillé; — வார்த்துப்பிசைந்தசோறு riz mêlé ou pétri avec du lait caillé;—வடை,— வீடை,—வேடை, P. தைவீடை,—வேடை.

*தயிலம்,(taïla),et ses composés, V. தைலம்: தயிலக்காரன் ou[huilier.

*தயிலிகாரன், P. தைலிகாரன், தயிலிடை, V. தைலிடை.

*தயினியம், (daïnya), pauvreté, bassesse, humilité, avarice, cupidité.

*தயை,(dayâ), bonté, tendresse, affabilité, bienveillance, clémence, compassion, faveur, grâce:—செய்கிறது montrer de la bonté..., traiter avec bonté, faire une faveur;—தாட்சிண்ணியம்,—தாக்ஷிணை affabilité, complaisance, bonté tendre, — compatissante, —spéciale; — புள்ள bon, clément, miséricordieux, affable. [dies.

தயோமிதிதம், une des 10 comé-

தரகன், தரகி, (தரகு), courtier, entremetteur (de marché entre l'acheteur et le vendeur).

தரகு,(தருகிறது), courtage, métier de courtier, droit de commission, salaire d'entremetteur, remise ou gratification que le vendeur, l'acheteur ou l'emprunteur fait à l'entremetteur, espèce de mesure (près du double du படி), espèce d'herbe;—கேட்கிறது demander le courtage, —le droit de commission;— கொடுக்கிறது donner le courtage, (tant pour cent ou autrement): — க்காரன், V. தரகன்,—க்கூலி courtage;—வாங்குகிறது recevoir—, prendre le courtage.

*தரக்கு,(tarakchou), tigre, hyène.

*தரங்கம், தரங்கர், தரங்கல், (taranga), flot, vague, onde, mer, gêne, fatigue, sommeil.

தரங்கம்பாடி ou தரங்கன்பாடி, (தரங்கம்) bourg—, ville située sur le bord de la mer, Tranquebar.

*தரங்கிணி,(tarangini), fleuve, rivière. [lance, V. தங்கல்.

தரங்கு, chemin, route, pointe de

*தரணம், 1° (tarana), passage, traverser, passer par dessus. 2° (dharana), possession, prise, porter, tenir, riz, le mont Himalaya (considéré comme le roi des montagnes), soleil, pont, terre, monde.

*தரணி, 1° (dharanî), la terre, montagne, Dharanî, fille de மேரு. 2° (tarani), le soleil. 3° (darani), torrent, courant:—கேலம் montagne;— தரன், (dhara qui soutient), Vichnou, roi; —வாசிக்கல்லு pierre de désert.

*தரணி,(dharanî), terre;— சுதை la fille de la terre, i.e. Sidei, que le roi சனகன், au dire des Indous, arracha de la terre avec sa charrue en labourant;—தரம் (dhara qui soutient), l'animal qui, au dire de la fable, soutient la terre, i.e. la tortue;—தரன் Vichnou, roi, tortue;— பூரம்,—விலயம் l'océan qui entoure la terre ou dans lequel nage la terre.

*தரணீசுரன்,(தரணி, ஈசுரன்), le prétendu maître du monde, Siven, roi, le roi des montagnes, i.e. l'Himalaya.

தரம், 1° fois, reprise, sorte, espèce, classe, catégorie, rang, qualité, manière, succession, génération, réunion, foule, troupeau, égalité, ressemblance, opportunité, temps,—favorable, convenance, pouvoir, force, cire rouge, gomme-laque, tête. 2°* (tara), radeau, particule qui ajoutée à un adjectif forme le comparatif, v.g. மந்த lent, மந்ததரம் plus lent. 3° (dara), peur, crainte, conque. 4° (dhara), montagne, ballot—, flocon de coton, globe, boule, ce qui tient ou soutient: தரந்தரமாயரசாளுகிறது régner successivement, — par droit héréditaire; தரம்பிரிக்கிறது,—பிரித்துவைக்கிறது séparer les diverses sortes, assortir, classer, régler par classes; — மாற்றுகிறது mélanger—, changer les espèces: அநேக—,

அநேகதரம்—plusieurs fois, souvent, bien des fois; ஒருதரம் une fois, ஏழுதரம் —7 fois, எழுபது தரம் ஏழுதரம் 70 fois 7; தரப்படி ou தரப்படி moyenne sorte, —espèce, —classe (de marchandises), dimension déterminée—, partage égal de champs ou de villages, habit de dessous; —வழி espèce—, classe moyenne: இது மூன்றாந்தரமாவு ceci est de la farine de 3me qualité.

தரல், 1° opt. et n.v. de தருகிறது, don, donation. 2° P. தாராய் donne.

தரவன், P. தரவன்.

தரவாய், (தரம்), opportunité, temps favorable, bonne—, occasion: தரவாயிலேவருகிறது venir à propos; தரவாய்க்குதவுகிறகாரியம் chose qui sert dans l'occasion: அந்தத்தரவாயிலே dans ce temps favorable, alors, au même moment; எந்தத்தரவாய் quand? à quelle époque?

தரவு, (தருகிறது), courtage, métier de courtier, droit de courtage, collecteur d'impôts, percepteur, ordre, commandement d'un chef, nuque du cou, 1re partie de strophe de pièce de poésie dite கலிப்பா, (ainsi nommée parcequ'elle vient au commencement de la strophe): தரவிணைக்கொச்சகக்கலிப்பா strophe dite கொச்சகக்கலிப்பா qui a 2 தரவு: தரவுகொச்சகம் ou —கொச்சகக்கலிப்பா la même strophe qui n'a qu'un தரவு: தரவுக்காரன் courtier, entremetteur, celui qui suit —, qui fait exécuter les ordres de son chef, qui d'après les ordres de son chef emploie la sévérité; தரவுவண்ணம் sorte de poésie dont les vers sont d'un pied, lequel est d'un mot.

*தரளம், (tarala), tremblement, mouvement, balle, perle.

*தரன், (dhara), un des 8 வசு, (à la fin des mots composés) celui qui porte, qui soutient.

தரா, 1° zinc, mélange de cuivre et de zinc, cuivre mêlé de zinc (et noirci par ce mélange), conque, la 8me constellation, herbe potagère amère. 2° obl. de தரை. 3° gér., 3° pers. pl. neut. nég. et part. nég. de தருகிறது: —மலை montagne qui contient du zinc; —சுதன், —புத்திரன், V. தராத்துமசன். [l'arbre கடம்பு.

*தராகதம்பம், (dharâkadamba),

*தராங்கம், (தரை, அங்கம்), montagne.

தராசு, balance, le signe de la Balance, la 2e constellation dite பரணி, la plante வெள்ளெருக்கு: —க்கொடி les plantes பெருமருந்து et முல்லை; —க்குண்டு poids de balance (non estampillé); —க்கோல், —த்தண்டு, —த்துலா fléau de balance; —த்தட்டு bassin—, plateau de balance; —நா, —முள், V. தராசுநி; —ப்படி, —ப்படிக்கட்டு poids (estampillé); தராசிலே நிறுக்கிறது peser dans une balance.

தராசுநி, (தராசு, ஊசி), languette —, aiguille de balance.

தராத, part. nég. de தருகிறது.

*தராதரம், (தரை, தரம்), 1° montagne. 2° (தரம், தரம்), qualité, rang, espèce, race, convenance, force, différence de respectabilité selon le rang: —அறிந்துபேசுகிறது ou செய்கிறது ou வெகுமானிக்கிறது parler, agir, honorer suivant le rang ou la qualité des personnes et eu égard aux circonstances.

*தராதரன், (தரை, தரன்), Vichnou, prétendu soutien du monde.

*தராதலம், (id. தலம்), la terre, un des 7 mondes inférieurs des Indous dit நிதலம், force.

*தராத்துமசன், (id. ஆத்துமசன்), le fils de la terre, i.e. la planète Mars. [tre de la terre.

*தராபதி, (id. பதி), roi, litt. le mai-

*தராமரன், (தரை, அமரன்), le soi-disant dieu de la terre, i.e. le brame, V. பூமிதேவி.

தரி, 1° imp. du suiv. 2° V. தரிப்பு.

தரிக்கிறது, தரித்தேன், தரிப்பேன், தரி, தரிக்க, v. a. et n. (dhariteum tenir), tenir, prendre ou porter (des habits, des bijoux, des armes, un nom...), mettre sur soi, s'orner de, soutenir, retenir (dans sa mémoire), prendre racine,s'arrêter,rester,séjourner,loger,être tranquille,calme, content, sans envie: கருப்பம்—,கரு— concevoir,porter un enfant dans son sein; புஷ்பம்— être orné —, s'orner de fleurs,en porter; பேர்— porter —, prendre —,donner un nom; மனம்— l'esprit se calmer, être tranquille; வேர்— prendre racine: தரித்திருக்கிறது être arrêté, s'arrêter, rester dans un lieu; தரித்திருக்கமாட்டாமத்போகிறது passer sans vouloir ou sans pouvoir s'arrêter; தரித்துநிற்கிறது s'arrêter: —ப்பிறக்கிறது être conçu et naître: ஒருஸ்தலத்துக்குப் பேர்தரிக்கிறது donner un nom à un lieu.

*தரிசம், (darsa), vue, nouvelle lune: தரிசபூரணமாசம் sacrifice indou fait à la pleine lune et à la nouvelle; —யாமினி la nuit de la nouvelle lune: — விபத்து la lune (censée dans l'affliction lorsqu'elle est nouvelle).

*தரிசனம், (darsana), 1° *V.* தரிசனை. 2° œil, crystal, connaissance, intelligence, couleur, sacrifice: உம்முடைய—கிடைத்தது j'ai eu l'honneur de vous voir; — ஆகுகிறது apparaître, se montrer;—காண்கிறது avoir une vision, une apparition, voir en rêve, *ou* —பண்ணுகிறது rendre visite,visiter (un grand personnage,un lieu de dévotion...); தரிசனமுகம் belle contenance,belle apparence;—பேதி, —வேதி sorte de remède ou d'ingrédient qui donne au fer l'apparence de l'or; தரிசனத்திலேசொல்லுகிறது dire en vision; தரிசனமறைப்பு,—வரணியம் *ou*

*தரிசனாவரணம், தரிசனாவரணியம், (தரிசனம்,ஆவரணம்), aveuglement, obstacle à tout voir, un des அஷ்டகுற்றம் ou 8 défauts incompatibles avec la divinité.

*தரிசனீயம், (darsaniya), chose belle,—visible.

*தரிசனை, (darsanâ), vue, aspect, vision, apparition, songe, rêve, visite (à un grand ou à un lieu de dévotion), miroir:—யாகிறது apparaître, être vu, se montrer,être visite,une visite se faire.

*தரிசி,1° (darsi), celui qui voit, voyant. 2° *imp. de* தரிசிக்கிறது, சித்தேன், சிப்பேன், சி,சிக்க,*v.a.* voir,visiter, rencontrer, avoir une vision,rêver.

*தரிசிதம்,(darsita), chose connue, vue, objet,— apparent, qui tombe sous les sens.

தரிசித்தல்,தரிசிப்பு,*n.v. de* தரிசிக்கிறது, vue,aspect,vision,visite, rêve.

*தரிசியம்,(drousya),vision, apparition.

தரிசு,terre en friche,—en repos, jachère, bornes d'un village: தரிசாயிருக்கிறது,—க்கிடக்கிறது rester —,être en friche; அநாதிதரிசாய்க்கிடந்தநிலத்திலே பயிரிடுகிறது cultiver une terre jusque-là en friche.

தரிஞ்சகம்,l'oiseau அன்றில்.

*தரிதம், (darita), crainte, peur, déchirement.

தரித்தல்,*n.v. de* தரிக்கிறது.

*தரித்திரம், (daridra), pauvreté, indigence:—விடிகிறது,— அற்றுப்போகிறது, — நீங்குகிறது l'indigence cesser, être délivré de la pauvreté; தரித்திரப்படுகிறது souffrir la pauvreté;—ப்பட்டவன் pauvre, indigent; தரித்திரத்திலடிபடாதவன் celui qui n'a pas éprouvé la pauvreté.

*தரித்திரன்,தரித்திராயகன், தரித்திரிதன்,(தரித்திரம்,âyaka,ita *affixe*), pauvre,indigent, malheureux.

*தரித்திரி, 1° *fém. de* தரித்திரன், pauvresse, indigente. 2° (dharitri), la terre.

தரித்து,*gér. de* தரிக்கிறது. [porter.

தரித்துவம்,(தரி, துவம்), action de

தரிப்பிக்கிறது, ப்பித்தேன், ப்பிப்பேன்,ப்பி,ப்பிக்க, *v. caus. de* தரிக்கிறது *et* தரிப்பித்தல்,*n.v.* faire porter, —revêtir,—prendre.

தரிப்பு, *n. v. de* தரிக்கிறது,action de porter,de supporter etc..., rétention, mémoire, fonds,argent comptant, propriété, séjour, demeure fixe, halte, pause, gite, durée, continuité;—கொடுத்திறது payer argent comptant;—க்காரன்,—திட்டாள், தரிப்புள்ளவன் homme à l'aise, qui a de l'argent;—மேலே ou தரிப்பிலே விடுகிறது donner pour argent comptant; தரிப்பிலேறங்கியிருக்கிறது être descendu dans son gite, être englouti dans les richesses; இருதயத்தின்மேலே தரிப்பாயிருக்கிறது fixer son esprit sur une chose; தரிப்பிடம் lieu pour s'arrêter où l'on fait halte, gite, mémoire.

தரியலர், தரியலார், (தரிகிறது, அல்லர்), ennemis, gens envieux.

*தரு, *pl.* தருக்கள், 1° (tarou), arbre. 2° espèce de chant, d'air d'accompagnement, ris de voile, serrer les voiles. 3° *part. de* தருகிறது: தரு-வி. V. ஐந்தரு; தருக்குழாம் multitude [d'arbres.

தருசம், arc.

தருகிறது, தந்தேன், தருவேன், தா, தர, தரேன் ou தாரேன், *nég.* (dâ), donner, accorder, octroyer, produire, faire: இதையெனக்குத்தா ou தாரும் donne ou donnez-moi cela.

தருகை, V. தருதல்.

*தருக்கன், (தருக்கம், ka), suppliant, pétitionnaire, demandeur, logicien.

*தருக்கம், (tarka), discussion, dispute, controverse, raisonnement, dialogue, logique:—பண்ணுகிறது V. தர்க்கிக்கிறது; தருக்கசங்கிரகம் abrégé de logique;—சாஸ்திரம் la science—, l'art du raisonnement, dialectique, logique, sophistiquerie;—சாலி,—சாஸ்திரி logicien, dialecticien;—சிந்தாமணி traité de logique;—தோற்கை défaite en logique,—en controverse, réfutation;—வாதம் dispute,—contentieuse, chicane, sophisme; வித்தை,—வித்தை, V. தர்க்கசாஸ்திரம்.

தருக்கல், 1° *opt. et n.v. de* தருக்குகிறது. 2° (தரு), pierre dite சிலாநாகக்கல்.

*தருக்கி, 1° (தருக்கம்), logicien, dialecticien, disputeur. 2° *gér. de* தருக்குகிறது. 3° (தருக்கு), orgueilleux, homme fier. 4° *imp. du suivant.*

தருக்கிக்கிறது, கித்தேன், கிப்பேன், கி, கிக்க, *n.v.* (தருக்கம்), disputer, raisonner, discuter, faire la controverse, rendre raison.

தருக்கித்தல், தருக்கிப்பு, *n. v. du préc.*

தருக்கு, 1° orgueil, fierté, obstination, présomption, hardiesse, joie. 2° *(tarkou), fuseau (pour filer le coton). 3° *imp. et part. de*

தருக்குகிறது, க்கினேன், க்குவேன், க்கு, க்க, *v. n.* தருக்குதல், *n. v.* s'enorgueillir, être fièrement obstiné, se réjouir, s'enhardir.

*தருசணம், தருஷணம், (dharchana), manque de respect, injure, colère, copulation.

*தருசணி, தருஷணி, (தருசணம், *i.*), prostituée, femme débauchée.

*தருசம், தருஷம், 1° (dharcha), orgueil, grandeur, impatience, paralysie, impotence; défaut, injustice, tort, copulation: தருசகாரிணி fille déshonorée. 2° (தரு, சம்), ce qui nait ou vient des arbres.

*தருசாரம், (தரு, சாரம்), essence d'arbre, *i.e.* camphre. [racine d'arbre.

தருசீவனம், (*id.*), vie de l'arbre,

தருசு, (*télinga*), compacité, tissu serré: தருசாய்நெய்கிறது faire un tissu serré. [habile, portier.

*தருச்சகன், (darsaka), savant,

*தருச்சனம், தருச்சம், (tarchana, tarcha), soif, désir.

*தருச்சனம், (tardjdjana), accusation, censure, blâme, mépris, colère.

*தருச்சாரம், *P.* தருசாரம்.

*தருச்சிதம், தருஷிதம், (tarchita), soif, désir. [fille, jeunesse.

*தருணதை, (தருணம், tâ), jeune

*தருணம், 1° (tarouna), jeunesse, âge tendre, tendreté, délicatesse, opportunité, occasion, temps—, moment favorable, nouveauté, ricin, grand cumin. 2° (dharouna), ciel, paradis, opinion, idée: ஏற்ற— occasion favorable; தருணசுரம் fièvre qui dure une semaine;—ததி lait caillé depuis 5 jours.

*தருணன், 1° (தருணம்), jeune

homme (à l'âge de puberté), *pl.* தருணர் jeunes gens. 2° (dharouna), Brama.

தருணசேரி,(தருணம், சேரி), *litt.* le nouveau bourg, la ville de Ténassérim sur la côte de Pégou.

*தருணாஸ்தி, (தருணம், அஸ்தி), cartillage,os tendre,graisse.

*தருணி,1° (tarni), radeau,soleil, femme 2° *ou*

*தருணி,(தருணம், i), jeune fille, (de 16 à 30 ans, ce qui est un des 4 âges ou பருவம் des femmes), aloès: தருணிகணம் troupe de jeunes filles;—சனம் jeunes filles,*ou*

*தருணை,*f.de* தருணம்,jeune fille, —femme. [ரி), qui secourt à propos.

*தருணோபகாரி,(தருணம், உபகா

தருதல், *n. v. de* தருகிறது, don, donation,production. [ரீர்,donnez.

தருதி,*imp.du même*,donne,*pl.* தரு

தருத்தமணி.(தரு),l'arbre மரமஞ் சள். [qui porte des arbres.

*தருத்தரம்.(*id.*),montagne,*litt.* ce

*தருத்தலம், (*id.*), place d'un arbre,—sous ses branches.

*தருநகம்,(*id.*),épine. [aimant.

தருநிறப்பஞ்சரம், (தரு, நிறம்),

தருபவன்,*m.* தருபவள்,*f.* (தருகிறது),donateur,donatrice.

*தருப்பகம்,(தருப்பம், ha *qui tue*), humiliation, bassesse.

*தருப்பகன், *V.* தற்பகன், celui qui enflamme d'amour, *i.e.* Kâmen, le Cupidon indien.

*தருப்பசயனம,1°(தருப்பம்,சயனம்),nom d'un lieu près de Tanjaour, 2° *P.* தருப்பாசனம்.

*தருப்படன், (darbbata), gardien de village,garde champêtre,portier.

*தருப்பணம், 1° (tarpana), satisfaction entière,plein contentement, satiété,cérémonie d'offrir de l'eau aux mânes des défunts, (on y emploie de l'herbe தருப்பை),aspersion d'eau lustrale, bois du sacrifice ஓமம்,espèce de cymbale. 2° (darpana), miroir. œil, inflammation, flamme: —பண்ணுகிறது,— முடிக்கிறது *V.* தருப்பிக்கிறது.

*தருப்பம்,(darpa), orgueil, grandeur,musc,chaleur.

*தருப்பன்,(darbba),méchant homme,géant,démon.

*தருப்பாசனம்,(தருப்பை, ஆசனம்), natte—,siége ou lit d'herbe தருப்பை (propre aux pénitens indous). [பம்),orgueil naissant.

*தருப்பாரம்பம், (தருப்பம், ஆரம்

*தருப்பி,(darbbi),grande cuillère, tête déployée de serpent.

தருப்பிக்கிறது, ப்பித்தேன்,ப்பிப்பேன்,ப்பி,ப்பிக்க,*v. n.* தருப்பித்தல், *n.v.*(tarpita *satisfait*), faire la cérémonie dite தருப்பணம், offrir de l'eau aux mânes des défunts.

தருப்பு, pierre semblable au diamant,mais de qualité inférieure.

*தருப்பை,(darbha),l'herbe darbha, —des sacrifices des Indous, (dont ils se servent aussi dans la plupart de leurs cérémonies), poa cynosuroides, ou saccharum spontaneum.

தருமணற்சுக்கான், pierre calcaire de gravier noir.

*தருமம்,(dharma), vertu, mérit, religieux ou moral,aumône,charité, bienfaisance, devoir, équité, justice,loi, code de lois,les vêdas,les உபநிஷதம்,usages, observances ou devoirs (de religion, de caste, tels que sacrifices...), emploi, nature, caractère, pureté,innocence,bonnes mœurs, ressemblance, égalité, arc flèche.(Selon les Indous, le தருமம், ou devoir du brame est la piété; celui du roi, la justice; celui du guerrier,le courage; celui du propriétaire ou maître de maison,l'aumône): காலதருமம் devoirs religieux adoptés au temps, — aux âges du monde;—செய்கிறது, — பண்ணுகிறது faire —, donner l'aumône; — தலைகாக்கும் la justice conservera la tête (la vie); தருமத்தைஅழிக்கிறது empêcher —,anéantir une bonne œuvre; தருமங்களைப் போதிக்கிறது enseigner les devoirs religieux...;தருமத்துக்குட்பட்டவன் homme charitable, équitable;

தருமகட்டண்ட orphelin élevé par la charité des étrangers; — கர்த்தர் marguilliers, gardiens d'un temple...., arbitres (pour un jugement), jury, jurés; — கர்த்தசபை assemblée de marguilliers, — d'arbitres, jury; — கர்த்தருடையதீர்ப்பு décision —, sentence d'arbitres; — கருமம், — காரியம் bonne œuvre, œuvre de charité, — d'équité, acte de piété, — de vertu, — indispensable de religion: — கிஸம் édit —, concession d'un roi; — கிருத்தியம், — க்கிரியை acte de religion, de vertu, bonne œuvre; — கோசம் trésor de vertu; — க்கிழவர் gens charitables. — vertueux, nom commun aux 3 classes de வைசியர்; — க்கிழத்தி, V. தருமச்செல்வி; — க்கிரகணம் observance des lois morales et religieuses; — க்கொள்ளி celui qui met le feu à un bûcher de funérailles de charité; — க்ஷேத்திரம் plaine aux environs de Délhi dit aussi குருக்ஷேத்திரம் où se livra la grande bataille entre les Kourous et les Pândous, — சங்கடம் difficulté pour savoir lequel de 2 devoirs doit avoir la préférence; — சங்கிதை code de lois, v. g. celui de Manou; — சக்கிரம் Jaïna déifié: — சங்கம் assemblée de charité, — pieuse, — équitable; — சத்திரம் chauderie, — hôtellerie de charité pour loger les passans, grande maison de charité, — où l'on donne l'aumône; — சபை, — சபா assemblée d'arbitres, — de charité, cours de justice; — சமஸ்காரம் enterrement —, obséques de charité, faire brûler ou enterrer par charité le corps d'un étranger; — சரீரம் homme vertueux; — சாடி avis donné d'un crime secret; — சாட்சி témoin —, témoignage charitable, — favorable, — équitable; — சாதனம் acte —, titre d'une donation charitable; — சாது personne douce, bienfaisante, patiente; — சாத்திரம், — சாஸ்திரம் science des lois, livre de jurisprudence, code de lois, — des lois religieuses, V. அஷ்டாதசதரும சாஸ்திரம்; — சாலி, — சீலி homme vertueux, charitable, équitable, bienveillant; — சாலை cour de justice, hôtellerie —, maison de charité, — où l'on donne l'aumône; — சாவருணி, — சாவர்ணன் le 11me Manou; — சிந்தனம், — சிந்தை réflexion morale, — pieuse; — சிவாசாரி, (சிவம், ஆசாரி), (titre de) gourou des வைசியர் ou marchands; — சீமாட்டியென்றுடம்பெடுத்தவள் femme qui ne semble née que pour la bienfaisance; — சீலன், V. தருமசாலி; — சீவனன் homme qui pratique ses devoirs; — சுதன், — சூனு le fils de Dharmen ou Yamen, c'est தருமாத்துமசன், i.e. Youdhichthiren ou Darmarâsen l'aîné des பாண்டவர்; — சூட்சுமம் point difficile à décider en jurisprudence ou en plaidoirie; — செங்கோல் sceptre juste, gouvernement équitable, v. g. celui du Pape; — சேட்டை van d'aumône, — plein de grains à donner aux pauvres dans l'aire; — சோறு riz cuit donné en aumône, (surtout au temps du repas); — ச்சக்கிரம் gouvernement équitable, justice (surtout d'Arouguen); — சேத்திரம், — க்ஷேத்திரம், V. தருமக்ஷேத்திரம்; — ச்செல்வி dame ou demoiselle bienfaisante, charitable, excellente, V. தருமதேவதை; — ஸ்மிருதி code de lois religieuses; — ஞானம் connaissance de ses devoirs, — தானம் aumône, charité, bienfaisance; — தானஞ்செய்கிறது donner libéralement —, faire l'aumône; — துரை gentilhomme bienfaisant, homme éminent en bienfaisance et en équité; — தேவதை prétendue déesse bienfaisante, (appliqué à tort à) Parvadi, V. தருமச்செல்வி; — த்திரவி, (திரவம்), le fleuve bienfaisant, le Gange; — த்துரோகி homme pervers, démon: — த்துவசி religieux hypocrite qui se pare des dehors de la piété; — த்துவம் piété, moralité, bonne conduite, bienfaisance; — நடக்கை, — நடை conduite vertueuse, équitable:— தத்தனர், V. தருமாத்துமனர்;— நாள் la 2° constellation dite பரணி; — நிட்பத்தி accomplissement de ses devoirs:—நிபத்தம் piété, vertu; — நிபத்தி homme pieux, vertueux;— நியாயம்,— நீதி,— முறை équité, justice, intégrité,coutume—,observance pieuses, mérite moral:— நூல், V. தருமசாஸ்திரம்; — பத்தினி femme vertueuse, – légitime;—பரன் homme juste, pieux; — பாகினி, (bhâgini *qui partage*), femme vertueuse,charitable;—பாரகன்,—பாராயணன் —பாடகன் docteur de la loi;—பிட்சுகன், (பிட்சை), celui qui mendie par piété ou pour mériter;— புத்திரன் enfant vertueux, — né dans le bon âge de son père et qui prend soin de sa vieillesse, V. தருமாத்துமனர்;—புரம் la ville—, le monde de Dharmen ou Yamen,nom d'une autre ville;— புருஷர், V. தருமசாலி;—ப்பிணம் cadavre enterré par charité;—ப்பிரதானன் homme éminent en vertu; — ப்பிரபு prince bienfaisant, homme éminent en bienfaisance et en équité; — ப்பிரவத்திரு, (பிர, வத்திரு), celui qui explique la loi,— les védas; — ப்பிராத்திரு condisciple —, frère d'étude en religion; — ப்பிள்ளை enfant de charité, — élevé par la charité publique et qui apprend certains exercices, *v. g.* de jongleur etc... qu'il fait devant la caste qui l'a élevé,(ailleurs on l'appelle தேவக்கன்); — மூலம் le fondement des lois indoues, *i. e.* les védas; — ராசன்,— ராசா roi juste et charitable, homme bienfaisant, (nom appliqué à) Darmarâsen ou Youdhichthiren l'aîné des பாண்டவர்,(ce nom est donné aussi à), Arouguen, Yamen, Boudha, l'arbre பாலைமரம்:— லக்ஷணம் chose essentielle dans la morale et les lois; — வழி chemin de la vertu; — வட்டி intérêt légitime, légal, modéré; — வாகனன் celui qui a pour monture le bœuf Dharma, ou la vertu personnifiée,*i.e.* Siven,—வாசரம் jour d'aumône, — de pleine lune;—வாடி cercle ou enclos d'où l'on donne l'aumône;—வதி,—வாட்டி,(ஆட்டி, vati *affixe*), femme charitable, bienfaisante: — வானி,—வான்,(ஆனி,vân *affixe*), homme charitable, bienfaisant, juste, équitable, vertueux;—விசாரணைக் காரன் inspecteur —, directeur d'œuvres de charité; — விதி règle équitable,de justice,précepte légal; —விப்பிலவம்,immoralité,méchanceté,— விவேசனம் investigation,—judiciaire.

*தருமவிரதன், (தருமம், விரதன்), homme constant dans la vertu.

*தருமஞ்ஞன்,(*id.* ஞன்), homme qui connaît ses devoirs.

*தருமன்,(dharma),homme charitable,vertueux, juste, Dieu, Dharmen ou Yamen, Dharmarâsen l'aîné des 5 பாண்டவர், le 15me Bouddha, *i. e.* le 15me des 24 pontifes Djaïners du présent âge.

*தருமாசனம்,(தருமம்,ஆசனம்), tribunal (de justice): தருமாசனத்தார் les juges.

*தருமாதருமம் ou தர்மாதர்மம், (தருமம், அதருமம்), justice et injustice, raison et tort,la vertu et le vice:—பார்த்துத்தீர்க்கவேண்டும் il faut juger après avoir examiné qui a raison ou tort; தருமாதருமபரீக்ஷை examen du bon droit et du tort,jugement en tirant des billets noirs et blancs et laissant à Dieu de faire connaître le bon droit.

*தருமாதிகரணம்,(*id.* அதிகரணம்),cour de justice. [office de juge.

*தருமாதிகாரம், (*id.* அதிகாரம்),

*தருமாதிகரணன், தருமாதிகரணி,தருமாதிகாரி,(*id.* அதிகரணம், அதிகாரி),juge.

தருமாத்தி,(*id.* அத்தி), chef d'un assemblée de charité.

தருமாத்திகாயம், (தருமாத்தி), corps doué d'inclinations vertueuses. [யக்ஷன்),juge,magistrat.

*தருமாத்தியக்ஷன்,(தருமம்,அத்தி

*தருமாத்துமசன்,(தருமன், ஆத்துமசன்),le fils de Dharmen ou Yamen,i.e.Darmarâsen ou Youdichthiren l'aîné des பாண்டவர்.

*தருமாத்துமா, (தருமம், ஆத்துமா), âme—, personne charitable, vertueuse,pieuse.

*தருமாநுஷ்டானம்,தருமாநுசாரம்,(id.அநுஷ்டானம்அநுசாரம்), observation des lois, de ses devoirs, conduite vertueuse.

*தருமாபேதம்,(id.apêta déviation), mauvaise conduite,immoralité, injustice,déraison.

*தருமாரணியம்,(id.அரணியம்), la forêt où se retira Dharmarâsen.

*தருமார்த்தமரணம்,(id.அர்த்தம்), mort causée par la charité ou la vertu.

*தருமி,(தருமம்,i.),m.f.ou

*தருமிஷ்டன,m.தருமிஷ்டி,f.(id.இஷ்டம்),homme—, femme charitable,bienfaisant,équitable,vertueux, qui se plaît dans les bonnes œuvres.

*தருமிருகம், (தரு), l'animal qui vit sur les arbres,i.e.le singe.

*தருமோபதேசம்,(தருமம்,உபதேசம்),instruction morale et religieuse. [précepteur,—spirituel.

*தருமோபதேசகன்,(id.ka),gourou,

தரும்,part.fut.de தருகிறது: — பணம் argent à donner;—பணங்கொடுக்கிறது remettre de l'argent à donner:எனக்குத்தரும்பணமெட்டு c'est 8 fanons qu'on doit me donner.

*தருராகம்,(தரு, இராகம்), bourgeon d'arbre,bouton,fleur.

*தருருகை,தருரோகிணி,(id rouhâ, rôhini qui monte), plante parasite.

தருவாரி,sel en bloc.

*தருவி, (darbi),cuillère de métal.

தருவிக்கிறது, வித்தேன், விப்பேன்,வி,விக்க,v.caus.de தருகிறது,faire donner,—produire. [bre.

*தருவிடபம்,(தரு),branche d'ar-

தருவிராசன்,*தருராசன்,(id.), le roi des arbres,i.e.le palmier.

*தருடம்,(taroûta),racine—, fleur de nénuphar.

*தரை,(dharâ,terra),terre,terrain, sol, matrice, moelle, veine: —ப்பருசு,—வாரம்,V.நிலவாரம்;—மட்டம் niveau de la terre; மட்டமாய்ப்போகிறது se mettre de—, devenir de niveau avec la terre;— மட்டமாக்குகிறது mettre de niveau avec la terre,niveler.raser à ras de terre;—யாணி clou propre à être rivé(après être entré); — யில்லாக்குருவி oiseau qui ne se repose pas à terre, l'hirondelle; தரையிலேவிழுகிறது tomber par terre. [கம்.

*தர்க்கம் et ses composés,V. தருக்

*தர்ப்பகன்,தர்ப்பணம்,தர்ப்பம்,தர்ப்பை,V.தருப்பகன்,தருப்பணம், தருப்பம்,தருப்பை. [ம்.

*தர்மம்,et ses composés,V. தரும

தலத்தார்,(தலம்), habitans d'un lieu, d'un chef-lieu, ou d'un lieu réputé sacré.

*தலம்,1° (sthala),lieu, place, endroit,site,temple célèbre,terre, sol, monde (en général).2° (tala), nature,— essentielle, essence, identité, même,(en ce sens il se met à la fin des mots comme தராதலம், பூதலம், மகிதலம் la terre elle-même, அடித்தலம் la plante des pieds,கைத்தலம் la paume de la main, கண்டலம் l'œil,உரத்தலம் la poitrine,செவித்தலம் l'oreille),profondeur, dessous, infériorité, trou, fossé, plante des pieds,la main étendue, battement des mains,claque,tape,cause, motif, palmier,forêt,tas, monceau. 3° (dala),feuille, fourreau d'instrument, mélange,alliage,moitié,fente, division, déchirement: தலந்தோறும் chaque lieu,—ville ou village,தலங்கடோறும் (தலங்கள்தோறும்), tous les districts,tous les pays, en tous lieux;தலபாடம் bouton,pétale ou feuille pliée,V.இலைக்குவு;— இருதயம் (hroudaya cœur), milieu de la plante—,plante du pied;— சுத்தி,— புனிதம் pureté—,sainteté d'un lieu ou d'un temple;— தரிசனம் visite à un lieu sacré;— திருது la plante திலப்பவே;—புராணம் légende particulière à un lieu sacré ou à un temple; —பேதம் différence de lieux, changement d'air; —பிரசாதம் tape, coup donné avec la main ouverte; —மகிமை gloire—, célébrité d'un lieu ou d'un temple; — விசேஷம் particularité d'un lieu ou d'un temple.

தலன், P. தலம்.

*தலாடகம், (dalâdhaha), fossé, sésame sauvage, ouragan, tourbillon de vent, oreille d'éléphant.

*தலாடகன், (id.), cornac.

*தலாதிபதி, தலாதிபன், (தலம், அதிபதி, அதிபன்), maître d'un lieu de la terre, roi, magistrat, homme d'autorité.

*தலிகை, (talikâ), martingale.

*தலிதம், (dalita), chose fendue, brisée, déchirée, ce qui est fleuri, épanoui.

*தலினம், (talina), lit, couche.

தலை, tête, chef, autorité, priorité, primauté, prééminence, supériorité, autorité, grandeur, premier, commencement, origine, principe, dessus, sur, air, personne, côté, lieu, place, une des terminaisons de l'ablatif. *Ex.* மலைத்தலை sur la montagne: தலைகடை le commencement et la fin, tout; — கட்டுகிறது remettre la toque ou le turban (après le deuil...), nouer sa chevelure, bâtir le faîte, achever, finir, réussir, s'accomplir; — கட்டிவருகிறது se faire, s'achever, venir après avoir terminé...; பத்துரூபாயிலேயித்தக் காரியங்கட்டிவருமோ cela pourra-t-il se faire pour dix roupies? —கவிழ்கிறது, —கவிழ்க்கிறது baisser la tête, avoir honte; — காட்டுகிறது se montrer, montrer la tête, sortir dehors; —கிறுகிறுப்பாயிருக்கிறது, —கிறுகிறுத்துவருகிறது, — கிறுகிறென்றுவருகிறது la tête tourner, avoir des vertiges, des étourdissemens; — கீழாய் la tête en bas, tête baissée, sens dessus dessous, confusément; — கீழாய்ச்சொல்லுகிறது parler confusément, dire en commençant par la fin ou par le bas pour finir par le commencement ou par le haut; — குனிகிறது baisser ou incliner la tête; —குனிந்திருக்கிறது avoir la tête penchée ou baissée; —கொடுக்கிறது donner sa tête ou sa vie, s'aventurer, s'exposer, se mettre en avant dans une entreprise; — கொண்டுபுரவியாடுகிறது s'efforcer péniblement, exercer péniblement son autorité; —க்கச்சை bandeau, fronteau; —க்கடை, — க்கடைவாயில் principale porte d'une maison; — க்கட்டு cérémonie de remettre la toque ou le turban après des funérailles, la 1re maison d'une rangée d'un côté de rue, famille, ménage; —க்கட்டுவரி taxe ou impôt sur chaque famille; — க்கட்டுக்கொருபணம்வரிவாங்குகிறது lever un fanon de taxe sur chaque famille; —க்கட்டுகிறது, V. தலைகட்டுகிறது; —க்கதிர் les premiers épis; —க்குளி casque; —க்கல் 1re pierre, pierre fondamentale d'un édifice, bézoard; —க்கனப்பு pesanteur de tête; —க்காணி oreiller, traversin; — க்காணியுறை taie d'oreiller; — க்காவல் garde principale, principal corps-de-garde, 1re garde; — க்கிராமம் chef-lieu, bourg principal; — க்கிறுகிறுப்பு vertige, tournoiement —, branlement de tête; —க்குடி 1er —, principal habitant; — க்குத்து douleur aiguë —, élancement dans la tête, mal de tête; —க்குலை 1re grappe, haut de la grappe; —க்குறை tronc, —sans tête, aphérèse, retranchement de la 1re lettre ou syllabe d'un mot; —க்கூடுகிறது s'assembler, s'unir, *litt.* les têtes se réunir; —க்கூலி salaire de batelier, prix pour chaque personne qu'il passe sur sa barque; —க்கொம்பு barre ou bras de devant du palanquin, chef, principal, premier; — க்கொள்ளுகிறது croître, s'élever, augmenter, accepter; — க்கோடை 1re chaleur: — க்கோலம் coiffure, parure—, ajustement de tête; —சாய்கிறது la tête pencher, ou—சாய்க்கிறது pencher —, baisser la tête (de honte...), s'incliner, vénérer par une inclinaison de tête, rougir; — தெறிவெட்டுதல் trancher la tête et la faire sauter à quelque distance; — சீவுகிறது se peigner, démêler les cheveux; — சுழலுகிறது la tête tourner, — pirouetter, *ou* — சுழற்றுகிறது tourner la tête, avoir des vertiges; — ச்சாத்து, — ச்சீலை toile de la tête, — qu'on entortille autour de la tête en forme de turban, toque, turban; — ச்சிரா casque; — ச்சுமை fardeau qu'on porte sur la tête, ouvrage difficile; — ச்சுருணி, — ச்சுருள்வள்ளி, — ச்சுருளி, — ச்சுருடுவள்ளி la plante பெருமருந்து; — ச்சுழல், — ச்சுழற்சி tournoiement de tête, vertige; — ச்செய்கிறது lever la tête, se fortifier, croître, réussir, prospérer, fleurir; — ச்சேரி bourg principal, ville, la ville de Tellichéry sur la côte malabare; — ச்சேர்வை titre, inscription; — ச்சோடு casque; — ச்சோழகம் commencement du vent du sud, — de la mousson du sud, (et selon quelques-uns) du sud-ouest; — தடவுகிறது frotter —, oindre ou caresser la tête, corrompre; — தடுமாறுகிறது se troubler, être bouleversé, — தடுமாற்றம் trouble, confusion, bouleversement; — தட்டுகிறது trancher la tête, racler (une mesure), passer la racloire; — தலையாக tête par tête, un à un, par tête; — தாழ்கிறது la tête baisser, avoir honte, *ou* — தாழ்த்துகிறது baisser la tête, vénérer; — திருப்புகிறது tourner la tête, avoir des vertiges; — தீகிறது, — தீதல் se gâter, se corrompre; — துலுக்குகிறது, — துளக்குகிறது branler —, secouer la tête; — தொடுகிறது toucher la tête, être parrain ou marraine, faire serment en touchant la tête (de la personne à qui on le fait); — தொட்டபிள்ளை enfant dont on a touché la tête, *i.e.* filleul ou filleule, enfant adoptif; — தொட்டுச்சத்தியம்பண்ணிக்கொடுக்கிறது faire serment en touchant la tête: என்தலையைத்தொட்டுக்கொடு fais-moi serment en me touchant la tête, ou donne-moi en me faisant un tel serment; இல்லையென்றென்தலையைத்தொடு touche-moi la tête et jure que non; — தோஷம் roideur —, paralysie de la tête; — தோய்கிறது se baigner; — த்தாரு la plante திலப்பனை; — த்திராணம் casque; — த்திருப்பம், — த்திருப்பு tournoiement de tête, vertige, étourdissement; — த்துலா, *V.* கொண்டைத்துலா; — த்தாக்கம் soumission, consentement, baisser la tête, honte; — நடுக்கம் branlement —, tremblement de tête, vertige; — நடுக்குகிறது la tête branler, branler la tête (par l'âge, la paralysie ou le vertige); — நறுக்கு morceau, — rognure de feuille de palmier du côté de la tige; — நாள் la 1re constellation des Indiens; — நிமிர்த்துகிறது lever la tête; — நிம்பம் l'arbrisseau சிவனார்வேம்பு; — நில்லாப்பருவம் âge ou la tête ne peut se soutenir elle-même, *i.e.* l'enfance; — நீட்டுகிறது avancer —, présenter —, allonger la tête, avancer; — நோ, — நோவு mal de tête; — நோவுங்காய்ச்சலுந்தனக்குவந்தாற்றெரியும் le mal de tête et la fièvre sont connus de celui à qui ils viennent, l'expérience est le meilleur maître; — பத்தா a-t-il 10 têtes? peut-il faire l'ouvrage de 10 personnes? — பிரட்டுகிறது tourner la tête de côté et d'autre, (*v.g.* un malade dans son lit); — பிரிகிறது se séparer; — புரட்டுகிறது faire rouler —, couper la tête; — போடம் la plante பொடுதலை; — ப்படுகிறது montrer la tête, paraître en public, se présenter, se produire, commencer, entreprendre, se mettre à, s'opposer, faire de l'opposition, croître, prospérer; — ப்படல் apparition, opposition, commencement; — ப்படுத்துகிறது faire croître, — prospérer; — ப்பட்டணம் ville capitale; — ப்பட்டை bandeau, bande pour la tête, 1re bande; — ப்பணி joyau de tête, couronne; — ப்பந்தி 1re place dans un banquet; — ப்பத்து grandes feuilles du palmier dit தாளப்பம் qui servent de paraplüie, emplâtre appliqué à la tête; — ப்பனி 1° rosée en மார்கழி et தை; —ப்பா, — ப்பாகு, —ப்பாகை toque indienne, espèce de turban; — ப்பாடு réunion, croissance, fardeau, pesanteur d'un devoir difficile ou de réussite douteuse; — ப்பாரம் pesanteur de tête, fardeau qu'on porte sur la tête; —ப்பாளை 1° spadix du cocotier etc... partie de la toque indienne, sorte de bijou de tête (à l'usage des femmes); —ப்பித்தம் vertige, étourdissement; —ப்பிரட்டு embarras, tracas; —ப்பிரட்டை petite grenouille, petit crapaud (nouvellement éclos), têtard, crapaud de mer; —ப்பிரிதல் séparation; —ப்பிள்ளை premier-né; — ப்பிள்ளைச்சுதந்தரம் droit d'aînesse; — ப்பிள்ளைத்தாய்ச்சி femme qui a mis au monde son premier né; — ப்புரட்டு embarras, tracas; —ப்புரட்டை, — ப்புரட்டையெறும்பு espèce de fourmi noire à large tête qu'elle agite toujours; — ப்புரளுகிறது déborder, augmenter de plus en plus; — ப்புறம் côté antérieur, — de la tête, le devant; — ப்புண் mal à la tête, gale, achores, teigne; — ப்பூசை 1° messe; —ப்பெயல் 1° pluie; —ப்பெய்கிறது pleuvoir des têtes, *i.e.* se rassembler, — en grand nombre; — ப்போடுகிறது entreprendre, s'aventurer; — ப்போர் front de l'armée, 1° tas de blé etc..., devant; — மகள் fille aînée, épouse, maîtresse, — de maison, gouvernante, directrice; — மகன் fils aîné, maître, chef, mari, homme distingué, — d'autorité, magistrat; — மக்கள் les grands, hommes distingués; — மடக்கம் modestie, retenue, soumission, courber la tête; — மடக்கு 1° V. ஆதிமடக்கு, 2° don de grains fait à la moisson annuelle à la femme qui a soin d'un சத்திரம், et qu'elle lie dans un linge et emporte sur sa tête; — மடக்குகிறது courber la tête, se soumettre, s'abaisser, se courber; — மடை commencement —, entrée d'un canal; — மண்டை le crâne; — மயக்கம் trouble (de l'esprit), étourdissement, vertige, délire, ignorance ou méprise du lieu où l'on est; — மயங்குகிறது l'esprit —, se troubler, avoir des vertiges, être emporté par sa passion, s'unir, se mêler, s'accoupler; — மயிர் cheveux, poils de la tête; — மயிர்களைகிறது, — மயிர் சிரைத்துப்போடுகிறது raser la tête, couper les cheveux; — மயிர்வாங்குகிறது couper les cheveux, les poils de la tête, raser la tête (surtout pour la 1° fois); — மறைவாயிருக்கிறது avoir la tête cachée, rester caché; — மாடு, *gén.* — மாட்டில் chevet de lit; — மாட்டிலேவைக்கிறது placer au chevet, — sous le chevet; — மாணாக்கன் le premier des écoliers; — மாலை couronne de fleurs, guirlande pour la tête; — முடி toute la chevelure, toupet du sommet de la tête; — முழுகுகிறது se verser de l'eau sur la tête, se baigner (tout le corps), se perdre entièrement; — முழுக்கு bain, — entier, — de tout le corps, menstrues ou règles des femmes; — முழுக்காட்டுகிறது baigner (quelqu'un); — முறியன் circoncis, mis à nu (terme injurieux au Travancore); — முறை génération, temps de la vie de chacun; — முறைதலைமுறையாக de génération en génération; — முறையில்லாததாழ்வு extinction d'une génération ou d'une famille; — முறையில்லாதவழக்கம் coutume inouie, nouvelle, — qui n'a point d'antécédent; — முறையில்லாதபேச்சு mot nouveau, — inoui auparavant, conte nouveau et absurde; — மூட்டை fardeau pour la tête; — மூட்டைக்காரன் portefaix; — மூச்சிக்கல், — மூச்சிக்கல் trouble interminable, vexation; — மூச்சிக்கலாயிருக்கிறது être embarrassant, vexant, fort bruyant; — மூச்சிக்கலானவேலை ouvrage pénible, tâche difficile et qui demande beaucoup d'attention; — மேலேதலையிருக்கிறதா y-a-t-il une tête au dessus de la tête, (proverbe pour rejeter des prétentions indues); — மேலே அம்புபறந்தாலும் நானிதைச்செய்யமாட்டேன் quand les flèches voleraient au-dessus de ma tête, je ne ferais pas cela; உமது வார்த்தைஎன் — மேலே, *litt.* vos paroles sont sur ma tête, *i. e.* je fais grand cas de vos paroles ou de vos ordres; — மேற்கொள்ளுகிறது augmenter, prendre —, mettre sur sa tête, recevoir avec crainte et respect; — மோதிக்கொண்டுதிரிகிறது aller çà et là donnant de la tête de tout côté, être grandement troublé, — embarrassé; — யசைக்கிறது remuer la tête, faire un signe de tête, — d'approbation; — யடி, — யடிப்பு les 1ers grains moissonnés et battus, trouble, embarras; — யடிக்கிறது frapper la tête, battre les 1ers épis qu'on a moissonnés: — யணை oreiller, traversin; — யணைதாங்கி chevet, tête du lit, traverse de la tête du lit qui soutient l'oreiller; — யணையுறை taie d'oreiller: — யநுமானம் conjecture d'après un principe, *v. g.* en voyant un nuage chargé d'eau, dire qu'il va pleuvoir: — யபராதம் décapitation: — யபராதம்பண்ணுகிறது décapiter; — யழிகிறது se gâter, se perdre; — யழுக்கு malpropreté de la tête, règles des femmes (modeste): — யழுக்காயிருக்கிறது avoir ses règles, la tête être sale; — யளிக்கிறது garder, conserver; — யாமெதுகை consonnance du 1er pied de chaque vers d'une strophe à l'exception de la 1re lettre: — யாகுமோனை consonnance qui a lieu lorsque le même pied revient au commencement de chaque vers d'une strophe: — யாடி morceau d'un bout —, bout de toile, celui qui agite sa tête; — யாடுகிறது agiter —, branler la tête; — யாட்டம் agitation —, branlement de la tête: — யாய்ச்சல், 1re fois, — qualité; — யான premier, capital, principal; — யான அத்தாட்சி principale preuve; — யான காரியம் chose principale, point principal; — யானபாவங்கள் les péchés capitaux; — யானவன் chef, capitaine; — யிடி, *V.* தலைக்குத்து; — யிடிக்கிறது avoir mal à la tête, la tête faire mal, — donner des élancemens; — யிடு dessus ou faîte d'un mur; — யிடுகிறது, — யிட்டுக்கொள்ளுகிறது mettre la tête (dans une affaire), s'immiscer, entreprendre, se mettre à; — யிடைகடை le commencement, le milieu et la fin; — யில்லாச்சேவகன் soldat sans tête, *i. e.* crabe; — யிறக்கம் baisser la tête, regard baissé (de honte ou de chagrin); — யீடு 1re qualité, terrain fertil, — de 1re valeur; — யீற்று 1re portée, 1re ventrée, 1er petit, *ou* — யீற்றுக்கன்று le 1er veau d'une vache: — யீற்றுக்கடாரி, — யீற்றுப்பசு vache qui a vêlé pour la première fois; — யுச்சி sommet de la tête: — யுயர்ச் l'air; — யுலாஞ்சல் tremblement de tête, vertige; — யெடுக்கிறது lever la tête, s'élever, croître, — en estime, — en dignité, acquérir de l'importance; — யெடுப்பு lever la tête, hauteur, élévation, accroissement; — யெடுப்பானகோபுரம் tour élevée; — யெழுத்து lettres que Brama est supposé avoir écrites à la suture du crâne de chacun, *i.e.* destin; — யேடு 1re feuille ou page: — யேறுதண்டம் châtiment, mal; — யோடு 1o crâne de la tête. 2o *abl. de* தலை, avec la tête; — வடி, — வடிப்பு 1re distillation; — வணக்கம் salut, — de tête, inclination de tête *ou* — வணங்குகிறது baisser, —, courber la tête (en signe de respect, de honte etc. .), se courber; — வணங்கான் impoli qui ne salue personne; — வலி mal de tête; — வலியுங்காய்ச்சலுந் தனக்கு வந்தால்தான் தெரியும் le mal de tête et la fièvre sont connus de celui qui les souffre, chacun sent mieux son mal; — வழிக்கிறது racler (une mesure), passer la racloire; — வள்ளல் homme libéral de la 1re classe; — வறை cap, promontoire, pointe de terre; — வாங்குகிறது couper la tête; — வாசகம் sentence ou parole qui se trouve la 1re ou sur la

1re feuille d'un livre; —வாசல், —வாயில் porte d'entrée; —வாதை mal de tête; —வாய்தல் porte d'entrée, porche à l'entrée d'une maison; —வாரை, —வாரைப்பட்டை pièce de bois du faite d'un toit; —வாருகிறது, —வாரல் se peigner, démêler les cheveux; —விதி destin que les payens croient écrit sur la tête par Brama; —விதிப்பிரகாரம் நடக்குமென்பதபத்தம் c'est une absurdité de dire que les choses arrivent selon le destin; —விரிகோலம் tête échevelée, désordre, grande douleur; —விரிச்சான், —விரித்தான் les plantes சாறணை et செருப்படி, homme efféminé, —à tête échevelée ou à cheveux tressés; —விரிச்சான்கூட்டம் தடியெடுத்தாலோட்டம் une troupe de gens efféminés se sauve dès qu'on prend un bâton: —விள்ளவன் boite dont l'ouverture ou les bords sont gâtés; —விலை 1er prix du grain après la moisson; —விழுவான் homme dont la tête tombera, qui mourra (sorte d'imprécation ou de menace); —விறைப்பு, V. தலைதோஷம்; —விச்சு tournoiement de tête, vertige; —வெட்டுகிறது couper la tête, racler la mesure, passer la racloire; —வெட்டி bourreau, qui tranche la tête, pendard, vilain; —வைக்கிறது mettre la tête, entreprendre, s'avancer, s'aventurer; தலைக்குத்தலைநாயகம் prétension de chacun à être maitre; தலைக்கெண்ணெய் huile pour se frotter la tête; தலைக்கொரு பணங்கொடுக்கிறது donner un fanon à chacun ou un fanon par tête (par personne); தலையையுடைக்கிறது briser la tête, troubler, importuner; என்தலையையுடைக்க வருகிறான் il vient m'importuner; தலையிலடிக்கிறது frapper à la tête, faire serment en frappant sur la tête; என்தலையிலடி frappe moi à la tête et fais moi serment (expression de colère); தலையிலெடுத்து, V. தலையெடுத்து; தலையிலெடுத்துவைக்கிறது prendre et mettre —, placer (un fardeau) sur la tête d'un autre; தலையிலேயேற்றிவிடுகிறது aider quelqu'un à mettre un fardeau sur sa tête; தலையிற்சீலை toile de la tête, dont on s'entoure la tête; தலையோடேதலைமுட்டுகிறது en venir aux mains, donner tête contre tête, les têtes rouler ensemble; படிக்கத்—, திருடத்தலைப்பட்டான் il s'est mis à étudier, à voler.

தலைகிறது, லைந்தேன், லைவேன், லை, லைய, v.n. தலைதல், n. v. la pluie cesser.

தலைச்சன், pl. தலைச்சன்கள், (தலை, சன்), ou தலைச்சன்பிள்ளை, premier-né, l'aîné des enfans; —பிள்ளைக்காரி, —பிள்ளைத்தாய்ச்சி, —பிள்ளைபெற்றவள் femme qui a mis au monde son premier-né.

தலைச்சி, f. de தலைவன்.

தலைப்பு, (தலை), bout d'une toile, d'un vêtement, frange, extrémité, pointe, fin, pli, titre—, inscription ou commencement d'un livre; —கிள்ளுகிறது cueillir le bout (des rejetons...); —சாய்க்கிறது laisser pendre le bout de la toile, couper le bout; தலைப்பிலேமுடிகிறது attacher —, nouer dans un coin de sa toile, faire un nœud à son mouchoir etc... (pour aider la mémoire).

தலைமை, (தலை, மை), supériorité, prééminence, primauté, autorité: —ச்சீஷியன் le 1er des écoliers, le monitour; —யான principal, premier, capital; —யானகாரியம் chose principale; —ப்பொருள் chose principale, être—, sujet principal.

தலையல், n.v. de தலைகிறது, cessation de la pluie, eau non guéable, — où l'on peut nager, arrivée de la nouvelle eau dans les rivières, abondance. [gnité.

தலையளி, (தலை, அளி), bonté, béni-

தலையன், m. தலைச்சி, f. (தலை), qui a la tête (à la fin des mots composés, comme): சட்டித்தலையன், சட்டித்தலைச்சி homme —, femme à grosse tête, lourdaud, lourdaude.

தலையார், (தலை), chefs, les principaux, gens distingués, de marque.

தலையாரி, (*id.*), garde champêtre, gardien de village, sentinelle de nuit:—வசம்பண்ணுகிறது,—வசத்திலொப்பிக்கிறது remettre —, confier au gardien du village.

தலைவன், *pl.* தலைவர், தலைவர்கள், தலைவன்மார், (*id.*), chef, gouverneur, supérieur, directeur, roi, préfet, maitre, possesseur, seigneur, souverain-maitre, mari, frère ainé, ancien, vieillard, prêtre, gourou.

தலைவி, *f. du préc.* supérieure, maîtresse, directrice, dame, épouse, mère.

*தலோதரி, (talòdari), épouse.

*தல்லம், (talla), réservoir, étang, creux, fossé.

தல்லி, (*télinga*), mère.

*தல்லிகை, (tallikâ), clef.

தல்லு, accouplement, union.

தல்லுமெல்லு, *V.* இழுபறி.

*தல்லை, (tallâ), jeune femme, — fille, bateau, radeau.

தவ, 1° abondance, *V.* குன்றல், *adv.* abondamment, grandement:— வுயர்ந்தது s'est très haut. 2° *inf. de* தவுகிறது. 3° *oblique de* தவம்.

தவக்கம், (தவுகிறது), manque, pénurie, rareté, besoin, nécessité, désir, soif, empêchement, dépérissement, faiblesse, maigreur:— பண்ணுகிறது causer la pénurie;—ஆய்ப்போகிறது, தவக்கப்பட்டிருக்கிறது,—ப்பட்டுப்போகிறது manquer, devenir—, être rare, être empêché; சோற்றுக்குத்தவக்கமாயிருக்கிறது on manque de riz cuit,—de nourriture; தண்ணீர்த்தவக்கத்தினாலே பயிரேறவில்லை faute d'eau la moisson n'a pas monté, n'a pas cru, ou n'a pas été plantée ni semée; எனக்குப் பணத்தவக்கமாயிருக்கிறது je manque d'argent.

தவக்களை, grenouille.

தவச்சை, espèce de grenouille,

தவக்கம், *n. v. de* தவங்குகிறது, tristesse, chagrin, déplaisir:—பண்ணுகிறது causer de la tristesse, affliger, chagriner.

தவங்குகிறது, கினேன், குவேன், கு, க, *v. n.* s'attrister, s'affliger, dépérir, se flétrir.

தவசம், 1° *ou* தவசதானியம், grains, céréales, blés (de toute sorte). 2° comestibles, provisions (de bouche etc...), objets divers; தவசங்கட்டுகிறது accaparer les grains; — கட்டுக்கிடையாய்க்கட்டுகிறது accaparer —, entasser les grains dans des magasins (pour faire hausser le prix); —தட்டுதலாயிருக்கிறது les grains manquer, être rares;—ஏற்றுகிறது embarquer des grains, des provisions; — வாங்குகிறது acheter des grains, des provisions.

*தவசி, *P.* தபசி, pénitent, religieux, ascète, homme de vie austère, Pandaram ou mendiant sivéniste:—ப்பிள்ளை serviteur de gourou.

*தவசு, *P.* தபசு, pénitence, vie austère, mortification, le mois de மாசி;—பண்ணுகிறது faire pénitence, mener une vie austère;— முருங்கை la plante justicia trankenbarensis.

தவடை, joue, mâchoire.

தவணை, 1° radeau, pour passer les rivières et surtout) radeau de bambous et de cruches liées ensemble, objet flottant qui sert d'appui aux nageurs. 2° terme, limite, terme—, temps fixé (pour un payement...), délai:— ஆற்றிலே அமிழ்ந்திப்போகிறது le radeau s'enfoncer dans l'eau; — கிடைக்க உபாயம்பண்ணுகிறது employer divers moyens pour gagner du temps ou obtenir un délai;— கொடுக்கிறது donner du temps, un délai déterminé; —சொல்லுகிறது, —யிடுகிறது fixer un terme;—ச்சீட்டு billet qui fixe le terme,—le temps précis:—தப்புகிறது,—தப்பிப்போகிறது manquer au terme, le terme passer,— être passé; —ப்பிரகாரஞ் செய்கிறது faire—, achever au temps fixé; தவணையிலே au temps ou au terme fixé; முதற்றவணை, இரண்டாந்தவணை le 1er —, le 2e terme; மூன்றுநாள்த்தவணை délai de 3 jours.

தவன், empèchement, obstacle: —*மந்திரம்* prière magique pour empècher.

தவண்டை, fatigue, poussière, nom d'un instrument de musique: —*யடிக்கிறது*. —*யாடுகிறது* ètre fatigué, faire de la poussière.

தவதாயம், affliction, détresse, trouble: *தவதாயப்படுகிறது*, *ou*

தவதாயிக்கிறது, *யித்தேன்*, *யிப்பேன்*, *யி*, *யிக்க*, *v.n.* (*தவதாயம்*), ètre dans le besoin, dans la détresse ou le trouble.

தவத்தன், *pl.* *தவத்தர்*, (*தவம்*), pénitent, ascète, religieux, ermite, sage

தவத்தல், *தவத்துதல்*, *n.v. de தவத்துகிறது*, défense....

தவத்தி, *f. de தவத்தன்*, pénitente, religieuse, balayeuse d'église, (quelquefois *m.*), pénitent.

தவத்துகிறது, *P.* *தவற்றுகிறது*.

தவத்தோன், *pl.* *தவத்தோர்*, *V.* *தவத்தன்*.

தவத்து, grains, blé.

**தவம்*, 1° *P.* *தபம்*, pénitence, mortification, austérité, vie austère, le mois de *மாசி*. 2° *(dava), forèt, incendie, —de forèt, feu, chaleur; —*உடையன்* pénitent, homme mortifié; —*கிடக்கிறது* ètre à faire pénitence, ètre dans un état de pénitence déterminé (devant une idole); —*குலைகிறது* la pénitence ètre perdue—, gatée—, anéantie (par quelque faute...); —*குலைக்கிறது* gàter—, interrompre—, troubler la pénitence, en faire perdre le fruit ou le mérite en faisant tomber le pénitent dans quelque péché; —*செய்கிறது*, —*பண்ணுகிறது* faire pénitence, mener une vie austère: —*செய்வார்தங்கருமஞ்செய்வார்* ceux qui font pénitence, font leur propre affaire, *i. e.* ne peuvent qu'y gagner pourvu qu'ils la fassent comme il faut; *தவக்குறை* défaut de pénitence ou dans la pénitence, (il se dit surtout du défaut arrivé dans un état antérieur et à compenser dans l'état actuel); —*ச்சாலை* salle—, lieu de pénitence; —*நிலை* état—, accoutrement de pénitent: —*ப்பற்று* attachement à la pénitence, persévérance dans la—, état de pénitence ou de mortification; —*ப்பெண்* femme pénitente, religieuse, vierge séparée du monde: —*லோகம்*, *V.* *தபலோகம்*; —*வேஷம்* habit —, accoutrement —, extérieur ou masque de pénitence; *தவத்துக்குப் போகிறது* aller faire pénitence, se faire ermite; *தவத்திலேநிற்கிறது* ètre à faire pénitence, persévérer dans la penitence.

தவறுகிறது *ou* *தவர்கிறது*, *றினேன்*, *றுவேன்* *ou* *ர்வேன்*, *று* *ou* *ர்*, *ற*, *v.n.* (*தவறுகிறது*), se répandre, se perdre, ètre versé, errer, se méprendre, se tromper légèrement.

தவறுதல், *தவர்தல்*, *n. v. du préc.* effusion, erreur, méprise.

தவர், 1° *imp. et part. du même.* 2° arc. 3° *pl. de தவன்*, pénitens, maris, trompeurs.

தவலம், l'arsenic naturel *அவுபலபாஷாணம்*.

தவலுகிறது, *வன்றேன்*, *லுவேன்*, *லு* *ou* *ல்*, *வ*, *v.n.* *தவலுதல்*, *n.v.* diminuer, mourir.

தவலை, *V.* *தபலை*.

தவல், 1° *opt. et n. v. de தவுகிறது*, diminution, manque, mort. 2° *imp. et part. de தவலுகிறது*.

தவழுகிறது *ou* *தவழ்கிறது*, *ழ்ந்தேன்*, *ழுவேன்* *ou* *ழ்வேன்*, *ழு* *ou* *ழ்*, *ழ*, *v.n.* *தவழ்தல்*, *n.v.* ramper, se trainer par terre (comme les petits enfans); *தவழ்ந்தேறுகிறது* grimper en s'aidant des pieds et des mains; *மார்பாலே* — se trainer sur la poitrine; *முழங்காலாலே* — se trainer sur ses genoux; *தவழ்வாங்குகிறது* se courber, devenir bossu, courber.

தவழ், *imp. et part. du préc.*: —*சந்தி*, *தவழுயிர்வருக்கம்* *ou*

தவழ்வன, (*தவழ்*), les insectes ou animaux rampans, les reptiles.

**தவளம்*, (dhavala), le blanc, blancheur, poivre blanc, camphre, l'arsenic dit *சங்கபாஷாணம்*: *தவளச்சங்கு* grand coquillage blanc qui a un tuyau d'airain et sert de cor; —*ச்சத்திரம்* parasol blanc; —*பக்ஷம்*, —*பக்கம்* 1re quinzaine d'une lunaison, oie,héron blanc; — மிருத்திகை terre blanche, i.e. chaux— விசேஷணம் drapeau,—blanc.

*தவளாங்கம், (தவளம், அங்கம்), corps —,drapeau blanc.

தவளி, mensonge,fausseté.

தவளுகிறது, V. தவழுகிறது.

தவளை,grenouille:— கத்துகிறது la grenouille coasser;—க்கல் latérite ou pierre de fer: — க்கால் patte de grenouille, espèce de crochet de fer; — க்குறங்கு cuisse de grenouille, agrafe de bijou:— தத்துகிறது la grenouille sautiller,(les enfans en jouant) sauter comme une grenouille;—ப்பாய்ச்சல், —ப்பாய்த்து saut de grenouille,transposition poétique ou inversion de l'ordre naturel des mots.

*தவளோற்பலம்,(தவளம், உற்பலம்).nénuphar blanc.

தவறல்,opt.et n.v.de தவறுகிறது, écart,erreur, manquement,passage, éloignement, faux pas, pénurie, diminution, perte,mort.

தவறா,தவறாத,part.nég. du même, infaillible, immanquable, exact,qui ne s'égare pas, qui ne bronche pas: தவறாதவன் homme fidèle; தவறாத வார்த்தை parole immanquable, infaillible,discours coulant.

தவறாமை, n.v. nég.du même, infaillibilité.

தவறு,1° faute, manquement, erreur,écart, chute,faux pas.2° imp.et part.du suiv:—செய்கிறது faire une faute; —சொல்லுகிறது dire une erreur, parler à tort, faussement, à la légère; தவறின்மை infaillibilité, exactitude,justesse.

தவறுகிறது, றினேன், றுவேன், று,ற, v.n.et தவறுதல்,n.v. ou தவறிப்போகிறது,glisser, broncher, faire un faux pas, tomber,se tromper,se méprendre,faillir, dévier, s'égarer, errer, s'écarter, pécher, diminuer. manquer,—son coup,ne pas réussir, échapper —,tomber des mains,devenir difficile,—pesant,se corrompre, périr,mourir: தவறிவிழுகிறது faire un faux pas et tomber; கால் — le pied glisser: கை — la main manquer; கைதவறிக்கீழேவிழுகிறது glisser de la main et tomber par terre; வாய்தவறிப்பேசுகிறது faire une méprise en parlant,se tromper,divaguer, s'écarter du sujet, manquer à sa parole; தவறாமற்பேசுகிறது parler exactement,—sans broncher, coulamment.

தவற்றுகிறது,ற்றினேன்,ற்றுவேன்,ற்று.ற்ற,v.a.du préc தவற்றுதல், n.v. défendre,éviter,éloigner,changer.

தவனகம்,absinthe, armoise.

*தவனம், (tapana), chaleur du soleil, soif (surtout quand elle est causée par la fatigue ou soleil),désir: —அடங்குகிறது la soif s'apaiser; —ஆயிருக்கிறது avoir soif, désirer, soupirer après;—ஆய்வருகிறது venir altéré, avec un désir ardent; தவனத்தைத்தீர்க்கிறது étancher la soif.

*தவனன்,(id.), soleil, feu.

*தவன்,1° (தவம்),pénitent,ascète. 2° (dhava),mari,trompeur.

*தவாக்கினி, (தவம், அக்கினி),incendie,conflagration de forêt.

*தவானகம், (dhavânaka), air, vent.

தவா,தவாத,part. nég. de தவுகிறது, impérissable, qui ne diminue pas: தவாநிலை stabilité, infaillibilité; —வினை action immanquable, sans faute, montagne, paradis,bonheur éternel.

தவால், V. தபால்.

தவாளிக்கிறது,ளித்தேன், ளிப்பேன்,ளி,ளிக்க, v. a. canneler, creuser en cannelure.

தவாளித்தல்,தவாளிப்பு,n.v.du préc. cannelure.

தவிக்கிறது,வித்தேன், விப்பேன், வி,விக்க,v.n ou தவித்துக்கொண்டிருக்கிறது,avoir soif,mourir de soif, être fatigué, harassé, n'en pouvoir plus, être dans la détresse, avoir grand besoin de, languir, désirer, soupirer, gémir: தவித்துக்கொண்டுதிரிகிறது rôder d'un air mélancolique; தவித்துப்போகிறது se fatiguer, s'épuiser, languir, dépérir de soif,de besoin ou de désir; வழிதெரி

யாமல்,இடமில்லாமல், தண்ணீர்கிடையாமல்த்தவிக்கிறது être dans la détresse ne sachant pas son chemin et ne trouvant ni asyle ni eau.

*தவிசம்,தவிஷம்,(tavicha), mer, océan,paradis.

தவிசணை, (தவிசு,அணை), lit.

தவிசு, siége, petite natte, tabouret,escabeau,banc,coussin, matelas, liqueur distillée.

தவிடு,gén.தவிட்டின்,son,(de froment,deriz etc...), écorce de grain.

தவிட்டான்,(தவிடு),l'arbre ehretia aspera (dont le fruit ressemble à du son et peut se manger).

தவிட்டு,obl.de தவிடு, de son: —க்கனி bouillie épaisse de son; — க்கிளி petite espèce de sauterelle, attelabus: — க்குஞ்சு jeune frai de poisson, larve d'insectes etc...; —க்கூழ் bouillie de son;— க்கொழுக்கட்டை petit gâteau de son; — க்கொடி groseillier de Nilaghiri;—நிறம் couleur de son,—brune;—ப்பழம் groseille des montagnes; — ப்பாற்சோற்றி nom d'une plante; — ப்பிட்டு boulette friable de son(espèce de patisserie);—ப்புறா tourterelle brune;—ப்பேன் lente,œuf de poux;—ப்பொட்டு son de rebut,gros son, endroit mangé des vers (dans un habit); — மயிர் duvet d'oiseau nouvellement éclos;— மேனி alkali,V.சவட்டுப்பு.

தவிட்டுண்ணி, தவிட்டுண்ணி, (தவிட்டு, உண்ணி), tique de vache ou de brebis.

தவிட்டை,(தவிட்டு,ஐ), nom d'un arbre, (probablement le தவிட்டான்):—ப்புறா tourterelle brune.

தவித்தல்,தவிப்பு,n.v. de தவிக்கிறது, fatigue, épuisement,langueur, soif, désir, soupir, gémissement: தவிப்புவைக்கிறது convoiter, mettre ses désirs sur; இளைப்புந்தவிப்பும் fatigue et épuisement, défaillance et gémissement; தவிப்பையடக்குகிறது surmonter la fatigue, la langueur.

தவிர,inf. de தவிர்கிறது excepté, outre, sans compter: இதுவுந்தவிர outre cela, de plus,அவன் தவிர excepté lui; நீதவிரவேறொருவருமில்லை il n'y a que toi.

தவிர்,imp.et part.du même: — க்கத்தக்க chose à omettre.

தவிருகிறது ou தவிர்கிறது, விர்ந்தேன்,ருவேன் ou ர்வேன்,ரு ou ர்,ர, v.n.ou தவிர்ந்துபோகிறது et தவிருதல்,தவிர்தல்,n. v. cesser, s'éloigner, s'exclure, s'éviter, être évité, éloigné, renvoyé, congédié, rejeté, rompu, empêché, dissous, laissé, omis, excepté, exclus, éviter, fuir, tarir.

தவிர்க்கிறது,ர்த்தேன்,ர்ப்பேன்,ர், ர்க்க,v.a. du préc.et தவிர்த்துப்போடுகிறது, éloigner, mettre de côté, éviter, fuir,arrêter, empêcher, faire cesser,désappointer,rompre, dissoudre,omettre, abandonner, renoncer, annuler,violer, transgresser, excepter,exclure, négliger, s'abstenir de; பாவத்துக் கேதுவானதைத் தவிர்ப்பாயாக évite l'occasion du péché; பொல்லாங்கென்பவையெல்லாந்தவிர் évite tout ce qui est mal: இவன் சினேகத்தைத்தவிர் abandonne —, évite son amitié.

தவிர்த்தல்,தவிர்ப்பு, n. v. du préc. abandon, empêchement, rejet,fuite, exclusion... ou

தவிர்வு,n.v. de தவிர்கிறது, cessation, éloignement, fuite, exception.

தவிலை,P.தபிலை.

தவில்,espèce de tambour: —அடிக்கிறது battre de ce tambour.

தவிழுகிறது ou தவிழ்கிறது, ழ்ந்தேன்,ழுவேன் ou ழ்வேன், ழு ou ழ், ழ,v. n.தவிழ்தல், n. v et தவிழ்ந்துபோகிறது,V.தவிருகிறது.

தவிழ்க்கிறது. V.தவிர்க்கிறது.

*தவீசம்,தவீஷம்,(tavicha), V.தவிசம்.

தவுகிறது,வினேன்,வுவேன், வு,வ, v.n.தவுதல்,n.v. diminuer, se perdre, se gâter.périr, mourir.

தவுக்கார், courbe—, courbure de corniche,mortier, intervalles entre les briques d'un mur qu'on remplit de mortier,—அடைக்கிறது

remplir de mortier les intervalles
தவசயம்,V.முருக்கு. [des briques.
தவசெலம்,l'arbre முருங்கை.
தவடு,1° P. தவிடு.2° (ind.), expédition militaire,galop. [hirsuta.
தவட்டை, l'arbrisseau greivia
*தவரிதகம்,P.தௌரிதகம். [se.
*தவரிதம்,P. தௌரிதம்,trot,vites-
தவ்வல்,n.v.de தவ்வுகிறது,dépérissement,chose tendre,marche clopinclopant.

தவ்வறுக்கிறது,(தவ்வு, அறுக்கிறது), percer,trouer, perforer: தவ்வறுத் தறுத்தைக்கிறது percer et clouer une chose.

தவ்வி, 1°* P. தருப்பி, grande cuillère de métal.2° gér.de தவ்வுகிறது.

தவ்வு, 1° trou, perforation, destruction, perte: தவ்விலேயாணியை த்தடிக்கிறது mettre un clou dans un trou et l'enfoncer.2° imp.et part. du suiv. தவ்வெனல்,தவ்வென்கிறது, diminuer,dépérir.

தவ்வுகிறது,வ்வினேன்,வ்வுவேன், வ்வு,வ்வ,v.n. தவ்வுதல்,n.v.1° P. தாவுகிறது, marcher clopin-clopant, clopiner, sauter, sautiller, se jeter sur.2° P. தவுகிறது.

தவ்வை,sœur ainée, Ayah, bonne d'enfant, V.மூதேவி.

தழங்கல்,bruit, son,opt.et n. v. de தழங்குகிறது, கினேன், குவேன், கு,க, v. n. தழங்குதல்,n.v. résonner, retentir, rendre un son (v.g. un instrument de musique.)

தழம், onguent, huile médicinale, forme extérieure.

தழலல்,brûlure, ardeur,opt.et n.v. du suiv.

தழலுகிறது ou தழல்கிறது, ழன்றேன்,ழலுவேன் ou ழல்வேன், ழலு ou ழல்,ழல,v.n.தழலுதல்,n.v.brûler, être brûlé, rôti, brûlant, ardent, trop chaud.

தழல், 1° n.v.imp. et part. du préc. feu, chaleur, ardeur, fronde, la 3me constellation dite கார்த்திகை, sorte de claquette, instrument pour effrayer les oiseaux et les éloigner des moissons,paille épaisse de millet, la plante கொடுவேலி. [—à chaux.

தழற்கல், (தழல்), pierre brûlante,
தழற்பூமி,(id.),terre salée,brûlante.
தழனிறமணி, (id. நிறம்,மணி), pierre couleur de feu, espéce de rubis carré.

தழா,தழாத,part.nég. de தழுவுகிறது: தழாத்தொடர் union de mots qui ne comprend pas la terminaison des cas ni l'attribut.

தழால், V.தழுவல்.

தழிஞ்சி,cessation de la poursuite d'une armée en déroute.

தழிந்தழீம்,son imitatif:—என்கிறது rendre ce son,— un son répété.

தழுக்குணி,P.தளுக்குணி.

தழுதணை,dartre, mal qui s'étend sur le corps en pustules.

தழுதழுக்கிறது,ழுத்தேன், ழுப்பேன்,ழு,ழுக்க,v.n. la langue bégayer, bredouiller, dire un mot pour un autre.

தழுதழுத்தல், தழுதழுப்பு, n. v. du préc.bredouillement,bégaiement.

தழுதாழை, (தழு, P.தழுவும்), l'arbre clerodendrum phlomides.

தழும்பு, cicatrice, marque des coups,empreinte de baguette,blessure,faute,tache, erreur de langue:—படுகிறது avoir des cicatrices, être marqué,taché,accusé: அம்மைத்தழும்பு marques de petite vérole; எச்சித்தழும்பு dartre.

தழும்புகிறது,பினேன்,புவேன்,பு, ப,v.n.தழும்பல், தழும்புதல், n. v. se cicatriser,se tromper, V. நாத்தழும்புகிறது.

தழுவணை,(தழுவு, அணை),coussin, oreiller pour s'appuyer, matelas, sangsue de mer.

தழுவல்,opt. et n.v.de தழுவுகிறது. embrassement, embrassade, caresse, familiarité, copulation, acceptation.

தழுவா,தழுவாத,part.nég.du même.
தழுவாவட்டை ou [sangsue de mer.
தழுவாலட்டை, (தழுவு, அட்டை),
தழுவு, 1° imp. et part.du suiv. 2° embrassement, brassée, quantité qu'on peut prendre entre les bras:

—தொடர் union de mots qui comprend la termination des cas et l'attribut; தழுவக்கடங்காதபெருமன் grosseur (d'arbre) qu'on ne peut embrasser; ஒருதழுவுவைக்கோல் une brassée de paille; மூன்றுதழுவு கொண்டமரம் arbre auquel il faut 3 hommes pour l'embrasser en joignant leurs mains; அவன்தழுவிக்குப்பிடிபடவில்லை il n'a pu être saisi dans les bras.

தழுவுகிறது, வினேன், வுவேன், வு, வ, *v.a.* தழுவுகை, தழுவுதல், *n.v. et* தழுவிக்கொள்ளுகிறது, embrasser, — tendrement, prendre —, serrer dans ses bras, accepter, environner, caresser, badiner avec, traiter poliment, s'accoupler, se mêler: சேனை தழுவியிருக்கிறது l'armée a cerné ou assiégé (la place).

தழை, 1° feuillage, jeune branche avec ses feuilles, jet, rejeton, pousse, feuille, ombrelle de plumes —, queue de paon. 2° *imp. et part. de*

தழைகிறது, ழைத்தேன், ழைவேன், ழை, ழைய, *v.n. ou* தழைந்திருக்கிறது *et* தழைக்கிறது, ழைத்தேன், ழைப்பேன், ழை, ழைக்க, *v. n. ou* தழைத்திருக்கிறது, se couvrir de feuillage, pousser des feuilles, des rejetons, étendre son feuillage, ses branches, pousser, bourgeonner, croître, s'étendre, prospérer, être florissant, vivre heureux: தழைத்திருக்கிற *ou* தழைத்திருக்கிறமரம் arbre qui étend au loin son feuillage ou ses branches; தழைய *ou* தழைக்கச்சொல்லுகிறது dire de prospérer, souhaiter à quelqu'un l'accroissement, se vanter, satisfaire en partie aux demandes d'un créancier.

தழைகை, தழைக்கை, *n.v. des préc.* pousse, — du feuillage, bourgeonnement, croissance, végétation.

தழைதல், தழைத்தல், தழைப்பு, தழைவு, *n.v. des mêmes*, état florissant, — heureux, prospérité, bonheur, fertilité, augmentation, abondance, *V.* தழைகை.

தளகர்த்தன், தளகர்த்தன், (தளம்), général —, commandant d'armée.

தளச்சட்டி, (*id.*), grande casserole de terre, grand plat.

தளதள, *son imitatif*: — வென்கிறது, — வெனல், தளதளென்கிறது, தளதளென்கை, *ou*

தளதளக்கிறது, ளத்தேன், ளப்பேன், ள, ளக்க, *v. n.* (தளதள), briller, étinceler, scintiller, reluire, pétiller, s'amollir.

தளதளத்தல், தளதளப்பு. *n. v. du préc.* éclat, brillant, scintillation, pétillement, amollissement: தளதளப்பானவஸ்திரம் vêtement brillant, —

தளநர், *P.* தளர்நர். [étincelant.

தளபதி, (தளம்), général d'armée.

தளபாடம், *V.* தளவாடம்.

தளப்படி, *P.* தளர்படி, fatigue, lassitude, chancellement, manque, gêne, peine. [de mer.

தளப்பத்துமீன், nom d'un poisson

தளப்பம், 1° (tala *palmier*, pa *feuille*), *ou* தளப்பமரம், தளப்பத்துமரம், le palmier tâlipot, corypha umbraculifera, dont les larges feuilles servent à faire des parapluies. 2° (தளர்கிறது), relâchement, faiblesse, misère, peine, médiocrité.

தளப்பற்று, (தளம், பற்று), feuille du palmier susdit, parapluie —, parasol fait de ces feuilles: —க்காரர் celui qui porte ce parapluie, celui qui s'en sert: — மீன் sorte de poisson.

*தளம், 1° (dala), feuille (d'arbre...), pétale de fleurs, monceau, quantité, foule, armée. 2° terrasse, plate-forme de maison, argamasse, étage, pont ou tillac de navire, pavé, plancher, terre nue, surface, — plate, mortier, enduit, plâtre, pâte de sandal, onguent, liniment, topique, jarre, cruche, épaisseur (de papier, planche etc...), rubis non poli: — ஆயிருக்கிற être épais; — ஆய்ப்பூசுகிறது mettre un emplâtre *ou* un enduit épais; — எடுக்கிறது lever une armée; — பூசுகிறது mettre un emplâtre, un topique, un enduit, enduire; — போடுகிறது carreler, paver; — தோற்றுப்போகிறது une armée être mise en déroute;—வந்திறங்குகிறது une armée camper ou commencer un siége.

தளும்பல்,*opt.et n.v.de* தளும்புகிறது, agitation (d'un liquide), son choc contre les parois d'un vase,clapotage, fluctuation, tremblement, écluse,vanne: தான்தளும்பல்பிறருக் கூன்றுகோல் il tremble lui qui est le soutien des autres.

தளும்பு, 1° écluse, vanne. 2° *imp. part. et n.v.de*

தளும்புகிறது,பினேன்,புவேன், பு, ப, *v.n.* தளும்புதல், *n.v.* (un liquide) s'agiter,être agité,choquer contre les parois du vase, flotter, vaciller, trembler,être incertain,irrésolu,gêné,dans la détresse:மனந்—, இருதயந்—le cœur ou la volonté défaillir,vaciller; நிறைகுடந்தளும்பாது குறைகுடந்தளும்பும் l'eau ne s'agite pas dans une cruche pleine, mais dans celle qui l'est à demi, la vaine gloire n'agite que les demi-savans, ou les esprits frivoles;அவன்நெஞ்சு தாமரை யிலையில்த் தண்ணீர்போலே தளும்புகிறது son cœur flotte ou vacille comme l'eau sur une feuille de nénuphar:தளும்பாமற் கொண்டுபோகிறது porter un liquide sans l'agiter;தளும்பிவழிந்தோடுபோகிறது un liquide se répandre en s'agitant.

தளரா,தளராத,*part.nég de* தளருகிறது,constant,ferme,fort,inébranlable,immobile.

தளராமை,*n.v.nég.du même*,fermeté;constance inébranlable.

தளருகிறது *ou* தளர்கிறது, ர்ந்தேன்,ருவேன்,*ou* ர்வேன்,ரு *ou* ர்,ர,*v.n.* தளருதல்,*n.v.et* தளர்ந்துபோகிறது, se relâcher,se ralentir,se débander, se desserrer,se défaire,s'amollir,s'affaiblir,chanceler,vaciller,tituber,hésiter,devenir lâche,indolent,flasque, mou,être déconcerté,chagrin, affligé,vexé,vieillir,se rider: சொல்—marmoter,parler peu distinctement par vieillesse ou infirmité; தளரப்பண்ணுகிறது,*V.* தளர்த்துகிறது;—ப்பிசைகிறது,pétrir la pâte en y ajoutant de l'eau pour l'amollir;—ப்பிசைந்தூட்டுகிறது donner la nourriture ou de la bouillie à un enfant après l'avoir pétrie pour l'amollir;—விடுகிறது relâcher,desserrer,délier, ralentir, laisser s'amollir,—sans assistance,abandonner;—விட்டுப் பேசுகிறது marchander, barguigner; தளராமற் சாப்பிடுகிறது manger sans relâche, —copieusement,faire bonne chère.

தளர்,*imp.et part.du préc.V.* தளர்ந்த:—உடை habit mou, peu serré;—நடை marche lente, douce, nonchalante,chancelante (*v. g.* celle des enfans,des vieillards...);—நார் corde de fibres que ceux qui montent les arbres s'attachent aux pieds;—பாடம் leçon bien apprise et qu'on récite sans faute; பிள்ளைக்குத் தளர் பாடமாய்வந்தது l'enfant a bien appris sa leçon et la récite sans broncher.

தளர்ச்சி,*n.v.du même*, lâcheté, paresse,nonchalence,desserrement, relâchement,lenteur,flaccidité,amollissement,langueur,infirmité,faiblesse, pauvreté,maigreur,peine, vieillesse.

தளர்தல்,*n.v.du même,V.* தளர்ச்சி.

தளர்த்தி,1°*P.*தளர்ச்சி.2° *gér.de*

தளர்த்துகிறது,த்தினேன்,த்துவேன், த்து,த்த,*v.a.de* தளர்கிறது, தளர்த்தல்,தளர்த்துதல்,தளர்த்துகை,*n.v.* relâcher,lâcher,desserrer,délier,débander,ralentir,affaiblir,amollir.

தளர்ந்த,*part.de* தளர்கிறது, lâche,peu serré,mou,relâché, flasque, nonchalant,chancelant, lent, flexible:— உணர்வினன் homme d'un esprit lent et lourd; — வயது âge décrépit.

தளர்வு,*n.v.du même*,relâchement, ralentissement,chancellement,dépérissement, amollissement, nonchalance,faiblesse,perte de la vigueur.

தளவம், l'arbrisseau dit முல்லைக் கொடி.

தளவரிசை,(தளம்),carreau, pavé: —க்கல் carreau,pavé, pierre bonne pour paver;—போடுகிறது carreler, paver.

தளவாடம், V. தளவாளம்.

தளவாய், (தளம்), général d'armée, talavaye, chef de pions,— de police de village: —க்சோளவை variété de la plante சோளவை; —த்தனம், — த்துவம் généralat, commandement d'une armée, —des pions de police, office de talavaye; — த்தனம்பண்ணுகிறது commander une armée, être talavaye, —chef de pions.

தளவாளம், ustensile, matériaux et instrumens (nécessaires pour une entreprise). [சிலை.

தளவிலை, (தளம், இலை), V. தளவ

தளவு, V. தளவம்.

தளி, temple, pagode, goutte de pluie, chandelier, lampe, pied—, bassin de lampe, froid.

தளிகை, plat de cuivre chargé de riz, (en usage dans les temples de Vichnou, (pour idoles inférieures on dit பள்ளயம்), portion de riz etc... offerte à une idole, (on en donne 2, 3 ou plus selon la coutume ou la concession du prince), vase à manger, V. தளிசை: — நிவேதனம்பண்ணுகிறது offrir une platée de riz à une idole; —ச்சோறு riz offert à une idole qui se vend ensuite; — போடுகிறது présenter une platée de riz à une idole domestique; —விடுகிறது en laisser une devant l'idole dans un temple de Vichnouvistes.

தளிசை, boule de bouillie épaisse.

*தளிமம், 1° (talima), terrain préparé pour bâtir, lit, couche, matelas, cimeterre, grand couteau de sacrificateur. 2° beauté, V. இன்பவளை.

தளிரடி, தளிரியல், (தளிர்), jeune fille (qui ressemble à une jeune pousse),

தளிர், 1° bouton, bourgeon, pousse, rejeton, jet. 2° imp. et part. de

தளிர்க்கிறது, ர்த்தேன், ர்ப்பேன், ர், ர்க்க, v.n. bourgeonner, pousser, —des rejetons, des bourgeons, des feuilles, le poil du corps se hérisser.

தளிர்த்தல், தளிர்ப்பு, n.v. du préc. bourgeonnement, pousse.

தளுக்கு, 1° splendeur, lustre, éclat, poli, densité, bijou qui pend au nez des femmes (de certaines castes.) 2° imp. et part. du suiv. தளுக்கிடுகிறது polir, donner le poli, le lustre, rendre serré, compacte; — மினுக்காய்ப் புறப்படுகிறது sortir tout brillant et bien orné, paraître en public avec grande pompe.

தளுக்குகிறது, sync. தளுக்கிறது, க்கினேன், க்குவேன், க்கு, க்க, v.n. et a.

தளுக்குதல், n.v. briller, reluire, éclater, polir, battre, rendre uni (en battant).

தளுக்குணி, (தளுக்கு, உணி), faquin, pendard, lâche, homme sans honneur, sans cœur.

தளும்புகிறது, P. தளம்புகிறது.

தளை, 1° fers, entraves ou chaînes (pour les pieds, et quelquefois pour les mains), anneau bruyant dont on orne les pieds, filet, nœud coulant, lien, nœud, lien de l'amitié, enchaînement ou connexion des pieds métriques entr'eux, (il y en a 4 espèces nommées, d'après le genre de versification auquel elles appartiennent ஆசிரியத்தளை, வெண்டளை, கலித்தளை et வஞ்சித்தளை), cheveux d'homme, talei, i. e. portion —, compartiment de rizière, petite chaussée qui sépare ces compartimens. 2° imp. et part. de தளைகிறது: —கழற்றிவிடுகிறது ôter les fers; —தட்டு, —பிழைப்பு manquement dans l'enchaînement des pieds en versification; —தட்டுகிறது: — பிழைக்கிறது cet enchaînement être fautif; —நார், V. தளர்நார்; — படுகிறது être lié, captif, emprisonné, mis aux fers: —படல், —படுதல், —ப்படுதல் emprisonnement, captivité, mise aux fers; —பூட்டுகிறது, —போடுகிறது, V. தளைக்கிறது; —ப்பொருத்தம் accord des pieds entr'eux d'après la connexion voulue; —யவிழ்கிறது les liens se délier, se défaire; —வார் courroie pour empêtrer les pieds des animaux qui paissent.

தளைகிறது, ளைந்தேன், ளைவேன்,

ளை, ளைய,(தளை),v.a.et n.et தளைதல், n.v. lier,enchainer,mettre aux fers, être lié, captif, enchaîné, mis aux fers;தளைந்துபோகிறது,V. தளைக்கிறது;தளைந்துவிடுகிறது empêtrer les pieds d'un animal et le laisser paître.

தளைக்கிறது,ளைத்தேன், ளைப்பேன்,ளை,ளைக்க,v.a.(தளை), தளைத்தல், n.v.enchaîner,lier, mettre aux fers

தளைநம், V.தளை.

தளையல்,n.v.de தளைகிறது,arrestation,mise aux fers,action d'arrêter.

தளையன்,chef (parmi les potiers, les சாணர் et les மறவர்.)

தளைவிக்கிறது,வித்தேன், விப்பேன்,வி,விக்க,v. caus. de தளைகிறது. faire lier,—mettre aux fers.

தள்,imp.de தட்கிறது.

தள்ளமாறுகிறது, et par corr.தள்ளம்பாறுகிறது,(தள்ளுகிறது, மாறுகிறது),chanceler,trébucher,tituber (de faiblesse ou de vin), hésiter.

தள்ளல்,opt.et n.v.de தள்ளுகிறது, jet,rejet,expulsion, rebut, divorce, mensonge,écart,faute.

தள்ளா,தள்ளாத,part.nég. du même:தள்ளாதவன் vieillard, — débile, —décrépi; தள்ளாதவிருந்து hôte honorable,litt.qu'on ne peut renvoyer,proche parent.

தள்ளாடுகிறது, (தள்ளு, ஆடுகிறது),vaciller,chanceler,tituber,branler,s'agiter,pencher:தள்ளாடப்பண்ணுகிறது faire chanceler, ébranler, renverser; தள்ளாடித்திரிகிறது aller çà et là—,marcher en titubant

தள்ளாடல்,தள்ளாட்டம்,n. v. du préc. titubation,vacillation, branlement,agitation,marche chancelante,décrépitude.

தள்ளாமை,n.v.nég. de தள்ளுகிறது.faiblesse,impuissance, impossibilité,manque,vieillesse, décrépitude.

தள்ளிச்சி,V.பூதி.

தள்ளின,part. de தள்ளுகிறது:— மட்டிலும் autant que possible.

தள்ளு,1° rejet,rebut,soustraction. 2° imp.et part. du suiv.:— தாக்குப்படுகிறது être importuné, harassé; —படி rejet,expulsion,rebut, invalidité,abandon,défaut:— படிப்பத்திரம் billet —,titre nul,—annulé,—refusé;—படுகிறது,V.தள்ளுண்கிறது;—படு rebut,rejet,renvoi;— மட்டம் petit éléphant;—மென்று,V.இழுபறி.

தள்ளுகிறது,ள்ளினேன், ள்ளுவேன்,ள்ளு,ள்ள.v.a.jeter, lancer, rejeter,abolir,renverser, pousser, presser,expédier,chasser, exclure, ôter, déduire,soustraire,vomir,mettre dehors,le bananier pousser dehors de son enveloppe la tige qui porte les fleurs et les fruits,ou cette tige sortir de son enveloppe, donner lieu, faire place,quitter,laisser,abandonner,porter,supporter,serrer,se presser,se hâter,être possible,être capable, (dans ce sens le nom de la chose est au nominatif,et le nom de la personne au datif ou à l'ablatif en ஆல்: இதென்னாலே ou இதெனக்குத் தள்ளாது cela m'est impossible, je suis incapable de cela): கணக்கிலே —déduire d'un compte;சதை —être corpulent,replet;பாவத்தைத்—abandonner le péché;பேச்சைத் — rejeter la parole,les conseils;தள்ளிக்கொள்ளுகிறது avancer un peu plus ou approcher un peu;—க்கொண்டுபோகிறது conduire en poussant,suivre dans la foule; — சாப்பிடுகிறது manger goulûment et beaucoup;—ப் பாடுகிறது chanter vite,en accélérant la mesure et en diminuant la pleine valeur des syllabes;— ப்போ pousse et va-t-en,retire toi un peu, n'encombre pas; — ப்போகிறது jeter ou pousser et s'en aller, manquer l'occasion,passer;அந்தத்தத்து —ப்போச்சு ce danger est passé;— வாசிக்கிறது continuer de lire, lire en passant à une autre partie du livre; —விடுகிறது, renvoyer, congédier,chasser,éloigner,dégrader, déposer,déplacer;— வைக்கிறது éloigner,déplacer (pour un temps): எல்லையைத்தள்ளிக் கட்டிக்கொள்ளுகிறது élargir frauduleusement les limites (d'un champ...); என்னைத்தள்ளி அவனுக்குமரியாதைசெய்தான் il m'a mis de côté et l'a traité avec honneur: சந்திரன் ஒன்றுதள்ளிப்போகிறது la lune passer en laissant du côté du sud une des étoiles de la 10me constellation dite மகம் ou l'alpha du Lion; (les Indous en tirent des prédictions astrologiques au sujet de la pluie, de l'abondance...)

தள்ளுண்கிறது, தள்ளுண்டுபோகிறது, தள்ளுண்ணல், (தள்ளு, உண்கிறது), être jeté, chassé, renvoyé, rejeté, annulé, exclus...: சாதியிற்றள்ளுண்டவன் homme exclus de la société.

தள்ளுதல், *n.v. de* தள்ளுகிறது, action de jeter .., renvoi, rejet, divorce: தள்ளுதலின்சீட்டு billet de divorce.

தள்ளுவிக்கிறது, *v.caus. de* தள்ளுகிறது, faire jeter, —rejeter, — chasser...

தள்ளேன், *nég. de* தள்ளுகிறது *et de* தட்டுகிறது. [ne jettes pas.

தள்ளை, 1° mère. 2° P. தள்ளாய் tu

தறதற, *son imitatif*: தறதறவென்கிறது *ou*

தறதறக்கிறது, த்தேன், ப்பேன், ற, றக்க, (தறதற), *v.n.* தறதறத்தல், தறதறப்பு, தறதறவெனல், *n.v.* faire taratara, —du bruit.

தறி, 1° pieu, piquet, poteau, colonne, pilier, cheville, métier—, estille de tisserand, espèce de hache, cognée, coupure. 2° *n.v. imp. et part. de* தறிகிறது, *et de* தறிக்கிறது: —கிடங்கு atelier de tisserands, creux de leur atelier: — கொம்பு corne rognée, émoussée; — க்கால் sillon artificiel dans un jardin de bétel; — படுகிறது être coupé: —யாணி petit ciseau (pour couper le fer.)

தறிகிறது, றிந்தேன், றிவேன், றி, றிய, *v.n.* தறிதல், *n.v.* (தறி), être coupé, tranché.

தறிகை, 1° (தறி), hache, cognée, ciseau, *V.* மழு. 2° *n.v. du préc.* coupure, mutilation.

தறிக்கிறது, றித்தேன், றிப்பேன், றி, றிக்க, *v.a. de* தறிகிறது, couper, trancher, mutiler, fendre: தறித்திடும் qui coupe.

தறித்தல், தறிப்பு, *n. v. du préc.* couper, coupure: தறிப்புண்கிறது être coupé, mutilé, tranché, rogné, mis en pièces.

தறு, particule qui dans les mots composés désigne la férocité, la méchanceté.

தறுகணாளர், தறுகண்ணர், (தறுகண்), cruel, féroce, vaillant, brave, intrépide.

தறுகண், தறுகண்மை, (தறு), cruauté, férocité, bravoure, intrépidité. œil malin, —jaloux ou vindicatif, jalousie, envie.

தறுகல், *opt. et n.v. du suiv.*

தறுகுகிறது, கினேன், குவேன், கு, க, *v.n.* தறுகுதல், *n.v.* être arrêté, empêché, barré, retenu, (*v.g.* l'eau d'irrigation par une digue), *V.* தவறுகிறது. [méchant.

தறுகுறும்பன், (தறு), vaurien,

தறுகுறும்பு, (*id.*), méchanceté, faute. [cher.

தறுக்கணிக்கிறது, (*id.*), se fâ-

தறுக்கணித்தல், தறுக்கணிப்பு, *n.v du préc.* colère.

தறுசு, poli d'une étoffe.

தறுதலை, (தறு), mauvaise tête, méchanceté. [vaurien.

தறுதலையன், (*id.*), mauvaise tête,

தறுதும்பு, (*id.*), méchanceté.

தறுதும்பன், (தறுதும்பு), vauri-

தறுப்பு, *V.* தருப்பு. [en, méchant.

தறும்பு, bord, digue garnie de pieux, — pour arrêter et détourner l'eau, pieux plantés pour soutenir une digue: தறும்படிக்கிறது planter de tels pieux, faire une telle digue. [portunité.

தறுவாய், *P.* தருவாய், occasion, op-

தறுவி, instrument pour oindre de quelque remède.

தறுவுகிறது, வினேன், வுவேன், வு, வ, *v.n.* தறுவுதல், *n.v.* diminuer, manquer.

தறை, 1° *P.* தரை, terre. 2° tête de clou. 3° *n.v. imp. et part. du suiv.* clou, clouer: —யாணி clou à tête.

தறைகிறது, றைந்தேன், றைவேன், றை, றைய, *v.a.* தறைதல், *n.v.* clouer, enfoncer un clou.

தற், *P.* தன், *devant* க, ச, த, ப, son, sa, ses, [ses composés.

*தற்கம், *P.* தர்க்கம், *V.* தருக்கம், et

*தற்கரன், 1° *P.* தஸ்கரன், voleur. 2° (tatkara), serviteur.

தற்கரிசனம், (தன்), amour propre, — de soi-même.

தற்காக்கிறது, (*id.*), 1° se garder, se défendre, se conserver soi-même. 2° garder, défendre, protéger, conserver, racheter (en général).

தற்காவிதுவகுதொகி, — காகிதம் offre, proposition par écrit.

தற்காத்தல், *n.v. de* தற்காக்கிறது; தற்காத்தற்குதொகி lettre d'avis, de sureté, sauf-conduit.

தற்காப்பு. (தன்), garde, — de soi-même, conservation, sa propre conservation.

*தற்காலம், (tat *ce*), ce temps-ci, le temps présent, l'occasion présente, — favorable: தற்கால, தற்காலத்துக்குரிய du temps actuel, provisoire; தற்காலத்துக்கு provisoirement, pour le présent; தற்காலகிரகநிலை place d'un astre au temps désigné; — சுத்தபுடம் longitude vraie des astres au temps marqué; — மத்திமம் longitude moyenne des astres au temps désigné; — தீர்ப்பு jugement provisoire; — விலை prix courant, — actuel ou alors existant; — விஷயம் exemple présent.

தற்காலிக்கிறது, லித்தேன், லிப்பேன், லி, லிக்க, *v.a.* (தற்காலம்), mettre ou calculer la longitude pour le temps désigné.

தற்காவல், (தன்), propre conservation, garde de soi-même, pureté, observation de la chasteté,

தற்கி, தற்கிக்கிறது... *V.* தருக்கி, தருக்கிக்கிறது... [travail gratuit.

*தற்கிரியை, (tat *ce*), ouvrage ou

தற்கிழமை, (தன்), relation, rapport, — intime et constant, *v.g.* de la laine au drap qui en est fait, c'est une des 7 catégories ou பதார்த்தம் de la logique.

தற்கு, *dat. de* தான், à soi.

தற்குணம், (*id.*), son naturel, son caractère propre; — மாற்றலரிது il est difficile de changer son naturel.

தற்குணகம், (தன், குணம், அகம்), le son et les autres objets des sens.

தற்குறி, (*id.*), sa marque, *V.* கைக்குறி.

தற்குறிப்பணி, (தற்குறிப்பு, அணி), fig. de rhétorique, par laquelle on s'imagine que tel objet est tel autre à cause des rapports de ressemblance qu'ils ont, bien que l'on sache qu'ils sont différens.

தற்குறிப்பு, (தன்), chose qu'on s'imagine, son imagination, — propre, sa marque, idée.

தற்குறிப்பேற்றம், (தற்குறிப்பு, ஏற்றம்), fig. par laquelle on attribue à une chose quelque qualité outre celles qu'elle a naturellement.

தற்குறைச்சல், (தன்), diminution, manque, frottement, usé, perte par

தற்கொலை, (*id.*), suicide. [l'usage.

தற்கோலம், (*id.*), son accoutrement. 2° *V.* தக்கோலம்.

*தற்சணம், (tat *ce*), cet instant, le moment actuel, aussitôt.

*தற்சமம், (*id.*), sa ressemblance, mot sanscrit passé dans une autre langue sans corruption.

*தற்சமயம், (*id.*), cette occasion, oportunité, occasion favorable.

*தற்சனி, (tardjdjani), l'index.

தற்சாட்சி, (தன்), propre témoignage, témoignage de la conscience.

*தற்சிவம், தற்சிவன், (tat *ce*), *V.* பரமேச்சுரன், [— de soi-même.

தற்சினேகம், (தன்), amour propre,

தற்சுட்டு, (*id.*), *V.* தற்குறிப்பு.

தற்சுதந்தரம், (*id.*), son droit, sa propriété, ce qu'on possède.

தற்சுபாவம், (*id.*), son naturel.

தற்சுரூபம், (*id.*), sa propre figure.

தற்செயல், (*id.*), ce qui se fait ou arrive de soi-même, hasard: தற்செயலாக, தற்செயலாய் de soi-même, par hasard, fortuitement.

தற்செழித்தல், (*id.*), réussir, prospérer, se faire de soi même.

தற்செல்வம், (*id.*), prospérité—, propriété personnelle, force.

*தற்பகன், (darpaka), celui qui enflamme d'amour, *i. e.* Kâmen, le Cupidon indien. [lits, *i.e.* punaise.

*தற்பகிடம், (தற்பம்), insecte des

*தற்பணம், *P.* தற்பணம்.

தற்பதம், (தன்), connaissance de Dieu et de soi-même.

தற்பதி, l'aréquier கமுகு.

*தற்பம், 1° (talpa), couche, lit, matelas, femme, étage, chambre haute. 2° (dalbha), orgueil, fraude, tromperie, péché, roue.

தற்பரம், (தன்), indépendance, existance—, dépendance de soi-même, propre supériorité, *ou*

தற்பரன், (தற்பரம்), l'être indépendant, suprême et existant de lui-même, Dieu; (chaque sectateur l'applique à son Dieu, les Sivénistes surtout à) Siven.

*தற்பரை, 1° (tatparâ), seconde, 60me partie d'un விநாடி, ou minute indienne, l'espace de 30 மாத்திரை, le 30me d'un clin d'œil. 2° (selon les Sivénistes), Parvadi, la சத்தி ou énergie féminine de Siven (nommé par eux தற்பரன்). [blanc.

*தற்பலம், (tat *ce*) le nénuphar

*தற்பவம், (tat *ce*), mot dérivé du sanscrit mais altéré.

*தற்பணம், (tarpana), *V.* தருப்பணம். 2° (darpana), miroir, crystal. 3° (talpana), épine du dos, dos d'éléphant.

தற்பாஷிதம், (தன்), soliloque.

தற்பாடி, (தன்), l'oiseau qui chante pour soi-même, *i.e.* l'allouette.

*தற்பி, 1° (dalbhi), Indiren, *V.* இந்திரன்சொடி. 2° *imp. de*

தற்பிக்கிறது, *V.* தருப்பிக்கிறது.

தற்பிரகாசம், (தன்), sa propre lumière. [même, vanterie.

தற்புகழ்ச்சி, (*id.*), louange de soi-

தற்புணர்ச்சி, (*id.*), se polluer soi-même.

*தற்புருஷம், (tat *ce*), une des 5 prétendues faces de Siven, celle qui est censée conserver, classe de noms sanscrits composés de plusieurs mots dont le 1er a le sens et quelquefois la forme de l'oblique.

*தற்பூர்வம், (tat, *ce*), propriété, antériorité, *V.* பூர்வம்.

தற்பெருமை, (தன்), sa propre grandeur: —புகழ்ச்சி louange de sa propre grandeur, (fig. de rhét.); —இகழ்ச்சி rabaissement—, mépris de sa propre grandeur, (autre fig. de rhétorique),

தற்பொழிவு, (*id.*), *V.* தன்னயம்.

தற்போதம், (*id.*), sa propre connaissance, —intelligence, sagesse—, connaissance de Dieu. [ம்...

*தற்மம், et ses composés, *V.* தரும

தன், 1° *obl. de* தான் *devant un pluriel neutre*, son, sa, ses. 2° *obl. de* தனம்: —கரன், —கரி, —காரி, (hara, hari, hâri, *qui prend*), voleur, héritier, *V.* தனகேளி; —க்காரர் richards, gens d'une certaine caste.

தனகு, 1° (தன்கு), joie intérieure. 2° *imp. et part. de*

தனகுகிறது, கினேன், குவேன், கு, க, *v.n.* தனகுதல், *n.v.* se réjouir, caresser, badiner.

*தனகேளி, தனகேளிகன், (தனம், கேளி, ka), le prétendu dieu des richesses குபேரன்.

தனக்கு, *dat. de* தான், à soi: தனக்குரியவர் ami, parent, client, un de ses gens, homme digne de soi.

*தனஸ்தன், (தனம், ஸ்தன்), homme riche.

*தனஞ்சயன், (*தனம், சயம்*), le vainqueur des richesses, le feu ou Agni, Aroutchounen ou அருச்சுனன், un des 10 airs vitaux dits தசவாயு, qui, selon les Indous, reste après la mort jusqu'à ce que faisant enfler le corps, il déchire la tête et s'en va.

*தனதன், (*id.* da *qui donne*), homme bienfaisant, —libéral, குபேரன் dieu des richesses.

*தனதாநுசன், தனதானுசன், (தனதன், அநுசன்), le frère cadet de Koubèren, *i.e.* Râvanen.

தனது, 1° *gén. de* தான், de soi, son, sa, ses. 2° (தன், அது), ce qui est à soi,sa propriété:—கை sa main; இதைத்தனதென்கிறான் il dit que ceci lui appartient; அதைத்தனதுகாரியமாய்ப்பார்த்தான் il a pris soin de cela comme de sa propre affaire. 3° amitié.

*தனம்,1°(dhana), richesse,biens, opulence, possession, propriété, richesse en bétail,or, jeune veau, le signe algébrique plus.2° (stana),sein de femme,mamelle.3° (tna), (affixe qui se met à la fin des mots et a le sens de தன்மை), qualité, état, condition,rang.*Ex.*சொற்பத்தனம் petitesse:—சேர்க்கிறது ramasser des richesses;தனமிலான்,pauvre;—சம்பத்து,—சம்பத்தி richesses,acquisition des richesses,argent, amas d'argent;—சித்திரம் bijou—,ouvrage en or;—தண்டம் amende;—தற்பம்,—கர்வம்,—மதம் ostentation—, orgueil des richesses;—தானியம் argent et blé; —திருஷ்ணம் (trouchnâ *soif*), —பிபாசம்,—மோகம் soif —,désir des richesses,avarice;—பதி le prétendu roi des richesses, *i. e.* Koubêren,roi—,homme opulent,libéral, généreux;—பதித்துவம் opulence, libéralité, munificence;—பாரம் mamelle;—பிசாசு,—பிசாசிகை démon des—,extrême désir des richesses,avarice;—மூலம் principal, capital;—மீனன் pauvre;—ரேகை ligne de la main qu'on prétend annoncer l'opulence;—லக்ஷ்மி,—லட்சுமி,—லக்குமி la prétendue déesse des richesses;—வசியர்,—வைசியர் les marchands,la 1re classe des வைசி[யர்.

*தனயன்,(tanaya),fils.

*தனயை,*f.du préc.* fille.

*தனவந்தன், தனவான், (தனம், வான் *affixe*),homme riche,opulent, [fortuné.

தனவு.l'arbre ஆச்சா.

*தனவதி,தனவாட்டி,(தனம்,ஆட்டி),femme riche.

தனவை, தனவையாதம், espèce d'ortie, tragia cannabina.

தனன்,*n.app.de* தனம். [richesses.

*தனாசை,(தனம்,ஆசை),désir des

தனாட்டி,(*id.*ஆட்டி),femme riche.

*தனாட்டியன்,(*id.*âdhya *ayant*),*V.* தனவந்தன். [tation d'argent.

*தனாதானம்,(*id.*ஆதானம்),accep-

*தனாதிகாரி,(*id.*அதிகாரி),héritier, collecteur,trésorier.

*தனாதிக்ருதன்,(*id.*adhikrouta *placé sur*),trésorier.

*தனாதிபன்,தனாத்தியக்ஷன்,(*id* அதிபன், அத்தியக்ஷன்), intendant des richesses,trésorier, *V.*குபேரன்.

தனது,*gén.de* தான்,son,sa,ses.

*தனாபகாரம்,(தனம், அபகாரம்), amende en argent,pillage.

*தனாபாரம்,(*id.*அபாரம்), infinité de richesses.

*தனாயனம்,(tana *s'étendre*, அயனம்),orbite d'une planète, long chemin.

*தனார்ச்சனம்,தனார்ச்சிதம், (தனம், அர்ச்சனம், அர்ச்சிதம்),acquisition des richesses.

தனி,1° (தான்),seul,unique,isolé, solitaire,séparé,à part, particulier, abandonné, sans compagnon, sans égal,incomparable,simple,non complexe,pur, sans mélange. (Ce mot double les க,ச,த,ப suivans;souvent il prend ந à la fin et quelquefois se redouble).2° *imp. de* தனிக்கிறது, 3° (dhani), riche, (inusité en ce sens); —க்கால் pied—,pieu unique,ce qui n'a qu'un pied ou une roue comme le char fabuleux du soleil; —க்குடை ombrelle unique,— impériale, —de monarque absolu, pouvoir souverain et indépendant,le gouvernement; —க்குடை நிழற்றுகிறது couvrir de son ombrelle impériale,*i. e.*gouverner; —க்குறில் lettre brève seule; —க்கோலோன் autocrate, monarque absolu,— incomparable, Dieu;—ச்சொல் mot isolé, pied détaché interposé entre 2 distiques ou 2 vers;—ச்சபை cour—,audience du roi;—த்தீர்வை le jugement particulier;—ப்படுகிறது s'isoler,être seul; —நிலை la lettre ஃ: — ப்படுத்துகிறது isoler,mettre à part, séparer des autres;—ப்படை troupe—,arme isolée,duel,combat singulier;—ப்பாரெ

ரி

solitude, isolement, responsabilité entière; —ப்பாட்டு stance séparée, qui a un sens complet, (l'opposé est குளகம்); —ப்பால் lait pur, sans mélange; — ப்பிரயாணம்பண்ணுகிறது voyager seul; — ப்புரக்கிறது régner seul, en monarque absolu; — ப்புரம் ville isolée, palais de roi; — ப்புறம் solitude, lieu solitaire, — retiré ou caché; —ப்பெறுகிறது, —ப்போகிறது s'isoler; — ப்போகாதே ne t'isole pas, ne va pas seul; —ப்போர் duel, combat singulier; —ப்போராடுகிறது se battre en duel; —போராளி, — ப்போர்க்காரன் duelliste; —மகவு fils unique, —aîné, —incomparable, héritier présomptif de la couronne; —மகள் fille unique, femme isolée, —incomparable, reine (couronnée et légitime); —முதல் le premier seul ou sans égal, *i.e.* Dieu; —மொழி mot isolé, mot primitif, —non complexe; —யரசாட்சி monarchie, gouvernement indépendant; —யாள் personne seule, non mariée; —யிருக்கிறது être seul; —யிசை syllabe métrique d'une seule longue dite நேரசை; —யுத்தம் duel, combat particulier; —யுப்பு, *V.* அமுரி; —யுவமம் comparaison simple comme கன்னெஞ்சு cœur de pierre; — யெண் nombre singulier, —unique; — யெழுத்து lettre seule, — isolée, — simple comme அ, ஆ, க், ங்...; — வசனம் phrase simple, le singulier; — வலிப்பெருமாள், —வல்லி la plante குப்பைமேனி; —வழி route isolée, voyage sans compagnon; — வழிப்போனவள், — வழிவந்தவள் femme qui va et vient seule et sans permission de son mari, *v. g.* qui s'en est allée ainsi chez sa mère et en est revenue, (terme injurieux): தனியாக, தனியே, தனித்தனியே, தனித்தனியாய் séparément, à part, en particulier, seul à seul, en diverses occasions; தனியேஅழைக்கிறது appeler à part, — séparément; —யிருக்கிறது être seul; தனித்தனியேகூட்டுகிறது joindre —, assembler un à un, chacun à part ou séparément; தனித்தனிவைக்கிறது séparer l'un de l'autre, mettre séparément, isoler; ஒருவரைத்தனியாக்குகிறது séparer quelqu'un des autres (par honneur...); வீட்டுக்குத்தனியாயிருக்கிறவன் maître de maison.

*தனிகம், தனிகா, (dhanika), coriandre, (plante).

*தனிகன், (*id.*), homme riche, opulent, créancier, mari.

*தனிகை, (dhanikâ), femme, — chaste, vertueuse, jeune femme.

தனிக்கிறது, னித்தேன், னிப்பேன், னி, னிக்க, *v.n.* (தனி), *et* தனித்திருக்கிறது, s'isoler, être seul, isolé, sans secours: தனித்துப்பேசுகிறது parler à part, en particulier; — ப்போகிறது s'isoler, aller seul.

தனிசு, 1° dette. 2° *P.* திணுசு, manière, espèce.

*தனிஷ்டை, தனிட்டை, (dhanichtâ), la 23me constellation dite அவிட்டம்.

*தனிதம், (dhvanita), grand bruit.

தனித்த, *part. de* தனிக்கிறது, seul, isolé, solitaire.

தனித்தல், *n. v. de* தனிக்கிறது *ou* தனித்திருத்தல், isolement, être seul, isolé.

தனித்து, *gér. de* தனிக்கிறது: தனித்தியல்குறி, தனித்தியல்குறிப்பெயர், nom primitif d'espèce ou de genre contenant plusieurs individus ou variétés.

தனிப்பு, *n. v. du même*, solitude, isolement.

தனிமை, (தனி, மை), solitude, isolement, retraite, lieu isolé ou retiré, séparation, vie solitaire, célibat, abandon, manque de secours, incomparabilité, état sans égal: —யாற்றல் s'isoler, garder le secret sur ses affaires, (c'est un des அஷ்டவணிகக்குணம்.)

தனியன், (தனி), homme seul, être isolé, éléphant ou sanglier sauvage et isolé des autres.

*தனியா, (dhanyâ), graine de coriandre.

தனினும், 1° *P.* தனையும், tant que. 2° *P.* தன்னினும், *obl. de* தான் *avec* உம்.

*தநு, 1° (tanou), corps, petitesse,

finesse, peau, femme ou fille. 2° (danou), Danou fille de தக்கன், femme de கசியபன் et mère prétendue des தானவர் espèce de démons ou அசுரர். 3° (dhanou), arc, arbalète, le Sagittaire. 4° V. இதி: — கரன் archer; — காண்டம் l'arc et la flèche; — கூபம் pore de la peau; — க்கோடி la baie de Râmèssouram fameuse par un jour annuel de bain réputé sacré, et dont l'eau est réputée sainte par les Indous, bout de l'arc, complément d'un arc; — சஞ்சாரிணி, (fém. de சஞ்சாரி), jeune fille de 10 ans; — சாஸ்திரம், V. தனுர்வித்தை; — சூனு fils de Danou, démon; — தரன் archer, tireur d'arc; — த்திரம், (tra qui conserve), armure, cuirasse, cotte de mailles; — த்திருமம், — த்துருமம் bambou; — த்தியாகம் abandon du corps, i.e. la mort; — நாண் corde d'arc; — ப்பச்சை pierre verte, émeraude; — ப்பாஷாணம் l'arsenic naturel சரகாண்டபாஷாணம்; — ப்பிரசம் l'insecte இந்திரகோபம்; — மணி bijou ou pierre précieuse que l'on attache à un arc, c'est la marque d'un guerrier qui a vaincu 1000 ennemis avec son arc; — மேசகாய் கை saphir; — ரசம் sueur du corps, transpiration; — ரணம் gale, pustule, furoncle; — ரத்தினம் la pierre nommée சூடாலைக்கல்; — ராகம் diamant; — ராசி le signe du Sagittaire; — ரோமம் poil du corps; — ரேகை ligne qui fait l'arc ou qui soutient un arc; — வளைக்கிறது bander un arc; — வாதம் région de l'enfer des Indous où il y a peu de vent, nom d'une maladie; — வாரம், V. தனுத்திரம்; — வித்தை l'art de tirer de l'arc ou de manier les armes: — விரணம், V. தனுரணம், — விராசி, V. தனுராசி, — விருக்கம், — விருக்ஷம், — விருட்சம் l'arbre ஆச்சா, V. தனுர் விருக்ஷம்; — வேதம் l'art de tirer de l'arc, un des 4 உபவேதம்.

*தனுசன், pl. தனுசர், 1° (தனு corps, சன்), fils. 2° (தனு Danou, சன்), fils de Danou, Dânayen, espèce d'அசுரன் ou démon.

*தனுசனி, (தனு, djani production), fils.

*தனுசாரி, (தனுசன், அரி), l'ennemi des தனுசர் ou démons, i.e. Dieu, Indiren, Vichnou.

*தனுசு, (dhanous), arc, arbalète, le Sagittaire: — ராசி, — லக்கினம் le Sagittaire.

*தனுசை, (தனு, corps, சை), fille.

*தனுஷ், P. தனுசு, arc, devant க. et ப: — கரன், — பாணி archer; — கோடி, V. தனுக்கோடி.

தனுநபம், P. தனுானபம்.

*தனுர், P. தனுசு, arc, (devant la plupart des consonnes): — குணம் corde d'arc: — தரன், — தாரி archer; — துருமம் bambou; — மத்தியம் milieu d'un arc; — மார்க்கம் ligne courbe, qui fait l'arc; — மாசம் le mois du Sagittaire, i. e. மார்கழி; — வாதம் espèce de maladie, contraction des muscles; — விருக்ஷம் arc ou partie de circonférence; — வேதம், V. தனுர்வேதம்.

*தனூனபம், (தனு corps, னனம், pa qui nourrit), ce qui nourrit le corps, beurre frais, — fondu.

*தனேசன், தனேச்சுவரன், (தனம், ஈசன், ஈச்சுவரன்), le prétendu dieu des richesses, i.e. குபேரன்.

தனை, mesure, nombre, quantité. Il s'emploie rarement seul, mais vient ordinairement avec அ, இ, எ, Ex. அத்தனை autant que cela, இத்தனை autant que ceci, எத்தனை combien; தனையும் tant que, jusqu'à ce que; il se joint au participe futur et quelquefois au participe présent: quelques-uns même changent la terminaison உம் du futur en அம். Ex. நான்வருந்தனையும் jusqu'à ce que je vienne; இதுஇருக்கும் ou இருக்குந்தனையும் tant que cela sera; ஊழியுள்ளதனையும் pour toujours, toute l'éternité.

தனையன், fille, fém. de

*தனையன், P. தனயன், fils.

*தனையை, P. தனயை, fille.

*தனோபசயம், (தனம், உபசயம்), V. தனுர்சனம்.

தன், 1° *gén.ou obl.de* தான், son sa, ses. 2° particule explétive dite சாரியையுருபு;—காலம் son temps, temps ou l'on peut exercer son pouvoir; —குலங்கெடுட்டி destructeur de sa caste ou de sa famille; — படுவன் sel qui se forme de lui-même; —பாடு son affaire; — பாரிசமாக்குகிறது attirer dans son parti, accaparer; —பால் son lait..., lait pur, —sans mélange; — பொருட்டாலமானம் connaissance acquise par son expérience; —பொறுப்பு propre responsabilité, poids dont on est chargé; —மதிப்பு son estimation, estime de soi-même, sa considération; —மலைக்கானி la pierre சாலக்கிராமம்; — மூப்பு son ancienneté, sa supériorité, indépendance; —மேன்பாடு, —மேன்பாட்டுரை son éloge, —apologie, exposer sa supériorité, *fig.* de rhét. qui consiste à se louer; —வசம் sa possession, son pouvoir, sa responsabilité, sa manière; —வசமாக்குகிறது, —வசப்படுத்துகிறது s'emparer, s'approprier, se mettre en possession de, se charger de; —வயத்தாதல், —வயத்தனாதல், (வயம், ஆதல்), ne dépendre que de soi-même, être indépendant, exister de soi-même, ce qui est un des அறுகுணம் et எண்குணம், *i.e.* des 6 ou des 8 attributs de Dieu; —வழி son chemin, son pouvoir, son moyen, *V.* தன்வசம்; —வழிப்படுத்துகிறது s'emparer, réduire en sa puissance; —விருத்தி, —தொழில் *ou* தொழில் son emploi; —வினை son action, action qui est faite par soi-même, verbe neutre ou intransitif, (ou plutôt), verbe dont le sujet fait lui-même l'action, comme நடக்கிறான் il marche, அளிக்கிறான் il donne par opposition à பிறவினை verbe dont le sujet fait faire l'action par un autre, comme நடப்பிக்கிறான் il fait marcher; அளிப்பிக்கிறான் il fait donner; —வேதனைக்காட்சி vue —, connaissance de son tourment. [allégresse.

தன்கு, (தனகு), grande —, joie,

*தன்மம், et ses composés, *V.* தருமம்...; தன்மதாதா bienfaiteur généreux; —தாசா, *P.* தருமதாசா.

*தன்மன், *P.* தருமன், Dharmarâdja, l'aîné des Pandavers, racine de poivre long, sorte de poivre. [rouge.

தன்மலோசிதம், (தன்மம்), sandal

*தன்மாதன்மியம், (தன்மம், அதன்மம், ya), la vertu et le vice, la justice et l'injustice. [சாயம்.

தன்மாத்திகாயம், *V.* தருமாத்தி

*தன்மாத்திரை, (tat *ce*, மாத்திரை), archétype ou rudiment subtil de la matière élémentaire, atomes primitifs des élémens, principe des organes des sens (selon les Indous).

தன்மானம், (தன்), misère, pauvreté

தன்மானி, (*id.*), misère, pauvreté, tristesse, pauvre, malheureux: —பேசுகிறது parler en malheureux, —très-humblement; மெத்த —, —வாயிலுக்கிறவன், தன்மானமுள்ளவன் homme très malheureux, digne de compassion.

தன்மை, (தன், மை), nature, essence, qualité, —principale, caractère, propriété, manière, condition, état, identité, 1re personne dans les pronoms et les verbes, *ou* தன்மையணி la 1re des fig. de rhét. qui consiste à parler d'une chose de manière à faire connaitre sa nature; —மெழுத்து lettre—, lettres ou note d'indication; சரீரத்தன்மை nature corporelle; ஆத்துமாவின் — nature spirituelle, nature —, essence —, état de l'âme: சிநேகத் — le caractère de l'amitié: ஒழுக்கத்தின் — manière de se conduire; அதுசொல்லத் தகுந்தன்மையல்ல ce n'est pas là la manière de s'exprimer, c'est une expression impropre; இத்தன்மைத்து ainsi, de cette manière.

*தன்வந்திரி, (dhanvantari), Danvantari, prétendu médecin des dieux, né de la mer de lait avec l'ambroisie, le soleil, Siven.

தன்னடக்கம், (தன், அடக்கம்), retenue, modestie, répression de soi-même.

தன்னந்தனி, (தன், அம், தனி),

solitude absolue, isolement complet: தன்னந்தனியே tout seul;—வேயிருந்தான் il était tout seul; ஒருத்துன்னவத்துத்தன்னந்தனியிருப்பார்க்கொத்து பொறுந்தவமில்லையே il n'y a point de pénitence égale à celle de ceux qui restent seuls concentrant leurs pensées dans leur intérieur, (par la méditation).

தன்னமை, amitié, accord, consentement, secours, bassesse, abaissement.

*தன்னம், 'tarna', petitesse, bagatelle, veau, faon de biche, யுக்தி qui consiste à citer souvent la coutume.

தன்னயம், (தன், நயம்), amour propre, — de soi-même, sa propre force, —utilité.

தன்னரசு, தன்னரசாட்சி, (தன், அரசு, ஆட்சி), indépendance, gouvernement libre et indépendant (qui a ses propres lois), autonomie, anarchie· தன்னரசுநாடு, — பற்று pays indépendant, —libre, en république, sans roi, pays d'anarchie, — nouvellement établi: தன்னரசாய்ப் பேசுகிறது parler d'une manière indépendante, se vanter.

தன்னரணாத்தல், (தன், அரண்), défendre ses forteresses ou ses fortifications, ce qui est une des 8 victoires dites அஷ்டவெற்றி.

தன்னவன், (தன், அவன்), un des siens, — de ses gens, (cliens, amis ou parens).

தன்னறிவு, (தன்), sa connaissance, la connaissance de soi même, son esprit, son intelligence, homme qui ne suit que son propre esprit.

தன்னாசை, (id.), son désir, amour de soi-même.

தன்னாணை, (id.), son serment, serment par soi même, par sa vie, par son âme. [soi-même, par accident.

தன்னால், abl. de தான், de ou par

தன்னிச்சை, தன்னிஷ்டம், தன்னிட்டம், (தன்), son gré, son bon plaisir, sa propre volonté, liberté, indépendance: தன்னிச்சையாய் spontanément, de son plein gré, à sa fantaisie, à sa volonté; தன்னிச்சையாய்த்திரிகிறது rôder à son gré;—விடுகிறது ou விட்டுவிடுகிறது affranchir, donner la liberté, laisser libre, abandonner à sa fantaisie.

*தன்னியம், 1° (dhanya), richesse. 2° *P.* ஸ்தன்னியம், lait de femme. 3° (தன்), ce qui est à soi: தன்னியத்துவம் opulence, bonheur, bonne fortune.

தன்னியல்புப்பிரமேயம், (தன், இயல்பு), sorte de mesure ou de base de jugement, qui bien qu'elle s'applique spécialement à une chose en comprend aussi naturellement d'autres, *v.g.* l'histoire d'un roi ou d'un lieu. [che, fortuné.

*தன்னியன், (dhania), homme ri-

*தன்னியாசி, (dhanâsri), un des 32 airs anciens, adapté au printemps.

*தன்னியை, (dhanyâ), nourrice, mère nourricière.

தன்னிரைமீட்டல், (தன், நிரை), ou பசுவைக்கவர் நிரைமீட்டல் reprendre son bétail enlevé par l'ennemi, c'est un des அஷ்டவெற்றி.

தன்னில், 1° *abl de* தன், en soi, en lui. 2° (தன், இல்), sa maison: தன்னிலேதானே en soi même, en lui-même.

தன்னிலை, 1° (தன், நிலை), son état naturel, sa condition, sa position. 2° (தன், இலை), sa feuille: தன்னிலையிலே வருகிறது retourner à son état naturel, à un état calme: தன்னிலையிற்றாழாமை ne pas descendre de son état, se respecter soi-même.

தன்னிறமாக்கி, (*id.* நிறம், ஆக்குகிறது), guêpe, or.

தன்னிறம், (*id.* நிறம்), sa propre couleur, pierre de la couleur des bourgeons du manguier.

தன்னினி, l'arbre வேங்கை.

தன்னீக்கல், (தன், நீக்கல்), liberté, échapper, être libre, délivré. —ஆனவன் homme libre, — devenu libre.

தன்னுகிறது, தன்னினேன், தன்னுவேன், தன்னு, தன்ன, *v.a.* emporter petit à petit, alléger un vaisseau pour qu'il puisse passer sans toucher.

தன்னுடைய, *gén. de* தான், son, sa, ses: தன்னுடையவன், *V.* தன்னவன்.

தன்னுணர்ச்சி, (தன்), son intelligence, sa connaissance.

தன்னுதல், 1° *n. v. de* தன்னுகிறது. 2° (*தன், நுதல்*), son front.

தன்னு, *imp. et part. de* தன்னுகிறது: —தோணி, — வத்தை petite barque, canot, bateau.

தன்னெழுப்பு, (தன்), son élévation, —arrogance, ses efforts.

தன்னேத்திரம், (தன், நேத்திரம்), son œil, onyx.

தன்னை, 1° *acc. de* தான், soi même. 2° mère, ancien. 3° (*contraction de* தன், அன்னை), sa mère 4° (தன், ஐ), sa beauté, son seigneur...: தன்னைக்கட்டுகிறது se lier, se garder, veiller sur soi, se retenir: —ப்புகழ்ப்பிக்கிறது se louer, s'exalter, se vanter; — யறிகிறது se connaître soi-même, connaître son état, être dans son bon sens, se contenir, être maître de soi, une fille se connaître ou connaître sa nubilité, *i e.* avoir ses 1res règles; — யறிந்தவன்தலைவனையறிவான் celui qui se connait lui-même, connaitra Dieu; —யறியாதசென்னதமில்லை il n'y a point de possession où l'on ne se connaisse soi-même; —யொறுக்கிறது se mortifier, diminuer ses dépenses, se tuer.

தன்னொழுக்கம். (தன்), conduite conforme à sa condition.

தன்னோடு, *abl. de* தான், avec soi-même: தன்னோடொற்றுமை être uni, s'accorder avec soi-même; தன்னோடொற்றுமைப்பொருள் objet intimement inhérent à soi-même. *Ex.* அரசன்கை la main du roi; தன்னோடொற்றுமையில்பொருள் accessoire, chose qui n'est pas inhérente. *Ex.* அரசன்வேல் le javelot du roi.

தா, 1° lettre syllabique composée de த் et de ஆ. 2° * *imp. de* தருகிறது, donne. 3°* (dhâ), Brama, la planète Jupiter. 4° ruine, destruction, dommage, perte, peine, affliction, difficulté, faute, haine, force, homme féroce, 5° *imp. et n. v. de* தாவுகிறது *et de* தாவுகிறது, action de sauter, de s'élancer, de passer par dessus, passage, éloignement.

*தாகம், 1° (dâha), soif, désir, brûlure, combustion. 2° (dhâka), bœuf, colonne, poteau, nourriture, riz cuit: —கொள்ளுகிறது, — எடுக்கிறது gagner la soif, devenir altéré, *ou* —ஆயிருக்கிறது avoir soif; — தீர்க்கிறது *ou* தணிக்கிறது étancher ou apaiser la soif; —தணிகிறது la soif s'apaiser; — தணிந்திருக்கிறது la soif être apaisée, éteinte ou diminuée; — அடக்கி oseille, plante qui apaise la soif; தாகசாந்தி étanchement de la soif; — சுரம் fièvre brûlante; —ப்புளி tamarin qui désaltère ou pour la soif: எனக்குத்தாகமாயிருக்கின்றது, தாகமாயிருக்கிறேன் j'ai soif; அவன்பணத்தின்பேரிலதிகதாகமாயிருக்கிறான் il a un désir excessif pour l'argent.

*தாகனம், (dâhana), *V.* தகனம்.

*தாகன், (dâka), homme libéral, celui qui fait faire un sacrifice.

தாகாரித்துவம், connaissance de l'air ou de la forme du firmament ou de l'atmosphère.

தாகிறது, தாயினேன், தாவேன், தா, தாவ, *v. a.* sauter par dessus, s'élancer, passer.

தாகிக்கிறது, கித்தேன், கிப்பேன், கி, கிக்க, *v. n.* avoir soif.

தாக்கணங்கு, (தாக்கு, அணங்கு), femme à belle prestance. Lakchmi.

தாக்கணிக்கிறது, ணித்தேன், ணிப்பேன், ணி, ணிக்க, *v. a.* தாக்கணித்தல். *n v.* (தாக்காணிக்கிறது), *ou* தாக்கணித்துக்கொடுக்கிறது, —ப்பேசுகிறது prouver, démontrer: அதுவுண்டென்று தாக்கணிப்பேன் *ou* அதைத் தாக்கணித்துக்கொடுப்பேன் je prouverai cela.

தாக்கம், *n. v. de* தாக்குகிறது, rebondissement, rebond, pesanteur, enflure: எதிர்தாக்கம் rebond, contre-coup.

தாக்கல், 1° *opt. et n. v. de* தாக்குகிறது, opposition, choc, heurt, saillie, coup donné. 2° (*arabe*), insertion d'une somme dans un compte, changement de corps ou de compagnie, transport dans un autre corps, renvoi.

தாக்காட்டுகிறது.(தாக்கு),soutenir,aider,protéger,tromper.

தாக்ஷுஷன்,(tchâkchoucha),le 6me Manou.

தாக்கினை,தாக்கீது,(*ind.*), ordre, commandement: — பண்ணுகிறது, —கொடுக்கிறது ordonner,commander,donner un ordre; — மறுக்கிறது rejeter ou enfreindre un ordre; உறுதியான ordre positif ou constant: நீர் அனுப்பின தாக்கீதின்படி நடத்தினேன் j'ai conduit les choses selon l'ordre que vous avez envoyé.

*தாக்கியன்,*P.*தார்க்கியன்.

தாக்கு, 1° *imp.et part.du suiv.* 2° coup,combat, assaut,secousse,heurt, choc, voûte, corpulence, prestance, pesanteur, gravité, fermeté, force, emphase, place, tigre: ஆள்தாக்கு belle prestance,prestance —, force d'un homme: ஆள்தாக்கிலே தாழ்ச்சியில்லை la prestance ne lui manque pas; ஆள்தாக்காயிருக்கிறான் il a la prestance d'un homme,c'est un homme fort et robuste; தாக்காயிருக்கிறது être grave, corpulent,fort,avoir une belle prestance; தாக்காய்ச்சொல்லுகிறது parler hardiment, fièrement, avec emphase, se vanter; தாக்குமொழி mot emphatique.

தாக்குகிறது,*sync.* தாக்கிறது, க்கினேன்,க்குவேன்,க்கு,க்க, *v.a. et n.*தாக்குதல்,*n. v.* assaillir,combattre, frapper, heurter, se briser —,s'élancer—,donner contre,frapper l'un contre l'autre,2 béliers se battre, atteindre, toucher, affecter, s'opposer, résister,chasser,pousser, baisser, être pesant, additionner et multiplier: வெறி— être enivré,infatué: கண்ணிலேதாக்கும் cela affecte l'œil, atteindra l'œil; நிறையத்தாக்கியிருக்கிறது être entièrement chargé ou rempli jusqu'au bord; நிறையத்தாக்கிக்கொண்டுவந்தான் il est venu rempli de vin, entièrement ivre.

*தாக்ஷகம்,(தக்ஷன்,ka),la race de Dakchen.

*தாக்ஷணம்,தாக்ஷணியம், தாக்ஷிணை, தாக்ஷண்ணியம்,(dâkchinya) humilité, abaissement, compassion, complaisance,bonté.

*தாக்ஷம்,1° (தக்ஷன்),code de loi de Dakchen. 2° *P.* திராக்ஷம், raisin, vigne.

*தாக்ஷயம், (dâkchya),prudence, habileté, dextérité. [ருடன்.

*தாக்ஷன்,(târkchya),le vautour க

*தாக்ஷாயணம்,(dâkchâyana), or, bijou d'or,ornement d'or.

*தாக்ஷாயணி, (தக்ஷன், âyani *affixe.*), la progéniture ou les filles de Dakchen, prétendues femmes de Sandiren ou la lune. (On nomme ainsi les 27 constellations lunaires et en outre), Dourga ou துர்க்கை, et la constellation Rohini, (aussi filles de Dakchen).

*தாக்ஷாயணிபதி, தாக்ஷாயணிரமணன்,(*id.*),la lune,ou plutôt Sandiren prétendu mari des filles de Dakchen.

*தாக்ஷாயணிபன்,(*id.* pa *qui protége*), Sandiren ou la lune, Siven, (gendres de Dakchen).

*தாக்ஷாய்யம்,(dâkchâyya), le vautour கருடன்,vautour.

*தாக்ஷிகம், தாக்ஷியம், (dâkchya) *V.*தாக்ஷயம்.

தாக்ஷிணியம், தாக்ஷிணை, தாக்ஷிண்ணியம்,(dâkchinya),accord,agrément,complaisance, bonté, affabilité,compassion, partialité,harmonie, habileté,adresse: —இல்லாமை manque d'affabilité; —யில்லாமற்பேசுகிறது parler sans affabilité, rudement.

தாங்கல், *opt. et n.v.de* தாங்குகிறது, action de porter..., soutien, conservation, protection, support, petit étang, — réservoir naturel, peine, chagrin, déplaisir, mécontentement: — ஆயிருக்கிறது être peiné, offensé, indisposé, avoir du déplaisir; — ஆய்ப்பேசுகிறது parler avec mécontentement; —வருத்துகி

க்கிறது,—வரப்பண்ணுகிறது causer de la peine, offenser; உன்மேலே —மெத்த ou est très-mécontent de toi. [mèmes; *gén.* தங்கள்.

தாங்கள், pl. de தான், eux, eux-

தாங்காரன்மட்டை, (*தாங்கு, ஆள்*), pièces de bois qui soutiennent la chaine du tisserand, ou l'écheveau.

தாங்கி, 1° *gér. de தாங்குகிறது*. 2° soutien, support, appui, anneau de fer au bout d'un pilon ou d'un bâton, agrafe de bijou, *V.* சுமையழுக்கி: குடிதாங்கி celui qui soutient une famille.

தாங்கு, imp. et part. du suiv.:—கோல் pilier, perche de batelier.

தாங்குகிறது, sync. தாங்கிறது, கினேன், குவேன், கு, க, v.a. et n. தாங்குதல், n.v. porter, soutenir, supporter, (*v.g.* le mur supporter le toit), endurer, souffrir, assister, aider, garder, protéger, défendre, accueillir, embrasser, flatter, se garder de, résister, arrêter, retenir, repousser, — un trait avec son bouclier, pousser une barque avec la perche, boiter, clocher d'une jambe, s'unir, se coller, affecter, impressionner l'esprit, suffire, pouvoir, avoir du chagrin, du mécontentement: தாங்கித்தாங்கிநடக்கிறது marcher en boitant, en s'appuyant plus sur une jambe que sur l'autre; அவன்பேச்சுதாங்கித்தாங்கிப்போகின்றது son discours va clopin-clopant, il s'arrête souvent en parlant; தாங்கிக்கொண்டிருக்கிறது soutenir, porter, endurer: தாங்கக்கூடாமற்போகிறது ne pouvoir porter ou supporter..., devenir intolérable; தாங்கமாட்டாத qu'on ou qui ne peut supporter; இவன்அவனைத்தாங்குகிறான் il le supporte, le protége, le flatte pour parvenir à ses fins; எனக்குத்தாங்காது je ne puis, cela ne me suffit pas; என்னாலேதாங்காது je ne puis, je ne saurais porter ou supporter..., je n'ai pas la force; எனக்கும்மாத்திரங்கொடுக்கத்தாங்காது je ne puis donner autant, ou on ne saurait me donner autant; இதுதாங்கும் ceci portera; அதெனக்குத்தாங்கும் cela m'affectera, me contristera, me suffira; பத்துபணத்திலேயெனக்கு தாங்குமா sera-ce assez pour moi de 10 fanons; மலையைமலைதாங்கவேணும், மண்ணாங்கட்டியா தாங்கும் une montagne doit en porter une autre, une motte de terre le pourra-t-elle; வெட்டவருவதை யாயுதத்தினாலேதாங்குகிறது parer avec ses armes le fer tranchant dont on est assailli.

**தாசத்துவம்*, (*தாசன்*), esclavage.

**தாசரத்தினி*, (*id.*), sattiavadi fille d'un pêcheur et mère de Vyasen.

**தாசபாலனம்*, (*id.*), préservation de l'esclavage, c'est une des 14 œuvres de charité dites *தயாவிருத்தி*.

**தாசபுரம், தாசபூரம்*, (*id.* poûra *qui nourrit*), herbe odoriférante dite cyperus rotundus.

**தாசரதன், தாசரதி*, (*தசரதன்*), le fils de Dasaraden, *i.e.* Râmen.

தாசரி, (*தாசன்*), mendiant vichnouviste, *ou* —ப்பாம்பு espèce de gros serpent, boa, serpent des montagnes.

**தாசர், pl. de தாசன்*, esclaves, serviteurs, mendians vichnouvistes, pêcheurs, habitans des côtes de la mer.

தாசனப்பொடி, P. தசனப்பொடி.

**தாசன்*, (dâsa), 1° *sing. de தாசர்*. 2° choutre ou soudra, sage.

**தாசி, fém. de தாசன்*, esclave, servante, fille ou femme d'esclave, de pêcheur *ou* de soudra, danseuse, bayadère, prostituée, la 2° constellation dite பரணி, variété du மருதோன்றிமரம் lawsonia spinosa à fleurs de couleur de nuages; —க்கல் espèce de pierre dite காக்கைக்கல்; —சபை troupe—, assemblée d'esclaves ou de prostituées; —புத்திரன், —மகன் fils d'esclave, de prostituée, bâtard.

தாசிகம், P. தாசியம்.

**தாசிகை*, 1° [*தாசி, கை*), main

d'esclave,de prostituée....2° *V.*தாசி.

*தாசிதம், (dâsita),ce qui est gâté ou corrompu.

*தாசியம்,(dâsya), esclavage.servitude: தாசியப்பிருந்தம் troupeau de vaches,—d'esclaves.

தாசில்தார்,(*ind*), Dâsildar,autorité native au dessous du collecteur.

தாசு,1° (*à la fin des noms propres, P.*தாசன்), serviteur. *Ex.* மரியதாசு serviteur de Marie. 2° dé à jouer, plaque de métal pour sonner les heures, 24me partie du jour.

*தாசுவம்,(dâsva),don,présent.

*தாசுவன்,(*id.*),homme libéral.

*தாசேயன், (dâsêya), ouvrier, serviteur,esclave. [ka),chameau.

*தாசேரகம், தாசேரம், (dâsêra,

*தாசேரன்,(*id.*),*V.*தாசேயன்.

தாசோகம், 1° chameau. 2° (dâsas,aham *moi*),je suis votre serviteur, (salutation usitée parmi les Vichnouvistes). [சோளேப்புல்.

தாச்சி, 1° *P.* தாய்ச்சி.2° l'herbe

தாச்சிலே,*P.*தாய்ச்சிலே.

*தார்ஷ்டிகம்,(dhârchtya),courage, hardiesse, force,autorité, insolence, arrogance, tapage, habileté, prudence, économie, grandeur: —ஆயிருக்கிறது être insolent;— ஆய்ப்பேசுகிறது parler hardiment, avec arrogance; — உடையவன் homme hardi, vaillant. [larcin.

*தாஸ்கரியம், (தஸ்கரன்), vol,

தாடகம்,les plantes தீர்முள்ளி et விழி.

*தாடகை, (tâdakâ), Tâdhaguei, géante tuée par Râmen:—வதைப்படலம் chant du Râmâyanam sur la mort de Tâdhaguei.

*தாடங்கம், (tâdanka), espèce de boucles d'oreilles,autre bijou pour les oreilles nommé தோடு.

*தாடம், (tâdam), faisceau d'épis, gerbe, poignée d'herbe, bruit, son, châtiment, tourment, montagne, le palmier corypha dit தாளப்பம்; தாடபத்திரம் bijou d'oreilles qui ressemble à la feuille de ce palmier.

*தாடனம்,(தாடம்,na),coup,tape, rejet,*ou* தாடனஞ்செய்கிறது battre, frapper,fouetter. [teur.

தாடன்,*P.*தாசன், esclave, servi-

தாடா,(*P.*தா, அடா), donne,(mot d'un supérieur à un inférieur ou d'égaux familiers entr'eux).

தாடாண்மை, (தாடு, ஆண்மை), effort,activité.

தாடாளன், (*id* ஆளன்), homme actif,laborieux. [secours.

தாடாற்றி,(*id.*ஆற்றி),consolation,

தாடி,1° (dâdhikâ),barbe,menton, fanon de bœuf etc... 2° (dhâti), attaque, marche à l'ennemi: குஞ்சுத்தாடி barbe courte, — naissante: தாடிக்காரன் homme barbu,—à longue barbe; —போகிறது,—யாடுகிறது marcher à l'ennemi, attaquer l'ennemi;—முளைக்கிறது la barbe commencer à croitre;—யாட்டிப்பார்க்கிறது regarder en secouant sa barbe,ne rien craindre,aller à l'ennemi —,marcher sans crainte;—யாட்டிப் பார்த்தவிடத்திலே யாகாதேபோகிறது ne pas réussir malgré ses efforts, travailler en vain; — வளர்க்கிறது, — வைக்கிறது laisser croitre sa barbe:தாடியின்முனை coins ou extrémités de la barbe.

தாடிக்கிறது,டித்தேன்,டிப்பேன், டி,டிக்க,*v.a.*(தாடம்),தாடித்தல், *n. v.* frapper, taper,battre,briser, combattre,*V.*அமர்த்தல். [டி boerhaavia.

தாடிமஞ்சம்,la plante சத்திக்கொ

*தாடிமம்,(dâdima) grenadier qui porte beaucoup de fleurs (et peu de fruits),petit cardamome: தாடிமபட்சணம்,—ப்பிரியம் l'oiseau qui aime les grenades,*i.e.* le perroquet. [chef.

தாடு,force,supériorité,dignité de

*தாடை, (dâdhâ),joue, mâchoire, menton, barbe, face, désir, grosse dent, défenses (d'animal): — தாடைபெயர்ந்துபோடுகிறது donner un soufflet: தாடையில் அடிக்கிறது,— அறைகிறது, —புடைக்கிறது frapper à la joue(en combattant...),souffleter;—கொட்டுக்கொள்ளுகிறது se frapper les 2 joues en signe de repentir; — போடுகிறது souffleter, donner un coup à la joue pour punir; தாடையைத்திமிண்டுகிறது pincer la joue.

தாட்குத்திமிசூடுகிறது,(தாள்,குத்தி,P.குட்டி), pousser des rejetons.

தாட்கோரை,(தாள்,)espèce d'herbe.

☞தாட்சணம்,et autres mots commençant par தாட்ச, V. தாக்ஷணம் et autres mots correspondans en தா

*தாட்சன்,V.தாக்ஷன். [க்ஷ

தாட்சி,P.தாழ்ச்சி,humilité.

தாட்டன், un tel (terme méprisant), chef,mari,singe mâle.

*தாட்டாந்தகம், (தாட்டாந்தம், ka),chose prouvée.

*தாட்டாந்தம்,தாட்டாந்தரம்,P. திருட்டாந்தம், (proprement drouchtânta),proposition—,thèse ou chose à prouver. [tre,prince.

தாட்டானன்,(தாட்டன்),chef, maî-

தாட்டி,1° fém.du préc.maîtresse, — de maison, femme,fois,facilité, liberté, chose courante, — sans empêchement.2° fém.de தாட்டன்,une certaine femme. 3° gér.de தாட்டுகிறது. 4°* (dhâti), attaque, marche à l'ennemi; நாலுதாட்டி 4 fois; அவனுக்குவாசகதாட்டி யுண்டு il lit couramment,—facilement.

*தாட்டிகம்,P.தாஷ்டிகம்.

தாட்டு,1° P.தாட்டி, fois.2° troupeau. 3° n. v. imp. et part. du suiv. coup, gronderie, réfutation:—ப்பூட்டெண்கிறது gronder, réprimander, censurer, se fâcher:—ப்பூட்டெண்று குதிக்கிறது sauter—, frapper du pied—,trépigner de colère;—க்கோட்டு,—மேட்டு ou தாட்டோட்டு désordre, trouble,sens dessus dessous.

தாட்டுகிறது, ட்டினேன், ட்டுவேன்,ட்டு,ட்ட,v.a.தாட்டுதல்,n.v.frapper, pousser,rejeter, réfuter, gronder.

தாட்டோட்டம், (தாட்டு, ஓட்டம்), tromperie, promesse trompeuse, — sans intention de l'accomplir: தாட்டோட்டக்காரன் celui qui fait de fausses promesses: தாட்டோட்டக்காரனுக்குத் தயிருஞ்சோறும், விசுவாசக்காரனுக்குவெந்நீரும்பருக்கையும் on donne au faiseur de fausses promesses du lait caillé et du riz cuit,et à l'homme véridique de l'eau chaude et quelques grains de riz cuit,i.e.de fausses promesses plaisent plus que la verité.

தாட்படை,(தாள்), le coq dont les pieds sont armés d'ergots.

தாட்பயிர், (id.) céréales à tige, tige du blé ou des plantes qui sont en croissance. [barre.

தாட்பாள்,P.தாழ்ப்பாள்,verrou,

தாணி,1° nom d'arbre. 2° imp.de

தாணிக்கிறது, ணித்தேன், ணிப்பேன்,ணி, ணிக்க,v. a. charger un fusil, le bourrer,enfoncer, affermir, V.தாளிக்கிறது: தாணித்துச்சுடுகிறது charger un fusil et tirer; — ப்போடுகிறது le charger, le charger et le déposer;—வைக்கிறது le charger et le déposer ou le tenir prêt.

தாணித்தல், தாணிப்பு, n. v. du préc.

*தாணு,(sthânou), pilier,poteau, pieu, appui, soutien, protection, abri, tronc d'arbre, petit bâton, le lingam, Siven, état,—fixe, fermeté, fixité, endroit, montagne, victoire: தாணுவுண்டாயிருக்கிறது avoir un appui,un protecteur; எனக்கொரு தாணுமில்லை je n'ai aucune protection; இருக்கிறதற்கு இதுநல்லதாணு voilà un bon endroit pour s'arrêter.

தாணையம்,camp,garnison:—போடுகிறது mettre une garnison;— முறிகிறது la garnison se disperser ou être mise en déroute;— முறியவெட்டுகிறது mettre une garnison en pièces et en déroute; தாணையக்காரர் soldats de garnison.

*தாண்டகம்,P.தண்டகம்; poème dont les vers ont plus de 26 syllabes. [கிறது.

தாண்டல்,opt. et n.v.de தாண்டு

*தாண்டவம்,(tândava), danse,— accompagnée de gestes violens, — frénétique de Siven et de ses dévots (enseignée par le mouni தண்டு partier de Siven):—ஆடுகிறது danser; —ஆடியபாதன் celui dont le pied a dansé, i.e. Siven; தாண்டவதாளி-ன் celui qui accompagne de sa musique la danse de Siven, i. e. Nandi ou நந்தி; — ப்பிரியன், — ராயன் L'ami—, le roi de la danse, i.e. Siven.

*தாண்டவன், (தாண்டவம்), le danseur, Siven.

*தாண்டி, 1° (தண்டு, Dandou inventeur de la danse), l'art de la danse. 2° gér. de தாண்டுகிறது.

தாண்டு, 1° enjambée, saut,—par dessus, passage, traversée, victoire. 2° imp. et part. de

தாண்டுகிறது, டினேன், டுவேன், டு, ட, v. a. தாண்டுதல் n. v. passer, traverser, (une rivière, des montagnes...); enjamber, sauter —, passer par-dessus (un mur, un fossé..), sauter, sautiller, bondir, danser, s'échapper, — d'un saut, s'élancer, vaincre, surmonter, surpasser; தாண்டித்தாண்டிப்போகிறது aller en sautillant,—clopin-clopant; அந்த அளவுக்கு அதைத்தாண்டியிருக்கும் cela surpasse de beaucoup cette mesure; அந்தவுத்தி யோகந் தாண்டிப்போயிற்று cet emploi est rempli, litt. a passé.

தாண்டுவிக்கிறது, v. caus. du préc. faire passer..., laisser échapper.

*தாத, adj. de தாதன், et de தாதம்.

*தாதகி, (dhâtaki), l'arbe ஆத்தி.

தாதச்சி, fém. de தாதன், pénitente vichnouviste, fille ou femme de mendiant ou de jongleur vichnouviste.

தாதமம், action de manger.

*தாதம், 1° (dâda), don, présent. 2° choses qui remuent. 3° (dâta), coupure, division.

தாதரூப்பியரூபகம், (தாது, உருப்பியம், உருபகம்), sorte de figure de rhétorique.

தாதர், pl. de தாதன், 1° esclaves, serviteurs, Tâders, dévots—, mendians ou jongleurs vichnouvistes, (c'est une des classes des Vichnouvistes). 2° gens généreux, donateurs.

*தாதர்த்தியம். (tad se, அர்த்தம், ya), identité de sens, —d'objet.

*தாதன், 1° P. தாசன், esclave, serviteur, Tâden, dévot—, mendiant ou jongleur vichnouviste. 2° (தாதம்), homme généreux, qui donne. 3° (tâta), pére, homme vénérable: தாதக்கூத்து danse de Tâders; —மணி collier de pélerins vichnouvistes allant à திருப்பதி, V. துளசி மணி; — மார்க்கம் observances religieuses des தாதர் ou dévots vichnouvistes; —வேஷம் accoutrement de தாதர்,—de mascarade.

*தாதா, gén. தாதாவின், 1° (dâtâ), donateur, homme généreux, bienfaisant. 2° (dhâtâ), père nourricier, grand-père, protecteur, Brama.

*தாதாத்துமியம், தாதாத்மியம், (tâdâtmya), identité, unité, union, ressemblance.

*தாதி, 1° fém. de தாதன், esclave, servante, suivante, compagne. 2° (dhâtri), nourrice, bonne d'enfant, la constellation பரணி.

தாதிராசகம், (தாது, இராசகம்), le principal des fluides animaux, i. e. le sperme.

*தாத்ரி, (dâtri), personne,—femme généreuse.

*தாத்ரு, (dhâtrou), père,—nourricier, Brama, Vichonu.

*தாது, 1° (dhâtou), la 10me année du cycle indien correspondant à 1816 et 1876, partie essentielle du corps humain. (On en compte 7, que l'on désigne ainsi: இரசமாதிசேழு, savoir: இரசம் ou இரதம் humeur, இரத்தம் le sang, சுக்கிலம் le sperme, மூளை la cervelle ou la moelle, தசை la chair, எலும்பு les os, தோல் la peau). ‖métal, (on en compte aussi 7 désignés ainsi: பொன்முதலேழு V. உலோகம்). ‖élément, (V. மண்முதலைந்து ou பஞ்சபூதம்). ‖organe —, objet des sens, (V. இந்திரியம்). ‖arsenic—, minéral naturel (opposé à கைப்பு minéral composé), principe élémentaire ou atome des élémens, ocre—, terre rouge, nerf, pouls, artère, anthère des fleurs, pollen, feuille des fleurs, primitif, racine des mots (surtout des mots

sanscrits séparés de leurs terminaisons),sperme,mensonge,fourberie.2° (ind.),audition, audience, tribunal, V. தாதுமாதங்கள் — கட்டுகிறது fasciner le sperme; — கவித்தல், — கக்குதல் effusion spontanée du sperme;—க்கனகபோன் topaze; —சேகரம் vitriol bleu,—vert (selon d'autres), litt. le chef des minéraux; —க்ஷினைதவு, — நஷ்டம் perte —,diminution du sperme;— நசனம் eau de riz aigrie (censée détruire le chyle;— போன்ற métalliforme; —பார்க்கிறது,— பிடித்துப்பார்க்கிறது tâter le pouls;—மாதனை espèce de grenadier qui porte beaucoup de fleurs sans fruit;—மாக்ஷிணி,(மாக்ஷி,ni), borax;— மூலஜீவன் les végétaux, les minéraux et les animaux; —ராசகம்,V. தாதிராசகம், —ரோகம் sorte de gonorrhée ou maladie vénérienne;—வருஷம் la 10me année du cycle indien;— வல்லபம் borax, litt. l'ami des métaux; — வாதம் connaissance du pouls,(c'est le 46me des கலைக்கியானம்),métallographie, mensonge, fraude, tour, supercherie;—வாதஞ்சொல்லுகிறதுmentir, ou — வாதம்பண்ணுகிறது duper, tromper par mensonge, jouer des tours, différer frauduleusement le payement d'une dette;—வாதக்காரன் menteur, trompeur, homme plein d'artifice; — வாதி chimiste, minéralogiste, celui qui fait l'épreuve des métaux,mineur; —விருத்தி, — விளைவு formation des métaux;—விழுகிறது, — விழுந்துபோகிறது les pouls tomber, cesser de battre; — வைரி l'ennemi des métaux, i.e. le soufre qui les ternit; தாதுமில்லை பிராதுமில்லை il n'y a ni audience ni plainte, il n'y a pas de tribunal de justice.[erre à chaux.

*தாதுபலம்,(தாது,உபலம்), pi

தாதேழு, (id. ஏழு),les 7 parties essentielles du corps, V.au mot. தாது).

*தாதை, (dhâtâ), père, grand-père, Brama:—தாதை,— தன்றுதை grand-père,ayeul.

*தாத்திரம்,(dâtra),hache,cognée, faucille, grand couteau.

*தாத்திரி,(dhâtri),mère, nourrice, terre, l'arbre நெல்லி: — பலம் fruit de cet arbre:—புத்திரன் nourrisson, fils de la nourrice, frère de lait.

*தாத்திரியம்,P.தாரித்திரியம்,pauvreté. [songe.

தாத்திருவாதம், tromperie, mensonge.

தாத்துகிறது,த்தினேன், த்துவேன்,த்த,த்த,v.a.தாத்துதல், n. v. et தாத்திப்போடுகிறது,vanner, séparer le grain des matières étrangères,séparer différentes espèces de grains,se défaire par ruse de vieilles marchandises,porter.

*தாத்துரு, (dhâtrou), un des 12 soleils, le soleil dans le signe du Bélier. [bienfaiteur.

*தாத்துவன், (dâtva), donateur,

தாத்துருவாதம்,P. தாத்திருவாதம்.

*தாந்தம்,(dânta),ordre—,correction du gourou, assujétissement, résignation.

*தாந்தவம்,(தந்து),filage,tissage.

*தாந்தவம்,(tândava),vent.

*தாந்திமம்,(dândima),répression des 5 sens.

*தாந்திரிகம்,(தந்திரம்,ka), espèce de சன்னி,débilité des nerfs,ce qui regarde les tantras,ce qui convient aux sophismes,un fil.

*தாந்திரிகன், (id.), partisan des tantras,savant.

*தாப,adj.de தாபம்.

*தாபகம்,1° (தாபம்,ka,),chaleur, chagrin.2° P. ஸ்தாபகம், établissement, érection,placement.

*தாபகன்,P. ஸ்தாபகன், fondateur, celui qui établit, érige ou affermit.

*தாபசம்,(தபசு),pénitence.

*தாபசன்,(தாபசம்),pénitent.

*தாபசேந்திரன், (id. இந்திரன்), grand pénitent, abbé.

*தாபதம்,(tâpasa),ermitage, couvent: தாபதநிலை état de pénitence, —de viduité, observances et règles de la viduité,état d'une femme séparée de son mari (qu'ils nomment நெய்தற்புறம்.)

*தாபதன்,(தாபதம்), *pl.* தாபதர், ermite, anachorète, ascète, sage, pénitent, samanéen, *V.* சடைமுடிபோர்.

*தாபநீயம்,(tâpaniya, *de* தபனீய ம்), un des 32 உபநிஷதம்.

*தாபம், 1° (tâpa), chaleur, —brûlante, ardeur, ferveur, désir ardent, soif, affliction, peine, chagrin, malheur. 2° *P.* தாவம், forêt, bois, incendie, —d'une forêt; — ஆயிருக்கிற து être ardent, désirer ardemment, souffrir de la chaleur; தாபச்சுரம் fièvre brûlante, —avec grande chaleur et grande soif; — சோபம் fatigue, défaillance, épuisement, maigreur; —மரம் l'arbre தான்றி; —த்திரயம் triple affliction.

*தாபரம், *P.*ஸ்தாவரம், soutien, appui, aide, protection, compagnie, corps, temple, terre, *ou* தாபரசங்கம் les arbres, plantes et autres choses fixées à la terre et immobiles.

*தாபரன், *P.*ஸ்தாவரன், Dieu.

தாபரிக்கிறது, *P.* ஸ்தாவரிக்கிற து, appuyer, soutenir.

*தாபனம், 1° (தாபம், na), rayon du soleil, chaleur. 2° *P.*ஸ்தாபனம்.

*தாபாக்கினி, (தாபம், அக்கினி), ardeur, chaleur extrême.

தாபிக்கிறது, 1° *P.* ஸ்தாபிக்கிற து, fonder, ériger, élever, établir, affermir, bâtir, placer, proposer, avancer, offrir, cacher en terre. 2° (தாபம்), s'affliger, être chagrin.

*தாபிஞ்சம், (tâpintchha), l'arbre தமாலம், xanthocymus pictorius, l'arbre ஆமணக்கு ou ricin.

*தாபிதன், (tâpita), homme chagrin, affligé.

*தாபிதம், 1° (tâpita), brûlure, chaleur, peine chagrin. 2° *P.*ஸ்தாபி தம், établissement...

தாபிதா, (tâfta *en persan*), taffetas: —ச்சுருட்டி, —ச்சுருள் rouleau de soie, de taffetas.

தாபித்தல், தாபிப்பு, *n.v. de* தாபிக் கிறது *ou*

*தாபியம், *P.*ஸ்தாபிதம், établissement, placement, érection, fondation. [subordonné, charge, garde.

தாபே தாபை, (*arabe*), partisan,

தாப்பணிவார், (தாழ்ப்பு, அணி), sangle pour attacher la selle, martingale, fouet, *V.* தாம்புக்கயிறு.

தாப்பாள், *P.* தாழ்ப்பாள், verrou.

தாப்பிசை, தாப்பிசைப்பொருள்கோள், (தாப்பு, இசை), un des 8 பொருள்கோள், il consiste dans l'explication à sous-entendre au commencement et à la fin un mot qui se trouve au milieu.

தாப்பு, moment désigné, — attendu, occasion, — désirée, proximité, intention, but: — சொன்னுகிறது guetter, —l'occasion, être en embuscade, avoir l'intention, prétendre.

*தாமசம், (tâmasa), 1° indolence, vice, ténèbres, caractère de ténèbres, de vice, d'ignorance, le 3me des 3 caractères de l'humanité, *V.* குணம்-ம. 2° délai, retard, lenteur, paresse, indolence: —செய்கிறது, — பண்ணுகிறது, *V.* தாமதிக்கிறது: —பண்ணிப்போடுகிறது *ou* தாமதப்படுத்துகிறது retarder, différer (une chose): தாமசமுள்ளவன், தாமசக்காரன் lambin, indolent, paresseux, retardataire, temporiseur; — சிருட்டி création —, pouvoir du mal; — புரா ணம் nourriture qui énerve, abrutit ou enivre, —புராணம் pourana du caractère dit தாமசம்; —ப்பட்டுப்போகிறது languir, trainer en longueur; —ப்பிரகிருதி principe du caractère dit தாமசம், paresseux, homme vicieux, de mauvaise disposition; —வேலை temps d'indolence, de retard, de colère ou de passion, — வேளை temps particulier de —, durée de 3 najigués 3/4 ou d'une heure et demie. [resseux, indolent.

*தாமசன், (*id.*), le 4me Manou, pa-

தாமதிக்கிறது, த்தேன், திப்பேன், தி, திக்க, *v.n.*(தாமசம்), தாமதித்தல், *n. v.* tarder, retarder, différer, s'arrêter, lambiner, rester.

*தாமணி, (dâmani), corde, longue corde pour lier les bœufs ensemble (par le moyen d'une autre plus petite): — யாய்க்கட்டிக்கொட்டிக்கொடுத்து lier en rang les criminels ou les prisonniers de guerre et les tailler en pièces ou leur couper la tête; தாமணிக்கொட்டுத்து lier ensemble avec une corde.

*தாமதம்,P.தாமசம்.

தாமதிக்கிறது,P. தாமசிக்கிறது.

*தாமநிதி,(தாமம்,நிதி), trésor de lumière,i.e. le soleil.

*தாமம், 1° (tâma), objet de terreur, faute, défaut, vice, mal, désir. 2° (dâman), corde, cordon, attache, corde pour attacher les bœufs, — pour attacher le veau aux pieds de la vache pendant qu'on la trait. 3° (dhâman), place, demeure, maison, ville, corps, naissance, lumière, splendeur, rayon de lumière, grandeur, majesté, dignité, réputation, renommée. 4° ordre, arrangement, santé, bonheur, l'arbre கொன்றை, fleur, guirlande, —de fleurs, collier de pierreries, collier naturel ou raie du cou de certains oiseaux, ornement composé de 18 cordons garnis de pierres précieuses et de perles etc... que les femmes portent à la ceinture, ornemens d'une couronne, champ de bataille, montagne, éléphant, onguent, sandal.

*தாமரசம்,(tâmarasa),nénuphar, cuivre, or. [fondu.

*தாமரம், (tâmara), eau, beurre

தாமரை, nénuphar, lotus, lis d'étang, nelumbium speciosum: — க்கண்ணன் celui qui a des yeux de nénuphar, i.e. Vichnou; — க்காய் fruit du nénuphar; — க்கிழங்கு racine bulbeuse du nénuphar: — க்கொடி tige rampante de nénuphar; — க்கொட்டை graine globuleuse —, péricarpe de nénuphar; — ச்சத்துரு espèce d'arsenic naturel; — ச்சிறவி sarcelle d'étang à nénuphar; — த்தடாகம், — க்குளம், — ப்பொய்கை étang couvert de nénuphar: — நண்பன், — நாயகன் l'ami du nénuphar, i. e. le soleil; — நாளம், — த்தண்டு tige du nénuphar; — நார் fibres de nénuphar, — நிதி, V. பதுமநிதி; — ப்பூ fleur de nénuphar; — ப்பொகுட்டு péricarpe de nénuphar, réceptacle de sa graine; — மணி graine de nénuphar; — மொட்டு bouton de nénuphar; — மகரி anthère de nénuphar; — யாசனன், V. தாமரையாளன்; — யாசனி, — யாளி, V. தாமரையாள்; — யிதழ் feuille de nénuphar; — வளையம் jeune tige fraiche de la fleur du nénuphar; — வற்றல் tige desséchée de nénuphar (que l'on mange); தாமரைபுட்சுருள் feuille de nénuphar encore roulée sur elle-même avant de sortir de l'eau.

தாமரையாள், தாமரையிருள், (தாமரை, இருள்), Lakchimi qu'on représente assise sur le nénuphar, sulphure d'arsenic jaune, orpiment.

தாமரையான்,(id.), Brama qu'on représente assis sur le nénuphar.

*தாமலகி, (tâmalaki), la plante கீழாநெல்லி.

தாமலை, l'arbre புன்னை.

*தாமனபருவம், (dâmanaparva), 7me jour après la nouvelle lune de சித்திரை (où les Indous adorent la fleur தமனம்).

*தாமனி,(dâmani),nerf, corde.

தாமாசை,(mahrat.), terme moyen, l'un portant l'autre.

*தாமான், (dâman), corde de la proue d'un navire, cargues-point des huniers.

*தாமிசிரம், (tâmisra), ténèbres profondes, enfer de ténèbres, indignation d'être désappointé, V. தாமசம்.

*தாமிரம்,தாமிரி, (tâmra), cuivre: தாமிரகர்ணி ou கருணி la femelle de l'éléphant de l'ouest qu'on prétend avoir des oreilles cuivrées; — சிந்தூரம் vermillon de cuivre; — பருணி rivière près de பாளையங்கோட்டை qui contient du sable de cuivre, V. தாமிரவருணி; voyez d'autres composés au mot தாம்பிரம்.

*தாமை,(dâmâ),corde.

*தாமோதரன்,(தாமம், உதரம்), celui qui a une corde au ventre,i.e. Vichnou ou Krichna que sa nourrice Yasôdha lia d'une corde qui faisait plusieurs fois le tour du ventre pour le tenir renfermé, mais en vain; tortue (en language de médecins).

தாம்,*obl.* தம்,தம், *gén.* தமது ou தம்முடைய,*dat.*தமக்கு,*acc.*தம்மை, *abl.* தம்மில், தம்மால், தம்மோடு, 1° *pl. de* தான், ils, eux. 2° *hon. du même.* il, lui, (en conversation et dans les lettres, il s'emploie même pour நீ), vous. 3° après un nom ou un pronom il signifie même: அவர்தாமே lui-même, eux-mêmes: நீர்தாமே vous-mêmes: மனுஷர்தாமே les hommes-mêmes. 4° quelquefois தாம் n'est qu'une particule explétive ou un சாரியை qui se met entre le nom et la terminaison des cas, comme எல்லோர்தாமும், (*et à l'acc.*) எல்லோர்தம்மையும் eux tous; மனிதர்தம்மை pour மனிதரை (*à l'acc.*), les hommes.

தாம்பணி, (தாம்பு,அணி),corde —pour tirer de l'eau.

*தாம்பரம், *P.*தாமிரம்,cuivre:தாம்பரசாசனம் donation gravée sur cuivre [métal.

தாம்பாளம், espèce de vase de

தாம்பிகம்,voir de loin ceux qui viennent.[crite,trompeur,imposteur

*தாம்பிகன், (தம்பம்,ika), hypo

*தாம்பிரகம்,(tâmraka),cuivre.

*தாம்பிரம், (*P.*தாமிரம்), cuivre; தாம்பிரகருப்பம் vitriol bleu, sulphate de cuivre;—காரன் fondeur, chaudronnier,ouvrier en cuivre;—சூடம் coq; — பத்திரம், — பட்டம் plaque de cuivre (sur laquelle on écrit,—où sont écrites des donations etc...);—மிருகம் l'animal cuivré,le cerf rougeâtre: — முகன் cuivré, européen;— வர்ணம் couleur cuivrée ou rouge;— வர்ணமணல் sable mêlé de cuivre;—வர்ணி nom d'un fleuve; — விருக்ஷம் l'arbre cuivré, espèce de sandal rouge.

*தாம்பிராட்சன், (தாம்பிரம், அக்ஷம்), l'oiseau aux yeux cuivrés, i.e. le couil.

தாம்பு,1° *ou* தாம்புக்கயிறு,corde, —pour tirer de l'eau.2° *V.*தாமணி: தாம்புமறுந்தது தோண்டியுமோட்டை la corde est cassée et la cruche fêlée, joli assortiment.

*தாம்பூலதன்,(தாம்பூலம், da *qui donne*), celui qui porte le sac au bétel, celui qui donne du bétel.

*தாம்பூலம்,(tamboûla),bétel,(c'est un des அஷ்டபோகம் ou 8 délices), feuille de bétel et noix d'arec (préparées pour être mâchées):—தரித்துக்கொள்ளுகிறது prendre du bétel et de l'arec, en user, en avoir dans la bouche, en porter: தாம்பூலகரண்டம், (karanka *coco creusé en forme de coupe*), *ou* —பிடிகை,— பேடகை boîte—,vase au bétel;— வல்லி, *V.* தாம்பூலி; — வாகன் porteur du sac au bétel.

*தாம்பூலி, (தாம்பூலம்,i), plante qui donne le bétel, feuille de bétel.

*தாம்பூலிகன், (*id.*,ika), marchand de bétel.

*தாயகம்,1° (தாயம், ka), générosité, libéralité, ce qui est généreux: —ஆயிருக்கிறது être bienfaisant, hospitalier. 2° (தாய்,அகம்), maison maternelle.

*தாயகன்,(*id.*), libéral,donateur.

*தாயதி, தாயத்தனம், (தாயம், ti, tna),part d'héritage, de droit, *V.* தாயாதித்தனம்.[ches,alliés,sa famille.

தாயத்தார்,(தாயம்), parens, pro-

*தாயம்,1° (dâya),droit, héritage, propriété, portion, part, don,donation, présent, bienfait, perte, destruction, brisement, affliction. 2° parenté,—du côté paternel, espèce de jeu de dés ou de trictrac, sorte d'échiquier qui sert à ce jeu, dé à jouer; opportunité, occasion, délai, retard, pause: — ஆடுகிறது jouer (aux dés...),retarder;—போடுகிறது jouer aux dés, jeter les dés:— பார்க்கிறது épier l'occasion favorable: தாயக்கட்டை dé à jouer;— கட்டி

boite aux dés;*— பந்து frère;*— பாகம் héritage,droit,part,—d'héritage; —விபாகம்,partage d'un héritage.

*தாயாதன்,(dâyâda),fils, parent. héritier, cohéritier.

*தாயாதை,*f. du préc.* fille, héritière.

*தாயாதி, (தாயாதன்), parent, cohéritier, héritier, *V.* தாயாதை: தாயாதிகள்,தாயாதிக்காரர் parens, cohéritiers, descendans d'un même père: தாயாதித்தனம் inimitié, indignation,dispute, perfidie, opposition; தாயாதித்தனம்பண்ணுகிறது quereller, agir en ennemi ou perfidement.

*தாயாபவர்த்தனம்,(தாயம், அபவருத்தனம்),perte de propriété.

தாயான்,neuf,(en langage secret),

தாயித்து, boite ou tube à amulette,petite boite ou tube de métal pour renformer un billet sur lequel est écrite une prière, ou quelque parole sacrée,ou autre objet regardé comme préservatif.

தாய். 1° mère, tante maternelle. principe, principal, origine, 1re qualité,primauté. 2° *gér. de* தாவுகிறது: தாயர் ௫ les 5 mères ou 5 espèces de personnes auxquelles on donne le nom de mère, savoir: பாராட்டுந்தாய் femme qui amuse les enfans, ஊட்டுந்தாய் mère nourricière,qui leur donne à manger, முலைத்தாய் nourrice, qui les allaite; கைத்தாய் bonne qui porte les enfans, செவிலித்தாய் servante qui prend soin des enfans. On donne encore ce nom à 5 autres sortes de personnes, savoir: அரசன்தேவி la femme du roi, குருவின்தேவி, la femme du gourou,அண்ணன்தேவி celle du frère aîné, தன்தேவியையீன்றாள் la mère de sa femme, தன்னையீன்றாள், பெற்றதாய் *ou* நற்றாய் sa propre mère: தாயிழந்தகுழந்தைபோலத்தளர்ந்தேன் j'ai été accablé de chagrin comme un enfant qui a perdu sa mère; தாயினுமன்பக்கத்தர் le Seigneur est plus tendre qu'une mère; தாயொப்பவள் semblable à une mère; தாயுமானார், தாயுமானவர் celui qui est devenu aussi mère,(surnom de Siven adoré dans la pagode située sur le rocher de Trichinopoly et ainsi nommé pour avoir nourri un orphelin, ou pour s'être changé en truie afin de nourrir de jeunes sangliers qui avaient perdu leur mère;ce qui fait le sujet d'un des திருவிளையாடல் de Maduré), nom d'un ancien philosophe payen, qui vécut à Trichinopoly et qui a composé plusieurs ouvrages panthéistiques, tels que பராபரக்கண்ணி, பதிற்றுப்பத்தந்தாதி....; தாயேடு original d'un écrit, modèle; தாயைக்கொல்லி la plante குட்டியிடுக்கி, le bananier (parce que les rejetons font périr la mère plante ou l'arbre principal);தாயோலை 1re feuille de palmier; —க்கண் yeux de mère,grands yeux;—கால், —க்கால்வழி parenté du côté maternel; —க்கம்பு bâton avec lequel les enfants s'amusent à en frapper un plus petit: — க்கிராமம் chef-lieu,bourg principal (dont d'autres dépendent); —க்கிழங்கு la mère-racine bulbeuse, la principale qui a donné naissance aux autres; —க்கோயில் église principale,— mère, métropole; தாயுறுதி, — ச்சீட்டு minute d'un acte, billet original;—ச்சீலை le 1er vêtement qu'une mère met à son enfant;—ச்சொற்சிறந்த வாசகமில்லை il n'y a point de paroles comme celles d'une mère; —ச்சொற்றுறந்தால்வாசகமில்லை si on rejette la parole de sa mère, il n'y a plus de parole (sacrée); —ச்சோஷையெடுக்கிறது soupirer après sa mère;—தந்தையில்லாப்பிள்ளை orphelin, enfant qui n'a ni père ni mère;—ப்பாஷை langue mère, —maternelle பெற்றமேனி corps tel qu'il sortit du sein de sa mère,nudité;—மரம் arbre primitif,souche des autres:— மாமன் oncle maternel, frère de la mère;—முகங்காணாதபிள்

ளேன் enfant qui n'a pas vu le visage de sa mère, qui l'a perdue en bas âge; —தாகம் air primitif; —வழி, —வழிச்சுற்றம் parenté du côté maternel: — வாழை pied primitif d'une touffe de bananiers.

தாய்ச்சி,(தாய்),femme qui allaite un enfant,(soit la mère, soit la nourrice), femme enceinte, enfant, (garçon ou fille) qui préside à un exercice, à un jeu etc... surtout au jeu nommé தாய்ச்சித்தம்பலம்.

தாரகத்தான், (தாரகம்), défense de sanglier.

*தாரகம்,(târaka),ce qui protége, soutien,protection,appui, nourriture légère ou régime qu'on donne aux malades après la diète, œil,prunelle de l'œil,sorte de prière (à Râmen),le mot mystique ஓம், le dessus en musique,argent,l'arsenic பல்லிருகம்: அன்ன—,திப்பிலித்—,திணைத்தாரகம் eau dans laquelle a bouilli du riz ou autre grain,— du poivre,—du millet; — பண்ணுகிறது nourrir—,vivre de régime; தாரகப்பிரமம் espèce de formule de prière; —மந்திரம் prière pour le salut de l'âme d'un mourant; நமக்கெல்லாஞ் சுவாமி சீவதாரகமாயிருக்கிறார் Dieu est à nous tous le conservateur de notre vie

*தார,*obl.de* தாரம்.

*தாரகன்,1° (dâraka),fils, enfant, le cocher de Vichnou. 2° (târaka). protecteur, conservateur, celui qui soutient,Târaguen démon ou அசுரன் tué par Soupramanien;d'où தாரகனித்து, —கிபு...*ou*

தாரகாரி,(தாரகன், அரி), l'ennemie de Târaguen,*i.e.*Soupramanien.

*தாரகை,*obl.de* தாரகை, d'étoile: —கணம் constellation, groupe d'étoiles; —பதி le seigneur des étoiles,*i.e.*la lune,Jupiter ou வியாழம்.

*தாரகை,(târakâ),1° étoile, prunelle de l'œil.2° *P.* தாரை femme chaste.— de கற்பிற்பெண்: — மாலை nom d'un poëme qui décrit le caractère des femmes chastes.

தாரக்கம்,*P.*தாரகம். [teur.

*தாரணகன்,(தாரணம்,ka),débi-

*தாரணம்,1° (dhârana),action de tenir,conservation.provision,songer et disposer, fermeté, constance,persévérance, stabilité dans la bonne voie, dette,un des அஷ்டாங்கயோகம் ou 8 qualités d'un Yogui payen, c'est le தாரணை.2° (târana),radeau. 3° (dârana),l'arbre தேற்றுமரம்: தாரண ou தாரணவருஷம் la 18me année du cycle indien correspondant à 1824 et 1884. [*P.*தாரிணி,la terre.

*தாரணி,1° (târani), bateau. 2°

தாரணை, 1° prix du riz.2° (dhâranâ), action de porter, continuation,persévérance,— dans la bonne voie,fermeté,stabilité,fixité, résolution,demeure,se tenir dans le juste milieu,mémoire,dette,ordre positif, précepte,répression des sens, suppression de la respiration, exercice d'un Yogui ou ascète payen qui consiste à réprimer ses sens,à retenir sa respiration et tous les besoins de la nature et à tenir son esprit fixement recueilli et abstrait, c'est le 6me des அஷ்டாங்கயோகம் qui consiste à fixer son esprit sur un des objets suivans:la gorge,le cœur, le front,le crâne ou le nombril. On compte 9 espèces de தாரணை,1° நாமதாரணை le târanei du nom. Il consiste à adorer l'être suprême,bien que présent partout,sous la forme d'un objet déterminé auquel on donne le nom de dieu,et à exercer par la méditation son intelligence sur cet objet borné; ce qui est une définition métaphysique de l'idolatrie.2° மாயாதாரணை le târanei de l'illusion Il consiste à prononcer avec intelligence la formule dite மகாவாக்கியம் qui est un instrument propre à opérer le renoncement complet au monde,par l'union intellectuelle avec l'être suprême qui n'a ni nom,ni forme,ni limite,soit pour le temps,soit pour le lieu, ni autre défaut semblable. Cet exerci-

ல

ce est conforme aux principes de la secte des partisans du வேதாந்தம் dite அத்துவைதம். 3° பேததாரணை, le tarânei de la différence dit aussi நிறைவுகுறைவாகிய வெண்பொருட்டாரணை, exercice d'un Yogui qui, ayant souvent réprimé ses sens et rempli ses observances religieuses, unit le vent du cœur dit பிராணன், celui du fondement dit அபானன், le vent répandu dans tout le corps et nommé வியானன் et celui du gosier dit உதானன், avec celui du nombril appelé சமானன், et par la récitation mentale de la prière ஓம் redresse la position de son cœur qui comme une fleur de nénuphar à 8 pétales était penché en bas. 4° மந்திரதாரணை ou செய்யுட்டாரணை, le târanei de la prière ou de la poésie. Il consiste en ce que se persuadant que Siven est l'être suprême, et le monde entier une manifestation de Siven, et qu'il n'existe rien autre chose que Siven, le Sivéniste le contemple comme auteur de tout et étant lui-même toutes choses, l'adore par la prière நமசிவாய (adoration à Siven) et rejette la prière ஓம். Ceux qui suivent ce système rejettent le polythéisme indou et prennent Siven pour l'âme universelle des panthéistes. 5° சதுரங்கதாரணை le târanei du Sadourangam. Il consiste à méditer dans l'isolement afin de réunir la terre, l'eau, le feu et le vent, qui sont les élémens du corps, à l'air qui est dans la cavité du sommet de la tête. Voici comment cela se fait, selon les Indous: à l'esprit, qui a la forme du vent, on unit la raison qui a celle du feu; à la raison on unit la volonté qui a la forme de l'eau; à la volonté on unit la résolution ou la passion qui a la forme de la terre; et enfin l'esprit ainsi contracté s'unit à l'air. 6° சத்ததாரணை le târanei du son. C'est la méditation mentale et continue dans une position immobile et invariable de la prétendue syllabe mystique ஓம், dite பிரணவம், qui représente, selon eux, la divinité ou le Trimourti; alors les yeux sont fermés et l'activité des autres sens suspendue; l'état du pouls venteux, dit வாதநாடி, qui a sa place dans le lieu de la respiration dit கும்பகத்தானம், est mis à l'épreuve; ce pouls, disent-ils, est purifié par cette formule ஓம்; son battement peut s'entendre, et l'homme acquiert la contemplation désirée. 7° வத்துத்தாரணை, le târanei de l'être il consiste en ce que l'esprit séparé des choses extérieures, unit la raison à la volonté; la volonté unit la raison à l'esprit; la volonté et l'esprit étant unis à la raison l'unissent au pouvoir d'action ou à la passion; ensuite la passion, la raison et la volonté s'unissent à l'esprit, et alors par l'esprit on obtient la perception mentale de l'Être Suprême. 8° வச்சிரதாரணை le târanei du diamant; c'est rendre hommage seulement au lingam ou emblème de Siven et en rejeter les parties inférieures qui représentent Vichnou et Brama, ou autrement dans l'interprétation bénigne des sectateurs de ce târanei, c'est fixer son esprit dans la contemplation en renonçant à la passion et à l'action des sens corporels ou de la vie. D'après cela le lingam ou la partie masculine du lingam désigne Siven et la méditation, le siége du lingam désigne Brama et la passion, la partie féminine ou le trou où s'insère le lingam désigne Vichnou et les sens corporels. (On s'étonnera sans doute en lisant ce fatras de turpitudes, de contradictions et d'absurdités, de voir combien le paganisme a dégradé la philosophie, la spiritualité et la vie contemplative. 9° சித்திரதாரணை le târanei surprenant. Il consiste à répéter invariablement la formule dite மகாவாக்

தம் avec sa signification, et aussitôt qu'on a obtenu le bienfait désiré à omettre la répétition de la formule et à contempler continuellement le bienfait obtenu. Par ce moyen on obtient la connaissance de 20 propriétés du corps, de l'âme et de l'être suprême;on oublie entièrement les choses que l'on fait ou dont on jouit,et qui sont la conséquence prétendue de celles qu'on a faites ou goûtées dans une 1re naissance; et omettant ensuite la contemplation du bienfait reçu par la répétition de la formule susdite, la connaissance est censée absorbée dans la divinité. [vermillon,océan.

*தாரதம், (dârada), vif-argent,

*தாரதம்மியம், தாரதம்மியம், (târatamya), plus ou moins,état, condition,comparaison, égalité,différence de respectabilité selon le rang. [grand bruit.

*தாரநாதம், (நாதம்), son fort,

*தாரம்,(dâra),femme, épouse. 2° (târa),objet rare,—précieux, le dessus en musique, son nazal, une des 7 cordes du luth, la syllabe mystique ஓம்,argent,bronze, zinc, perle, étoile, astre, vue, œil. 3° (dhâra), borne, limite, dette, pierre, espèce de pierre,eau,pluie,goutte de pluie, rosée,—blanche. 4° vermillon, vif-argent, orpiment, venin du serpent vert,langue,orange, V. கேழ்வரகு et சித்திரமூலம்: தாரமேழுடையோன், (ஏழு, உடை), celui qui a 7 langues, i.e. Agni ou le feu; தாரமி முந்தவன், — இழந்தோன் homme veuf; தாரமணம், —க்கிரகம்,—சங்கிரகம்,—பரிக்கிரகம் mariage, —சுத்திகரம் la pureté de l'argent, ce qui sert à le purifier,i.e. le plomb.

*தாரா 1° (dârâ), femme, épouse. 2° (târâ), étoile, planète. 3° (dârâ), goutte de pluie, pluie continuelle. 4° obl.de தாரை.5° canard, héron.6° P.தாராத,தாராது,part. gér. et 3me pers.neut.du nég.de தருகிறது qui ou qu'on ne donne pas, ne donnant pas, il ne donne pas, ils ne donnent pas: — கணம் constellation, groupe d'étoiles;—கதம்பம்,—கதம்பகம் espèce de l'arbre கடம்பு;—தத்தம் don fait en versant de l'eau dans la main pour marquer qu'il est irrévocable: —தரம், (dhara qui tient), nuage, épée,—tranchante;—பதம், V. தாராமண்டலம்;—பதி le roi ou mari des étoiles, i. e. சந்திரன் ou la lune,le mari de Târei, i. e. வியாழம் ou Jupiter,—புத்திராதிகள் femme,enfans et autres gens; —பூஷணம் la nuit, dont les étoiles font l'ornement;—மண்டலம் ciel étoilé, région des étoiles,firmament;—மூக்கன் espèce de serpent.

*தாராங்கம், (தாரை, அங்கம்), sabre,cimeterre.

*தாராங்குரம், (id. அங்குரம்), goutte de pluie,grêle. [de pluie.

*தாராசாரம்,(id.ஆசாரம்),grains

தாராட்டு, P. தாலாட்டு,espèce de chant,chant pour endormir les enfans. [து.

தாராட்டுகிறது, V. தாலாட்டுகிற

*தாராபதி, (தாரா, அதிபதி), le roi des étoiles, i.e.சந்திரன்.

*தாராதீனன்,(id.அதீனம்),homme dominé par sa femme,la lune ou சந்திரன்.

*தாராபீடம், (id. âpidâ guirlande), la lune qui parcourt une guirlande d'étoiles. [camphre.

*தாராப்பிரம்,(id.அப்பிரம்,talc),

தாராய், 1° 2e pers. nég.de தருகிறது. தாராயோ ne donnes tu pas? 2° adv. de தார்.

*தாராவனி,(dhârâvani),air,vent.

தாராளம், abondance, libéralité, don, étendue, volubilité, franchise, confiance, liberté, hardiesse, intrépidité, bon plaisir: — ஆய்க்கொடுக்கிறது donner libéralement, copieusement, de bon cœur; —பேசுகிறது parler librement,sans crainte, —couramment; — போய்வரலாம் on peut aller et venir en toute liberté, (ou poliment), vous pouvez revenir une autre fois.

தாரி,1° chemin, qualité,manière, mode, état, caractère, égalité, orpiment. 2°* (dhâri), possesseur, celui qui a, possède ou porte; (il se met surtout à la fin des mots composés, comme இலிங்கதாரி linganiste, qui porte un lingam). 3° (dâri), mari:—பாரி mari et femme, nature, état, situation, celui qui connait le bon chemin,— la nature et les circonstances des personnes et des choses: தாரிபாரியறிகிறது connaitre l'état et la condition,savoir connaitre son monde. [prix de passage.fret,nolis.

*தாரிகம்,(târika), douane, péage,

*தாரிகா, *obl. du suiv.*:— தாரணம் don d'une fille en mariage.

*தாரிகை, 1° (târikâ), étoile. 2° (dârikâ), fille.

தாரிக்கிறது,ரித்தேன்,ரிப்பேன், ரி, ரிக்க,*v.a.*தாரித்தல்,*n.v* (தரிக்கிறது), porter.supporter,soutenir.

தாரிசம்,contrat, convention,consentement, accord, union, juste prix:—பண்ணுகிறது convenir du prix;—ஆய்க்கொள்ளுகிறது.—ஆய் விற்கிறது acheter—,vendre à juste prix, de bon cœur, avec contentement;தாரிசக்காரன் celui qui vend à juste prix. [tonnier soyeux.

*தாரிணி, (dhârini), la terre, co-

*தாரிதகம்,(தாரிதம்,ka),trot,marche du cheval. [on.2° *V.*தாரிதகம்

*தாரிதம்,1° (dhârita),conservati-

*தாரித்திரம்,தாரித்திரியம், (தரித்திரம்,ya), pauvreté, misère, indigence. [gent.

*தாரித்திரன், (*id.*),pauvre, indi-

*தாரிடம், தாரிஷம், (târicha), le சுவர்க்கம் ou paradis d'Indiren, mer,or.

*தாரு,(dârou),bronze,cuivre,bois, —de charpente, bois sec, branche d'arbre, arbre: —கதலி bananier sauvage (dont on ne mange pas le fruit);—கருப்பை poupée, statue—, marionnette de bois: —காவனம் certain désert—,bois habité par des ermites: —காவனத்துரிஷிகள் ermites des bois, — de ce désert; —பு

த்திரிகை,—ஸ்திரீ, *V.* தாருகருப்பை; —மயம் objet de bois;—வனம் bosquet,bocage.

தாருகம், (தாரு,கம், *P.*கா), bosquet, forêt dite தேவதாருவனம் ou தாருகாவனம்.

*தாருகன்,(dârouka), Dârouguen, cocher de Krichna, nom d'un அசுரன் tué par Kâli et Soupramanien: தாருகசித்து, தாருகற்செற்றோன் le vainqueur ou meurtrier de Dârouguen, *i. e.* Soupramanien; தாருகற் செற்றன்,தாருகவிதாரணி celle qui a détruit Dârouguen,*i.e.* காளி.

*தாருகாரி,(தாருகன்,அரி),l'ennemi de Dârouguen,*i.e.*Soupramanien

*தாருணம்,1° (dârouna), crainte, horreur, frayeur,2° (தருணம்), jeunesse.

*தாருணன்,(*id.*),jeune homme.

தாருணி,la plante நத்தைச்சூரி.

*தாருண்ணியம், (தருணம், ya), jeunesse.

தாரை,1° (târâ). œil, prunelle de l'œil, étoile, astérisme, constellation,Târei femme du singe சுக்கிரீபன் enlevée par son frère வாலி,(c'est une des 5 vierges பஞ்சகன்னிகை), une autre Târei femme de வியாழம் ou Jupiter, une autre déesse prétendue des Bouddhistes, (surnom de) Dourgâ. 2° (dârâ), femme, épouse.3° (dhârâ), tranchant (d'une épée...), pointe, aiguillon, avant-garde,1re ligne d'une armée, pluie, grande pluie, trombe d'eau, canal, conduit, écoulement (des liquides), torrent, élan, s'élancer, eau qu'on verse en signe de donation irrévocable, effusion d'eau sur une idole pour se délivrer de la fièvre, bain sacré, renommée, ressemblance, trot, galop, marche du cheval, roue de charrette, côté ou penchant de montagne, race,postérité,coutume, usage, bon ordre,régulation, foule, quantité. 4° trompette, petite trompette, toile, langue, trace, chemin, —droit et cours direct,ligne,rangée, pouvoir, force, *V.* சக்கராயுதம், 5°

acc. de தார். 6° P. தாராய் tu ne donnes pas: கண்ணீர்த்தாரை torrent de larmes; — கவணி mousseline fine et rayée; — தாரையாய்ச்சாய்கிறது, — நடக்கிறது ou போகிறது, avancer —, aller ou marcher en droite ligne; — தாரையாயோடுகிறது couler —, courir ou jaillir en droite ligne; — யூதுகிறது sonner de la trompette; — வெடுக்கிறது suivre la trace (d'un voleur...); — வார்க்கிறது, — வார்த்துக்கொடுக்கிறது donner ou verser de l'eau dans la main en signe de don irrévocable

தாரோகா, (*persan*), surintendant.

*தாரோபசங்கிரகம், (தாரா, உப). mariage, prendre femme.

தார், 1° série —, guirlande de grelots, fleur, bouton de fleur, guirlande, avant garde, ordre de bataille, armée, 1re ligne —, division ou corps d'armée, ordre, rang, ombrelle, peloton de fil, bobine de tisserand, navette, 2° (*arabe*), personne, — réelle; — க்குழல் tuyau sur lequel est roulé le fil qu'on met dans la navette; — மணி guirlande de grelots, (qu'on attache au cou d'un cheval...).

தார்க்காணம், preuve.

தார்க்காணிக்கிறது, ணித்தேன், ணிப்பேன், ணி, ணிக்க, *v.a.* தார்க்காணித்தல், *n.v.* (தார்க்காணம்), prouver (par témoignage), démontrer.

*தார்க்கிகன், (தர்க்கம், ika), logicien, raisonneur, disputeur, philosophe d'une des 6 écoles de philosophie dites சாஸ்திரம்.

*தார்க்ஷியன், (târkchya), l'oiseau Garoudon, monture de Vichnou: தார்க்ஷியத்துவசன், *V.* கருடகேதனன்.

*தார்ட்டியம், *et corr.* தார்த்தியம், (dârdhya), dureté, fixité.

*தார்த்தராஷ்டிரன், (திருதராஷ்டிரன்), descendant du roi Dhritarâchtiren, Douryodhanen.

*தார்வாகாடம், தார்வாகாதம், (தாரு, ஆகாதம்), pivert.

*தாலகி, (தாலம், ki), callou, jus de palmier.

தாலம், 1° (tâla), palmier, — dit caryota, — à larges feuilles, paume de la main. 2° (dâla), miel, — sauvage. 3° vase à manger, plateau ou plat de cuivre, grand vase, langue, oreille d'éléphant, (parce qu'elle ressemble à la feuille du palmier dit caryota, l'arsenic naturel தாலம்பபாஷாணம். 4° (தலம்), terre: தாலமேழுடையோன் celui à qui on donne 7 langues, *i.e.* Agni ou le feu; தாலகேதனன் celui dont la bannière représentait un palmier, *i. e.* Bhisma ou வீடுமன், *ou* — த்துவசன், — லக்ஷணன் Balarâmen (pour la même raison); — சடை fibres du palmier; — பத்திரம் feuille de palmier, — de palmier roulée ou feuille d'or qui en a la forme et qu'on met dans les oreilles pour les élargir; — பத்திரி l'arbre மரமஞ்சள்: — போதம் la plante ஆவிரை; — மூலி la plante நிலப்பனை; — வட்டம் le globe de la terre, oreille —, queue d'éléphant, éventail; — விருந்தம், — விருந்தகம் grand —, évantail, pankha.

*தாலம்பபாஷாணம், (dâlaba), espèce d'arsenic naturel.

*தாலவ்வியம், (தாலு), classe des lettres palatales, savoir: tch, tchh, dj, djh.

தாலாங்கன், (தாலம், அங்கம்), Balarâma et Bhismen qui ont un palmier sur leur bannière.

தாலாட்டு, (தால்), chant pour bercer et endormir les enfans, bercer.

தாலாட்டுகிறது. (*id.*), *dat.* chanter en berçant un enfant, bercer.

தாலாப்பு, தாலாப், (*persan*), étang.

தாலாலம், (தால், ஆலம்), calomnie, injure, *litt.* poison de langue.

தாலி, 1° Tâli, joyau nuptial que l'époux attache au cou de l'épouse le jour du mariage, (il correspond à l'anneau nuptial), cordon avec lequel on l'attache. 2° (sthâli), pot de terre, cruche, la plante médicinale கீழாநெல்லி: — கட்டு action d'attacher le tâli, mariage; — கட்டுகிறது attacher le tâli: — க்கயிறு, — க்கொடி, — ச்சரடு cordon du tâli: — க்காரி femme mariée; — க்கோவை bijoux enfilés avec le tâli;—ப்பெட்டி V. பொன்னைத்தும்பெட்டி; — ப்பொருத்தம் convenance des circonstances que les Indous observent pour attacher le tâli; — யறுந்தவள் femme à qui on coupé le tâli, *i.e.* veuve.

*தாலிகம், (tâlika), main ouverte, bras étendu. [accompagnement.

*தாலிகன், (தாளம், ika), celui fait

*தாலிசம், (tâlisa), montagne.

தாலிபாகம், nourriture ou riz que le gourou partage dans une initiation. [tiation.

தாலியம், *V.* பாதிரி.

*தாலு, (tâlou), le palais de la bouche, la langue. [க்காக்கணம்.

தாலுகண்ணி, la plante வெள்ளை

தாலுகா, தாலுக்கா, (*ind*), talouk, district, canton, subdivision d'une province ou collectorat, tribunal de justice. [de la bouche.

*தாலுகா, (தாலு, kâ), le palais

*தாலுசிகுவம், (*id.* சிகுவை), crocodile, la luette, *V.* தாலுகை.

*தாலூரம், (tâloùra), tourbillon de vent.

தால், une des sections du poème nommé கேள்விக்கலி, *V.* தாலு, et தாலாட்டு. [tence.

*தாவசம், (தவசு), vie austère, péni-

*தாவசி, (தவசி), pénitent, ermite, ascète.

தாவடம், *P.* தாழ்வடம், place, résidence, collier, —de உருத்திராக்கம்

தாவடி, (தாவும், அடி), voyage, combat, guerre, incursion, invasion: — த்தோணி bateau de piraterie, — qui va près de la côte pour couper les vaisseaux de l'ennemi; — போகிறது aller faire une incursion ou une invasion: ஆயிரமக்கள் — போகுக 1000 hommes sont allés fourrager ou en excursion.

தாவட்டம், espèce de pierre, un des 32 ordres d'architecture.

தாவணி, la plante கண்டங்கத்திரி

தாவந்தம், (தாவு, அந்தம்), gène, peine, —extrême, enfer.

*தாவம், 1° (dâva), bois, forêt, — embrasée, incendie de forêt, feu, chaleur. 2° village en pays cultivé.

*தாவரம், *P.* ஸ்தாவரம், place, habitation, demeure, hospice, auberge, corps (demeure de l'âme), fermeté, stabilité, immobilité, terre, montagne, bien immeuble, chose fixe, — immobile, (et en conséquence), arbre, herbe, végétaux, plante, (ce qui est une des 7 espèces de choses engendrées dites பிறப்பு-ஏ), corde d'arc, secours, aide, appui, soutien, bon plaisir, liberté: — அற்றவன் exilé, vagabond, qui n'a pas de demeure fixe: தாவரசங்கமம் objet fixé en terre, arbre, plante etc...; — சங்கமம் êtres immobiles et mobiles, les plantes et les animaux.

*தாவரன், (*id.*), l'Être immuable, Dieu.

தாவரிக்கிறது, ரித்தேன், ரிப்பேன், ரி, ரிக்க, *v. a. et n.* தாவரித்தல், *n. v.* conserver, soutenir, appuyer, loger, habiter, demeurer: தாவரிக்கப்பட்ட bien établi, appuyé.

தாவல், *opt. et n. v. de* தாவுகிறது.

தாவளம், village en pays cultivé, place pour loger, demeure, séjour, halte, boutique: தாவளக்கட்டு reliure à dos recourbé, lier de cette manière; — க்காரர் porteurs de ballots; — மாறு, *V.* பொதிமாறு.

தாவளி, cambouli, கம்பளி, —blanc, couverture ou tapis de laine.

*தாவனம், (dhâvana), motion, course, mouvement, purification, *V.* தாபனம். [டை.

தாவாக்கட்டை, *P.* தாழ்வாய்க்கட்

*தாவாக்கினி, தாவானலம், (தாவம், அக்கினி, அனலம்), embrasement, —de forêt.

தாவாரம், *P.* தாழ்வாரம்.

தாவி, *gér. de* தாவுகிறது.

*தாவிஷம், (tâvicha), océan, le Souvarkam ou paradis d'Indiren.

தாவிளை, (*corr. de* தாழ்வில்லை), mieux, bien, meilleur, chose préférable, plus avantageuse, bienfait: — யாயிருக்கிறது être meilleur, — bien: — யாகிறது, — யாய்ப்போகிறது s'améliorer, aller mieux, être convalescent; அவனுக்கிவன் — celui-ci est meilleur que celui-là; நீயெனக்கொத்தாசையாக வந்தால் தாவிலை il serait bon que tu vinsses m'aider.

தாவு, 1° galop, marche d'un cheval, saut, élan, élancement, haine, bâton (pour s'appuyer...), peine, trouble, affliction, force, endroit, place pour se reposer. 2° *imp. et part. du suiv.* நல்லதாவிலிருக்கிறது être dans un bon endroit.

தாவுகிறது, தாவினேன், தாவுவேன், தாவு, தாவ, *v.n.* sauter sur, se précipiter sur, s'élancer, sauter, bondir, franchir, étendre—, élever les bras, tendre les mains, s'étendre, se répandre, atteindre, (*v.g.* le feu un objet combustible), parvenir, attraper, saisir, se perdre, se gâter: தாவிக்கொண்டு திரிகிறது aller çà et là en tendant les mains (*v.g.* un enfant à sa mère;) தாவுகிற பிள்ளையை யெடுக்கிறது prendre un enfant qui tend les mains; என்மேலே தாவிவருகிறான் il vient se jeter sur moi.

தாவுகை, தாவுதல், *n.v. du prée.*

*தாவுரி, (tâvouri), le signe du Taureau.

தாழ, *inf. de* தாழுகிறது, en bas, à bas, sous, au-dessous, humblement: —ப்போகிறது descendre; —வெட்டுகிறது couper en bas, creuser profondément; பொழுது *ou* வெய்யில் தாழ vers le soir, à la tombée du jour.

தாழக்கோல், (தாழ், அ சாரியை), verrou (de porte...), clef.

தாழம், *adj. de* தாழை, de pandanus: தாழங்குடை parapluie fait de ses feuilles; தாழஞ்செடி l'arbrisseau pandanus; தாழஞ்சங்கு conque à large bouche; தாழந்தாறு grappe de pandanus; தாழந்தூறு buisson de pandanus; தாழம்பாய் natte faite de ses feuilles; தாழம்பூ fleur odoriférante du pandanus. [V. தாழுதல்.

தாழல், *opt. et n.v. de* தாழுகிறது,

தாழாமை, *n.v. nég. de* தாழுகிறது, orgueil, arrogance, hauteur, ne pas s'abaisser.

தாழி, cruche, jarre, terrine, vase de terre à larges bords, la 2° constellation, orpiment, la plante கிலுதை: —ச்சட்டி, —ப்பெட்டி terrine —, corbeille à larges bords.

தாழிசை, (தாழ், இசை), espèce particulière ou variété et subdivision des 4 principaux genres de poésies, nommées de là வெண்டாழிசை *ou* வெள்ளொத்தாழிசை, ஆசிரியத்—, கலித்—, *et* வஞ்சித்தாழிசை. (Quand le தாழிசை s'adapte au குறள்வெண்பா il se nomme குறட்டாழிசை): தாழிசைபாடுகிறது composer des Tâgiseis ou vers de cette espèce.

தாழுகிறது, ழ்ந்தேன், ழுவேன் *ou* ழ்வேன், ழு *ou* ழ், ழ, *v n. ou* தாழ்ந்துபோகிறது, s'abaisser, baisser, descendre, s'humilier, se soumettre, soumettre son esprit, enfoncer, couler bas, s'affaisser, être bas, abaissé, enfoncé, humble, soumis, rampant, pencher, pendre, s'incliner, se pencher, découler, glisser, décroître, diminuer, dégénérer, s'affaiblir, s'appauvrir, faire halte, s'arrêter, lambiner, traîner, (*avec l'acc. ou le dat*). révérer, vénérer, faire la révérence, —la courbette, désirer, —fort: தாழ்ந்திருந்தால் வாழ்ந்திருப்பாய் si tu continues à être humble, tu seras heureux; —சொல்லுகிறது, —பேசுகிறது parler humblement, avec soumission; தாழாமலிருக்கிறது ne pas s'abaisser, —s'humilier, —se soumettre, être sans bassesse, —sans infériorité ou imperfection.

தாழுகை, தாழுதல், *n. v. du préc.* abaissement, soumission, humiliation, diminution, vénération, révérence, action de s'abaisser.

தாழை, 1° *ou* தாழைமரம், l'arbrisseau pandanus odoratissima: (*l'adj. est* தாழம்), cocotier. 2° *P.* தாழாய். 2° *pers. sing. nég. de* தாழ்கிறது: — மூலை racines de pandanus (qui descendent des branches); —மடல், —யோலை feuille de pandanus: ஆனைக்கற்றாழை aloès à haute tige.

தாழ், 1° *imp. et part. de* **தாழுகிறது**, bas, profond, enfoncé, penché, humble, soumis... 2° verrou, poutre dont le bout sort en dehors du mur, longueur, bande, attache de corset indien: — குழல் tresse de cheveux qui pendent par derrière, fille, — qui porte ainsi ses cheveux; — க்கோல் verrou, clef; — சடை longue chevelure emmêlée; — சீலை langoutti; — வயிறு ventre bas, — qui pend.

தாழ்கிறது, *V.* **தாழுகிறது**.

தாழ்க்கிறது, ழ்த்தேன், ழ்ப்பேன், ழ், ழ்க்க, *v.n. et a.* (**தாழ்கிறது**), baisser, diminuer, décroitre, attendre, s'arrêter un peu, lambiner, devenir lent.

தாழ்ச்சி, *n.v. de* **தாழ்கிறது**, humilité, bassesse, abjection, infériorité, diminution, faute, erreur, perte, dommage, manque, privation, pénurie: — படுத்துகிறது humilier, abaisser; — வளர்ச்சி petitesse et grandeur, diminution et augmentation, plus ou moins: ஒன்று — வாயிருக்கிறது une chose manquer; அதிலிவனுக்கவன் — யாயிருக்கிறான் en cela celui-là est inférieur à celui-ci; அதைக்கொண்டு — யில்லை on ne sera pas dans le besoin ou embarrassé pour cela; எனக்குத் — வராது je ne saurais manquer de rien: எனக்கொரு — யில்லை je ne manque de rien; அவனந்தவலுவல்பார்த்ததிலே — யில்லை il n'y a aucun manquement dans la manière dont il a rempli cette fonction ou conduit cette affaire.

தாழ்தல், *n.v. de* **தாழ்கிறது**, humilité, abaissement, soumission, submersion, affaissement, halte, délai, révérence, vénération, grand —, désir, action de s'abaisser...

தாழ்த்தல், *n.v. de* **தாழ்க்கிறது** *et* **தாழ்த்துகிறது**, abaissement, diminution, dépression, lenteur, paresse, action d'abaisser...

தாழ்த்தி, 1° *gér. de* **தாழ்த்துகிறது**. 2° *n.v.* humilité, bassesse, infériorité, diminution, valeur —, qualité inférieure: — யாய்ப்போகிறது baisser, diminuer, devenir humble, inférieur; — யானசரக்கு marchandise de qualité inférieure.

தாழ்த்து, 1° *gér. de* **தாழ்க்கிறது**: 2° *imp. et part. de*

தாழ்த்துகிறது, த்தினேன், த்துவேன், த்து, த்த, *v.a. de* **தாழ்கிறது**, *et* **தாழ்த்துதல்**, *n.v.* 1° abaisser, baisser, enfoncer, pencher, humilier, soumettre, dompter, avilir, déprécier, diminuer, retarder, ralentir. 2° *P.* **தாத்துகிறது**.

தாழ்ந்த, *part. parf. de* **தாழுகிறது**; bas, abaissé, enfoncé, humble, diminué, vil: — சிந்தை pensée basse, esprit humble, — blessé.

தாழ்ப்பம், *n.v. de* **தாழ்கிறது**, profondeur.

தாழ்ப்பாள், (**தாழ்**), verrou.

தாழ்ப்பு, *n. v. de* **தாழ்த்துகிறது**; humilité, action d'abaisser...

தாழ்மை, (**தாழ்**), bassesse, abaissement, abjection, humilité, modestie, recueillement, soumission, déférence, humiliation.

தாழ்வடம், (**தாழ்**), guirlande, collier, (de perles ou autres grains).

தாழ்வாய், 1° (**தாழ், வாய்**), *ou* **தாழ்வாய்க்கட்டை**, menton, l'os du menton, mâchoire. 2° *adv. de* **தாழ்வு**.

தாழ்வாரம், (*id.*), varangue, galerie, corridor ou appentis ouvert d'un côté, toit en saillie, — en peute d'un seul côté: — இறக்குகிறது, — கட்டுகிறது construire, — bâtir une varangue, une galerie....

தாழ்வு, *n.v. de* **தாழுகிறது**, abaissement, bassesse, humiliation, abjection, infériorité, manque, défaut, dépérissement, diminution, dommage, faute, erreur, creux, fossé, enfoncement, bas-fond, dépression: — செய்கிறது faire une chose basse, indigne; — தாழ்வாக்குகிறது, தாழ்வாக்கிப்போடுகிறது abaisser, humilier, baisser, rendre bas, soumettre, supprimer, diminuer, déshonorer; தாழ்வாயிருக்கிறது, être bas, abaissé, vil, inférieur, profond, manquer; தாழ்வாய்ப்போகிறது, தாழ்வாகிறது baisser, diminuer, décroître, devenir inférieur, vil...; நீசெய்ததிலேதாழ்வில்லை il n'y a point de faute dans ce que tu as fait; பெருதாழ்வுவந்தது il est arrivé une grande perte, — un grand déshonneur.

தாழ்வுரை, (தாழ்வு, உரை), discours humble.

*தாலகம், தாலக்கம், (tâlaka), orpiment, sulfate d'arsenic jaune.

*தாளத்திரயம், (தாளம், திரயம்), frapper 3 fois de l'eau dans la main gauche avec 3 doigts de la main droite.

*தாளம், (tâla), temps ou mesure (en musique), espèce de cymbale pour battre la mesure, battre des cymbales, l'art d'en battre, ce qui est le 26me des 64 கலைக்கியானம், palmier, orpiment jaune: — கொட்டுகிறது, — கொட்டல், — போடுகிறது, — போடல் battre des cymbales, battre la mesure avec une cymbale ou des cymbales; தாளக்காரன் cymbalier, celui qui bat des cymbales, — க்குறிப்பு temps à garder ou à observer en en battant; — தசப்பிரமாணம், — ப்பிரமாணம் les 10 règles —, règles pour garder la mesure en musique et pour faire accompagnement, (voyez-les à la fin de cet article); — வொத்து, (ஒத்து), temps ou mesure (en musique); elle se bat avec les cymbales; கைத்தாளம் paire de petites cymbales, (l'une de cuivre, l'autre d'acier), qui servent à battre la mesure en chantant; சிறிதாளம் larges feuilles de palmier, — du palmier தளப்பம்: தாளம்-௫- les 5 espèces de temps observés en battant les cymbales qui sont: la 1re se nomme சச்சத்புடம் et contient 8 மாத்திரை, i. e. 8 mesures ou temps, savoir: 2 குரு ou 4 mesures, 1 இலகு, ou 1 mesure et 1 புலுதம் ou 3 mesures, que l'on représente ainsi 88|8. Cette manière est censée tirer son orgine de la dernière face de Siven nommée சத்தியோசாதம், et est de caste brame. La 2e dite சாசத்புடம் contient 6 மாத்திரை ou mesures, savoir: 1 குரு ou 2 mesures, 2 இலகு ou 2 mesures, et 1 குரு ou 2 mesures (8||8) On l'a fait dériver de la 4me face de Siven nommée வாமமுகம்; elle est rajah de caste. La 3me appelée சட்பிதாபுத்திரிகம் contient 12 மாத்திரை ou mesures, savoir 1 புலுதம் ou 3 mesures, 1 இலகு ou 1 mesure, 2 குரு ou 4 mesures, 1 இலகு ou une mesure et 1 புலுதம் ou 3 mesures (8|88|8). Elle dérive, dit-on, de la 3me face de Siven nommée அகோரமுகம் et est de caste marchande ou வைசியசாதி. La 4e dite சம்பத்துவேட்டம் contient aussi 12 mesures, savoir: 1 புலுதம் ou 3 mesures, 3 குரு ou 6 mesures, et 1 புலுதம் ou 3 mesures (88888); elle est censée dériver de la 2e face de Siven nommée தற்புருடம் et est de caste Soudra. La 5me se nomme உற்கடிதம், et contient 3 குரு qui font 6 mesures (888). On lui fait tirer son origine de la 1re face de Siven nommée ஈசானமுகம் et est de caste mélangée dite சங்கிரமசாதி. தாளம்-௭ les 7 tons de la musique, les 7 différentes notes, (et surtout) les 7 mesures de musique ou 7 espèces de temps observés en chantant; ce sont: 1° துருவம் contenant 1 இலகு ou 1 mesure 1 குரு ou 2 mesures et 1 துரிதம் ou une demi-mesure (|8O), en tout 3 mesures et 1/2; les notes qui lui appartiennent sont சரிகம (do, ré, mi, fa), கரிசரிகரிசரி (mi, ré, do, ré, mi, ré, do, ré), கம (mi, fa). 2° மட்டியம் contenant 1 இலகு ou 1 mesure, 1 துரிதம் ou demi-mesure et 1 இலகு ou une mesure (|O|), en tout 2 1/2 mesures. Les notes qui lui appartiennent sont சரிகரி, (do, ré, mi, ré,); சரி (do, ré), et சரிகம (do, ré, mi, fa). 3° உருபகம் contenant 1 இலகு ou 1 mesure et 1 துரிதம் ou demi mesure (|O), en tout 1 1/2 mesure; ses notes sont சரி (do, ré) சரிகம (do, ré, mi, fa). 4° சம்பை contenant 1 இலகு ou une mesure et un அநுதுரிதம் ou quart de mesure et 1 துரிதம் ou demi-mesur,(lυ0) en tout 1 mesure 3/4; les notes qui lui appartiennent sont ச (do), ரிக (ré, mi), et சரிசநிகமப do, ré, do, si,mi,fa). 5° திரிபுடை contenant 3 துரிதம் ou 1 mesure et 1/2 et 1 அநுதுரிதம் ou quart de mesure, (000υ),en tout 1 mesure 3/4; les notes qui lui appartiennent sont கரி கசரிகம (mi,ré,mi,do, ré,mi,fa). 6° அடதாளம் contenant 1 இலகு ou 1 mesure,2 துரிதம் ou 1 mesure et 1 இலகு ou 1 mesure (l00l),en tout 3 mesures; les notes sont சரிகா, (do, ré,mi), சாரிகா (do,ré mi), மா (fa), மா (fa). 7° ஏகதாளம் contenant 1 இலகு ou 1 mesure (l);les notes sont சரிகம (do,ré,mi,fa).L'espèce dite சம்பை est des 5 castes, ou convient aux 5 castes.Si le திரிபுடை a 3 விராமம் et 1 அநுதுரிதம்,il est d'une seule caste;s'il a l'இலகு,il est aussi des 5 castes. Les 5 autres espèces sont également des 5 castes. On les connait et on discerne à quelle caste elles conviennent par les lettres de l'இலகு du ஏகதாளம் particulier à chaque caste. L'இலகு de caste brame a le temps de 4 lettres, celui de caste royale a 3 lettres ou 6 lettres; celui de caste marchande a 7 lettres, celui de caste Soudra a 5 lettres, celui de caste mêlée a 9 lettres. Dans chaque caste l'அநுதுரிதம் ou 1/4 de mesure a le temps d'une lettre, et le துரிதம் ou demi-mesure le temps de 2 lettres. தாளம்-கூ les 9 règles pour garder le temps ou la mesure en musique,le jour qu'une idole est portée en procession autour d'une pagode, avec 9 haltes dans lesquelles on observe les 9 différens தாளம், *i. e.* mesures instrumentales ou vocales, en voici les noms: அரி— அருமை,—சம,—,சய, —சித்திர—,துருவ—,நிவிர்த,—படிம—,விடதாளம். தாளப்பிரமாணம் ௰, ou தாளதசப்பிரமாணம் les 10 règles pour garder la mesure en musique, savoir: காலம், மார்க்கம், கிரியை, அங்கம், கிரகம்,சாதி,கலை, இலயை,யதி,பிரத்தாரம். Voici quelques explications à leur sujet. 1° காலப்பிரமாணம் règle du temps; elle contient 10 subdivisions,savoir: கணம், இலவம்,காட்டை, நிமிஷம், துடி, துரிதம், இலகு,குரு, புளுதம், காகபதம். En voici la valeur: le temps qu'une aiguille met à traverser une feuille de nénuphar dans un paquet de 100 feuilles se nomme கணம்;8 கணம் font 1 இலவம்,8 இலவம் font 1 காட்டை,8 காட்டை font un நிமிஷம்,8 நிமிஷம் font 1 துடி, 2 துடி font 1 துரிதம்,2 துரிதம் font un இலகு,2 இலகு font 1 குரு,3 இலகு font 1 புளுதம்,2 குரு font 1 காகபதம். 2° Le மார்க்கப்பிரமாணம் ou règle du mode se subdivise en 6 savoir: le தக்கணம் qui contient 8 மாத்திரை en un கலை, le வார்த்திகம் qui en contient 4, le சித்திரம் qui en contient 2,le சித்திரதரம் qui en contient un,l'அர்த்தசித்திரம் qui en contient un demi,et l'அதிசித்திரம் qui en contient un quart, chacun en un கலை. Le மாத்திரை a la mesure d'un நொடி ou du temps voulu pour faire claquer le doigt du milieu contre les autres. 3° கிரியைப்பிரமாணம் la règle de l'action, elle se divise en 2 parties dites மார்க்கம் et தேசிகம்: le மார்க்கம் contient 4 நிசத்தம் et 4 சசத்தம்;les 4 நிசத்தம் se nomment ஆவாபம்,நிட்கிராமம்,விட்சேபம்,பிரவேசம்; les 4 சசத்தம் s'appellent துருவம், சம்மியம்,தாளம்,சன்னிபாதம். Le தேசிகம் se divise en 8 parties nommées: துருவகம்,சர்ப்பிண்ணி,கிருடிகை,பதுமினி,விசர்ச்சிதை,விட்சிபத்தம்,பதாகை,பதிதம்.On peut voir leur explication dans des traités spéciaux. 4° அங்கப்பிரமாணம் la règle des corps ou des figures;elle se divise en 6 parties nommées பிறை croissant, மதி la pleine lune, கணை flèche, வில் arc, பாம்பு serpent, புள்ளடி pied d'oiseau,dont la marque est une croix; on leur attribue dans le même ordre un அநுதுரிதம் ou quart de mesure au பிறை, un துரிதம் ou une demi-mesure au மதி, un இலகு ou 1 mesure au கணை, un குரு ou 2 mesures au வில், un புலுதம் ou 3 mesures au பாம்பு, un காகபதம் ou 4 mesures au புள்ளடி; ce qui fait ∪O|ꝸꝸ† Pour savoir leur origine, leurs synonymes, leurs airs, leurs divinités, leurs mesures, etc..., voir les traités spéciaux. 5° இராகப்பிரமாணம் règle des demeures; elle a 4 subdivisions, savoir: l'அதீதம் ou la voix précédant la cymbale, l'அநாகதம் ou la cymbale précédant la voix, le சமம் ou la voix et la cymbale réunies, விடமம் la voix et la cymbale se mêlant et se précédant réciproquement. 6° சாதிப்பிரமாணம் règles des castes; on en compte 5: சதுரசிரம் celle des brames, திசிரம் celle des rajahs மிசிரம் celle des marchands, கண்டம் celle des choutres, சங்கீரணம் la caste mêlée; on les distingue par les lettres de l'இலகு comme il a été dit ci dessus. 7° களைப்பிரமாணம் règle de l'air; il y en a 3: ஏககளை le களை unique, துவிகளை le double களை, சதுர்க்களை le quadruple களை. 8° இலயைப்பிரமாணம் règle du temps ou de la vitesse: il y en a 3: விளம்பம் lenteur, மத்திமம் moyenne, துரிதம் vitesse. 9° யதிப்பிரமாணம் règle des pauses; il y en a 6, savoir: le சமம் ou சமயதி lorsque les figures dites அங்கம், longues ou brèves, viennent d'une seule manière (∪∪, ll,). விடமம் ou விடமயதி, lorsque les figures longues et brèves viennent mélangées et sans ordre; (ꝸ∪O). மிருதங்கம் ou மிருதங்கயதி lorsque les figures brèves viennent au commencement et à la fin, et les longues au milieu (∪Oꝸ0∪), வேதமத்தியம் ou வேதமத்தியயதி, lorsque les figures longues viennent au commencement et à la fin et les brèves au milieu (l∪l). கோபுச்சம் ou கோபுச்சயதி lorsque les figures longues viennent au commencement et les brèves à la fin (ꝸꝸl0∪). சுரோதோவகம் lorsque les figures brèves viennent au commencement et les longues à la fin (∪O|ꝸꝸ). 10° பிரத்தாரம் expliqué dans les traités spéciaux.

தாளன், un certain, un quidam: [(mot de mépris).

தாளா, **தாளாத**, *part. nég. de* தாளுகிறது, qui ou qu'on ne peut souffrir, intolérable.

தாளாண்மை, (தாள்), effort, — continuel, persévérance, industrie.

தாளாளர், (தாள், ஆளர்), gens industrieux, — qui font des efforts constans, épithète des 3 classes de வைசியர்.

தாளாமை, *n.v. nég. de* தாளுகிறது, intolérance, ne pouvoir—, ne pas supporter...

***தாளி**, 1° (tâli), le palmier borassus flabelliformis, ou corypha tâliera, fruit de ce palmier. 2° la 17me constellation dite அனுடம், la plante grimpante தாளிச்செடி convolvulus striatus, bois mort et matières semblables entassées pour faire du feu. 3° *gér. de* தாளுகிறது, 4° *imp. de* தாளிக்கிறது: தாளிப்பனை le palmier tâlipat ou சீதாளம்.

தாளிக்கம், stabilité, fixité, fermeté, prospérité: — ஆனகுடி famille prospère, bien établie; — ஆனவன் homme à l'aise, qui a le moyen de soutenir sa famille.

தாளிக்கிறது, -ளித்தேன், -ளிப்பேன், -ளி, -ளிக்க, *v.a.* faire un ragoût—, assaisonner à l'indienne, préparer les ragoûts à la manière indienne dans 2 casseroles l'une pour le mets, l'autre pour l'assaisonnement dans lequel on verse ensuite le premier, éteindre, amortir, mêler: சுண்ணாம்பு — தீற — éteindre —, amortir la chaux; வெறுஞ்சட்டி — assaisonner un plat vide, se vanter, dire des gasconnades; தாளித்தகறி ragoût préparé de la manière susdite.

***தாளிசம்**, 1° (tâlisa) montagne. 2° *P.* தாளீசம்.

தாளிதம், **தாளித்தல்**, **தாளிப்பு**, *n. v. de* தாளிக்கிறது, (talita *viande rôtie*).

assaisonnement,—à l'indienne, —à la double casserole, amortissement, mélange: தாளிதம் பண்ணுகிறது, V. தாளிக்கிறது. [லவாணை.

தாளிளி, les plantes சிவதை et தி

*தாளீசம், (தாளி, ஈசன்), l'arbre tâlisa: தாளீசபத்திரி ses feuilles; (elles sont médicinales).

தாளுகிறது, ளினேன், ளுவேன், ளு ஷ ன், ள, v.a.et n. தாளுதல், n.v. supporter, souffrir, tolérer, pouvoir, être possible: அதெனக்குத்தாளாது je ne puis supporter cela; அதைக்கண்டுமனந்தாளவில்லை en voyant cela le cœur n'a pu ou ne peut le souffrir; அதைத்தாளுபவனுர் qui peut souffrir cela? இந்தக்காரியத்திலேமனந்தாளவேணும் il faut en ceci de la tolérance: je vous prie d'avoir en cela de la tolérance: இந்தவிலைக்கு அந்தச்சரக்குத்தாளாது cette marchandise ne comporte pas ce prix; தாளுந்தாளாது cela est tolérable et ne l'est pas, cela est plus ou moins tolérable.

தாள், 1° pied, commencement, chaume, tuyau ou tige (du blé, des fleurs etc...), effort, exercice, force, mâchoire, verrou, pêne, serrure, agrafe (de bijou...), feuille de papier, ruban, lien, courroie, piége. 2° *imp. et part. du préc*: தாளடிப்போர், 1° tas de blé... battu à la main et non encore battu ou plutôt foulé aux pieds de bœufs. 2° ceux qui battent le blé; —அடைக்கிறது, — இடுகிறது, — போடுகிறது, — பூட்டுகிறது pousser le verrou, fermer au verrou; — கழுவுகிறது laver les pieds, (c'est une des 9 vertus); — ப்பூட்டு broche de fer qui traverse les joues au-dessus de la mâchoire (et que portent les pélerins de திருப்பதி...); —ப்பயிர் céréales à tige ou tuyau; —ப்போர் tas de blé, (avec sa tige): —மடங்கல் la tige se courber, se plier, les blés mûrir; தாளோடுதாள்கிட்டிக்கொள்ளுகிறது ou தாளிணைக்கிட்டிக்கொள்ளுகிறது serrer les mâchoires, les lier.

தாள்ப்பாள், (தாள்), verrou: —இடுகிறது fermer au verrou.

தாறது, P. தருகிறது, donner: தாறேன், P. தருகிறேன், je donne

தாறு, gén. தாற்றின், obl. தாற்று, 1° aiguillon, —de fer, —de bouvier, mesure (de terre...), limite, extrémité de l'arc (où l'on attache la corde), peloton de fil, navette, bobine de tisserand, bouquet ou grappe (de dattes, de noix d'arec, de cocos, de bananes etc...), branche avec ses fruits, tige des feuilles, V. குலை. 2° (tar, *anglais*), goudron, poix: தாறுசள்ளி la plante வெள்ளைக்காக்கணம்; — க்கண்டை navette de tisserand; —க்கழி baguette —, bâton dont les tisserands se servent pour conduire le fil de la navette: — கோல் aiguillon (de bouvier); — சுற்றுகிறது mettre le fil en peloton.

தாறுமாறு, désordre. déréglement, concubinage, confusion, contradiction: — க்காரன் homme qui vit en désordre, concubinaire, perturbateur: தாறுமாறும் en désordre, en concubinage, confusément, à tort et à travers.

*தாற்கரியம், P. தஸ்கரியம், vol. தாற்காணம்... V. தாக்காணம்..

*தாற்பரியம், (tâtparya), dessein, intention, opinion, sentiment, sens, signification, explication: — சொல்லுகிறது dire l'intention, —le sens, définir le sujet, expliquer: — பண்ணுகிறது expliquer, développer, amplifier; தாற்பரியவுரை, (உரை), explication du sens.

*தாற்பரியார்த்தம், (தாற்பரியம், அர்த்தம்), sens d'une sentence.

தாற்று, 1° *obl. de* தாறு. 2° *imp. et part. du suiv.* —க்கதிர் épi en —, grappe: —க்கோல் aiguillon (de bouvier, de laboureur...), harpon, crochet; —ப்பூ fleurs venues en bouquet, —en faisceau.

தாற்றுகிறது, ற்றினேன், ற்றுவேன், ற்று. ற்ற, v.a. தாற்றுதல், n.v. vanner, porter.

தானகம், une des parties de la danse ou de la comédie.

தானக்கை,(தானம்,கை), appui, endroit pour soutenir.

தானத்தான்,*pl.* தானத்தார், (ஸ்தானம்), chef héréditaire, surintendant de temple, maitre de cérémonies d'un temple de Siven.

*தானம், 1° (*P.* ஸ்தானம்), place, situation, site, lieu, posture droite des statues de Vichnou,(par opposition aux postures assises ou couchées. 2° (dàna), don, présent, donation, largesse, libéralité,(ce qui est une des qualités du இராசதகுணம், un des 4 உபாயம்,et une des 7 vertus), rut des éléphans, humeur qui coule alors de leurs tempes, frapper, couper en morceaux, miel sauvage, purification. 3° (tâna), ton, air. 4° *P.* ஸ்நானம், bain. 5° Souvarkamou monde des dieux indous, force, apparition: தானம்—ம les 3 espèces de dons ou de largesses: 1° தலைப்படுதானம் ou உத்தமதானம் le don principal ou excellent; c'est donner de bon cœur et des biens acquis honnêtement, à des pénitens vertueux et exempts des 3 grands viçes de luxure, de colère et de scepticisme, en les priant hum blement de les accepter. 2° இடைப்படுதானம் ou மத்திமதானம் don mitoyen; c'est faire l'aumône par commisération aux pauvres, aux aveugles, aux estropiés, aux femmes indigentes et à tous les malheureux. 3° கடைப்படுதானம் ou அதமதானம் la dernière espèce de largesse ou le don inférieur; c'est donner l'aumône ou faire des présens pour être loué, par attente d'une récompense, par crainte, par complaisance, amitié, civilité ou bon naturel, ou pour d'autres raisons mondaines: தானங்கொடுக்கிறது,—கொடுத்தல் faire des présens, *v.g.* celui d'une vache ou autre chose, donner l'aumône, un des 3 காயத்திரைக்குணம்; —செய்கிறது,—பண்ணுகிறது faire un présent, donner, se baigner, se laver; தானசீலம் caractère libéral, — généreux; — சீலன் homme libéral; — சுத்தி purification du lieu où l'on est; — தருமம் aumône, libéralité, régles pour les donations; — பதி homme généreux; — பத்திரம், — பத்திரிகை acte de donation; — ப்பிரதிஷ்டன், *P.* ஸ்தானப்பிரதிஷ்டன்; — ப்பிரதிபாவியம் gage, — pour sureté d'une dette; — ப்புழு tenia, ver solitaire, ver des entrailles; — ப்பொருத்தம், *V.* பொருத்தம்; — வச்சிரன் un வைசியன், diamant des dons; — வரிசைபாடுகிறது chanter avec une voix tremblante; — வருஷி homme généreux, éléphant en rut; — வியத்தியாசம், — வித்தியாசம் don défectueux, — inférieur, — fait par erreur ou à des personnes indignes, différence de don; — வீரன் homme généreux, libéral; தானத்திலேவைக்கிறது mettre à saplace.

*தானவம், (tânavu), minceur, poli, douceur au toucher.

*தானவர், (dànaval, les fils de தனு (et de கசியபன்), *i.e.* les Dânavers ou அசுரர், sorte de Titans.

*தானவன், (*id. sing. du préc.*) un Dânaven, Sandiren ou la lune.

தானவாரி, (தானவன், அரி), l'ennemi des Dânavers, Indiren, Vichnou.

தானுகிறது, தானுகுதல், தானுதல், (தான்), se former -, exister—, être de soi-même.

தானுட்டித்துநிறுத்தல், (தான், நாட்டி, நிறுத்து), maintenir une chose où on l'a mise d'abord, appuyer par des raisons et maintenir ce qu'on a prescrit ou avancé.

*தானுபதி, 1° *P.* ஸ்தானுபதி, ambassadeur, député, envoyé, représentant, plénipotentiaire. 2° (தானை, பதி), général d'armée: — யாய்வருகிறது venir en ambassade.

தானுபதிக்கம், தானுபத்தியம், தானுபதித்துவம், (தானுபதி, ka, ya), dignité —, emploi d'ambassadeur, — de général, ambassade, députation, généralat: தானுபத்தியம்பேசுகிறது, — பண்ணுகிறது parler en qualité d'ambassadeur, ou remplir les fonctions d'ambassadeur.

*தானி, 1° (தானம்), ce qui occupe une place, v. g. la terre est le lieu தானம்,et l'homme est தானி ce qui l'occupe. 2° (dhâni), magasin, grenier, site, place d'une —,habitation, ce qui contient, (à la fin des mots composés,comme இராசதானி ville capitale, — où réside le roi).

*தானியம்,(dhânya),céréales,grains en général,(surtout) riz,blé,coriandre: —கட்டுகிறது, — கட்டிவைக்கிறது serrer—,accaparer les grains, les garder en magasin, (pour les faire enchérir ou faire le monopole),தானியசப்பம் paille sans grains, balle—,enveloppe du grain;— கோஷ்டகம் grenier,réceptacle—,panier à grain, corbeille;—சங்கிரகம் grenier,*ou*—சம்பத்து provision —,magasin de grains, de blé;—சாரம் riz —, grains vannés, c'en est alors la substance; — தேனு monceau de grains pour être donné aux brames, *litt.* vache de grain; — ப்புரட்டு tromperie dans les sortes de grains; —ப்பொட்டு l'insecte அந்து qui ronge le grain, blé bruiné, nielle, paille du grain; — மணி grain de blé,de riz; — மாயன் marchand de grains;—ராசன் le roi des grains,*i. e.* le froment:—வத்தனன், —வர்த்தனன் celui qui prête du grain à usure, marchand de grains (en échange d'autres objets...): —விலக்குமி, —லக்ஷுமி,—லட்சுமி la prétendue déesse des blés; — வீசம் grain de blé, coriandre.

தானியாகுபெயர்,(தானி, ஆகுபெயர்), nom dérivé de la chose qui se trouve dans le lieu, *v. g.* விளக்கு lampe (comme contenant des substances qui éclairent.)

*தானியாசலம்,(தானியம், அசலம்),montagne—,monceau de grains.

*தானியாதிபன்,(*id.* அதிபன்),maitre des grains.

*தானியாஸ்தி,(*id.* ஆஸ்தி, அஸ்தி), grain battu, *ou* தானியசாரம்.

*தானியாமிலம், (*id.* அம்மிலம்), cange aigre,eau de riz.

*தானியாரி,(*id.* அரி),l'ennemi des grains,*i.e.* le rat.

*தானியார்த்தம்,(*id.* அர்த்தம்),richesse en grains,V.தானியசம்பத்து

*தானியோத்தமம்,(*id.* உத்தமம்), le meilleur grain,*i.e.* le riz.

*தானீயம்,(dâniya),don, présent.

*தானு,(dânou),donateur,homme généreux, vainqueur, vent,air.

*தானூரம், (tânoura), tournant d'eau,tourbillon.

தானூர்,Tânour ou Tânore, ville de la côte malabare.

தானை,armée,arme (en général), outil, habit, toile:—த்தலைவன் général d'armée; — த்தறுகணாளர் guerriers, braves soldats; — மாலை le 29me des பிரபந்தம், panégyrique (en vers ஆசிரியம் sur le ton de l'agavel) de l'avant-garde qui porte le drapeau d'une armée; தானை-௪ les 4 parties d'une armée indoue, savoir: இரதம் chars, கரி éléphans, பரி chevaux, காலாள் piétons,ou en d'autres termes ரதகஜதுரகபதாதிகள்: தானை-௬ les 6 corps d'armée: தேர் chars, கரி éléphans, பரி chevaux, வாள் soldats armés d'épées, வில் archers,வேல் lanciers ou soldats armés de javelots.

தான்,*obl.* தன்,*hon.*தாம்,*obl.* தம், *pl.*தாங்கள்,*obl.*தங்கள், *pronom personnel de la* 3me *personne*, il, lui,soi; (*après un nom ou un pronom*),même, *Ex.*நீதான் *ou* தானே toi-même: அவன்தான் *ou* அவன்றான்; lui-même: அவள்தான் elle-même; அதுதான் cela même, c'est cela même; மனிதன்தான் l'homme-même; அவர்கள்தாமே eux-mêmes: மெய்தான் c'est vrai; அதுதானேவந்தது c'est cela même qui est venu,ou cela est venu de soi-même; அந்தமனிதனிவன்தான் c'est lui-même qui est l'homme en question; அவன்வந்தது நல்லதுதானே il est vraiment bon qu'il soit venu; அப்படி தானிருக்கின்றது c'est ainsi que la chose est. Quelquefois le mot தான் est purement explétif, et se met entre un nom et la terminaison des cas. *Ex.* அரசன்தன்னை, அரசர்தம்மை, *P.* அரசனை, அரசரை le roi, les rois; தானும், தானே soi-même, de soi-même, spontanément, volontairement, de son plein gré; தானேவாதல், தானாகிறது, தானாதல், தானாதல் se former de soi-même, ou தானாயிருத்தல், தானாயிருக்கிறது être --, exister de soi-même, aséité, être indépendant; தானாயிருக்கிறசர்வேசுரன் Dieu qui existe de lui-même; தானாயாளுகிறது gouverner par soi-même, d'une manière indépendante; தானும்ப்பேசுகிறது parler de soi-même; தானும்ப்பேசிக்கொள்ளுகிறது se parler à soi-même; தானுமூவர் le Trimourti formé de lui-même, *i. e.* la pierre dite சாலக்கிராமம், en laquelle les gentils le croient incarné; தானிப்படிசெய்வேனென்றான் il a dit qu'il ferait ainsi; தானெடுத்துமொழிதல் un des யுத்தி, citation d'auteurs; தானே même, de soi-même; தான்தோன்றி, *V.* தான்றோன்றி.

தான்றி, — மரம் l'arbre terminalia bilirica: தான்றிக்காய் son fruit médicinal (c'est un des 3 பலை et un des 10 துவர்).

தான்றோன்றி, (தான், தோன்றுகிறது), l'être existant par lui-même, *i.e.* Dieu, ce qui a germé de soi même; தான்றோன்றித்தம்பிரான் homme puissant existant par lui-même, (dit ironiquement). [த் et de இ.

தி, lettre syllabique composée de

திகசம், திக்சம், la plante அசமதாகம்.

திகதி, *P.* தேதி, jour du mois.

*திகந்தம், (திக்கு, அந்தம்), horizon. le point le plus loin où la vue ou l'idée puisse s'étendre autour de nous.

*திகந்தரம், திகந்தராளம், (திக்கு, அந்தரம், அந்தராளம்), air, atmosphère, l'espace. [obscurité.

*திகம்பரம், (digambara), nudité,

*திகம்பரர், (*id.*), gens nus, ascètes djaïnas ou bouddhistes—, gymnosophistes qui allaient nus.

*திகம்பரன், (*id.*), homme nu, Arouguen, Siven (à cause de leur nudité).

*திகம்பரி, (திகம்பரம், i), *m. et f.* personne nue, Dourgâ ou Parvadi.

திகரடி, affliction, anxiété, fatigue, épuisement, asthme, courte respiration.

திகரம், la lettre தி, désir, —ardent, *V.* திகரடி: — ஆயிருக்கிறது être asthmatique; — உண்டாயிருக்கிறது l'asthme est prononcé, — devenu très-oppressif. [*V.* திகழ்ச்சி.

திகழல், *opt. et n.v. de* திகழுகிறது, திகழுகிறது *ou* திகழ்கிறது, ழ்ந்தேன், ழுவேன் *ou* ழ்வேன், ழு *ou* ழ், ழ, *v.n.* திகழுதல், *n.v.* briller, luire, resplendir, apparaître.

திகழ், 1° *imp. et part. du préc.* 2° *ou*

திகழ்ச்சி, திகழ்தல், திகழ்வு, *n.v. du même*, lumière, lustre, éclat, splendeur, apparition.

திகளு, la plante கொடிவேலி.

*திகாந்தம், *P.* திகந்தம்.

*திகாந்தரம், *P.* திகந்தரம்.

திகிரி, roue, —de potier, supplice de la roue, cercle, l'arme circulaire dite சக்கராயுதம், moulin à bras, meule à moudre, char, voiture, montagne, bambou: — க்கல் bézoard, *V.* சக்கரவாளகிரி.

திகிரிகை, (திகிரி, kâ), roue, cercle: குயவன் · roue de potier.

திகிர், 1° corde employée dans les cérémonies d'un sacrifice: திகிரடிக்கிறது frapper—, agiter cette corde comme signal au sacrificateur ou à celui qui fait une oblation au feu. 2° *ou*

திகில், peur, crainte, alarme, terreur subite, tremblement: — ஆயிருக்கிறது, — பிடித்திருக்கிறது être effrayé, terrifié: — என d'une manière alarmante, comme une—, par une terreur subite: — அடைகிறது, — எடுக்கிறது, — இடுக்கிறது, — பிடிக்கிறது *ou* திகிற்படுகிறது s'effrayer, être saisi d'effroi, — d'une terreur subite; — பிடித்துச்சாகிறது mourir de frayeur.

திகுதிகு,*son imitatif*: திகுதிகென்கிறது faire *tigoutigou*, —du bruit, se hâter; திகுதிகென்று vite,en faisant *tigoutigou;* திகுதிகென் றெரிகிறது brûler en craquant ou pétillant.

திகை, 1° *P.* திசை, côté, région, point cardinal, taches jaunes sur la peau ou au visage. 2° *imp.et part.de* திகைக்கிறது: திகைகெட்டவன் homme troublé, hors de soi,égaré; —தப்புகிறது s'égarer, se troubler; —ப்பூண்டு plante qui,dit-on, trouble l'esprit ou cause de la perplexité quand on marche dessus; —ப்பூண்டுமிதிக்கிறது marcher sur cette plante,se troubler, être stupéfait, —ப்பூண்டுமிதித்தவன் homme qui a marché dessus, homme troublé,embarrassé;—மயக்கு trouble d'esprit, égarement.

திகைக்கிறது, கைத்தேன், கைப்பேன், கை,கைக்க,*v. n.* chanceler, vaciller,se troubler,s'étonner, s'effrayer, trembler,*ou* திகைத்திருக்கிறது. திகைத்துக்கொண்டிருக்கிறது balancer, hésiter, être stupéfait, troublé, effrayé, embarrassé, hors de soi-même, dans la perplexité; திகைத்துப்போகிறது s'effrayer, se troubler, rôder çà et là tout stupéfait.

திகைத்தல்,திகைப்பு,*n. v. du préc.* vacillation, hésitation, perplexité, crainte, épouvante, terreur subite, trouble, tremblement: திகைப்படைந்திருக்கிறது *ou* திகைப்புண்டிருக்கிறது, *V.* திகைத்திருக்கிறது *et* திகைக்கிறது.

*திக்கங்கம்,(திக்கு, அங்கம்), insignes des prétendus gardiens des 8 points cardinaux, *V.* அஷ்டபாலகர் குறி.

*திக்கசம்,(திக்கு dik,கசம்),*V.* அஷ்டதிக்குக்கசம்.

திக்கடைப்பு, (திக்கு, அடைப்பு), limitation, clôture, borne (de l'horizon...).

*திக்கம்,(dikka), jeune éléphant.

*திக்கயம், *P.* திக்கசம்.

திக்கரிக்கிறது,ரித்தேன், ரிப்பேன், ரி,ரிக்க,*v.a.* (திக்காரம்),mépriser,rejeter (comme de nulle valeur),réfuter,censurer. [*V.* திக்காரம்.

திக்கரித்தல்,திக்கரிப்பு,*n.v.du préc.*

திக்கற்றவன்,(திக்கு, அற்ற), homme qui ne sait où aller,—dénué de secours,orphelin.

*திக்காரம்,(dhik *fi!* காரம்), mépris,affront,reproche,censure,rejet, réfutation.

திக்கி,*gér.de* திக்குகிறது.

திக்கிருதம், திக்கிரியை, (dhik,*fi!*), reproche,censure, affront.

திக்கிடுகிறது, (திக்கு), s'effrayer, être épouvanté.

*திக்கு,1° (dik), région, quartier, côté, coin—,côté du monde, point cardinal. (Les Indiens en comptent 8, qui sont les 4 points cardinaux et les 4 intermédiaires, *V.* அஷ்டதிக்கு, *V. aussi le* தசதிக்கு formé en ajoutant aux précédens le zénith et le nadir. 2° support, protection, assistance, bégaiement, difficulté de parler. 3° *imp.et part. de* திக்குகிறது.4° l'arbrisseau செகடிவேலி: *எனக்குத்திக்குமில்லை திசையுமில்லை* je n'ai ni coin ni recoin,— ni protection ni asyle;—க்கெடுகிறது être désorienté, être—, rôder dénué de secours, perdre la tramontane;—க்கட்டு,—த்தம்பனம்,—பந்தனம் enchantement des points cardinaux, —fait pour prévenir les prétendues mauvaises influences qui pourraient en venir;—சூலம் conjonction planétaire de mauvais augure, comme celle du soleil et de Vénus à l'ouest;—த்தாகம் rougeur extraordinaire de l'atmosphère;—த்தடுமாறுகிறது,— மயங்குகிறது se troubler, perdre la tramontane, être désorienté;—பதிக்கிரகம் les astres qu'on prétend présider aux 8 coins du monde: c'est சூரியன் à l'est, சுக்கிரன் au sud est, செவ்வாய் au sud, இராகு au sud-ouest; சனி à l'ouest, சந்திரன் au nord-ouest, புதன் au nord, et வியாழம் au nord-est;—ப்பாலகர் les gardiens des 8 coins du monde, *V.* அஷ்டதிக்குப்பாலகர்;

—ப்புறம் côté du monde;—ப்பூசை sacrifice aux gardiens des 8 coins du monde; — மாறுட்டம் trouble d'esprit, être désorienté;—மண்டலம் cercle de l'horizon,—du ciel, un point du monde; — முகம் un côté du monde;—முட்டு trouble,embarras; — முட்டாக்குகிறது troubler, désorienter;— வாய் bouche qui bégaie ou balbutie; — வாயன்,m.— வாய்ச்சி,f. bègue, homme—, femme qui bégaie ou balbutie; —விசய கிரமம் invasion pour conquérir tous les coins du monde, ou—விசயம் conquête des 8 coins du monde; —விபாகம் quartier, point cardinal, division d'un point du monde;—வியாபி présent—,étendu dans tous les coins du monde.

திக்குகிறது, sync. திக்கிறது, க்கினேன்,க்குவேன்,க்கு,க்க,v.n. திக்குதல்,n.v. bégayer, bredouiller, balbutier, hésiter en parlant ou en récitant une leçon, se désorienter, s'égarer, s'écarter—,se disperser de divers côtés; திக்கித்திக்கிப்பேசுகிறது bégayer; —த்திக்கிவாசிக்கிறது balbutier en lisant; அவனுக்குவாய்திக்குகிறது il bégaie, il est bègue; அவனுக்குத்திக்கிப்போகிறது il bégaie, il hésite en parlant.

திக்குத்திகு,திக்குத்திக்கு, son imitatif, திக்குத்திகென்கிறது,திக்குத்திக்கென்கிறது faire tiquetique, —du bruit,craindre,la cymbale résonner; திக்குத்திசெனல், திக்குத்திக்கெனல், v.n. signe de crainte, bruit, son de cymbale.

திக்குமுக்கு, suffocation, strangulation, étouffement: — ப்படுகிறது, திக்குமுக்காடக்கிறது. திக்குமுக்காடுகிறது,திக்குமுக்கிட்டுப்போகிறது, être suffoqué,étouffé,étranglé,étouffer; — ப்படுத்துகிறது, திக்குமுக்காடவிக்கிறது étrangler étouffer:—ப்படுதை, திக்குமுக்காடைப்பு suffocation.

திக்குறு,la plante புனமுருங்கு.

திக்கெல்லை, (திக்கு,எல்லை), V.திக்கடைப்பு.

திங்கட்,P. திங்கள் devant க, ச,ப.

திங்களுன்,(id.நாள்), la 5me constellation, sous laquelle naquit,au dire des Indous, Sandiren ou la lune.

திங்கள், la lune, (ou son conducteur)Sandiren,mois lunaire, lunaison,ou திங்கட்கிழமை,P. திங்கட்கிழமை le jour de la lune.i.e. le lundi: திங்கள் மும்மாரி பெய்கிறது pleuvoir 3 fois dans un mois,(phrase employée pour désigner une contrée fertile): —நாள்,—மீன்,V. திங்களுன்;—வெண்குடையோன் ou திங்கட்குடையோன் celui qui a la lune pour ombrelle,i.e.Kâmen.

திசமிதன், homme qui n'a point de désirs.

*திசாபதிகள்,(திசை,பதி), les prétendus présidens des coins du monde, V.திக்குபதிக்கிரகம்.

*திசாமுகம், (id.),coin —,côté du monde.

திசாவம்,résine,poix.

திசாலம், lieu et temps convenable.

*திசி,(disi),V.திசை.

*திசிலன்,(tidjila), Sandiren ou la lune,géant, le géant Tisilen.

*திசை, 1° (disâ), point cardinal, région, côté—,coin —,quartier du monde,chef —,intendant qui gouverne chaque coin du monde,situation, station, apparence, regard. 2° P. தசை,lot, fortune, état: திசைசை. les 4 points cardinaux, les 4 limites du pays tamoul, savoir:குணகடல் ou கிழ்கடல் la mer à l'est, குடகுமலை les montagnes à l'ouest, வடவேங்கடம் ou திருப்பதி la montagne au nord ou Tripaty, குமரி ou கன்னியாகுமரி le cap Comorin au sud; — க்கட்டு enchantement pour prévenir de mauvaises influences de quelque côté du monde;—க்கட்டுக்கட்டுகிறது faire cet enchantement:—க்கட்டுதெரிந்தவன் sorcier habile pour cet enchantement; — க்காற்று vent qui souffle d'un côté du monde,vents alizés; —க்குறிப்பு signe du point cardinal, ce qui marque le rumb; —ச் சொல் terme particulier à une province, à un district; — தா l'arbrisseau சொடிவேலி; — மயக்கு, — மாறுதல் trouble, être désorienté, désappointement; — மிலம் la plante மருக்காரை; — முகன் celui qui a une face tournée vers chaque point cardinal, i.e. Brama à 4 faces; — மொழி V. திசைச்சொல்; — யடிக்கிறது, — வருகிறது arriver —, se rencontrer heureusement, — d'une manière propice; — யுடையவர் maitre d'un pays ou d'un coin du monde.

*திஷ்டம், 1° (dichta), fortune (bonne ou mauvaise), destinée. 2° P. திருஷ்டம், vision, évidence, preuve évidente, V. திட்டம்.

*திஷ்டாந்தம், திஷ்டாந்தரம், P. திருஷ்டாந்தம், திருஷ்டாந்தரம், preuve, — évidente, exemple, explication, preuve par exemples, citation, fondement d'une assertion, science, estimation, calcul, mort: — ஆய் clairement, évidemment, manifestement, — ஆயறிந்தவன் celui qui connait clairement, évidemment, témoin oculaire.

*திஷ்டி, 1° (drichti), joie, plaisir. 2° P. திருஷ்டி, vue, vision, aspect, œil, œillade, regard, — jaloux ou malin, mauvaise influence qu'on lui attribue, fascination des yeux, connaissance, sagesse, fenêtre, guichet, lucarne, V. திட்டி et திருஷ்டி: — க்கல், — க்கல்லு jais ou agate, pierre précieuse qu'on suppose préserver de l'influence prétendue des regards malins ceux qui la portent, et dissiper la fascination des yeux; — கழிக்கிறது, — கழித்துப்போடுகிறது dissiper —, détruire —, ôter cette influence ou cette fascination; — கழிப்பு cérémonie payenne pour l'ôter ou la prévenir; — தோஷம் prétendue mauvaise influence des regards jaloux, fascination causée, au dire des Indous, par les regards: — சுற்றுகிறது tourner une chose (surtout autour de la tête d'une autre personne), pour dissiper ou prévenir cette mauvaise influence; — ஸ்தம்பம், — ஸ்தம்பம் fascination des yeux, art de fasciner la vue, c'est le 59me கலைக்கியானம்; — படுகிறது être atteint d'un regard malin, en être fasciné; — பரிகாரம், V. திஷ்டிகழிப்பு; — மணி, V. திஷ்டிக்கல்; — வாங்குகிறது, V. திஷ்டிகழிக்கிறது; — வாசல், — வாயில் guichet, porte étroite, fenêtre, lucarne; — வாசல் விட்டிருக்கிறது il y a un guichet dans la porte (d'un fort ou d'un temple); யானையேறித் — வாசலில் நுழையலாமோ peut on passer par un guichet étant monté sur un éléphant? peut-on faire une chose indigne de son rang? — வைக்கிறது mettre un tichti, ou jeter un regard malin, regarder, veiller sur, estimer: அவன் திஷ்டிக்கு மறுதிஷ்டியில்லை nul n'a le regard malin ou fier comme lui.

திஷ்டிக்கிறது, 1° P. திருஷ்டிக்கிறது, voir, regarder, prophétiser. 2° P. சிஷ்டிக்கிறது, créer, fabriquer: திஷ்டித்துப்பார்க்கிறது veiller sur, regarder fixement, — avec de grands yeux.

திஷ்டித்தல், திஷ்டிப்பு, n. v. des préc. vue, regard, prophétie, création, fabrication.

திஸ்து, habits, habillement, — complet, assortiment d'habits.

திட, adj. de திடம்.

திடத்துகிறது, த்தினேன், த்துவேன், த்த, த்த, v. a. திடத்துதல், n. v. (திடம்), fortifier, affermir.

திடபரம், (திடம்), constance, fermeté, force, — d'âme, certitude: திடபரப்படுகிறது s'affermir, prendre courage, devenir certain.

திடமை, la plante செவ்வெருக்கு.

*திடம், P. திருடம், force, courage, vigueur, fermeté, constance, certitude, assurance, vérité, stabilité: — ஆய் courageusement, hardiment, fortement, constamment, fermement, positivement: — ஆய்ப்பேசுகிறது parler hardiment ou fortement;—ஆய்த்தள்ளிவிடுகிறது rejeter courageusement; —ஆன,—உள்ள, — ஆயிருக்கிற fort, vigoureux, courageux,intrépide, hardi, ferme, constant,stable,certain,positif; — ஆகிறது, *V.* திடப்படுகிறது;—கொள்ளுகிறது prendre courage,— confiance:—கொண்டுபேசுகிறது parler hardiment ou fortement: — சொல்லுகிறது encourager,affermir, consoler; திடக்காரன் homme ferme, constant...;திடச்சித்தம் volonté ferme, —inébranlable; - ச்சித்தமாயிருக்கிறது avoir une volonté ferme,être déterminé; — செய்தி nouvelle—, chose certaine; — ச்சாட்சி témoin assuré,témoignage assuré,—fort,—certain: — ச்சாட்சியாயறிவிக்கிறது témoigner fortement;—த்துவம் force,fermeté constance;— நம்பிக்கை ferme confiance,espérance sûre ou inébranlable;—நிச்சயம் certitude inébranlable:—பத்தி piété solide,fidélité inviolable,dévouement absolu; —பிடி prise vigoureuse,tenir—, saisir fortement:—புருஷன், *V.* திடவான்;—ப்படுகிறது,—ப்படுதல் s'affermir,prendre courage,—des forces *ou* - ப்பட்டிருக்கிறது être fortifié,encouragé,affermi,assuré,consolé;— ப்படுத்துகிறது affermir, fortifier,encourager, consoler, donner du courage; — ப்படுத்திவிடுகிறது congédier après avoir consolé, encouragé,fortifié; — ப்படுத்திக்கொள்ளுகிறது s'encourager, s'affermir, prendre des forces;— ப்பிரஞ்ஞன், *V.* தேவன்முத்தன்;—மனம்,— மனசு volonté ferme,inébranlable; — மனசாயிருக்கிறது avoir une volonté ferme,—bon courage;—மொழி parole énergique.

திடர்,tertre, monticule, colline, élévation, butte, écueil, bas-fond, banc de sable, rescif; திடரிடுகிறது s'élever en colline,en tertre;— ச்சுண்டி, *V.* வறட்சுண்டி.

திடல்,ilot petite ile, place à sec dans une rivière,monceau, *V.* திடர்: —ஆய்ப்போகிறது s'élever en tertre,(un terrain,un ilot...) ,être un peu élevé; — தட்டுப்படுகிறது un navire donner dans un rescif; திடற்சுண்டி la plante வறட்சுண்டி.

திடவான், (திடம், vân), homme fort,ferme,assuré,courageux, constant,

திடறு, *P.* திடர்.

திடன்,1° *P.* திடம்,force, fermeté, assurance,courage,vérité.2° *V.* திடவான்:— அற்றவன் homme sans fermeté,sans courage,faible,pusillanime:—அற்றுப்போகிறது,—தப்பிப்போகிறது perdre courage, se décourager; — ஆக்குகிறது, *V.* திடப்படுத்துகிறது;—ஆய்ப்பேசுகிறது, *V.* திடமாய்ப்பேசுகிறது; திடனைப் பார்த்துக்கொள்ளுகிறது voir —, éprouver le courage,la constance...

திடாரி,(திடம்),homme courageux, hardi.

திடாரிக்கம்,(*id.*),constance,fermeté,courage,confiance,assurance,consolation:— சொல்லுகிறது encourager,fortifier,affermir; — ஆய்ப்பேசுகிறது parler avec hardiesse: மனதைத் — பண்ணுகிறது s'encourager,encourager,consoler.

திடின்பொதின்,திடீர்,டுடீர்திடீர், திடீர்பொதீர்,son —,mots imitatifs: —என்கிறது, எனல் rendre ces sons,résonner,faire du bruit;திடீரிடுகிறது,திடுமென்கிறது faire *tidir*,— le bruit d'une lourde chute,résonner,arriver subitement,se hâter,être vif, prompt, alerte:திடுமென,—என்று subitement en un instant,inopinément,tout-à-coup; - என்றுபாய்கிறது s'élancer inopinément:— என்றுதள்ளுகிறது pousser ou chasser soudainement: — என்றுபோடுகிறது jeter subitement (à terre....),— விழுகிறது tomber subitement.

திடுகூறு,précipitation,vitesse: திடுகூறாய் précipitamment,soudainement,à l'improviste.

திடுக்கம்,திடுக்காட்டம், (திடுக்கு), peur,terreur, — subite,— panique, émotion —, tressaillement de frayeur,tremblement,sursaut, étonnement.

திடுக்கிடுகிறது, (திடுக்கு), s'effrayer, être épouvanté, tressaillir—, trembler d'effroi, être saisi d'une terreur subite ou panique, s'étonner: திடுக்கிடப்பண்ணுகிறது faire trembler d'effroi, effrayer, épouvanter; —ப்பேசுகிறது parler d'une manière effrayante: — வினைசெய்கிறது faire une mauvaise action—, agir par l'effet d'une frayeur subite.

திடுக்கிடுதல், திடுக்கீடு, n.v.du préc. V. திடுக்கம்.

திடுக்கு, son,—mot imitatif, désignant l'épouvante, l'effroi subit, l'étonnement: —த்திடுக்கென்கிறது, திடுக்கென்கிறது, V. திடுக்கிடுகிறது; திடுக்கென par une frayeur subite, en sursaut, avec précipitation, subitement.

திடுதிடு, son imitatif d'une marche pressée... திடுதிடென்கிறது ou திடுதிடுக்கிறது, டுத்தேன், டுப்பேன்.டு.டுக்க, திடுதிடென்கிறது, (திடுதிடு), rendre ce son, faire du bruit en marchant vite ou en courant: திடுதிடென நடக்கிறது ou ஓடுகிறது hâter le pas, marcher—, courir vite.

திடுதிடுத்தல், திடுதிடுப்பு, திடுதிடெனல், n.v.du préc. bruit d'une marche pressée,—de la course, signe de —, hâte, précipitation. [pesante.

திடுமனி, f.(திடுமன்), femme forte,

திடுமல், திடுமன், force, pesanteur, gravité: திடுமனடிக்கிறது montrer de la force ou de la pesanteur.

திடும், (son imitatif), espèce de timbale: —என்கிறது rendre le son de cette timbale. [opt.de திட்குகிறது.

திட்கல், signe de —, crainte, n.v. et

திட்கு, syno.de திடுக்கு: திட்கிடுகிறது, திட்கிடுதல், திட்கெனல், திட்கென்கிறது ou

திட்குகிறது, கினேன், குவேன், கு, க, v.n. திட்கு), craindre, avoir peur, être stupéfait, saisi de terreur.

திட்டம், justesse, exactitude, précision, rectitude, manière convenable, —juste, vérité, certitude, ordre, régle, arrangement, disposition, commandement, commission, convention, accord, estimation, devis, égalité, nivellement, fermeté, stabilité, force, plénitude, V. திடம்: — ஆய் exactement, ponctuellement, précisément..; —அறியாதவன் homme inexpérimenté, qui ne sait point la manière précise...; — சொல்லுகிறது prescrire la manière, donner la direction, faire le devis..; —பண்ணுகிறது (avec dat.ou l'acc.), régler, ordonner, charger, donner commission; தன் ஆஸ்திகளைக்குறித்துஒரு — பண்ணுகிறது disposer de ses biens, en régler la répartition ou l'emploi; அதுகாரியத்தைமுடிக்கஅவனைத்— பண்ணியிருக்கிறது on l'a désigné pour terminer cette affaire; — பார்க்கிறது examiner la quantité ou la manière précise, faire une estimation, un devis; — பார்த்துக் கொடுக்கிறது donner d'après l'estimation faite ou selon qu'il est nécessaire: திட்டப்படுகிறது être réglé, arrangé, régularisé; — ப்படுத்துகிறது régler, arranger, régulariser; — பட்டம், — வட்டம் exactitude, justesse, ordre, méthode, précision (à exécuter strictement un ouvrage); —வட்டம் பார்க்கிறது examiner strictement la méthode ou la manière voulue.

திட்டல், opt.et n.v.de திட்டுகிறது, injure. [sin.

திட்டாணம், l'arbre இலுப்பை bas-

திட்டாணி, (திட்டு, ஆணி), petite élévation de terre autour d'un arbre pour s'asseoir à l'ombre.

*திட்டாந்தம், திட்டாந்தரம், V. திருஷ்டாந்தம்.

*திட்டி, 1° V. திருஷ்டி. 2° millet dit தினை. 3° P. திட்டு, tertre, élévation, ilot, banc de sable. 4° ou விச்சுவகன்மா Visvakarma prétendu architecte des dieux. 5° gér.de திட்டுகிறது: — விதை espèce de graine médicinale: — க்கொட்டுகிறது injurier beaucoup, —continuellement, litt. noircir d'injures. [டிக்கிறது.

திட்டிக்கிறது, திட்டித்தல், P. திருஷ்

திட்டு, 1° butte, tertre, hauteur, colline, ilot, île dans un fleuve, banc

de sable.bas fond, obstruction de la respiration,mur qui sépare les éléphans (de guerre surtout).2° injure, imprécation,malédiction,*n. v. imp et part.du suiv.*3° son imitatif: — திட்டுகிறது injurier,maudire;— முட்டு injure, malédiction, obstruction de la respiration.

திட்டுகிறது, ட்டினேன், ட்டுவேன், ட்டு,ட்ட,*v.a.*திட்டுதல்,*n.v.* injurier,outrager de paroles,gourmander,maudire.

திட்டென்கிறது, (திட்டு), rendre le son de tittou,se presser:திட்டென vite,à la hâte.

திட்டை,1° mortier (pour piler), montagne,colline,tertre,hauteur, la plante வெள்ளெருக்கு,*V.* திண்ணை. 2°* (drouchtâ),œil. 3° *P.*திட்டாய்,tu n'injuries pas:—யிடுகிறது s'élever, —en tertre, borner, construire un tertre,une chaussée.

திட்பம்,(திண்),moment, court espace —,minute de temps,force, certitude. [*du suiv.*

திணறல்,gémissement,soupir.*n.v.*

திணறுகிறது,றினேன், றுவேன், று,ற,*v.n.*திணறுதல்,*n.v.ou* திணறிக்கொள்ளுகிறது,gémir,soupirer.

திணி,(திண்),1° force. 2° *imp. et part. de* திணிகிறது *et de* திணிக்கிறது.

திணிசம்,(திணி),bataille,combat.

திணிகிறது, ணிந்தேன், ணிவேன், ணி,ணிய,*v.n.* (திண்), être fort robuste,dur, compacte.

திணிக்கிறது, ணித்தேன், ணிப்பேன்,ணி,ணிக்க,*v.a.* (திண்), remplir,garnir,entasser,enfoncer,— un bâton,fourrer,gorger,pousser, faire entrer de force avec un bâton,bourrer,—un fusil...,obstruer.

திணிதல். *V.*திணிவு. [க்கிறது

திணித்தல்,திணிப்பு,*n. v.de* திணி

திணியன்,(திண்),homme fort,robuste,gros,gras,grossier,nigaud, ce qui est fort,gros,épais,rempli,bourré,arbre ou bambou etc... légèrement creux: — ஆயிருக்கிறது être gros et gras.

திணிவு,*n.v.de* திணிகிறது, force, vigueur,dureté,condensité,*ou*

திணுக்கம்,*n.v. de* திணுங்குகிறது étroitesse, défaut d'espace, presse, compacité.

திணுங்கல்,*n.v.et opt.de*

திணுங்குகிறது, *sync.* திணுங்கிறது,கினேன்,குவேன்,கு,க,*v.n.* திணுங்குதல்,*n.v.*être étroit,pressé, serré, compacte.

திணை,place,mœurs,bonne—,conduite,habitant,espèce, sorte, genre, race,classe,caste,terre. En philosophie on distingue 2 திணை,savoir: அகத்திணை objet intérieur, idée dans l'esprit,et புறத்திணை objet extérieur de perception. En grammaire on distingue 2 classes d'êtres இருதிணை:1° உயர்திணை la classe supérieure comprend les dieux தேவர், les hommes மனிதர்,et les démons நரகர்,en un mot les êtres doués d'intelligence.2° la classe inférieure dite அஃறிணை (அல்,திணை),est celle des choses privées d'intelligence et comprend les animaux et les êtres inanimés.L'உயர்திணை renferme l'ஆண்பால் masculin singulier, le பெண்பால் féminin singulier,et le பலர்பால் ou pluriel de ces 2 genres; l'அஃறிணை comprend l'ஒன்றன்பால் neutre singulier et le பலவின்பால் neutre pluriel;திணை—ஐந்து les 5 espèces de terrains, *V.*ஐந்திணை: திணைப்பெயர் nom dérivé d'un nom de terrain;— மயக்கம், — மயக்கநிற்றல் mélange ou confusion des genres ou des classes dites உயர்திணை et அஃறிணை; — வழு solécisme ou faute contre la distinction des genres ou des classes susdites, *v.g.* donner la terminaison de l'அஃறிணை à un verbe qui a un nominatif de l'உயர்திணை et réciproquement.*Ex.* மரஞ்சாய்ந்தான் *pour* மரஞ்சாய்ந்தது l'arbre a penché.

திண்,1° *adj.de* திண்மை, fort,robuste,vrai,certain.2° force,violence. 3° son imitatif: — கல்,— கல்லு pierre solide, - à chaux: — படுகிறது

se fortifier, devenir—, être fort; —பொறுக்கிறது supporter la violence, —l'assaut. [டை.

திண்டகம், la plante கிலுகிலுப்

திண்டாடுகிறது, டினேன், டுவேன், டு, ட, v.n. திண்டாடுதல், n.v. (திண்டு, ஆடுகிறது), être vexé, tourmenté, ballotté (comme un coussin), troublé, ennuyé, pressé, serré, à l'étroit, souffrir.

திண்டாட்டு, திண்டாட்டம், n. v. *du préc.* vexation, trouble, peine, embarras, fléau, détresse, étroitesse: திண்டாட்டம்பண்ணுகிறது vexer, tourmenter, troubler: ஒருத்தனைத்—கொள்ளுகிறது tourmenter quelqu'un, faire le fou, —des farces grossières auprès de quelqu'un.

திண்டி, éléphant, la plante பசளை, l'arbre அரசு, P. திண்டிமம்: திண்டிக்கல் Tindiguel, ou Dindigul ville et division de la province de Maduré.

திண்டிமம், tambourin, tambour.

திண்டு, grand coussin sémi-circulaire. [laine, instrument d'orfèvre.

திண்ணகம், bélier rougeâtre, —à

திண்ணம், (திண்), vérité, force: —ஆக véritablement.

திண்ணன், (*id.*), chasseur, V. கண்ணப்பன் ou

திண்ணியன், திண்ணியோன், (*id.*), homme fort, robuste, puissant.

திண்ணெனகிறது, (*id.*), vibrer, faire *tin*, il se dit du son des cordes d'instruments.

திண்ணை, tinnei, siége ou banc en maçonnerie ou en terre le long d'une maison: —க்குந்து, V. ஒட்டுத்திண்ணை. [solide.

திண்புவி, (திண்), la terre ferme ou

திண்மை, (*id.*), force, fermeté, solidité, vérité, poids, pesanteur: —க்கவர்ச்சி gravité, gravitation, force d'attraction, pouvoir d'attirer un autre corps. [ம்), élasticité, action de fixer.

*திதஸ்தாபகம், திதத்தாபகம், (திதம், 1° (titha), feu, amour, 2° (dhita), chose mouvante. 3° P. ஸ்திதம். [la peau ou la figure.

திதலை, திதலி, taches rousses sur

திதளம், manguier.

*திதி, 1° (tithi), jour ou phase lunaire, un 15° de chaque demi-lunaison, temps que la lune met à parcourir 12 degrés. 2° (diti), Diti fille de தக்ஷன், femme de கசியபன் et mère des தைத்தியர். 3° (ஸ்திதி), état, fermeté, stabilité durée, solidité, séjour, possession, richesses, bonheur, honneur, dignité, conservation, protection, limite, durée d'une éclipse. 4° la cérémonie funèbre dite சிராத்தம். 5° *imp. de* திதிக்கிறது Les Indous divisent chaque lunaison en 2 பக்ஷம் ou quinzaines, la 1re dite சுக்கிலபக்ஷம் ou சுத்தம், la 2e கிருஷ்ணபக்ஷம் ou பகுளம்; chaque quinzaine contient 15 திதி; les 14 premiers se nomment பிரதமை, விதியை, திரிதியை, சதுர்த்தி, பஞ்சமி, சஷ்டி ou சட்டி, சத்தமி, அஷ்டமி ou அட்டமி, நவமி, தசமி, ஏகாதசி, துவாதசி, திரையோதசி, சதுர்த்தசி, mots sanscrits qui signifient le 1er jour, le 2^e jour etc... le 15me திதி de la 1re quinzaine s'appelle பௌர்ணமி ou pleine lune, la 15me திதி de la 2e quinzaine se nomme அமாவாசியை ou nouvelle lune: திதிகர்த்தா, V. ஸ்திதிகர்த்தா; —கொடுக்கிறது, —பண்ணுகிறது donner les redevances d'usage aux brames le jour anniversaire de la mort de ses parens; —க்ஷயம் nouvelle lune (qui pour les Indiens est la fin de la lunaison précédente); —சுதன், V. திதிசுதன்; —ஸ்தாபகம் élasticité ce qui fait reprendre l'état naturel; —த்திரயம் 3 jours lunaires qui arrivent le même jour solaire; —த்துவயம 2 jours lunaires qui arrivent le même jour solaire; —நாடி durée d'une éclipse en நாடி; —நிச்சயம், —நியமம் certitude du jour lunaire, détermination ou choix du jour lunaire propre à la cérémonie funèbre dite சிராத்தம்; —ப்பிரகரணம் conservation; —ப்பிரமாணம் durée d'un jour lunaire, —d'une éclipse; —ப்பிரணி la lune qui cause les differens திதி;—வைத்தர், V.தைத்தியர்; —வர்த்தம்,(அர்த்தம்),demi jour lunaire, demi-durée d'une éclipse; —விரதம் jeûne, pénitence de jours lunaires; — வாரநட்சத்திரயோகரணங்கள் les 5 divisions du பஞ்சாங்கம் ou almanach indien,qui sont les jours lunaires, les jours de la semaine, les constellations lunaires, les Yogas et les Karanas.

*திதிகை,(ஸ்திதி,ka).être,—fixe.

திதிக்கிறது,திதித்தேன்,திப்பேன்,தி, திக்க, v.a.et n. (திதி,P.ஸ்திதி), conserver, garder,faire durer,être ferme, stable.

*திதிக்ஷிதம், திதிட்சிதம், திதிக்ஷை, திதிட்சை, (titikchita,—kchâ), patience,résignation.

*திதிசன்,pl.திதிசர்,(திதி,சன்), fils de Diti, அசுரன் ou géant.

*திதிட்சயம்,P.திதிக்ஷயம்.

திதித்தல்,n.v.de திதிக்கிறது conservation.

*திதியம்,(திதி,P.ஸ்திதி,ya), incorruption.

*தித்தகம், (தித்தம்,ka), l'arbre மலைவேம்பு.

*தித்தம், 1° (tikta), amertume, odeur, — odoriférante, l'arbre மலைவேம்பு,la plante நிலவேம்பு (à cause de leur amertume). 2° (digdha),feu, huile.flèche empoisonnée,conte(vrai ou faux), fable.

தித்தா,les plantes பீதரோகிணி et வட்டத்திருப்பி.

தித்தி,1° douceur, choses bonnes à manger, espèce de palmier, dattier, cornemuse, espèce de flûte, fosse pour le feu des sacrifices indous:—சாகம் l'arbre மாவிலங்கு; — மூளை sucre brut du palmier தித்தி, jeune pousse de palmier (que l'on mange quand il germe). 2° *imp.de* தித்திக்கிறது.

*தித்திகம், (tiktikâ), la plante amère பேய்ப்புடோல்.

தித்திக்கிறது,தித்தித்தேன், தித்திப்பேன், தித்தி, தித்திக்க,*v.n.* être doux, (au goût), suave.

தித்திக்கை,தித்தித்தல்,*n.v.de* தித்திக்கிறது, être doux, douceur.

தித்திப்பு, *n.v. du même*, douceur, bonbon, confitures, sucreries: —சொல்லுகிறது dire des douceurs, flatter, plaisanter, enjôler, cajoler; —வார்த்தை douces paroles, flatterie.

*தித்தியர், (ditya),V.தைத்தியர்.

தித்திரம்,la plante அரத்தை.

*தித்திரி,(tittiri), francolin, espèce de perdrix, martin-pêcheur, le mouni Tittiri un des auteurs du தைத்திரியம் ou Ézourvèdam noir.

தித்திரு,தித்திருச்சி, le roseau நாணல்.

தித்துகிறது,P.திருத்துகிறது,corriger,réformer, rectifier, payer une dette.

தித்துபாடு,(தித்துகிறது), altération,correction

*திந்திடம்,திந்திருணி,திந்திடிகை, திந்திலி,திந்திலிகை,(tintida,—dikâ, li,—likâ), tamarinier,acide pour les sauces.

திந்து,திந்துகம்,திந்துலம், (tindou,ka, la),ébénier, diospyros glutinosa, dont le fruit donne une espèce de résine qui sert de calfat.

திப்பிச்சம், la graine médicinale வாலுளுவை.

திப்பி, marc, résidu (d'une chose dont on a tiré tout le suc), lie: —சோறு riz cuit desséché: — த்தையல் couture à petits points.

திப்பியம்,*corr. de* திவ்வியம்,chose divine, sacrée,la plante அசமதாகம் sison, V.விளக்கம்.

திப்பிலாட்டம், P. திப்பிலியாட்டம்.

திப்பிலி,1° P.பிப்பிலி,poivre long, piper longum, poivrier qui le donne. 2° agitation, vexation: — க்கட்டை tige—, branche de ce poivrier; —க்கொச்சிக்காய் petit grain de poivre non mûr; - மூலம் racine du poivrier susdit;—யரிசி, — க்கொட்டை son fruit, grain de poivre entier;—யாட்டம், — யாட்டல் agitation, fluctuation, embarras, vexation:—யாட்டுகிறது agiter, ballotter, vexer.

திப்பை,monticule,hauteur:

*திமி,(timi), océan,mer,précipice, creux, baleine ou timi, poisson fabuleux de 100 yosaneis de longueur (plus de 300 lieues):— கோடம், — கோசம் le réceptacle du timi, *i.e.* l'océan.

*திமிங்கலம்,திமிங்கிலம்,(திமி, *acc.* gala, gila *qui dévore*), baleine, poisson fabuleux qui dévore le திமி ou le வாளைமீன்; திமிங்கிலகிலம், poisson encore plus grand et qui dévore le திமிங்கிலம்.

திமிசம்,திமிசு l'arbre வேங்கை.

திமிதம்,1° (timita),humidité, fermeté, solidité. 2° *P.*திமிலம், grand bruit,espèce de compte: —போடுகிறது sauter,gambader,jouer, faire du bruit;திமிதகுமுதம் *P.* திமிலகுமிலம், bruit,tapage,abondance,foule.

திமிதிமி,(திமி *répété*),1° *V.*திமிங்கலம்.2° son imitatif: — என்கிறது rendre ce son,faire timitimi; — என்னல் bruit—,signe de la cymbale, de précipitation,observer la mesure en musique ou en dansant,les cymbales résonner, se hâter; —என்று வருகிறது venir avec grande suite et grand bruit.

*திமிரம்,1° (timira),obscurité, ténèbres,enfer.2° *P.*திமிர், engourdissement,roideur,pesanteur; திமிரநாசம்,—படலம் maladie d'yeux,goutte-sereine; —அரி, *V.*திமிராரி.

திமிரன்,(திமிர்),homme engourdi, roide,paralytique, indolent, paresseux. [des ténèbres, *i.e.*le soleil.

*திமிராரி,(திமிரம், அரி), l'ennemi

திமிராளி,(திமிர், ஆளி), *V.*திமிரன் ou திமிரி,*f.de* திமிரன்,paresseuse, fainéante,paralytique.

திமிருகிறது,திர்ந்தேன்,ருவேன் ou ர்வேன்,ரு ou ர்,ர,*v.a.et n.*திமிருதல்.*n.v.* oindre,frotter (de poudre,de sandal ou de cendres...), croître,augmenter.

திமிர்,1° engourdissement,roideur d'un membre,torpeur (qui rend insensible au toucher),paralysie,indolence. 2° *imp.et part.de* திமிர்கிறது *et imp.de* திமிர்க்கிறது:—அடைசல், —அடைசுகிறது,—மிகுக்கிறது l'engourdissement augmenter;—ஆயிருக்கிறது être engourdi, paralysé,—insensible au toucher;—ஆயிருக்கிற சரக்கு marchandises qui ont perdu leur prix par trop d'abondance;—ஆன,—உள்ள paralysé, engourdi, insensible, indolent;—உள்ளவன் homme gras et stupide,indolent,paresseux,négligent;—எடுக்கிறது, *V.* திமிர்பிடிக்கிறது;—ஏறுகிறது l'engourdissement —,la paralysie monter, *ou*— கொள்ளுகிறது être atteint de paralysie, d'engourdissement,devenir insensible, immobile, paralysé;—படுத்துகிறது paralyser, engourdir,rendre insensible;— படுகிறது *ou* பிடிக்கிறது s'engourdir, se paralyser, attraper une paralysie,devenir paralysé,insensible,roide,immobile:— பூச்சி ascaride, petit ver rond des intestins;—போக்குகிறது,—முறிக்கிறது, — விடுகிறது s'étendre et bâiller pour dissiper l'engourdissement ou le sommeil;—மொய்க்கிறது s'engourdir,se roidir;—வாங்குகிறது dissipper la torpeur (et rendre souple par des frictions d'huile);—வாதம்,—வாயு paralysie,privation de mouvement ou de sensation,apoplexie,privation de mouvement et de sentiment; —வாதக்காரன் paralytique;— வாயுபிடித்திருக்கிறது être atteint de paralysie; திமிரைவாங்குகிறது ôter , dissiper l'engourdissement (en donnant une rossée.)

திமிர்கிறது, *V.*திமிருகிறது.

திமிர்க்கிறது,ர்த்தேன்,ர்ப்பேன்,ர், ர்க்க, *v. n.* 1° (திமிர்),*ou* திமிர்த்துப் போகிறது, s'engourdir, se paralyser, être engourdi, paralysé, se dégoûter (de la nourriture). 2° *V.*திமிருகிறது:திமிர்த்திருக்கிறது, - க்கொண்டிருக்கிறது être engourdi,paralysé,dégoûté;— வைக்கிறது agiter (une mesure, un vase...) et remplir jusqu'au bord; அவனுக்குத் திமிர்த்தது il est engourdi,dégoûté; என்காலதிமிர்த்தது mon pied est engourdi.

திமிர்சி,திமிர்ப்பு.*n.v.du préc.* engourdissement, torpeur, paralysie, indolence.

திமிர்தம்,bruit,son. [கிறது.

திமிர்த்தல்,திமிர்ப்பு,n. v. de திமிர்க்

திமிர்தல்,திமிர்வு,n.v.de திமிர்கிறது, onction(de cendres ou de safran..), accroissement, augmentation.

திமிலம், 1° *sync. de* திமிங்கலம், gros poisson,baleine 2° *ou* திமிலகுமிலம்,(துமிலம்), grand bruit.

திமிலர், (திமி, la), habitans d'un terrain salé,—des bords de la mer.

திமிலை, (திமிலம்), espèce de tambour.

திமில், 1° grande barque, navire, l'arbre வேங்கை,bosse du garrot des bœufs indiens. 2° *P.* திமிலம்,bruit, foule,presse; — இடுகிறது faire du bruit,serrer,mettre à l'étroit.

திமிறுகிறது, றினேன், றுவேன், று,ற,*v.a.et n.*திமிறல் *et* திமிறுதல்,*n. v.* arracher,s'arracher des mains de quelqu'un, agiter, rompre, transgresser, frotter, croitre: கையைத் திமிறிப்போட்டோடிப்போனான் il arracha sa main et s'enfuit.

திமைக்கிறது, மைத்தேன், மைப்பேன்,மை,மைக்க,*v. a.* திமைத்தல், *n.v.*exciter,réveiller,soulever.

திம்,*V* திக்கு. [pue.

திம்மனி,grosse femme,femme tra-

திம்மன்,un tel,un individu,singe; திம்மக்குரங்கு certain singe; திம்மனைப்போலிருக்கிறது ressembler à un singe, être comme un singe.

*தியக்தம்,(tyakta), chose rejetée, abandonnée.

தியக்கடி,(தியக்கு,அடி),*ou*

தியக்கம், *n. v. de* தியங்குகிறது, trouble,—d'esprit, confusion,agitation, étonnement, stupeur, mélancolie,abattement,défaillance: — ஆழ்ந்தி ருக்கிற, — உள்ள troublé, confus, étonné,abattu, mélancolique, stupéfait;—ஆயிருக்கிறது *ou* தியக்கமயக்கமாய்க்கிடக்கிறது être troublé,stupéfait,abattu....

தியக்கு, 1° *P.* தியக்கம். 2° *imp. et part.de*

தியக்குகிறது,க்கினேன்,க்குவேன், க்கு,க்க,*v.a. du suiv.* troubler, déconcerter, embarrasser.

தியங்குகிறது,*sync.* தியங்கிறது,கினேன்,குவேன்,கு,க,*v.n.*தியங்குதல், *n.v.* se troubler, se décourager,se déconcerter, s'agiter, branler, être abattu, troublé,embarrassé, dans la perplexité, *ou* தியங்கிவிழுகிறது tomber en défaillance, défaillir.

தியசம், l'arbre médicinal மரமஞ்சள். [abandon,rejet,donation.

*தியசனம், (tyadja *quitter*, na),

தியத்தி,la plante திரளி.

தியரடி, (திசரடி), mélancolie, abandon, délaissement:—வாயிருக்கிறது,—ப்பட்டிருக்கிறது être délaissé,— dans l'abandon.

*தியாகம், (tyâga), abandon, délaissement, rejet, renoncement,cession, donation, don, largesse:—கூறுகிறது publier un don;—கொடுக்கிறது faire un présent (aux savans etc...); — வாங்குகிறது recevoir un don; தியாகராயன் le prétendu roi des dons,*i. e.* Siven, *ou* — சீலன் homme généreux,libéral.[libéralité.

*தியாகசீலதை,(தியாகம்,சீலம்,tâ),

*தியாகன்,*pl.*தியாகர்,(*id.*),homme généreux, libéral, sage qui a abandonné le monde, Siven et autres faux dieux (qu'on prétend faire des dons même contre eux-mêmes).

*தியாகி,(தியாகம்,i), *m. f.*personne généreuse, libérale, homme ou femme charitable, religieux, ascète qui a quitté le monde;—த்தலம் *ou*

*தியாகிதை,(தியாகி,tâ), libéralité.

*தியாச்சியம், (tyâdjya *qui doit être laissé*), 1° abandon, renoncement, *v. g.* சமுசாரத்தியாச்சியம் renoncement à la vie conjugale et aux soins du monde. 2° partie de la durée de chaque astérisme réputée néfaste; c'est l'espace de 3 நாழிகை 3/4 ou 4 நாழிகை, *i.e.* environ une heure et demie du séjour de la lune dans chaque constellation ou நட்சத்திரம் qui est réputée de mauvais augure et de rebut. (Pendant ce temps l'Indou superstitieux n'enterprend ni ne termine aucune affaire. Ce temps ne commence pas au même instant dans chacune des 27 constellations lunaires: dans மிருகசீரிடம், சோதி, விசாகம் et கேட்டை c'est après 14 nâjigueis; dans பூசம்,பூரம், சித்திரை, உத்தராடம் c'est après 20 nâjigueis; dans கார்த்திகை, மகம், இரேவதி, புனர்பூசம் après 30 nâjigueis; dans மூலம் après 20 et 56 nâjigueis; dans ஆயிலியம் après 32 nâjigueis; dans உரோகிணி après 40 nâjigueis; dans அனுடம்,அவிட்டம்,திருவோணம் après 10 nâjigueis; dans பூரட்டாதி après 16 nâjigueis; dans அச்சுவினி après 50 nâjigueis; dans பரணி,உத்தரட்டாதி,பூரட்டாதி, après 24 nâjigueis; dans உத்தரம் et சதையம் après 18 nâjigueis; dans திருவாதிரை et அத்தம் après 21 nâjigueis. Tous ces nombres étant placés arbitrairement et irrégulièrement, le peuple superstitieux ne peut calculer ces instants fastes et néfastes, et par la crainte des mauvaises conséquences est obligé de s'adresser aux brames, qui en profitent pour nourrir leur ventre, en trompant ces pauvres ignorans.

*தியாத்துவம்,(dhyâ méditer, துவம்), V. தியானம்.

தியாமம், 1° oiseau aquatique qui a la bec quadrangulaire. 2°* (dhyâma), chiendent, l'herbe இருவேலி, herbe odoriférante, noirceur, méditation, sorte de plante.

*தியாம்பதி,(dhiyâm dans l'intelligence), i.e. l'âme.

தியாலம், P. திகாலம், temps: எத்தியாலமும் toujours; காலைத்தியாலம் matin, அந்தித்தியாலம் soir; கொஞ்சத்தியாலம் moment, peu de temps, மெத்தத்தியாலம் long-temps.

*தியாவாக்ஷமை, தியாவாபிருதிவி, தியாவாபூமி, (dyâvâ ciel, kchamâ terre), le ciel et la terre.

*தியானம், (dhyâna), méditation, pensée, réflexion, contemplation, considération profonde et abstraite (qui représente un objet à l'esprit), représentation mentale des attributs de la divinité, dévotion intérieure, un des அஷ்டாங்கயோகம் ou 8 exercices religieux du Yôgui, qui consiste à réprimer ses sens et à être absorbé dans la pensée de Siven, V. அநுட்டானம்: ஆத்துமசுத்தியானம் profonde méditation, abstraction mentale;—செய்கிறது,—பண்ணுகிறது,—பார்க்கிறது, V. தியானிக்கிறது; தியானசமாதி être enseveli dans la contemplation, (ce qui est un des exercices du Yogui); — யோகம் exercice d'abstraction mentale et religieuse;—பரம்,—தற்பரம் méditation, réflexion; தியானத்திலிருக்கிறது être en méditation; தியானத்திலேகாலம்போக்குகிறது ou நாளைக்கழிக்கிறது passer le temps ou les jours en méditation; தியானத்தின்மேலேவிருப்பமாயிருக்கிறது aimer la méditation, être adonné à la contemplation.

*தியானவான், (தியானம்), homme de méditation, contemplatif, ascète, Yogui.

*தியானி, 1° V. தியானவான். 2° imp. de தியானிக்கிறது, னித்தேன், னிப்பேன், னி, னிக்க, v.a. (தியானம்), méditer, contempler, prier, se livrer aux exercices religieux, considérer, réfléchir examiner.

தியானித்தல், தியானிப்பு, n. v. du préc. méditation, contemplation.

*தியு, (dyou, dies), jour, (opposé à nuit), paradis, ciel, air: — கணம் nombre de jours, terme fixé; — நிவாசம் demeure céleste, paradis; — நிவாசன்,—தியாதி habitant du ciel, dieu;—பதி le roi du jour, — du ciel, le soleil, Indiren; — மணி la perle du jour, i.e. le soleil.

*தியுகம், (தியு, கம்), ce qui vole dans l'air, oiseau.

*தியுகாரி, (தியுகம், அரி), l'énnemi des oiseaux, i.e. le corbeau.

*தியுதம், (dyouta), rayon, — de lumière.

*தியுதி, (தியுதம், i), lumière, clarté, V. தியுதம்:—தரம் beauté, lumière; —தரன் l'étoile polaire, (en mythologie) le sage துருவன்.

*தியுநிசம், (தியு, நிசா), jour et nuit.

*தியூதம், (dyoûta), jeu.

திவேலேசெயே, P. தியசம்.

*திவோதம், (dyôta), rayon —, clarté du soleil, lumière, — brûlante, — avec chaleur.

*திவோபூமி, (dyô ciel), le ciel et la terre.

திரகமூலம், — மூலம் la plante முடக்கொத்தான்.

திரகதுருமம், l'arbre தேற்றா ou செம்புளிச்சை.

திரக்கம், l'arbre கொன்றை cassia: திரக்கத்தாரு la plante திலப்பண்ணை.

திரக்கரிக்கிறது, திரக்காரம், V. திரஸ்கரிக்கிறது, திரஸ்காரம்.

திரக்கிரசம், mal d'yeux. [கடை.

திரக்கிரணி, l'arbrisseau பிரண்டை

*திரங்கம், 1° (dranga), ville. 2° (tranga), la ville d'அரிச்சந்திரன் (qu'on suppose suspendue dans l'air).

திரங்கலம், (திரங்கல், அம்,), poivre noir.

திரங்கல், opt. et n.v. du suiv. ride, poivre noir (à cause de sa peau ridée): சரீரமெல்லாந் — ஆயிருக்கிறது tout le corps être ridé, flasque, maigre.

திரங்குகிறது, sync. திரங்கிறது, கினேன், குவேன், கு, க, v. n. திரங்குதல், n. v. se rider, maigrir, être maigre, ridé.

*திரசரம், (trasara), navette de tisserand, tissage, dévidage, entortiller du fil.

*திரசரேணு, (trasa qui remue, ரேணு), atome de poussière qu'on aperçoit dans un rayon de lumière, (considéré comme le poids le plus petit ou égal à 3 atomes invisibles).

*திரச்சினமுகம், (tirastchina, de travers), air —, visage de travers, mouvement nerveux de la tête causé par la surprise ou la honte.

திரஸ்கரிக்கிறது, ரித்தேன், ரிப்பேன், ரி, ரிக்க, v. a. திரஸ்கரித்தல், n. v. (திரஸ்காரம்), mépriser, injurier, insulter, bafouer, réfuter.

*திரஸ்காரம், திரஸ்கிருதம், திரஸ்கிரியை, (tiras particule de mépris), mépris, affront, insulte, injure: திரஸ்காரமாய்ப்பார்க்கிறது regarder avec mépris, de travers; — பண்ணுகிறது faire un affront.

*திரஸ்தம், (trasta), peur, frayeur.

திரட்கோரை, (திரள்), la plante médicinale கச்சற்கோரை, ocimum à tige ronde.

திரட்சி, n.v. de திரளுகிறது, rondeur, boule, balle, globe, colonne, foule, perle: — யாயிருக்கிறது être rond.

திரட்டல், n.v. de திரட்டுகிறது, action d'arrondir..., assemblage, union.

திரட்டு, 1° n. v. imp. et part. du suiv. assemblage, collection, union, réunion, chose —, masse ronde, chevron rond, nom collectif, — de multitude, assemblage de preuves, — d'exemples, — de citations, chose entière, 1res règles des filles: — க்கலியாணம் fête pour la nubilité des filles; — க்கோரை espèce de கோரை; — ப்பால் lait épaissi par la cuisson.

திரட்டுகிறது, ட்டினேன், ட்டுவேன், ட்டு, ட்ட, v. a. de திரளுகிறது, திரட்டுதல், n. v. ou திரட்டிப்போடுகிறது arrondir, assembler, joindre, réunir, rouler.

திரணாக்கி, espèce de sel alkalin, V. எவச்சாரம்.

*திரணம், (trina), herbe, gazon, chose petite, paille, fétu, atome, ou திரணப்பிராயம் bagatelle, pur néant, un rien, babiole: திரணமாய் ou திரணப்பிராயமாய்ப்பார்க்கிறது regarder comme une bagatelle ..., ou — ஆயெண்ணுகிறது compter pour rien, mépriser; — ஆய்ப்பேசுகிறது parler avec mépris de, traiter de bagatelle, de zéro, déprécier; திரணதூமாக்கினி le poëte தொல்காப்பியன்; — பதி le roi des herbes, i.e. le bananier; — ராசன் le roi des herbes, i.e. la plante திலப்பண்ணை.

திரணி, l'arbrisseau dalbergia heterophylla: — க்கல் pierre noire, — d'aimant.

திரணெருப்பு, (திரள், நெருப்பு), grand feu, bûcher funèbre.

திரளை,(*id.* ஐ), chose arrondie, —ronde,—en boule, masse ronde, balle, rouleau, filet, — de pilier, couronne ou chapelet d'architecture, corniche, ouvrage sphérique (en architecture...), bouchon de paille mis sous le fardeau d'un bœuf de charge: — பிடிக்கிறது arrondir, faire en forme sphérique.

திரண்ட, *part. parf. de* திரளுகிறது, arrondi, rond, uni, assemblé, nombreux: — கல் pierre cylindrique, cylindre en pierre; —கொடிச்சி minéral dit புற்றும்பழம்; — பால் lait caillé; — வடிவு forme ronde, boule;—வட்டம் cercle.

திரண்டு, *gér. de* திரளுகிறது:— போகிறது, s'arrondir, s'assembler: திரண்டிருக்கிறது être aggloméré, assemblé, arrondi...

திரதயம், demande réitérée.

திரந்திகம், racine de poivre long.

*திரபம், (trapa), honte, modestie

*திரபாகன், (trapâka), barbare.

*திரபாரண்டை, (trapârandâ), prostituée. [impudence, effronterie

*திரபாணிரஸ்தம், (trapânirasta).

*திரபு. திரபுஷம், திரபுட்டம், திரபுலம், (trapou, -cha, — la), étain, zinc.

திரப்பியம், objet, chose: திரப்பியவணி, (அணி), fig. de rhét. qui décrit ou définit un objet. [gelle.

திரப்புசம், la plante கத்திரி, brin-

திரமம், vermillon.

திரமிடம், *P.* திராவிடம்.

*திரம், *P.* ஸ்திரம், fermeté, stabilité, force, état, solidité, fixité, les 4 signes dits திரராசி (et énoncés plus bas), la plante தகரை:— ஆக்குகிறது, திரப்படுத்துகிறது, consolider, fortifier, affermir, fixer, établir, prouver:— சித்திரம் peinture solide, — à la fresque: — ப்படுகிறது s'affermir, être ferme, solide, se fixer; —மாசம் *ou* மாதம் les mois de வைகாசி, ஆவணி, கார்த்திகை et மாசி qui correspondent aux 4 signes du zodiaque dits திரராசி, ce sont le Taureau, le Lion, le Scorpion et le Verseau. (Ils correspondent au milieu des 4 saisons et ne touchent ni l'équateur ni les tropiques. Sous ces signes, au dire des Indous, on peut commencer toutes sortes d'ouvrages.

*திரயம், (traya), trois: திரயப்பிணிகடம் corps matériel, sujet aux 3 tempéramens nommés வாதம், பித்தம், சிலேட்டுமம் ou flatuosité, bile et phlegme. [régle de trois.

*திரராசிகம், *P.* திரைராசிகம்.

*திரயாங்கம், (திரயம், அங்கம்), les 3 parties, almanach indien à 3 parties, savoir les jours de la semaine, les jours lunaires et les constellations lunaires, (à l'exclusion des யோகம் et கரணம் du பஞ்சாங்கம்).

*திரயாட்சரி, (*id.* அட்சரம்), espèce de figure à 3 lignes (de lettres).

*திரயி, (trayi), les 3 vèdas (en excluant l'அதர்வணம் dont l'autorité est contestée);—தருமம் devoirs prescrit par les 3 vèdas. [treize.

*திரயோதசம், (trayas 3, தசம்),

*திரயோதசி, (*id.*), le 13me jour lunaire de chaque demi-lunaison.

திரராசி, (திரம்), *V. au mot* திரம்.

திரலடி, cardamome.

திரல், திரவந்தி, *V.* திரவாதி.

*திரவணம், (dravana), allée, écoulement, dégouttement, exsudation, chaleur, richesse.

*திரவம் (drava), écoulement, effusion, dégouttement, suinter, fusion, jus, essence, décoction: திரவத்துவம் liquidité. [ணக்கு.

திரவாதி, l'arbrisseau காட்டாம

திரவிக்கிறது, வித்தேன், விப்பேன், வி, விக்க, *v. a.* (திரவம்), திரவித்தல், *n. v.* faire couler, — écouler ou dégoutter.

*திரவிடம், (dravida), le tamoul, proprement dit *V.* திராவிடம்.

*திரவிடன், (*id.*), homme de basse condition issu de க்ஷத்திரியர் dégradés.

*திரவிணம், (dravina), richesses, propriété, bien, trésor, or, bonheur, force, pouvoir.

*திரவியம், (dravya), richesses, propriété, possession, bonheur, tré sor, or, cuivre, objet, substance, —élémentaire, (on en compte 9: la terre, l'eau, le feu, l'air, l'éther, le temps, l'espace, l'âme, l'intelligence), médecine composée: திரவியம் ஐ les 5 sources de richesses. 1° மலைபடுதிரவியம் les 5 productions des montagnes, savoir: மிளகு le poivre noir, கோஷ்டம் le costus, அகில் l'agalloche, தக்கோலம் le poivre à queue ou piper cubeba, குங்குமம் safran ou crocus. 2° சரடுபடுதிரவியம் les 5 productions des forêts: இறால் rayon de miel, தேன் miel, அரக்கு gomme-laque, மயிற்பீலி plumes de paon, நாவி musc. 3° நாடுபடுதிரவியம் les 5 productions des champs ou des campagnes: செந்நெல் riz rouge, சிறுபயறு espèce de pois, கரும்பு canne à sucre, வாழை bananes, செவ்விளநீர் cocos rougeâtres. 4° நகர்படுதிரவியம் les 5 trésors des villes, அரசன் roi, மித்தன் bouffon, மந்தி babouin, யானை éléphans, கண்ணாடி miroir, (pitoyables richesses que celles des villes dans les idées indouesl). 5° கடல்படுதிரவியம் les 5 productions de la mer: உப்பு sel, முத்து perle, பவளம் corail, சங்கு conque, ஓக்கோலை ambre; திரவியசம்பன்னன், V. திரவியவான்; —சித்தி acquisition —, possession des richesses, influence que donnent les richesses; —சஞ்சயம் accumulation de richesses; —சமஸ்காரம், —சுத்தி purification des biens, des pots, vases, fleurs, offrandes etc... par l'aspersion d'eau lustrale et la répétition de certaines invocations ou formules, purification d'objets souillés; —ப்பிரயோசனம் utilité des richesses, emploi ou usage d'un objet: —யாக்கியம் offrande d'un objet; —லோபம் diminution des richesses, manque de fortune, avarice.

*திரவியவான், (திரவியம், vân), homme riche, opulent.

*திரவியார்ச்சனை, (id. அர்ச்சனை), acquisition des richesses.

*திரவீகரணம், (dravikarana), liquéfaction, fonte.

திரளல், opt. et n. v. de திரளுகிறது, rondeur, rouleau, assemblage, agglomération.

திரளாரம், la plante திலப்பனை.

திரளி, nom d'une poisson.

திரளுகிறது ou திரள்கிறது, திரண்டேன், திரளுவேன் ou திரள்வேன், திரளு ou திரள், திரள, v. n. (திரள்), திரளுதல், n. v. devenir rond, s'arrondir, s'agglomérer, s'unir en masse, se coaguler, se joindre, se rassembler, se réunir en foule, devenir—, être nombreux, se fortifier, se perfectionner, s'éclaircir, une fille devenir nubile.

திரளை, 1° (திரளுகிறது), masse—, chose ronde, balle, pelote. 2° P. திரளாய் 2° pers. nég. du préc.

திரள், 1° imp. et part. de திரளுகிறது. 2° assemblage, foule, multitude, troupe, armée, force, camp, balle, boule, rouleau, cercle, rondeur, masse, abondance: திரளாய் 1° en foule, en grand nombre, abondamment. 2° 2° pers. sing. nég. de திரளுகிறது; திரளாய்ப்போகிறது aller en foule, par troupes; திரள்க்கோவை, V. திரட்கோவை; ஒருதிரள் une foule (de gens...).

திரா, 1° ou — மரம், nom d'arbre. 2° P. தரா, mélange de cuivre et de zinc. [per.

திராசம், jeter en haut et attra-

*திராகிட்டம், (drâghichta), grande longueur.

*திராக்ஷம், திராக்ஷை, (drâkchâ), vigne, treille, grappe, raisin: திராக்ஷக்கொடி branche —, cep de vigne, treille; —பழம் raisin; —ரசம் vin. [ரம்), pressoir.

*திராக்ஷந்திரம், (திராக்ஷம், எந்தி

*திராசம், (trâsa), peur, terreur, tache ou raie de pierreries.

*திராட்சம், V. திராக்ஷம்.

திராக, P. தராக.

*திராணம், P. திராதம், (trâta),

conservation, protection, délivrance, force. [திராணம்.

*திராணம், (trâna), fourreau, V.

திராணி, திராணிக்கம், திராணிக்கை, (திராணம்), force, pouvoir, capacité, qualité, dignité, richesses.

*திராபம், (drâpa), ciel, air, boue, ou

*திராபன், (id.), fou, idiot. [விலை.

திராமரம், l'arbrisseau பவளமல்லி திராமிடம், P. திராவிடம்.

*திராயந்தி, (trâyanti), la plante சம்புத்திராவி, plante médicinale, protectrice,

திராய், la plante dite pharnaceum, c'est une espèce d'herbe potagère et amère: — வேர் sa racine qui est douceâtre.

*திராவகம், (drâvaka), liqueur spiritueuse. — distillée, éther, eau ou essence tirée des minéraux par la distillation, pierre d'aimant, cire: —இறக்குகிறது, —வடிக்கிறது distiller; திராவகசுண்ணம் chaux —, poudre de salpêtre; திராவகத்துக்குதவும் காரம், திராவகத்துக்காரி vitriol gris, sulphate de fer dit அன்னபேதி: சாரத்திராவகம் distillation obtenue du borax, du salpêtre ou de l'alun. [habile, adroit, voleur.

*திராவகன், (id.), homme savant,

திராவடி, P. திரவடி, cardamome.

*திராவிடம், (drâvida), 1° vaste contrée du sud de l'Inde contenant les 5 langues suivantes, savoir: திராவிடம் le tamoul proprement dit, ஆந்திரம் le télinga, கன்னடம் le canara, மகாராட்டிரம் le mahratte et கூர்ச்சரம் le guzeratte. D'autres suivent un autre arrangement qui comprend le maléalam et le cingalais. En tous cas ceux qui disent que le Dravida est le pays qui s'étend de Madras au cap Comorin le restreignent évidemment trop. Le Dravida est un de 56 pays connus des Indous. 2° la nation tamoule une des 4 nations ou சாதி du Dékam. 3° la langue tamoule une des 18 langues. Le tamoul, sous le nom de தென்மொழி ou langue du sud, est souvent opposé au sanscrit, appelé langue du nord ou வடமொழி; பஞ்சதிராவிடம் le tamoul et les 4 langues voisines dérivées de la même source (comme on a pour le nord le பஞ்சகௌடம்). 4° un certain nombre.

*திரி, 1° (tri), trois. 2° P. பெண், fille, femme. 3° mèche (de lampe), lumignon, charpie, séton. 4° imp. et part. de திரிகிறது et திரிக்கிறது:—கடுகம், 1° V. திரிகடுகு. 2° épigramme triple et piquant; il se compose de 3 sentences qui montrent au moins sous un rapport une grande ressemblance entr'elles, v. g. une ville bâtie à l'encontre d'un fleuve, des sujets en rebellion contre leur roi, une femme désobéissante à son mari sont 3 choses proches de leur ruine;— கடு,— கடுகு (P. கடுகம்), composition des —, ou les 3 épices piquantes, i. e. திப்பிலி poivre long, சுக்கு gingembre sec, மிளகு poivre noir ou sec, V. திரிகடுகம். 2° — கண்டகம், — கண்டம் la triple épine, i. e. la plante நெருஞ்சில்;— கணம் réunion de 3 objets: i. e. vertu, richesse et désir;— கம் 3 fois, triple;— சுகந்தம் les 3 aromates, i. e. கிராம்பு clou de girofle, நாவற்பூ fleur de l'arbre நாவல், சண்பகப்பூ fleur du michelia champaca, ou bien les 3 parfums, savoir: சந்தனம் sandal, செஞ்சந்தனம் sandal rouge, அகில் aga loche:— காயம் les 3 substances piquantes, i. e. பெருங்காயம் assa-fétida, மிளகு poivre, வெங்காயம் oignon; —காயன் celui qui a 3 corps, (surnom de) Bouddha;—காலசக்கரம் le cercle des 3 temps, nom d'un livre de chronologie; — காலசந்தி pratique religieuse qu'on fait le matin à midi et le soir;— காலச்செபம் prière des 3 temps susdits, l'angélus: — காலஞானம் connaissance des 3 temps, — du présent, du passé et de l'avenir;— காலஞ்ஞன், —காலதரிசி celui qui connaît ou voit ses 3

temps; —காலம் 1° les 3 temps, *i.e.* நிகழ் காலம் *ou* நிகழ்வு le présent, இறந்தகாலம் *ou* இறப்பு le passé, எதிர்காலம் *ou* எதிர்வு le futur. 2° les 3 parties du jour, *i.e.* காலை le matin, உச்சி midi, மாலை le soir. 3° les 3 temps en musique, *i. e.* விளம்பம் lenteur, மத்திமம் mesure moyenne, துரிதம் vitesse; —காலவர்த்தமானம் science qui rend présent les 3 temps, savoir: le présent, le passé et l'avenir, événement de ces trois temps; — காலோசிதம், (சலம், உசிதம்), l'herbe darbha ou தருப்பை, (qui, selon les Indous, convient aux cérémonies du matin, de midi et du soir); — குணம் les 3 caractères nommés சத்துவிகம், இராசதம், தாமசம், *V.* குணம்-ம; — கூடம் 3 salles, le triple pic (nom d'une montagne); —கூடச்சகம் couteau à 3 tranchans; —கொளுத்துகிறது allumer la mèche (d'une lampe ou d'une chandelle); —கோணம் triangle, chose triangulaire; —கோணசாஸ்திரம், — கோணவிதி trigonométrie, science des triangles; —கோணமலை la montagne triangulaire ou à 3 pics, Trincomalei, ville sur la côte est de l'île de Ceylan; —கோணநோக்கு aspect triangulaire, trine aspect; —சங்கு le roi Trisangou, de la race du soleil, célèbre pour avoir voulu s'élever tout vivant au ciel, par l'aide de son gourou விசுவாமித்திரன்; n'ayant pu y parvenir, il fut mis, au dire des Indous, parmi les étoiles, où il forme le திரிசங்குமண்டலம், *i. e.* la Croix du sud; — சங்குசன் le fils de Trisangou, *i. e.* அரிச்சந்திரன்; —சந்தியம், — சந்தியாகாலம் les 3 parties du jour, matin, midi et soir; — சமம் réunion de 3 choses égales; —சயம் triple victoire, *V.* திரிசியம்; —சவனம் triple augure, —bain, bain que l'on fait le matin, à midi et le soir; —சர rayon des tables ou sinus de 3 signes ou 90 degrés: —சாரம் les 3 espèces de sels nommés நவச்சாரம் soude, எவச்சாரம் sel alkalin, சத்திச்சாரம் sorte de sel brûlant; —சிரன், — சிரா (சிரம்), géant à 3 têtes qui habitait, dit on, le lieu nommé maintenant Trichnapally; —சிரபுரம், — சிரசப்பள்ளி la ville du géant susdit, Trisirâpalli ou Trichnapally, (*en anglais* Trichnopoly). —சிரமலை, —சிராமலை la montagne à 3 têtes ou pics, nom d'une montagne; — சிருங்கம் triple cime, montagne à 3 pics, triangle; —சுடர் les 3 lumières, savoir le soleil, la lune et le feu; —சூலம் trident, pique à 3 pointes, le trident de Siven; — சூலன், —சூலி celui qui est armé d'un trident, Siven; — சொல் (திரியும்), mot variable, — qui a plusieurs synonymes, mot à divers sens, — peu usité, — métaphorique qui désigne quelque chose au-delà du sens littéral, diverses terminaisons ou modifications des mots; —சிரமம் exercice religieux du matin, de midi et du soir; —திரி mèche, charpie; —தசம் treize, trente; —தசி, *V.* திரயோதசி; —தண்டம், —தண்டு triple bâton, 3 bâtons liés ensemble que portent les sannyasis Vichnouvistes; —தண்டசந்நியாசி, — தண்டி sannyasi Vichnouviste, —aux 3 bâtons liés ensemble, qui suit la secte dite வைஷ்ணவம் et les vêdas; —தண்டதாரணம் action de porter ces 3 bâtons; — தலை 3 têtes, nom d'une plante; — தாது 3 minéraux, (surnom de) விநாயகன்; —தினம் espace de 3 jours, triduum; — திக்கம் proportion de la femme, une des 10 convenances qu'observent les Indous pour le mariage; —தேகம் les 3 espèces de corps ou de natures: தூலதேகம் corps matériel; சூக்குமதேகம் âme sensitive, காரணதேகம் l'âme immatérielle; — தூளி triple poussière, réduction en poussière, en morceaux; —தோஷம் triple maladie, dérangement des 3 humeurs du corps, corruption de la bile, du sang et du phlegme, *ou* — தோஷசந்நிசாரம் maladie mortelle dans laquelle sont réunis les symptômes de 3 autres nommées வாதாதிசாரம், பித்தாதிசாரம் et சிலேட்டுமாதிசாரம்; —தோஷஅரம் antidote de la triple maladie susdite; —த்துவம் trinité, réunion de 3 dans un, triplicité, triple puissance; — நாயகம் supériorité—, empire des femmes; —நேத்திரசூடாமணி le bijou que Siven aux 3 yeux porte sur la tête, *i.e.* la lune; —நேத்திரன், —நயனன் celui qui a 3 yeux, Siven; — பக்ஷம் amour de femme ou des femmes, espace de 3 demi-lunaisons, ou 6 semaines; —பங்கி, (பங்கு), strophe qui se divise en 3 en chantant, (ce qui est une sorte de vers de fantaisie ou de மிறைக்கவி; —பதகை, (பதம் *chemin*, gâ *qui va*), le Gange (qui, selon les Indous, coule dans la ciel, sur la terre et dans l'enfer); —பதம் 3 chemins, carrefour où 3 chemins aboutissent, 3 pieds, stance de 3 vers, trépied, trinome (en algèbre); —பதாகம், (புதாகை), triple ligne du front, front marqué naturellement de 3 lignes horizontales; —பதார்த்தம் les 3 choses ou substances, *i.e.* பசு la vie, பதி Dieu, பாசம் l'illusion; — பததிரம், —பர்ணம் trèfle, herbe à 3 feuilles; —பலம், — பலி, —பலை, (பலம்), les 3 fruits médicinaux nommés கடுக்காய், தான்றிக்காய் *et* நெல்லிக்காய், les 3 myrobolans; —பழம் 3 fruits, le fruit qui tourne, *ou* -ப்பழம் espèce d'exorcisme payen; —பழுகம், (பழுக்கிறது), les 3 douceurs, *i.e.* பால் lait, நெய் beurre fondu, தேன் miel; —பாகி, (பாகம்), espèce de மிறைக்கவி ou vers de fantaisie, dans lequel un mot de 3 lettres donne 3 sens différens, selon qu'on le laisse en son entier, qu'on retranche la lettre du milieu ou qu'on en ôte l'initiale; —பாதம் un tiers; — பாதசித்தாந்தம் syllogisme; —புசம், —புயம், —புசை, —புடகம், (poutaka), triangle; —புடி 1° les 3 qualités: ஞானம் sagesse ou connaissance, ஞேயம் ce qui est connu, ஞாதுரு âme. 2° ricin; —புடிபலம் ricin; —புண்டரம், —புண்டரகம் les 3 lignes courbes et horizontales, que les sectateurs de Siven se font sur le front, avec de la cendre de bouse de vache, —புரி la plante சாறடை trianthema; — புருஷம் 3 générations; —புவனம் les 3 mondes: le ciel, la terre et l'enfer, ou le சுவர்க்கம், le பாதலம் l'abyme, et le மத்தியம் ou la terre qui est au milieu; —போகம் commerce voluptueux avec une femme; — மஞ்சள் 3 espèces de மஞ்சள், savoir: மஞ்சள், கஸ்தூரி மஞ்சள் et மரமஞ்சள்; — மதம் les 3 sectes générales, *i.e.* le déisme, l'athéisme et le panthéisme; — மது les 3 douceurs: le beurre liquéfié, le miel et le sucre, une section de l'இருக்குவேதம்; —மலம், *V.* மும்மலம்; —மனம் 3 facultés de l'âme: மனம் l'esprit, புத்தி l'imagination, சித்தம் la volonté, ou selon d'autres, நினைவு la pensée, புத்தி l'intelligence, அறிவு la connaissance: — மார்க்கம் triple chemin, lieu ou 3 chemins aboutissent; —முகன் celui qui a 3 visages, celui qui a un visage de femme — முகுடம் la montagne à 3 pics; — மூர்த்தன் celui qui a 3 têtes; —மூர்த்தி, —மூர்த்திகள் les 3 formes, la triade indienne, *i.e.* Brama, Vichnou et Siven; — மூலம் les 3 racines médicinales: திப்பிலிமூலம், சித்திரமூலம் et கண்டுமூலம், les racines de poivre long, de plumbago et de கண்டு, espèce de plante médicinale; —யவம் poids de 3 grains de riz; —ராத்திரம் espace de 3 nuits; — ரேகம் (ரேகை), conque à 3 raies; —லிங்கம், 1° les 3 genres. 2° *P.* ஸ்திரீலிங்கம்; —லோகம் les 3 mondes: le ciel, la terre et l'enfer, (selon d'autres), la terre, l'air et le ciel ou le souvarkam, *ou bien*— லோகம் les 3 métaux principaux: or, argent, cuivre; — லோகசித்துரம் vermillon fait de 3 métaux, — லோகவசியம் réduction de tout l'univers sous sa puissance; —

லோகாதிபதி, (அதிபதி). le maitre des 3 mondes, Dieu ,(et à tort) Indiren; —லோகி la plante விஷ்ணுக்கிராந்தை; —லோகேசன், (ஈசன்), le maitre des 3 mondes, le soleil (qui les éclaire); —லோசனன், V. திரியம்பகன்:—வசியம், 1° triple possession. 2° P. ஸ்திரீவசியம் possession d une femme, être au pouvoir d'une femme: —வட்டம், P. திருகுவட்டம்;—வருக்கம் trois especes, trois classes, 3 rangs, 3 propriétés de l'âme, i.e. சத்தம் pureté, அறியாமை ignorance, அசத்தம் dépravation; les 3 conditions des rois, i.e. ஆதாயம் gain, நஷ்டம் perte, மத்திமம் moyenne; les 3 objets des désirs, i.e. கடமை devoir, செல்வம் richesses, பெண்போகம் commerce avec les femmes; les 3 épices, V. திரிகடுகு; les 3 myrobolans, V. திரிபலை; — வருக்கபாரிணன், (pârina *qui traverse*), celui qui a obtenu les 3 objets des désirs humains; —வருணகம் les 3 épices. V. திரிகடுகு, les 3 myrobolans dits திரிபலை; - விக்கிரமன் Vichnou qui, au dire de la fable, a traversé les 3 mondes en 3 pas dans l'incarnation en nain dite வாமனம், le roi Trivikramen; —விதம் 3 manières; — விம்சதி 3 fois vingt, i. e. 60:—விழுங்குகிறது faire semblant d'avaler de la filasse (pour la retirer ensuite de sa bouche, tour de passe-passe); — வேணி, —வேணிசங்கமம் confluent de 3 rivières.(et surtout) confluent près d'Allahabad du Gange, de la Djamna ou யமுனை, et du சரச்சுவதி (qui est censé s'y rendre sous terre;—வேதம் les 3 vêdas (excluant le 4me).

*திரிகத்தம், திரிகர்த்தம், (trigarttam), certain pays du nord-ouest de l'Inde, partie du Lahore.

*திரிகம், (திரி, ka), les 3 épices, V. திரிகடுகு, carrefour où 3 routes aboutissent, réunion de 3 choses, trio, les 3 myrobolans, V. திரிபலை.

திரிகை, P. திரிகை, roue de potier, pensée.

திரிகிறது, திரிந்தேன், திரிவேன், திரி, திரிய, v.n. திரிதல், n.v. rôder, flâner, errer, aller —, courir çà et là, se promener, marcher, tourner autour, tournoyer, se changer, retourner, (après un infinitif) être près de,—sur le point de,—en danger, faillir, se perdre: திரிந்துவருகிறது s'en venir flânant, rôder autour d'une chose, chercher à la faire; முகந்திரிகிறது changer de visage; வகாரம் நகாரமாகத்— la lettre வ se changer en ந; கெட்டுப்போகத் - être en voie de perdition, marcher à sa ruine; சாகத் — être en danger de mort, penser mourir; விழத்திரிந்தான் il a manqué de tomber.

திரிகை, n.v. du préc. action de rôder..., promenade, allée et venue, roue de potier, moulin à bras, meule qu'on tourne avec la main, tambour,—à 2 côtés, l'arbre முந்திரிகை i.e. l'acajou.

திரிக்கிறது, திரித்தேன், திரிப்பேன், திரி, திரிக்க, v.a. de திரிகிறது, திரித்தல் n. v. moudre, - avec un moulin à bras, faire tourner, —pirouetter. changer, tordre (une corde...), tortiller, cordonner, entrelacer.

*திருசணம், (trouchnâ), désir.

*திரிசயம், (drousya), chose vue,—visible. [mère de famille.

திரிசி, personne mariée, père ou

*திரிசியம், (drousya), chose visible: —ஆகிறது devenir visible.

திரிசியாதிரிசியம், (திரிசியம், அதிரிசியம்), le visible et l'invisible, ou திரிசியாதிரிசியவஸ்துகள் les choses visibles et les invisibles. [க.

திரிச்சல், n.v. de திரிகிறது, V. திரிதக

திரிஷ்டை, திரிட்டை, P, திருஷ்டை.

திரிஞ்சில், (திரிகிறது). chauve souris.

*திரிதசன், (திரி 3me, தசை *état de vie i.e. la jeunesse*). celui qui jouit d'une jeunesse éternelle, Dieu: திரிதசதீர்க்கை, —நதி le prétendu Gange des dieux; — பதி le prétendu roi des dieux, Indiren; —வது, — வனிதை nymphe du Souvarkam: திரிதசாங்குசம், (அங்குசம்). திரிதசாயுதம், (ஆயுதம்), l'arme prétendue des dieux, la foudre; திரிதசாசாரியன்,

(ஆசாரியன்), le prétendu gourou des dieux, Jupiter; திரிதசாலயம், (ஆலயம்), திரிதசாவாசம், (ஆவாசம்), la prétendue demeure des dieux, le சுவர்க்கம், le mont மேரு; திரிதசாரி, (அரி), l'ennemi des dieux indous, géant; திரிதசாகாரம், (ஆகாரம்), la nourriture de ces dieux, l'ambroisie.

*திரிதம், *P.* திருதம்.

*திரிதயம், (tritaya), troisiéme, trois.

திரிதரல், *n.v. du suiv. V.* திரிதல்.

திரிதருகிறது, தந்தேன், தருவேன், தா, தர, *v.n.* (திரிகிறது *et* தருகிறது), rôder, aller çà et là, errer, tourner autour, tournoyer, retourner.

*திரிதராட்டிரன், (dhroutarâchtra), Dhritarâchtiren célèbre roi aveugle d'அஸ்தினாபுரி, fils de Viasen et de அம்பிகை veuve du roi விசித்திரவீரியன், il fut frère du roi பாண்டு et père de துரியோதனன் et de 100 autres fils; ils périrent tous dans la grande guerre des Pândous et des Kourous.

திரிதல், *n.v. de* திரிகிறது, allée et venue, rôdage, promenade, changement, tournoiement, retour: — விகாரம் différence qui consiste dans le changement —, changement des lettres.

*திரிதிகை, திரிதியை, (troutiyâ), le 3me jour lunaire de chaque demi-lunaison. [(elle est mangeable).

திரிதியம், la plante செவ்வள்ளி,

*திரிதிவம், (திரி), le ciel, le சுவர்க்கம், le prétendu paradis des trois, *i.e.* de Brama, Vichnou et Siven

*திரிதிவேசன், (திரிதிவம், ஈசன்), le maître du ciel, *i.e.* Dieu.

திரித்தல், *n.v. de* திரிக்கிறது.

திரிபணி, (திரிபு, அணி), métaphore qui met le terme de la comparaison pour la chose comparée. *v.g.* தாட்கமலத்தாளடைந்து marchant avec le nénuphar de ses pieds, pour avec ses pieds de nénuphar ou semblables au nénuphar.

திரிபு, *n. v. de* திரிகிறது, changement, altération, perversion, ce qui est un des 3 empêchemens à la béatitude finale dite முத்தி; — க்காட்சி voir ou prendre une chose pour un autre.

*திரிபுடை, (திரி), le 5me des 7 தாளம் ou mesures de musique, *V.* au mot தாளம்-ள.

*திரிபுரம், (திரி), Tribouram, ville et district de l'Inde, le moderne Tippérah, dans le Bengal oriental, autrefois gouverné par l'Asuren திரிபுரன். Ce district avait, dit on, 3 forts ou fameuses cités habitées par des géans et entourées l'une de murs d'or, une autre de murs d'argent et la 3me de murs de fer, d'où lui est venu le nom de Triboura, comme qui dirait Tripolis, *V* முப்புரம்; திரிபுரசுந்தரி la belle de Tribouram, திரிபுரா; — சித்து, — சூதனன் le vainqueur —, le destructeur de Tripouren ou de Tribouram, *i.e.* Siven; — தகனன் celui qui a brûlé Tribouram, *i.e* Siven; — மல்லிகை espèce de jasmin; திரிபுரமெரித்தான், 1° *V.* திரிபுரதகனன். 2° les arbres நொச்சி et மாவிலங்கை.

*திரிபுராந்தகன், (திரிபுரம், அந்தகன்), destructeur de Tribouram, *i.e.* Siven.

*திரிபுரை, (திரிபுரம்), Parvadi ou Satti, la destructrice de Tribouram; — ச்சக்கரம் signes ou figures superstitieuses faites sur une légére plaque de métal en l'honneur de Parvadi. [ment, torsion.

திரிப்பு, *n.v. de* திரிக்கிறது, change-

திரிமணை, *P.* திருகுமணை.

*திரிம்சதி, (trimsati), trente.

திரிய, திரியவும், *inf. de* திரிகிறது. ‖ *adv.* de nouveau, de retour.

*திரியக்ஷன், (திரி, அக்ஷம்), celui qui a 3 yeux, *i.e.* Siven.

*திரியக்ஷரம், (*id.* அக்ஷரம்), mot de 3 lettres. [négociateur d'alliances.

*திரியக்ஷரன், (*id.*), généalogiste,

*திரியத்துவகை, (திரி, அத்துவம், gâ *qui va*), le Gange (qu'on prétend traverser les 3 mondes).

*திரியத்தம், திரியப்தம், (*id.* அத்தம்), espace de 3 ans.

*திரியம், *P.*திரயம், trois: திரியத்துவம், trinité, la Très-Sainte Trinité, triplicité.

*திரியம்பகன், (திரி, அம்பகம்), celui qui a 3 yeux, Siven, Vichnou, Arouguen, Vinayaguen, Virapattiron: திரியம்பகசகன் l'ami de Siven, *i.e.* Koubèren.

திரியா, *part. nég. de* திரிகிறது *et de* திரிக்கிறது. [திரயாங்கம்.

*திரியாங்கம், (திரியம், அங்கம்), *V.* திரியாபுரம், *P.* திரியாவரம்.

*திரியாமகம், (திரி, yâmaka *empéchement*), le triple empêchement au bonheur ou à la béatitude, le péché.

*திரியாமயம், (*id.* ஆமயம்), 1° 3 maladies. 2° *P.* திரியாமகம்.

*திரியாமை. 1° (*id.* யாமை), nuit, le Djamna ou யமுனை, indigo, saphir. 2° *n.v. nég. de* திரிகிறது *et* திரிக்கிறது.

*திரியாவஸ்தை, (திரியம், அவஸ்தை), les 3 états ou அவஸ்தை nommés சாக்கிரம், சொப்பனம், சுழுத்தி, *i.e.* veille, rêve, sommeil profond.

திரியாவரம், திரியாவிரம், (திரியா), chicane, artifice, fraude, tour, ruse, mensonge, opiniâtreté, mauvaise humeur: — பண்ணுகிறது, — பேசுகிறது agir ou parler frauduleusement, chercher à tromper, tergiverser; ஆளைவிருதயத்தான் homme qui a le cœur trompeur, — artificieux; திரியாவரக்காரன் artificieux, trompeur, fripon; உன் திரியாவரங்கரியாய்ப்போக que tes tours s'en aillent en charbon, *i.e.* en poussière.

*திரியேகம், (திரி, ஏகம்), union —, réunion de 3 choses en une, trio, l'indivisible Trinité, *ou* திரியேகத்துவம் union de la trinité et de l'unité, unité dans la trinité, l'unique et indivisible Trinité.

*திரியேகன், (*id.*), *ou* திரியேகசர்வேசுரன், Dieu qui est un et trine à la fois, le seul vrai Dieu en 3 personnes.

திரியோடுகிறது, (திரி), la corde se tordre, la torsion courir ou s'opérer (d'un bout à l'autre).

திரியோட்டுகிறது, (*id.*), mettre de la charpie (dans une plaie profonde).

திரிவாய், 1° (திரி), trou pour la mèche, lumière (d'un canon...). 2° 2° *pers. fut. de* திரிகிறது. [der... *V.* திரிபு.

திரிவு, *n.v. du même*, action de rô-

*திரீ, *P.* ஸ்திரீ, femme, fille: — சனப்பிரியன் galant, amant, débauché; — லிங்கம் genre féminin, vulve.

*திரீயத்துவம், (*P.* திரியத்துவம்), trinité.

திரு, 1° Lakchimi, la prétendue déesse de la fortune, richesse, bonheur, félicité, beauté, excellence, divinité, cri de cornac pour gronder l'éléphant, un des மங்கலச்சொல். 2° *adj.* sacré, saint, divin, vénérable, beau, heureux, riche, orné: — க்கடைக்காப்பு garde de la porte sainte, action de fermer la porte d'un temple, *ou* — க்கடையாப்பு dernières strophes d'un poème sacré, — du தேவாரம், série de poésies réputées sacrées de சம்பந்தர்; — க்கடையூர் nom de ville; — க்கணாமலை, *P.* திருகோணமலை; — க்கண்சார்த்துகிறது *ou* சார்த்துதல் regarder d'un œil de miséricorde; — க்களிற்றுப்படி *ou* ப்படியார் sorte de traité, une des 14 sections du livre nommé சைவசித்தாந்தம்; — க்கழுக்குன்றம் la montagne consacrée à Siven; — க்காட்சி vision divine, — de la divinité; — க்காவணப்பந்தல் le pandel du mariage; — க்காளத்தி, — க்காளஸ்தி la ville de Kâlastri ou காளஸ்தி; — க்குழப்பம் jeu divin ou sacré, trouble causé par une divinité prétendue, — excité par un amusement divin, mensonge, illusion; — க்குளம் étang sacré, de pagode (ordinairement entouré d'escaliers en pierres): — க்குன்றுமலை, *P.* திருக்கோணமலை; — க்கூட்டம் troupe sacrée, — de dévots, — de pèlerins; — க்கூத்து danse supposée sacrée; — க்கொன்றை nom d'un arbre, variété du கொன்றை: — க்கோணமலை, *P.* திருக்கோணமலை; — க்கோலம், 1° vêtement —, costume sacré, —

divin ou des dieux. 2° (திருக்கு *œil*, கோலம்), *V.* திருவமண்டலம்; —க் கோயில் temple sacré, —de la divinité; —ச்சபை assemblée sainte, —des chrétiens, chrétienté, la Ste. Église. l'Église catholique, assemblée divine, —de dieux prétendus (les Sivénistes l'appliquent à Maduré et சிதம்பரம்); —ச்சித்தம் volonté divine, —sacrée, — respectable; —ச்சிற்றம்பலம், (சிறு, அம்பலம்), *litt.* la sainte petite assemblée, (en style payen) la pagode de சிதம்பரம்; —ச்சிற்றம்பலக்கோவை poème composé par மாணிக்கவாசகன் en l'honneur de Siven adoré à சிதம்பரம்; — ச்சின்னம் trompette sacrée (dont on joue devant les gourous payens, aux pagodes et autres lieux); செத்தவனுக்குத் —ச்சின்னம்பிடிக்கிறது sonner de la trompette sacrée pour un mort, (prov. iron.), *i.e.* rendre un honneur non mérité à une personne vile; —ச்சீரலைவாய், —ச்செந்தூர் (சீர், அலை, வாய், செந்து, ஊர்), Trichendour, ville sur le bord de la mer près de Ramèsouram et un des 6 principaux sanctuaires de Soupramanien; —ச்சுண்ணம் poudre supposée sacrée, parfum en poudre (dont on se sert les jours de fêtes...). —ச்சூரணம், —ச்சூர்ணம் poudre sacrée, — de différentes couleurs réduite en pâte et dont les Vichnouvistes se marquent le front; — ச்சூரணபரிபாலனம் cérémonie des Vichnouvistes avant d'emporter un mort hors de la maison; —த்தொண்டர் dévots serviteurs de Dieu: —த்தொண்டு servir Dieu, service divin, — de Dieu, — d'un temple; —த்தாண்டவம், —நடனம், —நட்டம் danse supposée sacrée, — religieuse, — payenne en l'honneur des faux dieux; — நட்டமாடுகிறது exécuter une telle danse: —நாதன் le divin Seigneur, le seigneur de Lakchimi, *i. e.* Vichnou: — நாமம் nom sacré, —vénérable, —sublime, espèce de trident ou triple ligne verticale que les Vichnouvistes se mettent sur le front, chant sacré; —நாமச்செடி la plante artemisia vulgaris; —நாமத்துத்தி espèce de guimauve; — நாமப்பாலை la plante periploca tunicata, —நாளைப்போவார் un des dévots de Siven; —நாள் jour de —, fête, solennité; — நாள் ஆசரிக்கிறது célébrer une fête, observer les jours de fête; —நீலகண்டன் un des dévots de Siven, espèce de scorpion: — நீறு cendre bénite, (en style payen) cendre supposée sacrée, cendre de bouse de vache (dont les Sivénistes se frottent le front et à laquelle ils attribuent une grande vertu); — நீறு அணிகிறது, இடுகிறது *ou* பூசுகிறது se frotter de cette cendre (le front, la poitrine ou autres parties du corps); —நீறுவிளைவிக்கிறது réduire de la bouse de vache en cendres; — நீற்றுக்காப்பு sauve-garde —, préservation que les payens attendent de ces cendres; —நீற்றுக்கோவில், — நீற்றுப்பை sac à mettre de la cendre de bouse de vache; —நீற்றுப்பச்சை la plante ocimum basilicum, on en mêle les cendres à celles de bouse de vache pour leur donner de l'odeur): —நீற்றுப்பத்திரி nom d'une plante; —நீற்றுப்பழம், — நீற்றுண்டை (உண்டை), boulette de cendre de bouse de vache; — நெல்வேலி Tirounelvèli ou Tinnévelly ville du sud-est de la presqu'île: — நோக்கு air —, regard divin, —céleste; — ப்படைவீடு lieu —, habitation où les grands ou les prétendus dieux se trouvent en foule: —ப்பணி service d'un temple, ouvrage fait dans un temple, culte religieux; —ப்பணிசெய்கிறது travailler pour un temple, faire un ouvrage sacré; — ப்பணிமுட்டு vases et ustensiles sacrés, —de temple: —ப்பணிக்கிறது, — பணித்தல் arrêter un éléphant; —ப்பதி lieu sacré, le mari de Lakchimi. *i.e* Vichnou, temple de Vichnou, (on en compte ordinairement 108), la ville de Tiroupadi ou Tripety, montagne auprès de cette ville;—ப்பதிபோனூ லுந்துடுப்பொருளாக quand une spatule irait à Tiroupadi elle ne voudrait qu'une cache; —ப்பரங்குன்றம்,—ப்பரங்குன்று le mont Tirouparam (*i.e.* du riz cuit), nom d'une montagne nommée aussi Scandamalei près de Maduré, un des 6 principaux lieux consacrés à Soupramanien;—ப்பரம் riz cuit (mot de brames);—ப்பள்ளி sommeil (sacré), lit,dortoir,lieu de repos, (surtout pour une statue de Vichnou), lieu sacré; —ப்பள்ளிகொள்ளுகிறது dormir,se reposer;—ப்பள்ளித்தாமம் guirlande pour un temple;—ப்பள்ளியெழுச்சி chant destiné à réveiller les dieux indous ou ceux qui dorment,nom d'un poème;—ப்பாடல் hymne,chant sacré;—ப்பாட்டு, 1° *V.* திருப்பாடல். 2° (par ironie),chanson satirique, satire,libelle,pasquinade, torrent d'injures;—ப்பாட்டுகொடுக்கிறது (*dat.*), —ப்பாட்டுபாடுகிறது.(*acc.*),chanter ou faire une chanson satirique,critiquer, satiriser;—ப்பாவாடை toile réputée sacrée,longue toile sur laquelle on offre du riz aux idoles; —ப்புகழ் louanges sacrées, sorte d'hymne, nom d'un poème;—ப்பூட்டு, —ப்பூட்டுகிறது, —ப்பூட்டுதல் porter le tâli ou joyau nuptial au cou, être mariée;—ப்பெருக்கம் abondance de richesses;—ப்பொறி marques qui pronostiquent le bonheur:—மகள் la fille ou la prétendue déesse des richesses,*i.e* Lakchimi;—மகள்மைந்தன்,—மகண்மைந்தன் le fils de Lakchimi,*i.e.*Kâmer, le Cupidon indien;—மங்கிலியம் le bijou nuptial dit தாலி; —மங்கிலியதாரணம்பண்ணுகிறது attacher le bijou nuptial;—மஞ்சனம் bain ou onction qui se fait dans une pagode, action de baigner ou de laver une statue de Vichnou (les Sivénistes disent அபிஷேகம்):—மஞ்சனமாட்டுகிறது baigner une idole;—மடந்தை *V.* திருமகள்;—மடந்தைகேள்வன் le mari de Lakchimi,*i.e.* Vichnou;—மண் terre sacrée,—dont les Vichnouvistes se marquent le front;—மண்டலம் 1° cercle sacré. 2° (திருக்கு,மண்டலம்), *V.* துருவமண்டலம்;—மரம் l'arbre supposé sacré, l'அரசமரம் ficus religiosa;—மலர் la fleur de Lakchimi,*i.e.*le nénuphar; —மலை la sainte montagne,(en style païen) la montagne de திருப்பதி;—மறுமார்பன் celui dont la poitrine est parsemée de jolies taches,*i.e.* Vichnou, Arouguen;—மாளிகை le sacré palais,(les disciples appellent ainsi la maison de leur gourou);—மாளிகைப்பத்தி galerie ou corridor d'un temple;—முகம் visage sacré, — divin, air vénérable,présence de dieu,— d'un grand, lettre sur ôle (surtout d'un... gourou à un disciple), lettre (en général);—முருகாற்றுப்படை (முருகு),espèce de poème;—முழுக்கு bain sacré, *V.* அபிஷேகம்;—முழுக்காட்டுகிறது baigner, laver, oindre, *V.* அபிஷேகம்பண்ணுகிறது;—முறை livre; —முற்றம் cour sacrée,—du temple hippodrome,rue —,place pour exercer les chevaux; —முன், —முன்பு présence de Dieu, —des grands;—மெழுக்கு enduire le pavé du temple de bouse de vache délayée;—மெற்பூச்சு enduit—, onction qu'on fait à un corps sacré, ou qu'on suppose l'être; —மேனி corps sacré, — divin, reliques des Saints,la plante குப்பைமேனி,*ou* —மேனிக்கடுக்கன் boucles d'oreilles à l'usage des veuves: —மேனிகொள்ளுகிறது.—மேனிக்கொள்ளுகிறது prendre un corps, s'incarner, entrer dans une statue,en prendre la forme;—மேனியசையக் கூத்தாடுந்தியாகர் l'homme généreux qui danse en agitent son corps sacré,*i.e.*Siven ou sa statue en attitude de danseur;—மேனியழகி la plante குப்பைமேனி; —மொழி parole sacrée, nom de 1000 strophes du poème திருவாய்ப்பாடல்; —வசனம் parole sacrée,écrit—,texte sacré;—வசனேப

தேசம் doctrine —,enseignement des paroles sacrées;—வள்ளுவர், — வள்ளுவநாயனுர் Tirouvallouver, poète célèbre qui a écrit un volume de distiques nommés குறள்,son ouvrage;—வள்ளுவருரை commentaire de l'ouvrage de Tirouvallouver;— வாக்கு parole sacrée,—de Dieu,—d'un grand personnage;—வாக்குக்கெதிர் வாக்கில்லை il n'y a rien à répondre à la parole d'un grand;—வாசகம்,1° V.திருவாக்கு. 2° poème de மாணிக்கவாசகர் réputé touchant;—வாசகத்திற்குருகார் ஒருவாசகத்துமுருகார் ceux qui ne sont point touchés par le திருவாசகம் ne seront touchés d'aucune lecture;—வாசல் porte sacrée,—de temple,chauderie ou சத்திரம் indien;—வாசி sorte de bijou,ou—வாசிகை sorte de guirlande,arc ou auréole de gloire en or,en argent,en bois ou en fleurs, autour d'une statue;—வாட்சி sorte d'arbre à fleurs, V. திருவாசிகை; —வாயில், V.திருவாசல், couvent;—வாய் bouche sacrée, parole sacrée, —d'un grand;— வாய்மலருகிறது, — வாய்மலர்ந்தருளுகிறது ouvrir (comme une fleur) sa bouche sacrée, dire,parler (se dit des personnes vénérables):—வாய்மொழி parole divine ou sacrée,—des grands,titre de 1000 strophes dans le poème nommé ஆழ்வார்பாடல்;—வாரூர் Tirouvârour ville du Tanjaour près de Combaconam; — வாங்கோடு Travancore,province et ville à l'extrémité sud-ouest de la presqu'île;—விருந்து festin sacré,la sainte communion;—விழா fête;—விழாச்சிறப்பு beauté—,pompe d'une fête;—விழா நடத்துகிறது faire marcher—,célébrer une fête;—விளக்கு lampe sacrée,—d'un temple;—விளையாடல்,—விளையாட்டு jeu ou amusement sacré ou divin,ou—விளையாட்டுப்புராணம் légende des 64 jeux divins de Siven à Maduré;—வுண்டாயிருக்கிறது réussir, prospérer, être riche,heureux;—வேடம்,—வேஷம் habit —, habillement sacré, accoutrement de Siven, — propre à une secte.

திருகணி, (திருகு,அணி), spirales des conques et des coquillages.

திருகலை,(id.அலை),V.புரிமணை.

*திருக்கம்,1° (troukha),muscade. 2° (drouka),trou. (வ),V.திருகுமணை.

திருகரிவாள்மணை,(திருகு, அரிவாள்

திருகல்,n.v. de திருகுகிறது, contorsion, torsion, spirale, courbure, action de tourner...: — முறுகல் chose tordue, contorsion.

திருகாணி, (திருகு, ஆணி), vis, clou à vis,—போடுகிறது visser,mettre un clou—,fermer à vis,— கழலுகிறது, — கழன்றுபோகிறது un clou à vis—,une vis se dévisser;—கழற்றுகிறது dévisser.

திருகு,1° imp.et part. de திருகுகிறது. 2° torsion, contorsion, tortillement, spirale, tromperie, perfidie, feinte, dissimulation: — கள்ளி la plante euphorbia tortilis qui croit en spirale;—கொம்பு corne tortueuse,—en spirale; — சொல்லுகிறது tergiverser,dire des mensonges artificieux,chercher des détours;—தாழை variété de l'arbrisseau தாழை; —தாளம் changement, supercherie, tergiversation;—தாளி tergiversateur,personn changeante,artificieuse;—பலகை,—மணை râpe, pour racler et enlever la chair des cocos;—மரம் arbre tortueux,—tortu,tourniquet; — மரம்போற் சிந்தையுடையோர் gens qui ont l'esprit pervers ou de travers,*litt.*comme un arbre tortu;—முகம் air —, visage de travers,défavorable;—முகமாயிருக்கிறது être fâché,détourner le visage de mauvaise humeur,une crise avoir pris un tour favorable; — வட்டம் petit dévidoir en forme de coin avec une poignée à l'usage des tisserands, partie de machine.

திருகுகிறது,கினேன்,குவேன், கு, க,v.a.et.n.திருகுதல்,n.v.tourner,plier,tordre,contourner,tortiller, rompre en tordant,extorquer, arracher, se tourner, se tordre: கழுத்தைத் — tordre le cou; கோழியைத்தலைதிருகிக்கொல்லுகிறது tordre le cou à une poule et la tuer; திருகியெடுக்கிறது arracher —, ôter en tournant ou en tordant, —avec une vis ou un tire-bouchon etc..., percer, forer.

திருகூசி,(திருகு, ஊசி), espèce d'alène pour percer les feuilles de palmier et en faire un livre.

*திருக்கர்ணம்,(திருக்கு, கர்ணம்), serpent qui entend par les yeux.

*திருக்கு, 1° (drouk), œil. 2° (திருகு), torsion, fraude, tromperie, ruse, perfidie, faute: — பண்ணுகிறது tromper, jouer des tours (à quelqu'un); கூலிக்காரரின் கூலியைத் — பண்ணுகிறது frauder le salaire des journaliers; —க்காரன் trompeur, filou; நான் —க்காட்டாளியல்ல (காட்டும், ஆளி), je ne suis pas un trompeur.

திருக்கை, 1° (திரு), main sacrée. 2° la raie (poisson): —த்தோல் peau de raie; — முள் ou முள்ளு os aigu —, arête de la queue de la raie; —முள் குத்துகிறது cette arête piquer, cette queue frapper; —வால் queue de raie; ஆடாத்திருக்கை raie mousseuse; ஓட்டைத் — espèce de raie petite et mince; கருந் — raie noire et excellente. [œil.

*திருசி, திருசை,(drousi, drousâ), *திருசியம்,(drousya), chose visible: திருசியத்துவம் vue, vision.

*திருசோபமம்,(திருசை, உபமம்), ce qui ressemble à l'œil, *i.e.* le nénuphar blanc.

*திருஷ்டம், (drouchta), clarté, visibilité, évidence: திருஷ்டகூடம் énigme, chose à deviner,

*திருஷ்டாந்தம், திருஷ்டாந்தரம், திருஷ்டாந்திரம், (திருஷ்டம், அந்தம்,..), preuve, évidence, exemple, citation, science, mort: — ஆய் clairement, évidemment.

*திருஷ்டாபோகம், (*id.* ஆபோகம்), jouissance des yeux, plaisir qu'on goûte par la vue en ce monde.

*திருஷ்டி,(drouchti), œil, vue, vision, regard, —jaloux, influence qu'on lui attribue, connaissance, sagesse, serpent, venin, *V.* திஷ்டி *et ses composés*: —குணம் point de mire, but (des archers), propre de la vue; —நிபாதம், —பாதம் regard, coup d'œil, jeter les yeux sur: —பந்து (*ami*) le ver luisant, la mouche luisante:—பூதம் chose qu'on a gardée, — surveillée pour la conserver pure:—போகம் plaisir de la vue, regards et désirs luxurieux; — விட்சேபம் œillade; —விஷம் serpent (qui fascine par ses regards).

திருஷ்டிக்கிறது, டித்தேன், டிப்பேன், டி, டிக்க, *v.a.*(திருஷ்டி), *V.* திஷ்டிக்கிறது. [டித்தல்.

திருஷ்டித்தல், திருஷ்டிப்பு, *V.* திஷ்

*திருஷ்டியம்,(திருஷ்டி, ya), sagesse. [ble, —vu, paraître.

*திருஷ்டை,(drouchtâ), être visi-

*திருடகம்,(droudaka), foyer, trou fait en terre pour faire du feu, pile.

*திருடதை,(திருடம், tâ), fermeté, force, solidité, dureté, cœur d'arbre.

*திருடம்,(droudha), force, fermeté, dureté, solidité, fer, capacité, puissance, abondance; திருடகண்டம், —க்கிரந்தி ce qui a une tige et des nœuds solides, *i.e.* le bambou; —பத்தி foi—, dévotion solide; —பழம், —பலம், —மூலம் le fruit dur, *i.e.* le coco; —லோமம்,(உலோமம்), ce qui a le poil dur, le sanglier; poil dur ou gros, soie de sanglier. [vol, larcin.

திருடல், *opt. et n.v. de* திருடுகிறது,

திருடன், 1° *pl.* திருடர், (திருடுகிறது), voleur, filou, fin matois, rusé. 2° la plante விஷ்ணுகரந்தை; இராச —, escroc—, fripon à bonne apparence, chevalier d'industrie, concussionnaire: திருடனென்று பேர்பெறுகிறது mériter—, avoir le nom de voleur.

திருடா, 1° *voc. de* திருடன். 2° *ou* திருடாத, *part. nég de* திருடுகிறது. 3° *f. de* திருடம்: —பத்தி *ou* பத்தினி femme fidele. [corps robuste, diamant.

*திருடாங்கம், (திருடம், அங்கம்),

*திருடார்த்தி,(திருடம், artti *peine*,

bout d'arc),grande peine, extrémité d'un arc. [brave guerrier.

*திருடாயுதன்,(*id.*ஆயுதம்), héros,

திருடி,1° *f.de* திருடன், voleuse,la plante கள்ளி. 2° *gér.de* திருடுகிறது.

திருடு, vol,larcin,*n.v.imp. et part. du suiv.*

திருடுகிறது,டினேன்,டுவேன், டு, ட,*v.a.*திருடுதல்,*n.v.* voler,dérober: திருடிக்கொண்டுபோகிறது voler et emporter.

*திருட்டம், *V.*திருஷ்டம்.

*திருட்டாந்தம், *V.*திருஷ்டாந்தம்.

*திருட்டாபோகம், *V.*திருஷ்டாபோகம். [*composés, V.*திருஷ்டி....

*திருட்டி, திருட்டிக்கிறது,*et leurs*

*திருட்டியம், *V.*திருஷ்டியம்.

திருட்டு,*n.v. de* திருடுகிறது, vol, larcin,tromperie,filouterie: -க்குணம்—,த்தனம் penchant au vol,ruse, tromperie,artifice; — பிடிக்கிறது prendre—,découvrir un objet volé, un vol,prendre un voleur; — போகிறது être volé,dérobé; — போனது chose volée; — மட்டை voleur maladroit,petit voleur; —மாயம் tromperie,supercherie,changement.

*திருணகம்,(திருணம்,ha *qui tue*), fourreau (d'épée...).

*திருணதை,(திருணம்,tâ),arc.

*திருணம்,1° (trouna),herbe, graminée, gazon, brin d'herbe, fétu, atome,bagatelle. 2° (drouna), sabre, épée,arc,scorpion,abeille: திருணகேது,—த்துவசம் bambou, (graminée qui sert de manche aux drapeaux); —சாதி le régne végétal,les arbres,les simples etc; —சாரை,(சாரம்),banane; — சிங்கம் hache, pioche,instrument à couper (l'herbe..); —குணியம் jasmin d'Arabie, l'arbre தாழை,sa fleur; —த்தானியம் moisson en herbe,—qui croit sans culture, —த்துருமம் palmier, cocotier et autres arbres semblables; —த்துவம் arc; —பூலி,(poûla *ramasser*), natte d'herbe; —ராசன் le roi de végétaux, i.e:le palmier; —விஸ்தாரம் *ou*

*திருணியை, (trounyâ) ,quantité —,abondance d'herbe,gazon.

*திருணோத்பவம்,(திருணம், உத்பவம்),céréales sauvages qui croissent sans culture. [pressée,prompte.

*திருதபதம், (drouta *vite*), marche

*திருதம்,(dhrouta),action de porter.

*திருதி,1° (dhrouti),aide, assistance,fermeté,sacrifice, joie, contentement,satisfaction,satiété, un des 28 யோகம். 2° (drouti),nom d'un poisson,peau,soufflet,outre pour mettre de l'eau. [en.

*திருதிகரி,(திருதி,hari *qui vole*),chi-

*திருதியப்பிரகிருதி, (troutîya 3me), 3me genre,*i.e.*neutre,eunuque, hermaphrodite.

*திருதியை, *V.*திரிதியை,‖ trois.

திருத்தம்,(திருத்துகிறது), correction,amendement, réforme, rectification,restauration,exactitude, perfection, convenance, justesse, bon ordre,nivellement: — ஆயெழுதுகிறது écrire correctement; — ஆய்ப்படிக்கிறது lire distinctement, apprendre correctement; — ஆய்ப்பேசுகிறது *ou* சொல்லுகிறது parler—, dire—,prononcer exactement,— correctement; — ஆயிருக்கிற, — ஆன, — உள்ள correct,exact, juste,net,propre,parfait, accompli, convenable, réformé,rectifié, adopté, égalisé,en bon ordre. [து, *V.*திருத்துதல்.

திருத்தல்,*opt.et n.v.de* திருத்துகிற

திருத்தி, 1° *gér. de* திருத்துகிறது. 2°* (troupti),satiété, contentement, satisfaction,plénitude.

திருத்து,1° action. 2° *imp.et part.de*

திருத்துகிறது,த்தினேன், த்துவேன்,த்து,த்த,*v.a.*corriger, réformer, amender,rectifier,restaurer,raccommoder,rapproprier.égaliser, niveler un terrain,en ôter les pierres et les épines,le préparer pour la culture, nettoyer,séparer le grain de la balle,retrancher les matières hétérogènes ou étrangères, orner, décorer, perfectionner: திருத்திச்சொல்லுகிறது dire—, parler correctement ou distinctement; — ப்போடுகிறது corriger,raccommoder,approprier, niveler—.préparer un terrain (pour semer);— செழுத்துகிறது corriger, écrire correctement;— வைக்கிறது arranger,corriger,accommoder,préparer; பூமிதிருத்தியுண் mange en cultivant bien la terre.

திருத்தகை,திருத்துதல், n. v. du préc.correction,amendement, réformation, restauration, rectification, nivellement, préparation pour semer.

திருத்தகை,(திரு,தகை),grand personnage.

திருத்தகைமை,(திருத்தகை),grandeur,excellence,supériorité.

திருத்தலர்,(திருந்து,அலர்),ou திருந்தார்,n.app.nég. de திருந்துகிறது, ennemis,gens incorrigibles.

திருந்தல்,opt.et n.v.de திருந்துகிறது,amendement,correction.

திருந்திய,திருந்தின,part. parf. du même,corrigé,amendé,réformé, rectifié,correct,exact,accompli, propre —,convenable à une chose.

திருந்து,imp. et part. de

திருந்துகிறது,திருந்தினேன்,துவேன், து,த,v.n.de திருத்துகிறது,se corriger,s'amender,se réformer,s'arranger,se perfectionner,s'égaliser, être rectifié,nivelé,finir,achever: செய்வதை திருந்தச்செய் fais bien ce que tu fais.

திருந்துகை,திருந்துதல், n. v. du préc. amendement,correction, perfectionnement,exactitude, justesse, achèvement,nivellement.

*திருபலை,(troupalâ),sorte de plante grimpante.

*திருப்தி,திருப்த்தி, (troupti), satiété,contentement,satisfaction.

திருப்ப,1° inf.de திருப்புகிறது. 2° obl.de திருப்பம்.

திருப்படிக்கிறது,(திருப்ப,அடிக்கிறது), frapper de nouveau, remettre,différer.

திருப்பம்,n.v.de திருப்புகிறது, détour (dans une rue),trafic—, affaire d'argent.

திருப்பி,gér.de திருப்புகிறது.

*திருப்பிரம்,(troupra), beurre liquéfié.

திருப்புகிறது,ப்பினேன்,ப்புவேன், ப்பு,ப்ப,v.a.tourner, retourner, détourner, manier, diriger, conduire un cheval, gouverner un navire, changer,--de côté,convertir,traduire,répéter,réitérer,ramener un objet enlevé,délivrer:பாவியைத் — convertir un pécheur; மனம் — faire changer de sentiment, convertir; தமிழிலே ou தமிழாகத் — traduire en tamoul; திருப்பித்திருப்பிச்சொல்லுகிறது redire—,répéter plusieurs fois; திருப்பிக்கொண்டு வருகிறது ramener (un objet dérobé), rapporter,dégager une hypothèque,retirer un gage;திருப்பிவைக்கிறது tourner d'un autre côté,retourner;முகத்தைத் திருப்புகிறது,— த்திருப்பிக்கொண்டுருகிறது tourner ou détourner le visage,regarder en arrière.

திருப்புகை,திருப்புதல்,n.v.du préc. action de tourner..., changement, traduction,délivrance,redite.

திருமலை,P. திருகுமலை.

*திருமம்,(drouma),et ses composés, V. துருமம்.

திருமால்,(திரு, மால்), l'heureux Vichnou:—உந்தி, — கொப்பூழ் le nombril de Vichnou, le nénuphar sorti de son nombril et d'où naquit Brama (au dire de la fable), le nénuphar;—புதல்வன் le fils de Vichnou, Kâmen, le Cupidon indien; — நகரம் ou திருமாலாகரம் la ville de Vichnou, i.e. le வைகுண்டம்; — அவதாரம்-10 les 10 incarnations ou métamorphoses de Vichnou, savoir: 1° மச்சம், incarnation en poisson pour tuer l'Asouren சோமுகன் qui avait volé les Vêdas et les avait cachés dans la mer. 2° கூர்மம் incarnation en tortue,pour supporter la montagne மந்தரம், qui servait de batte-à-beurre,quand les dieux et les démons barattaient la mer de lait pour avoir l'ambroisie. 3° வராகம் incarnation en cochon pour tuer le géant இரணியாக்ஷன், et dérouler la terre qu'il avait roulée comme une natte. 4° நரசிங்கம் incarnation en homme-lion, pour tuer le géant இரணியன் ou இரணியகசிபன், frère cadet du précédent, qui, pour venger la mort de son frère, avait défendu le culte des dieux et voulait empêcher son fils Prahlâda ou பிரகலாதன் d'invoquer Vichnou. Dans ces 4 métamorphoses on ne donne point de mère à Vichnou. 5° வாமனன் incarnation en nain pour humilier le despote மாவலி. Alors Vichnou eut pour père காசிபன் et pour mère திதி. 6° பரசுராமன்; dans son incarnation en Parasourâmen il naquit de சமதக்கினி et de இரேணுகை, pour détruire, à coups de massue (பரசு), les Kchattriers ou Rajahs qui avaient humilié les brames. 7° இராமன் ou இராமசந்திரன்; incarné en Râmen, il fut fils de தசரதன், roi d'Aoude, et de கௌசலை; il naquit pour détruire Râvanen et les autres géans. 8° பலபத்திரன், பலதேவன் ou பலராமன்; incarnation en Balabhadra, demi frère de Krichna, fils de வசுதேவன் et de 2 mères nommées தேவகி et உரோகிணி et né pour tuer பிரலம்பன் et autres géans. 9° கிருஷ்ணன்: dans son incarnation en Krichna, fils de வசுதேவன் et de தேவகி, il naquit pour conduire la guerre célébrée dans le மகாபாரதம். 10° கற்கி, incarnation future de Vichnou en cheval pour détruire le monde. Quelques auteurs mettent son incarnation en புத்தன் ou Bouddha, auteur du Bouddhisme pour la 9me, et celle en கிருஷ்ணன் à part; d'autres mettent celle-ci la 8me et celle de Bouddha la 9me; — அவதாரம்-௰௫ les 15 incarnations inférieures de Vichnou, savoir: 1° சனகன், 2° சனந்தனன், 3° சனாதன், 4° சனற்குமாரன், 4 prétendus sages mentionnés dans le பாகவதம். 5° நரநாராயணர் mentionné dans le மகாபாரதம். 6° கபிலன் Kapila auteur du système de philosophie சாங்கியம். 7° இடபன் ou விருஷபயோகி, le 1er தீர்த்தகரன் ou gourou des சமணர் ou Samanéens. 8° நாரதன் Nâraden un des 10 premiers முனிகள், messager des dieux indous et grand entremetteur. 9° அயக்கிரீவன் Hayagriva mentionné dans le மகாபாரதம் et différent du géant அயக்கிரீவன் ou சோமுகன் mentionné dans மச்சஅவதாரம். 10° தத்தாத்திரேயன் mentionné dans le பாகவதம். 11° மோகினி, métamorphose de Vichnou en courtisane ou femme lascive pour amuser et faire périr les géans pendant que les dieux buvaient l'ambroisie. 12° யாகபதி le roi des sacrifices qui reçoit toujours le 1er un tribut d'offrandes. 13° வியாதன் ou வியாசன் fils de பராசரன் et compilateur des Vêdas et des Pouranas. 14° தன்வந்திரி le médecin des dieux indous, né de la mer de lait, lorsqu'on faisait l'ambroisie. 15° பௌத்தன் ou புத்தன், Bouddha l'auteur du Bouddhisme déjà nommé comme la 9me incarnation selon quelques poëtes; — ஆயுதம் ௫, les 5 armes de Vichnou dites ஐம்படை, savoir: சக்கரம் ou ஆழி le disque; தனுசு, வில், ou கோதண்டம் l'arc; வாள் ou கட்கம் l'épée; தண்டு, எறுழ் ou கதை la massue; சங்கம் ou வளை la conque. Le sanscrit et quelques auteurs intervertissent l'ordre de ces armes. Outre l'inconvenance et l'infamie de plusieurs de ces incarnations, surtout de celles en cochon et en femme lascive, quelle absurdité n'est-ce pas de faire incarner en même temps le même individu en plusieurs personnages qui ne se connaissent pas, *v.g.* கிருஷ்ணன் et பலபத்திரன் 2 frères qui se font de mauvais tours l'un à l'autre, ou பரசுராமன் et இராமன் qui se rencontrent et se battent dans le இராமாயணம். Mais les gentils ont coutume de faire un dieu ou une incarnation de divinité de tout personnage remarquable, et par le système de la métempsycose, ils font naitre et renaitre leurs dieux et leurs héros grand nombre de fois,comme les simples mortels, sans s'inquiéter de l'absurdité des fables incohérentes et contradictoires qu'ils composent à ce sujet.

திருமுகிறது,மினேன்,முவேன்,மு, ம,v.n.திருமுதல்,n.v.sync.de திரும்புகிறது. [து,retour,action de tourner.

திரும்பல்,opt.et n.v. de திரும்புகிற

*திரும்பு. 1° (droumbhou), la foudre,roue,serpent,le soleil,la lune. 2° imp.et part.de

திரும்புகிறது,பினேன்,புவேன், பு, ப,v.n.de திருப்புகிறது,திரும்புதல், n. v.se tourner,se retourner, tourner, —autour,retourner,revenir, changer,se changer,se plier, se courber, se convertir: திரும்பிப்போகிறது rétrograder,retourner,—en arrière, aller de nouveau,(வியாதி) திரும்புமுகத்தில் மருந்து கொடுக்கிறது donner un remède quand la maladie est sur le retour,après une crise favorable; இந்தவிஷமோ திரும்பாது pour ce poison,on ne peut l'arrêter. il est irrémédiable;திரும்ப, திரும்பவும்,*inf.*de nouveau,une seconde fois, réciproquement,mais au contraire; திரும்பத்திரும்ப à diverses reprises, de nouveau,souvent.

திருவடி,(திரு,அடி), pied sacré:—சார்தல் *ou* சேர்தல் s'approcher des pieds sacrés,se rendre aux pieds sacrés de Dieu,mourir;—நிலை nom de ville; —ப்புண் plaie qui,au lieu de guérir,s'élargit; —யிராச்சியம் pays foulé par des pieds sacrés, pays en désordre,—le plus méridional du Maduré.

திருவடையாளம், (*id.* அடையாளம்), signe sacré, marque distinctive de secte religieuse.

திருவட்டம், P. திருகுவட்டம்.

திருவட்டி, l'arbrisseau கள்ளி.

திருவணை,(திரு, அணை), la digue sacrée,le pont d'Adam ou de Râmen entre Ramessouram et Ceylan.

திருவண்ணாமலை, (*id.* அண்ணா), montagne inaccessible à Lakchimi, (parce qu'elle est consacrée à Siven et à son lingam. Elle est à l'est du district de சேலம்).

திருவமுது,(*id.* அமுது), nourriture divine,—sainte,ambroisie.

திருவருள்,(*id.* அருள்),grâce—, faveur divine,bonté divine,miséricorde de Dieu: —பயன் *ou* திருவருட்பயன் effet et excellence de la grâce ou de la bonté divine,titre d'un ouvrage religieux en vers composé par உமாபதிசிவாசாரியார்,c'est une des 14 sections du சைவசித்தாந்தம்.

திருவலகு,(*id.* அலகு), balai sacré, —destiné à balayer un temple: திருவலகிடுகிறது balayer un temple, percer la peau ou les membres avec un fil de fer ou une épingle comme acte de dévotion.

திருவற்றவன்,(*id.* அற்று), malheureux,infortuné.

திருவனந்தபுரம், (*id.* அனந்த), Trivanderam,capitale du Travancor.

திருவன், voleur, menteur, chicaneur.

திருவாணி, P. திருகாணி.

திருவாடுதண்டு,(திரு, ஆடுகிறது), double pièce de bois qui sert à porter un char de procession.

திருவாதரம்,திருவாதிரம்,P.திரியாவரம்,chicane,mensonge,tromperie: திருவாதிரக்காரன் menteur, trompeur, chicaneur.

திருவாதிரை (*id.* ஆதிரை), la 6me constellation des Indiens, c'est une brillante étoile dans le pied gauche des Gémeaux: திருவாதிரையிற்பிறந்தவன் celui qui est né sous cette constellation, Siven.

திருவாத்தி,(*id.* ஆத்தி), l'arbre ஆத்தி.

திருவாபரணம், (*id.* ஆபரணம்), bijou sacré ou divin.

திருவாலி, V. திருவன்.

திருவாவினன்குடி,(திரு, ஆ, யினன்),un des lieux dédiés à Soupramanien, V. ஆவினன்குடி.

திருவாழுங்கோடு, *id.* ஆழும்), Travancore,ancienne capitale de la province de ce nom.

திருவாழி,(*id.* ஆழி), sceau,cachet, —du roi:—மோதிரம் anneau servant de cachet.

திருவாழித்தண்டு, (*id.* ஆழி *ou* வாழி), V. திருவாடுதண்டு.

திருவாளன்,(*id.* ஆளன்), homme riche,fortuné.

திருவானைக்கா,(*id.*ஆனை), le bosquet de l'éléphant sacré,nom d'une célèbre pagode dans l'ile de சீரங்கம் près de Trichinapally;on l'appelle aussi சம்புகேச்சுவரம்.

திருவிலி,(திரு,இலி),femme veuve,—qui a perdu son bonheur et sa beauté.‖*m.et f.*personne infortunée.

திருவில்லான்,(*id.*இல்லான்),homme pauvre,infortuné.

திருவிளம், 1° les plantes சிவதை et திராய்.2° *P.* திருவுளம்.

திருவுந்தியார், (திரு, உந்தி), une des 14 sections du சைவசித்தாந்தம் de மாணிக்கவாசகர்.

திருவுரு,(*id.*உரு),figure sacrée,statue,image.

திருவுளம்,(*id.* உளம்), volonté sacrée,—de Dieu, d'un gourou, d'un roi,des grands personnages;— ஆகிறது daigner,vouloir: சேசுநாதசுவாமி மனுஷனாகத் திருவுளமானார் Jésus-Christ a daigné se faire homme;— கொண்டிருக்கிறது, — பற்றுகிறது daigner,vouloir,consentir, approuver,daigner —,dire, déclarer sa volonté;(se dit de Dieu et des grands personnages); —பற்றுதல் réflexion, parole (d'un grand personnage);— பார்க்கிறது essayer de connaître —,examiner la volonté de Dieu ou d'un supérieur, tirer au sort;— வைக்கிறது accorder gracieusement,—sa bienveillance,daigner; திருவுளச்சீட்டு billet (qu'on tire au sort): — சீட்டுப்போடுகிறது tirer au sort;— ச்செயல் action—,effet de la volonté de Dieu,de la Providence divine; — மத்தியஸ்தம் entremise—,médiation divine:திருவுளமெப்படியோ, அப்படி நடக்கிறது *ou* திருவுளத்திலே நினைத்தபடிசெய்கிறது agir selon la volonté de Dieu, s'y conformer en tout.

திருவுறுப்பு,(*id.*உறுப்பு), membre ou emblême de Lakchimi; c'est un joyau nommé உத்தி que les femmes mariées portent sur le front).

திருவூஞ்சல்,(*id.* ஊஞ்சல்), balançoire sacrée en l'honneur des dieux.

திருவெண்காரம்,(*id.* காரம்), sel minéral dit aussi சர்ச்சாரம்

திருவேரகம்,(*id.*ஏரகம்),un des 6 principaux sanctuaires de Soupramanien.

திருவொற்றாடை, (*id.* ஒற்று, ஆடை),vêtemens qu'on met aux statues ou aux idoles.

திருவோணம்,(*id.*ஓணம்), la 22me constellation lunaire contenant 3 étoiles dans le cou de l'Aigle.

திருவோலக்கம்,(*id.*ஓலக்கம்),grande assemblée sacrée.

*திருணகம், *P.* திருணகம்.

திரேகம்,1° *P.*தேகம், corps.2° (திரிகம்),trois.

*திரேக்காணம்,(drekkâna),partage d'un signe en trois.

*திரேக்காணாதிபன், (திரேக்காணம், அதிபன்),régent du tiers d'un signe planétaire,décan de l'astrologie.

திரோசத்தி,la plante திராய்.

*திரேதம்,திரேதாயுகம்,(trêta), le 2e âge ou யுகம் des Indiens, qui,selon eux a duré 1296000 ans;il correspond à l'âge d'argent des Grecs.

*திரேதாக்கினி, (திரேதம், அக்கினி),les 3 feux sacrés des brames,*i. e.*feu du sud,—de la maison,— du sacrifice.

திரேத்து,plénitude.

திரை,1° rideau, voile,vague,flot, ondulation,ride,pli de toile,rivière, mer,flocon de coton préparé pour être filé,longue botte de paille. 2° *imp.et part.de* திரைகிறது *et* திரைக்கிறது: திரைகடலோடுதல் courir les mers ondulées;— ச்சீலை rideau, voile; — ச்சீலைபோடுகிறது mettre un rideau, tirer le rideau: — ப்புடவை rideau;— அடிக்கிறது les flots battre contre; — எறிகிறது — வீசுகிறது lancer des vagues:— விழுகிறது les rides se former,—paraître,se rider,se froncer,se plier, onduler, le lait se cailler;— யுள்ள ridé.

திரைகிறது. திரைந்தேன், திரைவேன், திரை,திரைய,*v.n.*திரைதல், *n. v.* (தி

ரை), *ou* திரைந்துபோகிறது, se rider, se froncer, se contracter, former des plis, le lait se cailler, — former des yeux, se coaguler, se couvrir de vagues, onduler, les vagues s'élever, la mer moutonner, un vase devenir poli (par le travail du potier).

திரைக்கிறது, ரைத்தேன், ரைப்பேன், ரை, ரைக்க, *v.a. du préc.* rider, soulever les vagues, faire onduler, — cailler le lait, rouler, mettre en rouleau, plier, rouler la bouche d'un sac de sorte qu'elle se plie sur elle même, mettre le coton en flocon.

*திரைக்கியவாதி, (திரி, ஐக்கியம்), celui qui admet la Trinité en Dieu (par opposition aux unitaires dits ஏகத்துவவாதிகள்).

திரைக்குதல், திரைத்தல், திரைப்பு, *n.v. de* திரைக்கிறது, action de rider etc... *ou*

திரைதல், *n.v. de* திரைகிறது, ondulation, vague, ride.

திரையல், 1° *opt. et n.v. du même. V.* திரைதல். 2° feuille de bétel.

திரையன், (திரை), le prince தொண்டைமான் dont le pays est sur la côte de la mer, prince d'un pays maritime.

*திரைலோகதி, *P.* திரிலோகதி.

*திரைராசி, (திரி), trinome.

*திரைராசிகம், (*id.* ka), règle de trois, on la divise en 2 sortes: அநுலோம — règle de 3 directe et விலோம on விலோம — règle de trois inverse. Le 1er terme ou la supposition se nomme பிரமாணம்; le 2e ou le taux se dit பிரமாணம்; le 3me ou la demande se nomme இச்சை; et le 4me ou la réponse se dit இச்சாபலம்.

*திரைலோக்கியம், (திரி, லோகம்), les 3 mondes. [vague, ondulation.

திரைவு, *n.v. de* திரைகிறது, ride,

*திரோகதம், (tirô *secret*, gata *allé*), disparition, invisibilité.

*திரோகிதம், (*id.* hita *tenu*), cachette, secret, chose qui couvre ou cache.

*திரோதம், திரோதானம், (*id.* dhâ *tenir*, dhya *garder*), action de cacher, de tenir secret; c'est une des opérations divines dites ஐந்தொழில், ajoutées par les Sivénistes de la péninsule à celles du Trimourti, auquel ils ont ajouté aussi 2 personnages sous les noms de மகேசுரன் et de சதாசிவன்: திரோதானசத்தி un des பஞ்சசத்தி, secret.

*திரோதாயி, திரோதானசத்தி, (திரோதானம்), *V.* திரோதம் *et* திரோதானசத்தி.

*திரோதானம், (tirô *secret*, dhâna *tenir*), rideau, voile, couvert, cachette, secret, disparition, *V.* திரோதம்.

*திரோபவம், திரோபாவம், (*id.*), trouble, — d'esprit.

திரோபவிக்கிறது, வித்தேன், விப்பேன், வி, விக்க, *v.a.* (திரோபவம்), திரோபவித்தல், *n.v.* cacher, troubler.

*திர்ப்தி, *P.* திருப்தி, satiété, contentement.

*திலகம், 1° (tilaka), bottou ou point mis sur le front avec du sandal ou du vermillon, (soit comme ornement ou marque de secte), vermillon, tilagam, joyau que les femmes portent sur le front, excellence, primauté, éminence, taches naturelles sur le corps, l'arbre மஞ்சாடி, espèce de poésie ou de strophe dite சவித்துறை. 2° (தலம், கம்), *V.* திலோதகம்: கன்னியர்திலகம் la plus excellente —, la perle des vierges ou des femmes; திலகநிறமணி espèce de rubis dit குருவிந்தம்.

*திலகன், (tilaka), le plus excellent, le plus éminent, chef, principal, (à la fin des mots): அரசர் — le plus excellent, — le plus éminent —, la perle des rois.

*திலகாசிரயம், (திலகம், ஆசிரயம்), place du tilagam, *i. e.* le front.

*திலகாலகம், (திலம், காலம், ka), marque noire sur le corps.

*திலதம், *P.* திலகம், joyau du front dit சுட்டி, autre espèce de bijou que l'on porte aussi sur le front, bottou, marque ou point peint sur le front: — இடுகிறது, திலதப்பொட்டணிகிற

து வ— பொட்டிட்டுக்கொள்ளுகிறது se mettre un bottou ou un point de couleur sur le front.

* திலம்,(tila),graine de sésame,sesamum orientale, l'arbre மஞ்சாடி, tache: திலகடம்,—கற்கம்,—கிட்டம், gâteau de sésame broyé, —de marc de sésame: — கலம்,(khala moulin), moulin à h uile de sésame;—கோமம் (ஓமம்), offrande de sésame brûlé; —சினேகம்,— ஸ்நேகம் huile de sésame;—சூரணம் sésame broyé;—தயிலம்,—தைலம் huile de sésame:—தர்ப்பணம், — தற்பணம் effusion d'eau avec du sésame; — தர்ப்பணு திருமஞ்சனச் செய்கிறது faire cette effusion et autres cérémonies semblables;—தேனு figure de vache faite de sésame pour être offerte aux brames; —பகம் encens,fumée; — பருணம், (பர்ணம்), feuille de l'arbre திலம்,térébinthe,ou -பருணி, -பருணிகை(பர்ணம்,ikâ),sandal. —rouge; —பிச்சடம்espèce de bonbon fait de sésame broyé;—பிஞ்சம், — புஞ்சம், — பேசம் (பும் mâle, dja né, pindja, pèdja affixe), sésame mâle, — stérile qui ne produit point de graine; — மயூரம் paon marqué de taches comme des grains de sésame; — மலம் marc de sésame; — ரசம் huile de sésame.

*திலவம்,திலவகம்,P. தில்வம்.

திலாசா, (pers.). encouragement.

*திலாச்சாரம்,திலாட்சாரம்,திலாலவணம்,(திலம், க்ஷாரம், இலவணம்), sel tiré de la graine de sésame.

*திலீபன், (தி லீ Déhli, pa qui gouverne), nom d'un ancien roi de Hastinabouri. [marchands).

திலு,trois (en langage secret des,

*திலோதகம், (திலம்,உதகம்), offrande de sésame et d'eau.

*திலோத்தமை,(திலம், உத்தமம்), Tilottamei, une des courtisanes du Souvarkam.

*திலௌதனம், (திலம், ஓதனம்), plat de lait,de riz et de sésame.

தில்,temps, grand désir, mot explétif, mot indiquant une ellipse | Ex. அவன்வருகில் qu'il vienne; alors... (il arrivera quelque chose en bien ou en mal).

தில்லம், désert,forêt:தில்லமெழுகு cire de forêt. [same.

*தில்லியம், (tilya), champ de sé-

தில்லுப்பில்லு, combat, dispute, supercherie, changement.

தில்லும் புல்லுந் திரியாவரமும், mensonge, absurdité et supercherie ou tours de ruse.

தில்லை, l'arbre excœcaria agallocha, la ville de சிதம்பரம் (bâtie dans un bosquet de ces arbres):—நாயகம் espèce de riz; — நாயகர் le seigneur —,l'idole de சிதம்பரம்:—மூவாயிரர் les 3 mille brames possesseurs du pays de சிதம்பரம்;— அம்பலம் la salle ou place dorée du temple de சிதம்பரம் dite கனகசபை;—யம்பலவாணன், V. தில்லைநாயகர்;—வனம் le bosquet d'arbres தில்லை,i.e. la ville de சிதம்பரம்.

* தில்வம், தில்வகம், (tilva, —ka), écorce de l'arbre feronia.

*திவசம், (divasa), jour,jour anniversaire de la mort d'un parent, (où l'on fait certaines cérémonies), V. சிராத்தம்: திவசகரன் celui qui fait le jour, i.e. le soleil, ou — முகம் l'aurore,le point du jour.

*திவசாத்தியயம்,திவசாவசானம், (திவசம், அத்தியயம், அவசானம்), fin du jour,le soir.

*திவச்சுவரன், (திவம், சுவரன்), un des 12 soleils,ou nom du soleil dans le 9me signe.

*திவஸ்பதி, (திவஸ் du ciel,பதி),le prétendu maître du jour, i.e. Indiren. [gér.de திவளுகிறது.

திவடக்,திவண்டல்,n.v. திவண்டு,

*திவம், (diva), ciel , paradis, air, atmosphère, jour, clarté, explication, apparence,forêt.

திவரம், pays, contrée.

திவளுகிறது,வன்றேன், வளுவேன்,வளு,வல, v.n. திவளுதல், n. v. mourir, V. அவளுகிறது.

திவலை, goutte de pluie, gouttes dispersées,bruine.

திவவு,degré, les différences barres ou touches du clavier d'un clavecin, ou d'un luth.

திவளல், திவளுதல், action de plier..., relâchement, chancellement,affaissement, affaiblissement, maigreur; n. v. de

திவளுகிறது ou திவள்கிறது,வண்டேன், ளுவேன் ou ள்வேன், வளு ou வள், v. n. plier,se relâcher,se ralentir, vaciller, s'affaisser,fléchir, s'affaiblir,maigrir.

திவழுகிறது, ழ்ந்தேன், ழுவேன், ழு, ழ, v. n. திவழல், தவழுதல், n. v. mourir.

*திவா, (divâ), jour (opposé à la nuit), durée du jour: — கரம் corbeau,la plante héliotrope ou tournesol, dictionnaire des synonymes tamouls (composé par) — கரன் Tivâgaren, savant auteur du dictionnaire susdit,l'auteur du jour, i. e. le soleil, celui qui ne travaille que de jour, i.e.le barbier;—க்கீர்த்தி,1° barbier. 2° (திவா, அகீர்த்தி), hibou, vaurien,homme hors de caste,(êtres qui ne se montrent pas pendant le jour);—கிருதம் ouvrage fait le jour; —சரன் qui rôde le jour;—சுப்தம், (soupta *endormi*), sommeil de jour, sieste;—திசம், (திசா), V. திவாராத்திரி;—பீதம் ce qui craint le jour, le hibou, le nénuphar blanc;—பீதன், (பீதம்), voleur; —பீதி (*id.*), hibou: —மணி la perle du jour,*i.e.*le soleil; —மத்தியம் le milieu du jour, midi; —மானம் longueur du jour du lever au coucher du soleil;—ராத்திரம்,—ராத்திரி le jour et la nuit, jour et nuit. [corbeau (qui rôde le jour).

*திவாடனம், (திவா, அடனம்),

*திவாந்தம்,(*id.* அந்தன்),le hibou (aveugle le jour).

*திவார்த்தம்,(*id.* அர்த்தம்),la moitié du jour,demi-journée.

*திவிசம்,திவிஷ்டம்,திவோற்பவம், (divi *dans le ciel*, சம், stha *qui se tient*,திவம்,உற்பவம்),chose céleste, née dans le ciel.

*திவேச்சுவரன், (திவம், ஈச்சுவரன்), 1° V. திவச்சுவரன். 2° le seigneur du jour.

*திவோதாசன். (திவோ, P. திவஸ் *du ciel*), Divodasen roi de Bénarès, fondateur d'une école de médecine.

*திவ்வியம்,(divya). chose divine, sacrée, sainte, céleste, excellente, belle, agréable, charmante, divinisée, caractère divin, propriété divine, douceur,chose douce, espèce de sandal, clou de girofle, serment, ordalie; — ஆயிருக்கிற, — ஆன divin, céleste,saint, sacré, béni; — ஆக்கச்செய்கிறது, — ஆக்குகிறது sanctifier, consacrer; திவ்விய, *adj.* divin, céleste, sacré. saint, béni;— கந்தம் clou de girofle; — கவி poète divinement inspiré, vers divins;— காயனன், (gâyana *chantre*),chantre divin ou Gandharba; — காரியம் chose divine, -sacrée; — க்கியானம் connaissance divine;— க்ஷேத்திரம் lieu sacré, — saint;— சக்ஷு, — சட்சு œil divin, œil divinement éclairé, faculté. de voir ce qui est invisible à l'œil humain, office de prophète;—ஸ்தலம் lieu saint,—réputé divin;—ஸ்நானம், — நானம் bain divin, être mouillé par la pluie qui tombe en plein soleil,c'est une des 7 espèces de bains;—திஷ்டி, திருஷ்டி *ou* திருட்டி vue—,connaissance divine, regard divin, apparence divine;—திருஷ்டியிலேபார்க்கிறது voir en vision, voir ou connaître par une connaissance divine ou surnaturelle,être prophète; —தேகம் corps divin,—spirituel;— தேசசு éclat divin (*v. g.* celui qui parut en Moyse): —தேசம் lieu réputé—,pays divin ou sacré;— நற்கருணை la divine Eucharistie;—பஞ்சாமிர்தம் mélange des 5 douceurs suivantes,beurre liquéfié,lait caillé, lait, beurre, sucre;—புதுமை merveille divine, miracle extraordinaire; — போதகம் doctrine —, science divine; — ரசம் jus divin, mercure;—ரதம் char divin,— céleste,— d'un dieu, saveur odoriférante; — ரத்தினம் joyau divin, — superbe, — dit திவ்யமணி, pierre précieuse fabuleuse, V. சூடாமணி; —வஸ்திரம் habillement divin;—வருஷம் année prétendue divine de 365 années humaines.

திவ்வியது, (திவ்வியம்), ce qui est divin ou sacré.

*திவ்வியசரீரம், (திவ்வியம், அங்கம்), corps divin.

*திவ்வியாஸ்திரம், திவ்வியாத்திரம், (id. அஸ்திரம்), arme divine,—reçue du ciel.

*திவ்வியாதிவ்வியம், (id. அதிவ்வியம்), nature divine et humaine, chose qui participe de ces 2 natures.

*திவ்வியாதிவ்வியை, (id.), demi-déesse, héroïne de poème comme சீதை, de nature censée moitié divine et moitié humaine.

*திவ்வியோதகம், (திவ்வியம், உதகம்), eau sacrée, — lustrale, eau de pluie, —de fleuve sacré, rosée.

திளைக்கிறது, திளைத்தேன், திளைப்பேன், திளை, திளைக்க, v.n. et a. jouir (sensuellement), s'unir, s'approcher, être près, se remplir, être plein, augmenter, croître, s'enfoncer.

திளைத்தல், திளைப்பு, n. v. du préc. jouissance sensuelle, plénitude, proximité, accroissement.

திற, 1° obl. de திறம். 2° imp. de

திறக்கிறது, திறந்தேன், திறப்பேன், திற, திறக்க, v.a. ouvrir, —la voie,— un passage, montrer l'exemple, élargir, éclaircir, se fortifier: திறந்திருக்கிறது avoir ouvert, ou திறக்கப்படுகிறது être ouvert; திறந்துகொடுக்கிறது ouvrir (à quelqu'un); —பேசுகிறது parler ouvertement; — போகிறது s'ouvrir (de soi-même); — போடுகிறது ouvrir; — விடுகிறது ouvrir et laisser ouvert, — et laisser aller; — வைக்கிறது tenir ouvert, découvrir; இதுக்குவழிதிறவாதே n'ouvre pas un chemin ou la voie à cela, ne montre pas un tel exemple.

திறக்கு, chose, affaire.

திறக்குதல், திறத்தல், n.v. de திறக்கிறது, ouvrir..., ouverture, élargissement, augmentation, explication, vigueur, abandon.

திறத்தார், (திறம்), partisans, parti, ceux d'un parti, d'un côté: இருதிறத்தார் les 2 partis, les 2 factions.

திறத்தான், (id.), homme habile, capable, fort.

திறத்தி, (திறம்), sage-femme. [ள்.

திறத்தினள், (திறம்), V. திறத்தா

திறந்த, திறந்து, adj. et obl. de திறம், fort, capable, efficace: திறந்தகை main forte, bras puissant; திறந்தொழில் emploi,—ouvrage fort considérable; எத்திறத்து avec quelle force, de quelle manière, sous quel rapport?

திறந்தவெளி, (திறந்து, வெளி), lieu ouvert,—sans fortification.

திறந்த, திறந்து, part. parf. et gér. de திறக்கிறது; திறந்தகதவுக்குத்திறவுகோல்தேடுகிறது chercher la clef quand la porte est ouverte, se donner une peine inutile.

திறபு, plomb, zinc.

திறப்பணம், V. துறப்பணம்.

திறப்பு, n.v. de திறக்கிறது, ouverture, fente, trouée, trou dans une haie, dans un mur, endroit sans défense, fenêtre, brèche, clef: திறப்பாய்க்கிடக்கிறது être ouvert, vide, —laissé ouvert; திறப்புபார்க்கிறது examiner,— les ouvertures, explorer; திறப்படைக்கிறது boucher une ouverture ou fente, réparer une brèche.

திறமை, (திறம், மை), habileté, capacité, force, moyen, manière, science: — யுள்ள habile, capable, savant.

திறம், force, fermeté, capacité, habileté, efficacité, bonté, portion, côté, parti, faction, manière, moyen, qualité, faculté (du corps ou de l'âme), disposition naturelle, caractère, cause, luth qui a moins de 7 cordes, bonheur, excellence, supériorité, primauté; — அற்றுப்போகிறது s'affaiblir, perdre sa force; —அறிகிறது, —பார்க்கிறது éprouver, connaître ou essayer la force, la capacité; — உள்ள fort, capable; — கெட்டவன் homme inapte, incapable, sans habileté, paresseux, pauvre; திறக்காரன் homme fort, habile, constant; — ப்படுகிறது se fortifier, s'affermir; — ப்பாடு force, vigueur, manière; இதற்கதுதிறம் cela est préférable à ceci; அவனிடத்தில் இதுக்குத்திறம்போதாது il n'a pas assez de force ou d'habileté pour ceci.

திறம்பல், changement, manquement, omission, erreur, *opt. et n.v. de*

திறம்புகிறது, பினேன், புவேன், பு, ம், *v. n.* திறம்புதல், *n. v.* changer, s'égarer, se tromper, manquer, omet- [tre.

*திறயம், *P.* திரயம், trois.

திறலினன், திறலோன், (திறல்), homme fort, courageux. [taille.

திறல், force, haine, combat, ba-

திறவறிகிறது, திறவறிதல், (திறவு, அறிகிறது), connaitre les moyens, les expédiens, être capable, savoir découvrir —, connaitre les choses cachées, avoir de l'expérience, espionner, épier.

திறவாளி, (*id.* ஆளி), personne adroite, habile, prudente. [pable.

திறவான், (திறம்), homme fort, ca-

திறவிடுகிறது, (திறவு, இடுகிறது), trouver un expédient: திறவிட்டுவிசாரிக்கிறது, *V.* திறவுபார்க்கிறது.

திறவு, *n. v. de* திறக்கிறது, ouverture, trou, voie, moyen, expédient, manière, expérience, découverte, espionnage: — கோல், — குச்சி clef (pour ouvrir); — தெரியாமற்போகிறது ne savoir quel moyen prendre, ne voir aucune ouverture; — பார்க்கிறது examiner, explorer, espionner.

திறவுண்கிறது, (திறவு, உண்கிறது), 1° être ouvert: 2° se fortifier.

திறனில்யாழ், (திறன், இல்), luth des habitans des bords de la mer ou des rivières, guitare sans grande variété de sons.

திறன், (திறம்), cause, caractère, naturel, disposition naturelle, faculté, capacité, force, part, portion, parti, manière.

*திறுணி, *P.* திராணி, force, pouvoir. [tous les composés.

*திறி, *P.* திரி, trois, *V. au mot* திரி

*திறித்தி, திறிப்தி, *P.* திருத்தி, திருட்தி.

திறுதட்டம், திறுதிட்டம், *P.* திறுதி [ட்டம்.

*திறுதியை, *P.* திரிதியை.

திறுதிறு, son imitatif de crainte: திறுதிறென்கிறது, *ou*

திறுதிறுக்கிறது, றுத்தேன், றுப்பேன், று, றுக்க, *v. n.* (திறுதிறு). craindre.

திறுதிறுத்தல், திறுதிறுப்பு, திறுதிறெனல், *n. v. du préc.* son imitatif —, signe de crainte. [ம்...

*திறேதம், திறேதாயுகம், *P.* திரேத

திறை, tribut (surtout d'un roi ou d'un prince à son suzerain): — கொள்ளுகிறது, — வாங்குகிறது, — வாருகிறது percevoir —, recevoir le tribut, vaincre, rendre tributaire; — கொடுக்கிறது, — அளக்கிறது payer tribut. [manger.

தின்றி, *P.* தின்றி, choses bonnes à

*தினம், (dina), jour (de 24 heures), journée (du lever du soleil à son coucher), chaque jour: அத்தினமே, அந்தத்தினத்திலே ce jour-là même, le même jour; தினமும், தினந்தினம், தினந்தோறும் tous les jours, par jour, journellement; தினம்பார்க்கிறது observer —, distinguer les jours (censés heureux et malheureux): தினகரன் celui qui fait le jour, *i.e.* le soleil; — கவி vers du jour, — en l'honneur d'un roi qu'on lui chante soir et matin ou à son lever et à son coucher, le poëte qui les compose et les chante; — காலம் chaque jour, toujours; — கேசம் chevelure du jour, *i. e.* ténèbres, obscurité; — க்கணக்கு compte journalier, — de la journée; — க்கூலி salaire journalier, de la journée; — ச்சடங்கு cérémonies journalières; — க்காய்ச்சல் fièvre quotidienne; — ச்சரி, — சரி occupation d'une journée entière, *V.* நித்தம்; — ச்சரிதை les occurrences du jour, — de la vie; — ச்செய்தி nouvelle du jour, de chaque jour; — ச்செலவு dépenses du jour, de la journée; — சேஷம் reste des jours ou différence entre le வருஷசேஷம் ou nombre de jours qui restent après avoir retranché les révolutions complètes des planètes, et le nombre de jours immédiatement moindre dans la table des planètes dite பரிவிருத்தி; —த்திரயம் rencontre de 3 fêtes le même jour; — பலம் le 5me, 6me, 7me, 8me, 11me et 12me signe du zodiaque, résultat —, influence du jour, de chaque jour; — ப்படி mesure —, allocation journalière, — ப்போடு la peine —, fin du jour ou de chaque jour, V. தினாந்தம்; —ப்பிரமணி le conducteur du jour, i.e. le soleil; —ப்பிரமாணம் durée du jour; —ப்பிரளயம் déluge de chaque jour de l'âge fabuleux de Brama ou de la fin de chaque grande période de siècles; —மணி le joyau du jour, i.e. le soleil; —மயக்கம் trouble —, étourdissement journalier, vanité —, ou superstition journalière; — மானம் chaque jour, tous les jours; — விருத்தி travail —, profit de la journée, toujours, tous les jours, *ou* — வேலை travail quotidien.

தினவு, (தின்கிறது), démangeaison, envie de gratter: — தின்கிறது, தினவெடுக்கிறது avoir des démangeaisons, se gratter; தினவுள்ளவன் சொறிந்து கொள்ளவேண்டும் il faut que celui qui a des démangeaisons se gratte, chacun doit soigner ses affaires; தினவுக்குச்சொறிதலின்பமாயிருக்கும் c'est un plaisir de se gratter quand on éprouve des démangeaisons; தினவு மிகுதியிலேசொறிவு பதறுவல்மிகுதியிலேதுன்பம் trop gratter cuit, trop parler nuit.

*தினாம்சம், (தினம், அம்சம்), portion du jour, v.g. une heure, un சாமம் ou espace de 3 heures, division du jour, matin, midi et soir.

*தினாதி, (id. ஆதி), commencement du jour, aurore, correction pour le temps de l'opposition ou de la conjonction comptée du lever du soleil.

*தினாதினம், 1° (தினம் *répété*), jour principal, chaque jour. 2° (தினம், அதினம்), jour principal et non principal.

*தினாந்தகம், (id. அந்தகம், ka), ce qui finit le jour, i.e. la nuit.

*தினாந்தம், (id.), fin du jour, le soir.

*தினாந்தரம், (id. அந்தரம்), de 2 jours l'un, tous les 2 jours.

*தினாம்சம், (id. அம்சம்), V. தினாம்சம்.

*தினாரம்பம், (id. ஆரம்பம்), commencement du jour.

*தினார்த்தம், (id. அர்த்தம்), demi-journée, demi-jour.

*தினாவசானம், (id. அவசானம்), V. தினாந்தம்.

*தினிகை, (தினம், ika), salaire de la journée.

தினுசு, sorte, espèce, genre: — வாரிகள் différentes espèces; — வாரிச்சரக்குகள் diverses sortes de marchandises; — வாரிவிவரம் détail des diverses sortes, — des divers articles.

தினை, espèce de millet, panicum italicum, petitesse: — க்கஞ்சி légère bouillie —, cange de millet, (on en donne aux malades; — க்குருவி espèce d'oiseau; — ச்சாமை espèce de சாமை; — த்தாள்; — த்தட்டை tige, paille ou chaume de millet; — ப்புனம், — விளைபுலம் champ de millet; — மா farine de millet; — யரிசி millet pilé, தினைவிதைத்தவன் தினையறுப்பான் வினைவிதைத்தவன் வினையறுப்பான் celui qui a semé du millet, récoltera du millet, celui qui a semé du mal (ou fait le mal) en récoltera aussi, i.e. sera puni.

தின், *imp. et part. de*

தின்கிறது, ன்றேன், ன்பேன், ன், ன்ன, manger, — en mâchant, mâcher, avaler, consumer, ronger: மண் — manger de la terre, se rouiller, se gâter, pourrir, (étant étendu à terre); தின்றுபார்க்கிறது goûter; — பார்த்துவாங்குகிறது goûter et acheter; — போடுகிறது dévorer.

தின்பண்டம், (தின்), vivres, mets, chose mangeable, — à manger, provisions: தின்பண்டங்கொடுக்கல் donner des vivres, des provisions (surtout aux voyageurs), ce qui est un des 32 அறம்.

தின்பண்டம், தின்பண்ணியம், (தின்கிறது), chose à manger, nourriture, vivres, provisions,

தின்மை, mal, infortune, malheur, deuil, enterrement, (opposé à நன்மை): தின்மைக்குவருகிறது venir au deuil, aux funérailles, tourner mal, devenir nuisible: — வராதே போனான் il n'est pas venu aux funérailles.

தின்றல், n.v. de தின்கிறது, manducation, manger.

தின்றி, (தின்கிறது), nourriture; — ப்பிராமணன் brame bien nourri; — ப்போத்து buffle bien nourri, i.e. glouton.

தின்று, gér. de தின்கிறது. [தின்றல்.

தின்னல், n.v. de தின்னுகிறது, V.

தின்னா, தின்னாத, part. du suiv. qui ou qu'on ne mange pas: தின்னாத்தீன் nourriture immangeable, — vile ou obtenue au prix de son honneur.

தின்னுகிறது, ன்றேன், ன்னுவேன், ன்னு, ன்ன, v.a. V. தின்கிறது, தின்னும்பண்டம், V. தின்பண்டம்; புல்லைத்தின்னுமாடு bœuf qui mange l'herbe. [ல்.

தின்னுகை, தின்னுதல், V. தின்னல்

தீ

தீ, 1° lettre syllabique composée de த் et de ஈ. 2° (dhi), intelligence, connaissance. 3° feu, un des அஷ்டமூர்த்தம், et des பஞ்சபூதம், l'enfer, — de feu, chaleur animale. On en compte 3 sortes dites தீ-ம், savoir: உதராக்கினி chaleur du ventre; உயிருள்ளதீ chaleur vitale, — du corps; சினத்தீ chaleur de la colère. 4° mal, malheur, expédient, détour, subterfuge, V. சூனம், (et adjectivement), mauvais, méchant, nuisible. 5° doucour, suavité, (l'adj. es தீம், doux, suave). 6° imp. et part. de தீய்கிறது. 7° imp. de தீக்கிறது: தீக்கஞ்சி, (தீக்கு, அஞ்சி), craignant le feu, camphre (employé comme encens); — க்கடவுள் le dieu prétendu du feu, i.e. Agni; — க்கடன் devoir du bûcher funèbre; — க்கடைகிறது enfrotter 2 bâtons l'un contre l'autre pour faire du feu; — க்கடைகோல் morceau de bois qu'on frotte sur une autre pour faire du feu; — க்கட்டி magicien qui fascine le feu, charbon, — ardent; — க்கட்டுகிறது fasciner —, enchanter le feu, — க்கணம் ou புளிமாங்கனி pied de vers de 2 brèves, une longue et 2 brèves; au dire des Indous, il marque la perte de la santé; — க்கதிக்கும்பச்சை, V. நாகப்பச்சை; — க்கதிர் instrument d'orfèvre, verge de fer pour remuer les charbons, le soleil aux rayons de feu; — க்கரண்டி cuillère pour prendre du feu; — க்கருமம் cérémonie du bûcher funèbre, mauvaise action, mal; — க்களம் foyer, place du feu; — க்கல் caillou, pierre à fusil, — à briquet; — க்காய்கிறது se chauffer auprès du feu, le feu être ardent, — க்காரியம், V. தீக்கருமம்; — க்காளி furie, femme qu'on suppose porter malheur; — க்கால்மரக்கலம் brûlot; — க்குடுக்கை vase au feu, bombe, grenade; — க்குணம் mauvais caractère, — naturel, défaut; தீக்குணம்-ஐ les 10 mauvais naturels: பொய்சொல்லல் mentir, கோட்சொல்லல் calomnier, கோபித்துச்சொல்லல் parler avec colère. பயனிலசொல்லல் dire des choses inutiles; ces 4 sont வாக்கின்றீக்குணம் les défauts de la bouche: களவாடப்போதல் aller voler; வறிதேதொழில்செய்தல் faire des choses inutiles; கொலைசெய்யல் tuer; ces 3 sont des défauts d'action ou du corps, காயத்தீக்குணம்; கொலைநினைக்கை pensée de meurtre, காமப்பற்று penchant à la luxure, ஆசை désir: ces trois sont des défauts de l'âme, மனத்தீக்குணம்; — க்குணர், V தீக்குணர்; — க்குண்டம் fosse où l'on entretient du feu; — க்குதிக்கிறது sauter dans le feu ou sur le feu (par possession ou autre raison); — க்குருவி autruche, oiseau pyrophage, — étranger qu'on dit avaler du feu; — க்குழி fosse pour faire du feu; — க்குளிக்கிறது se baigner —, s'enfoncer, se précipiter dans le feu; — க்குறி mauvais présage, — signe: — க்கொடிமை sel de roche, sel de graine de sésame; — க்கேடு grande calamité, malheur: —க்கொள்ளி brandon, tison ardent; — க்கோள் astre réputé de mauvaise influence; —சத்தி pouvoir de l'intelligence; —சகுனம் mauvais présage, — augure; — ச்சடம் urine; —ச்சட்டி réchaud, — de terre, vase de terre rempli de feu; —ச்சலம் coquillage de mer usé de vétusté, V. தீச்சலம்; — ச்சுடர் salpêtre, clarté du feu; — ச்சொல் injure, mauvaise parole; — த்தட்டி (தட்டுகிறது), briquet, instrument à faire du feu; —த்தட்டிக்கல் pierre à briquet, caillou; —த்தட்டிக்குடுக்கை briquet: — த்தட்டிவளையம் anneau ou cercle d'acier pour briquet; —த்தாங்கி garde-feu; —த்திரள் agglomération de feu, grand feu, — nombre de feux, conflagration, — finale du monde: —த்தீண்டல் cérémonie du mariage qui consiste à toucher le feu; —த்தீண்டுகையான் celui qui touche le feu de sa main ou en porte dans sa main, *i. e.* Siven; — த்துருத்தி, soufflet; — த்தெய்வம் le prétendu dieu du feu, Agni; —த்தொழில் cérémonie du bûcher funèbre, mauvaise action, emploi mauvais, — qui approche du feu; — நட்பு amitié mauvaise, inconvenante; —நா langue de feu, phare (pour diriger les marins); —நாற்றம் mauvaise odeur, puanteur; — நிறம் couleur de feu, pierre de couleur de jeunes feuilles de manguier; — நீர் esprit de vin, liqueur distillée; — நுரை, V. கடலுரை; —ப்பட்டி, V. தீவட்டி; —ப்படுகிறது se corrompre, s'enflammer (de colère...), prendre feu, être atteint du feu, brûler, se consumer; — ப்பற்றவைக்கிறது allumer (le feu...); —ப்பாய்கிறது, —ப்பாய்தல் s'élancer —, sauter dans le feu, (se dit surtout d'une femme qui se brûle avec son mari, et quelquefois de ceux qui s'y engagent par vœux en cas qu'ils manquent à une promesse), marcher sur le feu; — ப்பாய்ஞ்சுதல் ou ப்பாய்ந்தாள் femme qui s'est jetée dans le feu (et qui est adorée par ses parens idolâtres; — ப்பிசின் résine dite குங்குலியம்; — ப்பிரயாகம் le sacrifice du feu dit ஓமம்; — ப்பொறி étincelle (de feu); —ப்போடுகிறது mettre le feu, incendier, se fâcher, traiter cruellement; —மலம் ordures du feu, *i.e.* le charbon; — மிதிக்கிறது marcher sur le feu, (cérémonie payenne); —முகம் bouche de fourneau, de fournaise, lieu où le feu brûle; —முறுகல் espèce d'arsenic préparé; —மொழி mauvaise parole, injure, malédiction; — யாறு fleuve de feu, mauvaise conduite; —யாறுடையோன் homme de mauvaise conduite; — யியல்பு mauvais caractère; — யியல்புடையோன் homme de mauvais naturel; — யிறைக்கிறது vomir —, arroser le feu, persécuter avec colère; — யெச்சம், (எச்சம்), le reste du feu; — யொழுக்கம் mauvaise conduite, perversité; —வட்டி, —வத்தி, — வர்த்தி torche, flambeau; — வண்ணம் couleur de feu; — வலஞ்செய்கிறது, tourner autour du feu en commençant par la droite, (c'est une cérémonie du mariage indou), se marier; — வலஞ்செய்தல் la susdite cérémonie, mariage; —வளர்க்கிறது entretenir le feu, —le feu du sacrifice, —le prétendu feu sacré; — வளர்ப்போர் ceux qui entretiennent le feu, V. செந்தீவளர்ப்போர்; — விளங்கும் வயிரம் ambre gris; —வேட்டல் mariage, sacrifice; — வேட்கிறது célébrer un mariage, faire un sacrifice; —வேள்வி mariage.

தீய்கிறது, தீய்ந்தேன், தீய்வேன், தீ, தீய, *v.n.* (தீ) ou தீய்ந்துபோகிறது, brûler, — légèrement, bouillir sur le feu, rôtir, griller, être brûlé, rôti, grillé, broui, hâlé, noirci (au feu, ou au soleil...), தீய்ந்தது ce qui est brûlé, grillé, broui, desséché; தீய்ந்துவிடலாய்ப் போகிறது être brûlé, grillé, broui, gâté, desséché par la chaleur; தீயச் சுண்டுகிறது ébouillir, diminuer à force de bouillir, s'épaissir sur le feu.

*தீக்கதன், *V.* தீக்ஷதன். [கிறது.

தீக்கிக்கிறது, தீக்கித்தல், *P.* தீக்ஷிக்

தீக்கிறது. தீத்தேன், தீப்பேன், தீ, தீக்க, *v.a. de* தீகிறது, *ou* தீத்துப்போடுகிறது, brûler, griller, rôtir, hâler,(le feu ou le soleil) noircir, faire bouillir. [savon.

தீக்குவெறுங்குழை, (தீ, வெறும்),

தீக்குதல், *n.v.de* தீக்கிறது.

*தீக்கை, 1° *V.* தீக்ஷை. 2° (தீ), mauvaise main, main de feu.

தீக்கையோன், 1° (தீ, கை), celui qui porte du feu dans sa main, *i. e.* Siven. 2° *V.* தீக்ஷையோன்.

*தீக்ஷணகம், (தீக்ஷணம், ka), moutarde blanche.

*தீக்ஷணம், (tikchna), arme, fer, piquant, âcreté, sel, force, tranchant, pointe, pénétration, intelligence, colère, peste, épidémie, hâte, vitesse, poison, guerre, combat, mort, chaleur: தீக்ஷணகண்டகம் le pommier épineux dit முண்ணுவல்; —கந்தகம், —கந்தம் racine âcre, *i.e.* oignon; —தண்டுலம் grain âcre, *i.e.* poivre long; —தைலம் résine, lait de கள்ளி, liqueur spiritueuse; —பத்திரம் feuille piquante, coriandre, le laurier அலரி; —பலம் coriandre; —புஷ்பம் clou de girofle; —ரசம் suc âcre, salpêtre.

*தீக்ஷிணை. தீக்ஷணியம், (தீக்ஷணம், ya), pointe, piquant, tranchant.

*தீக்ஷதன், தீக்ஷிதன், தீக்ஷாவான், (dikchita, தீக்ஷை), *pl.* தீக்ஷதர், தீக்ஷிதர், espèce de brame, *V.* தீக்ஷையோன்.

*தீக்ஷாந்தம், (தீக்ஷை, அந்தம்), sacrifice supplémentaire pour effacer les défauts de l'initiation.

தீக்ஷிக்கிறது, க்ஷித்தேன், க்ஷிப்பேன், க்ஷி, க்ஷிக்க, *v.a.* (தீக்ஷை), தீக்ஷித்தல், *n.v.* initier (aux mystères d'une secte), instruire —, former un disciple, confirmer, vouer, faire un vœu, un sacrifice: தீக்ஷித்துக்கொள்ளுகிறது être initié, recevoir l'initiation, accomplir exactement tous les rites prescrits.

*தீக்ஷை, (dikchâ), initiation à des mystères, à une religion ou à une secte), baptême, réception dans une secte, instruction religieuse, sacrifice, cérémonie avant un sacrifice, oblation, vœu, engagement à certaines austérités, accomplissement de vœu, d'austérités, barbe qu'on laisse croître par deuil ou pendant que la femme est enceinte; — கேட்கிறது, — கேட்டல் demander l'initiation, — le baptême, écouter les instructions religieuses; — கொடுக்கிறது, — பண்ணுகிறது, — வைக்கிறது initier, recevoir dans une secte, instruire un disciple dans sa secte; — பெறுகிறது recevoir l'initiation ou le baptême, être initié.

தீக்ஷையோன், *pl.* தீக்ஷையோர், (தீக்ஷை), initiateur, gourou, homme —, initié (à des mystères, à une religion), disciple. [—savoureux.

தீங்கனி, தீங்காய், (தீம்), fruit doux,

தீங்கு, (தீ), mal, tort, malheur, affliction, faute: தீங்குரைத்தல், (உரைத்தல்), dire du mal, mauvais discours.

தீங்குணர், (தீ, குணம்), méchans, vauriens, gens pervers, — vils, de mauvais caractère.

*தீசகன், தீச்சிவன், (தீ, சகன், சிவன்), conseiller, ministre, maître d'école. [veur douce, agréable.

தீஞ்சுவை, (தீம்), goût suave, sa-

தீஞ்சொல், (*id.*), expression douce, agréable, bonne —, belle parole.

*தீட்சணம்... *V.* தீக்ஷணம் *et ses composés.* [ன்.

*தீட்சதன், தீட்சிதன்... *V.* தீக்ஷத

தீட்சம், résignation, éprouver sans aversion ce qui arrive.

தீட்சிக்கிறது... *V.* தீக்ஷிக்கிறது.

தீட்சை, ... *V,* தீக்ஷை.....

தீட்டம், impureté, souillure, régles des femmes: — ஆயிருக்கிறது avoir ses régles; தீட்டக்காரி femme qui a ses régles.

தீட்டரிசி, தீட்டலரிசி, (தீட்டுகிறது, அரிசி), riz pilé, — propre, — pilé une 2° fois.

தீட்டல், *opt. et n.v. de* தீட்டுகிறது.

தீட்டு, 1° (தீட்டம்), souillure légale, saleté, malpropreté, régles des femmes. 2° écriture, peinture, *n. v. imp. et part. de* தீட்டுகிறது: — கோல் pinceau, roseau à écrire; —க்கல் pierre à aiguiser; —க்கழிக்கிறது purifier, —d'une souillure légale, l'ôter par des cérémonies; — க்காரி femme qui a ses règles; — க்கட்டு coagulation du sang menstruel, maladie qu'elle cause; —ச்சீலை linge sale, —souillé, —impur; — க்குற்றி, —த்தடி bâton qui sert à repasser ou à aiguiser (des armes ou des outils); —ப்படுகிறது devenir, —être impur, souillé, profané, pollué, sale, coupable, être accusé, avoir ses régles; — ப்பட்டவன், —உள்ளவன் homme censé impur, (dont on évite le contact); — ப்பலகை, — மரம் morceau de bois —, planche à aiguiser; —வீடு maison censée souillée, impure.

தீட்டுகிறது. ட்டினேன், ட்டுவேன், ட்டு, ட்ட, *v. a.* piler parfaitement, ou une 2° fois, le riz (pour en ôter les restes du son ou de la balle et le rendre propre), repasser, aiguiser (un outil), écrire, peindre, dessiner, polir, donner le lustre, lier, presser sur, soutenir, assurer: இத்தவசி தீட்டவில்லை ce riz n'est pas pilé une 2° fois, —n'est pas bien pilé. தீட்டினமரத்திலே கூர்பார்க்கிறது essayer le tranchant sur l'arbre qui a servi à aiguiser, éprouver la science acquise.

தீட்டுகை, தீட்டுதல், *n. v. du préc.*

தீட்பு, (*P.* தீழ்ப்பு), bassesse, abjection. [து, *V.* தீண்டுதல்.

தீண்டல், *opt. et n. v. de* தீண்டுகிற

தீண்டியம், l'arbrisseau பவளக்குறிஞ்சி lausonia spinosa aux fleurs rouges.

தீண்டுகிறது, டினேன், டுவேன், டு, ட, *v. a.* தீண்டுதல், *n. v.* toucher, souiller par contact, contaminer, infecter; தீண்டிக்கொடுக்கிறது donner ou rendre (un objet) aprés l'avoir souillé en le touchant; மடிதீண்டிஞன் il l'a trainé par la ceinture: அவனைக்கலிதோஷந்தீண்டாது il n'a point été infecté par le Kaliyougam, il est juste, honnête et bienfaisant; என்னைத்தீண்டாதே ne me touche pas.

தீண்டுகை, தீண்டுதல், *n. v. du préc.* contact, attouchement, tact, souillure, contamination par contact.

தீதல், *n. v. de* தீகிறது.

*தீதி, (dhiti), soif. [sans faute.

தீதிலி, (தீது, இலி), être innocent,

தீது, (தீ), mal, mauvaise chose, méchanceté, faute. [ge.

*தீதை, (dhitâ), intelligence, viern-

*தீத்தகம், (தீத்தம், ka), or.

*தீத்தம், (dîpta), lion, lumière, splendeur, or, assa fetida, un des 27 livres des Sivénistes: தீத்தஜிகுவை renard (qui a la langue brillante). — பிங்கலம் lion de couleur brillante et rousse; — நசம் ver de terre; — லோகம் métal brillant, —de cloche, pierre de couleur de jeune feuille de manguier, couleur; — லோசனம் le chat à l'œil bril-

தீத்தல், *n. v. de* தீக்கிறது. [lant.

*தீத்தாக்ஷம், (தீத்தம், அக்ஷம்), chat, paon, (à l'œil brillant).

தீத்தாங்கம், (*id.* அங்கம்), le paon au corps brillant.

*தீத்தி, (dipti), beauté, marche rapide—, vitesse d'une flèche, lumière, éclat, métal de cloche.

*தீத்தோபலம், (தீத்தம், உபலம்), lentille de crystal. [suave.

தீந்தமிழ், (தீம்); le tamoul doux, —

*தீந்திரியம், (தீ, இந்திரியம்), organes de l'intelligence, *v. g.* l'esprit, l'œil, l'oreille, le nez, la langue et la peau. [று.

தீந்த, தீந்து, *part. et gér. de* தீகிற

*தீபகம், (தீபம், ka), fig. de rhét. mot qui, bien qu'il ne se trouve que dans un endroit, se rapporte à plusieurs autres mots ou membres de phrase, où il est sous-entendu, accumulation d'expressions tendant à un objet, rayons de la lune, safran, lampe, *ou* தீபகபட்சி, —புள் faucon, oiseau d'oiseleur destiné à en attirer et à en prendre d'autres; தீபகபட்சிபழக்குகிறது dresser un oiseau pour la chasse.

*தீபம்,1° (dîpa),lampe, flambeau, torche,(c'est un des insignes de la royauté), lumière, lampe de camphre, la 15me constellation lunaire dite சோதி.2° (dvipa),ile:— ஏற்றுகிறது placer—,allumer une lampe; — காட்டல்,—காட்டுகிறது éclairer, présenter la lumière, —une lampe de camphre ou d'autres matières;தீபக்கம்பம் chandelier,porte-lampe; — கற்பூரம் camphre employé comme lampe; —க்காந்தி,—க்காந்திபோன் diamant; —க்கிட்டம் noir de fumée, suie;—கூடு,—கோரி mèche de lampe;—க்கால்,—க்குழி pied de—, lampe, porte-lampe; — க்கொடிச்சி camphre,—employé comme lampe; —சிகை flamme de lampe; — நிரைக்கை rangée de lampes;—ஸ்தம்பம்,—த்தம்பம், V. தீபக்கம்பம்; — தூபம் lampe et encens; — தைலி ce qui donne de l'huile de lampe,*i.e.*le ricin;—பாதபம்,— பாதவம், — மத்திகை. V. தீபக்கம்பம்;— புஷ்பம் fleur de சண்பகம்;— மாலை rangée de lampes, illumination, cercle de lampes autour d'une statue;—வராடி espèce de chant ou de mélodie:—விருக்ஷம்,—விருக்ஷகம்.—விருட்சம், V.தீபக்கம்பம்.

*தீபவதி,(dvipavati),rivière.

*தீபனம்,(தீபம்,na), faim, grand —,appétit,nourriture,grande—,lumière, safran, oblation, offrande d'un sacrifice:அதிக— faim canine, —extrême; —உண்டாகிறது, — எடுக்கிறது, — எழும்புகிறது devenir —,être affamé, la faim venir.

*தீபாக்கினி,(தீபம்,அக்கினி), feu —,flamme de la lampe, flamme.

*தீபாராதனை,(*id.*ஆராதனை),adoration de la lampe, cérémonie de l'ஆலாத்தி avec une ou plusieurs lampes; (ce qui se fait en l'honneur des idoles durant les processions ou en d'autres occasions):—பண்ணுகிறது *ou* செய்கிறது faire cette cérémonie.

*தீபாலி,தீபாளி,தீபாவலி, தீபாவளி,(தீபம், ஆலி, ஆவலி), rangée de lampes,fête célébrée avec des lumiéres en commémoraison de la mort de நரகாசுரன் tué par Krichna, autre fète en l'honneur de la naissance de Soupramanien.

*தீபாற்சனை, (*id.* அர்ச்சனை), offrande d'une lampe,- d'une lampe de camphre.

*தீபிகை.(தீபம்,ikâ),lampe, flambeau,bougie, titre de différens livres,*v.g.*இரத்தின— le flambeau—, traité des pierres précieuses.

*தீப்தம்,(dîpta), *V.* தீத்தம் *et ses composées.*

*தீப்தி, (dipti), feu.

*தீப்பியம்,(dipya),la flamme: தீப்பியமானம் lumière.

*தீப்பிரம்,(dipra),lumière.

தீப்பு, *n. v. de* தீக்கிறது, brûler, noircir,brûlure,noircissure.

தீமை(தீ),mal, méfait, tort, malheur,infortune,vice,dépravation: தீமைக்கஞ்சல் craindre le mal,—d'en faire.

தீம், douceur, suavité, (*et adj.*) doux,suave: — பண்டம் bonbon, chose agréable à manger; — பால் lait doux,excellent; — புகை douce fumée,fumée odoriférante, parfum.

தீம்பன், *pl.* தீம்பர், (தீம்பு), méchant,vaurien, homme malfaisant, vil,méprisable.[me vile,méprisable.

தீம்பி, *fém. du préc.* méchante,fem-

தீம்பு,(தீ),mal,méfait,malice,tort, bassesse,vileté: — செய்கிறது faire tort,—du mal;—நினைக்கிறது former de mauvais desseins,songer au mal;—வருகிறது un malheur arriver; தீம்பைப்பிணைக்கிறது projeter ou imaginer du mal.

தீய,1° *inf. de* தீகிறது. 2° *adj. de* தீ, mauvais, méchant pervers, nuisible.3° *adj.de* தீயம்,doux,agréable, pur.4° *pl.neut.*choses mauvaises: —குணம் mauvais caractère;— சொல் mauvaise parole. [l'enfer.

தீயகம்,(தீ, அகம்),maison de feu.

தீயது,(தீ),chose mauvaise, - douce,—pure, *V.* ஆரதம்.

தீயம்,(தீ),douceur,suavité.

தீயர்,*pl. de* தீயன், gens vils, méchans,vauriens,chasseurs.

தீயல்,*n.v. de* தீகிறது, viande—, chose brûlée, rôtie, grillée, noircie (au feu...),rôti,action de brûler...

தீயவன்,*m.*தீயவள், *f.* தீயவர், *pl.* méchant,pervers.

தீயவை,தீயவைகள்,*pl. de* தீயது, choses mauvaises, — douces, — pures. [mûr,mauvais.

தீயனி,(தீ, அனி), fruit vert, non

தீயறம்,(*id.* அறம்), mal, méfait, [tort.

தீயன,*V.*தீயவை.

தீயன்,தீயவன், *pl.* தீயர், தீயார், (தீ),méchant,vaurien,pervers:தீயார்கேண்மை தீயார்க்கினிது l'amitié des méchans est agréable aux méchans.

தீயா,தீயாத,*part.nég.de* தீகிறது, *et* தீக்கிறது:தீயாக்கினா la plante பொன்னாங்காணி. [ambre gris.

தீயின்வயிரம், (தீயின் *gén.de* தீ),

தீயோதகம்,(தீ,உதகம்,*P.*உதகம்), eau de feu,*i. e.* acide nitrique; on dit aussi அக்கினிநீர்.

தீயோன்,*pl.*தீயோர்,(தீ),*V.*தீயன்: தீயோர்கேண்மையின் நல்லோர்பகை நன்றே l'inimitié des bons vaut mieux que l'amitié des méchans.

தீப்,1° *imp.et part. de* தீப்கிறது. 2° *imp.de* தீய்க்கிறது:— ச்சலம் furoncle enflammé, charbon, os de sèche.

தீய்கிறது,ய்ந்தேன்,ய்வேன்,ய், ய் ய.v.n.தீய்தல்,*n.v.* *V.*தீகிறது.

தீய்க்கிறது,ய்த்தேன்,ய்ப்பேன்,ய், ய்க்க,*v.a.*தீய்த்தல்,*n.v.* *V.* தீக்கிறது, தீய்த்துப்போடுகிறது brûler.

தீய்து,*P.*தீது. [கிறது.

தீய்ந்த,தீய்ந்து,*part.et gér.de* தீய்

தீய்வு,*n.v.du même* brûlure.

தீர,1° *inf.de*தீருகிறது,*adv* entièrement,2° *adj.de*

*தீரம்,1°(tira),bord,rivage, petite chaussée de rizières,flèche. 2° (dhira),sagesse,fermeté,—d'âme,safran, froid,*ou* தீரத்தனம்,— த்துவம் fermeté,force,courage, hardiesse, bravoure,constance,intelligence;— புக்தி Tirabhoukti,Tirhut,l'ancienne மிதிலை.

*தீரன்,(dhîra),homme fort, brave,hardi.

தீரா,தீராத,*part. nég. de* தீருகிறது *et de* தீர்க்கிறது,qu'on ou qui ne finit pas,interminable, inexpiable, incurable:தீராக்கோபம் colère implacable; —கோபம்போராய்முடியும் une colère implacable finira par une bataille; தீராப்பசியன் homme d'une faim insatiable, hydropique; —பகை haine implacable; தீராதவியாதி, — நோய் maladie incurable.

தீராது,1° 3° *pers.nég. de* தீருகிறது cela ne finit pas. 2° *ou* தீராமல் *gér.nég.du même*,sans finir: எனக்கு வரத்தீராது je n'ai pas le temps de—,je ne puis venir.

*தீராந்தரம், (தீரம். அந்தரம்), l'autre côté du rivage,la rive ultérieure.

தீராந்தி,poutre,—de plafond.

தீராமை,*n. v. nég. de* தீருகிறது, état de ce qui est interminable, insatiable, implacable, incurabilité, cruauté.

தீர்க்கை,(தீருகிறது),loisir,

தீரும்,3° *pers.et part.fut.du même*, qui se termine, curable: — வியாதி maladie guérissable. [—d'esprit.

*தீரை,*fem.de* தீரன்,femme forte,

தீருகிறது *ou* தீர்கிறது, ர்ந்தேன், ருவேன் *ou* ர்வேன்,ரு *ou* ர், ர, தீரா ன்,*nég.*தீருகை,தீருதல்,*n.v.*1° *v.n. de* தீர்க்கிறது,finir,se terminer,s'achever,se perfectionner,se payer,se juger,se décider,s'expier, se guérir,se corriger,s'éclaircir, être fini .. déterminé,certain, s'affranchir, s'allonger,marcher.2° *v. a* tirer (un coup de fusil...), colorier, peindre, teindre,orner,écrire,alligner, mettre en lignes,étendre,allonger,tirer en longueur, suivre, abandonner, couper:படங்கள்தீ - *dat.*colorier (des tableaux), peindre des statues ou des murs),*ou* சாயந்தீ—, teindre (des toiles...):எழுதித்—finir d'écrire;படித்துத்—finir ses études;இன்னந்தீரப்படிக்கவில்லை il n'a pas encore fini ses études, il n'a pas appris entièrement: தீர்ந்துபோகிறது, V. தீருகிறது: தீர்ந்த, part. achevé, fini, parfait, correct, guéri, décidé; — குருக்கள் excellens gourous, grivois impies qui ne craignent ni Dieu ni les hommes, (ironie): — சாமி maître accompli, bonnête homme (ironie); — பட்சம் conclusion finale, décision: — மனிதன், தீர்ந்தவன் homme accompli, expert, bien dressé, hardi, courageux, intrépide, qui a renoncé à tout, qui se dompte lui-même; நற்கிரியையிற்றீர்ந்தசிருக்காய் ..., இருக்கிறது être parfaitement accoutumé à la pratique des bonnes œuvres.

தீர்க்க, 1° inf. de தீர்க்கிறது. 2° adj. de

*தீர்க்கம், 1° (dirgha), longueur (de temps, d'espace...), extension, étendue, espace, signe de voyelle —, voyelle longue, quantité d'une syllabe longue, les signes 5, 6, 7, 8 du zodiaque. 2° prononciation parfaite, — claire et exacte, exactitude, plénitude, perfection, précision, certitude, clarté; — ஆயிருக்கிறது être long, exact, certain; — ஆய் exactement, distinctement, longuement; — ஆய்ப்பேசுகிறது parler distinctement, fortement; தீர்க்ககண்டகம், — கந்தரம் héron au long cou: — கதி —, காடிகம் (ghâtika, nuque). — க்கிரீபம் chameau, — à la marche lente et au long cou; — காஷ்டம் longue pièce de bois, lance, poutre; — காலம் long temps: — கேசம் long poil, longue chevelure, ours; — ஜங்கம் longue jambe, chameau, héron, cuisse; — சதுரம் carré long, rectangle; — சத்திரம் long sacrifice, (prolongé pendant 12 ans); — சந்தி contraction en une seule longue d'une voyelle finale brève ou longue avec la même voyelle initiale du mot suivant, savoir: அ ou ஆ en ஆ, இ ou ஈ en ஈ, உ ou ஊ en ஊ, v. g. குரவமிர்தம், குருமிர்தம் ambroisie spirituelle, நதி ஈசன், நதீசன் le roi des fleuves: (si les voyelles sont différentes, la contraction se nomme குணசந்தி ou விருத்திசந்தி); — சத்தியத்துவம் longue observance du சத்தியம்; — சாகம் (சாகை). — சாலம் l'arbre சாலமரம் à longues branches, shorea robusta; — சிகுவம் ce qui a une longue langue, i. e. le serpent: — சிநேகம் longue —, durable amitié; — சீவம் longue vie; — சீவி être qui vit longtemps; — சுமங்கிலி femme qui vit long-temps dans l'état du mariage; — சுமங்கிலியம் longue vie dans l'état du mariage. (souhait aux femmes); — சுரதம் longue copulation, le chien (dont le coït dure longtemps); — சுரம் voyelle —, note longue; — சூத்திரம் longue règle, lenteur, retard, nonchalence; — தண்டம் prostration (de tout son long), profonde vénération, ricin; — தரிசனம், — தரிசனை longue prévoyance, connaissance de l'avenir (ainsi que du passé et du présent), prophétie, prédiction; — தரிசனஞ்சொல்கிறது prévoir —, prédire l'avenir; — தரிசி prophète, qui connait l'avenir (ou les 3 temps); — தரிசினி prophétesse; — தரு l'arbre long, i. e. le palmier; — நாரு la plante நிலப்பனை; — திருஷ்டி, — திருட்டி vue longue, prévision, prévoyance, connaissance de l'avenir: — நாதம் ce qui rend un son prolongé, la conque; — நிசுவாசம் long —, soupir; — நித்திரை le long sommeil, i. e. la mort; — பத்திரகம், — பத்திரம் ce qui a de longues feuilles, i. e. l'ail, l'oignon; — பாகு long bras, homme à longues mains, (épithète d'un roi); — பாதபம் long arbre, i. e. cocotier, aréquier; — பாதம் long pied, héron: — பிருஷ்டம் ou பிருட்டம் la bête à long dos, i. e. le serpent; — புசம் sécante: — மாருதம் éléphant à longue haleine, éléphant, vent durable; — மூலம் longue racine, espèce de வில்வம், — de sensitive, la plante ..., கருமுள்; — யோசனை longue délibération; — ரதம் ce qui a de longues dents ou des défenses i.e. le sanglier; — ராத்திரம் longue nuit, longue période de temps; —ரோகி malade de longue durée; —ரோமம் ce qui a de longs poils, i.e. l'ours; —லோமிதம் les herbes தருப்பை et சிவித்தி; — வசனம் longue phrase, parole ferme; —வக்த்திரம், வத்திரம் long visage, éléphant; —வருணம் voyelle longue; —வமிசம் ancienne famille; —வருக்கிகை ou வத்திகை crocodile; —விருக்ஷம், V. பெருமரம்; —வைரம் longue inimitié, vieille haine.

*தீர்க்கன், (id.), homme long, de haute taille.

*தீர்க்காசனம், (தீர்க்கம், ஆசனம்), serpent.

*தீர்க்காயு, தீர்க்காயுசு, (id. ஆயு, ஆயுசு), longue vie, longévité, corbeau, le mouni மார்க்கண்டேயன், le cotonnier soyeux.

*தீர்க்காயுசியம், (id. ஆயுசியம்), longue vie, (bon souhait), longévité, long-temps.

*தீர்க்காமயம், (id. ஆமயம்), longue maladie.

*தீர்க்காயுதம், (id. ஆயுதம்), longue arme, lance, javelot, le sanglier aux longues défenses.

*தீர்க்கிகை, (id. ikâ), long étang.

தீர்க்கிறது, ர்த்தேன், ர்ப்பேன், ர், ர்க்க, v.a. தீர்த்தல், n. v. ou தீர்த்துப்போடுகிறது, finir, achever, terminer, corriger, perfectionner, expier, guérir, payer (une dette), décider, juger (un procès...), quitter, abandonner, faire quitter, —abandonner, renvoyer, éloigner, affranchir: தீர்த்துக்கொடுக்கிறது, — வாங்குகிறது décider —, régler et donner ou recevoir, échanger; — கணக்குத்தீர்க்கிறது finir un compte, décider, se décider; உண்டு இல்லையென்று தீர்த்துக்கொள் décide oui ou non.

தீர்தல், n. v. de தீர்கிறது.

தீர்த்த, 1° part. parf. de தீர்க்கிறது. 2° adj. de தீர்த்தம்.

*தீர்த்தகன், தீர்த்தகரன், (தீர்த்தம், கரன்), gourou ou chef Samanéen.

*தீர்த்தம், (tirtha), pureté, — cérémoniale par le bain, eau, — lustrale, eau bénite, rivière réputée sacrée, étang de pagode, lieu de pélerinage surtout sur la rive des fleuves sacrés, fête payenne (qu'on y célèbre), fête, sacrifice, feu, science sacrée, règles des femmes, vulve, naissance, incarnation ou descente d'une divinité dans ce monde, secte, école de philosophie: தீர்த்தம் க-ou எழு —, சப்ததீர்த்தம் les 7 fleuves sacrés des Indous, savoir: கங்கை le Gange, யமுனை le Djamna, சரஸ்வதி le Sarassouvadi ou Sarsouti, au nord de Délhi; நருமதை le Nerbadda, காவேரி le Cavéri, குமரி, le Coumari au cap Comorin, கோதாவரி le Godavéri; d'autres en comptent 11 en y ajoutant சிந்து le Sind, தாம்பிரபருணி le Tambraparni auprès de Paléyamcottei, துங்கபத்திரை le Toumbhadrâ au nord du Maïssour et கிட்டிணா le Krichna; — சாப்பிடுகிறது boire de l'eau bénite, boire l'eau qui a servi à laver une idole; — ஆடுகிறது se baigner dans une eau réputée sacrée; —தெளிக்கிறது asperger d'eau bénite: தீர்த்தசெம்பு, — யாத்திரை pélerinage aux fleuves ou étangs réputés sacrés; — சேவி homme qui fait ce pélerinage; —த்தொட்டி bénitier; — யாத்திரைபண்ண ஆடுகிறது aller en pélerinage pour se baigner dans les fleuves ou les étangs réputés sacrés; —ராசி, (ராசன்), la ville de Bénarès, la reine de pareils pélerinages; —வாசம் boucle de cheveux; —வாசி pélerin, V. தீர்த்தசேவி.

தீர்த்தல், n. v. de தீர்க்கிறது.

*தீர்த்தன், (tirtha), pl. தீர்த்தர், Dieu, homme pur, maitre, précepteur, conseiller, gourou, Siven, Arouguen: தீர்த்தர் gens purs, les dieux indous, maîtres....

*தீர்த்தி, fém. de தீர்த்தன், femme pure, Parvadi, ou

*தீர்த்திகை, (தீர்த்தம், ikâ), rivière, fleuve.

தீர்ந்து gér. de தீர்க்கிறது.

தீர்ந்த, தீர்ந்து, part. et gér. de தீருகிறது.

தீர்ப்பு, n. v. de தீர்க்கிறது, détermination, sentence (de juge, d'arbitres...),jugement,fin,conclusion,expiation,divorce,sentence de séparation, répudiation (de concubinaires...);—செய்கிறது rendre un jugement,casser un mariage, faire un acte de répudiation (de concubine...).

தீர்மானம்,(தீர்,part.fut.de தீர்க்கிறது),détermination,—positive,conclusion,résolution,—finale,fin, décision:—ஆய் définitivement; —விலை prix fixe,—déterminé, juste prix;—ஆய்முடிக்கிறது finir absolument,arranger finalement; தீர்மானப்படுகிறது se décider, être conclu, arrangé finalement;—ப்படுத்துகிறது décider,déterminer.

தீர்மானிக்கிறது,னித்தேன், னிப்பேன்,னி,னிக்க,v.a. et n. (தீர்மானம்),décider,juger, déterminer, conclure,résoudre,se décider, se résoudre,décréter,ordonner: ஒருவனைக் குற்றவாளியாகத் décider que quelqu'un est coupable.

தீர்மானித்தல், தீர்மானிப்பு, n. v. du préc. détermination, conclusion, résolution,décision.

தீர்வு,n.v.de தீர்கிறது, jugement, décision,fin,rejet,renvoi.

தீர்வை,1° (id.),jugement, décision,sentence,droit de douane,péage, impôt,taxe,cérémonie funèbre, funérailles.2° mangouste:பொதுத் — jugement général;தனித்—,jugement particulier: — க்காரன் douanier; —ச்சரக்கு marchandise payant douane; —த்துறை bureau de douane;—நன்செய் rizière qui paye impôt;—ப்பற்று terre qui paye impôt:— ப்புன்செய் terre à menus grains qui paye impôt;—யிடுகிறது juger,prononcer une sentence,décider.

*தீவகம்,P தீபகம்.

*தீவரம்,P.தீவிரம்.

தீவளை,(தீ,அளை),foyer profond pour faire un grand feu.

தீவாணம், (persan), cour —, tribunal de justice, gouvernement, Divan, magistrat des Mahométans: தீவாணத்துக்குப் பணங்கட்டுகிறது payer l'impôt au gouvernement; — பயந்துநடக்கிறது craindre le gouvernement et lui obéir. (Le mot de சர்க்கார் est plus usité).

தீவான், (id.), divan, visir ou 1er ministre dans certaines cours.

*தீவாந்தரம், (dviba,île, அந்தரம்), île, pays éloigné, extrémités de la terre, campagne: தீவாந்தரஅவரை pois venus des îles (orientales surtout).

*தீவாவி,P.தீபாவளி.

தீவான், (தீவு), insulaire, habitant d'une île, — des bords de la mer

. தீவான்ஜி,(pers.),V.தீவான்.

*தீவி, (dvipi), tigre.

*தீவிகை,V.தீபிகை.

தீவிதிராட்சம், (தீவி, P. தீவிய doux), vigne: தீவிதிராட்சக் குலை grappe de raisin;—ப்பழம் raisin;—ப்பழரசம் vin;—சத்தொருபடி produit de la vigne..

தீவிய, adj. de தீவு, doux, savoureux: தீவியது ce qui est doux.

தீவிரம்,(tivra), vitesse, hâte. diligence, promptitude.précipitation, rayon du soleil, chaleur, enfer, grande colère,excès, emportement, violence, entêtement: — ஆய் vite, promptement; — இல்லாமை lenteur:தீவிரக்காரன் homme vif,empressé, diligent. sévère:—புத்தி esprit vif, pénétrant;—ப்படுகிறது se hâter, s'empresser: — ப்படுத்துகிறது hâter, presser;— வேதனை douleur excessive.

தீவிரிக்கிறது, ரித்தேன், ரிப்பேன், ரி,ரிக்க, v.a. et n. (தீவிரம்), தீவிரித்தல்,n. v. hâter, presser, accélérer, se hâter, s'empresser.

தீவினை,(தீ,வினை), mauvaise action, mal,péché, (opposé de நல்வினை); — த்தொடர்பு suite ou conséquence du mal commis (dans une naissance antérieure ou dans la présente, au dire des Indous):— யச்சம் crainte du mal, d'en faire.

*தீவு, (dvipa), île, pays —, hauteur en mer,pays étranger. région lointaine, contrée, continent, goût, saveur. Les Indous divisent le monde

en 7 îles imaginaires சத்ததீவு ou 7 zones concentriques séparées l'une de l'autre par un de leurs 7 கடல் en forme d'océan ambiant. Les noms de ces îles, tirés de leur principale production, sont en partant de celle du centre: நாவலந்தீவு l'île de l'arbre நாவல், c'est l'Inde; இறலித்தீவு l'île du figuier; குசைத்தீவு l'île de l'herbe தருப்பை; கிரவுஞ்சத்தீவு l'île de l'oiseau அன்றில்; புட்கரத்தீவு l'île du nénuphar; தெங்கந்தீவு l'île aux cocotiers; கமுகந்தீவு l'île aux aréquiers. Les noms sanscrits ne sont point les mêmes ni dans le même ordre. Les voici: சம்பு, குசை, பிலக்ஷம் plakcha, *ficus religiosa*, சன்மலி salmali *cotonnier*, கிரவுஞ்சம், சாகம், புஷ்கரம். La dernière île est, selon les Indous, entourée de la mer d'eau douce, laquelle est elle-même entourée par la chaîne de montagnes சக்கரவாளகிரி. Au milieu de l'île centrale சம்புத்தீவு ils placent le mont மகாமேரு; ils divisent ensuite cette île சம்பு en 10 îles moindres, ou subdivisions, dont on ne connaît que les noms, qui sont: குரு, சந்திரம், வருணம், சௌமியம், நாகம், குமாரிகை, கபஸ்திமான், தாமிரபூரணம், கசேரு, இந்திரம். Au mot நவகண்டம் on trouvera d'autres divisions différentes en 9 parties, et au mot தேசம் la grande division du monde connu des Indous en 56 pays: தீவுக்குருவி oiseau étranger. — des îles; — ச்சரக்கு marchandise les pays étrangers; தீவாந்தரம் les pays étrangers: — பற்று, —ப்புறம் voisinage d'une île.

தீழ்ப்பு, impureté légale, malpropreté, bassesse, vileté, abjection: தீழ்ப்பழுக்கு saleté; தீழ்ப்பாயிருக்கிறது être impur, sale, bas, vil, abject (un peuple, une famille), தீழ்ப்பாய்க்கிடக்கிறது rester dans l'abjection, être méprisable; தீழ்ப்பான சாதி basse caste.

தீற்று, *part. et imp. du suiv.*: —க்கல் pierre pour frotter et polir (l'enduit d'un mur...);—ப்பலகை planchette —, instrument pour donner le poli au crépissage d'un mur.

தீற்றுகிறது, ற்றினேன், ற்றுவேன், ற்று, ற்ற, *v. a.* தீற்றுதல் *et* தீற்றிப்போடுகிறது. frotter et polir (le crépissage des murs...), crépir, —et blanchir (surtout en dedans), nettoyer, — une corde des filamens qui en sortent, *V.* கட்டுகிறது.

*தீனம், (dina), pauvreté, mendicité, détresse, perte, dureté, cruauté, liberté, fantaisie: தீனமுகம் visage de détresse.

*தீனன், *pl.* தீனர், 1° (தீனம்), pauvre, mendiant, gueux, misérable, vaurien. 2° (தீன்), glouton, grand mangeur: தீனபந்து le parent des pauvres, *i.e.* Dieu, (expression des Vichnouvistes surtout)

*தீனாரம், (dinâra), dinar, ancienne pièce de monnaie.

தீனி, தீன், *n. v. de* தின்கிறது, nourriture, aliment, manger, festin: தீனிக்குடல் l'estomac des hommes: தீன்பண்டம் mets savoureux, chose mangeable, *V.* தின்பண்டம்; தீன்பண்டநல்கல், *V.* தின்பண்டநல்கல்.

து

து, 1° lettre syllabique composée de த் et de உ. 2° *imp. et n. v. de* துய்க்கிறது, jouissance. 3° terminaison de la 1re personne du singulier comme வந்தது *ou* வருது je suis venu ou je viendrai. 4° terminaison du neutre singulier et de bien des noms verbaux: அதுவந்தது cela est venu, செய்கிறது, செய்வது faire. 5°* (tou), particule sanscrite indiquant disjunction, ou connexion, comme: mais, de plus, union, séparation. 6° (tou), marcher, croître, corrompre, se remplir. 7° (dou), brûler, tourmenter 8° (dhou), agiter.

துகம், richesses.

துகளிதம், (துகள்), poussière, poudre:—ஆக்குகிறது, — ஆடுகிறது réduire en poussière.

துகள், poussière,—ou pollen des fleurs, faute.

துகிதா, (douhità), fille: துகிதுபதி (douhitous *gen.*). mari de la fille, gendre. [portrait, onguent.

துகிலிகை, peinture, figure peinte,

துகிர், corail: — த்தாளி l'arbrisseau பவளமல்லிகை.

துகிலிகை, peinceau (pour peindre), peinture, ouvrage de—, sculpture.

துகில், toile, habit, habillement, drapeau, bannière, — distinctive: துகிலின்பீசம் graine de cotonnier, *litt.* graine de toile.

* துகினம், (touhina), rosée, gelée, clair—, rayons de la lune: துகின சைலம், —சயிலம், —பர்வதம், *V.* துகினாத்திரி.

* துகினாம்சு, (துகினம், அம்சு), l'astre frais, la lune:—தைலம் camphre.

· துகினாத்திரி, (*id.* அத்திரி), la montagne gelee ou de la gelée, *i. e.* l'Himalaya.

* துகு, (douh), peine, douleur.

* துகூலம், (doukoûla), toile fine, tissu de soie.

துகைக்கிறது, கைத்தேன், கைப்பேன், கை, கைக்க, *v. a.* துகைத்தல், *n. v.* fouler aux pieds, presser, comprimer, briser, broyer (un remède), vexer, tourmenter, travailler, s'efforcer, souffrir.

துகையல், *n. v. du préc.* espèce d'assaisonnement, chose broyée.

துக்க, 1° *adj de* துக்கம். 2° *inf. de* துக்கிறது. [triste, mélancolique.

* துக்கான், (துக்கம், ka). homme

துக்கடி, (*ind.*), district, division.

துக்கமாறுகிறது, (*id.* ஆறுகிறது), le chagrin se calmer, se consoler.

* துக்கம், (doukha), tristesse, chagrin, affliction, inquiétude, peine, douleur, malheur, deuil, faute, enfer: — ஆயிருக்கிறது être triste, chagrin; — உள்ளவன் homme triste, affligé: — எடுக்கிறது prendre le deuil, concevoir du chagrin, éprouver un malheur; — காக்கிறது observer, — garder le deuil: — கொண்டாடுகிறது célébrer le deuil, pleurer, se lamenter ensemble, déplorer (une mort); — போக்குகிறது chasser —, dissiper le chagrin, consoler ou se consoler; துக்ககரம் cause de douleur, ou de tristesse; — க்காரன் homme affligé, — dans le deuil; — க்கோலம் habit —, état de deuil; — சாகரம் mer de chagrin, chagrin extrême, le monde; — சாகரத்திலே முழுகுகிறது ou அமிழ்கிறது être plongé dans une mer d'affliction, être extrêmement affligé; — சீவி être qui vit dans le chagrin: — துக்கிதன் homme compatissant au chagrin; — தோக்கிலை (dôhya *à traire*), vache difficile à traire; — த்திரயம் les 3 genres d'afflictions, savoir celles qui viennent de Dieu, des êtres vivans et des 5 élémens; — நிவாரணம், — நிவிர்த்தி consolation, expulsion du chagrin; — ப்படுகிறது s'affliger, être chagrin, dans l'affliction; — யோகம், — சம்யோகம் occurrence de tristesse; — ராகம் ton plaintif, air douloureux, chant lugubre, complainte; — வீடு maison de deuil, — où quelqu'un est mort: — வாளி, (ஆளி), personne affligée.

துக்காணி, (துக்கு, ஆணி), cache, liard, sou, sorte de petite monnaie.

* துக்காதீதம், (துக்கம், அதீதம்), aise, contentement, avoir surmonté le chagrin, délivrance du chagrin.

* துக்கி, 1° (துக்கம், i), personne affligée. 2° *imp. de*

துக்கிக்கிறது, க்கித்தேன், க்கிப்பேன், க்கி, க்கிக்க, *v. n.* (துக்கம்) துக்கித்தல், *n. v. et* துக்கித்துக்கொண்டிருக்கிறது, s'attrister, s'affliger, être triste, chagrin, inquiet, se lamenter, pleurer. [détresse, affliction.

* துக்கிதம், (துக்கம், ita), peine,

* துக்கிதன், (துக்கிதம்), homme affligé, chagrin, triste.

துக்கித்தல், துக்கிப்பு, *n. v. de* துக்கிக்கிறது, affliction, chagrin, lamentation, inquiétude.

துய்க்கிறது, துய்த்தேன், துய்ப்பேன், து, துய்க்க, *v.a.* 1° manger, jouir, éprouver (du bien ou du mal). 2° *P.* துர்க்கிறது, remplir.

துக்கு, chose vile, bassesse: —பிடித்தவன் misérable, malheureux.

துக்குணி, un peu, peu, petitesse: துக்குணியாகக்கொடுக்கிறது donner peu à peu; — பேசாதும் tant soit peu —, un peu suffit. [menstruation.

துக்கை, règles des femmes,

துக்கைச்சி, (துக்கை), femme qui a ses règles.

*துங்கதை, (துங்கம், tâ) hauteur.

துங்கம், (tounga), hauteur, élévation, grandeur, excellence, éminence, sommet, bout, extrémité, apside supérieure ou aphélie d'une planète, apogée, montagne, victoire, sainteté, pureté: துங்கசேகரம் montagne; —த்துவம் hauteur, éminence...: —பத்திரி, — பத்திரை le fleuve Toumbhadra dans le Maïssour; — ப்பீலிக்குடை ombrelle de plumes de paon; — மத்திமபுத்தி mouvement moyen journalier de l'apogée de la lune; —மந்தோச்சம் apside supérieure d'une planète, aphélie ou apogée. [ocre jaune.

துங்கநிறம், terre ou craie rouge,

*துங்கன், (tounga), homme éminent, célèbre, aphélie des planètes, apogée de la lune.

*துங்கி, (துங்கம்), la nuit: — பதி l'astre de la nuit, *i.e.* la lune.

துங்கீசன், (துங்கி, ஈசன்), le seigneur de la nuit, la lune, Siven, le soleil, Krichna ou Vichnou.

துசகம், grenade.

*துசம், 1° (tousa), balle du riz, son. 2° *P.* துவசம், drapeau, étendard. 3° *P.* துவிசம், chose née 2 fois, *v. g.* les ovipares, dent, espèce de résine.

*துசன், *P.* துவிசன், être né 2 fois, homme des 3 premières castes, *i. e.* brame, guerrier, ou marchand (parce qu'ils sont censés nés une 2° fois par l'investiture du triple cordon).

*துசானலம், (துசம், அனலம்), feu de balles de riz, supplice cruel de brûler vif un homme entouré de cordes de pailles.

*துச்சகம், 1° (doutchtchhaka), espèce de —, parfum. 2° (துர், saha *qui porte*), chose difficile à supporter, — à obtenir. [mauvais augure.

*துச்சகுனம், (துர், சகுனம்),

*துச்சம், (toutchtchha), bassesse, vileté, petitesse, vacuité, vide, melon d'eau, mensonge, fausseté, ou, துச்சதானியம், —தானியகம் paille sans grain; —த்தரு arbre vide, *i. e.* la plante du ricin.

*துச்சவனன், (doustchyavana), Indiren, surnom venu de ce qu'il voulut, dit-on, frapper de la foudre le mount Tchyavana; mais sa main resta levée par la malédiction de celui-ci.

*துச்சன், (துச்சம்), homme vil.

*துச்சாதனன், (doussâsana, *ingouvernable*), Toutsâdanen, frère cadet de Douryodhana.

துச்சி, *n.v.de* துய்க்கிறது, manducation, jouissance, épreuve, terre à foulon. [sesse, vileté.

*துச்சிமை, (துச்சம், imâ), bas-

துச்சில், (துச்சம், இல்), asile, abri, lieu pour s'arrêter, demeure temporaire et étrangère, — pour peu de temps, le corps (demeure de l'âme), crête, diadème.

*துஷாரம், (touchâra), froid, gelée, glace, rosée. [*V.* துஷிரூத்தி.

*துஷாராத்திரி, (துஷாரம், அத்திரி),

*துஷ்கரம், (துர், கரம்), chose difficile à faire, qu'on fait difficilement, air, atmosphère. [fait du mal.

*துஷ்கரன், (*id.*), méchant, qui

*துஷ்கருமம், (*id.* கருமம்), méchanceté, péché, action pénible.

*துஷ்கிரமம், (துர், கிரமம்), chose de difficile accès, — qu'on ne peut atteindre, —sans ordre, — mal arrangée, désordre. [caste.

*துஷ்குலம், (*id.* குலம்), mauvaise

*துஷ்குலேயன், துஷ்குலீனன், (*id.*), homme de mauvaise caste.

*துஷ்கிருதம், துஷ்கிருதகருமம், துஷ்கிருதி,(*id.* கிருதம்,கிருதி),mauvaise action,péché,perversité.

*துஷ்டகம்,துஷ்டதை,(துஷ்டம், ka,tâ), mal, méchanceté.

*துஷ்டம், (douchta, *corrompu*), méchanceté, malice, dépravation, souillure, insubordination,férocité, cruauté, caractère sauvage,mal,désordre, bassesse,vileté,dégradation, faiblesse, couleur de nénuphar bleu, (c'est un défaut des émeraudes): துஷ்டகண்டகன் vaurien,méchant, malheureux, cruel;—கருமம் action féroce ou mauvaise;—குணம் caractère féroce, sauvage, mauvais; —சதுஷ்டர் les 4 héros de la férocité ou de la méchanceté, savoir: துரியோதனன் le principal ennemi des பாண்டவர், துச்சாதனன் son frère cadet,கர்ணன் leur compagnon, demi-frère et ennemi des பாண்டவர், சகுனி oncle de துரியோதனன்; —சித்தன் homme cruel, méchant; —சிரேஷ்டமணி personne très-féroce, très-méchante; —தேவதை cruelle —,méchante déesse,—divinité;—சுபாவம் naturel féroce,mauvais,sauvage, *V.* துஷ்டாட்டம்;—தனமுள்ள féroce, cruel,méchant,sauvage; —தொழில் mauvaise action,mauvais emploi; —நிக்கிரகம் répression —,destruction des méchans;—நிக்கிரகஞ் சிஷ்டபரிபாலனம் réprimer les méchans, c'est protéger les bons;— பாவம், — பாவனை mauvais naturel, férocité,crime atroce, —énorme; —மிருகம் animal féroce, — sauvage; — புத்தி, — மதி mauvais esprit, méchanceté,férocité;—ரோகம் mauvaise maladie;—விரணம் ulcère malin ou dangereux;— வித்தை mauvaise science, —fonction,habileté dans le mal;—விருஷபம் bœuf mauvais ou paresseux;— வினை mauvaise action,—fonction.

*துஷ்டன்,*pl.* துஷ்டர், (துஷ்டம்),homme méchant,pervers,féroce, cruel,vaurien,scorpion.

துஷ்டாட்டம், (துஷ்டம், ஆட்டம்),méchanceté,malice,férocité,cruauté.

*துஷ்டி,(touchti),plaisir,contentement.

*துஷ்டு,(douchtou),mal.

*துஷ்டை,*fém.de* துஷ்டன்,femme méchante,féroce,prostituée.

*துஷ்பரிசம்,(துர், பரிசம்), chose difficile ou mauvaise à toucher.

*துஷ்பானம், (*id.*), mauvaise boisson.

*துஷ்பிரகிருதி,(*id.*),mauvais naturel.

*துஷ்பிரதருசணி, (douchpradharsani), la plante சேம்பு.

*துஷ்பிராப்பியம், (துர்), chose difficile à obtenir.

*துஷ்மந்தன் ou துஷ்யந்தன், (douchmanta;—yanta), Touchmanden, roi de Hastinabouri, époux de சகுந்தலை.

*துஸ்தாரம்,*V.* துத்தாரம்.

துஞ்சல்,*opt.et n.v.de* துஞ்சுகிறது,sommeil,mort, paresse,immobilité,fermeté.

துஞ்சறு,(துஞ்சு, அறு), entièrement.

*துஞ்சன்,*pl.* துஞ்சர், (toundja), être nuisible,méchant, அசுரன் ou démon.

துஞ்சு,*imp.et part.du suiv.*—நிலை lieu où l'on dort,lit.

துஞ்சுகிறது, கினேன், சுவேன், சு,ச,*v.n.* துஞ்சுதல், *n. v.* dormir, mourir,être indolent,— immobile, stable, ferme,se faner, se flétrir: துஞ்சிநின்றான் மிஞ்சியுண்ணான் celui qui dort beaucoup, mange peu.

துஞ்சுமன், (துஞ்சு, ஊமன்), muet qui dort, *i.e.* paresseux.

துடக்கம், *P.* தொடக்கம், commencement.

துடக்கறுப்பான், (துடக்கு, அறுக்கிறது), la plante கொத்தான் cassyta.

துடக்கு,*P.* தொடக்கு, 1° saleté, impureté, règles des femmes, lien; entraves, embrouillement, espèce de bijou. 2° *imp.et part.de*

துடக்குகிறது,க்கினேன், க்குவேன்,க்கு,க்க, *v.a.de* துடக்குகிறது et துடக்குதல், *n.v.* commencer,entreprendre, lier, joindre, arranger.

துடங்கு, P. தொடங்கு. 1° bijou —, entraves pour les pieds. 2° *imp. et part. de*

துடங்குகிறது, கினேன், குவேன், கு, க, *v.n. de* துடக்குகிறது, துடங்குதல், *n.v.* commencer, entreprendre.

துடப்பம், P துடைப்பம், balai.

துடரா, *part. nég. de* துடருகிறது: —முறி, V. தொடராமுறி.

துடரி, P. தொடரி.

துடர், துடருகிறது, துடர்ச்சி, துடர்தல், V. தொடர், தொடருகிறது....

துடவை, champ à menus grains, terre haute, cultivée, jardin de fleurs.

துடி, 1° *imp. et part. de* துடிக்கிறது. 2° l'arbre அகில், agalloche, les arbrisseaux கூதாளி et சங்கு, cardamome, tambourin dit உடுக்கை, tambour des pays montagneux, — des pays stériles, lèvre, moment, instant, espace de 8 clins d'œil, un des காலநுட்பப்பிரமாணம் de 8 நிமிஷம், danse de Koumaren, — des 7 prétendues vierges ou sattis dites சத்தகன்னிகை, préférence, supériorité, excellence, force, sévérité, dureté dans le gouvernement, prétension à une trop grande autorité: —க்காரன் homme rude, sévère; —சாஸ்திரம், —நூல் divination du bien et du mal à venir par les palpitations des membres. (Si l'œil, l'épaule, la cuisse et autres membres d'un homme palpitent du côté droit, et si l'œil, le sein, la cuisse et autres membres d'une femme palpitent du côté gauche, les tudous superstitieux en tirent un bon présage); —யடி ce dont le pied ressemble au tambourin துடி, *i. e.* jeune éléphant; —யாய்த்திரிகிறது rôder çà et là avec vitesse; —யாயெடுக்கிறது emporter vigoureusement (un fardeau); —யானவன் homme fort, robuste; —யாஞ்சி, (ஆஞ்சில்), l'arbrisseau சங்கு; —யாட்டம், (ஆட்டம்), V. துடித்தல்; —யிடை (இடை), fille (dont la ceinture ressemble au tambourin துடி).

துடிகம், la plante தும்பை.

துடிக்கிறது, டித்தேன், டிப்பேன், டி, டிக்க, *v.n.* palpiter, battre, tressaillir, sautiller, sauter, haleter, s'agiter, trembler, traiter —, agir avec précipitation, avec impétuosité, se hâter, s'empresser, s'efforcer, s'augmenter, s'attendrir, s'enorgueillir, briller: துடித்துக்கொண்டிருக்கிறது être palpitant, agité par quelque passion: அரணைவால் —, la queue coupée du lézard sautiller: அவையவங்கள் — les membres trembler ou palpiter: மீன் துடிக்கிறதுபோலே s'agiter sans cesse comme un poisson, n'avoir rien de fixe; கோபத்தினாலே — être ému —, frémir de colère: தாயின்குடல் — les entrailles d'une mère êtres émues (au sujet de son enfant).

துடிக்குதல், துடித்தல், *n. v. du préc.* palpitation, agitation, tremblement, vitesse, vivacité, précipitation, effort, tressaillement, émotion, compassion, accroissement.

துடிதுடிக்கிறது, (துடிக்கிறது *répété*), palpiter, s'empresser, trembler, faire des méchancetés.

துடிதுடிக்குதல், துடிதுடித்தல், துடிதுடிப்பு, *n.v. du préc.* palpitation, précipitation, empressement, promptitude, vivacité, méchanceté: துடிதுடிப்பாயிருக்கிறது être vif, empressé.

துடிப்பு, 1° V. துடிக்குதல். 2° méchanceté, méchant naturel: —உள்ள vif, empressé, palpitant, haletant, sautant.

துடியன், (துடி), homme colère, sévère, prompt, vif, empressé, méchant.

துடுக்கன், (துடுக்கு), méchant drole, insolent, impertinent, homme vif, colère, pétulant.

துடுக்கு, insolence, impertinence, méchanceté, malice, obstination, mauvais naturel, vivacité, précipitation, pétulance: —க்காரன், V. துடுக்கன்; —செய்கிறது, —பண்ணுகிறது faire l'insolent, le mutin: இத்தப்பய

திக்குத்துடுக்குமெத்த ce gamin est très-insolent, très-pétulent.

துடுப்பாற்றி, (துடுப்பு, ஆற்றி), espèce de poisson de mer.

துடுப்பு, rame, aviron, palette, spatule ou autre instrument de bois plat, cuiller à beurre, bouquet de fleurs, poignée de verges: துடுப்புக்காலன் bécasse dont le bec ressemble à une spatule; —க்கீரை la plante cleome monophylla: துடுப்பாலேவிண்டுகிறது, —கிளறுகிறது, — துழாவுகிறது, ou துடுப்பாற்றுழாவுகிறது remuer (un potage...) avec la spatule ou la palette...; துடுப்பேபோ va-t-en imbécille.

துடும், son imitatif: துடுமென்கிறது dire toudoum (pour signal); துடுமெனல் signe ou signal ainsi donné.

துடுவை, spatule ou cuiller de bois (pour verser le beurre fondu surtout dans un sacrifice indou).

துடை, 1° P. தொடை. 2° l'arbre அரசு, la plante விஷமூங்கில். 3° *imp. et part. de* துடைக்கிறது: —காலன் infortuné qui cause le malheur ou la destruction des autres; —வாழை, V. தொடைவாழை.

துடைக்கிறது, டைத்தேன், டைப்பேன், டை, டைக்க, *v.a. et* துடைத்துப்போடுகிறது, essuyer, nettoyer, balayer, détruire, anéantir, chasser, renverser, abandonner: அழுதவன் முகத்தைத்— essuyer le visage de celui qui pleure, consoler les affligés: இருளைத்- dissiper les ténèbres; கஸ்திஎல்லாம்— dissiper ou chasser tous ses chagrins,

துடைக்குதல், துடைத்தல், துடைப்பு, *n.v.du préc.* action d'essuyer..., nettoiement, destruction, subversion, abandon.

துடைப்பம், (துடைப்பு), balai: துடைப்பப்புல் herbe à balai, aristida setacea: துடைப்பத்தால்பெருக்குகிறது, —விளக்குகிறது, —கூட்டுகிறது balayer, —அடிக்கிறது donner un coup de balai (coup infamant).

துடைவாகி, (துடை), la plante விஷமூங்கில்.

*துட்கரம், துட்கருமம், துட்கிரமம்..., V. துஷ்கரம், துஷ்கருமம்...

துட்கல், crainte, signe —, émotion de frayeur; *opt. et n.v. de*

துட்குகிறது, *sync.* துட்கிறது, கினேன், குவேன், கு, க, *v.n.* துட்குதல், *n. v.* (திட்குகிறது), craindre, avoir peur.

துட்கு, *imp. et part. de* துட்குகிறது: துட்கென்கிறது craindre, துட்கெனல், V. துட்கல். [ஷ்குலம்...

*துட்குலம், துட்குலேயன்... V. து

*துட்சனம், P. துர்ச்சனம், mal, méchanceté, indécence: துட்சனத்துவம் mal, malice.

*துட்சனன், P, துர்ச்சனன், vaurien, mauvais sujet, insolent. [ம்.

*துட்டகம், துட்டதை, V. துஷ்டக

*துட்டம், *et ses composés*, V. துஷ்டம். [தொடரி.

துட்டலி, துட்டவி, l'arbrisseau

*துட்டன், V. துஷ்டன்.

துட்டாட்டம், P. துஷ்டாட்டம்.

துட்டாப்பு, V. சாவடி.

துட்டு, 1° V. துஷ்டு, mal. 2° sou, monnaie de cuivre valant 4 caches: துட்டடிக்கிறது faire des sous, frapper des monnaies de cuivre: —க்கோல், —த்தடி petit gourdin, bâton court, —recourbé.

துட்டுவம், petitesse, bagatelle.

*துட்டை, V. துஷ்டை.

*துட்பிரதருசணி, P. துஷ்பிரதருசணி. [obscurité, nuit, fète.

துணங்கறல், (துணங்கு, அறல்),

துணங்கு, noirceur obscurité, ténèbres.

துணங்கை, 1° fète, jeu, danse, —en se frappant les côtés avec les coudes. 2° *acc. de* துணங்கு.

துணர், fleur, bouquet—, anthère de fleur: —ப்பூ fleurs en bouquet, bouquet naturel de fleurs.

துணர்க்கிறது, ர்த்தேன், ர்ப்பேன், ர், ர்க்க, *v.n.* (துணர்), துணர்த்தல், *n.v.* fleurir, s'épanouir.

துணவு, P. துரிவு, hâte, vitesse l'arbre நுணா morinda.

துணி, 1° linge, toile, pièce, morceau, —de toile, lumière, clarté, intel-

லெ

ligence,hardiesse,la 15me constellation dite சோதி, drapeau de char d'idole,pendans d'oreilles, bijou —, ornement qui pend. 2° *imp.et part. de* துணிகிறது. 3° *imp.de* துணிக்கிறது: துணிதுணியாகச்செய்கிறது déchirer une toile en morceaux, faire en divers morceaux; — ப்பந்தம் torche de voyageur, — faite de vieux linges ou de guenilles: — மி டுக்கி arbrisseau auquel sont suspendus des morceaux de haillons comme offrande á quelque déesse; — பொருள் chose certaine, — claire.

துணிகரம்,(துணி,கரம்), hardiesse,audace, courage, témérité: துணிகரக்காரன் homme hardi, audacieux,courageux,téméraire,aventurier.

துணிகிறது.ணிந்தேன், ணிவேன்.ணி,ணிய,*v.n.*(துணி),oser,s'enhardir,se résoudre, se décider,se déterminer (aprés doute ou délibération),se rassurer, s'éclaircir, se hasarder, s'aventurer, entreprendre, s'efforcer,présumer, être pétulant, audacieux,hardi,être coupé —, mis en piéces: துணிந்துசெய்கிறது *ou* சொல்லுகிறது faire ou dire hardiment,se décider à —, oser faire *ou* dire; துணிந்தவன், துணிந்தநெஞ்சுள்ளவன் homme hardi, audacieux, entreprenant: துணிந்தவள் femme audacieuse, entreprenante, insolente; எண்ணித்துணிக décidez-vous aprés y avoir songé: சாகத்துணிந்தவனுக்குச்சமுத்திரம்முழங்காலளவாம் pour celui qui est décidé à mourir,la mer ne vient qu'aux genoux.celui qui ne craint pas la mort,méprise les dangers; சாவுக்குத் —,போருக்குத் —,வழக்குக்குத்துணிகிறது affronter la mort, hasarder unebataille,s'aventurer ou s'engager dans un procés.

துணிகை, *V.* துணிதல்.

துணிக்கிறது, ணித்தேன், ணிப்பேன்,ணி,ணிக்க,*v.a.*(துணி), couper,—en morceaux, mettre en piéces,tailler,trancher.

துணிக்கை,*n.v.du préc.*action de couper petit—,morceau, pièce.

துணிச்சல்,*n. v. de* துணிகிறது, hardiesse,audace.

துணித்தல்,*n.v. de* துணிக்கிறது.

துணிந்து,துணிந்த,*ger. et part: de* துணிகிறது.

துணிதல்,துணிவு,*n.v. du même*, hardiesse,audace,témérité,courage, résolution,— de doute, assurance, décision,détermination, intention, entreprise, hasard,clarté, évidence, espérance,force,morceau, coupure: துணிவுள்ளவன் homme hardi, audacieux téméraire, déterminé; துணிவுள்ளசெய்கை entreprise hardie,hasardeuse.

துணுக்கம், (துணுக்கு, அம்), peur,crainte,son intérieur.

துணுக்கு,terreur,crainte, tremblement, frissonnement, morceau, pièce: துணுக்கிடுகிறது, துணுக்கிடுதல்,(இடுகிறது), *ou* துணுக்குறுகிறது,துணுக்குறல்,(உறுகிறது), s'effrayer,craindre,trembler,frissonner *ou* துணுக்குற்றிருக்கிறது être effrayé,avoir peur; துணுக்கிட்டெழுந்திருக்கிறது *ou* துணுக்குற்றெழுந்திருக்கிறது se lever effrayé, — tout tremblant; துணுக்கெறிகிறது, துணுக்கெறிதல்,(எறிகிறது),craindre, trembler,soupirer de frayeur,— ne pouvant supporter sa peine; துணுக்கென்கிறது avoir peur,être effrayé; துணுக்கென en tremblant,avec crainte; துணுக்கெனல் tremblement,peur,symptôme de peur.

துணுக்கை,morceau, pièce, parcelle.

துணுங்குகிறது,*sync.* துணுங்கிறது,கினேன்,குவேன்,கு,க, *v.n.* துணுங்குதல்,*n.v.* craindre, trembler, avoir peur.

துணை, compagnon, compagnie, société,secours,assistance, aide,appui, auxiliaire, secondaire,second, comparaison, ressemblance. paire, mesure,pointe d'arme, d aiguillon: —க்கருவி instrument secondaire (pour en remplacer un autre); —க்கா

ரணம் cause secondaire, instrumentale, moyen secondaire, —subordonné; —க்காரணவசத்திணை preuves ou principes venant des causes secondaires ou instrumentales, *Ex.* ஐம்பொறியுணர்ந்து தன்மையறிவுக்கோர் நம்பார் les savans ne se fient pas aux rapports des 5 sens; —க்கிரகம் astre secondaire, satellite; —ச்சங்கம் société auxiliaire; —செய்கிறது aider, secourir; —ச்சொல் mot auxiliaire; —செயல்விலக்கு empêcher en faisant semblant d'aider; —போகிறது accompagner, reconduire, faire la conduite; —ப்படை armée auxiliaire, troupes de réserve; —வினை verbe auxiliaire; —யாக வருகிறது venir au secours; துணைக்கழைக்கிறது appeler au secours, prendre —, appeler pour compagnon; நீரெனக்குத்துணை vous êtes mon aide, mon appui, mon espérance, இதற்குத்துணையில்லை ceci n'a point son pendant, n'a point d'aide, n'a rien qui lui ressemble

துணைமை, (துணை), aide, secours, assistance, ressource.

துணைவன், *pl.* துணைவர், (*id.*), compagnon, camarade, aide, second, auxiliaire, ami, frère, parent, ministre (de roi), mari, Dieu.

துணைவி, *fém. du préc.* compagne, sœur, épouse.

துணைவு, *P.* தணைவு, vitesse.

*துண்டம், (tounda), pièce, morceau, portion, fragment, coupure, face, nez, bec d'oiseau, trompe d'éléphant, le serpent சரளை, petit canal, rigole: *துண்டந்துண்டமாய்த்தறிக்கிறது ou நறுக்குகிறது, P. துண்டாடுகிறது.*

துண்டாரிக்கம், insolence, pétulance, malice, cruauté, gêne: —செய்கிறது, —பண்ணுகிறது faire l'effronté, des insolences; துண்டாரிக்கக்காரன் insolent, effronté, vaurien, malin.

துண்டாடுகிறது, (துண்டு), *et* துண்டாடிப்போடுகிறது tailler en pièces, couper en morceaux.

துண்டாயம், fanon d'or, sable d'or.

*துண்டி, 1° (toundi), face, bouche, bec d'oiseau, nombril, morceau, pièce de terre. 2° *imp. de* துண்டிக்கிறது: —விநாயகன் le Poulleyar de காஞ்சிபுரம். [bril.

*துண்டிகை, (துண்டி, ka), nombril.

துண்டிக்கிறது, டித்தேன், டிப்பேன், டி, டிக்க, *v.a.* துண்டித்தல், *n.v.* (துண்டம்) *et* துண்டித்துப்போடுகிறது, trancher, couper, — en morceaux, mettre en pièces, déchirer, briser, diviser, parler fort, — d'un ton menaçant, gronder, réprimander, fortifier, affermir.

துண்டித்தல், துண்டிப்பு, *n.v. du préc.* action de trancher..., incision, coupure, brisure, ruine, partage, réprimande, affermissement.

துண்டிச்சாக், (*arabe*), versement réitéré, —peu considérable.

துண்டிரன், nom d'un roi: துண்டிரபுரம் la ville de Toundiren, *i.e.* la ville de காஞ்சிபுரம்.

துண்டு, (துண்டிக்கிறது), pièce, fragment, morceau (de toile...), portion, part, reste, billet signé, quittance, reçu, double petit paquet de feuilles de tabac: —க்கட்டை pièce —, morceau de bois; —க்கத்தரி, —க்கத்திரி sorte d'insecte, — de serpent aveugle, cécilie, orvet; —ப்பலகை morceau de planche; —வருகிறது, —விழுகிறது un morceau rester, —occasionner de la perte, — devenir nécessaire, éprouver de la perte; —வாங்கிக்கட்டுகிறது, —வாங்கிக்கட்டிவாங்குகிறது recouvrer —, réparer le dommage éprouvé; —வாரம் part du produit, — du propriétaire sur le produit des terres cultivées par des fermiers; சிப்பித்துண்டு gousset.

துண்டுருட்டி, (துண்டு, உருட்டுகிறது), tronc rond, grosse panse, homme ventru: —க்கட்டை pièce de bois ronde (qui sert de traversin...); —க்காளை bœuf gras; —க்காளையாய்த்திரிகிறது courir çà et là en débauché, *litt.* comme un bœuf gras.

துண்,son imitatif de peur: துண் ணிடுகிறது, துண்ணிடுதல், துண் ணென்கிறது,avoir peur, tressaillir soudainement,—de crainte ou de surprise: துண்ணெனல் signe de crainte,de surprise,de vitesse.

*துதம்,(dhouta),agitation, mouvement: துதமுகம் mouvement de tête (pour nier ou refuser), branlement de tête par âge ou infirmité, balancement de la tête déployée du serpent capelle.

*துதி,1° *P.*ஸ்துதி,louange, éloge, remerciement,panégyrique.2° *imp. du suiv.:*—செய்கிறது *ou* பண்ணுகி றது louer,glorifier;—நிந்தை louange ironique; — பாடகன், — வி ரதன் barde ou hérault qui chante les louanges d'un prince;—பூமி terre du sacrifice.

துதிக்கிறது, தித்தேன், திப்பேன், தி,திக்க,*v.a. P.*ஸ்துதிக்கிறது, துதித் தல்,*n.v.*louer, glorifier, remercier, penser,songer: துதித்துக்கொண்டி ருக்கிறது célébrer les louanges: நா ன் துதிக்கவில்லை je n'ai pas même pensé.

துதிக்கை,1° (துதி),trompe d'éléphant (avec laquelle il salue): — பு மிழ்நீர் eau que l'éléphant rejette de sa trompe.2° *ou*

துதித்தல்,துதிப்பு,*n.v. du même,* louange,éloge,panégyrique.

துதியம், *V.*சவுரிலோத்திரம்.

*துதியை,(dvitiyâ),le 2e jour de chaque demi lunaison.

*துது,(thouthou),son imitatif du crachement, *V.* திருகு.

துதை,presse,étroitesse,condensité, *imp.et part.de*

துதைகிறது,தைந்தேன், தைவேன்,தை,தைய,*v.n.*(தை), துதைத ல்.*n.v.* être serré, étroit, pressé, à l'étroit,en foule.

துதைக்கிறது, தைத்தேன், தைப் பேன்,தை, தைக்க, *v.a. du préc. et* துதைத்தல்,*n.v.*presser, serrer, resserrer,renfermer.||*v.n.V.* துதைகிற து. [qu'on fait en crachant.

*துத்காரம், (thout kâra), bruit

துத்த,1° *part.parf. de* துய்க்கிறது. 2° *adj.de* துத்தம். [bleu.

*துத்தகம், (துத்தம், ka), vitriol

துத்தமன், (துத்தன், மன்), nom d'un ,débauché.

*துத்தம்,1° (touttha),vitriol bleu, sulfate de zinc,considéré comme un collyre ou remède pour les yeux, feu.2° (dougdha),lait.3° chien,ventre,abdomen, bas-ventre, taille ou ton moyen en musique, son lingual,le 2e des 7 sons ou இசை,la 2e corde du luth,l'herbe நான்முகப்பு ல்,les plantes நாய்ப்பாகல் et நீர்மு ள்ளி: துத்தத்துருசி vitriol, —bleu: துத்தநா chiendent dit முயற்புல்:— நாகம் zinc,un des 7 métaux des Indiens;— நாகமணல் sable qui contient du zinc;—பாஷாணம் espèce d'arsenic naturel; — பேனம் écume —;crème du lait.

துத்தல்,*n.v.de* துய்க்கிறது,manducation,jouissance.

*துத்தன்,(doudda),méchant,vaurien.

*துத்தாஞ்சனம்,(துத்தம், அஞ்ச னம்),vitriol bleu considéré comme collyre ou remède pour les yeux.

*துத்தாத்தி,(துத்தம், அத்தி), mer de lait (des fables indoues):— சய னன் Vichnou couché sur cette mer; —தனயை la fille de cette mer,*i.e.* Lakchimi. [trument de musique.

துத்தாரி,espèce de toile,— d'ins-

துத்தி, guimauve, sida populifolia,chose mangeable, bonne à manger, taches jaunes, à la figure, taches sur la tête déployée du serpent capelle...

*துத்தியம்,*P.*ஸ்துத்தியம், louange,éloge,remerciement.

துத்து, 1° *gér. de* துய்க்கிறது. 2° bourre de laine ou de poils de chèvres (pour selles, canapés, matelas...), faute, mensonge, perfidie, tromperie, *ou* துத்துக்கம்பளி gros drap du pays, couverture —, tapis fourré (dont se servent les princes...),bourre: — ப்போடுகிறது, 1° rembourrer.2° *P.*தூர்த்துப்போடுகி

நிறு remplir, combler; — மாற்று tromperie, ruse, finesse, mal.

துத்தநாகம், P. துத்தநாகம், zinc. [te வனமத்தை.

* துஸ்தூரம், (dhoustoûra), la plan-

* துந்தகூடி, துந்தகூடிகை, (துந்தம், கூடி, kâ), nombril. [de tambour.

* துந்தமம், (doundama), espèce

துந்தம், (tounda), ventre.

* துந்தி, (toundi), un des சந்திருவ ஏ, ou [ventre.

* துந்திகை, (துந்தி, kâ), nombril,

* துந்திகன், துந்திகரன், துந்திபன், துந்திலன், துந்திலன், (துந்தி, ka, kara, ila, bha, la), homme qui a un gros nombril.

துந்து, 1° P. தூர்ந்து, gér. de தூர்கிறது; 2° (doundou), Vasondêven père de Krichna, espèce de tambour.

* துந்துபி, (doundoubhi), grosse caisse, gros —, tambour, grand bruit, la 56e année du cycle indien correspondant à 1802 et 1862, l'அசுரன் Doundoubhi, goutte de pluie, Varounen roi de la mer, dé à jouer, dé qui a 2 fois 3 points ou 2 dés avec chacun 3 points.

* துந்துமாரம், (doundoumâra), espèce de ver rouge, chat, fumée de maison.

* துந்துமாரன், துந்துமாரி, (dhoundhoumâra), Toundoumâren roi célèbre par sa générosité et un des 7 வள்ளல் de la 1re classe.

* துந்துமி. V. துந்துபி: — முழங்குகிறது le tambour —, un grand bruit retentir, faire grand bruit.

துந்துருபாவை, துந்துருமாலை, P. சுருசுருபாவை, être pétulant, étourdi, coureur, vagabond.

துபாக்கி, fusil, mousquet, pistolet, arquebuse: — கெட்டிக்கிறது charger ou bourrer un fusil; — க்கா bassinet —, lumière de fusil; — க்காரன் fusilier, mousquetaire: — க்குண்டு balle de fusil; — க்குதிரை chien de fusil; — க்குதிரையைநிமிர்த்துகிறது armer un fusil, en lever ou tirer le chien; — க்குழல் canon ou tuyau de fusil; — சுடுகிறது tirer un coup de fusil; — ச்சலாகை baguette de fusil; — ப்பிடங்கு culasse —, monture de fusil; — மருந்து poudre à fusil; — ரவை plomb à fusil, menu plomb, cendrée; — வத்திவாய் lumière de fusil.

* துபாசி, (த, P. தவி, பாஷை), homme qui sait 2 langues, interprète, dobachi (qui sert d'interprète aux étrangers): — த்தனம் interprétation, emploi d'interprète, de dobachi; — த்தனம்பண்ணுகிறது servir d'interprète, être dobachi; தப்பு துபாசித்தனம் fausse interprétation. [fondu.

துப்பகம், (துப்பு, அகம்), beurre

துப்பட்டா, துப்பட்டி, (த, P. தவி), drap, nappe, linceul, espèce de manteau ou de vêtement (composé de 2 morceaux de toile joints ensemble pour couvrir tout le corps): — போர்க்கிறது se couvrir de ce manteau; — போர்த்துவெகுமானம்பண்ணுகிறது faire présent d'un tel manteau ou d'un drap; — மூட்டுகிறது en coudre un, coudre 2 toiles ensemble; கட்டில்த் — drap de lit; மேசைத் — nappe de table.

துப்பம், sang.

துப்புரவு, P. துப்புறவு.

துப்பல், opt. et n. v. de துப்புகிறது, crachement, crachat, salive, serment: — இடுகிறது cracher, faire un serment; — விடுகிறது exempter d'un —, empêcher un serment; துப்பற்சாசி, — காளாஞ்சி, — பாத்திரம் crachoir, vase à cracher.

துப்புறவு, (துப்பு, அறவு), pureté, propreté, netteté, sincérité, intégrité, totalité, supériorité, excellence: துப்புறவாக்குதல் purifier, nettoyer.

துப்பற்றவன், (துப்பு, அற்றவன்), homme malpropre, maladroit, stu-

துப்பாக்கி, P. துபாக்கி. [pide

* துப்பாசி, P. துபாசி.

துப்பாளர், (துப்பு, ஆகிறது), aides, auxiliaires.

துப்பான், pl. துப்பார், n. app. de துய்க்கிறது, celui qui mange: துப்பார்க்குத் துப்பாய துப்பாக்கித் து

ப்பார்க்குத் துப்பாயதூஉமழை la pluie qui prépare une nourriture abondante à ceux qui mangent, de vient elle-même leur breuvage, *litt.* à ceux qui mangent.

* துப்பாஷிகன்,(துவி,பாஷை,ika), *V.* துபாசி.

துப்பிரசம், (துப்பு, இரசம்), la plante et la racine médicinale கருஞ்சொண்டி.

துப்பு, 1° *n.v.imp. et part. de* துப்புகிறது, crachat, salive. 2° *n.v. de* துய்க்கிறது, jouissance, nourriture, mets, riz cuit, breuvage, beurre fondu. 3° faute, tache, saleté, pureté, propreté, beauté, abondance, profusion, force, supériorité, excellence, adresse, dextérité, habileté, activité, connaissance, intelligence, corail, couleur—, cire rouge, gomme-laque, outil, arme (en général), aide, secours, assistance, compagnie, moyen, instrument, cause secondaire, —instrumentale, haine, examen, recherche,— des traces des voleurs: துப்புள்ளவன் homme habile, adroit, diligent, propre; —கெட்டவன் homme indolent, inactif, malpropre, difforme; —க்கேடு mauvais état, difformité, malpropreté; —பார்க்கிறது rechercher, trouver (les traces d'un voleur...); —த்துருவிசாரிக்கிறது examiner ce qu'il y a et ce qui manque.

துப்புகிறது, ப்பினேன், ப்புவேன், ப்பு, ப்ப, *v.a. ou* துப்பிப்போடுகிறது, cracher, expectorer.

துப்புண்கிறது, (துப்பு, உண்கிறது), être couvert de crachats, conspué, méprisé: துப்புண்டவன் homme conspué, méprisé.

துப்புண்ணி, (துப்பு, உண்ணி), homme vil, malpropre, qui mérite qu'on crache dessus.

துப்புதல், *n.v. de* துப்புகிறது, crachement, crachat.

துப்புரவு, (துப்பு, உரவு), beauté, sensation, perception des 5 sens, pureté, netteté, propreté, ordre, égalité, niveau, poli, lustre, sincérité, intégrité, jouissance, chose dont on jouit: —ஆக்குகிறது purifier, nettoyer, égaliser.

துப்புளி, (துப்பு, உளி), salle d'armes.

* துமாகாரன், (dhmâkâra), maréchal.

துமால், துமாலா, terre exempte d'impôt, sans taxe.

துமானம், boite à bijoux, écrin.

துமி, 1° goutte de pluie. 2° *imp. de* துமிக்கிறது, மித்தேன், மிப்பேன், மி, மிக்க, *v.a.* couper, trancher, dégoutter, pleuvoir.

துமிதம், 1° goutte d'eau. 2° *P.* துமுலம்.

துமித்தல், துமிப்பு, *n.v. de* துமிக்கிறது, coupure tranche, dégouttement, goutte de —, pluie.

* துமிரம், 1° *P.* தாமிரம், rouge foncé, pourpre. 2° *P.* திமிரம், noirceur.

* துமிலம், *P.* துமுலம், grand bruit.

* துமுரம், துமுலம், (toumoula), tumulte, trouble, désordre, bruit confus *ou* துமுலகுமுலம் tintamarre, vacarme.

தும், 1° poussière. 2° *imp. et part. de* தும்முகிறது. 3° terminaison de la 1re personne du pluriel. *v.g.* சொல்லுதும் nous dirons, நடத்தும் nous marcherons.

* தும்பகம், (toumbaka), gourde.

தும்பகர், la plante தும்பை.

தும்படைசி, (தும்பு, அடைசல்), bout de lacet (en métal etc...), chose qui resserre les fils d'un lacet...

தும்பரம், figuier.

தும்பராஷ்டகம், la racine médicinale பேரரத்தை.

தும்பல், *opt. et n.v. de* தும்புகிறது, éternument.

தும்பறக்கிறது, (தும்), la poussière voler.

தும்பன், (தும்பு), homme méchant.

தும்பாலை, gourde.

தும்பால், *P.* துமால்.

தும்பி, 1re (toumbi), gourde. 2° *V.* தும்பிச்சி. 3° éléphant, scarabée, —noir, —mâle, insecte ailé dit demoiselle (qui vole surtout avant la pluie), sorte de poisson, canne à sucre, la plante கொத்தான், l'arbre பனிச்சை. 4° *gér. de* தும்புகிறது: —க்கை trompe d'éléphant; —மீன் le poisson தும்பி; —யூதுகிறது écumer.

தும்பிச்சி,*fém. de* தும்பன், méchante femme.

தும்பிலி,(தும்பு,இலி),l'arbre diospyros melanoxylon (dont le fruit est mangeable).

தும்பு,1° corde,— pour attacher les bœufs...,bouton d'habit, fibres, filamens (de mangues...),poussière, méchanceté,défaut, manque, feuille de palmier, canne à sucre, le chardon நெருஞ்சில்.2° *imp.et part. du suiv.*: —படிகிறது la poussière s'abattre,— ternir; — முட்டுகிறது tordre 2 cordes en une; —போடுகிற து mettre—, faire ou tordre une corde; தும்பிலேமாட்டுகிறது attacher (les bœufs) à une corde.

தும்புகிறது,பினேன்,புவேன், பு, ப,*v.n.* தும்புதல்,*n.v.* éternuer, *V.* தும்முகிறது.

தும்புராஷ்டகம், *V.* தும்பராஷ்டகம்.

*தும்புரு,(toumbourou),1° guitare. 2° *ou*

தும்புருவன்,(தும்புரு), Gandharba ou musicien céleste des Indous, joueur de guitare.

தும்பை,1° la plante phlomis indica, couronne ou guirlande de feuilles ou de fleurs de cette plante, (c'est l'insigne ou la récompense des vainqueurs ou des guerriers fermes au combat, (par métonymie),combat,bataille,victoire. 2° foule,troupe,armée,bétel,la plante qui le donne,sorte de poisson. 3°*(toumbâ),vache à lait, — facile à traire. 4° *acc.de* தும்பு:—மாலை le 40me des பிரபந்தம் éloge de celui qui portant une coronne de தும்பை combat vaillamment les ennemis,courtonne ou guirlande de தும்பை.

தும்மல்,*opt.et n.v.de* தும்முகிற து,abandon, éternument, ranimer, se lever...: — வருகிறது l'éternument venir,se mettre à éternuer: தும்மற்காதல் pronostic tiré de l'éternument; தும்மற்காதலென்னணி ப்பார்க்கிறது pronostiquer—, deviner par l'éternument; தும்மற்சாஸ்திரம் art de divener ainsi, augure tiré de l'éternument.

தும்மிட்டி,தும்முட்டி,(தும், முட்டி),la plante bryonia callosa, espèce de petit melon d'eau, le dattier பேரீந்து

தும்மு,1° moustique, cousin. 2° *imp.et n.v.du suiv. V.* தும்மல்.

தும்முகிறது, ம்மினேன், ம்முவேன்,ம்மு *ou* தும்,ம்ம, *v.a.et n.* தும்முதல்,*n.v.*abandonner,laisser aller, ranimer,éternuer,se lever,ressusciter,revivre.

துயக்கம்,துயக்கு,*n.v.de* துயக்குகிறது,relâchement, desserrement, nonchalance,défaillance.

துயக்கிறது,யந்தேன்; யப்பேன்; ய,யக்க,*v.n.et*

துயங்குகிறது,கினேன், குவேன்; கு,க,*v.n.et* துயங்குதல்,*n.v.*se relâcher,se desserrer,devenir—,être lâche,nonchalant,défaillir.

*துயம்,1° *P.* துவயம், deux,paire,couple.2° *P.*துவசம்,drapeau.

துயரடி, (துயர், அடி), chagrin, langueur,dessèchement,malheur.

துயரம்,(துயர்); affliction, chagrin,tristesse,malheur,compassion, commisération,pluie: — அடைகிற து devenir triste,concevoir du chagrin; — தீருகிறது se consoler,le chagrin se dissiper; துயரப்படுகிறது s'attrister, s'affliger, être triste,— touché de commisération,compatir.

துயரி,corde de luth.

துயர்,1° affliction, tristesse, chagrin,malheur. 2° *imp.et part.de* துயர்கிறது:— அடைந்துதிரிகிறது rôder çà et là d'un air affligé;— ஆற்றுகிறது consoler; — உற்றவோன் homme affligé,malheureux,pauvre: —உற்ற,—உள்ள,affligé,triste,chagrin; தீருகிறது,— நீங்குகிறது le chagrin se dissiper, se consoler: — அடைகிறது,— உறுகிறது, — கொள்ளுகிறது,—படுகிறது *ou*

துயர்கிறது,ர்ந்தேன், ர்வேன், ர், ர,*v.n.*(துயர்), துயர்தல்,*n. v.* s'affliger,s'attrister,devenir—,être triste, chagrin,éprouver un malheur.

துயல்,*n.v.imp. et part. du suiv.* agitation,mouvement: —வரல்,— வருகிறது *ou*

துயலுகிறது,யன்றேன், யலுவேன்,யல்,யல,*v.n. et* துயலுதல், *n. v.* s'agiter,remuer,flotter,(*v.g.* un drapeau,un vêtement...). [து,sommeil.

துயிலல்,*opt.et n.v. de* துயிலுகிற

துயிலா,துயிலாத, *part. nég. du même*,qui ne dort pas.

துயிலாதார், துயிலார்,*n.app.nég. du même*,ceux qui ne dorment pas, *i.e.*les immortels, (en style payen) les dieux: துயிலாதாராலயம் le temple —, le séjour des dieux, le mont Mèrou,le souvarkam.

துயிலிடம்,(துயில்),lieu où l'on dort,dortoir,lit.

துயிலுகிறது *ou* துயில்கிறது, யின்றேன்,யிலுவேன் *ou* யில்வேன்,யிலு *ou* யில்,யில,*v.n.* துயிலுதல், *n.v.* dormir,sommeiller: துயிலப்போகிறது aller dormir,—se coucher.

துயிலெடை,(துயில்),réveil: — நிலை manière de réveiller,le 55me des பிரபந்தம் poëme dans lequel des cochers en chantant ses louanges ou la nécessité de se lever, réveillent leur chef ou leur roi qui dort tranquillement dans son camp.

துயில்,1° sommeil,toile.2° *imp.et part.de* துயில்கிறது:— கூருகிறது, —கொள்ளுகிறது dormir,s'abandonner au sommeil;— போகிறது aller se coucher,se reposer,se calmer; — உணருகிறது s'éveiller;— எழுப்புகிறது, — எடுக்கிறது réveiller.

துயில்வு,துயிறல்,*n v.de* துயில்கிறது,dormir,sommeil.

துயிற்றுகிறது, ற்றினேன், ற்றுவேன்,ற்று,ற்ற,*v.a. de* துயிலுகிறது*et* துயிற்றுதல்,*n.v.*endormir.

துயுவி,espèce d'herbe potagère, achyranthes polygonoides.

*துயோதனன்,*P.* துரியோதனன்.

துய்,1° *imp.part.et n.v.de* துய்க்கிறது,nourriture.2° changement—,diversité dans l'intelligence ou la science,bout du fil de coton qu'on file, aiguillée de fil.

துய்க்கிறது,ய்த்தேன்,ய்ப்பேன்,ய்; ய்க்க,*v.a.* 1° (துக்கிறது), manger; jouir.2° (துய்),filer du coton.

துய்ச்சி,*n.v.du préc.*(துச்சி),jouissance. [pure, propre:

துய்சு,துய்து,*P.* துய்யது, chose

துய்த்தல்,துய்ப்பு,*n.v.de* துய்க்கிறது,jouissance,épreuve, nourriture; filer,filage.

துய்மை,*P.*தூய்மை,*ou*

துய்யம்,pureté, propreté: துய்ய pur, net,propre,clair,saint;துய்யவன்,துய்யவள், துய்யது homme—; femme—,chose pure ou propre; துய்யதாய்,purement,proprement,nettement,intelligiblement.

துய்யன், (துய்யம்), homme pur, saint;sable mêlé d'argent: துய்யனையிரவியாக்கி, துய்யனைரவியாக்கி ce qui purifie le soleil,l'arsenic préparé பவளப்புற்று பாஷாணம்.

துய்யாள்,(*id.*),femme pure, belle,sans tache,(surnon de) Sarasvadi.

துய்யான், துய்யோன், (*id.*); homme pur: துய்யான்குறுமணல் sable mêlé d'argent.

*துரகதம்,(துரம்,கதம்),cheval.

*துரகம்,(*id.*ga *qui va*). cheval, esprit,volonté,l'arsenic dit குதிரைப் பற்பாஷாணம்: துரக்கதி marche ou allure des chevaux,*V.*ஜங்கதி.

*துரகி, (துரகம்), 1° jument. 2° cavalier.

துரக்காரர், (துரம்), intendans, gens chargés d'une affaire, répondans.

துரக்கிறது,ரத்தேன், ரப்பேன், ர,ரக்க,*v.a.*envoyer,renvoyer, lancer des flèches.

*துரங்கம்,(துரம்,ga *qui va*),cheval,esprit,volonté: துரங்கப்பிரியம் orge,froment;—வதனர், — வத்திரர் *ou*

*துரங்காசியர், துரங்கானனர், (துரங்கம்,ஆனனம்,ஆசியம்), les கந்தருவர்,prétendus musiciens célestes,qu'on représente avec un corps humain et une tête de cheval. [fle.

*துரங்காரி,(துரங்கம், அரி), buf-

*துரங்கி,(*id.*),palefrenier,*V.* துரகி.

*துராக்ஷம்,(துர்,அக்ஷம்), dé frauduleux.

துராட்டு, V. துறட்டு.

*துரதிஷ்டம், துரதிருஷ்டம்,(துர், அதிஷ்டம்), infortune, malheur, guignon.

துரத்தல்,n.v. de துரக்கிறது et de துரத்துகிறது, renvoi, expulsion.

துரத்துகிறது, த்தினேன், த்துவேன், த்து, த்த, v. a. துரத்துதல், n. v. chasser, éloigner, renvoyer, faire passer, —aller, conduire, — devant soi, poursuivre: துரத்தப்பார்க்கிறது essayer de chasser...; துரத்திவிடுகிறது chasser, renvoyer, expulser.

*துரந்தம்,(துர்), mauvaise fin.

*துரந்தரம்,(துரம், dhara qui a), bête de somme, puissance, autorisation.

*துரந்தரன்,(id.), porteur de fardeaux, homme d'affaires, —puissant, chargé de procuration, de devoirs importans, intendant, procureur, avocat.

*துரபிமானம்,(துர்), déshonneur, infamie.

துரப்பணம், espèce de vilebrequin, tarière, foret, vrille, instrument pour percer.

துரப்பு, n.v.de துரக்கிறது, expulsion, renvoi.

*துரம், 1° (dhourâ), charge, soin, emploi, fardeau, poids, responsabilité. 2° (toura), vitesse: அவனுக்குத் — வந்தது il a été chargé, il a reçu une charge, (ironiquement), il a attrapé le mal vénérien.

*துரவகம்,(துரம், vaha qui porte), V, துரந்தரம்.

துரவு, 1° grand —, puits, citerne. 2° n.v.de துரக்கிறது message: — க்சட்டம், V. குருவிச்சட்டம்; — ப்படி marche —, escalier de puits (fait de pierres qui se projettent dans l'intérieur du puits); — முழுகுகிறது creuser un puits en faisant descendre le tour du revêtement en maçonnerie; — வெட்டுகிறது creuser un puits.

*துராகதம், துராகிருதம், துராகிர்த்தம்,(துர், ஆ, கதம், கிருதம்), mauvaise conduite, —action, —raison, chicane, sophisme: துராகதக்காரன் querelleur, chicaneur.

*துராகன்,(douràka), barbare.

*துராசாரம், (துர்), indécence, immodestie, impolitesse, incivilité, mauvaise conduite, — coutume, perversité, abomination: — ஆய்நடக்கப்பட்டவன் homme dissolu, immodeste, impoli, pervers, de mauvaises mœurs: துராசாரவழக்கம் mauvaise coutume.

*துராசாரன், m. துராசாரி. m. f. (id.). personne immodeste, dissolue, de mauvaise conduite, méchante.

*துராசை, (id.), mauvais désir, concupiscence.

*துராட்டியம்,(துர், âdhya riche), pauvreté.

*துராத்துமா,(id.), âme —, personne perverse, vaurien.

*துராபம்,(id. âpa obtenir), chose difficile à obtenir.

*துராயுதம்,(id. ஆயுதம்), injustice.

*துராரோகம்,(துர்), chose difficile à monter, palmier, dattier.

*துராலபம்,(id. ஆ, labha obtenir), V. துராபம்.

*துராலாபம்,(id. ஆலாபம்), injures, malédiction.

*துராலோகம்,(id. ஆலோகம்), lumière considérable, difficile à supporter.

*துராலோசனை, (id.), mauvais conseil.

*துராலோபம்,(id. ஆலோபம் friction), ortie médicinale dite சிறுகாஞ்சொறி.

துரால், branches —, feuilles sèches, broussailles, buchette, fétu, affliction, malheur.

*துராவகம்,(dhourâ fardeau, vaha qui porte), V. துரந்தரம்.

*துராவகன்,(id.), V. துரந்தரன்.

*துரி,(touri), pinceau (de peintre...), V. துசி.

துரிசு, 1° affliction, malheur, faute. 2° P. துருசு, vitriol bleu.

*துரிச்சை,(துர்), mauvais désir, — caprice.

*துரிஷ்டம், துரிட்டம்,(id.), mauvais plaisir, - désir, - caprice, extrême méchanceté, grand crime.

துரிஞ்சில், l'arbre உசிலமரம், chauve-souris.

*துரிதம், 1° (tvarita), hâte, vitesse,

இக

ce qui est un des திரிகாலம் ou 3 temps en musique,espace d'un demi மாத்திரை ou de 2 துடி,c'est un des தசப்பிராமாணம். 2° (douritạ), péché.3° confusion,trouble,destruction,ruine,perte,affliction,malheur: —அல்லாத lent,tardif;—பண்ணுகிறது se hâter,hâter,presser,அவசரத்—செய் ou துரிதப்படுத்து presse-le; துரிதக்காரன் homme vif,alerte, diligent, qui se presse;— ப்படுகிறது se presser, se hâter, être pressé, poussé, molesté; — ப்படுத்துகிறது presser, hâter, molester.

*துரியம், (dhourya), transport, portage, bête de somme, bœuf de charge, cheval,le 4me des அவஸ்தை i.e. abstraction d'esprit,absorption, état d'immobilité,de pureté, துரியஸ்தானம் le nombril, prétendu siége de l'abstraction d'esprit.

*துரியன், hon. et pl. துரியர்,(id.), ministre, intendant, procureur, chargé d'affaire, Dieu (qui porte tout),celui qui se tient sans bouger, —dans un état pur.

*துரியாதீதம், (துரியம், அதீதம்), excès d'abstraction, insensibilité, annihilation,ce qui est le 5me des அவஸ்தை,vide: துரியாதீத தானம் le prétendu siége de l'insensibilité, l'anus, le derrière.

*துரியோதனன், (துர், யோதனன்), Douryodhanen, fils aîné de திரிதராஷ்டிரன்,roi de Hastinabouri et chef des Kourous dans la grande guerre contre leurs cousins les Pandous ou பாண்டவர்.

*துர்லபம், (dourlabha), rareté, excellence, chose rare,—excellente, difficile à obtenir, qu'on ne peut atteindre.

*துரி, (touri), brosse ou bâton fibreux (employé par les tisserands pour nettoyer et séparer les fils de la trame).

*துரிஷ்டி, (துர்), mauvais regard, —désir, malédiction. [ரம்.

*துரிணம்,(dhourina), V. துரந்தரம்

*துரிணன்,(id.), V. துரந்தரன்.

*துரியம்,1° (dhouriya), bête de somme. 2° (touriya), quatrième, quart: துரியபாகம் la 4me partie,un quart;— வருணன் homme de la 4me classe des Indous,Soudras,Choutre.

*துரியாமிசம்,(துரியம், அமிசம்), le quart. [homme d'affaires.

*துரியவன், (dhouriya), employé, துரில், chose subite: துரிலென்று வந்துவிடுகிறது arriver subitement.

துரு, 1° rouille, vert-de-gris, tache, V. உபாயம். 2°* (droû), or: —ப்பிடிக்கிறது, P. துருவிப்பிடிக்கிறது, ou — ப்பிடித்துப்போகிறது se rouiller, se tacher;— ப்பிடித்திருக்கிறது être rouillé, couvert de rouille. [(surnom).

*துருபணன், (droubana), Brama

*துருகம்,(துர்,gam aller),lieu de difficile accès,citadelle, fort, — sur une montagne: துருகத்திலேற்றுகிறது, —வைத்துப்போடுகிறது renfermer —, emprisonner dans un fort.

*துருக்கம், (id.), 1° V. துருகம். 2° défilé, chemin étroit, (près d'un ruisseau,sur une montagne ou dans une forêt), forêt, confusion,trouble, musc, (ce qui est un des 5 parfums ou விரை -வி), animal qui donne le musc, cerf, l'arbre aromatique குங்குமமரம். 2° (tourouchka), le Touran ou Turquestan (pays primitif des Turks): துருக்ககருமம் entreprise difficile;—சஞ்சாரம் passage par un défilé—, pont étroit, défilé; —சம்பந்து partie essentielle d'un fort; — தேசம் Turquie, pays des Turcs;—நிவாசி habitant d'un fort; —நாட்டுமணி pierre précieuse du pays des Turcks, émeraude;— புரம் ville fortifiée;— பாதை, — மார்க்கம் défilé,chemin étroit,—d'un fort; —வியசனம் défaut d'un fort.

*துருக்கர், (tourouchka),habitans du Turquestan, Turcs,Mahométans de l'Inde.

துருக்கல், (துரு),rouille —, scorie —,pierre de fer, sorte de pierre rouge.

* துருக்கன், 1° (dourga). Tourken, Asouren tué par Dourgâ. 2° sing. de துருக்கர், Turc, Musulman.

* துருக்கை, obl de துருக்கை: — தேவி la prétendue déesse Dourgâ: — நவமி le 9me jour de la lunaison de புரட்டாசி consacré à Dourgâ.

* துருக்காச்சிரயம், (துருக்கம், ஆச்சிரயம், réfuge dans un fort.

* துருக்காதிகாரி, துருக்காத்தியக்ஷன், (id. அதிகாரம், அத்தியக்ஷன்), gouverneur de fort.

* துருக்காவரோதம், (துருக்கம், அவரோதம்), siége —, blocus d'un fort.

* துருக்கி, (id.), le pays des Turcs, Turquie, Turquestan: — க்குதிரை cheval turc, célèbre dans certains poèmes indous).

* துருக்கு, (id.), langue turque, l'indoustani, ce qui a rapport aux Turcs, race ou caste barbare.

* துருக்கை, (துர், gâ qui va, ou gai chanter), déesse inabordable et cruelle ou chantée par les méchans. Dourgâ, nommée aussi Parvadi et Oumei, femme de Siven et mère de Pilléyar et de Soupramanien.

துருசு, (துரு), vitriol bleu, sulfate de cuivre, couperose, vert-de-gris, vitesse: — க்குரு, V. நவசாரம்.

துருசு, 1° P. துருசு. 2° hâte, précipitation, impétuosité, gousset, petit morceau de toile qu'on met sous l'aisselle des habits: — பண்ணுகிறது hâter, se hâter, préparer.

துருஸ்து, துருஸ்த், (persan), réparation, raccommodage.

துருதுரு, (son imitatif), ou துருதுரெனல், empressement, signe de précipitation, vitesse; துருதுரென்கிறது ou

துருதுருக்கிறது, ருத்தேன், ருப்பேன், ரு, ருக்க, v.n. et துருதுருத்தல், n. v. (துரு துரு), se hâter, s'empresser, ou துருதுருத்திருக்கிறது être empressé, ardent, plein de zèle: துருதுருத்தவன், V. துருதுருப்பன்.

துருதுருபாவை, (id.), coureur, vagabond.

துருதுருப்பன், (துருதுருப்பு), empressé, étourdi, qui agit avec précipitation.

துருதுருப்பு, n.v. de துருதுருக்கிறது, diligence, hâte, précipitation: துருதுருப்புள்ளவன், V. துருதுருப்பன். [d'enfans.

துருதுரும்பை, espèce de jeu

துருதை, démangeaison, désir ardent, empressement.

துருத்தி, soufflet, — de forge, outre, (pour porter de l'eau...), bouteille, petit vase à goulot étroit, espèce de pompe ou de seringue, peau: ilot (dans une rivière), V. மட்டத்துருத்தி: — க்கழுத்து cou de soufflet; — க்குழற்பண்ணை, — குழாய். — மூக்கு tuyau —, bec de soufflet; — ப்பாணம் sorte de fusée volante, sac de peau rempli de poudre employé comme fusée volante ou pour faire jouer une mine; — யூதுகிறது souffler, faire manœuvrer le soufflet.

* துருத்தாரம், P. துர்த்தாரம்.

துருத்துகிறது, த்தினேன், த்துவேன், த்த, v.a. துருத்தல், துருத்துதல், n.v. élargir un trou, — une cavité, chercher, explorer, examiner: இக்காரியத்திலே — examiner une affaire, l'approfondir.

* துருபதன், (droupada). Droupaden roi de பாஞ்சாலம் et père de துரௌபதை.

* துருபதி, P. துரௌபதி.

துருபவருணி, P. துருமவருணி.

* துருமம், (drouma), arbre, — du souvarkam, l'arbre கற்பகம், — குங்குமம்: துருமசிரேஷ்டம் le meilleur des arbres, i.e. le palmier; — வருணி, (வருணம்), ricin sauvage; — வியாதி, V. துருமாமயம்; — நகம் ongle des arbres, i.e. épine.

* துருமரம், (துருமம், ra), épine.

* துருமாமயம், (id. ஆமயம்), maladie des arbres, laque.

* துருமாரி, (id. அரி), l'ennemi des arbres, i.e. l'éléphant.

* துருமேசுவரம், (id. ஈசுவரன்), le roi des arbres, i.e. le palmier.

*துருமோற்பலம், (*id.* உற்பலம்), l'arbre கோங்கு.

துரும்பர், (துரும்பு), gens vils, blanchisseurs des Parias et autres castes semblables.

துரும்பு, paille, fétu, un rien, paille ou chose semblable donnée en signe de divorce: — கொடுத்துவாந்திபண்ணுகிறது faire vomir en donnant une paille à mettre dans le gosier; — கொடுக்கிறது donner une paille (à sa femme en signe de divorce); — வாங்குகிறது la recevoir (et quitter son mari); — துரும்பேற்றிவிழலாயிருக்கிறான் il n'est qu'une paille dressée et prête à tomber, il est maigre et chancelant: காற்றுக்கொண்டுபோகுந்துரும்பு brin de paille que le vent emporte.

*துருவகம், 1° (துருவம், ka), pieu, tronc d'arbre ébranché, longitude. 2° V. துர்வகம்.

*துருவணம், துருவண்ணம், துருவர்ணம், துருவர்ணகம், P. துர்வர்ணம்.

*துருவம், 1° (dhrouva *être fixé*). fermeté, stabilité, immobilité, fixité, certitude, éternité, paradis, logique, raisonnement, régle, — fixe, théorème, expédient, espèce de danse, un des யோகம், le 1er des 7 தானம், tronc d'arbre ébranché, étoile polaire, pôles (du monde, de la terre ou d'un grand cercle), longitude d'une planète ou sa distance au commencement du zodiaque sidéral, fraction de la semaine qui reste au commencement de l'année et qu'on doit ajouter aux nombres de la table சங்கிரமவாக்கியம் pour avoir le commencement de chaque mois. 2° P. துருக்கம், chemin étroit, fort sur une montagne: — கட்டுகிறது, — பண்ணுகிறது établir une règle, inventer —, trouver un expédient; — ஆய்நடப்பிக்கிறது conduire —, agir avec fermeté: துருவசக்கிரம், — சக்கரம் cercle polaire (situé à 23 degrés, 30 minutes des poles), région près du pôle nord céleste; — தானம் le 6me des 9 தானம்; — நக்ஷத்திரம் l'étoile polaire; — மண்டலம், — பதம், V. துருவசக்கரம். [(en général).

*துருவயம், (drouvaya), mesure

துருவலகு, (துருவு, அலகு), V. துருவுமணை.

துருவல், *n.v.de* துருவுகிறது.

*துருவன், (dhrouva), homme ferme, solide, l'étoile polaire personnifiée, Dhrouven fils de உத்தானபாதன் et petit fils du 1er Manou, qu'on souppose être le conducteur de cette étoile, (surnom de) Brama, Vichnou, Siven, un des 8 Vasous.

*துருவாக்கரம், (துருவம், அக்கரம்), longitude du soleil ou d'une planète à la fin des périodes synodiques arrangées dans le சோதிஷவாக்கியம்.

*துருவாசன், (dourvâsa *mal habillé*), Dourvâsa richi fils d'Atri et prétendue incarnation de Siven; il est célèbre par son caractère colère.

துருவாடு, *gén.* துருவாட்டின், *obl.* துருவாட்டு, brebis laineuse.

துருவாட்டேறு, (துருவாடு, ஏறு), bélier de cette espèce de brebis.

துருவிடுகிறது, (துருவு), percer, துருவாட்டி, V. சிற்றேலம். [râper.

துருவாதி, ricin sauvage.

துருவு, trou, percement, *n.v. imp. et part. du suiv.*: — பலகை, — மணை râpe, instrument pour râper et enlever la chair du coco; — ப்பலகை planche trouée qui assujettit les ôles écrites et leur sert de couverture.

துருவுகிறது, வினேன், வுவேன், வு, வ, *v.a.* துருவுதல், *n.v.* creuser, percer, forer, faire un trou, gratter, râper, (*e.g.* la chair d'un coco), faire au tour, tourner, chercher, examiner, poursuivre: துருவிப்பிடிக்கிறது *ou* பிடித்துக்கொண்டுவருகிறது chercher et —, chercher à découvrir, (un voleur ou un objet volé), examiner (une chose difficile...).

துருவை, 1° brebis dite செம்மறி

யாடு, — de bonne espèce. 2° *P.* துலுவாய், 2° *pers. nég. du préc.*

துருஷ்கம்,(tourouchka),encens.

துரை, (dhourâ *charge)*, maitre, seigneur, chef, gouverneur (de ville ou de province), prince, gentilhomme, monsieur, titre qu'on ajoute au nom des gentilshommes ou des messieurs surtout européens: —சாணி, —சானி dame, demoiselle, femme ou fille noble, — de gentilhomme; —சாமி Douréssami, nom propre d'un grand nombre d'Indiens; — த்தனம் gouvernement, autorité, état de gentilhomme; —த்தனம் பண்ணுகிறது gouverner (un pays...), faire le maitre; — த்தனம் வரவிருக்கிறது la dignité de gentilhomme ou un gouvernement être sur le point d'être obtenu; — த்தனக்காரன் employé du gouvernement, haut fonctionnaire; — பெண், —மகள், *V.* துரைசாணி; — மகன் fils de prince ou de gentilhomme, monsieur, gentilhomme; — மக்கள் 1° fils ou enfans d'un gentilhomme ou d'un monsieur, princes, gentilshommes, messieurs, grands personnages. 2° *P.* துரைகள் chefs.

துரைச்சி, 1° *fém. de* துரை, dame, demoiselle (de haut rang). 2° espèce de bismuth.

*துரோகம், (drôha), trahison, perfidie, félonie, violation, trouble, révolte, offence, faute, crime, tort, injure, malice: —செய்கிறது, — பண்ணுகிறது trahir, commettre une trahison; — நினைக்கிறது tramer—, méditer une trahison; துரோகச்சிந்தனை dessein perfide, — criminel, malice préméditée, penchant au mal; — புத்தி esprit —, intention perfide; இனத் —, சனத் துரோகம் perfidie envers ses proches, ses gens, sa caste, sa nation; சாமித் — perfidie envers son seigneur ou son maitre; துரோகத் துக்குள்ளாகாதே ne prends pas part à une trahison.

*துரோகாடன், (துரோகம், அடம் *allée*), chasseur, trompeur, imposteur, hypocrite.

*துரோகி, (துரோகம், i), *m.f.* traitre, traitresse, perfide, rebelle, scélérat, pécheur. [crochet, croc de cornac.

*துரோட்டி, (trôti), bec d'oiseau,

*துரோணம், (drôna), l'oiseau fabuleux à 8 pieds, corbeau, arc, le Sagittaire, scorpion, mesure de 2 maracals, celui des 7 nuages fabuleux des Indous qui donne une pluie de terre ou de boue, canal d'irrigation pour conduire l'eau qu'on tire d'un puits, la plante தும்பை phlomis, nom d'un arbre: துரோணகாகம், —காகலம் (kâ *cri du corbeau*, kala *qui crie)*, corbeau; — க்ஷீரா, — துக்தை, —மானா, (க்ஷீரம், துக்தம், மானம்), vache qui donne 2 maracals de lait; —முகம், *V.* துரோணிமுகம்.

*துரோணன், துரோணாசாரியன், (*id.*), Drônen fils de பரத்துவாசன் et maitre d'armes ou précepteur militaire des Pândous et de Kourous. [ni, kà), *V.* அம்பி et ஆவிரை.

*துரோணி, துரோணிகை, (drô-

*துரோணிமுகம், (drônimoukha), ville chef lieu de 400 bourgs.

*துரோதரம், (துரம், உதரம்), jeu de hasard. [eur.

*துரோதரன், (துரோதரம்), jou-

*துரோபதை, துரோபதி, த்ரௌபதி, (draoupadi). Drôpadei ou Draoupadi, fille de Droupada roi de பாஞ்சாலம், et femme commune des 5 frères fils de Pândou: c'est cependant une des 5 vierges des Indous.

* துரோபவம், *P.* திரோபவம்.

* துர், (dour), particule sanscrite qui se met devant les mots, et signifie: mal, mauvais, vile, difficile, extrême. On double le க, ச, த, ப suivant; quelquefois on insère உ entre ர் et la consonne suivante; d'autres fois ர் se change en ல், ட், ற் ou ன்: —க்கதம் pauvreté, détrese, affliction; —க்கதி chemin étroit, pauvreté, mauvaise vie, — fin, l'enfer; —க்கந்தம் mauvaise odeur, puanteur, infection; —க்குணம், —க்கன்மம், — க்கி

ருதம் mauvaise action, péché: —க்கிருதகருமம் méchanceté, perversité, péché; —க்கீர்த்தி mauvaise réputation; —க்குணம் mauvais caractère, —naturel, défaut, malice, perversité; —க்குணமுள்ளவன், —க்குணன் homme de mauvais caractère, qui a des défauts, méchant; —க்குணி, *m.f.* personne de mauvais naturel: —க்குறி, —ச்சகுனம் mauvais signe, —augure, —présage; —ச்சரிதம் mauvaise conduite, mauvais métier; —ச்சனம் mauvaises gens, mal, méchanceté, pétulance, insolence, impertinence, indécence, impudicité; —ச்சனஞ்செய்கிறது ou பண்ணுகிறது faire l'insolent, des méchancetés; —ச்சனமாயிருக்கிறது être pétulant, impertinent...; —ச்சனவியோகம் mauvaise conduite; —ச்சனன் méchant, insolent, pétulant, lascif, débauché; —ச்சனி méchante, insolente, impudique; —ச்சாதம் infortune, guignon naissance malheureuse; —ச்சாதி caste vile...; —ச்செய்கை mauvaise action; —த்தினம் mauvais jour, temps obscur ou pluvieux; —த்தேவதை mauvaise divinité, —déesse, démon; —த்தெய்வம் mauvaise divinité, —destinée; —நீதம், —நீதி injustice, mauvaise conduite, impolitesse; —நிமித்தம் mauvais augure; —ப்பகை, 1° grande haine. 2° (bhaga *affection*), femme de mauvais caractère, —haïe de son mari; —ப்பரிசம், —ப்பரிசம் chose difficile à toucher, petite —, ortie; —ப்பலம் infirmité, faiblesse; —ப்பலமாகிறது devenir faible; —ப்பலமாயிருக்கிறது être faible, infirme; —ப்பலன் mal, mauvais résultat, faiblesse, force moyenne; —பாக்கியம் malheur, tourment; —ப்பாவனை mauvais exemple; —ப்பிக்ஷம், —ப்பிட்சம், (பிக்ஷை), famine, cherté; —ப்பிக்ஷகாலம் temps de famine; —ப்பிரசம் naissance malheureuse, enfant illégitime, —infortuné; —ப்புத்தி esprit méchant, pervers, malicieux, mauvais conseil; —ப்புத்திக்காரன் méchant, homme d'un mauvais esprit, qui donne de mauvais conseils; —ப்போதனை mauvais conseil, doctrine perverse; —மரணம், *V.* துன்மரணம்; —மனம், —மனா, *V.* துன்மனம்; —மதி simplicité, ignorance, lourdaud, mauvais esprit, *V.* துன்மதி; —மாதிரி, —மாதிரிகை, *V.* துன்மாதிரி; —மாமிசம், —மாம்சம், *V.* துன்மாமிசம்; —மார்க்கம் mauvaise conduite, —voie, —secte; —மார்க்கஞ்செய்கிறது mener une mauvaise conduite, se comporter mal; —மார்க்கசிந்தனை pensée mauvaise, —de déréglement, sentiment pervers; —மார்க்கத்திலேதிரிகிறவன், *ou* —மார்க்கன் homme débauché, de mauvaise vie, impie, pervers; —முகம் visage hideux, ridicule ou défavorable; —முகன், *V.* துன்முகன்; —முகி, *V.* துன்முகி; —யோதனன், *V.* துரியோதனன்; —யோனி origine basse, —impure; —லபம், *V.* துர்லபம்; —வர்ணம், —வருணம் mauvaise espèce, argent (en tant qu'inférieur à l'or); —வகம் chose difficile à porter; —வகம், —வகன், (dhour *charge*), *V.* துரந்தரம், துரந்தரன்; —வாக்கியம் parole de mauvais augure, reproche, injure; —வாதம் mauvais langage, solécisme; —வாசன், *V.* துருவாசன்; —விவாகம் mauvaise mariage.

*துர்க்கம், *et ses composés, V.* துருக்கம்.

*துர்க்கன், *V.* துருக்கன்.

*துர்க்கா, *V.* துருக்கா.

*துர்க்கை, *V.* துருக்கை.

*துர்த்தமன், (துர், dama *dompter*), indomptable, indiscipliné

*துர்த்தூரம், *P.* துஸ்தூரம்.

துலக்கம், (துலக்குகிறது), lumière, clarté, brillant, lustre (du poli).

துலக்கல், *n.v. de* துலக்குகிறது.

துலக்கு, lumière, éclat, brillant, *n.v. imp et part. de*

துலக்குகிறது, க்கினேன், க்குவேன், க்கு, க்க, *v.a. de* துலங்குகிறது, et துலக்குதல், *n.v.* polir, fourbir, nettoyer, rendre brillant, faire briller, éclaircir, manifester: கலத்தைத்— nettoyer un vase de métal.

துலங்கல், *n.v. et opt. de* துலங்குகிறது.

துலங்கு.1° *ou* துலங்குமரம், entraves (pour les pieds). 2° *imp. et part.de*

துலங்குகிறது,கினேன், குவேன், கு..,*v.n.* துலங்குதல்,*n.v.*briller, éclairer, resplendir, être brillant, éclatant, poli, évident, paraître clair: துலங்கியெரிகிறவிளக்கு lampe qui éclaire bien.

* துலம்,(toula *peser*),poids,pesanteur,poids (à peser),égalité.

துலவம்,(தூலம்),coton (séparé de sa graine).

* துலா,(toulâ),balance, romaine, peson,le signe de la Balance, poids, pesanteur,picotte ou bascule pour arroser,bâton—,timon d'une charrette,chevron,égalité,ressemblance: —கோசம் ordalie par la balance; (on pèse d'abord l'accusé,ensuite on fait des prières et des cérémonies; puis on le repèse.S'il est plus léger, il est reconnu innocent;sinon,il est condamné comme coupable;—கோடி certain poids, sorte d'ornement des pieds,100 millions; —க்கட்டை picotte(pour arroser);—க்கொடி pièce de bois de la picotte; —க்கோல் fléau de balance,balance, peson;—சூத்திரம் corde de balance, de romaine;—தட்டம் rame,aviron, bassin de balance; —தரன் le soleil (qui possède le signe de la Balance):—தாரன்,(*id.*),marchant;—பரிசை,—பரீட்சை épreuve de balances, *V.* துலாகோசம்;—பாரம் poids en or égal à la pesanteur de quelqu'un,son pesant d'or:—பாரந்தூக்குகிறது, —பாரமேற்றுகிறது peser (quelqu'un en mettant son pesant en or dans l'autre bassin;—பாரந்தூங்குகிறது, —பாரமேறுகிறது être ainsi pesé (pour que son pesant en or soit donné aux brames: c'était autrefois un acte de munificence royale après une excursion couronnée de succès, et une sorte d'expiation des crimes qui y avaient été commis; —பாரதானம்,—புருஷதானம் don de son pesant d'or;—புருஷன் homme pesé (dans une balance); —ப்படி balance romaine;—ப்பிரக்கிரகம்,—ப்பிரக்கிராகம்,*V.* துலாசூத்திரம்; —மரம் picotte(pour arroser), bascule de picotte,—மானம் poids, mesure en poids;—ராசி le signe de la Balance;—விசம் le grain dit குன்றிமணி qui sert de base aux poids des orfèvres;—விஷுவம்,—விஷுவம் équinoxe d'automne, temps où le soleil entre dans la Balance.

* துலாதாரம்,(துலா, ஆதாரம்), corde des bassins—, fléau d'une balance.

துலாத்து,espèce de poutre.

* துலாம்,(*P.* துலா),picotte,bascule de la picotte,le signe de la Balance,poids de 200 பலம்,environ 14 livres de Pondichéry,(en quelques lieux c'est 100 பலம்).

துலாம்பரம்,clarté, explication.

* துலாயனம், (துலா, அயனம்), équinoxe d'automne,course du soleil vers le sud à partir du signe de la Balance.

* துலிதம்,1° (doulita), agitation, mouvement. 2° (toulita),chose pesée, égalité. [tonnier soyeux இலவு.

* துலிபலை,(தூலம்,பலம்), le co-

துலுக்கல்,*n.v.de* துலுக்குகிறது, secousse,agitation.

துலுக்கன்,*pl.* துலுக்கர்,*P.* துருக்கன்,1° Turc,Musulman. 2° (துலுக்குகிறது),homme qui branle la tête, qui fait le fier: துலுக்கச்செவ்வந்தி sorte de souci, tagetes erecta;—ப்பூ la fleur tagetes, —des Turcs;—ப்பெண் turquesse; —ப்பேச்சு le turc, la langue des Musulmans.

துலுக்காணம், துலுக்காணியம்,(துலுக்கு, ஆணம்), domination —,domaine—,pays—,manières des Turcs: துலுக்காணத்துச்சட்டம் coutumes—,mœurs des Turcs;துலுக்காணமாய் à la façon des Turcs,tyranniquement, cruellement, en désordre.

துலுக்கி,1° *gér. de* துலுக்குகிற து.2° *fém.de* துலுக்கன்,femme qui fait l'importante, - la dame, qui se donne de grands airs.

துலுக்கச்சி, *fém.de* துலுக்கன், Turquesse,Musulmane.

துலுக்கு,1° *imp.part.et n.v.de* துலுக்குகிறது,agitation,mouvement, secousse.2°(துலுக்கன்),pays —,langue des Turcs,le turc; — *ச்செவ்வந்தி*, *V.* துலுக்கச்செவ்வந்தி.

துலுக்குகிறது,க்கினேன்,க்குவேன்,க்கு,க்க,*v.a.* துலுக்குதல்,*n.v.*agiter,secouer,remuer, la tête; துலுக்கித்துலுக்கிநடக்கிறது marcher fièrement,avec affectation ou en remuant la tête.

* துலை,1° (toulâ),balance (surtout pour peser des choses délicates), le signe de la Balance,picotte ou bascule pour arroser,gravité,pesanteur, poids,—pour peser, ressemblance, conformité,écluse de canal.2° *P.* தொலை éloignement, distance. 3° *imp.et part.de* துலைகிறது.4° *imp. de* துலைக்கிறது; —க்கிடங்கு,— ப்பள்ளம் puits—,trou ou étang d'où l'on tire l'eau avec la picotte pour arroser; — முகம்,—வாய் ouverture du canal dans lequel est versée l'eau tirée par la picotte.[றது),s'éloigner.

துலைக்கிடுகிறது,(துலை *dat.* இடுகி

துலைகிறது,லைந்தேன், லைவேன், லை,லைய,*v.n.* துலைதல்,*n.v.* *V.* தொலைகிறது.

துலைக்கிறது, லைத்தேன், லைப்பேன்,லை,லைக்க,*v.a.* துலைத்தல்,*n. v.* *V.* தொலைக்கிறது.

துலைவு,*V.*தொலைவு.

துலோபம், la racine médicinale கருஞ்சுண்டி.

* துல்லபம்,*V.* துர்லபம்.

துல்லம்,grand bruit.

துல்லியம், துல்லிமை,excellence.

* துல்லியம்,(toulya), ressemblance.comparaison, analogie, égalité, union,pureté,propreté:—ஆனகந்தகம் espèce de préparation de soufre et d'arsenic: துல்லியபக்கம் côté semblable, —égal: —பலம் force égale; —பானம் boire avec d'autres: —பாவனம் combinaison de séries semblables; —ரூபம் figure semblable, forme égale, même espèce,—manière,—விருத்தி, — même emploi, —métier.

* துல்லியோபமிதாலங்காரம், (துல்லியம், oûhita *collection*, அலங்காரம்), réunion de comparaisons.

துவக்கம், *n.v. de* துவக்குகிறது, commencement,origine: முடிவு le commencement et la fin.

* துவக்கவிரம், (tvak, கவிரம்), laurier rouge dit செவ்வலரி.

துவக்கல், *n.v.et opt.de* துவக்குகிறது. [commencé, depuis.

துவக்கி, *gér. du même.* ayant

* துவக்கு, 1° (tvak),peau, écorce, pelure, corps. 2° dispute, différent, lien,chaine, fusil, mousquet. 3° *imp. et part. de*

துவக்குகிறது, *sync* துவக்கிறது, க்கினேன்,க்குவேன்,க்கு,க்க,*v.a.* துவக்குதல், *n.v.* commencer, lier, enchainer.

துவங்குகிறது, கினேன்,குவேன், கு,க, *v.n.de* துவக்குகிறது *et* துவங்கல், துவங்குதல்,*n.v.* commencer.

* துவம்சம், துவம்சனம், துவம்சிதம், (dhvamsa,na, ita), perte, destruction,dommage.

* துவசம், (dhvadja), signe, marque, drapeau, bannière, —particulière, symbole, mât de pavillon:—கட்டுகிறது arborer —, hisser un étendard...,entreprendre avec zèle et activité: துவசத்துருமம் palmier;—பங்கம் rupture —,chûte d'un drapeau;—ப்பிரசாரணம் vent (qui agite le drapeau); —தரி,— தாரகன் porte-étendard.

* துவசர், (dhvasa), distillateurs, marchands de callou.

துவசல், *V.* தொடிசு.

* துவசாரோகணம், துவசீகரணம், (துவசம், ஆரோகணம்), *V.* கொடியேற்றம்.

* துவஷ்டா, *V.* துவட்டா.

* துவஷ்டன், *V.* துவட்டன் [terie.

* துவஷ்டி,(துவஷ்டன்),charpen-

* துவஸ்தம், *V.* துவத்தம்.

துவட்சி, *V.* துவள்வு. [கை.

துவட்சிகை, (துவள்). *V.* துவர்ச்சி

துவட்டல்,*opt.et n.v.de* துவட்டுகி

றது, action d'essuyer,destruction, grillade,friture: துவட்டற்கறி mets grillé ou frit,préparé sans sauce.

*துவட்டன், *pl.* துவட்டர், (tvachtâ). un des 12 soleils, ou nom du soleil dans le signe des Poissons, charpentier,*ou*

*துவட்டா, (*id.*), charpentier, artisan, ouvrier, le prétendu charpentier des dieux nommé Visvakarmâ: —திரி (tvâchtri *fille de துவஷ்டா,une des femmes du soleil*), la 14me constellation lunaire dite சித்திரை. [*V.* துவஷ்டு.

துவட்டு, *n.v.imp.et part. du suiv.*

துவட்டுகிறது,ட்டினேன்,ட்டுவேன், ட்டி,ட்ட, *v.a.de* துவள்கிறது *et* துவட்டுதல். *n. v.* essuyer (avec un linge ou une éponge...), nettoyer, sécher, faire rôtir, — griller ou frire,détruire,tuer, rendre flexible, plier, agiter, secouer,serrer, rendre épais.

துவணீர்,(துவள்,நீர்), eau chaude.

துவண்ட, துவண்டு, *part.et gér. de* துவள்கிறது: துவண்டநீர், *V.* துவணீர். [வைப்புடவை.

துவண்டை,(துவண்ட), *V.* சகதி.

*துவஸ்தம்,(dhvasta),chute,perte, destruction.

*துவந்தம், (dvanda), double, chose redoublée,deux,couple,paire, alternative,suite,série,union,familiarité, étroitesse: துவந்தயுத்தம் duel, combat singulier,guerre continuelle.

துவந்தனை, 1° vexation, empêchement, agitation. 2° (துவம், தனை), double, duplication.

துவந்திக்கிறது, த்தேன், ப்பேன், க்க, *v.n.* (துவந்தம்), துவந்தித்தல், *n.v.* être uni, — enchaîné l'un à l'autre, se suivre l'un l'autre.

*துவந்துவம், (dvandva), deux, union de deux, paire, couple (le mâle et la femelle),deux à deux,copulation, union des sexes, alternative,se suivre l'un l'autre, dispute, le signe des Gémeaux,union de noms sanscrits qui devraient être joints par et (*Ex.* பாணிபாதம் la main et le pied),complication de 2 maladies, de 2 humeurs: துவந்துவதுக்கம் douleur provenant de l'alternation de 2 choses (comme du chaud et du froid,du plaisir et du chagrin);—பிரிவினை séparation des sexes;— யுத்தம் combat singulier.

*துவம்,1° *P.* துருவம்,immobilité, fixité. 2°(tva),nature,qualité,propriété,force: *Ex.* தெய்வத்துவம் nature divine divinité. 3° (tvam), toi: துவம்சப்தம் le mot toi.

*துவயம்,(dvaya), paire, couple, deux (surtout à la fin des mots): புருஷத்துவயம் 2 hommes.

*துவயாதீதன்,(துவயம்,அதீதன்), homme saint,pur,supérieur aux 2 mauvaises qualités இராசதம்,et தாமசம் (passion et ignorance).

*துவயார்த்தம்,(*id.* அர்த்தம்),double sens,ambiguité.

*துவரம்,1°(touvara),âpreté,âcreté,goût astringent,aigreur. 2° *adj.de* துவரை.

துவர்,décoction,ocre,couleur jaune,—d'habit de சந்நியாசி.

துவரும்,*part.fut.de* துவருகிறது.

*துவரை, 1°(touvari), arbrisseau légumineux qui donne une espèce de pois ou de petite fève, cytisus, nom d'un arbre: *l'adj.est* துவரம். 2° *P.* துவாரகை; துவரங்குச்சு buchette—,tige de touvarei; துவரமலார், துவரவளார் baguette—,branches de touvarei;துவரம்பருப்பு lentille ou pois de cet arbrisseau.

துவர், 1° âcreté, âpreté, aigreur, haine,contrariété,bois à brûler,couleur rouge,corail. 2° *imp. et part. de* துவர்கிறது. 3° *imp. de* துவர்க்கிறது: துவர்-டு,les 10 productions âcres du règne végétal:savoir: நாவல் calyptranthes caryophyllifolia, கடுக்காய் terminalia chebula, நெல்லிக்காய் phyllanthus emblica, தான்றிக்காய் terminalia bilirica, ஆல் ficus bengalensis, அரசு ficus religiosa, அத்தி ficus racemosa, இத்தி ficus virens, முத்தக்காசு cyperus juncifolius,மாந்துவர்ப்பு le jet de mangaier:—க்கட்டி cachou,remède dit காசுக்கட்டி; — க்காய் le fruit âpre,i.e.la noix d'arec; — ச்சினை fruit tendre et à peine formé—,germe du கமு;அவனுடம்பிலே துவரே றியிருக்கிறது l'aigreur s'est emparée de lui,il est fier ou insolent.

துவர்கிறது, ர்ந்தேன், ர்வேன்,ர், ர,1° v.n. frotter sur, oindre, barbouiller, asperger, s'éclaircir,se séparer.2° ou

துவர்க்கிறது, ர்த்தேன், ர்ப்பேன், ர்,ர்க்க,1° v.n.:être âcre,âpre,rude au goût,dégoûter,révolter.

துவர்தல்,n.v.de துவர்கிறது.

துவர்த்தல்,1° P.துவர்தல்.2° ou

துவர்ப்பு, n. v. de துவர்க்கிறது, âpreté,âcreté,aigreur,acerbité, dureté,sévérité, impression, affection de l'âme (au nombre de 6, V. அறு துவர்ப்பு,): அவன்மனசு துவர்ப்பா யிருக்கிறது sa volonté est aigrie, acerbe.

துவலல், துவலுதல்,n. v. du suiv. mort,plénitude, presse, abondance, augmentation, hâte,dégouttement.

துவலுகிறது, துவல்கிறது, வன் றேன்,லுவேன் ou ல்வேன்,லு ou ல், ல,v.n.mourir,se remplir,être plein, serré,à l'étroit,abonder,augmenter, se hâter,se presser,dégoutter.

துவலை, V.திவலை.

துவல்,1° hâte,presse,n.v. imp. et part.de துவலுகிறது.

துவளல்,துவளுதல்,துவண்தல், n. v.de

துவளுகிறது, துவள்கிறது, வண் டேன்,வளுவேன் ou வள்வேன், வளு ou வள்,வள,v.n. ou துவண்டுபோகிறது,plier,être flexible, mobile, secoué,agité,s'agiter,se lâcher, se relâcher,se desserrer,se déjeter,se tordre,(v.g. une planche au soleil), se contracter,s'attacher, devenir sec, fluet,faible,défaillir,incliner, pencher: துவண்டிருக்கிறது être flexible,agité...pencher: இருதயந் — le cœur faiblir,défaillir; அல்லித்தண்டு போலே துவண்டு கிடக்கிறது ou போகிறது être faible et pliant comme la tige du nénuphar; ஓர்காரியத்தி லேமெத்தத்துவண்டிருக்கிறது être très porté à une chose,s'y appliquer beaucoup.

துவள்,imp.et part.du préc.

துவள்வு,n.v. du préc. agitation, faiblesse,flexibilité,sécheresse, dessèchement.

துவறல், n. v. de துவறுகிறது, pluie,bruine,hâte,vitesse.

*துவனம், துவனி, துவனிதம், (dhvana,i,ita),son,bruit,son du tambour,style figuré ou poétique, métaphore,chose flexible; துவனிக்கிரகம் le récipient du son, l'oreille, l'ouie:—விகாரம் changement de voix,—de son.

*துவனி,P.துவனம், résonner...

துவன்,la plante வட்டத்திருப்பி.

துவன்ற,துவன்று,part. et gér.de துவலுகிறது.

துவன்றல்,V.துவலல்.

*துவா,(dvâ,P.dvi, dans les mots composés),deux.

*துவாக்ஷரி,துவாட்சரி,(துவா,அக்ஷரம்), vers terminé par des lettres de 2 classes,vers ou livre composé de 2 espèces de lettres, de voyelles et de consonnes.

*துவாஸ்தன், துவாஸ்திதன், துவாஸ்திதஸ்ரி, துவாஸ்திதருச்சகன்,(துவா,P.dvâr porte,stha, sthita qui se tient), portier, chambellan, introducteur.

*துவாதசம்,(துவா,தசம்), douze, douzième: துவாதசகரன் celui qui a 12 mains ou rayons,i.e.Soupramanien, Vrouhaspati ou Jupiter:—லோசனன்,—விலோசனன், V. துவாதசாக்ஷன்;—புயகோணம் dodécagone.

*துவாதசாக்ஷரமந்திரம், (துவாதசம்,அக்ஷரம்), prière composée de 12 lettres,

*துவாதசாக்ஷன்,(id. அக்ஷம்), celui qui a 12 yeux,Soupramanien.

*துவாதசாம்சம்,(id.அம்சம்), division d'un signe en 12.

*துவாதசாங்குலம்,(id.அங்குலம்), mesure de 12 doigts.

* துவாதசாதித்தர், (*id.* ஆதித்தர்), les 12 soleils, *V.* சூரியர்-இடை.

* துவாதசாந்தம், துவாதசாந்திரம், துவாதசாவஸ்தை, (*id.* அந்தம், அந்திரம், அவஸ்தை), le 12me —, (ou plutôt), les 12 அவஸ்தை ou உயிர் வேதனை. [ter aux 12 rayons.

* துவாதசாயின், (*id.* அயின்), Jupi-

* துவாதசான்மா, (*id.* ஆன்மா), celui qui a 12 vies, le soleil dont on fait les 12 சூரியர்.

* துவாதசி, (*id.* i), le 12me, le 12me jour lunaire de chaque demi-lunaison.

* துவாந்தம், 1° (tvâ, அந்தம்), forme—, terminaison du gérondif sanscrit en tvâ, gérondif. 2° (dhvanta), obscurité, enfer, séjour ténébreux: துவாந்தவித்தம் mouche luisante; —சாத்திரவன் (சத்துரு) ou

* துவாந்தாராதி, (துவாந்தம், அராதி), l'ennemi des ténèbres, *i.e.* le soleil.

* துவாபர, —யுகம், (துவா 2, பரம் *après*), le 3me des 4 யுகம் ou périodes fabuleuses des Indous: on lui donne 864 mille ans de durée.

* துவாரகம், 1° (tvarâ, கம்), vitesse, hâte 2° (dvâraka) ou

* துவாரகை, துவாரிகை, துவாரவதி, துவாரகாபுரி, (dvâra, kâ, —ikâ, —vati), Dvâraka, capitale de Krichna, que les uns disent ensevelie dans la mer et que d'autres placent dans une petite île à l'ouest du Guzerate.

* துவாரகேசன், (துவாரகம், ஈசன்), le roi de Dvâraka, *i.e.* Krichna.

* துவாரம், (dvâra), porte, entrée, voie, moyen, trou, creux, caverne, abyme: —இடுகிறது faire un trou: துவாரகண்டகம் porte; — சாகை battant de porte, porte à 2 battans; —இதம்பம், —த்தம்பம், *V.* கதவுநிலை; —பாலகன், —பாலன் portier, garde, figure gigantesque placée à la porte des pagodes: — பிண்டி seuil de la porte; —யந்திரம் serrure de porte. [portier.

* துவாரி, துவாரிகன், (துவாரம்),

துவாலை, flux de sang (comme dans les menstrues et l'accouchement), onction, friction: — விடுகிறது, —பண்ணுகிறது oindre, frotter, frictionner; அவனுக்கு மருந்தைத் தீயிரத் துவாலைவிடு frictionne-lui bien le remède.

துவாளிக்கிறது, —ளித்தேன், —ளிப்பேன், —ளி, —ளிக்க, *v.a.* துவாளித்தல், *n.v.* *V.* துவாளிக்கிறது: துவாளித்த cannelé. [re.

துவாளிப்பு, *n.v. du préc.* cannelu-

* துவானம், (dhvâna), son, bruit.

* துவி, (dvi), deux, double, (il se met au commencement des mots composés, se change quelquefois en துவா, et devant les voyelles en துவிர்): *—கன்மகத் துருப்பிரயோகம் emploi d'un sujet qui a deux actions ou deux régimes; — கன்மககன்மணிப்பிரயோகம், (கன்மணி, *abl. sanscrit de* கன்மம்) emploi d'un régime qui a 2 actions ou régimes.

துவிகபா, துவிசாபா, la plante வட்டத்திருப்பி. [க்கை.

துவிசாயாசின், l'arbre செம்முரு

* துவிகிருதயை, —கிருத்தியை, (துவி, இருதயம், கிருத்தியம்), femme qui a 2 cœurs ou 2 actions, femme enceinte. [ble.

* துவிகுணம், (துவி), 2 fois, le dou-

* துவிசபம், (*id.* sapha *corne*), animal dont la corne du pied est fendue.

* துவிசமதிரிபுசம், (*id.* சமம், திரி), triangle isoscèle, qui a 2 côtés égaux.

* துவிசம், (*id.* சம்), objet qui nait 2 fois, *i.e.* dent, ovipare, la caste bramanique, ou plutôt les trois 1res classes: துவிசபதி le roi de brames, *i.e.* Sandiren; —தாசன், —சேவகன் serviteur des trois 1res classes, le choutre; —சேவை service des trois 1res classes; —ராசன் le roi des brames, *i.e.* Sandiren; le roi des ovipares, *i.e.* le serpent அனந்தன், l'oiseau கருடன்; —விரணம் mal de dents; —லிங்கி, (லிங்கம்), rajapoutre, qui porte l'insigne ou cordon des brames.

* துவிசன், துவிசன்மன், (*id.*), dvi-

dja, homme né une 2e fois par l'investiture du triple cordon, brame, rajapoutre ou marchand.

* துவிசக்கிரன்,(துவிசன், அக்கிரம்).brame,le 1er des dvidjas.

* துவிசாதி,(துவி),être à double naissance, ou caste brame,ovipare.

* துவிசாயணி, (துவிசன், âyani *affixe*),l'ornement du dvidja ou துவிசன்,le triple cordon.

* துவிசாலயம்,(துவிசன்,ஆலயம்), demeure des êtres à double naissance,rue de brames,trou d'arbre (résidence des ovipares).

* துவிசிகுவன், (துவி, சிகுவம்), être à 2 langues, voleur, délateur, rapporteur,serpent.

* துவிசோத்தமன்,(துவிசன், உத்தமம்),le துவிசன் par excellence, *i. e.*le brame.

* துவிச்சா, துவிச்சிகை, (துவி, சா,சிகை),sinus ou corde d'un arc.

* துவிஷ்டம்,(dvichta),cuivre.

* துவிதகேந்திரம்,*P.* துவிதியகேந்திரம். [vingt.

* துவிதசம்,(துவி), 2 fois 10 ou

* துவிதம்,(dvita), deux, double, duplication, dualité, assertion de 2 principes, mouvement: துவிதபாவனை double imagination,—représentation;—வாதம் secte—,assertion de 2 principes, – qui distingue Dieu et l'univers,le créateur et les créatures,la vie ou l'âme universelle et l'âme individuelle,l'esprit et la matière,(le contraire se dit அத்துவைதம்);—வாதி philosophe—, sectaire qui soutient 2 principes. [re.

* துவிதயம்,(dvitaya),couple, pai-

* துவிதாகதி, (dvidhâ *de 2 sortes*, கதி),crocodile,animal amphibie.

* துவிதாது,(துவி). celui qui est de 2 natures,*i.e.*Poulléyar.

* துவிதாத்துமகம், (dvidhâ, ஆத்துமகம்),muscade.

* துவிதியம்,(dvitiya),secondement, deux: துவிதியகேந்திரம் distance de l'abside supérieure à une planète dans un point quelconque de son orbite,ce qui a moins d'un quart de cercle:—த்துவம் qualité de second.

* துவிதியன், (துவிதியம்),second, successeur,fils.

* துவிதியை,(*id.*),2e partie de soi-même,épouse,2e jour de chaque demi-lunaison.

* துவிதிரி,(துவி),2 fois 3 ou six.

* துவிதேகன்,(*id.*தேகம்),celui qui a un double corps,*i.e.*Poulléyar.

* துவிபதம்,1° (*id.*patha), rencontre de 2 routes.2° (pada),binome, le genre des bipèdes comprenant les dieux,les hommes,les démons et les oiseaux: துவிபதராசி, les signes bipèdes,savoir:lesGémeaux, la Balance,la Vierge,le Verseau et la moitié du Sagittaire.

* துவிபம்,(*id.*pa *qui boit*),l'animal qui boit 2 fois pour une, *i. e.* l'éléphant qui prend l'eau d'abord par sa trompe et ensuite par sa bouche; —.துவிபமதம் mucus des tempes de l'éléphant. [les.

* துவிபாகு(துவி),2 bras,2 épau-

* துவிபுசம்,(*id.*),angle formé par 2 lignes,*V.* துவிபாகு. [te,dobachi.

* துவிபாஷி,(*id.*பாஷை),interprète-

* துவிபாதம்,(*id.*),2 pieds: துவிபாதசெந்து bipède. [விட்டான்.

துவிபுத்தாரு,la plante தண்ணீர்

* துவிமாதுருசன்,(துவி,மாதுரு,சன்), *V.* துவைமாதுரன்.

* துவிமுகம்,(*id.*),éléphant,*ou* துவிமுகாகி, துவிமுகோரகம்,(துவி,முகம், அகி, உரகம்) serpent à 2 têtes, amphisbène. [d'eau,sangsue.

* துவிமுகை,(*id.* முகம்), jarre,—

துவியம்,(*pers.*),second,député:—கணக்கு compte préparé pour la seconde fois.

* துவிரசனம்,1°(துவிர்,அசனம்), double repas par jour.2° (துவி),animal à double langue,*i.e.*le serpent.

* துவிரதம்,(துவி),animal à 2 défenses,*i.e.*l'éléphant.

* துவிரதாந்தகம்,(துவிரதம்,அந்தகன்),l'ennemi de l'éléphant,*i.e.*le lion.

* துவிரம், துவிரேபம்,(துவி,ra, rêpha *la lettre* r),abeille,grande abeil-

le noire,dont le nom plus ordinaire திராமரம் contient 2 r). [nuits.

*துவிராத்திரம்,(id.), espace de 2

*துவிராபம்,(துவிர்,ஆ,pa qui boit), V. துவிபம்.

*துவிருத்தி,(id.உத்தி),redite,répétition,parole qui fait entendre 2 choses. [mariée 2 fois.

*துவிரூடை,(id. ஊடை), femme

*துவிரூபம்,(துவி,double manière,—forme,mot qui s'écrit de 2 manières,quis'interprète en 2 sens.

*துவிர்,P. துவி,(devant les voyel-

*துவிலிங்கி,P. துவிசலிங்கி. [les).

*துவிவசனம்;(துவி), le duel (en grammaire),double phrase.

*துவிவருஷம்,(id.),âge de 2 ans: துவிவருஷை,துவிவருஷிகை, vache de 2 ans.

*துவிவிதம்,(id.),2 manières.

*துவிவிதன், (dvivida), Touvividen,singe tué par Râmen.

*துவிவிதாரி, (துவிவிதன், அரி), l'ennemi de துவிவிதன், i.e. Râmen. [ture attelée de 2 mules.

*துவிவேசரை,(துவி,வேசரி).voi-

*துவீபம்,(dvipa),île,continent.

*துவேசம்,துவேஷம்,துவேஷணம்,(dvêcha,—na), haine, inimitié, animosité.

துவேசிக்கிறது ou துவேஷிக்கிறது,ஷித்தேன்,ஷிப்பேன்,ஷி,ஷிக்க,v. a.et துவேசித்தல், துவேஷித்தல்,n. v. haïr,détester.

*துவேஷி,(துவேஷம்),ennemi.

துவை, 1° chair,viande,breuvage, chose potable,gâteau de grains (de sésame...) broyés, ragoût acide,—mêlé de tamarin,bruit,son. 2° imp et part.du suiv.3° imp. de துவைக்கிறது.

துவைகிறது, வைந்தேன், வைவேன்,வை,வைய,v.n. துவைதல், n. v.tremper, s'imbiber, se mouiller, être trempé,—plongé (dans la teinture),être empesé ou humecté de cange ou d'empois,le lait tourner, se cailler,être trempé (le fer, l'acier),résonner,être broyé,—pilé: துவைத்துக்கொடுக்கிறது être trempé, donner—,prendre la trempe,

துவைக்கிறது,வைத்தேன், வைப்பேன்,வை,வைக்க,v. a. du préc. துவைக்குதல்,n.v. tremper, mouiller, humecter,plonger (dans la teinture...),teindre,faire cailler (le lait),y mettre de la présure, tremper (le fer...),donner la trempe,broyer,piler(dans un mortier),faire fouler aux pieds des bœufs(le blé pour le battre), battre le linge en le lavant,boire,retentir,faire grand bruit, tambouriner,jouer des instrumens,laisser,décharger: கஞ்சியிட்டுத்—tremper dans du cange ou de l'empois, humecter —,frotter la chaîne avec du cange avant de tisser, துவைத்துப்போடுகிறது mettre de la présure dans le lait,tremper le fer...;—ப்பிழிகிறது tordre un linge après l'avoir trempé (dans l'eau ou dans la teinture).

*துவைதம்,(dvaita),deux,chose—, double,duplication, dualité, ou துவைதவாதம் doctrine —,secte des 2 principes,(secte fondée par மத்துவாசாரியன்,qui reconnait la distinction de Dieu d'avec les créatures; on la nomme encore மத்துவம் du nom de son fondateur ou துவிதவாதம் et ses sectateurs துவிதவாதி ou துவைதவாதி.La secte opposée dite அத்துவைதம் fondée par சங்கராசாரியன் confond Dieu avec les créatures ou Dieu avec l'âme. C'est le panthéisme.

*துவைதீகரணம், துவைதீகிருதம், துவைதீபாவம், துவைதீபூதம், (dvaîdha 2 sortes, i augment),division,séparation—,division en deux.

துவைத்தல்.n.v.de துவைக்கிறது, trempe, mouillage, actionde tremper...,son,grand bruit: இளந்—lait à demicaillé, trempe insuffisante; கொடுந் - trempe excessive.

*துவைபாயனன், (துவீபம் île, âyana, affixe), l'insulaire, surnom de வியாசன் né dans une île de la Djamna. [வைதல்.

துவைப்பு, V. துவைத்தல் et து

*துவைமாதுரன், (துவி, மாதுரு),être né de 2 mères,i.e.sa mère et

une belle mère,ou de 2 manières, (surnom de)Pouléyar fils de Pârvadi,mais formé,dit on,de la gale de son corps.

துவையல்,*n. v. de* துவைக்கிறது, choses pilées ou broyées (qu'on mange avec le riz),sorte d'assaisonnement, trempe de l'acier: —யிடுகிறது tremper l'acier: துவையற்கறி ragoût de choses broyées, *V.*பச்சடி.

துவ்வல்,*opt.et n. v. de* துவ்வுகிறது,manducation,jouissance.

துவ்வா,துவ்வாத, *part. nég. du même*, qu'on *ou* qui ne mange pas, qui ne jouit pas,pauvre; துவ்வார், துவ்வாதார்,துவ்வாதவர் pauvres.

துவ்வாமை,*n.v.nég du même*, dégoût,impatience,denûment, privation,pauvreté.

துவ்வு,1° nourriture, jouissance, —sensuelle,perception des sens. 2° *imp.et part.de*

துவ்வுகிறது, வினேன், வுவேன், வு,வ,*v.a.* துவ்வுதல், *n. v.* (துவ்வு), manger,jouir,goûter,éprouver,percevoir par les sens: அருள்துவ்வுலகு le monde où l'on jouit de toute faveur,*i.e.*le ciel.

துழக்கிறது,ழந்தேன், ழப்பேன், ழ,ழக்க,*v.a.*துழத்தல்,*n.v.*mêler,mélanger,remuer.

துழவுகிறது,*V.*துழாவுகிறது.

துழவை,*V.*துளவை.

துழனி,துழுனி,bruit, son, bruit —,ramage d'une troupe d'oiseau.

துழா,*n.v.imp.et part.de*

துழாகிறது,ழானேன், ழாவேன், ழா,ழாவ *ou* ழாக,*v.a.V.*துழாவுகிறது.

துழாய்,1° *gér.du préc.*2° la plante துளசி,basilic:—மௌலி, celui qui porte une couronne ou guirlande de basilic,*i.e.*Vichnou;—வனம் basilic,jardin de basilic.

துழாவல்,துழாவுதல், *n. v. de* துழாவுகிறது.

துழாவு,*n.v.imp.et part.de*

துழாவுகிறது, வினேன், வுவேன், வு,வ,*v.a.*remuer,mêler,tourner, retourner(ce qui est dans un vase ou le grain étendu pour sécher),étendre, couper,tâtonner, chercher, examiner,ramer,conduire (une barque) à la rame.

துளக்கம்,*n. v. de* துளக்குகிறது, poli,éclat,lumière,splendeur,clarté, la 15me constellation dite சோதி, mouvement,agitation,trouble,tremblement,crainte,bruit,son.

துளக்கல்,*opt.et n.v.du même*, polissure,fourbissure,rendre brillant, agitation, secousse.

துளக்கு, mouvement, agitation, éclat,brillant: துளக்கில் dans l'éclat *ou* sans éclat,*n.v.imp.et part.de*

துளக்குகிறது,*sync.* துளக்கிறது, க்கினேன்,க்குவேன்,க்கு,க்க,*v.a. de* துளங்குகிறது. *et* துளக்குதல்,*n.v.* polir,fourbir,rendre brillant,faire briller,éclairer, s'éclaircir, agiter, remuer.

துளங்கல்,*opt.et n.v.du suiv.*splendeur,éclat, évidence, mouvement, crainte,trouble.

துளங்கு,*imp.et part.de*

துளங்குகிறது,*sync.*துளங்கிறது, கினேன்,குவேன்,கு,க,*v.n.* துளங்குதல்,*n.v.*briller,luire,resplendir,s'éclaircir,être évident,clair, manifeste,s'agiter,remuer,trembler, craindre,être troublé; நாள்வட்டத்திலே மெய்யும்பொய்யுந்துளங்கும் avec le temps le vrai et le faux deviennent évidens.

துளங்கொளி,(துளங்கு, ஒளி), la lumière brillante,*i.e.* la 18me constellation dite கேட்டை.

*துளசி, (toulasi), basilic (à tige pourprée),ocymum sanctum, plante réputée sacrée parmi les Indous, Toulasi,femme qu'on prétend avoir été métamorphosée en cette plante: —தீர்த்தம், — பத்திரம் eau dans laquelle on a mis des feuilles de basilic;—மணி grain de chapelet fait de racine de basilic;—மண்டபம், —மாடம் bassin ou pot à basilic,sorte de bassin ou de pot pour en cultiver:—மாலை,—மணிமாலை guirlande de basilic ou de grains de racine de basilic.

துளம்பிக்கிசி, l'arbrisseau ஆதொண்டை.

துளவம், துளவு, la plante துளசி [basilic.

துளவன், l'arsenic préparé சோற பாஷாணம், V. துழாய்மெளலி.

துளவை, rame de canot faite de bambou fendu et long d'environ une brasse, V. துடுவை: — தொடுக்கிறது manier la rame, — cette rame, conduire un canot avec une telle rame.

துளாரி, sorte d'instrument de tis-[serand.

துளாபாரம், P. தொளாபாரம்.

துளாயிரம், P. தொளாயிரம், 900.

துளாவுகிறது, ... P. துழாவுகிறது.

துளி, 1° goutte, — de pluie, pluie, bruine. 2° (douli), tortue femelle, nom d'un முனி. 3° *imp. du suiv.*: துளி துளியாய்வடிகிறது tomber goutte à goutte, dégoutter; — மழை petite pluie, pluie qui tombe goutte à goutte.

துளிக்கிறது, ளித்தேன், ளிப்பேன், ளி, ளிக்க, *v. n. et a.* (துளி), dégoutter, tomber —, verser goutte à goutte, pleuvoir.

துளித்தல், துளிப்பு, *n.v du préc.* dé-[gouttement, pluie.

துளிர், 1° bourgeon, pousse, jet, germe, bouton. 2° *imp. et part. du suiv.*: — விடுகிறது, — எழும்புகிறது *ou*

துளிர்க்கிறது, ர்த்தேன், ர்ப்பேன், ர், ர்க்க, *v. n.* (துளிர்), bourgeonner, boutonner, pousser, germer..

துளிர்த்தல், துளிர்ப்பு, *n.v. du préc.* bourgeonnement, pousse, germination.

துளுக்கிறது, P. துளிர்க்கிறது.

துளும்பல், *opt. et n.v. du suiv.* agitation, fluctuation, élévation, saut, onction, friction, barbouillage.

துளும்புகிறது, பினேன், புவேன், பு, ப, *v.a. et n.* துளும்புதல், *n.v.* flotter, vaciller, s'agiter, sauter, sautiller, s'élever, briller, frotter, oindre, frictionner, barbouiller.

துளுவம், 1° *ou* துளுவதேசம், — நாடு, le pays Toulouva, un des 56 pays de la géographie des Indous; c'est le nord du Maléalam sur la côte malabare, et dans les temps modernes, le pays de Visapour ou விசையப்பூர் entre le Canara et le Concan. 2° *ou* துளுவபாஷை la langue Toulouva: துளுவப்பிராமணர் brames Toulouvas, (மத்துவாசாரியர் fondateur de la secte துவைதம், ou des 2 principes, en était un); — வேளாளர் cultivateurs ou Vellages Toulouvas.

துளுவன், (துளுவம்), homme du [pays Toulouva.

துளை, 1° trou, — fait avec un instrument, creux, tube ou cavité, creux de l'intérieur du bambou, des roseaux..., bambou, entrée, porte. 2° *imp. et part. de* துளைகிறது. 3° *imp. de* துளைக்கிறது: — க்கருவி instrument percé, — creux, — à vent (comme flûte, trompette); — க்காது, — ச்செவி oreille percée; — யடிக்கிறது, — யிடுகிறது faire un trou, percer, forer; — யகியம் cor, instrument à vent; — யுடைப்பொருள் objet percé, creux (en dedans), tube; துளையிலேமாட்டுகிறது mettre les entraves, — les pieds dans les trous des entraves.

துளைகிறது, ளைந்தேன், ளைவேன், ளை, ளைய, *v.a.* jouir, mêler, s'unir, se percer, aller en tournant.

துளைக்கிறது, ளைத்தேன், ளைப்பேன், ளை, ளைக்க, *v.a.* percer, forer, faire un trou.

துளைக்குதல், துளைத்தல், துளைப்பு, *n.v. du préc.* percement, perforation.

துளைக்கை, 1° (துளை), main percée ou creuse, *i. e.* trompe d'éléphant. 2° *n.v. de* துளைக்கிறது, percement.

துளைப்பிக்கிறது, *v. caus. du préc.* [faire percer.

துள்ளம், 1° (துளி), goutte (d'eau, de pluie...). 2° (துள்ளு), saut.

துள்ளல், *opt. et n.v. de* துள்ளுகிறது, saut, bond, frisson, tremblement de fièvre, chèvre ou brebis (animal bondissant), danse, moustique, *ou* துள்ளலோசை chant, air sautillant, — propre à l'espèce de vers dite கலிப்பா.

துள்ளாட்டம், (துள்ளு, ஆட்டம்),

saut, bond, pétulance, vivacité, fougue, turbulence: — அடங்குகிறது la pétulance s'apaiser ou être réprimée; — ஆசுத்திரிகிறது courir en sautant, cabrioler, faire des courbettes.

துள்ளி, 1° P. துளி, goutte, — d'eau. 2° *gér.de* துள்ளுகிறது.

துள்ளு, *imp. part. et n.v.du suiv.* saut, bond, bondissement: — க்காளை taureau fougueux, qui bondit, personne intraitable, ingouvernable: — ப்பூச்சி insecte bondissant, puce, insecte qui détruit le grain; — மாடு bœuf qui bondit, — qui jette à terre son fardeau.

துள்ளுகிறது, ளினேன், ளுவேன், ளு, ள, *v.n.* துள்ளுதல், *n.v.* sauter, sautiller, bondir, gambader, tressaillir, être pétulant, turbulant, trop vif: துள்ளிக்குதிக்கிறது sauter, bondir, sautiller, frétiller: — த்தொப்பென்றுவிழுகிறது bondir et tomber lourdement, faire la culbute, être puni pour une agression volontaire: — யோடுகிறது courir en sautillant; துள்ளுகிறமாடு பொதிசுமக்கும் un bœuf fougueux portera un sac pesant.

துறக்கம், V. தேவலோகம்.

துறக்கிறது, றந்தேன், றப்பேன், ற, றக்க, *v.a.* 1° quitter, abandonner, rejeter, renoncer au monde et à la vie conjugale, se faire ermite ou religieux. 2° P. திறக்கிறது, ouvrir.

துறடு, *gén.* துறட்டின், *obl.* துறட்டு, croc, — de cornac, crochet, instrument crochu, agrafe, boucle, embarras, perplexité, trouble, confusion; அதிலேவெகு — il y a beaucoup de trouble et d'embarras en cela; துறடாயிருக்கிறது être crochu, embrouillé, emmêlé; — சொல்லுகிறது parler artificieusement, d'une manière embrouillée, tergiverser; துறட்டிலேமாட்டிக்கொள்ளுகிறது accrocher, mettre au crochet, s'accrocher, embrouiller, s'embrouiller; துறட்டிலேயகப்படுகிறது s'accrocher, s'embarrasser.

துறட்டி, croc, — de cornac, crochet, embarras, embrouillement: — ச்செடி espèce d'arbrisseau ou d'arbre à épines crochues, pisonia.

துறட்டு, *obl.de* துறடு, துறட்டிரும்பு croc, crochet, fer crochu, crochet en fer du suspensoir dit சேடில்; — க்கோல் bâton crochu, — à crochet, (pour faire baisser les branches des arbres et en prendre les feuilles ou les fruits); — த்தடி bâton crochu ou à crochet; — வாதம் obstination, entêtement.

துறத்தல், *n. v. de* துறக்கிறது, abandon, renoncement, — au monde.

துறந்தார், துறந்தோர், *n.app. de* துறந்த, *part.du même*, ceux qui ont renoncé au monde, anachorètes, religieux, ascètes.

துறப்பணம், P. துரப்பணம்.

துறப்பு, P. திறப்பு.

துறல். *n.v.de* துறுகிறது.

துறவறம், (துறவு, அறம்), vertu —, état d'anachorète, renoncement au monde, à la vie conjugale.

துறவன், துறவி, *pl.* துறவர், துறவிகள் (துறவு), homme qui a renoncé au monde, religieux, ermite, anachorète, ascète: துறவிக்குவேந்தன்துரும்பு aux yeux d'un anachorète un roi n'est qu'un fétu de paille.

துறவு, 1° *n. v. de* துறக்கிறது, abandon, renoncement, — au monde, — à la vie conjugale (pour embrasser la vie solitaire), vie —, état d'anachorète. 2° P. திறவு: துறவுகோல், — குச்சி clef; — பூணுகிறது embrasser l'état d'anachorète; துறவொழுக்கம் état d'anachorète, conduite —, règle propre à cet état.

துறவோன், *pl.* துறவோர், V. துறவன்.

துறு, 1° pierre de fer ou qui contient du fer, nourriture, foule, troupe, presse, *ou* துறுகல் pierre pour couvrir ou boucher l'entrée d'un canal, d'un égout ou d'une écluse; — படை escadron ou bataillon serré, — épais. 2° *imp. et part. de* துறுகிறது. 3° *imp. de* துறுக்கிறது.

துறுகிறது, றினேன், றுவேன், று, ற, v n. துறுதல், n. v. être serré, pressé, à l'étroit, rempli, renfermé, manger, être mangé, அவன்சோறு [illegible] il est venu après avoir mangé (*litt.* le riz).

துறுக்கல், துறுக்குதல், *n.v. de*

துறுக்கிறது, றுக்கினேன், றுப்பே ன், று, றுக்க, *v.a. de* துறுகிறது, serrer, presser (dans un coffre...), enfoncer, fourrer, remplir, bourrer, gorger, — de nourriture, farcir, manger: [illegible] fourrer de la nourriture (dans la bouche d'un enfant).

துறுட்டி, petit cardamome. [*préc.*

துறுத்தல், துறுப்பு, *n. v. du verbe*

துறுபவம், (துறு), presse, étroitesse, foule, serrement, condensité.

துறுமல், துறுமுதல், boule, rondeur, compacité, *V.* துறுபவம், *n.v. et opt. de*

துறுமுகிறது, றினேன், றுவேன், மு, ம, *v.n. et a.* arrondir, s'arrondir, s'agglomérer, s'attrouper, être rond, pressé, condensé, à l'étroit.

துறுவல், துறுவுதல், *n.v. de* துறுவுகிறது, étroitesse, presse, foule, manducation.

துறுவு, nourriture, étroitesse, presse, *n v. imp. et part. de*

துறுவுகிறது, வினேன், வுவேன், வு, வ, *v.a. et n.* (துறுகிறது), être serré, pressé, à l'étroit, manger.

துறை, 1° port, rade, rivage, gué (dans une rivière...), place pour descendre dans un étang, lieu désigné, — pour s'arrêter, rendez-vous, rivière, fleuve, route, chemin, borne, limite, chose, science, une des 3 subdivisions des 5 espèces de vers, *V.* பாவினம், mode ou espèce de syllogisme par rapport aux propositions générales ou particulières, affirmatives ou négatives. 2° *P.* துறும். 2° *pers. nég. de* துறுகிறது: — [illegible] barques qui sont dans le port pour être chargées; — [illegible] raison ou marche propre aux poëmes érotiques ou héroïques; — நெருங்கிப்போ டிவருகிறது approcher vite du port, accourir au port; — [illegible] கிறது passer près du port sans y entrer: — பெயர்கிறது quitter le port; — பெய்கிறது faire baigner ou baigner dans un fleuve; — போகிறது, — போகுதல், — போதல் entrer dans le port, *i.e.* atteindre son but, — la fin, acquérir la perfection, apprendre parfaitement (une science); — [illegible] langage vulgaire, — trivial, mot intercalaire; — மாலை guirlande propre au genre de victoire qu'on a gagnée; — முகம் port, hâvre, entrée d'un port, débarcadère, embarcadère; — வல்லோர் savans; துறையிலேசேருகிறது arriver au port; துறையிலேயிடக்கிறது être —, rester dans le port.

துறைவன், (துறை rivage), chef —, prince d'un pays maritime ou riverain.

துறோட்டி, *P.* துரோட்டி.

துற், *P.* துர் devant க, ச, ப, *V.* துர் et ses composés.

*துற்கம், *P.* துருக்கம்.

*துற்கா, துற்கை, *V.* துருக்கா, துருக்கை. [திசம்.

*துற்பரிசம், துற்பரிசம். *V.* துர்ப்ப

துற்ற, 1° *part. parf. de* துறுகிறது. 2° *inf. de* துற்றுகிறது.

துற்றல், *n.v. de* துற்றுகிறது.

துற்று, 1° *gér. de* துறுகிறது. 2° *n. v. du même*, nourriture, riz cuit, étroitesse, presse. 3° *obl. de* துறு. 4° la pierre dite துறுகல். 5° *imp. et part. du suiv.*

துற்றுகிறது, ற்றினேன், ற்றுவேன், ற்று, ற்ற, 1° *v.a. de* துறுகிறது, manger, remplir, presser, fouler. 2° *v.n.* se remplir, se presser, s'amonceler, être pressé, serré, accumulé, se fermer.

துற்றுதல், *n.v. du préc.*

துற்றுமாற்று, (துற்று), chicane, துனுவி, poivre long. [fraude, ruse.

துனி, 1° * (dhouni). rivière, fleuve, 2° peur, crainte, indignation, colère, haine, aversion, bouderie, honte ou réserve entr'époux, affliction, malheur,maladie: —நாதம் la maitresse des fleuves, la mer.

துனியா,(arabe),pays,monde.

துனை, துனைவு, vitesse.

துன்,1° V. துர்,mal devant ம் et ந் changé en ன.2° imp.part. et n.v. de துன்னுகிறது, plein, serré, pressé, étroitesse.

துன்பம்,(துன்), malheur, affliction, vexation, chagrin, douleur, souffrance,peine, (le contraire d'இன்பம்): —உள்ள malheureux, affligé; துன்பப்படுகிறது s'affliger,être malheureux, souffrir; —ப்படுத்துகிறது rendre malheureux, affliger, vexer,persécuter.

துன்பு,P. துன்பம்: துன்புறுகிறது,(உறுகிறது), s'affliger,se tourmenter; துன்புறுக்கிறது affliger, tourmenter; துன்புறுவோன் homme affligé,malheureux qui s'afflige.

*துன்மதி,(துர்), mauvais esprit, —conseil, ignorance, stupidité, la 55me année du cycle indien correspondant à 1861.

*துன்மரணம், (id.), mauvaise mort,mort funeste.

*துன்மனம்,(id.), mauvaise volonté,mauvais esprit,tristesse, pensée triste.

*துன்மாதிரி,(id.),mauvais exemple,—modèle.

*துன்மாமிசம், துன்மாம்சம், (id.),chair—,viande corrompue, excroissance dans les plaies, certaine maladie.

*துன்மார்க்கம்,(id.),V. துர்மார்க்கம்.

*துன்மார்க்கன்,(id.),homme dépravé.pervers,impie.

துன்மிக்கிறது,P. துன்பிக்கிறது, s'affliger,être peiné.

*துன்முகன்,(துர்),être qui a le visage hideux,cheval, lion, Tounmouguen,géant de l'armée de Ravanen,un des principaux serpens, un des principaux singes.

*துன்முகி,fém.du préc. la 30e année du cycle indien,elle correspond à 1836 et 1896.

துன்மை,(துன்),mal,malheur.

துன்றல், துன்றுதல், étroitesse, presse n.v.de

துன்றுகிறது, ன்றினேன், ன்றுவேன், ன்று, ன்ற, v.n. se serrer, s'approcher, ou துன்றியிருக்கிறது, être pressé, serré l'un contre l'autre, épais,dense: திணர்ந் — devenir—, être gras,replet,corpulent.

துன்னம்,1°* (tounna),déchirure, coupure.2° (துன்னுகிறது), couture,suture:*துன்னநாயகன்,* துன்னவாயன்,(வாயம்),tailleur d'habit; —ப்போத்து buffle, — qui laboure ou déchire la terre, (vulgò), paresseux,nonchalent;*—சேவனி, (சேவனம்),suture du crâne.

துன்னர்,(துன்னம்),cordonniers, savetiers,ouvriers en peau, corroyeurs,tanneurs,tailleurs d'habits.

துன்னல்,n.v. de துன்னுகிறது, proximité,approche,couture.

துன்னலர், துன்னாதார், துன்னார், (துன்னுகிறது,அலன்,nég.), ennemis,ceux qui ne s'approchent pas.

*துன்னிமித்தம்,(துர், நிமித்தம்), mauvais augure.

துன்னிய, துன்னின, part. de துன்னுகிறது.

துன்னியார்,(துன்னிய),proches, voisins, amis.

*துன்னீதி,(துர், நீதி), injustice, mauvaise conduite.

துன்னீர்,(துர்,நீர்),mauvaise eau, salive,crachat.

துன்னு,chair,viande, dos, échine,presse,étroitesse,proximité,compression,saillie,n.v.imp et part.de

துன்னுகிறது, ன்னினேன், ன்னுவேன்,ன்னு,ன்ன,v.n. துன்னுதல்,n.v. approcher,se presser (l'un contre l'autre),se serrer,remplir, être plein,— en saillie, sortir par compression, coudre.

துன்னுநர், துன்னுனர், (துன்னு),proches,voisins,amis, V. துன்னர்.

துன்னூசி, (துன்னு, ஊசி), aiguille (de tailleur).

துன்னெறி,(துர்,நெறி), mauvaise voie,—conduite.

தூ,1° lettre syllabique composée de த் et de ஊ, toû. 2° pureté, propreté, blancheur, blanc, chair, haine,bâton,support,plume (d'oiseau).3° int.fi! cri ou mot pour faire arrêter les animaux. 4° *imp. et part. de* தூகிறது.

*தூகம்,(dhoûka),vent.

தூகிறது,தூயினேன்,தூவேன், தூ,தூவ,*v.a.*(தூவுகிறது), répandre,jeter çà et là, disperser, parsemer,joncher,semer: பூத்— répandre des fleurs.

தூக்கணம்,(தூக்கு),1° chose suspendue. 2° *ou* தூக்கணாங்குருவி,தூக்கணாங்குருவி, l'oiseau au nid suspendu, loxia philipina; il fait fort industrieusement son nid suspendu à une branche d'arbre: —குருவிக்கூடு nid de cet oiseau; — குருவிகுரங்குக்குப்புத்திசொன்னாற்போலே c'est comme si le loxia donnait des avis au singe, (de colère il déchirerait son nid), *i.e.* si un pauvre, bien que sage, donne des avis à un brutal puissant, il en sera la victime.

தூக்கம்,(தூக்கு,அம்),chose suspendue, tout ce qui pend, (comme rideau,voile...), tenture, draperies suspendues aux murs, bijou composé de pierres précieuses et de chaînes d'or ou de grains d'or suspendus, sorte de pendans d'oreilles,os, sommeil,assoupissement,langueur,lenteur, paresse, oubli, relâchement, abattement,flétrissure; —கலைந்தது *ou* கெட்டுப்போகிறது le sommeil être troublé ou dérangé; — தெளிகிறது le sommeil se dissiper, s'éveiller; இராத்திரி—கெட்டேன் j'ai passé la nuit sans dormir, j'ai mal dormi cette nuit; எனக்குத்— வந்தமட்டுகிறது le sommeil m'accable: தூக்கக்கலக்கம், — மயக்கம் assoupissement, envie de dormir. [தூ.

தூக்கல்,*opt. et n.v. de* தூக்குகிற

தூக்கி,*gér. et n. app. de* தூக்குகிறது,celui qui soulève,qui pend.

தூக்கிரி, (*télinga*), garde principal,—champêtre, - de village: — க்காவல் district d'un garde champêtre: —மேரா quantité de grain donnée dans l'aire au garde champêtre.

தூக்கிரும்பு,(தூக்கு,இரும்பு),crochet de fer,(pour suspendre quelque chose),crochet en fer du suspensoir dit செடிக்.

தூக்கு,1° chose qui pend (comme rideau...),tenture,draperie,franges,corde pour suspendre des vases, crochet ou croc (pour suspendre quelque chose), l'oiseau loxia ou தூக்கணாங்குருவி,balance, le signe de la Balance, poids, quart de துலாம்,pesanteur,examen,considération,action de peser,comparaison, hauteur, danse, stance, strophe de poésie,gourou, précepteur. 2° *n.v. imp. et part. de* தூக்குகிறது: — சீலை rideau; தூக்கிலேவைக்கிறது suspendre à un —,mettre au crochet; —நூல் plomb,fil-à- plomb; —ப்பரிசை, *V.* செந்தூக்கு; — மரணம் mort par la potence ou la corde, pendaison; —மரம் potence,gibet; —விளக்கு lustre,lampe suspendue.

தூக்குகிறது,*sync.* தூக்கிறது, க்கினேன்,க்குவேன்,க்கு,க்க,*v.a.* தூக்குதல்,*n.v.* pendre,suspendre, accrocher (à quelque chose), lever,soulever,élever,peser,considérer, examiner,aider: தூக்கிக்கொண்டுபோகிறது lever (un fardeau et l') emporter; — ப்பிடிக்கிறது lever et tenir (un malade); —ப்பிடிபடாபிணக்காடாகவெட்டுகிறேன் allons, gueux, lève et tiens moi et j'abattrai une forêt de cadavres (bravade ironique); —ப்போடுகிறது pendre, —au gibet, suspendre; — யெடுக்கிறது élever, dresser,enlever,emporter; — விடுகிறது relever quelqu'un, le prendre par la main,lever le fardeau de—, charger quelqu'un,aider quelqu'un à prendre son fardeau; — வினைசெய் agis après une mûre délibération; வைக்கிறது suspendre, pendre,mettre à la potence, lever et placer. [ce,peson.

தூக்குங்கோல்,(தூக்கும்),balan-

தூக்குணி,(தூக்கு,உணி), pendard,gibier de potence.

தூக்குண்கிறது, (*id.* உண்கிறது),être pendu,suspendu.

தூக்கும்,*part. fut. de* தூக்குகிற.

-பாலம் pont levis.

தூக்குவோன், n. app. du meme, celui qui pend, suspend... bourreau qui pend.

தூங்கணி, (தூங்கும், அணி), joyau composé de globules d'or et de pierres précieuses suspendues.

தூங்கமுஞ்சு, தூங்கமுட்டு, la racine dite கோரைக்கிழங்கு, i.e. racine de l'herbe médicinale cyperus juncifolius.

தூங்கலன், (தூங்கல்), paresseux, nonchalent, ou

தூங்கலாளி, (id.), dormeur.

தூங்கல், opt. et n.v. de தூங்குகிறது, mouvement, agitation, balancement, secousse, danse, sommeil, assoupissement, inertie, paresse, lâcheté, fainéant, pendre, suspension, remise, délai, abaissement, abattement d'esprit, relâchement, effusion, écoulement, son ou ton du வஞ்சிப்பா, l'animal qui marche en se balançant, i.e. l'éléphant: — ஆயிருக்கிறது sommeiller, être assoupi; — ஓசை ton cadencé, — propre au வஞ்சிப்பா; — வண்ணம் méthode —, chant du வஞ்சிப்பா, s'exercer à ce chant.

தூங்காமை, n.v. nég. de தூங்குகிறது, veille, insomnie, vigilance, c'est une des 3 qualités des rois.

தூங்கி, gér. et n. app. de தூங்குகிறது, parasite.

தூங்கிசை, (தூங்கு, இசை), vers du genre dit நிரைவொன்றாசிரியத்தளை, i.e. composé de doubles brèves, une des 3 sortes d'harmonie dans les vers, (les 2 autres sont எந்திசை, ஒழுகிசை): — ச்செப்பல், vembâ composé de pieds dits இயற்சீர் avec la connexion dite வெண்டளை: — த்துள்ளல் un des airs ou tons du கலிப்பா: — வகவல் agavel composé de doubles brèves.

தூங்கு, imp. et part. du suiv. qui pend, suspendu: — மஞ்சம் lit suspendu, hamac; — மூஞ்சி dormeur.

தூங்குகிறது, sync. தூங்கிறது, கி னேன், குவேன், கு, க, v.n. de தூக்குகிறது, தூங்குதல், n.v. pendre, être suspendu, pendu, pendiller, se balancer, se remuer, dormir, sommeiller, être assoupi, lent, paresseux, défaillir, se faner, se flétrir, se répandre, découler: தூங்கிவிழுகிறது sommeiller, être assoupi; — விழுகிறது tomber de sommeil. [சலி.

தூசங்கொள்ளல், espèce de கிந்நிர

*தூசரம், (dhoûsara), couleur grise, blanchâtre. [chand d'huile.

*தூசரன், (id.), faiseur —, mar-

தூசர், (தூசு), blanchisseurs.

தூசாக்குகிறது, (id.), nettoyer, laver, blanchir.

தூசி, poudre, poussière, cheval, avant-garde, détachement, division d'armée, ordre de bataille, bataille, (tout cela fait voler la poussière); — தாங்கி rideau, toile mise (sur les habits...), pour préserver de la poussière: — படிந்திருக்கிறது la poussière être tombée, être tout couvert de poussière: — படுகிறது devenir poudreux, se couvrir de poussière: — ப்படை avant-garde; — யாகிறது se changer —, s'en aller en poussière: — யாயிருக்கிறவிடம், place couverte de poussière, தூசியின்முதனாள் la veille de la bataille. [seille.

தூசிகம், la plante புளியாரை, o-

*தூசியம், (doûsya), tente, pavillon.

தூசு, 1° la 14me constellation lunaire dite சித்திரை, toile, habit, sangle d'éléphant. 2° P. தூய்மை, propreté, netteté. 3° P. தூசி, poussière, corps d'armée, détachement: — தாங்கி, V. தூசிதாங்கி.

தூசுப்பு, தூசுப்பு, l'arbrisseau தூண்ணிச்சிட்டான்.

*தூஷகன், (doûchaka), calomniateur, blasphémateur, détracteur.

*தூஷணம், (doûchana), injure, outrage, calomnie, blasphème, mépris, impertinence, faute, offense, perte, dommage, corruption, violation: — சொல்லுகிறது dire des injures, injurier, insulter, blasphémer; தூஷணாதிக்காரம் réfutation des injures; — ப்பேச்சு, — வார்த்தை injures, langage —, mot injurieux.

* தூஷணன், (id.), l'insolent, le calomniateur, Douchanen, un des frères de Râvanen.

தூஷணாரி, (தூஷணன், அரி), l'ennemi de Douchanen, i.e. Râmen.

தூஷணிக்கிறது, ணித்தேன், ணிப்பேன், ணி, ணிக்க, v.a. (தூஷணம்), injurier, insulter, calomnier, mépriser. [du préc. injure, insulte.

தூஷணித்தல், தூஷணிப்பு, n.v.

* தூஷணை, P. தூஷணம்.

* தூஷி. தூஷிகை, (doûchi, kâ), chassie (des yeux).

தூஷிக்கிறது, ஷித்தேன், ஷிப்பேன், ஷி, ஷிக்க, v.a. et தூஷித்தல் ou தூஷிப்பு, n.v. (தூஷணம்), V. தூஷணிக்கிறது...

* தூஷிதம், (doûchita), calomnie, injure, accusation.

* தூஷிதை, (id.), fille violée.

* தூஸிதம், V. தூத்தம்.

* தூடணம், V. தூஷணம்.

தூடிக்கிறது, தூடித்தல், P. தூ

தூட்டி, toile, habit, [ஷிக்கிறது.

தூட்டிகம், la plante தும்பை.

* தூணம், 1° (toûnâ), carquois. 2° (sthoûnâ), pilier, colonne. 3° haine. V. தூக்கணம்.

* தூணி. 1° (toûni), carquois, celui qui a un carquois. 2° mesure de 4 மரக்கால் ou குறுணி, (sa marque est தூ); — க்குறுணி 5 maracals; — பதக்கு 6 maracals; — முக்குறுணி 7 maracals; இருதூணி 8 maracals; இருதூணிக்குறுணி 9 maracals; இருதூணிப்பதக்கு 10 maracals; இருதூணிமுக்குறுணி 11 maracals.

தூணிகர், marchands.

தூணிக்கிறது, ணித்தேன், ணிப்பேன், ணி, ணிக்க, v.n. (தூணி), grossir. [préc. grosseur

தூணித்தல், தூணிப்பு, n. v. du

தூணிமங்கம், gomme du figuier அத்தி.

* தூணீரம், (toûnira), carquois

* தூண், (sthoûnâ), colonne, support, appui, bâton (pour s'appuyer...).

தூண்டல், opt. et n.v. de தூண்டுகிறது, incitation, stimulation, direction, aiguillon.

தூண்டா, தூண்டாத, part. nég. du même: தூண்டாவிளக்கு lampe qui n'a pas besoin d'être mouchée, qui brûle d'elle-même.

தூண்டி, gér. du même.

தூண்டில், 1° (தூண்டு, இல்), hameçon, ligne (pour prendre le poisson), aiguillon, croc de cornac. 2° condit. de தூண்டுகிறது, si on excite: தூண்டில்விழப்பட்டமீன் poisson pris à l'hameçon; தூண்டிலிலிரைகோத்துப்போடுகிறது mettre l'amorce à l'hameçon; — போடுகிறது, lancer la ligne, pêcher à la ligne; தூண்டில்முள் hameçon, crochet de l'hameçon; தூண்டிற்காரன் pêcheur à la ligne; — காரனுக்குமிதப்பின்மேற்கண் le pêcheur a toujours l'œil sur le liége de sa ligne, i.e. on ne doit pas perdre de vue ce qui demande attention; — கோல் baguette ou perche de la ligne.

தூண்டு, imp. part et n.v. du suiv. stimulation, excitation, effort: — குச்சி, — கோல் brochette —, buchette pour pousser ou arranger la mèche d'une lampe ou d'une torche, aiguillon, instigateur, moteur; ஒருத்தனுக்குத் தூண்டுகோலிடுகிறது exciter —, aiguillonner quelqu'un.

தூண்டுகிறது, டினேன், டுவேன், டு, ட, v.a தூண்டுதல், n. v. ou தூண்டிவிடுகிறது, exciter, animer, engager, exhorter, suggérer, insinuer, émouvoir, pousser, susciter, irriter, faire souvenir, — marcher, diriger, aiguillonner, éperonner, attiser le feu, moucher, arranger la mèche d'une lampe, la tirer ou la pousser: விளக்கைத் — moucher la lampe, en arranger la mèche; தூண்டிக்கேட்டுகிறது réprimander, blâmer, censurer, reprocher; — க்கேட்டாதே ne censure pas les autres; ஒருவன்செய்ததையவனுக்குத் — க்கேட்டுகிறது reprocher à quelqu'un ce qu'il a fait; சிநேகமேற் சிறது suggérer, insinuer; அறிவைத் — க்கொடுக்கிறது donner de l'esprit, éclairer, instruire.

*தூதகம், (toûtaka), vitriol bleu.

*தூதம், (dhoûta), mouvement, agitation, mépris, reproche, chose rejetée, — de rebut.

*தூதர், pl. de தூதன்.

தூதல், n.v. de தூதிறது.

தூதளை, P. தூதுளை.

*தூதனம், bambou.

*தூதன், (doûta), pl. தூதர், தூதர்கள், envoyé, messager, courrier, ambassadeur, conciliateur, entremetteur, espion, புதன் ou Mercure prétendu messager des dieux, (ou plutôt தேவதூதன்) ange.

தூதாயீ, (en hébreu doûdaim), ou தூதாயீஞ்செடி mandragore.

தூதாள், pl. தூதாட்கள், தூதாக்கள், (தூது, ஆள்), V. தூதன்.

*தூதி, தூதிகை, (doûti, kâ), messagère, ambassadrice, confidente, entremetteuse, une des dents venimeuses des serpens (la messagère de mort).

தூது, (தூதன்), message, — de conciliation, ambassade, envoi, commission, message d'amour, — de libertinage, office d'entremetteur, le 75me des பிரபந்தம், poème dans lequel on décrit le message que s'envoyent des amans par le moyen d'un ménétrier, d'un perroquet, d'un cygne ou autre oiseau, petite pierre, haine: — அனுப்புகிறது, — விடுகிறது envoyer un message, un entremetteur; — சொல்லுகிறது, — நடத்துகிறது, — போகிறது porter —, accomplir un message, faire une commission, servir d'entremetteur.

தூதுணம், தூதுணம்புறவை, தூதுணி, (தூது, உண்கிறது), l'oiseau qui avale de petites pierres, pigeon, colombe, le loxia ou தூக்குணாங்குருவி.

தூதுணை, V. தூதுளை

தூதுவன், m. (தூது), messager, entremetteur, புதன் ou Mercure prétendu messager des dieux.

தூதுவள், f. de தூதுவன் messagère, entremetteuse.

தூதுவளை, P. தூதுளை, l'arbrisseau solanum trilobatum, espèce de morelle; l'*adj. est* தூதுளம்: தூதுளங்காய், — பழம், — வற்றல் baie verte —, baie mûre —, baie sèche de cet arbrisseau.

தூதை, 1° petite cruche, marteau. 2° (dyoûta *jeu*), gageure au jeu.

*தூஸ்தம், (toûsta), poussière, atome, péché, chevelure tressée.

*தூத்தியம், (doûtya), message, ambassade, nouvelle.

தூத்துக்குடி, Tutucorin, ville sur la côte de la pêcherie dans le district de Tinnévelly.

*தூபம், (dhoûpa), encens, fumée, — odoriférante, — de résines odoriférantes: — காட்டுகிறது, — கொடுக்கிறது encenser, offrir —, brûler de l'encens, parfumer à la fumée de l'encens: தூபக்கலசம், — க்கால், — க்கிண்ணி, — முட்டி encensoir, cassolette; — தீபங்காட்டல் offrande d'encens et de lumières; — வருக்கம், — வர்க்கம் parfums divers, diverses résines odoriférantes; — வர்க்கம் போடுகிறது mettre —, brûler des parfums dans une cassolette; — விருக்ஷம் l'arbre à la résine odoriférante, espèce de pin.

*தூபரம், (toûvara), animal (naturellement) sans corne.

*தூபனம், (தூபம், na), encens, résine, — odoriférante.

*தூபாயிதம், (dhoûpâyita), mort dans le feu. [offrande d'encens.

*தூபாராதனை, (*id.* ஆராதனை),

தூபி, cime de montagne, sommet de châsse ou de char d'idole, tour de pagode, faite (de maison...): — ப் பிரதிஷ்டை mettre le faîte ou la cime (d'une tour...), en faire la dédicace.

தூபிகை, 1° (தூபி, kâ), sommet —, tour de temple, coupole. 2° * (தூபம், ikâ), fumée.

*தூபிதம், (தூபம், ita), chaleur, douleur causée par une brûlure ou par la chaleur, mort dans le feu.

*தூமம், 1° (dhoûma), fumée, vapeur. 2° four, — à potier, la plante

புகைநிறமான: தூமகம்பம், —ஸ்தம்பம் colonne de fumée, sorte de phénoméne; —க்ஷாரம் l'arsenic துத்தபாஷாணம்; —கேதனன் le feu, le nœud descendant de la lune; — கேது feu, le prétendu dieu du feu, comète, étoile tombante ou filante, கேது ou le nœud descendant de la lune, cruauté, violence; —சங்கதி nuage ou amas de fumée; — த்துவசன் celui qui a la fumée pour enseigne, le feu; —ப்பிரபை, —ப்பிரவை la région de la fumée, une des 7 divisions de l'enfer des Indous; —யோனி nuage (formé de fumée ou de vapeur), —பதம், —ரந்திரம், — த்துவாரம், தூமாயனம் (அயனம்), cheminée; —ரந்திரசம்மார்ச்சகன் ramoneur.

*தூமலம், 1° (dhoûmala), couleur de pourpre, rouge foncé. 2° (தூ), péché, souillure. [joux.

தூமான், siége, chaise, boite à bi-

*தூமிகை, (தூமம், ikà), vapeur, brouillard. [fumée.

*தூமியம், தூமியை, (dhoûmyâ),

*தூமிரகம், (தூமிரம், ka), chameau. [—, pourpre, péché.

*தூமிரம், (dhoûmra), couleur de

*தூமிராபம், (dhoûmrâbha), air, vent.

தூமை, (தூ), pureté, blancheur, (et par antilogie), menstrues, règles des femmes.

*தூமோருணை, (தூமம், oùrnà *laine*), Dhoûmornâ femme de Yamen, laquelle est de couleur de fumée et a la tète laineuse, *d'ou*

*தூமோருணாபதி, le mari de Dhoûmornâ, *i.e.* Yamen.

தூம், (*télinga*), mesure: குப்பத்தூம் portion de terre libre d'impôt; செட்டித்தூம் portion du produit d'un champ donnée au chef du village.

தூம்பல், la plante சுரை, courge.

*தூம்பிரம், (dhoùmra), couleur de—, pourpre: தூம்பிரகருப்பம் l'arsenic துத்தபாஷாணம்.

*தூம்பிராஷ்டகம், (தூம்பிரம், அஷ்டகம்), sorte de pilule, probablement rouge et composée de 8 ingrédiens.

தூம்பு, chemin étroit et difficile, chemin, route, porte, écluse, bonde —, porte d'écluse, —d'étang, canal, égout, évier, tuyau, tube, bambou, la mesure dite மரக்கால், plomb: —வாய் bonde d'écluse.

தூம்பை, தூம்பா, (*du français* tombe), bière (pour mettre les morts).

தூய, 1° *adj. de* தூய்மை, pur, propre, net. 2° *inf. de* தூகிறது: —சேறு onguent —, parfum suave; — மணி pierre précieuse sans tache; —வெள்ளை blancheur sans tache; — தவர் saints pénitens; —வுடம்புடைமை, —வுடம்பினையுறுதல் avoir un corps pur ou spirituel, ce qui est un des எண்குணம்.

தூயவன், *m.* தூயவள், *f.* தூயது, *n.* தூயவர், *pl.* தூயவை, *n.pl.* (தூய), homme—, femme—, chose pure: தூயவர் gens purs, les sages, les anachorètes.

தூயன், *m.* தூயள், *f.* தூயர், *pl.* (தூய்), homme—, femme —, gens purs. [re, la blanche Sarasvadi.

தூயாள், (தூய், ஆள்), femme pu-

தூயி, தூயின, *gér. et part. de* தூகிறது.

தூயோர், (தூய்), gens purs, les bons, les anachorètes, les sages.

தூய், *adj. de* தூய்மை, pur, net, blanc: —வெள்ளை blancheur pure, sans tache.

தூய்தன்மை, 1° (தூய்), état pur. 2° *ou* (தூய்து, அன்மை), *ou* தூய்தல்லாமை impureté, saleté, malpropreté.

தூய்சு, தூய்து, (தூய்), ce qui est pur, net: தூய்தாக்குகிறது purifier, nettoyer, raccommoder.

தூய்மை, (தூ), pureté, netteté, propreté.

தூய்வர், (தூய்), *V.* தூயோர்.

தூர, 1° *adj. de* தூரம். 2° *inf. de* தூருகிறது. [de, vitesse.

*தூரணம், (*toûrnâ*), promptitu-

*தூரணி, (toûrni), vitesse, vélocité, excrément, esprit, volonté.

*தூரதை,(தூரம், தா), distance, éloignement. [ஊமத்தை.

*தூரத்தம், (dhoûrta), la plante

தூரத்தான், (தூரம்), étranger, homme venu de loin ou qui est loin qui n'a pas de parenté ou d'affinité avec un autre.

*தூரம்,1° (doùra),grande—,distance,éloignement, lointain, différence,étendue, dehors. 2° (toùra), instrument de musique. 3° (dhoùrta);la plante ஊமத்தை: அதுக்குமி துக்குமெத்தனை — quelle distance ya-t-il d'ici là? வெகு— très loin, une grande distance: உனக்குமெனக் குத் — il y a de la distance ou de la différence de toi à moi, je n'ai rien à démêler avec toi;— ஆயிருக்கிறது être loin,—éloigné;வீட்டுக்குத்— ஆயிருக்கிறது être loin de la maison,une femme avoir ses règles et être mise à l'écart de la maison et des affaires domestiques;ஒருத்தனுக்குத் —ஆய்ப்போகிறது s'éloigner de quelqu'un ou perdre ses bonnes grâces; தூர éloigné,loin,loin d'ici; — உறவு parentééloignée;—ஞானி qui connait l'avenir; —காரியம் effet différent de sa cause,divergence de l'effet à lacause: — சூலை obstruction des règles,maladie arthritique qui vient aux femmes dans leurs règles; — ஸ்திரீ femme qui a ses règles et est mise à l'écart de la maison et du ménage (dans les usages indous): — திருசனம் prévoyance,prescience, prophétie;—தரிசி être qui voit de loin, prophète,savant,vautour;—திருஷ்டி, -திட்டி,- திருஷ்டி vue longue, voir de loin,prescience,prévoyance, personne qui voit ou prévoit de loin,l'arsenic அஞ்சனபாஷாணம்; —திருஷ்டியாய்ப்பார்க்கிறது apercevoir —,voir ou prévoir de loin, prévoir l'avenir; — திருஷ்டியுள்ளவன் homme prévoyant, qui connait de loin ou d'avance; — திருஷ்டிக்கண்ணாடி télescope, lunette d'approche;—நிற்கிறது s'arrêter —, se tenir loin,—à quelque distance;— நில்லு,reste au loin, n'approche pas;—ப்படுத்துகிறது éloigner;— ப்படுகிறது s'éloigner;—மானம் longimétrie—வஸ்திரகம்(வஸ்திரம்),nudité;—வாசி homme qui habite au loin;தூரத்திலிருந்துவருகிறது venir de loin; தூரத்திலேதெரிகிறது paraitre dans le lointain, connaitre de loin;தூரத்திலேபோகிறது aller loin, s'éloigner.

தூரல், opt. et n.v.de தூருகிறது, être plein, remplissage, affliction, peine.

*தூராதூரம், (தூரம், répété), grande distance, très-loin.

*தூரி, (தூலி), brosse ou pinceau (de peintre), petit coquillage, coquille de moules, cauris, grand filet:— க்காசு cauris, coquillage qui sert de cache ou de liard et d'instrument de jeu; — க்கோல் pinceau (pour peindre les tableaux ou les toiles...);— வலை grand filet.

*தூரிகை, தூரிகைக்கோல், (தூரி,கா),pinceau,— de poils ou brosse pour peindre, roseau de bambou qui sert à peindre les toiles ou chites: தூரிகைபிடித்தவன் celui qui a pris le pinceau, le peintre; தூரிகையாலெழுதுகிறது peindre; tracer avec un pinceau.

தூரியம், 1° * (toûrya), instrument de musique, tambour, — de fête, — de réjouissance, gros tambour dit முரசு.2° (தூரம்), arme,— qu'on lance, trait, dard, javelot, lance.3° (தூரி),pinceau (pour peindre), 4° (துரியம்), bœuf, bel habit; தூரியக்கோல் pinceau;* — க்கட்டம் instrument de musique.

*தூரியன், 1° (தூரம்), homme éloigné.2° (toûrya), Dieu, l'être divin,l'Esprit universel.

தூருகிறது ou தூர்கிறது, [illegible] ou [illegible], ந ou க,ர, v. n. தூருதல், n. v. se remplir, être rempli, comblé, arriver au niveau, ou தூர்த்துப்போகிறது se combler (un puits, une fosse),se boucher.[ம்.

தூரேசு, la plante கம்புத்திருகு

தூர்ரோணம், la plante கவிழ்துமிபை.

தூர், 1° *n.v.imp. et part. de* தூர்கிறது *et de* தூர்க்கிறது, ce qui remplit ou obstrue, vase etc... à curer, accumulation de boue, de pots cassés et de sédiment au fond d'un puits, boue, sédiment, pied—, fond d'un vase (en dehors), racine:—எடுக்கிறது. — வாருகிறது curer (un puits...).

தூர்கிறது, *V.* தூருகிறது.

தூர்க்கிறது, ர்த்தேன், ர்ப்பேன், ர், ர்க்க, *v.a. de* தூர்கிறது, remplir, combler, obstruer, balayer, rassembler: கிணற்றைத்தூர்த்தால் வயிற்றைத்தூர்க்கும் si on comble un puits, on obstrue le ventre (et on expose à mourir de faim); கடலைத் தூர்க்காரியமுடியாது l'entreprise de combler la mer est interminable (ainsi en est il de...).

தூர்க்கை, 1° *n.v.de* தூர்க்கிறது. 2° la 11ème constellation lunaire dite [பூரம்.

தூர்தல், *n.v.de* தூர்கிறது.

'தூர்த்தம், (dhoûrta), rouille, limaille de fer, libertinage, impudicité. [தூர்க்கிறது.

தூர்த்தல், **தூர்த்து**, *n.v.et gér.de*

'தூர்த்தன். *pl.* தூர்க்தர், (doûrta, débauché, libertin, vaurien, trompeur, fripon, coquin, joueur de profession: தூர்த்தத்தனம் libertinage, débauche, impudicité; —லக்ஷணம் signe —, appareil d'impudicité, coquetterie, lasciveté, séduction; —வியாபாரம் commerce impur, conduite libertine, — débauchée.

***தூர்த்தை**, *fém.du préc.* femme débauchée, adultère, libertine, trompeuse. [plissage, balayage.

தூர்ப்பு, *n.v.de* தூர்க்கிறது, rem-

தூர்மம், la plante தேன்க்கொடுக்கை. [transport, bête de charge.

'தூர்வகம், (dhoûrvaha), portage,

***தூர்வாசம்**, (துருவாசன்), légende de Dourvasen, un des 18 pouranas inférieurs.

***தூர்வாசன்**, *V.* துருவாசன்.

தூர்வு, *V.* தூர்ப்பு.

***தூர்வை**, 1° (doûrbâ), chiendent. 2° (தூர்கிறது), bois mort, branches ou feuilles sèches, ce qui remplit, boue, vase, accumulation de sédiment et de pots cassés au fond d'un puits, terrain aplani et nivelé.

தூர்று, l'herbe முசற்புல்.

'தூலகம், 1° (தூலம், ka), cotonnier, coton. 2° (dhoûlaka) poison.

***தூலம்**, 1° (toûla), coton, le cotonnier பருத்தி, l'arbre à coton dit இலவு, air, atmosphère, mûrier indien. 2° *P.* தூலகம் poison. 3° poutre de maison, l'herbe கோரை, la plante நீர்முள்ளி. 4° *V.* ஸ்தூலம் *et ses composés.* தூலகார்முகம், —சாபம், —தனு arc employé à battre et nettoyer le coton; —க்கட்டைவீடு maison à poutres (ou à traverses sous le toit; — சேசனம் filature du coton; —நாளம் rouleau de coton (pour être filé); — பிசு coton.

***தூலன்**, *P.* ஸ்தூலன்.

***தூலாசம்**, (doûlâsa), arc.

***தூலி**, 1° (toûli), pinceau. 2° *f.de* தூலன், femme corpulente.

***தூலிகை**, (தூலி, kâ), pinceau, matelas, mèche de lampe.

தூலிக்கிறது, *P.* ஸ்தூலிக்கிறது.

தூலித்தல், **தூலிப்பு**, *n.v.du préc.* *V.* ஸ்தூலித்தல். [nier soyeux இலவு.

***தூலினி**, (தூலம், ini), le coton-

தூவத்தி, épée.

***தூவரம**, (toûvara), bœuf, — sans cornes, tête chauve, âcreté, goût astringent. [sans barbe.

***தூவரன**, (*id.*), eunuque, homme

தூவல், *opt. et n.v.de* தூவுகிறது, effusion, aspersion, pleuvoir, goutte de—, pluie, —fine, — poussée par le vent, bruine, plume de flèche, — à écrire, pinceau, pousse, rejeton:—மழை bruine, pluie fine; தூவற்பயிர் céréales clair-semées, — de semence semée à la volée. [வுகிறது.

தூவா, **தூவாத**, *part.nég.de* தூ

தூவானம், (தூ, வானம்), pluie qui fouette, — poussée par le vent (à travers les portes et fenêtres...), bruine: — அடிக்கிறது, — இறைக்கிறது, — வீசுகிறது la pluie fouetter, — être ainsi poussée; மழைவிட்டுந் — விடவில்லை quoique la pluie ait cessé, il bruine encore, il y a quelque reste de la querelle passée.

தூவி, 1° gér. de தூவுகிறது. 2° plumes ou duvet d'oiseaux, plume de cygne, queue de paon, nageoire (de poisson): — சயனம், — மெத்தை, couette, lit de plumes.

தூவு, 1° chair, viande, nourriture. 2° imp. part. et n.v. du suiv. aspersion, effusion.

தூவுகிறது, வினேன், வுவேன், வு, வ, v. a. (தூவுகிறது), asperger, répandre, saupoudrer: தூவிக்கொடுக்கிறது asperger, donner peu, chichement; — விடுகிறது divulguer, répandre des bruits; — தூவும்விதை semence qu'on sème ou à semer.

தூவுகை, தூவுதல், n.v. du préc. effusion, aspersion. [sière.

தூளம், தூளனம், (தூள்), pous-

*தூளி, 1° (dhoûli), poussière, poudre, pollen de fleur. 2° hennissement de cheval. 3° imp. de தூளிக்கிறது: — குட்டிமம், — கோபுரம் rempart, retranchement en terre; — த்துவசன் le vent qui a pour signe ou pour enseigne la poussière; — படலம் nuage de poussière; — மட்டம் rase terre, niveau de la terre; — மெத்தை matelas grossier.

தூளிக்கிறது, தூளித்தல், தூளிப்பு, V. விதூளிக்கிறது...

*தூளிதம், (தூளி, ta), poussière, poudre, cendres, chose dont on se frotte.

தூள், (தூளி), poussière, poudre, pollen des fleurs: — ஆகப்பொடிபண்ணுகிறது, — ஆக்குகிறது, — ஆக்கிப்போடுகிறது pulvériser, réduire en poudre; — ஆயிடிக்கிறது réduire en poudre (en pilant ou broyant; — ஆய்ப்போகிறது s'en aller en poussière, se réduire en poudre; — எழும்புகிறது, — கிளம்புகிறது la poussière s'élever: — எழுப்புகிறது faire voler la poussière.

தூறல், opt. et n.v. de தூறுகிறது, diffamation, pleuvoir, goutte de—, pluie, — légère, — fine.

தூறவம், l'arbre நாவல்.

தூறன், P. தூர்த்தன்.

தூறி, gér. et n.app. de தூறுகிறது: ஆறுதூறி diffamateur, médisant, calomniateur, prodigue, extravagant.

தூறு, 1° imp. et part. de தூறுகிறது. 2° gén. தூற்றின், buisson, touffe de buissons, broussailles, hallier, bosquet, bois taillis, foule, diffamation, médisance, calomnie, rumeur, mauvais bruit, la plante நிரம், safran, cheveux hérissés, frisés ou emmêlés, V. திறும்பல்: தூறாக்குகிறது divulguer, diffamer, médire, calomnier; தூறாய்ப்போயிற்று c'est notoire, — devenu un bruit public; தூறுதலை tête hérissée comme un buisson; — தலைச்சி femme dont les cheveux sont hérissés; — தலையன், — தலைவன் l'arbrisseau பிரம்; — படுகிறது être diffamé, calomnié, dispersé; — பட்டவன் homme décrié, diffamé; — பண்ணுகிறது, — படுத்துகிறது diffamer, décrier, médire, calomnier; — புட்பம், — புஷ்பம் la plante சித்தி; — பேசுகிறது médire, diffamer; — மாறு trouble, désordre, faute; — வாயன் mauvaise langue, médisant, diffamateur; தூறுக்காளாகிறது, தூற்றுக்காளாகிறது être exposé à être divulgué, — à être diffamé, être en butte à la médisance: ஆறுகொண்டது பாதி தூறுகொண்டதுபாதி la rivière en a emporté une moitié et les buissons l'autre, i.e. tout été dissipé en vain.

தூறுகிறது, றினேன், றுவேன், று, ற, v.a.et n. தூறுதல், bruiner, pleuvoir légèrement, pousser, — des rameaux, — des branches, se répandre, se disperser, être diffamé ou calomnié, diffamer, calomnier, murmurer contre, disperser, répandre, divulguer, semer des bruits: தூறிக்கொள்ளுகிறது se blâmer, se critiquer soi-même: தூறின மயிர் cheveux touffus, hérissés comme un buisson.

தூறுட்டி, P. துறுட்டி.

தூற்றல், opt. et n. v. de தூற்றுகி றது, bruine, petite pluie, diffamation, médisance, blâme, prodigalité, dispersion, dissipation, vanner...

தூற்றா, தூற்றாத, part. nég. de தூற்றுகிறது: தூற்றாநெல், — ப்பொலி riz non vanné, (mais battu).

தூற்றூரி, (தூற்று, ஊரி), prodigue, dissipateur, dépensier: — த்தனம் prodigalité.

தூற்றி, gér. et n. app. de தூற்றுகி றது: அலர்தூற்றி diffamateur.

தூற்று, 1° imp. part. et n. v de தூற்றுகிறது, diffamation, médisance, calomnie, blâme, reproche. 2° obl. de தூறு: — க்காடு bosquet, taillis, broussailles, buissons épais; — க்குடி, V. தூற்றுக்குடி: — க்கூடை van, corbeille pour vanner; — த்செடி l'arbrisseau கிராம்; — வாம் côté du vent, — d'où vient le vent en vannant.

தூற்றுகிறது, தூற்றினேன், தூற்றுவேன், தூற்று, தூற, v. a. de தூறுகிறது et தூற்றிப்போடுகிறது, — விடுகிறது, vanner (le blé...), blâmer, gronder, censurer, diffamer, médire, calomnier, répandre, disperser, dissiper, prodiguer, faire hérisser, bruiner: தூற்றுங்கூடை van à vanner. [prèc. V. தூற்றல்.

தூற்றுவை, தூற்றுதல், n. v. du தூற்றுமைக்கொற்றான், தூற்றுவரம்க்கொற்றான், sorte de plante rampante. [றது, vanneurs.

தூற்றுவார், n. app. de தூற்றுகி

*தூனம், 1° (dhoûna), souffrance de la chaleur, mort dans le feu. 2° (doûna), peine, fatigue, ou

*தூனனம், (dhoûnana), agitation, mouvement. V. அசைதல்.

தெ, lettre syllabique composée de த் et de எ.

தெமிடி, espèce de jeu.

தெமிட்டு, P. தெவிட்டு. [று.

தெமிட்டுகிறது, P. தெவிட்டுகிற

தெமிள், sorte de plante rampante. [விட்டல், தெவிட்டுகிறது.

தெருட்டல், தெருட்டுகிறது, P. தெ

தெருட்டி, தெருட்டிகை, la plante தெட்கொடுக்கி.

தெருப்பூச்சி, puce.

தெகுளம், தெகுளல், தெகுளுதல், n. v. du suiv. plénitude, abondance.

தெகுளுகிறது ou தெகுள்கிறது, குளுடேன், குளுவேன் ou குள்வேன், குளு ou குள், குள, v. n. se remplir, être plein, augmenter, abonder.

*தெக்கணம், P. தக்ஷிணம், le sud: தெக்கணமுனை le cap sud, le cap Comorin.

தெக்கிறது, தெத்தேன், தெப்பேன், தெ, தெக்க, v. a. ou தெத்துக்கொள்ளுகிறது, adopter.

தெங்கங்காய், (தெங்கு, அம், காய்), coco, fruit du cocotier.

தெங்கணம், le Dékan, ou sud de la presqu'île, un des 56 pays de la géographie indienne.

தெங்கந்தீவு, (தெங்கு, அம்), l'île aux cocotiers, la 6me des îles fabuleuses des Indiens.

தெங்கு, 1° ou தென்னமரம், cocotier, cocos nucifera; l'adj. est தெங்கம்: தெங்கங்காய் et par contraction தேங்காய் coco. 2° V. தெங்கந்தீவு.

*தெசம், P. தசம், dix. [மா.

தெசலம், le manguier doux தே

தெசவம், manguier. [பை.

தெசனி, safran, V. பெருங்குரும்

*தெட்சகன், (dakchaka), libérateur, sauveur, homme habile.

*தெட்சணம், P. தக்ஷிணம்.

*தெட்சணை, P. தக்ஷிணை.

*தெட்சணாமூர்த்தி, V. தக்ஷிணாமூர்த்தி. [த்தம்.

*தெட்சணாவர்த்தம். V. தக்ஷிணாவர்

*தெட்சிணை, P. தக்ஷிணை.

*தெட்சிணம், P. தக்ஷிணம்.

தெட்ட, inf. de தெட்டுகிறது et தெட்டத்தெளிய, très-clairement.

தெட்டல், opt et n. v. du même, déception, tromperie, usurpation.

தெட்டு, 1° imp. part et n. v. de தெட்டுகிறது, tromperie, ruse, fraude. 2° mur de séparation entre des éléphans (destinés à des combats simulés...): தெட்டிவசப்பட்டு ou தெட்டிச்குள்ப்பட்டுப்போகிறது être trompé, dupé.

தெட்டுகிறது, ட்டினேன், ட்டுவேன், ட்டு, ட்ட, *v.a.* தெட்டுதல், *n.v. ou* தெட்டிப்போடுகிறது, tromper, duper, enjôler: தெட்டிக்கொண்டுவருகிறது avoir coutume de tromper.

தெட்பம், 1° maturité. 2° (தெள்), clarté.

தெண், *P.* தெள், clair, transparent.

*தெண்டம், *P.* தண்டம்.

*தெண்டனை, *P.* தண்டனை.

தெண்டன், *P.* தண்டன்.

தெண்டி, *P.* தண்டி.

தெண்டிக்கிறது, தெண்டிப்பு, *P.* தண்டிக்கிறது, தண்டிப்பு.

தெண்டிமை, (தெண்டிக்கிறது), effort.

தெண்டிரை, (தெள், திரை), mer claire, ondes—, flots limpides.

தெண்டு, *P.* தண்டு.

தெண்டுகிறது, டினேன், டுவேன், டு, ட, *v.n.* தெண்டுதல், *n.v.* se serrer, être pressé, foulé.

தெண்டை, *n.v. du préc.* presse, embarras, gêne.

தெண்ணீர், (தெள், நீர்), eau claire.

தெண்மை, (*id.* மை), clarté, transparence.

தெத்தம், *P.* தத்தம்.

தெத்து, 1° haie de ronces, d'épines ou de bambous, guichet, petite porte, lignes de retranchement, vergue, antenne. 2° *gér. de* தெக்கிறது. 3° *imp. et part. de* தெத்துகிறது: தெத்தடைக்கிறது, —போடுகிறது enclore d'une haie de ronces ou de bambous (une ville...), enclore un camp (de retranchemens...), se retrancher; —க்காரன், —க்காவற்காரன் gardien de haie, garde de retranchement; —க்காவல் garde de haie, —de retranchement; —வாசல் porte étroite, guichet; —வாய் bouche qui bégaye; —வாயன், *m.* bègue, bredouilleur; —வாய்ச்சி, *f.* bègue, bredouilleuse; தெத்திலேபோய்விழுந்துவெட்டுகிறது tomber sur les lignes de l'ennemi et le tailler en pièces.

தெத்துகிறது, த்தினேன், த்துவேன், த்து, த்த, *v.a et n* தெத்துதல், *n.v.* 1° *P.* தத்துகிறது, chanceler, marcher d'une manière chancelante, heurter du pied, broncher, trébucher. 2° *P.* தெற்றுகிறது, tresser, faire des corbeilles, des nattes etc... bégayer, balbutier, bredouiller.

தெத்துமாற்று, (தெத்து), mensonges, tours, ruses: —க்காரன் trompeur, fourbe; —சொல்லுகிறது dire des mensonges, tromper; —பண்ணுகிறது jouer des tours, duper.

*தெத்துவம், (தம், துவம்), donation, don.

தெந்தி, l'arbre நேர்வாளம்.

தெப்பம், radeau, — en poutres ou en planches pour promener une idole sur un étang réputé sacré: —விடுகிறது lancer—, pousser un radeau à l'eau; தெப்பக்காரன் conducteur de radeau; —க்குளம் étang où il y a un radeau pour l'idole: —த்திருநாள் fête où l'on promène ainsi l'idole.

தெப்பல், 1° *V.* தெப்பம். 2° (*telinga*), coups, rossée, fouet, étrivières: —கொடுக்கிறது fouetter, donner le fouet, une rossée; —தின்கிறது, —படுகிறது en recevoir, être bien battu.

தெம்பல், *P.* தம்பல், boue.

தெம்முனை, (தெவ், முனை), présence de l'ennemi.

*தெய்சிகம், (daïsika), national, ce qui a rapport à un pays.

தெய்ய, *particule explétive: Ex.* சொல்லேன்றெய்ய நின்னொடுபெயர்த்தே je ne vous dirai pas de nouveau.

*தெய்வதம், (தெய்வம், ta), Dieu, divinité: தெய்வதயானை, *V.* தெய்வயானை.

*தெய்வம், (daïva), Dieu, divinité, seigneur, (et par métonymie), bon roi, destin, destinée, un des 5 யாகம், l'holocauste ou l'entretien du feu sacré, année, *V.* தெய்வமணம்: தெய்வத்துக்குத் தத்தம்பண்ணுகிறது donner—, offrir à Dieu: தெய்வஞ்சீறிற்கைதவமாளும் si dieu est irrité la pénitence qu'on fait est annulée, (au dire d'Avéyar);—வழிபடல்,—வழிபடுகிறது adorer Dieu, lui obéir; தெய்வ, *adj.* divin, céleste, de Dieu, des dieux; — கட்டாடி homme qui fait l'inspiré ou le devin, possédé; —களை éclat—, air ou souffle divin, ce qui regarde dieu, union —, explication de Dieu; — கருமம், —காரியம் œuvre divine, holocauste; —காவல் protection —, assistance divine; —குணங்கள் attributs divins; —குறை déplaisir ou indignation de Dieu, imperfections des dieux; — கோவிதன் devin, diseur de bonne aventure; — சகாயம் secours divin; —சாட்சி témoignage divin, divine médiation; — சாயல் forme—, apparence divine, image de dieu; —சிகாமணி le chef des dieux; —சிந்தனை, —சிந்தை méditation sur Dieu, fatalisme, croyance au destin; —சிந்தகன் fataliste. — சோதனை recherche ou examen de la divinité; — ச்செயல் action —, protection divine, divine Providence: — ச்செயலற்றுப்போகிறது la protection divine cesser, la perdre; — ச்செயலால்வருகிறது arriver providentiellement; — தீபம் flambeau céleste, l'œil: — துணை assistance divine; — தூஷணம் blasphème, injure contre Dieu; — தாளி variété de la plante தாளி; — த்தனம் divinité, manière divine; — த்தாபனம் ou — ஸ்தாபனம் consécration—, dédicace d'une statue (selon les gentils, qui croient y fixer la divinité); — த்தீர்வை, — த்தீர்ப்பு jugement de Dieu; — த்துதி, —ஸ்துதி louange de Dieu; — த்துரோகம் sacrilége *ou* — பாதகம் trahison—, crime envers Dieu; —த்தன்மை état divin, *ou* —த்துவம் la divinité; — நிந்தை mépris de Dieu, blasphème, injure contre Dieu; — நியமம் disposition de la divine Providence, dessein—, jugement de Dieu; — பயம் crainte de Dieu, piété; — ப்பசு la vache des dieux, — réputée divine, *V.* காமதேனு: — ப்புலமை talent divin, éloquence divine, — de Sarasvati, acquiescement aux instructions divines; — ப்பிரச்சனம் bonne-aventure; — பூசை culte—, sacrifice divin, — offert à Dieu; — போகம் jouissance divine; —பரிசோதனை, — பரிக்ஷை examen de la divinité, ou des marques du vrai Dieu, titre d'un livre; — மணம் mariage d'une fille donnée à un sacrificateur, c'est un des அஷ்டமணம்; — மத்தியஸ்தம் médiation divine, jugement de Dieu; —மந்திரி le ministre ou gourou des dieux indous, *i.e.* வியாழன்; —மயம் chose divine; — யாகம் un des 5 sacrifices, holocauste ou entretien du feu sacré; — யானை 1° éléphant divin. 2° (யானை), Daïvayânei, femme de Soupramanien; — யானைகாந்தன் l'époux de Daïvayânei, *i.e.* Soupramanien; — யுகம் l'ère divine, — ou âge des dieux; — யோகம் occurrence d'évènemens imprévus, intervention de la destinée; — லேகன் astrologue, diseur de bonne-aventure; — வாணி voix divine, — venue du ciel; — வழிபாடு culte divin.

*தெய்வஞ்ஞன், *m.* தெய்வஞ்ஞை, *f.* தெய்வக்கியன், *m.* (தெய்வம், ஞன்), diseur—, diseuse de bonne-aventure.

*தெய்வாசுரம், (தேவன், அசுரன்), haine mutuelle des dieux indous et des Asourers.

*தெய்வானுபோகம், (தெய்வ, அநுபோகம்), jouissance divine.

*தெய்வாதீனம், (தெய்வம், ஆதீனம்), providence divine, droit de Dieu, chose qui dépend de Dieu;—த்தால் providentiellement, heureusement; — ஆன providentiel, fortuit: யாவுந்தெய்வாதீனமாயிருக்கும் tout vient de l'action de la divine Providence, (au dire des gentils) —de la fatalité.

*தெய்வாராதனை, (*id.* ஆராதனை), culte divin, adoration divine.

*தெய்வாவி, (*id.* ஆவி), esprit divin, —pur.

*தெய்விகம், (தெய்வம், ya), divine

Providence, fortune, destin, *V.* தைவிகம்.

*தெய்விகம், (*id.*ika), divinité, nature ou essence divine, ce qui est divin, ce qui a rapport à Dieu ou vient de Dieu, action de la Providence divine, hasard, destin, miracle, béatification: இராசிகதெய்விகமெப்படி போமெதரியாது on ignore ce que le roi ou la Providence détermineront; —அடைகிறது, — ஆய்ப்போகிறது se réunir à la divinité, obtenir le béatitude céleste: —அடைந்தார், —ஆனார் il s'est réuni à, —il est devenu la divinité, —divin, *i.e.* il est mort, (il se dit seulement de gens réputés saints): —ஆயிருக்கிறது être divin, avoir des sentimens ou une nature divine; —ஆய்வருகிறது arriver providentiellement, (ou en langage impie) par hasard; தெய்விகத்தாலுய்த்தப்பினேன் j'ai échappé providentiellement; தெய்விகபுருஷன் homme divin, saint.

*தெய்வேத்தனம், (*id.* சத்தனம்), moyen divin, action divine.

*தெய்வோடை, (*id* ஓடை), femme mariée suivant le rite தெய்வம்.

*தெய்வோபாசகன், (*id.* உபாசகன்), *V.* தெய்வாராதனை.

தெரி, *imp. et part. de* தெரிகிறது, connu, choisi: —கடை chose de rebut, reste (après qu'on a trié le meilleur); —கவி vers choisi (parmi d'autres): —சொல் vérité, cause, origine, mot choisi, - connu; —படுகிறது être su, connu, choisi, paraître, apparaître. 2° *gér. P.* தெரிந்து.

தெரிகிறது. தெரிந்தேன், தெரிவேன், தெரி, தெரிய, 1° *v.n.* (*avec le dat.*), paraître, apparaître, être vu, su, connu, clair, évident, perçu, compris 2° *v.a.* (*avec l'acc.*), choisir, trier, élire, examiner, délibérer, considérer, connaitre, savoir, voir, apercevoir, comprendre, apprendre: ஒருகப்பல்தெரிகிறது un navire est en vue; எனக்குத்தெரியும் je sais, je comprends; எனக்குத்தெரியாது je ne sais pas, j'ignore, je ne comprends pas; செய்வாரோசெய்யாரோதெரியாது il est incertain *ou* je ne sais s'il fera cela ou non; இந்தவேலையைச்செய்யவுனக்குத்தெரியுமோ sais-tu faire cet ouvrage? தெரிகிறதோ, தெரியுமோ, est-ce connu ou compris? தெரிந்ததோ a-t-on su ou compris? தெரியுமோ sera-ce *ou* est ce connu, —compris; தெரிந்துகொள்ளுகிறது choisir, trier, élire, bien percevoir, comprendre; இரண்டிலொன்றைத்தெரிந்துகொள் choisis l'un des deux: தெரிந்துசெயல்வகை manière d'agir avec connaissance de cause, précaution à prendre avant d'agir; —தெளிதல் s'éclaircir en apprenant à connaitre, éclaircissement de tous les doutes par la connaissance des choses; —வினையாடல் agir avec connaissance ou avec choix, usage discret des moyens de gouvernement, (titres de 3 chapitres du குறள்); தெரிந்தெழுதுகிறது écrire correctement, sciemment, avec connaissance de cause; அதைத் —தெரிந்துகொள்ளத்தக்கபோக்கியம் அவனுக்குண்டு il est digne ou capable d'apprendre cela; —சேர்க்கிறது choisir pour compagnon, assortir, trier et joindre ensemble; தெரிய *inf.* sciemment, intelligiblement, clairement; —காட்டுகிறது, —க்கொடுக்கிறது faire voir, — connaitre, manifester, donner à entendre, démontrer, montrer clairement; — ச்சொல்லுகிறது dire —, parler clairement, intelligiblement, distinctement, déclarer; — த்தெரியச்சொன்னாலுஞ் செவிடன்காதிற் சங்கூதுகிறதுபோலேயிருக்கிறது quoiqu'on lui dise cela clairement et intelligiblement, c'est comme si on sonnait de la conque dans l'oreille d'un sourd; —ப்படுகிறது être vu, connu, compris; —ப்படுத்துகிறது, —ப்பண்ணுகிறது, —வைக்கிறது faire savoir, — connaitre, informer, montrer, manifester; —வருகிறது venir à savoir, apprendre, connaitre; தெரியாமல் *ou* தெரியாதிருக்கிறது n'être pas su, —pas compris, — pas clair, ignorer, ne pas comprendre: தெரியாமற்சொல்லுகி றது dire ou parler sans savoir (ce qu'il en est...,ou sans songer à ce qu'on dit).

தெரிக்கிறது,தெரித்தேன்,தெரிப்பேன்,தெரி, தெரிக்க,v. a. de தெரிகிறது, faire voir, —savoir, dire, montrer,manifester, éplucher, trier, estimer la portion qui revient au temple, partager, écrire,—un catalogue; v.n. changer, se pervertir: கடவுள்தமதொளியைத் தெரிக்கின்றார் le Seigneur manifeste sa splendeur: தெய்வமாக்கதையின் மாட்சிமை தெரிக்கவே pour montrer l'excellence de cette grande histoire divine. [ம்,தரிசனம்.

*தெரிசனம், தெரிசனை,P.தரிசன

தெரிசிக்கிறது,P.தரிசிக்கிறது.

*தெரிசியம், P. தரிசியம்,vision.

தெரிகிறது, தெரிந்தேன், தெரிவேன், தெரா,தர,v.n. தெரிதல், n.v. (தெரி), voir, appercevoir, connaître, apparaître, être vu, connu: தெரிந்தும் quoiqu'il sache ou qu'on sache; தெரிதருதேற்றவுவமை figure qui donne une évidence claire et dissipe un doute. Ex. கறைவிரவாததுள்ளல் மதியன்றுமுகமே vu qu'il n'y a pas mélange de taches, ce n'est pas la lune, mais un visage.

தெரிதல், n.v.de தெரிகிறது,choix, triage, perception, vue, connaissance,réflexion.

தெரித்தல், n.v.de தெரிக்கிறது.

தெரிநிலை, (தெரி), chose —,position —, place claire, — évidente, temps évident: — வினை verbe où l'on distingue le sujet, le temps et l'action et dont les temps sont désignés par l'insertion de l'இடைநி லை entre la racine et la terminaison, verbe complet, par opposition au குறிப்புவினை dont les temps ne se connaissent que par les accessoires; — வினைப்பெயரெச்சம் participe du verbe complet qui indique l'action et le temps et doit être suivi d'un nom; — வினைமுற்று verbe complet à un temps personnel qui indique l'action, le temps, la personne, et complète lui même la phrase; — வினைவெச்சம் gérondif ou infinitif du verbe complet qui indique l'action et le temps et doit être suivi d'un verbe. [தெரிகிறது.

தெரிந்த,தெரிந்து, part. et gér. de

தெரிப்பு, n.v. de தெரிக்கிறது, information, déclaration, examen, choix, écrit —, billet de la main, écriture, parole, dire, division,partage.

தெரிமா, (தெரி),l'animal qui connait, i.e. le lion. (on prétend qu'il voit par-devant et par-derrière).

தெரிமாமுகப்புள்,(தெரிமா, ஆனனம்), oiseau à visage de lion,e.i. le hibou. [ment.

தெரிய,inf. de தெரிகிறது, clairement.

தெரியலர், 1° (தெரிகிறது, அலர்), gens ignorans,sots.2° P.தரியலர்,ennemis.

தெரியல், n.v. de தெரிகிறது, vue, apparition, examen, perquisition, perception, connaissance, choix, triage, guirlande de fleurs: —ஆகிற து devenir connu.être compris,apprendre, comprendre.

தெரியா, தெரியாத. part nég. du même, qui ou qu'on ne sait pas, ne connait pas, inconnu, inintelligible: தெரியாத்தனம்,—ப்புத்தி ignorance;கண்தெரியாத aveugle.

தெரியாமை, n. v. nég. du même. ignorance.

தெரியிழை,(தெரி), femme, litt.bijou choisi,ou celle qui est connue par ses bijoux.

தெரியும், part.fut.et 3me pers.neut. du fut. de தெரிகிறது, cela est connu ou compris: தெரியுமா, தெரியுமோ est-ce connu ou compris?

தெரிவிக்கிறது,v. caus. de தெரிகி றது,et தெரிவித்தல்,n.v. avertir, informer,faire connaître, — savoir: கண் —ouvrir les yeux (d'un autre), donner la vue,éclairer.instruire (un enfant...): கண்தெரிவிக்கப்பட்ட ம னிதன் homme dont les yeux ont été ouverts.

தெரிவு, *n. v. de* தெரிகிறது, connaissance, intelligence, examen, choix, triage, chose choisie: தெரிவிடுகிறது, தெரிவிடுதல், examiner, choisir, trier.

தெரிவை, (தெரிகிறது), femme (choisie *ou* intelligente), — de 31 á 40 ans.

தெரு, rue, chemin: —க்கதவு, —வாசல் porte de la rue: — வீதி rue: —வீதியொழுங்குகிறது régulariser —, aligner les rues, la rue s'aligner ou se régulariser: தெருக்களை *ou* தெருக்களலங்கரிக்கிறது orner les rues (pour une fète); தெருக்களைச்சுற்றித்திரிகிறது, தெருவிலேதிரிகிறது rôder dans —, courir —, parcourir les rues; என்குறைதெருவிலேவையாதே n'expose pas ou ne publie pas mes défauts dans les rues.

தெருட்சி, *n. v. de* தெருளுகிறது, connaissance, clarté, — intellectuelle, évidence.

தெருட்டல், *opt. et n. v. de* தெருட்டுகிறது, avis, connaissance, information, conviction, consolation.

தெருட்டு, *imp. part. et n. v. du suiv. V.* தெருட்சி, consolation, affermissement, 1res règles des filles: —க்கலியாணம் cérémonie indoue de la nubilité des filles, — complémentaire des mariages (faits avant la nubilité).

தெருட்டுகிறது, ட்டினேன், ட்டுவேன், ட்டு, ட்ட, *v. a. de* தெருளுகிறது *et* தெருட்டுதல், *n. v.* avertir, faire savoir, éclaircir (l'esprit...), convaincre, consoler, fortifier.

தெருண்ட, *part. de* தெருளுகிறது: — பெண் fille nubile; — மேலவர் gens distingués et instruits, personnages éclairés.

தெருமரல், **தெருமருதல்**, *n. v. du suiv.* vertige, étourdissement, tournoiement, état désespéré.

தெருமருகிறது, மந்தேன், மருவேன், மரு, மர, *v. n.* avoir des vertiges, tournoyer, ètre sans espérance.

தெருவு, (தெரு). rue.

தெருளல், **தெருளுதல்**, *n. v. du suiv.* connaissance, clarté, évidence, perception claire, nubilité, 1res regles.

தெருளுகிறது *ou* **தெருள்கிறது**, ருண்டேன், ருளுவேன் *ou* ருள்வேன், ருளு *ou* ருள், ருள, *v. n.* connaître, s'éclaircir, acquérir —, avoir une perception claire, être clair, évident, devenir nubile, avoir ses premières règles.

தெருள், *imp. part. et n. v. du préc. V.* தெருட்சி: — உடைமை connaissance, sagesse.

*__தெலிங்கம்__, (tailanga), le pays Télinga ou Télingana, pays situé au sud d'Orissa jusqu'à Madras.

தெலிங்கு, **தெலுங்கு**, le pays —, la langue télinga.

தெலிங்கன் ou **தெலுங்கன்**, *m.* தெலுங்கச்சி, *f.* homme —, femme Télinga, *pl.* தெலிங்கர் *ou* ஆந்திரர், (ândhras), les Télingas.

தெல், **தெல்லு**, course, poste, trouble, vacarme, long magasin, longue planche de jardin: —க்கட்டுகிறது importuner, diviser (un jardin...) en planches, s'embarrasser; —க்காரன் postillon, coureur.

தெல்லாட்டம், (தெல்லு), fraude, tromperie, importunité, trouble, désordre. [பு.

தெல்லுப்பு, (தெல்), *V.* விளையாட்டுப்

தெல்லோட்டு, (*id.*), embarras, importunité.

தெல்லோட்டுகிறது, (*id.*), importuner, vexer, tourmenter.

தெவம், manguier.

தெவிட்டல், *opt. et n. v. de* தெவிட்டுகிறது, nausée, crachement, vomissement, dégoût, — de la nourriture, satiété, aversion, plénitude, retentissement, son, pensée.

தெவிட்டு, nausée (causée par satiété ou par les médecines), aversion, dégoût, — de la nourriture, satiété, plénitude, *n. v. imp. et part. de*

தெவிட்டுகிறது, ட்டினேன், ட்டுவேன், ட்டு, ட்ட, *v. n.* தெவிட்டுதல், *n. v.* se dégoûter, avoir du dégoût, de l'aversion, des nausées, des soulèvemens de cœur, vomir, cracher; se remplir,être plein,retentir,faire du bruil,penser: இந்தச்சிற்றுண்டியெனக்குத்தெவிட்டிப்போயிற்று cette légère nourriture est devenue dégoûtante pour moi.

தெவிளல், *opt.et n.v.de*

தெவிளுகிறது *ou* தெவிள்கிறது, விண்டேன், விளுவேன் *ou* விள்வேன், விளு *ou* விள், விள, *v.n.* தெவிளுதல், *n.v.* se remplir, être plein.

தெவிள், *imp.et part.du préc.*

தெவு, enlèvement, prise: நீர்தெவு நிரைத்தொழுவர் les laboureurs qui ont des vaches qui enlèvent l'eau, *i.e.* la boivent.

தெவுட்டு, plénitude,remplissage, vomissement,retentissement,pause, *imp.et n.v.de*

தெவுட்டுகிறது, ட்டினேன், ட்டுவேன், ட்டு, ட்ட, *v.a.et n.* தெவுட்டல், தெவுட்டுதல், *n. v.* remplir, farcir, bourrer, presser, renfermer,cacher, penser, vomir, cracher, se gargariser, s'arrêter, rester, résonner.

தெவுளல், accroissement, abondance, *n.v.de*

தெவுளுகிறது *ou* தெவுள்கிறது, வுண்டேன், வுளுவேன் *ou* வுள்வேன், வுளு *ou* வுள், வுள, *v.n.* தெவுளுதல்,*n.v.* croitre, augmenter, abonder.

தெவ், haine, ennemi, combat, bataille.

தெவ்வர்,(தெவ்),ennemis; — முனைப்பதி campement *ou* camp des ennemis.

தெவ்வினை,(தெவ்,வினை), combat, bataille, action de haine.

தெவ்வு,1° *P.* தெவ்.2° la lune.

தெவ்வூன்றி,(தெவ்வு, ஊன்றி), le serpent fabuleux qui veut dévorer la lune.*i.e.*இராகு.

தெழிக்கிறது,ழித்தேன்,ழிப்பேன், ழி,ழிக்க,*v.a.et n.*réprimander,gronder, se fâcher, être irrité, retentir, faire du bruit,faire fouler—, fouler le blé aux pieds pour le battre: நீணிறக் கரும் பகட்டினுந் தெழித்து வை நீத்ததூநிறத்தநெல்,(நீல், நிற, கரும்,பகடு, தெழித்து, வை, நீத்த, தூ, நிறத்த,நெல்), riz d'une belle couleur blanche, foulé aux pieds et séparé de la paille,par des buffles d'un bleu foncé.

தெழித்தல்,தெழிப்பு,*n. v. du préc.* réprimande,blâme,colère, signe—, geste de colère,grand—,bruit, son, faire fouler le blé aux pieds pour le battre.

தெளி,*imp. et part. de* தெளிகிறது *et de* தெளிக்கிறது, clair, brillant, poli,semé,passé,dissipé: — நீர் eau claire; — மணி pierre précieuse brillante,d'une belle eau; — பயிர் céréales semées (mais non transplantées).

தெளிகிறது, ளிந்தேன், ளிவேன், ளி,ளிய,*v.n.et a.*தெளிதல், *n. v.* s'éclaircir,se clarifier, devenir—, être clair,pur,évident,briller,reluire,resplendir,se décider, se dissiper, passer,percer, transpercer, connaitre, délibérer,examiner,choisir,engraisser,s'affermir: தெளிந்துகொடுக்கிறது faire serment (pour dissiper un doute ou finir une dispute); — போகிறது s'éclaircir, se clarifier, devenir clair,certain,évident...; — வருகிறது devenir clair...., recouvrer la connaissance après un évanouissement; கலகம், கலக்கம், கலாபனை, நித்திரை, பஞ்சம், பயம், மயக்கம், மூர்ச்சை, வெறி — la sédition, le trouble, la révolte,le sommeil, la disette, la crainte,l'étourdissement,l'évanouissement,l'ivresse se dissiper.

தெளிக்கிறது,ளித்தேன்,ளிப்பேன், ளி,ளிக்க,*v.a.du préc.*1° éclaircir,clarifier,rendre clair,--évident,assurer, certifier,éclairer,montrer. 2° nettoyer, polir, faire —,résonner,rejeter. — sur le rivage,parsemer,semer,répandre,jeter,étendre,arroser, asperger.

தெளிஞர்,(தெளி, ஞர்), savant, homme instruit.

தெளிதல், *n. v. de* தெளிகிறது, éclaircissement,clarification, clarté, splendeur,pureté,examen exact,délibération, décision, connaissance, choix,percement,engraissement,cessation,trouble.

தெளித்தல்,*n. v. de* தெளிக்கிறது,

éclaircissement, démonstration, retentissement,nettoiement,polissure, dispersion,aspersion, action de semer,de répandre,de jeter sur le rivage.

தெளிந்த,*part. passé de* தெளிகிறது:—நீர் eau claire,pure *ou* clarifiée; தெளிந்தவர் gens intelligens.

தெளிப்பு, *n. v. de* தெளிக்கிறது, éclaircissement,démonstration, certitude,aspersion,action de semer.

தெளியல், *V.* தெளிதல்.

தெளிர்,1° son intérieur,—au dedans de quelque chose. 2° *imp. et part.de*

தெளிர்கிறது,ர்ந்தேன்,ர்வேன், ர், ர,*v.n.* briller,articuler,parler à haute voix,s'accorder.

தெளிர்தல்,*n.v.du préc.* articulation, son de paroles, accord, splendeur.

தெளிவிக்கிறது,*v.caus. de* தெளிகிறது,annoncer, faire savoir, expliquer,éclaircir,rendre clair,clarifier: கண் தெளிவிக்கப்பட்ட மனுஷன் homme auquel on a rendu la vue.

தெளிவு,*n.v.de* தெளிகிறது,clarté, transparence, évidence, lumière, connaissance, résolution, décision, détermination,éclaircissement d'un doute,choix.clarté ou perspicuité (ce qui est une des 10 குணாலங்காரம் ou qualités du style), exactitude, graisse,eau de riz clarifiée qu'on ôte: தெளிவாக்குகிறது clarifier, rendre clair,éclaircir,expliquer;தெளிவான clair,évident,transparent;தெளிவாய் clairement,évidemment;தெளிவுகொடுக்கிறது donner de la clarté,éclaircir, éclairer,expliquer,rendre clair; தெளிவுள்ள clair, lucide, limpide, transparent,évident;தெளிவி[illegible]க்கிறது tirer au clair,purifier,dépurer.

தெளிவெள்ளெண்ணெய்,(தெளிவு), huile de வேம்பு clarifiée odoriférante.

தெள்,1° *imp.et part.de* தெள்ளுகிறது.2° *P.*தெள்ளு, puce.3° *adj. de* தெள்ளிமை, clair.

தெள்ளு,1° puce.2° *imp.et part.de* தெள்ளுகிறது, கினேன், குவேன், கு,க,*v.n.*தெள்ளுதல்,*n. v.* éclaircir, rendre clair,*V.*விளக்கிறது.

தெள்விளி,(தெள்), certain air,cris —,chant d'allégresse.

தெள்ள,*inf.de* தெள்ளுகிறது:— த் தெளிகிறது être très clair,— très-connu.

தெள்ளல்,*n.v.du même.* [phant.

தெள்ளி,1° *gér. du même.* 2° élé-

தெள்ளிச்சு,terre à foulon.

தெள்ளிமை,(தெள்ளுகிறது),intelligence,connaissance,clarté,évidence.

தெள்ளிய,தெள்ளின,*part.de* தெள்ளுகிறது: தெள்ளியன்,தெள்ளியவன், தெள்ளியோர் savant,homme éclairé,intelligent.

தெள்ளு,1°*n.v.imp.et part du suiv.* action de vanner...2° *ou* தெள்ளுப்பூச்சி puce; தெள்ளுதமிழ் tamoul élégant,relevé.

தெள்ளுகிறது,கினேன், குவேன், கு,க,*v.a et n.et* தெள்ளுதல்,*n.v.* vanner,sasser, cribler, secouer, agiter doucement le grain... sur le van pour le séparer du sable etc. ,éclaircir,rendre clair,devenir clair.

தெள்ளேணம்,espèce de jeu.

தெறி,1° *imp.et part.de* தெறிக்கிறது.2° agrafe, bouton (d'habit):— கெடுகிறது, — கெட்டுப்போகிறது être perdu,s'égarer,se fourvoyer;— கொளுத்துவாரம் boutonnière; — பூட்டுகிறது,—மாட்டுகிறது boutonner; முற்றினது ce qui est entièrement mûr,—mûr à tomber;— பட்டுப்போகிறது *ou* — புரள்கிறது s'échapper,s'écouler, déchoir, sauter....être brisé...

தெறிக்கடிக்கிறது,(தெறிக்க, அடிக்கிறது),disperser,dissiper.

தெறிக்கிறது,றித்தேன்,றிப்பேன், றி,றிக்க,*v.n.* தெறிக்குதல் *et* தெறித்தல்,*n.v.*se briser,se rompre,éclater, casser,crever,être dispersé, éparpillé,éclaboussé,sauter,jaillir,se repandre,voler,—en pièces,—en éclats,se briser contre,se heurter,rebondir.*v. a.*mettre en désordre, froisser, frapper du doigt(pour éprouver une chose), briser, jeter, lancer, -- des boulettes avec un arc, donner, disperser, frapper avec le doigt, donner des chiquenaudes; கண் — l'œil sauter ou sortir de son orbite, être aveuglé par la foudre, l'œil être ébloui par l'éclat des pierreries; கழற்சிக்காய் — lancer la noix du bonduccella (sorte de jeu de bille); பருத் — un furoncle donner des élancemens; பொறி — les étincelles voler (d'un fer rouge ou du briquet qu'on bat); வெந்நீர்கையிலே - des gouttes d'eau chaude sauter ou tomber sur la main; தெறித்துப்போகிறது voler, sauter, jaillir, se répandre, s'échapper, déchoir; தெறித்துப்போக ou தெறிக்கப்பேசுகிறது parler de manière à causer de la désunion; தெறிக்கவார்த்தை ou விசேஷஞ்சொல்லுகிறது dire une chose de manière à ce que la colère éclate; முகத்திலே இரத்தந்தெறிக்கப்பேசுகிறது parler de manière à faire monter le sang au visage; ஏழைகளுக்கொன்றுந்தெறிக்காதேபோகிறது ne donner -, *litt.* ne jeter rien absolument aux pauvres; இத்தனையாவது தொட்டுத்தெறிக்கவுமில்லை இன்னித்தெறிக்கவுமில்லை il n'a ni touché ni donné la moindre chose, il n'en a pas même jeté une particule.

தெறித்த, *par.part.du préc.* தெறித்தவன், homme qui a rompu avec sa parenté.

தெறித்தல், தெறிப்பு, *n.v.du même*, action de se briser etc..., brisement, rupture, fracture, cassement, éclaboussure éparpillement, jaillissement, éclat, rebond, tappe, chiquenaude, choc, bouton (d'habit).

தெறிவன், chose petite, parsemée, peu serrée.

தெறிவில், (தெறி), *V.* சுண்டுவில்.

தெறு, *imp.et part. du suiv.*: — கணைதெரிந்தான் il choisit une flèche meurtrière.

தெறுகிறது, றுந்தேன், றுவேன், று, *v.n. a.et n.* détruire, tuer, s'arrêter, faire halte; தெறுந்தொழிலோர் ceux qui font le métier de détruire, guerriers, [Scorpion.

தெறுக்கால், scorpion, le signe du

தெறுக்கிறது, றுத்தேன், றுப்பேன், று, றுக்க, *v.a.* தெறுத்தல், *n.v.* briser, broyer, piler, écraser.

தெறுதல், *n.v.de* தெறுகிறது, destruction, halte, séjour.

தெறுநர், (தெறுகிறது, நர்), destructeurs, ennemis, bourreaux, meurtriers. [தி...

தெற்கத்தி, தெற்கித்தி... *V.* தெற்குத்

தெற்கு, (தென்), le sud, le midi, coin —, côté méridional: — சேரி rangée de maisons du côté du sud; — முகமாய் du côté du sud; — வட்டம் cercle —, district ou pays méridional; தெற்காக, தெற்கே, தெற்கிலே vers le sud, du côté du sud; தெற்குவெறிக்கிறது (எறிக்கிறது), le sud éprouver la famine.

தெற்குத்தி, (தெற்கு), ce qui est du sud ou vers le sud.

தெற்குத்திய, (தெற்குத்தி), du sud: — காற்று vent du sud; — பேச்சு langage du sud; — மழை pluie qui vient du sud. [sud.

தெற்குத்தியான், (*id.*), homme du

தெற்பம், *P.* தெப்பம்.

*தெற்பை, *P.* தருப்பை.

தெற்றல், *opt.et n.v. de* தெற்றுகிறது, vexation, perversion, contrariété, empêchement, entrelacement, tissage, *V.* இழைத்தல்.

தெற்றி, 1° corridor peint, galerie peinte, — de peintures (de pagode...), atelier de peinture, tinnei ou banc de maçonnerie sous une varangue de maison (où il y a souvent des peintures). 2° *gér. de* தெற்றுகிறது. 3° *imp.de*

தெற்றிக்கிறது, ற்றித்தேன், ற்றிப்பேன், ற்றி; ற்றிக்க, *v.a. et* தெற்றித்தல், *n.v. V.* தெற்றுகிறது.

தெற்று, 1° certitude, assurance de l'esprit, éclaircissement d'un doute. 2° *imp.part.et n.v.du suiv. V.* தெற்றல். 3° *P.* தெத்து, haie enclos: தெற்றென்கிறது être clair, évident, se presser; தெற்றென clairement, promptement.

ment; தெற்றெனல், தெற்றெனவு, clarté,évidence,hâte,signe de promptitude·தெற்றுக்கால்pieds qui battent le briquet,—qui se choquent l'un contre l'autre en marchant:—ப்பல்லு surdent;—ப்பல்லன்,—ப்பல்லி homme—,femme qui a une surdent; — ப்பல்லுமுளைக்கிறது une surdent croître;—வாய் bégaiement, bouche bègue; — வாயன் homme bègue;—வாய்ச்சி femme bègue,

தெற்றுகிறது,ற்றினேன்,ற்றுவேன்,ற்று,ற்ற,v.a.et n. தெற்றுதல், n. v. vexer,troubler,contrarier, inquiéter,agiter,exciter,entrelacer, tresser (des nattes...),tisser,serrer,se revêtir,être arrêté,embarrassé, bégayer,changer, pervertir, être ingouvernable,intraitable, V. இழைக்கிறது; தெற்றிப்பேசுகிறது bégayer.

தெனாது,(தென்),le sud, chose du sud ou au sud.

தென்,1° adj. méridional, du sud. 2° beauté,harmonie,accord, opposition,rencontre,connaissance, noirceur, cocotier: தென்கடல் mer du sud; —கயிலை le Kaïlâsam du sud, V.தென்மலை;—கலை la science du sud,i.e. le tamoul; — காஞ்சி nom d'une ville;—கால்,— காற்று vent du sud; —கிழக்கு, — கீழ்த்திசை le sud-est; —கீழ்த்திசைப்பாலன்,— கீழ்த்திசையிறை Agni prétendu gardien du sud-est; — கீழ்காற்று vent du sud est;—குமரி nom d'un fleuve;—கோடு extrémité sud, —சார் côté sud; — சிதம்பரம் nom d'une ville;—சிறகு rangée de maisons au sud;—சொல் mot du sud, — tamoul; — பக்கம் côté sud, — du sud;—பரதம்,—பாரதம் sud de l'Inde, une des நவகண்டம் ou 9 parties dans lesquelles les Indous divisent le monde;—பாண்டி le sud du Maduré,un des 12 pays où l'on parle le bas tamoul,ville capitale de ce district;—பாவிசேபதம், V. தென்விசேபதம்; — பாரிசம்,— பால் côté du sud; — பால்விதேகம் une des 9 parties du monde des Indiens, celle au sud de விதேகை ou மிதிலை dans le Bahar; -புலம் pays ou hémisphère sud,prétendu domaine—, royaume ou monde de Yamen le Pluton indien:—புலத்தார், habitans du sud, —du royaume de Yamen,i.e.பிதிர்த்தேவதைகள் les prétendus dieux nés de Brama et les ancêtres déifiés, les mânes,—புறம் côté méridional; —பூமி côté sud de la terre,terre au sud;—மதுரை la ville d'ஆலவாய் ou Maduré du sud;—மலை la montagne du sud,i.e.பொதியமலை ancien séjour et maintenant résidence supposée d'Agastien;— மலையாளம் le sud du Maléalam ou du Travancore;—முனை pôle sud; — மேல்,—மேற்கு,—மேற்றிசை,(மேல்,திசை), sud-ouest; — மேற்காற்று vent du sud ouest; —மேற்றிசைப்பாலன் le prétendu gardien du sud-ouest,i.e. நிருதி:—மொழி langue ou mot du sud,i.e.le tamoul;—விதேகம். V. தென்பால்விதேகம்.

தென்படுகிறது,(தென்),se rencontrer,se trouver,se présenter, paraitre,être versé;இதிலேநன்றாய்த்தென்பட்டவன் homme bien versé en cette matière: என்கண்ணிலே தென்பட்டான் il s'est présenté à mes yeux; அது எனக்குத் தென்பட்டது cela s'est présenté à moi, je l'ai rencontré.

தென்றமிழ்,(தென், தமிழ்), le tamoul du sud,—élégant.

தென்றல், (தென்), vent du sud, vent de la saison dite முன்பனிப்பருவம் ou des 1res rosées en décembre et janvier,(cela ne parait pas juste à présent,au moins pour cette partie de la presqu'ile):—அடிக்கிறது le vent du sud souffler;— திரும்புகிறது le vent du sud changer:—முற்றிப்பெருங்காற்றாயிற்று la brise du sud a augmenté et est devenue une tempête,une petite affaire a eu de graves conséquences; —மாறுகிறது ou தென்றன்மாறுகிறது le vent du sud changer ou cesser; தென்றலாலேவோடுகிறது faire voile par le vent du sud,(en allant au nord);தென்றல்வீசோடுகிறது faire voile vers le sud.

தென்றற்றேரோன்,(தென்றல்,தேர்),celui qui a pour char le vent du sud,*i.e.* le Cupidon indien காமன்.

தென்றி,*P.* தென்றல்,sud,vent du sud.

தென்றிசை, (தென்,திசை),le sud, le coin ou côté sud: —க்கோன், —ப்பாலன் le prétendu roi ou gardien du sud,*i.e.* Yamen. [méridionale.

தென்றேசம், (*id.*தேசம்), contrée

தென்னம்,(தென்,அம்),*adj*.de cocotier: தென்னங்கள்ளு boisson ou vin tiré du—,callou de cocotier, (il se tire du bout de la queue de la spathe de cet arbre);—கன்று jeune cocotier; -கிளி espéce de perroquet (qui se plait sur les cocotiers ou en a la couleur);—கீற்று kittou, demi branche de cocotier tressée;—கீற்று பரப்புகிறது *ou* போடுகிறது étendre ou mettre des kittous,abriter ou couvrir de kittous;— குடுக்கை coque de coco;—குருத்து jet—,pousse de cocotier,jeune feuille de cet arbre non déployée;—குரும்பி,—குரும்பை 1er germe qui sort du coco: தென்னஞ்சாலை allée de cocotiers; தென்னஞ்சோலை,தென்னந்தோப்பு lieu planté—,touffe—,jardin—,bosquet ou toppe de cocotiers;தென்னமட்டை branche de cocotier(surtout avec ses feuilles); —மட்டைக்கழி cette branche dépoullée de ses feuilles: தென்னமரம் cocotier; தென்னம்பன்னாடை espèce de toile fibreuse ou de filet qui entoure le cocotier à l'endroit d'où sortent les branches; பாளை spathe de cocotier ou bouton de sa grappe,gaine ou enveloppe du spadix;— பிள்ளை jeune —,petit cocotier; — வெல்லம் espèce de mélasse ou de sucre noir de jus de cocotier; தென்னவிர்க்கு, *V.* தென்னீர்க்கு.

தென்னர்,(தென்),ennemis.

தென்னவன், தென்னன், (தென் *sud*), le roi du sud,titre des Pandiers ou rois de Maduré.

தென்னிரேபதம்,(தென்,இரேபதம்),une des 9 divisions du monde, celle au sud du mont Raïvata dan les monts Vindhya.

தென்னிலம்,(*id.* நிலம்), pays du sud,champ de bataille.

தென்னிலை, தென்னோலை, (*id.* இலை,ஓலை),feuille de cocotier.

தென்னீர்க்கு,(*id.*ஈர்க்கு), nerf—, côte de feuille de cocotier.

தென்னை,(தென்), cocotier, cocos nucifera.

தே,1° lettre syllabique composée de த் et de ஏ.2° Dieu,grâce, faveur, interj. pour faire marcher les animaux:மாடுமல்லோ தேவென்றால்நடக்கும்,தாவென்றால்நிற்கும், அந்தமட்டுமுனக்குப்புத்தியில்லையே un bœuf même,n'est-ce pas?marche si on dit தே,et s'arrête si on dit தா,mais toi tu n'as pas autant d'esprit.

•தேகம்,(dèha),corps:— அழிந்து போனவன் celui dont le corps est corrompu,un mort;தேககாந்தி splendeur —,beauté du corps; —கோசம் fourreau du corps,*i.e.*la peau:—க்கல் pierre précieuse bleue. saphir; — சம்பந்தம் ce qui a rapport au corps; — சாரம் moelle;—சுத்தி pureté—, purification du corps,(par le bain et des formules de prières,selon les Sivénistes): — தாரகம் soutien du corps,*i.e.*les os;—திடம் force corporelle; —த்தியாகம் abandon du corps ou de tout attachement au corps, mort volontaire,donner sa vie;—த்திரயம்,*V.* சரீரத்திரயம்; — நாசம் destruction du corps:— பந்தம் lien du corps,ce qui tient au corps; — மண் terre rouge:—யாத்திரை voyage hors du corps,*i.e.*mort.

•தேகக்ஷயம்,தேகட்சயம்,(தேகம்,க்ஷயம்),maladie,*litt.* dépérissement ou corruption du corps.

தேககனி,safran.

•தேகாத்துமவாதி,(தேகம்,ஆத்துமம்),matérialiste,qui prétend que le corps et l'âme sont la même chose.

•தேகாந்தம்,(*id.* அந்தம்),la fin du corps,*i.e.*la mort.

*தேகாபரணம், தேகாவரணம், (id. ஆபரணம், ஆவரணம்), ornemens du corps, habillement, habit et bijoux.

*தேகாபிமானம், (id. அபிமானம்), soin du corps.

*தேகி. (தேகம், i), être —, chose qui a un corps, l'âme habitant le corps, la plante parasite புல்லுருவி.

தேசேவார், (mahratte), par village.

தேக்கம், n.v. de தேக்குகிறது, plénitude, eau arrêtée dans sa course ou qui remplit, trouble, perturbation: — போய்விட்டது l'eau qui remplissait ou était arrêtée s'est écoulée.

தேக்கல், opt. et n.v. de தேக்குகிறது, trouble, se remplir, action de remplir.

தேக்கிடுகிறது, (தேக்கு, இடுகிறது), se remplir, être plein, avoir des nausées.

தேக்கு, 1° தேக்குமரம், teck, (arbre ou bois), tectona grandis. 2° aréquier, douceur, nausée. 3° imp. et part. de

தேக்குகிறது. sync. தேக்கிறது, க்கினேன், க்குவேன், க்கு, க்க, v.a. de தேங்குகிறது, et தேக்குதல், n.v. remplir, — jusqu'au bord se remplir, arrêter (l'eau par une digue...), mettre empêchement, troubler, avoir des nausées: தேக்கிவைக்கிறது être rempli (artificiellement.)

தேக்கெடுக்கிறது, தேக்கெறிகிறது, (தேக்கு), V. தேக்கிடுகிறது.

தேங்கல், opt. et n. v. de தேங்குகிறது, plénitude, stagnation, séjour, timidité, hésitation, découragement, signe de crainte: — ஆயிருக்கிறது être déconcerté, stagnant, rempli, — plein jusqu'au bord, s'arrêter; — ஆய்க்காண்கிறது être ou paraitre stagnant, découragé, lent, paresseux; — ஆய்ப்போகிறது couleur lentement, devenir lent, — stagnant, se déconcerter.

தேங்காய், (தேங்கு, காய்), coco, fruit ou plutôt noix du cocotier: — எண்ணெய் huile de coco; — ஓடு coque de coco; — க்கண் les yeux du coco d'où sort le germe, (il y en a 3); — க்கவிழ் moitié de coco; — க்கீரை espèce d'herbe potagère; — க்கீற்று morceau de noix de coco exposé en vente; — க்குடுக்கை coque entière de coco vide; — க்குடுமி touffe de fibres sur la partie extérieure du coco; — த்தண்ணீர் eau de coco mûr, (celle du coco non parvenu à sa maturité se dit இளநீர்); — திருகுகிறது enlever la chair du coco (en la râclant) — த்திருகி instrument pour râcler et enlever la chair de coco; — த்திருகிமணை planche sur laquelle est fixée cet instrument; — த்துருவல், P. தேங்காய்ப்பூ; — த்தோப்பு touffe —, bosquet de cocotiers; — நார் fibres de la coque du coco (qui servent à faire des cordes); — நார்க்கயிறு corde des fibres de coco: — நெற்று coco bien mûr: — ப்பட்டணம் la ville aux cocos (sur la côte malabare); — ப்பத்தை, V. தேங்காய்க்கீற்று: — ப்பால் lait exprimé de la chair du coco, lait de sa pulpe: — ப்பாரை, — ப்பாறை, nom d'un poisson; — ப்பிண்ணாக்கு gâteau du résidu de la chair de coco dont on a exprimé l'huile, (et qu'on donne pour nourriture aux animaux); — ப்பூ pulpe entière du coco tiré de sa coque; — ப்பூக்கீரை, — ப்பூநாறி la plante பிளாசாறி; — மட்டை enveloppe fibreuse de la coque du coco; — முளை germe qui se trouve dans la noix de coco; — முடி, — முறி moitié de coco; — மொத்தி boule qui se trouve dans le pied de devant des bœufs; — வகிர் V. தேங்காய்க்கீற்று; — வகிருகிறது couper la chair de coco en morceaux — வழுக்கை chair tendre du coco.

தேங்கிட்டி, la plante தெருட்டி.

தேங்குகிறது, sync. தேங்கிறது, கினேன், குவேன், கு, க, v.n. தேங்குதல், n.v. être plein, stagnant, l'eau être arrêtée, ou தேங்கிப்போகிறது se remplir, se troubler, se déconcerter, se ralentir, devenir stagnant: — ப்போகிறவன் homme qui se déconcerte, lent, timide, indécis; மனசு — ப்போகிறது le cœur manquer, se décourager, abandonner (ses desseins).

*தேசகன், (தேசம், ka), gouverneur, chef, guide, précepteur.

*தேசஸ், (tèdjas), splendeur, lumière, lustre, V. தேஜஸ்,

*தேசம், 1° (dèsa), pays, contrée, région, lieu, part, portion, ordonnance, commandement. 2° (tèdja), acrimonie, rudesse, piquant, pointe, éclat, splendeur. Les Indous divisent le monde connu en 56 pays ou தேசம் ஐம், savoir: அங்கம் Bengale propre, அருணம் pays d'Agra, அவந்தி pays d'Oudjein ou pays près d'Aoud, ஆந்திரம் le pays Télinga. 5° இலாடம் Guzerate, ஒட்டியம் pays des ஒட்டர் gens qui creusent les puits au nord de Madras, கருசம் (nous n'osons déterminer les pays que désigne ce nom et quelques autres, les auteurs ne donnant pas de documens suffisants à cet égard); கலிங்கம் côte de Coromandel; de Madras à Cattack; கன்னடம் le Canara, le Maïssour; 10° கன்னடம் le Carnatique, காசம் pays de Kâsi, காசிமீரம் Cachemire, காந்தாரம் Candahar, காம்போசம் Kâmbosa au nord de l'Inde; 15° கிராடம் pays inconnu; குரு pays au nord de la péninsule; குடகம் le Courg, près de Tellichéri; குந்தளம் pays au nord ouest de la péninsule; குரு le pays autour de Délhi. 20° குளிந்தம், கூர்ச்சரம், கேகயம், 3 pays dont la position n'est pas déterminée, கேரளம், la côte du Maléalam, கொங்கணம் la côte Conkan. 25° கொல்லம் Collam ou Quilon dans le Travancore, கோசலம் le pays d'Aoud, சகம் le pays des Scythes Sacæ des anciens, சவ்வீரம் pays près de l'Indus, சால்வம் pays situé au centre de l'Inde. 30° சிங்களம் l'île de Ceylan, சிந்து le pays du Sind, சீனம் la Chine, சூரசேனம் le pays de Mathoura, சோழம் le Tanjaour. 35° சோனகம் l'Arabie, திராவிடம் le Drâvida ou pays Tamoul, துளுவம் le pays Toulouva ou de Visapour, தெக்கணம் le Dékan, நிடதம் pays vers le sud est de l'Inde. 40° நேபாளம் le Népal, பப்பரம் Guzerate, பல்லவம் pays inconnu, பாஞ்சாலம் contrée au nord de l'Inde, பாண்டியம் le Maduré. 45° புளிந்தம், போடம் autres pays inconnus, மகதம் royaume de Magada ou le sud de Bahar, மச்சம் Matsya pays à l'intérieur de l'Inde, Dinajpour et Rangpour, மராடம் pays des Marattes. 50° மலையாளம் le Maléalam, மாளவம் la province de Malva, யுகந்தரம் pays inconnu, யவனம் la Bactriane ou le pays des Affghans, வங்கம் Bengale oriental. 55° வங்காளம் Bengale, விதர்ப்பம் le sud-ouest du Bengale, Bara-Nagpour ou Bérar propre; தேசம் அழிகிறது, — கெட்டுப்போகிறது un pays être désolé, ravagé; — செழித்திருக்கிறது, — விளங்குகிறது un pays être fertile, florissant; தேசத்தைக்கெடுக்கிறது ravager un pays; — கைப்பற்றிக்கொள்ளுகிறது s'emparer, — conquérir un pays; ஏகதேசம் solitude, bassesse, vileté, V. au mot ஏகம்; தேசகாலத்துக்குத் தகுகிறது servir dans l'occasion, — pour le temps présent; — காலபாத்திரம் le lieu, le temps, la convenance (les 3 circonstances à considérer, savoir: où? quand? et qui?); — காலப்பிழை négligence à profiter —, omission de l'occasion favorable; — காலமாயிற்று le temps favorable est passé; — காலவர்த்தமானம் ou காலதேசவர்த்தமானம் circonstances de temps et de lieu (à observer); — காலம் place et temps convenable, opportunité, temps propice, durée du temps, longue durée; — சஞ்சாரி coureur, vagabond, étranger; — சுவாத்தியம் climat —, avantage —, prospérité d'un pays; — தருமம், — கட்டளை, — நடபடி, — நடை us et coutumes ou lois d'un pays; — நிலவரம் condition —, état d'un pays; — பரிச்சேதம் limite quand au lieu, être dans un lieu et non dans un autre, manque d'immensité; — பாடை, — பா

ஷை langue ou dialecte d'un pays; — பாரம் soin du gouvernement d'un pays; —ப்பழமை ancienne coutume d un pays; —ப்புறம் zone (en géographie), extérieur d'un pays; —மு ன்,(முகம்), intendant des revenus ou des comptes d'un pays ; - ரூபம் forme—, état d'un pays, ou - வழக்கம், — வாடிக்கை, — வியவகாரம், — வொ ழுக்கம், — வொழுங்கு(ஒழுக்கம், ஒழுங் கு), coutumes —, usages —, lois particulières d'un pays; — வாசி vagabond, voyageur, pèlerin, habitant d'un pays. [polissure.

*தேசனம், (tèdjana), correction,

*தேசனி,(id.i), safran.

தேசா, l'air dit தேசி.

*தேசாக்ஷி, தேசாக்ஷரி, ou தேசாட் சி, தேசாட்சரி, (dèsakâri), espèce d'air.

*தேசாசாரம்,(தேசம், ஆசாரம்), mœurs—, coutumes d'un pays.

தேசாக்சரம், poil, cheveu.

*தேசாதி,(தேசம், ஆதி), chef de la caste (chez les கவறை).

*தேசாதிபதி,(id. அதிபதி), roi, gouverneur—, seigneur—, chef d'un pays.

*தேசாதிக்கம், | (id. ஆதிக்கம்,
*தேசாதிபத்தியம், | ஆதிபத்தியம்)
gouvernement d'un pays, préfecture. [que pays.

*தேசாதேசம்,(தேசம் répété), chaque pays.

*தேசாந்தரம்,(id. அந்தரம்), pays étranger, voyage dans les pays étrangers, différence de longitude, correction pour cette différence, longitude terrestre: — திரிகிறது parcourir —, courir les pays étrangers; —போ கிறது partir pour —, voyager dans les pays étrangers; தேசாந்தரசந்தி ரன் longitude de la lune corrigée pour la différence de longitude.

*தேசாந்தரி,(id.), étranger, voyageur en pays étranger, pèlerin, vagabond: —யாய்த்திரிகிறது voyager, rôder en vagabond, courir le pays.

*தேசாந்திரம், 1° P. தேசாந்தரம், 2° longitude d'un lieu ou sa distance au premier méridien du lieu: தே சாந்திரரேகை ligne méridienne d'un lieu, cercle de longitude, ligne latérale. [cherche d'un pays.

*தேசாபேக்ஷம்,(id. அபேக்ஷை), recherche d'un pays.

தேசாவரம், la plante piper ui-chotomum.

தேசி, 1° grand —, cheval, une partie de la danse ou de la comédie, espèce d'air qui fait la contre-partie du பட்டமஞ்சரி, ou தேசிக்காய் citron ou limon. 2° (தேசம்), habitant, celui qui montre (à la fin des mots composés, comme உபதேசி). ஏகதேசி homme isolé, hérétique, schismatique, sectaire.

*தேசிகம்,(தேசம், ika), dialecte ou langage particulier à une province ou à un pays, espèce de danse (venue des pays étrangers). 2° (தேசு, ika), beauté, lumière, éclat, splendeur, or.

*தேசிகன்,(id.), gourou, prêtre, précepteur, directeur, maître d'école, voyageur, étranger, marchand, — ambulant, roi, bel homme.

தேசிக்கிறது,(தேசிகன்), enseigner, instruire.

*தேசியம், P. தேசிகம், dialecte d'une province, mot particulier à un pays, locution prise—, mot pris d'une langue étrangère. 2° (dèsya), chose à prouver, postulatum: — பாடுகிறது chanter un air étranger.

*தேசு, P. தேசசு, lumière, splendeur, lustre, or, beauté, acrimonie, âpreté, piquant, pointe, chaleur, renommée, grandeur, dignité, force, bravoure, activité, ardeur, impatience, moelle, cervelle.

*தேசோபத்திரவம்,(தேசம், உபத் திரவம்), calamités qui affligent un pays: 1° de la part de Dieu: நெருப்பு le feu, தண்ணீர் l'eau, நோய் la maladie, பஞ்சம் la famine et சாவு la mortalité; 2° de la part des hommes: கோள் diffamation, திருட்டு, மாற்றா சர்கொள்ளை vol, incursion et pillage des rois étrangeres; வேந்தரது பெருங்காரியக்காரர்பரிதானம் concussion ou vexation des agens du roi; தன்னரசி னதிகபொருளாசை avarice du roi ou du gouvernement.

*தேசோமித்து,(தேசோ,P.தேசசு, மித்து),un des 32 உபநிஷதம்.

*தேசோமயம், (id.மயம்), splendeur,éclat clarté:தேசோமயானந்தம்,(ஆனந்தம்),splendeur béatifique, (attribut que les Sivénistes donnent à Siven).

*தேசோரூபம்,(id.), forme lumineuse,lumière,nature de la lumière. [forme est lumineuse,Dieu.

*தேசோரூபன்,(id.),celui dont la

*தேஸியம்,P. தேசியம்.

தேடல்,opt.et n.v. de தேடுகிறது, V.தேடுகை.

தேடா,தேடாத,part.nég.du même qu'on—,qui ne cherche pas:தேடாக்கூறு,—த்தன்மை insouciance pour acquérir,état—,caractère de ne pas chercher ou de ne pas acquérir, ce qu'on ne cherche ou n'acquiert pas.

தேடாமை,n.v. nég. du même, ne pas chercher..., manque de soin, [d'examen.

தேடிதம், louange.

தேடுகிறது,டினேன், டுவேன்,டு, ட,v.a.chercher,rechercher, examiner,gagner,acquérir,amasser, s'informer:தேடித்தின்கிறது,—யுண்கிறது vivre par des moyens déshonnêtes,du fruit de la prostitution,—த்தின்கிறவள்,—யுண்கிறவள்,—யுண்ணி femme mariée qui vit en se prostituant:—ப்புதைக்கிறது amasser et enfouir des richesses;—ப்புதைத்துத்தெருவிலிரக்கிறான் il enfouit ce qu'il amasse et mendie dans la rue;—வைக்கிறது amasser,entasser (des richesses...); தேடினவுடைமை bien acquis,amassé.

தேடுகை, தேடுதல், n. v. du préc. acquisition, gain, recherche, examen. [che pas.

தேடேன்,nég.du même,je ne cher-

தேட்கடை,(தேள்),la queue —, la fin du Scorpion,la 19me constellation des Indous dite மூலம்,nom d'une plante. [rabée noir.

தேட்குடிச்சி, (id. குடிலச்சி), sca

தேட்கெண்டை, (id.), espèce de poisson,—d'apbya.

தேட்கொடுக்கு,(id.), aiguillon de scorpion.

தேட்கொடுக்கி,தேட்கொடுக்கிலை, (id.),la plante heliotropium indicum.

தேட்டம்,தேட்டல்,n. v. de தேடுகிறது,acquisition,gain,objet—, bien acquis,recherche,examen, soin, occupation,désir,concupiscence, envie d'avoir; தேட்டக்காரன், V. தேட்டாளன்; எனக்குச் சாப்பாட்டின் மேலேதேட்டமில்லை je n'ai point d'appétit,—d'envie de manger.

தேட்டாக்கூறு,V.தேடாக்கூறு.

தேட்டாண்மை,et corr. தேட்டாமை,(தேட்டு,ஆண்மை), aptitude à acquérir,acquisition,désir, recherche,investigation.

தேட்டாளன், (id. ஆளன்),acquéreur,homme qui amasse, qui épargne,économe.

தேட்டு,V.தேட்டம்.

தேட்டை,1° V. தேட்டம். 2° acc. du préc. 3°(télinga),clarté,eau transparente,dont le sédiment est tombé au fond,

தேணிறம்,(தேள், நிறம்), couleur de scorpion, V. மாந்தளிர்க்கல்.

தேண்டுகிறது,டினேன், டுவேன், டு,ட,v.a.தேண்டல்,தேண்டுதல்,n.v. V.தேடுகிறது.

தேதி,jour du mois.

தேத்து,obl.de தேம்,avec,chez.

தேந்தோடை, (தேம்), sorte d'oranger à fruits doux.

*தேமம், (tèma), humidité.

தேமல்,taches jaunes (sur la figure ou la poitrine...), taches qui se répandent: — படருகிறது ces taches s'agrandir,se répandre; அழகுத் — taches de beauté; அழுக்குத்— taches sales,—de gale; பொங்கு— taches de prospérité,de bonheur, i. e. censées l'indiquer; மங்கு— taches de malheur,de maladie ou de mort.

தேமா,(தேம், மா), 1° manguier doux,(l'adj.est தேமாம்). 2° spondée. Ce mot தேமா,étant composé de 2 longues,sert de modèle et de nom au spondée ou pied de 2 longues; il en est de même des 6 mots suivans qui peuvent signifier littéralement fruit encore vert—,fruit mûr —,ombre odoriférante—,fleur odoriférante —, ombre fraiche—, fleur fraiche de manguier doux;mais ordinairement ils servent de nom et de modèle à des pieds de vers; ainsi தேமாங்காய் pied de 3 longues, தேமாங்கனி pied de 2 longues et 2 brèves. தேமாந்தண்ணிழல் pied de 2 longues et 4 brèves, தேமாந்தண்பூ pied de 2 longues, 2 brèves et une longue,தேமாந்தண்ணிழல் pied de 3 longues et 2 brèves, தேமாந்தண்பூ pieds de 4 longues.

தேம்,1° callou, toddi, douceur, odeur,lieu, (dans ce sens il sert de terminaison à l'ablatif de lieu,(*l'obl. est* தேத்து *ou* தேமத்து: *Ex.*தோட்டாம்தேத்து chez ou avec la nourrice.2° *P.*தேமம்,humidité.

தேம்பல்,*opt.et n. v. de* தேம்புகிறது,sanglot,pleurs,fatigue, épuisement,maigreur, dépérissement,flétrissure,fleurs fanées, — vieilles,s'user.

தேம்பா,தேம்பாத, *part. nég. du même.*

தேம்பாவணி, (தேம்பா, அணி, *guirlande qui ne se flétrit pas, ou* தேம், பா, அணி, *guirlande de doux chants*),le Tembâvani, célèbre poème épique dont le héros est S[t]. Joseph et qui a été composé par le R. P. Beschi,Jésuite missionnaire au Maduré.

தேம்புகிறது,தேம்பினேன்,புவேன், பு, ப,*v.n.*தேம்புதல்,*n. v.* pleurer, sangloter,soupirer, se fatiguer, s'épuiser,maigrir, dépérir,devenir mince et chétif,se faner,se flétrir: தேம்பியழுகிறது sangloter et pleurer,se désoler.

*தேயசு,*P.* தேசசு,splendeur, lumière,beauté,sperme humain.

*தேயபக்ஷதேசம்,*P.* தேசபக்ஷதேசம்.

*தேயம்,1° *P.*தேசம்,pays, place. 2° *P.* தேகம், corps. 3° (dêya) don, objet propre à être donné. 4° vol, larcin.

தேயல்,*n.v. de* தேய்கிறது.

*தேயவாசனம், (தேயம், ஆசனம்),position du corps qui consiste à plier un pied et à se tenir ferme sur l'autre.

தேயா,தேயாத,*part.nég. de* தேய்கிறது: தேயாமணி la pierre précieuse qui ne s'use pas par le frottement,*i.e.* le diamant.

*தேயு,(dyou),feu, une des formes prétendues de Siven. [வாக்கி.

தேயுடலி,(தேயும்,உடல்), *V.*தேய்

தேய், *imp. et part.de* தேய்கிறது, தேய்கடை chose usée,déchet, diminution; தேய்கடைப்பணம் vieux fanon usé;— கல் pierre de touche;—தவளை grenouille fluette,rainette;— பிறை déclin —, décours de la lune,la lune à son déclin.

தேய்கிறது,ய்ந்தேன், ய்வேன், ய், ய,*v.n.et* தேய்ந்துபோகிறது,s'user, se frotter,se détériorer,être usé,frotté,consumé —,gâté par l'usage,—par le frottement, diminuer, s'amoindrir,maigrir: தேயாமல்வைக்கிறது placer ou garder sans frotter.

தேய்க்கிறது,ய்த்தேன், ய்ப்பேன், ய்,க்க,*v a.du préc. et* தேய்த்துப்போடுகிறது,frotter,frictionner,gratter, user par le frottement, ôter , nettoyer —,polir en frottant,broyer, écraser—,broyer dans ses mains,diminuer,détruire,gâter, tuer: தேய்த்துக்குளிக்கிறது se baigner après s'être frictionné le corps;—க்கொள்ளுகிறது se frotter, se frictionner, se gratter.

தேய்தல்,*n.v.de* தேய்கிறது,frottement, usé, consomption par l'usage,diminution,amoindrissement.

தேய்ந்த,*part. parf.de* தேய்கிறது, frotté,usé par le frottement: — பல்லு dent usée;— பல்லன், — பல்லி homme—, femme dont les dents sont usées.

தேய்த்தல்,தேய்ப்பு,*n. v. de* தேய்க்கிறது,frottement,friction,usé, diminution,destruction,meurtre; தே

கிப்புளி, தேய்ப்புளி, (உலோபி, கஞ்சி),personne économe, chiche,qui lésine.

தேய்மானம், (தேய்), frottement, diminution, déchet par le frottement, perte de l'or en le frottant sur la pierre de touche: தேய்மானமான்கள் homme pauvre,chétif,chiche,qui aime à vivre aux dépens d'autrui.

தேய்வாங்கி, தேய்வாங்கு, (தேய்வு, ஆங்கு),le paresseux,bradype,unau, animal de la famille des tardigrades: — பிள்ளை enfant maigre,contrefait; தின்கிறாய் தின்னுப்போட்டு தேய்வாங்குபோலிருக்கிறாய் tu es maigre comme le bradype quoique tu manges bien; அவளொருதேய்வாங்குப்பிள்ளையைப்பெற்றாள் elle a mis au monde un enfant contrefait, un monstre.

தேய்வு, n.v. de தேய்கிறது, frottement, friction, perte, déchet par le frottement, manque, défaut, maigreur.

தேய்வை, (தேய்வு), 1° parfum (de bois de sandal...) mis en poudre par le frottement. 2° *acc. du préc.*

தேர்ச்சன், (தேர்), cocher.

தேராடு, (*id.*), ornière, remise, place où l'on met le char.

தேரர், (தெருகிறது), les Bouddhistes.

தேரலர், (தேர், அலர்), ennemis, insensés.

தேரல் *n.v. et opt. de* தெருகிறது.

தேரன், Têren; célèbre médecin.

தேரார், *n app. nég. de* தெருகிறது, gens illétrés, vils, ignorans, insensés, ennemis.

தேராளன், (தேர், ஆள்), guerrier qui combat sur un char, troupe —, armée pour les chars de guerres.

தேரி, 1° monceau de sable, gros monticule. 2° *P.* தேர்ந்து.

தேரிஜு, compte détaillé et qui présente un résultat.

தெருகிறது, ர்ந்தேன், ருவேன் *ou* ர்வேன், ரு *ou* ர, *v. n. et* தேர்ந்து கொள்ளுகிறது, s'instruire, s'éclaircir, s'éclairer, se perfectionner, considérer, examiner, comprendre, connaître, compter, dire, être clair ou தேர்ந்துபோகிறது devenir accompli, expert, habile, instruit, savant, expérimenté.

தேருமட்டி, (தேர்), escargot, limaçon à coque, *litt.* à char, trochus.

தேரை, 1° grenouille maigre et fluette, maigreur. 2° don gratuit, — volontaire. 3° *acc. de* தேர். 4° *P.* தேராய். 2° *pers. nég. de* தெருகிறது: — க்கால், — க்கை, jambe —, bras grêle comme ceux de la grenouille susdite; — பாய்கிறது cette grenouille sauter, devenir maigre (par maladie); — மோந்ததேங்காய் coco desséché que cette grenouille a flairé; — மேய்கிறது la grenouille susdite brouter, *ou* — பாய்ச்சிட்டது தேய்கிறது devenir maigre et décharné; — விழுந்தபிள்ளை enfant décharné; ஆயிரம் பாம்புக்குள்ளே ஒருதேரை யிருக்கிறதுபோலே comme une grenouille au milieu de mille serpens, être exposé à une perte certaine.

தேரையன், *P.* தேரன்.

தேரோன், (தேர்), guerrier qui combat sur un char, celui qui a un char, le soleil (il se met surtout à la fin des mots composés, comme ஒராழித்தேரோன் celui qui a un char à une seule roue, *i.e.* le soleil, selon les Indous).

தேர் 1° char, — de procession, — de guerre, corps d'armée composé de chariots de guerre, la 4me constellation dite உரோகணி. 2° *imp. et part. de* தேர்கிறது: இழுப்புத்தேர் char de procession à roues, — qu'on traine; (celui qu'on porte, se dit எடுப்புத்தேர்); தேராழி, — உருளை roue de char; — இடக்கொடி drapeau de char, — de char d'idole; — இழுப்பு action de tirer ou trainer un char; — உட்பாரப்பலகை traverse de char qui en soutient les planches; — எழுத்தாணி poinçon à écrire dont le bout ressemble à un char de pagode; — ஏற்றக்காரன் homme monté sur un char; — ஓட்டுகிற

grande rue,*litt.*rue où courent les chars,—où passe le char de procession,rue extérieure de pagode;—ஓட்டம் procession avec un char, défaite et fuite des chars (dans une bataille);—ஓட்டி cheville qui joint l'essieu au char;—ஓட்டு action de trainer ou de conduire un char:—கடை (தேர்கிறது),détermination,résolution finale:—க்கவி vers écrits en forme de char,—en carré;—க்காரன் cocher, propriétaire d'un char, homme monté sur un char,qui combat sur un char;—க்கால் roue de char,ornière;—க்குடம்,—க்கூட்பு,—க்கொடிஞ்சி dessus—,pavillon de char, sommet hémisphérique de char (de procession ou autre); —க்கொடி drapeau de char;—க்கொடுஞ்சிகை contour des planches d'un char de procession, ce qui assujettit ces planches; —க்கொாத்தர் (கொாத்தன்),ceux qui trainent le char;—க்சாரிபலகை, *V.*தேர்த்தட்டு;—க்கில் roue de char;—க்சீலை toile de char (de procession) — toiles brillantes qui servent d'ornemens à ce char;—ச்சுவடு ornière,trace de char;—க்சேனை armée de chars de guerre, une des 4 dிtes சதுரங்க-சேனை, l'armée qui monte ces chars;—த்தட்டு plancher—,milieu du char (où l'on place la statue);—த்தானை armée de chars, *V.*தேர்ச்சேனை;—த்திருநாள் fête où il y a procession avec un ou plusieurs chars; —த்துகள் poussière d'un char,—que soulèvent les roues d'un char,(elle se compose de 8 கதிரெழுதுகள்): — நடு milieu du char; —நிலை remise de char, place où l'on dépose,où l'on serre les chars de procession;—ப்பந்தர் pandel en forme de char; — ப்பாகன் cocher, conducteur de char;—ப்பார்,*V.* தேர்த்தட்டு;—முடி dessus du char;—முட்டி lieu où l'on arrête le char, plate-forme en briques avec des degrés auprès du char;on y place la statue avant de la mettre sur le char et après l'avoir descendue);—மொட்டு, *V.*தேர்க்கொடிஞ்சி;—வடம் câble pour trainer un char;—வீதி rue où passe le char; —வீரர் guerriers qui combattent sur des chars.

தேர்கிறது,*V.*தேருகிறது.

தேர்ச்சி,*n.v.du préc.* connaissance,habileté,expérience, instruction, science,clarté,évidence,investigation,examen,recherche, conseil, calcul:—த்துணைவர் ou

தேர்ச்சியர்,(தேர்ச்சி),ministres —, conseillers (d'un roi....)

தேர்தல்,*n.v.de* தேர்கிறது, action de s'instruire...*V.*தேர்ச்சி.

தேர்ந்த,*part.parf. du même*:—உணர்வினன் homme d'un esprit mûr, d'une habileté consommée: தேர்ந்தவன் homme expérimenté,savant.

தேர்வு,*n.v.du même*,examen,connaissance,expérience,clarté.

தேலிக்கை,(தேலுகிறது), légèreté,volatilité.

தேலுகிறது, லினேன், லுவேன், லு,ல,*v.n.*தேலுதல் *n.v.*être délivré (de danger...),être relâché, mis en liberté,échapper: ஆபத்துக்குத் தேலிப்போகிறது échapper au danger; கப்பல்தேலிற்று le navire est sauvé, est hors de danger,est de nouveau à flot; பாவத்தினின்றுதேலினன் il est sorti du malheureux état du péché.

*தேவ,(dêva),*adj.de* தேவன்,divin, de Dieu,des dieux,céleste: —கணம் la 1re des 3 கணப்பொருத்தம், *i. e.* combinaisons ou divisions des constellations;—கணிகையர் danseuses ou prostituées du Souvarkam;—கம்மாளன் l'artisan divin ou l'architecte des dieux nommé விச்சுவகன்மா;—கன்னி vierge divine,danseuse ou prostituée du Souvarkam, —கா bosquet ou jardin sacré, jardin de fleurs d'une pagode;—காரம், —காதலம் grotte de montagne, étang ou réservoir naturel; —காந்தாரி nom d'un air;—காயகன், (gâyana *chanteur*),musicien céleste, *V.*கந்தருவர்; —காரியம் chose divine,adoration —, culte de Dieu; —காணம்

musique céleste, air propre aux dieux: —கிரகம் demeure de la divinité, temple: —கிரி la montagne divine, nom d'une montagne, nom d'un air: —குசுமம் fleur divine, *i.e.* clou de girofle; —குண்டம் source naturelle; —குரு le gourou des dieux, *i. e.* வியாழன்: —குருவஞ்சம், —குருவம் une des 6 போகபூமி ou divisions du Souvarkam; —குலம் temple, pagode, race divine, —des dieux; கூத்தியர் les danseuses ou bayadères du Souvarkam; —கெந்தம், —கந்தம் résine dite குங்கிலியம்; — கோலம் majesté divine, appareil divin: — கோயில், —கோவில் temple, église, pagode; —க்கிரியை espèce d'air ou de mélodie, c'est le 2ᵉ des 32 இராகம்; —சகாயம் secours divin, Lazare; — சங்கு conque divine, *V.* சங்கநிதி; —சபை assemblée de dieux (de la fable), place où les dieux sont censés se rassembler pour adorer Siven dans le temple de சிதம்பரம்; —சாட்சி témoignage divin, serment, présence de Dieu: —சாயுச்சியம் béatification inférieure ou temporaire (selon Rottler), être au nombre des dieux inférieurs தேவர், (ou plutôt) absorption dans—, identification avec la divinité (la béatitude suprême des Indous); — சிகிச்சகன் médecin divin, —des dieux du Souvarkam: (il y en a 2, fils du soleil et de la nymphe அச்சுவினி; —சிருட்டி, —சிருஷ்டி créatures de Dieu. *i.e.* les êtres mobiles et immobiles, animés et inanimés; —சிருட்டை, —சிருஷ்டை liqueur spiritueuse; *litt.* créature divine: —சுருதம் traité de science sacrée: —சுருதன், (சுருதம்), Dieu, Nâraden: —சேனாபதி généralissime de l'armée céleste, (selon les Indous) Soupramanien: —சேனை l'armée—, l'assemblée céleste, (selon les Indous cette armée se compose de leurs 330 millions de dieux inférieurs), Dèvasènâ fille d'Indiren; —ஸ்தலம், —ஸ்தானம் lieu divin ou sacré, temple; —ஸ்திரீ prétendue déesse; —தச்சன் le charpentier ou l'architecte des dieux, *i. e.* Visvakarmâ; —தத்தம் don divin, la conque d'Ardjouna; —தத்தன் Dieu-donné, Adéodat, Jonathas, le frère cadet de Bouddha, un des 10 airs vitaux du corps, (selon les Indiens, celui qui cause la course, la fatigue, la sueur, ou celui qu'on exhale en bâillant); —தத்தாக்கிரசன், (அக்கிரசன்), le frère aîné de Dèvadatten, *i.e.* Bouddha; —தத்துவம் divinité, nature —, puissance divine; —தரு arbre censé divin, —du Souvarkam, (*V.* ஐந்தரு) et surtout le கற்பகம், le மந்தாரம், l'அரசமரம், arbre ancien sous lequel s'assemble le village; —தாசம் service de Dieu; —தாசன் serviteur de Dieu; —தாசி servante des dieux et des pagodes, bayadère, prostituée, courtisane du Souvarkam: on en compte 4, savoir: உருப்பசி *ou* உருவசி, மேனகை, திலோத்தமை, அரம்பை; —தாசிவீடு maison de prostituée, bordel; —தாடம் le prétendu tourment des dieux, *i.e.* le serpent இராகு ou le nœud ascendant, le feu; —தாமரை nénuphar divin, or qui ressemble au nénuphar: — தாயம் allocation pour l'entretien d'un temple: —தாரம், (தாரு), arbre divin, un des ஐந்தரு, l'arbre erythroxylon aureolatum, l'arbre odoriférant செம்புளிச்சை; — தாரி l'arbre தேதாரி, arbre divin, un des ஐந்தரு; —தாரு, *V.* தேவதாரம்; — தாருவனம் forêt d'arbres sacrés, —habité par des pénitens; —தாழ்ச்சி 1° divine humilité. 2° *P.* தேவதிராட்சம் vigne; —தாளி la plante convolvulus; —தானியம் espèce de grain cultivé dans l'Inde, andropogon saccharatus; —திருவுளம் oracle; — தீபம் lampe divine, l'œil: — தீர்த்தம் divine eau lustrale, partie de la main consacrée aux dieux, bout des doigts; —துந்துபி tambour des dieux indous; — தூஷணம் blasphème: — தூஷணக்காரன், — தூஷகன் blasphémateur, celui qui outrage

Dieu ou les choses saintes; —தூதர் messagers de Dieu, les anges; —தூதி messagère des dieux indous; —தாரம் encens, benjoin; —தேவன் le Dieu des dieux, (en style païen chaque sectaire l'appliquant à son dieu) Brama, Vichnou, Siven; —த்துவம், —தன்மை, divinité, essence—, nature divine; —திரவிய அநுமானம், —திரவியானுமானம் sacrement, *litt.* signe des richesses spirituelles; —த்துரோகம் sacrilége; —த்துரோகி sacrilége, personne coupable de sacrilége; —தாயம் portion du produit d'un champ donné à un temple; —நகர் temple, pagode, ville divine, —des dieux indous; நாகரி caractères propres au sanscrit, alphabet dêvanâgari, —நாயகன்பட்டணம் la ville de Dêvanâmpatam ou le fort St David près de Goudelour ou Cuddalore; —நிலயம் résidence de la divinité, paradis, ciel: —நிந்தகன்; (நிந்தை, aka).contempteur de la divinité. —des dieux, hérétique, infidèle, athée, blasphémateur; —நிந்தை mépris de la divinité, blasphème, hérésie, athéisme; —நீதி justice divine, châtiment venu de Dieu; —பதம் le séjour de Dieu ou des dieux, air, ciel, firmament; —பதி le prétendu roi des dieux, *i.e.* Indiren; —பத்தி piété, charité; —பத்தினி, —பாரி épouse d'un dieu; —பவனம் l'அமராவதி, temple, paradis; —பாஷை le prétendu langage des dieux le Sanscrit ou le Nâgari; —புரம், —பட்டணம் la ville prétendue des dieux, le Souvarkam, அமராவதி capitale d'Indiren; —பூமி la terre des dieux, le Souvarkam; —பசு la vache censée divine dite காமதேனு; —பிரதிமை idole, statue de divinité; —பிரமா le Brama des dieux inférieurs, *i.e.* Nâraden; —பிராமணன் brame divin, vénérable, estimé des dieux; —ப்ரோக்ஷிதம் (prékta, *dit*). révélation divine; —புள் l'oiseau divin, *i.e.* le cygne; —பெண் femme divine, déesse; —மணி le bijou suspendu sur la poitrine de Krichna; —மணி le bijou (susdit) de Krichna, —des dieux, Siven, certain cercle ou tour de poils sur la poitrine de quelques chevaux regardé comme de bon augure, *V.* அச்சுவமணி; —மருத்துவர் les médecins des dieux, les அச்சுவினிகள்; —மாசம், —மாதம் le 8me mois de la grossesse; —மாதா la mère de Dieu, la S^te vierge Marie, *ou* —மாதிரு Aditi la mère des 330 millions de dieux inférieurs; —மாதர் les déesses, les femmes du Souvarkam dites அரம்பையர்; —மொழி parole divine, oracle; —யத்தினம், *V.* தேவேந்திரனம்; —யாத்திரை, —யாத்திரம் pélérinage, procession d'idole, fête avec procession; —யானம் monture de divinité, le char fabuleux des dieux, niche, châsse; —யானை la fille de சுப்பிரன்; —யானை; 1° l'éléphant royal d'Indiren. 2° la femme de Soupramanien; —யோனி naissance divine, être surhumain, démon ou demi-dieu; —ரங்கம், (அரங்கம்), toile peinte, vêtement de soie; —ரதம் le char fabuleux des dieux dit விமானம்; —ரம்பை, (அரம்பை), courtisane du Souvarkam; —ராஜன் le roi des dieux, *i.e.* தேவேந்திரன்; —ராதன் nom d'un roi de மிதிலை; —ரிஷி richi de la classe des immortels ou des demi-dieux; —ரூபம் forme divine; —ரூபி de forme divine; —மல்லிகை, (இல்லிகை), jasmin double; —லோகம் le monde des dieux, le Souvarkam; —வசம் possession de Dieu; —வணக்கம், *V.* தேவவணக்கம்; —வசிகரம், —வசீகரணம், —வசீகிருதம் consécration à Dieu, —de l'eucharistie; —வணக்கம், —வழிபாடு culte divin, adoration—, invocation à Dieu; —வக்திரம், *litt.* visage—, bouche divine, le feu (qui dévore tout comme la bouche des dieux, —வஸ்திரம் vêtement divin; —வரசி, (அரசி), la reine prétendue divine, *i.e.* Indrâni; —வரம் don de Dieu; —வரன் le Dieu suprême; —வருடம், —வருஷ

ம், V. தேவாலயம்; —வருத்தகி, (vardbaki le charpentier), V. தேவதச்சன்; —வாக்கியம் parole divine, — de Dieu, écriture sainte; —வாக்கு, —விடை oracle, — divin; — விரதன் adorateur de la divinité ou des dieux indous, (surnom de) வீடுமன். —விரதம் vœu fait à Dieu, devoirs envers Dieu; —விருட்சம் arbre divin, du Souvarkam, l'arbre echites scholaris; — வைத்தியம் remède divin, —de vermillon, médecine des dieux: —வுத்தரவு, (உத்தரவு), oracle, permission divine. [ம்

*தேவகம், (தேவன், ka), V. தேவீ.

*தேவகன், (id.), Dèvaguen, grand père maternel de Krichna.

*தேவகாத்துமகை, (தேவகன், ஆத்துமகை), 0u

*தேவகி, (தேவகன்), Dèvaki, fille de Dèvaken, femme de Vasoudèven et mère de Krichna: — சுதன், — நந்தனன், — மைந்தன் le fils de Dèvaki, i.e. Krichna

தேவகிருதம், தேவகிருத்தியம், (தேவ, கிருத்தியம்), ce qui appartient à Dieu, V. தேவவகிருதம்.

தேவடியாள், (தேவ ou தேவ, அடியாள்), servante de Dieu (ou plutôt) des dieux indous, danseuse des pagodes, bayadère, prostituée: — மகன் fils de prostituée, bâtard (injure).

*தேவதை, (தேவன், tà), dieu, divinité, déesse: — சாந்நித்தியம் présence de Dieu ou de la divinité; — வஸ்தம் chose divine, divinité, excellence de la Divinité. [ம்), temple, pagode

*தேவதாகாரம், (தேவதா, ஆகார

*தேவதாதிபன், (id. அதிபன்), le roi des dieux indous, i.e. Indiren.

*தேவதாபிமேற்சனம் et corr. தேவதாவிபற்சனம், (id. அபி, அற்சனம்), idolâtrie, adoration d'une idole.

*தேவதாயதனம், (id. ஆயதனம்), V. தேவாலயதனம்.

*தேவதை, (தேவன், tà), Dieu, divinité, déesse, démon: துர்த்தேவதை — mauvaise divinité, i.e. mauvais démon.

*தேவம், 1° (dèva), organe des sens. 2° P. தெய்வம், divinité, manguier.

*தேவரன், (dèvara), frère du mari, surtout le plus jeune.

தேவராட்டி, (தேவர், ஆட்டி), pythonisse, possédée, femme censée inspirée par les dieux, fém. de

தேவராளன், (id. ஆளன்), homme censé inspiré par les dieux, possédé.

தேவரீர். தேவரீர்கள், votre divinité, votre majesté, votre altesse, votre seigneurie, votre révéreuce, (ce mot se décline et s'emploie pour Dieu les rois, les princes, les gourous et autres grands personnages).

தேவருணவு, (தேவர், உணவு), la nourriture des dieux indous, l'ambroisie.

*தேவர், தேவர்கள், pl. de தேவன், les dieux inférieurs des Indous, fils de Aditi et de கசியபன். Ils se nomment aussi Sourers. On en compte 330 millions, que l'on divise ainsi: தேவர்வகை-மூ les 33 espèces de dieux, savoir: ஆதித்தர் — 12 soleils, அச்சுவினிகள் — 2 les 2 Asvinis ou médecins des dieux, உருத்திரர் — 11 les 11 Routrers, வசுக்கள் — 8 les 8 Vasous, en tout 33 espèces. Ce sont comme les chefs des différentes classes de dieux et dans chaque classe il y en a 10 millions; cequi fait 330 millions Selon les livres des Sivénistes, on compte 5 dieux appelés பஞ்சமூர்த்திகள், பஞ்சதேவதை ou பஞ்சகருத்தாக்கள் les 5 seigneurs, ce sont பிரமா Brama, விஷ்ணு Vichnou, உருத்திரன் Routren, மகேச்சுரன் Mahèsvara et சதாசிவன் Sadâsiven. Cette dernière liste est pour faire prévaloir sur Brama et Vichnou, Siven désigné par les 3 derniers noms: தேவர்அநுகம்பு supplication aux dieux: —ஆள்கூடு, V. தேவாள்கூடு: —ஊண், V. தேவருணவு: —வகை les espèces de dieux, V. ci dessus; —வாசம், V. தேவாவாசம்; தேவர்க்கூட்டம் danse des Pousaris ou பூசாரிகள் Soudras en l'honneur des dieux (après certains sacrifices à துர்க்கை, aux dieux infernaux etc...).

*தேவலகன், (தேவலன், ka), bra-

me attaché au service d'une idole.

*தேவலன்,(dèvala), homme vertueux, frère du mari, brame, nom d'un Mouni, V. தேவலகன்.

தேவவரசி, (தேவ, அரசி),la reine des dieux i.e. இந்திராணி.

தேவவுணவு, (id. உணவு),nourriture divine, portion des oblations qu'on donne pour la nourriture des dieux, V.தேவருண். [gode.

தேவனம், (தே,வனம்), temple,pagode.

*தேவனம்,(dèvana), jeu, amusement, passe-temps, emploi,occupation, beauté, compagne, lumière, louange, chagrin, jardin, bosquet, nénuphar,dé à jouer.

*தேவன், (dèva de diva ciel),Dieu, dieu indou, habitant du ciel, roi, Arouguen,lancier, porteur de l'ombrelle dite பரிசை, frère du mari, idiot,fou, titre d'honneur des மறவர் et de certaines castes. Ce mot se joint aussi au nom propre de certains princes ou chefs natifs. Voyez en les composés aux mots தேவ et தேவர்.......

*தேவாங்கம்,(தேவ.அங்கம்),corps divin, tissu —, vêtement de soie.

தேவாங்கு, P. தெய்வாங்கு.

*தேவாசனம், (தேவ, ஆசனம்): trône divin.

*தேவாசீவன்,தேவாசீவி, (id. ஆசீவம்), brame qui vit au service d'une idole ou d'un temple.

*தேவாசுவம்,(id.அசுவம்),le cheval d'Indiren.

*தேவாஸ்திரம், (id. அஸ்திரம்), trait ou javelot divin, —des dieux ou donné par les dieux.

தேவாண்டு,(id.ஆண்டு),année divine,elle contient,au dire des Indous, 360 ou selon d'autres 365 années humaines, un jour des dieux faisant une année des hommes. [வதாயம்.

*தேவாதாயம்,(id.ஆதாயம்), V.தே

*தேவாதி.(தேவன்,ஆதி),Dieu: தேவாதிகள் les dieux (des gentils); தேவாதிதேவர் le Dieu des dieux.

*தேவாதீனம்,(id.ஆதீனம்),divine providence, chose —,faveur divine: —ஆய்வருகிறது arriver providentiellement.

*தேவாத்திரம், P. தேவாஸ்திரம்.

*தேவாபீட்டை,(தேவ,அபீஷ்டம்), ce qui est aimé des dieux,i. e. bétel.

*தேவாமுதம்,தேவாமிர்தம், (id. அமுதம்), ambroisie divine, V.தேவருண்.

*தேவாயதனம், (id. ஆயதனம்), demeure des dieux, temple, pagode. [des dieux,l'arc-en-ciel.

*தேவாயுதம், (id.ஆயுதம்), l'arme

தேவாரம், (id. ஆரம்), poème en l'honneur de Siven, V.மூவர்பாடல்.

*தேவாரம்பன்(id ஆரம்பம்),préparation du Seigneur, Joachim.

*தேவாராதனை, தேவார்ச்சனை, (id. ஆராதனை, அர்ச்சனை), adoration divine, culte de latrie.

*தேவாரி, (id. அரி), ennemi des dieux, géant, démon.

*தேவாலயம்,தேவாலையம்,(id.ஆலயம்), maison de Dieu, temple, église, pagode,résidence des dieux indous, le mont மேரு, montagne d'or, ou à mines d'or: தேவாலய சேசுகுருவானவர் curé, — de paroisse,ministre de temple, — விசாரணைக்காரன் surintendant de temple, marguillier d'église: தேவாலயத்திறுடைமை bien—, propriété —,ustensile de temple;— உடைமையெடுக்கிறவன் voleur du bien d'un temple.

*தேவாவாசம்,(id. ஆவாசம்), demeure divine, temple, séjour des dieux, le Souvarkam, l'அரசமரம்.

*தேவானுஷ்டிப்பு, (id. அநுஷ்டிப்பு),culte divin.

*தேவான்னம்,(id.அன்னம்),nourriture ou riz offert à une idole.

*தேவி, (dèvi),déesse, épouse d'un dieu indou, reine, épouse (d'un grand ou d'un supérieur), dame, matrone, femme de 1re qualité dite பதுமினி, Dèvi, i. e. Kâli, Pârvadi ou Dourgâ (3 noms de la femme de Siven,mais,à ce qu'il semble, dans diverses incarnations fabul.), nom de plante: — கோட்டம் la ville de Dêvicotta (au sud de Porto novo), temple de Kâli; — பட்டினம் nom d'une ville: — முத்திரை sorte de crystal; — தன்றேவியையீன்றாள் la mère de sa femme, sa belle-mère.

*தேவிரு, (dêvrou), frére du mari (surtout le plus jeune), second mari, (selon d'autres) 1er mari.

*தேவிகம், தேவீயம், தேவீகம், (தேவ, ika, ila), divinité, nature divine, chose divine ou céleste, — appartenant à Dieu ou qui vient de Dieu.

*தேவேக்கியம், (தேவ, யக்கியம்), le sacrifice ஓமம். [இந்திரன்.

*தேவேசன், (id. ஈசன்), V. தேவேந்

*தேவேஜியம், தேவேசீயன், (id. idjya précepteur), le gourou des dieux, i.e. வியாழன்.

தேவேஷ்டம், (id. இஷ்டம்), chose agréable à la divinité.

*தேவோத்தனம், P. தேவயத்தனம் providence —, action divine, instrument —, dessein ou moyen divin.

*தேவேந்திரன், (id. இந்திரன்), Dêvêndiren ou Indiren, le prétendu roi des dieux inférieurs, et du Souvarkam. Sa femme se nomme இந்திராணி, சசி ou புலோமசை; son fils சயந்தன்: son cheval உச்சைச்சிரவம்; son éléphant ஐராவதம்; sa capitale அமராவதி; son palais வைசயந்தம்; sa salle d'audience சுதன்மம்; son jardin கற்பகச்சோலை; son drapeau représente la foudre இடி; son arme வயிரப்படை est de diamant. Au reste ce nom est plutôt un nom de dignité qu'un nom propre, puisque quiconque fait un certain nombre de sacrifices, obtient cette place, et la garde jusqu'à ce qu'un autre vienne la lui enlever, ou qu'il la perde lui-même par son orgueil.

தேவை, besoin, nécessité, ce qui regarde ou importe, nom d'une ville: — யானது ce qui est nécessaire; — வாங்கக்குறிறது prendre —, acheter par nécessité; — யில்லை ce n'est pas nécessaire, n'importe; — யுள்ளவன் celui qui a besoin; உன்னுதவிதேவையெனக்கு — j'ai besoin de ton secours; இதைக்குறித்தெனக்கொன்றுந்தேவையில்லை cela ne me regarde pas, ne m'importe pas ou ne m' est pas nécessaire.

*தேவோக்திதம், தேவோக்தம், (தேவ, oukta dit), révélation divine.

*தேவோத்தியானம், (id. உத்தியானம்), jardin de fleurs des dieux ou des pagodes.

தேளி, (தேள்), scorpène ou carpe-scorpion, scorpæna, coco rougeâtre dit கேளி, scorpion, le poisson இரளி.

தேள், scorpion, le signe du —, l'alpha du Scorpion, la 18me constellation dite அனுடம்: — க்கடை la 19e constellation, la queue du Scorpion; — க்கொண்டை ou தேட்கொண்டை le poisson தேளி, scorpène; — க்கொடுக்கி ou தேட்கொடுக்கி la plante heliotropium indicum; — க்கொடுக்கு ou தேட்கொடுக்கு dard du scorpion; — கொட்டுகிறது le scorpion piquer; — கொட்டிவிஷமேறுகிறது le venin du scorpion monter (dans le corps) après qu'il a piqué; — கொட்டினவாய் l'endroit de la piqûre du scorpion; — கொட்டினவாயெரிக்கிறது la place ou le scorpion a piqué cuire; — முள்ளு dard de scorpion; — வாணம் fusée qui se lance et serpente à travers le peuple.

தேறகம், le poisson தேறை.

தேறலர், (தேறு, அலர்), ennemis, (à qui on ne peut se fier).

தேறல், opt. et n.v. de தேறுகிறது. rétablissement, soulagement, affermissment, encouragement, consolation, confiance, certitude, décision, détermination, résolution, stabilité, accroissement, clarté, roideur, hâte, pause, calleu ou jus de cocotier..., miel. [றது.

தேறா, தேறாத, part. nég. de தேறுகி

தேறாமை, n.v. nég. du même, instabilité, incertitude, irrésolution, faute de se fortifier... [rans, sots, V. தேறலர்.

தேறார், n.app. nég. du même, ignotேறி, தேறின, gér. part. du même:

தேறினகாய் fruit presque mûr, — பயிர் moisson presque mûre, parvenue à sa crue; — புத்தி esprit mûr, rassis, solide, ferme, résolu; — வெழுத்து, (எழுத்து), lettre bien formée.

தேறு, n. v. imp. et part. de தேறுகிறது, rétablissement, affermissement, résolution, certitude, clarté, pureté, l'arbre தேற்றமரம், morceau, pièce: சுக்குத் — morceau de gingembre sec; — கடை décision, détermination, conclusion: — கடைபண்ணுகிறது décider —, finir (une affaire); — படுகிறது être consolé, fortifié; — பாடு consolation, affermissement.

தேறுகிறது, றினேன், றுவேன், று, ற, v. n. (தேறு), ou தெறிப்போகிறது, se fortifier, se remettre, se rétablir, prendre des forces, se consoler, s'encourager, avancer, se perfectionner, s'améliorer, prospérer, être en bon train, augmenter, croître, se décider, se déterminer, choisir, être résolu, certain, devenir clair, se roidir, se clarifier, se fier, se confier, croire, s'arrêter; தேறியிருக்கிறது, — ப்போகிறது être rétabli, fortifié, consolé, résolu...; இதுவோ அதுவோ தெறமாட்டேன் je ne saurais décider ou être certain si c'est ceci ou cela; தேறுமலிருக்கிறது être incertain, ne pas se fortifier....

தேறுதலை, 1° acc. du suiv. 2° ou

தேறுதல், n. v. du préc. V. தேறல்.

தேறுநர், (தேறு), partisans, amis, gens sûrs, — à qui on peut se fier, ou qui se fient.

தேறல், 1° nom d'un poisson. 2° P. தேறும். 2° pers. nég. de தேறுகிறது.

தேற்றம், n. v. de தேற்றுகிறது, détermination, décision, conclusion d'une affaire, clarté, certitude, assurance, consolation, courage, augmentation, emphase: தேற்றக்குறிப்பு mot emphatique, qui marque la certitude, la décision: — உவமை, (உவமை), comparaison avec l'addition de la lettre ஏ (pour relever ou rabaisser l'objet en question), Ex. அல்லார்திருவினின் நல்லார்வறுமையே la pauvreté des bons est plus douce ou meilleure que les richesses des méchans.

தேற்றரவாளன், (தேற்றரவு, ஆளன்), consolateur, qui fortifie, homme ferme, courageux.

தேற்றரவு, (தேற்றம், இரவு, don), consolation, encouragement, clarté: — செய்கிறது, தேற்றரவாய்ப் பேசுகிறது consoler, encourager.

தேற்றல், opt. et n. v. de தேற்றுகிறது, consolation, encouragement, décision, annonce, clarification.

தேற்று, 1° ou தேற்றுத, part. nég. du même. 2° ou தேற்றுமரம் l'arbre strychnos potatorum: தேற்றுக்கொட்டை la noix de cet arbre qui sert à clarifier l'eau.

தேற்றார், தேற்றுதவர், n. app. nég. de தேற்றுகிறது, ignorans, sots, ennemis.

தேற்றுகிறது, த்தினேன், த்துவேன், த்து, த்த, v. a. de தேறுகிறது et தேற்றுதல், n. v. consoler, encourager, soulager, fortifier, affermir, déterminer, décider, annoncer, assurer, clarifier l'eau, éclaircir: தேற்றிக்கொள்ளுகிறது éclaircir (des comptes...), consoler, fortifier, encourager; — க்கொண்டிருக்கிறது finir, terminer, liquider un compte, se consoler, s'encourager, s'affermir, se décider, s'assurer; உண்டாவில்லையென்று தேற்றிக்கொள் assure toi —, décide s'il a quelque chose ou non (à payer...)

தேனப்பிரகம், (தேன்), talc couleur de miel.

*தேனம், (dhêna), océan, mer.

*தேனர், (stêna), voleurs, démons ou அசுரர். [ellébore.

தேனி, la plante கடுரோகிணி,

தேனியீ, தேனீ, (தேன், ஈ), mouche à miel, abeille: தேனீக்கூடு ruche d'abeille.

*தேனு, 1° (dhênou), vache, — à lait, la vache d'abondance dite காமதேனு, buffionne, ou buffle. 2° cheval, vol: — முத்திரை cachet de la vache.

*தேனுகம், P. தேனுகை, éléphant femelle.

*தேனுகன்,(dhènouka), Dhènouguen, அசுரன் tué par Krichna: தேனுகசூதனன் le destructeur de Dhènouguen, *i.e.* Krichna.

*தேனுகா, தேனுகை,(தேனு,kâ), vache à lait, éléphant femelle: தேனுகா க்ஷீரம் lait de vache.

*தேனுகாரி,(தேனுகன், அரி), l'ennemi de Dhènouguen, *i.e.* Krichna.

தேனுறை,(தேன்), rayon de miel.

தேனொல்,(தேனு, *cheval* ஒல் *jour*), la 1re constellation dite அசுவினி.

தேன், miel, liqueur enivrante, callou ou jus de cocotier..., odeur, scarabée, - femelle; இறாற்றேன், (இறால், தேன்), miel de rayon; கொசுகுத் —, *V.* கொசுகாற்றேன்; — அழிக்கிறது ôter le miel en détruisant les abeilles; — அழித்தவன்கையை நக்குவான் celui qui ramasse le miel léchera sa main; — இறக்குகிறது enlever le miel, *V.* தேனழிக்கிறது; — இருட்டு, — இறாடு, — இறால் rayon de miel; — எடுக்கிறது ôter —, enlever le miel; - கடல் la mer de miel, une des 7 mers des Indous; — கதலி espèce de banane; — குழல், — குழாய் beignet au miel; - கூடு, — கூண்டு rayon de miel, ruche d'abeilles; — கூண்டொழுகல் le miel dégoutter des rayons, recevoir le miel dans un vase quand il découle des rayons; — ஈக்கி mouche à miel; — ஈக்கிபோலிரைகிறது bourdonner comme les mouches à miel; — மரம் arbre à miel; — வதை rayon de miel; தேனிலேயுள்ள பானம்பண்ணிக்கொடுக்கிறது donner une médecine dans un breuvage au miel.

தேன்றோடை, (தேன், தோடை), oranger mielleux, *i.e.* à oranges douces; — பழம் orange douce.

தை, 1° lettre syllabique composée de த et de ஐ. 2° le 10me mois de l'année tamoule, le mois de taï, de la mi janvier à la mi-février, le signe du Capricorne, correspondant au mois தை, (il est à remarquer que les signes sont en retard par rapport au calcul européen; le signe dit மேஷம் ou le Bélier indien avec le mois de சித்திரை ne commençant que vers le 11 ou 12 avril), la 8me constellation lunaire dite பூசம், expression usitée en battant la mesure, jus —, racine de la plante cleome felina. 3° *imp. et part. de* தைக்கிறது *et de* தைக்கிறது.

தைகிறது, தைந்தேன், தைவேன், தைய, தைய, *v.a.* orner, décorer.

தைக்கிறது, தைத்தேன், தைப்பேன், தை, தைக்க, *v.a.* coudre, faire une couture, attacher, lier, enchaîner, joindre, percer, piquer, enfoncer, s'enfoncer, (*v.g.* une épine dans le pied), clouer, river un clou, mettre les fers, boucher, additionner, faire le total, clore un compte, frapper, affecter, tourmenter, causer de la peine ou des remords, éprouver, être vexé, tourmenté: சரிகை — brocher, *ou* சித்திரம் —, broder; முள்ளு —, அம்பு — une épine —, une flèche percer ou s'enfoncer; லாடத்தைக் குதிரைக்கு — mettre les fers à quelqu'un; ஆணி — clouer, enfoncer un clou, ou un clou s'enfoncer; குதிரைக்குலாடம் — ferrer un cheval; ஒருவார்த்தைமனதிலே — une parole percer — pénétrer le cœur, — s'imprimer dans l'esprit; செய்தகுற்றம் *ou* பாவம்மனதிலே — la faute commise ou le péché causer des remords de conscience; தைத்திருக்கிறது être ou avoir cousu, enfoncé, cloué, attaché: தைத்துப்போடுகிறது coudre, enfoncer..., raccommoder, ravauder; தைக்கிறவன் tailleur: முள்ளுதைத்தவன் celui qui s'est enfoncé une épine (dans le pied): அம்புதைத்தவன் celui qui est blessé ou a percé d'une flèche.

*தைச்சம், (taïdjasa), métal, beurre fondu, force, vigueur.

தைச்சவர்த்தினி, (தைச்சம், ஆவர்த்தனம், ini), creuset (pour fondre les métaux).

தைசரம், le signe du Capricorne, une des 3 espèces d'orgueil

*தைஷம், தைடம், (taïcha), le mois de தை.

தைநுனி,(daiva),le bout des doigts.

தைதல், n.v.de தைதிறது, décoration.

*தைதிலம், (taïtila), rhinocéros, ou

தைதுலம், தைதுலாம்,தைதுலி, P.தைதிலம், âne, c'est le 4me des கரணம். [ன்.

*தைதேயன், (daïtèya),V.தைத்திய

தைத்தல், n.v.de தைக்கிறது,couture,piqûre, action de coudre...

*தைத்தியன், pl.தைத்தியர், (daïtya), les Daïtyers ou fils de திதி et de கசியபன்,i.e. les அசுரர் au nombre de 660 millions: தைத்தியகுரு, le gourou des Daïtyers, i.e. சுக்கிரன்; —தேவன் le dieu des Daïtiers, i. e. வருணன்;— புரோகிதன், —மந்திரி le devin —,le conseiller des Daïtyers, i.e. சுக்கிரன்; — மாதா,—மாதிரு, — மாதுரு la mère des Daïtyers,i.e. திதி; —யுகம் âge des Daïyers, contenant, selon les Indous, 12 mille ans des dieux,ou la somme des 4 யுகம் des hommes,i.e. 4,320,000 ans, un an des dieux faisant 360 ans des hommes.

*தைத்தியாகோராத்திரம், (தைத்தியன், அகோராத்திரம்),un jour et une nuit des Daïtyers, ce qui fait une année des hommes.

*தைத்தியாரி, (id. அரி), l'ennemi des Daïtyers,i.e. Vichnou ou Krichna, chaque சுரன் ou தேவன் (en général).

*தைத்திரம்,(taïttira), la perdrix francoline, martin-pêcheur.

*தைத்திரியகன், (தைத்திரியம்,ka), sectateur—, observateur de l'Ézour-vêdam.

*தைத்திரியம்,(taïttiriya), l'Ézour-vêdam, un des 32 உபநிஷதம் dit l'Ézour-vèdam noir. Il fut enseigné par வைசம்பாயனன், disciple de வியாசன்,à யாஞ்ஞவற்கியன், qui ayant refusé de se charger du péché que வைசம்பாயனன் avait fait en tuant le fils de sa sœur, fut obligé de dégorger sa science sous une forme tangible, et les autres disciples de வைசம்பாயனன் se changèrent en perdrix தித்திரி pour recueillir et avaler les textes vomis; de là ce livre est appelé தைத்திரியம். D'autres font de தித்திரி un mouni et un des premiers docteurs de cette partie du vèda qu'ils disent appelée ainsi de son nom.

தைத்து, gér.de தைக்கிறது.

தைப்பான், n.app.de தைக்கிறது, tailleur, aiguille. [on.

தைப்பு,n.v.du même,couture,uni-

தைப்பூசம்,(தை),fête de la pleine lune dans la constellation dite பூசம் au mois de தை.

தைப்பை, 1° (தை,பை), habit, —cousu,— adapté au corps. 2° P.தைப்பாய் tu coudras. 3° acc. de தைப்பு.

தையல்,1° n.v.de தைகிறது,beauté,décoration,femme. 2° n.v. de தைக்கிறது, couture, suture, action de coudre...: கெட்டித்— forte —,double couture; அலங்கார —broderie, ou சரிகைத்— brochage; — ஆணி clou long, pointe; — ஆள் tailleur; — சொற்கேளேல் n'écoute pas les paroles des femmes;— தைக்கிறது coudre, travailler à l'aiguille; —பிரிக்கிறது défaire une couture,découdre;— பிரிந்துபோகிறது;— விட்டுப்போகிறது une couture se défaire, se découdre;—வேலை couture, ouvrage à l'aiguille; தையற்காரன் tailleur; — காரி tailleuse, couturière. [தை.

தையறம், sécheresse du mois de

*தைரியம், (dhaïrya),courage,hardiesse,fermeté,constance,confiance, force:—சொல்லுகிறது encourager, animer;— ஆய்ப்பேசுகிறது parler hardiment,— librement;— இல்லா தவனையாடு கடிக்கும் la brebis mordra un poltron; தைரியக்காரன், — காரி, V. தைரியவான்; — நாதன் Constant, n.pr.—லட்சுமி la prétendue déesse de la hardiesse.

*தைரியவான், (தைரியம், vân), homme courageux, brave,hardi.

*தைலம், (taïla), huile de sésame, —médicinale,huile ou essence tirée

des végétaux, jus des arbres et des plantes, baume, onguent, force, storax, benjoin, encens; — ஆடுகிறது s'oindre d'onguent, en composer; — ஆட்டுகிறது faire une effusion d'huile, oindre —, frotter d'huile...; — இடுகிறது oindre, appliquer un liniment (à un membre); — இட்டுக்கொண்டவன் personne ointe, qui s'est frottée d'huile...; — இறக்குகிறது, — எடுக்கிறது extraire —, tirer l'huile ou l'essence, distiller l'huile...; — எரிக்கிறது extraire de l'huile par l'action du feu; — கூட்டுகிறது distiller des huiles essentielles, ou — வடிக்கிறது extraire —, distiller ou composer de l'huile..; — வைக்கிறது oindre, appliquer un liniment, apaiser, réprimer; தைலக்காப்பு effusion —, onction d'huile odoriférante (à une idole); — க்காரன் apothicaire, marchand —, faiseur d'huile, d'essence ou d'onguent; — பிட்டம் gâteau fait des graines oléagineuses dont l'huile a été extraite; — சாதனம் civette, substance odoriférante, onguent pour les cheveux; — பாணிகம் sandal blanc; — பிபீலிகை petite fourmi rouge; — பீதம் gomme du figuier அத்தி ou ficus racemosa: — மாலி, (மாலை), mèche de la lampe; தைலத்திலிடுகிறது mettre dans de l'essence ou de l'esprit, *v.g.* quelqu'insecte pour le conserver: இந்தமரந்தைலஞ்செத்தது cet arbre a perdu sa séve, sa force; சந்தனாதித்தைலம் médecine dont le sandal est le principal ingrédient et l'huile distillée le véhicule.

*தைலி, தைலிகன், 1° (தைலம்), *ou* தைலிகாரன், huilier, faiseur d'huile. 2° தைலி (*ind.*), bourse: தைலிசாலை moulin à huile.

*தைலினம், (தைலம்), champ de [sésame.

*தைவகி, (daïvaki), *V.* தேவகி.

*தைவம், (தேவன்), divinité, nature divine. *V.* les composés au mot தெய்வம்.

தைவருகிறது, *v. a.* (தை, வருகிறது), தைவரல், *n. v.* frotter légèrement —, saisir les pieds, frotter.

*தையவேசிகன், (தைவம்), astrologue, diseur de bonne aventure.

தையற்பட்டு, (தை), *V.* தையறம்.

*தைவாசகி, (திவாகரன்), fils du soleil, *i. e.* Saturne ou சனி, Yamen, le fleuve யமுனை la Djamna.

*தைவாகோராத்திரம், (தேவன், அகோராத்திரம்), un jour et une nuit des dieux indous, espace égal à l'année des hommes.

*தைவாசுரம், (தேவன், அசுரன்), haine mutuelle des Dêvas et des Asuras.

*தைவியம், (daïvya), destin, fortune, ce qui arrive par l'action divine.

தைவேளை, *P.* தைவேளை.

*தைவிகம், (தேவ, ika), *V.* தெய்விகம்.

*தைவேத்தனம், (தைவம், எத்தனம்), *V.* தேவேத்தனம்.

தைவேளை, (தை, வேளை), la plante cleome felina, moutarde bâtarde.

*தைவோரடை, (தைவம், ஊரடை), femme mariée selon le rite தைவம்.

*தைனம், (daïna), jour, journée; தைனகதி mouvement journalier d'une planète; தைனந்தினம் chaque jour, jour par jour, quotidien: தைனந்தினப்பிரளயம் destruction du monde qui est censée arriver après chaque 15me année de Brama.

*தைனாவர்த்தம், (தைனம், ஆவர்த்தம்), rotation diurne d'une planète sur elle-même.

தைனாத்து, (*arabe*), assignation, nomination, assistance, service.

*தைனியம், (daïnya), bassesse, vileté, abaissement, cupidité.

தொ, lettre syllabique composée de த் et de ஒ, to bref.

தொக, 1° *inf. de* தொகுகிறது. 2° *obl. de*

தொகம், *n. v. du même*, total, somme, estimation (du produit...), prisée: — பார்க்கிறது estimer, priser, évaluer le produit (d'une terre...); — பார்க்கிறவன் *ou* தொகக்காரன் estimateur, priseur.

தொகல், *opt. et n. v. de* தொகுகிறது, réunion, contraction, approche, proximité.

தொகா, தொகாத, *part. nég. du même*, non élidé, non contracté: தொகாநிலை état d'un nom sans élision, *i.e.* qui a la terminaison des cas... *Ex.* மரத்தினுடையகிளை la branche de l'arbre;(le contraire est தொகைநிலை).

தொகு, *imp. et part. du suiv.*:— நிலைத்தொடர்மொழி, *V.* தொகைநிலைத்தொடர்மொழி.

தொகுகிறது, கினேன், குவேன், கு, க, *v.n.* தொகுதல், *n.v.* se contracter, s'élider, se rétrécir, se serrer, se joindre, être réuni, contracté, serré, élidé, être de même espèce: தொகப்படுவது, élision, ellipse, contraction.

தொகுக்கிறது, குத்தேன், குப்பேன், கு, குக்க, *v.a. de* தொகுகிறது, réunir, joindre, unir, additionner, faire la somme, réunir, amasser, acquérir, mesurer, arranger, mettre en ordre, abréger, raccourcir, élider, contracter, faire une syncope, une ellipse, une élision, récapituler: தொகுத்துக்காட்டுகிறது *ou* காட்டல் montrer en somme, en général; — கூட்டுகிறது *ou* கூட்டல் un des தந்திரயுத்தி, indiquer —, dire plusieurs choses ensemble, en masse, en général.

தொகுதி, 1° *n. v. de* தொகுகிறது, foule; assemblée, réunion, tas, collection, masse, paquet, gerbe, section, classification, portion, mesure, partie d'un dictionnaire. 2° *imp. de* தொகுகிறது: பெயர்த்தொகுதி vocabulaire des noms, partie d'un dictionnaire qui traite seulement des noms: தொகுதிப்பெயர் nom collectif, qui exprime une multitude.

தொகுத்த, *part. parf. de* தொகுக்கிறது, qui *ou* qu'on a réuni...: —, பொருள் bien qu'on a amassé.

தொகுத்தல், *n.v. du même*, réunion, addition, contraction d'une syllabe, elision.

தொகுத்து, *gér. du même*: தொகுத்துரை récapitulation; தொகுத்துரைக்கிறது récapituler.

தொகுபுலப்பொருட்டற்குறிப்பு, (தொகு, புலம், பொருள், தன்), fig. de rhét. où l'objet comparé et celui auquel on le compare se trouvent comme réunis en un.

தொகுப்பு, *n.v. de* தொகுக்கிறது, somme, total, le tout, sommaire, précis, récapitulation, substance: வேதத் — sommaire de la religion, — des védas.

தொகை, 1° *n.v. de* தொகுகிறது, foule, réunion, genre (qui se subdivise en espèces), addition, somme, montant, total, — d'une addition, sommaire, précis, contraction, ellipse, élision des terminaisons des cas, des personnes etc... 2° *P.* தொகாய், 2e *pers. nég. de* தொகுகிறது: தொகை கட்டுகிறது finir, *ou* — கூட்டுகிறது, — செய்கிறது faire la somme, additionner: — க்காரன் richard, homme riche; — ச்சூத்திரம் règle qui enseigne à additionner à part les objets de diverses espèces pour les énoncer ou en faire ensuite la somme; — நிலை, *V.* தொகைநிலை *ci-après*; — ப்படுகிறது être contracté, élidé, réuni, compris, renfermé dans un genre; — ப்படுவது élision, ellipse, comme மரக்கிளை *ou* மரத்துக்கிளை, *P.* மரத்தினுடையகிளை branche d'arbre; இத்தொகைப்பட்டது ce qui est —, chose de ce genre; — ப்படுத்துகிறது, — பார்க்கிறது additionner, faire la somme, voir le montant; — முட்டுகிறது terminer —, régler un compte; — பிசகுகிறது, — பிசகிப்போகிறது se tromper dans une addition, le total devenir ou être fautif; — ப்பிசகு bévue —, erreur dans une addition; — ப்பொருள் sommaire, récapitulation de ce qui a été développé précédemment, péroraison; — மோசம் erreur —, bévue ou tromperie dans le total; — யகராதி dictionnaire des sommes ou subdivisions des termes techniques et généraux etc... c'est la 3me partie du சதுரகராதி; — யாக, — யாய் en gros, en général, en masse; — யாகிறது s'additionner, se réunir, faire un somme, un tout; — யாக்குகிறது,

—யிறக்குகிறது additionner, réunir ensemble, faire la somme; —யுருவகம் *fig. de rhét.* métaphore avec transposition et ellipse. *Ex.* முகமதி lune de visage, *P.* மதியாகியமுகம் visage brillant comme la lune; கைமலருமடித்தளிருஞ்சேருங்கொடி, *P.* மலர்போலுங்கையுந்தளிர்போலடியுஞ் சேருங்கொடிபோன்றவள் femme semblable à une jeune plante et dont les mains ressemblent à des fleurs et les pieds à de jeunes branches; —யுவமம், —யுவமை métaphore elliptique, ou suppression du mot qui marque la comparaison et le rapport entre l'objet comparé et celui auquel on le compare, comme பவளவாய் bouche de corail, pour பவளம்போலுஞ்செய்யவாய் bouche rouge comme le corail; — கூட்டுகிறது faire la somme, reporter —, transporter un compte; —விரி contraction et développement, développement des ellipses ou contractions; —விரியுருவகம் figure où le mot de comparaison est sous-entendu pour un mot est exprimé pour un autre. *Ex.* ஞாயிறுவிளக்காகச்சொன்மாலைசூடினான் il prit le soleil pour lampe et la parole pour guirlande, (மாலை *P.* மாலைபோல).

தொகைக்கிறது, தைத்தேன், தைப்பேன், தை, தைக்க, *v. a.* (தொகை), *et* தொகைத்தல், *n. v.* additionner, faire la somme.

தொகைநிலை, ellipse, syncope, apocope ou élision de la fin des mots, suppression des inflexions ou terminaisons des noms et des verbes qui ne laisse que la racine. (On distingue 6 sortes de தொகைநிலை. 1° வேற்றுமைத்தொகை élision de la terminaison des cas, *Ex.* மரக்கிளை. *P.* மரத்தின்கிளை branche d'arbre. 2° வினைத்தொகை élision des inflexions et terminaisons des verbes, *Ex.* செய்காரியம், *P.* செய்த—, செய்கிற—, செய்யுங்காரியம் chose qu'on a faite, qu'on fait, qu'on fera, *ou* கவிழ்தும்பை, *P.* கவிழ்கிறது மபை ou *même* கவிழ்ந்திருக்கிற பூவையுடையதும்பை la plante தும்பை qui a des fleurs qui pendent en bas. 3° பண்புத்தொகை élision du mot qui sert à désigner la qualité et à former l'adjectif, *Ex.* கருங்குதிரை *P.* கருமையாகியகுதிரை cheval noir. 4° உவமைத்தொகை élision du mot qui exprime la comparaison, *Ex,* மதிமுகம் visage de lune. *P.* மதிபோன்றமுகம் visage qui ressemble à la lune. 5° உம்மைத்தொகை ellipse de la conjonction உம் *et.Ex.* சேரசோழபாண்டியர் les rois Sèren, Sôjen et Pandien. 6° அன்மொழித்தொகை élision autre que les 5 précédentes. Au dernier mot est sous-entendu உடையவன், உடையவள் possesseur de. *Ex.* பொற்றொடி signifiant *bracelet d'or*, est le பண்புத்தொகை; mais signifiant *femme qui porte des bracelets d'or* c'est le அன்மொழித்தொகை, மூட்டை ô fardeau! *P.* மூட்டைக்காரா ô porte-faix; —ச்செய்யுள் le 44me des பிரபந்தம், poème qui a quelque contraction ou obréviation dans la mesure ou le sujet; selon qu'il est composé de நேரடி ou de குறளடி ou de கலிப்பா, il s'appelle நெடுந்தொகை, குறுந்தொகை ou கலித்தொகை et traite ordinairement de la possession, du lieu, du temps ou de la fonction du sujet du poème; — த்தொடர்மொழி mots qui se suivent et ont quelqu'élision, comme: பூண்மார்பன் celui qui a un bijou sur la poitrine, குயின்மொழி celui qui a une voix de குயில் ou coucou indien; —யுருவகம் figure dans laquelle est sous-entendu le mot de la chose à laquelle on fait allusion.

தொக்க, *part. parf. de* தொக்குகிறது, uni, réuni, amassé, abrégé, contracté, élidé: — நெல் riz entassé; — மனிதர் gens rassemblés.

தொக்கடம், (*du telinga* tokkou), compression, écrasement, écachement, massage, friction, — d'huile, fouler aux pieds, *V.* குடைவு: தொக்கு

டக்போடுகிறது comprimer, frotter ou presser les membres du corps pour ôter la douleur, masser, presser pour exprimer le suc (des feuilles...).

தொக்கடவு, (தொக்கு, அடவு), chemin de traverse, *litt.* abrégé, plus court que le chemin ordinaire.

தொக்கடி, தொக்கட்டி, *V.* குடலை.

தொக்கடை, (*télinga*), pauvreté, misère: —படுகிறது, —வாயிருக்கிறது manquer, être dans la misère, dans la détresse.

தொக்கம், procès, litige: தொக்கக்காரன் homme en procès, amateur de procès, chicaneur.

தொக்கார், *n.app.de* தொக்கம், voisins, amis, compagnons. [சை.

தொக்கி, la plante சமுத்திரப்பச்

தொக்கிடம், *P.* தொக்கடம்.

தொக்கு, 1° *gér. de* தொகுகிறது. 2° (*P.* துவக்கு), corps, peau, organe du tact, vêtement, écorce. 3° toctoc, son imitatif: தொக்கித்திரியக்காட்சி connaissance par le tact: — நிற்கிறது, —நிற்றல் être sous-entendu, la terminaison des cas ou des verbes etc... être élidée, y avoir ellipse, contraction, syncope; —த்தொக்கென்கிறது faire toctoc; —த்தொக்கென்றுஓடுகிறது, *ou* நடக்கிறது courir —, marcher en faisant toctoc; தொக்குத்தொடுசுவைக்காம லெடுத்துப்போகிறது emporter tout sans rien laisser.

தொங்கணி, (தொங்கும், அணி), ornement suspendu, joyau composé de globules d'or et de pierreries suspendues, pendeloque, agrafe de bijou.

தொங்கல், *opt. et n.v. de* தொங்குகிறது, *V.* தொங்கணி, pendre, ornemens suspendus, draperie, tenture, tout objet pendant, queue ou pan de robe—, pan d'habit—, bord ou bout de toile qui pend, guirlande de fleurs, touffe de cheveux, cheveux, —d'homme, pendans d'oreilles, joyaux qui y sont suspendus, plumes —, queue de paon, touffe —, ombrelle ou éventail de plumes de paon, ombrelle blanche, corset, —qui couvre le sein, malheur, saut, bond, s'arrêter; தொங்கலிலே முடிகிறது lier dans un coin de sa toile.

தொங்கன், *m.* (donga, *télinga*), voleur, coquin, pendard, malin, adroit.

தொங்கி, 1° *f. du préc.* voleuse, coquine. 2° *gér. de* தொங்குகிறது.

தொங்கிசம், *P.* துவங்கிசம்.

தொங்கின், le Tonquin, jasmin de Chine.

தொங்கு, *imp. part. et n.v. de* தொங்குகிறது, pendre, chose suspendue: — காது oreille pendante; —கிழவன் vieillard décrépit, —tout courbé; — பறிவு, —பொறி, — பொறிவு manque de support, être légèrement atteint ou touché, prendre part sans le paraître; —புளுகன் grand fanfaron, — menteur.

தொங்குகிறது, *sync.* தொங்கிறது, கினேன், குவேன், கு. க, *v. n.* தொங்குதல், *n. v.* pendre, pendiller, être suspendu, sauter, sautiller, s'arrêter: தொங்கிப்போகிறது s'arrêter, — en chemin de fatigue..., être remis ou différé pour un payement; தொங்கியிருக்கிறது être suspendu, pendant, suspens, commencé depuis long temps, mais non fini.

தொங்குங்கல், (தொங்கும், கல்), pierre suspendue, bézoard, meule supérieure d'un moulin à bras.

*தொசம், *P.* துவசம், drapeau, bannière: —கட்டுகிறது arborer un étendard, hisser un drapeau, entreprendre; தொசஸ்தம்பம், — த்தம்பம் mât de pavillon.

*தொசாரோகணம், தொசாரோகணம், (தொசம், ஆரோகணம்...), *V.* கொடியேற்றம்.

தொசாவந்தி, espèce d'air.

தொட, *inf. de* தொடுகிறது.

தொடக்கம், (தொடுகிறது), commencement, principe, bonheur, espèce, classe, série.

தொடக்கல் *n. v. de* தொடக்குகிறது, commencement, entreprise.

தொடக்கு, 1° soulllure, saleté, impureté légale (des menstrues et de l'accouchement). 2° ou — வடிவு espèce de bijou: — படுகிறது être sale, impur, souillé légalement.

தொடக்குகிறது, க்கினேன், க்கு வேன், க்கு, க்க, v.a.de தொடங்குகிற து et தொடக்குதல்,n.v.commencer, entreprendre.

தொடக்கம், n.v.de தொடங்குகிற து, commencement, entreprise, effort.

தொடக்கு, 1° bijou pour les pieds, entraves, fers (de prisonniers), 2° imp. et part. de

தொடங்குகிறது,sync.தொடங்கிற து,கினேன்,குவேன்,கு,க,v.a.தொட ங்குதல், n. v.commencer,entreprendre,s'efforcer.

தொடரல், n.v.de தொடருகிறது, poursuite, recherche, persécution.

தொடரா,தொடராத. part. nég. de தொடருகிறது: தொடரா முறி,— உடன்படிக்கை engagement ou promesse par écrit de ne plus poursuivre devant les tribunaux.

தொடரி, l'arbrisseau rhamnus circumcissus dont le fruit est mangeable.

தொடருகிறது, ர்ந்தேன்,ருவேன், ரு,ர, v.a. தொடருதல், n.v. V.தொட ர்கிறது.

தொடருகை,V. தொடரல்.

தொடரெழுத்து, (தொடர்), lettres initiales et finales qui s'enchaînent, mots liés ensemble, l'enchaînement ou le changement ou la contraction des ces lettres comme அவனெழுதினன் il a écrit, ஆறரை P. ஆறு-அரை six et demi, என்னாடு P. என்-ஆடு ma brebis, ou P. என்னாடு mon pays: தொடரெழுத்தா யெழுதுகிறது écrire en liant ainsi les mots,(ce qui est regardé comme élégant).

தொடர்,1° imp.et part. de தொடருகிறது. 2° suite, série, continuation, chaine, enchainement, enfilade, fers, entraves, collier, guirlande, —de fleurs, odeur,fil, fil de coton, antiquité, gomme, résine, amour, attachement,recherche, suivre, poursuite, imitation: — கயிறு lien, corde de charrue,— de laboureur; —ச்சொல் phrase,mots qui se suivent; —ச்சொற்புணர்த்தல் joindre des mots qui ont rapport entr'eux, c'est un des 32 தந்திரயுத்தி;— நிலைச்செய்யுள் poème où diverses choses se trouvent liées entr'elles par la matière, les mots ou le sens des mots;—பாடு, V. தொடர்ச்சி; — முழுதுவமையணி (முழுது,உவமை,அணி),fig. de rhét. série de comparaisons ou de phrases qui inculquent le même sens ou le même objet;—மொழி mot composé,mots liés ensemble.

தொடர்கிறது, ர்ந்தேன், ர்வேன், ர்,ர, v. a. தொடர்தல். n. v. suivre, marcher—, courir après, poursuivre, continuer, attaquer—, poursuivre en justice, chercher,s'efforcer, persécuter, lier, enchainer, nouer ensemble:தொடர்ந்துகேட்கிறது continuer à demander, — un examen,—une perquisition; — பார்க்கிறது continuer à considérer,— à chercher, explorer, examiner; — பிடிக்கிறது atteindre, attraper,— en poursuivant,faire une investigation, continuer une recherche; — பேசுகிறது continuer à parler; — போகிறது suivre,—de près, poursuivre,continuer;— வருகிறது suivre,venir après.

தொடர்ச்சி,n.v.du préc.suite, continuation, série, connexion, effet, conséquence, affinité, union, attachement,bouquet de fleurs, poursuite,procès,droit,propriété,bon ordre, effort: பாவத்தின் — சாவு la mort est l'effet du péché.

தொடர்ந்த,part. parf. du même, qui suit,continuel,constant:— அன்பு,(அன்பு),amour constant.

தொடர்ந்தார்,தொடர்ந்தோர், n. app.du même,amis,parens,partisans.

தொடர்ந்து,gér.du même: தொடர் ந்தேற்றி,suite,continuation; தொடர

உடன்

டத்தேற்றிப்பாய்வருகிறது revenir souvent, — continuellement; தொடர்ந்தோடியாய்,(ஓடி,ஆய்),à la suite, l'un après l'autre continuellement, en courant aprés.

தொடர்ச்சியின்மையணி, *(தொடர்பு,இன்மை,அணி)*, figure qui présente défaut de liaison, interversion, interruption ou opposition. Elle montre dans un endroit la cause et dans un autre l'effet, fait dans un endroit ce qui devrait être fait dans un autre, commence une chose et ensuite en fait une toute contraire.

தொடர்பு, 1° *n.v. de* தொடருகிறது, suite, continuation, enchainement, série, connexion, union, rapport, affinité, amitié, parenté, généalogie, extraction, ordre généalogique, ancionneté, coutume, — établie, bon ordre, chant, stance, vers, poéme (parce que les mots y sont enchainés les uns aux autres). 2° *un des gér. du même*: தொடர்புயர்வுநவிற்சியணி, (உயர்வு,நவிற்சி, அணி), figure qui montre les choses qui n'ont pas de rapport comme en ayant, et celles qui en ont comme n'en ayant pas.

தொடர்ப்பாடு,(தொடர்), *V.* தொடர்ச்சி.

தொடர்வு, *V.* தொடர்பு.

தொடலி, *V.* தொடரி.

தொடலை, 1° guirlande, jeu, jeu de femmes. 2° *acc. de*

தொடல், *opt. et n.v. de* தொடுகிறது, contact, attouchement, le toucher, le tact, proximité, saisie, prise, manducation, creusement.

தொடா, தொடாத, *part. nég. du même*, qui —, qu'on ne touche pas, qu'on ne doit pas toucher.

தொடாமை, *n.v. nég. du même*, ne pas toucher...

தொடி, l'once indienne dite பலம், bracelet, —d'or ou d'argent, brassard.

தொடுசு, intrigue, galanterie, copulation, affinité, amitié, union, connivence.

தொடு, 1° jardin, terre à riz, fraude, tromperie, perfidie. 2° *imp. part. et n.v. du suiv. V.* தொடல், 3° *imp. et part. de* தொடுக்கிறது:— கடி morsure légère, qui ne fait qu'effleurer; —கணை flèche qu'on décoche ou qu'on ajuste; —கயிறு lien, corde de charrue ou de laboureur, corde qu'on attache; — கழல் sandales dites செருப்பு; —துணை aide, secours; —தோல் sandales dites செருப்பு, pantoufles, babouches; — பதம் riz cuit; —வழக்கு procès frauduleux, procès —, dispute continuelle ou interminable; — வழக்காளி querelleur —, chicaneur ou plaideur sempiternel; —வானம் horizon, endroit où le ciel semble toucher la terre; —விலங்கு fers qui enchainent 2 personnes ensemble.

தொடுகிறது, ட்டேன், டுவேன், டு, ட, *v.a.* toucher, tâter, palper, faire un attouchement, être tout prés, être uni, adhérent, se revêtir, mettre ou prendre ses habits, sa chaussure .., prendre, saisir (avec la main), prendre et porter le riz à la bouche avec la main, *i.e.* manger, lancer —, décocher des flèches, mettre la main à, *i.e.* commencer, entreprendre, creuser: தொடாதே ne touche pas; தொடுவேனோ toucherai-je? தொடேன் je ne toucherai pas, *V. les composés au gér.* தொட்டு; தொடப்போகாது on ne doit pas toucher; — ப்போமா peut-on toucher? — மாட்டேன் je ne toucherai pas.

தொடுகை, *n.v. du préc. V.* தொடல்.

தொடுக்கம், or.

தொடுக்கிறது, த்தேன், ப்பேன், க்க, *v.a.* தொடுத்தல், *n.v.* unir joindre, lier, attacher, assujettir, assortir, entrelacer, enfiler, composer (des vers), commencer, entreprendre, se vêtir, mettre (un habit, une chaussure...), prendre, placer, plier, bander un arc, y adapter la flèche, la décocher, former, donner une figure, faire passer, conduire, ramer, faire connaissance, lier amitié *ou* தொடுத்துக்கொண்டிருக்கிறது lier ou entretenir une intrigue amoureuse: அம்பு —, விடு — lancer des flèches, ou அம்புநாணிற்கோத்தொடுக்கிறது ajuster la flèche sur l'arc; சண்டை —exciter une querelle; பாட்டு —composer des vers; தொடுத்தது விடாதே n'abandonne pas une entreprise commencée; தொடுத்துக்கொண்டிருக்கிறது avoir uni, [joint...,

தொடுசு, P. தொநடுசு.

தொடுதல், n.v. de தொடுகிறது, V. தொடல்.

தொடுத்தல், n.v. de தொடுக்கிறது.

தொடுத்து, gér. du même, V. தொட்டு.

தொடுப்பு, n.v. du même, attachement, union, rapport, adhérence, réunion, collection, connaissance, fréquentation, amitié, —lascive, intrigue d'amour, copulation, amant, amante, charrue, instrument de labour, accessoires —, parties de charrue, médisance, calomnie, injures, invectives, procès, poursuite, branche d'arbre, commencement, entreprise, sandales, souliers, pantoufles, lien, chaîne, enfilade, enchaînement, guirlande, ruse: —கத்தி sabre avec une garde en fer (pour couvrir le bras jusqu'au coude; —க்காரன் amant, galant, débauché; —க்காரி amante, femme débauchée, qui a une intrigue licentieuse; தொடுப்பாய்த்திரிகிறது, தொடுப்புண்டாயிருக்கிறது entretenir —, avoir une intrigue amoureuse, fréquenter: இவனுக்குமவளுக்குந்தொடுப்பு il y a entre lui et elle une intrigue d'amour.

தொடுவாய், 1° 2e pers. fut. de தொடுகிறது. 2° (தொடு), embouchure du rivière (dans la mer).

தொடுவான், 1° fut. de தொடுகிறது, il touchera, celui qui touche, lien, corde de charrue. 2° (தொடு, வான்), V. தொடுவானம்.

தொடுவு, (தொடு), champ, enclos près d'une maison, jardin, enclos, parc, plaine.

தொடுகை, (தொடுக்கிறது), associé, compagnon, ce qui est —, être uni, enchaîné...; concubine, éléphant apprivoisé qui sert à en apprivoiser d'autres.

தொடேன், nég. de தொடுகிறது.

தொடை, 1° P. துடை, cuisse, longue poutre qui croise un mur et sort au dehors, pièce de bois qui soutient une poutre. 2° (தொடுக்கிறது). suite enchaînement, flèche, mur, —d'entourage, corde d'arc, — de guitare, branche fleurie, bouquet de fleurs, guirlande, —de fleurs, collier, liaison ou rapports des pieds et des vers de chaque strophe entr'eux, c'est une des 6 parties constituantes de la poésie dites உறுப்பு, elle comprend 5 parties nommées மோனை, எதுகை, முரண், இயைபு et அளபெடை, lesquelles se subdivisent chacune en 8 subdivisions; —க்கவசம் cuissart; — ப்புறம் partie extérieure de la cuisse; — யுள்ளம் l'intérieur des cuisses; — திமிண்டுகிறது pincer les cuisses (d'un écolier par punition), — முறிய ou வொடிய அடிக்கிறது casser les cuisses à force de coups; — யகராதி dictionnaire des rimes tamoules à la seconde syllabe des vers, c'est la 4me partie du சதுரகராதி; —யெலும்பு os de la cuisse, fémur; —வாழை nom d'une plante, ischias, ulcère à l'intérieur de la cuisse: —வாழைபுறப்பட்டுக்கிடக்கிறது être couché à cause de cet ulcère.

தொடையம், (தொடை), sorite.

தொடையல், (id.), guirlande, —de fleurs, collier, —de bijoux, rangée, série, cordon.

தொட்ட, part. parf. de தொடுகிறது: தொட்டவிரற்குறிஞ்சான் la plante பெருங்குறிஞ்சா.

தொட்டடி, (தொட்ட, அடி), vers —, ligne qui suit, (celle qu'on vient de lire se nomme விட்டடி).

தொட்டப்பன், (id. அப்பன்), parrain, litt père qui a touché un enfant au baptême).

தொட்டம், morceau de terre.

தொட்டல், n.v du parf. de தொடு

திறது, action de toucher, de creuser, de manger.

தொட்டனைத்து, (தொட்ட, அனைத்து), selon que —, plus l'on creuse (dans ce dystique): தொட்டனைத்தூறு மணற்கேணிமாந்தர்க்குக் கற்றனைத்தூறுமறிவு plus on creuse un puits dans le sable plus il donne d'eau, plus l'homme étudie plus il acquiert de science.

*தொட்டா, P. துவட்டா, le prétendu charpentier des dieux, i. e. Visvacarma.

தொட்டாச்சி, (தொட்ட, ஆச்சி), marraine, *litt.* mère qui a touché (un enfant au baptême).

தொட்டாட்டு, (தொட்டு, ஆட்டு), contact et activité: — மணியம், — வேலை office —, ouvrage de laquais, de domestique (qui demande de l'activité et de l'action. [*V.* காவடி.

தொட்டாப்பு, (*id.* ஆப்பு), courge,

தொட்டால், *cond. de* தொடுகிறது, si on touche: தொட்டால்வாடி, தொட்டாற்சுருங்கி *ou* சிணுங்கி la sensitive, mimosa pudica, qui se contracte quand on la touche.

தொட்டி, bassin, auge, baquet, lavoir, baignoire, abreuvoir, cuve, grand vase, chaudière, chaudron, gamelle, mangeoire, crèche, berceau, haie, cloture, clos, enclos, parc, négligence —, absence à l'ouvrage, amende, — pour cette absence, égout, ortie, *V.* தொட்டிக்கட்டு, *ou* தொட்டிப்பாஷாணம் espèce d'arsenic naturel: அயத்தொட்டி auge...en fer, espèce d'arsenic composé; தொட்டிக்கட்டு maison —, bâtiment avec une cour carrée au centre; — க்கட்டடங்கட்டுகிறது bâtir une telle maison; — க்கால் jambe tortue; — க்காலன் homme bancal, bancroche: — ப்பணம் amende pour absence ou négligence à l'ouvrage; — வயிறு gros ventre, grosse panse; தொட்டியிலடைக்கிறது parquer, mettre dans un bassin ou une auge etc.. : தொட்டியினுடைய கலவடை pied de bassin, de lavoir.

தொட்டிச்சி, (தொட்டியம்), femme de la caste des தொட்டியர்,

தொட்டியம், traité —, art des enchantemens et de la sorcellerie, le pays —, la langue des தொட்டியர்: தொட்டியச்சரக்கு objets qui servent aux enchantemens, (comme plantes, racines, peau, os, chair, ongles, cheveux.....); தொட்டியப்பெண், *V.* தொட்டிச்சி; — நாடு le pays des தொட்டியர்.

தொட்டியர், gens d'une caste venue du nord et établie dans le Coimbatour, sorciers.

தொட்டில், berceau, — d'enfant, ou தொட்டிற்சீலை toile suspendue en double pour servir de berceau, sorte de hamac: தொட்டிலிடுகிறது, — சேர்க்கிறது attacher —, suspendre cette toile, — un hamac; தொட்டிலையாட்டுகிறது balancer cette toile ou un berceau, bercer un enfant; தொட்டிலிலேவிடத்துகிறது, — போடுகிறது, — வளர்த்துகிறது coucher ou mettre (un enfant dans le berceau, ou dans cette toile; — தூங்குகிறது dormir dans le berceau.

தொட்டு, *gér. de* தொடுகிறது, ayant touché, touchant, sur, à l'égard de, à cause de, pour, depuis: அதைத்தொட்டு à cause de cela, c'est pourquoi, delà; சொன்னதைத் — pour —, sur ce qui a été dit; அந்நாள் — depuis ce jour-là; நான்பிறந்தநாள் — depuis le jour de ma naissance: — க்காட்டுகிறது montrer au doigt, — en touchant; — க்கொள்ளுகிறது se revêtir, prendre ou mettre ses habits .. ; — க்கொண்டிருக்கிறது atteindre, toucher, être près; — த்தெளிக்கிறது toucher, *i. e.* plonger (le goupillon...) et asperger; — த்தெறியான் avare qui ne touche et ne donne rien; — ப்பார்க்கிறது tâter et examiner, chercher en tâtonnant. [montagneux.

தொண்டகம், tambour des pays

தொண்டமான், seigneur, prince, Tondaman, titre du Raja d'un petit pays entre Trichinapalli et la mer, (sa capitale est புதுக்கோட்டை):

—மண்டலம் le pays du Tondaman: சுவர்க்கவாசலிலேதொண்டமானுஞ்சரி தொட்டியுஞ்சரி à la porte du paradis,(*en style payen*,du souvarkam),le prince et le tòtti sont égaux.

தொண்டலம்,trompe d'éléphant.

தொண்டன்,(தொண்டு), esclave.

தொண்டி,callou ou jus de cocotier..., Tondi (ville du Marava),

தொண்டிச்சி, *fém. de* தொண்டன், esclave.

தொண்டு, esclavage,servitude,esclave,service,ouvrage,9, ou neuf,ancienneté,la bécassine dite கொட்டியுள்ளான்,la plante தொண்டுப்பூண்டு, ou—க்கட்டை morceau de bois qu'on attache au cou d'une vache pour l'empêcher de courir:—செய்கிறது servir,travailler; —தொட்டு de haute antiquité, depuis les temps reculés.

தொண்டை, gorge, gosier, cou, trompe d'éléphant, l'arbrisseau ஆதொண்டை, la plante grimpante கோவை:—கம்முகிறது,—கம்மிவிழுகிறது le gosier—, la voix s'enrouer,être enroué,—rauque;—கம்மல் enrouement;—கனைப்பு grosse voix;—கனைப்பு grosse voix, expectoration forcée,—bruyante;—க்குழி creux du bas de la gorge; அவனுக்குக்—க்குழியிற்றுடிக்கிறது le bas de sa gorge palpite,il est à l'agonie. —திறக்கிறது ouvrir le gosier, ôter l'obstruction de la gorge;—நாடு,—மண்டலம்,—வளநாடு le royaume de Tonda (sur la côte Coromandel, dont la capitale était காஞ்சிபுரம்);—ப்புற்று espèce de mal à la gorge;—யடைக்கிறது obstruer la gorge,arrêter la voix;—யடைத்தல்,—யடைப்பு obstruction à la gorge;—வைக்கிறது mettre toute sa voix, appeler à haute voix:தொண்டையைப் பிடிக்கிறது prendre à la gorge;—ப்பிடித்து நெரிக்கிறது étrangler,prendre à la gorge et suffoquer;—யடைத்துக்கொள்ளுகிறது obstruer la gorge.

தொண்ணூறு, (தொண், நூறு), quatre-vingt-dix:*obl.* தொண்ணூற்று: தொண்ணூற்றொன்பது 99.

தொதி,grand arbre nommé adansonia digitata;—பெருத்துத் தூணாகுமோ l'adansonia devenu grand fera-t il une colonne? (il n'est bon à rien de semblable). [து],esclave.

தொத்தன்,*voc.* தொத்தா, (தொத்.

தொத்தி,1° *fém.du préc.*esclave. 2° nom d'un arbre.3° *gér. de* தொத்துகிறது.

தொத்து,1° esclavage, servitude, esclave (homme ou femme), ancienneté,antiquité,bouquet de fleurs, rameau fleuri. 2° *V.*தொற்று.3° *imp. et part.du suiv. ou* தொத்துவான் contagieux,qui infecte: —வியாதி maladie vénérienne contagieuse;—க்காய்ச்சல் fièvre contagieuse; —நோய்,—வியாதி maladie contagieuse,épidemie.

தொத்துகிறது, த்தினேன், த்துவேன்,த்த,த்த,*v.n. et a.et* தொத்துதல்,*n.v.*monter,grimper, s'étendre, ramper,s'attacher,adhérer,se coller, saisir, infecter, se communiquer, gâter,corrompre:தொத்திக்கொள்ளுகிறது infecter, communiquer la contagion.saisir,s'attacher; —க்கொள்ளுகிற வியாதி maladie contagieuse; —க்கொண்டுதிரிகிறது s'attacher à quelqu'un et le suivre; மரத்தைத் தொத்தியேறுகிறது grimper sur un arbre.

தொத்துவான்,3° *pers. fut. et n. app.de* தொத்துகிறது, il montera, maladie contagieuse.

•தொந்தம், *P.* துவந்தம், chose double,deux,paire,couple, rapport, assortiment,union des sexes,familiarité, —déshonnète, fréquentation, sympathie, obstination, résistance, —obstinée,dispute, querelle, continuation,suite,antiquité;—ஆயிருக்கிறது fréquenter,avoir rapport...; தொந்தசத்துரு ennemi acharné.de vieille date;—ப்பகை haine invétérée, de famille,de générations;—யுத்தம் duel,combat singulier,—continuel;

தொந்தம்,—வியாதி maladie invétérée,passée dans le sang;—விளை *V.* தொந்தரத்தம்.

தொந்தரவு, தொந்தனை, தொந்தறை, embarras, tracas, importunité, trouble, vexation, difficulté, empêchement, occupations diverses: — பண்ணுகிறது tracasser, importuner, troubler, molester, embarrasser; — யானகாரியம் tracas, affaire embarrassante; — வேலை ouvrage difficile ou embarrassant; — வருகிறது des embarras... survenir.

*தொந்தார்த்தம், (தொந்தம், அர்த்தம்), rapport, relation, conséquence, — des actions antérieures ou d'une vie précédente (selon les Indous).

*தொந்தி P. துந்தி, 1° ventre, panse, bedaine. 2° *imp. du suiv.*: — வயிறு grosse panse, — bedaine; — பிள்ளையார் Poulléyar le ventru; தன்வயிறு தொந்திவிடப்பண்ணுகிறது se faire venir une grosse panse.

தொந்திக்கிறது, த்தேன், ப்பேன், த்த, க்க, *v.n.* (தொந்தம்), தொந்தித்தல், *n.v.* fréquenter, avoir rapport, être uni, familier, double, — par paires, redoubler, se suivre, se disputer, être désuni, en désaccord, s'obstiner.

தொந்திக்கல், தொந்திப்பு, *n. v. du préc.* fréquentation, familiarité, amitié, compagnie, suite, double, redoublement, différence, dispute, obstination: தொந்திப்பானவன் celui qui fréquente.

தொப்பாரம், 1° *V.* தொம்பாரம். 2° pustule, empoule, long soulier, fomentation.

தொப்பி, chapeau, bonnet, — des Mahométans, callou ou jus de cocotier.., enveloppe de grappe de bananier etc..., feuille de métal dans laquelle on enchâsse des pierreries: தொப்பிக்காரன் homme à chapeau topas, métis; தொப்பியின் சோடினை ornement de chapeau, cocarde.

தொப்பு, son imitatif de la chute d'un objet pesant, top, pouf: தொப்பென்கிறது faire top ou pouf: — தொப்பொப்பென்கிறது faire top top: — தொப்பென்று *ou* — தொப்பென்றுவிழுகிறது tomber en faisant pouf pouf ou top top; — தொப்பென்று *ou* தொப்பென்றுபோடுகிறது jeter par terre avec violence; — தொப்பென்றடித்துக்கொள்ளுகிறது battre —, frapper rudement, se frapper la poitrine avec bruit (en signe de deuil ou de désolation).

தொப்புளான், (தொப்புள்), homme qui a un large ou gros nombril.

தொப்புள், le nombril: — அறுக்கிறது couper le cordon ombilical (après la naissance), — கொடி *V.* நஞ்சுக்கொடி.

தொப்பை, panse, bedaine, pustule, grosseur sans dureté: — க்கணபதி Poulléyar le ventru; — தள்ளுகிறது avoir une grosse bedaine, être corpulent: — யுள்ள ventru.

தொம்பம், (தொம்பன்), représentation —, métier de danseurs de corde.

தொம்பரம், table d'hôte, — mise pour plusieurs convives (dans les palais des princes), grande salle à cette fin, grand bâtiment: தொம்பரக்காரன் homme qui vit à table d'hôte, convive, compagnon de table; தொம்பரத்திலே கஞ்சிகுடிக்கிறது manger à la table commune, — à table d'hôte: — போடுகிறது envoyer —, mettre à la table commune.

தொம்பன், *pl.* தொம்பர், *ou* தொம்பக்கூத்தாடி, danseur de corde, bateleur, jongleur.

தொம்பாரம், grand bâtiment: — கட்டுகிறது, — போடுகிறது construire un grand bâtiment.

தொம்பை, — க்கூடு, — க்கூண்டு, grand panier —, magasin ou réceptacle à grains (fait d'une espèce d'osier ou de cercles de terre cuite empilés et fermés en haut: — பின்னுகிறது tresser ces paniers: தொம்பையிலேகொட்டிவைக்கிறது verser le grain dans ces magasins.

தொம்மனை, தொம்மை, chose très-grosse.

தொயில், *V.* தொய்யில்.

தொய்கிறது, ய்ந்தேன், ய்வேன், ய், ய, *v.n.* தொய்தல், *n. v. et* தொய்ந்து

போகிறது,se faner,se flétrir,se dessécher,se rider, se contracter, languir,dépérir,se fatiguer,se relâcher. s'amollir: தொய்யப்பண்ணுகிறது dessécher,faner,flétrir,rider,faire languir...

தொய்யகம், V. தலைப்பாளை.

தொய்யல்,1° n.v. de தொய்கிறது. fatigue,défaillance, dépérissement, affliction, malheur. 2° allégresse, plaisir,labourage,boue.

தொய்யா,1° l'herbe potagère தயிலி.2° ou தொய்யாத, part. nég. de தொய்கிறது.

தொய்யில்,1° terre labourable, — humide et cultivée,l'herbe potagère தயிலி, marques ou raies de sandal que les sacrificateurs choutres se mettent sur le corps,figures que les princesses indiennes se font sur la poitrine avec des onguens odoriférans. 2° conditionnel de தொய்கிறது.

தொய்வு,n.v de தொய்கிறது, fatigue,défaillance,langueur,dépérissement,amollissement, asthme,haleine,—courte,—gênée. [டப்பு

தொரட்டுமுள்ளுச்செடி,l'arbre உ

தொலி,1° peau, écorce, balle du riz. 2° imp. de

தொலிக்கிறது, லித்தேன், லிப்பேன்,லி,லிக்க,v.a.தொலித்தல்,n.v. piler le riz (pour le séparer de sa balle). [se pilée.

தொலியல்,n.v.du préc.pilage,cho

தொலியசுரம்பை, la plante தச்சைக்குரி.

தொலை,1° limite,borne,fin,grande—,distance.2° P. துலை,comparaison,pesanteur. 3° imp. et part. de தொலைகிறது et de தொலைக்கிறது: —தூரம் grande distance;—வெட்டு grande distance,très-loin; — வெட்டிலேபோகிறது aller fort loin; வெகுதொலைவிலேயிருக்கிறது être très-loin,à une grande distance.

தொலைகிறது, லைந்தேன், லைவேன்,லை,லைய,v.n.தொலைதல், n. v. ou தொலைந்துபோகிறது,v.comp. (expression de dégoût), finir, être terminé,complété,laisser, abandonner, s'en aller,se retirer,s'éloigner, être délivré,périr,mourir,se perdre, être ruiné,détruit; பாவந் — le péché cesser,être effacé; விட்டுத் — abandonner,délaisser; அநுபோகத்தொலைந்தால் ஔஷதம் பலிக்கும் si la punition des fautes antérieures est finie —, ou si la cohabitation cesse le remède operera; பேசப்பேசவழிதொலையும் en parlant la route s'achève aisément; வழக்குதொலைந்துபோயிற்று le procés est terminé; வழிநடந்துதொலையும் à force de marcher le chemin s'achève; வழி யின்னந்தொலையவில்லை le voyage n'est pas encore terminé.

தொலைக்கிறது,லைத்தேன்,லைப்பேன்,லை,லைக்க,v.a.தொலைத்தல், n. v. expression de dégoût), terminer, finir,détruire,tuer,perdre,gâter,éloigner: தொலைத்துவிட்டுப்போகிறது résigner, abandonner; நான்பேசித்தொலைத்தேன் j'ai fini mon discours,—de parler:

தொலையா,தொலையாத,part. nég. de தொலைகிறது,interminable,infinissable: எண்ணத் innombrable.

தொலைவு,n. v. de தொலைகிறது, perte,ruine,corruption,défaite,éloignement,distance.

தொல்,adj. de தொல்லை, ancien, vieux,antique, du commencement, origine:— காப்பியக்குடி Tolcâpiacoudhi ou résidence de Tolcâpien, ville au sud de Maduré; — காப்பியன்,ou தொல்காப்பியன் Tolcâpien ou l'ancien poëte, surnom de திரணதூமாக்கினி,fameux grammairien, disciple d'Agastien et auteur de l'ouvrage ou poëme nommé தொல்காப்பியம் l'ancien poëme, grammaire tamoule en vers comprenant sous 3 divisions les 5 இலக்கணம் ou parties de la grammaire actuelle;—காப்பியர்செய்த இலக்கணநூல் la grammaire susdite de Tolcâpien.

தொல்லை,(தொல்).antiquité ancienneté,commencement,trouble,difficulté, affaire embarrassante, embarras, tracas, importunité, vexation, chagrin, peine, souci, — provenant des dettes, maux et misères qui proviennent du péché originel: சுவாமி யையாராதிக்கில் அன்னைவயிற்றிற் பிறந்த —போம் si on honore Dieu, la misère qui provient du ventre de la mère cessera; — க்காரன் tracassier, importun; —புள்ளவன் homme qui est dans les tracas, les peines...; —வா யிருக்கிறது tracasser, importuner, vexer, gêner, ou — படுகிறது être tracassé, importuné, vexé, gêné, dans le malheur...; — அடங்குகிறது, — யொழிந்திருக்கிறது les tracas... diminuer, finir; பல — வாயிருக்கிறது être accablé de soins et d'embarras; குடும்பத்—le tracas du ménage; என்னிடத்தில் நீ வைத்தபணம் என் தொல்லையிலேயிழுந்தது l'argent que tu m'avais confié a été englouti dans mon indigence.

தொல்வினை, (தொல்), V. பழவினை.

தொவசகுடம், l'arbrisseau பாலாட்டை. [து, V. தொழுகை.

தொழல், opt. et n. v. de தொழுகிற

தொழிலாளன், தொழிலோன், m. தொழிலாளி, m. et fém. (தொழில்). pl. தொழிலாளர், தொழிலாளிகள், தொழிலோர், ouvrier, artisan, artiste, homme du métier, mécanicien, employé, marchand.

தொழில், emploi, office, fonction, occupation, métier, art, ouvrage, action, commerce, le verbe. On compte en Dieu 3 opérations, V. முத்தொழில்: les Sivénistes en comptent 5, V. ஐந்தொழில். On compte aussi 5 pouvoirs naturels d'action dans le corps nommés கருமேந்திரியம். Pour les 6 emplois des hommes en général, les 6 emplois des brames, des rois, des marchands et des choutres, V. அறுதொழில். (Là le mot வரைவு se traduit aussi par l'écriture): —ஆகுபெயர் nom exprimant une action donné métaphoriquement à la chose faite par cette action. Ex. துவையல் action de se broyer ou de se piler et choses broyées ou pilées; —உவமம் métaphore ou comparaison qui attribue à un objet l'action d'un autre, ou qui prend l'action qui se ressemble dans 2 sujets pour l'objet ou le sujet de la comparaison; செய்கிறது, —செய்யல், — பண்ணுகிறது faire un métier, remplir une fonction, travailler, trafiquer; ஞாயிற்றுக்கிழமையில் — செய்யாதே ne travaille pas le dimanche; — படுகிறது une chose se faire, s'exécuter; தொழிற்குறைவிசேஷம் fig de rhét qui consiste à relever l'effet en rabaissant la cause qui l'a produit; —பண்பு nom de qualification qui désigne un emploi; —பாடு travail, labeur; —பெயர் nom verbal, — dérivé d'un verbe ou qui exprime une action comme செய்தல் confection, கொடுத்தல் donation, கொலை meurtre...; தொழிலின்லாபம் profit qui vient de son ouvrage; தொழிலாணையும்பெயர் nom dérivé d'un emploi, comme கணக்கன் compteur, de கணக்கு compte.

தொழிற்றுறை, (தொழில், துறை), commerce, trafic, marchandise.

தொழின்முறைமை, (தொழில்), occupation, espèce d'emploi, de travail...

தொழு, 1° la dernière constellation lunaire dite இரேவதி, fers, entraves, ceps, lèpre, étable à vaches; troupeau, —de vaches, part pour le bétail. 2° imp. et part. de தொழுகிறது: —கண்ணி la plante hedysarum gyrans; —கன்னன், — கள்ளன் vaurien hypocrite, faux dévot, enchanteur; —குலம் la caste chargée du culte indou, i. e. la caste des brames; —குலத்தோர் les gens de cette caste, les brames, les adorateurs: — நோய் la lèpre; — மரம் entraves, ceps, V. உழலைமரம்; தொழுவிலடிக்கிறது mettre aux fers, — les entraves.

தொழுகிறது, தொழுதேன், தொழுவேன், தொழ, v. a. et தொழுதுகொள்ளுகிறது, adorer, vénérer, rendre hommage, servir; தொழுகிறவன், தொழுதுகொண்டிருக்கிறவன் adorateur, serviteur; தொழுதூண்சுவையின் உழுதூணினிது la nourriture gagnée en labourant est plus douce et agréable que celle que l'on gagne en servant les autres.

தொழுகை, தொழுதல், *n.v. du préc.* adoration, vénération, hommage, service; தொழுதல்செய்கிறது adorer.

தொழுதி, 1° foule, multitude, balle, boule, bruit d'une troupe d'oiseaux. 2° *P.* தொழுதாய் tu as adoré.

தொழுது, *gér. de* தொழுகிறது.

தொழுத்தை, (தொழுகிறது), bayadère, danseuse des temples, femme esclave, —débauchée.

தொழுந்தகை, (தொழும்), personne—, chose vénérable, digne d'adorer.

தொழுப்பு, sinuosités —, détours [qu'on fait en labourant.

தொழும்பர், (தொழும்பு), esclaves, humbles adorateurs.

தொழும்பு, (தொழுகிறது), esclavage, travail d'esclave, humble hommage.

தொழுவம், 1° (தொழு), étable, —à vaches, parc, bergerie, bercail. 2° *P.* தொழுவோம் nous adorerons.

தொழுவர், (தொழுகிறது), ouvriers, artisans, cultivateurs, laboureurs.

தொழுனை, nom d'un fleuve.

தொளதொள, (*son imitatif*): தொளதொளென்கிறது, *V.* தொளதொளக்கிறது: தொளதொளென்றுகட்டுகிறது lier sans serrer, —d'une manière lâche: தொளதொளென்றுபோகிறது entrer aisément, *v.g.* une clef, *ou*

தொளதொளக்கிறது, ளத்தேன், ளப்பேன், ள, ளக்க, *v.n.* தொளதொளத்தல், *n.v.* glisser, couler, se lâcher, être lâche, peu serré, flasque, mollasse, s'amollir, défaillir, se relâcher.

தொளதொளப்பு, தொளதொளெனல், *n.v. du préc.* glissade, desserrement, être lâche, peu serré, amollissement, flaccidité, relâchement: தொளதொளப்பாயிருக்கிறது être lâche, desserré, peu serré, pendre, ondoyer, flotter (un vêtement...).

தொளாபாரம், chose vieille.

தொளாயிரம், *P.* தொள்ளாயிரம், neuf cents.

தொளி, 1° boue. 2° *imp. et part. de* தொளிகிறது, ளிந்தேன், ளிவேன், ளி, ளிய, *v.n.* தொளிதல், *n. v.* se relâcher, s'amollir.

தொளுக்குகிறது, க்கினேன், க்குவேன், க்கு, க்க, *v.a.* தொளுக்குதல், *n. v.* (தொள்), lier peu serré, — d'une manière lâche.

தொளுதொளுக்கிறது, ளுத்தேன், ளுப்பேன், ளு, ளுக்க, *v.n.* தொளுதொளுத்தல், (தொள்), s'amollir, être lâche devenir flasque, mollasse.

தொளை... *V.* துளை *et ses composés.*

தொளைகிறது, *P.* துளைகிறது.

தொளைக்கிறது, ளைத்தேன், ளைப்பேன், ளை, ளைக்க, *v.a.* faire un trou, percer (avec un instrument), forer.

தொளைக்குதல், தொளைத்தல், தொளைப்பு, *n.v. du préc.* perforation, percement.

தொளைக்கை, *V.* துளைக்கை.

தொள், *imp. et part. et racine de* தொள்ளுகிறது, relâchement.

தொள்ளம், boue, radeau.

தொள்ளல், *opt. et n.v. de* தொள்ளுகிறது, perforation, chose desserrée, relâchée; தொள்ளற்காது, *V.* தொள்ளைக்காது.

தொள்ளாடி, 1° *gér. du suiv.* 2° ce qui a un corps mou ou flasque, homme sans force.

தொள்ளாடுகிறது, (தொள், ஆடுகிறது), se relâcher, être lâche, desserré, flasque.

தொள்ளாயிரம், (தொள்), neuf cents, *obl.* தொள்ளாயிரத்து.

தொள்ளி, 1° boue, terre glaisse pétrie. 2° *gér. de*

தொள்ளுகிறது, ளினேன், ளுவேன், ளு, ள. *v.a.* தொள்ளுதல், *n.v.* se relâcher, diminuer, *V.* தொளைக்கிறது.

தொள்ளை, (தொள்ளுகிறது), large —, trou (dans une porte, une planche...), objet percé ou creux, tube, navire, chose lâche: —க்காது oreille allongée, — percée d'un grand trou et qui pend jusque sur les épaules: —க்காதன் homme qui a de telles oreilles,(*v.g.* les Kallers,les Marayers...);—க்காதி femme qui a de telles oreilles.

தொறு,esclavage,servitude, foule,troupe, travail, apprentissage, pratique ou exercice (d'un art...), troupeau de vaches, accroissement, abondance,équation ou différence, *v.g.* entre le temps moyen et vrai): —வாக்கியம் table d'équations; —விஷயம் équation de temps donnée.

தொறுத்தி,(*தொறு*),bergére.

தொறும்.*P.*தொறும்.

தொறுவர்,*pl.* தொறுவர், (தொறு), berger (de caste ou de profession), pâtre.

தொறுவி,*f.du préc.pl.*தொறுவியர், bergère.

தொறுவு,*V.*தொறு.

தொற்று,1° *n.v. imp. et part. du suiv.*action de monter.., adhérence, attachement, prise, saisie, union, jonction,contagion,communication de maladie,jointure,chevron qui se joint à une pièce de charpente d'un angle: தொற்றுன், தொற்றுவான், *தொற்றுள்ள, ou தொற்று,adj.* contagieux;—க்காய்ச்சல் fièvre contagieuse;—நோய் maladie vénérienne contagieuse;— நோய்,— வியாதி maladie contagieuse,qui se communique; —த்தொடர்பு, petite erreur, commerce charnel contagieux.

தொற்றுகிறது, ற்றினேன், ற்றுவேன், ற்றி,ற்ற,v.n.தொற்றுதல், *n.* v.V.தொத்துகிறது. [on.

தொற்றுகை,*n.v.du préc.*contagi-

*தொனி. 1° (*P.* துவனி), bruit, son,métaphore, style figuré, malheur,affliction,2°*imp.du suiv.*: —ச்சிலேடை mot dont le son donne lieu à une équivoque (comme en français *cent vingt* et *sans vin*); —யர்த்தம் sens figuré; —யாயிருக்கிறது rendre le son de, *ou*

தொனிக்கிறது, னித்தேன், னிப்பேன்,னி,னிக்க,*v.n.*தொனித்தல், *n.* v.résonner,rendre un son:தொனித்திருக்கிறது avoir résonné.

தொனிப்பு,*n.v.du préc.*bruit, son, résonnement.

தொணு, (தொனி), grand bruit, mugissement: —படுகிறது mugir, [parleur,bavard, babillard.

தொணுப்பன்,(தொணுப்பு),grand

தொணுப்பு, 1° (தொணு), babillage,bavardage,2° *imp.de*

தொணுப்புகிறது, ப்பினேன், ப்புவேன்,ப்பு,ப்ப,*v.n.*தொணுப்புதல்,*n.* *v.*(*id.*),babiller,jaser,bavarder.

தொன்மரம்,(தொல்), l'arbre antique,*i.e.*l'ஆலமரம்,le multipliant.

தொன்மை,(*id.*),antiquité, ancienneté,une des 8 espèces de beautés dans la poésie:—க்காட்சியறிவுணர்வு sorte de conjecture ou de manière de juger par connaissance antérieure,*v. g.* sans voir une fleur,la deviner à son odeur; — மறவேல் n'oublie pas une ancienne amitié.

தொன்று, (தொல்), antiquité: —தொட்டு depuis les temps antiques; —தொட்டுவருகிறது venir des temps antiques. [ancienne,

தொன்னகர்,(*தொல், நகர்*), ville

தொன்னீர்,(*id.நீர்*), l'eau ancienne,*i.e.*la mer.

தொன்னூல்விளக்கம், (*id.* நூல்), explication de la science antique, titre d'une grammaire tamoule du R.P. Beschi,pour le haut tamoul.

தொன்னை, coupe ou vase en feuilles cousues... (*et par métonymie*),pauvre misérable.

தோ,1° lettre syllabique composée de த் et de ஓ, tò long. 2° mot employé pour appeler les animaux.

*தோசம்,(dòbadja),lait.

*தோகதம்,(dòhada), désir, envie de femme enceinte. [me enceinte.

*தோகதவதி,(தோகதம்,வதி),fem-

*தோகம்,1° (tòka), enfant, (garçon ou fille). 2° (dòha),lait,satisfaction,plaisir. 3° (stòka),petitesse,peu.

*தோகலம், (தோகம் *plaisir*, la *qui donne*),désir. [me enceinte.

*தோகலவதி,(தோகலம்,வதி),fem-

*தோகலி, (தோகலம்), l'arbre அசோகு.

தோகல்,l'herbe கோரைப்புல்.

தோகை,plume,plumes—, queue de paon, paon, queue, bout d'habit ou de toile qui pend, chose qui pend, frange, cheveux de femme, queue de robe ou d'habit qui traîne à terre,bannière, drapeau, peau du bout de la racine mangeable du palmier qui germe,femme:தோகையர்,தோகைமார், *pl.* femmes; தோகைமார்புழுக்கு saleté ou impureté des femmes,impudicité; தோகைப்பகை l'ennemi du paon,le caméléon.

*தோக்கியம்,(tokya), cérumen des oreilles,nuage.

தோக்கு, pistolet,fusil: — வித்தை பழகுவிக்கிறது exercer les soldats, —பிடிக்க manier le fusil,

தோக்குளம்,le cotonnier பருத்தி.

தோக்கை,toile, habit, manteau, bout d'habit qui pend.

*தோசி,*P.*தோஷி.

தோசை,espèce de beignets, de crêpe ou de galette de riz,sorte de pâtisserie: —க்கல் vase à cuire ces galettes; —சுடுகிறது en faire cuire.

*தோஷகம்,(தோஷகம்,ka),veau.

*தோஷம்,1° (docha),crime,faute, défaut,tache,péché, offense, transgression,malfaisance, malignité du péché,énormité du crime, mauvais symptômes,présage de mort, désordre des humeurs, veau. 2° (dôchâ), nuit.3° (tôcha),joie,plaisir: — விக்கிறது de mauvais symptômes se déclarer; தோஷத்திரயம் altération des 3 humeurs வாதம் flatuosité, பித்தம் bile,சிலேஷ்டுமம் phlegme,—க்காய்ச்சல்,—ச்சுரம் fièvre maligne:—சாற்பனம்,—பிரசங்கம் censure,blâme,reproche;— வான்,— வாளி,(ஆளர்,ஆளி), scélérat, coupable.

தோஷாமிர்தக்குழம்பு, (தோஷம், அமிர்தம்), électuaire employé lorsque la maladie devient fatale.

தோஷாரத்திரவியம், (தோஷம், ஆரம்),remède usité en maladie,une espèce est la racine de la plante அக்கிராகாரம் anthémis pyrethrum.

*தோஷி,(தோஷம்),personne coupable,méchante,vile,impure,impudique:—க்கோழிக்கு liéron —, oiseau —,personne de mauvais augure:—க்கோழிகூட்டமிட்டதினால்கெட்டுப்போகிறது faire sous l'influence prétendue d'un pareil oiseau,échouer.

தோஷிக்கிறது, (தோஷம்), devenir mauvais,tourner mal.

தோடகம், pustule, nénnuphar; தோடகச்சிரங்கு,*et par sync.* தோட்டச்சிரங்கு espèce de gale avec pustule. [*de* தோடகம்.

*தோடம்,1° *P.* தோஷம். 2° *sync.* தோடகம்,*V.*தோகைடம்.

தோட்டுக்கிரகம்,(தோடம்),défaut considérable, — des pierres précieuses qui est d'être de couleur d'herbe

தோடகேசம்,(*id.*கேசம்),défaut léger,—des pierres précieuses qui est d'être de couleur de nénuphar.

தோடம்,défaut des pierres précieuses qui est d'être de couleur de feuille de citron.

தோடி,un des 32 airs anciens.

தோடு,*gén.*தோட்டின், espèce de bijou pour les oreilles,foule,cercle, digue,feuille,—du தாழை ou pandanus,du palmier ou du cocotier, pétales des fleurs.

தோணிட,oranger,produit de la pêche des perles à chaque plongeon que fait le plongeur; on donne 2 தோணிட ou produits de ce genre au maître de la barque.

தோடையம்,sorte de vers,invocation à la divinité au commencement d'un drame.

தோள்,*P.*தோள் épaule,devant க[illegible] —க்கச்சை baudrier; —கவசம் jaquette de peau,cuirasse pour couvrir les épaules; தோட்புரிசி riz cuit pour un voyage(qu'on porte ordinairement dans un linge sur l'épaule);—சுமை fardeau qu'on porte sur l'épaule,*V.* வாகு;—பட்டை,— பலகை omoplate,os de l'épaule.

தோட்ட,*inf.de* தோண்டுகிறது:தோட்டப்படாதசெவி oreille non percée.

தோட்டம்,jardin,champ,— cultivé près de la maison:— போடுகிறது,—வளர்க்கிறது faire un jardin, préparer le sol d'un jardin; தோட்டக்கள்ளன் voleur de jardin,espèce d'oiseau;—க்காரன் jardinier;— க்கால் terre de ou à jardin;—ப்பயிர்,—ப்பயிர் production de jardin, légumes,végétaux ou céréales cultivés dans un jardin; —வேலை ouvrage de jardinier, jardinage.

தோட்டா,(ind.),cartouche.

தோட்டி,P. தொட்டி, croc de cornac ou harpon pour conduire un éléphant,(ce qui est un des insignes de la royauté et un des அஷ்டமங்கலம்),beauté,porte,entrée (de ville ou de maison),village entouré d'un fossé, agrafe, crochet, tòtti, pariah serf.—serviteur de village,tòtti, vidangeur,— qui vide les vases de nuit,.. boueur,la plante செவ்வகத்தி,l'arbrisseau தொத்தி.

தோட்டிமை,(தோட்டி), office de tòtti,de serviteur de village, de vidangeur ou de boueur,convenance.

தோட்டுச்சிரங்கு,espèce de gale.

தோணுமுகம்,île dans un fleuve, village entouré de salines.

*தோணி,1°(drôni),barque,bateau, bac,chaloupe,tòni,grosse barque ou petit navire qui fait le cabotage. 2° flèche,la constellation lunaire dite இரேவதி,boue,eau,bastions, saillies —,ornemens—,parties de rempart: சலாபத்—barque pour la pèche des perles;—க்காரன் batelier;—விடுகிறது lancer une barque;— தள்ளுகிறது,—போட்டுகிறது la pousser,la faire avancer (avec la perche ou la rame);—தாங்குகிறது soutenir ou retenir une barque;— த்துறை débarcadère—,embarcadère des bateaux,lieu où ils abordent; –போட்டு.—விட pousser—, lancer une barque.

தோணியம்,(தோணி),flèche.

தோள்,obl.de தோள்:— மாற்றுகிறது changer un fardeau d'épaule:—மேல் dessus des épaules,la nuque.

தோண்டல்,opt.et n.v.de தோண்டுகிறது.

தோண்டான்,espèce de loup.

தோண்டி, 1° cruche, vase pour puiser de l'eau,seau de feuilles de palmier,la plante கரடிக்கண்டு. 2° gér.de

தோண்டுகிறது, டினேன், டுவேன், டு,டி,v.a. தோண்டுதல், தோண்டுதல்,n.v.creuser,—la terre avec un instrument,tirer de l'eau, puiser; தோண்டியெடுக்கிறது creuser et òter.

தோதகத்தி,1° espèce d'arbre. 2° (தோதகம்),femme incivile,malhonnète,trompeuse,malheureuse.

*தோதகம்,1° (தோதம்,ka),peine, vexation,malaise,grossièreté,impolitesse,fraude,tromperie:— பண்ணுகிறது faire des impolitesses... 2° P. தோதகம்.

*தோதகன்,(தோதகம்),trompeur, mauvais payeur, malhonnète.

*தோதி,(id.), trompeuse, infortunée,impolie: நான் — வேண்டிப்பிறந்தேன் pourquoisuis-je née malheureuse,—exposée aux tracas du ménage? (da),peine,affliction,tourment.

*தோதம்,1° (dòdha),veau. 2° (tòttika), croc de cornac,peine,affliction.

*தோத்திரம்,(தோதம்,ua), croc de

தோதுபோவன்,la plante பெருமூ

*தோத்திரம், 1° P.ஸ்தோத்திரம், louange, éloge, remerciement, action de gràces, culte, adoration. 2° corr.de ஸ்ரோத்திரம், oreille. 3°(tòtra),croc de cornac, aiguillon (pour conduire le bétail). 4° l'arsenic தோட்டிப்பாஷாணம்:—செய்கிறது, —செலுத்துகிறது. — பண்ணுகிறது,V.தோத்திரிக்கிறது; தோத்திரபாடம் livre d'hymnes; –பாடல் hymne, chant de louanges:— கோத்திரம் aiguillon ou bàton pour conduire le bétail,celui de Vichnou.

தோத்திரிக்கிறது,P.ஸ்தோத்திரிக்கிறது,louer,remercier, rendre gràces,glorifier, adorer.

*தோஸ்தை,(dòsthâ),poignée,creux de la main.

தோபா,(arabe), tribut (d'un inférieur),chef.

தோபரா ou தோப்பரா, (*indost.*), tòpera, sac à collou (pour les chevaux.)

தோப்பன், *hon.* தோப்பனார், *pl.* தோப்பன்மார், (*corr. de* தகப்பன், père,(mot usité parmi les braines).

தோப்பாடி, *m.f.* (தோப்பு, ஆடி), personne vile— méchante, – qui hante le toppes.

தோப்பாண்டி, (*id.* ஆண்டி), dévot sivéniste qui arrose une tòpe ou plantation d'arbres et reçoit pour cela les aumônes des voyageurs.

தோப்பார், (*id.* ஆர்), dévot Vichnouviste qui fait le même métier.

தோப்பு, *sync. de* தொகுப்பு, tòpe, endroit planté d'arbres, (ordinairement prés des villages et des étangs ou pièces d'eau), bosquet, verger, bois, bocage, foule: — போடுகிறது planter une tòpe, un besquet: — க்கரணம், — க்கரணம் espèce d'hommage à Poulléyar, qui consiste à se croiser les bras, à se prendre le bout des oreilles, à faire une inclination du corps, à s'accroupir et à se relever jusqu'a ce que cet exercice devienne très-pénible, punition d'écolier qui condamne à cet exercice: தோப்புக்கரணம்போடுகிறது rendre cet hommage, subir cette punition,

தோப்பை, *P.* தொந்தை, chose grosse mais flasque: — முலை sein flasque et tari de vieille femme.

*தோமம், *P.* ஹோமம்.

*தோமரம், (tòmara), massue de fer, barre —, pilon de fer, dard, javelot, grande pique, lance: தோமரதரன் le feu, *i e.* Agni, *ou* — க்கிரன் guerrier armé d'une massue.

தோம், défaut, faute, mal, malheur: தோமில் sans défaut ou en faute.

தோய, 1° *inf. de* தோய்கிறது. 2° *obl. de* தோயம்.

*தோயதம், தோயதரம், (தோயம், da *qui donne*, dhara *qui a*). ce qui porte de l'eau, nuage, diverses fleurs.

தோயதி, (தோயம், dhi *qui a*), la mer.

தோயப்பம், (தோய், அப்பம்), *V.* தோசை:

*தோயமாபுரம், (தோயம், மா, புரம்), la résidence ou capitale des நிவாதகவசர்.

*தோயம், 1° (tòya), eau. 2° *P.* தோமோம், *nég. de* தோய்கிறது: தோயசுத்திகை huitre; — சாரம் l'espionne des eaux, *i.e.* la grenouille; — விரதம் pénitence qui consiste à ne boire que de l'eau; — நிதி le trésor des eaux, *i.e.* l'océan; — ப்பிரசாதனம் l'arbre தேற்றுமரம்; — ப்பிரசாதனபலம் le fruit de cet arbre dit தேற்றுக்கொட்டை.

தோயல், *n.v. de* தோய்கிறது, trempe des métaux, union, mélange, bain, plongeon.

தோய், *imp. et part. des suiv.*

தோய்கிறது, ய்ந்தேன், ய்வேன், ய், ய, *v. n. et* தோய்ந்துபோகிறது, *v. comp.* tremper, s'imbiber, se mouiller, être trempé (un métal...) plonger, être plongé dans la teinture, (*v. g.* une toile), être empesé, se baigner, se laver, se mélanger, s'unir, se joindre, toucher, s'accoupler, se cailler, se coaguler, se crystalliser, se condenser, se geler.

தோய்க்கிறது, ய்த்தேன், ய்ப்பேன், ய், ய்க்க, *v.a. du préc.* ou தோய்த்துப்போடுகிறது, tremper, — les métaux, plonger, — dans un liquide ou dans la teinture, teindre, empeser, mouiller, mettre imbiber, tremper, mettre de la pressure, faire cailler, — coaguler, — crystalliser, தோய்த்துப்பிழிகிறது exprimer après avoir trempé, tordre une toile après l'avoir plongée dans l'eau ou la teinture.

தோய்ச்சல், தோய்தல், *n.v. de* தோய்கிறது, bain, plongeon, trempe, union, coagulation.

தோய்க்கை, தோய்த்தல், *n. v. de* தோய்க்கிறது: இளந்தோய்த்தல் trempe légère; கொடுந் — trempe excessive.

தோய்ப்பன், espèce de gâteau.

தோய்ப்பாடி, *V.* தோப்பாடி.

தோய்ப்பு, *n. v. de* தோய்க்கிறது, trempe..., *V.* தோய்க்கை.

தோய்வு, *n. v. de* தோய்கிறது, trempe, union, approche, mélange, accouplement, coagulation, bain.

*தோரணம், 1° (tôrana), porte—, entrée principale, porte extérieure, —cochère, - surmontée d'une tour, —décorée, arc de triomphe, décoration d'une porte d'entrée, festons, guirlande de fleurs ou de feuilles de manguier et autres arbres mise pour une fête en travers d'une rue...; festons en draperie, fléau de balance, triangle supportant une grande balance, les 2 montans en fer entre lesquels est la languette de la balance. 2° dhôrana), monture, véhicule: —கட்டுகிறது attacher des festons, des guirlandes (à travers les rues...): தோரணக்கம்பம் montans ou poteaux d'une porte extérieure, ou —க்கால் pieux qui soutiennent des festons ou des guirlandes: —க்கல் pilier planté dans les étangs pour indiquer la profondeur de l'eau; —தீபம், —விளக்கு rangée de flambeaux ou de lampes, illumination; —வாசல் porte principale, —surmontée d'une tour chargée de sculptures, porte ornée de festons ou de guirlandes.

*தோரணி, தோரணிக்கம், (dhôrani), tradition, ordre, — établi, détails, manière, moyen.

*தோரிணை, (dhôrana), marche, trot, saut, palpitation, [xation.

தோரந்தம், embarras, peine, ve-

தோரா, தோராத, part. nég. de தோர்க்கிறது: தோராவழக்கு procès imperdable, —juste; — வழக்காளர் plaideur indomptable, — opiniâtre ou sempiternel, chicaneur.

தோரி, riz cuil.

*தோரிதம், தோரிதகம், (dhôrita, ka), marche ou trot du cheval

தோரை, sang, main, jointure des doigts, graine de bambou, espèce de riz des montagnes, —des étangs, collier —, guirlande de bijoux, rouge blanchâtre, espèce de compte.

தோர்க்கிறது, த்தேன், ப்பேன், க், க்க, v.n. perdre (un procès, une bataille, une partie de jeu...), fuir, prendre la déroute, être vaincu, nég. தோரேன் je ne perds pas....

தோர்வி, தோர்க்கை, n. v. du préc. défaite, perte, fuite, déroute, reculade.

தோலடிப்பறவை, (தோல், அடி), palmipèdes, oiseaux nageurs, — dont les pattes sont garnies de membranes comme les oies, les canards...).

*தோலம், 1° (dôla), brandillement, balancement, fête en l'honneur de Krichna jouant à l'escarpolette 2° (tôla), tola, poids d'une roupie. [ser.

*தோலனம், (tôlana), action de pe-

தோலன், தோலன்கடி, (தோல்), vaurien, pendard, homme inutile.

தோலன்டம், (id.), inutilité, état ou qualité de vaurien.

தோலா, தோலாத, part. nég. de தோற்கிறது, invincible, imperdable, qui ne peut perdre: தோலாநாவினர் gens éloquens dont la parole est irrésistible, — நியாயம் raison invincible; —வழக்கு procès imperdable, —sûr; — வழக்காளர் homme qu'on ne peut réfuter, plaideur qui ne peut perdre son procès.

தோலாமை, n. v. de தோற்கிறது, invincibilité.

தோலாமரம், l'arbre à coton இலவு.

தோலாள், f. தோலாளன், m. 1° (தோல்), vaurien, vaurienne, personne inutile, bonne à rien. 2° n. app. et 3° pers. nég. de தோற்கிறது.

*தோலி, 1° (dôli), dôli, espèce de palanquin léger, litière, lit suspendu. 2° gomme-laque, espèce de petit poisson, silurus. 3° fém. de தோலன், vaurienne, coquine: —கற்றலைமீன் —autre espèce de poisson; —க்கருவாடு le poisson silurus séché au soleil; தோலியாய்ப்போகிறது aller en dôli, devenir comme le silurus, n'avoir que les os et la peau.

*தோலிகை, (தோலம், கா), suspensoir, escarpolette, oreille.

தோலுணர்வு, (தோல்), être insensible du caractère de la peau.

தோலேன், nég. de தோற்கிறது.

தோல் 1° pl. தோல்கள், தோற்கள், தோல்லுகள், peau, cuir, pelure, —

d'oignon,écorce,—, extérieure des arbres,cosse, gousse, arille. sac de cuir, soufflet, bouclier couvert de peau,éléphant,parole, mot,une des parties d'une phrase,beauté,une des 8 beautés ou élégances de la composition,bambou.2° *imp.part.et n.v. de* தோற்கிறது,défaite,revers, perte, malheur:— உரிகிறது s'écorcher la peau,se peler;—உரிக்கிறது,—உரித்துப்போடுகிறது écorcher, peler, arracher—,ôter la peau;—பதமிடுகிறது tanner,préparer les peaux;—பற்றிப்புள்ளுகிறது encroûter,faire former ou venir une peau, — une croûte;— பற்றவேகிறது cuire de manière à se couvrir d'une croûte; —போலேபோகிறது devenir comme une peau,n'avoir que la peau et les os,se réduire à rien;—வாச்சியக்கொட்டுவோர் tambourineurs;—வினைஞர்,—வினைமாக்கள் ouvriers en peau, tanneurs,corroyeurs,cordonniers;தோல்சீவுகிறது,peler, enlever—,gratter la peau ou l'enveloppe (d'un fruit,d'une amande...); தோல்சேர்வாருகிறது ramasser les peaux,les gousses.

தோல்வி,தோல்வு,தோல்லை, *n.v. de* தோற்கிறது,défaite,déroute,fuite,perte: தோல்வையடைகிறது,—வாங்கிப்போகிறது être vaincu, défait, mis en déroute,perdu,perdre.

தோவத்தி, toile des reins (pour les hommes),—dite sômen, écharpe ou ceinture de coton:— சோடி pièce de plusieurs de ces toiles.

தோழமை,(தோழன்),compagnie, camaraderie,amitié,familiarité,fréquentation.

தோழம்,*sync.de* தொழுவம்,étable, bergerie,parc (pour le bétail).

தோழன்,*pl.* தோழர், தோழமைக்கா ர்,compagnon,camarade,ami.

தோழி,*f.du préc.*compagne,amie, servante.

தோளணி,(தோள்),épaulette, ornement d'or pour les épaules (à l'usage des rois...).

•தோலா, (dòlâ), dôli, espèce de palanquin,litière, indigotier, indigo.

தோளன்,தோளான்,*m.* (தோள்), qui a des épaules. Ils se mettent à la fin des mots composés,*v.g.* எண்டோளன் l'être aux 8 épaules, i. e. Siveu: திண்டோளார் ceux qui ont de fortes épaules. [தோளன்.

தோளி,1° (dòli),*V.*தோலா.2° *f.de* தோளுகிறது,ளினேன், ளுவேன், ளு,ள,*ou* தோட்ட,*v.a.*தொளைத்தல், *n.v.*percer,forer.

தோள்,épaule, bras: — காய்க்கிற து les épaules devenir calleuses;— கொடுக்கிறது donner un coup de main,aider;—க்கச்சு baudrier;— த் தொட்டு,*V.*தோட்டொட்டு;—த்தலை *P.*தோட்டலை;—தட்டுகிறது frapper sur l'épaule; — பொருத்தவன் homme qui a de fortes épaules (pour porter des fardeaux); — போடுகிறது mettre l'épaule, prendre sur son épaule;— போட்டெடுக்கிறது mettre l'épaule et soulever;—ப்பட்டை omoplate;—மாற்றுகிறது changer un fardeau d'épaule.

தோறு,தோறும்,(il se met après le nom),chaque, tous:தினந் — chaque jour, tous les jours; மாசந் — chaque mois,tous les mois.

தோற்,*P.*தோல்,*devant* க,ச,த, ப: —கட்டடம் reliure en peau;—சுட்டு paquet de peaux,gant de peau (à l'usage des archers); — கருவி instrument de peau ou couvert de peau, tambour....: —கருவியாளர் gens qui se servent d'instrumens de peaux,*V.*தோல்வினைஞர்;—காது oreille, —de peau,— proéminente des vivipares;—காற்பறவை,*V.*தோ லடிப்பறவை;— குல்லாய் bonnet de peau;—கொம்பு corne de peau,— qui croît à la peau, — mobile attachée à la peau;— சட்டை habit , casaque de peau; — துருத்தி outre, bouteille en peau;—செருப்பு sandales,— en peau; —சேவி,*V.* தோற்செ வி;—பதனிடுகிறது préparer — ,corroyer les peaux;—பாதம் bottes,bottines, bouclier de peau;—பாதந்தொ டுக்கிறது se botter,mettre ses bottes;

—பரிசை bouclier de peau; — பல கை bouclier de planches couvertes de peau; —பை tambour, sac de cuir (pour donner à manger aux chevaux...), seau en cuir (pour tirer de l'eau); —பரத்தை courtisane, femme publique; —பரம் siége de peau d'animal non tannée; — புழை pore de la peau; — புனைந்திறது, — புனைந்து போடுகிறது coudre avec des lanières de cuir; —பெட்டி sac —, coffre —, boite de peau; —மை sac —, bourse ou outre de peau; —மைமுலை mamelle flasque et pendante de vieille femme), *litt.* mamelle semblable à un sac de peau.

தோற்கடிக்கிறது, (தோற்க, அடிக்கிறது), dérouter, disperser, vaincre, défaire, mettre en fuite. [te, défaite.

தோற்கடிப்பு, *n.v. du préc.* dérou-

தோற்கிறது, தோற்றேன், தோற்பேன், தோல்க், தோற்க, *nég.* தோலேன், *v.n. et* தோற்றுப்போகிறது, *v. comp.* perdre (une bataille, un procès, une partie de jeu...), être vaincu, défait, mis en déroute: அவனுக்குத் தோற்றான் il lui a été inférieur, il a été vaincu par lui; பணத்தைத்தோற்றுப்போட்டான் il a perdu —, il a dissipé son argent.

தோற்குதை, *n.v. du préc.* défaite.

தோற்கும், *part. fut. du même* qu'on —, qui perdra.

தோற்பவை, *pl. du part. fut.* choses perdables: —தொடரேல் ne poursuivez rien de perdable, n'entreprenez rien que d'assuré.

தோற்பு, தோற்பவை, *n.v. de* தோற்கிறது, défaite, déroute, perte, chose perdable: தோற்பவைதொடரற்க n'entreprenez rien de perdable.

தோற்ற, 1° *part. parf. du même*, vaincu, défait, qu'on a —, qui a perdu: தோற்றவன் le perdant, le vaincu. 2° *inf. de* தோற்றுகிறது. 3° *obl. du suiv.*: —ப்பட்டவன் homme estimable, — qui a paru.

தோற்றம், *n.v. de* தோற்றுகிறது, apparition, vision, apparence, spectacle, lever (des astres), forme, formation, génération, être, naissance, commencement, principe, origine, enfant, progéniture, force, éclat, célébrité, louange, estime, estimation, opinion, pensée, primauté, excellence, abondance, parole, discours, mot convenable: — முள்ளவன் homme estimable, qui a paru; அக்கினியின்துலக்கம்—apparence de feu; அநித்தியமானதோற்றங்கள் choses —, formes ou spectacles transitoires; அநித்தியதோற்றமில்லாதவன் l'Éternel, l'être toujours ou entièrement invisible, *i.e.* Dieu; மனதிலே தோற்றுகிற — la pensée qui se présente à l'esprit; தோற்றம் -உ, les 2 espèces d'êtres, savoir: சரம் les êtres doués de mouvement, ou de locomotion, *i. e.* les animaux, et அசரம் les êtres privés de mouvement *i.e.* les métaux et les plantes; தோற்றம்-ச, les 4 sortes d'êtres distingués d'après le mode de leur naissance, savoir: கருப்பை (matrice), les vivipares ou animaux qui sortent vivans de la matrice; முட்டை (œuf), les ovipares qui naissent d'un œuf; நிலம் (terre), les vers, insectes ou plantes qui sortent de la terre; வியர்வை (sueur), vermines ou insectes qui sont censés naître de la sueur.

தோற்றரவு, (தோற்றம்), apparence, imagination, idée, fantaisie, apparition, lever, — des astres, estime, excellence.

தோற்றல், 1° *n.v. de* தோற்கிறது, défaite, déroute, perte. 2° *n. v. et opt. de* தோற்றுகிறது, *V.* தோற்றுதல். [தோற்றப்பாடு.

தோற்றுவிக்க, (தோல், தவிக்க), *V.*

தோற்றுவாய், (தோல், தவாய்), état d'une peau, insensibilité.

தோற்றுரசு; vitriol bleu.

தோற்றோடுகிறவன், (தோற்று, ஓடு, கிறவன்), *m. f.* fuyard, vaincu, dérouté.

தோற்றாமை, *n.v. nég. de* தோற்றுகிறது, invisibilité, disparition.

தோற்றுருத்தம், (தோல், துருத்தி), vase ou vaisseau de cuir, outre, giberne, boite à cartouches.

தோற்றி, 1° *gér. de* தோற்றுகிறது 2° *P.*. தோற்றாய் tu es vaincu, et tu ne parais pas.

தோற்று, 1° *gér. de* தோற்கிறது. 2° *imp. et part. de* தோற்றுகிறது. 3° 3me *pers neut. sing du* குறிப்புவினை *de* தோல், c'est de peau.

தோற்றுகிறது, ற்றினேன், ற்றுவேன், ற்று, ற்ற, *v. n.* (தோன்றுகிறது), apparaître, paraître (à la vue ou à l'imagination), sembler, se présenter, se rencontrer, (les astres) se lever, se former, commencer d'être, naître, devenir, germer, s'imaginer, produire, faire: மேலாக்கியமாய்த் — sembler bon, convenable; தோற்றியிருக்கிறது être clair, — évident, paraître, se présenter à la vue, à l'esprit, sauter aux yeux, avoir paru; எனக்கவன் தோற்றவில்லை je ne l'ai pas aperçu: தோற்றச்சொல்லுகிறது parler de manière à faire voir, montrer.

தோற்றுதல், *n. v. du préc.* lever, origine, commencement, naissance, germination, apparition, vaine imagination, idée.

தோற்றுருத்தி, (தோல், உருத்தி), outre, soufflet de peau.

தோற்றுவாய், 1° (தோற்று, வாய்), origine, commencement. 2° 2° *pers. fut. de* தோற்றுகிறது,

தோற்றுவிக்கிறது, வித்தேன், விப்பேன், வி, விக்க, *v. caus. du même*, தோற்றுவித்தல், *n. v.* faire paraître, — naître, produire, créer, montrer: தோற்றுவிக்கப்பண்ணுகிறது faire en sorte qu'une pensée se présente à l'esprit de quelqu'un.

தோற்றுன்னர், (தோல், துன்னர்), ouvriers en peau, cordonniers, corroyeurs, tanneurs.

தோற்றேன், 1° *parf. de* தோற்கிறது. 2° *nég. de* தோற்றுகிறது. [chien.

தோனாய், (தோல், நாய்), espèce de

தோன்றல், 1° *opt. et n. v. de* தோன்றுகிறது, lever (des astres), apparition, sortie, origine, existence, formation, naissance, rencontre, idée, splendeur. 2° homme, prince, roi, grand personnage, chef d'un pays de forêts ou d'un désert, frère aîné, fils, garçon, *ou* தோன்றல்விகாரம் modification qui consiste dans l'apparition ou l'addition d'une lettre entre 2 mots qu'on réunit. *v. g.* பூ et கொத்து font பூங்கொத்து bouquet de fleurs.

தோன்றா, தோன்றாத, *part. nég. de* தோன்றுகிறது qui ne paraît pas, invisible: தோன்றாத்துணை compagnon ou secours invisible, — secret; — வெழுவாய், (எழுவாய்), sujet sous entendu indiqué et non exprimé.

தோன்றி, 1° sang, la plante காந்தள் gloriosa superba, (dont il y a 2 variétés: la rouge செந்தோன்றி et la blanche வெண்டோன்றி). *V.* செங்காந்தள். 2° *gér. de* தோன்றுகிறு

தோன்றியர், les marchands. [து.

தோன்றுகிறது, ன்றினேன், ன்றுவேன், ன்று, ன்ற, *v. n.* apparaître, sembler, paraître (aux sens ou à l'esprit), se lever (les astres), s'élever, sortir, briller, se former, commencer à exister, naître, pousser, germer, se rencontrer, survenir, venir ou être ajouté au milieu: எனக்கப்படி — cela me semble ainsi; எனக்குச்சத்துருதோன்றினான் un ennemi s'est élevé contre moi; எனக்குத்தோன்றினதைச் சொன்னேன் j'ai dit ce qui me semblait, j'ai dit mon opinion; தோன்றக்கொடுக்கிறது donner suffisamment, — de manière que cela semble quelque chose, தோன்றச் சொல்லுகிறது montrer, parler de manière à faire voir ou comprendre; தோன்றினாற்போலே *ou* தோன்றினபடியே செய்கிறது faire à sa fantaisie, comme bon semble; தோன்றாதே *ou* தோன்றாமலிருக்கிறது ne pas paraître, ne sembler rien, être incertain, ne savoir que faire; ஒருவனுக்கு எதிருத்தரந்தோன்றாமற் பண்ணுகிறது réduire quelqu'un à ne pas trouver de réponse, à ne savoir que dire; அவன்தோன்றாமலிருக்கிறான் il ne paraît pas, *ou* அவனுக்குத்தோன்ற

உடு

வில்லை *ou* தோன்றாதேயிருக்கிறது cela ne lui semble rien, ne lui a pas apparu, il est insensible, rien ne lui fait impression.

தோன்றுகை, தோன்றுதல், *n.v. du préc.* apparition, formation, naissance, germination, éclat, lever.

தோன்றும், *part. fut. et* 3me *pers. neut. du fut. du même*, qui semble, qui paraitra, il semble, il paraitra.

தௌ, lettre syllabique composée de த் et de ஔ, taou.

*தௌகித்திரன், (daouhitra *de* துகிதா), fils de la fille.

*தௌகித்திரி, *fém. du préc.* fille de la fille.

*தௌசருமியம், (daoustcharmya, *ou* துர், சருமம், ya), circoncision, paraphimosis.

*தௌசாரம், (துஷாரம்), froid, neige, rosée.

*தௌட்டகம், தௌட்டவம் (*de* துஷ்ட, ka *ou* va), mal, malice, méchanceté.

*தௌதம், (dhaouta), blancheur, argent: தௌதசிலம். crystal.

*தௌதிகம், (taoutika), perle, huitre à perles.

*தௌத்தியம், 1° (தூதன்), nouvelle, message, ambassade. 2° *P.* ஸ்தௌத்தியம், éloge, louange, muse.

*தௌராத்துமியம், (daourâtmya, *ou* துர், ஆத்துமம்), méchanceté, dépravation.

*தௌரிதகம், (dhaouritaka, *de* தோரிதம்), trot, pas rapide, pas lent, marche douce, tour, course en rond (du cheval).

*தௌரிதம், (தோரிதம்), trot, vitesse.

*தௌரியம், 1° (dhaourya), trot de cheval. 2° (daourya), son des instrumens de musique, harmonie: தௌரியத்திரிகம் symphonie, mélange de chant, de musique instrumentale et de danse.

*தௌர்மனசியம், (துர், மனசு), mauvaise disposition.

*தௌலம், (துலா), *V.* துலாக்கோல்.

*தௌலிகன், தௌலிகைன், (தூலிகை), peintre.

*தௌலேயம், (daoulêya), tortue.

தௌவல், *opt. et n.v. de* தௌவுகிறது, âge tendre, marcher clopin-clopant, corruption, perte.

*தௌவாரிகன், (துவாரம்), portier.

தௌவுகிறது, வினேன், வுவேன், வு, வ, *v.n.* தௌவுதல், *n.v.* périr, se gâter, se cabrer, sauter, bondir, sautiller, boiter.

தௌவை, mère, sœur ainée; la prétendue déesse மூதேவி.

தௌர்க்கந்தி, (துர்க்கந்தம்), puanteur.

*தௌர்ச்சன்னியம், (துர்ச்சனம், ya), méchanceté, vileté.

*தௌர்ப்பல்லியம், (துர்ப்பலம், ya), faiblesse, débilité.

*தௌர்ப்பாக்கியம், *P.* துர்ப்பாக்கியம்.

ந

ந், n dentale est la 8me consonne tamoule et la 4me des மெல்லினம் ou lettres douces. Elle se nomme நகரம், et dans bien des mots, elle est initiale. Au milieu des mots elle se met devant த, comme dans கந்தம் odeur, ou s'emploie pour représenter la lettre n sanscrite, comme dans அநந்தம் infinité, et bien d'autres mots qui ont l'அந் privatif ou la particule அநு. A la fin des mots ந் est généralement un changement euphonique de ம் devant த ou ந initial, *v.g.* புத்தகம் et தந்தான் font புத்தகந்தந்தான் il a donné un livre.

ந, 1° lettre syllabique composée de ந் et de அ, na bref. 2° préfixe sanscrite qui signifie négation, prohibition, différence, louange, célébrité. 3° ந particule qui signifie bon, bonne; elle double la consonne suivante, et prend 2 வ devant une voyelle: நவ்வழி bon chemin, நவ்வமிர்தம் bonne ambroisie, நக்குடம் bonne cruche.

நக, 1° *obl. de* நகம். 2° *inf. de* நகுகிறது,

*நககுட்டன், (நகம், koutta *qui coupe*), rogneur d'ongles, *i.e* barbier.

நகசிறிதம், l'arbrisseau குன்றி.

நகட்டல், நகட்டுகை, *n.v. du suiv.*

நகட்டுகிறது, ட்டினேன், ட்டுவேன், ட்டு, ட்ட, *v.a.* நகட்டுதல், *n.v.* faire ramper, pousser, renverser de son long, pousser alternativement chaque côté d'une masse, dévorer tout, broyer, — par attrition, *V.* நகர்த்துகிறது.

*நகர்விருதி, 1° (ந *non*, அகம்விருதி *orgueil*), humilité, (c'est une des 7 புண்ணியம் ou vertus. 2° (nakha *parfum*), parfum ou épices pour embaumer.

*நகசம், (நகம், சம்), ce qui est né dans les montagnes, *i. e.* l'éléphant.

நகதா, (*arabe*), argent comptant.

நகதி, (*arabe*), capitaliste, homme riche en argent: —குமஸ்தா employé subalterne d'un trésor, — பீசம் l'arbrisseau புலிதொடக்கி.

நகத்தல், நகத்துகிறது, P. நகைத்தல், நகைத்துகிறது.

நகநோக்கி, la plante உத்தாமணி.

நகது, (*arabe*), argent, —comptant: — சாமீன், — ஜாமீன் caution d'argent.

*நகமுசம், (நகம், moutcha *qui relâche*), arc.

நகபூ, 1° (*id.* பூ), fleur de montagne. 2° (*id.* bhoû *être*), montagnard.

*நகம், 1° (nakha), ongle (des mains et des pieds), griffes, serres des oiseaux, part, portion. 2° (naga, *ou* ந *non*, ga *qui va*), arbre, montagne, terre: —வாங்குகிறது couper —, rogner les ongles; —வாங்கி instrument pour couper les ongles; —வளர்க்கிறது laisser croître ses ongles, (comme font les sanniasis indiens); நகக்கண், —க்கால் racine des ongles, ongle des doigts; —க்காளான் champignon qui croît sur les arbres; —க்குறி, —த்தழும்பு égratignure—, marque des ongles; —சிகைபரியந்தம் des pieds à la tête, *litt.* depuis les ongles (des pieds) jusqu'à la touffe de cheveux du sommet de la tête: —சிகைபரியந்தம்நோகுகிறது souffrir des pieds à la tête; —ச்சிராய் rognure d'ongles; —ச்சுலந்தி, —ச்சுற்று panaris, mal d'aventure; —ச்சுடு petite brûlure; —நந்தனி, —நந்தினி la fille du mont (Himalaya), Oumei ou Parvadi; —படுவன் panaris: —பதம், *V.* நகக்குறி: —பதி le roi des montagnes, l'Himalaya; —பிளவம் déchirure avec l'ongle; —ரேகை, —லேகை, —விரணம் marque des ongles, égratignure; —விஷம் venin des ongles; —விரணம், (இரணம்), égratignure, plaie qu'elle cause; நகமுஞ்சதையுமாயிருக்கிறது être comme les ongles et la chair, être intimement unis; நகத்தாலெடுக்கிறது enlever avec les ongles, avec les griffes.

நகராங்கம், (நகர், அங்கம்), partie ou beauté d'une ville.

*நகரசம், (நகரம், சம்), citoyen, — né dans une ville, *V.* நகரசாதம்.

நகரத்தார், *நகரஸ்தர், (நகரம்), citoyens (de ville), citadins.

*நகரம், 1° (ந, கரம்), la lettre n. 2° (nagara), ville, cité, métropole, palais de roi, ville en pays cultivé. 3° (nakhara), ongle: —கட்டுகிறது, —கோலுகிறது bâtir une ville, l'entourer de murs; நகரகாதம், நகரசம் ce qui détruit ou conquiert les villes, *i. e.* l'éléphant; —சனம், —மாக்கள், —வாசிகள் peuple —, habitans d'une ville, d'une métropole, citoyens; —ப்படலம் chapitre ou description de la ville du héros d'un poëme. C'est le 2e chant d'un poëme épique: நகரத்துவெள்ளாளர் vellages des villes, une division des வெள்ளாளர்.

நகரா, 1° (*ind.*), espèce de gros tambour. 2° *ou* நகராத *part. nég. de* நகருகிறது.

*நகராயுதம், (நகரம், ஆயுதம்), *V.* நகாயுதம்.

*நகரி, (nagari), ville cité, métropole, capitale, résidence du roi, la plante வறட்சுண்டி: — சோதனை ronde —, visite d'une ville (que fait un roi, un gouverneur... la nuit en habit déguisé:) — சோதனைக்குப்புறப்படுகிறது sortir pour faire la ronde, visiter la ville ou la capitale incognito; —காகம் corbeau, *litt.* grue de ville; —வாயிற்கோபுரம் tour de la porte d'une ville.

நகருகிறது, -ர்ந்தேன், -ருவேன் *ou* -ர்வேன், -ர *ou* -ர், *v. n.* ramper, se traîner, se glisser, s'insinuer ou s'esquiver furtivement, glisser: நகர்ந்துபோகிறது se traîner, aller en rampant; —வருகிறது venir en rampant, se glisser dans.

நகருகை, நகருதல், *n. v. du préc.*, rampement.

நகளா,espèce d'arbre, —de poisson.

*நகரோபாந்தம்,(நகரம்,உப, அந்தம்),faubourg, environs—, limite d'une ville.

நகர்,1° (நகரம்),ville,grande cité, palais, maison, bourg en pays cultivé,temple. 2°,imp. et part. de நகர்கிறது:— துரோணம்,la plante தும்பை; —பதிநிதியம் trésors ou richesses d'une ville; on en compte 5: அரசன்,un roi, வித்தகன் un bouffon, மந்தி un babouin, யானை un éléphant, கண்ணாடி un miroir, (beaux trésors! le 1er excepté); — வளம் prospérité d'une ville. [று, நகருதல்.

நகர்கிறது,நகர்தல், V. நகருகிறது

நகர்த்துகிறது,த்தினேன்,த்துவேன்,த்த,த்தி,v.a.de நகருகிறது et நகர்த்தல் ou நகர்த்துதல்,n.v.trainer, faire glisser,—ramper, — avancer, pousser,chasser en avant,piler,broyer: கொடுத்துநகர்த்திப்போடுகிறது renvoyer avec un présent (ironie); சுவரையிடித்து — renverser un mur et l'enlever: தடியால்நகர்த்திப்போடுகிறது ou விடுகிறது éloigner —,chasser ou pousser avec un bâton; நகர்த்த இலக்கு பார்க்கிறது examiner à quelle distance une chose peut être poussée,épier l'occasion. [வேலை.

*நகவேலை,(நகம்,வேலை),V. ந

நகல்,1° (arabe),copie,transcription,brouillon;—சீட்டு ou நகற்சீட்டு copie—,brouillon d'un billet...;தீர்ப்பின்—copie d'un jugement. 2° opt.et n.v.de நகுகிறது, V. நகுதல்.

நகவியாக்கிரம்,la plante புலிதொ [டக்கி.

நகவு,V.நகுதல்.

நகவுளி, (நகம், உளி), ciseau en forme d'ongle (pour faire les cannelures).

நகழுகிறது ou நகள்கிறது,நகண்டேன்,நகழுவேன் ou நகள்வேன், நகழ ou நகள,v.n. நகழுதல், n. v. ramper,se trainer,

*நகாங்கம்,(நகம்,அங்கம்), espèce de parfum, V.நகக்குறி.

நகாசு,(ந,காசு),chose jolie, sans défaut,ouvrage perfectionné peint en émail stuqué,poli.

*நகாதிபன்,நகாதிராசன்,(நகம், அதிபன்,அதி,இராசன்),V.நகேசன்

*நகாச்சிரயம்,(id.ஆச்சிரயம்),habitation des montagnes.

*நகாயுதம்,(நகம், ஆயுதம்), animal armé de griffes,lion,tigre,coq.

நகிசி,la plante தேட்கொடுக்கி.

நகிலம்,நகில்,sein,mamelle.

நகுகிறது,நக்கேன், நகுவேன், நகு, நக,nég.நகேன்,v.n.rire, sourire, rire de,tourner en dérision, se moquer,mépriser,briller, fleurir, surpasser.

*நகுடம்,(nakouta),le nez.

நகுதல்,n.v.de நகுகிறது,rire,sourire,dérision,mépris,brillant,splendeur,floraison.

நகுதா,pilote,maitre d'un navire.

நகுத்தம்,l'arbre dalbergia arborea, V.புன்குமரம்.

*நகுலம்,(nakoula),mangouste.

*நகுலன்,(ந, குலம்), homme dégradé,sans caste, Nagoulen, le 4me des 5 பாண்டவர் fameux cavalier, (surnom de) Siven,fils: குதிரைக்கு நகுலன் un nouveau Nagoulen pour les chevaux,habile écuyer ou jockey.

*நகுலி,f. du préc. espèce de parfum,l'arbre à coton soyeux, la lettre h.

*நகுலேசன், (நகுலன்,ஈசன்), le maitre de—,ou maitre Nagoulen, i. e. வயிரவன்.

*நகுலேட்டை, நகுலேஷ்டை,நகுலேஷ்டகை, (நகுலம், இஷ்டம்), ce qu'aime la mangouste, i. e. plante qu'elle emploie comme antidote au venin du serpent;on la nomme encore râsnâ.

நகேசனந்தனை, (நகேசன், நந்தனை),la fille de Naguèsen ou de l'Himalaya,i.e.Parvadi.

*நகேசன்,(நகம்,ஈசன்),le roi des monts,i.e.l'Himalaya.

நகேசிறு,la plante புல்லூரி.

நகை,1° n. v. de நகுகிறது, rire, ris,dérision,mépris,moquerie, plaisanterie,joie,délices, plaisir,bouton de fleurs,fleur,épanouissement, floraison,dent(que l'on montre en riant),lumière,splendeur, objet brillant.joyau,bijou, figure qu on emploie pour montrer le mépris et la joie.2°*imp.de* நகைக்கிறது:—க்கொ ள் plaisanterie, parole pour rire; —கேசரக்கம் safran; —முகம் visage riant,—joyeux; — ரசம் émotion— manière de rire, gaité, allégresse, dérision; நகைக்கிடமான risible, ridicule.

நகைக்கிறது, நகைத்தேன், நகைப் பேன், நகை,நகைக்க, *v. n. et a.* rire, sourire, plaisanter, railler, se moquer.

நகைத்தல், நகைப்பு, *n.v.du préc.* rire,ris, dérision, plaisanterie,raillerie, moquerie: நகைப்புக்கிடமான,நகைப்புக்குரிய risible, ridicule: எனக்கு நகைப்புவந்தது le rire m'a pris. [rieur, plaisant, moqueur.

நகைப்போன், *n. app. du même.*

நகையரல்,நகையரல்,la plante பசுந்தரை ruellia.

*நகோச்சிராயம்,(நகம்,உச்சிராயம்), élévation de montagne.

நக்க,1° *part. parf. de* நகுகிறது. 2° *inf. de* நக்குகிறது. 3° *obl. de* நக்கன்.

நக்கவாரம், les îles Nicobars dans le golfe du Bengale: நக்கவாரக்கச்சவடம் commerce de Nicobar, —sans crédit,argent comptant,probité suspecte.

நக்கவாரத்தவன்,நக்கவாரத்தான், நக்கவாரி,(நக்கவாரம்), Nicobarien, habitant des îles Nicobars.

நக்கரிக்கிறது,ரித்தேன், ரிப்பேன், ரி,ரிக்க, *et* நக்கரைக்கிறது,ரைத்தேன்,ரைப்பேன்,ரை,ரைக்க,(நகருகிறது), *v.n.* ramper, se traîner à terre comme un cul-de-jatte, frotter, s'enfoncer.

நக்கரித்தல், நக்கரிப்பு,நக்கரைத்தல், *n.v.du préc.*

நக்கல், *n.v.et opt de* நக்குகிறது, action de lécher...,(réputée une des 4 manières de manger), attouchement,parasite,ris,rire,dérision: நக்கலம்பொருளைக்கொண்டு—ஆம்த்திரிகிறது chercher à écornifler, — quelque franche lippée.

நக்கவாரம் ,les îles Nicobars,commerce argent comptant.

நக்கவாரி, Nicobarien, homme qui ne vend qu'argent comptant, cocotier nain,blé restreint pour la quantité.

*நக்கனம், (nagna), nudité:நக்கனத்துவம் état de nudité; — பிரசாதனம் don d'un vêtement, vêtir ceux qui sont nus.

*நக்கன்,*P.*நக்கனன்,(நக்கனம்), homme nu, (surnom de) Siven, Arouguen, renard, *V.* நக்கினன்.

நக்கரி,la plante வறட்சுண்டி.

நக்கரி,1° nom d'un poète.2° *pl. du suiv.*

நக்கான்,3° *pers parf.et nom app. de* நகுகிறது, il a ri, rieur.

நக்கி,*gér.et n. app.de* நக்குகிறது, léchant, lécheur:—பூ la plante heliotropium indicum. [porte.

*நக்கிரம், (nakra), linteau de நக்கிரு,*V.*நகர்.

*நக்கினம்,(nagna), nudité: நக்கினாசனம் *ou*

நக்கினிகரணம், நக்கினிகிருதம், (நக்கினம்,கி), dépouillement, mettre à nu.

*நக்கினன், நக்கிருடன்,(நக்கினம்,அடம்), homme nu, gymnosophiste, religieux mendiant qui va nu, bouddhiste, djaïna.

*நக்கினை, நக்கினிகை, (நக்கினம்,ikâ), femme nue,fille de 10 ans.

நக்கிரன்,*P.*நற்கீரன்.

நக்கு, action de lécher, *n.v. imp. et part.de*

நக்குகிறது, *sync.* நக்கிறது, க்கினேன்,க்குவேன், க்கு,க்க, *v. a.* நக்குகை, நக்குதல், *n.v.* 1° lécher, laper, toucher. 2° *P.* நகுகிறது rire, railler: நக்கிக்கொண்டு திரிகிறது chercher à écornifler,faire le métier de parasite:— க்குடிக்கிறது laper; —ப்போடுகிறதுmanger avidement; நக்கப்படுவன choses qu'on lèche, comme le miel...

நக்குணி, (நக்குகிறது, உண்கிறது), homme qui mange en léchant, petit enfant, espèce de serpent, ou

நக்குவோன், *n. app. de* நக்குகிறது lèche-plat, celui qui lèche.

*நக்ஷத்திரம், (nakchatra), perle, étoile, constellation ou mansion lunaire, astérisme, —où se trouve la lune à un jour donné; c'est une des 5 parties du பஞ்சாங்கம் ou almanach indien. Comme les Indiens observent les étoiles spécialement par rapport à la lune et que cette planète parcourt le zodiaque en 27 jours et 8 heures, les Indiens ont divisé le zodiaque en 27 constellations lunaires donnant à chacune 13 degrés 20 minutes. Elles prennent leurs noms d'une étoile qui quelquefois n'est pas située dans l'espace qu'ils lui attribuent. Voici leurs noms tamouls, sanscrits et européens, en commençant par le Bélier et suivant l'ordre des signes du zodiaque: அச்சுவினி, asvini, l'alpha du Bélier; பரணி bharani, la Mouche; கார்த்திகை krouttikà, les Pléiades; உரோகிணி ròhini, Aldébaran. 5° மிருகசீரிடம் mrougasiras, le lambda d'Orion; திருவாதிரை ârdra, l'alpha d'Orion; புனர்பூசம் pounarvasou, le bèta des Gémeaux, பூசம் pouchya, le delta du Cancer; ஆயிலியம் aslèchâ l'alpha du Cancer. 10° மகம் magha l'alpha du Lion ou Régulus; பூரம் poûrva phalgouni, le delta du Lion; உத்தரம் outtara phalgouni, le bèta du Lion; அத்தம் hasta, la chevelure de Bérénice ou le delta du Corbeau; சித்திரை tchittrâ, l'alpha de l'Épi de la Vierge. 15° சுவாதி, svâti, Arcturus; விசாகம் visâkhâ, l'alpha ou le kappa de la Balance: அனுடம் anourâdhâ, l'alpha du Scorpion; கேட்டை djyèchtâ, Antarès; மூலம் moûla, la queue du Scorpion. 20° பூராடம் poûrvâchâdhâ, le delta du Sagittaire: உத்தராடம் outtarâchâdhâ, le tau du Sagittaire: திருவோணம் sràvana, l'alpha de l'Aigle; அவிட்டம் dhanichtâ, l'alpha du Dauphin; சதயம் satabhichâ, le lambda du Verseau; பூரட்டாதி poûrva bhâdrapada, l'alpha de Pégase; உத்தரட்டாதி outtara bhâdrapada, l'alpha d'Andromède: இரேவதி rèvati, le delta des Poissons. Comme la lune met 27 jours 8 heures à parcourir le zodiaque, les 8 heures négligées font un jour tous les 3 mois; aussi ils ont une constellation intercallaire nommée அபிசித்து abhidjit, l'alpha de la Lyre, qu'ils placent entre la 21me et la 22me. La distance d'une étoile à l'autre n'est pas la même: quelques-unes même sont très-éloignées du zodiaque. En mythologie ces 27 étoiles sont censées les filles de தக்ஷன் et les femmes de சந்திரன் ou de la lune, dont les Indous font un dieu mâle: நக்ஷத்திரசக்கிரம் le ciel étoilé, le cercle des étoiles ou des constellations lunaires, espèce de diagramme pour les calculs astrologiques; — சீரகம் cumin —, anis étoilé; — தீபம் lampe étoilée, —en forme d'étoile; — நேமி Sandiren ou la lune, l'étoile polaire, Vichnou; — பதவி, — மண்டலம் le ciel étoilé; —ப்பிரமாணம் l'étendue d'une constellation; — மாலை constellation, série—, table des 27 constellations lunaires, nom d'un livre, espèce de danse, collier de 27 perles, rangée de 27 lampes (dans un temple); —வாணம் fusée qui élevée en l'air imite une étoile; — வீதி route de la lune à travers le zodiaque.

*நக்ஷத்திரேசன், (நக்ஷத்திரம், ஈசன்), le prétendu maître ou mari des constellations lunaires, *i.e.* Sandiren ou la lune. [ப்புன்.

நங்கணைவாய்ச்சி, *P.* நாகணைவாய்

நங்கள், *P.* எங்கள்.

நங்கிலி, la plante பசிலி.

நங்கூரம், நங்குரம், (*du latin* anchora), ancre (de navire): —போடுகிறது, —பாய்ச்சுகிறது, — விடுகிறது jeter l'ancre; — தூக்குகிறது lever l'ancre; — சொத்திவிடுகிறது

couper la corde de l'ancre; நங்கூரப்பல் le bout crochu—,dent de l'ancre; —வாடகை droit d'ancrage.

நங்கை, dame, femme noble, — excellente, sœur cadette, la plante polygala: —நாச்சி dame, matrone, femme de distinction.

நசநச, (*son imitatif*), நசநசென்கிறது,rendre ce son, être liquide, doux ou onctueux: நசநசென்று பெய்கிறது pleuvoir doucement: —பேசுகிறது babiller, jaser, bavarder.

நசரானி, நசரேனி,nazaréen: நசரேனிமாப்பிள்ளை chrétien syriaque du Maléalam.

நசலாளி, (நசல்,ஆளி), malade, infirme, personne maladive, de mauvaise santé, malheureux.

நசல், (நைதல்), maladie, malheur:— ஆய்விழுகிறது tomber malade;— படுகிறது tomber malade, être indisposé, éprouver un malheur; நசற்காரன், *V.* நசலாளி; நசலுக்கேற்றமருந்து remède propre à la maladie.

நசனை, (நசை), défaut des rubis qui consiste dans une couleur blanchâtre.

நசாரி, l'arbre எட்டிமரம்,strychnos.

நசி, 1° *imp. et part. du suiv.* 2° *imp. de* நசிக்கிறது:— கொதி défaut dans la cuisson des mets.

நசிகிறது, சிந்தேன்,சிவேன்,சி, சிய, *v.n.* நசிதல், *n.v.* (nasa *périr*), se briser, se broyer, se froisser, périr, se gâter, être détruit, ruiné, défectueux, s'avilir.

நசிக்கிறது, சித்தேன்,சிப்பேன்,சி. சிக்க, *v.a. de* நசிகிறது, நசித்தல், *n.v.* briser,broyer, écraser, froisser, détruire, ruiner, gâter, affaiblir, exprimer le jus.‖*v.n.* mourir. *V.* நசிகிறது.

நசிப்பு, *n. v. du préc.* brisement, froissement,broiement, perte,ruine, corruption.

*நசியப்பிரசூதிகை,(nasyat *périssant*),femme accouchée d'un enfant mort.

*நசியம், (nasya), remède qu'on prend par le nez:— ஆன nasal;— பிழிகிறது exprimer le jus des plantes médicinales pour un tel remède.

நசியரி, la plante குப்பைமேனி.

நசியல், *n.v.de* நசிகிறது, ce qui est gâté,broyé, froissé..., *V.* நசிவு: நசியற்பதம் point—, moment de se gâter.

நசிவு, *n.v.du même*, froissement, broiement, contusion, bassesse.

நசிறுணி,நசிறுண்டி,avare,homme maigre.

நசீப், (*arabe*),destin,fortune,sort.

நசுகுணி, chose très-petite.

நசுக்கான்,(நசுக்கு),chose petite: —பையன் petit enfant.

நசுக்கு, *n.v. imp.et part. du suiv.* écrasement, brisement, broiement, destruction:—த்துச்சணம்பண்ணுகிறது faire l'insolent, être fougueux: —நசுக்கென்கிறது être gluant, visqueux.

நசுக்குகிறது, *sync.* நசுக்கிறது, க்கினேன், க்குவேன்,க்கு,க்க, *v.a de* நசுங்குகிறது,நசுக்குதல், *n.v. et* நசுக்கிப்போடுகிறது,écraser, briser, broyer,froisser, meurtrir, détruire, affaiblir, remettre, lâcher un vent sans bruit.

நசுங்கடிக்கிறது,(நசுங்குகிறது, அடிக்கிறது), écraser,broyer,-affaiblir.

நசுங்கலன்,நசுங்கலாண்டி,(நசுங்கல்), avare,qui écrase tout.

நசுங்கல், écrasement,brisement, contusion, broiement, *n.v.et opt. de*

நசுங்குகிறது, *sync.* நசுங்கிறது, கினேன்,குவேன், கு,க, *v.n. de* நசுக்குகிறது, நசுங்குதல், *n. v.* s'écraser, se briser, se broyer,se froisser, être pressé,serré, gêné: நசுங்காமலெடுக்கிறது enlever sans briser: நசுங்கச்சப்பி avare, — qui suce jusqu'à écraser ou broyer.

நசுநசு, (*son imitatif*): நசுநசென்கிறது,நசுநசெனல் *ou*

நசுநசுக்கிறது, சுத்தேன்,சுப்பேன்,சு,சுக்க, *v.n.* நசுநசுத்தல், *n.v.* (நசுநசு), lésiner, tarder, devenir —, être lent, humide, mou, doux au toucher.

நசநசப்பு, *n.v.du préc.* humidité, lenteur, retard, douceur au toucher, amertume de cœur.

நசுக்கு, (*son imitatif*), நசுபிசென்கிறது, நசுபிசென்றல், *ou*

நசுபிசுக்கிறது, சுத்தேன், சுப்பேன், க், க்க, *v.n.* நசுபிசுத்தல், *n.v.* (நசுபிசு), lésiner, s'amollir et devenir —, être humide, gluant, visqueux, collant.

நசுபிசுப்பு, *n.v.du.préc.* lésinerie, humidité, viscosité qualité gluante.

நசுவல், chose affaiblie, — très-petite, affaiblissement, froissement, écrasement.

நசை, 1° désir, amitié, règle bonnes mœurs, humidité (de la terre...), défaut, faute, moquerie, plaisanterie, grimace. 2° (nasâ), nez: நசைகாட்டுகிறது montrer de l'amitié, attirer, allécher, faire des grimaces, se moquer de quelqu'un par derrière; — அறிகிறது connaître ou expérimenter l'affabilité; — யொழுக்கம் bonne conduite.

நசைகிறது, சைந்தேன், சைவேன், சை, சைய, *v. a.* நசைதல், *n. v.* aimer, désirer.

நசைகுநர், நசைநர், நசையுநர், நசையுநர், (நசை), amis, ceux qui désirent.

நசைவு, (நசை), humidité (de la terre...).

நச்சம்பு, (நச்சு, அம்பு), flèche empoisonnée.

நச்சல், *opt.et n.v.de* நச்சுகிறது, désir, babil, importunité, molestation. 2° *gér.de* நச்சுகிறது.

நச்சி, 1° (நச்சு), babillarde, commère.

நச்சினார், *n.app.de* நச்சுகிறது: நச்சினார்க்கினியார், (இனிய), nom d'un commentateur du தொல்காப்பியம்.

நச்சிவி, grain dit கேவிரு.

நச்சு, 1° désir, babil, bavardage, loquacité, importunité, trouble, petitesse, (*et adj*), petit. 2° *adj. de* நஞ்சு, venimeux, vénéneux, empoisonné. 3° *imp.et part.de* நச்சுகிறது: நச்சாயிருக்கிறது être importun, ennuyeux: — க்கத்தி épée empoisonnée; — க்காற்று vent pestilentiel ou empesté; — க்குழல் sarbacane, long tube pour lancer des boulettes de terre glaise aux oiseaux, télescope, lunette d'approche, tube de ces instrumens; — க்கொடி cordon ombilical; — ச்சொல் parole mauvaise, — empoisonnée; — த்தானம் place du poison, la 7me à partir de la place de l'ambroisie; — நச்சென்கிறது babiller, jaser sans cesse, importuner, faire le bruit du lézard நச்சுப் பல்லி; — நச்சென்றுதின்கிறது manger en faisant du bruit avec ses lèvres; — நீர் eau empoisonnée; — ப் பல், — ப்பல்லு dent venimeuse; — ப் பல்லன் homme qui a les dents venimeuses, dont les paroles sont empoisonnées ou de mauvais augure; — ப்பல்லி femme qui a les dents ou les paroles venimeuses, lézard venimeux, espèce de petit lézard; — ப் பார்வை regard cruel, — funeste; — ப் பால் lait empoisonné; — ப்புகை fumée empoisonnée ou pestilentielle; — ப்பூடு *ou* பூண்டு plante vénéneuse, — ப்பையன் petit garçon; — ப்பொடி poudre empoisonnée, poison en poudre; très petits poissons; — மரம் arbre vénéneux, l'arbre எட்டி; — மருந்து remède empoisonné, mauvais remède; — மழை pluie pestilentielle, — nuisible; நச்சுச்சிக்கிப் பண்ணுகிறது mettre en pièces, battre rudement; — வாக்கு, - வாய் mauvaise bouche, bouche empoisonnée; — வாயன் homme qui a la bouche mauvaise, — empoisonnée, dont la bouche vomit le poison, grand babillard; — விறகு bois vénéneux, dont le suc est vénéneux comme l'எருக்கு, le கள்ளி.

நச்சுகிறது, ச்சினேன், ச்சுவேன், ச்சு, ச்ச, *v.a.* நச்சுதல், *n.v.* désirer, convoiter, babiller, bavarder, jaser, importuner, ennuyer, molester, troubler: நீ என்னை நச்சாதே ne m'importune pas; நச்சப்பேசுகிறது dire des douceurs, des choses agréables ou ennuyantes.

நச்சுறுகிறது, (நச்சு, உறுகிறது), concevoir le désir, désirer.

நச்சுறுக்கிறது, நச்சுறுவிக்கிறது,(*id.* உறுக்கிறது), faire désirer, inspirer le désir.

நச்செண்ணெய், (நச்சு), huile empoisonnée.

நச்செலி,(*id.*),rat venimeux,le மூஞ்சூறு ou rat musqué (dont la morsure est venimeuse).

நச்செழுத்து,(*id.*), lettres censées empoisonnées ou de mauvais augure,et qui,au dire des Indous, ne doivent pas commencer un poème. Ces lettres sont: ஸ,லோ,ரா,ரோ,வா,லோ,ய், ர், ல், ள், l'உயிரளபெடை, l'ஒற்றளபெடை,le மகரக்குறுக்கம்et l'ஆய்தக்குறுக்கம்.Quelques-uns au lieu des 5 dernières,mettent les voyelles longues et la lettre க்ஷ

நச்செள்ளையர்,nom d'un poéte.

*நஸ்தம், (nasta), nez, *V.* நத்தம்.

*நஷ்டம்,(nachta),perte,dommage,déchet,corruption,malheur,l'art prétendu de découvrir par des calculs astrologiques les choses perdues, ce qui est le 48me des கலைக்கியானம்: —வருகிறது une perte survenir; —ஆகிறது, — ஆய்ப்போகிறது se perdre,marcher vers sa ruine, être exposé au danger de se perdre; நஷ்டசந்திரன் la lune de malheur, *i.e.* le 4me jour lunaire après la nouvelle lune d'ஆவணி,qui est réputé néfaste; —சேதனம், — சேஷ்டம், —சேஷ்டதை insensibilité; நஷ்டத்துக்குத்தரிக்கிறது satisfaire pour un —, répondre du dommage; நஷ்டத்துக்காக எவ்வளவுத்தள்ளிக்கொடாமல் sans rien rabattre pour le dommage.

*நஷ்டாக்கினி, (நஷ்டம், அக்கினி), brame qui a laissé éteindre le prétendu feu sacré.

*நஷ்டாத்திருத்திரம், நஷ்டாப்திருத்திரம், (*id.* âpti *gain*), butin,pillage.

*நஷ்டார்த்தன், (*id.* அர்த்தம்), riche ruiné.

*நஷ்டி, (nachti), perte, dommage: நீவராவிட்டால் எனக்கென்ன — quelle perte pour moi si tu ne viens pas?

*நஷ்டேந்துகலை;(நஷ்டம்,இந்து,கலை),le 1er jour de la lune où elle est invisible.

நஞ்சம்,*P.* நஞ்சு, poison.

நஞ்சன்,(நஞ்சு),méchant,homme envenimé,ou vrai poison.

நஞ்சி, le grain rouge dit குன்றிமணி, le racine de la plante நஞ்சறுப்பான்.

நஞ்சு, poison, venin, mal,*V.* நஞ்சுக்கொடி: நஞ்சறுப்பான், நஞ்சறப்பாய்ந்தான், நஞ்சறப்பாய்ஞ்சான் la plante médicinale asclepias prolifera,கொண்டைசாணி, *V.*பேய்ப்பலவன்; நஞ்சிடுகிறது mettre —, donner du poison, empoisonner; நஞ்சிட்டுக்கொல்லுகிறது empoisonner, tuer par le poison: - கக்குகிறது,—காலுகிறது vomir du poison; —கரக்கிறது,—கலக்கிறது mettre furtivement —,mêler du poison; —க்கொடி secondines, arrière - faix, cordon ombilical; — தின்கிறது prendre du poison;— தின்றுசாகிறது s'empoisonner, prendre du poison soi-même et en mourir, —பற்றுகிறது prendre—, mêler du poison; — பாய்ச்சுகிறது glisser du poison, empoisonner (des armes...), trahir, tromper, —ப்பொத்தை grenouille de mer: — முறிக்கிறது détruire l'effet du poison (par un antidote); —முறிச்சான் nom d'une plante, espèce de contre-poison; நஞ்சுடனே யொருநாளும் பழகவேண்டாம் ne vous familiarisez jamais avec le poison ou avec les méchans.

நஞ்சுண்டோன்,நஞ்சுண்ணி,(நஞ்சு, உண்கிறது), celui qui a avalé du poison, Siven.

நஞ்சூட்டுகிறது, (*id.* ஊட்டுகிறது) empoisonner.

நஞ்செடுக்கிறது,(*id.*),ôter le poison,en détruire l'effet, prendre (en main...) du poison.

நஞ்செழுத்து,(*id.*),*V.* நச்செழுத்து.

நஞ்சை, 1° *acc. de* நஞ்சு. 2° *P.* நன்செய், rizière.

நட. 1° *imp. et part. de* நடக்கிறது. 2° *inf. de* நடுகிறது. 3° *obl. de* நடம் et de நடன்.

நடக்கல், *n.v.de* நடக்கிறது, marche, conduite, manière de se conduire, cours, réussite.

நடக்கிறது, டந்தேன், டப்பேன், ட, டக்க, *v.n.* நடக்குதல், *n.v.* marcher, aller, avancer, se conduire, arriver, réussir, être d'usage, avoir cours: நல்லநடக்கையாய் — mener une bonne conduite; எனக்குமவனுக்குஞ்சிநேகம் — il y a amitié entre lui et moi; ஆசாரம் — un usage avoir cours; ஊர் ஒருத்தனுக்கு — un bourg appartenir à quelqu'un (quant à l'usufruit); நடக்கும் இல் —, qui marchera, arrivera...; நடந்தகாரியஞ்சொல்லுகிறது dire (franchement ou simplement) ce qui est arrivé; நடந்தநடைபடி la manière dont on s'est conduit, les faits qui se sont passés; நடந்தவார்த்தை les paroles prononcées; நடந்து அடிபட்டிருக்கிறது être bon marcheur, habitué à la marche; — அப்பியாசமாயிருக்கிறது, — பழக்கமாயிருக்கிறது être usité, habituel, en usage, habitué à la marche; — போகிறது marcher, s'en aller —, aller à pied, avancer, s'achever; — வருகிறது venir à pied, arriver habituellement, être d'usage; எங்கும்படி நடக்கின்றது *ou* நடந்துவருகிறது c'est partout la coutume: நடந்தேறுகிறது s'avancer, marcher, s'accomplir, arriver, réussir; நடந்தேறப்பண்ணுகிறது faire avancer ou réussir... (une chose); நடந்தேறுங்காரியம் chose qui s'accomplit ou réussit; நடக்கநடக்கக்காலெல்லாங்காய்த்துப்போயிற்று à force de marcher les pieds sont devenus tout calleux; நடவாமலிருக்கிறது ne pas marcher, être inusité...

நடக்கை, *n.v. du préc.* marche, conduite, mœurs, manière d'agir, caractére: நடந்த — conduite qu'on mène, actes, procédés; நடக்கையிலேதெரியும் on verra par sa conduite.

நடத்தல், 1° *n.v. de* நடக்கிறது, marche, conduite, mœurs. 2° *V.* நடத்துதல்.

நடத்துகிறது, த்தினேன், த்துவேன், த்து, த்த, *v.a.de* நடக்கிறது, conduire, mener, faire marcher, diriger, guider, gouverner, pousser, instruire, dresser, soigner, causer, faire: குதிரையை — conduire —, dresser un cheval; வேலை — faire marcher —, diriger un ouvrage, travailler; ஒருவனைவழி — conduire —, guider quelqu'un. [direction, manége.

நடத்துதல், *n.v.du préc.* conduite,

நடத்துவிக்கிறது, *v. caus du même*, நடத்துவித்தல். *n. a.* faire conduire, —gouverner, —marcher, —courir, mener, diriger.

நடத்தை, *n.v.de* நடக்கிறது, conduite, manière d'agir, marche, cours: — ப்பிழை inconduite, mauvaise conduite. [நடக்கிறது.

நடந்த, நடந்து, *part. et gér. de*

நடபடி, (*நட*), conduite, actions, actes, manière d'agir, vie, évènement, usage: அப்போஸ்தலர்களுடையநடபடிகள் les actes des Apôtres.

நடப்பன, *n. app. neut. pl. de* நடக்கிறது, les animaux qui marchent, la classe de ces animaux.

நடப்பிக்கிறது, ப்பித்தேன், ப்பிப்பேன், ப்பி, ப்பிக்க, *v.caus. de* நடக்கிறது *et* நடப்பித்தல், *n.v.* conduire, mener, faire marcher, — arriver, diriger, gouverner, traiter (avec bonté ou dureté), soigner, causer: ஒருத்தனுக்குப்பிழைப்பை — pourvoir à la subsistance de quelqu'un; பொல்லாப்பை — causer du mal: நடப்பிக்கிறவிதம் manière de conduire, procédure.

நடப்பு, *n.v.de* நடக்கிறது, marche, —fréquente de monde, fréquentes allées et venues, chemin battu, influence, cérémonie d'ôter le தாலி à une veuve: நடப்பற்றுப்போகிறது les allées et les venues cesser, n'être plus ou pas fréquenté, —battu; நடப்பானவழி chemin battu; நடப்பில்லை il n'y a pas foule, la route n'est pas frayée, — fréquentée.

*நடம், (nata), danse, — accompagnée de musique, mesure musicale, mélodie, sorte d'air, marche: —ஆடுகிறது danser, s'agiter, être d'usage, avoir coutume, marcher, fréquenter, aller et venir, marcher ou se promener (après une maladie...); — ஆட்டம் soins qu'on se donne —, diligence pour une affaire, danse, comédie, pièce de théâtre, allées et venues, promenade, habitude, convalescence; நடனேசுரன், V. நடவரன்; நடநாயகன் chef de danse, i.e. Siven, émeraude, V. மரகதப்பச்சைக்கல்; — பத்திரிகை la plante சேம்பு; — மண்டனம் orpiment jaune (qui sert à teindre les habits de théâtre); —வரன் chef de danse, acteur.

*நடர், pl. de நடன்.

நடலம், நடலை, affliction, trouble, importunité, vexation, tremblement, mensonge, fraude, tromperie, ruse, artifice, orgueil, insolence, pétulance, plaisanterie, courtoisie, dérision, incivilité, irrévérence, V. நகரிகம்; நடலம்அடிக்கிறது, — பண்ணுகிறது vexer, importuner, tourmenter, plaisanter, se moquer, manquer de respect, montrer de la courtoisie: — அழிந்துநட்டாற்றிலே போனான் en punition de son insolence il périt au milieu de la rivière; உன்னடலம்நில்லாது tes ruses ne dureront pas; நடலக்காரன் pétulant, insolent, railleur, orgueilleux, V. நாகரிகன்.

நடல், opt. et n. v. de நடுகிறது, plantation, transplantation, vexation. [டி), conduite, manière d'agir.

நடவடி, நடவடிக்கை, (நடவு, அ

நடவா, நடவாத, part nég. de நடக்கிறது, qui ne marche pas, ou ne réussira pas..., inaccoutumé, inusité, inconvenant; — நடக்கை, — நடை conduite mauvaise, extraordinaire, — qu'on ne doit pas tenir; நடவாமுடம் personne ou animal qui ne peut marcher.

நடவு, 1° n.v. de நடுகிறது, plantation, transplantation. 2° imp. et n.v. de நடவுகிறது, conduite, direction: —க்காலம் temps de planter; — க்காரிகள் femmes employées à planter, ou à transplanter (le riz); — க்கூலி salaire pour planter, — pour transplanter le riz; — நடப்போகிறது aller planter ou transplanter; —ப்பயிர் riz —, céréales etc... transplantées; நடவுக்குத்தெளிநாலத்தொன்று (நாலு, அத்து), une moisson qui a été semée ne rapporte que le quart de celle qui a été transplantée.

நடவுகிறது, வினேன், வுவேன், வு, வ, v.a. de நடக்கிறது, நடவுதல், n. v. conduire, faire marcher, diriger, gouverner.

நடவேன், nég. de நடக்கிறது et du préc.

நடவை, 1° 2e pers. nég. des mêmes. 2° n.v. de நடக்கிறது, chemin, sentier, —battu, marche, tournure ou construction d'une langue, tourniquet, l'arbre தணக்கு gyrocarpus: தமிழ்நடவை la tournure du tamoul.

*நடனம், (நடம், na), danse, pantomime, bal, comédie: — இடுகிறது, — செய்கிறது, — பண்ணுகிறது, — புரிகிறது danser, jouer une comédie.

*நடனன், pl. நடனர், (நடனம்), et

*நடன், (நடம்), danseur, pantomime, acteur. [து.

நடாத்துகிறது, P. நடத்துகிற

நடாவுகிறது. V. நடவுகிறது.

*நடி, 1° fém. de நடன், danseuse, actrice, bayadère, prostituée. 2° grandeur, majesté. 3° imp. de

நடிக்கிறது, டித்தேன், டிப்பேன், டி, டிக்க, v.n. நடித்தல், n. v. (நடம்), danser, jouer une comédie, faire des civilités, se comporter mal, sortir, paraître.

நடிப்பு, n.v. du préc. danse, comédie, mauvaise conduite, civilité, courtoisie.

நடுநாசி, (நடு. இராசி), signe intermédiaire, qualité médiocre, médiocrité.

நடு, 1° gén. நடுவின், milieu, centre, moitié, intérieur, la ceinture, le milieu du corps, la terre, (censée le milieu des 3 mondes), médiation, équité, justice, impartialité, médiocrité, emploi. 2° *imp. et part. de* நடுகிறது: —க்கடல் le milieu de la mer, la mer du milieu; —க்கடை le milieu du marché, boutique qui est au milieu; —க்கட்டு ceinture, ceinturon, bâtiment du milieu, milieu d'une maison; —க்கட்டுகிறது *ou* கட்டுதல் bâtir le milieu, mettre à l'arbitrage; —க்காரன் médiateur, juge, arbitre; —க்குடி habitant ou habitation du milieu (du village); —க்கேட்கிறது écouter les plaintes ou les raisons des 2 parties; —க்கொள்ளுகிறது atteindre ou prendre le —, être au milieu; —ச்சாமம் minuit, milieu de la nuit, veille du milieu de la nuit, demi சாமம் ou une heure et demie; —ச்சொல்லுகிறது décider, faire l'office de —, être médiateur, rendre justice, parler impartialement; —ச்சொல்லஅறியாதவன் celui qui ne sait pas décider une cause; — ச்சோத்தியம் minuit, la veille du milieu de la nuit; —த்தரம் médiocrité, qualité —, classe moyenne; —த்தரக்காரன் homme d'un rang —, d'une fortune —, d'une habileté moyenne ou médiocre; —த்தரமாயிருக்கிறது être médiocre, de moyenne qualité...; —த்தலை milieu ou sommet de la tête; —த்தன்மை médiocrité; — த்தீர்க்கிறது décider, juger, —impartialement, — entre 2 parties; — த்தீர்த்தல் investigation, *ou* — த்தீர்ப்பு, — த்தீர்வை jugement, décision; — த்தீர்வையிடுகிறது juger, décider; —நாள் la constellation lunaire du milieu, *i.e.* la 14me dite சித்திரை; — நியாயம், *V.* நடுநீதி; —நிலை exacte —, justice, équité, le juste milieu, impartialité; —நிற்பு le milieu, — நிற்கிறது, —நிற்றல் être caution, entremetteur, médiateur, au milieu; — நீதி exacte —, justice, équité, impartialité; —ப்பகல் midi, milieu du jour; —ப்படுத்துகிறது, — ப்பண்ணுகிறது mettre en commun ou au milieu; —ப்பஞ்சாரம் âge moyen (des bœufs et des chevaux...; —ப்பார் 1° la ceinture. 2° *imp de* —ப்பார்க்கிறது examiner le milieu, être médiateur; —ப்புறம் le milieu, l'intérieur; — ப்புற au milieu; —ப்பேசுகிறது parler en médiateur, justement, impartialement; —ப்போக்குகிறது juger, décider, terminer un différent, ôter le milieu; —ப்போர் milieu de la bataille, de la mêlée, grand bruit, tintamarre; — மதியம், — மத்தியானம் midi, —juste; — முதுகெலும்பு l'os du milieu du dos, l'épine dorsale; — மையம் juste —, milieu, méridien, zénith; — மையத்திலே au beau —, au milieu, au zénith; —யாமம் minuit; —ராசி médiocrité, milieu, signe du milieu; — ராத்திரி milieu de la nuit, minuit; —வத்தசாமம், —வர்த்தசாமம் (அத்த, அர்த்த, சாமம்), *V.* நடுச்சாமம்; —வயசு, —வயது âge moyen; —வறுக்கிறது juger, décider, terminer, examiner (un différend...); —வறுத்தான், (அறுத்தான்), la plante boerhaavia diffusa; —வருகிறது arriver à la moitié, être au milieu, devenir —, être médiateur; —வான, (ஆன), moyen, intermédiaire, mitoyen; —விடம், (இடம்), le milieu; — விரல் le doigt du milieu, medius; — வின்மை, (இன்மை), partialité, injustice, manque d'arbitre, de juge ou de médiation; —வீடு milieu de la maison, maison ou appartement du milieu, appartemens intérieurs où les Indous mettent leur dieu domestique, vulve (dans le sud mot obscène); —வீட்டிலேயிருக்கிறது habiter le bâtiment ou l'appartement du milieu; —வீதம் part moyenne, taux moyen; — வீதி rue du milieu, le milieu de la rue; —வெலும்பு, (எலும்பு), l'os du milieu, l'épine dorsale, le milieu de l'os; — வெளி intervalle, plaine intermédiaire, milieu de la plaine, de l'espace vide; — வைக்கிறது mettre le milieu, au milieu, en arbitrage; நடுவிலே, நடுவே au milieu, parmi; நடுவிலேவருகிறது venir au milieu, au travers, contrecarrer; —

விடுகிறது laisser au milieu, abandonner; நடுவேபதிக்கிறது enchâsser au milieu; — பேசுகிறது interrompre (quelqu'un qui parle), parler en médiateur; —பொல்லாப்புப்போகிறது un mal survenir —, se gâter au milieu; —முறிக்கிறது rompre au milieu; நடூருணச்சுமரம் பழுத்தற்று (வார்., உள், நச்சு), c'est comme si un arbre vénéneux portait des fruits au milieu d'un village.

நடுகிறது, ட்டேன், டுவேன், டு, ட, v.a. planter des arbres, des pieux..., transplanter (le riz), ficher, fixer, dresser. [transplantation.

நடுகை, n.v. du préc. plantation,

நடுக்கம், n. v. de நடுங்குகிறது, tremblement, frémissement, vertige, peur: —தீருகிறது, — அற்றுப்போகிறது le tremblement... cesser; —ஆய்ச்செய்கிறது faire en tremblant; —ஆய்ப்பேசுகிறது parler en tremblant.

நடுக்கல், opt. et n.v. de நடுக்குகிறது tremblement, frissonnement, frisson, frémissement, contraction, faire trembler...: நடுக்கல்வாதம் flatulence convulsive, — qui fait trembler ou frissonner: நடுக்கற்காய்ச்சல், —சுரம் fièvre accompagnée de frisson; — சுரமாயிருக்கிறது avoir cette fièvre, avoir le frisson.

நடுக்கு, tremblement, frisson, frémissement, vertige, épouvante, n.v. imp. et part. de

நடுக்குகிறது, sync. நடுக்கிறது, க்கினேன், க்குவேன், க்கு, க்க, 1° v. a. de நடுங்குகிறது, faire trembler. — peur, épouvanter, terrifier, secouer, agiter. 2° v.n. trembler, trembloter, frissonner, frémir, s'agiter, vaciller, se contracter: எனக்கு — je tremble, je frissonne.

நடுக்குண்கிறது, நடுக்குண்ணல். (நடுக்கு, உண்கிறது), éprouver des tremblemens, trembler, frissonner, se contracter.

நடுக்குதல், n.v. de நடுக்குகிறது.

நடுக்கலவன், (நடுக்கல், அன்), homme peureux, épouvanté, paralytique, paralysé.

நடுங்கல். opt. et n.v. du suiv. tremblement, frisson, frémissement, effroi, peur, secousse, maladie.

நடுங்குகிறது, sync. நடுங்கிறது, ங்கினேன், ங்குவேன், ங்கு, ங்க, v.n. நடுங்குதல், trembler, frissonner, frémir, se troubler, s'effrayer, avoir peur, branler, vaciller: நடுங்கிக்கொண்டிருக்கிறது, être tout tremblant (de peur...); நடுங்குநாட்டம் sorte de poésie dans laquelle la compagne parle de manière à faire trembler sa maitresse ou la compagne parle de manière à effrayer l'amante.

நடுதல், n.v. de நடுகிறது, plantation, transplantation.

நடுநடுங்குகிறது, (நடுங்குகிறது répété), être tout tremblant, très effrayé, terrifié, tout troublé par la crainte.

நடுவதுபாதி, (நடு, அது, பாதி), milieu, intervalle: நடுவதுபாதியிலே au milieu, parmi, dans l'intervalle; —குடியேறினான் il est venu habiter nouvellement; —சந்தப்படுகிறது se rencontrer au milieu (de la route....): —யானானான் il est devenu un homme important depuis quelque temps; என்காரியம்— கெட்டுப்போயிற்று mon affaire s'est gâtée au milieu.

நடுவத்தானம், (நடு, அ, ஸ்தானம்), milieu, litt. l'endroit du milieu.

நடுவன், (நடு). juge, arbitre, médiateur, le prétendu juge des morts, i.e. Yamen.

நடுவாந்தரம், (நடு, அந்தரம்), milieu, intervalle, entrefaite: நடுவாந்தரத்திலேபோகிறது s'en aller ou aller dans l'intervalle, mourir prématurément; — வருகிறது survenir, venir dans l'intervalle ou sur ces entrefaites; —வந்தவன் homme survenu dans l'intervalle, qui est venu on ne sait comment.

நடுவிலவன், 1° ou நடுவிலானவன், (நடு. abl. அவன்), le second de trois frères. 2° combat.

நடுவு, P. நடு, milieu, équité: —நிலைமை impartialité, équité, exactitude, conduite juste et impartiale, médiocrité.

*நடேசுவரன்,(நடம், ஈசுவரன்), le dieu de la danse, *i.e.* Siven.

நடை, 1° *n.v.de* நடக்கிறது, marche, démarche, voyage, allée et venue, allure, pas, enjambée, promenade, tour, passage, — sur un bac, vestibule, entrée (d'une maison), corridor, chemin, conduite, manière de se conduire, mœurs, règle, manière, fois, prospérité, suite, poursuite, familiarité, coutume, usage. 2° (நடம்), danse. 3° *P.* நடாய். 2° *pers. nég. de* நடுகிறது tu ne plantes pas; ஆள் — démarche d'un homme, marche —, voyage d'ouvrier; — காரன் bon marcheur; —க்காவணம் portique de temple, *ou* —க்கூடம் vestibule (de palais...); —கூலி salaire pour la marche; —கொள்ளுகிறது se mettre en marche, aller —, marcher vite; —சாரி promenade à pied; —சாரிமேளம் musique de procession..., tambour qui annonce la mort; —ச்சலங்கு chélingue, — en course, —de transport, canot qui va vite; —ச்சாவடி antichambre, vestibule, portique ou entrée (de salle d'audience...); —ச்சுறுக்கன் bon marcheur; — நடையாகவருகிறது venir de suite, à pied, à diverses fois —நாயகம் ce qui à l'allure la plus noble, *i.e.* le cigne; —நீர் eau de canal, eau courante; —நோய் maladie qui n'empèche pas de marcher; —படி conduite, manière d'agir, vie, histoire, actions, actes; — படிக்காரன், — படியுள்ளவன் homme de bonne conduite; —படிபார்க்கிறது examiner la conduite. —யறிகிறது connaître bien la conduite; —பந்தல் portique ou pandel devant un temple...); —பழக்குகிறது dresser (un cheval...) à la marche; —பறிகிறது, *V.* நடைகொள்ளுகிறது; —பார்க்கிறது observer —, examiner la démarche des comédiens..., la marche (d'un cheval...); —பாவாடை toiles qu'on étend dans les chemins (pour le passage d'un mariage solennel, ou autres solennités); —பாவி *P.* நடைவாவி; —ப்படகு bac, bateau (de passage); —ப்பலகாரம் rafraichissement, — pour la route, provisions de voyage, objets divers, *ou* — மருந்து médecine sans régime, — qui n'exige pas de rester renfermé; —மருந்தாய்க்கொடுக்கிறது donner un remède qui n'exige pas de régime; —முதல் année courante; —மேக் marche, voyage à pied; — யாடுநோய் maladie ou infirmité qui ne retient pas au lit; —வாவி puits à escalier, escalier de puits, degré; —விடுகிறது quitter le pas, laisser aller son cheval au pas ou à un trot modéré; கால்நடையாய்நடக்கிறது *ou* போகிறது marcher —, aller ou voyager à pied; சுறுக்கானநடையாய் நடக்கிறது marcher vite, d'un pas accéléré; படகுமூன்றுநடைவந்தது le bac a fait 3 voyages, est allé et revenu 3 fois; இருகால்தூக்கியாடிவருநடை amble: அன்னநடைநடக்கப்போய்த் தன்னடையுங்கெட்டது en voulant imiter la démarche du cygne on gâte la sienne propre, l'affectation devient ridicule.

நடையன்,(நடை), cheval de selle..., — qui marche bien, bœuf de labour, sandale, savate, homme qui a une marche, ou une conduite...(à la fin des mots composés); நல்ல— bon marcheur, cheval qui marche bien ou vite.

நட்கிறது, நட்டேன், நட்பேன், நள், நட்ப, *nég.* நள்ளேன், aimer, chérir, affectionner. [க்ஷத்திரம்...

*நட்சத்திரம், *et ses composés, V.* ந

நட்ட, 1° *part. parf. de* நடுகிறது *et de* நட்கிறது. 2° *adj. de* நட்டம். 3° (நடு, அ), du milieu: — குத்தானமலை roc escarpé, précipice, montagne perpendiculaire, — qui semble avoir été plantée toute droite: —நடு juste milieu; —பாடை espèce d'air ou de mélodie; நட்டது ce qui a été planté.

*நட்டசத்திரன், V. நஷ்டசத்திரன்.

நட்டணை, (நட்ட, அணை, *digue plantée*), roideur, inflexibilité, dureté, incivilité, rusticité, V. ஆகடியம்: நட்டணையாயிருக்கிறது être roide, incivil, ne pas plier.

நட்டம் 1°* P. நஷ்டம், perte, dommage, corruption, l'art prétendu de découvrir par des calculs astrologiques un objet perdu, V. நஷ்டம். 2° (நடம்), danse. 3° P. நட்டோம், (நடுகிறது), nous avons planté. 4° *de நட்ட, part. du même*, perpendicularité, position verticale, ce qui est planté comme un bâton, aplomb: நட்டமே verticalement, perpendiculairement, tout droit en haut.

நட்டல், 1° *n. v. de* நடுகிறது, plantation, transplantation. 2° *n. v. de* நட்கிறது, amour affection.

நட்டழிவு, (நட்டு), perte de céréales transplantées. [திருத்திரம்.

*நட்டாத்திருத்திரம், P. நஷ்டாத்

நட்டாமட்டி, (நட்டு, ஆம், மட்டி), qualité—, valeur moyenne, médiocrité, chose commune, médiocre, de peu de valeur.

நட்டாமுட்டி, (*id.*), 1° V. நட்டாமட்டி. 2° pauvre, nom d'un ouvrage: —சித்திரை nom d'un ouvrage; —மருந்து remède ordinaire, vulgaire; —மனிதர் gens du commun: நட்டாமுட்டியிலேகொடுக்கிறது donner du médiocre; நட்டாமுட்டியிலே நிற்கிறது s'en tenir au médiocre, être chiche, parcimonieux.

நட்டார், நட்டோர், *n. app. de* நட்கிறது, parens, amis.

நட்டாறு, (நட்டு, ஆறு), milieu de la rivière: என்னை நட்டாற்றிலேவிட்டான் il m'a abandonné au milieu de la rivière, *i. e.* dans l'embarras.

நட்டி, P. நஷ்டி.

நட்டு, 1° *gér. de* நடுகிறது, *et de* நட்கிறது. 2° (நடு), juste milieu, bassesse, médiocrité. 3° *adj. de* நடு, du milieu, central, juste. 4° (நஷ்டம்), perte, dommage. 5° (நடம்), danse, maître de danse, —d'orchestre. 6° *adj. de* நண்டு, de crabe; நட்டுக்குநடுவே juste au milieu; நட்டுக்கதை pure fable, conte forgé à plaisir; —க்கொண்டிருக்கிறது planter, transplanter; —ச்சினை œufs ou frai des crabes; —ச்சினைக்கல் pierre qui ressemble à ce frai ou auquel il s'attache; —ச்சினைமண் terre qui ressemble aux œufs de crabes; —த்தண்ணீர்விடுகிறது planter et arroser; —ப்போடுகிறது planter; —முட்டு instrumens de danse ou de comédie; —முட்டுநாடகசாலை le maître, les instrumens de danse et les acteurs ou la salle de théâtre; les instrumens et la salle de théâtre; —வக்கணி, —வாக்காணி, —வாய்க்காணி, V. நண்டுவாய்க்காணி; —விழல், —விழுகிறது dresser la tête et la laisser tomber, faire des révérences de tête en sommeillant, (ce qui est une des 5 incivilités dites குற்றம்-டு; —வைக்கிறது planter; —வைத்தெலும்பு os qu'on a planté, os de la jambe et de la cuisse (depuis les reins jusqu'en bas).

நட்டுவம், (நட்டு), métier de maître—, excercice de danse: நட்டுவமுட்டுக்காரர் musiciens pour la danse.

நட்டுவன், (நட்டுவம்), celui qui fait danser, maître de danse.

*நட்டேந்துகலை, (நஷ்டம், இந்து, கலை), 1er jour de chaque lunaison, (où la lune est comme perdue).

நட்டோர், *n. app. de* நட்கிறது, amis, parens. [aimer, amitié.

நட்பது, *n. app. fut. de* நட்கிறது,

நட்பாராய்தல், (நட்பு, ஆராய்தல்), examen de l'affection, discrétion à y croire et à en montrer.

நட்பாளன், *pl.* நட்பாளர், (*id.* ஆளன்), ami, —intime, parent, — chéri (c'est un des 5 அரசர்க்குறுதிச்சுற்றம்).

நட்பு, *n. v. de* நட்கிறது, amour, affection, amitié, bienveillance, parenté, présent pour suborner, subornation, espérance de gain: —காட்டுகிறது montrer de l'affection, suborner, donner quelque présent pour gagner les bonnes grâces, ou attirer à son parti...; —க்கிரகம் astre favorable,position favorable d'un astre; —த்தானம் endroit où un astre est censé devenir favorable; —பண்ணுகிறது, —வைக்கிறது montrer de l'affection, affectionner; கூடாத— affection incompatible ou feinte.

நணத்தம்,l'arbre புன்கமரம்,dalbergia,la plante சணல் ou chanvre de l'Inde.

நணித்து,P. நண்ணிறது,3°pers. n.v.part.de நண்ணுகிறது.[ணுகார்.

நணுகலர், (நணுகு,அலர்),V.ந

நணுகல்,opt.et n.v. de நணுகுகிறது,approche,proximité,union.

நணுகார்,n. app. du même, ceux qui n'approchent pas,ennemis.

நணுகு, imp.et part. de

நணுகுகிறது, sync.நணுகிறது,கினேன்,குவேன்,கு,க,v.n.நணுகுதல், n.v. approcher,s'approcher, s'unir, s'attacher:நணுகிக்கொண்டிருக்கிறது s'approcher souvent; நணுகேல், நணுகாதே n'approche pas.

நணுங்குகிறது, sync. நணுங்கிறது,கினேன்,குவேன்,கு,க,v.a. நணுங்கல், நணுங்குதல், n.v. demander avec importunité:பிள்ளை நணுங்குபட்டிருக்கிறது l'enfant ne fait que crier, -qu'importuner.

நண்,1° imp.et part.de நண்ணுகிறது.2° obl.de நள்: —பகல் midi,milieu du jour.

நண்டல்,bouillie, riz qui bout, —extrêmement cuit et réduit en bouillie: — கிண்டிப்படைக்கிறது remuer avec une cuillère le riz qui bout et l'offrir en sacrifice (au soleil à la fête du பொங்கல்)

நண்டு, (adj.நட்டு),crabe,écrevisse,cancre,le signe du Cancer: கழனி—crabe d'eau douce,écrevisse;—க்கறி plat —,ragoût de crabes; —க்கல் espèce de pierre; — க்காற்கீரை espèce d'herbe potagère bergera verticillata; —க்காற்புல் l'herbe ischæmum aristatum: —க்கொடுக்கு pinces de crabes; —ச்சினை frai de crabes; —பெருங்கால் les 2 pattes de devant des crabes; —வக்காலிou வாக்காலி,P.—வாய்க்காலி,(வாய்,கால்), scorpion à pinces de crabe,(il est généralement gros, noir et dangereux),நண்டூருகிறது le crabe ramper; நண்டூருகால் petites pattes du crabe (qui lui servent à marcher).

நண்ணலர்,(நண்ணுகிறது, அலர்), V. நண்ணார்.

நண்ணல்,opt.et n.v de நண்ணுகிறது,approche,proximité.

நண்ணார்,n.app.nég.du même, ennemis,gens non unis,qui ne s'approchent pas.

நண்ணுகிறது, ண்ணினேன், ண்ணுவேன், ண்ணு ou நண், ண்ண, v.n. நண்ணுதல், n.v. s'approcher, approcher, se joindre, s'unir, adhérer,être.

நண்ணுநர் ou நண்ணுனர்,(நண்ணுகிறது),amis, alliés,gens unis.

நண்பகல், (நள்,பகல்), midi,milieu du jour.

நண்பன், (நண்பு), ami, compagnon, camarade, homme,mari,chef de pays montagneux, chanvre indien dit சணல்.

நண்பு, V. நட்பு, affection, amitié.

*நதம், 1° (nada), rivière,fleuve, — masculin, — coulant de l'est à l'ouest, (il s'applique aux fleuves dont la personnification est masculine, comme le Bramapoutre, l'Indus, le சோணம்) 2° (nata),distance d'un astre au zénith, distance de l'équinoxe au méridien (en temps), courbure, inclinaison: நதநதிபதி le roi des fleuves mâles et femelles, i. e. l'océan:— நாடிகா heure de la naissance entre midi et minuit; —பாகை distance au zénith (en degrés); —முகம் visage courbé.

*நதனு, (nadanou), lion, nuage.

*நதி ou நதீ (nadi),fleuve, rivière, —féminine, —coulant de l'ouest à l'est,(sa personification est féminine), eau lustrale. 2° (nati), courbure, somme des quantités dites திதியவிக்ஷேபம் et சித்திஷுத்தை: நதி-ஏ, V. தீர்த்தம்-ஏ: நதியிலேமுழுகுகிறது se baigner dans un fleuve réputé sacré; நதி ou நதிக்கரை, — [illegible], — தீரம் bord ou rive d'un fleuve; — காந்தன், V. நதிபதி; — ஜம் éléphant né ou fixé près d'une rivière; —தரணஸ்தானம் gué, lieu où l'on passe un fleuve, bac; — பதி le roi des fleuves, i.e. l'océan, Varounen; — ரயம் (raya courant), courant, ruisseau ou eau d'irrigation; —வேகம் rapidité du fleuve, ou — வெள்ளம் courant.

*நதிசம், (நதி, சம்), plante née dans l'eau, nénuphar.

*நதினம், (id. இனன்), V. நதிபதி.

நதுக்கிறது, நுத்தேன், நுப்பேன், நு, நுக்க, v. a. நதுத்தல், n. v. éteindre, détruire, V. மலைத்தல்.

*நதோனபத்திரம், (நதம், ஊனம்), la quantité dite நதம் en temps retranchée de 24 நாழிகை.

*நத்தகம், (naktaka), haillons, habit déchiré.

நத்தத்தனார், Nattattenar, ancien académicien de Maduré.

*நத்தம், 1° (naktam, en latin noctem), nuit, ténèbres, obscurité. 2° (nasta), nez. 3° ville, village, conque, coquillage, huitre, limaçon, l'arbre புன்கமரம், aiguille de cadran, milieu, zénith: நத்தஞ்சரம், நத்தசாரி ce qui va la nuit, chat, hibou, fantôme, voleur: நத்தபாகை distance au zénith (en degrés), méridien, ligne du milieu; — போசனம் souper, repas du soir; — மகன், pl. — மக்கள் cultivateur, fermier, V. நத்தமான்; — மாலம், (மாலை), l'arbre புன்கமரம்; — முகை, (முகம்), la nuit.

நத்தமான், நத்தமாடி, நத்தம்படி, pl. நத்தமார், நத்தமாடியார், (நத்தம் village), cultivateur, — gens de caste nattamân, subdivision des வெள்ளாழர், leur nom honorifique est உடையார்: fém. நத்தமாடிச்சி, நத்தமகள் femme de cette caste.

நத்தாசை, (நத்து, ஆசை), grand désir; — காட்டுகிறது manifester le désir; — படுகிறது, — யாயிருக்கிறது désirer, — fort, soupirer après, aimer.

நத்தாரிவைக்கிறது, tirer pour mettre à flot un navire ou une barque au moyen d'une ancre jetée en mer.

*நத்திதம், நத்தோதம், (நத்தம் nez, ita, oùta entrelacé), animal conduit par une corde passée dans les narines.

நத்து, 1° (நத்தம்), conque, espèce de bijou, d'oiseau (nocturne). 2° désir, n. v. imp. et part. du suiv. நத்து வன்னபாதம், (உரு), minerai de plomb.

நத்துகிறது, நத்தினேன், நத்துவேன், நத்து, நத்த, v. a. நத்தல், நத்துதல், n. v. désirer, — fort, aimer, chercher, viser à: வெறிகுடியை — aimer les liqueurs fortes; உம்மை நத்திவந்தேன் je suis venu vous voir, ou à cause de vous; இதைநத்திவந்தான் il est venu pour cela; உலகத்தைந த்திலேன் je n'aime pas le monde; ஒருவனை நத்திக்கொண்டிருக்கிறது suivre ou chercher quelqu'un (pour quelque chose).

நத்தை, limaçon, escargot, limace, la plante rampante cassyta filiformis; — க்கறி plat ou ragoût de limaçons; — க்குத்தி, — க்கொத்தி, — க்கொத்திநாரை héron, — qui se nourrit de limaçons, c'est le héron indien qui a le bec très-fort; — க்கண்ணாம்பு chaux de coquilles de limaçons; — க்கன்னடி, — ச்சூரி la plante குழிமிட்டான், spermacoce hispida; — யிடிக்கிறது prendre des limaçons; — ப்பூவிலன் espèce de mal d'yeux; — புழுஞ்சுகிறது avaler des limaçons en les tirant de leurs coquilles.

நந்த, 1° obl. de நந்தம் et நந்தன். 2° inf. de நந்துகிறது: — கோபன், V. நந்தனன்; — கோபாலர் les bergers; — நந்தனன், — சுதன் ou புத்திரன் le fils (ou nourrisson) du berger Nanden: — நந்தனி ou புத்திரி la fille de Nanden, Oumei ou துர்க்கை qu'on prétend incarnée ou née de lui; — பாலன் le fils prétendu de Nanden, i.e. Krichna ou Vichnou, le gardien du trésor dit நந்தம், i. e. Varounen.

கம

*நந்தகம், (nandaka, *qui réjouit*), épée,—de Krichna.

*நந்தகன், (*id.*), le berger Nanden père nourricier de Krichna, roi des bergers.

*நந்தகி, (nandaki), l'élève de Nandaguen, *i. e.* Krichna. poivre long. [més வாதமடக்கி.

நந்தக்காரி, un des arbres nom-

*நந்தந்தன், (nandanta), fils, ami, prince. [rens, nos gens.

நந்தமர், (நம், தமர்), nos pa-

*நந்தம், 1° (nanda), citron, musc, animal qui le donne, le musc, corbeau, joie, plaisir, conque, or qui ressemble aux conques et est un des 9 trésors de Koubèren. 2° (நம், தம்), notre. [gers, *V.* நந்தகன்.

*நந்தர், *pl. et hon. de* நந்தன், ber-

நந்தல், *opt. et n.v. de* நந்துகிறது, prospérité, croissance, accroissement, avantage, gain, ruine, affront, insulte, mépris.

*நந்தவனம், *et vulgairement* நந்தவானம், (நந்தம், வனம்), jardin de fleurs, bosquet —, lieu de plaisir.

*நந்தனம், (nandana), 1° jardin de fleurs, — de fleurs ou de plaisance d'Indiren, grenouille. 2° *ou* நந்தன *et* நந்தனவருஷம் la 26e année du cycle indien qui correspond à 1832 et 1892: நந்தனவனம் jardin de fleurs; —வனம் போடுகிறது, —வனம்வைக்கிறது planter un tel jardin; — வனக்காரன் jardinier fleuriste, jardinier —, propriétaire d'un jardin de fleurs.

*நந்தனன், (nandana), fils, Krichna ou Vichnou: நந்தனமாலை la guirlande de Krichna. [le.

*நந்தனி, நந்தனை, (nandanâ), fil-

*நந்தன், (nanda), le berger Nanden, père nourricier de Krichna, (surnom de) Krichna, l'arsenic naturel dit சிப்பந்தபாஷாணம், Nanden roi de basse-caste, qui régna, dit-on, autrefois, l'espace de 3 heures, à Tiroumaleyrasa près de Tranquebar: —தோல்க்காசு cache de cuir que Nanden fit faire durant son règne; —தோல்க்காசுவழங்குகிறது les caches de cuir de Nanden avoir cours, *i. e.* une loi ou une coutume mauvaise s'établir; எல்லாம்— தோல்க்காசாய்க்கிடக்கிறது tout est maintenant comme les caches de cuir de Nanden, en grand discrédit, en grande confusion; அவன்காரியமெல்லாம் — படைவீடாய்ப்போயிற்று toutes ses affaires sont devenues comme l'armée et la maison de Nanden, *i. e.* sont anéanties.

*நந்தாத்துமசன், (நந்தன், ஆத்துமசன்) *V.* நந்தநந்தனன். [ந்தனி.

*நந்தாத்துமசை, (*id.*), *V.* நந்தந

நந்தாமணி, la plante உத்தாமணி. [jardin de fleurs.

*நந்தாவனம், (nandâ *prospérité*),

*நந்தி, 1° (nandi *heureux*), le bœuf Nandi, monture de Siven, Nandi son portier, bœuf, taureau, le signe du Taureau, tambourin, faiseur ou marchand d'huile, Siven, nom d'un roi, un des 18 உபபுராணம், nom d'une montagne, serpent, le jardin d'Indiren. 2° *gér. de* நந்துகிறது: நந்திகள், *pl.* faiseurs ou marchands d'huile; நந்திக்கலம்பகம் satire sur le roi Nandi, qui, dit-on, en mourut de chagrin; —தேவன் Nandidèven portier de Siven; — ப்புசுணி citrouille cendrée; —மலை nom d'une montagne; நந்தியின்னுறு le bœuf de Siven.

*நந்திகேசன், நந்திகேசுரன், நந்திகேச்சுரன், (நந்தினை, ஈசன், ஈசுரன், ஈச்சுரன்), Siven, le taureau monture de Siven, idole qui représente un bœuf, statue de taureau, Nandidèven portier de Siven.

*நந்திகை, (நந்தம், ikâ), la ville ou le jardin d'Indiren, vase de terre, le 1er, le 6e et le 11e jour de chaque demi-lunaison.

நந்தியம்பெருமான், நந்தியம்பெருமான், (நந்தி, அம்). *V.* நந்திதேவன்.

*நந்தியாவட்டம், நந்தியாவட்டை *P.* நந்தியாவர்த்தம், (நந்தி, ஆவர்த்தம்), l'arbrisseau nerium coronarium: நந்தியாவட்டத்தாமன் celui

qui porte une guirlande de fleurs de cet arbrisseau,Douryodanen;— ப் பூ fleur odoriférante de cet arbrisseau; அடுக்கு ou பெருநந்தியாவட்டம் espèce qui porte des fleurs larges ou en quantité. [ம்),Siven,fils,ami.

*நந்திவருத்தனன், (id. வருத்தன

*நந்தீசன், நந்தீசுபரன், நந்தீசுவரன்,(நந்தி, ஈசன்..,), surnom de Siven,et de நந்திதேவன்.

நந்து,1° conque,limaçon.2° imp. et part.de

நந்துகிறது, ந்தேன், துவேன், து,த,v.n. நந்துதல்,n.v. se ruiner, être détruit, gâté,insulté, méprisé, croître,gagner,prospérer.

நந்துருணி,fou,sot,niais,rapporteur,médisant,porteur de nouvelles,entremetteur officieux.[ந்தீசன்.

*நந்தேசன்,(நந்தன், ஈசன்),V. ந

*நந்தை,1° (nandâ),le 1er le 6e et le 11e jour de chaque demi-lunaison,une des 5 vaches prétendues divines,corde qui lie le joug à la charrue,la plante tournante தொந்தவன்.2° P. நந்தாய்,2e pers. nég. de நந்துகிறது.

நந்நாலு, நந்நான்கு,(நாலு ou நான்கு répété),quatre à quatre.

*நபசம்,(nabhasa),ciel,atmosphère,air: நபசங்கம், நபசங்கமம், (ga, gama qui va),oiseau.

*நபம்,(nabha), air, atmosphère, firmament,le mois d'ஆவணி: நபப்பிராணம் le vent.

நபர்,(ind.),homme, individu: —சாமீன் caution pour un homme; இரண்டுநபர்வந்தார்கள் 2 hommes sont venus;— கதிமைசல் (arabe),colonisation ou culture de terres par divers cultivateurs individuellement; — ஜாமின், —ஜாமீன் caution personnelle.

நபா,(arabe), avantage,profit.

*நபாகம்,(nabhâka),obscurité.

நபி,1° (arabe), prophète.2° (nabhi),roue.

*நபுஞ்சகம், நபும்சகம், (ந non, poumsaka mâle),hermaphrodite,eunuque: நபுஞ்சகலிங்கம் genre neutre.

*நபுஞ்சகன்,(id.), eunuque,homme impuissant,V.பேடன்.

*நபோ,(nabhô,P. nabhas devant certaines lettres), air: — கசம் éléphant de l'air,i.e.nuage;—கதி marche dans l'air;—துகம் (douha traire),—தாமம் nuage;—நதி le fleuve de l'air,i.e.le prétendu Gange céleste;—மணி le bijou du firmament, i.e.le soleil;— ரேணு petit atome, brouillard,vapeur (de l'air);—லயம் (laya demeure),fumée.

நம,1° obl.poétique de நாம் (devant un pluriel. neutre.), nos,mes, Ex. நமகால்கள் mes pieds, nos pieds.2° (namas),révérence,salut,vénération,gloire,(il se met à la fin des prières ou après le datif sanscrit,comme சர்வேசுராயநம gloire à Dieu); நமவென்றுசொல்லுகிறது saluer. [P. நமருகிறது.

நமக்கிறது, நமத்துபோகிறது,

நமக்கு,dat.de நாம்,à nous,à moi: நமக்காக pour moi,pour nous. [on.

*நமசம்,(namasa),concorde, uni-

*நமஸ்காரம்,(நமஸ், காரம்),adoration,révérence,vénération, salut, honneur:—பண்ணுகிறது ou

நமஸ்கரிக்கிறது, ரித்தேன், ரிப்பேன், ரி, ரிக்க, v.a.(நமஸ்காரம்), நமஸ்கரித்தல்,n.v.adorer, révérer, faire un profond salut,saluer.

*நமஸ்து,P.நம,gloire, salut.

*நமதன்,(namata), maitre, seigneur.

நமது,gén. de நாம், de nous, de moi,notre,mon,ma,mes: நமதுவீடு notre ou ma maison; நமதாயிருக்கின்றது c'est à nous, — à moi.

நமத்தம், nard indien, petite lavande,valeriana jatamansi.

நமருகிறது, ர்ந்தது, மரும், ர், ர, v.n. நமருதல்,n.v. et நமர்த்து ou நமத்துபோகிறது, s'imbiber, devenir humide ou moite (v.g. du papier,du cuir...), நமத்திருக்கிறது être humide ou moite.

நமர், நமர்கள், 1° pl.de நமன்,les nôtres,nos gens,nos parens,amis ou partisans: நமராங்காள், voc. ô mes amis. 2° *imp. et part. de* நமருகிறது.

நமள், *fém. de* நமன், notre parente, — amie, une des nôtres.

நமற்களிக்கிறது, *P.* நமஸ்கரிக்கிறது.

*நமற்காரம், *P.* நமஸ்காரம்.

நமன், 1° *P.* யமன், Yamen, le prétendu roi des morts. 2° (நாம்), un des nôtres, notre parent, ami ou partisant. [notre —, ma maison.

நமாது, *poétique, P* நமது: — வீடு

*நமுசி, (namoutchi), Kâmen, le Cupidon indien, Namousi, démon ou Asouren tué par Indiren: — சூதனன் le destructeur do Namousi, *i.e.* Indiren.

நமிடு, நமுடு, *gén* நமுட்டின், *obl.* நமுட்டு. grue, lèvre inférieure, lente, larve d'insecte: — கடிக்கிறது se mordre la lèvre inférieure (de dépit ou de douleur); நமுட்டுச்சிரங்கு éruption de boutons de chaleur, bourbouils.

நமூது, (*pers.*), preuve. [tillon.

நமூனா, (*id.*), forme, modèle, échan-

நமை, 1° espèce d'arbre, démangeaison, irritation de la peau. 2° *imp. et part. du suiv.*: — எடுக்கிறது ou

நமைகிறது, நமைந்தேன், நமைவேன், நமை, நமைய, *et* நமைக்கிறது, நமைத்தேன், நமைப்பேன், நமை, நமைக்க, *v.n.* démanger, éprouver —, avoir des démangeaisons.

நமைச்சல், நமைதல், நமைத்தல், நமைப்பு, *n.v. du préc.* démangeaison: — எடுக்கிறது éprouver —, avoir des démangeaisons. [teur spirituel.

*நமோ, *P.* நமஸ்: — குரு précep-

நம், 1° *obl. de* நாம், nos, notre, mon, ma, mes. 2° சாரியை ou augment qui indique la 1re *pers. pl. Ex.* எல்லார்நம்மையும் nous tous.

நம்பகன், l'arsenic naturel dit சிப்பந்தபாஷாணம்.

நம்பரிது, (நம்ப, அரிது), chose difficile à croire, à espérer, il est difficile de croire...: அவனை நம்பரிதாயிருக்கிறேன் j'ai de la peine à le croire, à croire à sa guérison; அவன்காரியம் நம்பரிதாயிருக்கின்றது il est difficile d'ajouter foi ou de se fier à son affaire.

நம்பல், *n.v. et opt. de* நம்புகிறது, confiance, espérance, attente, grand désir: அதைநம்பவொண்ணாது il ne faut pas croire cela.

நம்பவன், *P.* நம்மவன்.

நம்பன், (நம்பு), être désirable, — accompli, Dieu, notre Dieu, (et à tort), Siven.

நம்பாத, நம்பாமை, *n.v. nég. de* நம்புகிறது, défiance, désespoir.

நம்பி, 1° *gér. de* நம்புகிறது. 2° *pl.* நம்பியர், Nambi, auteur de l'அகப்பொருள், partie de la grammaire qui traite des poèmes érotiques, hiérophante ou sacrificateur d'un temple de Vichnou, brame de caste inférieure, — né d'un brame et d'une fille de caste royale que celui-ci a ravie, homme excellent, — de confiance, mari, frère aîné, roi des chasseurs.

நம்பிக்கை, (நம்புகிறது), espérance, espoir, confiance, attente, assurance, certitude, vœu, promesse, serment; — க்காரன் homme de confiance ou qui a de la confiance; — கொள்ளுகிறது concevoir ou acquérir de la confiance, prendre confiance, se fier, espérer; — சொல்லுகிறது, — பண்ணுகிறது promettre, assurer, faire un vœu, — un serment; — த்துரோகம் perfidie, trahison; — த்துரோகி perfide, traître qui abuse de la confiance qu'on a en lui; — யற்றவன் homme qui n'a pas ou en qui on n'a pas ou qui ne mérite pas de confiance; — யாயிருக்கிறது espérer, croire, se fier, être sûr; ஒருவனில் — யாயிருக்கிறது avoir confiance, croire ou espérer en quelqu'un; — யானகாரியம் chose sûre, — sur laquelle on peut compter; — யானமனிதன் homme sûr, fidèle, — de confiance; — யுண்டு il y a espoir; அவனுக்கு — யுண்டு il espère; — யுள்ளவன் homme qui espère ou se fie, — sûr, — de confiance; — யோலை promesse ou assurance sur ôle, passeport, sauf-conduit; — வரப்பண்ணுகிறது assurer, faire croire, donner l'espérance; — வைக்கிறது mettre sa confiance; அதென் நம்பிக்கைக்கொப்புவிக்கப்பட்டது ceci été confié à ma fidélité.

நம்பியான்,(நம்பி), brame vichnouviste d'un ordre un peu inférieur, ordinairement employé par droit héréditaire,comme hiérophante dans les temples de Vichnou,pour y faire certaines cérémonies, pour lesquelles il est payé par le peuple, outre la part qu'il a dans certains sacrifices et les dons des particuliers,homme de confiance.

நம்பிரான்,(நம்),notre Dieu.

நம்பிநோர்,n.app. de நம்புகிறது, gens qui espèrent,croient...

நம்பு,1° l'arbre நாவல்,désir. 2° imp.et part.de

நம்புகிறது,பினேன்,புவேன்,பு,ப, v.a.(acc.),et நம்புதல்,n.v.ou நம்பியிருக்கிறது espérer, attendre, croire, avoir confiance,se fier,se confier, se reposer sur, désirer: அதுநம்பப்படாது cela est incroyable; அதைநம்பினன் il a cru cela; உம்மைநம்பினேன் j'ai mis ma confiance en vous; இன்றுவருவானென்றுநம்பாதே ne compte pas qu'il vienne aujourd'hui; நம்பவைத்துக்கைவிடுகிறது refuser assistance après l'avoir fait espérer.

நம்பூரி,espèce de brame de caste supérieure dans le Malcalam: நம்பூரியார்,hon. நம்பூரிமார்,நம்பூரிகள், pl. les Nambouris.

நம்மவன்,m. நம்மவள்,fém. நம்மவர்,நம்மவர்கள்,pl. ou hon. un ou une des nôtres,de nos gens, de nos parens,amis,partisans ou adhérens.

நம்முடைய,நம்மை,நம்மில், நம்மால்,நம்மோடு,gén.acc.abl. de நாம்.

நம்முடையார், (நம்முடைய), les nôtres,nos gens,nos parens ou amis.

நய,1° adj.de நயம். 2° imp.de நயக்கிறது.

நயக்கன்,chien.

நயக்கிறது,யந்தேன்,et யத்தேன், யப்பேன்,ய,யக்க,(நயம்),v. a. désirer,convoiter,aimer,estimer,suivre, v.n.devenir —,être à bon marché,de bonne qualité, exceller, être excellent,utile,profitable,s'améliorer, se bonifier,fructifier, augmenter, gagner: நயவாதேநன்றிபயவாவினை ne desirez point une action qui ne produit aucun bien; தானியம் நயத்தது les grains sont à bon marché; நயந்துகேட்கிறது supplier, demander instamment ou avec douceur; நயந்துசொல்லுகிறது vanter,flatter,dire—,parler avec bonté, —utilement.

நயத்த,part. de நயக்கிறது,à bon marché,de bonne qualité: —பொன், —இரும்பு, or—,fer de bonne qualité.

நயத்தல்,n.v. du même, grand—, désir,amour,bon marché, augmentation,amélioration,excellence, bien,avantage,profit,estime, imitation.

நபந்த,V. நயத்த.

நயந்து,gér.de நயக்கிறது.

நயந்தோர்,n.app.du même, amis.

நயப்பிக்கிறது, நயப்பித்தல், v. caus.du même,améliorer,orner,augmenter,honorer,exalter,rendre important,réjouir,faire plaisir, persuader,engager,faire consentir,—baisser le prix,mettre à bon marché.

நயப்பு,n.v.de நயக்கிறது,désir,amour,bon marché, bas prix, bonne qualité des métaux,gain,profit,joie.

நயப்புணர்வு, 1° (நயப்பு, உணர்வு), bienveillance, bonne grâce, agrément, attention. 2° (நயம்,புணர்வு), copulation—, jonction convenable.

நயப்புரை,(id.உரை),parole bienveillante,—de désir.

'நயம், 1° (naya), justesse,convenance, rectitude, propriété.justice, excellence, supériorité, égalité, gouvernement,— civil et militaire, police, conduite, direction, partie théologique —, science des vèdas. 2° délice, plaisir,bien,utilité,avantage, profit, gain, bon marché, bas prix, plus, accroissement, civilité, politesse, bienveillance,bonté,douceur, docilité: — ஆகிறது désirer, convoiter, devenir à bon marché,ou

— ஆயிருக்கிறது être bon, utile, doux, agréable, à bon marché; — ஆய்க்கேட்கிறது demander à bon marché; — ஆய்ச்சொல்லுகிறது parler élégamment, — raisonnablement ou de bon marché; — ஆய்வாங்குகிறது acheter à bon marché; — காட்டுகிறது flatter, amadouer, montrer de la bonté, les avantages; அவர்கள் — காட்டினாலும் பயங்காட்டினாலும் எனக்குக்குறையில்லை soit qu'ils me flattent ou qu'ils cherchent à m'effrayer cela ne me fait rien; — பண்ணுகிறது montrer de la bonté, faire un don, une faveur; — பயம் le bien et le mal, douceur et sévérité; — பாடுகிறது chanter agréablement, avec douceur; — பேசுகிறது parler avec bonté, douceur ou affabilité, — avec une voix douce; நயகுணன் homme bienveillant, de bon caractère; — க்காரன் homme affable, courtois, flatteur; — ச்சொல் paroles douces, bienveillantes ou flatteuses, plaisanterie; — சித்தி succès politique; — த்தகு (தகும்), plaisant, agréable, satisfaisant, désirable; — நயவார்த்தை parole incertaine, irrésolue, dite avec hésitation; — நிலைப்படலம் comédie, danse; — பயமறிகிறது savoir mêler la douceur à la sévérité; — போசனம் bon repas, donner une bonne nourriture, un des 7 actes de charité; — ப்படுகிறது devenir —, être à bon marché; — ப்பாடு avantage, profit, excellence, supériorité; — ப்பிரயோகம் adresse politique; — வசனம், — வசனிப்பு paroles flatteuses, engageantes; — விசாரதன் habile politique; — விலை bas prix, prix convenable; நயமும்பயமுமாய் avec douceur et sévérité.

நயவர், (நயம்), amis.

நயவான், (*id.*), homme bienveillant, utile, bienfaiteur, — qui gagne, désire ou convoite.

நயனத்தோரன், (நயனம்), topaze.

*நயனம், (nayana), œil, vue: நயனகஸ்தூரி sorte de collyre ou de remède pour les yeux; வார்த்தையிலேமெத்த — கஸ்தூரியாயிருக்கிறான் il enchante et persuade par de douces paroles; — காசம் taie à l'œil, cataracte; — சாஸ்திரம் optique; — சாஸ்திரி opticien; — சைகை signe de l'œil; — சைகைபண்ணியழைத்துக்கொள்ளுகிறது appeler —, attirer en faisant signe des yeux; — தீட்சை espèce d'initiation, instruction donnée ou reçue par les yeux; — பரிகாரி oculiste; — பாஷை langage —, signe des yeux; — பார்வை vue, aspect, vision, regard amoureux; — ப்பத்து le 68me des பிரபந்தம், description de l'œil en 10 strophes; — மோட்சம் ouvrir les yeux; — ரோகம் mal d'yeux; — வாரி torrent de larmes, pleurs; — விதி livre de médecine pour les yeux; — வைத்தியன் oculiste.

*நயனவுஷதம், நயனவுடதம், நயனௌஷதம், (நயனம், அவுஷதம்), collyre, remède pour les yeux, sulfate vert de fer, ou sel en état de décomposition par son exposition à l'air et employé comme collyre.

*நயனா, (nayanâ), prunelle de l'œil. [அந்தம்), coin de l'œil.

*நயனோபாந்தம், (நயனம், உப,

*நயனோற்சவம், (*id.* உற்சவம்), lampe, objet joli, aimable ou désiré.

*நயன், 1° *P.* நயம், délice, plaisir, joie, bien, utilité, profit, gain, avantage. 2° (naya), guide, conducteur, homme libéral, généreux.

*நயிச்சியம், *P.* நைச்சியம்.

*நயிஷ்டிகம், நயிட்டிகம், *P.* நைஷ்டிகம், observance, état, condition, office d'un étudiant perpétuel: நயிஷ்டிகப்பிரமசாரி jeune brame qui observe fidèlement les règles d'un étudiant.

*நயிஷ்டிகன், நயிட்டிகன், *P.* நைஷ்டிகன், brame fidèle aux règles d'un étudiant, — qui reste avec son précepteur spirituel et persévère dans l'état d'étudiant.

நயித்தே, ô seigneur, *voc. usité en certains lieux*, *P.* நாயனே,

நயினத்தை,P. நாயன்,seigneur, V. நயினத்தே.

நயினாக்கியம்,P. நைநாக்கியம், moquerie:— அடிக்கிறது se moquer. [femme d'Ayénar.

நயினாத்தேவி,P. நயினார்தேவி, la

நயினார்,le faux dieu ஐயனார்,Djaïnas,petits princes tributaires dits பாளையக்காரர் ou Paléagars,maître —,chef des pions, officier de police native. [main.

*நர,adj.de நரன், d'homme,hu-

*நரகம்,(naraka),l'enfer,le tartare indien. Les Indiens comptent 7 enfers,nommés அள்ளல், இரௌரவம்,கும்பிபாகம், கூடசாலம், செந்துத்தானம்,பூதி,மாபூதி. Il y en a qui en comptent 14 et d'autres 28; dans les lois de Manou on en énumère 21: நரககதி sort des damnés (ce qui est une des 4 fins de l'homme),naissance ou mode d'existence des êtres infernaux, mériter l'enfer,y tomber;—குண்டம் fosse ou abyme du tartare, (les payens en comptent 86);—க்குழியிலேவிழுகிறது tomber dans les abymes de l'enfer;—ச்சுற்று tour—, région de l'enfer;—த்துன்பம் peines de l'enfer;—தேவதை divinité infernale, diable ou diablesse, la prétendue déesse de l'infortune dite மூதேவி;—ப்பிராத்தி, —ப்பிராப்தியாகிறது mériter l'enfer,—la damnation,encourir les peines de l'enfer;—வட்டம்-ஏ 7 différentes régions de l'enfer (selon les Indous), savoir: தமப்பிரபை région des ténèbres; இமப்பிரபை région du froid; தூமப்பிரபை région de la fumée; வாலுகப்பிரபை région du sable; சர்க்கரப்பிரபை région de l'insomnie; இரத்தப்பிரபை région du sang;—அழற்பிரபை région du feu;— வாசி habitant de l'enfer,démon,damné;—வாதி damné,personne digne de l'enfer;—வாய் porte de l'enfer,l'enfer, l'anus;—வேதனை peines —, tourment de l'enfer: நரகத்துக்கேதுவாகிறது être digne de l'enfer, être exposé à y tomber; நரகத்திலேதள்ளுகிறது ou போடுகிறது précipiter dans l'enfer.

*நரகரி,(நரன்,அரி),homme-lion.

*நரகர்,நரகவிதர்,(நரகம்), habitans de l'enfer,—des régions infernales,démons,damnés.

நரகலிக்கிறது,லித்தேன், லிப்பேன்,லி,லிக்க,v.a. (நரகல்), abhorrer, détester,avoir du dégoût, regarder comme des excrémens. [dégoût.

நரகலித்தல்,n.v. du préc. horreur,

நரகல்,(நரகம்),saleté,ordure,excrémens: நரகலானவிடம் lieu sale, rempli d'ordures; நரகலேமிதிக்கிறது marcher sur des ordures; கிண்டக்கிண்ட நரகனாறும்,(நரகல், நாறும்),à force d'être remuées les ordures répandent une mauvaise odeur,il ne faut pas trop examiner les choses sales.

*நரகன், (நரகம்), habitant de l'enfer,démon,damné,V. நரகாசுரன்: நரகசித்து le vainqueur de Naraguen,i.e.Vichnou.

*நரகாசுரன்,(நரகன்,அசுரன்), le démon ou Asouren nommé Naraguen.

*நரகாந்தகன்,(நரகன், அந்தகன்),le destructeur —, l'ennemi de Naraguen,i.e.Vichnou.

*நரகாமயம், (நரகம், ஆமயம்), maladie—,i.e.peine de l'enfer, l'âme,—après la mort.

நரகாரி,1° (நரகம், அரி), ennemi —,vainqueur de l'enfer. 2°(நரகன், அரி),l'ennemi—, le destructeur de Naraguen,des démons de l'enfer.

நரகாலி,maladie qui vient aux bestiaux. [trier,—de son gourou.

*நரகொலைகன்,(நரன்,கொலைகம்),meur-

நரகு,gén. நரகின்,(P. நரகம்),l'enfer: நரகிருள் ténèbres de l'enfer.

நரங்கடிக்கிறது,(நரங்க,அடிக்கிறது),détruire, perdre (par négligence ou par malice),faire—, laisser dépérir.

நரங்குகிறது,sync. நரங்கிறது, கினேன்,குவேன்,கு,க,v.n. நரங்குதல், n.v.ne pas croître, décroître, décliner,dépérir,maigrir, — de plus en plus,dégénérer,empirer, se perdre, aller de mal en pis(*v.g.*des affaires, la moisson etc...),s'user,s'effacer.

நரந்தம்,musc,animal qui le donne,odeur,corbeau,oranger.

நரப்பு,*adj.de* நரம்பு,de corde, de nerf:—க்கருவி instrument à cordes, ou à cordes de laiton,de boyaux... (*v.g.*violon,guitare);— க்கருவியாளர், — க்கருவியைக்கொண்டுந்துமாக்கள் joueurs d'instrumens à cordes;— ச்சிலந்தி indisposition —, ulcère causé par le ver de Guinée ou de Médine,autrement dit dragonneau, filaria medinensis,espèce d'helminthe du genre filaire,qui ressemble à un fil ou à un nerf.Il est cylindrique,filiforme,de grosseur à peu près uniforme,variant de celle d'un fil assez mince jusqu'à celle d'une ficelle,d'une longueur qui peut varier de quelques centimètres à plusieurs mètres.Son siége le plus ordinaire est le tissu cellulaire sous-tégumentaire des jambes et des cuisses. Le dragonneau parait être originaire de l'Afrique ou de l'Arabie; il est aussi commun dans l'Inde. C'est aux sources où l'on va se désaltérer qu'on en prend le germe. Les dragonneaux occasionnent des tumeurs dangereuses et quelquefois des démangeaisons insupportables;leur rupture dans la plaie est un accident qui aggrave le mal. Pour les extraire on saisit l'une des extrémités de l'animal que l'on enroule à quelque chose de léger qu'on laisse sur la plaie, et auquel on fait faire chaque jour un certain nombre de rotations,pour l'extraire petit à petit sans le casser: —ச்சிலந்தியாய்க்கிடக்கிறது être couché malade de —,avoir cet ulcère;—ச்சுளுக்கு entorse,foulure d'un nerf;— ச்சுருக்கு contraction —, foulure de nerf,entorse.

நரம்,crainte.

நரம்பன்,(நரம்பு), homme maigre,décharné, vrai squelette, homme nerveux,dont les nerfs et les veines paraissent,espèce de tabac.

நரம்பி,*fém. du préc.*femme maigre,décharnée,nerveuse.

நரம்பு,nerf,muscle,tendon,pouls, artère,veine, nervure de feuille, tendron,vrille de vigne etc..., filament,corde de boyau, — d'instrument de musique,l'instrument lui-même,corde d'arc. Les physiologistes indiens comptent dans le corps humain 72000 nerfs et veines;d'autres seulement 1008: குறைநரம்பு luth qui a moins de 7 cordes; — புடைக்கிறது les nerfs ou veines se gonfler et paraître à l'extérieur; — முடங்கிப்போகிறது les nerfs—, les muscles se contracter; — முடக்கம், —பிடிப்பு contraction des nerfs, crampes,convulsions; —வாங்குகிறது tirer—,ôter un nerf,ôter les nervures du bétel ou autres feuilles;— வீச்சு, — வலி douleur—, attaque de nerfs,crampe; நரம்பிஓசை son de corde ou d'instrument à cordes.

*நரர்,*pl.de* நரன்,les hommes:— இராசன் le maitre des hommes, *i.e.* Dieu, (et à tort) Koubèren.

நரலல்,*opt.et n.v.de* நரலுகிறது, son,bruit,bruit confus de paroles, —de la multitude.

நரலுகிறது *ou* நரல்கிறது, நரன்றேன்,நரலுவேன் *ou* நரல்வேன், நரலு *ou* நரல்,நரல,*v.n.* நரலுதல், *n.v.*résonner,faire du bruit,retentir.

நரலை,(நரல்),la mer (au mugissement confus).

நரல், 1° *imp. part.et n.v.de* நரலுகிறது,ce qui fait un bruit confus,feuilles sèches,menu bois,branchage,foule de monde.

நரல்வு, *n.v. de* நரல்கிறது, son, bruit,—intérieur.

நரவரி,(நரன்,அரி), homme-lion.

நரவலிக்கிறது,நரவலித்தல்,*P.* நரகலிக்கிறது,நரகலித்தல்.

நரற்றல்,*opt.et n.v.du suiv.* bruit.

நரற்றுகிறது,ற்றினேன்,ற்றுவேன்,ற்று,ற்ற,*v.a.de* நரலுகிறது,faire résonner, — retentir, battre ou toucher des instrumens, frapper pour faire du bruit.

²நரன்,(nara),pl. நரர், நரர்கள், homme, individu, Dieu ou l'Esprit éternel, divin et impérissable qui pénètre tout,(surnom de) Ardjouna ou அருச்சுனன், Vichnou, Naren, Mouni aussi nommé நரநாராயணன் et regardé comme la 5me des incarnations inférieures de Vichnou, pion au jeu d'échecs: நரசி,(அரி),ou —சிங்கம் homme-lion, monstre moitié homme et moitié lion, prétendue incarnation de Vichnou en homme-lion pour tuer இரணியன்; —சிங்கமூர்த்தி Vichnou métamorphosé en homme-lion; —சிங்கன், —சிங்கராயன் Narsingue, roi de Bisnâgar (à l'arrivée des Portugais dans l'Inde); —சிங்கராச்சியம் le royaume de Narsingue dont la capitale était Bisnagar ou விசயநகரம்: —சிங்காவதாரம் incarnation de Vichnou en homme-lion; —சீவன் âme ou vie d'homme, être humain, homme; —சிநேகபாலகன், —தயாபரன் l'être plein de bonté pour les hommes i.e. Dieu; —ஸ்துதி louange de l'homme; —தயை humanité, philanthropie; —தாரகன் celui qui supporte ou soutient les hommes, i.e. le Dieu de bonté: —நரி, V. நரஸ்துதி; —தேவன் dieu des hommes, i.e. roi; —த்துவம் humanité, nature humaine; —நாராயணன் Naranârâyanen sage regardé comme la 5me des incarnations inférieures de Vichnou; —நாராயணர் pl. noms de 2 sages qu'on prétend être des incarnations de Vichnou, et nés ensuite sous les noms de Krichna et d'Ardjouna; —நாரிகள் l'homme et la femme; —பதி seigneur des hommes, roi, (et spécialement) le roi de விசயநகரம் ou Bisnagar; —பலி sacrifice humain, victime humaine; —பாலன் protecteur des hommes, i.e. roi; —புடம் calcination des métaux en faisant brûler gres comme un homme, i.e. 50 bouses de vache; —பூ la terre native de l'homme, i.e. l'Inde (au dire des Indous); —பிரியன் philanthrope, l'ami des hommes; —பிரதிஷ்டை érection d'une statue d'homme, statue érigée par les hommes; —படம், V. நரசிரசு; —மாலை guirlande de crânes humains; —மானினி, —மாவினி femme barbue, —qui a un air mâle, virago; —மேதம் sacrifice humain; —ரூபம் figure humaine; —ரூபி être à figure humaine; — லோகம் le monde des hommes, i.e. la terre: —வாகனம் monture humaine, véhicule porté par des hommes, i.e. palanquin, litière, homme qui en porte un autre, être porté sur le dos d'un homme; —வாகனன் celui qui a un homme pour monture, i.e. குபேரன். [cicatrices. 2° voc. de நரன்.

நரா, 1° ce qui est meurtri, —a des நராங்குகிறது, கினேன், குவேன், கு, க, v.n. நராங்குதல், n.v. s'user par le frottement, V, நசுங்குகிறது.

*நராதமன், (நரன், அதமன்), homme vil, scélérat.

*நராதாரம், (நரன், ஆதாரம்), ce qui soutient les hommes, i.e. la terre. [des hommes, i.e. roi.

*நராதிபன், (id. அதிபன்), maître

*நராந்தகம், (id. அந்தகம்), la destruction de l'homme, i.e. la mort.

*நராந்தகன், (id.), le destructeur de l'homme, Yamen, Narândaguen, géant fils de Râvanen, Vichnou.

நராந்தகம், corbeau.

*நராபோகம், நராநுபோகம், (நரன், உபபோகம், அநுபோகம்), plaisir humain, propre aux hommes.

*நராயணன், (id. அயனம்), Vichnou.

நரஹரி, (id. அரி), l'homme-lion, i.e. Vichnou, l'ennemi des hommes.

நராலை, (id. ஆலை), le pressoir des hommes, i.e. l'enfer.

*நராவதாரம், (id. அவதாரம்), incarnation en forme humaine.

நரி, 1° renard, chacal, (par métonymie) tigre. 2° imp. de நரிக்கிறது: குள்ளநரி ou நரிக்குட்டி jeune—, petit renard,—chacal; குள்ள—chacal; பெரு—gros renard,—chacal, tigre: குழி—, நுழை—, வளை—renard à tanière; —க்கலியாணம் pluie pendant que le soleil luit; —க்குழி tanière de renard; —க்கொன்றை l'arbre cassia javanica; —நிறம் couleur de renard, mélange de diverses couleurs, divers sentimens, aversion; —ப்பயம் crainte du tigre ou du chacal; —ப்பயறு espèce de pois, phaseolus trilobates —: —ப்பயல் petit garçon, bambin; —ப்பள்ளம் creux ou fosse dans les rivières..., trou d'eau ou mare dans le lit d'une rivière desséchée; —ப்பாகல் la plante பிழுபாகல்: —ப்புத்தி esprit rusé,—de renard, ruse, fourberie; —ப்புறம் la 5me constellation lunaire dite மிருகசீரிடம்; —மருட்டி,—மெருட்டி l'arbrisseau கிலுகிலுப்பை; —முருக்கு espèce inférieure de l'arbre முருக்கு erythrina; —யிலந்தை jujubier: —யுடை la plante முசுமுசுக்கை; —யுணி ce que mange le renard, i.e. l'écrevisse; —யூளையிடுகிறது le renard glapir; —வளை trou—, tanière de renard; —வாற்புல் la plante dactylis spicata; —விளா l'arbrisseau நிலவிளா; —வெங்காயம் la plante erythronium indicum; —வெருட்டி la plante நரிகருட்டி; —வெருட்டுதல் peur de renard; —வெருட்டுகிறது effrayer le renard, avoir une peur de renard, s'effrayer sans raison.

நரிகிறது, V. நெரிகிறது.

நரிக்கிறது, ரித்தேன், ரிப்பேன், ரி, ரிக்க, 1° v.n. et a. sauter—, reculer de peur, s'effrayer, s'étonner, être stupéfait, confondu, mépriser, dédaigner. 2° V. நருக்கிறது, V. நருக்குகிறது: நரித்துக்கொண்டிருக்கிறது être surpris, stupéfait, abasourdi; —கொண்டாற்போலப்போய் விட்டான் il s'est retiré tout confus, —déconcerté, réduit à quia; அவன் முகம் — ப்போயிற்று de surprise son visage changea de couleur, son air fut tout déconcerté; என்நரித்தாற்போலிருக்கிறாய் pourquoi parais-tu alarmé?

நரிதல், V. நெரிதல்

நரித்தல், நரிப்பு, n.v. de நரிக்கிறது, mépris, affront, étonnement, surprise, consternation, alarme subite, V. நருக்கல். [plus grand qu'un chacal.

நரியன், (நரி), courtaud, nain pas

நருக்கட்டியென்கிறது, faire naroukatti, —du bruit, se presser: நருக்கட்டியெனல், n.v. hâte, signe de bruit, —de hâte.

நருக்கம், நருக்கல், opt. et n.v. de நருக்குகிறது, broiement, pilage, froissement. —ஆயிருக்கிறது être broyé, froissé, indisposé: நருக்கற்குத்து forte rossée, meurtrir de coups, coups dans les flancs, faire échouer une affaire.

நருக்காணி, petite figure.

நருக்கு, 1° n.v. imp et part du suiv: broiement, pilage: —ப்பிருக்கல், —ப்பிருக்கு broiement, bruit du broiement, ce qui est broyé, pilé; —ப்பிருக்கென்றிருக்கிறது être broyé, (une maison, une ville) être abymée par la maladie. 2° (son imitatif): நருக்கென்கிறது faire naroukou, —du bruit, se hâter; நருக்கெனல் hâte, signe de bruit, de hâte.

நருக்குகிறது, sync. நருக்கிறது, க்கினேன், க்குவேன், க்கு, க்க, v. a. நருக்குதல், n.v. broyer, briser, meurtrir, froisser, piler,—dans un mortier, réduire en poudre.

நருக்குண்கிறது, (நருக்கு, உண்கிறது), ou நருக்குண்டுபோகிறது, être broyé, brisé, mis en pièces, pilé, meurtri, contrit.

நருங்குகிறது, sync. நருங்கிறது, கினேன், குவேன், கு, க, v.n. de நருக்குகிறது et நருங்குதல், n.v. se briser, se piler, se meurtrir, se froisser.

நருநரு, son imitatif du grincement de dents, et autre frottement: நருநரென்கிறது ou

நருநருக்கிறது, த்தேன், ப்பேன், த்த, v. n. (நருநரு), rendre ce son, faire narounarou,—du bruit, être raboteux.

நருநருத்தல், நருநரெனல், n.v. du préc. bruit du grincement de dents, du frottement de choses raboteuses...

*நருமதை,(narmadâ), la rivière Narmada, Narmati ou Nerboudda qui se jette dans le golfe de Cambay; c'est un des 7 fleuves, V. சத்தநதி.

நருமுகிறது, மினேன், முவேன், மு, ம் et நரும்புகிறது, மினேன், புவேன், பு, ப, v.a. et நருமுதல், நரும்புதல், n.v. mettre en morceaux, grincer des dents.

நருவல், chose broyée, brisée, pilée.

நருவலொருவல், (நருவல், நொருவல்), chose broyée 2 fois, — doublement.

நருவாணி, petite figure, chose petite.

நருவியுப்பு, espèce de sel.

*நரேசன், நரேசுவரன், (நரன், ஈசன், ஈசுவரன்), seigneur des hommes. i.e. roi.

நரேந்திரன், (id. இந்திரன்), 1° Narendiren, n.pr. d'un roi. 2° V. நரேசன்.

நரை, 1° blancheur, — mêlée de noir, couleur grise, cheveux blancs ou gris, l'âge où l'on grisonne, héron, taureau, bœuf, le signe du Taureau, Siven, éventail fait des poils blanchâtres du yack. 2° imp. et part. des verb. suiv.; — காண்கிறது les cheveux blancs paraître, commencer à grisonner: — செரும்பு os: — க்கொள்ளு la plante சிக்கோழு dolichos: — திரை les cheveux gris et les rides: — திரைமூப்பில்லாமை exemption de cheveux gris, de rides et de vieillesse (attribut des habitans des cieux): — திரையில்லை நமனுமங்கில்லை il n'y a là ni cheveux gris, ni rides, ni mort, (expression dite de l'effet du panacée des சித்தர்); — திரையுள்ளவன் homme ridé et à cheveux gris: — திரைவரும் வயது âge où viennent les rides et les cheveux gris: — த்தலை tête grise: — மயிர் cheveux gris ou blancs: — மானினி femme à cheveux gris: — யுடையாரெல்லாம் நம்பிபுருடரல்லர் tous les vieux grisons ne sont pas des hommes de confiance ou sages; — யல்லி nénuphar blanc; — வெழும்புகிறது, — வெழும்பிப்போகிறது, V. நரைகாண்கிறது.

நரைகிறது, ரைந்தேன், ரைவேன், ரை, ரைய, v. n. நரைதல், n. v. maigrir, dépérir, décroître.

நரைக்கிறது, ரைத்தேன், ரைப்பேன், ரை, ரைக்க, v.n. நரைத்தல், n.v., ou நரைத்துப்போகிறது, grisonner, blanchir, (les cheveux, la barbe) devenir blancs, (les moissons...) blanchir; எனக்கு நரைத்துப்போயிற்று ou நான் நரைத்துப்போனேன் je suis devenu tout gris.

நரைச்சல், n.v. du préc. cheveux gris, — blancs, moisson... qui blanchit.

நரைத்த, part. du même, grison, gris, grisâtre: நரைத்தவருகிறது, grisonner.

நரைத்தோன், n. app. du même, homme à cheveux gris ou blancs.

நரையன், (நரை), espèce de vautour, être qui grisonne, objet grisâtre.

நரையான், (நரை), héron cendré ou grisâtre, corbeau cendré, martin pêcheur, le mouni மாச்சாண்டான்: நரையான்வெட்டுகிறது le héron arrêter (l'indien superstitieux) en croisant son chemin; — வெட்டிவேலைப்படுகிறது être arrêté par le vol d'un héron de droite à gauche de la route, (ce qui est considéré comme un mauvais augure pour ceux qui se mettent en route...)

நர், terminaison de certains noms, comme செறுநர் ennemis, de செறுகிறது haïr.

நல், 1° adj. de நலம். 2° P. நல்ல, bon, beau. 3° imp. de நலக்கிறது.

நலக்கிறது, லத்தேன் ou லந்தேன், லப்பேன், ல, லக்க, v.n. réussir, profiter, devenir —, être bon, utile.

நலக்குகிறது, க்கினேன், க்குவேன், க்கு, க்க, v.a. de நலங்குகிறது. நலக்குதல், n.v. rendre pliant, flexible, souple, froisser, chiffonner (une étoffe, du papier...), ôter le lustre, salir.

நலுங்கல், opt.et n.v.de நலுங்குகிறது, flexibilité, saleté, chose sale, souplesse.

நலுங்கு, 1° imp. et part.de நலுங்குகிறது. 2° cérémonie d'oindre les mariés avec de l'huile et ensuite avec une pâte de safran, remède dont on oint ceux qui sont atteints de la petite vérole; நலுங்கிடுகிறது faire la cérémonie susdite.

நலுங்குகிறது, கினேன், குவேன், கு, க, v. n. நலுங்குதல் ou நலுங்கிப்போகிறது, n.v. devenir —, être souple, flexible, languissant (par la chaleur du soleil), se flétrir, se relâcher, s'affaiblir, s'énerver, (v. g un enfant trop choyé et qui ne fait pas usage de ses pieds), se chiffonner, se salir.

நலத்தல், n.v.de நலக்கிறது, réussite, bonté, utilité, amélioration.

நலப்பு, n.v.du même, réussite, succès, accomplissement, bien.

நலம், (நல்), bien, bienfait, faveur, bonté, bienveillance, beauté, ornement, plaisir, délice, désir, gingembre sec, puissance générative, force virile: — ஆகிறது être —, devenir bon, s'améliorer; — ஆயிற்று c'est bien: — ஆய்வாங்குகிறது acheter à bon marché, recouvrer à l'amiable (un bien prêté ou confié... etc): — அடிக்கிறது. — நட்டுகிறது. — நசுக்குகிறது châtrer en brisant les testicules; — எடுக்கிறது châtrer (en les enfant); — எடுப்பு castration; — பொல்லாங்கு le bien et le mal; நலச்சூடு chaleur extrême; — பேறு gain, bien, avantage.

நலமங்கையான், (நலம், அன்), chapon.

நலவு, (நலம்), bien, mettre une bonne chose.

நலன், P. நலம்.

நலி, maladie, douleur, n.v. imp. et part.du suiv.et.imp.de நலிக்கிறது.

நலிகிறது, லிந்தேன், லிவேன், லி, லிய, v.n. maigrir, devenir mince, fluet, dépérir, périr, souffrir, tomber, glisser, rouler en bas, dévier.

நலிக்கிறது, லித்தேன், லிப்பேன், லிக்க, v.a.et நலிவிக்கிறது, v.caus. du préc. faire maigrir, détruire, perdre, faire tomber.

நலிதல், n.v.de நலிகிறது, espèce de son, maigreur, dépérissement, glisser: — ஓசை accent circonflexe, son des lettres moyennes ங, ஞ, ண, ந, ம, ன.

நலித்தல், n.v.de நலிக்கிறது. [illegible]

நலிவிக்கிறது, v. caus. de நலிகிறது, V. நலிக்கிறது.

நலிவு, n.v.de நலிகிறது, ruine, décadence, dépérissement, maigreur, souffrance, peine.

நல், adj. bon, beau. Il se change en நற் devant க, ச, ப, et quelquefois en நன் devant ம, mais surtout devant ம, et ந qui alors se change aussi en ன.

நல்கல், opt.et n.v. de நல்குகிறது, donation, largesse, grand —, désir.

நல்குகிறது, கினேன், குவேன், கு, க, v.a. நல்குதல், n.v. donner, accorder, concéder, désirer, convoiter.

நல்குரவு, pauvreté.

நல்குரவோர், (நல்குரவு), les pauvres.

நல்கூருகிறது, கூர்ந்தேன், கூருவேன், கூர், கூர, v.n. நல்கூருதல், நல்கூர்தல், n.v. être pauvre.

நல்கூர்ந்தோர், நல்கூர்ந்தார், n. app.du préc. pauvres.

நல்ல, adj.de நல், bon, beau, propre, favorable, convenable, abondant: — சமயம் bonne occasion; — பெண் belle esclave, — femme (en style peu honnête); — சொல் bonne parole; — தக்காளி la plante physalis pubescens; — தண்ணீர் bonne eau, eau fraiche, — potable; — பாம்பு le serpent capelle; — தரம் bonne espèce, 1ère façon, — espèce; — குணம் bonté, douceur, clémence, amabilité, amitié, suavité, bon caractère; — குணங்காட்டுகிறது montrer la bonté, ou — குணம்பண்ணுகிறது, montrer de la bonté, de l'amitié, persuader, pacifier, apaiser: — துளசி la plante ocymum prostratum, espèce de basilic: — தொழில் bon emploi, métier —, emploi ou commerce lucratif; — நடக்கை. — நடத்தை bonne conduite; — நிலம் bonne terre

—பாம்பு le serpent capelle, la femelle du சாரை (qui est fort dangereuse); —புத்தி bon esprit, esprit intelligent, bon avis; —மழை bonne pluie, pluie abondante; — வெயில் forte chaleur (occasionnée par le soleil); —வேளை bonne occasion, la plante cleome pentaphylla.

நல்லது, neut. de நல்லவன், bonne chose, bien, ce qui est bien, c'est bien, —juste: —பண்ணுகிறது accommoder, accorder, faire consentir, pacifier. [paternelle, sœur ainée du père.

நல்லத்தை, (நல்ல. அத்தை), tante

நல்லப்பன், (id. அப்பன்), oncle paternel. [tié.

நல்லமை, (நல்ல), bien, bonté, amitié

நல்லம், noirceur, obscurité, obscurcissement. [tante maternelle.

நல்லம்மாள், (நல்ல. அம்மாள்),

நல்லம்மான், (id. அம்மான்), oncle maternel: —பச்சரிசி la plante euphorbia hypericifolia.

நல்லவிஞ்சம், la 2e des 6 divisions du Souvarkam ou பொன்பூமி

நல்லவன், (நல்ல), m. homme bon, நல்லவள், f. bonne femme, நல்லது, n. bonne chose: நல்லவர், நல்லவர்கள், pl. gens de bien, les bons, grands personnages, savans amis: நல்லவை, நல்லன, pl. n bonnes choses.

நல்லவையோர், (நல். அவை), gens de bonne compagnie, grands personnages.

நல்லறம், (நல். அறம்), bonne vertu, vertu domestique, bon ménage.

நல்லறிவு, (id. அறிவு), bonne —, grande intelligence, — science, bon avis, nom d'un livre.

நல்லன், (நல்ல), m. homme bon; நல்லள், f bonne femme; நல்லர் pl gens de bien. Ce mot est un குறிப்புவினை qui se conjugue ainsi: நல்லேன் je suis bon, நல்லாய் tu es bon, நல்லான், நல்லன் il est bon நல்லாள், நல்லள் elle est bonne; நல்லது, நன்று cela est bon, நல்லேம் nous sommes bons, நல்லீர் vous êtes bons, நல்லார், நல்லர் ils sont bons ou elles sont bonnes, நல்ல, நல்லன ces choses sont bonnes.

நல்லா, (நல், ஆ), bonne vache, vache de bonne espèce: நல்லாவின்கன்று veau de bonne espèce.

நல்லாக்கு, (id. ஆக்கு), bien: — பொல்லாக்கு le bien et le mal.

நல்லாத்தி, (id. ஆத்தி), tante maternelle, femme de l'oncle paternel.

நல்லாடை, (id. ஆடை), bel habit, beau vêtement.

நல்லாட்பு, (நல், bien, bon coin.

நல்லார், (நல்ல), les bons, les gens de bien, savans, grands personnages, femmes, matrones.

நல்லாள், f. du préc femme. — de bien, bonne , belle personne.

நல்லாறு, (நல். ஆறு), bon chemin, bonne conduite, - rivière நல்லாறுடையான் homme de bonnes mœurs, — qui a de belles manières.

நல்லான், (id. ஆன்), 1° bonne vache, bon bœuf. 2° homme de bien.

நல்லி, f. de நல்லன், bonne femme. [de brebis, etc...

நல்லீரல், (நல், ஈரல்), bon foie, foie

நல்லுணர்ச்சி, நல்லுணர்வு, நல்லுணர்வு, (id bonne intelligence, — pensée, bon esprit, bon avis.

நல்லுருவம், (id.), belle forme, — figure, — statue.

நல்லுறவு, (id. உறவு), bonne parenté, amitié avec les bons.

நல்லெண்ணெய், (id.), bonne huile, huile de sésame.

நல்லொழுக்கம், (id.), bonne conduite, bonnes mœurs.

நல்லோர், (நல்ல), les bons, gens de bien, sages, savans: நல்லோரைச்சேர்ந்தார் நல்லவராவார் ceux qui fréquentent les gens de bien deviendront bons: நல்லோரைத்தீயோர் சொல்சுடுகிறது, தீயோரைநல்லோர் சொல்சுடுகிறது, la conversation des méchans est un feu brûlant pour les bons, et celle des bons en est un pour les méchans.

நல்வழி, (நல், வழி), bon chemin, chemin de la vertu, bon moyen, nom d'un livre moral d'Avvéyar.

நல்வார்த்தை, (id.), bonne parole. [ménage.

நல்வாழ்வு, (id.), vie heureuse, bon

நல்வினை, (*id.*), bonne action, vertu: — தீவினை la vertu et le vice, le bien et le mal.

*நவ, *adj. de* நவம், neuf, 9, neuf, nouveau, frais: — கண்டம் les 9 divisions du monde ou du சம்புத்தீவு selon les Indous, savoir: கிழக்கிதேசம், மேற்கிதேசம், வடகிதேசம், தெற்கிதேசம் les 4 pays à l'est, à l'ouest, au nord et au sud de விதேக district de la province de Bihar; வடவிதேசம், தென்விதேசம் les 2 pays au nord et au sud des monts Râpadam: வடபரதம் le nord de l'Inde; தென்பரதம் le sud de l'Inde; மத்தியகண்டம் la région mitoyenne; — கன்னி nouvelle mariée, nouveau commentaire; — கன்னிகை jeune femme, fille nouvellement nubile: — கோணம் 9 angles: — கோணவடிவம் ennéagone, figure à 9 angles: — கிரகம், — க்கிரகம் les 9 planètes des Indous, savoir: ஆதித்தன் ou சூரியன் le soleil, சோமன் ou சந்திரன் la lune, அங்காரகன் ou செவ்வாய் Mars, புதன் Mercure, பிரகஸ்பதி ou வியாழன் Jupiter, சுக்கிரன் ou வெள்ளி Vénus, சனி Saturne, இராகு le nœud ascendant, கேது le nœud descendant de la lune; — தானியம் nouveaux grains, blé de la moison nouvelle; — சசியேஷ்டி, (இஷ்டி), sacrifice qu'on fait quand on mange du nouveau riz: — சாரம் V. நவச்சாரம்; — சத்தி les 9 pouvoirs ou énergies féminines; — சந்திகாளம் les 9 règles pour garder le temps en musique, V. தாளம் கூ: — சாரத்தாள் poudre ou sable d'or; — சிக்ஷ். V. நவநாகசிக்ஷ்; — சூதை femme nouvellement accouchée, vache nouvellement vêlée: — சோரம், V நவச்சாரம்; — சிராத்தம் cérémonie funèbre que les Indous font le 1er, 3e, 5e, 7e, 9e, 11e jour après la mort: — தளம் nouvelle pousse —, jet de nénuphar; — தாயம் jeu de quilles: — தாயமாடு தல். — தாயமுருட்டி விளையாடுதல் jouer aux quilles; — தாழ்வே les 9 espèces d'exercices ou d'hommages d'un யோகி, V. les au mot நாழ்வை; — தாளம் les 9 règles pour la mesure en musique, V. நவசந்தி கூ; — தானியம் les 9 espèces de grains mêlés ensemble et employés dans les cérémonies des noces des Indous, savoir உளுந்து, எள்ளு, கடலை, கொள்ளு, சாமை, தினை, துவரை, நெல்லு, பயறு; — துர்க்கை les 9 formes de Dourgâ: — தோலா, (டோலா), doli ou palanquin porté par 9 personnes;

— துவாரம் 9 trous, les 9 ouvertures du corps, savoir: les 2 yeux, les 2 oreilles, les 2 narines, la bouche, l'anus, le canal de l'urine: — நாகம் 1° les 9 serpens de la mythologie indoue, ce sont les அஷ்டநாகம் nommés வாசுகி, அனந்தன், தக்கன், சங்கபாலன், குளிகன், பதுமன், மகாபதுமன், கார்க்கோடகன், qui, au dire des Indous, soutiennent la terre aux 8 points cardinaux à commencer par l'est, le sud-est... le 9° nommé ஆதிசேஷன் avec ses 1000 têtes soutient la terre au milieu Ou les dit fils de கசியப்பிரமா et de sa femme கத்துருவை. 2° la plante அரசமரம்; — நாகரம் nouvelle coutume: — நாதசித்தர் les 9 Sitters, espèce de demi-dieux des Indous, qui ont été des personnages célèbres, exempts, selon eux, des infirmités de la vieillesse, savoir: சத்திய —, சதோக —, ஆதி —, அநாதி —, வகுளி —, மதங்க —, மச்சேந்திர —, கடேந்திர —, கோரக்கநாதர்; — நிதி les 9 trésors de Koubêren, leurs noms sont பதும —, மகாபதும —, சங்க —, மகர —, கச்சப —, முகுந்த —, நந்த —, நீல —, —, கற்பநிதி: leur nature n'est pas exactement définie; quelques-uns toutefois paraissent être composés de pierres précieuses. Selon le système des தாந்திரிகர், on les personifie et adore comme des demi-dieux serviteurs de Koubêren et de Lakchimi déesse des richesses; — நீதம், (நீதம், ka), beurre fondu; — நீதசோரன் le voleur de beurre, frais, i.e. Krichna; — நீருபானம் espèce de goût qu'on suppose aux vers; — நீநெய் certaine quantité de beurre présentée aux brames, — — நீதம் nouveauté, beurre frais; — பாண்டம் nouveau vase de terre, 9 vases; - பல்லவம் nouveau —, rejeton, nouvelle branche; - புரி (புரம்), V. நவகோணம்; - புண்ணியம் les 9 vertus ou actes de charité et de civilité, V. புண்ணியம் கூ; — பேதம் 9 différences de Sivon: savoir Brama, Vichnou, Routtiren, Mahèsouren, Sadàsiven, Sivam, Satti, நாதம், விந்து; — பிசாசம் 9 phantômes qui gardent les 9 coins du monde indien; — மடங்கு 9 fois autant; — மணி les 9 pierres précieuses, savoir: கோமேதகம் onyx, நீலம் saphir, பவளம் corail, புஷ்பராகம் topaze, மரகதம், émeraude, மாணிக்கம் rubis, முத்து perle, வைடூரியம் œil-de-chat ou lapis lazuli, வயிரம் diamant; — மணிமாலை le 11e des பிரபந்தம், poëme composé de 9 strophes de diverses sortes de vers, ou selon d'autres, de 9 espèces de vers en commençant par le வெண்பா et suivant la règle de l'அந்தாதி; — மல்லிகை jasmin double; — யௌவனை (யௌவனம்) jeune fille, — femme; — ரசம், — ரதம் 9 émotions ou sentimens, savoir: சிங்காரம் amour, வீரம் bravoure ou héroïsme, பெருநகை rire, கருணை clémence, ரௌத்திரம் colère, குற்சை ou அருவருப்பு horreur, சாந்தம் douceur, அற்புதம் surprise, பயம் crainte; — ரத்தினம் 1° les 9 pierres précieuses, V. நவமணி, toute espèce de pierreries. 2° les 9 poëtes de la cour du roi Vikramâditya; — ராத்திரம், — ராத்திரி les 9 premières nuits du mois de la Vierge consacrées par les Indous à l'adoration de Lakchimi, Sarasvati et autres Saktis; — லோகம் les 9 métaux; - லோகக்குப்பி fiole faite avec ou qui renferme les 9 métaux, terre de blanchisseur; — லோகாந்தம் (அந்தம்) pierre d'aimant; — வதுவை, (வதும், ikâ), nouvelle mariée; — வாயில் 9 portes, V. நவத்துவாரம்; — வஸ்திரம் habit neuf; — வியாகரணம் 9 grammaires sanscrites; — விதக்கபை, - வானசேனைகள் les 9 chœurs de anges, savoir: பத்திசுவாலர் les séraphins, ஞானசூக்கர் les chérubins, பத்திராசனர் les trônes, நாதகிருத்தியர் les dominations, சத்துவர்கள் ou சத்திகள் les puissances, பலவத்தர் les vertus, பிராதமிகர் les principautés, அதிதூதர் les archanges, தூதர் les anges.

*நவச்சாரம், நவச்சாரம், (நவ.ம்), soudure, espèce de ciment métallique composé, dit-on, de 9 espèces de sel, sel ammoniaque. [cotier.

நவதி, espèce d'aréquier, — de cocotier.

நவச்சி, V. நவச்சாரம்.

நவஞ்சம் la plante அமைநாகம்.

*நவட்சேரம், P. நவச்சாரம்.

*நவதம் (navata), housse d'éléphant peinte de diverses couleurs.

*நவதி, 1° (நவம், ti), quatre-vingt-dix. 2° la plante பொடுதலை.

*நவதிகை, (நவதி, kâ), pinceau, — de peintre composé de 90 poils.

*நவதை, (நவம், tâ), nouveauté, merveille.

*நவமம், (நவம், ma), le neuvième, ou நவமவித்தம் le 9e chapitre ou livre (du பாகவதம்).

*நவமி, (fém du préc.), le 9e jour de chaque demi-lunaison.

*நவம், 1° (navam novem), neuf, 9. 2° (nava novus), nouveauté, chose nouvelle, nouvelle, merveille. 3° amitié, amour, affection, bienveillance, la terre, la plante சாரணை, la saison pluvieuse, V. கார்காலம்; நவ, நவமான nouveau, nouvelle, neuf, frais, récent; நவமாய் nouvellement, récemment; நவமாய்ச்செய்கிறது faire nouvellement, renouveler, refaire; நவமென்ன quelle nouvelle?

நவரோசு, espèce d'air.

*நவாகம், (நவம், aha jour), nouveau jour, le 1er jour de chaque demi-lunaison.

*நவாக்கினிஷ்டம், நவாக்கினிசம், நவா

ம்சம், (id. அம்சம்), 9 parts, le neuvième d'un signe, division d'un signe en 9.

நவாடா, (pers.), barque.

*நவாம்பரம், (id. அம்பரம்), nouvel habit, toile écrue.

நவாசிப்பட்டை, (ind.), ruban de diverses couleurs.

*நவான்னம், (நவம், அன்னம்), nouveau riz, —grain, riz chaud, cérémonie observée par les Indous en mangeant du riz nouveau, nouvelle [nourriture.

நவி, beauté.

*நவியம், 1° (நவம், ya), nouveauté, chose nouvelle. 2° hache, coguée, fer chaud usité dans les ordalies.

நவிரம், cheveux d'homme, tête, sommet, —de la tête, zénith, montagne, bagatelle, bassesse, paon, épée, sabre, luth usité dans un pays cultivé. [que à piquans.

நவிரொழுக்கு, (நவிர், ஒழுக்), con

நவிர், (நவிரம்), cheveux, —d'homme, beauté, sabre, épée, luth d'un pays cultivé. [று.

நவிலல், opt. et n.v. de நவிலுகிற

நவிலுகிறது ou நவில்கிறது, நவின்றேன், நவிலுவேன் ou நவில்வேன், நவிலு ou நவில், நவில, v.a. நவிலுதல், n. v. étudier, apprendre, imiter, dire, parler. [orateurs.

நவிலுநர், n. app. du préc. parleurs,

நவிழ்க்கிறது, ழ்த்தினேன், ழ்ப்பேன், ழ், ழ்க்க, v.a éteindre, détruire, démolir. [on, destruction, démolition.

நவிழ்த்தல், n v. du préc. extincti-

நவிர்ப்பு, நவிழ்ப்பு, P. நவிலுதல் ou

நவிற்சி, n.v. de நவிலுகிறது, action de dire.

*நவீகரணம், நவீகிருதம், நவீபூதம், (நவம், i), renouvellement.

*நவீனம், (navina), nouveauté, chose nouvelle.

நவுகிறது, நவிந்தேன், நவுவேன், நவு, நவ, v.n. நவுதல், n.v. pourrir, se gâter, périr, cesser.

நவுக்கர், (pers.), serviteur.

நவுரி, (télinga), trompette.

நவை, mépris, faute.

நவ்வல், l'arbre நாவல்.

நவ்வி, la 13e constellation dite அவிட்டம், beauté, ornement, âge tendre, jeunesse, navire, bateau, cerf.

நவ்வியம், clarté.

நவ்வு, 1° (naou), navire, bateau. 2° brebis, bien, gain: நவ்வுதுவ்வு le bien et le mal, le gain et la perte.

நழுக்கம், n. v. de நழுக்குகிறது, être émoussé.

நழுக்கு, n.v. imp. et part. de

நழுக்குகிறது, க்கினேன், க்குவேன், க்கு, க்க, v.a. de நழுங்குகிறது, émousser, laisser glisser, —tomber, —échapper, —égarer.

நழுங்குகிறது, ங்கினேன், ங்குவேன், ங்கு, ங்க, v.n. du préc. நழுங்கல், நழுங்குதல், n.v. s'émousser, glisser, tomber, s'écouler, s'échapper, s'égarer.

நழுவமிர்து, (நழுவும், அமிர்து), bouillie.

நழுவர், (நழுவுகிறது), voleurs, (gens qui se glissent et s'évadent), V. நளவர்.

நழுவல், opt. et n.v de நழுவுகிறது, glissade, évasion, échappatoire, écart, fuite: நழுவலாய் en glissant dessus, superficiellement, légèrement: நழுவலாய்ப்போகிறது se retirer, s'esquiver, s'evader adroitement.

நழுவி, 1° rusé, qui échappe, qui ne donne pas prise, qu'on ne peut retenir. 2° gér. de நழுவுகிறது.

நழுவு, imp. et part. du suiv.: —சாதம் bouillie.

நழுவுகிறது, நழுவினேன், நழுவுவேன், நழுவு, நழுவ, v.n. நழுவுதல், n.v. நழுவிப்போகிறது, v. comp. glisser, échapper des mains, (un poisson, une pière...) tomber, découler, s'écouler, s'échapper, se retirer, s'évader, s'esquiver, s'égarer: நழுவப்பார்க்கிறது chercher à s'esquiver; நழுவிப்போகத்திருக்கிறது être sur le point —, essayer de s'échapper. [chapperai...

நழுவுவன், P. நழுவுவேன், je m'é-

*நளம், 1° ou நளவருஷம், (nala briller), la 50e année du cycle indien correspondant à 1856. 2° obl. de நளம் et de நளன்: —கூபரன், —கூவரன், (கூபரம்), le fils de Koubéren; —

சக்கரவர்த்தி,— நளசா le roi Nalen; —பாகம் cuisine de Nalen, — bien faite comme celle que faisait le roi Nalen pendant son exil; இவன் — பாகம்போலச்சமைத்தான் il a fait une cuisine excellente, *litt.* comme celle de Nalen.

நளத்தம், la plante சடாமாஞ்சி.

நளத்தி,(நளம்),femme de la caste des நளவர்

நளம், 1° (nala), nénuphar, nelumbium speciosum, roseau, odeur. 2° largeur, un des 32 ordres d'architecture, caste des நளவர்: நளப்பெண் femme de cette caste. [caste.

நளவர்,(நளம்), Nalaver, *n. pr. de*

*நளன், (nala *briller*), 1° Nalen, fils de விசுவகன்மா prétendu charpentier des dieux et habile charpentier lui-même. 2° Nalen fils de வீரசேனன் roi de நிஷதம் et mari de தமயந்தி; il perdit son royaume au jeu de dés, devint cuisinier pendant son exil, et recouvra son royaume. Son histoire, qui est une épisode du Mahâbhârata, fait le sujet du poème tamoul நைஷதம். Le roi Nalen fut l'un des 6 சக்கரவர்த்தி ou empereurs universels et un des 7 personnages de la 1re classe des hommes généreux dits வள்ளல்; நளன்கதை l'histoire de Nalen, le நைஷதம்.

நளி, 1° fraicheur, étroitesse, presse, foule, largeur, grandeur, scorpion. 2° *adj.* frais, large, grand, étendu, étroit, pressé, serré. [sure.

நளிமை, (நளி), étroitesse, êtrécis-

நளிர், froid, fraicheur, froideur, haine, fièvre, crabe, grandeur: நளிராயிருக்கிறது être frais..., avoir froid: — காய்ச்சல், — சுரம் fièvre avec frisson.

*நளினம், 1° (nalina), nénuphar, lotus, lis blanc d'eau, eau, indigo, bleu. 2° agrément, plaisanterie, douces --, belles paroles; — ஆயிருக்கிறது être agréable; நளினச்சொல் paroles agréables, mot amical, — de plaisanterie.

*நளினி, (நளினம்,i), étang rempli de nénuphars, espèce d'air ou de mélodie, *ou*

*நளினீ, (nalinî), celle qui est assise sur le nénuphar, *i. e.* Lakchimi.

நளுங்கு, manis ou gros lézard écailleux dit அளுங்கு, espèce de coquillage: நளுங்கோடு écaille du manis ou pangolin. [lodie.

நளுத்தை, espèce d'air ou de mé-

நளுநெளுக்கிறது, ளுத்தேன், ளுப்பேன், ளு, ளுக்க, நளுநெளென்கிறது, *v. n.* நளுநெளுத்தல், நளுநெளுப்பு, நளுநெளென்றல், *n. v.* glisser à chaque pas, ne faire que glisser, — se lâcher. [mome.

நறா, écorce de graine de carda-

நள், 1° milieu, — du jour, midi, la ceinture ou le milieu du cors, la 22me constellation dite திருவோணம். 2° *imp. et part. de* நட்கிறது *ou de* நள்ளுகிறது. [ர்

நள்ளலர், (நள், அலர்), *V.* நள்ளார்

நள்ளல், *opt. et n.v. de* நள்ளுகிறது, amour, affection.

நள்ளா, நள்ளாத, *part. nég. du même.*

நள்ளார், *n. app nég. du même*, gens qui ne s'aiment pas, ennemis.

நள்ளாறு, (நள், ஆறு), nom d'un lieu consacré à Siven.

நள்ளி, 1° *gér. de* நள்ளுகிறது. 1° *n. v. du même*, amitié, affinité. 3° crabe, le signe du Cancer, Nalli un des 7 de la 3e classe des hommes célèbres par leur générosité: நள்ளிமுதற்கிள்ளிகடையாக depuis Nalli jusqu'à Killi (régnèrent 64 rois சோழர்).

நள்ளிருள், (நள், இருள்), le milieu de la nuit.

நள்ளு, 1° *P.* நள், milieu, la ceinture ou le milieu du corps. 2° *imp. et part. de*

நள்ளுகிறது, ள்ளினேன், ளுவேன், ளு, ள, *v. a.* நள்ளுதல், *n. v.* aimer, affectionner. [று), amis.

நள்ளுநர், நள்ளுனர், (நள்ளுகிற

நறநற, *naranara*, son imitatif du grincement des dents, du rongement

ou du frottement de quelque chose de rude, de la pluie qui tombe, du bruissement d'un arbre, du brisement d'une branche etc... நறுநறெ, ன்கிறது faire naranara; நறநறென்றரைக்கிறது broyer ou moudre avec un bruit rude: நறநறென்று கடிக்கிறது grincer des dents, mordre avec bruit: — தின்கிறது faire du bruit en mangeant; — மழையடிக்கிறது la pluie tomber avec fracas.

நறவம்,(நறு), l'arbre அனிச்சமரம், l'arbre aromatique குங்குமமரம், l'arbre குமுல் crotalaria, l'arbrisseau cæsalpinia pulcherrima, V. நறு.

நறவு,(id.),bonne odeur,bien,l'arbre odoriférant குங்குமம், V. நறு.

நறளை,(id.),la plante grimpante cissus vitiginea. [cocotier...

நறு,odeur,miel,callou ou jus de நறுங்குகிறது,P. நரங்குகிறது.[நறு.

நறுங்கடிக்கிறது, V. நறுக்கடிக்கிறது

நறியது,(நறுமை), chose bonne, — odoriférante.

நறு,adj.de நறுமை,odoriférant, qui a une bonne odeur,suave: — நடி enclume; நாற்றம் bonne ,agréable odeur; நுதல் front odoriférant,femme (dont le front est parfumé); — நெய் beurre fondu, frais, odoriférant et clarifié,beurre de vache; — மணம் bonne odeur,parfum; — மருப்பு gingembre vert: — மலர் fleur odoriférante: — மலர்சாத்தல் mettre des fleurs odoriférantes (à une statue, ce qui est une des cérémonies religieuses des Sivénistes dites விதிகை).

நறுக்கு,1° rognure,coupure, en taille,morceau, copeau, petit morceau de feuille de palmier,billet ou mot d'écrit (surtout sur ôle),embouchure d'un instrument à vent. 2° imp.et part du suiv.: — த்திப்பிலி [g du poivre di boto:num coupé en petits morceaux: மூலம் sa racine ainsi coupée,racine coupée en morceaux: — வெட்டி tige de l'æschynomene aspera coupée en morceaux pour faire des joujoux...

நறுக்குகிறது,sync. நறுக்கிறது, க்கினேன்,க்குவேன்,க்கு,க்க,v.a. நறுக்குதல்,n.v.(நறுக்கு),rogner,tailler, couper, — en petits morceaux, écourter,rogner une ôle ou feuille de palmier pour écrire.

நறுங்,P.நறும்,devant க:— கரந்தை la plante odoriférante sphæranthus zeylanicus.

நறுநறு,son imitatif de grincement de dents, de sciage...: நறநறென்கிறது ou நறுநறுக்கிறது, று த்தேன்,றுப்பேன்,று,றுக்க, (நறுநறு),rendre ce son,faire narounarou, — du bruit,grincer des dents, être rude à la bouche, V. நறநறென்கிறது, நெறநெறென்கிறது, நெறுநெறென்கிறது.

நறுந்,P.நறும்,devant த:— தாளி sorte de convolvulus odoriférant; — தைலம் baume ou huile odoriférante; — தொடை guirlande de fleurs odoriférantes [அலட்கியம்.

நறுமா.dégoût,horreur,vide, V.

நறுமுகிறது,மினேன்,முவேன்,மு, ம,v.a.நறுமுதல்,n.v.V நருமுகிறது,

நறுமுறுக்கிறது,றுத்தேன், றுப்பேன்,று,றுக்க,v.n. நறுமுறுவென்கிறது,murmurer,se plaindre.

நறுமை,bonne odeur,parfum,bien;adj.நறு,நறும்,நறிய et நறுவிய.

நறும்,adj. du préc. odoriférant, qui a bonne odeur,bon;— பண்ணை sorte de பண்ணை ou celosia odoriférante, espèce de lis; — பிசின் gomme —,résine odoriférante, sorte de remède;— புகை parfum, fumée odoriférante,— de l'encens.

நறும்புகிறது, பினேன், புவேன், பு,ப,v.a.நறும்புதல்,n.v. V. நரும்புகிறது.

நறுவிய,1° adj.de நறுமை, odoriférant,bon,de bon goût.2° pl de

நறுவியது,(நறுமை). substance ,chose odoriférante,bonne,douce, le bon goût.

நறுவிலி, நறுவுலி,(நறுமை).l'arbre cordia obliqua: — பழம் son fruit (qui est bon à manger):cet arbre est de 2 espèces: சிறுநறுவிலி le petit, et பெருநறுவிலி le grand cordia obliqua, dont les fruits sont gros.

நறை, (நறு), faute, défaut, V. நறு ou —புகை parfum, fumée d'encens, —de parfum qu'on brûle.

நற், P. நல், bon, *devant* க, ச, ப: —கதி bonne fin, *i.e.* le paradis; —கந்தம் bonne odeur; —கருணை bonne grâce ou excellente bénédiction, *i.e.* l'Eucharistie, la Ste communion, festin divin; —கருணைவாங்குகிறது communier, recevoir l'Eucharistie; —கவிதம், *V.* நற்சங்கவிதம்; —கல் bézoard: —காலம் bon temps, temps heureux, beau temps; —கிரகம், *V.* நற்கோள்; —கிரியை bonne action, —œuvre; —கிரியைகளுக்குக் கவைபத்திரானசனம் peuple zélé pour les bonnes œuvres; —கிரியைக்குவரப்பண்ணுகிறது mener à bonne fin, amener à faire le bien; —கீர்த்தி bonne renommée: —குணம் bon caractère, —naturel, bienveillance, bonne qualité; —குணம் ப les 10 bonnes qualités, selon les Indous, savoir: மெய்யுரை véracité, நல்லவார்த்தை dire de bonnes paroles, இனியவைகூறல் dire des choses agréables, பயன்படுஞ்சொல் dire des choses utiles: ces 4 sont les bonnes qualités de la parole. கோவில்வலம்வரல் faire le tour d'un temple en tournant à droite, தவம்புரிதல் faire pénitence, தானஞ்செயல் faire des largesses; ces 3 sont les bonnes qualités du corps. அருணினைவு (அருள், நினைவு), pensée bienveillante, ஆசையறுத்தல் répression de ses désirs, தவப்பற்று attachement à la pénitence; ces 3 sont les bonnes qualités de la volonté; —குணன் homme de bon naturel: —குலமேரு montagne de cuivre: —குலத்திராட்சச்செடி vigne excellente; —குலத்தான், குலத்தோன் homme noble, de haute caste; —குலம் bonne —, haute caste, bonne espèce, —qualité; —குறி bon signe, bon augure, bon caractère: —கோள் astre favorable, (en astrologie on nomme ainsi Mercure, Jupiter et Vénus); —சகுனம் bon augure, présage, signe; —சங்கவிதம் progression croissante qui commence par un; —சமயம் bonne occasion, —secte: —சரக்கு bonne —, excellente marchandise; —சா bonne mort; —சாங்கம் bon signe, l'arsenic naturel dit சாலாங்கபாஷாணம்; —சாதி, *V.* நற்குலம்; —சாந்து bon onguent ou parfum, bon ciment; —சாரி, *V.* நவசாரம்; —சாளை bonne sardine, —espèce de சாளை; —சித்தன் bon Sitten, pierre philosophale; —சிலை belle ou bonne pierre, —statue, pierre de granit; —சீரகம் bonne espèce de cumin, le cumin ordinaire; —சீர் bon état, bonnes mœurs; —சீலை belle ou bonne toile, bel habit; —செங்கல் bonne brique, ocre rouge; —செய்கை bonne action; —செய்தி bonne nouvelle; —சொல் bonne parole; —சொனிமித்தம், (சொல், நிமித்தம்), bon présage; —பசு bonne vache; —பணி bel ouvrage, beau joyau...; —பணித்தூசு belle toile; —பருக்கழி, *V.* சிறுகுறவணாய்; —பலம் grande force l'arbre வெட்பாலை. —பா bons vers; —பாமடந்தை la prétendue déesse de la bonne poésie, *i.e.* Sarasvadi; —பிரயோசனன் homme très-utile; —பிரியம் grande amitié, bonne grâce, l'arbre pharnaceum: —புத்தி bon avis, bon esprit; —போதம் bon avis, bonne doctrine; —பெண், —பெண்டு belle ou bonne femme; —பெண்டிர்க்கொருசொல்லு, நற் (நல்) மாட்டுக்கொருசூடு une seule parole suffit aux femmes de bien et une cautérisation à une bonne vache; —பொருள் bonne chose.

நற்கீரன், Narkiren ou Kiren, poète fameux, chef de l'académie de Maduré.

நற்றமிழ், (நல், தமிழ்), bon tamoul, tamoul élégant, —harmonieux.

நற்றருணம், (*id.*, தருணம்), bonne occasion.

நற்றரை, (*id.*, தரை), bonne terre.

நற்றவம்,(*id.*தவம்),bonne—,grande pénitence.

நற்றவர்,(*id.*),grands pénitens.

நற்றாய்,(*id.*தாய்), bonne—, propre mère.

நற்றுளி,(*id.*துளி), bonne goutte, [gomme du figuier.

நனந்தம்,l'arbre புன்கு.

நனந்தலை,milieu,zénith,cime.

நனவு,நனு,largeur,étendue, place,état de veille (opposé à rêve),clarté, lucidité reprendre ses sens,revenir d'une pamoison.

நனி,1° étroitesse, étrécissement, grandeur,abondance. 2° *adv.* beaucoup:—நொந்தான் il souffrit ou s'affigea beaucoup;— தசைதின்பேன் grand mangeur de viande;—படைத்தலைவர் beaucoup de généraux, généraux d'une nombreuse armée.

நனை,1° callou ou jus de palmier...;miel,bouton de fleurs, — prêt à fleurir ou qui fleurit. 2° *imp.et part.de* நனைகிறது.3° *imp de* நனைக்கிறது.

நனைகிறது, னைந்தேன், னைவேன்,னை,னைய, *v.n. de* நனைக்கிறது, நனைதல்,*n.v.* se mouiller,s'imbiber, s'humecter, tremper, être mouillé, humide: முற்றும் நனைந்தவனுக்குக் குளிரில்லை *ou* சாரமில்லை pour celui qui est entièrement trempé le froid ou l'humidité n'est plus rien,*i.e.*un homme corrompu n'a plus honte de rien, celui qui est habitué à la peine ou au châtiment ne craint plus rien.

நனைக்கிறது,னைத்தேன்,னைப்பேன்,னை,னைக்க,*v.a.du préc.* நனைத்தல்,*n.v.*mouiller,humecter, tremper, imbiber,rendre humide.

நனைவு,*n.v.de* நனைகிறது,état de ce qui est trempé...,humidité,moiteur.

நன்,*P.*நல்,bon,beau,*devant* க,ச, ம,*et* ந *qui se change aussi en* ன: —காடு lieu où l'on brûle les morts; —குரல் bonne ou belle voix, voix ou son de bon augure; — கொடை largesse,libéralité,don,présent nuptial;— செய் rizière, terre à riz; — செய்ப்பயிர் moisson de riz sur pied; —சொல் bonne parole,parole douce, bon avis;—பகல் milieu du jour, beau —,midi;— மக்கள் gens de bien,les bons;—மருகன்,*m.*—மருகி, *f.* neveu,nièce (fils ou fille de sa sœur pour un homme,—de son frère pour une femme), gendre, bru ou belle-fille;—மனம் concorde,bonne entente,joie, contentement; ஒருவனோடே நன்மனம்பொருந்துகிறது être en bon accord avec quelqu'un,se réconcilier avec lui;—மாமன் oncle maternel;— மார்க்கம் bonne voie,— conduite,bon chemin,piété,civilité; —முகம் bon visage,franchise, affabilité.

நன்கு,(நல்,கு *affixe*),bien,bonté, beauté,abondance,profit: நன்குணருகிறது apprendre,connaître, comprendre la bonté; நன்குறுகிறது,நன்குறல் gagner,profiter, être avantageux.

நன்பன்,chanvre dit சணல்.

நன்மை,(நல்,மை),bien,bienfait, bonté, bonne qualité, utilité bonheur,prospérité,paix,concorde, aide, bonne conduite, le bien par excellence,*i.e.*l'Eucharistie,la sainte communion (parmi les chrétiens),nubilité,célébration d'un mariage:—கடைப்பிடிக்கிறது persévérer dans le bien,ou à faire du bien;—கட்டுகிறது faire la paix,lier amitié;— கொடுக்கிறது faire du bien,— une largesse,donner la sainte communion, *ou* —செய்கிறது faire du bien ou le bien;—த்தனம் bonté, bonne qualité;—ப்பகுதி,—ப்பேறு fruit -, mérite des bonnes actions;—ப்படுகிறது,—யாகுகிறது réussir, tourner à bien,profiter, une fille devenir nubile;—ப்பட்டபெண், — யானபெண் fille nubile;—புட்கொள்ளுகிறது avaler la ste Eucharistie,conserver le bien intérieurement, avoir l'esprit en bon état,*ou* —வாங்குகிறது recevoir la Ste communion,communier; —தின்மை le bien et le mal, célébration de mariage et de funérailles; நன்மைக்குந் தின்மைக்கும்வருகிறது visiter ou venir à l'occasion d'une fête de famille ou d'un deuil, d'un mariage ou de funérailles, aller aux noces et à l'enterrement; ஒருத்தனுக்கு நன்மைதின்மை விலக்குகிறது exclure quelqu'un des cérémonies ou réunions de joie ou de deuil..., des mariages, des funérailles l'excommunier civilement; நன்மைக்குவருகிறது réussir, venir à bonne fin, se bonifier, s'améliorer; காரியம் நன்மையாகும் *ou* நன்மைக்குவரும் l'affaire réussira, s'arrangera; அவப்பொழுதிலும் தவப்பொழுது நன்மை *ou* நன்று mieux vaut le temps de pénitence que le temps de loisir.

நன்றி, (நன்மை), bien, bienfait, bienfaisance, libéralité, gratitude, reconnaissance: — கேடு ingratitude: — கொறல் ingratitude, détruire ou gâter le bienfait reçu: — பாராட்டுகிறது combler de bienfaits, vanter les bienfaits reçus, célébrer les bienfaits, en conserver le souvenir: — மறக்கிறது oublier les bienfaits, être ingrat; — மறவேல் n'oublie pas les bienfaits reçus, ne sois pas ingrat; — மறப்பது நன்றன்று நன்றல்ல தன்றே மறப்பது நன்று oublier les bienfaits n'est pas bien, mais il est bon d'oublier le jour même un mauvais office: — யறிகிறது reconnaître un bienfait, être reconnaissant; — யறிதல், — யறிவு, — யுணர்வு gratitude, reconnaissance: — யறிந்த, — யறிவுள்ள, — யுணர்ந்த reconnaissant; — யறியாத, — யற்ற ingrat, — யீனம் ingratitude; — யீனன் ingrat; நன்றியில்செல்வம் richesses improfitables, — non employées à faire du bien, c'est dans la bienfaisance que consiste le bonheur.

நன்று, (நன்மை), bien, bonheur, grandeur, santé prospérité..., *ou* நன்றும் c'est bien, c'est juste, cela convient, cela ira bien: நன்றாக bien qu'il soit bien, qu'il arrive du bien; உனக்குமெனக்கும் நன்றாக q. e. ce soit bien pour toi et pour moi நன்றாகிறது devenir —, être bon, juste, réussir, s'améliorer, aller bien; நன்றாயிற்று cela a bien réussi: நன்றாயிருக்கிறது être bien, bon, juste; நன்றாய் bien, heureusement, élégamment, libéralement, fortement, convenablement; நன்றாய்ச்செய்தான் il a bienfait; — க்கட்டினவீடு maison bien bâtie; — முறுக்கிறது bien tordre, tordre fortement; எல்லாருக்கும் நன்றாய்க்கொடுக்கிறது donner abondamment à tout le monde: எல்லார்க்கு நன்றும் பணிதலவருள்ளுஞ் செல்வர்க்கேசெல்வந்தகைத்து l'humilité convient à tout le monde, et entr'autres elle augmente la prospérité des riches. [conduite.

நன்னடை, (நல், நடை), bonne

நன்னயம், (*id.* நயம்), bonté, bienveillance, bonne grâce, expression honnête, pensée: நன்னயச்சொல் terme gracieux.

நன்னயன், (*id.* நயன்), estime, bonté, bonne qualité, politesse, flatterie.

நன்னெருக்கல், (*id* நெருக்கல்), petite douleur, indisposition (du corps).

நன்னர், (*id.* நர்), bien.

நன்னலம், (*id.* நலம்), excellence, bonté, — exquise, bonne qualité, beauté.

நன்னாடு, (*id.* நாடு), bon pays: நன்னாட்டமைத்தி, *V.* நாட்டமைத்தி.

நன்னாரி, (*id.* நாரி), la plante periploca indica, salsepareille champêtre.

நன்னி, petitesse, petite figure, *adj.* petit: — நூல் bout de fils sur la surface d'une toile mal tissée; — ப்பையன் petit garçon, bambin qui ne croît pas; — ப்பயறு espèce de pois dit phaseolus aconitifolius.

நன்னிமித்தம், (நல், நிமித்தம்), bon augure, — signe. [terre à riz.

நன்னிலம், (*id.* நிலம்), bonne terre,

நன்னிலை, (*id.* நிலை), bon état, santé, bonnes mœurs, pénitence, le monde. [belle couleur, le blanc.

நன்னிறம், (*id.* நிறம்), bonne —,

நன்னுகிறது, னினேன், னுவேன், னு, ன, *v. a.* couper, rogner.

நன்னுதல்,1° n.o. du préc. 2° (நல், நுதல்), beau front, celle qui a un beau front, femme.

நன்னூல்,(நல், நூல்), bonne science, bon livre, système moral, titre de la grammaire tamoule de பவணந்தி laquelle sert de texte aux autres. [V. நன்னாருக்கல்.

நன்னெருக்கல், (நல், நெருக்கல்),

நன்னெல்,(id. நெல்), bon riz.

நன்னெறி,(id. நெறி), bon chemin, bonne voie, chemin de la vertu, vie honnête, droiture, honnêteté, probité, titre d'un livre de morale contenant 40 வெண்பா, et nommé நன்னெறி-சாமி; நன்னெறி வழுவாது நோற்பாள் femme austère —, pénitente qui ne s'écarte pas du droit chemin.

நா, 1° lettre syllabique composée de ந் et de ஆ 2° pl. நாக்கள், langue, battant de cloche, pêne de serrure, verrou, barre de fer à crampon qui sert de verrou, embouchure d'instrument à vent, flamme, — qui s'élève en forme de langue, milieu, voisinage, les voisins, augmentation: நாவைக் காக்கிறது garder sa langue, veiller sur ses paroles; —த்தழும்பு, V. நாத்தழும்பு; —மகள், —மடந்தை la prétendue déesse de la langue ou de l'éloquence, i.e. Sarasvati, qu'on dit résider sur la langue de Brama, sur celle des poètes...; —வறட்சி dessèchement de la langue (causée par la fièvre...;) —வறட்சிக்காய்ச்சல் fièvre qui dessèche la langue; வேகிறது, —வெந்துபோகிறது la langue brûler (par l'effet des épices, être brûlée par l'usage excessif de la chaux avec le bétel, ou par des remèdes et autres substances caustiques, ou par maladie; தீயினாற்சுட்டபுண் உள்ளாறுமாறாதே நாவினாற்சுட்டவடு la plaie d'une brûlure se guérira, celle d'un coup de langue est incurable; — விழுகிறது la langue tomber, n'avoir plus la force de se mouvoir pour [parler.

நாக. adj. de நாகம்.

நாகசனம், P. நாகசுரம்.

நாகசனம், espèce de remède, l'arbre நேர்வாளம்.

நாகணவாய், நாகணவாய்ப்புள், l'oiseau நாகணவாய்த்தன் mainate.

*நாகம், 1° (nâka), ciel, paradis, monde des immortels, — des dieux, air, éther, atmosphère, firmament, 2° (nâga), Nagas, espèce demi-dieux, des Indous à figure humaine avec le cou étendu du serpent capelle, et la queue des serpens, (on les suppose fils du mouni காசியபன் et de கத்துரு sa femme, et nés pour peupler le பாதாளம் ou les régions situées sous la terre), serpent, le serpent capelle, plomb, étain, zinc, soufre, éléphant, montagne, intervalle astronomique dit கரணம் supposé fixe et correspondant toujours à la dernière moitié de la nouvelle lune ou அமாவாசியை, c'est-à-dire au second quartier, l'arbre குருக்கு, l'arbre புன்னை, singe, —noir, bruit, son, belle toile, beau —, bon vêtement: தீண்டுகிறது le serpent mordre; நாகச்சிலம்பு, V. நாகப்பாம்பு; நாகக்கன்னி espèce de கன்னி; —கும்பம் rouge de plomb; —கன்னி, — கன்னிகை fille ou femme de la race des Nagas, des serpens, une des femmes d'அருச்சுனன் qu'on dit fille du roi des serpens; —கெந்தி l'arbre நேர்வாளம், l'arbrisseau வஞ்சிக்கொடி; —கேசரம் l'arbre நாகேசுரம்; — க்குவடு montagne à mines de cuivre: —சம், —சம்பவம் rouge de plomb, minium; —சரம், P. நாகசுரம்: —சாபம் prétendue malédiction encourue par le meurtre d'un serpent; — சிகுவை langue de serpent, la plante asclepias pseudosarsa; — சிகுவிகை, (சிகுவை, ikâ), arsenic rouge (semblable à une langue de serpent): சின்னம் espèce de hautbois, — d'instrument à vent; — சின்னமூதுதல் jouer du hautbois: — சீவனம் zinc, fer blanc, étain; —சுரம் espèce de clarinette ou de hautbois, (employé dans les fêtes les mariages...; —சுரக்காரன் joueur de clarinette; — சுரநாதம் son de la clarinette; — சுரமூதுகிறது

jouer de la clarinette;— சுரத்தை, V. நாகுலி; —பகைவன் Indiren;—சிலை,—சிலைக்கல் la pierre dite சிலா நாகம்;—தத்துவம் une des qualités des femmes;—தந்தம் pivot de porte, cheville de bois sortant d'un mur pour suspendre divers objets; —தந்தம் dent de serpent, — d'éléphant, V. நாகதந்தம்;—தாளி plante qui sert de remède à la morsure des serpens, cucumis anguinus;—திசை, V. நாகதந்திசை;—தீபம் lampe à 5 branches;—தெந்தி, V. தேவாளர்;—தேவன் le dieu serpent, Adisèchen, l'aîné des Nagas ou des serpens;—தேவி le serpent capelle qui est la femelle du சாளர;—தேவி la plante பெருமருந்து;—த்தரு l'arbuste நாகக்கள்ளி euphorbia;— திசை le côté du serpent, i.e. de l'ouest; —நாதன்,—நாயகன் le prétendu roi du monde des dieux i.e. Indiren, le roi des Nagas ou des serpens, i.e. ஆதிசேஷன்;—படம் pandans d'oreilles à figure de serpent pour les femmes;—படலம் espèce de taie ou de mal d'yeux;—பட்டணம், — பட்டினம் la ville de Nagapattanam ou Négapatam au sud de Karikal sur la côte de Coromandel;—பந்தம், V. நாகபெந்தம்; பந்து l'arbre aimé des éléphans, i.e. l'அரசமரம் ficus religiosa, (selon quelques-uns l'ஆலமரம்); பலன் celui qui est fort comme un éléphant, i. e. வீமன் le second des Pandavers;—பாசம், V. நாகஸ்திரம் espèce de corde—, javelot qui a la forme de serpent; —பாஷாணம் espèce d'arsenic préparé; —பாணம் trait,—fusée en forme de serpent, fusée;—பாம்பு le serpent capelle;—புஷ்பம் l'arbre நாகேசுரம், l'arbre சம்பகம்;—பிரம்பு espèce de rotin;—பெந்தம் poéme écrit en forme de serpens entrelacés. Pour cela on trace des lignes représentant les serpens, on écrit dedans un தேசிசைவெண்பா et un இன்னிசைவெண்பா de manière que les lettres qui se trouvent dans le lieu où les serpens se croisent, soient communes aux 2 வெண்பா, c'est un des சித்திரகவி;— புஷ்பம் espèce de pierre précieuse verte; —ப்பற்று lien —, prise —, soudure de zinc; — ப்பிரதிஷ்டை dédicace d'idole de serpent; பூச்சி, V. நாகப்பாம்பு;—மணல் sable contenant du plomb;—மணி, V. நாகரத்தினம்; —மலை montagne contenant du plomb —மல்லி, —மல்லிகை la plante justicia nasuta, V. அனிச்சம்;—மல்லன் l'éléphant boxeur, — d'Indiren qui, au dire de la fable, boxa les autres éléphans;—மாதிரு,— மாதா la prétendue déesse Manasei de la race des serpens, que les Indous invoquent contre leur venin;—முத்து prétendue perle de serpent; — மோடி espèce de toile; — ரங்கம் orange douce, couleur de rouge de plomb; —ரத்தம் rouge de plomb;—ரத்தினம் pierre précieuse qu'on trouve, dit-on, dans la tête des serpens;—ராசன் le prétendu chef des Nagas ou des serpens, i.e. Ananden; —ராசா le roi des serpens, i.e. Adisèchen: — ரேணு rouge de plomb, plomb rouge; — லிங்கம் pénis;—லோகம் le monde prétendu des dieux, le ciel, le monde des Nagas ou des serpens, un des 7 mondes inférieurs, le பாதாளம்;—வடம், V. நாகபடம்;— வாயு espèce d'air;—வல்லி, —வல்லிகை la plante qui donne le bétel; —வள்ளி sorte de plante rampante qui produit une espèce de pomme de terre, V. நாகவல்லி; —வனிதை nymphe du Souvarkam: —வாளடை, (ஆடை). vert-de-gris: —வாய் bouche de serpent, instrument de tourneur: — வாரிகம் éléphant royal, le faucon, — garouden, le paon;—வாரிகன் cornac d'éléphant: வீதி le chemin prétendu de l'éléphant d'Indiren, i. e. la voie lactée.

நாகப்பூ, (நாகம், பூ), espèce de remède, fleur de l'arbre நாகம், V. சிறு நாகப்பூ.

நாகரங்கம், (நாகரம், ka), orange douce.

*நாகரகன், (*id.*), voleur, habile artiste.

*நாகரம்,(nâgara),gingembre sec, alphabet propre au sanscrit, caractère dèvanâgari,sorte de langue,fatigue,orange douce, désir, — de la béatitude finale, ou நாகரவண்டு espèce de scarabée.

*நாகரன்,(*id.*),citadin, habitant de ville,homme distingué,—habile, beau frère,(frère du mari).

நாகரி,1° l'arbre குருக்கத்தி goertnera racemosa. 2°* (nâgari),espèce d'euphorbia, femme habile ou intrigante,*f.du préc.*: —மூலை lieu proche de Maduré.

*நாகரிகம்,(நாகரம்,ika), faveur, affabilité,bienveillance,civilité, politesse,urbanité,grâce,élégance,éloquence, galanterie, recherche dans sa parure: — ஆய்ப்புறப்படுகிறது sortir dehors en bel attirail, vètu élégamment: ஆய்ப்பேசுகிறது, — விடுக்கிறது,—பேசுகிறது parler poliment, élégamment; —இல்லாதவன் homme rustique,grossier,incivil.

*நாகரிகன்,(*id.*),*pl.* நாகரிகர்,homme poli,civil,élégant, galant, muguet, dameret, luxurieux, habitant d'une ville.

*நாகருகம், (nâgarouka), orange douce.

நாகலை,(நாகம்).plante à longues gousses qui sont mangeables et ressemblent à un serpent, trichosantes anguina.

*நாகர்,(நாகம்),1° les Nâgas, demi dieux des fables indiennes à corps de serpent et à tête d'homme. 2° les dieux de la fable, les immortels.

நாகல்,*P.* நாவல்.

நாகவம்,le கரணம் du serpent, un des 11 கரணம்,ou divisions astrologiques du zodiaque.

*நாகன்,1° (nâga),un des 10 vents du corps ou airs vitaux dits தசவாயு;c'est celui qu'on rejette en rotant,ou selon d'autres celui qui produit l'extension, la contraction, le mouvement voulu pour se lever. 2° *sing* de நாகர்.

நாகாசனம்,*P.* நாகசின்னம்.

*நாகாங்கம், நாகாக்குவம்,(நாகம்,அங்கம், âhvâ *nom*), la ville de Hastinâpoura ou de l'éléphant.

*நாகாசனன்,நாகாந்தகன், (நாகம்,அசனம்,அந்தகன்),l'oiseau qui mange et détruit les serpens, *i.e.* கருடன்,le faucon,le paon et autres oiseaux qui dévorent les serpens.

*நாகாஸ்திரம்,நாகாத்திரம், (*id.* அஸ்திரம்), le javelot à forme de serpent,(c'est l'arme de Varounen.

*நாகாதிபன்,(*id.*அதிபன்),*V.* நாகேந்திரன்.

*நாகாபரணம்,(*id.* ஆபரணம்), bijou en forme de serpent.

*நாகாயுதம்,(*id.*ஆயுதம்),arme en forme de serpent.

*நாகாரூடன்,(*id.*ஆரூடன்),monté sur un éléphant.

*நாகாலயம், நாகாலையம்,(*id.*: ஆலயம்),la demeure des serpens,le பாதாளம்,séjour du paradis,temple de dieux indous.

*நாகி,(நாகம்),dieu,déesse.

நாகினி,bétel,l'arbrisseau வஞ்சிக்கொடி.

*நாகு, 1° (nâkou),montagne,tertre de cariahs ou fourmis blanches. 2° jeunesse,âge tendre,jeune arbre, lune à son croissant, limaçon, conque,femelle de poisson, génisse,femelle qui n'a pas encore de petits (des espèces suivantes: vache, buflonne,gayal,conque,limaçon): நாகிளங்கன்று (poétique), jeune arbre, —veau,petit de vache et autres animaux semblables; நாகுகன்று veau, petit de bufflonne ou de gayal.

*நாகுலி,(நகுலம்),la plante à la mangouste,sur laquelle elle se roule lorsqu'elle est mordue par le serpent, *V.*கிரிப்பூடு,la plante அரத்தை.

நாகூர், (நாகம், ஊர்), Nâgour ou Nagore, ville entre Karikal et Négapatam.

*நாகேசுரம்,(நாகம்,ஈசுரன்),l'arbrisseau mesua ferrea.

*நாகேந்திரன்,(நாகம்,இந்திரன்), Ananden roi des serpens, Indiren roi du Souvarkam, le mont Mérou.

ou l'Himalaya (roi des monts), éléphant royal, அயிராவதம் éléphant d'Indiren et roi de sa race, roi des montagnes. [பட்டணம் Négapatam.

நாகை, (நாகம்), sync. P. நாகபட்

*நாகோதரம், (நாகம், உதரம்), ventre de serpent, cuirasse, cotte de mailles qui ressemble aux écailles du ventre des serpens.

நாக்கப்பாம்பு, நாக்கப்பூச்சி, (நாக்க, P. நாக), ver qui ressemble à un serpent, ver de terre, lombric, achée qui sert à amorcer le poisson, ver des intestins, ver solitaire ou ténia. [à la bouche.

நாக்கரனே, (நா), mal qui vient

நாக்கனிடுங்கூட்டமை, (நாக்கு, இடுகிறது), sel de soufre.

நாக்கியாக்கிரம், arbrisseau épineux et grimpant, mimosa.

நாக்கிரந்தி, (நா), espèce de mal de langue.

நாக்கு, (நா), langue, languette ou aiguille de balance, battant de cloche, languette —, pêne de serrure, embouchure d'instrument à vent, partie large et plate d'une rame: கோள் —langue calomnieuse, — médisante: சிறு—petite langue, épiglotte, la luette, languette; — தப்புகிறது, — தவறுகிறது manquer à sa parole, la langue faillir, se tromper, mal prononcer: —திரும்புகிறது la langue bien tourner, parler facilement: அவனுக்குநாக்கின்னந் திரும்பவில்லை sa langue ne tourne pas encore bien, il ne parle pas couramment et avec aisance; — நீட்டுகிறது tirer —, tendre la langue; — ப்புரட்டு tergiversation, mensonge: —ப்புரட்டிப்பேசுகிறது tergiverser, changer de langage, mentir: —ப்புற்று mal à la langue: — மீன் poisson ressemblant à une langue; — வழிக்கிறது nettoyer la langue: —வளைக்கிறது se moquer; — வாங்குகிறது retirer la langue, —sa parole, mettre obstacle; — விழுகிறது la langue tomber, — ne pouvoir se mouvoir pour parler; நாக்கிவேகட்டு

கிறது brûler la langue (d'un criminel); உன்நாக்கிவேகட்ட puisses-tu avoir la langue brûlée.

நாக்குழிஞ்சான், l'arbrisseau capparis maxima. [V. நாக்கப்பாம்பு.

நாக்குளிப்பாம்பு, நாக்குளிப்பூச்சி,

நாக்குறுதி, (நாக்கு, உறுதி), énergie d'expression, fidélité à sa promesse. [acc. de நாக்கு.

நாக்கை, 1° V. நாக்கப்பாம்பு. 2°

நாங்கள், pl. de நான் obl. எங்கள், nous, nous autres. (Ce pronom dans le langage ordinaire comprend les personnes au nom desquelles on parle, mais exclut celles à qui l'on parle; si on veut aussi les comprendre il faut employer நாம்).

நாங்குகிறது, sync. நாங்கிறது, கினேன், குவேன், கு, க, v. n. நாங்குதல், n.v. V. சோம்புகிறது. [பாம்பு.

நாங்கூழ், நாங்கூழ்; V. நாக்கப்

நாசஞ்சயம், abolition, exclusion.

*நாசம், (nâsa), destruction, perte, extinction, anéantissement, mort, abandon, fuite, disparition, élimination (en algèbre): — ஆய்ப்போகிறது périr, se perdre, être anéanti: சிநேகம்— ஆயிற்று l'amitié est rompue, est perdue; — இலி l'impérissable, Dieu, (et à tort) Siven; நாசக்காரன், நாசக்காரி destructeur, exterminateur; — காலம் temps de perte, —de destruction: — யோகம் le yôga de la mort ou de la destruction, (de mauvais présage, selon les Indous).

*நாசனம், (நாசம், na), destruction, ruine, perte. [tructrice.

*நாசனி, நாசினி, (நாசம், ini), des-

*நாசன், (நாசம்), destructeur, Yamen, roi des morts.

*நாசாக்கிரம், (nâsâ nez, அக்கிரம்), le bout du nez.

*நாசாதக்கணம், நாசாதக்ஷிணம், (id. தக்ஷிணம்), narine droite.

*நாசாநாரு, (id. நாரு), V. நாசி நாரு. [du nez, morve.

*நாசாமலம், (id. மலம்), mucus

*நாசாரந்திரம், (id. இரந்திரம்), les narines.

*நாசவாமம்,(id. வாமம்), narine gauche: நாசாவாமாவர்த்தம், (ஆவர்த்தம்), porter l'anneau du nez à la narine gauche, ce qui est réputé signe de tristesse ou de malheur; le contraire se dit நாசாதக்ஷிணாவர்த்தம் et est pris pour un signe de bonheur.

*நாசா,(nâsâ), 1° nez, les narines, ou —நாசி linteau de porte; — த்துவாரம் narine; — ப்பொடி tabac, poudre pour le nez; — பக்கிரமம் espèce de mal de nez: நாசியிலேபிழிந்துவிடு exprimer dans le nez (le jus des plantes); நாசியைச்சிந்துகிறது moucher, se moucher; நாசியையடைக்கிறது boucher le nez.

*நாசிகை, obl. du suiv. நாசிகாக்கிரம், (அக்கிரம்), le bout du nez; நாசிகாசூரணம் poudre pour le nez, tabac; நாசிகாபீடம்,(பீடை), mal au nez; நாசிகாமலம், morve.

*நாசிகை, (நாசி. kâ), le nez, les narines, linteau de porte, la nymphe ou étoile அச்சுவினி.

*நாசிக்கியம், நாசிக்கியகம், (நாசிகை, ya, ka), nez. [வினி.

*நாசிக்கியர்,(id.), les 2 fils d'அச்சு

நாசிக்கிறது, (நாசம்), V. நசிக்கிறது.

*நாசியம், (nâsya), corde des narines,— qui traverse la cloison intérieure des narines des bœufs et sert à les diriger.

*நாசீரர், (nâsira), garde avancé, champion qui sort des lignes pour défier l'ennemi comme Goli- [ath.

நாசுவன்,m. barbier.

நாசுவத்தி,f. du préc. barbière.

*நாசோற்பத்தி,(நாசம்,உற்பத்தி), renaissance après la mort.

நாச்சி, sync. de நாயகச்சி, dame, maitresse, déesse, pl. நாச்சிமார், நாச்சிமார் déesses, maitresses, dames

*நாஸ்தி, (na non, asti est), non-existence, négation de l'existence, destruction.

*நாஸ்திகதை, நாஸ்திகம், நாஸ்திக்கியம், (நாஸ்திகன், tâ, ya), infidélité, athéisme, V. நாஸ்தி.

*நாஸ்திகன்,(நாஸ்தி, ka), riéniste, athée, matérialiste, sceptique. Les Brames appliquent ce nom à ceux qui ne croient pas aux Vèdas et aux Pouranas: on l'applique également aux Bouddhistes et aux sectateurs de சாருவாகன்: நாஸ்திகமதம் athéisme, scepticisme, secte athée,—des riénistes. [ஸ்தி), non-existence.

*நாஸ்தித்துவம், நாஸ்தித்தை, (நா

நாஞ்சிநாடு, la province de Nânjsi près le cap Comorin, province du Maléalam.

நாஞ்சில், charrue, bastion de rempart, ou de fortification: நாஞ்சிற்படையோன் Palarâma ou Palabatra armé d'une charrue.

நாட, inf. de நாடுகிறது.

நாடகத்தி, (நாடகம்), danseuse, actrice, coureuse.

*நாடகம்,(nâtaka), art dramatique, ce qui est la 20me des 64 sciences ou கலைக்கியானம் des Indous, drame, comédie, tragédie, opéra, ballet, danse accompagnée de chant, théâtre: —அடிக்கிறது,—ஆடுகிறது jouer la comédie, une tragédie, un drame, danser, courir çà et là; நாடகக்கணிகை, V. நாடகப்பெண்; — சாலை salle de théâtre, de comédie, théâtre de drames, école d'art dramatique, —pour dresser les acteurs et actrices;—சாலைப்பெண், V. நாடகப்பெண்;— சாலையிலாடுகிறது jouer—, danser sur le théâtre; — சாலையிலாட்டுகிறது guider les danseurs ou acteurs en les accompagnant sur un instrument;—த்தமிழ் tamoul du théâtre, —propre aux drames ou représentations dramatiques; — த்துறை rôle de comédie;— புலவன் poète dramatique;— ப்பிரபஞ்சம் arrangement d'un drame;— ப்பெண் actrice, comédienne, danseuse;—வரங்கம்,(அரங்கம்), théâtre;— வாத்தி maître de comédie.

*நாடகர்,(id.), danseurs, acteurs, comédiens, joueurs de drames, pantomimes.

*நாடகாங்கம், (நாடகம், அங்க

க்),gesticulation dramatique,pantomime. [auteur dramatique.

*நாடகாசிரியன், (id. ஆசிரியன்),

*நாடகாப்பியாசி,(id. அப்பியாசம்),acteur expérimenté.

*நாடகி, (id.), actrice,—danseuse de comédie,la cour d'Indiren.

*நாடகியர், நாடகேயர், (நாடகம், iya),V. நாடகன்.

நாடடிப்படுத்துகிறது,(நாடு, அடி),soumettre—,subjuguer un pays.

*நாடம்,(nâta, de நடம்), danse, jouer un drame,le Carnatique.

நாடர்,(நாடு),habitans d'un pays, gens de la caste des அகமுடையார்.

நாடல்,opt.et n.v. de நாடுகிறது, recherche,désir,plantation.

நாடழிக்கிறது,(நாடு, அழிக்கிறது),saccager —,ravager un pays.

நாடன்,(நாடு),habitant,—,possesseur d'un pays (à la fin des mots composés),titre des rois de la dynastie சோழன்,la 3me constellation dite கார்த்திகை:—பருத்தி espèce de cotonnier qui subsiste 3 ou 4 ans.

நாடா, ruban, cordonnet, lacet, ganse,navette de tisserand.

*நாடாகன்,V. நாடேயன்.

நாடாளன், (நாடு), homme remarquable,—d'un pays,titre honorifique des சாணார் dans le sud.

நாடி, 1° gér. de நாடுகிறது. 2° (nâdi),pouls, organe tubulaire du corps,veine,artère,tube,tuyau, tige creuse du nénuphar,chaume ou tige des plantes,nerfs ou fibres des feuilles et des fleurs, cannelure, nerf, corde de luth,cheveu d'homme,barbe,nez,fistule (parce que ce sont des objets creux ou tubulaires), heure indienne dite நாழி de 24 minutes européennes: அசாத்திய — pouls qui indique un mal incurable ou désespéré; சாத்திய — pouls de convalescence; தசநாடி les 10 principaux pouls ou artères du corps humain,selon la physiologie indoue,savoir: சுழுமுனை qui va du fondement au sommet de la tête en traversant les 6 régions du corps; இடை qui va du gros doigt du pied droit à la cavité de la narine gauche; பிங்கலை qui va du gros doigt du pied gauche à la cavité de la narine droite;ces deux ont la forme d'une paire de ciseaux; காந்தாரி qui va du nombril au gosier où il se divise en 7 pour former les 7 notes ou tons; les 6 suivans sortent du fondement;ce sont d'abord அத்தி et சிகுவை ou சிங்குவை,qui se divisent chacun en 10 et résident dans les 2 yeux; ce sont les nerfs optiques; அலம்புடை et புருடன் ces 2 réunis se rendent aux organes de l'ouïe où ils se divisent en 120 autres; குகு se joint au nombril et réside dans les parties naturelles; சங்கினி est fixé dans les parties naturelles du corps humain. En outre les Indiens comptent 72000 pouls ou nerfs dans le corps humain. Tout le système est expliqué dans le traité nommé சௌனசக்கிரம் composé par திருநந்திதேவர். Les 10 pouls susdits sont contenus dans les 3 principaux nommés வாத—,பித்த—, சிலேத்துமநாடி pouls qui indiquent les flatuosités, la bile et le phlegme. Le P. de Bourges dit que les Indiens tâtent le pouls avec 3 doigts,le doigt le plus près de la main du malade indique les flatuosités,celui du milieu la bile, et le 3me le phlegme: நாடிசுத்தி prétendue purification du pouls: — நாரசிகை un des 9 நாறிகை:— நக்ஷத்திரம் l'étoile sous laquelle on est né; —நரம்பு veines du pouls,artères:—பரிக்ஷை, -ப்பரிக்ஷை art—, usage de tâter le pouls, connaissance du pouls;—பரிக்ஷையறியாதவன் homme qui ne sait pas tâter le pouls, qui n'y connait rien;—பார்க்கிறது tâter —, examiner —, connaitre le pouls,—les indices du pouls;—ப்பயிற்சி connaissance du pouls;—மண்டலம் l'équateur céleste;—பொருத்தம். —த்தளர்ச்சி faiblesse —, insensibilité du pouls; — Gபய

துகிறது, — மயங்குகிறது, — யடிக்கிறது le pouls battre; —விதி science—,traité du pouls: — விரணம் ulcère,sinus,fistule; —யோடுங்குகிறது, —விழுகிறது, — விழுந்துபோகிறது le pouls tomber,cesser de battre; அவனோடிப்பாடிநாடியவிழ்ந்தது après avoir couru et chanté, il a le pouls abattu.

*நாடிகா, (நாடி,kâ),heure indienne de 24 minutes dite நாழிகை.

*நாடிகேளம்,(nâdikêla), cocotier, coco.

நாடு,1°*gén.* நாட்டின்,*obl.* நாட்டு, pays,province,district,canton, contrée,royaume,lieu,monde,terre, côté,région. Quelquefois ce n'est qu'un affixe விகுதி à la fin des mots: *Ex.*பூநாடு la terre,வானுடு,*P.*வான்நாடு le ciel.2° *imp.n.v. et part. de* நாடுகிறது,pensée, intention, but: கொங்குவள —,சோழவள —, தொண்டவள —,பாண்டிவள —,மலைநாடு les royaumes de Congou, de Sôja, de Tonda,de Pandia et du Maléalam;திருநாடு pays sacré, (épithète que les Vichnouvistes donnent au வைகுண்டம்: —கூறினும்நகரங்கூறுவாம் nous avons décrit le pays, nous allons décrire la ville: நாடிரண்டுபடுகிறது le pays se diviser en deux,se partager en 2 factions; —கெட்டுப்போகிறது un pays se ruiner ou se perdre: — சார்நிலம் terre propre à la culture du riz;— செழிக்கிறது,—செழித்துப்போகிறது le pays être ou devenir florissant;—படிகிறது le pays se soumettre,être subjugué: — பிடிக்கிறது s'emparer d'un pays; —படுதிரவியம் productions des champs, savoir: le riz dit செந்நெல்,les pois nommés சிறுபயறு, les cannes à sucre கரும்பு,les bananes வாழை,les cocos rouges செவ்விளநீர்; நாடெங்கும்வாழக்கேடொன்றுமில்லை quand un pays est partout prospère,il n'y a aucun malheur: நாடொப்பனசெய் agis en conformité au pays,(dit Avéyar).

நாடுகிறது,டினேன்,டுவேன், டு,ட,*v.a.* நாடுதல்,*n.v.*chercher,rechercher,examiner,viser à,désirer, convoiter,aspirer,tendre à,suivre à la piste,flairer (la piste...): நாடிப்போகிறது aller —, chercher, avoir en vue,aspirer à;அதைநாடுகிறான் c'est cela qu'il cherche ou désire;உம்மைநாடிவந்தேன் je suis venu auprès de vous,—vous demander une faveur; இங்கேநாடவொட்டவில்லை on ne me permet pas de chercher à m'établir ici: என்னையவன் நாடவொட்டான் il ne me permet pas de l'approcher.

*நாடேயன்,நாடேரன், நாடாரன்,(nâtêya,nâtêra, nâtâra *de* நடி), fils d'actrice,de danseuse, de bayadère.

நாடோடி,(நாடு,ஓடி),1° *m.f.* vagabond,coureur,—de pays qui n'a ni feu ni lieu,vagabonde, coureuse. 2°coutume,usage commun du pays, chose commune:—ச்சொல், ப்பேச்சு mot vulgaire,usité partout: —ப்புத்தி sens commun:—யாயிருக்கிறவன் homme commun,vulgaire, sans distinction, *ou* — யாய்த்திரிகிறவன் vagabond;—யாய்வழங்குகிறது etre partout en usage. [றது.

நாடொரிலைகிறது,*P.*நாள்தொலைகி-

நாடோறும், *P.* நாள்தோறும், tous les jours,chaque jour.

நாடோன்,(நாடு), habitant d'un pays.

நாட்,*P.*நாள், jour,*devant* க, ச, த,ப:—கடத்துகிறது,—கழிக்கிறது passer le jour,—le temps: — கடை fin du jour; —கணக்கு compte de la journée,—du jour ou des jours,—de chaque jour: —கழிவு emploi —,perte— ,cours du temps;— கால் 1er pilier ou pieu qu'on plante pour un pandel de mariage...; —குறிக்கிறது désigner —,choisir le jour: — கூலி salaire journalier,de chaque jour; —கொள்ளுகிறது commencer nouvellement; —செய்தி nouvelle du jour; —செலவு dépense journalière,*ou* —செல்லுகிறது,—படுகிறது,les jours s'écouler, le temps passer, durer,—

long temps, continuer; — பட long-temps; — பட்டது il s'est passé du temps, il y a long-temps; —படநிற்கிறது durer long temps; —பட்டவியாதி maladie longue, — invéterée; —பணிவிடை service —, ouvrage de la journée, — fait dans un bon moment; —பார்க்கிறது observer les jours prétendus bons et mauvais; — பொருத்தம் convenance de la constellation de la naissance, une des 10 convenances que les Indous observent pour le commencement d'un poëme ou pour un mariage; — போகிறது, le jour —, le temps se passer, —s'écouler: — போக்குகிறது, passer —, employer le jour, — le temps, vivre.

நாட்டமைதி, (நாட்டு, அமைதி), prospérité d'un pays, choses qui y contribuent, savoir: செல்வம் richesses, விளைநிலம் terres productives, செங்கோல் juste gouvernement, நோயின்மை exemption de maladie, வளம் puissance et fertilité, குழம்பின்மை exemption de troubles.

நாட்டம், n.v. de நாடுகிறது, dessein, vue, but, intention, désir, enquête, recherche, investigation, soupçon, œil, espèce d'air, mélodie, épée: — அற்றுப்போகிறது le dessein, l'intention, le soupçon cesser, être abandonné; —ஆயிருக்கிறது viser à, être porté pour, désirer, soupçonner: அவள்பேரில் —ஆயிருக்கிறான் il lui est fort attaché, il a beaucoup de penchant pour elle; அவன்பேரில் — ஆயிருக்கின்றது les soupçons tombent sur lui.

நாட்டல், opt. et n.v. de நாட்டுகிறது, plantation, fixation, érection, établissement, conduite, jeu.

நாட்டவக்கணம், (நாட்டவன்), qualité —, droit d'habitant.

நாட்டவன், (நாட்டு, அவன்), habitant. [— du pays.

நாட்டா, (id. ஆ), vache ordinaire,

நாட்டாண்மை, et corr. நாட்டாமை, (id. ஆண்மை), supériorité —, qualité de chef de village, ou de quartier, gouvernement d'un village, d'un quartier, d'un canton: —பண்ணுகிறது gouverner son village ou son quartier, être chef de village...: —க்காரன் chef de village ou de quartier; — க்காரி femme du chef de village, femme hautaine, qui veut commander.

நாட்டார், (நாடு), habitans d'un pays, d'un endroit, chefs parmi les laboureurs.

நாட்டியம், 1° (nâtya], danse, comédie, science du théâtre, — dramatique, art de danser et de jouer des drames avec musique vocale et instrumentale. 2° (நாடுகிறது), intention, dessein, résolution, but, marque: —ஆடுகிறது, —பண்ணுகிறது jouer une pièce de théâtre, danser; நாட்டியக்காரன் danseur, acteur: —சபை assemblée devant laquelle les acteurs jouent, chantent ou dansent: — சாலை théâtre, — pour représenter des drames: —தர்மகம் règles des représentations dramatiques; — ப்பிரியன் homme qui aime la danse ou la comédie, (surnom de) Siven.

*நாட்டியோக்தி, (நாட்டியம், உக்தி), phraséologie dramatique.

நாட்டு, 1° *obl. de* நாடு, du pays, de district, de province. 2° *imp. part. et n.v. de* நாட்டுகிறது, établissement, érection: —க்கணக்கன் teneur de comptes —, Canaken de village; —க்கள்ளர் voleurs originaires du pays; —க்குதிரை cheval du pays; —க்குற்றம் எ les 7 calamités d'un pays, savoir: தொட்டியர் sorciers, கள்வர் voleurs, யானை éléphans sauvages, பன்றி sangliers, விட்டில் sauterelles et autres insectes, கிளி perroquets, பெருமழை pluie excessive: —க்குற்றம் அ les 8 calamités d'un pays savoir: விட்டில் sauterelles, தன்னரசு tyrannie de son prince ou anarchie, வேற்றரசு domination étrangère, யானை éléphans sauvages, மிகுமழை pluie excessive et inondation, மிகுகாற்று coup de vent, கி

கிள்ளை perroquets, நஷ்டம் dommage ou dissipation; — சர்க்கரை sucre brut, — du pays; — சந்தனம் sandal du pays, — de qualité inférieure; — சம்பா terre à riz; — சிறப்பு beauté —, fertilité du pays; — படலம் le 1er chant d'un poëme épique indien; il doit contenir la description du pays du héros; — ப்புறம் la campagne, les environs, l'intérieur du pays; — ப்புறத்தான் campagnard, paysan (de l'intérieur des terres); — ப்புறத்திலேபோகிறது aller à la campagne, — dans l'intérieur du pays; — ப்பெண் 1° femme ou fille du pays. 2° fille qu'on établit dans sa maison, *i.e.* bru; — ப்போக்கு manière —, mœurs du pays; — மட்டம் petit cheval du pays; — வழக்கம் coutume du pays; — வளப்பம் état florissant —, usage —, mœurs d'un pays; — வளப்பம்பார்க்கிறது examiner —, observer ces usages; கிணற்றுத்தவளைக்கு — வளப்பமேன் qu'importe les usages d'un pays à une grenouille qui habite au fond d'un puits; — வளம் beauté —, fertilité d'un pays; — வெள்ளரி concombre sauvage, qui vient sans culture.

நாட்டுகிறது, ட்டினேன், ட்டுவேன், ட்ட, ட்ட. *v. a.* நாட்டுதல், *n. v.* planter (des arbres...), fixer en terre, dresser, ériger (une colonne, un pilier, un pieu), établir, conduire: கலியாணக்கால் — planter le 1er pieu du pandel du mariage; தண்ணீர் நிலத்திற்காலைநாட்ட வொட்டவில்லை l'eau ne permet pas de poser ou de fixer le pied à terre ou de prendre pied.

நாட்டை, 1° *acc. de* நாடு. 2° (நாட்டம்), espèce d'air, de mélodie: குறிஞ்சி air composé du குறிஞ்சி et du நாட்டை. 2° *P.* நாட்டாய் tu ne plantes pas. 2° *pers neg. du préc.*

நாட்டோரும், *P.* நாட்டோறும்.

நாட்பு, force, — d'une armée, *V.* ஊட்பு. [dans la journée

நாட்பூ. (நாள்), fleur épanouie

*நாணகம், (nânaka), pièce de monnaie, chose marquée d'une empreinte: நாணகப்பரிசோதை essai —, examen de la monnaie; — பரிசோதகர் essayeur de la monnaie.

நாணம், honte, confusion, timidité, retenue, décorum, pudeur, modestie, (ce qui est un des 4 caractères des femmes), respect: — கெட்டவன் impudent, déhonté, dévergondé; — அற்றுப்போகிறது perdre la honte..., la pudeur s'en aller; நாணக்கேடு impudence, effronterie, immodestie; — படுகிறது ou நாணமடைகிறது avoir honte, être honteux, timide, confus, modeste, retenu, respectueux.

நாணயம், 1° *P.* நாணகம், monnaie, chose marquée d'une empreinte. 2° vérité, certitude, véracité, fidélité à sa parole, probité, honnêteté, crédit, honneur, décorum, honte, modestie, délicatesse, finesse, élégance, coutume, prix raisonnable, petitesse. 3° (நாண், நயம்), corde des narines, — qu'on passe dans le nez des bœufs..., lien, ligue, accord: — ஆயிருக்கிறவன், *V.* நாணயவான்; — குத்துகிறது percer les narines des animaux pour y mettre un corde; — குலைகிறது, — கெடுகிறது la probité... se flétrir, perdre son honneur..., manquer à sa parole; — செலுத்துகிறது accomplir sa parole, se conduire avec honneur et probité; — தப்பாய்நடக்கிறது se conduire de manière à perdre son honneur, son crédit...; — தப்பிப்போகிறது, *V.* நாணயங்குலைகிறது; — பண்ணுகிறது faire l'honnête homme, flatter —, cajoler quelqu'un, faire ostentation de ses beaux habits; — நாணயக்காரன், *V.* நாணயவான்; — க்கயிறு corde des narines, — qui passe dans le nez des bœufs; — இல்லம் déshonneur, infamie; — சரக்கு marchandise de bonne qualité; — ப்பணம் pièce de monnaie —, fanon de bon aloi, qui a cours; தப்பு, பிழை manque de probité, action déshonnête et déshonorante, déshonneur; — பிழைவருகிறது un, manque de probité...ou un déshonneur survenir;—ப்புடவை belle toile, bel habit;—வட்டம் agio, prix du change, perte ou gain dans l'échange des monnaies; — வஸ்திரம் bel habit;—வரி différence de monnaies,—de coins;—விலை prix raisonnable, — convenable;— வேலைசெய் கிறசாணை pierre à aiguiser finement; புதுநாணயமென்ன quelle nouvelle certaine y a-t-il?

நாணயவான்,(நாணயம்), homme honnête, véridique, probe, droit, intègre, —de parole, de crédit.

நாணல், 1° *opt. et n.a. de* நாணுகிறது, modestie, pudeur, honte, timidité. 2° *ou* நாணற்புல் espèce de jonc ou de roseau, saccharum spontaneum.

நாணுக்கள்ளி espèce d'euphorbia neriifolia.

நாணி, 1° *gér. de* நாணுகிறது. 2° (நாண்). corde d'arc.

நாணிக்கிறது, ணித்தேன், ணிப்பேன், ணி, ணிக்க, *v.n.* நாணித்தல், *n.v.* (நாணம்), *V.* நாணுகிறது.

நாணுகம், cheval.

நாணுகிறது, ணினேன், ணுவேன், ணு, ண, *v.a. et n.* (நாணம்), rougir, avoir honte, craindre, respecter, se retenir, être honteux, timide, effrayé, modeste, retenu, respectueux: ஒருவனுக்கு—être timide devant quelqu'un; நாணவேண்டாம் n'ayez pas honte ou peur; நாணமற் போகிறது mettre de côté —, perdre la honte,—la modestie...; நாணிக் கொண்டுபோகிறது se retirer de honte, par timidité ou modestie: நாணுங்கால்கோணும் நடக்குங்கால் இடறும் le pied qui tremble plie, le pied qui marche trébuche; இன்பமென்னாரின் பழிநாணுவார் ceux-là méprisent le plaisir, qui craignent le déshonneur qui en est la conséquence.

நாணுடைமை, (நாண்), modestie, décorum, maintien modeste.

நாணுதல், 1° *n.v. de* நாணுகிறது. 2° (நாண், நுதல்), front timide,—qui rougit.

நாணுவத்தான், நாணுவம், நாணுவான், l'oiseau நாகணவாய்ப்புள் mainate, espèce de martin, gracula tristis.

நாணுவிக்கிறது, *v.caus. de* நாணுகிறது, faire honte,— rougir, couvrir de confusion.

நாணையம், நாணையவான்..., *V.* நாணயம், நாணயவான்....

நாண், 1° *imp. part. et n.v. de* நாணுகிறது, honteux, timide, honte, pudeur. 2° (ஞாண்), corde, corde d'arc: — இறக்குகிறது débander l'arc, lâcher —, *litt.* descendre la corde de l'arc; — ஏறிடுகிறது,— ஏற்றுகிறது bander l'arc, en tendre la corde; அம்பை நாணிற் பூட்டுகிறது ajuster —, mettre la flèche sur la corde de l'arc.

நாண்மலர், (நாள்), fleur nouvelle,—épanouie dans la journée.

நாண்மீன், (*id.*), étoile —, constellation ou poisson du jour où l'on est

*நாத *obl. de* நாதம், *et de* நாதன்.

*நாதம், 1° (nâda), voix, son,— en général, demi-cercle. 2° (nâtha), corde qui traverse le nez des bœufs. 3° talc ou mica, *V.* இந்திரியம்:— ஆயிருக்கிறது être sonore, harmonieux;— பண்ணுகிறது faire de la musique; சங்கு செய்கிறது *ou* பண்ணுகிறது faire résonner une conque, en jouer; நாதக்குடம் cruche sonore, *i.e.* conque; —கீதம் mélodie, voix —, musique mélodieuse; — கீதம்பாடுகிறது chanter mélodieusement, faire un concert mélodieux; — த்துவம் sonorité.

*நாதன், *hon.* நாதர், *pl.* நாதர்கள், நாதாக்கள், (nâtha), maître, seigneur, possesseur, chef, le souverain Seigneur, Dieu, roi, gourou, ou précepteur spirituel, mari, ancien, Arouguen, Siven, terminaison de plusieurs noms propres, comme: பாக்கியநாதன் Félix, சவேரிநாதன் Xavier: அநாதநாதன் seigneur suprême sans supérieur; நாதஇருத்தியர் les Dominations, anges qui exécutent les desseins miséricordieux du Seigneur; நாதரூபம் une des formes de Siven.

நாதாக்கள், *pl. du préc.* les seigneurs, les grands, gens purs.

நாதாங்கி, (நா, தாங்கி), crampon (de pène ou de verrou).

*நாதாந்தம், (நாதன், அந்தம்), une des voies spirituelles, un des 5 prétendus seigneurs dits பஞ்சகருத்தாக்கள், Siven: நாதாந்தசோதி Dieu: —விளக்கம் nom d'un traité.

*நாதாந்தன், (*id.*), surnom de Siven. [muth de couleur d'or.

நாதாந்தி, (நாதம், அந்தி), bis-

நாதார், (*pers.*), pauvre, —cultivateur: —பாக்கி arriérés dus par les pauvres cultivateurs.

*நாதி, 1° *P.* ஞாதி, parent, cohéritier. 2° espèce d'assa-fetida.

நாதிக்கிறது, தித்தேன், திப்பேன், தி, திக்க, *v. n.* (நாதம்), நாதித்தல், *n. v.* résonner, retentir, rendre un son, jouer d'un instrument à vent: நாதிக்கிறவன் celui qui joue d'un instrument à vent.

*நாதேயம், (nadèya), sel de roche, — de mer, la plante médicinale dite சிந்தில்.

நாத்தழும்புகிறது, நாத்தழும்பேறுகிறது, (நா), la langue être exercée. [sœur, sœur du mari.

நாத்தனார், *pl.* நாத்தனார்மார், belle-

நாத்தாங்கி, 1° *V.* நாதாங்கி. 2° *gér. du suiv.*

நாத்தாங்குகிறது, (நா), *ou* நாத்தாங்கிப்பேசுகிறது parler en pesant ses mots, — en réprimant sa langue.

*நாத்தி, 1° *P.* நாஸ்தி. 2° varangue, pieux fixés en terre et supportant le toit d'une maison. [ன், நாஸ்திகட.

*நாத்திகன், நாத்திகம், *P* நாஸ்திக

நாத்திமார், *pl. de* நாத்தனார், les sœurs du mari. [surprise, merveille.

*நாத்திரம், (nâtra), louange, éloge,

*நாத்திரன், (*id.*), Siven, sage.

நாத்திருப்பம், (நா), courte sentence, propre à faciliter la prononciation. [mari.

நாத்துனாள், belle-sœur, sœur du

நாத்தோஷம், (நா), *V.* நாவூறு.

*நாந்தகம், (*P.* நந்தகம்), épée, l'épée de Krichna.

நாநா, *P.* நானு. [pée de Krichna.

நாந்தல், *opt. et n. v, de* நாந்துகிறது, humidité, moiteur: —ஆயிருக்கிறது être humide; நாந்தற்காலம் temps humide, saison pluvieuse: இன்றைக்கெல்லாம் நாந்தலாயிருக்கின்றது tout est humide aujourd'hui.

*நாந்தி, 1° (nândi), éloge, vers en l'honneur de quelqu'un, prospérité: —காரன், —வாதி celui qui dit le prologue d'un drame; —முகம் couvercle d'un puits, offrande aux ancêtres dans certaines fêtes; —முகன் ancêtre auquel on l'offre. 2° *gér. de*

நாந்துகிறது, ந்தேன், துவேன், து, த, *v. n.* நாந்துதல், *n. v.* devenir—, être humide, moite, mouillé. [nigrum

நாந்தெனி, la plante solanum

*நாபம், (vatsanâbha), poison végétal et violent dit வற்சநாபி. On le tire de la racine de la plante aconite ferox qu'on tire du Népal ou de la racine du வசம்பு souvent transplanté et vieilli.

*நாபி, (nâbhi), nombril 2° *V.* நாபம்: —தின்றுசாகிறது prendre le poison dit வற்சநாபி et en mourir. On compte 4 antidotes à ce poison, savoir: அந்தண — *ou* பிரமநாபி antidote brame, il est blanc; சத்திரிய —*ou* அரசநாபி antidote royal, il est rouge; வைசியநாபி antidote marchand, il est bleu; சூத்திரநாபி antidote choutre, il est noir; நாபிகமலம் nombril, *litt.* le nénuphar du nombril; —கண்டகம், — குடகம், —கோலகம் nombril proéminent ou rompu; —க்கொடி cordon ombilical; —சன், —சன்மன், — பூ celui qu'on dit né du nombril de Vichnou, du lotus qui en sort, *i. e.* Brama; —சேதனம் coupure du cordon ombilical; —ஸ்தானம், —த்தானம் région autour du —, la place du —, le nombril; —நாடி le cordon ombilical; —நாளம் nombril, *V.* நாபிகொடி, —வருத்தனம் hernie ombilicale, corpulence; —யாவர்த்தம், (ஆவர்த்தம்), creux du nombril.

*நாபிலம்,(நாபி,ila *affixe*),reins. hanche,aine,creux du nombril.

நாப்பண்,(நா,*milieu*), milieu,—d'un char,ceinture ou milieu du corps,cou du luth indien.

நாப்பு,moquerie,mépris,tromperie: நாப்புக்காட்டுகிறது, *ou* நாப்புகிறது,ப்பினேன்,ப்புவேன், ப்பு,ப்ப,*v.a.et* நாப்பிப்போடுகிறது, se moquer,ridiculiser, duper,tromper, singer,contrefaire.

நாப்புடை, (நா), côté de la langue: —பெயர்க்கிறது remuer la langue, changer la langue de côté.

நாப்புற்று, (*id.*), sorte de mal à la langue, dessèchement de la langue.

நாப்பொடிக்கிறது, (நா), la langue se dessécher.

*நாம், 1° *obl.de* நாமம். 2° particule sanscrite qui indique surprise, consentement, possibilité, colère, certitude, mépris, souvenir, supercherie, prétexte, comme:இமாலயம் நாம்நகாதிபன் l'Himâlaya certainement est le roi des monts. 3° *P.* நாம்,crainte.

நாமகள், நாமடந்தை, (நா),la déesse prétendue de la langue ou de l'éloquence, *i.e.* Sarasvadi,que l'on dit résider sur la langue de Brama, sur celle des poëtes...

நாமக்கி, limaçon,

*நாமம், 1° (nâman),nom,renom, renommée, nâmam, marque en forme de trident que les Vichnouvistes portent sur le front, supercherie, milieu de balance à peser, la plante தும்பை. 2° *V.* நாம: சின்னு—petite marque portée par quelques Vichnouvistes en guise de nâmam,*ou* கீற்று—nâmam à raies minces, petit nâmam; — இடுகிறது, — சாத்துகிறது,—தரிக்கிறது,— போடுகிறது, — வைக்கிறது nommer, donner un nom, porter ou mettre sur le front le nâmam; அவனுக்கிவன்— போட்டான் *ou* வைத்தான் celui-ci a mis le nâmam à celui-là, *i. e.* il l'a trompé, dupé ou séduit: (les Sivénistes qui détestent le culte de Vichnou emploient cette phrase. Les Vichnouvistes à leur tour mettent விபூதி,cendres de Siven, à la place de நாமம் dans le même sens);— இன்மை n'avoir pas de nom propre, ce qui est un des அஷ்டகுணம் ou 8 attributs de Dieu; நாமமுடைமை avoir un nom propre, ce qui est une des அஷ்டகுற்றம் ou 8 imperfections incompatibles avec la divinité; நாமகரணம் dénomination, action—, cérémonie de donner un nom à un enfant,(chez les Indous c'est ordinairement le 12e jour après la naissance);— கரணம்பண்ணுகிறது donner un nom, nommer (un enfant...);இன்னுக்கு—காரணன் celui dont le nom est donné à un autre; — காரணன் dénominateur d'une fraction; — கட்டி onguent en masse ou en bâton qui sert aux Vichnouvistes pour se mettre le நாமம்; —க்காரன், *V.* நாமதாரி;—க்கிரகம்,—க்கிரகணம் appeler par son nom; — க்குச்சி habit de diverses couleurs propre aux femmes; —சந்திகை un des 32 ordres d'architecture; — சங்கீர்த்தனம் louanges du nom,—du caractère;—சேஷம்,—சேடம் fin du nom, *i.e.* la mort; — தோத்திரம்,— ஸ்தோத்திரம் louange du nom (d'une divinité...); —ஸ்மரணை souvenir du nom (d'une divinité...); — தாரணம் porter un nom,— le nâmam sur le front; — தாரணை le 1er des 9 தாரணை; — தாரி celui qui porte le nâmam, Vichnouviste; — தாரிவைஷ்ணவன் Vichnouviste qui porte le nâmam,—en apparence seulement; — தேயம் nom, dénomination; — தேயமென்ன quel est le nom? — திருத்தி la plante sida cristata; — துவாதசி adoration journalière de certains payens à Dourga sous l'un de ses 12 noms; — ப்பொருத்தம் convenance du nom; —மாலை le 16me des பிரபந்தம்,panégyrique en vers dits வஞ்சிப்பா entremêlés d'அகவல் et de கலிப்பா;—நாசி convenance du nom,

—du signe du zodiaque; — வேலோ ன் celui dont le javelot est terrible.

நாமவத்தம், la plante பெருநெருஞ்சில். [லை.

நாமவெருவட்டம், la plante நாம்

நாமறல், (P. நாமம், அறல்), le nom même se perdre, être entièrement anéanti. [ன்.

நாமாது, (நா, மாது), V. நாமக

*நாமாபராதம், (நாமம், அபராதம்), mépris, outrage au nom d'une personne respectable. [clinaison.

*நாமிதம், (nâmita), courbure, in-

*நாமோச்சாரணம், (நாமம், உச்சாரணம்), prononciation—, répétition d'un nom sacré ou prétendu tel.

நாம், 1° pl. de நான் nous. (Ce mot dans l'usage ordinaire comprend les personnes à qui on parle, tandis que நாங்கள் les exclut. 2° hon. de நான், je ou nous, (parole d'un supérieur à ses inférieurs). Dans la déclinaison l'ஆ se change en அ, gén. நம்முடைய, நமது, dat. நமக்கு, acc. நம்மை, abl. நம்மில், நம்மால், நம்மோடு: நம்முடைய ou நமதுதேசம் mon ou notre pays. 3° crainte, pour; நஞ்சுநுவேலான்ப கைநாமறக்கொன்றவாறு comme le héros au javelot empoisonné tua sans crainte son ennemi.

நாம்பல், opt. et n.v. de நாம்புகிறது, maigreur, ténuité:— ஆய்ப்போகிறது, V. நாம்புகிறது.

நாம்பன், (நாம்பு), bœuf maigre.

நாம்பு, maigreur, exténuation, chose maigre, mince, grêle, imp. et part. de

நாம்புகிறது, கினேன், புவேன், பு, ப, v. n. நாம்புதல், n.v. maigrir, devenir maigre, mince, grêle, étique, fluet, exténué.

நாயகச்சி, நாயகத்தி, fém. de நாயகன், maîtresse, épouse, déesse.

*நாயகம், (nâyaka) supériorité, principauté, maîtrise excellence, gouvernement, pierre précieuse du milieu d'un collier: — ஆயிருக்கிறது être supérieur, excellent, l'emporter sur; — பண்ணுகிறது exercer la supériorité ou l'autorité, tenir la primauté, faire le maître; நாயகசுரம், — சின்னம் clarinette, —ப்பானை la 1re —, la principale cruche qu'on met sur le feu; — மணி grosse pierre précieuse au milieu d'un collier de pierreries; — வைத்து principale cruche qu'on fait bouillir dans les sacrifices ou au Ponguel.

*நாயகன், (id.), hon. நாயகர், maître, supérieur, souverain, — seigneur, Dieu, (et à tort) Siven, chef, général, commandant, roi, guide, conducteur, mari, amant, chef militaire subordonné au ராயர் de Bisnagar ou விசயநகரம், vice-roi, Pâléyagar ou பாளையக்காரன் (au sud). [ன்), roi, souverain, prince.

*நாயகாதிபன், (நாயகன், அதிப

*நாயகி, fém. de நாயகன், maîtresse, épouse, femme, dame, — de haut rang, Parvadi, forme inférieure de Dourgâ: — மணி émeraude verte.

நாயக்கன், hon. நாயக்கர், (நாயகன்), général, titre honorifique de quelques castes ordinairement de race télinga, caporal de cipaye (dans l'armée indo-anglaise).

நாயப்சிராஸ்தர், (persan), député—, agent auprès du receveur général, employé natif sous un collecteur.

*நாயம், 1° (nâya), conduite, direction, politique, expédient. 2° P. நியாயம் ou நியாயம்.

நாயருஞ்சி, (நாய்), V. நாயுருவி.

நாயர், (நாயன்), Nâyer, chef (du Maléalam).

நாயறு, P. நாயிறு, soleil, நாயறுட்சி, நாயற்றுக்கிழமை dimanche.

*நாயன், pl. நாயன்மார், (நாயம்), maître, chef, roi, prince, seigneur, Dieu, homme distingué.

நாயனார், 1° hon. du préc. 2° Nâyénar, fils prétendu de Siven et de Vichnou métamorphosé en மோகினி.

நாயாட்டம், (நாய், ஆட்டம்), conduite ou manière de chien, agitation continuelle, conduite —, danse diabolique, désordre, confusion:—ஆட,—ஆடல் en chien.

*நாயினை, V. நாயகி. [de fort.

நாயிலம், bastion, rempart de ville,

நாயிறு, gén. நாயிற்றின், obl. நாயிற்று, soleil, dimanche:—திருப்பி, —திரும்பி héliotrope ou tournesol; —வணங்கி la plante சொரிந்தசி; நாயிற்றுக்கிழமை le dimanche.

நாயீ, (நாய், ஈ), tique, mouche de chien. [உண்ணி), tique de chien.

நாயுண்ணி, நாயுண்ணி, (நாய், உ-

நாயுருவி, (id.), la plante achyranthes aspera. [chien,—léger.

நாயுறக்கம், (id.), sommeil de

நாயோட்டம், (id.), course de chien, une des marches du cheval.

நாய், chien, c'est l'insigne de நிருதி prétendu gardien du sud-ouest:—கடனாய் chien de mer, veau marin;—குருவி, V. நாயுருவி;—கடுகு moutarde de chien, la plante cleome viscosa;—க்கரந்தை l'arbrisseau குன்றி;—க்குட்டி petit—, jeune chien;—க்குட்டிச்செடி nom d'une plante;—க்கோலம் accoutrement de chien, —méprisable;—ச்சீரகம் cumin de chien, nom de plante;—த்தயிர்வேளை la plante நாய்க்கடுகு;—த்திசை le côté du chien, i. e. le sud-ouest, à cause du chien insigne de நிருதி;—த்துளசி basilic de chien dit aussi கஞ்சாங்கோரை;—நாக்கி,—நாக்கு la plante இலைக்கள்ளி;—ப்பயறு la plante indigofera glabra;—ப்பாகல் la plante bryonia maysorensis;—ப்புன்னை l'arbre cynometra cauliflora;—ப்புடோல் nom de plante rampante;—முகன் être à figure de chien, Anubis:—முருங்கை espèce de tuf;—முள்ளி variété de la plante முள்ளி;—முஞ்சி,—V. நாய்முகன்;—முஞ்சிபோல va-t en vilain visage de chien;—விட்டை crotte de chien;—விட்டைக்கல் espèce de pierre;—வேம்பு la plante indigofera viscosa;—வேளை,—வேளை la plante நாய்க்கடுகு; இரும்படிக்கிறவிடத்தில் நாய்க்குவேலையென்ன qu'a à faire un chien là où l'on bat le fer.

நாவிகன், pl. நாவிகர், (nâvika de navire), marchand qui fait le négoce avec un navire, qui fait le commerce d'outre-mer.

நாய்ச்சி, நாய்ச்சியார், hon. (நாயகி), maîtresse, dame, déesse.

*நாரகம், (நரகம்), l'enfer, les régions infernales. [l'enfer, damné.

*நாரகி, (நரகம்), habitant de

*நாரங்கம், (nâranga), oranger.

*நாரசிங்கம், (நரசிங்கம்), incarnation de Vichnou en homme-lion, un des 18 pouranas inférieurs, un des 32 உபநிஷத்தம்.

*நாரசிங்கன், (id.), Vichnou métamorphosé en homme-lion.

நாரணன், nom d'une maladie. [ன், (surnom de) Vichnou.

*நாரணன், sync. de நாராயணன்

*நாரணி, fém. du préc. la prétendue déesse Dourgâ sœur de lait de Krichna.

*நாரதம், 1° (நாரம், தம்), nuage. 2° un des 18 pouranas inférieurs, légende de Nâraden.

*நாரதன், (id.), Nâraden, fils de Brama, un des 10 premiers richis ou mounis, ami de Krichna, célèbre législateur et inventeur du வீணை ou luth indien, une des 15 incarnations inférieures de Vichnou.

*நாரதீயம், (நாரதன்), un des 18 pouranas et un des 18 pouranas inférieurs.

நாரத்தை, V. நாரத்தை.

*நாரம், 1° (nâra), eau, foule de monde, veau. 2° amour, corde, oranger, mousse, oiseau aquatique, héron.

*நாராசம், (nârâcha), poinçon à écrire, stylet, plume de fer, flèche, javelot de fer, épingle, broche, fil de fer, sonde de médecin, poutre:—ஏற்றுகிறது enfoncer une épingle, une broche...;—ஏற்றினதுபோல செவிகளிலே தைத்தது cela est entré dans mes oreilles comme si on y eut enfoncé une broche de fer; நாராசத்தைக்காய்ச்சிக்காதிலேயிட்டதுபோல இருந்தது cela a été comme si on eut enfoncé dans mes oreilles une broche de fer rouge: நாராசபாணம் espèce de trait ou de flèche: — முத்திரை un des signes de sacrifices en forme de broche.

*நாராயணம்,(நாரம், அயனம்), poisson, l'arbre அரசமரம், un des 32 உபநிஷத்தம்.

*நாராயணன்,(id.),Vichnou considéré comme le dieu conservateur pendant la durée du déluge périodique qui suit la destruction du monde, durant lequel il est censé flotter sur les eaux primordiales, Narayanen, sage fils de தருமன் et regardé comme une manifestation de Vichnou ou une de ses 15 incarnations, (quelques-uns appellent aussi de ce nom) Brama, Siven, Sandiren ou la lune, et Varounen roi des eaux; *voc.* நாராயணா ô Vichnou, mot que ses sectateurs répètent souvent; நாராயணாசுவணம், — கௌளம் espèce d'air; — க்ஷேத்திரம் 4 coudées de chaque côté du courant du Gange; — தைலம் huile tirée de diverses plantes et regardée comme très-efficace dans beaucoup de maux; — ப்பிரியன் l'ami de Vichnou, Siven.

*நாராயணாஸ்திரம், (நாராயணன், அஸ்திரம்), la flèche de Vichnou.

*நாராயணி, *f. du préc.* Nârâyani ou Lakchimi, femme de Vichnou, une des 7 மாதர், Dourgâ (peut-être comme sœur de lait de Krichna), la prétendue déesse du Gange, espèce d'air.

*நாரி, 1° (nâri de நரன்), femme (en général), la prétendue déesse Parvadi, espèce de mètre ou d'air. 2° corde d'arc, espèce de tissu qui enveloppe le bas des branches du palmier et du cocotier, odeur, miel, caillou, armée, *V.* இடை: — துரோகணம், நாரிதுரோகணம் défaut de conduite d'une femme; on en compte six: boire des liqueurs enivrantes, fréquenter les mauvaises compagnies, être séparée de son mari, entrer, manger et dormir dans une maison étrangère, ou, selon d'autres, rôder hors de chez elle: — பாகன் Siven représenté comme moitié homme et moitié femme; — ப்பிரசங்கம் libertinage, galanterie; — யானம் litière de femme; — யேற்றுகிறது tendre la corde de —, bander son arc.

*நாரிகேரம், நாரிகேளம், (nârikêra, — kèla), cocotier, coco. [— doux.

*நாரிங்கம், (naryanga), oranger,

நாரை, (நாரம்), oiseau aquatique, héron, pélican, pelicanus onocrotalus: — க்கன்று veau maigre; கருநாரை héron gris ou noirâtre: — க்கொம்பு longue corne; — ப்பசு vache très-maigre.

நார், filament, fibre, — de l'écorce de certains arbres, — des plantes, — du cocotier, filamens des mangues, corde, amour: — க்கயிறு corde faite de fibres de coco; — ச்சீலை, — ப்பட்டு toile ou espèce de soie faite des fibres de l'écorce de certains arbres, habit naturel d'écorce fine et fibreuse, dont se servent certains sannyasis.

நார்த்தை, oranger, citrus aurantium: நார்த்தைமரம் oranger; நார்த்தம்பழம் orange.

நால, *inf. de* நாலுகிறது.

நாலடி, (நாலு, அடி), 4 pieds. 2° *ou*

நாலடியார், நாலடிநானூறு, (*id.*), recueil de 400 vembas de 4 vers chacun, ou, au dire des Indous, vers qui jetés dans le fleuve வைகை remontèrent de 4 pieds contre le courant.

நாலத்தனை, (நாலு), quadruple, 4 [fois autant.

நாலத்தொன்று, (நாலு, அத்து), *P.* நாலிலொன்று, un quart.

நாலல், *opt. et n.v. de* நாலுகிறது, abaissement, affaissement, suspension, pendaison, chute.

நாலா, 1° *P.* நாலு, [divers, varié. 2° *P.* நாலாம், *devant* ந *et* ம, quatrième. 3° (*ind.*), canal, ravin. 4° *ou* நாலாத, *part. nég. de* நாலுகிற

று:—காரியம் .choses diverses,— de diverses espèces;— நீர் la 4me eau, *ou* — நீர்ச்சடங்கு cérémonie de la 4me eau, bain que les Indous font le 4me jours des noces;—நாள் le 4me jour;—முறைநாக்காய்ச்சல் fièvre quarte, qui vient tous les 4mes jours laissant 3 jours d'intervalle; —விதம் diverses manières;—விதத்திலும் de diverses manières, diversement;—விதத்திலே யும்பாவஞ்செய்கிறது commettre des péchés de diverses sortes:—விதமும்ப ண்ணுகிறது agir ou faire de diverses manières, faire diverses sortes d'ouvrages, varier, dissimuler, donner le change.

நாலாம், (நாலு, ஆம்), quatrième: — சடங்கு 4e cérémonie, *V.* நாலா நீர்ச்சடங்கு; —பங்கு la 4e partie, le quart; — வருணம் la 4e caste, celle des Choutres; — வருணர் les gens de la 4e caste, les Choutres ou Soudras.

நாலாயிரம், (நாலு), 4000.

நாலாவது, (நாலு, ஆவது), quatrièmement: நாலாவதான quatrième. [ப்பூ.

நாவி, perle, la plante கார்த்திகை

நாலிணை, (நாலு, இணை), 4 paires de bœufs.

நாலிரண்டு, (*id.*) 2 fois 4, *i.e.* 8.

நாலு, 1° quatre, quelques, plusieurs, beaucoup, tout le monde (nombre indéterminé). 2° *imp. et part. de* நாலுகிறது: — காரியமுமறிகிற து connaitre beaucoup de choses; — காலுள்ளது, — கால்சீவன் être —, animal à 4 pieds, quadrupède; — தலையொருமுகம் l'être à un visage dont la tête pend en bas, *i.e.* la chauve-souris; — திக்கு—, திசை les 4 points cardinaux;—திக்கிலும், — தி சையிலும் des 4 côtés, de tout côté; —திசையுங்கட்டுகிறது lier, *i.e.* enchanter les 4 points cardinaux, pour détourner toute mauvaise influence avant une cérémonie payenne;— தி சையும்பார்க்கிறது regarder de tout côté;— பாதத்சைவம் une des sectes de Siven;— நாள்போகவேண்டும் il faut que 4 ou quelques jours se passent;—பேர் quatre - , quelques personnes, le public (nombre indéterminé);—பேரறிய à la connaissance de quatre, *i.e.* de plusieurs personnes; — பேரறிந்திருக்கிறகாரியம் chose devenue publique: அப்படி—பேருஞ் சொல்லுகிறார்கள் bien des gens parlent ainsi; நாலுமிரண்டுஞ்சொ ல்லுக்குறுதி les stances de 4 vers du நாலடியார் et celles de 2 vers du குறள் donnent de la force à ce que l'on dit.

நாலுகிறது *ou* நால்கிறது, நான் றேன், லுவேன், *ou* ல்வேன், லு *ou* ல், ல, *v.n.* நாலுதல், *n.v.* être suspendu, pendu, pendre, pendiller, tomber, s'abaisser, s'affaisser; நான்றுகொ ள்ளுகிறது se pendre.

நாலுவிக்கிறது, *v. caus. du préc.* faire pendre, —suspendre, pendre: குற்றவாளியை — faire pendre un coupable.

நால், *P.* நாலு, 1° quatre. 2° *imp. et part. de* நாலுகிறது, qui pendille, pendu: நாலொன்று 4 fois 1;—வகை சாதி, *V.* சாதிவகை-ச;— வகை தோற்றம் les 4 espèces de naissances, *V.* தோற்றம்-ச;—வகைப்பொரு ள், *V.* நாற்பொருள்;—வாய், 1° l'animal dont la bouche est pendante, *i.e.* l'éléphant. 2° 2e *pers. fut. de* நால்கி றது;— வாயன் Indiren qui a pour monture un éléphant, Poulléyar dont la tête d'éléphant a la bouche pendante.

நால்கிறது, *P.* நாலுகிறது.

நால்வர், (நாலு), 4 personnes.

நாவடக்கம், (நா, அடக்கம்), retenue de la langue. [bouche.

நாவடைக்கிறது, (*id.*), fermer la

நாவணம், (*id.*), la luette.

நாவண்ணத்தி, (நா, வண்ணத்தி), l'oiseau நாலுவத்தான். [de bœufs.

நாவிணை, *P.* நாலிணை, 4 paires

நாவரசன், un des 63 dévots de Siven.

நாவரட்சி, (நா), *P.* நாவறட்சி.

நாவரணை, (நா, அரணை), sorte de mal à la langue.

நாவறளுகிறது, நாவறளுகிறது, (நா), la langue se dessécher, être altéré.

நாவலர், (நா), gens puissans par la langue, i.e. les savans, les poëtes, les orateurs.

நாவலோ, signe de menace.

நாவல், 1° *opt. et n. v. de* நாவுகிறது. 2° l'arbre calyptranthes caryophyllifolia, mot employé pour faire avancer les buffles qui foulent la moisson, mot de pitié: *l'adj.* est நாவலம்: நாவலந்தீவு l'île aux arbres நாவல், une des 7 îles fabuleuses des Indiens: நாவற்பழம், நாவற்பூ fruit —, fleur de cet arbre.

நாவறவை, (நா, அறவை), sorte de mal à la langue, *ou*

நாவறட்சி, (நா), dessèchement de la langue, soif: — க்காய்ச்சல் fièvre qui dessèche la langue.

நாவாசித்தி, (நா, ஆ, சித்தி), efficacité de la parole, *V.* நாவேறு.

*நாவாய், (nâvas, *naves*), vaisseau, navire, la 27me constellation dite இரேவதி: நாவாயோட்டுங்கோல் perche de batelier.

நாவாள், (நாவு, ஆள்), Sarasvati (qu'on prétend résider dans la langue).

*நாவி, (nâbhi), civette, musc, animal qui le donne, la plante ஊமத்தை, sorte de remède: — ச்சட்டம், musc; — த்தண்டை la plante ballota; — நெய் pommade, onguent pour les cheveux; — ப்பிள்ளை musc, animal qui donne le musc; — ப்புழுகு musc, civette, mucus du cerf en rut.

நாவிதச்சி, *fém. de* நாவிதன், barbière.

நாவிதன், (nâpita), *pl.* நாவிதர், barbier, la 3me —, la 11me constellation des Indous: நாவிதசாலை boutique de barbier, lieu où l'on rase.

நாவியம், 1° la plante கார்த்திகைப்பூ. 2° (nâvya), nouveauté.

நாவிக்கிறது, வித்தேன், விப்பேன், வி, விக்க, *v. n. et* நாவித்தல், *n. v.* bâiller.

நாவு, 1° (நா), langue: நாவைக்காட்டுகிறது, — நீட்டுகிறது montrer —, allonger la langue; — ப்பார்க்கிறது examiner la langue (un médecin). 2° *imp. de*

நாவுகிறது, வினேன், வுவேன், வு, வ, *v. a.* நாவுதல், *n. v.* (நாவு), se moquer de quelqu'un en tirant —, plier et retourner la langue, nettoyer le riz, en chercher et ôter les pierres, chercher en tâtonnant.

நாவுழலை, (நாவு, உழலை), balbutiement, bredouillage, soif, *V.* நாவேறு: — யாடுகிறது la langue balbutier, bredouiller.

நாவுறு, நாவேறு, (*id.* ஊறு, ஏறு), embarras —, dessèchement —, défaut de langue.

நாவேகிறது, (*id.*), *ou* நாவெந்துபோகிறது, la langue être brûlée (par l'usage de la chaux avec le bétel et l'arec, par maladie ou par des drogues).

நாவை, 1° (நா), soc —, langue de charrue. 2° *acc. de* நா. 3° 2° *pers. nég. de* நாவுகிறது.

*நாழி, (*P.* நாடி), objet creux, tube, tuyau, vaisseau tubulaire du corps, mesure dite படி, 8me partie du மரக்கால், (sa marque est ௳), heure indienne de 24 minutes, mille indien égal à 2 kilomètres, la 25° constellation dite பூரட்டாதி, carquois, touffe, foule, tige, instrument pour percer l'oreille de l'éléphant, légume: நாழியோடு gouttière ou gargouille en terre cuite; இருநாழி, மூந்நாழி, நானாழி, ஐந்நாழி, அறுநாழி, எழுநாழி, 2, 3, 4, 5, 6, 7 mesures ou padis; எண்ணாழி 8 mesures ou un மரக்கால்: எத்தனை நாழி வழி: combien y a-t-il de milles?

*நாழிகை, *P.* நாடிகா, heure indienne de 24 minutes, la 60° partie d'un jour, laquelle se subdivise en 60 விநாடி, mille indien ou 2 kilomètres, espace qu'on peut parcourir en une heure indienne et dont 7 font un காதம், qui est l'espace qu'on peut parcourir en un சாமம் ou 3 heures, la 26me constellation dite உத்தரட்டாதி;—ப்பறை tambour qu'on bat pour marquer les heures indiennes;—வட்டில்,—வட்டித்தில் instrument pour mesurer les heures, clepsydre, sablier, cadran solaire;—வழி mille, chemin qu'on fait en une heure indienne; — வெண்பா vembâ qu'on répète aux rois d'heure en heure.

நாணல்,l'herbe கொறுக்கை.

நாளது,gén. de நாள், du jour, de ce jour, présent, courant, actuel, passager: — மாசம்-15-தேதி le 15 du courant;— வருஷம் l'année courante; — வரையில் jusqu'aujourd'hui.

*நாளம்,1° (nâla), tige creuse des plantes,— du nénuphar, tige de fleurs, tube, tuyau, cercle, rond, orpiment jaune. 2° (நாள்), jour.

நாளாறுதி, நாளாறுதி, (நாள்), jour entier, cours de la journée.

நாளாகமம்,(id.), chronique, annales, les Paralipomènes.

நாளாடகம்,(id.), tous les jours.

நாளி,callou ou jus de cocotier..., chien. [plante வள்ளை.

*நாளிகம்,(nâlika), nénuphar, la

*நாளிகேரம், நாளிகேளம், (nâlikèra,—kèla), cocotier: நாளிகேரபாகம் un des goûts des vers, i.e. sens profond. [விமா.

நாவிளி,le manguier aigre dit பு

நாளை, 1° acc. de நாள் 2° demain, le lendemain: நாளைமற்றைநாளாகும் cela se fera demain ou un autre jour, ou demain est un autre jour; நாளைநின்று, ou நாளையின் மறுநாள் après-demain, le surlendemain.

நாளைக்கு,dat. de நாள் et de நாளை,demain: நாளைக்குவா viens demain: நாலுநாளைக்குப்பின்பு quatre jours après.

நாளைய,adj. de நாள் ou நாளை: நாளையதினம் demain: நாளையதினத்தில் செய்தியையறியோம் nous ne savons pas ce qui se passera demain; ஒருநாளையப்பயணம் voyage d'un jour; இந்நாளையமனிதர் les hommes de temps-ci, d'aujourd'hui.

நாள், gén. நாளின் ou நாளது, dat. நாளுக்கு et நாளைக்கு, acc. நாளை ou poétiquement நாளினை, abl. நாளில், pl. நாள்கள் ou நாட்கள், jour,—de 24 heures ou de 60 நாழிகை, l'espace d'un jour et d'une nuit, temps (en général), fête, constellation lunaire, jour astrologique, — supposé gouverné par une de ces constellations, (le nom de cette constellation se met devant, comme அச்சுவினிநாள் le jour où la lune se trouve dans la constellation அச்சுவினி), espace de 3 நாழி 3/4, moment, favorable (pour une entreprise...) pied d'une seule syllabe longue, beauté; adj. du jour, nouveau: நாளும், எந்நாளும் toujours; நாளுக்குநாள் de jour en jour; அந்நாளே ce jour-là même; அந்நாளிலே ce jour-là, en ce jour-là, en ce temps-là, autrefois; ஆடிக்கொருநாள் ஆவணிக்கொருநாள்வருகிறீர் vous venez un jour au mois d'ஆடி et un jour en celui d'ஆவணி, i.e. fort rarement; அவன்வந்துவெகுநாளாயிற்று il y a long-temps qu'il est venu; அறுப்புவரஇன்னும்வெகுநாளிருக்கிறது ou வெகுநாள்பிடிக்கும் il y a encore long-temps d'ici à la moisson; இதுஅதுக்குநாளல்ல ou நாளன்று ce n'est pas le jour ou le temps propre pour cela; நெடுநாளிருக்கிற சீவன்கள் êtres—, animaux qui vivent long-temps; —உலக்கிறது mourir, passer le temps, le temps se passer; —எடுக்கிறது choisir—, désigner le jour, —le moment favorable;— எல்லை bornes du jour,— du temps, le soir, le temps de la mort;—ஓலை ôle du jour, horoscope, contrat, note ou billet de dot;—கழிகிறது le temps se passer;—கழிக்கிறது passer le temps; —கழிவு passe-temps, passage—, écoulement du temps,—குறைந்தவன் un homme qui n'a que peu de temps à vivre;—கடை fin du jour (naturel, astrologique);—செல்லுகிறது le jour s'écouler,—se passer;—சோறும் chaque jour, tous les jours; —படுகிறது durer, continuer, tarder; —பட long-temps: —படநிற்கிறது durer long-temps; —பட்டவியாதி maladie longue, —invétérée; —பார்க்கிறது observer le temps, — les jours réputés bons ou mauvais; — போகிறது le temps se passer; — போக்கு écoulement du temps; — போக்குகிறது passer —, employer le jour, — le temps, vivre; —வட்டம் suite —, cercle ou série de jours, cours du temps; —வட்டத்திலே à la longue, avec le temps; —வட்டத்திலேபார்த்திருக்கிறது avoir long-temps attendu (l'occasion favorable); — விடுகிறது, V. நாள்போக்குகிறது; —வேலை ouvrage de la journée.

நாறல், opt. et n. v. de நாறுகிறது, odeur (bonne ou mauvaise), puanteur, infection, corruption, chose gâtée, apparition, lever, existence, pousse, croissance, splendeur: நாறலாயிருக்கிறது puer, sentir mauvais, être gâté, corrompu; — வாயன் homme dont la bouche sent mauvais, — dont les paroles sont sales; —வாயன் தேடக்கர்ப்பூரவாயன் கைக்கொண்டான் l'homme à bouche de camphre a recueilli ce qu'avait amassé l'homme à bouche puante, i. e. les bons profitent des travaux des méchans; நாறற்பாக்கு espèce de noix d'arec. [நெட்டி.

நாறு, (நாறல், நார்), l'arbrisseau

நாறா, நாறாத, நாறாது, நாறாமல், part. et gér. nég. de நாறுகிறது: நாறாதிருக்கிறது ne pas sentir mauvais.

நாறி, 1° gér. du même. 2° qui pue (à la fin des mots composés): Ex. பீநாறி. 3° aloés.

நாறு, 1° imp et part. de நாறுகிறது. 2° semis de riz ou autres céréales pour transplanter: —கட்டி assa-fetida; —கரந்தை, V. நறுங்கரந்தை.

நாறுகிறது, றினேன், றுவேன், று, ம, v. n. நாறுகை, நாறுதல், n. v. sentir (bon ou mauvais), puer, exhaler une mauvaise odeur, se gâter, se corrompre, se lever, paraître, commencer à exister, pousser, germer, briller; நாறாமலிருக்கிறது ne pas sentir mauvais; நாறிப்போகிறது, —ப்போயிருக்கிறது puer, commencer à sentir mauvais.

நாற், P. நால், devant க, ச, த, ப, quatre: —கணம் 4 classes de lettres c'est-à-dire les fortes வல்லினம், les douces மெல்லினம், les moyennes இடையினம், les voyelles உயிர்க்கணம்; — கதி 4 espèces d'êtres, savoir: தேவர் les dieux, மனிதர் les hommes, விலங்கு les animaux, நரகர் les êtres infernaux, V. aussi au mot கதி: —கவி 4 espèces de poésies, V. les au mot கவி; — காலம் les 4 saisons: de pluie, de chaleur, de rosée, de froid: — காலி, (காலி), fauteuil, chaise, tabouret, escabot à 4 pieds, quadrupéde; —காலிபோடுகிறது mettre —, présenter un fauteuil..; — காற்சீவன், — கான்மிருகம், —கான்முள்ளமிருகம் quadrupède, litt. animal à 4 pieds; — குணம் les 4 caractères des hommes ou des femmes, V. au mot குணம் ஆண்குணம்-ச et மகளிர்க்குணம்-ச; —கோணம்-4 angles ou — சதுரம் carré, quadrangle, figure à 4 angles et à 4 côtés; —சதுரமாயிருக்கிறது être carré; —சந்தி carrefour où aboutissent 4 rues ou 4 chemins; — சதுக்கம் carré, chose carrée, quadrilatère, objet à 4 coins; —பண் les 4 espèces de mélodies, V. les au mot பண்; — பயன் avantage provenant des 4 choses dites நாற்பொருள், V. நாற்பொருள், 4 espèces d'avantages; — பாட்டன் quadrisaïeul, père du trisaïeul; — பெருந்திசை les 4 points cardinaux; —பொருள் les 4 choses qui font l'objet des désirs de l'homme, i. e. அறம் la vertu, பொருள் la richesse, இன்பம் le plaisir, வீடு le paradis, (chaque grand poëme traite ordinairement de ces 4 objets); — பொன் les 4 espèces d'or nommées ஆடகம், கிளிச்சிறை, சாதரூபம், சாம்பூநதம். [daison, V. நாற்சி

நாற்சி, n. v. de நாறுகிறது, pen-

நாற்பது, 1° obl. நாற்பத்து, (நால், பத்து), quarante, நாற்பதுநாளொருசந்தி le jeûne de 40 jours, le carême: நாற்பத்தொரு et நாற்பத்தொன்று 41; நாற்பத்திரண்டு 42, நாற்பத்துமூன்று 43; நாற்பதாம் 40°; நாற்பத்தோராம் 41°; நாற்பத்திரண்டாம் 42°; நாற்பதாவது quarantièmement... 2° நாற்பது le 76° பிரபந்தம் poème qui décrit, en 40 வெண்பா un sujet relatif au temps, au lieu ou à la propriété.

நாற்பான், P. நாற்பது, quarante

நாற்றங்கால், (நாற்று, அம், கால்), carré de semis, lieu où l'on a semé du riz pour être transplanté ensuite.

நாற்றத்தசனி, (நாற்றம், இதசனி), viande, litt. place de la puanteur.

நாற்றம், n.v. de நாறுகிறது, puanteur, mauvaise odeur, odeur (en général), callou ou jus de cocotier..., la plante வசம்பு, apparition: —அடிக்கிறது, —வீசுகிறது, —வைக்கிறது puer, sentir mauvais: — அங்கடைகிறது, —எடுக்கிறது, —எடுத்துப்போகிறது prendre —, contracter une mauvaise odeur. [points cardinaux.

நாற்றிசை, (நால், திசை), les 4

நாற்று, n.v. de நாறுகிறது, semis, céréales ou plantes semées épais pour être ensuite transplantées: —க்கட்டு paquet de semis, —de céréales en herbe arrachées pour être transplantées; — நடவு transplantation (du riz...): —நடுகிறது, —நாட்டுகிறது transplanter le semis, —le riz en herbe; —ப்பாவுகிறது, —ப்போடுகிறது, —விடுகிறது faire un semis, semer épais le riz ou autres céréales pour les transplanter; — ப்பிடுங்குகிறது arracher le semis, — le riz semé pour être transplanté; — முடி poignée de semis ou de céréales en herbe (arrachées et liées pour être transplantées; நாற்றைமுடியாய்க்கட்டுகிறது lier le semis par poignées நாற்றை நட்டுக்கொண்டிருந்தேன் j'étais à transplanter le semis ou le riz; நாற்றுநாற்றெடுத்துப்போயிற்று l'excès d'eau a gâté ou perdu le semis.

நாற்றுகிறது, ற்றினேன், ற்றுவேன், ற்று, ற்ற, v.a. de நாறுகிறது, faire—, pendre, suspendre, abaisser: நியாயாதிபதிகுற்றமுடையவனை நாற்றினான் le juge a fait pendre le coupable.

நானம், 1° musc, odeur, le cerf dit கவரி. 2° P. ஸ்நானம், bain, ablution, plongeon: நானமா l'animal qui donne le musc, est-ce du musc?..,

* நானா, 1° (nânâ), adj. divers, diversifié, plusieurs. 2° (நான், ஆ), est-ce moi?: — ஒலி divers bruits, — tons ou airs; — தேசங்கள் divers pays; —ப்பிரகாரம், —விதம் diverses manières, —sortes; — ப்பொருள் diverses choses; — ரசம் divers sucs...; — ராகம் diverses couleurs, divers airs; —ரூபம் diverses figures, — formes; —ரூப multiforme; — வர்ணம் diverses couleurs; — வித்தொனி sons ou tons divers, ou — த்தொனி instrument de musique à divers tons.

நானாழி, (நால், நாழி), 4 படி ou mesures. [èvre quarte.

நாஞ்ஞானமாறன், (நால், நாலை), fi-

நானான்கு, (நால், நான்கு), 4 fois 4, i e. seize.

நானிலம், (நால், நிலம்), 1° les 4 espèces de terrains, savoir: குறிஞ்சி pays ou terrain montagneux, முல்லை — de forêts, மருதம் — fertile, நெய்தல் — salin ou maritime. 2° la terre, les 4 coins du monde; — புகழப்பட்டான் il fut loué partout. [cent.

நானூறு, (நால், நூறு), quatre

நான், 1° pro. je, moi, gén. என், என்னுடைய, எனது, dat. எனக்கு, acc. என்னை... 2° P. நால், quatre devant ம: நானும் moi, même, de moi même, par moi-même, moi seul: நானும்போகவேண்டும் il faut que j'aille moi même; நானென்கிற எண்ணம், —என்றபேச்சு égoisme, amour propre, présomption.

நான்கடிமடக்கு, (நான்கு, அடி), strophe dont les 4 vers ont la répétition de mots dite மடக்கு.

நகு

நாற்களவை,(*id.* அளவை), les 4 espèces de mesures: எண்ணல் celles de calcul; எடுத்தல் celles de poids, முகத்தல் celles de capacité, நீட்டல் celles d'étendue.

நான்கன்,(நான்கு),quatre, quatrième: — உருபு la 4e forme, le 4e cas terminé en கு, c'est le datif.

நான்காம்,(*id.*),quatrième: — பக்கம் le 4e côté, la 4e phase après la nouvelle lune, ordinairement சதுர்த்தி; — வேதம் le 4e vêdam nommé அதர்வணம். [quatrièmement.

நான்கு, quatre: நான்காவது

நான்மணிமாலை, (நால்), le 15e des பிரபந்தம், poème de 40 strophes de 4 espèces de vers dites வெண்பா, கலித்துறை, விருத்தம் et அகவல், avec la connexion dite அந்தாதி.

நான்மருப்பியானை, (நால், மருப்பு), l'éléphant fabuleux à 4 défenses nommé ஐராவதம்: — யூர்தி celui qui monte cet élèphant, *i.e.* Indiren.

நான்மறை,(*id.*),les 4 vèdas.

நான்மறையோன், (*id.* மறை), l'auteur des 4 vèdas, *i. e.* Brama, l'homme des 4 vèdas, le brame, sage, ermite.

நான்முகன்,(*id.* முகம்), l'être aux 4 visages, Brama, Arouguen: — கிழத்தி Sarasvati épouse de Brama; — தேவி (தேவீ), Sarasvati, l'arsenic dit மனோசிலை; — வாழ்நாள் période de la vie de Brama dite பிரமகற்பம்; நான்முகப்புல் l'herbe சசபரம் saccharum spontaneum. [12.

நான்மூன்று,(நால்),4 fois 3, *i. e.*

நான்று, *gér. de* நாலுகிறது: — கொள்ளுகிறது se pendre; கயிற்றால் நான்றுகொண்டான் il s'est pendu avec un corde.

நி, 1° lettre syllabique composée de ந et de இ. 2° (ni), particule sanscrite qui se met au commencement des mots et désigne négation, prohibition, manque, certitude, affirmation, proximité, stabilité, continuation, doute, intensité, plénitude, abondance.

*நிஃ,(nir), *P.* நிர், la lettre ர் étant changée en visarga ou h douce devant certaines lettres, et représentée par ஃ.

*நிஃசலாகம்,(நிர், சலாகை *mainate*), lieu solitaire — pas même fréquenté par le mainate.

*நிஃசோத்தியம், (நிர்), propreté, pureté exacte.

*நிகடம்,(nikata),voisinage.

நிகண்டவாதம்,nom d'une secte.

நிகண்டவாதி, (நிகண்டவாதம்), partisan de cette secte.

*நிகண்டு, (nighandou), vocabulaire, dictionnaire, — de synonymes, collection de mots ou explication des mots obscurs, ce qui est un des 6 வேதாங்கம், chapitre, section, collection, certitude, vérité, exactitude: தசவிதநிகண்டுகள் les 10 espèces de dictionnaires mentionnés en sanscrit; நிகண்டாயிருக்கிறது être vrai, certain, exact; நிகண்டாய்ச்சொல்லுகிறது *ou* பேசுகிறது dire la vérité, parler exactement, sans déguisement. [mot, discours.

*நிகதம்,(நி, gada *discours*), parole,

*நிஃப்பிரபை,(நிர், பிரபை), obscurité, ténèbres.

*நிகமம்,(nigama), ville, cité, marché, foire, rue du marché, — où il se tient, commerce, trafic, réunion —, société —, caravane de marchands, certitude, assurance, écrit sacré, la collection des Vêdas.

*நிகமனம்,(nigamana), conclusion, — certaine ou logique, — d'un syllogisme, question prouvée.

*நிகமாகமம், (நிகமம், ஆகமம்), les Vèdas et les Agamas, livre de religion, l'écriture sainte.

நிகம்,1° lumière. 2° *P.* நகம், ongle, griffe, serres.

நிகர, *inf. de* நிகர்கிறது, comme, pareillement: அவனைநிகர comme lui, lui ressembler.

*நிகரணம்,(நிகரம், na), action de dévorer,

*நிகரம், 1° (nikara), foule, multitude, troupeau, monceau, présent, don convenable, richesse, trésor, suc, sève, essence, V. சாரம். 2° (nigara), action de dévorer.

நிகரா, நிகரான, part. nég. du suiv. incomparable, qui n'égale pas, ne ressemble pas.

நிகருகிறது, V. நிகர்க்கிறது.

*நிகருஷணம், (nikarchana), proximité, voisinage, cour à l'entrée d'une maison.

*நிகருமம், (நிர், கருமம்), inaction, négligence—, omission des devoirs.

*நிகருவம், (நிர், கருவம்), humilité, soumission, modestie, abaissement, abjection, absence d'orgueil.

நிகர், 1° ressemblance, comparaison, égalité, lumière, combat. 2° imp. et part. de நிகர்கிறது, semblable, égal, pareil: — இடுகிறது comparer; — இல்லாத incomparable, sans égal, sans comparaison; அவனுக்கு — இல்லை. il n'a pas d'égal; — பக்கம் le point de la comparaison, l'endroit où il y a ressemblance.

நிகர்கிறது ou நிகருகிறது, நிகர்ந்தேன், நிகர்வேன் ou நிகருவேன், நிகர் ou நிகரு, நிகர, v. n., நிகர்தல், n. v. (நிகர்), ressembler, égaler, être semblable, égal, pareil.

நிகர்க்கிறது, நிகர்த்தேன், நிகர்ப்பேன், நிகர், நிகர்க்க, v. a. et n. (நிகர்), நிகர்த்தல், n. v. comparer, égaler, combattre, ressembler. [semblance, égalité, bataille.

நிகர்ப்பு, n. v. de நிகர்க்கிறது, ressemblance, égalité, bataille.

*நிகர்வம், V. நிகருவம்: இவன் நிகர்விகோரமணி il est la perle des humbles.

*நிகர்வி, (நிகர்வம்), personne humble.

நிகர்வு, n. v. de நிகர்க்கிறது, ressemblance.

நிகலம், dessus des épaules, nuque, épaule.

நிகழ், imp. et part. de நிகழ்கிறது, présent, actuel, qui passe: — காரியங்கள் les choses présentes; — காலம் le présent, le temps présent; — கால வினையெச்சம் infinitif terminé en அ sans lettre intermédiaire dite இடைநிலை et qui de lui-même indique le présent, comme செய்ய faire; — சரம் flèche volante; — வினைவிலக்கு figure de rhétorique qui après avoir montré une action comme présente la rejette ou la nie.

நிகழ்கிறது ou நிகழுகிறது, நிகழ்ந்தேன், நிகழ்வேன் ou நிகழுவேன், நிகழ் ou நிகழு, நிகழ, v. n. நிகழ்தல், n. v. briller, marcher, se passer, passer, aller, courir, arriver, être sur pied.

நிகழ்ச்சி, n. v. du préc. lumière, brillant, chose présente, — qui passe, qui a cours.

நிகழ்த்துகிறது, நிகழ்த்தினேன், நிகழ்த்துவேன், நிகழ்த்து, நிகழ்த்த, v. a. de நிகழ்கிறது, நிகழ்த்தல், நிகழ்த்துதல், n. v. conduire, faire marcher, dire, parler.

நிகழ்வு, n. v. de நிகழ்கிறது, le présent, le temps actuel, événement, ce qui arrive.

*நிகளம், (nigada), chaine, fers, — pour les pieds, entraves, chaine d'éléphant, longueur.

*நிகற்பம், (nikharba), 100 கற்பம் ou 1 trillion.

*நிகனனம், (nihanana), meurtre.

*நிகன்மம், P. நிகருமம்.

*நிகாசம், (nikâsa), ressemblance, comparaison.

*நிகாதம், 1° (nigâda), discours, parole. 2° tromperie.

*நிகாதன், (நிகாதம்), trompeur, fourbe.

*நிகாதி, (nighâti), pilon—, massue de fer.

*நிகாயம், (nikâya), multitude, foule, congrégation, troupe, but, marque, maison, habitation, village en pays cultivé.

*நிகாமயன், (நி, காமயம்), l'être suprême, Dieu.

*நிகாரணம், 1° (nikârana), meurtre, massacre. 2° (நிர், காரணம்), chose sans cause.

*நிகாரணன், (நிகாரணம்), meurtrier.

*நிகாரம், (nikâra), opposition, contradiction, injure, mépris, irrévérence, diffamation, offense, faute, action d'élever, de vanner. 2° (nigâra), action de dévorer, d'engloutir. 3° (nihâra), rosée, gelée blanche. 4° arrosement, connaissance de la forme de l'air ou du temps.

நிகாவம், la plante சிறமி.

*நிகிஞ்சனம், (nihimsana), meurtre.

*நிகிதம், (nihita), rangée, couche, dépôt, don, chose livrée, — donnée, confiée, ou appliquée à.

*நிக்ருதி, (nikrouti), pauvreté, mépris, mal, méchanceté.

*நிகிலம்,(nikhila),tout,— entier.
*நிகீதம்,(நி),chant.
நிகீவென்றிறது.நிகீயென் றுகனை க்கிறது,(le cheval),hennir,faire *niki*.
*நிகீனன், (nihina), homme vil, [vaurien.
*நிகு,(nigou),esprit, intelligence, faculté de connaître. [ta),bruit,son.
*நிகுஷ்டம்,நிகுட்டம்,(nighouchta),bruit,son.
*நிகுஞ்சம்(nikoundja), cabane,— couverte de plantes grimpantes,berceau, cabinet de verdure, caverne, grotte.
நிகுஞ்சனம்,P. நிகிஞ்சனம்.
*நிகும்பம்,(nikoumbha),la plante நேர்வாளம்.
*நிகும்புலை,நிகும்பிலை, (nikoumbhilâ),place où l'on fait des sacrifices avec le feu, place du sacrifice d'இந்திரசித்து.
*நிகும்பன்,(nikoumbha),Nigoumben fils de கும்பகர்ணன்.
*நிகூடம்,(நி.கூடம்),profondeur, cachette: நிகூடார்த்தம், (அர்த்தம்), chose d'un sens—, sens profond ou [caché.
*நிகேசவம்,P.நிகேசவம்.
*நிகேசாயம்,(nikètchâya), entassement. [maison, habitation.
*நிகேதகம்,நிகேதம்,(nikèta, ka),
*நிகேதனம்,(நிகேதம்,na),maison, temple,palais des dieux, village en pays cultivé.
*நிக்கிரகணம்,(நி,கிரகணம்),soumission,répression, défaite, action de subjuguer.
*நிக்கிரகம்,(id.கிரகம்), aversion, destruction, répression, réfutation, châtiment,meurtre,accusation, blâme,arrestation,saisie,action de lier,borne,limite: துஷ்ட— destruction ou répression des méchans; — பண்ணுகிறது, V. நிக்கிரகிக்கிறது: நிக்கிரகஸ்தானம் défaut d'argument logique, endroit où l'on triomphe de son adversaire en controverse. [tructeur...:(surnon de Krichna.
*நிக்கிரகன், (நிக்கிரகம்), le destructeur...
நிக்கிரகிக்கிறது.கிக்கேன், கிப்பேன்,கி,கிக்க,v.a.(நிக்கிரகம்), *et* நிக்கிரகித்தல்,n.v.détruire,réprimer, punir,vaincre son adversaire,réfuter.
நிக்குரோதம்,V. ஆலமரம்.
*நிக்ஷணம்,(nikchana),baiser.[கு.
*நிக்ஷேபம்,(nikchêpa),dépôt, gage,abandon,rejet,trésor, — enfoui en terre, action d'essuyer. de nettoyer.
நிக்ஷேபிக்கிறது,(நிக்ஷேபம்), thésauriser. [certifier,
*நிசகாரம்,(நிசம்,காரம்),assurance,
*நிசம்சம்,P. நிஷ்சம்சம்.
*நிசஸ்தன்,நிசத்தன்,pl. நிசஸ்தர், நிசத்தர்,(நிசம்,ஸ்தன்),homme vrai, véridique,de confiance.[régulation.
*நிசமம்,(P.நியமம்),destination,
*நிசமனம்,(nisamana), action d'entendre,de voir,vue,ouïe.
நிசமிக்கிறது,மித்தேன்,மிப்பேன், மி,மிக்க.v.a.நிசமித்தல்,n.v. V. நியமிக்கிறது.
*நிசம்,1° (nidja),propriété,perpétuité,chose propre, — éternelle,— perpétuelle.2° (P.நிச்சயம்),certitude, vérité, assertion: — ஆயிருக்கிறது être certain;— ஆய்ச்சொல்லுகிறது dire vrai,—la vérité;— ஆய்வருகிறது arriver certainement;— உள்ளவன்,V. நிசஸ்தன்: நிசமார்க்கத்தப்புகிறது s'égarer du vrai chemin; நிசத்துக்குநிசம் chose très- certaine, — très-vraie. [union,foule,monceau.
*நிசயம்,(nitchaya), certitude, ré-
*நிசவான்,(நிசம்,van *affixe*), V. நிநிசவு,P.நெசவு, tissa e. [சஸ்தன்.
*நிசர்க்கம்,(nisarga),forme,création,fixité,abandon,changement, état naturel.
*நிசர்க்கம்,(நிசர்க்கம்,சம்), caractère —,naturel,chose innée.
*நிசா,(nisâ),nuit: — கசம் (hasa *qui rit*),nénuphar blanc qui s'épanouit la nuit;—கரன் le coq (agent de la nuit), *ou*— கேசு la lune,symbole de la nuit; — சரம் ce qui va la nuit,bibou, serpent, chacal;—சரர் ceux qui rôdent la nuit, géans,démons,spectres,voleurs;— சரி celle qui *ou* ce qui rôde la nuit, géante,diablesse,voleuse,prostituée, femme de mauvaise vie,hibou; — சருமம் peau de la nuit,i. e. les ténè-

bres;—சலம் l'eau de la nuit, *i. e.* la rosée;—திசி être qui voit la nuit, *i. e.* hibou;—பதி la reine de la nuit, la lune, camphre; — புஷ்பம் fleur qui s'épanouit la nuit, nénuphar blanc, rosée, givre, gelée blanche;—மணி la pierre précieuse de la nuit, la lune, ver luisant, mouche luisante;—மானம் longueur de la nuit; —மிருகம் animal nocturne, chacal; —ரணம் combat nocturne, meurtre, massacre; — ரணன், (இரணம்), meurtrier; — ரத்தினம் le joyau de la nuit, *i. e.* la lune; —விருத்தம், —சனம் nombre de nuits;—வேதி, (வேதம்), le coq qui connait les heures de la nuit.

*நிசாடம், நிசாடனம், (நிசா, அடம், அடனம்), ce qui court la nuit, hibou, démon, spectre.

நிசாடு, safran. [ce, lieu, vérité.

*நிசாதனம், (நிசம், ஆதனம்), pla-

*நிசாதன், (nisâda), homme vil, de basse caste: நிசாதத்துவம் bassesse de caste. [du soir.

*நிசாதி, (நிசா, ஆதி), crépuscule

*நிசாந்தம், 1° (*id.* அந்தம்), fin de la nuit, aurore. 2° (நி, சாந்தம்), maison, calme, tranquillité: நிசாந்தநாரி épouse, maîtresse de maison.

*நிசாந்தன், (*id.* அந்தன்), aveugle la nuit.

நிசாபிசா, l'arbre மருதஞ்சான்.

*நிசாமனம் (nisâmana), vue, ombre, ouie, action d'entendre.

*நிசாரம், (நிர், சாரம்), fadeur, insipidité, chose insipide, sans suc, sans

நிசாரியம், action de mettre. [force.

நிசார், நிசாரு, (*ind.*), pantalon:—போட்டுக்கொள்ளுகிறது mettre un —, porter pantalon.

*நிசார்த்தம், 1° (நிசம், அர்த்தம்), vérité. 2° (நிசா, அர்த்தம்), minuit, milieu—, moitié de la nuit.

. நிசாளம், tambour qui n'a de peau que d'un côté.

நிசான், (*persan*), drapeau:— பறக்கிறது le drapeau flotter.

*நிசி, 1° (nisâ), nuit, obscurité, safran. 2° or:—சரர் ceux qui rôdent la nuit, démons ou அசுரர், spectres, géans. [pris, vileté, mensonge.

*நிசிதம், (nisita), fer, pointe, mé-

நிசிதர், (நிசிதம்), gens vils, démons, spectres, géans. [lateur, écrivain, clerc.

நிசித்தன், (*pers.*), comptable, calcu-

*நிசீதம், (nisîtha), nuit, minuit, pointe, — aigue, tranchant, petitesse, vileté.

*நிசிநி. நிசித்தினை, (நிசிதம், ini, yâ), nuit: நிசிநிநாதன் la reine de la nuit, *i. e.* la lune. [bha, na), meurtre.

*நிசும்பம், நிசும்பனம், (nisoum-

*நிசும்பன், (*id.*), le géant Nisoumbhen: நிசும்பமர்த்தினி la destructrice de Nisoumbhen, *i. e.* துர்க்கை.

*நிசுலகம், (nitchoulaka), cuirasse.

*நிசுவாசம், (நிர், சுவாசம்), 1° ou நிசுவசனம், நிசுவசிதம், (nirsvasa, —sita), expiration, air renvoyé des poumons. 2° un des 28 livres des Sivénistes.

நிசுளம், l'arbre நிர்க்கடம்பு. [tre.

*நிசூதனம், (நி), destruction, meur-

*நிச்சதம், P. நிலேதம்.

*நிசை, (nisâ), nuit. [ka), cuirasse.

*நிசோலகம், (nitchôla *jaquette*,

*நிச்சத்தியம், நிச்சத்தியதை, (நிர், சத்தியம், tâ), fausseté, mensonge.

*நிச்சத்துவம், (*id.*), impuissance, faiblesse.

*நிச்சம், (nidja), toujours.

*நிச்சயம், (nistchaya), certitude, vérité, assurance, confirmation, sureté, fermeté, détermination:— பண்ணுகிறது ou நிச்சயப்படுத்துகிறது assurer, certifier, garantir, confirmer, prouver, rendre certain, déterminer, résoudre;—தாம்பூலம் bétel et arec qu'on donne au prétendant pour confirmer la promesse qu'on lui fait d'une fille en mariage.

*நிச்சயார்த்தம், (நிச்சயம், அர்த்தம்), assurance, chose vraie, sûre, certaine, vrai sens.

நிச்சயிக்கிறது, யித்தேன், யிப்பேன், யி, யிக்க, *v. a.* நிச்சயித்தல், *n. v.* (நிச்சயம்), certifier, assurer, garantir, rendre sûr, se proposer, résoudre, déterminer; நிச்சயிக்கப்படுகிறது être sûr, certain, résolu...; நிச்சயித்துக் கொள்ளுகிறது s'assurer, acquérir la certitude, devenir certain, examiner, se décider, se proposer, se détermi-ner. [détermination, résolution.

நிச்சயிப்பு, n.v. du préc. certitude,

*நிச்சலம், (நிர், சலம்), immobilité, —sans mouvement, fermeté, continuité, perpétuité: நிச்சலத்தியானம் méditation sans aucun mouvement.

*நிச்சலன், (id.), immobile, l'immuable, Dieu. [posée immobile).

*நிச்சலை, fém. du préc. la terre (sup-

*நிச்சலாங்கம், (நிச்சலம், அங்கம்), corps immobile, montagne.

நிச்சல், P. நித்தல், toujours.

நிச்சன், V. நாணி. [air.

*நிச்சாரகம், (நிர், சரம், ka), vent,

நிச்சிக்கிறது, சித்தேன், சிப்பேன், சி, சிக்க, v.a. நிச்சித்தல், n.v. (நிச்சம்), V. நிச்சயிக்கிறது. [vérité.

*நிச்சிதம், (nistchita), certitude,

*நிச்சித்தம், (நிர், சித்தம்), répression de la volonté, exemption d'inquiétude.

*நிச்சிந்தன், (நிச்சிந்தை), être tranquille, — irréfléchi, sans souci, —inquiétude, Dieu, Arouguen.

*நிச்சிந்தை, (நிர், சிந்தை), exemption d'inquiétude, de crainte, calme, tranquillité d'esprit, inconsidérati-

நிச்சியம், ail. [on, irréflexion.

*நிச்சிரயணி, நிச்ஸ்ரேணி, (nisrayani, nisreni), échelle, escalier.

*நிச்சிரேயசம், (nisrèyasa), béatitude finale, délivrance de l'âme du corps matériel et réunion à l'âme universelle, renoncement absolu.

*நிச்சுவசனம் (நிர், svasana *respiration*), soupir, obstination.

*நிச்சுவாசம், (நிர்), expiration, rétention de la respiration.

*நிச்சேதம், (nitchtchhèda), expulsion, retranchement. [பாஷாணம்.

நிஷக்கல்லு, l'arsenic dit சிதங்க

*நிஷங்கம், (nichanga), carquois, union, accord, association.

*நிஷங்கி, (நிஷங்கம்), archer.

*நிஷதம், (nichadha), montagne ou chaine de montagnes au sud de இலாவிருதம் et au nord des monts இமாலயம், c'est un des அஷ்டதிக்குப்பருவதம், pays situé dans la division sud-est de l'Inde et où regna le roi நளன். [verain de Nichadha.

*நிஷதன், (id.), le roi நளன், sou-

*நிஷாதம், (nichâda), la 1re ou la plus élevée des 7 notes.

*நிஷாதன், (id.), homme vil, de basse caste, dégradé, fils d'un brame et d'une choutresse, pêcheur,

நிஷானி, (pers.), signature.

*நிஷித்தம், (nichiddha), prohibition, défense: —பண்ணுகிறது défen-

*நிஷூதம், P. நிஷ்டூரம். [dre.

*நிஷூதனம், (nichoûdana), meur-

*நிஷூதனன், (id.), meurtrier. [tre.

*நிஷேதம், (nichèdha), empêchement, défense, irrégularité, exception, faute.

நிஷேகிக்கிறது, கித்தேன், கிப்பேன், கி, கிக்க, v. n. les époux consommer le mariage.

*நிஷ், P. நிர், sans, *devant* க, *et* ப; *au lieu de* நிஷ் *on écrit aussi* நிட்.

*நிஷ்கபடம், (நிஷ்), sincérité, franchise, loyauté, vérité, pureté d'intention, —de cœur: நிஷ்கபடபக்தி piété sincère.

*நிஷ்கம், (nichka), poids pour l'or (pour en déterminer les diverses valeurs), poids d'un பலம், or (en général), ornement de la poitrine, espèce de tambour. [bilité.

*நிஷ்கம்பம், (நிர், கம்பம்), immo-

நிஷ்கரிக்கிறது, ரித்தேன், ரிப்பேன், ரி, ரிக்க, v.a. résoudre.

*நிஷ்கருஷம், நிஷ்கருடம், (nirkarcha), நிஷ்கருஷை, நிஷ்கருடை, certitude, résolution, détermination: நிஷ்கருஷை ou நிஷ்கருஷைபத்திரிகை certificat, assurance, lettre de bonne ou mauvaise conduite; நிஷ்கருஷைபண்ணுகிறது prendre la résolution. [auté, défaut, de pitié.

*நிஷ்கருணம், (நிஷ், கருணை), cru-

*நிஷ்கருமன், (id. கருமம்), V. நிஷ்கிரியன். [les règles ont cessé.

*நிஷ்களை, (nichkalâ), femme dont

*நிஷ்களம், (நிர்), état sans figure,

—forme,—mélange,pureté. [tache.

*நிஷ்களங்கம்,(*id.*),pureté,—sans

*நிஷ்களர்,(*id.*),gens purs,Dieu.

*நிஷ்காபட்டியம்,(*id.*kâpatya *fraude*),sincérité.

*நிஷ்காமியம், நிஷ்காமம், (*id.*), exemption de tout désir,indifférence.

*நிஷ்காரணம், (*id.*), défaut de cause,de fondement,de raison:—அடியடிக்கிறது frapper sans raison, sans qu'on l'ait mérité:— குற்றஞ்சொல்லுகிறது dire sans raison ou motif.

*நிஷ்கிரமணம்,(*id.* kramana *allée*),cérémonie de porter un enfant dehors de la maison le 4me mois.[se.

*நிஷ்கிரமம்,(*id.*espèce de dan-

*நிஷ்கிரியன்,(*id.*கிரியை), homme qui s'abstient de toute cérémonie légale,—qui ne participe ni aux cérémonies de ce monde ni à celles de l'autre.

*நிஷ்டாநுசாரன், நிஷ்டாபரன், நிஷ்டாவரன், (நிஷ்டை, அநுசாரம்,பரன்),fidèle observateur des observances religieuses.

*நிஷ்டாநுபூதி,(*id.*அநுபூதி),jouissance divine de la réussite des exercices religieux.

நிஷ்டியூதம், நிஷ்டியூதி, (nichtyoûda,—ti), crachat,chose crachée.

*நிஷ்டீவம், நிஷ்டீவனம், (nichtîva, na), crachat, cracher,vomissement.

*நிஷ்டூரம்,(nichtoûra),cruauté, atrocité,dureté,injure,insulte:—பண்ணுகிறது user de cruauté, traiter cruellement, —durement: —பேசுகிறது parler durement:— குற்றஞ்சொல்லுகிறது dire ou parler avec mépris,d'une manière atroce.

*நிஷ்டூரதை,(நிஷ்டூரம் tâ),langage atroce, dur, insultant.

*நிஷ்டூரன், *m.* நிஷ்டூரி,*f.* (நிஷ்டூரம்),homme—,femme cruelle, atroce, sévère, dur.

*நிஷ்டேவம்,நிஷ்டேவனம்,(nichtêva, na), cracher.

*நிஷ்டை,(nichtâ),dévotions,pratiques—,cérémonies religieuses,exercice austère, répression des sens, méditation,—continuelle,foi, espérance,bonne conduite, conclusion, fin,— d'une histoire, horoscope, temps de la vie,de son bonheur,force,persévérance, perte, disparition, gêne,détresse:—யாயிருக்கிறது être en dévotions ou méditations continuelles;—கூடுகிறது réussir dans sa pénitence, obtenir l'objet de ses désirs,le don désiré.

*நிஷ்பக்குவம்,(நிஷ்), décoction, infusion,degré insuffisant de cuisson,de température,etc.

*நிஷ்பங்கம்,(*id.*),pureté, propreté,sans tache.

*நிஷ்பத்தி, (*id.* patti *allée*), naissance,fin, conclusion, achèvement. 2° (*id.*பத்தி),défaut de piété.

*நிஷ்பரிக்கிரகன், (*id.*), ascète,—qui a renoncé à tout. [lité,stérilité.

*நிஷ்பலம்,(*id.*),inefficacité,inuti-

*நிஷ்பலை,(நிஷ்பலம்), femme qui a passé l'âge d'avoir des enfans.

*நிஷ்பவம்,*P.* நிஷ்பாவம், espèce de pois dit மொச்சை.

*நிஷ்பன்னம்,(nichpanna),maturité,chose mûre,—à la température voulue.

*நிஷ்பாவம்,(nichpâva),air, vent, —que fait le van à vanner, action de vanner,paille,certitude,espèce de pois phaseolus radiatus, expulsion, renvoi. [boire.

*நிஷ்பானம், (நிஷ்), action de

*நிஷ்பிரகிருதி,(நிர்), ce qui est sans élément ou sans cause.

*நிஷ்பிரபஞ்சன், (*id.*), homme doux,détaché des choses terrestres.

*நிஷ்பிரபை,(*id.*),obscurité,manque de lumière.

*நிஷ்பிரயோசனம்,(*id.*) inutilité.

*நிஷ்பிரயோசனன்,(*id.*), homme inutile.

*நிஷ்புத்திரன்,*m.*நிஷ்புத்திரை, *f.* (*id.*),homme—,femme sans enfans.

*நிஷ்புருஷன்,(*id.*),eunuque,homme impuissant,poltron.

*நிஸ்சாரம்,(நிர்,சாரம்),calomnie, médisance,mépris,injure, négligence.

*நிஷ்டூரம்,P. நிசூரம்.

*நிடதம்,நிடதன்,P. நிஷதம், நிஷதன்.

*நிடலம்,(nitala),front.

*நிடலாக்கன்,(நிடலம், அக்கம்), celui qui a un œil au front, Siven.

*நிடும்பம்,V. நிஷ்டியூதம். [tre.

*நிடுதனம்,P. நிஷூதனம், meur-

*நிடுதனன்,P. நிஷூதனன், meurtrier.

*நிடேதம்,P. நிஷேதம். [து.

நிடேதிக்கிறது, P. நிஷேதிக்கிற

☞ நிட்க,நிட்ட, நிட்ப... s'écrivent pour நிஷ்க, நிஷ்ட, நிஷ்ப...; voyez cette orthographe.

☞ நிட்ச...s'écrit pour நிக்ஷ...; voyez cette orthographe. [tre.

நிட்சேபம்,mise,action de met-

நிணக்கிறது,ணத்தேன், ணப்பேன்,ண,ணக்க,(நிணம்),v.n.நிணத்தல்,n.v. et நிணத்துப்போகிறது,engraisser,devenir gras, pétulant, orgueilleux,tresser, tisser, faire une claie: நிணத்தவன் homme gras.

நிணத்தல்,நிணப்பு,n. v. du préc. graisse,embonpoint.

நிணம்,gras, graisse,embonpoint: —துத்திருக்கிறது être gras et replet, être potelé; — துன்றுகிறது ou நிணச்செருக்குக்கொண்டாகிறது devenir —,être gras,pétulant, insolent, orgueilleux, licencieux; நிணச்செருக்கு pétulance,orgueil insolence, opiniâtreté,lubricité; அவன் நிணச்செருக்கு அவனையாட்டுகிறது sa pétulance l'agite, le rend fougueux ou stupide.

நினாது, (télinga), attendrissement,affection, tendresse, attachement,bonté;நினாதுடையவன் homme plein de bonté; நெஞ்சம் நினாதுக் கொண்டுபேசுகிறது parler avec une tendre affection ou bonté.

நின்றுகிறது,டினேன், டுவேன், டு,ட,v.a.நின்டுதல்,n.v.(P.கின்டுகிறது ou நிமிண்டுகிறது), tirer avec peine (d'une foule), molester, tourmenter les autres,pincer,ronger (v. g. un ver): சும்மா நின்டிக்கொண்டேயிருக்கிறான் il ne fait que vexer les autres sans raison.

*நிண்ணயம்,P. நிர்ணயம்: நிர்ணயபத்திரம் sentence,verdict, décisi-

*நிண்ணரம்,P. நிர்ணரம். [on.

நிண்ணயிக்கிறது, நிண்ணயிக்கிறது,ணித்தேன்,ணிப்பேன்,ணி,ணிக்க,v.a.நிண்ணயித்தல்,n.v. (நிண்ணயம்),V. நிர்ணயிக்கிறது.

நிதகம்,la plante நீர்முள்ளி,

*நிதத்துரு, (நிதம், drou arbre), homme, arbre vénéneux, forme de poison.

*நிதம்,1° (nida),poison,venin. 2° (sync.de நித்தியம்), perpétuité, toujours.

*நிதம்பம்,(nitamba),fesses de femme,vulve,postérieur,derrière, milieu —, circonférence des reins et des hanches,épaule, côté de montagne, rivage,rive, l'arsenic dit சுத்பகிபாஷாணம்: நிதம்பசூலை strangurie, espèce de maladie arthritique.

*நிதரிசனம்,(நி), démonstration, preuve,—évidente,—claire, exemple,explication,fig.de rhét.qui montre que la présence de quelque chose produit du bien ou du mal,invisibilité. [gant,vide de sens.

*நிதருக்கம்,(நி),discours extrava-

*நிதலம்,(id.),un des 7 mondes inférieurs des Indous.

*நிதற்சனம்,P. நிதர்சனம்,exemple,précepte,espèce.

*நிதனம்,(nidhana), mort, perte, disparition,invisibilité, pauvreté,la 7° constellation à compter de celle sous laquelle on est né, le 7me jour de la naissance,race,famille.

*நிதனத்தை,(id.tâ),pauvreté: —காரி destructice.

*நிதாகம்,(nidâgha),le temps des grandes chaleurs, (i. e. ஆனி et ஆடி Juin et Juillet),chaleur, sueur, transpiration: நிதாககரன் l'auteur des chaleurs,i. e. le soleil; —காலம் le temps des grandes chaleurs;—நதி rivière presqu'à sec dans les chaleurs.

*நிதாத்தம்,P. நிசாத்தம்,vérité.

*நிதானம்,(nidâna),certitude, vérité,justesse,légitimité,justice,droiture, probité, exactitude, estimation, estime, cause première, pureté, purification, fin, cessation, corde pour attacher les vaches, recherche des causes des maladies, étude des symptômes, ce qui est une division de tous les livres de médecine, armée. 2° (nidhana), or, trésor, nom commun des 9 pierres précieuses, du bijou divin et des trésors ou bijoux de Koubèren:— ஆயிருக்கிறது être juste, légitime, légal, exact; — ஆய்ச் சொல்லு dis exactement la vérité; — ஆனவிடத்துக்குப்போகிறது aller au lieu désigné ou convenable; — தப்பிப்போகிறது manquer de droiture, d'exactitude, être injuste, illégal, illicite; நிதானத்திலேபோகிறது marcher dans le droit chemin; நிதானக்காரன், —ப்பட்டவன் ou

*நிதானவான், (நிதானம், vân), homme juste, droit, probe.

*நிதானன், (*id.*), celui qui est la 1re cause, la justice même, *i.e.* Dieu.

*நிதானி, (*id*, i), homme juste, droit.

நிதானிக்கிறது, னித்தேன், னிப்பேன், னி, னிக்க, *v.a.* (நிதானம்), நிதானித்தல், *n.v.* voir ce qui est juste, juger, estimer, s'assurer, se déterminer: குற்றமாய் — juger injustement.

நிதானிப்பு, *n.v. du préc.* jugement, estimation, estime, conclusion par argument.

*நிதி, (nidhi), joyau ou ornement qui pend, — qui pend d'un autre, plénitude, mer, richesses, trésor, réceptacle, or, (on en distingue 2 sortes; பதுமநிதி or ressemblant au nénuphar et சங்கநிதி or ressemblant aux conques), nom commun aux 9 pierres précieuses et aux 9 pierreries ou trésors fabuleur de Koubèren (et dont les noms sont பதுமம், மகாபதுமம், சங்கம், மகரம், கச்சபம், முகுந்தம், நந்தம், நீலம், கற்பம்: leur nature n'est pas exactement définie; quelques-uns de ces trésors semblent être des pierres précieuses. Selon les தாந்திரிகர் ils sont personnifiés et adorés comme demi-dieux au service de Koubèren et de Lakchimi: — க்கிழவன், — க்கோன், — நாதன், — பதி, — ப்பிரபு le maître de ces trésors, *i. e.* Koubèren; — சாஸ்திரம் science prétendue de trouver des trésors; — ப்பொதி, *V.* கிழிக்கட்டு.

*நிதித்தியாசனம், (nididhyâsana), réflexion, — profonde.

*நிதித்திகம், (nidigdhikâ), la plante கண்டங்கத்திரி.

*நிதியம், (நிதி, ya), pierre précieuse des dieux indous, pierre précieuse (en général), élément, les 5 élémens, trésor, richesses, les 14 espèces de choses précieuses.

நிதிபோன், *நிதீசன், நிதீச்சுவரன் (நிதி, ஈசன், ஈசுவரன்), le prétendu roi des richesses, *i.e.* Koubèren.

*நிதுவனம், (nidhouvana), mélange, copulation, joie, amusement.

*நிதேசம், (nidèsa), ordre, instruction, discours, voisinage.

நித்தம், *sync. de* நித்தியம், perpétuité, chaque jour, *et adv.* toujours, éternellement, journellement: — வருகிறது venir chaque jour; நித்தமும் toujours, chaque jour; நித்தகலியாணன் être —, homme toujours heureux, Dieu.

*நித்தநிரங்கசமுத்திரம், (நிர், தரங்க[ம்), mer sans vagues.

நித்தல், *V.* நித்தம்.

நித்தன், *sync. de* நித்தியன், être éternel, Dieu, l'âme, (et à tort), Siven, Arouguen.

*நித்திகம், (nidigdhikâ), la plante [solanum jacquini.

*நித்தியதை, (, நித்தியம், tâ), éternité.

*நித்தியம், (nitya), éternité, perpétuité, perpétuelle durée, incorruptibilité, immortalité, toujours, mer, paradis: நித்தியமாய் éternellement, toujours: நித்திய éternel, perpétuel, continuel; — கட்டளை ordre perpétuel, — journalier, tâche —, dépense —, allocation quotidienne; — கட்டளைப்படி selon l'allocation quotidienne, — கதி ce qui est toujours en mouvement, *i.e.* le vent; — கருமம், — கர்மங்கள், — கிருத்தியம், — க்கிரியை cérémonies —, pratiques religieuses de chaque jour, dévotions journalières;

—சகியானந்தம் joie continuelle; — சகியானந்தி femme toujours heureuse, Parvadi; —காலம் l'éternité, — சமாதானம் paix —, concorde perpétuelle, repos éternel: —சுத்தி celui qui rend les derniers devoirs aux morts; — ஜீவி être éternel; —ஜீவியாயிருக்கிறது vivre éternellement, être éternel; — ஜீவியம் la vie éternelle; — ஜீவியப்படுத்துகிறது éterniser, rendre immortel, —சேவகம், — சேவகன் service perpétuel; — தக்கணம், V. நித்தியவிசேஷம்; —தத்துவம், — த்துவம் éternité, incorruptibilité; —தா, (dâ), toujours; —தானம் aumône quotidienne; — நைமித்திகம் cérémonie qui revient à des époques fixes et régulières. — பூசை sacrifice éternel, — quotidien: —படி coutume perpétuelle, selon la coutume journalière et perpétuelle; — பிரளயம் mort qui frappe journellement, destruction continuelle des êtres vivans: — முத்தி, — மோட்சம் bonheur éternel, le paradis, délivrance pour toujours de nouvelles naissances prétendues; — யோகம் bonheur quotidien, யோகம் de chaque jour, (il y en a 27. V. யோகம்-டை); —யௌவனம் jeunesse éternelle; —யௌவனை celle qui a une perpétuelle jeunesse, Draoupadei: — வாழ்வு bonheur éternel, vie éternelle; —விசேஷம் parallaxe de la distance de l'équateur au zénith (dans le lieu de l'observation); — விதி fosse dans laquelle on fait le sacrifice ஓமம், lieu du sacrifice, règles —, observances quotidiennes, — perpétuelles; — வினோதம் pompe —, jeu perpétuel, un des 3 parasols d'Arouguen.

*நித்தியன், (nitya), éternel, immortel, incorruptible, Dieu.

*நித்தியாநித்தியம், (நித்தியம், அநித்தியம்), le temps et l'éternité, incorruptibilité et corruptibilité, ce qui est éternel ou ce qui ne l'est pas, choses éternelles et périssables: நித்தியாநித்தியவஸ்துவிவேகம் connaissance des choses éternelles et temporelles ou périssables, savoir que Dieu seul est éternel et que les autres êtres ne le sont pas.

*நித்தியாபரோக்ஷம், நித்தியாபரோட்சம், (id. அபரோக்ஷம்), vision éternelle de Dieu, l'être —, le Dieu éternel.

*நித்தியாநத்தியாயம், (id. அ privatif, அத்தியாயம்), temps où la lecture des vêdas est invariablement défendue, c'est le jour de la nouvelle et celui de la pleine lune, le 8me et le 14me jour de chaque demi-lunaison. [joie éternelle, le paradis.

*நித்தியாநந்தம், (id. ஆநந்தம்),

*நித்தியாநந்தன், (id.), celui qui est éternellement heureux, i.e. Dieu.

*நித்தியானம், (nidhyâna), vue, action de voir.

*நித்திரா, obl. de நித்திரை: — சக்கரணம் ce qui produit le sommeil, phlegme, humeur phlegmatique, ronflement; — தேவி, la déesse du sommeil; — பங்கம், réveil, interruption du sommeil; — விருட்சம், obscurité, arbre soporifique.

*நித்திராலு, நித்திராளன், (id. âlou, âna affixes), homme endormi.

நித்திக்கிறது, நித்தேன், நிப்பேன், நி, நிக்க, v.n. (நித்திரை), நித்திக்கல், n.v. dormir, sommeiller.

*நித்திரை, (nidrâ), sommeil (ce qui est un des 18 défauts du மானுடயாக்கை), assoupissement, envie de dormir, repos: — கலைகிறது le sommeil se dissiper, — être troublé, se réveiller: — கலைக்கிறது dissiper —, troubler le sommeil, réveiller; — க்குணம் penchant au sommeil; — கொள்ளுகிறது, — செய்கிறது, — பண்ணுகிறது dormir: நித்திரைவிடத்தில் — கொள் dors dans un lieu bien uni; — க்கலக்கம், — ச்சோம்பல், — த்தூக்கம், — த்துவம் assoupissement, envie de dormir; — சோதிக்கிறது examiner si quelqu'un dort profondément (ordinairement avec mauvaise intention surtout par rapport aux femmes): — தெளிகிறது se réveiller, — போகிறது dormir, s'assoupir, aller dormir; — மயக்கம் assoupissement;

— வருகிறது le sommeil venir, avoir envie de dormir; — வந்தமட்டுகிறது, (வந்து, அமட்டுகிறது), le sommeil accabler; நித்திரைக்குப்போகிறது aller dormir.

நித்திலம், perle.

நிச்சில், l'arbre நொச்சி.

*நித்துவானம், (நி), son, bruit.

நிநதம், 1° privilège, exemption, immunité. 2° (ninada), ou

*நிநாதம், (நி), bruit, son en général.

நித்தம், P. நிநதம், propriété; V. நிநதம்.

*நிந்தனம், நிந்தனை, (nindana), injure, mépris, affront, outrage, dérision, reproche.

*நிந்தாட்சேபனை, நிந்தாக்ஷேபனை, (நிந்தை), mépris.

*நிந்தாஸ்துதி, நிந்தாத்துதி, (id. ஸ்துதி), ironie, louange ironique.

நிந்திக்கிறது, தித்தேன், திப்பேன், தி, திக்க, v.a. நிந்தித்தல், n.v. (நிந்தை), mépriser, dédaigner, railler, injurier, vilipender, insulter.

*நிந்திதம், (நிந்தை, ita), mépris, raillerie, dérision, empêchement.

நிந்திப்பு. n.v. de நிந்திக்கிறது, V. நிந்தனம்: நிந்திப்புண்டாயிருக்கிறது être méprisé.

*நிந்து, (nindou), femme qui a mis au monde un enfant mort.

*நிந்தை. (nindâ), mépris, raillerie, injure, affront, dérision: — சொல்லுகிறது insulter, outrager, mépriser, — யாய்ப்பேசுகிறது parler avec mépris; — யுவமை comparaison où l'on élève l'objet comparé au dessus de celui auquel on le compare, trouvant des défauts dans celui-ci; ainsi relevant les défauts de la lune, on vantera le visage dont on parle comme plus beau que cet astre.

நிபச்சொல், (நிபம்), calomnie, fausse accusation, médisance: நிபச்சொற்காரன் faux accusateur, calomniateur.

*நிபடம், நிபடனம், நிபடிதம், நிபடிதி, (nipata, -tana, — tita, — titi), lecture, étude.

*நிபதனம், நிபதிதம், (நி), descente, chute.

*நிபத்தி, (nibaddha), vérité, certitude, réalité: — க்காரன் homme véridique, — sûr, — de confiance; — யாக்குகிறது, — பண்ணுகிறது vérifier, prouver, certifier; — யாயறிகிறது connaître avec certitude; — யாய்ச் சொல்லுகிறது dire la vérité.

*நிபத்தியை, (nipatyâ), champ de bataille.

*நிபந்தம், (nibandha), obligation, rétention d'urine, chant, poésie, immunité, commentaire ou explication des règles techniques, explication des mots.

*நிபந்தனம், (நிபந்தம், na), collection de diverses choses, livre, lier, relier, être lié, — relié, cause, motif, cheville de luth, ou நிபந்தனகிரந்தம் recueil ou compendium de divers ouvrages, — de diverses sciences.

*நிபந்தனை, (id.), convention, traité, accord, règle, — générale, loi, obligation, lien, fermeté, balle ou boulet; நிபந்தனைக்குட்பட்டிருக்கிறது être entré dans la convention, être lié, obligé: அன்னியோன்னிய — convention mutuelle, traité d'alliance.

*நிபம், (nibha), ressemblance, conformité, comparaison, fraude, déguisement, ruse, manifestation, accusation, calomnie, médisance, cause. 2° (nipa), jarre d'eau, l'arbre கடம்பு.

*நிபாகம், (நி), action de faire la cuisine.

*நிபாடம், நிபாடை, (நி, பாடம்), étude, — des livres sacrés, lecture, — publique des poèmes populaires.

*நிபாதம், (nipâta), descente, chute, mort, abandon, erreur, faute, irrégularité, exception (en grammaire).

*நிபாதனம், நிபாதிதம், (நிபாதம், na, ita), action de tuer, de briser, de faire tomber, irrégularité, exception, faute, erreur.

*நிபாலனம், (nibhalana), vue, action de voir.

*நிபானம், நிபானகம், (நி, பானம், ka), puits, réservoir, auge ou bassin (pour abreuver le bétail), jatte —, vase de lait, action de boire.

*நிவிடம், நிவிடமயம், (nivita), ஒ-

paisseur,presse,gêne: ஜனமநிக நிமி டமாயிருக்கிறது la foule est trop serrée.

*நிபிடனம்,(நிபிடிதம்,(நி. பிடன ம்,nipidita), action de presser, de comprimer,de serrer,d exprimer.

*நிபுணன்,(nipouna),*pl.* நிபுணர், savant, habile, très-instruit (dans les sciences...),très-prudent,—puissant,la planète Mercure ou புதன்: சாஸ்திரத்தில்— ஆயிருக்கிறது être très-habile dans les sciences;நிபுண த்துவம் science,prudence,habileté.

*நிப்பரம்,(நிர்,பரம்),légèreté, vitesse,agilité,fermeté,immobilité.

நிமந்தம்,occupation servile,corvée, travail vil, surtout celui des choutres qui portent des idoles dans une pagode, *V.* நிபந்தம்: நிமந்தக் காரன் homme de corvée,serviteur, porteur d'idoles,ouvrier.

நிமம்,nuque du cou, bosse des bœufs indiens.

*நிமயம் (nimaya).troc,échange.

*நிமலம்,(நி),pureté,—sans tache, netteté.

*நிமலன்,(*id.*),homme—,être pur, saint,le Saint par excellence,Dieu.

நிமனே, *V.* நிமினே.

நிமாஸ்,(*ind.*),prières que les Mahométans font 5 fois le jour: —பண் ணுகிறது faire cette prière.

*நிமி,(nimi),Nimi,roi de la dynastie solaire, fils d'இக்ஷ்வாகு et condamné à demeurer dans le clin-d'œil.

*நிமிசம்,நிமிஷம்,நிமிடம், (nimicha),clin-d'œil,instant, moment; il contient 8 காட்டை: ஒருநிமிஷத்தி லே en un clin-d'œil, dans un instant.

நிமிடகரம்,dureté,étroitesse.

நிமிட்டுகிறது,ட்டினேன், ட்டுவே ன்,ட்டு,ட்ட,*v.a.*நிமிட்டல், நிமிட்டுத ல்,*n.v.*pincer,arracher en pinçant.

நிமிண்டி,1° espèce de fourmi. 2° filou qui vole adroitement sans qu'on s'en apperçoive, escamoteur; *gér.de*

நிமிண்டுகிறது,டினேன்,டுவேன், டு,ட,*v.a.*நிமிண்டல்,நிமிண்டுதல்,*n.v.*escamoter,voler adroitement, rogner,pincer,arracher avec les doigts, frotter avec ou entre les doigts.

*நிமித்தகம்,(நிமித்தம்,ka),baiser, cause.

*நிமித்தம்,(nimitta),cause,— instrumentale, raison, motif, intention, marque, signe, trace, présage,auspice,augure (tiré des lézards et autres animaux): இதினிமித்தமா க pour cette raison, c'est pourquoi; —இல்லாமல் sans motif,—cause;— ஒன்றுமில்லாமல் sans aucune cause; —பார்க்கிறது observer les augures...;—பார்க்குதல் observation des augures...;—பார்ப்போன் augure, devin,observateur d'augures;—பா ராமற்போகிறது ne pas faire attention aux présages,aux augures;நிமி த்தகாரணம் cause efficiente, qui produit un effet,cause instrumentale;—காரன் devin,diseur de bonne-aventure,observateur—, interprète d'augures (qui accompagne les rois...);—காலம் temps spécifié ou désigné;—சாஸ்திரம்,—வித்தை science des augures;—சூடாமணி livre qui traite de la divination et des augures;—தருமம்,—கர்மம் expiation,pénitence occasionelle;—தா னம் cérémonie envers les mânes des ancêtres;—த்துவம் cause, instrument;—மாத்திரம் simple agent ou instrument.

*நிமித்தன்,நிமித்திகன்,நிமித்திகப் புலவன்,*pl.*நிமித்தர்,நிமித்திகர், (நிமி த்தம்,ika),devin, augure, diseur de bonne-aventure (des rois...)

*நிமித்தியம்,(நிமித்தம்,ya),*V.* நிமி த்தம்.

நிமிரல்,*n.v.de* நிமிருகிறது,redressement, position droite, élévation, hauteur, fierté,étroitesse, croissance,course.

நிமிருகிறது *ou* நிமிர்கிறது,ர்ந்தே ன்,ருவேன் *ou* ர்வேன், ரு,ர்,ர,*v.n.*se dresser,se redresser,se tenir—, être droit,se lever,s'élever, une planète être stationnaire, se serrer, être étroit,croître, s'enorgueillir,devenir fier,courir: நிமிரஉண்கிறது ou திண்கிறது manger à satiété,de manière que le ventre soit à l'étroit: நிமிரச்சொல்லுகிறது dire de se redresser,—de se tenir droit: நிமிரப்பண்ணுகிறது faire tenir droit, redresser; நிமிர்ந்திருக்கிறது, நிமிர்ந்துநிற்கிறது se tenir—,être droit:—நடக்கிறது marcher droit, la tête levée; நிமிர்ந்தகூடு caractère intrépide,—roide,—altier qui suit sa propre volonté; நிமிர்ந்தநடை démarche fière, orgueilleuse: அவனிங்கேநிமிர்ந்துபோட்டதுமில்லைகுனிந்தெடுத்ததுமில்லை il ne s'est ni dressé pour mettre ni courbé pour prendre rien ici, *i.e.* il n'a rien fait ici.

நிமிர்க்கிறது, ர்த்தேன், ர்ப்பேன், ர், ர்க்க, *v.a.du préc.* faire tenir droit, dresser, redresser, élever, relever.

நிமிர்ச்சி, *n.v.de* நிமிருகிறது, position droite, redressement, droiture, grandeur, hauteur, fierté, orgueil, force, fermeté, station des planètes.

நிமிர்தல், *n.v.du même*, *V.* நிமிரல். ‖ riz cuit.

நிமிர்த்தல், நிமிர்த்துதல், *n.v.de*

நிமிர்த்துகிறது, த்தினேன், த்துவேன், த்து, த்த, *v.a.* *V.* நிமிர்க்கிறது.

நிமிர்ந்து, நிமிர்ந்த, *gér.et part. de* நிமிர்கிறது. [மிர்ச்சி.

நிமிர்ப்பு, *n.v.de* நிமிர்க்கிறது, *V.* நி

நிமிர்வு, *V.* நிமிரல்.

நிமிளை, bismuth, pyrites, pierre qui semble un composé de plusieurs: இரசத—, வெள்ளி—, bismuth de couleur d'argent; கருமா—, *V.* கருநிமிளை. [ment des yeux, mort

*நிமீலனம், (nimilana), cligne-

*நிமீலிகை, (nimilikâ), fraude, déguisement, artifice, clignement des yeux.

நிமுட்டுகிறது, *P.* நிமிட்டுகிறது.

*நிமேஷம், (நிமிஷம்), clin-d'œil, moment, instant,

*நிமேஷகம், (நிமேஷம், ka), clin-d'œil, mouche luisante.

*நிமேயம், (nimèya), échange, troc.

நிமை, paupière.

*நிம்பம், நிம்பகம், (nimba, ka), l'arbre வேம்பு, margosa ou melia azadirachta: நிம்பசேதம் la plante முடக்கற்றான்: நிம்பதரு l'arbre de corail, erythrina fulgens, regardé comme un des arbres du paradis indou. [séparation, désunion.

*நிம்மந்தனம், (nirmmanthana),

நிம்மாந்தரம், dureté, abondance.

*நியக்கரணம், நியக்காரம், (nyak *particule de mépris*), mépris, mépri-

நியக்கி, *P.* நியங்கு. [ser.

*நியக்குரோதம், (nyagrôdha), le multipliant ou ஆலமரம், brasse mesurée les bras étendus, largeur.

*நியங்கு, (nyankou), cerf, nom d'un முனி.

*நியதம், (niyata), restriction, retenue, modestie, fermeté, constance, certitude, perpétuité, toujours, préface.

*நியதி, (niyati), destin, destinée, bonne ou mauvaise fortune, devoir, —religieux, obligation—, pratique ou observance religieuse, — de ses devoirs religieux, ce qui est un des 36 தத்துவம், destination, règle, coutume, rue, mort.

நியதிக்கிறது, தித்தேன், திப்பேன், தி, திக்க, *v. a.* faire pratiquer, destiner, *ou*

நியதுகிறது *ou* நியத்துகிறது, தினேன், துவேன், து, த, *v.a.* நியதுதல் *ou* நியத்துதல், *n.v.* laisser, abandonner, relâcher.

*நியதேந்திரியன், (நியதம், இந்திரியம்), homme mortifié, qui réprime ses sens ou ses passions. [placer.

நியத்துவம், action d'adorer, de

*நியந்திரம், (நியந்திரு), commandement, châtiment.

*நியந்திரு, (niyantrou), celui qui restreint, gouverne, punit: சர்வநியந்திருத்துவம் souveraine autorité de gouverner et de punir.

*நியமஸ்தன், *pl.* நியமஸ்தர், (நியமம்), fidèle observateur de ses devoirs, de ses résolutions, des institutions religieuses, employé désigné.

*நியமம், (niyama), convention, contrat, accord, consentement, pro-

messe, liaison, observance religieuse, (surtout celles qu'on s'impose à soi-même, comme jeûne, veille, pélerinage, prière...), pénitence volontaire, œuvre de surérogation, vœu, résolution, dévotion particulière, certitude, règle, précepte, loi, coutume, usage, manière, destination, détermination, ville ou village en pays cultivé, place, lieu, rue, — du bazar, — où il se tient, coutume du bazar, longue rue, pagode, temple, un des அஷ்டாங்கயோகம், ou des 8 exercices d'un யோகி, qui consiste en des observances religieuses volontaires, telles que pénitence, pureté, étude exacte de la physique ou de l'anatomie, joie de l'âme, adoration de la divinité et piété: — ஆயிருக்கிறது être dévoué ou adonné à une pratique (surtout religieuse); — ஆய்ச்செய்கிறது faire —, accomplir dévotement, religieusement; — தப்பாமலிருக்கிறது ne pas manquer à ses dévotions ou devoirs religieux; — தப்பிப்போகிறது, — தவறுகிறது y manquer, omettre ses pratiques religieuses; — வழுவாமலிருக்கிறது ne pas manquer à ses devoirs de religion, ne pas s'écarter des institutions religieuses: நியமச்சிலேடை figure qui détermine et fixe le sens de ce qui était ambigu; — ச்சூத்திரம் règle de détermination par laquelle, après avoir terminé une chose d'après une règle, on la rejette et on la détermine de nouveau; — க்காரன், V. நியமஸ்தன்; — த்தப்பு transgression, manquement à ses vœux, à ses résolutions, à ses pratiques religieuses, aux préceptes religieux; — நிஷ்டை institution, — morale, règle de conduite, cérémonies —, pratiques religieuses auxquelles on est adonné, cérémonie qu'on fait le soir ou le matin, à midi et le soir; — நிஷ்டைமுடிக்கிறது accomplir —, finir une pratique religieuse; — நிஷ்டையாயிருக்கிறது observer les institutions religieuses; — ப்படுத்துகிறது, V. நியமிக்கிறது; — விலக்குச்சிலேடை rejet de la détermination qu'on venait de prendre dans une chose ambiguë; — உவமை fig de rhét. qui ajoute la lettre ஏ au mot sur lequel tombe la comparaison. *Ex.* வேய்வேதோளொப்பது le bambou ressemble à la main; நியமத்தின்வகுப்பு ordres, règles, section des règles ou observances etc..; — படிநடக்கிறது se conduire régulièrement, observer ses vœux, ses résolutions, les pratiques religieuses...; தேசத்தினியமம் loi du pays; தெய்வபத்தியை விளைவிக்கும் நியமம் pratique propre à faire naître la piété. [commandement, coutume.

*நியமனம், (நியமம், na), ordre,

நியமிக்கிறது, மித்தேன், மிப்பேன், மி, மிக்க, v.a. (நியமம்), dédier, consacrer, vouer, résoudre, déterminer, régler, destiner, désigner, assigner, nommer (à une place), établir, ériger, affermir, commander, ordonner, faire, produire, régir: ஒருத்தனுக்கு நியமித்தபெண் fille destinée ou fiancée à quelqu'un: பதிலாக நியமிக்கப்பட்டவன் remplaçant, substitut, député; வேண்டாமென்று நியமித்திருக்கிறது avoir défendu, être déterminé à refuser.

*நியமிதம், (நியமம், ita), certitude, règles, prescription.

நியமித்தல், நியமிப்பு, n.v. de நியமிக்கிறது, destination, désignation, dessein, résolution, nomination, érection, ordonnance, dédicace, production.

*நியயம், (nyaya), perte, dépense.

*நியர்ப்புதம், (நி, அர்ப்புதம்), 100 billions.

*நியாக்கியம், (nyâkya), riz grillé.

*நியாசம், (nyâsa), dépôt, gage, abandon, désertion, renoncement, l'arbre வேம்பு margosa, méditation, action: நியாசம்பண்ணுகிறது abandonner, mettre en dépôt, méditer.

*நியாதம், 1° (nyâda), manducation. 2° *P.* நியாசம், l'arbre வேம்பு.

*நியாதனம், (niyâtana), faire tomber.

*நியாமகன், (niyâmaka), batelier, pilote, cocher, guide.

*நியமம், (niyâma), acte de surérogation, pénitence, jeûne et autres observances volontaires.

*நியாயம், (nyâya), raison, motif, cause, origine, justice, équité, droit, propriété, convenance, justesse, bonne conduite, règle —, précepte de morale, philosophie, logique, argument, raisonnement, syllogisme ou argument complet, la doctrine ou philosophie dite Nyâya, dispute, procès, place, lien, convention, police, bon gouvernement, marche: —அற்றவன், —இல்லாதவன் homme injuste, dénué de raisons; —உள்ளவன் homme juste, qui a raison; —ஆனபடி selon la raison, —la justice; —ஆய் justement, avec raison; —ஆய்ச்சொல்லுகிறது parler raisonnablement, justement, équitablement; —கேட்கிறது écouter les raisons, —une cause, demander raison: —செய்கிறது rendre justice: —செய்தல் administration de la justice; —சொல்லுகிறது dire —, montrer la cause, — la raison; —தப்பாமற்செய்கிறது agir en tout conformement à l'équité, à la raison; —தப்பிப்போகிறது manquer à l'équité, à la raison, à la justice, l'équité ou la raison faillir; —தீர்க்கிறது juger, décider; —பேசுகிறது parler raison, discuter les raisons, défendre, plaider pour: நியாயக்காரன் juge, arbitre, homme juste, raisonnable, raisonneur; —விதிக்கிறவன், —விதிப்போன் législateur; நியாயவீனம், —க்கேடு défaut d'équité, de raison, injustice, déraison; —க்கேடாய்ப்பேசுகிறது parler à tort, contre l'équité ou le bon sens; —க்கேடு சொல்லுகிறது juger —, parler injustement, à tort; —க்கேடுபண்ணுகிறது faire une injustice, violer —, pervertir la justice; —சபை cour de justice, tribunal, assemblée des juges; —சாஸ்திரம் science du raisonnement, logique, dialectique, jurisprudence; —சாஸ்திரி logicien, dialecticien, juriste, sectateur de la doctrine Nyâya; —சிங்காசனம் tribunal; —சாலினி femme qui agit justement; —சூடாமணி nom d'un livre de logique; —ஸ்தலம் cour de justice, tribunal; —துரந்தரன் logicien, jurisconsulte, avocat, plaideur; —த்தப்பு, —த்தவறு, —ப்பிழை injustice, déraison, manque d'équité, de raison; —த்தலம் tribunal, cour de justice; —த்தீர்ப்பு jugement, décision; (on distingue 5 espèces de jugemens: குருட்டு—த்தீர்ப்பு jugement aveugle, déraisonnable, fait par un homme ignorant; மர்க்கட—த்தீர்ப்பு jugement de singe, —corrompu; மார்ச்சால—த்தீர்ப்பு jugement de chat, — partial; பித்திகா மார்ச்சால—த்தீர்ப்பு jugement de buisson et de chat, —douteux; பிபீலிகா—த்தீர்ப்பு jugement de fourmi, —droit et juste. Ceci fait allusion à des fables indiennes); —த்தீர்ப்புச்சொல்லுகிறது juger, donner une décision, un arrêt; —நூல் jurisprudence, science des lois, —du droit; —நட்டம் injustice; —நெறியாளன் homme juste, probe, observateur de la justice; —பரிசோதகன் juriste habile, juge compétant; —போதகன் prérep te; —போதினி nom d'un traité de logique ou de dialectique; —ப்படி selon la justice, —la raison; —ப்பிரசினம் théorème (en mathématique); —ப்பிரமாணம் loi, ordonnance, livre de lois, code; —ப்பிரமாணி, —ப்பிரமாணிக்கன் homme juste, qui observe la justice; —மலைவு confusion de raisonnement, défaut de logique qui embrouille et empêche de voir la décision à prendre; —வாதி avocat, plaideur; —வார்த்தை expression juste; —விசாரணை examen, — des raisons, investigation judiciaire; —விசாரணைக்குள்ளாக்குகிறது soumettre à un examen, — à une investigation; —விசாரணைசெய்கிறது faire une investigation, examiner les raisons des plaideurs, juger; —விசாரணைத்தீர்ப்புநாள் jour de jugement, — d'audience au tribunal; —விதாயகன் (vidhâyaka *qui donne*) législateur; நியாயத்தின்படி, நியாயத்துக் கொத்த பிரகாரமாய் selon la justice, — la raison; நியாயத்தைக்கெடுக்கிறது, —ப்புரட்டுகிறது faire violence au bon sens, à la raison, bouleverser les raisons, corrompre la justice, juger —, parler injustement; நியாயங்களைச்சொல்லிக் காட்டுகிறது exposer les raisons, donner des préceptes de morale.

*நியாயவான், (நியாயம், vân), homme juste, raisonnable, juge, avocat. [bunal, siége de juge.

*நியாயாசனம், (*id.* ஆசனம்), tri-

*நியாயாசாரன், (*id.* ஆசாரம்), homme vertueux, observateur de la justice.

*நியாயாதாரம், (*id.* ஆதாரம்), exemple de vertu, soutien de la justice

*நியாயாதிபதி, (*id.* அதிபதி), juge.

நியாயிக்கிறது, யித்தேன், யிப்பேன், யி, யிக்க, *v.n.* நியாயித்தல், *n.v.* argumenter, raisonner.

*நியுதம், (niouta), cent mille.

*நியுத்தம், (நி, யுத்தம்), combat de près, — à brasse corps.

*நியுத்தன், (niyoukta), homme engagé ou appliqué (à une chose).

*நியுப்சம், (nyoubdja), cuillère faite d'herbe தருப்பை, courbure, bosse du dos, maladie [manque.

*நியூனம், (நி, ஊனம்), défaut,

*நியூனாங்கம், (நியூனம், அங்கம்), mutilation —, imperfection des membres. [moins, inégalité.

*நியூனாதிகம், (*id.* அதிகம்), plus ou

*நியூனேந்திரியன், (*id.* இந்திரியம்), celui qui manque de quelque sens, comme l'aveugle, le sourd.

*நியோகம், (நி), ordre, commandement, autorité, pouvoir, destination, emploi, effort, certitude, qualité; நியோகவிதி forme ou manière de nommer à un emploi; நியோகப்பிரயோசனம் ou

*நியோகார்த்தம், (நியோகம், அர்த்தம்), objet d'un arrangement, d'un ordre.

*நியோகி, (நியோகம்), employé, nommé à, ministre, député.

நியோகிக்கிறது, கித்தேன், கிப்பேன், கி, கிக்க, *v.a.* நியோகித்தல், *n.v.* (நியோகம்), exciter, engager, ordonner, diriger. [convenance, propriété.

*நியோக்கியம், (நி, யோக்கியம்),

*நியோசனம், நியோசிதம், நியோச்சியம், (நி, யோசனம், yôdjita, yôdjya), commandement, union, attache, destination.

*நியோச்சியன், (*id.*), serviteur.

*நிரகங்காரம், (நிர்), humilité.

நிரக்கிறது, ரந்தேன், ரப்பேன், ர, ரக்க, *v.a.* mêler, mélanger, être plein. [du ou négligé le feu sacré.

*நிரக்கினி, (நிர்), celui qui a per-

நிரக்கு, (*persan*), prix, — courant, — fixé par les officiers de police, tarif, taux: — நாமா liste des prix courants.

*நிரக்ஷம், (நிர்), ce qui est sans latitude, l'équateur terrestre, la ligne équinoxiale: வான — l'équateur céleste; நிரக்ஷதேசம் pays sans latitude, région équatoriale, où le jour est égal à la nuit toute l'année, pays chaud.

*நிரக்ஷரம், (*id.*), ce qui est sans lettres: நிரக்ஷரகுக்ஷி homme stupide, hébêté.

*நிரங்குசம், (*id.* அங்குசம் *croc*), chose sans frein, sans contrôle, indépendance, désobéissance: நிரங்குசத்துவம், —தை, (tâ), obstination, entêtement, désobéissance, volonté propre, liberté absolue.

*நிரங்குசன், (*id.*), homme indépendant, libre, sans contrôle ni frein: நிரங்குசர் l'indépendant, *i.e.* Dieu.

*நிரசம், (நி, இரசம்), insipidité, aridité, *ou* நிரசவஸ்து chose —, objet sans jus, sans goût ni saveur.

*நிரசனம், 1° (நிர், அசனம்), abstinence —, privation de nourriture, jeûne. 2° (nirasana), destruction, meurtre, rejet, contradiction, crachement, vomissement.

*நிரசாதிபதி, நிரசாதிபன், (நிரச

ம்,அதிபதி,அதிபன்), dieu qui, au dire des Indous,préside aux choses sèches,comme les grains...,et change chaque année.

•நிரஸ்திமாலி,(நிரு homme,அஸ்தி, மாலி),celui qui porte une guirlande d'ossemens humains,*i.e.* Siven.

•நிரஞ்சனம்,(நிர்), exemption de tache,de noirceur,de passion, de ténèbres,plénitude.

•நிரஞ்சனன்,(*id.*),l'être souverainement pur,sans tache, présent partout,Dieu, (selon les Djaïnas) Arouguen. [tort) Parvadi.

*நிரஞ்சனி,*fém.du préc.*la pure,(à

•நிரஞ்சனை,(*id.*), jour de pleine lune. [நிரக்ஷரம்.

*நிரட்சம், நிரட்சரம்,*V.*நிரக்ஷம்,

நிரணம்,réunion—,troupe d'hommes. [port, attache.

•நிரதி,(நி,இரதி), connexion,rap-

•நிரதிகாரன்,(நிர்), celui qui n'a pas la force,le pouvoir, la capacité.

•நிரத்தகம்,*P.*நிரர்த்தகம்),inutilité. [lange, plénitude.

நிரத்தல்,*n.v.de* நிரக்கிறது, mé-

•நிரத்தியயம், (நிர்), innocence, exemption de faute. [d'espace.

•நிரந்தம்,(*id.*),étroitesse,manque

*நிரந்தரம்,(*id.*),continuité,chose continue,sans intervalle, —interstices,perpétuité, toujours, étroitesse, manque de place,signe, lieu découvert,cachette.

•நிரந்தரன், (*id.*), l'Éternel,l'être infini, incompréhensible,*i.e.*Dieu.

•நிரந்தரி,*fém.du préc.*Parvadi.

நிரந்தரிக்கிறது,ரித்தேன், ரிப்பேன்,ரி,ரிக்க,*v.n.*(நிரந்தரம்), நிரந்தரித்தல்,*n.v.*s'étendre, se répandre, se remplir. [l'être qui connait tout.

•நிரந்திரியன்,(நிர்,அந்தரம், ya),

*நிரபத்திரபம், (*id.* அபத்திரபம்), impudence, effronterie. [d'eau.

•நிரபம், (நிர், ap *eau*), manque

•நிரபராதம்,(நிர்), innocence, — sans faute.

•நிரபராதி,(*id.*),innocent:நிரபராதியைத்தண்டித்தாற்பாவம் c'est un péché de punir un innocent.

•நிரபாயம்,(*id.*),incorruptibilité.

•நிரபிமானம்,(*id.*), retenue,modestie,—sans arrogance.

•நிரபேட்சம்,நிரபேக்ஷை, நிரபேட்சை,(*id.*),indifférence, exemption de désirs. [de.

நிரப்பம்,(நிரப்புகிறது), plénitu-

நிரப்பு,1° *imp.et part. du suiv.* 2° *n.v.du même*, plénitude, action de remplir, mesure pleine, riz qu'on met autour d'une cruche pleine. 3° privation,manque, pauvreté, indolence,paresse.

நிரப்புகிறது,ப்பினேன்,ப்புவேன்,ப்பு,ப்ப,*v.a. de* நிரம்புகிறது *et* நிரப்புதல்,*n.v.et* நிரப்பிவைக்கிறது, emplir,remplir,combler, rassasier, répandre,étendre. [dians.

நிரப்போர்,(நிரப்பு),pauvres,men-

•நிரப்பிரம்,(நிர்,அப்பிரம் *nuage*), sérénité, temps sans nuage.

•நிரம்பரம்,(*id.*அம்பரம்), pleine campagne,plein air.

•நிரம்பரன், (*id.*), homme sans vêtemens, Arouguen, Siven, Dieu (qui est sans corps ni vêtemens).

நிரம்பல்,*opt.et n.v. de* நிரம்புகிறது,plénitude,se remplir.

நிரம்பா,நிரம்பாத,*part. nég. du même*,non rempli, imparfait: நிரம்பாச்சொல்,—மொழி mot incomplet,partie d'un mot composé, *ou*—மென்சொல் parole imparfaite, mot enfantin (d'un enfant qui commence à parler); நிரம்பாத்தூக்கம் sommeil imparfait,souvent interrompu.

நிரம்பிய,*P.*நிரம்பின, *part. du suiv.*: —புஷ்பம் le bananier (rempli de fleurs).

நிரம்புகிறது,பினேன், புவேன்,பு,ப,*v.n.* நிரம்புதல், *n.v.* se remplir, se combler,devenir nubile,*ou* நிரம்பியிருக்கிறது être plein,comble.

•நிரயம்,(நிர்,அயம்),l'enfer.

•நிரர்த்தகம்,(*id.*அர்த்தம்,ka),inutilité.

நிரல்,ordre,rang,file,rangée.

•நிரவகாலிகை, (நிர், avahâlikâ, *haie*),haie,mur d'entourage. [son.

•நிரவம்,(நி,இரவம்), manque de

*நிரவயவன்,(நிர்), celui qui n'a pas de membres, i. e. Dieu, un pur esprit.

நிரவல், *opt. et n.v. de* நிரவுகிறது, 1° nivellement, aplanissement, ajustement, remplissage. 2° *ou* நிரவலடிக்கிறது l'eau couvrir — remplir une terre labourée.

நிரவனிலம்,(நிரவல்,நிலம்), terre arrosée, couverte d'eau.

நிரவுகிறது, விரேன், வுவேன், வு, வ, *v.a. et n.* நிரவுதல், *n.v.* aplanir, niveler, égaliser, rendre égal, proportionner, ajuster, diviser également, remplir, se remplir, l'eau arroser et couvrir une terre labourée: இட்டு — aplanir, niveler, partager également; நிரவிக்கொள்ளுகிறது se partager également, s'aplanir, arranger des affaires avec un autre; — ச்சாப்பிடுகிறது manger après avoir divisé les mets par égales portions; — ப்பங்குப்பிரகாரமெடுத்துக்கொள்ளுகிறது diviser et prendre par égales portions; — யுட்காருகிறது s'asseoir à égales distances, — en s'arrageant également, ou en remplissant les rangs; — வரிசையாய்வைக்கிறது mettre en rangées égales, — remplies.

*நிரவ்வியயம், (நிர், அவ்வியயம்), éternité.

நிரவியசாளை, *V.* நெருப்புக்கல்.

நிரனிறை,(நிரல்,நிறை), parallélisme, ordre symétrique des mots, *ou* — யணி fig. de rhét. qui consiste à mettre dans un ordre symétrique les mots de l'idée principale et ceux qui s'y rapportent comme les métaphores etc. *Ex.* பவளமும்முத்தும் போல் இதழும் பல்லும் lèvres et dents qui sont comme le corail et les perles; ici lèvres correspond à corail et dents à perles: — வழு interversion de cet ordre, défaut de symétrie (en poésie...).

*நிரன்னுவயன்,(நிர்,அன்னுவயம்), homme qui a renoncé à la vie conjugale, à la famille.

நிரா, *V.* நரா.

*நிராகம், (நிர், ஆகம்), chose —, être sans corps, sans figure, sans couleur.

*நிராகரணம்,(நிர், ஆ, கரணம்), *V.* நிராகரித்தல்.

*நிராகரன், *P.* நிராகாரன், être immatériel, incorporel, invisible, sans figure, Dieu.

நிராகரிக்கிறது, ரித்தேன், ரிப்பேன், ரி, ரிக்க, *v.a. et n.* (நிராகரணம்), réfuter, refuser, rejeter, empêcher, jeter, chasser, s'égarer, dévier.

நிராகரித்தல், நிராகரிப்பு, *n. v. du préc.* réfutation, refus, rejet, opposition, empêchement, égarement.

*நிராகாரம்,(நிர்), 1° immatérialité, incomparabilité, chose sans figure, sans corps, ciel, paradis, l'air, mépris, affront, reproche, censure, blâme, *V.* நிராகரிப்பு. 2° abstinence —, privation de nourriture, jeûne.

*நிராகாரன்,(நிர், ஆகாரம்), être qui a un corps subtil, Vichnou, Siven, *V.* நிராகரன்.

*நிராகிருதம்,(நிர், ஆ, கிருதம்), chose rejetée, — sans figure.

*நிராகிருதி,(*id.* ஆகிருதி), brame qui n'a pas étudié entièrement les vèdas, personne qui manque à ses devoirs religieux, aux pratiques de pénitence, rejet, opposition, chose sans forme ou figure.

*நிராகுலம்,(*id.* ஆகுலம்), calme, joie.

நிராங்குகிறது, ங்கினேன், ங்குவேன், ங்கு, க, *v.n.* நிராங்குதல், *n.v. V.* தேங்குகிறது.

*நிராசம்,(nirâsa), opposition, rejet, abandon, désespoir, désappointement, état désespéré.

*நிராசனம்,(நிர், ஆசனம்), manque de siége, d'habitation, d'endroit, meurtre, rejet, action de cracher.

*நிராசாரம்,(நிர்), incivilité, barbarie, manque de civilisation, illégitimité.

*நிராசாரன்,(*id.*), incivil, impoli, barbare, — non civilisé, (parmi les Indous) homme qui ne suit pas les ordonnances des vèdas et la distinction des castes.

*நிராசை,(*id.*), indifférence, exemption de désirs.

*நிராதபம்,(*id.* ஆதபம்), nuit.

*நிராதரம்,நிராதாரம்,(id.), indifférence,exemption de désir. privation,—manque de soutien, chose sans soutien.

*நிராதாரன், (id.), celui qui est sans soutien,— qui ne s'appuie sur personne,Dieu.

*நிராதேசம்,(id.), paiement, décharge,perte,chose dénuée—,manque de place. [joie.

*நிரானந்தம், (id.), privation de

*நிராபத்து, (id.), sureté,— sans péril, prospérité.

*நிராமயம்,(id.),exemption de maladie,,bonne santé,cochon,sanglier.

*நிராமயன், (id.), bien portant, celui qui est exempt de souffrance, Dieu. [revenu,inutilité.

*நிராயம்,(id.ஆயம்). manque de

*நிராயாசம்,(id.), facilité,aise,—sans trouble,sans effort.

*நிராயுதன்,(id.),désarmé, homme sans arme,sans défense,qui n'use pas d'armes,Arouguen:— ஆயுதம் quitter ses armes,ou -ஆயுதமாக்கு être désarmé,— sans armes:— ஆக்குவிக்க désarmer; நிராயுதரோடு போர்செய்யலாகாது il ne convient pas de combattre contre un homme sans armes.

*நிராலம்பம்,(id.), condition indépendante,—qui n'a pas besoin d'appui,manque d'appui.

*நிராலம்பன்,(id.), hon.நிராலம்பர்,l'indépendant,qui ne s'appuie sur personne,i.e.Dieu.

*நிரிந்திரியன்,(id.), homme mutilé,privé de quelque sens,imparfait.

*நிரியாணம்,(niryâna),mort, sortie (de la vie),délivrance des naissances futures,béatitude finale,corde pour lier le bétail,coin extérieur de l'œil de l'éléphant: நிரியாணச்சக்கரம் roue mortelle,— de la mort, (supplice):—திசை côté de la mort, (en langage d'augure).

*நிரீக்ஷணம்,(நிர்,ஈக்ஷணம்),regard,estime,attente,privation de la vue: நிரீக்ஷணசத்தி destruction de la fascination des yeux.

*நிரீக்ஷமாணம்,நிரீட்சமாணம், நிரீக்ஷை,(nirikchamâna, nirikchâ), regard,attente,espérance.

*நிரீக்ஷிதம்,நிரீட்சிதம், (nirikchita),chose vue,—espérée.

*நிரீச்சுவரவாதம்,நிரீச்சுரன்,நிரீச்சுரவாதி,(நிர்,ஈச்சுவரன்,—வாதம்),athée,qui nie l'existence de Dieu. [வாதம்,(id.),athéisme.

*நிரீச்சுவரவாதம், நிரீச்சுவர

*நிரீட்சணம், V. நிரீக்ஷணம்.

*நிரு,1° P. நிர், devant les consonnes.2° (nrou), homme.

*நிருசிங்கம்,நிருகேசரி,நிருசிம்மம், (நிரு, அரி...), l'homme lion, Vichnou métamorphosé, au dire de la fable, en homme-lion.

*நிருசக்ஷன்,நிருசத்தன், id (chakchâ,djagdha manger),cannibale,anthropophage, géant. [d'hommes.

*நிருசேனம்,—சேனை,(id.),armée

*நிருசோமன்,(id.),grand homme, litt.la lune des hommes.

*நிருணயம்,V.நிர்ணயம். [நிர்:

நிருணிக்கிறது, V.நிர்ணயிக்கிற

*நிருதம்,(நிரு),devoir—, qualité d'homme.

*நிருதர்,(nairrouta), démons, géans,barbares,sauvages. [ணியம்.

*நிருதாட்சிணியம்,P. நிர்த்தாக்ஷி

*நிருதி,1° fém.de நிருதர்,géante.2° (nirrouti),Niroudi, le prétendu gardien du sud-ouest,un des 7 rois de la 1re classe des hommes célèbres par leur générosité;—திசை,—மூலை le côté —,le coin de Niroudi,le sud-ouest.3° (nrouti),danse.

*நிருதூளி,(நிர்),pollen des fleurs, poussière. [hommes,i.e.roi.

*நிருதேவன், (நிரு), le dieu des

*நிருத்தம்,1° (nroutta),danse, art de la danse,ce qui est la 21e des கலைஞானம் ou sciences des Indous. 2° (niroukta),analyse des mots, séparation ou analyse des mots dérivés ou composés, V.நிருத்தி:—செய்கிறது danser: நிருத்தசபை place (du temple de சிதம்பரம்) où Siven est dit avoir dansé,et où ses dévots imitent sa danse;— மண்டபம் salle de danse;—மாது danseuse, bayadère.

*நிருத்தன்,1° (நிருத்தம்),danseur, (surnom de) Siven,comédien.2° (நி, rouddha *arrêté*),qui n'a pas de liens, d'entraves,homme arrêté,empêché, réprimé. [அழிணியம்.

*நிருத்தாட்டிணியம், P. நிர்த்தா

*நிருத்தாதனம்,(நிருத்தம், ஆதனம்),se tenir sur un pied en levant l'autre.

*நிருத்தி, (niroukti). explication des vêdas.— des mots obscurs des vêdas,partie du வேதாங்கம் qui les explique, un des 6 வேதாங்கம்:—யலங்காரம் figure qui distingue une chose des autres.

*நிருத்தியம்,(nroutya),danse.

*நிருநமஸ்காரம்,(நிரு),incivilité, irrévérence.

*நிருநரன்,(நிரு,நரன்).V.நிருசி.

*நிருநாசம்,(id.),incorruptibilité, immortalité.

*நிருநாசன்,(id.), incorruptible, l'indestructible,i.e.Dieu.

*நிருநாதன்,(id.),indépendant,—sans maitre.

*நிருநாமன்,(id.), celui qui n'a pas de nom propre, Dieu, (et à tort) Arouguen. [cause,de fondement.

*நிருநிமித்தம், (id.), manque de

*நிருபதி,(நிரு), maitre des hommes,roi,Koubèren.

*நிருபத்திரவம்,(நிர்),état sans affliction,sans vexation.

*நிருபத்திரன், (நிர், உபத்திரம்), être impassible,qui a un corps subtil. [état sans égal.

*நிருபமம்,(நிர்),incomparabilité,

நிருபம்,(P.நிருபம்),lettre, épitre, décret, jugement, destination, désignation.

*நிருபன்,(நிரு.*homme*,pa *qui protège*),roi,souverain,prince,grand: நிருபசபை,—சபம் assemblée de princes,palais;—நீதி justice—, gouvernement du roi: — மந்திரம் palais royal;—லக்ஷணம்,— லிங்கம் insignes de roi;—வல்லபன் favori de roi;—வல்லபை femme de roi,reine.

*நிருபாசனம்,(நிருபன், ஆசனம்), trône de roi.[ன்), fils de roi,prince.

*நிருபாத்துமசன்,(id. ஆத்துமச

*நிருபாத்துமசை,*fém.du préc.*fille de roi,princesse.

*நிருபாமிசம்,(நிருபன், அமிசம்), portion ou revenu du roi,c'était sur les grains le 1/6,le 1/8 ou le 1/12, sur les fruits le 1/6,sur les marchandises un 1/15.

*நிருபாதானம்,(நிர்), manque de retenue,de cause concomitante.

*நிருபாதி, நிருபாதிகம், (நிர், உபாதி,ka),liberté,— sans empêchement,sans tourment.

*நிருபாவர்த்தம்,(நிருபன், ஆவர்த்தம்),espèce de pierre précieuse.

நிருமிக்கிறது, மித்தேன், மிப்பேன்,மி,மிக்க,v.a.(நிருபம்), நிருமித்தல் n.v.destiner,ordonner, déterminer, examiner,prouver. [mence.

நிரூசல்,(நிரு),grand bruit,véhé-

*நிருபேக்ஷம், (நிர், உபேட்சை), franchise,—sans fraude.

*நிருமதம்,(நிரு, மதம்), éléphant tranquille, —hors de rut,

*நிருமலம்,(id.மலம்), innocence, pureté,sainteté,propreté,sérénité: நிருமலபுத்தி intelligence claire;—வானம் ciel serein.

*நிருமலன்,(id.),homme—, l'être pur, Dieu,homme propre,Arouguen, Siven.

*நிருமாணம்,1° (nirmâna).V.நிருமிதம்.2° P.நிருவாணம்,nudité.

*நிருமாணி,P.நிருவாணி,nu.

*நிருமாலியம்,(நிரு,மலம்,ya),pureté,propreté, restes d'une offrande à la divinité.

நிருமிக்கிறது.மித்தேன்,மிப்பேன், மி,மிக்க,v.a.நிருமித்தல்,n.v. (நிருமிதம்),créer,faire,installer,établir, ordonner,destiner,désigner,bâtir.

*நிருமிதம்,நிருமிதி,நிருமிப்பு,(nirmita —ti),production, création, fabrication, établissement, destination. [stupidité,bêtise.

*நிரூடம்,(நிரு), extrême folie,

*நிரூடன்,(id.),grand fou,homme stupide,benêt.

*நிரூலம், (id.), destruction —,

ruine entière, extirpation: — ஆகிற து périr entièrement, s'anéantir; — ஆக்குகிறது ruiner —, détruire, — extirper entièrement.

*நிருமோகம், நிருமோசுதம், நிருமோட்சம், (nirmòka), délivrance, abandon, peau de serpent, ciel, atmosphère. [marque, — de beauté.

*நிருலக்ஷணம், (நிரு), manque de

*நிருலச்சை, (id.), impudence.

*நிருலேபன், (id. இலேபம்), homme pur, sage qui a renoncé à tout.

*நிருவகணம், (நிரு), catastrophe d'un drame. V. நிருவாகம். [து.

நிருவகிக்கிறது, P. நிருவாகிக்கிற

*நிருவசனம், (நிரு), silence, vocabulaire.

*நிருவராகம், (நிரு), prétendue incarnation de Vichnou en cochon.

*நிருவருணணம், (nirvarnana), vue, regard.

*நிருவனம், (நிரு), désert.

*நிருவாகணம், (நிரு), catastrophe d'un drame.

*நிருவாகம், நிர்வாகம், (நிர், vâha *qui porte*), administration, direction, habilité, capacité, moyen, condition, achèvement, fin, certitude, droiture, vérité, fermeté, persévérance, support, soutien, entretien, état, arrangement, convenance, correspondance: எனக்கு இருக்கும் நிருவாகமும் mon état et ma condition. காரியத்தை நிருவாகத்துக்குக்கொண்டுபோகிறது mener une chose à bonne fin, la terminer heureusement; நிருவாகம்பண்ணுகிறது, — கட்டுதல், V. நிருவாகிக்கிறது.

*நிருவாகி, (நிருவாகம்), agent, régisseur, conducteur d'une affaire, homme de parole.

நிருவாகிக்கிறது, கித்தேன், கிப்பேன், கி, கிக்க, v.a. (நிருவாகம்), நிருவாகித்தல், n.v. diriger, conduire —, administrer avec ordre, redresser, affermir, supporter, achever, perfectionner, entretenir.

*நிருவாசம், (நிர்), lieu inhabité.

*நிருவாணம், (nirvâna), nudité, — complète, paradis, repos —, calme —, bonheur éternel, délivrance de la matière et réunion avec la divinité (selon les Indous, et principalement les Bouddhistes et les Djaïnas), mort, disparition, annihilation, cessation, immersion, coucher des astres, le vide, l'espace, manière: நிருவாணதீட்சை initiation aux mystères payens, initiation —, entrée dans la secte des nus ou des Gymnosophistes; — கோலம் état de nudité complète

*நிருவாணி, m. f. (நிருவாணம்), personne nue, sans habit, gymnosophiste, Siven, Arouguen.

*நிருவிகற்பம், (நிரு), connaissance non dérivée des sens, relation ou suite uniforme, intelligence ou science uniforme, — de l'unité: நிருவிகற்பக்காட்சி connaissance ou vision uniforme; — சமாதி nom d'une position des யோகி.

*நிருவிகற்பன், (id.), être uniforme, qui est étranger aux différentes propriétés ou modifications qui paraissent en lui ou hors de lui.

*நிருவிகாரம், (நிரு), immutabilité, uniformité, sans changement: நிருவிகாரசைதன்னியன் celui dont l'intelligence ne change pas, *ou*

*நிருவிகாரி, (id.), l'immuable, Dieu.

*நிருவிக்கினம், (id.), absence d'empêchement, d'obstacle.

*நிருவிசாரம், (id.), insouciance, absence d'inquiétude, de soin, inattention, négligence, sécurité.

*நிருவிசாரன், (id.), insouciant, homme sans soin, négligent, à son aise.

*நிருவிசேஷம், (id.), uniformité, sans différence sans particularité.

*நிருவிஷம், நிருவிடம், (id.), l'antidote du poison, la plante curcuma zedoaria.

*நிருவீரம், நிருவீரியம், (id.), lâcheté, faiblesse. [té, lenteur.

*நிருவேகம், (id.), calme, tranquilli-

*நிருற்சாகம், (நிர்), indolence, indifférence.

*நிருசம், (id. ஊகம்), dispute, logique, certitude, sentence claire, — complète, sans ellipse.

*திருடம்,(நி, உருடம்), acception propre, —reçue des mots.

*திருடபசுபந்தம்,un des 21 sacrifices dits யாகம்.

*திருபணம்,(நி, உருபம்,na),preuve,détermination,certitude, résolution vue, recherche, investigation, définition,description, destination

*திருபம்,(நி, உருபம்),invisibilité, incorporalité,être sans forme,lettre, épitre: —அருளுகிறது honorer d'une lettre: திருபக்காரன், V. திருபாதிகாரன்.

திருபதிகாரன், V திருபத்திரன்.

*திருபன்,(திருபம்),l'invisible,qui n'a pas de forme,Dieu.

*திருபாதிகாரன்,(id. அதிகாரம்), homme chargé des lettres.

திருபிக்கிறது, பித்தேன், பிப்பேன், பி, பிக்க,v.a. திருபித்தல்,n.v.(திருபிதம்), prouver, démontrer, déterminer,désigner,estimer,rechercher, considérer. [considérée,examinée.

*திருபிதம்,(niroûpita),chose vue.

*திரீக்ஷணம், திரிட்சணம், P. நிரீக்ஷணம்,vue,regard.

*திரீச்சுரசாங்கியம், திரீச்சுவரசாங்கியம். P. நிரீச்சுவரசாங்கியம், athéisme.

திரை,1° ordre,série, ligne, file, rangée, —de soldats,ordre de bataille,corps d'armée, avant garde, vache, troupeau de vaches, jeu avec des cailloux sur des lignes tracées sur la terre,syllabe métrique de 2 brèves dite நிரையசை. 2° imp. et part. de திரைகிறது, et திரைக்கிறது;—கவர்தல் enlever les vaches de l'ennemi, ce qui est une des அஷ்டவெற்றி ou 8 victoires;—திறை, V திரணிறை;—பசை la syllabe métrique நிரையசை à laquelle se joint la lettre உ (que ce soit un குற்றுகரம் ou un முற்றுகரம்; —பதினேழு stance du genre கலித்துறை commençant par un திரை et contenant 17 syllabes: —மீட்டல் ramener le bétail enlevé par l'ennemi,ce qui est une des அஷ்டவெற்றி ou 8 victoires;— யசை syllabe métrique composée de 2 brèves ou d'une brève et d'une longue. Ex. வழி chemin, சுறு requin, நிறம் couleur, விளாம் nom d'arbre: —யசைக்கலித்துறை strophe du genre கலித்துறை qui commence par un நிரையசை; —யாடல், —யாடுகிறது, —விளையாடுகிறது jouer avec des cailloux sur des lignes tracées sur le sol: —யீற்றியற்சீர் pied de 2 syllabes métriques terminé par un நிரையசை, c'est le கூவிளம் ou le கருவிளம்; —யீற்றுச்சீர் pieds dits உரிச்சீர் terminés par un நிரையசை, on les nomme aussi வஞ்சிச்சீர்;— வொன்றாசிரியத்தளை subdivision de la connexion de pieds dite ஆசிரியத்தளை,dans laquelle le vers étant composé de pieds de 2 syllabes métriques dits இயற்சீர், la dernière syllabe d'un pied et la première du suivant sont toujours des நிரையசை.

திரைகிறது, ரைந்தேன், ரைவேன், ரை, ரைய,v.n.et a.(திரை), s'arranger,se mettre—, être en ordre, en rang,être régulier,nivelé, aplani,égaliser,niveler,mettre en ordre, distribuer des marchandises en divers lieux: திரைதிரையாய்ச்சொல்லுகிறது expliquer en ordre, en détail; தன் செய்திகளை ஒருவனுக்குத் திரைத்துரைக்கிறது exposer avec ordre à quelqu'un son affaire; என்மேலேபொல்லாததும் பொல்லாததும் திரைத்தது un tissu de faussetés et de méchancetés a été fabriqué sur mon compte.

திரைக்கிறது, ரைத்தேன், ரைப்பேன், ரை, ரைக்க,1° v.a. du préc. et திரைத்துப்போடுகிறது,— வைக்கிறது mettre en ordre,en rang,en ligne,arranger, aligner, enclore de haies,mettre des soldats en rang, en ordre de bataille, donner des marchandises à plusieurs personnes pour y gagner. 2° v.n.résonner, retentir.

திரைச்சல்,n. v. de திரைக்கிறது, haie,rangée,—d'arbres, de soldats, corps d'armée, avant-garde abri, écran, gage, sorte de jeu: — கட்டிக் கொண்டு தெருத்திண்ணையிற் குடியிருக்கிறது habiter sur le tinnei de la rue après y avoir attaché un abri; நிலத்தை — அடைக்கிறது entourer une terre de haies, l'enclore.

நிரைதல், n.v. de நிரைகிறது, s'arranger...; ordre, rangée, arrangement en ordre, en lignes.

நிரைத்தல், n.v. de நிரைக்கிறது, mettre en ordre..., résonner, arrangement, alignement, rangée, haie, abri, écran.

நிரைத்து, gér. de நிரைகிறது.

நிரைப்பிக்கிறது, v. caus. de நிரைக்கிறது, faire mettre en rang, en lignes...

*நிரையம், P. நிரயம், enfer.

நிரைவிக்கிறது, v. caus. de நிரைகிறது, faire mettre en rang, en ordre.

நிரைவுகிறது, P. நிரவுகிறது.

*நிரோட்டம், நிரோட்டி, (நிர், ஓட்டம்), espèce de vers de fantaisie d'où sont exclues les lettres labiales.

*நிரோதம், (நி, உரோதம்), perte, destruction, opposition, obstacle, aversion, mauvais office.

*நிரோதனம், (நி, உரோதனம்), obstacle, empêchement.

*நிரோத்தியம், (நிரோதம், ya), destruction, donation.

*நிர், (nir), dehors, sans, assurément, particule sanscrite qui se met devant les mots et signifie certitude, exclusion, dehors et surtout négation, privation; elle double le க, ச, த, ப suivant, ou se change en நிற். Devant plusieurs consonnes souvent on écrit நிரு pour நிர்; devant k, kh, p, ph, நிர் se change en நிஷ் et rarement en நிச; devant tch, tchh, t, th, s, il se change en நிஸ்.

*நிர்க்கமம், நிர்க்கதி, நிர்க்கமம், நிர்க்கமனம், (நிர்), sortie, départ, procession. [deur.

*நிர்க்கந்தம், (id.), manque d'odeur.

*நிர்க்குணதை, நிர்க்குணத்துவம், (நிர்க்குணம்), exemption de tous les divers caractères particuliers, ce qui est considéré comme un attribut —, caractère divin, nature divine.

*நிர்க்குணம், (id.), ce qui surpasse le naturel, privation de qualités, exemption de caractère particulier, l'Être suprême: நிர்க்குணசைவம் une secte de Siven.

*நிர்க்குணன், (id.), l'Être au dessus de tout caractère particulier ou exempt des 3 குணம் de l'humanité, i.e. Dieu.

*நிர்க்குண்டி, (nirgounti), l'arbrisseau நொச்சி, racine de nénuphar.

*நிர்ச்சரம், 1° (id. சரா), ambroisie, immortalité. 2° (id. djhara cascade), cascade, ruisseau qui coule des montagnes.

*நிர்ச்சரன், (id.), Dieu, immortel.

*நிர்ச்சரி, (நிர்ச்சரம்), rivière, montagne. [eau.

*நிர்ச்சலம், (id. சலம்), désert sans

*நிர்ச்சனம், (id. சனம்), solitude, — sans habitans, expulsion, rejet.

*நிர்ச்சிதேந்திரியன், (id. சிதம், இந்திரியம்), celui qui a dompté ses sens.

*நிர்ச்சீவன், நிர்ச்சீவி, (id. சீவம்), homme mort, — sans vie.

*நிர்ணயம், (nirnaya), certitude, détermination, destination, résolution, fermeté, fin d'une discussion, décision, jugement, sentence, coutume, règle: — ஆயிருக்கிறது être certain, résolu, déterminé, jugé...; — ஆனது ce qui est fermement résolu...; — சொல்லுகிறது parler avec certitude, déterminer, fixer le temps; — பண்ணுகிறது résoudre, déterminer, désigner, faire serment, assurer, prouver, certifier; நிர்ணயக்காரன் homme exact dans ses résolutions; — ப்படுத்துகிறது, V. நிர்ணயிக்கிறது; — ப்படுத்துதல் détermination, preuve, démonstration; — பத்திரம் sentence, verdict.

நிர்ணயிக்கிறது, யித்தேன், யிப்பேன், யி, யிக்க, v. a. et நிர்ணயித்துக்கொள்ளுகிறது, நிர்ணயித்திருக்கிறது, v. comp. (நிர்ணயம்), résoudre, déterminer, certifier, assurer, prouver, montrer clairement.

*நிர்ணரம்,(nirnara), un des prétendus chevaux du soleil. [று.

நிர்ணிக்கிறது, P. நிர்ணயிக்கிற

*நிர்ணீதம்,(nirnita),chose déterminée,décrétée,arrêtée.

*நிர்ணேயம், (நிர்ணயம்),chose à déterminer.

நிர்ணேக்கிறது,V. நிர்ணயிக்கிறது: குற்றமாய்நிர்ணேக்கிறது blâmer,charger d'une faute, censurer, [juger.

*நிர்ணேயம்,P.நிர்ணயம்.

*நிர்த்தயம்,(நிர்,தயை), défaut de pitié,cruauté,cœur dur. [ralité.

*நிர்த்தர்மம்,(id.),impiété,immo-

*நிர்த்தனம்,1° P.நிருத்தனம்,danse.2° (நிர்,தனம்),indigence,pauvreté,misère.

*நிர்த்தாக்ஷிணியம், நிர்த்தாட்சிணியம்,(நிர்), défaveur, manque de bienveillance,d'affabilité,regard défavorable,dédain,mépris.

*நிர்த்தூளி,(id.), destruction totale: —பண்ணுகிறது détruire entièrement; —யாகிறது être détruit entièrement,—réduit en poudre.

*நிர்த்தேசம்,(id.),ordre.

*நிர்த்தோஷம்,(id.),innocence.

*நிர்நமஸ்காரம், நிர்நாசம், நிர்நாசன்,நிர்நாதன், நிர்நாமன், நிர்நிமித்தம்,V. நிருநமஸ்காரம்.....

*நிர்ப்பந்தம்,(id.), tourment, affliction,oppression,calamité: —ஆயிருக்கிறது, நிர்ப்பந்தப் படுகிறது être tourmenté,affligé, — opprimé: —ஆயிருக்கிறவள் femme en travail. [heureux,affligé, tourmenté.

*நிர்ப்பந்தன்,(நிர்ப்பந்தம்), mal-

*நிர்ப்பயம்,(id.),intrépidité, sans

*நிர்ப்பலம்,(id.),faiblesse.[crainte.

நிர்ப்பரம்,(id.), légèreté.

*நிர்ப்பாக்கியம்,(id.),malheur,infortune,pauvreté,indigence: —ஆயிருக்கிறது être malheureux.

*நிர்ப்பாக்கியன், (id.), malheureux,indigent. [se.

*நிர்ப்பீசம்,(id.), chose sans cau

*நிர்ப்புதம்,P. நியர்ப்புதம்,100 billions. [ignorance,bêtise.

*நிர்ப்புத்தி,(நிர்),manque d'esprit,

*நிர்மலம்,நிர்மூடம்,நிர்மூலம்...V. நிருமலம்.....

*நிர்மநுஷியம், நிர்மாநுஷியம், (நிர்,மநுஷன்), lieu inhabité, sans hommes.

*நிர்வாகம்,நிர்வாணம்,நிர்விசாரம், நிர்விஷம்,V.நிருவாகம்.....

நிலத்திணை, 1° (நில,திணை), genre de terrain.2° (நிலத்து,இணை), ce qui est inhérent à la terre, comme les plantes etc...,ce qui ne marche pas.

நிலமை,1° P.நிலைமை. 2° V.நிலவாதனம்.

நிலத்து,obl.de நிலம்,de la terre: நிலத்தரசுகாரன் monarque absolu, maître d'un pays; நிலத்தியல்பு nature du sol; நிலத்தியல்பானீர்திரிந்தற்றாகுமாந்தர்க் கினத்தியல்பதாகுமறிவு comme l'eau change de qualité selon la nature du sol, de même l'intelligence des hommes change selon le naturel de ceux qu'ils fréquentent.

நிலத்துகிறது,த்தினேன், த்துவேன்,த்து,த்த,v.a.niveler,aplanir.

நிலந்தட்டி,(நிலம், தட்டுகிறது), instrument pour battre et pour aplanir la terre.

நிலம்,terre,terrain,terroir,sol, la terre, le globe terrestre, un des 5 élémens,champ, — cultivé ou bon,à cultiver,lieu,pays, l'arbrisseau-சன்னி,vers ou insectes que la terre produit,ce qui est un des 4 தோற்றம். Les Indiens comptent 5 espèces de terrains, V.ஐந்திணை: —அறிதல் connaissance des terrains, c'est une des sciences des Indiens; — எடுக்கிறது prendre —, choisir ou désigner un terrain (pour une maison ou autre dessein); — பிறண்டுகிறது gratter la terre: — பிறண்டி nom d'une plante: நில,adj.de la terre,terrestre: —ஆவிரை, V.நிலாவிரை; — உமரி, V.நிலவுமரி; —க்கடம்பு la plante justicia acaulis; —க்கணம் mot ou pied composé de 6 brèves, c'est le கருவிளங்கனி; — க்கறையான் espèce de termites ou fourmis blanches; —க்கன்று jeunes plantes ou moissons en herbe; —க்குமளா espèce de plante ou d'arbrisseau épineux;— க்காளான் espèce de champignon;—க்குகை caverne,cave;— க்குமிழ் espèce inférieure de la plante gmelina asiatica; —க்குழி trou en terre pour fixer un mortier à piler, forme de lettre tracée sur la terre pour servir de modèle aux enfans;—க்குறி marque de différens terroirs, division ou partie de la science des terrains; —க்கடம்பு nom de plante;—க்கொட்டை la plante tragia chamælea;—க்கொதி chaleur de la terre; —ச்சாஸ்திரம் science ou connaissance des terrains;—ச்சாய்பு, —ச்சாய்வு pente du terrain,*ou* —ச்சாடை qualité—, nature—, apparence du terrain;—ச்சுருங்கி la plante oxalis sensitiva;—ச்சேமு variété de la plante சேமு:—த்தாமரை nénuphar terrestre,*i.e.* rosier;—த்திர்வை impôt de terrain;—த்துத்தி guimauve terrestre ou rampante, sida cordifolia;—த்துளசி basilic rampant, ocymum prostratum; —நெல்லி la plante phyllantus madraspatana; — ப்பனை plante qui ressemble au palmier sauvage, curculigo orchioides;—ப்பாகல் la plante momordica humilis; — ப்பால sorte de plante, variété de l'arbre பால; — பாவாடை toile qu'on étend par terre pour marcher dessus dans des cérémonies;—ப்பிரட்டு,—ப்புரட்டு fraude dans un compte de terres ou dans les limites;—ப்பிளப்பு fente dans la terre;— ப்பீர்க்கு la plante rampante cucumis tuberosus qui produit des fruits amers que l'on mange bouillis;—ப்புழு ver de terre,achée;— ப்புழுக்கம் chaleur de la terre;—ப்பெயர்ச்சி,—ப்பெயர்த்தி, —ப்பேதம் différence de terrain;—ப்பொட்டு espèce de champignon; —ப்போக்கு, *V.* நிலவாசி:—மகள் la déesse de la terre,*litt.* fille de la terre; —மகன் fils de la terre,*i.e.* la planète Mars,prétendu fils de la terre et d'une forme de Siven;— மட்டம் niveau de la terre: — மண் sol—, terre d'une maison;— மண்டிலவப்பிரிவப்பா, *P.* நிலமண்டிலவாசிரியப்பா;—மதிப்பு estimation du sol, de la terre:—மயக்கம் mélange de terres; —மிதி beauté—,commodité—, prix d'une terre, commodité de la marche:—வரி impôt—,rente de terre;—வலயம் la terre, le globe terrestre:—வறை,(அறை),cellier,cave, cachot,chambre souterraine, caverne;—வாகை les plantes நிலாவிரை et நிலப்பாகல்;— வாசி nature —, qualité du sol;—வாடகை,—வாரடை rente—,ferme d'une terre; — வாசுகம் stabilité,fixité, siége en terre; — வாரம் la part du revenu d'une terre qui revient au propriétaire;—வியல்பு,(இயல்பு), qualité de la terre;— வாவிரை,(ஆவிரை),*V.*நிலாவிரை:— விலந்தை,(இலந்தை),nom de plante: —விழுதுla plante நிலப்பனை; — விளா,—விளாத்தி petit arbrisseau,variété du விளா:—விறிசு sorte de pétard qu'on met à terre,machine garnie de pétards qu'on place à terre; — விறை,(இறை),impôt de la terre—விசியம் terre à foulon;—வுமரி, (உமரி), nom d'une plante,espèce de salsola: —ஊறல்,—ஊறணி,(ஊறல), source: —வெடுப்பு,(எடுப்பு),1er labour de la terre:—வெழுத்து, (எழுத்து), lettre qu'on écrit sur le sable (pour en apprendre la forme):—வேம்பு la plante médicinale justicia paniculata;— வேர் ver de terre,achée.

நிலம்பி,moustique,cousin.

நிலம்பு,le palmier பனை.

*நிலயம்,1° (nilaya), maison, demeure,habitation. 2° place, lieu,— designé,temple ou résidence des dieux,stabilité,station, terre cultivée,ville ou bourg en pays cultivé, but,point de mire, la terre, danse, phrase,brûlure. [bitation.

*நிலயனம்,(நிலயம்,na),place,ha-

நிலவாரம். *P.* நிலவாரம்.

நிலவல்,*opt.et n.v.de* நிலவுகிறது, éclat,splendeur.

நிலவு,1° lune, rayons de la lune, clair de lune,lumière.2°*imp.et part. du suiv.*:— நாழிகை heures indiennes comptées sur la marche de la lune.

நிலவுகிறது, நிலவினேன், நிலவுவேன், நிலவ, *v.n.* நிலவுதல், *n.v.* briller, luire, s'étendre, se répandre, la rénommée s'étendre.

நிலவெறிக்கிறது, (நிலவு), la lune briller, —darder ses rayons.

நிலன், *P.* நிலம்.

நிலா, 1° *P.* நிலவு, clair de lune, rayons de —, la lune, lumière. 2° *P.* நில்லா: நிலாவிலே au clair de la lune: நிலாவிலே நடக்கிறது, —போகிறது marcher —, aller au clair de la lune; நிலாக்காய்கிறது, —க்காலுகிறது la lune briller: —க்காலம் temps du clair de lune; —க்கிரணம் lueur —, rayon de la lune; —க்கொழுந்து croissant de la lune: —ப்பதிவு déclin de la lune; —மணி, *V.* சந்திரகாந்தச்சிலை; —மண்டலம், *V.* சந்திரமண்டலம்; —முகி, —முகிப்புள், —முக்கி perdrix rouge, bartavelle qui parait au clair de la lune; —மண்டபம், —முற்றம் terrasse plate ou argamasse des maisons pour se promener au clair de la lune; —வீசுகிறது, —வெறிக்கிறது, (எறிக்கிறது), la lune briller.

நிலாவிரை, (நிலம், ஆவிரை), la plante médicinale cassia senna.

நிலாவுகிறது, *V.* நிலவுகிறது.

நிலுவை, (நிற்கிறது), réliquat, reste de compte, balance due, arriéré, somme due après un payement: உன்மேலே — வெம்மாத்திரம் combien vous reste-t-il encore à payer?

நிலை, 1° (நிற்கிறது), fermeté, stabilité, persévérance, constance, fixité, immobilité, certitude, lieu, place, —fixe, station, chambranle, poteau —, jambage de porte, cadre de fenêtre etc.., appui, base, soutien, posture, position, situation, attitude en tirant de l'arc, gué, lieu où l'on trouve le fond, —où l'on peut se tenir dans une rivière, étage, rangée, étable, demeure, salle, état, emploi, condition naturelle, terre, monde, temps, usage, voie, tempérament, disposition, caractère, bijou suspendu, — en or ou en pierreries qui pendille, bézoard, étendue. 2° *imp. et part. de* நிலைகிறது *et de* நிலைக்கிறது: நிலை-௫ les 5 attitudes ou postures d'usage pour tirer de l'arc: வைசாகநிலை attitude où l'on a les pieds écartés l'un de l'autre de la distance d'un empan, மண்டலநிலை celle où on les courbe, ஆலீடநிலை celle où l'on a le genou droit en avant et l'autre courbé en arrière, பிரத்தியாலீடநிலை celle où l'on a le genou gauche en avant et le droit courbé en arrière, சம்பாதம் ou சம்பதம் celle où l'on a les 2 pieds joints ou dans la même position; யுத்தநிலை-௪ les 4 attitudes du combat, savoir: ஆலீடம், பிரத்தியாலீடம், மண்டலம் et பைசாசம் ou பைசாசநிலை attitude où l'on se tient sur un pied ayant l'autre plié; நிலைகலங்குகிறது, —குலைகிறது, —கெடுகிறது chanceler, tituber, se déconcerter, se troubler, perdre son aplomb, — son attitude; —கேடு instabilité, chancellement; —கொள்ளுகிறது devenir ferme, stable, s'affermir, se fixer; —கொண்டிருக்கிறது tenir ferme, durer, continuer, persévérer; —கொள்ளாமை instabilité, inconstance; —கோலுகிறது chercher une place, aligner, tracer les bornes; —க்கடகம் gros anneau fixe; —க்கண்ணாடி miroir fixé à un mur, glace à demeure; —க்கல் bézoard; —க்களப்போலி lettre subtituée à une autre: —க்களம் lieu où l'on se tient, — où l'on était; —க்கால் jambage de porte: —க்குடி habitant fixé, anciens habitans, population fixe et non flottante: —க்குத்துகிறது se tenir immobile, s'établir, fixer sa demeure, les moissons prendre de la force, —croître: ௩, ௪, ௯, ௰௧ நிலைக்கோபுரம் tour à 3,4,9,11 étages; —தடுமாறுதல், —தவறுகிறது, —தளம்புகிறது chanceler, tituber, vaciller, se troubler, être inconstant; —த்தண்ணீர் eau guéable, stagnante, dormante; —

தப்புகிறது manquer de fixité, de fermeté...; perdre pied, manquer de probité, d'honnêteté; — த்தேர் char orné et fixé dans un lieu; — நிறுத்துகிறது fixer, retenir, affermir, confirmer, établir, réformer, remettre en bon état, arrêter; — நிறுத்தல் affermissement, établissement, réforme; — நிறுத்திக்கொள்ளுகிறது remplir un engagement, une promesse; — நிற்கிறது rester —, être ferme, constant, durable, persévérer, durer, s'obstiner, ne pas lâcher prise, continuer, — jusqu'au bout; — நிற்கப்பேசுகிறது parler de —, exhorter à la persévérance, affirmer, assurer; — நீங்காமை fermeté, — inébranlable, persévérance, permanence; — பிடிக்கிறது s'affermir, prendre de la force, de la consistance: — பெறுகிறது s'affermir, prendre de la consistance, des forces, se fixer, s'établir, s'arrêter, se tenir ferme, acquérir de la persévérance; — பெறுதல் affermissement, stabilité, persévérance; — பெறுதோடல் courir sans s'arrêter; — பெறுத்தல், — பெறுத்துதல் conservation, affermissement; — பெறுத்துகை élasticité; — பெற்றோங்குகிறது être dans un état fixe et prospère; — பெற்றிருக்கிறது durer, persévérer; — பேறு persévérance, fixité, immutabilité, immobilité, fermeté, pilier, colonne, certitude, grandeur, béatitude, paradis (où il n'y a plus de changement); — போடுகிறது poser la base, le fondement; — ப்படுகிறது s'affermir, se consolider, se fixer, continuer, devenir —, être ferme, stable, fixe, certain, assuré, persévérant: — ப்படச்செய்கிறது, — ப்படுத்துகிறது rendre stable, durable, persévérant, affermir, fixer déterminer, décider, assurer, certifier, prouver, faire tenir ferme, différer, prolonger; — ப்பரப்பு plancher, toit plat, linteau, chambranle; — மண் terre solide, — propre de l'endroit: — மண்டிலவாசிரியப்பா stance du genre அகவல் dont tous les vers sont également de 4 pieds: — மண்டுகிறது devenir — être inséparable, ne pas être séparé; — மாறுகிறது changer de place, d'emploi etc...; — மாறுதல் changement de place etc..., transposition des lettres comme வைசாகி P. வைகாசி le mois de mai, cette transposition de lettres est une des புணர்ச்சிவிகாரம் ou irrégularités de l'union des mots; — மொழி le 1er mot dans les mots composés ou qui se suivent; — யகம், (அகம்), emplacement (de maison...), pièce de terre pour maison dite மனை, demeure; — யங்கி, (அங்கி), robe ou habit qui couvre tout le corps; — யழிகிறது la constance, la fermeté, la stabilité se perdre, ou la perdre, être vaincu, perdre, chanceler; — யழிவு perte, défaite, chancellement, instabilité; — யறிகிறது connaitre la fermeté, l'opinion; — யாக, — யாய் fermement, constamment; — யாய்நிற்கிறது persévérer dans son état; — யிடுகிறது affermir, confirmer, fixer, rendre solide; — யிலாச்சம் pilier, poteau; — யின்மை inconstance, instabilité, changement; — யுடை, — யுடைய stable; — யுடைக்கட்டை pivot; — யுடைமை stabilité, constance, fermeté; — யுமல் grand panier pour la pêche à demeure, — de feuilles de cocotier pour les pêcheurs; — யுரல் gros mortier fixé en terre; — யுரியாய்ச்சீலையையுரிகிறது arracher tous les habits, mettre à nu; — யூன்றுகிறது s'affermir, prendre des forces, s'enraciner, pousser des racines, être inséparable: — வரம் fermeté, constance, stabilité; certitude; — வரப்பட்டவன் homme ferme, — sûr, de confiance, sur qui on peut compter; — விட்டால்நீச்சு quand on perd pied, il faut nager, celui qui quitte son état ou sa condition, tombe dans l'embarras; — விளக்கு lampe fixe, qu'on ne change pas de place; உ, ௩ நிலைவீடு maison à 2, 3 étages; நிலையிலேநிற்கிறது persévérer dans son état; தன்நிலையிலே ou தன்னிலையி

லேவருகிறது revenir—, venir dans son état ordinaire; மெய்விவாகநிலை l'état du mariage.

நிலைகிறது, லைந்தேன், லைவேன், லை,லைய,(நிலை),v.n. நிலைதல்.n.v.rester,se fixer,devenir—,être fixe, stable,ferme constant, subsister, arriver.

நிலைக்கிறது,லைத்தேன்,லைப்பேன், லை,லைக்க,nég.நிலையேன்,v.n.(நிலை), et நிலைத்துக் கொள்ளுகிறது ou—போகிறது,se fixer,s'établir, persévérer,tenir ferme,durer,rester,continuer,s'affermir,habiter, être fixé, établi;fixement,prendre pied. toucher le fond,ne pas perdre pied dans une rivière: உத்தியோகத்திலேநிலைத்திருக்கிறது continuer d'occuper un emploi; காரியத்தை நிலைக்கப்பண்ணுகிறது maintenir une chose, l'établir solidement, la mettre en bon état;நிலைத்தது ce qui est resté solide...;நிலையாது cela ne durera pas,n'est pas stable, — pas durable; நிலையாமற்போகிறது être inconstant,changeant,ne pas durer: தண்ணீர்ஆளுக்குநிலைக்கும், — நிலையாது l'eau est guéable, —n'est pas guéable.

நிலைத்தல்,n.v.du préc.persévérance,stabilité,durée,affermissement.

நிலைபரம், (நிலை), fermeté, constance,persévérance,

நிலைப்பிக்கிறது,v. caus.de நிலைக்கிறது,rendre stable, établir, affermir,fixer,faire rester, —continuer, —persévérer.

நிலைப்பித்தல்,நிலைப்பிப்பு,n. v. du préc.affermissement.établissement.

நிலைப்பு,n.v.de நிலைக்கிறது, gué (dans une rivière...), affermissement,persévérance,stabilité, durée.

நிலைமை,(நிலை,மை), durée, persévérance,constance, fermeté, état, condition,naturel, vérité, probité, siége en terre:—க்காரன், —யுள்ளவன் homme constant,probe:— யல்ல ce n'est pas stable,—pas durable: —யற்றவாழ்வு bonheur périssable,sans durée;—யாயிருக்கிறது être stable, durable,continuel: — யென்றெண்ணுகிறது regarder comme stable,

*நிலையம்,P.நிலயம்: [— durable.

நிலையாடி, nom d'un instrument de tisserands.

நிலையா,நிலையாத,part.nég. de நிலைக்கிறது,non durable, — stable, changeant, périssable. inconstant, non guéable: நிலையாநீர், நிலையாத ஆறு eau—,rivière non guéable,où l'on perd pied.[tabilité,inconstance.

நிலையாமை,n.v.nég.du même,ins·

நில்லா,நில்லாத,part.nég.de நிற்கிறது, non durable,inconstant,changeant...: நில்லாமனத்தார் gens inconstans. [même.

நில்லாது,நில்லாமல்,gér. nég. du

நில்லாமை,n.v.nég. du même, inconstance,instabilité,variabilité,caractère changeant,défaut de solidité. [le,quantité.

*நிவகம்,(nivaha),multitude, fou-

நிவக்கிறது, வந்தேன், வப்பேன், வ,வக்க,v.n.et a. être élevé, exalté, s'élever,élever,exalter. [lage.

*நிவசதம்,(nivasatha),bourg. vil-

*நிவசதி,(நி),maison. [maison,

*நிவசனம்,(நி), toile, vêtement,

நிவத்தல்,n.v.de நிவக்கிறது, élévation. [—மலை haute montagne.

நிவத்த,part.du même,haut,élevé:

*நிவபனம்,(நி), dons en l'honneur des ancêtres décédés. [teur.

நிவப்பு,n.v. de நிவக்கிறது, hau-

*நிவரை,(நி, வரன்), vierge, fille non mariée. [varnana),vue,regard.

*நிவருணம்,P.நிவருணணம்,(nir-

*நிவருகணம்,நிவருகிதம், (nivarhana, —hita),tuer,éloigner.

நிவருகிறது ou நிவர்கிறது, வர்ந்தேன்,வருவேன் ou வர்வேன்,வரு ou வர்,வர,v.n.நிவருதல், நிவர்தல், n.v. s'élever,être haut,élevé.

*நிவர்த்தனம்,(நி). terre de 200 coudées de long et de large,donation,retard,retour,abandon,cessation, conversion,changement,réforme.

நிவர்த்தி,P.நிவிர்த்தி.

நிவர்த்திக்கிறது,த்தித்தேன், த்திப்பேன்,த்தி,த்திக்க,v.n. நிவர்த்தித்தல்,

(நிவர்த்தனம்),quitter,abandonner, se désister,se retirer.

நிவறல்,subtilité,petitesse, multitude,étroitesse,jonction,foule, *opt.et n.v.de*

நிவறுகிறது, றினேன், றுவேன், று,*p.v.n.*நிவறுதல்,*n.v.* se rassembler,se joindre,se presser, se serrer, se retirer,être subtil,petit.

நிவாகம்,*P.*நிவாசம்,lieu,région.

*நிவாசம்,(நி),habitation, maison (de Dieu et des grands),demeure en pays étranger.

நிவாசிக்கிறது, சித்தேன், சிப்பேன்,சி,சிக்க,*v.a.*நிவாசித்தல்,*n.v.* habiter,demeurer.

*நிவாதம்,(நி),calme,—sans vent, demeure,asile,forte armure: நிவாதகவசர் démons armés de fortes cuirasses, descendans de இரணியாக்ஷன்,habitans de la ville de தோயமாபுரம், ennemis et vainqueurs des dieux, mais ensuite vaincus et détruits par le seul அருச்சுனன்.

*நிவாபம்,(nivâpa), la cérémonie funèbre dite சிராத்தம்,offrande aux mânes des morts,don (en général).

*நிவாரணம்,(நி), abolition, destruction,expiation,expulsion,abandon,éloignement,renvoi, empêchement,obstacle:—ஆக்குகிறது,—செய்கிறது,—பண்ணுகிறது détruire, abolir,expulser, effacer, expier (le péché),—ஆகிறது,—ஆய்ப்போகிறது s'abolir, s'expier, être détruit, abrogé,expulsé,effacé.

*நிவாரணார்த்தம்,(நிவாரணம், அர்த்தம்),cause de destruction,—de dévastation. [obstacle,opposition.

*நிவாரம்,நிவாரிதம்,(nivâra,ita),

*நிவிசேஷம்,(நி),identité,— sans [différence.

*நிவிருத்தி, *V.* நிவிர்த்தி.

*நிவிர்த்தம்,(nivroutta),empêchement,cessation,renoncement.

*நிவிர்த்ததானம், (நிவிர்த்தம்), un des 9 தானம்.

*நிவிர்த்தாத்துமன், (நிவிர்த்தம், ஆத்துமம்), Vichnou,pénitent,celui dont l'esprit est séparé du monde.

*நிவிர்த்தி, (nivroutti), cessation, abandon, renoncement au monde, abolition,expiation,guérison,repos: —கலை un des 5 கலை;—செய்கிறது, —பண்ணுகிறது,*ou*

நிவிர்த்திக்கிறது,த்தித்தேன்,த்திப்பேன்,த்தி,த்திக்க,*v.a.*(நிவிர்த்தி),நிவிர்த்தித்தல், *n.v.* éloigner, expulser, abolir,effacer,ôter,expier,guérir.

*நிவிர்த்தை,(nivrouttâ),fin,accomplissement, *V.*பாகமாதல்.

*நிவேசம்,(நி),maison, palais (des grands) résidence royale,camp, entrée,vêtement,habit, ornement, décoration,mariage,offre,remise entre les mains,livraison.

*நிவேசனம்,(நி),maison,habitation, emplacement, terrain, — pour une maison, —de 2400 pieds carrés, porte,entrée,ville,bourg.

*நிவேதனம்,(nivêdana),don,présent,donation,dépôt,gage, chose remise ou confiée,allocution,discours, message verbal,action de confier,de remettre,oblation,sacrifice (à la divinité...).

நிவேதிக்கிறது, தித்தேன், திப்பேன்,தி,திக்க,*v.a.*நிவேதித்தல்,*n.v.* (nivêdita *offert*),donner, offrir, — un sacrifice: நிவேதிக்கப்பட்டபொருள் offrande, oblation, *ou* நிவேதித்தது ce qu'on a donné,confié,offert.

*நிவேத்தியம், *P.* நைவேத்தியம், oblation, offrande, — de choses à manger,sacrifice.

நிழலி,vent.

நிழலுகிறது, ழன்றேன், ழலுவேன்,ழலு *ou* ழல்,ழல,*v. n.* நிழலுதல், (நிழல்),ombrager,avoir—,donner de l'ombre,l'ombre tomber sur.

நிழல்,1° *imp.et n.v.du préc.*2° ombre,ombrage,apparence,abri,protection,bonté,faveur,lumière, justice, fraicheur,branche d'arbre,prospérité,délice,malheur,maladie,douleur: —ஆடுகிறது se réfléchir, apparaitre,— comme une ombre, — dans une image réfléchie,ombrager;—ஆட்டம் ombre légère,représentation, ébauche,esquisse;—ஆட்டமாயிருக்கிறது apparaitre légèrement comme une ombre, — non distinctement;

—இடுகிறது ombrager, donner de l'ombre;—உணத்துகிறது,—உலர்த்துகிறது faire sécher à l'ombre; —ஒதுக்கு lieu ombragé,—où l'on peut se mettre à l'ombre;—ஒதுக்கிவேநடக்கிறது se promener à l'ombre;—செய்கிறது ombrager, donner de l'ombre, obscurcir;—நல்லதுமுசிறுபொல்லாது l'ombre est bonne, mais les fourmis rouges (qui s'y trouvent) sont mauvaises: un grand sera bienveillant, mais les malveillans qui l'entourent rendent nulles ses bonnes intentions;—நாவல், V. நிழனுவல்;—விழுகிறது l'ombre tomber sur,—s'étendre;—வீசுகிறது donner de l'ombre; நிழற்சரிவு déclin de l'ombre, le soir;—சாய்ப்பு, —சாய்வு lieu ombragé, déclin de l'ombre;—படுகிறது être ombragé; —படுத்துகிறது ombrager, donner de l'ombre;—பாடு ombrage, refuge, asile;—பாவை statue que l'on fait jouer derrière un rideau, ombres chinoises;—பிடிக்கிறது s'ombrager, se couvrir d'ombres;—போடுகிறது ombrager, couvrir de son ombre; நிழலுக்குவருகிறது venir à l'ombre; நிழலிலிருக்கிறது être à l'ombre; ஒருவனிழலிலிருக்கிறது être sous la protection de quelqu'un *ou* quelqu'un être à l'ombre; நிழலிலே வைக்கிறது mettre à l'ombre.

நிழற்றுகிறது, ற்றினேன், ற்றுவேன், ற்று, ற்ற, v.n. et v. a. de நிழலுகிறது, நிழற்றல், நிழற்றுதல், *n.v.* ombrager, donner de l'ombre, colorer, donner un vernis au discours, être à l'ombre, être fin, délicat, subtil.

நிழனுவல், (நிழல், நாவல்), la plante ocymum menthoides.

நிறக்கிறது, றத்தேன், றப்பேன், ற, றக்க, v.n. (நிறம்), se colorer, être bien coloré,—colorié, avoir une brillante—une jolie couleur, plaire, நானென்னசெய்தாலும் நிறக்கவில்லை quoi que je fasse, je ne puis plaire.

நிறத்த, part.pass. du préc. coloré.

நிறத்தல், நிறப்பு, n.v. de நிறக்கிறது, coloris, couleur brillante,

நிறப்பிக்கிறது, v.caus. du préc. colorer, colorier, vernir.

நிறம், couleur, coloris, apparence, lumière, caractère, disposition, tempérament, poitrine: —ஆயிருக்கிறது être coloré,—bien colorié,—bigarré,—bariolé de diverses couleurs;—கெடுகிறது se décolorer, perdre sa couleur;—கொடுக்கிறது colorer, colorier, peindre, donner de la couleur, enluminer;—பெயர்கிறது prendre une belle couleur, *ou* —பேதிக்கிறது,—பேதலிக்கிறது,—மாறுகிறது la couleur changer, changer de couleur;—போடுகிறது colorer, colorier, mettre des couleurs;—மங்குகிறது,—மங்கிப்போகிறது la couleur se flétrir,—se passer, devenir pâle, se décolorer; நிறப்பெயர்ச்சி,—ப்பேதலிப்பு,—ப்பேதிப்பு changement de couleur.

நிறுல், V. நரா.

நிறுக்கிறது, றுத்தேன், றுப்பேன், று, றுக்க, v.a. நிறுத்தல் *et* நிறுக்குதல், *n.v.* peser (avec des balances), examiner,—le poids: நிறுக்கிறவன் peseur; நிறுக்குந்துலா balance à peser; நிறுத்துப்பார்க்கிறது peser et voir si le poids est juste; நிறுத்துக்கட்டுகிறது peser et lier, mesurer.

நிறுதிட்டம், perpendicularité, position droite, élévation à pic, se tenir droit: நிறுதிட்டமாய் perpendiculairement, à pic.

நிறுத்தம், n.v. de நிறுத்துகிறது, pause (en lisant ou en parlant), position droite, se tenir droit sans pencher d'aucun côté.

நிறுத்தல், 1° n.v. de நிறுக்கிறது, pesée, action de peser. 2° *n.v. de* நிறுத்துகிறது, action d'arrêter,..., de ne pas donner, retenue, pause, arrestation, détention, affermissement, plantation.

நிறுத்தி, gér. de நிறுத்துகிறது.

நிறுத்து, gér. de நிறுக்கிறது. 2° *imp. et part. de*

நிறுத்துகிறது, த்தினேன், த்துவேன், த்து, த்த, v.a. de நிற்கிறது,

நிறுத்துதல், *n.v.* arrêter, retenir, détenir, finir, discontinuer, planter, lever, dresser, redresser, mettre, — debout, faire tenir droit, placer, fixer, établir, affermir, élever, destiner, garder, conserver, préserver, — de tomber, faire prendre, retarder, différer, s'arrêter, faire des pauses; எழுந்து—, dresser, lever, faire tenir —, mettre debout; விளக்கை —éteindre une lampe; நிறுத்திச்சொல்லுகிறது dire un peu plus lentement, — ப்படிக்கிறது, — வாசிக்கிறது lire plus lentement, — en faisant des pauses; — ப்பிடிக்கிறது dresser —, lever et tenir, rester ferme, être constant, obstiné; — ப்போடுகிறது, — வைக்கிறது arrêter, retenir, dresser, placer debout; நிறுத்து அவன்சொல்லட்டும் arrête-toi, que celui-là parle à son tour.

நிறுபூசல், *P.* நிருபூசல்.

நிறுப்பான், (நிறுக்கிறது), 1° il pesera. 2° peseur. 3° le signe de la Balance, balance, paire de balances.

நிறுப்பவன், நிறுப்போன், *n.app. du même*, peseur.

நிறுப்பு, *n.v. du même*, pesée, action de peser.

நிறுவல், *opt. et n.v. de* நிறுவுகிறது, position droite, affermissement, persévérance, dresser.

*நிறுவாகம், நிறுவாணம், நிறுவிஷம்... *V.* நிருவாகம், நிருவாணம், நிருவிஷம்.

நிறுவுகிறது, வினேன், வுவேன், வு, வ, *v.a. et n.* நிறுவுதல், *n.v.* fixer, dresser, faire tenir —, mettre droit, se fixer, s'affermir: தலை — lever —, dresser la tête; நிறுவிநிற்கிறது se tenir droit.

நிறை, 1° *n. v. de* நிறுக்கிறது, poids, pesanteur, pesée, action de peser, mesure de pesanteur, poids de 100 பலம், peson, balance le signe de la Balance, équité, justice, raison, probité, — et retenue, règle, coutume, — établie, excellence, plénitude, intégrité, incorruptibilité, indestructibilité, chasteté, pureté, fermeté, courage, limite, borne, jarre, cruche, vase à puiser ou contenir de l'eau. 2° *part. de* நிறைகிறது, plein, rempli. 3° *imp. du même et de* நிறைக்கிறது: அதுக்குநிறையென்ன quel est le poids de cela? இரண்டிறாத்தல்நிறையாயிருக்கிறது cela pese 2 livres; நிறைகரகம் cruche pleine d'eau qu'on porte sur la tête en dansant en l'honneur de மாரியம்மை et autres fausses divinités; — கருப்பம் grossesse avancée, — près du terme; — கருப்பணி femme fort avancée dans sa grossesse, — près du terme de sa grossesse; — கலை pleine puissance, pleine lune; — கல் poids non estampillé, pierre qui sert de poids; — குடம் cruche pleine d'eau, (elle est censée une des 8 rencontres de bon augure dites அஷ்டகபம்), grand talent, — génie, homme capable; — குறையில்லாமலிருசட்டமாயிருக்கிறது être à peu près juste, ni plein ni défectueux; — கோல் balance (pour peser); — சபை assemblée nombreuse, — au complet; — சரியாயிருக்கிறது le poids être juste; — சன்னி froid —, tétanos complet; — சூல் pleine grossesse; — செல்வன் celui qui est au comble des richesses, — du bonheur; — தப்பு injustice, défaut de probité; — தப்புகிறது n'avoir pas le poids, manquer de justice, de probité, de chasteté; — தருதாறு la plante சித்தில்; — நரம்பு luth complet, — avec ses 7 cordes; — நாழிவைத்தல் une des cérémonies gentiles de l'accouchement: — நிலவு pleine lune; — பாரம் pesant fardeau, abondance; — பார்க்கிறது examiner le poids; — பானை grande cruche ou jarre pleine; — புனல் rivière —, étang rempli, *litt.* eau pleine; — பூரணம் plénitude absolue, satiété entière; — மணி sorte d'onction ou d'effusion prétendue sacrée; — மயிருள்ளோன் homme couvert de poils; — மொழி oracle, parole sûre, — qui a son effet, — de bénédiction ou de malédiction, — des grands; — மொழி

யாளர் ceux dont la parole est sûre ou immanquable, les grands, les sages, les ermites; — யழிகிறது être corrompu, violé, se déconcerter, se décourager, perdre la chasteté; —யளவு mesure pleine, —de pesanteur; —யறிகருவி instrument pour connaitre le poids, *i.e.* balance, peson; —யாயிருக்கிறது être plein, rempli, juste pour le poids; —யாயிருக்கிறவன் homme accompli, —probe; —யில்லாமலிருக்கிறது, *V.* நிறைதப்புகிறது; —யுடையவன், — யுள்ளவன் homme probe, juste, équitable; —வாரம் abondance.

நிறைகிறது, றைந்தேன், றைவேன், றை, றைய, *v. n.* நிறைதல், *n.v.* se remplir, être plein, rempli, s'achever, croître, augmenter; நிறைந்த plein, rempli, gonflé; நிறைந்திடுகிறது, நிறைந்திடல் se remplir *ou* நிறைந்திருக்கிறது être plein, rempli; நிறைந்துபோகிறது se remplir, se gonfler; நிறையப்படுகிறது se remplir; être plein; நிறையவில்லை cela ne s'est pas rempli, cela n'est pas plein.

நிறைக்கிறது, றைத்தேன், றைப்பேன், றை, றைக்க, *v. a. du préc.* நிறைத்தல், *n.v.* remplir, emplir, combler.

நிறைச்சல், *n. v. de* நிறைகிறது, plénitude.

நிறைந்த, நிறைந்து, *part. et gér.* [*du même.*

நிறைத்தல், நிறைப்பு, *n.v. de* நிறைக்கிறது, remplissage, plénitude.

நிறைவாகரம், (நிறைவு, ஆகரம்), plénitude, perfection.

நிறைவாகரன், (*id.*) parfait: —ஆயிருக்கிறது être parfait, accompli.

நிறைவிக்கிறது, *v. caus. de* நிறைகிறது, faire remplir.

நிறைவு, *n. v. du même*, plénitude, perfection, achèvement, accomplissement, excellence: நிறைவாகிறது devenir plein, se remplir, s'achever: ஊழியத்தை நிறைவாய் நடத்துகிறது accomplir —, terminer une fonction, —un service; துன்பத்திலே நிறைவுபட்டிருக்கிறது être rempli d'infortunes.

நிறைவேறுகிறது, (நிறைவு, ஏறுகிறது), s'accomplir, se terminer, s'achever, se réaliser.

நிறைவேறல், *n.v. du préc.* accomplissement, réalisation, achèvement.

நிறைவேற்றுகிறது, (*id.* ஏற்றுகிறது), accomplir, réaliser, finir, terminer, achever, remplir.

நிறைவேற்றம், *n.v. du préc.* accomplissement, fin, achèvement.

நிறைவேற்றுவோன், *n. app. du même*, celui qui achève, termine.

*நிற்கத்தண்டனம், (நிர், கதம்), exemption de punition, c'est un des 14 தயாவிருத்தி.

நிற்கல், நிற்குதல், *n.v. de* நிற்கிறது.

நிற்காத, நிற்காமல், *P.* நில்லாத, நில்லாமல், *part. et gér. nég. de* நிற்கிறது: நிற்காமற்போகிறது s'en aller, sans s'arrêter, —délai.

*நிற்காரம், *V.* நிஸ்காரம்.

*நிற்கிரகம், (நிர், கிரகம்), mauvais office, — service, tort, rejet.

நிற்கிறது, நின்றேன், நிற்பேன், நில் *ou* நில்லு, நிற்க, நில்லேன் *ou* நிற்கேன், *nég. v. n.* se tenir, se tenir debout, s'arrêter, cesser, durer, être durable, rester, attendre, persister, résister: நிற்கச்சொல்லுகிறது; dire d'attendre, de s'arrêter, de rester: நிற்கப்பண்ணுகிறது faire rester, retenir; நிற்கிறேன் je reste, je m'arrête, (il s'emploie quelquefois pour prendre congé de quelqu'un après l'avoir reconduit); ஒருவனோடெதிர்த்து நிற்கிறது tenir tête à quelqu'un, résister avec quelqu'un, ஒருபொருள் நிற்கின்றகாலம் le temps que dure un objet, *V.* நின்று.

நிற்கு, 1° *dat. de* நீ, à toi. 2° *P.* நிற்கும், *part. fut. du préc.* [குணம்...

*நிற்குணம், நிற்குண்டி... *V.* நிர்க்

*நிற்குணன், *V.* நிர்க்குணன்.

நிற்கை, *n.v. de* நிற்கிறது.

*நிற்சம்பந்தன், (நிர், சம்பந்தம்), celui qui n'a pas de rapport, — de connexion avec les sens.

*நிற்சரம்..., *V.* நிர்ச்சரம்....

*நிற்சலம், (நிர், சலம்), *V.* நிச்சலம்.

*நிற்சனம், *V.* நிர்ச்சனம்.

*நிற்சயம், நிற்சேயம், V. நிச்சயம்.

*நிற்பத்தி, (நிர், பத்தி), défaut de piété, impiété, infidélité, V. நிவாகம்.

*நிற்பந்தம், நிற்பந்தன், V. நிர்ப்பந்தம்...

நிற்பன, நிற்பனவு, (நிற்கிறது), choses qui tiennent, choses fermes, —immobiles, v. g. les arbres, les plantes.

*நிற்பாக்கியம், V. நிர்ப்பாக்கியம்.

நிற்பிக்கிறது, v. caus. de நிற்கிறது, faire tenir debout, retenir, arrêter.

*நிற்வியாவர்த்திதம், (நிர், வியாவர்த்திதம், ita), volonté unique, —non changeante

*நிற்பீசம், V. நிர்ப்பீசம்.

*நிற்புதம், P நிர்ப்புதம், 100 billions.

நிற்பு, நிற்றல், n. v. de நிற்கிறது, état, situation, position, se tenir...

நின், நினது, gén. de நீ, de toi, ton, ta, tes, நினக்கு, dat. à toi.

*நினதம், நினுதம், நினுதிதம், (ninada, ninâda, ita), son, bruit.

நினைகிறது, நினைந்தேன், நினைவேன், நினை, நினைய, v. a. et

நினைக்கிறது, நினைத்தேன், நினைப்பேன், நினை, நினைக்க, v. a. penser, réfléchir, songer, méditer, considérer, se rappeler, se ressouvenir: இதை நினைக்கப்போகாது on ne doit pas penser à cela; நினைத்தகாரியம் chose pensée, (on la donne à deviner pour éprouver les devins); நினைத்த காரியம் வருகிறது, — சித்திக்கிறது, — கைகூடுகிறது la chose qu'on a pensée arriver, — réussir; நினைத்தபடி செய்கிறது faire selon sa volonté, à sa fantaisie, selon sa détermination: நினைத்துக்கொள்ளுகிறது se souvenir, se rappeler; நினைத்துக்கொண்டிருக்கிறது garder dans son esprit, réfléchir, songer; நினைத்துக்கொள்ளல் pensée, souvenir, réflexion; நீர் நினைத்திருந்த தன்மையினாற்குறைவில்லை par la bonté que vous avez de songer à moi je ne manque de rien; ஒருத்தனை நினைத்தழுகிறது pleurer quelqu'un, —au souvenir de quelqu'un.

நினைக்குதல், நினைதல், நினைத்தல், n. v. des préc. pensée, réflexion, considération, souvenir.

நினைப்பணி, (நினைப்பு, அணி), figure de pensée, qui rappelle un objet à la vue d'un autre qui lui ressemble, comme கஞ்சமலர்கோதைமுகங்காட்டும் une fleur de nénuphar représenté un visage de femme.

நினைப்பாளி, (id. ஆளி), homme qui réfléchit, qui se souvient, qui a bonne mémoire.

நினைப்பிக்கிறது, v. caus. de நினைக்கிறது, faire penser, — ressouvenir, rappeler le souvenir.

நினைப்பு, n. v. du même, pensée, réflexion, intention, souvenir, mémoire, connaissance, inquiétude, (la pensée, selon certains systèmes indiens, est une des 18 propriétés du corps dites அஷ்டாதசகுணம்); —க்குறிப்பு souvenir, memento; —காட்டுகிறது rappeler le souvenir; நல்ல நினைப்பு bonne pensée, pleine connaissance.

நினைப்பூட்டி, (நினைப்பு, ஊட்டுகிறது), monument, mémorial.

நினைப்பூட்டு, (id.), ou நினைப்பூட்டுப்பத்திரம், mémento, mémorial, souvenir.

நினைப்பூட்டுகிறது, நினைப்பூட்டுதல், (id.), rappeler, faire ressouvenir, rafrîchir la mémoire.

நினையா, நினையாத, part. nég. de நினைக்கிறது: நினையாப்பிரகாரம் d'une manière inattendue, à l'improviste, subitement.

நினையாமை, n. v. du même, faute de penser, manque de réflexion, de mémoire.

நினைவு, n. v. de நினைகிறது, pensée, considération, réflexion, attention, intention, but, mémoire, souvenir, mémento, connaissance; நல்ல — bonne pensée: நினைவற்றுப்போகிறது oublier, l'idée —, la connaissance se perdre; நினைவில்லாமலிருக்கிறது être oublieux, —sans connaissance, sans idée, ne pas penser; நினைவுண்டாக்குகிறது, V. நினைப்பிக்கிறது.

க்கிறது; நினைவோடுகிறது la pensée venir,—courir,se souvenir;—கூடுகிறது se souvenir,se rappeler pleinement;— கூட்டல் plein—,souvenir; —கேடு oubli; — தப்பு faute de mémoire;— தடுமாறுகிறது la mémoire—,la connaissance—,les idées chanceler,être indécis; — மோசம் faute—, erreur de mémoire; —வைக்கிறது conserver l'idée,le dessein, mettre dans sa mémoire.

நின்,(en haut tamoul), *obl. de* நீ. de toi, *gén.* நினது, *dat.* நின்க்கு.நிற்கு,*acc.* நின்னை, *abl.*நின்னில்,நின்னால்,நின்னோடு. [ம்...

*நின்மலம், நின்மலன்,*P* நிருமல

*நின்மலாவத்தை,(நின்மலம், அவஸ்தை),état de pureté, agonie —, posture où l'on regarde en haut.

*நின்மாமியம்,*P.* நிருமாமியம்.

*நின்மூடன் *P.* நிருமூடன்.

நின்ற, *part. parf. de* நிற்கிறது, qui restait, qui se tenait debout...: —நிலை position droite, —où l'on est debout, — où l'on était, rester sans bouger, obstination;— படிபடுத்தால் தலையுடையாதா la tête ne se cassera-t-elle pas,si étant droit debout,on se couche (sans s'asseoir ou se courber d'abord); *i.e.* faites chaque chose dans l'ordre voulu;— வடி, (அடி), lieu où l'on se trouvait, trace des pieds, vestige;—விடத்திற்சான்,(இடம்), le gui dit குருவிச்சி.

நின்று, 1° *gér. de* நிற்கிறது, se tenant,étant debout, s'arrêtant, retardant: —எழுதுகிறது écrire debout; — சிறுங்கி la plante சிறியாணங்கை;—நின்றுநடக்கிறது aller —,marcher en s'arrêtant souvent; —பேசுகிறது parler debout;— பயனின்மை inutilité de son existence, un des 10 défauts d'un ouvrage, être rempli de mots inutiles; நின்றுபோகிறது cesser, disparaitre, s'en aller, rester en chemin; நின்றுவருகிறது venir lentement, —en faisant des pauses; எழுந்துநின்றுபேசினான் il se leva et parla debout; அரசன்அன்றுகொல்லுந் தெய்வம் நின்றுகொல்லும் le roi punit le jour même, Dieu punit après avoir temporisé. 2° நின்று particule explétive qui s'intercalle dans les verbes, comme கிறின்று dans செய்யாநின்றேன் je fais, சொல்லிநின்றான்,*P.* சொல்லினான் *ou* சொன்னான் il a dit: அழலடைந்தமன்றத்தலந்தயராநின்றுநிழலடைந்தே நின்னையன்றேத்த, (அழல் அடைந்த மன்றத்து அலந்து அயராநின்று நிழல் அடைந்தேம் நின்னை அன்று ஏத்த),nous qui sommes accablés de maux et nous lamentons dans ce désert embrasé, nous trouvons en vous ùn ombrage en vous honorant (ô Seigneur). 3° நின்று *ou* நின்றும் après l'ablatif en இல் a le sens de la préposition *de* ou du latin *e, ex*: ஆற்றிலேநின்றேறுகிறது sortir de la rivière; வாகனத்தினின்றுமிழிந்தான் il descendit de sa monture; சத்துருக்களிடத்திலேநின்று ரக்ஷிக்கிறது delivrer des ennemis.

நீ, 1° lettre syllabique composée de ந் *et de* ஈ,nî.2° *imp. de* நீக்கிறது.3° *pronom de la seconde personne*, tu, toi, *obl.* உன், *gén.* உனது *ou* உன்னுடைய,*dat.*உனக்கு,*acc.*உன்னை, *abl.* உன்னில் *ou* உன்னிடத்தில், உன்னால், உன்னோடு. Dans le haut tamoul,l'*obl.* est நின் *et* நுன், *gén.* நினது, நுனது et devant un *pl.n.* உன, நின, நுன, *dat.* நினக்கு,நுனக்கு,*ou* உற்கு,நிற்கு,நுற்கு, *acc...* நின்னை...;l'honorif. qui sert aussi de plur. நீர், *obl.*உம்,*gén.*உமது,உம்முடைய, *dat.*உமக்கு...*plur.* நீங்கள்,*obl.*உங்கள்,*gén.*உங்களுடைய... Dans le haut tamoul, *pl.* நீர்,நீயிர்,நீவிர், *obl.*உம்,நும்,*gén.*நுமது *et devant un pl. n.* உம, நும, *dat.* நுமக்கு.... [age.

நீசம், grenouille, crapaud, nu-

*நீகாசம், (nikâsa), ressemblance, comparaison, vérité, certitude.

நீகாமன்,நீகான், pilote, timonier: எனக்குநீகாமனில்லை je n'ai point de pilote, *i. e.* de mari, (dira une veuve...).

*நீகாரம், 1°(nihâra), gelée blanche, forte—, rosée. 2° (nikâra), mépris, irrévérence.

நீக்க, 1° inf. de நீக்கிறது et de நீக்குகிறது. 2° obl. de

நீக்கம், n.v. de நீக்குகிறது, renvoi, éloignement, abandon, longueur, séparation fente, crevasse: — நீக்கமாயிருக்கிறது être plein de fentes, tout crevassé; நீக்கப்பொருள் sens d'éloignement, de séparation, c'est un des sens de l'ablatif; —உருபு forme de cas ou terminaison qui désigne l'éloignement ou la séparation, c'est la terminaison du 5me cas tamoul, i.e. de l'ablatif en இல் comme வீட்டில்நீங்கினான் il est sorti de la maison.

நீக்கல், n.v. de நீக்கிறது et de நீக்குகிறது, éloignement, renvoi, expulsion, renoncement, meurtre, changement, perversion, extension, longueur, allongement, trou, maille. [de நீக்குகிறது.

நீக்கி, நீக்கின, நீக்கிய. gér. et part.

நீக்கிறது, நீத்தேன், நீப்பேன், நீ, நீக்க, v. a. renoncer (au monde...), abandonner, quitter, délaisser, se séparer, se bien conduire.

நீக்கு, n. v. part. et imp. du suiv. éloignement, expulsion, renvoi, rejet, défense, fuite, évasion, réliquat, reste, balance (de compte), fraction: — ப்போக்கு échappatoire, expédient, moyen de se tirer d'embarras, V. இடைவெளி; —ப்பல் surdent; —ப்பல்லன் qui a une surdent.

நீக்குகிறது, க்கினேன், க்குவேன், க்கு, க்க, v.a. நீக்குதல், n.v. et நீக்கிப்போடுகிறது, நீக்கிவிடுகிறது, éloigner, renvoyer, chasser, écarter, séparer, mettre de côté, renoncer, quitter, abandonner, abréger, annuler, dissiper, tuer, étendre, changer, déduire, soustraire, ôter, acquitter; கடனை— acquitter une dette; பாவத்தை— abandonner le péché; மக்கள் மனிதரை— quitter enfans et amis; தன்வினையை — quitter sa mauvaise conduite; நீக்கிக்கொண்டுபோகிறது éloigner..., lever tous les obstacles, l'emporter par la force; —ப்பார்க்கிறது essayer une séparation; ஒருவனைநீக்கி மற்ற எல்லாருக்குங்கொடுக்கிறது donner à tous excepté un; விரல்— மோருண்கிறான் il mange du lait de beurre avec ses doigts écartés, (il n'attrape rien); ஏழிலைந்துநீக்கநின்றதிரண்டு de 7 ôtez 5 reste 2.

நீங்கல், n.v. de நீங்குகிறது, éloignement, abandon, séparation, départ, fuite, division, exception, délivrance, liberté, changement, extérieur: நீங்கலாக excepté, à l'exception; அவன்நீங்கலாக நீங்களெல்லாரும்வரலாம் lui excepté vous pouvez tous venir; நீங்கலாகிறது, V. நீங்குகிறது; தன் இடுக்கண்களுக் கொருவனைநீங்கலாக்குகிறது délivrer quelqu'un de ses misères.

நீங்கள். pl. de நீ, vous, obl. உங்கள், de vous, votre.

நீங்கா, நீங்காத, part. nég. de நீங்குகிறது: நீங்காதசீர் état incessant, continuel; நீங்காதவோசைசேமகன், (ஓசை), conque, —dont le bruit est continuel; நீங்காவிட்டம் poutre ou chevron mis pour empêcher les murs de s'écarter.

நீங்காது, நீங்காமல், 3e pers. n. et gér. nég. du même: நீங்காதுபற்றுதல் tenir ferme, —sans lâcher prise.

நீங்காதோர், n. v. nég. du même, gens qui ne s'éloignent pas, qui tiennent ferme.

நீங்காமை, n.v. nég. du même, persistance à rester, ne pas reculer..., indivisibilité, continuité, inséparabilité.

நீங்குகிறது, கினேன், குவேன், கு, க, v.n. de நீக்குகிறது, நீங்குதல், n.v. et நீங்கிப்போகிறது, s'éloigner, se séparer, se retirer, s'en aller, sortir, quitter, fuir, éviter, disparaitre, passer, cesser, changer, être mis en liberté, être délivré, excepté, mis de côté: ஒருவனைவிட்டு—quitter quelqu'un, s'en séparer.

*நீசகம், (நீசம், bas, ga qui va), eau.

*நீசகன். (id.), homme vil, de basse condition, de basse stature.

*நீசலை,1° (*id.*), eau, ce qui coule de haut en bas,rivière. 2° (நீசம், kâ), excellente vache.

*நீசம்,(nitcha),bassesse,petitesse, abjection, infériorité, basse—,pauvre condition, pente. *V.* நீசத்தனம்:—ஆளவர்கள் gens vils,bas peuple; நீசக்கிரகம் planète inférieure ou vile, *i.e.* இராகு et கேது,la tète et la queue du serpent ou les nœuds de la lune,planète qui descend, — qui est à la 7° place à partir du zénith, (place que les astrologues comptent pour être de mauvais augure;—க்சனம் bas peuple, populace;— சாதி basse caste;—த்தனம் bassesse,basse condition:—த்தானம் —ஸ்தானம் lieu bas,place,qui va de haut en bas, la 7° place à partir du zénith;— பங்கராசயோகம் un des யோகம்; —போச்சியம். (bhodjya. *nourriture*),nourriture vile, oignon: —ப்படுகிறது s'avilir,s'abaisser; se dégrader, devenir vil, être abaissé; —வாகனம் vile monture, *i. e.* l'âne.

*நீசன், *pl.* நீசர், homme vil, de basse condition.

நீசாரம்,(nisâra),tapis,couverture de lit, cambouli, rideau, claie qui sert de rideau,moustiquaire. [vile

*நீசி, நீசை,*fém.de* நீசன். femme

*நீசிகை, நீசிகி, (nitchikâ, — ki), bonne vache. [ger.

நீச்சல், *P.* நீந்தல், natation, nager.

நீச்சாளன், (நீச்சு,ஆள்), nageur.

நீச்சு,*n.v.de* நீஞ்சுகிறது, action de nager,natation,eau profonde, — assez profonde pour nager, lieu où il faut nager:—க்காரன் nageur:—த்தண்ணீர் eau assez profonde pour nager,eau où l'on perd pied:—ப்பழகுகிறது apprendre à nager, s'exercer à la natation:—ப்பழக்குகிறது apprendre—,exercer à nager,enseiguer la natation; மீன்குஞ்சுக்கு—ப்பழக்குவா ருண்டோ apprend-on à nager aux petits poissons: —மேலேவருகிறது venir en nageant.

நீஞ்சுகிறது,நீஞ்சினேன்,சுவேன், சு, ு, v.n. நீஞ்சல்,நீஞ்சுதல், நீஞ்சலை (நீந்துகிறது), nager,passer,traverser (surtout à la nage): நீஞ்சும்பிராணி animal aquatique,—qui nage.

*நீடம், (nida), nid: நீடசம், நீடோற்பவம்,(சம், உற்பவம்), ce qui est né dans un nid, oiseau.

நீடல்,*opt.et n.v. de* நீடுகிறது,extension, allongement, longueur.

நீடாணம், (நீடு, ஆணம்),soupe, potage, sauce,ragoût, cari.

நீடாயு,நீடாயுள்,(*id.*ஆயு,ஆயுள்), longue vie, longévité. [océan.

நீடாழி, (*id.* ஆழி), grande mer,

நீடாலைக்கோடு,(*id.*ஆலை),la pierre précieuse கூடாலைக்கல்.

நீடிக்கிறது,டித்தேன், டிப்பேன், டி,டிக்க,*v.n.* நீடித்தல், *n.v.* s'allonger, s'étendre, être long, durer,rester, s'arrêter,tarder, lambiner: நீடித்தபொறுமை,longue patience;நீடித்திருக்கிறது durer—, vivre long-temps,être long,allongé,ancien, de longue durée; நீடித்துவாழுகிறது vivre—, prospérer long-temps; நீடித்தவயசு longue vie.

நீடிக்கை, நீடித்தல், நீடிப்பு, *n.v. du préc.*allongement,extension,durée, longueur,—de la vie, longévité:நீடிப்பாயிருக்கிறது durer—, vivre long-temps,être loin.

நீடிய,*P.*நீடின,*part. parf.de* நீடுகிறது.long,allongé:—சாந்தம்longue douceur,—patience,longanimité;—பலகை longue planche; —வாழ்வு longue prospérité.

நீடியா, நீடியாத. *part. nég. de* நீடிக்கிறது, court, qui ne dure pas long-temps. [டு,இல்), *V.* நீடில்லா.

நீடில்.1° *condit.de* நீடுகிறது.2° (நீ

நீடு.1° *particule adverbiale qui se met devant les mots et signifie* continuité, durée,longueur,long-temps: நீடில்லா, நீடில்லாத, de courte durée, qui ne dure pas: நீடின்றி sans durée, peu de temps, brièvement;நீடோடநடக்கிறது marcher—,durer long-temps: — நீனைத்திரங்கல் un des 8 துறை ou sujets de la poésie érotique, regrets d'un époux ou d'un amant qui pense depuis long-temps à son épouse ou à son amante absente; நிலமிசை நீடு வாழ்வார் ils vivront long-temps heureux sur la terre. 2° *imp. et part. de* நீடுகிறது, long, étendu.

நீடுகிறது, டினேன், டுவேன், டு, ட, *v.n.* நீடுதல், *n.v.* s'allonger, s'étendre, être long, étendu, fertile, durer, — long-temps, passer par dessus.

நீடுலக்கம், 1° (நீள், துலக்கம்), long éclat de lumière. 2° (நீடு, உலக்கம்) ruine de longue durée.

நீமூழி, (நீடு, ஊழி), *ou* — காலம், longue durée, long temps, durée infinie, éternité: — காலமிருக்கிறது être —, durer —, vivre long-temps.

நீட்சி, நீட்சிமை, நீட்டம், *n. v. de* நீளுகிறது, *et de* நீட்டுகிறது, longueur, extension, hauteur: நீட்சியாயிருக்கிறது être long, étendu, élever la voix.

நீட்டல், *opt. et n. v. de* நீட்டுகிறது, extension, étendue, longueur, allongement, donation: — அளவை mesure de longueur, ou d'étendue, mesurage avec la perche, le pied, le mètre, la coudée etc..., arpentage, mesurage des terres; — அளவைக்கோல் perche d'arpenteur; — அளவைமானம் arpentage; — அளவைக்காரன், — அளவைமானி arpenteur; — அளவைவாகுபெயர் nom de l'instrument à mesurer donné à la chose mesurée, comme un சுளம் ou une aune de toile, un கோல் ou தடி *i. e.* une perche de terre; — குறுக்கல் allongement et abréviation, diérèse et synérèse; — மானம் mesurage des terres, arpentage. [கேகிறது.

நீட்டா, நீட்டாத, *part. nég. de* நீட்

நீட்டாணம், (நீட்டு, ஆணம்), *V.* நீட்டாணம். [haute, ouvrier.

நீட்டாள், (*id.* ஆள்), personne fort

நீட்டி, 1° *gér. et n. v. de* நீட்டுகிறது, haut, altier, hautain: இவள்வெகுநீட்டி elle est très-haute, fière, altière. 2° *imp. de*

நீட்டிக்கிறது, டித்தேன், டிப்பேன், டி, டிக்க, *v. n. et a. de* நீடிக்கிறது *et* நீட்டித்தல், *n. v.* allonger, étendre, être long, durer, — long-temps, lambiner, retarder, compléter, finir: நீட்டித்தநாட்கள் longs jours.

நீட்டித்தல், நீட்டிப்பு, longueur, extension, allongement, durée, retard.

நீட்டு, 1° long-temps, *V.* நீட்டித்தல். 2° *n. v. imp. et part. du suiv.*: — ப்போக்கு longueur et largeur, étendue —, grandeur des richesses et autres choses semblables; — முடக்கு allonger et plier, donner et recevoir.

நீட்டுகிறது, ட்டினேன், ட்டுவேன், ட்டு, ட்ட, *v. a.* நீட்டுகை, நீட்டுதல், *n. v.* étendre, allonger, tendre, prolonger, hausser, retarder différer, donner: அதெல்லாங்களையிடத்தில்நீட்டாதே ne viens pas me raconter au long toutes ces histoires: நீட்டிக்கிடக்கிறது être étendu de tout son long; பாட்டைநீட்டிப்பாடு chante un peu plus haut, élève le ton; எனக்கவன்பத்துப்பணம் நீட்டினான் il m'a donné 10 fanons; கைநீட்டுதல் நெடும்பகை si on étend la main (pour prêter), c'est la source de longues haines; நீட்டினவிதல் குறித்தவன் la plante விழுந்திநாயகம்.

நீட்டுவிக்கிறது, *v. caus. du préc.* faire étendre, — allonger. [gueur.

நீட்பம், *n. v. de* நீளுகிறது, lon-

நீணெறி, (*P.* நீள், நெறி), long chemin.

நீண்ட, *part. parf. de* நீளுகிறது, long, étendu: — கரை long rivage; — கைமாமிசை éléphant à longue trompe, corne de la licorne: — சாந்தம் longue patience, longanimité: — தாடி longue barbe; — முகம் visage allongé, — de babouin: நீண்டது ce qui est long: நீண்டவன், *V.* நீண்டோன். [gueur.

நீண்டாயம், (நீண்ட, ஆயம்), lon-

நீண்டு, *gér. de* நீளுகிறது: நீண்டிருக்கிறது être long, allongé, haut; நீண்டுபோகிறது s'allonger, s'étendre.

நீண்டோன், (நீண்ட), homme haut, grand, de haute stature, Vichnou.

நீள்மயல், (நீள், மயல்), grand—, long trouble d'esprit.

*நீதம், (nita), justice, équité, honnêteté, bonne conduite, modestie, vie régulière, bonheur, richesses, blé, grains; — உள்ளவன் homme juste; — செய்கிறது faire justice; — ஆய்நடக்கிறது se conduire—, agir justement, —honnêtement; — இல்லாமற்போகிறது devenir —, être injuste; நீதக்காரன் homme juste, juge; — க்கேடு injustice, tort, iniquité; —க்கேடுசெய்கிறது ou பண்ணுகிறது faire tort, —une injustice, agir injustement; —க்கேடாய்ப்பேசுகிறது parler injustement, à tort: —ச்சிலைச்சூதம் vitriol bleu; —ஸ்தலம், —த்தலம் tribunal de justice; —பரிமளம் l'arsenic naturel சோரங்கபாஷாணம்.

*நீதவான், (நீதம், van), homme [juste, juge.

*நீதன், 1° (id.), homme juste. 2° (nitha), guide, conducteur.

நீதி, (niti), justice, équité, droite raison, bonne conduite, ordre, règle, morale, éthique, vérité, politique, science du gouvernement...: நீதிக்கதை ouvrage sur la politique: —குசலன் homme d'état, habile politique; — கேட்கிறது écouter la raison, — les parties plaidantes, juger, demander justice; —சோஷம் nom du char de பிரகஸ்பதி ou வியாழன்; — சாஸ்திரம் la jurisprudence, le 7me des கலைக்கியானம், science des lois, code de lois, la loi, traité de justice; — சாஸ்திரங்களை யுண்டாக்கிறவன் législateur, auteur de traités de jurisprudence; — சாரம் essence de la justice, - de la morale, titre de quelques livres de morale; — ஸ்தலம், — த்தலம் tribunal de justice; — த்தப்பு manque de justice, injustice; — த்தீர்ப்பு jugement, - d'un tribunal; — த்துவம் justice, équité; — நியாயம் justice, droit, équité; — நியாயத்தின் படியே நடக்கிறது agir avec justice et équité: — நியாயத்தவறுகிறது s'écarter de la justice, — des règles de l'équité; — நிறை équité et intégrité; — நூலன் —, நூலி législateur, auteur de traité de jurisprudence, surnom d'அருகன்; — நூல் livre de loi, de jurisprudence, science des lois; — நெறி voie —, règles de l'équité, nom d'un traité ou d'un livre, justice, la bonne voie; — நெறிவிளக்கம் explication des règles de l'équité, titre d'un poème sur la morale; — பரம் la justice par excellence, le Dieu de toute justice; — பரமாயாளுகிறது régner justement; — பரன் homme juste, Dieu, — qui est juste, roi; — ப்படி selon la justices; — யதிபதி, — யாதிபதி, (அதிபதி), le chef de la justice, le juge; — யறிந்தோன் celui qui connait la justice, ministre (de roi), — யற்றபட்டணம் ville inique, — sans équité; — யற்றபட்டணத்தில் நின்றுமழைபெய்யுமா la pluie tombera-t-elle sur une ville inique; — யாக்குகிறது justifier; — யுள்ளவன் homme juste; — யென்றுதீர்க்கிறது justifier, approuver; — யொழுக்கம், — முறை règle—, ordre de la justice, de l'équité, conduite juste; — வழு injustice, déviation de la justice; — வித்தை science de la jurisprudence, du gouvernement; — விளக்கம் démonstration —, examen de la justice, — des droits, —d'un procès, —d'une cause; — விளக்குகிறது examiner un procès, démontrer —, éclaircir la justice; — விளங்குகிறது la justice —, la raison ou le droit apparaitre; — விளங்கப்பண்ணுகிறது faire briller —, démontrer la justice ou la vérité, justifier, நீதிக்குக்கொண்டுபோகிறது conduire —, porter devant les tribunaux, avoir recours à la justice, aux tribunaux: நீதியைக்கெடுத்துப்போடுகிறது corrompre la justice: நீதியைச்சரிக்கட்டுகிறது, rendre la pareille, venger, se venger, prendre sa revanche, satisfaire à la justice: —ச்சரிக்கட்டுதல் représailles, vengeance.

நீதிஞ்சன், நீதிஞ்ஞன் (நீதி, ஞன்), juriste, jurisconsulte, docteur en droit, habile politique, homme d'état.

*நீதிமான்,(நீதி,mân *affixe*),homme juste,—probe,juste:—ஆக்குகிற து justifier,rendre juste.

நீத்தம், *n.v.de* நீந்துகிறது, torrent, inondation, crue d'eau,l'arbrisseau நன்னாரிக்கொடி.

நீத்தல்,*n.v.de* நீக்கிறது,renonciation,renoncement (*au monde...*),rejet,renvoi, expulsion, abandon, séparation, bonne conduite.

நீத்தவன்,*n.app. du même du part. parf.* நீத்த,ermite, homme qui a renoncé à tout,surnom d'அருகன்.

நீத்தார்,நீத்தோர், *n.app.du même*, ascètes, anachorètes, ermites, ceux qui ont renoncé au monde.

நீந்து,1° *gér.du même*.2° *n.v. de* நீந்துகிறது,natation, eau profonde,—suffisante pour nager.

நீந்தல், *opt. et n.v.de* நீந்துகிறது natation,action de nager:—க்காரன் nageur.

நீந்து,*imp.et part.du suiv.*:—புனல் eau où l'on peut nager,—où l'on ne peut toucher le fond.

நீந்துகிறது, தினேன், துவேன், ந,த,*v.a.* நீந்துதல், நீந்துகை,*n.v.* nager, passer, traverser (surtout à la nage): நீந்திக்கரைசேருகிறது arriver en nageant au rivage; —ப் போகிறது s'en aller en nageant, aller à la nage; —வருகிறது venir à la nage.

*நீபம்,(nipa),l'arbre கடம்பு nauclea cadamba,ou eugenia racemosa, l'arbre வெண்கடம்புvariété de l'eugenia à fleurs blanches,26me constellation dite உத்திரட்டாதி.

நீப்பு,*V.*நீத்தல்.

நீப்பை,*P.*நீப்பாய் tu renonceras. 2° *pers.fut.de* நீக்குகிறது.

நீமம்,lumière,splendeur.

நீம்பல்,fente,jour entre 2 planches mal jointes.

நீயிர்,*P.*நீர்,vous.

நீய்,*P.*நீ,tu,toi.

*நீரசம்,1°(நீரம்,சம்), nénuphar, loutre.2° (நீ *P.*நிர்,ரசம்), grenade, chose insipide.

நீரடி,(நீர்), *V.*நீரொட்டிமுத்து.

*நீரதம்,(நீரம்,da *qui donne*), nuage.

நீரதி, (*id.* dhi *ayant*),océan,mer, jus.

*நீரம்,(nira),eau,jus:நீரநிதி océan,réceptacle des eaux.

*நீராசனம்,நீராஞ்சனம், (nirâdjana:நீரம்,அஞ்சனம்),cérémonie de l'ஆலாத்தி pour ôter le prétendu effet des mauvais regards,sorte d'ஆலாத்தி particulière, lustration des armes.

நீராரம்பம்,(நீர்),terre, qui pour la culture dépend de l'irrigation.

*நீராளம்,(நீரம்,âla),liquidité,nature de l'eau: நீராளமான liquide.

நீருதிபாசம்,(நீர்,உதி), éponge, algue marine.

*நீருபம்,(நிர்,ருபம்), ce qui n'a pas de forme,vent,air,éther, le ciel.

*நீருபன்,(*id.*), l'être qui n'a pas de forme,Dieu.

நீருற்பலம்... nait de l'eau,nénuphar.

*நீரோருகம்,(நீரம்,உருகம்),ce qui

*நீரோற்கமி, (*id.* உற்காரம்), le nuage dit ஆவர்த்தம் (qui est censé vomir de l'eau).

நீர்,1° *pl.et hon.de* நீ,vous,(surtout en parlant honorifiquement à une seule personne), *obl.* உம்,*gén* உமது,*dat.*உமக்கு,*acc.* உம்மை,*abl.* உம்மில், உம்மால்,உம்மோடு. 2° disposition, qualité,caractère, nature, état: சின்னீர,(*P.*சின்ன,நீர், உடைய), d'un caractère frivole,méchant. 3° (நீரம்), eau,(c'est un des 5 élémens des Indiens,et un des அஷ்ட மூர்த்தம் ou 8 corps dans lesquels Siven est censé s'être manifesté), mer,jus,liqueur,urine (*modeste*), la 20me constellation dite பூராடநாள், 4° *imp.et part. de* நீர்க்கிறது: அக்கினிநீர் acide nitrique; குடிநீர் tisane,décoction,eau qu'on boit; குளிர்நீர் eau froide,—fraiche; நீரடைக்கிறது arrêter—,barrer l'eau;— அடைக்குங்கதவு porte—, pale d'une écluse,bonde d'étang: — அடைப்பு strangurie, dysurie, rétention d'urine;— அடைப்பாயிருக்கிறது être attaqué de dysurie.....:—அலை vapeur d'eau;—அத்தி figuier aquatique, qui vient près des rivières et a des branches menues,—அரண் fort entouré d'eau ou de fossés, fossé; —அரமகளிர் nymphes, Néréides, Syrènes;— அருகல் — அருக்கல் strangurie, dysurie difficulté d'uriner, action de faire cuire son eau avant de la boire;—அருகுகிறது,—அருக்குகிறது être attaqué de strangurie.—faire cuire son eau avant de la boire; —அலரி la plante polygonum crinitum;—அழிவு corruption de l'urine, diabète, émission fréquente d'urine sucrée —அளக்குங்குச்சு sonde, jauge, instrument pour mesurer l'eau; — ஆகாரம் nature de l'eau, liquidité, limonade, V. நீருணவு;—ஆகு loutre; -ஆடல் bain, agitation de l'eau, coco non plein dont l'eau s'agite et retentit à l'intérieur;— ஆடுகிறது se baigner, jouer —, badiner dans l'eau, l'eau s'agiter, les pierres précieuses étinceler; -ஆடுதல் bain, agitation de l'eau, étincellement de pierres précieuses; - ஆட்டு badinage -, jeu dans l'eau, ou - ஆட்டுகிறது baigner (quelqu'un...), lui verser de l'eau sur le corps, assister dans le bain; - ஆம்பல், —ஆமயம் hydropisie, diarrhée aqueuse;—ஆமை tortue d'eau, nom d'une maladie, araignée aquatique; — ஆம்பல் nénuphar blanc, nymphœa alba, espèce d'hydropisie;—ஆரை la plante aquatique marsilea quadrifolia, (elle est mangeable); —ஆலி goutte de pluie;—ஆவி vapeur d'eau, puits; —ஆழி la mer; — ஆழிமண்டபம் bâtiment au milieu d'un étang, —d'un étang réputé sacré, séjour pour le printemps; -இடுகிறது uriner, donner de l'eau; — இடுகிறகண்கள் yeux chassieux,—qui pleurent toujours; —இயந்திரம் machine—, roue hydraulique, pompe; —இல்லாநிலம் terre sans eau, -stérile;— இழிவு diabète, flux excessif d'urine; — இறக்கம் reflux de la mer, descente de l'eau,— de l'urine; —இறங்குகிறது l'eau —, l'urine descendre, (bon symptôme dans le choléra); —உடும்பு lézard d'eau, salamandre aquatique;— உணவு breuvage, tisane, ne se nourrir que de liquides, jeûne à l'eau; உமரி l'arbuste tamarix articulata, (il croit dans les rivières...); —உலாவல், (உள், ஆவல்), V. நீராவல்; — உறைநர், (உள்), êtres aquatiques, poissons et autres; —உள்ளி oignon; — ஊற்று source, —d'eau, fontaine;— ஏறுகிறது l'eau croître, grossir, déborder; — ஏற்றம் crue de l'eau, débordement; —ஏட்டி, —ஏட்டிமுத்து espèce de fève médicinale, jatropha montana; -ஏரிப்பு, —ஏரிவு strangurie, dysurie; எலி rat d'eau; - ஏற்றம் flux de la mer, haute marée, débordement, catarrhe, hydropisie; — ஏற்றவற்றத்தின்குறிப்பு marque du flux et du reflux, de la crue et de la baisse des eaux; — ஓட்டி la plante நீராவல்;—ஓசை bruit de l'eau, célébration, fête, joie; - ஓடல் cours de l'eau; — ஓடி écluse, conduit, — en bois, déversoir; — ஓடை cours de l'eau, courant, ruisseau, torrent; — ஓட்டம் cours de l'eau, courant, flux, haute marée; இப்போ தெற்கே—ஓட்டம் le courant se dirige maintenant vers le sud; - ஓட்டம்சுழிமாயிருக்கிறது le courant est fort ou rapide; — ஓட்டத்தோடே போகிறது être emporté par—, voguer avec—, suivre le courant; கடிகாரம் clepsydre, horloge d'eau; --கடுக்கிறது uriner avec difficulté, avoir la dysurie;—காட்டுகிறது abreuver;—கொதிக்கிறது l'eau bouillir, - bouillonner;—கடம்பு l'arbre கடம்பு eugenia racemosa qui croît ordinairement près de l'eau;—கடன் libation d'eau et de sésame;—கடுப்பு strangurie, dysurie, difficulté d'uriner;—கட்டு dysurie, rétention d'urine, espèce d'hydropisie; —கட்டுகிறது l'eau former des pustules, des vessies etc...; — கணபதம் pied d'une longue et 4 brèves dit கருவிளங்காய் et censé de bon augure;—கவி

மலர்,—கமலமலர்,(கமலம்), nénuphar blanc; — க்கரை bord de l'eau, — d'une rivière, route sur le bord d'une rivière; — க்கழிவு diabétés, émission fréquente d'urine sucrée; —க்காகம்,—க்காக்கை,—க்காக்காய் corbeau aquatique,*i.e.* poule d'eau, foulque, cormoran, pelecanus carbo;—க்காசம் espèce de phthisie;—க்கால் canal, —d'irrigation,—pour l'eau, courant,écluse;—க்காவி couleur rougeâtre que contracte une toile de coton fréquemment trempée ou lavée dans de l'eau simple sans savon ou matière semblable;—க்கிராம்பு la plante aquatique jussieua repens; — க்கீரை herbe —, plante aquatique qu'on peut manger;—க்கீழ் dessous de—,sous l'eau; *V.* நீர்த்தாரை; — க்குடம் cruche pleine d'eau,(c'est une des 8 rencontres heureuses dites அஷ்டசுபம் et un des insignes de la royauté dits அரசச்சின்னம்);—க்குஷ்டம்,—க்குட்டம் espèce de lèpre qui fait sortir de l'eau du corps;—க்குண்டி la plante வெண்ணொச்சி vitex negundo; —க்குமிழி,—க்குமிழ்,—க்குமிளி,— க்குமிள் bulle d'eau;—க்குமிழிபோலிருக்கும் வாழ்வு la prospérité ressemble à une bulle d'eau;—க்கும்பி *V.* நீர்முள்ளி; —க்குளிரி la plante damasonium; —க்குறிஞ்சா la plante asclepias asthmatica;—க்குன்று montagne d'eau, limaçon; —க்கூலி prix de l'eau fraiche, salaire pour en apporter dans les lieux où il n'y a que de l'eau saumâtre;—க்கைக்கதவு écluse,bonde d'étang;— க்கொதி bouillonnement de l'eau,strangurie; —க்கொப்பரை chaudière, grande cruche de cuivre,vase à l'eau,citerne;—க்கொழுந்து le commencement d'un courant d'eau;—கொழும்பு Negumbo ville de Ceylan; க்கொள்ளுவான்,—கொள்வான் petite vérole volante;—க்கொள்ளுகிறது, —க்கோக்கிறது, —க்கோத்தல்;— க்கொண்டிருக்கிறது devenir hydropique, retenir l'eau; —க்கொள்ளாத, — சுரவாத, —சுவறாத imperméable;— க்கோத்தை espèce de serpent;— க்கோவை hydropisie; —க்கோழி poule d'eau; —சிதறுந்துருத்தி sorte de pompe, sac de peau ou espèce de machine portative pour jeter de l'eau;— ச்சங்கு espèce de சங்கு ou monetia qui croit près de l'eau; — ச்சலவை lavage du linge en le plongeant dans l'eau;— ச்சாணை manière d'aiguiser—,pierre à aiguiser avec de l'eau; — ச்சால் jarre, grande cruche, grand pot à l'eau;— ச்சாவி paille sans grains par trop d'eau;—ச்சிக்கு strangurie,rétention d'urine;— ச்சிரங்கு insecte aquatique, espèce de gale qui vient entre les doigts des pieds quand on marche beaucoup dans l'eau; —ச்சிறப்பு bonté—,excellence de l'eau;—ச்சிறுப்பு, *V.* நீர்ச்சிக்கு;—ச்சின்னி la plante urtica glomerata;—ச்சிலை, *V.* குளிசிலை—; ச்சுண்டி la plante mimosa natans; —ச்சுழல், —ச்சுழி tournant d'eau, gouffre où l'eau tourne; — ச்சுனை étang;—ச்சூலை hydrocèle;—ச்செம்பை l'arbrisseau coronilla aculeata;—ச்சேம்பு la plante aquatique sagittaria obtusifolia; —ச்சொட்டு goutte d'eau;—ச்சோறு riz bouilli laissé dans l'eau la nuit pour le déjeûner du lendemain;— ஸ்தம்பம், —த்தம்பம் trombe;— தாவுந்துருத்தி, *V.* நீர்சிதறுந்துருத்தி;—த்தடாகம் étang;—த்தலை, *V.* நீர்க்கொழுந்து; —த்தன்மை liquidité; — த்தாகம் soif,—d'eau; — த்தாரை canal, —pour conduire l'eau, membre viril, urètre (modesté),cours d'eau,écluse, jet d'eau, cataracte, chute d'eau, trombe;—த்தாரணம்,—ஸ்தாரணம்,4me signe du zodiaque à l'orient de celui qui se lève, *i.e.* qui est encore censé sous les eaux;— த்திவலை,—த்துளி goutte d'eau;—த்துவம் liquidité;—த்துறை bord de l'eau,rivage;—த்தூம்பு écluse,bonde d'étang; —த்தொட்டி auge,baquet;— த்தோஷம் qualité malfaisante de l'eau, catarrhe;— நாய் chien de mer, —

சவ

qui va à l'eau,bièvre,castor, loutre, —நாள் la 21e constellation dite பூராடம் et உடைகுளம் (probablement parce qu'elle est censée pluvieuse);—நிதி la mer, réservoir des eaux;—நிலை étang,réservoir, puits, citerne,hauteur—,niveau—,mesure de l'eau,creux dans une rivière; —நெட்டி la plante æschynomene aspera;—நெய்தல் la plante aquatique menyanthes;—நொச்சி l'arbre vitex trifolia;— பெய்கலன் pot à l'eau à l'usage des ascètes;— ப்பகண்டை la plante stemodia aquatica:—ப்பஞ்சு coton aquatique,*i.e.* éponge;—ப்படுவன் nom d'une maladie;—ப்பந்தல் pandel—, lieu où l'on donne à boire;—ப்பரிசை bouclier aquatique,*i.e.* tortue; — ப்பறவை oiseau aquatique; —ப்பலா la plante புல்லாமணக்கு; — ப்பாக்கு noix d'arec qu'on a mise tremper dans l'eau;—ப்பாசி un des 32 arsenics composés, lentille d'eau,algue; —ப்பாடு maladie particulière aux femmes, diabétès,flux excessif d'urine,manque d'eau,sécheresse; — ப்பாட்டுச்சன்னி espèce de சன்னி,tétanos causé par la maladie susdite, —ப்பாம்பு serpent d'eau,hydre;—ப்பாய்ச்சல் irrigation,cours de l'eau, courant,inondation,nom d'une maladie,flux;—பாய்ச்சுகிறது faire couler l'eau, arroser, inonder;—பாய்ச்சுவோன் celui qui arrose, fait couler l'eau; —பாய்ச்சுமானியம் terre exempte d'impôts et arrosée en tout ou en partie par un étang du domaine public;—ப்பிடி, — ப்பிடிப்பு hydropisie,aquosité,quantité d'eau; — பிடித்த liquide; —ப்பிடிப்புள்ள liquide,aqueux;—ப்பிரமியம், *V.* நீர்க்கடுப்பு;—ப்பிரிவு eau—, ruisseau ou canal qui se partage;—ப்பிளவை espèce d'ulcère; — ப்பீச்சிட்டுப்பாய்ச்சை jet d'eau;—ப்பீச்சுஞ்சூத்திரம் machine pour lancer de l'eau;— ப்பீனிசம் ulcère dans la tête qui produit un écoulement d'eau par les narines, rhume de cerveau; — ப்புடையன் espèce de serpent d'eau;—ப்புள் oiseau aquatique;—ப்புழு ver—,insecte aquatique;—ப்பூ fleur aquatique;—ப்புல்லாய்,—ப்பூலா, —ப்பூல் l'arbrisseau phyllanthus multiflorus;—ப்பெருக்கு crue de l'eau, flux,haute marée, inondation, débordement;—போம்வழி canal, rigole,aqueduc;— போன்ற liquide, aqueux; —மட்டம் niveau,—d'eau, —de l'eau:— மறிப்பு strangurie, rétention d'urine;—மாங்காய் mangue verte confite;—மீட்டான், *V.* தண்ணீர்விட்டான்;— முகம் écluse, ce qui est en face —, le devant de l'eau,ce qui reçoit l'irrigation en 1er lieu;—முகத்தழுக்கில்லை devant l'eau,*i.e.* où il y a de l'eau, il n'y a point de malpropreté, l'eau lave tout, (les gentils l'entendent aussi au moral des purifications par le bain); — முட்டுகிறது manquer d'eau ou l'eau manquer(en temps de sécheresse),uriner(terme d'écoliers); —முட்டுகிறகண்கள் yeux chassieux, —qui pleurent;—முள்ளி la plante barleria longifolia;—மேல்நெருப்பு, —மேனெருப்பு la plante கல்லுருவி; —மேல்குமிழி *ou* குமிழ் bulle d'eau, —sur l'eau;—மோர் lait de beurre délayé dans de l'eau;—யானை hippopotame;—வஞ்சி espèce de rotin ou de canne;—வண்டு mouche aquatique,insecte qui voltige sur l'eau;—வரத்து venue—,crue de l'eau, inondation,flux de la mer;—வல்லி, *V.* நீர்வள்ளி;—வழுக்கை la plante aquatique myriophyllum foliosum;—வளம் bonté —, abondance de l'eau, fertilité—,prospérité qu'elle cause; —வள்ளி la plante தண்ணீர்விட்டான்,la plante qui donne le bétel;—வற்றம்,—வற்று reflux,marée descendante,desséchement;— வற்றல்தேங்காய் *ou* —வற்றற்றேங்காய், *V.* கொப்பரைத்தேங்காய்,coprah;—வற்றுகிறது l'eau tarir,se dessécher,s'écouler;—வாங்கி,—வாங்குங்குழல் siphon;—வாத்து espèce de canard,anas boschas;—வாரம் le rotin நீர்வஞ்சி;

—வார்க்கிறது verser de l'eau, arroser;—வாழைக்காய் banane aquatique,i.e.poisson;—வாழுஞ்சாதி,—வாழ்சாதி,—வாழ்வன êtres—,animaux aquatiques,poissons et autres; c'est une des 7 espèces d'êtres dites எழுவகைப்பிறப்பு;—வாழ்வுள்ள aquatique,qui vit dans l'eau;—விடுகிறது pisser,se gâter et se tourner en eau;—விட்டுப்போனசாதம் riz devenu aqueux,— devenu comme de l'empois,—விடுசிவிறி, V. நீர்சிதறுந்துருத்தி;—விட்டான், V. தண்ணீர்விட்டான்;—விட்டான்கிழங்கு V. தண்ணீர்விட்டான்கிழங்கு;—விழுகிறது l'eau tomber, l'éclat d'une pierre précieuse vaciller;—வீழ்ச்சி,—வீழ்வு chute d'eau,cataracte;—விளையாட்டு badinage—, jeux dans l'eau, V. சலக்கிரீடை;—வேட்கை,—வேட்டல்,—வேட்பு soif,—d'eau;—வேட்கிறது avoir soif,être altéré; நீரொத்தருமுகவை grande cuillère pour donner ou verser de l'eau.

நீர்க்கிறது, நீர்த்தேன், நீர்ப்பேன், நீர், நீர்க்க, v.n. (நீர்), et நீர்த்துப்போகிறது,devenir liquide,aqueux, fluide, clair,se changer en eau.‖v.a. rendre frais: நீர்க்கக்காய்ச்சுகிறது faire chauffer ou bouillir jusqu'à rendre liquide;நீர்க்கவிருக்கிறது être sur le point de devenir—, être liquide, aqueux,clair; நீர்க்கவிருக்கிறகூழ் bouillie ou gruau clair, peu épais; நீர்த்துப்போனசாதம் riz devenu aqueux,—comme de l'empois pour être resté trop long-temps dans l'eau après être cuit.

நீர்க்குதல்,நீர்க்கை,நீர்த்தல், நீர்ப்பு,n.v. du préc. liquidité, aquosité, fraicheur. [queux,frais.

நீர்த்த,part.du même, liquide, a-

நீர்மை,(நீர், மை), bienfaisance, bonté,bonne disposition,—qualité, caractère,égalité,stabilité.

*நீல,adj.de நீலம்,bleu,noir.

*நீலகம்,(நீலம்,ka),sel noir,vitriol —,acier bleu,antilope couleur d'ardoise dite nil-gaut.

நீலத்தர்,bardes,gens qui chantent les compositions d'autrui.

*நீலபம்,(நீலம்,bha *briller*), lune, nuage,abeille.

*நீலம்,(nila), bleu, indigo, bleu foncé,noir, noirceur, obscurité, la pierre précieuse bleue,i.e.le saphir, nénuphar —, vitriol bleu, masse —,boule d'indigo,poison, antimoine,palmier,vent,sel noir:—கட்டுகிறது,—தீர்கிறது,—தீர்தல்,—தோய்க்கிறது,—நனைக்கிறது teindre en bleu,—à l'indigo: —கட்டுப்படப்பேசுகிறது,—பிடிபடச்சொல்லுகிறது dire des contes bleus, mentir grossièrement; —பற்றவைக்கிறது mettre tremper dans le bleu, raconter des fables,forger des contes bleus, des mensonges; —பாரிக்கிறது le bleu paraître,le corps devenir bleu (par le poison ou cause semblable); —பூசுகிறது peindre—, colorer en bleu;நீலஅவிரி, V.நீலவவிரி;நீலகண்டம் cou bleu,paon, passereau, hochequeue (qui ont le cou bleu); —கண்டன் celui qui a le cou bleu,i.e. Siven (pour avoir avalé du poison), un dévot de Siven dit aussi திருநீலகண்டநாயனார்,homme féroce, sorte de cent-pieds,vitriol bleu, l'arbre முருங்கை;—கண்டாக்ஷம், (அக்ஷம், *œil*),graine de உருத்திராக்ஷம்;—கண்டி une des dents venimeuses des serpens,vaurien,méchant;—கமலம் nénuphar bleu;—காசம் espèce de phthisie ou de consomption, sorte de mal d'yeux;—கிரி la montagne bleue,(dans la géographie des pouranas) c'est une des 9 principales chaines de montagnes au nord de l'Ilavrata, (dans l'usage ordinaire) Nilaguéry,(en anglais) Neilgherry, haute chaine de montagnes qui séparent le Coimbatour du Malèalam et du Maïssour;—க்கட்டி masse—, morceau d'indigo;—க்கண்ணாடி lunettes bleues,verres bleus; —க்கத்தரி espèce de bringelles; —க்கல் la pierre précieuse bleue,i.e.le saphir; —க்காக்கட்டான் la plante காக்கட்டான் à fleurs bleues;—க்காக்கணம்,V.கலுழ்காக்கணம்;—க்காறும்

vitriol bleu; — க்காரன் teinturier en bleu; — க்காவி indigotier ou plante dite அவிரி, espèce de crabe; — க்கிரீபன் Siven au cou noir; — ச்சாயம் teinture bleue; — ச்சால் grande cruche ou jarre à l'indigo' (pour le faire ou pour teindre en bleu; — நிதி un des 9 trésors de Koubèren; — பங்கம் noirceur, boue noire; — ஸ்படிகம், — படிகம் crystal bleu; — பதுமம் nénuphar bleu; — பாஷாணம் espèce d'arsenic préparé; — பத்திரம் feuilles bleues, nénuphar bleu; — பாசனம், (*cuisson*), macération de l'indigo; — பாசனபாண்டம் jarre —, cruche dans laquelle on laisse macérer l'indigo; — பிச்சம் queue bleue, faucon à queue bleue; — புஷ்பம், — புஷ்பிகை, (ika), indigotier, l'arbre எட்டி, la plante விஷ்ணுக்காந்தி; — ப்பணி teinture bleue qu'on donne aux toiles; — ப்புடவை toile bleue; — மணி la pierre précieuse bleue, le saphir, émeraude, prunelle de l'œil; — மணிகாசம் mal d'yeux qui attaque la paupière; — மருந்து l'indigo; — மாதவன் le bleu Vichnou; — மார்க்கம் la plante கையாந்தகரை; — மீலிகை, (மீலனம், ika), mouche luisante; — மிருத்திகை pyrite de fer, terre noire; — மேகம் nuage bleu ou noirâtre, — plein d'eau; — மேனியன் celui qui a le corps bleu, *i.e.* Vichnou, Râmen, vitriol bleu; — ரத்தினம், *V.* நீலக்கல்; — ராசன் Nilarâsen ou le roi bleu; — ராசாவத்தம் lapis lazuli bleu, espèce inférieure de diamant, (qui est censé porter bonheur aux rois qui l'ont); — ருத்திரன் le Routtiren bleu; — லோகம் acier bleu; — லோகிதன் celui qui est bleu et rouge, surnom de Siven, un des 11 Routtirers; — வசனன் l'habillé de bleu, (surnom de) Saturne; — வண்ணன் celui qui est de couleur bleue, Saturne, Vichnou; — வண்ணார் teinturier, — en bleu; — வருணம் nuage, un des 7 nuages fabuleux, celui qu'on prétend répandre du feu, *ou* — வர்ணம், — வன்னம் couleur bleue; — வவிரி, (அவிரி), sorte d'indigotier, la plante indigofera trifoliata; — வழுதலை espèce de bringelle; — விருஷம் bœuf noir.

*நீலன், (nîla), le bleu சனி ou Saturne, le roi Nilen un des chefs des singes de l'armée de Râmen, homme cruel, gnome, mauvais génie, menteur grossier, — impudent.

நீலாக்கரவி, *P.* நீலக்கரவி, espèce de crabe.

*நீலாக்ஷம், (நீலம், அக்ஷம்), l'oiseau aux yeux bleus, *i.e.* l'oie.

*நீலாங்கம், (*id.* அங்கம்), grue noire, — indienne, jais bleu dit கருநிமிளை.

*நீலாஞ்சனம், (*id.* அஞ்சனம்), pierre noire, *V.* கல்லியம்.

*நீலாஞ்சனை, (*id.*), éclair.

*நீலாப்பிரகம், (*id.* அப்பிரகம்), sable noir.

*நீலாப்பிரம், (*id.* அப்பிரம்), nuage noir.

*நீலாம்பரன், (*id.*), l'habillé de bleu, (surnom de) Balarama, Saturne, démon, mauvais génie.

*நீலாம்பிரம், (*id.* அம்பிரம்), habit bleu, — noir.

*நீலாம்புசன்மம், (*id.* அம்புசன்மம்), nénuphar bleu.

நீலாம்புரி, espèce d'air.

*நீலி, (nîli), l'indigotier அவிரி, couleur bleue, — noire, (surnom de) Kâli, Dourgâ et Parvadi, Nili sœur jumelle du singe Nilen et grande menteuse, gnome femelle, femme méchante, — féroce, vitriol bleue, une des dents venimeuses des serpens, l'arbre மருதோன்றி lawsonia spinosa à fleurs d'un bleu foncé, l'arbrisseau கருநொச்சி justicia gandarussa; — சந்தானம் fermentation ou macération de l'indigo; — சந்தனபாண்டம் jarre à indigo; — ச்சாதனைசாதிக்கிறது, — த்தனஞ்செய்கிறது mentir impudemment comme Nili; — நாடகம், — கூத்து danse ou comédie en l'honneur de Nili; — யாட்டமாடுகிறது jouer —, réciter le drame de Nili, mentir impudemment comme Nili; — ராகம் couleur bleue, attachement aussi durable que la teinture d'indigo.

*நீலிகை,(நீலி,kâ),marque blenâtre de coups reçus ou [லிசி.

*நீலினி,(நீலம்,ini),l'indigotier அ

*நீலோபலம்,(id. உபலம்), pierre bleue,lapis lazuli.

*நீலோற்பலம்,(id.உற்பலம்), nénuphar bleu,nymphæa cærulea.

நீல், sync.de நீலம், indigo, bleu, vent.

*நீவரம்,(nivara),eau,boue, trafic, pays,place propre pour une habitation. [ant.

*நீவரன்,(id.), religieux mendi-

நீவல்,opt.et n.v.de நீவுகிறது frottement,friction, — légère, action d'essuyer...

*நீவாகம்(nivâka),disette, famine.

*நீவாரம்,(nivâra),riz sauvage, — des bois, — qui croît sans culture, millet rouge dit செந்நினை.

நீவான்,(P.நீகான்),pilote.

*நீவி,1°(nivi), toile, habit, toile que les femmes indiennes s'attachent autour des reins,bout de leur toile dont elles s'entourent les reins, capital,—prêté.2° gén.de நீவுகிறது.

*நீவியம்,(நீவி ya),toile,habit.

நீவிர்,P.நீர்,vous.

நீவுகிறது,வினேன், வுவேன், வு, வ,v.a.நீவுதல்,n.v.frotter,— doucement,frictionner, oindre, enduire, taper,toucher légèrement,tâter, essuyer. [lumière,maladie,douleur.

நீழல்,P.நிழல், ombre, ombrage,

நீழ்,P.நீள்.

நீள,inf.de நீளுகிறது,longuement, au long,à une grande longueur: நீளவிடுகிறது retarder,prolonger,allonger,laisser traîner en longueur.

நீளக்க,P.நீளிக்க,V.நீள.

நீளங்கடை,(நீளம்,கடை), longue —,durée,ou — போக à la longue, avec le temps,jusqu'au bout.[corps.

நீளங்கம், (நீள், அங்கம்), long

நீளம்,n.v.de நீளுகிறது,longueur, extension,distance:— ஆய் longuement,en long,en longueur; — ஆன long,étendu; — ஆயிருக்கிறது être long,étendu; நீளப்பாடாய் en longueur,longitudinalement; நீளப்பூச்சி long ver,— insecte; நீளத்திலேவிடுகிறது traîner en longueur,différer,allonger,prolonger;பேச்சைநீளத்திலே ou நீளவிடுகிறது prolonger le discours,la conversation; என்காரியத்தைநீளத்திலேவிடுகிறான் il traîne en longueur mon affaire.

நீளல்,opt.et n.v.de நீளுகிறது,longueur, durée, extension, allongement, distance, course accroissement.

நீளி,longueur,homme de haute taille,chose haute ou longue,n.v.imp. de நீளிக்கிறது. [tervalle,longueur.

நீளிடை,(நீள்,இடை),distance,in-

நீளிக்கிறது,வித்தேன், விப்பேன், வி,விக்க,v.n.நீளித்தல்,n. v. (நீளம்), s'allonger,s'étendre,être long, étendu,durer,vivre long-temps, tarder; நீளித்த long,étendu.

நீளிப்பு,n.v.du préc. longueur, allonger,extension.durée,retard.

நீளிய,adj. de நீள், long, étendu, haut:—சாரை long serpent de l'espèce dite சாரை, V.நெருப்புக்கல்லு; நீளியது ce qui est long; நீளியன் homme long,—de haute taille.

நீளுகிறது ou நீள்கிறது, நீண்டேன்,நீளுவேன் ou நீள்வேன், நீளு ou நீள்,நீள,v.n.(நீளம்), s'étendre, s'allonger,être long,étendu,durer,courir,croître.

நீளுதல்,V.நீளல். [rir,croître.

நீள்,1° imp.et part.du préc.2° (நீளம்),longueur, hauteur,lumière: நீள்சடையோன் l'arbrisseau கொன்றை cassia.

நீறு,1° gén.நீற்றின்,cendre, —de bouse de vache (réputée sacrée par les payens et dite திருநீறு), poussière,poudre,chaux, — éteinte et réduite en poudre.2° imp. et part.de நீறுகிறது: நீறடிக்கிறது, நீறடித்தல் tirer—,tracer au cordeau; நீறணிகிறது se frotter de cendres de bouse de vache; நீறணிந்தோன் homme barbouillé ou frotté de cendres,Siven;நீறுகிறது,நீறுப்போகிறது se réduire—,être réduit en cendres: நீ

ஆக்குகிறது, நீறாக்கிப்போடுகிறது réduire en cendres, calciner; நீறிடுகிறது réduire en cendres, détruire, se barbouiller—, se frotter le corps de cendres; —தணிக்கிறது éteindre la chaux; — புஷ்பிக்கநீர்தெளிக்கிறது jeter—, verser de l'eau pour éteindre la chaux; — படுகிறது être réduit en cendres, en poudre, être détruit; —பூக்கிறது, — பூத்தல் réduire en cendres, en poudre, anéantir.

நீறுகிறது, றினேன், றுவேன், று, ற, v.n. நீறுதல், n.v. (நீறு), se réduire —, être réduit en cendres, en poussière, v.g. la chaux, être amorti, se calciner. [tion en poudre.

நீற்றல், n.v. de நீற்றுகிறது, réduc-

நீற்றறை, (நீற்று, அறை), four à chaux.

நீற்று, 1° obl. de நீறு, de chaux, de cendre. 2° imp. et part. de நீற்றுகிறது: —க்கல் pierre à chaux; — ப்பூசணி citrouille cendrée; — ப்பூசணிக்காய்த்தானம் un des lieux qui pronostiquent la mort; — ப்பெட்டி sorte de coffre pour la farine ou le pain.

நீற்றுகிறது, ற்றினேன், ற்றுவேன், ற்று, ற்ற, v.a. de நீறுகிறது, நீற்றுதல், n.v. réduire en cendres, en poudre, amortir—, éteindre la chaux, calciner.

நீற்றுண்டை, (நீற்று, உண்டை), œuf, litt. boule de chaux amortie.

நீனிறம், (நீல், நிறம்), couleur bleue.

நு, 1° lettre syllabique composée de ந் et de உ, nou bref. 2°* (nou), particule sanscrite indiquant le doute, l'interrogation, la réflexion, le mépris, ou le respect. 3°* arme (en général), méditation, réflexion, temps, bateau, louange, éloge.

நுகம், (P. யுகம்), joug, —de voiture ou de charrue auquel on attache les bœufs: —புரட்டி bœuf qui rejette le joug, homme qui secoue le joug de l'obéissance, qui s'écarte des règles; நுகக்கால் timon de charrue, —de charrette; — த்தடி joug, — de charrue....; —த்தடியிலேமாடுகளைப் பூட்டுகிறது ou பிணைக்கிறது attacher les bœufs au joug; — த்தொளை trou du joug où passe la corde qui attache les bœufs; நுகத்தாணி, (—ஆணி), cheville du joug.

நுகருகிறது ou நுகர்கிறது, ர்ந்தேன், ருவேன் ou ர்வேன், ரு ou ர், ர, v.a. நுகர்தல், n.v. jouir, éprouver, savourer, manger, dévorer.

நுகர், imp. et part. du préc. qui mange: இலைநுகர்விலங்கு animal herbivore, —qui se nourrit de feuilles.

நுகர்ச்சி, நுகர்வு, n. v. du même, jouissance, nourriture, manducation.

நுகைகிறது, கைந்தேன், கைவேன், கை, கைய, v.n. நுகைதல், n.v. s'amollir, s'adoucir, se relâcher, devenir mou.

நுகைக்கிறது, கைத்தேன், கைப்பேன், கை, கைக்க, v.a. du préc. நுகைத்தல், n.v. amollir, attendrir, relâcher.

நுகைப்பு, n.v. du préc. amollissement, adoucissement, relâchement.

நுகைவு, n.v. de நுகைகிறது, amollissement, adoucissement, relâchement, diminution, concorde.

நுக்காங்குலை, (நுக்கு, ஆம்), grappe de palmier dont les fruits sont tombés, —sont tendres.

நுக்கு, 1° l'arbre எட்டிமரம் strychnos, morceau. 2° P. நுங்கு, fruit du palmier non mûr, pulpe qu'il renferme. 2° imp. et part. de நுக்குகிறது: நுக்குநுக்காய்ப் பண்ணிப்போடுகிறது briser en petits morceaux.

நுக்குகிறது, க்கினேன், க்குவேன், க்கு, க்க, v.a. நுக்கல், நுக்குதல், n. v. briser, —en pièces, réduire en poudre, détruire: மழைநுக்குது il tombe une pluie battante, la pluie brise tout en tombant à verse.

நுக்குடம், l'arbre எட்டிமரம். [து.

நுங்கல், opt. et n. v. de நுங்குகிற

நுங்கு, 1° pulpe—, chair des noyaux encore tendres du fruit du palmier. 2° imp. et part. du suiv.; நுங்குக்கண், நுங்கிற்கண் œil du fruit du palmier par où sort le germe; நுங்குநுங்காய்விழுகிறது devenir mou comme la pulpe du fruit de palmier, les excrémens tomber moux et dans le genre des pulpes susdites.

நுங்குகிறது, கினேன், குவேன், கு, க, *v.a.* நுங்குதல், *n.v.* dévorer, engloutir, boire.

நுங்கை, 1° *sync.de* நுன்றங்கை, ta sœur cadette, ta mère. 2°(நும், கை), votre sœur cadette, votre main. 3° *P.* நுங்காய். 2° *pers.nég. de* நுங்குகிறது. 4° *acc.de* நுங்கு.

நுசுப்பு, la ceinture, le milieu du [corps.

நுடக்கம், *n.v. de* நுடங்குகிறது, mouvement, agitation, repli, courbure, flexibilité, vacillation, chancellement.

நுடங்கல், *opt.et n.v.du même*, agitation, mouvement, titubation, vacillation, flétrissure, flexibilité, pli, faiblesse, action de remuer...

நுடங்கிடை, (நுடங்கு, இடை), ceinture flexible, mince, svelte.

நுடங்கு, *imp.part. et n.v.du suiv. V.* நுடக்கம்.

நுடங்குகிறது, கினேன், குவேன், கு, க, *v.n.* நுடங்குதல், *n. v.* remuer, s'agiter, se flétrir, vaciller, chanceler, faiblir, plier, se replier, être flexible.

நுட்பம், (நுண்), petitesse, minceur, finesse, délicatesse, subtilité, minutie, instant, figure de rhétorique qui consiste à indiquer subtilement son idée: — ஆயாராய்கிறது scruter —, examiner minutieusement; — ஆயாராய்வோன் scrutateur minutieux; நுட்பவஸ்து objet très-petit, très-fin, ou délicat; — வாராய்ச்சி, (ஆராய்ச்சி), நுட்பமானயோசனை examen minutieux, délibération minutieuse; — வுரை, (உரை), explication subtile, — minutieuse; — வேலை ouvrage fin, délicat, minutieux; மகாநுட்பம் chose très-menue, atome.

நுணக்கம், *n. v. de* நுணங்குகிற [து, *V.* நுடக்கம்.

நுணங்கல், *opt.et n.v.de* நுணங்குகிறது, faiblesse, flétrissure, minceur, subtilité, finesse, *V.* நுடக்கம்.

நுணங்கியோர், (நுணங்குகிறது), gens subtils.

நுணங்கு, taches jaunes (sur la figure ou la poitrine), subtilité, finesse, ruse, *n.v.imp.et part.de*

நுணங்குகிறது, கினேன், குவேன், கு, க, *v.n.* நுணங்குதல், *n.v.* se mouvoir, s'agiter, vaciller, plier, se replier, se courber, se flétrir, se faner, être subtil, fin, délicat, petit.

நுணலை, espèce de grenouille, de [poisson, sardine, hareng.

நுணல், espèce de—, grenouille: நுணலுந்தன்வாயாற்கெடும் la grenouille aussi périt (en se trahissant) par ses croassemens, (ainsi les sots s'attirent des malheurs par leurs paroles imprudentes).

நுணவு, 1° ou நுணவை, l'arbre நுணக்கு gyrocarpus jacquine. 2° *ou* நுணா, —மரம் l'arbre morinda umbellata: நுணாக்காய்க்கிரந்தி espèce de maladie vénérienne.

நுணாசுகிறது, சினேன், சுவேன், சு, ச, *v.a.* நுணாசுதல், *n.v. et* நுணாவுகிறது, வினேன், வுவேன், வு, வ, *v. a.* நுணாவுதல், *n.v.* frotter toucher, tâter, palper, connaitre au tact, *V.* தொரம்புகிறது.

நுணி, 1° *P.* நுனி, pointe, extrémité, bout. 2° *imp.de*

நுணிக்கிறது, ணித்தேன், ணிப்பேன், ணி, ணிக்க, *v.a.et n.et* நுணித்தல், *n.v.* rendre petit, fin, pointu, réduire en poussière, discerner—, distinguer exactement, devenir—, être subtil, fin, rusé, s'améliorer: காலம்நுணித்துணர்காசிபன் Kâsyaben l'habile connaisseur des temps

நுணுகு, petitesse, subtilité, délicatesse, finesse.

நுணுங்கு, *V.* நுணுகு, *n.v.imp.part.de*

நுணுகுகிறது, கினேன், குவேன், கு, க, *v.n.de* நுணுக்குகிறது *et* நுணுகல், நுணுகுதல், *n.v.* devenir—, être petit, fin, délicat, subtil, rusé, pointu, exact.

நுணுக்கம், *n. v. de* நுணுக்குகிறது, petitesse, finesse, subtilité, exactitude, —minutieuse, pointe.

நுணுக்கல், *opt.et n.v.du même.*

நுணுக்கு, *n.v.imp.et part.du suiv.*

petitesse, chose petite, fine, délicate, subtile,écriture très-fine, subtilité: நுணுக்கெழுத்து écriture —, lettre très-fine, illisible, inintelligible ou subtile.

நுணுக்குகிறது, க்கினேன், க்குவேன்,க்கு,க்க,*v.a.* நுணுக்குதல், *n.v.et* நுணுக்கிப்போடுகிறது, briser, broyer,pulvériser, réduire en poudre,écrire d'une manière très-fine, aiguiser,affiler,rendre pointu,aigu, petit,fin,subtil,ne pas atteindre le but (dans un jeu d'enfant).

நுணுங்கல்,*opt.et n.v. de* நுணுங்குகிறது,petitesse,subtilité,finesse.

நுணுங்கு,petitesse,finesse, subtilité,*n.v.imp.et part.de*

நுணுங்குகிறது, கினேன், குவேன்,கு,க,*v. n. de* நுணுக்குகிறது *et* நுணுங்குதல்,*n. v.* devenir—, être petit,fin,menu,délicat, minutieux, subtil,rusé,pointu.

நுண்,1° atome,petitesse, finesse, subtilité.2° *adj.de* நுண்மை menu, mince,petit,délicat,fin,subtil,exact, minutieux,pointu,aigu: — பிண்டி mets délicat,*ou* —பொடி poudre fine,poussière; — பொருள் objet fin, délicat,pensée fine,subtile,délicate: —மணல் sable fin, grain de sable; —மருங்கல் ceinture mince,taille svelte.

நுண்ணறிவு,(நுண்,அறிவு), esprit subtil,fin, connaissance claire, exacte, minutieuse: நுண்ணறிவுடையோர் நூலொடுபழகினும் பெண்ணறிவென்பது பெரும் பேதைமைத்தே lors même que l'esprit d'une femme est versé dans les écrits des savans,il conserve toujours une grande simplicité.

நுண்ணிச்சிறை,(நுண்ணிய, சிறை),très-petit oiseau dit கொசுக்கட்டை.

நுண்ணிடை, (நுண், இடை), ceinture mince,taille svelte,femme.

நுண்ணிமை,1° (நுண், இமை), paupière délicate. 2° *P.* நுண்மை.

நுண்ணிய,*adj.de* நுண்மை, petit,mince,fin,délicat,subtil,minutieux,rusé,pointu: — கருமமெண்ணித் துணி entreprends une affaire délicate après y avoir bien réfléchi.

நுண்ணியது,(நுண்ணிய),chose fine,délicate,petite.

நுண்ணியர், (*id.*), gens subtils, fins, rusés, habiles, délicats, les grands,ministres d'état.

நுண்ணுணர்வு, (நுண், உணர்வு), *V.* நுண்ணறிவு.

நுண்மை,(நுண்),petitesse, finesse,délicatesse,subtilité,pointe,exactitude: — யாய் subtilement, finement,joliment,habilement, exactement;—யாய்ப்பார்க்கிறது regarder attentivement,examiner minutieusement; — யாயெழுதுகிறது écrire délicatement,en lettres fines;—யாய்ப்பண்ணுகிறது faire —, terminer délicatement,joliment; — யானவேலை ouvrage fin,délicat; — நுகரேல் ne mange pas délicatement,— des mets recherchés.

*நுதம்,(nouta),louange,éloge.

நுதம்புகிறது, பினேன், புவேன், பு,ப,*v.n.* நுதம்புதல்,*n.v.* s'attendrir en pensant.

நுதலல்,*opt.et n.v.du suiv.* considération,détermination,dessein.

நுதலுகிறது *ou* நுதல்கிறது, லினேன், லுவேன் *ou* ல்வேன், லு *ou* ல், ல,*v.a.* நுதலுதல்,*n.v.*penser, considérer,se proposer,avoir—,former le dessein, déterminer: நுதலிப்புகுதல் entrer en matière après avoir annoncé ce qu'on va dire, c'est un des 32 நூலுத்தி.

நுதல்,1° front,paupière. 2° *imp.et part.du préc.* நுதலணி,(அணி), bijou du front (surtout à l'usage des femmes); நுதற்சுட்டி autre bijou du front (aussi à leur usage).

நுதனீர், (நுதல், நீர்), sueur du front.

*நுதி,1° (nouti),louange,éloge,panégyrique,honneur,adoration,vénération. 2° pointe,bout, extrémité: —த்தோல் prépuce; — விழுதல் nom d'une correction à faire quelquefois dans l'emploi du பஞ்சாங்கவாக்கியம்.

நுதுக்கிறது, துத்தேன், துப்பேன், து, துக்க, v.a. détruire, rejeter, éteindre, apaiser, adoucir: நெய்யாலெரிநுதுப்போமென்றற்றால் comme si l'on disait: nous éteindrons le feu avec de l'huile.

நுதுத்தல், நுதுப்பு, n. v. *du préc.* destruction, extinction, adoucissement.

நுந்துகிறது, தினேன், துவேன், து, த, v.a. நுந்துதல், n. v. pousser, chasser, mouvoir, exciter, tirer (la mèche d'une lampe).

நுந்தை, (*sync.* நும் *ou* நுன் *et* தந்தை), votre père, ton père.

நுபம், la plante எருக்கு.

நும், *P.* நும், *devant un pl. n.* votre.

நுமன், *m.* நுமள், *f.* நுமர், *pl.* un des vôtres, de vos gens, un homme —, une femme —, les gens de votre parti, de votre caste, de votre famille, de votre maison.

நும், 1° *obl. de* நீர் *dans le haut tamoul*, votre, *gén.* நுமது votre, *dat.* நுமக்கு à vous, *acc.* நும்மை vous, *abl.* நும்மில் en vous, நும்மால் par vous, நும்மோடு avec vous. 2° particule dite சாரியை propre à la 2° *pers. comme* எல்லீர்நும்மையும், *P.* எல்லீரையும் vous tous *à l'acc.*

நும்பி, (*sync. de* நும், நுன், தம்பி), votre *ou* ton frère cadet.

நும்மோர், (நும்), les vôtres, vos gens, vos partisans, vos parens....

நுரு, bourgeon, branche, rejeton qui vient dans les jointures ou les nœuds).

நுரை, 1° écume (de l'eau etc...), bulle d'eau, blancheur, beurre frais. 2° *imp. et part. de* நுரைக்கிறது: —க்கடல் la mer écumante; — நுரையாய்விழுகிறது écumer, l'écume dégoutter; —ப்பீர்க்கு la plante cucumis sulcatus; —யீரல், (ஈரல்), poumon; — வாய் bouche écumante; — வாயன் celui qui a la bouche écumante, dont les lèvres retiennent ordinairement une portion de salive.

நுரைக்கிறது, ரைத்தேன், ரைப்பேன், ரை, ரைக்க, v.n. நுரைக்குதல், நுரைத்தல், n. v. écumer, jeter de l'écume: நுரைக்கநுரைக்கக்குடிக்கிறது boire un liquide pendant qu'il écume.

நுவணம், நுவணை, science, livre de science, littérature, subtilité, fil de coton, farine de millet, manguier.

நுவலல், *opt. et n. v. du suiv.*

நுவலுகிறது *ou* நுவல்கிறது, வன்றேன், வலுவேன் *ou* வல்வேன், வலு *ou* வல், வல, v.a. நுவலுதல், *n. v.* (நுவல்), dire, parler, discourir: நுவல்க parlez....

நுவலா, *part. nég. du même:* —நுவற்சி figure de rhét. où l'on dit une chose sans avoir l'air de la dire.

நுவலிலி, (நுவல், இலி), muet.

நுவல், 1° mot, parole. 2° *imp. et part. de* நுவலுகிறது.

நுவல்கை, நுவற்சி, நுவறல், *n. v. du même,* dire, parole, mot, diction, discours.

நுவல்பவன், நுவல்வோன், *n. app. du même,* parleur, discoureur.

நுவன்று, *gér. du même.*

நுழாய்ப்பாக்கு, noix d'arec encore tendre.

நுழுந்தி, 1° rusé qui s'esquive, qui ne donne pas prise, insaisissable. 2° *gér. de*

நுழுந்துகிறது, தினேன், துவேன், து, த, v.a. *et n.* நுழுந்துதல், *n. v.* voler, ramper, se traîner par terre, glisser, s'échapper, s'esquiver, se dérober, se glisser furtivement, enfoncer —, plonger —, tremper —, placer dans, retrousser: நுழுந்திவைக்கிறது, —ப்போடுகிறது enfoncer —, ficher en terre, planter.

நுழுவுகிறது, விளேன், வுவேன், வு, வ, v.n. நுழுவுதல், n. v. glisser, s'écouler, s'esquiver.

நுழை, 1° subtilité, finesse, endroit où il faut se glisser, porte étroite, guichet, fenêtre. 2° *imp. et part. de* நுழைகிறது *et* நுழைக்கிறது: — கடவை, — கண்டாயம் passage étroit, entrée étroite; — நரி renard à tanière, — à terrier; — வாயில், — வாசல் porte étroite et basse.

நுழைகிறது, ழைந்தேன், ழைவேன்

சக

ன்,ழை,ழைய,v.n.(நுழை), நுழைகு தல்,நுழைதல்,n.v.entrer, —le corps baissé,—avec peine, se glisser dedans,s'introduire,s'insinuer, s'ingérer,pénétrer, faire signe, donner à entendre,arrêter,restreindre: அந்தச்சொல்லென்மனதிலே நுழைந்தது ce mot a pénétré dans mon esprit; ஊசித்தொளையில் நூல்நுழையவில்லை le fil n'est pas entré dans le trou de l'aiguille; காதிலே நுழைகிறது entrer—, s'introduire dans l'oreille; நுழைந்துபார்க்கிறது pénétrer et considérer l'intérieur; நுழைந்துபோகிறது se glisser (par un passage étroit), s'introduire (dans une foule...), s'ingérer; நுழையப்பண்ணுகிறது ou

நுழைக்கிறது,ழைத்தேன், ழைப்பேன்,ழை,ழைக்க,1° v.a.du préc. நுழைத்தல்,n.v. faire entrer,— pénétrer, introduire, glisser —, pousser dedans, insinuer: நுழைத்துப்போடுகிறது,—வைக்கிறது faire entrer, placer dans. 2° v.n. V. நுழைகிறது.

நுழைச்சல்,1° n.v.de நுழைக்கிறது,se glisser,faire entrer. 2° sept (en langage secret).

நுழைவிக்கிறது,v.caus.de நுழைகிறது, faire entrer,— passer, introduire,fixer dedans.

நுழைவு,n.v. du même,subtilité, pénétration d'esprit. [che luisante.

நுளம்பு,moustique,cousin, mou-

நுளுப்புகிறது, ப்பினேன், ப்புவேன்,ப்பு,ப்ப,v.n. நுளுப்புதல்,n.v.et நுளும்புகிறது, travailler nonchalamment, négliger, dédaigner,faire le—, être paresseux, négligent, abandonner le travail, s'excuser de travailler,excuser sa paresse, tromper.

நுளை,1° bassesse,cécité,*adj*.petit, bas,inférieur,vil,chétif,défectueux, aveugle, (par la perte de l'humeur cristalline...): — ப்புழுக்கையன் vil esclave;—முண்டை veuve méprisable,vile créature,vilain garnement.

நுளைச்சி, *pl.* நுளைச்சியர், *fém.de* நுளையன், femme de pêcheur, pêcheuse, habitante des bords de la mer.

நுளைப்புகிறது,ப்பினேன், ப்புவேன்,ப்பு,ப்ப,v.n. நுளைப்புதல், n.v.(நுளுப்புகிறது),fuir—,éviter le travail, travailler négligement.

நுளையன்.*pl* நுளையர்,(நுளை), 1° pêcheur, habitant du bord de la mer. 2° homme vil, *mot de mépris comme* நுளையாஅப்புறம்போ va t-en vaurien: கடல்மீனுக்குநுளையனிட்டதேசட்டம் le nom que le pêcheur donne aux poissons de la mer fait autorité,à chacun son métier.

நுள்,நுள்ளு,1° pincement,pincée. 2° *imp.et part.de* நுள்ளுகிறது.

நுள்ளான், (நுள்), espèce de fourmi.

நுள்ளுகிறது. ள்ளினேன், ள்ளுவேன், ள்ளு ou நுள்,ள்ள, v.a. நுள்ளல், நுள்ளுதல்,n v. pincer.

நுற்கு,*P*.நுனக்கு,à toi. [tre.

நுன்,*P*.நுன் *devant un pl. n.* vo-

நுனது,நுனக்கு, *V*.நுன்.

நுனி,1° bout, extrémité, pointe, tranchant,subtilité, délicatesse,finesse. 2° *imp. de* நுனிக்கிறது: —க்கோல், le bout d'un bâton, d'une perche;—த்தோல் le prépuce;— ப்பந்தி la dernière rangée (de convives...);— விரல் le bout des doigts; நுனியிலேகிள்ளுகிறது pincer l'extrémité (d'une chose);—தடவுகிறது frotter—, oindre le bout; நுனியைத்தறித்துப்போடுகிறது couper l'extrémité ou la pointe.

நுனிக்கிறது, னித்தேன், னிப்பேன்,னி,னிக்க,v. a. நுனித்தல், n. v. aiguiser,rendre pointu, aigu, tranchant,examiner minutieusement: நுனித்துநோக்குகிறது considérer attentivement.

நுனிக்கை,1° *n. v. du préc.* 2° (நுனி,கை),la bout de la main,— du doigt du milieu. [tranchant.

நுனை, pointe, bout, extrémité,

நுன்)*obl.de* நீ,ton,de toi;*gén*.நுனது ton,*dat*.நுனக்கு à toi, *acc.* நுன்னை toi,*abl*.நுன்னில்,நுன்னுள், நுன்னொடு dans,par,avec toi.(poétique).

நூ, 1° lettre syllabique composée de ந் et de ஊ, noû long. 2° (noû), bijou, ornement. 3° imp. et part. de நூகிறது, P. நூர்கிறது, s'éteindre.

நூக்கம், 1° l'arbre dalbergia latifolia. 2° n.v. de நூக்குகிறது, expulsion, rejet, coup, poussée.

நூக்கல், opt. et n.v. de நூக்குகிறது, coup, poussée, expulsion, faire parvenir, nom d'un instrument de tisserands. [éteindre....

நூக்கிறது, P. நூர்க்கிறது

நூக்கு, imp. part. et n.v. du suiv. rejet, expulsion, blé concassé.

நூக்குகிறது, க்கினேன், க்குவேன், க்கு, க்க, v.a. நூக்குதல், n.v. chasser, repousser, écarter, pousser, — de côté, faire parvenir.

நூங்கு, grandeur, abondance, n.v. imp. et part. du suiv.

நூங்குகிறது, கினேன், குவேன், கு, க, v.n. நூங்கல், நூங்குதல், n.v. s'élever, abonder, être grand, élevé, abondant.

நூடி, la plante சிற்றேலம்.

*நூதம், (noûda), mûrier, morus indica. [on

நூதல், n.v. de நூகிறது, extincti-

*நூதனம், நூதனத்துவம், (noûtana), nouveauté, nouvelle, merveille: நூதனக்காரன், homme à nouveautés, à merveilles, à nouvelles, novateur, nouvelliste, fabricateur de nouvelles.

*நூதனன், நூதனி, (நூதனம்), homme nouveau, nouveau venu, étranger, V. நூதனக்காரன்.

நூத்தல், n.v. de நூக்கிறது, extinction. [signe du Taureau.

நூபம், bœuf, jeune taureau, le

*நூபுரம், (noûpoura), bijou d'argent ou de cuivre —, grelots qu'on attache aux pieds. V. காற்சிலம்பு.

நூப்பு, n.v. de நூக்கிறது, extinction, allégement.

நூருகிறது ou நூர்கிறது, ர்ந்தேன், ருவேன் ou ர்வேன், ரு ou ர், ர, et நூர்த்துபோகிறது, s'éteindre, être éteint, maigrir, se flétrir, se gâter, commencer à se pourrir, s'amollir, devenir trop mou.

நூர்க்கிறது, ர்த்தேன், ர்ப்பேன், ர், ர்க்க, v, a, du préc. éteindre, gâter...

நூலா, நூலாத, part. nég. de நூற்கிறது, qui —, qu'on ne file pas: நூலாமாலை guirlande mal enfilée, fil qu'on ne doit pas filer ou mal filé, artifice, ruse, tour, fourberie: — மாலைக்காரன் fourbe, fripon, faiseur de tours.

நூலாம்பூச்சி, (நூல், பூச்சி), araignée, litt. insecte à fil ou fileur.

நூலார், நூலோர், (நூல்), savans, docteurs, brames, ministres d'état.

நூல், 1° fil, fil de coton, cordeau, — d'alignement, cordonnet, cordon, — bramanique, — de distinction, pénis, nerf qui aboutit aux parties naturelles, science, système de doctrine, livre —, ouvrage de science, de poésie..., opinion, règle, délibération, réflexion, avis, compte. 2° imp de நூற்கிறது: — அரங்கேற்றுகிறது soumettre un nouveau livre au jugement et à l'approbation des savans avant sa publication; — அச்சு filière; — அறிந்தோரதன்வழித்தொழுகு — les savans doivent suivre les règles de conduite qu'ils ont apprises dans les livres; — அறிவு connaissance d'une science ou d'un ouvrage; — ஆசிரியன், — ஆக்கியோன் auteur de livre; — ஆதாரம் élément —, fondement de science, livre élémentaire; — ஆய்வோர் examinateurs d'ouvrage; critiques, réviseurs, correcteurs; — ஆராய்கிறது examiner —, réviser un livre: தேடிப்பல — ஆராய்கிறது examiner divers livres ou systèmes qu'on a cherchés: — இயற்கை règles morales ou légales, qualité d'un livre ou du fil; நூலியாப்பு manière de rendre un livre poétique: — இல்மாலை guirlande sans fil, i. e. fable mal cousue, conte qui n'a ni queue ni tête; — இழந்தவள், — இழந்தாள் celle qui a perdu le cordon (du தாலி), i.e. veuve; — இழை simple fil; — இழைக்கிறது dévider du fil, filer; — உண்டை peloton de fil; உண்டைநூல் fil de la trame, trame d'une toile; நூலுத்தி, V. தந்திரயுத்தி; — உரைப்போன் commentateur, maitre, professeur; — உரையுணர்வோர் les savans; — உறிஞ்சி tire-fil, épithète méprisante —, sorte d'instrument de tisserand; — எடுக்கிறது prendre —, démêler du fil, — ஏணி échelle de cordes; — ஓடுகிறது passer du fil, faufiler, ravauder, coudre; நூல்கள் sciences, livres —, systêmes de science, de morale; நூல்-கு les 3 parties de la littérature sacrée, savoir: முதனூல் 1re science, science révélée ou prétendue révélée, la parole de Dieu ou qu'on lui attribue; வழிநூல் science qui en dérive, explication que les hommes font du முதனூல் ou de la parole de Dieu avec quelques altérations ou variations: சார்புநூல் systéme de science qui s'appuie sur les 2 précédens et que l'on confirme par des citations ou textes qui en sont tirés. Les Indous donnent pour exemple de ces 3 நூல், les வேதம், le வேதாந்தம் et les advitas ou அத்துவைதம்; d'autres en donnent pour exemples le Pentateuque, le talmud et le targum; நூல்சேர்க்கிறது réunir des fils, faire une collection d'ouvrages, en réunir; — சேர்க்கிறது préparer le fil; — நாழி, V. நூனாழி; — நிமிண்டுகிறது tordre ensemble —, nouer des fils rompus; — நிமிண்டுகிறபேச்சு langage absurde; — நூற்கிறது filer, — du fil; — பண்ணினவன் auteur d'un livre; — பலகல் étudie différens livres, — différentes sciences; — பலதெரிந்தால் சிலத்தொழுகு si tu connais diverses sciences, vis conformément à ton savoir; — பதனிடுகிறது préparer le fil, lui donner la trempe voulue; — போடுகிறது appliquer le cordeau (pour marquer l'alignement, tirer au cordeau; — யுத்தி, V. தந்திரயுத்தி; — வலை filet —, lacet de fil, ou de cordonnet; — வல்லோர் les savans, ministres d'état; — வழுக்கு marche —, usage de la poésie; — விடுகிறது laisser le fil, l'araignée faire sa toile, le ver à soie etc... filer son cocon: ஆசமணையில் நூல்வார்க்கிறது rouler le fil sur le dévidoir; நூலின்கழகு-ம les 10 beautés d'un ouvrage, savoir: சுருங்கச்சொல்லல் briéveté, concision; விளங்கவைத்தல் clarté, construction claire et naturelle; நவின்றோர்க்கினிமை suavité ou douceur qu'y trouve le lecteur; நன்மொழிபுணர்த்தல் emploi de mots élégans ou convenables; ஓசையுடைமை harmonie, sons agréables; ஆழமுடைத்தாதல் sens profond; முறையின்வைப்பு méthode régulière ou citation d'auteurs; உலகமலையாமை ne pas s'écarter des exemples des bons auteurs; விழுமியதுபயத்தல் bien ou utilité que l'on procure; விளங்குதாரணத்ததாகுதல் donner des exemples clairs et frappans: நூற்குற்றம் ம les 10 défauts d'un ouvrage, savoir: குன்றக்கூறல் défaut de développement; மிகைபடக்கூறல் trop de longeur; கூறியதுகூறல் répétition inutile; மாறுகொளக்கூறல் contradiction, dire des choses qui contredisent ce qui précéde; வழூஉச்சொற்புணர்த்தல் emploi de locutions vicieuses; மயங்கவைத்தல் confusion, — qui consiste à mettre une chose à la place d'une autre ou à laisser dans le doute; வெற்றெனத் ou வெறுமையெனத்தொடுத்தல் trop grande simplicité, composition vide de sens ou d'intérêt; மற்றொன்று விரித்தல் divagation, aprés avoir commencé une chose passer à une autre; சென்றுதேய்ந்திறுதல் le ton ou l'intérêt aller en s'affaiblissant; நின்றுபயனின்மை inutilité, n'aboutir à rien d'utile. [கிறது, inextinguible.

நூவா, நூவாத, part. nég. de நூ

நூவு, sésame.

நூழல், P. நூறல்.

நூழில், monceau, tas, plante rampante ou grimpante, la plante கொடிக்கொத்தான், éléphant, meurtre, massacre (dans un combat), retirer de son corps l'arme dont on a été percé et rester ferme: — ஆட்டு meurtre, retirer de son corps l'arme dont on a été frappé et en frapper son ennemi; — ஆட்டுகிறது tuer.

நூழை, 1° subtilité. 2° (P. நுழை), trou. [destruction.

நூறல், *opt. et n.v. de* நூறுகிறது,

நூறாண்டு, (நூறு, ஆண்டு), cent ans, siècle: நூறாண்டுபழகினுமூர்க்கத் கேண்மை நீர்க்குட்பாசிபோல் வேர்க்கொள்ளாதே l'amitié des gens vils durerait elle cent ans, elle ne prendrait pas plus racine que la mousse dans l'eau.

நூறாம், (*id.* ஆம்), centième. [mille.

நூறாயிரம், (*id.* ஆயிரம்), cent

நூறாவது, (*id.* ஆவது), centièmement: நூறாவதான centième.

நூறு, 1° *imp. et part. de* நூறுகிறது. 2° *obl.* நூற்று, *gén.* நூற்றின், cent. S'il est suivi d'un nombre inférieur on emploie l'*obl.* நூற்று avec élision devant une voyelle: நூற்றொன்று 101, நூற்றிரண்டு 102, நூற்றுமூன்று 103, நூற்றுநான்கு 104, நூற்றைந்து, 105 நூற்றாறு 106, நூற்றேழு 107, நூற்றெட்டு 108, நூற்றொன்பது 109. நூற்றுப்பத்து 110, நூற்றிருபது 120, நூற்றுமுப்பது 130, நூற்றுநாற்பது 140, நூற்றைம்பது 150, நூற்றைம்பதுமணிச்செபம் le rosaire, *litt.* prière de 150 grains; நூற்றறுபது 160, நூற்றெழுபது 170, நூற்றெண்பது 180, நூற்றுத்தொண்ணூறு 190. Devant un plus grand nombre ou un nom ordinaire நூறு n'est sujet qu'à l'élision: நூறாக par *ou* en cent; நூறாயிரம் 100 mille ou un lack; நூறாடு 100 brebis; நூறுலக்ஷம் *ou* நூறிலக்ஷம் 100 lacks, un crore ou 10 millions; நூறுகோடி 100 crores ou 1 milliard; நூறுகுதிரை 100 chevaux; நூற்றுக்கும் கணக்கு சொல்லுகிறது rendre raison même d'une centaine de choses, savoir parler convenablement de bien des choses; நூற்றுக்கும்பணிக்குசொல்லுகிறது censurer une centaine de choses, y trouver captieusement des fautes; நூற்றுக்கும்பிணைபட்டேனே me suis-je rendu caution même d'une centaine de choses? நூற்றைறக்கெடுத்தது குறுணி un marécal (de mauvais grain mêlé au reste) en a gâté cent, (en lui faisant perdre sa valeur).

நூறுகிறது, றினேன், றுவேன், று, ற, *v.a.* நூறுதல், *n.v.* pulvériser, réduire en poussière, briser, broyer, détruire.

நூறை, 1° anguille. 2°, P. நூறும். 2° *pers. sing. nég. du préc.*

நூற், P. நூல், *devant* க, ச, த, ப: — கண்டை écheveau de fil: — கயிறு cordeau, cordon, corde de fil, — de fil de coton; — கருத்து objet —, dessein d'un livre; — கழி écheveau —, peloton de fil; — குச்சு, — குச்சம் toupet —, gland —, houppe de fil; — குஞ்சம் écheveau de fil, nombre de fils qui composent la chaine d'une toile; — சரடு fil, — retors, cordonnet, cordon —, toupet de fil; — சிடு nombre de fils contenant 8 குஞ்சம்; — சுருள், — சுருளை peloton —, écheveau de fil; — பகந்திரம் fistule à la racine du pénis; — படுகு, V. நூற்பாவு; — பந்து peloton de fil; — பயன் but —, dessein d'un livre, profit qu'on doit en tirer, ou les 4 objets qu'on y décrit, V. நாற்பொருள்; — பவுத்திரம், V. நூற்பகந்திரம்; — பழக்கம் exercice —, pratique des sciences, — des livres; — பா chaine de la toile, *ou* — பாவகவல் régle de grammaire, espèce de stance, sentencieuse, règle ou சூத்திரம் concernant quelque branche des sciences; — பாவு grand écheveau de fil, chaine de la toile; — புலவர் savant, — distingué dans les sciences; — புறத்திணை preuve tirée d'un auteur renommé ou classique, régle pour expliquer et prouver une doctrine par les livres sacrés ou les codes de lois; — புறனடை exception aux régles d'une science ou d'un livre; — பொருள் objet d'une science, objet —, contenu d'un livre.

நூற்கிறது, நூற்றேன், நூற்பே

ன், நூல், நூற்க, *nég.* நூலேன், *v. a.* நூற்குதல், *n.v.* filer: நூற்றுக்கொடுக்கிறது filer et donner, — pour d'autres; — க்கொள்ளுகிறது, — ப்போடுகிறது filer, — pour soi; — பருமனும் நூற்கிறது filer grossièrement, filer de gros fil; மெல்லிசாய் நூற்கிறது filer délicatement, — du fil très-fin.

நூற்றந்தாதி, (நூறு, அந்தாதி), le 47me des பிரபந்தம், poème de 100 வெண்பா *ou* de 100 கலித்துறை avec la répétition dite அந்தாதி.

நூற்றல், *n.v. de* நூற்கிறது.

நூற்றாறு, 1° (நூறு, ஆறு), cent six. 2° (நூல், தாறு), fil roulé sur un dévidoir (et placé dans la navette pour faire la trame); — சுற்றுகிறது rouler le fil sur le dévidoir.

நூற்றிரிக்கிறது, (நூல், திரிக்கிறது), tordre —, retordre le fil, filer.

நூற்று, 1° *gér. de* நூற்கிறது. 2° *obl. de* நூறு, de 100: நூற்றுநிறை quintal, poids de 100 livres, — de 100 பலம்... 3° *P.* நூறு.

நூற்றுறை, (நூல், துறை), intention —, but —, objet —, contenu d'un livre, port de la science.

*நூனம், 1° (noûnam), certitude, ‖*adv.* certainement. 2° (nyoûna), défaut, manque, imperfection.

*நூனாங்கன், (நூனம், அங்கம்), mutilé, imparfait, manquant d'un membre.

*நூனாதிகம், நூனாதிக்கம், (*id.* அதிகம், ஆதிக்கம்), inégalité, plus ou moins; — சொல்லுகிறது déclarer les inégalités, les défauts, le plus ou le moins; — ஆனசொல் mot incorrect, inexact; நூனாதிக்கவிபாகம் partage inégal.

நூனாழி, (நூல், நாழி), navette de tisserand (surtout garnie de fil).

*நூனேந்திரியன், (நூனம், இந்திரியம்), qui manque de quelque sens.

நூன், *P.* நூல், *devant* ம: — மறைதெரிந்துசீலத்தொழுகு apprends les sciences et la religion et mène une vie régulière; — முகம் préface, exorde, but —, sujet —, objet d'un livre; — முடிவு fin —, sujet —, objet —, but d'un livre; — முறுக்குகிறது tordre du fil, filer.

[ந் et de எ, né bref.

நெ, lettre syllabique composée de

நெக, *inf. de* நெகுகிறது.

நெகல், *opt. et n.v. de* நெகுகிறது.

நெகிடி, feu: — போடுகிறது allumer un grand feu (pour se chauffer ou éloigner les bêtes féroces).

நெகிழிசை, (நெகிழ், இசை), vers qui se terminent par une lettre douce ou une moyenne et non par une forte.

நெகிழ், *imp. et part. des suiv.*

நெகிழ்கிறது *ou* நெகிழுகிறது, ழ்ந்தேன், ழுவேன் *ou* ழ்வேன், ழு *ou* ழ், ழ், *v.n. ou* நெகிழ்ந்துபோகிறது, se relâcher, se desserrer, s'élargir, s'étendre, se délier, tomber, glisser, se perdre, dépérir, s'affaiblir, devenir faible, fluet, mou, tendre, s'amollir, s'attendrir, compatir, fleurir, se réduire en poudre, se séparer, s'éloigner, se retirer, être abandonné, renvoyé, s'abandonner: நெகிழப்பண்ணுகிறது, *V.* நெகிழ்க்கிறது; நெகிழவிடுகிறது laisser tomber, — glisser, — échapper; கலைநெகிழ்ந்தது le vêtement s'est élargi, s'est desserré ou est tombé; மயிர் முடி நெகிழாது la touffe de cheveux ne s'est pas déliée ou ne se déliera pas; சரீரம்நெகிழ்ந்துபோயிற்று le corps s'est affaibli, a dépéri; காயம்நெகிழாமுன் avant que le corps devienne décrépit.

நெகிழ்க்கிறது, ழ்த்தேன், ழ்ப்பேன், ழ், ழ்க்க, *et* நெகிழ்த்துகிறது, த்தினேன், த்துவேன், த்து, த்த, *v. a. du préc.* relâcher, desserrer, lâcher, délier, élargir, étendre, séparer, dissoudre, abandonner, renvoyer, éloigner, attendrir, amollir, fondre.

நெகிழ்ச்சி, *n. v. du préc.* relâchement, ralentissement, amollissement; perte: அழுத்தமில்லாமல் நெகிழ்ச்சியாயிருக்கிறது n'être pas serré, mais lâche et large.

நெகிழ்தல், *n. v. de* நெகிழ்கிறது, relâchement, séparation, élargissement, extension, attendrissement, amollissement, dépérissement, floraison. [ழ்ப்பு,n.v.de நெகிழ்க்கிறது.

நெகிழ்த்தல்,நெகிழ்த்துதல், நெகி

நெகிழ்வு,n.v.de நெகிழ்கிறது, relâchement, amollisement, diminution, floraison, abandon.

நெகிளம்,V.ஞெகிழம்.

நெகுகிறது,நெக்கேன்,குவேன்,கு, க, v.n.நெகுதல், n.v. être pulvérisé, broyé,réduit en poussière, s'amollir,s'attendrir, se fondre,mûrir: நெகஅரைக்கிறது broyer —, moudre très-fin,finement, pulvériser.

நெக்கல்,*opt.et n.v. de* நெக்குகிறது;ce qui est mûr....

நெக்கு,1° *gér.de* நெகுகிறது. 2° rejet,expulsion, coup, poussée,amollissement,séparation,*n.v.imp.et part. du suiv.*: நெக்குடைகிறது se briser, s'ouvrir, *ou* நெக்குருகுகிறது se fondre, dissoudre; நெக்குவிடுகிறது se s'amollir, s'attendrir, se dissoudre se briser en s'ouvrant.

நெக்குகிறது,க்கினேன்,க்குவேன், க்கு,க்க,*v.a.et v.n.* நெக்குதல், *n. v.* lever (avec une machine ou un levier),chasser,pousser,—violemment, expulser,mettre en fuite, se fondre, s'attendrir,s'amollir, mûrir, fleurir, s'ouvrir,se gâter: நெக்கினநெக்கிலே போய்விழுந்தான் il est tombé du coup qui l'a frappé.

*நெக்குரோதம்,*P.* நியக்குரோதம்,le multipliant ஆலமரம்.

நெசவு,*P.*நெய்சவு,tissage, tissu, tissure, ouvrage de tisserand, beau tissu:—க்காரன் tisserand;—செய்கிறது tisser,faire un tissu, — de la toile; நெசவிலேயிருக்கிறது être sur le métier, en tissage, avancer, être en train;நெசவுண்டானபுடவை toile bien tissée;நெசவில்லாமலிருக்கிறது n'être pas bien tissu,le tisserand être sans ouvrage.

நெச்சி,le fruit nommé கடுக்காய்.

*நெஷ்டூரம்,*P.*நிஷ்டூரம்,cruauté.

நெஞ்சகம்,(நெஞ்சு,அகம்),poitri-

நெஞ்சம்,*V.*நெஞ்சு. [ne,cœur.

நெஞ்சன், (நெஞ்சு), homme de cœur, courageux, hardi, qui a le cœur, — la poitrine... (à la fin des mots composés):கல்நெஞ்சன் *ou* கன்னெஞ்சன் homme qui a un cœur de pierre, impitoyable.

நெஞ்சாம், (நெஞ்சு, ஆம்), de la poitrine...:நெஞ்சாங்கட்டை,—குத்தி morceau de bois qu'on met sur la poitrine (pour brûler un cadavre);—குலை,— குழி, — கொழுந்து creux de la gorge,—de l'estomac.

நெஞ்சிடி,(நெஞ்சு,இடி),palpitation de cœur.

நெஞ்சிற்கல்,(நெஞ்சின்,கல்),pierre de la conscience,*i.e.* inquiétude, scrupule;*ou*

நெஞ்சிநோ,(நெஞ்சின்,நோ), remords,regret,chagrin.

நெஞ்சு,cœur,volonté,esprit, conscience,sens, affection,le moral,poitrine,sein,estomac, gorge, fermeté, courage,hardiesse: நெஞ்சடைத்துக்கொள்ளுகிறது obstruer la gorge ou le cœur,prendre à la gorge,suffoquer, étouffer; நெஞ்சடைத்துப்போகிறது être suffoqué, étranglé, étouffé: நெஞ்சடைப்பு, நெஞ்சடைப்புவாதம் suffocation,asthme; நெஞ்சழிகிறது le cœur défaillir,— se perdre, se lamenter,l'esprit se troubler; நெஞ்சறிகிறது la conscience connaître,savoir; நெஞ்சறிய le sachant ,sciemment,avec connaissance de cause, à son escient; நெஞ்சறியப்பொய்சொல்லுகிறது mentir sciemment;நெஞ்சறிவதுபொய்யாதே ne ments pas contre ta conscience; நெஞ்சறியாமற்போகிறது ignorer,ne pas savoir, —se souvenir,agir inconsidérément; நெஞ்சார volontiers, volontairement; நெஞ்செரிச்சல்,(*id.* எரிச்சல்), impatience, colère; நெஞ்செரிகிறது,(*id.*எரிகிறது),le cœur être enflammé de colère,être chagrin,avoir des peines d'esprit; நெஞ்செரித்தல், நெஞ்செரிப்பு,(*id.* எரித்தல்), inflammation—,douleur de poitrine ou d'estomac,impatience;—கரிப்பு nausée,— dans la gorge; —க்கோழை phlegme de la gorge,—de la poitrine,sorte de maladie;—தடுமாறுகிறது

து l'esprit flotter, être irrésolu; —தடுமாறிச்சொல்லுகிறது parler avec hésitation ou irrésolution; —த்தடுமல் rhume de poitrine; —பதறுகிறது le cœur palpiter; —நோ mal de poitrine, douleur d'estomac, palpitation de cœur, chagrin, peine d'esprit; —ப்பள்ளம் creux de l'estomac; — விடுதூது message de l'esprit, une des sections du சைவசித்தாந்தம்; நெஞ்சைக்கிழிக்கிறது déchirer le cœur; —ப்பிளக்கிறது fendre le cœur; ஒருவன்—ப்பிடிக்கிறது prendre quelqu'un à la gorge; —பொழிந்தொரு வஞ்சனையில்லை sans volonté il n'y a pas de fraude ou de trahison; நெஞ்சிலிருக்கிறது être dans le cœur...; என்னெஞ்சிலிருக்கின்றது c'est dans mon cœur ou dans ma mémoire; என்னெஞ்சிலிருக்கிறதை *ou* என்னெஞ்சிலே நினைத்ததைச்சொல்லு dis ce que j'ai dans le cœur, ou ce que j'ai pensé dans mon esprit, (mot qui s'adresse aux devins ou aux possédés pour les éprouver); உன்னெஞ்சறியும் ta conscience le sait,—doit le savoir; உனக்கித்தனை நெஞ்சுண்டோ as-tu tant de hardiesse? மறவாதேநெஞ்சே ò mon cœur n'oublie pas.

நெஞ்சுன்றி,(நெஞ்சு,ஊன்றுகிறது), état d'une poitrine dont un còté est creux et l'autre bombé.

நெடநெடெனல்,(*son imitatif*), faire nédanéda, son du grincement des dents ou d'un arbre qui craque en se brisant.

நெடி, 1° grillon, cigale, exbalaison piquante du piment qu'on fait griller. 2° *imp.de* நெடிக்கிறது: அவனுக் கென்னாற்றம் நெடிநாற்றம் mon odeur est pour lui comme l'odeur du piment qui grille, il ne peut me supporter.

நெடிக்கிறது, டித்தேன், டிப்பேன், டி, டிக்க, *v.a.* நெடித்தல், *n.v.* prolonger,—le temps, trainer en longueur.

நெடிசு, நெடிது, *P.* நெடியது, chose longue, ce qui est—; c'est long.

நெடிதூழி,(நெடிது,ஊழி), long temps: —வாழ்க puissiez-vous vivre long-temps heureux.

நெடிய, *adj. de* நெடுமை, long, haut, grand: —ஆள், — மனிதன், *V.* நெடியவன்; —கரத்தன், *m.* — கரத்தி qui a de longues mains; — காலம் long-temps; —வட்டம் long bouclier ovale, cercle —, plat ovale; நெடியவன் le long,—Vichnou, *ou*

நெடியன், *P.* நெடியவன் homme grand, de haute taille.

நெடியோன்,(நெடிய), homme—, Vichnou à haute stature, le basilic ocymum.

நெடிலி,(நெடில்), espèce de héron, [de gros oiseau.

நெடில்,(நெடு,இல்), longue, lettre longue (opposée à குறில்), longueur, bambou: —அடி vers long, *i.e.* composé de 5 சீர் ou pieds; — அடிவிருத்தம் strophe du genre dit விருத்தம் composée de vers de 5 pieds; — எதுகை vers dont l'எதுகை ou la rime de la 2° syllabe du vers est une longue; நெடிற்கீழெதுகை rime dite எதுகை précédée d'une longue, (l'எதுகை ou la rime précédée d'une bréve s'appelle குறிற்கீழெதுகை, ce sont là les 2 divisions du dictionnaire des rimes dit தொடையகராதி.

நெடிற்றொடர்,(நெடில், தொடர்), mot—, pied...suivi d'une longue.

நெடின்மோனை,(*id.* மோனை), vers dont la consonance dite மோனை est une longue ou qui commencent par une longue.

நெடு, 1° *adj.de* நெடுமை, long, de longue durée, étendu, vaste, grand, haut, ancien. 2° *imp.de* நெடுக்கிறது: —நாவை long soc de charrue: — நாளைப்பழக்கம் ancienne amitié, usage établi depuis long-temps; — நாள் longs jours, long-temps, longue durée; — நாளாயிற்று il y a long-temps; —நாள்வழக்கத்தைவிடுவதுகடினம் il est difficile de se défaire d'une vieille habitude; — நீட்டு, —நீளம் grande longueur, longue durée, —distance; —நீர் la mer, lenteur, retard; —நெடுகுகிறது, — நெ

டுக்கிறது,—நெடுத்தல் se prolonger —, croitre beaucoup, s'allonger—, s'étendre très-loin; — நேரம் long-temps;—மால் le long Vichnou;—மூரல் longue aiguille de mer;—முழம் longne coudée, espèce de toile;—முழப்புடைவை toile de cette espèce, longue pièce de toile; —மூச்சு long soupir, bâillement;— மொழி panégyrique, éloge,—propre, faire son éloge;— வட்டம் cercle allongé, ellipse, ovale; — வள்ளம் longue barque;—வாய் large bouche, gros poisson dit ஊளா; — வாலூடகம் le poisson ஊடகம் à longue queue;—வாற்றிரணி le poisson திரணி à longue queue; — விரல் long doigt, la plante நாய்ப்பாகல்;— வேர் longue racine, la racine dite சாயவேர்.

நெடுகல், *opt. et n.v. de* நெடுகுகிறது, allongement, extension, éloignement, allée; நெடுகலும் dans la longueur, tout le long.

நெடுகுகிறது, கினேன், குவேன், கு, க, *v.n.* (நெடு), நெடுகுதல், *n. v.* s'allonger, se prolonger, durer, s'étendre, s'élever, s'en aller, s'éloigner: நெடுக tout droit, directement, au long, tout du long, en longueur; நெடுகநடக்கிறது, — ப்போகிறது marcher—, aller tout droit, en droite ligne:—ப்போய் — வா va et reviens tout droit, sans te détourner; — ப்போய்—வந்தால் சோறகப்படுமோ si on se promène de long en large (sans rien faire), trouvera-t-on du riz à manger; —வளருகிறது croitre tout droit.

நெடுக்கிறது, டுத்தேன், டுப்பேன், டு, டுக்க, *v.n.* நெடுக்குதல், *et* நெடுத்தல், *n.v.* s'allonger, s'étendre, devenir long, se prolonger, durer long temps, croitre.

நெடுக்கு, longueur (d'une maison...): — ச்சட்டம் montans (d'une fenètre...,), les pièces les plus longues d'un cadre... (opposé à குறுக்குச்சட்டம் traverse); —ச்சுவர் mur de longueur,— qui fait la longueur d'un bâtiment... (opposé à குறுக்குச்சுவர் mur de traverse).

நெடுங், *P.* நெடும், *devant* க, long, ancien, grand, haut:— கடல் longue mer, mer qui longe le rivage;—கணக்கு long compte, alphabet, élémens d'une langue;— க்கணவாய் longue vallée, long défilé, nom d'une vallée;—கண் longs yeux;— கண்விழுகிறது une feuille s'allonger d'un côté et dépérir ou se rider de l'autre; —கதை longue —, vieille fable ou histoire, roman;—கப்பல் long vaisseau; — கயிற்றில்விடுகிறது laisser trainer en longueur, passer le temps, différer, temporiser; — கரை long rivage, le long du rivage; — கழுத்தல், (கழுத்து), l'animal au long cou, *i.e.* le chameau; — களம் long cou; —கழை longue perche;— காகத்துவசமுள்ளவள் celle qui a un long étendard représentant un corbeau, *i. e.* மூதேவி;—காலம் long-temps, longue durée;—கிடை, *V.* நெடுஞ்சாண்கிடை; —கிளை longue branche, branche longue et droite; — குடர் mésentère, long intestin; — குரல் voix de longue haleine ou durée, cri prolongé, — கேடு malheur de longue durée, — considérable, perte pour long-temps irréparable;—கையான் homme à longues mains; — கோட்டு, *adj.* à longues cornes; — கோணி, (கோணன்), l'animal à longue bosse, *i. e.* le chameau.

நெடுஞ், *P.* நெடும், *devant* ச, long, grand, haut: —சட்டை habit long, longue—, robe, l'அங்கி; — சாங்கிடை,—சாணளவு, —சாண்கிடை pleine longueur, toute la longueur; —சாங்கிடையாய் tout du long, tout droit, de son long;— சாங்கிடையாய்விழுகிறது tomber tout de son long. [நெடுக்கிறது.

நெடுத்தல், நெடுத்து, *n.v. et gér. de*

நெடுந், *P.* நெடும் *devant* த, long, grand, haut: —தகை grand, —personnage; —தகைமை excellence, supériorité, grandeur; —தட்டு long plat, espèce d'image de papier; —தாடி longue barbe: —தாயம் heureux coups de dés bien fréquens; — திசை les

8 principaux points cardinaux; — துயில் long sommeil, la mort; — தூரம் grande distance; — தெரு longue rue, rue longue et droite, rue royale ou principale.

நெடுப்பம், நெடுப்பு, *n.v. de* நெடுக்கிறது, longueur, allongement.

நெடுப்பிண்ணை, sable mèlé de plomb.

நெடுமன், (நெடுமை), chose longue, — allongée, serpent.

நெடுமி, (*id.*), arbre très-haut, femme haute, pluie.

நெடுமை, (நெடு), longueur, longue durée, extension, hauteur, cheveux de femme. (L'adj. est நெடும், நெடு, நெடிய, நெட்டு avec élision).

நெடும், *adj. de* நெடுமை, long, grand, haut, étendu, de longue durée: — பயணம், — பிரயாணம் long voyage, la mort; — பழக்கம் longue habitude, ancienne coutume, long exercice; — பகை haine longue, — invétérée; — பழி longue vengeance, *V.* நெடும்பகை; — பள்ளம் long fossé, — creux; — பா longue stance, — pièce de vers, — chaîne de tisserand, l'arbrisseau médicinal ஆடாதோடை; — பார்வை long regard, regard attentif, longue vue; — பிழை faute — , erreur considérable, — de longue durée; — புகழ் grande louange, long éloge; — புரிவிடுகிறது tromper, traverser; — புனல் long réservoir, longue pièce d'eau; — பொழுது, — போது long-temps, longue durée; — பொழுதுகழிக்கிறது passer beaucoup de temps, différer long-temps; — பொழுதுகழியாதே ne passe ou ne perds pas beaucoup de temps, ne traine pas le temps en longueur.

நெடுவல், (நெடு), personne — , chose de haute stature, *ou* — [taille.

நெடுவர், homme haut, — de haute

நெட்ட, *inf. de* நெட்டுகிறது: — நெடியவன் homme très-haut; — நெடியது chose très-longue.

நெட்டம், poivre.

நெட்டாயம், (நெட்டு, ஆயம்), longueur, disposition d'une brique placée droite dans sa longueur ou perpendiculairement dans un mur, (l'opposé est கட்டாயம் disposition d'une brique placée dans sa largeur ou à plat).

நெட்டி, 1° *gér. de* நெட்டுகிறது. 2° nom générique d'une classe de plantes et d'arbrisseaux nommés அயிரியம், கிடைச்சி, சடை, சடைச்சி, கொக்கோரி, கோத்திரம், æschynomene, sensitive. 3° craquement des jointures des doigts, ou de la chaussure en marchant. 4° *P.* நெட்டு, ricochet sur l'eau. 5° jointure, nœud des arbres; — க்கோரை nom d'une herbe: — ப்பூ fleurs artificielles faites avec l'arbuste நெட்டி; — ப்பொரி graines de நெட்டி grillées pour être mangées; — மாலை guirlande de நெட்டி; — முரிகிறது, — முறிக்கிறது, — யெடுக்கிறது, — வாங்குகிறது faire craquer ses doigts, ses articulations ou ses orteils; — வேலை ouvrage fait du bois tendre du நெட்டி, tel que oiseaux, fleurs artificielles etc. [prolongé.

நெட்டிசை, (நெட்டு, இசை), son

நெட்டிடுகிறது, (*id.* இடுகிறது), faire des ricochets sur l'eau avec des pierres plates, ces pierres en faire, *V.* சிக்கிறது: அவன்றொடங்கினகாரியம் நெட்டிட்டது son entreprise a fait le ricochet, a manqué.

நெட்டிலிங்கு, (நெட்டு, இல், இங்கு), le grand arbre dit அசோகு uvaria longifolia.

நெட்டிலை, (*id.* இலை), longue feuille: — த்தெங்கு le cocotier à longues feuil-

நெட்டில், (*id.* இல்), bambou. [les.

நெட்டு, 1° *adj. de* நெடுமை, *qui se met devant une voyelle et dont l'*உ *s'élide toujours*, long, grand. 2° ricochet que fait sur l'eau une pierre plate lancée obliquement. 3° *n.v. imp. et part. de* நெட்டுகிறது, action de chasser... 4° queue de feuilles, de fruits, grappe, bouquet naturel de fleurs, action de gratter, de racler, de rejeter: நெட்டுயிர், (உயிர்), voyelle longue; நெட்டுயிர்க்கிறது soupirer, gémir, bâiller, respirer difficilement; நெட்டுயிர்ப்பு long—, soupir, gémissement, respiration difficile, bâillement; —க்கட்டுகிறது la grappe se former après la floraison; — ப்பாய்கிறது faire le ricochet sur l'eau.

நெட்டுகிறது, ட்டினேன், ட்டுவேன், ட்டு, ட்ட, v. a. நெட்டுதல், n. v. chasser, expulser, pousser de force, rejeter, ôter, gratter, râcler: பிடரிபிடித்து— prendre à la gorge et pousser dehors.

நெட்டுரு, (நெட்டு, உரு), forme—, figure longue, leçon apprise par cœur: —ப்படுத்துகிறது, —பண்ணுகிறது apprendre par cœur.

நெட்டூதி, conque—, coquillage long et en spirale.

*நெட்டூரம், P. நிஷ்டூரம், cruauté.

நெட்டெழுத்து, (நெட்டு, எழுத்து), longue, lettre—, voyelle longue, mot composé de longues, écrit tout de la main, signature en toutes lettres; —க்காரன் écrivain.

நெட்டை, 1° (நெடுமை), longueur, chose longue, squelette, os dégarni de chairs. 2° (நெட்டு), craquement des doigts ou faire du bruit en marchant, ce qui est une des 5 incivilités dites குற்றம்-ஐ. [haute taille.

நெட்டைச்சி, (நெட்டை), femme de

நெட்டையன், (id.), homme haut, grand: — ஆய்வளருகிறது grandir beaucoup.

நெண்டுகிறது, டினேன், டுவேன், டு, ட, v. a. நெண்டல், நெண்டுதல், n. v. rompre, puiser, V. நெளிக்கிறது.

நெத்தகர், sorte de plante.

நெத்திலி, sorte de petit poisson.

நெம்பு, 1° clou pointu des 2 côtés (pour joindre des planches), coin, — à 2 pointes, échelon, levier, côte: அவனுக்குப்பாரஞ்சுமந்து நெம்புகழன்றது il a les reins rompus par le fardeau qu'il a porté, i.e. il est très-fatigué. imp. et part. de

நெம்புகிறது, பினேன், புவேன், பு, ப, v. a. நெம்புதல், n. v. elever, lever de terre—, dégonder une porte avec un levier.

நெய், 1° beurre fondu, — liquéfié, —liquide, graisse, le gras, sang, la 14e constellation dite சித்திரை. 2° *imp. et part. de* நெய்கிறது: —க்கடல் la mer de beurre liquide, une des 7 mers fabuleuses des Indous; — க்குத்தி bouteille de beurre fondu, vase au beurre liquide; — க்கொட்டான் sorte d'arbre; —கொட்டை fruit de l'arbre பூவந்தி; — ச்சட்டி casserole au beurre, — de terre, casserole à faire des pâtisseries..., —déjà imprégnée de beurre par les ragoûts qu'on y a faits, nénuphar rouge, fruit —, grain rouge du குன்றி; —ச்சாடி jarre de beurre liquide; —ச்சாதம், —ச்சோறு riz cuit arrosé de beurre; —ச்சிட்டி la plante சிற்றிலை conyza cinerea, espèce d'herbe aux puces; —ச்சிட்டிக்கிழங்கு racine bulbeuse de l'isoetes coromandeliana; —ச்சட்டி espèce de plante; — த்தன்மை nature du beurre fondu, qualité graisseuse; — த்துடுப்பு spatule —, cuillère au beurre fondu, feuille de manguier mise en forme de cuillère au moyen de fibres du roseau saccharum spontaneum pour prendre et verser le beurre fondu, (surtout dans les sacrifices), vase à l'huile (à l'usage des porteurs de torches; —ப்பற்று, —ப்பிடி engraissement, graisse; —புரண்ட gras, graissé, couvert de graisse, inondé de graisse; — பூசுகிறது graisser, frotter de beurre fondu; — ப்பானை cruche de *ou* au beurre fondu; — ப்பீர்க்கு la plante நுரைப்பீர்க்கு; — மீன் le poisson வெள்ளிறுமீன்; — வண்டி charrette graissée, — dont on a graissé l'essieu; — வழுக்காய் d'une manière grasse, salement; — வார்க்கிறது verser du beurre fondu; — வார்த்துப்பொரிக்கிறது frire dans le beurre fondu; —விழா cérémonie de se graisser de beurre fondu et de se baigner après ses couches; — விழுது beurre nouvellement séparé de la crème; — விளக்கு lampe qu'on entretient avec du beurre, —faite de farine; —வைக்கிறது mettre du beurre fondu ou de la graisse, engraisser, devenir gras; நெய்யாசமழுவாத்திர்த்துக்கொள்ளுகிறது se justifier par l'ordalie du beurre bouillant, en y plongeant sa main ou en le recevant sur sa main; —நெய்யிலேகையையிடுகிறது plonger la main dans le beurre bouillant (espèce d'ordalie); —சுடுகிறது frire —, cuire dans le beurre fondu; —வேகிறது cuire —, bouillir dans ce beurre; கையிலேயிருக்கநெய்யிலே கையிடுவானேன் l'objet étant dans la main (*i.e.* la chose étant claire), pourquoi plonger la main dans le beurre bouillant? கையிலே வெண்ணெயிருக்கநெய்க்கழுவானேன் pourquoi pleurer pour avoir du beurre liquéfié, quand on a à la main du beurre frais (qui est bien supérieur).

நெய்கிறது, ய்தேன், ய்வேன், ய், ய்ய *v.a.* நெய்குதல் *n.v.* tisser, faire un tissu, —de la toile. tresser, (faire des nattes..), compatir, gémir, se lamenter de dépérissement: நெய்கிறவன் tisserand.

நெய்க்கிறது, ய்த்தேன், ய்ப்பேன், ய், ய்க்க, *v.n.* (நெய்), engraisser, être gras, —graissé.

நெய்சவு, *n v. de* நெய்கிறது, tissage, *V.* நெசவு: —க்காரன் tisserand.

நெய்தல், 1° *n.v. de* நெய்கிறது, tissage, tissure, compassion, gémissement, lamentation de dépérissement. 2° nénuphar blanc, une des 5 espèces de terrains, *i.e.* terrain salin, marécageux, pays —, côte maritime, tambour funèbre; — உரிப்பொருள் choses propres aux pays maritimes comme lamentation, dommage, bouderie, séparation, copulation et leurs causes; —விளைவு produit des pays maritimes, *i.e.* sel, poisson; நெய்தற்கருப்பொருள் propriétés et productions des bords de la mer, au nombre de 14, savoir: (selon l'ordre du குறிஞ்சி et celui de கருப்பொருள்), 1° தெய்வம் un prétendu dieu tutélaire qui est வருணன். 2° தலைவன் un chef qui se nomme சேர்ப்பன், புலம்பன், கொண்கன், துறைவன் et மெல்லன்; sa femme se nomme பரத்தி, நுளைச்சி, அளத்தி. 3° குடிகள் des habitans qui se nomment அளவர், நுளையர், பரதவர், பரதர், கடலர், கழியர், சலவர், திமிலர், வலையர் et leurs femmes பரத்தியர், நுளைச்சியர், அளத்தியர். 4° புள் *ou* பறவை des oiseaux qui sont les corbeaux de mer கடற்காக்கை. 5° விலங்கு des animaux qui sont les réquins சுறு. 6° ஊர் des villages appelés பாக்கம் et பட்டினம், 7° நீர் de l'eau salée உவர்நீர், de l'eau de puits கேணி, de l'eau de mer கடல். 8° புஷ்பம் *ou* மலர் des fleurs qui sont celles des arbres suivans. 9° மரம் des arbres nommés அடம்பு, convolvulus, pied-de-chèvre, கோங்கு espèce de cotonnier, தாழை pandanus, புன்னை calophyllum, முள்ளி solanum, முட்செடி, buisson épineux. 10° உணவு, nourriture qu'ils achettent en vendant du poisson et du sel. 11° பறை des tambours nommés பம்பை, கோட்பறை சாப்பறை, மீன். 12° யாழ் *ou* யாழ்த்திறம் des luths nommés விளரி; 13° பண் ou இராகம் des airs nommés செவ்வழி. 14° தொழில் l'occupation de ces pays est de prendre du poisson, de le faire sécher, de le vendre, de faire du sel et de se baigner dans la mer; —பதி chef —, village d'un pays maritime; — பறை tambour des côtes de la mer, tambour funèbre; —புறம் désir d'un amant envers son amante qui boude, *V.* தாபதநிலை; —பூ la fleur du nénuphar blanc; நெய்தற்றலைவன், (தலைவன்), le chef d'un pays maritime, Varounen; நெய்தற்றிறம், (திறம்), composition —, air propre aux pays maritimes; நெய்தற்றெய்வம், (தெய்வம்), le prétendu dieu des côtes maritimes, *i.e.* Varounen.

நெய்தனிலம், (நெய்தல், நிலம்), terrain salin, pays —, côte maritime: நெய்தனிலத்தலைவன் chef d'un pays maritime, nommé சேர்ப்பன், புலம்பன்...; — ப்பறவை oiseau des côtes maritimes, le corbeau marin ou cigogne de mer;—ப்பறை tambour de ces côtes nommé பம்பை; — ப்பெண் femme des pays maritimes nommée அளத்தி,நுளைச்சி, பரத்தி;—மரம் arbres de ces pays mentionnés ci-dessus;—மக்கள் ou மாக்கள், V. நெய்தன்மாக்கள்;—மாக்கடொழில் (மாக்கள்தொழில்), leur emploi qui est de prendre du poisson, de faire du sel et de se baigner dans la mer; நெய்தனிலத்தியாழ் luth des côtes maritimes dit விளரி; நெய்தனிலத்திராகம் air de ces côtes nommé செவ்வழி; நெய்தனிலத்தினீர் eau de ces côtes,i.e. eau salée,de puits,de mer; நெய்தனிலத்தூர் bourgades de ces côtes dites பாக்கம்;நெய்தனிலத்துப்பமைப்போர், (உப்பு, அமைப்போர்), faiseurs de sel.

நெய்தன், obl.de நெய்தல், devant ம: — மாக்கள் habitans des côtes maritimes nommés பரதவர்,நுளையர்,அளவர்;— மாக்களுணு leur nourriture qu'ils se procurent en vendant du poisson et du sel;—முதற்பொருள் premiers objets des pays maritimes, savoir la mer et la côte de la mer, (dans la division du jour) la partie dite எற்பாடு de 2 heures à 6 heures du soir,et les 6 saisons de l'année dites ஆறுபருவம்.

நெய்தை,gloire,grandeur.

நெய்த்த, part. parf. de நெய்க்கிறது,gras,graissé.

நெய்த்தல்,n.v.du même, engraissement.

நெய்தோர்,(நெய்),sang.

நெய்ப்பு,n.v.de நெய்க்கிறது,graisse, état graisseux,pus, sanie, matière:குரு — க்கொள்ளுகிறது les grains de petite vérole se remplir de pus,ou s'en remplir comme ces grains; நெய்ப்புள்ள gras,graissé.

நெய்யரி,(நெய்கிறது,அரி),tissu naturel qui entoure le bas des branches du cocotier etc...

நெய்யல்,v.n.de நெய்கிறது,tissage, tissure: நெய்யற்காரன் tisserand;—கயிறு corde de tisserand.

நெய்யன்னம்,(நெய்,அன்னம்),riz cuit arrosé de beurre.

நெய்யாடுகிறது, (id.ஆடுகிறது), se frotter de beurre avant le bain, c'est une des cérémonies qui suivent l'accouchement.

நெய்வான், pl.நெய்வார்,n. app.de நெய்கிறது,tisserand,faiseur de nattes.

நெய்வு, n.v.du même. tissage, V. நெசவு.

நெரடு,écrit confus, chose difficile à lire ou à déchiffrer.

நெரடுகிறது,டினேன்,டுவேன்,டு,ட, v.n.நெரடல்,நெரடுதல்,n.v. être difficile,ardu, embarrassé, plein de difficultés et d'embarras.

நெரளைநாவி, l'arbre antidesma alexiteria.

நெரி,fracture,écrasement,froissement de toile,corde,n.v.imp.et part. des suiv. :--கொட்டை noyau broyé ou qui s'écrase,—qui se broie;—நெட்டி, — நெட்டிக்கோரை l'herbe scirpus plantagineus; — படுகிறது être brisé,broyé,écrasé, froissé;—பிடிக்கிறது,—பிடித்தல், (la toile) attraper des froissemens, être froissée; — புருவம் sourcil; —மீட்டான் nom d'une plante;— வருணசுக்கிரன் sorte de mal d'yeux; — விடுகிறது,V.நெரிபிடிக்கிறது.

நெரிகிறது,ரிந்தேன்,ரிவேன்,ரி,ரிய, v.n. நெரிதல், n.v. et நெரிந்துபோகிறது,se briser,se casser,se broyer, se froisser,éclater,se rompre,être écrasé,froissé, faiblir, incliner, pencher, —de côté,—en bas,fuir,se dérouter, être mis en fuite. courir: நெரிந்திருக்கிறது être brisé, broyé,cassé;எலும்புநெரியவடிக்கிறது battre à rompre les os.

நெரிக்கிறது,ரித்தேன்,ரிப்பேன்,ரி,ரிக்க,v.a.du préc. briser, — avec éclat,rompre,casser, mettre en pièces, écraser,broyer,piler, — dans un mortier,écraser ou broyer dans ses mains (des épis de blé...), froisser, dérouter,mettre en fuite, serrer,faire craquer les doigts: குரல்வளையை—serrer la gorge, étrangler: கிட்டிபோட்டு—serrer fortement les doigts entre des bâtons,(espèce de torture).

நெரிசல், (நெரிகிறது); aversion, répugnance, froissement.

நெரிஞ்சி, நெரிஞ்சில், espèce de chardon dit நெருஞ்சி: நெரிஞ்சின்முள் épine de ce chardon, nom d'une arme de guerre.

நெரிதருகிறது, தந்தேன், தருவேன், தா, தர், v.n. s'enfuir, être chassé, poursuivi, pencher en bas, baisser, incliner, être brisé, broyé: *V.* நெரிகிறது.

நெரிதரல், நெரிதல், *n.v. du préc. et de* நெரிகிறது, brisure, fracture, fissure, froissement, brèche, pente, inclination, déroute, fuite, course, oppression: நெரிதலா யிருக்கிறது être opprimé, brisé...

நெரித்தல், நெரிப்பு, *n.v. de* நெரிக்கிறது, fracture, brisement, broiement, froissement, déroute.

நெரியாசம், நெரியாசி, la plante எ கிரா சு cachou. [நரல்.

நெரிவு, *n.v.de* நெரிகிறது, *V.* நெரி

நெருக்கடி, (நெருக்கு, அடி), gêne, peine, dureté, violence, vexation.

நெருக்கட்டியென்கிறது, நெருக்கட்டியெனல், se presser, se hâter, signe de hâte.

நெருக்கம், *n. v. de* நெருக்குகிறது, état de ce qui est étroit, serré, resserrement, étroitesse, serrement, presse, condensité, proximité, sévérité, gène, peine, anxiété, détresse, trouble, oppression: நெருக்கத்திலகப்படுகிறது être pris dans la presse..., être pressé, gêné, opprimé, réduit à l'extrémité; — அகப்பட்டுச்சாகிறது mourir écrasé par la foule.... [றது.

நெருக்கல், *opt. et n.v. de* நெருக்குகி

நெருக்கவாரம், நெருக்கிடை, (நெருக்கம், நெருக்கு, வாரம், இடை), pauvreté, sévérité, cruauté, *ou*

நெருக்கு, étroitesse, presse, gêne, détresse, peine, *n.v. et imp. de*

நெருக்குகிறது, *sync.* நெருக்கிறது, க்கினேன், க்குவேன், க்கு, க்க, *v.a. de* நெருங்குகிறது *et* நெருக்குதல், *n. v. ou* நெருக்கிப்போடுகிறது, —வைக்கிறது, presser, serrer, resserrer, mettre à l'étroit, rétrécir, oppresser, condenser, comprimer, fouler, affliger, vexer, opprimer, violenter, traiter sévèrement: ஒருவரொருவரை — se presser —, se gêner l'un l'autre; மதிலோடே — presser —, écraser contre le mur; நெருக்கியிருக்கிறது avoir pressé, resserré, oppressé..., *ou* நெருக்கப்படுகிறது *et*

நெருக்குண்கிறது, நெருக்குண்ணுகிறது, க்குண்டேன், க்குண்பேன், க்குண், க்குண்க *ou* க்குண்ண, (நெருக்கு, உண்கிறது), être pressé, serré, à l'étroit, gêné, affligé, tourmenté. [ருக்கவாரம்.

நெருக்குவாரம், (நெருக்கு), *V.* நெ

நெருக்கென்கிறது, (*id.*), se presser, se hâter: நெருக்கெனல், *n.v.* hâte, presse, signe de hâte.

நெருங்கல், resserrement, presse, foule, compression, encouragement, réprimande, menace, meurtre, *opt. et n.v. de*

நெருங்குகிறது, *sync.* நெருங்கிறது, கினேன், குவேன், கு, க, *v.n. de* நெருக்குகிறது, நெருங்குதல், *n.v.* se presser, se serrer, se resserrer, s'approcher, être pressé, serré, comprimé, gêné, à l'étroit, affligé, tourmenté, vexé, dur, sévère, ferme, s'encourager, se réprimander, tuer: நெருங்கப்பிசைகிறது bien pétrir, — broyer; நெருங்கினவுறவு proche parenté, étroite amitié; குழந்தைநெருங்கியழுகிறது un enfant s'approcher ou se presser (contre quelqu'un) et pleurer.

நெருஞ்சி, நெருஞ்சில், plante épineuse, tribulus terrestris, chardon: — முள்ளுதைத்தாலுங்குனிந்துபிடுங்கவேணும் si une épine de chardon entre dans le pied, il faut se baisser pour l'arracher, il faut se gêner quelquefois même pour de petites choses. [து.

நெருடல், *opt. et n.v. de* நெருடுகிற

நெருடன், (நெருடு), trompeur, fourbe, homme vil, brouillon.

நெருடு, 1° *gen.* நெருட்டின், *obl.* நெருட்டு, toile dans laquelle il paraît beaucoup de nœuds de fils, nœuds —, raccommodage —, arrangement de fils, ruse, fourberie. 2° *imp. et part. de.*

நெருடுகிறது, டினேன், டுவேன், டு, ட. *v.a.* நெருடுதல், *n.v.* frotter fortement, —entre les doigts, tâter, toucher, tâtonner, froisser, raccommoder du fil, nouer ou tordre ensemble des fils rompus, tromper, friponner: தலையை— frotter—, nettoyer la tête, épouiller; தலைநெருடிப்போகிறான் il est à se nettoyer la tète *ou* il s'en va après s'être nettoyé la tète, il est occupé à de viles affaires; நெருடிப் பார்க்கிறது essayer (la toile, le grain), en les froissant dans ses mains.

நெருட்டு, *obl. de* நெருடு: — க்காரன் fourbe, brouillon; — த்தனம் fourberie; —ப்புத்தி esprit fourbe, — brouillon.

நெருட்டுகிறது, ட்டினேன், ட்டுவேன், ட்டு, ட்ட, *v.n.* tromper, inventer des fourberies, embrouiller (les affaires).

நெருநல், (நென்னல்), hier.

நெருநெரு, son imitatif de nérounérou, நெருநெரென்கிறது *ou*

நெருநெருக்கிறது, ருத்தேன், ருப்பேன், ரு, ருக்க, *v.n.* (நெருநெரு): faire nérounérou, —du bruit, se hâter, pétiller.

நெருநெருத்தல், நெருநெருப்பு, நெருநெரெனல், *n.v. du préc.* signe de bruit, —de hâte, presse, précipitation, pétillement.

நெருப்பன், (நெருப்பு), homme colère, méchant comme le feu, boute feu, incendiaire.

நெருப்பு, feu: நெருப்பின்சிகை flamme du feu; நெருப்பணைத்துவைக்கிறது éteindre le feu, conserver le feu, l'empêcher de s'éteindre: நெருப்பணைந்துபோகிறது le feu s'éteindre; நெருப்பாயிருக்கிறவன் homme colère, emporté, ardent; நெருப்பாயிருக்கிறது *ou* எரிகிறது être en feu, brûler; நெருப்பாயெரிக்கிறது brûler, incendier; வெய்யில்நெருப்பாயெரிக்கிறது la soleil brûler, —être ardent comme du feu; நெருப்பிடுகிறது mettre le feu, incendier; நெருப்புக்கண் œil de feu, —méchant; —க்கல் pierre à feu, —à fusil, —à briquet, pierre infernale, nitrate d'argent; —க்கொளுத்துகிறது allumer le feu, —le feu de la discorde, se fâcher, faire une injustice: —க்கொள்ளி brandon, tison allumé, boute-feu, méchant; —ச்சட்டி réchaud; —ச்சயநீர் espèce d'eau distillée, *V.* நெருப்புத்தண்ணீர்; —ச்சாணை pierre à aiguiser sans eau: —த்தண்ணீர், — த்திராவகம் acide nitrique, eau forte, —régale; —த்தணல், —த்தழல் charbon ardent; —நீர் eau forte; — ப்படுகிறது être brûlé, être atteint ou consumé par le feu, se gâter, *ou* — பற்றுகிறது, — பிடிக்கிறது prendre feu, s'allumer, s'enflammer; —பற்றவைக்கிறது allumer le feu; — ப்பொறி étincelle de feu: —மடமடென்றெரிகிறது le feu brûler avec ardeur, —avec fureur, — avec bruit, — en faisant *madamada*; (நெருப்பை) மடமடென்றெரிவிக்கிறது attiser le feu et le faire brûler avec ardeur; — மழை pluie de feu; —மூட்டுகிறது, —மூளவைக்கிறது, — மூள்விக்கிறது allumer—, attiser le feu; — வளர்க்கிறது entretenir le feu; —விழுகிறது le feu tomber, un mal survenir, —croître; — விழுங்குங்கோழி l'oiseau qui dévore, dit-on, le feu, *i. e.* l'autruche, dindon, ainsi nommé de sa gorge rouge; நெருப்புறுகிறது s'allumer, brûler; நெருப்புறுவிறகு tison ardent: நெருப்புறுகரி charbon ardent; நெருப்பைவீசுகிறது lancer le feu, être fort ardent (pour une affaire); விரலிலேநெருப்புபட்டது le feu m'a atteint ou m'a fait une brûlure au doigt.

நெருமுகிறது, மினேன், முவேன், மு, ம, *v.a.* நெருமுதல், நெருமல், *n. v.*

நெருனல், *P.* நெருநல் [*V.* நருமுதல்.

நெரேல், (*son imitatif*), mot imitatif du bruit: நெரேலெனல், நெரேலென்கிறது, faire nérèl, — du bruit; மழை நெரேலென்றுபெய்கிறது la pluie tomber à verse, —avec bruit, *V.* ஞெரேல்.

நெர்க்குண்டி,l'arbre நொச்சி.

நெல்,riz non pilé,l'arbre வாகை. Le grain de riz sert de mesure;la largeur de 8 grains de riz fait un விரற்கடை ou travers de doigt; sa longueur est égale à 8 எள்ளு ou grains de sésame;நெல்வால் queue ou barbe du riz;—வாய்க்கணக்கு,V.நெல்லிலக்கம்,V. நெல்லு et நெற்.

நெல்லரி,(நெல்லு,அரிகிறது), poignée de riz scié,autant que la faucille peut en scier en une fois.[de riz.

நெல்லரிசிமா,(நெல்,அரிசி),farine

நெல்லி,— மரம் l'arbre phyllanthus emblica, myrobolan, la plante épineuse முள்ளி: — க்காய் fruit de l'arbre susdit;—க்கந்தகம்,—க்காய்க்கந்தகம் composition de soufre et d'arsenic;—க்காய்த்துவையல் fruit du myrobolan pilé dans un mortier pour être mangé avec du riz;—க்காய்த்தைலம் huile médicinale tirée du myrobolan;—த்துத்தி nom d'une plante;— த்தோப்பு bosquet de myrobolans, Nellitoppe, bourg près de Pondichéry; — ப்பருப்பு pulpe du noyau du myrobolan;—முளி pulpe et écorce du myrobolan mûr et desséché.

நெல்லிலக்கம்,(நெல்லு), compte et mesures propres au mesurage du riz.

நெல்லு,P.நெல்,grain de riz —,riz non pilé, — avec son écorce ou son enveloppe,(le riz pilé se dit அரிசி et le riz cuit சோறு):நெல்லறுக்கிறது moissonner le riz; நெல்லுறை grenier ou réceptacle pour le riz, marque usitée en le mesurant; நெல் ou நெல்லுகாயப்போடுகிறது ou வைக்கிறது mettre le riz sécher;—குத்துகிறது piler le riz pour le séparer de son écorce;—குத்தியறுவாக்குகிறது piler le riz complétement,— et le préparer pour la cuisine;—பிடிக்கிறது prendre du riz, mettre le riz en magasin,acheter du riz en gros; — முறி moisson de riz mûr;— முறிகிறது le riz être mûr, *litt.* se briser; — விளைகிறது le riz croître,venir,monter en épis;—வேவிக்கிறது faire bouillir le riz; நெல்லூறவைக்கிறது mettre le riz tremper.

நெளி, 1° ou— மோதிரம் anneau ou bague de femme,— a ligne courbe ou à sinuosités.2° *imp.et part.de*

நெளிகிறது,ளிந்தேன்,ளிவேன்,ளி,ளிய, v.n. நெளிதல், *n.v.et* நெளிந்துபோகிறது, ramper, se traîner en rampant, marcher en serpentant, serpenter, se courber, se plier,se tordre, aller en zigzag,n'être pas droit, se rider: புழு— le vers ramper; நெளிந்துநடக்கிறது marcher en serpentant, en faisant des sinuosités, marcher en se tordant ou avec des inflexions de corps par défaut de l'épine du dos ou par affectation.

நெளிக்கிறது,ளித்தேன்,ளிப்பேன்,ளி,ளிக்க,v.a. நெளிக்குதல்,*n.v.et* நெளித்துக்கொள்ளுகிறது,courber,plier,tordre, rendre tortu, montrer de l'ostentation: நெளித்துக்கொண்டுபோகிறது ou நடக்கிறது marcher tout tortu,en marchant se courber en arrière,marcher avec affectation; நெளித்துப்போயிருக்கிறது être plié, courbé,tortu,*v.g.* un panier.

நெளிச்சலன்,(நெளிச்சல்),homme courbé,voûté,plié, incliné.

நெளிச்சல்,*n.v.* de நெளிகிறது,V. நெளிவு.

நெளிதம்,petitesse,facilité,légèreté

நெளிதல், *n.v.de* நெளிகிறது,courbure,sinuosité,tortuosité,marche tortueuse,ride, tergiversation.

நெளித்தல்,நெளிப்பு,*n.v.de* நெளிக்கிறது,courbure, tortuosité, inflexion, démarche affectée, —altière, moquerie. [சலன்.

நெளியலன்,(நெளியல்),V. நெளிச்

நெளியல்,*n.v.de* நெளிகிறது,courbure,sinuosité,tortuosité,chose courbée,penchée.

நெளிர்,நெளிர்தல், son de la voix, bruit que l'on fait en parlant,*imp.et n.v.de*

நெளிர்கிறது, நெளிர்ந்தேன்,ர்வேன்,ர்,ர,v.n. faire du bruit en parlant,V.ஞெளிர்கிறது.

நெளிவு, *n.v.de* **நெளிகிறது**, courbe, courbure, sinuosité, tortuosité, zigzag, pli, inflexion: **நெளிவுண்டாயிருக்கிறது** être tortueux, courbé; **நெளிநெளிக்கிறது** faire des sinuosités, courber, faire la courbe ou les sinuosités d'un anneau.

நெறநெற, *(son imitatif)*, bruit du grincement des dents, du frottement des arbres etc... **நெறநெறென்கிறது** rendre ce son, faire néranéra, — ce bruit, grincer: **பல்நெறநெறென்று கடித்தான்** il a grincé des dents et mordu; **நெறநெறெனல்**, *n.v.* grincement, bruit de frottement, son répété, écho.

நெறி, *imp.et part.du suiv.* 2° chemin, voie, bon chemin, bonne voie, chemin de la vertu, régle, ordre, loi, maniére, coutume, chasteté, justice, rectitude, droiture, ce qui se hérisse ou se dresse tout droit, temple, cavité de l'œil, parties vitales du corps, (et surtout) les tempes, gonflement des nerfs ou des glandes, enflure (à l'aine, sous le bras ou au cou, causée par un furoncle ou une blessure dans une autre partie du corps): —**கட்டுகிறது** causer une telle enflure, faire gonfler les nerfs ou les glandes, ou une telle enflure se former: —**கட்டியிருக்கிறது** cette enflure s'être formée, les glandes être gonflées; —**கெட்டவன்**, —**கேடன்** homme dévoyé, égaré, sorti de la bonne voie, méchant, pervers, trompeur; —**கேடு** déviation, écart, égarement, corruption; —**க்கல்** pierre à chaux; —**க்கோரை** le roseau ou l'herbe scirpus plantagineus; —**த்தவறு** déviation —, égarement du bon chemin; —**தப்பினவன்** homme égaré, — sorti du chemin de la vertu: —**நிற்பாள்** femme constante dans la bonne voie; —**நின்றார்நீடுவாழ்வார்** ceux qui persévérent dans le chemin de la vertu seront long-temps heureux; —**ப்படுத்துகிறது** mettre en ordre, convertir, diriger, redresser, remettre dans le bon chemin; —**மயிர்** cheveux hérissés; —**யிடுகிறது**, *V.* **நெறிகட்டுகிறது**; —**யிலார்** gens déréglés, dévergondés, vils, injustes, sans conduite; —**யுள்ளவன்**, *V.* **நெறிமான்**; —**வலிக்கிறது** les tempes —, la tête faire mal; **நெறியில்நிற்கிறது** être —, persévérer dans le bon chemin; **நெறியிலேபடுகிறது** recevoir un coup —, frapper à la tempe; **நெறியைத்திருப்புகிறது** ramener dans la bonne voie, convertir; **குட்டிச்சுவரில்தேள்கொட்டக்கட்டுத்தறியில் நெறியிடுமா** le scorpion en piquant un petit mur ruiné ferat-il enfler le pieu à attacher les vaches, la cause affectant un objet, l'effet ne peut-être dans un autre.

நெறிக்கிறது, **றித்தேன்**, **றிப்பேன்**, **றி**, **றிக்க**, *n.v.*(**நெறி**), se dresser, se tenir droit, lever —, tourner le nez d'un air de dérision, être fier, arrogant, hausser les sourcils, rider le front, prendre un air fier, offensant ou de mépris, se hérisser.

நெறித்தல், **நெறிப்பு**, *n. v. du préc.* droiture, rectitude, position droite, air altier, conduite —, maniére méprisante, — offensante, froncement des sourcils, rides du visage, hérissement. [intègre, probe.

நெறிமான், *(***நெறி***)*, homme juste,

நெறிமை, *(id.)*, justice, droiture, rectitude, honnêteté.

நெறுக்கட்டி, **நெறுக்கு**, mots imitatifs du bruit: **நெறுக்கட்டியென்கிறது**, — **யெனல்**, **நெறுக்கிடுகிறது**, **நெறுக்கிடுதல்**, **நெறுக்கென்கிறது**, **நெறுக்கெனல்**, faire ce bruit, résonner [**நெறுநெறென்கிறது** *ou*

நெறுநெறு, mot imitatif du bruit

நெறுநெறுக்கிறது, **றுத்தேன்**, **றுப்பேன்**, **று**, **றுக்க**, (**நெறுநெறு**), faire nérounérou, — du bruit: **நெறுநெறுத்தல்**, **நெறுநெறுப்பு**, **நெறுநெறெனல்**, *n.v.* bruit répété, son de nérounérou.

நெறுமுகிறது, *V.* **நருமுகிறது**.

நெற், *P.* **நெல்**, riz, *devant* **க**, **ச**, **த**, **ப**: —**கணக்கு** compte du riz, *V.* **நெல்விலக்கம்**; —**கதிர்** épi de riz; — **கழி**

terre à rizière; — களஞ்சியம் grenier pour le riz; — கழனி rizière, terre à riz; — இடை l'espace d'un grain de riz; — இடைவிட்டெழுதுகிறது écrire en laissant entre les lignes l'espace ou la largeur d'un grain de riz; — குழி fosse sous terre pour mettre le riz; — குறி augure —, divination tirée du riz; — கூடு grand récoptacle d'osier pour mettre le riz; — கூர் queue ou barbe du riz; — சப்பி espèce d'herbe; — சுமை une charge —, un sac de riz; — சுணை démengeaison causée par la barbes du riz; — பயிர்க்கிளைவு crue —, croissance du riz, le riz monter en épis; — பரப்பு étendue d'un carré de rizière, surface de 12 குழி; — பழம் riz dont l'écorce se fend par trop de fertilité du sol; — புல் riz en herbe; — பூமி terre à riz, rizière; — பொரி riz grillé; — போர் monceau de riz.

நெற்பு, pus, pourriture, maigreur.

நெற்ற, நெற்றல், *inf. et n.v. de* நெற்றுகிறது.

நெற்றலன், (நெற்று, அலன்), homme décharné, maigre (comme une cosse).

நெற்றலி, nom d'un poisson.

நெற்றுகிறது, (நெற்று, ஆகிறது), mûrir complétement, — dans la gousse ou la cosse.

நெற்றி, 1° front, sommet, ordre de bataille, détachement. 2° *gér. de* நெற்றுகிறது: — க்கண்ணன் celui qui a un œil au front, *i.e.* Siven; ஏறு — front haut; — ச்சுட்டி joyau que les femmes portent sur le front, point blanc qu'on se met au front — ச்சுழி épi —, tour du poil des chevaux...sur le front (d'où les paiens tirent des augures selon qu'il est tourné à droite ou à gauche); — த்தலம், — த்தானம் place du —, front; — த்திலகம், — ப்பொட்டு pottou que les indiens se mettent sur le front; — ப்பட்டம் espèce d'ornement ou de bijou qu'on porte au front; — ப்புருவம் sourcil; — மாலை couronne ou guirlande qu'on porte sur le front; — முட்டு proximité, côté de —, devant, chose en face, vis-à-vis; — யெலும்பு os du front; — வரை lignes ou rides du front; நெற்றியைச்சுளிக்கிறது froncer les sourcils; நெற்றியிற்கல்லூன்றவைக்கிறது mettre une pierre sur le front ou sur la tête, (espèce de châtiment); — கல்லூன்றவைத்தல் le châtiment susdit, oppression, gêne.

நெற்றிடுகிறது, *P.* நெட்டிடுகிறது, faire des ricochets sur l'eau (les pierres plates).

நெற்று, 1° gousse ou cosse sèche avec la graine, fèves —, pois mûris et desséchés dans leur gousse, fruit mûr et sec. 2° *imp. et part. du suiv.*: நெற்றுக்காய் — coco bien mûr; — ப்போலிருக்கிறது être sec et maigre comme une cosse de fève; நெற்றெடுக்கிறது cueillir —, ramasser les gousses sèches, — les fruits mûrs.

நெற்றுகிறது, ற்றினேன், ற்றுவேன், ற்று, ற்ற, *v.a.* நெற்றுதல், *n.v. et* நெற்றிப்போடுகிறது, heurter, frapper contre, choquer, atteindre la marque ou le but dans des jeux d'enfans: நெற்றியிடுகிறது, *V.* நெற்றிடுகிறது; யானையை நெற்றச்சொல்லுகிறது dire à un éléphant de heurter contre quelque chose, le pousser à le faire.

நென்பு, *V.* நெம்பு.

நென்மணி, (நெல், மணி), grain de riz, graine d'herbe qu'on ne mange pas, coix lacryma.

நென்மா, (*id.* மா), farine de riz.

நென்னல், (நெருநல்), hier, jadis.

நே, 1° lettre syllabique composée de ந் *et de* ஏ, nê long. 2° *sync. de* நேசம், *V.* நேசம்.

நேக, *V.* நெகிழ் *ou plutôt* நெக: நேகவனைக்கிறது, *V.* நெகஅனைக்கிறது.

*நேசகன், (nêdjaka), blanchisseur.

நேசம், (*P.* சிநேகம்), amitié, amour, bienfait, service, bien, beurre fondu: — ஆயிருக்கிறது être ami, aimer; — வைக்கிறது concevoir de l'amitié; — வைத்திருக்கிறது avoir de l'affection, aimer; நேசபாசம் lien de l'amitié.

நேசன்,(நேசம்), ami,amant.

நேசி, 1° *fém. du préc.* amie, amante. 2° *imp. de*

நேசிக்கிறது, சித்தேன், சிப்பேன், சி,சிக்க,*v.a.* (நேசம்), aimer, chérir, être ami. [mour,amitié.

நேசித்தல்,நேசிப்பு, *n.v. du préc.* a-

நேடல்,நேடுதல், *opt. et n.v. du suiv.* recherche,désir.

நேடுகிறது, டினேன், டுவேன்,டு, ட,*v.a.* chercher, rechercher,désirer.

நேத்தி,*P.* நேர்த்தி,1° vœu. 2° beauté, élégance, supériorité; *V.* நேர்த்தி.

*நேத்திரம், (nètra), œil, racine (d'arbre...), habit de soie; நேத்திர காசம் cataracte, mal d'yeux, gutta serena; —சம் ce qui naît des yeux, pleurs, larmes; —ச்சதம், (tchhada couvrir), paupière; —தோஷம் prétendu mauvais effet d'un regard malin; —மிண்டம் prunelle de l'œil, chat; —ப்படலம் cataracte, — qui couvre l'œil; —பரியந்தம் jusqu'à l'œil,angle extérieur de l'œil;—யோனி la lune, celui dont le corps est couvert de vulves qui ressemblent à des yeux, *i. e.* Dèvènditen, qui,au dire de la fable, ayant séduit அகலிகை femme du pénitent கௌதமன் en fut maudit et eut le corps couvert de figures de vulves de femme, qui ensuite à force de supplications prirent la forme d'yeux, c'est l'Argus des Grecs; — ரஞ்சனம் collyre pour les yeux;—ரோகம் mal d'yeux; —வஸ்திரம் voile; — வாயு inflammation des yeux,ophthalmie;—விதி règles d'optique, — pour les maux d'yeux; —விட்சணம் regard favorable;— வைத்தியம் métier d'oculiste, partie de la médecine qui traite des yeux;—வைத்தியன் oculiste.

*நேத்திரன்,(*id.*),guide,conducteur.

*நேத்திராஞ்சனம், (நேத்திரம், அஞ்சனம்), collyre, remède pour les yeux. [d'yeux,ophthalmie.

*நேத்திராமயம்,(*id.* ஆமயம்), mal

*நேத்திராம்பு, (*id.* அம்பு),larmes, *litt.* eau des yeux.

*நேத்திராவுஷதம்,நேத்திரௌஷதம்,(*id.* அவுஷதம்,ஔஷதம்), remède pour les yeux,collyre.

*நேத்திரோத்சவம்,(*id.* உத்சவம்), objet plaisant à la vue.

*நேபன்,(nèpâ),gourou—, prêtre d'une famille. [te d'arsenic,poison.

*நேபாலிகை,(நேபாலம்,ika),sor-

*நேபாளம்,(nèpâla), le Nèpal, un des 56 pays connus des Indiens,l'arbre vénéneux நேர்வாளம்.

*நேமகம்,(நேமம்,ka),destination, nomination, intention, régime: நேரான— régime direct; நேரில்லாத— régime indirect.

*நேமம், 1° (nèma), tromperie, fraude, temps, saison, le soir, part, portion, fente, trou, dessus, racine, haie,limite. 2° *P.* நியமம்,règles —, observances religieuses, coutume, usage, engagement, certitude,destination,intention:நேமதிக்கை, *V.* நியமதிக்கை.

*நேமி,1° (nèmi), circonférence de roue. 2° roue de charrette, cercle, anneau,chose ronde, sphère, terre, mer, bambou, l'oiseau சேமிப்புள். 3° *imp.du suiv.*:—சந்தனம் l'arbre வேம்பினை; —சக்கிரன் Némisakren, roi de Hastinapouri, qui transporta sa capitale à Kaousâmbi ou வற்சபட்டணம்; — நாதம் nom d'une grammaire; — நாதன் le Seigneur de la terre ou du globe terrestre, Dieu,(et à tort) Arouguen, Vichnou, Varounen;— ப்புள் l'oiseau au corps sphérique சக்கரவாகம்,le canard bramanique:—வலவன்,—வல்லன்,—வல்லவன் celui qui a la puissance sur la terre,*i.e.* Dieu,le roi.

நேமிக்கிறது,மித்தேன், மிப்பேன், மி,மிக்க, *v.a.* நேமித்தல்,*n. v.* (நேமம்), *V.* நியமிக்கிறது.

நேமியான், நேமியோன், (நேமி), le terrestre, Vichnou.

நேம்புகிறது,பினேன், புவேன்,பு, ப, *v.a.* நேம்பல்,நேம்புதல்,*n.v.et* நேம்பிப்போடுகிறது, vanner le riz d'une certaine manière); நேம்பியொதுக்கிறது vanner ainsi le riz et le mettre de côté.

நேயம், (*P.* ஸ்நேகம்), amitié, amour, parenté, bien, bienfait, beurre liquéfié, huile, la plante நிலப்பனை.

நேயன், (நேயம்), ami, amant.

நேர, 1° *inf. de* நேர்கிறது. 2° *pris comme particule de comparaison*, comme. 3° *obl. de* நேரம்: —வரைக்கிறது, (அரைக்கிறது), pulvériser, broyer très-fin.

நேரசை, (நேர், அசை), syllabe métrique longue de sa nature ou par prosodie: —க்கலித்துறை stanze dite கலித்துறை qui commence par une longue.

நேரஸ்தன், (நேரம், ஸ்தன்), coupable: தன்சாதிக்கு—ஆனான் il s'est rendu coupable envers sa caste.

நேரடி, (நேர், அடி), vers de 4 pieds.

நேரம், 1° temps, loisir, occasion, bonne—, opportunité. 2° (*télinga*), faute, culpabilité, crime, punition, amende: —ஆய் à temps, tard; —ஆய்ப்போகிறது se faire—, être—, devenir tard; —ஆய்ப்போயிற்று le temps est passé, c'est trop tard: —இல்லை il n'y a pas de temps, de loisir; —கடத்துகிறது passer le temps; —கெட்டநேரம் mauvaise occasion, temps inopportun; —சாய்கிறது le jour baisser, le temps s'écouler, tirer à sa fin; —சுமத்துகிறது, —சுமத்திவைக்கிறது charger —, accuser d'une faute, déclarer coupable; அவன்மேல்—சுமந்தது la faute est tombée sur lui; —செல்லுகிறது le temps passer, se faire tard, être employé; மிகவும்—செல்லும் il faudra beaucoup de temps; —செல்லவிடுகிறது laisser passer le temps, différer; —செல்லவருகிறது, —சென்றுவருகிறது tarder, venir tard; —சென்றது, —சென்றுபோயிற்று le temps est passé; —சென்று tard; நேரகாலம் temps favorable, le présent; —பாராமறியாதவன் celui qui ne connait pas l'importance du temps, —le cours des affaires; —ப்படப்பேசுகிறது parler lentement, —tard; —ப்படவருகிறது venir tard; —ப்படவிருக்கிறது se faire—, être tard, —tardif: நேரத்துக்கு à temps, au moment favorable, à chaque moment; நேரத்துக்கொருநினைவுவருகிறது à chaque moment une pensée se présenter, changer de pensée à tout moment; நேரத்துக்கொருபேச்சுபேசுகிறது changer de langage ou de discours à chaqu'instant; எந்நேரம் quel temps? quand? எந்நேரமும் à chaque instant, toujours; அந்நேரத்திலே, அந்நேரமே alors même, au même instant, dans ce temps-là même; இந்நேரத்திலே maintenant, இந்நேரமே maintenant même; இந்நேரராத்திரியிலே à cette heure de la nuit; அதுன்மேலேநேரம் c'est ta faute.

நேரலர், (நேர், அலர்), ennemis.

நேரல், *n.v. de* நேர்கிறது.

நேரறிகிறது, (நேர்) connaitre ce qui est juste, droit, convenable.

நேரா, **நேராத**, *part. nég. de* நேர்கிறது, qui ne s'accorde pas, qui ne convient pas, inconvenant, irrégulier: நேராநோன்புசீராகாது une pénitence irrégulière ne saurait avoir bon résultat.

நேராகிறது, (நேர்), devenir —, être égal, droit, juste, direct, régulier, égaler, s'accorder, s'ajuster, se mettre en face; நேராக, நேராய் tout—, droit, directement, vis-à-vis, en face, justement; நேராய்த்திருப்புகிறது tourner contre, —vis à-vis; —இருக்கிறது être droit, direct, vis-à-vis: விலை— இருக்கிறது le prix être juste; —க்கொடுக்கிறது donner à un prix convenable; —ச்சொல்லுகிறது, —ப்பேசுகிறது dire ou parler en face, raisonnablement, régulièrement, distinctement; —ப்போகிறது aller droit, en droite ligne, sans circuit; —வாங்குகிறது acheter ou recevoir en face, honnêtement, sans détours, (et non indirectement comme un présent pour suborner); நேரான en face, droit, direct, régulier, juste; நேரானநேமகம் régime direct; —விலை prix juste, —raisonnable.

நேராக்குகிறது, (*id.*), நேராக்கிப்

போடுகிறது, tourner en face, rendre égal, — droit, égaler, égaliser, niveler, régulariser.

நேராக்குவோன், régulateur.

நேரார், *n.app nég. de* நேர்கிறது, ennemis, gens qui ne s'accordent pas.

நேராளி, (நேர், ஆளி), égal, vis-à-vis, personne juste, équitable.

நேரி, Néri, montagne principale du Tanjaour.

நேரிசம், (நேரி, சம்), dard, flèche, javelot: நேரிசக்காரன் homme armé d'un javelot; நேரிசத்தாலே எறிகிறது, — போடுகிறது lancer un javelot.

நேரிசை, (நேர், இசை), son —, air ou ton plein, — régulier, (selon Rottler) ligne —, note imparfaite: — க்கலிப்பா variété du genre de vers dit கலிப்பா; — ச்சிந்தியல்வெண்பா venbâ de 3 vers dont le 1er est de 4 pieds, le 2e de 3 pieds suivis du pied détaché dit தனிச்சொல் sous une même rime comme le நேரிசைவெண்பா, le 3me vers est de 3 pieds avec une autre rime; — யாசிரியப்பா stance du genre dit ஆசிரியம், composée de vers de 4 pieds excepté l'avant-dernier qui n'a que 3 pieds; — வொத்தாழிசைக்கலிப்பா stances du genre கலிப்பா qui contiennent les 4 parties dites தரவு, தாழிசை, தனிச்சொல் et சுரிதகம்; — வெண்பா venbâ composé de 2 distiques, dits குறள், réunis par un pied détaché, dit தனிச்சொல், à la fin du 1er distique, ce qui fait 4 vers ayant la même rime dite எதுகை ou une rime pour chaque distique.

நேரிய, *adj. de* நேர், égal, droit, direct, juste, régulier: நேரியது ce qui est égal, droit...

நேரியன், நேரியோன், நேரிவெற்பன், நேரிறை, (நேரி), le maître du mont நேரி, le roi சோழன், — de Tanjaour. [bijou assorti, femme.

நேரிழை, (நேர், இழை), fil droit,

நேரீற்றியற்சீர், (நேர், ஈற்று, இயல்), pieds de 2 syllabes métriques, nommés இயற்சீர், finissant par un நேரசை, ces pieds sont le தேமா et புளிமா.

நேரீற்றுரிச்சீர், (*id. id.* உரி), pieds de 3 syllabes métriques, dits உரிச்சீர், finissant par un நேரசை, ce sont les 4 pieds finissant en காய் et nommés வெண்சீர்.

நேருகிறது, *V.* நேர்கிறது.

நேரும், 1° *part. fut. de* நேர்கிறது. 2° நேர் et உம்.

நேரேடம், நேரேடு, (நேர், ஏடு), l'arbre நாவல் calyptranthes.

நேரொன்றாசிரியத்தளை, (நேர், ஒன்றுகிறது, ஆசிரியம்), subdivision de la connexion de pieds dite ஆசிரியத்தளை, dans laquelle la dernière syllabe d'un pied et la 1re du suivant sont toujours des நேரசை.

நேர், 1° ligne directe, droiture, rectitude, régularité, ordre, justice, vérité, égalité, niveau, unisson, arrangement, convenance ressemblance, comparaison, longueur, syllabe longue dite நேரசை, moitié, petitesse, finesse, devant, vis-à-vis, accord, consentement, agrément. 2° *adj.* droit, juste égal, pareil, comme, convenable, bon, propre, semblable, proportionné, franc, opposé, contraire, long, petit, défectueux: நேரிடுகிறது, நேரிடுதல், (*dat.*), se présenter, se rencontrer, aller droit vers ou contre, rencontrer, s'opposer, arriver, commencer: அவனுக்கிடுக்கம் நேரிட்டது il lui est survenu une angoisse; நேரிட்டுக்கொள்ளுகிறது se présenter, aller devant, — au devant, se rencontrer, devancer quelqu'un; நேரிட்டபடி comme cela s'est présenté, selon l'occasion, à sa fantaisie; நேருக்குச்சீர், *V.* செம்பாகம்; நேருக்குநேராயிருக்கிறது, — நேர்சரியாயிருக்கிறது être exactement droit, — en face: நேருள்ளவன் homme juste, honnête, droit, — en face; நேரே tout —, droit, directement, en droite ligne, en face, vis-à-vis; — சொல்லுகிறது dire sans déguisement, — en face; — போகிறது aller tout droit, sans se détourner; — வெழுதுகிறது écrire bien droit, en droite ligne; — வை mets en ordre, vis-à vis; நேரோட்டம், நேரோடுதல் ou நேராவோட்டம் course directe, c'est une des marches du cheval. 3° *imp. et part. de* நேர்கிறது, voué, adopté; — கடன் obligation d'un vœu; — கட்டுகிறது égaler, égaliser, ajuster, appareiller; — காட்டுகிறது égaliser, montrer le devant, — la face, dévorer; — காற்று vent contraire, — de bout, — directement opposé; — கீழ், — கீழாய், — கீழே directement en bas, exactement perpendiculaire; — சீர் accord, consentement, agrément, ce qui est droit, juste, exact; — ச்சீர் pied composé de syllabes métriques longues. *v.g.* தேமா, தேமாங்காய்; — சொல்லுகிறது dire la vérité, — ce qui est patent; — தப்புகிறது n'être pas juste, — en ligne droite, *ou* — தப்பிப்போகிறது manquer de droiture, être hors du bon chemin, se conduire —, agir injustement, — irrégulièrement; — தப்பியிருக்கிறது être irrégulier, injuste; — தப்பினகாரியம் chose injuste, irréguliere; — திறம் air régulier, — juste, mélodie adaptée à un luth; — தூசு alun de plume; — நியாயம் équité, justice impartiale; — நிறை régularité, justice, poids égal, — juste ou équitable, chasteté; — நெட்டி la plante நெட்டி; — பசை addition d'un உ au pied d'une longue dit நேரசை, *Ex:* காசு; — படுகிறது arriver, se rencontrer, se présenter, paraître, s'accorder, consentir, visiter; — படவொழுகு conduis-toi régulièrement; எனக்கு — பட்டான், je l'ai rencontré; — பண்ணுகிறது faire serment, égaliser, niveler; — பதினாறு le கவித்துறை commençant par une longue et ayant 16 syllabes; — பாடு longueur, ligne directe, droiture, agrément, accord, occurrence —, rencontre fortuite, arriver sans y penser; — பாடு சொற்பாடு réussite à la lettre, — selon la parole, événement imprévu, cas fortuit; — பார்க்கிறது examiner l'alignement, voir si une chose est droite, — vis-à-vis, — juste ou convenable, deviner (par augure ou autres signes); — பெறுதல் persévérer dans la droiture, dans une conduite juste; — போகிறது consentir, s'accorder, s'arranger, s'améliorer, devenir juste; — முகம் visage en face, tourné vis-à-vis; — மேற்கே droit à l'occident; — மேற்காற்றுவருகிறது *ou* வீசுகிறது le vent venir ou souffler directement de l'occident; — மையம் le juste milieu; — வழி chemin droit, — direct.

நேர்கிறது, ர்ந்தேன், ருவேன், *ou* **ர்வேன், ரு** *ou* **ர், ர,** *v.a. et n.* vouer, faire vœu, promettre, s'engager, donner, dépenser, s'accorder, agréer, consentir, se rencontrer, arriver, approcher, égaler, avancer contre, livrer bataille, combattre contre, *ou* நேர்ந்துபோகிறது, — வருகிறது, diminuer, maigrir, devenir petit, effilé; நேர்ந்து கொடுக்கிறது vouer —, promettre et donner, résoudre —, promettre de donner; — கொண்டதைச்செய்கிறது acquitter un vœu.

நேர்ச்சி, *n. v. du préc.* vœu, promesse, convention, accord, consentement chose vouée; — க்கடன் obligation d'un —, vœu.

நேர்ச்சை, (நேர்ச்சி), vœu, dépense faite pour un vœu.

நேர்ஞ்சிராய், (நேர், ஞ் *euphon.* சிராய்), long éclat de bois, éclat dans la longueur.

நேர்தல், *n. v. de* நேர்கிறது, vœu, promesse, donation, dépense, agrément, rencontre, approche, proximité, engagement, combat, diminution.

நேர்த்தி, *V.* நேர்ச்சி: — க்கடன் obligation d'un vœu, chose vouée, — promise; — க்குறிப்பு infaillibilité, ne pas manquer, marque d'un vœu.

நேர்ந்த, *part. de* நேர்கிறது: — படி selon son vœu..., *ou* — பாடு, — பார் rencontre, occurrence, suivant l'occurence, — l'occasion.

நேர்ந்தார், *n. app. du même,* amis.

நேர்ந்து, *gér. du même.*

நேர்பு, *n. v. et gér. du même,* élévation, longueur, union, accord.

நேர்ப்பிசின், la plante Kœmpferia rotunda.

நேர்ப்பு, n. v. de நேர்கிறது, vœu, promesse, accord, chose fine, —propre, élégante, habilement faite, légèreté: நேர்ப்பாய் finement, élégamment, légèrement: நேர்ப்பாய்நடக்கிறது se comporter régulièrement, —prudemment; — வைத்திருக்கிறது traiter habituellement d'une manière amicale, tenir tout propre et en ordre.

நேர்மை, (நேர்), ligne droite, accord, agrément, justesse, droiture, rectitude, franchise, sincérité, exactitude, petitesse, délicatesse, subtilité.

நேர்வனம், (நேர்), 2 sortes d'airs, de mélodies ou de poésies pour accompagner le luth et qu'on nomme செவ்வழியாழ்த்திறம் et பாலையாழ்த்திறம், air—, luth propre aux habitans des côtes de la mer, — aux habitans des pays stériles, tuyau—, flûte de bambou.

நேர்வாளம், l'arbre croton tiglium, noyau ou graine de l'arbre நேபாளம்: நேர்வாளமுத்து, — விதை noyau —, graine de croton.

நேர்வார், (நேர்), 1° la 14me constellation dite சித்திரை. 2° 3e *pers. masc. fut. de* நேர்கிறது. 3° *une des formes de l'inf. du même*, pour se rencontrer...

நேர்வு, *n. v. de* நேர்கிறது, accord, agrément, consentement, rencontre, approche, réunion, don, événement, combat.

நேவி, nénuphar.

நேற்றி, 1° *V.* நேர்த்தி, vœu: —க்கடன் obligation d'un —, vœu. 2° beauté, élégance, délicatesse, propreté, netteté, droiture, bonté; நேற்றியான, —யாகிய joli, beau, élégant, délicat, propre, artistement fait; —யாய், joliment, élégamment; நேற்றியாயெழுதுகிறது écrire joliment; — ச்சோடிக்கிறது orner élégamment; —ப்பாடுகிறது chanter joliment, —harmonieusement; நேற்றியானசட்டை habit joli, élégant.

நேற்று, hier, temps récemment écoulé: — பிறந்தபயல் என்னோடேதர்க்கம்பண்ணுகிறான் un gamin né d'hier ose disputer avec moi; —ப்போனதிருநாள் la dernière fête, la fête d'hier; —ப்போனபாஸ்குத்திருநாள் la dernière fête de Pâques, (même après un laps de quelques mois); நேற்றைக்கு *ou* நேற்றொரு விசேஷம் பிறந்தது *ou* நடந்தது hier il est arrivé une chose; நேற்றிரவில் la nuit dernière.

நேற்றை, நேற்றைய, *adj. de* நேற்று: நேற்றைப்பண்டிகையிலே à la dernière fête; —தினம் *ou* நேற்றைய தினம் hier, la journée d'hier.

நை, 1° lettre syllabique composée de ந et de ஐ. 2° *interjection de mépris*, fi! 3° *imp. et part. de* நைகிறது. [நேசம்.

*நைகம், (ந, ஏகம்), non un, *V.* அ

நைகரம், (நை, கரம்), affliction, peine, malheur.

நைகிறது, நைந்தேன், நைவேன், நைந்து, நைய, *v. n.* se gâter, mollir, devenir —, être mou, —trop mûr, pourrir, périr, dépérir, se perdre, se corrompre, se pervertir, se détruire, se ruiner, s'user, se consumer, se froisser, se relâcher, se desserrer, se faner, se flétrir, se dessécher, s'affaiblir, devenir mince, maigrir, s'attendrir, avoir pitié, —le cœur tendre, compatissant, s'affliger, être peiné, chagrin: நைந்தகயிறு corde usée, à demi rompue; நைந்தபுடவை toile —, habit usé, râpé; நைந்துபோனபழம் fruit trop mûr, qui commence à se pourrir; நையநசுக்குகிறது écraser, briser, broyer, presser, pressurer; — ப்பாடுகிறது chanter pour attendrir, implorer, —la pitié, supplier; ஒருவன்மனசு —ப்பாடிக்கேட்கிறது implorer, demander en implorant la pitié de quelqu'un, *litt.* en chantant pour attendrir le cœur de quelqu'un; —ப்பாடிவாங்குகிறது recevoir ce qu'on a ainsi demandé, — a demandé en suppliant; —ப்பேசுகிறது parler doucement, — humblement, — de manière à attendrir; அவன்மனசு நையும் son cœur s'attendrira, il a le cœur tendre; இருதயநைந்துகொள்ளுகிறது l'esprit considérer avec pitié, peine ou émotion de cœur.

நைசோறு,(நை),excès de cuisson [(du riz...), bouillie.

நைக்காட்டுகிறது, (*id.*), badiner, se moquer,plaisanter, faire fi.

நைக்கிறது,நைத்தேன், நைப்பேன்,நை, நைக்க, *v.a. de* நைகிறது, perdre,gâter,corrompre, user, relâcher, desserrer,affliger,tourmenter, froisser,attendrir,faner,flétrir, des- [sécher.

நைசல், maladie.

*நைசிகம்.நைசியம்,(நாசி),médecine qu'on fait prendre par le nez, corbeau.

நைச்சி,corbeau,serpent.

*நைச்சிகம், நைச்சியம், (நீசம்), bassesse,abaissement,humilité, abjection.

*நைஷதம்,நைடதம்,(நிஷதம்),roman poétique sur les aventures de Nalen ou நளன் roi de நிஷதம்,tiré d'un épisode du மகாபாரதம் et attribué à un roi பாண்டியன், *V.* நிஷதம்: நைஷதம்புலவர்க்கௌஷதம் le poème Naïchadam est de l'ambroisie pour les poétes.

*நைஷ்டிகன், நைட்டிகன், (நிஷ்டை,ika), observateur des pratiques religieuses, brame qui continue de vivre avec son gourou et dans la condition d'un étudiant religieux.

*நைஷ்டூரியம்,நைட்டூரியம், (நிஷ்டூரம்),cruauté,sévérité.

நைதல்,*n.v. de* நைகிறது,amollissement,perte,perdition, pourriture, corruption, relâchement, froissement, amaigrissement, affaiblissement,dépérissement, desséchement, flétrissure, pitié, attendrissement, affliction,peine, chagrin.

நைநி,femme du frère ainé.

நைநிகை,jasmin.

நைநென்கிறது, (நைதல்), s'attendrir, compatir, maigrir, dépérir: நைநெனல்,(mot—,signe)de compassion, attendrissement, dépérisssement, maigreur.

நைத்தல், *n.v. de* நைக்கிறது.

*நைத்தியகம்,நைத்தியம், (நித்தியம்,ka).perpétuité,toujours,adoration perpétuelle.

நைநைஎன்கிறது,(நை),dire fi! fi! se moquer: நைநையெனல் mot —,signe de mépris.

நைந்த,நைந்து, *part. et gér. de* நைகிறது. [*et de* நைக்கிறது.

நைபடுகிறது,*v. p. de* நைகிறது,

நைபவன், *n. app. de* நைகிறது, homme ruiné,pauvre,mendiant:நைபவரெனினும் நொய்யவுரைகேல் ne parle pas avec mépris même aux mendians.

*நைபாலி, (நேபாளம்), chose du Népal, jasmin double, arsenic rouge,indigo,bleu.

*நைபாலிகம்,(*id.*ika), cuivre.

*நைபுணன், (நிபுணன்), homme habile,savant.

*நைபுண்ணியம்,(*id.*ya), dextérité,habileté, science.

*நைமிசம்,நைமிசாரணியம்,(நிமிசம்,ஆரணியம்), désert ou forêt célèbre par la résidence des Richis,à qui Brama l'avait assignée, et à qui Saouti vint raconter la Mahâbhârata. On dit que c'est dans cette forêt que Viâsen compila les vèdas et les proclama.

*நைமித்திகம்,நைமித்தியம்,(நிமித்தம்,ika), cause,occasion, cérémonie occasionnelle ou périodique, non perpétuelle: நைமித்திககருமம்,—க்கிரியை cérémonie occasionnelle, — pratiquée dans quelque cas particulier comme la naissance d'un enfant... [change.

*நைமேயம், (நிமேயம்), troc, é-

நைய,*inf.de* நைகிறது.

நையம்,*P.*நைசியம்.

நையல்,*n.v.de* நைகிறது,maladie vénérienne,petite vérole, affliction.

நையாண்டி, (நை), moquerie, plaisanterie,badinage: — க்காரன் moqueur, plaisant: — பண்ணுகிறது contrefaire,singer,plaisanter.

*நையாயிகம், (நியாயம்,ika), la secte ou la philosophie dite Niâya ou நியாயம், syllogisme.

*நையாயிகன்,(*id.*), logicien,sectateur de la philosophie susdite.

*நையாயிகம்,(*id.*ita), syllogisme: நையாயிகத்தொகை enthymème, argument à 2 propositions.

*நைரந்தரியம், (நிரந்தரம், ya), densité,compacité,contiguité, étroitesse.

நைராக்கியம், *P.* நையாக்கியம், plaisanterie,moquerie. [espoir.

*நைராசியம்,(நிராசை,ya), dés-

*நைருதி,(நிருதி), Niroudi, le côté auquel il est censé présider, *i.e.* le sud-ouest.

*நைருத்தம்,நைருத்தி,(நிர்,உத்தம், உத்தி),mot vieilli,— hors d'usage, —du dialecte des vèdas.

*நைர்க்குண்ணியம், (நிர்க்குணம்), défaut de qualités, absence de propriétés. [propreté,pureté.

*நைர்மல்லியம், (நிர்மலம், ya),

*நைலியம், (நீலம், ya), couleur bleue,noirceur.

நைவளம்,espèce d'air ou de mélodie propre aux pays montagneux dits குறிஞ்சி.

நைவன,*n.app.de* நைகிறது,*ou*

நைவினை,(நை), mal, choses qui doivent faire du mal: நைவன் *ou* நைவினை நணுகேல் évite tout mal, —la destruction,—ce qui peut causer du mal.

நைவு,*n.v.de* நைகிறது,*V.*நைதல்.

*நைவேசிகம், (நிவேசம்,ika), présent à un brame chef de maison.

*நைவேதனம்,*P.*நிவேதனம்.

*நைவேத்தியம்,(naivèdya),offrande,oblation (à la divinité).

நொ, 1° lettre syllabique composée de ந் et de ஒ, no bref. 2° malheur,peine, affliction, maladie. 3° *imp. des verbes inusités* நொகிறது *et* நொக்கிறது. [fligé.

நொகிறது,*v.n.* s'affliger, être af-

நொக்கிறது,*v.a.* mettre obstacle, affliger,empêcher. [நுக்காங்குலே.

நொக்காங்குலே,(நொக்கு,ஆம்),*V.*

நொக்கு,fente,crevasse.

நொங்கு,*P.*நுங்கு.

நொசிகிறது,சிந்தேன்,சிவேன்,சி, சிய,*v.n.* நொசிதல், *v.n.* devenir—, être flexible,mince,petit,fin,délicat, léger,peiné,s'affliger,se faner, se flétrir,dépérir.

நொசியிடை, (நொசியும்,இடை), ceinture—,taille mince,—svelte.

நொசிவு,*n.v.de* நொசிகிறது,flexibilité,minceur,petitesse,subtilité,finesse,trouble, peine, affliction, flétrissure, dépérissement.

நொசு;maladie.

நொச்சி, l'arbrisseau médicinal vitex negundo,petit village,muraille: —ச்சாறு jus des feuilles du நொச்சி;—ப்பூ sa fleur; —யிலே sa feuille (qui a une forte odeur);—மாலே guirlande de feuillage et de fleurs du நொச்சி,dont on orne ceux qui ont défendu vaillamment leur forteresse contre l'ennemi, le 38me பிரபந்தம் ou panégyrique d'un guerrier qui couronné de நொச்சி a défendu sa forteresse contre l'ennemi.

நொடி, 1° claquement des doigts, —du pouce avec le doigt du milieu, temps qu'il dure, court espace de temps, instant,seconde indienne,—égale à un clin d'œil dit கண்ணிமை ou à 24 tierces d'Europe, (3600 நொடி font l'heure indienne நாழிகை), énigme,—à deviner, mot,parole. 2° *imp. et part. de* நொடிகிறது *et de* நொடிக்கிறது; — மிறுது hauteur, fierté,arrogance: — மிறுதுக்காரன் homme fier, arrogant; — மிறுதுபண்ணுகிறது faire le fier, l'arrogant; — மிறுதாயிருக்கிறது être hautain, fier; — மிறுதுபேசுகிறது parler fièrement,avec mépris; —க்கதை énigme; — சொல்லுகிறது, —பகராட்டுகிறது proposer un énigme;— நொடிக்கிறது faire claquer ses doigts, parler précipitamment; —ப்பொழுது temps que dure un claquement de doigts, instant; —ப்பொழுதில்வருகிறது venir dans un instant;—யவிழ்க்கிறது,—விடுகிறது deviner—,résoudre un énigme;நொடிக்குமுன்னேபோனான் il est parti il n'y a qu'un instant: ஒருவிரல்நொடியேளுது un seul doigt ne saurait claquer, i. e. un seul ne peut faire l'ouvrage de deux.

நொடிகிறது, டித்தேன், டிவேன், டி, டிய, v.a. et n. நொடிதல். n.v. dire, parler.

நொடிக்கிறது, டித்தேன், டிப்பேன், டி, டிக்க, v. a. நொடிக்குதல் et நொடித்தல், n.v. faire claquer, — ses doigts, — le pouce avec le doigt du milieu, parler, — précipitamment, — fièrement, gesticuler, s'agiter, détruire, le lait venir, — jaillir: கைநொடிக்கிறது faire claquer ses doigts, faire un bruit aigu en frappant; இறால் நொடிக்கிறதுபோல் நொடிக்கிறான் il gesticule parlant comme la crevette qui s'agite: நொடித்துப்பேசுகிறது ou சொல்லுகிறது, நொடித்தாற்போலொருவிசேஷஞ்சொல்லுகிறது parler à la hâte ou avec hauteur.

நொடிப்பு, n.v. du même, claquement des doigts, chiquenaude (du pouce et du doigt du milieu): நொடிப்பளவில்வருகிறது arriver en un instant, dans l'espace d'une chiquenaude.

நொடுநொடு, நொடுக்குநொடுக்கு, mots imitatifs du bruit et de la précipitation: நொடுக்குநொடுக்கென்கிறது, நொடுக்குநொடுக்கெனல், நொடுநொடெனல், நொடுநொடென்கிறது, ou

நொடுநொடுக்கிறது, டுத்தேன், டுப்பேன், டு, டுக்க, v.n. (நொடுநொடு), faire du bruit, — un bruit précipité, marcher avec précipitation, se hâter, se presser.

நொடுநொடுத்தல், நொடுநொடுப்பு, n.v. du préc. marche précipitée, hâte, presse, précipitation.

நொடை, prix, vente. [moquerie.

நொட்டை, badinage, plaisanterie,

நொணநொணவென்கிறது, (son imitatif), parler du nez, nasiller.

நொண்டல், opt. et n.v. de நொண்டுகிறது.

நொண்டி, 1° m. f. boiteux, boiteuse, estropié, écloppé, jambe de bois, le boiteux, nom d'une comédie. 2° gér. de நொண்டுகிறது; கால் — boiteux; இருகால் — boiteux des 2 jambes; கை — manchot, paralysé d'un bras; — த்தனம் état de boiteux ou de manchot, clochement: — நடக்கிறது boiter, marcher en boitant: — நாடகம் comédie du boiteux, espèce de pasquinade; — ப்பிள்ளை enfant boiteux: — யாயிருக்கிறது être boiteux ou manchot.

நொண்டுகிறது, டினேன், டுவேன், டு, ட, v.n. et a. நொண்டுதல், n.v. 1° boiter, être boiteux, clocher, clopiner, aller clopin clopant, dévorer. 2° P. நோண்டுகிறது, puiser.

நொதி, 1° bourbier, fondrière. 2° imp. de

நொதிக்கிறது, தித்தேன், திப்பேன், தி, திக்க, v.n et நொதித்துக்கொண்டிருக்கிறது, tremper —, se macérer —, se gonfler dans l'eau, un ulcère supporer, — empirer, se putrifier, bouillonner —, se gonfler en écumant; நொதிக்கிறரணம் ulcère qui suppure, — se putrifie.

நொதித்தல், நொதிப்பு, n. v. du préc. macération, gonflement dans l'eau, bouillonnement avec écume, suppuration, putréfaction.

நொதுக்கல், 1° n.v. et opt. du suiv. extinction. 2° V. நொதுப்பு.

நொதுக்கிறது, துத்தேன், துப்பேன், து, துக்க, v.a. நொதுத்தல், n. v. (நுதுக்கிறது), éteindre.

நொதுக்கு, mot —, son imitatif du mouvement péristaltique des intestins: வயிறுநொதுக்கு நொதுக்கென்று போகிறது les entrailles éprouver un mouvement péristaltique.

நொதுநொது, mot —, son imitatif de ce qui est mou: நொதுநொதென்கிறது ou

நொதுநொதுக்கிறது, துத்தேன், துப்பேன், து, துக்க, v. n. (நொதுநொது), s'attendrir, s'amollir; நொதுநொதுத்தல், நொதுநொதுப்பு, நொதுநொதெனல், amollissement, signe—, expression de mollesse.

நொதுப்பு, *n.v.de* நொதுக்கிறது, amollissement, tendreté, mollesse, chose molle, tendre. [étrangers.

நொதுமலர், (நொதுமல்), voisins,

நொதுமல், délicatesse, légèreté, indifférence, —sans amour ni haine.

நொத்தல், *n.v.de* நொக்கிறது.

நொத்து, *n. v. et gér. de* நொக்கிறது, empêchement: — க்கட்டுகிறது, —க்கட்டிவைக்கிறது empêcher, arrêter, prévenir, contrecarrer, dissuader, détourner, faire changer d'intention.

நொந்த, *part. parf. de* நோகிறது, qui a souffert: நொந்தது ce qui a souffert: உனக்குநொந்தது tu as eu de la douleur, il t'en a cuit.

நொந்தஸைமை, நொந்தலை, நொந்தலைமை, (நொ, ந் *euphon.* தலைமை, தலை...), douleur, souffrance, faiblesse, pauvreté.

நொந்து, *gér. de* நோகிறது: நொந்தழுகிப்போகிறது, se pourrir, se gâter; நொந்திருக்கிறது souffrir, pâtir, avoir souffert, être peiné, pauvre, brisé, usé par l'usage; நொந்திருக்கிறவேளை temps où l'on souffre, — de souffrance, de privation; ஒருவனை —கொள்ளுகிறது molester quelqu'un, se plaindre de lui; தன்னையுந் தெய்வத்தையும் — பேசுகிறது se plaindre de soi-même et de Dieu; —படுகிறது souffrir, —les douleurs de l'enfantement; —போகிறது s'attrister, s'affliger, s'en aller peiné ou souffrant, s'amollir, devenir trop mûr, se gâter, se ruiner, être brisé, broyé, s'appauvrir, tomber dans la misère; — போய்க்கிடக்கிறது être accablé de douleur, être gâté, pourri; —போனசமுசாரம் famille pauvre, ruinée, dans la détresse; — போனசோறு riz cuit gâté pour avoir été laissé dans un vase sans eau; — போனவன் homme attristé, souffrant, pauvre, misérable.

நொந்தேன், *parf. de* நோகிறது: நொந்தாய் tu as souffert, tu as été peiné.

நொப்பு, *n.v. de* நொக்கிறது, empêchement, obstacle.

நொய், 1° gruau, blé —, riz concassé, farine grossière, finesse, subtilité, petitesse, bassesse. 2° *adj. de* நொய்மை *V.* நொய்ய: நொய்யரிசி gruau de riz, riz concassé; —யரிசிகொதிபொறாது le gruau de riz ne supporte pas une forte cuisson, *litt.* le bouillonnement, un homme vil ne peut supporter une fortune subite; நொய்யாய்ப்போகிறது, — யாயிடிகிறது s'en aller —, se réduire en gruaux, en petits morceaux concassés, devenir petit, léger; — யென்கிறது devenir petit...; — யெனல் mot imitatif de petitesse, légèreté, délicatesse... [மை

நொய்சு, *P.* நொய்து, *V.* நொய்

நொய்தல், *n.v. de l'inusité* நொய்கிறது, délicatesse, petitesse, minceur, finesse, légèreté.

நொய்து, *P.* நொய்யது, délicatesse, petitesse, vileté, bassesse, légèreté, douceur (au toucher), vitesse; நொய்தாகிறது, நொய்தாகல், நொய்தாதல் devenir—, être délicat, léger, petit, mince, menu: நொய்தாய் délicatement, doucement, peu, en petite quantité: நொய்தான délicat, doux, petit, léger, vil, bas; நொய்தென்கிறது se hâter, être doux au toucher; நொய்தெனல் mot—, signe de hâte, vitesse, douceur au toucher; —படுகிறது devenir délicat, mince, bas, vil, petit, méprisable; — பண்ணுகிறது rendre délicat, mince, vil, méprisable.

நொய்மை, (நொய்). délicatesse, sensibilité, subtilité, finesse, légèreté, facilité, petitesse, tendreté, douceur au toucher, pauvreté, détresse, perte, relâchement, bassesse, vileté, (*adj.* நொய், நொய்ய).

நொய்ய, 1° *adj. de* நொய்மை, délicat, sensible, subtil, fin, léger, tendre, facile, doux au toucher, petit, bas, vil, méprisable, pauvre. 2° *P.* நொய்யவை, *pl.n.* choses méprisables: —சாதி basse caste; —சொல் parole basse, vile ou fine, délicate; —பணிதி ornement de peu de valeur,clinquant;— புத்தி esprit petit, fin, subtil; — வேலை ouvrage de peu de valeur, emploi de peu d'importance, ouvrage fin,délicat;— வார்த்தை யுரைக்கிறது), ne dis pas de paroles méprisantes.

நொய்யவன்,நொய்யன், m. நொய்யவள், நொய்யள், f. நொய்யது, n. நொய்யவர்,pl.m. f. நொய்யவை, pl. n.(நொய்ய),homme—,femme—,objet vil, objet pauvre, misérable,faible,délicat,personne sensible qui ne peut supporter une parole dure: நொய்யதாயிருக்கிறது être bas, vil, mince,fin, délicat; நொய்யவரென்பவர் வெய்யவராவர் les gens vils ou faibles peuvent devenir puissans ou forts.

நொய்வு,(நொய்), V. நொய்மை.

நொரு, V. நுரு:—வெடிக்கிறது les céréales ou autres productions pousser des rejetons (dans les jointures).

நொருக்கரிசி, (நொருக்கு, அரிசி), riz gâté,riz pas assez cuit.

நொருக்கல், n.v. de நொருக்குகிறது,brisure, broiement,chose brisée, écrasée.

நொருக்காய்,1° (நொரு), fruit des rejetons des jointures. 2° (நொருக்கு), en morceaux.

நொருக்கு, brisure,cassure,broiement,coup,choc, n.v. imp et part.de

நொருக்குகிறது, க்கினேன், க்குவேன்,க்கு,க்க, v.a.de நொருங்குகிறது et நொருக்குதல், n.v. (P. நொறுக்குகிறது), briser,broyer, mettre en pièces,froisser,frapper, battre.

நொருங்குகிறது,கினேன்,குவேன், கு,க, v.n.du préc. நொருங்குதல்,n.v. P. நொறுங்குகிறது, se broyer, se briser, se rompre, se froisser, se meurtrir,être mis en pièces.

நொருநொரு, நொருநொரெனல், mot imitatif de bruit: நொருநொரென்கிறது ou

நொருநொருக்கிறது, ருத்தேன்,ருப்பேன்,ரு,ருக்க, v.n.et நொருநொருத்தல், நொருநொருப்பு, n. v.(நொருநொரு),faire du bruit, —norounorou.

நொருவல்,(நொருங்குகிறது),poudre de chose broyée.

நொலே, நொலேமல், diverses sortes de pâtisseries.

நொவ்வு, délicatesse, finesse, petitesse, relâchement, affliction, chagrin,effort,n.v.imp. et part.de

நொவ்வுகிறது,வினேன்,வுவேன், வு,வ, v.n. நொவ்வுதல்,n. v.se tourmenter,s'affliger, s'efforcer, V. நொய்தாகிறது.

நொளநொள,நொளுநொளு,mots —,sons imitatifs de mollesse: நொளநொளவென்கிறது ou வென்றிருக்கிறது,நொளுநொளென்கிறது ou

நொளநொளக்கிறது, ளத்தேன், ளப்பேன்,ள,ளக்க, et நொளுநொளுக்கிறது, ளுத்தேன், ளுப்பேன், ளு, ளுக்க, v. n. et நொளநொளத்தல், நொளுநொளுத்தல், நொளநொளப்பு,நொளுநொளுப்பு,n.v. நொளநொளப்பாயிருக்கிறது, (நொளநொள, நொளுநொளு), faire nolanola,—nolounolou, être doux,—mou,comme de la boue, du mortier, un fruit trop mûr... V. நளுநொளுக்கிறது

நொளுக்கல்,நொளுவல்,noix d'arec encore tendre et molle. [து.

நொளுப்புகிறது, P. நுளுப்புகிற

நொள்கல்,opt. et n.v.du suiv. action de puiser...,signe de—,peur.

நொள்குகிறது, கினேன்,குவேன், கு,க. v. n. et a. நொள்குதல், n. v. puiser,tirer de,avoir peur,rôder, se fatiguer.

நொள்ளல்,1° aveuglement,moustique, cousin, mouche luisante. 2° opt.et n.v.de நொள்ளுகிறது.

நொள்ளி,1° clitoris, éminence de la vulve.2° gér.de

நொள்ளுகிறது, ளினேன், ளுவேன், ளு,ள,v.a. நொள்ளுதல்,dévorer, V.நொள்குகிறது.

நொள்ளை,aveuglement, être aveugle,le scarabée dit நாகரவண்டு:—க்கண் œil aveugle;—க்கண்ணன், —க்கண்ணன் homme aveugle.

நொறி,நொறில், enclos, retenue, presse, vitesse.

நொறுக்கு, *imp. et part. de* நொறுக்குகிறது: —ச்சக்கந்தம் moquerie, raillerie, plaisanterie, —qui froisse; —ச்சக்கந்தம்பண்ணுகிறது railler, plaisanter, se moquer, vexer.

நொறுக்குகிறது, *sync.* நொறுக்கிறது, க்கினேன், க்குவேன், க்கு, க்க, *v. a. de* நொறுங்குகிறது *et* நொறுக்கிப்போடுகிறது, briser, broyer, mettre en pièces, meurtrir, froisser, détruire, écraser.

நொறுக்கல், நொறுக்குகை, நொறுக்குதல், *n. v. du préc.* brisement, broiement, froissement: நொறுக்குதல்செய்கிறது briser, broyer, tourmenter, violenter.

நொறுக்குநொறுக்கு, mot—, son imitatif du bruit: —நொறுக்கு நொறுக்கென்கிறது faire ce bruit, —du bruit.

நொறுங்கல், *opt. et n.v. de* நொறுங்குகிறது, brisement, chose brisée, broyée.

நொறுங்கு, petitesse, finesse, délicatesse, riz concassé, gruau, *n.v. imp. et part. du suiv.*: நொறுங்குண்கிறது, நொறுங்குண்டிருக்கிறது être brisé, broyé, mis en pièces, être contrit, meurtri, froissé.

நொறுங்குகிறது, *sync.* நொறுங்கிறது, கினேன், குவேன், கு, க, *v.n. de* நொறுக்குகிறது *et* நொறுங்குதல், *n.v.* (*on écrit aussi* நொருங்குகிறது, நருங்குகிறது), se briser, se broyer, être meurtri, contrit, mis en pièces, se froisser, périr, devenir petit, léger, délicat.

நொறுவை, délicatesse, friandise, bonbon, *V.* நொறுப்பம்: — கொண்டு தின்கிறது acheter des friandises et les manger; — க்காரன் amateur de friandises; —க்கள்ளன் fripon achevé; —ப்பண்டம் friandises, bonbons, confitures; நொறுவையிலே பணத்தைப்போடுகிறது dépenser son argent en friandises.

நொறுப்பம், நொறுப்பன், délicatesse, petitesse, minceur, finesse, vileté, bassesse.

நொன்னை, badinage, moquerie, plaisanterie, raillerie.

நோ, 1° lettre syllabique composée de ந் et de ஓ, nô long. 2° *P.* நோம், mal, maladie, douleur, chagrin, affliction, malheur, faiblesse. 3° (nô, *non*), privation, absence. 4° *n.v. imp. et part. de* நோகிறது: —ப்படுகிறது souffrir, être malade ou maladif, affligé, chagrin, blessé, broyé, maigrir; — ப்படுத்துகிறது faire souffrir, — maigrir, affliger, tourmenter, blesser, broyer.

நோக, *inf.* நோதல், *n.v. du même.*

நோகா, நோகாத, *part. nég. de*

நோகிறது *ou* நோகுகிறது, நொந்தேன், நோவேன் *ou* நோகுவேன், நோ *ou* நோகு, நோக *ou* நோவ, *nég.* நோவேன், *v.n.* souffrir, éprouver de la douleur, faire mal, cuire, se chagriner, s'affliger, être malade, souffrant: நோக *ou* நோவப்பண்ணுகிறது, —ச்செய்கிறது causer de la douleur, affliger, chagriner; நோகாமல் *ou* நோவாமலிருக்கிறது n'être pas douloureux, être sans douleur; நோகாமலெடுக்கிறது lever —, prendre ou ôter sans faire de mal, sans faire souffrir; அது நோகாது cela ne fait pas mal; எனக்கு நோகின்றது *ou* நோகுது *ou* நோவுது *ou* நான் நோகின்றேன் j'ai de la peine, je sens de la douleur, je souffre.

நோகேன், *nég. du préc.*

நோக்கத்தான், (நோக்கம்), celui qui a l'air ou la vue..., qui fascine par les yeux.

நோக்கம், *n.v. de* நோக்குகிறது, regard, vue, œil, coup d'œil, apparence, air, intention, but, dessein, propension, désir, beauté, excellence, rareté, élévation, garde, vigilance: எந்தநோக்கமா யதைச்சொல்லுகிறீர் dans quel but dites-vous cela? ஒருவர்மேலே — ஆயிருக்கிறது avoir l'œil sur quelqu'un, veiller sur lui.

நோக்கல், *opt. et n.v. de* நோக்குகிறது, regard, vue, garde, conservation.

நோக்கன், *pl.* நோக்கர், (நோக்கம்), charlatan, jongleur, enfant élevé par charité, et à qui on fait faire des tours de jongleur devant la caste qui l'a élevé, *V.* தருமப்பிள்ளை.

நோக்காடு, gén. நோக்காட்டின், (நோ, காடு *affixe*), douleur, — cuisante, — de l'enfantement, tourment, maladie, pauvreté: நோக்காடாயிருக்கிறது être malade, souffrant, affligé; நோக்காட்டுக்காரன் homme maladif.

நோக்கு, imp. et part. n. v. de நோக்குகிறது, œil, vue, regard, — bienveillant, bonté, désir, but, sentiment, estime, beauté, la 7me place dans la position des astres: — வித்தை jonglerie, charlatanerie, tour de passe passe: — வித்தைக்காரன் jongleur; — வித்தைக்காரி jongleuse; — வித்தையாடுகிறது faire le jongleur; திருநோக்கு air —, regard divin, — sacré, — bienveillant (dit par respect du regard de Dieu, d'un roi et d'un supérieur spirituel).

நோக்குகிறது, sync. நோக்கிறது, க்கினேன், க்குவேன், க்கு, க்க, v. a. நோக்குதல். n. v. regarder, considérer, voir, désirer, viser à, chercher à, avoir l'intention, — le désir, — de la bienveillance, traiter avec bonté, garder, veiller sur, conserver, se porter vers: என்னைநோக்கிப்பார் regarde moi; மேல்நோக்கும்வாயு flatuosité qui monte en haut.

நோக்குறுகிறது, க்குற்றேன், க்குறுவேன், க்குறு, க்குற, v. a. நோக்குறுதல், n. v. (நோக்கு. உறுகிறது), regarder, voir, considérer, garder.

நோசல், P. நோதல், n. v. de நோகிறது, maladie, douleur.

நோஞ்சல், P. நோய்ஞ்சல்.

நோஞ்சி, P. நோய்ஞ்சி. [லை.

நோடாலம், nouveauté, *V.* நொள்

நோட்டம், inspection (d'une pièce de monnaie...), connaissance —, estimation à vue d'œil, valeur: — பார்க்கிறது examiner la valeur, — une pièce de monnaie, considérer —, connaitre la qualité ou la convenance; — பேசுகிறது parler pour entrainer les autres dans son sentiment; நோட்டக்காரன் expert, — qui connait à vue d'œil, examinateur de l'argent, sarafe.

நோண்டல், opt. et n. v. de

நோண்டுகிறது, டினேன், டுவேன், டு, ட, v. a. நோண்டுகை, நோண்டுதல், n. v. remuer, retourner, exciter, tirer de, puiser, creuser, fouiller, piocher, fouir la terre, déraciner, curer (les oreilles, les dents...), écorcher, pincer, arracher; நோண்டிக்கேட்கிறது, — நோண்டிக்கேட்கிறது tirer les vers du nez, sonder (quelqu'un), chercher par des questions répétées à connaitre ses secrets; — ப்புதைக்கிறது creuser une fosse et enterrer; — யெடுக்கிறது creuser et enlever, déterrer.

நோதலை, (நோ), douleur, maigreur, pauvreté.

நோதல், n. v. de நோகிறது, douleur, affliction, maladie, perte, malheur, pauvreté faiblesse, défaut à l'intérieur des arbres,

நோம், part. fut. de நோகிறது.

நோம்புகிறது, பினேன், புவேன், பு, ப, v. a. நோம்புதல், n. v. connaitre —, chercher en tâtonnant.

நோயாளி, நோயாளன், (நோய்), malade, maladif,

நோயின்மை, (id.), exemption de maladie, santé, salubrité, une des 6 causes de prospérité d'un pays dites ஆறுநாட்டுப்பெருமை.

நோயெச்சம், (id.), reste de maladie.

நோய், (நோகிறது), mal, maladie, infirmité, douleur, peine, affliction, malheur: நோயுள்ள, நோயுள்ளவன் malade; நோயுறுகிறது *et* நோயுதல் tomber malade, être souffrant, affligé; நோயுற்றெழுந்தோன் homme guéri, relevé de maladie, convalescent; — கொள்ளுகிறது attraper une maladie, tomber malade; — கொண்டசரீரம் corps maladif; — கொண்டொதுங்குகிறது se tenir à l'écart malade ou affligé, être affligé ou souffrant; — முகன் celui qui a un visage de malade ou de malheur, la planète Saturne regardée par les astrologues comme causant des maladies: நோய்க்கிடங்கொடேல் ne donne pas prise à la maladie, ne lui laisse pas le temps de s'enraciner, prends des remèdes à temps; தன்னோய்க்குத்தானேமருந்து (தன், நோய்க்கு), ce qui est soi-même le remède à son mal, i. e. la volonté, qui par le repentir etc... remédie au péché, au chagrin etc...

நோய்ச்சல், P. நோய்த்தல்.

நோய்ஞ்சல், (நோய்), maladie, dépérissement (par maladie), amaigrissement, maigreur: — ஆய்ப்போகிறது devenir maladif, dépérir; — ஆயிருக்கிறது être maladif, malportant, maigre.

நோய்ஞ்சி, (id.), être maigre, amaigri par maladie, V. நோஞ்சலன்; — தன்மை amaigrissement.

நோய்ஞ்சலன், நோய்ஞ்சியன், (நோய்ஞ்சல், நோய்ஞ்சி), homme maigri, maigre, décharné, valétudinaire.

நோய்த்தல், tomber malade.

நோலாதார், நோலார், n. app. nég. de நோற்கிறது, ceux qui ne font point pénitence, gens immortifiés, sensuels, impatiens, envieux du bonheur d'autrui.

நோலாமை, n. v. nég. du même, impénitence, défaut de pénitence, d'austérité, immortification, sensualité, impatience, jalousie du bonheur d'autrui.

நோலுகிறது, நோன்றேன், ஆவேன், ஆ, ல, v. n. நோலுதல், n. v. jeûner, faire pénitence, mener une vie austère, souffrir, supporter.

நோவ, inf. de நோகிறது.

நோவரைக்கிறது, (நோ, அரைக்கிறது), réduire en poudre, en poussière.

நோவாமல், gér. nég. de நோகிறது.

நோவாளி, (நோவு, ஆளி), malade, infirme, pauvre.

நோவு, n. v. de நோகிறது, mal, maladie, douleur, peine, affliction, maigreur, safran: நோவற்ற, (நோவு, அற்ற), sans maladie, bien portant; — நோவற்ற வாழ்வே குறைவற்ற செல்வம் un bonheur sans maladie est une prospérité parfaite, ou bonheur sans maladie, richesse sans rien qui manque (voilà ce que je vous souhaite): நோவிரட்டிக்கிறது la douleur ou la maladie redoubler d'intensité; — கொள்ளுகிறது attraper une maladie, tomber malade; — நின்றுபோகிறது la douleur ou le maladie cesser; — பிடுங்கித்தின்கிறது la maladie consumer; நோவுள்ள malade.

நோவுது, P. நோகின்றது, 3e pers. de நோகிறது, cela fait mal.

நோழிகை, peloton de fil, fil qui est sur un dévidoir, bobine de fil qu'on met dans la navette.

நோனோ, (நோ), maladie, infirmité: — சரீரம் corps maladif; — சரீரி personne maladive, faible, valétudinaire.

நோறல், P. நோற்றல்.

நோற்கிறது, நோற்றேன், நோற்பேன், நோல், நோற்க, nég. நோலேன், v. n. et a. mener une vie austère, faire pénitence, se mortifier, souffrir, supporter.

நோற்பு, நோற்றல், n. v. du préc. pénitence, austérité, mortification, patience, tolérance.

நோனாமை, n. v. nég. de நோனுகிறது, V. நோலாமை.

நோனார், n. app. nég. du même, gens immortifiés, sensuels, impatiens, jaloux, ennemis.

நோனி, le fondement.

நோனுகிறது, ன்றேன், னுவேன், னு, ன, v. n. நோனுதல், v. n. faire pénitence, se mortifier, observer une pénitence réglée ou vouée, supporter souffrir, persévérer.

நோன்பி, (நோன்பு), personne pénitente, mortifiée.

நோன்பு, n. v. de நோனுகிறது, jeûne, abstinence, mortification, pénitence, austérité, jeûne voué: — நோற்கிறது jeûner, se mortifier, pratiquer des austérités; — பிடிக்கிறது jeûner, commencer des austérités: — துறக்கிறது, — துறத்தல் ou நோன்

பைவிட்டுவிடுகிறது cesser de jeûner, quitter le jeûne ou la mortification, manger—, se rassasier après un jeûne.

நோன்மை, (நோனுகிறது), pénitence, austérité, mortification, patience, courage, retenue, grandeur, —d'âme, —spirituelle, force, magnanimité, grande sainteté.

நோன்றல், *n.v. de* நோனுகிறது, abnégation, renoncement aux choses du monde, patience, persévérance, retenue, constante mortification.

நோன்றாள், 1° (நோனுகிறது, தாள்), pied robuste. 2° 3° *pers. fem. part. du même.*

நௌ, 1° lettre syllabique composée de ந et de ஔ, naou, 2°* *ou* நவ்வு, (naou), navire, vaisseau.

*நௌகை, (நௌ, kâ), bateau, barque: நௌகாதண்டம் perche de bateleur, rame.

ப

ப், 9me consonne de l'alphabet tamoul et 5me des lettres fortes, se nomme பகரம் et correspond aux 4 labiales sanscrites p, ph, b, bh. Au commencement des mots, elle a généralement le son du p, excepté ceux qui sont des mots sanscrits commençans par b ou bh: car alors elle prend le son du b, ainsi qu'au milieu des mots, où elle est seule. Mais si au milieu des mots elle est doublée, ou précédée de ட், ம், elle se prononce toujours p. Cette lettre ne finit aucun mot, et n'est sujette ni à l'élision ni a aucun changement de forme.

ப, 1° lettre syllabique composée de ப் et de அ, pa. 2°* (pa), vent. 3° (pha), tempête, ouragan, malédiction. 4° (en fractions), un vingtième.

பக, 1° *inf. de* பகுகிறது. 2° *obl. de* பகம்.

பகடம், escrime, ruse, masque, extérieur, déguisement, terreur: பகடக்காரன் trompeur, homme rusé, artificieux, qui se couvre d'un déguisement, qui terrifie, menace.

பகடி, *P.* பகிடி, moquerie, raillerie, plaisanterie, jeu, bouffonnerie, *ou*—க்காரன் bouffon, moqueur, railleur; —பண்ணுகிறது, —யடிக்கிறது plaisanter, faire des bouffonneries; பகடியைப்பாம்புகடித்தாற்போலிருக்கிறது être comme un bouffon mordu d'un serpent (auquel on n'ajoute pas foi).

பகடு, *gén.* பகட்டின், éléphant mâle, buffle, taureau, bœuf de charge, bateau, bac, radeau, grandeur.

பகடை, chance, hazard, bonheur, as (de dés à jouer), nom honorifique des சக்கிலியர் ou cordonniers, corroyeurs etc...; —தப்பிற்று il s'en est fallu d'un as, il l'a échappé belle; — போடுகிறது amener des as en jouant aux dés.

பகட்டு, 1° *n.v. imp. et part. du suiv.* menace, réprimande, effroi, regard, vue, splendeur, lustre, ruse, masque, —extérieur. 2° *obl. de* பகடு.

பகட்டுகிறது, ட்டினேன், ட்டுவேன், ட்டு, ட்ட, *v.a. et n.* பகட்டுதல், *n.v.* abhorrer, avoir des nausées, —du dégoût, être assoupi, avoir sommeil, tromper, duper, user de ruses, gagner par peur, ostentation ou flatterie, charmer, fasciner, réprimander, menacer, effrayer, en imposer par un faux extérieur: போசனம்பண்ணினபின்புபகட்டிவாந்திபண்ணினான் après avoir mangé il a eu des nausées et a vomi: தூக்கம்பகட்டுகிறது *ou* பகட்டிக்கொண்டிருக்கிறது le sommeil gagner, être assoupi, s'endormir.

பகண்டை, *V.* சிவல்.

*பகந்தரம், பகந்திரம், (பகம், dara, *qui déchire*) fistule à l'anus.

பகபக, son imitatif d'ardeur, de pétillement: பகபகெக்கிறது (le feu ou la flamme) craquer, pétiller, être dévoré par la faim; பகபகெனல் pétillement; எனக்குப் பகபகென்று வயிறெரியுது le ventre me brûle et fait bagabaga.

*பகம், 1° (bhaga), perfection divine, (terme collectif qui comprend 6 attributs diversement exprimés, savoir:les அறுகுணம் ou bien les 6 suivans tirés du dictionnaire sanscrit: வைராக்கியம் absence de passion; ஐச்சுரியம் omnipotence du pouvoir suprême; கீர்த்தி renommée,gloire;செல்வம் prospérité,bonheur; ஞானம் sagesse,science; வீரியம் force,vigueur), beauté,splendeur, éclat, excellence, grandeur, vertu, mérite,béatitude finale ou délivrance de nouvelles naissances,vulve. 2° *P.* கொக்கு,grue, héron, l'arbre கொக்கு மந்தாரை: பகதேவதை le dieu Hyménée.

*பகரம், 1° (பகம், ta), ornement, élégance, magnificence, splendeur, éclat, lustre. 2° (ப,கரம்), la lettre pa:— ஆயிருக்கிறது être élégant, splendide, brillant.

பகரிக்கிறது,v.a.பகரித்தல் n.v. (பகரம்), orner, décorer. [lustre.

பகரிப்பு, n.v. du préc. décoration,

பகருகிறது ou பகர்கிறது, கர்ந்தேன்,குவேன் ou கு, ர், v.a. பகருதல் et பகர்தல், n. v. dire, vendre.

பகர், 1° la plante பகன்றை.2° imp.et part.du préc.

பகர்ச்சி, n.v.du même,parole, mot.

பகர்தல், பகர்வு, n.v.du même,discours,parole, dire,vente.

பகலவன்,(பகல்), la 2° constellation dite பரணி,ou [le soleil.

பகலோன், (id.), l'astre du jour,

பகல், 1° lumière, clarté, splendeur, soleil, journée, temps où il fait jour, jour (opposé à la nuit), milieu du jour, midi, முகூர்த்தம் ou espace de 48 minutes ou 2 நாழிகை. 2° opt.et n.v.de பகுகிறது,division, partage, séparation, fente, milieu,cheville du milieu du joug: — போசனம் le repas de midi, dîner; — போசனம்பண்ணுகிறது dîner; — இரவும் jour et nuit; — தோறும் chaque jour, tous les jours; — வாய், — வாறு de jour, par jour, chaque jour; — வேளை heure de jour; — விளக்கு,— வர்த்தி torche —, lampe brillante; — composée de combustibles et qui donne une brillante lumière, phare; — வெளிச்சத்திலே en plein jour,à la lumière du jour;— வெள்ளி காட்டுதல் montrer Vénus pendant le jour ou à midi,prétendre l'impossible;— வேஷம் déguisement —,accoutrement de jour; பகலே, பகலிலே de jour, pendant le jour; பகலிலே சாப்பிடுகிறது dîner, manger à midi; பகலுக்குநேரம் temps de —, midi; பகலுக்குமேலே, — மேல் après midi, dans l'après-midi; சமணர்கள் — மாத்திரம்புசிக்கிறார்கள், சமணர்சாப்பிடுவார்கள் les Djaïners mangent seulement de jour, et non pas la nuit.

*பகவதி,fém. de பகவான், la fortunée, la splendide, (en style païen), Dourgâ, Parvadi, déesse en général. — நாள் la 11° constellation lunaire dite பூரம்.

*பகவந்தன்,பகவன்,P. பகவான், l'être divin, —qui possède les attributs divins, Dieu, (en style païen il s'applique surtout à) Vichnou ou Krichna,(et d'après les Vichnouvistes,il s'applique ensuite par courtoisie à d'autres,tels que) Brama,Siven, Arouguen, Bouddha, le gourou ou précepteur spirituel, les régens ou conducteurs des planètes,comme le soleil, Sandiren ou la lune, அங்காரகன் ou Mars, புதன் ou Mercure, வியாழன் ou Jupiter, சுக்கிரன் ou Vénus, சனி ou Saturne, les dieux prétendus des élémens, comme அக்கினி ou Agni, வாயு ou Vayou, வருணன் ou Varounen, et certains richis,comme வசிஷ்டன், வாமதேவன், நாரதன்,வியாசன்; பகவற்கீதை la Bhagavatguita, célèbre épisode du poème dit மகாபாரதம்,qui contient un dialogue philosophique entre Krichna et அருச்சுனன் ou Ardjouna;பகவற்பத்தன் dévot envers Dieu, — de பகவான்,de Krichna.

*பகவான்,(பகம், vâu),l'être divin, —aux perfections divines, Dieu, parfait, le fortuné, l'adorable, soleil,un des 12 soleils ou சூரியர்,ou சிவன்

nom du soleil dans le 8me signe dit le Scorpion, *i.e.* pendant le mois de கார்த்திகை. [கடம்பு.

பகன்றுதும், (பகம்), l'arbre நீலக்

பகல், *n.v.de* பகுக்கிறது, morceau, fragment, portion, fente, fissure, crevasse. [géant பகன், *i.e.* வீமன்.

*பகனவைரி, (பகன்), l'ennemi du

பகழி, flèche, coche ou partie inférieure de la flèche qui s'adapte à la corde: —தொடுக்கிறது ajuster, lancer des flèches; —மாரி pluie de flèches.

பகற், *obl. de* பகல் *devant* க, ச, த, ப: —காலம் le jour, temps où il fait jour; —குருடு l'aveugle de jour, *i.e.* le hibou; —குறி rendez- vous clandestin d'amans pendant le jour; —பாடு journée, temps du —, jour; —பண் mélodie propre au jour.

*பகன், 1° (bhaga), le soleil, un des 12 soleils (désigné au mot பகவான்). 2° (vaka), Baken ou Bagasouren, géant semblable à une grue et tué par வீமன்.

பகன்றை, les plantes கிலுகிலுப்பை crotalaria, சிவேதை ruellia balsamica et சித்தில் menispermum.

பகா, பகாத, *part. nég. de* பகுக்கிற து, indivisible, inséparable, qu'on ne peut analyser: பகாநிலை indivisibilité, état —, chose indivisible; —ப்பதம் mot simple, primitif, indivisible, non composé, qu'on ne peut analyser, comme வில் arc, (opposé à பகுபதம்; —ப்பொருள் l'être indivisible, *i.e.* Dieu. [toris.

*பகாங்குரம், (பகம், அங்குரம்), cli-

*பகாசுரன், (பகன், அசுரன்), le géant ou asouren பகன்: பகாசுரவைரி, *ou par sync.* பகாசுரைவைரி, l'ennemi et le meurtrier du géant Baken, *i.e.* வீமன். [main.

*பகாலம், (bhagâla), crâne hu-

*பகாலி, (பகாலம்), celui qui a mendié dans — ou qui tient un crâne humain. *i. e.* Siven.

பகிஷ்கரிக்கிறது, ரித்தேன், ரிப்பேன், ரி, ரிக்க, *v.a.* (பகிஷ்காரம்), பகிஷ்கரித்தல், *n.v.* expulser, chasser (de la caste, d'une société..., dégrader.

*பகிஷ்காரம், பகிஷ்கரணம், பகிஷ்கிருதம், (vahis *dehors*), expulsion, dégradation: பகிஷ்காரம்பண்ணுகிறது expulser, dégrader.

பகிடு, *V.* பகடு.

*பகிரங்கம், (பகிர். அங்கம்), partie extérieure, membre —, extérieur, publicité: பகிரங்கமாய் publiquement, extérieurement; பகிரங்கன் un étranger.

*பகிராகாசம், (*id.*), le ciel, *litt.* le monde extérieur, —hors de celui-ci, le monde. [roi, *peut être* பகீரதன்.

பகிரதன், Baguiraden, nom d'un

*பகிரிந்திரியம், (vahis *dehors*), organe —, sens extérieur, *v. g.* l'œil, la main.

பகிருகிறது *ou* பகிர்கிறது, ந்தேன், வேன் *ou* ர்வேன், ர *ou* ர, ர, *v. a.* diviser, séparer, partager, distribuer, fendre: பகிர்ந்துகொடுக்கிறது distribuer; — வாங்குகிறது prendre une part, partager avec d'autres, copartager, participer.

பகிர், 1° *imp. part. et n.v. du préc.* part, portion, morceau d'un tout, section, division, partage, fente. 2° (vahir, *P.* vahis *devant certaines lettres*), dehors: — கதம், —கமனம் sortie dehors: — தேசம் pays étranger, lieu sans ville ni village; — துவாரம் porte extérieure: — துவாரப்பிரதேசம் portique devant la porte d'une maison; — பூதம் expulsion, —விடுகிறது se fendre, se partager.

பகிர்தல், பகிருதல், பகிர்ச்சி, பகிர்வு, *n.v.de* பகிர்கிறது, division, séparation, partage, distribution, fente, scission. [(en général).

*பகினி, (bhagini), sœur, femme

*பகீரதன், (bhagîratha), Baguiraden, roi de la dynastie solaire d'Ayodhya, un des ancêtres de Râmen, qui, au dire de la fable indoue, attira sur la terre par ses austérités le prétendu Gange céleste.

*பகீரதி, (பகீரதன்), Baguiradi, *i. e.* la rivière du Gange censée fille de Baguiraden.

படீர்,son imitatif de bruit,de vitesse et de terreur soudaine:—இடுகிறது craquer,se fendre,s'empresser;—என்கிறது être frappé de terreur subite;—எனப்பேசுகிறது parler d'une manière effrayante ou affligeante: — என்றுபற்றுகிறது être saisi d'une terreur panique, s'enflammer subitement; வயிறு — என்கிறது les entrailles être émues de crainte.

பகு,1°* (bahou), beaucoup, plusieurs,grand. 2° *imp.et part. de* பகுகிறது *et de* பகுக்கிறது,*V.* வெகு *et ses composés*: —பொருள் substance composée,chose créée, — divisible;—வசனம் pluriel (en grammaire).

பகுகிறது, பக்கேன் *ou* பகுந்தேன்,பகுவேன், பகு,பக, *v. n.* பகேன் *nég.*se diviser,se partager,se fendre, s'analyser,être séparé, divisé,divisible, composé,analysé: பகுந்துகொள்ளுகிறது partager, diviser, distribuer;— கொண்டுகிறது,—வாங்குகிறது coportager, prendre sa part, participer: இழைபகைவம்பெய்தான் il lança une flèche si juste qu'elle divisa un fil en deux.

பகுக்கிறது, குத்தேன், குப்பேன், கு.குக்க, *v.a. de* பகுகிறது, diviser, partager, distribuer, séparer, arracher,couper, trancher, fendre, distinguer: பகுத்துச் சொல்லுகிறது dire—,parler distinctement; —ப்பார்க்கிறது bien voir, considérer —, surveiller chaque partie; இன்னபடி வென்றுபகுத்துப்போட்டான் il a expliqué distinctement de quelle manière. [séparation,partage,fente.

பகுதல்,*n v.de* பகுகிறது,division,

பகுதி, 1° (பகுக்கிறது), division, partage,partie,part égale,— du roi, impôt, tribut, taxe, détachement, corps d'armée,armée. 2°(*P.*பிரகிருதி), nature,matière, cause matérielle ou passive d'action, naturel, caractère, forme radicale ou primitive des mots dépouillés de leur terminaison dite விகுதி:— கட்டுகிறது partager, *ou* —இறுக்கிறது, —கொடுக்கிறது, —செலுத்துகிறது payer tribut, — une taxe; — கட்டப்பண்ணுகிறது faire payer l'impôt, lever le tribut, imposer une taxe;—க்காரன் collecteur d'impôts;— க்கால் forme du ா partagée, *i.e.* signe de la voyelle ஆ joint à une consonne,comme பா, கா, ce signe ா étant une partie ou la moitié de ர qui se nomme கால்; —க்காற்பிறை le signe de l'ஊ joint à une consonne, comme பூ, கூ, cette forme ூ étant une portion du ர ou கால் susdit avec une espèce de croissant; — தண்டுகிறது lever les tributs, — les impôts; ஐம்பகுதி les 5 genres, *V.* ஐம்பால் 1°.

பகுத்தல், *n.v.de* பகுக்கிறது, distribution,division, partage, séparation, distinction,coupe, coupure en deux,fissure.

பகுத்தறிகிறது, (பகுத்து, அறிகிறது), connaître bien, — distinctement, distinguer, — parfaitement, être doué de —, avoir la raison, se rendre raison des choses: பகுத்தறியுமறிவுடைய ஆத்துமா âme raisonnable - douée de discernement.

பகுத்தறிவு,(*id.*அறிவு),raison,jugement,connaissance distincte, —raisonnée: பகுத்தறிவிலி personne dénuée de jugement,—de raison; பகுத்தறிவுண்டாயிருக்கிறவன், பகுத்தறிவாளன் homme doué d'un bon jugement, —de discernement.

பகுந்து,*gér. de* பகுகிறது.

பகுத்து,*gér.de* பகுக்கிறது: பகுத்துணருகிறது,distinguer, comprendre—,sentir—,voir clairement.

பகுபதம்,(பகு,பதம்),mot composé d'une racine, d'une terminaison etc...,mot divisible, dérivé ou sujet à l'analyse, comme வில்லன் archer, composé de la racine (ou பகுதி) வில் arc,et de la terminaison (ou விகுதி) அன்:வடநடைப்பகுபதம் mot sanscrit composé d'une racine et d'une terminaison.

பகுப்பு,*n.v.de* பகுக்கிறது,partage, division,part, portion, section. [ம்.

பகுவசஞ்சம்,un des 32 உபநிஷத்

பகுவாய்,1°(பகு),large bouche,vase,

réceptacle: —க்கொள்கலம் vase à large bouche ou ouverture;—ப்பறை large tambour. 2° 2° *pers. fut. de* பகுகிறது.

*பகுளம்,(baboula), noir, la quinzaine noire ou obscure, *i.e.* la 2° demi-lunaison d'un mois, le firmament; பகுளசத்தமி le 7me jour de la 2° quinzaine d'une lunaison.

பகை, 1° haine, inimitié, aversion, rancune, animosité, contrariété, désaccord, opposition, contradiction, désagrément, ennemi. 2° *imp. du suiv.*: பகை-மூ les 3 ennemis de l'âme, savoir: பைசாசு le diable, உலகு le monde, சரீரம் *ou* உடல் le corps:—ஸ்தானம்,— த்தானம் place dangereuse, —critique, la 6°; — த்தனம் haine, inimitié;—தீர்க்கிறது terminer une inimitié, mettre fin à sa haine;—த்திறந்தெரிதல் connaître la force de l'ennemi;— த்தொடை espèce d'antithèse, dans le sens ou les paroles, dite முரண்தொடை;— நாள் jour critique, la veille de la naissance:— நிரைகவர்தல் piller—, dérober le bétail de l'ennemi, c'est un des அகுட்டவெற்றி; — ப்படுகிறது être ennemi, opposé, contraire: — போகிறது,—முடிகிறது la haine se passer,—cesser;— முன்னெறிகுன்றல் prevenir—, devancer l'ennemi, le vaincre avant qu'il soit en force (autre sorte de வெற்றி);— மேற்செல்லல் marcher à l'ennemi (autre sorte de வெற்றி); — யகம் (அகம்), champ de bataille: — யாக்குகிறது exciter la haine, rendre ennemi; — யாயிருக்கிறது être ennemi, —opposé, — en haine, haïr; பகையினுலேபண்ணுகிறது faire par haine, par dépit; முற்பகைசெய்யிற் பிற்பகைவிளையும் si on hait le premier on sera haï ensuite; இருட்டுக்குச்சூரியன்பகை le soleil est l'ennemi des ténèbres.

பகைக்கிறது, கைத்தேன், கைப்பேன், கை, கைக்க, *v. a.* (பகை), haïr, détester, s'opposer, résister, être opposé, différer: பகைத்துக்கொள்ளுகிறது se haïr, *ou* —க்கொண்டிருக்கிறது être en haine, avoir de la haine haïr. [ஞன்), ennemi.

பகைஞன், *pl.* பகைஞர், (பகை, ஞ பகைத்தல், பகைப்பு, *n. v. de* பகைக்கிறது, haine, détestation.

பகைப்பிக்கிறது, *v. caus. de* பகைக்கிறது, faire haïr, exciter la haine.

பகைமை, (பகை), haine, inimitié.

பகையாளி, (பகை, ஆளி), ennemi, adversaire;— குடிகெடுக்கிறது détruire la maison de son ennemi en faisant semblant de se réconcilier avec lui.

பகைவன், (பகை), ennemi, adversaire: பகைவர்அரண்கொள்ளல் assiéger ou prendre la forteresse de l'ennemi, ce qui est un des அகுட்ட வெற்றி; பகைவர்கவர்நிரைமீட்டல் recouvrer le bétail enlevé par l'ennemi (autre வெற்றி). [céleste.

*பகோளம், (பம், கோளம்), le globe

பக்க, 1° *part. de* பகுகிறது. 2° *obl. de* பக்கம்.

*பக்கம், (பக்கம், ka), côté, porte de côté ou de derrière.

*பக்கன், (*id.*), associé, compagnon, assistant.

*பக்கம், (*id.* sa), aile.

*பக்கசன், (*id.* சன்), la lune.

*பக்கணம், (pakkana), résidence —, village de basses castes, ville, village, rue des chasseurs, lieu où l'on vend diverses marchandises des îles.

*பக்கதி, (பக்கம், ti), racine —, insertion des ailes, *V.* பிறங்கை.

*பக்கதை, (*id.* tâ), nature d'une proposition, défense d'une thèse.

பக்கத்தார், (*id.*), gens du côté, voisins, proches, parens, partisans.

*பக்கம், 1° (pakcha), côté, flanc, parti, place, voisinage, proximité, amour,— paternel ou filial, amitié, affection, tendresse, attendrissement, bonté, partialité, faveur, oiseau (en général), aile —, plume d'oiseau, plume de flèche, membre, division, tribu, classe, famille, race, espèce, qualité, maison, éléphant royal, queue, multitude, armée, propreté, pureté, thèse à soutenir, proposition, argument, réplique, opposition, alternative, sujet d'une induction, conséquence, espèce de bracelet, demi-lunaison (la 1re se nomme பூர்வ —, சுக்கிலபக்ஷம் ou பக்ஷம் le 1er côté, le côté blanc ou brillant, et dure depuis la nouvelle lune jusqu'à la pleine lune; la 2e quinzaine se nomme அபர —, கிருஷ்ணபக்ஷம் ou பக்ஷம் le dernier côté, le côté noir ou obscur, et dure de la pleine lune à la nouvelle lune), 1er jour —, jour —, phase —, quartier de la lune, espace de 3 jours lunaires, (une demi-lunaison se divise en 5 பக்ஷம், le 1er nommé நந்தை contient le 1er, le 6me et le 11me jour; le second nommé பத்திரை contient le 2e le 7e et le 12e jour; le troisième nommé சயை contient le 3e le 8e et le 13e jour, le quatrième nommé ரிக்தை contient le 4e, le 9e et le 14e jour; le cinquième பக்ஷம் nommé பூர்ணை contient le 5e, le 10e et le 15e jour. 2° (bhakcha *manger*), nourriture. 3° (*P.* பக்குவம்), maturité, convenance, cheveux gris, ambre gris: உம்முடைய பக்ஷமாய் ou பக்ஷமாய் de votre côté, pour votre parti ou votre part: பக்ஷம் —, பக்ஷம் ou பக்ஷத்தைக்காட்டுகிறது montrer de l'amitié; — முறிந்துபோகிறது l'amitié se rompre, — cesser; ஒருவன்மேல் — வைக்கிறது mettre en quelqu'un son affection, l'aimer; பக்கமேசம் cheveux blancs, — gris; — க்கிளை rejeton qui pousse par le côté; — சரம் la lune, éléphant, — சரன் compagnon inséparable; — சன்மன் la lune; — சூலை maladie arthritique dans le côté, douleur de côté; — க்கொழுக்கி suspensoir dont on enfonce le croc dans les côtés, *V.* கொக்கி; — ச்சொல் intercession, recommandation, partialité, mot auxiliaire: — ச்சொல்சொல்லுகிறது recommander (une cause...); — சொல்பதினாயிரம் un mot favorable en faveur de quelqu'un en vaut une myriade; — த்வயம் double demi-lunaison, un mois, les 2 côtés d'un argument; — த்துவாரம் porte de côté, de derrière, — dérobée; — தரன் (dhara *qui porte*), la lune, oiseau, partisan: — த்துணை assistant, aide, compagnon, support, appui; — பாதம் partialité, faveur, affection particulière, adoption d'un côté, d'une opinion, chute des plumes, mue des oiseaux; — பாதன், — பாதக்காரன், — பாதி homme partial, partisan, adhérent; — பாதமில்லாமல் sans partialité, avec indifférence: — பாதமின்மை impartialité, équité; — பாதஞ்செய்கிறது agir avec partialité, — en partisan, favoriser injustement; — பாலி adhérance, adhésion; — பாலி porte de derrière; — பாசம் côté, flanc d'un éléphant; — பக்ஷத்தரம் pustule ou fistule au côté du pénis; — ப்படி escalier dérobé; — ப்பிளவை ulcère près de l'épine dorsale; — ப்போலி fausseté de la question, sophisme, lieu où se trouve un objet; — மூலம் racine ou articulation de l'aile; — ரசம், (*P.* பக்குவரசம்), vin, liqueur spiritueuse; — வாகனம் ce qui a des ailes pour véhicule, *i.e.* oiseau; — வாட்டு ce qui est à côté ou en dehors de la question, — de l'objet; — வாதம் 1° douleur de côté. 2° *P.* பக்ஷபாதம் partialité, amour, affection; — வாயு douleur de côté causée par des flatuosités, paralysie d'un côté du corps; — வாரி, (*P.* பக்குவவாரி), eau chaude, — de riz, — distillée; — விந்து héron; — வெட்டுப்போடுகிறது chatouiller —, taillader le côté; — வெலும்பு ou பக்கத்தெலும்பு côte, os du côté: பக்கத்திலிருக்கிறது être à côté, être associé, fréquenter; பக்கத்திலேபோகிறது marcher —, aller à côté d'un autre; உம்முடைய பக்கத்திலேவந்து சேர்ந்தேன் je suis venu me réfugier auprès de vous, je me suis joint à votre parti, j'ai passé de votre côté; அப்படி நடக்கிற பக்ஷத்துக்கு tant que la chose marchera ainsi, ou au cas qu'elle prenne cette tournure.

பக்ஷணம், selle, le dessous du faîte, la partie inférieure au faîte: — க்கட்டு

ஒ le faîte, ce qui le compose ou le tient. [partisans. 2° P. பக்கம், côté.

*பக்ஷ, 1° (pakcha), parens, amis,

பக்கல், P. பக்கம், côté, parti: ஒருவனுடையபக்கலில் வந்துசேருகிறது se réfugier auprès de quelqu'un, se ranger de son parti.

பக்கறை, étrier, trouble.

*பக்காகாதம், (பக்கம், ஆகாதம் coup), réfutation, hémiplégie, paralysie d'un côté.

*பக்கசயம், P. பக்குவசயம்.

பக்காசேர், poids de 3 சேர் ou de 24 பலம்.

*பக்ஷாந்தம், (பக்ஷம், அந்தம்), fin de chaque demi-lunaison, nouvelle ou pleine lune.

*பக்ஷாந்தரம், (id. அந்தரம்), autre côté —, autre vue d'un argument.

*பக்ஷாபாசம், (id. ஆபாசம்), fausseté de la question, argument fallacieux, sophisme.

*பக்ஷாவசரம், (id. அவசரம் conclusion), V. பக்ஷாந்தம்.

பக்காளி, (id. ஆளி), fournisseur d'eau apportée dans des outres sur un bœuf. [riz cuit.

*பக்ஷான்னம், P. பக்குவான்னம்,

*பக்ஷி, 1° (pakchi), ce qui a des ailes, oiseau, flèche. 2° enfant. 3° imp. de பக்ஷிக்கிறது

*பக்ஷிகை, (phakkikâ), preuve, assertion à prouver. explication logique, artifice, fraude, illusion, ou —ந்யாயம், sophisme, raison captieuse, —fausse. [க்கிறது, manger.

பக்ஷிக்கிறது, பக்ஷித்தல், P. பஷிக்

பக்கிடுகிறது, (பக்கு, இடுகிறது), tressaillir. — d'effroi, éclater, se fendre, se briser.

*பக்ஷிராஜன், (பக்ஷி, ராஜன்), le roi des oiseaux, V. கருடன்.

பக்கிரி, (ind.), faquir, espèce de religieux mendiant mahométan.

*பக்னநேத்திரம், (bhagna brisé, நேத்திரம்), mal d'yeux qui les fait crever, cécité, affection des nerfs des yeux.

பக்கு, 1° brisement, rupture, fente, cicatrice d'une plaie, croûte formée sur un mets ou gâteau, ordure, tartre ou saleté des dents, mucus sec du nez ou des yeux. 2° P. பக்குப்பக்கு; —விடுகிறது se fendre, éclater, se briser.

பக்குப்பக்கு, son imitatif marquant plénitude, excès ou crainte: பக்குப்பக்கென்றுசிரிக்கிறது rire aux éclats; பக்குப்பக்கென்றுஎரிகிறது flamber, briller; — வயிறுபற்றுகிறது être dévoré par la faim ou le chagrin.

*பக்குவம், (pakva), maturité, opportunité, occasion, saison —, cuisson convenable, propriété, convenance, capacité, digestion, nubilité, âge —, temps —, point voulu, cheveux gris, excuse, apologie: வெந்நீர்க்குடிக்கப் —degré de chaleur pour de l'eau à boire; காரிய—அறிகிறது connaître la manière de conduire une affaire; —ஆகிறது mûrir, devenir —, être mûr, propre, convenable, nubile, avoir ses 1res règles, arriver au point voulu de cuisson etc...; —ஆக்குகிறது rendre propre, convenable, donner le degré voulu de cuisson etc...; — ஆய்ப்பார்த்துக்கொள்ளுகிறது considérer avec soin et acheter ou recevoir; —சொல்லுகிறது donner les instructions nécessaires pour conduire une affaire, s'excuser; கோபியாதபடிக்குப்—சொன்னேன் je me suis excusé afin qu'il ne se fâchât pas; —பண்ணுகிறது, V. பக்குவமாக்குகிறது; — பார்க்கிறது examiner ou attendre le temps convenable, — le degré voulu de cuisson...; பக்குவகாலம் temps convenable; — கேசம் cheveux gris; — சாலி homme capable, habile; —ப்படுகிறது, V. பக்குவமாகிறது; —ப்பட்டபெண், — ப்பட்டவள், — ஸ்திரீ jeune fille nubile; — ரசம் vin, liqueur spiritueuse; — வாரி eau chaude, eau de riz, — distillée.

*பக்குவன், பக்குவாளி, (பக்குவம், ஆளி), homme —, personne propre, convenable, capable, médecin, pl. பக்குவர்-ம 3 sortes de gens proprès à obtenir la béatitude finale, savoir: சரியைக்காரன் celui qui se livre aux pratiques religieuses; ஞானக்காரன் le mystique qui se livre à la méditation; பத்திக்காரன் celui qui se livre à la dévotion, à l'amour de la divinité.

*பக்குவாசயம், (பக்குவம், ஆசயம்), siége de la digestion, estomac, abdomen, V. அன்னாசயம்.

*பக்குவாத்துமா, (id. ஆத்துமா), âme —, homme capable, habile, convenable.

*பக்குவான்னம், (id. அன்னம், riz cuit.

*பக்குவி, (id. i.), m. 1° homme capable. 2° f. fille nubile.

*பக்குவேஷ்டிகை, (id. இஷ்டிகா, kâ), brique cuite.

பக்கென்கிறது, பக்கெனல், (பக்கு), avoir peur, faire du bruit: பக்கென்று vite ou fortement; பக்கென்றுபேசுகிறது parler avec précipitation, — திட்டுகிறது injurier fortement.

*பக்தம், V. பத்தம்.

பக்தி, (bhakti), V. பத்தி.

பஃறாழிசைக்கொச்சகக்கலிப்பா, (பல், தாழிசை), espèce de கலிப்பா qui, à plusieurs தாழிசை, joint les autres parties de cette versification.

பஃறி, la dernière des constellations lunaires dite இரேவதி, bac, bateau, navire, vaisseau.

பஃறொடைவெண்பா, (பல், தொடை), la 5me espèce de venbâ composée de plus de 4 vers, tous de 4 pieds excepté le dernier, qui est de 3 pieds, sous diverses rimes ou rapports dits தொடை.

*பக்ஷகன், (bhakchaka), mangeur, glouton.

*பக்ஷணம், பக்ஷணை, (பக்ஷம், na), nourriture, proie, comestible, chose mangeable, manducation: பக்ஷணம்பண்ணுகிறது manger, consumer.

பக்ஷணி, 1° (பக்ஷணம்), mangeur. 2° imp. de

பக்ஷணிக்கிறது, ணித்தேன், ணிப்பேன், ணி, ணிக்க, v. a. (பக்ஷணம்), பக்ஷணித்தல், n. v. manger, dévorer.

*பக்ஷயணம், (பக்ஷம்), manducation.

*பக்ஷம், 1° (pakcha), amour, affection, tendresse, aile, côté, qualité, classe, demi-lunaison... 2° (bhakcha) nourriture. 3° P. பக்குவம், ambre gris. V. பக்கம் et ses composés: பக்ஷகாரன், பக்ஷியக்காரன், cuisinier.

*பக்ஷியம், (bhakchya), nourriture, chose mangeable.

*பக்ஷாபாசம், V. பக்கபாசம்.

*பக்ஷி, (pakchi), oiseau, flèche garnie de plumes: — சாதி espèce —, genre ou race d'oiseaux; — சாஸ்திரம் augure tiré des oiseaux, V. பஞ்சபக்ஷி; — சாலம் foule d'oiseaux; — கூடு cage, volière, nid d'oiseaux; — மிருகம், — க்ஷபதி, — ராசன் le lion —, le dieu —, le roi des oiseaux, i.e. கருடன்; — தோஷம் maladie des enfans, amaigrissement causé, dit-on, par le vol d'oiseaux sinistres sur leur têtes; — சாவகம், (sâvaka petit), petit des oiseaux; — பானீயசாலிகை, (சாலி, ikâ), auge pour abreuver les oiseaux et le bétail; — ராசன் l'oiseau கருடன், V. கருடப்பக்ஷி; அவனிறகில்லாப்பக்ஷி il est un oiseau sans plumes, un homme sans soutien, un rôdeur; பக்ஷியின் கெச்சம் excrément —, fiente d'oiseau, ambre jaune (regardé comme tel).

*பக்ஷீகரம், (பக்ஷம், கரம்), amour, amitié.

பக்ஷீகரிக்கிறது, ரித்தேன், ரிப்பேன், ரி, ரிக்க, v. a. (பக்ஷீகரம்), aimer, chérir.

பக்ஷீகரித்தல், பக்ஷீகரிப்பு, n. v. du préc. amour, affection.

பக்ஷிக்கிறது, க்ஷித்தேன், க்ஷிப்பேன், க்ஷி, க்ஷிக்க, v. a. (பக்ஷம்), n. v. manger, dévorer, consumer: பக்ஷித்தாலுமவர்சித்தம் ரக்ஷித்தாலுமவர்சித்தம் soit qu'il m'anéantisse ou me conserve que sa volonté soit faite.

*பக்ஷிகை, (பக்ஷம், ikâ), nourriture.

பக்ஷிக்கை, பக்ஷித்தல், பக்ஷிப்பு, n. v. de பக்ஷிக்கிறது, manducation, action de dévorer...

பக்ஷிப்பிக்கிறது, v. caus. de பக்ஷிக்கிறது, faire manger...

*பங்கசம், (பங்கம், சம்), ce qui naît des étangs, i.e. le nénuphar ou lotus; பங்கசாசனன், Brama qu'on dit né sur le nénuphar; —தாகம், V. மடுத்தாகம்.

*பங்கசாஸ்திரன், (பங்கசம், அஸ்திரம்), celui qui a pour flèche une fleur de nénuphar, i.e. Kâmen.

*பங்கசாரித்திரம், (பங்கம், ச, அரித்திரம்), avarice, fraude, mensonge, injustice. [xible—, étang de nénuphar.

*பங்கசினி; (பங்கசம், ini), tige flé-

*பங்கசோதரன், (பங்கசம், உதரம்), Vichnou du nombril duquel est sorti, dit-on, le nénuphar sur lequel est né Brama. [des basses castes.

*பங்கணம், (pankana), demeure

பங்கணி, la plante பங்கம்பாலை.

*பங்கம், 1° (panka), boue, fange, vase, limon, bourbier, péché, faute, argile, étang, pièce d'eau, réservoir, poussière. 2° (bhanga), fracture, rupture, pièce, morceau, fente, fissure, mauvais succès, défaite, perte, ruine, dommage, violation, corruption, honte, déshonneur, dégradation, bassesse, opprobre, infamie, tache, défaut, tromperie, fraude, diversité, division, dissention, changement, crainte, peur, flot, vague, mouvement, agitation, canal, cours d'eau, irrigation, maladie, hémiplégie. 3° (பங்கு), état d'estropié. 4° toile, habit, gageure: காலபங்கம் temps défavorable, inopportunité; அங்க—அ ழிக்கிறது mutiler, vexer, faire honte, — des reproches; இகழ்ச்சிப்—அ ழிக்கிறது couvrir de honte, déshonorer quelqu'un; இகழ்ச்சிப்—சொ ல்லுகிறது se moquer de quelqu'un; இகழ்ச்சிப் — சொல்லுகிறது parler mal de quelqu'un, lui faire affront ou des reproches; பங்கசங்கமம், — சாதம், V. பங்கசம்; — சங்கு pétoncle, litt. conque de boue; —கிழங்கு racine fibreuse du nénuphar; பங்கம் பண்ணுகிறது, பங்கப்படுத்துகிறது (acc.) couvrir de honte, déshonorer; — படுகிறது être déshonoré, couvert d'ignominie, mis en morceaux; — பட்டுப்போகிறது être blâmé, insulté, traité ignominieusement; — படுதல் bassesse, honte, défaut, tache, déconfiture, défaite; —தூமம், —புகை 2 divisions de l'enfer, litt. fumée —, lumière de boue; — தூம், V. பங்கசேனுகம்; — வாசம் ce qui habite dans la boue, crabe.

பங்கம்பாலை, பங்கம்பாளை, (பங்கம்), la plante ஆடுதின்னாப்பாளை.

*பங்கயம், P. பங்கசம்.

*பங்கயன், (பங்கயம்), le soleil qui fait fleurir le nénuphar, Brama qu'on dit né sur cette fleur.

*பங்கயாசனன், (id. ஆசனம்), celui qui réside, dit-on, sur le nénuphar, i.e. Brama.

பங்களா, bangalas, bangalow, hôtellerie des Anglais sur les routes.

பங்கா, (Ind.), pankâ, grand éventail suspendu.

*பங்காரம், (pankâra), escalier, degré, sentier élevé ou petite digue qui sépare les rizières. [ris.

பங்காரு, (télinga), or, sorte d'or, nom propre (dans les castes télinga).

*பங்காரி, (bhangâri), chauve-sou-

பங்காளம், P. வங்காளம், le Bengal, la langue Bengali, espèce d'air ou de mélodie.

பங்காளன், பங்காளி, (பங்கு, ஆள், ஆளி), associé, cohéritier, copartageant, participant, qui a part, —a droit, partageant.

பங்கி, 1° poil d'homme, (ceux de la tête exceptés), poil d'animaux, l'arbrisseau கஞ்சா cannabis indica dont les feuilles sont enivrantes. 2° imp. de பங்கிக்கிறது. 3° * (bhangi), fracture, séparation, fraude, déguisement, ironie, repartie, vague. 4° ou பங்கிதபாரம் poste des fardeaux (portés par hommes ou par voiture).

பங்கிக்கிறது, பிக்கேன், பிப்பேன், பி, பிக்க, v.a. (பங்கம்), பங்கித்தல், n.v. fendre, briser, couper.

பங்கிடுகிறது, (பங்கு, இடுகிறது), distribuer, diviser, partager, — par lots: பங்கிடுதல் partage, distribution; பங்கிட்டுக்கொடுக்கிறது diviser, partager, distribuer; — க்கொள்

ஒழிறது se partager; பங்கிடுவேலை tâche, ouvrage assigné à chacun,— qu'on se partage. [not, radeau.

*பங்கிலம், (pankila), bateau,ca-

பங்கீடு n.v.de பங்கிடுகிறது,part, portion,distribution,moyen, manière,voie. [sens.

*பங்கிலம்,(bhangila) ,défaut des

பங்கு, 1° part,portion,lot,moitié, paroisse ou district (assigné à un prêtre...), côté, parti. 2° * (pangou), mutilation,état d'estropié, de manchot,de boiteux,boiteux,estropié, le boiteux Sani prétendu conducteur de la planète Saturne;பங்குக்கொள்ளவன் (dat.ou abl.),—க்காரன், V.பங்காளி; — சரியாய்விழுகிறது les parts tomber justes,—être égales;—சுவாமி le prêtre du district,le curé;—பிரிக்கை part, portion, partage;— பங்காய்ப்பிரிக்கிறது être divisé en parts,en portions ou morceaux séparés;—பங்காய்க்கொடுக்கிறது donner par portions;—படுகிறது être partagé, —divisé,réparti en diverses parties, être en commun; —பட்டநாள் constellation lunaire divisée entre 2 signes du zodiaque, jour —,fête qui tombe en parties sur 2 signes du zodiaque; —பாதி,—பாகம் part,portion,lot:—பிரிக்கிறது partager, faire les parts, — les lots, diviser par portions; — பிரித்தவர்கள் gens qui ont partagé un patrimoine entr'eux; — வீதம் quote-part,part égale, portion,chacun pour sa part,selon la part:பங்கிலேயிருக்கிறது être du côté,du parti, dans la part de; நானொருபங்கு அவனொருபங்கு je suis d'un côté et lui de l'autre.

*பங்குக்கிராகம், (பங்கு,கிராகம்), le signe du capricorne,*litt.* le monstre marin estropié, i. e. représenté moitié poisson moitié animal.

பங்குசம்,coiffure de femme.

*பங்குதை, (பங்கு,tâ), difformité, mutilation,

*பங்குரம், (bhangoura),détour—, coude de rivière, courbure, fraude.

*பங்குலம்,(pangoula),cheval d'un blanc argentin.

*பங்குனன், P.(பற்குனன்), celui qui est né sous la constellation phalgouni, i.e. அருச்சுனன்.

*பங்குனி, (phalgouni), le mois de pangouni correspondant à la fin de mars et au commencement d'avril, la 12° constellation lunaire nommée உத்திரம்: அவன்பங்குனியென்று பெருத்ததுமில்லை சித்திரையென்று சிறுத்ததுமில்லை il ne s'est trouvé ni plus grand au mois de pangouni ni moins grand au mois de sittirei, il est toujours le même.

பங்கூடரம், l'arbre மராஞ்சான்.

*பங்கேசம், பங்கேருகம், (பங்கே *abl. sanscrit de* பங்கம்), ce qui naît et croît dans les étangs fangeux *i.e.* le nénuphar. [பந்தி.

*பங்க்தி,(pankti),ligne, rang... *V.*

*பசகம்,(*P.* பாசகம்), diviseur,(en arithmétique),

பசங்கள், பசங்கள், *P.* பசல்கள் *ou* பயல்கள்,enfans, gamins.

*பசகன்,(patchaka),cuisinier.

பசக்கிறது,—த்தேன்,—ப்பேன்,—,—க்க,*v. n.* changer de couleur, devenir pâle,rouge,ou jaune (par l'effet de la peur, de la luxure ou du chagrin), contracter des taches jaunes,pâlir, rougir, devenir vert.

பசண்டை, humidité, couleur verte,verdure. [Indiren.

*பசதன், (patchata), soleil, feu,

பசத்தல்,*n.v.de* பசக்கிறது, changement de couleur,rougeur ou pâleur causée par la peur, —le chagrin ou la luxure.

*பசந்தம்,(bhasanta),temps.

பசந்து,*P.* பசந்து.

பசபசக்கிறது,—த்தேன்,—ப்பேன்,—,—க்க,*v.n.* babiller,bavarder,jaser.

பசபசத்தல்,பசபசப்பு,*n.v.du préc.* babillage, bavardage.

பசபசென்கிறது, பசபசெனல், (*mot—,son imitatif de démangeaison*), avoir une démangeaison (provenant d'une cause extérieure, comme de vermine, d'orties...), babiller: பசபசென்றுதினவெடுக்கிறது éprouver une telle démangeaison: பசபசென் சை

ஊருகிறது en éprouver une causée par un insecte qui se traine sur la peau: பசபசென்றுதூறுகிறது bruiner, pleuvoir à petites gouttes; — விழிக்கிறது regarder en silence les yeux hagards de peur ou de honte.

பசப்பல், *opt. et n. v. de* பசப்புகிறது.

பசப்பு, 1° *n. v. de* பசக்கிறது, *V.* பசலை, couleur jaune, —d'or, —verte. 2° humidité, jus, sève, tromperie, déception, *V.* மயப்பு. 3° *imp. et part. de*

பசப்புகிறது, ப்பினேன், ப்புவேன், ப்பு, ப்ப, *v. a.* பசப்புதல், *n. v.* tromper, attirer, leurrer, fasciner, charmer, séduire, babiller, — sans cesse.

பசமந்த்ததிரம், பசமநத்திரம் *ou* பசமருத்திரம், l'arbre nommé மரமஞ்சள்.

*பசம், (patcha), faire la cuisine.

பசம்பை, queue d'aronde, *V.* சழுந்து: கடிதோண்டிப் — கடாவுகிறது creuser une mortaise et y enfoncer une queue d'aronde.

பசரி, sorte d'herbe potagère.

பசர், 1° *pl. de* பசன். 2° *P.* பசம்.

பசலி, (*arabe*), fazély ou année de culture, ère musulmane usitée dans le sud de l'Inde, surtout pour les impôts.... Le commencement de chaque fazély est fixé au 12 juillet, et dans quelques lieux au commencement du mois indien ஆடி. Pour avoir la correspondance avec notre année, il faut retrancher de l'ère chrétienne 590 ans; ainsi en 1860 au mois de juillet commence la 1270me année fazély.

பசலை, (பசக்கிறது), pâleur, changement de couleur (par l'effet de la colère de la luxure...), taches jaunes.

பசல், *pl.* பசல்கள், *P.* பயல், enfant, gamin.

*பசவ்வியம், (pasavya), pâturage, herbe pour les troupeaux.

பசளி, herbe potagère dite பயலை, portulaca oleracea, espèce d'épinards, écluse, embouchure de rivière.

பசளை, l'herbe potagère susdite, fumier, engrais: பசளைக்கதை conte pour flatter, vaine fable; தரைப்பசளை variété de cette herbe potagère.

பசறு, jus d'herbes vertes.

*பசனம், 1° (patchana), faire la cuisine. 2° (bhadjana), vénération, adoration, son d'une conque, plaisir sensuel, volupté.

*பசன், (பசம்), cuisinier.

*பசாசம், பசாசு, *P.* பிசாசம், பிசாசு, diable, démon.

*பசாசன், (பசாசு), démon, démoniaque, homme méchant, insensé.

பசாடு, பசாடை, cataracte, taie à l'œil.

பசாரி, *P.* அபசாரி, femme acariâtre, querelleuse: —த்தனம், —வாட்டம் querelle de femme acariâtre.

பசார், chose sans suc, *V.* பசப்பு.

பசானம், பசான், espèce de riz qui mûrit tard, et est moins fin que le சம்பா.

பசி, 1° faim, tourment qu'elle cause, appétit. 2°* (patchi), feu, faire la cuisine. 3° *imp. de suiv.*: —கொள்ளுகிறது avoir faim, gagner de l'appétit; —தாகம் faim et soif; —த்தீபனம் grande faim, grand appétit; —தீர்க்கிறது, —யாற்றுகிறது apaiser la faim; —தீருகிறது, —யாறுகிறது, —யாறிப்போகிறது la faim s'apaiser, —être satisfaite, se rassasier; —மந்தித்துப்போகிறது, —போகிறது la faim —, l'appétit passer, — cesser; —யின்மை manque d'appétit; —யெடுக்கிறது commencer à avoir faim, gagner de l'appétit; —யுண்டாகிறது, —யெழும்புகிறது la faim commencer à se faire sentir; —ருசிதேடாது நித்திரைசுகம்தேடாது la faim ne recherche pas les mets savoureux, ni le sommeil ne recherche pas une position commode; —வேளைக்குதவுகிறது servir au moment de la faim; —வேளையிற்சாப்பிடுகிறது manger quand on a faim; பசியினாலே சாகிறது mourir de faim; பல்லாடப்பசிதீரும் en faisant mouvoir la mâchoire, *i. e.* en mâchant quelque bagatelle, la faim s'apaise; உம்முகத்தைப் பார்த்துப்பசிதீர்ந்தது en voyant votre visage j'ai été rassasié, i. e. satisfait; பசிக்குக்கறிவேண்டாம், தூக்கத்துக்குப்பாய்வேண்டாம் la faim n'a pas besoin de ragoût, ni l'assoupissement de natte.

பசிக்கிறது, சித்தேன், சிப்பேன், சி, சிக்க, v.n. avoir faim,—appétit, être affamé; எனக்குப்பசிக்குது, நான்பசித்திருக்கிறேன் ou பசித்துக்கொண்டிருக்கிறேன் j'ai faim; புலிபசித்தாலும் புல்லைத்தின்னாது le tigre bien qu'affamé ne mange pas d'herbe, une chose inconvenante ne doit pas se faire même par nécessité.

*பசிதம், (bhasita), cendre.

பசித்தல், பசிப்பு, n.v.de பசிக்கிறது, avoir—, faim, appétit.

பசு, adj.de பசுமை, vert, frais:—பசியம், corde. [மரம் arbre vert.

பசி, la plante—, l'herbe potagère பசளி portulaca quadrifida, espèce de pourpier; குறிஞ்சாப் — la plante trianthema crystallina; — பசிக்கறி ragoût de feuilles de portulaca.

*பசு, 1° (pasou), vache, bœuf, taureau, le signe du Taureau, chèvre, animal (en géneral), bête, être vivant, vie, âme, sacrifice, victime, animal propre au sacrifice, (surtout brebis, chèvre), Dieu, (dans les idées indoues) l'âme divine de l'univers, divinité inférieure de la suite de Siven. 2° adj.de பசுமை, vert, frais;—காரணம் cause de la vie;— காதம் sacrifice d'un animal; — காயத்திரி parodie des versets des vèdas—, formule de prière que l'on murmure à l'oreille de l'animal qui va être immolé; —கவ்வியம் (havya oblation), sacrifice d'un animal; — கன்று veau, petit de vache;—காக்கிறது, —காத்தல் garder les vaches, c'est un des 6 emplois de Vaïsiers et des Choutres;—காவலர் vachers, bouviers, bergers; — க்கிரியை l'action animale, i.e. accouplement, copulation; — க்கூட்டம் troupeau de vaches;—க்கொட்டம், — க்கொட்டில் étable à vaches; — சம்பவம் ce qui vient des animaux, comme viande, beurre, lait, miel; —ஞானம், V. தத்துவஞானம்; — தருமம் vie—, conduite animale, — d'animaux, faute contre les mœurs, état de femme publique, prostitution, adultère, inconduite de veuves,—avec elles;—தக்காளி la plante physalis pubescens; —த்துவம் état —, caractère ou nature d'animal,—de vache, sacrifice d'un animal, faculté —, état de l'âme; — த்தொழுவம் étable à vaches;—நரம்பு nerf de couleur verte; — நா l'arbre மிராம்;—நாகு génisse, jeune vache;— நிலை étable à vaches; —நீரிடுகிறது la vache uriner, (ce qui est regardé comme de bon augure pour l'acheteur au moment de l'acquisition): —பதி le Seigneur de la vie ou des êtres vivans, (et à tort) Siven, à moins qu'on ne le dise de lui en tant que maître du Taureau qui lui sert de monture: —பதி பாசம் la vie, Dieu, l'illusion (expression des Sivénistes); — பந்தம் espèce de sacrifice; — பாசம் lien—, esclavage de l'âme, passion, concupiscence;—பாலனம் garde des troupeaux;—பாலன் vacher, bouvier;—பாவம் état—, nature de l'âme, péché contre l'âme ou contre les êtres vivans;— ப்பால், — ப்பயம் lait de vache;— புண்ணியம் vertu exercée envers les âmes ou les êtres vivans; — ப்பட்டி parc pour les vaches; — ப்பிரேரணம் malédiction, ou — ப்பிரேரணம் conduite des troupeaux, du bétail; — ப்போலிருக்கிறது ou வருகிறது être ou devenir doux ou bon comme une vache;— மந்தை étable à—, troupeau de vaches, bonne personne; — மாடு vache; — மூரி bœuf, veau;—மஞ்சள்நிறம் couleur d'un jaune verdâtre; — முல்லை espèce de jasmin vert; —முன்னை la plante premna integrifolia qui a de petites feuilles;— யாகம் sacrifice d'animaux; — ரக்ஷணம் garde des vaches, des troupeaux; — ரக்ஷ

vacher, berger; — நாண் corde pour attacher le bétail; —ராசன் roi des animaux, *i. e.* lion; —ரோமம் poil d'animal, de vache; —வதை meurtre de vache; — வாசாரம், (ஆசாரம்), conduite bestiale, sacrifice dit சத்திரமை où tout est pêle-mêle et où l'on s'accouple comme des animaux; பசுவின்கன்று veau; —தக்காளி la plante physalis pubescens; —பால் lait de vache; —மடி pis de vache; —ஆண்பசு taureau, le mâle de la vache; — பெண்பசு la femelle de l'espèce bovine; — நீர் ou பசுவின்நீர் urine de vache; — நெய் ou பசுவினெய் beurre liquide de lait de vache; பசுவுக்குப்புல்லிடு போடுகிறது jeter ou donner de l'herbe à une vache; காவேரிக்கரைப்பசுபோல் அலைகிறது rôder çà et là comme une vache des bords du Kâvèri, être mécontent de sa condiction; தன்னைக்கொல்லவருகிறபசுவைக்கொன்றால் குற்றமில்லை il n'y a pas de mal à tuer une vache qui vient pour vous tuer.

*பசுகம், (பசு, kâ), petit animal.

பசு, *P.* பசும், *adj. de* பசுமை, vert, frais: —கதிர் épi vert, — encore vert, l'astre aux rayons frais, *i. e.* la lune; — கதிர்ச்செல்வன் le prétendu dieu aux rayons frais, *i. e.* Sandiren ou la lune. —மணி émeraude; —காய் fruit vert, —à peine formé: — கிளி perroquet vert; —குடி maison opulente, à l'aise; —சொடி chiendent, plante rampante verte; — கொத்தான் espèce verte de cassyta filiformis: — கொத்துமல் variété verte de la plante கொத்துமல், — சோறா l'herbe kyllengia monocephala.

பசுங்கொடி, cumin.

*பசுத்துவம், (பசு, tâ), état de bête, nature—, caractère d'animal, brutalité.

பசுந்தரை, (பசும், தரை), gazon, — vert, terre couverte de gazon.

பசுமிது, (பசுமை), verdeur, beauté, front, excellence.

பசுமை, (பசு, மை), couleur verte, verdeur, fraîcheur, humidité, crudité, vérité, sincérité, réalité, suc, essence, substance, force, pouvoir, prospérité, richesse, ornement, beauté, couleur d'or, espèce de toile, opportunité; (*adj.* பசுமையான, பசும், பசு, பசிய, பச்சை *et* பைம் *devant une voyelle,* பச்சை, பை, பைம்): பசுமையான இலை, —புல்லிலை feuille—, plante verte; பசுமையுள்ளவன் homme à son aise; —க்குடி maison —, famille opulente; — க்குடியிற்பிறந்தவன் homme né d'une famille riche: உண்மை — சொல்லு dis la substance, le point important de l'affaire, l'aisance que tu as...

பசும், *adj. de* பசுமை, vert, frais... —பயறு vesce, espèce de pois verts, phaseolus radiatus; — மரம் l'arbre பச்சிலைமரம்; — புல் herbe verte, sorte de plante, moisson en herbe; — பூ fleur verte, — fraîche; — பொன் or pur, — brillant, — de 1re qualité.

பசுவயிறு, (பசு), caillette de l'estomac des vaches. [ன் முன்னு.

பசுவாட்டம், (பசு, ஆட்டம்), *V.* ப

*பசுசகன், (bhasoûtchaka), astronome, astrologue.

பசேல், (பச, ஏல்), vert: பசேலென்றிருக்கிறது, பசேலென்றிருக்கிறது, être vert, — tout vert.

*பசேலிமன், (patchêlima), soleil, feu. [nier.

பசேலுகன், (patchêlouka), cuisi-

பசை, 1° colle, glu, viscosité, attachement affection, amour, désir, moiteur, humidité, jus, sève, amollissement, fertilité, pousse, bourgeonnement, gain, profit, avantage. 2° *imp. et part. de* பசைகிறது: பசைந்த, *P.* பசைக்க; இரத்தப்பசை vigueur du sang, force, embonpoint, hardiesse, chyle changé en sang, tempérament sanguin; — காரம் *ou* காரப்பசை soudure, colle d'orfèvre mélangée de borax; —மட்டை branche d'arbre du genre dit மட்டை, qui sert à souder le fer; — யற்றவன் pauvre, misérable, homme dur, cruel, sans affection, envieux; — யற்றுப்போகிறது être réduit à l'indigence; — யாயிருக்கிறது être avantageux, — miséricordieux, avoir de la compassion; —

ஒட்டுகிறது,— வொட்டுகிறது coller, gluer: இதிலே — யொட்டில்லை il n'y a en cela aucun profit; அவன்மனதிலே — யொட்டில்லை il n'a pas de compassion; சற்றேற—யுள்ளவன் un homme qui a un peu de fortune ou de propriétés: — புற்பூண்டு chiendent.

பசைகிறது, பசைந்தேன், பசைவேன், பசைய, *v.a.et n.*பசைதல், *n.v.* s'attacher, concevoir de l'affection, aimer, affectionner, avoir de la sève, se coller, coller, faire de la colle, pétrir.

பசைந்தார், *n.app. du préc.* amis, parens, alliés.

பசைவு, *n.v. du même* amour, affection, action de coller, de pétrir...

பச்சடி, (பச்சை, அடி), espèce d'assaisonnement ou de ragoût de fruits: —பண்ணுகிறது,—யிடுகிறது préparer cet assaisonnement ou ce ragoût, dévaster, gâter.

பச்சுடையன், (*id.*), chose blanche parsemée de taches noires.

பச்சரிசி, (பச்சை, அரிசி), riz pilé tout cru,—pilé sans avoir bouilli un peu auparavant et un peu indigeste: —மா farine de riz pilé tout cru.

பச்சவடம், paire d'habits, 2 habits de même espèce, pièce de toile ou de soie donnée par honneur: ஒருச்சற்று கொப்பச்சவடம்போர்க்கிறது revêtir —, gratifier quelqu'un d'une paire d'habits.

பச்சக்காலியம், l'arbre nommé மஞ்சள்.

*பச்சாது, (pastchât), postériorité, ensuite, après.

*பச்சாத்தாபம், (பச்சாது, தாபம்), repentir, chagrin qui suit une faute, componction, la pénitence (comme sacrement), contrition, douleur, conversion, attendrissement, commisération, pitié: பச்சாத்தாபப்படுகிறது se repentir, être contrit, compatir.

*பச்சிமம், (pastchima), l'ouest, après, derrière, front: பச்சிமசாஸ்திரம் la seconde partie de la bible, le nouveau testament; — பிறை croissant de la lune,—qui paraît à l'occident.

*பச்சியதோகரன், (pasyatas visiblement, hara qui prend), voleur, — qui prend devant les parties, (et proverbialement), orfèvre.

*பச்சியம், (pasya), *interjection*—, *expression d'admiration*, voyez, voyez.

பச்சிலை, (பச்சை, இலை), feuille verte, remède composé de simples, l'arbre பச்சிலைமரம் xanthocymus pictorius;— பாம்பு espèce de serpent vert;—வோணான் caméléon vert.

பச்சு, *adj. de* பசுமை, vert, frais: il se met devant les voyelles en élidant உ: பச்சிறைச்சி viande crue; பச்சுடம்பு, (உடம்பு), corps tendre, — d'enfant nouvellement né, corps devenu tendre par des plaies; பச்சென்றிருக்கிறது, பச்செனல் être vert, être orné *ou* élégant; பச்செனவு, *n.v. du préc.* humidité, verdeur, vert, feuillage, bourgeonnement.

பச்சை, (பசுமை), 1° verdeur, verdure, couleur verte, crudité, ce qui est cru, la pierre précieuse verte, *i.e.* l'émeraude, Vichnou, புதன் conducteur de la planète Mercure (on les représente verts), *ou* அறுகுப்பச்சை la plante cressa indica, sorte d'arbrisseau, humidité, douceur, tendreté, odeur, parfum, plaisir, diverses espèces de racines, peau, mot indiquant grandeur, abondance, profit. 2° *adj.* de couleur verte, vert, non mûr, cru, non cuit, tendre, jeune, nouveau, frais, grand, fort, gros: சதுரப்பச்சை la plante mentha zeylana;—கட்டு consolation, secours;—குத்துகிறது mettre de la couleur verte;—க்கற்பூரம், — கர்ப்பூரம் camphre cru; — க்கல், — க்கல்லு émeraude, pierre précieuse verte, quartz vert, brique non cuite;—க்காய் fruit vert, non mûr; —க்கிளி perroquet vert, sauterelle verte; —க்குங்கிலியம் espèce de résine verte; —க்குவடு émeraude; — க்கூடு corps matériel; — கொள்ளைப்பயிர் moisson verdoyante; — க்கொம்பு gingembre vert;—ச்சகலாத்து drap vert;— ச்சடையன் Vairaven à la longue chevelure verte, (prétendue forme de Siven);—ச்சுக்கல் pierre à chaux non encore cuite;— ச்செங்கல் brique non cuite; —த்தண்ணீர் eau fraiche,—froide;— நஞ்சு pur poison,méchant homme,—நாடன்பழம் espèce de bananes vertes ou à raies verdâtres;— நாவி,P. வச்சநாவி;—நிறம் couleur verte;—நீறத்தைலம் vitriol vert;— பச்சைக்காயமடைக்கிறது mettre—,verser une couleur verte composée, — un mélange de bleu et de jaune;— ப்பசேலென்கிறது,—ப்பசேலென்றுகாண்கிறது,—ப்பசேலென்றுபோகிறது. être tout vert;—ப்படி bath donné en denrées, nourriture journalière donnée crue; —ப்பதம் légère—,demi cuisson;—ப்பயறு haricots verts,sorte de lentilles ou de petits pois,pois verts, phaseolus mungo;— ப்பாம்பு serpent vert qui vit sur les arbres;—ப்பாம்பாட்டி celui qui charme ou fait danser le serpent vert,imposteur,trompeur; —ப்பாலன்,—ப்பாலகன்,—ப்பிள்ளை petit poupon, enfant nouvellement né;—ப்பானை cruche non cuite;—ப்புண் plaie fraiche,—nouvelle; —ப்புல் herbe verte, moisson en herbe; — ப்புழு espèce de ver de couleur verte; — ப்புறா tourterelle verte,pigeon vert;—ப்பூ fleurs vertes,—nouvelles,—fraiches;—ப்பெருமாள் Vichnou le vert,espèce de riz;—ப்பொட்டு pottou de couleur verte; — ப்பொய் gros mensonge;—மண் terre non cuite,terre sans fumier;—மாமிசம் viande —,chair crue;—மீன் poisson cru,—frais (opposé à poisson salé dit கருவாடு); — மோர் espèce de lait de beurre frais; — யாகத்தின்கிறது manger cru; — யிரத்தினம் pierre précieuse verte,émeraude; — யிறைச்சி viande crue;—யுடல் corps qui a encore des plaies fraiches,corps de nouvelle accouchée; — யுடம்பு corps d'une femme nouvellement accouchée;— வடம் espèce de toile, V.பச்சவடம்; —வில் arc-en-ciel,l'arc prétendu d'Indiren;—வெட்டு remède cru,—qu'on n'a pas fait brûler, ou cuite; — வெண்ணெய் beurre frais (non fondu). [chnou.

பச்சையவன், (பச்சை), le vert Vi-

பச்சோணான், பச்சோந்தி,(பச்சு, ஓணான்,ஓந்தி), caméléon,—vert.

பச்சோலை,(id.ஓலை), feuille verte de palmier.

*பஸ்பம், P. பஸ்மம், (bhasman), cendre, poudre médicinale, métal calciné,—réduit en poudre médicinale;—ஆக்குகிறது, —பண்ணுகிறது calciner,réduire en poudre; —ஆகிறது être calciné,se réduire en poudre;பஸ்மக்காரன் blanchisseur qui se sert de cendres pour blanchir; —வர்ஷம் pluie de cendre ou de poussière;neige,gelée blanche;— வேதம் camphre:(on écrit aussi பற்பம் et பற்மம்,P.பஸ்மம்).

*பஸ்மீகரம்,பஸ்மீகரணம், பஸ்மீகிருதம், பஸ்மீபூதம், (பஸ்மம் i intercallé), calcination, réduction en cendres, cendre.

பஸ்மீகரிக்கிறது, ித்தேன், ிப்பேன்,ி,ிக்க, v.a. (பஸ்மம்),பஸ்மீகரித்தல்,பஸ்மீகரிப்பு, n.v.réduire en cendres, —en poudre,calciner.

*பஞ்ச, (pantcha), obl. de பஞ்சம், cinq,de famine,étendu,large:— கச்சங்கொருகிறது retrousser de 5 manières différentes les bouts repliés de sa toile, (phrase et coutume des brames chefs de famille);— கச்சாயம் 5 espèces de petits gâteaux; —கதி les 5 espèces d'allures des chevaux, V.நடை au mot கதி;—கம்மாளர் les 5 espèces d'ouvriers ou d'artisans de la caste des cammâlers,savoir:கன்னார் fondeurs,கொல்லர் forgerons, சிற்பர் tailleurs de pierres, தச்சர் charpentiers, தட்டார் orfèvres, V.au mot கம்மாளன்;—கர்த்தாக்கள் les 5 seigneurs ou principaux dieux selon les Sivénistes V. au mot தேவர்;—கருமம் 5 actions du corps, i.e. vomissement,évacuation,purgation,saignée,et se moucher; — கலியாணி cheval qui a les 4 pieds et le front blancs, cheval qui a les 5 espèces d'allures dites பஞ்சகதி;—கவ்வியம்.

les 5 espèces de கலை ou manières de respirer par le nez; —கவ்வியம் 1° les 5 choses dites aussi பஞ்சதிரவியம் ou 5 richesses indoues qui sortent de la vache, savoir: பால் lait, தயிர் lait caillé, நெய் bourre fondu, கோசலம் urine et கோமயம் bouze. 2° mélange de ces 5 choses: — கவ்வியப்பிராசனம் avaler un tel mélange par dévotion, par pénitence ou par punition; —கன்னிகள், —கன்னிகை les 5 vierges des Indous, savoir: அகலிகை femme du richi கௌதமன், corrompue par Indiren et pour cela changée, dit on, en pierre; திரௌபதை femme commune et simultanée des 5 frères nommés பாண்டவர்; சீதை femme de Râmen enlevée par Râvanen et soupçonnée par son mari d'en avoir été corrompue; தாரை femme du singe சுக்கிரீபன் enlevée et gardée pour femme par son frère வாலி; et மண்டோதரி femme du géant Râvanen; —காலம் temps de famine, de disette; — காவியம் collection de 5 poëmes tamouls, savoir: சிந்தாமணி contenant l'histoire du roi சீவகன், சிலப்பதிகாரம் histoire du செட்டி ou marchand கோவலன், வளையாபதி, மணிமேகலை et குண்டலகேசி 3 autres ouvrages classiques; —கிருத்தியம் les 5 opérations divines, V. ஐந்தொழில் (parmi lesquels quelques-uns mettent திரோபவம் trouble d'esprit pour திரோதானம் secret; —குத்தம் l'animal qui cache ses 5 membres, qui sont ses 4 pieds et sa tête, i.e. la tortue, le système athée des Bouddhistes; —கோசம், —கோசம் les 5 modes de production, V. கோசம்-ஐ; —கோணம் pentagone; —கோலம் les 5 espèces d'épices, savoir: சுக்கு gingembre sec, திப்பிலி poivre long, திப்பிலிமூலம் racine de poivre long, செவ்வியம் poivre, சித்திரமூலம் racine de plumbago zeylanica; — கௌடம் les 5 divisions du pays Gaouda ou Bengal central, V. au mot கௌடம்; — கௌவியம், V. பஞ்சகவ்வியம்; —க்கருவி, 1° ou பஞ்சசத்தம் les 5 instrumens du son, savoir: தோற்கருவி instrumens en peau, துளைக்கருவி instrumens à vent, நரப்புக்கருவி instrumens à cordes, கஞ்சக்கருவி instrumens d'airain, கண்டம் ou மிடற்றுக்கருவி l'organe du gosier. 2° les 5 organes des sens, V. ஐம்பொறி; — சத்தி les 5 prétendus pouvoirs de Siven, voyez-les au mot சத்தி; — சயனம் les 5 espèces de matelas, ils se font des matières suivantes, இலவம்பஞ்சு coton soyeux de l'arbre இலவு, செம்பஞ்சு coton rouge, வெண்பஞ்சு coton blanc, மயிர் poil, அன்னத்தூவி plumes de cygne ou autres oiseaux. Quelques-uns mettent மயிற்றூவி plumes de paon, au lieu de மயிர்; —சரன், (சரம்), celui qui a 5 espèces de flèches, i.e. Kâmen; —சாகம், (சாகை), ce qui se divise en 5 branches ou doigts, i.e. la main; —சிகம், —சியம் (pantcha qui s'étend, சிகை), l'animal à la longue crinière, i.e. le lion; — சிகை 5 endroits du corps qu'on ne rase pas, le குடுமி, les cils, les sourcils (et selon quelques uns les poils *in brachiis et clunibus*). —சிவதத்துவம் les 5 modifications de Siven, V. சிவதத்துவம்-ஐ; — சுகந்தம், — சுகந்திகம் les 5 épices odoriférantes, V. பஞ்சவாசம்; — சுத்தி les 5 espèces de purifications, V. au mot சுத்தி; — சூதகம் 5 souillures prétendues des Indous, savoir: சனனசூதகம் souillure de l'accouchement, மரணசூதகம் souillure provenant d'un mort, சண்டாளரைத்தீண்டுதல் toucher l'eau des சண்டாளர், சுராபானம்பண்ணல் boire des liqueurs enivrantes, பொய்கூறல் mentir; —சூனை 5 choses qui dans une maison peuvent par accident détruire quelqu'animal, savoir: அடுப்பங்கரை le foyer, அம்மி la pierre à broyer, துடைப்பம் le balai, உலக்கை le pilon, உரல் le mortier; — சென்னியம், P. பாஞ்சசன்னியம் la conque de Krichna, faite des os du démon ou de l'Asouren பஞ்சசனன்; —ஞானர்

docteur bouddhiste; —தசம், —தசன் quinze, —தச்சம் réunion de 5 charpentiers; — தத்துவம் les 5 élémens (pris collectivement), dans les tantras les 5 choses essentielles à certains sacrifices indous, savoir: மா தாயம் liqueur enivrante, இறைச்சி viande, மீன் poisson, ஸ்திரீசம்பாஷணை conversation avec une femme, *i.e.* copulation publique, புணர்ச்சிக்கியைதல் gestes lascifs, ou selon d'autres, gesticulation ou gestes mystérieux; —தந்திரம் les 5 ruses, titre d'un livre de fables célèbre dans l'Inde et archétype des fables de Pilpay. Ces 5 ruses sont மித்திரபேதம் mettre la division entre les amis, சுகிருல் ou சுகிர்லாபம் avantage de l'amitié, சந்திவிக்கிரகம் simulacre d'amitié pour détruire, அர்த்தநாசம் ou லப்தனாசம், *P.* லப்தனாசம் perte des des biens, அசம்பிரேக்ஷியம் ou அசம்பிரேட்சியகாரித்துவம் conclusion précipitée sans examen; — தபன் ascète qui fait pénitence entre les 5 feux dits பஞ்சாக்கினி; — தரு les 5 arbres fabuleux du சுவர்க்கம், *V.* ஐந்தரு; —தன்மாத்திரம், — தன்மாத்திரை les rudimens subtils ou principes des 5 élémens; — தாது les 5 élémens, *V.* பஞ்சபூதம்; —தந்தையர் — தாயர் les 5 personnes honorées du titre de père, — de mère, *V.* தந்தை et தாய்; —தாரை sucre; — தாளம் les 5 espèces de temps observés en battant des cymbales *V.* தாளம்-இ; —திணை les 5 espèces de terrains *V.* ஐந்திணை; —திராவிடம் les 5 langues ou les 5 pays du sud, *V.* திராவிடம்; —திரவியம் les 5 richesses ou choses qui sortent de la vache, *V.* பஞ்சகவ்வியம், les 5 sources de richesses, *V.* திரவியம்-இ; —திவ்யாயுதம் les 5 armes de Vichnou, *V.* பஞ்சாயுதம்; —தீர்க்கம் les 5 parties du corps, savoir: les bras, les yeux, le ventre, le nez et la poitrine, marques qu'on y met; — தீர்த்தம் 5 places de pélérinage, savoir; Visranti, Saoukara, Naïmicha, Prayâga et Pouchkara, bain le jour de l'équinoxe; — துரகதி les 5 allures du cheval, *V.* ஐங்கதி au mot கதி; —தேவர், —தேவதை, *V.* பஞ்சகர்த்தாக்கள்; — த்துவம் réunion de 5 choses, mort; — நகம் animal qui a 5 ongles, doigts ou griffes aux pieds, éléphant, tortue, tigre; —நகக்கூர்மபோமன் la tortue aux 5 doigts; —நதம், —நதி 5 rivières ou fleuves sacrés, le pays aux 5 rivières, le Pandjab arrosé par le Satadrou ou Setledje, le Vipâsâ ou Beyah l'Aïrâvati ou Râvi, le Tchandrabhâgâ ou Chinab et le Vitasthâ, autrement Bédaste ou Djélem qui tous se réunissent ou Sind ou Indus; en latin Hysudrus, Hyphasis, Hydraotes, Acesines et Hydaspes; en tamoul சத்துரு, விபாசம், ஐராவதி, சந்திரபாகம், விதஸ்தம்; —நிம்பம் les 5 parties de l'arbre நிம்பம் ou margosa, savoir: les fleurs, les fruits, les feuilles, l'écorce et les racines; —நிறக்கல் pierre de 5 couleurs dite aussi இலவ நாகக்கல், — நீராஞ்சனம் 5 espèces d'ஆலாத்தி qui consistent à agiter, devant une idole, une lampe, un nénuphar, une toile, une feuille de manguier ou de bétel et à se prosterner ensuite; — பக்ஷி, —பட்சி, 1° un des 32 arsenics composés. 2° prétendue science des augures, les 5 oiseaux à augures, — qui servent aux augures, savoir வல்லூறு le faucon, ஆந்தை le hibou, காகம் le corbeau, கோழி la poule, மயில் le paon. On leur attribue dans le même ordre les lettres et les actions suivantes: அ, இ, உ, எ, ஒ, உண்டி nourriture, நடை marche, அரசு maitrise, துயிலல் sommeil, சாவு mort, ou à rebours, உண்டி, சாவு, துயில், அரசு, நடை; toutes ces circonstances sont observées par les augures jour et nuit, surtout depuis la pleine lune jusqu'à la nouvelle. Lorsqu'il n'y a ni sommeil ni mort, c'est bon augure dans l'idée de ces superstitieux observateurs; — பக்ஷிசாஸ்திரம் traité sur les augures tirées de ces 5 oiseaux; — பஞ்சபாஷாணம் un des 32 arsenics composés; — பஞ்சநகம் les 5 pantchanaga ou animaux à 5 doigts aux pieds qu'on peut tuer et manger, savoir: le lièvre, le porc-épic, le crocodile, le rhinocéros et la tortue; — பத்திரம், (bhadra), cheval qui a 5 marques heureuses sur le poitrail, le dos, le front et les flancs, plat ou ragoût composé de 5 végétaux; — பத்தம் amende égale au 5e de l'objet perdu ou volé; — பர்வங்கள் 5 jours de cérémonies dans chaque quinzaine; — பல்லவம் 5 espèces de feuilles propres aux sacrifices indous: celles du manguier, de l'ஆத்தி, du முட்கிளுவை, du முல்லை et du வில்வம்; — பாணம் les 5 flèches de Kâmen, *i.e.* du Cupidon indien, ce sont: வனசம் *ou* தாமரைப்பூ fleur de nénuphar nelumbium, சூதம் *ou* மாம்பூ fleur de manguier, அசோகம்பூ fleur de l'அசோகு uvaria, முல்லைப்பூ fleur de jasmin, நீலம் ou குவளைப்பூ fleur de nénuphar bleu ou pontederia; (il est censé les lancer avec un arc de canne à sucre dit கரும்பு aux 5 endroits suivans: celle de nénuphar au sommet de la tête, celle de manguier au front, celle d'அசோகு à la poitrine, celle de jasmin aux mamelles, celle de nénuphar bleu aux parties naturelles): — பாணத்தொழில் les offices ou effets prétendus de ces 5 flèches dans le même ordre: உன்மத்தம் confusion d'esprit, மதனம் désir sensuel, சம்மோகம் possession ou plutôt grand désir, சந்தாபம் grande chaleur, வசிகரணம் consentement à la copulation: — பாணுவஸ்தை les états ou tourmens que sont censées produire ces 5 flèches dans le même ordre: சுப்பிரயோகம் privation des facultés de l'âme, excepté celles de penser et de parler; விப்பிரயோகம் soupirs et pleurs; சோகம் épuisement, grande chaleur et dégoût de la nourriture, மோகம் enivrement des désirs sensuels, ou selon d'autres, trouble et parole de délire, மரணம் mort, — spirituelle, évanouissement et trouble d'esprit; — பாணன் celui qui est armé des 5 flèches susdites, *i.e.* Kâmen; — பாணி celle qu'on représente avec 5 bras, *i. e.* Parvadi; — பாண்டவர் les 5 fils putatifs du roi பாண்டு, savoir: தருமராசா, வீமன், அருச்சுனன், நகுலன் et சகதேவன், ce sont les héros du Mahâbhârata; — பாண்டவர்முல்லை espèce de jasmin; — பாதகம் *ou* — மாபாதகம் les 5 grands crimes selon les Indous, savoir: கொலை le meurtre, களவு le vol, கள் *ou* கள்ளருந்தல் l'usage des boissons enivrantes, காமம் la luxure, பொய் le mensonge. Plusieurs mettent குருநிந்தை mépris de son gourou à la place de காமம், et d'autres mettent கோபம் colère à la place de பொய், ainsi qu'on le voit de தாயுமானவர்: கொலைகளவுகட்காமங் கோபம்விட்டார்க்கன்றோ மலையிலக்காம் நின்னருள்தான் வாய்க்கும் பராபரமே, O Dieu, n'est-il pas vrai que ta bonté qui est semblable à une montagne sera abondante pour ceux qui ont renoncé au meurtre, au vol, aux liqueurs enivrantes, à la luxure et à la colère; — பாதகன் homme coupable des 5 grands crimes, grand scélérat, traître, pervers; — பாத்திரம் collection —, oblation de 5 plats, le plat du milieu qui est le plus grand, sérémonie dans laquelle on offre 5 plats; — பால் les 5 genres, *V.* ஐம்பால், les 5 manières dont les femmes arrangent leurs cheveux, *V.* ஐவகைமயிர்முடி; — பிரசாதம் temple avec 4 pinacles et une tour ou un clocher; — பிராணன் les 5 vents que les Indous supposent dans le corps et croient nécessaires à la vie. Ce sont les 5 premiers des தசவாயு, *V.* வாயு; — பிரமம் le prétendu dieu aux 5 visages, *i.e.* Siven; — புலன், — பொறி, *V.* ஐம்புலன், ஐம்பொறி; — பூதம், — பூதியம் les 5 élémens des Indous: நிலம் ou பிருதிவி la terre, நீர் *ou* அப்பு

l'eau, தீ ou தெயு le feu, வாயு ou வாயு le vent, விசும்பு ou ஆகாயம் l'air;— பூதாத்துமம் l'âme aux 5 élémens, i. e. l'homme (qui en est composé); — மகாயக்கியம் les 5 grands sacrifices des Indous: பிரம ம், வேதாத்தியயனம் ou வேதவோ தல் lecture des vêdas, தெய்வம்,அக் கினிகருமம் ou ஓமம்வளர்த்தல் offrir aux dieux le sacrifice hôma,ou un holocauste; பூதம், தேவபூசை ou பலி யிதல் faire des sacrifices aux esprits, —fantômes ou démons, ou présenter de la nourriture etc... à tous les êtres créés; பிதிர், பிதிர்பூசை, தர்ப்ப ணமுடித்தல் offrir de l'eau aux mânes des ancêtres; மானுடம், விருந் தோம்பல் ou இரப்போர்க்குணவுமு தலியவீதல் hospitalité, donner à manger aux pauvres;— மகாரம் les 5 ம் ou 5 choses requises par le rituel tantra de la main gauche,et dont le nom commence par la lettre ம் dite மகாரம், savoir: மத்தியம் callou, மாமிசம் viande, மச்சியம் poisson,மைதுனம் copulation, முத் திரை signes ou gesticulation.(Cela revient au பஞ்சதத்துவம் expliqué ci-dessus);— மலம் les 5 espèces de souillure; — மன்மதன்கணை les 5 flèches de Kâmen, V.பஞ்சபாணம்; —மாசத்தம் sons produits par les 5 espèces d'instrumens dits பஞ்சக்கரு வி,ces mêmes instrumens; —மாபாத கம்,—மாபாதகர், V.பஞ்சபாதகம், பஞ்சபாதகர்;—மாயக்கியம்,— மா யெக்கியம், —மாயெஞ்ஞம், V. பஞ்ச மகாயக்கியம்; —மாயை les 5 espèces d'illusions, V.மாயை-இ; — முகன் l'être à 5 visages, Brama (avant que Siven lui en eut déchiré un), lion, ou —முகேச்சுரன் Siven aux 5 visages;—முத்திரை 5 espèces de gestes à faire en faisant une offrande à une idole, les 5 marques des pénitens sivénistes, savoir: உருத்திராக் கம் chapelets de graines d'elæocarpus,கமண்டலம் vase de mandiant,காவிப்புடைவை toiles teintes en ocre jaune, சடை longue chevelure emmêlée,தண்டு long bâton; —மூத் திரம் les 5 espèces d'urines: savoir celles de vache,de chèvre,de brebis, de buffle et d'âne;—மூர்த்தி, V.பஞ்ச கிருத்தியர்; —மூலம் les 5 racines médicinales, elles se divisent en சி றுபஞ்சமூலம் et பெரும்பஞ்சமூலம்; —யக்கியம் les 5 sacrifices d'un chef de maison,V.பஞ்சமகாயக்கியம்; — யாகம் les 5 sacrifices,V. பஞ்சமகா யக்கியம், (ou d'une autre manière), அற்றப்போஷிப்பு nourrir sa parenté, தனக்குணவு se nourrir soimême, தேவபலி sacrifice à la divinité,பிதிர்பலி sacrifice aux ancêtres, யோகிகள்பலி sacrifices aux Yoguis; —ரசை, (ரசம்), le fruit du நெல்லி ou mirobolan qui a 5 saveurs;—ரத் தினம் 5 espèce de pierreries ou bijoux,i.e.or, émeraude,perle, rubis, améthyste;— ராசிகம் double règle de 3 contenant 5 termes connus: — ராத்திரம் nom d'une secte de Vichnou,V.பாஞ்சராத்திரம்;—லக்கணம், —லக்ஷணம்—,லட்சணம், 1° les 5 parties de la grammaire tamoule,i.e. எழுத்து ortographe,சொல் les mots, பொருள் amplification,யாப்பு prosodie ou règles de la poésie, அணி les figures de rhétorique. 2° les 5 choses dont doit traiter un pourana,savoir:création des mondes,leur destruction et rénovation, généalogie des dieux et des héros,règne des Manous, histoire de leurs descendans; —லவணம் 5 espèces de sels;—லாங் கலம், (இலாங்கலம் ka), don d'une étendue de terre de 5 charrues;—லி ங்கம் les 5 espèces de lingam, V. les au mot இலிங்கம்; — லோகம் 1° le 5 métaux des Indiens,V.les au mot உ லோகம். 2° alliage composé des 5 métaux:—லோகத்திலே வார்க்கிறது fondre (une cloche, une statue) avec un alliage de ces 5 métaux;—லோக த்திற்கூட்டுகிறது faire un mélange des 5 métaux; —லோபி très avare, —வடம்,(pantcha qui s'étend),le cordon bramanique dit பூணூல் (passé en baudoulière sur l'épaule, la poitrine et le dos); — வடி parfie de la grande forêt où le Godàvéri prend sa source, 5 arbres différens plantés à l'est, à l'ouest, au nord, au sud est et au sud-ouest; —வட்டத்தடி verge d'acier; — வத்திரன், (vaktra visage), l'être aux 5 visages, Siven, lion; —வருக்கம் classe ou collection de 5 choses; —வற்கலம் collection de l'écorce de 5 arbres; —வன்னம், —வருணம், —வர்ணம் les 5 couleurs: le blanc, le noir, le rouge, le jaune, et le vert; —வன்னம் ou வர்ணக்கிளி perroquet qui a ces 5 couleurs; —வாசம் les 5 épices odoriférantes, i. e. இலவங்கம் clou de girofle, ஏலம் cardamome, கருப்பூரம் camphre, சாதிக்காய் muscade, தக்கோலம் cubèbe; —வாத்தியம் assemblage des —, les 5 instrumens de musique; —வாணம் les 5 flèches de Kâmen, V. பஞ்சபாணம்; —விடயம் les objets des 5 sens, savoir: இரசம் la saveur, உருபம் la forme, ஸ்பரிசம் le toucher, சத்தம் le son, கந்தம் l'odeur, V. ஐம்புலன்; — விம்சம், — விம்சதி vingt-cinq, collection de 25 choses; —விசை, V. விசை-தி; — விரு, V. விரு-தி.

*பஞ்சகம், (பஞ்ச, ka), cinq, réunion de 5 personnes, collection de 5 choses, champ de bataille, gêne, détresse.

பஞ்சடைகிறது, (பஞ்சு), (les yeux ou la vue) devenir trouble, s'obscurcir, s'éteindre, voir tout comme du coton, ou paraître tel: பஞ்சடைத்த கண் vue trouble, œil blanchâtre de mourant.

பஞ்சணை, 1° (பஞ்சு, அணை), matelas de coton. 2° (பஞ்ச, அணை), 5 espèces de matelas, V. பஞ்சசயனம்.

*பஞ்சதம், (P. பஞ்சதை). mort.

*பஞ்சது, (pantchathou), temps, le குயில் ou coucou indien.

*பஞ்சதை, (பஞ்ச, tâ), mort, ou séparation des 5 élémens qui composent le corps, collection de 5 choses, les 5 élémens, V. பஞ்சபூதம்.

*பஞ்சமம், (பஞ்ச, ma), cinq, cinquième, beauté, agrément, habileté, note de musique, la 7e et dernière note ainsi nommée parce qu'on la dit composée du vent venu de 5 endroits, du nombril, de la poitrine, du cœur, de la gorge et du front, un des airs ou modes de musique, un des 7 சுரம்: பஞ்சமகதி bonheur du —, paradis.

*பஞ்சமன், (பஞ்சமம்), homme de la 5e caste, (non compris dans les 4 principales), paria, (soit par descendance mélangée, par dégradation, ou par descendance des anciens aborigènes. [ம்), le குயில் ou coucou indien

*பஞ்சமாதியம், (பஞ்சமம், ஆதிய

*பஞ்சமாரன், (pantchamâra), le fils de பலதேவன்.

*பஞ்சமி, (பஞ்சமம், i), la femme commune des 5 பாண்டவர் i. e. Draoupadi ou துரோபதை, espèce d'échiquier indien dit சொக்கட்டான் விபக்தி, 5e cas des noms sanscrits, 5e jour de chaque demi-lunaison, les 5 dernières constellations en commençant à அவிட்டம் qui est la 23e, enfant —, fille dans la 5e année de son âge: — பேய் démon qui reste quand on meurt le 5e de la lune.

*பஞ்சம், 1° (pantchan), cinq. 2° famine, cherté, disette, chute: — ஆகிறது la famine arriver; —ஆயிருக்கிறது la famine exister, — régner; — தெளிகிறது, — தெளிந்துபோகிறது la famine passer, — cesser.

*பஞ்சவன், (பஞ்ச), partisan de la secte dite பஞ்சராத்திரம்.

*பஞ்சரம், 1° (pandjara), nid, cage, volière, colombier, corps, squelette, place. 2° vautour, aigle, atelier de —, poterie, l'arbre செருந்தி.

*பஞ்சராகேடம், (பஞ்சரம், ஆகேடம்), espèce de panier pour prendre le poisson.

பஞ்சரிக்கிறது, த்தேன், ப்பேன், க்க, v.a. பஞ்சரித்தல், n.v. ou பஞ்சரித்துக்கொண்டிருக்கிறது parler, — poliment, affablement ou longuement, babiller, jaser, solliciter, implorer, supplier, importuner par le récit de ses malheurs.

பஞ்சரிப்பு,*n.v.du prés.* babil, bavardage importunité, sollicitation: பஞ்சரிப்பானவிசேஷம். சொல்லுகிறது redire une chose ou une affaire pour appuyer ses sollicitations

பஞ்சனொக்கிறது,(பஞ்சு), séparer le coton de sa graine.

பஞ்சவிக்கிறது,வித்தேன்,விப்பேன்,வி,விக்க, *v.n.* பஞ்சவித்தல், *n.v.* (பஞ்சம்), proclamer la famine.

பஞ்சவிப்பு.*n v.du préc.* proclamation—,misère de la famine.

பஞ்சவர்,(பஞ்ச),5 hommes *V.*பஞ்சபாண்டவர்: பஞ்சவர்தூதன் messager des 5 பாண்டவர்,*i.e.*Krichna.

பஞ்சவன், un des 5,un des 5 பாண்டவர்,épithète des rois பாண்டியர் de Maduré.

பஞ்சவெச்சம், (பஞ்சம், எச்சம்), les 5 restes...,les 5 sacrifices, *V.* பஞ்சயாகம்.

பஞ்சறைக்கிழவன்,(பஞ்சு.அறை, கிழவன்), vieillard très âgé blanc comme coton.

*பஞ்சனகம்,(பஞ்சனம்,ka),maladie de la bouche, contorsion des lèvres,chute de dents.

*பஞ்சனம், (bhandjana), brisement,destruction.

*பஞ்சனி,(பஞ்ச,ni), *V.*பஞ்சாரி.

*பஞ்சாக்கரம், பஞ்சாக்ஷரம்,(பஞ்ச,அக்ஷரம்),les 5 lettres mystérieuses des Sivénistes,*i.e.* ந,ம,சி,வா,ய, qui réunies signifient, en sanscrit, gloire à Siven.

*பஞ்சாக்கினி,(*id.* அக்கினி),5 feux entre lesquels les ascètes se tiennent, savoir: 4 feux allumés aux 4 points cardinaux et le soleil sur leur tête, les 5 feux mystiques supposés présens dans le corps, les 5 feux suivants: இராகம் concupiscence, கோபம் colère,காமம் luxure,சடம் cruauté,தீபனம் la faim.

*பஞ்சாங்கம், (*id.* அங்கம்), les 5 membres,collection de 5 choses, les 5 parties, les 5 divisions, ce qui a 5 parties, cheval,tortue,almanach indien ou plutôt indou composé de 5 parties,savoir: வாரம் les jours de la semaine; திதி les jours de la lune; நக்ஷத்திரம் les constellations lunaires, யோகம் conjonction des astres ou divisions de l'écliptique par rapport à l'astrologie, et கரணம் autre division du même genre;—கேட்கிறது consulter l'almanach; பஞ்சாங்கசுத்தம், —க்கடக்கமை la tortue qui cache dans son écaille ses 4 pattes et sa tête; —தெண்டன் prostration des 5 membres, *i. e.* faire toucher à terre les 2 pieds, les 2 mains et la tête; —பலன் utilité prétendue des parties de l'almanach;—மானியம் terre exempte d'impôt accordée au brame chargé de faire connaitre les 5 particularités du பஞ்சாங்கம்;—வாக்கியம் table des longitudes et des mouvemens de la lune en partant de l'apogée pendant 248 jours.

*பஞ்சாங்குலம், (*id.* அங்குலம்), 5 doigts, la main qui a 5 doigts, le palma christi (dont la feuille a 5 lobes comparés à 5 doigts).

*பஞ்சாங்குலி, (*id.*),qui a 5 doigts ou 5 divisions.

*பஞ்சாசத்து, (pantchâsat), cinquante.

*பஞ்சாசியம், (பஞ்ச,ஆசியம்), le lion au large visage.

பஞ்சாடுகிறது, (பஞ்சு, ஆடுகிறது),l'œil s'obscurcir, se ternir; sauter: பஞ்சாடித்திருக்கை espèce de raie qui saute.

*பஞ்சாட்சரம்,*V,* பஞ்சாக்ஷரம்.

*பஞ்சாதபை,(பஞ்ச,ஆதபம்),pénitence des 5 chaleurs, — faite entre les 5 feux,*V* பஞ்சாக்கினி.

*பஞ்சாமிர்தம், பஞ்சாமுதம்,(பஞ்ச.அமிர்தம்,அமுதம்), les 5 ambroisies ou 5 choses délicieuses, *i.e.* பால் lait, தயிர் lait caillé, சருக்கரை sucre,நெய் beurre fondu,தேன் miel, mélange de ces 5 choses. Quelques-uns mettent les bananes et les cocos en place du lait caillé et du beurre: பஞ்சாமிர்தாபிஷேகம், (அபிஷேகம்), onction faite avec les 5 ambroisies.

*பஞ்சாமிலம், (*id.* அம்மிலம்), 1° collection des—,les 5 plantes acides;

i. e. le jujubier, le grenadier, l'oseille, spondias et le citronnier. 2° jujubier.

பஞ்சாயத்தார், (பஞ்சாயம்), arbitres (ordinairement au nombre de 5), personnes désignées pour juger une affaire.

பஞ்சாயத்து, பஞ்சாயம், (பஞ்ச, ஆயம்), assemblée d'arbitres, —de 5 personnes ou plus pour juger une affaire.

*பஞ்சாயுதம், (id. ஆயுதம்), 1° 5 armes, les 5 armes et insignes de Vichnou, savoir: சக்கரம் roue, ou cercle ou arme ronde, தனுசு arc, வாள் épée, தண்டு massue, சங்கு conque qui sert de trompette; பஞ்சாயுதபாணி ou

*பஞ்சாயுதன், (id.), celui qui est muni de ou des 5 armes, i. e. Vichnou.

பஞ்சாய், le jonc கோரை ou cyperus.

பஞ்சாரம், âge des bœufs et des chevaux, chose usée, —vieille: நவ ou புதுப் — le jeune âge; நடு— l'âge moyen; பழம்—la vieillesse de ces animaux; — ஆய்ப்போயிருக்கிற சேலை toile qui commence à s'user, à s'érailler.

*பஞ்சாரி, (pantchâri), toile à carreaux, —pour jouer aux dés, espèce d'échiquier dit சொக்கட்டான்மனை.

*பஞ்சாரிஷ்டம், (பஞ்ச, அரிஷ்டம்), les 5 mauvais augures, savoir: இந்திரவில் arc-en-ciel, கேது étoile tombante, தூமம் comète, பரிவேடம் halo (cercle autour du soleil ou de la lune), விதிபாதம் autre augure réputé mauvais; பஞ்சாரிஷ்டதோஷம் mal ou mauvaise influence supposée venir de ces 5 mauvais augures.

பஞ்சாரிக்கிறது, (பஞ்சு, ஆர்க்கிறது), litt. le coton couvrir les yeux, s'obscurcir, se ternir, s'éteindre.

*பஞ்சாலம், (pantchâla), le Pandjab, pays situé au nord de l'Inde, un des 56 de la géographie indoue.

*பஞ்சாலிகை, பஞ்சாலிகை (id. i, ikâ), l'échiquier dit சொக்கட்டான்மனை, poupée.

*பஞ்சாவடம், P. பஞ்சவடம், le cordon bramanique dit பூணூல்.

*பஞ்சாவஸ்தம், பஞ்சாவத்தம், (பஞ்ச, அவஸ்தை), cadavre.

*பஞ்சாவஸ்தை, பஞ்சாவத்தை, (id. id.), les 5 états ou conditions dans lesquelles on peut se trouver, savoir: சாக்கிரம் ou சாக்கிரதை veille ou activité; சொற்பனம் rêve; சுழுத்தி sommeil profond, துரியம் distraction d'esprit, absorption, துரியாதீதம் insensibilité ou inanité.

பஞ்சாளி, (பஞ்ச, ஆளன்), V. பஞ்சகம்மாளர்.

*பஞ்சானனம், (பஞ்ச, ஆநநம்), l'animal au large visage, i. e. le lion.

*பஞ்சானனன், பஞ்சானனன் (id.), l'être fabuleux aux 5 visages, i. e. Siven.

பஞ்சான், petit —, enfant, poupon, (usité seulement dans le train de la vie domestique), racine de கோரை ou cyperus: அவனுக்குப் பஞ்சானும் குஞ்சானுமுண்டு il a plusieurs petits enfans; பஞ்சானும் குஞ்சானுமலைகிறது un enfant rôder ou errer (sans père ni mère), être dans la détresse, les enfans rôder.

*பஞ்சி, (pandji), coton, rouleau de coton préparé pour être filé, almanach, registre: —காரன் écrivain, faiseur d'almanach. 2° (பஞ்சை), paresse, peine, affliction: —காரன், —காரகன் V. பஞ்சிகாகாரகன்.

பஞ்சிகம், la plante நாவி.

*பஞ்சிகாகாரகன், (பஞ்சிகை, காரகன்), écrivain, calculateur, faiseur d'almanach, paresseux, homme affligé, peiné.

*பஞ்சிகை, (பஞ்சி, kâ), rouleau de coton, coton préparé pour être filé, fil, commentaire, ouvrage commenté, poil, almanach, registre, journal, compte, prétendu registre de Yamen, lequel contient les actions des hommes.

*பஞ்சிதம், (பஞ்சு, இதம்), étoile.

பஞ்சித்தொடர், (பஞ்சின், தொடர்), fil de coton, fil non interrompu, ou...

நுனி bout—,extrémité d'un fil de coton. [coton.

பஞ்சிநூல்,(பஞ்சின், நூல்), fil de

*பஞ்சீகரணம்,(பஞ்ச, i கரணம்), effets de la réunion—,opération des 5 élémens dans le corps.

பஞ்சு, (பஞ்சி), coton, — avec sa graine, gossypium, coton séparé de sa graine et préparé pour être filé, toile,habit,buisson: இலவம் —coton soyeux,—de la noix de l'இலவு ou bombax; — கொட்டுகிறது battre le coton, le battre avec un machine à cordes d'arc, (manière de la carder); —கொட்டி celui qui bat ainsi le coton; —க்கொட்டை rouleau—,flocon de coton prêt à être filé; —க்கொட்டை நூற்கிறது filer du coton,—des rouleaux de coton: — நீலப்பாஷாணம் vitriol bleu; — பன்னுகிறது carder le coton avec les doigts, l'éplucher ou le nettoyer; — பன்னுகிற துபோலே பன்னுகிறது pincer comme si on épluchait ou cardait du coton, piquer comme des épingles:—போலிருக்கிறது être cotonneux,— doux comme du coton; — ப்பொதி sac de coton,—au coton ou plein de coton; — வாங்கக்கொள்ளுகி றது germer.

பஞ்சுரம், sorte d'air ou de mélodie, luth propre aux pays montagneux, air ou mélodie propre aux pays stériles.

பஞ்சுருட்டான், பஞ்சுறுத்தான், (பஞ்சு,உருட்டு), nom d'un petit oiseau vert.

பஞ்சுரம்,(பம்,சுரம்), grandeur.

*பஞ்சேந்திரியம், (பஞ்ச, இந்திரியம்), les 5 sens, *V. au mot* இந்திரியம்.

பஞ்சை, 1° pauvreté, faiblesse, pauvre, misérable, mendiant. ‖*adj.* pauvre,chétif,mince, faible. 2° *acc. de* பஞ்சு: பஞ்சைகள் les pauvres,le bas peuple;இவன்பஞ்சை il est pauvre ou faible; — க்கோலம் habit—, accoutrement de mendiant;—க்கோலங்காட்டுகிறது paraitre en habit de mendiant;—த்தனம் pauvreté, bassesse;—ப்பாட்டு chant de mendiant, grande importunité:—ப்பாட்டுப்பாடு கிறது chanter un tel chant,ne cesser d'importuner; — ப்பொட்டுக்கள் pauvre malheureux, gueux;—மயிர் cheveu mince, poil fin,—délicat. [fortuné, homme faible.

பஞ்சையன்,(பஞ்சை),pauvre, in-

*பஞ்சோஷ்ணம், (பஞ்ச, ouchma *chaleur*), les 5 feux supposés dans le corps et qui servent à la digestion.

பட,1° *obl.de* படம். 2° *inf. de* படு கிறது.

*படகம்,1° (pataha),timbale,tambour de guerre,petit tambour d'annonces,—dit தமுக்கு, trouble,tumulte,bâton,dommage, meurtre. 2° (pataka),camp,tente,rideau,hutte,—dans les champs. 3° espèce de cerf dit கவரிமா, la plante விஷ்ணுகரந்தை.

படகு,bateau,barque, radeau:—க்காரன் batelier,propriétaire de barque;— வலிக்கிறது conduire un bateau à la rame; — வலிக்கிறவர்கள் bateliers, rameurs d'un bateau.

*படகுடி,படக்குடில்,(படம்),tente.

படக்குப்படக்கென்கிறது, (*son imitatif*), craindre,faire un bruit répété, palpiter; படக்குப்படக்கென்று signe de crainte,bruit répété,palpitation. [tus.

படங்கன், le poisson cataphrac-

படங்கு, (படம்), tente, étendard, grande bannière,dais, pavillon,couverture,dessus,—du pied, dissimulation,parole artificieuse, mensonge spécieux,sophisme, sophistiquerie, large latte. broche: படங்குக்கிறது représenter le faux comme vrai; — க்காரி femme dissimulée, — menteuse et trompeuse; படங்குகவிக்கிறது couvrir (des marchandises) d'une grosse toile d'enveloppe.

*படச்சரம், (padat *son imitatif*, சரம்),vieille toile,vieil habit.

*படச்சரன், (*id.*),voleur.

படபட,son imitatif de précipitation...:படபடவென்கிறது ou படபடக்கிறது, டத்தேன், டப்பேன்,ட,டக்க, v.n.(படபட), s'empresser, se presser, être précipité, se hâter inconsidérément, palpiter, faire du bruit,—le bruit de padapada: படபடென்றுவிழுகிறது tomber avec bruit; எனக்குடம்பு — வருகிறது mon corps est palpitant, épuisé (de fatigue, de faim...); — செய்யாதே n'agis pas avec précipitation; —பேசுகிறது parler avec précipitation; —படக்கடிக்கிறது mentir effrontément, — avec un empressement inconsidéré: படபடென்கல் signe de hâte, bruit répété,—précipité, —de padapada, ou

படபடத்தல், படபடப்பு, n.v. du préc. précipitation, empressement inconsidéré, palpitation, hâte: படபடப்பாயிருக்கிறது être précipité, empressé, inconsidéré; படபடப்பாய்ப் போகிறது ou வருகிறது aller —, venir précipitamment; படபடப்பை அடக்குகிறது réprimer—, arrêter la précipitation.

படபடென்கல், n.v. de படபடென்கிறது, son redoublé, cliquetis, précipitation.

படப்பம், ville entourée de villages. [derrière une maison.

படப்பு, jardin, champ ou enclos

படப்பை, pays, contrée, étable, — à vaches, ville en pays cultivé ou de rizières, V. படப்பு.

*படமஞ்சரி, (pathamandjari), un des 32 airs des Indiens.

படமரம், P. படைமரம், ensouple de tisserand, rouleau de devant sur lequel se roule la toile déjà tissée.

*படம், 1° (pata), toile, — belle, — fine, habit, chite, toile peinte, (d'où) peinture, tableau, gravure, image, dessin, rideau, écran, courtine —, surtout du contour d'une tente, (toile dont on couvre la tête des éléphans, bannière, drapeau, cerf-volant, toit de chaume. 2° (phata), tête étendue ou chaperon du serpent capelle. 3° P. பதம், pied, trace des pieds, vestige. 4° l'arbre காற்றோட்டி: காற்படம் cou-de pied, partie supérieure du pied; — அடிக்கிறது clouer un tableau ou une peinture à un mur; —குத்திநிற்றல் se tenir droit ayant un des gros orteils appuyé sur le dessus de l'autre pied; — உடையபாம்பு le serpent capelle;— எடுக்கிறது, — விரிக்கிறது le serpent capelle étendre son chaperon; — எழுதுகிறது dessiner, faire —, peindre un tableau; படக்காரன் peintre, tisserand; —ப்பாதி moitié de tableau..., jointure en menuiserie; படப்பொறி taches du chaperon de la tête du serpent capelle, la guimauve தூத்தி; —மண்டபம், —மயம், —வாசம் tente; — வாசம் tente, jupe, ou — வாசகம் poudre parfumée: இந்தப்படத்திலேகதைகள் உண்டு il y a beaucoup de sujets fabuleux ou historiques dans cette peinture. [intrépidité.

படரடி, (படர், அடி), entièrement,

படருகிறது ou படர்கிறது, படர்ந்தேன், ருவேன் ou ர்வேன், ரு ou ர், ர, v.n. s'étendre, (les arbres, les plantes, une dartre...), s'élargir, se répandre (une odeur...), se divulguer, se propager, s'étendre en rampant, marcher, se conduire, penser: படருகிறகொடிகள் plantes rampantes, comme concombres, citrouilles..., leurs branches qui serpentent: இந்தச்செய்தியெங்கும் படர்ந்தது cette nouvelle s'est répandue partout.

படருக்கை, (படர்), la plante செந்தாழுருவி. [acc. de படர்.

படரை, 1° la plante ஆவிரை. 2°.

படரொளி, (படர்), lumière —, splendeur qui se répand.

படர், 1° imp. et part. et n.v. de படர்கிறது, pensée, intention, passage, transition, marche, chemin. 2° affliction, maladie, douleur, peine, gens affligés, haine, drapeau, bannière, butte, hauteur, élévation. 3° pl. de படன், guerriers, combattans, serviteurs, gens vils, — chassés de caste; —கொடி plante rampante, qui serpente, la plante பீர்க்கு; — தாமரை dartre; — மல்லிகை le jasmin dit jasminium grandiflorum.

படர்க்கையார், (படர், கை), la 3me personne: — யிடத்தார் ceux qui sont de la 3e personne.

படர்ச்சி, n. v. de படருகிறது, marche, démarche, pas, extension, étendue.

படர்தல், n. v. du même, extension, étendue, largeur, direction, conduite, pensée.

படர்வு, n. v. du même, V. படர்ச்சி.

*படலம், (patala), foule, multitude, monceau, quantité, nombre, livre, section, division, chapitre ou chant d'un poème, taie qui vient à l'œil ou le couvre, cataracte, tache —, paille ou défaut dans les pierreries, place, côté, district, marque sur front avec du sandal, cortége, panier, claie, couvercle, couverture, toit en chaume.

படலிகை, (படலம், ikâ), sonnette, cercle, figure circulaire, fatigue, ennui, plat de fleurs, la plante பெரும்பீர்க்கு cucumis, V. படலம்.

படலை, chaine d'or, guirlande de fleurs, — de grelots, porte extérieure, — en claie, — de divers morceaux attachés, forme aplatie, tambour dont le dessus va en s'élargissant.

படல், 1° trou de l'antenne, petite porte, claie, écran ou abri fait de feuilles de cocotier etc... tressées ensemble. 2° opt. et n. v. de படுகிறது, existence, formation, rencontre, obtention, réunion, coélange, perte, destruction, mort, mucher, — des astres, souffrance, impression, floraison, choc, brisement, perception des sens, ou படற்கள்ளி le cactus dit பனைக்கள்ளி; படல் கட்டுகிறது attacher une claie...; இன்றையகாற்றுக்குத்தப்பினுல் நாளையடிக்கிறகாற்றுக்குப்படல்கட்டிக்கொள்ளலாம் si nous échappons au vent d'aujourd'hui, au moyen des claies que nous attacherons nous pouvons être à couvert du vent qui soufflera demain. [férante.

*படவாசகம், (பட), poudre odori-

படவாள், P. படைவாள், pointe de lac harrue sur laquelle s'emboite le soc, soc de charrue.

படவு, barque, bateau.

படவை, 1° la plante செருப்படி. 2° (badavâ), V. படபை, et ses composés. [tation, étude.

*படனம், (pathana), lecture, réci-

*படன், pl. படர், (bhata), guerrier, soldat, combattant, barbare, homme dégradé, de basse caste ou hors de caste, esprit, fantôme.

படா, 1° ou படாத, part. nég. de படுகிறது, qui ne touche pas, qu'on ne peut souffrir, insupportable, intolérable, inconvenable: படாப்பழி, — ழும் fausse accusation, calomnie, vengeance atroce; — ப்பழிசொல்லுகிறது calomnier; — வஞ்சகம், — வஞ்சனை insigne mensonge, cruelle déception; படாதபாடெல்லாம்பட்டேன் j'ai souffert tous les maux les plus intolérables. 2° ou படாது, gér. et 3e pers. neut. nég. du même, எனக்கும் உனக்குக்கும்படாது lui et moi nous ne pouvons nous accorder; சிறுமீன்கள் பெருவலையிலே படாது les petits poissons ne se prennent pas dans un grand filet.

*படாகை, (patâkâ), drapeau, bannière, bourgade.

படாத, படாது, part. gér. et 3me pers. neut. nég. de படுகிறது, V. படா.

படாந்தரம், (படா, அந்தரம்), mensonge, fausseté, fable, pur conte, calomnie: — சொல்லுகிறது, — ஆய்ப் பேசுகிறது dire une fausseté, forger un conte; — அடிக்கிறது, — போடுகிறது donner aux choses une fausse couleur, une fausse apparence, les falsifier, faire semblant: — ஆய்க்கட்டிச்சொல்லுகிறது forger —, inventer un histoire; — ஆய்வந்துவிழுகிறது arriver par hazard: — பண்ணுகிறது forger, inventer, falsifier: படாந்தரக்காரன் menteur, imposteur.

படாபஞ்சனம், (படா), destruction entière, perfidie, cruelle déception. [et n. v. nég. de படுகிறது.

படாமல், படாமே, படாமை, gér.

படாம், 1° P. படம், toile, rideau, grand drapeau. 2° P. படோம், nég. de படுகிறது, nous ne souffrons pas: படாம்வீடு tente.

படாசுமுக்கி, la plante பேய்ச்சுரை படாசுவேர். P. கடாசன். [பருதி.

படார், mot imitatif de bruit: படார் இடுகிறது, படாலென்கிறது faire du bruit.

படி, 1° imp. et part. de படிகிறது et படிக்கிறது. 2° manière, mode, façon, ressemblance, comme, selon, moyen, but, afin que, pour que, nature, disposition, qualité, mesure, la mesure dite நாழி, le 8° d'un குறுணி, environ un litre, poids (pour les balances), pesanteur, poids, — de 100 பலம், environ 7 livres et 1/7, escalier, degré, marche, échelon, étrier, seuil de porte, mesure de riz pour la nourriture d'une journée, batta ou bath, allocation, — journalière pour ceux qui sont en voyage ou en service éloigné, salaire journalier, haine, terre, varangue de maison, niveau d'eau.* 3° (pati), toile. 4° (pathi), lecture; அரைப்படி — demi mesure, demi-bath; கால்படி — ou காற்படி — quart de mesure, — de bath; ஆட்படி ou ஆளுக்குப் — nourriture —, allocation journalière ou bath par personne; ஒரு — கோதுமை une mesure de froment; ஒருபடி யெண்ணெய் une mesure d'huile; — கட்டுகிறது égaliser le poids, — la mesure ou le bath, ou — கொடுக்கிறது donner la dépense journalière ou le bath (en nature ou en argent); — க்கட்டளை fourniture —, dépense journalière et réglée (d'un temple, d'une maison), ordre de donner le padi, manière réglée, ou — க்கட்டு contre-poids, équilibre, poids égal; — க்கட்டுவைக்கிறது mettre un contre-poids dans la balance, égaliser le poids, garder le poids de l'or ou de l'argent donné à un orfèvre; — க்கட்டு marche d'escalier, mesure —, poids déterminé; — க்கட்டின்படி நிறுத்துக்கொடுக்கிறது délivrer (l'ouvrage), selon le poids déterminé; — க்காசு, V. படித்துறை; — க்காசு argent du bath ou pour la nourriture journalière; — க்காரன் celui qui reçoit le bath ou travaille pour sa nourriture, celui qui donne le bath ou la dépense journalière; — த்தரம் ordre, réglé générale, accord, sorte d'allocation faite aux pagodes; — த்தீன் nourriture donnée pour bath; — த்துறை lieu où il y a un escalier en pierres pour descendre dans un étang ou un puits; — படித்துக்கொடுக்கிறது mesurer —, distribuer le bath ou l'allocation journalière; — பாதி moitié (d'une dette, d'une perte, d'un gain ou autre chose déterminée); —, போடுகிறது donner —, distribuer le bath; — படியாயேறுகிறது monter par degrés; — ப்பணம் argent ou fanon d'allocation journalière, bath en argent (ordinairement un ana ou un petit fanon); — நாள் jour fixé pour donner le bath; — யளக்கிறது mesurer —, donner le bath ou la nourriture journalière en grains; — யளந்தோன் celui qu'on prétend avoir mesuré la terre d'un de ses pieds, i.e. Vichnou; ஒரு — யாயிருக்கிறது être dans le même état, ni mieux ni pire; — யிறங்குகிறது descendre les degrés; — யேறிச்சேவிக்கிறவள் bayadère ou servante de temple qui a le triste privilége de monter les degrés devant une niche d'idole; உபடி afin que, que, ou படியே (après un nom ou un participe), selon, comme, selon que; அவன்சொற்படி, — சொன்னபடியே selon ses ordres, sa parole ou sa promesse; காரியம் நடக்கும்படி afin que l'affaire marche ou selon que l'affaire marchera; தப்பும்படியறியேன் je ne sais ou ne vois pas de moyen d'échapper; படிக்குப்பாதி, V. படிபாதி; படிக்கு, படியால் (après un participe) afin que, pour, selon que, comme; அப்படிசெய்யும்படிக்கு pour faire ainsi; அவன் கோபியாதபடிக்குச் சொல்லு parle de manière à ce qu'il ne se fâche pas; என்னை யறியாதபடிக்கு sans me connaître, sans me le faire connaître, à mon insçu; கொ

வினைபடிக்கு, — ou சொன்னபடி ou சொற்படி நடக்கிறது obéir,marcher comme il a été ordonné, ou selon qu'il a été dit ou ordonné, ou selon l'ordre ou la parole; நீசெய்யும்படிக்கு afin que tu puisses faire,ou selon que tu feras; படிக்குச்செய்கிறவன், V. படியான்; நான்படிக்குவந்த படியாளைக்காத்திருப்போலே நிற்கவா dois-je rester debout à attendre comme le journalier qui est venu pour le bath; தூங்குகிறபடியாய்க்கிடக்கிறான் il est étendu comme un homme qui dort; படியிலேறுகிறது monter sur le degré ou par degrés...; படியால்,படியினாலே (après un participe),parce que: அவனதைச்செய்தபடியினாலே parce qu'il a fait cela.

படிகம் 1° P. ஸ்படிகம்,crystal, miroir. 2° danse, aumône, écorce de l'arbre விளா feronia: — இடுகிறது éclaircir des bijoux d'or (en les faisant bouillir avec de la cendre et autres ingrédiens);— ஆனமுகம் visage brillant,—serein;— ஆனவசனம் mot propre,—clair,— à sa place, pure vérité, parole vraie; படிகப்பச்சை pierre précieuse verte.

படிகர், (படி), portiers.

படிகிறது,டிந்தேன்,டிவேன், டி, டிய,v.n. se soumettre. s'assujéttir, s'abaisser, tomber, s'affaisser,obéir, être sujet, s'habituer, devenir habituel par l'étude ou la pratique,être mis en ordre, baisser,se calmer, se coaguler,s'unir,s'accorder,se mêler, déposer, s'enfoncer, — dans l'eau, couler à fond, succomber, plonger, se baigner, s'amender, s'améliorer; படிந்ததூசி, — தூள் poussière qui est tombée, ou s'est abattue par l'effet de la pluie ou de l'eau qu'on a jetée; படியப்பண்ணுகிறது, V. படிவிக்கிறது; — ப்போய்கிறது se précipiter, couler à fond, sombrer; கப்பல் — ப்போய்த்தது le navire a coulé à fond, a sombré; — ப்பார்க்கிறது chercher à se soumettre ou à soumettre, dompter, diminuer; காலைப் — வைத்துநடக்கிறது (un malade etc...) placer le pied avec précaution et marcher, marcher d'un pas ferme,se tenir ferme,s'ouvrir un chemin; — ப்போடுகிறது,— வைக்கிறது mettre reposer, — déposer...; அவனுடைய எழுத்துப் — வில்லை son écriture n'est pas encore formée; எனக்கவன் — வில்லை il ne m'obéit pas; பலகை — வில்லை la planche ne se joint pas bien; புத்தி — வில்லை son esprit n'est pas encore calmé ou formé,il n'est pas habile.

*படிகை, 1° (patikâ), habit,toile. 2° n.v. du préc. V. படிவு.

படிக்கம்,crachoir.

படிக்கல், 1° n.v.de படிக்கிறது. 2° (படி,கல்), pierre servant de poids, poids non estampillé.

*படிக்காரம்,(sphati, alun), alun.

படிக்கிறது, டித்தேன்,டிப்பேன், டி,டிக்க,v.a. படித்தல் n.v.(pathi lecture), apprendre,étudier, s'exercer, s'accoutumer,lire,dire,réciter, chanter; படித்தவன், படித்தெடுத்தவன் homme instruit,qui a étudié; படித்திருக்கிறது avoir appris, étudié..., être lu,récité; படித்துக்கொள்ளுகிறது apprendre, étudier.

படிக்கை, V. படித்தல்.

*படிசம், ((vadisa),hameçon.

படிசு,(படி). état,condition,juste proportion,fixité: ஒருபடிசாய் ou ஒருபடித்தாயிருக்கிறது être dans le même état.

*படிதம், (pathita), lecture,chose lue,récitation.

*படிதா, (pathitâ), lecteur.

படிதல்,n.v.de படிகிறது,soumission, obéissance, accord, mélange, union, plongeon, bain, lavage, amendement, amélioration.

படித்தல், n.v.de படிக்கிறது, lecture,récitation, étude,dire, apprendre.

*படித்திரம்.(bhatitra), viande rôtie (à la broche...).

படித்து,1° gér.de படிக்கிறது. 2° P. படிசு.

படிந்த,படிந்து, part.et gér.de படிகிறது.

படிப்பனவு,படிப்பினை,n.v.de படிக்கிறது,instruction, enseignement, doctrine,érudition,étude.

படிப்பாளி,(படிப்பு,ஆளி), savant, homme instruit.

படிப்பிக்கிறது, *v.caus. de* படிக்கிறது (*avec. le dat. de la personne et l'acc. de la chose ou plus élégamment avec* 2 *acc.* faire apprendre..., instruire,enseigner,exercer,habituer.

படிப்பித்தல்,படிப்பிப்பு, *n. v. du préc.* [qui enseigne, précepteur.

படிப்பிப்போன். *n.app. du même,*

படிப்பினை, 1° *P.*படிப்பனை instruction, doctrine, sable mêlé de minerai de plomb.2° *acc. du suiv.*

படிப்பு,*n.v.de* படிக்கிறது,étude, science,savoir,instruction, érudition,connaissance,diction,lecture, esprit,expérience,habitude: — க்காரன் homme instruit,savant.

படிப்போன்,*n.app.de* படிக்கிறது, écolier,étudiant.

படிமத்தாள்,படிமாத்தாள், (படிமம்,அத்தாள்),femme possédée.

படிமத்தான்,படிமத்தோன்,(*id.*), énergumène,homme possédé et inspiré par le démon ou un prétendu dieu payen.

படிமம்,état —, danse d'énergumène, possession (par un esprit), miroir,pureté,blancheur:படிமக்கலம் miroir, படிமதானம் un des 9 தானம்.

படிமானம், (படியும், மானம்), soumission,convenance,habileté,ordre établi,amélioration, régularité, justesse,union,diminution du prix: பலகைபடிமானமாயிருக்கவில்லை la planche ne joint pas bien.

படிமை, accoutrement de péni-

படிய,*inf. de* படிகிறது. [tent.

படியகம், crachoir.

படியச்சு, (படி,அச்சு),nom d'un instrument. [de lime,râpe.

படியரம், (படியும்,அரம்), espèce

படியாணி,(படி,ஆணி), cheville pour assujéttir les échelons d'une échelle. [கிறது,*et de* படிக்கிறது.

படியா,படியாத, *part.nég.de* படி-

படியாமை,*n.v.nég des mêmes verbes*,manque—,défaut de soumission, d'instruction,d'étude..

படியார், 1° *n.app.nég. de* படிக்கிறது,gens sans instruction, ignorans. 2° *n.app. nég. de* படிகிறது, gens désobéissans.

படியாள்,(படி,ஆள்), ouvrier —, serviteur —, journalier payé en grain. [sandal.

*படிரம். *P:* படீரம், bois de—,

*படிலன்,(bhadila),serviteur, héros,brave.

படிவம்,*P.*வடிவம், beauté, corps, forme,--du corps; membre, jeûne, abstinence.

படிவர்,(படிவம்), pénitens, sages, ascètes, — indiens portant une longue chevelure emmêlée.

படிவிக்கிறது,*v. caus. de* படிகிறது, soumettre, assujéttir, abaisser, mettre en ordre, rendre sujet, soumis,obéissant ..

படிவு, *n.v.de* படிகிறது, soumission,obéissance,sujétion, révérence, respect,abaissement,plongeon,bain, support.

படிறர்,(படிறு),voleurs,menteurs, trompeurs,perfides, débauchés, luxurieux.

படிறு,*gén.* படிற்றின், vol,mensonge,fraude,perfidie, débauche: படிற்றொழுக்கர், (படிறு, ஒழுக்கம்), *V.* படிறர். [டணம்.

படிணம், 1° victoire, rôle.2° *P.* பட

*படீரம், (patira), arbre de sandal, couleur —, rouge, ventre, hauteur, champ, rhumatisme, flatuosité,nuage,crible,van, rave.

*படீரன்,(*id.*), *V.*கந்தருவன்.

படீர்,son imitatif de craquement etc...:படீரிடுகிறது,படீரென்கிறது, faire *padîr*,— du bruit,craquer: படீரென்று கிழிகிறது se déchirer avec bruit; —விழுகிறது tomber en craquant.

படு,1° toddi ou callou,*i.e.* vin de cocotier..., étang,réservoir,bouquet de fleurs,grappe de fruits d'arbres, bien,richesses,excès, grand (devant un nom comme படுபொய் gros mensonge).2°* (patou), habileté, subtilité,pointe,chaleur,fraude. 3e *imp. et part.de* படுகிறது: படுகளம் champ de bataille; —கள்ளன் grand voleur; —கா டு lieu où l'on brûle les cadavres, cimetière; — காயம் blessure mortelle: — காயமாய்விழுகிறது tomber blessé mortellement; —காயம்படுகிறது être blessé mortellement; — காய்ச்சி feuilles de tabac qui ont poussé du tronc après la 1re coupe des feuilles; — குடம், — குழி fosse, — pour prendre les éléphans et autres animaux, chausse-trape; —குடி maison —, famille ruinée; —க்கள்ளி menteur,fourbe, rusé, fabricateur d'histoires ou de contes (pour tromper); — க்கள்ளிவிசேஷம் conte,fable, histoire inventée pour tromper: — சூரணமாக்கிப்போடுகிறது réduire en poussière,anéantir, détruire entièrement;— சூரணமாய்ப்போய்விடுகிறது être réduit en poussière, être anéanti; —ஞாயிறு, — ஞாயிறு,— நாயிறு,நாயிறு soleil couchant, esquinancie, — qui commence au coucher du soleil: — தடி bâton de bois mort,—qui tombera ou se brisera; — தண்டம் profonde révérence,prostration; —தாமரை dartre, mal qui s'étend sur le corps comme une feuille ronde de nénuphar; — திறமை habileté, dextérité;—நிலம் terre stérile, — sans eau, champ de bataille,lieu où l'on brûle les morts; — நெறி chemin rude,raboteux,inégal; —பழி,— பழி grande vengeance,—haine ou faute; —பழம் fruit prêt à tomber, —très-mûr,trompeur; — பாவி grand pécheur,débauché,impie; —புரளி, — பொய் pur —,gros mensonge; —புளுகு pur mensonge,pure vanterie,vaine louange:—பொழுது soirée,soir; — மரம் arbre mort,—mourant, —மலை ப்பாலை espèce d'air ou de mélodie; — முடிச்சு nœud inextricable, — gordien; — முடிச்சாய்முடிகிறது nouer fortement,d'une manière inextricable;— மோசம் tromperie—, déception complète perfidie.

படுகை,route inégale,—raboteuse, chemin qui monte et descend, étang,fosse, creux, —dans un chemin etc...,pays cultivé, terre à riz, [rizière,champ. படுகை,alun.

படுகிறது,பட்டேன்,படுவேன்,படு,பட, *v. n.*souffrir,endurer,sentir, éprouver, supporter, être atteint, —affecté,périr, mourir, être tué dans une bataille, (un arbre...) se dessécher,—mourir, (le soleil) se coucher, se prendre (dans un filet...), être, se former,se trouver,se présenter, être imaginé, exister, heurter, donner contre, frapper, toucher, atteindre, s'imprimer, résonner, obtenir, fleurir, manquer. Après un infinitif ou la racine d'un verbe, celui-ci forme le passif: எண்ணப்படுகிறது être compté,estimé...; அடி *ou* அடிக்கப்படுகிறது être battu; செய்யப்படுகிறது être fait; அதுசெய்யப்படவில்லை cela n'a pas été fait; செய்யப்படாது cela ne peut ou ne doit pas se faire. Après un nom il signifie avoir, obtenir, éprouver, ou bien, être, en traduisant le nom par l'adjectif, et si ce nom est terminé en ம்,cet ம் se change en ப்: சந்தோஷப்படுகிறது épouver ou avoir de la joie, être joyeux,se réjouir; கவலை — éprouver—, avoir du chagrin,être triste, s'attrister; சுகப்— recouvrer la santé, être bien portant; சகலமும் *ou* எல்லாம்— souffrir toutes sortes de maux, faire tous ses efforts; மீன்— le poisson se prendre; மீன்படவில்லை le poisson ne s'est pas pris, on n'a pas pris de poisson ; இதின்மேலே வெயில்படுகின்றது le soleil donne sur cela: கல்லென்கன்னத்திலேபட்டது la pierre m'a atteint ou frappé à la joue: குண்டுஅவன்தோளிற்பட்டது la balle l'a atteint à l'épaule;கைபட்டது la main a été atteinte ou a touché, a saisi; கொஞ்சம்பட்டது cela a touché ou souffert légèrement,peu (de poisson...) a été pris; காற்றுப்படாமலிருக்கிறது être à l'abri du vent;படப்போகிறது al-

-ler frapper, — toucher, — atteindre; படப்போடுகிறது lancer de manière à atteindre au but, frapper, toucher; குறிபடப்போடு lance de manière à atteindre au but; படமாட்டோம் nous ne souffrirons pas; தனிப்பட séparément, à part: ரகாரம்படவுச்சரி prononce de manière à faire sentir la lettre r; இடம்படவீடு கட்டுகிறது bâtir une maison spacieuse; இடம்படவீடெடேல் ne bâtis pas une grande maison; இடம்பட்ட spacieux, large, vaste, qui prend de la place; பட்டபாடு souffrances endurées; பட்டபாடுஞ் கெட்டகேடுஞ் சொன்னான் il a raconté les souffrances et les pertes qu'il a éprouvées; பட்டபாட்டைக்கேட்டால் கெட்டகேட்டைச் சொன்னான் étant interrogé sur ses souffrances il a raconté ses malheurs; பட்டப்பகல் plein—, grand jour; பட்டப்பகலிலே வருகிறது venir en plein jour; பட்ட ou பட்டுப்போனமரம் arbre mort ou desséché; பட்டிருக்கிறது avoir souffert, être mort...; பட்டுக்கிடக்கிறது être étendu mort ou gravement blessé; நீபட்டுக்கிடக்க, பட்டுக்கிடப்பாய் puisses-tu être étendu mort, (imprécation): பட்டுப்போகிறது descendre, se coucher, être tué dans une bataille, se dessécher et mourir; பட்டுப்போனமரமுந் துளிர்க்கும் les arbres même morts et desséchés repousseront (se dit dans les louanges des grands); அவன்கவிபாடிஞல் பட்டுப்போனமரமும் பச்சை கொள்ளும் quand il chante ses vers, les arbres même desséchés reverdissent; கொஞ்சம்பட்டுப்போயிற்று cela a un peu souffert, ou a été un peu endommagé; பட்டுத்தவிக்கிறது souffrir, endurer; திரியிலேதண்ணீர்பட்டது l'eau a touché la mèche; பட்டதறியாயோகொட்டுக்கூடாய் பசுதுண்டதறியாயோசாட்டைக்கூடாய் ne sais-tu pas ce que tu as souffert lorsque tu étais petit *litt.* comme une petite corbeille et ne sais-tu pas ce que tu as mangé aujourd'hui que tu es grand comme une large corbeille? Maintenant que tu es dans l'abondance as-tu oublié ton ancienne détresse?

படுகு, particularité du discours, discours—, mot efficace.

படுகை, 1° *n.v.de* படுகிறது. 2° (படுகிறது), *ou* படுகைச்சதுரம், champ au milieu ou sur les bords des fleuves et souvent inondé: — யாமணக்கு sorte de ricin, (qui se sème dans de tels champs), ricinus inermis.

படுக்கிறது, டுத்தேன், டுப்பேன், டு, டுக்க, *v.a. et n.* se coucher, coucher, être couché, — couché à plat, reposer, dormir, faire—, coucher, paver, étendre, tuer, niveler, répandre dans l'aire pour y être battu par les pieds des bœufs, battre le blé, prendre dans un filet, pêcher au filet, entasser, presser: நெற்—, வரகு— battre le riz, — le millet dit வரகு, les répandre dans l'aire pour être battus par les pieds des bœufs; கற்— paver en pierres, coucher ou étendre une pierre; உப்பு—entasser du sel, en faire un magasin: படுக்கவைக்கிறது (*avec l'acc.*), coucher (un enfant...), mettre au lit, mettre à plat: படுத்திருக்கிறது, படுத்துக்கொண்டிருக்கிறது être couché, se coucher, garder le lit (par maladie...): படுத்துக்கொள்ளுகிறது se coucher: செங்கல்படுத்தமுற்றம் cour pavée en briques; படுத்தரை, படுத்தபூமி terre nivelée: படுத்திடுங்கயிறு piége, lacet, filet pour prendre les oiseaux, animaux...).

படுக்கை, *n. v. du préc.* action de se coucher..., couche, couchette, lit, lieu où l'on couche, repos, litière (pour les animaux), pied d'une enclume, selle ou coussin pour mettre sur un cheval: — க்கட்டில் lit à coucher; — ச்சாலை, — வீடு, — யறை chambre à coucher, dortoir; — பார்க்கிறது chercher son lit, — où se coucher, aller se mettre au lit; குதிரைக்குப்—போடுகிறது mettre de la litière à un cheval.

படுதல், *v.n. de* படுகிறது, souffrance, tolérance, impression, coup, mort, prise, coucher (des astres), existence, formation, idée, perception, rencontre, choc, floraison, privation, l'occident, le côté où se couche le soleil.

படுசர, (*ind.*), refuge, abri.

படுத்த, 1° *part. parf. de* படுக்கிறது, 2° *inf. de* படுத்துகிறது. [son.

படுத்தல், *n.v. de* படுக்கிறது *et de* படுத்துகிறது: —ஓசை ton—, son—, accent grave ou bas, son des lettres douces ங, ஞ, ண, ந, ம, ன.

படுத்து, 1° *gér. de* படுக்கிறது. 2° *imp. de* படுத்துகிறது.

படுத்துகிறது, த்தினேன், த்துவேன், த்து, த்த, *v.a. de* படுகிறது, படுத்துதல், *n.v.* faire souffrir, —endurer, —prendre, causer, tuer, traduire, coucher, (après un nom il signifie) donner, rendre: துக்கப் — causer—, donner du chagrin, rendre triste, attrister; வெளிப் — rendre public, faire connaître, découvrir; தமிழ்ப்— traduire en tamoul.

படுப்பிக்கிறது, *v. caus. de* படுக்கிறது, faire—, coucher...

படும், 3° *pers. et part. fut. de* படுகிறது, il souffrira... (après un infinitif il signifie quelquefois), il faut.

படுவது, *n. app. de* படுகிறது, ce qu'on souffre..., il convient: —படுகிறது souffrir grandement, — ce qu'on peut souffrir, être bien exercé, expérimenté; வருவது சொன்னேன் —படுவாய் j'ai dit ce qui doit arriver, vous souffrirez ce qu'il y aura à souffrir. [றி.

படுவநாயகி, la plante பாற்சொற்

படுவர், 1° (படு), marchands de callou ou de vin de cocotier... 2° (படுகிறது), ils souffriront.

படுவன், 1° furoncle, ulcère, —malin au dessous du genou, gale, nom d'une maladie et d'une plante. 2° *P.* படுவான் *et* படுவேன், il souffrira, je souffrirai. 3° *sing. de* படுவர், vendeur de callou.

படுவான், 1° *et* 2° 3° *pers. fut. et n. app. de* படுகிறது, il souffrira, un mortel, un être sujet à la souffrance. 3°

படுவி, 1° *f. de* படுவன், vendeuse de callou. 2° (படு), femme débauchée, —de mauvaise vie. [tu souffriras.

படுவை, 1° radeau, 2° *P.* படுவாய்,

படேன், *nég. de* படுகிறது, *et de* படுக்கிறது: இங்கேபடேன் je ne me coucherai pas ici, je ne dormirai pas ici, *ou* (படு, ஏன்), couche ou dors ici, je t'en prie.

படை, 1° armée, — rangée en bataille, arme, instrument, combat, bataille, charrue, soc de charrue, selle de cheval, couche, — généralement de la hauteur d'une coudée que l'on met à chaque fois à un mur de terre en construction, rangée, couche—, rang ou rangée de briques dans un mur ou dans le revêtement d'un puits, sommeil, matelas. 2° *P.* படாய், 2° *pers. nég. de* படுகிறது, tu ne souffriras pas. 3° *imp. de* படைக்கிறது: அஞ்சு —, ஆறு —, எழுபடை (mur de) 5, 6, ou 7 couches de terre successives; ஒளி— troupe —, gens en embuscade; குத்தும் —arme qui —, pique, lance, escadron de lanciers; வெட்டும்—arme qui tranche, sabre, épée, gens armés de sabres; படைதருகிறது une armée pousser des cris, des acclamations; — கூட்டுகிறது rassembler—, conduire une armée; —க்கப்பல் vaisseau de guerre; —க்கலம் arme, instrument, acier; —க்கலம் பயிறல் apprendre à faire l'exercice, c'est un des 6 devoirs des rajas; —க்கால், —க்கால்ப்பலகை soc de charrue en bois auquel s'adapte le soc ou la pointe en fer; —க்குழப்பம் trouble—, révolte d'une armée: —க்கூடு fourreau d'arme ou d'outil; —க்கோலம் appareil —, accoutrement militaire; —க்கைவகுக்கிறது partager une armée en ses diverses parties; —ச்சனம் gens d'armée, militaires; —ச்சால் sillon, — tracé par la charrue; —ச்செருக்கு bravoure guerrière, —d'une armée, courage militaire; —செய்கிறது faire la guerre, combattre;—சேர்க்கிறது lever une armée;—த்தலைவன் général d'armée;—த்துணைவர் secours pour une armée,—pour la guerre,ou—த்துணைவன் compagnon d'armes; —த்தொகை corps—,détachement d'armée; —பயிற்றுகிறது enseigner—, apprendre l'escrime,—à faire des armes,—l'exercice militaire, c'est un des 6 devoirs des rois;— ப்பைக்கூடு fourreau d'arme ou d'outil;— பேர்த்தல் creuser—,miner par dessous;—ப்பவிஞ்சு,—ப்பவுஞ்சு,—ப்பௌஞ்சு ordre de bataille;—ப்பௌஞ்சுபார்க்கிறது passer une armée en revue, examiner l'ordre de bataille; — ப்பௌஞ்சுபோயிற்று l'armée est rangée en bataille,l'ordre de bataille est rompu; —பொருகிறது l'armée combattre,faire la guerre;— மரம், V.படமரம்;—மா l'animal guerrier,i.e. le cheval;—மாக்கருவி selle de cheval;—மாட்சி bravoure—, prouesse d'armée;—மிகுக்கிறது l'armée augmenter,—se mutiner: — மிகுத்தாலரணில்லை si l'armée se mutine un fort ne sert de rien;— முகம் front de l'armée,avant-garde;—முகத்திலே en face d'une armée, devant une armée;—முஸ்திப்பு,— முஸ்தீது attirail—,équipage—,accoutrement militaire,—de guerre;—முறிகிறது —,முறிந்துபோகிறது une armée rompre ses rangs,—être mise en déroute;—முறிக்கிறது mettre en déroute—,défaire une armée, en rompre les rangs;—முறிவு déroute d'armée; —யணி détachement—, division—, rang d'armée,ordre de bataille;—யறுக்கிறது mettre en déroute—,rompre une armée;—யறுகிறது,—யற்றுப்போகிறது l'armée se rompre, prendre la fuite;—யாளர்,—யாளி guerrier,militaire,combattant,homme d'armée;—யிராசன் le roi de l'armée, salpêtre; — யிறங்குகிறது l'armée camper; — யிறங்குமிடம் camp,campement d'armée;—யுறுப்பு détachement d'armée, corps de troupes;—யுறை fourreau d'arme ou d'outil;—யெடுக்கிறது lever une armée,se préparer pour la guerre, entrer en campagne, s'opposer à, combattre contre,ou — யெழுகிறது une armée lever le camp,—se mettre en marche ou en mouvement;—யெழுச்சி mouvement —, marche d'une armée;—யெழும்பல்,—யெழும்புகிறது une armée lever le camp,—se mettre en marche, se soulever;—வகுப்பு ailes —, corps —, division d'armée,bataillon,ordre de bataille, —வகுப்பு-ச 4 manières de ranger une armée: அணி en file,உண்டை en peloton, ஒட்டு en corps,யூகம் en ordre de bataille. (Il y a en outre la division d'une armée en 4 corps:தேர் chars,கரி éléphans, பரி chevaux,காலாள் piétons; on les nomme சதுரங்கம்),—வரம் selle,coussin de cheval;—வாச்சியம், — வாத்தியம் instrumens de musique—,musique militaire,la bande de musiciens d'un régiment; —வாணம் fusée;—வாள் soc de—,charrue,sabre;— விகற்பம் diverses manières de ranger une armée en bataille,divers plans de batailles;—வீடு arsenal,magasin d'armes,caserne,camp,garnison,temple;—வீடுதூரமாயிருக்கிறதா le camp est-il loin d'ici?n'as tu pas des oreilles pour entendre?— வீரம் bravoure militaire; — வீரர்,pl. — வீரன் brave,héros, guerrier, militaire;—வெட்டு blessure reçue à la guerre; —வெற்றி victoire,—d'armée; படைக்குப்போகிறது aller à l'armée,—à la guerre,suivre l'armée; படையிற்படுகிறது être tué—, mourir à la guerre ou à l'armée.

படைக்கிறது, டைத்தேன், டைப்பேன்,டை,டைக்க,v. a. படைத்தல், n.v.créer,faire,former,fabriquer,inventer,mettre en ordre,offrir du riz bouilli ou autres mets à une idole, distribuer —, servir à manger (aux பண்டாரம்...), acquérir,posséder,garder,entretenir, supporter, bien traiter, gouverner sa femme, remplir avec elle le devoir marital, donner une rossée: அமுதுபடை donne à manger (aux pauvres); படைக்கப்பட்டது, படைக்கப்பட்டவஸ்து créature—;chose offerte à une idole; படைத்துவைக்கிறது offrir aux idoles et garder; அவனை நன்றாய்ப்படைத்தான் il l'a bien traité, i. e. il lui a donné une bonne rossée; பழந் தேங்காய்ப்படைக்கிறது offrir des fruits et des cocos (aux idoles).

படைக்கல்,n.v.du préc. chose offerte (surtout à une idole).

படைத்தவன், படைத்தோன், n. app. du même, créateur, Dieu, faiseur père, possesseur, surnom de Brama.

படைப்பு,n.v.du même, création, créature, chose créée, sacrifice, offrande de mets —, chose offerte à une idole, distribution de nourriture, acquisition: படைப்புண்கிறது être créé...; படைப்புண்டதெல்லாம் tout ce qui créé a été...

படையல்,n.v.du même, offrande, oblation, chose offerte: — அப்பங்கள் pains de proposition; ஏறெடுக்கப்படுகிற —chose offerte—, offrande faite en l'élevant.

படையன்,(படை), frapper, esclave.

படையாச்சி, (id.குட்டி), nom d'une caste, titre honorifique—, division des பள்ளி et des வன்னியர்.

*படோடகம்,(படம்;உடகம்), tente.

*படோலகம்,(patôlaka), huitre.

*படோலம்,படோலி,படோலிகை, (patôla,i,ika), espèce de petit concombre, trichosanthes diœca.

படோலக்கிரந்தி,(படோலம்), la plante பேய்ப்புடோல்.

பட்கை, une des dents supérieures du serpent.

*பட்சணம்;பட்சணை, P. பக்ஷணம்..., nourriture, proie, manducation.

*பட்சணி, P. பக்ஷணி.

பட்சணிக்கிறது, P. பக்ஷணிக்கிறது, manger, dévorer.

*பட்சம், et ses composés, V. பக்ஷம் et பக்கம்.

*பட்சயம், P. பக்ஷயம், nourriture.

*பட்சதாபம், P. பட்சந்தாபம், V. பக்ஷந்தாபம்.

*பட்சபாதம், பட்சவாதம், V. பக்ஷபாதம், partialité...

*பட்சவாதி,(பட்சம்), homme partial, partisan.

*பட்சி, et ses composés, V. பக்ஷி.

பட்சிக்கிறது, P. பக்ஷிக்கிறது.

பட்ட, 1° part. parf. de படுகிறது; qui a souffert, mort, desséché. 2° adj. de பட்டம்:—சாலை, V. பட்டசாலை; —சீட்டு certificat—, attestation de dignité, billet avec signature du nom de dignité, ou du surnom; —திரி mèche allumée,—pour allumer du feu; —ஸ்திரீ, —த்திரீ, —த்தேவி reine, femme légitime du roi; —த்துரை roi,—en titre, prince, — du sang, haut dignitaire, noble, gouverneur; —ப்பகல் plein jour; —ப்பகலிலே en plein jour,—midi; —பந்தனம் couronnement, imposition d'un diadème, nomination à une—, assujettissement d'une dignité; —பாடு souffrances endurées; —ப்பேர் titre—, nom de dignité, surnom, nom honorifique de caste...; —மகிஷி reine, femme de roi; —மணி pierre précieuse polie,—ciselée; —மரம் arbre mort; —ரங்கம், —ரஞ்சனம், —ரஞ்சனகம் sapan, bois de teinture; —வஸ்திரம் robe—, habit de cérémonie,—de dignité; —வர்த்தனம் large marque que les ஸ்மார்த்தர் et autres portent sur le front; —வர்த்தனர் ceux qui portent cette marque, nobles, feudataires d'un roi, princes couronnés,—du sang, de famille royale; —விருத்தி exemption de tribut,—d'impôts, terre exempte d'impôt accordée aux bramines; —விளக்கு espèce de lampe.

*பட்டகம்,(பட்டம்,ka), toile, bandage, grenier, magasin, dépense, la plante புளூக்கொல்லி; பட்டகசாலை grenier, magasin, dépense, salle, salon, salle—, place d'audience.

பட்டடை, enclume, tenailles, pinces, pincettes, atelier—, boutique—, établi d'artisan, table sur laquelle il travaille, lieu des travaux de culture, rizière, champ, tas, tas de blé, de riz ou autres grains, portion de la moisson qui appartient aux—;

part des laboureurs,soutien, appui, planche qui supporte, espèce de bijou qu'on attache au cou:— கட்டுகிறது bâtir —,établir un atelier d'artisan;voler;—கட்டி, — கட்டிக்கொண்டுபோகிறவன் grand voleur qui emporte la paille et le blé ensemble; —காக்கிறது garder les champs,— l'aire ou un tas de blé; — க்கழனி rizière.champ ou rizière arrosée artificiellement; — க்காரர் ouvriers d'atelier, cultivateurs; — போடுகிறது établir un atelier;—மனை établi —,banc d'ouvrier;— முத்திரைபோடுகிறது mettre une espèce de cachet ou de marque en terre sur un tas de blé;—யிறைக்கிறது ou பட்டடைக்குத் தண்ணீரிறைக்கிறது arroser une rizière ou un champ (avec la picote ou autre moyen).

பட்டடையார்,(பட்டடை),propriétaire d'une manufacture,maître—, chef—, gens d'atelier, surveillant, contre-maître,principaux ouvriers.

பட்டணத்தான், பட்டணத்தோன்,(பட்டணம்),citoyen,citadin, habitant d'une ville.

*பட்டணம், (pattana), ville,cité, grande ville:—குடியேறுகிறது une ville se peupler,*ou*— குடியேற்றுகிறது peupler une ville;—அமர்க்களமாய்க்கிடக்கிறது une ville être dans le trouble,—être devenue un champ de bataille;— எல்லாங்கூக்குரலாகிறது des cris —, un grand vacarme se faire entendre dans toute la ville;பட்டணப்பிரவேசம் entrée triomphale—,entrée dans une ville;பட்டணசுவாமி, பட்டணத்துச்சுவாமி,1° le dieu —, le gourou d'une ville.2° arbitre,juge (de différens,de procès de caste...dans une ville),nom d'un célèbre marchand de காவேரிப்பட்டணம் qui renonçant au monde et à ses grandes richesses écrivit plusieurs petits poèmes et finit,dit-on, par s'identifier avec Siven à திருவொற்றியூர்;பட்டணத்துப்பிள்ளை enfant de ville, *V.* பட்டணத்துச்சுவாமி 2°; பட்டணத்துக்குத்தலைவனானவன் chef—, gouverneur de ville.

பட்டணவர், *P.* பட்டினவர், pêcheurs.

பட்டத்தானை,பட்டத்தியானை, (பட்டத்து,யானை), éléphant royal,— de cérémonie, —principal du roi.

பட்டத்து,*obl. de* பட்டம்: — த்குமாரத்தி fille aînée d'un roi,princesse héréditaire;—க்குமாரன் fils aîné d'un roi, héritier présomptif de la couronne,—த்துரை prince héréditaire, héritier d'une principauté ou d'une haute dignité; — த்தேவி reine,—couronnée,— légitime.

பட்டநுபவிக்கிறது,(பட்டு),souffrir,endurer,éprouver.

*பட்டமகிஷி,(பட்டம்,pa *prince*), reine,femme légitime d'un roi:—மகிஷி,—குமாரன் fils de reine,héritier présomptif du trône.

பட்டமார், courriers, messagers, postillons.

*பட்டம்,1° (patta),toile,—colorée, soie filée, turban, bandage d'une plaie,bandeau autour de la tête, diadème,couronne,bijou ou ornement du front (de mariée...),tonsure cléricale,haute—,dignité, autorité. domaine,gouvernement,plaque (pour écrire des inscriptions...).concession royale,—domaniale,bouclier, ville, village,lieu ou 4 routes se rencontrent,fauteuil,siége,tabouret. 2° arme,épée,instrument, le yack ou cerf dit கவரிமா,étang, lit,couche,litière (d'animaux), chemin, cerf-volant, rouleau de papier,image sur papier, carré,longueur.3° *P.*பட்டேசம்,nous avons souffert;—ஆளுகிறது régner, gouverner,jouir d'une dignité;— விடுகிறது lancer dans l'air un cerf-volant;—கட்டுகிறது nommer à une dignité,—roi,—capitaine...,investir d'une dignité, couronner, donner l'investiture royale, mettre l'ornement du front (à une mariée...);—கட்டி,roi—,prince couronné, investi d'une haute dignité,chef de village (chez les பரவர்,les pêcheurs et les கைக்கோளர்), faiseur de cerfs-volans; — கட்டிவிடுகிறது faire et lancer un cerf-volant; — கொடுக்கிறது donner une dignité, — la tonsure; — சூடுகிறது être couronné, investi d'une dignité, intronisé, orné du bijou du front; — சூட்டுகிறது couronner, investir d'une dignité, introniser, donner une dignité, mettre le bijou du front; — தரிக்கிறது porter le diadème, — le bijou du front, V. பட்டங்கட்டுகிறது; — தரித்துக்கொண்டாளுகிறது être fait roi et régner, gouverner; — திருகிறது, P. பட்டைதிருகிறது; — பிடுங்குகிறது déposer, priver d'une dignité, d'un emploi; — பெறுகிறது, — வாங்குகிறது obtenir une dignité, un office, être fait roi..., recevoir la tonsure, — les ordres sacrés; — வாலுக்குச்சாடுகிறது un cerf-volant se jeter sur sa queue, — être agité par défaut de contre-poids; பட்டத்தைச்சேர்க்கிறது ou இறக்குகிறது retirer —, descendre un cerf-volant; பட்டத்திலிருக்கிறது être en dignité —, sur le trône, régner, gouverner; பட்டத்துக்கிருக்கிறது être l'héritier apparent ou présomptif d'une dignité; பட்டத்துக்குடையவன் qui a droit de succession au trône ou à une dignité; பட்டத்துக்குவருகிறது parvenir à une dignité, succéder à un roi, à un dignitaire.

பட்டயம், V. பட்டையம்.

பட்டவன், pl. பட்டவர், n. app. du part. பட்ட, celui qui a souffert, patient: பட்டவர்க்குண்டுபலன் il y a un mérite ou une récompense pour ceux qui souffrent.

பட்டறை, P. பட்டடை.

*பட்டனம், (pattana), ville, — en pays cultivé.

*பட்டன், pl. பட்டர், (bhatta), philosophe, savant, — versé dans les systèmes philosophiques, titre honorifique d'une classe de brames, chanteur, sage, ennemi.

பட்டா, (பட்டம்), 1° acte ou billet de concession annuelle de terre à cultiver: — தாரன் celui auquel elle est faite; — மணியக்காரன் intendant du domaine, — qui surveille ces concessions et en lève les impôts dans les bourgs, il a aussi la surintendance des affaires du village. 2° (ind.), ou பட்டாக்கத்தி, sabre, épée.

பட்டாங்கு, vérité, vaine représentation, farce, plaisanterie, vain babillage, entretien, toile peinte à l'usage des femmes, usage, V. வாய்விடை: — க்காரன் vain babillard; — பேசுகிறது —, படிக்கிறது dire des mensonges pour s'amuser, babiller, dire des futilités.

பட்டாசு, pétard, V. சீனவெடி.

பட்டாடை, (பட்டு, ஆடை), vêtement de soie.

பட்டாணி, Patan, classe de mahométans, espèce de petit pois, la plante qui le donne, agrafe, boucle, crampon, emboiture; — தயிலம் espèce d'huile pour les gales; — ப்பயறு espèce de pois, pisum sativum; — ப்பாஷை la langue des Patans; — மோதிரம் 3 anneaux dont chacun a une pierre précieuse, i. e. une émeraude, un rubis et un diamant.

*பட்டாபிஷேகம், பட்டாபிடேகம், (பட்டம், அபிஷேகம்), onction pour une haute dignité, sacre (de roi...), consécration, couronnement, installation, investiture de dignité; — செய்கிறது, — பண்ணுகிறது sacrer, donner l'onction royale..., couronner, investir d'une haute dignité.

*பட்டாபிஷேகன், (id.), celui qui est sacré, qui a reçu l'onction ou est investi d'une haute dignité.

*பட்டாரகன், pl. பட்டாரகர், (bhattâra respectable, ka), être vénérable, respectable, Dieu, sage, ascète, ermite, Richi, Arouguen, prêtre, gourou, roi, le soleil: பட்டாரகவாரம் dimanche.

*பட்டாரக்கன், பட்டாரிக்கன், P. பட்டாரகன்.

*பட்டாரோசை, (பட்டம், ஆரோசம்), reine couronnée.

பட்டாலாய, (பட்டு, abl. ஆய), de soie.

*பட்டாளிகம், (பட்டம், அளிகம்), V. பட்டோளிகை.

பட்டி, petit village, bourgade,

hameau, place lieu, parc, (pour le bétail dans les champs), grande étable, troupeau, claie, toile, radeau, liste, cauris ou petits coquillages qui servent de monnaie, enfant, Patti, demi-frère et ministre de Vikramâditya roi d'Oudjein, vol, voleur, l'arbre உலோத்திரம் rouge, paquet de bétel, d'arec, de chaux etc... préparé pour être distribué aux hôtes..., relâchement, libertinage, femme dissolue, querelleuse, prostituée, mauvais caractère, condition méprisable; பட்டிகள் voleurs; அவள்பட்டியவள் c'est une femme très dissolue; —க்கடா bélier, buffle, taureau (destiné à la réproduction du bétail); —க்காடு hameaux éparpillés dans la campagne; —க்காட்டான் paysan, campagnard, rustre; — க்காட்டுக்குச்சிவப்புத்துப்பட்டியப்பூர்வம் un manteau rouge est chose étrange dans un campagnard; — க்காரன் garde champêtre pour empêcher le bétail égaré de causer du dommage...; — க்கிடை parc, bergerie, ou —க்கடவை fourche qui ferme l'entrée d'un parc; —க்குறி marque qui passe de génération en génération; —திரிகிறது, V. பட்டிமேய்கிறது; —த்தனம் tromperie, fourberie; —த்தொழும் enclos —, parc pour les troupeaux; — பாய்த்தகொம்பு corne droite dont le bout est recourbé en avant; — ப்படி dépense—, nourriture —, bath donné à ceux qui paissent les troupeaux; —ப்பொங்கல் ponguel ou sacrifice fait—, riz bouilli dans le parc au bétail; — மரம் morceau de bois qu'on attache au cou du bétail vicieux pour l'empêcher du courir çà et là; —மண்டபம் bâtiment —, salle ou lieu où se rassemblent les chanteurs; — மாடு vache ou bœuf qui court çà et là et gâte les moissons, V. பட்டிமரம்; — முறித்தல் sorte de jeu (d'enfans...); — மேய்கிறது paître dans le champ d'autrui, gâter la moisson; — மேய்ப்போர் ceux qui font paître le bétail dans les bois; —யாட்டமாடுகிறது tenir des discours trop libres, être querelleuse ou —யாய்த்திரிகிறது, —யாய்ப்புரட்டித்திரிகிறது mener une conduite dissolue, se prostituer; —யுள்ளர் part du paysan, ou fermier dans la moisson; —வெட்டுகிறது, —வைக்கிறது lever un impôt spécial, —une amende comme droit; —வாயாடுகிறது quereller, tenir des propos impudiques; — விடுதி cessation de la pluie le soir.

பட்டிகள், pl. பட்டிகள், (பட்டி), voleur.

பட்டிகை, 1° ceinture de femme en or ou en argent, toile, petit corset, corset indien, grand bateau, barque, radeau, la plante சித்திரம், V. அரைஞாண். 2° (pattikâ), l'arbre உலோத்திரம் rouge, l'arbrisseau நந்தியாவட்டை. [டை à fleurs blanches.

பட்டிடை, l'arbrisseau நந்தியாவட்டை

பட்டினி, P. பட்டினி.

பட்டிஞன், P. பட்டிஞன், voleur.

பட்டிமை, (பட்டி), vol, larcin, tromperie, supercherie.

பட்டியல், latte, bardeau.

*பட்டிலோத்திரம், (பட்டி), l'arbre உலோத்திரம் rouge dont l'écorce est astringente.

பட்டினம், (பட்டணம்), ville, bourg, village de pêcheurs, —sur la côte de la mer; பட்டினச்சாதி caste des pêcheurs; —ச்சேரி village —, endroit de pêcheurs, — sur les bords de la mer. [ச்சி), femme de pêcheur.

பட்டினத்தி, பட்டினவத்தி, (பட்டி-

பட்டினவன், pl. பட்டினவர், (id.), pêcheur, habitant des bords de la mer: பட்டினவச்சாதி caste des pêcheurs; —ச்சேரி, V. பட்டினச்சேரி.

*பட்டினி, 1° (bhattini), reine, —couronnée avec son mari, bramine. 2° être à jeun, jeûne, faim, privation de nourriture: —காக்கிறது, —கிடக்கிறது, —யாயிருக்கிறது, — யாய்க்கிடக்கிறது être à jeun, —dépourvu de nourriture, n'avoir pas mangé, avoir faim; — ப்பண்டம் aliment qu'on envoie à des affamés, — dans une maison où il y a un mort; —

பொறுக்கிறது supporter la faim, —la privation de nourriture; —வைக்கிறது laisser à jeun,—sans nourriture.

பட்டு, 1° *gér. de* படுகிறது. 2° soie, étoffe —, habit de soie, espèce de coton soyeux, écharpe, manteau, toile de chanvre pour les sacs, pli, promenade, récréation, (affixe à la fin des mot désignant) village, hameau: — க்கவசி tablier de soie; —க்கயிறு corde ou cordon de soie; —க்கரைச் சீலை toile dont les bords sont de soie; —க்குஞ்சம், —குச்சு frange—, houppe ou gland de soie; — ச்சீலை étoffe —, habit de soie; —ச்சுருள், —ச்சுருட்டு rouleau d'étoffe de soie; —நூல் fil de soie, soie crue; —நூற்காரர், —நெய்வோர் ouvriers en soie; — நூற்கயிறு corde ou cordon de soie; —நூற்பூச்சி ver à soie; —ப்பட்டாவளி, (பட்டு, ஆவளி), étoffe de soie, ornemens précieux, —ப்பட்டாவளிகொடுக்கிறது faire présent de pièces ou d'étoffes de soie; —ப்புடவை toile —, habit —, étoffe de soie; —ப்போகிறது être tué, mourir, se dessécher; —வாடா, *V.* பட்டவாடா.

பட்டுத்தரிக்கிறது, 1° (பட்டு, உத்தரிக்கிறது), endurer, satisfaire par ses souffrances. 2° (*id.* தரிக்கிறது), porter de la soie,—après avoir souffert.

பட்டுருவுகிறது, (*id.* உருவுகிறது), atteindre et traverser d'outre en outre.

பட்டை, 1° écorce (d'arbre...), grosse latte de bande ou barre en palmier, chevron, frise en architecture, raie, bande, ceinture, baudrier, large couture doublée, ourlet, galon, bord ou bordure d'habit, — en or ou en argent, ruban —, galon de soie, losange sur les pierres précieuses polies, partie d'un bijou, large collier, omoplate, jointure de l'épaule, panier pour arroser, vase, — en feuilles de palmier. 2° * (pattâ), ornement du front, sangle de cheval, l'arbre லோத்திரம் rouge. 3° *P.* பட்டாய் tu as souffert: கோணிப் —bande de toile à sac, large bande de grosse toile qui cousue avec d'autres sert à faire des sacs; சுண்ணாம்புப் — bande blanche faite sur un mur avec de la chaux détrempée; செம்மண் —, bande rouge (faite ainsi sur un mur avec une espèce d'ocre); — க்கம்பி large raie ou bande sur le bord d'un habit; —க்காறை large collier, espèce de joyau; —க்கிடங்கு fosse dans un puits où l'on puise avec une corbeille; —க்கொசுடு *V.* துலாக்கொசுடு; —ச்சோறு boule de bouillie épaisse; —ச்சாராயம் arack distillé d'écorce du வேலமரம் ou mimosa leucophloca; பெரும— ச்சீலை toile à larges bandes de couleurs; —ச்சுருக்கு, —த்தடம் espèce de filet, de lacet; —தீருகிறது tailler et polir une pierre précieuse, tracer alternativement des bandes rouges et blanches sur les murs des temples, des maisons de brames etc..., ou sur les arbres et les réservoirs; —தீர்த்த வச்சிரம் diamant poli; — த்தையல் large ourlet, bord largement doublé et cousu; — நாமம் large nâmam, triple raie large que les Vichnouvistes portent avec ostentation sur le front, (le contraire est கீற்றுநாமம்): —ப்பிடி, —ப்பெல்லி mesure de 4 doigts en largeur; —யரைநாண், —யரைஞாண் large ceinture de femme, *V.* அரைப்பட்டிகை; —யுரிக்கிறது peler un arbre, en enlever l'écorce; —வஸ்திரம் habit avec des bandes sur les bords et les extrémités: —விட்டுப்போகிறது l'écorce se détacher de l'arbre, se peler par l'effet d'une grande chaleur; எனக்குப் — விட்டுப்போகிறது ma peau se pelle par l'effet de la chaleur; பட்டையைச் சீவிப்போடுகிறது enlever l'écorce d'un arbre (avec un instrumen tranchant).

பட்டையம், 1° patente, brévet, diplôme, acte de donation, billet ou pièce authentique de concession annuelle ou d'affermage d'une terre avec les conditions qui y sont mises, surtout pour celles du gouvernement, titre,—authentique (sur plaque de métal ou sur papier). 2° sabre, épée: சோழப்— registre des titres de donations des rois சோழர்; பட்டையத்தைவீசுகிறது brandir un sabre, faire le moulinet; பட்டையத்தால்வீசுகிறது brandir un sabre, ou பட்டையத்தால் வெட்டுகிறது trancher —, couper avec un sabre; —எறிந்துபோடுகிறது faire sauter —, rejeter —, tuer avec le glaive.

*பட்டோலிகை, (pattòlikâ), titre, patente, acte, patta, concession écrite, billet.

பட்டோலை, (பட்டம், ஓலை), édit royal, ordre de magistrats..., titre, archives publiques, —de ville, — de temple, etc..., chose dictée et écrite sur feuilles de palmier, note écrite sur òle.

பட்பெண், (பள்), femme ou fille [de la caste des பள்ளர்.

பட்வாடா, (*ind.*), distribution, déboursement d'avances...

*பணாகரம், பணதரம், (பணம்), serpent, —à chaperon, *i. e.* serpent capelle.

*பணசம், (panasa), marchandise, [objet de trafic.

பணதி, *P.* பணிதி. [état d'un gage.

*பணதை, (panatâ), prix, valeur,

*பணம், (pana), fanon (pièce d'argent et parfois d'or, dont la valeur varie avec les lieux, à Pondichéry le fanon vaut 2 anas ou 30 centimes), monnaie, argent (en général), richesses, trésor, prospérité, marchandise, objet de trafic, prix, valeur, travail, occupation, gage, salaire, enjeu, gageure, jeu de hasard, maison, épaisseur, embonpoint, augmentation. 2° (phana), chaperon ou tète étendue et déployée du serpent capelle, serpent: —அடிக்கிறது, battre monnaie; —இல்லாதவன் பிணம் un homme sans argent est un cadavre, (proverbe indien), — இறகில்லாப்பக்ஷியாய் பறக்கிறது l'argent est un oiseau (qui vole) sans ailes, l'argent vaut des ailes; — உடைப்பாம்பு serpent à chaperon, —capelle; — சேர்க்கிறது amasser de l'argent, des richesses; —வெட்டுகிறது battre monnaie; —வெட்டுவிழுகிறது la monnaie être frappée; — தண்டுகிறது ramasser —, collecter de l'argent; —தண்டுவோர் collecteur, quèteur, *ou* —அறவிடுவோன் courtier; —உள்ளவன், பணக்காரன் homme riche, qui a de l'argent; —க்காரி femme riche; —ச்செருக்கை, —ச்செருக்கு, — ப்பெருமை grandeur —, faste ou orgueil qui vient des richesses; — ச்செப்பு boite à l'argent; —ச்செலவு dépense d'argent; எனக்குப் — த்தட்டாயிருக்கிறது manquer d'argent; —ப்பித்து désir d'argent, des richesses, cupidité; —ப்பித்துள்ளவன், — ப்பித்துப்பிடித்திருக்கிறவன், —ப்பேய்ப்பிடித்தவன் homme avide de richesses, possédé du démon des richesses: —ப்பை bourse, —à l'argent; —ப்புரட்டு, —ப்புரட்டு l'argent rouler, —aller et venir; —ப்பெட்டி boite à l'argent, coffre-fort, bourse; —ப்பெருமதி, —விலை valeur de l'argent; —ப்பேய் démon de l'argent, désir des richesses; —ப்பொருள் monnaie, argent; —மணி, *V.* நாகரத்தினம்: —மிடுக்கு, — ப்பெலன் force —, nerf de l'argent, —முடிப்பு argent lié dans le coin d'une toile etc... ou dans un sac; — வரவு recette, —d'argent, revenu: —விடை (இடை), poids d'un fanon, un 9e de pagode; — வரிசை tribut en argent; —விறையம் argent: பணத்துக்குக் கொள்ளுகிறது acheter argent comptant; பணத்தைச்செலவழிக்கிறது dépenser de l'argent; — விறைக்கிறது prodiguer l'argent, ஈட்டிவெட்டிடனமட்டுக்குத்தும் பணம் பதின் காதங்குத்தும் une lance ne perce que jusqu'où elle peut atteindre, mais l'argent perce à 3° lieues de distance,

பணயம், (பணம்), fanon, monnaie, argent, gage, argent voué, — convenu, —donné à une prostituée, prix de son mauvais trafic.

பணர், branche d'arbre, arbre dont les branches sont serrées ou épaisses;

— விட்டுக்கிளைக்கிறது pousser des branches touffues serrées.

*பணவம், (panaba), tambourin, petit tambour. [ணிகொள்பவன்.

பணவன்,(பனவன்), serviteur, V.பு

பணாவை,vautour,hutte élevée sur 4 pieux dans les champs, tablette, planche supportée par des bâtons (pour mettre quelque chose dessus), échafaud, espèce de mesure, banc, பணாது, V.பணாச். [—cingalais.

*பணானம்,(panana),vente,pari.

*பணாங்கனை,(பணாம், அங்கனை), femme publique, qui se prostitue pour de l'argent.

*பணாஸ்தி, (id. அஸ்தி), cauris ou coquillage servant de monnaie.

*பணாதரம், பணாதரம், பணாபரம், (phanâ chaperon, dhara, bhara qui a), serpent, —à chaperon.— capelle.

*பணாமகுடம், (id.), chaperon du serpent capelle. [ம்.

*பணாமணி, (id.),V. நாகரத்தின

பணாமரம், (பணாச்), arbre touffu, dont les branches sont épaisses.

*பணாமுடி,(id.), chaperon —, tête du serpent. [tion,respect.

*பணாயிதம், (panâyita), vénéra-

*பணாலயம், (பணாம், ஆலயம்), place de —, marché, emploi, occupation, profit du commerce.

*பணாச்சிப்பணம்,(பணாம். அச்சிப்பணம்), engagement,contract.

*பணி, 1° (பணாம்,i), serpent (en général), le serpent capelle. 2° bijou, ordre, commandement, mot, parole, ouvrage, service, office, emploi, tambour, habit de soie, don, buffle. 3° imp. et part. de பணிகிறது et de பணிக்கிறது: — சாரகன் ouvrier, travailleur;— க்ஷேக்ஷரம் cercle que les gentils font pour observer le temps propre à la moisson ou à la culture; — செய்கிறது servir, faire l'ouvrage: தலைப் — செய்கிறது faire un bijou de tête, ou une couronne, faire l'ouvrage de la tête, i.e. la raser; — செய்மகன், —செய்வன் serviteur, — qui sert des gens ou des castes plus nobles que lui, celui qui sonne d'une longue trompette dite தாளம்;— தாளம் louange litt. don de paroles: —த்தட்டார் orfèvres, —en or ou en argent; — த்தபவன் (தப்பம், ga qui va), celui qui est couché sur un serpent, i. e. Vichnou;— பண்ணுகிறது travailler, — à faire des bijoux ou autres ornemens;—பூண்டிருக்கிறது être orné de bijoux; —couvert d'ornemens; — ப்பூட்டுகிறது orner, décorer, raccommoder;—ப்பிரியம் ce qui plait au serpent, i.e. l'air, le vent; —ப்பெண் servante, femme de chambre; — மாறுகிறது changer d'ouvrage, se remplacer pour le travail;— முட்டு outil, instrument (d'orfévre...), ustensil; — மொழி bonne parole; —விடை travail, emploi, service (surtout dans les temples), ordre; —விடைக்காரன், —விடையன் serviteur, employé ou serviteur de temple, sacrificateur; — விடைசெய்கிறது ou பண்ணுகிறது servir, — un supérieur spirituel ou dans un temple. [V. பணிமாறும்...

பணிகாரம், பணிகாரத்துத்தி...

பணிகிறது, ணிந்தேன், ணிவேன், ணி, ணிய, n.v.(பணி), ou பணிந்துகொள்ளுகிறது, s'humilier, s'incliner, se courber, s'abaisser, se soumettre, adorer, révérer, saluer, décroitre, diminuer, manger: பணிந்தவன் homme humble, soumis, obéissant; பணிந்திருக்கிறது être humble, — soumis, s'être humilié...; பணிந்தேத்துகிறது révérer, vénérer, adorer; —வருகிறது s'approcher respectueusement; பணிய, inf. humblement, respectueusement; — ப்பார்க்கிறது chercher à s'humilier... ou — à humilier quelqu'un, épier l'occasion d'abaisser son orgueil; காலைப்பணியவைத்து நடக்கிறது (un malade) placer le pied avec précaution et marcher, marcher d'un pas ferme.

பணிக்கம், (பணிக்கு), amendement, correction, rectification; — இடுகிறது corriger, rectifier, réformer, améliorer, adapter; —இட்டுழு

டுகிறது ajuster, régulariser, ranger, mettre en ordre.

பணிக்கன், (*id.*), maître, — d'école, précepteur, directur maître de danse, de comédie, d'escrime, architecte, maître-maçon, — charpentier, — forgeron, faiseur de briques, barbier, chef de barbiers: இவன்பாதாளப் — c'est un profond penseur; கிணறுமூழ்குகிற — artisan qui plonge dans un puits, qui construit le revêtement; பாம்பு —, preneur de serpens (qui connait les antidotes à leurs morsures).

பணிக்கிறது, ணித்தேன், ணிப்பேன், ணி, ணிக்க, *v.a.* பணிக்குதல், பணித்தல். *n. v.* (பணி), accorder, donner, parler, dire, ordonner, commander, exciter, diminuer, abaisser.

பணிக்கு, 1° plan, dessin, ouvrage accompli, — parfait, perfection, habileté, main de maître, structure, règles de l'architecture, bonne santé, forte constitution. 2° *dat. de* பணி. 3° *part. de* பணிக்கிறது: பணிக்காய் bien, parfaitement, sagement, habilement, savammant: பணிக்காயிருக்கிறது être bien habile expérimenté..., — சமைக்கிறது faire bien la cuisine; — பண்ணுகிறது faire habilement, — en maître: பணிக்கில்லாதவன் homme inhabile, sans capacité, sans expérience, malade; எனக்குடம்புபணிக்கில்லே je ne suis pas bien portant; பணிக்குக்காரன் architecte, maître-maçon; — சொல்லுகிறது diriger une affaire, en donner le plan; — செலுத்துகிறது diriger, accomplir, — un plan...; — பண்ணிவைக்கிறது arranger proprement, disposer les choses en bon ordre; கட்டினவீட்டுக்குப் பணிக்கு சொல்லுகிறான் il donne son plan pour la maison qui est bâtie, il critique inutilement, ou malicieusement ce qui est fait.

பணிக்கை, *n.v. de* பணிக்கிறது, bel —, ouvrage, action, don, action de dire.

*பணிதம், 1° (panita), louange, vénération. 2° (bhanita), discours, parole.

பணிதல், *n.v.de* பணிகிறது, humilité, abaissement, diminution, salut, vénération, révérence, courbure, manducation: எல்லார்க்கும்நன்றாம் — l'humilité sied bien à tout le monde.

பணிதி, 1° (பண்ணுகிறது), ornement, joyau, bijou, colifichet, droiture. 2°ᵃ (bhaniti), discours, parole: — பண்ணுகிறது faire des bijoux.

பணிந்து, பணிப்பு, *n.v. de* பணிக்கிறது. [*gér. et inf. de* பணிகிறது.

பணிந்த, பணிந்து, பணிய, *part.*

பணியல், *V.* பணிதல்.

பணியாரம், pâtisseries, gâteau, divers ouvrages de boulangerie ou de pâtisserie, beignet, bonbon: — சுடுகிறது cuire des gâetaux..., faire des beignets: மாவுக்குத்தக்க — les gâteaux sont selon la qualité de la farine, les effets répondent à la cause ou aux moyens employés; மாவுண்டானால் — சுடலாம் si on a de la farine on peut faire des pâtisseries, avant de rien entreprendre il faut voir si on en a les moyens; பணியாரத்துத்தி l'arbrisseau sida populifolia ou asiatica dont les graines servent à faire des gâteaux.

பணியார், *n.app.nég. de* பணிகிறது, ennemis, gens qui ne respectent pas. [விட்டான்.

பணிவிருக்கு, la plante தண்ணீர்

பணிலம், conque, — dont les spirales tournent à droite (ce qui est rare), parole.

பணிவு, *n.v.de* பணிகிறது, humilité, soumission, révérence, salut respectueux.

*பணினம், (phanina), serpent.

*பணீசுரன், பணீந்திரன், (பணி, ஈசுரன், இந்திரன்), le roi des serpens. *i.e.* அநந்தன் ou சேஷன்.

பணை, 1° l'arbre அரசமரம், écurie, rangée de chevaux, grosseur, épaisseur, graisse, accroissement, augmentation, erreur, faute, grandeur, gloire, rejeton, branche d'arbre, bambou, tambour en général, tambour des pays cultivés, gros tambour dit முரசு, contrée—, terre cultivée, rizière, champ, litière (pour les animaux). 2° *imp. de* பணைக்கிறது.

பணைக்கிறது, ணைத்தேன், ணைப்பேன், ணை, ணைக்க, v. n. பணைத்தல், *n.v.* augmenter, s'accroitre, grossir, devenir touffu, pousser des branches épaisses, faillir, manquer, se tromper, s'égarer; ஒருவன்பாவம்— le péché de quelqu'un s'aggraver; செல்வம்—la prospérité augmenter; மிகவும் — s'accroitre grandement, devenir épais; பணைத்தபகழி flèche qui a manqué le but.

பணைத்தல், பணைப்பு, *n.v. du préc.* augmentation, accroissement, pousse, grosseur, faute, erreur, manquement.

பணைத்தராய், P. பணைத்திராய், (பணை, திராய்), la plante pharnaceum.

பணையம், *P.* பணயம்.

பண், 1° chant, air, mélodie, guitare ou luth complet, — avec toutes ses cordes, selle de cheval, convenance, propriété, justesse, beauté, élégance, droiture, service, étang, pièce d'eau, fosse pour prendre les animaux, cordages de navire, troupe de femmes, *ou* ஏர்ப்பண் corde qui attache le joug au timon de la charrue. 2° *imp. et part. de* பண்ணுகிறது. On divise les airs ou mélodies en 5 sortes correspondant aux 5 sortes de terrains savoir: mélodie propre aux terrains stériles dits பாலை, aux pays montagneux dits குறிஞ்சி, aux pays cultivés nommés மருதம், aux pays maritimes dits செவ்வழி, et aux pays de forêts appelés முல்லை. On distingue en outre உக பண்-21 espèces de mélodies dont 9 sont propres à la nuit இராப்பண், 9 autres sont propres au jour பகற்பண், et les 3 autres sont communes au jour et à la nuit பொதுப்பண்; சால்ப்பண் vase —, pot à l'eau garni d'une enveloppe d'osier pour le préserver; செம்புப்பண் panier en rotin pour tenir un pot à l'eau pour les voyageurs, gargoulette garnie de rotin; பண்கொடி canne, rotin (employé pour faire corbeilles, claies, treillis...), grande houssine, osier; —செய்கிறது faire convenablement, servir, améliorer, bonifier; —தப்பிப்போகிறது l'occasion échapper, laisser passer le temps convenable; —படி selon qu'il convient, convenablement, nature des qualités; —பட்டு amélioration, amendement, réussite; —படாத்நிலம் terre non cultivée; —படாது cela ne réussit pas, ne convient pas; —படுகிறது, —பட்டுவருகிறது s'améliorer, devenir juste, convenable, régulier, serviable, réussir, servir, obéir, exécuter les ordres; — படுத்துகிறது corriger, améliorer, rectifier, bonifier; —பட்டநிலம் terre cultivée, — bonifiée; பண்ணிலேபடிக்கிறது lire élégamment *ou* பண்ணோடேபாடுகிறது chanter mélodieusement; பண்ணுக்குவருகிறது s'améliorer, se bonifier, devenir bon, propre, serviable, utile, (*v.g.* un bœuf pour la charrue ou un instrument en général).

*பண்டகசாலை, (panda *amonceler*, ka), magasin, grenier, dépense, office, trésor, lieu où l'on serre les comestibles, les grains, les vases ou objets précieux, arsenal.

*பண்டம், 1° (pandâ), science, connaissance, savoir. 2° (phanda), ventre. 3° objet, chose, —mangeable, comestible, gâteau, pâtisserie, grains, meuble, mobilier, vase, ustensile, objet de ménage, or, richesses: — மாற்றுகிறது vendre, troquer, échanger, vendre en criant dans les rues; —பாடு grains, céreales; பண்டங்கள், *pl.* objets, ustensiles, vases, comestibles, provisions, magasins; பண்டகேத்திரம் espèce de calcul; —சாலை, *V.* பண்டகசாலை; —பதார்த்தம் objets divers, —qui ont du jus et ceux qui n'en ont pas, vases et comestibles; — பசியிப்பு manque d'appétit, dédain des objets..., paroles méprisantes; — மாற்று troc, échange, vente;—வைப்பு, (அப்பு),—வி டு, V. பண்டமாற்று.

*பண்டாஹாசினி, (பண்டன், hâsini qui rit); prostituée, femme qui rit et s'amuse avec les bouffons.

*பண்டனம், (bhandana); cuirasse, armure, guerre, bataille, mal, tort.

*பண்டன், pl. பண்டர், (bhanda), bouffon, mime, acteur, mauvais chanteur, chanteur qui fait métier de chanter pour vivre.

*பண்டாகி, (bhantâki), la plante கத்தரி, solanum melongena.

*பண்டாபூர்வம், (பண்டம், அபூர்வம்), non arrivée des résultats du destin.

பண்டாரத்தி, f. de பண்டாரம்; fille ou femme de Pandâram.

பண்டாரம், (பண்டம், ஆரம்), friandises, mets variés et exquis, trésor, biens, effets, mobilier, objets divers, autorité, gouvernement, communauté, généralité, safran, ocre jaune ou poudre de safran (que les பூசாரிகள் gardent dans une boite et distribuent quand ils reçoivent des aumônes), Pandâram, sorte de religieux ou dévot de la secte de Siven (non brame), seigneur, maitre, catéchiste des basses castes: பண்டார க்குரு gourou qui suit ou enseigne les ஆகமம்;—சந்நிதி lieu où les savans se rassemblent pour examiner les ouvrages, lieu des examens scientifiques des grands employés du gouvernement, chef des savans, des grands du gouvernement — சொம் biens communs; —த்தெரு rue de Pandârams, grande rue, rue royale;—த்தோப்பு bosquet —, jardin du roi,—de Pandâram:—ப்பிள்ளை serviteur d'un homme en autorité;—ப்பெண், V. பண்டாரத்தி;—மேளம் musique royale; —வாய்க்கால் canal commun;—வீடு hôtellerie commune;—வேலை,— ஊழியம், (ஊழியம்), ouvrage—, travail commun; — du gouvernement, —de Pandâram.

பண்டாரி, (பண்டாரம்), titre honorifique d'une caste de cultivateurs, subrécargue, eunuque, trésaurier,—du temple de கோவில்,cuisinier de navire, V. பண்டாரம்.

பண்டி, 1° (பண்டம், i), ventre. 2° char, charrette, véhicule, la 4e constellation dite உரோகிணி qui a la forme d'un char:—யிருசு essieu de charrette; — பண்டாரம் biens, effets, mobilier, bagage.

பண்டிகை, fête, jour de fête.

*பண்டிதம், (pandita), science, — de la médecine:—பார்க்கிறது exercer la médecine.

*பண்டிதன், (id.), Pandit, savant, lettré, précepteur, poète, médecin, சுக்கிரன் conducteur de Vénus, புதன் conducteur de Mercure ou பண்டிதப் பார்ப்பான் brame savant, titre honorifique donné aux brames dvitas ou துவைதர் de la secte de மத்துவாசாரியர்; —மாணிபன், (மாணி பு),—மாணி ignorant pédant, —qui se croit savant.

*பண்டிலன், (bhandilen), messager, envoyé.

பண்டு, antiquité, ancienneté.

*பண்டுகம், (bhandoûka), la plante அசமதாகம்.

*பண்டை, 1° (pandâ), science, connaissance, sagesse. 2° (பண்டு), ancienneté. 3° adj. ancien: பண்டை யைப்போலே comme autrefois, — dans l'antiquité. (டை), les anciens.

பண்டையர், பண்டைப்பேர், (பண்ணவம், opt. et n.v. de பண்ணு கிறது.

பண்ணவன், pl. பண்ணவர், (பண், அவன்), celui qui crée ou fait, faiseur, créateur, Dieu (les Indous le disent aussi de leurs faux dieux); Arougnen, gourou ou précepteur spirituel, homme fort, vaillant, chantre, mouni ou ermite, ancien sage, bienheureux, habitant des cieux.

பண்ணாகாரம், V. பணியாரம்.

*பண்ணிய்க்கலம், (புண்ணிய கல)

ம்,கூடலம்), objets divers, différentes marchandises,—choses à vendre.

பண்ணிய,1° P.பண்ணின,*part. de* பண்ணுகிறது.2° *adj. de*

*பண்ணியம்,(panya), chose vendable,diverses marchandises,— espèces de friandises ou de pâtisseries,comestibles de collation: பண்ணியசாலை bazar, boutique, — de comestibles, — de boulangerie;— ஸ்திரீ femme publique;—பலத்துவம் réussite dans le commerce,profit, gain;—மூலியம் prix des marchandises;—வீதி,—வீதிகை bazar, marché,boutique.

*பண்ணியாங்கனை,(பண்ணியம், அங்கனை),femme publique.

*பண்ணியாசீவன், (*id.* ஆசீவம்), marchand.

*பண்ணியாசீவம், பண்ணியாசீவகம், பண்ணியசீவகம், (*id. id.*), marché,foire,commerce,négoce.

*பண்ணியாருகம், (*id.* அருகம்), chose à vendre.

பண்ணுகிறது,பண்ணினேன்,பண்ணுவேன்,பண்ணு *ou* பண், பண்ண, *v.a.*பண்ணுகை,பண்ணுதல்,*n.v.* faire,produire,causer,accomplir: பண்ணச்சொல்லுகிறது ordonner —,dire de faire; பண்ணிக்கொடுக்கிறது faire et donner,—pour un autre;—க்கொள்ளுகிறது *ou* பண்ணிக்கொண்டிருக்கிறது faire pour soi, faire habituellement,être occupé à faire: பண்ணியபயிரில் புண்ணியந்தெரியும் la vertu de chacun se connait à la moisson qu'il cultive; பண்ணியபவளம் corail artificiel,—de contrefaçon.

பண்ணுவார்,1° cavaliers, cornacs d'éléphans, grands personnages qui montent sur des éléphans. 2° 3° *pers.pl.fut.de* பண்ணுகிறது, ils feront. [ணுகிறது,faire faire.

பண்ணுவிக்கிறது,*v.caus.de* பண்

பண்ணுறுக்கிறது (பண், உறுக்கிறது), arranger, mettre en ordre, seller un cheval,préparer une monture.

பண்ணோன்,1° *nég. de* பண்ணுகிறது,je ne fais pas,je ne ferai pas. 2° *sync.de* பண்ணினேன்,j'ai fait.

பண்ணை,1° *acc. de* பண் 2° *P.* பண்ணுவாய் 2° *pers. de* பண்ணோன் tu ne fais ou ne feras pas,tu as fait.3° étang,réservoir,barque, bateau, réunion —,troupe de femmes, amusement de femmes entr'elles,terre cultivée,champ,rizière,culture des rizières, agriculture,labourage,ménage,vie conjugale,litière—, bât des animaux,selle,la plante ou herbe potagère celosia albida,glu faite des intestins du poisson கூறல் 4° *P.*பெண்ணை palmier: திருப்பண்ணை la plante celosia comosa;—க்காரன் laboureur,chef de cultivateurs,bâteur parmi eux, chef des cultivateurs parias;— க்காரியம் chose qui concerne l'agriculture, — la vie conjugale,ouvrage de cultivateur, état d'homme marié;—ச்சுமை charge de céréales non battues donnée aux laboureurs à la moisson;— ச்செடி la plante celosia albida;— பார்க்கிறது,— பார்த்துக்கொண்டிருக்கிறது s'occuper d'agriculture, soigner la culture des champs; —வீடு grenier,—à mettre le grain, cuisine;— வைக்கிறது faire la cuisine, lancer —,mettre un bateau (à l'eau), se mettre à labourer, à cultiver.

பண்ணையாள்,(பண்ணை), laboureur,ouvrier,— de cultivateur, domestique. [dical,—non dérivé.

பண்படி,(பண்பு,அடி),adjectif ra-

பண்பாகுபெயர்,(பண்பு, ஆகுபெயர்),nom qui exprime une qualité *v.g.*வரை montagne (qui exprime idée de hauteur).

பண்பி,(பண்பு,i),objet qui a une qualité,ce qui s'accorde avec l'adjectif,le nom.

பண்பு,qualité,propriété,disposition,caractère, tempérament,nature,manière,adjectif:— ச்சொல் mot —,adjectif qualificatif: — த்தற்கிழமை rapport —, possession d'une qualité inhérente comme சுடர்மணி pierre précieuse rayonnante;. — த்

தொகை ellipse du mot ஆகிய qui sert à joindre le mot de qualité à celui qui la possède ou la qualificatif à l'objet qualifié, *Ex.* ஆதிபகவன் *pour* ஆதியாகியபகவன் Dieu principe (de tout), *pour* Dieu qui est le principe (de tout): —ப்பகுதி, *V.* பண்படி; —ப்பகுதிப்பெயர் nom dérivé d'un nom de qualité; — ப்பெயர் nom qualificatif, —de qualité, adjectif; —மதிநிலை fig. de rhét. qui consiste à appliquer les qualités d'un objet à un autre.

பண்புடைமை, (பண்பு, உடைமை), possession de qualités convenables, connaissance du caractère et conduite convenable à tous, grandeur jointe à la condescendance, généreuse affabilité.

பண்புச்சொல், (*id.* உரிச்சொல்), qualité que l'on perçoit par les sens, comme la rougeur, adjectif qualificatif.

பண்புரைப்பார், பண்புரைப்போர், (*id.* உரைக்கிறது), messagers.

பண்புவமை, (*id.* உவமை), comparaison des qualités d'un objet à celles d'un autre.

பண்மை, (பண்), convenance, propriété.

பத, *adj. de* பதம்.

*பதகம், 1° (pataga), oiseau. 2° (pataka), table astronomique.

பதகளிக்கிறது, ளித்தேன், ளிப்பேன், ளி, ளிக்க, *v.n. V.* பதறுகிறது.

பதகளித்தல், பதகளிப்பு, *n. v. du préc. V.* பதறல்.

*பதகன், *pl.* பதகர், 1° (pataka), homme vil, chassé de caste, dégradé, vaurien. 2° (padaka), brame qui connait les vers des vèdas. 3° (padaga), piéton, fantassin. 4° (badhaka), meurtrier.

*பதக்கம், (padaka), collier auquel pend un bijou sur la poitrine.

*பதக்கிரமம், (பதம்), marche à pied, pas, trace des pieds.

பதக்கு, 1° mesure de 2 குறுணி ou 2 மரக்கால். 2° son imitatif de crainte: —ப்பதக்கென்கிறது rendre ce son, avoir peur, craindre; —ப்பதக்கென்கல் mot —, signe de crainte.

பதக்கெடுகிறது, (பதம், கெடுகிறது), se décourager, se gâter.

*பதங்கமம், (patangama), oiseau (en général), sauterelle.

*பதங்கம், (patanga), oiseau, sauterelle, mercure, sublimé de sandal, de benjoin etc...

*பதங்கன், (*id.*), le soleil.

பதங்கு, fosse, trou en terre, fente (dans la longueur), moitié d'un palmier, —de sa tige fendue de haut en bas, rangée de tuiles, enfoncement sur un toit quand la paille est gâtée, fourche: — விழுகிறது les tuiles ou le chaume se déranger et donner lieu à une gouttière. [chenille.

*பதசம், (patasa), la lune, oiseau,

*பதஞ்சலி, (patandjali), Padandjali, ascète inventeur de la philosophie dite யோகம், et பாதஞ்சலம், l'auteur du மகாபாஷியம் ou commentaire sur பாணினி, nom du poète வரருசி de la cour du roi போசன், nom d'un ascète de சிதம்பரம், *V.* சேடன்

*பதஞ்சலியம், *P.* பாதஞ்சலம், philosophie —, traité de Padandjali.

பதடி, blé broui, paille sans grains.

பதட்டம், *P.* பதற்றம், précipitation.

பதணம், terrasse sur un mur, — sur les remparts d'un fort ou d'une ville, mur.

*பதத்திரம், (patatra), aile.

*பதத்திரி, (பதத்திரம், *i*), oiseau, volatile: —ராசன் le roi des oiseaux, le faucon கருடன்.

*பதந்தன், (bhadanta), bouddhiste, sceptique, ascète, révérend, vénérable.

பதபத, mot —, son imitatif de hâte, de mouvement vif, d'agitation violente: பதபதென்கிறது s'empresser, s'agiter, se débattre: பதபதெனல் empressement, agitation, lutte: மனசுபதபதென்றுதுடிக்கிறது la volonté être agitée par la crainte, — se débattre avec les difficultés..., le cœur palpiter, — faire padapada; வெய்யிலி-

திப்புழுப்பதப்பதேன்று துடிக்கிறது ver s'agiter extrêmement à la chaleur du soleil.

*பதமம்,(patama),la lune, oiseau, sauterelle.

பதமை,1°poli,douceur au toucher,juste tempérament. 2° P. பதி மை.

*பதம்,1° (pada),pied,pas,trace—, marque du pied, pied, — de vers, vers,une des parties de la strophe, signe,marque,place,site,rang,ordre, degré,parole,mot,mot composé de lettres,racine d'un mot,ou mot privé de ses inflexions ou terminaisons des cas etc...,terme(en logique),garde,protection,rayon de lumière,déguisement,masque, objet, chose,industrie,application,effort. 2° (pata), marche. 3° (patha),voie chemin,rue. 4° beauté,chiendent,nourriture, riz cuit,manducation,temps, occasion, opportunité,heure indienne de 24 minutes,espèce de chant dit கீதம், vêtement,toile,—fine,pointe, tranchant,plaisir, humidité, amollissement,agrément,soumission, héron, la 25me constellation dite பூரட்டாதி,béatitude finale dite பதவி. 5° trempe,température,degré —, point voulu, degré d'épaississement et de consistance des remèdes liquides,chaleur propre du feu,degré de cuisson et d'assaisonnement des mets.On distingue 5 degrés de cuisson ou de consistance des remèdes liquides: எண்ணெய்ப்பதம் consistance de l'huile, குழம்புப்பதம் consistance d'une sauce épaisse, மெழுகுப்பதம் consistance de la cire fondue, *இருபதம் consistance demi-fluide demi-sédiment, முறுகுபதம் consistance des choses sèches,ou entier dessèchement,c'est l'opposé de இளம்பதம் demi-cuisson ou légère cuisson. Dans la chaleur du feu on distingue வெம்பதம் chaleur à fondre les métaux et காயும் ou காய்ச்சபதம் chaleur à cuire le jus de la canne à sucre,du palmier,du cocotier etc...: பதமழிவு manque du degré de maturité,de cuisson, de température, manque de juste tempérament...,corruption;—ஆகுகிறது,V.பதப்படுகிறது;—ஆக்குகிறது donner le degré voulu de cuisson...,mettre à la température voulue,cuire—,tremper—, préparer —, assaisonner au point voulu, accommoder,approprier,corroyer,tanner;—ஆயிருக்கிறது, —ஆய்வடிக்கிறது faire égoutter l'eau du riz cuit au moment et au point voulu;—ஆயெடுக்கிறது ôter—,enlever quand la trempe ou la cuisson voulue est donnée;—இடுகிறது, V. பதமாக்குகிறது;—தப்புகிறது manquer la trempe,la température ou la cuisson voulue,—le point voulu,assaisonner—,faire cuire ou chauffer trop ou trop peu;—தப்பினசாதி ragoût dont la cuisson est manquée; எஃகு—தப்பிப்போயிற்று la trempe de l'acier est manquée,il a été trempé trop ou trop peu;— பண்ணுகிறது,V.பதமாக்குகிறது;— பார்க்கிறது examiner la trempe, la température,la cuisson...,goûter les mets pour voir s'ils sont cuits ou assaisonnés au point voulu;—பிரிக்கிறது séparer les mots l'un de l'autre;—முடிக்கிறது décomposer les mots et en montrer les diverses particularités,savoir: la racine பகுதி,la terminaison விகுதி, les lettres intercalées இடைநிலை,les particules dites சாரியை,l'union des mots சந்தி,les irrégularités விகாரம் et les lettres euphoniques:பதக்கிரமம் marche,trace,—des pieds; — கதம் marche à pied;—சங்காரன் écrivain,annotateur;—ச்சேதம்பண்ணுகிறது,V. பதம்முடிக்கிறது:—நியாசம் pas,marche,conduite, position—, trace des pieds, nom d'une plante; —நிறம் couleur des pieds, espèce de pierre noire dite aussi கரம்சிலை; —நீர் jus de canne à sucre, jus de cocotier ou de palmier reçu dans un vase où il y a de la chaux, il est doux et sert à faire du sucre;—பஞ்சகம் étymologie,explication des mots obscurs ou vieillis, traité—,séparation des mots;—பஞ்சிகை registre, jourpal,calendrier; — பாதம் pas, trace —,plante des pieds, vestige; —ப்படுகிறது arriver au point voulu de cuisson...,être trempé,cuit,assaisonné ou préparé convenablement,s'accommoder; —ப்படுத்துகிறது, V. பதமாக்குகிறது: — ப்பாடு trempe—, cuisson convenable,température au point voulu,partie d'un mur; — ப்புணர்ச்சி union ou enchainement des mots entr'eux,*i.e.*de la fin d'un mot avec le commencement du suivant avec ou sans l'altération dite விகாரம்; —ப்பேறு obtention de la béatitude finale dite பதவி: — ப்பொருட்காட்சியணி fig.de rhét.qui attribue les qualités de l'objet comparé à l'objet auquel on le compare et vice versâ: —ப்பொருள் sens des mots, explication littérale: — முத்தி baisement des pieds, *V.*பதப்பேறு; பதஞ்செலவைக்கிறது mettre en bon état, —au point voulu.

*பதரம்,பதரி,(badara,—ri), jujubier,cotonnier, jujube,cosse de cotonnier: பதரிசைலம்,—வனம், பதரிகாச்சிரமம்,(கா,ஆச்சிரமம்),lieu de pélérinage ou de pénitence, ville et temple dans les monts Himâlaya sur les bords de la rivière Alakanandâ dans la province de Srinagur.

பதர்,paille —, balle —,épi sans grains,épi broui,chose aplatie,—inutile: பதர் ou பதரானமனிதன் homme vil,ignorant,bon à rien.

பதலம்,garde,précaution,circonspection,sureté: பதலப்படுத்துகிறது mettre en sureté,sous bonne garde, renfermer.

பதலை,petite—,montagne, jarre, terrine,vase,navire,bateau,tambour long et étroit dit மத்தளம்,tambour à large ouverture,tambour qui n'a qu'un côté: —ச்சட்டி large casserole de terre.

பதல்,V. பதில்.

*பதவி,(padavi),route, voie, chemin,situation,état,place,site, rang, ordre,degré,monde, — des immortels,station,fixité,prospérité, béatitude finale,bonheur éternel,dernière fin. Les Indous comptent 4 espèces de பதவி ou de bonheur éternel: சாலோகம் être dans le ciel avec Dieu, சாமீபம் être près de Dieu, சாரூபம் ressembler à Dieu, சாயுச்சியம் identité avec Dieu: உயர்ந்த—haut degré de béatitude, bonheur éminent; மேலான— bonheur suprême du paradis; —முத்தி bonheur final; —யடைகிறது, —பெறுகிறது obtenir le bonheur final, — sa fin dernière,arriver au sommet.

பதவிய,*adj.de* பதமை,poli,doux, —au toucher: —குணம் douceur, — au toucher, poli, tempérament froid; பதவியது ce qui est doux,poli, lisse; பதவியன் homme doux,pacifique.

பதவியல்,(பதம்,இயல்), propriété —,accord des mots,règles de l'orthographe et de la connexion des mots,partie de la grammaire qui en traite.

பதவு,herbe.

பதவுரை,(பதம்,உரை), explication littérale,mot à mot.

பதவை,(பதவி),chemin.

பதறல்,பதறுகை,பதறுதல்,précipitation,hâte.*n.v.de*

பதறுகிறது,றினேன்,றுவேன்,று,ற,*v.n.*agir—,marcher... avec précipitation,se presser trop, s'empresser,se hâter extrêmement,trembler, palpiter,s'agiter: பதறாதகாரியஞ் சிதறாது une chose non précipitée ne manquera pas de réussir; பதறாமலிருக்கிறது ne pas se trop presser, prendre son temps: பதறிச்செய்கிறது, —ப்பண்ணுகிறது agir ou faire à la hâte, —avec précipitation, précipiter; —ச்சொல்லுகிறது.— ப்பேசுகிறது dire ou parler à la hâte, avec précipitation,inconsidérément; —ப்போகிறது aller ou marcher avec précipitation.

பதனை,la plante வேந்தோன்றி.

பதற்றம்,*n.v.de* பதறுகிறது,précipitation,hâte.

பதனம்,1° précaution,sureté,garde,soin,gage, caution, enlèvement. 2° (patana), descente, descendre, abaissement, chute, dégradation, dégénération, péché, déduction, soustraction, allée, latitude des planètes; — ஆய்வைக்கிறது déposer avec précaution, mettre en sureté; — ஆய்ப்பார்க்கிறது observer soigneusement, agir avec circonspection; — பண்ணுகிறது, garder bien, — soigneusement, mettre en sureté, s'assurer de, s'emparer, déposer, tenir renfermé; பதனகேந்திரம் hypoténuse, argument de latitude, le 4e, le 7e et le 10e degré à partir du levant; பதனவாசஸ்தலம் demeure —, habitation sûre.

பதனி, P. பதநீர்.

பதன், P. பதம், maturité, trempe, juste degré de cuisson, de consistance, pointe: — அழிகிறது se gâter, passer le juste degré de cuisson, de maturité; — அழிவு, V. பதமழிவு: — இடுகிறது donner le juste tempérament, le juste degré de cuisson, de trempe..., assaisonner, corroyer, mettre en bon état; — படுகிறது arriver au point voulu de maturité, de cuisson, de trempe..., être mûr, — assaisonné ou cuit à point voulu; கத்தி பதனாயிருக்கின்றது le sabre —, le couteau est suffisamment aiguisé, [tu né.

*பதாகன், (bhadàka), homme fort, hardi.

*பதாகி, (பதாகை i), porte-étendard.

*பதாகினி, (id. ini), armée.

*பதாகை, (patàkà), bannière, drapeau, mât de pavillon, signe, emblême, symbole, marque, épisode de drame, sorte de danse, bonne fortune, hasard.

*பதாங்கம், (பதம், அங்கம்), vestige, trace du pied.

*பதாசனம், (id. ஆசனம்), marchepied, escabeau.

*பதாசி, பதாதன், பதாதிகன், (padâdji, padâta, padâtika), piéton, fantassin.

*பதாதி, (padàti), fantassin, piéton, infanterie, armée, détachement d'armée, — nommé aussi பத்தி et contenant 1 char, 1 éléphant, 3 chevaux et 5 fantassins, homme dérouté, — qui s'est sauvé de la bataille à pied, — dénué de tout, turbulence.

*பதாநுராகம், (பதம், அநுராகம்), armée.

*பதாநுராகன், (பதம், அநுராகம்), serviteur.

*பதாரம், (padàra), poussière des pieds, bateau, radeau.

*பதாம்போசம், பதாரவிந்தம், (பதம், அம்போசம், அரவிந்தம்), pieds semblables au nénuphar, pieds d'une prétendue divinité.

*பதார்த்தம், 1° (பதம், அர்த்தம்), chose, substance, richesses, prospérité, sens d'un mot, — d'une sentence, catégorie, prédicament en logique. On en compte 7, savoir: substance, qualité, action, identité, variété, relation, annihilation; d'autres en nomment 16. 2° mets, aliment, ragoût, plat, sauce: பதார்த்தங்கள் சேர்க்கிறது se procurer —, préparer les provisions et autres matériaux; பதார்த்தசாரம் essence... des mets, partie de la médecine qui enseigne la propriété des mets; — சாரநூல், — சிந்தாமணி livre de médecine qui traite de la qualité des mets, ouvrage scientifique d'histoire naturelle; — விகற்பம், catégories de la logique.

*பதி, 1° (pati), maître, possesseur, propriétaire, chef, seigneur, le Seigneur suprême, Dieu, roi, gourou, prêtre, ancien, mari, Siven, racine. 2° (pathin), chemin (dans les mots composés). 3° place, ville, cité, bourg, village en pays cultivé, maison, habitation, demeure, cachette, embûches, cheval, lumière, impression, provin, marcotte, V. பதித்தல். 4° imp. et part. de பதிகிறது et பதிக்கிறது; தேசாதிபதி, ou தேசமக்கதிபதி roi —, seigneur, — maître ou gouverneur du pays; — சத்திசாலம் illusion du pouvoir de Siven; — சாஸ்திரம், V. பதிநூல்; — சேவை obéissance —, dévouement à son mari; — ஞானம் connaissance de Dieu, sagesse divine, renoncement au monde; — த்துவம் état du mariage; — நிச்சயம், — நிர்ணயம், — நிரூபணம், — நியமம் certitude de l'être ou de l'existence, croire —, savoir qu'il y a un dieu auteur de la nature, et connaître ce qu'il est; — ஞானம் science qui explique —, traité de la nature divine; — படை armée ou troupe en —, embuscade; — பசுபாசம் Dieu, l'âme et la matière; — போடுகிறது préparer une cruche remplie d'eau et d'autres choses (pour chasser les démons ou pour un acte superstitieux; — ப்பிரஞ்ஞன், (pathin chemin), homme qui connait les routes; — ப்பிராணை, (பிராணம் vie), femme fidèle à son mari: — வத்தினி (vatni P. vati), femme mariée, — dont le mari est vivant; — வாக்கன், (pathin route), porteur, porte-faix, oiseleur; — விரதம், — விரதத்தன்மை, — விரதாத்தனம், — விரதாதருமம், — விரதாபுண்ணியம், — விரதாவிரதம், (பதிவிரதை), chasteté conjugale, fidélité inviolable d'une femme à son mari; — விரதாபங்கம்பண்ணுகிறது violer la fidélité conjugale; — விரதாபத்தினி, — விரதி —, விரதை, — விருதை (vrati, vratâ), femme chaste, fidèle à son mari; — வைக்கிறது planter du riz, transplanter des plantes, prendre racine, marcotter, provigner, V. பதிபோடுகிறது; — வைத்தகிளை marcotte, provin, branche provignée; பதிக்குவருகிறது venir à la maison.

*பதிகம், 1° (பதிகன் guide), préface, — dans laquelle on explique le plan et le contenu de l'ouvrage, table des matières. 2° (பத்து), la dixaine de strophes, le 79e des பிரபந்தம், petit poème en 10 strophes sur un seul sujet. 3° mousse, algue. 4° (padika), marche à pied, pointe du pied.

*பதிகன், 1° (padika), piéton, fantassin. 2° (pathika), voyageur, passant, guide, — qui connait les routes: பதிகசந்ததி, — சங்கதி troupe de voyageurs, caravane.

பதிகிறது, திந்தேன், திவேன், தி, திய, v.n. et a. s'enfoncer (le pied dans la boue), s'enchâsser, s'abaisser, se soumettre, obéir, se blottir, se cacher, se creuser, devenir creux, s'arrêter, être fixé, attaché, fiché, être imprimé, s'imprimer, se graver, s'inculquer, faire impression. 2° v.a. inscrire, insérer, enfoncer, graver, imprimer: மனதிலே — se graver dans l'esprit, faire impression sur la volonté; பெயர்க்கணக்கிலே — insérer —, inscrire un nom dans un compte; பதிந்திருக்கிறது être imprimé, gravé, inscrit, enfoncé...; பதிந்துபோகிறது s'imprimer, laisser une empreinte; பதியவைக்கிறது marcotter, provigner, laisser s'imprimer, — s'enfoncer: மனதிலேபதியச்சொல்லுகிறது parler de manière à faire impression sur l'esprit.

பதிக்கிறது, தித்தேன், திப்பேன், தி, திக்க, v.a. de பதிகிறது, பதித்தல், n.v. ou பதித்துவைக்கிறது enfoncer, ficher, fixer, insérer, placer, attacher, abaisser, creuser, cacher, ensevelir, marcotter, planter, provigner, enchâsser, imprimer, graver, écrire, enregistrer, porter, mettre.

*பதிக்கினி, (பதி, ghni qui tue), femme homicide de son mari: — லக்ஷணம் marque qui dénote une telle homicide. [னை.

பதிச்சம், la plante dite வாதுமு

*பதித, obl. de பதிதன் et de

*பதிதம், (patita), écart, erreur, hérésie, chute, dégénération, dégradation, exclusion de la religion ou de la caste, espèce de danse ou de drame: பதிதத்தனம், — மார்க்கம் hérésie.

பதிதல், n.v. de பதிகிறது.

*பதிதன், (patita), homme dévoyé, dégradé, tombé, déchu ou chassé de sa caste, de sa religion..., hérétique, apostat, renégat: பதிதசாவித்திரிகன், (சாவித்திரி, ka), homme des 3 premières castes dont l'initiation n'est pas légitime ou qui a été dégradé; — பாவனன் celui qui purifie les gens dévoyés ou les grands pécheurs, i. e. Dieu.

*பதிதோற்பன்னன், (பதிதன், உற்பன்னம்), homme né de gens dégradés, — né dans l'hérésie.

பதித்தல், *n.v.de* பதிக்கிறது, action d'enfoncer, de cacher, —d'imprimer...

*பத்திரி,(bhastri), soufflet de forge.

பதித்து, *gér. de* பதிக்கிறது.

பதிப்பு, *n.v.de* பதிக்கிறது, impression, édition, V. பதித்தல்.

பதுமை, *P.* பிரதிமை, figure, statue, idole, poupée, marionnette: —கதை histoire représentée par des—, conte de marionnettes; —க்கூத்து jeu —, représentation de marionnettes; —பண்ணுகிறது faire des poupées, des marionnettes...; —போலிருக்கிறது être comme une statue, être joli; —யாட்டுகிறது faire jouer les marionnettes, jouer avec une poupée: விசைவைத்திருக்கிறபதுமை automate, poupée—, statue mue par des ressorts.

*பதிம்வரா,(பதிம், *acc.de* pati ou பதி, varâ *qui choisit*), fille qui choisit elle-même son mari.

பதிய, 1° *inf.de* பதிகிறது. 2° *obl.de*

பதியம், 1° (பதிகிறது), marcotte, provin, branche provignée. 2° *P.* பதிகம், poème de 10 stances, mousse, la petite plante aquatique பாசி, lemna.

*பதிரன்,(badhira), homme sourd.

*பதிலன்,(பதி, la), voyageur.

பதில் *ou* பதுல், *dat.* பதிலுக்கு, (les autres cas inusités), équivalent, égalité, échange, la pareille, compensation, récompense, retour, subtitution; remplacement, remplaçant; au lieu de: அதுக்குப்பதிலாக au lieu ou en la place de cela, en échange de cela: அவனுக்குப்பதிலிவனுத்தரவாதி celui-ci est caution en place de celui-là; அவனுக்குப்பதிலாய்ச்சாமந்தாக்கிறவனிவன் c'est celui-ci qui fait le quart en remplacement de celui-là; —அளிக்கிறது, —செலுத்துகிறது rendre la pareille, compenser, récompenser; —ஆய் *ou* பதிலுக்குக் கொடுக்கிறது donner en place, —en échange, rendre; பதில்கொடுக்கிறது fournir un remplaçant, donner l'équivalent, —en place; —சீட்டு, பதிற்சீட்டு copie—, duplicata d'un billet, d'un document; —பாணம் flèche lancée en retour ou en échange d'une autre; —வைக்கிறது substituer, mettre à la place de, remplacer, troquer, échanger, mettre l'équivalent, —en gage; பதிலுக்குச்செய்கிறது *ou* பதிலுக்குப்பதில்செய்கிறது rendre, —la pareille; compenser, dédommager; —ப்பதில்பண்ணிப்போடுகிறது rendre, —la pareille, récompenser, user de représailles; —வாங்குகிறது prendre pour équivalent, pour représailles.

பதிலாள், பதிலாளி, (பதில், ஆள்), remplaçant, substitut.

பதிவட்டவணை, (பதிவு, அட்டவணை), registre, archives: பூர்வப்— ancien registre, vieilles archives.

பதிவிடை,(பதிவு, இடை), cachette, embuscade, embûches, piége: —பண்ணுகிறது, —வைக்கிறது tendre des piéges, dresser des embûches, suborner un espion; —யாயிருக்கிறது être en embuscade, être aux aguets, attendre l'occasion; —யாயிருந்துபுறப்படுகிறது sortir d'une embuscade; —யாய்ப்போய்விடுகிறது se dérober en cachette, s'esquiver secrètement, —à la dérobée: பதிவிடைகளாய்ப்போகப்பண்ணுகிறது envoyer—, placer en embuscade.

பதிவு, *n.v.de* பதிகிறது, impression, empreinte, insertion, provignement, marcotte, registre, grand livre de comptes, déclin de la lune; embûches, embuscade: பதிவிருக்கிறது être en embuscade, être aux aguets, guetter l'occasion, être caché dans l'ombre; என்பிராணனுக்குப்பதிவிருக்கிறார்கள் ils guettent l'occasion de m'ôter la vie; பதிவிருப்பார்கள் ceux qui sont —, ils seront en embuscade; —வைக்கிறது marcotter, provigner.

பதிற்றந்தாதி,(பதிற்று அந்தாதி), le 46me des பிரபந்தம் poème composé de 10 வெண்பா et de 10 கலித்துறை avec la répétition dite அந்தாதி.

பதிற்று, *variante de* பத்து; dix: —க்கலம் dix boisseaux; —ப்பத்து

dix fois dix, i.e. cent; —ப்பத்தந்தாதி poème de தாயுமானவர் composé de 10 parties chacune de 10 strophes d'un mètre différent des autres.

பதிற்றொன்பான், (பதிற்று), dix-neuf: பதிற்றொன்பதின்மர் 19 personnes.

பதிற்றொன்று, (id. ஒன்று); onze.

பதினறுவர்; (பதின், அறுவர்), 16 personnes.

பதினாயிரம், (id.), 10 mille.

பதினாலு, (id. நாலு), quatorze: —லோகம் les 14 mondes des fables indoues, V. les au mot உலகம், (au lieu de திதலம் quelques-uns disent தராதலம், et au lieu de புவர்—, சுவர், —மகர்—, தவலோகம்; ils disent புவ—, சுவ—, மக—; தபோலோகம்): பதினாலாம் quatorzième; பதினாலாவது quatorzièmement.

பதினால்வர், (id. நால்வர்), 14 personnes.

பதினான்கு, (id. நான்கு), quatorze: பதினான்காம் quatorzième; பதினான்காவது quatorzièmement.

பதினாறு, (id. ஆறு), seize: —கோணம் 16 angles, les 16 coins du monde, i.e. les 8 principaux dits அஷ்டதிக்கு et les 8 intermédiaires: பதினாறாம் seizième; பதினாறாவது seizièmement.

பதினெட்டு, (id. எட்டு), dix-huit: பதினெட்டாம் dix-huitième; பதினெட்டாவது dix-huitièmement.

பதினெண், P. பதினெட்டு, dix-huit, devant un nom: —கணம், —கூட்டம் 18 classes d'êtres réputés célestes, V. அஷ்டாதசகணம்; —குடிமை les 18 sortes de serviteurs de village, savoir: ஓட்டாவி peintre, கன்னார் ouvriers en cuivre, குயவர் potiers, கொல்லன் maréchal, கோவியர் pâtres, சிவியார் porteurs de palanquin, தச்சர் charpentiers, தட்டார் orfèvres, நாவிதர் barbiers, பள்ளர் les pallers cultivateurs, பாணர் tailleurs, மாலைக்காரர் faiseurs de guirlandes, மூவாணியர் 3 espèces de marchands, வண்ணார் blanchisseurs, வலையர் pêcheurs, வெட்டியான் fossoyeur ou brûleur de cadavres; —குணம் 18 propriétés du corps, V. அஷ்டாதசகுணம்; —தருமசாஸ்திரம் les 18 livres de jurisprudence, V. அஷ்டாதசதருமசாஸ்திரம்: —பாஷை, —பாடை les 18 langues, V. அஷ்டாதசபாஷை; —புராணம் les 18 pouranas, V. அஷ்டாதசபுராணம்; —மூலம் 18 espèces de racines médicinales, V. அஷ்டாதசமூலம்; பதினெண்ணுப்புராணம் les 18 pouranas inférieurs, V. அஷ்டாதசோபபுராணம்.

பதினெண்மர், (id.), 18 personnes.

பதினெழுவர், (id. எழு), 17 personnes.

பதினேழு, (id.), dix-sept: பதினேழாம் dix-septième; பதினேழாவது dix-septièmement.

பதினைங்கலம், (id.), 15 boisseaux.

பதினைந்து, பதினைஞ்சு, (id. ஐந்து), quinze: பதினைந்தாம் quinzième; பதினைந்தாவது quinzièmement; பதினையாயிரம் 15 mille.

பதினைவர், (id.), 15 personnes.

பதினொன்று, (id.), ou (devant un nom), பதினொரு, பதினோர், onze; பதினொரு ou பதினோர்குதிரை 11 chevaux; பதினோராம் onzième; பதினோராவது onzièmement; பதினொருவர் 11 personnes.

பதின், (variation de பத்து), dix: —கலம் 10 boisseaux; —மடங்கு 10 fois autant; —மடங்கான décuple; —மூன்று treize; —மூன்றாம் treizième; —மூன்றாவது treizièmement; —மூவர் 13 personnes.

பதின்மர், (பதின்), 10 personnes.

பது, sync. de பத்து, dix. Il ne s'emploie que dans les composés இரு—, முப்—, நாற்—, ஐம்—, அறு—, எழு—, எண்பது et ஒன்பது, 20, 30, 40, 50, 60, 70, 80, 9; mais suivi d'un autre nombre பத்து repend sa forme: இருபத்திரண்டு 22, இருபத்துமூன்று 23.

பதுகை, l'arbre பழமுன்னைப்பாலை.

பதுக்கம், n. v. de பதுங்குகிறது. cachette, embuscade, guet-à-pens, manière de se glisser en rampant, — à la sourdine: பதுக்கமாய் en rampant, en cachette.

பதுக்கணம்,nom d'un oiseau, chose qui ne croit pas.

பதுக்குகிறது,sync. பதுக்கிறது, க்கினேன்,க்குவேன்,க்கு,க்க,v.a. de பதுங்குகிறது, et பதுக்குதல்,n.v. cacher,tenir caché.

பதுக்கை,petite hauteur,—colline,petit buisson,rocher,roc, pierre.

பதுங்கலன், (பதுங்கல், அன்), homme qui est aux aguets,qui dresse des embûches,qui se glisse à la sourdine,—en rampant, qui se cache en arrière.

பதுங்கி,1° V.பதுங்கலன்.2° gér.de பதுங்குகிறது,sync. பதுங்கிறது, கினேன்,குவேன்,கு,க,v.n.பதுங்கல், பதுங்குதல்,n.v.se glisser—,venir à la sourdine,—en rampant,se cacher, se blottir,se tapir,être aux aguets,en embuscade, épier l'occasion, rester caché,blotti; பதுங்கிப்பதுங்கிவருகிறது venir à la sourdine,—adroitement,à la dérobée;பதுங்கிவெட்டுகிறது couper—, assassiner à la sourdine;பதுங்குநாய் chien à embuscade, —de chasse.

*பதுமம்,(padma),lotus, nelumbium speciosum (souvent confondu avec le) nénuphar, nymphœa, fleur de lotus ou de nénuphar,espèce d'arrangement ou d'ordre de bataille,un des trésors de Koubêren dit பதுமநிதி, nombre très-considérable,100 trillions,ou 10 milliards suivant le dictionnaire sanscrit,10 trillions selon d'autres,un des 18 pouranas,plomb,taches ou marques colorées sur la trompe des éléphans, sorte de pilule médicinale, drogue nommée aussi பதுமகாஷ்டம், la 15me constellation lunaire dite சோதி,ornement de couronne, V. பதுமாசனம்;பதுமகண்டம் lieu abondant en nénuphars;—கந்தம்,—கந்தி odeur de nénuphar;—கரன் le soleil ou Sourien qui tient à la main un nénuphar;—கருப்பன்,—கர்ப்பன் Brama—,le soleil qu'on prétend nés du nénuphar;—காஷ்டம் bois de senteur usité en médecine et réputé rafraîchissant et tonique;—க்கரு graine de nénuphar;—கேசரம் filamens du nénuphar;—தந்து,—நாளம் tige fibreuse du nénuphar;—நாபன்,—நாபி Vichnou du nombril duquel,au dire de la fable, est sorti le nénuphar sur lequel naquit Brama;—நிதி or ressemblant au nénuphar (c'est un des 2 trésors d'Indiren et 1 des 9 trésors de Koubêren;)—பந்தம் arrangement des mots d'une strophe en forme de feuille de nénuphar;—பந்து l'ami du nénuphar,i.e. le soleil,l'abeille;—பத்திரம்,—பர்ணம் feuille du nénuphar,le costus speciosus; —பாணி celui qui tient à la main un nénuphar,le soleil,Brama;—புஷ்பம் fleur de nénuphar;—ப்பிரியை l'amie prétendue du nénuphar,la femme de சனற்கரு;—பூ,—யோனி Brama né, au dire des Indous, du nénuphar sorti du nombril de Vichnou;—ராகம் le rubis à couleur de nénuphar, l'hyacinthe;—ரேகை ligne de la paume de la main que les Indiens croient présager de grandes richesses;—வர்க்கன் roi,soleil,Koubêren,Brama;—வர்க்கினி Sarasvati, Lakchimi (qui ont un parasol semblable au nénuphar);—வர்ணகம் le costus speciosus de couleur de nénuphar;—வீசம் graine de nénuphar;—வாசை Lakchimi qui habite, dit-on,dans les pétales du nénuphar.

*பதுமன்,(id.), un des 8 serpens qu'on dit soutenir les 8 coins du monde, Brama, Râmen, un des 12 சக்கிரவர்த்தி des Djaïnas.

*பதுமாகரம், (பதுமம், ஆகரம்), étang rempli de nénuphars.

*பதுமாக்கம்,பதுமாக்ஷம், (பதுமம்,அக்ஷம்), graine de lotus ou de nénuphar.

*பதுமாசனம்,பதுமாசனம், (id. ஆசனம்);une des 8 positions ou manières de s'asseoir des yoguis, dites ஆதாரம்,qui consiste à se croiser les plantes des pieds sur les cuisses et à avoir une main appuyée sur la cuisse gauche et l'autre étendue avec le pouce sur le cœur et les yeux fixés sur le bout du nez, siége ou trône fait en forme de lotus pour placer des idoles.

*பதுமாசனன், (id.), celui qui a le lotus pour siége, Brama, le soleil.

*பதுமாசனி, f. du préc. Lackchimi, Sarasvati.

*பதுமாந்தரம், (id. அந்தரம்), pétales du nénuphar ou lotus.

பதுமாக்கம், la plante கவிழ்தும்பை. [துமவாசனை.

*பதுமாலயை, (id. ஆலயம்). V. ப

*பதுமாவதி, (பதுமம், வதி), la prétendue déesse மனசை, sœur des serpens et femme du sage சரத்காரு, la branche principale du Gange depuis Kasimbazar dans le Bengal jusqu'a la mer — பதிவிபவன் l'époux chéri de மனசை, i.e. சரத்காரு.

*பதுமினி, (பதுமம், ini), la 1re et la meilleure des 4 classes de femmes dites. பெண்சாதை - சு, espèce de danse, lotus ou nénuphar, tige fibreuse du nénuphar, grande quantité—, étang plein de nénuphars, femelle de l'éléphant dit பதுமி: பதுமினிசண்டம், V. பதுமசண்டம்; — சாந்தன், — வல்லபன் l'ami du nénuphar, i.e. le soleil.

*பதுமேசயன், (padmè dans le lotus, சயம்), celui qui est couché sur une feuille de lotus, i.e. Vichnou.

*பதுமை, 1° (padmâ), Lakchimi, Kâli, la prétendue déesse மனசை sœur des serpens et femme de சரத்காரு, la mère du 20me தைசானன், fleur du carthame ou safran bâtard 2° P. பதுமை, statue, marionnette, poupée: — கதை conte d'une poupée, vieille fable.

*பதுமோத்தரம், (பதுமம், உத்தரம்), carthame ou safran bâtard.

*பதுமோத்தராத்துமசன், (பதுமோத்தரன். ஆத்துமசன்), le fils de Padmottaren, un des சக்கரவர்த்தி des Djaïnas.

*பதுமோற்பவன், (பதுமம், உற்பவம்), celui qu' on dit né sur le nénuphar, i.e. Brama.

பதைக்கிறது, பதைத்தேன், பதைப்பேன், பதைக்க, v.n. palpiter, le cœur battre, s'effrayer, compatir, agir précipitamment.

பதைத்தல், பதைப்பு, n.v. du préc. palpitation battement de cœur, effroi, compassion, indice de frayeur, précipitation.

பதைபதைக்கிறது, (பதைக்கிறது répété), palpiter fortement.

பதைபதைத்தல், பதைபதைப்பு, n.v. du préc. forte palpitation.

*பதோதகம், (பதம், உதகம்), eau pour laver les pieds, — dans laquelle un gourou s'est lavé les pieds, eau du bord du chemin.

பத்றசேனி, camphre.

பத்தங்கம், (பத்து, அங்கம்), v. தசாங்கம். [broisie.

*பத்தசை, (bhaktadjâ), nectar, am-

*பத்தரன், (பத்தம், da qui donne), nourricier, protecteur.

*பத்தமை, பத்தத்துவம், (id.), attachement, fidélité.

*பத்தி, (paddhati), route, chemin, ligne, rangée, ordre, règle, rituel ou manuel détaillant certaines cérémonies et la manière de les faire, sens —, explication des mots, nom de famille, surnom.

*பத்தம், 1° (baddha), lien, attache, obligation, vérité. 2° (bhakta), nourriture, riz cuit, gratitude, attachement, dévouement: — உள்ளவன் homme réglé, de conduite régulière, reconnaissant; — கெட்டவன் homme déréglé, sans ordre, ingrat; பத்தக்காரன் cuisinier; — கோபன் homme qui retient ou réprime sa colère: — சந்தம் appétit, désir de manger, gourmandise; — சனம் serviteurs, gens dévoués; — தாதா père nourricier; — தாசன் esclave qu'on nourrit; — தூரியம் musique qu'on joue chez les princes à l'heure du repas.

பத்தருமி, (பத்தம்), camphre. [வி.

பத்தர், 1° pl. de பத்தன். 2° P. பத்த.

பத்தல், canal de bois (pour conduire l'eau tirée d'un puits ou d'un étang), auge de bois (pour les animaux), une partie du luth.

*பத்தனம், (pattana), ville.

*பத்தன், (bhakta), *pl.* பத்தர், பத்தர்கள், homme dévoué, attaché, ami fidèle, dévot, pieux, adorateur, bigot, partisan, amateur, surnom honorifique des orfèvres, des marchands: —கையிலேயொப்பிக்கிறது remettre entre les mains d'un ami, d'un homme fidèle; அவனெனக்குப்பத்தன் il m'est dévoué, il est mon partisan.

*பத்தா, 1° *P.* பர்த்தா, (bhartrou), mari, époux, nourricier, soutien, protecteur. 2° (*ind.*), information, recherche, suivre à la piste.

பத்தாசு, (patache), petit vaisseau, bateau: பத்தாசிலேவருகிறது venir en bateau.

*பத்தாஞ்சலி, (பத்தம், அஞ்சலி), salutation en portant les mains jointes au front.

பத்தாடம், (பத்து, ஆடம்), 200 mesures d'huile.

பத்தாம், (*id.* ஆம்), dixième.

பத்தாயம், grand coffre, réceptacle, grenier, *V.* பத்தாசு: தண்ணீர்த்ப்—réservoir d'eau, citerne; நெல்லுப்— caisse ou réceptacle pour mettre le riz.

பத்தாவது, (பத்து), dixièmement.

பத்தானித்தீவு, Patani, ville et royaume dans la presqu'île de Malacca, près de Siam.

*பத்தி, 1° (bhakti), piété, dévotion, dévouement, fidelité, confiance, foi, attachement, amour, service, adoration, culte, —religieux, part, portion, 2° (patti), marche, promenade, piéton, fantassin, détachement, — d'armée contenant un char, un éléphant 3 cavaliers et 5 fantassins. 3° (pankti), rang, rangée, ligne, petite colonne d'écriture, lignes écrites sur une feuille de palmier ou dans un livre *V.* பத்தி. 4° mœurs, conduite, manière, ordre, règle, usage, coutume, enclos, planche de jardinage, porche, galerie, vestibule, pente du toit d'une maison; நடுப்—la rangée du milieu; பின்—la dernière rangée ou ligne; முன்—la 1re rangée..., ou celle qui précède; —காண்டி, —காண்டிகள் personnes—, gens dévoués à la dévotion (c'est un des 3 பக்குவர்); —சூடம் nom d'une maladie; —சுவாலகர், —சுவாலையர் les séraphins, anges enflammés de l'amour de Dieu; —பக்காரம் irrigation provenant de l'eau d'un fleuve; —பத்தியாயெழுதுகிறது écrire en colonnes ou en lignes, —பத்தியாகவைக்கிறது mettre en rangs, aligner; —பத்தியாகவருகிறது venir en rangs; — பாய்கிறது une image se réfléchir; —நடை, —மார்க்கம் conduite pieuse; — யுலாவல் se promener—, marcher en rangs; —சேவகம் dévotion, adoration; —விசுவாசம் foi et piété, foi—, dévotion solide; — வைராக்கியம் zèle, attachement à la dévotion; அத்தியந்தபத்திநிறைந்தசித்தம் volonté pleine d'un amour ou d'un attachement extrême; உறுதியானபத்தி solide piété, —attachement.

*பத்திமான், (பத்தி, mân), homme dévot, pieux, fervent, attaché à.

பத்திமை, (*id.* மை), dévotion, piété, amour, attachement, régularité.

*பத்தியம், 1° (pathya), régime, diète, régime convenable aux malades, nourriture, convenance, justesse, agrément, accord, le mirobolan jaune dit கடு. 2° (padya), mètre, chant, versification, vers ou ouvrage de poésie (surtout en sanscrit ou en télinga), heurt, méchanceté, classe soudras, —tamoule; — அற்றதில்லை le régime n'est pas fini: — ஆயிருக்கிறது observer un régime; — கழிக்கிறது laisser le régime prescrit; —குலைகிறது, — முறிகிறது enfreindre le régime, le régime être enfreint; — கொள்ளுகிறது prendre un régime, —de la nourriture, manger; — பிடிக்கிறது prendre—, suivre un régime; —போகிறது le régime finir; பத்தியக்கீரை l'herbe potagère dite திருக்கீரை; —க்கேடு, —த்தாழ்வு, — ப்பிழை infraction du régime prescrit; — ப்பி

ழைவருகிறது un telle infraction arriver;—மீன் poisson tendre et bon pour les malades. [choutre.

*பத்தியவன், (பத்தியம்), soudras,

*பத்திரகம்,(பத்திரம்,ka),1° feuille,plume,aile,onction de sandal. 2° (bhadraka),beauté, agrément, bonheur.

*பத்திரம், 1° (patra), feuille, —d'arbre,de livre,feuille d'or, pétale (de fleurs),aile d'oiseau,plume,—de flèche,lettre,épitre, monture, véhicule.2° (bhadra), bonheur,prospérité,richesses,bonne fortune, hasard, joie,beauté,agrément,bien,or,fer ou acier,bœuf,monceau,multitude,balle,le 7me des கரணம் dit பத்திரவம், la position dite பத்திராசனம். 3° (padra),hameau,village,— dans les montagnes.4° soin,précaution, circonspection,attention,sûreté,fermeté,obligation par écrit,titre, contrat, billet,—de dette, ornement de couronne,montagne,arme,—qu'on lance,flèche,trait,courte épée,poignard, dague,mort. 5° *interj.* gare, prenez garde,doucement,attention: சேதன பத்திரம் billet annulé; — ஆய் avec soin,—précaution,avec attention,en sûreté;—ஆய்ப்பார்க்கிறது regarder —,soigner attentivement,bien examiner; —ஆய்ப்போகிறது aller—, marcher avec précaution; — ஆய்மூடிகிறது lier—, nouer sûrement,—avec soin (dans un linge); — ஆய் வைக்கிறது placer sûrement,doucement,avec soin;—சாத்துகிறது appliquer—,placer des feuilles (autour d'une idole...);— பண்ணுகிறது affermir,assurer, rendre stable, prendre garde,mettre en sûreté;—பறிக்கிறது cueillir des feuilles; பத்திரகாகலம், — காகலே, (காகளம், *bruit*),bruit des ailes d'un oiseau,—du bruissement des feuilles;—காளி, (la prétendue déesse) Bhadrakâli, une des formes de Dourgâ,femme de Siven;—கும்பம் cruche d'or ou dorée remplie de l'eau du Gange et employée au couronnement d'un roi;—கைடச்சாரன் créancier sur billet, —obligé par écrit; — சூசி épine;—தாரகம்,(dâraka *qui déchire*), scie,—garnie de châssis:—சிரை, — நாடிகை,(நாடி,ka),nervure ou veine de feuille;—ப்படுகிறது se mettre —, être mis—,être en sûreté,devenir—, être ferme,stable,sûr;—ப்படுத்துகிறது assurer,rendre sûr,ferme,mettre en sûreté,affermir;—ப்படுத்திவிடுகிறது mettre sous bonne garde, —en prison; பகைவருன் கையில் ப்—ப்படுத்திவிடுகிறது confier—,remettre entre les mains de l'ennemi;—பதை (பதம்),*ou* பாத்திரபதம் nom commun à la 25e et à la 26e constellation (qu'on distingue ensuite en mettant devant les mots பூர்வ et உத்தர);—பத்தம் décoration de feuilles, de fleurs, de guirlandes...; —யௌவனம் jeune pousse, rejeton;—ரதம் oiseau (à qui les ailes servent de char);—கோணு l'éléphant d'Indiren, (nommé aussi ஐராபதம்,au dire des Indous,la poussière de ses pieds annonce la prospérité);—ரஞ்சனம் dorure—,colorisation —, enluminure des pages;— வாகம் flèche, oiseau (porté par des plumes); — வாகன் porteur de lettres,postillon.[ராவளி.

*பத்திரலேகை,(பத்திரம்). *V.* பத்தி

*பத்திரவம், பத்திரவாகரணம், (*id.*),le 7me des கரணம் dit aussi விட்டி ou la poule,et regardé comme une période funeste.

*பத்திரன்,(*id.*). Siven, Virabadra ou வீரபத்திரன் forme de Siven.

*பத்திராகரணம்,(பத்திரம்,ஆ,கரணம்),action de raser.

*பத்திராக்ஷம்,(பத்திரன்,அக்ஷம்), œil de Virabadra,*i.e.*graine du mirabilis jalappa.

*பத்திராசனம், (பத்திரம், ஆசனம்),trône,—royal, lit, siége solide, une des 8 postures des yoguis, qui consiste à placer les chevilles des 2 pieds sous les parties honteuses et à tenir fortement avec les mains les plantes des pieds sans remuer;பத்திராசனத்திலிருக்கிறது être sur le trône,—dans la posture susdite.

*பத்திராசனர்,(*id.*),les Trônes, le 3me des 9 chœurs des anges, composé de ceux qui environnent le trône de Dieu et le louent.

*பத்திராசிரயம்,(பத்திரம்,ஆசிரயம்),demeure du bonheur,sandal.

*பத்திராசுவம், (*id.* அசுவம்), la plus orientale des 9 divisions du monde dites கண்டம், ainsi nommée,selon les pouranas,de son premier roi பத்திராசுவன் fils d'அக்கினித்திரன் roi du சம்புத்வீபம். [encre.

*பத்திராஞ்சனம்,(*id.* அஞ்சனம்),

*பத்திராட்சம், *V.* பத்திராக்ஷம்.

*பத்திராதனம்,(*id.*ஆதனம்), *V.* பத்திராசனம். [de poivre long.

*பத்திராத்தியம்,(patrâdya),racine

*பத்திராத்துமசம், (பத்திரம் *fer*, ஆத்துமசன் *né*),épée,sabre.

*பத்திராவலி,(பத்திரம்,ஆவலி),tirer des lignes,colorer ou oindre le corps de sandal, de safran ou autres substances.

*பத்திரி,1° (patri), oiseau, flèche, feuille. 2° la cruelle déesse Kâli ou Dourgâ,cheval.

*பத்திரிகை,(patrikâ), feuille, — écrite,page,écrit,billet,billet ou titre sur ôle,épitre,lettre: அதிகார—, ordre de l'autorité,procuration, délégation par écrit; அறிக்கைப்— affiche,avertissement par écrit; மன்னித்தோமென்கிற— lettre d'amnistie, amnistie.

பத்திரிப்பு,retraite —,recoupement de mur,diminution dans son épaisseur.

*பத்திரை,(bhadrâ), le 2e, 7me et 12me jour lunaire de chaque demi-lunaison et surtout du déclin,bonne vache,indigo,l'herbe sur laquelle se roule la mangouste quand elle est mordue du serpent,safran,le Gange, le prétendu Gange céleste,une des 4 divisions du Gange,selon les pouranas,celle qui coule au nord du குருதேசம், la cruelle déesse Kâli, Bhadrâ,la sakti ou énergie féminine de Siven;—கேள்வன் l'époux de Bhadrâ *i.e.*வீரபத்திரன்.

*பத்திரோதகம், (பத்திரம், உதகம்),eau de feuilles.

*பத்திரோற்பலாசம், (*id.* உற்பலாசம்),bouton (de feuilles),bourgeon.

*பத்திவான், (பத்தி, vân *affixe*), homme pieux,dévot,partisan.

*பத்தினி,(patni), épouse, femme chaste,—fidèle:—த்தனம்,—த்துவம் chasteté d'une femme, fidélité à son mari;—பிள்ளை,— மகன் enfant légitime,—né d'un mariage légitime;இருஷிபத்தினிகள் les épouses des Richis ou ermites indous.

பத்து,1° dix. 2° (pad), pied. Devant ஒன்று,மூன்று,நான்கு, ஐந்து, ஆறு,எழு,எட்டு, il se change en பதின் *ou* பதிற்று; il peut subir le même changement devant un nom. Devant இரண்டு il se chang en பன் *ou* பன்ன். Quand il multiplie le nombre suivant il se change en இருபத்து comme இருபத்திரண்டு 10 fois 2 ou 20; pour se multiplier lui-même il se change en பதிற்று, *Ex*:பதிற்றுப்பத்து 10 fois 10 *i.e.*100. Quand il est multiplié par un nombre plus petit பத்து se change en பது,comme முப்பது 3 fois 10 *i.e.* 30; mais à l'oblique il reprend le த் perdu,ainsi முப்பத்துமூன்று 33; enfin quand il est répété பத்து ne garde que ப், *Ex.*பப்பத்து 10 à 10,ou 10 par 10; பத்துக்காலோன் l'animal à 10 pieds,crabe; பத்துமடங்கு décuple,10 fois autant: பத்தாம் dixième;பத்தாவது dixièmement,பத்தாத்தரம் dix fois:பத்திலொன்று, பத்திலொருபங்கு,பத்திலொருபாகம் un sur 10,une partie sur 10,un dixième,la dime;பத்திலொன்றுச்செலுத்துவன les dimes: பத்திலொன்று கொடுக்கிறது,பத்திலொருபாகத்தைக்கொடுக்கிறது payer —,donner un 10me,la dime; பத்தின்பதிகம் poéme composé de 10 parties chacune de 10 strophes.

பத்தொன்பது,(பத்து), dix-neuf; பத்தொன்பதாம் dix-neuvième;பத்தொன்பதாவது dix-neuvièmement;பத்தொன்பதின்மர் 19 personnes.

பந்தை, éclisse, fente, fissure, tranche, éclat: — போட்டுக்கட்டுகிறது mettre des éclisses et lier un membre fracturé; —வகிருகிறது, — வெட்டுகி றது couper ou fendre un morceau, un éclat; பலகைவெடித்துப்— பா ளவிட்டுப்போயிற்று la planche s'est fendue et séparée d'elle-même en morceaux.

*பத்மம், பத்மாசனன், பத்மாச னி, பத்மராகம், பத்மினி... V. பதும ம், பதுமாசனன், பதுமாசனி, பது மராகம், பதுமினி...

*பந்தகம், (bandhaka), bandage, lien, chose liée, ballot, échange, troc, gage, ville.

*பந்தகி, (bandhaki), femme débauchée, stérile, éléphant femelle.

பந்தடிக்கிறது, (பந்து, அடிக்கிற து), jouer à la balle, la frapper, la lancer.

*பந்தம், (bandha), bande, bandeau, bandelette bandage, lien, corde, fers, entraves, enchaînement, nœud, combinaison ou connexion de vers dite தளை (c'est une des 8 parties de la prosodie), corps, prison de l'âme, chignon ou chevelure nouée sur la tête, coutume, usage (lien de la société), gage, dépôt. 2° P. பந்து, affinité, parenté. 3° torche, flambeau, torche de chiffons... usitée dans les processions, lampe manuelle, balle, boule, beauté, gros soufflet, mur: இ ருப்புப்— torche à manche de fer, — portée au bout d'une pique de fer: ஏணிப் — double ou simple rangée de torches qu'on porte fixées sur une échelle ou sur une planche: து ணிப்—, வண்ணாரப்— torches faites de guénilles, — fournies par les blanchisseurs; —கொளுத்துகிறது allumer une torche; — பிடிக்கிறது porter —, tenir une torche; பந்தம்ப றி ou பந்தக்காட்சி cérémonie de s'arracher des mains les torches à la fin d'une fête de Siven, procession aux flambeaux; —ஸ்தம்பம் poteau auquel sont attachés les éléphans; — சதுரங்கம் armée complète, — avec ses 4 divisions de chars, d'éléphans, de cavaliers et de fantassins; — தயிலம் huile pour les torches; — முட்டி quantité de torches représentant un éléphant; — விளக் கு torche, flambeau, torche en forme de balle.

பந்தயம், (பந்தம்), gage, gageure, pari, — à gagner, effort pour le gagner: — ஓட்டுகிறது, — கட்டுகிறது, — கூறுகிறது, — பிடிக்கிறது, — போடுகிறது, — வைக்கிறது gager, parier, proposer un pari, une gageure, un prix: பந்தயச்சீட்டு billet de loterie, — qui marque à qui le gage; —ப்பொருள் gageure, objet du pari, — à gagner. (ம்), action de lier.

பந்தயித்துவம், (பந்தம், i, த்துவ

பந்தரம், l'arsenic dit சரண்டகம்.

பந்தரி, espèce de sel noir dit வி டாலவணம்.

பந்தர், 1° (persan), ville, port de commerce, la ville de Bander ou Masulipatam. 2° P. பந்தல்.

பந்தல், pandel, appentis —, berceau —, pavillon —, abri —, édifice léger ouvert —, cabane en nattes ou kittous, en feuillage etc..., allée, —pour la course, pour la promenade: —கட்டுகிறது, — போடுகிற து construire un pandel; பந்தற்கா ல் pieu —, pilier ou colonne qui soutient un pandel; — கால்நாட்டுகிற து planter la 1re colonne du pandel, ce qui se fait avec certaines cérémonies pour les mariages ou les fêtes; நாலுகாலுண்டானால் ஒருபந்தல் போடலாம் quand on a 4 colonnes on peut construire un pandel, quand on a les principaux matériaux on peut exécuter un projet.

பந்தவரிசை, 1° l'arsenic rouge dit குதிரைப்பற்பாஷாணம். 2° (பந்தம்), rangée de torches.

பந்தற்பாடன், (பந்தல், பாடு), varangue plus haute que le toit.

*பந்தனம், (பந்தம், na), action de lier, lien, attache, bandage, corde, cordon dit அரைஞாண் qu'on attache autour des reins, attachement, liaison, ligature, chaine,emprisonnement,garde,répression, corde pour attacher les troupeaux:பந்தனாற்கசு corde, — pour attacher les troupeaux: ஏகபந்தன்பண்ணுகிறது lier —,unir ensemble. (ம்),prison.

*பந்தனாலயம், (பந்தனம், ஆலய

*பந்தனை,1° (பந்தம்,nâ): lien,attache,action de lier, ciment.2° fille.

பந்தன், l'arsenic naturel சிசபந்தபாஷாணம்.

*பந்தி, 1° (pankti), ligne, rang, rangée, ordre, tour, compagnie de convives, association,assemblée,société,écurie —,allée —, rangée de chevaux,—d'éléphans etc...à l'attache,renommée, espèce d'air, stance de 4 vers chacun de 10 syllabes, cuisson,maturité, dix (en composition).2° *imp.de* பந்திக்கிறது: ஆனைப் – écurie—, rangée d'éléphans (à l'attache...): பந்திக்கிரீவன்,*P*.தசக்கிரீபன் Ravanen aux 10 têtes:—த்திரம் amitié,amour,désir;—தூஷணன் homme indigne de la société ou qui l'outrage; —போக்கியன் homme avec qui on peut s'associer; —பாவனன் homme respectable; —போசனம் repas en société, — pris avec plusieurs convives; — ப்பாய் natte de festin, — longue et étroite sur laquelle on s'asseoit plusieurs pour manger:—ரதன், *P*.தசரதன்; —வஞ்சனை fraude faite en distribuant les mets aux convives; —யமருகிறது s'asseoir en rang(avec d'autres convives);—யமர்த்துகிறது, —வைக்கிறது faire asseoir —, placer les convives en rang;—யாயிருக்கிறது être en lignes; பந்திக்குப்பரிமாறுகிறது servir les convives, distribuer les mets dans un festin (à la mode indienne); பந்தியிலிருக்கிறது être assis en rang (avec les convives):பந்தியில்வேண்டாமென்கையில் இலைப்பொத்தலென்கிறான் quand on lui dit qu'il ne doit pas être des convives,il répond que la feuille(qui lui sert d'assiette) est percée, *i.e.* il fait la sourde oreille; பந்தியைவிட்டெழுந்திருக்கிறது se lever et quitter le repas,ou se lever après le repas; இழுதிநவன்நம்முடையவனானால்நமே ப்பந்தியிலிருந்தாலென்ன கடைப்பந்தியிலிருந்தாலென்ன si celui qui donne le festin est des nôtres,peu importe d'être assis au 1er rang ou au dernier.

பந்திக்கிறது,ந்தேன்,ப்பேன்,கு,க்க,*v.a.*பந்தித்தல்,*n.v.*(பந்தம்), lier, attacher, bander, mettre aux fers, confiner,enfermer, emprisonner.

*பந்து,1°(bandhou),parent,allié, proche,cousin, ami, frère, parenté. 2° paume, balle,—à jouer, peloton de fil..., roue de potier, petit soufflet, convention, complot, ligue, *pl.* பந்துக்கள் parens,alliés, confédérés; பந்துக்கட்டு pacte, convention,ligue, confédération, complot, — pour cacher..., déguisement, chose semblable; பந்தடிக்கிறது, பந்தெறிதல் jouer à la balle, la lancer; பந்தெறிவீதி grande rue où l'on peut jouer à la balle;—க்கட்டாய்ப்பேசுகிறது tenir tous le même langage par un pacte convenu d'avance;—க்கட்டுபண்ணுகிறது former une ligue,un complot,faire une convention; —ஹீனன் homme sans parens ni amis;—சனம் parens,parenté,gens de la famille; — த்தம் don offert à une mariée par ses parens;—தை,—த்துவம் parenté,affinité; பந்துவாயிருக்கிறது être parens,alliés;பந்துவாயிருக்கை état de —,parenté,affinité; —விளையாடுகிறது jouer à la balle, à la paume; —விளையாட்டு jeu de balle, de paume.

*பந்துரம், (bandhoura), ondulation,inégalité,beauté,ligne de beauté,diadème,crête,marc d'huile.

*பந்துரை,(பந்துரம்),prostituée.

*பந்துவராளி, (பந்து, வராளி), espèce d'air ou de mélodie.

*பந்தையம்,*V.*பந்தயம்.

*பபதி, (பம்,பதி), le seigneur des étoiles,*i.e.* Sandiren ou la lune.

*பபீதி, (papîti), boire dans le même vase.

பப்பத்து,(பத்து,பத்து),dix à dix, dix par dix,par dizaines.

பப்பரப்புளி, l'arbre தொதி.

பப்பரம், le Guzerate, (un des 56 pays connus des Indous), la langue de ce pays, (qui est une des 18 langues qu'ils connaissent),grosseur.

பப்பரர், (பப்பரம்), les habitans du Guzerate. [sier.

பப்பரவன், ce qui est gros, gros-

பப்பரவாகனன்,பப்பரவாகன்,le fils d'அருச்சுனன் et de சித்திராங்கதை,qui tua son père dans un combat.

பப்பளி,— ச்சேலை,—ப்புடைவை, toile bariolée ou bigarrée (à l'usage des femmes).

பப்பாதி, (பாதி,பாதி),par moitiés.

பப்பாமரம், le papayer: பப்பாக்காய் fruit du papayer.

பப்பு, P. பரப்பு,étendue,largeur, surface, égalité.

பப்புவர்,(பப்பு), panégyristes.

பமரம், grand bruit.

*பம்,(bha), étoile, planète.

பம்பம், l'herbe திராய்.

பம்பரத்தி, (பம்பரம்), coureuse, vagabonde.

*பம்பரம்,(bambhara *qui bourdonne*), toupie, sabot à jouer, le mont Mandaram,qu'au dire de la fable, les dieux indous et les démons firent pirouetter pour baratter la mer de lait:—ஆடுகிறது la toupie pirouetter,jouer à la toupie:—ஆட்டுகிறது faire tourner une toupie;ஒருவனைப் — ஆட்டுகிறது faire tourner quelqu'un, se jouer de lui, le tourmenter, le vexer;—கடைகிறது tourner une toupie, la faire au tour;—போலாடுகிறது tourner —, pirouetter comme une toupie; சுவாமீசாட்டியில்லாப்— போலாட்டுகிறீர் O Seigneur vous faites tourner (la terre), comme un sabot sans fouet.

பம்பல்,*opt.et n.v. de* பம்புகிறது, élévation, foule, presse, étroitesse, extension,augmentation,croissance, abondance, force, grand bruit, pompe.

பம்பளப்பளா, rien,mot qui indique le manque.

*பம்பாநதி, (pampâ), nom d'une rivière dans la province d'Orissa.

பம்பி, *gér.de* பம்புகிறது.

பம்பிளை, la plante பீர்க்கு, espèce de coucombre.

பம்புகிறது,பினேன், புவேன், பு, ப, *v.n.* பம்புதல்,*n.v.* se lever, s'élever,se serrer,être pressé, gêné,étréci,à l'étroit, s'étendre,croitre, augmenter,coudre, faire grand bruit:பம்புபரிகாசம் sarcasme, moquerie, bouffonnerie,jeu pétulant.

*பம்பை, (pambâ), rivière sur la côte d'Orissa, le détroit de Pamben entre Ceylan et le continent, espèce de tambour, tambour des forêts ou des pays de bois,tête couverte de longs cheveux hérissés,cheveux frisés: பம்பைக்குப்பதக்கு à une tête à longs cheveux hérissés 2 mesures (de vermine).

பம்மல், *n.v.de* பம்முகிறது,faufilure,action de luter,de couvrir, d'ajuster et de lier ensemble, temps couvert, être obtus, indigestion;—த்தையல் couture à longs points,faufilure. [guisement extérieur.

பம்மாத்து, effroi, masque, dé-

பம்முகிறது,மினேன்,முவேன்,மு, ம,*v.a.* பம்முதல், *n.v.* faufiler, coudre à longs points —, attacher avec des épingles avant de coudre définitivement, unir,ajuster et lier ensemble,luter,couvrir.[marionnette.

பம்மை, P. பொம்மை, poupée,

பயக்கிறது, யந்தேன், யப்பேன், ய,யக்க, *v.a.* 1° faire,créer, former, produire,donner, gagner, acquérir. 2° *v.n.* craindre,avoir peur (dans ce sens il n'est guère usité qu'au parfait): பயந்திருக்கிறது avoir peur, craindre.

*பயங்கரம், (பயம், கரம்), peur, effroi, épouvante, terreur: — ஆன terrible,effroyable:—ஆயிருக்கிறது être terrible, effrayant.

பயங்காளி, (பயம், ஆளி), timide, peureux, poltron.

*பயசம்,பயசு,(payasa,payas);eau, lait.

பயசி, la plante திருநாமப்பாலை.

*பயசுபம்,(பயசு, pa *qui boit*),l'animal qui boit le lait, *i.e.* le chat.

*பயணம்,*P.* பிரயாணம்,voyage, marche: கப்பற்ப — voyage par mer; — ஆகுறுப்புகிறது faire la conduite à quelqu'un qui se met en route, envoyer faire un voyage; — ஆயிருக்கிறது être sur le point d'entreprendre un voyage, — prêt à partir; — ஆயெழுகிறது se mettre en route; — ஆய்ப்போகிறது se mettre en route,faire un voyage, voyager;— ஆய்வருகிறது revenir d'un voyage;—கட்டுகிறது faire les préparatifs d'un voyage; — தவிர்கிற து,—தவிர்ந்துபோகிறது un voyage manquer, être empêché de le faire; —பண்ணுகிறது faire un voyage; பயணக்காரன் voyageur, passant, passager;— ப்படுகிறது partir pour un voyage,se mettre en route;—ப்ப டுத்துகிறது faire partir (pour un voyage), mettre en route; — மூட்டு கட்டிச்சேர்க்கிறது faire les préparatifs d'un voyage, se procurer les ustensiles voulus pour cela; பய ணத்தைத்தவிர்க்கிறது arrêter —, empêcher un voyage.

பயத்தல்,*n.v.de* பயக்கிறது,création,production,don,acquisition.

பயந்தாள், 3e *pers.parf.et n. app. de* பயக்கிறது, mère, celle qui —, elle a produit ou a eu peur.

பயந்தான், (*id.*), *ou* பயந்தோன், père,celui qui —, il a produit ou a eu peur.

பயந்து, *gér.de* பயக்கிறது.

பயப்பு,grâce,miséricorde,couleur, taches jaunes, *V.* பசப்பு.

*பயம்,1° (bhaya), crainte, peur, alarme, effroi, terreur, (un des 9 சு பாவக்குணம் et un des 18 மானபை யாக்கைக்குற்றம். 2° (payas), eau, lait,étang,pièce d'eau,nectar. 3° *P.* பயன், utilité, Brama: அக்கினி —, சல —,மிருகபயம் la crainte du feu, de l'eau,des animaux sauvages:—உ றல் effroi;—உறுகிறது,— அடை கிறது,— கொள்ளுகிறது s'effrayer, concevoir de la crainte;— உறுக்கி றது,—உறுத்துகிறது, — உறுத்தி விடுகிறது, — உறுத்திவைக்கிறது effrayer, épouvanter, inspirer de la crainte; — உற்றவனுமக்கான கிறது paraître intimidé, effrayé; — உற்றவனுமப் பார்க்கிறது regarder tout effrayé; பயகரம் ce qui terrifie; — கேது (செது), cause de crainte; — ஸ்தானம் place exposée aux alarmes;—பக்தி crainte respectueuse, piété —, respect mêlé de crainte; — ப்படுகிறது craindre,avoir peur;— ப்படல்,— ப் படுதல் crainte,peur; — ப்படுத்துகி றது intimider,effrayer, faire peur; —ப்பட்டுச் *ou* பயத்தினாலேசெய்கிற து faire par crainte;—பயமே crainte, effroi.

பயம்பு, trou, creux (dans une route...),fosse,trappe pour prendre les éléphans.

பயலுசி, la plante திருநாமப்பாலை.

பயனை, l'arbre schrebera albens.

பயல், 1° gamin, jeune garçon, jeune homme,enfant, laquais, petit —,serviteur, esclave (terme de mépris). 2° creux,fosse,juste moitié: ப யலான் jeune homme, — garçon, adolescent.

பயனி,பயிலை,*V.* பசலி, பசலை.

பயறி, (பயறு), petite vérole volante qui ressemble à des pois.

பயறு, (*gén.* பயற்றின், *obl.* பயற் று, *adj.* பயற்றம்), pois (de diverses espèces), faséole, haricot, fève, plante légumineuse, la 14me constellation lunaire dite சித்திரை: எலிப் — espèce de pois dite phaseolus trilobatus; கறுப்புப் —pois noir dit phaseolus maximus; துவுக்கப்பயறு pois dit phaseolus aconitifolius; பயற் றங்காய் pois (en général), espèce de haricot dit dolichos tranquebaricus.

பயனிலை, (பயன், நிலை), attribut d'une proposition, action exprimée par le verbe, le nom qui contient l'action du verbe, quand ce verbe est élidé. *Ex.* அவன் அரசன் celui-là est le roi, le mot அரசன் est le பயனிலை. De même l'adverbe interrogatif et les autres mots qui comprennent un verbe élidé. *Ex.* அவனெங்கே où est-il? ce mot எங்கே est l'attribut ou பயனிலை.

பயன், 1° (*P.* பலன்), profit, avantage, résultat, sens, signification des mots. 2° *P.* பயசு, lait, eau. 3° largeur, étendue: — இலசொல்லல் dire des choses inutiles, ce qui est un des 4 defauts d'une phrase; — இல்சொல்லாமை ne pas dire de choses inutiles; — இலாள் femme inutile, — vile, prostituée; — இலி homme —, femme —, chose inutile; — இன்மை inutilité, chose vaine: — இல்சொல் parole vaine, — inutile; — இல்சொல் பாராட்டுவானை மகனெனன்மக்கட் பதடியெனல் ne regradez pas un grand discur de fariboles comme un homme, mais comme une balle sans grain parmi les hommes, (எனல் est ici optatif positif et négatif d'என்கிறது); — உரைத்தல் dire le sens, explication du sens; — உவமை comparaison qui fait ressortir l'utilité, *Ex.* மழைவண்கை main libérale comme la pluie; — கேட்கிறது demander le sens; — சொல்லுகிறது dire le sens, expliquer; — படுகிறது devenir —, être utile, profitable, signifier, profiter; — படும்படியாய் pour l'utilité; — படல் utilité; — படாமை inutilité; — படச்சொல்லுகிறது dire —, parler de manière à être utile (c'est une des 4 qualités de la parole; — படுசொல் mot utile, — avantageux; — முடிவு, — முற்று attribut d'une proposition, fin —, complément du sens; இந்தமரத்தின் பழத்தைத்தின்றால் பயனென்னவோ si l'on mange du fruit de cet arbre; quel en sera le résultat?

*பயபகன், (bhayâpaba), roi.

*பயானகம், (bhayânaka), crainte, terreur, tigre, Râgou ou le nœud ascendant de la lune.

†பயிக்கம், *P.* கூப்பகம், aumène.

பயிசாக், *P.* பைசாக், souliers, pantoufles.

*பயித்தியம், *P.* பைத்தியம், folie.

பயித்தரி, l'arsenic nommé சங்கபாஷாணம்.

*பயிரங்கம், *P.* பகிரங்கம், avis, annonce, affiche publique, publicité: — ஆன publique, manifeste. [ன்.

பயிரவி, la plante முடக்கொத்தான்.

பயிரி, 1° espèce de petite vérole. 2° *P.* பசிரி.

பயிருசம், la plante பழம்பாசி.

பயிர், céréales —, moisson —, blé en herbe, herbe potagère, végétal, (ou même quelquefois) arbre, sifflement, ramage —, chant des oiseaux, bruit, son, bruit —, fétus des animaux, *V.* பயில்: ஏறின — moisson parvenue à sa hauteur: கதிர்ப்பக்குவமான — moisson sur le point de monter en épis: களைபறி — moisson à sarcler; — அடிக்கிறது labourer légèrement à travers la moisson (pour la faire croître); — ஆகிறது croître, pousser, profiter (se dit des céréales, des végétaux, des plantes, des arbres et des animaux); மாடு — ஆகுகிறது une vache être pleine; — ஆக்குகிறது, — இடுகிறது cultiver, semer, planter, faire croître; — இயங்குகிறது la vache concevoir, devenir pleine; — உழுகிறது, *V.* பயிரடிக்கிறது: — எங்கும்ஏறுகிறது la moisson croître, prospérer, monter; — ஏற்றுகிறது faire cultiver les champs, — croître les moissons: — க்குடி, — செய்கைக்காரன் cultivateur, agriculteur, laboureur, fermier; — சாகிறது, — செத்துப்போகிறது les céréales —, la moisson périr, — sécher sur pied: — செய்முறைமை art de l' —, agriculture: — ச்செலவு dépenses d'agriculture: — தீத்தெரிந்துபோகிறது la moisson en herbe être brûlée et desséchée, (par le soleil, ou la chaleur): — த்தொழில் métier de cultivateur, de laboureur, de fermier; — நிலம் champ cultivé, — préparé pour la culture, terre défrichée; — ப்பங்கு part dans la moisson; — ப்பட

டுகிறது la moisson croître, prospérer; —வழி champ cultivé; —வழிமகசூல்பாக்கி arriéré des impôts ou des revenus des terres à payer; —வெளி champ cultivé, — de culture, de céréales.

பயிர்க்கிறது, ர்த்தேன், ர்ப்பேன், ர், ர்க்க, v.n. (பயிர்), retentir, faire du bruit, — du bruit en parlant.

பயிர்த்தல், n.v. du préc. retentissement, bruit confus de voix, — d'une multitude de personnes qui parlent tous à la fois.

பயிர்ப்பு, saleté, malpropreté, impureté, aversion, dégoût, penchant des femmes à imiter les autres.

பயிலியம், la plante குப்பைமேனி.

பயிலுகிறது ou பயில்கிறது, யின்றேன், லுவேன் ou யில்வேன், ல் ou லு, ல, v. a. et n. (பயில்), parler, dire, étudier, apprendre, s'instruire, s'exercer à, pratiquer, séjourner: பயிலவறியாதவன் homme incapable d'apprendre, qui ne sait rien, rustre.

பயிலல், பயிலுதல், n.v. du préc. dire, parole, étude, exercice, usage, pratique, séjour.

பயில், imp. part. et n.v. de பயிலுகிறது, signe, — de tête..., signal, sifflement, parole, usage, coutume, exercice, pratique, moitié: — இடம் école, lieu où l'on apprend, lieu fréquenté, — habité, place de rassemblement: — பேசுகிறது parler par signes; — காட்டுகிறது, — விடுகிறது faire signe; — போடுகிறது faire un signe, siffler, appeler en sifflant; பயிற்பேச்சு, — பாஷை langage par signe.

பயில்வு, n v. de பயிலுகிறது, usage, pratique.

பயிறல், P. பயில்தல், sync. de பயிலுதல், n.v. de பயிலுகிறது, fréquentation, réunion, accompagnement, son, bruit, — confus d'une foule qui parle, parler, s'exercer, apprendre, s'instruire.

பயிற்சி, n.v. de பயிலுகிறது, habitude, pratique, exercice: — பண்ணிக்கொள்ளுகிறது pratiquer, s'exercer, être dans l'habitude de, exercer.

பயிற்றல், பயிற்றுதல், n.v. du suiv. enseignement, instruction.

பயிற்றுகிறது, ற்றினேன், ற்றுவேன், ற்று, ற்ற, v. a. de பயிலுகிறது, instruire, enseigner, exercer, former: பயிற்றவறியாதவன் homme qui ne sait pas enseigner, — incapable d'instruire. [nom d'un arbre.

பயினி, assemblée, liaison, union,

பயின், pousse tendre et intérieure (des palmiers, cocotiers...), gomme, résine.

பயின்றுகிறது, P. பயிலுகிறது.

*பயோ, (payô P. பயஸ், devant certaines lettres), eau, lait: —கடம், (gada goutte), île, grêle; —கனம் grêle; — கனமம் nuage; —தசம் (dhasa qui contient), mer, pièce d'eau, nuage; — ததி mer; —தம், (da qui donne), nuage; — தரம் (dhara qui contient), mer, nuage, mamelle de femme (qui donne du lait), canne à sucre, coco: — தரப்பத்து le 69me des பிரபந்தம், poème de 10 stances concernant le sein des femmes; - தி, (dhi avoir), la mer; - திகம், (பயோதி, ka), os de sèche; - நிதி océan; — ராசி pièce d'eau; — விரதம் pénitence au lait, qui consiste à vivre pendant un mois de lait de vache dans une étable en expiation d'un présent inconvenant qu'on a reçu, autre acte religieux qui consiste à vivre de lait pendant quelques jours.

பய்சோவு, P. பைசோவு. [gamin.

பய்யன், P. பையன், jeune garçon,

பர, 1° (para), adj. ou obl. de பரம், autre, différent, d'autrui, meilleur, prééminent, excellent, supérieur, suprême, distant, éloigné, étranger, hostile, ennemi, contraire, excédent, plus que. 2° (bhara), beaucoup: பரகதி fin —, bonheur suprême, béatitude, paradis; —கதியடைகிறது parvenir au ciel, obtenir le paradis, mourir; —களத்திரம் femme d'autrui; — களத்திரபிசகமனம் intrigue avec la femme d'autrui, adultère; —காயம் corps d'autrui, autre corps; — காயப்பிரவேசம் quitter son corps et entrer dans un autre, transmigration d'une âme dans le corps d'autrui (ce qui est le 52me a

இல்லிபொளம் des Indous); — காரிய ம் affaire différente, - d'autrui; — இதம், (hita, இதம்), ce qui est bon ou agréable au prochain, ce qui est compté minutieusement; — க்கிரந்தி jointure, articulation; — க்ஷேத்திரம் champ —, corps —, femme d'autrui; — சங்கதம் association —, combat avec un autre; — சஞ்ஞகம், (sandjnâ, *esprit*, ka), âme; — சதம் plus de cent, plusieurs centaines, beaucoup; — சகஸ்திரம் plus de mille, plusieurs mille; — சமயம் secte différente, — étrangère, hétérodoxe; — சமயி adepte d'une secte différente, hétérodoxe, hérétique; — சம்பந்தம் relation —, connexion avec un autre; — சாதி sorte —, caste différente, étrangère, autre caste; — சிவம், — சிவன் l'être souverainement heureux, *i.e.* Dieu; — சுகம் plaisir suprême, — du paradis; — சுவம் bien —, propriété d'autrui; — சுவத்துவம் droit d'autrui; — ஞானன் destructeur des ennemis, (surnom de) Siven, Parasouramen; — ஸ்தலம் autre place, — demeure; — ஸ்தலஞ்செய்கிறது changer de demeure, — de place (avant de se mettre en voyage, ce que font les superstitieux Indous par des motifs fondés sur l'astrologie); — ஸ்திரி femme étrangère, — d'autrui, prostituée, — ஸ்திரீகமனம் commerce avec la femme d'autrui ou une étrangère, adultère, fréquentation des prostituées; — ஞானம் connaissance de Dieu; — தந்திரம் dépendance, — d'autrui, soumission à autrui, ruse —, tentation étrange; — தனம் biens —, richesses d'autrui; — தன்மம், — தருமம் bienfait à autrui, devoir —, occupation d'autrui; — தாரம் femme d'autrui; — தாரகமனம், — தாரோபசேவனம், — தாரோபசேவனை, (தாரம், உபசேவனம்), adultère, intrigue avec la femme d'autrui; — தாரம்விரும்புகிறது convoiter la femme d'autrui; — திரவியம் biens —, richesses d'autrui; — துரோகமோசகம் oublier les injures du prochain et lui vouloir du bien, rendre le bien pour le mal, (c'est un des 14 தயாவிருத்தி; — துக்கம் peine —, chagrin d'autrui; — துக்கதுக்கிதன் homme compatissant; — qui compatit au chagrin d'autrui; — தூஷணம் injurier le prochain; — தேசம் autre pays, pays étranger; exil; — தேசம்போகிறது s'en aller —, voyager en pays étranger, s'exiler, aller en exil; — தேசத்தான் homme d'un pays —, étranger; — தேசவாசி habitant d'un pays étranger; — தேசி homme d'un pays —, étranger, passager, pélerin, mendiant, pauvre, exilé, nom d'une caste; — தேசியாய்த்திரிகிறது courir le monde, — le pays, errer çà et là sans feu ni lieu, aller mendier çà et là; — தேவதை le Dieu suprême (les payens le disent de Vichnou ou de Siven suivant leur secte); — தியானம் méditation profonde, — divine, absorption dans le sujet de la méditation; — த்திரவியம் bien —, richesses d'autrui; — த்திரி, — த்திரிகமனம், *V.* பரஸ்திரி, பரஸ்திரிகமனம்; — த்துவம் hauteur, sublimité, prééminence, divinité, Dieu, nature de Dieu, (en logique) priorité de place et de temps, nature d'une propriété générique, différence, distinction, hostilité, inimitié, combat; ஒன்றான — த்துவம் un seul Dieu; — த்துரோகி traître aux autres, — qui tyrannise les autres; — த்துவேஷி misanthrope, qui hait les autres; — தோஷகீர்த்தனம் publication du mal d'autrui, médisance, calomnie; — நாதம் espèce de remède; — நாரீசகோதரன் homme chaste qui regarde les autres femmes comme ses sœurs, *litt.* frère des femmes étrangères; — பட்சம், — பக்ஷம் article où l'on parle de la situation des autres, manière d'en parler; — பதம் excellence, supériorité, paradis, bonheur éternel; — பத்தி piété envers Dieu, dévotion sivéniste; — பத்தியம் trafic —, commerce ou compte avec d'autres, affaire d'argent, donner et recevoir de l'argent, argent prêté, — avancé ou emprunté, égalisation, nivellement; — பத்தியம்வாங்குகிறது emprunter de l'argent; —பரிணம் propriété, V. பாரம்பரை; —பாகம், 1° (pâka), nourriture d'autrui, —préparée par un autre. 2° (bhâga), excellence, bonne fortune, reste, résidu; —பாகநிவிர்த்தகன் celui qui prépare sa nourriture sans faire le sacrifice expiatoire pour les 5 places de destruction dites பஞ்சசூனை; — பாகரதன் (rata constant), celui qui observe toutes les cérémonies préparatoires à la cuisson, mais vit au dépens des autres; — பாகருசி parasite, hôte constant de la table d'autrui; — பாக்கியம் richesse —, prospérité d'autrui; —பிண்டம் nourriture d'autrui, donnée par un autre: —பிண்டாதன் (ada *qui mange*), celui qui vit aux dépens d'autrui; — பிருதம், (bhrouta *nourri*), corbeau (qui couve les œufs du coucou), le coucou ou couil (couvé par le corbeau); — புஷ்டம், — புட்டம் (pouchta *nourri*), le coucou indien ou couil nourri par le corbeau; —புஷ்டமகோற்சவம், (மகா, உற்சவம்), le manguier qui est une grande fête pour le couil; —புஷ்டன், —புட்டன் homme débauché, —nourri par un étranger; —புஷ்டை prostituée, femme nourrie par des étrangers; —புருஷன், —புருடன் adultère, époux —, homme étranger, mari d'autrui, surnom de Vichnou; — பூமி pays étranger, —ennemi; —பூமிஷ்டன் (ஸ்தன்), celui qui vit dans un pays étranger; — பூஷணம் ornement étranger, —d'autrui; —பூருவை, பூருவம்), femme remariée, — autrefois mariée à un autre; — பூருவாபதி mari d'une telle femme; —பேதகம் défaite —, destruction des ennemis; —போகம் bonheur du paradis, — suprême; —ப்பிரபௌத்திரன் fils d'arrière-petit-fils; —ப்பிரமம் l'être suprême, le suprême Brahm, (différent de Brama); —மண்டலம் l'autre monde, le monde supérieur, le paradis, le ciel; —மண்டலத்துக்கு ஏதுவாகிறது être préparé pour le ciel; —மதம் Dieu, autre religion, secte étrangère; —மதஸ்தர் autres sectaires, gens d'une autre religion: — மர்மக்கியன், (மர்மம்), qui connait le caractère des autres; —விருத்திய le corbeau qui a beaucoup d'ennemis; —முத்தாத்துமம், (முத்தன், ஆத்துமம்), âme qui a obtenu l'union ou l'identification avec Dieu, ceux qui sont propres à l'obtenir dits பக்குவர்; —முத்தி, —மோக்ஷம், —மோட்சம் suprême béatitude, union —, identification avec Dieu, paradis; — ராசசிங்கம் celui qui est un lion pour les autres rois (comparés à des éléphans); —ராச்சியம் royaume étranger; — ரூபம் figure étrangère, autre forme, permutation de lettres, changement; —லோககமம், —லோககமனம் allée dans l'autre monde, trépas, mort; —லோகக்கிரியை actions pour l'autre monde, cérémonies funèbres; — லோகக்கிரியைபண்ணுகிறது, accomplir les cérémonies funèbres; —லோகசாதனம் pratique observée —, pratique où l'on persévère pour gagner le ciel pratique propre à le gagner; — லோகசௌக்கியம் bonheur du ciel; — லோகம் le monde supérieur, —céleste, le ciel, le paradis, un autre —, l'autre monde; — லோகவாசி, habitant du ciel; —வசம் dépendance —, subjection, extase, ravissement, être hors de soi, être au pouvoir d'un autre, parole confirmée par un serment: — வசஞ்சொல்லுகிறது promettre avec —, confirmer par serment: — வசவிலக்கு fig. de rhét. qui consiste à éloigner un sujet parce qu'il est du domaine d'autrui; —வசமாகிறது, —வசமாய்ப்போகிறது être extasié, — ravi en extase, tomber au pouvoir d'autrui; — வாச்சியம் blâme, faute, défaut; — வாணி le paon qui sert de monture à Soupramanien, année, juge, gouverneur; —விவேகம் intelligence —, prudence supérieure, connaisance de la sagesse; —வெளி plein air, pleine campagne, le ciel, lieu découvert, sans cachette, (selon la secte des advitas dite அத்துவைதம்) reunion de l'âme dans l'espace avec la divinité qui pénètre tout. [étendue.

பரக்கம், (பரக்கிறது), extension.

பரக்கிறது, ரந்தேன், ரப்பேன், ர, ரக்க, v.n. s'étendre, s'élargir: ஆறு நிரம்பப் பரந்தது l'eau de la rivière a pris de l'extension (dans son lit).

*பரங்கி, (bhrounga), cassia sauvage, ou (bhroungâra), clou de girofle, giroflier. V. பிருங்கி.

*பரசம், (parasa), espèce de pierre précieuse. [பரசு 1°

பரசாயுதம், (பரசு, ஆயுதம்), V.

பரசுராமன், (id. இராமன்), Parasourâmen fils de சமதக்கினி et de இரேணுகை, regardé comme la 9me incarnation de Vichnou. Il parcourut le monde armé d'une hache ou d'une massue pour exterminer les க்ஷத்திரியர் ou rajas qui tyrannisaient les brames; il est le fondateur des brames du Maléalam, (réputés inférieurs aux autres), et semble être le type des contestations des brames et des Kchatriyers.

*பரசு, 1° (parasou), hache, cognée, hachette, massue. 2° *imp. et part du suiv.*: — தரன் (dhara *qui porte*), —பாணி homme—, soldat armé d'une hache, (surnom de) Vinâyaguen, Parasourâmen et Siven; —ராமன் Parasourâmen, V. பரசிராமன். [v.a. louer, vanter.

பரசுகிறது, சினேன், சுவேன், சு, ச, பரசுதல், s. v. *du préc.* louange, éloge. [cognée.

*பரசுவதம், (parasvadha), hache.

பரசை, bateau d'osier (en forme de grande corbeille garnie de peau pour traverser le காவேரி ou autres fleuves dans les endroits où il y a des rochers, il sert aussi au transport du riz...

*பரஸ்பரம், (paras, pâram, *alius alium*), réciprocation, réciprocité, la pareille, bienfait rendu, — réciproque, échange. ||*adv.* mutuellement, en échange; பரஸ்பரவிரோதம் haine —, opposition réciproque.

*பரஸ்பராத்துமன், (பரஸ்பரம், ஆத்துமன்), ami, intime.

*பரஸ்பரானுமதி, (*id.* அநுமதி), consentement mutuel, — réciproque.

*பரஸ்பரோபகாரம், (*id.* உபகாரம்), bienfait réciproque, alliance offensive et défensive.

*பரஸ்பரோபகாரி, (பரஸ்பரோபகாரம்), bienfaiteur —, défenseur réciproque, allié, associé.

*பரஞ்சம், (parandja), moulin à huile, écume, lame d'épée ou de couteau, épée, cimeterre, l'épée d'Indiren.

*பரஞ்சனன், பரஞ்சயன், பரஞ்சேயன், (parandjana, - djaya), surnom de Varounen.

பரஞ்சுடர், பரஞ்சோதி, (பரம்), la lumière suprême ou céleste, Dieu, — lumineux par lui-même, - source de toute lumière. [pied.

பரடு, cou-de-pied, cheville du

பரட்டம், பரட்டை, calvitie partielle, (il s'emploie adjectivement): பரட்டத்தலை, பரட்டைத்தலை tête presque chauve; பரட்டைத்தலையன், பரட்டைத்தலைச்சி homme —, femme presque chauve.

*பரணம், 1° (bharana), support, entretien, conservation, gage, salaire. 2° poids, cuirasse, cotte d'armes, étoffe de soie.

*பரணார்த்தம், (பரணம், அர்த்தம்), motif de conservation, pour le soutien, — la conservation.

*பரணி, 1° (bharani), la 2e constellation lunaire contenant 3 étoiles qui font partie du Taureau, la Mouche. 2° boite ou cassette à bijoux, espèce de vase, danse, lac, écluse d'étang, le 3e des பிரபந்தம், espèce de poème ou chant guerrier dans lequel on célèbre un héros qui a tué 1000 éléphans dans une bataille.

பரண், hutte élevée dans les champs sur 4 pieux pour garder les moissons, espèce de grenier (sous le toit d'une maison, fait de planches... formant un plafond grossier).

பரண்டுகிறது, டினேன், டுவேன், டு, ட, v.a. பரண்டுதல், n.v. se gratter —, racler avec l'ongle, P. பறண்டுகிறது. [jambe, péroné.

பரண்டை, os extérieur de la

பரத, obl. de பரதம் et de பரதன்.

பரதபிக்கிறது. பரதபித்தல், P. பரிதபிக்கிறது, s'affliger, compatir.

*பரதம், (bharata), 100 septillions, danse, comédie, art de la danse, règles de l'art dramatique, (ainsi nommées de Bharata auteur dramatique), ou பரதகண்டம் le pays de Bharata fils de சகுந்தலை, i.e. l'Inde, une des 9 divisions du monde dites நவகண்டம்: —உணர்ந்தோன் homme qui connait les règles de l'art dramatique, —de la composition et représentation dramatiques; பரதசாஸ்திரம், —நூல், l'art de danser, comprenant les gestes, la musique et le chant, l'art dramatique ou règles de la composition et représentation dramatiques composées par Bharata. (Cet ouvrage est perdu, mais il est souvent cité par les auteurs dramatiques): — நாட்டியசபை compagnie de danseurs, de comédiens, école de danse; — மோகனநாட்டியம் danse de femmes selon les règles de l'art; — மோகினி danseuse, bayadère; — வசந்தன் espèce de danse ou de comédie; — வருஷம் le pays de Bharata, i. e. l'Inde; —வித்தை, V. பரதசாஸ்திரம்.

பரதர், பரதவர், marchands, habitans des côtes de la mer.

பரதவிக்கிறது, P. பரதபிக்கிறது, s'affliger, compatir.

*பரதன், 1° (bharata), Bharata ou ou Paraden fils de தசரதன் et de கைகேயி et frère cadet de Râmen, (il régna à Ayodhya pendant l'absence de Râmen), Bharata fils de சகுந்தலை et du roi Douchyanta, (il fut roi de Hastinabouri et donna son nom à l'Inde பாரததேசம்), Bharata, nom d'un ancien mouni ou sage, nom d'un célèbre écrivain sur l'art dramatique, dont il est regardé comme l'inventeur, acteur, danseur, mime, tisserand, descendant du roi Bharata. 2° (bharatha), roi, souverain: பரதபுத்திரகன் acteur, mime, comédien; —ப்பிரசு la mère de பரதன் i.e. கைகேயி ou சகுந்தலை.

*பரதாக்கிரசன், (பரதன், அக்கிரசன்), le frère aîné de Bharata, i.e. Râmen.

*பரதாபம், P. பரிதாபம், grande douleur, —affliction, pitié, commisération. [comédienne.

பரதி, fém. de பரதன், danseuse,

பரத்தம், l'arbrisseau hibiscus.

பரத்தல், n. v. de பரக்கிறது, extension, étendue. [bauché.

பரத்தன். pl. பரத்தர், libertin, dé-

பரத்தி, 1° fém. de பரதர், femme des côtes de la mer. 2° fém. de பரவர், femme de la caste des Paravers, pl. பரத்திகள், பரத்தியர். 3° P. பரக்கிறாய் tu t'étends. 4° imp. de பரக்கிறது, étends toi. [nir, l'autre vie.

*பரத்திரம், (பர. tra affixe), l'ave-

பரத்துகிறது, த்தினேன், த்துவேன், த்து, த்த, v.a. de பரக்கிறது, étendre.

*பரத்துவாசன், (bharadvâ dja), alouette, l'oiseau noir dit கரிக்குருவி, Bharattouvâsen un des 7 Richis qui, au dire des Indous, composent la grande Ourse et un des 31 grands Mounis, (ayant été abandonné de ses parens il fut nourri, disent les Indous, par une alouette dont il porte le nom), surnom de துரோணன் maître d'armes des பாண்டவர்.

பரத்தை, 1° f. de பரத்தன், prostituée, pl. பரத்தையர். 2° l'arbrisseau hibiscus. 3° P. பரத்தாய், tu n'étendras pas. 4° acc. de பரம்: — யருவி ruisseau qui s'étend et se creuse une cascade; பரத்தையிற்பிரிவு l'amant se séparer d'une prostituée, partie de la poésie érotique qui contient 4 subdivisions dont la 1re est வாயில் வேண்டல் et la dernière வாயில்நேர்தல்.

பரந்த, *part. de* பரக்கிறது, large, étendu: — முகம் large visage, face pleine; — வடிவு forme plate et large; — வட்டம், — வட்டிகை plaque de métal large et ronde qui sert de cloche; — வாய் large bouche.

பரந்தவம், union, connexion.

பரந்தவர், (பரம், தவர்), mendiants, pénitens prétendus divins.

*பரந்தாமம், (பரம், தாமம்), lumière ou demeure céleste, (en langage Vichnouviste) le வைகுந்தம்.

*பரந்தாமன், (பரந்தாமம்), celui qui demeure dans une lumière céleste, (selon les Vichnouvistes) Vichnou.

பரபர, mot —, son imitatif de vitesse: பரபரவென்கிறது ou

பரபரக்கிறது, ரத்தேன், ரப்பேன், ர, ரக்க, *v. n.* பரபரத்தல், *n. v.* (பரபர), se hâter, se presser, agir précipitamment, les intestins murmurer, éprouver une vive sensation de démangeaison ou de tintement etc...: பரபரவென்று ou பரபரென்றுதினவெடுக்கிறது sentir quelque chose courir sur le corps qui en démange.

பரபரப்பு, *n. v. du préc.* vitesse, hâte, presse, précipitation, murmure des intestins, vive sentation de démangeaison, de tintement...: பரபரப்பாய்த்திரிகிறது courir —, aller çà et là avec hâte; பரபரப்பேபோடேவா viens promptement.

பரப்பத்தியம், 1° (பரப்புகிறது), étendue. 2° *P.* பரபத்தியம்.

பரப்பல், *opt. et n. v.* de பரப்புகிறது, extension, étendue, divulgation.

பரப்பு, *imp. part. et n. v. du même*, étendue, extension, largeur, surface, superficie d'une terre, surface de la mer, la plaine liquide, plate-forme d'un brancard ou d'un char; lit, couche, lit étendu par terre, plafond, lambris, dais, pavillon, rue, *ou* பரப்புப்பலகை linteau, planche mise en travers au-dessus des portes et des fenêtres.

பரப்புகிறது, ப்பினேன், ப்புவேன், ப்பு, ப்ப, *v. a. de* பரம்புகிறது, பரப்புதல், *n. v.* étendre, donner de l'extension, développer, déployer, répandre, divulguer, proclamer, placer en ordre (les tuiles d'un toit, les briques d'un pavé), placer confusément et en désordre (*v. g.* des livres sur une table).

*பரமம், (parama), excellence, extrême sublimité, le meilleur, le premier, l'être suprême: பரமசுகம் bonheur suprême, — final, paradis, refuge; — குருத்துவன் le maître suprême, Dieu; — காரியம் chose divine, — céleste, — importante; — ஞானம், — ஞானம் sagesse divine, — suprême; — சண்டாளன் grand traitre, — scélérat; — சத்துரு grand ennemi; — சந்தேகம் fort —, grand soupçon; — சந்தோஷம் grande joie; — சமாதி profonde —, méditation; — சித்தி bonheur suprême, — du paradis; — சுந்தரி la belle femme céleste (épithète de Parvadi, et de la சத்தி épouse de Yamen, qui est la Proserpine indienne); — சுவதருமன் homme qui accomplit scrupuleusement tous ses devoirs; — *நாழிகை la dernière heure; — பதம் la place suprême, le paradis, (en langage vichnouviste) le monde, Vichnou; — பாகவதசிகாமணி le bijou des dévots de Vichnou, *i. e.* — பாகவதன் sannyasi vichnouviste, grand dévot de Vichnou; — பிரமம் l'être suprême, le grand Esprit; — புருஷன் l'être suprême, Dieu, le 1er mâle, le விராட்டு de la mythologie indienne: — ரகசியம் mystère, — céleste, — divin, vérité cachée, grand secret, nom d'un ouvrage: — ரகசியமாயிருக்கிறது être mystérieux, — un secret divin, — dans l'obscurité mystique; — ரகசியமாய்ப்பேசுகிறது parler mystérieusement; — ரகசியப்பொருள் chose mystérieuse, — cachée: — ராசன் roi —, monarque suprême, — divin; — ரிஷி richi excellent, — divin, — d'une classe particulière: — லுத்தன் grand avare; — லோகம் le monde supérieur

eur, le paradis, (en langage sivaniste) le கைலாசம்; — விந்து goutte d'eau divine, (en langage païen) eau ou salive qui s'échappe de la bouche de ceux qui lisent les vêdas; —விரோதன், V. பரமாராதன்; அவனே யித்தப் பொல்லாப்பைச் செய்தவனென்றிருந்தற்குப் பரமசந்தேகமாயிருக்கின்றது il y a un fort soupçon que c'est lui qui a fait ce mal.

*பரமன், 1° (parama), l'excellent, (épithète de) l'être suprême, Dieu. 2° l'arsenic naturel சிப்பந்தபாஷாணம்.

*பரமாகாசம், (பரமம், ஆகாசம்), l'air supérieur, l'espace, le vide, le 12me état.

*பரமாகதி, (id. ஆ, கதி), translation au ciel, béatitude finale. [femme.

*பரமாங்கனை, (id. அங்கனை), belle

*பரமாம்சம், (id. அம்சம்), la principale portion (surtout de l'essence divine selon les Indous), un des உபநிஷத்.

*பரமாணு, (id. அணு), atome extrêmement fin, division métaphysique d'un atome, selon les uns, le 6me, selon d'autres, le 30me d'un atome, la base invisible de tous les corps composés, 30 forment ces atomes qu'on voit voltiger dans un rayon de soleil, en logique 6 forment le plus petit objet perceptible, la plus petite mesure, mesure de temps, le temps du passage du soleil au-delà d'un atome.

*பரமாத்துமன், பரமாத்துமா, (id. ஆத்துமம்), l'âme suprême, l'être suprême considéré comme l'âme de l'univers, Dieu, âme excellente, — pure, homme excellent, — de Dieu, grande âme, grand homme, pénitent ou சந்நியாசி.

*பரமாத்துவைதம், (id. அத்துவைதம்), pur unitairianisme.

*பரமாத்துவைதன், (id.), le seul être suprême, (en langage vichnouviste) Vichnou.

*பரமாபமம், (id. அபமம்), inclinaison de l'orbite d'une planète sur l'écliptique, ou பரமாறுபமச்சை sinus de la plus grande déclinaison du soleil. [vie possible.

*பரமாயு, (id. ஆயு), la plus longue

*பரமார்த்தம், (id. அர்த்தம்), le suprême ou souverain bien, vérité, convenance, connaissance spirituelle, intelligence divine, (et ironiquement) sotte simplicité: பரமார்த்தகுரு gourou —, homme simple, crédule, benêt.

*பரமாற்புதம், பரமாச்சரியம், (id. அற்புதம்), grande merveille, miracle divin.

*பரமாவதி, (id. அவதி), la dernière limite, le terme le plus éloigné.

*பரமானந்தம், ou பரமானந்தம், (id. ஆனந்தம்), joie extrême, — suprême, — extatique, joie du paradis: பரமானந்தமோக்ஷம் un ciel de joie.

*பரமானந்தன், பரமானந்தன், (id.), l'être souverainement joyeux ou heureux, i.e. Dieu, (nom propre) Lætus.

பரமானு, (persan), firman, ordre, écrit, décret, ordonnance (dans les cours mahométanes).

*பரமானுபவம் ou பரமானுபவம், (பரமம், அநுபவம்), jouissance céleste, essai de la trempe d'une épée.

*பரமான்மா, (id. ஆன்மா), âme céleste, — spirituelle, — destinée à l'autre vie, V. பரமாத்துமா.

*பரமான்னம், (id. அன்னம்), nourriture céleste, oblation de riz —, riz bouilli avec du lait et du sucre.

*பரமேசன், பரமேசுரன், பரமேசுவரன், பரமேச்சுரன், பரமேச்சுவரன், (பரமம், ஈசன்...), le souverain maître, le seigneur suprême, Dieu, (et à tort) Siven, Vichnou.

*பரமேசுவரி, பரமேச்சுவரி, (id. ஈசுவரி), la souveraine maîtresse, (et à tort) Lakchimi, Parvadi ou Dourgâ, etc.

*பரமேஷ்டன், பரமேஷ்டி, பரமேட்டன், பரமேட்டி, (பரமே abl. sanscrit. de பரமம், ஸ்தா, i), celui qui est dans la plus haute place, le

Très-Haut, Dieu, (et à tort) Brama, Vichnou,Siven,Arouguen.

*பரமௌஷதம்,(பரமம், ஔஷதம்),excellent remède.

*பரம்,1° (para),sublimité, excellence,supériorité,ancienneté, principe,commencement,priorité,avant, ciel,paradis,béatitude,—finale;Dieu, unité,isolement,être seul,suite,subséquent,genre qui comprend plusieurs espèces (summum genus), vie de Brama. 2° (phara), bouclier, cuirasse,cotte d'armes. 3° (bhara),abondance,beaucoup, poids, pesanteur. 4° corps,coussinet—,selle de cheval, action,figuier, renoncement à tout: பரத்திலேசெலுத்துகிறது conduire à—,vivre dans une dévotion abstraite,conduire au ciel: பரத்துக்கேதுவாயிருக்கிறது mériter le ciel, conduire au ciel; பரத்துக்கேதுவாய்ச்செய்கிறது faire d'une manière digne du ciel;பரத்தைப்பெறுகிறது, — அடைகிறது obtenir le paradis.

பரம்படிக்கிறது, பரம்படித்தல், V.au mot பரம்பு.

*பரம்பதம், (பரம், பதம்), céleste bonheur,— béatitude,(en langage vichnouviste) le வைகுண்டம்.

*பரம்பரம்,(பரம் suite,répété), V. பரம்பரை.

*பரம்பரன்,1° (id.), petit-fils du petit-fils,trisayeul. 2° celui qui est de génération en génération,Dieu.

*பரம்பராதி,(id. ஆதி), ce qui est depuis le commencement, suite de générations,série continue,

*பரம்பரியம்,(பரம்பரம், ய affixe),droit,succession,tradition.

*பரம்பரை,(id.),suite—,succession de générations,succession,— héréditaire,droit,série,suite, génération,race, lignée, doctrine traditionnelle,tradition,—de famille, ce qui vient de l'antiquité: சந்ததி — lignée héréditaire,—successive.

பரம்பர்,1° gens d'une certaine caste. 2° P. பறம்பர்,corroyeurs.

பரம்பு,imp.part.et n.v.de பரம்புகிறது,étendue, extension, espèce de herse,grande et grosse planche qui sert à aplanir et à émotter le terrain avant ou après les semailles en guise de herse ou de rouleau, petite chaussée de rizière: பரம்படிக்கிறது, பரம்பேற்றுகிறது herser, aplanir avec la planche susdite: பரம்புப்பிணையல் corde attachée à cette planche pour la tirer et aplanir le terrain.

பரம்புகிறது,பினேன்,புவேன், பு, ப,v.n.பரம்புதல், n. v. s'étendre, se répandre,augmenter, s'accroitre, se propager: பரம்பவொட்டாமற்பண்ணுகிறது empêcher de s'étendre, arrêter,retenir,confiner.

பரம்புவிக்கிறது,v.caus. du préc. causer l'extension, la propagation, étendre,répandre,augmenter,divulguer,propager.

*பரர், (பர), les autres, les étrangers, autrui, ennemis: பரருடைமை propriété —,bien d'autrui.

பரல், gravier, petit caillou, noyau,pépin (des fruits).

பரவணி,(பர, அணி), génération, suite de générations: — தாரன் héritier —, successeur de génération en génération; — ப்பட்டம் dignité qui se transmet de génération en génération.

பரவர், les Paravers, caste de pêcheurs sur la côte de la pècherie.

பரவல்,opt.et n.v. de பரவுகிறது, extension,louange, vénération,discours, action de parler...: பரவற்றாள் papier brouillard,— qui boit.

பரவான்மா,(பர, ஆன்மா), âme supérieure,—céleste, qui a renoncé à tout. [du paradis.

பரவிராகம், (id. இராகம்), désir

பரவிருதயம், (id. இருதயம்), le coucou indien ou couil qui a un cœur hostile (en abandonnant ses œufs à d'autres)

பரவுகிறது,விரேன்,வுவேன், வு, வ,v.n.et a.பரவுதல்,n.v.s'étendre, se répandre,(l'eau,un bruit...), s'accroître,s'élargir,dire,parler, louer, vénérer,adorer,répandre,étendre,— et mettre en ordre, niveler, aplanir;

பரவிப்போகிறது se répandre, s'étendre; —விருக்கிறது être répandu, étendu...; பரவுதண்ணீர் bas fond, guet.[enfant fait au prochain.

பரவுபகாரம்,(பர,உபகாரம்), bi-

பரவை,s.v. de பரவுகிறது, mer, plaine liquide, extension, étendue, surface,espace, eau stagnante (des étangs...),la danse de Lakchimi:—வழக்கு coutume —, marche naturelle de la prose (par opposition à la poésie qui est gênée par la mesure).

*பரற்பரம்,P. பரஸ்பரம். [sure).

*பரன்,(para),le Très haut,Dieu, être éminent, (et à tort) Siven.

*பரா,(parâ), particule sanscrite qui se met devant les mots et signifie: supériorité, excès, opposition,contre,en arrière, mépris, renversement, destruction.

*பராகண்டம், பராகண்டிதம், (பரா), V. பராமுகம்.

*பராகதம்,1° (பரா, கதம்), attaque,assaut. 2° (பர,ஆகதம்), attaque des ennemis. 3° (parâgata), expansion,épanouissement.

*பராகம், 1° (parâga), pollen des fleurs,poussière,poudre,— odoriférante dont on se frotte après le bain, sandal,nom d'une montagne,éclipse,renommée. 2° (parâha). le lendemain. 3° (parâka), couteau de sacrifice,expiation religieuse qui consiste à jeûner 12 jours,à réprimer ses sens età tenir l'esprit attentif:பராகமண் terre rouge; பராகத்திற்சேவகன் sanglier,porc.

*பராகரணம்,பராகிருதம்,(பரா), dédain,mépris,rejet.

*பராகாயம்,(பர,ஆகாயம்), plein air,rase compagne. [constance.

பராக்கதம்,(பரா,கதம்), courage,

பராக்காட்டுகிறது,(பராக்கு, ஆட்டுகிறது),distraire,causer des distractions.

*பராக்கிரமம்,(பரா,கிரமம்),force,pouvoir,valeur,bravoure, sortie, attaque contre l'ennemi: பராக்கிரமசாலி. V. பராக்கிரமன்.

*பராக்கிரமஞ்ஞன், (பராக்கிரம ஞன்),celui qui connait la force de l'ennemi.

*பராக்கிரமன்,பராக்கிரமி, (id.), brave,héros,guerrier,homme fort.

பராக்கிரமிக்கிறது,மித்தேன்,மிப்பேன்,மி,மிக்க,v.n.பராக்கிரமித்தல், (பராக்கிரமம்), montrer de la bravoure.

*பராக்கு,1° (parâk),biais,chose de travers,—tortueuse. 2° distraction, inattention,négligence, regard perdu,passer le temps,flâner, s'occuper à regarder différentes choses, nom d'un ouvrage: — காட்டுகிறது distraire,causer des distractions: —பார்க்கிறது être distrait, regarder négligemment çà et là; பராக்காயிருக்கிறது être distrait,—inattentif; பராக்கில்லாமல் sans distraction, attentivement; பராக்கின்றிப்போகிறது aller sans distraction,avec soin; பராக்குள்ள distrait,inattentif, négligent.

*பராங்கதன், (பராங்கம், da qui donne),celui qu'on suppose donner un autre corps,i.e. Siven qui forme avec Dourgâ une prétendue divinité moitié mâle moitié femelle.

*பராங்கம்.(பர,அங்கம்),corps célestes,—des habitans des cieux, le ciel,le monde des habitans des cieux.

*பராங்கவம், (id. va qui reçoit), l'océan,qui reçoit les fleuves.

*பராசத்தி,(பரா fém. de பரன்,சத்தி),la prétendue suprême puissance, la Sakti ou énergie féminine de Siven,un des பஞ்சசத்தி ou 5 Sakti, i.e. pouvoirs de produire certaines actions et opérations vitales et qu'on prétend être les தசவாயு ou 10 airs vitaux du corps. Quelques livres en font la mère des திரிமூர்த்தி et la femme de Siven son propre fils.

*பராசயம்,(பரா, சயம்), défaite, —des ennemis,victoire.

*பராசரம், (பராசரன்),les règles ou lois de Parâsaren,un des 18 pouranas inférieurs et un des 18 codes de lois indiennes écrit par lui.

²பராசரர்,(parâsara). Parâsaren père de Vyâsen, un des 31 முனிவர், auteur d'un des 18 pouranas inférieurs, d'un des 18 codes de lois dits அஷ்டாதசஸ்மிருதி et d'un des 32 ordres ou ouvrages d'architecture dits சிற்பநூல்.

*பராசரீயம்,(பராசரர்), un des 32 ordres ou systèmes d'architecture composé par Parâsaren.

*பராசனம்,(parâsana), meurtre.

*பராசனர்,(id.), meurtrier.

பராஜிதம்,(பரா,ஜிதம்), défaite.

*பராசியம்,(id. contre, ஆசியம்), publicité, notoriété, rumeur: — ஆகிற து,— ஆய்ப்போகிறது devenir public, être divulgué; பராசியப்பேர் nom bien connu.

*பராக்கு,பராக்கதை,(ப ர. அகு, tâ), mort, assoupissement, chagrin.

*பராஞ்சம்,(parândja), lame d'une épée, moulin à huile, écume.

பராடம்,terre stérile, — proche d'un désert.

*பராதாரம்,(பர, ஆதாரம்), le corbeau, qui sert de soutien aux autres i.e aux petits du coucou.

*பராதி.1° (parâdhi), chasse. 2° fugitif, fuyard qui s'enfuit à pied. 3° P. பிராது, procès.

*பராதிகாரம், (பர, அதிகாரம்), place—, office d'un autre.

*பராதீனம்,(id. அதீனம்), dépendance, sujétion à un autre, ce qui dépend d'autrui:—ஆக்குகிறது aliéner,—ஆயிருக்கிறவன் ou

*பராதீனன்,(பராதீனம்), serviteur, sujet, qui dépend d'un autre.

*பராதுவஷ்டம், V. பராதுவஷ்டம்.

*பராத்திரம்,(பர, அத்திரம்), autre chemin, soin des affaires d'autrui.

பராத்தம், 1° P. பராத்தம். 2° (arabe), ordre, assignation: பராத்துக்காரன் porteur d'ordres, d'assignations.

*பராபரம், (பரம், அபரம்), le principe et la fin de toutes choses, l'alpha et l'oméga, i.e. Dieu, l'être suprême, la divinité, le bien et le mal, avant et après, devant et derrière, qualité intermédiaire: பராபரத்தின்மாலை poème composé par தாயுமானவர் et adressé à Dieu, chaque vers finissant par le mot பராபரமே ô Dieu;—வஸ்து l'être suprême, principe et fin de toutes choses, i.e. Dieu.

*பராபரன்,(id.), celui qui est le principe et la fin de toutes choses, i. e. Dieu. C'est le terme généralement employé par les Protestans pour dire Dieu. Rottler lui-même avoue que ce terme peut-être équivoque et signifier le seigneur moitié femme, (de பரா, fém. de பர), ce qui désignerait Siven. Les Catholiques emploient spécialement le mot சர்வேசுரன், i.e. le maître de toutes choses: பராபரனுடைய இராச்சியமென்றென்றைக்கும் நிலைபெற்றிருக்கின்றது la règne de Dieu est à jamais stable, est éternel. V. பரமேசுரன்.

பராபரி,(ind.), ordre rang:—பண்ணுகிறது ou

பராபரிக்கிறது, த்தேன், ப்பேன், க்க, v. a.(பராபரி), ranger, régler, mettre en ordre, examiner, soigner. V. பராமரிக்கிறது.

பராபரிக்கை, பராபரித்தல், n. v. du préc revue,—d'un corps de troupes, —de soldats, ou

பராபரிப்பு, n. v. du même, régulation, arrangement, inspection, examen, soin. [nom de) Parvadi.

*பராபரை, f. de பராபரன், (sur-

*பராபவம், பராபூதம், (பரா, பவம், பூதம்), défaite, déconfiture, irrévérence, mépris, disgrâce: பராபவ,—வருஷம் l'année destructive, la 40me du cycle indien de 60 ans, correspondant à 1846 et 1906.

பராமரிக்கிறது, த்தேன், ப்பேன், க்க, v. a. examiner, soigner, considérer, faire attention, servir, assister, pourvoir, entretenir, soutenir: பராமரிக்கச்சொல்லுகிறது donner ordre d'avoir soin et d'entretenir; பராமரித்துக்கொண்டிருக்கிறது être dans l'habitude de—, être à examiner...;— நடத்துகிறது pourvoir, entretenir, avoir soin et diriger;—

வாங்கமுயலுகிறது chercher à acheter; அவனென்னைப் பராமரிக்கவில்லை il ne prend pas soin de moi, il ne m'assiste pas.

பராமரிக்கை, V. பராமரிப்பு.

*பராமரிசம், (paramârsa), distinction, discernement, différence, jugement, conclusion tirée de l'analogie et de l'expérience; தேவபராமரிசம் la divine providence.

பராமரிக்கிறது, த்தேன், ப்பேன், க, க்க, v.a. பராமரித்தல், பராமரிப்பு, n.v. (பராமரிசம்), distinguer, discerner, considérer.

பராமரித்தல், பராமரிப்பு, et பராமரிக்கை, n.v. de பராமரிக்கிறது, attention, soin, entretien, support, assistance, provisions, considération: பராமரிப்புக்காரன் pourvoyeur, celui qui a soin...; பராமரிப்புண்டாக்கிறது pourvoir à, prendre soin.

பராமாத்துமியம், un des 32 உபநிஷதம்.

*பராமிருதம், (பர, அமிருதம்), céleste ambroisie, i.e. pluie.

*பராமுகம், (parâk de travers), visage —, regard de travers, air dédaigneux, détourner le visage, inattention, inadvertance, négligence, indifférence, mépris: — ஆயிருக்கிறது être inattentif, dédaigneux, ne pas faire cas: இதிலே — ஆயிராதே ne soyez pas inattentif ou insouciant à cela; — செய்கிறது être inattentif et regarder çà et là, être distrait.

*பராயணம், (பர, அயணம்), forte adhésion, attachement, adhérence, connexion, désir, ordre religieux, classe —, division religieuse, étude —, division des védas, zodiaque.

*பராயணர், (id.), étudians religieux, ceux qui étudient les védas.

*பராயணி, (id. i), le fils prétendu du soleil, i.e. Karnen.

பராய், l'arbre பிராய்.

*பராரி, (parâri), l'avant-dernière année, il y a 3 ans.

*பராருகம், (பர, உருகம்), pierre, roc.

பராரை, son intérieur, gros tronc d'arbre: — மரம் arbre qui a un gros tronc.

*பரார்த்தம், 1° (பர, அர்த்தம்), remplacement, pour autrui, bienfait rendu au prochain. 2° (பரம், அர்த்தம்), moitié de la vie de Brama, septillion, nombre infini: பரார்த்தசங்கை série infinie; — தேவப்பிரார்த்தனை prière faite à Dieu pour les autres (c'est une de 14 actions de charité தருமவிருத்தி); — வாதி avocat officieux qui parle pour les autres; — வருத்தனம் preuve de la vérité à la satisfaction ou en faveur des autres.

*பராவரம், (பர, அவரம்), avant et après.

*பராவிருத்தம், பராவிருத்தி, (பரா), fuite, retour en arrière, détour, échange, troc, renversement d'un jugement, restitution de propriété: பராவிருத்தமுகம் visage qui se détourne (de dégoût ou de répugnance).

பராவுகிறது, P. பரவுகிறது.

*பராற்பரன், (பரா, abl. sanscrit de பர), le Très-haut, supérieur à ce qu'il y a de meilleur, de plus élevé.

*பராநுகூலம், (பர, அநுகூலம்), avantage —, succès d'autrui.

*பராநுகூலன், பராநுகூலி, (id.), bienfaiteur des autres, femme adultère, (qui se livre à autrui).

*பரான்னம், (பர, அன்னம்), nourriture d'autrui, — donnée par le prochain.

*பரி, 1° (pari), particule sanscrite qui se met devant les mots composés et signifie: autour, (en grec péri), environs, ubiquité, le plus haut degré, part, portion, cessation, rejet, abandon, séparation, fin, maladie, force, vigueur, effort, respect, ornement, extension, étendue, marque, vérité, plaisir, satisfaction, très-grand, beaucoup. 2° cheval, la 1re constellation lunaire dite அசுவினி et ressemblant à la tête d'un cheval, amour, hauteur, élévation, noirceur, hâte, presse, vitesse, fardeau, charge, cotonnier, coton, chemin, grandeur, abondance, gloire, richesse, beauté, prospérité, peine, chagrin, gène, malheur, défense, conservation, protection, se-

-cours,panier à prendre le poisson: 3° *imp.et part.de* பரிஇறது *et de* பரிகிறது: ஏழுபரித்தேர் char à 7 chevaux,le char du soleil qu'on prétend traîné par 7 chevaux; — கரிபதாதி les chevaux,les éléphans et les fantassins,armée composée de cavalerie,d'éléphans et d'infanterie;—கணிதம் calcul,compte;—சயம் intelligence,gain, empêchement, oubli, examen,recherche,entourage; — கதை histoire,fable,fiction, pauvreté; —கமம்,—கமனம்,(gam *aller*), environner, extension, connaissance, obtention,recherche.

*பரிகம், 1° (parikhâ),fossé,— qui entoure une citadelle,mur,rempart, plate-forme en dedans des parapets. 2° (parigha), bâton ferré, barre—, massue de fer,verrou de porte,gourdin recourbé,bâton en demi-cercle (en usage dans les combats), lance, destruction, porte extérieure, jatte, jarre d'eau,le 19me des யோகம் astrologiques,racine. [rihélie.

*பரிகம்சம்,(பரி,hamsa *soleil*), pé-

*பரிகம்பம்,(*id*.கம்பம்),peur, terreur.

*பரிகரணம்,பரிகரமானம்,(*id*.harana,haramâna *saisie*),capture,abandon.

*பரிகரம்,(*id*. கரம் *qui fait*.),ceinture, jugement, discernement, commencement,lit,couche,cortége,suite, expression inusitée,insinuation couverte de ses désirs.

பரிகரிக்கிறது,ரித்தேன்,ரிப்பேன்,ரி,ரிக்க,*v.a*.(பரிகாரம்),பரிகரித்தல், *n.v.* guérir,traiter (une maladie),exercer la médecine, réparer (ou tort...), prescrire ou suivre un régime,remédier, justifier, purger (d'une accusation),garder, protéger, conserver, abolir,annuler,effacer,ôter, rejeter, expier, satisfaire, trouver moyen: தோஷத்தைப் பரிகரிக்கிறது expier un crime; தடங்கல்பரிகரித்து முடிக்கிறது éloigner les obstacles ou y remédier et finir (une chose); பரிகரிக்கப்படுகிறது avoir—,être expié, effacé,guéri,ôté...

பரிகரித்தல்,பரிகரிப்பு,*n.v. du préc.* guérison,traitement, expiation, satisfaction, réparation, justification, conservation,garde,abolition, rejet, moyen: பரிகரிப்புபோதாமல் இருக்கிறது la réparation n'être pas suffisante.

*பரிகர்த்தனம்,(பரி,karttana *coupure*),coupure,incision circulaire.

*பரிகருமம்,(*id*.கருமம்),ornement, décoration,purification,pureté, calcul arithmétique.

*பரிகருமாஷ்டகம்,(பரிகருமம்,அஷ்டகம்),les 8 règles d'arithmétique dites அஷ்டகணிதம்.

பரிகலத்தார், (பரிகலம்), cortége, gens qui accompagnent.

*பரிகலம்,1°(பரி,gala *manger*),plat, —dans lequel mangent les gourous ou autres grands personnages. 2° (*id*. khala *marcher*),armée,suite,cortége,démon familier,— qui obsède: பரிகலசேஷம் restes,ce qui reste sur le plat d'un gourou et est regardé comme des présens sacrés par ses dévots sectaires.

*பரிகலிதம்,(*id*.galita *fondu*),fonte, liquéfaction,fluidité,écoulement.

*பரிகற்பனம்,பரிகற்பிதம்,(*id*. கற்பனா,கற்பிதம்),gagner—, chercher sa nourriture et autres choses semblables,pourvoir,arrangement,convention,division, invention, entreprise,décision,achèvement,considération.

*பரிகாசம்,(*id*.ஹாசம்), plaisanterie,raillerie, moquerie, jeu,badinage,bouffonnerie,éclat de rire: — பண்ணுகிறது jouer,plaisanter,badiner,railler, se moquer, se jouer de; —போலே *ou* —ஆகச்சொல்லுகிறது dire en plaisantant; பரிகாசக்காரன்,—ப்பேட்டன்,*V*.பரிகாசி;—ப்போர் assaut de plaisanteries,combat pour badiner;—வார்த்தை,—ச்சொல் paroles de plaisanterie.

*பரிகாசி, (பரிகாசம்), moqueur, railleur,plaisant,bouffon.

*பரிகாதம்,பரிகாதனம்,(பரி, காதம்,na),meurtre,arme,bâton ferré.

*பரிகாரம்,1° (பரி, hâra destruction), entière destruction, abolition, abrogation,expiation,art —,exercice de la—,médecine, traitement,remède, réparation. 2° (parihâra), manque de respect,incivilité, environner,prise,saisie, largesse, abondance.3° cheveux de femme: —பண்ணுகிறது effacer,abolir,rejeter, expier,réparer, satisfaire pour, du — செய்கிறது exercer la médecine,traiter les malades,guérir les maladies; பாவத்துக்குப் —பண்ணுகிறது expier le péché;பாவத்தைப் — பண்ணுகி றது effacer le péché; — பண்ணிப் போடு abolis cela,ôte cela de ton esprit:ஒருவனுக்குப்—பார்க்கிறது traiter quelqu'un,le guérir; பரிகாரச்சாலை apothicairerie,dispensaire;—க்செலவு dépenses pour le traitement, — the remèdes,honoraires de médecin.

*பரிகாரகன்;(பரிகாரம்);réparateur.

*பரிகாரி, (பரிகாரம்), médecin, chirurgien, barbier qui pratique la chirurgie: பத்துப்பேரைக் கொன்ற வன் முழுப்பரிகாரி celui qui a tué 10 personnes est un médecin acom [pli.

*பரிகிருசம்,(பரி),maigreur.

பரிகிறது,ரிந்தேன்;ரிவேன்;ரி, ரிய, v.n. (பரி),parler pour, — en faveur de,avec affection,ou partialité,favoriser,soutenir; protéger, défendre, aimer,avoir compassion, être triste, se briser,se déchirer;—de soi-même, dégoutter.‖v.a couper, trancher,briser,déchirer,lacérer, diviser, partager: மெய்க்குப்—défendre la vérité; பெண்சாதிக்குப் பரிந்துபேசுகிறது parler en faveur de sa femme ou des femmes; பரிந்தளிக்கிறது donner —, distribuer avec bonté; பரிந்து கொள்ளுகிறது favoriser, défendre, protéger,affectionner; — கொண்டவன் celui qui a défendu, protégé;— கொண்டாட்டம் panégyrique, éloge chaleureux; —பேசுகிறது parler en faveur de,avec partialité:—போகிற து se mettre du côté de quelqu'un, prendre son parti;—போட்டது சோ றும் சொரிந்துதேய்த்த எண்ணெயு மாயும் le riz cuit qu'on ne donne pas de bonne grâce, et l'huile dont on ne frotte pas bien (avant le bain) sont en pure perte:—வருகிறது venir au secours,favoriser ou défendre habituellement; பரிந்தெழுதுகி றது écrire en faveur,une apologie, une défense,recommander.

*பரிகீர்த்தனம்;பரிகீர்த்தியம்,(பரி), éloge,louange,vanterie,discours,paroles.

*பரிகு,(பரி,கு terre),périgée.

*பரிகூடம்,(id.), barrière,chemin couvert devant la porte d'une ville.

*பரிகை,1° (parikhâ),fossé,— qui entoure un fort, rempart, plateforme en dedans des parapets.2° V. பரிதம். [mable,bruit, — des nuages

*பரிகோஷம்,(பரி), discours blâ-

*பரிக்காரம்,P.பரிஷ்காரம், ornement,décoration.

பரிக்காரர்,(பரி cheval),cavaliers,palefreniers; conducteurs d'éléphans, soldats qui les montent.

*பரிக்கியாதம், பரிக்கியாதி, (பரி); réputation,renommée.

*பரிக்கிரகம், (பரி, கிரகம் graha), acceptation, consentement, amitié, suite,famille,épouse,racine, origine, serment,corps de réserve,poste avec le général,400 yards en arrière des lignes,stabilité, maintien, possession continuelle, continuation, conquête,intervention,le soleil près du nœud de la lune,corruption: அவன் — sa femme;celle qu'il a acceptée; —பண்ணுகிறது du

பரிக்கிரகிக்கிறது, கித்தேன், கிப் பேன்;கி,கிக்க,v.a.(பரிக்கிரகம்), accepter,recevoir,prendre.

பரிக்கிரகித்தல்,பரிக்கிரகிப்பு,n. v. du prec acceptation,réception,prise.

*பரிக்கிரமம்,(பரி),marche, allée, promenade, — tout autour; tourner —,rôder çà et là,errer,jeu.

*பரிக்கிரயம்,(id.),rachat, donner une partie d'un trésor pour conserver le reste. [fice.

*பரிக்கிரகம்;(id.),autel de sacri-

*பரிக்கியம்,பரிக்கிரியை, (id. கிரி

வை),entourage,entourer, — d'une haie,d'un fossé.

பரிக்கிறது,ரித்தேன்,ரிப்பேன்,ரி,ரிக்க,*v.a.*(பரி),porter,soutenir, protéger,défendre,garder, appuyer, étayer,craindre.

*பரிக்கை,*P.*பரிக்ஷை.

*பரிக்ஷதம்,பரிக்ஷதி, (பரி,க்ஷதை), blessure,lésion.

*பரிக்ஷயம்,(*id.*க்ஷயம்), corruption,dépérissement.

*பரிக்ஷீணம்,(*id.*),perte,destruction,dépérissement,insolvabilité,banqueroute.

*பரிக்ஷேபம்,(*id.*),dispersion,abandon.

*பரிக்ஷை,1° (parikchâ),boue,fange.2° *P.*பரீக்ஷை,essai,examen, expérience.

பரிசணிக்கிறது,ணித்தேன்,ணிப்பேன்,ணி,ணிக்க,*v.n.*பரிசணித்தல், *n.v.*parler doucement.

*பரிசத்தலன்,(பரிசம்,ஸ்தலம்),compagnon,camarade,associé.

*பரிசம்,*P.*ஸ்பரிசம்,tact, toucher, sens du tact, perception par le tact, attouchement, contact, commencement d'une éclipse,don, présent,— nuptial que l'époux fait au père et à la mère de l'épouse et qui remplace les fiançailles,arrhes du mariage,l'arsenic naturel dit கற்பாஷாணம்,maladie douloureuse,— pénible,consonne: — பேசுகிறது parler —, traiter du présent nuptial; — பொருந்துகிறது en convenir; — போடுகிறது le donner, donner les arrhes du mariage,faire les fiançailles; பரிசகாலம் commencement d'une éclipse,temps où les 2 disques sont en contact;— க்குன்று la pierre précieuse dite நாகப்பச்சை; —தன்மாத்திரை,— வுணர்ச்சின்மூலம் organe du tact;— தீட்சை initiation par le tact, ôter, selon les Indous,par le tact les souillures à ceux qui obtiennent la béatitude finale au moment du déluge qui suit chaque kalpa;— மணி la pierre philosophale;— நாடி l'heure indienne du commencement d'une éclipse.

*பரிசயம்,(பரி,சயம்), union, connaissance,familiarité,accumulation, rencontre d'un ami,

*பரிசரம்,(parisara),largeur, mot, règle,précepte,manière, terrain sur le bord d'une rivière, d'une montagne ou d'une ville.

*பரிசரன்,(பரி,சரன்), ami, compagnon,laquais,garde,— du corps, général,commandant en chef.

*பரிசரியம்,பரிசரியை, (parisaryâ), rôder çà et là,— de tous côtés.

*பரிசருப்பம்,பரிசவரம்,(பரி, சருப்பம்),environner.

*பரிசனம்,1° (பரி), suite, cortége, serviteurs,suivans,affinité, parenté. 2° *P.*ஸ்பரிசனம்,tact, contact, toucher,attouchement, consonne, don, donation: பரிசனவகுதி classification des consonnes;— வேதி pierre philosophale qui par son contact change les différens métaux en or, d'après les alchimistes.

*பரிசனன்,*P.*ஸ்பரிசனன்,l'air, le vent.

*பரிசனை,(பரிசனம்),coutume,habitude,connaissance.

*பரிசன்னியம்,(பரி),le mont Mérou,— par excellence.

*பரிசாதனம், (*id.*), accomplissement,détermination.

*பரிசாபம்,(*id.*),malédiction.

*பரிசாயம்,(paritchâyya),le sacrifice ஓமம்,fosse pour ce sacrifice, le feu du sacrifice (en général), levée des impôts.

*பரிசாரகம்,1° (பரிசாரகன்), service, ouvrage commandé, office de serviteur,travail. 2° (parisâra, gam *aller*),rôder çà et là,— partout.

*பரிசாரகன்,*pl.* பரிசாரகர், (பரி, சாரகன்),compagnon,homme de la suite,serviteur,laquais, ministre ou assistant d'un sacrifice.

*பரிசாரம், 1° (*id.* சாரம்), suite, cortége,service,assistance: பரிசாரசனம் gens de la suite,cortége. 2° (parisâra),rôder partout. 3° cheveux de femme,dispute sur l'étiquette.

*பரிசாரி,(parisâri),rôdeur.

பரிசிக்கிறது, *P.* ஸ்பரிசிக்கிறது, toucher,tâter,sentir,être en contact, s'exercer.

பரிசித்தல்,பரிசிப்பு, *n. v. du préc.* toucher,contact,attouchement,exercice.

*பரிசிரமம்,(பரி),travail,peine, fatigue.

*பரிசிரயம்,(*id.*),assemblée,asyle.

பரிசிலர்,பரிசிலாளர்,(பரிசில்,அர், ஆளர்),mendians, gens qui vivent de dons.

பரிசில், (ஸ்பரிசம்,),don, présent, gratification.

*பரிசீமை,(பரி),borne,limite.

பரிசு,1° (ஸ்பரிசம்),don, donation. 2° *P.* பெரிசு,épaisseur,grosseur. 3° naturel,disposition,manière, honneur, respect,troupe de voyageurs, caravane, bateau d'osier couvert de peaux,*V.* பரஸ்சு: — கேடு déshonneur,affront.

*பரிசுத்தம்,(பரி), parfaite pureté, sainteté,intégrité: — ஆகிறது devenir pur,—saint; — ஆக்குகிறது, — செய்கிறது, —பண்ணுகிறது, *ou* பரிசுத்தப்படுத்துகிறது purifier,rendre saint,sanctifier,consacrer; பரிசுத்தக் குலைச்சல் *ou* குறைவுசெய்கிறது,பரிசுத்தத்தைக் கெடுக்கிறது souiller, profaner; பரிசுத்தத்தனம் état de—, sainteté,pureté.

*பரிசுத்தவான், பரிசுத்தன், (*id.*), saint,pur,innocent.

பரிசுத்தாவி, *P.* பரிசுத்தஆவி, le Saint-Esprit (en style protestant).

*பரிசுத்தி,(பரி),sainteté,pureté,intégrité,entièrement.

*பரிசுத்தை,*f. de* பரிசுத்தன், sainte,femme pure.

*பரிசேஷம்,(பரி),reste.

*பரிசேதம்,பரிசேதனம்,*V.* பரிச்சேதம்,பரிச்சேதனம்.

பரிசை, bouclier, large parasol porté par un serviteur pour ombrager son maitre: —க்காரன் celui qui porte un bouclier ou le parasol de son maitre,homme d'une certaine caste.

*பரிசோதனை,(பரி), investigation, perquisition,recherche exacte, examen,épreuve.

பரிசோதிக்கிறது,தித்தேன்,திப்பேன்,தி,திக்க,*v.a.* (*id.*), பரிசோதிக்குதல்,பரிசோதித்தல்,*n.v.* examiner avec soin,chercher,faire des perquisitions,éprouver.

*பரிசோஷம்,(*id.*), desséchement, évaporation.

*பரிச்சதம்,(paritchtchhada),cour, suite,cortége,famille,biens,habit.

*பரிச்சயம், *P.* பரிச்யம்,connaissance,familiarité: —பண்ணுகிறது faire connaissance.

*பரிச்சிதி,(paritchiti),connaissance, familiarité.

*பரிச்சித்தி,(paritchhitti), séparation,division.

*பரிச்சித்து, (parikchit), le roi பரிக்ஷித்து petit fils d'அருச்சுனன்.

*பரிச்சின்னம்,(பரி,சின்னம்), division,coupure.

*பரிச்சேதம்,(பரி,சேதம்), division d'un livre,chapitre,section,division, segment,ordre, disposition,borne,limite,antidote,remède,rejet, change, manque, néant, entière destruction, entièrement,(avec une négation c'est un négation emphatique),non,absolument rien,certainement non;—இல்லை point du tout, non certainement; அவன் — போகவில்லை *ou* வரவில்லை il n'est certainement point allé ou venu; — நானப்படிசொல்லவில்லை je n'ai certainement pas dit cela; — மாட்டேனென்கிறான் il refuse absolument, il répond non certainement; பரிச்சேதம்-ரு 3 sortes de limites en métaphysique indoue: கால —, limite quant au temps,exister dans un temps et non dans un autre; தேச — limite quant au lieu,être dans un lieu et non dans un autre; வஸ்து—limite quant à la substance,être ceci et non cela, Dieu, l'Être infini est, selon cette métaphysique,exempt de ces 3 sortes de bornes, il existe en tout temps et en tout lieu et est lui-même toute chose. (Ce dernier article renferme le panthéisme et est erroné).

*பரிச்சேதனம், (பரி), discernement,ris,ris de joie, *V.* பரிச்சேதம்.

பரிஷ்கரிக்கிறது, ரித்தேன், ரிப்பேன்,ரி,ரிக்க, *v.a.* (பரிஷ்காரம்),orner, embellir,finir.

பரிஷ்கரித்தல், பரிஷ்கரிப்பு, *n.v. du préc.* ornement, embellissement fin, achèvement.

*பரிஷ்காரம், பரிஷ்கிருதம், பரிஷ்கிருதி, (பரி, காரம்..., ஷ் *intercallé*), embellissement, décoration, ornement, achèvement, poli, purification (par des rites supposés essentiels), initiation dans une secte, cuisson, préparation, faire cuire, environner: பரிஷ்காரம் பண்ணுகிறது embellir, finir; —ஆய்ப்பேசுகிறது parler élégamment.

*பரிஷ்கிருதபூமி, (பரிஷ்கிருதம), autel préparé pour un sacrifice.

*பரிஷ்டலம், (பரி, ஸ்தலம்), lieu environnant.

*பரிஷ்கந்தன், பரிஷ்கன்னன், பரிஸ்கந்தன், பரிஸ்கன்னன், (pariskanda, —skanna), enfant adoptif, — nourri par des étrangers.

*பரிஷ்டோமம், பரிஸ்தோமம், (பரி, ஸ்தோமம்), housse colorée d'éléphant. [dité, fermeté.

*பரிஸ்தானம், பரிஸ்திதி, (பரி), soli-

பரிஞ்சு, garde —, poignée d'une épée: பரிஞ்சிலேகைபோடுகிறது ou போட்டுக்கொள்ளுகிறது mettre la main à l'épée, — à la garde de son épée. [naissance, discernement.

*பரிஞ்ஞானம், (பரி, ஞானம்), con-

*பரிட்டினகம், *P*. பரிடீனகம், (பரி, dina *vol*, ka), vol d'un oiseau en rond.

*பரிட்காரம்..., *V*. பரிஷ்காரம்....

*பரிட்சாவிற்பத்தி, பரிட்சிக்கிறது. பரிட்சை... *V*. பரிக்ஷாவித்பத்தி, பரிக்ஷிக்கிறது, பரிக்ஷை (qui sont la vraie orthographe).

*பரிணதம், (parinata), maturité, courbure, inclinaison, capital, somme d'argent.

பரிணாதை, *P*. பரிணீதை.

பரிணமிக்கிறது, மித்தேன், மிப்பேன், மி, மிக்க, *v. n.* (பரிணாமம்), பரிணமித்தல், *n.v.* changer: சிறுபிள்ளைபெரியவனாய்ப்பரிணமித்தான் le petit enfant a changé d'état ot est devenu grand.

*பரிணாயம், பரிணாயனம், (parinaya, na), mariage, noces, attachement, *V*. பரிணாமம்.

*பரிணாகம், (parinâha), largeur, circonférence, —de cercle,

பரிணாக்கன், *P*. பரிணாயகன்.

*பரிணாமம், (parinâma), diversité, changement de forme ou d'état, maturité, fin, dernier âge, — dégré ou état de la vie: பரிணாமசரீரம் corps sujet au changement, corps matériel; —சூலம் flatuosité avec douleur et vomissement après avoir mangé, dyspepsie; — நிரோதம் vicissitudes humaines comme naissance, croissance, mort, qui sont un obstacle à la béatitude finale; — ரூபம் figure changée, —embellie.

*பரிணாமாலங்காரம், (பரிணாமம், அலங்காரம்), métaphore, *V*. திரிபணி.

*பரிணாயம், (parinâya), conduire autour, déplacer une pièce au jeu d'échecs.

*பரிணாயகன், (பரி), mari.

*பரிணீதன், *m*. (parinita) homme marié. [mariée.

*பரிணீதை, *f. du préc.* femme

*பரிணேதிரு, பரிணேதா, (parinètrou, —nêtâ), mari.

*பரிதகனம், (பரி), brûler, rôtir.

பரிதபிக்கிறது, பித்தேன், பிப்பேன், பி, பிக்க, *v.n.* (பரிதாபம்), se désoler, déplorer, se chagriner, gémir, avoir de la peine, de la douleur, du chagrin, compatir.

பரிதபித்தல், பரிதபிப்பு, *n.v. du préc.* désolation, chagrin, douleur, compassion.

பரிதல், *n.v. de* பரிகிறது, faveur, affection, défense, parole en faveur, protection, compassion, attendrissement, rupture, coupure, déchirure, partage, dégouttement.

*பரிதாபம், (பரி, தாபம்), désolation, douleur, —extrême, peine, angoisse, chagrin, compassion, pitié, crainte, chaleur, une division de l'enfer des Indous: பரிதாபசுரம் fièvre brûlante; —ப்படுகிறது, *V*. பரிதபிக்கிறது.

*பரிதாபி, (பரிதாபம்), personne désolée, affligée, compatissante, la 46me année du cycle indien correspondant à 1852 et 1912.

*பரிதாயம்,(paridhâya),serviteurs, suite, cortége, compagnons, le postérieur,le derrière des cuisses,bulle —,pièce d'eau,étang, V. சந்து.

*பரிதானம்,1° (paridâna),échange, troc, rendre une chose ou son équivalent, présent pour suborner, — pour acheter son droit ou l'injustice. 2° (paridhâna), habit, vêtement, — de dessous; பரிதானக்காரன் homme qui reçoit de tels présens,qui se laisse suborner par présens.

*பரிதி,(paridhi), circonférence de cercle, périphérie de roue, roue de char, — de char d'idole..., cercle, grand cercle de la terre,épicycle,disque ou arme circulaire qu'on lançait, disque du soleil et de la lune, halo, soleil, lumière, splendeur, couleur, or,branche d'arbre à laquelle on attache la victime du sacrifice, rempart artificiel de terre: சீக்கிர — parallaxe annuelle des planètes supérieures, élongation des planètes inférieures; — தோற்றம் lever du soleil; — பாகை degrés moyens comptés sur un épicycle:— விட்டரம் fossé: — வீதன் garde du corps, aide de camp. [me), épicycloïde.

*பரிதிவம்,(பரிதி,*épicycle*, iva *com-*

பரிது,*P*.பரிவது, chose grande, grosse. [touch *plaire*).joie,plaisir.

*பரிதுஷ்டம், பரிதோஷம். (பரி,

*பரிதேவகம்,பரிதேவனம்,பரிதேவிதம்,(paridêvaka, — vana,— vita), lamentation, gémissement, plainte, peur. [mente,qui craint.

*பரிதேவி, (paridêvi), qui se la

பரித்தம், *V*.பரிவட்டம்..

பரித்தல்,*n.v.de* பரிக்கிறது.

பரித்தானை,(பரி *cheval*), cavalerie.

*பரித்தியாகம், (பரி), abandon, abdication, désertion,renoncement, perte,privation: சர்வசங்க—renoncement à toute société, état d'ermite.

*பரித்தியாகி,(பரி), ascète, sannyasi, qui a tout abandonné, qui a renoncé au monde: சர்வசங்க— ermite, anachorète, —qui a renoncé à toute société.

*பரித்திரஸ்தம், (*id.*),peur,alarme.

*பரித்திராணம்,(*id.*),défense propre, protection, parer les coups, suffisance, dire c'est assez.

*பரிநர்மம், (பரி), renommée, richesses, prospérité.

*பரிநியாசம்,(*id.*), finir, compléter,sens d'une phrase.

பரிந்து, *gér.de* பரிகிறது.

*பரிபக்குவம், (*id.*), *ou* பரிபக்குவவேளை,bonne occasion,opportunité, maturité, cuisson, point ou degré voulu: —ஆகிறது devenir mûr,parvenir à un âge mûr, au point voulu; பரிபக்குவத்திலேசெய்கிறது faire dans le temps convenable.

*பரிபங்கம், (*id.*), mettre en pièces,brisement. [capital,le principal.

*பரிபணம், (*id.*),argent en main,

*பரிபதி,பரிபந்தகன், (பரி *contre*, padi, panthaka *qui va*), ennemi, antagoniste.

*பரிபந்தி, (*id.* panthi, *qui va sur la route*), ennemi,bandit, voleur de grand chemin.

*பரிபவம், (*id.*பவம்),mépris,manque de respect, disgrâce,défaite, déconfiture, pauvreté, bassesse, état —, chose méprisable, tristesse, affliction: பரிபவபதம்,பரிபவாஸ்பதம், (ஆஸ்பதம்), état abject,— méprisable,situation disgrâcieuse.

*பரிபவி, (பரிபவம்,i),qui méprise, qui souffre le mépris.

*பரிபாகம், (பரி),cuisson, maturité,temps convenable, habileté, digestion,fruit des actions.

*பரிபாகி,(பரிபாகம்,i), cuisinier, homme capable, —mûr,qui digère.

*பரிபாஷணம், (பரி, பாஷணம் *dire*), consentement, accord, conversation, mépris, injure, manière, règle,précepte.[—,terme technique.

*பரிபாஷிதம்,(பரி), qualité d'être

*பரிபாஷை, பரிபாடை, (பரி),terme technique,—de convention,marque,signe particulier, signal, mot d'ordre,—du guet,arrangement,désignation, injure, (en médecine) pronostic: — சூத்திரம் règle d'arrangement, — concernant l'invocation, les mots régardés comme propres au commencement de l'ouvrage, la précision ou le sommaire, la division, le développement et la convenance des matières d'un ouvrage d'esprit.

*பரிபாடி, (paripâti), ordre, méthode, arrangement, arithmétique.

*பரிபாலகன், (பரி), gardien, défenseur, conservateur, protecteur, conducteur, gouverneur, bienfaiteur: உலோக — protecteur du monde, roi; உலோக பரிபாலகத்துவம் conservation du monde, gouvernement d'un roi.

*பரிபாலம், பரிபாலனம், (பரி). conservation, protection, défense, — propre, garde, soin, entretien, subvention, augmentation, faveur, gouvernement, conduite: இராச்சிய — bon gouvernement d'un royaume; —பண்ணுகிறது conserver, protéger, défendre, gouverner; பரிபாலனப்படுகிறது être protégé, gardé, gouverné. [பரிபாலகன்.

*பரிபாலனன், பரிபாலன், (பரி), V.

*பரிபாலி, 1° (பரிபாலம், i), gardien, défenseur. 2° *imp. de*

பரிபாலிக்கிறது, லித்தேன், லிப்பேன், லி, லிக்க, *v.a.* பரிபாலித்தல். *n.v.* (பரிபாலம்), conserver, protéger, défendre, seconder, aider, favoriser, soigner, pourvoir, conduire, gouverner, fertiliser, faire prospérer.

*பரிபாலிதம், (பரி, pâlita, *protégé*), protection, défense. [பரிபவம்.

*பரிபாவம், (*id.* bhâva *état*), V.

*பரிபிஷ்டகம், பரிபிட்டகம் (paripichtaka), étain, plomb.

*பரிபிரோசனம், *P.* பரிபிரோஷணம், பரிபிரோஷிதம், (பரி, பிரோஷணம்), abandon, dépouillement.

*பரிபுஷ்கரை, பரிபுட்கரை, (paripouchkarâ), espèce de concombre, cucumis madraspatanus.

பரிபுடம், (பரி *cheval*, புடம்), calcination en brûlant gros comme un cheval, *i.e.* 100 bouzes de vache sèches, feu de 100 bouzes.

*பரிபுடனம், (paripoutana), peler, écailler, desquamation.

*பரிபுரம், (பரி, poura *aller*). petits grelots—, anneau résonnant dont on orne les pieds. [ration, adoration.

*பரிபூசனம், பரிபூசிதம், (பரி), véné-

*பரிபூதம், 1° (*id.* poûta *pur*), chose purifiée, pure, vannée, choix, intelligence. 2° (*id.* bhoûta *devenu*), mépris, injure, outrage, chose vieille.

*பரிபூரணதை, (பரிபூரணம், tâ), *ou*

*பரிபூரணம், (பரி), plénitude, entière perfection, satiété, satisfaction, abondance, achévement: பரிபூரணமாய் *ou* பரிபூர்த்தியாய்ச்சாப்பிடுகிறது manger à satiété; பரிபூரண *adj.* plénier, entier, parfait, très-plein, très-abondant; —த்துவம் plénitude, — entière, perfection, satiété: கடவுளிடத்திற் பரிபூரணதை *ou* பரிபூரணத்துவமிருக்கின்றது Dieu possède la plénitude de tout bien.

*பரிபூரணன், (பரிபூரணம்), Dieu, l'Être rempli de toutes perfections, — qui remplit tout de sa présence, Dieu, (et à tort) Siven.

*பரிபூரணி, *f. du préc.* celle qui est pleine de grâce, la parfaite, la très-sainte Vierge, (à tort) Parvadi.

*பரிபூர்த்தி, (பரி), *V.* பரிபூரணம்.

*பரிபோகம், (*id.*), jouissance, — du bien d'autrui sans sa permission.

*பரிப்பிரமம், (*id.*) rôdage, erreur, écart, tournoiement.

*பரிப்பிரஷ்டம், (*id.*), chute, dégradation, privation. [dé, privé de.

*பரிப்பிரஷ்டன், (*id.*), tombé, dégra-

*பரிப்பிலவம், (பரி), agitation, tyrannie, oppression, bain, immersion, inondation.

பரிப்பு, *n.v. de* பரிக்கிறது, fardeau, support, soutien, protection, défense, étai, crainte.

பரிமணி, la plante கரந்தை.

*பரிமண்டலம், பரிமண்டலிதம். பரிமண்டலதை, (பரி, மண்டலம், ita, tâ), boule, globe, rondeur, rotondité, cercle. [lenteur, paresse.

*பரிமந்தம், (பரி), peu, petitesse,

*பரிமர்த்தனம், பரிமருத்தனம், (பரி), frottement, broiement.

பரிமருச்சியம், P. பரிமிருச்சியம்.

*பரிமளம், (parimala), odeur suave,— exquise, parfum, joie, délices, copulation: பரிமளகந்தி celle qui sent bon, சத்தியவதி mère de Vyasen trouvée, au dire des Indous, dans le ventre d'un poisson et élevée par le chef des pêcheurs. Elle se nomma d'abord மச்சகந்தி celle qui a l'odeur de poisson. Par son commerce charnel avec le richi பராசரன் elle perdit, disent-ils, l'odeur de poisson et acquit une odeur de parfum qui se répandant à un யோசனை (4 lieues de distance) lui fit donner les noms de பரிமளகந்தி et de யோசனைகந்தி. Après la naissance de son bâtard Vyasen elle redevint vierge, selon eux, épousa ensuite le roi de Hastinabouri சந்தனு et devint mère des rois சித்திராங்கதன் et விசித்திரவீரியன்; பரிமளக்குழம்பு,— ச்சேறு,— த்தயிலம், — த்தைலம் onguent —, mélange odoriférant; — சுகந்தம் odeur suave,— odoriférante; — திரவியம், — வருக்கம் parfum, encens suave, herbes—, fleurs—, composition —, substances odoriférantes.

பரிமளி, 1° (பரிமளம்), la plante சுரந்தை basilic. 2° *imp. de*

பரிமளிக்கிறது, ளித்தேன், ளிப்பேன், ளி, ளிக்க, v.n. (பரிமளம்), பரிமளித்தல், *n. v. et* பரிமளித்திருக்கிறது, avoir une bonne odeur, sentir bon, répandre une odeur suave, — de parfum, se réjouir. [odeur, joie.

பரிமளிப்பு, *n.v. du préc.* bonne

பரிமா, (பரி, மா), cheval.

*பரிமாணம், (parimâna), mesure, quantité: பரிமாணசந்தேகம் doute sur le mesurage; — வகுதி ce qui fait la différence de longue ou de brève, *i.e.* voyelle, (terme technique).

*பரிமார்க்கம், பரிமார்க்கியம், பரிமார்ச்சனம், (parimârga, —mârgya, —mardjdjana), nettoiement, purification.

பரிமாவடிப்போர், (பரிமா, அடிக்கிறது), ceux qui dressent *litt.* frappent les chevaux, cavaliers, palefreniers.

பரிமாறுகிறது, றினேன், றுவேன், று, ற, (பரி), பரிமாறல், பரிமாறுதல், *n.v.* 1° arranger, conduire, traiter, expédier (différentes affaires), troquer, échanger, entreprendre, se mêler de, se familiariser, fréquenter, rôder çà et là, aller et venir, se servir de, prendre. 2° servir, distribuer (les mets...), partager.

பரிமாற்றம், *n.v. du préc.* fréquentation, familiarité, connaissance, conduite.

பரிமிக்கிறது, மித்தேன், மிப்பேன், மி, மிக்க, *v.a.* பரிமித்தல், *n.v.* embellir, revêtir, orner de, mesurer.

*பரிமிதம், (பரி), mesure, borne, limite, chose mesurée.

*பரிமிதாகாரம், (பரிமிதம், ஆகாரம்), sobriété dans le manger.

*பரிமிருச்சியம், (parimroudjya), action d'essuyer, de nettoyer.

பரிமுகம், (பரி), visage de cheval, la 1re constellation lunaire dite அசுவதி et représentée par une tête de cheval, jambe, péroné, os extérieur de la jambe, peau de la jambe.

*பரிமேயம், (parimêya), chose mesurée. [charme, trouble d'esprit.

*பரிமோகனம், (பரி), fascination,

பரிய, *adj. de* பருமை, grand, gros, épais: பரியது chose épaisse.

பரியகம், anneau pour les pieds, — pour les mains, bracelet, assemblage de petits grelots ou autres ornemens bruyans qu'on attache aux pieds. [che.

*பரியங்கம், (பரி, அங்கம்), lit, cou-

*பரியஸ்தம், (பரி, asta *jeté*), renversement, — sens dessus dessous, rejet, renvoi, chute. [che.

*பரியஸ்திகை, (paryastikâ), lit, cou-

*பரியடனம், (பரி, அடனம்), rôder çà et là.

*பரியந்தம், (பரி, அந்தம்), terme, borne, limite, fin, jusqu'à: மரணபரியந்தம் jusqu'à la mort.

*பரிப்ரத்தம்,(பரி,அத்தம்,ka),dépravation, perte de toute bonne qualité.

பரியம், 1° P.பரிசம்,présent nuptial,fiançailles. 2° prix, valeur.

*பரியயாணம்,(பரி, அயாணம்),selle —,housse de cheval.

*பரியயம்,(பரி,அயம்),contrariété, opposition,irrégularité, ordre renversé, négligence, — des usages, couche.[அவசானம்),fin,conclusion

*பரியவசானம், பரியவசிதம், (பரி, *பரியவஸ்தானம், பரியவஸ்தை, பரியவத்தை பரியவஸ்திதம், (பரி,அவஸ்தை,அவ, ஸ்தானம்,ஸ்திதம்),opposition, contradiction, résistance.

பரிவயம், grand chemin, route commune,— fréquentée.

*பரியன்னியம்,(paryanya),nuage, bruit du tonnerre.

*பரியன்னியன், (id.), le prétendu maître du tonnerre,Dèvendiren.

*பரியாகாரம், (paryâhâra), transport, fardeau, tas de grains, joug, pot à l'eau.

*பரியாசம்,1° P. பரிகாசம், moquerie, raillerie,jeu, badinage. 2° (paryâsa), ordre renversé. [bât.

*பரியாணம், (paryâna), selle,

*பரியாத்தம்,(paryâpta),satisfaction,assez, suffisamment,assemblage, consentement,possibilité: பரியாத்த போசம் jouissance suffisante, avoir ce qui est suffisant.

*பரியாத்தி,(paryâpti), garde, conservation, acquisition, agrément, convenance,compétence, satisfaction,satiété,suffisance,assez,discernement,distinction des objets,défense, parer un coup.

*பரியாபிதம்,(பரியாத்தம்),satisfaction.‖adv. assez suffisamment.

*பரியாயம், (pariyâya),une des 35 figures dites அலங்காரம்,texte d'un vocabulaire, ou ordre des synonymes pour chaque terme,règle,ordre, arrangement méthodique, manière, espèce,manières diverses,généralité, ce qui est commun,nature,caractère ou propriété spécifique d'une chose, propriété des substances (comme l'amertume,la fraîcheur), occasion, opportunité,production artificielle, chose qu'on fait, préface,— dans laquelle on ne dit pas l'objet qu'on a en vue d'une manière propre à cet objet,mais d'une manière détournée: பரியாயச்சந்தேகம் léger—,quelque doute; —சயனம் veille et sommeil alternatifs:— சொல், synonyme,autre mot qui désigne la même chose;—நாமம் nom qui a un rapport à une chose; — பெயர் nom technique.

*பரியாயான்னம்,(பரியாயம், அன்னம்),riz qu'un homme d'une caste donne ou prépare pour un homme d'une autre caste, nourriture qui aurait dû être donnée à un autre, comme celle d'un soudras donnée à un brame.

பரியாரம், P. பரிகாரம்.[un brame.

பரியாரி, P. பரிகாரி.

*பரியாலோசனம், (பரி, ஆலோசனை), réflexion,considération,regarder tout autour de soi.

பரியாளம்,garde royale,escorte de troupes,cortége.

*பரியாணம், P. பரியாணம்.

*பரியுதஞ்சனம், (paryoudantchana),dette.

*பரியுதாசம்,பரியுதாசனம்,(paryoudâsa,na),précepte prohibitif, règle fautive. [adoration,vénération.

*பரியுபாசனம், (பரி, உபாசனை),

பரியேறி,(பரி, ஏறுகிறது), homme à cheval,cavalier,Ayénar.

*பரிரக்ஷணம், பரிரட்சணம், (பரி),garde, défense, préservation.

*பரிரப்பமணம்,(paritabhamâna), embrassement.

*பரிரம்பம்,பரிரம்பணம்,(pariramba,na),embrassement,couche.

பரிவசிதம், P. பரிவாசிதம்.

*பரிவட்டம், (பரி), bandeau (usité dans diverses cérémonies), morceau de—, toile,dévidoir (de tisserand), பரிவட்டச்சேலை toile fine,—de grand prix,suaire,linceul. [pris,injure.

*பரிவதனம்,(பரி),pleurs,cris, mé-

பரிவயம்,1° riz pilé. 2° (பரி,வயம்),

jeunesse. 3° (*id.*வசம்), être réunis—, vivre long-temps ensemble.

பரிவயத்தம், *P.* பரிவியத்தம்.

*பரிவருக்கம், (parivarha), suite, cortége, richesses, bonheur, chose, substance, insignes de la royauté.

*பரிவருத்தம், (parivartta), fin ou destruction du monde, fin des 4 âges ou யுகம் des Indous, le roi des tortues, ou l'incarnation prétendue en —, tortue, tourner, —en rond, retraite, fuite, se retirer en arrière, troc, échange, chapitre—, livre —, chant d'un poëme, fin d'un livre, nœud.

*பரிவருத்தனம், பரிவர்த்தனம், 1° (பரிவருத்தம், na), troc, échange, tourner, — autour. 2° (parivarddhana), augmentation.

*பரிவருத்தனை, (*id.*), *V.* பரிவருத்தனம். || fig. de rhét. par laquelle après avoir donné un sens à un mot on dit qu'il en a encore un autre.

*பரிவருத்திதம், 1° (parivarttita), tourner autour, roue. 2° (parivarddhita), augmentation.

*பரிவற்சரம், (பரி), année.

*பரிவற்சனம், *ou mieux* பரிவருச்சனம், (பரி), meurtre, *ou*

*பரிவற்சிதம், (*id.*), abandon, rejet.

*பரிவாகம், (parivâha), inondation, crue d'eau, écluse.

*பரிவாகிதம், (parivâhita), vide, épuisement, dessèchement: பரிவாகிதமுகம் visage tourné par dédain, tourner et secouer un peu la tête de dédain. [meure, séjour.

*பரிவாசம், (*id.*), habitation, de-

*பரிவாசிதம், (பரிவாசம், ita), attention respectueuse—, égards envers les supérieurs, action de garder le gourou.

*பரிவாதகன், பரிவாதி, (பரிவாதம், ka), accusateur, plaignant, demandeur, plaideur.

*பரிவாதம், (பரி, வாதம்), reproche, réprimande, critique, accusation, injure, archet de luth.

*பரிவாபம், (பரி), raser, bulle—, pièce d'eau, étang, suite, cortége *ou*

*பரிவாபனம், பரிவாபிதம், (பரிவாபம், na, ita), raser, couper les cheveux.

*பரிவாரம், (பரி), suite, train, cortége, escorte, suivans, troupe, armée, fourreau: பரிவாரதேவதை prétendu dieu ou esprit familier.

*பரிவாரதை, (பரிவாரம், tâ), sujétion, dépendence. [rage.

*பரிவாரிதம், (பரிவாரம், ita), entou-

*பரிவிண்ணன், பரிவித்தி, பரிவிந்தன், (parivinna, — vitti, — vindan), frère aîné non marié tandisque le cadet l'est déjà.

*பரிவிந்தகன், (parivintaka), frère cadet marié tandis que l'aîné ne l'est pas.

*பரிவியஸ்தம், பரிவியத்தம், (பரி, வியத்தம்), opposition. [erreur.

*பரிவிரட்டம், (*P.* பரிப்பிரஷ்டம்),

*பரிவிராசன், பரிவிராசகன், (parivrâdja, ka), ascète, religieux mendiant. [état ascétique.

*பரிவிராச்சியம், (parivrâdjya),

*பரிவிருகிதம், (parivrouhita), augmentation.

*பரிவிருங்கணம், (parivroumhana), augmentation, appendix, choses ajoutées. [tre, possesseur, supérieur.

*பரிவிருடன், (parivroudha), mai-

*பரிவிருத்தம், (parivroutta), troc, échange, tourner autour, circuit, tour—, cercle complet, fin.

*பரிவிருத்தி, (parivroutti), révolution synodique, —des astres, *V.* பரிவிருத்தம் *et* பரிவித்தி: — வாக்கியம் table pour déterminer la longitude géocentrique des 5 planètes.

*பரிவிருஸ்தி, (parivrousti), *V.* பரிவித்தி *et* பரிவிருத்தி. [l'arc de Brama.

*பரிவீதம், (parivîta), environner,

பரிவு, *n.v.de* பரிகிறது, amour, plaisir, délice, santé, chagrin, affliction, malheur, maturité, opportunité.

*பரிவேசம், பரிவேஷம், பரிவேடம், (பரி), ce qui entoure, entourage, circonférence, — d'un cercle, halo autour—, disque du soleil et de la lune.

*பரிவேஷணம், பரிவேடணம், (பரிவேஷம, na), entourage, distribution de nourriture, servir à table, donner un repas.

*பரிவேஷ்டனம், பரிவேட்டனம், (parivèchtana), entourer, circonférence.

*பரிவேதனம், (பரி), considération, examen, prudence, habileté, prévoyance, gain, acquisition, mariage, affliction, angoisse, tribulation.

*பரிவேத்திரு, பரிவேத்தா, (parivètrou), frère cadet marié avant son aîné.

*பரிவேதினி, (parivèdini), femme d'un tel frère.

பரிற்பவம், P. பரிப்பிலவம்.

*பரிகம், P. பரிகம், le 19me des 27 யோகம் astrologiques. [plaisanterie.

*பரிகாசம், P. பரிகாசம், raillerie,

*பரிகாரம், (P. பரிகாரம்), manque de respect, espace laissé libre auprès d'une ville pour le pâturage des troupeaux, expiation ou réparation pour une mauvaise action.

*பரிக்கை, V. பரீக்ஷை.

*பரீக்ஷகம், (பரி, ikcha voir, ka), examen, investigation. [scrutateur.

*பரீக்ஷகன், (id.), examinateur,

*பரீக்ஷணம், (id. na), examen, épreuve, investigation.

பரீக்ஷா, obl. de பரீக்ஷை: —வின்பத்தி force de l'habitude, pratique.

பரீக்ஷிக்கிறது, க்ஷித்தேன், க்ஷிப்பேன், க்ஷி, க்ஷிக்க, v. a. (பரீக்ஷை), பரீக்ஷித்தல், n.v. examiner, sonder, scruter, éprouver, essayer, explorer, s'exercer, s'habituer. [essai.

*பரீக்ஷிதம், (பரீக்ஷை, ita), examen,

பரீக்ஷித்து, பரீக்ஷிதன், (parikchit), le roi Parikchit, petit fils de அருச்சுனன், tué, au dire des Indous, dans le ventre de sa mère et réanimé par Krichna; c'est à lui qu'est faite la narration du பாகவதம்.

*பரீக்ஷை, (பரி, ikcha voir), considération, examen, investigation, essai, épreuve, tentative, exercice, expérience, habitude, pratique, jugement par ordalie, un des 3 பொருட்பிரகாரம் qui consiste à examiner si l'objet que l'on décrit a telle qualité ou non, s'il est conforme ou non à la définition; — பார்க்கிறது, —பண்ணுகிறது, V. பரீக்ஷிக்கிறது.

*பரிசாரம், (parisâra), aller—, rôder—, voyage autour.

*பரிஷ்டி, (parichti), examen, recherche, service, bonne volonté, préparation, être prêt à tout.

*பரிட்சணம், பரிட்சிக்கிறது, பரிட்சை... V. பரீக்ஷணம்...

பரிணம், fracture.

*பரிணயம், (parinâya), transport d'une pièce au jeu d'échecs.

*பரிதாவி, (paridhâvi), la 46me année du cycle indien dite பரிதாபி.

*பரியமாணம், (pariyamâna), être traversé, transpercé, transpercer.

*பரிரம், (parira), fruit.

*பரிரம்பம், P. பரிரம்பம், embrassement, caresse.

*பரிவர்த்தம், V. பரிவருத்தம், échange, troc, la tortue royale ou Vichnou incarné en tortue.

*பரிவாதம், P. பரிவாதம்.

*பரிவாரம், P. பரிவாரம்.

*பரு, 1° (parou), océan, jointure, nœud, —de roseau, montagne, paradis. 2° (bharou), Vichnou, Siven, or, mari, maître, seigneur. 3° furoncle, clou, apostume, ulcère, bouton de petite vérole. 4° adj. de பருமை, gros, épais, grossier, grand. 5° imp. de பருக்கிறது; —எழும்புகிறது, —கிளம்புகிறது, —ப்புறப்படுகிறது un ulcère, un furoncle se former, -sortir; — உடைகிறது un furoncle se crever de lui-même; — நசுங்குகிறது le furoncle crever étant pressé; —ப்பழுக்கிறது le furoncle [mûrir.

பருகல், opt. et n.v. du suiv.

பருகுகிறது, sync. பருகிறது, கினேன், குவேன், கு, க, v. a. பருகுதல், n.v. boire, avaler des mets liquides, (ce qui est une manière de manger), manger. [றது.

பருக்கல், opt. et n.v. de பருக்குகி

பருக்கள், pl. de பரு, furoncles, pustules. [raboteuse, non polie.

பருக்கன், (பரு), chose grossière,

பருக்காங்கல், gravier, caillou.

பருக்கிறது, ருத்தேன், ருப்பேன், ரு,ருக்க, ருக்கேன்,*nég.v.n.* (பரு), *ou* பருத்துப்போகிறது, grossir, épaissir, devenir gros,épais, engraisser: பருக்காதவன் homme qui ne grossit pas ou n'a pas grossi, qui est maigre et fluet; பருக்கவெழுதுகிறது écrire en gros caractères: பருக்கவைக்கிறது laisser grossir (les petits fruits sur l'arbre... பருத்திருக்கிறது être gros, grand, épais, corpulent.

பருக்குகிறது, க்கினேன், க்குவேன்,க்கு,க்க,*v. caus. de* பருகுகிறது, faire boire,—manger.

பருக்குதல், *n. v. de* பருக்குகிறது *et de* பருக்கிறது.

பருக்கை,1° petite pierre ronde, boule, cristal, riz cuit, miette,*ou* பருக்கைக்கல் gravier, pierrette, petit caillou, jachère. 2° *n.v. de* பருக்கிறது, grossissement, épaississement. 3° 2° *pers.nég. du même*,tu ne grossiras pas.

பருங், *P.* பரும் devant க, gros, grand,épais: —கடி grande morsure; —கல் grosse pierre; —கன்மலை gros rocher,— roc; — கை main grande, —libérale, qui donne largement.

*பருஷம்,(paroucha),*ou* பருஷவசனம்,— வாக்கு injure,parole dure, —injurieuse,reproche: பருஷவருஷம் pluie d'injures.

*பருஷோத்தி,(பருஷம்,உத்தி),parole injurieuse.

*பருஷோத்திகன், (*id.* ka), diseur d'injures.

பருஞ்சீலை,(பரும்,சீலை),toile grossière,longue toile.

*பருணம், *P.*பர்ணம்,feuille.

*பருணயனம், *P.* பரிணயனம், mariage,nocés.

*பருணிதர், (பருணம். ita), ceux qui se servent d'ôles, gens d'une science mûre ou accomplie, savans, poètes.

*பருதி,*P.* பரிதி.

பருத்த, *part. parf.de* பருக்கிறது; gros,épais.

பருத்தல், *n.v. de* பருக்கிறது.

*பருத்தாரம், (parouddhara),cheval.

பருத்தி,*ou* —ச்செடி,cotonnier,arbrisseau qui donne le coton,gossypium herbaceum: செம்—cotonnier à fleurs rouges et à coton blanc, coton —, cotonnier rouge, gossypium religiosum; நாவிப் — l'arbrisseau gossypium vitifolium; —க்கடையில் நாய்க்குப்பணியென்ன qu'a à faire un chien dans une boutique de coton, *i. e.* qu'a à faire ici un tel vilain? —க்காடு *litt.* une forêt—,*P.* un champ de cotonniers; —க்காய் fruit vert—,capsule de cotonnier; —க்கொட்டை graine de cotonnier; — நூல் fil de coton; — பன்னுகிறது, — பிடிக்கிறது carder le coton, le séparer de sa graine, le filer; — ப்பஞ்சு coton de l'arbrisseau பருத்தி (pour le distinguer de celui de l'arbre இலவு); —ப்பஞ்சுநூற்கிறது filer du coton;—மணை instrument pour séparer le coton de sa graine.

பருத்து,1° *gér. de* பருக்கிறது.2° (parout), l'année dernière.

பருநூல்,(பரு),gros fil.fil grossier.

பருந்தலை, (பரும், தலை), grosse tête, homme distingué, —de considération.

பருந்து, milan, faucon: பருந்தின்விருந்து le festin du milan, *i. e.* le crabe; பருந்தின்வீழ்வு chute du milan, une des 4 marches ou tournures des sentences dites சூத்திரம், celle où une sentence fait allusion —,se rapporte ou renvoie à une autre,ressemblant ainsi au vol du milan qui se précipite comme un trait sur sa proie.

பருந்துவாரம், (பரும்), grand trou,— creux.

பருந்தொட்டு, *P.* பருந்தோடு, (*id.*), grande feuille,

*பருபதம், *V.*பருப்பதம்.

பருபருக்கை, (பரு), gros sable, gravier.

பருபாரிக்கிறது,(*id.*பாரிக்கிறது), grossir,devenir —, paraitre gros, épais.

*பருப்பதம், *P.* பருவதம், mont, montagne: அஷ்ட—,*V.* அஷ்டதிக்குப்பர்வதம்.

*பருப்பதி, (பருப்பதம், i), la montagnarde, Parvadi.

பருப்பம், (பரு), grosseur.

பருப்பிக்கிறது, பித்தேன், பிப்பேன், பி, பிக்க, v. caus. de பருக்கிறது et பருப்பித்தல், n. v. faire —, grossir, augmenter.

பருப்பு, 1° n. v. de பருக்கிறது, grossissement, augmentation, accroissement, grosseur. 2° pois, fève, pépin, pulpe de pois, de graines, de noix, de noyaux...; —க்கஞ்சி purée, soupe ou potage de pois et de riz cuits ensemble; —க்கீரை la plante chenopodium album; — க்சாறு purée, bouillon de pois; — க்சாதம் V. பருப்போரை.

பருப்பொருள், (பரு), gros objet, objet grossier, non délicat.

பருப்போரை, (பருப்பு, உரை), pois cuits. [—, manière grossière.

பருமட்டம், பருமட்டு, (பரு), chose

பருமணல், (id.), gros sable, gravier.

பருமம். 1° (பரு), grosseur, épaisseur, corpulence. 2° cuirasse, cotte d'armes, longue robe, selle de cheval, le postérieur, assortiment de 18 enfilades de perles ou de pier-

பருமல், vergue, antenne. [reries.

பருமன், (பரு), grosseur, épaisseur, corpulence, gros homme, chose grosse ou grossière: (பருமனுய்நூற்கிறது filer de gros fil.

பருமிக்கிறது, மித்தேன், மிப்பேன், மி, மிக்க, v. n. (பருமிதம்), s'escrimer, faire des armes, être fier.

பருமிதம், (பரு), ou

பருமித்தல், பருமிப்பு, n. v. de பருமிக்கிறது, escrime, exercice militaire, fierté. [feuille.

பருமிதழ், (பரும், இதழ்), grande

பருமுத்து, (பரு), grosse perle.

பருமுறி, (id. முறி), grosse toile.

பருமை, (பரு, மை), grosseur, épaisseur, corpulence, largeur; (*l'adj. est* பரும், பரு, பரிய): பருமையாகிறது devenir gros, épais, large.

பரும், *adj. du préc.* gros, grand, épais, large, grossier: — படி manière grossière, chose grossière, grosse, épaisse; — படியான grossier, épais; — படியாய்ச்செய்தவேலை ouvrage grossier, — fait grossièrement; — படியாய்ப்படிக்கிறது apprendre superficiellement; — படியாய்ப்பேசுகிறது parler grossièrement; — படியானவிக்கிரகாராதனை idolâtrie grossière; — பழம் gros fruit; — பிளவை nom d'une maladie; — பிடி bonne poignée, exaction, extortion; — பிடியாய்ஒருபிடியள்ளிக்கொள் prends un bonne poignée; — பிடிபிடிக்கிறது prendre une bonne poignée, être avare, insister sur, tenir à; — பிடியாய்வாங்குகிறது prendre à grandes poignées, extorquer, enlever de force; — புடவை toile grossière.

*பருவகம், 1° (பருவம், ka), genou. 2° (pharouvaka), boîte au bétel.

*பருவணிகை, (parvanikâ), tache avec douleur sur le bord de la cornée de l'œil.

*பருவதம். (parvata), montagne, colline, mont, arbre, espèce d'herbe; —de poisson: பருவதகாகம் corbeau des montagnes; — சன் montagnard; — சை montagnarde, rivière qui descend des montagnes; —வத்தனி, (வத்தனம் *race*), la prétendue fille du mont Himâlaya, *i.e.* Pârvadi; — வாசி habitant des montagnes: — வாசினி *f. du préc.* montagnarde, Dourgâ ou Pârvadi, la formule de prière dite காயத்திரி dont ont fait une déesse.

*பருவதன், (parvata), le richi Parvaden ami et rival de Nâraden.

*பருவதாசயம், (பருவம், ஆசயம்), nuage qui couvre les montagnes.

*பருவதாசிரயம், (*id.* ஆசிரயம்), ce qui habite les monts, l'oiseau fabuleux a 8 pieds. [gnard.

*பருவதாசிரயன், (*id.*), monta-

*பருவதாதாரை, (*id.* ஆதாரம்), la base ou le soutien des montagnes, *i.e.* la terre.

*பருவதாரி, (*id.* அரி), l'ennemi des montagnes ou de Parvaden, Indiren.

*பருவதி, 1° (பருவதம், i), la montagnarde, Parvadi. 2° (பருவம், dhi *qui a*), l'astre qui a des quartiers, *i.e.* la lune.

*பருவம், (parvan), quartier, nouvelle lune, pleine lune, 1er —, 2e quartier, époque de l'entrée —, entrée du soleil dans un signe, équinoxe, solstice, nœud, jointure, articulation, partie, chapitre, division d'un livre, (le Mahabhârata est divisé en 18 பருவம் *ou* பர்வம்), fête, opportunité, temps, moment, instant, occasion, saison, temps propre, — de la maturité, maturité, nubilité, degré dans l'âge des femmes, jeunesse, hauteur, cause, mesure. On compte en sanscrit 4 âges ou 4 degrés dans l'âge des femmes, பருவம்-அ; வாலை *ou* பாலை enfant au dessous de 5 ans ou jeune fille jusqu'à 16 ans; தருணி jeune femme dans le bon âge de 16 à 30 ans; பிரௌடை matrone de 30 à 55 ans, விருத்தை vieille femme. Outre différentes modifications dans la classification susdite, on distingue en tamoul 7 âges ou 7 degrés pour l'âge des femmes, பருவம்-எ: பேதை fille pleine de simplicité de 5 à 7 ans, பெதும்பை jeune fille de 8 à 11 ans, மங்கை de 12 à 13 ans, மடந்தை jeune fille ou femme de 14 à 19, அரிவை de 20 à 25, தெரிவை de 26 à 31 ans, பேரிளம்பெண் de 32 à 40 ans; பருவம்-கள் les 6 saisons de l'année, *V.* ஆறுபருவம்; — ஆகிறது devenir —, être propre, convenable arriver à l'âge convenable, — à l'âge de maturité, — au temps ou au point voulu, mûrir, devenir nubile; — ஆனபெண் fille nubile; — வருகிறது l'âge ou le temps convenable arriver: அவனுக்குப் — வந்தது il a atteint l'âge convenable; பருவகாலம் temps convenable, — propre, — de la maturité; — க்காய் fruit venu dans la saison convenable; — சந்தி union de la nouvelle lune ou de la pleine lune avec le 1er jour lunaire de chaque demi-lunaison, moment précis de la pleine ou nouvelle lune; — நாழிகை heure indienne de la conjonction ou de l'opposition; — ப்பனை le palmier femelle; — பூரணை préparation ou achèvement d'une fête; — மலைவு confusion des saisons, dire d'une saison ce qui convient à une autre; — வேழணி ce qui naît avec des nœuds, la canne à sucre; பருவத்திலேசெய்கிறது faire dans le temps convenable; — பிள்ளைபெறுகிறது mettre un enfant au monde au terme précis.

பருவரல், பருவருதல், *n. v. de* பருவருகிறது, détestation, horreur, vexation, affliction, souffrance.

*பருவாரணம், (பருவம், rina *allé*), fête, jour de fête.

பருவருகிறது, பருவந்தேன், பருவருவேன், பருவா, பருவர, *v.a. et n. et* பருவருதல், *n. v.* abhorrer, détester, être vexé, tourmenté, souffrir.

பருவலயம், (பரு), grand cercle.

பருவல், (பரு), chose grosse, ou grossie.

*பருவாவதி, (பருவம், அவதி), fin d'une saison, ou de la période dite [பருவம்.

பருவி, l'arbre தில்லை.

பருவு, (பரு), furoncle, clou, apostume, ulcère: பருவுடைகிறது (உடைகிறது), un furoncle crever de lui-même; பருவெழும்புகிறது (எழும்புகிறது), un furoncle... se former.

பருவெட்டு, (பரு), grande taillade, coupure grossièrement faite.

பருஉ, 1° (பரு *avec* அளபெடை), grosseur, épaisseur, corpulence, vol, enlèvement, arracher. 2° *gér. irrégulier de* பருக்கிறது, ayant grossi, ayant dérobé. [*V.* பரமேஷ்டி.

*பரேஷ்டி, (பர, இஷ்டி sacrifice),

*பரேதம், (பரம், ita *allé*), défunt, cadavre, esprit, fantôme, démon: பரேதராசன் le prétendu roi des morts ou des esprits, Yamen.

*பரேதரன், (பர, இதரன்), fidèle ami. [étang.

*பரேபம், (parêpa), pièce d'eau,

*பனா, *f. de* பரன், Parvadi, femme de Siven.

*பனாதிதம், (பர, èdhita, *editus*),

le couil ou coucou indien élevé par des étrangers, *i.e.* par les corbeaux.

*பரோக்ஷம், பரோட்சம், (parokcham), chose invisible, imperceptible, invisibilité, absence, secret, le prétérit ou temps passé (en grammaire): பரோக்ஷ *ou* பரோட்சக்கியஞானம் connaissance des choses invisibles; — ஞானம் connaissance d'un être invisible ou de l'être suprême, un des 7 அவஸ்தை ou états; —போகம் jouissance du bien d'autrui (en son absence); — விருத்தி celui qui fait quelque chose dans son absence.

*பரோக்ஷார்த்தம், பரோட்சார்த்தம், (பரோக்ஷம், அர்த்தம்), chose invisible ou absente.

*பரோதிதம், (பர, உதிதம்), chose dite par un ennemi, menace, effrayer.

*பரோபகாரம், பரோபகிருதம், (பர, உபகாரம், உபகிருதம்), bien fait à autrui, charité, bienveillance.

*பரோபகாரன், பரோபகாரி, (*id.*), bienfaiteur, homme charitable envers le prochain.

*பரோபசாபம், (பர, உபசாபம்), dissention des ennemis, dispute.

*பரோபதேசம், (பர, உபதேசம்), admonition, bon avis, conseil donné par le prochain.

*பரோவரீணம் ou பரோபரீணம், (paras *supérieur*, avaras *inférieur*, ina *affixe, ou* ஈனம் *manque*), avoir supérieur et inférieur, avoir antécédent et subséquent, ce qui n'a ni commencement ni fin.

*பரோபாயம், (பர உபாயம்), moyen extérieur, —étranger.

*பரோத்கருஷம், (பர, உத்கருடம்), supériorité d'un autre.

*பரோற்பத்தி, (பர, உற்பத்தி), productions ou bien d'autrui.

*பர்க்கம், (bharga), lumière, lustre.

*பர்க்கன், (bharga), *V.* பற்கன்.

*பர்ணம், (parna), feuille, *V.* பன்னம்; பர்ணசாலை *ou*

*பர்ணசாலை... *V.* பன்னசாலை...

*பர்ணோடசம், (பர்ணம், உடசம்), cabane de feuillage, hutte, ermitage, cellule d'anachorète dans les déserts.

*பர்த்தா, (bharttâ), mari, *V.* பத்தா.

[பர்படகம், *V.* பற்படகம்.

*பர்ப்படகம், பர்ப்படாகம், பர்ப்

*பர்ப்பம், *P.* ப[illegible].

*பர்வதம்... *V.* பருவதம்...

*பர்வம்... *V*... பருவம்.

பல, 1° *adj.* plusieurs, divers, beaucoup, quelques, 2° *nom pl. n.* (*obl.* பலவற்று, *gén.* பலவற்றின்), plusieurs —, diverses choses. 3° *imp. de* பலக்கிறது. 4° *obl. de* பலம், fruit, force *et de* பலன் nom d'un géant: பலவாய், பலவும் plusieurs, de diverses manières... பலசலப்பு, —கலவை mélange de parfums, —de diverses choses, poudre odoriférante; — காயம் diverses blessures, assaisonnement (composé de divers ingrédiens); —காலம், —காலும் divers temps, plusieurs —, diverses fois, souvent: — காலும்பார்க்கிறது observer de temps en temps; —தீனம், — க்கேடு, — க்குறைவு faiblesse, infirmité, impuissance, manque de force; — க்குறைப்படுகிறது s'affaiblir, devenir faible; —கோணம் polygone; — சந்தமாலை guirlande de différens airs ou poème de 100 stances dont chaque dizaine est sur un air différent, c'est le 17e பிரபந்தம்; — சம்பத்து, — சம்பாரம் diverses choses, - épices; — சரக்கு marchandises diverses, — du bazar, divers objets; — சரக்குக்கடை boutique où l'on vend diverses marchandises; — சாதனம் moyen de succès; — சாலி homme fort, vigoureux; —சித்தி réalisation d'un projet, réussite —, fruit d'une action; —சிரேஷ்டம் le meilleur des fruits, *i. e.* la mangue; —சூதனன் le destructeur du geant Balen, *i.e.* Indiren: — சொல்லொருபொருள் synonymes, divers mots qui ont le même sens: — ஸ்திதி station —, état d'une armée, camp royal, état ferme, —des forces; — ஸ்திரீ femme publique; — தரம் plusieurs fois, souvent; — திரட்டு recueil de poésies prises dans divers auteurs; — துறை divers chemins, — ports...; — தேவன் le Dieu fort, Baladèven ou Balabhadra, *i.e.* Balarâma frère aîné de Krichna, (c'est selon plusieurs, la 8me incarnation de Vichnou), l'air où le vent; — திரயம், — திரிகம் les 3 mirobolans, *V.* பலை-ம; — நாளும் bien des jours, — des fois, souvent, long-temps, quelquefois; — நாளும்பார்க்கிறது voir souvent, — plusieurs jours, observer long-temps; — நாள்க்கள், — நாட்கள் beaucoup de jours, long-temps; — நாட்செய்தி événement —, histoire de plusieurs jours, — d'une longue époque, des temps passés, chronique, annales; — நிக்கிரகம் affaiblissement, perte des forces; — நிஷ்பத்தி, — நிட்பத்தி production de fruits, — de profit; — நிவிர்த்தி cessation des conséquences, — des forces; — நூல் diverses sciences, divers ouvrages (littéraires); — நூலறிவு connaissance de diverses sciences, de divers auteurs; — நூல்பயிற்சிக்களம் académie où l'on enseigne diverses sciences; — படப்புனைவணி fig. par laquelle on embrasse différentes choses dans une, soit que différentes personnes expriment la même idée de différentes manières, soit que la même personne par des particularités différentes exprime diverses choses dans une seule idée; — படுகிறது doubler, redoubler, changer, varier, être diversifié, *V.* பலப்படுகிறது; — பட்டடை divers ateliers, résidence de gens de diverses castes; — பட்டடைக்கிராமம் bourg formé de diverses castes, — où des gens de la main droite et de la main gauche vivent ensemble en paix; இந்தவூர் — பட்டடைக்கிராமம் cette ville est un mélange de diverses castes; — பட்டடைக்குடிகள் gens de diverses castes habitant en paix dans le même lieu; — பட்டறை magasin, dépôt, arsenal; — பண்டம் divers objets, — vases ou meubles, mets de dessert ou de goûter, mets divers et exquis, goûter; — பத்திரன் homme fort, Balabhatra ou பலதேவன், le grand serpent அனந்தன் (que quelques-uns regardent comme incarné en Baladêva au lieu de Vichnou); — பத்திரராமன் Balabhatrarâma, la 3e incarnation de Vichnou en Râma; — பல, — பல், (பல *répété*), divers, varié, plusieurs, diverses choses...; — பலகாரியம் diverses choses; — பலஞாபகம் divers souvenirs, *ou* — பலயோசனை diverses pensées, esprit variable, changeant, flottant; — பலதினுசு différentes espèces; — பலபேச்சுபிறக்கிறது divers bruits se répandre; — பலவிதம், — விதம் diverses manières; — பாகம் part du profit, temps de produire —, maturité des fruits, prémices, récompense, utilité; — பாகஞ்சொல்லுகிறது expliquer l'utilité d'une chose; — பாகாந்தை, (பாகம், அந்தம்), plante annuelle, — qui meurt après avoir donné des fruits; — பாடு divers embarras, — tourmens; — பாதனம் chute —, récolte des fruits, — பால் pluriel neutre; — வலி force, grand secours; — பூமி terre où l'on recueille le fruit de ses actions, *i.e.* le paradis ou l'enfer; — பூரம், — பூரகம் le citron commun; — பெயர்த்திரிசொல் mot composé de plusieurs noms synonymes du haut tamoul qui ne sont compris que des savans; — பொருட்சொற்றொடரணி fig. de rhét. qui consiste à joindre des mots qui peuvent donner plusieurs sens; — பொருளுவமை comparaison faite d'un objet à diverses choses. *v. g.* வேலுஞ்சேலும்போலும்விழி œil qui ressemble à un dard et à une carpe; — பொருளொருசொல் mot qui a divers sens, — பொருள் divers objets, — sens; — பொருள்குறித்த ஒருபெயர்த்திரிசொல் *ou* ஒருவினை —, இடை —, உரித்திரிசொல் nom, verbe, particule ou adjectif du haut tamoul et de la poésie qui n'est entendu que des savans et à plusieurs sens, le contraire est ஒருபொருள்குறித்த பலபெயர்த்திரிசொல்...; —போகம் usufruit, jouissance des fruits, — des conséquences; — போகி usufruitier; —ப்படுகிறது prendre des forces, devenir fort, croitre; —ப்படுத்துகிறது fortifier, corroborer, affermir, confirmer, ou —ப்படுத்திவைக்கிறது donner des forces; —ப்பல (*répété*), divers, varié, plusieurs; —ப்பிரசு la mère de Balarâma, *i.e.* Rôhini; —ப்பிராப்தி obtention du résultat désiré; —முகம் divers visages, — côtés, diverses choses, —routes; —முறை diverses manières, —fois, souvent; —மூலசாகாசனர் ceux qui ne mangent pour nourriture (அசனம்) que des fruits (பலம்) des racines (மூலம்), et des légumes (சாகம்), ermites, sages; —வாரணே divers ou plusieurs éléphans; பலயீனம், *P.* பலவீனம்; —ராமன் le vaillant Râmen ou Baladêven, demi-frère de Krichna; —வயிற்போலி யுவமை (வயின்), phrase dans laquelle il y a plusieurs comparaisons, avec la répétition à chacune d'elles, du mot qui indique comparaison, *v.g.* மலர்வாவிபோலும் மாதர் அதின்மலர்கள்போலும் அவர் முகம் அதினுறை அளிபோலுமவர் விழி femmes qui sont comme un étang fleuri, leur visage comme les fleurs de cet étang et leurs yeux comme les insectes ailés qui s'y trouvent; —வரி diverses lignes, les 18 consonnes tamoules; —வழி diverses routes, — manières; —வழித்தோன்றல் gendre, *litt.* fils qui vient d'une manière différente du propre fils; —வறிசொல் (அறிகிறது), mot au pluriel neutre; —வறுதி (அறுதி), faiblesse, perte des forces; —வாணம் pierre noire dite மந்தாரக்கிலே; —விசை diverses fois, souvent; —விதம் diverses manières; —விதச்சரக்கு diverses marchandises, marchandises de diverses sortes; —விபசனம் défaite d'une armée; —விருத்தஹன், —விருத்தநிசூதனன், (விருத்தன், han *tuer*, நிசூதனம்), celui qui a tué les asourers Balen et Vroutten, *i.e.* Indiren; —வினம், (இனம்), diverses choses, diverses espèces, nombre complexe; —வினக்கூட்டல் —க்கழித்தல் —ப்பெருக்கல் —ப்பிரித்தல் addition —, soustraction —, multiplication, —division de nombres complexes; —வினைச்சிலேடை ambiguité provenant de plusieurs verbes; —வினைத்திரிசொல் réunion de plusieurs verbes synonymes du haut tamoul qui ne sont connus que des savans et qui ne donnent qu'un même sens.

பலகணி, (*பல, கண்*), fenêtre, — à treillis ou à jalousie, persienne, barreaux de fenêtre: — த்துவாரம் ouverture d'une fenêtre; — வாயினிலே (வாயில், நிலே), chassis d'une fenêtre; பலகணிவா ழுட்பிரவேசிக்கிறது entrer par la fenêtre.

*பலகண்டனம், (பலம்), désappointement, manque de succès.

*பலகம், (phalaka), bouclier, banc, chaise, planche, rangée ou couche, os du front, feuille ou page pour écrire, le derrière ou postérieur; பலகபாணி; ou [bouclier.

*பலகி, (பலகம், i), soldat armé d'un

பலகறை, 1° cauris, *i. e.* petits coquillages qui servent de monnaie au Bengal... 2° (பல, கறை), diverses taches...

பலகாரம், 1° (*id.* காரம்), manducation de fruits..., collation, gâteaux, diverses pâtisseries. 2° siége sur un éléphant.

*பலகேசரம், (*id.* கேசரம்), ce qui a beaucoup de filamens, le cocotier.

*பலகை, *P.* பலகம், planche, ais, bouclier, os du front, l'arsenic naturel dit தொட்டிப்பாஷாணம்: —க்கயிறு nom d'un instrument de tisserand; —க்கள்ளி cactus ficus indica, cactus dont les feuilles ressemblent à des planches; —க்காந்தம் pierre d'aimant plate ou large; —ப்பா plancher —, partie d'un char, plancher; —பாவுகிறது planchéier, mettre les planches d'un plancher, faire un plancher; — மரம் planche qui sert d'instrument au tisserand; — சரம்கொட்டுகிறது presser le fil avec une planche; — பலகை யடிக்கிறது herser avec une grosse planche; — உப்பு espèce de sel dit வளையலுப்பு.

பலக்கிறது,லத்தேன்,லப்பேன்,ல, லக்க, n.v. (பலம்), பலக்குதல், et பலத்தல்,n.v. se fortifier, prendre des forces, devenir fort (le vent, un malade...), être fort: பலக்கப்பண்ணுகிறது fortifier, rendre fort; பலத்தடிக்கிறது frapper fort, — fortement; பலத்திருக்கிறது être fort, — devenu fort; பலத்துக்கொள்ளுகிறது se fortifier, prendre —, avoir de la force; பலத்துப்பிடிக்கிறது saisir —, tenir fortement.

*பலசாரம், (பலம், சாரம், P. சாரம்), le sang (qui est le suc de la chair ou de la force).

*பலக்கரம், (id.கரம்), bile.

*பலசம், 1° (பலம்,சம்), porte de ville, champ, fruit, moelle, guerre, combat. 2° (phalasa), jacquier.

*பலசாடவம், (பலம், sâdava *qui exalte*), grenade.

பலச்சாரிடம், l'arbrisseau குன்றி.

*பலட்சயம்,P. பலக்ஷயம்.

*பலட்சாரம், P. பலக்ஷாரம்.

பலண்டு, P. பலாண்டு,oignon.

பலண்டுருசம், பலண்டுருபாஷாணம்,une des 32 espèces d'arsenics naturels. [bre fruitier.

*பலதம்,(பலம், da *qui donne*), arபலதுராசு, oseille dite புளியாரை.

பலத்த, *part.de* பலக்கிறது, fort, vigoureux: பலத்தவன் homme fort.

பலத்தல்,பலத்து, *n. v.et gér. du même.*

பலபத்திரம்,(பலம்), force, violence.

பலபல, 1° (பல, *répété*), divers, varié, plusieurs. 2° mot imitatif de l'aurore, de la lumière, de l'éclat de quelqu'objet, ou du bruit répété de la chute des fruits, des feuilles... பலபலென்கிறது faire un bruit répété, briller, éclater; பலபலென்றுதிர்கிறது tomber en grand nombre (comme les feuilles), faire en tombant le bruit de *palapala*; — பொழுது பலபலென்கிறது le jour commencer à briller, à paraître; — வருகிறது arriver soudainement, accourir avec bruit, *v. g.* un concours de peuple; — விழுகிறது tomber avec le bruit repété de palapala; — உதிர்த்துவிடுகிறது secouer et faire tomber avec un tel bruit (*v.g.* les fruits d'un arbre); — பல்லி சொல்லுகிறது le lézard domestique dit பல்லி caqueter. [plusieurs.

பலபல், P. பலபல, divers, varié;

*பலபா,(palaphâ), ombre d'un gnomon à midi lorsque le soleil est à l'équateur.

பலப்பம், espèce de pierre tendre dite மாக்கல், on en fait des crayons pour écrire, ainsi que des statues...

பலப்படுக்கிறது, *v. caus.de* பலக்கிறது, fortifier, affermir, donner des forces.

பலப்பு, *n.v. du même*, force, fermeté, secours; பலப்பெறுகிறது devenir fort, acquérir des forces.

பலப்பிரேறதம்,poivre long.

*பலம், 1° (bala), force, pouvoir, énergie, vertu, rigueur, sévérité, armée, troupe, grosseur, corpulence, corps, forme, figure, statue, manière, feuille d'arbre, sperme, sang. 2° (pala), palam, espèce de poids pour l'or et l'argent, once indienne, poids de 10 pagodes, environ 35 1/2 grammes, pierre qui sert à peser, chair, viande, moment, instant, le 6e d'une heure indienne ou 4 minutes. 3° (phala), fruit (en général), fruit mûr, — encore vert, racine mangeable, résultat, utilité, avantage, succès, gain, profit, prospérité, récompense, don, influence (de la parole), pointe de flèche, tranchant d'épée, bouclier, soc de charrue, surface d'un cercle, muscade, les 3 myrobolans dits பலம், somme, équation astronomique, équation anomaristique d'une planète, quotient d'une division, règles des femmes. 4° front, or; — உள்ளவன் homme fort; — உள்ளவனைச்சேர்ந்திருக்கிறது être associé ou uni à un homme puissant, avoir son appui; — குறைகிறது la force diminuer; — கொள்ளுகிறது prendre des forces; — செய்கிறது opérer fortement, être fort, mettre —, exercer sa force; — செய்கிறமரம் arbre qui pousse bien; — செய்கிறமருந்து remède fort, — efficace; *V. les composés au mot* பல. [ன்.

பலம்பழம், fruit de l'arbre சேரா

பலர், *pl.m.f.de* பல, plusieurs, diverses personnes, troupe, assemblée: — அறிசொல் mot vulgairement connu, nom pluriel du genre élevé dit உயர்திணை; — அறியப்பண்ணுகிறது divulguer, faire connaître à tout le monde; — பால் pluriel masculin ou féminin, ou commun

பலர்க்கம், joue. [à ces 2 genres.

*பல்லலம், (palala), chair, boue, gâteau de grains de sésame pilés: பலசுரம் bile, *litt.* fièvre de la chair; — ப்பிரியம் l'oiseau friand de chair, *i.e.* le corbeau.

*பலலாசயம், (பலலம், ஆசயம்), cou, cou enflé, bronchocèle, goitre.

பலவத்தர், (பலம்), les vertus, 6me chœur des anges, ceux qui éloignent les obstacles qui surviennent aux desseins conformes à la volonté de Dieu.

*பலவத்தை, (*id.*), force, puissance.

பலவந்தம், (*id.*), force, violence.

பலவந்தன், (*id.*), homme fort, violent. [pour prendre le poisson.

*பலவம், (palava), panier d'osier

பலவற்று, *obl. de* பல plusieurs. Il prend ainsi les terminaisons des cas: பலவற்றின், பலவற்றிற்கு, பலவற்றை, பலவற்றில், பலவற்றால்...

பலவாகிறது, (பல, ஆகிறது), se multiplier, se diversifier, croître, être plusieurs, — divers.

*பலவான், (பலம்), homme fort.

பலவின், *gén. de* பல, de plusieurs choses: — கூட்டத்தற்கிழமை, — ஒற்றுமை rapport —, union de plusieurs choses, *v.g.* படையதுதொகுதி corps d'armée; — பால் pluriel neutre.

*பலவீனம், (பலம், ஈனம்), faiblesse, débilité, infirmité, impuissance.

*பலவீனன், (பலவீனம்), homme faible, débile.

பலவு, (பலா), jaquier.

பல்வும், (பல, உம்), et divers autres choses, ainsi de suite, et cœtera.

பலவேந்திரன், *P.* பலேந்திரன்.

பலத்காரம், (பலன், காரம்), violence. [tion, production de fruits.

*பலனம், (பலம், na), fructifica-

*பலன், 1° (*P.* பலம்), gain, profit, avantage, utilité, produit, revenu des terres, récompense, vertu, mérite, — des bonnes œuvres, indulgence, fruit mûr, — encore vert, oignon: — ஆகிறது devenir —, être utile, profitable, avantageux. *பல (bala), fort, Baladêven frère de Krichna, Balen géant tué par Indiren: — கொடுக்கிறது donner du profit, fructifier; — படுகிறது obtenir du profit, ou — லபிக்கிறது, பலனுக்குவருகிறது profiter, être avantageux, profitable; இந்தவருஷப்பலன்கொஞ்சம் le produit de cette année est faible; என்னபலனைக்கட்டிக்கொண்டாய் quel profit —, quel avantage as-tu retiré?

பலா, — மரம், jaquier, artocarpus integrifolia: — க்காய் fruit vert du jaquier; — ப்பழம் jaque, fruit du jaquier. [gne, oiseau de rizières.

*பலாகம், (balâkâ), héron, cigo-

*பலாகாரம், (பலம், ஆகாரம்), goûter, repas de fruits...

*பலாக்கினி, (பலம் *chair*, அக்கினி), bile, humeur bilieuse,

*பலாங்கம், (*id.* அங்கம்), marsouin du Gange.

*பலாசம், (palâsa), feuille, couleur verte, végétaux ou céréales —, moisson en herbe, jaquier, l'arbre முருக்கு à fleurs rouges, butea frondosa, l'arbre புனமுருக்கு. *nèro de démon,ou de fantôme,l'ancienne province de மகதம் ou de Béhar.

'பலாசனம், (பலம்,அசனம்), repas de fruits, V. பலாதனம்.

'பலாசாக்கியம், (palâsâkhya), assa-fétida.

*பலாசி, (பலாசம்,i), ce qui a des feuilles, arbre (en général), démon.

பலாசு,(P. பலாசம்),feuille, couleur verte, jaquier, l'arbre முருக்கு, butea frondosa, l'arbrisseau தசி முருக்கு:

*பலாட்டியம்,(பலம்,âdhya *abondant*), violence,grande —,force.

'பலாண்டு. (palândou),oignon.

பலாதவம்,la plante பூனைக்காலி.

*பலாதனம், (பலம், adana *qui mange*), ce qui mange des fruits, *i. e.* le perroquet.

'பலாதன், பலாதனன், (*id.* ada, adana *qui mange*),carnivore,géant.

*பலாத்காரம்,(பலாத் *abl.sanscrit de* பலம்), violence,exaction,oppression, détention forcée (d'un débiteur par le créancier), mauvais traitement pour forcer à payer.

*பலாநுசன்,(பலன்,அநுசன்), le frère cadet de பலன், *i.e.* Krichna.

*பலாத்தியக்ஷன், (பலம், அத்தியக்ஷன்), général d'armée.

'பலாந்தம், (*id.* அந்தம்), arbre qui périt après avoir produit ses fruits, bambou. [d'éléphant, licou.

*பலாபம்,(palâpa),tempes—,front

*பலாபலம்,பலாபலன், 1° (பலம், அபலம்), gain et perte,force et faiblesse, influence bonne ou mauvaise. 2° (பலம் répété en changeant அ en ஆ), grande utilité.

*பலாபேக்ஷை,(பலம்,அபேக்ஷை), désir —,attente de succès.

*பலாபோகம், (*id.*அபோகம்), ne pas jouir des fruits.

'பலாயனம்,பலாயமானம், பலாயிதம்,(பலா, P. பரா,அயனம்,ita), fuite, retraite, déroute: சேனைபலாயனமாய்ப்போயிற்று l'armée a pris la déroute.

*பலாரி,பலாராதி,(பலன்,அரி, அராதி), l'ennemi de Balen, *i.e.*Indiren.

பளார், mot imitatif de la lumière...: —என்கிறது,— பற்றுகிறது, faire jour, le jour poindre.

*பலாலம், (palâla), paille: பலாலதோகதம் le manguier (qui demande de la paille pour engrais ou pour mûrir ses fruits). [violence,force,

*பலாற்காரம், P. பலாத்காரம்,

'பலி, 1° (bali), sacrifice,oblation, offrande, victime, animal offert en sacrifice ou propre au sacrifice,victime ou chair crue offerte à Dourgâ, présentation de nourriture à toutes les créatures, portion de nourriture laissée à un sacrifice, restes, mets du sacrifice, riz cuit, nourriture des immortels ou des dieux indous, ride du corps, Bali ou Mahâbali géant vertueux souverain de Mahâbalipoura et privé par la supercherie de Vichnou du domaine de la terre et du ciel qu'il avait obtenu au dire de la fable indoue, et laissé en considération de ses mérites en possession du பாதாளம் ou monde souterrain,tribut,revenu d'un roi. 2° (phali), arbre couvert de fruits. 3° cendre,chaux éteinte et réduite en poudre,aumône. 4° *imp. de* பலிக்கிறது: பலிகொடுக்கிறது, —செலுத்துகிறது,—போடுகிறது, —யிடுகிறது,— யூட்டுகிறது offrir un sacrifice ou en sacrifice,sacrifier: — கருமம்,— தானம் offrande d'un sacrifice, nourriture offerte à toutes les créatures; — ச்சக்கரவர்த்தி le monarque ou empereur Bali; —நந்தனன் le fils de Bali (surtout) வாணாசுரன்;—மந்திரம் la demeure de Bali, *i.e.* le பாதாளம்;— பீடம் autel,—du sacrifice; — புஷ்டம்,— புட்டம் l'oiseau qui se nourrit de restes, *i. e.* le corbeau; — முகம் le singe au visage ridé; — யெடுக்கிறது ôter la vie,*ou* — வேற்றுகிறது recevoir —,agréer un sacrifice.

'பலிகம், (paligha), mur,vase en verre,—pour mendier, cruche, pot à l'eau,porte.

'பலிகன், (பலி, han *tuer*), le meurtrier de Bali, *i.e.* Vichnou.

பலிக்கிறது, லித்தேன், லிப்பேன், லி, லிக்க, v.n. (பலம்), profiter, être utile, profitable, avoir son effet, tourner à bien ou à mal, réussir, prospérer, arriver, s'effectuer, croître beaucoup, fructifier: இந்தத்துர்க்குணத்தாற்குடிகேடுபலிக்கும் la perte de la famille sera causée par ce vice; நீபோனாற்காரியம்பலிக்கும் si tu y vas l'affaire réussira; மழையாற்பயிர்பலிக்கும் la pluie fera réussir la moisson; ஒன்றுயிரமாய்ப்பலிக்கும் un produira mille; ஔஷதம் பலியாதேபோயிற்று le remède n'a pas opéré, n'a pas eu son effet; இது அவனுக்குநன்மையல்லது தின்மையாகப் பலிக்கும் ceci tournera à son bien ou à son mal.

*பலிதம், 1° (palita), cheveux gris ou blancs, chaleur, boue. 2° (phalita), ce qui a des fruits, arbre, ce qui réussit, chose obtenue, résultat, réussite.

*பலிதன், m. (palita), vieux grison.

*பலிதை, f. du préc. vieille grisonne.

பலித்த, part. parf. de பலிக்கிறது

பலித்தம், P. பலிதம், gain, profit.

பலித்தல், பலிப்பு, n.v. de பலிக்கிறது, effet, réussite, gain, profit, avantage.

பலிப்பது, (n. app. du fut. du même), ce qui doit réussir...

*பலிந்தமன், (பலிந் acc. de பலி, dama qui dompte), celui qui a dompté Bali, i.e. Vichnou.

*பலியங்கம், (palyanka), bois de lit, couchette, lit.

*பலியம், (phalya), fleur, bouton de fleurs, jet, pousse.

*பலியயனம், (palyayana), selle. [bât

*பலினம், (பலம், ina), arbre fruitier.

*பலினி, (பலம், ini), arbre fruitier, l'arbre சோங்கு bombax, différens arbrisseaux dits ஞாழல் comme cassia, jasmin...

*பலீ, (bali), chameau, buffle, bœuf, cochon, phlegme.

பலுகம், singe.

பலுகல், opt. et n.v. du suiv. augmentation, multiplication, accroissement.

பலுகுகிறது, sync. பலுகிறது, கினேன், குவேன், கு, க, v.n. (பல், P. பல), et பலுகுதல், n.v. ou பலுகிவருகிறது, se multiplier, s'accroître, — en nombre, s'augmenter, croître, fructifier, être fertile, prospérer.

பலுட்டம், V. முடித்தல். [lence.

பலுவந்தம், P. வலுவந்தம், violence.

*பலேந்திரன், (பலம், இந்திரன்), homme très-fort, brave, vaillant, André. [பாதிரி.

*பலேருகம், (phalèrouhâ), l'arbre

*பலை, (phala), fruit: பலை-த்ரி les 3 fruits médicinaux, ou les 3 myrobalans, V. திரிபலை.

*பலோதயம், (பலம், உதயம்), gain, profit, paradis, joie, bonheur, résultat, conséquence.

*பலோத்தமை (பலம், உத்தமம்), le profit par excellence, celui qu'on retire des études sacrées.

*பலோற்காரம், (பலம், உத், காரம்), violence, force.

*பலோற்பத்தி, (பலம், உத், பதி), le roi des fruits, la mangue.

*பலோனி, (phalôni), vulve.

பல், 1° P. பல, divers, plusieurs, 2° ou பல்லு, dent, (de l'homme, des bêtes, de scie, de faucille, d'ancre, de roue, pl. பல்லுகள் ou பற்கள், obl. பற் devant க, ச, த, ப: அடிப் — dent inférieure, ou கடைவாய்ப் —, கொடுப்பு—, பட்டடைப்பல் dent molaire, — mâchelière, — du fond de la mâchoire: முன்—, முன்வாய்ப் — dent incisive, — de devant; கோரப் —, surdent, dent recourbée, — vénéneuse des serpens; நேத்திரப் —, கோட்டைப் — dent canine, dent œillère; கீழ் — dent inférieure; மேற் — dent supérieure; அரிசிப் —, petite dent blanche; ஊத்தைப் — dent sale; சொத்தைப் —, சூத்தைப் — dent cariée; கொக்கிப் — croc, crochet, ஒட்டுக்குட்டிப் —, நீக்குப் —, விகாரமான —, surdent; — கால் fréquemment, souvent, bien des fois, long-temps; — காலவிளம்பல் répétition; — கூட

ல்,—க்கூச்சம் agacement des dents; — கூசுகிறது les dents être agacées; —கூசுவித்தல் agacer les dents; —க்குத்தி,—க்கொம்பு cure-dents;—க்கொம்பு V. பற்கொம்பு; — யானை divers —, plusieurs éléphans;—நோவு,—வலி mal de dent; — வலிக்கிறது avoir mal aux dents: — வழித்தோன்றல், V. பலவழித்தோன்றல்; —வாங்கி arracheur de dents;—விளக்குகிறது nettoyer les dents.

பல்கணி, P. பலகணி.

பல்கல், 1° V. பலுகல். 2° (பல், கல்), diverses pierres, —pierreries. 3° P. பல்கால் long-temps. [d'un poëte.

பல்காயனார், Palkâyénar, nom

பல்குகிறது, sync. பல்கிறது, கி னேன், குவேன், கு, க, v.n. பல்குதல், n.v. V. பலுகுகிறது: பல்கவில்லை cela n'a pas augmenté. [eurs.

பல்பல, P. பலபல, divers, plusi-

*பல்லகம், (பல்லம், ka), ours.

பல்லகி, P. பல்லிகை, la noix à marquer.

பல்லக்கர், dévots de Siven,

பல்லக்கு, (télinga), palanquin, litière: —க்காரன் porteur de palanquin; — த்துரை homme de qualité qui va en palanquin; — யோகம் bonheur —, destinée d'aller en palanquin, signe qui est censé pronostiquer cette destinée: பல்லக்கிலேபோகிறது, பல்லக்கேறிப்போகிறது aller en palanquin.

பல்லங்குழி, V. பன்னாங்குழி.

*பல்லணம், (பலியயனம்), selle de cheval.

பல்லதி, un des 32 airs anciens regardé comme une des femmes de l'air இராகம்.

*பல்லம், 1° (bhalla), ours, espèce de —, flèche, l'arbre சேரான். 2° (palla), grande corbeille pour mettre du grain. 3° selle de cheval, la mesure dite வள்ளம் contenant 4 படி et en quelques lieux 10 படி, espèce de mesure. [mal aux gencives.

பல்லரணை, பல்லரனை, (பல்லு),

பல்லராவுகிறது, (id. அராவுகிறது), denteler, limer les dents.

*பல்லவகன், (பல்லவன், ka), débauché, amant d'une prostituée.

*பல்லவத்திரு, (பல்லவம், drou arbre), l'arbre அசோகு.

*பல்லவம், 1° (pallava), bourgeon, rejeton, pousse, jeune feuille, rameau, branche, bracelet, couleur, —rouge de laque, amour, passion, extension, expansion. 2° un des 56 pays de la géographie indienne, refrain qui vient dans les vers.

*பல்லவன், pl. பல்லவர், (id.), débauché, libertin, homme vil.

*பல்லவாதம், (பல்லவம், ada qui mange), l'animal qui broute les bourgeons, i.e. le cerf.

*பல்லவாதாரம், (id. ஆதாரம்), branche, litt. la base des bourgeons.

*பல்லவாஸ்திரன், பல்லவாத்திரன், (பல்லவம், அஸ்திரம்), celui qui a pour flèches des bourgeons de fleurs, i.e Kamen.

பல்லவி, 1° espèce de refrain, 1re partie du poëme dit சிந்து. 2° (பல்லவம், i), arbre.

பல்லவை, (பல், அவை), diverses choses, bassesse, objet vil.

பல்லன், (பல்லு), qui a des dents (à la fin des mots composés), v.g. திங்குப்பல்லன் homme qui a des surdens.

பல்லாக்கு, V. பல்லக்கு.

பல்லாங்குழி, (பல், ஆம், குழி), V. பன்னாங்குழி.

பல்லாண்டு, (பல், ஆண்டு), beaucoup d'années, longue vie, vivat (ad multos annos), expression de bon souhait aux hommes et même de louange ou d'adoration à la divinité ou aux immortels.

*பல்லாதகம், பல்லாதகி, பல்லாதம், (bhallâta, ka, ki), l'arbre சேரான் qui produit la noix à marquer dite சேரான்கொட்டை. [gains.

பல்லாயம், (பல், ஆயம்), divers

பல்லாரி, la ville de Bellâri.

பல்லார், P. பலர், diverses personnes, beaucoup de monde.

*பல்லி, 1° (palli), hameau, village, bourg de bergers, place, station, terminaison d'un grand nombre de noms de lieux, qui correspond au *polis* des Grecs, (en tamoul on écrit plutôt பள்ளி), lézard domestique dit கெவுளி (qui court sur les murs et dont le cri sert de présage aux Indiens superstitieux), bourgeon sorti des racines. 2° *fém. de* பல்லன். 3°° (bhalli), flèche dont la tête est en croissant, la noix சேராங்கொட்டை:—ச்சாஸ்திரம், —ச்சாத்திரம், —யோகியம் présage tiré du cri du palli ou lézard domestique, ouvrage qui en traite;—ப்பூடு la plante கொல்லிப்பல்லி.

*பல்லிகை, 1° (bhallikâ), la noix à marquer dite சேராங்கொட்டை. 2° (pallikâ), le lézard domestique dit பல்லி.

பல்லிடுக்கு, (பல்), espace étroit entre les dents: பல்லிடுக்கிலேயகப்பட்டிருக்கிறது être pris entre les dents.

பல்லியம், (பல், இயம்) hymne —, chant accompagné d'instrumens, musique instrumentale, diverses sortes de gros —, son des gros instrumens de musique, (pour les petits qui sont plus doux on dit இன்னியம்): — தழுவப்பாடல் concert de musique vocale et instrumentale.

பல்லினர், la plante சதுரக்கள்ளி:—குழலி l'arbre மலைப்பச்சை.

பல்லு, (பல்), dent: —ச்கிளிஞ்சில் coquillage dentelé; பல்லுதிரவடிக்கிறது (உதிரஅடிக்கிறது), frapper de manière à faire tomber les dents,— une ou plusieurs dents; பல்லும்பழுவுமாயிருக்கிறசுவர், (பழு), mur dans lequel il y a des dents et des degrés, *i.e.* des pierres d'attente pour se joindre à un autre mur; பல்லுள்ள (உள்ள), denté, dentelé: பல்லுறுசெங்கலை, (உறும், செம், கலை), l'arsenic dit குதிரைப்பற்பாஷாணம்; பல்லுப்பல்லாய்க் கிறுகிறது denteler, tracer ou couper en forme de dents: பல்லு *ou* பல்லைக்கடிக்கிறது, grincer des dents, se mordre les lèvres; — க்கழற்றுகிறது arracher une dent; —க்காட்டுகிறது montrer les dents, se moquer de, supplier, importuner; —க்காட்டிக்கெஞ்சுகிறது supplier la bouche béante;—க்காட்டிக்கொண்டுதிரிகிறது rôder çà et là en montrant les dents, *i.e.* sans rien faire; —க்கிட்டுகிறது serrer les dents; —க்குத்துகிறது se curer les dents:—க்கெஞ்சுகிறது supplier, importuner; —க்கொறிக்கிறது grincer des dents, les frotter l'une contre l'autre:— த்தெரிக்கிறது briser —, casser les dents;— த்திறக்கிறது desserrer les dents, supplier, importuner; — த்தீட்டுகிறது s'aiguiser —, se nettoyer les dents, les frotter l'une contre l'autre, grincer des dents: — ப்பிடுங்குகிறது arracher les dents;— யிளிக்கிறது desserrer les dents, avoir la bouche béante, *V.* பல்லைக்காட்டுகிறது; — யுதிர்த்துப்போடுகிறது briser —, casser les dents:—விளக்குகிறது,— மினுக்குகிறது nettoyer les dents.

பல்லுகம், 1° l'arbre பெருவாகை. 2°° *ou*

*பல்லூகம், (bhallouka), ours.

பல்லூத்தை, (பல்லு), saleté des dents.

பல்லூழி, (பல், ஊழி), plusieurs âges.

பல்வகை, (பல்), diverses manières.

*பல்வலம், (palvala), petit étang, pièce d'eau.

*பல்வலாவாசம், (பல்வலம், ஆவாசம்), tortue d'étang.

*பவ *ou* பவவருஷம், (bhava), la 8me année du cycle indien correspondant à 1814 et 1874.

பவணந்தி, Pavanandi, fils de சன்மதிமுனி de சனகபுரம் ou சனகை, auteur de la grammaire tamoule dite நன்னூல் adressée au roi சீயகங்கன் dont le royaume était entre Maduré et Ramnad. Ils étaient tous deux Bouddhistes.

பவணை, le vautour ou l'aigle dit கழுகு.

*பவந்தம், 1° (bhavanta), temps, — présent. 2° (*télinga*), fiction, vaine parade, ostentation, fanfaronnade, tromperie:— பண்ணுகிறது tromper, duper.

*பவந்தி,(bhavanti), femme chaste, —vertueuse, le temps présent.

*பவமானம்,(pavamâna),air,vent, purification, feu domestique.

*பவமானன்,(id.),Vâyou (prétendu régent ou roi du vent),air,feu.

*பவம், 1° (bhava), naissance,origine, existence, le monde, acquisition, gain, prospérité, excellence, supériorité, stabilité, mérite. 2° (pava), vent,air, action de vanner le blé, pureté, purification, marais, bouze de vache. 3° le 1er des கரணம் nommé le lion, péché, destruction, V. நாசித்தல்: பவநாசம் abolition du péché, eau lustrale, prétendu lieu sacré pour se baigner; —நாசன் le destructeur du péché, Dieu, (et à tort) Siven; —நாசனி la rivière சரயு supposée sacrée et propre à purifier du péché et à donner le bonheur éternel; —விதி fin, délivrance—, fin du monde, cessation de tout acte du monde, renoncement à tout, *litt.* passage de l'existence.

*பவர்ணை, P. பௌர்ணை, pleine lune.

பவர், fourche, être serré, se serrer.

பவர்க்கம், enfer.

பவழம், பவளம், *corr. de* பிரவாளம், corail: பவளக்காலி ce qui a des pieds de corail, l'oiseau erythropus longipes corallinus, la plante பெருமரி; —க்குறிஞ்சி l'arbrisseau திண்டிவம்; —க்கொடி la plante கிருசாறு: —ச்சோளம் maïs rouge: —நெடுங்குறிஞ்சிபோன் celui qui a une longue chevelure rouge, *i. e.* Bhaïraven, forme de Siven; —ப்புற்றுப்பாஷாணம் espèce d'arsenic composé; —ப்பூண்டு la plante salicornia indica; —ப்பூலா, —ப்பூல் l'arbrisseau phylanthus rhamnoides; —மல்லிகை l'arbrisseau nyctanthes tristis; —மனோசிலை espèce d'arsenic ou de substance médicinale; —வங்காரவாசசி la plante sesuvium portulacastrum.

*பவனம், 1° (pavana), vent, air, le prétendu dieu du vent, action de vanner le blé, purification, pureté, sainteté, feu domestique, fournaise de potier. 2° (bhavana), maison; habitation, palais de roi, place, site, citadelle, nature, qualité. 3° (பம், அனம்), signe du zodiaque, monde des dieux. 4° la terre, champ, le monde des serpens, action de rassembler, de cueillir, de combler, d'écarter, forêt, temps, chat, anus, imitation, V. நாசித்தல்: பவனசக்கரம் le zodiaque; —வாசல் porte de fort: —வாய் porte du vent, *i.e.* anus; —வாயு vent (pet); —வியாதி un des amis de Krichna, maladie venteuse, rhumatisme.

*பவனுசநாசம், (பவனுசம்), le destructeur des serpens, *i. e.* l'oiseau கருடன், le milan, le paon.

*பவனுசம், பவனுசனம், (பவனம்; asa *qui mange*, அசனம்), le serpent (qu'on suppose vivre de vent).

*பவனுத்துமசன், (பவனம், ஆத்துமசன்), le prétendu fils du vent, *i.e.* le singe அனுமான், le feu.

பவனி, promenade, procession: —போகிறது, — புறப்படுகிறது aller en procession; —க்காதல் le 84me des பிரபந்தம் dans lequel des femmes éprises de la beauté d'un noble qu'elles ont vu passer avec pompe en parlent avec ravissement.

*பவனோதரம், (பவனம், உதரம்), intérieur de maison, appartement intérieur.

*பவன், (bhava *qui existe*), Dieu, l'Être existant par lui-même *i. e.* Dieu, (et à tort), Siven.

*பவாகை (pavâkâ), tourbillon de vent.

*பவாபாவம், (பவம், அபாவம்), non-existence prétendue de la matière ou du monde.

*பவாயனை, (பவம், அயனம்), le Gange (qu'on prétend traverser le monde).

*பவானி, (bhavâni), la femme de Bhaven ou Siven, *i. e.* Parvadi, (dans sa forme pacifique).

*பவி, 1° (pavi), la foudre, —d'Indiren. 2° (bhavi), vivant.

*பவிகம், (bhavika), prospérité, bien-être,ostentation.

பவிசு, பவிஞ்சு, (P. பௌஞ்சு, ind.), armée, rang,file, rangée: ராணுவப்பவிஞ்சுகள் armées,rangs d'une armée; பவிசாயிருக்கிறது être en rang, en file; பவிசுநிற்கிறது se tenir —, être en rang: பவிசுவருகிறது venir —, marcher en rang;பவிஞ்சுகளாய்ப்பிரிக்கிறது diviser par rangées, par files, par troupes; பவிஞ்சிடுகிறது ranger en bataille,en ordre de bataille,mettre en rang;பவிஞ்சுபிரிந்துபோகிறது se débander, rompre les rangs, se partager en rangées.

*பவிஷியம், பவிஷ்யம், (bhavichya), le futur, ce qui doit avoir lieu, ce qui est, — prospère, prospérité,ou பவிஷியபுராணம் le pourâna de l'avenir;— காலம் le futur, l'avenir.

*பவித்திரம், (pavitra), pureté, propreté, purification, nettoiement, frottement, fourbissure, essuyer, l'herbe தருப்பை,anneau fait de cette herbe ou de métal et passé au doigt annulaire dans certaines cérémonies, vase dans lequel on présente une offrande, cuivre, eau, pluie, miel, beurre fondu,cordon bramanique dit பூணூல், fête païenne du mois d'août: — ஆகிறது être purifié, devenir pur; பவித்திரஸ்தலம், —த்தலம் lieu saint,—pur; — முடிச்சு prétendu nœud sacré, ou —மோதிரம் l'anneau susdit d'herbe தருப்பை;—விரல் le doigt annulaire.

*பவிதன்,பவித்திரன்,பவித்திரவான், (bavita, bavitra, — vân), homme pur.

*பவித்திராரோபணம், பவித்திராரோபணம்,(பவித்திரம், ஆரோபணம்...),investiture du cordon bramanique, le mettre à la statue de Krichna ou de Dourgâ à certaines fêtes.

*பவித்திரி, (பவித்திரம்), homme pur,V.பவித்திரை. [pureté.

*பவித்திரிதம், (பவித்திரம், ita),

*பவித்திரீகரணம், பவித்திரீகிருதம்,(பவித்திரம்,i), purification,beurre liquide. [pure,l'herbe தருப்பை.

*பவித்திரை, (pavitrâ), femme

பவுஞ்சு, P. பௌஞ்சு,V.பவிஞ்சு.

*பவுண்டரிகம், (paoundrika), canne à sucre, espèce de sacrifice, peut-être offrande de canne à sucre.

*பவுதிகம்,P.பௌதிகம். [dhisme.

*பவுத்தம், P. பௌத்தம், Boud-

*பவுத்திரம், பவுந்திரம்,P. பகந்திரம்,fistule à l'anus: பவுத்திரவியாதி hémorrhoïdes: அண்ட —,கொடிப் —,மூலபவுத்திரம் diverses espèces d'hémorrhoïdes. [tit-fils.

*பவுத்திரன், P. பௌத்திரன், pe-

*பவுத்திரி, P. பௌத்திரி, petite-fille. [ணமி pleine-lune.

*பவுரணமி, பவுரணை, P. பௌர்

*பவுராணிகம்,P.பௌராணிகம்.

பவுரி. espèce de danse.

பவுரிசம், imitation de la marche, déguisement. [ணமி.pleinelune.

*பவுர்ணமி, பவுர்ணிமி P. பௌர்

பவுசு, pompe, richesses.

*பவோற்பவன், (பவன், உற்பவம்), un des 11 Routtirers.

பவ்வத்து, P. பப்பத்து,sync. de பத்துப்பத்து, par dix, dix à dix:பவ்வத்தாய் dix à dix.

பவ்வம், V. பௌவம்.

பவ்வாதியாக, (P. பப்பாதி sync. de பாதி,பாதி,ஆக), par moitiés.

பழ, 1° adj.de பழமை,vieux, ancien, antique, usé. 2° obl. de பழம், de fruit: பழக்கடை boutique de fruits, marché aux fruits; — க்கனி jus des fruits; — க்காய் fruit presque mûr;— நிலம் vieille terre:—ப்புளி acide—, acidité de fruits,— de tamarin: — மலை la vieille montagne (dite aussi திருமுதுகுன்றம் ou முதுகுன்றம்); — மனை vieille maison en ruine, emplacement d'une ancienne maison; — மொழி vieux mot, — dicton, proverbe, ouvrage de jurisprudence, loi:— ரசம் jus de fruit;—வினை vieilles actions, ancien mal, V. ஊழ்வினை;— வீடு vieille maison.

பழகல், opt.et n.v.de பழகுகிறது, habitude, pratique.

பழகாடு, (பழகு,ஆடு, *de* ஆடுகி றது),personne accoutumée,habituée.

பழகா,பழகாத, *part.nég. du suiv.* qui n'est pas accoutumé, — exercé,—instruit:பழகாதபழக்கம் mauvaise habitude, à laquelle on ne doit pas s'adonner; பழகாதவன் ignorant, qui n'a pas l'habitude, l'expérience; பழகாதவள் femme ignorante, — non exercée.

பழகு, *imp.et part.de*

பழகுகிறது, *sync.* பழகிறது, கி னேன்,குவேன், கு,க, *v.n.* பழகுதல், *n. v. ou* பழகிக்கொள்ளுகிறது, —ப் போகிறது, s'accoutumer,s'exercer, apprendre, acquérir la pratique, — l'expérience, pratiquer, se familiariser, être familier; — யிருக்கிறது être accoutumé, habitué, exercé, habile, expérimenté; பழகினவன் homme accoutumé, expérimenté, familier; பாம்போடேபழகேல் ne vous familiarisez pas avec un serpent, *i.e.* avec un vaurien.

பழகுவிக்கிறது, *v.caus. du préc.* *V.* பழக்குகிறது.

பழக்கம், *n.v.de* பழகுகிறது, habitude, usage, pratique, exercice, familiarité, connaissance: — பண் ணுகிறது s'accoutumer, s'exercer, se familiariser, faire connaissance, s'habituer, *ou*

பழக்குகிறது, *sync.* பழக்கிறது, க்கினேன்,க்குவேன்,க்கு,க்க,*v.a.de* பழகுகிறது,*et* பழக்குதல்,*n.v.* ou பழ க்கிக்கொள்ளுகிறது, பழக்கிப்போடு கிறது,accoutumer, exercer, habituer, familiariser, former à la pratique,faire faire connaissance.

பழங், *P.* பழம் *devant* க, vieux: —கஞ்சி vieux cange, eau de riz de la veille; — கணக்காகிறது devenir —,être un vieux compte,vieillir; —கதை vieille fable,vieux conte;— கலம் vieux vase, rangée de vieux vases, vieux ustensiles; —காய்ச்சல் vieille fièvre, fièvre invétérée: — கிடையன் chose vieille, —qui traîne depuis long temps.

பழங்கண்,(பழம்),fatigue,lassitude, maigreur, affliction, vexation, son,bruit, défaut, inutilité; பழங்கண் ணோர் gens affligés,vexés, fatigués.

பழசு, *P.* பழயது;chose vieille, ce qui est vieux; பழசுபடுகிறது; ப ழசாகிறது, பழசாய்ப்போகிறது vieillir, devenir vieux,usé; பழசாக்குகிறது rendre vieux, user, mettre hors de service.

பழஞ், *P.* பழம் *devant* ச ; vieux: —சீலை vieille toile;— சுரம் vieille fièvre;—சொல் vieux mot,—dicton, proverbe; — சோறு riz cuit de la veille et gardé pour le déjeuner.

பழணி,*P.* பழனி 2°.

பழந், *P.* பழம் *devant* த, vieux; — தண்ணீர் vieille eau de riz, *V.* நீர்ச்சோறு;— தரை vieux terrain.

பழமுண்ணிப்பாலை,nom d'arbre.

பழமை, vieillesse, ancienneté, antiquité,(*l'adj.est* பழம், பழ,பழய, பழைய): — பேசுகிறது parler de choses anciennes, ou du vieux temps; — ப்பேச்சு vieux langage, discours sur l'antiquité.

பழம், 1° (phala), fruit, — mûr, (d'arbre ou de plante...), résultat, fruit,succès, réussite.2° *adj. de* பழ மை,ancien,vieux,antique,usé:—ப கை vieille haine,haine invétérée,— de famille;—பஞ்சரம் vieille femme, vieux bœuf, — cheval, vieil habit; — பஞ்சரம் espèce d'air, — de mélodie;—பழுத்தல் le fruit mûrir, espèce de coup au jeu dit சொ க்கட்டான்; — பழுத்துவிழுந்தது le fruit étant mûr est tombé;—பாசி la plante sida humilis: —பாடம் vieille leçon, leçon apprise auparavant; —பூ vieille fleur, fleur fanée; — பொருள் chose —, objet antique, Dieu, trésor.

பழய, *adj.de* பழமை, ancien,antique, vieux, usé: — காலம் l'antiquité, l'ancien temps; — படி ancienne manière, comme autrefois, — par le passé;— பாடல் chant antique, —composé par les anciens;—ம னிதர், *V.* பழயமனிதர்;— மனி தர் les anciens;பழயது vieil objet, ce qui est vieux,riz cuit la veille et gardé pour le déjeûner.

பழையர், (பழைய), les anciens, les gens du vieux temps, vendeurs de callou ou toddi.

பழவடியார், (பழ, அடியார்), anciens esclaves, esclaves depuis plusieurs générations.

பழவேற்காடு, (பழ, வேல், காடு), nom d'une ville.

*பழனம், (பலனம்),pays—, terre fertile, — à riz,rizière.

பழனி, (பழனம்,i), Palani ou Pyney, (dit aussi திருவாவினன்குடி), ville distinguée du royaume de சோழன்,et ville consacrée à Soupramanien avec une pagode sur une montagne à l'ouest de Dindigul: பழனியன், பழனியாண்டவன் l'idole de பழனி, *i.e.* Soupramanien.

பழி,1° vengeance, revanche, responsabilité, haine, rancune, faute, culpabilité, blâme, reproche, mensonge, mal. 2° *imp. de* பழிக்கிறது: என்மேலேபழியோ suis-je coupable? பழி உன்மேலிருக்கிறது c'est toi qui es coupable; இல்லாப்பழி calomnie; — கட்டுகிறது trouver à redire, inculper, garder de la rancune, exciter à la vengeance, injurier; — காரன் homme vindicatif, qui se venge, vengeur,chargé de la vengeance ou à qui appartient la vengeance;கடன்காரனுக்குக்கடன் கொடுக்கவேண்டும் பழிகாரனுக்குப்பழிகொடுக்கவேண்டும் il faut satisfaire son créancier et apaiser un vengeur ou celui qui cherche à se venger; — கிடக்கிறது rester sans manger par rancune ou pour obtenir quelque chose:— கூறல் calomnie, médisance,diffamation, un des மொழி-கள்;— கூறுகிறது diffamer, décrier,calomnier,médire;—கொடுக்கிறது souffrir la vengeance,donner satisfaction, ou compensation; — க்குடி maison vis-à-vis, maison ou famille exposée à la vengeance; —சாதிக்கிறது s'obstiner à la vengeance;— சுமக்கிறது,— சுமருகிறது éprouver la vengeance, porter la faute,— le blâme: — சுமத்துகிறது charger d'une faute, inculper, faire tomber le blâme,la vengeance ou la responsabilité sur un autre; —சூழ்கிறது la vengeance —, la punition atteindre, — assiéger (quelqu'un), souffrir vengeance,éprouver la punition d'une ancienne faute;— செய்கிறது se venger, faire du mal; — சொல்லுகிறது dire du mal; —ச்சொல் injure, parole injurieuse; — தீருகிறது la vengeance être satisfaite, être absous d'une accusation, le mal finir,se réconcilier:— தீர்க்கிறது,— தீர்த்துக்கொள்ளுகிறது satisfaire sa —,tirer vengeance, absoudre d'une accusation, éloigner un mal, réconcilier, faire la paix;— தூறுகிறது,—தூற்றுகிறது diffamer, calomnier, inculper, médire;— தேடுகிறது chercher à se venger, —à faire du mal,—des fautes, faire du mal; —படுகிறது, —ப்படுகிறது être accusé, inculpé, trouvé coupable, exposé à la —, éprouver la vengeance, *ou* —பிடிக்கிறது garder de la rancune; — போடுகிறது accuser, charger de la responsabilité,—d'une faute;— ப்பாதகம் le crime de la vengeance; — மீட்கிறது satisfaire sa vengeance, se venger;—மூடுகிறது,—மூட்டுகிறது exciter à la vengeance; —முடிக்கிறது satisfaire sa vengeance, s'obstiner à la vengeance, garder de la rancune; — மூளுகிறது la vengeance s'allumer, — s'exécuter, la punition arriver, une faute ou la rancune arriver;— மொழி injure,diffamation; —யிடுகிறது,*V*.பழிபோடுகிறது;— யெடுக்கிறது chercher à se venger, entreprendre la vengeance,se charger de la responsabilité, ou de l'ancienne aversion; — ஏறுகிறது la vengeance monter à la tête,garder de la rancune;—ஏற்கிறது consentir à la vengeance, à une faute; — ஏற்றுகிறது *V*.பழிசுமத்துகிறது; — வருகிறது, — விழுகிறது la vengeance ou la faute tomber sur quelqu'un; — வாங்குகிறது se venger, rendre la pareille, — le mal pour le mal, prendre sa revanche; — வேலை ouvrage désagréable, fait à contre-cœur; — வைக்கிறது mettre la responsabilité ou la faute sur, injurier, diffamer; பழிக்குச்செய்கிறது faire pour se venger, — en revanche; பழிக்குவிடுகிறது abandonner à la vengeance, rejeter le tort ou le blâme sur un autre, — en disant que ce n'est pas son affaire; பழிக்குப்பழிவாங்குகிறது, V. பழிவாங்குகிறது; பழிக்குட்படுகிறது consentir à —, éprouver le vengeance; பழியைநீக்கல் éviter de faire des reproches; பழிவாய்வந்திருக்கிறது la vengeance arriver, arriver en revanche.

பழிக்கிறது, ழித்தேன், ழிப்பேன், ழி, ழிக்க, v. a. (பழி), injurier, mépriser, blâmer, réprimander, censurer, diffamer, médire. [ange.

பழிச்சல், opt. et n.v. du suiv. lou-

பழிச்சுகிறது, ச்சினேன், ச்சுவேன், ச்சு, ச்ச, v. a. பழிச்சுதல், n. v. louer, célébrer, vanter.

பழித்தல், பழிப்பு, n.v. de பழிக்கிறது, injure, reproche, médisance, langage injurieux, mépris, affront, blasphème.

பழிப்பனவு, பழிப்பன, (பழிக்கிறது), parole —, chose injurieuse, insulte: பழிப்பனபகரேல் ne dites pas d'injures.

பழு, 1° échelon d'échelle, degré, côte du corps. 2° imp. et part. de பழுக்கிறது: — க்காய் espèce de couleur, coco, arec; — ப்பாகல் variété de la plante பாகல் dite momordica dioica; — மரம் arbre dont les fruits sont mûrs, — dont les feuilles tombent tous les ans, le multipliant dit ஆலமரம்.

பழுக்கிறது, ழுத்தேன், ழுப்பேன், ழு, ழுக்க, v. n. (பழம்), ou பழுத்துப்போகிறது mûrir, devenir mûr, — jaune, jaunir, prendre la couleur de feuilles sèches, vieillir: பழுக்கச்சுடுகிறது rôtir, griller, donner à un bijou une teinte d'or pur par l'action du feu et de quelques préparations; — ப்போடுகிறது mettre mûrir, — des fruits verts sur la paille.,. pour les faire mûrir; பழுத்துப்போனபரு furoncle qui est mûr; அவனுக்குநரைத்துப்பழுத்தது il a vieilli et est devenu tout gris.

பழுது, faute, défaut, détérioration, tache, mal, dommage, mensonge, fausseté; பழுதற sans défaut; — faute; பழுதறப்பேசுகிறது parler parfaitement, — sans faute: பழுதற்ற parfait, correct, sans faute; பழுதற்றபேச்சு langage parfait, paroles sans faute; பழுதாய்ப்போனதானியம் blé gâté; பழுதானவன் homme méchant, dépravé; பழுதாகிறது, பழுதுபடுகிறது se gâter, se détériorer, s'endommager, être gâté; — பார்க்கிறது, litt. examiner les défauts, raccommoder, réparer, corriger, châtier.

பழுதை, corde, — de paille, serpent: — திரிக்கிறது, — முறுக்குகிறது tordre —, faire une corde de paille.

பழுத்த, part. parf. de பழுக்கிறது mûr: — பழம் fruit mûr, — parfait, vieillard décrépit, homme mûr, fin voleur.

பழுத்தல், n.v. de பழுக்கிறது, action de mûrir...; feuille mûre, jaunâtre, qui tombe.

பழுப்பு, n.v. du même, ce qui est mûr, — vieux, maturité (des fruits et des feuilles), couleur jaunâtre, — de feuilles desséchées, orpiment; clou de fer pointu des 2 bouts (pour joindre 2 planches ensemble): பழுப்படைகிறது, பழுப்பேறுகிறது commencer à mûrir, jaunir, avoir des taches jaunes au milieu du vert; பழுப்பாக்கிறது donner une teinte d'or, — une couleur jaunâtre; பழுப்பாயிருக்கிறபணம் vieux fanon usé; பழுப்பானது ce qui est vieux, jaunâtre, fané, endommagé. [bres.

பழுவம், forêt, — de grands ar-

பழுவளைவு,பழுவெலும்பு,(பழு),côte (du corps).

பழைசு, பழைது, P. பழையது, ce qui est vieux, chose vieille.

பழைமை, P. பழமை, ancienneté, antiquité: — பாராட்டுகிறது vanter son antiquité, ses anciens droits

பழைய, P. பழய, vieux, ancien, antique: — நடக்கை vieille coutume; — படி ancienne manière, comme autrefois; — மனிதன் vieux serviteur, vieil employé, homme de l'ancien temps, le vieil homme ou la nature corrompue.

பழையது, (பழைய), ce qui est vieux, chose vieille, riz cuit la veille et gardé pour le déjeûner: — சாப்பிடுகிறது déjeûner.

பழையர், (பழைய) gens de l'ancien temps, les anciens, marchands de callou ou de toddi.

பளகம், P. பவளம், corail.

பளபள, mot imitatif d'éclat, de brillant, de scintillation: பளபளெனல், lustre, éclat; பளபளென்கிறது [illegible]

பளபளக்கிறது, ளத்தேன், ளப்பேன், ள, ளக்க, v. n. (பளபள), briller, reluire, scintiller, pétiller, avoir du lustre: பளபளென்று துளங்குகிறது resplendir, briller; — பொரிகிறது, — பொரித்துப்போகிறது craquer, pétiller, éclater, faire une explosion, (v.g. des armes à feu); — பொரிகிறவன் grand jaseur, babillard.

பளபளத்தல், பளபளப்பு, n. v. du préc. lustre, éclat, splendeur, ornement: பளபளப்பாயிருக்கிறது, V. பளபளக்கிறது.

பளாபளா, பளா, பளாபளா, signe de défaut ou manque. ‖ int. d'admiration, bravo, houra.

பளிக்கறை, (பளிக்கு, அறை), chambre ornée de miroirs.

பளிக்கு, adj. de பளிங்கு, de miroir, de cristal.

பளிங்கு, miroir, cristal, la planète Vénus: — மண்டபம் salle —, chambre à miroirs.

பளிச்சு, mot imitatif d'éclair: பளிச்சட்டியென்கிறது, பளிச்சிடுகிறது, பளிச்சுப்பளிச்சென்கிறது, பளிச்சென்கிறது, briller, reluire, étinceler, lancer des éclairs: பளிச்சுப்பளிச்சென்றுபேசுகிறது parler inconsidérément, sans réflexion ou avec force et énergie; — மின்னுகிறது lancer des éclairs, des éclats de lumière, briller.

பளிஞ்சி, corde de poulie, —pour hisser les voiles d'un navire.

பளிதம், camphre, certain nombre.

பளீர், mot imitatif de tintement, de bruit et d'éclat: பளீரிடுகிறது, பளீரென்கிறது, பளீர்பளீரென்கிறது, sonner, résonner, tinter, faire du bruit, briller; பளீரென்றுபேசுகிறது parler précipitamment; — விழுகிறது tomber avec bruit.

பளுவு, poids, pesanteur: பளுவுஞ் சுளுவும் la pesanteur et la légèreté.

பளை, V. வளை.

பள், V. பள்ளு.

பள்ளக்கை, (பள்ளம்), environs d'un terrain bas.

பள்ளச்சி, V. பள்ளத்தி,

பள்ளச்சேரி, — க்குறிச்சி, (பள்ளன்), bourg —, village de பள்ளர்.

பள்ளந்தாக்கு, (பள்ளம்), vallée, terrain bas, — entre 2 hauteurs, creux, bas fond.

பள்ளத்தி, (பள்ளன்), femme de la caste des பள்ளர்.

பள்ளம், creux, fosse, trou (dans une route ou sur une surface), terrain bas, fossé, profondeur, abyme: நீர்ப் — pièce —, trou d'eau, étang; — விழுந்திருக்கிறசெம்பு vase de cuivre bosselé: — ஆய்த்தோண்டுகிறது, — ஆய்ப்பறிக்கிறது ou வெட்டுகிறது creuser, — une fosse, faire un creux: பள்ளத்தைத்தூர்க்கிறது ou தூர்த்துப்போடுகிறது remplir —, combler une fosse, — un creux: பள்ளமடை terrain humide, personne dévote.

பள்ளயம், V. பள்ளையம்.

பள்ளன், pl. பள்ளர், cultivateur, Pallen, (au pl. Paller), gens d'une caste nombreuse dans le sud de la presqu'île et employée à l'agriculture. Le fém. est பள்ளச்சி, பள்ளத்தி et பள்ளி.

பள்ளி, 1° (*P.* பல்லி), village, bourg, habitation, ville en pays fertile, terminaison d'un grand nombre de bourgs ou de villes, (*v. g.* திரிசிராப்பள்ளி Trisirâpalli ou Trichinopoly). 2° temple, mosquée, maison de charité, hôtellerie où l'on donne l'aumône, ermitage, habitation d'ascètes, chambre, lit, couche, sommeil, école, femme de la caste des பள்ளர், homme d'une caste de cultivateurs (dits aussi வன்னியர், படையாட்சிகள் et கவுண்டர், et dont le fém. est பள்ளிச்சி); —க்கணக்கர் écoliers, étudians; — கொண்டபெருமாள் Vichnou le dormeur, (suivant la fable, il dort sur la mer de lait); — கொள்ளுகிறது dormir; — க்கிராமம் village de பள்ளி, — appartenant, ou donné à un temple; — க்கூடம் école, classe, collége, lieu où l'on enseigne; —க்கூடத்திலேவைக்கிறது mettre à l'école; —செய்கிறது dormir; — ச்சாதி la caste des பள்ளி; —த்தடுக்கு petite natte d'école; —த்தோழன் condisciple, camarade d'école; —ப்பழக்கம் exercice —, habitude ou connaissance d'école; —ப்பாடம் leçon d'écolier; — மால் école, classe d'école; — மெத்தை matelas pour se coucher; — யமைக்கிறது bâtir une chambre, — une salle, la clore de murs; — யறை chambre à coucher; —யெழுச்சி réveil, chant —, poème pour réveiller un prince; —யெழுச்சிபாடுவோன் barde ou chanteur dont l'office était de réveiller un prince par ses chants; —யெழுப்புகிறது réveiller; —வளர்கிறது dormir; —வாசல் mosquée, temple; பள்ளிக்குவைக்கிறது mettre à l'école; பள்ளியிற்பிள்ளை écolier, étudiant.

பள்ளிச்சி (பள்ளி), femme de la caste des பள்ளி.

பள்ளு, la caste des பள்ளர், *ou* —ப்பாட்டு poème —, chanson de பள்ள

பள்ளுவிலி, nom d'une caste. [ர்.

பள்ளை, ce qui a un gros ventre, brebis, *ou* பள்ளையாடு espèce de brebis ou de chèvres de petite taille et très-fécondes.

பள்ளையம், offrande aux prétendues divinités secondaires, sacrifice, —offert, plat de métal, — pour présenter des mets ou autres offrandes aux prétendus dieux secondaires ou aux grands, (dans les temples de Vichnou le plat se nomme தளிகை); —போட்டுப்படைக்கிறது préparer et offrir dans un plat des mets à ces dieux prétendus. [grand ou gros.

பள்ளையன், (பள்ளை), homme

பறக்கடிக்கிறது, (பறக்க, அடிக்கிறது), faire envoler, —voler, —fuir, mettre en fuite, chasser.

பறக்கிறது, றந்தேன், றப்பேன், ற, றக்க, *n.v.* பறக்குதல், பறத்தல், *n.v.* voler, s'envoler, (la poussière...) s'élever dans l'air, courir très-vite, faire grande diligence, presser, s'élever, souffrir: பசியாலேபறக்கிறது souffrir de la faim; பறக்கிறதூள் poussière qui vole dans l'air; பறந்துதிரிகிறது voler—, voltiger çà et là; —போகிறது s'envoler, fuir promptement; — வருகிறது venir en volant, accourir en toute hâte; — விழுகிறது être pressé, s'abattre après le vol; பறக்குங்குருவிக்கு இருக்குங்கொம்பு தெரியாது பரதேசிக்குத்தங்குமிடந் தெரியாது l'oiseau qui vole ne sait sur quelle branche il se perchera, ainsi le pélerin ou l'étranger ne connait pas l'endroit où il s'arrêtera ou logera.

பறங்கி, (*du persan Faranghi, dérivé du mot* franc, *pris pour européen dans le levant*), Franc, Européen, Portugais, Prangui; ce mot est devenu un terme de mépris et ne s'applique plus qu'aux gens descendus d'Européens, pauvres et de race mêlée, espèce de maladie contagieuse ou de mal vénérien...: — க்காய் citrouille, gourde, cucurbita pepo; —க்காரன் Pranguicaren, descendant d'Européens de sang mêlé, topas, (rarement) européen; —க்கொடி plante ou tige de citrouille; —க்கி

மூங்கு la racine médicale dite சீனக்கிழங்கு;—க்கூர்மை sel minéral dit காசிச்சாரம்;—ச்சாம்பிராணி espèce de benjoin ou d'encens;—ச்சிலேற்றம் espèce de pierre noire;—த்தாழை ananas, bromelia ananas;—ப்பட்டை racine médicinale de chine, cinchona officinus, smilax-china;—ப்பாஷாணம் mercure sublimé;—ப்பாஷை la langue des Pranguis, le portugais;—ப்புண் espèce de maladie contagieuse, mal vénérien;—ப்பேட்டை la ville de Porto-novo;—மலை le mont St Thomas, St Thomas'mount près Madras, la ville de Méliapour;—மணித்துறு nom d'un arbre;—யாமணக்கு le papayer, carica papaya;—வராகன் espèce de pagode de la valeur de 3 roupies;—வியாதி mal vénérien.

பறட்டை, découragement, manque de fertilité, de croissance, de feuillage, *ou* —க்கீரை chou sauvage, justicia Madurensis; — த்தலை tète hérissée (mot de mépris).

பறண், *P.* பரண்.

பறண்டுகிறது, *P.* பறுண்டுகிறது.

பறதி, *n.v.de* பறக்கிறது, vol, nécessité, urgence; — க்காரன் homme pressé, qui presse.

பறத்தல், *n.v.du même*, vol, course rapide, urgence.

பறந்தடிக்கிறது, (பறந்து, அடிக்கிறது), se presser, être pressé, courir vite.

பறந்தலை, (பறந்து, அலை), place où l'on brûle les morts, champ de bataille.

பறந்து, *gér. de* பறக்கிறது,

பறபற, mot imitatif de hâte et de bruit répété;—விளையாட்டு sorte de jeu; பறபறெனல், hâte, presse, bruit, பறபறென்கிறது, *ou*

பறபறக்கிறது, றத்தேன் *ou* றந்தேன், றப்பேன், ற, றக்க, *v. n.* (பறபற), s'empresser, se hâter, faire un bruit répété.

பறபறப்பு, *n.v.du préc.* hâte, presse, bruit,

பறப்பன, (பறக்கிறது), les volatiles, les oiseaux,

பறப்பன், (*id.*), homme empressé, étourdi, scorpion, le signe du Scorpion: பறப்பன்பலனிழந்தான் l'homme trop empressé perd le fruit de ses peines.

பறப்பு, *n. v. de* பறக்கிறது, vol, fuite, hâte, empressement, urgence.

பறப்பை, vase au beurre fondu.

பறம்பர், tanneurs, corroyeurs.

பறம்பு, montagne, sein ou mamelle (de femme ou d'homme).

பறம்புகிறது, பினேன், புவேன், பு, ப, *v.a.* பறம்பல, பறம்புதல், *n. v.* 1° frapper, battre, —le blé. 2° *P.* பரம்புகிறது.

பறவாதி, (பறக்கிறது), homme empressé, qui se hâte.

பறவாயில்லை, peu importe.

பறவை, 1° (பறக்கிறது), oiseau, volatile, le Dauphin, la 23° constellation lunaire dite அவிட்டம் et காகப்புள் et représentée par un oiseau, aile d'oiseau, vol, nom d'une maladie. 2° *P.* பறவாய், tu ne voles pas; —க்குரல் cri—, gazouillement d'oiseau;— க்கூடு nid d'oiseau; —நாகம் serpent ailé, dragon;—மீன் poisson volant; — வேந்தன் le roi des oiseaux, *i.e.* le faucon bramanique dit கருடன்; பறவையின்வச்சிரம் ambre jaune.

பறழ், petit (des animaux qui vivent sur les branches des arbres, tels que அணில் écureuil, குரங்கு singe etc... et des animaux suivans: அரா serpent, ஆடு brebis, கீரி mangouste, நரி renard, நாய் chien, பன்றி cochon, புலி tigre, பூனை chat, மான் cerf, முயல் lièvre...).

பறனிகை, *பறனை*, tenailles de forgeron, clou à crampon.

பறுண்டுகிறது, டினேன், டுவேன், டு, ட, *v.a.* *P.* புறுண்டுகிறது, *et* பறுண்டல் *ou* பறுண்டுதல், *n. v.* se gratter avec les ongles: பறுண்டிக்கொடுக்கிறது gratter quelqu'un, déchirer avec ses ongles ou ses griffes; பூனைக்குச்சந்தோஷம்வந்தால் கிழிந்தபாயைப்பறுண்டும் quand le chat est joyeux il grattera une natte déchirée.

பறுச், mot imitatif du bruit: பறுச்சுகிறது, பறுசென்கிறது faire *parar*, —du bruit.

பறி, *n.v.imp.et part. de* பறிகிறது *et de* பறிக்கிறது, pillage, déprédation, rapine, capture, instrument pour prendre du poisson, sorte de panier pour mettre le poisson, or: —காரன் pillard, spoliateur, larron, voleur, pêcheur; —கொடுக்கிறது être volé, dépouillé, se laisser voler, —enlever, —corrompre, perdre; —க்கல்லு, pierre très -compacte, — d'un grain très serré; —தலையர் secte ou division parmi les Samanéens; —படுகிறது être pris, pillé, enlevé de force; —போகிறது être enlevé; —மணல் sable d'or; கோட்டைபறிபட்டது le fort a été pris.

பறிகிறது, றிந்தேன், றிவேன், றி, றிய, *v. n.* s'échapper, se détacher, s'enfuir, (v.g. un cheval), passer, voler, partir (un vent, une flèche, une fusée, la pierre d'une fronde), les larmes s'échapper des yeux, se remplir d'eau, se détacher et tomber (une coupe...). déborder, passer par-dessus les bords, pousser des soupirs, des soupirs échapper, les nuages...se disperser, les impôts... être levés, —ramassés, une dette...être payée, être rendue; மேகம்பறிந்துபோகிறது les nuages se dissiper; காற்று —, பெருமூச்சுபறிகிறது un vent—, un soupir échapper à quelqu'un; பறிய s'échapper, *adv.* au loin; பறியவிடுகிறது laisser échapper, —aller, lâcher: கடன்பறியவில்லை la dette n'est pas payée, l'objet prêté n'est pas rendu.

பறிக்கிறது, றித்தேன், றிப்பேன், றி, றிக்க, *v.a.* ravir, enlever, —de force, arracher, dépouiller, voler, piller, emmener, ramasser, cueillir des fruits, des fleurs, des feuilles..., creuser un trou, des fondemens..., débarquer, décharger les marchandises, descendre, ôter, incliner sarcler: களை —sarcler, —l'ivraie...; அஸ்திவாரம் —creuser les fondemens; மண் — fouir —, creuser la terre; நெல்லு — débarquer du riz; பறித்துக்கொள்ளுகிறது enlever de forcer, piller; பறித்தெடுக்கிறது enlever, confisquer.

பறிகுதல், பறிதல், *n.v.de* பறிகிறது.

பறிக்குதல், பறித்தல், பறிப்பு, *n. v.* de பறிக்கிறது, enlèvement, vol, pillage, sarclage, action de ravir...

பறிமுதல், (பறி), confiscation, concussion, extorsion, chose ravie: —செய்கிறது confisquer, extorquer, faire des concussions.

பறிய, *inf. de* பறிகிறது, au loin.

பறியல், பறிவு, *n. v. de* பறிகிறது, enlèvement, vol, échappade, échappée, fuite.

பறிவை, la plante சித்தில்.

பறுகன், courtaud, homme maigre, desséché. [ட்டை.

பறுகு, broussailles, buisson, V. பற

*பறுவதம், *P.* பருவதம், montagne.

*பறுவம், *P.* பருவம்.

பறை, 1° *imp. et part. de* பறைகிறது. 2° plume, aile, parole, mot, parei, mesure pour la chaux contenant à Pondichéry environ 60 litres, le contenu d'un parei, instrumens de musique en général, tambourin, tambour, la caste qui en bat, celle des பறையர் qui se divise en 13 subdivisions: வள்ளுவப் —, தாதப் —, தங்கலான் —, துத்சாவிப் —, குழிப் —, தீப் —, முரசப் —, அம்புப் —, வடுகப் —, ஆலியப் —, வழிப் —, வெட்டியார்ப் —, கோலியப்பறை; பறைக்கம்பு baguette de tambour, racloire de parei; —க்காலி, —க்கூறல், —க்காணி percale, mousseline tissée par les Parias; —சி la plante சிறுநன்னாரி; —ச்சேரி village —, bourgade de Parias; —சாட்டுகிறது, சாற்றுகிறது, —போடுகிறது, —அடிக்கிறது, —அறைகிறது, —இடுகிறது, tambouriner, battre du tambour, publier au son du tambour; —சாட்டுவிக்கிறது faire battre le tambour, —publier au son du tambour; —தட்டுகிறது faire passer la racloire sur le parei, publier, *V.* பறைசாட்டுகிறது; —நாகம் serpent ailé; —நூல் fil de Parias, —très-fin et fort; —ப்பருந்து

le faucon brun ou grisâtre, — pariat dans son espèce ; —ப்புடையன் espèce de serpent; — ப்பூச்சி espèce d'araignée;—ப்பெண் Pariatte;—முழக்கு son du tambour;—முழக்குகிறது battre le tambour, tambouriner; —முறை publication au son du tambour;—முறைசாற்றுகிறது publier au son du tambour; — மேளம் tambour de Parias;—யடிக்கிறவன் tambourineur,celui qui publie au son du tambour les ordonnances..., Pariat; —யாமை (ஆமை), tortue noire,—pariatte dans son espèce; — யொலி son du tambour;—வெட்டு, ou — வெட்டுகிறது faire passer la racloire sur la parei; சாண்பறைக்குமுழத்தடி pour un Pariat haut d'un empan on prend un bâton d'une coudée, proverbe d'une rigueur excessive et outrée envers les pauvres petits Parias et cette population en général.

பறைகிறது, றைந்தேன், றைவேன், றை, றைய, v.a. பறைதல், n.v. parler, dire, discourir.

பறைச்சல், n.v. du préc. discours, [langage.

பறைச்சி, f. de பறையன், Pariatte, fille ou femme de la caste des Parias.

பறையன், pl. பறையர், (பறை tambour), tambourineur, celui qui publie au son du tambour les ordonnances..., Pariat, (ce mot étant considéré comme avilissant on emploie plutôt celui de வலங்கைமத்தான் ou வலங்கைமுகத்தான் homme de la main droite; le mot சாம்பான் est le terme honorifique de cette caste).

பறைவு, V. பறைச்சல்.

பற், P. பல், dent, devant க, ச, ப; —சழுக்கு malpropreté des dents; —கறை malpropreté des dents, noirceur artificielle des dents (regardée comme une beauté par quelques-uns); — கறைபற்றினபல் dent ainsi noircie; —காவி, —காரை poudre dentifrice, —pour les dents; —குச்சி, — குச்சு, —குத்தி cure-dents, brosse à dents; —கொம்பு cure-donts, buchette de bois dont le bout est broyé pour nettoyer les dents;—கொம்பிடுகிறது se nettoyer les dents avec une telle buchette; —குறி marque des dents, —de la morsure des dents;—கூச்சம் agacement des dents; — சொறி mal de dents; — குலை douleur aigue des dents; — சிரசம் malpropreté des dents; — பிடுங்கி arracheur de donts.

*பற்கம், (bharga), lumière, lustre, action de cuire, de frire.

*பற்கன், (id.), l'astre radieux, le soleil, (et à tort) Brama, Vichnou, Siven.

பற்குனன், (phalgouna), celui qui est né sous la constellation பற்குனி, i.e. அருச்சுனன்.

*பற்குனி, (phalgouni), la 12e constellation lunaire dite உத்திரம், correspondant au mois பற்குனம் ou பங்குனி mars.

*பற்சர், (bhartsa), ennemis.

*பற்சனம், 1° (bhartsana), mépris, injure, menace. 2° (bhardjdjana), action de frire.

*பற்படகம், பற்படம், பற்படாகம், பற்படாம், (parpata), la plante médicinale dite pharnaceum cerviana.

*பற்பம், 1° (பஸ்மம்), cendre de bouze de vache, métal calciné réduit en poudre, poudre médicinale. 2° (P. பதுமம்), nénuphar ou lotus, le pourana du lotus ou பதுமபுராணம்: — போன்றமுகம் visage qui ressemble au nénuphar, visage joli et joyeux; பற்பநாபன், V. பதுமநாபன்; —மாமுனி un des 31 grands முனிவர்; —ராகம், P. பதுமராகம் rubis.

*பற்பரிகம், 1° (parparika), soleil, feu, eau, pièce d'eau. 2° (pharpharika), paume de la main (avec les doigts étendus), douceur.

*பற்பாசனன், (பற்பம், ஆசனம்), celui qui a le lotus pour siége, i.e. Brama (selon la fable).

பற்பல, P. பலபல, divers, plusieurs, beaucoup.

பற்பிக்கிறது, பித்தேன், பிப்பேன், பி, பிக்க, v.a. (பற்பம்), calciner, réduire en poudre.

பற்பேத்தை,(பல்),enchâssure des —,gencives.

*பற்மம்,1° P.பதுமம்,nénuphar. 2° P.பஸ்மம்,cendre, — médicinale, —de métal calciné. 3° (bharma), or: பற்மகாரன் blanchisseur,—qui use de cendres;—ராகம்,P.பதுமராகம் rubis;—வேதகம் camphre.

*பற்மாசனம்,(பற்மம், ஆசனம்), P.பதுமாசனம். [tion,cendre.

*பற்மீகரம்,P.பஸ்மீகரம்,calcina-

பற்மீகரிக்கிறது, P.பஸ்மீகரிக்கிற

பற்ற,inf.de பற்றுகிறது [து.

பற்றடிக்கிறது,(பற்று, அடிக்கிறது),appliquer,—du ciment à des pierres.

பற்றம்,(பற்று), affection, fidélité à ses promesses: — இல்லாதவன் homme sans affection,infidèle à ses promesses;—பிடிக்கிறது 2 personnes tenir ou soutenir dans leurs mains ou de leurs mains.

பற்றலர்,(பற்று,அலர்),ennemis.

பற்றல்,opt.et n.v. de பற்றுகிறது, affection,grand désir,considération, dessein,désignation,poursuite, prise, saisie.

பற்றறுகிறது,(பற்று,அறுகிறது), se désunir, se rompre entièrement, l'affection, des liens, des filets se rompre: பற்றற entièrement.

பற்றற்றோர்,பற்றற்றோர்,(பற்று, அறுகிறது),ermites, ascètes, gens détachés du monde,—sans désir...

பற்றா,பற்றாத,part.nég. de பற்றுகிறது,qui ne prend —,ne tient —, ne suffit pas,insuffisant:—கூலி salaire insuffisant,modique,journalier; பற்றாப்படி,— ப்பணயம், ce qui suffit à peine, déficit;—ப்போரி, adversaire inégal, trop faible.

பற்றாக்கை,(பற்று,ஆக்கை), corde qui lie ou pour lier, corde dont un paquet de flèches est lié.

பற்றாசு,(பற்று, ஆசு), pied détaché dit தனிச்சொல் qui vient entre 2 குறள்வெண்டளை unissant ainsi les 2 distiques, morceau qu'on met pour souder ou joindre ensemble les métaux.

பற்றாதது,n.v.nég.de பற்றுகிறது, ce qui est insuffisant,bagatelle.

பற்றாதவர், (id.), gens incapables, insuffisans,vils.

பற்றாது,பற்றாமல்,3° pers. neut. et gér.nég.de பற்றுகிறது, il ne suffit pas, ne suffisant pas.

பற்றார்,n.app.nég.de பற்றுகிறது, ennemis.

பற்றி,1° gér.de பற்றுகிறது,(il sert de prép.et gouverne l'acc.): pour, à cause de,sur, au sujet de: அதைப்பற்றிச்சொன்னான் il a parlé sur cela ou à cause de cela; அவனைப்பற்றி யெனக்குக்காரியமில்லை je n'ai rien à faire ou à gagner avec lui; உன்னைப்பற்றி à cause de toi. 2° V.பற்றுசு:—க்கொள்ளுகிறது prendre,recevoir,saisir,atteindre, tenir ferme, poursuivre, obtenir; நெருப்பு — க்கொண்டெரிகிறது prendre feu—, ou le feu prendre et brûler; பணம்—க்கொள்ளுகிறது recevoir de l'argent;— ப்படிந்திருக்கிறது persévérer,être adonné, —ardent à une poursuite; — ப்படிந்துபார்க்கிறது s'appliquer à, s'adonner, s'efforcer, employer tous les moyens;—ப்பார்க்கிறது s'efforcer, travailler à, faire tous ses efforts; — ப்பிடிக்கிறது prendre,saisir,attraper,tenir ferme, arrêter;— ப்புகைகிறசணற்புத்தி mèche qui ayant été allumée fume; —ப்போகிறது suivre de près;— யிழுக்கிறது saisir et tirer, trainer;— யெரிகிறது prendre feu et brûler, s'enflammer.

பற்றிகலின்மை, (பற்று, இகல்), manque d'amour et de haine, indifférence.

பற்றிரும்பு,(பற்று, இரும்பு), pinces,tenailles,crampon de fer.

பற்றிலி,(பற்று,இலி),ascète,—détaché de toute affection mondaine.

பற்றிற்று ou பற்றினது, 3° pers. neut.du parf.de பற்றுகிறது. [amis.

பற்றினர், (பற்றுகிறது), parens,

பற்று,n.v.imp.et part. de பற்றுகிறது,amour,affection,zèle,désir,passion (en général), liaison, rapport, dessein,attachement,détermination, fomentation,emplâtre, cataplasme, remède qu'on applique, colle, ciment,soudure (pour les métaux), jonction,jointure, poursuite, suite, prise,saisie,lie,sédiment, impôt reçu:—குறடு tenailles; —க்கோல் appui,soutien,—d'un levier, ou d'une escarpolette;— கூறுகிறது, —கொண்டாடுகிறது vanter son affection, se vanter d'être prêt à apporter la chose dont on parle; —க்கொள்ளுகிறது concevoir de l'affection,du désir,s'attacher,s'affectionner;—க்கோடு,—க்கோல்,— தஞ்சம் bâton (pour s'appuyer),soutien, appui, bâton ou perche qu'on tient à la main pour se soutenir sur une barre...;— ச்சீட்டு reçu,quittance;—பூசுகிறது,—போடுகிறது appliquer un liniment ou autre remède à l'extérieur,mettre des fomentations,—un cataplasme,—de la colle ou du ciment pour unir et faire prendre;—வாய் lumière d'un canon,d'un fusil;—விடு renoncement à tout attachement au monde;—வைக்கிறது s'affectionner, s'attacher, désirer, souder, — en mettant une pièce.

பற்றுகிறது, ற்றினேன், ற்றுவேன்,ற்ற,ற்ற, v.a. recevoir, prendre, saisir, s'affectionner, concevoir de l'affection, du désir, désirer, désigner, s'attacher, adhérer, se joindre, projeter, suivre, accompagner, s'unir, convenir, s'imbiber, prendre feu, poursuivre, courir après, viser à, suffire, être suffisant:தீப்— prendre feu, s'enflammer; கடன் — recevoir l'argent prêté, — le montant de la dette; பற்றவில்லை cela n'a pas suffit ou ne suffit pas,le feu ou la couleur na pas pris, cela n'est pas bien joint;பற்றவைக்கிறது mettre—,faire prendre,joindre, réunir, allumer du feu, *ou* —வைத்தெழுப்புகிறது,—வைத்துவிடுகிறது exciter, pousser, aiguillonner, animer par quelque particularité: அவனுடனே சொல்லிப்பற்றவை excite-le en lui disant la chose en particulier; பற்றி *gér. V. le à sa place.*

பற்றுதல், *n.v.du préc.* affection, attachement,dévouement, zèle, désir,confiance.

பற்றும், 3me *pers.neut. fut.de* பற்றுகிறது, il suffit,c'est assez: பற்றுமோ cela suffit-il *ou* suffira-t-il? est-ce assez?பற்றுமோ பற்றாதோ என்று *ou* பற்றும் பற்றாதென்று கேட்கிறது demander si c'est assez ou non; பற்றும்பற்றாததுமாயிருக்கிறது être à peine suffisant; பற்றும் பற்றும்விசாரிக்கிறது examiner —, discuter soigneusement, — d'une manière suffisante.

பற்றை, 1° broussailles, buisson, la plante செங்காந்தள். 2° *P.* பற்றாய் tu ne reçois pas... 3° *acc. de* பற்று:—க்காடு bois de broussailles;— ப்பிள்ளை, *V.*பற்றையன்.

பற்றைச்சி, (பற்றை), femme du buisson, *i.e.* femme adultère,— débauchée. [buisson,*i.e.*bâtard.

பற்றையன், (பற்றை), enfant de

பனை, *P.*பனம், *devant* ம,de palmier:—க்கட்டி espèce de mélasse ou de sucre noir de palmier; — க்காடு foule de palmiers; — கயிறு corde faite de fibres de palmier;— கருக்கு jeune palmier, queue dentelée de feuille de palmier; — கள்ளு callou ou jus de palmier; — கற்கண்டு sucre candi de palmier;—கற்றாழை espèce de தாழை ou d'aloès qui croît sur ou parmi les palmiers; — காடு bois ou forêt de palmiers; — காய் fruit non mûr du palmier; — கிழங்கு racine mangeable du jeune palmier; — கிளி perroquet qui se plaît sur les palmiers, l'oiseau அன்றில்; — கீரை espèce d'herbe potagère; — குருக்கு pièce de terre remplie de jeunes palmiers;—குருகு, — குருத்து jeune pousse de palmier;— குரும்பை fruit tendre du palmier; — கொட்டை noyau du palmier, —கோரை espèce d'herbe.

*பனசம், (panasa), jaquier,artocarpus integrifolia, autre sorte de

பலா

jaquier dite சரப்பலா, épine, la plante பாற்சொற்றி, nom d'un singe: பனசநாளிகை le fruit du jaquier; பனசயித்தி l'arbre அரசு.

பனசை. 1° espèce de serpent dite aussi புனைபன், la ville dite பனையூர், 2° * (panasâ), inflammation pustuleuse et phlegmonoïde de la peau, singe—, démon femelle.

பனஞ். P. பனம் devant ச, de palmier: —சக்கை tranche du fruit mûr de palmier qu'on fait cuire et qu'on mange; —சாறு jus du palmier dans lequel on a mis de la chaux et qu'on appelle பதநீர்.

பனந், P. பனம், devant த, de palmier: —தார் collier d'or qui ressemble à la fleur du palmier; —தாரன் celui qui porte un tel collier, i.e. le roi சேரன் et பலபத்திரன்; —தாழை espèce d'aloès: —தோப்பு bois—, bosquet de palmiers: —திராய் la plante pharnaceum distichum.

பனம், adj. de பனை, de palmier: —பட்டை grosse latte—, chevron de palmier; —பன்னாடை tissu fibreux qui entoure le bas des branches de palmier; —பழம் fruit mûr de palmier: —பாகு, —பாணி mélasse, sirop, — ou jus bouilli de palmier; —பாரம் nom d'une ville dans laquelle vivait பனம்பாரனார் un des 12 diciples d'அகஸ்தியர்; —பிசின் gomme ou résine de palmier; —பிஞ்சு fruit tendre du palmier; —பிடுக்கு, —பூ fleur du palmier mâle.

பனவை, l'arbre நெய்க்கொட்டான்.

பனர், branche d'arbre.

பனவர், brames.

பனாட்டு, (sync. de பனை, அட்டு), jus—, extrait épaissi de fruits mûrs du palmier; —த்தோல் peau dans laquelle on renferme le பனாட்டு: —ப்பாய் natte sur laquelle on verse le பனாட்டு.

பனார், (பனை, நார்), corde, filamens de palmier.

பனி, 1° rosée, brouillard, gelée blanche, goutte, fraicheur, froid, tremblement, peur, affliction, gêne, chagrin. 2° imp. de பனிக்கிறது: —க்கட்டி gelée, —blanche, givre, neige, grêle; —க்கதிர் rayon frais, l'astre aux rayons frais, i.e. la lune; —க்காடு grande rosée; —க்காலம் temps—, saison de la rosée (4 mois à partir de மார்கழி): —க்காற்று vent froid, —de la saison des rosées; —க்குடம் matrice; —க்கூர்மை sel de roche, sel de mer, sel gemme; —சொரிகிறது la rosée pleuvoir; —ச்சாமை panicum ou millet auquel l'arrosement de la rosée suffit: —ச்செறிவு V. பனிப்படலம்; —தாங்கி espèce de plante; —நத்தை espèce de limaçon; —நீங்குகிறது la rosée cesser, —se dessécher; —நீர் espèce d'eau de senteur: —ப்பகை l'ennemi de la rosée, i.e. le soleil; —ப்படலம் brouillard, abondance de rosée; —ப்பயறு espèce de pois ou de grains, phaseolus radiatus, ou, selon d'autres, phaseolus trilobatus; —ப்பருவம் saison de rosée, V. பனிக்காலம்; —ப்புகார் nuage qui donne de la rosée; —ப்புழு ver qui s'engendre dans la rosée; —ப்பூங்காரம் brouillard, temps couvert de rosée; —ப்பூடு nom d'une plante; —பெயர்கிறது un brouillard—, la rosée se former; —ப்பெய்கிறது la rosée tomber, pleuvoir légèrement; —மலை la montagne de la rosée ou du froid, i.e. l'Himalaya; —மங்குளம். V, பனிப்பூங்காரம்; —மூடுகிறது un brouillard couvrir la terre; —மொழி parole fraiche, — douce, femme; —யவரை espèce de pois; —யிறைப்பு, V. பனிப்புக்கட்டு.

பனிக்கிறது, னித்தேன், னிப்பேன், னி, னிக்க, v.n. பனிக்குதல், n. v. bruiner, —légèrement, pleuvoir à petites gouttes sans discontinuer, tomber goutte à goutte, trembler, être troublé, vexé, peiné.

பனிச்சை, boucle de cheveux, cheveux tressés et pendans ou noués, (c'est un des ஐவகைமயிர்முடி). figuier sauvage, ou —ப்பிளவை ulcère enflé dans le derrière du crâne, ulcère aux oreilles ou derrière les oreilles;—க்காய் fruit de l'arbre கம்பி embryopteris glutinifera dont le jus sert de glu.

பனிதல், V. குனிதல்.

பனித்தல், பனிப்பு, *n.v. de* பனிக்கிறது, pluie légère, — fine et continuelle, bruine, peur, tremblement, peine, vexation; பனிப்புக்கட்டு rosée abondante, —qui s'est agglomérée et qui tombe, tombée de la rosée, brouillard.

பனிரண்டு, *P.* பன்னிரண்டு, douze: பனிரண்டாமிடத்துச்சனி, பனிரண்டாமிராசியின் சனி Saturne placé à douze signes de celui qui se lève ou à un signe à l'ouest de celui qui se lève, ainsi si c'est le signe de la Vierge qui se lève, Saturne sera alors dans le Lion.

பனுக்குதல், *V.* தெளித்தல்.

பனுவல், livre, — sacré, science, poésie, parole, discours, talent pour la composition, fil, fil de coton: பனுவலாட்டி la prétendue déesse des sciences, Sarasvati.

பனை, palmier, borassus flabelliformis, la 17me constellation lunaire dite அனுஷம்: — க்கொடியோன் celui qui a un palmier sur son drapeau, *i.e.* பலபத்திரன்; — க்கோரை espèce d'herbe: —நார் fibres des branches du palmier, (on en fait des cordes):—நுங்கு pulpe des noyaux encore tendres du fruit du palmier: —மட்டை branche de palmier (avec ou sans les feuilles): —மரத்தின்கீழிருந்து பாலைக்குடித்தாலுங் கள்ளென்றுசொல்லுவார்கள் quand bien même vous boiriez du lait sous un palmier on dira que c'est du callou; —மீன் poisson long comme un palmier, *i.e.* la baleine;—முகிழ் bouton —, spadix —, spathe —, fleur de palmier; —யூர் Panéyour ou la ville des palmiers; —யேறி espèce de serpent, —de petite vérole; — யோலை ôle, feuille de palmier; —வட்டு, *V.* பனங்கட்டி;—விச்சல், — விச்சல் latte de palmier; —வரணை chevron —, pieco de palmier, palmier fendu en 2 ou en 3, et coupé aussi en 2 ou en 3 dans la longueur;—வெல்லம், *V.* பனங்கட்டி; —வேர் racine de palmier.

பனைசை, (பனை), la ville de பனையூர். [poisson dit grampus.

பனையன், espèce de serpent, — de

பன், 1° dans les mots composés se met pour பத்து 10, comme பன்னிரு, பன்னிரண்டு 12 (en doublant ன்). 2° devant ம et ந il se met pour பல் divers, dent. 3° espèce d'herbe. 4° *V.* பன்னம். 5° *obl. de* பனை. 6° *imp. et part. de* பன்னுகிறது: — பாய் natte d'herbe; —மணி diverses pierreries; —மணிமாலை le 18me des பிரபந்தம், poème composé de diverses sortes de poésies comme le கலம்பகம், mais qui n'admet pas celles qu'on appelle ஒருபோகு, அம்மானை et ஊசல்: — மூன்று treize; — மூன்றாம treizième; —மொழித்தொகைத்தொடர் suite de divers mots dans lesquels sont supprimées les terminaisons des cas etc., comme செந்நிறக்குவளை, *P.* செம்மையான நிறமுடைய குவளை nénuphar de couleur rouge.

பன்மை, (பல், மை), pluriel, pluralité, diversité: —ப்படுகிறது se diviser en plusieurs, se réunir plusieurs, être fait de diverses manières; —பண்ணுகிறது faire le pluriel, conniver; —ப்பால் le nombre —, pluriel; —ப்பொதுப்பெயர் nom pluriel commun au genre masculin, féminin et au neutre, comme செவியிலி sourd; —யாய்விடுதல் laisser dans la généralité, conniver, ne pas faire cas; —யெண் le nombre pluriel.

பன்றி, pourceau, cochon, porc, sanglier, un des pays —, ville où l'on parle le bas tamoul: ஆண் — verrat, porc, pourceau; —க்கரணம் le 3me des 11 கரணம் représenté par un cochon; —க்காரன் porcher, gardeur —, marchand de pourceaux; —க்கிளி espèce de poisson: — க்குட்டி petit cochon; —க்குறும்பு la plante நிலப்பனை; —க்கொம்பு défenses de sanglier; —க்கொவ்வை espèce de plante;

—க்கூழ்ப்பத்தர் auge où l'on donne à manger aux cochons;—க்கூழ்ப்பத்தரிற்றேமாவடித்தற்றால், நன்றறியாமாந்தர்க்கறத்தா றுரைக்குங்கால் lorsqu'on parle du chemin de la vertu aux gens qui n'ont pas l'idée du bien, c'est comme si on exprimait des mangues douces dans l'auge aux porceaux;—ச்சுருக்கு manière de lier —, relier en courbe, — de façon que le dos soit bombé ou en bosse;—த்தகரை variété de la plante தகரை:—நெய் graisse de cochon, saindoux, lard;—நெல் espèce de riz; —ப்பீ fiente de cochon;—ப்புடல் variété de la plante புடல் dont le fruit est court et épais; — ப்புல் l'herbe aux cochons, andropogon contortum;—மயிர் poil ou soie de cochon, piquant de porc-épic; —மீன் pourceau marin, marsouin; — முள் piquant de porc-épic;— மொத்தை la plante சிறுகுரட்டை; — யாட்டம் cochonnerie;— யாட்டமாய் comme un cochon;— யிறைச்சி viande de porc;—வெட்டுகிறது, — வெட்டுதல் tuer un cochon, espèce de jeu.

*பன்னசாலை, (பன்னம், ka, சாலை), cabane de feuillage, ermitage, — d'anachorète ou de முனிவர்.

*பன்னகண்டம், (பன்னம்), arbre en général.

*பன்னகம், (pannaka), serpent, l'arsenic dit சிதாம்பபாஷாணம்: பன்னகவைரி,—வயிரி l'ennemi des serpens, le faucon கருடன்.

*பன்னகாசனன், (பன்னகம், அசனம்), le mangeur de serpens, i. e. le faucon கருடன்.

*பன்னகாபரணன், (id. ஆபரணம்), celui qui porte des serpens en guise de bijoux, i.e. Siven.

*பன்னசி, (parnasi), nénuphar, maison de plaisance pour le printemps ou l'été.

பன்னத்தை, P. பனிநத்தை, espèce de limaçon.

*பன்னம், (parna), feuille, ouvrage de feuilles tressées ou entrelacées, travail de les tresser, feuilles de bétel, aile, l'arbre பலாசு bulca frondosa: பன்னகாரன்,—க்காரன் marchand de feuilles de bétel, celui qui fait des ouvrages en feuilles: —விருச்சிரம் pénitence qui consiste à vivre pour un temps de feuilles et d'eau:—சந்தரம் (santara *lit*), lit —, matelas de feuilles, dormir sur des feuilles; — சாலை cabane de feuillage, —d'ermite; — ச்சத்தகம் collection de 7 feuilles;— த்தண்டு nom d'un instrument de tisserand;—நரன் homme de feuilles, effigie en feuilles d'un homme mort (dont on ne trouve pas le cadavre pour accomplir les cérémonies funèbres):—போசனம் nouriture —, repas de feuilles, animal qui vit de feuilles;— மாசாலம் l'arbre averrhoa carambola, dont le fruit est acide:—மிருகம் animal qui se nourrit de feuilles ou vit parmi les feuilles, comme le singe, le paresseux, l'écureuil;— வகை, — வல்லி la plante qui donne le bétel; —வேலை ouvrage fait en feuilles, travail de les tresser.

பன்னல், *opt et n.v. de* பன்னுகிறது, discours, dire, langage, babil, examen, carder le coton avec les doigts, gène, presse, pression, cotonnier.

பன்னாங்கம், பன்னாங்கு, couverture de palanquin ou dessus de litière de cérémonie (ordinairement d'étoffe d'écarlate), couvert — , abri de feuilles de cocotier qui en a la forme; பன்னாங்குவைத்துக்கட்டுகிறது placer et attacher la couverture ou le dessus susdit.

பன்னாங்குழி, P. பன்னான்குழி.

*பன்னாசம், (parnâsa), espèce de basilic dit துளசி.

*பன்னாசனம், 1° (பன்னம், அசனம்), nourriture —, repas de feuilles, nuage. 2° (பன், ஆசனம்), natte —, matelas d'herbes.

*பன்னாசி, (parnâsi), V. பன்னாசம்.

பன்னாடை, (பன், ஆடை), tissu naturel de fibres qui environne le bas des branches du palmier et du cocotier, toile, habit.

பன்னாளம், V. பன்னாலம்.

*பன்னாலம், (parnâla), radeau, bateau, bèche, combat singulier.

பன்னாள், (பல், நாள்), plusieurs jours, long-temps.

பன்னான்கு, (பல், நான்கு), quatorze: பன்னான்காம் quatorzième; பன்னான்காவது quatorzièmement; பன்னான்குகுழி 14 trous, planche ou tablette à jouer qui contient 14 trous.

*பன்னி, 1° (patni), épouse —, femme chaste, — de gourou. 2° (parni), arbre, l'arbre butea frondosa. 3° *gér. de* பன்னுகிறது. 4° chanvre dit சணல்.

பன்னிரண்டு, (பல்), douze: — தரம், — முறை *ou* விசை 12 fois; பன்னிரண்டாம் douzième; பன்னிரண்டாவது douzièmement. [nom).

பன்னிரு, (*id.*), douze (devant un

பன்னிருவர், (*id.*), douze personnes, les douze. [dent.

பன்னீக்கம், (பல், நீக்கம்), sur-

பன்னீர், (*P.* பனி, நீர்), espèce d'eau de senteur, eau distillée de diverses fleurs, telles que jasmin..., eau de rose..., eau qui sort d'une plaie: — க்குடம் enveloppe qui renferme l'eau qui environne le fétus dans la matrice; — ச்சொம்பு, — ச்செம்பு, — த்துருத்தி instrument pour asperger d'eau de senteur; — தெளிக்கிறது asperger d'eau de senteur; — மரம் arbre qui porte des fleurs blanches et odoriférantes comme le jasmin, guettarda speciosa: — வடிக்கிறது distiller de l'eau de senteur.

பன்னு, 1° taxe, impôt; douane, tribut, rente. 2° *imp. et part. de* பன்னுகிறது, பன்னினேன், பன்னுவேன், பன்ன, *v.a. et n.* பன்னுதல், *n.v.* parler, dire, charmer, babiller, jaser, être pressé, foulé, incommodé, examiner, carder le coton avec les doigts.

பன்னுமல், (பல், உமல்), panier ou sac de pêcheur fait d'herbes.

பன்னேழு, (பல்). dix-sept.

பன்னை, espèce d'arbrisseau, camphre, *V.* குடன்.

பன்னைந்து, (பல், ஐந்து), quinze.

பன்னொன்று, (*id.*), onze.

*பன்னோடசம், (பன்னம், உடசம்), cabane de feuillage, ermitage.

பா, 1° lettre syllabique composée de ப் et de ஆ. 2° *P.* பாவு, *imp. et part. de* பாவுகிறது. 3° * (bhâ), beauté, splendeur, lumière, rayon, ombre, — d'un gnomon sur un cadran, aiguille de cadran, soleil. 4° fil de coton, chaine—, trame d'une toile, vers, chant, cantique, chanson, poëme, stance, strophe de 2, 3 ou 4 vers et même plus, (on distingue 5 espèces de strophes ou 5 espèces de poésies dites வெண்பா, ஆசிரியப்பா, கலிப்பா, வஞ்சிப்பா et மருட்பா, qui ont ensuite, suivant les règles qu'elles suivent, différentes classifications dites பாவினம்), bouillie ou sirop de racines tuberculeuses, extension, surface, plancher de char de procession: பாவின்புணர்ப்பு enchaînement —, ou liaison de strophes, espèce de beauté poétique qui consiste en ce qu'une pièce de poésie soit faite de manière qu'on puisse y trouver différentes sortes de strophes, d'après la manière de la lire ou de la diviser.

*பாககம், (bhâgaka), diviseur.

*பாகன், (pâka), nom d'un géant ou அசுரன்.

*பாகசாசனி, பாகசாதனி, (பாகசாசனன், i), le fils d'Indiren.

*பாகசாசனன், பாகசாதனன், (பாகன், சாசனம்), celui qui a dompté le géant Pâkasen, *i.e.* Indiren.

*பாகண்டன், (pâkhanda), hindou hétérodoxe, qui porte les marques extérieures des castes, mais n'observe pas les vêdas.

*பாகதம், *P.* பிராகிருதம், prakrit ou forme radicale et informe du langage dont le sanscrit ou quelqu'autre langage poli a été formé, dialecte moins poli que le sanscrit que parlent les femmes et les personnages inférieurs des comédies,

angue relevée, — des grands ou des savans (de quelques pays que ce soit).

*பாகம், 1° (bhâga), part, portion, moitié, côté, demi-roupie, 360me partie —, degré de cercle, fraction, espèce de compte, brasse ou mesure de 4 coudées. 2° (pâka), opportunité, cuisson, — à point voulu, préparation des mets, maturité, — ou suppuration d'un furoncle, digestion, malédiction, vase de cuisine, crainte, panique générale dans un pays, hibou, cheveux gris, — blancs, nom d'un démon ou Asouren (probablement பாகசுரன்), petit des animaux. 3° aumône: வைத்திய — part du médecin sur les remèdes confectionnés d'après ses prescriptions; — அளக்கிறது mesurer par brasses; — ஆகிறது se préparer, se cuire, être cuit à point voulu; கறிகாய் — ஆயிற்று les divers mets de viande et de légumes sont cuits suffisamment: தைலம் — ஆயிற்று l'huile médicinale est au degré de cuisson voulu; — பண்ணுகிறது préparer le repas, faire la cuisine, diviser, partager, rendre propre, accommoder —, mettre au point voulu: பாகஹாரம், — ஹாரம் division; — சாலை, — ஸ்தானம், — தானம் cuisine; — சுக்கிலம் chaux; — தாரி cuisinier; — பாண்டம், — பாத்திரம் vase —, ustensile de cuisine; — புடம், (புடம்), fournaise de potier — ப்படுகிறது se préparer, être cuit, accomodé, mûr, au point voulu; — ப்படுத்துகிறது cuire, accommoder ou préparer les mets, mettre au point voulu; — ரஞ்சனம் feuille du laurier cassia.

*பாகர், pl. de பாகன்.

*பாகலம், (pâkala), sorte de maladie —, fièvre d'éléphant, ce qui mûrit, fait suppurer.

பாகல், l'arbre பலாமரம் jaquier, la plante வெட்பாவட்டை, la plante momordica charantia: பாகற்காய் le fruit du momordica (qui bien qu'amer est un bon légume); நாய்ப் பாகல் la plante médicinale bryonia maysorensis.

*பாகவதம், (bhâgavata), un des 18 pouranas qui traite surtout de Krichna ou Vichnou.

*பாகவதன், pl. பாகவதர், (id.), dévot —, sectaire de பகவான், — de Krichna ou Vichnou, Vichnouviste; பாகவத நடனம் danse particulière à ces sectaires.

*பாகணம், (bhâgana), période pendant laquelle le soleil parcourt les 12 signes du zodiaque, année, zodiaque, circonférence d'un grand cercle.

*பாகன், pl. பாகர், (pâ soigner, ka), cornac, palefrenier, écuyer, cocher, conducteur d'éléphant, de cheval, de char, la planète Mercure.

*பாகாரம், (sync. de பாகஹாரம்), division, règle de —, partage.

*பாகி, 1° (பாகம்), homme propre pour une chose, participant, partageant, héritier. 2° chien.

பாகிக்கிறது, கித்தேன், கிப்பேன், கி, கிக்க, v.a. (பாகம்), பாகித்தல், n. v. partager, diviser.

பாகிடுதல், (பாகு), partage,

*பாகியம், (vâhya), chose extérieure, — externe, dehors: பாகியத் துக்குப்போகிறது aller dehors, — aux nécessités.

*பாகிநேயன், P. பாகிநேயர், (பகினி, èya), neveu, fils de la sœur.

பாகிறது, பாகினேன், பாகுவேன், பா, பாக, v.n. se partager, se diviser en 2.

பாகீடு, (பாகு, ஈடு), partage.

*பாகீரதி, (பகீரதன்), le Gange, qui, au dire des Indous, descendit du ciel à la prière du roi bhaguiratha.

*பாகு, 1° (bâhou), bras, épaule, côté de triangle ou de figure géométrique, puissance. 2° (பாகம்), part, partie, portion, sirop, bouillon, potage, sauce, bouillie épaisse, liquide épaissi, lait, sucre, sucre candi. 3° (பாகன்), cocher, écuyer, cornac... 4° (பாக்கு), arec, noix d'arec. 5° (பாகை), turban, toque. 6° la 2° constellation lunaire dite பரணி, rivage: பாகிடுகிறது partager; பாகிலைச்சுருள் rouleau de feuilles de bétel (qui se mâchent avec l'arec): — படுகிறது être divisé,—partagé; — பாடு division, partage;—ஜன் guerrier ou க்ஷத்திரியன் qu'on prétend né des épaules de Brama; — த்திராணம் armure pour les bras;—ப்பிரகரணம்,—யுத்தம் se boxer;—மூலம் aisselle;—வீரியம் prouesse; பாகாய்க்காய்ச்சுகிறது faire bouillir jusqu'à la consistance d'un sirop, réduire en sirop, en électuaire.

*பாகுகன், 1° (pâkouka), cuisinier. 2° (bâhouka), serviteur, Bâhouguen, nom du roi நளன் après sa prétendue métamorphose par la morsure du serpent கார்க்கோடகன், singe.

பாகுடம், tribut, — que paie un roi vassal.

*பாகுரி, (bhâgouri), Bâgourri, célèbre grammairien, V. இலக்கணி.

*பாகுலம், (bâhoula), le mois de கார்த்திகை.

*பாகுவன், P. பாகுகன்.

*பாகேச்சியம், P. பாகயக்கியம், (pâkayadjna), sacrifice aux ancêtres, —aux விசுவதேவர்.

பாகை, (பாகம்), portion, partie,— d'un livre, degré ou 360me partie d'un grand cercle, turban, toque, coiffure de beaucoup d'Indiens.

*பாகோசன், பாகோசடன், (பா, கோசம்), le globe lumineux, i.e. le soleil.

பாக்கம், village, —du bord de la mer ou des terrains salés, —en pays cultivé, terminaison d'un grand nombre de villages, Pâkam village de brames près de Madras.

பாக்கல், பாக்கற்று, (பா, P. பாவு), pavé, étendue, extension.

பாக்களவு, (பாக்கு, அளவு), espace —, mesure ou grosseur d'une noix d'arec: —கொடுக்கிறது, — தின்கிறது donner—, manger gros comme une noix d'arec, i.e. fort peu.

பாக்கன், chat.

பாக்காநூல், (பாக்கு, P. பாவுக்கு, ஆம், நூல்), fil de la chaine ou propre à la chaine, fil enduit de கஞ்சி et préparé pour le tissage.

பாக்கி, (arabe), balance due, arriéré, arrérages, reste non payé,

*பாக்கியம், (bhâgya), bonheur, prospérité, félicité, fortune, richesse, réussite, bonne fortune:— பண்ணுகிறது prospérer, s'enrichir; பாக்கியசாலி, m.f. personne heureuse, fortunée, à qui tout prospère;—ஸ்தானம்,—த்தானம் le signe réputé heureux, c'est le 10me signe après ou avant la naissance;— நாதன் Félix, Fortunat;— லட்சுமி, — லக்ஷ்மி la prétendue déesse de la fortune: சகலபாக்கியமுஞ் சந்தானசம்பத்தியுந் தீர்க்காயுசுந் தனகனகவஸ்துவாகனமும் உமக்குமேன்மேலுமுண்டாகக்கடவது puissiez-vous avoir de plus en plus toute sorte de bonheur, une nombreuse famille, une longue vie, des biens, des richesses et de superbes montures!

*பாக்கியவான், (பாக்கியம், vân), homme heureux, riche.

*பாக்கியவதி, fém. du préc. femme heureuse, —riche, bienheureuse.

*பாக்கியானுகூலம், (பாக்கியம், அநுகூலம்), acquisition du bonheur, —des richesses, réussite, succès, —heureux,

பாக்கு, 1° noix d'—, arec (qu'on mâche avec le bétel). 2° affixe ou particule qui s'ajoute à la racine du verbe pour former une espèce de gérondif du futur et que l'on traduit par l'infinitif ou par pour; உண்பாக்கு வந்தான் il est venu manger ou pour manger; ஒரு —கடிக்கிற நாழிகையிற் திரும்புகிறது revenir dans l'espace de temps qu'il faut pour mâcher une noix d'arec, — en un instant; பாக்கிலை arec et bétel;— க்கட்டுதல் espèce de jeu; — க்குலை grappe—, bouquet de noix d'arec, rameau garni de ces noix; —ச்சாரம் jus de l'arec, suc d'arec et de bétel mâchés; —சீவுகிறது racler—, couper par tranches la noix d'arec: —ச்செதில், — ச்செதின் tranche mince d'arec; —பறிக்கிறது arracher le bétel, examiner en ôtant du bétel d'une certaine manière si le mariage d'un futur époux qui arrive s'accomplira;—ப்பை,— வெற்றிலைப்பை sac à l'arec,—au bétel et à l'arec;—போடுகிறது jouer à une espèce de jeu,se mettre dans la bouche —, prendre ou mâcher du bétel et de l'arec;—மரம் aréquier,l'arbre qui produit l'arec;—வெட்டி ciseau pour couper par tranches la noix d'arec;—வெற்றிலை arec et bétel; கூட்டுச்சீவின பாக்கு noix d'arec dont on a raclé ou coupé le bout....

*பாக்ஷிகன்,(பக்ஷி,ka), oiseilleur.

பாங்கம்,l'arsenic nommé பலன்டுருவபாஷாணம்.

பாங்கர்,1° place,lieu, côté. 2° pl. du suiv. [camarade,compagnon.

பாங்கன்,pl.பாங்கர்,(பாங்கு),ami,

பாங்கி, fém. de பாங்கன், amie, compagne,suivante, fille ou femme d'honneur, pl. பாங்கிமார் compagnes, dames d'honneur d'une princesse.

பாங்கு,beauté,droit, convenance, propriété,accord, côté, lieu, place, manière,coutume:—பட்டடையுள்ளடாணூர் ville qui a de beaux et bons champs,bien arrosés; — பண்ணுகிறது orner,embellir, faire une chose convenablement; பாங்காய்ச்சமைக்கிறது cuire—, accommoder convenablement,faire cuire au juste point; கடவுள்பிரபஞ்சத்தைப் பாங்காய்ச்சமைத்தார் ou படைத்தார் Dieu a créé le monde en bon état; வடுகப்பாங்காய் à la façon des Télingas,—du nord; திருவுளப்பாங்கின்படி நடக்கும் cela arrivera selon la volonté de Dieu.

பாங்குமம்,cumin noir.

*பாசகம்,1° (pâsaka), dé à jouer. 2° (pâtchaka),art de la cuisine, emploi de cuisinier, digestif, bile qui aide à la digestion,feu,— de l'estomac.3° (bhâdjaka),diviseur,(en arithmétique):பாசகஸ்திரி,பாசகத்திரி, cuisinière.

*பாசகன்,pl. பாசகர்,(pâtchaka), cuisinier. [bétel.

பாசடம்,(பாசு,அடம்),feuille de

பாசடை,(id.அடை),feuille verte.

*பாசண்டம்,P.பாஷண்டம்,secte,règles ou lien de secte: பாசண்டத்துறை état des liens ou règles d'une secte.

*பாசண்டர், பாசண்டகர், பாசண்டிகள், (id.), sectaires, — hétérodoxes.

*பாசம்,1° (pâsa),lacet,piége,filet, lien,attache,fers,chaines, entraves, fil,corde,—à nœud coulant (qui est censée servir d'arme à Yamen pour tuer les mortels,et à Siven, Brama, Varounen et autres prétendus dieux et aux guerriers),amour, attachement, parenté, illusion, — du monde, esclavage du monde ou de la matière,vanité,trou d'une aiguille,cuirasse, cotte d'armes, démon, l'arsenic dit சத்பாஷாணம்,emphase,le corps qui est la prison de l'âme,liens qui attachent l'âme à la terre,matière.2° (pâdjas),force,pouvoir,violence.3° (bhâsa), lustre, lumière,beauté.4°. obscurité,ténèbres, —de l'illusion du monde,espèce de mesure,—de règles pour juger, cumin,5° à la fin de certains mots composés பாசம் signifie abondance,beauté, défaut; பாசக்கட்டு lien du monde,qui attache au monde;—க்கயிறு corde, — à nœud coulant;—கரன்,—தரன் celui qui porte une corde,—un lacet ou une corde à nœud coulant,i.e.Yamen,Kâlen,Varounen,Vinâyaguen;—ஞானம் sagesse mondaine, connaissance du monde;—நாசம் destruction d'un lien;—பந்தம் lacet,piége,corde, licou,violence,constipation;—பந்தர், (பந்தம்),gens pris dans un piége, dans des filets,dans des liens;—பந்தினன்,(id.),— சம்பந்தர் ceux qui sont attachés aux illusions du monde,aux passions;—பாணி celui qui a un lacet à la main,i.e.Siven, V.பாசதரன்;—பெந்தர், V.பாசபந்தினர்;—மோசனம்,—விமோசனம் délivrance des passions,— de ses liens; —வைராக்கியம் dégout du monde; பாசங்களினீங்கல் exemption de passions,un des 8 attributs de Dieu dits எண்குணம்,pureté.

*பாசபேயம்,P.வாசபேயம்.

பாசலுகம்,l'arbre அகில்.

*பாசலம்,(pâtchala),vent,feu,maturité,chose préparée sans feu,cuisson,—sans feu.

பாசவம், (pâsava), troupeau: பசவபாலனம் pâturage, prairie, *litt.*ce qui conserve les troupeaux.

பாசறை,affliction,camp, campement, lieu où s'arrêtent les soldats qui marchent à l'ennemi,instrument—,planchette pour polir les murs, nom d'un arbre: — முல்லை pensée—,regret d'un soldat dans le camp à l'égard de sa femme absente.

*பாசனகம்,(pâtchanaka),borax,espèce de breuvage de malade,de médecine,infusion, décoction de diverses drogues principalement carminatives,pour conduire à maturité les humeurs viciées par la fièvre.

*பாசனம்,1° (bhâdjana), vase,—de terre,—à manger,vaisselle, plat, assiette,pot,part, portion, division (arithmétique).2°(pâtchana),feu,acidité,aigreur,digestif,abandon,expiation,pénitence,sorte de remède, *V.* பாசனகம்.3° parenté,affinité.

*பாசன்,(பாசம்),celui qui porte une corde,*i.e.*Yamen,Siven,Varounen,la vie ou l'âme.

பாசாங்கு,dissimulation, imposture, hypocrisie, donner le faux pour vrai, illusion, ressemblance, contrefaçon: பாசாங்கடிக்கிறது, பாசாங்காயிருக்கிறது dissimuler, feindre,—d'ignorer;—க்காரன் imposteur,trompeur, rusé, hypocrite, imitateur;—பண்ணுகிறது,— போடுகிறது faire l'hypocrite,feindre,—ce qu'on n'est pas,contrefaire, faire le malade...

*பாசாங்குசன், (பாசம், அங்குசம்),celui qui est armé d'une corde et d'un croc de cornac, *i.e.* Poulléyar.

*பாசாண்டம்,*V.*பாசண்டம்.

*பாசாண்டி,*V.*பாசண்டி.

*பாசாபத்தம்,(பாசம்,அ *priv.* பந்தம்),disparition magique.

*பாசாபாசம், (*id.*ஆபாசம்), paquet de flèches,corde.

பாசாணபேதி,la plante செப்புநெருஞ்சில்.

*பாசி,1° (பாசம்,i), homme armé d'un lacet ou d'un filet, ou qui en pose,Yamen,Varounen,oiseleur, preneur d'animaux au lacet.2° (pâtchi),action de cuire,de faire la cuisine.3° (பாசு),mousse,— verte qui couvre les étangs, herbage d'étang, lentille d'eau,lenticule, algue marine,la plante aquatique கொட்டிச்சி, vert-de-gris, nielle,chien, poisson, grains de verre de diverses couleurs pour colliers d'enfans, grains noirs (de verre...):—க்குளம் étang couvert de mousse ou de lenticules;—த்தீர்வை impôt sur le poisson;— படருகிறது la mousse—, la lenticule s'étendre, se propager, se répandre sur l'eau;—பற்றினபல் dent sale,—couverte de tartre; — பற்றுகிறது, —பிடிக்கிறது se couvrir de mousse, de lenticules;— பூக்கிறது la mousse—, la moisissure se former, —apparaître;—ப்படை armée puissante,soldats qui montent à l'assaut, ou les premiers à l'attaque, enfans perdus d'une armée; — ப்பயறு grains de vesse, phaseolus radiatus;—மணி grains de verre noirs ou de diverses couleurs (pour colliers d'enfans);—விலை prix du poisson.

*பாசிகை,(பசி, kâ), action de cuire.

*பாசிதம்,(bhâdjita), chose partagée,portion,quotient (en arithmétique).

பாசிலை,(பாசு,இலை),feuille verte.

பாசு,1° *adj.de* பசுமை,*devant une voyelle*,vert.2° verdeur, vert, bambou,courage.3°* (bhâsou),le soleil.

*பாசுபதம்,(பாசுபதன்), une des 6 sectes intérieures des Sivénistes, celle qui adore Siven sous le nom de பசுபதி,comme maitre prétendu des créatures,la flèche de பசுபதி, *i.e.*de Siven.

*பாசுபதன், *pl.* பாசுபதர், (pâsoupata), adorateur de Siven sous le nom de பசுபதி (*V.* ci dessus).

*பாசுபதாஸ்திரம், (பாசுபதம், அஸ்திரம்), flèche de Siven, la flèche ou l'arme que Siven donna, dit-on, à அருச்சுனன், [crifice.

*பாசுபதி, (பசுபதி), espèce de sa-

*பாசுபாலியம், (pâsoupâlya), action de paître et de garder le bétail.

பாசுரம், 1° (பா, சுரம்), hymne, chant sacré, ton cadencé et récitatif, poème mystique, phrase, prose, discours. 2° (பாசு, சுரம்), son d'une flûte de bambou ou autre. 3° (bhâsoura), splendeur, éclat, cristal.

பாசுவசுரோணி, ricin sauvage dit காட்டாமணக்கு.

*பாசை, 1° (pâtchâ), action de faire cuire. 2° *P.* பாஷை langage.

பாச்சல், *P.* பாய்ச்சல்.

பாச்சி, 1° lait, (terme enfantin). 2° *ou*

பாச்சிக்கை, (*corr. de* பாசகம்), dé à jouer, espèce de —, long dé employé au jeu dit சொக்கட்டான்.

*பாச்சியம், (bhâdjya), portion, part, dividende.

பாச்சுகிறது, *P.* பாய்ச்சுகிறது.

பாச்சுருட்டி, பாச்சுற்றி, (பா), nom d'un instrument de tisserand.

பாச்சை, *P.* பாய்ச்சை: — யடிக்கிறது les grillons chanter, — gâter; — யடித்தபுடவை habit gâté par les grillons.

பாச்சொற்றி, *P.* பாற்சொற்றி: அடுக்குப் — la plante justicia ecbolium; எருமைப் — la plante achyrantes lappacea.

*பாஷகம், (pâchaka), gros anneau que les femmes portent aux pieds, ornement des pieds; — போடுகிறது s'en mettre aux pieds.

*பாஷணம், (bhâchana), discours, applaudissement à la fin d'un drame....

*பாஷண்டம், (pâchanda), hérésie, secte hétérodoxe; (les Vichnouvistes usent de ce mot et de ses composés à l'égard des Sivénistes, des Bouddhistes et des Samanéens).

*பாஷண்டன், பாஷண்டகள், பாஷண்டி (*id.* ka, i). hérétique, hétérodoxe, sectateur d'une fausse religion, fanatique, linganiste.

*பாஷமாணம், (bhâchamâna), parler, dire. [parole.

*பாஷணம், (bhâchana), discours,

*பாஷாசமம், (பாஷை, சமம்), mot commun ou qui convient à 2 langues, arrangement d'une phrase ou d'une sentence de sorte qu'elle soit sanscrite et prakrite ou பிராகிருதம்.

*பாஷாணம், (pâchâna), 1° pierre. 2° poison, arsenic. On compte 32 espèces d'arsenics naturels dits பிறவிப்பாஷாணம், et 32 d'arsenics préparés ou composés dits வைப்புப்பாஷாணம். De plus chaque espèce a plusieurs synonymes, presque tous finissent par le mot பாஷாணம். Voici les arsenics naturels: அஞ்சனபாஷாணம், அப்பிரக—, அவுபல—, இலிங்க—, 5° கந்தக—, கரட்டுத்தாளகம், கற்கடக—, கற்பரி—, கற்—, 10° காய்ச்சற்—, காந்த—, கார்முகில், குதிரைப்பல் *ou* அசுவம் *ou* கத்துருவம் arsenicum rubrum, கந்தகம், 15° கௌரி— *ou* அங்காரமாதி, கோளக— *ou* அங்கம், சங்க—, சவ்வீரம் *ou* பறங்கிப்— *ou* அதிவெள்ளைச்செந்தூரம், சர்க்காண்டம் *ou* அங்குசன், 20° சாலாங்க— *ou* கும்பகம், சிலாமதம், சிதாங்க— *ou* அளாங்கம், சிற்பந்தம் *ou* கபாலன், சூத—, 25° தகட்டுத்தாளகம் *ou* தகட்டரிதாரம், தாலம்பம், துத்த—, தொட்டி *ou* கும்பகம், பலண்டுறுக—, 39° மனோசிலை, மிருதம் *ou* அங்கணன், வெள்ளைப்— *ou* எலிப்பாஷாணம். Liste des arsenics composés ou préparés: அமரசிலைக்கந்தகம், அயத்தொட்டி, இந்திர—, இரசிதம். 5° இரத்த—, இலவண—, எருமைநாத்தொட்டி, கருமுகில், காகம், 10° குங்குமம் *ou* அஞ்சற்குளச்சு, *ou* கமலி, கோடாசொரி, கோழித்தலைக்கந்தகம், கௌரி, சவ்வீரம், 15° சாதிலிங்கம், சூதம், செப்புத்தொட்டி, சோரம், திமுறுகல், 20° துத்தம், துருசி, தொட்டி orpiment, நாக—, நீலம் *ou* நாய்க்குழவி *ou* நாபத்திக்கிளிக்கிளை,

25° பஞ்சபக்ஷி,பவழப்புற்று, பூரம், பொற்றெட்டி,மிருதாரசிங்கி ou சிங்கி,30°வாணகந்தகம், வெள்ளை,வைப்பிதாரம்:பாஷாணக்கல் nom d'un antidote;—தாரகம்,—தாரணம் ciseau de tailleur de pierres;—த்தாபனம்,—ஸ்தாபனம் érection d'une tombe ou monument aux morts (ce qui est un des சைவக்கிரியை);—மூர்த்தி femme céleste—,bienheureuse étendue comme une pierre;பாஷாணத்திலேகூட்டுகிறது composer un remède avec de l'arsenic.

பாஷாண்டி,(பாஷாணம், ஆண்டி),sivéniste de la secte des வீரசைவர். [ஷேணா

பாஷாண்டிஷேணா, V. பாடாண்டி

*பாஷாந்தரம், (பாஷை, அந்தரம்),autre langage, diverses langues: —ஆக்குகிறது traduire,—dans une autre langue.

*பாஷாபாதம்,(id. பாதம், quart), la 1re des 4 parties d'un procès, la plainte ou l'accusation.

*பாஷிக்கிறது,ஷித்தேன், ஷிப்பேன்,ஷி,ஷிக்க v.n.(பாஷை),parler.

பாஷித்தல்,பாஷிப்பு,n. v. du préc. parole,discours.

*பாஷிதம்,(bhâchita), chose dite, discours,dire,langage.

*பாஷியம்,(bhâchya),commentaire,explication d'un aphorisme ou d'une régle technique,telle que celles du நன்னூல்: பாஷியகாரன், —காரன் commentateur,celui qui explique les aphorismes ou régles techniques renfermées dans une sentence,traducteur.

*பாஷை,(bhâchâ),langue,langage,parole, discours, Sarasvati prétendue déesse de la parole,serment, imprécation contre soi si on manque à sa parole. Les Indiens comptent 18 langues, V. அஷ்டாதசபாஷை:—கற்கிறது apprendre une langue;—க்காரன் linguiste, savant dant les langues;—சொல்லுகிறது,—யிடுகிறது jurer, faire serment,—des imprécations,promettre avec serment;—பத்திரமாக sous la sanction d'un serment;—ப்படுத்துகிறது,—பாஷையிலேதிருப்புகிறது traduire,— dans une autre langue; பாஷையறிகிறது connaître une langue. [vapeur.

*பாஷ்பம்,(bâchpa),pleurs,larmes,

*பாஸ்கரம்,(bhâskara),splendeur, lumière,soleil,feu,or,bravoure, une des 6 sectes intérieures des Vichnouvistes,un des 32 உபநிஷதம்: பாஸ்கரப்பிரியம் le rubis.

*பாஸ்கரன்,(id.),Bhasgaren,célèbre astronome, feu,soleil,héros.

*பாஸ்மனம்,(பஸ்மம்),cendre.

*பாஞ்சசத்திகம்,(பஞ்சம்,சத்தம், ika),instrumens de musique en général ou de 5 sortes.

*பாஞ்சசன்னியம், (pantchadjanya),la conque de Vichnou ou de Krichna faite des os de l'Asouren ou démon பஞ்சசனன் et entourée de 1000 conques,coquillage, espèce de poisson,feu; பஞ்சசன்னியதரன் celui qui porte cette conque,i.e.Vichnou ou Krichna.

*பாஞ்சபௌதிகம், (பஞ்சபூதம், ika),chose composée des 5 élémens.

*பாஞ்சராத்திரம்,(பஞ்ச, ராத்திரம்),secte que l'on dit avoir été enseignée à Brama par Vichnou durant les 5 nuits du déluge, subdivision de la secte des Vichnouvistes, c'est une des 6 sectes hétérodoxes suivant les Sivénistes,un des 2 livres des Vichnouvistes.

*பாஞ்சராத்திரி, பாஞ்சராத்திரிகன்,(id.),sectateur de la secte dite பாஞ்சராத்திரம்.

*பாஞ்சலிகை.(pâtchalikâ), belle statue,—poupée,marionnette.

*பாஞ்சாலம்,(pântchâla),le Pantchâla,un des 56 pays de la géographie indienne,le Pandjab,association de 5 métiers ou de 5 sortes d'artisans,savoir:charpentier,tisserand, barbier,blanchisseur et cordonnier, grammaire à 5 parties, beauté, élégance: பாஞ்சாலபுருஷன் bel homme,beau mari; — மட்டுகம் espèce de timbale.

*பாஞ்சாலன்,(*id.*),roi — ,habitant du Pantchâla, bel homme.

*பாஞ்சாலி, (பாஞ்சாலம்,i), belle femme,la femme du Pantchâla *i.e.* துரோபதை.2° *ou*

*பாஞ்சாலிகை,(பாஞ்சாலி, kâ), *V.*பாஞ்சாலிகை.

பாட,1° *inf.de* பாடுகிறது.2° *obl. de* பாடம்.

*பாடகம்,1° *P.*பாதகம்.2°(bhâtaka),salaire,gage, prix d'un—,loyer. 3° (pâtaka),moitié de village, bord, rivage,jeu de dés,sorte d'instrument de musique,large empan,perte, dépense ou perte du capital:— போடுகிறது se mettre un gros anneau au dessus de la cheville du pied.

*பாடகன்,*pl.*பாடகர், (pâthaka), chanteur,chantre,lecteur, étudiant, précepteur spirituel, celui qui lit publiquement les pouranas.

பாடகி,*fém.du préc.* chanteuse.

*பாடச்சரன், (படச்சரன்), voleur.

*பாடம்,(pâtha),leçon, —à apprendre,devoir à écrire, étude, lecture, chapitre,division d'un livre.2° rue, rue de bergers, préparation de la feuille de tabac,chose qu'on a mise s'affaisser...,morceau,frottement de l'or,de l'argent sur la pierre de touche,chose à la quelle on est exercé. 3° (pâtâ),série,ordre,pile:—ஆக்குகிறது,— ஆக்கிக்கொள்ளுகிறது apprendre sa leçon,—par cœur, s'exercer à,imiter,copier; — ஒப்பிக்கிறது réciter sa leçon présenter son devoir; — கேட்கிறது demander au maître le sens d'une leçon ou d'un livre, faire réciter, demander sa leçon à un écolier; —சேருகிறது la leçon s'imprimer dans la mémoire,s'apprendre,s'obtenir,s'affaisser, se réduire;— சொல்லுகிறது réciter —,répéter sa leçon, expliquer à un écolier le sens de sa leçon; — பண்ணுகிறது, — வரப்பண்ணுகிறது, —வரப்பண்ணிக்கொள்ளுகிறது apprendre une leçon, —par cœur,s'exercer,acquérir l'habitude, imiter,copier (les manières de quelqu'un.,.); இதிலே—பண்ணினவன் il est bien exercé—habile dans ceci; புகையிலையைப்— பண்ணினான் il a préparé les feuilles de tabac;—போடுகிறது réfléchir plusieurs fois sur les leçons ou explications données,c'est une des qualités des écoliers; பாடசாலை salle d'école, collége,école,classe;— சுவடி feuille ou livret qu'on donne à apprendre, modéle; பாடத்திலேவைப்பிப்பு pierres précieuses artistement jointes de manière à ne présenter qu'une surface et un éclat,(terme technique de joaillier): மேற்பாடம் original, minute; கீழ்ப்பாடம் copie, — d'un original, —de dessous.

*பாடலம்,1°(pâtala),couleur rouge, —roussâtre,rouge pâle,riz qui mûrit dans la saison des pluies, l'arbre பாதிரி,sa fleur.2° cheval, le cheval du roi சேரன், serment, imprécation.

*பாடலி,(pâtali), riz qui mûrit dans la saison des pluies,l'arbre பாதிரி,sa fleur,2° caillou,jus de palmier...fermenté:—புத்திரம் Pâdalipoutiram, ville qu'on suppose l'ancienne Palibothra des Grecs et la moderne Patna,ainsi nommée de பாடலிபுத்திரன் son fondateur,

*பாடலோபலம்,(பாடலம், உபலம்),pierre précieuse d'un rouge pâle,*i.e.*rubis.

பாடல்,*opt.et n.v. de* பாடுகிறது, chant,—de vers,chanson, cantique, musique vocale,lecture:— கேட்கிறது écouter chanter; பாடற்றிலக்கணம் prosodie, versification; இந்த வீட்டிலாட்டம்பாட்டமாய்க்கிடக்கிறது dans cette maison il n'y a que danse et chant.

*பாடவம், 1° (pâtava), habileté, dextérité, éloquence, santé, joie, grandeur. 2° (bâdava),feu sous-marin, haras, troupeau de jumens, *V.* ஊழித்தீ.

*பாடவாக்கினி,(பாடவம், அக்கினி), l'enfer, *V.* வடவாக்கினி.

·பாடலன்,பாடலை, (பாடுகிறது), chanteuse,le signe des Gémeaux,(ce sont, selon les Indiens, 2 femmes l'une nommée பாடலன் et l'autre பாடலை, l'une a à la main une massue தண்டு, l'autre une guitare வாத்.

·பாடலன்,(*id.*),chantre, chanteur.

*பாடலிகம்,(பாடலம்,ika),habileté,artifice, ruse.

*பாடவேயர்,(bâdavêya), les 2 fils prétendus du soleil et de la nymphe அச்சுவினி changée en jument ou படவை; ce sont les médecins des dieux indous. On les nomme அச்சுவினிதேவர்.

*பாடனம்,(pâtana),action de couper,coupure. 2° (pâthana),prédication,enseignement. 3° *P.* பாஷணம், discours, parole. 4° (பாடுகிறது), chant,action de chanter.

பாடன்மகன், பாடன்மகடூஉ,(பாடல்), chanteuse,

பாடா,1° la plante ou vigne cissampelos. 2° *ou* பாடாத, *part. nég. de* பாடுகிறது qu'on —, qui ne chante pas.

*பாடாசனம்,*P.* பாஷாசனம்.

*பாடாணம்... *V.* பாஷாணம்,..

பாடாண்டிணை, (பாடு,ஆண்,திணை), un des புறப்பொருட்டிணை.

பாடாநந்தம், (பாடு, ஆநந்தம்), *V. au mot* பாடு.

*பாடாந்தரம், *P.* பாஷாந்தரம்.

பாடாவதி, பாடாவஸ்தி, (பாடு, அவதி, அவஸ்தி),grande peine,—souffrance.

பாடாவிதி, (*id.*), malheureuse destinée: பாடாவிதியாய்முடிகிறது finir mal, devenir fâcheux.

பாடி,1° *n.v. et gér.de* பாடுகிறது chanteur, chanteuse (à la fin des mots composés comme வானம்பாடி la chanteuse de l'air, *i. e.* l'alouette). 2° terminaison d'un grand nombre de villes et villages,ville, bourgade, bourg, village, —de forêts, district, pays, armées, troupe, armure, cotte d'arme, camp, espèce de mélodie, un des 32 airs anciens, éclaireur, espion, — que les voleurs envoient pour examiner l'état du village qu'ils veulent piller, rapport de cet espion. 3° (pâthi), brame qui a fini ses études. 4° (bhâti), gage, salaire: — க்கதை vaines paroles, vains discours, conte frivole,—de camp; — க்கொண்டுவருகிறது venir en chantant, chanter habituellement; — சொல்லுகிறது un espion faire son rapport—,donner aux voleurs des renseignemens sur l'état d'un village;— பாடுதேடி vagabond qui mendie en chantantant,chanteur de ballades; — வேட்டம், — வேடுகொள் espèce de jeu;—வேடுகிறது jouer à ce jeu; —வீடு camp,campement;—ப்பிச்சை aumône qu'on demande en chantant;— வார்த்தை mensonge, vanterie.

*பாடிதம், 1° (pâthita), instruction,enseignement. 2° *P.* பாவிதம்.

*பாடியம்...*P.* பாஷியம்...

பாடியம், pays.

*பாடினி, 1° (pâdini), vase de terre...2° (பாடி), chanteuse.

*பாடீகணிதம், (pâliganita), arithmétique.

*பாடீரம், (pâtira), racine piquante, espèce de radis, sandal, zinc, nuage, graine de bambou, champ, rizière, crible, maladie provenant de flatuosités.

*பாடீரன், (bâdira), serviteur à gages. [public des pouranas.

*பாடீனன், (pâthina), lecteur

பாடு, 1° *imp.et part. de* பாடுகிறது. 2° *gén.* பாட்டின், *obl.*பாட்டு, *n.v.de* படுகிறது, souffrance,peine, effort, travail, tourment, passion, supplice,tolérance,capture de poissons d'un coup de filet,diminution, dommage,perte, malheur, qualité, naturel, coït passif d'une femme, place, côté, parti, son, grandeur, croissance,affection, propre affaire, opposition des planètes au soleil,la 7° place ou le 7° signe à l'ouest de celui qui se lève,celui qui se couche. 3° Il sert d'affixe simple à la fin de certains mots, *v. g.* ஆசைப்பாடு désir, cupidité: இதுவென் பாடு ceci est mon affaire; உன்பாடு c'est ton affaire; பாடடைகிறது, பாடுபடுகிறது, பாடழிந்துபோகிறது se perdre, se gâter, périr, éprouver une perte, être frustré; பாடாய் malheureusement, péniblement: பாடாய்முடிகிறது finir mal ou malheureusement; தன்பாடாய் par ses efforts, par son travail...; — இல்லாமல் on n'a point trouvé d'ouvrage; —காட்டுகிறது montrer la peine, le côté..., être couché sur le côté, tomber d'un côté, s'affaisser—, tomber —, rester doucement ou tranquillement; —படுகிறது souffrir, —de la douleur, endurer un châtiment, travailler rudement, s'efforcer; —பாடு souffrance, travail rude; — படுத்துகிறது affliger, punir, faire souffrir, tourmenter; — படுத்திக்கேட்கிறது mettre à la question, tourturer pour arracher des réponses; —பட்டுண்கிறது, — பட்டுப்பிழைக்கிறது vivre de son travail; —பட்டுத்தேடுகிறது chercher —, gagner par son travail; —பார்க்கிறது examiner le dommage, la porte, le déchet, le tourment; — வந்தாற்றுமாசசொல்கிறது exprimer son incapacité à souffrir un tourment ou un dommage...; என்னபாடுண்டாயிருக்கும் quel est le déchet (dans la fonte des métaux...) ou la perte, la souffrance: ஒருபாட்டிலேகிடக்கிறது être couché —, être d'un côté, être d'un parti; ஒருபாட்டிலேகிடையாய்க் கிடக்கிறது être couché ou penché d'un côté, ஒருபாட்டிலேகிடந்து சுளுக்குப்பிடித்தது avoir attrapé une entorse ou une foulure pour avoir été trop long-temps couché sur un côté.

பாடுகிறது, டினேன், டுவேன், டு, ட, *nég.* டேன், *v.n.* chanter, — un air, — des vers, composer —, faire des vers, lire, —en chantant, jouer au jeu பாடிவேட்டம்: குரலெடுத்துப் —chanter en retenant ou diminuant sa voix; குரலெடுத்துப்பாடி—, chanter en déployant sa voix; சத்தந்தாழ்த்திப் — chanter en baissant le ton, ou diminuant la voix; சத்தமேற்றிப்—chanter en élevant le ton ou la voix.

பாடுகிறவள், பாடுவாள், பாடுவாள், பாடுகிறவள், பாடுவோள், *n. app. du préc.* chanteuse.

பாடுகிறவன், பாடுவான், பாடுவான், பாடுவோன், (*id*), chantre, chanteur. [று.

பாடுகை, பாடுதல், *n.v. de* பாடு

பாடுவிக்கிறது, *v. caus. de* பாடுகிறது, faire chanter, enseigner à chanter, — à faire des vers ou à en chanter. [ginal, 1re feuille.

பாடேடு, (பாடு, ஏடு), modèle, ori-

பாடை, 1° bière, cercueil, le cotonnier பருத்தி. 2° *V.* பாடைத் *et ses composés*: — குலைத்தான் la plante பாசல்; —ப்பண்டி corbillard; —மஞ்சம் cercueil, bière. [leur.

*பாட்டிலன், *P.* பாகழிகன், oise-

பாட்டம், petite vérole.

*பாட்டன், *P.* பாடகன், chanteur, ménétrier.

பாட்டம், 1° *V.* பாட்டாசாரியம். 2° fréquentes—, ondées, pluie souvent interrompue, fois: —பாட்டமாய்ப் பெய்கிறது pleuvoir par fréquentes ondées: பாட்டப்பிரபாகரம் nom d'une secte; —மதத்தான் observateur de la secte பாட்டம்; — மழை ondée, pluie intermittente, par intervalle.

பாட்டன், 1° *ou* பாட்டனார், grand-père, aïeul. 2° *V.* பாட்டாசாரியன். 3° (பாட்டம்), partisan de la secte dite பாட்டாசாரியம்; — பூட்டன்றனயிலே du temps des ancêtres.

பாட்டா, *P.* பாட்டன்.

*பாட்டாசாரியம், (பாட்டாசாரியன்), secte indoue fondée par Battasarien, un des 6 சமயங்கள்.

*பாட்டாசாரியன், (பாட்டன், ஆசாரியன்), Battasarien, auteur de la secte dite de son nom பாட்டாசாரியம்.

பாட்டாளி, 1° (பாட்டு, ஆளி), chanteur. 2° (பாடு, obl. பாட்டி), homme laborieux, actif, industrieux: அவன் —அல்ல il n'est pas laborieux, c'est un paresseux.

பாட்டாள், (பாடு, obl. ஆள்), personne laborieuse,— inutile.

பாட்டி, 1° ou பாட்டியார், fém. de பாட்டன், grand'mère, aïeule. 2° (பாட்டு), chanteuse. 3° chienne, truie, femelle du renard et de quelques autres animaux.

பாட்டியமி; P. பிரதமை, le 1er jour de chaque demi-lunaison.

பாட்டியல், (பாட்டு, இயல்), art poétique,—de la poésie, versification, nom de 3 manières de chanter, nommées கரம், நயம், தேசியம்.

பாட்டு, 1° n.v. de பாடுகிறது, chant, chanson, hymne, cantique, musique, —vocale, strophe, poëme, vers ou poésie en général, satire, chant satirique. 2° obl. de பாடு: — க்காணி, — நிலம் champ qui demande plus de labeur; — க்காரன் chanteur, chantre; —செய்கிறது, —பாடுகிறது chanter —, réciter —, lire —, composer des vers; — நாயகன் ou பாட்டுடைத்தலைவன், (உடைய), héros d'un poeme; —வாளி, (ஆளி), chanteur: பாட்டுமுறையும் pièce de poésie avec son commentaire.

பாட்டை, chemin, route: — சாரி voyageur.

பாட்டோட்டன், (பாட்டு), chanteur.

*பாட்பம், P. பாஷ்பம், pleurs.

பாணத்தி, பாணிச்சி, fém. de பாணன், tailleuse.

*பாணம், 1° (bâna), flèche, trait, fusée,—volante. 2° (pâna), main, louange, commerce. 3° (bhâna), une des 10 espèces de drames où il ne parait qu'un acteur qui raconte. 4° l'arbre lawsonia spinosa, soierie à fleurs, espèce de soierie: பாணக்கெந்தகம், —கெந்தகம், —கெந்தி, —மருந்துக் காருகந்தகம் diverses modifications de sulphure d'arsenic; — வோட்டம் cours ou marche d'une flèche; —ப்பெண், V. பாணச்சி,

பாணன், pl. பாணர், 1° (பாணம்), panégyriste, chantre, — panégyriste. 2° tailleur, ricin sauvage.

பாணை, jarre, grande cruche, testicules enflés, gros testicule, ou

பாணைத்தடி, bâton d'escrime, — armé des 2 bouts.

பாணைது, nom d'un dé ou d'un coup de dés (au jeu de dés).

*பாணி, 1° (pâni), main, marché, bazar, rue où il se tient, marchand. 2° (bâni), mot, parole, discours, la prétendue déesse de l'éloquence, bruit, son, musique, — vocale et instrumentale, chant, mélodie, instrument de musique. 3° P. பானீயம், eau. 4° (phâni), sucre non raffiné, mélasse, riz cuit mêlé avec du lait caillé. 5° jus épaissi—, caillou ou jus de cocotier ou de palmier fermenté, jus de feuilles, jus de fruits, branche d'arêquier, corbeille faite de cette branche, divers objets, provisions, danse, bosquet ou bois fourré qui entoure une ville ou un village et lui sert de fortifications, bourg, jardin, bosquet, forêt, pays, armée, pandel —, berceau de fleurs, attachement, amour, temps, longtemps, délai, retard, l'arsenic dit சரவிடபாஷாணம். 6° imp. et part. de பாணிக்கிறது: — க்கிரகணம்; —க்கிரகம் prendre —, prise par la main, mariage; — க்கிரகணம்பண்ணுகிறது prendre par la main, épouser; — க்கிரகணிகம் mariage; — கிருகீதி (groubîti prise), epouse, femme mariée; — சம் ce qui nait à la main, i. e. ongle des mains; — சரியை (saryâ qui va), corde; — தலம் paume de la main, poids de 2 துலாம் (environ 28 livres); — பாதம் la main et le pied; — பீடனம் mariage; — ப்பனாட்டு panâttou mis dans une corbeille d'arêquier; — ப்பற்று, — ப்பிடி prise —, saisie par la main; — முத்தம் arme, qu'on lance avec la main; — ருகம் V. பாணிசம்; — வாதன், — வாதகன் marchand, ou

*பாணிகன், (பாணி, gha qui

frappe), tambourineur, qui bat du tambour avec ses mains, chantre, musicien.

*பாணிகை, 1° (pânikà), grande cuillère. 2° (bhânihâ), drame comique en un acte.

பாணிக்கிறது, பாணித்தேன், பாணிப்பேன், பாணி, பாணிக்க, (பாணி), *v. a. et n.* différer, retarder, considérer, concevoir, imaginer, supposer, juger.

*பாணிதம், (phânita), sucre brut, jus de canne à sucre épaissi.

பாணிப்பு, பாணிப்பு, *n. v. de* பாணிக்கிறது, délai, retard, considération, supposition.

*பாணிந்தயம், (pânindhaya), boire dans le creux de la main.

*பாணினான், பாணினி, (pânina, —ni), le Mouni Pânini auteur de la grammaire sanscrite dite

*பாணினீயம், (பாணினி), grammaire sanscrite de Pânini.

*பாணிக்கிரகணம், (pânaou *dans la main*), mariage.

பாண், chant, mélodie, callou ou jus de cocotier fermenté, la caste des பாணர் ou tailleurs, destruction, ruine: — மகள் chanteuse; — மகன் chantre, chanteur.

*பாண்டகம், (பாண்டம், ka) meuble, ustensile, vase, plat, coupe, marchandises.

*பாண்டம், 1° (bhânda), ustensile, vase, —de terre, plat, coupe, pot, tuile, instrument de musique, capital, argent comptant, ornement (en général), —du cou ou du poitrail d'un cheval ou autre animal, lit —, largeur d'une rivière, espace entre ses bords, plaisanterie, bouffonnerie. 2° (phânda), premières particules —, grains de beurre qui se forment en barattant: பாண்டப் பிரதிபாண்டம் règle d'échange, (en arithmétique).

*பாண்டரங்கம், (பாண்டம், ரங்கம்), danse de Siven. [danseur.

*பாண்டரங்கன், (*id.*), Siven le

பாண்டரம், (pândara), jaune pâle. —blanchâtre, chaux rouge, jasmin.

பாண்டம், ce qui est gâté.

*பாண்டவர், (பாண்டு), les Pandavers, 5 frères fils putatifs du roi Pândou. Leus noms sont தருமன், வீமன், அருச்சுனன், நகுலன் et சகதேவன்: பாண்டவர்முன்பிறந்தோன் celui qui est né avant les Pandavers, *i.e.* Karnen que குந்திதேவி mère des Pandavers eut du soleil, au dire des Indous, avant son mariage avec Pandou.

*பாண்டவாதனம், (பாண்டம்), jouer des instrumens de musique.

*பாண்டவாபிலன், பாண்டவாபலன், (பாண்டவர், abhila *qui encourage*, அபிலம்), celui qui encourageait — accompagnait les Pandavers, *i. e.* Krichna.

*பாண்டவேயன், (பாண்டு), descendant du roi Pândou.

*பாண்டாகாரம், (பாண்டம், ஆகாரம்), magasin, arsenal, trésor.

பாண்டி, 1° le Maduré, nom d'un air, sorte de jeu, table pour jouer dite பல்லாங்குழி, l'arbre வாகை. 2° (பாண்டம், i), qui a un vase; — தேசம், — மண்டலம், — மண்டிலம், — வளநாடு le royaume du Maduré, Pandionis regio des Latins; — பாடுகிறது jouer au jeu nommé பாண்டி.

*பாண்டிகன், (பாண்டம், ika), musicien chargé de réveiller le roi le matin par la musique vocale ou instrumentale.

*பாண்டித்தியம், (பண்டிதன், ya), étude, action d'apprendre, science.

பாண்டியம், (பாண்டி), le Maduré: பாண்டியதேசம், royaume du Maduré, un des 56 pays de la géographie des Indous.

பாண்டியன், (*id.*), Pândien, roi de Maduré un des 3 rois du pays tamoul. Son cheval se nommait கனவட்டம்; sur sa bannière était représenté le poisson சேல் espèce de carpe; sa guirlande était de l'arbre வேம்பு. Il était censé de la race de Sandiren ou de la lune, Le nom de Pândien était commun à tous les rois du

Modurè, comme celui de Pharaon aux rois d'Égypte.

*பாண்டிலவன், பாண்டிலவான்கள், (பாண்டம், ila, பாண்டி ayant un vase, வான்கள்), l'homme au bassin, le barbier.

பாண்டில், charrette, char, cabriolet, voiture, monture, bambou, cercle, lampe ronde de terre dite அகல், bœuf, le Taureau du zodiaque, lit, couchette, cymbale manuelle, sorte d'instrument de musique, pays, l'arbre வாகை.

*பாண்டீரம், (bhandira), le multipliant dit ஆலமரம், blancheur.

*பாண்டு, (pândou). jaune blanchâtre, blancheur, paleur, couleur pâle, sorte de jaunisse, hydropisie, la plante திருநீற்று, Pândou célébre roi de Hastinapouri, fils de Vyâsen et de அம்பாலிகை veuve du roi விசித்திரவீரியன், de la race des Kourous, et regardé comme fils de ce dernier. Il était frère cadet de திருதராட்டிரன் l'aveugle, et épousa les 2 sœurs குந்திதேவி et மத்திராதேவி filles du roi சூரசேனன். Mais comme à cause de la malédiction d'un richi, il ne pouvait, sous peine de mort, au dire des Indous, avoir commerce avec ses femmes, elles eurent avec sa permission, de différens dieux prétendus, les 5 frères, nommés de son nom Pandavers, qui sont considérés comme ses fils et sont les héros du மகாபாரதம்: — கம்பலம் espèce de pierre, — de tapis blanc, housse d'éléphant, — d'éléphant royal; — கம்பலி charrette couverte d'un tapis, housse d'éléphant royal; — சருக்கரை gravelle légèrement colorée; — சருமிலை (sarmilâ *joie*), celle qui a fait la joie de Pandou, *i. e.* துரோபதை épouse commune de ses 5 fils; — நாகம் l'éléphant blanc d'Indiren nommé ஐராவதம்; — புத்திரர், — நந்தனர், — மைந்தர் les fils putatifs de Pandou, les 5 Pandavers; — பூமம், (பூமி), pays dont le sol est légèrement coloré; — மகாராசா le grand roi Pandou; — மிருத்து pays dont le sol est blanchâtre, chaux; — மிருத்திகை terrain pâle, opale; — ராகம் blancheur, pâleur; — ரோகம் jaunisse; — வருணம், — வர்ணம் blancheur, pâleur.

*பாண்டுகம், (பாண்டு), jaunisse, couleur pâle, jaune blanchâtre, blancheur.

*பாண்டுரம், (*id.* ra), nom d'un arbre, lèpre blanche, *V.* பாண்டுகம்.

பாண்டுருவன், (*id.* உரு), ce qui a une grande figure, — forme.

பாண்டை, — நாற்றம், mauvaise odeur, odeur de poisson salé pourri: — நாறி homme puant.

பாண்மூலை, (பாண்), coin ruiné.

*பாத, *obl. de* பாதம்.

*பாதகம், (pâtaka), crime, péché, scélératesse, faute, chute, trahison; பாதகம்-ஐ, les 5 grands crimes (selon les Indous), *V.* பஞ்சபாதகம்; பாதகம்-ஏ, les 7 péchés capitaux, savoir சித்தசமுன்னதி, அகங்காரம் ou ஆங்காரம் l'orgueil, அருத்தலோபம் ou உலோபம் l'avarice, காமம் l'impureté, வைடமியம் ou பகை la haine ou *plutôt* காய்மகாரம் l'envie, அசனப்பிரியம் ou போசனப்பிரியம் la gourmandise, கோபம் ou காய்தல் la colère, அறுட்டணம் ou சோம்பல் la paresse, ou selon l'ordre du catéchisme: ஆங்காரம், உலோபம், மோகம், காய்மகாரம், போசனப்பிரியம், கோபம், சோம்பல்; பாதகஞ்செய்கிறது commettre un crime; பாதகமோசம் commission d'un crime, culpabilité.

*பாதகன், *pl.* பாதகர், (பாதகம்), scélérat, criminel, pécheur, traître: — முகத்திலேவிழிக்கப்படாது on ne doit pas regarder un scélérat en face, il ne faut pas se trouver en face d'un scélérat.

*பாதகி, *fém. de* பாதகன், pécheresse, scélérate, traîtresse.

*பாதங்கி, (பதங்கன்), Saturne descendant prétendu du soleil.

*பாதசன், (பாதம், சன்), celui

qu'on dit né des pieds (de Brama), *i. e.* Cheutre.

பாதறி, (arab), ensuite.

*பாதஞ்சலம், பாதஞ்சலியம், (பதஞ்சலி), le système philosophique de Padanjali, *i. e.* la philosophie யோகம்.

*பாதபம், (பாதம், pa *qui boit ou conserve*), ce qui boit par le pied, arbre, bosquet, marchepied, escabeau, montagne.

*பாதுகை, (*id.*), souliers, sandales.

*பாதம், 1° (pâda), quart, jambe, c'est le quart du corps humain), pied, — de montagne, — d'arbre, racine d'arbre, pied de —, vers, vers —, ligne d'une stance. — des hymnes de l'இருக்குவேதம் ou Rig-vêda, degré, quart de cercle, quartier, part, colline, — au pied d'une montagne, rayon de —, lumière; பாதங்கள் ௪ les 4 parties — états ou propriétés du culte de Siven, *i. e.* சரியா — கிரியா —, யோக —, ஞானபாதம், *V.* சிவபூசை நியமப்பு-ச [?]. 2° (pâta), descente, chute, arrivée, évènement, Râgou ou le nœud ascendant, nœud de l'orbite des planètes. 3° (pâtha), eau. 4° (bhâta), matin, aurore. 5° (bâdha), affliction. 6° mot explétif comme dans சேதபாதம் perte: பாதத்திலே விழுகிறது se prosterner —, tomber aux pieds de quelqu'un; பாதத்தைப் பிடிக்கிறது saisir les pieds, se réfugier auprès de: பாதகடகம் anneau —, ornement pour les pieds ou les orteils: — கண்டகம் [?] gros pied, enflure des pieds: — காணிக்கை don —, offrande déposée aux pieds de quelqu'un: — காப்பு ce qui protége les pieds, *i. e.* sandales: — கிருச்சிரம் pénitence qui consiste à manger et à jeûner alternativement chaque nuit: — க்கிரகணம் toucher respectueusement les pieds d'un supérieur; — குறடு sandales de bois (qui ne tiennent au pied que par une cheville à grosse tête passée entre l'orteil et le doigt voisin); — குறட்டின்குமிழ் *ou* குமிழ் tête de cette cheville; — ச்சங்கலிதம் [?] série ou progression descendante; — சத்தம் bruit des pieds; — சத்துருவம் l'arbre அரசமரம், chèvre, grêle, banc de sable, — சத்துருவாதன் calomniateur; — சரம் nom d'un ornement des pieds: — சாகை doigt du pied, orteil; — சாபவியம் [?], — சாபல்லியம் [?] frapper du pied, donner un coup de pied: — சாரம் marche journalière des planètes, marche à pied; — சாரி piéton, fantassin; — சாலம் ornement des pieds; — சிலை pierre creusée qui sert de base à une colonne; — சுத்தி lavement des pieds; — சேவனம், — சேவை hommage ou service respectueux, respects profonds, — rendus aux pieds; - சைலம் colline au pied d'une montagne; — சோதம், (sôtha *enflure*), enflure des pieds, goutte; — க்ஷனி [?] Saturne situé dans le signe au dessous de celui qui se lève au moment de la naissance, (on suppose qu'il pronostique le don d'éloquence): — ச்சாயை ombre —, trace des pieds; — தட்சிணை don déposé aux pieds: — தரிசனை visite à *ou* d'un grand, *litt.* vision des pieds; - தலம் place —, plante des pieds: — தாடனம் coup de pied (expression polie); — தாரி, (dâri *déchirure*), fente au pied, (par le froid ou la chaleur), engelure: — திராணம் soulier, botte, sandale; — தீட்சை, — தீக்ஷை initiation par l'empreinte du pied, - qui consiste à donner l'empreinte du pied ou à imprimer sur le corps la figure ou le cachet d'un pied; — தீர்த்தம் eau lustrale des pieds, eau qui a servi à laver les pieds des grands: — தூளி terre qui s'est attachée aux pieds, poussière de pieds censés sacrés, poussière que l'on fait en marchant; — பங்கயம் lotus ou nénuphar des pieds, *i. e.* pieds sacrés ou respectables, censés ressembler au nénuphar: — பங்கயன் homme qui a de tels pieds, — respectable; — படி marchepied, escabeau, *V.* பாதகுறடு: - பந்தனம் entraves qu'on met aux pieds du bétail, bercail; — பலிசம் [?] l'arsenic சிறு

ரக்ஷணத்திரணம்: — பரிகட்டனம், (parighattana friction), action de fouler aux pieds: — பாசம் corde pour lier les pieds du bétail, V. சதங்கை; — பாசி chaine —, fers —, natte —, tapis pour les pieds, —பீடம் marchepied, escabeau; — பேடிகை ouvrage bas ou vulgaire (comme celui du barbier), V. பாதபீடம்; — பூஜை profonde révérence ou prostration faite aux grands, litt. sacrifice aux pieds; —ப்பிரகாரம், coup de pied; — ப்பிரக்ஷாளனம், — ப்பிரட்சாளனம் lavement des pieds; — ப்பிரணமம், — பதனம் prostration aux pieds de quelqu'un: — ப்பிரதாரணம், (பிர, தாரணம்), soulier, chaussure, —pour garder les pieds; — மஞ்சம் marchepied, escabeau: — மயக்கு confusion de pieds, i.e. strophe de 4 vers dont chacun peut venir le premier sans nuire au sens; — முத்தி baisement des pieds, recevoir l'initiation de l'empreinte du pied, paradis, béatitude céleste; — முத்திரை cachet ou empreinte du pied, mettre les pieds du gourou sur sa tête, sandales des grands; — மூலம் talon; — ரக்ஷை, — ரக்ஷணம், —ரட்சை —ரட்சணம் sandale, socque, pantoufle, soulier, botte, chaussure, —pour conserver le pied, — ரக்ஷையணிந்துகொள்ளுதல் mettre ses sandales, ses souliers..., —ரச்சு corde pour attacher les pieds de l'éléphant; —ரதம் char des pieds i.e. souliers, sandales, — de bois, infanterie, V. பாதசாரம்; — ரோகணம் l'அரசமரம் figuier indien; — வந்தனம், — வணக்கம் hommage profond, salut respectueux; —வல்மீகம் grosseur morbide —, enflure des jambes et des pieds.

*பாதரசம், (pâ conserver, da qui donne, இரசம்), vif-argent, mercure. [dr.

*பாதரதம்பனர், P. வாதரதம்பனர்

*பாதாலம், P. பாதாளம், fente, trou, creux, fosse, caverne, souterrain, le 4e signe à compter de celui où se trouve le soleil. V. பாதாளம்; பாதாளவாசிகள் les habitans de l'enfer, de l'abyme.

*பாதவம், P. பாதபம், champ à menus grains, terrain élevé, tôpe ou lieu planté d'arbres, V. பாதபம்.

*பாதனம், (pâtana), chute, descente, inclination de tête par assoupissement.

*பாதன், (pâtha), soleil, feu.

*பாதாக்கிரம், (பாதம், அக்கிரம்), pointe du pied.

*பாதாக்கிராந்தன், (பாதாக்கிரம், அந்தம்), suppliant, — prosterné aux pieds de: இராசாவுக்குச் சனங்கள் பாதாக்கிராந்தர்களாயிருக்கிறார்கள் le peuple est prosterné aux pieds du roi.

*பாதாங்கதம், (பாதம், அங்கதம்), ornement des pieds.

*பாதாங்குஷ்டம், பாதாங்குட்டம், (id. அங்குஷ்டம்), le gros —, orteil.

*பாதாங்குஷ்டிகை, பாதாங்குட்டிகை, (பாதாங்குஷ்டம், ikâ), ornement du gros orteil.

*பாதாங்குலி, (id. அங்குலி), orteil.

*பாதாசனம், (id. ஆசனம்), marchepied, escabeau.

*பாதாதம், (பாதம், ata qui va), infanterie, troupe qui va à pied.

*பாதாதன், பதாதி, பதாதிகள், (பாதாதம், i. ika), piéton, fantassin.

*பாதாதிகேசம், (பாதம், ஆதி, கேசம்), depuis les pieds jusqu'à la tête, le 70e des பிரபந்தம், description d'une personne depuis les pieds jusqu'à la tête en vers கலிவெண்பா: பாதாதிகேசபரியந்தம் அழகாயிருக்கிறது être beau des pieds à la tête.

*பாதாக்கிரமணம், (id. அக்கிரமணம்), fouler aux pieds. [—, lumière.

*பாதாரம், (id. ஆரம்), rayon de

*பாதாரவிந்தம், (id. அரவிந்தம்), V. பாதபங்கயம்.

*பாதாபிவந்தனம், (id. அபிவந்தனம்), hommage profond, —aux pieds.

*பாதார்த்தம், (id. அர்த்தம்), demi-quart, un huitième, moitié de vers, d'une ligne, de stance.

*பாதார்க்கியம், (*id.* ardhya *offrande*), don aux pieds, donation à un gourou ou à une personne respectable.

*பாதாவசேசனம், (*id.* avasètchana *aspersion*), lavement—, propreté des pieds.

*பாதாவர்த்தம், *P.* பாதாவர்த்தம், (*id.* ஆவர்த்தம்), machine hydraulique que l'on fait tourner avec les pieds pour tirer l'eau d'un puits.

*பாதாவனேசனம், (*id.* அவனேசனம்), lavement des pieds.

*பாதாவிகன், (*id.* ava *marcher*, ika), piéton, fantassin.

*பாதாளம், (pâtâla), abime, gouffre,—sans fond, précipice, enfer, le monde inférieur, les régions qui sont sous la terre considérées comme la demeure des நாகம் ou serpens, la partie inférieure du globe, creux, bassesse:—ஆழப்பதிக்கிறது, —ஆழவெட்டுகிறது creuser très-profondément; —ஆழ très-profond: பாதாளகங்கை Gange des mondes inférieurs, fleuve des enfers ou de l'abime; —க்கிரகணம், —கிரகணம் éclipse qui arrive sous l'horizon ou dont l'astre se couche éclipsé; —நிலயம், —பூமி monde inférieur, l'abime; —நிலயர் habitant de l'abime, démon ou Daïtya, serpent; —ப்பணிக்கன் homme qui réfléchit profondément; —பேதி vinaigre; —மூலம், —மூலி racine ou plante de l'abime, les plantes ஆடுதின்னாப்பாலை, சிறுநெருஞ்சி et சீந்தில், racine bulbeuse de கோரை, les karias ou termites; —லோகம் le monde inférieur, l'abime; —வஞ்சனம், (அஞ்சனம்), encre magique qui montre, dit-on, les objets cachés sous la terre; —வயிரவன் le வயிரவன் de l'abime; —வாசி, *V.* பாதாளகங்கை; —வாசிகள் habitans de l'abime, des enfers; —விலேயன் profond penseur,—rusé; [illegible]பாதாளதிசை le nadir.

பாதி, 1° moitié, demie, part, partie. 2° (pâti), maitre, chef, mari. 3° (பாதம், i), qui a des pieds; —a 4 parties, —a un quart. 4° *P.* பாதி:—பங்காளன் homme qui est de moitié, possesseur d'une moitié, copartageant; —ச்சாமம் minuit; —நாள் demi-journée, moitié d'un jour,—d'une constellation lunaire; —பங்கு juste—, moitié; —ப்பேச்சு discours coupé par la moitié, interrompu, entrecoupé; —மதி demi-lune, quartier—, moitié de la lune; —யாய்ப்பங்கிடுகிறது diviser par moitiés, en 2 parties; —யாயிற்று la moitié est faite; —யிரா, —யிராத்திரி, —ராத்திரி minuit, milieu de la nuit, —ராத்திரியிலே à minuit; —வேலை la moitié de l'ouvrage; —வேலையாயிற்று la moitié de l'ouvrage est faite.

*பாதிகம், (பாதம், ika), un quart.

பாதிக்கிறது, த்தேன், ப்பேன், க்க, *v.a.* பாதித்தல், *n. v.* (பாதி), partager,—en deux.

பாதிடுகிறது, (பாது, இடுகிறது), பாதிடுதல், *n.v.* partager, distribuer, resserrer, presser, raccourcir.

*பாதித்தியம், (பதிதம், ya), chute, dégradation, hérésie.

*பாதிதன், *V.* பதிதன்.

*பாதிமம், *P.* பாதினம், un quart.

பாதிரம், l'arbre மலையாத்தி.

பாதிரி, 1° l'arbre bignonia chelonoides. 2° bambou. 3° (*portugais*, padre), père, prêtre, (ce mot ne s'applique guères maintenant qu'aux ministres protestans et est même devenu une espèce d'insulte: —விநாயகன் le Pilléyar de பழனி dans le Maduré.

*பாதிலி, (pâtili), filet, lacet pour prendre les cerfs.

*பாதிவிரத்தியம், (பதிவிரதை, ya), fidélité d'une femme à son mari.

*பாதினம், (பாதம், ina), un quart.

பாதீடு, *n.v. de* பாதிடுகிறது, partage, distribution.

பாது, 1° garde, conservation, défense, part. 2° (bhâtou), soleil:—காக்கிறது conserver, sauver, défendre, garder; —காத்தல், —காப்பு, —காவல் conservation, défense, garde; —காவலன், —காவலாளி, —காவற்றலைவன் gardien, protecteur, défenseur; —[illegible], *P.* பா[illegible],

*பாதுகம்,(pâtouka), chute,penchant d'une montagne,lieu escarpé, précipice.2° ou

*பாதுகை, (pâdouka), soulier, chaussure,sandales,— de bois: பாதுகைக்குமிழ் tête de la cheville des sandales de bois.

*பாதுகா,obl.du préc.: —காரன், —கிருது cordonnier; —சித்தி prétendu don magique de marcher sur l'eau avec des sandales.

*பாதுகிருது, (pâdoû soulier, krout qui fait),cordonnier.

*பாதானசந்திரன்,(பாதம், ஸ்தானம்),distance de la lune à son nœud, —au soleil.

*பாதேயம், (pâthêya), provisions de voyage,riz cuit et lié pour le voyage,le signe de la Vierge.

*பாதை,(pathin),grande—,route, chemin battu,navire.

*பாதோதகம், (பாதம், உதகம்), eau pour laver les pieds ou dans laquelle on les a lavés, eau qui se trouve le long du chemin.

*பாதோசம்,(pâthô. P. pâthas eau, ஜம் né),ce qui est né dans l'eau,i.e. le nénuphar.

*பாதோதம்,பாதோதரம், (id. da qui donne,dhara qui a),nuage.

*பாதோதி,பாதோநிதி,(id. dhi qui a),la mer.

பாத்ஷா,(ind.),bâdchah,empereur de Délhi.

பாத்தம்,mot commun à tous les pays,l'arbre மருது.

பாத்தல்,n.v.de பாத்துகிறது,partage,division.

பாத்தி,planche—,carreau—, carré—,compartiment de jardin,— de saline...,petit champ,part, portion, maison: —கட்டுகிறது,—போடுகிறது diviser par planches, —par carreaux; கொப்பாத்திச்சீலை toile bariolée, — à carreaux comme des planches d'herbes potagères.

*பாத்திபம்,P.பார்த்திபம்,terre, la plante புருமுட்டி.

*பாத்திபன்,P.பார்த்திபன்,roi.

பாத்திவிதன், பாத்திபவிதன், (பாத்திபம்,விதன்),V.பாத்திபன்.

பாத்தியம், 1° droit, prétention, droit—,titre de possession, rapport, connexion,relation,parenté,affinité, caution,sureté,assurance, gage, devoir obligatoire, chose partagée, part. 2°* (pâdya), eau donnée pour laver les pieds des grands, laver les pieds,(ce qui est un des actes propres au sacrifice indou:—சொல்லுகிறது se rendre caution pour un autre: பாத்தியபாத்திரம் vase de métal pour laver les pieds; பாத்தியப்படுகிறது être obligé, engagé,caution pour; ஆணைக்குப்பாத்தியப்படாதிருக்கிறது n'être pas obligé — lié par un serment; பாத்தியக்காரன், —ப்பட்டவன் ou

பாத்தியன்,(பாத்தியம்), celui qui a droit,ayant cause,héritier, possesseur, prétendant, administrateur, caution,répondant.

பாத்தியல், l'arbrisseau தண்ணீர்விட்டான்.

*பாத்திரம்,1° (patra), vase, — à manger, —à boire, (tel que coupe, plat,bassin,assiette, verre, gobelet, cuillère), vase de mendiant, — de sacrifice,canal ou lit de rivière,conseiller ou ministre d'un roi, mérite, convenance,capacité,aptitude, propriété,feuille,corps,commandement, mesure de 8 சேர், personnage de drame. 2° (bhâdra), le mois de septembre: — அறிந்துபிச்சையிடு donne l'aumône connaissant le médite des personnes; — ஆயிருக்கிற, —ஆன digne, convenable, apte, qui mérite; அதுக்குவன் — அல்ல il ne mérite pas cela: இந்தவேலைக்கவன் — அல்ல il n'est pas capable de faire cet ouvrage; பாத்திரச்சுரை espèce de gourde: — சுத்தி propreté des vases; —டீரம், (tira, affixe), vase, —de métal, corbeau, feu, héron, rouille de fer: —டீரன் ministre habile: —த்துவம், —த்தனம் mérite,capacité,aptitude,dignité:—பதம்,(பத்திரபதை),le mois de septembre, nom commun à la 25° et à la 26° constellation,(on distingue la 1° par le mot பூருவபாத்திரபதம் et la 2° par celui de உத்தரபாத்திரபதம்;

பாவம் large rame qui sert de —, gouvernail; — ப்பிரவேசம் les différens caractères ou personnages représentés dans un drame, sorte de jeu: —மைந்தர், (பாத்திரம், மைந்து), fils d'une vertueuse femme: பாத்திரத்திலேவார்க்கிறது verser dans un vase. [திரந்தனம்.

*பாத்திரதை,(பாத்திரம்), V. பாத்திரவான், *பாத்திரவான், பாத்திரிகன், பாத்திரியன். (பாத்திரம், வான், ika), homme digne, capable, apte. [femme digne...

*பாத்திரவதி, fem. de பாத்திரவான்,

*பாத்திரன், 1° (பாத்திரம்), V. பாத்திரவான். 2° (pât péché, tra qui conserve), sauveur, qui préserve du péché.

*பாத்திராபாத்திரம், (பாத்திரம், அபாத்திரம்), mérite et démérite, convenance et inconvenance.

*பாத்திரீயம், (பாத்திரம், iya), vase de sacrifice.

*பாத்திரம், (id. ira), offrande.

*பாத்திரசம்மிதன், (pâtrè dans un vase, samita rassemblé), parasite, qui court les festins, hypocrite.

*பாத்திரை, (பாத்திரம்), vase de mendiant, — de terre ou autre matière).

பாத்தில், maison. [tière).

பாத்து, 1° (bhâkta nourriture), cange, eau de riz, riz cuit. 2° part, portion, moitié. 3° quatre (en langage de marchands).

பாத்துகிறது, த்திலேன், த்துவேன், த்த, த்த், v. a. பாத்துதல், n. v. diviser, partager. [minuit, midi.

பாதரன், (பா), moitié du jour,

*பாதேறம், (id.), le disque brillant, i. e. le soleil.

*பாந்தம், (pânkta), ordre, rang, régularité, ligne. V. அடைவாது: — ஆகப்பேசத்தகிறது parler avec ordre, — avec méthode, avec exactitude.

பாந்தல், opt. et n. v. de பாந்துகிறது, action de se glisser..., lieu enfoncé.

*பாந்தவம், பாந்தவியம், (bândhava de பந்து), affinité, parenté, relation, combinaison, V. அடைவாது.

*பாந்தவன், (id.), parent, ami.

பாந்தள், long—, gros—, serpent.

*பாந்தன், (pântha), voyageur.

பாந்து, 1° trou, — d'arbre. 2° imp. et part. de

பாந்துகிறது, ந்தேன், துவேன், து, ந். v. n. பாந்துதல், n. v. se glisser sans être vu, se tapir, se blottir, se cacher, se courber, — pour se cacher: பாந்திக்கிடக்கிறது chercher un lieu pour se cacher, rôder çà et là secrètement: —ப்போகிறது se cacher, s'en aller secrètement, à la dérobée ou après s'être caché. [trou.

பாந்தை, trou ou creux d'arbre.

*பாபகம், (பாபம், ka), péché.

*பாபத்தி, P. பாபர்த்தி, chasse.

*பாபம், (pâpa), péché, crime, faute, vice, méchanceté, malice, bassesse, perversité, (பாவம் est plus usité): — கட்டிக்கொள்ளுகிறது, — செய்கிறது commettre un péché, pécher; பாபகாரன், — காத்தா, — செய்வோன் pécheur; — கருமம் action criminelle; — கிரகம் astre réputé funeste comme Râgou, Saturne Mars, conjonction de Mercure avec la lune dans son dernier quartier; — சங்கீர்த்தனம், — சங்கீர்த்தனை confession des péchés; — சங்கீர்த்தனம்பண்ணுகிறது se confesser; — சமனம் (samana immolation), expiation du péché, offrande pour le péché; — சம்மிதம், (sammita égale mesure), égalité dans le péché; — சீலன், (சீலம்), pécheur, ennemi, géant: — த்திருஷ்டி mal-intentionné, qui examine les fautes; — தொழில் action criminelle, funeste effet —, malice —, culpabilité du péché; — நாவிதன் méchant barbier; — நிதி mal, méchanceté; — நிவர்த்தி, — நிவாரணம், — நாசம் abolition —, expiation —, purification —, éloignement du péché, renoncement au péché; — பதி homme qui vit en désordre, amant, litt. mari criminel; — பரிகாரம் abolition —, expiation —, abandon du péché; — பலி sacrifice pour le péché; — புண்ணியபாபத்தம் 3 choses qui se rencontrent habituellement dans le péché et la vertu, *i. e.* செய்தல் faire l'action, செய்வித்தல் la faire faire ou y exhorter; உடன்படல் y consentir; — புத்தி esprit pervers, corrompu; — புருஷன் homme de péché, (homme selon les Indous composé de tous les péchés et dont la tête est un bramanicide, les épaules le vol, le cœur les liqueurs enivrantes...; — பிமோசனம், — மன்னிப்பு pardon —, rémission du péché; — மதி esprit corrompu; — மார்க்கம், — வழி mauvaise voie, chemin du péché, libertinage, débauche, vie criminelle, mauvaise habitude; — ஜீவிகள் vêder ou chasseurs qui vivent de la chair des animaux (c'est une tribu originaire de l'Inde), — ஷயம், — மோசனம் abolition —, expiation —, délivrance du péché; — மோசனஞ்செய்விக்கிறது ôter —, effacer —, expier les péchés d'autrui; — யோனி naissance criminelle, — en état de péché, dans un état vil comme celui d'animal (dans le système de la métempsycose) en punition du péché; — ரோகம் maladie qui provient du péché, — considérée par les Indous comme punition du péché dans une vie précédente, petite vérole: — விக்கியாபனம் confession des péchés; — விக்கியாபனம்பண்ணுகிறது confesser ses péchés; — விமோசனம் rémission —, expiation du péché; — விமோசனஞ்செய்கிறது effacer —, expier —, remettre les péchés (d'autrui); — விமோசனஞ்செய்துகொள்ளுகிறது effacer — expier ses propres péchés; பாவத்துக்கஞ்சுகிறது craindre le péché; ஆத்துமாவுக்கு மரணத்தைக்கொடுக்கிறகொடிய பாவம் péché grave qui donne la mort à l'âme, péché mortel.

*பாபர்த்தி, (pâparddhi), la chasse.

*பாபாசயம், (பாபம், ஆசயம்), siége —, demeure du péché.

*பாபாத்துமா, (*id.* ஆத்துமா), âme pécheresse, pécheur.

*பாபாநுஷ்டிதன், (*id.* அநுஷ்டிதன் *qui habite*), homme adonné au péché. [*pulsion*), expiation du péché.

*பாபாபநுத்தி. (*id.* apanoutti *ex*-

*பாபி, *m.f.* (*id.*i), pécheur, pécheresse: செனுமபாபி, *V.* செனுமம் பாவி: - மெய்யுடம்பெடுத்தாய், tu a pris un corps de péché, tu es né pécheur.

*பாபிஷ்டன், *m.* பாபிஷ்டை, *f.* (pâpichta), pécheur, pécheresse.

*பாபோச்சாரணம், (பாபம், உச்சாரணம்), confession, — des péchés.

பாப்போச், (*persan* pâpoch), babouche, pantoufle, sandales des musulmans devenue —, chaussure d'un usage presque général dans l'Inde: - க்காரன் qui porte des babouches. [bramine.

பாப்பாத்தி, *fém. de* பாப்பான்,

பாப்பாரச்சாதி, (பாப்பார், சாதி), la caste des brames.

பாப்பான், *pl.* பாப்பார், (*P.* பார்ப்பான்), brame; — பூடு la plante hedyotis herbacea.

பாப்பு, 1° *gén.* பாப்புவின், ou [illegible] - பாப்பானவர் le Pape, le S[t]. Père. 2° Papias, (nom de baptême). 3 *P.* பார்ப்பு la caste des brames; பாப்புக்கு மேற்பட்டவர் le brame n'a pas de supérieur, (et plus véritablement, le Pape n'a pas de supérieur sur la [terre.

பாப்புசு, *P.* பாப்புசு.

பாப்பூசு, (*persan* pâpoch), babouches, pantoufles musulmanes.

பாமகள், பாமடந்தை. (பா), la prétendue déesse de la poésie, Sarasvati. [la sœur.

*பாமகன், (பாமன், ka), mari de

*பாமக்கினம், (பாமம், ghna *qui tue*), remède à la gale, *i.e.* soufre.

பாமம், 1° (bhâma), passion, colère, lumière, lustre, 2° (pâma), éruption cutanée, herpe, gale, démangeaison, surface.

*பாமர, *obl. de* பாமரன் *et de*

*பாமரம், (pâmara), ignorance, stupidité.

*பாமரன், pl. பாமரர், (id.), ignorant, fou, stupide, compagnon de roi (probablement le fou du roi): பாமரசனங்கள் gens ignorans; — வைத்தியன், médecin ignorant, charlatan, empirique. [frère, mari de la sœur.

*பாமன், (bhâma), soleil, beau-

*பாமாரி, (பாமம், அரி), l'ennemi de la gale, i.e. le soufre.

பாமாலை, (பா), guirlande de poésies, pièce de vers —, série de strophes à la louange de quelqu'un.

பாமுந்தலை, id.), V. பாமரன்.

*பாமை; (bhâmâ), femme impudique, passionnée, orgueilleuse, colère.

பாம்புராணி, (பாம்பு, ராணி), lézard vert qui serpente, V. அரணை.

பாம்பாட்டம், (பாம்பு, ஆட்டம்), danse de serpent, embarras, occupation.

பாம்பாட்டி, 1° (id. ஆட்டி), celui qui fait danser les serpens: — சித்தர் nom d'un des சித்தர். 2° gér. du suiv.

பாம்பாட்டல், பாம்பாட்டுகிறது, (id. ஆட்டுகிறது), faire danser les serpens, (généralement au moyen d'une flûte), importuner.

பாம்பு, serpent, la 9me constellation lunaire dite ஆயிலியம், rivage, bord, petite chaussée (entre les rizières...): கடற்—serpent de mer; இருதலைப்பாம்பு serpent à 2 têtes, amphisbène; நாமப் — serpent rouge marqué de taches blanches comme celles des Vichnouvistes: — கண்டிற்றன் ours; — கொல்லி nom d'une plante; — க்குட்டி petit de —, petit serpent; — க்குட்டிக்குப் பாலுவார்த்து வளர்த்ததுபோலவளர்த்து c'est comme si vous éleviez un jeune serpent en le nourrissant de lait; — தின்னி l'arbrisseau முள்ளுமுருங்கை; — நாகசுரம் flûte dont se servent ceux qui charment les serpens; — ப்பணிக்கன் celui qui prend les serpens et connait les antidotes à leur morsure — ப்புற்று trou —, repaire de serpent dans le nid des fourmis blanches; — கொக்கை la plante dolichos falcatus; — விரல் le doigt du milieu: பாம்புக்குத் தச்சன் le charpentier des serpens, i.e. les fourmis blanches qui sont censées leur bâtir des demeures en ce que leurs nids servent de repaire aux serpens: பாம்பின்நஞ்சு, (பாம்பின், நஞ்சு), venin de serpent.

பாம்புரி, 1° (பாம்பு, உரி), peau de serpent. 2° fossé, — de citadelle.

பாம்போலைவட்டி, jeune palmier à longues branches.

*பாயசம், (pâyasa), lait, riz cuit mêlé avec du lait et du sucre, la plante பாற்சொற்றிச்செடி ruellia.

*பாயம், (pâya), eau.

பாயல், 1° lit, couche. 2° opt. et n.v. de பாய்கிறது. [sin.

*பாயிகன், (pâyika), piéton, fantassin.

பாயிரம், préface, introduction, prologue, particularités: on distingue 2 sortes de préfaces: சிறப்புப்—préface particulière, — d'un ouvrage particulier et பொதுப்— préface générale ou art de faire une préface.

*பாயு, பாயுரு, (pâyou), l'anus.

பாயுதல், P. பாய்தல்.

பாய், 1° natte, lit, voile de navire. 2° imp. et part. de பாய்கிறது: — இழுக்கிறது, — ஏற்றுகிறது, — சுற்றுகிறது, — தூக்குகிறது, — தூக்கிவிடுகிறது, — விரிக்கிறது; — வலிக்கிறது mettre à la voile, hisser —, déployer —, étarquer les voiles; — வலித்தோடுகிறது mettre à la voile, voile et voguer, faire force de voiles: — இறக்குகிறது amener —, abaisser les voiles: — க்கோரை l'herbe aux nattes, cyperus distans: — சுருட்டுகிறது ferler — carguer les voiles; — ச்சுருக்கு, — ச்சுருட்டு ris qu'on prend dans la voilure, carguer les voiles; — மரம் mât, — de navire, — pour attacher les voiles; — மாறுகிறது changer les voiles de côté, virer de bord.

பாய்கிறது, ய்ந்தேன், ய்வேன், ய, ம, v.n. பாய்தல், n.v. s'élancer, — contre, se jeter, se précipiter, bondir, sauter,

— par dessus, franchir, heurter contre, jaillir, couler, s'écouler, arroser, se répandre, voler, s'enfuir, s'échapper: தோட்டத்துக்குத்தண்ணீர் — l'eau couler et arroser le jardin.

பாய்ச்சல், *opt.et n.v.de* பாய்ச்சுகிறது, arrosement, irrigation, élan, choc, action de lancer..., désobéissance: ஏரிப் — arrosement par l'eau d'un étang: —காட்டுகிறது apprendre —, exciter à s'élancer...; —விடுகிறது lancer, lâcher, laisser (un cheval...) s'élancer, — prendre le galop; பாய்ச்சலுக்குவிடுகிறது laisser (les béliers) se donner des coups de tête, les lancer l'un contre l'autre.

பாய்ச்சகன், பாய்ச்சாருலக்கை, (பாய்ச்சுகிறது), gros —, pilon: பாய்ச்சாள்போடுகிறது deux personnes réunies piler ou faire jouer le pilon alternativement.

பாய்ச்சி, 1° *gér.de* பாய்ச்சுகிறது. 2° *ou* பாய்ச்சிக்கை, *P.* பாச்சிக்கை.

பாய்ச்சு, 1° latte. 2° *imp.et part.du suiv.*: —வலை, filet qu'on lance (dans l'eau...).

பாய்ச்சுகிறது, ச்சினேன், ச்சுவேன், ச்சு, ச்ச, *v.a.de* பாய்கிறது, பாய்ச்சுதல், *n.v.* arroser, faire jaillir, — couler l'eau, lancer, enfoncer, faire entrer dans, pousser contre, précipiter, percer: கத்தியிலேவே — percer d'une épée; குழிப் — jeter dans une fosse, tromper; சீலையின்பாய்ச்சிக்கட்டுகிறது faire passer le bout de sa toile entre ses jambes et l'attacher par derrière; மரக்காலைப்பாய்ச்சியளக்கிறது mesurer en enfonçant le boisseau dans le tas de blé; மரத்தைப்பாய்ச்சிப்போடுகிறது placer —, pousser une poutre à sa place.

பாய்ச்சுலக்கை, (பாய்ச்சு, உலக்கை), gros —, pilon.

பாய்ச்சை, (பாய்ச்சல்), ce qui saute, *i.e.* criquet, grillon.

பாய்தல், *n.v.de* பாய்கிறது, action de s'élancer..., saut, bond, choc, — contre, irrigation.

பாய்த்தல், பாய்த்துதல், *n.v. de* பாய்த்துகிறது, action de lancer, irrigation, arrosement, élan, choc, heurt. [*V.* பாய்ச்சல்.

பாய்த்து, *n.v.imp.et part. du suiv.*

பாய்த்துகிறது, த்தினேன், த்துவேன், த்து, த்த, *v.a.P.* பாய்ச்சுகிறது.

பாய்ந்து, *gér.de* பாய்கிறது.

பாய்மா, (பாய், மா), animal qui bondit ou s'élance, *i e.* cheval, tigre.

பாய்வெளி, (*id.*), pourpier, portulaca quadrifolia.

*பாரகஸ்பத்தியம், (பிரகஸ்பதி, ya), un des 18 codes de lois indoues composé par பிரகஸ்பதி.

பாரகம், 1° rideau, terre. 2° (pâraka), barque. 3° (pâraga), traverser, nager.

*பாரகன், *pl.* பாரகர், (pâraga), arrivé au rivage, protecteur, qui supporte, docteur, scribe, savant, érudit.

*பாரக்கியம், (pârakya), bonne conduite.

*பாரக்கியன், (*id.*), ennemi.

*பாரங்கதன், (பாரம், கதம்), savant, — qui a atteint le rivage de la science. [te கண்டுபோரங்கி.

பாரங்கி, la plante médicinale dite

பாரங்கு, l'arbre கிறுதேக்கு, le cotonnier sauvage காட்டுப்பருத்தி.

*பாரசவம், (pârasava), arme, — de fer.

*பாரசவன், (*id.*), fils d'un brame et d'une femme soudra, fils de prostituée, bâtard. [adultère.

பாரசி, Persan, Parsi.

*பாரசாயிகன், (பர, சாயை, ika), பாரசிகை, le milan பருந்து.

*பாரசீகம், (pârasîka), royaume —, cheval de Perse. [de la Perse.

*பாரசீகன், (*id.*), Perse, habitant

*பாரசுவதன், பாரசுவதிகன், (pârasvadha, ika), soldat armé d'une hache ou d'une massue.

*பாரசுவயம், (pârasvaya), or.

*பாரணம், பாரணை, (pârana, — nâ), manger, — après avoir jeûné, rompre le jeûne, manger et boire après une fête, satisfaction, nuage.

*பாரதம், 1° (pârada), mercure,

vif argent. 2° (bhârata), le pays dit Bharatavarcha ou l'Inde propre, (patrimoine du roi பரதன், fils de Douchyanta roi de Hastinapouri), le grand poème épique ainsi nommé parce qu'il décrit la guerre survenue entre les descendans du roi பரதன்; on l'appelle aussi ஐந்தாம் வேதம் ou 5e Vèdam, parce que mis dans une balance par les Richis il l'emporta en pesanteur (பாரம்), sur les 4 autres réunis. Cela a confirmé son nom de பாரதம் ou de மகாபாரதம்: ce qui lui donne une double étymologie. Il contient 18 parties nommées பர்வம். Cette immense épopée a été composée en sanscrit par Vyasen; il y en a des traductions tamoules par வில்லிபுத்தூரார், et நல்லாப்பிள்ளை; பாரதக்கொடம், —தேசம், —வருஷம் le pays de Bharata, i.e. l'Inde.

*பாரதர், (bhârata), les descendans du roi பரதன், i.e. les Kourous et les Pandous ou Pândavers.

*பாரதன், (id.), descendant du roi பரதன், acteur, danseur, mime, feu.

*பாரதாரிகன், (பர, தாரம், ika), adultère.

*பாரதாரியம், (id. ya), le crime d'adultère.

*பாரதி, 1° (Bhârati), Sarasvati, prétendue déesse de l'éloquence, parole, déclamation dramatique, caille. 2° navire: —கொழுநன் l'époux de Sarasvati, i. e. Brama; —தீபம் nom d'un dictionnaire.

*பாரதேசிகன், பாரதேசியன், (பரதேசம், ika, ya), étranger, voyageur.

*பாரத்துவாசம், (bharadvâdja), ossement, alouette, caille, milan, l'oiseau noir dit கரிக்குருவி, un des 18 codes de lois des Indous composé par பாரத்துவாசன்.

*பாரத்துவாசன், (id.), Drôna ou துரோணன், précepteur militaire des Kourous et des Pândous, le sage Agastien, le fils de Vrihaspati ou பிருகஸ்பதி, le richi Bhâradvadja qu'on prétend avoir été nourri par une alouette et être auteur d'un code de lois. [sauvage, V. துரோணன்.

*பாரத்துவாசி, (id.i), cotonnier

*பாரபக்கம், பாரபட்சம், (பாரம்), partialité.

பாரபத்தியம், emploi subordonné dans la levée des impôts, charge de receveur subalterne, pouvoir, autorité, juridiction: — பண்ணுகிறது lever les impôts après avoir estimé le revenu des terres, exercer l'autorité; பாரபத்தியக்காரன், receveur subalterne d'impôts (d'un ou de plusieurs villages sous l'autorité du தாசில்தார்), intendant, employé, homme qui a de l'autorité; சுயபாரபத்தியம் pouvoir —, gouvernement absolu, indépendant.

*பாரமிகம், (பரம், ika), chose supérieure, meilleure.

*பாரமிதம், (pâramita), traverser, surpasser, chose transcendante, — supérieure.

*பாரமுகார்க்கியம், (பரம், முகம், அர்க்கியம்), une des choses propres ou des qualités du sacrifice.

*பாரமேசுரம், (பரமேசுரன்), un des 28 livres des Sivénistes.

*பாரம், 1° (bhâra), gravité, poids, pesanteur, charge, fardeau, un கண்டி ou poids de 28 துலாம், (il équivaut à 500 livres anglaises ou 226 kilogrammes 70 grammes), obligation, responsabilité, bâton dit காவடி pour porter des fardeaux aux 2 bouts. 2° (pâra) bord, rivage, le rivage opposé, fin, extrémité, mercure. 3° digue en pierres, petite chaussée de champ, — entre les divers compartimens des rizières, cuirasse, cotte d'armes, la terre, selle de cheval, barque, patience, sorte de jeu: அது உம்மதுமேல்விழுந்தபாரம் c'est sur vous que tombe ce fardeau, cette responsabilité, le poids de cette affaire; — இருக்கிறது, — வந்துறைக்கிறது un fardeau peser, — être pesant; — எடுக்கிறது, — சுமக்கிறது se charger d'un —, porter un fardeau; — ஏற்றுகிறது, — சுமத்துகிறது charger, — d'un fardeau; —தா

தாங்குகிறது, — பொறுக்கிறது porter un fardeau, soutenir le poids; பாரச்சுமை pesant fardeau; — தூரம் le poids et la distance, grande distance, éloignement considérable, pensée profonde, grand dessein, chose très grande; — தூரமறியாதவன் homme qui ne comprend pas la portée des choses, qui agit sans réfléchir profondément; — தூரம்பார்க்கிறது examiner le poids et la distance, réfléchir avant d'agir, voir de loin, prévoir l'avenir; — ப்படுகிறது devenir —, être pesant, peser; — ப்படுத்துகிறது grossir, rendre pesant; — ப்பழி grande faute, lourde responsabilité; — வத்தடி, — வட்டி bâton pour porter des fardeaux aux 2 bouts; — விலங்கு chaines pesantes.

*பாரம்பரம், பாரம்பரியம், பாரம்பரை, (பரம்பரம், va), tradition, doctrine traditionnelle, succession, — régulière, non-interrompue, série continuelle, V. பரம்பரை: பாரம்பரியமாய் —, பாரம்பரையாய்வருகிறது venir par tradition des temps anciens: பாரம்பரியமாயாளுகிறது régner par droit de succession: பாரம்பரைநியாயம் tradition, raison ou coutume traditionnelle, ou பாரம்பரியோபதேசம், (உபதேசம்), doctrine traditionnelle.

*பாரலௌகிகம், (பரலோகம், ika), chose de l'autre monde.

*பாரவதம், (pâravata), pigeon.

*பாரவம், (bhârava), corde d'arc.

*பாரவாகனம், (பாரம்), bête de somme, chariot, wagon, voiture pour transporter des fardeaux.

*பாரவாகன், பாரவாகி, பாரவாகிகன், (பாரம், வாகன், i, ika), porteur, porte faix.

*பாரவான், (பாரம், vân), homme de poids, — important, grand, excellent.

*பாரவிருதம், (pârabhrouta), présent, offrande, sacrifice, bienfait.

பாரா, பாராத, part. nég. de பார்க்கிறது qu'on ou qui ne voit pas: பாராவலயம் — வளையம் cercle invisible, bâton recourbé,

பாராகம், un des 32 உபநிஷதம்.

*பாராசரன், பாராசரியன், பாராசரி, (பராசரன்), le fils de Parâsaren, i.e. வியாசன்.

*பாராசரம், பாராசரியம், (id.), un des 32 ordres d'architecture, un des 18 codes de lois indiennes, règles de Parâsaren ou de Vyâsen son fils pour les religieux mendians, V. பராசரியம்.

*பாராசரசூத்திரிகன், (பராசரன், சூத்திரம் précepte, ika), sectateur de Parâsaren.

பாராட்டல், opt. et n.v. de பாராட்டுகிறது, célébration, louange, parade, vanterie, délai.

பாராட்டு. imp. part. et n.v. du suiv. V. பாராட்டல்: — க்காரன் louangeur, panégyriste; — பண்ணுகிறது ou

பாராட்டுகிறது, ட்டினேன், ட்டுவேன், ட்டு, ட்ட, v.a. et n. பாராட்டுதல், n.v. célébrer, louer, exalter, glorifier, vanter, faire parade, manifester, retarder, lambiner: பாராட்டுந்தாய் femme qui amuse, et divertit les enfans.

பாராமை, 1° n.v. nég. de பார்க்கிறது. 2° P. பாராமல், gér. nég: — சொல்லியொப்பிக்கிறது réciter de mémoire, — sans regarder le livre.

*பாராயணம், (பாரம், அயனம்), cours complet, totalité, étude assidue et complète des vêdas ou des pouranas, traverser, finir entièrement: வேத — பண்ணினான் il a étudié entièrement ou à fond les vêdas; பாராயணபத்திரம் certificat d'étude approfondie (que le maitre donne à ses écoliers.

*பாராயணன், பாராயணிகன், (பாராயணம், ika), étudiant, — qui se livre à l'étude susdite, savant, — dans cette étude.

*பாராயணி, (பாராயணம், i), la prétendue déesse des sciences, i. e. Sarasvati. [montagne.

*பாராருகம், (pârârouka), rocher,

*பாராவதம், (pârâvata), colombe, pigeon, — noir, bois d'ébène dit கருங்காலி, singe, montagne.

*பாராவாரம், பராவாரம், (பார ம், அபாரம், அவாரம்), mer, océan. flot de la mer, rivage, le bord prochain et le plus éloigné, ou les 2 bords d'une rivière.

*பாராவாரீணன், (*id.* ina), homme qui se penche des 2 côtés.

*பாரி, 1° (pâri), vase, —à boire du caillou, verre, coupe, plein le creux de la main —, quantité d'eau, petite jarre d'eau, seau de lait, corde pour attacher les éléphans, pollen des fleurs, l'arbrisseau கொட்டம். 2° (bhâri), lion, porteur. 3° *P.* பாரியை; épouse, —légitime. 4° Bâri, roi célèbre par sa générosité, un des 7 de la 3me classe des personnages ainsi célèbres, lit, belle toile, terre, animal, patrouille, garde —, ronde ou veille de nuit, une mesure, vitesse. 5° *imp. et part. de* பாரிக்கிறது, pesant, fort, robuste, important: —க்காவல் garde de nuit, patrouille; — போகிறது aller faire—, faire la ronde, —la patrouille, s'enfuir; —மனிதன், —யான் homme fort, robuste, pesant, important; — யோடுகிறது courir vite; —வேட்டை chasse, —aux animaux, gibier; —வேட்டையாடுகிறது faire la chasse aux animaux. [porte-faix.

*பாரிகன், (பாரம், ika), porteur,

*பாரிகாரிகன், (pârihârika), faiseur de guirlandes. [let, saisie, capture.

*பாரிகாரியம், (pârihârya), brace-

பாரிக்கிறவன், *P.* பாரிக்கிறவன்.

பாரிக்கிறது, ரித்தேன், ரிப்பேன், ரி, ரிக்க, பாரித்தல், *n.* v. 1° *v. n.* (பாரம்), devenir —, être pesant, fort, robuste, grossir, se fortifier. 2° *v. a.* faire, produire, répandre, étendre, accuser, charger d'une faute, montrer. 3° *v. n.* paraître, croître, fructifier: பாரித்திருக்கிறது être pesant, fort: சரீரம் பாரிக்குக்கொண்டிருக்கிறது le corps devenir ou être pesant, lourd (par maladie...).

பாரிக்கை, *V.* பாரிப்பு.

பாரிசத்தான், (பாரிசம்), partisan, adhérent, sectateur.

*பாரிசம், 1° (pârsva), côté, —du corps, d'un carré..., parti, faction. 2° nom d'une montagne, le royaume de Perse: இதுஉன் —cela te concerne ou t'appartient, cela est pour toi: அந்தப்—ஆய்ப்போகிறது aller de ce côté, se ranger de ce parti; ஒருத்தன் — ஆக்குகிறது attirer quelqu'un a son parti; ஒருத்தன் —ஆயிருக்கிறது être du côté ou du parti de quelqu'un; பாரிசகிரகணம் éclipse partielle, —d'un côté; — சயனம் dormir sur le côté; —சூலம், —நோ douleur—, point de côté; — பாகம் côté, flanc; — வாதம், —வாயு hémiplexie, paralysie de la moitié du corps.

*பாரிசாதம், பாரிசாதகம், (pâridjâta, ka), un des 5 arbres du paradis des Indous, l'arbrisseau பவளமல்லிகை ou l'arbre de corail, l'arbre முருக்கு. [ment, exhortation.

*பாரிசாரம், (பரிசாரம்), commande-

*பாரிசேடம், (பரிசேடம்), appendix, partie de la dialectique qui apprend à unir ou à admettre et à rejeter.

*பாரிஷதன், பாரிஷத்தியன், (pârichada, ya), spectateur, gardien.

பாரிடம், (பார், இடம்), terre, troupe de gnomes ou de fantômes.

*பாரிணாயம், (pârinâyya), dot, biens qu'une femme reçoit à son mariage.

பாரிதத்தியை, (pâritathya), bijou que les femmes portent sur le front.

*பாரிதோஷிகம், (pâritôchika), bienfait, don, récompense,

பாரித்தல், *n. v. de* பாரிக்கிறது.

*பாரிந்திரன், (pârindra), lion.

*பாரிபத்திரம், பாரிபத்திரகம், (பரி, பத்திரம், ka), l'arbre வேம்பு, l'arbre de corail *ou* பவளமல்லிகை.

*பாரிபந்திகன், (பரி, panthâ *route*, ika), voleur de grand chemin.

*பாரிபாட்டியம், (பரிபாடி, ya), ordre, régularité, méthode.

*பாரிபாத்திரம், பாரியாத்திரகம், (pâripâtra, ka), *V.* பாரியாத்திரம்.

*பாரிபார்சுவிகன், (பரி, பார்சுவம், *P.* பாரிசம், ika), aide, auxiliaire, acteur qui sert de chœur dans les drames, celui qui récite ou chante les திவேதாந்தகளி ou vers d'accompagnement.

*பாரிபாவியம், (pâribhâvya), caution, espèce de pilule ou de drogue.

பாரிப்பு, n.v.de பாரிக்கிறது, pesanteur, grosseur, épaisseur, enflure, difficulté: —வளக்குமிறது la pesanteur—, l'enflure diminuer.

*பாரிமண்டலம், (பரிமண்டலம்), atome dans un rayon de lumière.

பாரிமால், le Bâramal, pays de சேலம். [திமுகம், ika, ya), présence.

*பாரிமுகம், பாரிமுக்கியம், (பாரியம், le fruit dit கடுக்காய், les arbres வேம்பு et முருக்கு.

*பாரியாடன், (பாரியை, அடம்), homme qui vit de la prostitution de sa femme.

*பாரியாடிகன், (id.ika), homme qui se laisse mener par sa femme.

*பாரியாதிக்கிரமம், (id. அதிக்கிரமம்), adultère.

*பாரியாத்திரம், பாரியாத்திரகம், (pâriyâtra, ka), nom d'une montagne, le centre des monts விந்தியம், sur les bords de la province de மாளவம் ou Malwa.

*பாரியாத்துவம், (பாரியை, துவம்), état de femme, —d'épouse. [le mari.

*பாரியாபதி, (id. பதி), la femme et

பாரியான், (பாரி, ஆன்), homme fort, robuste, pesant.

*பாரியானிகம், (பரி, யானம், ika), voiture, —de voyage, [gitime.

*பாரியை, (bhâryâ), épouse, —lé-

*பாரியோடன், (பாரியை, ஊடன் marié), homme marié. [nitent, ascète.

*பாரிரக்ஷகன், —ரட்சகன், (பரி), pé-

பாரின்பம், (பார்), plaisir terrestre. [பரிக்ஷித்து.

*பாரிக்ஷிதன், (பரிக்ஷிதன்), le roi

*பாரு, (pârou), soleil, feu.

*பாருஷியம், (pârouchya), reproche, injure, mépris, cruauté, parole dure, bois d'aloès ou agalloche, la forêt d'Indiren. [meterre.

*பாரேரகம், (parêraka), épée, ci-

பாரை, levier, —de fer, barre de fer un peu tranchante pour creuser des trous, lever des fardeaux ou démolir les murs, espèce de poisson, scomber aculeatus; கட்டப்பாரை யைவிழுங்கிப்போட்டுச்சுக்குக்கஷாயங்குடித்தாற்போமா si ayant avalé un levier de fer vous buvez une décoction de gingembre sec, partira-t-il? un remède léger fera-t-il cesser un grand mal?

*பாரோத்தரணம், (பாரம், உத், தரணம்), action de porter un fardeau.

பார், 1° imp. de பார்க்கிறது. 2° la 4ᵐᵉ constellation lunaire dite Rôhini, plate forme —, dessus —, pavillon de char, terre, bord de rivière, lit, roc, rocher, ou couche de terre très-dure, la caste des brames, Bouddha, coutume, ordre, série; —இடிந்துவிழுகிறது le bord d'une rivière s'écrouler; —உடைக்கிறது briser le roc, rompre la couche de terre dure qui empêche l'eau d'une source ou d'un étang de sourdre en grande quantité; —திருத்துகிறது ranger les troupes en lignes.

பார்க்க, inf. de பார்க்கிறது, pour voir, en voyant, en comparaison de, plus que; (il s'emploie pour le que qui suit le comparatif, le mot அதிக plus étant exprimé ou sous-entendu): அதைப்பார்க்கஇதுநல்லது litt. ceci est bon en comparaison de cela, ceci est meilleur que cela.

*பார்க்கடம், (pârghata), cendres.

*பார்க்கவம், (bhârgava), un des 18 pouranas inférieurs composé par பிருகு.

*பார்க்கவன், (id.), le descendant de Bhrigou, i.e. பரசுராமன், Soukren ou la planète Vénus, archer: பார்க்கவப்பிரியம் le diamant.

*பார்க்கவி, (id.i), Lackchimi, Pârvadi, le chiendent வெள்ளறுகு, l'arbre இருவேக்கு. [பியம், பாரக்கியன்.

*பார்க்கியம், பார்க்கியன், P. பாரக்

பார்க்கில், பார்க்கிலும், conditionnel de பார்க்கிறது, si on voit, quoiqu'on voie, en comparaison de, plus que: அதைப்பார்க்கில் ou பா

சக்கிறதுக் கிது நல்லது ceci est meilleur que cela.

பார்க்கிறது,த்தேன்,க்ப்பேன், க், க்க,v a. பார்த்தல்,n.v. voir, apercevoir, regarder, considérer, observer, faire attention, examiner, chercher, soigner, garder, visiter, honorer, avoir soin, prendre garde, se garder, (après un infinitif) chercher, essayer de, avoir l'intention de, s'efforcer: ஓடப் — chercher à s'enfuir: போகப் — chercher à —, se proposer de s'en aller: செய்யப் — chercher à —, essayer de faire: செய்துமுடிக்கப் — viser à —, avoir soin de finir entièrement: அதைச்செய்யாதே பார் prends bien garde de ne pas faire cela: அதைப்பாராமற்போனேன் j'ai passé sans voir ou sans regarder cela, je n'ai pas aperçu cela, (பார்க்க, பார்க்கில் V. à leur place). பார்த்து, gér. voyant ou à cause de, par égard pour, pour l'amour de: அவனைப்பார்த்து à cause de lui, en sa considération; பார்த்துக்கொண்டிருக்கிறது regarder, — continuellement, observer avec soin, — constamment, faire attention; prendre garde; — நடக்கிறது marcher avec précaution, — en regardant (avec soin...), அவர் பார்த்துக்கொடுக்கச்சொன்னால் கொடுக்கமாட்டாரா si après avoir vu (ou considéré), il dit de donner, ne le peut il pas? எங்கும்பார்த்தும் காணவில்லை on ne l'a pas trouvé, bien qu'on ait cherché partout.

*பார்க்குணம், *P.* பாற்குணம்.

*பார்சவம். 1° (pârsava), hache, massue. 2° (pârsva), coté, circonférence de cercle ou de roue, *V.* பரிசு.

*பார்சவன், (*id.*), guerrier armé d'une hache ou d'une massue, celui qui a obtenu un don.

*பார்சுவகன், (pârsvaha), voleur, fripon, filou, escamoteur.

*பார்சுவஸ்தன், (pârsvastha), homme qui se tient à côté, associé, compagnon, aide, —qui fait chorus dans un drame, acteur du prélude du drame, —qui en explique l'intrigue.

*பார்சுவம், (pârsva, *vulgo* பக்கம்), côté, flanc, côte, le thorax, circonférence, — de roue, aide, expédient frauduleux, chœur, troupe de louangeurs.

*பார்சுவாசாந்தம், (பார்சுவம், & tchânta *qui a rincé sa bouche*), nourriture qu'on ne doit pas prendre après que quelqu'un de la compagnie a rincé sa bouche, repas pris en commun dans le même plat ou le même vase. [côté, côte.

*பார்சுவாஸ்தி, (*id.* அஸ்தி), os du

*பார்சுவிகன், (*id.* ika), partisan, associé, compagnon.

*பார்சுவோதரப்பிரியம், (*id.* உதரம்), le crabe qui aime à marcher de côté. [*obl. de* பார்த்தன்.

பார்த்த, 1° *part. de* பார்க்கிறது. 2° பார்த்தல், *n. v. de* பார்க்கிறது.

*பார்த்தவம், (pârthava), grandeur, immensité, abondance.

*பார்த்தன், (pârtha, *de* prouthâ), le fils de Prouthâ *ou* குந்திதேவி, *i. e.* அருச்சுனன், Kârtavîryen ou கார்த்தவீரியன், prince, roi: பார்த்தசாரதி le cocher d'அருச்சுனன், *i. e.* Krichna.

பார்த்தோர், *n. app. de* பார்க்கிறது, ceux qui regardent, spectateurs: — சிரிக்கிறது risée des spectateurs; — சிரிக்கஉடம்பெடுத்தாய் tu es né pour être la risée du monde, *litt.* des spectateurs.

*பார்த்திபம், பார்த்திவம், (pârthiva *de* பிருதிவி *terre*), chose terrestre, — faite de terre, vase de terre.

*பார்த்திபன், பார்த்திவன், (*id.*), maître de la terre, roi, prince.

*பார்த்திவி, (*id.*), la prétendue fille de la terre, *i. e.* Sidei.

*பார்த்திப ou பார்த்திவவருஷம், (பார்த்திவன்), la 19me année du cycle indien. Elle correspond à 1825 et 1885.

பார்த்து, *gér. de* பார்க்கிறது.

*பார்ப்பதி, *P.* பார்வதி.

*பார்ப்பரன், (pârpara), surnom de —, Yamen.

பார்ப்பன, *adj. de* பார்ப்பான், de brame; — க்கொலை meurtre d'un brame; — ச்சேரி village de brames; — ப்பெண் ou பார்ப்பனத்தி, பார்ப்பனி, பார்ப்பாத்தி, *fém. de* பார்ப்பான், bramine, fille ou femme de caste brame; vulgò பிராமணத்தி.

பார்ப்பாரச்சாதி, (பார்ப்பார், அசாதி), la caste bramanique.

பார்ப்பான், *pl.* பார்ப்பார், *n. app. de* பார்க்கிறது, voyant, inspecteur, brame (considéré comme voyant ou prophète en ce pays): பார்ப்பாரறு தொழில் les 6 emplois des brames, *V.* அறுதொழில். [mine.

பார்ப்பினி, *P.* பார்ப்பனி, bra-

பார்ப்பு, 1° *n.v. de* பார்க்கிறது, action de voir..., la caste des brames. 2° petit (des animaux qui vivent sur les arbres, des animaux rampans, des oiseaux et du cerf).

பார்மகள்சவதி, camphre vert.

பார்மிசைபோன், (பார், மிசை), celui qui est ou a été sur la terre, Bouddha,

*பார்வணம், (pârvana), espèce de —, cerf, pleine lune, une des 28 espèces de sacrifices indous, cérémonie funèbre envers tous les mânes à l'époque du பருவம் *i.e* de la conjontion du soleil et de la lune.

*பார்வதம், (பர்வதம்), montagne, l'arbre வேம்பு, le concombre வாழுளுவை.

*பார்வதி. (*id.*i), Parvadi, fille du roi des monts Himalaya et femme de Siven, Draoupadei ou துரோபதை, bergère, terre —, argile rouge dite terre de Surate, la plante பெருநெருஞ்சில்; — கொழுநன் le mari de Parvadi, *i.e.* Siven; — நந்தனன் le fils de Parvadi, *i.e.* Soupramanien.

*பார்வதியன், பார்வதேயன், (பார்வதம்), montagnard.

பார்வல், (பார்ப்பு), petit (des oiseaux, du cerf et autres animaux), appeau, oiseau dont on se sert pour en prendre d'autres.

பார்வை, *n.v. de* பார்க்கிறது, vue, regard, œil, aspect, perspective, apparence, attention, beauté, estimation, évaluation, appeau, animal privé dont on se sert pour en prendre d'autres, magie; — க்காரன் celui qui guérit ou charme les maladies, enchanteur, estimateur, — மான் — cerf qui sert à en attirer d'autres; — க்குணம் le propre de la vue..., maladie causée par la magie; — த்தகடு plaque du trou fait pour la clef; — த்தாழ்ச்சி faiblesse de la vue, manque d'attention, modestie des regards, des yeux; — பார்க்கிறது regarder, considérer, estimer, evaluer, user de sortilége, charmer, prononcer des formules pour charmer une maladie; — பார்க்கஅறிந்தவன் celui qui sait considérer, discerner et estimer les choses, sorcier, enchanteur; இது நல்ல —, இது பார்வைக்குநேர்த்தி voici une belle perspective, ceci a une belle apparence, est beau à la vue.

பார்வையாளன், (பார்வை), celui qui fascine par ses regards.

பால, *adj. de* பாலன் *et de* பாலம் *et pl n. de* பாலது.

பாலகம், l'arbrisseau கோட்டம்.

*பாலகன். 1° (pâlaka), protecteur conservateur, gardien, palefrenier. 2° (bâlaka), nouveau né, poupon, enfant, — en bas age, petit garçon, fils: பாலகன்றன்மை, (தன்மை), பாலகத்துவம் conservation, protection, enfance: உலகபாலகன் protecteur du monde, roi: உலகபாலகத்துவம் conservation —, gouvernement du monde, sage gouvernement d'un roi. [fille.

*பாலகி, (*fém du préc.*), jeune —,

பாலடை, (பால், அடை), cuillère à lait; — pour donner du lait aux enfans, espèce de gâteau, *ou* — க்கொடி, சித்திரப் — l'arbrisseau hallia sororia, *ou* —ச்சங்கு coquillage qui sert de cuillère à lait, conque dont les protubérances inférieures sont coupées et qui sert pour donner du lait... aux enfans.

பாலதண்டம், l'arbre சுக்கானி.

பாலது, 1° gén. de பால், 2° ou பாற்று, 3me pers. neutre du குறிப்புவினை de பால், c'est la part, la propriété, chose qui convient, il est convenable, il faut: தருமஞ்செய்வதுபாலது il convient de faire l'aumône.

பாலமுடாங்கி, la plante வெளிப்பருத்தி.

*பாலம், 1° (bhâla), front, lumière. 2° (phâla), soc, barre —, masse —, plaque de fer, chose en fer, lingot, (vulgò பாளம்). 3° pont, pont-levis, la terre, branche d'arbre: — தூக்குகிறது lever le pont; — விடுகிறது laisser le pont, ou — இறக்குகிறது abaisser le pont. 4° (bâla), queue, cheveux, poil, V. வாலம் et ses composés.

பாலரசம், couleur d'or.

*பாலலோசனன், (பாலம்), celui qui a, dit on, un œil au milieu du front, i.e. Siven.

பாலவம், V. வாலவம்.

பாலவரை, espèce d'அவரை ou de pois.

*பாலனம், 1° (pâlana), protection, préservation, conservation, garde, lait d'une vache nouvellement vêlée. 2° P. பாலன்னம், riz cuit avec du lait.

*பாலனர், (id.), gardien, conservateur, protecteur.

*பாலன், pl. பாலர், 1° (bâla), nouveau-né, enfant, poupon, petit garçon, enfant au dessous de 7 ans, un des 5 தானப்பொருத்தம், une des 5 combinaisons de place pour les lettres au commencement des poèmes, V. பொருத்தம்-ம. 2° (pâla), gardien, protecteur, conservateur, berger: திவ்விய —le divin enfant, l'enfans Jésus; பாலனும்பால்குடியான் même l'enfant à la mamelle cesse de têter (expression usitée pour exprimer l'horreur de la tyrannie); பாலக்காடு la province de Bâlaghat comprenant les districts de பெல்லாரி et de கடப்பை; — சந்திரன் nouvelle lune; — சந்நியாசி jeune religieux; — சிங்கம் jeune lion; — சூரியன் soleil levant, lapis lazuli; — சந்திரம் office de sage femme; — தனம் propriété d'un enfant ou d'un mineur; — குமாரன் jeune fils; — போதம், : — போதனை instruction pour les enfans, titre d'un livre; — பாவம் enfance, état —, péché d'enfans; — பருவம் l'enfance; — மணி grains faits de coquillage; — மணிக்கோவை colliet de grains de coquillages qu'on met aux enfans comme amulette; — ரீதி manière enfantine; — ரீதியாய் d'une manière enfantine; — லீலை jeu d'enfant; — வயசு enfance; — வியசனம், V. வாலவியசனம்; (V. d'autres expressions au mot வாலம்).

பாலாக்குகிறது, (பால்), partager, faire une part, adoucir, améliorer: மகிமையைமண்ணின் — réduire la gloire en poussière.

*பாலாங்கன், (பாலம், அங்கம்), homme né avec des marques heureuses sur le front, ou qui a un joli front, Siven.

பாலாடை, (பால்), crême, — de lait.

*பாலி, 1° (pâli), digue, chaussée, pont, borne, limite, tache, marque, bout —, lobe de l'oreille, circonférence, grande cruche, pot, louange, ligne, rang, pointe —, tranchant d'épée, pou, femme barbue, hanche, entretien d'un écolier durant ses études. 2° (bâli), le singe Bâli, V. வாலி, 3° (பசு), vache à lait. 4° le multipliant dit குலமரம், le cotonnier rouge dit செம்பருத்தி, callou ou toddi, nom d'un fleuve, le Pâli ou Bâli ancienne langue de மகதம் ou Magadha et langue sacrée des Bouddhistes. 5° P. பாலன் protecteur, défenseur. 6° imp. de பாலிக்கிறது; — சின்னம் signe de défenseur, V. குலவட்டம்.

*பாலிகை, 1° (Pâlikâ), poignée —, tranchant —, pointe d'épée ou autre arme ou outil, cercle, lobe de l'oreille, cuillère à lait. 2° (bâlika), femme. 3° lèvre, espèce de cérémonie du mariage indou qui consiste à placer un plat couvert de terre sur laquelle sont répandues diverses sortes de céréales prêtes à pousser, la plante அட்டிப்பு.

பாலித்தல்,பாலிக்கின்றேன்,பாலித்தேன்,பாலிப்பேன்,பாலிக்க,v.a.(பாலன்), garder, conserver,préserver,entretenir,nourrir, donner,accorder: நீதியைப் — administrer la justice.

பாலித்தல்,பாலிப்பு,n.v.de பாலிக்கிறது, et* பாலிதம்,(pâlita),conservation,préservation,garde, entretien,donation,grâce,faveur.

*பாலியம்,(bâlya),enfance, le bas âge,l'âge au-dessous de 7 ans.

*பாலியர்,(id.),jeunes enfans, enfans au-dessous de 7 ans.

பாலுழுந்தி,l'arbre [illegible].

*பாலுகம்,(bâlouka),camphre.

பாலுண்ணி,(பால்), mangeur de lait,espèce de loupe qui se forme sur le corps. [[illegible].

பாலுண்ணாப்பிறந்து, V. [illegible]

பாலுருண்டை, (பால்), espèce de gâteau.

பாலேடு, (id.),crème,—du lait.

பாலை,terre stérile,désert,chaleur, mer,espèce de poisson, la 7me constellation dite புனர்பூசம், et la 5me dite மிருகசீரிடம், l'arbre mimusops hexandra, la plante tournante asclepias volubilis, l'oiseau பாலைக்குருவி,espèce d'air ou de mélodie,(on en compte 7, voyez les au mot [illegible]),air propre aux pays stériles, séparation de cohabitation ou de commerce conjugal, séparation de biens et d'habitation,se séparer ainsi, un des goûts supposés du chant; பாலைக்கருப்பொருள் ou பாலைத்திணை, V. பாலைநிலக்கருப்பொருள்; — [illegible] la prétendue déesse des pays stériles,i.e. Kâli ou Dourgâ; — க்குருவி l'oiseau des déserts, nom d'un oiseau;—க்கொடி la plante tournante asclepias volubilis; —ச்சக்கரம் cercle magique ou figure superstitieuse qui a rapport aux pays déserts; — நிலம் terrain stérile, désert, sans eau et sans ombre, et son voisinage;—நிலக்கருப்பொருள் productions et propriétés des pays stériles, au nombre de 14,savoir: 1° — நிலத்தெய்வம் la prétendue divinité des déserts,i.e. துர்க்கை Dourgâ ou Kâli. 2° — நிலத்தலைவன் chef d'un pays désert, il se nomme [illegible], [illegible], [illegible],et sa femme எயிற்றி. 3° —நிலக்குடிகள் habitans du désert, ce sont les [illegible] et les [illegible] ou chasseurs aussi nommés எயினர், [illegible] et [illegible],et leurs femmes nommées எயிற்றியர், [illegible], [illegible]. 4° — நிலப்புள் oiseaux du désert, i.e. புறா pigeon,பருந்து milan, கழுகு aigle. 5° — நிலவிலங்கு animal des déserts,le chien rouge செந்நாய் qui chasse les tigres. 6° — நிலத்தூர் bourg des déserts nommé குறும்பு. 6° — நிலநீர் eau des déserts;c'est l'eau de puits dite [illegible] ou [illegible]. 8° —நிலப்பூக்கள் fleurs des déserts,i.e. fleurs des plantes [illegible], பாதிரி,[illegible]. 9° — நிலமரம் arbres des déserts, i. e. les arbres [illegible] ou [illegible], [illegible], பாலை. 10° —நிலத்துணவு,— நிலவுணாக்குறு nourriture des habitans du désert dite [illegible] ou [illegible] ce qu'ils pillent sur les chemins,et [illegible] ou [illegible] ce qu'ils enlèvent dans un pays fertile. 11°— நிலப்பறை tambour des déserts nommé [illegible] ou உடுக்கை. 12° —நிலயாழ், — நிலத்தியாழ் luth des déserts nommé பாலையாழ். 13°— நிலப்பண் air ou mélodie des déserts nommé [illegible] et [illegible]. 14° — நிலத்தொழில், — நிலவுணாக்கொடுதொழில் emploi des habitans des déserts nommé [illegible], [illegible] ou [illegible] pillage, — de jour;—[illegible] marche dans le désert,affreux—, ancien désert; — முதற்பொருள் choses principales des pays stériles pour lieux des déserts et les environs des déserts, pour le temps les saisons dites [illegible] ou temps des dernières rosées, [illegible] ou temps des chaleurs modérées et [illegible] ou temps des grandes chaleurs, (ce qui fait de-

[illegible]

puis le mois de மாசி jusqu'à la fin du mois d'ஆடி), et pour le temps de la journée la partie dite நண்பகல் de 10 heures à 2 heures du soir; —யாழ், luth des pays déserts; —யாழ்த்திறம் son de certaines notes du luth—, air qui a rapport aux terres stériles ou au désert; —வனம் désert, — absolu. [பாலை.

பாலொடுகொடி, la plante கொடிப்

பாலோதனம்,(பால்), V. பாற்பொங்கல்.

பால், lait, — de femme, d'animal ou de plantes, le lait de vache est un des 5 objets qui composent le பஞ்சகௌவியம், blancheur, le blanc, place, lieu, propriété, devoir, convenance, qualité, nature, caractère, genre des noms, mode d'arranger les cheveux de femmes, côté, coin du monde, part, portion, moitié, destin, utilité: பால்-ஐ-1° les 5 genres tamouls qui comprennent les 3 genres et les 2 nombres du latin, de cette manière: ஆண்பால், ஒருவன் ou அவன் le masculin singulier, பெண்பால், ஒருத்தி ou அவள் le féminin singulier, பலர்பால் ou அவர் le pluriel épicène, i. e. commun au masculin et au féminin, ஒன்றன்பால், ஒன்று ou அது le neutre singulier, et பலவின்பால், பல ou அவை le neutre pluriel. 2° பால்-ஐ, les 5 manières d'arranger les cheveux des femmes, V. ஐம்பால்முடி: இது எங்கள்பால் ceci est notre lait..., ou est à nous; எப்பாலும் de tous côtés; பாலிறக்கம் le pus sortir des pustules de la petite vérole, ou பாலிறங்குகிறது le lait découler, — venir ou sourdre; —கறக்கிறது, —சுரக்கிறது traire le lait; —குத்துகிறது prendre du vaccin, ou வைசூரிப் —குத்துகிறது ou குத்துகிறது et வைசூரிப் — வைத்துக்கட்டுகிறது vacciner; பால்கொள்ளுகிறது acheter ou prendre du lait, — du vaccin; —ச்சொறி gale d'un veau ou d'un agneau par manque de lait; —ச்சொற்றி, V. பாற்சொற்றி; —தோய்க்கிறது le lait se cailler, tourner, aigrir; —தோய்க்கிறது, —தோய்த்துப்போடுகிறது faire cailler le lait, y mettre de la présure: — பகாவஃறிணைப்பெயர் nom de l'espèce irraisonnable, dont le genre ou le sexe n'est pas distingué. Ex. மாடுவந்தது la bête bovine est arrivée, (மாடு comprend le bœuf et la vache): —பகாவுயர்திணைப்பெயர் nom de l'espèce raisonnable dont le genre ou le sexe n'est pas distingué, comme மக்கள் வந்தார் les enfans ou les gens sont venus (மக்கள் comprend les garçons et les filles, les hommes et les femmes); —பிடிபருவம் temps où les épis de la moisson commencent à être en lait; —பீச்சுகிறது faire jaillir le lait, traire; —பொய்த்திருக்காய்ச்சல் fièvre de lait; —போன்ற pareil à du lait, laiteux; —மரம் arbre laiteux; —மறக்கிறது être sevré; —மறக்கப்பண்ணுகிறது, —மறப்பிக்கிறது, —மறக்கடிக்கிறது, —மறிக்கிறது sevrer; —மறுக்கிறது, —மறுத்துப்போகிறது le lait tarir, cesser de couler: மாறுக்கை nonchalence, paresse (mot télinga); —மாறுகிறது, —மாறியிருக்கிறது les genres être confondus être paresseux, nonchalant, tergiverser, différer: —மறிப்போனமாடு vache qui ne donne plus de lait: —மீன் le poisson laiteux clupea cyprinoides; —முட்டைச்செடி nom d'une plante: —முட்டான் sorte de poisson; —முறிகிறது, —முறிந்துபோகிறது le lait tourner, se gâter, se cailler; —வழு solécisme—, faute contre le genre ou confusion de genres, comme donner une terminaison féminine à un nom masculin ou à un verbe dont le sujet est masculin...: —வற்றுகிறது le lait tarir: —விடைக்கன்று veau sevré; —வியாபாரி marchand de lait; —வீதிமண்டலம் la voie lactée; —வெடிக்கிறது le riz et autres grains se fendre par le gonflement du lait; —வெள்ளி argent pur, — blanc comme lait; —வெள்ளைமண் terre blanelle comme lait, — de blanchisseur; கெட்டபால் நற்பாலாமோ de mauvais lait deviendra t-il bon?du lait tourné redeviendra-t-il bon?

பால, 1° *obl.de* பாலம். 2° *inf. de* பாலுதிறது.

*பாவகம், 1°(bhâvaka), propriété, nature (d'une chose), intention, manifestation extérieure —, expression d'affection,- de sentimens amoureux, apparence, ressemblance, idée. 2° (pâvaka), pureté;la noix à marquer dite சேங்கொட்டை,l'arbre qui la produit. 3° meurtre.

*பாவகன், 1° (pâvaka), feu, le prétendu dieu du feu, *i. e.* Agni, celui qui purifie, homme devenu pur, - purifié par la méditation religieuse. 2° (bhâva),savant. [resse.

*பாவகாதி, (பாவம்), âme pécheresse.

*பாவகாரணி;(பாவகன்,அரணி), bois propre à faire du feu par son frottement, premna spinosa.

*பாவகி, (பாவகன்), Soupramanien qu'on prétend né du feu, la femme d'Agni.

*பாவசம், (பாவம்,சம்), amour.

பாவசன்,(பாவசம்); Kâmen, le Cupidon indien.

பாவடம்,*V.* பாவாடம்.

*பாவநீக்கம், *P.* பாவநாசம்,expiation —,abolition du péché.

பாவட்டம்,drapeau.

பாவட்டை, l'arbrisseau pavetta indica: — சொல்லாந்தி nom d'un arbrisseau. [ornement poétique.

பாவணி; (பா,அணி), beauté —,

பாவமைப்பு,(பா). espèce d'harmonie ou d'air propre à la poésie.

*பாவம், 1° *P.* பாபம், péché, crime, faute,désordre,vice,méchanceté, malignité, bassesse, malheur, défaut de bonheur. 2° (bhâva), condition,manière d'être,état,— naturel,propriété innée, nature, existence, réalité, ce qui existe, être vivant, dessein,intention,vue,âme, l'esprit, action, chose, objet, substance,monde, univers,idée abstraite —,sens—,racine d'un mot,naissance,place de la naissance,matrice, passe-temps,instruction,avis, signe indicateur —,indice de la pensée, expression corporelle —,manifestation de sentimens amoureux, émotion, mouvement, être —, objet doué de mouvement geste,une des parties de l'art dramatique ou de la danse, pouvoir surnaturel, organe des sens ou des passions: — கட்டிக்கொள்ளுகிறது, — செய்கிறது pécher, commettre un péché; பாவநாசம் abolition —,expiation du péché; —சங்கீர்த்தனம்; *P.*பாவசங்கீர்த்தனம் confession,— des péchés; — சங்கீர்த்தனம்பண்ணுகிறது se confesser,confesser ses péchés: —சங்கீர்த்தனங்கேட்கிறது confesser,entendre les confessions: — தோஷம் malice —, coulpe —, tache du péché; நிவாரணம், — நிவிர்த்தி renoncement au péché,*ou* — நாசம், —பரிகாரம் expiation ,destruction du péché; —புண்ணியம் le péché et la vertu: புண்ணியபாவங்கள் *m*,*V.* பாபபுண்ணியங்கள்;—பொறுத்தல்,—பொறுத்தி, —மன்னிப்பு pardon —, rémission du péché *ou*, —பொறுத்தலுக்கான தம் absolution des péchés; —மார்க்கம் voie criminelle; —ஆத்திகள் gens vils,criminels,chasseurs: —மோசனம், —விமோசனம் expiation —,rémission du péché: —விமோசனஞ்செய்கிறது effacer —,remettre—,expier les péchés d'autrui; —விமோசனஞ்செய்துகொள்ளுகிறது expier ses propres péchés.(*V.*au mot பாபம் d'autres composés).

பாவலர்,(பா), gens habiles en poésie, poëtes,savans.

பாவல், 1° *opt.et n.v.de* பாவுகிறது; action d'étendre...,sandales de bois dites பாதுகை,partie d'un navire: 2° *P.*பாசம்.

பாவத்சலம்,*P.*பாசத்சலம்.

பாவவாளி,(பாவம்,ஆளி),pécheur.

*பாவனம், 1°(pâvana), pureté. netteté, purification, expiation, chose qui purifie,pénitence, bouse de vache, encens. 2° (bhâvana), preuve, examen, recherche, imagination, perception mentale, méditation, récollection, réminiscence, idée, conjecture, jugement de la capacité d'après les paroles, ornement, décoration, union: பாவனத் துவனி, — த்தொனி conque.

*பாவனன், (pâvana), le feu, le poète Vyâsen.

*பாவனாதீதம், (பாவனை, அதீதம்), chose qui surpasse l'imagination.

பாவனாலங்காரம், (*id.* அலங்காரம்), figure de rhétorique, — d'imagination, — qui représente les objets, imagination.

*பாவனி, (pâvani), la prétendue déesse du Gange ou காமதேனு, vache, basilic dit துளசி.

*பாவனை, 1° (bhâvana), imagination, perception mentale, idée, réminiscence, souvenir, pensée, méditation. 2° manière, ressemblance, imitation, conduite: — பண்ணுகிறது comparer, représenter, dissimuler, feindre, contrefaire, imiter, imaginer, se représenter, s'imaginer; — பண்ணிக்கொண்டிருக்கிறது se figurer, s'imaginer, garder le souvenir de quelqu'un; — யாயிருக்கிறது ressembler, être semblable, — l'image de; — யாக à l'imitation, comme; பிள்ளைப் — பாவனையாக்கிறது élever comme son enfant: பயந்தபாவனை — யுங்காணோம் il ne semble pas même être effrayé.

பாவாடம், 1° action de se couper ou de couper la langue devant une idole (comme hommage superstitieux; — கொடுக்கிறது, — பண்ணுகிறது, — வெட்டுகிறது, — போடுகிறது se couper ou couper ainsi la langue. 2° (bhâvata), indication de sentiments amoureux, ornement, décoration,

*பாவாடன், (bhâvâta), homme pur, pieux, acteur, libertin.

பாவாடை, (பாவு, ஆடை), toile —, habit —, jupe de femme, toile qu'on étend par terre sur la route dans de grandes solennités, V. பொங்கல்: — வீசுகிறது faire au loin des signaux en agitant une toile blanche, hisser —, présenter un drapeau de trêve; — யூபம் espèce de sacrifice.

பாவாணர், (பா, வாணர்), poètes.

*பாவாத்துமா, P. பாபாத்துமா, pécheur, personne criminelle.

*பாவாபாவம், (பாவம், அபாவம்), feindre d'être ému. [க்கிறது.

பாவாபாவிக்கிறது, (பா), V. பாவிக்க

*பாவார்த்தம், (பாவம், அர்த்தம்), sens d'un mot, sens clair et direct d'une sentence.

பாவாற்றி, (பா, ஆற்றி), brosse ou peigne de tisserand (pour démêler le fil).

*பாவி, 1° P. பாபி, pécheur, pécheresse, méchant, pervers. 2° (bhâvi), ce qui est existe ou doit exister, qui a la nature de. 3° (pâvi), qui purifie. 4° *imp. de* பாவிக்கிறது.

*பாவிகம், (bhâvika), invention, imagination, une des 35 figures de rhétorique employées dans les poèmes, figure de rhétorique qui décrit comme présent, le passé et le futur, chose naturelle, innée, sentimentale, future, raconter tout du long comme un poème.

பாவிக்கிறது, வித்தேன், விப்பேன், வி, விக்க, *v. a. et n.* (பாவிப்பு), imaginer, inventer, imaginer, se figurer, se représenter, feindre, imiter, marcher, être d'usage; பாவித்துப்பார்க்கிறது essayer d'imiter, regarder après avoir imité ou feint, considérer —, examiner l'exactitude d'une imitation; உண்டுபண்ணிப் பாவிக்கிறது imaginer, représenter, montrer, confirmer (un mensonge), — பண்ணு — imiter, imaginer; சுகமாய்ப் — se croire bien portant (quoique malade); உங்களைப்போலேயென்னைப்பா வித்துக்கொண்டிருந்தேன் je me le figurais tel que vous, வான்கோழி யாடக்கண்டிருந்தமயில்தானுந் தன்பொல்லாச்சிறகைப்பாவித்திருக்கிறது le dindon ayant vu le paon de la fevée faire la roue s'imagine être lui-même un paon.

*பாவிதம்,(1° (bhâvita), mélange, composition, parfum, consentement, promesse, résolution, imagination, invention, gain, supposition. 2° (pâvita), purification.

பாவித்தல், பாவிப்பு, *n. v. de* பாவிக்கிறது, imagination, imitation.

*பாவித்திரம், (bhâvitra), les 3 mondes, le ciel, la terre et l'enfer pris collectivement.

பாவிழைக்கிறது, (பா, இழைக்கிறது), faire la chaine, ourdir la trame, mettre le fil en peloton.

பாவினம், (பா, இனம்), classification des 4 premières espèces de vers ou de strophes dites வெண்பா, ஆசிரியப்பா, கலிப்பா, வஞ்சிப்பா, ou subdivision de ces 4 espèces de poésies; chacune d'elles se subdivise en 3 variétés nommées தாழிசை, துறை, விருத்தம் ce qui forme 12 subdivisions nommées வெண்டாழிசை, வெண்டுறை, வெளிவிருத்தம், ஆசிரியத்தாழிசை, ஆசிரியத்துறை, ஆசிரியவிருத்தம், கலித்தாழிசை, கலித்துறை, கலிவிருத்தம், வஞ்சித்தாழிசை, வஞ்சித்துறை, வஞ்சிவிருத்தம்; la 5me espèce de vers dite மருட்பா ne se subdivise pas.

பாவு, 1° *P.* பா, fil de coton, chaine —, trame d'une toile. 2° *imp. et part. de* பாவுகிறது: பாவிவோட்டுக்கிறது entremêler des fils de couleur parmi les blancs dans la chaine d'une toile; பாவுகல் pavé, carreau, pavé en pierres, carrelage, plancher carrelé, —en pierres; — நூல் chaine (de la toile); — பலகை planche du plancher, plafond, lambris; — பிரம்பு planche mince que les tisserands mettent entre les fils de la chaine.

*பாவுகம், (bhâvouka), joie, bonheur, jour heureux.

*பாவுகன், (*id.*), mari de la sœur.

பாவுகிறது, வினேன், வுவேன், வு, வ, *v. a. et n.* பாவுதல், *n. v.* étendre, placer régulièrement, — en long et en rang (des briques, des planches..., paver, planchéier, répandre, mettre du semis, semer épais des céréales qui doivent être ensuite transplantées, planter, fixer, se tenir —s'appuyer—, porter sur (la terre...), toucher du pied le fond, prendre, --pied, — racine, se répandre, passer par-dessus, traverser, franchir: பாவிப்போட்டிருக்கிறது étendre, placer régulièrement, placer —, appuyer sur: கால்தரையில் பாவாமல்செல்ல le pied n'a pas touché ou touchait à peine la terre (se dit de la course rapide d'un cheval): ஆற்றிலேகால் பாவவில்லை on ne peut prendre pied —, le pied ne porte pas à terre dans la rivière.

பாவை, peinture, représentation, poupée, marionnette, statue, — peinte, femme (*pl* பாவைமார்), muraille: —க்கூத்து danse de marionnettes; — போலிருக்கிறது être comme une peinture ou une statue peinte, être beau; — யாடுவிக்கிறது, — யாட்டுகிறது faire danser des marionnettes.

பாவோடம், (பாவு, ஓடம்), bâton sur lequel passe ou qui tient la chaine d'une toile, *ou*

பாவோடுகிறது, பாவோட்டம், (*id.*), faire —, ourdir—, étendre la chaine.

பாழி, largeur, explication, bourg, village, ville, - en pays cultivé, ville —, camp des ennemis, caverne, — de montagne, cellule —, ermitage d'ascète, de reclus, temple, lit, couche, litière pour les animaux, grandeur, force, air, mer, petit étang, ruine, désolation, l'herbe [illegible].

பாழித்தியம், sorte d'ouvrage littéraire.

பாழும், *imp. et part. de l'inusité* பாழ்கிறது: — நிலம் place ruinée, — déserte; — கிணறு puits en ruines, — desséché.

பாழ், 1° ruine, perte, désolation, ravage, dévastation, décadence, désert, vide, inutilité, mal. 2° *imp. et part. de* பாழ்கிறது. 3° *imp. de* பாழ்க்கிறது; அழிப்பு — ruine entière, pure désolation; பாழாய் — dévastation d'un lieu, lieu ruiné, désert, stérile; — ஆகிறது, ஆய்ப்போகிறது, dépérir, tomber en ruines, être ruiné, désolé, dévasté, s'anéantir, se fâcher; — ஆக்குகிறது ruiner, dévaster, ravager, désoler, détruire; — நத்தம் village ruiné, dévasté; — நிலம் terre stérile, en friche, déserte, ruinée, dévastée; — விழ tomber en ruines, être ruiné, dévasté, ravagé, anéanti; — மூலை côté de mauvais augure, où l'on ne va pas; — வாயன், m. — வாய்ச்சி, f. homme —, femme qui se plaint sans raison, qui parle ou jase en vain; — வாய்ப்பேச்சு vaine plainte, — parole; — வாய் அடிக்கிறது se plaindre sans raison, jaser ou parler inutilement; — வெளி campagne —, place vide, désolée, l'espace, le vide (parole de l'அத்துவைதம் ou de la secte des Advitas impliquant la négation d'un paradis local et identifiant l'âme avec la divinité); பாழிலே, பாழுக்கு en ruine, en vain, inutilement; பாழிலேபோடுகிறது mettre en ruines, dépenser en vain; பாழிலே வாங்குகிறது acheter à pure perte; பெண்ணைப் பாழிலே தள்ளுகிறது jeter sa fille dans le désert, la mal marier; பாழுக்கிறைக்கிறது arroser un désert ou பாழுக்குழைக்கிறது travailler en vain; பாழூர்க்கு நரி ராசா dans un village ruiné, le chakal est roi.

பாழ்க்கடிக்கிறது, (பாழ்க்க, inf. et அடிக்கிறது), ruiner, dévaster, ravager.

பாழ்க்கடி, பாழ்க்கடித்தல், பாழ்க்கடிப்பு, n. v. du préc. ruine, perte, dégât, dévastation, destruction.

பாழ்க்கிறது, ழ்த்தேன், ழ்ப்பேன், ழ்க்க, v. a et n. பாழ்க்குதல், பாழ்த்தல், n. v. ruiner, dévaster, anéantir, s'anéantir, dépérir, être ruiné, dévasté, ravagé, désolé; பாழ்த்துக்கிடக்கிறது être désolé, dévasté, en ruine; பாழ்த்துப்போகிறது tomber en ruines, être dévasté.

பாழ்ங், பாழ்ஞ், பாழ்ந், பாழ்ம், (பாழ், avec les douces ங், ஞ், ந், ம், insérées devant க, ச, த, ப,): பாழ்ங்கிணறு, பாழ்ங்கூவல், vieux puits desséché, — en ruines, — comblé; — குடி famille ruinée, anéantie; பாழ்ஞ்சேரி ville —, village ruiné; பாழ்ந்தலம், lieu ruiné, — désert, dévasté. [de பாழ்க்கிறது.

பாழ்த்தல், பாழ்த்து, n. v. et gér.

பாளபந்து, les caractères Bâl-band, variété du Dêvanâgari propre à écrire le sanscrit.

பாளம், (phâla soc), coin —, masse —, guensillon —, barre de métal, lingot, longue bande de toile: பாளம்பாளமாய்வார்க்கிறது fondre en masses, en barres, en lingots; பாளக்கட்டி lingot; — சீலை linge enduit d'un remède et mis sécher.

பாளாயம், V. பாளையம்.

பாளக்கயிறு, corde pour attacher les pieds d'un cheval à un piquet.

பாளி, 1° (pâli), signe, marque. 2° camp, campement d'une armée.

பாளிதம், 1° P. பாளிதம், sucre brut, — candi. 2° (pâlita, nourri), riz cuit, — au lait, ragoût, sauce, camphre, étoffe, habit de soie.

பாளை, la spathe qui couvre le spadix ou le bouton de fleurs du palmier, du cocotier, de l'aréquier... (cette spathe liée, battue et coupée devient le canal d'où découle le suc de l'arbre qui devient la boisson dite callou), épi vide, sans grains, l'âge qui précède celui qu'on nomme பாலப்பருவம், i. e. l'âge avant 5 ans, ou பாளைப்பருவம் un des âges ou degrés de croissance du fétus: அலகு பாளை spadix du palmier mâle; — சீவுகிறது racler le spadix, en couper une légère tranche: — தட்டுகிறது battre la spathe: புறப்படுகிறது, — வருகிறது la spathe sortir, — venir; — விடுகிறது produire —, donner la spathe, i. e. fleurir; — மட்டை spathe, enveloppe du spadix: — விட்டுக்கொள்ளுகிறது le palmier fleu-

வர் et produire des fruits; தென்னை [illegible] tirer du callou de la spathe du cocotier

பாளையம், camp, campement, village entouré de murs en pierres, faubourg où sont logés des soldats, armée, pays—, district de Paléyagar ou de chef feudataire; — அடிக்கிறது camper, fixer son camp; இறங்குகிறது camper, une armée arriver, — s'arrêter pour camper, dresser sa tente; — எழுக்கிறது lever une armée; — கலைக்கிறது décamper, l'armée se mettre en marche: — கலைப்பு décampement, levée d'un camp: — கூட்டுகிறது former un camp: — கோட்டை Paléyamcotté, en anglais Pallamcottah, ville du sud de la presqu'île; — சூழ்ச்செய்கிறது faire camper—, camper tout au tour; — போடுகிறது camper, placer son camp, être long temps, - pour rester; — வாங்கிப்போகிறது décamper, lever le camp: — க்காரன் Paléyagar, (en anglais Poligar), chef feudataire qui paie tribut au roi et est chargé avec une armée de la défense d'un côté du royaume, général d'armée, homme de camp, —qui habite sous une tente; பாளையப்பட்டு Paleyagar.

பாளையரம், (பாளை, அரம்), lime en forme de spathe, ronde et pointue.

பாறல், 1° bœuf, — de charge, taureau, le signe du Taureau. 2° opt. et n.v. de பாறுகிறது, fuite, course, combat, se miner, le pied ou le bas manquer.

பாறு, 1° gén. பாற்றின், obl. பாற்று, fauçon milan, navire, chaloupe. 2° imp. et part. du suiv.; — வைக்கிறது equiper un navire.

பாறுகிறது, றினேன், றுவேன், று, ற, v. n. பாறுதல், n. v. courir, fuir, combattre, se miner, le bas ou le pied s'écrouler ou manquer.

பாறை, 1° roc, rocher, roche, écueil, brisans, élévation, terre. 2° P. பாறாய், 2° pers. nég de பாறுகிறது: — பிடித்திருக்கிறது [illegible] — யாயிருக்கிறது être dur comme un rocher; — உப்பு espèce de sel; [illegible] rocher qui reste inébranlable à l'action d'un lévier.

பாற், obl. de பால், de lait, devant க, ச, த, ப: — கடல் mer de lait, (une des 7 mers fabuleuses des Indiens); — கடற்பிறந்தாள் celle qu'on dit née de la mer de lait, i. e. Lakchimi; — கடற்றுயில்வோன் celui qui dort (au dire de la fable) sur la mer de lait, i. e. Vichnou; — கட்டாயிருக்கிறது [illegible], — கதிர் céréales dont le grain est encore en lait; — கலசம், — கலம் pot au lait (en terre, — pour traire les vaches ..); — கவடு cauris, petit coquillage qui sert de monnaie; — கரம் verrue qui vient sur le corps), fruit non mûr, — qui est encore en lait; — காரன் marchand de lait; — காரி laitière, marchande de lait, nourrice, femme qui a un enfant à la mamelle; — கொம்பி, P. பாற்காரி vendeuse de lait; — குடிமறக்கச்செய்கிறது sevrer;

குழந்தை enfant à la mamelle, — qui tète encore, poupon; — குழம்பு lait épaissi par la cuisson, sauce au lait: குழம்புஞ்சோறுங்கொண்டுவிடுகிறது servir du riz et de tel lait ou de telle sauce: — கொன்றை, V. பால்கொன்றை — கொடி, V. [illegible]: — கொவ்வை espèce de கொவ்வை ou bryonia; — சட்டி, — சால், — செம்பு jatte —, seau au lait; — சொண்டு lait qui s'est attaché au fond du vase en cuisant; — சுறா espèce de réquin inoffensif que l'on mange; — சோர்வு épuisement —, fatigue de la marche; — சோலி, V. பாற்சொலி; — சோறு riz au lait, — bouilli avec du lait; — சோற்றி, — சொற்றி, — சொற்றிச்செடி la plante ruellia secunda ou பொற்றிக்கீரை; — பசு vache à lait; — பல் dent de lait, — blanche; — பலியாயம் offrande de lait; — பாக்கியம் bonheur d'avoir en abondance des vaches et du lait; — பாற்றிறம்

vase à lait; —[illegible] fruit en lait, à peine formé; — [illegible] con combre blanc; —[illegible], —[illegible] riz cuit au lait, — bouilli avec du lait; —[illegible] ou —[illegible] faire une offrande de riz cuit au lait. [[illegible].

*[illegible], P. [illegible]

*பாற்குனம், (phâlgouna), le mois de பங்குனி, la 12ᵉ constellation lunaire.

*பாற்குனன், (id.), surnom d'அருச்சுனன் né sous la constellation பாற்குனி.

*பாற்குனோற்சவம், (id. [illegible]), le printemps qui commence dans le mois de பங்குனி.

பாற்குனி, (id, i), jour de la pleine lune dans le mois de பங்குனி (alors on célèbre la fête du printemps). la 11ᵐᵉ —, la 12ᵐᵉ constellation lunaire (on les distingue l'une de l'autre par les noms de [illegible] (d'où [illegible]) பாற்குனி et de உத்தரபாற்குனி.

*பாற்குனிகம், (id. ika), le mois de பங்குனி. [[illegible]), émeraude.

[illegible], ([illegible])

[illegible], 1° ou [illegible], 3ᵐᵉ pers. neutre sing du [illegible] de [illegible]. il convient, il est juste, nécessaire. 2° obl. de [illegible].

[illegible], ([illegible]), vitriol blanc ou sulphate de zinc qui sert de remède pour les yeux.

[illegible], ([illegible]), cérémonie funèbre dans laquelle les Indous versent du lait sur les os du défunt.

பானகம், பானகக்கம், (பானம். ka), sorbet, limonade, espèce de breuvage mêlé de lait de beurre.

*[illegible], ([illegible]), liqueur spiritueuse tirée du fruit du ja[quier.

[illegible], cuisiniers.

*பானம், (pâna), breuvage, boisson, action de boire, callou ou jus de cocotier.... fermenté, chose potable, — bonne à boire, — qu'on boit: — [illegible], — [illegible] boire; [illegible], — [illegible], ([illegible], kâ), auberge, guinguette, taverne; — [illegible] action de boire; — [illegible] offrande de boisson, libation; —[illegible], — [illegible] vase à boire, gobelet, verre, coupe; — [illegible] distillateur, marchand de liqueurs.

[illegible], mer, callou ou toddi, nénuphar bleu, cheval, rizière, champ, terre cultivée, bétel.

[illegible], ([illegible]), le boire et autres choses semblables: [illegible] — le manger, le boire et autres choses nécessaires à la vie

[illegible], ([illegible]), demi-journée, la moitié du jour, midi, minuit.

பானன், 1° ([illegible], i), homme qui boit, buveur, ivrogne. 2° armée. 3° imp du suiv. — [illegible] alun.

[illegible], v. a. ([illegible]), [illegible], n. v. boire.

*[illegible], (pântya), chose qu'on peut boire, eau: [illegible] loutre; —[illegible], ([illegible], ika), place où l'on donne à boire.

*பானு, (bhânou), soleil, rayon de —, lumière, beauté, belle femme, maître, prince, roi, un des 32 systèmes d'architecture: —[illegible] banane; — [illegible] le fils prétendu du soleil, i. e. Saturne, Yamen; —[illegible], —[illegible] le jour du soleil, i. e. le dimanche.

பானை, grande —, cruche, marmite, pot, vase: —[illegible] petite cruche; — [illegible] les cruches et les casseroles; — [illegible] couvercle de cruche, petit vase qui sert à couvrir les cruches; — [illegible] frapper légèrement une cruche; — [illegible], V. [illegible].

பான், 1° particule qui, jointe à la racine d'un verbe, marque le futur et signifie pour, c'est la 3ᵐᵉ pers. fut. du sing. masc. [illegible] il est venu pour manger. 2° P. [illegible] dans les mots composés comme [illegible] 10, [illegible] 20, [illegible] 30, [illegible] 40, [illegible] 50,

அறுபான் 60, எழுபான் 70, எண்பான் 80, (inusité), 3° *P.* பால் devant க: — மயக்கம் confusion des genres, licence qui permet de joindre des mots de genres différens, *v. g.* un verbe au neutre avec un sujet d'un genre différent; — மாறுகிறது, *V.* பான்மாறுகிறது; — மாறிக்கை, *V.* பான்மாறிக்கை; — குலின் germe, cause du —, destin.

பான்மை, (பால்), qualité, fois.

பி, 1° lettre syllabique composée de ப, et de இ. pi bref. 2° beauté.

*பிகம், (pika), le couil ou coucou indien: பிகபந்து, — பெந்து, — ராசம், — வல்லபம் l'arbre favori du couil, *i.e.* le manguier.

*பிகாங்கம், (பிகம், அங்கம்), nom d'un oiseau.

*பிகானந்தம், (*id.* ஆனந்தம்), les délices du couil, *i.e.* le printemps.

*பிகி, (piki), la femelle du couil.

பிகிகிறது, பிகித்தேன், பிகிவேன், பிகி, பிகிய, *v.a.* (பிகு), பிகிதல், serrer, resserrer, — ce qui est lâche, tendre, presser: பிகிகிறதச்சுப்பட்டை sangle de cheval.

பிகிறது, *P.* பிய்கிறது, se déchirer.

பிகு, பிகுவு, tension, serrement, resserrement, force, appuyer sur les notes ou le ton, ton grave, gravité, austérité, arrogance, grandeur; பிகுப்பட்டை sangle de cheval; பிகுவாய்ப்பேசுகிறது parler avec arrogance; பிகுவேற்றுகிறது bander un arc, tendre une corde, serrer, exprimer en pressant.

பிகுகிறது, பிகுதல், *P.* பிகிகிறது, பிகிதல்.

*பிக்கம், (pikka), jeune éléphant.

பிக்கிறது, *P.* பிய்க்கிறது, déchirer.

பிக்கு, déviation, discorde, perplexité, embarras, difficulté, inconvenance, embrouillement, trouble, confusion, erreur, tromperie, obstacle, arrestation, irrésolution qui va à permettre et à arrêter: பிக்குப் — embrouillement, embarras, empêchement, erreur, querelle, débat, controverse; பிக்குப்பிக்கிவைப்பட்டுக்கொள்ளுகிறது se trouver dans l'embarras, dans la détresse, en danger, être embarrassé *ou* பிக்காய்க்கிடக்கிறது être embrouillé, emmêlé, confus: பிக்குதீருகிறது l'obstacle être levé; — பண்ணுகிறது embrouiller, emmêler, embarrasser, tromper, filouter; — ப்பிசகு erreur, méprise.

*பிக்ஷணம், பிக்ஷமாணம், (bhikchana, — mâna), demander l'aumône.

*பிக்ஷகன், *P.* பிக்ஷாகன், (பிக்ஷை, ka), mendiant.

*பிக்ஷா, *obl. de* பிக்ஷை: — சரம் mendicité, coutume de mendier; — சரன் mendiant; — தானம் aumône donnée, — reçue, don de charité, donner —, recevoir l'aumône: — பத்திரம் billet de mendicité, permission pour mendier; — பாத்திரம் vase de mendiant.

*பிக்ஷாகாரம், (*id.* ஆகாரம்), vivre —, nourriture d'aumône.

*பிக்ஷாடனம், (பிக்ஷை, அடனம்), mendicité, mendier çà et là, cérémonie commémorative des brames sivénistes.

*பிக்ஷான்னம், (*id.* அன்னம்), riz cuit —, nourriture donnée en aumône.

*பிக்ஷிதம், (bhikchita), demander l'aumône.

*பிக்ஷு, பிக்ஷுகன், (bhikchou, ka), mendiant.

*பிக்ஷை, (bhikchâ), aumône, mendicité, quête, poignée de riz donnée en aumône, service, gage, salaire (*V.* les composés au mot பிக்ஷா, excepté le 1er).

*பிங்கம், (pinga), couleur d'or —, jaune, rougeâtre, couleur tannée, basanée, roussâtre, jeune veau, petit d'animal; பிங்கசடன், (சடை), celui dont la chevelure est roussâtre, *i.e.* Siven; — திருட்டி l'animal à l'œil rougeâtre, *i.e.* le lion.

*பிங்கலந்தை, (பிங்கலன், தா), dictionnaire tamoul de பிங்கலன்.

*பிங்கலம், (pingala), couleur d'or, — rougeâtre ou jaunâtre, — tannée, — brune, or, cuivre, orpiment jaune, un des prétendus trésors de Koubèren, singe, mangouste ou ichneumon, hibou, chouette, le côté gardé, dit-on, par Koubèren, i. e. le nord, le dictionnaire tamoul de பிங்கலன்.

*பிங்கலன், (id.), homme de couleur rougeâtre, Siven, Koubèren, Sourien ou le soleil, feu, Pingalen, être fabuleux qui a la forme d'un serpent des régions inférieures, auquel on attribue un traité de prosodie et qui est considéré comme un முனி ou personnage inspiré, célèbre lexicographe auteur du dictionnaire tamoul nommé de son nom பிங்கலந்தை.

*பிங்கலை, (pingalâ), hibou, femelle de l'éléphant prétendu du sud, la femme de பிங்கலன் ou Siven, i. e. Parvadi, narine droite, (la gauche est nommée இடகலை), respiration par la narine droite, un des 10 pouls ou நாடி qui part du gros orteil du pied gauche, et va aboutir à la cavité de la narine droite où il a son siége, en se croisant comme une paire de ciseaux avec le pouls nommé இடை. Voici en 4 vers, un pronostic des payens concernant la respiration par la narine droite: ஒழியாது பிங்கலையி லுயிர்ப்பொருநாண் முழுதோடில், அழியா குழுவாண்டிலங்குதனி லிரண்டுநாள், வழுவாமனடத்திடுமேன் மறித்திடுவ னீறாண்டில், கழிவாருண்டொன்றதனி லொன்மூன் றுகடிதோடில், si la respiration a son cours par la narine droite durant tout un jour sans cesser, l'on mourra dans 3 ans; si elle ne discontinue pas de passer ainsi pendent 2 jours, l'on mourra dans 2 ans; et l'on expirera dans un an, si elle continue rapidement son cours pendant 3 jours.

*பிங்கள, — வருஷம், (pingala), la 51me année du cycle indien, elle correspond à 1857 et 1917.

பிங்களம், vert-de-gris, différence.

*பிங்ஙளிக்கிறது, ளித்தேன், ளிப்பேன், ளி, ளிக்க, v. a. பிங்களித்தல், v. n. avoir horreur, abhorrer, remettre ou reculer.

*பிங்களை, P பிங்கலை, une division du temps de la vie, V. பிங்கலை.

*பிங்களாக்ஷன், பிங்களாட்சன், பிங்கேக்ஷணன், (பிங்களம், அக்ஷம், ஈக்ஷணம்), Siven aux yeux rougeâtres.

பிசகடி, (பிசகு, அடி), obstacle, empêchement.

பிசகல், v. n. de பிசகுகிறது, ou

பிசகு, 1° faute, erreur, méprise, bévue, manquement, déviation, discorde, inconvenance, incohérence, embarras, obstacle, empêchement. 2° imp. et part. de பிசகுகிறது: — தினைவாய் par méprise, — inadvertance, — பண்ணுகிறது faire une bévue, se tromper, mettre obstacle, contrecarrer; பிசகாயிருக்கிறது (un écrit...) être erroné, fautif, manquer, y avoir une méprise, une erreur; பிசகாய்ச்சொல்லுகிறது se tromper dans ce qu'on dit, parler d'une manière erronée; பிசகாய்ப்பேசுகிறது, பிசகுபடுகிறது manquer, se tromper, errer, ne pas réussir; அதக்குப்பிசகில்லை il n'y a pas d'erreur ou de doute en cela.

பிசகுகிறது, sync. பிசகிறது, கினேன், குவேன், கு, க, v. n. (பிசகு), n. v. et பிசகிப்போகிறது, faire une bévue, une méprise, errer, se tromper, se méprendre, ne pas réussir, s'écarter, dévier, s'égarer, se détourner de la voie, manquer, de parole, — à un engagement, ne pas s'accorder, se déboiter, se démettre, se disloquer: பிசகா, பிசகாத, part. nég. immanquable, infaillible, certain; பிசகாமலிருக்கிறது être exact, certain, infaillible; பிசகாமற்றறிக்கிறது couper droit sans dévier; — பார்க்கிறது regarder exactement, examiner scrupuleusement; — பிடிக்கிறது tenir juste, sans dévier; — போகிறது ne pas dévier, — se tromper, marcher droit, sans se détourner; அடி — போகி

று suivre les traces sans dévier; வழுவிசெல்லாமல் sans s'écarter de son chemin.

பிசகுதல், பிசகை, *n.v. du préc.*

பிசக்கு, 1° *P.* பிசகு. 2° *imp. de*

பிசக்குகிறது, க்கினேன், க்குவேன், க்கு, க்க, *v.a. de* பிசகுகிறது *et de* பிசங்குகிறது, பிசக்கல், பிசக்குதல், *n.v.* empêcher, mettre obstacle, froisser, rendre pliant.

*பிசங்கதை, (பிசங்கம், tâ), couleur basanée, brune, jaune foncé, — brun, blancheur.

*பிசங்கம், பிசங்கத்துவம், (pisanga), couleur brune, basanée, jaune rougeâtre.

பிசங்குகிறது, கினேன், குவேன், கு, க, *v.n.* பிசங்கம், பிசங்குதல், *n.v. V.* நலங்குகிறது. [dos d'animal.

*பிசண்டம், (pitchanda), ventre,

*பிசண்டிலன், (பிசண்டம், ila), ventre.

பிசத்துகிறது, த்தினேன், த்துவேன், த்து, த்த, *v.n.* பிசத்துதல், பிசத்தல், *n.v. P.* பிதற்றுகிறது.

பிசம், *P.* பிச்சம், plume.

பிசல், 1° bosse du garrot des bœufs indiens. 2° *P.* புசல், tempête.

*பிசவ்வியம், (pitchavya), le cotonnier பருத்தி.

பிசறுகிறது, றினேன், றுவேன், று, ற, *v.a.* பிசறல், பிசறுதல், *n.v.* mêler, mélanger, pétrir avec les mains: சோற்றிலே — mêler dans son riz [cuit.

பிசனம், sandal rouge.

*பிசாசகி, (பிசாசன், ki), Koubêren dont les trésors sont gardés par les pisâchas ou démons.

*பிசாசம், (pisâtcha), démon, canne à sucre sauvage.

*பிசாசன், பிசாசகன், *pl.* பிசாசர், பிசாசகர், (*id.* ka), démon, diable, lutin, esprit malin et malfaisant, homme méchant comme un démon: பிசாசசபை, (சபை), assemblée de démons, pandémonium: பிசாசத்தரு, — விருக்ஷம் l'arbre favori des démons, trophis aspera; பிசாசவேப்பிலம் l'arbre désagréable aux diables, avec lequel on prétend les chasser, *i.e.* le வேம்பு.

*பிசாசி, பிசாசிகை, (pisâtchi, kâ), diablesse, démon femelle.

பிசாசு, *voc.* பிசாசே, *gén.* பிசாசின், (பிசாசம்), diable, démon, esprit malin, — malfaisant, diablotin, lutin, géant d'un ordre inférieur: — பண்ணுகிறமடிப்பு *ou* மோசம் ruses —, artifices —, perfidies du démon: — பிடித்திருக்கிறது être possédé du démon: பிசாசினாலேவாப்பபடுகிறது être poussé, excité, guidé ou inspiré par le démon; பிசாசின் மயக்கத்தினாலேஏய்ப்புண்டுகிறது être trompé par les illusions du démon: பிசாசைஓட்டுகிறது, — துரத்துகிறது chasser le démon. [tromperie du démon.

பிசாசெத்து, (பிசாசு, எத்து),

பிசாசி, l'herbe சடாமாஞ்சில்.

பிசாநதம், nouveauté.

பிசானம், espèce de riz grossier. *V.* பசானம்: பிசானநாற்று semis de cette espèce de riz pour être transplanté; — ப்பயிர் cette espèce de riz en herbe.

பிசான், saleté, malpropreté, chose gluante: — பிடிக்கிறது être gluant.

பிசி, chose rare, précieuse, dispendieuse, riz cuit, mensonge.

*பிசிண்டம், பிசிண்டிலன், (pitchinda, ila), *V.* பிசண்டம், பிசண்டிலன்.

*பிசிதம், 1° (pisita), chair. 2° eau, l'arbre வேம்பு, preuve, exemple, — d'une règle.

*பிசிதாசனன், பிசிதாசி, (பிசிதம், அசனம், asa *manger*), mangeur de chair, géant, cannibale, démon.

பிசிர், goutte (de pluie, de fonte...) bruine. [dommage, tort.

*பிசினம், *P.* பிசுனம், calomnie,

பிசினாரி, (பிசின், அரிசி), espèce de riz rougeâtre et gluant venant d'Assam.

பிசினாறி, (*id.* நாறி), *V.* பிசினோறி.

பிசினி, 1° (பிசின்), gomme, glu, résine, colle. 2° *P.* பிசுனி, avare, chiche, tenace, calomniateur: — த்தனம் avarice, ténacité, mesquinerie: — த்தனம்பண்ணுகிறது être tenace, trop chiche: — த்தனக்காரன் avare, tenace, chiche, mesquin.

பிசிகோறி,(பிசின்,எறி),sorte d'arbre. V. பிசினித்தனக்காரன்.

பிசின்,gomme, résine, glu, poix, benjoin, la plante aquatique நீர்வஞ்சி, fil de coton, jeune plant—, jet de palmier (qu'on peut manger), V. வெட்டுக்குருத்து: அத்திப் — gomme de figuier; இலவம்—gomme de cotonnier; —வேலம்—, கருவேலம்— gomme arabique: பிசினுயிருக்கிறது, பிசின்பேர்விருக்கிறது être gluant, visqueux, résineux, gommeux: — தடவுகிறது enduire de gomme, frotter avec de la gomme.

*பிசு,(pitchou), coton, poids de 2 துலாம், Pisou, nom d'un அசுரன் ou démon, espèce de lèpre, une des 8 faces de வயிரவன்.

*பிசுகம், (pitchouka), la plante vangueria spinosa.

பிசுகுகிறது, *sync.* பிசுகிறது, கினேன், குவேன், கு.க, *v.a.* பிசுகல், பிசுகுதல், *n. v. et* பிசுகிக்கேட்கிறது, marchander, disputer sur le prix, demander du surplus, — quelque chose par-dessus le marché; பிசுகாமற்போகிறது s'en aller sans rien demander par-dessus le marché.

பிசுக்கு, 1° *n.v. du préc.* pincée, surplus, addition, demande de quelque chose par-dessus le marché, dispute sur le prix: — போடுகிறது donner quelque chose par-dessus le marché. 2° glu. *V.* பிசுக்கு; பிசுக்கொட்டுகிறது se coller, être gluant.

*பிசுதூலம்,(பிசு), le cotonnier பருத்தி, coton.

பிசுபிசுப்பு, *(mot imitatif)*, chose gluante, visqueuse. [ant, se coller.

பிசுபிசென்கிறது,*(id.)*, être glu-

*பிசுமந்தம், பிசுமர்த்தம், பிசுமர்த்தம்,(pitchoumanda, — martta), l'arbre வேம்பு, margosa.

*பிசுலம்,(pitchoula), coton, l'arbre tamarix, corbeau aquatique.

*பிசுனம், 1° (pisouna), méchanceté, corbeau, safran, *V.* பிசுதூலம். 2° (பிசின்), *ou* பிசுனத்தனம், பிசுனத்துவம், ténacité aux espèces, avarice, mesquinerie; பிசுனத்தனக்காரன் avare, chiche, tenace; —வசனம், — வாக்கியம் calomnie, reproche, mauvais discours.

பிசுனன்,(id.)*, 1° calomniateur, menteur, méchant homme, espion, rapporteur, (surnom de) Nâraden. 2° avare, tenace, chiche. [பிசிகோறி.

பிசுனறி, பிசுகோறி, *P.* பிசினறி, பிசுனி,(பிசுனம்), avare, mesquin, tenace: —த்தனம் avarice, mesquinerie.

பிசுநம், la plante வேலிப்பருத்தி.

பிசைகிறது, சைந்தேன், சைவேன், சைய, *v.a.* பிசைதல், *n.v. et* பிசைந்துபோடுகிறது, pétrir (de la farine...), mélanger, —le riz avec le கறி ou ragoût, se frotter (les yeux...) broyer dans la main, *v.g.* un épi...; பிசைந்தமா pâte pétrie pour faire du pain.

பிசைவு, *n.v. du préc.*

*பிச்சடம், (pitchtchata), étain, plomb, zinc, inflammation des yeux, ophthalmie.

*பிச்சம்,(pitchtchha), queue de paon, plume, panache—, paquet de plumes de paon, crête, cheveux ou poil d'homme, touffe de cheveux du sommet de la tête, couronne, ombrelle blanche, tige du melon d'eau, la plante வத்தகு, la plante இருவேலி, l'arbre சாஞ்சினை: பிச்சப்பழம் fruit du வத்தகு. [enthousiaste, fanatique.

பிச்சன், *pl* பிச்சர், *P.* பித்தர், fou,

பிச்சல், *P.* பிய்ச்சல், action de déchirer.

*பிச்சா, *obl. de* பிச்சை: — சரம், *V.* பிக்ஷாசரம்; —தானம், *V.* பிக்ஷாதானம்; —பாத்திரம், *V.* பிக்ஷாபாத்திரம்.

*பிச்சாகாரம், *P.* பிக்ஷாகாரம்.

*பிச்சாடனம், *P.* பிக்ஷாடனம்.

பிச்சாடிக்கயிறு, *V.* பாவாசக்கணிறு, corde pour attacher un cheval à un piquet.

பிச்சி, espèce de jasmin, —de melon, — de plante rampante et grimpante, l'arbrisseau சிறுசண்பகம், espèce de démon.

*பிச்சிலம், (pitchtchhila), sauce, ragoût, soupe, humidité, cange ou eau de riz.

பிச்ச,1° P. பித்து,bile,fiel.2° P. பிய்ச்ச.gér.de பிய்க்கிறது.

*பிச்சை, 1° P.பிக்ஷை, aumône, mendicité,quête,service,gage,salaire,poignée de nourriture donnée en aumône.2° (bhissâ), riz cuit. 3° (pitchtchhâ),l'arbre சிசு,dalbergia, ligne, rang, rangée, ordre, écume d'eau de riz,arec,bananier,banane, corset,espèce de jaquette, salive venimeuse du serpent, gomme du cotonnier soyeux இலவு. 4° la plante ou tige du melon d'eau, la plante வத்தகு: --க்காய் melon d'eau; — க்காரன் mendiant.pauvre; — க்குடி vivre d'aumônes,famille pauvre,— de mendians; —கேட்கிறது demander l'aumône; தாலிப்— கேட்கிறது demander la conservation de son tâli,i.e.la conservation de son mari; பிள்ளைப் - கேட்கிறது demander en grâce (à Dieu) des enfans; — ச்சோறு ம்,—ச்சோறு riz cuit donné ou reçu en aumône, - pour les pauvres; — கொடுக்கிறது,—பகிருகிறது, - பகுத்திடுகிறது,— போடுகிறது donner —,distribuer l'aumône; — த்தனம் mendicité,pauvreté: — ப்படி petite mesure,mesure pour l'aumône; —பண்ணுகிறது (des sannyasis...)manger chez quelqu'un,mendier; - முட்டி poignée de riz donnée en aumône; —யெடுக்கிறது,— வாங்குகிறது, recevoir l'aumône,recueillir des aumônes,mendier, vivre d'aumône;— யுண்ணி mendiant,qui vit d'aumônes;துரையே இன்றைக்கு என்வீட்டில் பிச்சைபண்ணும் monsieur, veuillez prendre aujourd'hui votre repas dans ma maison. [teau,pâtisserie.

*பிஷ்டகம், (pichtaka), petit gâ-

*பிஷ்டபம்,(pichtapa),le monde.

*பிஷ்டம், (pichta), farine et choses semblables,farine moulue,—pilée,—ou mets de choses broyées,collation, bouchée, morceau, plomb, étain, V. பிருஷ்டம்: பிஷ்டபசு, litt. bœu fde farine,victime faite de fleur de farine; — பசனம், — பாசகம் chaudière,bouilloire,casserole.

*பிஷ்டவர்த்தி,(pichtavartti),espèce de gâteau,de pâtisserie.

*பிஷ்டிகம், பிஷ்டிகை, (pichtika, kâ),gâteau de farine de riz.

*பிஷ்டை,P.விஷ்டை,ordure,fiente d'animaux.

பிஸிறு,pièce que les tailleurs mettent au derrière d'un pantalon,

*பிஞ்சகம்,1° (பிஞ்சம்,ka), meurtre.2° P. பிஞ்சு.

*பிஞ்சகன்,(பிஞ்சகம்), meurtrier, le destructeur,i.e.Siven. [yeux.

*பிஞ்சடம்,(pindjata), chassie des

*பிஞ்சம்,1° pindja), meurtre,force, pouvoir,plume.2° (P.பிச்சம்),la plante சத்திக்கொடி.

*பிஞ்சரம், (pindjara), orpiment jaune,rouge foncé, - noirâtre,jaunâtre,or, cheval bai,cage,thorax.

*பிஞ்சலம், (pindjala), orpiment jaune,l'herbe தருப்பை,armée frappée de terreur panique.

*பிஞ்சனம், (pindjana), arc employé pour nettoyer le coton.

*பிஞ்சானம், pindjâna, or.

*பிஞ்சிகை, pindjikâ, coton cardé, rouleau de coton préparé pour filer.

பிஞ்சு, 1° fruit à peine formé. 2° P. பிய்ஞ்சு. gér.de பிய்கிறது: — க்காய் fruit tout vert, - à peine formé;பிஞ்சைத்திருகுகிறது, —திருகிக்கொள்ளுகிறது tordre un fruit tout vert, l'arracher en le tordant.

*பிஞ்ஞுஷம், (pindjoûcha), cérumen des oreilles. [lampe.

*பிஞ்ஞுலம், (pindjoûla),mèche de

*பிஞ்சேடம், (pindjêta), chassie des yeux.

*பிஞ்சோலம், (pindjôlâ), bruit des feuilles et choses semblables.

பிஞ்ஞகம், cheveux tressés, coiffure. [chevelure tressée.

பிஞ்ஞகன்,(பிஞ்ஞகம்), Siven à la

*பிடகம்,1° (pitaka), panier, corbeille, boite. 2° (pidaka), pustule, bouton au visage.3° aumône.5° science,le système —, la loi de Boudha.

பிடகன்,1°(பிடகம்),Bouddha. 2° (bhichak), médecin.

*பிடாசீ, *P.* விடாசி, médecine à antidotes.

பிடக்கு, le dos d'un couteau, d'une épée ou d'un outil..., le coté opposé au tranchant ou à la pointe, le gros bout, culasse —, crosse de fusil: ஈட்டிப் — le pied ou le bas d'une lance; உலக்கைப் — manche du pilon: துப்பாக்கிப் — crosse de fusil; நாழிப் — fond de mesure à grains; பிடக்காலடிக்கிறது frapper avec le pied d'une lance, — avec la crosse d'un fusil; பிடக்காற்போடுகிறது frapper avec le dos d'une épée.

*பிடம், 1° (pita), panier, corbeille (pour mettre du grain), boite, maracal ou boisseau, maison, cabane. 2° (pitha), peine, détresse. 3° *P*: புடம் creuset, purification des métaux.

*பிடரம், 1° (pithara), espèce d'herbe, cyperus rotundus, batte-à-beurre, pot, casserole. 2° *P.* பிடகம், bouton au visage: பிடரலவணம் espèce de sel noir.

பிடரி, la nuque, le derrière du cou, le dessus des épaules: பிடரிப்பூணிக்கடைப்புணர்வு agrafe d'un bijou de cou qui se joint sur la nuque: பிடரியைப்பிடித்துத்தள்ளுகிறது saisir par la nuque et pousser; பிடரியைமடக்கிவிடுகிறது plier et casser le cou.

பிடர், (பிடரி), la nuque: — த்தலை le derrière de la tête: — ப்பிளவை espèce d'ulcère à la nuque.

பிடவம், பிடவு, dos, derrière, nom d'un arbrisseau.

பிடவை, *P.* புடவை, toile.

பிடாத்திரம், *V.* படாத்திரம்.

பிடாரம், science de la médecine:

பிடாரச்சொல் (பிடாரம்), mot de médecine, mot nouveau.

பிடாரன், *pl.* பிடாரர், preneur de serpens (qui pour les prendre et guérir de leurs blessures a un revenu fixe sur la moisson), médecin, homme de la caste des குறவர்.

பிடாரி, — தேவி, la prétendue déesse —, Pidâri, forme inférieure de Kâli; பிடாரிக்குக்காப்புக்கட்டுகிறது attacher un cordon au bras de Pidâri au commencement de la fête du renouvellement de son mariage: பிடாரியைப்பெண்டேட்டுக்கொண்டாற்போலிருக்கிறான் c'est comme s'il avait Pidâri pour femme, il a une femme aussi méchante que cette diablesse.

பிடாரிச்சி, *fém. de* பிடாரன், femme de preneur de serpens, — de la caste des குறவர், Couratti.

பிடி, 1° *imp. et n.v. de* பிடிக்கிறது, poignée, quantité qu'on peut prendre avec la main, pincée, manche, poignée, prise, saisie, capture, chasse, poignet, force, mesure de 4 doigts, argent comptant, confiance, cardamome, femelle de l'éléphant, du chameau, du yack, vache du Thibet, manière de châtrer par compression: எழுத்தாணிப்பிடி manche du stilet à écrire; — கடா bouc châtré; — காரர் chasseurs: — கொடுக்கிறது donner prise, lieu; — க்கட்டு petit paquet, poignée liée, - de feuilles de palmier... liées ensemble; — க்கட்டுகட்டுகிறது lier par poignées, en petits paquets: ஓலைகளைப் — க்கட்டுகட்டுகிறது lier des òles ou feuilles de palmier en paquets (pour écrire ensuite dessus); — க்கொம்பு cornes encore courtes; — க்கொழுக்கட்டை sorte de gâteaux; — சேவல் coq châtré, chapon; — சுட்டுப்படைக்கிறார்கள் (les gentils), font cuire de petits gâteaux d'une poignée de farine et les offrent aux pénates; — தண்டம் saisie injuste (d'un innocent...); — படுகிறது se prendre, être pris, saisi, arrêté, contenu, se borner, convenir, s'adapter; இந்தஸ்தலமெனக்குப் — படாது ce lieu ne me convient pas; — பாடு prise, être pris, se trouver, rapport, convenance, assemblage, richesse, ténacité, avarice; — பிடித்துக்கொள்ளுகிறது retenir, faire une retenue (pour quelque dette); — பிடியென்றுநிற்கிறது insister, presser une affaire, *litt.* être à dire: prends, prends; — பிடியென்றுவருகிறது venir à la hâte, venir presser; — ப்பிட்டு espèce de petits gâteaux;—மண் poignée de terre,—de sable—,de mortier épais (qu'on donne à divers personnes soupçonnées de vol,afin que celle qui a volé puisse restituer secrétement en mettent dedans l'objet volé; on délaie ensuite le tout dans de l'eau); நாளுன்வாயிற்—மண்போடுவேன் je fourrerai une poignée de terre dans ta bouche (injure); —பரிசி poignée de riz (qu'on donne *ou* réserve pour aumône...); —வெழுத்தாணி stylet à écrire qui a une poignée(et qui se plie).

பிடிகம், bracelet d'enfant.

பிடிக்கிறது,டித்தேன், டிப்பேன், டி,டிக்க,*v.a.* (பிடி),prendre, saisir, arrêter, empoigner, attraper,s'emparer, accaparer, tenir, contenir, lier,avaler, retenir, déduire, - des gages,défalquer,convenir,s'adapter, s'accorder, acquiescer, falloir, être nécessaire, s'appuyer, s'approcher, se serrer, chaponner (un coq), châtrer un animal,le feu prendre.(le foyer...) prendre feu, produire (des fleurs,des fruits) se nouer, attraper (un rhume...), soulever (un fardeau), coudre, raccommoder, calfater,finir, limiter, faire un vase de feuilles d'aréquier; குருவிகளைப் — prendre des oiseaux; இந்தப்பதார்த்தமெனக்குப்பிடியாது ce mets ne me convient pas; மாட்டுக்குக்காய்ப்பிடிக்கிறது châtrer un taureau: காய்ப்பிடித்தசே *ou* சேங்கன்று jeune taureau châtré; பிடித்தபிடி la poignée prise, ténacité,tenir ferme, ne pas lâcher prise; பிடித்தபிடியைவிடான் il ne lâche pas prise, il est ferme, tenace, attentif à son affaire; பிடித்திருக்கிறது, பிடித்துக்கொண்டிருக்கிறது avoir saisi,tenir,—ferme;—க்கொள்ளுகிறது saisir, prendre,attraper, empoigner; —க்கொண்டுபோகிறது saisir et emporter ou emmener; —க்கொண்டுவருகிறது saisir et apporter ou amener; ஒருவனைக் கைப்பிடியாய்ப் பிடிக்கிறது saisir quelqu'un, le prendre vivant, — par la main; பிடித்தகொம்பு மொடிந்து மிதித்தகொம்பு முறிந்தாற்போலானேன் je suis comme si la branche à la quelle je me tiens et celle sur la quelle j'ai mis les pieds se rompaient, *i.e.* j'ai perdu tout appui, je suis sur le point de tomber dans un précipice.

பிடிச்சுராவி,பிடிக்குராவி,(பிடிக்க,*P.*பிடித்து, அராவுகிறது), étau, —de forgeron.

பிடித்த,*part.de* பிடிக்கிறது.

பிடித்தம், (பிடித்த), suppression, retenue (sur les gages...),contraventention à la coutume: - பிடிக்கிறது faire une retenue, rattraper une dette par des retenues sur les gages.

பிடித்தல்,*n.v.de* பிடிக்கிறது,prise, capture, saisie, action de prendre...

பிடித்து,*gér. du même*:பிடித்திராவி,பிடித்துராவி, étau,— de forgeron,... (qui tient l'objet qu'on lime ou qu'on polit).

பிடிப்பிக்கிறது,ப்பித்தேன், ப்பிப்பேன்,ப்பி,ப்பிக்க, *v.caus. de* பிடிக்கிறது,faire prendre, — saisir...,châtrer par compression; பிடிப்பிக்க அறிந்தவன் celui qui sait châtrer —, qui châtre ainsi les taureaux. பிடிப்பித்தகடா,—மாடு bouc - , taureau châtré,—qu'on a fait prendre.

பிடிப்பு,*n.v.de* பிடிக்கிறது,saisie, prise, lien,nœud, attache, liaison, union, attachement, affection, support, suppression, contraction, convulsion: பிடிப்பாயிருக்கிறது être uni,adhérer,avoir de l'attachement, des spasmes, des convulsions; பிடிப்பானசிநேகம் solide amitié: கைகாற்பிடிப்பு contraction des mains et des pieds; இன்னானுக் கவன் மேலே—மெத்த un tel a une grande affection pour lui: ஒருத்தனுக்காகப்பிடிப்பாய்ப்பேசுகிறது parler en faveur de quelqu'un.

பிடிமானம், (பிடி), attachement, affection, zèle, attrait, faveur, persévérance, ténacité,recherche,continence, tempérance, modération, parcimonie, économie, avarice, avoir: — ஆயிருக்கிறது (avec மேல்), être attaché, affectionné, parcimonieux; — ஆய்ப்பேசுகிறது parler avec partialité; — இல்லாமற்செலவு பண்ணுகிறது dépenser sans économie, avec profusion; — வைக்கிறது s'attacher, s'affectionner, tenir en grande estime.

பிடிபுடவை, belle —, toile, bel —, habit.

பிடியன், (பிடி), chose qu'on peut prendre, ou

பிடியானை, (id.), éléphant femelle.

பிடியாள், (id.), personne prise ou amenée de force.

பிடிவாதம், (id.), obstination, ténacité, contention, dispute, — obstinée: — ஆய்க்கேட்கிறது demander avec importunité; பிடிவாதக்காரன் obstiné, disputeur. [obstinée.

பிடிவாதி, (பிடிவாதம்), personne

பிடுக்கு, testicule (mot immodeste), réceptacle des fleurs mâles —, spadix du palmier.

பிடுங்கி, gér. et n.v. du suiv. ayant arraché, qui arrache (à la fin des mots composés).

பிடுங்கு, imp et part. de

பிடுங்குகிறது, sync. பிடுங்கிறது, பிடுங்கினேன், குவேன், கு, n.v.a பிடுங்கல், பிடுங்குதல், n.v. ou பிடுங்கிப்போடு கிறது, arracher, tirer, extraire, ôter, enlever, dépouiller, extorquer, — adroitement, destituer, ôter un emploi: வேரோடே — déraciner, arracher avec les racines பிடுங்கித்தின்கிறது arracher et manger, (v.g. l'oiseau avec son bec), manger ce qu'on a arraché par importunité ou extorsion.

பிடுங்குண்டவன், (பிடுங்கு, உண்கிறது), homme destitué, dépouillé, privé de sa subsistance, victime de l'extorsion.

பிடுங்குண்ணி, (id. உண்ணி), homme qui vit de ses extorsions, — victime de l'extorsion.

பிடையன், P. புடையன்.

பிட்கிறது, பிட்டேன், பிட்பேன், பிள், பிட்க, nég. பிள்ளேன், v.a. de பிள்கிறது, et பிட்குதல், n. v. rompre, briser, casser, rompre un morceau de pain, de gâteau, de pierre...: அவர்கள்சிநேகம் பிட்டாலும்பிட்கக் கூடாது bien qu'on rompît, i. e. qu'on s'efforçât de rompre leur amitié, on ne peut la rompre, elle est indissoluble: அவனுக்குமிவனுக்கும் பிட்டுக்கொண்டது il y a eu rupture ou différent entre celui-ci et celui-là; பிட்கப்படுகிறது se rompre, être rompu, பிட்டுக்கொடுக்கிறது rompre et distribuer.

*பிட்சா, P. பிக்ஷா; — சரம், — தானம், — பாத்திரம், V. au mot பிக்ஷா.

*பிட்சாகன், P. பிக்ஷாகன், mendiant.

*பிட்சாடனம், P. பிக்ஷாடனம்.

*பிட்சான்னம், P. பிக்ஷான்னம்.

*பிட்சை, P. பிக்ஷை, aumône, mendicité, quête, service, gage, salaire, V. les composés au mot பிச்சை.

பிட்ட, 1° part. parf. de பிட்கிறது. 2° obl. de பிட்டம்.

*பிட்டகம், 1° (pittaka), tartre —, saleté des dents 2° P. பிஷ்டகம்.

*பிட்டபம், P. பிஷ்டபம், le monde.

*பிட்டம், 1° P. பிஷ்டம். 2° P. பிருஷ்டம், le derrière, le dos, le postérieur. [லை.

பிட்டல், la plante ஆடுதின்னாப்பாலை

பிட்டல், n.v. de பிட்கிறது.

*பிட்டவர்த்தி, பிட்டவர்த்தி, P. பிஷ்டவர்த்தி

பிட்டவியல், (பிட்டு, அவியல்), espèce de gâteau cuit à la vapeur d'eau.

பிட்டி, (பிடம்), panier, corbeille.

பிட்டிலம், cardamome ou ஏலம்.

பிட்டு, 1° P. பிட்டம், collation, bouchée, farine de millet, — cuite à la vapeur d'eau et qui sert de gâteaux. 2° gér. de பிட்கிறது.

*பிட்டை, 1° P. பிஷ்டை, fiente d'animaux. 2° (பிட்ட), hernie, rupture du péritoine, ce qui produit une descente de boyaux: குதிரைப் — crotte de cheval; — விழுந்தவன் homme qui a une hernie ou une descente de boyaux.

பிணக்கம், பிணக்கு, n.v. de பிணங்கு

குகிறது, discorde, fâcherie, désaccord, brouillerie, dispute, rancune, bouderie: பிணக்குதீர்க்கிறது terminer une discorde, réconcilier.

பிணக்கு, 1° *V.* பிணக்கம். 2° *imp. et part. de*

பிணக்குகிறது, க்கினேன், க்குவேன், க்கு, க்க, *v.a.* பிணக்கல், பிணக்குதல், *n.v.* lier, attacher.

பிணங்குகிறது, கினேன், குவேன், கு, க, *v.n.* பிணங்கல், பிணங்குதல், se fâcher, bouder, montrer de la mauvaise humeur, — de la répugnance, se brouiller, se quereller, se disputer, être mécontent, se serrer, s'embrouiller, être pressé, tressé, emmêlé, tourmenté, changer; பிணங்கிப்போகிறது s'en aller mécontent; தகப்பனோடே — திரிகிறான் il rôde —, il est en désaccord avec son père.

பிணம், cadavre, corps mort, carcasse, démon: — சுடுகிறது brûler un cadavre; — தின்னி mangeur de cadavres, un minéral qui dissout les chairs; — தின்னிப்பிசாசு démon qui se nourrit de cadavres; — விழுகளம், பிணக்காடு, *litt.* forêt de cadavres, champ de bataille, cimetière, lieu où l'on brûle les morts; — ப்பறை tambour funèbre; — வெடில் puanteur d'un cadavre.

பிணர், le cotonnier dit சோங்கு, rudesse, grossièreté, forme grossière, raboteuse.

பிணவறையன், (பிணம், அறை), homme qui a un gros corps.

பிணவு, பிணா, chienne, truie, femelle, — du yack, du sanglier, du cerf et autres animaux, femme.

பிணாரம், ce qui a un gros corps.

பிணி, 1° maladie, douleur, affliction, nom d'un démon, lien, attache, peigne de tisserand qui fait joindre les fils de la trame. 2° *imp. de* பிணிக்கிறது: பிணி-மூ, les 3 espèces de tempéramens, de maladies ou de causes de maladies: வாதம் flatuosité, tempérament mélancholique; பித்தம் bile, tempérament bilieux; சிலேட்டுமம் phlegme, tempérament phlegmatique: — க்குறை obsession ou persécution du démon; — ப்பேய் démon qui rend, dit-on, les enfans malades; — மிதிக்கிறது presser du pied la planchette qui fait manœuvrer le peigne du tisserand; — முகம் visage malade, oiseau en général, paon, cygne; — யோலை óle —, feuille de palmier écrite de caractères magiques et qu'on s'attache pour se préserver des obsessions ou diable.) [bande.

பிணிகை, (பிணி), lien, ceinture, bande.

பிணிக்கிறது, ணித்தேன், ணிப்பேன், ணி, ணிக்க, *v. a.* (பிணி). பிணித்தல், *n.v.* lier, attacher.

பிணிப்பு, *n. v. du préc.* lien, attache.

பிணியாளன், பிணியாளி, (பிணி, ஆளன், ஆளி), malade, maladif.

பிணை, 1° cautionnement, caution, gage, sureté, garant, équivalent, lien, attache, bande, guirlande, — de fleurs, désir, consentement, agrément, cerf, jument, ânesse, chienne, truie, femelle du chameau, du yack, du cerf, de l'éléphant. 2° *imp. et part. de* பிணைகிறது. 3° *imp. et n.v. de* பிணைக்கிறது: உரொக்கப் — caution pour argent; நபர் — caution personnelle, pour la personne, pour se présenter; — கட்டுகிறது lier ensemble; — காரன், — க்காரன் caution, répondant; — சொல்லுகிறது, — சொல்லிக்கொள்ளுகிறது être caution, cautionner, répondre pour quelqu'un; — படுகிறது, — ப்படுகிறது se rendre caution, répondre pour, entrer dans une convention, dans une ligue; — மாடு *V.* பிணையல்மாடு; — யடிக்கிறது lier, — les bœufs en rang pour battre le blé en le foulant aux pieds; — நடக்கிறது, — வருகிறது (les bœufs) tourner en rond pour battre la moisson; — வைக்கிறது mettre —, donner pour caution.

பிணைகிறது, ணைந்தேன், ணைவேன், ணை, ணைய, *v. n.* (பிணை). பிணைதல், *n.v.* s'attacher, se lier, s'unir, se joindre, se mêler, s'accoupler.

பிணைக்கிறது, பிணைத்தேன், பிணைப்பேன், பிணை, பிணைக்க, *v.a. du préc.* lier, attacher, — ensemble, atteler, lier des bœufs en rang (pour battre la moisson...), joindre, unir: மாடுகளைப் பிணைக்கிறது attacher les bœufs; பிணைத்தோட்டுகிறது attacher les bœufs ensemble en rang et les faire marcher pour fouler la moisson; ஒருவன்மேலே வீண் பொல்லாங்கு பிணைக்கிறது réunir sur le compte de quelqu'un des accusations fausses et méchantes; அற்றுப்போனதைப் — rejoindre —, nouer un fil rompu; ஒருவன்மேலே பொய்களைப் — forger des mensonges contre quelqu'un; ஒருவன்மேல் பொல்லாப்பைப் — causer du mal à quelqu'un.

பிணைத்தல், பிணைப்பு, *n.v. du préc.* action de lier..., attache, lien, ligature, union combinaison.

பிணையல், *opt. et n.v. de* பிணைகிறது, assemblage, enchaînement, liaison, guirlande, - tressée, —multiple, —composée de plusieurs réunies ensemble, bœufs liés ensemble, couple, gond, pivot (de porte...), charnières de boite; — அடிக்கிறது, *V.* பிணையடிக்கிறது; — ஆணி, *V.* கோணையாணி; — மாடு bœuf attaché à un autre par une corde, ou — ஆடுமாடு bœuf qui foule ou a foulé la moisson. On en attache ensemble 5 ou d'avantage par une corde; celui qui est à l'extérieur, et fait le plus grand cercle, s'appelle கோடியன்; celui qui est à l'intérieur s'appelle உள்ளாள்: பிணையலோட்டுகிறது, *V.* பிணைத்தோட்டுகிறது.

பிணையாளன், பிணையாளி, (பிணை, ஆளன், ஆளி), caution, garant, répondant.

பிணைவு, *n.v. du même*, jonction, union, liaison, connexion, accouplement. [2e *obl de* பிண்டம்.

பிண்ட, 1e *part. parf. de* பிண்டுகிறது.

*பிண்டகம், (பிண்டம், ka), parfum, fumée odoriférante, démon, lutin, fantôme.

*பிண்டகன், (*id.*), celui qui fait les oblations aux ancêtres.

*பிண்டசன், (pindasa), mendiant, — qui vit d'aumônes.

*பிண்டதன், (பிண்டம், da *qui donne*), celui qui fait des offrandes de gâteaux... aux ancêtres, proche parent, protecteur, bienfaiteur, patron.

*பிண்டம், (pinda), corps, embryon, fœtus, globe, boule, balle, masse, — ronde, amas bloc, bouchée, repas, nourriture, chair, viande, subsistance, moyens de vivre, oblation aux mânes des ancêtres. (Les Indous leur présentent de l'eau, des gâteaux, des boulettes de riz mêlé de lait avec des fleurs), parfum, substance odoriférante, myrrhe, encens, sucre candi, riz cuit, beurre frais, rose de Chine, fer, force, total ou somme (en arithmétique), la 21me parties de 90 degrés ou 3° 45', côte au dessous de l'aisselle, portique (devant une maison), aumône, foule, multitude; பிண்டமுந்தண்டமுங்கொடுக்கிறது *ou* சேர்க்கிறது fournir la nourriture et le vêtement; பிண்டம்பிடிக்கிறது mettre en boulettes; — விழுகிறது, — விழுந்துபோகிறது avorter, le fétus périr et tomber; — வெளியாகிறது le fétus devenir perceptible, l'enfant naître; — வைக்கிறது, வைத்தல் faire une offrande aux ancêtres; பிண்டகருமம் offrande aux ancêtres; — கருமம் பண்ணுகிறது *ou* பிண்டப்பிரதானம் பண்ணுகிறது faire une telle offrande. (pour cela on place sur 2 lignes au sud et au nord 3 boules de riz cuit de chaque côté, après quoi l'épouse de celui qui fait cette offrande reçoit l'ordre de prendre celles du milieu et de les manger, ce qu'on exprime par le mot பிண்டம் விழுங்குகிறது); — காப்பு le soutien du corps, nourriture, riz cuit; — கோசம் gomme odoriférante; — சூத்திரம் règle pour les additions; — ச்சோறு riz cuit offert ou à offrir aux ancêtres: பிரியமில்லாதசோறு — ச்சோறு du riz cuit désagréable est comme celui qu'on a offert aux morts, ou le riz cuit offert aux mort est une nourriture désagréable: —தானம், —நிர்வபனம் offrande de gâteaux funèbres: —தைலகம் encens; — பாதம் l'animal dont le pied est une masse de chair, *i.e.* l'éléphant: —புஷ்பம் fleur de —, l'arbre அசோகு, rose de Chine; —பலை gourde amère. —ப்பிதிர்தானம் offrande —, oblation aux ancêtres: —ப்பிதசாதம் nourriture des ancêtres: —ப்புறனடை exception de règle de calcul; —ப்பொருள் objet amoncelé, accumulé, additionné, — matériel, corporel; —மூலம், —மூலகம் carotte, daucus carota.

*பிண்டலம், பிண்டனம், (pindala, —na), digue, chaussée, pont.

*பிண்டாசன், பிண்டாசனன், பிண்டாசி, (பிண்டம், அசனம், asa, asi *qui mange*), mendiant, — vivant d'aumône. [le corps et le monde.

*பிண்டாண்டம், (*id.* அண்டம்),

*பிண்டாப்பிரம், (*id.* அப்பிரம்), nuage à globules, grêle.

*பிண்டாயசம், (*id.* அயசம்), acier.

*பிண்டாரன், (pindâra), berger, vacher, gardien de buffles, mendiant.

பிண்டாரி, Pindari, voleur armé: பிண்டாரிகள் les Pindaris, les maraudeurs, ceux d'un camp qui vont au pillage.

*பிண்டி, 1° (pindi), moyeu de roue, mendiant, qui offre l'oblation aux mânes. 2° l'arbre அசோகு uvaria, foule, troupe, assemblage, total, farine, — de millet, — de riz, gâteau de grains broyés, la 7me constellation dite புனர்பூசம், chose entassée, additionnée, arrondie. 3° *imp. de* பிண்டிக்கிறது.

*பிண்டிகை, (பிண்டி, kâ), moyeu de roue, siége, — de diverses formes, cou-de-pied.

பிண்டிக்கிறது, டித்தேன், டிப்பேன், டி, டிக்க, *v.a.* பிண்டித்தல், *n.v.* (பிண்டம்), faire —, former une boule, un globe, arrondir, amonceler, accumuler, additionner, rassembler.

*பிண்டிதம், (pindita), multiplication, addition, numération, collection, amoncellement. [பித்தபாலம்.

*பிண்டிபாலம், பிண்டிவாலம், *P.*

*பிண்டிலம், (pindila), pont, digue, chaussée. [teur d'horoscopes.

*பிண்டிலன், (*id.*), astrologue, ti-

பிண்டிவாசகம், l'arbre குந்துருக்கம் qui donne l'encens.

*பிண்டீகரணம், பிண்டீகாரம், பிண்டீகிருதம், பிண்டீபூதம், (பிண்டம், i *augment*), mettre en boule, en rond, en balle, additionner, faire la somme. [fanfaron efféminé.

*பிண்டீசூரன், (*id.*), jocrisse,

*பிண்டீதகம், (pinditaka), l'arbrisseau மருக்காரை, tabernæ montana coronaria.

*பிண்டீரம், (pindira), manque de suc, grenade, os de sèche.

பிண்டு, *gér. de* பிள்கிறது: — போகிறது se briser, se fendre, se crever; பிண்டுருக்கிறது être brisé, — fendu; அவன்கையோடே — போயிற்று (le vase) s'est brisé dans sa main ou avec sa main; — விழுகிறது se briser et tomber. [immodeste).

பிண்டை, (பிண்டு), vulve, (mot

பிண்ணாக்கு, (பிண்ணியாகம்), grains (de sésame et autres grains), pilés ou broyés, gâteau fait de ces grains pilés, — broyés ou du marc de ces grains (dont on a extrait l'huile): — க்கீரை l'herbe potagère melochia corrhorifolia: — ப்பூண்டு la plante corchorus æstuans; —மண்டன் insensé, benêt.

*பிண்ணியாகம், (pinyâka), marc de grains dont on a extrait l'huile, gâteau qu'on en fait. [d'Indiren.

*பிதகம், (bhidaga), épée, foudre,

*பிதரம், (vidara), action de déchirer, de fendre.

பிதலை, vase à l'huile.

பிதற்றல், *opt. et n.v. de* பிதற்றுகிறது, babillage, paroles extravagantes, — de délire, bruit de paroles.

பிதற்று, paroles extravagantes, — de délire, babillage, babil, — d'enfant, *imp. et part. de*

'பிதற்றுகிறது, ற்றினேன், ற்றுவேன், ற்று, ற்ற, v.a. பிதற்றுதல், n.v. babiller, jaser, bredouiller, parler sans cesse, sans raison, — en délire, — en insensé, extravaguer, déraisonner. பிதற்றிக்கொண்டுதிரிகிறது courir çà et là babillant en insensé: இருக்குநாலு வேதமு மெழுத்தை யற வோதினும், பெருக்கநீறு பூசினும் பிதற்றினும் பிரானிரான், quand tu réciterais sans faute les 4 vèdas à commencer par l'irоukou, que tu te barbouillerais entièrement de cendres et que tu ne ferais que babiller (en récitant des mandirams), Dieu n'est pas avec toi.

*பிதா, 1° (pità), père, Dieu, (et en style païen) Arougùen, Brama, Siven. 2° gros héron, *pl.* பிதாக்கள் les pères, les ancêtres; — த்துவம் paternité: — ப்பிதா grand-père, patriarche (de l'ancienne loi, ou fondateur d'ordre religieux); — ப்பிதாக்கள் les ancêtres, les patriarches; — மகர் (maha *grand*), grand-père, grand père paternel, Brama: — மகி, (*id.*), grand mère maternelle. Dans les mots composés on emploie le radical pitrou altéré en பிதிர் ou பிதுர்.

*பிதி, பிதிரம், (bhidi, bhidira), foudre, — d'Indiren.

பிதிகம. *V*, பெருங்குரும்பை.

பிதிர, பிதிரும், பிதிரா, பிதிராத, *inf. part. fut. part. nég. de* பிதிர்கிறது.

*பிதிரு, 1° (pitrou), père, *pl.* பிதிருக்கள், ancêtres, mânes. 2° *imp. et part. de*

*பிதிருகிறது, *V.* பிதிர்கிறது.

*பிதிர், 1° (*P.* பிதிரு), père, ancêtre, — paternel, mânes, *pl.* பிதிர்கள், les ancêtres, les mânes des ancêtres, (ordinairement ce mot précède un nom et prend le sens du génitif.) 2° conte, récit de bataille, instant, claquement des doigts, goutte d'eau, pollen des fleurs. 3° *imp. et part. de* பிதிர்கிறது: — ஆசாரம் offrande —, sacrifice aux ancêtres; — ஆட்சனை, — ஆர்ச்சனை, — ஆர்ச்சிதம் patrimoine, bien qui vient des ancêtres; — உலகம் le monde des ancêtres ou des mânes (selon les Indous): — எக்கியம் sacrifice —, oblation aux mânes des ancêtres divinisés; — கடன், — கருமம், — காரியம் obsèques, cérémonie funèbre, — pour les ancêtres décédés ou en leur honneur; — கணம் diverses classes d'ancêtres fils des Richis *ou* பிரசாபதிகள்; — காலம் temps censé propre (selon les Indous) aux cérémonies du சிராத்தம், depuis le 18ᵐᵉ jusqu'au 24ᵐᵉ நாழிகை; — கானனம் cimetière, lieu où l'on brûle les morts; — கிரியை, *V.* பிதிர்க்கடன்; — க்காதகம் parricide, meurtre de son père: — க்காதகன் patricide, meurtrier de son père; — க்கிருகம் maison des mânes, *i.e.* cimetière où l'on brûle les morts; — சந்ததி parenté —, lignée paternelle, *ou* — சனம் ancêtres, aveux; — சாமானியர், — சாமானியம் les ancêtres; — சிராத்தம் cérémonies funèbres —, obsèques d'un père: — சுவசிரு, (svasrou *sœur*), sœur du père, tante paternelle: — சுவசிரீயன், (*id.* *iya*), fils de la tante paternelle: — சுவசிரீயை, (*id.*), fille de la tante paternelle; — ஸ்தானம் demeure des mânes: — ஸ்தானன், — ஸ்தானியன், (ஸ்தானம், iya), tuteur, remplaçant du père; — தமிசி esprit familier: — தருப்பணம், — தர்ப்பணம் sacrifice —, offrande aux ancêtres, le bas de l'index, partie de la main entre le doigt du milieu et le pouce que les Indous disent consacrée aux mânes: — தானம் don en l'honneur des ancêtre; — திதி jour consacré aux mânes, *i.e.* le jour de la nouvelle lune: — தீர்த்தம் le bas de l'index, partie de la main entre l'index et le pouce consacrée aux mânes (au dire des Indous), la ville de Gayâ ou கயை où les sacrifices funèbres sont censés avoir un mérite particulier: — தேவர் les prétendus dieux mânes qu'on dit habiter le sud ou le royaume de Yâmen; — தேவதை chef de famille ou de caste —, ancêtre censé déifié. Les Indous en comptent trois nommés பிதிர்தேவதைகள் formés par Brama, et résidans dans le monde de Yamen, où ils reçoivent, disent-ils, les âmes des morts: ce sont comme les 3 juges des enfers des Grecs: ils reçoivent tous les ans certains hommages et se nomment aussi தென்புலத்தார்: — தைவதம் la 10me constellation lunaire dite மகம்: — த்துரோகம் trahison envers son père envers ses ancêtres, manquement aux cérémonies funèbres; — த்துவம், — த்தன்மை paternité, condition des mânes; — நாள் le jour consacré aux morts ou aux ancêtres, l'anniversaire de leur décès, la nouvelle lune, la constellation மகம்; — பதம் la prétendue demeure des mânes, i.e. le sud; — பதி le prétendu roi des morts, ou des mânes, i.e. Yamen; — பத்தி piété filiale, — envers son père ou ses ancêtres, exactitude à remplir les devoirs funèbres; — பந்து parenté du côté paternel; — பாந்தவன் parent du côté paternel; — பாத்திரம் vase employé aux obsèques; — பிண்டம் nourriture offerte aux morts: — பிதிர் grand-père, grand père paternel; — புண்ணியகாலம் temps censé propre aux vertus en l'honneur des ancêtres, V. பிதிர்காலம்; — பூசை sacrifice aux mânes; — போசனம் nourriture offerte aux mânes, nourriture de son père: — ப்பிராகு mère du père, crépuscule du soir, temps où, au dire des Indous, les mânes sortent de leur demeure; — ப்பிராதிரு frère du père, oncle paternel; — மந்திரம் demeure paternelle, — des ancêtres ou des mânes, sépulcre, tombeau; — மாதுருகாதகன் parricide, meurtrier de ses père et mère; — மேதம் rites funèbres, obsèques; — யாக்கியம், — யாகம் sacrifice aux ancêtres, obsèques: — யானம் le prétendu char des mânes dit விமானம் (pour les conduire de la terre au ciel): — லோகம் le monde des mânes: — வசதி demeure de ancêtres, V. பிதிர்வனம்; — வசனம் parole des ancêtres: — வழி généalogie des ancêtres, parenté du coté paternel; — வழியைப்பின்பற்றுகிறது suivre la voie — la conduite de ses ancêtres; — வனம் cimetière, lieu où l'on brûle les morts; — வனேசரன், (வனே abl. sanscrit de வனம், சரன் qui va), Siven, démon qui hante les cimetières; — வாக்கியம் parole des ancêtres: — வாக்கியபரிபாலனம் observance des paroles des ancêtres; — விக்கைக்காரருட்டிச்சாத்தி esprit familier; — விரதம் adoration des mânes, V. பிதிர்ருமம்; — விரதன் adorateur des mânes.

பிதிர்கிறது, ர்ந்தன், ர்வேன், ர, v.n. பிதிர்தல், n. v. se réduire en farine, v.g. des pommes de terre cuites, s'en aller —, tomber en morceaux, en lambeaux, tomber, se répandre, se dissiper: சீலைபிதிர்ந்துபோகிறது un toile s'en aller en lambeaux.

பிதிர்க்கிறது, ர்த்தேன், ர்ப்பேன், ர், ர்க்க, v.a. du préc. பிதிர்த்தல், n. v. faire tomber, dissiper, répandre.

பிதிர்வு, n. v. de பிதிர்கிறது, chute, dispersion. [diren.

*பிது, (bhidu), foudre, d'In-

பிதுகம், couleur de nénuphar, ce qui est un défaut des pierreries.

பிதுக்கம், n. v d பிதுங்குகிறது, saillie, bossage, ce qui avance en dehors, ouvrage en relief, expression du pus en pressant, bruit d'une chose qui crève: — ஆயிருக்கிறது avancer en dehors, faire saillie, être exhaussé, — en relief: — ஆனவேலை ouvrage en bosse, relief.

பிதுக்கி, qui fait saillie, qui avance en devant (dans les mots composés): உதடுபிதுக்கி lippu, homme à grosses lèvres, n. v. et ger. de

பிதுக்குகிறது, க்கினேன், க்குவேன், க்கு, க்க, v.a. de பிதுங்குகிறது et பிதுக்கல், பிதுக்குதல், n. v. ou பிதுக்கிப்போடுகிறது, exprimer —, faire sortir en pressant (le noyau d'un fruit, le pus d'un furoncle...). enfler une vessie, enfler —, bouffir les joues, faire en saillie, — avancer en dehors, bomber: உதட்டைப் — avancer la lèvre inférieure en dérision.

பிதுங்குகிறது, பிதுங்கின, பிதுங்கி, கு, ம, v.n பிதுங்கல், பிதுங்குதல், n. v. el பிதுங்கிவிழுக்கிறது, faire saillie, avancer en dehors, faire bosse, être bombé, se bomber, être exprimé (en pressant), se gonfler, crever, faire explosion: பிதுங்கவிடு கிறது mettre en saillie (une brique...): சுவர்ப்பிதுங்குகிறது un mur se bomber ou s'incliner, menacer de tomber.

*பிதுரம், (bhidoura), foudre, tonnerre.

*பிதுர், P. பிதிர், mânes, ancêtres: —வர்க்கம், les pères, les ancètres.

பித்தகம், couleur de perroquet, ce qui est un défaut des pierreries.

*பித்தம், (pitta), bile (une des 3 espèces de பிணி ou de maladies), humeur bilieuse, étourdissement, délire, trouble d'esprit causé par la bile, espèce de danse, farce: — ஊறுகிறது, V. பித்தேறுகிறது; — பிடித்தவன் homme en délire: —மிஞ்சுகிறது la bile dominer; பித்தகாசம் phthisie bilieuse; —காமாலை jaunisse bilieuse; — க்காய்ச்சல் fièvre bilieuse: —காங்கை, —காரம் chaleur causée par la bile: — காரத்தினாலே ou பித்தசோகையினால் முகம் குளுகுளுத்திருக்கிறது la figure être enflée par l'effet d'une indisposion bilieuse; —காலம் temps de bile, — où la bile domine: — குன்மம் obstruction causée par la bile, maladie bilieuse: — கிராணி diarrhée causée par la bile: — கிறுகிறுப்பு tournoiement de tête —, vertige causé par la bile: — சரீரம் tempérament bilieux, corps où domine la bile: —சாந்தி adoucissement ou remède à la bile, la plante பொன்னாங்கண்ணி: —சிலேட்டுமம், —சிலேத்பனம் phlegme mêlé de bile: — சுரம் fièvre bilieuse: —சூடு, V. பித்தகாரம்; —சூலை maladie arthritique bilieuse; — சோகை, —சோபை espèce d'enflure avec chaleur causée par la bile, V. பித்தகாரம்; — தலைசுற்றி vertige causé par la bile: — நரை cheveux gris prématurés, cheveux que la bile ou la maladie ont fait grisonner; — நாடி pouls bilieux, pouls du doigt du milieu; —நீர் eau qui vient de la bile: — பாண்டு, — பாண்டுரு jaunisse causée par la bile;—ப்பிளப்பு crevasses ou gerçures que la bile cause aux pieds et aux mains; —மயக்கம் vertige —, étourdissement causé par la bile, folie, délire;—ருத்திரம் V. பித்தபித்தம்; — ரோகம் maladie bilieuse tempérament bilieux, une des 3 espèces de பிணி ou de maladies: — வாயு flatuosité bilieuse qui vient d'échauffement ou de chaleur:—ஏறல், V. பித்தேறுகிறது:—வெடிப்பு V. பித்தப்பிளப்பு; பித்தத்தின்வீடு le siége de la bile, c.à.d. l'estomac.

பித்தநீக்கம், fanfaronnade, vaine ostentation. [ம்:

பித்தலாடகம், P. பித்தளையாடம்

பித்தலாட்டம், sync. du préc. tromperie, supercherie, duperie, contrefaçon, tours, mensonges.

பித்தல், pioche, instrument pour couper et creuser, bord, extrémité, proximité, manche d'instrument, V பிடங்கு.

*பித்தளை, (pittala), airain, bronze, composition de cuivre et d'étain, cuivre, —jaune, laiton: — க்கொடி drapeau de cuivre, i.e. girouette; — மணி grains de bronze; — மலை montagne contenant du cuivre: — யாடகம், (ஆடகம்), tromperie, duperie duperie par laquelle on fait passer du cuivre pour de l'or ou de l'argent; —யாடகம் ou பித்தலாடகம் பண்ணுகிறது faire passer du cuivre pour de l'or, duper, tromper, contrefaire, jouer des tours.

*பித்தன், (பித்தம்), fou, homme en délire, — à qui la bile a tourné la tête, voleur, vaurien, Siven, Vaïraven, autre forme de Siven, pl. பித்தர், பித்தர்கள் les fous: பித்தனுக்குத் தன்குணம் தானறியுமோ le fon croit son naturel — son état plus régulier ou plus droit qu'un cordeau tendu, i.e. se croit en bon état.

*பித்தாதிசாரம், பித்தாதிக்கம், (பித்தம், அதிசாரம், ஆதிக்கம்), exubérance —, excès de bile: நித்திரை அவன் பித்தாதிக்கத்தைத் தெளிவித்தது le sommeil a dissipé ou calmé son excès de bile. [coléra-morbus.

*பித்தாதிசாரம், (id. அதிசாரம்),

பித்தசத்தவேக்கொட்டி, la plante crotolaria verrucosa.

*பித்தி, 1° (bhitti), mur (de terre ou de maçonnerie), refuge, asyle, morceau, fragment, part, fente, fissure. 2° V. பித்தி: — கொள்ளன் voleur qui perce les murs.

*பித்திகை, (பித்தி. kâ), mur, le lézard domestique dit பல்லி, l'arbrisseau சிறுசண்பகம்: பித்திகைமார்ச்சாலநியாயத்தீர்ப்பு jugement du lézard et du chat, i.e. jugement douteux.

பித்து, (பித்தம்), fiel, bile, humeur, — bilieuse, délire, folie, amour excessif, colère: —கொள்ளுகிறது devenir fou; —ப்பை vessie du fiel, —où il est renfermé; பித்தமயக்கிறது? courir çà et là —, rôder comme un fou, —par l'effet de la folie; பித்தாய்ப்பிதற்றுகிறது ou பிதற்றுகிறது extravaguer, déraisonner par folie ou délire; être fou ou en délire; அதுதானவ னுக்குப்பித்தாய்ப் பிடித்திருக்கிறது c'est là l'objet de sa folie, ce qui l'a pris comme une folie.

பித்தேறுகிறது, (பித்து, ஏறுகிறது), la bile monter à la tête, se mettre en colère.

பித்தை, cheveux d'homme. [teur.

பித்தி, (arabe), humble —, servi-

*பிந்தபாலம், (bhindapâla), trait qu'on lance, — court qu'on lance à la main ou par un tube.

பிந்தி, gér. de பிந்துகிறது.

பிந்தின, பிந்திய, part. du même; பிந்தின ou பிந்தியசாமம் le soir; பிந்தினவன் le dernier, le suivant, celui qui est ou vient derrière.

*பிந்து, P. விந்து, zéro, ou petit point rond qu'on met sur les simples consonnes.

பிந்துகிறது, பிந்தினேன், துவேன், து, ற, v.n. பிந்தல், பிந்துகை, பிந்தல், n.v. (பின்), suivre, venir —, être derrière ou après, retarder, lambiner: பிந்திப்போனகாரியம் affaire retardée; —வருகிறது venir derrière [ou après.

*பிபாசை, (pipâsa), soif

*பிபாசிதன், பிபாசு, (pipâsita, pipâsou), altéré, qui a soif.

*பிபீதகி, (pipitaki), le 12 du mois de வைகாசி, c'est alors un mérite de donner de l'eau.

*பிபீலவாதம், V. கை பீலவாதம்.

*பிபீலகம், (pipîlaka), grosse fourmi noire.

*பிபீலிகை, (pipilikâ) fourmi, la petite fourmi rouge commune: பிபீலிகை நியாயத்தீர்ப்பு jugement de la fourmi, i.e. jugement équitable.

*பிப்பலகம், (pippalaka), mamelon, téton, fil à coudre.

*பிப்பலம், (pippala), l'arbre அரசு ou sorte de peuplier, nom d'un oiseau, eau, manche d'habit.

*பிப்பலி, பிப்பிலி, (pippali), poivre long dit திப்பிலி: —மூலம் racine de poivre long; — பத்தி la plante பெருநெருஞ்சில். [tre des dents.

*பிப்பிகை, (pippikâ), saleté —, tar-

*பியை, (bhiyâ), crainte.

பிய்கிறது, பிய்ந்தேன், ou பிஞ்சேன், ய்வேன், ய், ய்ய, v.n. ய்யேன், nég. et பிய்ந்து ou பிய்ஞ்சுபோகிறது, se déchirer, s'user, s'en aller en lambeaux, (une toile...) être mis en pièces, se rompre, se fendre.

பிய்க்கிறது, ய்த்தேன், ய்ப்பேன், ய், ய்க்க, nég ய்க்கேன், v.a. du préc. et பித்து? ou பிய்ச்சுப்போடுகிறது, déchirer, lacérer, rompre, mettre en pièces (une toile, une corde...), fendre carder —, nettoyer le coton: பிய்க்காமல்வைக்கிறது mettre sans déchirer; பிய்க்காதே ne déchire pas. [து.

பிய்கை, et பிய்தல், n. v. de பிய்கிற

பிய்ச்சல், P. பிய்த்தல் et பிய்ப்பு, n. v. de பிய்க்கிறது, déchirure, lacération, rupture, action de déchirer...

பிய்ச்சு, P. பிய்த்து, gér. du même.

*பிர, (pra), particule sanscrite, préfixe d'un grand nombre de mots, qui marque apparence, abondance, excellence, hâte ou mouvement progressif et correspond aux prépositions latines *pro* et *præ*.

*பிரகசம்,(prakasa), meurtre, action de tuer.

*பிரகசனம்,(prahasana), sarcasme, reproche, satire, chanson satirique, —injurieuse, *ou* [rire, joie.

*பிரகசிதம், (prahasita), éclat de

*பிரகஸ்தம், (பிர, அஸ்தம்), main étendue.

*பிரகஸ்பதி, *V*. பிரகற்பதி.

*பிரகடம், பிரகடிதம், பிரகடனம், பிரகடமிருதம், (prakata, ita, i *augment*), manifestation, exposition, développement, publicité, évidence

*பிரகணம், (praghana), massue de fer, vase de cuivre, terrasse couverte —, cour devant une maison, chose ébranlée. [ne.

*பிரகநேமி, (prahanèmi), la lu-

*பிரகண்டம், (பிர, கண்டம்), haut du bras (du coude à l'épaule), le devant de l'épaule. [ரண்ணியம்.

*பிரகதாரண்ணியம், *P*. பிருகதா

பிரகதி, la plante கத்தரி, bringelle, ou aubergine.

*பிரகத்வாதம், பிரகத்வாயு, (vrouhat *grand*), espèce de maladie ou de flatuosité.

*பிரகமனம், (பிர), discussion, dispute, progrès, avancement, détermination.

*பிரகம்பம், (பிர), tremblement.

*பிரகம்பனம், (*id*.), vent, air, enfer, *ou*

*பிரகம்பிதம், (*id*.), mouvement, tremblement: பிரகம்பி முகம் léger mouvement de tête causé par l'admiration.

*பிரகரணம், 1° (*id*.), chapitre, section, division, portion, préface, prélude, introduction, endroit de pause, fin d'article. 2° (praharana), arme, guerre, bataille, char couvert pour les femmes. 3° opportunité, occasion.

*பிரகரம், 1° (பிர), secours, aide, tas, monceau, honneur, respect, bien, fertilité, bouquet de fleurs, l'arbre odoriférant அகில் agalloche. 2° (prahara), *V*. பிரகாரம்.

*பிரகருஷம், பிரகருஷம், 1° (prakarcha), excellence, abondance. 2° (praharcha), joie, délice, plaisir.

*பிரகருஷணம், 1° (prakarchana), extraction, labourage, excellence. 2° (praharchana), joie, plaisir.

*பிரகற்பதி, பிரகஸ்பதி, *P*. பிருகஸ்பதி, Vrouhaspati, fils d'அங்கிரசன் prétendu gourou des dieux indous et régent de la planète Jupiter avec laquelle on l'identifie, nom d'un sage ou législateur indien, auteur du code dit பாரகஸ்பத்தியம்: பிரகற்பதிசக்கரம் le cycle de 60 ans.

*பிரகலாதன், (prahlâda *joie*), Prahlâden, fils d'Hiranyakcheu (réputé pieux).

*பிரகற்பன், (pragalbha), homme hardi, audacieux, prompt, énergique, éminent, illustre, fort, prince.

பிரகாசத்தி, (பிரகாசம்), talc, mica.

*பிரகாசம், (prakâsa), lumière, — réfléchie, lustre, splendeur, (une des 4 propriétés des corps glorieux et des prérogatives des immortels), clarté, —du soleil, publicité, manifestation, célébrité, extension, explication, ressemblance, rire, sourire, métal de cloche, bronze, (en langage dramatique) à haute voix, *V*. பெருமல்: பிரகாசமாகப் *ou*

*பிரகாசனம், (பிரகாசம், na), lumière, illumination, rendre clair.

*பிரகாசன், (பிரகாசம்), Louis, Lucius.

பிரகாசி, (*id*.), *m*. *f*. qui brille, radieux, *ou* பிரகாசியம்மாள் Lucie, Louise.

பிரகாசிக்கிறது, சித்தேன், சிப்பேன், சி, சிக்க, *v*. *n*. (பிரகாசம்), பிரகாசித்தல், *n*. *v*. briller, luire, resplendir, éclairer, être clair, devenir —, être célèbre.

பிரகாசிக்குதல், பிரகாசிப்பு, *n*. *v*. *du préc*. splendeur, éclat.

பிரகாசிப்பிக்கிறது, *v.caus.du même*, faire briller, illuminer.

*பிரகாசிதம், (பிரகாசம், ita), évidence, visibilité, publication.

*பிரகாண்டம், (prakânda), branche, pieu, tronc d'arbre, excellence.

*பிரகாபனம், (prahâpana), renvoi, expulsion.

*பிரகாமியம், 1° (பிர, காமம், ya), plénitude, accomplissement de ses désirs. 2° *P.* பிராகாமியம்.

*பிரகாரணம், (prahârana), largesse, don, —désirable.

*பிரகாரம், 1° (prakâra), manière, mode, sorte, espèce, voie, chemin, différence, particularité, adjectif, mot qu'on ajoute à un nom. 2° (prahâra), blesser, tuer. 3° *P.* பிராகாரம், mur, —d'enclos, rue de temple, ., rue qui entoure un temple; ஒரு — une manière, d'une manière, d'une façon quelconque; இந்தப்பிரகாரமாக் கொடுத்தான் il a donné ainsi, il a vendu à ce prix.

*பிரகி, (prahi), puits.

*பிரகிதம், (prahita), chose envoyée, placée, destinée, ordonnée, dirigée, lancée, sauce, ragoût.

*பிரகிருஷ்டம், பிரகிருட்டம், (prakrouchta), chose supérieure, principale: பிரகிருஷ்டத்துவம், —தை supériorité, éminence.

*பிரகிருதம், (பிர), ce qui a été fait: பிரகிருதப்பிரளயம் destruction du monde.

*பிரகிருதி, (*id.*), nature, matière, cause passive et matérielle du monde (en philosophie, et en mythologie, et selon d'autres), cause négative d'existence, volonté personnifiée de l'être suprême, dont on fait une déesse identifiée en மாயை ou illusion et qu'on regarde comme le principe du monde, état —, naturel, condition d'une chose, racine d'un mot, mot —, radical, cause, origine, chose principale, soutien, fondement, les 5 élémens pris collectivement, femme, mère, organe mâle ou femelle de la génération, animal, stance sanscrite de 4 vers chacun de 21 syllabes, coefficient donné (en arithmétique), tempérament ou prédominence d'une des 3 humeurs (en anatomie), choses requises pour l'administration royale, (on en compte 7 dites அரசாட்சிக் குரியவுறுப்பேழு, savoir: அரசன் roi, மந்திரி ministre, நட்புளோர் alliés, பொக்கசம் trésor, ஆளுகைசெல் லுமிடம் territoire, கோட்டை forteresse, சேனை armée. On y ajoute quelquefois une huitième chose, la corporation des citoyens): — நியமப் பிரமாணம் la loi de nature; சரீர ப்பிரகிருதி complexion —, tempérament du corps; குலப் — énergie passive de la création.

*பிரகீதம், (பிர), chant.

*பிரகீர்ணம், பிரகீர்ணகம், (prakirna, ka), éventail du poil de la queue du கவரி ou yack, section, chapitre, collection de diverses choses.

*பிரகீர்த்தி, பிரகீர்த்திதம், (பிர, கீர்த்தி, ta), réputation, célébrité, déclaration.

*பிரகுணம், பிரகுண்ணியம், (பிர, குணம், ya), honnêteté, probité, excellence, [cellent.

*பிரகுலம், (பிர), corps joli et ex-

*பிரகேணகம், பிரகேலகம், (prahènaka, prahèlaka), bonbons, sucreries, — qu'on donne aux fêtes.

*பிரகேலிகம், பிரகேலிகை, (prahèlikâ), énigme, — à deviner.

*பிரகோஷ்டம், பிரகோட்டம், (prakôchta), avant bras, bas de l'épaule, cour de maison, espace ouvert environné de bâtimens.

*பிரகோபனம், (pragôpana), défense, protection, garde, conservation.

*பிரகோபம், பிரகோபனம், பிரகோபிதம், பிரகோபம், (பிர, கோபம், na, ita), grande colère, fureur, irritation, provocation, obstination.

*பிரக்கணம், பிரக்காணம், (prakvana, prakvâna), son du luth.

*பிரக்கரம், (prakchara), cuirasse, armure, — de fer (pour un cheval ou un éléphant).

*பிரக்கியம், பிரக்கியாதம், (prakhya, பிர), ce qui est célèbre, notoire, fameux, célébrité, publicité, connaissance: பிரக்கியாதபாரம்பட்டம் marchandise que quelqu'un a le droit d'acheter le premier.

*பிரக்கியாதி, (பிர), notoriété, renommée, connaissance, éloge, ou

*பிரக்கியாசை, (பிர), célébrité, publicité, cours, marche. [sance.

*பிரக்கியானம், (பிர), connais-

*பிரக்கிரகம், (பிர, கிரகம்), esclave, captivité, emprisonnement, gêne, rêne, corde, amour, affection, rayon de —, lumière, épaule, pas, *V.* பிரக்கிரகம்,

*பிரக்கிரமம், (பிர, கிரமம்), aller, l'emporter, commencement, occasion, opportunité, loisir.

*பிரக்கிரகம், (பிர, கிரகம்), prise, saisie, corde de balance, rêne, licou ou bride pour les chevaux, corde pour attacher les vaches et autre bétail. [insignes royaux

*பிரக்கிரியை, (பிர), porter les

*பிரக்கிரீடிதம், (பிர, கிரீடை, ita), jeu, badinage.

*பிரக்கிரீவம், (பிர), fenêtre, jalousie, balcon, maison de plaisance ou d'amusement, pour l'été, balustrade en bois sur le bord d'un bâtiment, haut d'un arbre, bout des cheveux ou du poil.

*பிரக்கினை, (pradjnâ), intelligence —, connaissance pleine et entière.

*பிரக்ஷாரம், *V,* பிரக்ஷாரம்.

*பிரக்ஷாலகம், பிரக்ஷாலனம், பிரக்ஷாளிதம், (prakchâlaka, — lana, — lita), blanchissage, lavage.

*பிரக்ஷேபம், பிரக்ஷேபணம், (பிர, க்ஷேபம், na), action de jeter, rejet.

*பிரசகம், பிரசகனம், (prasaha, na), animal carnassier, qui vit de proie et non de feuilles, oiseau de proie.

*பிரசங்கம், (பிர), discours, sermon, prédication, harangue, publication, promulgation, révélation, célébrité, clarté, préface, introduction, suite —, enchainement de raisonnemens, conclusion d'un raisonnement, —d'une discussion, phrase, attachement, association, connexion, foule, entrée: - பண்ணுகிறது prêcher, haranguer, publier, discourir: இந்தச்செய்தி —பண்ணாதே ne publie pas cette nouvelle; ஒன்றுக்கொன்று பிரசங்கம்பண்ணுகிறது discourir ensemble; பிரசங்கத்தை நடத்துகிறது porter la parole, diriger la prédication...; பிரசங்கசாலை auditoire, salle —, place où l'on prêche ou harangue; — த்தொட்டி ou

*பிரசங்காசனம், (பிரசங்கம், ஆசனம்), chaire (à prêcher), tribune (aux harangues).

*பிரசங்கி, 1° (பிரசங்கம்), prédicateur, prêcheur, harangueur, commentateur, fanfaron, qui fait parade. 2° *imp. de*

பிரசங்கிக்கிறது, கித்தேன், கிப்பேன், கி, கிக்க, *v.a.* பிரசங்கித்தல், *n. v.* (*id.*) prêcher, haranguer, parler à un auditoire, publier, célébrer, conclure, montrer la conclusion.

பிரசங்கிப்பு, *n.v. du préc.* prédication, harangue.

*பிரசஞ்சனம், 1° (prasamsana), louange. 2° (prasandjana), unir, combiner, employer, mettre en usage, *V.* பாவித்தல்.

*பிரசஞ்சிதம், பிரசஞ்சை, (prasamsâ, ita), louange, applaudissement, flatterie.

*பிரசண்டம், (pratchanda), force, pouvoir, impétuosité, vitesse, violence, confiance, bardiesse, audace, bravoure, colère, abondance, grande chaleur: பிரசண்டமதி, — வேகம் marche impétueuse, grande vitesse; — மாருதம், — வாயு vent violent, tempête; — மாருதம்போலவந்தான் il est venu comme une tempête, *i. e.* avec violence ou impétuosité; — மாருதத்தாற்தேசம் அழிந்தது le pays a été ravagé par la tempête, a péri d'une manière violente.

*பிரசண்டன், (*id.*), homme fort, violent, brave, audacieux, vif, ardent.

*பிரசத்தம், 1° (prasakta), éternité, perpétuité, toujours, obtention, attachement, union. 2° (prasasta), bonheur, — éternel, excellence.

*பிரசத்தி, 1° (prasakti), conséquence, conclusion, induction, union, connexion, adhérence, attachement, effort, énergie, persévérance. 2° (prasatti), pureté, propreté, objet brillant, lumineux, transparent, ou qui réfléchit la lumière, faveur, grâce. 3° (prasasti), excellence, éloge. 4° évènement, circonstance, incident: அந்தப் — எனக்குத்தெரியாது j'ignore cet évènement.

*பிரசபம், 1° (prasabha), violence. 2° P. பிரசவம்.

*பிரசமனம், (prasamana), meurtre, pacification, repos.

பிரசம், callou ou toddi, miel, rayon de miel, abeille, guèpe, insecte ailé, scarabée.

*பிரசயம், (pratchaya), agglomération, tas, union, aggrégation.

*பிரசரணம், (prasarana), piller un village..., aller —, tourner autour, —en rond, environner, se répandre pour fourrager, répandre, ou

*பிரசரணி, (id. i), cerner l'ennemi.

*பிரசரம், 1° (prasara), flèche, — de fer, lieu, espace, occasion, multitude, assemblage, guerre, combat, vélocité, s'étendre, s'accroitre. 2° (pratchara), marche, chemin, sentier, coutume. 3° publicité, petite corne. [vive venu sans invitation

*பிரசருப்பகன், (prasarpaka), con-

*பிரசருப்பணம், (prasarpana), s'étendre.

*பிரசலாகம், (pratchalâka), queue de paon, serpent, art de lancer des flèches. [pent, paon.

*பிரசலாகி, (pratchalâki), ser-

*பிரசலிதம், (pratchalita), secousse, agitation, rôder, circulation, cours, réception.

*பிரசவம், (prasava), accouchement, enfantement, engendrer, naissance, race, postérité, fruit, fleur, force. 2° (pradjava), grande vélocité: பிரசவகாலம் temps des couches, - de l'accouchement; — வலி, (வேதனை), mère; — பத்திரம் lige d'une fleur ou d'une feuille; — வேதனை douleur de l'enfantement.

*பிரசவந்தி, (prasavanti), femme en couches.

*பிரசவி, 1° (பிர, சவம்), courrier, postillon, coureur. 2° imp. du suiv.

பிரசவிக்கிறது, விந்தேன், விப்பேன், வி, விக்க, v.n. (பிரசவம்). பிரசவித்தல், v.n. être en couches, enfanter, accoucher, naitre: பிரசவித்தவள் femme accouchée.

*பிரசவிதா, (prasavitâ), père.

*பிரசவித்திரி, (prasavitri), mère.

*பிரசற்பம், (pradjalpa), babil, langage enfantin. [on.

*பிரசனம், (pradjana), concepti-

*பிரசனன், (id.), père.

*பிரசனனம், (பிர), naissance, production, vulve.

*பிரசனிகை, (பிர), mère.

*பிரசன், (pradja), mari (qui renait dans ses enfans).

*பிரசன்னம், (prasanna), vision, apparition, affabilité, aspect —, air gracieux, faveur, bénignité, sérénité, complaisance, clarté, lucidité, brillant: — ஆகிறது devenir gracieux, affable, ou — ஆய்வருகிறது venir —, apparaitre d'un air gracieux, —avec bonté (il se dit surtout des apparitions divines). பிரசன்னமுகம் visage —, air gracieux; பிரசன்னத்துவம் ou

*பிரசன்னதை, (பிரசன்னம்), affabilité, faveur, grâce, bonté.

*பிரசன்னன், (id.), homme —, être gracieux, affable, bon, condescendant, qui apparait, qui se montre, le bon Dieu.

*பிரசா, (pradjâ), obl. de பிரசை, peuple, sujets, enfans: — காமம் désir d'avoir des enfans.

*பிரசாகை, (பிர, சாகை, ika) jeune branche, pousse. [ce.

*பிரசாகரம், (சா), veille, vigilan-

*பிரசாநிதம்,(பிரசா,இதம்),chose qui plait au peuple,eau.

பிரசாக்கடை,écluse.

*பிரசாசாசனம், பிரசாசிதம்.(பிர, சாசனம், ita), gouvernement.

*பிரசாசிதா, (பிரசாசிதம்), gouverneur.

*பிரசாக்ஷயம்,பிரசாட்சயம்,(பிரசா,க்ஷயம்),destruction du peuple.

*பிரசாதகை,(prasâdhakâ), coiffeuse,femme de chambre, riz sauvage.

*பிரசாதம், 1° (prasâda), faveur. bonté, grâce, affection,utilité,gain, vie heureuse, bien-être,tranquillité d'âme, clarté, propreté, pureté, —sans tache, brillant, perspicuité, connexion, association, foule,chose bénite ou sainte, consécration,prière ou vœu, don sacré ou censé tel, présent, nourriture ou ambroisie, riz cuit et autres objets offerts d'abord aux idoles et que les sacrificateurs donnent au peuple comme dons sacrés ou restes du sacrifice. 2° (பிரசா, da *qui donne*), enfantement, remède pour favoriser la conception et guérir de la stérilité.

*பிரசாதருமம், (பிரசை), devoir des enfans ou des sujets.

*பிரசாதனம்,1° (prasâdhana),embellissement, ornement,peigne. 2° (prasâdana),riz cuit,pureté,netteté, contentement. [adoration.

*பிரசாதனை,(prasâdanâ), culte,

*பிரசாதானம், (பிரசை), argent, *litt.* don du peuple.

*பிரசாதி, 1° (பிரசாதம்), *ou* குருப்பிரசாதி, gourou ou prêtre,distributeur de dons sacrés. 2° (*id.*), celui —,ce qui donne des enfans,copulation.

*பிரசாந்தம்,பிரசாந்தி,(பிர,cal-me, tranquillité d'âme: பிரசாந்தாத்துமா, (ஆத்துமா),âme pacifique.

*பிரசாபகன்,(பிரசாபன்,ka),roi.

*பிரசாபதி,(பிரசா,பதி),seigneur du peuple ou des créatures, surnom de Brama, roi, soleil, feu, père,gendre, Visvakarma, pénis, Pradjâpati, nom commun aux 10 பிரமாதிகள்).

*பிரசாபத்தியம்,P. பிராசாபத்தியம்,une des 8 formes de mariages (expliquée à ce mot).

*பிரசாபன், (பிரசை, pa *prince*), roi,prince du peuple.

*பிரசாமம்,(prasâma), paix, calme,tranquillité d'esprit.[de famille.

*பிரசாயினி, (pradjâyini), mère

*பிரசாரணம்,(prasârana),entourer l'ennemi,étendre,s'étendre,dispersion d'une armée pour fourrager, *V.* தழுமம்.

*பிரசாரம், 1° (pratchâra), marche,conduite, coutume, apparence, pâturage. 2° (prasâra), se répandre, aller, —autour, —au fourrage. 3° l'arbre வேம்பனை.

*பிரசாலம், (pratchâla),bâton—, montant ou corps du luth.

*பிரசாவான்,*m.*(பிரசை), homme qui a des enfans ou des sujets.

*பிரசாவதி,*f.du préc.* femme du frère,mère.

*பிரசாவிருத்தி,(பிரசா), accroissement de la famille, — du peuple ou des sujets.

*பிரசிதம்,1° (pratchita), collection. 2° (prasita),diligence,attention, attachement,lien,pus,sanie. [ves.

*பிரசிதி,(prasiti),lien,fers, entra-

*பிரசித்தம்,பிரசித்தி, (prasiddha, —dhi),publicité, notoriété, renommée,rumeur,publication, avis, annonce, avertissement, divulgation, explication: சனத்திற்- ஆயிருக்கிறவர்கள் les nobles, les gens connus du peuple; பிரசித்தமாகிறது,—ஆய்ப்போகிறது devenir public, notoire;—செய்விக்கிறது faire publier:—பண்ணுகிறது *ou* பிரசித்தப்படுத்துகிறது divulguer,publier,annoncer; பிரசித்தப்படுகிறது devenir public,notoire; —கடுதாசி,—பத்திரிகை avis,annonce,affiche, publication,prospectus,programme.

*பிரசித்தன். (பிரசித்தம்), homme connu, renommé, public: சகப் — homme célèbre par tout le monde.

*பிரசித்தரசிக்கம், (*id.* ஆசிக்கம்), publication, édition; பிரசித்தரசிக்கன் éditeur.

*பிரசிரயம், (prasraya), respect, courtoisie, civilité, affection, attendrissement.

*பிரசிரவணம், (prasravana), fontaine, ruisseau, cascade, chute d'eau, étang, — sur les montagnes, suintement, urine, sueur.

*பிரசிருதி, பிரசிருதம், (prasrouti, —ta), creux de la main disposée pour prendre des liquides, *V.* அபவாத்தம்.

*பிரசினம், (prasna), question, demande: பிரசினருசி énigme. [vre.

*பிரசிவனம், (பிர), moyen de vi-

*பிரசினம், (pradjina), vent, air.

*பிரசுரம், (pratchoura), abondance, beaucoup. 2° publication—, édition de livre: —பண்ணுகிறது publier, —un livre, mettre sous presse: பிரசுரபுருஷம் nombreuse population; —புருஷன், (பிர, tchoura *voler*) voleur.

*பிரசுரான், (*id.*), la planète Vénus.

*பிரசுரீகரணம், பிரசுரீகிருதம் (பிரசுரம், i *augment*), addition, augmentation, jonction.

*பிரசுருதம், (prasrouta), cours—, écoulement de l'eau... [bruit.

*பிரசுவாரணம், (prasvâna), grand

*பிரசூ, (prasoû), mère, bananier, espèce de plante rampante, *ou*

*பிரசூகை, (பிரசூ, kâ), jument.

*பிரசூதம், (*id.* ta), enfantement, accouchement, fleur: பிரசூதவாயு, *V.* கருப்பவாயு.

*பிரசூதி, (*id.* ti), enfantement, accouchement, naissance, production, enfant, fils ou fille: —காலம் temps de l'accouchement; —யாகிறது accoucher, naitre; — வேதை douleurs de l'enfantement, —de la grossesse; — வைராக்கியம் résolution prise par une femme en couches ou à cause de l'enfantement.

*பிரசூதிகாவாயு, (பிரசூதிகை, வாயு), *V.* கருப்பவாயு.

*பிரசூதிகை, (பிரசூதை, ikâ), femme qui a un enfant, — nouvellement accouchée, accouchement.

*பிரசூதிசம், (பிரசூதி, சம்), conséquence de la naissance, douleur, peine, affliction.

*பிரசூதை, (பிரசூ, tâ), femme nouvellement accouchée.

*பிரசூனம், (*id.* na), naissance, bouton, fleur, fruit.

*பிரசேகம், (prasèka), mouiller, humecter, suintage—, écoulement de l'eau.

*பிரசேச்சுரன், (பிரசா, ஈச்சுரன்), roi, maitre de ses sujets.

*பிரசேதன், (pratchêtas *heureux*), Varounen, roi des eaux, Pratchêtas, mouni et législateur, un des 10 பிரசாபதி, le père de Vâlmiki. [jardin.

*பிரசேதிகை, (prasêdikâ), petit

*பிரசேதிரு, (pratchêtrou), cocher.

*பிரசேலகம், (pratchêlaka), cheval.

*பிரசை, (pradjâ), peuple, sujet, enfant, progéniture: பிரசைகள் sujets, gens, peuple, habitans.

*பிரசோதனம், பிரசோதிதம், (pratchôdana, — dita), envoi, dire, loi, règle, coutume, manière.

*பிரசோற்பத்தி, பிரசோற்பத்தி, (பிரசை, உற்பத்தி), la 5° année du cycle indien, correspondant à 1811 et 1871.

*பிரச்சனை, (pratchtchhanâ), appel, invitation, demande, *V.* உணர்ச்சி.

*பிரச்சதம், பிரச்சதபடம், பிரச்சாதனம், பிரச்சாதிதம், (pratchtchhada, படம், pratchtchhadana, — dita), couverture, enveloppe, vêtement extérieur.

*பிரச்சன்னம், (pratchtchhanna), couverture, déguisement, secret, porte intérieure, treillis. [து, après.

பிரச்சாரது, 1° faute. 2° *P.* பச்சாத்பிரச்சுவரசியம், engraisser.

*பிரஷ்டம், 1° (bhrachta), chute, mal, dégradation, vice, dépravation, chose rôtie. 2° (prachta), commencement, priorité. 3° *P.* பிருஷ்டம், le derrière: பிரஷ்டராச்சியன் roi détrôné, dépossédé d'un royaume.

*பிரஷ்டன்,(*id.*), 1° homme tombé, dégradé, vicieux, dépravé. 2° chef, principal, conducteur.

*பிரஷ்டானம், (பிர, ஸ்தானம்), distinction ou particularité des jours lunaires. [geurs.

பிரஷ்டியம், troupe de louan-

*பிரஸ்கந்தனம், பிரஸ்கந்திகை, (praskandana, —dikâ), diarrhée.

*பிரஸ்தம், 1° (prastha), mesure de 48 doubles poignées, plaine—, plateau sur le haut d'une montagne, s'étendre, solidité, ce qui est dur. 2° *P.* பிருஷ்டம், le derrière.

*பிரஸ்தரம், (prastara), roc, pierre, —précieuse, couche, —faite de fleurs ou d'herbes, notation de musique, sorte d'air.

*பிரஸ்தாபம், *P.* பிரஸ்தாவம், (prastâva), renommée, célébrité, publication, divulgation, manifestation, éloge, introduction, action de faire connaitre, matière de composition, chapitre, section, opportunité, occasion, nécessité; — ஆகிறது être publié, divulgué, devenir public, connu, célèbre: — பண்ணுகிறது introduire, publier, divulguer, faire connaitre.

*பிரஸ்தாபனம், (prasthâpana), envoi, désignation, nomination, — d'ambassadeur.

*பிரஸ்தாபனை, *P.* பிரஸ்தாவனை, (prastâvanâ), publication, commencement, introduction, prélude d'un drame, *V.* கட்டியம்.

*பிரஸ்தாரம், (prastâra), le dernier des 10 தானம், forêt, jongle, couche, lit, — de fleurs.

*பிரஸ்தாவம், *V* பிரஸ்தாபம்.

*பிரஸ்தானம், (பிர, r), marche, départ: பிரஸ்தானவிக்கினம் absence d'une fête, obstacle à sa célébration.

*பிரஸ்போடனம், (prasphôtana), bourgeonnement, floraison, van, riz vanné, enflure.

*பிரஞ்சம், (bhramsa), chute, déchéance, dégradation: சாதிப்பிரஞ்சம் perte de sa caste.

*பிரஞ்ஞம், (பிர, djna *qui connait*), connaissance, *ou* பிரஞ்ஞத்துவம், intelligence; —மானம் respect rendu aux savans. [teur, homme habile.

*பிரஞ்ஞன், (*id.*), savant, sage, doc-

*பிரஞ்ஞாஹீனம், பிரஞ்ஞாபங்கம், (பிரஞ்ஞை), manque d'intelligence, simplicité, ignorance.

*பிரஞ்ஞாதம், (பிர, ஞாதம்), connaissance, notoriété.

*பிரஞ்ஞானம், (*id.* ஞானம்), connaissance, sagesse, marque, signe.

*பிரஞ்ஞி, (பிரஞ்ஞம், i), sage, savant.

*பிரஞ்ஞை, (*fém. de* பிரஞ்ஞன்), femme sage, intelligente, Sarasvati *ou* சரச்சுவதி, connaissance, intelligence, sagesse, conviction instinctive. [ரட்சாளியம், *P.* பிரகாசலகம்...

*பிரட்சாளகம், பிரட்சாளனம், பி

*பிரட்டம், பிரட்டன், *P.* பிரஷ்டம், பிரஷ்டன்.

*பிரட்டானம், *P.* பிரஷ்டானம்.

பிரட்டு, பிரட்டுகிறது... *V.* புரட்டு, புரட்டுகிறது... [ராசாவர்த்தம்.

பிரட்டுக்கல், la pierre précieuse இ

பிரட்டை, nom d'un arbrisseau.

*பிரணஷ்டம், (பிர, நஷ்டம்), perte, destruction: பிரணஷ்டவிநயம் incivilité.

*பிரணம், (prana), ancienneté.

*பிரணயம், (pranaya), amour, affection, connaissance, habitude, fréquentation, demande, prière, sollicitation affectionnée confiance, obéissance, révérence, béatitude finale, copulation, *V.* பிரதி: பிரணயகலகம். —மானம் bouderie —, querelle d'époux ou d'amans.

*பிரணயனம், (பிர, நயனம்), conduite, don, distribution, dispersion, étendre. [ம், (pranarttana), danse.

*பிரணருத்தனம், பிரணருத்தன

*பிரணவம், (pranava), la syllabe ஓம், nom mystique et ancien symbole de la divinité et de la trinité, et même de la trinité dans l'unité parmi les Indous, prière que ce nom contient, prière par excellence (selon eux), espèce de petit tambour, பி

ரூணவுருபம் l'image ou la forme de la prière ஐம், i.e. Dieu.

*பிரணசம், (பிர, நசம்), perte, destruction.

பிரணதம், (பிர, நதம்), grand bruit, sorte de mal d'oreille.

*பிரணமம், (பிர. நாமம்), salut, — respectueux. [sance, droiture, dégoût.

*பிரணயம், (pranâyya), désobéis-

*பிரணலம், (pranâla), écluse.

*பிரணிதானம், (பிர. நிதானம்), grand —, effort, profonde méditation, accès, entrée.

*பிரணிதி, (pranidhi), espion, émissaire secret, demande, sollicitation, compagnon, suivant, partisan.

*பிரணிநாதம், (பிர, நி, நாதம்), grand bruit,

*பிரணிபதனம், பிரணிபதிதம், பிரணிபாதம், (பிர, நிபதனம்...), révérence, salut,

*பிரணீதம், (pranita), chose faite, préparée, propre, dite, donnée, décrétée, écrite, composée, feu consacré.

*பிரணுதம், (pranouta), louange.

பிரண்டை, P. புரண்டை l'arbrisseau cissus quadrangularis.

பிரகம், devant.

*பிரதக்கணம், பிரதக்ஷணம், பிரதட்சணம் *et mieux*

*பிரதக்கிணம், பிரதக்ஷிணம், பிரதட்சிணம், (பிர. தக்ஷிணம்), tour —, circuit à droite, ou hommage respectueux qui consiste à tourner autour d'un objet en lui tournant toujours le côté droit: கிரிப் — circuit fait ainsi autour d'une montagne (réputée sacrée, et surtout au mont dit அருணசலம்.)

*பிரதமம், (prathama), ce qui est le premier, le principal, spécialité, commencement, priorité, chose remarquable: பிரதமசந்தியன் jeune écolier qui commence à étudier; — காலம் le 1er —, l'ancien temps, l'antiquité: — சிருஷ்டி, — சிருட்டி première création; — பதம், — வாக்கியம் la 1re proposition d'un syllogisme, la majeure.

*பிரதமன், (id.), la 1re personne en sanscrit, la 3me en français.

*பிரதமிகள், (பிரதமம், ika), archanges, V. பிராதமிகள்.

*பிரதமை, (பிரதமம்), unité, une première chose, commencement, 1re phase ou 1er jour de chaque demi-lunaison, le fruit nommé கடுக்காய், le nominatif ou 1er cas.

*பிரதம், 1° (prada), don, donation, 2° P. பிரதை, louange, célébrité, publicité. 3° trouble. ஞானப்பிரதமான நூல் livre qui donne une connaissance spirituelle.

*பிரதரம், (pradara), flèche, fente, déchirure, fracture, ménorrhagie, contraction, tournoiement, roideur.

*பிரதலம், 1° (pradala), flèche. 2° (pratala), main ouverte, — avec les doigts étendus, abyme, une des 7 principales divisions des régions inférieures.

*பிரதனம், பிரதரை, 1° (pratana), ancienneté. 2° (prathara), extension, allongement. 3° (pradhara), déchirer, guerre, bataille. 4° (proutanâ), division —, corps d'armée composé de 243 chars, 243 éléphans, 727 chevaux, et 1215 piétons.

*பிரதன், (prada), donateur, libéral.

*பிரதா, *obl. de* பிரதை: — பதி le mari de Pradei ou Kounti, i.e. le roi Pândou; — சுதன் fils de Pradei, Pândaver.

*பிரதாபம், (pratâpa), majesté, dignité, gloire, pompe, courage, valeur, prouesse, lumière, splendeur, hauteur, grande —, chaleur, état florissant. [ment, supplice.

*பிரதாபனம், (பிர), enfer, châti-

பிரதாபிக்கிறது, பித்தேன், பிப்பேன், பி, பிக்க, v.n. (பிரதாபம்), பிரதாபிக்கல். பிரதாபிப்பு. n.v. briller, resplendir, être dans la gloire, la pompe.

*பிரதாரகம், பிரதாரணம், பிரதாரிதம், (pratâraka, — rana, — rita), fraude, tromperie, ruse, tour.

*பிரதாரம், (pratâra), traverser.

*பிரதாவனம், (pradhâvana), air, vent.

*பிரதானம், 1° (pradhâna), le principal, chose principale, —éminente, la première chose, le plus important, excellence, le Dieu suprême, nature, matière, la cause passive ou matérielle de la création, particularité, esprit, intelligence, fanfaronnade. 2° (pradâna), don, donation, croc de cornac: உடம்புக்குப்—தலை la tête est le membre principal du corps; பிரதானிகள், (—ஸ்தர்), les principaux; — தாது la 1re partie radicale du corps, i. e. le sperme; — மந்திரி 1er —, principal ministre; —த்துவம் ou

*பிரதானதை, (பிரதானம், தா), excellence, supériorité, suprématie.

*பிரதானன், (id.), premier, chef, principal, 1er ministre, — compagnon d'un roi, son ministre, son eunuque, son confident, courtisan, noble, cornac.

*பிரதானுங்கம், (பிரதானம், அங்கம்), principal —, 1er membre (d'un corps, d'un état, d'une science.)

*பிரதானமாத்தியன், (id. அமாத்தியன்), 1er ministre.

*பிரதானி, (பிரதானம்), ministre —, trésorier d'un roi, (le mot signifie premier ministre, mais maintenant le மந்திரி, ministre, et le தளவாய், général d'armée passent avant le பிரதானி qui a l'office de trésorier), homme qui a de l'autorité.

*பிரதானிக்கம், (பிரதானி, ka), autorité, office de பிரதானி ou de trésorier. [V. பிரதானம்.

*பிரதானியம், (பிரதானம், ya),

*பிரதானோத்தமன், (id. உத்தமன்). brave, guerrier, homme illustre, important.

*பிரதி, 1° (prati), et பிரத்தி devant une voyelle, particule sanscrite, préfixe d'un grand nombre de mots, qui signifie substitution, échange, retour, au lieu de, ressemblance, modicité, un peu, contre, opposition, empêchement, séparément, chacun, chaque, part, portion, direction, origine. 2° (pradhi), circonférence d'une roue. 3° copie, duplicata, exemplaire d'un ouvrage, chose pareille, — en échange, —qui en remplace une autre, équivalent, remplacement: அதுக்குப்பிரதியாக à la place de cela; பிரதிகதி rebond, rebondissement, recul; — கருமம் action en retour, représaille, revanche, retour, échange, récompense, remède, redressement, réformation, décoration, ornement; — காந்தி lumière —, image réfléchie, réflexion de la lumière, d'une image; — காயம் marque, signe, but, effigie; — கிரி montagne inférieure, — semblable; — கிருதி représaille, revanche, rendre la pareille, effigie, substitution, image réfléchie; — கொடுக்கிறது donner l'équivalent; — க்கிரகணம் acceptation d'un équivalent, d'un dédommagement, — de présens; — க்கிரகம் donation aux brames, réserve d'une armée, le soleil près du nœud de la lune; — க்கிராகம் acceptation de dons, crachoir; — க்கியாதம், P. பிரதிக்ஞாதம், consentement; — க்கிரியை revenge, représaille, remédier, réaction, décoration; — க்ஷணம் chaque moment; — க்ஷயம், destruction, diminution; — சங்கை, crainte, doute; — சத்தம், écho; — சரர் serviteur, domestique, ouvrier; — சருக்கம், — சர்க்கம் partie d'un pourana qui parle de la destruction et rénovation du monde, création, — secondaire par Brama et autres êtres prétendus divins et regardés comme les agens de l'être suprême; — சாகரம், — சாகிரம் vigilance, attention, circonspection; — சாபம் malédiction rendue, — réciproque, commutation d'une malédiction en une autre; — சாயை image, ombre, image réfléchie; — சாரணம், — சாரிதம் répulsion, rejet, application de remèdes à une blessure, pansement d'une plaie: — சிகுவை luette; — சிந்தனம், (சிந்தனை), réflexion, considération; — சி

ஸ்ரயம் lieu de refuge, asyle, demeure, assemblée, allée —, salle du sacrifice; — சிரவணம், — சிரவம் consentement, assentiment; — சீவனம் résurrection, nouvelle vie; — ரோதம் opposition, résistance; — சார ணம் guerre, combat; — தானம் restitution d'un dépôt, échange, troc, rendre, don en retour, récompense, gage; — தினம் chaque jour; — நிதா remplaçant du maître, du seigneur...; — துவந்துவம் opposition, contrariété, hostilité; — துவந்தி, (துவந்துவம்), ennomi; — து வனி, — துவானம், — தொனி, écho; — தேயம் gage, chose achetée et rendue; — நாதம், — நினாதம் écho, son répété; — நிசம், (நிசா), de nuit, chaque nuit; — நிதி ressemblance d'une forme réelle, image, — réfléchie, statue, peinture, remplaçant, caution; — நியாயம் raison contraire, — qui remplace, représaille, retour, récompense; — நியாயஞ்செய் கிறது rendre la pareille, payer de retour, user de représaille; — பக்ஷன், (பக்ஷம்), ennemi, adversaire, opposant, défendant; — பக்ஷன் ennemi, qui cause du tort; — பதம் pas à pas, à chaque pas, continuellement; — பத்திரம் billet de réponse; — பந்தம் empêchement, obstacle, connexion, lien, convention; — பந்த கம், — பந்தனம், — பந்தி obstacle, obstruction, contradiction; — பலம், — பலனம், — பலிதம் image, — réfléchie, ombre, représentation, retour, représailles; — பலிக்கிறது réfléchir la lumière; — பாகம் part, portion; — பாணம், (பணம்), gage, enjeu, pari; — பாலகன் défenseur, protecteur, roi; — பாலனம், — பாலி தம் protection, défense, pratique, exercice, s'habituer; — பாவம் conformité de caractère; — பாலிக்கிற து, 1° défendre, protéger. 2° P. பிர திபாலிக்கிறது; — புருஷன் remplaçant, chacun; — பூசகன், qui honore, révère; — பூசனம், — பூசிதம் échange de civilités, révérence —, respect mutuel, hommage de ses respects; — பேதனம் division, couper, percer; — போதம் instruction; — ம ண்டலம் circonférence de roue, — de cercle, orbite excentrique; — மா லை récitation de vers pour exercer la mémoire, V. கற்றெழுத்துக்கவி; — மானம், 1° ressemblance, image, peinture, idole. 2° ou — மானபாக ம் front d'éléphant, espace entre ses défenses; — முகம் intrigue secondaire de drame, vis-à-vis, de front, en présence; — மூஷிகை espèce de rat; — மூர்த்தி apparition d'une figure; — யத்தனம் opposition, revanche, faire prisonnier, emprisonnement, saisie, désir, effort, compléter; — யாதனா ressemblance, image; — யுத்தரம், P. பிரத்தியுத் தரம், réponse; — யுபகாரம், P. பிர தியுபகாரம் bienfait rendu; — யெ டுக்கிறது tirer une copie, copier; — யோகம் opposition, contradiction, association, réunion, coopération, être la contre-partie; — ரக்ஷண ம் conservation; — ராசா vice-roi; — ராத்திரம் chaque nuit; — ரூபம் peinture, image, ressemblance, contre-partie; — லோகம் écho, amitié, relation, ou — வாக்கியம், — வாக் கு. — வாசனி réponse, réplique, duplique; — வாசரம் de jour en —, chaque jour; — வாசி voisin; — வாதம், 1° sous le vent, contre le vent. 2° réponse, réplique, défense; — வாதி répondant, défendeur, opposant; — வாபம் addition de substances à une médecine pendant ou après la décoction, breuvage médicinal, — dans lequel on administre un remède; — விம்பம் figure —, image réfléchie (dans un miroir, dans l'eau...), reflet; — விம்பாசம், (விம்ப ம் ata qui va), miroir; — விம்பிக்கிற து, — விம்பித்தல், réfléchir une image, se réfléchir, se refléter; — வேச ம் maison voisine; — வேசவாசி, — வேசி, (வேசம், i), voisin.

*பிரதிநிதத்தன், பிரதிநிதத்தன், (பி ரதி, அதித்தம், main ka), remplaçant.

*பிரதுகம், (prouthouka), enfant, riz grillé. [reur,dégoût.

*பிரதிகரணம்,(pratiharana),hor-

*பிரதிகாசம்,(pratihâsa), moquerie.

*பிரதிகாதம்,(pratighâta),rebond, recul, répercussion, parer un coup, empêchement, choc, — en retour, repousser le choc. [meurtre.

*பிரதிகாதகன், (பிரதிகாதம்,na),

*பிரதிகாரகன்,(பிரதிகாரம், ka), trompeur, fourbe, portier.

*பிரதிகாரணம், (பிரதிகாரம், na), entrée,admission à une porte.

*பிரதிகாரம், 1° (pratihâra), porte, tromperie, tour. 2° (பிரதி, காரம்), vengeance, représaille, réaction, rendre la pareille. [er,trompeur.

*பிரதிகாரன்,(pratihâra), porti-

*பிரதிகூலம்,(பிரதி), contrariété, opposition, insuccès, non réussite, adversité, changement.

*பிரதிகூலதை, பிரதிகூலத்துவம், பிரதிகூலியம், (பிரதிகூலம்,ya, ta, tva), opposition, contrariété, hostilité.

பிரதிக்கிறது,-த்தேன், -ப்பேன், -க்க, (பிரதி), v.n. paraître, montrer sa figure, —sa forme.

*பிரதிக்கினம்,(pratighna),corps.

*பிரதிக்கினை, (pratidjnâ), promesse, — de faire, ferme propos, résolution, dessein, vœu, engagement, consentement, thèse, proposition à prouver, preuve, chose admise, — nécessaire, déclaration, notification: —பண்ணுகிறது promettre, se proposer, prendre la résolution.

*பிரதிசந்தானம்,(pratisandhâna), répression de ses désirs, louange.

*பிரதிசமாதானம், (pratisamâdhâna), remède, antidote, cure.

*பிரதிசம், (பிர, திசை), point cardinal intermédiaire, v.g. nord-est.

*பிரதிசரம், (pratisara), bracelet, guirlande, arrière-garde, corps d'armée, cicatrisation, formule de magie, point du jour, ornement.

*பிரதிசாந்தனிகன், (பிரதிசாந்தனம், ika), barde, panégyriste, poële.

*பிரதிசீரை, (pratisirâ), rideau, paravent, toile de tente.

*பிரதிசூரியகம்,(பிரதிசூரியம், ka), disque —, orbite du soleil, *ou*

*பிரதிசூரியம், (பிரதி, சூரியன்), l'opposé du soleil, lézard, caméléon.

*பிரதிஷ்டன்,(பிரதி, ஸ்தன்), homme —, célèbre.

*பிரதிஷ்டாகலை, (பிரதிஷ்டை, கலை), un des 5 கலை ou des 5 manières de respirer.

*பிரதிஷ்டாபனம், பிரதிஷ்டாபிதம், (பிரதி, ஸ்தாபனம், ஸ்தாபிதம்), érection, établissement.

*பிரதிஷ்டாவான், (பிரதிஷ்டை), homme célèbre, renommé.

*பிரதிஷ்டானம், (பிரதி, ஸ்தானம்), situation, célébrité, Pratichtâna, 1re capitale des rois de la dynastie lunaire, avant Hastinapouri; elle était vis-à-vis Allahabad; autre ville capitale de Sâlivâhana dans le Dékan.

*பிரதிஷ்டை, (*fém. sanscrit de* பிரதிஷ்டன்), renommée, célébrité, dédicace, consécration, (cérémonie par laquelle les payens croient que la divinité est attachée à une idole), érection, fondation, dotation d'un temple, d'une fille, accomplissement, — d'une cérémonie, vœu, terre, lieu, place, limite, stance de 4 vers chacun de 4 syllabes, espèce de காயத்திரி de 3 vers, de 8, 7 et 6 syllabes, (en tout 21 syllabes): — பண்ணுகிறது, பாக்குகிறது consacrer, dédier.

*பிரதிஞ்ஞாதம், (பிரதி, ஞாதம்), promesse, consentement.

*பிரதிஞ்ஞாந்தரம், (பிரதிஞ்ஞை, அந்தரம்), proposition subséquente (la 1re venant à manquer).

*பிரதிஞ்ஞாபத்திரிகம், (*id.* பத்திரிகம்), promesse —, contrat par écrit, billet, acte, titre.

*பிரதிஞ்ஞாவிபரீதம், (*id.*), ignorance de la critique ou du sophisme.

*பிரதிஞ்ஞாவிரோதம், (*id.*), négation d'une proposition, raison opposée, — contradictoire, infraction à ses engagemens.

*பிரதிஞ்ஞானம், (பிரதி, ஞானம்), promesse, consentement.

*பிரதிஞ்ஞேயன், (id. ஞேயம்), panégyriste, héraut qui proclame les titres, barde. [கவிஞர்.

*பிரதிஞ்ஞை, (pratidjnâ), V. பிரதி

*பிரதிட்டாகலை; பிரதிட்டாபனம் பிரதிட்டாவான், பிரதிட்டை..., V. பிரதிஷ்டாகலை...

*பிரதீதன், (prathita), célèbre, instruit, savant, homme intelligent.

*பிரதீதி, (prathiti), renommée, célébrité.

*பிரதிதிசம், (பிரதி, disa *quartier*), chaque quartier, — côté, partout.

*பிரதிதிவன், பிரதிதீவன், (*id.* திவா), soleil jour. [apparition.

பிரதித்தல், *n. v. de* பிரதிக்கிறது,

*பிரதிபத்தி, (pratipatti), action de renfermer, de contenir, augmentation, élévation, promotion, tromperie, réputation, acquisition, gain, profit, consentement, bonne conduite, action opposée à la contemplation, détermination, dessein, estimation, arrogance, confiance, connaissance, imagination, distribution, présentation; — படகம் grand tambour (accordé seulement aux grands).

*பிரதிபத்தூரியம், (pratipad *timbale*, தூரியம்), tambour de fête, — de réjouissance.
பிரதிபடம், V. முரசு.

*பிரதிபன்னம், (pratipanna), être connu, chose connue, promise, consentie, acceptée, gagnée, conquise, accomplie, entreprise.

*பிரதிபன்னாடி, (pratipad. 1er *jour lunaire de chaque demi lunaison*, நாடி), portion du jour qui reste après la conjonction ou l'opposition du soleil et de la lune, exprimée en heures indiennes.

*பிரதிபாதகம், (pratipâdaka), ce qui produit un effet, cause, éclaircissement.

*பிரதிபாதனம், (pratipâdana), don, donation, manière du monde, conduite selon le monde, action, accomplissemet, production, terminer, ou.

*பிரதிபாதுகம், (pratipâdouka), détermination, estimation, rendre clair, —certain (*qui doit être*), gage.

*பிரதிபாவியம், (பிரதி, bhâvya

*பிரதிபானம், (pratibhâna), courage, audace, hardiesse, splendeur.

*பிரதிபிம்பம், P. பிரதிவிம்பம்.

*பிரதிபூ, (பிரதி, பூ *être*), caution pour un autre.

*பிரதிபை, (பிரதி, bhâ *lumière*), intelligence, pénétration, pointe, splendeur, lumière, — réfléchie, audace.

*பிரதிமதை, (pratima *semblable*, தா), réflexion, image, ombre, ressemblance.

*பிரதிமேந்து, (பிரதிமை, இந்து), image—, réflexion de la lune.

*பிரதிமை, (பிரதி, mâ *mesurer*), statue, image, poupée, marionnette, idole, ressemblance, figure, peinture, manière, front d'éléphant, espace entre ses défenses.

*பிரதியோகி, (பிரதியோகம்), opposant, associé, collaborateur.

*பிரதியோகிதை, (பிரதியோகி, தா), V. பிரதியோகம்.

*பிரதிரோதகன், பிரதிரோதி, (பிரதிரோதகம், ka, i), opposant, adversaire, voleur.

*பிரதிரோதம், பிரதிரோதனம், (பிரதி, உரோதம்...), opposition, obstacle, empêchement, vol, recèlement, cacher, siége, blocus.

*பிரதிலோமன், பிரதிலோமசன், *m.* பிரதிலோமி, பிரதிலோமை, பிரதிலோமசை, (*id.* உலோமம், சம்), homme—, femme née contre l'ordre des castes, *i.e.* dont la mère est plus noble que le père, (le contraire est அநுலோமசன்).

பிரதிவாதிக்கிறது, த்தேன், திப்பேன், தி, திக்க, *v.n.* பிரதிவாதித்தல், *n.v.* (பிரதிவாதம்), répondre, répliquer. [que, réponse.

பிரதிவாதிப்பு, *n.v. du préc.* répli-

*பிரதீகம், (pratika), membre, part, portion, inversion.

*பிரதீகாரம், 1° (பிரதி, காரம்,) vengeance, représailles, correction, réforme, remédier, administrer —, faire un remède. 2° (pratihâra), porte, union, alliance pour secours mutuel. [திசாரம்), portier, portière.

*பிரதிகாரன் m. பிரதிகாரி, f. (பிர

*பிரதிக்ஷணம், பிரதிக்ஷிதம், பிரதிக்ஷை, (பிரதி, ஈக்ஷணம், ikcha voir, îta), attente, espérance.

*பிரதிசி, பிரதிசீனம், பிரதிச்சியம், (pratitchi, na, ya), occident.

*பிரதிதம், பிரதீதி, (பிரதி, ita allé, இதி), réputation, connaissance, respect, délice, joie ou plaisir, désir.

*பிரதீபம், 1° (pratipa), comparaison, ordre inverse, rétrogradation, désobéissance, contradiction, opposition. 2° (பிர, தீபம்), lampe: பிரதீபவசனம் contradiction, réponse évasive —, à une tierce personne, répondre à l'interlocuteur précédant.

*பிரதீபனம், (பிர, தீபனம்), excitation, stimulation, espèce de remède, de poison minéral rouge et caustique.

*பிரதீபன், (pratipa), Pradiben, roi de Hastinapouri et père de சந்தனு,

*பிரதிபாலங்காரம், (பிரதீபம், அலங்காரம்), inversion, comparaison inverse ou renversée. [vage.

*பிரதீரம், (பிர, தீரம்), bord, ri-

*பிரதீவாபம், (பிரதி, வாபம்), calcination des métaux, ajouter un breuvage ou autre chose à un remède durant ou après la décoction, calamité, — publique, comme peste... [nage.

*பிரதிவேசம், (id. வேசம்), voisi-

*பிரதிவேசி, (id.), voisin.

*பிரதுகம், (prathouka), petit (d'animal).

*பிரதுதம், (பிர, touda tourmenter), oiseau de chasse ou qui tue avec son bec, v.g. faucon, épervier, hibou, perroquet, corbeau, paon...[ம்...

*பிரதெட்சணம்... P. பிரதக்ஷண

*பிரதேகம், (பிர, diha frotter), onction, onguent.

*பிரதேசம், (id.), place, district, pays, —étranger, —lointain, dehors; உயிர்த்தெழும் —, place de la résurrection, i.e. cimetière.

*பிரதேசனம், (பிர, தேசம், na), présent, don, offrande, manifestation.

*பிரதேசனி, பிரதேசினி, (id. ni, ini), l'index, le doigt qui montre.

*பிரதேயம், (பிர), don,

*பிரதை, 1° (prathâ), renommée, célébrité. 2° (pradâ), don, présent. 3° (preuthâ), la célèbre குந்திதேவி mère des Pândavers.

*பிரதோஷம், பிரதோடம், (பிர), soir, la 1re veille de la nuit, (chez les Sivénistes) temps d'adoration particulière, observance du 13me jour lunaire de chaque demi-lunaison, faute, transgression: பிரதோஷகாலம், — புண்ணியகாலம் temps de la soirée réputé par les Sivénistes propice et spécialement propre aux exercises religieux; ils en attendent alors plus de vertu; c'est le 13me jour lunaire de chaque demi-lunaison depuis 3 naji 3/4 avant le coucher du soleil jusqu'à 3 naji 3/4 après son coucher, ou de 4 heures et demie à 7 heures et demie du soir; ils l'appellent பிரதோஷங்களுக்குமுக்கியமான பிரதோஷம் le temps propice par excellence.

*பிரதோதம், (பிர), croc d'éléphant, aiguillon. [rue principale.

*பிரதோளி, (pratôli), grande rue,

பிரத்தல், son inarticulé.

*பிரத்தாடம்..., P. பிரஸ்தாடம்....

*பிரத்தாரம்..., P. பிரஸ்தாரம்....

*பிரத்தி, P. பிரதி devant une voyelle.

*பிரத்திக்கினை, P. பிரதிக்கினை.

*பிரத்திட்சம், P. பிரத்தியக்ஷம்.

*பிரத்திதம், P. பிரரத்திதம்.

*பிரத்தியக்கம், P. பிரத்தியக்ஷம்.

*பிரத்தியகாசாபதி, பிரத்தியக்காசாபதி, (பிரத்தியக்கு, ஆசை, பதி), le prétendu gardien de l'occident, i. e. Varounen.

*பிரத்தியக்கு, (pratyak), 1° postériorité, subséquent, après, derrière, occident. (2° en tamoul), division, séparément,

*பிரத்தியக்ஷம், (பிரத்தி, அக்ஷம்), apparence à la vue, clarté, évidence,—aux yeux, chose visible, vue, intuition, visibilité:—ஆகிறது devenir visible, évident, paraître clairement—, aux yeux; —ஆய் clairement, évidemment, intuitivement: —ஆயிருக்கிறது être visible, — devant les yeux, — évident, — clair; பிரத்தியக்ஷதரிசனம் intuition, vue, vue intuitive, — claire, témoignage de ce qu'on a vu: —தரிசனன் témoin oculaire;— ப்பிரமாணம் évidence perçue par les yeux, intuition, preuve visible, organe de perception; — பூதம் visibilité; — போகம் jouissance d'une chose avec le consentement du propriétaire;— வாதி sectaire qui ne reconnait que l'évidence des yeux, Bouddhiste.

*பிரத்தியக்ஷாபாசம். பிரத்தியட்சாபாசம், (பிரத்தியக்ஷம், ஆபாசம்), témoignage appuyé d'un serment, évidence, intuition.

*பிரத்தியங்கம், (பிரத்தி, அங்கம்), organe de perception, chaque membre séparément, membre inférieur du corps comme le menton, le nez, l'oreille, subdivision d'une science, une des parties de la danse,

*பிரத்தியங்கிரை, பிரத்தியங்கிரி (pratyangirâ), forme de Dourgâ prétendue déesse des Tantrikas.

*பிரத்தியசனம், பிரத்தியதனம், (பிரத்தி, அதனம்), nourriture, repas.

*பிரத்தியட்சம். P. பிரத்தியக்ஷம்.

*பிரத்தியநீகன், (பிரத்தி, அநீகம்), ennemi.

*பிரத்தியந்தம். (id. அந்தம்), limite, borne, contiguité, contrée des மிலேச்சர் *ou* sauvages.

*பிரத்தியபகாரம், (id. அபகாரம்), represailles, mauvais office —, mal qu'on rend.

பிரத்தியபம், P. பிரத்தியயம்.

*பிரத்தியபரயம், (பிரத்தி), chose visible.

*பிரத்தியபிஞாதம், பிரத்தியபிஞானம், (id. அபி, ஞானம்), connaissance.

*பிரத்தியபியோகம், (பிரத்தி), contre-plainte, accusation portée contre l'accusateur).

*பிரத்தியபிவாதம், பிரத்தியபிவாதனம். (id.), rendre un salut.

*பிரத்தியம், P. பிரத்தியயம், terminaison qu'on ajoute à la racine, traverse: பிரத்தியயம் affixe qu'on ajoute à la racine, terminaison.

*பிரத்தியயம், (pratyaya), connaissance, certitude, confiance, espérance, serment, ordalie, vue, but, cause, motif, usage, coutume, réputation, renommée, méditation, contemplation, — religieuse, affixe dit en tamoul விகுதி qu'on ajoute à la racine pour former de nouveaux mots ou les inflexions des cas et des personnes des verbes: பிரத்தியயகாரணி ce qui donne de la confiance, sceau, cachet.

*பிரத்தியருத்தகம், (பிரத்தி, அர்த்தகம்), réponse, réplique, opposition.

*பிரத்தியவசானம், பிரத்தியவசிதம், (pratyavasâna, —sita), manducation.

*பிரத்தியவஸ்தானம், (பிரத்தி, அவ, ஸ்தானம்), ancien état, statu quo.

*பிரத்தியவாயம், (pratyavâya), opposition, désappointement, être frustré dans ses espérances, péché.

*பிரத்தியவியோகம், P. பிரத்தியபியோகம்.

*பிரத்தியாகதம், பிரத்தியாகமம், (பிரத்தி, ஆ, கதம்), retour, arrivée.

*பிரத்தியாஹரணம், (பிரத்தி, ஆஹரணம்), répression des sens.

*பிரத்தியாகாரம், 1° (pratyâhâra), être absorbé dans une méditation qui ôte le sentiment de la douleur, c'est un des அஷ்டாங்கயோகம், abstraction, insensibilité, répression des sens, abrégé, compendium, combinaison de plusieurs lettres, substitution d'une chose pour une autre, enlever, prendre, retenir, reprendre. 2° (pratyâkâra), fourreau d'épée. 3° (pratyâgâra), ancienne place.

*பிரத்தியாக்கியானம், (pratyâ-

khyâna), rejet, réfutation, désaveu, mépris, reproche.

*பிரத்தியாசாரம், பிரத்தியாசாரம் (pratyâsara, —sâra), arrière-garde d'une—, armée, forme—, ordre de bataille. [espérance, attente.

*பிரத்தியாசை, (பிரதி. ஆசை),

*பிரத்தியாதேசம், பிரத்தியாதிஷ்டம், (id.), parole d'être invisible, —venant du ciel, avertissement céleste, avis, annonce, déclaration, information, rejet, réfutation, refus, désaveu.

*பிரத்தியாபாசம், (id. ஆபாசம்), affront rendu, sophisme pour sophisme, V. பிரத்தியவதாபாசம்.

*பிரத்தியாலீடம், (pratyâlidha), une des 5 positions des archers, qui consiste à avoir le genou gauche en avant et le droit courbé en arrière, ou, selon d'autres, le pied droit en avant et le gauche courbé en arrière. [mutuel.

பிரத்தியுதவி, (பிரதி), secours

*பிரத்தியுத்தரம், பிரத்தியுத்தார ம், (id.), réponse, réplique,

*பிரத்தியுத்தானம், (id.), civilité, se lever par respect.

*பிரத்தியுத்தி, (id.), réponse.

*பிரத்தியுபகாரம், (id.), bienfait mutuel, service rendu, récompense, — d'un service.

*பிரத்தியுபகாரி, (id.), celui qui paie de retour un service,

*பிரத்தியுத்தம், (id. யுத்தம்), cause de guerre.

*பிரத்தியுத்பன்னம், (id.), préparation, multiplication, augmentation.

*பிரத்தியூகம், (pratyoûha), obstacle, empêchement.

*பிரத்தியூஷன், பிரத்தியூஷன், (pratyoûcha), un des 8 Vasous, matin, point du jour, soleil.

*பிரத்தியேகம், (பிரத்தி, ஏகம்), isolement, seul, un à un, séparation, place —, dignité séparée, dehors, ou — ஆய், — ஆக à part, séparément, un à un, seul à seul: — ஆய்வைக்கிற து isoler, mettre à part; பிரத்தியேக ராச்சியம் royaume —, gouvernement séparé.

*பிரத்திபேதகம், P. பிரதிபேதகம், divergence de sentimens, opposition, mécontentement, relation philosophique, milieu.

*பிரத்திபோசனாத்திரம், (பிரத்தி போசம், அத்திரம்), cause de guerre.

*பிரத்திபோசி, (id.), celui qui est référé à un autre.

*பிரத்திபோசிதம், (பிரத்திபோச ம், ita), ce qui est référé à un autre.

*பிரத்தியோதம், (pradyôta), rayon de —, lumière.

*பிரத்தியோதனன், (id. na), soleil.

*பிரதுலம், (prouthoula *grand*), grossir.

*பிரத்துவம்சம், பிரத்துவம்சம், (pradhvamsa), perte, destruction: பிரத்துவம்சாபாவம், பிரத்துவம்சாபாவம், (அபாவம்), annihilation, non existence d'un état subséquent.

*பிரத்தெதிர்ப்பிக்கம், (id.), revanche, représailles dédommagement, réparation de ses pertes, perte, — entière: பிரத்தெதிர்ப்பிக்காபாவம் annihilation. [meurtre.

*பிரநிகாதனம், (pranighâtana),

*பிரந்தபோசகம், (பிரந்தம், P. விருந்தம், போசகம்), foule.

*பிரந்தாகாரம், (id. ஆகாரம்), merveille, *litt.* nourriture de la foule. [beauté.

*பிரந்தாரம், P. விருந்தாரம்,

*பிரந்திஷ்டம், பிரந்திட்டம், (vroundichtha), très-grande foule.

*பிரந்தை, P. விருந்தை, multitude.

*பிரபங்கம், (பிர), brisement. [de.

*பிரபதம், (id.), pointe des pieds.

*பிரபஞ்சம், (prapantcha), le monde, — sublunaire, l'ensemble des êtres matériels et sublunaires, erreur, illusion, tromperie, fraude, plaisanterie, moquerie, diffusion, prolixité dans le style, extension, étendue, foule, multitude, amas, armée, changement, inversion, revers: பிரபஞ்சக்கட்டு, — பந்தம் — பாசம் lien —, entraves —, attraits —, illusion du monde; — சாகரம்.

mer des illusions mondaines: — மய க்கம், — மாய்கை illusion —, vanités du monde, — des choses mondaines; — மூலம் illusion qui, selon certains philosophes, fait paraître les objets matériels qui n'existent point réellement; — லக்ஷணம் caractère des êtres matériels, i.e. mensonge, corps ou matérialité, douleur; — அநுப வம் expérience du monde; — வாழ் வு, — வாழ்க்கை, — வழக்கம் jouissance —, usage du monde, vie mondaine, rapport avec le monde; — வி வகாரம் commerce du monde, choses mondaines; — விருத்தி augmentation des illusions du monde; — விஸ்தா ரம் étendue des illusions —, pompes —, plaisirs du monde: பிரபஞ்சத்தி லேவழக்காதவழக்கம் chose extraordinaire, inusitée dans le monde; பிர பஞ்சத்துக்கொத்தகாரியம் chose selon le monde, — commune dans le monde. [vent, air.

*பிரபஞ்சனன், (prabhandjana),

*பிரபஞ்சாநுக்கிரகம், (பிரபஞ்ச ம், அநுக்கிரகம்), bonté —, secours du monde. [trution, mort, chute.

*பிரபதனம், பிரபதிதம், (பிர), des-

*பிரபந்தம், (பிர), histoire, livre, — d'histoire ou de controverse, narration ou discussion suivie, poème (en général), pièce de vers, suite: பி ரபந்தகற்பனை conte, roman, histoire feinte, fable; — கர்த்தன் auteur, ou பிரபந்தம்பாடினவன் poète auteur d'un poème: பிரபந்தவகை கள் -les 96 espèce de poèmes indous, savoir:

1° சாதகம், l'horoscope, description (autrefois en vers, maintenant souvent en prose) du jour de la lune, du jour de la semaine, de la constellation lunaire, du யோகம், du கரணம், du signe du zodiaque et de l'astre sous lequel on est censé né, suivie de prédictions astrologiques que l'astrologue en tire.

2° பிள்ளைக்கவி, poème sur l'enfance, qui décrit les actions et amusemens enfantins d'un enfant de haute naissance, d'un dieu ou d'une déesse prétendus. Ce poème contient 10 parties: காப்பு invocation à la divinité pour conserver l'enfant, செ ங்கீரை position de l'enfant se tenant et s'agitant sur les pieds et les mains, தால் chant pour le bercer, சப்பாணி description de l'enfant se traînant comme un cul-de-jatte, முத்தம் baiser des parens, வா ரானை invitation à venir, அம்புலி action de lui montrer la lune, சிறு பறை amusement avec de petits tambours, சிற்றில் amusement de bâtir de petites maisons, சிறுதேர் amusement avec de petits chars. Pour les filles on remplace ces 3 dernières parties par 3 autres, savoir: கழங்கு amusement à faire des onctions, அம்மானை jeu qui consiste à lancer en l'air plusieurs balles qu'on reçoit successivement, ஊசல் jeu de la balançoire. Chacune de ces parties est décrite successivement en 10 strophes dites ஆ சிரியவிருத்தம்.

3° பரணி, la cassette aux bijoux, poème ou chant guerrier dans lequel on célèbre un héros qui a tué 1000 éléphans dans une bataille. Ce poème est composé de strophes dites கலித்தாழிசை de 2 vers; il n'admet que les vers de 4 pieds et au delà et contient d'abord la louange de la divinité, la description de l'ouverture du bazar, celle d'un terrain stérile dit பாலை, du temple de காளி; puis dans un dialogue entre Kâli et les diables on fait entrer les louanges du héros, et son désir de combattre pour montrer sa valeur.

4° கலம்பகம், mélanges, poème composé de diverses sortes de poésies entremêlées. Ce poème commence par les 3 espèces de vers dites ஒருபோகு, வெண்பா et கலித் துறை; ensuite il contient 18 parties nommées புயவகுப்பு éloge de la puissance du héros, மதங்கம் panégyrique ou le jeu du luth, அம்

மாலை poésie en vers libres, காலம் temps, சம்பிரதம், merveille, கார் temps pluvieux, தவம் pénitence, குறம் divination, மறம் bravoure, பாண் chant, களி joie, சித்து jonglerie, இரங்கல் plaintes, கைக்கிளை désirs voluptueux, தூது message, வண்டு scarabée ou abeille, தழை feuillage, ஊசல் balançoire. Il décrit toutes ces parties dans les espèces de vers dites மடக்கு, மருட்பா, ஆசிரியப்பா, கலிப்பா, வஞ்சிப்பா, ஆசிரியவிருத்தம், கலிவிருத்தம், கலித்தாழிசை, வஞ்சிவிருத்தம், வஞ்சித்துறை, வெண்டுறை, entremêlés de வெண்பா et de கலித்துறை, avec la répétition dite அந்தாதி, c'est-à-dire que le mot qui termine une strophe commence la suivante et le 1er mot du poème en est aussi le dernier. Quant au nombre de strophes, il est de 100 pour Dieu, les dieux de la fable et les saints, 95 pour les mounis et les brames, 90 pours les rois, 50 pour les marchands, 30 pour les choutres. Quelques uns retranchent de ce poème la partie érotique dite கைக்கிளை.

5° அகப்பொருட்கோவை, compitation des régles de la poésie érotique. Ce poème contient en 400 கட்டளைக்கலித்துறை l'explication du முதற்பொருள் ou 1er objet, qui se divise en 2, savoir: அகப்பொருள் partie érotique, புறப்பொருள் partie héroique, puis l'explication du கருப்பொருள் ou propriétés des 5 sortes de terrains avec ses 14 divisions (V. கருப்பொருள்), l'explication de l'உரிப்பொருள் avec ses 10 subdivisions (V. உரிப்பொருள்), il décrit ensuite les rapports clandestins entre amans dits களவொழுக்கம் et l'état du mariage கற்பொழுக்கம், qui sont les divisions de la partie érotique des poèmes indiens, après quoi il expose en வெண்பா, அகவல், கலி, வஞ்சி, வண்ணம், les 12 அகப்பாட்டுறுப்பு ou particularités des sentimens qui font le sujet d'une pièce spéciale de poésie érotique.

6° ஐந்திணைச்செய்யுள், vers sur les 5 espèces de sol, description des 5 espèces de terrains pour expliquer les 5 états de l'அகப்பொருள் dits புணர்தல், பிரிதல், இருத்தல், ஊடல், இரங்கல், (V. அகப்பொருள்).

7° வருக்கக்கோவை, série ou poème alphabétique en கலித்துறை, où chaque strophe commence par une des lettres de l'alphabet et en suit l'ordre.

8° மும்மணிக்கோவை, la triple guirlande de pierres précieuses, poème composé de 30 strophes dont 10 de l'espèce dite ஆசிரியம், 10 de வெண்பா et 10 de கலித்துறை, de 16 ou 17 syllabes, avec la répétition dite அந்தாதி.

9° அங்கமாலை, la série des membres, poème en வெண்பா ou வெளிவிருத்தம் décrivant en détail et en ordre les membres du corps de la tête aux pieds, si le sujet est humain; et des pieds à la tête, si le sujet est divin.

10° அஷ்டமங்கலம், les 8 souhaits de bonheur, poème de 8 ஆசிரியவிருத்தம் avec l'அந்தாதி en l'honneur de Dieu (et en style païen, d'un dieu), pour implorer sa protection pour une autre personne.

11° அநுராகமாலை, la guirlande de la volupté, poème en நேரிசைக்கலிவெண்பா où quelqu'un raconte à son compagnon un songe impur qu'il a eu pendant la nuit.

12° இரட்டைமணிமாலை, la double guirlande de pierreries, poème sur un sujet quelconque composé de 10 வெண்பா et de 10 கலித்துறை, ou de 10 நேரிசைவெண்பா et de 10 ஆசிரியவிருத்தம், mais toujours avec la répétition dite அந்தாதி.

13° இணைமணிமாலை couple de guirlandes de pierreries, poème composé de வெண்பா et d'அகவல், puis de வெண்பா et de கலித்துறை, unis 2 à 2 au nombre de 100 strophes de chaque espèce avec la répétition அந்தாதி.

14° நவமணிமாலை, la guirlande des 9 pierres précieuses, poème composé de 9 espèces différentes de vers, en commençant par le வெண்பா, avec la répétition dite அந்தாதி.

15° நான்மணிமாலை, la guirlande de 4 pierres précieuses, poème de 40 stances contenant les 4 espèces de vers dites வெண்பா, கலித்துறை, விருத்தம், et அகவல், avec la répétition dite அந்தாதி.

16° நாமமாலை, la guirlande du nom, poème à la louange d'un homme, en strophes வஞ்சிப்பா entremêlées d'அகவல் et கலி.

17° பலசந்தமாலை, série de vers sur divers tons, poème de 100 strophes de la même espèce, mais dont l'air change de 10 en 10 strophes.

18° பன்மணிமாலை ou கலம்பகமாலை, guirlande mélangée ou de diverses pierreries, poème semblable au கலம்பகம் excepté qu'il n'a pas les parties dites ஊசல், அம்மானை et ஊசல்.

19° மணிமாலை, la guirlande de pierreries, poème sur un sujet quelconque composé de 20 வெண்பா et 40 கலித்துறை entremêlés.

20° புகழ்ச்சிமாலை, la guirlande de louanges, panégyrique des femmes, en strophes வஞ்சிப்பா entremêlées d'அகவல் et de கலிப்பா.

21° பெருமகிழ்ச்சிமாலை, la guirlande fort délicieuse, description de la beauté, du naturel et autres qualités et avantages d'une bonne femme de ménage.

22° வருக்கமாலை, la guirlande par ordre alphabétique, poème de 8 அகவல் commençant chacun par une lettre des 8 rangées de lettres initiales. Ces rangées de lettres sont celle des voyelles et celles des consonnes voyelles க, ச, த, ந, ப, ம, வ; les lettres ஞ et ய, commençant peu de mots, n'entrent pas dans ce compte.

23° மெய்க்கீர்த்திமாலை, la guirlande de la vraie renommée, panégyrique qui décrit la naissance illustre et les actions célèbres de quelque personnage, en strophes dites கட்டளை ou கொச்சகம்.

24° காப்புமாலை, invocation à la divinité, composée de 3, 5 ou 7 stances.

25° வேனின்மாலை, guirlande des chaleurs, description des saisons dites வேனில் et முதுவேனில் ou chaleurs tempérées et grandes chaleurs.

26° வசந்தமாலை, guirlande du printemps, ou description et éloge du vent du sud qui souffle dans cette saison.

27° தாரகைமாலை, la guirlande de la femme chaste, panégyrique des femmes aussi chastes qu'அருந்ததி, qui fut, au dire des Indous, changée en étoile. D'autres disent que c'est l'éloge de l'avant-garde d'une armée.

28° உற்பவமாலை, la série des naissances, description des 10 incarnations de Vichnou en vers ஆசிரிய விருத்தம்.

29° தானைமாலை, la guirlande de l'armée, panégyrique de l'avant-garde d'une armée, qui en porte le drapeau; ce poème est en vers ஆசிரியம் et en entier sur le ton propre à l'அகவல்.

30° மும்மணிமாலை, la guirlande des 3 pierreries, poème de 30 strophes composées de வெண்பா, கலித்துறை et அகவல், avec la répétition அந்தாதி.

31° தண்டகமாலை, guirlande de Dandaka, ou வெண்பாப்புணர்ச்சிமாலை série de vembas, poème composé de 300 வெண்பா.

32° வீரவெட்சிமாலை, guirlande militaire d'ixora, poème décrivant la victoire d'un guerrier, qui, ayant pénétré dans le pays ennemi et en ayant emmené le bétail, revient orné d'une guirlande de fleurs de வெட்சி.

கலை

33° [illegible], guirlande de basilic en signe de victoire, panégyrique d'un guerrier, qui revient couronné de basilic, après avoir repris le bétail que l'ennemi avait enlevé.

34° [illegible], la couronne de vangsi pour l'attaque, panégyrique en vers [illegible], d'une armée, qui, ornée de guirlandes de vangsi, marche à l'attaque de l'ennemi.

35° [illegible], le vangsi des particularités, description en vers dits [illegible] de la noblesse, de la parenté, de la naissance, de la grandeur et de la renommée de quelque personnage.

36° [illegible] ou [illegible], le vangsi ou la description du champ de bataille, description d'un champ de bataille où les chiens, les démons, les lutins, les aigles, les corbeaux et les vautours dévorent avec grand bruit les cadavres des hommes, des éléphans et des chevaux, tandis que les phantômes et les diables chantent et dansent.

37° [illegible], la guirlande d'orme, panégyrique du guerrier, qui orné d'une guirlande d'orme, a dressé son comp auprès de la ville de l'ennemi.

38° [illegible], la guirlande de vitex, panégyrique du guerrier, qui, orné d'une guirlande de vitex a défendu son fort, sans plier devant l'ennemi qui était venu l'attaquer.

39° [illegible], la guirlande d'illecebrum, panégyrique du guerrier et de l'armée, qui, ornés de guirlandes d'illecebrum, ont bloqué la ville de l'ennemi.

40° [illegible], la guirlande de phlomis, panégyrique du guerrier, qui, orné d'une guirlande de phlomis, a combattu l'ennemi.

41° [illegible], la guirlande de mimosa, panégyrique envers [illegible] du guerrier, qui, orné d'une guirlande de mimosa, a vaincu l'ennemi.

42° [illegible], la guirlande de la lutte, poème qui décrit la bravoure de ceux qui domptent un éléphant furieux, de ceux qui ont tué ou pris et amené l'éléphant de l'armée ennemie.

43° [illegible], la pièce de vers comptée, panégyrique de la ville et du nom de quelque personnage. Il peut contenir de 10 à 1000 strophes, on en met le nombre dans le titre du poème.

44° [illegible], la pièce de vers de l'ellipse ou de la contraction, poème qui a quelque contraction ou abréviation dans la mesure ou le sujet, et se compose de vers soit de 5 pieds, soit de 2 pieds, ou de l'espèce dite [illegible]. Si ce sont des vers de 5 pieds, on l'appelle [illegible]; si ce sont des vers de 2 pieds, on l'appelle [illegible]; et si ce sont des [illegible], on l'appelle [illegible]. Il traite ordinairement de la possession, du lieu, du temps ou de la fonction du sujet du poème.

45° [illegible], l'anadiplose sonore, poème de 30 strophes de 4 vers, chaque vers étant de 16 parties nommées [illegible] ce qui en donne 64 à la strophe. L'air varie sans déranger la mesure et les [illegible]: chaque strophe a la répétition dite [illegible]. Un [illegible] peut avoir 4 cesures ou plus, ce qui allonge beaucoup ce poème; quelquefois le vers ne contient que 8 [illegible]... Ce poème peut aussi être composé de 10 [illegible], 10 [illegible], 10 [illegible] avec la répétition [illegible].

46° [illegible], les 10 anadiploses, poème composé de 10 [illegible] et de 10 [illegible], avec la répétition [illegible].

47° [illegible], les 100 anadiploses, poème composé de 100 [illegible]

பாட்டு ou de 100 கலித்துறை avec la répétition அந்தாதி.

48° உலா, la marche triomphale, poème qui décrit,en vers dits நேரிசைக்கலிவெண்பா,une procession payenne chantée par des femmes, ou la marche triomphale d'un jeune noble, chantée par des femmes des 7 degrés d'âge dits பருவம்-ஏ.

49° உலாமடல்,la branche de palmier pour se promener, poème qui décrit en கலிவெண்பா l'état d'un homme qui a vu une femme en songe,et qui,à son réveil,par désespoir de ne la plus voir, dit qu'il veut aller à cheval sur une branche de palmier hérissée de pointes.

50° வளமடல்,la grande feuille de palmier,poème dont le héros dédaignant ce qui fait les 3 premières parties d'un poème,savoir:அறம் la vertu, பொருள் la richesse et இன்பம் le plaisir,prétend que le seul bonheur consiste dans le commerce avec les femmes; mais refusé dans ses demandes, de desespoir il va à cheval sur une branche de palmier hérissée de pointes. Ce poème est composé de vers இன்னிசைக்கலிவெண்பா rimant 2 à 2,sans தனிச்சொல்,et le nom de héros est mis pour rime au premier vers.

51° ஒருபாவொருபஃது, les dix strophes d'une espèce de vers.poème composé de 10 strophes d'une des espèces dites அகவல்,வெண்பா et கலித்துறை,avec la répétition dite அந்தாதி.

52° இருபாவிருபஃது,les 20 strophes de 2 espèces de vers, poème composé de 10 வெண்பா et de 10 அகவல் entremêlés avec la répétition அந்தாதி.

53° ஆற்றுப்படை, la foule sur le chemin, poème ou des chanteuses, des musiciens, des danseurs ou des comédiens ayant reçu des dons, et en voyant d'autres dans le chemin qui vont pour en recevoir,chantent en vers du genre அகவல் la renommée,la libéralité et la valeur du roi.

54° கண்படைநிலை,le temps du sommeil,poème dans lequel les médecins,les ministres et autres employés conseillent à un roi ou à un prince qui a assisté long temps au conseil de se retirer et de se livrer au sommeil.

55° துயிலெடைநிலை, manière d'éveiller, poème dans lequel les cochers en chantant ses louanges ou la nécessité de se lever, réveillent leur chef ou leur roi qui dort sans inquiétude dans son camp.

56° பெயரின்னிசை,le chant harmonieux du nom, poème en 90, 70 ou 50 strophes d'இன்னிசைவெண்பா,qui tous finissent toujours par le nom du héros.

57° ஊரின்னிசை,le chant harmonieux de la ville,poème de 90, 70 ou 50 strophes d'இன்னிசைவெண்பா,qui finissent par le nom de la ville du héros.

58° பெயர்நேரிசை, l'air régulier du nom,poème de 90,70 ou 50 strophes de நேரிசைவெண்பா finissant par le nom du héros.

59° ஊர்நேரிசை, l'air régulier de la ville, poème de 90, 70 ou 50 strophes de நேரிசைவெண்பா finissant par le nom de la ville du héros.

60° ஊர்வெண்பா,le vemba de la ville, louange d'une ville en 10 வெண்பா.

61° விளக்குநிலை,l'état de la lampe,poème dans lequel on souhaite à un roi qu'il s'élève et brille comme sa javeline et la pointe de sa lance, et comme la lampe sur son pied.

62° புறநிலை,position extérieure ou souhait d'assistance,poème dans lequel on invoque la bénédiction de la divinité sur quelqu'un et sur sa postérité,qu'on prie Dieu de multiplier.

63° கடைநிலை,situation à la porte,poème dans lequel un grand arrivant de loin,et voulant se reposer de ses fatigues, dit de l'entrée de la porte au portier d'annoncer son arrivée au maître de la maison.

64° கையறுநிலை, état d'abandon, poème dans lequel, après la mort du maître et de la maîtresse, leurs compagnes, qui leur ont survécu, et les chanteuses, qui vivaient de leur libéralité, annoncent aux autres la perte de tout leur bien, et gémissent sur leur abandon et leur détresse.

65° தசாங்கப்பத்து, les 10 stances sur les 10 richesses d'un roi, pièce de poésie qui décrit, en 10 strophes de நேரிசைவெண்பா, les 10 choses qui font la prospérité d'un roi.

66° தசாங்கத்தயல், le voisin du தசாங்கம், le même poème en 10 strophes d'ஆசிரியவிருத்தம்.

67° அரசன்விருத்தம், le cercle du roi, poème qui en 10 கலித்துறை, 30 விருத்தம் et கலித்தாழிசை, décrit les montagnes, la mer, le pays, le sol, l'épée et la force d'un roi qui porte la couronne.

68° நயனப்பத்து, les 10 strophes sur l'œil, poème qui en 10 stances fait la description de l'œil.

69° பயோதரப்பத்து, les 10 strophes sur la mamelle, poème qui en 10 stances décrit le sein des femmes.

70° பாதாதிகேசம், description des pieds à la tête en கலிவெண்பா, surtout en usage pour les êtres réputés divins.

71° கேசாதிபாதம், description de la tête aux pieds en vers கலிவெண்பா, surtout employée pour les hommes.

72° அலங்காரபஞ்சகம், jolie collection de 5 choses, poème de 100 stances où les 5 espèces de vers dites வெண்பா, கலித்துறை, அகவல், ஆசிரியவிருத்தம் et சந்தவிருத்தம் sont entremêlées et ont la répétition அந்தாதி.

73° கைக்கிளை, les desirs voluptueux, poème qui décrit de pareils désirs d'un homme ou d'une femme en 5 விருத்தம் et 32 வெண்பா.

74° மங்கலவள்ளை, chant élégieux de travailleuses, poème à la louange d'une jeune femme de haute naissance en 9 வெண்பா et 9 வகுப்பு ou divisions.

75° தூது, le message, poème qui décrit en கலிவெண்பா le message amoureux d'un homme ou d'une femme par le moyen soit d'un ménestrel ou d'une autre personne, soit d'un perroquet, d'un cygne ou d'un autre oiseau.

76° நாற்பது, le 40 strophes, poème qui décrit en 40 வெண்பா soit un lieu, soit le temps, soit un autre objet.

77° குழமகன், le poupon, poème dans lequel les femmes louent en கலிவெண்பா le poupon, la poupée ou l'idole qu'elles portent dans leurs bras.

78° தாண்டகம், le Dândaka, poème composé de vers de 27 lettres et au delà; si les lettres, l'harmonie et la quantité de ces vers s'accordent, on le nomme அளவியற்றாண்டகம். Mais si les lettres et la mesure ne s'accordent pas, on le nomme அளவழித்தாண்டகம்.

79° பதிகம், la dizaine de stances, pièce de poésie de 10 strophes sur un même sujet.

80° சதகம், la centaine de stances, poème de 100 strophes sur un sujet érotique ou héroïque.

81° செவியறிவுறூஉ, l'instruction orale, poème dont le commencement est en வெண்பா et la fin en ஆசிரியம், et qui enseigne qu'il faut être calme et sans emportement au milieu des grands, et qu'il convient d'être modeste devant une assemblée.

82° வாயுறைவாழ்த்து, bénédiction ou souhaits en paroles, poème qui commence par des வெண்பா et finit par des ஆசிரியம், et qui enseigne, selon la vérité, que les paroles dures ou de blâme, bien que d'abord amères comme le வேம்பு et le சூ et difficiles à supporter, produisent cependant ensuite un grand bien.

83° புறநிலைவாழ்த்து, bénédiction extérieure, poème qui commence par des வெண்பா et finit par des ஆசிரியம் et dans lequel on souhaite à quelqu'un qu'il vive heureux sous la protection de Dieu.

84° பவனிக்காதல், la passion venue d'une marche pompeuse, poème qui représente des femmes éprises de la beauté d'un noble, qu'elles ont vu passer avec pompe, et en parlant aux autres avec ravissement.

85° குறத்திப்பாட்டு, chant sur les diseuses de bonne avanture, *i. e.* sur les femmes de la caste des குறவர்; c'est une amante qui consulte la diseuse de bonne avanture. Ce poème, rempli de détails érotiques, est ordinairement composé de diverses parties en agavel, vembà, தரவுகொச்சகம், கலித்துறை, விருத்தம் de 6 pieds et கலிவிருத்தம், le tout entremêlé de சிந்து et de tamoul de comédie.

86° உழத்திப்பாட்டு, le chant de la cultivatrice, ou poème sur les femmes de la caste des பள்ளர். Voici les parties qui le composent: invocation à la divinité, une vieille et une jeune palli chantent les louanges du koudoumben ou chef des pallers à son arrivée, leurs aventures, fertilité du pays, cris du couil qu'on entend, prière à Dieu pour la pluie, examen des signes de pluie, arrivée de la rivière ou du torrent, vue de sa beauté; tout cela est entremêlé de récits érotiques. Puis arrivée du propriétaire, plaintes des 2 pallis, il gronde la jeune, le pallen se présente, interrogations sur la culture, le pallen répond, on fait venir les bergers, leur arrivée, on chante leurs louanges, plainte de la grande palli, arrivée du koudoumben comme s'il venait du bercail, on le met aux entraves, ses gémissemens, la grande palli apporte du riz cuit, il la prie de demander son pardon, elle refuse, il fait un serment ou une imprécation, alors elle prie le propriétaire de le délivrer, ensuite on exalte la bonté de la semence, les laboureurs labourent, les bœufs s'effarouchent, ils se jettent sur le pallen, gémissemens, les 2 pallis se lamentent, on le fait relever et on en avertit le propriétaire, on plante le riz, quand il a grandi on l'égalise, on mesure le riz, plaintes de la grande palli, les femmes pallis s'injurient l'une l'autre. On chante tout cela en faisant ressortir la gloire du héros en vers dits சிந்து et விருத்தம் entremêlés.

87° ஊசல், la balançoire, chant usité en se balançant et composé d'ஆசிரியவிருத்தம் ou de கலித்தாழிசை et terminés par ces mots. ஆடுக ஊசல், ஆடாமோ ஊசல். on y exprime la joie d'une nombreuse famille.

88° எழுகூற்றிருக்கை, description d'un jeu d'enfans dans 7 étages ou rangées de cases carrées, devant lesquelles ils se tiennent d'abord debout, puis entrent dedans, passent, et jouent dans un ordre convenu et en chantant. Ces 7 rangées sont disposées en degrés comme un char de procession indoue, et les carrés, qui y sont, renferment chacun un chiffre. Le 1er ou le plus haut degré contient 1-2-1, le second 1, 2, 3, 2, 1, et ainsi graduellement jusqu'au 6e degré qui est 1. 2. 3. 4. 5. 6. 7. 6. 5. 4. 3. 2. 1; le 7e degré, qui fait la base est absolument semblable au 6me. Des lignes qui se croisent font une case ou un carré à chaque chiffre: ces chiffres au gré du poète pourront désigner différentes choses: ainsi 1 signifiera l'unique, *i. e.* Dieu; 2 signifiera 2 fois, 2 temps, le soir et le matin; et par la réunion de ces chiffres il fera des phrases: ainsi: 2 fois soir et matin j'adore dieu.

89° கடிகைவெண்பா, les vembas des heures indiennes, poème en 32 நேரிசைவெண்பா décrivant les actions ou occupations de nâjiguei en nâjiguei, *i.e.* d'heure en heure des dieux indous et des rois.

90° சின்னப்பூ, la fleur des insignes royaux, poème en 100, 90, 70, 50 ou 30 நேரிசைவெண்பா décrivant les 10 சின்னம் ou marques distinctives de la royauté dites அரசசின்னம்.

91° விருத்தவிலக்கணம், propriétés décrites en viroutlam, poème dans lequel on célèbre 9 choses, qui forment la prospérité d'un roi, savoir: l'arc, l'épée, le trait, le sceptre, l'éléphant, le cheval, le pays, la ville et la libéralité: chaque partie contient 10 விருத்தம், en tout 90, et de 9 sortes.

92° முதுகாஞ்சி, l'ancien air de musique, poème dans lequel les vieillards donnent des conseils aux jeunes gens.

93° இயன்மொழிவாழ்த்து, le bon souhait ou compliment sur le caractère, poème dans lequel on loue un jeune noble, en lui disant: tous ceux qui sont nés dans cette famille avaient naturellement tel caractère; tu l'as aussi naturellement: sois donc libéral comme ils l'ont été.

94° பெருமங்கலம், la grande louange ou félicitation, poème où l'on célèbre les réjouissances pures qui ont lieu le jour de la naissance d'un roi, où abandonnant les actes de rigueur qu'il fait chaque jour, comme de faire mettre en prison etc..., il donne la liberté et fait d'autres œuvres de bienfaisance.

95° பெருங்காப்பியம், le grand poème épique. Pour ce poème il faut un héros incomparable, et un sujet susceptible des 4 objets d'un poème, savoir: அறம் la vertu, பொருள் la richesse, இன்பம் le plaisir, வீடு le paradis. Les parties de ce poème sont l'invocation à la divinité, la proposition du sujet en 2 préfaces particulières, auxquelles on joint un éloge convenable au sujet; ensuite viennent la description des montagnes, de la mer, du pays, de la ville du héros, celle des saisons, du lever du soleil et de la lune, celle du mariage du héros, son couronnement, l'amusement dans les bosquets, le jeu dans l'eau, les festins, la naissance des enfans, la bouderie et la réconciliation avec sa femme, l'assemblée, l'embassade, la marche, le combat, la victoire. Toutes ces parties sont décrites chacune à part dans des chapitres, sections ou livres dits சருக்கம், இலம்பகம் et பரிச்சேதம். Le poète doit exciter les émotions dramatiques dites சுவை et les sentimens qui les produisent. A l'exception des 4 sujets dits vertu, richesse, plaisir et paradis, quelques-unes des autres parties peuvent être omises, sans que cela soit regardé comme une faute.

96° காப்பியம், le poème épique. Il est ordinairement d'une grande longueur et a les mêmes parties que le précédent; mais il y manque une ou plusieurs des 4 parties essentielles au grand poème épique, qui sont la vertu, les richesses, le plaisir et le paradis. Ainsi le poème nommé நைடதம் fondé sur un épisode du மகாபாரதம் est un காப்பியம், et non un பெருங்காப்பியம். Notre intention, en faisant connaitre succinctement ces diverses productions de la poésie indienne, a été de donner quelqu'idée de ce qui fait en grande partie le fonds et l'objet de la littérature de ce pays. Si dans ce nombre d'ouvrages nous avons parlé aussi de ceux qui sont érotiques, c'est afin qu'on puisse les éviter et les défendre plus facilement.

*திரம்பி, திரப்பி, P. திரா, (திர, pâ boire), V. திரவியத்திறம்.

*பிரபலம்,(prabala).pousse, rejeton, V. பிரபலியம்:— பண்ணுகிறது publier, donner de la publicité ou de la célébrité.

*பிரபலன்,(id.), homme capable, fort, puissant, brave, célèbre, illustre.

பிரபலிக்கிறது, லித்தேன், லிப்பேன், லிக்க, ந.ர. பிரபலித்தல், n.v devenir fort, grand, illustre, renommé, répandre.

*பிரபலியம், (பிரபலம், ya), force, pouvoir, réputation, renommée, célébrité, publicité, pompe, excellence:— ஆக்குகிறது rendre illustre, grand, renommé, donner de la publicité, du renom, publier; — ஆய் இருக்கிறது être illustre, renommé, puissant; — ஆய் நடத்துகிறது conduire en grand, pompeusement; — ஆய்வருகிறது venir pompeusement, avec apparail; — ஆனவன், V. பிரபலன்; — ஆனஞானி sage renommé; தன்னைத்தானே — ஆக்குகிறது se rendre célèbre soi même, se vanter, se mettre en évidence.

*பிரபவம், (prabhava), naissance, cause, — productrice, base, origine, force, pouvoir: பிரபவ ou பிரபவவருஷம் la 1re année du cycle indien, correspondant à 1807 et 1867.

*பிரபன்னம்,(prapanna), obtention, arrivée, refuge, se refugier.

*பிரபா,(பிர, pâ boire), V. தீர்ப்பந்தல்.

*பிரபாகரம்,(பிரபாகரன்), l'ouvrage de Prabhâkaren, les lois cérémoniales, c'est un des ஆறுசமயத்திற்கும்.

*பிரபாகரன், (பிரபை, கரன்), être qui donne de la lumière, i.e. le feu, le soleil, la lune, l'océan, Prabhâkaren auteur du livre susdit.

*பிரபாகீடம், (id. கீடம்), mouche luisante, ver luisant.

*பிரபாசன், (prabhâsa), Prabhâsen un des 8 Vasous.

*பிரபாணி, (பிர, பாணி), le dedans —, paume de la main.

*பிரபாதம், 1° (prapâta), rive, rivage, précipice, lieu escarpé, cascade, ruisseau qui descend des montagnes. 2° (prapâtha), coule, rue. 3° (prabhâta), matin, point du jour.

*பிரபாதிகம், (prapâdika). paon.

*பிரபாலம், (பிர), corail, pousse, rejeton, jeune feuille, animal.

*பிரபாலன், பிரபாலகன், (id.), écolier, élève.

*பிரபாவம், (id.), majesté, dignité, grandeur, magnanimité, force, bravoure, pouvoir, lumière, réputation, conciliation, tranquillisation, égalisation.

*பிரபாவனம், (பிரபா), champ, bosquet, jardin de plaisance.

*பிரபானம், (பிரபை, na), lumière.

*பிரபிதாமகன், (பிர, பிதா, maha, grand), bisaïeul paternel, Brama.

*பிரபிதாமகி, (id.), bisaïeule paternelle.

பிரபித்தம், P. பிராப்தம் chose trouvée, obtenue, — qu'on peut trouver.

*பிரபு, (prabhou), pl. பிரபுக்கள், prince, maître, seigneur, chef, noble, grand, gouverneur de province, homme fort, puissant, libéral, d'autorité, de haute naissance, Vichnou, vif-argent, bruit, son: பிரபுவாயிருக்கிறது être prince, seigneur, noble, maître; — த்துவம், — த்தனம், — தா, (tâ), — த்துவம் pouvoir, domination, principauté, supériorité, grandeur, dignité de prince: அத்தியத்திபட்டம் ou அத்திய — த்துவம் la 9e hiérarchie des anges; — மொழி marche —, conduite princière; — பத்தன் fidèle —, devoué à son prince; — லிங்கலீலை nom d'un livre, l'histoire de Siven.

*பிரபூரணம், (prapoûrana), bander l'arc, en tendre la corde, flèche,

*பிரபேதம், (பிர), manière, sorte.

*பிரபை, 1° (பிர, pâ boire), lieu ou l'on donne à boire. 2° (id. bhâ briller), lumière splendeur, brillant, sérénité, auréole ou gloire qu'on met autour d'une statue, la ville de குபேரன், Prabei une des prétendues femmes du soleil, Dourgâ femme de Siven; — வருகிறது, — வாயிருக்கிறது devenir —, être brillant, resplendir.

*பிரபோதம், (பிர), connaissance, intelligence, esprit, sagesse, sentiment intérieur, éclaircissement, vigilence, diligence.

*பிரபோதனம், (பிர), réveil, action de réveiller, d'instruire.

*பிரபோதனி, (பிரபோதனம்), le 11me jour lunaire de la 1re partie de கார்த்திகை lorsque Vichnou est censé se réveiller de son sommeil.

*பிரபௌத்திரன், (பிர), arrière-petit-fils.

*பிரபௌத்திரி, (id.), arrière-petite-fille.

பிரப்பம், adj. de பிரம்பு, de rotin: பிரப்பங்கம்பு, — கொடிப் போளை. — போளை l'herbe ou roseau scirpus calamoides; — கட்டில் lit en rotin; — கூடை corbeille —, panier en rotin; — கேடகம் bouclier en rotin; பிரப்பந்தட்டி claie —, brise-vent, — claire-voie en rotin.

பிரப்பு, (பரப்பு), différens mets placés sur un large plat, en mettre ainsi, gloutonnerie, gourmandise, excès dans le manger.

*பிரம, adj. de பிரமம் et de பிரமன், de Brama, de bramo, de Dieu; — கத்தி, — கத்திதோஷம், — கத்தியை, — கத்தியாதோஷம், (அத்தி, hatyâ), V. பிரமகத்தி; — கத்திபிடிக்கிறது être saisi de folie par suite (prétendue) du meurtre d'un brame, être aliéné d'esprit; — ஆயுசு âge ou durée prétendue de la vie de Brama, i. e. 100 quatrillions, fin de la vie de Brama; — கன்னிகை la fille de Brama, i. e. Sarasvati qui est aussi sa femme; — காதகன், — க்கினன் (ghna qui tue), meurtrier d'un brame; — காயத்திரி le gâyatri des brames, espèce de formule de prière; — கிரி la montagne de Brama; — கீதை le chant de Brama, nom d'un livre; — குலம் la caste bramanique, — des brames; — கைவர்த்தம் le pourana nommé brahmavaivartta ou changement de Brama, un des 18 pouranas; — ஞானம் sagesse spirituelle, connaissance de Dieu; — ஞானி, (மெய்ஞ்ஞானி P. ஞானி), sage qui connait Dieu; — கிரந்தி espèce de nœud; — கொலை meurtre d'un brame; — சட்கம் prière composée de 6 parties; — சத்திரம் étude des vèdas; — சம்பவம் production de Brama; — சர்ப்பம் espèce de serpent; — சன்மம் prétendue naissance spirituelle ou investiture du cordon bramanique; — சாசனம் concession faite —, privilége accordé à un brame; — [illegible] un des 32 உபநிடதம்; — சாயுச்சியம் identification avec Brama; — சித்தி résultat —, efficacité de la sagesse de Dieu; — [illegible] brame qui fait commerce de ses devoirs religieux; — சூத்திரம் triple cordon, cordon bramanique, aphorisme de la philosophie வேதாந்தம்; — சுதன் fils de Brama, nom d'un prince; — சைதன்னியம் Dieu, l'être suprême, la cause première; — சொரூபம் nature de l'esprit, essence de la divinité; — ஞானம், — ஞ்ஞானம் science —, connaissance de Dieu, sagesse spirituelle; — ஞானி sage qui connait Dieu; — தண்டம், — தண்டு le bâton de brame, la malédiction (qui lui sert comme de bâton pour se faire craindre), espèce de chardon, argemone mexicana; — தத்துவம் nature divine, vraie connaissance de l'être suprême; — தரும்பை espèce de plante; — தாயம் allocation faite à des brames, terres sans impôts qu'ils possèdent; — தரு l'arbre de Brama, le mûrier; — தாளம் paire de larges cymbales usitées dans les pagodes; — போதனம் instruction dans les vèdas, doctrine des vèdas; — தேவன் le prétendu dieu Brama; — த்துவம் divinité, essence divine, identification avec Dieu, — avec Brama; — நாபன், (நாபி), Vichnou qui, au dire des Indous, du nénuphar sorti de son nombril a produit Brama; — நிருவாணம் absorption —, union ou identification avec l'Être suprême, —பதம், — பதவி demeure —, résidence —, monde prétendu de Brama; — பத்திரம், — பத்திரி feuilles qui causent l'étourdissement, i. e. feuilles de tabac; — பந்து l'ami de Brama, i. e. le brame; — பாதபம் l'arbre பலாசு butea frondosa; — பிம்பம், P. பிராமணபிம்பம், argent; — பித்து un des 32 உபநிடதம்; — புத்திரம் le Bramapoutre, fleuve du Bengal: — புத்திரன் fils de Brama; — புத்திரி la fille et femme de Brama, i. e. Sarasvati, le Bramapoutiri ou fleuve Sarsouti சரச்சுவதி au nord de Délhy; — புரம் la ville de Brama, i. e. சொர்க்கம்; — புரி la capitale de Brama sur le mont மகா மேரு ou plutôt மேரு; — புராணம் le Pourana de Brama; — பூமி crépuscule du matin ou du soir; — பூயம் (bhoûya étant), identification avec Brama; — ப்பிரளயம் prétendu déluge de Brama; — மணம் mariage bramanique, un des அஷ்டமணம் ou 8 formes de mariages qui consiste à donner en présence du feu une jeune fille à un jeune brame étudiant ou à un jeune homme chaste; — முனி richi de caste brame; — மூர்த்தசிரோத்தரு, (மூர்த்தம், bhrout qui porte), celui qui porte à la main une tête de Brama, i.e. Siven; — மூலி la plante பிரமி; — யக்ஞம், — யாகம் le sacrifice bramanique, i. e. l'étude des vêdas censée un des 5 grands sacrifices; — யோகம் culture des connaissances spirituelles; — யோனி naissance de brame, nom d'une montagne; — ரந்திரம் creux du sommet de la tête; — ராக்ஷதன் — ராக்கதன் — ராக்கதை démon ou géant qui est ennemi de la caste bramanique, — qui saisit l'âme d'un brame qui fait une mauvaise mort, démon —, géant sauvage qu'on prétend avoir été brame dans la naissance précédente et expier sous cette forme les pêchés de sa vie bramanique, un grand vaurien; — ராத்திரி nuit de Brama censée égale à mille âges divins; — ரிஷி richi de caste brame; — ரிஷிதேசம் le pays des brames richis, qui contient les pays nommés குருக்ஷேத்திரம் ou le pays de Délhy, மச்சியம் Matsya (Dinajpour et Rangpour), பஞ்சாலம் le Pandjab, சூரசேனம் ou le pays de மதுரை Mathoura entre Agra et Délhy; — ரீதி airain; — லிபி l'écriture prétendue de Brama, ce n'est autre chose que les sutures du crâne, que les Indous regardent comme l'écrit de nos destinées, destin; — லிபிதப்பாது l'écriture de Brama est infaillible (disent les gentils); — லோகம் le monde —, la demeure de Brama dite aussி சத்தியலோகம், c'est un des 7 mondes supérieurs des Indous; — வமிசம் la race de Brama, caste bramanique; — வருத்தனம் cuivre; — வாதம் secte —, citation des vêdas, enseignement des sciences spirituelles; — வாதி sectateur du système வேதாந்தம், qui soutient que tout est esprit, défenseur —, explicateur des vêdas; — வித்து (vid qui connait), sage qui connait la nature de l'être suprême, espèce de philosophe; — விந்து salive rejetée en lisant les vêdas, un des 32 உபநிடதம்; — விருந்தை la capitale de Brama; — விருட்சம் l'arbre பலாசு butea; — வேதம் connaissance des vêdas, — de Brama, monothéisme; — வேதி celui qui connait les vêdas, le pays பிரமாவர்த்தம்.

*பிரமசரியம், (பிரம, சரியை), et பிரமசரியவிரதம், — நிலை état de bramasâri, — de jeune brame non marié qui garde la continence, et fait ses études sous un maitre, état —, ordre de religieux étudiant, c'est un des 4 états dits ஆச்சிரமம்-ஈ; பிரமசரியபங்கம் incontinence, violation de l'état de பிரமசாரி.

*பிரமசாரி, பிரமசாரியன், (id. சாரி), bramasâri, jeune brame non marié, étudiant sous un maitre brame, religieux —, étudiant, élève qui étudie les vêdas, jeune homme non marié (de toute caste), religieux indou,

சாரி

vagabond,(surnom de) விநோதன், qui avait fait vœu de ne pas se marier; —ச்சாரிசன்னியாசி bramasâri ou étudiant devenu sanniâsi,celui qui passe de l'état de பிரமசாரி dans celui de சந்நியாசி sans passer par ceux de கிருகஸ்தன் ou chef de maison et de வானப்பிரஸ்தன் ou d'ermite;—சீலம் ou [மசரியம்.

*பிரமசாரியம்,(பிரமசாரி),V. பிர

*பிரமசாரிணி, *fém. de* பிரமசாரி, femme qui vit dans la continence.

*பிரமஞ்ஞம்,பிரமஞ்ஞானம்,(பிரம,djna *qui connaît*,ஞானம்), connaissance de Dieu,sagesse spirituelle. [naît Dieu.

*பிரமஞ்ஞன்,(*id.*), sage qui con-

*பிரமணம்,(bhramana),tournoiement,tourbillon,rôder,—autour.

*பிரமதம்,(பிர),joie,plaisir,ivresse: பிரமதகானனம், — வனம் jardin de plaisance,*V.* பிரமதோத்தானம். [tre,peine,effort.

*பிரமதனம்,(*id.*),baratter,meur-

*பிரமதன்,(pramatha),Bramaden,serviteur de Siven.

*பிரமதா,*obl.de* பிரமதை:—கானனம்,—வனம் jardin des femmes, —royal de plaisance,—attaché au harem pour les femmes du palais.

*பிரமதாதிபன்,(*பிரமதன், அதிபன்*),le seigneur de Bramaden,*i.e.*Siven.[ம்),le séjour des peines,l'enfer.

*பிரமதாலயம், (பிரமதை, ஆலய

*பிரமதிதம்,(pramathita *bien baratté*),lait de beurre sans eau.

*பிரமதை,1° (pramadâ), belle—, femme.2° (pramathâ),peine, affliction.

*பிரமத்தம்,(pramatta),négligence,ivresse,folie,trouble d'esprit, erreur,méprise,faute.

*பிரமத்தி, *sync. de* பிரமஹத்தி, meurtre d'un brame, bramanicide, possession ou folie qu'on prétend en être la suite. [gent.

*பிரமபிக்ஷை,*P.*பிராமபிக்ஷை ar-

*பிரமம், 1° (brahma), Brahm, l'Être suprême,la cause première, le Dieu inconnu des Indous, Dieu,(en style payen) Brama,Vichnou,Siven, le feu, le soleil, la lune, richi ou anachorète,les vèdas (qu'on représente comme sortant de la bouche de Brama),le vèdândam, lecture des vèdas,ce qui est un des 5 grands sacrifices, sacrifice, offrande, sagesse, science sacrée,formule de—, prière, un des 27 யோகம், mariage bramanique,une des 8 sortes de mariages dites அஷ்டமணம், légende de Brama,c'est un des 18 pouranas, un des 18 உபபுராணம்,un des 32 உபநிடதம்,pénitence,austérité,nature, vérité,propriété mystique, qualité, pouvoir,béatification,paradis, milieu. 2° (bhrama),tournoiement,rotation,vertige, étourdissement, trouble,erreur,méprise,illusion, confusion, stupeur,stupidité, tourbillon, tournant, rôder, tourner autour, roue de potier,eau d'—, irrigation, arrosement,cours d'eau,canal.

*பிரமயம்,(pramaya),meurtre.

*பிரமரம், (bhramara), escarbot, grosse abeille noire,ce qui tourne, toupie, vertige: பிரமரகீடம் guêpe solitaire qui bâtit son nid dans l'angle des murs ou des portes.

*பிரமரி,(*id* i),espèce de danse ou de comédie,tournoiement,tourbillon.

பிரமநாள்,(பிரமன், நாள்),jour de Brama,le jour—, la constellation de la naissance de Brama, c'est la 4me constellation lunaire dite உரோகிணி, un jour de la vie fabuleuse de Brama,*V.*கற்பம்.

*பிரமன்,(Brahman), Brahma,la 1re personne de la triade indienne ou du trimourti; il est regardé par les Indous comme le créateur du monde et l'auteur du destin de chaque mortel,brame,gourou ou prêtre qui préside à un sacrifice: பிரமன்றந்தை le père de Brama,*i.e.* Vichnou. Selon la fable, Brama naquit sur le nénuphar sorti du nombril de Vichnou. Il a pour femme சரஸ்வதி sa propre fille; son arme est le பாசம் ou nœud coulant,son dra-

னு porte pour devise les Vèdas ou மறை, sa monture est le cygne அன்னம்; un de ses jours s'appelle ஈ திபம்: பிரமன் மனதை புத்திரன் Vasichten fils de la volonté de Brama.

*பிரமா, *gén.* பிரமாவின், (brahmâ). Brama, dit aussi பிரமன், பிரமதேவன்.

*பிரமாகுதி, (பிரமம், ஆகுதி), offrande de beurre liquéfié.

*பிரமாக்ஷரம், (பிரமா, அக்ஷரம்), 1° *V.* பிரமவித்தை. 2° la syllabe ஓம் que les Indiens regardent comme le nom sacré et mystérieux de la divinité, les lettres symboliques des payens dites மூலமெழுத்து.

*பிரமாசனம், (பிரமம், ஆசனம்), siége de brame, posture propre à la méditation religieuse.

*பிரமாஸ்திரம், (*id.* அஸ்திரம்), flèche de Brama, — donnée par Brama, trait —, imprécation de brame.

*பிரமாஞ்சலி, (பிரமம், அஞ்சலி), salut de brame, — fait en joignant les 2 mains devant la poitrine.

*பிரமாட்சரம், *P.* பிரமாக்ஷரம்.

*பிரமாணம், (pramâ *mesurer*, na), mesure, quantité, proportion, serment, vérité, règle, loi, ouvrage méthodique, — qui fait autorité, preuve, témoignage, règle ou moyen pour connaître la vérité (il y en a 8 dits அஷ்டபிரமாணம்), borne, limite, cause, motif, temps, toujours, perpétuité, éternité, le 1er vèdam, nombre de doigts d'une éclipse, distance en longitude à la fin d'un signe: சத்திய — serment, — vrai; திவ்வியப் — jugement divin, — par ordalie, — de Dieu pour prouver la vérité; — உள்ளவன் homme véridique, — exact; — செய்கிறது, — பண்ணுகிறது jurer, faire serment; பிரமாணத்தின்படி நடக்கிறது se conduire —, vivre régulièrement; பிரமாணபுருஷன் juge, arbitre; — ப்படுத்துகிறது proportionner.

*பிரமாணன், (*id.*), homme véridique, être limité, Vichnou.

*பிரமாணாதீதம், (பிரமாணம், அதீதம்), ce qui surpasse la mesure.

*பிரமாணாபாவம், (*id.* அபாவம்), absence de preuves.

*பிரமாணி, (பிரமா, ani), l'énergie féminine de Brama, dite aussi பிராமி.

*பிரமாணிகம், பிரமாணிக்கம், (பிரமாணம், ika) vérité, fidélité, — à sa promesse, honnêteté, preuve, serment: — ஆய்ப்பேசுகிறது parler selon —, dire la vérité; — உள்ள உடம்படிக்கை alliance sincère —, fidèle; — உள்ளவன், *V.* பிரமாணிக்கன்; — பண்ணுகிறது faire serment; அலுவலிலே நிலைபெற்றிருந்து பிரமாணிக்கமுள்ளவனாயிருக்கிறது être fidèle à remplir ses fonctions.

*பிரமாணிக்கன், (*id.*), homme fidèle, véridique, digne de foi.

பிரமாணிக்கிறது, ணித்தேன், ணிப்பேன், ணி, ணிக்க, *v.a.* (பிரமாணம்), பிரமாணித்தல், *n.v.* mesurer, proportionner, déterminer, juger, estimer.

*பிரமாணீகரணம், — கிருதம், — பூதம், (பிரமாணம், 1 *augment*), prouver, établir comme autorité, admettre comme preuve,

*பிரமாண்டம், (பிரமா, அண்டம்), l'œuf de Brama, *i. e.* le globe, le monde, un des 18 pouranas, microcosme, chose énorme, volumineuse, grande comme un monde: — ஆன énorme, très-grand, பிரமாண்டநாயகன் le seigneur du monde, (à tort) Siven. [ணியம்.

*பிரமாண்ணியம், *P.* பிரமாண்

*பிரமாதம், 1° (pramâda), insouciance, négligence, erreur, méprise, inadvertance, stupidité, sottise, ivresse, vertige. 2° (pramâtha), violence, tourment, meurtre, peine, vexation: — ஆகுகிறது, — ஆய்ப்போகிறது devenir négligent, insouciant, erroné; பிரமாதத்தெய்வமல்லாததைத் தெய்வமென்றெண்ணுகிறது regarder comme Dieu ce qui n'est pas même un dieu insouciant ou ce qui est moins qu'un faux dieu.

*பிரமாதா, 1° (பிர, மாதா), aïeule maternelle. 2° (pramâta), qui prouve.

témoin: —மகன் bisaïeul maternel; —மகி bisaïeule maternelle.

*பிரமாதி, (பிரமாதம்), 1° négligent, homme sans soin, oublieux, insensé, enivré, la 13me année du cycle indien correspondant à 1819 et 1879. 2° meurtrier, celui qui afflige.

*பிரமாத்தியயனம், பிரமாத்தியயம், (பிரமம், அத்தியயனம்), lecture des vêdas.

*பிரமாதிகர், (பிரமன், ஆதிகம்), les Bramâdikas ou பிரசாபதிகள், personnages censés divins, qu'au dire des Indous, Brama créa en premier lieu, et qui sont réputés ses fils; on en compte 10, savoir: மரீசி, அத்திரி, அங்கிரசர், புலஸ்தியர், புலகர், கிரது, பிரசேதசர், வசிஷ்டர், பிருகு, நாரதர் ou Maritchi, Atri, Angiras, Poulastya, Poulacha, Kratou. Pratchêtas, Vasichta, Bhrigou et Nârada. Certains auteurs n'en mettent que 7; d'autres les réduisent à 3: தக்ஷன், நாரதர் et பிருகு; d'autres enfin en mettent 21.

*பிரமாதிகை, (பிரமாதம், ikâ), femme imprudente, négligente, insensée, fille ou femme déshonorée,

*பிரமாதீச, —வருஷம் ou பிரமாதீச, (பிரமை science, அதீசன்), la 47me année du cycle indien qui correspond à 1853 et 1913.

பிரமைதிட்ட, (பிரமை), faire connaître.

*பிரமாத்தியம், (pramâdya), négligence, folie, trouble d'esprit.

*பிரமாத்திரம், P. பிரமாஸ்திரம்.

*பிரமாபணம், பிரமாபனம், (pramâpana), meurtre.

*பிரமாபி, (id.), meurtrier.

*பிரமாப்பியாசம், (பிரமம், அப்பியாசம்), étude des vêdas.

*பிரமாம்பசு, (பிரமன், ambhas eau), eau bramanique, i.e. urine de vache.

*பிரமாயு, (பிரமன், ஆயு), âge —, vie de Brama, qu'on prétend être de 15 trillions 552 milliards d'années sidérales, V. கற்பம்.

*பிரமாயுதம், (பிரமா, ஆயுதம்), l'arme de Brama.

*பிரமாரணியம், (பிரமம், அரணியம்), lieu où on lit et explique les vêdas.

*பிரமாலயம், (பிரமன், ஆலயம்), maison de brame.

*பிரமானந்தம், P. பரமானந்தம், grande joie.

*பிரமானுபவம், (பிரமம், அனுபவம்), V. சருஷிரம்மதம்.

*பிரமி, 1° (bhrami), tournoiement, tourbillon de vent, tournant d'eau, tourner autour, circuler, rôder, marche, roue de potier, faute, erreur, méprise, qui rôde autour. 2° (brahmi), ou —ப்பூண்டு la plante gratiola ou siphonanthus indica. 3° gér. de பிரமிக்கிறது. 4° imp. de

பிரமிக்கிறது, மித்தேன், மிப்பேன், மி, மிக்க, v.n. (பிரமம்), பிரமித்தல், n. v. devenir stupide, fou, hébété, étourdi, infatué, errer, se méprendre, s'étonner, admirer, être étonné, surpris, stupéfait, s'effrayer.

*பிரமிதம், (பிர, மிதம்), chose connue, mesurée.

*பிரமிதி, (பிர, மிதி), mesurage, connaissance véritable, — dérivée des sens, induction, analogie.

பிரமிப்பு, n.v. de பிரமிக்கிறது, surprise, étonnement, admiration, stupeur, étourdissement, stupidité, trouble d'esprit, effroi, méprise.

*பிரமியம், பிரமியன், (P. பிரமேகம்), gonorrhée, maladie vénérienne, fluor albus, la plante பிரமியப்பூண்டு gratiola monieri: பிரமியக்காரன் celui qui a la gonorrhée.

பிரமுகதம், P. பிரமுகத்துவம்.

*பிரமுகம், (பிர), chose excellente, principale, monceau, multitude, l'arbre rotleria tinctoria, le temps présent; பிரமுகத்துவம், பிரமுகதை excellence, supériorité.

*பிரமுகன், (பிரமுகம்), premier, chef, sage.

பிரமுகிறது, மினேன், முவேன், மு, ம. v.n. avoir la courante, avoir des selles accompagnées de vents.

*பிரமுதிதம், (பிர), joie, plaisir.

*பிரமூடன், (பிர), fou, insensé, nigaud, stupide, ensorcelé, infatué.

*பிரமேகம், (பிர, மேகம், mêha),

maladie urinaire, v. g. changement de la couleur, de la quantité, de la consistance de l'urine; on en compte 21 variétés comprenant le diabétès et la gonorrhée.

*பிரமேயம், (praméya), connaissance, chose connue, —mesurée, — finie, chose à prouver, (fig. de rhét. ou en logique) le second lieu commun ou topique renfermant 12 objets à prouver comme l'âme, le corps..., ou la forme et la fin de l'existence, opportunité, soupçon, doute.

*பிரமை, 1° (de பிரமம்), stupidité, stupeur, trouble d'esprit, ignorance, folie. 2° (pramâ), vraie connaissance, vision, perception, vue, marche, rôder autour.

*பிரமோகம், (பிர), fascination, trouble, vertige, défaillance, insensibilité. [mise en liberté.

*பிரமோசனம், (பிர), délivrance,

*பிரமோற்சவம், (பிரம, உற்சவம்), grande fête annuelle à une pagode.

*பிரமோதம், (id.), joie, plaisir, allégresse.

*பிரமோதி, பிரமோதிதன், (பிரமோதம், i, ita), joyeux, heureux

பிரமோதூத, பிரமோதூதர, —வருஷம் la 4me année du cycle indien, qui correspond à 1810 et 1860.

*பிரமோத்தரகண்டம், (பிரமம், உத்தரம்), la dernière partie du Brahmapourana, ajoutée par les Sivénistes et qui a surtout rapport à சைவசகுணம்.

*பிரமௌதனம், (id. ஓதனம்), riz cuit distribué aux gourous à un sacrifice.

பிரம்பு, 1° rotin, calamus viminalis, jonc, —propre à faire des cannes, canne, houssine—, baguette —, bâton de rotin, (l'adj. est பிரப்பம்). 2° petite chaussée de rizière, char, V. தேர்முட்டி: —க்காரன் ouvrier qui rotine, — travaille le rotin: — ப்பிடி poignée de canne de rotin: பிரம் பாலடிக்கிறது frapper—, battre avec un rotin.

*பிரயதன், (prayata), homme pur, pieux, retenu, prudent. பிரயதாத்துமா. (ஆத்துமா), âme pieuse, dévote.

*பிரயத்தனம், (பிர, யத்தனம்), préparatif, disposition, moyen, manière d'effectuer, accomplissement, pratique, exercice, industrie, action, soin, effort, —actif, qui porte à entreprendre: —பண்ணுகிறது, பிரயத்தனப் படுகிறது s'efforcer, tâcher de, prendre les moyens, se préparer; — ஆய்ப் பார்க்கிறது examiner avec soin, — habilement; நாலுப் —ஆய்ப்பார்க்கிறது employer divers moyens, essayer de différentes manières.

*பிரயாகம், (prayâga), oblation, sacrifice, cheval, V. பிரயாகை.

*பிரயாகன், பிரயாகபயன், (பிரயாகம், பயம்), Indiren qui redoute les sacrifices de chevaux, parce qu'il doit céder sa place de roi des dieux à celui qui fait 100 sacrifices semblables.

*பிரயாகை, (id.), confluent de 2 fleuves ou rivières, pélérinage à de tels confluens, Prayâga ou le moderne Allahabad, lieu célèbre de pélérinage au confluent du Gange et de la Djamna ou யமுனை, le fleuve Sarasvati est censé s'y rendre aussi par des voies souterraines. C'est, au dire des Indous, un des endroits où Brama fit 10 அசுவமேதம் ou sacrifices de cheval pour avoir recouvert les vêdas des mains de சோமுகன்.

*பிரயாசம், 1° (prayâsa), travail, effort, peine, fatigue, labeur, désir —, poursuite d'un objet. 2° (prayâdja), partie d'un —, sacrifice: பிரயாசப் படுகிறது s'efforcer, travailler, se donner de la peine; —ப்பட்டுப்பிழைக்கிறது vivre de son labeur, —péniblement de son travail.

*பிரயாசி, (பிரயாசம்), personne laborieuse, homme —, femme qui se donne de la peine, qui fait des efforts.

*பிரயாசை, (id.), effort, peine, travail, femme laborieuse.

*பிரயாணம், (prayâna), allée, voyage, départ, assaut, invasion, mouvement, mort: பிரயாணகாலம் temps du voyage, du départ, — de la mort: — புறப்படுகிறது partir pour un voyage, se mettre en route. [pauvreté, cherté, rareté.

*பிரயாமம், (prayâma), longueur, பிரயாமமாகிறது, être proche.

*பிரயுதம், (prayouta), union, jonction, un million.

*பிரயுக்தம், 1° (prayoukta), cause. 2° (prayouddha), ou

*பிரயுத்தாக்தம், (பிரயுத்தம், அத்தம்), guerre, combat.

*பிரயோகம், (பிர, யோகம்), emploi, usage, pratique, accomplissement, cause, motif, objet principal, but, fin, effort, action, préparatif, — d'un ouvrage, opération —, emploi de rites magiques, fascination, trouble d'esprit, subtilité, tours, forme cérémoniale, suite de procédés, ordre, direction, action dramatique, chose, affaire, matière, destination, conséquence, résultat, fruit, utilité, texte, preuve, autorité, citation, exemple, comparaison, cheval, composition —, application d'un remède, capital, prêt à intérêt, profit de l'usure ou du commerce, cessation, expiation, constance, obstination: — பண்ணுகிறது employer, se servir de, faire usage (d'un mot en composant), s'exercer, pratiquer, apporter des preuves, prouver, examiner, faire une disposition, un plan pour un ouvrage: அஸ்திரப் — பண்ணுகிற ... se servir de —, lancer des traits; யுத்தப் — préparatif de guerre; மந்திரப் — emploi de prières, — formules magiques: பிரயோகரத்நம் nom d'un livre de grammaire.

*பிரயோகி, 1° (பிர), homme capable, expérimenté, laborieux, exercé, qui use de, puissant, prudent. 2° imp. du suiv.

பிரயோகிக்கிறது, கித்தேன், கிப்பேன், கி, கிக்க, v.a. பிரயோகிக்கல், n. v. (பிரயோகம்), employer, se servir de, user de, exciter, diriger, envoyer, lancer, attirer, agir: அம்புகளைப் — se servir de —, lancer des flèches.

*பிரயோசகம், (prayôdjaka), V. பிரயோசனம்.

*பிரயோசகன், (id.), homme utile, bienfaisant, capable, fondateur, législateur.

*பிரயோசனம், (prayôdjana), profit, avantage, utilité, gain, cause, motif, objet, dessein, but: — பண்ணுகிறது profiter, gagner, utiliser, tirer avantage, rendre service: பிரயோசனப்படுகிறது devenir utile, profitable, servir.

*பிரயோசனன், பிரயோசகிகன், (id. ika), homme utile, excellent, bienfaisant, capable. [bourgeon.

*பிரரோகம், (prarôha), rejeton,

*பிரலம்பம், 1° (pralamba), tenture, chose suspendue, qui pendille, mouvement, guirlande de fleurs, — suspendue au cou, mamelle, richesse, branche, jeune rejeton, zinc, étain. 2° (pralambha), ruse, tromperie.

*பிரலம்பன், Pralamben, Daitya tué par Baladêven.

*பிரலாபம், (pralapa), gémissement, lamentation, chagrin, douleur, paroles décousues, — vides de sens, bredouillage, conversation ou பிரலாபசன்னி épilepsie, mal caduc, espèce de maladie déplorable.

பிரலாபிக்கிறது, பித்தேன், பிப்பேன், பி, பிக்க, v.n. (பிரலாபம்), பிரலாபித்தல், பிரலாபிப்பு, n. v. gémir, se lamenter, se désoler, être triste, chagrin, parler d'une manière décousue, déraisonner, bredouiller, insister, parler en appuyant sur ses paroles.

*பிரலோடனம், (pralôthana), se —, rouler. [pidité, luxure.

*பிரலோபம், (pralôbha), désir, cu-

*பிரலோபனம், (id. na), amorce, appât, attrait, attraction, séduction, lubricité.

*பிரவகம், (pravaha), vent, air.

*பிரவகணம், (id. na), char —, litière couverte pour les femmes.

*பிரவசயோகம், (பிர, வசம்), aller en exil, — en pays étranger.

*பிரவசனம், 1° (pravatchana), les vêdas, parole —, écriture révélée, éloquence,beau langage, enseignement.2° (pravasana), sortir dehors, séjourner en pays étranger, circuler,tourner. [de,différence.

*பிரவஞ்சம்,*P.*பிரபஞ்சம்,le mon-

*பிரவணம், (pravana), carrefour où 4 routes se rencontrent, courbure,terrain bas,—enfoncé,vitesse,modestie.

*பிரவர்த்தகம்,(pravarttaka),action.

*பிரவர்த்தம், (pravartta), soin des choses du monde, vie mondaine,—active (opposée à la vie contemplative),*V.*சமுசாரம். [mer.

*பிரவபணம்,(பிர), action de se-

*பிரவயணம்,(pravayana),croc de cornac. [progéniture,famille,race.

*பிரவரம்,(pravara),descendance,

*பிரவருக்கம், (pravarga), feu du sacrifice.

*பிரவருத்தகன், பிரவர்த்தகன், (pravarttaka),ancien—,auteur,instigateur,juge,arbitre,homme juste, marchand,négociant.

*பிரவருத்தனம், 1° (pravarttana), effort,activité,détermination, excitation.2° (pravarddhana), accroissement.

பிரவருத்திக்கிறது,த்தித்தேன்,த்திப்பேன்,த்தி,த்திக்க,*v.a.* பிரவருத்தித்தல்,*n.v.*(பிரவருத்தனம்),se —, déterminer,s'efforcer, augmenter.

*பிரவாகம்,(pravâha),inondation, déluge,courant,cours,crue,rapidité, (d'une rivière...),torrent,étang, action,occupation,faculté, travail, vie active,cheval vif,passage continuel, venue,revenu.

*பிரவாசகம்,(பிர),éloquence.

*பிரவாசகன்,(*id.*),éloquent.

*பிரவாசம்,(பிர),sortie, résidence hors de chez soi.

*பிரவாசனம்,(பிர,வாசம்,na),demeure en pays étranger,exil,meurtre.

*பிரவாணி,(pravâni).*V.*நாடா.

*பிரவாதம்,(பிர),bruit,—confus, rumeur,discours,conversation, défi mutuel,*V.*சனபிரவாதம்.

*பிரவாபி,(pravâpi),semeur.

*பிரவாரணம்,(pravârana), don, présent,obstacle. [couverture.

*பிரவாரம்,(pravâra),toile, habit,

*பிரவாளம்,(prabâla),corail.

*பிரவிக்கிதி,*P.*பிரவிக்கியாதி, (பிர), réputation,célébrité.

*பிரவிசேடம்,*P.* பிரவிசிலேஷம், (பிர,வி,slècha *union*),séparation,départ,éloignement.

*பிரவிடை,*P.*பிரவேளை.

*பிரவிதாரணம்,(பிர,வி, dârana *déchirer*),guerre, bataille, tumulte, confusion, déchirer, briser, bourgeonner. [actifs,entreprenans.

*பிரவிருத்தர், (pravroutta) gens

*பிரவிருத்தி,(பிர),effort, action, activité, vie active (opposée à vie contemplative), persévérance, attachement,union,prédilection, pratique,conduite, nouvelle, irrigation, courant,—d'eau continu, mucus de l'éléphant en rut,étendue,multiplicateur.

பிரவிருத்திக்கிறது,த்தித்தேன், த்திப்பேன்,த்தி,த்திக்க,*n.v.* (பிரவிருத்தி),augmenter,croître,s'étendre.

பிரவிருத்தித்தல், பிரவிருத்திப்பு, *n.v.du préc.*augmentation,croissance,extension.

*பிரவிருத்திஞ்ஞன், (பிரவிருத்தி, ஞன்),émissaire,espion qui connaît les nouvelles. [revenu.

*பிரவிருத்தியம்,(பிர,விருத்தி,ya),

*பிரவீணம்,(pravina),habileté.பிரவீணத்துவம்,*ou*

*பிரவீணதை, (*id.* tâ), habileté, courage,assurance.

*பிரவீரன்,(பிர), homme excellent,héros,brave guerrier,chef.

*பிரவேசகம்,(பிரவேசம்,ka),entrée,activité,effort.

*பிரவேசகன்,(*id.*),messager, acteur inférieur qui annonce l'arrivée des principaux personnages.

*பிரவேசம்,(pravèsa),entrée, entrer,passage,apparition,effort,attention à un objet,partie de danse ou de drame: —ஆகிறது entrer,apparaître; — பண்ணுகிறது faire son entrée; பிரவேசப்படுத்துகிறது faire entrer,introduire,employer dans;—அவ் பதிஷ்தம் un des உபநிஷதம்.

*பிரவேசனம்(பிரவேசம்,na),entrée,porte,—principale.

பிரவேசிக்கிறது,சித்தேன், சிப்பேன்,சி,சிக்க,v.a.(பிரவேசம்). பிரவேசித்தல்,n.v.entrer,faire son entrée,paraître,apparaître, venir —,tomber sur.

பிரவேசிப்பிக்கிறது.v.caus.du préc. faire entrer,introduire,induire.

*பிரவேஷ்டம்,பிரவேட்டம்,(pravèchta),bras,poignet,épaule, housse d'éléphant.

*பிரவேடம், (pravèla),orge.

*பிரவேக்ஷணம், பிரவேட்சணம், (பிர,அவ,ஈக்ஷணம்),prévision.

*பிரவேக்ஷிதம்,பிரவேட்சிதம்,(id. ita),chose prévue.

*பிரவேணி,(pravèni), chevelure emmèlée,—sans ornemens comme celle des femmes en l'absence de leur mari,housse d'éléphant.

பிரவேளும்,P.பிரளுமம், vénération.

*பிரவை,P.பிரபை,lumière.

*பிரளயம்,(pralaya), inondation, déluge,temps de grande destruction,fin d'un கற்பம்,destruction du monde,dissolution,annihilation,division—,corps d'armée contenant 3 வாகினி ou un பிரதனை: அக்கினிப் —déluge de feu, destruction par le feu; மகாப்—déluge considérable,—universel;மஹாப்— déluge général qui,au dire des Indous, a lieu à la fin du régne de chaque Manou ou manvantara; பிரளயகாலம் temps du déluge,—de la destruction du monde;—காலருத்திரன் Routtiren le destructeur;—காலவெள்ளம் inondation diluvienne, déluge de la fin du monde;—முடிவு fin du déluge,—du monde.

*பிரளயாகலர்,(பிரளயம்,அகலம்), ceux qui obtiennent la béatitude finale à la fin du monde.

*பிரளயாக்கினி,(id. அக்கினி), feu qui doit détruire le monde.

பிரளல்,1° son inarticulé.2° n.v. de பிரளுகிறது,P.புரளுகிறது.

*பிரனாளம்,P.பிரணாளம். [canal:

*பிரணாலம்,(pranâla),cours d'eau,

*பிராகபாவம், (பராக்கு, அபாவம்),chose qui existe ou peut exister, mais qui n'a pas d'existence antérieure,non-existence d'un état antérieur,non possession (en jurisprudence),privation d'antécédent, illusion.

*பிராக்,(prâk),orient,est.

*பிராகரியம்,(prâkhârya), âcreté, piquant,pointe,méchanceté,mal.

*பிராகாதம், (prâghâta), guerre, combat.

*பிராகாமியம்,(பிர,ஆ, காமியம்), un des 8 prétendus dons miraculeux dits அஷ்டமாசித்தி,i. e.subtilité ou pouvoir de pénétrer partout, pouvoir irrésistible,être sans défaut.

*பிராகாரம்,1° (prâkâra), enclos, mur d'entourage (autour d'un temple ou d'un palais...).2° (prâghâra), action de verser,d'asperger, manière,façon.

*பிராஹ்ணம்,(prâhna), matinée,avant-midi,temps antérieur.

*பிராகிருதம், (prâkrouta), prakrit,langage vulgaire,bas, commun, provincial, non poli (opposé au sanscrit ou au langage poli),dialecte, de province,ce qui a été fait,nature, matière: பிராகிருதசனம் bas peuple,le vulgaire,gens de moyenne classe;—சுரம் fièvre ordinaire; —ப்பிரளயம் dissolution totale du monde;—மானுஷன் homme en général;—மித்திரன் ami—,allié naturel,—dont les états sont séparés par un royaume intermédiaire.

*பிராகிருதன், (id.), homme de basse condition,dénué d'une véritable intelligence,qui ne connait pas la vérité.

*பிராகிருதாரி,(பிராகிருதம், அரி), ennemi naturel, dont les états sont contigus.

*பிராகிருதோதாசீனன்,(id. உதாசீனன்),prince naturellement neutre,dont les états sont au-delà du பிராகிருதமித்திரன்.

*பிராகுதீசி,(பிராக்கு,உதீசி),nord-est.

*பிராக், sync. de பிராக்கு: —காலம் temps passé, — ancien.
*பிராக்சோதிஷர், P. பிராக்ஜோதிஷர்.
*பிராக்கு, 1° (prâk), passé, ancien, antérieur, dernier, avant, orient, est, oriental, de grand matin. 2° P. பூர்வம்: பிராக்காத்தப்படி selon l'ancienne manière; —சக்கரம் ou பிராக்சக்கரம் épicycle employé pour calculer la précession des équinoxes; —பற்குனி la 11me constellation; —பற்குனன் Vrihaspati né sous cette constellation; —பாவம் existence antérieure (opposé à பிராவபாவம்): —வருஷம் l'an passé, l'année dernière: —வருஷத்துக்கணக்கு compte de l'an passé; வருஷத்துப்பாக்கி ou நிலுவை arriéré de l'an passé.
*பிராங்கணம், பிராங்கணம், (prânga, na), espèce de tambour.
*பிராசகம், 1° (bhrâdjaka), bile, humeur bilieuse. 2° (prâsaka), dé à jouer. [conducteur de char.
*பிராசகன், (prâdjaka), cocher;
*பிராசங்கம், (prâsanga), joug, étable. [plumes.
*பிராசம் (prâsa), flèche garnie de
*பிராசயம், (பிராரம்பம்), commencement, origine.
*பிராசனம், 1° (prâdjana), croc d'éléphant. 2° (prâsana), manger, repas, donner du riz à manger: — பண்ணுவிக்க manger.
*பிராசாதம், (prâsâda), temple, palais: பிராசாதக்குக்குடம் pigeon, litt. volaille de temple; —மேற்கட்டம் terrasse sur le haut d'un maison, balcon; —கோபுரம் tour —, pyramide sur un temple.
*பிராசாபத்தியம், பிராசாபத்தியம், (பிராசாபதி, ya), mariage célébré devant le feu, avec le consentement des parens des 2 parties, sur la demande des parens de l'époux (c'est un des அஷ்டவிவாகம்), la ville d'Allahabad, espèce de pénitence qui consiste à manger 1 fois le matin pendant 3 jours, 1 fois le soir pendant 3 jours, vivre d'aumône 3 jours, et jeûner les 3 autres jours.

*பிராசாரம், (prâtchâra), manquement à la règle, inconduite.
*பிராசாரியன், (prâtchârya), écolier. [est, devant, avant.
*பிராசி, பிராசீ, (prâtchi), orient,
*பிராசிகன், (prâsika), lancier, soldat armé d'un javelot.
*பிராசிகை, (prâtchika), moustique, femelle du faucon.
*பிராசிதம், (prâsita), oblation aux mânes, présent.
*பிராசிபதி, (பிராசி est), le prétendu gardien de l'est, Indiren.
*பிராசீரம், (prâtchira), baie, mur, enclos, rempart.
*பிராசீனம், (prâtchina), orient, oriental, ancienneté, antiquité, mur, haie, défense: பிராசீனதிலகம் l'antique bottou, i.e. la lune; — பனசம் l'arbre ægle marmelos; — பர்கிஷ், —பர்கிஷன், (varhis lumière), roi V. பிராசிபதி.
*பிராசீனாவீதம், பிராசீனாவீதம், (பிராசீனம், ânita suspendu, ஆவீதம்), le cordon bramanique porté sur l'épaule droite et passé sous le bras gauche (comme dans la cérémonie dite சிராத்தம்), cordon que les choutres portent sur la poitrine: பிராசீனாவீதி brame qui porte le cordon de la manière susdite.
*பிராச், (prâtch), orient.
*பிராசேதசன், (பிரசேதசன்), le fils de Pratchêtasa, i.e. le poète et richi வான்மீகன் auteur du Râmâyana.
*பிராச்சித்தம், P. பிராயச்சித்தம்.
*பிராச்சியம், (prâtchya), orient, pays à l'est du fleuve Sarasvati.
*பிராஞ்ஞம், பிராஞ்ஞை, (பிர, ஞ்ஞை), intelligence, sagesse: பிராஞ்ஞத்தனம் sagesse, connaissance; — மானம் respect pour les savans.
*பிராஞ்ஞன், (id.), homme sage, intelligent, instruit, savant, docteur.
பிராட்டி, f. de பிரான், dame, maîtresse, femme de qualité.
*பிராணகம், (பிராணம், ka), animal, être vivant, habit.
*பிராணகாந்தன், —பிராணகாந்தி, (id., [illegible]

hara, hâri *qui ôte*), meurtrier, meurtrière, qui ôte la vie, qui tue.

*பிராணகாரகம், (*id.* hâraka *qui ôte*), ce qui ôte la vie, aconit.

*பிராணதம், 1° (*id.* da *qui donne*), ce qui donne la vie, sang, eau. 2° (prânatha), vent, lieu de pélérinage. 3° P. பிரணுதம்.

*பிராணநாதன், 1° (prânatha), homme fort, ancêtre du genre humain. 2° (பிராணம், da *qui donne*), celui qui donne la vie, père. [vent.

*பிராணாந்தம், (prânanda), air,

*பிராணம், (prâna), vie, âme, vitalité, air, vent, respiration, force, pouvoir, talent —, inspiration poétique, aspiration dans la prononciation des lettres: பிராணத்துக்குலைவருகிறது affecter la vie, la mettre en danger; பிராணத்தைப்போக்குகிறது ôter la vie *ou* பிராணத்தைவிடுகிறது abandonner la vie, se tuer soi-même, mourir; பிராணகத்தியை (hatyâ), meurtre; — கருமம் action vitale; பிராணசகி compagne de la vie, amie intime; —சங்கடம் embarras —, gène capable d'ôter la vie, péril de mort; —சமம், (சமம் *égal*), compagne pour la vie, épouse; —சவுக்கியம் bien-aise de la vie, richesse, prospérité; —சினேகம், —சினேகிதம் amitié intime; —சினேகிதன் ami intime, —du cœur; —சேதம் perte de la vie; —ஸ்தாபனம், V. பிராணபிரதிஷ்டை; —தாரகம் le soutien de la vie, 1re nourriture légère qu'on donne à un convalescent; —தாரகம் வார்க்கிறது verser —, donner cette nourriture à un convalescent; —தாரணம் soutien de la vie, ce qui sert à entretenir la vie: —துக்கம் chagrin mortel: —தசாவசம் article —, moment de la mort: —தியாகம் abandon de la vie, suicide, *ou* —தியாகம் பண்ணுகிறது donner sa vie; —நாசம் perte —, péril de la vie, mort; —நாதன், —நாயகன் seigneur de la vie, Dieu, mari: —நாயகி épouse; —பக்ஷம் amour cordial, aimer comme sa vie; —ப்பிரதிஷ்டை consécration d'une idole par laquelle les gentils prétendent lui donner la vie; —மைசேர்க்கம், —மயம் union —, rapport de l'âme et des sens, manière dont la vie agit dans les diverses parties du corps; —மித்திரு ami intime; —யத்தினம், P. பிராணயாத்திரை; —யாத்திரை support de la vie, subsistance; —வராகம் mort; —லயம், —விரோகம், —வதம் perte —, péril —, fin de la vie, mort; —லிங்கம் lingam que les linganistes infatués portent jusqu'à la mort et avec lequel ils sont enterrés; —வாயு un des 10 airs vitaux, qu'on dit résider dans le cœur; —விமுத்தி, (இறுதி) fin de la vie, mort; —ஹீனம், (ஈனம்), manque de vie, vie misérable et maladive: —ஹீனன் (*id*), homme faible, maladif, —sans vie; —வேதனை maladie —, tourment mortel; —வியயம், P. —வியயம் perte de la vie, mort.

*பிராணாலம், (பிராணம், na), vie, gorge, gosier.

*பிராணன், (prâna), vie, âme, un des 10 airs vitaux, celui qui réside dans le cœur, nom de Brama, l'esprit suprême: — விடுகிறது, — விட்டுப்போகிறது la vie ou l'âme quitter le corps, quitter —, laisser la vie, mourir; பிராணனைக்கொடுக்கிறது donner sa vie; பிராணனுக்குவலைகிறது affecter la vie, la mettre en danger; என்பிராணனைவாங்கவருகிற பாதகன் scélérat qui vient m'ôter la vie. [ஈ sur) V. பிராணேசன்.

*பிராணாதிநாதன், (பிராணன், அ

*பிராணாந்தம், (*id.* அந்தம்), fin de la vie, mort: —வருகிறது la fin de la vie arriver, être en danger —, être près de mort.

*பிராணாந்திகம், (*id.* அந்திகம்) meurtre, assassinat, destruction de la vie.

*பிராணாபாயம், (*id.* ஆ), obstacle à —; gène —, danger de la vie.

*பிராணாபானன், (*id.* அபானன்), les 2 premiers des airs vitaux: பிராணன் et அபானன்.

*பிராணாயாமம், (*id.* ஆயாமம்),

manière de respirer pendant la récitation mentale des noms d'une prétendue divinité: elle consiste pour les வைதிகர் ou sectateurs des vêdas à aspirer par la narine gauche, en fermant la droite avec le pouce, puis à fermer les 2 narines et enfin à rejeter la respiration par la narine droite. Ces 3 opérations s'appellent பூரகம், கும்பகம் et இரேசகம். D'autres les font dans un autre ordre.

*பிராணி,(பிராணம்,i), être vivant, créature vivante, animal: இலிங்கப்பிராணி celui qui porte un lingam jusqu'à sa mort et est enterré avec; — த்தியூதம் jeu d'êtres vivans, combat de béliers, — de coqs, —d'animaux l'un contre l'autre; — இம்சை tourment des animaux, — de la vie, cruauté envers les animaux; —மாதா mère; —யம்சம் partie animale comme lait, chair, os...

*பிராணேசன், (id. ஈசன்), le maître de la vie, mari. [சி.

*பிராணேசை, fem. du préc. épouபிராண்டுகிறது, P. பறண்டுகிற பிராதம், V. பிராதம். [து.

*பிராதக்காலம், (பிராதர்), le matin, le point du jour, le lever du soleil.

*பிராதக்கிருத்தியம், (id.), actions —, cérémonies —, adoration —, sacrifice du matin. [னம்.

*பிராதசந்தியாவந்தனம், V. பிராதஸ்

*பிராதர்க்கர்த்திமை, (பிராதர்), sacrifice du matin, ou [du jour.

*பிராதர்ச்சமயம், (id.), le point

*பிராதச்சந்தி, (id.), aurore, — du matin, lueur de l'aurore.

*பிராதஸ்நானம், (id), ablution —, bain du matin. [கள்.

*பிராதமசத்திகள், V. பிராதமசத்தி

*பிராதமிகர், (பிரதமம், ika), les premiers, les principautés, 7me chœur des anges, qui dirigent au bien selon les desseins de Dieu, les affaires générales des royaumes.

*பிராதமம், V. பிரதமம்.

*பிராதம்மியம், (பிரதமம், ya), priorité, primauté.

*பிராதர், 1° (prâtar), matin, aurore: d'ou பிராதராசம், (âsa manger), —போசனம் déjeûner: பிராதராசி qui a déjeûné. 2° (bhrâtâ), anciens. [— aîné.

*பிராதா, (bhrâtâ), frère, — utérin;

பிராதி, (பிராது), plaignant, demandeur —, plainte en justice, procès.

*பிராதிரு, (bhrâtrou), frère, — utérin: —சாயை, — பத்தினி belle sœur épouse du frère; — சன் neveu, fils du frère; —த்துவம் fraternité.

பிராது, accusation, plainte en justice..., procès, preuve: —க்காரன் le plaignant, celui qui intente un procès; — பண்ணுகிறது présenter une plainte, intenter —, faire un procès.

*பிராதேசம் (pradêsa), place, contrée, distance de l'extrémité du pouce à celle de l'index étendu, ou [sent.

*பிரதானம், (id. na), don, pré-

*பிராக்தனம், (prâktana ancienneté), action dont on jouit, destin, ancienneté, chose antique, ou பிராக்தனகர்மம் action dont on reçoit le fruit, —faite dans une vie précédente, destin; —கர்மபலன் fruit des actions de la vie précédente (dans le système de la métempsycose), ou — வினை fruit —, résultat de la destinée que l'on éprouve.

*பிராத்தனை, பிரார்த்திக்கிறது, பிரார்த்திப்பு, பிரார்த்தித்தல், V. பிரார்த்தனை....

*பிரார்த்தி, P. பிரார்த்தி. [ouest.

*பிராச்சியக்கு, P. பிரத்தியக்கு.

*பிராரத்துவம், (பிரார, துவம்). V. பிராரப்தம்: பிராரத்துவதேகம் corps reçu en vertu des actions de la vie précédente (selon la métempsycose).

*பிராந்தியகர், P. பிராந்தியகர்.

*பிராந்தம், (prânta), bord, limite, extrémité, marge, proximité: பிராந்தநகரம் faubourg, groupe de maisons proche ou hors des murs d'une —, ville, V. பேட்டை.

*பிராந்தரம், (prântara), route désorte, — longue et sans ombre, chemin solitaire, forêt, trou d'arbre: பிராந்தரநெடுவழி route longue et ennuyeuse.

*பிராந்தன், (bhrânta), nigaud, homme stupide et ignorant.

*பிராந்தி, (bhrânti), erreur, méprise, faute, stupidité, ignorance, trouble d'esprit, étourdissement, vertige, stupeur, vertige accompagné de —, diarrhée, inconstance, faiblesse, locomotion, tournoiement, rôder, tourner autour: — ஜாராஜாந்திமயம் mélange d'orgueil et d'ignorance ou d'illusion complète.

*பிராந்திநிவர்த்தன், (பிராந்தி, hara qui éloigne), ministre, — qui par ses conseils éloigne ou dissipe les méprises.

*பிராந்திமத்தலங்காரம், (bhrântimat qui erre, அலங்காரம்), figure qui consiste à confondre les objets.

*பிராந்தியம், P. புராந்தியம், ancienneté. [plaine, plain air.

பிராந்திரம், (புறம், அந்தரம்), பிராந்து, 1° P. பருந்து, milan. 2° P. பிராந்தி. [garde.

*பிராபகம், (prâpaka), protection,

*பிராபவணியம், (prâbhavanya), pouvoir, autorité.

*பிரபவம், (prâbhava), supériorité, primauté, prééminence.

*பிராபோதிகம், (prâbôdhika), point du jour. [tion.

*பிராப்தம், (prâpta), gain, obten-

*பிராப்தி, பிராப்த்தி, (prâpti), mérite, gain, profit, acquisition, réussite, succès, bonheur, satisfaction de tous ses désirs (c'est un des 8 dons prétendus dits அஷ்டமாசித்தி), élévation, montée, collection, assemblage, assemblée: உனக்குப்பிராப்தியில்லை tu n'a pas de bonheur….

*பிராப்பியம், (prâpya), chose obtenue, avantage, mérite.

*பிராமகம், (bhrâmaka). chacal, renard, tromperie, espèce d'aimant.

*பிராமணதை, (பிராமணன், tâ), qualité de brame

பிராமணத்தி, fém. de பிராமணன், bramine, fille ou femme de brame.

*பிராமணம், (brâhmana), assemblée de brames, portion des vêdas qui comprend les préceptes et les instructions.

*பிராமணன், (id.), brame, homme de la 1re caste des Indiens, sage qui a renoncé à tout; பிராமணர்கோஷ்டி assemblée de brames: — சண்டாளன் brame coquin, — vaurien, brame dégradé: — சாதி caste des brames: — தொழில் occupation des brames; — தன்மம் qualité de brame: — நாகம், — பாம்பு le serpent des brames, espèce de serpent: — போசனம் repas —, nourriture de brame: — வதம் bramanicide: பிராமணர்போசனப்பிரியர் les brames aiment la bonne chaire, ou sont avides de nourriture; பிராமணனுக்குப்பின்புத்தி l'esprit —, la réflexion vient tard au brame.

*பிராமணாநிக்கிரமம், (பிராமணன், அதிக்கிரமம்), injustice —, mépris des brames. [பிராமணத்தி.

*பிராமணி, (id. i), bramine, V. பி

*பிராமணிக்கம், (id ika), bonneur —, dignité —, décence de brame.

*பிராமணியம், (id. ya), assemblée de brames, état —, qualité de brame. [astre errant, planète.

*பிராமந்தியம், (bhrâmanta, ya),

*பிராமம், 1° (brâhma), bas —, racine du pouce, partie de la main, un des அஷ்டமணம் dit பிரமம், chose qui regarde Brama. 2° (bhrâma), erreur, vagabondage. [argent.

*பிராமபிங்கம், (brâhma pimgâ).

*பிராமரம், (bhrâmara), tournoiement dans, — autour, village, miel, épilepsie, roideur. [autorité, preuve.

*பிராமாணியம், (பிரமாணம், ya)

பிராமாதிடம், (பிரமாதிடம்), avis, faire connaitre.

*பிராமி, (brâhmi), la femme ou l'énergie féminine de Brama, Sarasvati, une des மாதர், bramine, fille ou femme d'un brame, la constellation உரோகிணி; fourmi rouge dite [illegible].

*பிராமியம்,(brâhmya). respect envers les brames, côté de la tête.

*பிராமித்தியம்,(prâmitya), dette.

*பிராயச்சித்தம், பிராயச்சித்தி,(பிராயம், சித்தம்), expiation, abolition, pénitence,punition —, pénitence pour le péché, cérémonie pour réintégrer dans les droits de la caste, partie de l'uxure; பிராயச்சித்த விதி règles pour la pénitence, pour l'expiation. [volontaire

*பிராயணம்,(prâyana), mort,—

*பிராயம், 1°(prâya), âge, état ou condition de la vie, jeunesse, âge nubile, — voulu,temps propre, mesure, péché, mort, abondance, jeûner jusqu' à la mort par religion ou par pénitence. 2° *adj. de* பிராய்: உனக்கென்னவயது—quel âge as-tu? எனக்கிருபது—உண்டு j'ai 20 ans; நாலு—âge de 4 ans; முதிர்ந்த—âge mûr, vieillesse; பால—jeunesse, âge tendre; விளையாட்டுப் – l'âge des jeux et des amusemens,l'enfance: – அறிகிறது connaître l'âge, arriver à l'âge de discrétion,à l'âge nubile:—தப்பிப்போயிற்று l'âge convenable est passé; பிராயப்படுகிறது arriver à l'âge convenable, à l'âge nubile: பிராயத்திலேசெய்கிறது faire (une chose) à l'âge convenable.

*பிராயோபவேசனம், பிராயோபவேசனிகை,(பிராயம்,உபவேசம், na, ika), s'abstenir de toute nourriture, jeûner jusqu'à la mort, s'asseoir par terre pour se laisser mourir d'inanition.

பிராய். l'arbre பறவை trophis aspera, பிராயம்பட்டை écorce médicinale de cet arbre.

*பிராரம்பம்,(பிர, ஆரம்பம்), commencement.

*பிரார்த்தநீயம், (prârthaniya), chose désirable, le 3me புருஷார்த்தம் des Indiens nommé தனாபுருஷம்.

*பிரார்த்தனம், பிரார்த்தனை, (prârthana—nâ), demande. supplique, supplication, prière, litanies, vêpres, salut, vœu, oblation, offrande, dîme; பிரார்த்தனைசெய்கிறது prier, faire un vœu; முக்கியமானது— offrande précieuse, prière ou litanies de prédilection.

பிரார்த்திக்கிறது, த்தேன், த்திப்பேன், த்த, த்திக்க, v.a. (பிரார்த்தனம்), *et* பிரார்த்தித்துக்கொள்ளுகிறது,prier, demander, supplier, faire un vœu.

பிரார்த்திக்கை, பிரார்த்திப்பு, *n.v. du préc.* prière, demande, supplication, vœu. [demandée.

*பிரார்த்திதம், (prârthita), chose

*பிரார்த்திதா,(prârthitâ), suppliant, solliciteur, demandeur.

*பிராலம்பம், பிரலம்பம்,(பிர, இலம்பம், ka), guirlande de fleurs (suspendue au cou...)

*பிராலம்பிகை,(பிராலம்பம், ikâ) guirlande,collier.

*பிராலேயம், (prâlêya), gelée,— blanche,givre: பிராலேயாமிசு, (அமிசு),la lune aux rayons glacés ou frais. [grains.

பிராவம்,terre –,champ à menus

*பிராவரணம்,(prâvarana),habit extérieur, robe.

*பிராவரம்,(prâvara),haie,enclos.

*பிராவாரம்,(prâvâra),habit extérieur, manteau; பிராவாரக்கீடம் pou d'habit. [des pluies.

*பிராவிருஷை,(prâvrouchâ ,saison

*பிராவிருதம்,(prâvrouta). voile, couverture,manteau.offrande.

*பிராவிருதி,(prâvrouti). haie.

*பிராவீண்ணியம், (பிரவீணம், ya), habileté.

*பிராவேசனம்,(பிர.ஆவேசனம்), atelier, manufacture, lieu où l'on fait travailler.

பிராவு,(prâ *remplir*. ஆறு).rivière remplie d'eau.- où l'on peut nager, réservoir plein.

பிரான் maître. –suprême, seigneur. Dieu. (et en style payen) Siven et autres faux dieux.

பிரி 1° *imp. de* பிரிக்கிறது,2° *imp. part. et n.v. de* பிரிகிறது, division, séparation. 3° *P.* புரி, corde. 4° la racine சேம்பு,arum.

பிரிகிறது, ரிந்தேன், ரிவேன், ரி, ரிய, v.n. ou பிரிந்துபோகிறது, se séparer, se désunir, se diviser, se déjoindre, se dissoudre, se défaire, se démonter, s'en aller, se retirer, s'éloigner, quitter, changer, பிரிந்துபோனபால் lait tourné; —வருகிறது se séparer des autres et venir; பிரியப்பண்ணுகிறது, —ச்செய்கிறது ou

பிரிக்கிறது, ரித்தேன், ரிப்பேன், ரி, ரிக்க, v.a. du préc. பிரிக்குதல், பிரித்தல், n.v. séparer, désunir, déjoindre, diviser, partager, dissoudre, mettre de côté, défaire, démonter, changer; பிரித்துக்கொள்ளுகிறது se séparer des autres; —ப்போடுகிறது séparer, partager, diviser en portions, faire les parts, défaire (le toit d'une maison); பிரித்தெடுக்கிறது séparer et choisir, —et prendre.

பிரிசம், P. பிரியம், cherté, rareté, amabilité: — ஆயிருக்கிறது être cher, —rare, plaire; — பண்ணுகிறது rendre cher, faire enchérir.

பிரிசல், 1° rareté, disette: — ஆயிருக்கிறது être cher, rare, difficile à trouver. 2° P. பிரிதல், séparation, différence: தானியப்பிரிசல் rareté —, cherté des grains, disette.

பிரிசாலம், (பிரி, சாலம்), trouble, importunité: — பிடிக்கிறது troubler, importuner, insister fortement.

பிரிச்சல், P. பிரித்தல். [tact.

*பிரிட்டி, பிரிஷ்டி, P. பிருஷ்டி,

பிரிதல், n.v. de பிரிகிறது, séparation, division, désunion, départ, éloignement.

*பிரிதி, P. பிரீதி.

*பிரித்தம், P. பிருக்கம், tact.

பிரித்தல், n.v. de பிரிக்கிறது, division, partage, séparation, éloignement, désunion, dissolution, chan-

பிரித்து, gér. du même. [gement

பிரிநிலை, (பிரி, நிலை), état séparé, disjonction, distinction, séparation, mise à part, chose pour distinguer, c'est le sens de quelques particules tamoules: —யுவமப்புதவிநிலையணி figure qui consiste à séparer ou distinguer la chose comparée pour montrer qu'elle à quelque chose de plus que l'objet auquel ou la compare; —யெச்சம், —யெஞ்சணி ellipse qui sert à séparer ou distinguer quelque chose. Ex. அவனோகொண்டான் est-ce lui qui a pris?

பிரிந்து, gér. de பிரிகிறது: பிரிந்திசைக்குறள் espèce de vers dits அம்போதரங்கம்; பிரிந்திசைத்துள்ளல் vers du genre dit கலிப்பா dans lesquels la connexion propre dite கலித்தளை est mêlée avec les autres; பிரிந்திசைத்தூங்கல் vers du genre dit வஞ்சி dans lesquels la connexion dite வஞ்சித்தளை est mêlée avec les autres.

பிரிபொருட்சொற்றொடர், (பிரி, பொருள்), espèce de licence ou de défaut des vers, qui a lieu lorsque le vers entier a plus d'un sens, et que le sens principal est partagé: Ex. பாலும்மதுவும்பனைபொழியும் le palmier verse (i.e. donne) du lait et de la liqueur enivrante. [ல்.

பிரிப்பு n.v. de பிரிக்கிறது, V. பிரித்த-

பிரிமணை, P. புரிமணை.

பிரிமொழிச்சிலேடை, (பிரி), sens divers —, ambiguïté résultant des diverses manières de séparer les mots. [de பிரியம்.

பிரிய, 1° inf. de பிரிகிறது. 2° adj.

*பிரியகம், (priyaka), les arbres கடம்பு et வேங்கை, cerf bariolé, abeille, safran.

*பிரியங்கு, (priyangou), sorte de plante médicinale, le தினை ou panicum italicum, moutarde noire, poivre long. [plaisir.

*பிரியதை, (பிரியம், tâ), affection,

*பிரியம், (priya cher), amabilité, agrément, amour, joie, plaisir, désir, objet chéri, chose aimée, —désirée, qui plait, cherté, disette, rareté: என்னபிரியம் qu'est-ce qui plait ou qu'on désire? இல்லாததுபிரியம் on désire —, on aime ce qu'on n'a pas ou ce qui n'existe pas; தானியப்பிரியம் rareté —, cherté des grains, disette. —காட்டுகிறது montrer de l'affection; —வைக்கிறது aimer, chérir; —

மாய்,—மா d'une manière qui plaît, agréablement, avec plaisir, avec affection, tendrement, volontiers; —மாய்ச்செய்கிறது faire avec plaisir, d'une manière qui plait;—மான வார்த்தை parole affable, agréable; பிரியக்காரன் aimable, affectionné; —சகி,—தோழி compagne chérie;—சத்தியம் entretien —, vérité agréable; —தத்தம் don agréable, grâce, faveur, bonté, clémence;—தரிசனம் agrément, bel air, perroquet; —த்து வம் amour, affection, agrément, amabilité, délice, plaisir;—பாஷணம் discours agréable:—ப்படுகிறது plaire, être agréable, aimer, se plaire à; —வாதி parleur agréable.

பிரியலர், (பிரிகிறது, அலர்), amis —, gens inséparables.

*பிரியவாளன், (பிரியம்), bien-aimé, homme chéri.

*பிரியன், (பிரியம்), homme chéri, bien aimé, aimable, qui aime, mari, amant.

பிரியா, பிரியாத, *part. nég. de* பிரிகிறது, *et* பிரிக்கிறது, inséparable, indivisible, non séparé: பிரியாவிடை congé pris avec une amitié inséparable, séparation en bonne amitié,—de corps les esprits restant unis. [demandeur, accusateur.

பிரியாதி, (பிரியாது), plaignant, பிரியாது, 1° plainte—, demande (en justice...), procès, accusation:—பண்ணுகிறது intenter procès, accuser, faire—, présenter une plainte (en justice.....) 2° *ou*

பிரியாமல், *gér. nég. de* பிரிகிறது *et de* பிரிக்கிறது.

*பிரியை, 1° *fém. de* பிரியன், bien-aimée, femme (en général), épouse, amante, petit—, cardamome, nouvelle, liqueur spiritueuse, espèce d'air.— de mélodie.—de vers. 2° *ou* பிரியாய், 2° *pers. sing. nég. de* பிரிகிறாய் tu ne te sépares pas...

*பிரியோத்தியம், (பிரியம். உத்தியம்), parole—, discours agréable.

பிரிவனை, *n.v. de* பிரிகிறது, désunion, différend, séparation, — par la mort, schisme:—காலமோமோ தெரியாது je ne sais si le temps de la séparation n'est pas venu (expression d'amis ou d'époux qui se brouillent)

பிரிவாற்றாமை, (பிரிவு, ஆற்றாமை), regret inconsolable d'une séparation (d'époux...).

பிரிவினை, 1° *acc. de* பிரிவு. 2° *P.* பிரிவினை, division, désunion, schisme, différend: காரர் schismatiques, gens de discorde.

பிரிவு, *n.v. de* பிரிகிறது, séparation, désunion, aversion, différend, schisme, partage, division, partie, paragraphe, section,—d'un livre, acte de comédie ou tragédie, disjonction:—காலம் temps de la séparation, de se séparer, du départ; —கணக்கு division (en arithmétique); —பண்ணிக்கொடுக்கிறது distribuer, partager,—et donner, diviser, faire les parts; பிரிவுண்டாக்குகிறது diviser, causer—, mettre la division, dissoudre (l'amitié...); பிரிவின் குறிப்பு marque de disjonction, la lettre ஏ qui sert de particule disjonctive.

*பிரீணம், பிரீணனம், பிரீதம், (prina,— nana,— ta), joie, satisfaction, satisfaire, procurer du contentement.

*பிரீதி, (priti), joie, plaisir, bonheur, amour, affection, tendresse, égard, le 2° des 27 யோகம். Rati, femme de காமன்:—தானம்,—தானம் don agréable:—வாகச்செய்கிறது faire pour plaire;—யாயிருக்கிறது plaire, être agréable;—யில்லை il n'y a pas de plaisir;—வசனம் parole—, discours agréable; இதை யவனுக்குப்— ceci lui plait:—lui est agréable. [bouffon, plaisant.

*பிரீதிதன், (பிரீதி, da *qui donne*),

*பிரீது, (priton), oiseau.

*பிருகதாரணியம், (vrouhat *grande*, ஆரணியம் *forêt*), un des 32 oupanichadas.

*பிருகதி, பிருகதி, (vrouhati), la plante கத்தரி, bringelle.

*பிருகு, (bhrougou), Bhrigou ou

Bhrougou, célèbre முனி, un des 31 முனிவர் et un des 10 பிரசாபதி premières créatures ou fils de Brama, (surnom de) Siven, Soukren conducteur de Vénus, Samadagni ou சமதக்கினி petit fils de Bhrougou, plaine sur une montagne, précipice, racine très tendre: —சுதன் le fils de Bhrougou, i.e. Soukren son propre fils, et Parasourâmen descendant et chef de la race de Bhrougou; —பதி Râmen, Parasirâmen, Balarâmen.

*பிருகுடி,(bhrou *sourcil*, kouti *courbure*), sourcil, froncement des sourcils.

*பிருங்கம்,(bhrounga), grosse abeille noire, escarbot.

*பிருங்கரிடன்,(bhroungarita), un des portiers ou capitaines de Siven, un chef de sa suite.

*பிருங்கி,(bhroungi), un des chambellans de Siven.

*பிருங்கீசன்,(பிருங்கி, ஈசன்), le maître de Brounghi, i.e. Siven.

*பிருச்சகன்,(பிருச்சை, ka), investigateur, examinateur.

*பிருச்சனம், பிருச்சை,(proutchtchhâ, na), demande, question, information.

*பிருச்சனம்,(bhroudjdjana), poêle à frire.

பிருடை, clef ou cheville de luth pour en tendre les cordes et les accorder.

*பிருஷ்டம், பிருட்டம், 1°(prouchtha), dos, le derrière, nuque du cou, superficie, surface. 2°(bhrouchta), chose frite, rôtie, grillée: பிருஷ்டகூந்தி bosse sur le dos; —பலம் contenu de la superficie d'une figure: —மாம்சாதகன், — மாம்சாதனன், (மாம்சம், அதனம், ada *qui mange*), calomniateur, médisant, qui dit du mal par derrière...

*பிருஷ்டி, பிருட்டி, 1°(prouchti,) rayon de lumière, toucher, tact, contact. 2°(bhrouchti), action de frire.

*பிருதகன், (பிருதன், ka), serviteur, homme salarié, —à gages, mercenaire, journalier.

*பிருதகாத்தியாபகன், (பிருதகன், அத்தியாபகன்). maitre salarié: பிருதகாத்தியயிதன் étudiant qui paie son maître.

*பிருதகாத்துமதை, (prouthak *séparément*, ஆத்துமம், tâ), discernement, jugement.

*பிருதகாத்துமா,(id.), individu, esprit individualisé, séparé de l'Ame universelle (selon les Indous.)

*பிருதகாத்துமிகை,(id. ikâ), individualité.

பிருதக்கரணம், பிருதக்கிருதம், (id.), discernement, distinction d'une chose d'avec l'autre.

*பிருதக்குணம், (id.), qualités diverses.

*பிருதக்சனன், பிருதக்குச்சனன், (id. சனம்), homme vil, méchant, pervers, pécheur, ignorant, nigaud: பிருதக்சனர், *pl.* gens vils..., enfans d'un même père par différentes mères.

*பிருதக்த்துவம், பிருதத்துவம், *id.* individualité, séparation, isolement.

*பிருதனை,(proutanâ). *V.* பிரதனை.

*பிருதன், பிருதாசன்,(bhrouta), *V.* பிருதகன்.

*பிருதாகு, பிருதாகு,(proudâkou), serpent, scorpion, tigre, léopard, éléphant, rat.

*பிருதி,(bhrouti), gage, salaire, nourriture, capital.

*பிருதாசன், பிருதாபதி, *V.* பிரதாசன், பிரதாபதி.

*பிருதிவி, (prouthivi), la terre (considérée comme fille du roi Prouthou): —ஈசுரன், —பதி, —பாலன் roi, Yamen; —தலம் surface de la terre.

*பிருது,(prouthou), ce qui est —, grand, grandeur, largeur, robe, Prouthou, 5° monarque de la dynastie solaire dans le 2° யுகம், Agni ou அக்கினி prétendu dieu du feu, opium; —சேகரம் montagne, —à larges pics; —மானம் intervalle entre les —, milieu des défenses de l'éléphant: —ஸ்கந்தம் l'ours au larges épaules: —ரோமம்(உரோமம்), poisson, (ses écailles sont comparées à de) larges poils.

*பிருதிவி, (prouthvi), la terre; —மண்டலம் le globe de la terre.[me.

*பிருதுகை, (id.ka), cardamo-

*பிருதூதரம், (பிருது, உதரம்). bélier, — à large ventre.

*பிருதூதரன், (id.), homme—, gros ventre.

*பிருதை, (prouthâ), Kountidêvi, femme de Pandou, V. குந்தி.

*பிருக்தம், (proukta), richesse, possession, ou [contact.

*பிருக்தி, (prouktì), toucher, tact.

*பிருத்தியதை, (பிருத்தியர், tâ), V. பிருத்தியத்துவம்.

*பிருத்தியர், (bhroutya, nutriendus), esclaves, serviteurs: பிருத்திய ஜனன் homme qui a beaucoup d'esclaves; — த்துவம் servitude, dépendance, service; — பத்தா maître de famille qui prend soin de ses serviteurs: — பரணம், — விருத்தி soin —, entretien de ses serviteurs, de ses gens; — வாத்ஸல்யம் bonté pour ses gens. [titude, le basilic துளசி.

*பிருந்தம், (vrounda); foule, mul-

*பிருந்தை, (vroundâ), le basilic துளசி, Vroundei femme du géant சலந்தரன்.

*பிரேக்ஷகன், (பிரேக்ஷக, ka), spectateur.

*பிரேக்ஷணம், பிரேக்ஷணம், (பிரேக்ஷணம்), œil, vue, regard, spectacle public, place des spectacles publics.

*பிரேக்ஷணிகை, பிரேக்ஷணிகை, (id. ika), femme curieuse, avide de voir des spectacles.

*பிரேக்ஷை, பிரேக்ஷை, (பிர, ikcha voir), intelligence, esprit, danse, vue, regarder, observer, branche d'arbre.

*பிரேஷம், பிரேஷணம், பிரேஷிதம், பிரேட்டம், பிரேட்டணம்... 1° (prêcha, na, ita), envoi, envoyer, dépêcher. 2° (bhrêcha,—na), allée, aller, déviation du bon chemin.

*பிரேஷ்டன், m. பிரேஷ்டை, f. பிரேஷ்டம், n. (பிரியம், இஷ்டம்), homme —, femme —, chose aimable.

*பிரேதம், (prêta), cadavre, corps mort, mânes, ancêtres, esprit du mort avant les funérailles, revenant, démon, fantôme, esprit, — malin, vampire, le midi, après: பிரேதகருமம், — காரியம், — கிருத்தியம் obsèques, cérémonies funèbres: — ஹாரி (hâra qui prend), celui qui porte le cadavre; — ஸ்தானம் séjour des morts, cimetière, sépulcre; — குடம் cruche ou urne funéraire, — des morts; — க்குழி fosse, — pour enterrer; — சுத்தி nettoiement d'un cadavre, purification après la mort d'un parent; — தூமம் fumée du bûcher funèbre; — த்துவம் état de cadavre; — நதி fleuve des enfers, enfer; — பதி cadavre, fantôme, esprit; — நிர்ஹாரகன், — நிர்ஹாரி, (nîrhâraka qui emporte), porteur de cadavre; — பக்ஷம் seconde partie d'une lunaison, de la pleine lune à la nouvelle; — படகம் tambour funèbre; — பதி, — ராஜன் le roi des morts, i. e. Yamen; — பாத்திரம் vase qui sert aux cérémonies funèbres; — லோகம் le monde ou la demeure des mânes, — des morts (selon les Indous), le coin du monde où ils sont censés demeurer un an ou jusqu'à ce que les cérémonies funèbres soient finies, le côté du sud; — வனம் cimetière, lieu où l'on brûle les morts.

*பிரேதாலங்காரம், (பிரேதம், அலங்காரம்), décoration —, ornement du cadavre pour les funérailles; — பண்ணுதல் orner le corps pour les funérailles.

*பிரேதான்னம், (id. அன்னம்), riz cuit offert —, oblation aux mânes,

*பிரேதோதகம், (id. உதகம்), offrande aux mânes,

*பிரேமம், (prêma), tendresse, plaisir, amusement: பிரேமபாஷ்பம் chassie, pleurs.

*பிரேயம், (prêya très-cher), caillou, — fermenté, jus de cocotier...

*பிரேரகம், (prêraka), conduite d'une affaire, couver.

*பிரேரகன், (id.), celui qui conduit

duit une affaire, intendant, gérant.

*பிரேரணம், (prêrana), envoi, direction, conduite, ordre, commandement, chasser, mener, faire marcher, passion, sens du verbe causatif.

*பிரோராவிருத்தை, பிரோராவிருத்தை, (பிர devant, ra aller, ஆவிருத்தை), état où l'âme agit, — peut accomplir ses actions.

பிரேரிக்கிறது, பிரேரித்தேன், பிரேரிப்பேன், பிரேரிக்க, v.a. பிரேரித்தல், n.v. (பிரேரணம்), conduire, diriger (une affaire...), couver.

பிரை, moitié, présure, substance employée pour faire cailler le lait...: — அரைப்பிரைக்காணி demi-quart ou 8e de mesure.

*பிரோகம், (prôha), nœud, jointure, cou-de-pied —, pied de l'éléphant, logique, raisonnement.

*பிரோக்ஷணம், பிரோட்சணம், பிரோக்ஷிதம், (prôkchana, — ita), meurtre, sacrifice d'animal, aspersion, — d'eau, prière des païens pendant l'immolation d'un animal: பிரோக்ஷணீபாத்திரம், (î augment), vase pour faire l'aspersion.

பிரோக்ஷிக்கிறது... V. புரோக்ஷிக்கிறது...

*பிரோஷிதன், (prôchita), absent, exilé, demeurant en pays étranger.

*பிரோதம், (prôtha), haillon, vieil habit, nez de cheval, cuisse, hanche, embryon, fétus.

*பிரோக்தம், (prôkta), chose dite, révélée: தேவப்பிரோக்தம் chose révélée de Dieu.

*பிரோற்சாகம், பிரோற்சாகனம், பிரோற்சாகிதம், (பிர, உற்சாகம், na, ita), effort, instigation, excitation.

*பிரோற்சாககன், (பிரோற்சாகம், ka), instigateur, conseiller.

*பிரௌடை, (praoudhâ), femme d'un âge mûr, de l'âge de 30 à 55 ans, matrone, [die.

பிலகரி, espèce d'air ou de mélo-

*பிலக்ஷம், (plakcha), l'arbre இத்தி, une des 7 îles des Indous.

பிலசம், cumin noir.

பிலஞ்சலோபம், (பிலம்), fourmi, — qui fait son nid sous terre.

*பிலம், 1° (vila), cave, chambre souterraine, souterrain, caverne, — de montagne, trou —, nid sous terre. 2° P. பலம்: பிலத்துவாரம் ouverture de souterrain, chemin de l'abyme.

*பிலவ, — வருஷம், (பிலவம்), la 35me année du cycle de 60 ans correspond à 1841 et 1901.

*பிலவகதி, (பிலவம் saut, கதி), ce qui marche par sauts, i. e. la grenouille, saut de grenouille.

*பிலவகம், (id. ga qui va), grenouille, — maigre, singe.

*பிலவங்கன், 1° (id. id.), Arounen, cocher du soleil. 2° (id. ka), danseur de corde.

*பிலவங்க, — வருஷம் (பிலவங்கம்), la 41me année du cycle indien, qui correspond à 1847 et 1907.

*பிலவங்கமம், (பிலவம், கமம் qui va), animal bondissant, singe, grenouille.

*பிலவங்கம், (id. ga qui va), animal qui bondit, cerf, singe, grenouille.

*பிலவம், (plava), saut, bondissement, singe, grenouille, brebis, natation, nager, pièce d'eau, radeau, plongeon, pelicanus fusicollis, espèce de canard, nasse ou panier pour prendre le poisson, son prolongé, penchant, terrain en pente, ressemblance, basse caste, sorte d'herbe, herbe odoriférante, l'arbre சுக்கை, mimosa. [plonger, inondation.

*பிலவனம், (plavana), sauter,

பிலவன், 1° P. பிலம் ou பலவன். 2° fourmi. [—ikâ), radeau.

*பிலவாகை, பிலவிகை, (plavâkâ,

பிலாக்கு, sorte de bijou du nez.

பிலாக்கடை, grenouille de mer.

*பிலாவம், பிலாவனம், (plâva, na), submersion, plonger, tremper, remplir, — jusqu'au bord.

பிலாவு, gén. பிலாவின், P. பலா.

பிலிம்பி, பிலிம்பி, l'arbre averrhoa bilimbi.

பிலிற்றுகிறது, றினேன், றுவேன், று, க, v. a. பிலிற்றல், பிலிற்றுதல், gargariser. V. அரற்றுகிறது.

*பிலீகம், பிலீகை, (plihan, —hâ), rate, foie, maladie de foie, — de la rate: பிலீகக்கினம்; —சத்துரு, பிலீகாசத்துரு, (ghna *qui tue*, சத்துரு), la plante andersonia rohitaka bonne contre les maladies du foie.

*பிலீகசம், (பிலீகம், அசம்), l'arbre அசம்.

பிலுக்கன், (பிலுக்கு), fat, faquin, petit maître, vaniteux, affecté dans ses vêtemens.

பிலுக்கு, pompe, affectation, faquinerie, parade, vanterie, vanité: —க்காரன், V. பிலுக்கன்.

பிலுபிலுக்கிறது, லுத்தேன், லுப்பேன், லு, லுக்க, v. n. பிலுபிலுத்தல், n. v. (பிலுபிலு), faire du bruit.

பிலுபிலு, son imitatif: பிலுபிலுவென்றுவருகிறது courir sur quelqu'un, venir avec un grand bruit et en grand nombre.

*பிலுஷம், பிலோஷம், பிலோடம், (plouchа, plôcha), combustion, brûler.

பில்கல், பில்குதல், n. v. de

பில்குகிறது, கினேன், குவேன், கு, க, v. a. gargariser, dégoutter, filtrer.

பில்முகத்தரவினும், terre faiblement imposée, — qui paie un faible impôt au gouvernement.

பில்லங்குழல், பில்லாங்குழல், P. புல்லாங்குழல்.

பில்லடை, P. புல்லடை.

*பில்லம், (pilla), taie à l'œil, cataracte, œil chassieux: — குத்துகிறது, — உரிக்கிறது ôter —, enlever la cataracte.

பில்லரி, P. புல்லரி.

*பில்லர், (bhilla), les Bhils, espèce de caste barbare qui vit de pillage vers le fleuve Narmada.

பில்லி, sorcellerie, magie, — noire, espèce de démon, chat: — சூனியம் sorcellerie, — pour nuire, magie, sortilége, sort; — சூனியக்காரன் sorcier, magicien; — சூனியம்வைக்கிறது mettre —, jeter un sort, un sortilege, placer des matières magiques; — சூனியமெடுக்கிறது découvrir et ôter les matières magiques; — பட்டாளம் cortége de démons; — யத்தி le chardon பெருநெருஞ்சில்; பில்லிக்குராயன் le roi des sortiléges, le démon, l'herbe odoriférante இலாமிச்சை.

பில்லு, P. புல்லு.

பில்லை, P. வில்லை.

பிழக்கடை, 1° P. புழைக்கடை. 2° derrière de la maison.

பிழம்பு, grande étendue, intensité, aggrégation, foule. V. தம்பம்: இருட்பிழம்பு ténèbres épaisses.

பிழா, vase, réceptacle, corbeille ou panier en feuilles de palmier.

பிழார், panier pour arroser (en tirant l'eau d'un étang...).

பிழி, 1° callou, — ou jus de cocotier... fermenté. 2° *imp. et part. de*

பிழிகிறது, பிழிந்தேன், பிழிவேன், பிழி, பிழிய, v. a. *et* பிழிந்துபோடுகிறது, exprimer (le jus, le suc, l'eau...), presser, exprimer en pressant, en tordant, tordre et exprimer, faire sortir, — jaillir en pressant.

பிழிதல், பிழிவு, *n. v. du préc.* action d'exprimer.

பிழியர், (பிழி), marchands de callou.

பிழுக்கை, crotte (de chèvre, de brebis, de rats, de lièvre...).

பிழை, 1° faute, manquement, erreur, bévue, méprise, inadvertance, fausseté, mensonge. 2° *imp. et part. de* பிழைக்கிறது: ஆசாரப்பிழை incivilité, manquement aux usages, aux convenances; பிழைசொல்லேல் ne dis pas de faussetés, de bévues...; பிழைக்காயம் blessure légère, — non mortelle (après laquelle on peut vivre, ou qui a manqué son coup): — க்கடை, P. புழைக்கடை; — தட்டுகிறது se frapper la poitrine par aveu de ses fautes; — பாடு erreur, faute, manquement; — படுகிறது se tromper, être fautif; — பார்க்கிறது examiner les fautes, reviser, corriger; — யாய்ப்போகிறது se trouver faux, erroné, fautif, devenir fautif; [illegible]

பொறுக்கிறது, நீபொறுக்கப்போகாதோ l'eau même pardonne 3 fautes (ne noie qu'après qu'on est revenu 3 fois à la surface), toi, ne peux-tu pas pardonner?

பிழைக்கிறது, பிழைத்தேன், பிழைப்பேன், பிழை, பிழைக்க, v. n. 1° vivre, subsister, gagner sa vie, survivre, échapper à la mort, — à un danger, se rétablir. 2° (பிழை), manquer, errer, se tromper, faire une faute, devenir —, être fautif, erroné: பிழை vis, puisses tu vivre! நான்பிழைத்தால் si je vis: பிழைக்கமாட்டான் il ne vivra pas, il ne guérira pas, il ne saurait échapper à la mort; பிழைத்திருக்கிறது vivre, être en vie, se porter bien, avoir échappé à la mort, gagner sa vie, s'être trompé...; வியாதியினின்றுபிழைக்கிறது se rétablir d'une maladie; சருப்புக்காலத்துக்குப் பிழைத்தேன் j'ai échappé à la famine.

பிழைக்கை, பிழைத்தல், n. v. du préc. faute, erreur, bévue, non réussite, manquement, méprise, subsistance, vivre, survivre...

பிழைப்பிக்கிறது, v. caus. du même, faire vivre, entretenir, conserver la vie, soutenir.

பிழைப்பு, n. v. பிழைக்கிறது, vivre, vie, subsistance, moyen de vivre, santé —, vie spirituelle, secours: — தேடுகிறது, — பார்க்கிறது chercher sa subsistance, un moyen de vivre, de l'ouvrage ou un emploi: பிழைப்புள்ளவிடம் place où l'on trouve de quoi vivre: பிழைப்புக்கலைகிறது se donner du mouvement pour sa subsistance, se procurer de quoi vivre à force de trimer: அவனுக்குப் பிழைப்பில்லை il n'a aucun moyen de vivre.

பிழைப்பூட்டு, (பிழைப்பு, ஊட்டுகிறது), moyen de vivre, subsistance.

பிழைப்பூட்டுகிறது, (id.), faire vivre, entretenir, procurer —, montrer un moyen de vivre, ranimer, rendre la vie: இந்தவைத்தியன்போனுயிரைப் பிழைப்பூட்டினான் ce médecin lui a rendu la vie au moment où elle s'échappait.

பிழையாமை, n. v. nég. de பிழைக்கிறது, ne pas faire de faute, d'erreur, infaillibilité, ne pas vivre: பெரியோரைப் பிழையாமை ne pas faire de fautes envers les grands ou en leur présence.

பிளகு, V. பிளவு.

பிளக்கிறது, பிளந்தேன், பிளப்பேன், பிள, பிளக்க, v. a. பிளக்குதல், பிளத்தல், n. v. 1° ou பிளந்துபோடுகிறது, fendre, crevasser, diviser, déchirer, couper. 2° v. n. ou பிளந்துபோகிறது, se fendre, se crevasser, crever, se diviser, se briser, se déchirer: — வைக்கிறது fendre et mettre de côté; அவனைப்பேச்சிலேபிளந்தான் il lui a coupé la parole, il l'a vaincu dans la dispute, il lui a fendu le cœur par des paroles dures.

பிளச்சு, (பிளக்கிறது), chose fendue, crevassée, déchirée, latte.

பிளத்தல், பிளந்து, n. v. et gér. de பிளக்கிறது.

பிளப்பு, n. v. du même, fente, fissure, crevasse, brisement, morceau, tranche: பாக்கு வெட்டி ஒருபிளவு கொடு coupe la noix d'arec et donne m'en un morceau; — தேங்காய் morceau de coco.

பிளவு, n. v. du même, fente, crevasse, déchirure, fissure, éclat, morceau, — d'arec, moitié du குன்றிமணி employée comme poids.

பிளவை, (பிளக்கிறது), ulcère, — crevé, — invétéré, cancer, charbon: விரற் — panaris aux doigts, pustule à leurs jointures: — புறப்படுகிறது un ulcère se former, — sortir ou se déclarer; பிளவையைச்சத்திரம்பண்ணுகிறது faire l'opération ou l'incision d'un ulcère; பிளவைவெடித்துச்சாகிறது mourir d'un ulcère qui crève.

பிளாச்சி, பிளாச்சு, (பிளக்கிறது), latte, brochette, chose plate: கமுகம் — latte d'aréquier; பிளாச்சடிக்கிறது clouer —, mettre les lattes, latter.

பிளிச்சி, alun.

பிளிக்கிறது, பிளித்தேன், பிளிப்பேன், பிளி

[illegible] *et* பிலிற்றல், *n. v.* lancer, vomir, répandre.

பிலிற்றுகிறது, [illegible], *v.a.* [illegible], *n.v.* gargariser, vomir, lancer.

பிளிறல், *n.v.de* பிளிறுகிறது, son, bruit, - sourd, —confus (de paroles ou d'une multitude...), cri de l'éléphant, fente, fissure, déchirement.

பிளிறு, bruit, — confus de voix, grand bruit, fracas, son inarticulé, boue, *n.v.imp.et part. de*

பிளிறுகிறது, பிளிறினேன், பிளிறுவேன், [illegible], *v. n.* faire du bruit, retentir, résonner, se fendre, se crevasser, éclater, crever, ‖ *v.a.* exciter.

பிளிறொலி, ([illegible]), mugissement —, cri de l'éléphant et autres animaux, bruit de choses qui éclatent, [illegible]

பிள், *imp.de* பிட்டுகிறது *et de* பிள்ளு

பிள்ளுகிறது, பிண்டேன், பிள்வேன், பிள், பிள்ள, *v.n. de* பிட்டுகிறது, se briser, se casser, se rompre, se fendre, éclater, crever, *V.le gér.* பிண்டு.

பிள்ளைக்குழல், *P.* புல்லாங்குழல்.

பிள்ளாய், 1e *vocatif de* பிள்ளை, ô enfant: ஏன் பிள்ளாய் pourquoi, ô jeune homme: பிள்ளாயென்கிறது dire: enfant, traiter familièrement un jeune homme, un disciple ou un serviteur.

பிள்ளுகிறது, [illegible], *ou* [illegible], [illegible], *v.n.* [illegible], *n.v.* *P.* பிள்கிறது.

பிள்ளை, enfant, (garçon ou fille, mais surtout garçon), fils, fille, jeune homme, petit des oiseaux (et surtout petit de l'oiseau அன்றில் dit அன்றிற்குஞ்சு, du petit oiseau noir dit கிக்குருவி, du singe et autres animaux qui vivent sur les arbres, du cochon, du chat, du cerf, du lièvre, jeune arbre, plant d'arbre, jeune cocotier, — aréquier, titre honorifique qu'on ajoute au nom propre des vellâjers et de quelques autres castes, affixe joint au nom de quelques animaux et oiseaux, (comme [illegible] écureuil ou rat palmiste, கீரிப்பிள்ளை mangouste, கிளிப்பிள்ளை perroquet), l'oiseau கிக்குருவி, — [illegible] mainate, [illegible] forme de Siven, corbeau, mangouste, perroquet: — கொல்லி nom d'une maladie, maladie qui tue les enfans; — [illegible] embryon informe; — [illegible] le 2e des பிரபந்தம் poème dans lequel on décrit les actions et les amusemens de l'enfance d'un grand personnage, d'un dieu ou déesse prétendus, poème composé d'expressions choisies et employées dans les anciens ouvrages; — கற்றாழை espèce de கற்றாழை ou d'aloès; — கிணறு petit puits creusé dans un plus grand, quand ce dernier est à sec; — [illegible] petit bracelet d'enfant: — [illegible] citadelle, mur d'entourage, *V.* [illegible]: — [illegible] toile —, sómen d'enfant: — [illegible] pousser... un enfant, causer l'avortement; — [illegible] nom d'une plante; — [illegible], *V.* பிள்ளைக்கவி, — [illegible], — [illegible] enfance, état —, caractère d'enfant, puérilité; — [illegible] jeune femme —, femme enceinte, — nouvellement accouchée, — qui allaite, qui nourrit; — [illegible] coco à planter, — qu'on a mis germer (pour être ensuite transplanté); — [illegible] espèce de scorpion: — [illegible] lanterne ou petit dôme sur un plus grand; — [illegible] un enfant naître; — [illegible] attendre ses couches, la naissance d'un enfant: — பெறுகிறது accoucher, enfanter, mettre au monde un enfant; — [illegible] chant —, chanson —, poésie d'enfant, *V.* பிள்ளைக்கவி; — [illegible] comme un —, en enfant; — [illegible] élever comme son enfant; — [illegible] lune à son croissant; — [illegible] l'insecte dit gryllus qui mine les couches des jardins; — [illegible] accouchement, enfantement, temps de l'enfantement; — [illegible] voir l'accouchement, assister dans l'accouchement; — பெறுதி தாய்ப்பவள் sage-femme; — மகனுக்கு பெற்றோர்மனம்பித்து le cœur d'un enfant est de pierre tandis que celui de ses parens est d'une tendresse excessive; — மாபிறப்பு homme distingué, de haute naissance; — மாண்மடவான் jeune homme, — garçon: — புள்ளையாயிருக்கிறது être enceinte; — உள்ளாயிருக்கிறவள் celle qui est —, femme enceinte; — குழி banc d'enfant, creux pour mettre le pied d'un mât: — வருகிறான் le maitre de la maison vient; — விழுகிறது l'enfant tomber, —avorter, faire une fausse-couche; பிள்ளைமஞ்சணீர்குடிக்கிறது adopter un enfant, l'adopter en buvant de l'eau de safran. [ce.

பிள்ளைமை, (பிள்ளை, மை), enfance.

பிள்ளையார், (id.), Poulléyar, surnom de Vinâyaguen fils aîné de Siven; — சுழி le signe (உ), le cercle de Poulléyar que les Sivénistes mettent en tête de leurs lettres et de leurs livres, (les Vichnouvistes le regardent comme une abréviation de ஓம், qu'ils regardent comme le nom mystique de la divinité. Dans les autres langues de l'Inde on emploie le mot Sri ஸ்ரீ qui désigne Lakchimi). lettre muette.

பிற, 1° adj du prochain, étranger, autre, extérieur. 2° imp et part. de பிறக்கிறது. 3° particule explétive: பிறசிநேகம் amour du prochain: பிறர் நூல்முடிந்ததுநாட்டல் un des 32 யுக்தி, approuver les ouvrages d'autrui, avouer qu'ils sont finis: — பாஷை langue étrangère: — முகம் visage étranger: — முகம்பார்க்கிறது regarder un visage étranger, commettre un adultère: — முகம்பார்த்தவள் femme adultère: — மொழி mot étranger, V. அன்மொழி; பல குடிலவரிசி கொண்டுபோவோமென்று பிறவினைச் சொற்றிற் றன்றுட்கேட்க மாட்டோமென் lorsque nous lui demandions quelques grains de riz, lui, connaissant et considérant en lui-même sa haute naissance, nous donna un éléphant.

*பிறகாம், P. பிராகம், veille de la nuit; espace de 3 heures, 8e d'un jour, garde.

பிறகிக்கிறது, கீத்தேன், கிப்பேன், கி, கிக்க, v.n. (பிறகாம்). பிறகிக்கல், n.v. garder, veiller, monter la —, être de garde, faire le quart.

பிறகாசம், l'arbre அகில்.

பிறமடுகிறது, (பிற, மடுகிறது), reculer, retourner —, demeurer en arrière, être défait: பிறமிடல், et

பிறமடுதல், n.v. du préc. retraite, défaite, V. தோற்றல்.

பிறகு, le dos, le derrière, partie postérieure, adv. après, derrière: அதற்குப் —, அதன்பிறகு après cela; — வா viens ensuite, — après, — après un moment ou derrière; — காட்டுகிறது montrer —, tourner le dos, prendre la fuite: பிறகாலே, பிறகே derrière, par-derrière, en arrière, après; ஒருத்தர்பிறகாலே ஒருத்தராக l'un après l'autre; என் —, எனக்குப்பிறகே derrière moi.

பிறக்கணிக்கிறது, கணித்தேன், கணிப்பேன், கணி, கணிக்க, v.a. பிறக்கணித்தல், n.v. (பிறகு, கணிக்கிறது, கு élidé), dédaigner, mépriser, ne pas faire cas. [dain, mépris, dépit.

பிறக்கணிப்பு, n. v. du préc. dé-

பிறக்கம், crainte, branche d'arbre, regard du coin de l'œil.

பிறக்கிடுகிறது, (பிறக்கு, இடுகிறது), se retirer, reculer, tourner le dos: பிறக்கிடல், n.v.

*பிறக்கியாதி, பிறக்கியாதி, P. பிராக்கியாதி.

பிறக்கிறது, பிறந்தேன், பிறப்பேன், பிற, பிறக்க, v.n. பிறக்குதல், பிறக்கை, பிறத்தல், n.v. naître, venir au monde, paraître, venir, procéder, sortir de, se former, être conçu, surgir, commencer, se lever: உடப்பிறந்தவன் P. உடன்பிறந்தவன் ou கூடப்பிறந்தவன் frère germain, — de père et de mère; செய்தி பிறந்துபோயிற்று un bruit s'est répandu, — a pris naissance, est répandu ou s'est dissipé: மன-

மாதம்பிறந்தது le mois est commencé: ஒரு குற்றத்தினாலே பலகுற்றம் பிறக்கும் d'une faute en proviennent un grand nombre, une faute donne naissance à plusieurs autres; புறம் [illegible] un bruit ou une voix partie du ciel.

பிறக்கம், பிறக்கை, பிறக்குதல், n. v. du préc. V. பிறத்தல்.

பிறக்கு, (பிறகு), 1° postériorité, après, le derrière, côté postérieur, dos, faute, défaut. 2° particule explétive. *Ex.* [illegible] pour que le désir de ceux qui sont venus avec désir (d'argent...) soit satisfait.

பிறக்கும், *part. fut. de* பிறக்கிறது.

பிறங்கடை, (பிறங்கு, அடை), fils, gendre.

பிறங்கல், *opt. et n. v. de* பிறங்குகிறது, hauteur, grandeur, roi, abondance, accroissement, plénitude, petite —, montagne, régle, bonne conduite, retentissement, son, éclat splendeur. [rêt.

பிறங்கியம், vieille et épaisse forêt.

பிறங்கு, 1° articulation —, jointure des doigts. 2° *imp. de* பிறங்குகிறது, கினேன், குவேன், கு, *v. n.* பிறங்குதல், *n. v.* s'élever, être élevé, résonner, retentir, croitre, augmenter, être plein, briller.

பிறசாதம், l'arbre கொக்கு, teck.

பிறசாலி, l'herbe [illegible].

பிறஸ்தானம், V. பிரஸ்தானம்.

பிறதாரம், (பிற), femme d'autrui.

*பிறதிக்கினை, *P.* பிரதிக்கினை, résolution, dessein.

பிறத்தல், *n. v. de* பிறக்கிறது, naissance, apparition, sortie, venue, procession, commencement, origine.

பிறத்தானம், (பிற), autre lieu, lieu extérieur. [ளி.

பிறத்தியகபன்னி, la plante [illegible]

*பிறத்தியுத்தரம், *P.* பிரத்தியுத்தரம், réponse.

பிறத்தியம், *P.* புறத்தியம், mise en —, liberté, exclusion, exception.

பிறந்த, *part. parf. de* பிறக்கிறது, né...: — மேனம், — மேனி état —, corps, tel qu'il fut à sa naissance, *i.e.* état de nudité; — மேனமாய், — மேனியாய், — [illegible] dans un état de nudité, tel qu'on est né; — நாள், — நாள் jour de la naissance; பிறந்தவெல்லாம் இறக்கவேண்டும் tout ce qui est né doit mourir.

பிறந்தகம், (பிறந்த, அகம்), maison où l'on est né, maison paternelle ou maternelle, dons faits —, mobilier donné à l'époux quand il entre en ménage et comme envoyés avec sa mariée, don offert à une jeune femme par sa mère après la naissance de son premier enfant: — கொடுக்கிறது, — அனுப்புகிறது envoyer —, faire —, prendre les présens susdits. [*euphonique*), naissance.

பிறந்தகம், (பிறந்த, அம், *affixe* ou

பிறந்தாள், *P.* புறந்தாள், le dessus du pied. [nature, péché.

பிறந்தை, (பிறந்த), naissance,

பிறப்பார், 1° *n. app. et* 3° *pers. fut. pl. de* பிறக்கிறது ceux qui —, ils naitront. 2° la plante நாய்வேளை.

பிறப்பிடம், (பிறப்பு, இடம்), lieu de la naissance, endroit natal, demeure, origine.

பிறப்பிக்கிறது, *v. caus. de* பிறக்கிறது, faire naitre, engendrer, produire, former.

பிறப்பிலி, (பிறப்பு, இலி), chose innée, naturelle, personne sans proches parens, ou

பிறப்பில்லான், பிறப்பில்லாதவன், (பிறப்பு, இல்லான்), celui qui n'a ni naissance, ni proches, *i. e.* Dieu, (et à tort) Siven.

பிறப்பு, *n. v. de* பிறக்கிறது, naissance, nativité, fraternité, frère ou sœur, commencement, origine, crainte, étroitesse, resserrement, nom technique d'un pied composé de 2 brèves et d'un உ très-bref: பிறப்பிறப்பில்லான் celui qui n'a ni naissanse ni mort, ni commencement ni fin, *i.e.* Dieu, l'Éternel: பிறப்புளா ே naturel, inné, ce qui vient de la naissance: பிறப்புக்கு பிறப்புக்கும்

போதும் cela me suffit depuis ma naissance jusqu'à ma mort; பிறப்பு-ள les 7 différens genres de naissances ou d'êtres qui sont nés ou ont eu un commencement: தேவர் les dieux Indous, (on devrait plutôt dire வானோர் les esprits célestes ou les anges), மக்கள் les hommes, விலங்கு les animaux, புள் les oiseaux, ஊர்வன les reptiles, நீர்வாழ்வன les créatures aquatiques, தாவரம் les choses privées de mouvement comme les plantes et les arbres. Les Indous subdivisent ces êtres en 8,100,000 espèces ou (selon leur expression யோனி) matrices différentes, dont 1,100,000 pour les dieux, 900,000 pour les hommes, 1 million pour les animaux et autant pour les oiseaux, 1,100,000 pour les reptiles, 1 million pour les créatures aquatiques, et 2 millions pour les plantes. Quelques auteurs en mettent 1,600,000 pour les dieux et 1,800,000 pour les plantes. Cette différence de naissances ou de genres s'appelle உற்பத்திவித்தியாசம்.

பிறசேரசி, l'arbrisseau வறட்கண்ணாடி.

பிறர், *pl. de* பிறன், les autres, étrangers, voisins, le prochain, autrui: — ஐயந்தீர்த்தல் dissiper les doutes ou craintes du prochain; — காரியத்திற்குடன்படல் prendre part —, s'intéresser aux affaires du prochain: — காரியமுடிக்கவிரைதல் s'empresser à aider le prochain à finir ce qu'il a à faire; — செல்வம் பொறுத்தல் supporter sans envie la prospérité du prochain; — தன்மதம் மேற்கொண்டு மறுத்தல் admettre d'abord provisoirement les principes d'autrui et les réfuter ou rejeter ensuite, (c'est un des 7 principes ou manières de procéder des auteurs indiens); — துயர்களைதல் éloigner —, dissiper le chagrin du prochain; — துயர்க்கிரங்கல் compatir au chagrin du prochain; — குற்றங்காட்டல் montrer les fautes —, faire la critique des ouvrages littéraires d'autrui (c'est un des 7 principes des auteurs indiens); பொருள்விரும்பாமை ne pas désirer le bien d'autrui; — பொருட்டு ஐயமாராய்தல் faire part de ses doutes ou de ses conjectures au prochain; — முகம்பார்க்கிறது regarder le visage d'autrui, commettre un adultère ou en concevoir le désir; பிறர்க்குப் பொருள்வரவையுவத்தல் se réjouir du bien qui arrive au prochain: பிறரைப்பீடித்தல் affliger ou vexer le prochain; பிறர்க்கின்னா முற்பகற் செய்யிற்றமக்கின்னா பிற்பகற்றாமே வரும் si on fait du mal au prochain le jour précédent, quelque mal arrivera de soi même le jour suivant, (les païens qui croient à la métempsycose entendent ces jours de naissances ou générations précédentes et subséquentes).

*பிறலாபம் *P.* பிரலாபம், lamentation.

பிறவி, *n.v. de* பிறக்கிறது, naissance, fraternité, frère, sœur: அவன் என் — il est mon frère; அவள் என் — elle est ma sœur; — க்குணம் naturel, caractère naturel, — inné; — க்குருடன் aveugle-né, — de naissance; — சாரி marche naturelle, une des parties de la danse; — ச்சுபாவம் nature, — qu'on apporte en naissant, disposition —, chose naturelle; — ச்செல்வம் prospérité de famille, — dont on jouit depuis sa naissance; — ச்செவிடனுக்குப்பேசத்திறமில்லை un sourd de naissance n'a pas la faculté de parler: — த்துயர் douleurs de la naissance, chagrin de la mort de ses proches; — த்துவந்தம், — த்தொந்தம், — த்தொடர்பு, conséquences de la naissance (qui sont les maux inhérens à l'humanité, maux qui, dans les idées de la métempsycose, poursuivent dans toutes les naissances), suite —, série de naissances; — த்துன்பம் misère innée, — naturelle à l'homme; — தோற்றுகிறது commencer à naître; — தோற்றம், — தோற்றல் commentement de la naissance; — நோய் maladie innée, douleurs de la naissance, chagrin naturel, de naissance; — பயன் résultat —, fruit de la naissance; —பாஷாணம் arsenic ou poison naturel; — மயக்கு origine commune, illusion —, défaut inné; —மாமிசம், (ஆசாரம்), abstinence de viande, —de ce qui est né ou a eu vie. [ment extérieur.

பிறவிடு, (பிற), chambre —, loge-

பிறவினை, (id.), action —, mal qui regarde autrui, ou est extérieur, luxure, désir, concupiscence, péché, verbe causatif, transitif, qui marque que l'action du verbe est faite par un autre agent, comme செய்விக்கிறது faire faire, — faire par un autre; நடப்பிக்கிறது faire marcher, c'est l'opposé de தன்வினை dont le sujet fait lui-même l'action du verbe.

பிறவும், (பிற, உம்), et autres choses, et cætera: — அன்ன et autres choses semblables, et cætera.

பிறழுகிறது ou பிறழ்கிறது, ழ்ந்தேன், ழ்வேன் ou ழுவேன், ழ ou ழ், ழ, v.n. briller, parler, changer, se retourner, trembler, se dégoûter.

பிறழ்ச்சி; பிறழ்தல், பிறழ்வு, n. v. du préc. splendeur, parole, discours, tour, changement, tremblement, dégoût. [étrangère, voisine.

பிறள், f. de பிறன், une autre,

பிறனில், (பிறன், இல்), la maison —, la femme du prochain: — விழை யாமை ne pas désirer la femme d'autrui.

பிறன், (பிற), f. பிறள், pl. பிறர், un autre, voisin, étranger, autrui, le prochain: பிறன்கோட்கூறல் rapporter —, citer les sentimens ou les passages d'autres auteurs (ce qui est un des 32 யுத்தி), décrier, répandre des calomnies ou des médisances sur le prochain; — மனை emplacement —, maison —, femme du prochain; — மனையாளை யாசைப்படுகிறது désirer la femme d'autrui; — மனைவிரும்பாமை ne pas désirer la femme d'autrui.

பிறுக்காண்டம், l'arsenic naturel dit சுரைக்காண்டபாஷாணம்.

பிறாண்டு, égratignure, n. v. et imp. du suiv.

பிறாண்டுகிறது, P. புறாண்டுகிறது, se gratter, gratter, égratigner.

பிறாமுட்டி, la plante சாமவேல்.

பிறிகிறது, பிறிக்கிறது, P. பிரிகிறது, பிரிக்கிறது.

பிறிதி, P. பிரிதி ou பிருதி. [solution.

*பிறிதிக்கினை, P. பிரதிக்கினை, ré-

பிறிது, autre chose, chose différente: — படுபாட்டு strophe sujette au changement, — de fantaisie dont on peut changer la connexion dite தொடை et les vers, et former une autre strophe, sans que les mots et le sens ne soient changés; பிறிதாராய்ச்சி வினவி, (ஆராய்ச்சி); fig. de rhét. qui consiste à examiner ou à montrer l'origine d'une chose quoiqu'il n'y ait pas de cause connue; பிறிதினவி ற்சி, (பிறிதின், நவிற்சி), la fig. de rhét. dite பரியாயம். பிறிதின்கிழமை, (id.), incohérence, chose incohérente, qui ne s'accorde pas avec elle-même.

பிறிதொடு படாஅன் தன்மதங் கொளல். (படாஅன், P. படான்); suivre ses principes sans adopter ceux des autres, c'est un des principes des auteurs.

பிறித்தல், பிறிப்பு, P. பிரித்தல்; பிரி

*பிறியம், P. பிரியம். [ப்பு.

*பிறியகம், P. பிரியகம்.

பிறியாவிடை, பிறிவினை, பிறிவு; P. பிரியாவிடை, பிரிவினை, பிரிவு.

*பிறிதி, P. பிரிதி.

பிறை, (பிறக்கிறது), croissant, — de la lune, lune dans son croissant: இரண்டாம் —; மூன்றாம் — la lune au 2e — 3e jour de son 1er quartier; —காண்கிறது le croissant paraître; —புறப்படுகிறது le croissant commencer à paraître; — க்கொழுந்து faible croissant; — க்கோடு, — நுதி cornes du croissant; — சூடி celui qu'on suppose porter le croissant sur sa tête ou en être couronné, i. e. Siven; — சிகிற்சங்கு ornement en forme de croissant que les femmes portent au cou; — தொழுகை superstitieuse adoration au croissant, — à la lune à son croissant, (ce qui est un des அஷ்டப்பொருட்டுறை). — மரம் l arbre அசோகம்: — முனையம்பிறை, — முனைச்சிறம், (மு ம். அம்பிறை), flèche ou dard dont la pointe est en croissant; — வடிவு forme de croissant, — d'arc.

பிற், P. பின், après, (devant க, ச, த, ப): — பிற்கிடுகிறது reculer, revenir sur ses pas; — காரியம் chose d'après; — future, qui suit, qui vient après; — தளம், — அணிப்படை arrière-garde; — காலம் l'avenir, le temps à venir; — கூடு, V. பிற்புறம்; — பொருட்டாதி la 2e des constellations nommées பொருட்டாதி bâton ferrile ou பத்திரபதை, c'est la 26me constellation (la 1re dite முற்பொருட்டாதி est la 25me); — சாமம் le dernier சாமம், la 4e et dernière veille de la nuit; — பகல் le jour —, l'état subséquent, la naissance suivante, dans le système de la metempsycose; — பகுதி partie subséquente, — qui vient après; — பக்கம் partie subséquente, — postérieure, derrière, dos; — படுகிறது, — படுதல் suivre, venir après, différer; — படை arrière-garde, corps de réserve, ou — அணி dernier rang, dernière rangée de soldats; — பாடு après, ensuite; — பாதி la seconde —, la dernière moitié: — பார்வை, V. பின்னோக்கு; — புறம் arrière-garde, le côté de —, derrière, dos. Voyez au mot பின் les mots composés qui ne se trouvent pas ici.

பிற்றலை, (பின், தலை), V. பின்னந்தலை.

பிற்றலை, (பின், தலை), poupe, arrière d'un navire, derrière de la tête. [பிறு, reculer, retraite.

பிற்றல், 1° P. பிற்றல். 2° P. பின்ற

பிற்றி, (பின்), ce qui a reculé.

பிற்றை, (பின்), le jour suivant.

பிறற்றல், பிறற்றுதல், பிறற்றுகிறது, P. பிதற்றல்... babiller, bredouiller, déraisonner.

*பினாகம், (pinâka), trident — arc de Siven, trident, pluie de poussière, — de sable ou de boue, guirlande de grains, V. தப்பணம்: பினாகபாணி celui qui tient un arc ou un trident à la main, i. e. Siven: — வனமுனி le richi பினாகி.

*பினாகி, (பினாகம்), Siven armé d'un trident, — d'un arc, un des Routtirer, instrument de musique, espèce de viole, le richi Pinâgui, un des 31 mounis, ou — நதி ou

பினாகினி, la rivière dite பெண்ணையாறு près de Cuddalore, (Goudelour ou கூடலூர்), appelée aussi தக்ஷிணபினாகினி Pinâgui du sud; உத்தரபினாகினி le Pinâgui du nord qui passe à Nellore.

பினைகிறது, பினைந்தேன், பினைவேன், பினைய, v. a. V. பிசைகிறது, pétrir. [du préc. pétrissage.

பினைக்கல், பினைதல், பினைவு, s. n.

பின், 1° (avec le gén. et le dat.), après, ensuite, derrière, ou arrière: அதின் —, அதுக்குப்பின் après cela, ensuite; அதுக்குப்பின் நாளையில் et les jours après cela. 2° (avec le part. passé), après que: அவன் போனபின் après qu'il fut parti. 3° dans le haut tamoul, terminaison ou forme de l'ablatif locatif, dans, auprès. 4° fin (d'une chose), le dos, le derrière, cause, raison, grandeur, chemin. 5° imp. et part. de பின்னுகிறது: — கட்டு état d'avoir les mains liées derrière le dos, bâtisse sur le derrière d'une maison, ou — கட்டுவீடு derrière d'une maison; — கட்டாகக் கட்டிக்கொண்டுபோகிறது conduire les mains liées derrière le dos; — கட்டுமாறும் ou முறியாய்க்கட்டுகிறது lier les mains derrière le dos; — கட்டிக்கொண்டு நிற்கிறது ou திரிகிறது se tenir —, rôder ou se promener les mains derrière le dos (en désœuvré ou sans gêne); — காட்டுகிறது montrer —, tourner le dos, prendre la fuite; — கால்கள் pieds de derrière; — குடுமி touffe de cheveux —, toupet du derrière de la tête; —

[illegible] reculer, battre en retraite; — [illegible] ,toupet — chignon du derrière de la tête: — [illegible] bras ou barre de derrière d'un palanquin; — [illegible] agrafe de derrière, — à l'extrémité d'un bijou; — [illegible], — [illegible] les derniers —,descendans; — [illegible] le bas du dos; — [illegible] soirée,déclin, — du jour; — [illegible] touffe de cheveux —, toupet du derrière de la tête,un des 3 toupets dits [illegible]; — [illegible] suivre,poursuivre,imiter, demander avec importunité, supplier: — [illegible], V. பின்றட்டு; — [illegible] arrière-garde; — [illegible] arrière —, poupe d'un vaisseau, derrière de la tête; — [illegible] le derrière,le côté postérieur, le dos: — [illegible] la rangée... suivante, la dernière rangée...; — [illegible] la portion suivante, la dernière part; — [illegible] suivre, imiter, obéir: — [illegible] les dernières rosées,en février et mars; — [illegible] la saison des dernières rosées; — [illegible] les propriétés de la saison des dernières rosées, savoir: le souffle du vent [illegible], la joie des diverses espèces de pigeons et des poules sauvages,la floraison des arbres à coton dits [illegible] et [illegible],la maturité des dattes et des fruits du palmier, les gousses blanches du cotonnier [illegible] se fendre; — [illegible], — [illegible] frère cadet: — [illegible] sœur cadette; — [illegible] arrière-pensée,idée —,réflexion trop tardive, esprit médiocre, — petit; — [illegible] médisance en l'absence de celui dont on parle; — [illegible] le derrière, le dos, le côté postérieur; — [illegible] aller après,suivre, — par derrière; — [illegible] différer, remettre à un temps postérieur: — [illegible], — [illegible] dernières pluies (dans les mois de [illegible] et de [illegible], i.e. en décembre et janvier): — [illegible] vemba dont les 2 derniers vers viennent sur un ton précipité; — [illegible] antithèse dite [illegible] dans le 2e et le dernier pied d'un vers: — [illegible] consonnance dite [illegible] dans le 2e et le dernier pied d'un vers: — [illegible] dernière ligne, — rangée, la rangée suivante, — [illegible] suivre, venir après; — [illegible] chose qui revient,fig.de rhét.qui consiste à répéter dans la phrase subséquente les mots ou le sens ou le sens et les mots qui sont déjà dans la phrase précédente, — [illegible] c'est une sagesse d'éviter d'avance les maux qu'on prévoit devoir arriver, — [illegible] fig.de rhét, qui consiste dans la répétition d'une explication, c.-à-d. à répéter dans la phrase subséquente les mots ou le sens ou le sens et les mots explicatifs qu'on a déjà mis dans la phrase précédente; — [illegible], — [illegible] reculer, battre en retraite, être vaincu, — [illegible] reculer, se retirer,se dédire,retomber dans le vice...: — [illegible] remettre,différer, réserver, — pour les descendans. [ensuite.

பின்பு,(பின், avec gén. ou dat.),après,

பின்றட்டு,(பின்,தட்டு),arrière—, poupe d'un navire..., jointure du milieu de la jambe de derrière, —, croupière,croupe d'un cheval.

பின்றதை,பின்றுதல், reculade, retraite, défaite, s.v.de —

பின்றுகிறது, [illegible], [illegible], [illegible].v.n.(பின்),reculer, se retirer, battre en retraite, prendre la déroute, être défait.

பின்றுகை,(பின்,[illegible]), corde pour lier les —,entraves des pieds de derrière, lier les pieds de derrière.

பின்னாற,(பின்), le lendemain, le jour d'après. [d'un arbrisseau.

பின்றொடரி,(பின், தொடரி), nom

பின்றொடருகிறது,(பின், தொடரு கிறது),suivre, poursuivre, continuer. [பின்னாற்றொடை.

பின்றொடை, (பின், தொடை), V.

பின்றோன்றல், (பின், தோன்றல்), frère cadet, apparition subséquente,

*பின்னகம், 1° (பின்னம், ka), secte, hétérodoxie, différence (de sentimens). 2° (பின் P. பின்னுதம், அகம்), chevelure tressée, — nouée.

*பின்னகன், (பின்னகம்), sectateur, hérétique, hétérodoxe, Bouddhiste, dissident. [pied de derrière.

பின்னங்கால், (பின், அம், கால்),

பின்னடி, (id. அடி), postériorité, l'avenir, le temps à venir, après, ensuite, désormais, fin, arrière-garde, côté de —, derrière, arrière —, postérité, récompense: பின்னடிக்குப்பார்க்கிறது prévoir l'avenir, prendre ses précautions pour l'avenir, regarder en arrière; பின்னடிக்குத்தெரியும் on le saura —, on verra plus tard; பின்னடியரசர் les rois subséquens, les successeurs dans le royaume.

பின்னடியார், (பின்னடி, ஆர்), les descendans, la postérité.

பின்னடைப்பன், (பின், அடைப்பன்), espèce d'esquinancie des vaches.

பின்னணி, (id. அணி), arrière-garde, dernière ligne d'une armée.

பின்னணியம், (id. அணியம்), arrière d'une barque..., poupe, V. பின்னணி.

பின்னது, (பின், அது), ce qui suit: — நிறுத்தல் un des 32 யுத்தி ou adresses d'un auteur, remettre après un sujet des choses que, pour l'enchainement, il aurait fallu dire auparavant, s'il y avait eu de la place. [Ø], croupe de cheval.

பின்னந்தலை, (பின், அம், தலை)

பின்னந்தலை, (id. தலை), derrière de la tête, nuque.

பின்னந்தொடை, (id. தொடை), derrière de la cuisse, cuisse —, gigot de mouton.

*பின்னம், (bhinna), morceau, pièce, fragment, fraction, fente, chose fendue, brisée, cassée, déchirure, brisement, fissure, diversité, différence, division, portion, discorde, colère, rancune, bouderie, empêchement, erreur, faute, détérioration, pollen des fleurs: தொடர்ச்சி— fractions continues: — ஆக்குகிறது ou பின்னமாக்கிறது détruire, briser, mettre en pièces; கர்ப்பம்—ஆய்ப்போகிறது le fétus périr, litt. s'en aller en pièces, faire une fausse couche, avorter; பின்னகனம் cube des fractions, élever une fraction au cube; — குணனம் multiplication des fractions; — சங்கலிதம், — சங்கலனம் addition de fractions; — சத்தி chose qui peut se briser ou se gâter; — தேகன், (தேகம்), homme blessé; — நௌகன், (naouka navire), naufragé; — பாகாரம், (பாகம், hara qui prend), division des fractions; — பேதம், — பேதம் différend, opposition, haine; — மாற்று réduction —, changement des fractions; — வருக்கம் carré des fractions, élever une fraction au carré; — வியவகலிதம் soustraction des fractions.

பின்னரை, (பின், அரை), dernière —, seconde moitié, — partie (des étoiles d'un signe du zodiaque...).

பின்னர், (பின்), 1° postériorité, après, ensuite. 2° V. பின்னவர்.

பின்னல், opt. et n.v. de பின்னுகிறது, action de tresser, ouvrage tressé, réseau, chevelure, — emmêlée, ce qui est tressé, — emmêlé, — embrouillé, guirlande, erreur, embarras: — ஊசி broche —, aiguille à tricoter, à faire des réseaux; — மயிர் chevelure tressée; — வேலை réseau, ouvrage tressé, — en réseau; பின்னல்பின்னலாய்ப்பேசுகிறது parler d'une manière confuse, en embrouillant tout; பின்னற்காரன் ouvrier qui tresse, tricote, entrelace, fait des réseaux: — குடுமி touffe de cheveux tressés; பின்னற்றையல், (தையல்), tricotage, tissu à l'aiguille, couture, brochage.

பின்னவர், (பின், அவர்), ceux qui viennent après, les Choutres ou les Soudras qui viennent après les 3 castes principales, postérité.

பின்னவன், (id. அவன்), frère cadet, jeune frère, celui qui est après.

பின்னவை, (id. அவை), les choses

qui suivent: — பலத்திரிவு, règle pour prévoir ou montrer les conséquences d'une action, prévision des conséquences, *Ex.* பகைபாவமச்சம் பழியென நான்கும் இகவாவாம் இல்லிறப் பான்கண் la haine, le péché, la crainte, la vengeance, ces 4 défauts se trouveront copieusement dans celui qui meurt dans sa maison (et non dans l'ermite).

பின்னளபெடை, (*id.* அளபெடை) allongement dit அளபெடை au 2ᵉ et au dernier pied d'un vers.

பின்னறுவடை, (*id.* அறுகிறது, வடை), ce qu'on laisse mûrir —, ce qui reste après la moisson, glane.

பின்னன்னை, (*id.* அன்னை), belle-mère, nourrice, *V*, சிற்றுத்தாள்.

பின்னாக, (*id.* ஆக), ensuite, après, par derrière.

பின்னாடி, (*id.* நாடி), le bas du dos.

பின்னால், பின்னாலே, *abl. de* பின், après, ensuite, par —, derrière: பின்னாலே ஆகட்டும் soit ensuite.

பின்னி, *gér. de* பின்னுகிறது.

பின்னிடம், பின்னிடுதல், recul, rétrogradation, retraite, déroute, *n. v. du suiv.*

பின்னிடுகிறது, *v. n.* (பின், இடுகிறது), *ou* பின்னிட்டுப்போகிறது, rétrograder, prendre la fuite, rebondir, s'en aller derrière (quelqu'un...), *ou* பின்னிடைகிறது, பின்னிடைந்துபோகிறது, (*id.* இடைகிறது), reculer, se retirer, prendre la fuite.

* பின்னிதம், (பின்னம், ita), différence.

பின்னிய, *P.* பின்னின, tressé: — மாலை guirlande de plusieurs autres ou de plusieurs choses tressées ensemble. [fétida.

* பின்னியாசம், (pinyâsa), assa-

பின்னியைபு, (பின், இயைபு), rime ou consonnance dite இயைபு au 1ᵉʳ et à l'avant-dernier pied d'un vers.

பின்னிரக்கம், (*id.* இரக்கம்), pitié —, bonté subséquente.

பின்னிருட்டு, பின்னிராவிருள், (*id.* இருட்டு, இரா, இருள்), obscurité de la seconde partie de la nuit. பின்னிருட்டுப்பக்கம் le temps où la seconde partie de la nuit est obscure, *i.e.* après la nouvelle lune.

பின்னிரை, 1° (*id.* நிரை), dernière ligne, — rangée, ligne de derrière. 2° (*id.* இரை), l'appât... subséquent.

பின்னிலவு, (*id.* நிலவு), seconde partie d'une lunaison de la pleine lune à la nouvelle lune.

பின்னிழுக்கு, (*id.* இழுக்கு), faute —, défaut subséquent. [cadet.

பின்னிளவல், (*id.* இளவல்), frère

பின்னிற்கிறது, பின்னிற்றல், (*id.* நிற்கிறது), se tenir derrière, reculer, refuser.

பின்னுகை, 1° (பின்னு, கை), la main qui tresse. 2° *n. v. de*

பின்னுகிறது, (பின்னேன், னுவேன், னு, ன, *v. a.* பின்னுதல், *n. v. et* பின்னிப்போடுகிறது), tresser, entrelacer, tisser, tricoter, emmêler, entortiller, embrouiller.

பின்னுக்கு, *dat. de* பின், après; — வருகிறது venir après, par derrière, retarder, reculer; ஆட்டுக்கிடா பின்னுக்குவந்து பாய்ந்தது le bélier après avoir reculé s'est élancé (pour frapper...); தோணி பின்னுக்குவந்தது le bateau a reculé, est revenu en arrière.

பின்னும், (பின், உம்), ensuite, de plus, encore, et après.

பின்னுறுகிறது, பின்னுறுதல், (*id.* உறுகிறது), rester derrière: முந்தினான் பின்னுறக்கண்டோவாடினான் il courut si vite que ceux qui l'avaient devancé restèrent en arrière.

பின்னெதுகை, (*id.* எதுகை), rime dite எதுகை au 2ᵉ et au dernier pied d'un vers.

பின்னே, (*id.* ஏ), après, derrière: — போகிறது suivre, — par derrière; பின்னேயும், *V.* பின்னும்.

பின்னேரம், (*id.* நேரம்), l'après-midi, soir, soirée, *litt.* le temps après: பின்னேரத்தில் la seconde partie de la nuit, de minuit au matin, avant le jour.

பின்னேழுகத்திரி, (*id.* ஏழு), les 7 derniers jours de la canicule.

[illegible], ([illegible]), après, ensuite, de plus, désormais, le lendemain, frère cadet, sœur cadette, Lakchimi sœur cadette du [illegible]: — [illegible] le mari de Lakchimi, i. e. Vichnou; — [illegible] le lendemain, le jour suivant; [illegible] qu'y a t-il ensuite? quoi de plus? [illegible] de plus, ensuite, encore de nouveau; [illegible] viens ensuite, — plus tard.

[illegible], [illegible], regarde —, regard en arrière, par derrière.

[illegible] ([illegible]), V. [illegible].

[illegible] (id.), V. [illegible].

பீ, 1° lettre syllabique composée de ப் et de ஈ. 2° excrément, ordure, merde (mot sale), fiente d'animal: 3° (bhi), crainte, peur; — [illegible] l'arbre mimosa farnesiana; — [illegible] la main gauche, litt. la main à l'ordure, dont on se sert pour se laver le derrière; ஆப்பீ bouse de vache; [illegible] la petite ordure, la cire des oreilles; பன்றிப்பீ fiente de pourceau.

பீக்கலாட்டம், P. [illegible], empêchement, obstacle, trouble, embarras, querelle: — [illegible], [illegible] être dans l'embarras, être empêché, entouré de difficultés.

[illegible], l'arbrisseau [illegible].

பீங்கான், porcelaine, faïence, assiette —, vase de porcelaine, de faïence, de terre.

பீசம், orteil d'éléphant.

*பீசம், 1° (vidja), cause, origine, graine (de plantes ..), testicules (modesté), penis, sperme humain, fleur couronnée de nénuphar, V. [illegible]. 2° (pitcha), menton, mâchoire inférieure, barbe: [illegible] initiation payenne par la prière dite [illegible]; — [illegible] raison qui sert de principe, secret, ce qui reste caché, V. au mot [illegible] d'autres composés.

*[illegible], [illegible], ([illegible]), lettre ou syllabe mystique qui forme la partie essentielle de la formule de prière adressée à une divinité, V. [illegible].

*[illegible], ([illegible]), procès —, dispute interminable sur ce qui est la cause et l'effet, — l'antécédent et le conséquent.

*[illegible], (i), ce qui a une semence, — une origine, — des testicules, cause, père, ancêtre. [dotale.

[illegible], l'herbe panicum anti-

[illegible], [illegible], n. v. de [illegible].

[illegible] [illegible], petit couteau ou canif, instrument pour appliquer des fleurs ou une couche de quelque matière. [seringue.

[illegible], P. [illegible].

[illegible], homme timide, peureux.

[illegible], P. [illegible].

[illegible], nom d'arbre, variété de l'arbre [illegible]. [che.

[illegible], ([illegible]), pied gau-

[illegible], (id.), main gauche.

*[illegible], [illegible], (bhichana, bhiché), crainte, terreur, horreur, intimidation.

*[illegible], (bhichma terrible), Bhichmen fils du roi [illegible] et de [illegible] et grand oncle des [illegible].

[illegible], l'arbre [illegible].

*[illegible], P. [illegible].

*பீடம். (pitha), siége, chaise, fauteuil, escabot, tabouret, trône, autel, siége d'étudiant religieux fait —, natte faite d'herbe [illegible], le siége ou le postérieur, complément d'un segment en géométrie, ou [illegible] lieu où est tombé quelqu'un des membres de Parvadi dont le cadavre fut mis en pièces après le sacrifice de [illegible] (on en compte 51); [illegible] compagnon, confident, parasite, prostituée; [illegible] aller devant l'autel.

*பீடம், ([illegible], m), temple.

*பீடனம், (pidana), infliger une —, peine, tourment.

*பீடன, abl. de பீடை:—வதம், —வ ருத்தம் tourment, torture; — பஞ்ச கம் 5 espèces de tourmens; —பயம் crainte inspirée par les —, crainte des tourmens. {agonie.

*பீடாந்தம், (பீடா, அந்தம்),

*பீடிகை, (பீடம், ikâ), siége, chaise, fauteuil, ermitage, demeure d'anachorète, plat de fleurs, boite à bijoux, rue du bazar, préface, préambule.

பீடிக்கிறது, பீடித்தேன், பீடிப்பேன், பீடிக்க, v.a. et n. (பீடை), affliger, vexer, tourmenter, être affligé, peiné, s'affliger, compatir; பீடித் துக்கொள்ளுகிறது s'affliger, se tourmenter, se punir.

பீடிப்பு, பீடிப்பு, n. v. du préc. vexation, affliction, peine, compassion. {médiocrité, faiblesse.

பீடு, grandeur, force, bassesse.

*பீடை, (pidà), peine, souffrance, affliction, misère, dévastation, ruine, compassion, couronne de fleurs, guirlande (pour la tête): தேகபீடை souffrances corporelles; —கழிகிறது, — கழிந்து போகிறது, — நிவாரணமாகிறது l'affliction —, la misère cesser, —se dissiper; —க ழிக்கிறது dissiper les peines, —l'affliction, cérémonie qu'on fait dans le mois de மார்கழி ou décembre: — பரிகாரம் பண்ணுகிறது ôter —, dissiper l'affliction, remédier aux tourmens; —பிடிக்கிறது une peine saisir, être en proie aux peines, devenir malheureux, affligé; —மாதம் le mois des souffrances, i.e. le mois de மார்கழி ou décembre.

பீட்டு, stérile, incultivable.

பீட்டம், emploi, occupation, travail. {aïeul.

பீட்டன், bisaïeul, (selon d'autres)

பீட்டி, fem. du préc. bisaïeul ou aïeule.

பீட்டை, (பீள்), épi, tardif, tendre, laissé pour être glané, embryon, fétus (à peine formé).

*பீதகம், (பீதம், ka), orpiment jaune, or, couleur d'or, safran, onguent ou parfum, miel, bronze, la racine odoriférante —, l'herbe dite இருவேலி. {ou பிரகஸ்பதி.

*பீதகன், (id.), la planète Jupiter

*பீதம், 1° (pita), couleur jaune, rouge, or, orpiment, couleur d'or, safran de l'Inde, une des 4 sortes d'onguens qui est jaune, onguent de couleur jaune fait d'urine de vache, sandal, action de boire. 2° (bhita), peur, frayeur. 3° pitha), eau, temps, feu, soleil. 4° (sphita), grosseur, largeur: —கதலி bananier, banane rouge; — கந்தம் 1° racine rouge ou jaune, carotte. 2° P. பீதவி சந்தம்; — காஷ்டம், — கட்டம் morceau de sandal —, sandal rouge; —சாரம் l'arbre வேங்கை pterocarpus; — காவேரம், (kâvêra safran), safran, cuivre; — சந்தனம் sandal jaune, safran; —சாரகம் l'arbre வேங்கை; —சாரம் sandal, — rouge, l'arbre வேங்கை, topaze, V. கோமேதகம்; —சாரி antimoine, sandal; —சால கம் l'arbre pentaptera tomentosa; —சாலம் l'arbre pentaptera, —வேங்கை, sandal; —சோமன் brame qui boit le jus de l'asclepias acida dit சோமம்; — ஸ்கந்தம் porc, — aux larges épaules; —ஸ்படிகம் le crystal jaune, i.e. la topaze; — தாரு les arbres தேவதாருவும் et புன்னை, 2 espèces de pin: — துண்டம் oiseau à bec jaune, silvia sutoria; — துக் தம் (துக்தம் lait), vache à lait jaune, vache qui a un veau; — நீலம் couleur jaune; — பலம் l'arbre trophis aspera; — பராகம் poussière jaune, safran: —புஷ்பம் fleur jaune; — பூதம் le citronnier [illegible]; — பீதன் homme très-peureux; — மணி la pierre précieuse jaune, i.e. la topaze; — யூதி jasmin jaune ou rouge; — ராகம் couleur jaune, fibres du nénuphar; —ராஜ வர்த்தம் lapis-lazuli de couleur jaune; —ரோகிணி la plante exotique et médicinale dite aussi [illegible], elle sert de remède aux maux d'yeux; — ரோசனை espèce de drogue, de remède.

*பீதகம்,(பீதம்,க),couleur jaune.

*பீதலகம்,பீதலம்,பீதலோகம்,பீதலோகம்,(பீதம்,la,ka, உலோகம்), cuivre —,bronze jaune.

*பீதன், 1° (bhita), peureux,homme craintif,effrayé. 2°(pitha),le soleil,feu.

*பீதாப்தி,(பீதம் boire, அப்தி mer), celui qui, au dire des Indous, a bu la mer, i.e. Agastien.

*பீதாம்பரம், (பீதம், அம்பரம்), habit jaune, drap d'or, — entremêlé d'or: பீதாம்பரப்பட்டு habit de soie jaune,soirie entremêlée d'or.

*பீதாம்பரன், (id.), l'habillé de jaune, Vichnou ou Krichna aux habits jaunes, danseur, acteur, religieux mendiant portant des habits jaunes.

*பீதி, 1°(bhiti), peur,frayeur. 2°(piti),action de boire,cabaret,boutique de liqueurs enivrantes,cheval.

*பீதிகை,(பீதம்,ika), jasmin jaune ou rouge, couleur d'or,— de safran,safran.

*பீது, (pitou), soleil, feu, éléphant qui en conduit une bande.

*பீதை,(pitâ), safran, la plante qui le donne, l'arbre மருதோன்றி ou lawsonia à fleurs jaunes ou dorées.

பீத்தல்,P.பீற்றல்,déchirure,haillon.

பீத்தை,பீத்தா,(fita,en portugais), ruban.

பீநண்டு, (பீ), crabe à l'ordure, — qu'on trouve dans les trous des champs.

பீநாறி, (id.), personne puante, l'arbre பெருமரம்:—ச்சங்கு l'arbrisseau volkameria inermis: — மரம் l'arbre பெருமரம், Ailanthus excelsa;—ப்பட்டை écorce puante de cet arbre.

பீநாற்றம், (id.), puanteur —, odeur d'excrémens: — அடிக்கிறது avoir une puanteur d'excrémens;பீநாற்றமரம் arbre dont les feuilles sentent mauvais, sterculia fœtida.

பீப்பாக்கு, (id.), arec encore tendre.

*பீமம், 1°(bhima), peur, terreur, horreur. 2° P. வீமம், grosseur: பீமகருமம் terreur, destruction;— சங்காரம் grand massacre, édit terrible:— சாசனன் celui dont les ordres sont supposés terribles,Yamen;—சேனன்,(சேனை), V.வீமசேனன்;—தரிசனம் apparence terrible, hideuse:—நாதம் bruit terrible,l'animal au rugissement terrible, lion;—பசம் mal affreux aux testicules;—விக்கிரமம் force terrible;—விக்கிரமன் l'animal qui a une force terrible,i.e. le lion: — விக்கிரகம் stature gigantesque; — வேகம் rapidité effrayante.

*பீமராத்திரி, (பீமம்,இராத்திரி,i), peine terrible, nuit qu'on suppose être le terme ordinaire de la vie humaine, c'est la 7me nuit du 7me mois de la 77me année de son âge; après cet âge on est dispensé, selon les Indous,de toute espèce de devoirs.

*பீமரம், (பீமம்,ra), guerre, bataille.

*பீமரன், (id.), guerrier.

*பீமன்,(bhima), le terrible,(surnom de) Routtiren, Bhimen,le 3me des Pândavers, V. வீமன்.

*பீமை, (bhimâ),la terrible,(surnom de) Dourgâ.

பீயாக்குகிறது, (பீ), பீயாக்கிப்போடுகிறது, salir, emmerder, réduire en ordures,corrompre, gâter, souiller.

*பீயூசம், பீயூஷம், (piyoûcha), ambroisie, lait, lait de vache fraîchement vêlée,—dans les 7 premiers jours après qu'elle a vêlé: பீயூஷமகை, பீயூஷருசி, (mahâ rayon); l'astre aux rayons de lait, i. e. la lune.

பீரங்கி, (பீர், அங்கம்), corps ou machine à projectiles, canon, pièce d'artillerie, mortier, obusier boîte: — க்காரன், canonier:—க்குண்டு boulet de canon; —த்தடி fouloir de canon;—ப்பிரயோகம் exercice d'artillerie;—படை corps d'artillerie.

*பீரம்,P.வீரம், force, pouvoir;

valeur, la plante பீச்சு, concombre, les arbres புன்னை et வாகை:—பெ லப்பார்த்துப்பீச்சு charge toi d'un fardeau après avoir essayé ou en ménageant tes forces.

பீசாணி, (பீச, ஆணி), amorce, poudre à amorcer.

பீசாய்கிறது, பீத்தேன், பீசுவேன், பீ, கை, v.a. பீசாய்தல், n.v. et பீசாம்பு பெயர்க்கிறது, nettoyer le riz.., en ôter les pierres, la paille, racler, V. விசாய்கிறது.

பீச்சல், பீச்சுதல், jaillissement, examen minutieux, n.v. de

பீச்சுகிறது, (பீச), jaillir, —comme un filet, d'eau sortir avec impétuosité, examiner minutieusement: பீச்சுநீர் jet d'eau, eau qui jaillit.

பீறிடுகிறது, (id.), couler de soi même, découler, jaillir, (v.g. le lait de la mamelle, le sang d'une blessure).

*பீரு, 1° (bhîrou), peureux, personne timide, chacal, cent-pieds, tigre, chèvre. 2° (bhroû), sourcil.

*பீருகம், (பீரு, ka), forêt, hibou, ours.

*பீருகன், (id.), homme timide, peureux.

பீருசா, la plante பீநாறிசங்கு,

*பீருஷ்டிரம், (பீரு, இஷ்டிரம்), foyer, fournaise.

பீசேரடல், பீசோரடிக்கிறது, பீசோர டிப்பு. (பீச), V. பீறிடுகிறது.

பீச, 1° P. பீ, crainte, terreur, pâleur, changement de couleur causé par la peur ou la détresse, la plante பீச்சு espèce de concombre. 2° saillie, jet, ce qui jaillit, lait, — de femme, bruit, son imitatif du jaillissement: பீறிடுகிறது, பீறிடுகி றது, பீசோரடிக்கிறது, பீச்சிடுகிறது jaillir, sortir avec impétuosité, découler.

பீச்சு, espèce de concombre (qui est un bon légume), cucumis acutangulus, adj. பீச்சம்: பீச்சங்காய் fruit non mûr de ce concombre.

பீச்சாங்குழல், (பீச்சன், குழ், குழல்), seringue.

பீச்சுகிறது, பீச்சினேன், பீச்சுவே ன், பீச்ச, பீச், v.a. faire jaillir, seringuer, foirer, lancer ses excrémens: காக்காய்மேலேயிருந்து பீச்சுது — le corbeau lance d'en haut ses excrémens; மருந்தைப் பீச்சாங்குழலாலே— injecter un remède par-en bas.

*பீலகம், (pilaka), grande fourmi noire

பீலி, paon, queue de paon, petit —, grand —, éventail fait de plumes de paon, éventail, petite trompette, grande pique, — lance, or, mur, — d'un fort ou d'un temple, anneau que les femmes portent aux doigts des pieds, espèce de —, tambour, instrument de musique, billet de pari, auge, germe —, jet intérieur du fruit du palmier qu'on a mis germer:—க்கண் œil de plume de paon; — க்குஞ்சம் émouchoir —, houppe—, bouquet de plumes de paon;—க்குடை ombrelle de plumes de paon:—க்கொட்டு canal en bois pour l'irrigation; — த்தடி sorte de javelot ou d'arme qu'on lance;—ப்பெட்டை seau ou panier pour arroser, picote.

*பீலு, 1° (bhilou), peur, peureux, timide. 2° (pilou), atome, insecte, flèche, fleur, éléphant, nom d'un arbre, métacarpe, dedans ou paume de la main:—வாதம் système des atomes (dans le genre de celui d'Épicure). V. பரமாணுவாதம்; — வாதி partisan du système susdit.

*பீலுகம், (பீலு, ka), ours.

*பீலுகன், (id.), homme peureux, timide. [rabæus fimarius.

பீவண்டு, (பீ), fouille-merde, scarabæus fimarius.

*பீவரம், (pivara), graisse, largeur: பீவரஸ்தனி, (ஸ்தனம்), vache —, femme à larges mamelles.

*பீவரன், (பீவரம்), homme gras.

*பீவரி, f. jeune femme, vache.

*பீவா, (pivâ), eau, air, vent.

பீழிக்கிறது, பீழித்தேன், பீழிப்பேன், பீழி, பீழிக்க, v.a. et n. (பீழை), பீழித்தல், n.v. V. பீடிக்கிறது.

*பீழை, P. பீடை, affliction, peine, tourment, malheur.

பீலம், vulve, verenda mulieris.

பீளை, chassie, gomme des yeux: — க்கண்ணன் œil chassieux; — க்கண்ணன் chassieux; — சாறி nom d'une plante: — சாறுகிறது la chassie couler ou sortir du bord des yeux.

பீள், embryon, fœtus, tendre épi de blé.

பீறல், opt. et n. v. de பீறுகிறது, déchirure, déchirement, lacération, pièce, — chose déchirée: பீறற்றுணி haillons, morceau —, habit déchiré.

பீறு, déchirure, morceau, fragment, le derrière, n. v. imp. et part. de பீறுகிறது.

பீறுகை, பீறுதல், déchirure, déchirement, égratignure, n. v. de

பீறுகிறது, றினேன், றுவேன், று, ற, v. a. et n. déchirer, lacérer, mettre en pièces, égratigner, être déchiré, ou பீறிப்போகிறது, se déchirer, s'en aller en morceaux; பீறிப்போடுகிறது déchirer, lacérer, mettre en pièces.

பீறுண்கிறது, (பீறு, உண்கிறது), être déchiré: பீறுண்டிறக்கிறது être déchiré (par les bêtes féroces...) et en mourir.

பீற்றல், n. v. de பீறுகிறது, déchirure, rupture, lacération: — ஆகுகிறது, — ஆய்க்கிடக்கிறது être déchiré, être —, tomber en lambeaux.

*பீனசம், (pinasa), rhume de cerveau, — qui affecte les narines, catarrhe, toux, inflammation de la membrane schneidérienne, ulcère ou ulcération dans la tête qui cause un écoulement par les narines: si cet écoulement est de sang, il s'appelle இரத்த ou ரத்தப்பீனசம், s'il est comme du son கிரந்திப் —, et s'il est comme de l'eau நீர்ப் —: பீனசக்காரன் celui qui a cet écoulement; — க்குறட்டை, V. பீனிசக்குறட்டை.

*பீனம், (pina), graisse, corpulence, grosseur, largeur, se flétrir, se faner, mousse, lenticule, algue.

*பீனிசம், P. பீனசம்: பீனிசக்குறட்டை la plante குறட்டை, trichosanthes palmata, dont le fruit est médicinal.

பு, lettre syllabique composée de ப் et de உ.

புக, inf. de புகுகிறது.

புகடு, derrière de foyer.

புகட்டுகிறது, ட்டினேன், ட்டுவேன், ட்ட, v. a. (புக, ஊட்டுகிறது), புகட்டல், புகட்டுதல், n. v. et புகட்டுவிக்கிறது, faire entrer, faire avaler, verser dans la bouche d'un enfant ou d'un animal. ‖ v. n. entrer: குழந்தைக்குப்பால் — verser du lait dans la bouche d'un enfant.

புகர், couleur, — brune, — tannée, brun, faute, tache, la planète Vénus ou சுக்கிரன்: புகர்முகம் l'éléphant, litt. le visage aux taches brunes.

புகர்வு, riz cuit.

புகல், opt et n. v. de புகலுகிறது.

புகலி, (புகல்), la ville de சீகாழி.

புகலிடம், (புகல், இடம்), lieu de —, refuge, protection, village, ville.

புகலுகிறது, கன்றேன், கலுவேன், ou கல்வேன், கல, கல, v. a. et n. (புகல்), புகலுதல், n. v. dire, parler, indiquer.

புகழ்ச்சி, (புகல், ச்சி), V. புகலி.

புகல், 1° imp. part et n. v. de புகலுகிறது, dire, parole. 2° opt. et n. v. de புகுகிறது, entrée, refuge, protection, corps, grenier, magasin ou réceptacle à grains, victoire.

புகல்கிறது, புகல்தல், V. புகலுகிறது.

புகழா, புகழாத, part. nég. de புகழ்கிறது: புகழாப்புகழ்ச்சி louange en forme d'ironie.

புகழாளன், (புகழ், ஆளன்), homme recommendable, célèbre, digne de louange.

புகழுவமை, (புகழ், உவமை), comparaison louangeuse, — pour louer: Ex. வேணிசடையிற் றங்கும் பிறை போ னின்னுதற்றோப்பு le croissant qui est sur la chevelure de Siven ressemble à ton front.

புகழுகிறது ou புகழ்கிறது, கழ்ந்தேன், கழுவேன் ou கழ்வேன், கழு ou கழ், கழ, v. a. புகழ்தல், n. v. louer, exalter, vanter, célébrer: புகழ்ந்துகொள்ளுகிறது se louer soi même, se vanter; புகழ்ந்தோதுகிறது réciter les louanges, ou புகழ்ந்தேத்து

கீர்த்தி louer,exalter, vanter, célébrer..

புகழ்,imp.part.et n.v.du préc.louange,éloge,renommée, réputation: —கூறல் publier les louanges,panégyrique,louange, flatterie un des முப்பேச்சு ou சொல்லு i. e. des 3 discours ou paroles;—கொடியெடுத்தவன் homme qui hissé un drapeau pour se faire un nom, — une réputation,—நிலை fig. de rhét. concernant la manière de louer; —பொருள் chose louée,décrite, célébrée; —பொருளுவமையணி comparaison réciproque ou renversée, V. இதரேதரவுவமை prendre l'objet comparé pour celui auquel on le compare et réciproquement;—கர்ப்பூரம் camphre vert.

புகழ்ச்சி,n.v.de புகழ்கிறது,louange,éloge, panégyrique, renommée: —மாலை le 20me des பிரபந்தம், panégyrique des femmes en vers வஞ்சிப்பா entremêlés d'ஆசிரியம் et de கலி

புகழ்ந்து,gér.de புகழுகிறது.[ப்பா.

புகழ்வு,n.v.du même,louange.

புகழ்வோர்,n.app.du même, panégyristes, louangeurs, hommes célé-

புகர்,l'arbre அகத்தி. [bres

புகல்.P.புகல்தல்,n.v. de புகுகிறது. [où l'on—,qui n'entre pas.

புகா,புகாத,part.nég.de புகுகிறது,

புகாமை,n.v.nég.du même, ne pas entrer,être sans entrée.

புகார்,1° embouchure (d'une rivière dans la mer...), la ville de Kâvêripattanam (à l'embouchure du Kâvêri), nuage. 2° n. app. et 3° pers.pl.nég. de புகுகிறது, ceux qui n'entrent pas,ils n'entrent pas.

புகிடி,pendant d'oreilles en or suspendu au haut de l'oreille à l'usage des femmes.

புகில்,P.புகுந்தால்;conditionnel de புகுகிறது,si on entre.

புகிர்,son imitatif: புகிர்புகிரென்கிறது rendre le son répété de pouguir pouguir, faire du bruit.

புகு,imp.et part.de

புகுகிறது,புக்கேன் ou புகுந்தேன், புகுவேன்,புகு,புக,neg.புகேன்,et புகுந்துகொள்ளுகிறது,entrer,se glisser,s'introduire, se fourrer, entrer dans un trou ou dans un lieu bas; par une porte basse,entrer—, s'engager dans une condition vile et abjecte,arriver: ஆண்டிவடிவம்புகுந்தான் il s'est fait andi ou religieux mendiant; ou l'andi s'est introduit....; இலங்கை புக்கான் il est allé à Ceylan; புகப்பண்ணுகிறது faire entrer;—விடுகிறது laisser entrer; introduire:சுவாலைவிட்டெரியுமக்கினியைப்புகப்பண்ணுகிறது lancer—,darder un feu flamboyant;புகுந்துபார்க்கிறது s'introduire et regarder dans un trou ou un endroit étroit;considérer,méditer profondément:—போகிறது entrer, descendre,baisser,se coucher.

புகுடி,1° (புகு),petit bras de mer, embouchure,rivière salée, porte. 2° P. பிருகுடி sourcil.

புகுதல்,n. v. de புகுகிறது, action d'entrer..., entrée.

புகுதி,1° porte étroite,arrivée, ce qui arrive, événement. 2° (புகு, தி).

புகுது,imp.de [imp.de புகுகிறது.

புகுதுகிறது, புகுந்தேன், புகுவேன்,புகு,புக,v.n. V. புகுகிறது.

புகுத்துகிறது,புகுத்தினேன், புகுத்துவேன், புகுத்து,புகுத்த, v.caus. de புகுகிறது, et புகுத்தல் ou புகுத்துதல்,n.v.faire entrer, pousser dedans, introduire, [fourrer.

புகுத்தி,gér.de புகுத்துகிறது.

புகுபுகு, son imitatif de la rosée qui tombe....;புகுபுகென்கிறது,faire pougoupougou,—du bruit,la rosée...; tomber. [கிறது.

புகுவேன்,fut. புகுவேன்,neg. de புகு,

புகை,1° fumée,vapeur,exhalaison, c'est le signe du gardien du sud est, distance d'un யோசனை ou 4 lieues. 2° imp.et part. de புகைகிறது,et imp. de புகைக்கிறது. 3° P.. புகாய், 2° pers. nég. de புகுகிறது, tu n'entres pas: —கட்டுகிறது,V.புகையூட்டுகிறது:—காட்டுகிறது encenser, parfumer, enfumer, fumer: — கப்பல் bateau à vapeur;— கூண்டு grande et épaisse fumée,signe de grande vitesse...;—குடிக்கிறது fumer (du tabac);—க்குடி action de fumer;—க்குண்டு balle qui répand de la fumée,—une fumée empoisonnée;—க்குழாய் cheminée;—க்கூடு cheminée,ballon;—க்குளிக்கிறது,—க்குளித்தல் s'enfumer,être fumé,entouré de, exposé à la—, prendre la fumée;—ச்சுருட்டு chiroute, cigarre;—த்துவாரம் cheminée, trou pour laisser passer la fumée;—நாற்றம், odeur de fumée; —நிறம் couleur de fumée;—நிறமானவம்,V.சாம்பல்நிறம்;—ச்சேறிவு,—ப்படலம் colonne—, agglomération—, nuage de fumée;—ப்படுகிறது,—பிடிக்கிறது être fumé, enfumé,exposé à la fumée, prendre la fumée,ou la fumée s'attacher;—பிடிப்பிக்கிறது, V. புகையூட்டுகிறது;—ப்பற்று suie;—பற்றுகிறது.V. புகையூறுகிறது;—ப்போக்கு cheminée, passage de la fumée;—ப்போடுகிறது, V. புகையூட்டுகிறது;—மடக்கி borax;—மணம் odeur de fumée;—மொய்ப்பு, V. புகைப்படலம்;—மாற்றி suie;—யிடுகிறது, V. புகையூட்டுகிறது;—யிலை feuille à fumée,i. e. feuille de tabac, tabac à fumer, la plante qui le donne;—யிலைகுடிக்கிறது fumer,—des chiroutes,—du tabac;—யிலைகுடிக்கிறவன் fumeur;—யிலைச்சுருட்டு cigarre,ou—யிலைச்சுருள்,—யிலைச்சுருணை rouleau —,carotte ou balle de tabac,chiroute;—யிலைப்பொடி tabac,—à priser;—யிலையறுக்கிறது récolter —,couper le tabac;—யுறை suie;—யூறல் suie, la suie se former,prendre la fumée;—யூட்டுகிறது faire fumer,—des fumigations,enfumer,exposer à la fumée, parfumer; யூறுகிறது insinuer—, introduire de la fumée, V. புகையூட்டுகிறது;—யூறுகிறது la fumée s'attacher, — prendre, se couvrir de suie,s'enfumer;—யெழுதல்,—யெழுகிறது,—யெழும்புகிறது la fumée s'élever;—வரி impôt sur les maisons,*litt.* sur la fumée.

புகைகிறது, கைந்தேன், கைவேன்,கை,கைய, v.n.புகைதல்,n.v. fumer,donner—, répandre de la fumée,des vapeurs, des exhalaisons, être rempli de fumée, la fumée s'élever, être enfumé,—fumé, être séché—, desséché ou noirci à la fumée, (la moisson...) être brûlée, —grillée ou brouie,brûler, s'obscurcir (par l'âge ou la maladie...), s'indigner, s'emporter, se mettre en colère:கண்—les yeux s'obscurcir,ne voir plus clair; வீட்டிலெங்கும்—il fume partout dans la maison, la maison est remplie de fumée; புகைத்திருமுகிறது tousser à cause de la fumée,ou de la chaleur.

புகைக்கிறது,கைத்தேன்,கைப்பேன்,கை,கைக்க,v.a. *du préc.* faire—, fumer, enfumer, fumiger,exposer à la fumée,faire des fumigations, —sécher à la fumée, parfumer,s'irriter, s'indigner.

புகைக்கை,n.v. *du préc.*

புகைச்சல், *(id.)*, fumée, fumigation, exhalaison, vapeur,obscurcissement (de la vue...), ténèbres,obscurité,la fumée s'élever, exhaler de la fumée, brûler et fumer, les blés —,la moisson être brouie,—brûlée, impatience,colère, indignation, inflammation d'entrailles (par l'effet du chagrin...):—போடுகிறது faire fumer, -de la fumée,— des fumigations.

புகைதல், *n.v. de* புகைகிறது, indignation, signe de colère, fumée, vapeur, la fumée s'élever.

புகைத்தல்,புகைப்பு,*n.v. de* புகைக்கிறது, faire fumer, fumée, fumigation, indignation,signe de colère.

புகைப்பிக்கிறது, *v. caus. de* புகைக்கிறது, faire fumer.

புகைவு, *n. v. de* புகைகிறது, fumer, fumée, vapeur,exposition à la fumée, colère, indignation. [trée.

புக்க, *part.parf. de* புகுகிறது,en-

புக்கம்,(புக்கு,அகம்), V.வேட்டகம்.

*புக்கசர், (poukkasa), homme

vil, dégradé, réputé impur, vaurien, chasseur ou வேடன்.

*புக்கசி, *fém. du préc.* femme dégradée, méchante, indigo, bouton de fleur.

*புக்கம், (boukka), cœur, bouc: புக்காக்கிராமாம்சம், (ஆக்கிரம்), chair du —, le cœur.

புக்கல், *n. v. de* புகுகிறது, action d'entrer

*புக்கனம், (boukkana), aboiement, — du chien.

*புக்காரம், (boukkâra), rugissement, — du lion.

புக்கி, l'arbre பிரசம்.

புக்கில், 1° (புக்கு, இல்), le corps, maison, — où l'on n'est qu'à loyer ou en passant, — qu'on ne possède pas par héritage, lieu où l'on se retire, refuge. 2° *cond. de* புகுகிறது.

புக்கு, 1° *gér. de* புகுகிறது. 2° *son imitatif*: புக்குப்புக்கென்கிறது, *P.* புகுபுகென்கிறது.

புக்கேன், *parf. de* புகுகிறது.

புக்கை, *P.* புற்கை, bouillie, — épaisse (de millet. i.).

*புங்கம், 1° (pounkha), flèche, partie ailée —, gros bout —, pied d'une flèche. 2° (pounga), tas monceau, quantité, hauteur, excellence. 3° toile, habit.

*புங்கலம், (poungala), âme.

*புங்கவம், (poungava), taureau, bœuf.

*புங்கவன், (*id.*), excellent, prééminent, Dieu, gourou ou précepteur spirituel, Bouddha, l'arsenic dit சூதபாஷாணம்: புங்கவர், *pl.* les dieux prétendus, les habitans du ciel.

*புங்கவி, *fém. du préc.* femme divine, prétendue déesse, Parvadi.

*புங்கிருகம், *P.* புமிருகம்.

புங்கநபுரி, (புங்கம், ந, புரி), corde pour lier des flèches.

புங்கு, *P.* புன்கு, l'arbre dalbergia.

*புங்கவனம், *P.* புஞ்சவனம்.

*புங்கிஷ்டனம், *P.* புஞ்சிஷ்டனம்.

*புஜம், 1° (bhoudja), épaule, bras, côté d'une figure géométrique, courbure. 2° (bousa), paille, balle, épi sans grain, richesse, bonheur, crème de lait caillé, bouze de vache desséchée: புஜபலம் force du bras, — de l'épaule; புஜத்தின் மேல் வைத்துக்கொண்டேன் je t'ai élevé sur mes bras; புஜத்திலெடுத்துக்கொள்ளுகிறது prendre dans ses bras, *V. d'autres composés au mot* புயம்.

புசல், tempête, ouragan, brosse, pinceau grossier pour blanchir les murs.

*புசா, *obl. de* புசம்:— கோடி les 3 signes ascendans ou du printemps, et les 3 signes descendans ou d'automne, argument pour réduire l'anomalie moyenne et autres quantités à des tables d'équation qui ne s'étendent qu'à 3 signes. Cette réduction se fait ainsi: si l'anomalie moyenne excède 3 signes, retranchez-la de 6 signes, si elle excède 6 signes, retranchez en ces 6 signes; si elle excède 9 signes, retranchez la de 12 signes; — பலம் résultat obtenu par le procédé précédent, reste qu'on obtient après avoir fait la soustraction précédente.

*புசாந்தரசந்திரன், (புசா, அந்தரம்), longitude de la lune dont on a corrigé les erreurs provenant de l'emploi des nombres 3031 et 248 qui servent à déterminer la longitude.

*புசி, 1° (bhoudji), feu, côté d'une figure géométrique, *v. g.* ஐம்புசி pentagone. 2° *imp. et part. de* புசிக்கிறது: — காரணம் manducation, aliment, mets, — à manger.

புசிக்கிறது, சித்தேன், சிப்பேன், சி, சிக்க, *v. a.* புசித்தல். *n. v.* (bhoudja, *manger*), manger, se nourrir de, புசித்துப்போடுகிறது consumer.

*புசிதம், 1° *P.* பூசிதம், adoration, 2° (pouchita), action de nourrir.

புசிக்கை, புசித்தல், *n. v. de* புசிக்கிறது, manducation.

புசிப்பன, *n. app. de* புசிக்கிறது, choses bonnes —, choses à manger, alimens.

புசிப்பாளி, (புசிப்பு, ஆளி), mangeur, personne fortunée, heureuse, qui jouit, qui a ses aises: புசிப்பாளிக்குப் போனதிற்று உடைமை le bien est échu à l'homme fortuné: புஜிப்போர் [illegible] இருத்தல் être heureux.

புஜி புஜ.n.v.de புஜிக்கிறது, manducation, nourriture, mets, alimens, jouissance.

*புஷியம், (pouchya), la 8me constellation dite பூசம், le mois de தை ou janvier, le Kaliyougam.

*புஜம், (bhoudjâ), côté d'une figure géométrique, épaule, bras, les 3 premiers signes ou les signes du printemps et les 3 signes d'automne ou le 7me 8me et 9me: si on partage en 4 une circonférence de cercle, le 1er et le 3me quadrant se nomment புஜம், le 2e et le 4e se nomment கோடி.

*புச்சம், (poutchtchha), partie de derrière, queue, — de cheval, — de paon, scorpion: புச்சஸ்தலம் la place de la queue, le postérieur, le derrière.

*புஷ்பராகம், P. புஷ்பராகம், topaze.

*புஷ்கரம், (pouchkara), air, ciel, atmosphère, fleur de —, nénuphar, île du nénuphar, une des 7 îles fabuleuses des Indous, bout de la trompe d'un éléphant, épée, tranchant —, lame —, fourreau d'épée, flèche, guerre, bataille, héron, eau, eau lustrale, pièce d'eau, étang ou réservoir réputé sacré près d'un temple, lieu de pélérinage à 4 milles d'Adjimir sur le bord d'un lac, science —, art de la danse, pilule —, drogue composée de costus speciosus, union, part, portion, espèce de maladie, — de serpent, instrument de musique, tambour, tête d'un tambour ou côté où l'on en bat, ouverture —, bouche d'un vase, plénitude, un des 7 nuages, celui qui cause la disette, V. புஷ்கலாவர்த்தம், ivresse, enivrement, caverne, cage, montagne de l'île dite புஷ்கரம், milan: புஷ்கரமூலம் racine bulbeuse du nénuphar; — மூலம் racine du costus speciosus.

*புஷ்கரன், (id.), Pouchgaren, roi frère de நளன், un asouren, le fils de Vacounen.

*புஷ்கரி, (புஷ்கரம்), éléphant.

*புஷ்கரிணி, fém. du préc. éléphant femelle, étang de nénuphars, — carré ou grand réservoir (auprès d'une pagode...).

*புஷ்கலம், (pouchkala), plénitude, grande quantité, excellence, éminence, le nuage புஷ்கலாவர்த்தம், (ஆவர்த்தம்), un de 7 nuages de la fable indoue, celui qui verse de l'or.

*புஷ்கலா, obl. de புஷ்கலை: — தேவி ou

*புஷ்கலை, (pouchkalâ), l'excellente, Pouchkalei une des femmes d'ஐயனார்: புஷ்கலைமணாளன் l'époux de Pouchkalei, i. e. Ayénar.

*புஷ்டகம், (புஷ்டம், ka), toile, [habit.

*புஷ்டம், (pouchta, nourri), toile, habit, plénitude, complément, fin, corbeau.

*புஷ்டாங்கம், (புஷ்டம், அங்கம்), [gros corps.

*புஷ்டி, (pouchti), graisse, embonpoint, augmentation, prospérité, élévation: — கர்த்தன் le maître dodu, Poulléyar; — புஷ்டிமான் homme gras, — dodu, qui a de l'embonpoint: சப்தபுஷ்டியும் அர்த்தபுஷ்டியுமுள்ள சாஸ்திரம் science ou traité qui à l'élégance des sons ou des mots joint un sens profond.

*புஷ்பகம், (புஷ்பம், ka), bracelet de pierres précieuses, le char de குபேரன் dit விமானம், vitriol vert, vase de fer, sorte de mal d'yeux, albugo ou taie à l'œil, petit foyer en terre, espèce de collyre, la plante முருங்கை: புஷ்பகவிமானன் celui qui se sert du char புஷ்பகம், Koubèren, Indiren.

*புஷ்பகரம், (புஷ்பம், கரம்), main qui ressemble à une —, fleur, fleurs ou menstrues.

*புஷ்பதம், (புஷ்பம், தம்), ce qui donne des fleurs, arbre.

*புஷ்பந்தயம், (id. dhaya qui boit), abeille.

*புஷ்பம், (pouchpa), fleur (en général), étendue, expansion, sorte de mal d'yeux, albugo —, tache ou raie à l'œil, le char de Koubèren dit புஷ்பகம், fleurs ou règles des femmes, bananier: — கொய்கிறது cueillir des fleurs; புஷ்பகரண்டகம், — கரண்டினி la ville d'அவந்தி ou d'Oudjein; — காசீசம் (kâsisa), vitriol vert ou sulphate de fer vert; — காசை, (hâsa ris), femme qui a ses règles; — சாதகம் bambou (dont la souche meurt après la floraison); — கிரி montagne fleurie, — fabuleuse résidence de Varounen; — கீடம் grosse abeille noire, insecte qui attaque les fleurs; — ஹீனை, — ஹீனி, (ஹீனம்), femme stérile, — dont les règles ont cessé; — கேது, — கேதனன் celui qui a pour symbole ou enseigne une fleur, i.e. காமன்; — கண்டகம் l'arbre கண்டகம் à fleurs odoriférantes; — சமயம் la saison des fleurs, le printemps; — சயம் multitude des fleurs, cueillir des fleurs; — சயனம் lit de fleurs; — சரன், — சராசனன், — சாபன் celui dont les flèches et l'arc sont de fleurs, i.e. Kâmen; — சாரம் nectar ou miel de fleurs; — சலி fleuri; — சித்திரம் ornement en fleurs: — சிரீ abondance —, beauté des fleurs; — சுவேதம், — சுவேதம் miel —, suc des fleurs: — சூனியம் manque de fleurs; — சோலை bosquet de fleurs; — தந்தம் l'éléphant du nord-ouest, un des serpens des fables indoues; — தந்தன், — தந்தகன் un des chefs des சந்தகு ளர்; — தனுவன் Kâmen à l'arc de fleurs; — திரவம், — நிராவம், pollen —, infusion —, eau distillée —, essence de fleurs: — நாதன் Florent, n.propre; — நிகசம் (nikcha qui baise), abeille; — நிரியாசம், (niryâsa extrait), nectar de fleurs; — பதம் vulve, litt. chemin des menstrues; — பலம் le fruit de l'arbre விளா feronia; — பவம் nectar de fleurs; — புரம் la ville des fleurs, dite par les Grecs Pâtalipoutra ou Pâlibothra: — பிரசயம், — பிரசாயம் action de cueillir des fleurs; — மஞ்சரிகை ce qui donne beaucoup de fleurs, le nénuphar bleu; — மயம், — மாரி pluie de fleurs; — மாசம் mois —, saison des fleurs, — des bourgeons, le printemps — மாலை guirlande de fleurs: — ரசம் suc —, miel de fleurs; — ரதம் char de fleurs, orné de fleurs: — ரத்தம் teinture rouge tirée des fleurs, l'arbrisseau hibiscus phœniceus; — ராகம் topaze; — ரேணு poussière —, pollen des fleurs; — லவன், — லவகன், — லாவன், — லாவகன் (lava, lavaka, lâva, lâvaka qui coupe), homme qui cueille des fleurs, marchand fleuriste, homme né d'une bramine et d'un tisserand, et dont la fonction est de cueillir des fleurs et de vendre des guirlandes, *au fém.* புஷ்பலாவி marchande de fleurs; — வதி (*affixe*), femme qui a ses règles; — வருஷம், — விருஷ்டி pluie de fleurs; — வாடி jardin de fleurs; — விமானம் char orné de fleurs.

*புஷ்பாகரன், (புஷ்பம், âhara *qui prend*), fleuriste, qui cueille des fleurs. [queur —, miel de fleurs.

*புஷ்பாசவம், (*id.* ஆசவம்), li-

*புஷ்பாசனன், (*id.* ஆசனம்), celui qui a pour siège une fleur de nénuphar, i.e. Brama.

*புஷ்பாசனி, (*id.*), celle qui est assise sur une fleur de nénuphar, *i.e* Lakchimi.

*புஷ்பாஜீவனி, புஷ்பாஜீவன், புஷ்பாஜீவி, (*id.* ஆஜீவம்), fleuriste, celui qui gagne sa vie en faisant des guirlandes de fleurs.

*புஷ்பாஸ்திரன், புஷ்பாத்திரன், (*id.* அஸ்திரம்), celui dont les flèches sont de fleurs, *i.e.* Kâmen.

*புஷ்பாஞ்சலி, (*id.* அஞ்சலி), hommage —, pluie de fleurs, offrande d'un bouquet de fleurs.

*புஷ்பாஞ்சனம், (*id.* அஞ்சனம்), encre de fleurs, chaux de bronze.

*புஷ்பாலங்காரம், (*id.* அலங்காரம்), décoration en fleurs, floraison.

*புஷ்பாவசாயம், (*id.* அவசாயம்). action de cueillir des fleurs.

*புஷ்பாவசாயி, (புஷ்பாவசாயம்), celui qui cueille des fleurs.

*புஷ்பிகை, (புஷ்பம்,ika), tartre des dents, sperme, mucosité de l'urètre.

புஷ்பிக்கிறது, பித்தேன், பிப்பேன், பி, பிக்க, v.n. (புஷ்பம்), புஷ்பித்தல், n.v. fleurir, être en fleurs: புஷ்பியாத, qui ne fleurit pas.

*புஷ்பிதம், (புஷ்பம்,ita), floraison

*புஷ்பிதை, fém. du préc. femme qui a ses règles.

*புஸ்தகம், புஸ்தம், (pousta, ka), livre, manuscrit, feuilles, peinture: புஸ்தகஞ்சேர்க்கிறது réunir—, arranger ensemble les feuilles d'un livre, le relier; — பண்ணுகிறது composer —, faire —, écrire un livre; புஸ்தகருமம் ouvrage en peinture, plâtrage.

*புஞ்சம், புஞ்சி, (poundja, i), monceau, quantité, collection, balle, certain nombre de fils, 120 fils.

*புஞ்சலி, (பும், சலம் *marche*), prostituée (qui fréquente les hommes).

*புஞ்சவனம், (*id.* சவனம்), cérémonie qu'on fait le 3me mois de la grossesse lorsqu'on apperçoit les 1ers signes de la conception, lait, embryon de 3 mois.

*புஞ்சானம், (bhoundjâna), manducation, possession, jouissance.

*புஞ்சித்துவம், (pounstva), sperme humain, virilité, nature humaine.

*புந்திலிங்கம், (பும், லிங்கம்), pénis.

*புடகம், (poutaka), nénuphar, vase en feuilles, sac ou vase fait d'une feuille pliée en entonnoir.

*புடகினி, (புடகம், ini), bouquet de fleurs de nénuphar.

*புடம், 1° (pouta), couverture, langouti ou linge qui couvre les parties honteuses, paupière, vase de feuilles, coupe ou concavité faite avec une feuille pliée, chose creuse ou concave, sabot du cheval, action de luter, contraction, rétrécissement, pureté, purification,—des remèdes, raffinement—, sublimation ou cuisson des remèdes. 2 vases joints ensemble (le second renversé) pour ces opérations, coupelle, creuset, procédé chimique pour fondre, raffiner ou calciner les métaux, préparer et purifier les remèdes, en les mettant sur le feu, au soleil ou dans du grain. (Le degré de chaleur pour la calcination ou la préparation des remèdes etc... s'estime par le nombre de வறட்டி ou bouzes de vaches desséchées que l'on brûle, comme il suit: காடைப்—, கவுதாரிப்—, குக்குடப்—, வராகப்—, கசப்புடம் ou கஜபுடம், coupelle de la caille, de la perdrix, de la poule, du cochon, de l'éléphant en faisant brûler des bouzes de vaches gros comme une caille, une perdix, une poule, un cochon, un éléphant, i. e. 1, 3, 10, 20 (ou 50), 100 bouzes de vache). 2° (phouta), tête déployée du serpent capelle. 3° (sphouta): correction dans les comptes, longitude céleste, —égalée, vraie, apparente. 4° place, côté (d'une chose): — இடுகிறது préparer un remède par fusion ou calcination..., ou — போடுகிறது, — வைக்கிறது purifier les métaux —, mettre dans le creuset, mettre à l'épreuve, éprouver, examiner: புடகிரீபம் cou, jarre, pot, bocal, broc d'airain (qui a un long cou étroit; — நதி, V. புடவிக்கேபம்; — பாகம் cuisson, digestion, sublimation; — புத்தி vrai mouvement d'une planète; — பேதம் sinuosité —, détour de rivière, ville; — பேதனம் ville: — விக்ஷேபம் distance apparente des centres du soleil et de la lune au moment de la conjonction, latitude apparente de la lune; கடைசியிலாயிரம் வறட்டியிலேபுடமிட்டுப்போட்டாக்கலெல்லாந் தீர்ந்துபோம் enfin si on brûle 1000 bouzes de vache, tout sera fini, ou la mort arrangera tout.

புடைக்கிறது, டைத்தேன், டைப்பேன், டை, டைக்க, v. n. புடைத்தல், n. v. jouer plusieurs ensemble d'instrumens de musique, souffler en s'arrondissant, s'arrondir.

புடைப்பு, n.v. du préc. rondeur.

புடல்,(படோலம்),la plante trichosanthes anguina,espèce de concombre dont le fruit ressemble à un serpent: l'adj. est புடலம்: புடலங்காய் concombre à forme de serpent: புடலம்பூ fleur de cette plante; நாய்ப்—, V. நாய்ப்புடோல்..

*புடவி(பிருதிவி), la terre:—முலம் la plante திருகுநட்டை.

புடவை toile, habit; பழம்—vieille toile;—த்தொழில் manufacture—, commerce de toiles; புடவைக்கட்டிக்கொள்ளுகிறது mettre—,s'attacher sa toile,s'en revêtir.

*புடனம், (sphoutana), action de fendre,de déchirer, d'ouvrir...

புடாரமூலி, la plante செந்நாயுருவி.

புடி,qualité.

*புடிகை, (poutikâ), cardamome.

*புடிதம், (poutita), poing, fermer la main pour tenir quelque chose.

புடை, 1° place, côté, enflement, boule, rondeur, guerre, V.பாழி. 2° n. v. imp. et part. de புடைக்கிறது, coup, action de frapper, de vanner: அடுப்பும்புடை place du foyer: —கொள்ளுகிறது s'étendre—,s'élargir (v.g. un mal, un ulcère...),s'enfler; —க்கருத்து sens indirect, partialité; — சூழ்ந்துவருகிறது accompagner, escorter, se réunir autour, se joindre à côté d'un autre, entourer: —நால், V.சார்புநால்;—பெயர்கிறது changer de côté,aller et venir—, revenir à côté,—indirectement, revirer, changer et réussir;—பெயர்ச்சி changement de côté, revirement, retour indirect, —à côté, tangente, allée et venue à côté, changement suivi de réussite; —பெயர்ச்சித்தொழிற்பெயர் nom verbal qui exprime un changement et un effet;—பெயர்ச்சிவினை verbe qui exprime un changement et un effet; —பொருள் chose secrète,—cachée;—மண் terre de blanchisseur; —வீழுகிறது se gonfler,se ruiner, se détériorer, un côté tomber.

புடைக்கிறது, டைத்தேன், டைப்பேன்,டை,டைக்க,v.a.புடைத்தல்.n.v. vanner, éventer; battre, frapper, heurter, donner des coups de poing, donner des chiquenaudes sur les tempes(sorte de chatiment qu'on s'inflige ou qu'on éprouve), pousser,repousser,percer, enfler, mouvoir, remuer, un oiseau battre des ailes ou les agiter,nager: புடைத்துக்கொண்டெழுகிறது enfler, une tumeur se former; — ப்போடுகிறது vanner, battre...

புடைப்பு, n. v. du préc. action de vanner... coups, tumeur,enflement.

புடையன்,serpent venimeux long d'une coudée.

புடைவை, toile, habit:— க்குஞ்சம் nombre de fils d'une—,frange de toile,toile blanche. [rasol blanc.

*புடோடசம்,(புடம்,உடசம்), pa-

புடோலம்,(de படோலம்), la plante புடல்:புடோலங்காய் son fruit, concombre à forme de serpent.

*புட்கரம், புட்கரர், புட்கரிணி,புட்கலம்,புட்கலை...,V.புஷ்கரம்.....

புட்குத்திருப்பி, P.புட்டுத்திருப்பி.

புட்குரல், (புள்,குரல்), voix d'oiseau. [புஷ்டம்...

*புட்டகம்,புட்டம்... V. புஷ்டகம்,

புட்டல், fardeau porté sur la tête (surtout par ceux qui conduisent des bœufs chargés).

*புட்டி,1° V.புஷ்டி. 2° ou

புட்டில், corbeille, panier,—pour arroser, — puiser l'eau d'un étang, van, —à vanner, fourreau, doigtier: —புட்டிவெல்லம் mélasse,— renfermée dans un petite corbeille de feuilles de palmier.

புட்டு, espèce de petit gâteau:—க்கூடை corbeille de moyenne grandeur, V. நீற்றுப்பெட்டி: —த்திருப்பி la plante வட்டத்திருப்பி: — ப்பழம் espèce de fruit mangeable.

*புட்பகம், V.புஷ்பகம். [ம்.

*புட்பம், et ses composés, V. புஷ்ப

புட்பிடிக்குகிறது, புட்பிடித்தல்,(புள்). prendre des oiseaux.

புணரி, mer, flots,—de la mer.

புணருகிறது et புணர்க்கிறது, ர்ந்தேன், ருவேன் ou க்கேன், கு ou ர், ர, ம். n. et புணருதல், புணர்தல், n. v. s'unir, se joindre, s'approcher, s'accoupler, coucher avec, avoir commerce charnel, (les lettres ou les mots...) se combiner ou s'unir, s'accorder, s'adapter.

புணர், 1° nouveauté. 2° imp. et part. du préc. uni, joint, accouplé. 3° imp. du suiv.: — நிலை fig. de rhét. qui consiste à présenter 2 choses ou 2 sens ensemble.

புணர்க்கிறது, ர்த்தேன், ர்ப்பேன், ர், ர்க்க, ou புணர்த்துகிறது, த்தினேன், த்துவேன், த்து, த்த, v. a. de புணர்க்கிறது joindre, unir, faire —, accoupler, faire briller, trouver —, employer des expédiens, revêtir, comparer 2 idées, joindre —, combiner les lettres..., accorder.

புணர்ச்சி, n. v. de புணர்கிறது, union, jonction, réunion, combinaison, — des lettres du mot final avec celles du mot suivant, commerce charnel, copulation, accouplement: — க்காரன் libertin, débauché, putassier: இயற்கைகேடான —, crime contre nature; இயற்கைகேடான — க்காரன் sodomite; — பண்ணுகி றது s'accoupler, forniquer, s'unir; unir; — மாலை le 31me des பிரபந்தம் dit தண்டமாலை; — விகாரம் irrégularité dans l'union de 2 mots lorsqu'on ajoute, change ou retranche une lettre; புணர்ச்சிமகிழ்ச்சி joie de l'union..., c'est une des divisions de l'அகப்பொருள் dans les poëmes érotiques.

புணர்தல், n. v. de புணர்கிறது.

புணர்த்தல், புணர்த்துதல். n. v. de புணர்க்கிறது, et de புணர்த்துகிற து.

*புணர்பூசம், P. புனர்பூசம். V. புந

புணர்ப்பு, n. v. de புணர்க்கிறது, coition, association d'idées, conviction, ruse, ou

புணர்வு, n. v. de புணர்கிறது, union, jonction, réunion, connexion, rapport, combinaison, copulation, accouplement, le corps humain (réunion du corps et de l'âme).

புணை, 1° radeau, vaisseau, navire, bambou, fers, entraves. 2° imp. et part. des suiv.

புணைகிறது, புணைக்கிறது,... V. பி ணைகிறது, பிணைக்கிறது....

புண், plaie, blessure, ulcère, chair, — baveuse, excroissance: — படுகிற து être blessé, un ulcère se former, s'offenser, se chagriner; — வாய் ouverture —, trou d'un ulcère.

*புண்டரம், புண்டரகம், (poundra, ka), canne à sucre rouge, — à sucre blanche, nénuphar blanc, marque faite sur le front, ligne ou linéament (de la tête ou de la main), aigle, singe rouge, pays comprenant une partie du Bengale et du Bahar: புண்டர கேளி l'animal, qui s'amuse avec les cannes à sucre, i. e. l'éléphant.

*புண்டரன், (id.), un Daïtya, i. e. அசுரன் ou être infernal censé incarné en சிசுபாலன் cousin et ennemi de Krichna.

*புண்டரீகம், P. புண்டரிகம், (poundarika), éléphant du sud est, léopard ou tigre, couleur blanche, ombrelle blanche, signe de victoire, nénuphar, — blanc, espèce d'aigle, — de lèpre, — de drogue, — de serpent dit amphisbœna, fièvre des éléphans, pot à l'eau d'étudiant, espèce de mangue, — de canne à sucre, — de ver à soie, scarabée ou insecte volant: புண்டரீகக்கண்ணன், புண்டரீ காக்ஷன், புண்டரீகநாதன், (அம்பு ம்), celui qui a des yeux de nénuphar, i. e. Vichnou.

*புண்டரியம், (poundarya), plante rampante employée comme remède pour les yeux malades.

புண்ணுக்கு, P. பிண்ணுக்கு.

புண்ணுகிறது, (புண், ஆகிறது), une plaie —, un ulcère se former, se blesser.

புண்ணாக்குகிறது, (id. ஆக்குகிற து), blesser, faire une plaie (par des corrosifs...). (றது), être une plaie.

புண்ணுயிருக்கிறது, (id. இருக்கி

[illegible], (*id.* [illegible]), une plaie se cicatriser, un ulcère se guérir.

*புண்ணியம், (pounya), vertu, bonne action, œuvre pie, — charitable —, méritoire, bien, bonnes œuvres, mérite moral, charité, piété, sainteté, pureté, purification, chose sainte, —divine, auge, —pour abreuver le bétail: — [illegible], — [illegible] patiquer la vertu, faire le bien; — [illegible] la vertu être avantageuse. On compte 7 actes de vertus: [illegible] les 7 vertus: [illegible] ou [illegible] humilité, தானம் aumône, [illegible] pénitence ou observances religieuses qu'on s'impose, [illegible] affection, bonté, [illegible] hospitalité, [illegible] patience, [illegible] force ou courage; [illegible] les 9 actes de vertu ou de civilité (envers les personnes de haut rang ou qui sont en grande estime, savoir: [illegible] aller à la rencontre de quelqu'un, [illegible] saluer respectueusement, [illegible] faire asseoir sur un siége, [illegible] laver les pieds, [illegible] faire des présens, [illegible] offrir de l'encens ou des parfums odoriférans, [illegible] offrir des flambeaux de camphre, [illegible] louer, [illegible] offrir de la nourriture; [illegible] l'arbre [illegible]; —[illegible] bonne œuvre, acte de vertu; — [illegible] bonne occasion, temps divin; —[illegible] histoire édifiante, vertueuse, conte moral: —[illegible] intention pieuse, — vertueuse; —[illegible], —[illegible] corps saint, personne vertueuse; — [illegible] conduite vertueuse, histoire édifiante; —[illegible] eau bénite, eau lustrale; —[illegible] gens vertueux; —[illegible] homme —, être vertueux, géant, Yakchen, être censé divin au service de Koubèren: — [illegible] Kouhèren maître des Yakchers: — [illegible] origine, vertueuse, gens vertueux; — [illegible] personne —, femme vertueuse, ou — [illegible] homme vertueux; — [illegible] homme saint, — vertueux, être divin; — [illegible] homme vertueux, célèbre dans les poëmes sacrés, *i.e.* le roi [illegible], Youdichstiren ou [illegible] l'aîné des Pândavers; - [illegible], *fém. du préc.* femme vertueuse, célèbre, Sidei femme de Râmen, Draoupadei femme des 5 Pândavers; — [illegible], — [illegible] lieu saint, terre sainte, *V.* [illegible]; — [illegible], — [illegible] cendres de bouzes de vache réputées sacrées par les Indous: — [illegible], - [illegible] place sainte, lieu qui purifie et fait croître en vertu; —[illegible], — [illegible] lieu saint, place sainte, le 9me signe à compter de celui qui se lève; — [illegible] jais bleu; — [illegible] don charitable, aumône; — [illegible] herbe dite [illegible] de couleur blanche: — [illegible], —[illegible] jour saint, —favorable—, heureux; — [illegible] eau réputée sacrée, purifiante et objet de pélérinage; — [illegible] les 4 espèces de vertus ou de mérite; [illegible] pénitence, [illegible] bonnes mœurs, [illegible] libéralité, aumône, [illegible] science; — [illegible] fleuve réputé sacré, — dont l'eau est censée purifier; - [illegible] fruit —, mérite —, récompense de la vertu, jardin, bosquet; — [illegible] enfant vertueux; — [illegible] homme vertueux; — [illegible] terre réputée sacrée, terre sainte des Indous, — située entre les monts Himalaya, les monts Vindhya et les 2 mers du Bengale et d'Oman; — [illegible], — [illegible] le premier en vertu, Dieu, Arouguen, Bouddha; — [illegible] sacrifice pour purifier, *V.* [illegible] *et* [illegible]; — [illegible] effet des actions vertueuses: — [illegible] nuit censée sacrée, — propice, — consacrée à la mémoire de quelqu'objet religieux: — [illegible] le monde de la vertu, le ciel, le paradis, séjour de la béatitude; —

வாசகம் lecture pieuse, parole sainte, V. புண்ணியவாசகம்; —வாரி eau lustrale.

*புண்ணியவதி, புண்ணியவாட்டி (புண்ணியம், வதி, ஆட்டி), femme vertueuse.

*புண்ணியவான், புண்ணியவாளன், (id. vân, ஆளன்), homme vertueux, —de bien.

*புண்ணியன், (புண்ணியம்), homme vertueux, charitable, saint, pur, religieux, (et à tort) Siven, Arouguen, Bouddha.

*புண்ணியாகம், (id. ahan jour), jour sacré, —de fête, purification, cessation des menstrues, ou P. புண்ணியயாகம் sacrifice; புண்ணியாகவாசகம் répéter 3 fois à un sacrifice le mot புண்ணியாகம் c'est un jour sacré. [pur.

புண்ணியாசனம், jour sacré, —

புண்ணியாக்கம், l'arbre குந்துருக்கம், —qui donne l'encens mâle oliban.

*புண்ணியாத்துமா, (புண்ணியம், ஆத்துமா), âme —, personne vertueuse, homme vertueux.

*புண்ணியோதகம், (id. உதகம்), eau bénite, —lustrale.

*புண்ணியோதயம், (id. உதயம்), bonne fortune, bonheur (regardé par les Indous comme l'effet des vertus d'une vie précédente.)

புண்ணீர், (புண், நீர்), pus, sang (qui sort d'une plaie). [புடல்.

புண்ணுடல், (id. உடல்), V. புடலை

புண்வாய், (id.), ouverture d'une plaie.

*புத, obl. de புதன்; —சனன், (சனம்), sage, savant; —சுதன் Pouroûraven, fils de Boudhen, 2ᵉ roi de la dynastie lunaire; —தாதன் Sandiren ou சந்திரன் père prétendu de புதன்.

*புதர், 1° pl de புதன், sages, poètes, savans, dieux prétendus. 2° buisson, hallier, broussailles, lieu couvert de buissons, herbe: விரிந்தபுதர் broussailles très-étendues, large buisson; புதர்வீடு berceau d'arbres, —de verdure, lieu couvert de plantes rampantes: புதருக்குட்புகுந்து ஔிந்திருக்க se cacher dans des broussailles.

புதல், sourcil, herbe, plante, arbrisseau.

புதல்வன், pl. புதல்வர், fils, enfant; புதல்வனைப்பெறுதல் engendrer, —avoir des enfans.

புதல்வி, fém. du préc. fille.

*புதவாரம், (புதன்), mercredi, jour consacré à Mercure.

புதவு, espèce d'herbe, porte, guichet ou petite porte dans la grande porte d'un fort, —d'une tour de pagode, fausse porte, enfer.

புதற்பூ, (புதல்), fleur de buisson, d'herbe, d'arbrisseau..., c'est la 4ᵐᵉ des 4 espèces de fleurs dites பூ-ச.

*புதன், (boudha), Boudha ou Boudhen fils de சந்திரன் et régent de la planète Mercure, la planète Mercure, mercredi, sage, savant, poète, Dieu: —கிழமை mercredi; —அன்று ராத்திரி la nuit de mercredi; புதனுக்கிளைபோனவன் (surnom de) வருடன்.

புதா, la cigogne indienne dite வெள்ளுக்கு. [de plantes rampantes.

புதாரு, buisson; berceau couvert

*புதானன், (boudhâna), sage, savant, gourou, précepteur spirituel.

*புதிதம், (boudhita), chose connue.

புதிசு, புதிது, P. புதியது, chose nouvelle: புதிசான, புதிதான nouveau; புதிதாக்குகிறது, புதிதாய்ப்பண்ணுகிறது renouveler, faire nouvellement; புதிதாய், புதிதாக nouvellement.

புதிதுண்கிறது, (புதிது, உண்கிறது), manger d'une chose nouvelle. Les Indous choisissent pour cela un bon jour ou un jour de fête.

புதிய, adj. de புதுமை, nouveau, neuf: —நுட்பம் la nouvelle subtilité, nom d'un traité de logique.

புதியர், புதியவர், புதியோர், (புதிய), nouveaux venus, hôtes, convives, novices.

புதியது, (id.), pl. புதியன, ce qui est nouveau, chose nouvelle: புதியனபுகுதல் entrer dans des choses nouvelles, employer des mots nouveaux.

புதிர், 1° sync. de புதியகதிர், nouvel

épi,prémices—, nouvelle gerbe de blé dont une partie est offerte à Indiren et l'autre suspendue dans la maison, chose nouvelle. 2° mot obscur,—d'un sens caché ou profond.

*புதிலன்,(boudhila),sage,savant.

புதிலி,outre d'huile.

புதினம்,(புது,இனம்), nouveauté, merveille: புதினமான nouveau, merveilleux.

புதிசு,nom d'une plante.

புதிதம்,V.புத்தம்.

புது,1° adj.de புதுமை, nouveau, neuf. 2° imp.de புதுக்கிறது: —க்கொல்லை champ nouveau, — nouvellement défriché; —க்கோலம் nouvelle mode,nouvel accoutrement;— சரக்கு nouvelle marchandise: —த்தண்ணீர் eau nouvelle,— fraiche,nouvelle crue des rivières après les pluies; —த்தரை,— நிலம் nouvelle terre,sol nouveau;—நாணயம் chose nouvelle, nouveauté, nouvelle coutume, — monnaie; — ப்பணம் nouveau fanon, pièce de monnaie nouvelle ou neuve;—ப்புனம் champ nouveau, — nouvellement cultivé; —ப்போதகர் novateur; —புதுக்கை renouvellement, commencement;—முகவர் commencement, nouveau devant: — முகம் nouveau visage, personne inconnue;— வரம்பு nouvelle chaussée dans les rizières.

புதுக்கிறது,1° துக்கேன்,துப்பேன்,து,துக்க,v.n. se renouveler. 2° sync.de

புதுக்குகிறது, க்கினேன், க்குவேன்,க்கு,க்க,v.a.(புது),புதுக்கல், புதுக்குதல்,n.v. renouveler, raccommoder: புதுக்க,inf. nouvellement.

புதுக்குவிக்கிறது,v.caus de புதுக்குகிறது,faire renouveler.

புதுக்கை,1° (புது),nouvelle main. 2° n.v. de புதுக்கிறது, renouvellement.

புதுசு, P. புதிசு, chose nouvelle: புதுசாய் nouvellement; புதுசான nouveau, neuf.

புதுச்சேரி,(புது, சேரி), nouvelle ville,nouveau village, la ville de—, Pondichéry(en anglais Pondicherry).

புதுப்பிக்கிறது, ப்பித்தேன், ப்பிப்பேன்,ப்பி,ப்பிக்க,v.a.ou caus.de புதுக்கிறது, renouveler, corriger, raccommoder.

புதுப்பிப்பு,புதுப்பித்தல்,n. v. du préc.renouvellement, raccommodage,correction.

புதுமை, (புது,மை), nouveauté, chose nouvelle, - étrange,— extraordinaire, merveille, miracle,abondance;—செய்கிறது,— பண்ணுகிறது faire merveille,— des miracles; —யான nouveau,merveilleux, miraculeux;(l'adj est புது,புதிய,புத்து, et புது devant une voyelle).

புதுவது,(புது),chose nouvelle.

புதுவை,sync.P.புதுச்சேரி, Pondichéry.

புதை,1° flèche, faisceau —, paquet de flèches,corps.2° sync.de புதுமை,nouveauté.3° (புதன்), connaissance, intelligence. 4° n.v.des suiv. cachette,lieu secret.5° imp.et part.de புதைகிறது.6° imp.de புதைக்கிறது; — பொருள் chose cachée, enfouie, secrète,sens caché,discours ou écrit obscur,énigmatique,difficile à comprendre,trésor;—வாளம் gerbe de fusées.

புதைகிறது,தைந்தேன்,தைவேன், தை,தைய,v.n.(புதை), புதைதல், n. v.se cacher,s'ensevelir, être enterré, enseveli,caché,enfoui,s'abaisser.

புதைக்கிறது,தைத்தேன்,தைப்பேன்,தை,தைக்க,v.a.du préc புதைக்குதல்,புதைத்தல், n.v.enterrer (un cadavre...),ensevelir, enfouir, cacher, employer des expressions obscures, parler ou écrire en paraboles, d'un style obscur ou trop élégant, abaisser; புதைத்துப்போடுகிறது,—வைக்கிறது enterrer,cacher en terre, enfouir.

புதைப்பு,n.v.du préc. action d'enterrer..., enterrement, enfouissement,abaissement, cachette, trésor, réserve.

புதையல்,opt.et n.v. de புதைகிறது,

trésor,— enfoui en terre, chose cachée, enfouie,cachette,lieu caché, enfouissement.

*புத்தகம், P. புஸ்தகம், livre,manuscrit, feuille de livre, chite ou toile peinte. [ம்). restes d'un repas.

*புத்தசேஷம், புத்தசேடம், (புத்த

புத்தம்புதிது,(புத்த,P.புத்து),chose très-nouvelle.

புத்தமுதம்,(புத்து,அமுதம்), nouvelle nourriture,—ambroisie.

*புத்தம், 1° (bouddha), le Bouddhisme,ou secte de Bouddha, une des 6 புறச்சமயம் ou sectes hétérodoxes des Indous, chose connue, être connu, compris. 2° (bhoukta), nourriture,repas,jouissance.

புத்தராக்கன், (புத்து, அரக்கன்), nouveau géant,gros courtaud,homme trapu. [riz pilé.

புத்தரிசி, (புத்து, அரிசி), nouveau

*புத்தர்,(bouddha),Bouddhistes,*pl.* de

*புத்தன், (*id.*), Bouddha, fondateur du Bouddhisme et regardé par quelques-uns comme la 9me incarnation de Vichnou, l'instruction personnifiée,Bouddhiste,précepteur déifié, sage, savant, petite pièce de monnaie.

*புத்தாகமம், 1° (புத்தம்,ஆகமம்), le livre censé sacré du Bouddhisme. 2° (புத்து,ஆகமம்),le nouveau livre sacré.

புத்தாத்திரி,l'arbre அகில்நறுவிலி.

புத்தாம்பழம், un des 120 corps naturels ou minéraux secondaires.

*புத்தி,1° (bouddhi),esprit, intelligence,entendement, connaissance, jugement,réflection, prudence, admonition, avis, conseil, avertissement,réprimande,instruction, doctrine. 2° (bhoukti), manducation, jouissance; — சொல்லிக்கொடுக்க donner des avis,avertir,instruire;— கெட்டவன் homme qui a perdu le bon sens, insensé,fou,lourdaud,sans esprit;— கூர்மை subtilité —, finesse d'esprit,pénétration —, force de l'intelligence,prudence;— கேடு, — கேடு [illegible], — [illegible], — [illegible] manque d'esprit, stupidité, grossièreté;— சொல்லுவான் conseiller, ministre;— சாலி,*m.f.*personne —,homme d'esprit,personne intelligente,habile,judicieuse;— [illegible] être intelligent; — சொல்லிக்கொடுக்கிறது donner des avis, des conseils, admonéter, faire des représentations;— [illegible] petitesse —,manque d'esprit, imprudence; — [illegible], V. புத்திக்குறைவு;— புகட்டுகிறது instruire;— போதனை,— மதி avis,conseil,instruction, intelligence,prudence;— மதிசொல்லுகிறது donner des avis, conseiller, instruire;— மயக்கம் trouble,dérangement d'esprit,folie,sottise;— மழுக்கம்,— மந்தம் manque d'esprit, stupidité,sottise; — யறிகிறது avoir la raison,— l'âge de raison,devenir nubile, discerner; — யறிந்தபெண் fille nubile,—en âge de raison;— யாய் avec esprit,— raison, sagement, prudemment;— யீனம், — யீனம் manque —,petitesse d'esprit,—d'intelligence,sottise,bêtise,folie;— யீனன் homme denué d'esprit,sot, bête, stupide,imprudent;— யுள்ளாயிருந்து வாழ் sois sage et vis heureux; — யுள்ளவன் qui a de l'esprit,intelligent,sage, prudent,habile;— யூட்டுகிறது instruire,donner des avis;— வீனம் défaut d'intelligence;புத்தியைவிளக்குகிறது,— யுணர்த்துகிறது éclairer,l'esprit ouvrir l'intelligence; புத்திக்கெட்டாதது ce qui est audessus de l'intelligence, incompréhensible. [புமரம்.

புத்திமம்,l'arbre காஞ்சிரை ou எட்டி

*புத்திமான்,(புத்தி,mân), homme d'esprit, sage, prudent, judicieux, habile,savant.

*புத்திரகன், (புத்திரன், ka), fils (terme de tendresse),ami,trompeur.

*புத்திரகை,புத்திரிகை,*fem.du préc.* fille,copie, l'opposé de மூலப்பிரதி.

*புத்திரசேஷம்,(புத்திரன்,சேஷம்), V. புத்திரசேடம்.

*புத்திரன்,*pl.* புத்திரர், (poutra), fils,enfant,le 3e signe ou la 5e mansion à compter du point de conjonction du soleil avec un signe du zodiaque: புத்திரஸ்தானம், — காமனை désir d'avoir des enfans, ou —காமியமானம், — காமேஷ்டி, (காமம், இஷ்டி), sacrifice payen pour obtenir des enfans; — சந்தானம் enfans, progéniture, lignée, postérité, descendant mâle; —சம்பத்து obtention d'enfans, enfans, nombreuse famille, postérité, bonheur d'avoir des enfans; —சாலி qui à un ou des enfans; —சீவம் l'arbre nagelia putranjiva dont le fruit sert à faire des colliers auxquels on suppose une vertu prolifique; — சுவீகாரம் adoption, — d'enfant, affiliation; — சூ (soû mère), mère d'un fils; —சோகம், —சோபம் douleur de la perte d'un enfant; —தானம் procréation —, don d'enfans, faveur d'avoir des enfans; —திரானம்; — ஸ்தானம் le 5ᵐᵉ signe à compter de celui qui se lève; —த்துவம் filiation; — நாதன் celui qui est entretenu par son fils; — பாக்கியம் bonheur d'avoir des enfans; —பௌத்திரர், — பவுத்திரர் fils et petits-fils, descendans, postérité; —பௌத்திர (பவுத்திர) பாரம்பரியம் lignée, suite de descendans; — பௌத்திரீணம், (ina), descendance de père en fils; —பிரதிநிதி enfant adoptif, —substitué pour un autre; —லாபக்கம், V. பிள்ளைப்பேறு; — யாகம், V. புத்திரேஷ்டி; — லாபம் avantage d'avoir des enfans; —வான், V. புத்திரவான்; — விருத்திக்காகிறது, (விருத்திக்கு, ஆகிறது), servir à la procréation d'enfans, procréer des enfans; —வாஞ்சை, — வேட்கை, — வேட்டை, (வேட்டை), V. புத்திரேட்டை. Les Indous comptent 12 sortes de fils, savoir: ஔரசன் fils légitime, — né d'une épouse de même caste que son mari; புத்திரிகாபுத்திரன் petit-fils, fils de la fille, destiné à remplacer son aïeul; க்ஷேத்திரஜன், (க்ஷேத்திரம், ஜன்), fils de pélérinage, — qu'une femme a d'un autre homme du consentement de son mari; கூடஜன் enfant adultérin. 5° கானீனன் bâtard né avant le mariage, பௌனர்ப்பவன் (புனர்ப்பவம்) fils de la femme, mais d'un second mari, தத்தன் fils adoptif, கிரீதன், கிரீதன், (krita), fils acheté de ses parens naturels; சுயந்தத்தன் celui qui s'est donné lui-même pour fils, 10° சகோடஜன், (சகம், ஊடஜன்), fils d'une femme enceinte à l'époque du mariage, அபவித்தன், (apaviddha), enfant rejeté de ses parens et adopté par un autre, தாசோரசன் enfant né d'un esclave.

*புத்திரவான், (புத்திரன், vân), père, homme qui a un — ou des enfans.

*புத்திரவதி, fém. du préc. mère, femme qui a un — ou des enfans.

*புத்திராசாரியன், (புத்திரன், ஆசாரியன்), homme instruit dans les sciences par son propre fils.

*புத்திராந்நாதன், (id. அந்நாதம், da qui donne), homme nourri par son.

*புத்திரி, fém. de புத்திரன், fille. [fils.

*புத்திரியை, obl. de புத்திரியை: — சுதன், —புத்திரன் fils de la fille, petit-fils; — பர்த்தா, — பத்தா gendre; —பிரசூ mère d'une fille.

*புத்திரிகை, (புத்திரி, kâ), fille, poupée, marionnette, copie.

*புத்திரேட்டை, புத்திரேச்சை, (புத்திரன், இட்டை), désir d'avoir des enfans.

*புத்திரேஷ்டி, புத்திரேஷ்டிகை, (id. இஷ்டி, kâ), sacrifice pour avoir des enfans.

*புத்திரைசுவரியம், (id. ஐசுவரியம்), résignation des biens du père à son fils ou à ses enfans.

*புத்திரோற்பத்தி, (id. உற்பத்தி), conception, naissance d'un fils, — d'enfans. [homme d'esprit.

*புத்திமான், (புத்தி, vân, affixe), புத்திமி, les plantes வசம்புவலரி et கிழநெல்லி.

புத்திக்காரி, l'arbre காஞ்சிரை.

*புத்திந்திரியம், (புத்தி, இந்திரியம்), facultés intérieures de l'esprit.

*புத்து, 1° (pout), un des enfers des Indous, auquel sont condamnés, selon eux, ceux qui n'ont point eu d'enfans. 2° adj. de புதுமை devant une voyelle, nouveau, neuf. 3° P. புற்று, tertre élevé par les fourmis blanches:புத்துருக்குநெய்,(உருக்கு), nouveau beurre fondu, beurre nouvellement liquéfié.

புத்துலகம், V. புத்தேள்,

புத்தூர், (புத்து, ஊர்),la nouvelle ville, Pondichéry.

புத்தேளுலகு, (புத்தேள், உலகு), le prétendu monde des dieux, le ciel.

புத்தேளிர், (புத்தேள்), les dieux prétendus, bienheureux, les habitans du ciel.

புத்தேள் Dieu, nouveauté.

புத்தேள், l'arbre காஞ்சிரை ou எட்டிமரம்.

புத்தோடு, 1°(புத்து,ஓடு), nouvelle tuile. 2° P. புத்தோடு nouvelle feuille.

*புநச்சந்தானகரம், புநச்சயனகரம், (புநர்), répétition de cérémonie essentielle ou spéciale.

*புநர்தம், புநர்வசு, (id.வசம்), la 7me constellation dite புனர்பூசம், i.e. Castor et Pollux avec la Chèvre.

*புநிதம், (புந்,நிதம்), vertu, mérite moral, bonne conduite, bon caractère.

*புநிதன், (புநிதம்), homme vertueux, juste, pur, innocent,(surnom de) Arouguen, Siven, Indiren.

*புத்தி, 1° P. புத்தி, esprit, connaissance, intelligence, science. 2° P. புதன், Boudhen conducteur de la planète Mercure: புதவாரம் mercredi; -விந்து pierre verte, saphir.

புத்தியர், (புத்தி), poëtes, savans, gens intelligens.

*புமான், (poumân), homme, mâle, une des facultés de l'âme, pénis.

*பும், (poums), mâle, pénis, mot imitatif de bruit:— விதம் animal qui donne le musc, ou —விருதம் rat musqué. [be les reins, serpent.

*புயகடி, (புயம்,கடி),ce qui courbe les reins, serpent.

*புயகம், (id.ga qui va), ce qui a la marche tortueuse, i.e. serpent.

*புயகி, f. du préc. serpent femelle.

*புயகதாரணம், புயகாசனன், புயங்கந்தன், புயகாந்தன், புயகோ

பேசி, (புயகம், dârana déchirement, அசனம், அந்தகன், அந்தம், ஆபோசனம்), ce qui déchire, détruit, mange les serpens, i.e. le milan கருடன், le paon, la mangouste...

*புயகோடரம், (புயம், கோடரம்), creux de l'aisselle.

*புயங்கம், புயங்கமம், (புயம், ga, gama qui va), 1° V. புயகம். 2° ou புயங்கப்பிரயாதம் espèce de danse.

*புயங்கி, f. du préc. serpent femelle.

*புயம், ou புஜம் (bhoudja, bhoudjâ), épaule, bras, avant-bras, main, courbure, ligne courbe, côté, — d'une figure de géométrie: புயத்துணை aide, secours, coup d'épaule:— பலம், —வலி, — வலிமை, force du bras;— வகுப்பு partie de l'épaule, nom d'un livre.

புயல், P. புசல், tempête, ouragan, nuage, la planète Vénus, — qui cause la pluie.

*புயாகண்டம், (bhoudjâ, கண்டம்), ongle, litt. épine de la main.

*புயாதலம், (id.), la main.

*புயாந்தரம், (id. அந்தரம்), l'intervalle des 2 épaules, la poitrine.

புயிக்கிறது, ய்த்தேன், ய்ப்பேன், ய், யிக்க, v.a. et n. புய்த்தல், n.v. arracher, déchirer, mettre en pièces, carder, produire, devenir, exister.

*புரோகிதன், P. புரோகிதன், brame ou gourou domestique qui préside aux cérémonies.

புரக்கிறது, ரந்தேன், ரப்பேன், ர, ரக்க, v.a. புரத்தல், n.v. garder, conserver, sauver, protéger, donner, établir, affermir, confirmer: புரந்தருளுகிறது daigner garder...; புரந்திருக்கிறது, être —, avoir gardé, conservé, protégé... [à l'intérieur.

புரசல், secret, chose creuse, creux

புரசு, l'arbre பலாசமரம் butea

புரசை, P. புரோசை. [frondosa.

*புரணகாரணம், புரணிமிதை,(pouras devant), remplir, accomplir, perfectionnement.

*புரணிகாரம், புரணிஞம், (id.), perfectionner, finir, achever, préparer, arranger, mettre en ordre, mettre

tre devant,attendre,garder,accuser, attaquer,assaillir,respecter, adorer, asperger d'eau bénite,promesse.

*புரஞ்சயன்,(புரம்,சயம்),victorieux,conquérant,nom d'un roi.

*புரஞ்சரம்,(pourandjara), creux de l'aisselle,feu.

*புரஞ்சனம்,(புரம், சனம்), vie, principe vital,âme. [ruption.

*புரஞ்சனி,(id.i),intelligence,cor-

*புரடம்,(pourata).or.

புரட்சி,n.v.de புரளுகிறது,rotation, —des astres,reculement, renversement, —sens dessus dessous,bouleversement,retourner.

புரட்டல்,opt.et n.v. de புரட்டுகிறது,roulement,renversement,bouleversement, tergiversation, tromperie,vomissement.

புரட்டன், (புரட்டு), menteur, trompeur,artificieux,tergiversateur, falsificateur, —de textes.

புரட்டாசி, புரட்டாதி, la 25me constellation des Indous dite aussi பூர்வபத்திரபதம், ou — மாசம் le mois de புரட்டாசி de la mi-septembre à la mi-octobre; —மாளயம் cérémonie funèbre générale des Indous dans le mois de புரட்டாசி.

புரட்டி,1° gér de புரட்டுகிறது.2° n.app.du même,V.புரட்டன். 3° fém. de புரட்டன்,trompeuse,artificieuse, tergiversatrice.

புரட்டு, n.v.imp.et part.de புரட்டுகிறது, renversement, bouleversement, roulement, fraude, artifice, mensonge,tergiversation,falsification,perversion de textes,enviede vomir:—க்காரன்,V.புரட்டன்.

புரட்டுகிறது,டினேன், ட்டுவேன், ட்டு,ட்ட,v.a.de புரளுகிறது, புரட்டல்,n.v.tourner,retourner, renverser,—sens dessus dessous,bouleverser,changer,faire—,rouler,falsifier —,tordre —,corrompre—,détourner le sens,tergiverser,vomir: புரட்டிப்போடுகிறது tourner, rouler, bouleverser...,ou — க்கொள்ளுகிறது tordre—,changer le sens: — பார்க்கிறது tourner une chose et l'examiner.

புரட்டுருட்டு, (புரட்டு, உருட்டு), roulement,bouleversement, fraude, mensonge, manquement à sa parole:—பண்ணுகிறது ou

புரட்டுருட்டுகிறது, (புரட்டு, உருட்டுகிறது),rouler,bouleverser,tromper,tordre —, corrompre le sens des mots.

புரட்டை,1° P. புரட்டாதி, la 25e constellation.2° P. புரட்டாய் tu ne renverses pas,2e pers.nég. de புரட்டுகிறது.

புரட்டெடியம்,(புரட்டு,நடியம்), mot sale,langage déshonnête.

*புரணம்,1° (pourana),mer, océan.2° P.பூரணம்,tout,plénitude. 3° (புரண்டு), roulement, renversement: புரணபாவனை omniprésence.

புரணி,1° chair,viande,nourriture.2° P. புறணி, partie extérieure, peau,écorce,médisance.[புரளுகிறது

புரண்டு,புரண்டு,part.et gér. de

புரண்டை, 1° nom d'une plante grimpante,V. பிரண்டை. 2° P.புரண்டாய்,tu as roulé,2e pers.du parf. de புரளுகிறது.

*புரதகனன்,(புரம், தகனம்),celui qui a brûlé la ville de திரிபுரம், i. e. Siven. [du—,marché.

*புரதடி,(புரம்,தடம் bord, i), rue

புரத்தல்,n.v. de புரக்கிறது, donation,conservation,protection, affermissement.

புரந்தருளுகிறது,(புரந்து), daigner garder,—conserver.

*புரந்தரன், (புரம், தரம் peur), Indiren,voleur.

*புரந்தரை, (id. id.) le Gange, Ganguey déesse du Gange. [ren.

*புரந்தன்,(id.du qui divise),Indi-

புரந்தார், n. app. de புரக்கிறது, protecteurs,conservateurs,gardiens.

*புரந்திரி, (pourandhri), femme qui a des soutiens, —dont le mari et les enfans sont vivans.

புரந்து,gér.de புரக்கிறது.

புரப்பு,n.v.du même,garde,conservation,protection,don.

*புரம்,(poura), grande —, ville,

métropole,capitale, cité,(une place contenant de grands bâtimens, entourée d'un fossé et longue au moins d'un கோசம் ou d'une lieue, s'appelle புரம் ou நகரம். si l'étendue est d'un demi கோசம், elle se nomme,en sanscrit surtout,கேடம்;si elle est encore moindre c'est un கர்வடம்;et un amas de maisons encore moindre se nomme கிராமம்),ville ou village en pays cultivé, maison, étage supérieur, corps,peau, calice de fleurs, la ville de Pâtalipoutra ou Patna. 2° (pouras),devant, avant, auparavant,à l'est. 3° Tribouram,dite திரிபுரம் ou புரம் n.,la triple ville ou la ville à triple enceinte, savoir: au dire des Indous, இரும்புமதில் rempart de fer, வெள்ளிமதில் rampart d'argent, பொன்மதில் rampart d'or.Siven la brûla. C'était la capitale du district de Tippérah, à l'est du Bengale,royaume du géant திரிபுரன், V. திரிபுரம்: புரமெரித்தோன், புரமெரித்தோன் celui qui a brûlé Tripouram,i.e.Siven: புரதேவதை prétendue divinité tutélaire d'une ville;—த்துவாரம் entrée —, porte d'une Ville; — வாசி habitant de la ville.

புரவலர்,(புரவு,அவர்),roi, protecteur,donateur,homme libéral.

புரவி,cheval,la 1re constellation (à tête de cheval),homme vif, alerte: —வட்டம் hippodrome, lieu pour exercer les chevaux.

புரவு, n. v. de புரக்கிறது, garde, protection, conservation, affermissement, don. [று.V. புரட்சி.

புரளல், opt. et n. v. de புரளுகிறது

புரளி, (புரள்), bouleversement, trouble, faute, ou புரளித்தனம் tergiversation, mensonge, manque de parole, dédit.

புரளுகிறது, ரண்டேன், ளுவேன், ளு ou ள், ள, v.n. புரளுதல், n.v. rouler, se rouler, se tourner,se vautrer, une rivière se déborder, passer par dessus les bords,changer, manquer à sa parole, se dédire,tergiverser: நீபுரண்டாய் ou பேச்சுப்புரண்டாய் tu as manqué à ta parole; புரண்டுபேசுகிறது changer de langage; — போகிறது se déborder; ஜலம் கரைபுரண்டு தண்ணீர்ஓடிப்போயிற்று l'eau a franchi les bords et s'est écoulée rapidement.

புரள், imp. part. et n.v.du préc. rouleau,cylindre,inondation.

புரள்வு,n.v.du même,V.புரட்சி.

*புராகிருதபாவம், (pourâ antérieurement, கிருதம்), péché commis autrefois,ou selon les Indous,dans une vie antérieure.

*புராடம், புராடனம், புராடனம், (புரம்,அடம், அடனம்), séjour, habitation (dans une ville...).

*புராணகன், (புராணம், ga qui va), lecteur des pouranas,Brama.

*புராணம், (pourâna), 1° Pourâna, poêmes sacrés des Indous composés ou compilés, dit-on,par Vyâsen et contenant la cosmogonie, l'histoire ou les légendes mythologiques des Indiens. Chaque pourana doit traiter de 5 sujets dits பஞ்சலக்ஷணம், savoir: la création, la destruction et la rénovation des mondes, la généalogie des dieux et des héros, le règne des Manous, les actions de leurs descendans; mais il y en a peu qui contiennent des matières historiques et généalogiques. On compte 18 pouranas; voyez leurs noms au mot அஷ்டாதசபுராணம். On dit qu'ils contiennent 400000 stances. Il y a aussi 18 pouranas inférieurs dits உபபுராணம் de moindre réputation, V. அஷ்டாதசோபபுராணம். 2° antiquité, histoire, vieille histoire, — légende: கதை — narration poétique; புராணபுருஷன் l'être ou l'homme ancien ou primordial,(au dire des Indous) Vichnou.

*புராணிகன், (புராணம், ika), homme qui ne s'occupe que de la lecture des pouranas.

*புராதலம், (pourâtala), la partie qui est au dessous des 7 mondes, l'abyme.

*புராதனம், (புரா,தனம்), antiquité, ancienneté: புராதனஏற்பாடு l'ancien testament.

*புராத்தியக்ஷன், (புரம், அத்தியக்ஷன்), gouverneur de ville.

*புராந்தகன், (id: அந்தகன்), le destructeur de Tripouram, *i.e.* Siven.

*புராதந்திமம், (புரா, antima *final*), ancienneté: புராதந்திமஏற்பாடு l'ancien testament.

*புராரி, (புரம், அரி), l'ennemi de Tripouram, *i.e.* Siven.

*புராந்தரப்பிரதேசம், (id: அந்தம்), partie d'une ville, faubourg.

*புராவன், (புரா), Bhichma ou வீட்டுமன் fils du roi சந்தனு et de Ganguey prétendue déesse du Gange, grand oncle des Pândavers. Les Indous prétendent que dans une vie précédente il était un des demi-dieux dits Vasous.

*புராவிருத்தம், (புரா), tradition, histoire, vieille légende ou புராவிருத்தகதை, புராவிருத்தாக்கியானம், (ஆக்கியானம்), vieille histoire.

*புரி, 1° (pouri), ville, capitale, cité, fort, village ou ville en pays cultivé, roi, rivière. 2° désir, lien, corde, toron ou cordon de corde, corde de paille, conque, rouleau, écrou, filet —, pas de vis. 3° *imp. et part. de* புரிகிறது: — திரிக்கிறது, — முறுக்குகிறது tordre —, faire une corde, en tordre les cordons, forger des calomnies, — de faux rapports; — புரியாய்ப்போடுகிறது mettre les cordons d'une corde en rang séparément; — மணை bourrelet de cordes de paille pour mettre dessus des vases de terre...; — மகம் tour, — qui s'élève au dessus de la porte d'une ville, conque, limaçon; — கோட்டம் les arbres சம்புநாவல் et விளா, la pomme épineuse dite datura ou ஊமத்தை; இரட்டைப்புரிக்கயிறு corde double, — à 2 cordons.

புரிகிறது, ரிந்தேன், ரிவேன், ரி, ரிய, *v. a.* புரிதல், *n. v.* faire, produire, désirer, souhaiter, aimer: தயை — faire une faveur, accorder une grâce, être gracieux: புரிந்தருளுகிறது daigner accorder, — faire, accorder gracieusement.

*புரிசம், *P.* புருஷம், hauteur d'un homme.

புரிசாலம், pétition, demande pressante, vive sollicitation, importunité: — பிடிக்கிறது demander instamment, solliciter, presser vivement.

புரிசை, mur, muraille.

புரிந்து, *gér. de* புரிகிறது.

புரிந்தார், புரிந்தோர், *n. app. de* புரிகிறது, amis, gens bienveillans: — மாட்டு dans ceux qui aiment.

புரியட்டகாயம், (புரி, அட்ட), corps subtil, — qui a rompu les liens (de la concupiscence).

புரியம், espèce de —, danse, drame, jeu.

புரிவு, *n. v. de* புரிகிறது, amour, amitié, désir.

*புரீஷம், புரீஷணம், புரீடம், புரீடணம், (pouricha, na), excrémens, ordures, saleté, lie: புரீஷோற்சர்க்கம், (உற்சர்க்கம்), évacuer les excrémens.

*புரு, (pourou), Pourou, 6me roi de la dynastie lunaire, nom d'un Daitya ou சுவர்க்கம், ciel, paradis, résidence des immortels, poupon, fleur de farine, nom d'une rivière au nord-ouest du சம்பவதி, ou

*புருகம், புருகு, (pourouha, — hou), grande quantité, beaucoup.

புருகுத்சன், un des 6 சக்கரவர்த்தி ou empereurs universels recommandables par leur grandeur et leur bonté paternelle.

*புருகூதன், (புரு *beaucoup*, hoûta *invoqué*), Indiren.

*புருஷம்; புருடம், (pourouchа), hauteur d'un homme avec les 2 mains jointes sur la tête, le mont மேரு: நாலு — ou *abusivement* நாலாளுப் —, 4 fois la hauteur d'un homme.

*புருஷத்தனம், (புருஷன்), virilité, nature —, qualité —, action d'homme, effort, prouesse, valeur.

*புருஷன், புருடன், (id.), homme (en général), le genre humain, mâle, homme, mari, chef, — de maison,

âme, — vivante, effort, prouesse, vie, le principe vivant, Dieu, l'Être suprême, Brama, Vichnou, Siven, atome, l'arbre புன்னை, ami, sectateur de la philosophie Sankhya, un des 10 நாடி ou pouls du corps humain qui est censé résider dans l'oreille: புருஷர், புருடர் hommes, maris, chefs; புருஷ ou புருடோத்தம், — ருஷபம், — சிங்கம், — திலகம், V. புருஷோத்தம: — குஞ்சரம் le plus excellent des hommes; — வ்யாக்ரம், — சிம்ஹம், — புண்டரீகம் le tigre — le lion, le taureau —, le nénuphar des hommes, i.e. homme excellent; — ஸம்யோகம் contact —, rapport avec un homme, copulation: — ஸம்பந்தமில்லாத கன்னிகை fille qui n'a pas eu de contact avec l'homme, vierge intacte; — த்வேஷி misanthrope; — நாள் la constellation ஹஸ்தம்; — பன் homme, être humain; — பரீக்ஷ V. புருஷ லக்ஷணம்; — ப்ரமாணம், — மாத்திரம் mesure —, hauteur d'un homme, 4 coudées; — மேதம் sacrifice humain; — ராகம், P. புஷ்பராகம் topaze; — ரூபம் figure d'homme, — mâle, — virile; — லக்ஷணம் qualité —, élégance —, beauté —, marques de l'homme, une des règles de la physiognomonie; — வருத்தி dépopulation; — வாகனம் véhicule porté par des hommes, palanquin, le prétendu char des dieux dit விமானம்; — வாகனன் Koubèren qui se fait porter sur le dos d'un homme; — வசீகரணம் art d'évoquer une —, évocation d'une prétendue divinité mâle; — விசேஷம் l'excellence de l'homme, homme distingué, — fort, emploi, vautour; புருஷனையும் மகனையும் சாகக்கொடுக்கிறது livrer à la mort —, perdre (par la mort) son mari et son fils. [ஸ்திரீ]. l'homme et la femme.

*புருஷாங்கனை, (புருஷன், அங்கனை

*புருஷாசி, (id. asi qui mange), cannibale.

*புருஷசுமங்கலதாரி, (id. சுமங்கலி, மாலை), celui qui porte une guirlande d'os humains, i.e. Siven.

*புருஷாதமன், (id. அதமன்), homme vil, chassé de la caste.

*புருஷாதிகாரம், (id. அதிகாரம்), office —, devoir de l'homme, autorité d'un mari.

*புருஷாயு, புருஷாயுசு, (id. ஆயு, ஆயுசு), âge d'homme, durée de la vie de l'homme: புருஷாயுசுக்குமட்டும் பேசினேன் j'ai parlé de cela un âge d'homme; புருஷாயுசுக்கு மட்டுங் கொடுக்கிறது donner —, soutenir un âge d'homme, i.e. jusqu'à la mort.

*புருஷார்த்தம், (id. அர்த்தம்), devoirs de l'homme, choses qui sont l'objet de ses désirs: i.e. அறம் vertu, பொருள் richesse, bien acquis, இன்பம் plaisir pur et vertueux, வீடு paradis.

*புருஷோத்தமன், (id. உத்தமன்), l'homme excellent, (surnom de) Vichnou, titre des rois Gadjapati ou ஜைனர், Djaïna déifié.

*புருஷோபாதி, (id. உபாதி), nom ou titre d'homme.

*புருஷோபாதிமான், (id. உபாதி, ka), homme qui n'en a que le nom, — destitué de secours et d'amis.

*புருடம், 1° V. புருஷம். 2° l'arbre புன்னை.

*புருடன்..., P. புருஷன், V. aussi les composés de ce mot.

புருடா, mensonge, fausseté.

புருண்டி, jasmin.

*புருதம், (pourouda), or.

*புருவம், 1° (bhroû), sourcil. 2° cheval, ligne, bord: — ஒதுக்குகிறது arranger les sourcils; புருவத்தை நெறிக்கிறது froncer les sourcils, se refrogner, prendre un air courroucé ou rechigné; புருவமத்தியம், — மையம் le milieu des sourcils, l'intervalle entre les sourcils, le front, — qui est le siége de l'âme ou de l'intelligence, selon les Indous, le siége où l'âme réside ou se déploie.

புருவை, jeune —, brebis, âge tendre.

*புருணம், (bhroûna), fétus, embryon: புருணஹத்தி, — கத்தி, (அ

றீ), — க்கினம் (ghna qui tue), meurtre du fétus, avortement (qu'on procure); —கன் (han qui tue), qui fait périr le fétus.

*புருஷாயம், புருஷார்த்தம், P. புருஷா

*புருவம், (bhroû), sourcil. [ம்.

*புரூரவன், (pouroûravas), Pouroûraven fils de Boudha et second roi de la dynastie lunaire, le 5ᵉ des 6 சக்கரவர்த்திகள் ou empereurs paternels.

புரை, 1° trou, creux du tube, tuyau, écrou, — d'une vis, ulcère sinueux, — à l'anus, concavité intérieure d'une plaie, d'un apostème, séparation —, compartiment dans un sac, petit enfoncement —, trou ou niche dans un mur (pour mettre une lampe...), petite —, maison, petite chambre, cellule, cachot, prison, cabane, — de feuillage, hauteur, excellence, supériorité, particule de —, comparaison, comme, faute, offense, défaut, larcin, vol, larynx, partie supérieure de la trachée-artère, pli. 2° imp. et part. de புரைகிறது. 3° imp. de புரைக்கிறது. 4° (pourâ), antiquité, vieille histoire, temps passé, — présent, —futur, l'avenir, orient: இரட்டைப்புரை doublure; இர ட்டைப்புரையுடுப்பு habit doublé; — குழம் enflure au cou ou à la gorge; —யேறுகிறது remonter —, entrer —, passer par un tube..., quelque chose tomber dans le larynx, remonter dans le nez par l'effet de la toux —, ஏற்றம் manière de remonter —, montée par un tube...; —யோடுகிறது une fistule ou un ulcère être profond, s'étendre profondément.

புரைகிறது, ரைந்தேன், ரையே ன், ரை, ரைய, v.a. comparer, ressembler, coudre, ravauder, rapiécer, tresser, tisser, V. இழைக்கிறது: புரைய, inf. comme.

புரைக்கிறது, ரைத்தேன், ரைப் பேன், ரை, ரைக்க, v. n. entrer, sortir.

புரைசல், trouble, mutinerie.

புரைசல், P. புரசு.

புரைசை, P. புரோசை.

புரைச்சல், n.v. de புரைகிறது et de புரைக்கிறது, coudre, tresser, tisser, sortir, V. இழைத்தல்.

புரைதல், n.v. du même, comparaison, ressemblance, couture.

புரைத்தல், n. v. de புரைக்கிறது, entrée, sortie. [me.

புரைய, inf. de புரைகிறது, comme

புரையுள், (புரை, உள்), maison, chaumière, cabane, — de feuillage.

புரையோர், (புரை), voleurs, gens vils, —éminens. [ture, ravaudage.

புரைவு, v.a. de புரைகிறது, cou-

*புரோகம், (pourô, obl. de pouras devant), ce qui précède, —va devant ou en avant, chien (qui court devant son maître), préséance.

*புரோகமம், புரோகாமம், புரோகம னம், புரோகாமனம், (id. ga, gama, gatâ qui va), ce qui précède, ce qui va devant, aller devant.

*புரோகன், புரோகாமன், பிரோகா மன், m. புரோகாமனி, (id.), celui qui va devant.

*புரோகிதன், pl. புரோகிதர், (id. hita, placé), brame —, devin, — qui va dire la bonne aventure et lire l'almanach même aux dieux indous, i. e. à leurs statues, diseur de bonne aventure, augure, astrologue, — qui préside aux cérémonies et aux sacrifices d'une famille, Indiren, premier ministre (de certaines cours); —தொழில் emploi de brame astrologue; புரோகிதத்துவம் le talent prétendu de devin ou d'augure, prédiction, présage, augure, pronostic; —மானியம் terre sans impôts de brame devin, - qui explique le calendrier indien, —de l'astrologue.

புரோக்த், (persan), vente.

*புரோக்ஷணம், (prôkchana), V. ப்ரோக்ஷணம்.

புரோக்ஷிக்கிறது, க்ஷித்தேன், க்ஷி ப்பேன், க்ஷி, க்ஷிக்க, v.a. புரோக்ஷித் தல். n.v. asperger. [tit pays.

புரோசன், rois —, chef d'un pe-

புரோசை, corde pour conduire et

attacher un éléphant; elle est passée au cou de l'éléphant, ayant un nœud coulant de chaque côté, et lui sert de bride. [ல்,n.v. purifier, nettoyer.

புரோக்ஷிக்கிறது, v.a. புரோக்ஷித்த

*புரோடாசம், (purôdâsa), beurre liquéfié, prière qu'on récite dans les oblations au feu, jus de சோமம் ou, asclepias acida qu'on boit dans certains sacrifices, cuillère plate pour placer les gâteaux dans les offrandes au feu, restes employés dans une oblation au feu.

*புரோதசு, (pourôti), irrigation d'eau —, courant de rivière.

*புரோட்சணம், புரோட்சிக்கிறது, V. புரோக்ஷணம்...

*புரோட்சிதம், (prôkchita), purification, nettoiement.

*புரோக்தம், புரோக்தம், (prôkta), chose dite, révélée. [Sivénistes.

புரோற்கீதம், un des 28 livres des

☞ Voyez aux initiales பிரோ, plusieurs mots commençant en புரோ qui ne se trouvent pas ici.

புலக்கம், coutume.

புலக்கிறது, லந்தேன், லட்டேன், ல, லக்க, v.n. (une femme mariée) hésiter à se rendre au devoir conjugal, refuser ce devoir ou faire semblant de le refuser, témoigner une feinte répugnance à son mari, être honteuse, montrer de la mauvaise humeur. [து), objet perçu par les sens.

புலம்கோசி, (புலம், கொள்ளுகிற

*புலஸ்தி, புலஸ்தியன், (poulasti, ya), Poulastyen un des 9 brahmâdikas, un des 7 richis fils de Brama: —யைந்தர் les fils de Poulastyen, savoir: Koubèren, Râvanen et ses frères.

புலத்தல், n.v. de புலக்கிறது, hésitation pour le —, refus du devoir conjugal, feinte répugnance qu'une femme montre à son mari, bouderie.

புலத்தார், (புலம்), habitans, — d'un lieu. [éclaircissement.

புலப்பம், (புலப்படுகிறது), clarté,

புலப்பாடு, (id.), détermination, évidence.

புலமை, (புலம், மை), génie —, talent poétique, — pour la composition.

புலமையர், புலமையார், புலமை யோர், (புலமை), auteurs, poètes. On en distingue de 4 sortes. 1° கவி poète qui compose ou chante des vers, (il y en de 4 sortes, voyez கவி - ச). 2° கமகன் commentateur qui explique dans un style clair les compositions poétiques. 3° வாதி orateur ou avocat, qui prouve tellement son sujet qu'il fait admettre son sentiment et réfute celui des autres. 4° வாக்கி rhéteur ou philosophe qui traite avec intérêt des 4 sujets nommés அறம் vertu, பொருள் richesses, இன்பம் plaisir, வீடு paradis.

புலம். 1° connaissance, science, information, place, lieu, côté du monde, rizière, champ, — de blé, graines d'herbes dites புல்லரிசி, les 5 sens ou objets des sens, V. ஐம்புலம். 2° P. புளகம், horripilation, grandeur: — போன வழியேமனம்போகும் la volonté suit le chemin qu'ont pris les sens, i.e. se laisse souvent conduire par les sens; புலப்படுகிறது, être ou devenir, clair, être perçu, évident, s'apercevoir, s'éclaircir, briller; —ப்படுத்துகிறது, éclaircir, rendre clair, brillant, évident, apercevoir, percevoir.

புலம்பல், opt. et n.a. de புலம்புகிறது, lamentation, pleurs, sons —, chants plaintifs, élégie, compassion, clameur, cri, grand —, bruit.

புலம்பன், chef d'un district ou d'un endroit, maritime, — de la côte de la mer.

புலம்பு, 1° son —, bruit plaintif, lamentation, pleurs, gémissemens, affliction, agitation, trouble, bruit, solitude, peur. 2° imp. et part. de

புலம்புகிறது, பினேன், புவேன், பு, ப, v.n. புலம்புதல், n.v. se lamenter, pleurer, gémir, rendre un son plaintif, bredouiller, déraisonner, retentir. [de la nuit.

புலரி, aurore, point du jour, fin

புலருகிறது ou புலர்கிறது, லர்ந்

ஒடுக்கு, அருவேலர் ou வசவேலர், அரு வுவர், வர, v.n. புலருகல், புலர்தல், n.v. se flétrir, se faner, se dessécher, faire jour, le jour poindre.

புலர்த்துகிறது, த்தினேன், த் துவே ன், த்த, த்த, v.a. du préc. புலர்த்தல், புலர்த்துதல், n.v. flétrir, faner, dessécher, chauffer, frotter, oindre, barbouiller. [ment, point du jour.

புலர்வு, n.v. de புலர்கிறது, dessèche-

புலவர், pl. புலவர், (புலம்), poëte, auteur, savant, chanteur, barde, panégyriste, artisan ou கம்மாளர் orfèvre, comédien, danseur, Dieu, habitant du ciel, — du Souvargam, Arouguen, Dèvèndiren, Soupramanien, Boudhen ou Mercure.

புலவா, l'arbrisseau புலா.

புலவி, n.v. de புலக்கிறது, modestie —, honte —, répugnance d'une femme envers son mari, bouderie; —த்தட்டம் honte —, réserve —, bouderie —, pruderie entre époux.

புலவு, chair, viande, puanteur —, odeur de viande pourrie, enfer, sens, lieu.

புலன் P. புலம், les 5 sens ou objets des sens, (V. ஐம்புலன்), intelligence, sensation, organe des sens: — வென்றோர் ceux qui ont subjugué leurs sens, les ermites ou anachorètes, pénitens; — வளப்பு langage beau, facile et naturel, — qui parle aux sens.

புலாகு, souci, chagrin, vertige.

புலால், chair, viande, poisson, puanteur de viande: — கட்டி celui qui fascine ou arrête les poissons de la mer; — கட்டுகிறது fasciner —, arrêter les poissons. [de la viande.

புலானீர், (புலால், நீர்), sang, litt. eau

புலி, tigre, le signe du Lion, une des 4 espèces d'onguent சாந்துவகை. 2° P. புலி, luette. 3° (bouli), vulve: கிறுக்கப்புலி tigre tacheté de petites marques, V. குண்டைப்புலி; சினப்புலி tigre furieux; — க்கண்கல் pierre qui ressemble à l'œil du tigre, i.e. onyx; — க்குட்டி jeune tigre; — க்கொடியோன் celui qui a un tigre représenté sur son drapeau, i.e. le roi சோழன்; — த்தொடக்கி, — த்தொடக்கி arbrisseau si épineux qu'il arrête le tigre, cæsalpina lacerans, aloès dit கற்றாழை, les arbrisseaux இண்டு et தொடரி; — த்தோல் peau de tigre, ou — த்தோலுடையோன் celui qui a —, qui porte une peau de tigre, i.e. Siven; — நகம் griffe de tigre: — நகக்கொன்றை l'arbrisseau cæsalpinia ligulata: - பாய்கிறது le tigre s'élancer, se jeter sur; — பாய்ந்துபோடுகிறது le tigre se précipiter et saisir sa proie; — முகக்கடுக்கன், — முகப்பணி pendans d'oreilles à figure de tigre et à l'usage des femmes, il est quadrangulaire à sa base avec 6 ornemens partiels qui se terminent en une pointe où est placé l'anneau qui ressemble à la gueule d'un tigre, ce bijou est plus petit que l'அருந்ததிமுகுக்கு; — முகச்சிலந்தி insecte ailé venimeux à figure de tigre; — யுகி l'arbrisseau புலிநகக் கொன்றை; — யுறுமி, (உறுமி), espèce de tambour, crécelle; — யுறுமுகிறது, le tigre rugir; — யூர் la ville du tigre i.e. la ville de சிதம்பரம். [feu.

புலிங்கம், passereau, étincelle de

*புலிந்தம், (poulinda) le pays des barbares, un des 56 pays de la géographie indienne.

*புலிந்தன், (id.). Poulinden, habitant du pays susdit, barbare, montagnard, chasseur, sauvage, — qui parle un dialecte inintelligible, probablement les aborigènes ou premiers habitans du pays [கிராதர்.

புலியம், la plante —, l'arbre வேர்

*புலிகம், (poulirika), serpent.

புழுக்குகிறது, க்கினேன், க்குவேன், க்க, க்க, v. a. de புழுங்குகிறது, புழுக்குதல், n.v. noircir, hâler...

புழுக்கடை, couleur noire, noirceur, état de ce qui est noirci, ce qui est sans lien, sans enchaînement.

புழுக்கடையன், புழுக்கடையன், (புழுக்கடை, புழுக்கடம்), homme noir.

புழுக்கம், noirceur, ce qui est noir, — noirci, hâlé, n.v. et opt. de

புலுன்றுகிறது, புலோன், குலேன்,டு,ட, v. n. புலுன்றுதல், n. v. noircir, devenir noir.

*புலுதம், (plouta), alongement de la quantité d'une lettre dit அளபெடை,un des காலப்பிரமாணம் ou mesures de temps de 3 மாத்திரை ou 3 brèves,son de brève triplé, saut, bond, cabriole, galop du cheval.

புலை, 1° viande,chair,— de poisson,—d'animal,mensonge,mal,bassesse, caste réputée basse, — qui mange de la viande, — de pariats, caractère méchant, — vil, malice. 2°*(poulâ),luette,galop du cheval;—ச்சேரி bourg de pariats;—த்தனம் caractère méchant,— vil, — porté au meurtre;—த்தொழில் emploi vil; —ப்பெண், — மகள் femme de basse caste,pariatte; — மகன் homme de basse caste,pariat: புலைபுலைகொலைபு லைகளவுதவிர் évite le mensonge, le meurtre et le vol.

புலைச்சி, 1° salpêtre. 2° fém. de புலையன், femme de basse caste, pariatte...

புலைஞன், புலையன், pl. புலைஞர், புலையர், vaurien, méchant, homme réputé vil, de basse caste,qui mange de la viande, pariat, maraven ou மறவன்,chasseur ou வேடன்.

புலைமை, (புலை), bassesse, manière—,condition vile, —basse.

*புலோமஜித்து, (புலோமன், ஜித்து),le vainqueur de Poulomen,i. e. Indiren. [de Poulomen,i.e.Indirani.

*புலோமசை,(id.djâ née), la fille

*புலோமபேதன்,(id.bhid détruire). Indiren, le meurtrier de Poulomen son beau père qu'il tua pour éviter sa malédiction qu'il avait méritée en violant sa fille.

*புலோமன், (poulôman), Poulomen, célèbre richi.père d'Indirâni et beau père d'Indiren. Il fut tué par son gendre qu'il voulait maudire pour avoir violé sa fille, nom d'un géant.

*புலோமாரி, (புலோமன், அரி), l'ennemi de Poulomen, i.e.Indiren.

புல், 1° herbe, gazon, palmier, la 17° constellation dite அனுடம் qui ressemble à un palmier,tigre,manque,défaut, petitesse, bassesse, faiblesse,accouplement.2° imp. et part. de புல்லுகிறது:—கோரைப்புல் l'herbe cyperus pangorei; —தட்டி claie faite d'herbe contre la chaleur;—மனுஷன் homme de paille, i e. vil,de peu d'importance;—மாணம், V. புன்மானம்; — வரகு espèce de céréale,de grain,panicum colonum; — வரிச்சு longues perches liées par dessus le chaume d'une maison pour le retenir;—வரி impôt sur l'herbe;—வாடல்,—வாடுகிறது l'herbe se faner, se flétrir,se dessécher;— வாடி défunge —, retranchement de gazon;—வாய் daim,cerf,—noirâtre;—வாரி râteau, விரியன் vipère venimeux qu'on trouve dans l'herbe; —வெட்டிப்பல் dents de devant des bœufs destinées à couper l'herbe;—வெட்டுகிறது couper l'herbe, faucher, ratisser; (pour les autres composés V.புற் ou புன்).

புல்குகிறது,கினேன், குவேன், கு, க,v.a.புல்கல் புல்குதல்,n. v. embrasser, V.புல்லுகிறது.

புல்லகண்டம்,sucre [sur le front.

புல்லகம், (புல்), joyau qu'on porte

புல்லாங்குழல்,(புல்,அம்,குழல்),chalumeau,—fait de roseau,flûte,fifre: —ஊதுகிறது jouer du chalumeau.

புல்லடை,(புல்,அடை), pâtisserie —,gâteau de grains d'herbes, V.இடியப்பம்.

புல்லணர், (புல்,அணல்), barbe.

புல்லணை, (புல், அணை), crèche, mangeoire remplie d herbe, lit de gazon,matelat rempli de foin.

புல்லம், 1° bœuf, le signe du Taureau. 2°* (phoulla), fleur, chose fleurie,—épanouie: புல்லநயனம்,—நேத்திரம்,—திருஷ்டி,—லோசனம் grands yeux,yeux épanouis, belle apparence;— வதனம் visage épanoui. [d'herbe coupée.

புல்லரி,(புல்,அரி), poignée—,botte

புல்லரிசி,(id.அரிசி),grains d'herbes que le peuple mange en temps de cherté,cynosurus ægyptius.

*புல்லரிகம், (phoullarika), serpent.

புல்லர், (புல்), gens vils, chasseurs, gens d'une basse caste, probablement aborigènes de l'Inde.

புல்லல், *opt. et n.v. de* புல்லுகிறது, consentement, adhésion, union, accord, approche, accouplement, copulation.

புல்லறிவாளர், (புல், அறிவு, ஆளர்) ignorans, gens de peu d'esprit, esprits faibles, — bornés, peu instruits.

புல்லறிவாண்மை, புல்லறிவு, (புல், அறிவு, ஆண்மை), ignorance, petit esprit, esprit bas, peu d'intelligence, d'instruction, de science, faible intelligence, légère connaissance.

புல்லறுகு, (*id.* அறுகு), le chiendent ordinaire, agrostis linearis.

புல்லறுக்கிறது, (புல், அறுக்கிறது), couper de l'herbe.

புல்லன், (புல்), ignorant, homme vil, méprisable, petit, peu important.

புல்லாங்குழி, புல்லாங்குழல், (புல், ஆம்), *V.* புல்லங்குழல்.

புல்லாத்தி, l'arbrisseau பூலா.

புல்லாமணக்கு, (புல், ஆமணக்கு), le petit ricin, la plante melanthium indicum.

புல்லாமொரச்சி, (புல், ஆம், மொரச்சல்), lieu plein d'herbe ou de —, gazon: புல்லாமொரச்சியில்விழுந்திருக்கிறது être tombé dans l'herbe ou sur le gazon, *v.g.* une pièce de monnaie.

புல்லார், *n. app. nég. de* புல்லுகிறது, ennemis, gens qui ne s'accordent pas.

புல்லி, 1° *gèr de* புல்லுகிறது. 2° pétale extérieure, calice d'une fleur qui enveloppe les pétales. 3°* (phoulli), floraison, épanouissement des fleurs. [genre masculin.

*புல்லிங்கம், (புல், லிங்கம்), sexe —,

புல்லிதழ், (புல்லு, இதழ்), feuille —, pétale —, calice de fleurs, pétale extérieure: நெல்லிற்குமியுண்டு, நீர்க்குநுரையுண்டு, புல்லிதழ்பூவிற்குமுண்டு le riz a son écorce, l'eau son écume, la fleur a son enveloppe de pétales, chaque chose quelque légère qu'elle soit n'est pas à dédaigner, puisqu'elle a son utilité.

*புல்லிதி, (phoulliti), floraison.

புல்லிது, 1° (புல், இது), ceci est de l'herbe, chose vile, défectueuse. 2° fleur.

புல்லியம், la plante புளிநறளை.

புல்லியர், (புல்), gens vils, — de basse caste.

புல்லு, 1° *P.* புல், herbe, gazon, buisson. 2° *imp. du suiv.*: — க்கட்டு botte —, paquet d'herbe; — க்கற்றை pièce de —, gazon, paquet d'herbe; — க்காடு prairie, pâturage, *litt.* forêt d'herbe; — க்குருவி espèce de caille; — செதுக்கி, *V.* புற்செதுக்கி; — செதுக்குகிறது couper l'herbe pour les animaux en râclant la terre: புல்லைத்தின்னுமாடு bœuf ou brebis qui mange l'herbe; புல்லைத்தின்னுமாடுதவுகிறதுபோலப் புலியைத்தின்னுஞ் செந்நாயுதவுமோ le chien marron, qui dévore le tigre, servira-t-il comme le bœuf qui mange l'herbe? celui qui est accoutumé aux délicatesses et à une vie sauvage servira-t-il comme celui qui est accoutumé au travail et à une vie frugale.

புல்லுகிறது, ல்லினேன், ல்லுவேன், ல்லு, ல்ல, *v.n. et a.* புல்லுதல், *n. v.* acquiescer, consentir, adhérer, s'accorder, s'approcher, s'unir, s'accoupler, embrasser. [று), amis.

புல்லுநர், புல்லுனர், (புல்லுகிற

புல்லுருவி, (புல், உருவுகிறது), la plante parasite dite loranthe, espèce de gui, loranthus pentandrus: — பாய்கிறது le gui s'étendre sur un arbre au détriment de ce dernier, (cela se dit d'un méchant qui détruit une famille); நல்லமரத்திலே புல்லுருவி பாய்ந்தது le gui s'est étendu sur un bon arbre.

புல்லுவர், (புல்), chasseurs.

புல்லூதியம், (புல், ஊதியம்), palmier. [ருவி.

புல்லூரி, (புல், ஊருகிறது), *V.* புல்லு

புல்லெடுக்கிறது, (*id.* எடுக்கிறது), se garnir d'herbe, l'herbe abonder.

புல்லெள்கிறது, (*id.* எள்கிறது),

எள

s'obscurcir, perdre son lustre, son éclat, décroitre, périr.

புல்லை, 1° rouge blanchâtre, couleur jaunâtre. 2° acc. de புல் 3° P. புல்லாய், 2° pers. sing. nég. de புல்லுகிறது.

புல்வெளி, (புல், வெளி), V. புல்லுருவி.

*புவலோகம், புவர்லோகம், (bhouvar ciel), un des 7 mondes supérieurs des Indous, l'espace entre la terre et le soleil, demeure prétendue des சித்தர், des முனிவர் et autres sages

*புவனம், (bhouvana), monde (en général), le monde, la terre, eau, ciel, air, genre humain, pratique, usage: புவனசாஸ்திரம் science de la terre, géographie; —த்திரயம் les 3 mondes, savoir: le ciel, la terre et l'enfer; — நாயகர், —சக்கிரவர்த்திகள் les maîtres du monde; —மோகனப்பச்சை cristal.

*புவனி, (புவனம், i), terre.

*புவனியு, (bhouvanyou), maître, seigneur, les 3 lumières: le soleil, la lune et le feu.

*புவனேசுவரி, (புவனம், ஈசுவரி), la prétendue maîtresse du monde, i. e. Pârvadi.

புவனை, (புவனம், ஐ), la prétendue mère du monde, Pârvadi, la சத்தி ou énergie féminine de Siven (dans le langage de la secte சாத்தேயம்): —சக்கரம் diagramme de Pârvadi.

புவி, 1° terre. 2° (bhouvi), océan.

புவிதவிருக்கம், l'arbre பெருவாகை மரம். [டகர்.

புவிமரு, la plante நன்னாரிக்கொடி

புழக்கம், n. v. de புழங்குகிறது, usage, pratique, coutume, habitude, connaissance, apparition, conversation.

புழங்குகிறது, ஙினேன், ஙுவேன், ங, v. n. புழங்கல், புழங்குதல், n. v. être (quelque part), habiter, séjourner, discourir, être des connaissances, lier connaissance, avoir coutume, —la pratique.

புழல், ancien village près de Madras, aujourd'hui nommé en anglais red hills ou monts rouges, canal, cours d'eau, égout, chose creuse, tube: புழற்கோட்டை le fort de புழல், aujourd'hui détruit, mais célèbre dans l'histoire du தொண்டைமண்டலம்.

புழு, 1° ver, mite, vermisseau. 2° imp. de புழுக்கிறது: —க்கடி, —க்குத்து, —க்குத்தல் piqûre—, morsure, —rongement de ver, ce qui est rongé des vers, maladie qui fait tomber les cheveux; —க்கடிக்கிறது, —க்குத்துகிறது un ver mordre, -piquer, —ronger; —க்குத்தி, —க்கொத்தி la huppe dite கொண்டைலாத்தி qui mange les vers; —க்கூடு nid de vers, chrysalide, enveloppe dans laquelle se renferment les vers; —க்கொல்லி la plante qui tue les vers, aristolochia; —நெளிகிறது le ver ramper; —வெட்டுக்கு. V. புழுவெட்டு; —மேய்கிறது, —மேய்தல் le ver piquer, ronger; —வீடு nid où les guêpes isolées renferment des vers avec un œuf, chrysalide d'abeilles; —வெட்டு morsure —, piqûre des vers; —வெட்டுகிறது le ver piquer, ronger.

புழுகு, civette, musc. On en distingue 3 sortes: தட்டுப் — civette extraite de la chair de l'animal desséchée et battue: வழிப்புழு — civette raclée du ventricule: கழப்புழு— civette dont l'animal se décharge lui-même; —சம்பா riz odoriférant, —qui a l'odeur du musc; —சட்டம் ventricule de la—, civette, musc; —ப்பூனை, —பூனை civette, animal qui donne le musc.

புழுக்கச்சி, P. புழுக்கைச்சி.

புழுக்கம், n. v. de புழுங்குகிறது, chaleur, —étouffante (causée par l'étroitesse d'une chambre, le manque d'air ou par l'ardeur du soleil), colère, haine; —ஆயிருக்கிறது être renfermé, chaud, sans air, y avoir une chaleur étouffante; புழுக்கத்திலேவைக்கிறது renfermer —, confiner dans un endroit étouffant.

புழுக்கல், opt. et n. v. de புழுக்குகிறது, légère —, cuisson, riz cuit.

புழுக்கன், *P.* புழுக்கையன்.

புழுக்கிறது, புழுத்தேன், புழுப்பேன், புழுக்க, *v.n.* (புழு), புழுத்தல், *n.v.* ou புழுத்துப்போகிறது, être mangé ou rongé des vers, les vers se former, — s'engendrer, pourrir: இறைச்சியிலே புழுப்புழுத்தது il s'est engendré des vers dans la viande; புழுத்துச்சாகிறது mourir mangé des vers; இரண்டு பெண்டாட்டிக்காரன் புழுத்துச்செத்தான் le bigame est mort mangé des vers, i. e. a eu des vexations continuelles de ses 2 femmes; புழுத்து நெளிகிறது grouiller de vers, être rempli de vers qui rampent.

புழுக்கு, légère —, cuisson, *n. v. imp. et part. de*

புழுக்குகிறது, க்கினேன், க்குவேன், க்க, *v.a. de* புழுக்கிறது, புழுக்குதல், *n.v.* faire bouillir, — cuire, accommoder.

புழுக்கை, 1° esclave, — qu'on a acheté. 2° *P.* பிழுக்கை, crotte (de brebis, de chèvre, de lièvre, de rat): — க்குணம்போமோ le caractère d'un esclave changera-t-il? தனக்கென்று புழுக்கை கலங்கழுவு வானோ si le plat lui appartient un esclave ne le lavera pas pour manger. [esclave, — achetée.

புழுக்கைச்சி, (புழுக்கை), femme

புழுக்கையன், (*id.*), homme esclave, — acheté.

புழுக்கொடியல், (புழுக்கு, ஒடியல்), morceau du jet d'un jeune palmier qu'on a fait bouillir.

புழுங்கல், *opt. et n.v. de* புழுங்குகிறது, chaleur, cuisson, riz en balle ou grain bouilli, signe de colère: — நெல் riz en balle ou nellou légèrement bouilli qu'on met sécher ensuite pour être pilé.

புழுங்குகிறது, ங்கினேன், ங்குவேன், ங்க, *v.n.* புழுங்குதல், *n.v.* se cuire, bouillir, cuire, être mis à l'étuvée, le corps être en transpiration (par l'effet de la chaleur...), étouffer de chaleur, s'échauffer, être chaud, — en colère, se fâcher: இது நன்றாய்ப் புழுங்கவில்லை cela n'est pas bien cuit, (*v.g.* du riz ou des pois.)

புழுதி, poussière, boue, rizière —, terre labourée, terre soulevée par la charrue, pollen des fleurs: — மண்ணாங்கட்டி — motte de terre, terre glaise humectée qui forme une motte; — க்கால் terre labourée, — réduite en poussière; — நாற்று plantes qui viennent ou se transplantent en terre non arrosée; — ப்படலம் nuage de poussière, abondance du pollen des fleurs; — வாரி இறைக்கிறது jeter de la poudre aux yeux, faire semblant d'avoir réussi, gaspillage, dissipation de bien; — படிகிறது devenir poudreux, se couvrir de poussière; — யாடுகிறது se baigner dans la poussière, ou — யாக்குகிறது réduire en poussière, faire de la boue; — யாய்ப்போகிறது. — அளைந்துகிடக்கிறது être en poussière. — tout poudreux; — பறக்கிறது le pollen des fleurs se répandre; — யெழுப்புகிறது soulever la poussière, labourer un champ pour la 3me et dernière fois; — விதைப்பு, — விதைப்பு semer les grains —, ensemencer dans la poussière, sans que la terre soit arrosée.

புழை, le gros bout, — le bas d'une flèche.

புழைத்து, *gér. de* புழைக்கிறது.

புழைத்தல், புழைப்பு. *n. v. du même*, être mangé des vers...

புழை, creux, tube, tuyau, chose percée, — creuse en dedans, guichet (dans une porte); — க்கடை porte de derrière, guichet (dans une porte); — க்கை main creuse, i. e. trompe d'éléphant, éléphant.

*புளகம், (poulaka), horripilation, hérissement des poils du corps (considéré comme un signe de plaisir intérieur), joie, miroir, orpiment, riz cuit, bouillonnement, éruption cutanée, pustule, enflure, brisement, fente, défaut des pierreries, balle de nourriture qu'on donne aux éléphans, verre à boire.

*புளகாங்கிதம், (புளகம், அங்கிதம்), horripilation, signe de plaisir.

*புளகாலயன், (புளகம், ஆலயம்), surnom de Koubèren.

*புளகி, (poulaki), homme joyeux, —qui éprouve l'horripilation.

புளகிக்கிறது, கித்தேன், கிப்பேன், கி, கிக்க, v.n. (புளகம்), புளகித்தல், n. v. se réjouir, être content, éprouver l'horripilation, les poils du corps se dresser, —se hérisser.

*புளகிதம் (poulakita). புளகிப்பு, n. v. du préc. hérissement des poils du corps, joie intérieure.

*புளம், 1° (poulâ), V. புலம். 2° (poula), horripilation, grandeur.

புளவை, P. பிளவை, ulcère, — invétéré.

*புளாகம், (poulâka), eau de riz, boulette de riz cuit, abrégé, petitesse, célérité. [cheval).

*புளாயிதம், (poulâyita), galop (du

புளி, 1° acidité, aigreur, tamarin, tamarinier, tamarindus indica. 2° imp. de புளிக்கிறது, (l'adj. est புளிய ம்; avec புளி on double les க, ச, த, ப, ou on insère la douce correspondante ங், ஞ், ந், ம்): —கரைக்கிறது dissoudre —, délayer du tamarin dans de l'eau, être effrayé; — குடிக்கிறது, P. குளிகுளிக்கிறது boire l'acide, i.e. accoucher; — குடித்திருக்கிறது être accouchée; —க்கறி, —க்குழம்பு ragoût—, sauce de tamarin, — un peu acide; — க்கீரை herbe potagère acide: — ச்சலம் espèce d'eau acide qu'on boit; —ச்சேர்மானிதம் acides avec lesquels se combinent les sels neutres: —த்தோடை orange acide; —நடலை, —நறலை, —நரளை la plante cissus acida: — ப்பத்திருக்கிறது, —ப்பிடிக்கிறது s'aigrir, devenir acide; —மண்டி chose aigre, ce qui contient de l'acide: — மதுரை la plante புளிநறளை: — மரம் tamarinier; — மாதுளை grenade acide; — ஏப்பம் (ஏப்பம்) காண்கிறது éprouver des rapports acides.

புளிக்கிறது, ளித்தேன், ளிப்பேன், ளி, ளிக்க, v. n. s'aigrir, être acide, aigre, fermenter: புளித்திருக்கிறது, புளித்துக்கொண்டிருக்கிறது être à s'aigrir, être acide, aigre, gêné, resserré, à l'étroit; புளிக்கவைக்கிறது mettre fermenter, —aigrir: புளித்தப் பொங்கு அப்பம் pain sans levain, —non fermenté, azyme.

புளிக்கறி, (புளி), ragoût de tamarin, — un peu acide: —க்கூட்டு préparer un ragoût de tamarin.

புளிச்ச, P. புளித்த, acide, aigre, fermenté: — க்கண்ணன் chassieux; —காடி vinaigre d'eau de riz; — காய்மரம் l'arbre aux fruits acides, averrhoa bilimbi; — கீரை l'herbe potagère acide, hibiscus cannabinus; — மா farine fermentée, i.e. levain.

புளிச்சல், P. புளித்தல், chose acide, aigre: புளிச்சற்பணியாரம் pâtisserie acide. [க்கீரை, V. புளிச்சக்கீரை.

புளிச்சை, espèce d'arbrisseau: —

புளிஞர், P. புளிஞர், chasseurs, sauvages aborigènes, caste vile. [gri.

புளிஞ்சோறு, (புளி), riz cuit ai-

புளிதம், chair, viande (en général).

புளித்த, part. de புளிக்கிறது, aigri, acide, aigre: — கஞ்சி eau de riz aigrie; —மா farine fermentée, i. e. levain.

புளித்தல், n. v. du même, acidité, aigreur, étroitesse, resserrement.

*புளிதம், P. புளிதம்.

*புளிநர், P. புளிஞர். [aigri.

புளித்தமிர், (புளி), lait caillé et

புளிப்பு, n. v. de புளிக்கிறது, acidité, aigreur, levain; புளிப்புள்ள aigre, acide; புளிப்பில்லாத ou புளிப்பில்லா அப்பங்கள் pains azymes, — sans levain; என்னபுளிப்புக்காட்டுகிறாய் quelle acidité, i.e. quel épouvantail montres-tu?

புளிமா, (புளி), 1° manguier acide, —à fruits acides (l'adj. est புளிமாம்). 2° anapeste ou pied de 2 brèves et une longue. Ce mot qui a la quantité de l'anapeste sert de nom et de modèle à cette espèce de pied. Dans les 2 brèves susdites, la 2e syllabe, quoique longue de nature ou de position, passe pour brève après une brève qui ne vient jamais seule, mais entraîne avec soi la suivante telle quelle soit. De même les 6 mots suivans peuvent signifier littéralement: fruit encore vert—, fruit mûr—, ombre odoriférante —, fleur odoriférante —, ombre fraiche —, fleur fraiche du manguier acide; mais ordinairement ils servent de noms et de modèles à des pieds de vers; ainsi, புளிமாங்காய் pied de 2 brèves et 2 longues; புளிமாங்கனி pied de 2 brèves une longue et 2 brèves; புளிமாந்தண்பூ anapeste et spondée, ou 2 brèves et 3 longues; புளிமாநறும்பூ double anapeste, ou pied de 2 brèves une longue 2 brèves et une longue; புளிமாந்தண்ணிழல் anapeste et dactyle, ou 2 brèves 2 longues et 2 brèves; புளிமாநறுநிழல் pied de 2 brèves, une longue et 4 brèves (comparez தேமா, கூவிளம், கருவிளம்).

புளியமரம், (புளியம், மரம்), tamarinier.

புளியம், *adj. de* புளி, de tamarinier, de tamarin, acide, aigre: — இலை feuille de tamarinier; — இலைக்கரை ligne colorée tracée en forme de feuilles de tamarinier; — காய் fruit encore vert du tamarinier; — கொட்டை noyau du tamarin; — கொட்டைக்கூழ், — கொட்டைப்பசை colle fait de noyaux de tamarin; — பழம் tamarin, fruit mûr du tamarinier: — பழத்துக்குப் புளிப்பு புகுத்தவிடவருகிறாயோ viens-tu ajouter de l'acidité au fruit du tamarinier? viens-tu apprendre ce que l'on sait déjà; — பாசி la plante aquatique chara zeylan.; — பூ fleur de tamarinier; — பூச்சாயமாயெழுதுகிறது peindre (une toile...) en couleur de fleur de tamarinier.

புளியறணை, (புளி, அறணை), espèce de plante.

புளியா; புளியாத, *part. nég. de* புளிக்கிறது, non aigri ou qui ne s'aigrit pas, non fermenté, azyme.

புளியாரை, (புளி, ஆரை), oseille sauvage, osqille, oxalis corniculata, plante médicinale.

புளியிலை, (*id.*), feuille de tamarinier.

புளியுப்பு, (*id.*), espèce de sel acide.

புளிபோதனம், புளிபோசனை, புளிபோசனம், (புளி, ஓதனம்...), riz mêlé d'huile et de tamarin, qui sert dans certains sacrifices indous.

புளியவாரிட்டமீன், espèce de poisson, en anglais tamarind fish.

*புளினம், (poulina), îlot dans une rivière, île formée d'alluvions, banc —, butte —, monticule de sable.

புளிஞர், *P.* புளிஞர், chasseurs, sauvages.

புளுகன், (புளுகு), menteur, hâbleur, vanteur, fanfaron, beau parleur.

புளுகு, mensonge, fanfaronnade, beau langage, vanterie, *n.v. imp. et part. de*

புளுகுகிறது, *sync.* புளுகிறது, புளுகினேன், புளுகுவேன், புளுகு, க, *v.n.* புளுகுதல், *n.v.* mentir, — impudemment, dire des fanfaronnades, se vanter, donner au mensonge l'apparence de la vérité.

*புலா, (poulâ), luette, palais de la bouche, galop (qui est une des allures du cheval).

புள், volatile, oiseau (en général), insecte ailé, scarabée, la 23me constellation lunaire dite அவிட்டம், crosse ou petit bâton avec lequel les enfans s'amusent à en frapper un plus petit, espèce de torture dans laquelle on presse les doigts entre 2 bâtons.

புள்ளடி, (புள், அடி), marque du pied ou des griffes d'un oiseau, signe de renvoi, (c'est une croix ou le signe suivant (+), et la chose omise se met dessus ou dessous la ligne), pierre de touche, la plante hedysarum gangeticum, échelle.

புள்ளம், faucille, serpe, hachette.

புள்ளரசு, (புள், அரசு), le roi des oiseaux, le faucon bramanique, dit கருடன், monture prétendue de Vichnou.

புள்ளாங்குழல், *P.* புல்லாங்குழல்.

புள்ளி, zéro (en chiffre), lettre marquée d'un point, *i. e.* pure consonne qu'on marque d'un petit rond, comme க், ச், point, trait sur les lettres..., bagatelle, signe, marque, tache, mouchetare, un des 5 défauts des pierres précieuses, lézard domestique dit [illegible], crabe, compte, estimation, évaluation, somme d'argent: — [illegible] arithméticien, homme exercé dans les comptes, compteur, écrivain; — [illegible] compte; — [illegible] pierre brûlante, — de forêt; — [illegible] homme important, connu, de considération, compteur, teneur de comptes; — [illegible] la lettre [illegible] ajoutée à l'[illegible] bref pour faire [illegible] où long; — [illegible] couil ou coucou tacheté; — [illegible] raie tachetée, étoilée, — [illegible] ce qui est tacheté, moucheté; — [illegible] une tache tomber, — s'imprimer, ou — [illegible] être plein de taches, de souillures; — [illegible] examiner les taches ou les points, examiner —, faire le compte, estimer, évaluer, — une terre et ce qu'elle peut rapporter; — [illegible] être tout moucheté, tacheté, bigarré; — [illegible] pointer, mettre un point, ou — [illegible] écrire —, noter les sommes, — les divers articles, computer, compter, faire la somme; — [illegible] étoffe de soie tachetée, — bigarrée; — [illegible] cerf tacheté; — [illegible] cornes de cerf, cerf tacheté, daim; — [illegible] pointer, marquer, mettre une marque, un point; — [illegible] ponctuation; — [illegible] espèce de maladie; — [illegible] espèce de pagode ou de pièce de monnaie; — [illegible] grande espèce de scarabée tachetée; — [illegible] catalogue, liste; [illegible] — [illegible] une taie ou une tache s'est formée dans l'œil; — [illegible] mettre une marque, — un point, et retrancher d'un compte. [[illegible].

[illegible], la plante, [illegible].

[illegible], ([illegible], [illegible]), troupe [d'oiseaux.

புள்ளு, P. புள்.

[illegible], fraude, tromperie.

[illegible], ([illegible]), gens vils, bas peuple, trompeurs, fourbes, chasseurs, habitans des déserts et des terrains salés.

[illegible], ([illegible], [illegible]), bruit —, ramage des oiseaux.

[illegible], [illegible], (id. [illegible]), chasser les oiseaux (des champs ..), les effrayer.

[illegible], [illegible], [illegible], (id [illegible]), garder —, soigner —, élever des oiseaux.

புற, adj de புறம், extérieur, du dehors: — [illegible] bâtisse —, partie extérieure (de la maison...), lien extérieur, lien —, nœud pour attacher la porte d'une maison en sortant; — [illegible] attacher la porte avec un nœud en sortant, attacher les mains derrière le dos; — [illegible] coin de l'œil, œillade, regard de côté; — [illegible] porte extérieure; — [illegible] alentours d'un poteau ou d'un piquet: — [illegible] sens —, organe —, instrument extérieur; — [illegible] place de jeux etc... ou arène au dehors, ses alentours; — [illegible] cimetière, lieu où l'on brûle les morts; — [illegible], — [illegible] le tympan de l'oreille être retroussé; — [illegible] protection ou assistance étrangère; — [illegible] chose extérieure, — qui est sur les côtés; — [illegible] derrière —, dessus du pied; — [illegible] garde extérieure; — [illegible] arbre dont l'extérieur est plus dur que l'intérieur, v. g. le palmier, arbre femelle; — [illegible] habitant —, cultivateur étranger, — d'un autre village, fermier provisoire, — temporaire; [illegible] extérieur du toit d'une chaumière; — [illegible] le dehors —, le dessus de la main; — [illegible] angle —, coin extérieur; — [illegible] apparence —, forme —, décoration extérieure, — [illegible], — [illegible] secte étrangère, — hétérodoxe ou hérétique, on en compte 6, V. les au mot [illegible]; — [illegible] sectaires, hérétiques; — [illegible] gens d'une autre caste ou nation;— [Tamil] apparence extérieure: —[Tamil] sillon extérieur,—de sureté;— [Tamil] lettre indicative ajoutée en dehors d'un mot;— [Tamil], 1° crépir le mur extérieur. 2° (புற, P. [Tamil]), crépir le mur d'autrui, laisser ses gens dans le besoin et secourir les étrangers;—[Tamil] contour extérieur: —[Tamil] bourg extérieur, faubourg: —[Tamil] pays étranger:—[Tamil] objet extérieur de perception, régle concernant les guirlandes de [Tamil] et autres fleurs dont s'ornent les guerriers, régles de rhétorique pour prouver une thèse par des preuves extrinsèques tirées du sentiment ou du raisonnement des autres ou de la pratique des pays étrangers; on en donne 3: [Tamil] preuve d'une doctrine tirée de sa conformité avec les coutumes et mœurs des grands personnages, [Tamil] preuve tirée des livres réputés sacrés ou des livres de jurisprudence; [Tamil] preuve tirée du témoignage ou des écrits des savans, citation d'auteurs; —[Tamil] apparence extérieure;— [Tamil], ([Tamil], [Tamil]), les 400 choses extérieures, nom d'un poëme; —[Tamil] état—, condition—, situation extérieure, pays étranger, le 62me des [Tamil], poëme dans lequel on invoque la bénédiction de la divinité sur quelqu'un et sur sa postérité,— [Tamil] explication—, preuve par des exemples extérieurs ou étrangers, exemple;— [Tamil] le poëte épique étranger, le P. Beschi auteur du Tembavani;—[Tamil] bénédiction extérieure, le 83e des [Tamil], poëme commençant par des [Tamil] et finissant par des vers [Tamil], dans lesquels on souhaite à quelqu'un qu'il vive heureux sous la protection de Dieu;—[Tamil] liberté, délivrance, élargissement, rejet, exception; —[Tamil] nom d'un mal d'yeux;—[Tamil] bonne qualité extérieure, espèce d'air,— de chant harmonieux;—புப்பகை haine déclarée, —publique, ennemi extérieur; —புப்படுதல் sortir, — dehors, être dehors, partir, se mettre en route, avancer;—புப்படவிடுதல் laisser partir, sortir, éloigner,—புப்பட்டுப் போதல் s'en aller, partir;— புத்தியம் régime , diette extérieure;— புற்று fomentation extérieure; — புப்பாடு, —புப்போக்கு sortie, départ;— புப்பாட்டு, (பா, [Tamil]), pièce de poësie dite [Tamil] sur un sujet héroique,— புப்புறம் l'extérieur, régle générale des chants héroiques;— பு பேச்சு langage étranger,—qui marque le dérangement de l'esprit;— பு பொருள் objet extérieur, exploits guerriers, chose qui regarde l'armée, second article ou division du 3me chapitre de la grammaire tamoule nommé பொருளிலக்கணம் qui se divise en அகப்பொருள், (voyez ce mot), et புறப்பொருள், cette section contient les régles pour des chants sur la morale et sur la guerre; les 2 premières parties du குறள், dites அறம் la vertu et பொருள் les richesses, sont comprises dans le புறப்பொருள், ainsi que les 8 espèces d'exploits guerriers dits [Tamil]; —மயிர் poils du corps (non compris les cheveux);—[Tamil], P. [Tamil] extase,—வட்டம் cercle—, tour extérieur; —[Tamil] arbre mâle, — dont l'extérieur est plus dur que l'intérieur, partie dure et extérieure de l'arbre; —வலி force extérieure; —[Tamil] friction —, onction autour, application d'un remède en forme de cercle; —வாயில் porte extérieure; —[Tamil], —[Tamil], ([Tamil]), mer extérieure,— qui entoure le monde;—[Tamil] élan , force extérieure; — [Tamil] espèce de [Tamil] qui cause des élans ou des élancemens extérieurs,—[Tamil], V. [Tamil]; —வீதி rue extérieure; —வெட்டு coup —, coupure extérieure, —de côté, opposition, contradiction, planche voisine, — du côté; —வெட்டாளாகப்பேச்சு contradiction, résistance de paroles: — வெள்ளிடு creux —, cavité ou trou postérieur des pendans d'oreilles dits வளைக்காது; — வெளி plein air, plaine campagne; —வேலை travail extérieur, — du dehors, mer extérieure, — qui entoure le monde.

புறக்கணிக்கிறது, ணித்தேன், ணிப்பேன், ணி, ணிக்க, v. a. பிறக்கணித்தல், n. v. (புற, கணிக்கிறது), faire —, mettre de la différence, compter —, mettre en dehors, mépriser, dédaigner. [pris, dédain, faire peu de cas...

புறக்கணிப்பு, n. v. du préc. mé-

புறணி, (புறம்), médisance, calomnie, détraction, mal qu'on dit de quelqu'un par-derrière. extérieur, partie extérieure de l'écorce des arbres, peau, écorce, pays montagneux, —de forêts.

புறத்தங்கம், (புறத்து, அங்கம்), membre extérieur.

புறத்தவன், (புறம்), celui qui est en dehors, (surnom de) Ayénar ou ஐயனார். ou [dehors.

புறத்தான், (புறம்), celui qui est

புறத்தி, (id.), dehors, derrière, extérieur, état —, situation d'étranger: —மனிதன் homme étranger, — du dehors; புறத்திலே dehors, à l'extérieur.

புறத்தியம், (id.), dehors, extérieur, pays étranger: —ஆயிருக்கிறது être dehors, dans les pays étrangers, être exilé, chassé de la caste; —ஆய்ப்போகிறது aller ailleurs, — dehors, sortir de chez soi; வீட்டுப் புறத்தியமாய்ப்போகிறது aller —, rester hors de sa maison (comme font certaines femmes pendant leurs règles).

புறத்தியான், (புறத்தி), étranger, homme du dehors, le prochain: புறத்தியார்மேலே சாட்டுகிறது rejeter sur le prochain, — sur les autres.

புறத்து, obl. de புறம், extérieur, postérieur, d'où புறத்தங்கம், புறத்துறுப்பு, (அங்கம், உறுப்பு), membre extérieur, partie extérieure: புறத்தே extérieurement, dehors, à l'étranger, derrière.

புறம், dehors, extérieur, contour, circuit, côté, —extérieur, partie extérieure, côté de —, derrière, le dos, calomnie, médisance, mal qu'on dit d'autrui par-derrière, région, partie d'un pays, climat, mur, force, courage, lieu, une des terminaisons de l'ablatif de lieu, Ex. செக்கர்வேளை ... புறத்திறுத்துப்புறமொழிகின்றமாலை le soir obscur qui est arrivé à ma vie qui s'en va (l'opposé est அகம், உள், உள்ளகம் intérieur): அகமும்புறமும் l'intérieur et l'extérieur, le dedans et le dehors; உள்ளும்புறமும் en dedans et en dehors; உள்ளும்புறமுமொத்தவன் homme droit, sincère, litt. semblable en dedans et en dehors: எல்லைப்புறம் côté qui sert de —, limite, confins d'un village...; இன் —, இடம் —, le côté de —, derrière; முன் —, முகம் —, le côté de —, devant, façade; கீழ் — le dessous, l'orient; தென் —, le sud; மேற் — le dessus, l'occident; வடப் — le nord: இடது —, இடப்புறம் le côté gauche: —கடை porte extérieure; —காடு place où l'on brûle les morts, cimetière; —காட்டுகிறது montrer le dos, — l'extérieur, prendre la fuite, être défait: — காணுகிறது voir le dos, — l'extérieur, mettre en déroute; — கால் derrière —, dessus du pied; — காழ் arbre dont l'extérieur est plus dur que l'intérieur, partie extérieure d'un tel arbre: — கூறல் médisance, calomnie, diffamation; —கூறாமை ne pas médire; — கூறுகிறது médire, calomnier, parler mal du prochain en son absense: —கூறுகிறவன் détracteur, médisant, calomniateur; —கூற்று détraction, médisance, calomnie; —கை dessus de la main; —கொடுக்கிறது présenter —, tourner le dos, prendre la fuite; —தருகிறது protéger, défendre, choyer, tourner le dos, être défait, mis en déroute, perdre; —தரல் n. v. protection, défen-

[illegible] dehiscé, fuite, perte; [illegible] V. புறவடி; — போகிறது bavarder, publier ce qui devait être tenu secret, médire; —போகிறது sortir, venir dehors, suinter, dégoutter; — போக்கு place extérieure, pièce de terre communale (près d'une ville ou d'un village), terre non cultivable, — non livrée à la culture, telle que les lieux couverts de broussailles, bords de rivières ou d'étangs, etc...

புறம்பணை, (புறம், பணை), sol —, pays montagneux, —de forêts.

புறம்பு, (புறம்), dehors, côté—, extérieur, pays étranger; — பண்ணுகிறது, புறம்பாக்குகிறது expulser, exclure, chasser, mettre dehors, ஒரு புறம்பாக்குகிறது ranger —, écarter du chemin sur un côté; புறம்பான extérieur, de dehors, étranger; புறம் பாய், புறம்பே dehors, en dehors, extérieurement, à l'étranger; புறம்பே கடன்கொடுக்கிறது donner au dehors, prêter de l'argent; புறம்பாக்கித் தள்ளுகிறது chasser, expulser, mettre à la porte; புறம்பாய் ou புறம்பேகேட்டறிகிறது s'informer au dehors, auprès des étrangers; புறம்பேகேட்டேன் j'ai appris au dehors; புறப்புறத்தல், (உறுத்தல்), tenir dehors, empêcher d'entrer, faire la garde —, veiller au dehors; புறம்புக்கிருக்கிறது (புறம் புக்கு, இருக்கிறது), être aux nécessités. [dessus du pied.

புறவடி, (புற, அடி), derrière —,

புறவடை, (id. அடை), champ affermé ou sous-affermé, — donné à d'autres pour cultiver, remède qu'on prend par le bas pour faire aller.

புறவணி, (id. அணி), V. புறம்பணை.

புறவம், 1° (புறம்), bois, forêt, V. புறம்பணை. 2° P. புறா, pigeon.

புறவலிப்பு, (புற), convulsion extérieure. [mer, rivière, bosquet.

புறவிடம், (புற, இடம்), montagne,

புறவீழ்து, (id. வீழ்து), V. புறவீழ்து.

புறவு, 1° V. புறம்பணை, 2° P. புறா, pigeon. 3° (புறம்), troupe d'animaux.

புறவுரை, (புற, உரை), préface, introduction.

புறவெழுத்து, (புற, எழுத்து, ou — வடை), note, remarque (dans un livre, ce qui est hors du texte), exception. [le dos.

புறன், P. புறம், extérieur, dehors,

புறா, gén. புறாவின், colombe, pigeon; — க்கால் nom d'une plante; — க்குஞ்சு pigeonneau; — ப்பறத்தல் vol du pigeon, larcin.

புறாவின்றேடுகிறது, V. பறாவின்றேடுகிறது.

புறாமுட்டி, nom d'une plante.

புற், obl. de புல் devant க, ச, த, ப. — க்கட்டு paquet d'herbe; — கவ்வுகிறது, mordre de l'herbe en signe de défaite; — தரை, pièce de —, gazon, fagot —, abondance d'herbe; — குருவி espèce de caille; — கொடி la plante சுரை courge; — கோரை l'herbe cyperus juncifolius; — சாமை variété du millet dit சாமை; — செடி plante, petit arbuste, ou — பற்றை pièce de —, gazon; — செதுக்கி racloir, instrument pour couper l'herbe (en raclant la terre); — செதுக்குகிறது couper l'herbe (en raclant la terre); — பன்னீர் la plante cælosia monsonia; — பதி le roi des plantes, i. e. le palmier, la constellation dite அஸ்தம்; — பாய் natte de jonc, d'herbe; — பிடி poignée d'herbe; — போனகி, V. புற்றடி; — போதி l'arbre புரசு porcher.

புற்கலன், P. புற்கலம்.

புற்கம், tromperie, défaut, manque.

*புற்கலம், புற்கலன், (poudgalu), corps, vie, âme, — sensitive, beauté.

புற்கு, (புல்), couleur brune, marque, défaut, signe de mépris; புற் கென்னல் signe de la couleur brune; ou புற்கென்கிறது être brun.

புற்கை, (புல்), bouillie, — de graines d'herbes, légère nourriture, léger repas, goûter.

*புற்புதம், (boudbouda), bulle d'eau,

புற்புலர்கின்றது, le jour poindre. [louse.

புற்றரை, (புல், தரை), gazon, pe-

புற்றுக்கோரை, (புற்று, ஆம்), ruche ou nid de cariahs (ou fourmis blanches).

ches) où ils déposent leurs œufs.

[illegible], (*id.*), sorte de minéral. [constellation [illegible].

[illegible], (புல், [illegible]), palmier, la

[illegible], (*id.* [illegible]), abondance d'herbe, gazon. [champignon.

[illegible], (புற்றின், *gén. de* புற்று),

புற்று, tertre —, nid de carials ou fourmis blanches, éruption cancéreuse ou scrofuleuse: — [illegible], *V.* [illegible]: — [illegible] être couvert d'éruptions scrofuleuses; — [illegible] terre de nids de cariahs (employée en médecine et pour certaines cérémonies des Indous); [illegible] les cariahs... élever leurs tertres, — creuser leurs trous.

புனா. la ville de Pounah capitale des Mahrattes. [saphir.

[illegible], ([illegible]), pierre bleue,

*[illegible], (புனர், [illegible]), répétition d'une cérémonie pour rétablir dans la caste.

*[illegible], (*id.* [illegible]), adoration, répétition.

புனம், champ cultivé, — à menus grains, terre haute, non arrosée, rivière, ruisseau, — qui descend des montagnes: [illegible] la plante [illegible]; — [illegible] variété de l'arbre [illegible] erythrina.

*[illegible], (புனர், [illegible]), retour.

*[illegible], (*id.* [illegible]), tour, révolution, ou

*[illegible], (*id.* [illegible]), nouvelle —, naissance, renaissance.

புனலி, — [illegible], l'arbrisseau médicinal dalbergia lanceolaria.

*[illegible], (புனர், [illegible]), répétition, tautologie, redite inutile: [illegible] homme censé né de nouveau, *i. e.* brame qui renaît par l'investiture du cordon.

*புனர், (pounar), de nouveau, de rechef: — [illegible] renaissance, régénération: [illegible] homme régénéré; [illegible] délivrance des naissances futures, fin des transmigrations prétendues.

[illegible], *V.* [illegible].

*[illegible], (புனர், [illegible]), ongle des doigts (qui repousse de nouveau).

*[illegible], *P.* [illegible], la 7e constellation lunaire contenant 6 étoiles, savoir, 2 des Gémeaux, 2 du grand Chien et 2 du petit Chien, Castor et Pollux.

*[illegible], (புனர், [illegible]), ongle, ce qui renaît, régénération, renaissance, transmigration.

*[illegible], ([illegible], i), âme sensitive qui est censée renaître sous une autre forme. [redite.

*[illegible], (புனர்), répétition,

*[illegible], (புனர், [illegible]), la constellation dite [illegible], (surnom de) Vichnou, Siven, nom d'un

[illegible], *V.* [illegible]. [grammairien.

[illegible], nom d'un arbre.

புனல், eau, rivière, paroles enfantines: — [illegible] la plante celosia margaritacea; — [illegible] la plante indigofera arcuata; — [illegible] flatter avec des paroles enfantines; — [illegible] *V.* [illegible].

[illegible], (புனல்), montagnards, habitans d'un pays montagneux.

[illegible], ([illegible], *dat. de* புனல், [illegible]), le prétendu roi des eaux, *i.e.* Varounen. [l'eau, rivage.

[illegible], (புனல்), bord de

*[illegible], (புனர்), nouvelle cuisson, faire recuire ce qui a été déjà cuit.

[illegible], (புனல், [illegible]), flot, vague, — de la mer, houle.

[illegible], (புனல், நாடு), roi d'un pays bien arrosé, épithète des rois [illegible] de Tanjaour.

[illegible], (*id.*), le pays des eaux, — bien arrosé, le Tanjaour arrosé par le Câvêri.

[illegible], 1° ensuite. 2° (புல், [illegible]), petit serpent, serpent caché sous l'herbe. [[illegible].

[illegible], l'arsenic naturel dit [illegible]

[illegible], puloté, impureté.

புனிதன், (புனிதம்), homme — être pur, saint, innocent, (épithète que divers sectaires donnent à leurs dieux, tels que Siven, Indiren, Arouguen, Bouddha...

[illegible], gén. [illegible], obl. [illegible], état d'une vache qui vient de vêler, impureté légale d'une femme accouchée (qui dure 12 jours, selon les Indous), nouveauté, peau.

[illegible], ([illegible]), vache nouvellement vêlée: [illegible] lait d'une telle vache.

*புனிதம், (pou, être pur, [illegible]), pureté, innocence, vertu, vérité, clarté, la 7e constellation lunaire dite [illegible].

*புனிதன், (புனிதம்), V. [illegible]: — [illegible] devenir pur, clair, se justifier.

புனுகு, civette; V. [illegible].

புனை, 1° fers —, entraves ou chaîne pour les pieds, toile, habit, nouveauté, décoration, ornement, beauté, abondance, n.v. imp. et part. de புனைகிறது: புனைவுருக்கம், — [illegible], — [illegible] femme: — [illegible] pensée, — projet de trahison.

புனைகிறது, [illegible], [illegible], [illegible], v. a. [illegible], n. v. habiller, vêtir, ajuster, orner, décorer, joindre.

புனைந்துரை, ([illegible]), discours orné, préface, élégance en poésie, langage métaphorique, exagération ou dépréciation, hyperbole (en plus ou en moins.

புனைஞர், (புனைகிறது), artisans, (qui travaillent à orner), cammalers, décorateurs.

[illegible], [illegible], [illegible], [illegible], v.a. [illegible], n.v. joindre, lier.

புனைவினி, (புனைவு, [illegible]), objet de comparaison: — [illegible] figure qui consiste à montrer l'objet comparé par la description que l'on fait de l'objet de la comparaison avec lequel il a un rapport frappant. [ment, union.

புனைவு, n.v. de புனைகிறது, ornement, union.

புனைவுளி, (புனைவு, [illegible]), objet qu'on décrit: — [illegible] figure qui consiste à faire ressortir un sujet de comparaison par un autre sujet qui y a rapport.

புன், dans les mots composés, se met pour புல்.

புன்கண், (புல்), pauvreté, bassesse, maigreur, maladie, affliction, [illegible], V. [illegible]. [malheur.

புன்கம், 1° nourriture, riz bouilli. 2° adj. de புன்கு: [illegible] l'arbre dalbergia.

[illegible], l'arbrisseau [illegible] memecylon, l'arbre [illegible] bignonia.

புன்கு, 1° la plante [illegible]. 2° l'arbre [illegible] dalbergia arborea, l'adj. est [illegible]: [illegible] V. [illegible]. [illegible] sourire.

புன்சிரிப்பு, (புல்), sourire; — [illegible] [illegible]; ciel rougeâtre du —, soir.

புன்செய், (புல், ou — [illegible]) champ —, terre à menus grains, terre en friche, stérile; — [illegible] jardin —, terre à menus grains, — non arrosée; — [illegible] menus grains, v.g. millet, kèverou...; — [illegible] impôt de terre à menus grains. [menus grains.

[illegible], (id.) culture des

[illegible], (id). P. [illegible].

புன்சொல், (id.), expression basse, sans élégance.

புன்பயிர், (id.), menus grains, culture ou moisson de menus grains.

புன்புலால், (id.), viande gâtée.

[illegible], (id.), arbre —, plante dont l'intérieur est creux ou tendre comme le bambou, la canne à sucre.

[illegible], (id.), bassesse, petitesse, ou.

[illegible], (புல்). V. [illegible]

[illegible], (id.), nom d'une plante. l'adj. est [illegible].

[illegible], (id.), sourire.

[illegible], 1° (புல், [illegible]), bassesse, petitesse, vilité, peu d'importance.

chose insignifiante, basse, vile. 2° oubli: புன்மைத்து c'est une chose de rien. [tites gouttes de pluie.

புன்றுமி, (புல், துமி), bruine, pe-

புன்றொழில், (id. தொழில்), métier bas, vil.

புன்னகை, (id. நகை), sourire.

*புன்னாகத்திரம், (புல்), constellation sous laquelle naissent les garçons, au dire de certains auteurs indous. [gembre vert.

புன்னறவம், (புல், நறவம்), gin-

*புன்னாகம், (புல், நாகம்), l'arbre புன்னை, l'arbre rotleria tinctoria, dont les fleurs donnent une teinture jaune, nenuphar blanc, éléphant blanc, muscade, pourpier: புன்னாகவராளி mélodie plaintive, ton élégiaque, — de condoléance.

புன்னிப்பாலை, la plante நாணல்.

புன்னெறி, (புல், நெறி), mauvaise conduite, mauvaise voie.

புன்னை, l'arbre calophyllum inophyllum: — யெண்ணெய் huile des noyaux de cet arbre: சுர — les arbres சுரபுன்னை et calophyllum longifolium.

பூ, 1° lettre syllabique composée de ப et de ஊ poû long. 2° *(bhoû), la terre, place, site, feu du sacrifice ... லோகம், le plus bas des 7 enfers des Indous. 3°* (bhoû être), existence, naissance. 4° gén. பூவின், dat. பூவுக்கு (et non பூக்கு mot télinga obscène). Fadj. est பூ et பூம், fleur, grandeur de la —, beauté, élégance, excellence, feuille, pointe, tranchant, augmentation, ouïes de poisson, branchies, sel de roche, un mal d'yeux, taie, nénuphar, étincelle de feu, fleurs —, règles des femmes: பூவாலேநி றைத்திருக்கிறது remplir de fleurs: பூ-4 les 4 sortes de fleurs, savoir: கொடிப்பூ fleurs des plantes grimpantes et rampantes, கோட்டுப்பூ fleurs des branches, நீர்ப்பூ fleurs aquatiques, புதர்ப்பூ ou நிலப்பூ fleurs d'herbes et d'arbrisseaux. 5° imp. de பூக்கிறது.

*பூசக்கியவன், (பூ), surnom de வசுதேவன் père de Krichna, regardé par les Indous comme une incarnation de Kasyapa. [louent.

பூசகர், panégyristes, ceux qui

*பூசணம்பம், la plante நிலவேம்பு.

பூகம், 1° (poûga), aréquier, noix d'arec, jaquier, monceau, amas, quantité, collection, boule, nature, propriété. 2° (bhoûka), temps, ténèbres, obscurité, trou, creux, abîme, fente. 3° palmier —, aréquier dit caryota urens, aigle. V. கமுகு: பூகபாத்திரம் boîte au bétel et à l'arec; — பீடம் crachoir; — புஷ்பிகை fleurs et arec présentés aux convives des noces; — பலம் noix d'arec.

*பூகம்பம், பூகம்பனம், (பூ), tremblement de terre.

*பூகரம், (பூ, கரம்), poison, la plante சாரணத்தியணை.

*பூகலம், (bhoûkala), cheval fougueux, — rétif et intraitable.

*பூகக்ஷம், பூகக்ஷாம், (பூ), rayon de l'équateur, — de la terre.

*பூகாகம், (id.), espèce de petit héron. [qui va ou vole sur terre.

*பூகாமி, (பூ, gam aller), cheval

*பூகோளம், (பூ), le globe terrestre, — de la terre: பூகோளசாஸ்திரம் la géographie.

பூக்கஞ்சா, (id.), la plante mâle du கஞ்சா ou cannabis indica qui ne produit que des fleurs.

பூக்கட்டுகிறது, (id.), attacher des fleurs, faire des guirlandes.

பூக்கந்தகம், பூக்கந்தம், (id.), soufre calciné.

பூக்கம், 1° ville, village, — en pays cultivé, liqueur enivrante. 2° P. பூகம், aréquier. 3°* (hoûkka), le cœur.

*பூக்கக்ஷம், பூக்கக்ஷாம், V. பூகக்ஷம். [quateur, — de la terre.

பூக்கக்ஷாம், (பூ), diamètre de l'é-

பூக்கிறது, பூத்தேன், பூப்பேன், பூ, பூக்க, part. fut. பூக்கும், v. n. (பூ), பூக்குதல், பூத்தல், n. v. fleurir, s'épanouir, bourgeonner, être produit, devenir, — chanci, moisir, une femme avoir ses fleurs ou ses règles: பூத்திருக்கிறது être fleuri, — en fleurs, en floraison; பூத்துக்குலுங்குகிறது, பூ

[illegible] porter des fleurs et des fruits; [illegible] fleurir abondamment, être couvert de fleurs; — பூவோய்ந்தது cesser de porter des fleurs, ne porter que des fleurs, devenir inutile, — moisi, bon à rien; [illegible] — பூவோய்ந்தது mes yeux se sont obscurcis; [illegible] — பூவோய்ப்பண்ணுகிறது consumer les yeux, faire perdre la vue; நெருப்பு — பூவோய்ந்தது le feu est presque éteint, — est couvert de cendres; மரம் — பூவோய்ந்தது l'arbre a cessé de porter des fleurs: [illegible] mettre ou placer aussi doucement qu'une fleur s'épanouit; — [illegible] être comme une fleur qui s'épanouit, être doux au toucher: — [illegible] prendre aussi doucement qu'une fleur s'épanouit.

பூக்குஞ்சு, (பூ), jeunes oiseaux, poulets ou pigeons... encore couverts de duvet.

பூக்குடலை, பூக்குட்டான், பூக்கூடை, (id.), corbeille de fleurs.

பூக்கூறை, (id.), salle où l'on fait des guirlandes de fleurs.

[illegible], [illegible], (id.), cueillir des fleurs.

பூ, P. பூம், devant ம, fleuri, de fleurs: — [illegible], V. [illegible]: — [illegible] rayons blancs, — éclatans, jolie —, lumière: — [illegible] canne à sucre rouge et tendre; — [illegible] mousseline à fleurs; — [illegible], — [illegible] jardin de fleurs, — des olives: — [illegible] terre restée inculte pour plus de 5 ans; — [illegible], V. [illegible]: — [illegible] arbrisseau à fleurs odoriférantes, gardenia dumetorum; — [illegible] couleur rougeâtre produite en plongeant la toile fréquemment dans l'eau; — [illegible], V. [illegible]: — [illegible], ([illegible]), riz concassé très-fin; — [illegible] bouquet de fleurs; — [illegible] champ —, jardin de fleurs; — [illegible] espèce de jonc ou [illegible], cyperus geminatus.

*பூசகர், (poûdjaka), adorateur, sacrificateur.

*[illegible], [illegible], (பூ), le globe —, circonférence de la terre, la ligne équinoxiale ou l'équateur: [illegible] chaîne de montagnes que les Indous supposent entourer le monde et borner l'horizon.

*[illegible], (பூ, sakra Indiren), Indiren terrestre, i.e. roi.

பூசணம், 1° moisissure, chancissure, saleté. 2° P. [illegible], ornement: — பூத்திருக்கிறது moisir, devenir moisi, — chanci.

பூசணி, P. பூசுணி, citrouille.

*பூசந்து, பூசேந்து, (பூ), ver de terre, insecte.

*பூசம், (P. புஷியம்), la 8e constellation lunaire contenant 3 étoiles dont l'une est le Delta du Cancer: — [illegible] la 8me constellation ressemble à la fleur du trichosanthes.

பூசல், opt. et n. v. de பூசுகிறது, onction, friction, barbouillage, décoration, lavage, grand bruit, vacarme, v. g. d'une bataille, rapport, accord, bataille, combat: [illegible] champ de bataille.

[illegible], [illegible] ([illegible]), nettoyer, purifier.

*பூசனம், (poûdjana), adoration, sacrifice, vénération, respect. [on.

*பூசனை, (id.), passereau, vénération.

*பூசனை, [illegible], adoration, hommage —, culte religieux.

*பூசா, obl. de பூசை: — காலம் temps —, moment du sacrifice, — de l'adoration: — [illegible] pierre à chaux: — [illegible] strophe de 4 vers écrite en 4 lignes, chaque vers en faisant une, en outre les 2 premières lignes entr'elles, et les dernières entr'elles, peuvent se lire en [illegible] et de plus la première et puis la dernière s'entremêlent en [illegible] avec les 3 autres: பலம், — பலன் vertu —, efficacité du sacrifice; — [illegible] celui qui, au dire des Indous, reçoit dans cette vie la récompense des mérites acquis dans la vie précédente; — [illegible],

[illegible] présence du —, devant le sacrifice; [illegible] règles —, rites du sacrifice.

*[illegible], ([illegible]), sacrificateur, hiérophante choutre des pagodins, ou petits temples, non servis par des brames, enchanteur.

[illegible], ([illegible]), étalé en fleurs, — faite de fleurs.

*[illegible], ([illegible]), rendre précieux, estimer, chérir, espèce de pendans d'oreilles.

*[illegible], ([illegible]), préparation au sacrifice, ornemens de la messe, (chasuble...)

*[illegible] ([illegible]), graisse de la terre.

*[illegible], P. [illegible].

*[illegible], ([illegible]), V. [illegible]; [illegible] —, [illegible] —, bijou à 6, à 9 faces.

[illegible], v. a. ([illegible]) [illegible], n. v. adorer, vénérer, rendre ses hommages, accomplir —, faire des cérémonies sacrées, offrir un sacrifice.

[illegible], P. [illegible], citrouille.

*[illegible], (poûdjita), adoration, vénération, respect: [illegible] crainte religieuse, — respectueuse dans l'exercice des fonctions sacrées, respect pour les cérémonies sacrées.

*[illegible], (id.), adoré, vénéré, respecté, honoré, vénérable, recommandable: [illegible] — homme honoré du roi (compliment épistolaire); — [illegible] devenir vénérable, honorable, être vénéré.

[illegible], [illegible], n. v. de [illegible], adoration, vénération, hommage, respect. [honorable, adorable, Dieu.

*[illegible], (poûdjila), respectable,

[illegible]. 1° poussière, combat. 2° imp. et part. de

[illegible], [illegible], [illegible], v. a. oindre, frotter, se frotter (de sandal...), barbouiller, enduire, appliquer, orner, décorer, laver: [illegible] il s'est lavé les mains et est venu.

— [illegible], tige de —, citrouille, cucurbita pepo, — [illegible] citrouille, potiron.

[illegible], n. v. de [illegible], onction, frottement, barbouillage, décoration.

*[illegible], ([illegible]), de prithouvi, fils de la terre, i. e. [illegible] la planète Mars. [de la terre; [illegible]

*[illegible], (id.), — la présence [illegible]

*[illegible], (id.), purification de la terre ou d'un lieu en le balayant et l'enduisant de bouze de vache.

*[illegible], (id.), V. [illegible].

*[illegible], 1° (poûdjâ), sacrifice, messe, adoration, culte, — religieux, cérémonie religieuse, offrande de riz cuit. 2° P. [illegible], chat — [illegible] offrir un sacrifice, — batteur — à [illegible] sacrificateur, adorateur, celui qui fait offrir le Ste messe, — un sacrifice, hiérophante, dévot dessinant tout couvert de cendres de bouze de vache; — [illegible] entendre la Ste messe; — [illegible], — [illegible] dire la Ste messe, offrir un sacrifice; — [illegible] disciple de gourou, servant de messe; — [illegible] répétition des cérémonies religieuses; — [illegible] boîte du malle pour mettre les objets nécessaires au sacrifice, — à la messe; — [illegible] reste de sacrifice, — d'allocation de pagode non dépensé; — [illegible] assistance au sacrifice, — à la messe, en présence du —, pendant le sacrifice, — la messe; — [illegible] élévation, — plate-forme —, autel pour offrir un sacrifice, dessus des degrés de l'autel; — [illegible], V. [illegible]. [illegible].

*[illegible], [illegible], ([illegible]), V. [illegible], ([illegible]), habit de fine mousseline à fleurs, épi en fleurs.

[illegible], (id.), fine mousseline [illegible], crainte. [à fleurs.

[illegible], gén. et n. app. du [illegible]. couteau pliant.

[illegible], ([illegible]), orner de fleurs (une statue...).

*[illegible] ([illegible]), ombre de la tente, [illegible].

*[illegible], (id.), terre à fouler, — ornée de fleurs.

[illegible], s. insecte, reptile, lézard, serpent: — [illegible] (dat.), effrayer, épouvanter, litt. montrer —, présenter —, lancer un insecte: — [illegible] nid d'insecte, espèce de bijou: — [illegible] engendrer des vers: — [illegible] ce sera un trou — un repaire de serpens, — d'insectes venimeux (il ne faut pas s'y fier): — [illegible] dire un insecte, un insecte, — ver, ver..., un malade se dire plus mal qu'il n'est.

*[illegible], 1° (poûdjya), chose —, objet adorable, vénérable, respect, vénération. 2° rareté, chose rare, — précieuse, vide, rien, manque, zéro (en calcul): — [illegible] mettre en réserve —, garder avec respect; [illegible] n'avoir rien à manger; [illegible] — manque d'ouvrage, — d'emploi; [illegible] manque de respect, incivilité; — [illegible] parole respectable, — de respect. [table, vénérable, beau père.

*[illegible], (id.), homme respectable, vénérable, beau père.

[illegible], (id.), pierre jolie, — à fleurs, marbre qui semble représenter une eau profonde.

[illegible], s. q. de [illegible], matière dont on enduit ou dont on frotte (un objet qu'on veut dorer, argenter, étamer...), onction, enduit, couche, empois de tisserand, apparence — extérieure, affectation, ostentation: [illegible] — couche d'étain, étamure; [illegible] — être frotté de poudre de sandal; [illegible] crépissage, [illegible] — couche d'argent, argenture; — [illegible] frotter, oindre, enduire: — [illegible] toile empesée, enduite de cange.

*[illegible], (id.), le paradis terrestre des Indous, i. e. le mont Mérou.

[illegible], (id.), bouquet de fleurs: — [illegible] faire —, attacher un bouquet de fleurs.

[illegible], (id.), toile à fleurs, — ornée de fleurs.

[illegible], (id.), longue veste —, habit de mousseline à fleurs.

*[illegible], (bhoûchana), ornement, décoration, bijou: — [illegible] orner de —, mettre des bijoux. [indica, mûre.

*[illegible], (poûcha), mûrier, morus

*[illegible], (poûchan), soleil, un des 12 soleils, ou nom du soleil pendant le mois de [illegible].

*[illegible], (bhoûchita, poûchâ), V. [illegible].

*[illegible], V. [illegible].

*[illegible], ([illegible]), propriétaire, maître.

[illegible], chat. [[illegible] saphir,

[illegible], la pierre précieuse [illegible]

[illegible], ([illegible]), pot de fleurs.

[illegible], [illegible], moisissure, poussière, toile d'araignée: [illegible], — [illegible] se moisir, être couvert de —, attraper de la poussière.

[illegible], ([illegible]), chanvre fleuri, — qui croit avec trop de vigueur.

[illegible], ([illegible]), brancard de fleurs, — orné de fleurs.

[illegible], moisissure, vue trouble, obscurcissement de la vue: — [illegible] avoir la vue trouble, la vue s'obscurcir: [illegible] vue —, œil trouble.

[illegible], ([illegible]), jardin ou terre dont on a coupé la récolte encore verte ou en fleurs.

[illegible], nom d'une herbe.

[illegible], obscurcissement, V. [illegible].

[illegible], ([illegible]), duvet d'oiseau nouvellement éclos.

[illegible], moisissure, chancissure, obscurcissement, — de la vue, toiles d'araignée, poussière: [illegible] avoir la vue trouble, voir comme des vers qui remuent: — [illegible] se moisir, se couvrir de poussière; — [illegible] être moisi, sale, tout poudreux, plein de toiles d'araignée, couvert de poussière; — [illegible] homme couvert de poussière et d'ordure. [fleurs.

புஞ்சகேசரம், (புல்), pollen des

புஞ்சம், moisissure, poussière, obscurcissement: — [illegible] terre en friche, stérile. [din de fleurs.

புஞ்சோலை, (புல்), bosquet—, jar-

*புடனம், P. புஷ்பம், ornement, bijou.

*புடன், P. புஷ்பன். [nement, bijou

*புஷ்பம், P. புஷ்பம், décoration, or-

புடு, plante, herbe, V. பூண்டு.

புட்சாதம், l'arbrisseau [illegible].

புட்கலம், prendre, —sur soi, approuver, accepter, modèle, l'animal fabuleux யாளி, (peut-être le mammeut ou mammouth), éléphant.

புட்டி, corps, jointure, —du corps, ornement, décoration, propriété.

புட்டம், (புட்டு, [illegible]), ouvrage délicat, chose faible, sans substance, superficielle, hypocrisie, déguisement, vaine—, apparence, prétention: — [illegible] homme candide, sans prétention; —[illegible] en conter, se vanter, affecter, feindre, avoir de vaines prétentions: புட்டக்காரன் fanfaron, bravache, hableur; —[illegible] clinquant, ouvrage délicat mais non durable, qui se casse facilement, ouvrage brillant qui a belle apparence, mais point de réalité.

புட்டாசாரன், P. புட்டக்காரன்.

புட்டிக்கை, (புட்டு, [illegible]), embarras, difficulté, empêchement, violence.

புட்டிமணை, (id. [illegible]), corde pour attacher les bœufs au joug.

புட்டம், n.v. de புட்டுகிறது, lier, finir.

புட்டல், opt. et n.v. de புட்டுகிறது.

புட்டன், bisaïeul. [டுகிறது.

புட்டா, புட்டாத, part. nég. de புட்

புட்டாக்கை, (புட்டு, [illegible]), V. புட்டிக்கை. [டிக்கயிறு.

புட்டாங்கயிறு, (புட்டு, [illegible]), V. பு

புட்டி, 1° fém. de புட்டன், bisaïeule. 2° gér. de புட்டுகிறது.

புட்டு, 1° serrure, cadenas, fermeture, charnière, agrafe, fermoir, entraves, fers (pour les pieds...), jointure, cordon, corde, —d'arc. 2° imp. et part. de புட்டுகிறது: —[illegible], V. புட்டிக்கொள்ளுகிறது; —[illegible], — [illegible] la serrure se déranger; புட்டுகிறது fermer à clef; —[illegible], —[illegible] enfermer sous fermer à clef; —[illegible] trou de la serrure (pour passer la clef): புட்டுச்சொல் [illegible] les mots du commencement et de la fin d'une strophe former un sens, — s'accorder entr'eux.

புட்டுகிறது, புட்டினேன், புட்டுவேன், புட்டு, புட்ட, v.a. புட்டுதல், புட்டுதல், n.v. fermer, —à clef, agrafer, renfermer, lier, attacher (au joug, à la charrue, à une charrette, à un pieu), orner, —de bijoux, ajuster, mettre, terminer—, clore un compte, en écrire ou déterminer le total: [illegible] —ajuster—, fixer une flèche sur l'arc; [illegible] —attacher une corde. [illegible] —attacher les chevaux à la voiture; [illegible] — garnir de cordes un instrument; புட்டப்படுகிறது être attaché, fermé à clef...; —[illegible], —[illegible] lier, fermer, — à clef, renfermer (pour un temps.)

புட்டை, picote, machine—, panier pour puiser de l'eau, tuyau pour conduire l'eau, canal, aqueduc, moulin à huile. [இல்லாமல்.

புட்பாசாரன், cumin noir dit [illegible]

புணர், opt. et n.v. de புணருகிறது: —[illegible] ou [illegible], V. புணர்ச்சி.

புணா, புணாத, புணாமை, part. et n. v. nég. de புணருகிறது.

புணாரம், (புண், [illegible]), bijou, joyau: புணாரவெலும்பு, os du poignet, —auquel on attache les bijoux, V. [illegible].

புணி, bœuf, le signe du Taureau.

புணிக்கிறது, புணித்தேன், புணிப்பேன், புணி, புணிக்க, v.a. புணித்தல், n. v. désigner, décider, montrer.

புணிப்பு, n.v. du préc. désignation, décision, jugement.

புணுகிறது, புண்டேன், [illegible]

ள், பூணு, பூண, v. a. பூணுதல், n. v. ou பூண்டுகொள்கிறது, s'orner, — de bijoux, se mettre, prendre, se revêtir d'ornemens, se vêtir, s'ajuster, se rencontrer, se trouver, entrer dans, s'adapter, convenir: முத்துமா லையைப் — s'orner d'un collier de perles: [illegible] பூணவில்லை ou பூண்டுகொள்ளவில்லை il ne s'est pas engagé dans cette affaire.

பூணுநூல், பூணூல், (பூணும், பூண், நூல்), cordon bramanique, — que les brames, les rois, les marchands et les artisans dits கம்மாளர் portent suspendu de l'épaule au côté: பூணூற் கலியாணம் investiture du cordon bramanique.

பூதேசம், pays —, terrain de forêts.

பூண், 1° bijou, joyau, ornement, virole, pommeau ou anneau (de fer, de cuivre...) qu'on met au bout d'un pilon, d'un bâton ou des défenses des éléphans, et des cornes des bœufs. 2° imp. et part. de

பூண்கிறது, ண்டேன், ண்பேன், ண், ண, v. d. V. பூணுகிறது.

பூண்டி, ville, village, district de village, hauteur —, ilot dans la mer.

பூண்டு, 1° plante, herbe (en général), arbuste, buisson. 2° gér. de பூணு கிறது.

பூண்பிக்கிறது, பூண்பித்தல். v. caus. de பூண்கிறது, faire —, attacher, lier. [blessé, la géante பூதனா.

பூதி, (பூசம்), démon femelle, dia-

*பூதம், 1° (bhoûta), temps passé, vie, être vivant, Bhoûta, démon, spectre, fantôme, troupe de fantômes, esprit malin qui, au dire des Indous, hante les cimetières, se tient en embuscade dans les arbres, anime les carcasses, trompe et dévore les êtres humains, restes d'une oblation ou d'un repas, élémens. (V. பஞ்சபூதம்), état réel des choses, chose trouvable, — qui a existé effectivement ou existe actuellement. 2° (poûta), pureté, chose pure, vérité, conquête, l'herbe தரும்பை, le multipliant அ ஷ்டமம், la 2° constellation lunaire dite பரணி, odeur forte: பூதகணம் troupe de spectres, la troupe des démons au service de Siven et dont கணபதி, i. e. Villéyar est le capitaine; — தருப்பம் l'arbre பிதமரம், சரப்ப சர்ப்பட்டை écorce de cet arbre; — கலிக்கம் collyre employé par les magiciens pour chasser les mauvais esprits des possédés vrais ou prétendus; — காலம் le temps passé, le prétérit, V. சென்றகாலம்; — கேசம் racine du [illegible]; — கேசரி l'herbe [illegible]; — கேசி la plante [illegible]; — கேசி l'arbre [illegible]; — கண்ணாடி miroir grossissant, microscope; — கால் pied d'éléphant, — extrêmement enflé, éléphantiasis, maladie qui grossit le pied d'une manière monstrueuse; — கிருதாயி, — கிருதாயி, (kratâyi), Indrani, femme d'Indiren; — கிரது, — கிரது, (kratou sacrifice), surnom d'Indiren; — கிரகத்தி possession par de mauvais esprits; — கிராமம் chose composée —, assemblage des 5 élémens, v. g. le corps, le monde; — கூட்டம், V. பூதகணம்; — சம்சாரம் ou — சமுசாரம் plaisir —, joie du monde, le monde des mortels: — சஞ்சாரம் possession par un malin esprit: — சம்சாரி ou — சமுசாரி celui qui jouit des plaisirs du monde — சஞ்சாரி incendie d'une forêt. V. பூதசமுசாரி; — சுபாவம் nature élémentaire; — சரீரம் le corps subtil ou spirituel des dieux, selon les Indous; — சுத்தி purification des élémens; — சேனை, V. பூதகணம்; — தயை compassion pour les créatures; — தாத்திரி la mère ou la nourrice des êtres vivans, i. e la terre; — தானியம் le grain réputé pur, i. e. le sésame; — துருமம் l'arbre புங்குருக்கு; — தேசி l'arbre [illegible]; — நாசனம் la noix [illegible] dont le jus sert à marquer le linge, moutarde, la graine de l'elæocarpus dite உருத்திராக்கம்; — நாடி pouls de possédé; — நாதன் le chef des démons ou Bhoûtas, i. e. [illegible]

Siven; —நாயகி, —நாயகை la reine des démons, i.e. உமை ou துர்க்கை, femme de Siven; — நிருத்தம் danse des démons ou danse sur un pied en pliant l'autre; —பஞ்சாக்ஷரம் espèce de பஞ்சாக்ஷரம்; —பதி, V. பூதநாதன்; —பரிணமதேகம் corps grossier composé des élémens; —பரிணாமம் changement des élémens, transmutation des élémens. —பலம் le fruit à odeur forte, i.e. le fruit du jaquier; —பலி sacrifice aux spectres, donner des restes, jeter les restes pour nourriture aux animaux: —பாபம் purification du péché: - பாவம் nature élémentaire; — பிசாசபிசாசு les fantômes, les cadavres, les diables, 3 espèces de vampires ainsi nommés, qui, selon les Indous, hantent les cimetières et les lieux où l'on brûle les morts; —பிசாசு démon, malin esprit, spectre; — புஷ்பம் la fleur des démons, bignonia indica; — பூர்ணிமை la pleine lune des démons, celle qui arrive dans la constellation அச்சுவினி et qui est une époque d'adoration superstitieuse aux Bhoûtas: — மாத்திரம் rudiment d'un élément; — யக்ஞம் offrande de viandes... à tous les êtres vivans, adoration aux —, culte des mauvais génies: —யாகம் restes de nourriture qu'on laisse pour tous les êtres créés, c'est un des யாகம்-ஐ ou 5 sacrifices; —ராஜன் l'empereur des Bhoûtas, i.e. le démon, — விருக்ஷம் l'arbre தேறு; —வாக்கு, — வார்த்தை parole de démon, mot obscène, — mauvais; — வாசம் 1° la demeure des élémens, i.e. le corps. 2° la demeure des fantômes, i.e. l'arbre தான்றி terminalia bilirica; — வாதம் nom d'une secte, matérialisme, V. லௌகீகவாதம்; — விக்கிரியை, (vikriyâ changement), épilepsie, possession de mauvais esprits; — வி ருக்ஷம், —விருட்சம் l'arbre des fantômes, l'ஆலமரம் ou multipliant; — விருள்(இருள்), ténèbres, obscurité du monde.

*பூதரம், (பூ, dhara qui soutient), ce qui soutient la terre, montagne, la montagne d'or ou le mont மேரு.

*பூதர், (பூதம்), les Bhoûtas, fantômes, spectres ou démons, qui sont une des 18 sortes d'êtres prétendus célestes dits அஷ்டாதசகணம்.

*பூதலம், (பு), la terre, surface de la terre. [l'arbre மருதம்.

பூதவம், le multipliant ஆலமரம்,

*பூதனன், (பூ, தனம் richesse), roi. [sier.

*பூதனுசரீரம், (பூதனா), corps gros-

*பூதனுகன், பூதனுசூதனன், பூதனாரி, (பூதனா, han qui tue, சூதனன், அரி), le meurtrier —, le destructeur —, l'ennemi de la géante Poûtanei i.e. Krichna.

*பூதனை, (poûtanâ), Poûtanei, démon femelle ou géante qui voulut tuer Krichna et fut tuée par lui, atrophie des enfans, que l'on croit causée par cette diablesse, le fruit கடுக்காய்.

*பூதன், 1° (bhoûta), le 14me jour lunaire après la pleine lune, fils, enfant, Siven. 2° P. பூதனை, le fruit du terminalia dit கடுக்காய்.

பூதாக்கலம், (பூதம், கலம்), grand et joli plat, plat dans lequel l'épouse sert du riz à son époux: — பரிமாறுதல் les époux manger ensemble dans le même plat le jour des noces.

*பூதாங்குசம், (பூதம், அங்குசம்), la plante பேய்மருட்டி.

*பூதாதி, (id. ஆதி), le principe des êtres vivans, i.e. Dieu: — யகங்கார ம் orgueil qui vient des élémens.

பூதாத்திரி, (id. ஆத்திரி), la plante கீழாநெல்லி.

*பூதாத்துமன், (id. ஆத்துமம்), homme pur, ascète, Sannyasi.

*பூதாத்துமா, (id. ஆத்துமா), le corps, Brama, Siven, guerre, principe vital, cause prochaine de la vie, cause concomitante.

*பூதாரம், (பூ, dâra qui déchire), ce qui fouit la terre, i.e. le sanglier.

*பூதாரன், (id. dhâra qui soutient), un appui de la terre, un roi.

*பூனாசி, (பூதம்,அசி),assa fetida.

*பூதகாயம், (id. காயம்), le corps.

*பூதாவேசம், (id. ஆவேசம்),possession par un mauvais esprit.

*பூதி, 1° (bhoûti), violence, grandeur, dignité, pouvoir,—surhumain (attribué à Siven,et qu'au dire des Indous, on ne peut obtenir ni par la pénitence ni par la magie), prospérité, bonheur, succès, réussite, naissance, production, poussière, cendres, —de bouze de vache réputées sacrées, chair, viande,- rôtie, rut d'éléphant 2° (poûti), pureté, purification, puanteur, mauvaise odeur, civette.3° la terre, le corps, l'enfer, la plante நாய்வேளை:— கந்தம், — கந்தி, —கந்திகம் mauvaise odeur, soufre;—காஷ்டம் l'arbre odoriférant தேவதாரு; — காமன் désireux de prospérité, ministre—,conseiller d'un roi,surnom de விருகஸ்பதி; —கருமம்,— கிருத்தியம் cérémonie joyeuse, v. g. mariage: — சாரிகை, (சாரி, இசை), civette, chat musqué; — நசியம் exhalaison fétide des narines:— மாம்சம், — மாமிசம் viande gâtée,—pourrie, qui sent mauvais:—வாசம் l'arbre வில்வம்;-வாதம் air fétide, l'arbre ægle marmelos; —விருக்ஷம் la plante puante bignonia indica. [muscade.

*பூதிகம், (பூதி, ka), l'arbre அதில்,

*பூதியம்,(பூதம்), élément, V. பஞ்சபூதியம், le corps,la terre.

பூதுகிறது, பூந்தேன், பூதுவேன், பூது,பூர, v.n.P. புகுகிறது, entrer:பூந்துபார்க்கிறது, V. புகுந்துபார்க்கிறது;—போகிறது,V.புகுந்துபோகிறது.

*பூதேசன், (பூதம், ஈசன்), le chef des spectres ou des démons, i. e. Siven.

*பூதேவர், (பூ,தேவர்); les prétendus dieux de la terre,i.e.les brames.

பூதை, flèche.

*பூதோற்பத்திஷாம்சாரம், (பூதம், உற்பத்தி), V.பூதாதிஷாம்சாரம்.

பூத்த, part.parf.de பூக்கிறது,fleuri.

*பூத்தகம், (பூ.உத்தகம்), or.

பூத்தல்,n.v.de பூக்கிறது,floraison, existence, production, moisissure, fleurs ou règles des femmes.

பூத்தாரம்,(பூ.ஸ்தாரம்), estime, rareté,estimer, chérir.

*பூத்திவாசடம், (பூதி, அகடம்), l'animal qui donne le musc,civette.

*பூத்திரம்,(bhoûdhra),V.பூதரம்.

பூத்திராணம்,(பூ.திராணம்), chanvre.

பூத்தீ,(id.தீ), espèce de fusée.

பூத்து,1° gér.de பூக்கிறது. 2° mot imitatif: – ப்பூத்தெனக்கிறது se gonfler,grossir, ou பூத்துப்பூத்தென்று இரைக்கிறது haleter, pouffer, être tout essoufflé,respirer avec peine.

பூத்தூவுகிறது, (பூ), répandre des fleurs.

பூத்தொடுக்கிறது, பூத்தொடுத்தல், (id.),enfiler—,lier des fleurs, faire des guirlandes de fleurs,ce qui est un des 5 ouvrages manuels dits கை [த்தொழில்.

பூநதி,(பூ), V. பூவந்தி.

*பூநாகம்,(id.),ver de terre,achée, terre à foulon.

பூநாதம்,(id.), salpêtre.

*பூநிம்பம்,(id.),la plante médicinale நிலவேம்பு, espèce de gentiane.

பூநிறம், (id.), pierre de couleur jaune,pousse de manguier, couleur de fleurs,—de terre.

பூநீர்,(id.),eau de fleurs,—de senteur,rosée, humidité sur la terre.

*பூநீலம்,(id.),bleu,—produit de la terre,indigo.

பூநீறு, (id.),terre de foulon ou de blanchisseur, sorte de remède:பூநீறுநிலைக்கிறஉப்பு sel produit par une terre imprégnée de soude.

பூநெட்டி,(id.), nom d'une plante aquatique.

பூநொய், (id.), gruau fin.

பூப், P. பூவ, de fleur, fleuri:— தட்டம்,– தட்டு plat pour présenter des fleurs; —தாது étamines ou: — தூள் poussière —, pollen de fleurs; —தாள் pédoncule,tige de fleurs; —கொத்து bouquet —, rameau de fleurs,branche fleurie,—குருத்து rejeton tendre; — தூள் pollen des fleurs; —தேர் char de fleurs, — de procession orné de fleurs; — தோடு pétale, feuille de fleur; —தோட்டம் jardin de fleurs.

பூந்தி, l'arbre புன்கு.]

பூந்தேன், 1° parf. de பூக்கிறது. 2° (பூ), miel—, nectar des fleurs.

பூத்து, gér. de பூக்கிறது.

பூந்துறை, 1° nom d'une ville. 2° sync. de பூந்துறைத்துரை le père de Poûtden. 3° P பூத்தாய் 2° pers. du parf. de பூக்கிறது. [au terre, arbre.

*பூபதம், (பூ), ce qui a ses pieds

*பூபதி, (பூ), 1° maître de la terre, roi. 2° jasmin d'Arabie. 3° espèce de pilule.

*பூபம், V. அப்பம்ப்பேகம், ou பூபலி, பூபாலி, பூபிகை, (poûpa, — li, — ali, ikâ), gâteaux, pâtisseries, ou biscuits de diverses sortes: பூபசாலை boutique de pâtissier.

*பூபரிதி, (பூ), la ligne équinoxiale, équateur, circonférence de la terre, écliptique.

*பூபன், (id. pa qui conserve), protecteur—, sauveur du monde, roi, sacrificateur.

*பூபாலன், (id.), roi, souverain, cultivateur, pl. பூபாலர் rois, agriculteurs, fermiers. [mélodie.

*பூபாளம், (id.) nom d'un air, d'une

*பூபுத்திரி, (பூ), la fille prétendue de la terre, i.e. சீதை ou Sidei, trouvée en labourant, au dire des Indous, par le roi சனகன் son père adoptif.

பூப்பகம், (பூப்பு, அகம்), vulve.

பூப்பதிகிறது, (பூ), une taie se former dans l'œil.

பூப்பத்தினி, (பூப்பு, அ-சாதிவு), femme qui a ses règles.

பூப்பம், P. பூப்பு, règles des fem-

*பூப்பத்தி, (பூ), V. பூபதி. [mes.

பூப்பருத்தி, (பூ), l'arbre பூவரசு, porcher. [de laurier.

பூப்பலகை, (பூ), sassafras, espèce

பூப்பாலை, (பூ), nom d'une plante.

பூப்பாளை, (id.), V. பூம்பாளை.

பூப்பிஞ்சு, (id.), fruit qui se forme, encore en fleur.

*பூப்பிரதிதம்பம், (பூ பிர. திதம்ப ம்), milieu d'une montagne.

பூப்பு, n.v. de பூக்கிறது, floraison, production, fleurs ou règles des femmes. [fleur s'épanouir.

பூப்பூக்கிறது, (பூ), fleurir, une

பூப்பொட்டணம், (id.), bouquet de fleurs.

பூமகள், (பூ), 1° la prétendue déesse de la terre. 2° Lakchimi née, au dire des Indous, sur une fleur de nénuphar: பூமகள்மைந்தர் les fils de la prétendue déesse de la terre, i.e. les cultivateurs.

பூமகன், (id.), le fils prétendu de la terre, i.e. செவ்வாய் ou la planète de Mars.

*பூமஞ்சனம், (பூம, P. பூமி), bain de terre, V. le au mot மஞ்சனம்.

பூமடல், (பூ), pétale—, enveloppe de fleurs. [fine.

பூமடி, (id.), toile à fleurs. —

பூமடை, (id.), offrande de fleurs.

பூமண்டலம், (id.), région de la —, cercle de la —, la terre, une des parties de la danse. [datura.

பூமத்தை, (பூ), le plante ஊமத்தை,

பூமரம், (id), arbre à fleurs

பூமலர், (id.), fleur épanouie: பூமலருகிறது une fleur s'épanouir.

பூமலைக்கிளம், les arbustes சங்கம்பு, et நாரம்.

பூமன், (பூமி), Brama, செவ்வாய் ou la planète Mars, fils prétendu de la terre. [porte que des fleurs.

பூமாதளை, (பூ), grenadier qui ne

பூமாலை, (id.), guirlande de fleurs.

பூமான், P. புமான், mâle, homme, mari.

*பூமி, (bhoûmi), la terre (qui est un des 3 mondes), terre, sol, terrain, place, site, pays, terre à foulon, base d'une figure géométrique, monceau: பூமியுள்ளோர் ceux qui sont sur la terre; பூமிசாமி, V. பூசாமி; — கொழுநன் le prétendu mari de la terre, i. e. Vichnou; — கடம்பம் salpêtre: — சம்பங் la plante kæmpferia rotunda; — சம்பு, — சம்புகை, — சம்புகை, (சம்பு, kâ), l'arbre premna herbacea; — சம்பவை, (சம்பவம்), Sidei ou சீதை produite par la terre, au dire des Indous: —சயனம் coucher sur la terre;—சாரம் graisse de la terre, nom d'un livre;—சேவிகள் les வைசியர், ou 3me caste, qui vivent d'agriculture, Lakchimi; —சௌவுக்கள் terre salée:—தானம் donation de terre; —தேவன் le brame, le dieu prétendu de la terre; — தேவி la déesse prétendue de la terre, la terre personnifiée;—திடம் ce qui fait la solidité de la terre. montagne, V. பூதிரம்; —தைலம் huile—, suc de la terre;— நடுக்கம் tremblement de terre;—நடுங்குகிறது la terre trembler; — நாகம் sel de roche, pierre d'aimant, terre à foulou: — நாயகன் seigneur de la terre, cristal, la plante நிலவேம்பு;—பதம்,—பட்சம் cheval de bonne race: —பதி roi; —பதித்துவம் principauté, souveraineté;—பரீட்சை examen du sol, — de la terre, connaissance des diverses sortes de terrains, c'est une des 64 sciences des Indous;— பன், (pâ qui conserve),—பாலன் celui qui protége ou gouverne la terre, roi;— பாரம் fardeau —, poids des créatures que la terre est obligée de supporter;— பிசாசம் le démon de la terre, le palmier;—பிரவேசம் entrée sur une terre, aller au jour voulu pour la cultiver, choix d'un bon jour pour le commencement des travaux;— மகிழ்கிறது la terre trembler; —மதிக்கு, — மதிக்கம்,—மதிக்கம் tremblement de terre; — லட்சுமி la fameuse Lakchimi, la prétendue déesse de la terre;— லாபம் gain de la terre, i.e. la mort;—லேபனம் enduit de bouze de vache délayée;—வர்த்தனம் augmentation—, acquisition faite à la terre, cadavre; — வெளுப்புமண் terre de blanchisseur, —வேர் ver de terre, achée.

*பூமிகை, (பூமி, கா), costume de théâtre, décoration des statues, des temples.

*பூமிசம்,1° (பூமி, சம்), ce qui est né ou sort de terre, serpent, insecte... 2° enfer.

*பூமிசன், (id. சன்), le démon ou géant நரகாசுரன், V. பூமாசன்.

*பூமிசை, 1° (பூமி,சை ,la fille prétendue de la terre, Sidei, Lakchimi. 2° (பூ,மிசை), sur la fleur...:—நடந்தோன் celui qui marche sur des fleurs, i.e. Arouguen, Bouddha.

பூமின்,1° (பூ,மின்), V. பூமான், 2° imp.pl.de பூக்கிறது, fleurissez.

*பூமீந்திரன், (பூமி, இந்திரன்), le souverain de la terre, roi.

பூமுடி, (பூ). couronne de fleurs.

பூமுள்ளு,(id.),épines des fleurs,— qu'on met sur un mur.

பூமொட்டு,(பூ), bouton de fleurs.

பூம், adj. de பூ, fleuri, de fleurs: —பட்டாடை,—பட்டு espèce d'étoffe de soie (à fleurs...);—படம், V. பூம்பட்டாடை; —பந்து balle de fleurs; -பாளைக்கட்டி, V. பூஞ்சட்டி:—பதியம் manque, pauvreté:— பனை palmier mâle,—qui ne produit que des fleurs;—பாளை spathe ou enveloppe des fleurs du palmier...;— பிஞ்சு fruit qui se forme dans la fleur;— புஞ்சேதானம் profit de la culture des menus grains; —புகை fumée odoriférante, encens, parfum.

*பூயம், 1° (bhoûya), état.2° (poûya), ou

பூயனம்,(பூயம், na),ou பூயரத்தம், பூயசோணிதம், pus, sanie, matière qui sort d'une plaie.

*பூயாரி, (பூயம்,அரி), l'ennemi de la sanie, i.e. l'arbre வேம்பு dont les feuilles servent à arrêter la suppuration des plaies, et à les sécher.

*பூயாலசம், (பூயம், அலசம்), suppuration aux jointures, chassie, pus ou sanie dans l'œil.

*பூரகம், (poûraka), aspiration, inspiration, — par une narine (le contraire de இரேசகம் expiration), gâteau funèbre offert —, oblation aux mânes, citron, multiplicateur, remplissage, achèvement:—செய்தல் aspirer l'air,—par une narine.

*பூரக்ஷகன், பூரட்சகன், (பூ), sauveur de la terre, roi.

பூரட்டாதி, P. பூர்வப்புரட்டாதி, la 25me constellation lunaire, qui contient quelques étoiles de Pégase.

*பூரணமி, பூரணமை, (பூரணம், mâ *lustre*), pleine lune.

*பூரணம், 1° (poûrnâ), plénitude, tout, le tout, ce qui est complet, entier, rempli. 2° (poûrana), abondance, augmentation, multiplication (en arithmétique), achèvement, remplissage, couvrir, trame de la toile, mer, pluie, pont, chaussée, gâteau funèbre offert —, oblation aux mânes, huile médicinale. 3° moisissure (sur les mets...): —ப்பிக்கிறது perfectionner, compléter, remplir, accomplir: —ம்க்கேட்கிறது écouter le tout, —entièrement; —ம்சொல்லுகிறது dire tout, — complètement, — parfaitement; —பிடிக்கிறது se moisir; பூரணகர்ப்பம் pleine grossesse, grossesse parvenue à son terme; —கர்ப்பிணி; —கருப்பவதி, —கர்ப்பிணி femme dont la grossesse est à son terme; —கலசம், — கும்பம் vase plein, cruche pleine, — remplie d'eau (pour le sacre d'un roi...); —காமம் désir satisfait, satiété; — சந்திரன் pleine lune; —சற்குணம் bonté parfaite; — சற்குணன் homme parfait, plein de bonnes qualités: — சாஸ்திரம், — ஞானம் science complète, — parfaite, titre d'un traité d'Agastyen; — சூத்திரம் règles complètes, ouvrage —, traité sur la médecine attribué au même auteur; — திசை côté où se porte la respiration, — où va une flèche...; — பலன் indulgence plénière, efficacité —, récompense complète; — பாத்திரம் vase plein, pleine cruche, vase contenant 256 poignées de riz qu'on présente à l'hiérophante d'un sacrifice indou, vase rempli d'habits et d'ornemens qu'on s'efforce d'atteindre à une fête; — பிண்டம் embryon parvenu à son terme; — மாசம் mois de grossesse à terme, — de l'accouchement, sacrifice mensuel à la pleine lune; — மதி la pleine lune; —மோதகம் espèce de sirop; — ரூபம் forme parfaite, grande beauté; —வயசு V. பூரணாயுசு; — வித்தை science complète, — parfaite; — விரதம் pénitence —, observance parfaite; —விசம் citron.

*பூரணன், (பூரணம்), le parfait, Dieu, (et à tort) Siven, Arouguen, l'arsenic dit சூதபாஷாணம்.

*பூரணாகுதி, (பூரணம், ஆகுதி), oblation entière, ordinairement de beurre fondu qu'on verse sur le feu, dernière oblation de ce genre qui complète le sacrifice ஓமம்.

*பூரணாயுசு, (*id.* ஆயுசு), âge parfait, — plein, grand âge.

*பூரணாலகம், பூரணானகம், (poûrnâlaka, poûrnânaka), rayon de la lune, son du —, tambour, vase rempli d'habits et d'ornemens qu'on essaie d'attraper à certaines fêtes, espèce de mât de cocagne.

*பூரணி, 1° (poûrani), cotonnier soyeux dit இலவு. 2° (poûrni), homme accompli, satisfait, content. 3° (bhoûrni), terre, — sans eau, désert.

*பூரணிமை, பூரணோந்து, (பூரணம், imâ *affixe*, இந்து *lune*), pleine lune, jour de la pleine lune.

*பூரணை, (pournâ), le 5e, le 10e et le 15e jour lunaire de chaque demi lunaison, pleine lune, Poûranei une des femmes d'ஐயனார்: —கேள்வன் le mari de Poûranei, *i. e.* Ayénar.

*பூரம், (pourâ), plénitude, pièce d'eau, lac, guérison ou nettoiement des ulcères, espèce de pâtisserie non levée et frite au beurre. 2° *sync. de* பூர்வபற்குனி, la 11e constellation lunaire, c'est le Delta du Lion, espèce de remède, camphre, espèce de scorpion, de cent-pieds dit பூரான், cérémonie nuptiale incomplète, — du genre de celle dite சடங்கு et pour le temps voisine de celle-là. (c'est la 1re cérémonie des nouveaux mariés), empêchement au mariage, V. குற்றம்: —கழிக்கிறது faire la cérémonie susdite, lever l'empêchement au mariage par cette cérémonie qu'on fait au commencement des noces; — கலித்தல், V. தீமா ராதன்; பூம்பூசி camphre vert; — வா கினி celle qui a pour monture un cent-pieds, i.e. காளி.

பூரா, (ind.), plein, entier; பூரா வும் pleinement: பூராவுங்கொண்டு ட்டான் il a mangé à satiété; பூரா வும்ருசுவாயிற்று il a été pleinement prouvé.

பூராசி, (பூ), abondance de fleurs.

பூராடம், (corr. de பூருவாஷாடை), la 20° constellation lunaire contenant 3 étoiles dans le Sagittaire; பூ ராடமொன் la voie lactée.

பூராயம், (corr. de பூருவம்), ancienneté, attention, considération, investigation exacte, recherche, désir. — ஆய்ப்பார்க்கிறது considérer -, regarder attentivement; — ஆய்க்கே ட்கிறது écouter attentivement, s'informer exactement; — இடுகிறது faire examiner par un autre, épier, espionner, sonder, chercher à surprendre les secrets; பூராயக்கதை vieille fable; — க்காரன் homme très-attentif, — prudent.

பூராப்பலகை, planches de doublage, — qui doublent un navire.

பூராவும், pleinement, V. பூரா.

பூரான், cent-pieds, insecte venimeux, scolopendre, pulpe ou chair de la noix du palmier...: — சலிக் கம் ocre jaune.

*பூரி, 1° (poûri), espèce de gâteau non levé et frit au beurre. 2° (bhoûri), grande quantité, abondance, beaucoup, or, plein —, jour, Brama, Vichnou, Siven. 3° riz de diverses sortes mélangées, riz tacheté de rouge, sous l'enveloppe dite உமி), faute, défaut, corde, — d'arc, cordon, sorte d'air ou de mélodie, un novillion, nom d'un héros, sorte de cérémonie funèbre, herbe. 4° imp. de பூரிக்கிறது: — கல்யாணி nom d'un air ou d'une mélodie adaptée au soir; — கொடுக்கிறது faire la cérémonie funèbre dite பூரி; — நெல் riz tacheté de rouge, riz mélangé; — போசனம் repas —, mets qu'on donne après la cérémonie funèbre dite பூரி; — வாயம் grand gain.

*பூரிகம், (பூரி, ka), sorte de gâteau, gâteau azyme frit au beurre.

பூரிகை, l'arbre அகில்.

*பூரிகை, 1° (பூரி, ka), V. பூரிகம். 2° longue —, trompette; — சத்தம் son de la trompette; — பிடிக்கிறது, — பூ ரிக்கிறது prendre, — emboucher, — sonner de la trompette.

பூரிக்கிறது, பூரித்தேன், பூரிப்பேன், பூ ரிக்க, v.a. et n. (பூரம்), contenter, satisfaire, remplir, — de joie, — de vent, grossir, se réjouir, être satisfait, content, rempli de joie, rafraîchi. [plénitude.

*பூரிதம், (poûrita), chose remplie,

பூரித்தல் பூரிப்பு, n.v. de பூரிக்கிறது, action de remplir, de se réjouir..., grande joie, abondance, plénitude: பூரிப்புக்கொள்ளுகிறது éprouver une grande joie.

பூரிமாயு, 1° * (பூரி, மாயை), l'animal plein de ruses, i. e. la chacal ou renard mâle. 2° ancienneté.

*பூரியம், (பூரி, ya), ville —, résidence —, rue royale, ville, village, — en pays cultivé.

பூரியர், பூரியோர், (பூரி), gens vils, bas peuple, méchans.

*பூரு, 1° (bhroû), sourcil. 2° (P. பு ரு), un des rois de la dynastie lunaire ou des Kourous. 3° imp. de பூரு கிறது, entre. 4° mot imitatif: — பூ ரென்கிறது, grandir, grossir; — பூ ரென்றுவளருகிறது (les enfans...), grandir, croître, profiter, s'élever, se gonfler (un abcès...).

*பூருகம், (பூ, உருகம்), ce qui naît de la terre, i.e. arbre, plante.

*பூருடன், P. புருடன், homme, mari, mâle. [2° V. பூரிக்கிறது.

பூருகிறது, 1° P. புகுகிறது, entrer.

*பூருண்டி, (bhoûroundi), espèce de tournesol, heliotropium indicum, jasmin, la plante உத்தாமணி.

*பூருவம், (பூர்வம், ka), antériorité, priorité, ce qui est avant, antérieur, précédent, premier.

*பூருவசன், (பூருவம், சன்), aîné, frère aîné, fils de la 1re femme (quoiqu'il ne soit pas l'aîné), né dans l'orient, ancêtre, ancien.

*பூருவம், (poûrva), commencement, antécédent, premier, précédent, antiquité, ancienneté, antériorité, vieille tradition, ce qui est devant, en face, l'orient, l'est, totalité, tout, entier, 1re moitié de lunaison, —de mois lunaire, la lune dans son croissant (jusqu'à son plein): —ஆய் இருக்கிறது être ancien; பூருவத்திலே dans l'antiquité, dans l'ancien temps: பூருவத்துமனிதர் vieillard, homme du vieux temps, qui se souvient des ancins temps: பூருவகங்கை l'ancien Gange, la rivière நருமதை; —கதை vieille histoire, — fable; — கருமம், —கன்மம், —கிருதம் ancien fait, vieille action, prétendue action d'une vie précédente; — காஷ்டை l'est, l'orient: —காலம், — கவீனம் temps ancien, l'antiquité; —கவுளம், — கௌளம் nom d'un air ancien: —க்கிரமானம், V பூருவகுரமம்; —சந்தியை point du jour; —சன்மம், —சனனம் prétendue naissance antérieure; — தண்டம் amende —, punition sévère ou cruelle, — ancienne; — தருக்கம் la majeure d'un argument; — தலம், V. பூருவபக்ஷம்; — திதி ancien —, premier état; — ஞானம் sagesse —, connaissance antique, — acquise par expérience; —திசை, — திக்கு l'orient, le côté est: —திக்குப் பதி le prétendu gardien de l'est, *i. e.* Indiren; — துவந்தம், V. பூருவசெட்டைக்கி: —தேகம், —சரீரம் ancien —, 1er corps, corps de la vie précédente supposée; —தேசம் l'orient, pays oriental; —தேவர், —தேவதை dieu primitif, ancêtre déifié; —தொடர்ச்சி suite prétendue des actions d'une vie précédente; —பக்கம் —பக்ஷம், — பட்சம் majeure d'argument, 1re moitié de lunaison, le temps où la lune brille le soir; — பக்ஷபாதம் la 1re partie d'un procès, la plainte; —பதம் 1re partie d'un mot composé, mot qui précède, 1er terme d'une conclusion: —பருப்பதம், —பர்வதம் la montagne orientale, —du levant, derrière laquelle le soleil est censé se lever;— பற்குனி la 1re des 2 constellations nommées பற்குனி, la 11e constellation nommée உத்திரம், le Delta du Lion;—பற்குனிபவர், (பவம்), வியாழன் ou Jupiter, qu'on dit né sous cette constellation; —பாத்திரபதம், —பாத்திரபதை la 1re des 2 constellations nommées பாத்திரபதம், c'est la 25e nommée பூரட்டாதி; —புண்ணியம் vertu ancienne, — d'une vie précédente prétendue; —ப்பெற்று devenir —, être ancien, posséder depuis l'ancien temps, — l'antiquité; — பாஷி homme civil qui adresse le 1er la parole: — மாரி celui qui meurt le 1er, les 1res pluies;— மீமாஞ்சை 1re partie de la philosophie dite மீமாஞ்சை, V. du mot சாஸ்திரம்; — ரங்கம் prélude, prologue d'un drame; —ராத்திரம் 1re partie de la nuit; —ரூபம், —லக்ஷணம் ancienne forme, — beauté, symptôme de quelque chose à venir; —வாக்கியம் majeure, proverbe;—வாதம் première —, ancienne plainte; — வாதி celui qui fait la 1re plainte.

*பூருவாசாடம், பூருவாஷாடை, (பூருவம், ஆஷாடம்), la 1re des constellations nommées ஆஷாடம், c'est la 20e nommée பூராடம்.

*பூருவாகணம், பூருவாக்கணம், பூருவாக்கணியம், (poûrvâhna), 1re partie du jour, matinée, matin (opposé de அபராக்கணம்). [பக்ஷம்.

*பூருவார்த்தி, (*id.* அர்த்தி), V. பூருவ

*பூருவாபரம், (பூருவம், அபரம்), premier et dernier, antécédent et conséquent, preuve et chose à prouver, preuve.

*பூருவாப்பியாசம், (*id.* அப்பியாசம்), ancienne coutume, longue expérience. [moitié.

*பூருவார்த்தம், (*id.* அர்த்தம்), la 1re

*பூருவிகம், (பூருவம், ika), commencement, ancienneté, antiquité, ancien temps.

*பூருவிகன், *pl.* பூருவிகர், (*id*), ancien, homme de l'ancien temps.

*பூருவோத்திதம், பூருவோத்தகம், (*id.* உதிதம், உத்தம்), chose dite auparavant, — susdite.

*பூருவோத்தரம், பூருவோத்திரம், (*id.* உத்தரம்), le nord est, commencement, — et fin, antiquité: அவனுடையபூருவோத்தரமெல்லாமெனக்குத்தெரியும் je connais toute son histoire du commencement à la fin: பூருவோத்தரவம்சம் l'ordre des —, générations; பூருவோத்திரசங்கதி vieille histoire, histoire du temps passé.

*பூரா 1° (poûrâ), abondance, excès, rédondance, surabondance. 2° manque, rien: —கிப்போகிறது, —வென்றுபோகிறது se réduire à rien, être ruiné, défait; —யாக்குகிறது, —யாக்கிப்போடுகிறது réduire à rien, détruire, anéantir; —யிடுகிறது être dégoûté, fatigué; அவன்விசேஷம்பூராவாய்ப்போயிற்று son affaire —, sa parole s'est réduite à rien, on n'en fait plus cas; கலியாணம்பூராபூராவென்று முடிந்தது les dépenses des noces ont été excessives sans que l'apparence y ait répondu.

பூரிக்கிறது, ரித்தேன், ரிப்பேன், க், ர, *v.n.* பூரித்தல், *n. v.* se remplir, être plein, rempli. [ம்.

*பூர்ணம், *et ses composés*, *V.* பூரண

*பூர்த்தம், (poûrtta), action pieuse —, libéralité, aumône, vertu.

*பூர்த்தி, (poûrtti), plénitude, satisfaction, achèvement, satiété: —யாகிறது se remplir, être satisfait, rassasié. [toire, —fable.

பூர்ப்பிரம், nouvauté, vieille his-

பூர்பூரென்கிறது, grandir, grossir, croître. [ம்.

*பூர்வம், *et ses composés*, *V.* பூருவ

*பூர்வசனம்... *V.* பூருவசனம்...

*பூர்விகம், பூர்விகன்... *V.* பூருவிகம், பூருவிகன்... [ம்.:

*பூர்வோத்தரம்... *V.* பூருவோத்தர

*பூலதை, (பூ, இலதை), plante rampante, ver de terre, achée.

பூல்த்தி, l'arbre மருதம்.

பூவித்தகடு, feuille de métal sur laquelle on enchâsse des pierres précieuses.

*பூலோகம், (பூ), la terre, un des 7 mondes supérieurs des Indous.

பூலா, பூல், l'arbrisseau phyllanthus multiflorus.

பூவசியர், *P.* பூவைசியர். [Maduré.

பூவணம், temple de Siven près de

பூவணை, *V.* பூவமளி.

பூவத்தம், பூவத்தவம், la plante நிலாவிரை.

பூவத்தி, les arbres புன்கு et பொன்றுங்காய், l'arbre sapindus emarginatus, nom d'un remède: —ப்பழம் fruit du sapindus, il est bon pour guérir les taches, la teigne...; —க்கொட்டை noyau du sapindus.

பூவமளி, (பூ. அமளி), lit de fleurs ou couvert de fleurs, c'est une des 8 délices dites அஷ்டபோகம்.

பூவம்பன், (*id.* அம்பு), celui dont les flèches sont de fleurs, *i.e.* Kâmen.

பூவம்பழம், *P.* பூவத்திப்பழம்.

பூவரசு, பூவரசமரம், (பூ, அரசு), le porcher, hibiscus populneus.

பூவர்ணம், (பூ), moisissure, — sur les mets. [cle de la terre, le globe.

*பூவலயம், (*id.*), la sphère —, le cer-

பூவல், couleur —, rouge, puits.

பூவழலை, (பூ), terre imprégnée de soude.

பூவா, பூவாத, பூவாது, பூவாமல், *part. et gér. nég. de* பூக்கிறது, qui ne fleurit pas, sans fleurir: பூவாது *ou* பூவாமற்காய்க்குமரம் *ou* பூவாமரம் arbre qui porte des fruits sans fleurs apparentes, *V.* கோளி.

பூவாணம், (பூ), fusée à fleurs.

பூவாமை, *n.v.nég.de* பூக்கிறது, ne pas fleurir, — être produit.

பூவாரம், (பூ, ஆரம்), guirlande de fleurs.

பூவாசி, 1° (*id.*), habitant de la terre. 2° (télinga) culture de plantes à graines oléagineuses.... [dica.

பூவாழை, (பூ), la plante canna in-

பூவாளி, (பூ, வாளி), espèce de fusée, flèche de Kâmen, *V.* பூவம்பன்.

பூவிதழ், (பூ, இதழ்), feuille—, pétale des fleurs.

பூவிந்து,—நாதம், talc, V. வீரம்.

பூவிராகன், பூவராகன், (பூ, வராகன்), pagode valant, 4 roupies, et en quelques endroits 3 roupies 3/4.

பூவீரம், l'arsenic naturel dit சுத்த பாஷாணம்,

பூவுலகன், (பூ, உலகம்), habitant de la terre, homme terrestre.

பூவுலகு, பூவுலகம், (பூ, உலகு), le monde, la terre.

பூவிழுகிறது, (பூ), une fleur tomber, une taie se former dans l'œil.

பூவெடுக்கிறது, (id.), cueillir—, ramasser des fleurs.

பூவெண்ணெய், (பூ, எண்ணெய்), essence de fleurs, huile odoriférante tirée des fleurs.

பூவை, 1° acc. de பூ. 2° l'arbrisseau காயாமரம் memecylon, l'oiseau mainate ou நாகணவாய்ப்புள், perroquet, le குயில் ou coucou indien, femme, fille. 3° 2e pers. nég. de பூக்கிறது, tu ne fleuris pas.

*பூவைசியர், (பூ), laboureurs, cultivateurs, fermiers, une des 3 divisions des வைசியர்.

பூவொல்லி, (பூ, ஒல்லி), espèce de vide dans les cocos.

பூவோடு, 1° l'arsenic தொட்டிப்பாஷாணம். 2° obl. de பூ, avec une fleur...

பூழாக், perdrix, poule sauvage.

பூழி, boue, argile mêlée d'eau, lut, bulle d'eau qui s'élève d'un bourbier, pollen des fleurs, poussière de la terre, un des districts où l'on parle le bas tamoul.

பூழியபலம், (பூழியன்), citrouille.

பூழியன், (பூழி), souverain du pays dit பூழி, épithète des rois சேரன் et பாண்டியன்.

பூழில், l'arbre அகில், terre.

பூழை, (புழை), guichet (dans la porte d'un fort, d'un temple...), trou.

பூழ்க்கரம், l'arbrisseau கொட்டம்.

பூழ்க்கை, sync. de புழைக்கை, trompe d'éléphant, éléphant, l'animal fabuleux யாளி.

பூழ்தி, sync. de புழுதி, poussière, pollen des fleurs, chair, viande.

பூளம், l'arbre பூவரசு, porcher.

பூளை, 1° les plantes médicinales illecebrum lanatum et illecebrum javanicum, coton soyeux de l'arbre இலவு. 2° P. பீளை, chassie: பூளைப்பஞ்சு coton qui vient sur la plante illecebrum lanatum.

பூன், caille.

பூனை, chat: கடுவன் — chat, — mâle: பெட்டைப் — chatte: — குறுக்கிடுகிறது, — குறுக்கேபோகிறது le chat traverser le chemin, ce qui est regardé comme un mauvais augure par les Indiens superstitieux: — ... faire projetée éprouver un ... — க்கண், — க்கண்புஷ்பராகம் la pierre précieuse dite œil de chat, ou lapis lazuli; — க்கண்ணன், — க்கண்ணி celui —, celle qui a des yeux de chat; — க்கழுத்தி espèce d'arbrisseau: — க்காய்க்கதி épi broui, brûlé, sans grains; — க்காஞ்சொறி, — க்காஞ்சொறி la plante —, l'ortie tragia cannabina; — க்காவேளை la plante galega villosa; — க்காலி la plante dolichos pruriens: — க்கொடி la plante ipomea pestigridis; — க்குட்டி chaton, petit chat: — த்திசை le côté du chat, i.e. le sud est: — ப்பனைவன்முள் piquant de hérisson: — ப்பிடுக்கன், — மடி la plante crotalaria nummularia: — மயிர் poil de chat, la plante பூனைக்கழுத்தி; — புறுமுகிறது le chat gronder, — filer, faire le rouet; — வணங்கி la plante குப்பைமேனி.

பெ, lettre syllabique composée de ப் et de எ, pé bref. le palmier...

பெக்கு, espèce de caillou ou de jus

பெடம், abondance, beaucoup.

பெடை, femelle (des oiseaux).

பெட்கிறது, பெட்டேன், பெட்பேன், பெட்க, v a. désirer, — fortement, souhaiter, convoiter, envier: part. parf. பெட்ட, part. fut. பெட்கும்.

பெட்டகம், caisse, coffre, malle, arche, cassette, boite, — dans laquelle on porte les présens à la fiancée: — கொட்டுகிறது frapper des mains en signe de joie quand on porte ces présens: பெட்டகத்துத்தி la plante hibiscus abelmoschus.

பெட்டகம், n. v. de பெட்டுகிறது, désir, souhait, grand désir. [amans.

பெட்டார், n. app. du même, amis,

பெட்டி, caisse, coffre, malle, boîte, cassette: — P. — l'herbe cyperus corymbosus: — அறை tiroir, case—, compartiment de boîte.

பெட்டிவில்குழல், (பெட்டு, வில்), sarbacane qui ne manque pas, long tube pour lancer des boulettes d'argile. [பெட்டுகிறது.

பெட்டு, 1° mensonge. 2° gér. de பெட்டை, femelle (en général), et spécialement des oiseaux, des chameaux, des chevaux, des ânes, des lions, des cerfs, des chats, des chiens: — கடல் petite mer; — கட்டு, — முடிச்சு lien sans force; — கண் œil de femelle, petit œil; — கண்ணன் homme à petits yeux; — கழுதை ânesse; — குதிரை jument; — கோழி ou கோழிப்பெட்டை poule; — சிங்கம் lionne; — நாய் chienne; — பன்றி truie, laie; — புறா colombe, tourterelle; — பூனை chatte; — மாறி cocu, qui prostitue sa femme, hermaphrodite.

பெட்டையன், (பெட்டை), hermaphrodite, eunuque, homme efféminé, [amour, grandeur.

பெட்பு, n. v. de பெட்டுகிறது, désir,

பெண், gén. பெண்ணின், fille, jeune fille, demoiselle, femme, épouse; la mariée, femelle (des animaux): அறியாப் — jeune fille, fille ignorante; ஒருபெண்ணை ... கொடுக்கிறது dat. faire épouser une fille à quelqu'un; பெண்ணரசு la reine des femmes; பெண்களில் ... la perle des femmes, excellente femme; ... une fille —, une femme (litt. celle qui est née femme) doit se tenir à la maison; பெண்ணுறு flux menstruel des femmes; — ... les dernières strophes du poème ... qui traitent des femmes et des plaisirs sensuels: — ... espèce d'encens, benjoin; — குறி vulve, pudendum muliebre; — கேட்கிறது demander une fille en mariage; — கொடி jeune fille, — femme; — கொடுக்கிறது donner une fille en mariage; — கொள்ளுகிறது épouser une —, prendre femme, se marier; — சரக்கு minéral femelle, — avec lequel un autre peut se combiner, tels sont les acides, Voyez les au mot சரக்கு; — சாதி femme, épouse, sexe féminin; — சாதிக்காலுக்கட்டு, பிள்ளைவாய்க்கட்டு une femme est une entrave aux pieds et un enfant une entrave à la bouche du mari, il ne peut aller où il veut ni manger comme il lui plaît; — கோலம் parure —, toilette —, appareil de femme; — தன்மை, V. பெண்டன்மை; — பழி vengeance —, trahison de femme; — பனை palmier femelle, — qui porte des fruits; — பன்றி truie, laie; — பால் genre féminin (en grammaire), — பால்விகுதி terminaison des noms ou des verbes propre au genre féminin ou qui dénote ce genre: — பாற்பிள்ளைத்தமிழ் poème dans lequel on décrit l'enfance d'une déesse ou d'une princesse, V. le 2° பிரபந்தம்; — பிடிக்கிறது prendre une concubine, saisir une femme; — பிள்ளை fille, jeune fille, femme, épouse, personne du sexe féminin; — பிறந்தவள் fille, femme, litt. celle qui est née femme; — புத்தி esprit de femme, esprit étroit, — peu éclairé; எண்ணாறும் கற்று எழுத்தறிந்தபெண்ணானாலும் பெண்புத்தி பின்புத்தி l'esprit d'une femme est un esprit tardif ou médiocre, bien qu'elle ait appris parfaitement le calcul et sache lire correctement; — பேதை femme ou fille ignorante, — pauvre; — போகம் le bonheur d'une fille, lui procurer un mariage, ce qui est un des அறம்

கட ou 32 actes de bienfaisance, jouissance ou commerce avec les femmes, ce qui est un des அஷ்டபோகம்; —மகள் femme, fille, jeune fille; —மதி esprit de femme; —மயக்கம், —மயல், —மாயம், —மோகம் folle passion pour les —, séduction —, désir des femmes, abandon aux femmes; —மயிர் cheveux —, chevelure de femme; —மரம் arbre femelle, — qui ne porte que des fleurs femelles, — dont le plus dur est à l'extérieur comme le palmier; —மூச்சு, —மூர்க்கம் soupir —, obstination de femme; —வகை, —வகுப்பு les 4 classes de femmes, savoir: பதுமினி femme excellente, de caractère excellent, சித்திரினி femme de qualité médiocre, portée à la luxure, சங்கினி femme méchante, colère et à passions fortes, அத்தினி femme très méchante, luxurieuse et furieuse dans ses passions; —வழி, —வழிச்சுற்றம் parenté du côté des femmes.

பெண்டகர், பெண்டர், (பெண்டு), hermaphrodites, eunuques, impuissans.

பெண்டகை, பெண்டன்மை, (id. தகை, தன்மை), qualité —, nature —, état de femme.

பெண்டண்டு, (id. தண்டு), tragus ou protubérance de l'oreille gauche.

பெண்டாட்டி, (பெண்டு, ஆட்டி), femme, — mariée, épouse.

பெண்டிர், பெண்டிள், pl. பெண்டிர், (பெண்டு), femme: உண்டிசுருங்குதல் பெண்டிர்க்கழகு manger peu est beau pour les femmes; அடியார் ou அடியிற்பெண்டிர்மடியிலெருப்பு les femmes querelleuses sont comme du feu dans le sein de leurs maris; அடியாப்பெண்டிர் மடியில் நெருப்பு la mort d'une femme paisible est comme du feu dans le sein de son mari, *(ou le sens de la phrase précédente)*; தூற்றும்பெண்டிர்கூற்றெனத்தகும் des femmes médisantes méritent le nom de Yamen, *i.e.* sont redoutables comme le dieu de la mort.

பெண்டு, *pl.* பெண்டுகள் ou பெண்டிர், (பெண்), fille, femme, épouse: —கட்டுகிறது donner pour femme, accuser d'une intrigue criminelle; மகனுக்கென்னைப் — கட்டினான் il m'a accusé de commerce criminel avec mon propre fils. [பெண்டாடி..

பெண்டுவம், l'arbrisseau சுழற்

பெண்டுமடமரக்கால், (*télinga*), mesure qui contient 2 1/2 mesures ou marcals de Madras.

பெண்ணரசி, (பெண், அரசி), reine, princesse, gouvernante, femme prudente, — excellente, la reine des femmes.

பெண்ணரசு, (*id.* அரசு), royaume —, règne —, domination d'une femme, — d'une reine, la reine des femmes, femme excellente: — நாடு pays gouverné par une femme, maison ou la femme domine.

பெண்ணலம், (*id.* நலம்), bonté —, excellence de la femme, — d'une femme.

பெண்ணழைக்கிறது, (*id.* அழைக்கிறது), appeler —, épouser une femme, venir chercher une femme pour la conduire chez son mari.

பெண்ணன், (பெண்), homme efféminé sans vigueur, hermaphrodite.

பெண்ணாசை, (*id.* ஆசை), désir —, amour des femmes, ce qui est une des 3 concupiscences dites மூவாசை, impudicité. [lation femelle.

பெண்ணாள், (*id.* நாள்), constel-

பெண்ணீலி, (*id.* நீலி), nom d'une méchante divinité femelle, diablesse, femme méchante, — menteuse et querelleuse: —யாட்டமாடுகிறது agir en —, faire la diablesse.

பெண்ணுடம்பு, (*id.* உடம்பு), corps de femme, vulve, veranda mulieris (*modesté*).

பெண்ணுறுப்பு, (*id.* உறுப்பு), membre —, marque de femme, vulve.

பெண்கொள்ளுகிறது, (*id.* கொள்ளுகிறது), prendre femme, se marier.

பெண்ணெழுத்து, (id. எழுத்து), lettre femelle, — longue.

பெண்ணை, 1° acc. de பெண். 2° palmier, 17me constellation lunaire dite அனுடம், la plante நீர்முள்ளி, arbre femelle, V. பெண்மரம், Pennâr, nom de 2 rivières dites பெண்ணையாறு ou பினாகி, l'une dite தென்பெண்ணை, le Pennâr du sud, passe à கூடலூர் ou Cuddalore, et l'autre dite வடபெண்ணை, le Pennâr du nord, passe à Nellore ou நெல்லூர்.

பெண்மை, (பெண், மை), nature —, condition de femme, caractère efféminé, mollesse, dignité, — domestique, excellence: —ச்சினைப்பெயர் nom féminin dérivé d'un membre. Ex. முடத்தி manchotte; —ச்சினைமுதற்பெயர் nom primitif féminin dérivé d'un membre. Ex. முடக்கொற்றி Cotti la manchotte; —முதற்பெயர் nom primitif féminin. Ex. கொற்றி Cotti; — முறைப்பெயர் nom de parenté féminin. Ex. தாய் mère.

பெதிச்சாரம், l'arbre எட்டிமரம்.

பெதும்பை, fille de 11 ans, jeune fille, femme, femelle.

*பெத்தம், P. பந்தம், lien, retenue, retraite, compression, adhésion, adhérence, fixité, fermeté பெத்தகாலம் temps de la mort, — de la destruction; —திசை temps où l'âme est prise dans un filet; — முத்தி délivrance de la destruction.

பெத்தரிக்கம், (télinga), orgueil, grandeur, mélange: —சொல்லுகிறது se vanter, dire des fanfaronnades.

*பெத்தர், (பெத்தம்), esclaves, gens pris dans un piége, V. பாசபத்தர்.

பெத்தல், V. பெருங்குரும்பை.

பெத்தி, la plante சுரிமுள்ளி.

*பெத்தம், பெத்தர், பெத்தனம்... P. பத்தம், பத்தர், பத்தனம்...

பெத்திக்கிறது, P. பத்திக்கிறது.

பெத்திப்பு, n.v. du préc lien, attache.

‡பெந்து, P. பந்து, parenté...

பெந்தை, chose grossie d'une manière difforme, une des parties de la charrue: —க்கண் grands yeux; — க்கயிறு corde qui unit le soc avec les mancherons ou le manche de la charrue.

பெம்மான், V. பெருமான்.

பெயரடி, (பெயரும், அடி), arrachement, renversement, bout de racine, racine d'un mot.

பெயரன், P. பேரன், petit-fils, (dans le sud par abus), grand-père.

பெயரா, பெயராத, part. nég. de பெயர்கிறது, et de பெயர்க்கிறது.

பெயராளி, (பெயர், ஆளி), homme célèbre, de grande réputation.

பெயருகிறது, ர்ந்தேன், ர்வேன் ou ருவேன், ரு ou ர், ர, v.n de பெயர்க்கிறது, பெயருதல், n.v. V. பெயர்கிறது,

பெயரெச்சம், (பெயர்), mot qui manque des propriétés du nom, telles que le genre, le nombre et les cas. i.e. participe; il contient en lui le pronom relatif et se met devant le nom qui est son antécédent. Il y a en tamoul 4 participes: présent, parfait, futur et négatif: செய்கிற —, செய்த —, செய்யும் —, செய்யாதனவும் la chose qu'on fait, qu'on a faite, qu'on fera, qu'on ne fera pas.

பெயர், pl. பெயர்கள், 1° nom, personne, renommée, renom, grandeur, chose nominale et non réelle, nom ou substantif, nominatif. 2° imp. et part. de பெயர்கிறது, imp de பெயர்க்கிறது; எத்தனை — combien de personnes? நாலு — quatre —, plusieurs —, quelques personnes, la généralité du monde; நாலுபெயரறிய au su —, en présence de 4 ou de plusieurs personnes, publiquement; நிந்தைப் — mauvais nom, — renom, sobriquet; பெயருக்கு, dat. à chacun séparément, par tête, de nom, pour la forme: பெயருக்குப்பத்துப்பணங்கொடு donne 10 fanons à chacun; பெயரகராதி dictionnaire des noms ou des mots, la 1re partie du சதுரகராதி qui donne les divers sens des mots; —ஆகிறது devenir le nom, —célèbre, *ou* —ஆய்க்கிடக்கிறது, —ஆயிருக்கிறது être fameux, renommé, célèbre; —இடுகிறது donner un nom, nommer; இயற்சொல் mot du haut tamoul usité en vers et dans le langage ordinaire et dont le sens est clair et naturel; —இன்னிசை le 56ᵉ des பிரபந்தம் poème en இன்னிசைவெண்பா contenant 90, 70 ou 50 strophes qui finissent toujours par le nom de la personne qu'on célèbre; —எடுக்கிறது gagner un nom, —de la réputation, se faire un nom bon ou mauvais, prendre un nom, mentionner, parler de, effacer—, ôter le nom; ஒருத்தனுடைய பேரை எடுக்கிறது mentionner le nom —, parler de quelqu'un; கள்ளனென்கிற — எடுத்தான் il a gagné le nom ou la réputation de voleur; புண்ணியவானென்கிற —எடுத்தான் il s'est acquis le nom ou la réputation d'homme vertueux; —எடுத்துப்போடுகிறது ôter —, effacer un nom (d'un registre..); —எடுப்பு réputation, renommée, célébrité; —கொள்ளுகிறது prendre un nom; —கொண்ட nommé; அந்தோனிமுத்துவென்று பேர்கொண்டவன் un nommé Antonimouttou; —க்கணக்கு compte des gens, division (en arithmétique), répartition de la quote-part, distribution —, répartition ou division de ce que chacun doit donner ou recevoir; —க்குத்திறம் règle du nom, détermination du nom d'un objet, lui donner un nom soit de convention, soit dérivé d'une cause; —ச்சொல் nom, substantif, nom dérivé ou de convention, —susceptible de déclinaison et qui désigne un objet; —த்தொகுதி vocabulaire des noms seulement; —நேரிசை le 58ᵐᵉ des பிரபந்தம், poème en நேரிசைவெண்பா de 90, 70 ou 50 strophes qui finissent toujours par le nom de celui qu'on célèbre; —படுகிறது être nommé, devenir —, être célèbre, renommé; —பட்ட célèbre; —பாதியாய்க்கொடுக்கிறது donner par moitiés, —par parts égales; —பேராக nom par nom, un à un, séparément; —பெறுகிறது acquérir un nom, devenir célèbre; —பெற்ற célèbre, illustre; —போகிறது le nom se perdre, —s'abolir, le nom se répandre, devenir célèbre, illustre; அவன் — போகவாழுகிறான் il prospère tellement qu'il gagne une grande réputation; —போய்விடுகிறது le nom être perdu, être devenu célèbre; —போன célèbre, renommé, illustre, fameux, dont le nom ou la renommée est perdue; —போனபாதகன் scélérat fameux, renommé; —பகுதி racine des noms, dont on peut former des dérivés au moyen des terminaisons விகுதி qu'on y ajoute. Les radicaux se divisent en 6 espèces de noms, suivant leur objet, savoir: பொருள் matière, இடம் lieu, காலம் temps, சினை membre ou partie, குணம் qualité, தொழில் emploi. De ces 6 sortes de mots on peut tirer des dérivés ou noms appellatifs dits பெயர்ப்பகுபதம். *Ex.* de கண் œil (nom de membre சினை), on fera கண்ணன் qui a des yeux; de கூத்து danse (nom d'emploi தொழில்), on fera கூத்தன், கூத்தி danseur, danseuse; —பகாப்பதம் nom primitif, radical, non divisible, non dérivé et qu'on ne peut analyser, comme பொன் or; —பகுபதம் nom composé, dérivé, formé d'un radical et d'une terminaison comme பொன்னன் doré; —பிரஸ்தாபம் renommée, mémorial, monument; —வழி, —முறை liste, catalogue; —விகுதி terminaison, affixe qui sert à former les noms dérivés; —விளங்குகிறது, —விளங்கியிருக்கிறது le nom être —, être célèbre, renommé, fameux; —விளங்கப்பண்ணுகிறது rendre célèbre, —le nom célèbre, exalter, célébrer; —விளங்காதவன் homme dont le nom est inconnu; —வேற்றுமை le nominatif ou 1ᵉʳ cas, on n'ajoute rien pour le former, c'est le nom sans aucune addition ni inflexion.

பெயர்கிறது,ர்ந்தேன், ர்வேன்,ர், ர,v.n.de பெயர்க்கிறது,se mouvoir, remuer, varier, s'altérer, s'enlever, s'arracher, se détacher, se déplacer, s'éloigner, changer,—de place, aller, marcher, être agité, secoué, altéré, changé, déraciné, être frotté, devenir lâche, retourner, être traduit: அதுபெயராது cela ne peut-être arraché, ne branle pas, tient ferme: பெயர்ந்திருக்கிறது être déraciné, déplacé, changé de place..., se retirer, s'éloigner; பெயர்ந்திரு retire-toi, fais place, mets-toi de côté: தண்டு பெயர்ந்துபோயிற்று l'armée a décampé; பெயர்ந்து போய்க்கிடக்கிறது être déraciné, arraché..., — en état de ruine, de dissolution: பெயர்ந்துவருகிறது revenir, retourner de nouveau.

பெயர்க்கிறது,ர்த்தேன், ர்ப்பேன், ர்,ர்க்க,v.a.du préc. changer, — de place, déplacer, remuer, altérer, éloigner, ôter, arracher, déraciner, racheter, sauver, traduire, retourner: பெயர்த்துச் சொல்லுகிறது dire de nouveau: பெயர்த்துப்போடுகிறது déraciner, arracher par force, enlever; வெள்ளம்வீட்டைப் — ம் போட்டது l'inondation a renversé ou emporté la maison: — நடுகிறது arracher et mettre ailleurs, transplanter.

பெயர்ச்சி,n.v.de பெயர்கிறது, renversement, bouleversement, changement, altération, arrachement, déplacement, retour.

பெயர்தல், n.v. du même, mouvement, changement, —de place, déplacement, variation, motion, frottement, friction.

பெயர்த்தல்,n.v.de பெயர்க்கிறது, changement, altération, déplacement, enlèvement, déracinement, arrachement, rachat, délivrance.

பெயர்த்தி, 1° petite fille, (et par abus dans le sud) grand'mère. 2° P. பெயர்ச்சி.

பெயர்ப்பு, n.v. de பெயர்க்கிறது, traduction, V. பெயர்ச்சி.

பெயர்வு,n.v.de பெயர்கிறது,V.பெயர்தல்.

பெயலை, 1° (பெய், அலை), pluie. 2° acc. de

பெயல், opt. et n.v. de பெய்கிறது, pluie, goutte de pluie.

பெயனுசாம்,l'arbre Casuarina.

பெய், imp. et part. du suiv.: —கலம் réceptacle, boîte, vase ,— pour mettre.

பெய்கிறது,ய்தேன், ய்வேன்,ய், ய,v.a.et n. pleuvoir, la pluie tomber, fouler, presser sur, fourrer, placer, mettre, délivrer, lâcher, laisser, — aller, — courir. [tacle.

பெய்கூடு,(பெய்),fourreau, réceptacle.

பெய்தல்,பெய்து, n.v. et gér. de பெய்கிறது. [face.

பெய்துரை,(பெய்து,உரை), préface.

பெய்வளை, (பெய், வளை), celle qui porte des bracelets, i.e. femme, fille.

பெய்விக்கிறது,v.caus. de பெய்கிறது, faire pleuvoir...

பெய்வு,n.v. du même, pluie.

பெரிய,P.பெரிது:பெரிசான,grand, gros, important.

பெரிது,P.பெரியது,chose grande, ce qui est —, cela est grand, gros, important: பெரிதா யிருக்கிறது, être grand...: பெரிதாய்ப்போகிறது grandir, croître, devenir grand..: பெரிதாக்குகிறது agrandir, augmenter, accroître, aggraver: பெரிதான grand, gros, important.

பெரிய, 1° adj. de பெருமை, grand, haut, gros, considérable, important. 2° P. பெரியவை pl. de பெரியது, grandes choses, ces choses sont grandes: —கிழமை la semaine sainte: —கை grande main, main libérale, libéralité, munificence; — தம்பிரான் (et parmi les brames), — தம்பியர், V. பெரியப்பன்; — தம்பிரான் chef parmi les ascètes sivénistes, (forme de) Siven représenté par une statue monstrueuse de terre cuite ou de maçonnerie: — தனம் supériorité, autorité, grandeur, dignité, —de chef, excellence, surintendance, magnificence; — தனம்பண்ணுகிறது,

ஒப்பட்டகோப்பிடுகிறது (*dat.*), donner à quelqu'un l'intendance, le commandement, l'autorité ou la place de chef; — தனக்காரன் chef, intendant, magistrat; — தனத்திலிருக்கிறது, — தனம்பண்ணுகிறது commander, gouverner, être chef, magistrat, gouverneur, intendant; — தனத்துக்கிருக்கிறது être destiné aux grandeurs, attendre l'office de gouverneur, de magistrat, de chef; — தாயார், — தாய் tante paternelle, sœur aînée de la mère, femme du frère aîné du père, 1re femme de son père (terme employé par les enfans d'une seconde femme); — துரை grand monsieur, principal magistrat, gouverneur, chef; — நங்கை, *V.* பெரியாநங்கை; — நடை grands pas, marche forcée, bonne conduite; — நாயகி la grande dame, — maîtresse, la très sainte Vierge, (et à tort) Pârvadi (à திருத்தாலயம் au sud de Madras); — பட்டணம் grande ville, Péripattanam, ville de la côte malabare; — பட்டு chasuble de soie (pour la messe); — பாட்டன் bisaïeul, frère aîné du grand-père; — பாட்டி bisaïeule, femme du bisaïeul, femme du frère aîné du grand-père; — புராணம் histoire des 63 dévots de Siven; — வாரம் la grande semaine, la semaine sainte; — வீடு grande maison; — மனசு grand esprit, magnanimité; — வீட்டுக்காரன் homme qui a une grande maison, (ironiquement) homme de basse condition qui vit dans une hutte.

பெரியது, *neutre de* பெரியவன், chose grande, ce qui est —, cela est grand, gros, important.

பெரியத்தை, (பெரிய, அத்தை), tante paternelle, sœur aînée du père.

பெரியப்பன், (*id.* அப்பன்), oncle paternel, frère aîné du père.

பெரியம்மாள், (*id.* அம்மாள்), *V.* பெரியதாயார்.

பெரியம்மான், பெரியவம்மான், (*id.* அம்மான்), oncle maternel, frère aîné de la mère; — பச்சரிசி la plante euphorbia pilulifera.

பெரியம்மை, (*id.* அம்மை), la petite vérole confluente, petite vérole, la mauvaise déesse qui est censée la donner ou plutôt la verser; — வந்து விளையாடுகிறது cette mauvaise déesse être venue et se jouer, avoir attrapé la petite vérole confluente; — வார்த்துப்பிள்ளைசெத்தது l'enfant est mort de la petite vérole confluente.

பெரியவன், பெரியன், *m.* பெரியவள், பெரியள், *f.* பெரியவர், பெரியர், *pl.* grand, grande personne, adulte, personne d'un âge mûr, — de haute taille, — importante, — d'autorité, chef, supérieur.

பெரியாநங்கை, பெரியவாணங்கை, (பெரிய, ஆம், நங்கை), la plante médicinale polygala telephioïdes.

பெரியாத்தாள், பெரியாயி, பெரியாய், (பெரிய, ஆத்தாள், ஆயி, ஆய்), *V.* பெரியதாயார்.

பெரியார், பெரியோர், பெரியோர்கள், (பெரிய), les grands, les anciens, les supérieurs, les chefs, les principaux, les adultes, les ancêtres; பெரியாரைத் துணைக்கொள் cherche l'assistance ou la protection des grands; பெரியரைத்துணைக்கொள்ளல் chercher —, avoir l'appui des grands; பெரியோரியல்பு qualités propres ou distinctives des grands, au nombre de 7: அறம் vertu ou bienfaisance, பொருள் richesses, இன்பம் plaisir, அன்பு affection, புகழ் louanges, மதிப்பு estime, பொறுமை patience.

பெரு, 1° *adj. de* பெருமை, grand, gros, considérable, important. 2° *imp. de* பெருகிறது *et* பெருக்கிறது: — குழி grand creux, grande fosse, table de multiplication de perches carrées entières; — குறிஞ்சா la plante médicinale asclepias vomitoria; — நகை éclat de rire, grande joie; — நண்டு gros crabe; — நந்தியாவட்டம் sorte d'arbrisseau, variété du nerium coronarium à larges fleurs; — தவிப்புரைத்தல் témoigner un grand désir, ce qui est un des அகப்பொருட்டுறை; — நரி gros renard, ti-

கிரு;—நறளை la plante cissus; —நறுவிலி variété de l'arbre cordia qui porte de gros fruits; —நாணல் espèce de grand ou de gros roseau qui sert de plumes pour écrire le persan;—நாரை gros héron; —நாவல் l'arbre eugenia jambos,ou calyptranthes; —நாள் grand jour, jour de —,fête,réjouissance,solemnité, la 27me constellation lunaire dite இரேவதி,constellation lunaire; —நிம்பம் l'arbre வேம்பு margosa;—நீரவி,V.குருக்கு;—நீர் la mer; —நூல் traité détaillé, gros livre; —நெஞ்சு grand cœur, cœur fier, orgueilleux, hardi;—நெஞ்சன்,—நெஞ்சுள்ளவன் homme fier,hardi,présomptueux; —நெஞ்சி femme fière, hardie; —நெருஞ்சி la plante tribulus langinosus; —நெருப்பு grand feu,incendie; —நெருப்புக்கீரமில்லை pour un grand feu il n'y a pas d'humidité,un peu d'eau n'éteint pas un grand feu,quelques légères fautes ne nuisent pas aux hommes puissans; —நெல் espèce de gros riz;—நோயம் petite vérole; —நோவு grande douleur; —மகன் roi,homme distingué, excellent, magnanime; — மகிழ்ச்சி மாலை le 21me des பிரபந்தம், poème où l'on décrit la beauté,le naturel et l'utilité d'une excellente femme de ménage,panégyrique d'une maîtresse de maison;—மக்கள் les grands;—மங்கலம் le 91me des பிரபந்தம்,poème qui décrit les réjouissances du jour de la naissance d'un roi; —மணிக்கோட்டுநாரை nom d'un oiseau aquatique;—மந்தாரை l'arbre bauhinia; — மரம் l'arbre பெருமரம் ailanthus excelsa,l'arbre பெருங்கவி; —மருந்து la plante aristolochia indica;—மலை haute—,grande montagne,le Mahâmèrou, le mont மகாமேரு; — மலைக்கிழி la plante cryptogame adiantum caudatum; —மல்லி l'arbre பெருங்கள்ளி; —மல்லிகை le jasmin பெரியமல்லிகை; —மழை grande—,forte pluie;—மா le grand animal,i.e. l'éléphant;—மாந்தம் un des அஷ்டமாந்தம் ou 8 maladies d'enfans, flux de ventre et saisissement de froid; — மாரி grande pluie; —மிட்டை,—முட்டை l'arbre பெருநறி;—மீன் gros poisson, éléphant de mer,baleine; — முட்டி, V. கூடம்; — முசுட்டை la plante convolvulus malabaricus; — முதற்காரர், (முதற்.தனர்), gens riches, —fortunés, propriétaires; — மூச்சு profond—,soupir, respiration tirée de loin; — மூச்சுக்கொள்ளுகிறது pousser un profond soupir, tirer de loin sa respiration.ou — மூச்சுவிடுகிறது,— மூச்சுப்பறிகிறது, — மூச்செறிகிறது soupirer, pousser des soupirs;—வயிறு gros ventre, hydropisie; —வலி grande douleur, —force; —வழக்கம்,—வழக்கு coutume générale,—ordinaire;—வள்ளி,—வள்ளிக்கிழங்கு la plante dioscorea sativa, igname; —வாகை l'arbre mimosa flexuosa,la plante வெள்ளைப்புருத்தி; —வாஞ்சை grand désir;—வாரி grande abondance,profusion ou — வாரிக்காய்ச்சல் maladie—,fièvre épidémique,—pestilentielle,peste,contagion; — வாரிக்காய்ச்சலடிக்கிறது une fièvre épidémique—, la peste exercer ses ravages; —வாழ்வு grand bonheur,grandes richesses;—விடை longue réponse,grande permission; —வியாதி grande maladie,lèpre,mal vénérien, petite vérole; — விரல் le gros doigt,le pouce,le gros orteil;—விரியன் grande vipère,serpent vénimeux; —விருப்பைக்கூறல்,V. பெருநயப்புரைத்தல்: — வெக்கைநோய் choléra,vomissement et diarrhée;—வெளி plein air, vaste —, plaine, campagne;—வெள்ளம் grande inondation,large—, fort torrent; — வெள்ளை espece de riz.

பெருக, inf. de பெருகுகிறது,adv. grandement, abondamment,pleinement.

பெருகல், opt.et n.v.du même,augmentation, croissance, plénitude, abondance, inondation.

பெருகியல், (பெருகு.இயல்), ten

plein, — qui va en croissant, une des propriétés des airs.

பெருகு, 1° lait caillé. 2° *imp. et part. de*

பெருகுகிறது, *sync.* பெருகிறது, கினேன், குவேன், கு, க, *v.n.* (பெரு), பெருகிப்போகிறது, s'accroître, augmenter, croître, grandir, se multiplier, grossir, s'étendre, se remplir, abonder, inonder: சக்கரஞ்சுற்றச்சுற்றத் துவாரம்பெருகும் le trou s'elargira à mesure que la roue tournera.

பெருகுதல், *n.v. du préc. V.* பெருகல்.

பெருக்க, 1° *inf. de* பெருக்கிறது *et de* பெருக்குகிறது. 2° *obl. de*

பெருக்கம், 1° (பெருக்குகிறது), abondance, grande quantité, augmentation, étendue, croissance, accroissement, richesse, prospérité, produit d'une multiplication: — பண்ணுகிறது augmenter, accroître, s'étendre, aller. 2° *adj. de* பெருக்கு: பெருக்கமரம் le grand arbre பப்பரப்புளி adansonia digitata.

பெருக்கல், *opt. et n.v. de* பெருக்கிறது *et de* பெருக்குகிறது, augmentation, accroissement, agrandissement, grossissement, multiplication, addition, s'étendre, remplissage, balayage. [grossière, non polie.

பெருக்கன், (பெருக்கிறது), chose

பெருக்கா, பெருக்காமை, *part.nég. de* பெருக்குகிறது: — க்கவட்டு extrême —, dégoût, aversion, manque de soin, indifférence.

பெருக்காளர், (பெருக்கு, ஆளர்), gens distingués, de considération.

பெருக்கி, *gér. et n.app. de* பெருக்குகிறது, balayeur, balayeuse: கோவிற்பெருக்கி balayeur —, balayeuse d'église, de temple.

பெருக்கிறது, 1° த்தேன், ப்பேன், ர, ருக்க, *v.n.* பெருத்தல், *n. v.* (பெரு), augmenter, grandir, croître, grossir, épaissir, devenir —, être grand, gros, épais, considérable, rempli: சனம்பெருத்திருக்கிறபட்டணம் ville populeuse. 2° *sync. de* பெருக்குகிறது.

பெருக்கு, *imp. part. et n.v. de* பெருக்குகிறது, torrent, inondation, flux de la mer, marée montante, crue des eaux, augmentation, accroissement, largeur, multiplication, l'arbre பெருக்குமரம்: — க்கணக்கு multiplication (arithmétique); — வேளை le moment de midi, — où le soleil est au plus haut point.

பெருக்குகிறது, க்கினேன், க்குவேன், க்க, *v.a. de* பெருகுகிறது, பெருக்குதல், *n.v.* multiplier, augmenter, accroitre, agrandir, remplir, faire une multiplication, essuyer, balayer: [illegible] multiplier le commencement par la fin (ou les extrêmes entr'eux), et diviser par le moyen connu, faire une règle de trois; மூன்றிலாறைப் பெருக்கப்பதினெட்டாகும் en multipliant 6 par 3 on aura 18; பெருக்கிப்போடுகிறது balayer.

பெருங், *P.* பெரும் *devant* க, grand, gros, important, considérable: — கடல் la grande mer, l'océan; — கடி grande morsure; — கட்டுக்கொடி l'arbuste smilax tomentosa; — கணக்கு nombre considérable, grosse —, somme; — கண்வலை filet à grosses mailles; — கதை longue fable (qu'on lit à la fin du jeûne de Poulléyar); — கல்வடன் espèce de riz; — களா l'arbrisseau carissa carandas dont les fruits sont mangeables; — கள்ளி l'arbre plumeria alba; — காடுதரிசு terre laissée inculte pendant plus de 15 ans; — காப்பியம் grand poème épique tel que le இராமாயணம் et le பாரதம் ou Mahâbhârata, c'est le 9?e des பிரபந்தம்; — காயம் grande blessure, assa fetida, sorte de remède et d'assaisonnement qui n'est autre chose que de la chair de bœuf qui a passé par des préparations toutes particulières; கறிப் — காயம் assa fétida destinée aux ragoûts; யானைப் — காயம் assa fétida qui sert de remède aux éléphans: — காய்ச்சொறி, — கஞ்சொறி plante, variété du tragia; — கெண்டை grande espèce de poisson கெண்டை

zeus,—de l'arbrisseau சாரணை webera tetrandra;— காற்று grand vent, tempête;—கிடை,—கிடைச்சி variété de la plante aquatique கிடை ou சடை æschynomene;— கிரந்தி espèce de mal vénérien considérable:—க்கிராமம் gros bourg (de 500 maisons);—கிழங்கு racine de aristolochia indica, espèce de plante;—கிழமை droit entier, propriété pleine et entière;— குடல் gros intestin;— குமிழ் l'arbre gmelina tomentosa;— குரல் grosse voix;— குருகு l'oiseau சக்கரவாகப்புள் cormoran;— குருந்து l'arbre limonia monophylla;— குரும்பை espèce de simple, de remède, —de riz;— குளவி grosse guêpe;— குறடு grosse tenaille:— குறட்டை variété de la plante குறட்டை;— குறிஞ்சான்,— குறிஞ்சா la plante médicinale asclepias vomitoria;— கொடி grand drapeau;— கொண்டலாத்தி grande espèce de huppe;— கொன்றை l'arbre சரக்கொன்றை;— பகடவை grand tambour;— கோபம் grande colère.

பெருச்சாளி, espèce de gros rat perchal.

பெருஞ், P. பெரும், *devant* ச, grand, gros, important:— சட்டி grand plat, — bassin;— சமனபாகம் le plus grand commun diviseur;— சாமை le millet panicum miliaceum;— சீரகம் la plante anethum fœniculum;— செய்யான் espèce de scorpion;— செருப்படி la plante croton plicatum:— சொல் rumeur, bruit public, chose que bien du monde connait.

பெருத்த, பெருத்தல், பெருத்து, *part. n. v. et gér. de* பெருக்கிறது: பெருத்திருக்கிறது, பெருத்திடல், grandir, se multiplier, devenir —, être grand, nombreux; பெருத்திருக்கிறது être rempli, devenu grand...

பெருந், P. பெரும் *devant* த, grand, gros, considérable:—தகை roi —, homme magnanime, —bienveillant, —illustre, d'un cœur noble;—தக்காளி variété de la plante தக்காளி;— தண்ணீர்விட்டான் variété de l'arbrisseau asparagus racemosus;— தலை grande —, grosse tête, gros bonnet; grand —, personnage;— தலைகளெல்லாங்கூடினார்கள் tous les grands sont rassemblés:— தலைக்கறையான் termite ou fourmi blanche à grosse tête; தலையன் homme à grosse tête:— தன்மை grandeur, noblesse, excellence, honneur, décence, orgueil; தாரா gros canard, *i.e.* oie;—தாளி grande plante grimpante et parasite, convolvulus maximus;— திசை les 4 points cardinaux;— திணை excès de luxure, dessein ou désir charnel, luxure coupable, rapt, viol, acte criminel commis avec une femme par violence;— திணைமணம் mariages qui ont rapport à la violence ou au rapt, ce sont les 4 derniers des அஷ்டமணம், d'autres mettent les 4 premiers;— தில்லை variété de l'arbre தில்லை;— தீனி, — தீன் grand repas, festin, banquet, abondance —, excès de nourriture;— தீனிக்காரன் gourmand, glouton, homme qui mange beaucoup ou avide de festins:— துத்தி la plante sida asiatica:— துளசி la plante ocymum gratissimum;— தேன் bon miel de grosses abeilles des montagnes;— தொகை grosse somme;—தொடை gros —, dessous de la cuisse.

பெருப்பம், (பெரு), épaisseur, grosseur.

பெருப்பிக்கிறது, *v caus. de* பெருக்கிறது, faire grossir, —grandir, rendre gros, épais.

பெருமம், (பெரு), épaisseur, grosseur, grandeur.

பெருமன், (*id.*), ce qui est gros, épais.

பெருமாட்டி, *fém. de* பெருமான், dame, femme distinguée, — de haut rang, —de qualité, maitresse de maison.

பெருமான், (பெரும், ஆள்), Vichnou, homme distingué, — illustre, grand.

பெருமான், (பெரு), grand, — personnage, homme distingué, Vichnou, Siven, roi gourou ou directeur spirituel, chef, de maison, ancien

பெருமிதம், 1° (id.), grande mesure, abondance 2° (பெரும், இதம்), grande joie, délice.

பெருமுகிறது, மினேன், முவேன், மு, ம, v.n. பெருமுதல், n.v. (பெரு), se gonfler, être enflé, v.g. le ventre par la tympanite.

பெருமை, (பெரு, மை), grandeur, hauteur, élévation, gloire, dignité, excellence, gloire, plénitude, abondance, orgueil, arrogance, fierté, vanterie, vanité, ostentation, (l'adj. est பெரும், பெரு, பெரிய. பேர் devant une voyelle. grand): — க்காரன் homme fier, arrogant, vaniteux; — பண்ணுகிறது faire le grand, montrer de la grandeur, de la fierté; — பாராட்டுகிறது déployer de la —, exalter la grandeur, se vanter, se glorifier; — பாராட்டல் éloge, panégyrique, vanterie, fanfaronnade; — பெத்தளிக்கமில்லாமலிருக்கிறது être sans orgueil et sans arrogance; — யழிகிறது la grandeur se perdre, l'arrogance être abattue: — யாகப்பேசுகிறது parler avec arrognace; — யுள்ளமனிதன் homme éminent, fier: பெருமைக்குக்கொடுக்கிறது ou செய்கிறது donner ou faire pour l'amour de la gloire, par vanité ou ostentation; அதுனக்குப் பெருமையல்ல cela n'est pas une gloire pour toi; இவனுக்குப்பெருமைமெத்த il a beaucoup de grandeur, il est très-arrogant.

பெரும, adj. de பெருமை, grand, gros, important, considérable: — பசளை espèce d'épinards; — பசலி la plante portulaca meridiana; — பஞ்சமூலம் les 5 grosses racines médicinales, savoir: வில்வவேர் racine de cratæva religiosa, பெருங்குமிழம்வேர் racine de l'arbre gmelina tomentosa, தழுதாழைவேர் racine de l'arbre clerodendrum phlomides, பாதிரிவேர் racine de l'arbre bignonia chelenoides, வாகைவேர் racine de l'arbre mimosa flexuosa; — படி manière grossière; — படியானவேலை ouvrage grossier; — படை nombreuse armée, assemblée —, troupe des prétendus dieux indeous: — பட்டைச்சேலை toile avec de longues barres de diverses couleurs; — பதக்கம், V. பெரும்புள்ளர்; — பதம் nom d'une formule religieuse parmi les Vichnouvistes, (les Sivénistes disent மகாவாக்கியம்); — பதி grande ville, ville environnée de faubourgs, chef-lieu, bourg principal; — பயறு gros pois, grosse féve, variété de dolichos; — பயன் grand profit, — avantage, mérite; — பராக்கு grande distraction, négligence, insouciance; — பருந்து grand faucon, gros hibou; — பறவை gros oiseau, l'oiseau monstrueux et fabuleux à 8 pieds dit எண்காற்புள்; — பற்றப்புலியூர் la ville au tigre très-affectionné, i. e. la ville de சிதம்பரம்; — பனிவன் espèce de petite vérole; — பாச்சொற்றி la plante பெரும்பாற்சொற்றி; — பாடு grande souffrance, i.e. flux de sang, menstrues excessives et qui durent long-temps; பாடேற்படுகிறது être affligée de ces sortes de menstrues; — பாடுள்ளவள் femme qui les a, — qui a un flux de sang (comme l'hémorrhoïsse); — பாந்தன், — பாம்பு espèce de gros ou de grand serpent; — பாலும் ordinairement, la plupart du temps, abondamment; அது — பாலும்வழக்கம் cela est généralement la coutume; — பாற்சொற்றி, — பாற்சொற்றி nom d'une plante; — பாவம் grand péché; — பாவி grand pécheur, grande pécheresse, nom d'une statue indécente que les païens promènent en temps de calamité d'une manière infâme pour apaiser la colère de leurs dieux; — பாழ்வெளி le vide, le grand vide, V. துவாதசாந்தம்; — பான்மை ordinairement, le plus souvent, la plupart du temps; — பிடி exaction, extorsion, injuste demande; — பிடியாய் violemment, par exaction, — extorsion; — பிராந்து, V. பெரும்பருந்து; — பிரண்டை, — புரண்டை variété de l'arbrisseau பிரண்டை; — பு

னைவ espéce de grand ulcère, cancer, V. இராசப்பிளவை; —பிக்கு la plante cucumis; —புலால் grosse viande, gros poisson; —புலி gros tigre, tigre royal; —புழுக்கல், —புழுக்கு forte—, grande cuisson; —புள் gros oiseau, hibou; —புறா gros pigeon, grosse tourterelle; —பூண் gros bijou ou plaque ornée de bijoux qu'on porte sur la poitrine (en forme d'éphod; —பூழை guichet, —dans une porte; —பூளை la plante illecebrum javanicum; —பேச்சு bruit public, bruit ou mot connu de bien du monde, rumeur populaire; —பெயர், —பேர் grand nom, publicité, rumeur publique, notoriété; —பொங்கல் sacrifice—, pouguel du village, —de la localité; —பொழுது les principaux temps de l'année, les 6 saisons indiennes, V. ஆறுபருவம்; —போகம் grande jouissance.

பெருவுகிறது, வினேன், வுவேன், வு, வ, v.n. பெருவுதல், n.v. et வாய்பெருவுகிறது, parler en dormant, rêver tout haut.

☞ பெல se met souvent pour பல: en conséquence voyez à la suite de ces initiales les mots qui ne se trouvent pas ici.

பெலக்கிறது, லத்தேன், லப்பேன், ல, லக்க, v.n. பெலக்குதல், பெலத்தல், n.v. (பெலம்), se fortifier, devenir fort, s'augmenter, V. பலக்கிறது: பெலக்க fortement; பெலக்கச்சொல்லுகிறது dire à haute voix.

*பெலக்ஷயம், பெலட்சயம், P. பலக்ஷயம், faiblesse.

*பெலசாலி, (பெலம், சாலி), homme fort, puissant...

*பெலட்சயம், V. பலக்ஷயம்.

பெலத்த, part. de பெலக்கிறது, fort, robuste.

பெலப்பிக்கிறது, பெலப்பித்தல், v. caus. de பெலக்கிறது, fortifier, rendre fort, affermir.

பெலப்பு, n.v. de பெலக்கிறது, force, secours, aide: பெலப்பெறுகிறது se fortifier, les forces venir.

*பெலம், P. பலம், force, vigueur, puissance: பெலஈனம், —ஹீனம், —க்கேடு. —வீனம் faiblesse; —த்துவாரம், P. பிலத்துவாரம்; பெலவடி force, grand secours; —ப்படுகிறது, —ப்படுதல், se fortifier, se corroborer, s'affermir; —ப்படுத்துகிறது fortifier, corroborer, affermir.

பெலவத்தர், பெலவந்தர், P. பலவந்தர், les Puissances.

*பெலவத்தம். P. பலவத்தம், force, violence.

பெலவறுதி, (பெலம், அறுதி), faiblesse, manque de force, défaillance.

*பெலவான், P. பலவான், homme fort, vigoureux, violent.

*பெலன், P. பலன், force, vigueur, fermeté, avantage, fruit, gain, réussite, utilité, indulgence: —செய்கிறது se fortifier, prendre des forces, réussir, profiter, user de vigueur, de violence.

*பெலேந்திரன், P. பலேந்திரன், homme fort, André.

*பெலி, P. பலி, sacrifice, offrande: பெலிபீடம் autel, —du sacrifice.

பெல்லாரி, la ville de Bellari.

பெக்லி, —த்தடி, V. பட்டைப்பிடி.

பெள், imp. de பெட்கிறது.

பெறாத, பெறாத, part. nég. du même.

பெறல், opt et n. v. de பெறுகிறது, obtention, enfantement, rencontrer, trouver.

பெறு பெறாத. part. nég. du même: பெறுவிலை prix que l'objet ne vaut pas ou prix qui ne le vaut pas, prix exorbitant, excessif, insuffisant, bas prix; ஒருகாசும்பெறாதவேலை ouvrage qui ne vaut pas une cache ou un liard.

பெறுகிறது, ற்றேன், றுவேன், று, ற, v.a. பெறுதல், n.v. obtenir, acquérir, gagner, trouver, engendrer, être le père, enfanter, mettre au monde, devenir mère, valoir, coûter, se rencontrer, (après un infinitif பெறுகிறது forme assez souvent le passif et a le sens de படுகிறது): ஆதாயத்தைப் — gagner, obtenir —, avoir du profit; ஆண்பிள்ளையைப் — mettre au monde un garçon; இதுபெரும் பிரயாசத்தைப்பெறாது cela ne vaut pas la peine qu'on se donne, ou qu'il faut se donner; இத்தனைபெறும்

cela ne vaut pas tant; அறியப்பெறும் il est connu,on peut connaître; சொல்லப்பெறும் on dit,on peut dire; காணப்பெற்றேன் j'ai pu voir ou connaître. [valeur.

பெறுதி, n.v. du préc. obtention,

பெறுத்தல்,v.caus.de பெறுதல் faire obtenir. [juste prix,—estimation.

பெறுமதி,(பெறும்,மதி), valeur,

பெறுமானம், (id. மானம்), valeur, estimation.

பெறும்,part.fut. et 3me pers.neut. du fut.de பெறுகிறது, cela —, qui coûte,vaut..., coûtant,valant: எத்தனை—, என்னவிலை—,என்னபெறும் combien vaut ou coûte cela?quel en est la valeur ou le prix: பெறுமான valant, coûtant, digne de: பெறுமானவன் homme digne estimable.

பெறுவது, n.app.du fut. de பெறுகிறது,pl. பெறுவ,ce que vaut, ce qu'on gagne, ce qui se rencontre. பெறுவ. ou. பெறுவது கொள்வோர், —கொள்வார் celles qui reçoivent ce qu'elles valent, prostituées,femmes publiques; பெறுவது கொள்வாருங் கள்வருநேர் les prostituées et les voleurs se ressemblent.

பெறுவிக்கிறது, v caus. de பெறுகிறது faire obtenir, procurer.

பெற்ற, part.pass. de பெறுகிறது: —பிள்ளை propre enfant; அவள் பிள்ளை son propre enfant, l'enfant qu'elle a mis au monde; இவன் கற்றவனானாலும் —மகனொன்றுமறியான் quoiqu'il soit savant,le fils qu'il a engendré ne sait rien: —வயிறெரிகிறது le ventre qui a enfanté brûler, les entrailles d'une mère être émues au sujet de son enfant; பெற்றவன் le père, celui qui a engendré, celui qui a reçu, obtenu,qui a; நன்மைபெற்றவன் celui qui a reçu du bien, —un bienfait; பேர்பெற்றவன் homme célèbre, qui s'est fait un nom: வரம்பெற்றவன் qui a reçu ou obtenu un don,un talent,une faveur; பெற்றவள் la mère propre, celle qui a mis au monde;பெற்றவர் ceux qui ont reçu ou obtenu, qui ont engendré,le père et la mère.

பெற்றம், l'espèce bovine, taureau,bœuf,vache, le signe du Taureau, le vent,mérite. V. பெற்றி.

பெற்றார்,பெற்றோர், n.app. de பெறுகிறது, ceux qui ont engendré, les parens,le père et la mère: பெற்றார்பிறந்தார் parens,pères et mères, frères et sœurs: எனக்குப்பெற்றாரும் பிறந்தாருமில்லை je n'ai ni père ni mère ni frères ni sœurs,ou je n'ai ni père ni mère ni enfans; பெற்றார்க்கின்பங்கற்றவனுமில் (un fils), s'il est savant,fait les délices de ses parens.

பெற்றி,பெற்றிமை, état,manière, nature,qualité, disposition innée.

பெற்று,gér.de பெறுகிறது: பெற்றிடல்,acquisition,obtention,enfantement.

பென்னம்,particule qui se met devant பெரிய pour signifier le superlatif: — பெரிய très grand; —பெரிய முலை très-grande mamelle; —பெரிது chose très-grande.

பென்னான்,(பென்னம்), grand.

பே, 1° lettre syllabique composée de ப் et de ஏ,pè long. 2° (P. பேனம்), écume. 3° (bé persan), non, sans: — பந்து sans ordre; —பாக்கி sans arriéré. [age.

*பேகம், (bhêka), grenouille,nu-

*பேகன், 1°(id.), grenouille mâle. 2° un des 7 de la dernière classe des personnages célèbres par leur libéralité dits வள்ளல்.

*பேகி,(bhêki).grenouille femelle.

*பேசகம், (pètchaka), hibou, nuage,racine —, bout de queue d'éléphant, lit,pou,porte.

*பேசகி.(பேசகம்),éléphant.

*பேசலம்,1° (pêsala). dextérité, aptitude, convenance beauté, fraude.2° (பேச,அலன்),mutisme.

பேசலன், (பேச,அலன்), muet.

பேசல், opt.et n.v. de பேசுகிறது, langage,parole, parler,dire: பேசலொலி bruit des paroles,bruit de sons articulés,bruit d'une multitude qui parle.

பேசா,பேசாத,part.nég.du même:

பொசாதபேச்சு paroles indécentes, —qu'on ne doit pas prononcer.

பேசாமை, *n.v.nég. du même*, silence, mutisme.

*பேசி, 1° (pêsi), foudre, œuf, bouton de fleur, boule de—, chair, nerf, muscle, habit, fourreau, nom d'une rivière, —d'une diablesse. 2° *gér. de* பேசுகிறது. [non peuplé.

பேசிராக்கு,(*pers.*), village désolé,

*பேசிலம், (pêchila), éléphant.

பேசு, 1° *imp. et part. de* பேசுகிற து. 2° *ou*

*பேசுலம், பேசுலி, 1° (pêchou, la, li), la racine mangeable arum colocasia.

பேசுகிறது, பேசினேன், பேசுவேன், சு, சு, *v.a.* பேசுகை, பேசுதல், *n.v.* parler, dire, discourir, converser, injurier: பேசாதே ne parle pas, tais-toi; பேசாமலிருக்கிறது ne pas parler, garder le silence, se taire: பேசிக்கொண்டிருக்கிறது, —க்கொண்டிருக்கிறது tenir conversation, s'entretenir, parler avec, converser ensemble; பேசி வைக்கிறது parler pour persuader, mettre après avoir parlé: பேசுகிற எத்தனம் intention de parler;— கா ரியம் la chose dont on parle, sujet du discourse ou de la conversation; —வகை moyen de parler, *ou* —விதம் manière de parler: ஒருத்தனுக்காக *ou* ஒருத்தனுக்கென்றுபேசுகிறவன் celui qui parle pour quelqu'un, avocat, médiateur.

பேசுவாய், (பேசு, வாய்), bouche qui parle, celui qui porte la parole, titre du 1er ministre des rois de Tanjaour.

பேசுவாயன், (*id.*), orateur, harangueur, avocat, celui qui porte la parole pour les autres, grand parleur, embouchure. [வெறும்பு.

பேச்சைக்கைவெறும்பு, *P.* பேய்க்கை

பேச்சல், *P.* பேசல், action de parler, discours, langage.

பேச்சாளி, (பேச்சு, ஆளி), homme fidèle à sa parole, grand parleur.

பேச்சு, *n.v.de* பேசுகிறது. parole, mot, discours, langage, langue, conversation, propos, rapport, rumeur, mauvais bruit: பேச்சுதவறுகிறது la parole manquer, manquer à sa parole; பேச்சறுகிறது la parole cesser, se taire. பேச்சறுதல் silence; பேச்சறுதி fin du discours, décision, détermination; பேச்சற்றவன் homme silencieux, qui a perdu la parole, qui ne peut parler, —ne peut répondre, qui garde le silence, menteur, qui manque à sa parole; பேச்சாட்டுத் துணை compagnon pour parler; பேச்சுறுதி fidélité à sa parole, certitude d'un rapport ou d'un propos; பேச்சுக்கொட்டுத்துணை compagnon pour parler; பேய்க்குப்பேச்சொட்டுத்துணை வேணும் le diable aussi a besoin d'un compagnon pour parler;— க்காரன் parleur orateur, homme éloquent;— க்குற்றம் faute dans le discours, dans les mots; க்குற்றஞ்சாட்டுகிறது accuser de faute dans le discours, d'avoir mal parlé;—க்கொடுக்கிறது entrer en—, entretenir la conversation, parler, converser,—longuement;—த் தப்புகிறது manquer à sa parole, la parole manquer: அவன்—தீர்ந்தது son histoire est finie, il est mort; —துணை compagnon pour parler;— நடக்கிறது un bruit se répandre, la conversation marcher son train,—rouler sur, converser, parler d'une affaire:—நிதானம் fidélité à sa parole:—பிடுங்குகிறது faire parler, tirer les paroles ou les secrets d'une personne;—பிடுங்கக்கேட்கிறது faire des questions pour sonder quelqu'un ou pour arracher ses secrets: —பிறக்கிறது un bruit commencer à se répandre:— பேச்சாயிருக்கிற து n'être que rumeurs, que conversation, avoir de faux bruits; — பேச்சாய்ப்பேசுகிறது parler avec ordre,—bien et avec modestie, dire chaque chose séparément; — மிகவாய்ப்பேசுகிறது blâmer quelqu'un, parler excessivement: - மூச்சில் லாமலிருக்கிறது être sans parole et sans respiration, — presque mort, — வளர்க்கிறது entretenir—, prolonger la conversation; —வாயன் grand parleur; — வார்த்தை parole, discours, conversation, discussion; அவனுக்குப் —வார்த்தையில்லை il a perdu la parole (il est presque mourant); தங்களுக்குள்ளே — வார்த்தையில்லை ils ne se parlent pas,(ils ont de la rancune); பேச்சைக்கட்டிவைக்கிறது garder le silence; பேச்சிலேகுற்றங்கண்டுபிடிக்கிறது trouver des fautes,des défauts dans le discours; பேச்சிலே விக்கியாசம்பிடிக்கிறது trouver des contractions —, trouver à redire dans le discours; பேச்சிற்கெட்டிக்காரன் orateur, habile —,beau parleur; உன்பேச்சுறாசிலேகெட்டபேச்சன்றோ on dit bien de mauvais bruits sur ton compte dans la ville.

*பேஷசம், (bhèchadja), remède, médicament: பேஷசாக்கம்,(அநுபா ம்), ce qui sert de véhicule pour un remède.

*பேஷணம்,பேஷணி,(pèchana,ni) broyer,réduire en petits morceaux, —en poudre, meule manuelle dite திரிகை, pierre à broyer dite அம்மி.

பேஷ்,(*pers.*),bon,propre, le meilleur. [but.

பேஷ்கஷ், (pêchkach, *id.*), tri-

பேஷ்கார், (pêchkâr, *mot persan*). bèchcar, employé de la perception des impôts sous le தாசில்தார், et en plusieurs endroits sous l'amildar.

பேஷ்கி, (pèchgui, *pers.*), avance, argent avancé.

பேஷ்வா, (pêchvâ, *id*), guide, conducteur, le Pèchva ou premier ministre du roi des Marattes,qui ensuite s'empara du trône.

பேஹா, impropre, inexact.

*பேடகம், (pêtaka),corbeille, panier,multitude.

*பேடணம், *V.* பேஷணம்.

*பேடம், 1° (pêta),panier.2° (bhêda), radeau, mouton, *V.* செம்மறி.

பேடன்,*pl.*பேடர், (பேடு), hermaphrodite, —mâle.

பேடாடல்,(பேடு,ஆடல்),danse de femme ou d'hermaphrodite, — de Kâmen.

பேடி,1°(பேடு),*pl.*பேடியர்,hermaphrodite, —tenant plus de la femme: —லெழுத்து lettre ni mâle ni femelle,lettre gutturale comme ஃ. 2° *fém.de* பேடம், brebis.

*பேடாகம்,பேடிகை, (pêtâka; —ikâ), corbeille, panier.

பேடிசம்,enchantement, fascination, trouble: பேடிசவித்தை art de la fascination. [dites.

பேடியர்,*pl. de* பேடி,hermaphro-

பேடு, hermaphrodite, femme,femelle des oiseaux, danse de Kâmen, ville, affixe qu'on joint aux noms de villes: —முகம், — முகத்தி visage de femme, — efféminé.

*பேடை, 1° (pêtâ), corbeille, panier. 2° femelle des oiseaux.

பேட்டி,(*ind.*),entrevue—,accès—, audience d'un grand, attendre la venue d'un grand:—கொடுக்கிறது donner audience; —பண்ணுவிக்கிறது procurer l'accès d'un grand,—une audience: எனக்குத்துரை பேட்டிகொடுக்கவில்லை ce gouverneur ou ce monsieur ne m'a pas donné audience.

பேட்டை, faubourg,village près d'une ville (dans lequel se tient un marché ou une foire), affixe qui se joint aux noms de villages près d'une ville. (Les Anglais écrivent pettah,et les Français peth.

பேணகம்,espèce de pâtisserie.

பேணம்,பேணறவு,(பேணுகிறது), soin, entretien.

பேணலர்,(பேண்,அலர்), ou

பேணார்,*n. app. nég. de* பேணுகிறது, ennemis.

பேணல், *opt.et n.v. de* பேணுகிறது,désir,grand désir,amour, grand —,soin, entretien, support, conservation,intention, diligence, indication, honneur, respect.

பேணுகிறது, ணினேன், ணுவேன், ணு *ou* ண,ண, *v.a.* பேணுகை,பேணுதல், *n.v.*soigner,— beaucoup,choyer, conserver,nourrir,entretenir,chérir, aimer,honorer, respecter, marquer, indiquer, désirer,

—ardemment; கர்த்தரைப் — aimer et honorer Dieu; தந்தைதாயைப்பேண் aie soin de —, honore tes père et mère; பேணச்சொல்லுகிறது ordonner de soigner...; பேணுமலிருக்கிறது ne pas soigner...; பேணிக்கொள்ளுகிறது se bien choyer; பேணிவளர்க்கிறது élever avec beaucoup de soin et d'affection: குலமகள் கணவனையும் பரத்தையுடம்பைப் பேணும் une femme légitime chérit et soigne son mari, une femme étrangère (une prostituée) soigne son propre corps.

பேண், 1° soutien de balance. 2° *imp. et part. du préc.*

*பேதகம், (பேதம், ka), différence, division, discorde, contradiction: பேதகவணி borax; —மறுத்தல் titre d'un ouvrage de Beschi, réfutation du pamphlet des Protestans intitulé பேதகம். [brise—, divise, coupable.

*பேதகன், (*id.*), malfaiteur, qui பேதகம், P. பேதுகம்.

*பேதம், (bhêda), différence, division, désaccord, discorde, contradiction, incohérence, haine, ruse politique ou stratagème qui consiste à mettre la division parmi ses ennemis et qui est un des சதுருபாயம், un des 28 livres des Sivénistes: பேதம்-௩ trois divisions ou différences, savoir: 1° சுபேதம் *ou* சுகதபேதம் différence dans la chose elle-même ou entre les différentes parties d'une chose, *v. g.* entre les branches, les feuilles, les fleurs, les fruits d'un arbre. 2° சசாதிபேதம் *ou* சசாதிபேதம் différence dans son genre, comme entre un arbre et un autre d'espèces différentes. 3° விசாதிபேதம் différence entre 2 choses de natures différentes, comme entre une pierre et un arbre; பலவகைப்பேதம் diverses espèces de conditions ou d'états différens: —பண்ணுகிறது faire une différence, mettre de la différence, mettre la division, la discorde: பேதவாதம் secte sivéniste dissidente ou de la différence; —சாதிரன் le 3me des சாதனம். Voyez en les explications à ce mot; — பேதாபேதவாதம் croyance à la réalité des différens êtres du monde, (par opposition à la croyance que chaque chose est Dieu): சாமபேததானதண்டம் paix, division, présens et châtiment ou tribut et guerre, *V.* சதுருபாயம்.

பேதிக்கிறது, பேதித்தேன், பேதிப்பேன், பேதி, பேதிக்க, *v.n. et a.* பேதித்தல், *n.v.* différer, être différent, s'éloigner, se retirer, reculer, hésiter, tergiverser, être indisposé, indimidé, découragé, irrésolu, nier, diviser, mettre la division entre les ennemis: சத்துருவைக்கண்டவுடனே அவனுக்குமனம்பேதித்தது aussitôt qu'il vit l'ennemi le cœur lui manqua; பேதிக்கப்பண்ணுகிறது mettre en divergence, —la division, décourager, déconcerter.

பேதிப்பு, பேதிக்கை, *n.v. du préc.* différence, division, hésitation, tergiversation, découragement.

*பேதனம், (பேதம், na), division, séparation.

பேதா, pion, —de police.

*பேதாபேதம், பேதாபேதம், (பேதம், அ, அபேதம்), diverses différences, union de choses séparables comme l'âme et le corps; பேதாபேதமாயிருக்கிறது être unis, mais capables de séparation.

பேதாரு, graine de coignassier.

*பேதி, 1° (பேதம்), différence, diversité, ce qui divise, dissolvant, homme différent, dissident, purgatif, purge, évacuation, diarrhée, cours de ventre, choléra, plaine, plein air, mercure ou vif-argent, l'arbre சேத்வணம், rotin. 2° *imp. de* பேதிக்கிறது: on compte 5 espèces de minéraux qui peuvent dissoudre d'autres corps, savoir: அன்னபேதி vitriol vert qui dissout le riz cuit et le réduit en eau; மாம்சபேதி le minéral qui dissout la chair; சொர்ணபேதி celui qui dissout l'or; அஸ்திபேதி ocre de fer qui dissout les os; சலசிந்துபேதி *ou* சற்பேதி minéral val qui dissout les pierres; பேதிசுர ணாகிறது le cours de ventre—, le coléra se déclarer; —யாகிறது aller à la selle, avoir le cours de ventre: —காசி espèce de coloquinte dite பேய்க்கொம்மட்டி qui est un purgatif, purgatif en général; —பண்ணு கிறது aller à la selle, avoir le cours de ventre, purger; —மருந்து purgatif; —யுண்டாக்குகிறது purger; பேதிக்குக்கொடுக்கிறது donner une purge,— un purgatif; பேதிக்கு க்குடிக்கிறது,—வாங்குகிறது boire —, prendre un purgatif, se purger.

பேதிக்கிறது, தித்தேன், திப்பேன், தி, திக்க, v.n. et a. (பேதி), பேதித்தல். n.v. évacuer, avoir le cours de ventre, aller à la selle, différer, s'altérer, changer, devenir—, être différent, altéré, changé, varié, divers, se dissoudre, se diviser, haïr, diviser, diversifier, mettre de la différence, changer; வயிறு— le ventre aller,— se décharger, avoir le cours de ventre; மனம்- la volonté changer, être altéré, indisposé; காரியம்பேதித்துப்போகிறது une chose changer,— changer de face; பேதிக்கப்பண்ணுகிறது séparer, diviser, aliéner, changer; ஒருவனை—, ou பேதித்துக்கேட்கிறது sonder—, dissuader quelqu'un, le dissuader et chercher à connaître ses sentimens.

பேதிப்பு, n.v. du préc. différence, altération.

பேது 1° (indoust.), secret, enquête secrète. 2° confusion—, trouble d'esprit, distraction: பேதுறல், பேதுறுதல், பேதுறவு, (உறல்), trouble, égarement d'esprit, ou பேதுறுகிறது se troubler, avoir l'esprit troublé, égaré.

பேதை, homme—, ignorant, niais, simple, candide, timide, dans son naturel, pauvre, hermaphrodite, femme, fille,— de 7 ans, callou ou jus de palmier....

பேதைமை, (பேதை, மை), ignorance, simplicité, timidité, niaiserie, pauvreté, nature: —யகற்று dissipe—, éloigne l'ignorance; பேதைமை மாதர்க்கணிகலம் la simplicité est l'ornement des femmes.

பேதையர், pl. de பேதை, ignorans, gens simples,— bas, vils, pauvres, filles de 7 ans, femmes d'un pays stérile.

பேத்தி, P. பேர்த்தி, petite-fille, fille du fils ou de la fille: பேத்தியர் petites-filles.

*பேத்துவம், (pêtva), ambroisie, beurre fondu, petite part.

பேத்தை, nom d'un poisson, enflure, attaches de tambour, V. பற்பேத்தை: —பற்றுகிறது attraper—, avoir un gros ventre.

பேப்பீது, 1° (ind. பே), sans ordre. 2° (pers.) non assuré,— en sureté.

பேபாக்கி, (id.), sans arriéré, il n'y a pas d'arrérages.

பேமுலாசா, (id.), sans pitié, sans égard.

பேம், crainte.

*பேயம், (pêya), eau, lait, cange, eau de riz, chose potable, décoction, tisane,— passée au couloir.

பேயன், (பேய்), démoniaque, fou, homme enragé, endiablé: —வாழை espèce de banane, fruit médicinal.

பேயின்சாப், (arab.) injustice.

*பேயூஷம், பேயூடம், (pêyoûcha), ambroisie, lait d'une vache qui a vêlé il y a 7 jours, beurre frais.

பேய், démon, diable, esprit malin, démoniaque, fou, (devant des noms de plantes et d'animaux) sauvage, mauvais, enragé: பேயோடாடி celui qui danse avec le diable, i.e. Siven; ஏவற்பேய் démon—, esprit familier; —அகற்றுகிறது chasser le démon; —அத்தி espèce de figuier sauvage, ficus dæmonum; —அவரை espèce de pois sauvage dit காட்டவரை; —அறிவு mince intelligence, faible—, petit esprit; —ஆடி démoniaque, diseur de bonne aventure, sorcier, devin; —ஆடுகிறது danser comme un—, être possédé, faire le démoniaque, prendre une figure de démon: —ஆட்டம் danse de diable, désordre, confusion, comme un—, en démon;—ஆட்டி magicien, devin, sorcier;—ஆட்டுகிறது faire prendre une figure de démon, faire danser comme un—, rendre possédé,—démoniaque;—ஆமணக்கு ricin sauvage;—ஆவிரை la plante médicinale cassia occidentalis;—உள்ளி oignon sauvage, squille ou scille;—உறைகிறது le diable habiter,—venir habiter;—ஊமத்தை la plante மருளூமத்தை;—ஏற்றுகிறது,—ஏவிவிடுகிறது envoyer le diable quelque part ou posséder quelqu'un, rendre possédé, faire venir le diable;—ஓட்டி qui chasse le diable, exorciste, nom d'un arbre;—ஓட்டிவிடுகிறது,—ஓட்டுகிறது chasser le diable, exorciser;—ஓணான் espèce de caméléon;—க்கண் regard effaré;—க்கண்டல் l'arbre rhizophora mangle;—க்கரும்பு roseau dit canne à sucre sauvage, saccharum arundinaceum;—க்காடு forêt—, désert du diable,—habité par le diable;—க்காலெறும்பு petite fourmi noire à longues pattes;—க்காளான் champignon sauvage,—mauvais;—க்குணம் caractère diabolique,—méchant,—intraitable;—க்குதிரை cheval sauvage,—intraitable:—க்குமட்டி,—க்கும்மட்டி,—க்கொம்மடி,—க்கொம்மட்டி coloquinte, cucumis colocynthis;—க்குறை poursuite du diable, obsession;—க்குன்றி variété de l'arbrisseau குன்றி;—க்கூண்டு lieu où l'on apprend la jonglerie;—க்கோலம் appareil—, aspect misérable, accoutrement—, figure diabolique;—க்கோலங்கொள்ளுகிறது,—க்கோலமாயிருக்கிறது prendre—, avoir la figure d'un démon, se déguiser—, être déguisé en diable, paraître misérable;—ச்சத்தம் tintamarre—, musique diabolique, dissonance, mauvais son;—ச்சாளை espèce inférieure de சாளை ou sardine;—ச்சிலை idole—, statue de démon;—ச்சுரை espèce de சுரை ou courge amère;—த்தக்காளி la plante சருகை த்தக்காளி solanum lycopersicum.

—த்தண்ணீர் eau du diable, *i.e.* liqueur enivrante;—த்தனம் diablerie, caractère diabolique, état de diable, ignorance;—த்தாழை espèce sauvage de தாழை ou pandanus;—த்திமிட்டி,—த்தும்மட்டி coloquinte;—த்தும்பை la plante phlomis zeylanica;—த்தேர் char du diable, mirage, apparition fantastique d'un char ou d'une procession de diable;—த்தொடர்ச்சி obsession du diable;—நரி renard enragé;—நாய் chien enragé;—பிடிக்கிறது le diable s'emparer de quelqu'un, le posséder;—பிடித்தவன் possédé,—du démon, démoniaque;—ப்பசலை,—ப்பசளை,—ப்பயளை espèce sauvage de பசளை ou épinards;—ப்பயல் méchant enfant, lutin, mauvais drôle;—ப்பலவன் la plante படுவன் ou படுவன்கிழங்கு;—ப்பள்ளி lieu où l'on apprend la magie;—ப்பாகல் espèce sauvage de பாகல் ou momordica;—ப்பாச்சொற்றி,—பாற்சொற்றி espèce sauvage de பாச்சொற்றி;—ப்பார்வை air effaré,—diabolique,—de possédé;—ப்பிடி prise vaine, possession du démon;—ப்பிரப்பு espèce de rotin sauvage;—ப்பீர்க்கு espèce de concombre amer non mangeable;—ப்புடல்,—ப்புடோல் variété très-amère de la plante புடோல், trichosanthes laciniosa;—ப்புத்தி esprit diabolique,—méchant, folie;—ப்புல் l'herbe கணைப்புல் ou ஒட்டுப்புல்;—ப்பேயாயிருக்கிறது être rempli de démons,—comme des démons, être divisé, séparé, en désordre, misérable;—ப்பேயெனகிறது s'écrier un démon, un démon, un spectre, un spectre (par effroi), la brebis bèler;—ப்போக்கு conduite désordonnée, marcher sans ordre,—comme les démons;—மகன் fils du diable, *i.e.* méchant;—மருட்டி la plante nepeta malabarica dite aussi இராட்டைப்பேய்மருட்டி;—மனம் volonté ou esprit diabolique, qui se lamente;—மாடி la plante புளிநறளை;—முகம்,—மூஞ்சி visage de diable,—

ou masque hideux: -முசுட்டை variété sauvage de la plante முசுட்டை;—முல்லை espèce sauvage de முல்லை ou jasmin;—முன்னை l'arbre celtis orientalis:—பேய்ப்பிசாசு, V. பேய்க்காரு:— வித்தை science dia bolique, i.e. sorcellerie;—வெருட்டி nom d'une plante; பேய்க்குப்பார்த்திறது.பேயைத்துரத்துகிறது chasser le diable; உலகத்துக்குஞானம் பேய், ஞானத்துக்குலகம்பேய் pour le monde la sagesse est un démon, et pour la sagesse le monde est un démon, la sagesse et le monde sont ennemis l'un de l'autre.

பேய்ச்சி, *fém. de* பேய், diablesse, démon femelle, femme méchante, endiablée, démoniaque, insensée ou à demi folle.

*பேரண்டம், 1°(phèranda), chacal, renard. 2° (பேர், அண்டம்), le monde.

*பேரம், பேரவம், (phèra, rava), chacal.

பேரன், (பேர்), celui qui porte le nom (*sous-entendu*) du grand-père, *i.e.* petit-fils, (au sud de la presqu'île, par abus) grand-père: பேரப்பிள்ளை petit-fils, petite fille, fils ou fille du grand père.

பேரா, 1° ou பேராத, *part.nég.de* பேர்கிறது, 2° (பேர், ஆ P. ஆம்), grand: -மல்லி -மல்லிகை espèce de jasmin, jasminum undulatum;—மட்டி, -முட்டி la plante pavonia odorata.

பேராளர், (பேர், ஆள்), grande personne, bon ouvrier, V. முழுவன்.

*பேரி, பேரிகை, (bhèri, kâ), gros —, tambour, grosse caisse, timbale.

பேரேடு, liste, table, index, mémoire.

பேர்ஜு, (*pers.*), taxe, impôt d'une [terre.

பேரில், பேரிலே, *abl. de* பேர் sur, touchant, concernant: அவன்பேரிலே பாடு chante-le, -sur lui; எதின்பேரில் சண்டைபண்ணுகிறார்கள் au sujet de quoi se querellent-ils?

பேரீஞ்சு, la plante வட்டத்திருப்பி.

*பேரு, 1° (pèrou), mer, soleil, feu, la montagne d'or. 2°(phèrou), chacal.

பேருழவு, (பேர்), sillon, guéret.

*பேரோசம், (pèrôdja), turquoise, pierre bleue.

பேர், 1° *adj.de* பெருமை *devant une voyelle*, grand. 2° P. பெயர், nom, personne, renommée, réputation. 3° *imp.et part. de* பேர்கிறது *et imp. de* பேர்க்கிறது:—அகத்தி grande espèce de l'arbre அகத்தி;—அடிபடுகிறது le nom devenir célèbre, la renommée se répandre;—அணி gros bataillon, corps , centre de l'armée;—அணி யைக்கிழித்துவெட்டுகிறது tomber sur le centre de l'armée et tailler en pièces;—அணிகலம் gros bijou qu'on porte sur la poitrine, V. பெரும்பூண், la plante சதிருக்கி;—அட்டி,—அருட்டி, P. பேராமுட்டி;—அம்பலம் une des salles ou சபை du temple de சிதம்பரம்;—அரண் grande citadelle, vaste fort;—அரத்தை la racine médicinale alpinia galanga major ou costus;—அருளுடைமை grande bonté ou miséricorde, un des எண்குணம்;—அவரை large espèce de pois;—அவியல் forte cuisson;—அழகு grande beauté;—அளவு grande —, forte mesure;—அறிவு grande intelligence,—connaissance, esprit mûr;—அறிவாளர் grande science;—அறிவாளன் grand savant; — அறுகு espèce d'herbe panicum ischœmoides;—அன்புடைமை grande affection,—bonté, c'est une des 8 qualités de la charité dites அறத்துணைப்பு-அ;—ஆசை grand désir; — ஆட்டி grande dame, femme illustre;—ஆண்டு grande année ou cycle de 60 ans;—ஆண்மை magnanimité, exécution de grandes choses;—ஆந்தை gros hibou, V. கோட்டான்பிப்புள்;—ஆமணக்கு la grande espèce de ricin ou ricin à fruits doux au toucher, ricinus inermis;—ஆரம் gros bijou, précieux joyau; —ஆலவட்டம் espèce de grand éventail;—ஆழி grande mer, océan;—ஆழியானுடைய le père de பிரமனுடைய d'அம்பலவாணர் et autres; —ஞாயிறு la 5me constellation dite மிருகசீரிடம், ou —ஞானி homme illustre, —renommé; —ஆனந்தம் grande joie, joie du paradis; —இடி grand bruit, fort tonnerre; —இடிமுழக்கம் fort tonnerre, grand bruit, — retentissement, — éclat de tonnerre; —இடுகிறது donner un nom, nommer; —இயாழ் grand luth, une des 4 espèces de luths; —இலக்கம் grand nombre, nombre entier, sans fractions (opposé à சிற்றிலக்கம் fraction); —இளம்பெண் grande jeune femme, femme de 40 ans; —இனமாற்று réduction en espèces plus grandes comme de caches en anas et roupies; —இன்பம் grande joie, délices des choses divines, bonheur suprême, — infini, — céleste, — du paradis (opposé à சிற்றின்பம் plaisir léger, sensuel, impur); —இன்பம்வேண்டிற்சிற்றின்பவேட்கை si vous désirez le bonheur suprême du paradis, rejetez les plaisirs sensuels; —இன்பக்காதல் désir des joies célestes, nom d'un poème chrétien; —இன்பத்தாசையால் சிற்றின்பத் தாசைவிடு par le désir du bonheur céleste quitte le désir des plaisirs sensuels; —ஈச்சு, —ஈஞ்சு, —ஈந்து dattier; —ஈச்சம்பழம் datte; —உணவு, —உண்டி excès dans le manger, gourmandise; —உப்பி la plante salicornia indica dite aussi பவளக் காலி; —உறுதி grande fermeté, ferme espérance, preuve certaine; —ஊர் grande ville, ville qui a des faubourgs, gros bourg; —ஊழி fin suprême, destruction faite, selon les Indou, par Routtiren; —எடுக்கிறது acquérir —, se faire un nom; —கெடுகிறது devenir célèbre, notoire, le nom se perdre; —எண் grand nombre, nombre entier, 2 strophes chacune de 2 vers de 4 pieds; —எண்ணிலவெண்பா vêmbâ de 8 vers; —எடுப்புகிறது devenir célèbre, connu, le nom se répandre, — être exalté; —எள்ளு grande espèce de sésame; —ஏடு espèce de feuilles de comptes; —ஒலி grand bruit; —ஒளி grande lumière; —ஓலக்கம் grande assemblée, — pompe (de la cour d'un roi...); —ஓசை grand bruit, son bruyant; —கல் un des 22 espèces de mineraux, dit aussi சித்தாமோனம்; —குறி marque du nom, — qui sert de signature; —டாப்பு liste —, registre de noms; —தரிக்கிறது donner —, porter un nom.

பெர்க்கி, V. பெயர்க்கி.

பெர்த்தி, *fém. de* பேரன், *ou* —ப் பெண், celle qui porte le nom (*sousentendu*) de la grand'mère, *i.e.* la petite fille, *V.* பேத்தி, (dans le sud par abus), grand'mère.

*பேலகம், 1° (bhêlaka), radeau. 2° (phâlaka), restes.

*பேலம், 1° (pèla), petite part, testicule, s'en —, aller. 2° (bhèla), radeau.

*பேலவம், (pèlava), douceur au toucher, chose polie, délicate.

*பேலன், (bhèla), homme ignorant, insensé, peureux, timide, inconstant, Pèlen mouni auteur de quelques ouvrages de médecine.

*பேலி, 1° (pèli), cheval. 2° *ou*

*பேலிகை, பேலை, (phêli, kâ, phêlâ), restes.

பேழுகிறது, ண்டேன், ழுவேன், ழு, வ, *v.n.* பேழுதல், *n.v.* aller à la selle, (un enfant) chier, (*terme bas.*)

பேவாரிசு, பேவாரிசி, (*pers*) non réclamé, sans propriétaire, — maître; —சாமான் propriété non réclamée.

பேழை, boite, malle, caisse, coffre, cassette, panier.

பேழ், 1° grandeur. 2° *adj. P.* பேர், grand; பேழ்வாய் large bouche.

பேறு, *gén.* பேற்றின், *obl.* பேற்று, *n.v. de* பெறுகிறது, couches, accouchement, portée, temps —, ordre de la naissance, profit, gain, chose obtenue, mérite, réussite, don, faveur, dignité, prospérité, honneur, bonheur, béatitude, heureuse fin, — destinée, manière: —காலம் temps des couches, de l'accouchement; —சாலை

வருகிறது le temps des couches arriver; — செல்லாமற்பெறுகிறது accoucher avant le temps: — சென்று பெறுகிறது accoucher à terme, — au temps voulu; — தோக்கச்செய்கிறது faire l'office de sage-femme; — பெறுகிறது mériter, obtenir le mérite, — une dignité, — le bonheur; பேறு mérite, obtention de mérite; பேறுண்டாயிருக்கிறது être enceinte, — grosse; முதற்பேறு, முதற்பேறுள premier né; நாலாம்பேறு le 4me dans l'ordre de la naissance.

பேற்று, obl. du préc.: — க்காலம் temps de l'accouchement. [றது.

பேற்றுவிக்றது, corr. P. பெற்றுவி

*பேனம், (phèna), écume, vapeur, ou

*பேனகம், (பேனம், ka), os de sèche, qu'on suppose être l'écume durcie de la mer.

பேனகை, (id. kâ), fruit du savonnier dit பேனிலம. [vapeur.

*பேனதை, (பேனம், tâ), écume.

*பேனவாகி, (பேனம், vâhi qui porte), foudre, la foudre d'Indiren qui, au dire de la fable, se servit de l'écume de la mer pour foudroyer un démon.

*பேனன், (பம், இனன்), le roi des étoiles, le soleil, la lune.

*பேனுக்கிரம், (பேனம், அக்கிரம்), bulle d'air, — d'eau.

*பேனுசனி, (id. அசனி), celui qui s'est servi, dit-on, d'écume pour foudre, i.e. Indiren. [mélasse.

*பேனிகை, (id. ikâ), écume de

*பேனிலம், (id. ila). écume, savonnier sapindus detergens.

பேன், poux: — பார்க்கிறது chercher —, ôter les poux, épouiller; — குத்துகிறது écraser —, tuer les poux.

பை, 1° lettre syllabique composée de ப, et de ஐ, paï. 2° *(bhâ), lumière, splendeur, rayon, beauté, ombre du gnomon. 3° bourse, sac, valise, vessie, intestin, matrice, animaux vivipares (une des 4 espèces de naissances dites தோற்றம் ச), couleur, — verte, verdeur, vert, lenteur, douceur, — au toucher, doucement, mollement, la tête étendue ou chaperon du serpent capelle 4° imp. de பைக்கிறது. [lant.

பைதலிது, inspecteur, surveil-

பைகோ, பைகோவு, பைகோமை, le royaume du Pégou: பைகோமட்டம் petit cheval du Pégou; பைகோ, வைச்சிவப்பு rubis du Pégou.

*பைக்ஷியம், P. பைக்ஷம், aumône.

பைக்கிறது, பைத்தேன், பைப்பேன், பை, பைக்க, v.n. (பை), பைத்தல், v.v. பைக்கும், part. fut. verdir, devenir —, être vert, le serpent capelle élever et déployer sa tête, se mettre en colère.

பைக்கூடை, (பை), bourse, sac, valise, sachet. [monnaie.

பைக்கே, (mahratte), argent,

*பைக்ஷம், (bhaïkcha), aumône, mendicité, mendier: பைக்ஷாரணம், — சிக்கை mendier, demander l'aumône; — ஜீவிக்க vivre d'aumône; பைக்ஷாகாரன், (ஆகாரம்), mendiant, — qui vit d'aumône.

பைம், P. பைம் devant க, vert: — கண் œil vert, place verdoyante, — fraîche; — காய் fruit vert, non encore mûr; — கிளி perroquet vert; — கூழ், 1° moisson verdoyante, — croissante. 2° maladie.

பைசந்தி, une des 4 espèces de sons dits வாக்கு-ச, celui qui vient de la poitrine.

பைசல், (ind.), jugement, sentence, arrangement, accommodement: இந்தக்காரியம் — ஆயிற்று cette affaire a été jugée, décidée. [ard.

பைசா, (ind.), monnaie, cache, li-

*பைசாசம், (பிசாசம்), diable, démon, fer, V. பைசாசமணம், ou பைசாசநிலை attitude où l'on se tient sur un pied ayant l'autre plié, ce qui est un des 4 யுத்தநிலை, V. au mot நிலை; — மணம் mariage diabolique, viol d'une femme endormie.

*பைசாசி, fem. du préc. diablesse, démon femelle, géante. [pantoufle.

பைசாக், (ind.), soulier, savatte,

*பைசுனம், பைசுன்னியம், (பிசுனன்), avarice, espionnage, rapport malin.

பைஞ்ஞீலம், 1° (பைம், நீலம்), bleu verdâtre. 2° ou பைஞ்ஞீல் population, ou பைஞ்ஞீலத்தொகை dénombrement—, total de la population. [nom d'une ville dédiée à Siven.

பைஞ்ஞீலி, (பைம், நீலி). Païgnili,

*பைண்டின்னியம், (païndinya), mendicité, vivre d'aumônes.

பைதல், 1° affliction. 2° P. பையல், garçon, gamin, jeune garçon, — serviteur. [pays, contrée.

பைதிரம், (பிதிரு, அம்), patrie,

*பைதிருகம், (பிதிரு, ka), chose qui vient du père, —des ancêtres: பைதிருகபூமி patrie, patrimoine, terre de ses pères.

பைத்த, part. parf. de பைக்கிறது, vert, irrité: —நிறம் couleur verte; —பாம்பு serpent irrité, — qui déploie sa tête. [bile, folie.

*பைத்தம், பைத்திகம், (பித்தம், ika),

பைத்தல், n. v. de பைக்கிறது, verdure, devenir —, être vert, déploiment de la tête du serpent capelle, colère, signe de colère.

*பைத்தியம், (பித்தம், ya), folie, dérangement de l'esprit, manque d'esprit, — de réflexion, extravagance: —கொள்ளுகிறது devenir fou; பைத்தியக்காரன், ou [insensé.

*பைத்தியன், (பைத்தியன்), fou,

*பைத்திரம், பைத்திரிகம், (பிதிரு), chose des ancêtres, des mânes

*பைத்திராகோராத்திரம், (பைத்திரம், அகோராத்திரம்), un jour et une nuit des mânes ou ancêtres, c'est, au dire des Indous, un mois des mortels.

பைத்து 1° gér. de பைக்கிறது. 2° verdeur. 3° variation de பத்து dix (dans la multiplication), v. g. பைத்தொன்று 10 fois 1 ou 10; பைத்திரண்டு 10 fois 2 ou 20: பைத்துமூன்று 10 fois 3 ou 30, et ainsi des autres jusqu'à பைத்துப்பத்து, 10 fois 10 ou 100.

பைநாகம், (பை), serpent qui déploie sa tête, i. e. serpent capelle.

பைந், P. பைம் devant ந, vert: —தார் guirlande verte; —தினை millet vert ou jaune; — தொடி bracelet vert, celle qui porte des bracelets verts, i. e. femme, fille.

*பைபீலம், பைபீலிகை, (பிபீலிகை), fourmi: பைபீலஞானம், பைபீலிகாஞானம் connaissance du langage des fourmis, l'art d'explorer les cavernes des montagnes et d'en faire des habitations, c'est le 44me des கலைஞானம், système qui prétend, comme les épicuriens, que le monde a été formé par les atomes. [ment.

பைபைய, (பை répété), douce-

பைமாயிஷி, (pers.), payemache, arpentage, mesurage des terres.

பைமை, 1° (பை, மை), verdeur, couleur verte, (l'adj. est பை et பைம், vert.), 2° femme pénitente qui vit d'aumônes, (et conséquemment) Avvéyar sœur de Tirouvallouver.

பைம், adj. du préc. vert: —பூண் bijou d'or pur; — பொன் or, or pur, or fin, la montagne d'or dite

பைம்பல், P. பம்பல். [மகாமேரு.

பைய, adv. (பை), doucement, lentement: —ப்பேசு parle doucement, —lentement: —ப்பைய doucement, tout doucement, lentement, à loisir; பையப்பைய மென்றால் பனையையுமெல்லலாம் en mangeant doucement on pourra manger un palmier, le travail et la persévérance font de grandes choses.

பையல், பையன், petit enfant; jeune homme, jeune —, garçon, gamin, jeune serviteur, laquais, esclave: பையலோடிணங்கேல் ne fréquentez pas les gamins.

பையுள், petitesse, bassesse, détresse, pauvreté, affliction, maladie.

பையெனல், பையென்கிறது, (பை, என்கிறது), dire doucement, lentement, signe de douceur, de bonté, de lenteur: பையென, பையென்று doucement, lentement.

*பைரவம், 1° (bhaïrava), crainte, terreur, horreur, chose terrible. 2°

P. வைரவம், une des 6 sectes dites உட்சமயம், V. au mot சமயம்: வைரவாகாரம் terreur, ce qui cause l'effroi.

*வைரவன், (id.), le terrible, Bhaïraven, (surnom de) Siven, ou prétendue manifestation inférieure de Siven. On en compte 8 nommés Asitânga, Rourou, Tchanda, Krôdha, Ounmatta, Koupati, Bhichana, Sanhara; tous ces noms expriment la terreur.

*வைரவி, (fém. du préc.), la terrible, la femme de Bhaïraven, Kâli femme de Siven, air propre à inspirer des émotions de terreur.

*வைலன், வைலாயன், (paila), Paila, nom d'un Richi ou prétendu sage, promulgateur du Rik véda ou இருக்குவேதம்.

பொ, lettre syllabique composée de ப et de ஒ, po bref.

பொருக்குகிறது, க்கேன், க்குவேன், கு, க்க, v.a. பொருக்குதல், n.v. P. பொத்துகிறது, percer, faire un trou.

பொக்குட்டு, bulle d'air qui s'élève d'un bourbier, péricarpe du nénuphar, montagne.

பொக்கசம், (télinga), salle du —, trésor, richesse: பொக்கசக்காரன் trésorier, homme riche; —ப்பெட்டி coffre-fort; —வைப்பு trésor caché, — enfoui.

பொக்கணம், sac de mendiant, — de voyageur..., besace, bissac, valise, paquet, la plante பெருமருந்து: — போட்டுக்கொள்ளுகிறது prendre son sac, — la besace pour mendier; பொக்கணப்பித்தி la plante முடக்கற்றான்.

பொக்கணி, vase à boire, mortier profond à piler, creux de ce mortier.

பொக்கரை, caverne, creux de roc, — de mortier à piler, mortier profond, trou d'arbre.

பொக்கம், mensonge, accroissement, abondance.

பொக்கல்வாய், P. பொக்குவாய்.

பொக்கிஷம், P. பொக்கசம், trésor; பொக்கிஷக்காரன் trésorier, homme riche.

பொக்கிலவணம், (பொக்கு, இலவணம்), sel de graine de sésame.

பொக்கு, 1° (பொக்கை), faute, défaut, trou: —வாய் bouche sans dents; —வாயன் homme —, édenté; —வாய்ச்சி femme édentée. 2° பொக்கு (de l'anglais book), livre. 3° son imitatif de vitesse: பொக்கென்கிறது se presser; பொக்கென vite; —ப்பொக்கென்கிறது faire du bruit, faire pokoupokou, - vite. [பொக்கு.

பொக்குளிப்பான், P. கொப்புளி.

பொக்கை, (télinga), petit trou: —வாய் bouche qui manque de dents: —வாயன் homme sans dents; —வாய்ச்சி femme sans dents; பொரிமாவைமெச்சினானாம் பொக்கைவாயன் celui qui a perdu ses dents vante la farine de grains grillés (qu'on peut manger sans la mâcher.

பொங்கடி, (பொங்கு, அடி), éléphant.

பொங்கம், (பொங்குகிறது), joie, allégresse, front, bonne odeur, accroissement: —த்துப்பேசுகிறது parler joyeusement.

பொங்கர், bosquet, branche d'arbre, montagne, le colonnier soyeux dit இலவு.

பொங்கல், opt. et n. v. de பொங்குகிறது, bouillonnement, saillie, fermentation, colère, fureur, allégresse, action de bouillir, de faire cuire le riz, de le faire cuire en public, fête du Ponguel, i.e. fête—, sacrifice du commencement du mois de தை qui prend son nom de la cérémonie qui consiste à faire bouillir du riz dans du lait, élévation, augmentation, abondance: குடிப்பு—, தைப்பொங்கல், பெரும்பொங்கல், ou simplement பொங்கல் fête —, sacrifice du 1er jour du mois de தை en l'honneur du soleil, lorsque cet astre est au solstice d'hiver, et est censé entrer dans le signe மகரம் ou du Capricorne. La veille, on célèbre la fête dite போகிப்பண்டிகை en l'honneur de Bhôgui ou Indiren: le lendemain du சூரியப்பொங்கல்;2 du mois de தை,se célèbre le மாட்டுப்பொங்கல் sacrifice des bœufs en l'honneur de Krichna; et le 3 se célèbre le கன்றுப்பொங்கல் ou le ponguel des veaux;—ஆண்டி célibataire qui fait lui-même sa cuisine et ne s'occupe point de ses parens, avare,chiche, qui lésine;—இடுகிறது faire bouillir du riz sans le faire égouter;—வரிசை présent qu'à la fête du ponguel on envoie de la maison maternelle aux femmes mariées de la famille; பொங்கற்கொண்டான், V. பொங்கலாண்டி;—பண்டிகை la fête du Ponguel ou du 1er தை:—பானை grande cruche du Ponguel,cruche dans laquelle on fait bouillir le riz de la fête du Ponguel ou de quelque sacrifice; பொங்கலுக்குப்போகிறது aller à la fête du Ponguel. [eau de riz non vanné.

பொங்கழி,(பொங்கு, அழி), mon-

பொங்காரம்,(id. ஆரம்),tristesse, chagrin, douleur,—à faire pleurer,—mêlée de colère, chagrin amer, V. பொங்கல்:—ஆய்ப்பேசுகிறது parler en pleurant,—avec une douleur amère.

பொங்கு,imp.et part. du suiv.:—சனி la planète Saturne pendant le 2e quart de sa révolution;—தேமல் taches de prospérité.

பொங்குகிறது,sync.பொங்கிறது, கினேன்,குவேன், கு, க, v.n. et a. பொங்குதல், n.v. le riz cuire, bouillir, bouillonner,se répandre à force de bouillir, se gonfler, fermenter, s'élever,s'emporter, tempêter,bouillonner de colère, (la mer...) être en fureur, se courroucer, tressaillir de joie, abonder, prospérer, faire la cuisine,— cuire le riz: பொங்கிக்கொடுக்கிறது faire cuire et servir ou distribuer le riz;—க்கொள்ளுகிறது faire cuire le riz pour soi;—ப்போகிறது bouillir,bouillonner, se gonfler: பொங்குங்காலம்புளி,மங்குங்காலம் மாங்காய் en temps d'abondance le tamarin,en temps de disette les mangues (*sous-entendu*) abondent (espèce de présage).

பொசிகிறது, சிந்தேன்,சிவேன்,சி, சிய,v.n.பொசிதல்,n.v. et பொசிந்து போகிறது,suinter,sourdre,découler peu à peu, s'écouler doucement,(v.g. l'eau d'un étang à travers les digues, les larmes des yeux),l'eau percer à travers, s'échapper, se répandre,se distiller,un secret s'éventer: ஏரிநிறைந்தால்கரைபொசியும் si l'étang est rempli, l'eau s'échappera ou suintera à travers la digue;தண்ணீர்க்குடம்பொசிகிறது une cruche d'eau suinter. [ger.

பொசிக்கிறது,P.புசிக்கிறது,man-

பொசிப்பு,P.புசிப்பு,nourriture.

பொசிவு, n. v. de பொசிகிறது, suintement, dégouttement, écoulement, humidité.

பொசுக்குகிறது, sync. பொசுக்கிறது,க்கினேன்,க்குவேன்,க்கு,க்க,v. n. de பொசுங்குகிறது et பொசுக்குதல்,n. v. ou பொசுக்கிப்போடுகிறது, brûler,— légèrement, rôtir,cautériser,griller, roussir.

பொசுங்கல், opt. et n v. du suiv. brûlure,chose brûlée, noircie, grillée.

பொசுங்குகிறது, sync. பொசுங்கிறது,கினேன்,குவேன்,கு,க, v. n. ou பொசுங்கிப்போகிறது,se rôtir..., être brûlé, rôti, hâlé, grillé, noirci, roussi, (v.g.les cheveux, la peau...), s'accorder,se convenir,être convenable,conforme, bien placé,— bien adapté: பொசுங்கா, பொசுங்காத qui ne convient pas,ne s'accorde pas,inconvenable; இருவருக்கும்பொசுங்காது ils ne s'accordent pas tous deux ensemble; அவனைப்பொசுக்கப்பார் essaie de l'amener à un accord, à une réconciliation,de l'accorder avec lui: பொசுங்கியிருக்கிறது être brûlé, grillé..., être d'accord, en paix.

பொசுங்குண்கிறது,(பொசுங்குகிறது, உண்கிறது), être brûlé, rôti, grillé, hâlé.

பொசுபொசுக்கிறது, சுத்தேன், சுப்பேன், சு, சுக்க, *v. n.* பொசுபொசுத்தல், பொசுபொசுப்பு, *n.v.* (*son imitatif*), chuchoter, parler en secret, dire des secrets, se découvrir —, apparaitre peu à peu.

பொசுபொசுவென்கிறது, (*son imitatif*), faire *posou posou*, du bruit.

பொச்சடிக்கிறது, (*id.*), murmurer, marmoter.

பொச்சம், nourriture, faute, désir.

பொச்சாக்கிறது, ச்சாந்தேன், ச்சாப்பேன், ச்சா, ச்சாக்க, ச்சாவேன், *nég v.a. et n.* oublier, nuire, faire mal.

பொச்சாத்தல், பொச்சாப்பு, *n. v. du préc.* oubli, mal.

பொச்சாலி, sorte de riz, la 3me ou dernière récolte, — crue; ப்பயிர், —நெல் espèce inférieure de céréales ou de nellou en herbe, — de nellou ou de riz.

பொச்சாவாமை, *n.v. nég. de* பொச்சாக்கிறது, souvenir, réminiscence, ne pas oublier.

பொச்சு, (*télinga*), le derrière, l'anus, quantité —, abondance de poils, poils de la vulve (immodeste), *V.* பொய்ச்சு.

பொச்சை, forêt. — fréquentée par les éléphans, bois —, taillis, — de buissons, broussailles, montagne, monticule, colline, insecte, reptile, nid d'insecte, bedaine, panse, gros ventre: இடம் —யாயிருக்கிறது le lieu être plein de broussailles; —வந்துசேரும், —யடையும் des insectes ou des reptiles se retireront là; —வயிறு grosse panse; —வயிறன் gros ventru; அவனுக்குப் —, *ou* அவன் —வயிறன் il a une large bedaine, c'est un homme ventru: பொச்சையிற்கைவிடாதே ne mets pas la main dans un nid d'insectes.

*பொஸ்தகம், *P.* புஸ்தகம், livre.

பொஞ்சுகிறது, ஞ்சினேன், சுவேன், சு, ச, *n.v.* convenir, s'accorder.

பொடி, 1° poudre, poussière, — séminale, pollen des fleurs, fragment, petit morceau, chose petite, — menue, soudure, ciment métallique. 2° *imp. et part. de* பொடிகிறது *et imp. de* பொடிக்கிறது: —க்கல் petite pierre, fragment de pierre ou de brique; ச்சிலை, *V.* மஞ்சட்கல்; —தூவுகிறது répandre de la poussière, une poudre magique; —பண்ணுகிறது pulvériser, morceler, réduire en poudre, — en petits morceaux; —பொடிகிறது se réduire en poussière; —பொட்டு chose petite, menue, comme la balle du grain, de la paille...: —போட்டுகிறது souder, — avec du ciment métallique; —ப்பயல், —ப்பிள்ளை petit enfant; —ப்பொடியாய் en petits morceaux, en pièces, très petit, très-menu: —ம் பொடியுமாய்ப்போகிறது être réduit en petits morceaux, s'en aller en pièces, en poussière: —ப்பொடியாய்நசுக்குகிறது *ou* நறுக்குகிறது broyer —, briser —, réduire en petits morceaux: —ப்பொடியாய்நறுக்குகிறது couper en petits morceaux; —மீன் petit poisson; —யாகிறது se réduire —, être réduit —, s'en aller en poussière, être pulvérisé, devenir petit; —யாக்குகிறது, *V.* பொடிபண்ணுகிறது: —யெழுத்து petite lettre; —யாயெழுதுகிறது écrire en petites lettres; —யெழுத்தாயிருக்கிறது être écrit en petites lettres; —விளக்கணம் manière de souder l'or ou l'argent; —வெட்டி instrument pour couper en *ou* des morceaux, espèce de ciseaux pour couper l'or et l'argent.

பொடிகிறது, டிந்தேன், டிவேன், டி, டிய, *v. n.* (பொடி), பொடிதல், *n. v.* se pulvériser, s'en aller en poussière, être réduit en pièces, en petits morceaux, être pulvérisé, — détruit, gâté, périr, injurier, germer.

பொடிக்கிறது, டித்தேன், டிப்பேன், டி, டிக்க, *v.a. du préc.* பொடித்தல், *n. v.* pulvériser, briser, réduire en poudre, en pièces, en petits morceaux, gâter. ‖ *v.n.* germer (des boutons, pustules...), pousser, s'élever, se hérisser: மயிர் — les cheveux se dresser sur la tête.

பொடிசு, (பொடி), petit, menu, peu, petit enfant.

பொடிச்சி,(*id.*), petite fille.

பொடிப்பு, *n.v.de* பொடிக்கிறது, pulvérisation, hérissement des poils du corps.

பொடியன்,(பொடி),petit enfant. —garçon. [pulvérisation, *V.*சிட்டு.

பொடிவு, *n. v. de* பொடிகிறது.

பொடு, gale, rogne, teigne, — de la tête: — தின்கிறது la gale démanger.

பொடுகன்,(பொடுகு),petit journalier, ouvrier à demi-paie.

பொடுகு, 1° *V.*பொடு. 2° chose petite,nom d'une plante: சிரங்குப் பொடுகு teigne à la tête.[nodiflora.

பொடுதலை, verveine, verbena

பொடுபொடு, son imitatif de vitesse: பொடுபொடென்கிறது *ou* பொடுபொடுக்கிறது,த்தேன்,டு ப்பேன், டு,டுக்க, *v. n.* (பொடுபொடு), faire podoupodou, — du bruit, se hâter,se presser, sécher.

பொடுபொடுத்தல், பொடுபொடுப்பு,பொடுபொடெனல், *n.v. des prée.* signe de bruit, — de hâte, empressement, vide, chose non pleine.

பொட்டகத்துத்தி, *P.* பெட்டகத்துத்தி.

பொட்டணம், பொட்டணி,பொட்டணி, பொட்டலம், பொட்டிலம், sac, petit- ,sachet, paquet, feuille ou papier plié en carré pour contenir quelqu'objet, fomentation,cataplasme, remède renfermé dans un sachet ou un linge qu'on applique pour fomentation: சன்னிப்பொட்டல மொத்திடுகிறது appliquer des fomentations pour les convulsions.

பொட்டரிக்கிறது,(பொட்டு,அரிக்கிறது),les teignes ou mites ronger: பொட்டரித்த வஸ்திரம் habit rongé des mites, — par les teignes. [che.

பொட்டல், terre stérile,—en fri-

பொட்டி, *P.* பெட்டி, coffre, cassette [tre un bottou sur le front.

பொட்டிடுகிறது,(பொட்டு), met-

பொட்டிலி *ou* பொட்டில், boite ou mortier assujetti à un morceau de bois que l'on charge de poudre et de terre et qu'on tire aux fêtes: — உப்பு salpêtre, nitre; — மருந்து poudre à canon; — சுடுகிறது tirer des boites.

பொட்டு, *pl.*பொட்டுகள், 1° bottou ou marque de poudre de sandal ou d'autre mélange que les Indiens se mettent sur le front, mite,teigne des habits, espèce de tâli ou plaque ronde d'or,que portent au cou les femmes mariées, surtout celles de la caste télinga, épi broui, — sans grains,honneur, respect,entrée,porte. 2° son imitatif de vitesse; கறுப்புப்பொட்டு bottou noir,ou marque noire sur le front: தாலிப்பொட்டு plaque ronde d'or servant de tâli surtout aux femmes télingates: - கட்டுகிறது attacher le tâli susdit; — க்கானா variété du poisson கானா ou zeus; — குலைகிறது le bottou s'effacer, l'honneur se perdre; — குத்துகிறது placer un bottou ou marque sur le front; — க்கேடு déshonneur; — த்தாலி tâli qui a la forme d'un bottou rond et plat; — பண்ணுகிறது faire un tâli rond et plat; — வைக்கிறது mettre —, porter le bottou sur le front; — பொடி chose petite,chose légère comme la paille; — ப்பூச்சி espèce d'araignée venimeuse: — ப்பூச்சிக்கடி morsure de cette araignée. [lon.

பொட்டுழுவு, (பொட்டு,உழுவு),sil-

பொட்டெனல், (பொட்டு,எனல்), expression de vitesse: பொட்டென vite, promptement, lestement; பொட்டெனச்சொல்லுகிறது dire rapidement; —க்கொடுக்கிறது donner promptement; — வருகிறது arriver vite.

பொட்டை, 1° aveuglement,cécité. 2° *corr. P.* பெட்டை, femelle des oiseaux: — க்கண் œil aveugle; — க்கண்ணன், *m.* — கண்ணி, *f. ou*

பொட்டையன், *m.* பொட்டைச்சி *f.*(பொட்டை),homme—, femme—, aveugle.

பொதி, 1° place d'assemblée, de

concours, d'affaires, bureau, parasol de feuilles de palmier, forêt, — habitée par des éléphans, sac, sac plein —, charge portée par des bœufs, ballot, chose pleine, — fourrée, bouton de fleurs. 2° *imp. et part. de* பொதிகிறது: — காரன் conducteur de bœuf chargé de sacs, porteur de ballot; — சோறு riz cuit lié dans une toile pour le voyage; — ப்போதா espèce de gros héron; — மாடு, — யெருது bœuf de charge; — யவிழ்கிறது une fleur éclore; — யவிழ்க்கிறது ouvrir les sacs.

பொதிகிறது, திந்தேன், திவேன், தி, திய, *v.a.* பொதிதல், *n. v.* couvrir, envelopper, — dans un linge ou dans une toile, *V.* திணிக்கிறது.

பொதிகை, 1° *n.v. du préc.* 2° le mont பொதியம்.

பொதியம், பொதியமலை, (பொது), le mont Podia près le cap Comorin, regardé comme la demeure du sage அகஸ்தியன், c'est le Parnasse tamoul: பொதியவெற்பன் le roi du mont Podia, épithète des rois பாண்டியர் de Maduré, comme possédant le mont Podia dans leur royaume.

பொதியன், (பொதியம்), l'habitant du mont Podia, le sage Agastyen.

பொதியில், (பொதி, இல்), lieu d'assemblée, le mont Podia.

பொதிர், 1° peur, tremblement de crainte, tressaillement de surprise: பொதிரெறிகிறது trembler, frissonner de peur, sauter de surprise, d'étonnement. 2° accroissement, augmentation, *imp. n. v. et part de*

பொதிர்கிறது, ர்ந்தேன், ர்வேன், ர், ர, *v.n.* augmenter, croître.

பொதிர்ப்பு, (பொதிர்), peur, tremblement.

பொதிர்தல், பொதிர்வு, *n.v. de* பொதிர்கிறது, augmentation, croissance.

பொதிவு, *n.v. de* பொதிகிறது.

பொதின்பொதினென்கிறது, பொதிர்பொதிரென்கிறது, (*son imitatif*), faire podin podin, — podir podir, — du bruit.

பொது, 1° *gén.* பொதுவின், universalité, généralité, communauté, équité. 2° *adj.* commun, universel, général, (il fait doubler le க, ச, த, ப). 3° *imp. de* பொதுக்கிறது: எல்லா நோய்க்கும் பொதுமருந்து remède général à toutes les maladies, panacée; சாவெல்லாருக்கும் பொது la mort est le sort commun de tous les hommes; — க்கட்டுகிறது mettre en dépot, en séquestre, à l'arbitrage, en commun; பஞ்சாயத்தாரிடத்தில் ou பஞ்சாயத்தில் — க்கட்டிவைக்கிறது déposer d'un commun consentement entre les mains des arbitres; — க்கட்டச்சொல்லுகிறது ordonner de séquestrer; — க்கட்டல் état de séquestration; — க்கட்டியிருக்கிறது être en séquestre (jusqu'à décision); — க்காரியம் chose commune ou d'un usage commun, ou qui appartient à plusieurs; — ச்சீர் pieds de 4 syllabes métriques, (il y en a 16, ils se forment en ajoutant à chacun des 4 pieds de 2 syllabes métriques nommés தேமா, புளிமா, கருவிளம், கூவிளம், soit le mot தண்பூ, soit நறும்பூ, soit தண்ணிழல், soit நறுநிழல். *Ex.* தேமாந்தண்பூ, தேமாநறும்பூ, தேமாந்தண்ணிழல், தேமாநறுநிழல். Ces pieds sont presque inusités): — ச்சூத்திரம், *V.* தொகைச்சூத்திரம்; — ச்சொம் propriété —, bien commun; — ச்சொல் mot commun, — commun à tous les பால், திணை, இடம் et காலம், *i. e.* à tous les genres, espèces, personnes; — ஸ்திரீ femme publique, prostituée; — த்தன்மை universalité, communauté, qualité ou manière générale; — த்தன்மைத்தொகை expression générale, — dans laquelle l'idée de généralité est renfermée, *Ex.* காந்தட்போதினைநிகர்க்குங்கை main semblable à la fleur de gloriosa; — த்தன்மையுருபுத்தொகை expression qui renferme l'idée de généralité et une ellipse de terminaison de cas. *Ex.* கயற்கண் œil de carpe; — த்தன்மையுருபுமாறு,

த்தொகை expression qui renferme l'idée de généralité, et une ellipse de la terminaison du cas, ainsi que du mot qui exprime comparaison. *Ex.* குயிற்கிளவி parole de couil, *i.e.* aussi douce que le chant du couil; — த்தன்மையுவமானத்தொகை expression qui renferme l'idée de généralité et ellipse de l'objet de la comparaison. *Ex.* நாசிபோலக்கவது மற்றுறும் le reste ressemble au nez; — த்திணை classe commune, mot commun aux 2 espèces dites திணை; — த்தி femme publique, prostituée; — நடுவர் arbitres, juges communs; — நலம் bien commun; — நிலம் champ communal, terre commune à tous les habitants; — நிறம் couleur commune, mélange de diverses couleurs; — நீங்குவமை comparaison qui exclut généralité ou communauté, — où après avoir exprimé et rejeté un autre objet de comparaison ou compare l'objet à lui-même. *Ex.* திங்களின்வதனஞ் சிறப்புடைத்ததனாலதுவேயதற்குநிகர் le visage étant plus beau que la lune n'a rien qui lui soit comparable que lui-même; — ப்பட généralement, en général; — ப்படப்பேசினான் il a parlé en général, sans désigner personne; — ப்படவுயிர்த்தெழும்பொழுது à la résurrection générale; — ப்பவன் air commun (au jour et à la nuit...); — ப்பதம் terme commun; — ப்பாயிரம் préface générale, art de construire une préface; — ப்பெயர் nom commun à tous les பால், திணை et இடம், *i. e.* à tous les genres, à toutes les classes, à toutes les personnes; — ப்பெண், — மகள் fille ou femme publique, prostituée; — மத்தியம் universalité, communauté, généralité; — மனிதன் médiateur, arbitre, réconciliateur, homme impartial; — மனிதனாயிருக்கிறது être médiateur, s'interposer pour faire la paix; — முதல் capital commun, — qui appartient à plusieurs; — மொழி mot —, nom commun, *V.* பொதுப்பெயர்; — உக த்திணை, (அகத்திணை), récapitulation, règle pour récapituler ce qui a été dit et développé, péroraison; — வசனம் phrase —, expression générale, — qui convient à plusieurs choses; — வடி, (அடி), vers composé de pieds dits இயற்சீர், உரிச்சீர் et பொதுச்சீர்; — வநுமானம், (அநுமானம்), conjecture générale sans en considérer les motifs particuliers; — விடம், (இடம்), lieux communs, noms dont on forme des appellatifs de différens genres.; (ce sont les noms qui expriment பொருள் matière, இடம் lieu, காலம் temps, சினை membre, partie, குணம் qualité, தொழில் office); — விதி règle générale; — வெழுத்து, (எழுத்து), lettre commune au tamoul et au sancrit; — வைக்கிறது mettre en commun, en séquestre; பொதுவாய் universellement, *ou* பொதுவிலே en général, en commun; பொதுவாயிருக்கிறது être général, *ou* பொதுவிலிருக்கிறது être commun à tous, பொதுவான commun, général, universel; பொதுவிலெடுத்துச்செலவழிக்கிறது prendre les dépenses sur le commun; பொதுவிலேசொல்லுகிறது dire en général, parler sans nommer personne.

பொதுக்கிறது, துத்தேன், துப்பேன், து, துக்க, *v.a*, பொதுத்தல், *n. v.* percer, transpercer, faire un trou.

பொதுக்கு, retraite, cachette, action de cacher, *imp. et part. de*

பொதுக்குகிறது, க்கினேன், க்குவேன், க்கு, க்க, *v.a.* பொதுக்குதல், *n.v.* cacher.

பொதுபொது, son imitatif de bruit et de douceur au toucher; பொதுபொதென்கிறது, பொதுபொதெனல் *ou*

பொதுபொதுக்கிறது, துத்தேன், துப்பேன், து, துக்க, *v. n.* (பொதுபொது), *et* பொதுபொதுத்தல், பொதுபொதுப்பு, faire podoupodou, du bruit, être doux ou lisse au toucher, - molasse.

பொதுமை, (பொது), universalité, généralité, communauté: —யாய், généralement, communément.

பொதும்பர், bosquet, touffe d'arbres, creux —, trou d'arbre.

பொதும்பு, creux, trou, caverne.

பொதுவர், (பொது), bergers, pâtres, gens de la caste des bergers qui est celle du milieu parmi les வைசியர்.

பொதுவி, *pl.* பொதுவியர், *fém. du préc.* bergère, femme de la caste des bergers.

பொதுவில், (பொது, இல்), 1° place commune, place d'assemblée. 2° *abl. de* பொது en commun.

பொதுளுகிறது, ளினேன், ளுவேன், ளுவ, ள, *v. n.* பொதுளல் *et* பொதுளுதல், *n. v.* être touffu, épais, serré, resserré, étroit, prospère, florissant, donner de l'ombre.

*பொத்தகம், *P.* புஸ்தகம், livre.

பொத்தல், 1° trou, trouée, perforation, fente, dette. 2° *opt. et n. v. de* பொத்துகிறது, ravaudage, couture, action de couvrir...; — அடைக்கிறது boucher les trous, rapiécer, raccommoder, ravauder, réparer, payer ses dettes, cacher un défaut, faire de vaines excuses; — ஆக்குகிறது faire un trou, percer, trouer; — ஊசி foret, instrument pour percer; — த்துணி morceau de toile percé, haillon; — ப்பானை cruche percée; எந்தப்பக்கத்தால் பார்த்தாலும் அவனுக்கு — ஆயிருக்கிறது de quelque côté qu'on regarde on ne lui voit que des trous, *i.e.* des dettes, — des défauts.

பொத்தாறு, — கட்டை, timon de la charrue, partie de la charrue à laquelle le manche ou les mancherons sont assujettis.

பொத்தி, 1° testicules, scrotum, toile faite —, tissu de fibres d'arbres, enveloppe —, peau des jeunes bananes et des racines tendres. 2° *gér. de* பொத்துகிறது: — க்கிரப்பன் ulcère au scrotum ou au pénis; — க்காளான் espèce de champignon; — ப்புறம், — த்தாளம் le scrotum; — தள்ளுகிறது (le bananier et autres arbres) pousser ou rejeter l'enveloppe qui couvre ses fruits en germe ou en fleurs; — த்தோலாடை toile des reins, —, toile faite de fibres (on s'en revêt pour faire des offrandes et non habituellement); — நார் fibres d'arbres dont on fait de la toile.

பொத்து, erreur, faute, mensonge, trou, — d'arbre, couture, ravaudage, action de couvrir...., *n. v. imp. et part. de* பொத்துகிறது: — ப்பாய் natte grossière; — மான் espèce de cerf; கைப் — coup de poing.

பொத்துகிறது, த்தினேன், த்துவேன், த்த, *v. a.* பொத்துதல், *n. v.* couvrir, cacher, fouetter, battre, rapiécer, ravauder, coudre: கண் — couvrir l'œil; வாய் — se couvrir la bouche avec la main en parlant aux grands, ce qui est regardé comme une civilité; பொத்திக்கொள்ளுகிறது se couvrir soi-même; அவனைப்பொத்திவிட்டார்கள் il l'ont bien rossé; எத்தனை நாளைக்குப்பொத்தி வைத்துக்கொண்டிருப்பாய், combien de temps cacheras-tu (cela)? கைபொத்திக்குத்துகிறது donner un coup de poing.

பொத்துப்பொத்தென்கிறது, (*son imitatif*), faire du bruit, — pottou-pottou; பொத்துப் பொத்தென்று விழுகிறது tomber avec bruit (comme un fruit d'un arbre); பொத்துப்பொத்தென்றடிக்கிறது frapper légèrement, — sur un tambour trop lâche, taper, donner une tape.

பொத்தை, grenouille de mer, chose grosse, — gonflée. [femme.

பொத்தைச்சி, (பொத்தை), grosse

பொத்தையன், (*id.*), hydropique, qui a le corps gonflé d'eau.

பொந்தர், espèce d'oiseau marin, mouette.

பொந்தி, (பொந்து, i), le corps, réceptacle de l'âme, sabre de bois (employé à la lutte). *V.* பொத்தி.

பொந்து, trou, — d'arbre creux, caverne: — த்தேன் miel de trou d'arbre, miel de petites abeilles qui y font leur ruche; பொந்திலேயிடக்கிறது être caché ou couché dans un trou; பொந்திலொதுங்குகிறது se retirer dans une caverne.

பொந்தை, trou (dans un habit ou dans une toile).

பொந்தைக்கோல், பொந்தையக்கோல், espèce de bâton, béquille, baguette.

பொப்பென்ல், son imitatif—,expression de vitesse: பொப்பென vite

பொம்மலி, (பொம்மல்), grosse femme.

பொம்மல், 1° riz cuit, augmentation, abondance, poupée. 2° *P.* பொருமல், gémissement; —ஆட்டம் danse de marionnettes.

பொம்மன், un tel: பொம்மனும் திம்மனும் வந்தார்கள் un tel et un tel sont venus.

பொம்மென்கிறது, பொம்மெனல் (*son imitatif*), mugir, faire bom, — du bruit.

பொம்மை, poupée, marionnette, figure d'architecture cariatide, parapet, nouveauté: —க்காரன் bateleur qui fait danser les marionnettes; —யாட்டுகிறது, —யாடுவிக்கிறது faire danser les marionnettes.

பொய், 1° mensonge, fausseté, menterie, imposture, faux, déception, trou d'un arbre, écharde, éclat de bois mince et aigu. 2° *imp. de* பொய்க்கிறது: (le mensonge est un des défauts du நாமதகுணம், une des 4 espèces de discours inconvenans dits இழிசொல், et même mis par les Indous au nombre des 5 crimes dits பாதகம்-இ); இருக்கிறதுபொய், சாகிறதுமெய் la vie est une déception, *i.e.* est incertaine, et la mort une vérité, *i.e.* est certaine; தன்னெஞ்சறியாப்பொய்யில்லை, தாயறியாச்சூலில்லை il n'y a point de mensonge sans que la conscience ne le sache, ni de conception sans que la mère ne le sente; பொய்க்கடி faus se morsure (qui ne fait pas de mal, *v. g.* celle de chien qui joue); —க்கண் trou de l'œil; —க்கண்ணி fleur dont le fruit ne se forme pas, ne se noue pas; —க்கண்ணுறக்கம் (கண், உறக்கம்), ne dormir que d'un œil, faux sommeil; —க்கதை conte mensonger, fausse histoire, vaine fable; —க்கால் pied postiche, jambe de bois, échasses; —க்கிளை branche —, pousse —, jet qui ne porte pas de fruit; —க்குரல் voix contrefaite; —க்குழி trébuchet, trappe, fosse, — à trappe, — pour prendre les animaux, trou dans lequel on a planté du semis; —க்குழிபாய்ச்சுகிறது faire une fosse à trappe, pousser dans le fossé; —க்குழியிலேவிழுகிறது tomber dans la trappe, se prendre au piége; —க்கூடு la cage à illusion, corps, — fantastique, — fragile, masque, simulacre de corps; —க்கொட்டை fruit avorté, qui ne se noue pas; —க்கோலம் masque, déguisement, — emprunté; —சொல்லுகிறது mentir, dire des faussetés; —சொல்லல் menterie, mensonge; —சொல்லுவோன் menteur; —ச்சத்தம் son contrefait; —ச்சத்தியம் faux serment; —ச்சத்தியம்பண்ணுகிறது faire un faux serment; —ச்சாக்ஷி, —ச்சாட்சி faux témoin, — témoignage; —ச்சொல் fausse parole, mensonge, fausseté; —த்தலை fausse tête, masque; —த்நீர் fausse apparence d'eau, mirage, — qui représente de l'eau qui n'existe pas; —படுகிறது, —ப்படுகிறது se trouver —, devenir —, être faux; —ப்பத்திரம் faux billet; —ப்பாளை spathe ou fleur de cocotier... qui ne donne pas de fruit; —ப்பூ fleur qui ne donnera pas de fruit; —ப்பிஞ்சு fruit à peine formé qui ne réussira pas; —பேசுகிறது dire des faussetés, mentir; —ப்பேச்சு mensonge; —மூளை, *V.* பொய்க்கிளை; — மதம் fausse secte, — religion; —மூக்கு faux nez, nez postiche, intérieur du nez; —யடி, (அடி), faux coup, escrime, coup porté à faux, effroi, menace de coup; —யாணை, (ஆணை), faux serment; —யிகழ்ந்தோர் ceux qui ont renoncé aux faux biens du monde, religieux, ermites; —யில், —யில்லா, —யில்லாத non faux, vrai; —யில்லார் gens véridiques; —யுறக்கம், (உறக்கம்), faux —, léger sommeil; —வார்த்தை parole fausse, mensonge, fausse histoire; —வாழ்க்கை, —வாழ்வு faux bonheur, plaisir —, bonheur périssable, bonheur du monde: —வாழ்விலிருக்கிறது être dans les plaisirs périssables, mener une vie mondaine: —விசேஷம் fausse nouvelle, — particularité, — histoire; —வேஷம் déguisement, — emprunté, masque, fausse apparence; பொய்யாய் faussement; பொய்யான faux, mensonger, trompeur: பொய்யாய்ப்போகிறது se trouver —, devenir faux; பொய்யாய்ப்போகிறநம்பிக்கை fausse —, vaine espérance, espérance trompeuse, qui ne se réalise pas; பொய்யைப்பிணைக்கிறது fabriquer des mensonges.

பொய்கை, étang, — fangeux, mare naturelle, gros hibou dit கோட்டான்.

பொய்கையார், nom d'un poète.

பொய்க்கிறது, ய்த்தேன், ய்ப்பேன், ய், ய்க்க, *v.a.et n.* பொய்க்குதல், பொய்த்தல், *n.v.* mentir, dire un mensonge, devenir —, se trouver faux, tromper, manquer: உன்னெஞ்சறிவதுபொய்யேல் ne ments pas sciemment; என்வார்த்தைபொய்யாது ma parole ne trompe pas, ne sera pas fausse; பொய்யாதே ne ments pas, ne manque pas à la parole; பொய்த்துப்போகிறது se trouver —, devenir faux, manquer, ne pas réussir.

பொய்க்கை, 1° *n.v. du préc.* mentir. 2° (பொய், கை), main postiche, fausse main, espèce de poisson dit துணாலை, sardine ou hareng.

பொய்ச்சாக்கிறது, பொய்ச்சாத்தல், *P.* பொச்சாக்கிறது, oublier.

பொய்ச்சு, chose qui n'a ni noyau ni pulpe.

பொய்தல், compagne, suivante, espèce de jeu —, troupe de femmes.

பொய்த்த, *part.de* பொய்க்கிறது; faux, mensonger, trompeur.

பொய்த்தல், பொய்ப்பு, *n.v. du même*, mensonge, fausseté, tromperie.

பொய்த்து, *gér.du même.*

பொய்மை, (பொய், மை), mensonge, fausseté, déguisement, masque.

பொய்யன், (பொய்), menteur, trompeur, imposteur.

பொய்யா, பொய்யாத, *part.nég.de* பொய்க்கிறது, qui ne ment pas, véridique, vrai, qui ne manque pas, immanquable, infaillible: பொய்யாப்புள் espèce d'escargot, — de scarabée; பொய்யாமொழி parole sûre, — infaillible, certitude, vérité, infaillibilité.

பொய்யாமை, *n.v.nég.du même*, ne pas mentir, véridicité, véracité, infaillibilité.

பொர, *inf.de* பொருகிறது.

பொரி, 1° forêt fréquentée par les éléphans. 2° chose frite, rôtie, grillée, friture, grillade. 3° *imp. et part. de* பொரிகிறது *et de* பொரிக்கிறது: —காரம் borax; —கறி viande frite, — rôtie, friture, grillade, rôti; —துள்ளுகிறாப்போலே துள்ளுகிறான் il sautille comme du grain qu'on fait griller, il ne fait que gambader que badiner, — que babiller; —பொரியென்றுபேசுகிறது jaser, babiller, chuchoter; —ப்பூண்டு la plante lepidagathes cristata; —மலர், *V.* புன்கு; —மா, —யரிசிமா farine de riz grillé, — grains grillés; —மாச்சித்தி, —மாத்தட்டி homme à vaines imaginations; —மீன் poisson frit, friture de poisson; —யிறைக்கிறது jeter des grains grillés sur un cadavre qu'on porte au bûcher, — sur les nouveaux mariés ou sur le feu d'un sacrifice indou, ce qui en désigne la fin); —யுருண்டை espèce de boulette frite ou grillée; —வாணம் fusée à étoiles; —வாணம்பொரிகிறது cette fusée éclater et lancer des étoiles; —விளாங்காய் boulette de viande ou de farine... frite, qui ressemble au fruit du feronia dit விளாங்காய்.

. பொரிகிறது,ரிந்தேன்,ரிவேன், ரி, ரிய,v.n.frire,griller,rôtir, être frit, rôti,grillé,cuit,couvé, éclore, faire feu,tirer des coups de fusils,bavarder. jaser, se fâcher: பொரிந்தது c'est frit; பொரிகிறான் il ne fait que bavarder; பாளையத்தின்மேலேதுப்பாக்கிபொரிகிறது on tire des coups de fusils sur le camp.

பொரிக்கிறது,ரித்தேன், ரிப்பேன், ரி,ரிக்க,v.a.du préc. faire frire,—rôtir, —griller, — cuire au four,— éclore, couver, fricasser, éclore: குஞ்சு — faire éclore les petits,ou les petits éclore; இறைச்சியைப்— faire frire de la viande; பொரித்தமீன் poisson frit: பொரித்தரிசி, (பொரித்த,அரிசி); grain—,riz grillé;

பொரிதல்,n.v.de பொரிகிறது,friture,action de frire...

பொரித்தல்,பொரிப்பு, n.v.du préc. friture,action de faire frire,..

பொரிபொரிக்கான்,la plante dite வெடிபலவன்.

பொரியல்.n.v.de பொரிகிறது,friture,viande frite, —rôtie, action de frire... [பொரிதல்.

பொரிவு, 1° horripilation. 2° V.

பொரு,imp.et part. de பொருகிறது:—களம் champ de bataille.

பொருகிறது,ருதேன்,ருவேன், ரு, ர,v.a.et n.combattre,livrer bataille, se battre,escarmoucher,rivaliser,ressembler,égaler,s'accorder,convenir: எதிர்த்துப்பொருதல் aller à l'ennemi et combattre, combattre pour s'opposer,faire résistance,tenir ferme dans le combat.

பொருக்கு,riz cuit.

பொருக்காங்கட்டி, (பொருக்கு, ஆங்), motte de terre.

பொருக்கு,1° mot imitatif—, expression de vitesse.2° ce qui est détaché,séparé du reste,résidu, reste, flocon; vase (d'étang) desséchée et crevasséeou détachée par morceaux: சோற்றுப்பொருக்கு restes de riz cuit, பொருக்கற்றுப்போகிறது être entièrement éteint,— anéanti, périr sans laisser de restes; கெட்டவன் பொருக்கற்றுப்போவான் le méchant périra avec toute sa race; பொருக்காயுதிருக்கிறது être détaché, séparé,brisé, lâche: பொருக்கெனல் expression de vitesse; பொருக்கென வருகிறது venir vite. à la hâte; பொருக்குமண் terre détachée,—meuble;—மண்கட்டி motte de terre

பொருடனை,P.பொருள் தனை: ou acc.de பொருள்.

பொருட்,P.பொருள் devant க, ச, த,ப: —கட்டுவணி figure qui montre le bon ou mauvais résultat d'une action; — குறைவிசேஷம் figure qui consiste à relever une chose par le manque d'une autre. Ex. இருநாழிநெற்கொண்டு சீவரனைத்தும் ஊட்டும் il nourrira tous les hommes (litt. toutes les vies) avec 2 mesures de riz;—கேடு,—சேதம் perte des biens;—சிறப்பு beauté—, avantage des richesses;—சுவை le goût des richesses;—செல்வம்accroissement—, acquisition des—, richesses; —செல்வி femme riche,la prétendue déesse des richesses,i.e. Lakchimi;—படுகிறது devenir—,être utile, avantageux; — படுத்துகிறது rendre utile,avantageux,regarder comme une chose réelle,— avantageuse; —பற்றுதல் détachement des richesses;—பால் partie des biens,des richesses,la 2° partie du நற்பொருள்,la section qui traite des richesses; — பிறழ்வுடைமை chose incohérente,—qui semble se contredire. Ex. குமரன்வேல் le javelot du petit garçon (à qui le maniement des armes ne convient pas, en ce sens c'est une idée incohérente, mais குமரன் signifiant le fils cadet de Siven,i.e.Supramanien prétendu dieu de la guerre,on traduira le javelot de Supramanien;— பின்வருநிலை phrase où le même sens est exprimé en d'autres mots;— பெண்டிர் femmes qui sont une marchandise,—qui ne cherchent que l'argent,i.e. prostituées;—பெற்றி qualité—, propriété,—nature d une chose,le propre des richesses; — பொருள் richesses, le 2ᵉ des நற்பொருள்.

பொருட்டன்மை, (பொருள், தன்மை), V. பொருண்மை.

பொருட்டிரிபு, (பொருள், திரிபு), changement de sens.

பொருட்டு, (பொருள்), 1° cause, motif, chose estimable, avantageuse, d'usage. 2° 3ᵉ pers. neut sing. du குறிப்புவினை de பொருள், c'est une chose, il est utile..., (après un nom) pour, à cause de; (après le participe futur en உம், பொருட்டு, பொருட்டாய், பொருட்டாக signifient) pour, afin de: அவன்பொருட்டு à cause de lui, en sa considération: ஆர் — pour qui? உன்பொருட்டாய்வந்தேன் je suis venu à cause de vous; அதுஅழிந்து போகும்பொருட்டாக afin que cela périsse; இப்படியாகும்பொருட்டாய் afin que cela se fasse ainsi; உனக்கு நன்மை யுண்டாகும்பொருட்டு afin qu'il t'arrive du bien; நம்மை மீட்டிரக்கும் பொருட்டாக pour nous racheter; பொருட்டாயிருக்கிற து être utile, avantageux; பொருட்டில்லாமற்போகிற து devenir inutile; ஒருபொருட்டாய்ப்பார்க்கிறது ou எண்ணுகிறது regarder comme utile, faire cas, estimer; இதொருபொருட்டா வெண்ணப்படவில்லை cela ne fut pas considéré comme une chose utile, on ne fit aucun cas de cela; இராசாவென்னையொருபொருட்டாய்ப்பார்த்தார் le roi m'a regardé comme digne et utile, a fait cas de moi.

பொருட்டொடர்நிலைச்செய்யுள், (பொருள், தொடர்), poème dont le sujet a une suite ou liaison naturelle, nom d'un poème.

பொருணயம், (பொருள், நயம்), but, intention, bonne qualité ou bonté d'une chose.

பொருணனி, caillou; jus de cocotier.

பொருணிலை, (பொருள், நிலை), attribut d'une proposition.

பொருண்முடிவு, (id. முடிவு), fin du sujet, intention, but de la pensée.

பொருண்மை, (id. மை), sens, sujet, matière, état de la chose ou de l'objet.

பொருத, 1° part. parf. de பொருகிறது. 2° inf. de பொருந்துகிறது.

பொருதல், 1° n. v. de பொருகிறது, combat, rivalité; ressemblance, agrément, accord. 2° opt. et n. v. de பொருந்துகிறது. 3° la plante தும்பை, phlomis indica.

பொருது, 1° gér. de பொருகிறது. 2° imp. et part. de

பொருந்துகிறது, தினேன், துவேன், து, த, v. a. பொருந்துதல், n. v. combattre, guerroyer, convenir.

பொருத்தம், (பொருந்துகிறது), convenance, accord, justesse, conformité, compatibilité, condition convenue, assortiment, combinaison, consentement: — பார்க்கிறது examiner la convenance, la conformité, sonder —; examiner les convenances astrologiques et autres d'un mariage, v. g. கழுத்துப்பொருத்தம் la convenance du cou, les probabilités sur la durée du tâli nuptial que l'épouse portera au cou, et de là sur la durée de la vie du mari; வயிற்றுப் பொருத்தம் la convenance du ventre et la probabilité d'avoir des enfans. Il y a au sujet des mariages et du commencement des poèmes 10 espèces d'observances superstitieuses dites தசப்பொருத்தம், V. செய்யுட்பொருத்தம் et மணப்பொருத்தம்; பொருத்தக்கடுதாசி, — சீட்டு billet de consentement, contrat; பொருத்தம்-இ, ou தானப்பொருத்தம் 5 places artificielles dans la versification, savoir பாலன் ou பாலதானம் place de l'enfant, குமரன் ou குமரதானம் place du jeune homme, அரசன் ou இராசதானம் place du roi, விருத்தன், விருத்த ou மூப்புத்தானம் place de la vieillesse, மரணம் ou மரணதானம் place de la mort: à chacune de ces places on assigne certaines voyelles, savoir: அ, ஆ à பாலன்; இ, ஈ, ஐ à குமரன்; உ, ஊ, ஒ à அரசன்; எ, ஏ à விருத்தன், et

எ. ஓ. க மகணம். La 1re voyelle du nom du héros et celle du 1er mot du poème, soit qu'elles soient simples ou accompagnées d'une consonne, doivent appartenir aux 3 premières places; autrement ce serait un mauvais augure dans l'idée des Indous.

பொருத்தல், opt. et n.v. de பொருத்துகிறது, combinaison, union, jonction, accord, assortiment, combinaison.

பொருத்தனை, பொருத்தினை; 1° (பொருத்துகிறது), accord, combinaison, convenance. 2° P. நேர்த்திக்கடன், vœu.

பொருத்து, jointure, articulation, convenance, accord, combinaison, consentement, n. v. imp. et part. de

பொருத்துகிறது, த்தினேன், த்துவேன், த்த, v. a. de பொருந்துகிறது et பொருத்துதல், n.v. faire —, accorder, mettre d'accord, joindre, assortir, ajuster, combiner, proportionner, réunir, — ensemble: இருளோடொளியைப் பொருத்தவொண்ணாது personne ne peut accorder la lumière avec les ténèbres.

பொருத்தோலை, (பொருத்தம், ஓலை) billet d'accord, — de consentement, accord —, contrat écrit sur ôle.

பொருநன், pl. பொருநர், (பொருகிறது), combattant, vaillant —, soldat, roi, chef de pays montagneurs, général d'armée, homme fort, louangeur, panégyriste, acteur, comédien, mime: பொருநராற்றுப்படை espèce de poème.

பொருந்துகிறது, ந்தினேன், ந்துவேன், ந்து ou ந், ந், v. a. agréer, consentir, approuver, s'accorder.

பொருநை, பொருந்தம், பொருந்தம், பொருநை, nom de la rivière தாம்பிரபருணி, dans le district de Tinnévelly ou திருநெல்வேலி, qui servait probablement de bornes aux royaumes de சேரன் et de பாண்டியன், i.e. aux pays du Maléalam et du Maduré: பொருநைத்துறைவன் le prince riverain du Porunei, le roi சேரன்.

பொருந்தர். (பொருந்துகிறது), faiseurs de corbeilles, de paniers, tisserands.

பொருந்தலர், (id. அலர்), ennemis, ceux qui ne s'accordent ou ne se conviennent pas.

பொருந்தல், opt. et n.v. de பொருந்துகிறது, convenance, aptitude, jonction, union, accord, combinaison, compatibilité, mélange, agrément, consentement, approche, possession, — d'une qualité.

பொருந்தா, பொருந்தாத, part. nég. de பொருந்துகிறது, qui ne s'accorde pas, ne se joint pas, incohérent, incompatible, qui déplait, désagréable: பொருந்தாக்காமம், V. பொருந்திலை.

பொருந்தாமை, n.v. nég du même, désaccord, inconvenance, désunion, incompatibilité, incohérence, privation, dégoût, aversion.

பொருந்திய, P. பொருந்தின, part. parf. du suiv. மகானுபாவன் très-révérend, révérendissime, digne d'un grand respect.

பொருந்துகிறது, ந்தினேன், ந்துவேன், ந்த, ந், v.n. convenir, cadrer, se joindre, (v.g. 2 planches...), s'unir, s'emboiter, se combiner, s'arranger, se mêler, s'accorder, s'ajuster, être compatible, — apte, s'accorder, agréer, consentir, plaire, être agréable, conforme, posséder, — une qualité, — un attribut, approcher: மனம் ou மனம் — la volonté s'accorder, consentir; பொருந்தச்சொல்லுவோர் ceux qui cherchent à persuader, ceux qui enseignent; பொருந்தவைக்கிறது enter, greffer, réconcilier, faire cadrer, joindre; விலைபொருந்தக்கூட்டுகிறது crier —, vendre aux enchères; எனக்குப்பொருந்தாது cela ne me plait pas, ne me convient pas; பொருந்தாமற்போகிறது ne pas convenir..., déplaire, désapprouver; பொருந்திக்கொள்ளுகிறது convenir de, être d'accord sur; (யாதொன்றில்) பொருந்தியிருக்கிறது s'accorder en quelque chose, convenir, agréer, plaire: பொருந்தி வாங்குகிறது acheter de bon gré, — après être convenu du prix; மனம் பொருந்தி ou மனம்பொருந்தி de bon gré, volontiers, volontairement; பொருந்தி னகாரியம் chose qui convient.

பொருந்துகை, பொருந்துதல், V. பொருந்தல்.

பொருபுலி, (பொரு), champ de bataille, terre stérile, — en friche.

பொருபொருக்கிறது, க்கினேன், கு ப்பேன், கு, க்க, v.n. பொருபொருத் தல், n.v. être brûlé —, brûler —, rôtir —, griller entièrement, se fâcher, s'irriter. [arbre.

பொருபொருப்பான், nom d'un

பொருபொரெனகிறது, (son imitatif), faire porouporou, - du bruit.

பொருப்பன், (பொருப்பு), chef d'un pays montagneux.

பொருப்பு, montagne, le mont சேரலமலை (du royaume de சேரன், i.e. du Maléalam). [grasse.

பொருமலி, (பொருமல்), femme

பொருமல், pleurs, gémissemens, soupir, sanglots, enflure ou tympanite causée par des pleurs excesifs, opt. et n.v. de

பொருமுகிறது, பினேன், முவேன், மு, ம, v.n. பொருமுதல், n.v. pleurer, — et sangloter, gémir, soupirer, sangloter, être enflé par une espèce de tympanite causée par les pleurs: பொருமியழுகிறது pleurer et sangloter. [plante சுழல்வின்.

பொருமுட்டி. l'arbrisseau —, la

பொருவ, inf. de பொருவுகிறது, comme, semblablement.

பொருவாய், 1° petit poisson plein d'arêtes. 2° tu ne ressembles pas, 2° pers. nég. de பொருவுகிறது.

பொருவு, ressemblance, comparaison, faute, n.v. imp. et part. de

பொருவுகிறது, வினேன், வுவேன், வு, வ, v.n. பொருவுதல், பொருவுதல், n.v. ressembler, égaler, être semblable.

பொருள், objet, chose, être, matière, sens, - d'un mot, signification, richesses, effets, biens, possession, avantage, acquisition, — des richesses, le 2° des நாற்பொருள், objets divers, ustensile, fourniture de ménage, argent, monnaie, or, réalité, vérité, primauté, supériorité, caractère, qualité, enfant, progéniture, 3me partie de la grammaire dite பொருளிலக்கணம், conséquence, indice d'une chose: உரிப்பொருள் les 5 circonstances, ou particularités de l'அகப்பொருள் relatives aux poèmes érotiques: இருபொருள் les 2 espèces de biens ou de possessions, i.e. கல்விப்பொருள் les biens de la science, l'érudition, et செல்வப்பொருள் les biens de la fortune, les richesses: முப்பொருள் l'être triple, le trimourti ou la triade indienne: நாற்பொருள் les 4 choses (dont doivent traiter les grands poèmes), V. au mot நாற்; ஐம்பொருள் les 5 choses dont traite la grammaire tamoule, i.e. எழுத்து les lettres ou l'orthographe, சொல் les mots, பொருள் les choses ou l'amplification, யாப்பு la prosodie, அணி les figures; பொருளகத்திணை récapitulation ou sommaire des différens membres ou parties d'un sujet: — அட்டவணை table, — des matières (d'un livre); — அணி figures de pensées (opposé à சொல்லணி figure de mots); — அதிகாரம், — இலக்கணம் chapitre ou traité des matières, des qualités et propriétés des choses, 3me partie de la grammaire tamoule qui traite des règles de la composition ou de l'amplification, et se divise en 2 parties அகப்பொருள் chose intérieure ou règles pour la composition des poèmes érotiques, et புறப்பொருள் chose extérieure ou règles pour la composition des poésies héroiques ou morales, V. ces mots. Il est à remarquer que, dans la composition des poèmes érotiques, ordinairement les poètes, pour embellir leur sujet, comparent les 5 états des amans aux 5 espèces de sol, savoir: புணர்தல் l'union au

குறிஞ்சி ou pays montagneux, பிரிதல் la séparation au பாலை ou pays désert, இருத்தல் la vie séparée au முல்லை ou pays de bois, ஊடல் la bouderie au மருதம் ou pays cultivé, et இரங்கல் les regrets de séparation au நெய்தல் ou terrain salé: —அந்தாதி répétition de la même pensée ou du même sens à la fin d'un vers ou d'une strophe et au commencement de l'autre; — அவணி,— அபணி fig. de rhét. qui par le sens fait ressortir l'excellence de l'objet; — அறக்கைக்கொள்ளுகிறது recevoir entièrement (sans laisser d'arriéré), — அற்றுப்போகிறது le sens finir, l'objet —, le bien périr;— ஆகுபெயர் application du nom d'un tout à une de ses parties comme மரையிதழ் feuille de nénuphar, expression qui désigne la fleur du nénuphar et non le nénuphar entier; — ஆசை désir des richesses, — de l'argent, avarice; — ஆசைக்காரன் homme cupide, avide de richesses; — ஆனந்தம் défaut dans le sens des mots;— இலக்கணம் traité des matières, 3me partie de la grammaire tamoule, qui donne des règles pour traiter des 4 objets d'un poème dits நாற்பொருள், *i. e.* de la vertu, des richesses, des plaisirs sensuels et du paradis, *V.* பொருளதிகாரம்; —இன்பம் plaisir —, goût des richesses, plaisir que procure un sujet traité; — ஈட்டல் acquisition des richesses (ce qui est un des 6 emplois des soudras et des marchands);—உவமம் comparaison des qualités des choses. *Ex.* நீர்போலுந் திருவுளம் volonté sainte qui ressemble à l'eau, bienfaisante comme l'eau; —கொள்ளுகிறது être susceptible d'un —, avoir un sens, recevoir de l'argent, des biens...;— கோள் mariage dans lequel on reçoit de l'argent de l'époux, —d'Asourer, attribut (d'une proposition), interprétation, manière d'avoir le sens, construction ou inversion qu'il faut faire pour cela, (on en compte 8, savoir: ஆற்றுநீர் — celle qui est naturelle comme le cours d'une rivière et suit l'ordre des mots; மொழிமாற்று —celle qui demande transposition des mots; நிரனிறை—celle qui suit l'ordre symétrique des mots பூட்டுவிற்— celle dans laquelle les mots du commencement et de la fin d'une strophe forment un sens entr'eux; தாப்பிசை —celle qui sous entend au commencement et à la fin un mot qui se trouve au milieu de la phrase; அளைமறிபாப்பு —, celle où soit un vers soit un mot de la fin d'une strope sert de complément au commencement et au milieu; கொண்டுகூட்டுப் — celle qui réunit selon que le sens le demande, les mots que la tournure des vers a séparés: அடிமறிமாற்றுப்பொருள்கோள் celle où l'on peut intervertir l'ordre des vers, sans nuire ni au sens, ni à l'harmonie, ni à la beauté); —சேர்க்கிறது ramasser des richesses;— பண்ணுகிறது.—பண்ணுதல் expliquer, donner un sens, estimer; — விரி extension d'un terme;—விலக்கு figure qui consiste à rejeter l'objet ou le sens qu'on a indiqué; —விளங்கவைத்தல் mettre de manière à faire ressortir ou à éclaircir le sens, arrangement clair et naturel des mots suivant le sens, (opposé aux transpositions poétiques et recherchées), clarté, c'est une des 10 beautés du style: — விடு détachement des richesses; பொருளாவணையும்பெயர் nom dérivé d'un nom de bien ou d'objet, de parenté, de nombre, de corporation etc.; பொருடனை (பொருள்தன்னை) ப்போற்றிவாழ் soigne ton bien et vis heureux.

பொருநன், *V.* பொருநர்.

பொருநை, *V.* பொருநதி.

பொலம், பொலன், beauté, or, couleur d'or, grandeur, mal: பொலங்கலம் joli- , bijou, - d'or; பொலத்துறவு grande pénitence,

பொலி, 1° monceau de riz... non

vanné. 2° *imp. et part. de* பொலிகிறது: —கடா, —கிடா bélier—, bouc —, taureau ou buffle destiné à saillir, à repruduire l'espèce; — கூப்பிடுகிறது pousser des hourras ou cris de joie, lorsqu'on apporte le blé dans l'aire: —க்கடா bœuf qui foule la moisson, *V.* பொலிகடா; —க்கட்டை piquet auquel on attache les bœufs qui foulent la moisson, ou le taureau destiné à la femelle; — க்களம் espace autour du tas de riz...; —க்கொடி paille; — தூற்றுகிறது vanner, —, éventer le riz, — le grain; — நடையன் le bœuf qui, en foulant la moisson, se trouve le plus près du pieu planté au milieu; —யளவு mesure pleine, - comble; பொலியெருது taureau destiné à saillir, — à propager l'espèce, *V.* பொலிநடையன்.

பொலிகிறது, லிந்தேன், லிவேன், லிந்து, லிய, *v.n.* (பொலி), s'entasser, s'accumuler, être entassé, ramassé, mis en tas, briller, exceller, abonder, s'accoupler, (le taureau -, le bélier...) saillir, couvrir leur femelle: பொலிந்துவிட்டுப் போகிறது (la vache) s'accoupler et devenir pleine.

பொலிகை, gain, profit, or.

பொலிதல், பொலிவு, *n. v. de* பொலிகிறது, élévation, augmentation, accroissement, abondance; accumulation, excellence, beauté, splendeur, accouplement: பொலிவழிதல் dégénération, déchéance, décadence, se perdre.

பொலுகுகிறது, கினேன், குவேன், கு, க, *v.n.* பொலுகுதல், *n. v.* l'eau découler, dégoutter.

பொலுபொலு, son imitatif de la chute des feuilles: பொலுபொலுவென்கிறது *ou*

பொலுபொலுக்கிறது, த்தேன், ப்பேன், த்து, க்க, *v. n.* (பொலுபொலு), les feuilles... tomber, faire *poloupolou*.

பொலுபொலுத்தல், பொலுபொலுப்பு, பொலுபொலுவெனல், *n.v. des préc.* chute des feuilles...

பொலகு, *V.* பொலுகு.

பொல்லம், morceau, couture, action de coudre.

பொல்லர், (பொல்லம்), tailleurs, cordonniers, corroyeurs.

பொல்லேன் 1° *sing. du préc.* 2° méchant.

பொல்லா, *adj.* mauvais, méchant: —நிலம் terrain mauvais, —glissant; —மணி; *P:* பொல்லாதமணி.

பொல்லாங்கு, (பொல்லா), mal, tort, méchanceté, bassesse, défaut, oubli: —செய்கிறது faire du mal.

பொல்லாத, (பொல்லா), mauvais, méchant, pervers: —விரகம் mauvaise méthode, mauvais procédé; —நடக்கை mauvaise conduite, — vie; —நினைப்பு, —நினைவு mauvaise pensée; —வேலை mauvais ouvrage, mauvaise affaire; —வேளை temps malheureux, néfaste; பொல்லாதவன், *m.* பொல்லாதவள், *f.* méchant, méchante.

பொல்லாது, பொல்லாதது, (*id.*), ce qui est mauvais, cela est mal.

பொல்லாப்பு, (*id.*), mal, tort, méchanceté, malheur; — படுகிறது éprouver du mal; — பண்ணுகிறது faire du mal; — பண்ணிக்கொண்டிருக்கிறது se faire du mal, faire habituellement du mal; பொல்லாப்பாகிறது devenir mauvais, — méchant.

பொல்லாமை, (*id.*), mal.

பொல்லான், *pl.* பொல்லார், (*id.*), méchant.

பொல்லு, bâton, - pour s'appuyer, épi broui.

பொழி, 1° petite chaussée, séparation dans les champs labourés. 2° *imp. et part. du suiv.*: பொழியவன்று தூற்றுகிறது vanner le blé en le faisant tomber doucement d'une corbeille.

பொழிகிறது, ழிந்தேன், ழிவேன், ழி, ழிய, *v.a.* பொழிதல். *n. v.* verser, répandre, —abondamment, donner, pleuvoir, — à verse: செல்வம்பொழியுஞ் சிங்காரத்தோப்பு bosquet charmant, rempli de délices; புஷ்பமாரி பொழிகிறது répandre un pluie de fleurs; வசனத்தாரை — répandre des flots de paroles; பொழிகிறான் il répand (d'abondans bienfaits ou des flots de paroles).

பொழிப்பளபெடை, (பொழிப்பு, அளபெடை), allongement dit அளபெடை venant au 1er et 3me pied d'un vers.

பொழிப்பியைபு, பொழிப்பியைவு, (id. இயைபு), la rime dite இயைபு venir au dernier et à l'antépénultième pied d'un vers.

பொழிப்பு, paraphrase, courte explication, sommaire, marque, rapport dit தொடை qui a lieu dans le 1er et le 3me pied d'un vers: -திரட்டுக், -திரட்டு récapitulation —, paraphrase explicative; — முரண் antithèse au 1er et ou 3me pied; —மோனை connexion dite மோனை au 1er et au 3e pied.

பொழிப்புரை, (பொழிப்பு, உரை), traduction ou explication libre, paraphrase, récapitulation explicative.

பொழிப்பெதுகை, (id. எதுகை), rime dite எதுகை au 1re et au 3e pied d'un vers.

பொழில், monde (en général), pays, terre, bosquet, jardin de fleurs, grandeur.

பொழிவு, n.v. de பொழிகிறது, largesse, donation, profusion, effusion, pluie, abondance, affluence, profit, intérêt, louange, supériorité: —காண்கிறது avoir du profit, obtenir de l'avantage: பொழிவாயிருக்கிறது, பொழிவுண்டாயிருக்கிறது être avantageux, — abondant; தன்பொழிவைப்பார்க்கிறது être intéressé, regarder ses intérêts.

பொழுதிற்கூடல், (பொழுது, abl.), se retirer de jour, avant le coucher du soleil, ce qui est un des அகட வணிகக்குணம், s'accoupler de jour.

பொழுது, temps, période de temps, jour, journée, soleil, lorsque (après un participe): அறு — les 6 parties du jour de 24 heures (V. அறுபொழுது, et சிறுபொழுது au mot சிறு); பெரும் — les 6 saisons des Indiens, V. அறுபருவம்; இறங்கு — l'après midi, soir, déclin du jour, — du soleil, — de la prospérité; ஏறு — lever du soleil, matinée, avant-midi, temps de prospérité: ஒரு — un jour, une fois le jour. (V. au mot ஒரு); இரண்டு — 2 jours, 2 fois, 2 fois le jour; இருபொழுதைக்குண்டு il y a pour 2 repas, ou pour 2 fois; மூன்றுபொழுது 3 jours, 3 fois, — le jour, 3 repas par jour; நாள்கள்நிறைவேறினபொழுது lorsque les jours furent accomplis; பொழுதறுதி fin du jour, du temps, jusqu'à la fin du jour, jusqu'au soir: — ஆயிற்று le temps est passé, le jour est fini, c'est trop tard: — கட்டுகிறது le soleil levant être couvert de nuages (ce qui est signe de pluie; — சாய்கிறது, — சாய்ந்துபோகிறது le jour —, le soleil être sur son déclin; — சாய au déclin du jour, dans la soirée; — படுகிறது, — புகுகிறது, — புகுதுகிறது, — விழுகிறது le soleil se coucher; — புகுந்தது, — விழுந்துபோச்சு le soleil est couché; — விழ au coucher du soleil; — விழவில்லை, — புகுதவில்லை le soleil n'est pas encore couché; — புறப்படுகிறது le soleil se lever, le jour paraître; — போகிறது le jour finir, — disparaître; — போக்கல், — கழித்தல், — போக்கு passer le temps, passe-temps, amusement, — pour tuer le temps, distraction; — போக்காயிருக்கிறது être un passe-temps, passer faire le temps en amusement, — remettre d'un jour à l'autre; — போக்குகிறது, — கழிக்கிறது passer le temps, s'amuser, passer le temps en amusemens, se distraire; — மதியந்திரும்புகிறது le jour tourner vers son déclin; — வணங்கி héliotrope, tournesol; — விடிகிறது le jour poindre, faire jour, le soleil se lever: — விடுகிறது passer le temps; பொழுதொடுபுணர்தல், V, பொழுதிற்கூடல்.

பொளி, 1° trou, cou de pioche. 2° imp. et part. de

பொளிகிறது, ளிந்தேன், ளிவேன், ளி, ளிய, v.a. ou பொளித்துப்போடுகிறது, tailler, couper, trancher, polir (avec le ciseau), ciseler, graver (une pierre...), percer: கற்— tailler —, ciseler une pierre; பொளியச்சொல்லுகிறது ordonner de tailler des pierres.

பொளித்தல், பொளிவு, *n.v. du préc.* taille—, ciselure—, gravure des pierres.

பொள்ளல், *opt. et n.v. de* பொள்ளுகிறது, taille -, ciselure —, gravure des pierres, percement, perforation; trou, creux d'arbre, marque ou cicatrice, —de la petite vérole, pâtisseries, pain, diverses espèces de pains: — மூஞ்சி figure marquée de la petite vérole.

பொள்ளா, பொள்ளாத, *part. nég. du suiv.* non percé, non taillé; பொள்ளாமணி pierre précieuse non percée, non taillée.

பொள்ளுகிறது, ளினேன், ளுவேன், ளு *du* ள், ள, *v. a. et n.* பொள்ளுதல், *n.v.* percer, perforer, tailler ciseler, se creuser, se percer.

பொள்ளு, son imitatif—, expression de vitesse: பொள்ளென்கிறது, se presser, se hâter; பொள்ளெனல் hâte, vitesse: பொள்ளெனவாங்கே புறம்வேரார், காலம்பார்த்துள்வேர்ப்பரொள்ளியவர் les gens prudens ne montrent pas subitement leur colère au dehors, mais selon l'occasion ils s'indigneront intérieurement.

பொறா, பொறாத, *part. nég. de* பொறுக்கிறது, qui ne supporte pas, ne pardonne pas, impatient, envieux, insupportable, impardonnable: பொறாதவன் qui ne peut souffrir (une injure, une affliction), envieux (du bien d'autrui): தலை —, தோள்பொறாதவன் homme qui ne peut porter un fardeau sur sa tête, —sur son épaule.

பொறாது, பொறாமல், *gér. nég. du même.*

பொறாமை, *n.v. nég. du même*, impatience, envie, jalousie: — க்காரன் envieux, jaloux; — கொள்ளுகிறது, — படுகிறது concevoir de l'envie, être jaloux, impatient; பிறர்வாழ்க்கையைப் பார்த்துப் பொறாமைபடுகிறது être jaloux de la prospérité d'autrui.

பொறி, 1° signe, marque, cachet, sceau, empreinte, point (qu'on met sur une lettre); objet, bien, organe des sens, lettre, écriture, prétendue écriture ou caractère du destin, destinée, étincelle, —de feu, chose qui s'échappe, glissade, échappatoire, machine, ouvrage artificiel, piége; ligne, linéament, jointure, articulation des doigts, tache, raie, taches jaunes sur le corps dites தேமல்; beauté, ornement -, partie de fortification, figures menaçantes, intelligence, connaissance, gain, accroissement, abondance, prospérité, la prétendue déesse de la prospérité, i. e. Lakchimi, grand —, bateau, barque, char, chose petite, —menue, particule, parcelle, moment. 2° *imp. et part. de* பொறிகிறது *et imp. de* பொறிக்கிறது: பொறி ௫ les 5 organes des sens, *V.* ஐம்பொறி; பொறி-ம, 3 choses requises dans les hommages à la divinité, savoir மனம் l'esprit, வாக்கு la bouche, காயம் le corps, car nous devons adorer Dieu en pensées, en paroles et en actions; எலிப்பொறி ratière, piége à rat: தீப் — étincelle de feu: தலைமேற் — décret supposé écrit sur la tête, la destinée *V.* தலையெழுத்து; — தட்டுகிறது l'œil étinceler; s'échapper, pétiller; —பறக்கிறது les étincelles voler; —மின்னுகிறது étinceler, briller, pétiller; —யாயிருக்கிறது être déterminé, — la destinée, — arrêté par le destin, — une chose irrésistible (dans les idées païennes): அதெனக்குப் — யாயிருக்கிறது c'est mon destin, je ne puis m'y soustraire: — பார்க்கிறது l'œil pétiller, étinceler; —யிலார்; —யற்றார் gens vils, ignorans, misérables; — யிலி ignorant, homme qui a un mauvais destin: — கேற்றுகிறது, — வைக்கிறது dresser des piéges; — வைத்துத்தட்டிலுற் போலிருக்கிறது c'est comme si ayant tendu un piége on se jetait dedans; எனக்கே

ன்னபொறிபோகுது que m'importe?

பொறிக்கல், 1° (பொறி, கல்), espèce de pierre dite சிலாநாகக்கல், pierre calcaire. 2° *opt. et n.v. de* பொறிக்கிறது.

பொறிகிறது, றிந்தேன், றிவேன், றி, றிய. *v.n.* பொறிதல், *n.v.* glisser, s'échapper, s'écouler, s'enfuir.

பொறிக்கிறது, றித்தேன், றிப்பேன், றி, றிக்க, *v.a.* பொறிக்குதல், பொறித்தல், *n.v.* écrire, tracer, dessiner, peindre, faire glisser, faire échapper: பொறிக்குங்கருவி la détente d'un fusil....

பொறித்தல், பொறிப்பு, *n. v. du préc.* action décrire, écrit, écriture, chose écrite, peinture, dessin, glissade, échappatoire, détente.

பொறியாள், (பொறி), l'homme désigné, destiné: இழவுக்கும்உடைமைக்கும்— celui qui est désigné pour ou destiné à être le chef des funérailles et du bien, l'héritier ou l'exécuteur testamentaire.

பொறிவு, *n.v. de* பொறிகிறது, glissade, échappatoire, position —, pavé en pente, *V.* தொங்குபறிவு.

பொறுக்க, *inf.* பொறுக்கல், *opt. et n.v de* பொறுக்கிறது, *et de* பொறுக்குகிறது.

பொறுக்காது, *nég. des mêmes.*

பொறுக்கி, 1° *gér. de* பொறுக்குகிறது. 2° *n.app. du même,* qui ramasse, qui trie, mendiant, malheureux: கடை— celui qui ramasse dans le marché (ce qui est tombé ou abandonné).

பொறுக்கிறது, றுத்தேன், றுப்பேன், று, றுக்க, *v.a. et n.* porter, soutenir, supporter, souffrir, endurer, tolérer, attendre, s'arrêter, avoir patience, pardonner, être indulgent, échouer à la côte: சற்றுபொறு attends un peu; பொறுக்கத்தக்ககாரியம் chose pardonnable, qu'on peut supporter: பொறுக்கப்படாதகுற்றம் faute impardonnable; பொறுக்கமாட்டாமலிருக்கிறது ne pouvoir porter (un fardeau), — supporter (une injure): சுமைபொறுக்கிறது porter un fardeau: வெகுசஸ்தி endurer bien des souffrances, — bien des peines; பொறுத்துக்கொள்ளுகிறது, — விடுகிறது pardonner: அதெல்லாங்கொண்டுபொறுக்கவேண்டும் il faut pardonner tout cela; நூறுகுற்றமாயிரம் பிழைகொண்டு பொறுக்கவேண்டும் il faut pardonner 100 fautes et 1000 défauts, il faut pardonner tout le mal qu'on vous a fait; பொறுத்துப்போகிறது échouer à la côte; பொறுமல்—, பொறுக்காமலிருக்கிறது ne pas souffrir, —pardonner, être envieux, jaloux, impatient; எனக்குப்பொறுக்காது je ne puis supporter cela.

பொறுக்கு, 1° *P.* பொறுக்கி. 2° *imp. et part. de*

பொறுக்குகிறது, க்கினேன், க்குவேன், க்கு, க்க, *v. a.* ramasser (*v.g.* de terre quelques grains...), recueillir, trier, éplucher: ஒருநிலத்திற்கற்— épierrer une terre. [பொறுக்கிறது.

பொறுக்குதல், *n.v. du préc. et de*

பொறுதி, *n.v. et imp. de* பொறுக்கிறது, patience, pardon, permission, lenteur, retard: —கேட்கிறது demander pardon ou permission.

பொறுத்த, *part. parf. du même.*

பொறுத்தல், *n.v. du même,* pardon, patience, action de porter...: ஒருத்தனிடத்திற்— கேட்கிறது demander pardon à quelqu'un: ஒருத்தனுக்குப்—கொடுக்கிறது pardonner à quelqu'un.

பொறுப்பாளி, பொறுப்பானவன், (*id.* ஆளி, ஆனவன்), garant, répondant, responsable, celui sur qui tout porte, principal.

பொறுப்பிக்கிறது, *v.caus. de* பொறுக்கிறது, charger, faire porter, mettre sur.

பொறுப்பு, *n.v. de* பொறுக்கிறது, patience, pardon, tolérance, souffrance, poids, charge, responsabilité, affection, rapport, principal: பொறுப்பற்ற, (பொறுப்பு. அற்ற), qui n'a pas de responsabilité.... dépourvu de patience, jaloux; பொறுப்பற்றதன

ம் exemption de responsabilité, jalousie, envie, impatience; பொறுப்பற்றவன் homme impatient, envieux; — க்காரன் répondant, garant: தொத்தச்செட்டிமேலே வைக்கிறது mettre le fardeau ou la responsabilité sur quelqu'un; நம்மைப்பிரட்சிக்கிறது கடவுளுக்குப்பொறுப்பாயிருக்கிறது c'est à Dieu qu'appartient le soin de nous conserver, *ou* Dieu a à cœur de nous sauver.

பொறுமை, *n.v. du même*, patience, résignation, tolérance, indulgence: — யாயிருக்கிறது souffrir avec patience.

பொறை, *n. v* de பொறுக்கிறது, patience, pesanteur, poids, fardeau, grossesse (fardeau du ventre), terre, petite —, montagne, colline, pierre ou autre objet qui bouche un égout ou un canal: — சாலி homme patient; — யிலார் gens —, sauvages, sans patience ni pitié, chasseurs, méchans; — யுடைமை possession de la —, patience; — யுயிர்க்கிறது être délivrée de son fardeau, mettre au monde (un fils...).

பொறையன், (பொறை), homme patient, le patient, (épithète de) Dharmarâsâ l'aîné des Pandavers, le montagnard, (épithète de) சேரன் roi du Maléyalam.

பொற், *P.* பொன், or, *devant* க, ச, த, ப, d'or, doré: — கசை cordonnet —, fil d'or; — கட்டி lingot ou barre d'or; — கணக்கு nombre d'or, — doré, mesure au poids de l'or; — கன்னடை, — கென்னடை filet ou fil d'or mêlé au tissu du bord d'une toile; — கம்பி fil d'or; — கலம் plat —, vase ou vaisselle d'or; — காசு pièce —, monnaie d'or, la lentille கொள்ளு; — சங்கிலி chaîne d'or; — சரக்கு marchandise précieuse, — qui vaut de l'or, objet d'or; — சரடு collier d'or, fil d'or; — சரிகை fil d'or, galon —, tissu ou broderie d'or; — சலாகை baguette —, broche d'or; — சித்திரம் variété de la plante சித்திரம்; — சுண்ணம் poudre d'or; — பணதி —, பட்டணிற bijou —, ornement ou colifichet d'or; — பாளம் lingot —, barre d'or; — பிடிப்பிரம்பு canne à pomme d'or; — பிரகாசம் éclat de l'or, chose qui brille comme l'or; — புனை dorure; — பூ fleur d'or, — de couleur d'or; — பூச்சு dorure, couche d'or; — பூச்சுபூசுகிறது dorer; — பூவராகன் espèce de pagode ou pièce d'or.

பொற்பம், (பொற்பு), comme, pour acquérir de la beauté.

பொற்பு, (பொன், பு *affixe*), beauté, ornement, lustre, abondance, ressemblance.

பொற்புறுக்கிறது, (உறுக்கிறது), orner, décorer; பொற்புறுத்தல், *n. v.* décoration.

பொற்றகடு. (பொன், தகடு), plaque d'or: பொற்றகட்டால்மூடுகிறது couvrir de plaques d'or, plaquer en or.

பொற்றலைக்கையாந்தகரை, (*id.* தலை), *et* பொற்றாது, (*id.* தாது), l'excellente plante médicinale verbesina calendulacia ou eclipta.

பொற்றாமரை, (*id.* தாமரை), nénuphar d'or, — de couleur d'or.

பொற்றாலி, (*id.* தாலி), Tâli en or.

பொற்றிக்கீரை, espèce d'herbe potagère. [qui a un char d'or.

பொற்றேரான், (பொன், தேர்), celui

பொற்றை, montagne, monticule, colline, petit buisson, arbuste.

பொற்றொடி, (பொன், தொடி), anneau —, bracelet d'or, femme, — qui en porte. [sin —, vase d'or.

பொற்றொட்டி. (*id.* தொட்டி), bas-

பொற்றோள், (*id.* தோள்), épaule ornée d'or; — அணி épaulette d'or.

பொன், *gén.* பொன்னின், or, petite pièce ou monnaie d'or, ancienne monnaie de compte valant 10 fanons, métal (en général), fer, beauté, Lakchimi, lustre, éclat, splendeur, la planète Jupiter, le soleil, (*adjectivement* பொற் *devant* க, ச, ப, *et* த *qui se change aussi en* ற): — காத்தபூதம் fantôme qu'on suppose garder les trésors; — செய்கொல்லர் orfèvres; — பூணுகிறது s'orner de pendans

d'oreilles ou d'autres bijoux d'or: — மணல் sable d'or; — மணி grain en or, pierre précieuse enchâssée dans l'or; மணிமாலை collier —, rangée de grains d'or: — மயம் objet en or, — brillant d'or, éclat de l'or: — மலர்க்கொன்றை le petit arbre cœsalpina pulcherrima à fleurs jaunes: — மாம், — முலாம் dorure; — மலை la montagne d'or dite மகாமேரு, autre montagne près de Trichinopoly; — மழை pluie d'or, nuage qui, au dire de la fable indoue, répand une pluie d'or; — முசுட்டை la plante cissampelos pareira; — மூசை coin pour frapper de la monnaie d'or; — மெழுகு cire qui sert à examiner la finesse de l'or, — sur laquelle on dépose ce qu'a enlevé la pierre de touche: — வண்டு mouche dorée ou cantharide: — வண்ணத்தந்தாதி espèce de poésie qui a la répétition dite அந்தாதி ou anadiplôse: — வலயம், — வளையம், — வளையம் cercle —, collier d'or; — வர்ணக்கந்தகம் soufre; — வாய்ப்புள் l'oiseau au bec d'or, i.e. le martin-pêcheur: — வரை montagne contenant du cuivre; — விந்து sable contenant du plomb: — விலை prix de l'or, prix élevé; — விளைந்து l'or croître, — se former, la terre être très fertile; — வேலைக்காரர் gens qui travaillent l'or, orfèvres. [jaune.

பொன்னை, (பொன்), couleur d'or, பொன்று, n.v imp. et part. du suiv. mort, perte, diminution, fin.

பொன்றுகிறது, ன்றினேன், ன்றுவேன், ன்ற, ன்றி, v. n. பொன்றல், பொன்றுதல், n.v. périr, se gâter, diminuer, mourir, finir.

பொன்னகர், (பொன், நகர்), la ville d'or, id. le monde prétendu des dieux indous, le Souvarkam: பொன்னகர்க்கிறைவன் le roi prétendu de la ville d'or, i.e. Indiren. [d'or.

பொன்னகை, (id. நகை), bijou

பொன்னத்துப்பெட்டி, (பொன், அத்து), boite dans laquelle on porte ou l'on met le tâli et la toile de noces de la mariée.

பொன்னப்பிரகம், (id. அப்பிரகம்), talc ou mica de couleur d'or.

பொன்னம்பர், (id. அம்பர்), ambre jaune.

பொன்னம்புழம், (id. அம், புழம்), V. பொன்னுக்கொட்டை ou பொன்னி கொட்டை. [orpiment.

பொன்னரிதாரம், (id. அரிதாரம்).

பொன்னரிப்பு, (id. அரிப்பு), action de cribler, ou de tamiser l'or pour le séparer du sable.

பொன்னரிமாலை, பொன்னரிமலை, (id. அரிய), nom d'un bijou ou d'un collier d'or.

பொன்னவண்டு, (பொன்னன்), insecte de couleur d'or, cantharide.

பொன்னவன், (பொன்), le doré, ou celui qui est d'or, le géant Hiranyen, la planète Jupiter.

பொன்னன், (id.), le doré, (épithète de) Arouguen.

பொன்னாங்காணி, பொன்னாங்காணி, (id. ஆம்), l'herbe potagère et plante médicinale illecebrum sessile; பொன்னாங்காணிக்கிழங்கு remède composé de l'illecebrum sessile et de beurre clarifié; பொன்னாங்காணிக்குப் புளியிட்டுக்கடைந்தால் அன்னாக்கெல்லா தித்திக்கும் si on mêle et broie ensemble de l'illecebrum et du tamarind, tout sera doux au palais.

பொன்னாங்கொட்டை, (id. ஆம்), fruit du sapindus emerginatus dit பூவந்தி.

பொன்னாசை, (id. ஆசை) désir de l'or, — des richesses, qui est un des மூவாசை.

பொன்னாதியேழு, (id. ஆதி), les 7 métaux dont l'or est le 1er, V. சத்த லோகம் au mot [illegible].

பொன்னாந்தட்டான், (id. ஆம்), l'oiseau corvus brachyurus au beau plumage. [bijou d'or.

பொன்னாபரணம், (id. ஆபரணம்),

பொன்னாவிரை, (id. ஆவிரை), l'arbre ou la plante médicinale cassia occidentalis.

பொன்னி, (id.), la rivière aux paillettes d'or, i.e. Kâvêri; — நீர்

துறைவன் le roi des bords de cette rivière, *i.e.* சோழன்.

பொன்னிடைக்கட்டு, (*id.* இடைக்கட்டு), ceinture d'or.

பொன்னிமிளை, (*id.* நிமிளை), bismuth de couleur d'or.

பொன்னிலம், (*id.* நிலம்), la prétendue terre, d'or, *i.e.* le Souvarkam.

பொன்னிறம், (*id.* நிறம்), couleur d'or: — ஆகிறது prendre la —. être de couleur d'or; — ஆய்வறுக்கிறது griller, — frire ou rôtir jusqu'à donner une couleur d'or; பொன்னிறமாட்சி bismuth de couleur d'or.

பொன்னு, பொன்னுசாமி, பொன்னுதம்பி, (பொன்), nom propre de plusieurs Indiens.

பொன்னுக்குவீங்கி, (பொன் au *dat.*), enflure à la joue.

பொன்னுருக்குகிறது, (*id.* உருக்குகிறது), faire fondre l'or.

பொன்னுருட்டு, (*id.* உருட்டு), anneau d'or simple, (sans cachet ni chaton).

பொன்னுரை, 1° (*id.* உரை), frottement de l'or sur la pierre de touche, déchet qu'il cause à l'or. 2° (*id.* நுரை), écume d'or.

பொன்னுலகு. (*id.* உலகு), le prétendu monde d'or, *i.e.* le Souvarkam.

பொன்னுறுமாலை, (*id.* உறுமாலை), toque ou turban de tissu d'or.

பொன்னூமத்தை, (*id.* ஊமத்தை), variété de la plante ஊமத்தை datura fastuosa.

பொன்னூல், (*id.* நூல்), fil d'or.

பொன்னெயில், (*id.* எயில்), mur —, rempart —, forteresse d'or: — வட்டம் circuit en murs d'or, le fort ou la demeure d'Arouguen: பொன்னெயிற்கோன் le roi de la forteresse d'or, *i.e.* Arouguen.

பொன்னோலை, (*id.* ஓலை), espèce de boucles d'oreilles en forme de feuille de palmier d'or, (à l'usage des femmes de certaines castes.)

பொன்னொன்றுபணிபல, (*id.*), l'or est un, les bijoux d'or sont divers; mot dont les gentils abusent pour dire que bien qu'il n'y ait qu'un Dieu, il se manifeste sous diverses formes, d'où ils s'opiniâtrent dans leur polythéisme absurde et avilissant pour la divinité.

போ, lettre syllabique composée de ப் et de ஓ, pô long. 2° *imp. de* போகிறது, va, va t-en. 3° particule explétive: எரியினன்னசெந்தலை யன்றில் பிரியின்வாழாதென்போ l'oiseau அன்றில் à la tête rouge comme du feu, ne vit pas s'il est isolé, என் et போ sont ici de pures particules explétives. 4° *sync. de* போது, *dans* அப்போ alors, இப்போ maintenant, எப்போ quand?

போக, 1° *inf. de* போகிறது. 2° *adj. de* போகம். [laisser aller.

போகடல், *sync. de* போகவிடல்,

போகடிக்கிறது, (போக, அடிக்கிறது), perdre. *V.* போக்கடிக்கிறது *qui est plus usité.*

போகடிபோக்கு, (போகடிக்கிறது), manière de perdre, côté par où on est venu. [boire.

போகணி, espèce de vase, vase à

*போகண்டன், (pôganda), homme difforme, qui a un membre de trop ou de moins, enfant de 5 à 16 ans.

*போகம், (bhôga), jouissance, plaisir, — sensuel, volupté, copulation, délices, bonheur, temps de —, prospérité, temps avantageux, fertilité, richesse, possession, produit d'un champ, récolte, moisson, rente, loyer, salaire, — de bayadères et de courtisannes, corps de —, serpent, tête déployée, armée en colonnes, numérateur d'une fraction, manducation, action de nourrir, — d'élever ou d'entretenir: ஒரு —, இரண்டுபோகம் une —, 2 récoltes par an: இராச — prospérité d'un roi; ஏக — prospérité particulière, possession particulière, — non partagée avec d'autres, privilége royal, une seule récolte par an; ஏக — ஆயிருக்கிறது jouir d'une prospérité unique et incomparable, être la propriété d'un seul: ஸ்திரீ — commerce charnel avec une femme: தேவேந்திரபோகம் prospérité d'Indiren, — incomparable, richesses immenses; — பண்ணுகிறது jouir, posséder, cohabiter, s'accoupler: போககுஞ்சம் salaire de prostituée: — கிரகம் harem, appartement intérieur; — ஸ்தானம் le siége des jouissances sensuelles, le corps, harem, extase, insensibilité causée par la joie; — ஸ்திரீ femme publique; — பதி vice-roi, gouverneur, celui qui possède l'usufruit: — பிசாசிகை la diablesse qui détruit le plaisir, i.e la faim: — பிருதகன் journalier, mercenaire, serviteur, esclave; — பூமி la terre ou le lieu des plaisirs sensuels, le Souvarkam ou paradis d'Indiren (au dire des Indous), le lieu où l'on reçoit la récompense de ses actions, terre —, champ fertile: — பூமி-கள் les 6 divisions du Souvarkam nommées ஆதிபரிவஞ்சம், நல்லரிவஞ்சம், ஏமதவஞ்சம், ஏமவஞ்சம், தேவகுருவம், உத்தரகுருவம், ce sont les divisions de l'Élisée indien, et d'après le பாரதம் une de ces divisions, au moins, est un lieu de peines et de purifications, espèce de purgatoire; — பூமியர் les habitans du Sauvarkam, les immortels; — போக்கியம் prospérité, jouissance des richesses; — போக்கியக்காரன் homme riche et qui dépense beaucoup pour son plaisir; — லாபம் profit tiré de la jouissance d'un gage ou dépôt: — வாஞ்சை, — இச்சை, (இச்சை), désir des plaisirs sensuels.

*போகர், (போகம்), les gens sensuels, nom d'un சித்தன்.

போகல், *n.v.de* போகிறது, action d'aller..., allée, marche, hauteur, longueur: — ஆகாது il ne convient pas d'aller, on ne peut pas aller.

*போகவதி, *fém de* போகவான், femme sensuelle, — heureuse, qui jouit de ou possède quelque chose, la capitale des Nâgas ou serpens, prétendu fleuve de l'abyme ou du பாதாளம், le Gange fabuleux des régions inférieures.

*போகவான், (போகம், vân), homme sensuel, — heureux, qui jouit, serpent, danse, chant.

போகா, போகாத, *part. nég. de* போகிறது, qui ne va pas.

*போகாங்கபூசை, (போகம், அங்கம்), sacrifice offert à Siven, aux Ganas ou fantômes, *etc*...

*போகார்க்கம், (போகம், அருக்கம்), richesses, prospérité.

*போகாவலி, (போகம், ஆவலி), louange, éloge chanté par les bardes ou les panégyristes.

*போகாவாசம், (*id.* ஆவாசம்), demeure du plaisir, harem ou appartement intérieur des femmes.

*போகி, 1° (போகம், i), homme sensuel, voluptueux, heureux, mondain, riche qui vit dans les délices, roi, prince, chef, — de village, homme qui ramasse de l'argent pour une dépense particulière, (épithète de) Indiren, barbier, ce qui a un corps, serpent. 2° *imp.de* போகிக்கிறது. 3° *gér.de* போகிறது: — காந்தம் l'agrément du serpent, *i.e.* l'air, le vent; — பண்டிகை fête d'Indiren (le dernier jour de l'année tamoule, la veille du பொங்கல்); — வல்லபம் ce qu'aime le serpent, *i. e.* le sandal.

*போகிகன், (போகம், ika), valet d'écurie, palefrenier.

போகிக்கிறது, கித்தேன், கிப்பேன், கி, கிக்க, *v.a.*(போகம்), jouir, — de plaisirs sensuels, être heureux, — dans les délices.

போகிணி, *P.* போகணி, vase: — சட்டி casserole d'airain ou de cuivre.

போகித்தல், போகிப்பு, *n. v. de* போகிக்கிறது, jouissance, plaisir, — sensuel.

போகில், 1° nombril, bouton de fleur, oiseau le குயில் ou coucou indien. 2° *condit.de* போகிறது.

போகிறது, *sync.* போறது, போயினேன் *ou* போனேன், போவேன், போ, போக *ou* போகல, *gér.* போய், *ou* போகி, *nég.* போகேன், *v.n.* aller, s'en aller, s'éloigner, s'étendre, partir, marcher, passer, s'écouler, devenir, être sur le point de, se changer en, s'élever, périr, se perdre, (avec கூடி) cohabiter, avoir commerce charnel, consentir, entrer, venir. Après un infinitif, ce verbe signifie aller, être sur le point de, bientôt; அதைச்செய்யப்போகிறான் il va faire cela, il est sur le point de faire cela வரப்போகிறான் il va venir, il viendra bientôt; வரப்போகிறகாலம் le temps à venir, le futur, l'avenir. Après un gérondif, போகிறது marque continuité d'action): செபஞ்செய்துகொண்டுபோகிறேன் je suis occupé à prier, je continue de prier; வீட்டுக்கு —, வீட்டோடேபோகிறது s'en aller à la maison, chez soi: ஊருக்குப்போகிறது aller à la ville ou au village, s'en retourner dans son village, retourner chez soi: பன்னிரண்டு பணம்போக en déduisant —, en retranchant 12 fanons; போகப்படாது, — த்தகாது il ne convient pas d'aller, on ne doit pas aller...: போகவிருக்கிறது être sur le point —, avoir l'intention de s'en aller: அப்படிப்போகப்போகாது il n'y a pas ici de chemin pour passer, ce n'est pas ici un lieu de passage, il ne convient pas d'aller ainsi; போகாமலிருக்கிறது ne pas aller; போகவேண்டாமென்கிறது défendre d'aller, dire n'allez pas; போகும்போதுக்காகும் cela servira lorsqu'on ira ou quand on s'en ira: போகிறபோதுசொல்லு avertissez - moi quand vous partirez; போகிறவேளை le moment de partir ou de s'en aller: போகிறவேளைபார்க்கிறது observer le temps favorable pour partir; போகிறேன் je m'en vais (formule pour prendre congé): போகிறேனென்றுபோனான் je m'en vais, a-t-il-dit, et il est parti ou il est mort: போகிறேனென்றுபோய்விட்டது le temps de dire: je m'en vais, est passé, l'occasion est passée, c'est perdu, —fini; போய்விட்டது être parti, —allé; போயிற்று, போச்சு cela est allé, cela est passé, c'est fini: போய்வருகிறேன் étant allé je reviens, pour dire: je m'en vais, je pars (manière de prendre congé); போய்வாரும் allez et revenez (formule honnête pour congédier); போய்வாருமென்று அவசரம்பண்ணுகிறது congédier civilement en disant: allez et revenez; போகலாமே, போய்வா tu peux t'en aller, —aller et revenir, va-t'en et reviens.

*போகினி. fem. de போகி, la capitale des serpens, femme sensuelle, voluptueuse, concubine (d'un roi..).

*போகீசன், போகீந்திரன், (போகி, ஈசன், இந்திரன்), le roi fabuleux des serpens, le serpent அனந்தன்.

போகுகிறது, போனேன், போவேன், போக, nég. போகேன், v.n. V. போகிறது.

போகுதல், n v. du préç. allée, marche, longueur, hauteur, droiture, changement, perte.

*போகேச்சை. (போகம், இச்சை), désir des plaisirs.

போகை, n.v. de போகிறது, allée, action d'aller...: போகையிலேசொல்லுகிறேன் je vous le dirai en allant ou en partant; போகையிலேவருகிறேன் en m'en allant, je viendrai ou je passerai chez vous.

போக, inf. de போகுகிறது.

போக்கடி, perte, dommage, n. v. et imp. de

போக்கடிக்கிறது, (போக்கு, அடிக்கிறது), ou போக்கடித்துப்போடுகிறது, perdre, égarer, dissiper...

போக்கற்றம், honte: —கெட்ட. V. இலச்சைகெட்ட: — கெட்டவன் homme effronté, déhonté, vaurien.

போக்கல், opt. et n v. de போக்குகிறது, renvoi, expulsion, abolition.

போக்கறுப்பு வல். (போக்கு. அறு), ouvrage parfait, sans faute.

போக்கன், (போக்கு), 1° passant, voyageur, étranger, pèlerin. 2° ou வாக்கன்போக்கன், vagabond, vaurien, mauvais garnement, homme vil. 3° ou வம்பு—grand vagabond.

போக்காடு, (id. ஆடு), mort.

போக்காட்டுகிறது, (id. ஆட்டுகிறது

று), envoyer, expulser, renvoyer.

போக்கி,(போக்கு), passant,étranger. [refuge, échappatoire.

போக்கிடம், (id. இடம்), lieu de—,

*போக்கியம், (bhôgya), jouissance, délice, richesses, grain, ou: போக்கி யப்பொருள் objet dont on jouit.

*போக்கியை, (போக்கியம்),femme du plaisir, prostituée. [சாரிதகன்.

போக்கிரிகன், (போக்கு, இரகன்). V.

போக்கிரி, போக்கிலி, (id. இலி), vagabond, galopin, coureur, homme qui n'a ni feu ni lieu, - sans aisance ni probité, vaurien, libertin.

போக்கு, 1° n.v. de போக்குகிறது, issue, sortie, chemin, voie, manière, moyen, allée, fuite, échappatoire, subterfuge, défaite, prétexte, excuse, faute, place, résidence, mort, coutume, usage, fréquentation, familiarité, trou par où passe quelque chose, espèce d'enchantement dit கழிப்பு pour détruire ou ôter les maléfices. 2° imp. et part. de போக்குகிறது: ஆற் றுப்போக்கு place près d'une rivière, chemin de la rivière ஒருபோ க்காயிருக்கிறது être passable, tolérable; ஒருபோக்காய்ச் சொல்லுகிற து dire d'une manière passable; போக்குப்போக்கு excuse frivole, vain prétexte, vains subterfuges;— சொல்லுகிறது s'excuser, donner de vains prétextes, de fausses excuses; —கெட்ட lieu intérieur, —sans issue, franchise, —sans excuse, familiarité, clarté;—போடுகிறது mettre des mets ou des friandises dans un lieu pour éloigner les maléfices et chasser les démons (ordinairement c'est un பூசாரி qui les met et les mange ensuite);— மிக்க மாய்ப்போ கிறது y avoir un grand dégât, une grande perte, une grande mortalité; - வரவு, - வருத்து allée est venue, dépense et recette, échange de correspondances; தண்ணீருக்குப்— விடுகிறது laisser une issue à l'eau.

போக்குகிறது, sync. போக்கிறது, க்கினேன், க்குவேன், க்கு, க்க, v.a. de போகுகிறது et போக்குதல், n. v. envoyer, chasser, expulser, renvoyer, congédier, laisser, —aller, — échapper, abolir, détruire, ôter, effacer, abandonner, pousser, conduire, faire marcher, — passer: பாவம்— ôter —, effacer ou expier le péché.

போக்குக்காலம், (போக்கு), temps de partir, d'aller, de ruine, du passage, i.e. la mort :— முற்றுப்போகிறது, (et par corr.),— அற்றுப்போகிறது le temps de la mort arriver, tomber en ruines, se perdre.

போங்கு, V. போக்கு.

போசகம்,beauté—, ressemblance extérieure.

போசகடம், போசம், (bhôdja), Bhojpoor, pays situé entre Patna et Bhâgalpour l'arbre அசத்தி.

*போசனம், (bhôdjana), nourriture, mets, aliments, repas, manducation, ce qui est un des 8 plaisirs dits அஷ்டபோகம்: — பண்ணுகிறது manger, prendre son repas; போச னாக்கிராம் orange; - குடோரா,— க்க னத்து, ce qui excite à manger, piment dit மிளகாய், achars dits ஊறுகாய், marinade;— சௌக்கியம் bonté de la, — bonne nourriture, plaisir de manger;— பதார்த்தம் mets, comestibles, friandises; — ப்பிரியம் gourmandise, friandise; — ப்பிரியன் gourmand, friand.

*போசன், (bhôdja), Bodja, roi d'Oudjein qui florissait à la fin du 10me siècle, protecteur des savans, homme riche, libéral.

போக்க, போக்கா, P. போயித் து de போகிறது.

*போஷகன், (போஷம், ka), nourricier, qui nourrit, entretient, protecteur, conservateur.

*போஷணம், போஷணை, போஷம், (pôcha, na), action de nourrir, d'entretenir, nourriture, conservation, entretien.

போஷிக்கிறது, ஷித்தேன், ஷிப்பே ன், ஷி, ஷிக்க, v.a. (போஷம்), nourrir, entretenir, choyer, conserver, protéger.

போஷித்தல், போஷிப்பு, n. v. du

préc. nourriture, entretien, conservation.

*போஷியன், (pôchya, nourrisson, élève, celui qu'on nourrit, qu'on entretient, enfant adoptif: போஷியத்துவம் soin pour nourrir ou élever, — qu'on prend des siens; — புத்திரன் fils adoptif; — வருக்கம், — வர்க்கம் classe de ceux qu'on doit nourrir, *e. g.* les parens, les enfans, les hôtes, (et selon les gentils) le feu sacré.

*போஷ்டிரு, போஷ்டா, *V.* போட்டிரு.

போஸ்தக்காய், tête de pavot sèche, capsule sèche du pavot.

*போடகம், *P.* ஸ்போடகம், tumeur, furoncle, clou, petite vérole, — vérole volante, variole, rougeole.

போடம், un des 56 pays de la géographie indienne. [tan.

*போடாங்கம், (bhôtanga), le Bou-

போடல், *opt. et n. v. de* போடுகிறது, jet, mise, coup. [quin.

போடா, (போ, அடா), va-t'en co-

போடி, (போ, அடி), va-t'en coquine, (termes peu convenans qu'emploient les grands envers leurs inférieurs, et les égaux entr'eux par grande familiarité ou par mépris.)

போடுகிறது, போட்டேன், போடுவேன், போடு, போட, *v. a.* போடுதல், *n. v.* jeter, lancer, placer, mettre, se vêtir, se revêtir, donner, frapper, imprimer, laisser tomber, — échapper, mettre bas (les animaux): ஆற்றிலே — jeter dans la rivière; ஆற்றிலே போட்டாலும் அளந்துபோடு quoique vous jettez dans la rivière, jetez après avoir mesuré, *i. e.* faites tout avec poids et mesure; கல்லைப் — lancer une pierre; குதிரைக்குப் புல்லு — donner ou jeter de l'herbe au cheval; நாய்க்குட்டி — la chienne mettre bas ses petits; பாகையைத் தலையிலே — mettre son turban sur sa tête; சம்பட்டம் — battre monnaie, frapper des médailles; புஸ்தகம் — jeter —, imprimer un livre, le mettre sous presse; அவனை யொன்றுபோடு donne lui un coup; போட்டுவிடுகிறது lâcher, laisser aller. Après un gérondif போடுகிறது est l'auxiliaire, et ajoute de l'énergie, ou marque que la chose se fait pour un autre: அழித்துப் — détruire, anéantir; எழுதிப் — copier ou écrire, — pour un autre; கொடுத்துப் — donner, abandonner à; நொறுக்கிப் —, broyer, réduire en poudre.

போடுதடி, (போடுகிறது), bâton qu'on jette ou avec lequel on jette, bagatelle, chose inutile, — non nécessaire.

*போட்டிரு, போட்டா, (pôchtri, pochtâ), nourricier, conservateur, sauveur.

போட்டி, போட்டிக்கை, émulation, rivalité, antagonisme, concurrence, brigue, enchère, plaisanterie: போட்டிக்காரன் émule, rival, compétiteur, concurrent, antagoniste, plaisant, moqueur; — பண்ணுகிறது rivaliser, faire concurrence, enchérir; சரக்கைப் — பண்ணுகிறது enchérir une marchandise, faire concurrence pour l'avoir; — யாய் à l'envi l'un de l'autre, par rivalité ou émulation; — யாய்வாங்குகிறது acheter à l'envi d'un autre, en enchérissant; போட்டியின்மேலே கொடுக்கிறது donner au dernier enchérisseur; — வழக்கு procès de rivalité, rivalité continuelle; இந்தச்சரக்குக்குப் — யாயிருக்கின்றது il y a concurrence pour cette marchandise, on se dispute à qui l'aura; இவனைவனைப் — விட்டான் il a envoyé celui-ci pour faire concurrence à celui là; என்மேலே — யாயிருக்கிறான் il est mon compétiteur.

போட்டு, *gér. de* போடுகிறது: — ப்பொல்லாங்கு faute, calomnie, injure.

போணி, *P.* போகணி. [jure.

போத, 1° *inf. de* போதுகிறது, assez, suffisamment. 2° *adj. de* போதம்.

*போதகம், 1° (bôdhaka), système de —, doctrine, enseignement, instruction. 2° (pôtaka), âge tendre, jeune lion, — tigre, — éléphant, — arbre, éléphant, l'arbre வட்டமரம், la plante பசலை. [lucida.

*போதகி, (pôtaki), la plante basella

*போதகாசன், (போதம், ஆசன்), précepteur, qui enseigne, barde chargé d'éveiller le prince le matin au son du chant ou de la musique.

*போதகன், pl. போதகர், (போதம், ka), prédicateur, précepteur, maître, docteur, instructeur, espion.

*போதம் 1°(bôdha), connaissance, sagesse, intelligence, prudence, réveil. 2° (pôta), petit des animaux, jeune éléphant (de 10 ans), emplacement de maison, toile, navire, vase de bois. 3° la 2e constellation lunaire dite பரணி: போதத்திரயம், 3 manières de connaître ou d'enseigner dont les termes techniques en logique sont: உத்தேசம் nom de la chose proposée, le sujet, இலக்கணம் sa définition, பரீட்சை examen si cette définition convient ou non à cette chose, comparaison, syllogisme; — தண்டம் gouvernail de navire, ou large rame qui en tient lieu; — வணிகன் marchand qui voyage par mer.

போதரீடு, n.v. de போதருகிறது.

போதரவிடல், n.v. du suiv. respiration, délivrance.

போதரவிடுகிறது, (போதரவு, இடுகிறது, ou போதர, விடுகிறது), v. n. et a. respirer, délivrer.

போதரவு, politesse, courtoisie, flatterie, cajolerie, louange, consolation, soulagement, cas, estime, respect, soin: போதரவாய் flatteusement, par flatterie; போதரவாய்க் கொடுக்கிறது donner par courtoisie, par dessus la mesure; முகப்போதரவாய்ப்பேசுகிறது flatter, parler par flatterie; அவன்செய்கிறவேலையிற் போதரவில்லை il n'y a rien à louer dans l'ouvrage qu'il fait.

போதருகிறது, தந்தேன், தருவேன், தா, தர. v.a. போதரல், போதருதல். n.v. (போய், தருகிறது), emporter, apporter, aller, s'en aller.

போதவிப்பு, போதவிக்கை, V. போதரவு.

போதல், n. v. de போகிறது et de போதுகிறது), allée, départ, séparation, sortie, perte, extension, longueur, allée et —, venue, entrée, suffisance, satisfaction.

*போதவாகன், (போதம்), pilote, batelier, timonier.

*போதனம், (போதம், na), connaissance, instruction, information, avertissement, réveil, encensement, brûler de l'encens.

*போதனன், (id.), la planète Mercure.

*போதனி, (id.), poivre long.

*போதனை, (id.), instruction, enseignement, doctrine, exhortation, persuasion, avis, conseil, avis artificieux, leçon qu'on fait (pour quelque procédé ordinairement inconvenant): — பண்ணுகிறது instruire, enseigner, faire la leçon, donner des avis artificieux, enseigner à un autre ce qu'il doit dire ou faire (souvent en mauvais sens).

*போதன், (bôdha), homme instruit, intelligent, habile, (épithète de) Brama, Arouguen.

போதா, 1° espèce de gros héron dit aussi பேதா. 2° imp. de போதுகிறது. 3° ou போதாத. part. nég. de போதுகிறது. 4° ou போதாது, 3e pers. nég. neutre du même. 5° ou போத்ரு, (pôtâ, pôtrou), gourou officiant à un sacrifice, Vichnou: — க்குறைச்சல் insuffisance, déficit.

*போதாச்சாதனம், (போதம், ஆச்சாதனம்), tente.

போதாத, part. nég. de போதுகிறது.

போதாது, gér. et nég. neutre du même.

*போதாந்தம், (போதம், அந்தம்), fin —, essence de la sagesse, de la science.

*போதாந்தன், (id.), celui qui est —, qui possède l'essence de la sagesse et de la science, i.e. Dieu.

போதாமல், gér. nég. de போதுகிறது.

போதாமை, n.v. nég. du même, insuffisance, manque, incompétence, aversion: — யா insuffisant; — யாய் d'une manière insuffisante.

*போதாயநியம், (bôdhâyanya), un des 32 உபநிடதம்.

*போதி, 1° (bôdhi), sage, savant,

அரச

intelligence, connaissance, l'arbre அரசு ficus religiosa. 2° montagne. 3° *imp. de* போதிக்கிறது. 4° *P.* போ, *imp. de* போகிறது. va t'en, je t'en prie. 5° 2° *pers. du part. ou fut.* tu es allé, tu iras; —தரு, —த்துருமம் l'arbre அரசமரம்; —சத்துவன் Bouddhiste; —வேந்தன் le roi de l'அரசமரம், *i. e.* Bouddha qui demeurait sous un tel arbre, le roi des monts père de Parvadi.

போதிகை, 1° chapiteau de colonne (qui porte une poutre). 2°* (pôtikâ), la plante potagère கொத்துப்பசளை basella lucida: —கட்டை chapiteau, —façonné; —த்தூண் pilier, — à chapiteau, petite colonne.

போதிக்கிறது, த்தேன், ப்பேன், க், கிக்க, *v. a.* (போதம்), instruire, enseigner, donner des avis, avertir: யாவர்க்குஞ்சத்தியத்தைப்— enseigner à tous la vérité; இணங்கப் —persuader.

போதித்தல், போதிப்பு, *n. v. du préc.* enseignement, instruction, avis, avertissement.

போதிய, *P.* போதின ou போந்த, *part. parf. de* போதுகிறது, suffisant, passable, convenable: போதியகுடி famille—, maison à l'aise, qui a le suffisant; போதியது chose suffisante..., c'est assez; போதியவன் homme capable, convenable, estimable.

போது, 1° *sync. de* போழுது ou போழ்து, temps, occasion, fois: கொஞ்சப்போதிலேவருகிறது venir en peu de temps; முன்னொருபோது une fois antérieurement, —autre fois: போதெல்லாம் toutes les fois que. 2° (*après un participe*), quand, lorsque: அவன்வருகிறபோது (*P.* போதில்) quand il vient, lorsqu'il vient, dans le temps de sa venue. 3° fleur, bouton de fleur prêt à s'épanouir: போதுக்கொப்பாயிருக்கிறது ressembler à une fleur. 4° *P.* போவேன், *fut. de* போகிறது, j'irai. 5° *imp. et part. de*

போதுகிறது, போந்தேன், போதுவேன், து, த, *v. n.* போதுதல். *n. v.* venir et s'en aller, aller et venir, passer, suffire, être passable, suffisant, satisfaisant, convenable, capable: போத, *inf.* assez, suffisamment: போதக்கொடுக்கிறது donner suffisamment; —ச்செய்கிறது faire d'une manière satisfaisante; போதா, போதாத insuffisant, qui ne suffit ou ne va pas; போதாது, போதாது ce n'est pas —, ils ne sont pas assez, c'est insuffisant, il ne peut ou ils ne peuvent aller ou venir ...; போதாது, போதாமல் sans suffire...; போதாமற்போகிறது n'être pas suffisant, devenir insuffisant; போதாநின்றேன், —நின்றேன் je vais, je viens, je suffis: இது அவர்களுக்குப் போதாமலிருக்கிறது ceci est insuffisant pour eux; இங்கேபோந்தான் அங்கேபோந்தான் il est venu ici, et est allé là.

போதும், 1° *fut. neut. et part. fut. du préc.* cela suffit, c'est assez, — suffisant. 2° *P.* போவோம், nous irons: போதுமான suffisant; போதுமளவாட்டும் autant qu'il faut, suffisamment; கொஞ்சம்போதும் சருக்கரை un peu de sucre suffit; போதுமாபோதாதா est-ce assez ou non? —என்றிருக்கிறது prouver que c'est assez; —என்றிருக்கிறது être content, satisfait, penser que c'est assez; —போதாது c'est à peine suffisant.

*போதம், 1° (bôdha), mûre..., grande connaissance, connaissance du passé: அவன்மெத்த— வாயிருக்கிறான் il est fort instruit, —élevé ou inspiré (ironie). 2° *P.* போதாய், *nég. de* போகிறது, tu ne vas pas, tu ne suffis pas.

போத்தி, (*arabe.*) *V.* பொத்தி.

*போத்திரம், (pôtra), soc ou coutre de charrue, la foudre d'Indiren, groin de cochon.

*போத்திராயுதம், போத்திரி, (போத்திரம், ஆயுதம்), l'animal qui a pour arme son groin, *i. e.* le cochon.

போத்து, le mâle des animaux aquatiques, des amphibies et des animaux suivans: buffle, taureau, bœuf sauvage, tigre, cerf, chat, gayal, daim, paon, litière pour les animaux, l'oiseau செம்போத்து, jeune arbre.

போதிய, *part. de* போதுகிறது, suffisant, propre, convenable, capable, compétent: —காலம் temps convenable, excellent; —குணம் caractère convenable; —விதமாக d'une manière convenable, suffisante; —மனிதன் ou போதியவன் homme capable, compétent; போதியது ce qui est suffisant; அதற்குப்போதிய பேர், —பேர் le nom qui convient à cela; des gens suffisans pour cela. [போதாது.

போந்திலைமை. *P.* போதலிமை, *V.* போந்தி, enflure.

போந்து, 1° la 7me constellation lunaire dite அனுடம், jeune —, palmier: போந்தின்றுகோன், (தார்), celui qui portait une guirlande de fleurs de palmier, *i.e.* le roi சேரன் 2° *gér. de* போதுகிறது.

போந்தை, 1° jeune —, palmier, la 7e constellation dite அனுடம். 2° *P.* போந்தாய், tu es allé...

போம், 1° crainte. 2° particule explétive. 3° *imp. hon. de* போகிறது, allez, *pl.* போம்கள் allez. 4° *part. fut. du même*, qui ira: போம்வழி le chemin par où l'on ira, par où l'on doit aller. 5° 3e *pers. fut. du même:* அவன் —, அவள் —, அவர்கள் —, அது —, அவைபோம் il —, elle —, cela ira, ils —, ces choses iront: —போம், 1° allez, allez, vous pouvez aller. 2° cela suffira, ça ira, ça ira.

போம்பல், l'arbre நீர்க்கடம்பு

போயன்ட்டர், போய்யன்ட்டர், போயியர் (*de l'anglais* boy), porteur de palanquin.

போய், போயி, *gér. de* போகிறது.

போயினோன், *P.* போனோன், *parf. du même.*

போயிற்று, *sing.* போயின, *pl.* 3e *pers. parf. neut. du même.*

போரடி, *n.v. et imp. du suiv.* jeu où l'on frappe des cocos..., action de battre le blé: —கைக்கோல் tas ou meule de paille battue; la 1re couche d'une meule de paille.

போரடிக்கிறது, (போர், அடிக்கிறது), battre le riz ou autres céréales en frappant la gerbe sur quelque chose pour en faire sauter le grain, jouer en frappant des cocos...

போரடுக்குகிறது, போரடுக்குதல், (*id.* அடுக்குகிறது), amonceler, mettre les gerbes ou la paille en meule, faire une meule.

போராட்டம், போராட்டம், (*id.* ஆட்டம்), combat, bataille, lutte, importunité, rivalité.

போராடுகிறது, (*id.* ஆடுகிறது), livrer combat, combattre, se battre, guerroyer, lutter, faire la guerre, importuner: போராடிக்கொண்டிருக்கிறது être à —, combattre, être en guerre; போர்தேடித்திரிகிறது, —போர்தேடுகிறது chercher à combattre, — l'occasion de se battre, exciter des querelles, des combats; போராடவாவென்றுகூப்பிடுகிறது appeler —, défier au combat.

போராட்டல், (*id.* ஆட்டல்), importuner, lutter, plaisanter.

போராத, *P.* போதாத, insuffisant.

போராது, *P.* போதாது, il ne suffit pas, ou [suffisant pas.

போராமல், *P.* போதாமல், ne

போரி, (போர்), rival, adversaire, antagoniste, égalité de qualité, — de forces: —த்தனம் rivalité.

போரிமை, *V.* போதிமை.

போரிடுகிறது, (*id.*), combattre, se battre, livrer bataille, se quereller, se disputer.

போரின்மை, (*id.*), n'y avoir pas —, absence de guerre, — de combat, paix.

போருடலல், போருடற்றல், போருடன்றல், (*id.* உடலல்), combat, bataille, ardeur —, fureur du combat.

போரும், *P.* போதும், il suffit.

போரேறு, (*id.* ஏறு), lion au combat, brave guerrier, héros, (épithète de) Rama, la planète Mars.

போர்செய்கிறது, (*id.* செய்கிறது.

ஐ). mettre en —, élever une meule de blé ou de paille.

போர், 1° (பொருகிறது), guerre, combat, bataille, lutte. 2° tas, monceau, tas—, meule de céréales battues ou non, —de paille, tas de riz, la 21° constellation lunaire dite சதையம், trou d'arbre. 3° *imp. de* போர்க்கிறது: கதிர்ப்—tas de gerbes non battues, monceau d'épis; நெற்—tas de riz (en grain); வைக்கோல்ப்— meule de paille; போருக்கழைக்கிறது appeler —, défier au combat, —à la dispute; போர்க்குறைகூவுகிறது, (போருக்கு, அறை), défier au combat; போர்க்குறைகூவல் défi; போர்க்கெழுச்சி, (போருக்குஎழுச்சி) marcher au combat, se mettre en campagne; போர்க்கெழுவஞ்சி, (*id.* வஞ்சி), le 34me des பிரபந்தம், panégyrique en vers ஆசிரியம் d'une armée qui marche à l'attaque des ennemis, les rois ou les guerriers étant couronnés de guirlandes de l'arbre வஞ்சி; போர்கலக்கிறது, —கலத்தல் engager le combat, livrer bataille, en venir aux mains: —க்கடா bélier ou buffle qui combat; —க்களம் champ de bataille; —க்கோலம் armure, attirail de guerre; —செய்கிறது combattre, faire la guerre; —க்குக்குடம், —ச்சேவல் coq qu'on fait combattre; —ச்செருநர், —ச்சேவகர் soldats, guerriers: —த்தலைவன் général d'armée; —த்தேங்காய் cocos durs; —த்தொழிற்புகேல் ne vous mêlez pas du métier de la guerre, —d'affaires de querelles; —படுக்கிறது étendre la moisson dans l'aire pour la battre; —புரிகட்டுகிறது attacher une corde de paille autour d'un tas de blé; —போடுகிறது mettre en tas, en meule; —ப்படை l'armée, gens de l'armée; —ப்பறை tambour de bataille; —மடந்தை la déesse fabuleuse de la guerre ou de la bravoure; —மாந்தம் obstruction des entrailles dans les enfans, une des 8 maladies dites அஷ்டமாந்தம்; —மூட்டுகிறது, —மூட்டிவிடுகிறது exciter au combat, susciter des guerres, des querelles, des batailles; —முள் éperons ou ergots du coq; —முகம், —முனை face du combat, front de la bataille; —மூளுகிறது le combat s'engager, s'animer; —விடுகிறது lancer —, exciter au combat, faire combattre; —வீரன், —வல்லவன் brave —, guerrier, combattant, champion; —வெல்லுகிறது remporter la victoire dans le combat, c'est une des 8 espèces de victoires dites அஷ்டவெற்றி; —வைக்கிறது mettre en tas, — en meule.

போர்க்கிறது, த்தேன், ப்பேன், ர், க்க, *v.a.* போர்த்தல், *n. v.* envelopper, couvrir, — d'un linge, mettre un manteau: போர்த்துக்கட்டுகிறது tenir caché, arranger en dedans: —க்கொள்ளுகிறது se couvrir d'un manteau..., —la tête et les épaules d'une couverture, d'un drap..., envelopper secrètement; —மூடுகிறது envelopper, cacher, tenir enveloppé; பிள்ளையைச் சுற்றிலும் வஸ்திரத்தால் போர்த்து வளர்த்திவைக்கிறது envelopper un enfant de linges et le coucher de son long.

போர்த்துகிறது, த்தினேன், த்துவேன், த்த, *v.a. V.* போர்க்கிறது.

போர்ப்பு, *n.v. du prés.* couverture, enveloppe, manteau, action de couvrir...

போர்ப்பை, (போர், பை), intérieur du sillon, pied du pieu planté au milieu de l'aire, auquel on attache les bœufs qui foulent la moisson: போர்ப்பைக்காலை ou

போர்ப்பையன், (போர், பை), parmi les bœufs qui foulent la moisson celui qui est à l'intérieur et le plus près du pieu susdit.

போர்வை, *n.v. de* போர்க்கிறது, manteau, couverture, enveloppe, couvrir, cuirasse, la peau (qui couvre le corps); —போர்த்துக்கொண்டிருக்கிறது être couvert d'un manteau, avoir une couverture ou une toile sur ses épaules; —க்கட்டை manteau, vêtement de dessus; —ச்சீலை toile qui sert de —, manteau.

போல, *inf. de* போலுகிறது, acc.

comme: சூரியனைப்போல்—comme le soleil, V. போலே, *au mot* போல்.

போலல், *opt. et n.v. du même*, ressemblance, comparaison.

போலாமை, *opt. et n.v. nég. du même*, non conformité, différence.

போலி, 1° *n.v. du même*, ressemblance, apparence, similitude, comparaison, représentation, imitation, chose de—, contrefaçon, - pour ridiculiser, moquerie, fausseté. 2° (bhôli), chameau: இவன் மனிதப்போலி — il n'a que l'apparence d'un homme, (au fond c'est une bête); — காட்டுகிறது montrer des marchandises contrefaites, — mauvaises, montrer l'apparence au lieu de la réalité; — ச்சரக்கு marchandise contrefaite, qui n'a de bon que l'apparence; —த்தனம் ressemblance, apparence, — extérieure, contrefaçon, masque; —நடை, —நடத்தை conduite contrefaite, — hypocrite, belle apparence extérieure, imitation ridicule de la démarche de quelqu'un; —பண்ணுகிறது contrefaire, imiter, — pour ridiculiser; —யெழுத்து lettres équivalentes, qui ont le même son et peuvent se mettre l'une pour l'autre, comme அயி P. ஐ dans தைலம் ou தயிலம்; — வேலை ouvrage contrefait, qui n'a de bon que l'apparence, contrefaçon.

போலியாள், (போலி, ஆள்), homme qui contrefait, hypocrite, — qui se couvre de belles apparences.

போலில், போலினும், போலின், போலினும், *cond. de* போலுகிறது si on —, quoiqu'on ressemble.

போலுகிறது, போன்றேன், போலுவேன், போலு ou போல், போல. *v.n. acc.* போலுதல், *n.v.* ressembler, être semblable, comparable.

போலும், 1° *part. et 3° pers. neut. fut. du préc.* தாமரை—முகம் visage qui ressemble au nénuphar: முகத்தாமரை—le visage ressemble au nénuphar. 3° particule explétive: வடிவேன்றகண்ணாய் வருந்தினைபோலும் ô toi qui as des yeux plus délicats qu'un fruit tendre, tu as eu, ce semble, de la peine.

போல், 1° épi broui, — sans grain, bambou, trou d'arbre. 2° *imp. et part. de* போலுகிறது. 3° ou போலே (*avec l'acc. ou le nom.*), comme, de même que: எனக்குத் தகப்பன்போலிருக்கிறான் il est pour moi comme un père; இந்த மீன் பன்றிபோலேயாம் le thon est comme un cochon. Ce mot se met souvent après les noms verbaux en அது: நீர்செய்கிறதுபோலே comme vous faites. Dans le sens de comme, aussitôt que, il se joint aux participes en changeant அ en ஆ ou ajoutant ஆ au participe futur: நான் சொல்லுமாப்போலே சொல்லு dis comme je dirai; என்னைக் கண்டாப்போலே சினந்தான் aussitôt qu'il me vit il se fâcha. D'autres mettent ஆல் à la place de ஆ: comme, — si, aussitôt que; அவனதைச் சொன்னாற்போலே aussitôt qu'il eut dit cela: நான் வருமாத்போலே aussitôt que je serai arrivé; நீர் தூங்குகிறாற்போலே comme si vous dormiez; நான் வருகிறாற்போலே comme si je venais; நீர் புறப்படுகிறாற்போலே comme si vous étiez pour partir. Après le conditionnel en ஆல், போலே signifie surtout comme si: கோபித்தாற்போலே பேசுகிறாய் tu parles comme si tu étais en colère.

போல்வார், *n.app. de* போலுகிறது, ceux qui ressemblent.

போல்வு, *n. v. de* போலுகிறது, ressemblance, similitude, égalité, comparaison.

போவ, *P.* போக, *inf. de* போகிறது.

போவது, *n.app. du même*, ce qui ira, — doit aller, ce qui est sur le point de

போழ், *imp et part. du suiv.*: —முகம் cochon dont le groin fouit la terre; —வாய் bouche fendue, —ouverte, — sans dents.

போழ்கிறது, ழ்ந்தேன், ழ்வேன், ழ்ந்து, ழ, *v.a.* போழ்தல், *n.v.* fendre, diviser, — en deux, fouiller.

போழ்து, *sync. de* பொழுது, temps, occasion.

போழ்வு, *n.v. de* போழ்கிறது, fente.

போளம், 1° espèce d'aromate, — de drogue: on en distingue 2 espèces: கரிய — aloès de Socotora, et வெள்ளைப் — myrrhe. 2° espèce de pierre précieuse, la plante திலகக்கடம்பு.

போளி, espèce de pâtisserie ou de gâteau.

போறது, போறேன், *sync. de* போகிறது, போகிறேன் aller, je vais.

போறல், *sync. de* போலுதல், ressemblance.

போறை, trou —, creux d'arbre, ou dans un arbre: — மரம், — விழுந்திருக்கிறமரம் arbre creux.

போற்றரவு, (போற்று), soin, conservation.

போற்றலர், (போற்று, அலர்), ennemis.

போற்றல், *opt. et n.v. de* போற்றுகிறது, conservation, protection, louange, adoration, vénération.

·போற்றார், *n.app.nég. du même*, ennemis.

போற்றி, *n.v. et gér. du même*, louange, hommage: — பஃறொடை la 10e section du சைவசித்தாந்தம்.

போற்றிமார், (போற்றி), espèce de brames.

போற்றிமை, (*id.*), honneur, révérence, vénération, louange.

போற்று, conservation, louange, *n.v. imp. et part. de*

போற்றுகிறது, ற்றினேன், ற்றுவேன், ற்ற, ற்ற, *v.a.* போற்றுதல், *n.v.* conserver, protéger, préserver, garder, sauver, louer, adorer, vénérer, prendre soin, élever, se garder de, réfléchir sur: வஞ்சம்போற்றுமின் prenez garde à la tromperie; போற்றிக்கொள்ளுகிறது, — செய்துகொள்ளுகிறது se vanter soi-même; — அடிவணங்குகிறது louer et se prosterner aux pieds de quelqu'un: புகழ்ந்தோரைப்போற்றிவாழ் vis heureux en protégeant ceux qui te louent.

போன, *part. parf. de* போகிறது, qui est allé, passé: — வருஷம் l'an dernier; — போக்கு le chemin par où il *ou* l'on est passé, suivant l'occurrence.

போனகத்தி, (போனகம்), cuisinière, servante, esclave, *V.* கட்டுத்தாள்.

போனகம், riz cuit, nourriture: — என்பது தானுகந்துண்டல் la nourriture est ce qu'on mange avec plaisir; போனகக்காரி cuisinière.

போனேன், போனால், *parf. et conditionnel de* போகிறது.

போனு, போனர், (*télinga*), ratière, trappe.

போன்ற, *part. parf. de* போலுகிறது, semblable, qui ressemble.

போன்று, *gér. du même*.

பௌ, lettre syllabique composée de ப் et de ஔ paou.

பௌஞ்சு, (*ind.*), armée, rangée.

*பௌடகம், பௌடம், பௌஷம், (paoucha), le mois de தை ou janvier.

*பௌடிகம், பௌடியம், un des 18 pouranas dit bhavichya pourana ou l'avenir, le 1er des Vêdas.

*பௌண்டிரம், (paoundra), une des divisions de l'Inde centrale, maintenant Chandail.

*பௌதிகம், (பூதம், ika), ce qui a rapport aux élémens ou qui en est formé, ce qui a rapport aux fantômes ou aux démons: பௌதிகவாதம் matérialisme; — வாதி matérialiste; சுவாமி பூத பௌதிகங்களைப்படைத்தார் Dieu a créé les élémens et les choses qui en sont formées.

*பௌதிகன், (*id.*), le maître des fantômes, *i.e.* Siven.

*பௌதிகம், (*id.*), monde, *V.* பௌதிகம்; பௌதிக, *adj.* terrestre, temporel, du monde.

*பௌத்தம், (புத்தன்), le bouddhisme, la secte, le culte de Bouddha.

*பௌத்திரன், (புத்திரன்), petit-fils.

*பௌத்தன், *pl.* பௌத்தர், (புத்தன்), bouddhiste, adorateur de Bouddha.

பௌத்தி, (*arabe*), mort, acte.

*பௌத்திரம், 1° (புத்திரன்), ce qui a rapport au fils. 2° *V.* பவித்திரம், pureté.

*பௌத்திரன், pl. பௌத்திரர், (புத்திரன்), petit-fils. 2° P. பவித்திரன் homme pur

*பௌத்திரி, (புத்திரி), petite-fille.

*பௌத்திரிகம், (புத்திரன், ika), ce qui a rapport au fils ou au petit-fils.

*பௌத்திரிகேயன், (புத்திரிகை, éya), fils de la fille.

*பௌமம், (பூமி), chose terrestre, la planète de Mars, enfer, ambre gris: பௌமரத்தினம் corail.

*பௌமன், (id.), le prétendu fils de la terre, i.e. செவ்வாய் le régent de la planète Mars.

*பௌமி, (id.), la prétendue fille de la terre, i.e. சீதை.

*பௌமிகம், (id.), chose terrestre.

*பௌரகம், (பௌரம்), jardin autour d'une maison ou d'une ville.

*பௌரணமி, பௌரணமிசி, (paournimâ), pleine lune.

*பௌரணை, 1° (பூரணை), pleine lune. 2° jeune arbre.

*பௌரம், (புரம்), ville: பௌரசனன், (சனம்), citoyen d'une ville; —ஸ்திரீ, பௌராங்கனை, (அங்கனை), femme de ville; — சத்துவம் qualité de concitoyen.

*பௌரவர், (paourava), descendans de Pourou ancien roi de Hastinabouri, nommés aussi கௌரவர்.

*பௌராணிகம், பௌராணம், (புராணம், ika), ce qui a rapport aux —, secte des pouranas: பௌராணிகமந்திரம் prière qui ne contient pas la formule ஓம் dite பிரணவம்.

*பௌராணிகன், (id.), brame —, homme versé dans la lecture des pouranas.

*பௌரிகன், (bhaourika), trésorier, gardien de l'or, Koubêren, dieu prétendu des richesses.

*பௌருஷம், (புருஷன்), mesure d'un homme debout et les mains étendues en haut, virilité, force, vigueur, sperme.

*பௌரோடாசம், (புரோடாசம்), prière récitée en faisant une oblation de beurre clarifié: பௌரோடாசிகன் gourou qui récite cette prière.

*பௌரோகித்தியம், (புரோகிதன், ya), qualité de gourou de famille, état —, emploi d'astrologue, prédiction, pronostic: அவன்பௌரோகித்தியஞ்சொல்லினான் il a pronostiqué, prédit.

*பௌர்ணிமி, பௌர்ணிமை, பௌர்ணமாசி (paournimâ, paournamâsi), pleine lune, jour de la pleine lune.

*பௌலஸ்தி, (புலஸ்தியன்), la sœur cadette de Râvanen dite சூர்ப்பநகை

*பௌலஸ்தியன், pl. பௌலஸ்தியர், (id.), fils de புலஸ்தியன், i. e. Koubêren, Râvanen, Koumbhakarnen et Vibhichanen.

*பௌலோமி, la fille de புலோமன், femme d'Indiren.

*பௌவம், 1° (parwan), nœud, jointure d'arbre, v.g. de bambou, pleine lune. 2° mer, bulle d'eau, écume, sel.

பௌளி, espèce d'air, ou de mélodie, air femelle regardé comme la femme de l'air பூபாளம்.

*பௌனருத்தம், (புனருத்தம்), répétition, tautologie.

*பௌனர்ப்பவன், (புனர்ப்பவம்), fils additionnel, — d'une femme remariée, (admis à hériter par l'ancienne loi des Indous).

ம

ம், 10me consonne tamoule et 5e lettre douce, se nomme மகரம். ம் final devant க se change en ங், devant ச en ஞ், et devant த en ந். Devant ம initial, cette consonne se perd à moins qu'elle ne soit précédée d'une seule syllabe brève, Ex. மனம் et மகிழ்ந்தது font மனமகிழ்ந்தது la volonté s'est réjouie, mais தம் et மகன் font தம்மகன் son —, leur ou votre fils.

ம, 1° lettre syllabique composée de ம் et de அ, ma bref. 2°* (ma), Brama, Siven, Vichnou, Yamen, temps, moment, saison, venin, poison, prière ou formule magique, la lune ou Sandiren, la 4me note de la gamme tamoule qui correspond à fa. 3° lettre médiale indiquant le parfait. *Ex.* என்மக், *P.* என்றுக் ils ont dit

மக, 1° *pl.* மக்கள், enfant, poupon, fils, âge tendre. 2° *P.* மகம், offrande. 3° *adj. de* மகம்: —ப்பால், —ப்பால்வார்த்தல், allaiter un enfant orphelin; —க்சோறு, —க்சோறூட்டல் donner du riz à un enfant; —ப்பெறுவிக்கல் assister une femme en couches ce sont 2 des 32 actes de bienfaisance dits அறம்-சுட.

*மகம், (mahaka), tortue.

*மகன், (*id.*), homme excellent, —distingué, Vichnou.

*மகங்காரம், (மகம், காரம்), orgueil.

*மகசம், (mahasa), connaissance, sorte, espèce.

மகடு, —க்குழல், *V.* மகுடம்.

மகடூ, மகடூஉ, jeune fille (non mariée), femme: —க்குணம்-ச les 4 qualités ou caractères des femmes, *V. au mot* குணம்.

மகண்மா, (மகள், மா), hermaphrodite. [té de fille.

மகண்மை, (*id.* மை), état —, quali-

மகதந்திரம், (மகம்), un des 32 ordres d'architecture.

*மகதம், (magadha), le royaume de —, Magadha, sud de la province de Bahar, c'est un des 55 pays de la géographie indienne, le magadam ou மாகதி, langage de ce pays qui est une des 18 langues de l'Inde. Il ressemble au Pali des Bouddhistes.

*மகதர், (*id.*), habitant de Magadha, barde ou ménestrel de famille, *V.* மாகதர்.

*மகதாச்சரியம், (mahat *grand*), grande merveille.

*மகதி, 1° (mahati), le luth de Nâraden, la plantes கத்திரி et சோம்பு. 2° *ou* [piment.

*மகதை, (magadhâ), poivre long,

*மகத்திராத்திரு, (மகம், trâtrou *qui conserve*), Râmen dont le 1er exploit fut de défaire les géants qui troublaient le sacrifice de விசுவாமித்திரர் son gourou.

மகத்தான, (மகத்து, ஆன), grand: —வியாதி grande maladie; —வெற்றி grande victoire.

*மகத்து, 1° (mahat), ce qui est grand, large, vaste, grand personnage, un grand, les grands. 2° *obl. de* மகம்: —க்சனி la planète Saturne, lorsqu'elle se trouve dans la constellation மகம் ou Régulus (ce qui cause de grandes calamités, au dire des Indiens): இவனெனக்கு —க்சனிபோலிருக்கிறான் il est pour moi comme Saturne dans Régulus, il est mon grand ennemi.

*மகத்துவம், (mahat *grand*, துவம்), grandeur, majesté, excellence: —சொல்லுகிறது célébrer les grandeurs (de quelqu'un).

*மகபதி, (மகம், பதி), Indiren.

மகமது, மகம்மது, Mohammed, ou Mahomet, fondateur de l'Islamisme: —மார்க்கம், —சமயம் Mahométisme; —மார்க்கத்தார், —சமயத்தார் Mahométan.

*மகமேரு, *P.* மகாமேரு.

மகமை, don pour bonnes œuvres, donation à une église ou à un temple par les marchands ou les cultivateurs, revenu par privilége ou legs, certain tribut donné au roi de Travancore; கோவில் — espèce de dîme donné à un temple (autrefois ordonnée par les rois, aujourd'hui en bien des endroits maintenue par la coutume ou volontaire et comme un ex-voto), droit ou taxe en argent ou en espèce.

*மகம், 1° (makha), sacrifice, oblation. 2° (maha), rayon, lumière, lustre, éclat, fête, buffle. 3° (magha), plaisir, bonheur, félicité, le pays des Mags autrement Aracan. 4° (maghâ), la 10me constellation lunaire contenant 4 ou 5 étoiles figurant une maison, probablement l'alpha, le gamma, le dzêta, l'êta, et le nu du Lion. Les Indiens observent

le passage de la pleine lune dans cette constellation au mois de மாசி. Si elle laisse plus d'étoiles au nord, ils en pronostiquent la fertilité, et le contraire, si elle en laisse plus au sud: மகத்திருநாள் fête du மகம், — payenne lorsque la lune est dans cette constellation au mois de மாசி. — முறை ordre régulier d'un sacrifice indou, bouquet, feston; — கொண்டாட்டம்பார்க்கிறது, (இட்டம்), observer le passage de la pleine lune à travers la constellation மகம், pour en tirer les pronostics susdits.

*மகரந்தம், (makaranda), nectar, miel —, pollen des fleurs, anthère, callou ou toddi frais, le couil ou coucou indien, abeille, manguier doux dit தேமா, espèce de jasmin, jasminum pubescens, filament du nénuphar.

*மகரம், (makara), monstre, — marin, poisson fabuleux qui au temps du déluge, disent les Indous, dirigea la barque de Satyavrata, crocodile, réquin, — cornu (c'est une des marques de la royauté), le signe du Capricorne (représenté ayant la tête et les pieds de devant d'un antilope, avec le corps et la queue de poisson, c'est l'emblème ou la figure représentée sur le) drapeau de Kâmen, un des 9 trésors de Koubèren dit நவநிதி, une des 9 pierreries du monde des dieux de la fable indoue, la lettre ம, pollen des fleurs, désir, couleur jaune, or de couleur de nénuphar: — உயர்த்தோன், V. மகரகேதனன்; மகரசங்கிராந்தம் oignon; — குண்டலம் pendans d'oreilles à figure de réquin; — கேதனம், — கேது, — த்துவசம்; — க்கொடி la bannière du poisson, — de Kâmen qui représente un Capricorne; — கேதனன், — கேது, க்கொடியோன், — த்துவசன் Kâmen dont le drapeau porte l'image du மகரம் ou Capricorne: — க்குறுக்கம் la lettre ம் abrégée et qui n'a qu'un quart de mesure comme போலன் P. போலும் ressemblant, மருளன் P. மருளும்; — சங்கிராந்தி passage du soleil du signe du Sagittaire dans celui du Capricorne; — சரம் équation parallactique de l'orbite des planètes supérieures pour le 1er et dernier quadrant ou pour 6 signes à partir du Capricorne et comptée du soleil: quant aux planètes inférieures c'est l'équation de l'élongation pour les 6 mêmes signes ou équation pour changer la longitude héliocentrique en longitude géocentrique. (Le கர்க்கிசரம் sert à compter en partant du Cancer): — தோரணம் festons de toile bariolée et brodée —, franges suspendues à travers les rues, festons suspendus aux portes; — மண்டலம் tropique du Capricorne; — மாதம் le mois de தை, — où la soleil se trouve dans le Capricorne; — மீன் le réquin; — யாழ் une des 4 espèces de luth; — வியூகம் armée rangée en bataille sous la forme d'un மகரம் ou monstre marin; — ராசி le signe du Capricorne; — வாழை espèce de bananier dite மருகு ou musa paradisica, jasmin sauvage.

மகரம்பு, espèce d'anis, fenugrec.

*மகராகரம், (மகரம், ஆகரம்), la demeure du மகரம், i.e. l'océan.

*மகராங்கம், (id. அங்கம், marque), océan.

*மகராங்கன், (id.), celui qui a pour emblème un மகரம், i.e. Kâmen.

*மகராசன், sync. de மகாராசன், homme riche, heureux, grand personnage, homme vertueux.

*மகராசி, fém. du préc. femme riche, heureuse.

*மகராசனவன், (மகரம், ஆசனம்), celui qui a pour monture un monstre marin, i.e. வருணன்,

*மகராட்டிரம், P. மகாராட்டிரம், pays —, langue des Mahrattes.

*மகராயனம், (மகரம், அயனம்), solstice du Capricorne, — d'hiver.

*மகராலயம், மகராலயம், (id. ஆலயம்), ou

*மகரி, (மகரம், i), la demeure

des monstres marins, *i. e.* la mer.

*மகரிகை,(*id.*ikâ), feston, *V.* மகர தோரணம்.

*மகரிஷி,(மக, *P.* மகா), grand richi.

மகருதம், la plante கொடிவேலி.

மகருர், 1° (*arabe*), fixé, établi. 2° (மகர், ஊர்), le village des fils.

மகர், *pl. de* மகன், fils.

*மகர்லோகம், மகலோகம், (mahar *P.* mahat *grand*), un des 7 mondes supérieurs de la fable indoue, situé à 10 millions de யோசனை au delà de l'étoile polaire et résidence des saintes gens qui survivent à la destruction des autres mondes.

*மகவான், மகவான், (மகம்), l'heureux, (surnom de) Indiren.

மகவாட்டி, (மகவு, ஆட்டி), femme qui a un ou plusieurs petits enfans.

மகவு, (மக), enfant, fils, petit des animaux qui vivent sur les arbres. [dite பண்டைமகப்பெறு.

மகளிக்கிழங்கு, plante mangeable.

மகளிர், மகளிர், *pl. de* மகள், filles, femmes: மகளிர்தன்மைப்பருவம்-ம் 10 espèces d'arbres ou d'arbrisseaux qui bourgeonnent et fleurissent, au dire des poétes, dès qu'ils sont regardés ou traités ainsi qu'il suit par les femmes de la 1re classe dite பத்மினி, savoir: மகிழமரம் mimusops elengi qui fleurit lorsqu'on le goûte; ஏழிலைம்பாலைமரம் echites scholaris, lorsqu'on lui montre de l'affection; பாதிரிமரம் bignonia cheleonides, lorsqu'on le méprise; முல்லைக்கொடி jasminum trichotomum, l'orsqu'on rit; புன்னை calophyllum inophyllum, lorsqu'on danse: குரா webera corymbosa, lorsqu'on l'embrasse; அசோகு uvaria longifolia. lorsqu'on le frappe du pied: குருக்கத்தி gaertnera racemosa, lorsqu'on chante; மரா diospyros ebenaster, lorsqu'on le regarde; சம்பகம் michælia champaka, lorsque l'ombre le touche.

மகள், 1° (மக), fille, jeune fille ou femme (en général). 2° nièce (un homme appelle ainsi la fille de son frère, et une femme, la fille de sa sœur).

மகன், 1° (*id.*), fils, enfant, garçon, homme, mari, *pl.* மகர், மகார் *et ordinairement* மக்கள். 2° neveu (pour un homme le fils de son frère, pour une femme le fils de sa sœur). [de fils.

மகன்மை, (மகன்), état—, qualité

*மகா, (mahâ), grand, haut, élevé, large, gros, puissant, abondant, nombreux, excellent, (il se met surtout dans les mots composés):—அபூர்வம் grande rareté; — அரிது grande difficulté, chose très-rare ou très difficile;— அரியதொழில் emploi —, ouvrage très-difficile; — அறிஞன் homme très-studieux, — très-appliqué, d'une grande science, d'excellente mémoire; — அவலட்சணம் grande difformité, —inconvenance; — கடல் la mer aux larges bords, montagne; —கடலன் le prétendu roi de la mer, *i.e.* வருணன் ;—கதம், (gada *maladie*), grande maladie, fièvre; — கதி la fin suprême, le paradis; — கந்தம், 1° grande racine, grosse racine mangeable, espèce d'igname. 2° grande odeur, *i.e.* ail, oignon, espèce de roseau, calamus fasciculatus, gomme, myrrhe; —கர்வம், — கருவம் 10 trillions; — காயம் grande plaie, grand corps, *i.e.* éléphant; — காலம் manguier; —காளன் le grand nègre, *i.e.* Routtiren, le destructeur, Nandi portier de Siven; காளி la grande négresse, *i.e.* துர்க்கை; காவியம் grand poéme épique, —régulier et classique; — கிதி un sextillion; —கிரி grande montagne; —கிரீவம், —கிரீவி le grand cou, *i.e.* le chameau;—குலம், —குலீனம், —கூடம் bonne famille, — caste; — கூபம் puits large et profond; —கோஷம் grand bruit, marché, foire; — கோணி 10 quintillions; —கோரம் chose très terrible, une division de l'enfer, —சணை,—சணம் la plante ou l'arbre mahâsahâ (*très endurant*), dont les fleurs ne se flétrissent point, gomphræna globosa. V. [illegible]: — சங்கம் 100 quatrillions, os, os humain, un des trésors de Koubèren, front; — சங்காரம் destruction considérable, — générale; — சண்டன் homme très-violent, un des serviteurs de Yamen; — சத்தி, — சக்தி grande force, — énergie, grand pouvoir, (en style païen) Soupramanien dieu de la guerre; — சத்தன் homme très-fort, excellent, juste, vertueux; — சம்பு nom d'une plante, espèce d'eugenia; — சனம் les grands, les principaux, brames —, les chefs d'un village; — சனன் (சனம்), grand, homme éminent, illustre, de haute naissance, commerçant; — சந்தபனம் le grand santapana, espèce de pénitence païenne, qui consiste à se nourrir le 1er jour d'urine de vache, le 2e de bouse de vache, le 3e de lait, le 4e de lait caillé, le 5e de beurre liquéfié, le 6e d'eau où l'on a fait bouillir de l'herbe dharba, et à jeûner le 7me; d'autres mettent 3 jours à chaque observance, d'autres se bornent aux 6 premiers jours; — சாகசம் grande violence, attaque brutale; — சாகசிகன் pillard, voleur qui enlève par force, injuste assaillant; — சுகம் grand plaisir, — bien-être, copulation; — சுவேதை la grande blanche, i.e. Sarasvati; சுத்தி grande pureté, huitre à perles; — சுப்பிரம் grande splendeur, — blancheur, argent; — சுரூபி personne très-belle; — சுவேதம் grande blancheur, la plante [illegible], espèce de de petit concombre, sucre candi; — சூக்குமம் V [illegible]: — சூக்ஷமம் grande subtilité; — டக்கம் tambour de guerre; — சூத்திரன் grand soudras, i.e. berger; — சூத்திரி bergère, vendeuse de lait; — சேனானி général d'armée, Soupramanien, général des armées des dieux indous, le père du 8me Djaïnas ou [illegible] du présent âge, — சைவம் une secte de Siven; — சோபம் 100 sextillions; — ஜ்வாலை, (ஜ்வாலம்), feu du sacrifice; — [illegible] le chameau au long cou ou aux larges épaules; — தலம், (தலம்), la terre; — மயானம் le grand cimetière, i. e. Bénarès ou Kâsi où beaucoup de gentils viennent pour y mourir et y être brûlé dans la persuasion d'aller sûrement et promptement au paradis; — தந்தம் grande dent, défenses d'éléphant, l'éléphant aux grandes défenses; — தமப்பிரபை lueur fort ténébreuse, la division la plus basse de l'enfer indou dont les flammes sont très-obscures; — தரு la plante euphorbia; — தலம் lieu vaste, le 5e des 7 mondes inférieurs des Indous en descendant, résidence des நாகர் ou serpens, des அசுரர், des ராக்ஷதர் et autres êtres malfaisans; — தனம் grande richesse, chose de grand prix, or, encens, riche vêtement, moisson, agriculture; — தனவான் homme très-riche; — தாது le principal minéral, i.e. l'or; — தாரு le grand arbre, le pin dêvatârou; — தியாகம் renoncement complet, — à tout; — தீவு la grande île, les îles Maldives qui n'en faisaient autrefois qu'une; — துந்துபி, — துந்துமி gros tambour, tambour de guerre; — துருமம் grand arbre, l'arbre அரசு ficus religiosa; — தேவன் grand Dieu, (chaque sectaire l'applique à son dieu particulier, ordinairement il se dit de) Siven, nom propre; மழையும்பிள்ளைப்பேறும் மகாதேவருக்குந் தெரியாது la pluie et la naissance des enfans sont des mystères inconnus mêmes aux grands dieux indous; — தேவி grande déesse prétendue, Dourgâ ou துர்க்கை; — தோரணை espèce de grand compte; — நடன் le grand danseur, i. e. Siven; — நரகம் le grand enfer, une des divisions de l'enfer indou; — நவமி le principal 9e jour des mois lunaires, la fête des armes dite ஆயுதபூசை qui se célèbre le 9me de la lune qui commence dans le mois de புரட்டாசி; —நாடு vaste contrée, assemblée générale du peuple d'un pays; —நாதம் grand bruit, ce qui en fait, conque, lion, éléphant, instrument de musique, nuage, —noir chargé de pluie, oreille, chameau; —நிசி, —நிசை nuit profonde, i. e. minuit; —நிதி un des 9 trésors de Koubèren; —நித்திரை profond sommeil, le grand sommeil, i.e. la mort; —நிம்பம் le grand melia, i. e. melia semper virens; —நீசன் l'être très-vil, i.e. le blanchisseur (qui se charge de toutes les saletés des autres); —நீலம் le bleu foncé, émeraude, un des serpens, les plantes verbesina scandens et கையாந்தகரை; —நுட்பம் chose très petite, —fine, un atome; —நேமி corbeau; —நோன்பு grand jeûne, jeûne des païens, jeûne qu'ils observent à la fête —, fête des armes dite ஆயுதபூசை; —பக்ஷம் grande amitié, —bonté, espèce de canard; —பக்ஷி gros oiseau, hibou; —பட்டியவள் c'est une femme très-dissolue; —பதம் grand pas..., grande route, principale porte ou entrée d'une ville, —d'une maison, fin de la vie; —பதகமம் entrée dans la grande route de tous les hommes, i.e. la mort; —பதுமம் un des 9 trésors de Koubèren, nénuphar blanc, un quatrillion; —பதுமன் un des 8 serpens fabuleux qu'on dit supporter le monde, கின்னரன் ou serviteur de Koubèren; —பத்திரை le Gange; —பலம் grande force, —utilité, l'arbre கொழிஞ்சி espèce d'oranger, l'arbre fruitier ægle marmelos; —பலவன் homme très fort, robuste, air, vent; —பலி grand sacrifice, ou —பலி சக்கரவர்த்தி l'empereur Mahâbali, souverain de மகாபலிபுரம், un des தைத்தியர் et des சிரஞ்சீவிகள். (Vichnou dans son incarnation en nain dit வாமனன், le priva par ruse du pouvoir qu'il avait acquis, disent les Indous, sur la terre et sur le ciel: mais en considération de ses mérites, il lui laissa la souveraineté du பாதாளம்); —பாகன், (பாகம்), homme très vertueux, qui a les 8 vertus cardinales; —பாதகன், —பாதகி grand scélérat, —criminel; —பாதகம், —பாபம் grand crime, —péché; —பாரதம் le grand poème nommé பாரதம்; —பிரபு grand prince, roi, Indiren; —பிரபம், —பிரவம், (பிரபை), grande lumière, lumière d'une lampe; —பிரளயம் grand déluge, destruction du monde qui, au dire des Indous, arrive après chaque période de 4,320 millions d'années, destruction totale de l'univers qui arrive, selon eux, après la période de l'âge de Brama, i.e. de 100 ans, dont chaque jour égale le nombre susdit et chaque nuit est d'égale durée. A l'expiration de ce terme les 7 mondes avec leurs saints, leurs dieux et Brama lui-même sont anéantis, V. கற்பம்; —பிராணம் ce qui vit très-long-temps, corbeau; —பிராமணன் brame éminent; —qui officie aux funérailles; —பீதன் homme peureux; —பீமன், —பீஷ்மன் le guerrier très formidable, i.e. le roi சாந்தனு père de பீஷ்மன்; —புருஷன் excellent —, grand homme; —பூதம் élément primitif, —principal, V. பஞ்சபூதம்; —பூரி 10 novillions; —பெலா la plante பேராமுட்டி; —போதி docteur bouddhiste; —பிரசாத்தி mica dit அப்பிரகம்; —பிரதோஷம், (suivant les Sivénistes) le temps propice par excellence, le soir du 13e jour après la nouvelle ou la pleine lune, temps où ces sectaires attendent plus d'effets de leurs exercices religieux; —மகம் jour où la planète Jupiter se trouve en conjonction avec la pleine lune dans la constellation மகம் au mois de மாசி, V. மாமாங்கம்; —மகாப்பட்ட (மகா répété), très-grand, le plus grand; மகாராஜம், P. மகாவிமகாஜனம்; —மதம் éléphant en rut, grand orgueil, fureur, ivresse; —மதி esprit supé-

ஜிலர, génie;—மந்திரி premier ministre; மகாமந்திரன் ministre (d'un roi), homme riche, heureux, conducteur d'éléphant;—மகாமந்திரி femme de gourou, — de ministre, — riche; —மாயை illusion extrême, — du monde, chose non réelle, la grande trompeuse, *i. e.* துர்க்கை *ou* பார்வதி;—மாரி la grande destructrice, *i.e.* துர்க்கை;—மிருகம் le grand animal *i.e.* l'éléphant;—மிருத்து, —மிருத்துயு le grand tueur, *i.e.* Siven;—முகம் le long visage, — museau, le crocodile;—முனி grand anachorète, (il s'applique à) Agastyen, Bouddha, Vyâsen, Vasichten;—மேதம் l'arbre de corail erythrina indica, drogue tonique;—மேதை la plante மருது மத்தை;—மேரு grande montagne, la montagne d'or, — fabuleuse des Indous dite மேரு;—மைத்திரன் le grand ami, *i.e.* Bouddha;—யந்திரம் grande machine, — mécanique;—யக்ஞம், —யாகம் le grand sacrifice, selon les Indous, il consiste en 5 choses: étude des Vêdas, offrande de sacrifices aux dieux, hospitalité envers les hôtes, libation d'eau aux mânes, et nourriture répandue par terre pour toutes les créatures; selon d'autres, il consiste à festoyer les brames, les dieux, les mânes, les parens et soi-même;—யுகம் la grande période, collection des 4 யுகம் ou période de 4,320,000 ans;—ரசதம் or;—ரசனம் or, safran;—ரசம் liquide copieux ou excellent, eau de riz, dattier sauvage, phœnix sylvestris;—ரதம் grand désir, — char, char qui est suivi de 11 mille autres chars;—ரதன் guerrier monté sur un char et qui combat avec 11 mille autres guerriers aussi sur des chars; —ராசகர், —ராசிகர் espèce de demi dieux, (on en met 226);—ராசசூதம், —ராசபலம், —ராசமாம்பிரம், (அம்பிரம்) mangues dignes d'un roi;—ராசன் grand roi, empereur, roi, prince, chef, grand homme riche, — distingué, vertueux;— sans souci, (surnom de) குபேரன், possesseur d'éléphans, gourou de Samanéens ou Djaïnas;—ராசாதிராசன் empereur suzerain;—ராணி grande dame, femme riche; — ராட்டிரம், — ராஷ்டிரம் pays—, langue des Mahrattes; ராஷ்டிரி la langue —, le mahratte; — ராத்திரம் nuit profonde, *i. e.* minuit, le milieu de la nuit;—ரூபம் résine;—ரூபகம் drame, composition dramatique, tamoul des drames; —ரௌரவம் une des divisions de l'enfer des Indous; லக்குமி, —லட்சுமி la grande Lakchimi *i.e.* Sarasvati femme de Brama;—லோகம், 1° le grand métal, *i.e.* pierre d'aimant, caillou. 2° le grand monde, un des 7 mondes supérieurs des Indous autrement dit மகர்லோகம்;—லோலம் corbeau;—வசம் marsouin du Gange;—வராகம் le grand cochon, Vichnou dans son incarnation en cochon blanc;—வல்லி l'arbre வில்வம்;—வனம் grande forêt, grand désert; — வாக்கியம் grande phrase, long mot, nom d'une formule religieuse parmi les Sivénistes et les Advitas ou அத்துவிதர்;—விசுவம் entrée du soleil dans le signe du Bélier, équinoxe du printemps;—விடம் poison terrible, petit serpent venimeux qu'on suppose avoir 2 têtes;—வித்து talc dit அப்பிரகம்;—விரதம் grande pénitence, la secte dite வீரசைவம்; — விரதர் grands pénitens, les sectaires dits வீரசைவர், les linganistes;—விருக்ஷி les plantes கத்தரி et சேம்பு;—விருக்ஷம் la plante சதுரக்கள்ளி; — விலம் ciel, atmosphère, jarre d'eau, cœur, caverne, trou;—வீசி une des divisions de l'enfer des Indous; வீரம் grande bravoure, vase servant aux sacrifices, feu du sacrifice ஓமம், le couil ou coucou indien, lion, cheval blanc, foudre d'Indiren;—வீரன் héros, homme très-brave, Agni ou le feu, Vichnou, le faucon கருடன்; —வேகம் grande vitesse, singe, animal très-leste.

*மகாகலகம்,(மகா, கலகம்), combat, grande guerre,—bataille.

*மகாகாசம், 1° (id. ஆகாசம்), plaine, compagne, grand air. 2° (id. காசம்), forte phthisie, toux. 3° (id. ஹாசம், hâsa), hennissement du cheval.

*மகாக்கினி, 1° (id. அக்கினி), grand feu. 2° (மகம், அக்கினி), feu de sacrifice.

*மகாகாயம், (id. காயம்), l'animal au grand corps, i. e. le chameau. [chèvre.

*மகாசம், (id. அசம்), grande

*மகாசன், (id. சன் né), homme illustre, de haute naissance.

*மகாசயம், (id. ஆசயம்), mer, océan.

*மகாசயன், மகாசனன், (id. ஆசயம், சனம்), prince, gentilhomme, homme libéral, généreux.

*மகாத்துமா, (id. ஆத்துமா), grande âme, grand personnage, homme excellent, éminent, magnanime, généreux, savant.

*மகாநசம், (id. anasa riz), cuisine,—où on cuit le riz.

*மகாநுபாவன், (id. அநுபாவம்), grande âme, homme généreux, magnanime, personnage distingué, —éminemment religieux, l'Être suprême, Dieu.

*மகாபலன், (மகம், பலன்), le prétendu fils de la constellation மகம், i.e. Soukren. [gieux—, mendiant.

*மகாபாசகன், (mahâpâsaka), reli-

*மகாபுஷ், 1° (மகா), grande fleur, grand cumin. 2° V. மகாபலன்.

*மகாரணியம், (மகா, அரணியம்), grande forêt, grand désert.

மகார், pl. de மகன், fils, enfans.

*மகாலயம், (மகா, ஆலயம்), grand —, temple, sanctuaire, le monde de Brama, place de refuge, asile, lieu de pèlerinage, arbre consacré à une divinité. [suprême, Brama.

*மகாலயன், (id.), Dieu, l'Être

மகாகீர்த்தியம், (மகா), célébrité, gloire, V. தலைமேன்மை.

*மகானந்தம், (id. ஆனந்தம்), béatitude finale.

*மகானலம், (மகம், அனலம்), feu du sacrifice ஓமம்.

*மகார்ணவம், மகாநீணவம், (id. அர்ணவம், P. அருணவம்), la grande —, mer, océan.

மகான், élément qui produit l'air, principe des 3 caractères dits குணம். *(mahân), grand.

*மகி, 1° (mahi), la terre. 2° f. de மகன், fille. [épais, gelée.

*மகிகை, (mahikâ), brouillard

*மகிஷம், மகிடம், (mahicha), buffle, c'est l'emblème du drapeau et la monture de Yamen: மகிஷத்துவசன், —வாகனன் celui qui a un buffle pour l'emblème de son drapeau et pour monture, —i.e. Yamen; —கோரோசனை pierre biliaire du buffle.

*மகிஷன், (id.), Mahichen démon ou அசுரன் à tête de buffle tué par துர்க்கை ou காளி: மகிஷன்—, மகிஷற்செற்றாள் ou மகிஷமர்த்தனி la meurtrière —, la destructrice de Mahichen, i.e. Kâli ou Dourgâ.

*மகிஷாசுரன், (மகிஷன், அசுரன்), l'asouren Mahichen (susdit).

*மகிஷி, (mahichi), bufflonne, மகிடி, P. மகுடி. [reine couronnée.

மகிடிக்கிறது. V. மகிழ்ச்சிக்கிறது.

*மகிதம், (mahita), le trident de [Siven.

*மகிதலம், (மகி), la terre.

*மகிந்தகம், (mahindaka), rat, mangouste, corde du timon d'une charrette. [மகிபதி... roi.

*மகிபதி, மகிபன், மகிபாலன், P.

*மகிமா, (mahimâ), pouvoir de se grossir sans fin, c'est un des 8 dons fabuleux dits அஷ்டமாசித்தி, ou

*மகிமை, (id.), grandeur, majesté, gloire, magnificence, pompe: —செலுத்துகிறது, —ப்படுத்துகிறது glorifier, honorer; —பாராட்டுகிறது être glorieux, majestueux, pompeux; —யுள்ள illustre, glorieux, éminent; —தவ —யுடையவன் homme d'une éminente pénitence,— qui par sa pénitence a obtenu des dons merveilleux; —சிறந்தநாமம், —யுள்ளநாமம் nom glorieux, — illustre.

*மகிரன், (mahira), le soleil.

மயிலிறகு, P. மயிலிறகு, plume de paon. [furieuse.

*மகிலை,(mahilâ), femme,— ivre,

மகிழம்,adj. de மகிழ்: மகிழமரம் l'arbre mimusops elengi; மகிழம்பூ sa fleur dite fleur du Tonquin.

மகிழுகிறது, ழ்ந்தேன், ழுவேன், ழ, ழ, ழும், part. fut. ou

மகிழ்கிறது, ழ்ந்தேன், ழ்வேன், ழ், ழ, v.n. மகிழ்தல், n. v. se réjouir, se livrer à la joie, être content, joyeux, s'égayer.

மகிழ், 1° (மகுலம்), l'arbre mimusops elengi, dont l'adj. est. மகிழம். 2° imp. et. part. du préc. 3° ou

மகிழ்ச்சி, மகிழ்வு, n. v. de மகிழ்கிறது, joie, gaieté, allégresse, contentement, plaisir, délice: மகிழ்ச்சிகொண்டிருக்கிறது être plein de joie, être joyeux; மகிழ்ச்சியாய் joyeusement, gaiement.

மகிழ்நன்,(மகிழ்), homme joyeux, mari, chef d'un pays cultivé.

மகிரம்,pétale, feuille de fleur.

மகிள், மகிளமரம், P. மகிழ், மகிழமரம்.

மகிளிக்கிறது, V. மக்களிக்கிறது.

*மகினம், (mahina), royaume.

மகி, (mahi), le terre, vache, la Mahy (en anglais, Mhye), rivière de la province de Malva qui tombe dans le golfe de Cambay:— சுதன் le fils de la terre, செவ்வாய் le régent ou conducteur de la planète Mars, né, au dire des Indous, près d'Oudjein, de la terre arrosée de la sueur de Siven;—தரம், — தீதிரம் le soutien—, la force de la terre, i. e. montagne; —தலம் surface de la terre; —பதி, —பாலன், —பர்த்தா ou பர்த்தா le maitre, le protecteur de la terre, i. e. roi; —ப்பிராசீரம் ce qui entoure la terre, i. e. l'ocean; —மயமான de terre, terrestre; —ருகம் chose née de la terre, arbre; — வலம் ver de terre, achée.

மகிபன்,(id. pa qui protège), roi.

*மகுடம், (makouta), couronne, diadème, tiare, ornemens de couronne, crête, bord de tambour etc... 2° un des 28 livres des Sivénistes; sorte de pendans d'oreilles à l'usage des femmes dits சுக்லமகுடக்கொப்பு. obscurité: மகுடபங்கம் injure à la couronne; மகுடம், P. மகுடமரம்; —ராகக்கிரியம் nom d'un air ou mélodie; —வர்த்தனர், —வர்த்தனர் princes—, têtes couronnées, rois, chefs heureux; மகுடமுமந்தாரமு மாயிருக்கிறது le temps est obscur et nébuleux; கண்மகுடமாயிருக்கிறது la vue —, l'œil être trouble et obscur; பாம்புமகுடத்திலே கிடக்கிறது le serpent être dans le temps où il a la vue courte (quand il change de peau).

*மகுடாதிபதி, (மகுடம், அதிபதி), roi —, prince —, chef couronné.

மகுடி, 1° ou —க்குழல் hautbois ou flageolet de jongleur et d'enchanteur de serpens, pour charmer les serpens; il est fait avec la gourde de la plante cucurbita lagenaria, 2° V. மொண்டி.

*மகுதி,(makouti), ordre du gouvernement adressé à un Soudras.

*மகுரம்,(makoura), miroir, crystal, bâton d'une roue—, roue de potier, bouton de fleur, l'arbre மகிழமரம் à fleurs jaunâtres et odoriférantes.[nouie, l'arbre மகிழமரம்.

*மகுலம்,(makoula), fleur,—épa-

*மகேசன், (மகா, ஈசன்), 1° V. மகேசுரன், Indiren, tale dit அப்பிரம்: மகேசபந்து l'ami de Mahêsa, i. e. l'arbre ægle marmelos.

*மகேசுரன், மகேசுவரன், மகேச்சுரன், மகேச்சுவரன், (id. ஈச்சுவரன்), le grand maitre, le grand Dieu, (en style paien) Siven (sous une de ses 5 formes suivant les Sivénistes de la péninsule).

*மகேசுவரி, மகேச்சுவரி, fém. du préc. la grande maitresse, (en style paien) Parvadi.

*மகேந்திரம்,(id. இந்திரம்), montagne, chaine de montagnes, une des 7 principales de l'Inde (probablement les Gattes septentrionales).

*மகேந்திரன்,(id.), le grand Indi-

ren, le roi des dieux indous: மகேந்திரசாலம் le 55ᵐᵉ des கலைக்கியான ஞானம், art de faire des merveilles -des prestiges dans le ciel et sur la terre; -நகரம் la ville d'Amaravati, capitale fabuleuse d'Indiren.

*மகேந்திராணி, (id. இந்திராணி), Indirâni femme d'Indiren.

*மகேலிகை, மகேலே, (mahèlâ, ikâ), femme.

*மகைசுவரியம், (மகா, ஐசுவரியம்), grandes richesses.

*மகோததி,(id. உததி), la grande —,mer, Indiren.

*மகோதயம்,(id. உதயம்), élévation, éminence, supériorité, propriété, grandeur, orgueil, béatitude finale, abandon, la ville et le district de Kanodge ou கன்னியாகுப்சம், jour favorable. [gneur.

*மகோதயன்,(id.), maître, Sei

*மகோதரம், (id. உதரம்), gros ventre, hydropisie.

*மகோதரன், (id.), gros ventru, hydropique,un des ministres de Râvanen. [grande perfection.

*மகோத்தமம், (id. உத்தமம்),

மகோபத்திரம், un des 32 உபநிஷதம். [ம்), grande tribulation.

*மகோபத்திரவம், (id.உபத்திரவ

*மகோரகம்,(id. உரகம்), grand serpent, au pl.m. மகோரகர் espèce de demi-dieux indous de la race serpentine habitans du பாதாளம்.

*மகோல்லாசம்,(id. உல்லாசம்), grande joie.

*மகோற்சவம், P. மகோத்சவம், (id. உற்சவம்), grande fête.

*மகோற்கை, (id. உற்கை), grand météore, i.e. la foudre.

*மகோற்சாகம், (id. உற்சாகம்), grande diligence, — activité, grand effort.

*மகோற்சாகன்,(id.),homme très actif, roi qui possède tous les accessoires de la royauté. [nuphar.

*மகோற்பலம்,(id. உற்பலம்) né-

*மகோன்மதம், (id. உன்மதம்), fanatisme, frénésie, enivrement, ivresse,passion extrême.

*மகோன்னதம், (id.உன்னதம்), sublimité, grande hauteur, palmier: மகோன்னதப்புருஷர்கள் hommes très-grands et forts, —et puissans, géans.

*மகௌஷதம்,(id.ஔஷதம்), bon remède, ail, poivre long, gingembre sec, et beaucoup d'autres drogues. [noms de diverses plantes.

*மகௌஷதி, (id.), bon remède,

மக்கடிக்கிறது, P. மட்கடிக்கிறது, endommager, détruire, perdre.

மக்கட்,obl.de மக்கள்.

மக்கட்டம்பிடிக்கிறது, V. மத்தட்டம்பிடிக்கிறது.

மக்கம், 1° la Mecque, ville d'Arabie, patrie de Mahomet. 2° la plante எருக்கு. 3° (télinga), métier de tisserand.

மக்கல்,opt. et n.v. de மக்குகிறது, moisissure, pourriture, corruption.

மக்களிக்கிறது, விக்கேன்,விப்பேன், வி, விக்க, v.n. மக்களித்தல்,n.v. attraper une entorse, —une foulure, se fouler, se disloquer, se démettre, retracter, révoquer, se dédire, tergiverser, retourner, revenir: கல்லிலே இடறிக்கால்மக்களித்தது le pied s'est foulé en se heurtant contre une pierre; அவன்சொல்லிலேமக்களித்துப்போனான் il a manqué à sa parole, il s'est dédit: போனநோய்மக்களித்துக்கொண்டது la maladie qui avait disparu est revenue.

மக்களிப்பு, n.v. du préc. entorse, foulure, dédit, tergiversation, manquement, défaut, retour.

மக்கள்,pl.de மக, et de மகன்,fils, enfans (sans distinction de garçons et de filles), hommes (en général), gens, peuple, cortége: மக்கட்படுக்கை lit, couche, lieu où les hommes couchent: மக்கட்பரப்பு population, propagation —, dissémination du peuple; மக்களாளாகல் croissance des enfans, les enfans devenir hommes; மக்களுக்குத்தேடிவைக்கிறது ramasser du bien pour ses enfans.

மக்கனம், moquerie, plaisante-

மக்கள், homme fort. [rie.
மக்காச்சோளம், P. மொக்கைச்சோளம், maïs, blé d'Inde, —de Turquie.
மக்காரதிபன், (மக்கம், அதிபன்), le prince de la Mecque, i.e. Mahomet.
மக்கி, 1° gér. de மக்குகிறது. 2° blanc d'Espagne moisi, mastic, espèce de pilule: இருப்புக்கல் —, செம்மக்கி latérite. [affaissement, honte.
*மக்கினம், (magna), immersion,
மக்கிறது, மக்குகிறது, மக்குதல், P. மட்குகிறது, மட்குதல்.
*மக்ஷம், (makcha), hypocrisie.
*மக்ஷிகம், மக்ஷிகை, மக்ஷிகை; (makchikâ), mouche.
*மங்க, inf. de மங்குகிறது.
*மங்கலம், (mangala), bonheur, bonne fortune, bien être, chose heureuse, bon succès, prospérité, mariage, équité, bonté, charité, louange, éloge, compliment, félicitation, panégyrique, salutation, heureux souhaits, bénédiction, augmentation, acquisition, provision, conservation, —de ce qu'on a acquis, holocauste: மங்கலம்-அ, V. அஷ்டமங்கலம்; —சொல்லுகிறது, saluer, louer, exprimer d'heureux souhaits; —பாடுகிறது chanter les louanges, —d'heureux souhaits.... en l'honneur de quelqu'un; மங்கலகாரியம் chose —, affaire heureuse ou de bon augure; —கௌசிகம் espèce d'air propre aux poèmes; —ச்சொல் mot de compliment ou bon souhait, mots de bon augure, Les poëtes ont coutume de commencer leurs poëmes par l'un de ces mots ou leurs synonimes; le contraire est réputé de mauvais augure. Ces mots sont au nombre de 22, savoir: அமிர்தம் ambroisie, ஆரணம் doctrine de la loi, ou les vèdas, உலகம் monde, எழுத்து lettre, écriture, கங்கை Gange, கடல் mer, சீர் bon état, சொல் mot, திரு richesse, félicité, தேர் char, நிலம் terre, நீர் eau, பரி cheval, பரிதி soleil, புகழ் louange, புயல் nuage. பூ fleur, பொன் or, மணி pierre précieuse, மதி lune, மலை montagne, யானை éléphant. Quelques auteurs ajoutent encore d'autres mots: மங்கலஸ்நானம் bain pour une chose prospère; —நதி rivière sacrée; —நாண் corde du tâli; —ப்பாடகர், —பாடகர் bardes, gens qui chantent des complimens ou d'heureux souhaits aux mariages etc..., —ப்பொருத்தம், V. மங்கலச்சொல்; —மங்கையர் femmes mariées, (*l'opposé est* அமங்கலை veuve); —மொழி, V. மங்கலச்சொல்; —வள்ளை le 74 des பிரபந்தம் panégyrique d'une jeune femme de haute naissance en 9 வெண்பா et 9 வகுப்பு ou divisions; —வாத்தியங்கள் instrumens de musique (pour les jours d'allégresse); —வாரம், (மங்கலன்), le mardi, le jour consacré à Mars; —வார்த்தை parole de bon souhait, de salutation, expression propre à un panégyrique, bonne nouvelle; தேவமாதாவுக்கு மங்கலஞ்சொன்ன ou மங்கலவார்த்தை சொன்னதிருநாள் la fête de l'Annonciation, —où l'ange a salué la mère de Dieu. [Mars, barbier.
*மங்கலன் (*id.*), la planète de —,
*மங்கலாசரணை, (மங்கலம், ஆசரணை), observance de respect consistant en 3 choses qu'on met au commencement d'un poëme, *i.e.* வாழ்த்து salutation, வணக்கம் invocation à la divinité, செய்யப்படுபொருள், *ou* வஸ்துநிர்த்தேசம் proposition de ce qu'on va dire, contenu, objet et division de l'ouvrage.
*மங்கலி, (மங்கலம்), femme mariée, —qui porte un tâli, barbier, homme né d'un faiseur huile et d'une femme de la classe des artisans, et condamné à la fonction de barbier.
*மங்கலியம், (mangalya *qui rend heureux*), signe du mariage, *i. e.* tâli, bijou d'or que les femmes mariées portent au cou tant que leur mari est vivant: —கட்டுகிறது attacher le tâli; மங்கலியஸ்திரீ femme mariée; —qui a un tâli; மங்கலியசூத்திரம்

அதி

cordon du tâli;—பிட்சை prière d'une femme à Dieu, à un roi, à un juge pour obtenir l'aumône du tâli, *i.e.* la conservation de son mari; —பிட்சைகொடுக்கவேண்டும் je vous prie de m'accorder l'aumône du tâli, *i. e.* la conservation de mon mari.

*மங்கலை,(mangalâ), femme mariée, —vertueuse, —de barbier, Oumei femme de Siven.

மங்கல், *opt. et n.v. de* மங்குகிறது, obscurcissement. pâleur, flétrissure, altération, dépérissement, affaiblissement, décroissance.

*மங்கலியம், (mangalya), chose heureuse,—belle, —agréable, or, sandal, lait caillé, vermillon, rouge de plomb, l'அரசமரம், l'arbre வில்வம், lentille.

*மங்களம், *P.* மங்கலம்.

மங்கனை, *P.* மங்கலை, un des côtés où Kâli est censée présider.

மங்கா, மங்காத. *part. nég. de* மங்குகிறது, qui ne s'obscurcit pas..., inaltérable, impérissable.

மங்காமை, *n.v. nég. du même:* —காத்தான் celui qui a préservé de la destruction, espèce de riz qui croît vite et en abondance.

*மங்கிலம், (mankila), incendie de forêt, conflagration.

*மங்கிலியம், *P.* மங்கலியம்.

*மங்கினி, (mangini), bateau.

மங்குகிறது, *sync.* மங்கிறது, கினேன், குவேன், கு, க, *v.n* மங்குதல், *n.v. et* மங்கிப்போகிறது, s'obscurcir, se ternir, devenir pâle, livide, blême, perdre son lustre, se ternir, se faner, se flétrir, dépérir, décroître, l'apparence diminuer, s'altérer, s'émousser, périr, se perdre: மங்கிக் கிடக்கிறது, -யிருக்கிறது être pâle, blême, terne: விளக்கு மங்கியெரிகிறது la lampe jeter une lueur faible, et sombre; மங்கினநிறம் couleur pâle, terne, flétrie, passée; மங்குங்காலம் temps de disette, de détresse, de malheur, de la mort; மங்குசனி, (மங்கும்), Saturne dit ஏழரையாட்டைச்சனி venant pour la première fois, ou dans le 1er quart de sa révolution, et causant ou pronostiquant des malheurs, (au dire des superstitieux Indous, (opposé à பொங்குசனி); மங்குதேமல் taches qui indiquent la maladie ou la mort.

*மங்குரம், (mankoura), miroir, [cristal.

மங்குல், air, atmosphère, firmament, - visible, nuit, nuage.

மங்குலம், மங்குளம், obscurité, temps couvert, trouble.

மங்கை, 1° femme, jeune fille ou femme de 13 ans. 2° *P.* மங்காய், tu ne t'obscurcis pas, *nég. de* மங்குகிறது:—நீக்கம் la longueur ou proportion de la femme, un des 10 தசப்பொருத்தம் ou observances superstitieuses, dite aussi திரித்திக்கம், qui consiste en ce que la constellation de l'époux surpasse de 13 la constellation de l'épouse:—பங்கன், —பங்காளன், —பாகன் celui qui est moitié femme, *i.e.* Siven, pour avoir, au dire des Indous, donné à sa femme Parvadi la moitié de son corps, au moins le représente-t-on ainsi homme d'un côté, et femme de l'autre.

*மங்குஷணம், மங்குஷுணம், (mankchana, -ouna), jambière, cuissard, armure pour couvrir les jambes.

*மசகம், 1° (மசம், ka), moucheron, moustique, cousin, outre (pour l'eau), éruption cutanée, poil. 2° (மசக்குகிறது), trouble.

*மசகரி, (மசம், hari *qui prend.*), moustiquaire.

மசகுகிறது, *sync.* மசகிறது, கினேன், குவேன், கு, க, *v. n.* மசகுதல், *n. v.* se cacher, se tapir, maigrir, s'affaiblir, *V.* மசங்குகிறது.

மசக்கி, *gér. et n. app. du. suiv.* enchanteresse: அவள்— c'est une enchanteresse.

மசக்குகிறது, *sync.* மசக்கிறது, க்கினேன், க்குவேன், க்கு, க்க, *v.a. de* மசங்குகிறது, மசக்கல், மசக்குதல், *n.v.* troubler, embrouiller, embarrasser, jeter dans des perplexités, confondre, chiffonner, inquiéter, enchanter, charmer, ensorceler, séduire, reprendre l'usage de la viande: அவனை மசக்காதே ne le trouble pas; மாமிசம் மசக்குகிறது reprendre l'usage de la viande (après l'abstinence...).

மசக்கை, (மசக்குகிறது), envie, désir, indolence et autres affections de femme enceinte: —க்காரி femme enceinte qui a des envies; —ப்பண்டம் nourriture recherchée, exquise.

மசங்குகிறது, sync. மசங்கிறது, கினேன், குவேன், கு, ச, v.n. de மசக்குகிறது, மசங்கல், மசங்குதல், n.v ou மசங்கிப்போகிறது, se troubler, s'embarrasser, être troublé, embarrassé, embrouillé, ensorcelé, confus, incertain, douteux, dans l'incertitude, dans le doute: மசங்கித்திரிகிறான் il reste —, il est incertain, sans savoir ce qu'il doit faire; சுவாமிமசங்கிக் கொண்டிருக்கிறது la bonté d'une pagode être douteuse: மாலைமசங்குகிற நேரம் ou போது temps où il ne fait ni nuit ni jour, litt. où la soirée est douteuse, crépuscule du soir, la brune; மாலைமசங்குகிறநேரத்திலே வந்தேன் je suis venu au crépuscule du soir; மாலைமசங்கும்போது பழுதையைப் பாம்பென்று பயப்பட்டேன் à la brune j'ai pris une corde pour un serpent et j'ai eu peur.

மசண்டை, la brune, crépuscule du soir, —du matin, grand matin.

மசமச, son imitatif de démangeaison: மசமசென்கிறது ou

மசமசக்கிறது, சத்தேன், சப்பேன், ச, சக்க, v.n. (மசமச), avoir des démangeaisons, — envie de se gratter.

மசமசத்தல், மசமசப்பு, மசமசெனல், n.v. du préc. démangeaison.

*மசம், (masa), mesure, poids, bruit, son, colère, moustique.

*மசனம், (masana), mesurage, vexation, gêne, nuisance.

*மசாரம், மசாரகம், (masâra, ka), émeraude.

மசாலை, (ind.). mélange d'assaisonnemens, diverses épices broyées ensemble pour assaisonner les mets, remède pour les chevaux (aussi composé de divers ingrédiens).

மசால், மசால்ச்சி, P. மஷால், மஷால்ச்சி.

*மசானம், P. ஸ்மசானம், cimetière, lieu, où l'on brûle les morts.

*மசி, 1° (masi). encre (pour écrire). 2° imp. et part. de மசிகிறது: —க்கூடு, —கூடி,— கூடினை, —தானம், —தானி, —ப்பிராண், — மணி encrier, écritoire, —ஏலம் encre (à écrire); —பண்ணியன் scribe, écrivain, - à gage, —qui se loue; — பதம் plume, —à écrire. [pent.

*மசிகம், (masika), trou de ser-

மசிகிறது, சித்தேன், சிவேன், சி, சிய, v.n. மசிதல் et மசிந்துபோகிறது, n.v. se briser, se broyer, s'écraser et s'amollir, et se mélanger, être brisé, broyé, écrasé, meurtri, froissé, pilé: மசியக்கரைக்கிறது délayer et mélanger; மசியப்போடுகிறது briser, écraser, broyer menu; பசித்தழை herbes potagères broyées et mélangées ensemble.

மசிகை, 1° n. v. de மசிகிறது. 2° *(மசிகா), encre, la plante nyctanthes tristis.

மசிக்கிறது, சித்தேன், சிப்பேன், சி, சிக்க, v.a. de மசிகிறது, மசித்தல், n.v. briser, broyer, écaser, —et amollir, —et mélanger, meurtrir.

மசியல், n.v. de மசிகிறது, chose broyée, écrasée.

மசிர், P. மயிர், 1° herbe tendre, gazon. 2° poil, puberté (mot bas).

மசிவு. n. v. de மசிகிறது, broiement, brisement. [d'un jour, relai.

மசிலி, மஜில், (arabe), marche, —

மசீது, (ind. masdjid), mosquée hométans. [des Malin.

*மசீனம், (masinâ), lin, graine de

*மசுக்கரம், P. மஸ்கரம், bambou.

*மசூரம், மசூரம், (masoura, masoûrâ), espèce de lentille.

*மசூனம், (masouna), chien.

*மசூரா, மசூரை, (masourâ, masoûrâ), prostituée.

*மசூரகம், மசூரி, (masoûraka, —ri), petit oreiller —, oreiller rond.

*மசூரி, மசூரகம், மசூரிகம், (masoûri), petite vérole.

*மசூரிகை, (id.kâ), 1° entremetteuse. 2° V. மசூரி. [sulipatam.

மசூலிபட்டணம், la ville de Ma-

*மச்சகந்தி, (மச்சம், கந்தம்), Matsacandi ou Matsyagandhâ, *litt.* celle qui a l'odeur de poisson, 1er nom de சத்தியவதி mère de Vyasen pour avoir été trouvée, disent les Indous, dans le ventre d'un poisson, dont elle conserva l'odeur, jusqu'à ce que son séducteur le mouni Parâsaren changea, dit la fable, cette odeur en celle de parfum, V. பரிமளகந்தி.

*மச்சம், 1° (matchtchha), poisson, —en général, (et particulièrement) le poisson saphari ou சபரம், dans lequel Vichnou s'est incarné, au dire des Indous, prétendue incarnation de Vichnou en poisson, un des 18 pouranas dit aussi மச்சியம், contenant la fable de cette incarnation, le pays de Dinajpour et Rangpour, un des 56 pays de l'Inde centrale. 3° verrue, môle, tache noire sur la peau, échantillon, —d'or qu'on garde pour le comparer ensuite avec celui que doit rendre l'orfévre; —தின்போன் ichtyophage, mangeur de poisson; —தின்னை ichtyophagie; —வெட்டிவைக்கிறது couper un morceau d'or et le garder en échantillon pour le comparer ensuite avec l'ouvrage rapporté par l'orfévre; மச்சசமுற்பவம் sperme, flux menstruel; —நூல் ichtyologie; —நூலப்பியாசி ichtyologiste; —ப்பொன் morceau d'or réservé pour échantillon; —யந்திரம் but —, marque en forme de poisson pour exercer les archers; —விராசி le signe des Poissons; மச்சத்தின்சல்லியம் os de poisson, (V. d'autres composés au mot மச்சியம்).

மச்சாமி. V. மச்சுனன்.

*மஜ்ஜனம், (madjdjana), bain, ablution, immersion, submersion, moelle.

*மச்சாவதாரம், (மச்சம், அவதாரம்), fabuleuse incarnation de Vichnou en poisson, pour tuer l'Asouren சோமுகன், qui avait volé les Védams et les avait cachés dans la mer.

மச்சாளி, மச்சான், V. மச்சுனன். மச்சாள், V. மச்சுனிச்சி.

மச்சி, 1° V. மச்சுனிச்சி. 2° la plante பூனைக்காலி.

மச்சிகை, 1° lait de beurre. 2° (madjdjika), la femelle de la grue indienne.

மச்சிடுகிறது, (மச்சு, இடுகிறது), lambrisser, revêtir d'un lambris, planchéier un plafond.

*மச்சியம், (matsya), poisson, prétendue métamorphose de Vichnou en poisson, un des சிவபுராணம், le 1er des pouranas qui raconte cette métamorphose, le pays de Dinajpour et Rangpour, un des 56 pays de l'Inde centmole, ellébore: மச்சியகரண்டிகை, (கரண்டகம், ikâ), panier de pêcheurs: —காரம் pêche; —சங்காதம் foule de petits poissons; —சாலம் filet de pêcheurs; —தானி panier de pêcheurs; —நாசம், —நாசனம் orfraie; —பட்டணம் la ville de Masulipatam; —பித்தை plante médicinale amère comme le fiel de poisson; —ரங்கம் le martin-pêcheur; —வேதனம் hameçon.

*மச்சியாக்ஷி, (மச்சியம், அக்ஷம்), la plante asclepias acida. [ங்காணி.

மச்சியாச்சி, la plante பொன்னா

*மச்சியாசனன், (மச்சியம், அசனம்), ichtyophage, qui vit de poissons, martin-pêcheur.

*மச்சியோதரி, (id. உதரம்), 1° V. மச்சகந்தி. 2° place de pélerinage, étang réputé sacré à காசி ou Bénarès.

மச்சிலிப்பட்டணம், la ville de மசூலிப்பட்டணம்.

மச்சினச்சி, மச்சினி, மச்சினிச்சி, V. மச்சுனிச்சி.

மச்சினன், V. மச்சுனன்.

மச்சு, plafond en planches, lambris, argamasse, dessus, position supérieure, faute. V. மஞ்சு: —க்கல் carreau d'étage, brique qui sert de lambris, — qui remplit l'intervalle des chevrons d'un argamasse; —க்கூடம் salle avec un plafond en planches, —பாவுகிறது, — போடுகிறது planchéier, lambrisser, mettre des planches sur les poutres de manière à faire un plafond en bois; — வீடு maison avec un plafond en planches, maison en argamasse.

மச்சினன், beau-frère, i. e. frère de la femme, mari de la sœur, cousin germain fils de l'oncle maternel ou de la tante paternelle, ou vice versâ; —மச்சினர், pl. les beaux-frères, les cousins, le mari et le frère de la femme s'appellent de ce nom, ainsi que les enfans d'un frère et d'une sœur; மச்சினன் மூத்தார் le frère cadet et le frère aîné du mari; மச்சினமுறைமை degré de parenté exprimé par le mot மச்சினன்; — முறைமைகொண்டாடுகிறது observer les coutumes d'une telle parenté.

மச்சினச்சி, மச்சினி, மச்சினிச்சி, belle-sœur, i. e. sœur cadette de sa femme, femme du frère cadet, cousine germaine, fille de l'oncle maternel ou de la tante paternelle, et vice versa. On appelle aussi par une familiarité inconvenante மச்சினி ou மச்சினிச்சி, la femme d'un pauvre quelconque: எளியவன் பெண்டாட்டியை யெல்லோருமச்சினியாயழைப்பார் tout le monde traite familièrement de cousine la femme d'un homme pauvre

*மச்சேந்திரநாதர், (மச்சம், இந்திரன்), un des 9 சித்தர்.

*மச்சை, 1° (madjdjâ), moelle, sève. 2° (மச்சம்), verrue, protubérance sur la peau, but, marque en forme de poisson pour exercer les archers, ambre gris. 3° fièvre intérieure: —சமுற்பவம், (சம், உற்பவம்), sperme, flux menstruel.

மஜ்கூர், (arabe), susdit, mentionné ci dessus.

மஜ்மூன், (id.), sens, pensée, contenu, — d'une lettre etc...

மஜரா, (arabe), quartier—, faubourg de grande ville, village qui en dépend.

மஷாத்து, (id.), mesurage, arpentage: —தார் arpenteur, intendant.

மஹால், (id.), palais.

மஹக்கமா, (id.), cour, tribunal.

மஷால், (ind.), flambeau, torche: மஷால்ச்சி, மஷால்ஜி, porte flambeau.

*மஷி, (machi), encre, V. les composés au mot மசி.

மஷ்டு, lie, sédiment, écume, scorie.

மஷ்ரூத், (id.), convenu, stipulé, approprié (en tout ou en partie à des usages particuliers, en parlant de terres ou de concessions).

*மஸ்கரம், (maskara), bambou.

*மஸ்கரி, (maskari), brame mendiant du 4me ordre qui porte un bâton de bambou.

*மஸ்தம், மஸ்தகம், (masta, ka), tête, crâne, sommet, le haut, front, tête d'éléphant: மஸ்தகஸ்நேகம் cervelle; —மூலம் —மூலகம் le cou.

மஸ்தன், மஸ்தான், (மஸ்த), fou, insensé, qui a les sens troublés ou dérangés.

*மஸ்தி, (masti), poids, mesurage, [os.

*மஸ்து, (mastou), lait caillé, ivresse, folie, luxure, vigueur, fierté, pétulance, abondance.

*மஞ்சகம், (மஞ்சம், ka), lit, bois de lit, plate-forme, échafaud, élévation.

*மஞ்சகாசிரயம், (மஞ்சகம், ஆசிரயம்), ce qui a son refuge dans le bois de lit, i. e punaise.

மஞ்சட், obl. de மஞ்சள் devant க, ச, த, ப, de safran, jaune: —கரு jaune d'œuf; —கல் espèce de sel minéral piquant et de couleur jaune; —காப்பு onguent de poudre de safran: —காமாலை espèce de jaunisse; —கொத்து paquet de safran avec ses racines et ses feuilles: —சாமந்தி, —செவ்வந்தி chrysanthemum indicum à fleurs jaunes; —சேலை toile safranée, —teinte d'eau de safran; —சேலைதோய்த்துக் கண்ணேறும்கொத்துகிறது tremper un linge dans l'eau de safran et l'appliquer à un œil malade; —பாவாடை போர்த்துக்கொள்ளுகிறது se revêtir d'un habit teint de safran, (espèce d'observance religieuse des Indous); —பூச்சு onction—, friction de safran, bain à l'eau safranée; —பொடி poudre de safran.

*மஞ்சட்டி, P. மஞ்சிட்டி.

மஞ்சணாற்றி, (மஞ்சள், நாற்றம்), l'arbre நுணா,—qui sent le safran.

மஞ்சணிறம், (id. நிறம்), couleur de safran.

மஞ்சணீர், (id. நீர்), eau de safran: —குடிக்கிறது boire de l'eau de safran, adopter ainsi un enfant; —ச்சீட்டு billet d'adoption,—qui assure le droit d'héritage à un enfant adoptif; —ப்பிள்ளை enfant adoptif, (qui a droit d'hériter): —விளையாடுகிறது s'amuser à s'asperger d'eau de safran (à un mariage).

*மஞ்சம், (mantcha), lit, bois de lit, plate forme, échafaud, hutte élevée sur des pieux dans les champs pour garder la moisson, dais: மஞ்சமண்டபம் espèce de hangar ouvert ou de plate-forme élevée temporairement pour une cérémonie, salle à coucher.

மஞ்சம்புல், l'herbe andropogon.

*மஞ்சரம், (mandjara), perle, pédicule composé.

*மஞ்சரி, (mandjari), grosse—, perle, pédicule,—composé, queue de fleur ou de fruit, bouquet, touffe ou groupe —, guirlande de fleurs, recueil, rejeton, pousse, jet, bourgeon, bouton, espèce de poème, —de remède, la plante நாயுருவி: கதா —recueil de fables. [லம்.

மஞ்சவன், 1° archer. 2° P. மஞ்ச

மஞ்சள், safran, —indien, curcuma longa: —ஆலாத்தி cérémonie dite ஆலாத்தி faite avec du safran: —குளிக்கிறது faire un bain ou des lotions de safran, s'oindre de safran; —காமத்தி, V. மஞ்சட்காமத்தி; —த்தூள் poudre de safran; —த்தண்ணீர் eau de safran; —த்தேறு morceau de safran; —பூசுகிறது oindre—, enduire—, frotter de safran ou de pâte de safran; —ப்பூண்டு la plante மிளஞ்சு; —மந்தாரை variété de l'arbre மந்தாரை; —வசந்தம் aspersion d'eau safranée (dans les mariages...), cérémonie joyeuse, —ou jeu où l'on se jette de l'eau de safran; —வசந்தமாடுகிறது s'amuser à s'asperger les uns les autres d'eau de safran; —நிறம், —வருணம் couleur de safran. (A l'oblique devant les க, ச, த, ப on écrit généralement மஞ்சட்; voyez en les composés.

*மஞ்சனம், P. மச்சனம், bain, lavage, lotion, ablution, immersion dans l'eau: மஞ்சனச்சாலை salle de bain; —ப்புல் l'herbe andropogon.

மஞ்சனி, la plante médicinale உத்தாமணி. [P. மச்சுனன்.

மஞ்சன், 1° P. மைந்தன், fils. 2°

மஞ்சா, la plante இலைக்கள்ளி.

மஞ்சாடி, l'arbre adenanthera pavonia, la graine de cet arbre sert à peser l'or, V. மஞ்சாடி: 1 மஞ்சாடி pèse 2 குன்றிமணி, i, e. fait 4 grains, 5 font un scrupule, 15 font 1 dragme ou 1/8 d'once, 20 font 1 கழஞ்சு, 120 font 1 once, 1920 font 16 onces ou une livre anglaise.

மஞ்சாரி, la plante கஞ்சாங்கோரை. [les diamans, V. மஞ்சாடி.

மஞ்சாலி, poids qui sert à peser

மஞ்சி, 1° petite barque, canot, boite, coffre, panier, fibre de l'écorce de l'arbrisseau மரல் dont on fait des cordes dites மஞ்சிக்கயிறு, petite chaussée entre les compartimens de jardins, entremetteur de libertinage (au cap comorin). 2° (mandji), pédicule,—composé.

மஞ்சிகம், la plante grimpante தாளிக்கொடி, boite, coffre.

மஞ்சிகன், barbier.

மஞ்சிகை, 1° espèce de pendans d'oreilles, grande boucle d'oreille dite குண்டலம், la plante கையாந்

தாளை, la plante grimpante சாலிக் கொடி, boite ou coffre. 2° * (mandjikâ), prostituée.

*மஞ்சிஷ்டாராகம், (mandjichtâ garance, ராகம்), couleur de garance, attachement permanent.

மஞ்சிட்டம், V. மஞ்சாடி.

*மஞ்சிட்டி, (mandjichtâ), garance du Bengale, arbre ou arbrisseau dont les graines servent à la teinture, bixa orellana.　[nier, banane.

*மஞ்சிபலை, (மஞ்சி, பலம்), bana-

*மஞ்சிமம், (mandjima), beauté, élégance.

*மஞ்சிரம், (mandjira), anneau —, bijou des pieds ou des orteils.

மஞ்சிவிக்கரன், espèce de basilic, ocimum basilicum.

மஞ்சிலை, (மண், சிலை), brique.

மஞ்சில், (ind.), route sur une vieille chaussée entre les champs de riz, route ou relais sur la route (en voyageant).　[லை.

மஞ்சிறு, la plante கைவாந்த

*மஞ்சீரம், மஞ்சீலம், (mandjila), village de blanchisseurs.

*மஞ்சு, 1° (mandjou), beauté, amabilité, agrément. 2° bijou, âge tendre, lit, bois de lit, rosée, gélée blanche (sur les montagnes), cime, sommet, zénith, nuage, dos d'éléphant, force, grenier, grange ou hangar pour mettre le blé: —க்கட்டை sommet, faite, toit en pente dans la longueur de la maison; —வைக்கிறது bâtir un grenier; கேசி, m. —கேசினி, f. (கேசம்), qui a une belle chevelure; —பாஷிணி, (பாஷை, ini), femme à douces paroles.　[ou héron dit கொக்கு.

*மஞ்சுகம், (மஞ்சு, கம்), cigogne

*மஞ்சுலம், மஞ்சுளம், (mandjoula), beauté, canal, cours d'eau, irrigation, berceau ou cabinet de verdure.

*மஞ்சுஷை, மஞ்சூஷை, மஞ்சூடை, (mandjoûchâ), coffre, boite, panier fait en forme de coffre, corbeille, pierre, garance du Bengale, boite où l'on gardait le grand arc que Râmen brisa, forteresse.

மஞ்சூரம், (மண், சூரம்), espèce de pois chiche dit கடலை.

மஞ்சூர், (arabe), acceptation, accueil, admission.

மஞ்ஞை, paon: —யூர்தி celui qui a un paon pour monture, i.e. Soupramanien.

மடக்கடி, (மடக்கு, அடி), trouble, confusion, pli, repli, courbure, vers répété, ou qui a quelques mots de répétés.

மடக்கம், n.v. de மடக்குகிறது, pli, repli, courbure, resserrement, retenue, répétition.

மடக்கல், opt. et n.v. de மடக்குகிறது, action de plier, répétition, duplication.

மடக்கியல், (மடக்கு, இயல்), le propre de la répétition dans les vers... V. சரிதகம்.

மடக்கிறால், (id. இறால்), chevrette qui se replie, — dite astacus carcinus.

மடக்கு, 1° répétition d'un vers ou d'une partie de vers ou de quelque mot (ordinairement avec un sens différent), c'est une beauté de la poésie tamoule, espèce de vers ou cette répétition a lieu, pli, repli, courbure, défaite, déconfiture, sorte de vase de terre grossier. 2° *imp. et part. de* மடக்குகிறது: — கத்தி, —ப்பிடிக்கத்தி couteau pliant, qui se ferme, dont la lame se replie, couteau à stylet pour écrire; —க்குடர் l'intestin replié; —மடக்கென்கிறது, —மடக்கென்னல் rendre le son imitatif ou le bruit répété de மடக்கு; —வரி tribut redoublé, double impôt; —வரிவைக்கிறது mettre un nouvel impôt pour la seconde moisson.

மடக்குகிறது, *sync.* மடக்கிறது, க்கினேன், க்குவேன், க்கு, க்க, *v.a. de* மடங்குகிறது, *et* மடக்குதல், *n. v.* plier, replier, courber, recourber, retourner, répéter, doubler, river, moissonner, retenir, renfermer, faire rebrousser, réunir: அறுத்து — couper et ramasser la moisson; மாட்டை — réunir le bétail en troupeau (sans qu'il se disperse), கால்—பிலிர்—, retirer sa jambe.

மடக்கெழுத்தாணி, (மடக்கு, எழுத்தாணி), stylet à écrire qui se plie: —ப்பிடி manche d'un pareil stylet.

மடக்கொடி, (மடம்), tendron ou tendre rejeton, *i. e.* jeune femme mariée.

மடங்கடிக்கிறது, (மடங்க, அடிக்கிறது), faire rebrousser, chasser, mettre en fuite, en déroute: சதுரங்கபலத்தை—mettre toute l'armée en fuite.

மடங்கலர், (மடங்குகிறது, அலர்), gens qui ne plient pas, ennemis.

மடங்கல், 1° *opt et n.v. de* மடங்குகிறது, action de se plier...., courbure, pli, repli, double, soumission, obéissance, recul, retour, répétition, 2° explosion du—, coup de tonnerre, conflagration finale qui doit détruire le monde, fin des temps, — du monde, maladie, Yamen, Kâlen, lion, la plante தாழை: மடங்கற்கொடியோன் celui qui a un lion sur son étendard, *i. e.* Bhimen ou வீமன்.

மடங்கு, *n.v. imp. et part. de* மடங்குகிறது, pli, repli, double, tour, mesure, part, fois, réitération, répétition, maladie, ficelle: நாலுமடங்கு 4 fois autant; நாலுமடங்கைம்பது 4 fois 50 *ou* 200; ஐம்மடங்குதாவின 5 fois mieux, —meilleur; —பலன் double récompense, moisson mûre; நூறுமடங்குபலனடைகிறது recevoir pour récompense—, gagner le centuple: அதைப்பார்க்கிலும் ஆயிரம்மடங்கதிகமாக்குகிறது faire mille fois plus.

மடங்குகிறது, *sync.* மடங்கிறது, கினேன், குவேன், கு, அ, *v. n. de* மடக்குகிறது, மடங்குதல், *n. v.* se courber, se plier, se replier, se doubler, se répéter, céder, se soumettre, revenir, retourner, se remettre: மடங்கப்பண்ணுகிறது faire plier, courber, abaisser, abattre; மடங்கிப்போகிறது se courber, s'incliner, se prosterner, se plier....

மடத்தனம், état d'ignorance, être ignorant, ne pas savoir.

மடந்தை, (மடம்), femme—, fille simple, jeune femme ou fille de 19 ans, jeune fille non encore nubile: —பாகன், —பாதியன், *V.* மங்கைபங்கன்; —யாயிருக்கிறாள் c'est une fille jeune, —simple, elle est féconde.

மடப்பம், chef-lieu de 500 villages, fille ou femme du palais, —de la cour.

மடப்பத்து, 1° *obl. du préc.* 2° *V.* மடப்பற்று *au mot* மடம்.

மடமட, son imitatif—, expression de fracas, de colère etc... மடமடெனகிறது ou

மடமடக்கிறது, த்தேன், ப்பேன், ட, க்க, *v. n.* (மடமட) ou மடமடத்தல், மடமடப்பு, மடமடெனல், *n. v.* faire du fracas, du bruit, —madamada: மடமடென்று இடிக்கிறது *ou* விழுகிறது tonner ou tomber avec fracas, —en faisant madamada, imiter les roulemens du tonnerre: மடமடென்றுவருகிறது arriver tout en colère, comme un furibond; முகத்தை மடமடென்றுவைத்துக்கொள்ளுகிறது regarder d'un —; prendre un visage colère.

மடமை, (மடம், மை), ignorance, stupidité, simplicité.

*மடம், 1° (matha), école, collége, résidence de jeunes brames étudians, demeure d'ermites, —de sages ou de pénitens, ermitage, monastère, abbaye, couvent, communauté, temple, char, voiture, hôtellerie, chauderie, maison bâtie sur les routes pour loger les pélerins ou les voyageurs, maison de charité. 2° ignorance, simplicité, stupidité: மடந்தரும், — புண்ணியம் vertu de bâtir une hôtellerie pour les voyageurs; —த்தலைமை supériorité dans un couvent; —த்தலைவன் abbé, supérieur de couvent....; —த்தலைவி abbesse, supérieure de couvent; —த்தனம் ignorance, stupidité; —நடை marche douce, —légère; —நல்லார் femmes ou filles simples; —நெஞ்

க்கு air de simplicité, regard respectueux et timide; —பதி abbé, supérieur de couvent; —ப்பற்று terres —, revenus —, biens —, possessions d'un couvent, d'un monastère ou d'une hôtellerie; —ப்பள்ளி, P. மடைப்பள்ளி cuisine. [couvent, hôtellerie.

மடாலயம், (மடம், இலயம்),

மடவிக்கிறது, விக்தேன், விப்பேன், வி, விக்க, v. n. மடவித்தல், n. v. revenir à son premier état après avoir plié.

மடல், chose plate et longue, feuille —, (ou plutôt) branche de dattier sauvage, d'aréquier, de தாழை ou pandanus, de cocotier, de palmier, ôle ou feuille de palmier, enveloppe des fleurs des mêmes arbres, pétale ou feuille de fleurs, le haut des bras, os de l'épaule ou omoplate, bord extérieur —, cartillage de l'oreille, filamens du bananier, bifurcation d'une branche de palmier, V. ஏற்ற மடல், espèce de poème, V. வளமடல்: —அரிதாரம் arsenic en pièces plates et minces; —ஊர்க்கி, —ஊர்த்தல், —ஏறுதல் les amoureux désespérés aller à cheval sur une branche de palmier taillée, afin d'en mourir de douleur, ce qui est un des sujets de l'அகப்பொருள்; —பாடுகிறது composer —, chanter un poème du genre வளமடல்; மடலொடுமடல் சேர்த்துக்கட்டுகிறது serrer et lier les bras derrière le dos.

மடவரல், மடவாள், (மடம, வரல், ஆள்), jeune femme, — fille.

மடவாயீன், espèce de poisson.

மடவார், (மடம), ignorans, ou மடவியர், (id.), femmes.

மடவை, 1° espèce de poisson, mulet, mugil cephalus, rame, aviron, l'arbre தணக்கு. 2° P. மடமை: —க்கெண்டை variété du poisson கெண்டை, i. e. espèce de carpe.

மடற்குதிரை, (மடல், குதிரை), V. ஏற்றமடல்.

மடற்பனை, (id.), palmier qui porte des feuilles longues et plates, V. அலகுபனை.

மடற்பாளை, (id.), spathe qui enveloppe les fleurs du palmier.

மடற்றுத்தம், (id. துத்தம்), calamine, carbonate impur de zinc.

மடன், 1° P. மடம், ignorance, stupidité, dérangement —, trouble d'esprit, folie, distraction. 2° (மடம்), ignorant, simple, niais, nigaud. [மடல்.

மடன்மா, (மடல், மா), V. ஏற்ற

*மடாதிபதி, (மடம், அதிபதி), abbé, supérieur de couvent.

*மடாதிபத்தியம், (id. ya), dignité —, charge d'abbé ou de supérieur de couvent.

மடி, 1° imp. et part. de மடிகிறது. 2° imp. de மடிக்கிறது. 3° perte, destruction, maladie, pauvreté, paresse, mensonge, soumission, toile, se plier, se courber, ce qui est plié, pli, pli de toile, pli d'habit, ceinture, giron, ventre, sein, forme —, rondeur des mamelles, pis de vache, riz cuit, filet, bord de filet, la plante தாழை ou cardeira: கரை— filet qu'on jette du bord du rivage: தட்டு —filet qu'on jette en pleine mer; மடிக்கம்பு bâton d'un filet (qui sert à l'ouvrir et à le fermer; — கால் jambes pliées de manière à avoir les pieds sous le derrière; —ச்சீலை bout —, pan de toile qui sert de bourse, bourse qu'on porte à la ceinture; —தீண்டுகிறது saisir à la ceinture; — நாறுகிறது sentir le bouquin; —பிடி dispute, saisir quelqu'un à la ceinture: —படுகிறது être plié; —ப்பணம் argent qu'on porte dans sa ceinture, argent en main: —ப்பிச்சை aumône qu'on reçoit dans son giron ou le pan de sa toile: —ப்பெட்டி boite pliante, qui se plie en deux pour se fermer; —ப்பை sac à bétel, bourse qu'on porte à la ceinture; —மாங்காய்ப்போடுகிறது ou போட்டுச்சொல்லுகிறது accuser faussement, litt. dire en jetant —, jeter une mangue dans le giron (proverbe tiré d'un conte); — யின்மை diligence, activité; —வாங்கம்

அரை

maladie de la matrice; —விடுகிறது le pis des vaches etc... être flasque, ce qui est une marque qu'elles sont pleines: மடியைப்பற்றுகிறது saisir à la ceinture ou par le pan de l'habit: ஒருவனுடைய மடியைப்பற்றியிழுக்கிறது saisir quelqu'un à la ceinture et le tirer; பணத்தை மடியிலேவைக்கிறது mettre de l'argent dans sa ceinture; பிள்ளையை மடியிலேவைக்கிறது mettre un enfant sur ses genoux, le tenir sur son giron; உசோமன் ஒருமடி 2 sômen font une toile.

மடிகிறது, டிந்தேன், டிவேன், டிய, v. n. et மடிதல், n. v. se plier, être plié, penché, se courber, ou மடிந்துபோகிறது être tué, périr, mourir, se faner, se dessécher, se gâter, se perdre, pourrir.

மடிக்கிறது, டித்தேன், டிப்பேன், டிக்க, v. a. du préc. மடிக்குதல், மடித்தல், n. v. plier, courber, doubler, empaqueter, compliquer, tuer, détruire, vaincre par adresse, — par artifice: பேச்சைமடிக்கிறது changer de ton ou de langage; மடித்துத்தைக்கிறது ourler, border, coudre les bords en les repliant: —ப்போடுகிறது tuer, détruire, ou —வைக்கிறது plier, empaqueter.

மடிச்சன், P. மடிந்து: —க்கட்டி espèce de ver. [மடிக்கிறது.

மடித்தல், மடித்து, n. v. et gér. de மடிதல், மடிந்து, மடிந்த, n. v. gér et part. de மடிகிறது.

மடிப்பங்கால், (மடிப்பு, அம்), pieds —, genoux pliés: —போடுகிறது s'asseoir les pieds repliés.

மடிப்பாளி, (id. ஆளி), trompeur, fripon, tricheur, méchant, — qui fait du mal.

மடிப்பிளை, sable mêlé de plomb.

மடிப்பு, n. v. de மடிக்கிறது, chose pliée, double, pli, repli, tour, fraude, ruse, tromperie, perfidie, complication: மடிப்பாயிருக்கிறது être plié, — captieux, - une fraude: —மடிப்பானகேள்வி question captieuse, — artificieuse; மடிப்பாய்ப்பேசுகிறது parler d'une manière artificieuse, pour tromper; மடிப்பெழுத்தாணி stylet à écrire qui se plie; மடிப்புக்கத்தி couteau pliant, qu'on peut fermer; —க்காரன், V. மடிப்பாளி; —பண்ணுகிறது agir frauduleusement, tromper; —விழுகிறது se plier, un pli se former: —விசேஷம் particularité —, parole frauduleuse.

மடிமை, (மடி, மை), paresse, indolence, lenteur: மடிமைகுடிமைக்கட்டங்கிற்றன்னொன்றுக்கடிமை புகுத்திவிடும், (மடிமை குடிமைக்கண்தங்கில் தன் ஒன்னார்க்கு அடிமை புகுத்திவிடும்), si la paresse habite dans une famille, elle la soumettra à l'esclavage de ses ennemis.

மடிவிக்கிறது, v. caus de மடிகிறது, faire périr, — mourir, plier.

மடிவு, n. v. de மடிகிறது. mort, perte, pauvreté, pli, courbure, action de se plier...

மடு, 1° gen மடுவின், pl. மடுக்கள், étang, - naturel (causé par la pluie ou l'inondation), gouffre, creux dans le lit d'une rivière. 2° imp de மடுக்கிறது: மடுவாயிருக்கிறது être raboteux, inégal, rempli de trous, comme le lit d'une rivière.

மடுக்கிறது, டுத்தேன், டுப்பேன், டு, டுக்க, v a. recevoir, garder, tenir, s'imbiber, absorber, avaler, engloutir, remplir, plier, percevoir par les sens: மடுத்த part. parf. inégal, raboteux. plein de trous.

மடுத்தல், n. v. du préc. absorption, engloutissement, perception par les sens. [தல் et மடிப்பு.

மடுப்பு. n. v. du même. V. மடுத்

மடுவங்கரை, (மடு, அம், கரை), côté ou bord d'un étang naturel.

மடை, 1° agrafe de bijou, riz cuit, nourriture, porte, petite écluse (sur le côté d'un canal d'irrigation...), bonde d'étang, conduit. sacrifice —, offrande aux dieux prétendus. 2° P. மடைய, ignorant, grossier, stupide: ஆற்று — écluse de rivière, — sur le côté d'une rivière pour communiquer avec un canal d'irrigation; [illegible]

ஐ— écluse sur le côté d'un étang ou d'un réservoir; கடை— partie d'un champ...la plus éloignée de l'écluse; பள்ள— terre humide, personne dévote: முதல்—, மேல்- partie d'un champ —, rizière la plus proche de l'écluse; மேட்டு - partie de rizière—, rizière trop élevée et aride; மடைவிழ்க்கிறது lâcher l'écluse; —க்கடல் mer dans laquelle un fleuve a son embouchure; —த்தலை ouverture ou entrée d'un canal, embouchure de rivière; —த்தனம் ignorance, stupidité, sottise, rusticité, grossièreté: —த்தொழில் emploi de cuisinier, art de la cuisine; —த்தொழிலன், —த்தொழிலோன் cuisinier, c'est une des 5 espèces de serviteurs affidés d'un roi; —பரவுகிறது, —போடுகிறது servir—, placer les mets,—des mets bien préparés: —ப்பண்டம் mets,— tout préparés, objet de cuisine; —ப்பள்ளி cuisine, lieu où l'on prépare les mets; —ப்புத்தி esprit grossier,— stupide, ignorance, sottise; —மாறுகிறது lâcher l'écluse, — மாற்றுகிறது changer —, lâcher l'écluse; —முகம் embouchure de rivière; —யடைக்குங்கதவு bonde—, porte d'écluse; —வேலை ouvrage de cuisine, ouvrage grossier, — d'idiot; —வைக்கிறது, V. மடைபோடுகிறது.

மடைமை. P. மடமை.

மடையன், pl. மடையர், 1° (மடம்), sot, stupide, idiot, imbécille. 2° (மடை), cuisinier: - சாமவாய்நிற்கிறது rester debout comme un idiot; மடையத்தனம் bêtise, sottise, stupidité; - சாம்பிராணி ignorant, sot; —புத்தி esprit grossier,— stupide, sottise, stupidité. —வேலை ouvrage grossier,— de sot.

மடையான், espèce de héron. ardea: நாரைமடை— variété de cette espèce.

மட், P. மண் devant க, ச, த, ப.

மட்கவடிக்கிறது, (மட்க, அடிக்கிறது), faire pourrir, réduire en fumier, endommager, détruire, offusquer, obscurcir, perdre,— son argent par négligence.

மட்கலம், (மண், கலம்), vase de terre.

மட்கல், 1° *opt. et n.v. de* மட்குகிறது, pourriture, corruption, disparition, obscurcissement, dommage, rouille, moisissure, saleté, anéantissement. 2° *V.* மண்கல்.

மட்குகிறது, கினேன், குவேன், கு, க, *v. n.* மட்குதல், *n.v. et* மட்கிப்போகிறது, se pourrir, se corrompre, se consumer, s'évanouir, disparaître; *v.g.* une couleur, se dissiper, s'obscurcir, se moisir, devenir sale, rouillé, périr, mourir, se gâter, se faner, être endommagé, se salir; மட்கிக்கெடுகிறது être pourri, gâté, endommagé, — à se perdre

மட்குகை, 1° *n.v. du préc.* *V.* மட்கல். 2° (மண், குகை), creuset, moule de terre (pour couler les métaux).

மட்சாடி, (மண்), jarre—, jatte de terre.

மட்சிலை, (*id.*), statue de terre.

மட்சுவர், (*id.*), mur en terre.

மட்டம், mesure, égalité, régularité, niveau, sol - , objet uni, borné, limité, bouclier, bidet, petit cheval, — cheval du pays, jeune cheval,— éléphant, jeune plant —, rejeton de canne à sucre, de riz, de bambou, de bananier; ஆச்சு— petit cheval d'Achem: நீர்மட்டம் niveau,— de l'eau, - du sol ou du pavé avec une légère inclination pour l'écoulement de l'eau; - ஆயிருக்கிறது être de niveau, uni, égalisé, horizontal, être juste- suffisant, être court,— un peu insuffisant; —ஆய்க்கொடுக்கிறது donner avec mesure, le strict nécessaire; —க்குதிரை petit cheval: —ப்பிடிக்கிறது niveler, prendre le niveau, - l'aplomb, bâtir exactement en prenant le niveau, peser exactement, égaliser; —தட்டுகிறது, —தட்டிப்போடுகிறது niveler, couper—, casser —, rejeter ce qui dépasse le niveau ou l'aplomb en bâtissant un mur..., ôter ce qui est plus haut que le reste pour niveler, déconcerter —, renverser les plans de quelqu'un, abaisser —, réprimer (par jalousie...); —பிடிக்கிறது prendre le niveau, niveler, égaliser, pousser des rejetons; வேலைக்காரனின்றைக்குவராமல்-போட்டான் aujourd'hui le serviteur s'est absenté volontairement; —வெடிக்கிறது, —வைக்கிறது pousser des rejetons; மட்டக்கோல் niveau, bâton ou perche qui sert à niveler; —க்கொம்பு, corne courte; —சுத்தம் juste niveau; —ச்சுறா espèce de réquin court, rond et bon à manger; —த்துருத்தி sac de peau de brebis —, outre d'où l'eau jaillit par la compression du bras, espèce de pompe ou de seringue; —ப்பலகை niveau de maçon, régloir, règle plate pour tracer des lignes; —வேலை ouvrage grossier.

மட்டசனம், (மட்டு, அசனம்), tempérance.

மட்டலகு, (id. அலகு), espèce d'instrument, — de mesure de longueur, de bâton qui sert à mesurer.

மட்டறிகிறது, (id. அறிகிறது), connaître la mesure, les bornes, la marque....

மட்டாசனம், (மட்டம், அசனம்), tempérance.

மட்டாயுதம், (மட்டு, ஆயுதம்), épée.

மட்டி, 1° pétoncle, moule, espèce de coquillage bivalve, cardium edule, homme stupide, lourdaud, benêt, ouvrage grossier, sans ordre ni symétrie, défaut d'ordre, arme, outil, ce qu'on donne aux animaux pour les engraisser. 2° *imp. de* மட்டிக்கிறது: —க்காரை enduit —, crépi grossier, —raboteux; —ச்சாம்பிராணி encens grossier; —த்தையல் couture grossière; —ப்பேச்சு expression —, langage grossier; —ப்பேச்சு பேசுகிறது parler grossièrement; —விசேஷம் particularité —, manière grossière; —வேலை ouvrage grossier; ஐரோப்பாநாட்டுவேலை, இந்தத்தேசத்துமட்டிவேலை les ouvrages d'Europe sont bien faits, ceux de ce pays sont grossiers,

மட்டிகை, signe—, marque ou sceau imprimé sur de la bouse de vache, de la terre glaise ou autre matière mise sur les tas de riz battu ou sur les sacs pleins.. ...

மட்டிக்கிறது, ட்டித்தேன், ட்டிப்பேன், ட்டி, ட்டிக்க, *v. a.* மட்டித்தல், *n.v.* rendre rond ou circulaire, arrondir, tracer un cercle, oindre, frotter, mettre des bornes, briser, rompre.

மட்டிடுகிறது, (மட்டு, இடுகிறது), donner des bornes, borner, limiter, restreindre, estimer la distance (d'une place...); மட்டுப்பட்டிருக்கிறது avoir —, être limité, borné.

மட்டியம், une des 7 mesures en musique, *V. au mot* தாளம்-எ.

மட்டு, *gén.* மட்டின், mesure, borne, limite, fin, bout, caillou ou jus de cocotier..... மட்டோடே, *abl.* avec mesure, modérément; மட்டோடேயிருக்கிறது être modéré; மட்டில், *abl.* envers, à l'égard de, dans les bornes; என்மட்டில் envers moi; கள்ளத்தீர்க்கதரிசிகள்மட்டில் எச்சரிக்கையாயிருங்கள் prenez garde aux faux prophètes; என்மட்டிலே நானிருக்கிறேன் உன்மட்டிலே நீயிரு je m'occupe de mes affaires, occupe toi des tiennes, je suis tranquille de mon côté, reste tranquille du tien; மட்டுக்கும், மட்டும், (*avec nom. ou dat.*), jusqu'à, (*avec le part. fut.*), jusqu'à ce que: எந்தமட்டும் jusqu'où? jusqu'à quand? அந்தஊர்மட்டும் *ou* அந்தஊருக்குமட்டும்போ va jusqu'à ce bourg; இந்நாள்மட்டும் jusqu'aujourd'hui; நான்வருமட்டும் jusqu'à ce que je vienne; மட்டற்ற sans bornes, infini; மட்டாய் modérément, avec mesure, économiquement; மட்டாயிருக்கிறது être modéré, limité, en petit nombre; மட்டாய்ச்செலவழிக்கிறது dépenser modérément, être économe, frugal: மட்டாய்நடக்கிறது marcher d'un pas modéré, doucement, lentement; மட்டாய்ப்போகிறது, *V.* மட்டுப்படுகிறது; மட்டான, மட்டுள்ள

borné, limité, modéré; மட்டில்லாத sans bornes, infini, immense, démesuré; மட்டில்லாமல் sans bornes, immensément, sans modération; மட்டில்லாமை infinité, immensité, immodération, extravagance; மட்டின்றி sans bornes; மட்டுக்கட்டுகிறது mettre fin, — des bornes, limiter, restreindre, arrêter, empêcher, mesurer; இவைகளுக்குடனே — கட்டு mets aussitôt fin à ces choses; — குறிக்கிறது désigner les bornes, borner, limiter, estimer la distance: — க்குறிப்பு limite, borne, estimation de la distance; — க்கோணம் angle droit, — juste; — க்கோல் règle —, bâton ou perche pour mesurer; — தப்பி outre mesure, immodérément; — தப்பிச்செலவழிக்கிறது dépenser outre mesure, être prodigue, dépensier; — தப்பிப்பேசுகிறது parler immodérément, indiscrètement; — தப்பிப்போகிறது excéder —, manquer la mesure, — les bornes, manquer les justes proportions (en plus ou en moins); — தப்பினுற்சங்கீதமும்பொருந்தாது si on manque la mesure, la musique même ne s'accorde pas ou ne plait pas; — த்தப்பு excès, excéder les bornes, manque de modération, de proportion; — த்திட்டம் exacte —, juste mesure, — proportion, — limite, borne (dans les dépenses...); — த்திட்டம்பார்க்கிறது examiner les justes proportions, estimer, faire l'estimation; — த்திட்டப்படுத்துகிறது, — திட்டம்பண்ணுகிறது limiter, fixer les bornes; — ப்படாமை ne pouvoir être limité, — contenu, ne pouvoir atteindre, infinité, immensité, insubordination; — ப்படாத immense, infini, insubordonné; — ப்படாதநன்மை bien infini; — ப்படாதவன் homme insubordonné, ingouvernable; — ப்படுகிறது être mesuré, limité, borné, décroître, se modérer, diminuer, devenir moindre; மழை — ப்படுகிறது la pluie diminuer; — ப்படுத்துகிறது limiter, borner, mesurer, modérer, diminuer; — பண்ணுகிறது tempérer, modérer, limiter; — ப்பிரமாணம் juste mesure, règle, juste borne, — limite; — மதியம் juste proportion, — mesure, justesse, précision; — மரியாதை mesure convenable, juste modération, propriété, civilité, honnêteté; — மிஞ்சுகிறது excéder, passer les bornes.

மட்டுணவு, (மட்டு, உணவு), sobriété.

மட்டை, tronc, — sans tête, branche d'aréquier, de cocotier, de palmier..., feuille de bananier, sot, lourdaud, stupide, fou, espèce de serpent: கள்ள —, திருட்டுமட்டை, m. f. grand voleur, gueux, coquin, débauché, voleuse, gueuse, coquine, prostituée; — கட்டுகிறது attacher des branches de palmier, (v. g. au haut d'une corbeille...); — க்கட்டு balle ou boule de jeu; — க்குதிரை cheval de branches de palmier, V. ஏற்றமடல்; — க்குறி marque d'une couleur; — க்கொம்பு cornes qui s'étendent des 2 côtés; க்கோரை espèce d'herbe, cyperus procerus; — க்கொண்டு vil —, grand nigaud; — த்தேள் espèce de —, scorpion dit aussi பின்னேத்தேள்; — யடியடிக்கிறது frapper avec une feuille de bananier ou sa queue (espèce de jeu), recevoir impoliment.

மட்டொட்டி, (மண், தொட்டி), bassin de terre ou de poterie, terrine.

மட்பலகை, (மண், பலகை), la haine de la terre, instrument de potier.

மட்பலகைஞர், (id.), potier.

மட்பசை, (id.), viscosité de la —, attachement à la terre.

மட்பாண்டம், (id.), le corps, ou

மட்பாத்திரம், (id.), vase de terre.

மட்பானை, (id.), cruche ou pot de terre.

மண, 1° adj. de மணம். 2° imp. de மணக்கிறது.

மணக்கத்தை, (télinga), sorte de riz.

மணக்கிறது, மணத்தேன், மணப்பேன், மண, மணக்க, v. n. மணக்கும், part. fut. மணத்தல், n. v. (மணம்), et மணத்திருக்கிறது, மணத்துக்கொண்டிருக்

கிறது, exhaler un doux parfum, avoir bonne odeur, sentir, flairer, se joindre, s'unir, être uni, serré, se marier; புகழ்மணக்கிறது la renommée exhaler un doux parfum, être renommé, célèbre.

மணங்கல், cruche, grand pot de terre.

மணங்கு, agneau, manne, manangou poids de 12 kilogrammes à Pondichéry et de 11 kilo 335 grammes à Madras, espèce de jasmin dit இருவாட்சி.

மணத்தல், மணத்த, n.v. et part. de மணக்கிறது.

மணப்பு, n.v. du même. V. மயப்பு.

மணம், bonne odeur, parfum, odeur, union, réunion, jonction, mariage, noces, joie, allégresse: மணம்—அ, 8 sortes de mariages, V. அஷ்டமணம்; — ஆயிருக்கிறது être odoriférant, illustre; மணமும் பிணமும்போகிறவீதி rue publique où passent les mariages et les enterremens (expression d'assurance), மணமும்பிணமும்போகிற வீதியிலிருந்து பேசுகிறேன் je parle dans la rue des mariages et des funérailles, i. e. qu'il m'en arrive du bien ou du mal, peu m'importe, je soutiens la vérité; —கூட்டுகிறது parfumer, amasser des parfums; செய்கிறது, —புணருகிறது, —புரிகிறது se marier, célébrer un mariage, les noces; —நாட்டுகிறது, கிளருகிறது, l'odeur se répandre; — பிடிக்கிறது découvrir l'odeur, conjecturer, soupçonner, concevoir des soupçons; மணக்கோலம் attirail du mariage, pompe nuptiale, procession avant les noces; —க்கோலங்கொண்டுவருகிறது la procession ou pompe nuptiale venir ou passer, venir en procession nuptiale: —த்தக்காளி la plante solanum nigrum; —ப்பந்தல் pandel ou pavillon pour un mariage; ப்பறை tambour de mariage: —ப்பொருத்தம் espèce de combinaison ou de rapport superstitieux que les Indous observent pour les mariages; ils en comptent 10, savoir: தினம், le jour ou la constellation; கணம் division des étoiles en divines, humaines et géantes; மகேந்திரம் l'excellence du nombre de la constellation de l'époux; ஸ்திரீதீர்க்கம் la perfection féminine encore basée sur la position corrélative de la constellation des époux; யோனி le sexe ou plutot l'espèce d'animal qu'est censée représenter leur constellation, si leurs constellations sont des animaux de caractère incompatible, ce sera des discordes; இராசி convenance des signes du zodiaque; இராசிக்கதிபதி le chef des signes susdits qui est censé une des planètes; வசியம் les rapports bons ou mauvais des signes entr'eux; ரச்சு, இரேகை ou இரச்சு la corde ou les cordes qui coupent 3 demi-cercles dans lesquels sont écrits les chiffres des constellations; வேதம் triangle avec 4 lignes parallèles à travers chaque angle et les noms des 27 constellations aux extrémités de ces lignes et des triangles. Ces தசப்பொருத்தம், qui ne sont que des combinaisons d'astrologie purement arbitraires, ne paraissent avoir été inventées que pour exploiter les parens des futurs époux, au profit des brames qu'ils vont consulter, pour savoir si le mariage projeté sera heureux ou malheureux; —மகள் épouse, mariée: —மகன் époux, marié; —மண்டபம் salle—, portique où l'on célèbre les noces.

மணலக்கம்பர், (மணல், அம், கம்பர்), la voie lactée.

மணலி, (மணல்), la plante gisekia pharmacoides, absinthe.

மணலை, -மீன், (மணல்), nom d'un poisson, mugem (en portugais).

மணல், sable, terre blanche, — sablonneuse: கரு - sable noir; —த்தாரா espèce de canard: —த்திருக்கை, V. மணற்றிருக்கை; —வாரி espèce de riz, — d'herbe; V. மணற்...

மணவணி, (மணம், அணி), pompe de noces.

மணவறை, (id. அறை), chambre nuptiale, salle où les époux s'asseoient le jour de leurs noces; — த்தோழர் தோழிமார், — த்தோழி paranymphes, compagnons et compagnes de l'époux et de l'épouse le jour des noces.

மணவாட்டி, (id. ஆட்டி), épouse, mariée.

மணவாளன், (id. ஆளன்), époux, marié: மணவாளநாராயணசதகம் poëme de 100 stances en l'honneur du prétendu dieu de திருப்பதி, et qui finissent toutes par un de ses noms.

மணவாளி, (id. ஆளி), m. f. époux, épouse, le marié, la mariée.

மணவியது, (மணம்), ce qui a [bonne odeur.

மணவறை, foyer.

மணவோலை, (மணம், ஓலை), ôle —, billet —, lettre d'invitation à un mariage.

மணற், obl. de மணல் devant க, ச, த, ப de sable, sablonneux : கடிகாரம் sablier, horloge au moyen du sable; — குடுக்கை sablier, vase au sable; — காளான் champignon qui croit dans le sable, (et par euphémisme) grenouille; — குன்று monticule —, banc de sable, bas fonds; — கோவை espèce de கோவை ou bryonia qui croit dans les terrains sablonneux: — சோறு sable qui représente du riz dans des jeux d'enfans; — பாக்கு noix d'arec qu'on met dans le sable

மணற்றரை, (மணல், தரை), terrain sablonneux.

மணற்றவளை, (id. தவளை), grenouille qui vit dans le sable et qui, dit-on, en mange. [de canard.

மணற்றாரா, (id. தாரா), espèce

மணற்றிருக்கை, (id. திருக்கை), bonne espèce de raie qui vit dans les endroits sablonneux des rivières. [mariée.

மணாட்டி, (மணம், ஆட்டி), épouse,

மணாளன், (மணம், ஆளன்), époux, marié, homme.

*மணி, 1° (mani), pierre précieuse, (les Indiens en comptent 9. V. நவமணி), joyau, bijou, perle, glandes à la gorge des brebis et des chèvres, poignet, petit pot à l'eau, clitoris, gland du pénis, un des serpens fabuleux du பாதாளம். 2° pierre médicinale, — dite விஷக்கல் qui extrait le venin de la partie mordue par un serpent, beauté, son, bruit, cloche, clochette, sonnette, — d'éléphant, grande plaque de métal qui sert de cloche, qu'on frappe pour sonner les heures, heure — européenne de 60 minutes, grain, pépin, graine, grains d'or..., — de collier, — de chapelet, faits de conque.... noyau ou graine du nénuphar, grain de riz ou d'autres céréales, baie, noir, noirceur, prunelle de l'œil, bien, la plante — துளசி ou basilic, gravier, petit caillou, collier naturel de divers oiseaux, ou உருத்திராக்கமணி grain d'elæocarpus; என்ன மணி — யென்ன மணியாயிற்று quelle heure est-il? அச்சுமணி pierre précieuse large, plate et d'une qualité supérieure, v. g. diamant, rubis ..; நாயகமணி grosse —, principale pierre précieuse au milieu d'un collier de pierreries, le grain principal ou supérieur d'un chapelet, auquel le fil ou la chaine se rattache; — டம் la plante médicinale உத்தமமணி; — கண்டம் geai bleu; — காதன் homme qui a des bijoux aux oreilles; — கர்ணிகை, — கர்ணிகை, — கற்றிகை, (karnikâ, étang supposé sacré à Benârès et dans lequel les pèlerins vont se baigner, par ce qu'on dit que la prétendue déesse Dêvi y a laissé tomber un de ses pendans d'oreille; — காசம் sorte de mal d'yeux, partie d'une flèche qui a des plumes; — காரம் borax ; — காரன் bijoutier, joaillier; — கானனம் le cou, litt. la forêt de bijoux; — கோர்க்கிறது enfiler —, enchainer des pierreries ou des perles (pour collier...), des grains de chapelet...; — க்கட்டு le poignet, jointure de la main, — du poignet, le bas du bras; — க்காம்பு la plante தக்காளி; — க்கிரீவன் celui dont le cou est orné de

bijoux, un des fils de Koubèren;—க்குடல், —க்குடர் le mésentère, un des intestins; —க்கூடு, —க்கூண்டு clocher, sablier, clepsydre, boîte d'horloge, horloge; —க்கோவை, —சரம் collier de pierreries, —de perles; —சக்கம், P. மணிச்சக்கம்; —ச்சூத்திரம் horloge, —ச்சூத்திரவேலை ouvrage d'horlogerie; —ச்சூத்திரி horloger; —ச்சட்டி grande casserole; —தட்டுகிறது tinter une cloche, frapper les heures, —la plaque qui sert de cloche; —நா l'arc-en-ciel; —துளைக்கிறது percer—, perforer les perles ou les pierres précieuses pour les enchaîner, les nettoyer; —த்தக்காளி la plante solanum nigrum; —த்திட்டம் heure précise, temps fixé; —த்தியானம் heure; —த்தீபம் la crête du grand serpent Ananden qu'on suppose ressembler à un bijou large comme un dvipa ou une île; —த்தீபன் le serpent Ananden; —நா, —நாக்கு battant —, *litt.* langue de cloche; —பத்திரர் nom d'un docteur des Samanéens ou Djaïnas; —பந்தம் jointure de la main, poignet, le carpe, *V.* மணிக்கட்டு; பிடிக்கிறது prendre des pierreries.., le grain se former dans l'épi; —பித்தி ce qui a des murs de pierreries, le palais fabuleux du serpent ஆதிசேஷன்; —பூமி, —பூ mine de pierreries, place où elles se forment; பூரம் nombril, estomac, creux de l'estomac, regardé comme une des 6 சக்கரம் ou régions mystiques du corps, ou —பூரகம் la région du nombril, une des 6 régions du corps dites ஆதாரம்; —ப்புங்கு, புங்கு l'arbre நெய்க்கொட்டான்; —ப்புறா tourterelle qui a comme un collier de taches ou de grains naturels autour du cou, tourterelle sauvage; —முடிச்சு nœud de feuille de palmier pour conserver une lettre écrite sur une autre feuille et mise à l'intérieur, nœud de l'ôle qui sert d'enveloppe extérieure à une lettre écrite sur une feuille de palmier; —மங்கலம் nom d'un village ou d'un lieu; —மண்டபம் la capitale fabuleuse du serpent ஆதிசேஷன், le palais de ஆதிசேஷன்; —மதில் mur en pierreries; —மந்தம் sel de roche, montagne où l'on trouve du sel; —மலை le mont d'or dit mont மேரு; —மாலை collier —, ceinture—, guirlande de pierreries, collier, —de perles, la prétendue déesse Lakchimi, lustre, lumière, empreinte des dents (laissée par une morsure), rangée de dents, le 19me des பிரபந்தம் poème sur un sujet quelconque composé de 20 வெண்பா et de 40 கலித்துறை entremêlés; —முடி couronne ornée de pierreries; —மேகலை nom d'un poème tamoul regardé comme classique et un des 5 poèmes dits பஞ்சகாவியம்; —யடிக்கிறது sonner une cloche, l'heure sonner; —யாட்டுகிறது mettre en branle—, sonner une cloche, sonner—, agiter une sonnette; —யாமணக்கு l'arbre carica papaya, papayer; —யீப்பான் —யீ espèce de grosse mouche à viande; —யீரல் foie, rognon; —யுருட்டுகிறது arrondir les pierres précieuses; —ரத்தினம் pierre précieuse; —வடம் enfilade—, collier de pierreries, de perles, d' உருத்திராக்கம், ou —வட்டம் ornement pour les pieds, —ou anneau qu'un guerrier porte aux pieds (en signe de bravoure); —வலை espèce de filet pour prendre le poisson; —விதை grenade; —வேர் racine à globules comme des grains par intervalles; ஒருமணியுமீயமாட்டான் il ne donnera pas même un grain (de riz...)

*மணிகம், (மணி, ka), cruche, pot à l'eau.

மணிக்கச்சட்டி, grande casserole.

*மணிதம், (manita, *résonné*), bruit sourd, murmure, son de pierreries.

மணித்தம், P. மணிபந்தம், poignet, jointure de la main.

*மணிமான், m. மணிமதி, f. (manimân, —mati), homme —, femme ornée de pierreries, le soleil.

மணியம், (perception des impôts d'un village..), intendance, surveillance, régie, administration d'un village, d'une église, d'un temple, marguillerie, régisseur, marguillier, travail: ஊர் — intendance —, régie d'un village; வட்ட — intendance —, régie d'un district; — கட்டளையிடு கொடுக்கிறது donner l'emploi de régisseur, de percepteur; — பண்ணுகிறது, — விசாரிக்கிறது faire l'office de régisseur; மணியக்காக்கை espèce de corbeau, corvus cornix; மணியக்காரன் régisseur —, percepteur de village, intendant, régisseur, marguillier: மணியக்காரனாய் பண்ணுகிறது faire l'office de régisseur; மணியத்தைப்பிடுங்குகிறது ôter l'office de régisseur...; மணியத்துக்கேற்றவன் homme capable d'être régisseur, — d'être marguillier.

மணியாசம், crépissage, poli qu'on donne au crépissage des murs, polissure: — இடுகிறது, — பண்ணுகிறது crépir et polir les murs en les frottant; மணியாசப்பலகை planchette pour frotter et polir l'enduit des murs.

மணியாசி, nom d'un arbre, V. மணியாசம்: — க்கட்டை, — க்கல் planchette —, pierre pour donner le poli au crépissage des murs.

*மணிசகம், (manitchaka), la pierre dite சந்திரகாந்தக்கல், espèce de cristal, martin-pêcheur.

*மணிவகம், (manivaka), fleur.

மணை, espèce de tabouret, de banc ou de siége peu élevé, escabot, marche-pied, râpe (pour enlever la chair des cocos...), bijoux et autres objets mobiliers, outils, instrumens, moulinet pour séparer le coton de sa graine, chose émoussée; — கத்தி couteau émoussé. [émousser.

மணைக்கிறது, மணைத்தல், (மணை),

மணையன், (மணை), homme sans esprit, — sans pénétration, arme émoussée.

மண், 1° terre, terrain, poussière, mortier, plâtre, enduit, ornement, décoration, lavage, excellence, élévation, montagne, composition noire dont on frotte le milieu d'un tambourin pour en augmenter le son, V. மிருதங்கமண்கச்சை. 2° imp. et part. de மண்ணுகிறது: — கட்டி motte, — de terre; — கட்டுகிறது faire une motte, — un moule de terre, (pour y fondre quelque chose); — கட்டை terre qui bouche le fond et l'ouverture du tuyau des fusées; — கலசம் vase —, cruche de terre dont l'ouverture est fermée avec du parchemin et qui sert de —, tambour, tambourin (en général); — கண்டம் pièce de terre, région, couche de terre très-dure; — கலம் vase de terre, tuile, tesson; — கல் brique, pierre blanche à chaux, une des 120 espèces de minéraux; — கிணறு puits en terre, — creusé dans la terre sans trouver de rocher; — கிண்டுகிறது travailler —, fouir la terre; — கிண்ணி vase —, coupe —, écuelle de terre; — குகை creuset en terre; — கொத்தளம் rampart —, boulevard en terre; — கும்பம், — கும்பி tertre, élévation en terre; — கொழுக்கிறது la terre s'engraisser, — être grasse, fertile; — கோபுரக்கல் brique, litt. pierre de terre à bâtir des tours; — சாடி, V. மட்சாடி; — சால் grande cruche —, grand vase —, jatte de terre; — சிலை statue de terre, ocre en pierre; — சிவப்பு rouge foncé; — சீலை linge enduit de terre pour envelopper un creuset; — சுவர் mur de terre; — செப்பை, V. மண்வெட்டி; — சோறு riz cuit et ragoût que les enfans s'amusent à imiter avec de la terre; — தாங்கிப்பலகை planche qui sert de —, linteau; — தின்கிறது manger de la terre, la terre manger, i.e. se rouiller, se gâter étant étendu par terre; — திலம் la terre; — பறிகொடுக்கிறது être privé ou dépouillé de sa terre par violence ou par ruse; — பாண்டம், — பாத்திரம் vase de terre; — பார் couche de terre très dure, regarde la terre; —பானை cruche de terre; -பிடி poignée de terre, ou — பசை, V. மட்பசை; -குசுகிறது, V. மண்ணிடுகிறது; -பொதுத்தந்தை le prétendu père commun de la terre ou des êtres terrestres, i.e. Brama; —மகள் la prétendue déesse , la fille de la terre; -மகள்புதல்வர் les fils de la déesse fabuleuse de la terre, i.e. les cultivateurs, les laboureurs; —மக்கள் les fils de la terre, ceux qui travaillent à la terre, les choutres, les laboureurs; —மழை, — மாரி pluie de poussière, de sable; -மேடு terre, colline, éminence, monceau de terre; -வாசி qualité du sol; —வாரி grand vent qui balaie la poussière; —வெட்டி pioche, hoyau pour piocher— , ouvrier qui pioche la terre, potier; -வேலை travail en terre, travailler à la terre; —வெட்டிப்பித்தல் espèce de pioche; வாயிலேமண்போடுகிறது mettre de la terre dans la bouche, nuire; வாயிலேமண்போட்டேன் je me suis mis de la terre dans la bouche, i.e. j'ai fait une sottise; உன்வாயிலேமண் que dans ta bouche la terre... (ellipse imprécative); மண்ணாய்ப்போகிறது s'en aller —, être réduit en terre,— en poussière; மண்ணாய்ப்போவாய் ou மண்ணாய்த் தெருப்புழுதியுமாய்ப்போவாய் puisses-tu être—, ou tu seras réduit en terre et en la poussière des rues (imprécation); மண்ணைக் கிண்டுகிறது fouir —; creuser la terre: மண்ணைச்சீய்க்கிறது gratter la terre.

[2° adj. de மண்டம்.

மண்ட, 1° inf. de மண்டுகிறது.

மண்டகம், 1° espèce de gâteau de farine de froment sans sucre. 2° P. மண்டபம்.

*மண்டகாரகன், (மண்டம், hâraka qui prend), distillateur, faiseur d'arac.

மண்டக்காரன், மண்டக்காரர், (மண்டக்கு), celui qui retire les plongeurs à la pêche des perles, au moyen d'une corde; -கயிறு, ou

மண்டக்கு, -க்கயிறு, corde qu'on attache aux bras des plongeurs pour les retirer au signal donné: —க்காரன் celui qui tient cette corde, qui retire les plongeurs; மண்டக்கிழுக்கிறது tirer la corde susdite, retirer les plongeurs.

*மண்டபம், (mandapa), portique, bâtiment ouvert devant un temple et où l'on place l'idole à certaines fêtes, bâtiment temporaire, pandel orné de fleurs pour des fêtes ou des mariages, édifice public pour loger les voyageurs: மண்டபப்படி degré d'un tel édifice, splendide sacrifice, - offrande, belle création.

*மண்டம், 1°(manda), écume, — d'objet en fermentation, crème,— du lait caillé, moelle, essence, beauté, ornement, décoration, ricin, tête, crâne. 2° (mandâ), liqueur spiritueuse.

மண்டயிலம், (மண், தயிலம்), espèce d'huile ou d'essence médicinale qui sort ou qu'on distille de certaines terres.

மண்டர், braves guerriers, soldats.

*மண்டலகம், (மண்டலம், ka), orbe ou disque du soleil, espèce de lèpre avec de larges taches, crystal, miroir, forme circulaire, — d'armée rangée en cercle, diagramme, chien.

*மண்டலம், 1° (mandala), orbe, disque,— apparent,— du soleil ou de la lune, orbite, circonférence en général, horizon sensible, cercle, grand cercle de la sphère, halo, cercle autour de la lune, boule, globe, roue, machine, province, région, contrée, district d'environ 20 ou 40 யோசனை de chaque côté, pays sur lequel ont régné les சக்கரவர்த்திகள், les contrées environnantes ou contiguës, espèce de lèpre avec taches circulaires, accumulation, monceau, quantité, l'attitude des archers dite மண்டலநிலை, empreinte—, marque de l'ongle, espèce de diagramme mystique, disposition

d'une armée en cercle, espèce de serpent, chien, quarantaine, espace de 40 jours, régime ou observance de 40 jours. 2° (மண், தலம்), la terre (opposée à விண்டலம் le ciel): மண்டலம்-ம les 3 régions ou parties du corps humain selon les physiologistes indous, savoir: அக்கினி — la région du feu, *i. e.* le bas ventre, l'abdomen; ஆதித்த — la région du soleil, *i.e.* l'estomac et le cœur; சந்திர — la région de la lune, *i.e.* les épaules et la tête; மண்டலம்-எ les 7 régions de l'univers, selon les Indous: வாயு — région de Vâyou ou du vent; வருண — la région de Va rounen ou des eaux; சந்திர — la région de Sandiren ou de la lune; சூரிய — la région de Sourien ou du soleil; நக்ஷத்திர — la région des étoiles; அக்கினி — la région d'Agni ou du feu; திரிசங்கு — région de Trisangou père d' அரிச்சந்திரன், c'est la Croix du sud; துருவ — région proche du pôle septentrional (céleste ou terrestre); — இடுகிறது, — போடுகிறது, — வகுக்கிறது tracer les cercles ou orbites des 9 planètes, *V.* மண்டலிக்கிறது; மண்டலஜெயம் conquête des pays environnans; — நிருத்தம், — நிருத்தியம் danse en rond; — நிலை position d'un archer dont les 2 genoux sont courbés ou pliés de côté — புருஷன் Mandalapourouchen, auteur du dictionnaire tamoul சூடாமணிநிகண்டு; — மட்டை l'arbre திந்திருப்பை; — மழை pluie générale, — qui tombe par tout le pays; — வந்தாதி, (அந்தாதி), répétition de la fin du dernier vers d'une strophe au commencement du 1er vers de la suivante; விதி régle pour —, ou manière de tracer des cercles.

*மண்டலாகாரம், (மண்டலம், ஆகாரம்), forme circulaire.

*மண்டலாக்கிரம், (*id.* அக்கிரம்), sabre, cimeterre, épée.

*மண்டலாதிபதி, மண்டலாதிபன், மண்டலாதீசன், (*id.* அதிபதி, அதிபன், அதீசன்), empereur, monarque indépendant, — souverain.

*மண்டலாவர்த்தம், (*id.* ஆவர்த்தம்), 1° ou மண்டலாவிருத்தம் révolution complète du soleil, année révolue. 2° ou மண்டலார்த்தம், (*id.* அர்த்தம்), demi-cercle, demi-orbite, demi-révolution.

*மண்டலாபிஷேகம், மண்டலாபிடேகம், (*id.* அபிஷேகம்), consécration qui dure 40 jours.

*மண்டலாயிதம், (mandalâyita), boule, globe.

*மண்டலி, (mandali), serpent (en général), le serpent venimeux dit மண்டலிப்பாம்பு ou serpent qui se met en cercle, espèce d'orvet, (on en distingue 2 sortes: இரத்த — celui dont la morsure fait sortir le sang par les pores, et சீத — celui dont la morsure glace de froid et cause du frisson), chien, chat, sorte de rat, putois ou fouine, foule, assemblée, terre, soleil, gouverneur de province; 2° *imp. et part. de*

மண்டலிக்கிறது, லித்தேன், லிப்பேன், லி, லிக்க, *v.a.* (மண்டலம்), மண்டலித்தல், *n.v.* courber, plier, — en cercle, rendre rond, — circulaire, tracer —, faire un cercle, arrondir. [cercle, rond, courber..]

மண்டலிப்பு, *n.v. du préc.* courbe,

*மண்டலீகரணம், மண்டலீகிருதம், (மண்டலம், ஈ *augment*), roulement, action d'arrondir, de rendre circulaire. [de province.

*மண்டலீகர், (*id.* ika), rois, chefs

*மண்டலேசன், மண்டலேசுபரன், மண்டலேச்சுவரன், (*id.* ஈசன், ஈசுபரன்...), empereur, roi, monarque, — indépendant, — suprême et suzerain d'autres rois, roi d'un pays de 10 kâdams de longueur ou au moins de 100000 bourgs ou villages.

மண்டல், *opt. et n.v.de* மண்டுகிறது, presse, foule, étroitesse, abondance, prise, larcin.

*மண்டனம், (mandana), ornement, décoration, joyau, bijou.

மண்டா, 1° *pl.* மண்டாக்கள், espèce d'arme, lance à 2 crochets, —

pour percer les sangliers, harpon, — pour percer les poissons, lance à 2 pointes. 2° *ou* மண்டாத,*part.nég. de* மண்டுகிறது.

மண்டி, 1° lie, sédiment,— au fond d'un vase...,eau trouble, grande place du marché, grand bazar, posture accroupie, — où le corps est courbé,— où l'on est accroupi comme les singes. 2° *gér.de* மண்டுகிறது:—க்கடை boutique où l'on vend en gros;—க்கொள்ளுகிறது avaler—, saisir avidement;—ப்போடுகிறது,—யிடுகிறது s'asseoir accroupi, s'accroupir;—ப்போட்டுக்கொண்டிருக்கிறது,—க்கால்போட்டிருக்கிறது être assis accroupi, s'accroupir ayant les jambes pliées. [gâteau,beignet.

மண்டிகை, espèce de pain ou de

*மண்டிதம், 1° (mandita *orné*), ornement, 2° *V.* சிறுகிணா.

மண்டிரவல், (மண்டு, இரவல்), ce qu'on a emprunté pour peu de temps,—sur promesse verbale.

மண்டிலம், *P.* மண்டலம், course en cercle, mouvement circulaire, cercle, rond, cheval, danse, drame, comédie, pays, guerre, bataille, *V.* மண்டலம்.

மண்டு, *imp. et part.du suivant:*—கால் appui,étaie; மரத்துக்குமண்டுகால்கொடுக்கிறது étayer un arbre, lui mettre un support.

மண்டுகிறது, டினேன், டுவேன், டு, ட,*v. n. et a.* மண்டுதல், *n. v.* s'attrouper, se presser,se serrer,être serré, venir en foule, — en grand nombre,être nombreux,saisir avidement,dérober, enlever, dévorer en glouton, boire avidement,—copieusement: மண்டடைக்கிறது étayer.

*மண்டூகம்,(mandoûka),grenouille, rouille de fer, la fleur bignonia indica, *V.* மண்டூகன்: மண்டூகசீவன் vie de grenouille, latérite ou pierre de fer; — பன்னி, — பர்ணி l'arbre அழிஞ்சில்,la plante bignonia indica, garance du Bangale et 2 autres plantes;—நாதம் le coassement des grenouilles,espèce d'air.

*மண்டூகன்,(*id.*),nom d'un Mouni ou sage.

*மண்டூகை, மண்டூகி, (mandoûkâ,—ki),garance,grenouille femelle, femme débauchée.

*மண்டூரம், (mandoûra), rouille de fer, grenouille.

மண்டெரி, (மண்டு, எரி), feu furieux,— excessif, incendie.

மண்டை, 1° crâne, vase ou écuelle de mendiant, (mot employé par les mendians sivénistes en mémoire de ce que Siven a mendié dans le crâne de Brama pour expier le crime de lui avoir coupé une tête). 2° * (mandâ), liqueur spiritueuse: —க்கண் œil baissé;—க்கரப்பன்,—க்கரப்பான் espèce d'éruption à la tête des petits enfans; —குடைகிறது avoir mal à la tête,— des élancemens dans la tête: —க்குடைச்சல் mal de tête,élancement dans la tête; —க்கோழை phlegme qui descend du cerveau;—க்குலை douleur arthritique au crâne; —ப்பீனசம் espèce de rhume de cerveau ou d'ulcération dans la tête; —யோடு 1° le crânè. 2° *abl. de* மண்டை;—வியாதி mal de tête,—au cerveau;மண்டையிலேதைக்கிறது heurter —, frapper —, affecter—, toucher la tête,— le crâne; அவனுக்குமண்டைப்புழுவுருகிறது *ou* ஆர்த்துகொண்டிருக்கிறது un ver s'est glissé dans sa cervelle, *i.e.* il est obstiné, il a des fantaisies.

*மண்டோடதம், (மண்டபம், உதகம்),peindre des figures ou des fleurs sur les murs ou le plancher d'un appartement avec une couleur blanche faite de farine de riz, couleurs bariolées.

*மண்டோதரி, *V.* மந்தோதரி.

மண்ணரகுண்டம், (மண், அரி), tertre factice ou entouré d'un fossé avec une hutte pour garder les moissons [மண்ணாங்கட்டி.

மண்ணங்கட்டி, (மண், அம்), *V.*

மண்ணனை,(மண்,நனை), humidité de la terre: —யாயிருக்கிறது la terre être humide.

மண்ணாம், (மண்). chaux.

மண்ணரிநார்,(மண், அரி. P. அரியுஞ், நார்), corde avec laquelle le potier coupe et sépare de la roue le vase nouvellement fait.

மண்ணரியான், மண்ணரிவான், [(id.), potier,

மண்ணளைக்கிறது, (மண், அளைக்கிறது), broyer la terre, ne rien faire, être inutile.

மண்ணல், opt. et n.v. de மண்ணுகிறது, décoration, lavage, action d'orner...

மண்ணவர், (மண், அவர்), ceux qui sont faits de terre, les hommes.

மண்ணறைகிறது, (id. அறைகிறது), மண்ணிடுகிறது.

மண்ணன், (id.), homme —, insensé.

மண்ணோ, 1° nom d'un poisson. 2° (மண், ஓ, est-ce de la terre? 3° ou மண்ணாத, part. nég. de மண்ணுகிறது.

மண்ணாங்கட்டி, (மண், ஆம்), motte de terre, chose de rien: — மாப்பிள்ளைக்கு எருமுட்டைப் பணியாரம் à un marié fait de mottes de terre il faut des gâteaux de bouse de vache, chacun doit être servi suivant sa qualité.

மண்ணாசை, (id. ஆசை), désir de la terre, — des choses ou des propriétés terrestres; c'est une des 3 concupiscences dites மூவாசை.

மண்ணாதியைந்து, (id. ஆதி), les 5 élémens dont la terre est le 1er, puis l'eau, le feu, l'air et le vent, selon les Indous.

மண்ணி, (மண்), homme bouché, lourd, grossier.

மண்ணிடுகிறது, (id. இடுகிறது), enduire de terre, crépir en terre.

மண்ணியத்து, P. மண்ணியற்று, (id. இயற்று), vase de terre.

மண்ணிலம், (id. நிலம்), la terre

மண்ணில்வேந்தன், (மண், abl.) roi sur terre, i.e. la plante முடுதும்பை, l'arbre அரசு, le bétel.

மண்ணினுப்பு, (மண், இன் gén. உப்பம்), terre salée.

மண்ணின்பிரட்டு, (id.), une des 120 espèces de minéraux, dit aussi பேடோசனை.

மண்ணின்வத்தனம், (id. வத்தனம்), espèce de pierre.

மண்ணீடு, (மண், ஈடு), élévation —, banc en terre le long des maisons dit திண்ணை, niche dans un mur pour mettre la lampe..., maison crépie, chose faite en appliquant de la terre, relèvement en terre.

மண்ணீட்டாளர், (மண், ஈடு. obl. ஆளர்), architectes, maçons, potiers.

மண்ணீரல், (id. ஈரல்), l'intestin de couleur de terre, i. e. la rate.

மண்ணுகிறது, ண்ணினேன், ண்ணுவேன், ண்ணு ou மண், ண்ண, v.a. மண்ணுதல், n.v. orner, décorer, polir (une pierre précieuse...), nettoyer, laver, récurer (un vase de métal).

மண்ணுக்குடையவன், மண்ணுடையான், (மண், உடைய), propriétaire de la terre, roi, potier.

மண்ணுண்ணி, (id. உண்ணி), lourdaud, grossier. litt. mangeur de terre, ou —ப்பாம்பு serpent qui mange de la terre et semble avoir une tête au bout de la queue.

மண்ணுலகு, (id. உலகு), la terre.

மண்ணுண்ணிப்பாம்பு, P. மண்ணுணிப்பாம்பு.

மண்ணுறுக்கிறது, மண்ணுறுத்தல், (மண்), orner, embellir, polir.

மண்ணை, 1° acc. de மண். 2° ignorant, lourdaud, âge tendre, jeunesse, démon, le concombre வாலுளுவை: — த்தனம் ignorance.

மண்ணைமண்ணைக்கிறது, ணைத்தேன், ணைப்பேன், ணை, ணைக்க, v. n. மண்ணைமண்ணைத்தல், n.v. n'avoir ni âcreté ni jus, ou ni piquant ni sève, être sec et insipide.

மண்ணையன், (மண்ணை), sot, ignorant, insensé.

மண்ணொட்டர், (மண், ஒட்டர்), porteurs de terre, Otthers —, gens qui bâtissent des murs de terre.

மண்ணோர், (மண்), hommes, les humains.

மண்மலி, absinthe.

மது, 1° adj. de மதம். 2° imp. et part. de மதக்கிறது.

*மதகந்தை, (மதம்), liqueur spiritueuse.

மதகு, écluse, empellement, pale, [bonde d'étang.

மதக்கம், (மதம்), assoupissement causé par l'excès du boire ou du manger ou par l'opium, fatigue, lassitude, langueur, bon marché, bas prix des marchandises.

மதக்கிறது, மதத்தேன், மதப்பேன், மத, மதக்க, v.n. மதத்தல், n.v. (மதம்), மதத்துப்போகிறது, et மதத்திருக்கிறது, s'égayer, s'enorgueillir, s'infatuer, s'enivrer, devenir—, être gai, joyeux, fier, arrogant, gros, gras, lascif, voluptueux, luxuriant, fou, furieux, ivre, ivre de passion, enivré, engraisser, être—, entrer en chaleur,— en rut, en frénésie lascive; மதத்துப்போனமரம் arbre luxuriant, qui pousse trop.

*மதங்கம், 1° (matanga), nuage, éléphant, nom d'une —, montagne, espèce de tambour, une des 18 parties du poème கலம்பகம்: மதங்கசம், (சம்), ce qui est né dans les montagnes, éléphant; —மலை le mont Madangam; —நாதன் ou

*மதங்கன், pl. மதங்கர், (id.), le mouni ou Richi மதங்கநாதன், un des 9 சித்தர், barde, chantre, panégyriste: மதங்கஸ்திரீ femme qui chante, — de barde.

மதங்கி, fém. du préc. Kâli, chanteuse, femme de barde, jeune femme de 16 ans.

மதத்த, part. parf. de மதக்கிறது, joyeux, lascif, impudique, luxuriant, pétulant, intrigant, fier, ivre, enivré, furieux, gras: மதத்தவள் femme impudique, passionnée, pétulante, intrigante, arrogante, fière: அவர்கள் கண்கள் மதத்தபார்வையாய்ப்பார்க்கின்றது leurs yeux regardent avec un air lascif, ou leurs yeux sont proéminens de graisse.

மதத்தல், n.v. du même.

மதத்து, 1° gér. du même. 2° (arabe), aide, assistance, secours.

*மதஸ்தன், மதத்தன், மதத்தான், (மதம், ஸ்தன்), sectaire, sectateur, — de, qui suit la secte de.

மதப்பு, n.v. de மதக்கிறது, graisse, embonpoint, pétulance, lasciveté, passion, arrogance, enivrement, infatuation, trouble d'esprit.

மதமதே, ail.

மதமத, son imitatif: மதமதென்னல், மதமதென்கிறது faire le bruit de madamada.

*மதம், 1° (mata), pensée, intention, vue, dessein, désir, esprit, consentement, approbation, connaissance, doctrine, principe, croyance, dogme, opinion, persuasion, secte, — religieuse, religion. 2° (mada), joie, plaisir, chaleur —, rut des animaux, mucosité —, mucus qui coule des tempes de l'éléphant en rut, sperme, enivrement, liqueur énivrante, ivresse, infatuation, folie, frénésie, insolence, pétulance, fureur lascive, — vénérienne, lasciveté, présomption, (ce qui est un des அஷ்டவிகாரம்), passion, (ce qui est un des அஷ்டாதசகுணம்), arrogance, orgueil, grandeur, musc, graisse, embonpoint, force, luxuriance: எழுமதம் les 7 principes des auteurs (selon le நன்னூல்), savoir: உடன்படல் accord avec les autres; மறுத்தல் renonciation aux opinions des autres; பிறர்தம்மதமேற்கொண்டுகளைவு (பிறர்தம், P. பிறருடைய) admettre d'abord les principes d'autrui et les rejeter ensuite; தாஅனுட்டித்ததுநிறுப்பு, ou தான்நாட்டித்தனதுநிறுப்பு établir fixement ce qu'on a planté, prouver évidemment ce qu'on a avancé: இருவர்மாறுகோளொருதலைதுணிவு choisir un parti entre les opinions différentes de 2 personnes: பிறர்நூற்குற்றங்காட்டல் montrer les défauts des ouvrages d'autrui; ஏனைப்பிறிதொடுபடாஅன் தன்மதங்கொளல், (படாஅன், P. படான் ou படாமல்), suivre ses principes sans entrer dans ceux des autres: பொய்ம்மதம் fausse religion, secte d'erreur; துருஷ்க —, துருக்க —, இஸ்லாமான் —, secte des Turcs, Mahométisme ou

islamisme; —அடக்குகிறது réprimer la furie, la folie, la passion, la fureur lascive; —அடங்குகிறது, —அடங்கிப்போகிறது l'orgueil, l'insolence, la fureur, — lascive ou la passion s'amortir, être réprimée, abattue, domptée; —எடுக்கிறது entrer en rut, en fureur lascive, en furie, devenir ivre, sauvage, lascif, voluptueux, passionné, orgueilleux, *ou* faire passer —, dompter la furie, la passion...; —பாய்ச்சுவடு trace du mucus du rut (sur les joues de l'éléphant, tempes de l'éléphant —, endroit d'où découle le mucus sus dit; —பொழிகிறது répandre le mucus du rut, ce mucus découler; —இழிந்தயானை éléphant dont le rut est passé; மதகமனம் buffle indompté, — qui va où il veut; —களம், —கயம் —கரி, —கலம் éléphant en rut, —mâle, — en chaleur ou furieux; —சலம். —நீர் mucosité du rut, mucus qui découle des tempes de l'éléphant en rut; —ஸ்தலம், —ஸ்தானம் cabaret, taverne, boutique de liqueurs enivrantes; —ஸ்தாபனம் institution religieuse, discussion ou polémique religieuse; —ஸ்தாபனம்பண்ணுகிறது fonder une secte, en établir — réfuter ou discuter les principes; —பேதம் dissidence, différence de sectes, —பேதி hétérodoxe, homme d'une secte différente; —ப்படுகிறது entrer en chaleur, en fureur lascive, devenir ivre, furieux, sauvage, luxurieux; —ப்பிரயோகம் écoulement du mucus vénérien; —மதப்பு grand embonpoint, — orgueil, — enivrement: —மத்தகம் la plante enivrante dite கஞ்சா; —மத்தம், *adj. de* மதமத்தை; —மத்தம்பூ fleur de datura; —மத்தன் homme ivre, furieux, frénétique, infatué, transporté de passion; —மத்தை la plante narcotique ஊமத்தை, datura; —மத்தையுண்டது போலப்பிதத்துப்பேசுகிறாய் tu parles en frénétique ou d'une manière extravagante comme si tu avais mangé de la datura; —மா, —வேழம் éléphant, — en rut; —யானை éléphant en rut; —நாதன் Kâmen, le Cupidon indien, coq; —விருத்தம் ce qui a beaucoup de mucus vénérien, éléphant; — வெறி frénésie, ivresse d'amour, fougue du sang, fanatisme.

*மதயந்தி, மதயந்திகை, (madayanti, kâ), jasmin d'Arabie.

மதரபண்ணி, la plante வட்டத்திருப்பி.

மதர், (மதம்), joie, abondance, *n. v. imp. et part. de*

மதர்க்கிறது, ர்த்தேன், ர்ப்பேன், ர், ர்க்க, *v.n.* மதர்த்தல், *n.v.* abonder, être fertile, luxuriant, excessif, *V.* செழிக்கிறது.

மதர்ப்பு, மதர்வு, *n.v. du préc.* joie, abondance, fertilité, excès, beauté, grand désir, force, pétulance, place.

மதவிகை, espèce de bijou, chaine qui sert d'ornement à un ouvrage d'orfèvrerie, franges ou autres ornemens pendans.

மதவிங்கம், la plante அமுக்கிறா.

மதலை, chose qui se projette, projection, angle du toit d'une maison, l'arbre கொன்றை cassia, colonne, pilier, fils, enfant, navire: —ச்சொல், *P.* மழலைச்சொல்; முதலில்லார்க்கூதியமில்லைமதலையாம் சார்பில்லார்க்கில்லைநிலை ceux qui n'ont point de capital ne recoivent point d'intérêt, ceux qui n'ont point d'appui comparable à une colonne n'ont point de consistence.

மதவானை, (மதம், ஆனை) éléphant en rut.

மதவு, *P.* மதகு, écluse.

மதலை, *P.* மழலை, mot enfantin.

*மதனம், 1° (mathana), action de baratter (pour faire le beurre...), agitation, rotation. 2° (madana), luxure, désir charnel, volupté, printemps, mouche, abeille, cire d'abeilles, enivrement, liqueur enivrante, la plante மருக்காரை gardenia. 3° silence (c'est un des பஞ்சபாணவஸ்தை), patience; —ஆயிருக்கச்சொல்லுகிறது commander le silence; —ஆய்க்கேட்டுக்கொண்டிருக்கிறது écouter patiemment, sans rien dire; —மனமைச்சாதிக்கும் le silence résiste à une montagne; மதனகாகுரவம், (காகு, rava son.), pigeon, colombe; —காமேசுரமரம் l'arbre காமமரம்; —காமியப்பூ, —காமேசுரப்பூ fleur de la plante grimpante pergularia tomentosa qui cause des vertiges et des desirs lascifs, c'est une marchandise: —சலாகை remède qui provoque la luxure. femelle du couil, ou —சாரிகை l'oiseau சாரிகை ou mainate: —சாஸ்திரம், —நூல் science de la luxure, traité—, art érotique, le 39me des கலைக்கியானம்; —பாடனம் le chantre du printemps, i.e. le couil; —லிகிதம் signe ou effet de luxure; —வசன் homme adonné à ou subjugué par la luxure. [indien.

*மதனன், (id.), Kâmen, le Cupidon

*மதனாங்குசம், (மதனம், அங்குசம்), pénis, ongle du doigt. [vulve.

*மதனாயுதம், (id. ஆயுதம்), pénis,

*மதனாரி, (மதனன், அரி), l'ennemi de Kâmen, i.e. Siven. [nénuphar.

*மதனாலயம், (id. ஆலயம்), vulve,

*மதனாலயன், (id. id.), prince, souverain. [séparation, —des amans.

*மதனாவஸ்தை, (id. அவஸ்தை),

*மதனீயம், (madaniya), ce qui cause l'amour, les passions.

*மதனோற்சவம், (மதனன், மதனம், உற்சவம்), fête de Kâmen, — du printemps dite Hôli.

*மதனோற்சவை, (id. id.), Arambée, courtisanne du Souvarkam.

மதன், (மதம்), beauté, trouble, — d'esprit, Kâmen ou le Cupidon indien, excellence, force, fertilité, graisse.

*மதாசாரம், மதாச்சாரம், (மதம், ஆசாரம்), règles —, usages d'une secte: மதாசாரத்தின்படி நடக்கிறது se conduire —, vivre selon les règles de sa secte, ou de sa religion.

மதாணி, (மதம், ஆணி), joyau, bijou, grand bijou qu'on porte sur la poitrine.

*மதாதங்கம், மதாத்தியயம், (id. ஆதங்கம், அத்தியயம்), maladie d'ivrese.

*மதாநுசாரம், (id. அநுசாரம்), embrasser une secte, pratique d'une secte.

*மதாநுசாரியர், (id. அநுசாரி), ceux qui suivent les règles d'une secte.

*மதாந்தகன், id. (அந்தகன்), homme aveuglé par l'orgueil, la passion, arrogant.

*மதாபிமானி, (id. அபிமானம்), sectaire de bonne foi, qui croit que sa secte est vraie.

*மதாமத்தன், (மதம், ஆ augment, மத்தன்), V. மதோன்மத்தன்.

*மதாமலிது, மதாமத்து, (id. மலிது), grande ivresse, — folie, insensibilité, indifférence.

*மதாம்பரம், (id. அம்பரம்), l'éléphant d'Indiren.

*மதாரம் (மதம், âra), muse, cochon, éléphant, — en rut, accouplement d'éléphans. [débauché.

*மதாரன், (id.), trompeur, fripon,

*மதாலசம், (மதம், அலசம்), indolence, paresse. [cassia.

மதாலம், l'arbrisseau கொன்றை

*மதாலாபி, (மதம், ஆலாபம்), le chantre du printemps, i.e. le couil.

மதாவளம், (id.), éléphant, — en rut.

மதாளிக்கிறது, ளித்தேன், ளிப்பேன், ளி, ளிக்க, v.n. மதாளித்தல், n.v. (மதம்), croitre avec force, pousser vigoureusement, V. மதப்புறுகிறது.

மதாளிப்பு, n.v. du préc. fertilité, luxuriance, croissance vigoureuse.

மதாநுசாரியர், P. மதாநுசாரியர்.

*மதி, 1° (mati), esprit, intelligence, connaissance, prudence, justesse, avis, conseil, respect, révérence, estime, évaluation, estimation, mémoire, souvenir, désir, inclination. 2° le signe du Cancer, la lune, mois, — lunaire, (en alchimie) argent, vase à boire. 3° imp. et part. de மதிக்கிறது. 4° particule explétive de la 2e personne. Ex. செல்மதி பெரும, (P. செல்), avancez, seigneur: அலர் — lune brillante, — claire; —காந்தி cristal; —கூர்மை sel de roche; —கேடன், —கெட்டவன் sot, insensé, fou, lourdaud, homme qui a perdu l'esprit; —கெட்டகரியம்

affaire déraisonnable; —கேடான நடக்கை conduite insensée, — folle; —கேடு ignorance, folie, sottise; —கலைத்திரம் anomalie de la lune: —கணம் pied métrique de la lune, *i.e.* புளிமாங்காய் composé de 2 brèves et 2 longues, c'est un des அசைகணம்; —சகன் l'ami de la lune, *i.e.* Kâmen; —ச்சடையன் Siven qui porte, au dire des Indous, la lune sur sa chevelure; —திசை le nord; —த்துருவம் longitude de la lune au lever du soleil pour le commencement du பஞ்சாங்கவாக்கியம், longitude de l'apogée de la lune pour le même temps, la lune étant supposée alors à son apogée; —நாள் la 5me constellation lunaire dite மிருகசீரிடம்; —ப்பகை les ennemis de la lune, *i.e.* les 2 serpens fabuleux இராகு et கேது, qui, au dire des Indous, entreprennent de dévorer la lune aux éclipses: —ப்பிரகாசம் habileté, supériorité d'esprit; —ப்பிரமம், —ப்பிராந்தி, —ப்பிரமக்கேடு erreur, méprise, trouble d'esprit, folie; —மகன் le fils prétendu de Sandiren ou de la lune, *i.e.* la planète Mercure; —மணல் sable d'argent; —மயக்கம், —மயக்கம் confusion —, trouble —, dérangement de l'esprit, folie, bêtise; —மயங்குகிறது l'esprit se troubler, —se déranger, se troubler, céder à la séduction, perdre l'esprit, être fou, sot, insensé; —மேகக்கல் pierre noire dite மதிநாகக்கல்; —யற்ற sans esprit, sot, insensé, stupide; —யிலி, (இலி), homme dénué d'esprit, insensé, *voc. pl.* மதியிலிகாள் ô insensés; —யீனம், (ஈனம்), sottise, stupidité, ignorance; —யீனன் insensé, sot, stupide, ignorant; — யுணி, (உணி), *V.* மதிப்பகை; —வல்லோர் gens de beaucoup d'esprit, ministres, conseillers d'un roi; —விசேடிபம் latitude de la lune; —விப்பிரமம், *V.* மதிப்பிரமம்.

மதிகம், *P.* மதியம்.

மதிக்கிறாக்கிரகம், (மதிக்கு, கிரா, கிரகம்), maison qui nuit à l'esprit, cabaret.

மதிக்கிறது, திக்கேன், திப்பேன், தி, திக்க, *v.a.* 1° (மதி), estimer, respecter, vénérer, considérer, avoir égard, évaluer, apprécier, priser, juger, admirer. 2° (மதம்), être gros, gras, hautain, lascif, *V.* மதக்கிறது. 3° (மதிதம்), baratter, battre le beurre, tourner, faire au tour, faire pirouetter; மதித்துப்போடுகிறது estimer, évaluer, apprécier.

*மதிதம், (mathita, *baratté*), lait de beurre. [*litt.* petitesse précieuse.

மதிநுது, (மதி, நுது), sable d'or,

மதித்தல். *n.v.de* மதிக்கிறது. [வை.

மதிபதிச்சம், la plante வாநுவை

மதிப்பிக்கிறது, *v.caus. de* மதிக்கிறது, மதிப்பித்தல், *n.v.* faire estimer, —respecter, — apprécier, —évaluer, — admirer, charmer, captiver.

மதிப்பு, *n.v.de* மதிக்கிறது, estime, évaluation, appréciation, respect, considération.

*மதிமான், *m.* மதிமதி. *f.* (matimân, —mati), homme—, femme d'esprit, intelligent, habile, sensible.

மதியம், 1° (மதி, அம்), lune, estime, respect. 2° *P.* மத்தியம், milieu, midi, milieu du jour.

மதியா, மதியாத, *part. nég. de* மதிக்கிறது, qui —, qu'on n'estime pas, inestimable, inappréciable.

மதியாணி, —க்கட்டை, (மதியம், ஆணி), clou du milieu du joug.

மதியாமை, *n.v. nég. de* மதிக்கிறது, défaut d'estime..., mépris, inappréciation.

மதியுள்ளான், (மதி, யுள்ளா), Madioullân, nom d'un roi ou d'un sage: —நாடகம் drame de Madioullân, (ouvrage contre le paganisme fort connu dans le Maduré).

*மதிரம், மதிரை, (madirâ), vin, liqueur spiritueuse et enivrante.

*மதிராகிரகம், (மதிரை, கிரகம்), taverne, cabaret. [er.

*மதிராசகம், (*id.* சகி), le mangui-

*மதிராக்ஷி, மதிரேக்ஷணை, (*id.* அக்ஷி, ஈக்ஷணம்), femme dont la vue est séduisante.

மதில், mur, muraille, rempart; அசி

—டன்மேடை terrace, exhaussement en dedans du parapet, rempart, boulevard; — உறுப்பு bastion, ornement —, partie de rempart, — de mur; — காக்கிறது garder ses remparts, les défendre contre l'ennemi; —வளைக்கிறது assiéger —, cerner les remparts de l'ennemi; மதிற்சுற்று le tour —, alentours d'un mur, mur qui environne; — புறம் dehors du mur, mur d'entourage.

மதிவசம்பல், la plante சேந்தில்.

மதின், mur d'entourage, (ce qui est un des insignes de la royauté). mur, V, மதில். [frère aîné.

மதினி, belle sœur, femme du

*மது, gén. மதுவின், (madhou). douceur, saveur, goût, chose douce (au goût, à l'ouïe, à l'âme ou autrement), miel, nectar, — des fleurs, jus doux qui se trouve dans leur nectaire, ambroisie, liqueur, — enivrante, vin, toddi ou callou, sucre, lait, eau, réglisse, l'arbre அசோகு, — இருப்பை, eau ou liqueur distillée des fleurs de cet arbre, printemps, le mois de சித்திரை qui commence le printemps, Madhou nom d'un தைத்தியன் tué par Vichnou, d'un géant tué par சத்துருக்கன் frère de Râmen: — கண்டம் la douce gorge, i.e. le couil; — கரம் ce qui fait le miel, abeille, — bourdonnante, grosse abeille noire, espèce de —, scarabée, — mâle, callou, fruit, limon rond et doux; — கரன் doucereux, amant; — கரி, — கிருது abeille, faiseuse de miel; — கோஷம் 1° le couil à la douce voix. 2° rayon de miel, ruche d'abeille; — க்காமா arbrisseau à fleurs odoriférantes, gardenia dumetorum; — க்கிரமம் rayon de miel; — க்கெண்டை espèce de கெண்டை ou carpe; — க்ஷீரம் dattier; — சகன், — சகாயன், — சாரதி l'ami —, le cocher du printemps, i.e Kâmen; — சித்து le vainqueur de Madhou, i.e. Vichnou; — சுவரம், — சுரம், — ஸ்வரம் le couil à la douce voix; — சூதனன் le meurtrier de Madhou, i.e. Vichnou; — தாது espèce de pyrite, mellithe, pierre de miel; — திருணம் canne à sucre; — தீவன், — தீபன் Kâmen, la clarté prétendue et le flambeau du printemps; — தூதம் le manguier dont les fleurs annoncent le printemps; — தூளி mélasse, sucre avant son raffinement, litt. poussière de miel; — த்துருமம் l'arbre இருப்பை dont les fleurs fournissent une espèce d'essence; — நேத்திரு, (nètrou qui guide), abeille; — பதி la maîtresse du démon Madhou, i.e. காளி; — பருணி, — பருணிகை, — பர்ணி, (பர்ணம், i, ikâ), la plante சேந்தில், — அவுரி ou indigotier; — பலம் espèce de coco doux; — பலி celle à qui on offre du callou... i. e. காளி; — பாயி (qui boit), abeille; — பானம் usage des boissons —, boissons douces et enivrantes; — பானி, — பானம்பண்ணுகிறவன் homme qui boit des liqueurs enivrantes, ivrogne; — புஷ்பம் l'arbre இருப்பை; — புரி la ville de Mathourâ, capitale du géant Madhou; — ப்பிரியன் amateur de callou, — de liqueurs enivrantes, surnom de பலராமன்; — மக்ஷிகை abeille, mouche à miel; — மஸ்தகம் espèce de bonbon fait de farine, de miel, d'huile et de beurre fondu; — மதனன், V. மதுசூதனன்; — மத்தை espèce d'ஊமத்தை; — மல்லி, — மல்லிகை jasmin doublé; — மாம்ஸம், — மாமிசம், — மாம்சம் liqueur enivrante et viande, vie sensuelle, — délicieuse; — மூலம் espèce d'igname; — யஷ்டி, — யட்டி canne à sucre; — ரசம் doux jus, jus de la plante சோமம், douceur, canne à sucre, arac, douceur des paroles, palmier, la vigne, la plante parasite முந்திரிகை; — ரசப்பிரிது l'arbre பெருங்குரும்பை; — ரிபு l'ennemi de Madhou i.e. Vichnou; — லேகம், — லேகி, (lèhâ, lèhi, qui lèche), ce qui lèche le miel, abeille, — வடிக்கிறது distiller les liqueurs (douces ou enivrantes); — வனம் forêt de miel, le couil à la douce voix (*de* vana *qui résonne*) ; — பானம் ivrognerie boire souvent: விரதம் abeille; வீசம் grenade: —வெடுக்கிறது,(எடுக்கிறது), prendre le miel (des rayons suspendus aux arbres...), tirer le jus de la spathe du cocotier...

*மதுகம், (மது, ka), douceur, confiture, réglisse, miel, mélodie, l'arbre இலுப்பை, —எட்டிமரம், étain, zinc.

*மதுகன், 1° (*id.*), barde, panégyriste qui chante devant les rois. 2° (மது, han *tuer*), Vichnou, meurtrier de Madhou. [abeille.

*மதுகேசடம், (madhoukèsata),

மதுகை, 1° force, victoire. 2° * (மது, ka), limon doux, la plante சித்தில், espèce de panic. [l'abeille, cire.

*மதுசம், (*id.* சம்), ce qui vient de

*மதுநோலேகம், (மதுநோ, *P.* madhounas, *gén. de* madhou *ou* மது, lèha *qui lèche*), abeille qui lèche le miel. [abeille, scarabée, callou.

*மதுபம், (மது, pa *qui boit*),

*மதுரம், (mathoura), chose douce, douceur, confitures, réglisse, mélasse, sirop, limon doux, moelle, zinc, étain, poison, la ville de Mathourâ, vigne, ou treille, ton moyen, la taille en musique, sandal rouge, *V.* மதுரகவி: —ஆய்ப்பேசுகிறது parler d'une manière harmonieuse, douce, charmante, agréable; மதுரகவி poème rempli de douceur, grand poème composé suivant les règles les plus strictes de la prosodie et de l'euphonie, c'est une des 4 espèces de poésies dites கவி: elle doit réunir à l'harmonie la richesse des pensées et des expressions, l'enchaînement dit தொடை avec ses variantes, les figures de rhétorique et autres ornemens semblables, poète qui compose un tel poème; —பாகம் l'aréquier; —படைகம் éloquence, c'est le 19 ^{me} des அலங்காரம்; —வசனம் douces paroles; —வள்ளி patates douces.

*மதுராலாபம், (மதுரம், ஆலாபம்), doux son, douce harmonie, — lettre.

*மதுராபுரி, (Mathourâ), la ville de Mathourâ sur la Djamna.

*மதுராலாபை, (மதுரம், ஆலாபம்), le mainate au doux babil.

*மதுரிகை, (*id.* ikâ), aneth.

மதுரிக்கிறது, தித்தேன், திப்பேன், தி, திக்க, *v.n.* (மதுரம்), être doux, savoureux, avoir bon goût.

மதுரித்தல், மதுரிப்பு, *n. v. du prés.* goût, saveur, douceur.

*மதுரேசன், (மதுரை, ஈசன்), Krichna né à Mathourâ, Pândien roi de Maduré.

*மதுரோத்திரன், (மதுரம், இந்திரன்), homme qui excelle en douceur.

*மதுரை, 1° (mathourâ), Mathourâ ou Matra, sur la Djamna, entre Agra et Déhli, patrie et 1re résidence de Krichna. 2° Maduré, ville du sud de l'Inde, ancienne capitale des rois பாண்டியர், le royaume de Maduré. 3° (மதுரம்), chose douce, callou: — மாதேவி la principale déesse prétendue de Maduré, *i.e.* மீனாட்சி.

*மதுரோதகம், (மதுரம், உதகம்), eau douce, mer d'eau douce, la plus extérieure des 7 mers fabuleuses des Indiens et qui entoure l'île Pouchkara.

மதுர்க்கி, bismuth de couleur d'or.

*மதுலம், (madhoula), liqueur—, substance enivrante.

*மதுவம், *P.* மதுபம், abeille, scarabée, callou. [வாசிக்கி.

மதுவனி, *P.* மைத்துனி, *V.* மச்சு

*மதூகம், (madoûka), l'arbre இலுப்பை, —எட்டி, scarabée.

*மதூச்சிஷ்டம், மதூச்சிட்டம், (மது, உச்சிஷ்டம்), abeille, cire des abeilles. [ceur.

*மதூலகம், (madhoûlaka), dou-

*மதூலி, (madhoûli), réglisse, manguier.

*மதோன்மத்தன், (மதம், உன்மத்தன்), homme très-ivre, — ivre de joie, d'orgueil, de passion, frénétique.

*மத்குணம்,(matkouna),punaise, puce, éléphant, — sans défenses, buffle, armure pour les jambes et les cuisses, coco. [me sans barbe.

*மத்குணர்,m.(மத்குணம்),hom-

*மத்குணரி,(id.அரி), l'ennemi des punaises, i.e. le chanvre.

*மத்தகம்,P. மஸ்தகம், tête, —ou front d'éléphant, front,crâne, sommet,mauvaise terre: மத்தகமூலகம், —மூலகம் le cou.

*மத்தம், (matta), trouble,—d'esprit,ivresse,folie, fureur, rut, joie, la plante narcotique dite ஊமத்தை ou pomme épineuse, buffle, le couil ou coucou indien, éléphant furieux ou en rut,batte à beurre: மத்தகம்பப்புல் l'herbe cynosurus ægyptius; மத்தகாசம் sorte de mal d'yeux;—காசினி excellente femme; —கிசம்,—கிசன்,—தந்தி éléphant, — furieux:—குணம் caractère furieux,— passionné, éléphant; —க்காசி nom d'une plante; —க்கிரமத்தன் homme très-joyeux, passionné, troublé, furieux, fou, frénétique,ivre;— மயூரம் paon sauvage; —வாரணம் éléphant furieux,— en rut,oreiller en forme de demi-lune, coussin semi-circulaire, jardin de fleurs, bétel et arec broyés, galerie ou varangue d'étage,—en bois peint à un étage.

*மத்தளம்,(marddala),tambourin, tambour qu'on bat avec les mains; மத்தளக்கட்டை châssis de ce tambour (sans la peau).

*மத்தனம்,P. மர்த்தனம். [சா.

மத்தனவிக்கம்,la plante மருக்கா

*மத்தன்,மத்தான்...P.மஸிதன்..

மத்தாடி,la plante எருக்குமத்தை.

மத்தாப்பு, feu de Bengale,espèce de feu d'artifice éblouissant.

மத்தி, sync. de மத்தியம், milieu, centre:— விருத்தம் le rond du milieu, le nombril: மத்தியிலே au milieu, tandis que: அவன் நான்பேசும்போது மத்தியிலேவந்தான் il est venu m'interrompre —, il arriva pendant que je parlais; பட்டணத்துக்குமத்தியிலேயிருக்கிறது être au milieu de la ville.

மத்திகை, cravache, fouet (pour cheval), chandelier, pied —, support de lampe, foule,salle,guirlande de fleurs.

மத்திக்கிறது,மத்தித்தல்,மத்திப்பு, V.மர்த்திக்கிறது,மர்த்தித்தல், மர்த்திப்பு.

*மத்திபம்,P. மத்தியம், milieu, médiocrité, qualité médiocre, chose médiocre,—moyenne,—indifférente, défaut, manque: என்கண் —ma vue est médiocre, n'est pas bien claire ni perçante;மத்திபதீபம் lampe du milieu.

*மத்திமம், P. மத்தியமம்,centre, milieu,—du corps,la ceinture,taille ou ton moyen, mesure moyenne en musique,(ce qui est un des தீகாவம்),moyen,ordinaire, commun, V. மத்திபம்: — ஆயிருக்கிறது être commun,ordinaire, médiocre,மத்திமகண்டம் ,le centre, région mitoyenne ou du milieu (une des நவகண்டம் ou 9 divisions du monde); —க்கடாரை sel tiré de la graine de sésame; — சாகரம் l'éléphant d'Indiren nommé அயிராபதம், la vache காமதேனு et autres êtres censés sortis de la mer de lait pendant qu'on la barattait pour faire l'ambroisie;—தானம் don de mérite médiocre, i. e. don donné par commisération aux malheureux, ce qui est un des தானம்-ஈ; —பக்ஷம்,—,பட்சம் médiocrité, qualité médiocre, terme moyen;—பதம் moyen terme en logique;—பரிசம் temps moyen du commencement d'une éclipse: —புடம் longitude moyenne; —புத்தி esprit médiocre, mouvement moyen d'une planète; —பூமி pays tempéré,— de la zone tempérée,— où le froid et le chaud sont modérés ou égaux;— லோகம் le monde intermédiaire, i.e. la terre; – வோசை, (இசை), ton moyen, voix moyenne.

*மத்திமன், (மத்திமம்), homme médiocre, ordinaire, du commun, qui ne se distingue ou n'excelle en rien, homme qui est au milieu,— d'un âge moyen, seconde personne (en grammaire), celle qui se trouve entre la 1re et la 3me personne.

*மத்திமை, *P.* மத்தியமை, le doigt du milieu, fille nubile, un des வாக்கு-ச, son moyen, provenant de la gorge ou de l'épiglotte.

*மத்திமோஷ்ண —, மத்திமோட்டணதேசம், (மத்திமம், உஷ்ணம், உட்டணம்), pays d'une température modérée.

*மத்தியஸ்தம், மத்தியஸ்தம், (மத்தியம், ஸ்தன்), médiation, entremise, intervention, intermédiaire, office de médiateur, de juge, d'arbitre, équité.

*மத்தியஸ்தன், (*id.*), médiateur, entremetteur, arbitre, homme équitable: மத்தியஸ்தப்பெண் médiatrice;—த்துவம், *V.* மத்தியஸ்தை 1°.

*மத்தியஸ்தி, *fém. du préc.* médiatrice, intermédiaire.

*மத்தியஸ்தை, (*id.*), 1° état intermédiaire,— mitoyen, indifférence, équité. 2° *V.* மத்தியஸ்தி.

*மத்தியமம், (மத்தியம், ma), centre, milieu, — du corps ou la ceinture, doigt du milieu, médiocrité, état mitoyen, pays central, du milieu, *V.* மத்தியதேசம், la 5me note de la gamme sancrite correspondant à sol, une des கிராமம், gammes ou échelles musicales des Indous correspondant, ce semble, avec le mode majeur de la musique européenne: மத்தியமசங்கிரகம் adultère, intrigue avec une femme mariée, familiarité avec elle comme de lui présenter des fleurs, des parfums, de converser avec elle en particulier: —சாகசம் punition due aux crimes d'un degré mitoyen, gâter les bâtimens, renverser les murs;— பாண்டவன் le Pândaven mitoyen, ou le 3e de 5 fils de Pândou, *i.e.* அருச்சுனன்;— கிருஷிகன் fermier qui est de moitié avec le propriétaire, qui travaille moitié pour soi et moitié pour lui;— புருஷன் la 2e personne en grammaire;—லோகம் le monde intermédiaire, – entre le ciel et l'enfer, *i.e.* la terre;—வயஸ்தன் homme d'un âge mitoyen.

'மத்தியமன், (*id.*), *V.* மத்திமன்.

*மத்தியமாவதி, (மத்தியமம், அவதி), air de midi ou mélodie propre au milieu du jour.

*மத்தியமிகை, (*id.* ika), jeune fille déjà nubile.

'மத்தியமை, (மத்தியமம்), doigt —, fleur du milieu, stance de 4 lignes chacune de 3 syllabes, *V.* மத்தியமிகை.

*மத்தியம், 1° (madhya), milieu, centre, intervalle, repos, milieu du corps, la ceinture, médiocrité, état moyen ou mitoyen, bassesse, vileté, abjection, mesure moyenne en musique, occident. 2° (madya), vin, callou, liqueur enivrante, — spiritueuse. 3° (matya), poignée de faucille, exercice ou application de la science, moyen d'acquérir des connaissances, prétentions contradictoires: மத்தியகண்டம் la région mitoyenne, la dernière des நவகண்டம்;— கந்தம் arbre de moyenne odeur, manguier; — காலம் milieu —, temps d'une éclipse (exprimé en நாழிகை), temps moyen: — ஸ்தலம் milieu, centre, lieu intermédiaire, ceinture, le milieu du corps, neutralité, impartialité (entre 2 partis), place des âmes des défunts; - தேசம் pays central, — du milieu, — borné au nord par le குருக்ஷேத்திரம், au sud par Allahabad ou அலகபாதம், à l'est par les monts Himâlaya et à l'ouest par les monts Vindhya ou விந்தம், comprenant ainsi les provinces modernes d'Allahabab, Agra, Délhy, Aoude...: — பானம் usage des boissons enivrantes: — பீதன் ivrogne, buveur;— மண்டபம் portique —, édifice du milieu: — மண்டம் écume de boissons enivrantes; — மந்தம் anomalie moyenne;—மோட்சம் temps moyen de la fin d'une éclipse;—பலம் poids moyen, — d'un grain d'orge, égal à 6 grains de moutarde blanche; —ராத்திரம் milieu de la nuit, minuit; — லோகம் V. மத்தியமலோகம; — லோகேசன். (நாசன்), roi de la terre; — விருத்தம் le rond central, le nombril; —வயதன் homme d'un âge moyen: — விசம் drogue employée pour faire fermenter.

*மத்தியானம், (madhyâhna), midi, milieu de jour: மத்தியானநேரம் le temps de midi: மத்தியானத்துக்குமேலே après midi; இவனுக்குமத்தியானந்திரும்பிற்று le midi ou le milieu de la vie est passé pour lui, il a plus de 50 ans.

*மத்திமை, (madhyâ). jeune fille déjà nubile, femme de moyen âge, —de moyenne qualité, ni lascive ni très chaste. —un peu voluptueuse et un peu pudique, doigt du milieu, la ceinture, milieu du corps, stance de 4 lignes de 3 syllabes chacune, sorte d'air.

*மத்திரம். (madra), joie, délice, contrée au nord ouest de l'Indous tau propre, dite aussi மத்திரதேசம்.

*மத்திரன், (id.). Mattiren, nom d'un roi de ce pays: மத்திரராசன் ou

*மத்திரை, மத்திராதேவி, (madrâ), Madrâdèvi, fille du roi Madren, seconde femme du roi பாண்டு et mère des 2 derniers பாண்டவர்.

மத்திரிப்பு. (மத்து, இரிப்பு), indignation, colère, haine.

*மத்து. 1° (மத்திக்கிறது), batte à beurre. 2° (மந்தம்), la plante ஊமத்தை, joie. 3° P. மலை: — மலை le mont மந்தரம் qui au dire des Indous a servi de batte à beurre; மத்தாற்கடைகிறது ou மத்தாலேகடைகிறது baratter, — avec la batte à beurre.

*மத்துவம், 1° (madvan), ivresse. 2° ou மத்துவமதம், (madhva), Sivénisme, secte de brames fondée par மத்துவாசாரியன் brame toulouva, c'est la secte dite துவிதமதம் ou du dualisme, qui distingue Dieu des créatures, opposée à la secte அத்துவைதம் ou de l'unité qui ne reconnait que Dieu.

*மத்துவர், மத்துவாசாரியர், (மத்துவம்), brames toulouvas, de la secte de Madvâtchârya ou மத்துவாசாரியன்; on les nomme encore மத்துவாசிரியர், ou சைவிசயாசிரியர்.

*மத்துவன், sing. du préc. 2° (madvan), l'ivrogne, i. e. Siven.

மத்துவாசவம், (மத்து, வாசம்), eau de senteur.

*மத்தை, (mattâ), liqueur enivrante, la plante ஊமத்தை.

*மந்தசம், (மந்தம், சம்), produit de la batte à beurre, beurre frais.

*மந்தம், 1° (manda), lenteur, paresse, nonchalence, apathie, tiédeur, engourdissement, stupidité, bêtise, pesanteur d'esprit, chose émoussée, infortune, ivresse, ivrognerie, sorte de maladie, dyspepsie, indigestion, crudité de l'estomac, douceur au toucher, exiguité, petitesse, vileté, ton grave, — bas, basse, basse-contre, destruction de l'univers, anomalie des planètes, 1re longitude héliocentrique égalée. 2° (mantha), batte à beurre, action de baratter, d'agiter, sorte de mal d'yeux, vue trouble, cataracte ou opacité, chassie, excrétion des yeux, destruction, meurtre: —ஆயிருக்கிறது être obtus, lent, apathique, cru, non digéré, indigeste, avoir des crudités; — கொடுக்கிறது donner des crudités, — une indigestion; மந்தஆண்டு année anomalistique, ou retour à l'apogée; —கதி pas lent (d'un cheval...), ou கமனம், — கதம் marche lente: - காமி personne qui marche lentement; - காசம், - காசியம் espèce de phthisie, consomption, ou - ஆசியம், ஹாசியம், (ஆசம், ஆசியம்), doux sourire; —கேந்திரம் argument d'anomalie:— க்காய்ச்சல் fièvre d'indigestion; — குணம் caractère lent, - apathique, — uniforme, lenteur, maladie d'indigestion; — க்கொதி indigestion par manque de chaleur

dans l'estomac, sorte de maladie;— சனி la mère de மந்தன் ou Saturne, la femme prétendue du soleil; — சைலம் le mont மந்தரம்,— qui servit de batte à beurre; — சம équation anomalistique ou du centre; — தண்டம் batte à beurre: —தரம் paresse, plus lent, (comparatif); —பலம் équation anomalistique d'une planète; — பதி argument employé pour compter la 1re inégalité d'une planète appelée équation du centre; — பாக்கியம் infortune, malheur; —புத்தி.—மதி esprit lent, lourd, pesant, stupide: —ப்படல் indigestion, lenteur, ou —ப்படுகிறது, — ப்படுதல் avoir des crudités, —une indigestion, ne pas se digérer, être lent, lourd, stupide, obtus, s'émousser; — மா l'animal pesant ou lent, i.e. l'éléphant; — மாருதம் douce brise du sud; — வாரம் le jour de மந்தன் ou Saturne, i.e. samedi.

*மந்தரம், 1° (mandara), lenteur, paresse, épaisseur, grosseur, pesanteur, ignorance, manque d'esprit, bassesse, vileté, la basse en musique, le mont Mandara, dont les dieux et les démons se servirent, au dire de la fable indoue, pour baratter la mer de lait et en tirer l'ambroisie après le déluge, l'arbre மந்தாரம் un des 5 du —, le Souvarkam ou monde des dieux indous, i.e. demeure des 330 millions de dieux inférieurs, guirlande, collier de perles, miroir, cristal. 2° (manthara), batte à beurre, beurre frais, fruit, trésor, répertoire, arsenal, citadelle, forteresse, passion, colère, obstacle, temps couvert, courbure, tortuosité, bosse.

*மந்தரன், (manthara), paresseux, espion, soldat qui marche lentement.

*மந்தரை, (mantharâ), la bossue ou கூனி, esclave de கைகேசி femme de தசரதன், laquelle, par ses mauvais conseils, causa l'exil de Râmen, la fille de விரோசனன் fils de Prahlâda et père de Mahâbali.

மந்தவோசை, மந்தவோசை, (மந்தம், ஓசை, ஓசை), son grave, — lent, son solennel, la basse en musique.

*மந்தனம், 1° (manthana), action de baratter, agitation, destruction. 2° (mandana), louange, éloge. 3° P. மந்திரணம், conseil, avis. 4° toile, ou étoffe pour orner le front ou couvrir la tête d'un éléphant: மந்தனகுடை ou

*மந்தனி, (manthani), baratte (pour faire le beurre).

*மந்தன், (manda), homme d'un esprit obtus, lent, paresseux, indolent, lourdaud, stupide, Saturne, Yamen. [éloge.

*மந்தாகம், (mandâka), louange,

*மந்தாகினி, (mandâkini), Ganguei, le Gange céleste qui est censé couler lentement, femme âgée de 60 ans.

*மந்தாக்ஷம், மந்தாட்சம், (மந்தம், அக்ஷம்), modestie, pudeur, honte.

*மந்தாசம், (மந்தம், ஆசம்), et mieux, மந்தகாசம், sourire.

*மந்தாயம், (id. ஆயம்), honte, modestie. [que de respect.

*மந்தாதரம், (id. ஆதரம்), man-

*மந்தாத்துமம், (id. ஆத்துமம்), esprit lourd, — lent à comprendre.

*மந்தாநிலம், (id. அநிலம்), doux zéphire, douce brise. [கு.

மந்தாரை la plante வெள்ளொருக்

*மந்தாரம், 1° (mandâra), l'arbre mandâra un des 5 du paradis fabuleux des Indous, l'arbre de corail முள்முருக்கு erythrina fulgens, la plante எருக்கு, l'arbrisseau செம்ப ரத்தை. 2° temps couvert, nébuleux, sombre, obscurité du temps:—ஆயிருக்கிறது être sombre, nébuleux, —ஆகிறது,—கட்டுகிறது, — போடு கிறது devenir nébuleux, sombre, se couvrir de nuages: மந்தாரகாசம் espèce d'asthme, — de phthisie:— காந்தி sorte de sel noir dit பிடாலவணம்; —செம்பைபோன்ற vitriol bleu; —க்கல் pierre du gésier ou du foie; —செவ்வந்தை espèce de செவ்வந்தை ou de cæsalpinia; — க்கிழங்கு espèce

de pierre noire médicinale; —மீதம் montagne contenant du cuivre; —ம் பொழுது temps —, jour sombre, — nébuleux; —மஞ்சி l'arsenic dit துத பாஷாணம்; —மேரு l'arsenic naturel dit தொட்டிபாஷாணம்.

மந்தாரிக்கிறது, ரித்தேன், ரிப்பேன், ரி, ரிக்க, *v.n.* மந்தாரித்தல், *n.v.* (மந்தாரம்), le temps se couvrir, se couvrir de nuages, s'obscurcir.

மந்தாரிப்பு *n.v. du préc.* temps couvert, nébuleux, obscurité du temps.

மந்தாரை l'arbre bauhinia variegata: காட்டு— l'arbre bauhinia tomentosa.

*மந்தார்த்தம், (மந்தம், அர்த்தம்), distance du centre du soleil à une autre planète. [beurre.

*மந்தானம், (manthâna), batte à

மந்தி, 1° singe, — mâle, — femelle, femelle du babouin ou gros singe noir dit கருங்குரங்கு, — du gros singe noir dit முசு ou marmot, abeille noire, scarabée, la plante ஆடுதின்னாப்பாலை. 2° *imp. de*

மந்திக்கிறது, ந்தித்தேன், ந்திப்பேன், ந்தி, ந்திக்க, *v.n.* avoir des crudités, — une indigestion, être indigeste, s'émousser, être lent.

மந்திட்டி, *P.* மஞ்சிட்டி, garance du Bengale, rubia mandjith.

மந்தித்தல், மந்திப்பு, *n.v. du préc.* crudité, indigestion, lenteur, état de ce qui est émoussé. [தலைவாரை.

மந்திமுலைத்தலைவாரை, espèce de

*மந்திரக்கிழவன், மந்திரஞன், (மந்திரம், ஞன்), espion, conseiller, gourou, précepteur religieux.

*மந்திரணம், மந்திரணை, (*id.*), avis, conseil, — particulier.

*மந்திரதன், (மந்திரம், da *qui donne*), guide spirituel, précepteur.

*மந்திரம், 1° (mantra), prière, formule de prière, section des vèdas comprenant des prières et des hymnes, vers mystiques, — mystérieux, formule d'exorcisme ou d'enchantement (dans les tantras...), mandra ou formule magique pour produire des effets merveilleux, les vèdas, un des உபநிஷதம், une des parties du வேதாங்கம், conseil, — privé, délibération, consultation secrète, avis en particulier, opinion. 2° (mandira), résidence —, palais d'un roi, ville, maison, intérieur, temple, lieu consacré à la divinité ou à quelque faux dieu, mer, troupe —, rangée de chevaux, écurie, caverne, — de lion..., jarret. 3° (mandra), ton bas, bruit sourd comme le murmure des nuages, murmure ou paroles marmotées, marmotage. 4° nom d'un pays (peut-être le மந்திரதேசம்), caillou, montagne: பரமண்டலமந்திரம் le pater noster; பிரியதத்த— l'ave Maria: விசுவாச— le credo; ஆறுவிசேஷண— la prière des 6 attributs divins; —உருபோடுகிறது répéter des formules de prières (sur un chapelet ...) *ou* —உருவேற்றுகிறது prononcer les formules magiques sur quelque objet, lui en appliquer l'effet, *ou* —உச்சாரணம்பண்ணுகிறது réciter des pri.. es, — des enchantemens, prononcer des paroles mystérieuses; —செபிக்கிறது, — பண்ணுகிறது réciter des prières, murmurer —, marmoter des formules mystiques; —படிக்கிறது apprendre —, lire les prières, apprendre par cœur des formules de prières, les lire; —சொல்லுகிறது réciter des prières; மந்திரகாஷாயம், —காவி espèce de toile teinte en jaune d'ocre; —கிழவன் conseiller, ministre: —கிருத்தம் consécration par des prières ou des mandras; —குத்தி, —குப்தி conseil secret; —கூடம் pierre noire, salle du conseil; —கூடன் espion, émissaire secret; —கூர்மை sel de roche dit இந்துப்பு: —கூறை pagne —, toile de mariée bénite, toile de noces bénite et donnée à la mariée: —க்காரன் magicien, sorcier, enchanteur: —சக்கிலி l'insecte இந்திரகோபம்; —சக்தி force —, efficacité des prières, — des formules magiques, de bons ministres, de bons conseillers; —சாஸ்திரம், —சாத்திரம், science des prières et des hymnes liturgiques des Indous, qui font la 1re partie des vèdas, c'est le 11me des கலைக்கியானம்; — சாலை salle du conseil; — சிகுவன், (சிகுவை), le feu: — சித்தி effet des prières, — des formules magiques; — சுத்தி purification des prières ou par prières, c'est la dernière des பஞ்சசுத்தி des Sivénistes; — செபம் récitation des prières, prière vocale; — ஸ்தம்பம், — ஸ்தம்பனம் arrêter —, rendre immobile par des prières magiques; — ஸ்தாபனம் placement —, érection par prières; — ஸ்நானம் ou — தீர்ப்பிரோக்ஷணம் aspersion d'eau lustrale sur un malade pendant qu'il entend la lecture des vèdas, ce qui est un des 7 ஸ்நானம் des Indous; — தந்திரம் sorcellerie, gesticulations avec les doigts en prononçant des prières ou formules magiques, enchantement —, maléfice par la magie; — தந்திரத்திலேமயக்கம்வருவிக்கிறது troubler l'esprit —, ensorceler par des enchantemens. — தந்தி brame habile dans les vèdas; — தாரணை le 4me des 9 தாரணை; — திதி, P. மந்திரதீதி, (didhiti *lumière*), le feu; — தம்பம் — தம்பனம், — தாபனம், V. மந்திரஸ்தம்பம்.... — தேவர், — நாயகர் dieux prétendus —, immortels auxquels s'adressent des prières; — பசு l'animal domestique, *i.e.* le chat: — பலம், — ப்பலன் efficacité des prières, objet ou résultat du conseil; — புஷ்பத்துமன், (surnom de) கருடன்; — பேதம் trahison ou divulgation des conseils; — ப்பிரயோகம் usage —, emploi des prières, — des conseils; — ட்பொருத்தம் appropriation —, convenance des prières aux divinités de chacun, choix de prières propres à chaque divinité prétendue; — மூர்த்தி, V. மந்திரதேவர்; — வாதம் récitation de prières magiques, enchantement, la secte des mandras; — வாதி sectateur des mandras, sorcier, enchanteur, exorciste; — வாள் épée enchantée, reçue comme un don céleste, épée mystique, — propre à la royauté; — விதி règle d'enchantement; — விதியாய்ச்செய்கிறது faire suivant les règles des enchantemens, exécuter par enchantement; — விதியாய்முடிக்கிறது finir par enchantement; — வித்தை science des formules de prières, — des enchantemens, — de la magie, récitation de prières, enchantement, exorcisme.

*மந்திராக்ஷதை, மந்திராட்சதை (மந்திரம், அக்ஷதை), riz safrané sur lequel on dit des mandras et que les brames distribuent à leurs adeptes.

*மந்திராசனம், (*id.* ஆசனம்), [récitation de prières.

மந்திராச்சி, (*id.* ஆச்சி), femme chargée d'apprendre les prières aux enfans...

*மந்திராயுதம், (*id.* ஆயுதம்), arme enchantée, instrument d'enchantement.

*மந்திராலோசனை, (*id.* ஆலோசனை), délibération —, consultation secrète, conseil privé.

*மந்திரி, 1° (mantri), *pl.* மந்திரிகள், மந்திரிமார், மந்திரியர், ministre, — d'état, — de roi, conseiller, le ministre (pièce du jeu d'échecs que nous appelons la reine), devin, astrologue, qui prétend prédire l'avenir, homme rusé, adroit et fertile en expédiens et en stratagèmes, Viâjen ou Jupiter, ministre ou conseiller des dieux indous, Vénus ou Soukren, conseiller des அசுரர், Boudhen ou Mercure, Koubèren, la plante திராய். 2° *imp. de* மந்திரிக்கிறது: துர் —, கெட்ட — mauvais conseiller *v.g.* le diable; — க்கிழவோர் ministres d'état qui doivent être de sages vieillards; — குபேரன் le ministre Koubèren (pour le distinguer de Koubèren la lune); — தந்திரி ministre qui fournit des stratagèmes à son maître; — த்தனம், — த்துவம் dignité —, charge de ministre, — de ministre d'état; — த்தனம்பண்ணுகிறது exercer la charge de ministre.

அகை

மந்திரித்தல், மந்திரஞ்செபித்தல், ச. கி. வி. (மந்திரம்), மந்திரிக்கிற, v.a. bénir, — en récitant des prières, exorciser, réciter des prières mystiques, réciter des mandras, — des formules d'enchantemens ou de magie, ensorceler, donner de mauvais avis; மந்திரித்தண்ணீர் eau bénite.

*மந்திரு, (mantrou), sage, conseiller.

*மந்திரோச்சாரணம், (மந்திரம், உச்சாரணம்), ou

*மந்திரோபாசனை, (id. உபாசனை), récitation de prières.

*மந்திரௌஷதம், (id. ஔஷதம்) remède de la prière, remède béni.

*மந்தினி, (manthini), baratte (pour faire le beurre).

*மந்தீபவம், மந்தீபூதம், (மந்தம், 2, augment), ignorance, paresse, lenteur, nonchalance.

*மந்து, (mantou), roi, homme, genre humain, intelligence, faute, offense, transgression, arbuste.

*மந்துரம், (மந்துரை), écurie, rangée de chevaux.

*மந்துரை, (mandoura), étable, lit, couche, natte servant de lit.

மந்தை, troupeau (de brebis, de bœufs ou de vaches...), bercail: — மறித்திட arrêter —, retenir le troupeau; — வெளி champ commun ou ouvert pour le pâturage.

மந்தைப்புலன், (மந்தம்), bêta, bête, lourdaud, esprit obtus.

*மந்தோச்சம், (மந்தம், உச்சம்), apsides d'une planète, les 2 points de son orbite où elle se trouve à sa plus grande ou à sa plus petite distance du soleil ou de la terre, périgée et apogée, périhélie et aphélie.

*மந்தோஷ்ணம், மந்தோஷ்ணம், (id. உஷ்ணம்), température modérée: மந்தோஷ்ணப்பிரதேசம் zone tempérée.

*மந்தோததி, (மந்தம் baratter, உததி mer), la mer qu'au dire de la fable on a barattée, i. e. la mer de lait.

*மந்தோதரி, (மந்தம், உதரம்), Mandôdari, femme de Râvanen: — மைந்தன் le fils de Mandôdari et de Râvanen.

*மந்தோதரீசன், (மந்தோதரி, ஈசன்), le mari de Mandôdari, i. e. Râvanen.

மப்பு, agglomération de nuages, temps couvert, — nébuleux, trouble d'esprit: — கலைந்திட les nuages se dissiper, le temps s'éclaircir; — போட்டிருக்கிற le temps se couvrir, devenir nébuleux; — போட்டிருக்கிற le ciel être couvert de nuages épais.

*மமகாரம், (mama de moi), orgueil, arrogance.

*மமதை, மமத்துவம், (id.), orgueil, égoïsme, arrogance, individualité, isolement.

*மம் (ma), bonne fortune, bonheur, eau.

மம்மட்டி, la plante சிற்றுட்டி.

மம்மல், malheur, vexation, trouble, — d'esprit, lascivité, luxure.

மம்மரமி, V. மரக்கோவை.

*மயகோசம், (மயம், கோசம்), ce qui est le siége ou le lieu d'une chose.

மயக்கடு, (மயக்கு, அடு), ou

மயக்கம், n. v. de மயங்குகிறது, confusion, mélange, désordre, trouble, — d'esprit, illusion, — mentale, erreur, prestige, perplexité, étourdissement, syncope, pâmoison, faiblesse, léthargie, somnolence, engourdissement, torpeur, ivresse, enivrement, — causé par les liqueurs, vertigo, folie, égarement des sens, amorce, attrait, appât, charme, infatuation, fascination, séduction, nom d'une cérémonie funèbre des Indous: — அடைந்திருக்கிற être troublé, hébété, assoupi, enivré, alléché, séduit; — இன்மை exemption de confusion..., lucidité, calme —, clarté d'esprit; — தெளிந்திட le trouble, la léthargie, l'ivresse ou l'illusion se dissiper, — finir, revenir à son bon sens; மயக்கவணி, (அணி), figure ou comparaison qui confond les objets, ou dans laquelle on prend une chose pour une autre, *Ex.* மரகதக்கதிரைப்புல்லென்க்கறி க்கும் il broutera comme de l'herbe les rayons de l'émeraude; — மொழிப்பு (தழிப்பு), figure qui rejette l'erreur de prendre une chose pour une autre et rétablit la vérité, espèce d'அபஹ்நுதியுவமை. *Ex.* சுரமன்று காமவேதாய்ம்வெப்பம் ce n'est pas la fièvre mais la chaleur de la luxure.

மயக்கரவம், (மயக்கு, அரவம்), serpent dont la morsure cause la pamoison, — l'étourdissement.

மயக்கம், *opt. et n.v. de* மயக்குகிறது, ou

மயக்கிடை, (மயக்கு, இடை). *V.* மயக்கம். [*V.* மயக்கம்.

மயக்கு. *imp. part. et n.v. du suiv.*

மயக்குகிறது, *sync.* மயக்கிறது, கிறேன், க்குவேன், க்கு, க்க, *v.a. de* மயங்குகிறது, மயக்குதல், *n.v.* fasciner, charmer, gagner, infatuer, déconcerter, troubler, — l'esprit, faire perdre la raison, assoupir, enivrer, séduire, attirer, mêler, mélanger, confondre, amalgamer.

மயக்குவிக்கிறது, *v.caus. du préc.* மயக்குவித்தல், *n.v.* faire fasciner..., — leurrer, — troubler l'esprit par un autre.

மயக்குறுகிறது, (மயக்கு, உறுகிறது), ou

மயங்குகிறது, *sync.* மயங்கிறது, கினேன், குவேன், கு, க, *v.n. de* மயக்குகிறது, மயங்கல், மயங்குதல், *n.v.* se troubler, se déconcerter, être troublé, désorienté, égaré, confus, confondu, mêlé, mélangé, amalgamé, embrouillé, embarrassé, assoupi, enivré, infatué, fasciné, charmé, séduit, gagné, fou, épris d'amour pour, perdre la raison: மயங்கவைத்தல் amalgamer, confondre, mettre une chose à la place d'une autre, confusion, un des 10 défauts en composition; மயங்கித்திரிகிறது rôder çà et là épris de, être infatué; மயங்கிசைக்கொச்சகக்கலிப்பா, (மயக்கு, இசை), espèce de vers dits கொச்சகம் dans laquelle les 6 parties dites தரவு, தாழிசை, அராகம், அம்போதரங்கம், தனிச்சொல், சுரிதகம், sont confondues ou amalgamées, augmentées, diminuées, interverties et interrompues.

*மயடம், (mayata), cabane couverte d'herbes et de feuillage.

மயண்டை, soir, soirée.

மயப்பு, jus, suc, opulence, prospérité, couleur.

*மயம், 1° (maya), chameau, mulet, beauté, (dit surtout des ouvrages de மயன்), un des 32 ordres ou systèmes d'architecture inventé par மயன். 2° particule sanscrite qui indique la nature, la matière, l'origine, la propriété, et sert à former des adjectifs... comme பொன்மயம் chose d'or; பொன்மயமான d'or, doré; பொன்மயமாலயம், (ஆலயம்), temple d'or; அவன்மயம் sa nature, sa manière d'être, tel qu'il est, comme lui; தேசம் அவன்மயமாயிருக்கிறது le pays est sous son pouvoir, ou de son parti, on est à lui; அன்னமயம் la nature de la nourriture, ce qui concerne la nourriture.

மயர், *imp. part. et n.v. du suiv.* *V.* மயக்கம்.

மயர்கிறது, ந்தேன், ர்வேன், ர், ர, *v.a. et* மயர்தல், *n.v.* *V.* மயங்குகிறது.

மயர்வு, *n.v. du préc.* *V.* மயக்கம்.

மயல், menu bois, buchettes, pailles, feuilles sèches, trouble, — d'esprit, confusion, torpeur, lenteur, égarement, fascination, infatuation, folie, luxure, lasciveté, attrait sensuel, passion (d'un sexe pour l'autre), crainte, démon, lutin.

மயனூல், (மயன், நூல்), science de l'architecte..., architecture.

*மயன், (maya), Mayen architecte des géans et père de மண்டோதரி femme de Râvanen, charpentier, architecte, artiste, artisan, joueur de luth.

*மயானம், P. ஸ்மசானம் ou மயானக்கரை, — பூமி lieu où l'on brûle les morts, cimetière; — க்கிரியை action —, cérémonie de brûler les morts, cérémonies funèbres; — ஞானம், —வைராக்கியம் sagesse —, détachement du monde —, résolution inspirée par les cérémonies funèbres; —வயிரவன் le Bhairaven des cimetières; —வாசி, — நிவாசி esprit ou fantôme qui est censé hanter les cimetières, (surnom de) Siven,

*மயிடம், P. மகிஷம், buffle: மயிடகோரோசனை pierre biliaire ou formée de la bile du buffle.

*மயிடன், மயிடாசுரன், (அசுரன்), V. மகிஷன்.

மயிடோசனை, sync. de மயிடகோரோசனை.

மயித்தி, V. பதுங்கல்.

மயித்துகிறது, த்தேன், துவேன், து,த, v.n. மயித்துதல், n. v. V. பதுங்குகிறது.

மயிரகம், (மயிர், அகம்), drap, étoffe de laine, de poil ou de crin, haire, cilice.

மயிரோசனை, sorte de remède, V. மயிடோசனை.

மயிர், poil, cheveu, crin, laine, toison, duvet —, plume des oiseaux, puberté: தலை—cheveu, chevelure; புற—les poils du corps; மயிராற்றுகிறது sécher sa chevelure, son poil ou sa toison (après le bain...); — கொறடு? pinces pour arracher le poil; —இடை épaisseur d'un cheveu, intervalle entre les cheveux ou les poils; — இழவு perte des cheveux, s'arracher les cheveux en signe de deuil ou de douleur; —உதிருகிறது, — உதிர்ந்துபோகிறது le poil ou les cheveux tomber; —உறுசாந்து onguent —, parfum pour les cheveux; — கத்திருவி instrument pour couper les cheveux, ciseaux, rasoir; —கட்டுவாளாம் cilice, haire; —கோதுகிறது écarter —, ajuster les cheveux, diviser la chevelure avec symétrie; —ஒழுங்கு disposition —, rangée —, boucle de cheveux ou de poils. poils qui couvrent l'estomac, hérissement des poils du corps; —கழிக்கிறது, —களைகிறது couper les cheveux, raser; —களைவோன் barbier; —க்கனை largeur —, épaisseur —, bout d'un cheveu; —க்கதிர்க்கன் longue chevelure; — க்கருவி brosse, instrument en crins; —க்கால் pied —, racine des poils, pores de la peau; —குறைகருவி rasoir, ciseaux; —க்கிளர்ச்சி, —க்கூச்சம் horripilation, hérissement des cheveux ou des poils du corps; — க்குழற்சி horripilation, ou —க்குழைவு frisure, tour de cheveux; — க்குச்சு brosse, bijou ou ornement qu'on met à la chevelure; —க்குஷ்டம், — க்குட்டம் espèce de lèpre ou de maladie qui fait tomber les cheveux ou le poil; —க்குட்டி chenille, — à longs poils; —க்குத்தம் sorte de remède; — க்குரு boutons ou pustules qui se forment aux pores de la peau, — à la racine du poil; —க்காம்பெறிகிறது, —க்கூச்சிடுகிறது, —க்கூச்செறிகிறது, —க்கூச்செறிகிறது les cheveux se dresser sur la tête, les poils ou les cheveux se hérisser de peur, de froid ou de joie; —க்கொத்து touffe de cheveux ou de poils; — க்கொன்றை petit arbre à fleurs dit cæsalpinia pulcherrima; —க்கோரை la plante scirpus polytrichoides; — சிலிர்க்கிறது les cheveux ou le poil se hérisser; —சீவுகிறது se —, peigner; —ச்சடை grande chevelure emmêlée; — ச்சாந்து onguent odoriférant pour les cheveux (surtout à l'usage des femmes); —ச்சிகை touffe de cheveux; ச்சிகைப்பூடு la plante சருட்டி; —ச்சிலிர்ப்பு horripilation; — ச்சீலை, V. மயிரகம்; — ச்சுருள், —ச்சுருணை, —ச்சுட்டு boucle —, rouleau de cheveux, chevelure enroulée; — த்துடைப்பம் brosse; — த்தொகுதி touffe —, tresse de cheveux, chevelure; — த்திரள் quantité de poils ou de cheveux: — நெட்டுக்கிறது les cheveux —, les poils se hérisser; — ப்பட்டு espèce de drap ou d'étoffe de poil; — ப்பரப்பு déploiement —, étendue de chevelure; — ப்பிளவை, — ப்புற்று teigne, gale des cheveux, achores; —ப்பொத்தி rangée de poils: — போன்ற capillaire, gros comme un cheveu; — மாட்டி nom d'un bijou qu'on met à la chevelure;— மாணிக்கம் bijou pour la chevelure, la plante ipomoca guamoclit, concrétion dans l'estomac d'une vache;— முடி touffe—, toupet de cheveux du sommet de la tête, —dit குடுமி; —முடிக்கிறது lier—, attacher sa chevelure ou les cheveux;—வாரி peigne; —வாருகிறது se—, peigner; — விரிக்கிறது déployer sa chevelure, s'écheveler, être échévelé; ஒருமயிரிலேகட்டுப்படுகிறது être lié par un cheveu, être attaché ou retenu faiblement, — par un rien, se laisser aisément persnader; — வினை ouvrage de barbier ou de coiffeur, couper les cheveux, raser, coiffer; —வினைஞன் barbier, coiffeur.

மயிலடி, (மயில், அடி), pas—, trace des pieds du paon, espèce d'anneau ou de bijou que les femmes portent aux pieds:—க்குருந்து nom d'un arbre.

மயிலம், (மயில்), plume de paon, la plante குப்பைமேனி.

மயிலாபுரி, மயிலாப்புரி, மயிலாப்பூர், (மயில், ஆ augment), la ville de Maïlapour, Méliapour ou S[t]. Thomé près de Madras.

மயிலன், மயிலானி, மயிலூர்தி, (id.), Soupramanien dont la monture est un paon. [ges dit செம்பருத்தி.

மயிலியம், cotonnier à fleurs rou-

மயிலை, espèce de jasmin dit இருவாட்சி, poisson, le signe des Poissons, blanc tacheté ou mélangé de noir, couleur cendrée,— grise ou grisâtre, malpropreté, salcté, habit sale, V. மயிலாபுரி; — நந்தி l'arbrisseau மருதோன்றி; — ப்பசு vache grisâtre; — ப்பச்சை couleur verte mêlée de noir, vert foncé.

மயில், paon, paonne, c'est un des பஞ்சபட்சி ou 5 oiseaux à augure, l'arbre செம்மத்தாரி:—இறகு plume de paon;—எண்ணெய் huile médicinale de graisse de paon;—எள், —எள்ளு espèce de sésame;—ஆடுகிறது le paon danser, se pavaner, faire la roue, déployer sa queue;—க்கோரை scirpus polytrichoides;—த்துத்தம், V. மயிற்றுத்தம்;—தூணியன் l'arbre அத்தி:—வாகனன் celui qui a un paon pour monture, i. e. Soupramanien; —விசிறி éventail de plumes de paon; மயிற்குரல் voix —, chant du paon;—கொண்டை, —சூட்டு aigrette ou crête de paon, la plante celocia cristata ou crête-de-coq;—குடை parasol de plumes—, aigrette—, plumes de paon; —பீலி plume de paon; — வால் queue de paon.

மயிற்றுத்தம், (மயில், துத்தம்), vitriol blanc,—bleu, sulfate de cuivre. [de paon.

மயிற்றோகை, (id. தோகை), queue

*மயு, (mayou), chantre du Souvarkam dit கின்னரன், cerf: —நாதன் le roi des Kinnarers, i. e. குபேரன்.

*மயூகம், (mayoûkha), beauté, rayon, lumière, lustre, flamme, aiguille ou gnomon d'un cadran solaire, ombre,—de ce gnomon.

*மயூரகம், (மயூரம், ka), paon, vitriol bleu, la fleur celosia cristata, crête-de-coq, la plante நாயுருவி.

*மயூரம், (mayoûra), paon, paonne, la plante dite crête-de-coq ou celocia cristata, la plante நாயுருவி, la position dite மயூராசனம், ou மயூரகதி marche ou pas de paon, une des 5 allures des chevaux; — சடைக்கொடி coq domestique;- சூடை la plante dite crête-de-coq; —பதகம், (பதம், ka), marque—, trace d'ongle.

*மயூராசனம், (மயூரம், ஆசனம்), position du paon, une des 8 positions d'un yogui ou ascète indien, V. மயூரம் au mot ஆசனம்.

*மயூராரி, (id. அரி), l'ennemi du paon, i.e. le caméléon, le lézard dit பல்லி.

*மயேசன், மயேசுரன், மயேசுவரன், P. மகேசன், மகேசுரன். V. மகேசுவரன்.

*மயேசுவரி, P. மகேசுவரி.

*மயேந்திரம், P. மகேந்திரம், nom d'une ville, V. மகேந்திரம்.

*மகேந்திரன், P. மகேந்திரன்: மகேந்திரனாலயம், V. மகேந்திரனாலயம்.

மய்யம், P. மையம், le milieu.

மர, adj. de மரம், d'arbre, de bois.

*மரகதம், (marakata), émeraude, couleur verte: மரகதப்பச்சை, V. நாகப்பச்சை; — மேனியன் celui dont le corps est vert, i.e. Vichnou; — வல்லி, (surnom de) la femme de Yamen, Parvadi Oumei. [bèren.

*மரகதன், (id.), le bleu —, Kou-

*மரகம், (maraka), maladie épidémique ou pestilentielle, diarrhée, choléra.

மரக்கலம், (மரம், கலம்), navire, vaisseau, barque, bateau, tôni: மரக்கலப்பாய் voile de navire.

மரக்கலன், (id.), pilote, patron de navire, capitaine, matelot.

மரக்கா, id.), bosquet, verger, jardin, - de fleurs.

மரக்காணம், (id.), Marcânam, village entre Sadras et Pondichéry, où il y a des salines. [bre.

மரக்காணா, (id.), nom d'un ar-

மரக்கால், 1° (id.), jambe de bois, béquille, pied d'arbre, marcal, mesure pour les grains, le 12e d'un கலம், (on l'appelle aussi குறுணி), le marcal de Madras vaut 12 litres 1/3; celui de Pondichéry 3 litres 1/2, le Marcal se divise en 8 படி ou mesures à Madras et en 4 படி à Pondichéry, lequel படி n'est presque que la moitié de celui de Madras.), mesure dite வள்ளம் (ordinairement de 4 படி et en certains lieux de 8 படி et même de 10.) 2° la 9e constellation dite ஆயில்யம், la 15e constellation dite சோதி, salines, danse de Dourgâ. — de Vichnou, Vichnou, bouquet de fleurs, touffe: — தீர்வை déficit —, manque ou déchet dans le remesurage des grains.

மரக்கிறது, மரத்தேன், மரப்பேன், மரக்க, v.n. (மரம்), மரத்தல், n.v. et மரத்துப்போகிறது, (un membre..) se roidir, s'engourdir, devenir paralysé, sec, dur, raide comme du bois, être stupéfait, interdit, sans pouvoir remuer. ex மரத்து நிற்கிறது, மரத்திருக்கிறது être stupéfait, interdit, raide comme du bois, engourdi, paralysé.

*மரணம், (marana), mort, décès, trépas, c'est un des அஷ்டபாதகங்களம், des பஞ்சபாதகங்களிலொன்று et des பொருத்தம்·ம்: — அடைகிறது mourir, expirer, décéder; மரணந்தப்பின் குல்மரணம் si le saut périlleux manque, la mort est certaine, une affaire périlleuse demande beaucoup de précautions; — செய்கிறது donner —, procurer la mort: மரணத்தைக்கொடுக்கும் பாவம் péché mortel, — qui donne la mort à l'âme; மரணசகுனங்கள் causes —, présages de la mort; — சகுனங் காட்டுகிறது les présages de mort se montrer, — paraître, les voir; — சன்னடு, — சன்னடுகை certitude —, signe —, bijou de la mort, nom d'un traité: — சன்னடுத் détermination —, certitude du temps de la mort; — காலம் temps de la mort; — குறி signe de mort; — பயம் peur de la mort; — சாசனம், — சாதனம் testament, dernières volontés d'un mourant: — சாதனத்தை நடப்பிக்கிறவன் exécuteur testamentaire: — ஜீவன் vie mortelle; — குதகம். V. மரணஜுரம்; — சேஷ்டை convulsions de la mort, —. à l'approche de la mort; — சனி prétendue position mortelle de சனி ou Saturne, c'est lorsqu'il est au 12e signe et au 3e முறையுடனிருக்கை; — தடுப்பனம் arrêter la mort; — தசை le moment de la mort; — தினம் jour de la mort; — திருவம் moment —, article de la mort; — ப்போர் combat de la mort, lutte avec la mort, agonie; — யோகம். V. நாசயோகம்; — யோக்கியம் danger de mort, risque de la vie; ஜீவனை — யோகத்துக்குள்ளாக்குகிறது exposer sa vie au danger de mort, hasarder sa vie; — வேதனை douleurs —, tourment de la mort; — வேளை moment de la mort; மரணத்துக்கே

ஞானமேருத்தம், — பாதகம் crime capital, péché mortel.

*மரணசூசகம், (மரணம், அசுசம்), impureté légale causée par une mort.

*மரணவேதனை, (id. அவஸ்தை), agonie, combat avec —, article de —, moment de la mort.

மரணிக்கிறது, ணித்தேன், ணிப்பேன், ணி, ணிக்க, v. n. (மரணம்), மரணித்தல், n. v. mourir, expirer.

மரணிப்பு, n. v. du préc. mort, décès. [ta), mort, trépas.

*மரணம், மரணம், மரணம். mara-

*மரகதம், (marakta), émeraude.

மரத்தல், n. v. de மரக்கிறது, raideur, engourdissement, stupéfaction, dureté.

மரத்து, 1° gér. de மரக்கிறது. 2° obl. de மரம், d'arbre, de bois: மரத்துப்பழம்மரத்தடியில்விழும் le fruit de l'arbre tombera au pied de l'arbre, i.e. le péché retombera sur le pécheur.

*மரந்தம், மரந்தகம், (maranda, ka), nectar —, miel des fleurs.

மரந்தை, P. மரக்காணம், le village de Marcanam. [ches, alliés.

மரபார், (மரபு, ஆர்), parens, pro-

மரபு, nature, propriété, antiquité, usage, règle, descendance, famille, lignée, race, postérité, côté —, ligne —, degré de parenté: இரு மரபு les 2 lignes, la ligne paternelle et la ligne maternelle; சந்திரன் —, சந்திரமரபு la race ou la descendance de la lune, la dynastie lunaire: மரபுச்சொல், — ப்பெயர் expression —, nom antique, — spécifique, — spécial, nom qui de toute antiquité a été donné comme nom propre à un objet, Ex. பலா jaquier, nom spécifique, — limité ou particulier à une espèce, à une famille, à une chose, Ex. பசுவின்கன்று jeune veau, குதிரையின்குட்டி jeune poulain, l'usage ayant assigné le mot கன்று au lieu de குட்டி, pour le petit de la vache et de certains autres animaux, et celui de குட்டி pour le petit de la jument...

மரமஞ்சள், V. மரம்மஞ்சள்.

மரமரம், son imitatif du bruit des feuilles sèches...

மரமறுவாள், :(மரம் அறு), scie, — pour scier les arbres.

மரம், arbre, bois, — de charpente, — à faire quelque ouvrage, (et non bois à brûler qui se dit விறகு): ஆண்மரம் arbre mâle, — dur, — qui ne porte pas de fruit ou dont le plus dur est au centre; பெண்மரம் arbre femelle, - qui porte du fruit, ou arbre spongieux, dont le plus dur est à l'extérieur; மரந்தலை ஆயக்கட்டு total des plantations; — மரத்தடி tronc, pied d'un arbre; மரத்தடியிலே au pied de l'arbre; எனக்குமரத்தடிபோதும் le tronc de l'arbre me suffit; மரமேறி celui qui monte sur les arbres, Sânan; மரக்கணு, — க்கட்டு nœud d'arbre; — க்கப்பு branche d'arbre, (surtout si elle est fourchue); - க்கறி ragoût —, plat de légumes, — de fruits cuits (opposé à viande); — க்கன்று jeune arbre, plant d'arbre; — க்காளான் champignon qui croît sur les arbres: - க்கூடு cage de bois; — க்குகை creux d'arbre; - க்கொம்பு, — க்கொப்பு branche d'arbre; — க்கோல் perche de batelier, flèche sans pointe, - non affilée, — émoussée; — க்சக்கை copeau, planure; — க்சிலை statue —, idole de bois; — க்சிலைக்கல், V: கன்மடிச்சிலை, la pierre dite சாலக்கிராமம்; — க்சிமிழ். — க்செப்பு petite boite —, boite de bois: — க்செறிவு arbre (en général), bosquet, verger; — த்தச்சன் charpentier, menuisier: — த்தட்டுமுட்டு ustensile de bois: — த்தொட்டி auge de bois, baquet, huche... en bois; — த்தோல் écorce d'arbre; — நா langue de bois, — raide comme du bois; — நாய் litt. chien des arbres, espèce de chien ou de belette qui vit sur les arbres; — ப்பட்டை écorce d'arbre; — ப்பத்தல் auge en bois (pour donner à manger aux animaux), canal en bois (pour conduire l'eau d'arrosement); — ப்பாத்திரம் vase de bois: — ப்புண் plaie ouverte et large ou dure, — qui s'élargit au lieu de se guérir; — ப்பெட்டி caisse —, coffre —, boite de bois; — ப்பெயர்த்தொகுதி dictionnaire de botanique, dans lequel sont spécifiés les arbres, arbrisseaux, plantes, racines, feuilles, fleurs...; — ப்பொது arbre (en général), bosquet, verger; — ப்பொந்து, — ப்போர் creux —, trou dans un arbre; — மஞ்சள் arbre et racine très-amères et d'une vertu médicinale; — மணி grains de chapelet ou de collier en bois; — வட்டணம், — வட்டகை, — வட்டம் large plat de bois, long bouclier de bois (quelquefois couvert de peau); — வட்டு place du jet ou du rameau de l'arbre; — வட்டை, (அட்டை), mille-pieds, cloporte; — வணில், (அணில்), chauve-souris qui se suspend aux arbres; — வண்டு espèce de scarabée qui perce les arbres et vit dans les trous qu'il y fait; — வயிரம் cœur d'arbre; — வள்ளி sorte de racine longue et bonne à manger, espèce de patate, — வாணி, (ஆணி), cheville (de bois); — வாளை bâton, perche pour porter des fardeaux suspendus; — விளை arbre en rapport, terrain —, sol sur lequel des arbres sont plantés, verger: — வினைஞர் — வினையாளர் charpentiers, menuisiers, ouvriers en bois; — வுப்பு, (உப்பு), potasse, — noire, sel alcalin, tiré des végétaux; — வுரி, (உரி), écorce intérieure des arbres, toile —, vêtement fait des fibres de l'écorce des arbres (à l'usage des pénitens), sorte d'arbre; — வெண்ணெய், *litt.* huile de bois, espèce de vernis à bois; — வெலி, (எலி), rat qui monte sur les arbres; — வெறும்பு fourmi qui vit sur les arbres; — வொல்லி, (ஒல்லி), coco vide dont les fibres servent à faire des cordes...

மரம்மத்து, (*ind.*), réparation, raccommodage.

மரல், la plante அரலை sanseveria zeilanica, espèce de கற்றாழை.

மரலம், l'arbre aromatique குங்குமம், espèce de safran.

மரவை, (மரம்), vase —, écuelle —, plat —, bole —, coupe —, boite de bois.

மரா, — மரம், les arbres வெண்கடம்பு, ஆச்சா, et அரசு.

*மராஷ்டம், மராஷ்டியம், மராஷ்டிரம், (*sync. de* மகாராஷ்டிரம்) le pays —, la langue des Mahrattes, qui est une des 18 (énumérées dans les écrits indous).

*மராஷ்டியர், மரட்டியர், (மரட்டியம்), les Mahrattes.

மராடம், 1° la plante மருக்காரை. 2° *V.* மராஷ்டம்.

மராட்டம், 1° place, lieu, poils du corps, cheveu de femme. 2° *P.* மரஷ்டம். [ராஷ்டம்...

*மராட்டியம், மரட்டிரம்... *V.* மராஷ்டம்...

மராமத்து, *P.* மரம்மத்து, réparation.

மராமரம், *V.* மரா.

மராம், les arbres கடம்பு et வெள்ளைக்கடம்பு.

*மராரம், (marâra), grenier, magasin, dépense.

*மராலம், (marâla *doux*), noir de fumée employé comme collyre, cheval, canard, espèce de flamant, — d'oie à pattes et bec rouges, nuage, jardin de grenadiers.

*மராளம், 1° (*id.*), espèce de flamant, — d'oie ou de cygne à pattes et bec rouges, grenadier. 2° serpent.

மரிக்கிறது, ரித்தேன், ரிப்பேன், ரி, ரிக்க, *v.n.* (மரணம்), mourir, expirer, trépasser, décéder.

மரிக்கை, *n. v. du préc.* mort, trépas, action de mourir...

*மரிசம், 1° (maritcha), poivre, — noir. 2° *ou*

மரிசனம், 1° (marsana), avis, conseil, délibération. 2° *P.* மரிஷம்.

மரிடு, chemin ou sentier sur une nouvelle chaussée dans les rizières.

*மரிஷம், மரிஷம், மரிஷணம், மரிஷிதம், (marcha, na, ita), patience, résignation.

மரித்த, *part. parf. de* மரிக்கிறது. mort, défunt: மரித்தவர்கள், மரித்தோர், *n. app.* les morts, les trépassés; மரித்தோர்த்தலம் cimetière, tombeau, sépulcre. [து, mort, trépas.

மரித்தல், மரிப்பு, n.v. de மரிக்கிற

மரியா, மரியாத,part. nég. du même,qui ne meurt pas, immortel.

*மரியாதம், மரியாதி, et mieux

*மரியாதை, (maryâdâ), décence, bienséance, convenance, honnêteté, règle,— de conduite,ordre, modestie, discrétion, civilité, respect, révérence, justice, manière, voie, certitude,règle fixe,-- ou prescription générale établie par les anciens, borne, limite, rivage, —de la mer, chaussée de rizière, digue: மரியாதப்பிழை incivilité, indécence,inconvenance, irrévérence, grossièreté, manières rudes, inconduite; மரியாதைக்காரன் homme poli,civil,honnête,courtois,de bonne conduite;—செய்கிறது faire des civilités, traiter avec respect,— avec bienséance; —தப்புகிறது, —யற்றுப்போகிறது manquer à la civilité,à l'honnêteté, à la bienséance...; —யாய் décemment, poliment, honnêtement,modestement. [immortalité.

மரியாமை,n.v.nég. de மரிக்கிறது,

*மரியை, (maryâ), borne, limite, justice, règle fixée par les anciens ou les grands. [noir.

*மரீசம், (marîtcha), poivre,—

*மரீசி,(marîtchi),rayon de lumière, Marîtchi, fils de Brama et un des பிரசாபதி, avare, lésineux:—மாலி l'astre orné d'une guirlande de rayons, i.e. le soleil.

*மரீசிகம், மரீசிகை, (மரீசி, kâ), mirage, effet de la réflexion des rayons du soleil,qui dans les pays chauds et sablonneux parait à certaine distance comme des étangs ou des lacs qui n'existent pas.

*மரு,1° (marou) désert, — de sable, pays sans eau, montagne, la province de Marwar dans l'Adjimir. 2° bonne—, odeur, parfum,la plante odoriférante origanum majorana, absinthe, cérémonie de dîner et de recevoir des présens, (v. g. le gendre dans la maison de l'épouse). 3° imp. de மருவுகிறது. 4° P. மருத்து, air,vent: —ப்பிரியன் l'ami du désert, i.e. le chameau.

மருகல், 1° nom d'une ville. 2° n. v. de மருகுகிறது.

மருகன், V. மருமகன்.

மருகி, V. மருமகள்.

மருகு, 1° espèce de bananier dit மகரவாழை, la plante odoriférante origanum majorana, V. மருமகள் et காட்டுமல்லிகை. 2° imp. et part. du suiv.

மருகுகிறது, கினேன், குவேன், கு, க, v.n. et மருகுதல், n.v. s'approcher,approcher.

*மருக்ககம், (markaka), araignée.

*மருக்கடகம்,(markataka), singe, araignée, fruit, démon, poisson.

*மருக்கடம்,(markata),singe,araignée, grand héron dit ardea argala ou adjutant: மருக்கடபுத்தி esprit—, caractère de singe, malice, folie; —வாசம் retraite—, toile d'araignée.

*மருக்கடாசியம், (மருக்கடம், ஆசியம்), figure de singe, cuivre.

*மருக்கம், (marka), vent, air, singe, corps.

மருக்காரை, (மரு), l'arbrisseau aux fleurs odoriférantes dit—, la plante gardenia dumetorum.

மருக்குறுப்புல், l'herbe panicum stagninum.

மருக்கொழுந்து, (மரு), la plante odoriférante artemisia austriaca, absinthe:—சக்களத்தி la plante dite அளத்துப்பச்சை, litt. la rivale de l'absinthe.

மருங்கு, la ceinture ou le milieu du corps (surtout en parlant des femmes), côté, règle, ordre, rang.

மருங்குல், la ceinture, le côté.

மருங்கை, le 5me jour après les couches. [தலா.

மருச்சகம்,l'arbre கொம்மட்டிமா

*மருச்சகன், (மரு, சகன்), l'ami du vent, i.e. le feu, Indiren.

*மருச்சுதன், (id. சுதன்), le fils du vent, le singe அநுமான். வீமன் ou Bhimen le 2e des Pandavers, (tous deux fils prétendus de Vâyou ou du vent).

மருட்சி, *n.v. de* மருளுகிறது, enthousiasme, fanatisme, infatuation, séduction, confusion, trouble, — d'esprit, folie, ignorance.

மருட்செந்தொடை, (மருள், செம்), espèce de poésie qui, tout en prenant les lettres dites இனவெழுத்து, n'observe ni le மோனை, ni les autres connexions ou symétries comprises sous le nom de தொடை, ni leurs variétés.

மருட்டம், (மருள்), ce qui trouble la raison, callou, liqueur enivrante.

மருட்டல், *opt. et n.v. de* மருட்டுகிறது, séduction, infatuation, instigation, tromperie, menace, terreur.

மருட்டி, *n app. et gér. du même*, trompeur, séducteur, callou.

மருட்டு, séduction, instigation, tromperie, *n. v. imp. et part. de*

மருட்டுகிறது, ட்டினேன், ட்டுவேன், ட்டு, ட்ட, *v.a. de* மருளுகிறது, மருட்டுதல், *n.v.* séduire, infatuer, gagner, leurrer, allécher, tromper, menacer, effrayer.

மருட்பன்றி, (மருள்), sanglier furieux, — effarouché.

மருட்பா, (*id.*) espèce de poésie qui commence par des வெண்பா et finit par des அகவல்.

மருண்ட, *part. de* மருளுகிறது: மருண்டவன் பாவனையுங்காணோம் il n'a pas même l'air d'être effrayé ou timide.

மருண்மா, (மருள், மா), l'animal furieux, éléphant, — furieux, — en rut.

மருண்மாலை, (*id.* மாலை), la brune, le crépuscule du soir, le temps où tout devient obscur.

மருதக்கிளி, (மருதம், கிளி), espèce de perroquet, *litt.* le perroquet des pays cultivés.

மருதவணி, l'arbrisseau மருதோன்றி, contrée —, terre cultivée.

மருதம், 1° *ou* மருதமரம் l'arbre terminalia alata. 2° *ou* மருதநிலம் contrée —, terre cultivée, une des 5 espèces de terrains dits ஐந்திணை, rizière, champ de riz, terre à rizière, lieux attenans aux rizières. 3° mélodie —, air des pays cultivés. 4° * (marouta), vent: மருதக்கருப்பொருள் propriétés et productions des pays cultivés au nombre de 14, savoir: 1° மருத — *ou* மருதநிலவேந்தன் le roi prétendu des pays cultivés, Indiren qui est censé les arroser des pluies du ciel. 2° — த்தலைவன் le chef d'un pays cultivé; il se nomme ஊரன், கிழவன், மகிழ்நன்; sa femme se nomme கிழத்தி, மனைவி. 3° — க்குடிகள், — நிலமாக்கள் les habitans des pays cultivés, nommés உழவர், கடைஞர்; — நிலப்பெண்கள் les femmes de ces pays nommées உழத்தியர், கடைச்சியர். 4° — ப்பறவை, — ட்புள் oiseaux des pays cultivés, savoir: கொக்கு la cigogne, நாரை le héron, அன்னம் le cygne, போதா gros héron, குருகு autre espèce de héron, தாரா canard, கம்புள் poule d'eau, et l' அன்றில். 5° — விலங்கு animaux des pays cultivés: எருமை le buffle, நீர்நாய் la loutre. 6° — நிலத்தூர் villages en pays cultivés dits பேரூர் *ou* மூதூர் *ou* உறையுள், கிராமம், நகரம், நகர், பள்ளி, பாழி, புரம், புரி, வாழ்க்கை.... 7° — நிலத்துநீர் eau des pays cultivés, ce sont les rivières dites ஆறு. 8° — நிலப்பூக்கள் fleurs des pays cultivés, ce sont celles des arbres suivans. 9° — மரம் arbres et plantes des pays cultivés, ce sont le மகிழ், le தாமரை, le கழுநீர், le குவளை, le காஞ்சி, le வஞ்சி, le மருதம்.... 10° — நிலத்துணவு nourriture des pays cultivés, *i. e.* செந்நெல் riz rouge, வெண்ணெல் riz blanc. 11° — நிலப்பறை, — ப்பறை tambour des pays cultivés, dit கிணை, பணை. 12° — யாழ் luth des pays fertiles ou cultivés. 13° — ப்பண், — நிலத்திராகம் air des mêmes pays dit மருதம். 14° — நிலமக்கள் தொழில் occupations des gens des pays cultivés, savoir இந்திரவிழா வழங்

ல் célébration des fêtes; களைபிடுங்க லோட்டல் arracher l'ivraie des champs, நெல்லையறுத்தல் couper le riz, தெளித்தல் le semer, குளந்நாடல் se baigner dans les étangs, ஆற்றுநீராடல் se baigner dans les rivières; —த்திணை choses propres aux pays cultivés, les 14 précédentes; —ப்புறம் espèce de கலிப்பா d'un ton bref, V. குறுங்கலி; —முதற்பொருள் choses principales des pays cultivés, savoir: rizières, lieux attenans aux rizières, la partie du jour dite வைகறை de 2 à 6 heures du matin, les 6 saisons de l'année dites அறுபருவம்; —வேந்தன் Indiren.

மருதாணி, sorte de plante.

மருது, l'arbre மருதம் terminalia alata.

மருதோன்றி, l'arbrisseau ஐவணம், henné ou lawsonia spinosa.

*மருத்தன், (maroutta), Marouttan, nom d'un roi, vent, Vâyou, le dieu prétendu du vent.

மருத்திபோதி, la plante நாயுருவி.

*மருத்திரதம், (மருத்து, இரதம்), char qui vole dans l'air, le char fabuleux des dieux Indous, cheval, char à porter des idoles.

மருத்தீடு, (மருத்து, ஈடு), philtre, effet d'un philtre, — d'une médecine donnée: மருத்திடுகிறது donner un philtre; மருத்திடுகள்ளி femme perfide qui donne des philtres; மருத்தீட்டின்குணம் disposition produite par un —, effet ou symptôme d'un philtre.

*மருத்து, 1° (marout), vent, air, Vâyou, le dieu prétendu du vent: மருத்துக்கள்-எ les 7 vents des Indous, savoir: கிழக்கு vent d'est, தெற்கு vent du sud, மேற்கு vent d'ouest, வடக்கு vent du nord, கீழ் atmosphère inférieure, மேல் atmosphère supérieure, பலயோனியுயிர் vie produite dans les diverses matrices. 2° *obl. de* மருந்து, médicinal, de remède: —சகன், *V.* மருச்சகன்; —அகன், *V.* மருச்சகன்; —நீர் eau médicinale, espèce d'eau pour se baigner; —நூலோர் médecins, auteurs de livres de médecine; —பதம் atmosphère, ciel, *litt.* route du vent, *V.* பரமாகாயம்; —பலம் fruit de l'air ou du vent, *i.e.* grêle, pluie de grêle; —மாலன் le roi fabuleux de l'air, *i.e.* Indiren; —புத்திரன் le prétendu fils du vent, Bhimen, le 2e des Pândavers; —பிலவம் ce qui saute comme le vent, *i.e.* le lion; —ப்பை sac aux remèdes, — de remèdes, — de médecin; —மரம் arbre médicinal, homme bienfaisant comme un arbre médicinal; —மாவுக்குச்சமிக்கினை மட்டமாக்குதிரைக்குச்சவுக்கடி pour le cheval léger comme le vent un signe suffit, pour le cheval rebelle il faut des coups de fouet; —வாழை espèce de bananier, dit aussi மருத்துவவாழை; —வாகம் ce qui a l'air pour véhicule; feu; fumée.

மருத்துவம், (மருந்து), art de la —, médecine, office de sage-femme; —பார்க்கிறது faire l'office de —, être sage-femme; மருத்துவக்கலைஞன் docteur en médecine, médecin: c'est une des 5 espèces de serviteurs affidés d'un roi indou; —க்கூலி salaire de sage-femme; —த்தொழில் office de sage-femme; —நூல் livre de médecine; —நூலோர் médecins; —வாழை espèce de —, bananier médicinal.

மருத்துவநாள், (மருத்துவன், நாள்), la 1re constellation lunaire dite அசுவதி.

மருத்துவன், 1° (மருத்துவம்), médecin. 2° *(maroutvân), Indiren, roi prétendu de l'air: மருத்துவர்: médecins, les 2 அச்சுவினிகள் prétendus médecins des dieux indous; மருத்துவர்நாள், *V.* மருத்துவநாள்.

*மருத்துவான், (maroutvân), Indiren, prétendu roi de l'air, le singe அநுமான் fils prétendu du vent.

மருத்துவிச்சி, *f. de.* மருத்துவன், sage-femme.

மருத்துவிபம், (மரு, அவிபம்), éléphant du désert, *i.e.* chameau.

மருத்தெண்ணெய், (மருந்து, எண்ணெய்), huile médicinale.

மருந்தம், poison, l'arsenic naturel தாலம்பபாஷாணம். [ந்தீடு.

மருந்தீடு, (மருந்து, ஈடு), V. மரு

மருந்து, médecine, remède, potion—, plante médicinale, cordial, remède vivifiant,— qui fortifie, nectar, philtre, poudre (à canon, à fusil):—இடுகிறது donner un remède, ou —போடுகிறது donner un philtre, appliquer un remède; —இடிக்கிறது piler —, broyer un remède; —அரைக்கிறது broyer ou composer un remède;—காரி femme perfide qui donne des philtres,— des remèdes (à ses fins);—கூட்டுகிறது composer—, préparer une médecine, un remède; —க்கடை,—சாலை boutique,— salle d'apothicaire, pharmacie;—க்கடைக்காரன்—விபாபாரி apothicaire, pharmacien; மருந்தேயாகிலும் விருந்தோடுண் fût-ce même de l'ambroisie, mangez-la avec vos hôtes; மருந்தும் விருந்தும் மூன்றுநாள் il faut 3 jours pour une médecine et pour un hôte,—pour prendre un remède et en connaître l'effet et pour remplir les devoirs de l'hospitalité: மருந்து கால் மதிமுக்கால் le remède fait un quart (de la guérison) et la prudence les 3 autres quarts.

மருபுசா, le bananier.

மருப்பு, gingembre vert, corne d'animal, branche d'arbre.

*மருப்புத்திரன், (மரு, புத்திரன்), V. மருச்சுதன்.

மருமகள், (மரு), bru, femme du fils, nièce, fille de sa sœur par rapport à un homme, ou de son frère par rapport à une femme.

மருமகன், (id.) gendre, époux de la fille, neveu, fils de sa sœur par rapport à un homme ou de son frère par rapport à une femme.

*மருமம், P. மர்மம். [மரம்.

மருமரம், மருமராஞ்சம், V. மர

மருமான், gendre, fils, descendant: ராமன்சூரியனுக்கு மருமான் Râmen descend de Sourien.

*மருவகம், (marouvaka), tigre, இராகு ou le nœud ascendant, sorte de—, grue, la plante மருக்கொழுந்து, i.e. absinthe, la plante மருக்காரை, espèce de basilic et de citronnier.

மருவலர், (மருவு, அலர்), ennemis, gens qui ne s'approchent pas.

மருவல், opt. et n.v. de மருவுகிறது, approche, caresse, embrassement, copulation, familiarité, union, mélange, convenance.

மருவாரம், P. மரியாதை, modestie, décence, civilité, manière.

மருவாரி l'arbre பாலை.

மருவார், n. app. nég. de மருவுகிறது, V. மருவலர்.

மருவிய, part. parf. du même:—சாந்தி la pierre précieuse dite வைடூரியம் œil-de chat.

மருவு, imp. et part. de

மருவுகிறது, வினேன், வுவேன், வு, v.a. மருவுதல், n.v. embrasser, caresser, approcher, s'unir, être familier, s'accoupler, avoir commerce charnel, se mêler, convenir.

மருவுண்கிறது, (மரு, உண்கிறது), dîner et recevoir des présens, (v.g. un gendre dans la maison de son beau-père).

மருளல், opt. et n. v. de மருளுகிறது, enthousiasme, infatuation, fanatisme, séduction, illusion, trouble,—d'esprit, crainte, peur, son inarticulé, murmure—, bruit confus de voix.

மருளன், (மருள்), enthousiaste, fanatique, infatué, frénétique, possédé, extasié, hors de soi-même: மருளமக்கள் dévots —, sectaires enthousiastes, (terme usité parmi les hiérophantes soudras envers les dévots de Dharmarasa, de Dourgâ...): மருளருடன்மொழியாதே வார்த்தை தவே ne dites pas un mot aux fanatiques ou ne parlez pas de religion ou de mysticité aux insensés.

மருளிந்தம், மருளிந்தராகம், (மருள், இந்தம்). espèce d'air ou d'harmonie mélangée.

மருளுகிறது, ருண்டேன், ருளுவேன்,

ளு,ள,v.n.(மருள்),மருளுதல்,n.v. s'effrayer, s'enthousiasmer, craindre, être effrayé, dérangé, troublé, dérouté, séduit, infatué, enchanté, enthousiasmé, possédé, frénétique.

மருளூமத்தை,(id.), la plante xanthium orientale.

மருள், 1° n.v. imp. et part. de மருளு றது, trouble, — d'esprit, ravissement, enthousiasme, fanatisme, séduction, illusion, transport, frénésie, infatuation, folie, possession, effet d'une influence surnaturelle, démon, callou ou jus de cocotier, luth des pays montagneux, confusion, mélange, comparaison, comme, terme de comparaison. 3° P. மருல் la racine ou la plante sanseveria zeilanica: —பிடித்தவன் enthousiaste, frénétique; வேயீ—பணைத்தோள் bras de la grosseur d'un bambou, i. e. dégagé et élégant.

மருஉமொழி ou மருமொழி, (P. மருவும்,மொழி), mot mélangé, formé par contraction ou forgé contre les règles de la grammaire, mais usité par les savans, comme சோணாடு P. சோழநாடு, மலாடு P. மலைநாடு, பூத்தை, P. பூதன்தந்தை.

*மருகம், (maroûka), espèce de cerf dit கவரிமான்.

மரை, 1° grenouille, gayal, sorte de renard. 2° sync. de தாமரை, nénuphar: —நீகம் grenouille.

மரைக்காயர். espèce de Mahométans qui parlent tamoul, comme les சோனகர், Choulias, Lebbis ou Yavanas.

*மர்க்ககம், (markaka). araignée.

*மர்க்கடகம், (மர்க்கடம், ka), araignée, singe, démon, poisson.

*மர்க்கடம், (markata), singe, araignée, grande grue nommée par les Anglais adjutant, ardea argala, espèce de poison: மர்க்கடநியாய த்தீர்ப்பு jugement de singe, — corrompu, — obtenu par présens; — புத்தி esprit —, caractère de singe, malice, folie; —வாசம் toile d'araignée.

*மர்க்கடாசியம், (மர்க்கடம், ஆசியம்), figure de singe, cuivre.

*மர்க்கடி, (markati), la plante பூனைக்காலி dolichos pruriens, singe femelle. [singe.

*மர்க்கம்,(marka), air, vent, corps,

*மர்க்கரை, (markarâ), trou, creux, cave, caverne, femme stérile.

*மர்த்தலம், (marddala), V. மத்தளம்.

*மர்த்தனம்,(marddana), friction, mélange, action de frotter (le corps...), de broyer, de piler, de moudre, de pulvériser, de battre, de mordre, de baratter, de tourner, destruction.

*மர்த்தன், மர்த்தியன், (martta, marttavia), mortel, sujet à la mort.

மர்த்திக்கிறது, த்திதேன், த்திப்பேன், த்தி, த்திக்க, v.a.(மர்த்தனம்), baratter, mêler, mélanger, mixtionner (un remède pour un autre,) piler, frotter, broyer, moudre, pulvériser, battre: மர்த்தித்துக்கொடுக்கிறது mélanger des onguens en les battant et les tournant et les donner, battre (des œufs).

மர்த்திப்பு, n.v. du préc. frottement, mélange, action de baratter....

*மர்த்தியம், (marttya), la résidence des mortels, la terre.

*மர்த்தியன், (id.), homme —, mortel. [mortelle.

*மர்த்தியை, f. du préc. femme—,

*மர்த்தினி, (marddini), destructrice (à la fin des mots composés).

*மர்மம், (marmmam), membre —, organe—, endroit vital, cœur, poitrine..., articulation, secret, mystère, sens—, dessein caché: —வாங்குகிறது arracher un secret: மர்ம ஸ்தானத்திலே யடிக்கிறது frapper dans les endroits vitaux.

*மர்மஞ்ஞன், மர்மவேதி, மர்மீசன் (மர்மம்), homme intelligent, pénétrant, qui connait les secrets.

*மர்மரம், (marmmara), bruit des habits..., des feuilles sèches ou de choses semblables. [me pauvre, vil.

*மர்மரிகன், (marmmarika), hom-

*மல. adj. de மலம். [கம்.

மலகரி, un des 32 airs dits இரா

மலக்கடி, மலக்கம்,(மலங்கு, அடி), trouble, confusion, désordre, embarras.

மலக்கணம், ambre jaune.

மலக்கல், espèce de pierre précieuse, lapis lazuli.

மலங்கல், opt. et n.v. de மலங்குகிறது, trouble, confusion, agitation, secousse, perplexité, étang, réservoir.

மலங்கு, 1° anguille. 2° imp. et part. de

மலங்குகிறது, கினேன், குவேன், கு.ம, v.n. மலங்குதல், n.v. remuer, trembler, se troubler, être agité, troublé, embarrassé, inquiet: மலங்கமலங்கவிழிக்கிறது trainer quelqu'un qui est tout tremblant.

*மலசம்,(மலம்,சம்), pus, pourriture, produit de la saleté.

மலடன், (மலடு), homme impuissant (à avoir des enfans), — sans enfans.

மலடி, fém. du préc. femme stérile: —மாந்தம் dégoût du lait avec accès de fièvre, maladie des enfans.

மலடு, stérilité, bête stérile: obl. மலட்டு, stérile: மலட்டுப்பூச்சி, —ப்புழு ver qui se trouve, dit-on, dans la matrice et qui produit la stérilité; — மாடு vache ou bufflonne stérile.

மலமல, son imitatif: மலமலென்கிறது, ou

மலமலக்கிறது, லத்தேன், லப்பேன், ல, லக்க, n.v.(மலமல), faire malamala, — du bruit: மலமலத்தல், மலமலப்பு, மலமலெனல், bruit, son de malamala.

*மலம், (mala), excrétion, — du corps, excrémens, ordure, merde, serum, sperme, sang, moelle, urine, cérumen, ongles, phlegme, pleurs, morve, chassie, sueur, saleté, fange, lie, sédiment, rouille, camphre, péché, attachement, lien, souillure, os de sèche: மலம்-ம, V. மும்மலம்; —இளகியிருக்கிறது avoir le corps libre, — relâché, aller facilement à la selle: — இறுகுகிறது être constipé, avoir le corps resserré; — கட்டுகிறது, — பந்திக்கிறது, மலங்கிக்கச்சுகிறது constiper, causer la constipation, மலக்கட்டு constipation; — க்குடர், — க்குடல் intestin direct, — droit, — le rectum, intestinum rectum; — க்கழிவு évacuation, selle, diarrhée; —சகிதன், — சம்பந்தன் homme qui a des rapports avec l'ordure, merdeux, vidangeur, pêcheur; —சம்பந்தம் rapport avec l'ordure; —சிக்கு constipation; — சுத்தி, —ச்சுத்தி évacuation, selle, aller à la selle, purification; — தோஷம் saleté, ordure, fange; — த்திரயம் les 3 souillures, V. மும்மலம்; — த்துவாரம் l'anus, le derrière, le fondement; — நிவாரணம் évacuation, selle, purification; — பந்தம் constipation, obstruction des entrailles; — பந்தன் homme constipé, V. மலசகிதன்; — பங்கி souillé, sali; — பரிபாகம், — பாகம் expiation —, exemption des souillures qui rend digne du bonheur céleste: — பாதைக்குப்போகிறது aller à la selle, aux besoins naturels: — ப்பற்றம், — ப்பற்று, — ப்பிடி saleté, souillure, ou — ப்பிடிக்கல் constipation; — ப்பாண்டம் vase d'ordure, i.e. le corps humain; — ப்புழு ver stercoraire, — qui s'engendre dans les ordures; — ப்பை, — வாசயம், (ஆசயம்); le rectum gros intestins, ceux où s'amassent les excrémens; — வறட்சி constipation; — வாயில் anus, le fondement.

*மலயசம், (மலயம், சம்), production des montagnes, i.e. le bois de sandal, le vent du sud.

*மலயம், (malaya), chaine de montagnes qui produit le meilleur sandal, chaine des Ghattes occidentales, contrée située le long de cette chaine, V. மலையம் 1°: மலயக்காவல், — மாருதம் vent du sud.

*மலயாசலம், மலயாத்திரி, (மலயம், அசலம், அத்திரி), le mont Malaya.

*மலயாநிலம், (id. அநிலம்), le vent du sud.

மலரவன்,மலரோன்,(மலர்), le fleuri, Brama qu'on dit né sur une fleur de nénophar: மலரோன்பாத த்திலேவந்தோர் ceux qu'on dit nés des pieds de Brama, i.e. les Soudras ou Choutres.

மலருகிறது ou மலர்கிறது, ர்ந் தேன், ருவேன் ou ர்வேன்,ரு ou ர், ர, v.n. (மலர்), ou மலர்ந்துபோகி றது, fleurir, s'épanouir, s'ouvrir, prendre un air ouvert et bienveillant, paraître joyeux et content, se réjouir, s'élever, croître, apparaître, se présenter, être plein, se remplir; மலர்ந்திருக்கிறது être fleuri, épanoui...; தன்னுள்ளம்மல ர்ந்தது son cœur s'est réjoui.

மலருதல், V. மலர்தல்.

மலர், 1° fleur,— épanouie, allégresse, pied de 2 syllabes brèves. 2° imp. et part. de மலர்கிறது: சொ ஞ்சு —fleur jolie,—bien nourrie, luxuriante; -க்காம்பு, — த்தாள் tige —, pied de fleur, — க்கணையோன், — க்கணைவேள் Kâmen aux flèches de fleurs; — தாங்கி nom d'une plante rampante:—த்திரள் bouquet —, touffe—, grappe ou abondance de fleurs; -த்தாது, — த்தூள் pollen des fleurs;—த்தேன் miel —, anthère des fleurs;— ப்பதம் tige —, pied de fleurs, pied fleuri;—மகள், V. கமலை; மலருக்குநாயகம் insecte ou scarabée noir (qui suce les fleurs).

மலர்ச்சி, n.v. de மலருகிறது, floraison, épanouissement, croissance, air ouvert, apparence, apparition, produit, effet, joie, allégresse, beauté, abondance.

மலர்தல் n.v. du même, floraison, épanouissement,— des fleurs, élévation, croissance, apparition, plénitude, expansion.

மலர்த்துகிறது, த்தினேன், த்து வேன், த்து,த்த, v.a. de மலர்கிறது, மலர்த்துதல், n.v. faire fleurir, — épanouir..., ouvrir les fleurs.

மலர்ந்த, part. parf. de மலர்கிற து, fleuri, épanoui, ouvert, joyeux, gai.

மலர்வு, n.v. du même, V. மலர்ச்சி.

மலவாசயம், (மலம், ஆசயம்), intestin où se rassemblent les excrémens, le rectum.

மலவாயில், (id. வாயில்), l'anus.

*மலாகை, (malâkâ), messagère, entremetteuse, femme débauchée, éléphant femelle.

மலாக்கா, la ville et la presqu'île de Malacca: — க்கட்டை sandal de Malacca, — de qualité supérieure.

மலாகு, la plante திருப்பூளை. [re.

மலாடு, sync. de மலைநாடு, pays montagneux, le Maléalam ou royaume de சேரன், un des 12 pays qui parlent le tamoul vulgaire dit கொடுந்தமிழ். [ture, couche (d'or...).

மலாம், P. முலாம், dorure, argen-

மலாயன், (மலாய்), Malais, habitant de Malacca ou de la Malaisie.

மலாயு, மலாய், V. மலாக்கா.

மலாரடி, trouble, confusion.

மலார், P. மிலாறு.

*மலாவகம், (malâvaha), gâteau de graines de sésame broyées et de coco ou de noix huileuse, ce qui souille, acceptation de dons défendus.

மலிகிறது, லிந்தேன், லிவேன், லி, லிய, v. n. ou மலிந்துபோகிறது, croître, augmenter, abonder, devenir —, être très - abondant (et en conséquence), le prix diminuer, devenir à bon marché, être à bas prix se remplir, regorger: மலிய, inf. abondamment, à bon marché; குறை யக்கொண்டு மலிய விற்றால்நஷ்டம் வரும் si on achète chèrement et que l'on vende à bas prix, ou si l'on achète quand il y a disette et qu'on vende quand il y a abondance on aura de la perte; பரவிகொள்ளப் போனால் குறையும் விற்கப்போனால் மலியும் si le pêcheur va pour acheter, il y a disette, s'il va pour vendre, il y a abondance, i.e. il perdra toujours.

மலிதல், மலிவு, n.v. du préc. augmentation, plénitude, abondance, bon marché, bas prix (de la marchandise): மலிவாய்வாங்குகிறது acheter à bon marché; மலிவுமிகுதியும் அறிந்துகொள்ளுகிறது connaitre le prix bas ou élévé des marchandises, savoir ce qui est cher ou à bon marché. [souillé, — méchant.

*மலிஷ்டன், (malichta), trés

*மலிஷ்டை, *f.du préc.* très- méchante femme.

*மலினம்,(malina),noirceur,saleté, ordure, tache, souillure, vice, corruption, dépravation, faute, défaut, vileté, bassesse, lait de beurre, borax; மலினப்படுகிறது être souillé, taché,corrompu; —ப்பிரபம், (பிரபை), obscurité; — முகம் feu, Agni, dieu prétendu du feu, singe noir,—à face noire, esprit, fantôme, revenant, lutin;— முகன் défunt, mort,homme méchant,sauvage, cruel, scarabée, — noir, *V.* மலினமுகம்.

*மலினாஸ்யன்,(மலினம், ஆஸியம்), homme à figure noire,sauvage,cruelle. [*i.e.* encre.

*மலினாம்பு,(*id.* அம்பு), eau noire,

*மலினி, மலிஷ்டை, (மலினம்,i, malichtà), femme sale,— qui a ses règles.

*மலீமசம், (malimasa), saleté, malpropreté, souillure, méchanceté, fer,vitriol vert.

மலை, 1° mont, montagne, hauteur. 2° mot ou particule de—,comparaison,comme, semblable à, *Ex.* சந்திரமலைமுகம் visage semblable à la lune. 3° *imp. et part. de* மலைகிறது. 4° *imp. de* மலைக்கிறது. Les Indous comptent 8 montagnes principales, placées aux 8 coins de l'Inde, *V.* அஷ்டகுலபர்வதம்; மலைஏழ் les 7 montagnes principales, ce sont les mêmes à l'exception du பொதியமலை: — கலக்கி la plante adiantum caudatum;— களிறு éléphant des montagnes, — pour la guerre; —க்கடுகு moutarde de montagne; —க்கரு, *V.* சாத்திரவேதி; —க்கலவாய் espèce de martin-pêcheur; —க்கற்றாழை aloès des montagnes;—க்கால் ruisseau —, pied de montagne,bézoard;—க்குகை caverne de montagne; —க்குக்குறுப்பான் coucou des montagnes; — க்குருவி oiseau des montagnes, *V.* சாத்திரவேதி;—சாரி coquillage de poisson;— ச்சக்கரம் la pierre சாலக்கிராமம்; —ச்சக்கரைவள்ளி patate sucrée des montagnes, manioc, jatropha manihot, cassade ou cassave des Indes occidentales; —ச்சரடு chaine de montagnes; —ச்சாரல் penchant —, pente —, voisinage de montagne, vent froid ou bruine qui vient des montagnes;—ச்சார்பு pays montagneux, champ—, terre située sur le flanc d'une montagne,*ou* —ச்சார்பு lieu près—,champ ou terre au pied d'une montagne; — த்தாக்கி la plante sida lanceolata;—த்தாமரை le lis nommé gloriosa;—த்துடக்கு, *V.* கன்மதம்; —த்தும்பை la plante phlomis biflora;—த்துவரை la cytise *ou* துவரை des montagnes;—நாடன் montagnard,chef ou roi d'un pays montagneux, le roi du Maléalam, *i.e.* சேரன்; —நாடு pays montagneux, le Maléalam, royaume du roi சேரன்; —நாகம் alun de plume dit கன்மதம், ocre grossier rouge dit சாத்திரவேதி, l'arsenic dit வச்சிரகந்தபாஷாணம்;— நெல்,—நெல்லு riz des montagnes, riz qui y croit; —படுதிரவியம் productions —, richesses des montagnes, savoir: மிளகு poivre noir, கோஷ்டம் le costus, அகில் agalloche, bois d'aloès, bois d'aigle, aquilaria, தக்கோலம் piper cubeba, குங்குமம் crocus ou safran;—போலவருகிறது venir —, s'élever comme une montagne, (se dit des grands,des gens distingués); — போல்வந்தது பனிபோற் போச்சுது ce qui était venu terrible ou grand comme une montagne s'est dissipé comme la rosée; — ப்பக்கம் côté—,flanc de montagne; —ப்பச்சை l'arbre தமாலம் xanthocymus,sorte de plante;— ப்பருத்தி cotonnier des montagnes, gossypium religiosum; —ப்பாம்பு serpent des montagnes, serpent boa, le plus gros des serpens, boa constrictor; —ப்பொழி caverne de montagne; —ப்பாறை morceau de rocher tiré des montagnes, roc —, côté de montagne; —ப்பிஞ்சு fruit vert des montagnes, *i. e.* pierre; —ப்பிறக்கம் sable contenant du métal; —ப்புறா tourterelle —, pigeon des montagnes; —ப்பூடு plante des montagnes; —ப்போக்கு pays montagneux, façon —, manière des montagnards; —மகள், —மடந்தை, *litt.* fille de montagne, montagnarde, Parvadi, fille prétendue des monts Himâlaya, *i.e.* d'un roi de ces montagnes; —மல்லிகை jasmin des montagnes, millingtonia hortensis; —முழை, —முழைஞ்சு caverne de montagne; —முள்ளங்கி radis des montagnes, la plante dite ornithogale, gadense; —யடி, (அடி), —யடிவாரம் bas —, pied d'une montagne, —யடிப்படி, —யடிப்பட்டி bourgade au pied d'une montagne, Maleyadipatti bourg entre Trichnapally et Dindigul; —யத்தி, (அத்தி), figuier des montagnes dit அசமத்தம்; —யரசன், (அரசன்), le roi des monts, — de l'Himâlaya, l'Himâlaya; —யரண், (அரண்), forteresse sur une montagne ou défendue par une montagne, c'est une des 4 espèces de forts dits அரண்; —யருகு, (அருகு), voisinage —, côté de montagne; —யருவி, (அருவி), ruisseau qui descend d'une montagne; —யாடு, (ஆடு), brebis des montagnes; —யாத்தி, (ஆத்தி), ébénier des montagnes dit aussi காட்டாத்தி; —யாமணக்கு ricin des montagnes, ricinus tanarius; —யாரம், (ஆரம்), sandal des montagnes, sandal; —யிரும்பு fer des montagnes, sable qui contient du fer; —யிருவேலி la plante இருவேலி ou andropogon des montagnes; —யீந்து dattier ou phænix des montagnes (dont l'écorce sert à faire une liqueur spiritueuse); —யுச்சி, (உச்சி), cime de montagne; —யுருக்கன் espèce de bétel; —யுருவனை description de montagne; —யுசிக்கொம்பு défense de sanglier, *litt.* de l'habitant de la montagne; —யாளர், —யாழ்நர் gens qui vivent dans les montagnes, *i.e.* les வேடர் ou chasseurs; —விரியம் vitriol vert dit அன்னபேதி; —வெட்டு sandal; —வேம்பு l'arbre melia azidarachta ou margousier des montages; மலையைப்பார்த்து நாய்குலைத்தால் மலைக்குநஷ்டமோ நாய்க்குநஷ்டமோ si un chien aboie contre une montagne, le dommage sera-t-il pour la montagne ou pour le chien? c'est folie aux petits de s'attaquer aux grands; மலையுச்சி sommet —, pic de montagne, *V.* சாம்சபேதி; மலையின் முனிவன் ermite des montagnes, poivrier, poivre, l'arbre அகத்தி.

மலைகிறது, லைந்தேன், லைவேன், லை, லைய, *v.a.* மலைதல், *n.v.* combattre, s'opposer, résister, rejeter, nier, empêcher, décorer, orner, ou s'orner, — de bijoux, s'habiller, se revêtir, rivaliser, ressembler, ne pas suivre la même route, ne pas se rencontrer, appliquer à une chose ce qui convient à une autre, (c'est un des défauts ou des licences des vers).

மலைக்கிறது, லைத்தேன், லைப்பேன், லை, லைக்க, *v.n.* et *a.* மலைத்தல், *n.v.* hésiter, être embarrassé, troublé, confondu, étonné, surpris, stupéfait, broncher, combattre, rivaliser: இத்தேசத்தார்கடியாரத்தைமுதலிற் பார்த்தபோது மலைத்தார்கள் les gens de ce pays furent étonnés, lorsqu'ils virent une montre pour la 1re fois.

மலைப்பு, *n.v. du préc.* confusion, trouble, étonnement, surprise, embarras, hésitation, stupeur, combat, bataille, rivalité, espèce de danse: மலைப்பாய்ப்பார்க்கிறது regarder avec étonnement.

மலையசம், espèce de caste.

*மலையசம், *P.* மலயசம்.

மலையப்பன்,(மலை).n. pr.Montan.

மலையமான், (மலையம்), Sêren, roi —,homme du Maléalam: மலையமான்கூட்டம் troupe de gens —, caste ou colonie honorable venue du Maléalam ou du royaume de Sêren; மலையமானாடு, (நாடு), pays ou royaume du roi Sêren.

*மலையம், 1° P. மலயம், montagne, cime de montagne, le mont பொதியம் (près du cap Comorin),la chaine des Ghattes, le Maléalam, jardin,— d'Indiren,luth des pays montagneux, saudal: மலையக்கால், —மாருதம் vent du sud, litt. vent du mont Podia au sud. 2° மலையோம், nous ne combattons pas...,nég.de மலைகிறது.

மலையன்,(மலை).montagnard.chef ou roi d'un pays montagneux,le roi du Maléalam, titre du roi சேரன் et de sa dynastie, un des 7 personnages de la 3° classe des hommes célèbres par leur libéralité dits வள்ளல்,espéce de millet.

மலையாளம், மலையாளம், (மலை), le Maléalam (sur la côte malabare à l'ouest de la péninsule de l'Inde): மலையாளபகவதி la prétendue déesse du Maléalam.

மலையாளி, (id.), une divinité prétendue,ou

மலையாளன், (id.), habitant du Maléalam,montagnard.

*மலையானிலம், P. மலயாநிலம்.

மலையிசம், P. மலையசம், sandal.

மலையிற்றிரண்டதீ, (மலையில்,திரண்ட,தீ), feu aggloméré dans la montagne. V. காட்டுத்தீ. [Montan.

மலையையன், (மலை, ஐயன்), n.pr.

மலைவு, n.v. de மலைக்கிறது, refus, déni,obstacle, trouble, confusion, —d'esprit,distraction,stupidité,embarras, renversement, changement, combat, mot de —, comparaison, comme.

மல், 1° espèce de danse, danse de Vichnou, croissance, fertilité,prospérité. 2° (மல்லன்). force, lutte, combat ,action de se boxer: மல்லாடு கிறது lutter, combattre, se boxer; மல்யுத்தம் lutte; மல்யுத்தன் lutteur; மல்வல்லன் fort lutteur; மல்பயிலிடம், V. மல்லரங்கம்.

மல்கல், plénitude,croissance, accroissement, opt. et n.v.de

மல்குகிறது, கினேன்,குவேன்,குக, v.n. être plein,croitre, grandir augmenter.

மல்புது, la plante காட்டுப்பொரசி...

மல்பூப், (arabe), enclos, cloture sous un couvert etc. [ம்.

மல்ல, adj.de மல்லன், et de மல்லம், et corr. மல்லக, P.மல்ல, de lutteur: —சாலை gymnase, salle de lutte, — où les athlétes s'exercent à la lutte; —செட்டி lutteur, caste d'athlétes qui donnent des représentations de lutte ou d'escrime.

*மல்லகம், (mallaka), vase à l'huile, — fait d'une coquille de coco pour mettre de l'huile,dent,la plante சிறுவாளுளுவை. [noir.

*மல்லசம், (malladja), poivre

*மல்லம், (malla),force, lutte,sorte de vase,coupe,plat,écuelle,joue, tempes, restes d'un sacrifice.

மல்லரங்கம், (மல்லு, அரங்கம்), arène, gymnase, salle de lutte, — où l'on s'exerce à la lutte, ou à l'escrime.

மல்லரி,P.மல்லாரி. [l'escrime.

மல்லல்,(மல்), abondance, beaucoup, force, grandeur, prospérité: மல்லலோங்குகிறது être plein de force.

*மல்லன், pl. மல்லர், (malla),lutteur, boxeur, athléte, — de profession, homme fort, robuste, puissant, violent, épithète d'un roi ou chef de மல்லபுரம் ou மாவலிவரம்: மல்லகதி pas rapide, — accéléré, une des 5 allures d'un chaval dites கதி;—செட்டி lutteur de professi-on, athléte; — அரிகம் tambour usité dans les combats de lutte; —நாகம் l'éléphant boxeur, — d'Indiren; — யுத்தம் lutte, combat d'athléte, de boxeur, l'art des athlétes; c'est le 35me des 64 கலைக்கியானம்;

—பூ. — பூமி arène pour les combats d'athlètes; — போதன் lutteur, athlète; —வல்லன், — வீரன் fort —, vaillant —, lutteur, boxeur, athléte.

மல்லாக்கிறது, லாந்தேன், லாப் பேன், லா, லாக்க, v.n. être couché ou renversé sur le dos: மல்லாக்கத் தள்ளுகிறது, — ப்பிடித்துத்தள்ளுகிறது renverser sur le dos; — ப்படுத்துக்கொள்ளுகிறது se coucher sur le dos, tergiverser; — விழுகிறது tomber en arrière, — sur le dos; மல்லாந்து உமிழ்ந்தால் மார்மேலே விழும் si étant couché sur le dos ou crache, le crachat retombera sur la poitrine, médire de ses proches c'est se faire tort à soi même, — கொள்ளுகிறது. — படுத்துக்கொள்ளுகிறது se coucher —, être couché sur le dos, tergiverser, badiner, retarder à faire une chose, chercher des détours pour différer à payer ses dettes.

மல்லாக்கு, situation renversée; — ப்புறிகிறது se renverser sur le dos, — sens dessus dessous; மல்லாக்கவும் dans une situation renversée, étant couché sur le dos.

மல்லாட்டம், மல்லாட்டு, (மல்லு), lutte: மல்லாட்டக்காரன் athléte, lutteur, boxeur.

மல்லாத்துகிறது, த்தினேன், த்துவேன், த்து, த்த, v.a. de மல்லாக்கிறது, மல்லாத்தல், மல்லாத்துதல், n.v. renverser —, coucher sur le dos, renverser, remettre dans sa position naturelle, retourner ce qui était sens dessus dessous, redresser: கவிழ்க்கிறது எளிது மல்லாத்துகிறது அரிது il est aisé de renverser, mais difficile de redresser ou de rétablir. [து.

மல்லாந்து, gér. de மல்லாக்கிற

மல்லாய், espéce de vase, couverture d'une cruche, V. பானைமூடி.

*மல்லாரி, (mallâri), espèce d'air, division ou femme du mode ou ton dit மேகம் mègha, espèce de tambour.

மல்லாருகிறது ou மல்லாக்கிறது, ந்தேன், ருவேன் ou க்குவேன், ரு ou க, v.n. மல்லாருதல், மல்லாக்குதல், n. v. P. மல்லாக்கிறது.

*மல்லி, 1° (malli), jasmin d'Arabie. 2° f. de மல்லன், grosse et forte femme: — கந்தி, (கந்தம்), bois d'aloès; — பத்திரம் espèce de champignon, mousseron.

*மல்லிகம், P. மல்லிகை, jasmin.

மல்லிகா, obl de மல்லிகை: — புஷ்பம் jasmin d'Arabie. [ville.

மல்லிகார்ச்சுனம், nom d'une

*மல்லிகை, (mallikâ), jasmin d'Arabie, jasmine zambac, écuelle —, vase de mendiant, gobelet, vase à boire, vase de terre pour mettre de l huile, pied de —, lampe, chandelier, rivière.

மல்லு, 1° (மல்லன்), lutte, combat de lutteur, d'athléte, combat, querelle, espèce de danse. 2°* (mallou), ours: — கட்டி lutteur, athléte: — கட்டுகிறது, — பிடிக்கிறது lutter, se boxer, combattre; — யுத்தம் lutte, combat d'athlète; மல்லுக்கழைக்கிறது défier à la lutte, — au combat.

மல்லை, 1° vase de mendiant, écuelle, — de terre, cercle, silence. 2°* (mallâ), femme, jasmin d'Arabie. 3° acc. de மல் et de மல்லு. [à Siven.

மல்லைமன், nom d'un lieu consacré

மவுடி, 1° P. மௌடி. 2° V. முடி.

*மவுட்டியம், P. மௌட்டியம்.

மவுஜே, (arabe), village.

மவுலி, P. மௌலி.

*மவுனம், P. மௌனம், silence.

*மவுனி, P. மௌனி.

☞ Voyez à l'initiale மௌ les autres mots qui commencent par மவு.

மழம், jeunesse: மழ, adj. jeune, tendre, puéril, enfantin.

மழலை, (மழம்), mot tendre et défectueux, mot enfantin, — prononcé imparfaitement, langage d'enfant: — ச்சொல், — ப்பேச்சு paroles enfantines, babil d'enfant.

மழவன், (id.), jeune enfant.

மழவு, (id.), jeunesse, âge tendre, tendreté, enfant.

மழுக்கிறது, மழுத்தேன், மழுப்பேன்,

ழி, ழிக்க, *v.a.* மழித்தல், *n.v.* raser, rendre chauve, émousser, rendre obtus: மழித்தலும் நீட்டலும்வேண்டா வுலகம்பழித்ததொழித்துவிடின் si vous rejettez et abandonnez ce que le monde condamne, il n'est besoin ni de raser (la tête, comme les பண்டாரம் sivénistes), ni de laisser croitre et de tresser sa chevelure (comme le தம்பிரான்).

மழு, fer rouge pour ordalie, barre de fer rouge qu'on met dans les mains pour connaitre l'innocence ou la culpabilité dans les jugemens par ordalie, hache, l'arme de பரசுராமன்: — த்தூக்குகிறது, — மாறுகிறது, — யெடுக்கிறது, (எடுக்கிறது), prendre dans ses mains un fer rouge (dans un jugement par ordalie), affirmer un mensonge; — மாறுகிறான், — யெடுக்கிறான் il nie positivement; — மாறி homme qui prend le fer rouge à ordalie, grand menteur, fourbe; — வெண்ணெய், (எண்ணெய்), huile qui amortit la chaleur, — qui refroidit le feu; நெய்யாமழுவாய்த் தீர்த்துக்கொள்ளுகிறது se justifier par l'ordalie de l'huile bouillante, — par l'huile bouillante ou le fer rouge; தண்ணீர்மழுபோலேகாய்ந்தது l'eau était chaude comme un fer rouge.

மழுக்கம், *n.v. de* மழுங்குகிறது, état de ce qui est obtus, émoussé, manquant de pointe, non affilé, défaut de tranchant, d'apparence, obscurcissement.

மழுக்குகிறது, *sync.* மழுக்கிறது, க்கினேன், க்குவேன், க்கு, க்க, *v.a. de* மழுங்குகிறது, மழுக்கல், மழுக்குதல், *n.v.* émousser, — le tranchant, rendre obtus, ôter la pointe, — le lustre, l'apparence, obscurcir, délustrer, frapper, battre, recevoir à coups de bâton, piler le riz une seconde fois pour le rendre plus blanc: மழுக்கிப்போடுகிறது émousser, frapper, battre; கத்தியை — ப்போடுகிறது émousser un couteau, une épée; — யெடுக்கிறது piler le riz et l'emporter; — வைக்கிறது piler le riz et le mettre en magasin; அரிசியைமழுக்குகிறது piler de nouveau le riz (pour le nettoyer).

மழுங்கல், *opt. et n. v. du suiv.* ce qui est émoussé, sombre, obscur, terne, brut, mat, non poli, perte —, défaut de lustre, d'éclat, ternissure; — ஆக்குகிறது émousser, obscurcir, ternir, délustrer; — த்துண்டாயம் poudre d'or; — ம்பொன் or terne, poudre d'or.

மழுங்குகிறது, *par sync.* மழுங்கிறது, கினேன், குவேன், கு, க, *v, n. de* மழுக்குகிறது, *et* மழுங்குதல், *n.v. ou* மழுங்கிப்போகிறது, — யிருக்கிறது, s'émousser, s'obscurcir, se ternir, devenir —, être obtus, émoussé, obscurci, éclipsé, perdre son lustre, sa renommée: மழுங்கிக்கிடக்கிறது être émoussé, sombre, terne, obscurci, terni.

மழுப்பன், (மழுப்புகிறது), chicaneur, tergiversateur, temporisateur, homme qui traine les choses en longueur.

மழுப்புகிறது, ப்பினேன், ப்புவேன், ப்பு, ப்ப, *v.a. et* மழுப்புதல், *n. v.* trainer en longueur, différer (un jugement, un paiment), — ou éluder sous de vains prétextes, tergiverser: மழுப்பப்பார்க்கிறது chercher à trainer en longueur.

மழுமட்டை, (மழுங்கும், மட்டை), chose émoussée, obtuse, esprit obtus, stupide.

மழுவரசன், (மழு, அரசன்), porte hache, licteur, bourreau.

மழுவன், (*id.*), intrépide, garde de ville, obstiné, qui ne lâche pas prise.

மழுவாளி, மழுவேந்தி, (*id.* ஆளி, ஏந்தி), celui qui prend ou porte dans ses mains un fer rouge, Siven, grand menteur.

மழுவுடைராமன், (மழு, உடை), Parasourâmen armé de sa hache.

மழை, pluie, eau, nuage, fraîcheur: அந்திமழைஅழுதாலும்விடாது la pluie du soir ne cessera pas quoique vous pleuriez; — க்காலம் temps—, saison des pluies; — க்கட்டி grêle, morceau —, grain de pluie gelée; — க்கண்ணி nom d'un oiseau; — க்கரு embryon de pluie, nuage chargé de pluie; — க்காரிருட்டு grande obscurité que produit la pluie; — க்கால் jet d'eau, ondée, pluie partielle; — க்காற்று vent froid, vent pluvieux; — க்கிளி espèce de sauterelle qui paraît avant la pluie, locusta imbrifera; — க்கோள் la planète pluvieuse ou qui cause la pluie (surtout lorsqu'elle disparaît et reparaît), i. e. Venus, Soukren; — சொரிகிறது pleuvoir, — à verse, — abondamment; — ச்சாடை apparence de pluie; — தட்டுகிறது la pluie manquer; — தூமிக்கிறது, — தூவுகிறது, — தூறுகிறது pleuvoir légèrement, doucement, à petites gouttes, bruiner; — த்தாரை torrent de pluie, pluie à verse, — continuelle comme des filets d'eau; — த்தாரை விழுகிறது pleuvoir à verse; — த்துமி, — த்தூவல், — த்தூற்றல் bruine, pluie légère, petites gouttes de pluie; — த்துளி goutte de pluie; — த்துளிவிழுகிறது pleuvoir, des gouttes de pluie tomber; — த்தோற்றம் apparence de pluie; — நீர் eau de pluie; — பாறுகிறது pleuvoir à grosses gouttes; — பிடிக்கும் la pluie prendra, il y aura beaucoup de pluie; — பெய்கிறது pleuvoir, la pluie tomber; — பெய்தல் pluie; — பொழிகிறது pleuvoir, — à verse; — ப்புகார் nuage chargé de pluie; — ப்புக்காரம் temps couvert qui annonce la pluie; — மரக்கால் mesure de la —, marcal de pluie; — முகில் nuage plein de pluie; — யடிக்கிறது la pluie battre, tomber une pluie battante; — யடை, — யடைப்பு pluie continuelle; — யடையிலேவருமவிருந்தாளிச்சத்துரு un hôte qui vient dans un temps de pluie continuelle est un ennemi (parce qu'il est difficile de le recevoir convenablement); — யடைக்கிறது, — யடைத்தல் la pluie tomber sans discontinuer, — bloquer chez soi. — புன்டாதல்பயிருக்குநல்லது la pluie est bienfaisante aux céréales; — வண்ணாக்குறிஞ்சி espèce de plante rampante, V. மேகவண்ணாக்குறிஞ்சி; — வண்ணன் celui qui a la couleur de pluie, i. e. Vichnou; — வரும் la pluie viendra, — approche; — வாங்குகிறது, — விடுகிறது, — விட்டுப்போகிறது, — வோய்கிறது la pluie cesser; — மழையிலனனைந்துவிறைத்துக்கொள்ளுகிறது trembler de froid ayant été trempé par la pluie. [v. pleuvoir.

மழைக்கிறது, v.n. மழைத்தல், n.

மளமள, mot—, son imitatif du tonnerre qui éclate, d'un mur ou d'une maison qui s'écroule, fracas மளமளவென்கிறது, மளமளவென்,ou

மளமளக்கிறது, ளத்தென், ளப்பென், ள, ளக்க, (son imitatif), (மளமள), v.n. மளமளத்தல், n.v. éclater (le tonnerre), faire du fracas, — le bruit de malamala: மளமளவென்று விழுகிறது tomber avec fracas (un mur, une maison).

மளமளப்பு, n. v. du préc. fracas, grand bruit, bruit de malamala.

மளார், mot—, son imitatif: — அடிவென்கிறது, — இடுகிறது, — என்கிறது, v.n. faire du bruit, — le bruit de malâr.

மளிகாரம், borax.

மளிகை, magasin, boutique, — d'épiceries..., — de diverses marchandises (non de toiles, drap...); — க்கடை boutique, (où l'on vend en gros ou en détail); — க்காரன் boutiquier, marchand (en gros ou en détail); — க்கிடங்கு, — வீடு magasin—, boutique de marchand en gros.

மளுக்கு, mot—, son imitatif de craquement: மளுக்கென்கிறது faire un bruit, — craquement, craquer; மளுக்கென்று நெட்டைவிடுகிறது faire craquer fortement ses doigts: மளுக்கென்றுமரமொடிந்தது l'arbre se brisa avec un fort craquement.

*மள்ளம், (malla), force.

*மள்ளர், (id.), laboureurs, — de la caste des பள்ளர், montagnards, habitans des pays montagneux, gens forts, robustes, braves —, guerriers, gens de la caste des குறவர், — des மறவர்.

மள்ளல், (மல்லல்), force.

மள்ளு, chevron, soliveau.

மற, 1° adj. de மறம். 2° inf. de மறுகிறது. 3° imp. de

மறக்கிறது, மறந்தேன், றப்பேன், ற, றக்க, v.a. oublier, ne pas se souvenir, perdre le souvenir de, négliger: மறந்துதூங்குகிறது dormir profondément, être inoccupé, — inattentif; —போகிறது oublier, passer de la mémoire; —போயிருக்கிறது avoir —, être oublié; — போனதைநினைத்துக்கொள்ளுகிறது se rappeler ce qu'on avait oublié; மறவாதேசெய்கிறது faire avec attention, — sans oublier; மறவாமலிருக்கிறது ne pas oublier; மறவாமற்கேட்கிறது écouter avec attention.

மறதி, n. v. du préc. oubli, (un des caractères du தாமதகுணம்). inattention, négligence: —க்காரன், —யுள்ளவன் homme oublieux; —யாய்ப்போயிற்று cela a été oublié. [blier.

மறத்தல், n.v. du même, oubli, ou-

மறத்தி, pl. மறத்தியர், fém. de மறவன், fille ou femme de la caste des Maravers, — d'un pays stérile et désert.

மறந்து, gér. de மறக்கிறது.

மறப்பிலி, (மறப்பு, இலி), celui qui n'oublie rien, Dieu.

மறப்பு, n.v. de மறக்கிறது, oubli, inattention, négligence. [e. le lion.

மறப்புலி, (மறம்), le tigre brave, i.

மறமலி, (மறம், மலிகிறது), ce qui est rempli de force, i.e. l'éléphant.

மறமறக்கிறது, த்தேன், ப்பேன், க, க்க, v.n. (son imitatif), மறமறத்தல், மறமறப்பு, n.v. retentir, résonner, faire le bruit de maramara.

மறம், meurtre, homicide, indignation, colère, rancune, désaccord, dispute, bouderie, Yamen prétendu roi des morts, péché, force, bravoure, sorte de poème qui est une des parties du poème dit கலம்பகம் ou mélanges: —வைக்கிறது garder de la rancune; மறநிலைப்பொருள் objet enlevé par violence, butin enlevé aux ennemis, tribut extorqué, objet gagné aux jeux de hasard etc...; —நிலையறம் acte de vertu accompli par la force (une des parties du புறப்பொருள் ou poème héroique) qui consiste a ramener le bétail enlevé par l'ennemi, à vaincre l'ennemi, à punir et à réduire à la pauvreté ceux qui n'accomplissent pas les devoirs qu'impose la solde militaire; —நிலையின்பம் plaisir gagné par la force (une des divisions de l'அகப்பொருள் ou poésie érotique) qui consiste à obtenir une fille en mariage en tirant au but avec l'arc, en domptant un taureau, ou par une autre des 6 choses qui se font par la force, à l'épouser et à vivre avec elle, V. aussi les explications données au mot அரக்கியலாறு.

மறலி, (மறம்), Yamen prétendu dieu de la mort, trouble d'esprit.

மறல், (id.), 1° élévation, lever, Yamen prétendu dieu de la mort, Kâlen ou காலன் assistant de Yamen, faute, mort, pauvreté, haine, bouderie, dissention, guerre, bataille, confusion, trouble, — d'esprit, oubli, espèce de danse. 2° changement, n. v. et opt. de மறுகிறது. [bler.

மறலல், மறலுதல், (மறல்). se trou-

மறவன், pl. மறவர், (id.), homme de la caste des Maravers, (classe d'Indiens qui en plusieurs choses diffèrent du reste des Indous), guerrier, habitant d'un pays stérile, chasseur, espèce de sauvages aborigènes, மறவர்சீமை, மறவநாடு le Marava, pays des Maravers (entre Maduré et la mer).

மறவா, மறவாத, மறவாமல், மறவேல், part. gér. imp. nég. de மறக்கிறது.

மறவி, *n.v. du même.* oubli, callou ou vin de cocotier..., manque, défaut, bassesse. [les pécheurs.

மறவோர், (மறம்), les méchans,

மருட்டம், மருட்டியம், மருஷ்டியம், *P.* மகாராஷ்டிரம், le pays et la langue des Mahrattes.

மருட்டர், மருஷ்டர், மருட்டர், மருஷ்டியர், மருட்டியர், *P.* மகாராஷ்டிரர், les Mahrattes.

மறி, 1° agneau, chevreau, poulain, petit (de la brebis, de la chèvre, du cheval, du cerf, du gros lézard உடும்பு. 2° brebis, chèvre, jument, biche, cerf, le signe du Bélier. 3° *imp. et part.de* மறிகிறது. 4° *imp.de* மறிக்கிறது: —ஈன்கிறது mettre bas, pouliner;—கல் pierre à chaux;—நிலையணி espèce de métaphore, figure qui change le nom des objets, et applique le nom d'une chose à une autre;—படுகிறது,—பட்டுப்போகிறது être arrêté, empêché (dans sa route ou dans une affaire).

மறிகிறது, றிந்தேன், றிவேன், றி, றிய, *v.n.* மறிதல், *n.v.* rouler, onduler, retourner, revenir, se plier, se replier.

மறிக்கிறது, றித்தேன், றிப்பேன், றி, றிக்க, *v.a. et* மறித்துக்கொள்ளுகிறது, arrêter, — en route, retenir, saisir, empêcher, défendre, mettre empêchement, — opposition aux arrêts, obstruer, boucher, garder un troupeau pour l'empêcher de s'écarter, attaquer, ramener, retourner, détourner: மறித்துவைக்கிறது arrêter, retenir, mettre opposition aux arrêts, — en séquestre.

மறிதருகிறது, தந்தேன், தருவேன், தா, தர, *v.n.* (மறிகிறது), மறிதரல், *n.v.* retourner, revenir, se plier.

மறித்தல், மறிப்பு, *n.v. de* மறிக்கிறது, opposition, arrestation, empêchement, obstruction, rétention, retour: மறிப்பில்வைக்கிறது arrêter, détenir, retenir, mettre aux arrêts, en prison.

மறியல், *n.v. du même*, halte, pause, relai, s'arrêter, arrestation, prison, détention, défense, obstacle, opposition, empêchement mis au nom de quelqu'un: —பண்ணுகிறது mettre empêchement, défendre, s'opposer.

மறு, *gén.* மறுவின், 1° faute, défaut, mal, flétrissure, tache, — de la lune, verrue, bouton. 2° *imp. et part. de* மறுகிறது, autre, différent, divers, nouveau. 3° *imp. de* மறுக்கிறது: —கடுதாசி réponse à une lettre;—கறி autre ragoût, autre plat;—காய்ச்சல் reprise—, retour de la fièvre, rechute en fièvre;—காய்ச்சலாய் விழுகிறது retomber malade de la fièvre;—கால் l'autre pied, une autre fois, autre canal,—rigole pour l'écoulement;—காலும் de nouveau; —சனனம், —சன்மம் autre—, nouvelle naissance, régénération, transmigration de l'âme après la mort (dans le système de la métempsychose); —சீட்டெழுதுகிறது écrire un autre billet,— une réponse à un billet;—சுற்று un autre tour, vis;—சுற்றாணி vis;—செய்தி réponse, réplique, autre nouvelle; —சொல் un autre parole;—சொல் parole fautive, autre mot;—தடவை, —தரம் une autre fois, de nouveau; —தடவைக்குவருகிறது revenir, venir une autre fois, dans un autre moment;—தடவைக்குவா reviens une autre fois...;—தாயார்,—தாய் belle-mère, marâtre;—தாரம் une seconde femme;—தேசம் un autre pays, pays étranger;—நாள் le lendemain, le jour suivant; —படி, —படியும் une autre fois, de nouveau;—பத்தியம் autre régime, seconde partie d'un régime, régime secondaire, moins strict, — dur;—பாஷை un autre langage;—பாவி un autre pécheur, ennemi;—பிறப்பு,—பிறவி, *V.* மறுசனனம்; —பேச்சு réponse, autre propos;—பொருளுவமை comparaison qui a rapport à un autre comparaison ou objet qui précède; *Ex.* மக்களி துணைக்கொப்பில்லை, குமு துக்கொப்பில்லை கடக்கள் tu n'as pas d'égal parmi les hommes, le soleil n'a point d'égal parmi les lumières; —ப்படுகிறது, —ப்பட்டிருக்கிறது être taché, souillé, gâté, défectueux, méprisé; —ப்பட்டநெய் beurre fondu altéré ou mélangé; —முகம் autre face, visage étranger, — autre que celui de son mari ou de sa femme, homme étranger, femme étrangère; —முகம்நோக்குகிறது *ou* பார்க்கிறது voir un visage étranger, *i.e.* commettre un adultère; —முகமாய்ப்போகிறது changer de visage par maladie ou chagrin; —முறை une autre fois, de nouveau; —மொழி réponse, réplique; —ரூபம், —ரூபு autre forme, — figure, changement de figure, transfiguration, métamorphose; —ரூபமாகிறது être transfiguré, se transfigurer, se métamorphoser; —விருக்கிறது, (இருக்கிறது), y avoir une faute, un défaut, une tache; —விசை, —விசையும் une autre fois, de nouveau; —வார்த்தை, —வுத்தரம், (உத்தரம்), réponse, réplique; —வோலை, (ஓலை), réponse à une ôle ou billet sur feuille de palmier; திங்கள்மறுவாற்றுஞ் சான்றோர் அஃதாற்றார், தெருமந்து தேய்வரொருமாசுறின் la lune souffre des taches, les sages n'en souffrent pas, ils se troublent et maigrissent de chagrin, s'ils contractent une souillure; நடுக்கடற்போனாலும் மறுப்படாமல் வரக்கடவீர் quand vous iriez au milieu de la mer, puissiez-vous revenir sans dommage! [மறுதலிக்கிறது.

மறுகலிக்கிறது, மறுகலித்தல், V.

மறுகல், *opt. et n.v. de* மறுகிறது, மறுகுகிறது, changement, tournoiement, roulement, renversement, confusion, trouble, — d'esprit, retour, rechute en maladie: மறுகவிழுகிறது retourner, revenir.

மறுகிறது, றினேன், றுவேன், று, ற, v.n. மறல், மறுதல், *n.v.* changer.

மறுகு, 1° rue. 2° *imp. et part. de* மறுகுகிறது, கினேன், குவேன், கு, கி, v.n. மறுகுதல், *n.v.* tourner, rouler, se rouler, tournoyer, pirouetter, retourner, être troublé, embarrassé, embrouillé, avoir l'âme troublée.

மறுகை, (மறு), 1° moitié d'un sac de marchandises, côté —, moitié de la charge d'un bœuf, l'autre côté, — main. 2° *n. v. de* மறுகிறது.

மறுக்கம், (மறுக்கிறது), gêne, embarras, trouble, — d'esprit, perplexité.

மறுக்கிடுகிறது, V. பெயர்க்கிறது.

மறுக்கிறது, றுத்தேன், றுப்பேன், று, றுக்க, v.a. மறுக்குதல், n.v. refuser, — de donner, retenir, reprendre, rejeter, nier, renier, abandonner, renoncer à, abjurer, réfuter, répondre à, manquer, faire défaut, être dans le besoin, l'esprit vaciller, être troublé, donner un second labour: புத்தியை — rejeter le conseil; வேதத்தை — abjurer sa religion, apostasier; அவன்சொன்னதெல்லாமிரண்டுவார்த்தையிலேமறுத்தான் il a réfuté en 2 mots tout ce que l'autre avait dit; மழைமறுக்கவேயெல்லாம்மறுக்கும் la pluie venant à manquer tout manquera; மறுத்த, மறுத்துப்போன qui a refusé, ou est desséché, tari (une vache), a fini de porter des fruits ou est épuisé (un arbre), பசுமறுத்தமாடு vache tarie, qui ne donne plus de lait; முலைமறுத்தபிள்ளை enfant sevré.

மறுதலிக்கிறது, லித்தேன், லிப்பேன், லி, லிக்க, *v.a.* (மறுக்கிறது), மறுதலித்தல், *n. v. et* மறுதலித்துப்போடுகிறது, renier, désavouer, nier, refuser, abjurer.

மறுதலிப்பு, *n.v. du préc.* reniement, désaveu, négation, refus, rejet.

மறுதலை, 1° *V.* மறுதலிப்பு. 2° (மறு). autre tête, autre endroit. 3° *acc. de* [gement.

மறுதல், *n.v. de* மறுகிறது, changement.

மறுத்தல், *n.v. de* மறுக்கிறது, refus, — de donner, rétention, rejet, renoncement, reniement, négation,

— ou refus par honte, réfutation, second labour, écart, égarement, honte: —விடை réponse contradictoire à une interrogation comme உண்டாயோவெனா உண்ணேனென்பது lorsqu'on demande: as-tu mangé? répondre je ne mangerai pas, ou je ne veux pas manger.

மறுப்பறுத்தல், (மறுப்பு, அறுத்தல்), donner après avoir refusé.

மறுப்பு, *n.v.de* மறுக்கிறது, refus, rejet, reniement, renoncement, abjuration, réfutation.

மறுமாடி, (மறு), faite, sommet, côté d'un toit—, toit en pente dans la longueur de la maison, fente de montagne.

மறுமை, (மறு), l'autre vie,—monde, la vie future, état de l'âme après la mort, l'éternité (opposée au temps présent dit இம்மை), naissance future (selon la métempsycose):—ப்பயன் ce qu'on obtient après la mort. [qui donne le musc.

மறுவல், மறுவி, musc, l'animal

மறை, 1° mot, parole, vis, clou à vis, spirale de conque, tache, marque, secret, chose cachée, mystère, religion, les védas, formule de—, prière, récitation à voix basse de prières, cachette, abri, asile, refuge, bouclier, second labour, négation. 2° *imp. et part. de* மறைகிறது. 3° *imp. de* மறைக்கிறது. 4° *P.* மறும். 2° *pers. nég. de* மறுகிறது, *ou de* மறுக்கிறது: —க்காடு la forêt dite வேதாரணியம்; —க்கொடியோர் ceux qui sont enrôlés sous la bannière des védas ou qui les apprennent, *i. e.* les brames; —க்கொடியோன் celui qui a les védas sur sa bannière, *i.e.* துரோணன் ou Drôna, et Brama; —சொல் parole obscure,— mystérieuse; —த்தலைவி la maitresse de la religion, la très-Sainte Vierge, (et en style païen), la maitresse des védas, (épithète de) Lakchimi, Parvadi, Saratchouvadi; —படுகிறது être caché,—refugié,—à l'abri, à couvert; —புகுகிறது, —புகல் se réfugier, se retirer dans un lieu de refuge; —பொருள் chose cachée, secrète, mystérieuse, intérieure, difficile à comprendre; —ப்பொருள் article de religion,— contenu dans les saintes écritures,—dans les védas; —மறுமாறிருக்கிறது être tacheté ou bariolé de noir et de blanc; —முடிவு la fin —, la substance des védas, Dieu, *V.* வேதாந்தம்; —முகம் négative,— indirecte, *v.g.* raisonnement ou réduction; —முதல்வி, —முதல் le principe ou l'auteur de la religion, Dieu, Jésus-Christ, (et en style païen), le principe des védas, (épithète de Siven et autres dieux prétendus; —மொழி sentence —, mot de l'écriture sainte, la loi, (en style païen) les védas, parole magique,— ou prière des védas; —யிலார் gens sans religion,— vils, (en style païen) ceux qui n'observent point les védas; —யுள்ள taché, tacheté, bariolé, moucheté, qui a une religion, qui est dans la sainte écriture,—dans les védas; —வினை verbe négatif.

மறைகிறது, மறைந்தேன், மறைவேன், மறை, மறைய, *v.n.* (மறை), மறைதல், *n.v.* se cacher, être caché, ne pas paraître, disparaître: மறையவிருக்கிறது être sur le point de se cacher, — de disparaître, être caché; மறைய்ப்போகிறது aller se—, se cacher, disparaître, s'évanouir; மறைந்திருக்கிறது être caché, avoir disparu; மறைந்துபோகிறது se cacher, disparaître, s'évanouir, se dissiper; தலை மறையமறவனைநம்பாதே ne vous fiez pas à un Maraven pour cacher ta tête ou qui cache sa tête, *i.e.* ce qu'il pense.

மறைக்கிறது, மறைத்தேன், மறைப்பேன், மறை, மறைக்க, *v. a. du préc.* மறைத்தல், *n. v. et* மறைத்துப்போடுகிறது *ou* வைக்கிறது, cacher, dissimuler, déguiser, céler, recéler, tenir caché,—secret, couvrir: முன் சொன்னதை — éluder —, déguiser ce qu'on a dit, tergiverser, changer de ton, expliquer d'une autre manière ses premières paroles, se contredire. [வேதாரணியம்.

மறைசை, (மறை), la forêt dite

மறைச்சி, (id.), bramine, துரும்பிச்சி, i.e. fille ou femme de la caste des துரும்பர். [de மறைகிறது.

மறைதல், மறைந்து, n.v. et gér.

மறைத்தல், மறைப்பு, n.v. de மறைக்கிறது, action de cacher..., cachette, déguisement, dissimulation.

மறையவர், 1° V. துரும்பர். 2° ou மறையோர், (மறை), les gens consacrés à la religion, les prêtres, (et en style païen) les brames.

மறையவன், (மறை), Brama auteur des Vèdas, brame qui les étudie, la planète Jupiter ou Vrouhaspati gourou des dieux indous.

மறைவிடம், (மறைவு), lieu caché, cachette, embuscade: – கட்டுகிறது se construire —, bâtir une cachette, un endroit caché pour observer sans être vu.

மறைவு, n.v. de மறைகிறது, cachette, manière cachée, — non apparente, disparition, abri, écran, brise-vent, couverture: – கட்டுகிறது se construire —, se faire un abri (contre le vent ou le soleil), — une cachette, s'abriter, se mettre à couvert; —பட்டிருக்கிறது être caché, — à couvert, à l'abri.

*மற்கடம், P. மர்க்கடம்.

மற்கட்டம்பிடிக்கிறது, மற்கட்டம்பொருதுகிறது, (மல், கட்டம்), être importuné, embarrassé.

மற்கட்டு, (மல், கட்டு), lutte, com-
*மற்கணை, P. மர்க்கணை. [bat.

*மற்குணம், P. மத்குணம், punaise, éléphant...

மற்கொல், (மல், கொல்), haine.

*மற்சரம், (matsara), jalousie, envie. [jaloux.

*மற்சரன், மற்சரி, (id.i), envieux,

*மற்சியம், P. மச்சியம், poisson.

மற்பிடிக்காரன், (மல், பிடி) lutteur, athlète. [டிக்கிறது.

மற்பிடித்தல், (id.), V. மல்லுப்பி

மற்போர், (மல், போர்), lutte, combat à la lutte.

மற்ற, part. de மறுகிறது, autre, divers, différent, l'autre, proche, prochain, étranger, ultérieur, restant: —படி autrement; — படியல்ல et non autrement; மற்றவன் l'autre, un autre; மற்றவள் l'autre, une autre; மற்றவர், மற்றவர்கள் les autres, d'autres, le prochain; மற்றது ce qui —, le reste, l'autre; மற்றதுகள், மற்றவை les autres choses, d'autres choses.

மற்று, 1° particule explétive: அது மற்றவலங்கொள்ளாது cela n'admet aucun chagrin; மற்றென்னையாள்க daignez me gouverner. 2° particule qui marque la disjonction: கெடுப்பது மற்றெடுப்பது மழை la pluie est ce qui détruit ou relève; ஊழிற்பெருவலியாவுளமற்றொன்று quel autre plus grand malheur y a-t-il que le péché originel, ou la dépravation originelle? 3° particule qui change le sens du verbe: மற்றிவாதல்விலை la vertu (ne se connaitra pas seulement de telle et telle manière), mais encore elle se connaitra de telle autre. 4° autre: மற்றியாதொன்றும் quelqu'autre chose, quelque chose de plus; மற்றொன்று une autre chose; மற்றொன்றும் l'autre chose, quelqu'autre chose; மற்றொருவன் un autre, quelqu'autre; இனிமற்றொன்றுரை désormais dis une autre chose; மற்றொன்றுவிரித்தல் dire autre chose que ce qu'on avait annoncé, divaguer, c'est un des 10 défauts d'un ouvrage: மற்றும் et le reste, et cætera, ainsi de suite; மற்றுந்தேவையானகாரியங்கள் les autres choses nécessaires; மற்றுண்டாகிய, மற்றுண்டான autre, un autre, différent de ceci.

மற்றை, மற்றைய, (மற்று), l'autre, autre, différent, non le même, ultérieur, ce qui doit être montré plus loin: மற்றைக்காரியம் autre chose, le reste; — ப்படி autrement; —ப்பேர்கள் les autres, le reste des gens; — யுள்ள, —யுண்டான autre, différent, non le même: மற்றைநாள

று l'autre, le reste, quelqu'autre chose.

மற்றையவர், மற்றையார், மற்றையோர், (மற்றை), les autres, d'autres, le prochain.

மற்றே, (மற்று.ஏ), exclamation d'étonnement, de compassion.

மன் *adj. de* மனம், de l'âme, de l'esprit, de la pensée, de la mémoire, mental, intellectuel, intérieur: —க்கசப்பு, dégoût, aversion; — க்கனிவு attendrissement, — de cœur; — க்கடினம் dureté de cœur, rigidité d'esprit; — க்கடோரம் dureté de cœur, cruauté, malice; — க்கவக்கம் peine d'esprit, chagrin intérieur; — க்கலக்கம் agitation —, trouble d'esprit, anxiété, scrupule, *ou* — க்கவலை inquiétude, peine d'esprit, chagrin; — க்களிப்பு joie, — intérieure, allégresse; — க்கனிவு attendrissement, — de la volonté, tendresse; — க்கனக்கசல் irritation de l'âme, colère, rancune; — க்காவல், — க்கட்டுப்பாடு vigilance —, garde sur son intérieur, retenue de son esprit, recueillement intérieur; — க்கிடக்கை, — க்கிடை imagination, pensée intérieure, idée, sentiment; — க்கிலேசம் chagrin, inquiétude, peine intérieure; — க்குத்து peine d'esprit, remors de conscience; — க்குருடு aveuglement d'esprit, ignorance; — க்குழப்பம் trouble —, embarras d'esprit, inquiétude, irrésolution; — க்குள்ளம் ruse, fourberie; — க்குறிப்பு intention, but, dessein, signe de la volonté; — க்குறை chose désagréable, déplaisir, mécontentement; — க்கூச்சம் honte, pudeur; — க்கூர்மை pénétration d'esprit; — க்கொழுமை, — க்கொடூரம் cruauté, — de l'âme, méchanceté; — க்கொதி, — க்கொதிப்பு colère, indignation, jalousie; — க்கோட்டம் envie, jalousie; — க்கோட்டாவு peine d'esprit, chagrin; — க்கஷ்டம் embarras —, peine de conscience; — ச்சந்தேகம் doute, peine, cas de conscience, scrupule; — ச்சஞ்சலம், — ச்சடைவு chagrin, peine d'esprit; — ச்சந்தோஷம் allégresse, joie de l'âme; — ச்சம்பூரணம் contentement intérieur, — de l'âme; — ச்சலிப்பு dégoût, chagrin; — ச்சலிப்பாயிருக்கிறது être dégoûté, peiné, chagrin, inquiet; — ச்சாட்சி conscience, témoignage de l'âme; — ச்சாட்சியைச்சமாதானப்படுத்துதற்கு pour tranquilliser la conscience; — ச்சாய்ப்பு, — ச்சார்வு, — ச்சாய்வு penchant —, inclination de l'âme, affection; — ச்சிந்தனை réflexion, méditation; — ச்சுகம் plaisir, contentement; — ச்சுத்தம் pureté d'âme; — ச்சுதந்தரம் liberté, libre arbitre; — ஸ்நானம் bain de l'âme ou purification de l'esprit par la méditation, *V.* மானஸஸ்நானம்; — த்தரிப்பு patience, persévérance; — த்தளர்ச்சி découragement, relâchement —, dépérissement de l'âme ou de l'esprit; — த்தாங்கல் mécontentement, peine, désaccord, rancune; — த்தாபம், *V.* மனஸ்தாபம்; — த்தாராளம் plein gré, pleine volonté, contentement, joie de l'âme; — த்தாழ்மை humilité, douceur, bassesse d'âme; — த்திடம், — த்திடன், — த்தைரியம் courage, constance, fermeté d'âme, — de caractère, résolution; — த்திட்டம் dessein, détermination, décision; — த்தியானம் méditation, — de l'esprit, oraison mentale, réflexion; — த்திரிப்பு, *V.* மனவிகாரம்; — த்திருத்தி contentement, satisfaction; — த்திக்குணம், *V.* மனதின்திக்குணம்; — த்துக்கம், — த்துயர், — த்துயரம், — த்துன்பம் chagrin, — intérieur, tristesse de l'âme, affliction; — த்துப்பரவு, — த்தூய்மை pureté d'âme; — த்தேற்றம் fermeté d'âme, constance, encouragement; — த்தெளிவு lucidité, clarté —, subtilité d'esprit, bon sens; — நலிவு déplaisir, mécontentement, brisement de cœur; — நியாயம் justice —, conduite consciencieuse —; — நிலை; — நிறை constance —, fermeté d'âme; — நிறைவு plein gré, contentement de l'âme; நிர்ணயம் détermination, — de la volonté, déssein: — நீதி justice —, conduite consciencieuse, jugement consciencieux: —நெரிடு, —நெருடு fourberie; —நெரிவு mécontentement, brisement de cœur; — நேர், — நேர்மை vérité reconnue, — connue de l'âme; — நோ, —நோக்காடு douleur de l'âme, chagrin, — intérieur, remors de conscience; — ப்படுகிறது consentir, s'accorder; —ப்படுத்துகிறது persuador, faire consentir, —agréer, mettre d'accord; — ப்பற்று, — ப்பிடிப்பு attache de l'âme, affection, amitié; — ப்பாடம் leçon apprise par cœur, —qu'on sait de mémoire; — ப்பாடமாக்குகிறது apprendre par cœur; —ப்பாவிப்பு imagination, —de l'esprit; —ப்பிரமாணிப்பு, V. மனத்திட்டம்; —ப்பிரமை stupéfaction, trouble d'esprit; — ப்பின்னிதம் opposition, haine, répugnance; —ப்பீடை peine intérieure, souffrance de l'âme, chagrin; — ப்புகைச்சல், — ப்புழுக்கம் indignation, colère, emportement, aversion; — ப்புனிதம் pureté d'âme; — ப்பூரணம் plein gré, bonne volonté, joie, contentement, satisfaction, de l'âme; — ப்பூருவம், — ப்பூர்வம் préméditation, contentement, consentement; — ப்பூர்வகமானபாவம் péché prémédité, volontaire; — ப்பேய் trouble d'esprit; — ப்பொருத்தம் sympathie, union de cœur, bonne entente; — ப்பொலிவு plein gré, pleine volonté, désaccord, changement de volonté; —ப்பொறுப்பு patience; —மடிவு découragement, indifférence, apathie, indolence, torture mentale, grand dégoût, peine d'esprit; —மடிவாக்குகிறது causer du découragement, du dégoût.., tourmenter l'esprit, irriter; —மயக்கம் trouble intérieur, — d'esprit; —மலர்ச்சி joie de l'âme; —மிடுக்கு force d'âme, — d'esprit; —முரண்டு entêtement, obstination, — de l'esprit; —முரிவு, —முறிவு offense, dégoût, aversion, brouillerie; —முறிச்சல் brisement de cœur, grand trouble d'esprit; —முறிச்சலாயிருக்கிறது, avoir le cœur brisé, être offensé, peiné, troublé; —மெலிவு, V. மனத்தளர்ச்சி; —மேட்டிமை hauteur fierté, élévation d'esprit; —மேட்டிமையானவன் homme fier, superbe, enflé de lui-même; —ராசி consentement, — de la volonté, agrément, accord, joie; —வஞ்சனை ruse, fourberie, perfidie; —வலி force —, vigueur d'esprit, constance, chagrin, peine intérieure; —வாஞ்சை, —வாசை, (ஆசை), désir de l'âme; —வாட்டம், V. மனக்கோட்டரவு; —வாரம், V. மனச்சாய்ப்பு; —விகாரம் changement de volonté, de sentiment, inconstance; —விதனம், — வியாகுலம் chagrin, douleur de l'âme, remors de conscience; —விரோதம் opposition, haine, rancune; —வினை fourberie, *ou* —வைராக்கியம் obstination, — de l'esprit, persévérance; —வீனம், (ஈனம்), aversion, dégoût; —வுற்சாகம், —வூக்கம், (உற்சாகம், ஊக்கம்), magnanimité, force d'esprit, — d'âme; —வுருக்கம், (உருக்கம்), attendrissement, tendresse, compassion, — de l'âme, componction; —வுறுதி, (உறுதி), résolution, fermeté, — d'âme; — வுறுதியாயிருக்கிறது être résolu, — décidé, — ferme dans son dessein; —வெள்ளணம், (எள்ளணம்), V. மனக்கிடை; —வெப்பம், மனவழல், (அழல்), ardeur, chaleur de l'âme, feu qui dévore intérieurement; —வெரிச்சல், (எரிச்சல்), indignation, chagrin dévorant, jalousie, animosité, —வெழுச்சி, (எழுச்சி), résolution, fermeté —, élévation d'âme; —வெறுப்பு dégoût, aversion: —வேகம் ardeur, impétuosité, — de l'âme, colère, animosité; —வேதனை tourment de l'âme, remors de conscience; —வொழுக்கம், V. மனத்தொழுக்கம்; —வொருமிப்பு, —வொன்றிப்பு, (ஒருமிப்பு, ஒன்றிப்பு), union des cœurs, concorde.

மணங்கு, 1° *P.* மணங்கு, poids d'environ 25 livres ou 25 இறாத்தல். 2° omoplate, os plat de l'épaule.

மணங்குகிறது, கினேன், குவேன்;

கு, ஏ, n.v. மனங்கல், மனங்குதல், n. v. V. ஒடுங்குகிறது.

*மனசா, *obl. de* மனசை:—தேவி la prétendue déesse Manasâ, de la race des serpens, et, au dire des païens, protectrice contre leur venin.

மனசார, (மனசு, ஆர), de plein gré, de sa pleine volonté, à son escient, volontairement, de tout cœur: —ச்செய்கிறது faire volontiers; —வாங்கிக்கொள்ளுகிறது recevoir de bon cœur; —நானொன்றுமறியேன் autant que je puis me souvenir, je ne connais rien.

*மனசிசன், மனசிசயன், மனசி சயன், (manasi *dans le cœur*, சன் *né*, சயம் *repos*), celui qu'on dit né ou qui repose dans le cœur, *i.e.* Kâmen.

*மனசு, (manas), volonté, âme (considérée comme le siége du désir et de la concience), cœur, esprit, intelligence: பெரிய— grand cœur, magnanimité; மனசதின்மேலோடுகின்றது la volonté se porte à cela, l'esprit est occupé de cela, *litt.* court après cela; மனசறிந்தவன் homme qui a sa pleine connaissance; மனசறிய le sachant, à son escient, volontairement; மனசறியச்செய்கிறது faire volontairement, avec pleine connaissance; மனசறியாமற்செய்கிறது faire involontairement, sans le savoir, sans malice; மனசாயிருக்கிறது vouloir, avoir la volonté, se proposer; மனசிரங்குகிறது, மனசுருகுகிறது s'attendrir, être touché de compassion, — de componction, compatir, avoir pitié; மனசிரங்கிக்கொடுக்கிறது donner par commisération; மனசிலேகிடக்கட்டும் que cela reste au fond de votre cœur; மனசிலேபோடுகிறது se mettre dans l'esprit, prendre la résolution; மனசிலேபோட்டுக்கொள்ளுகிறது, மனசிலேவைக்கிறது, —வைத்துக்கொள்ளுகிறது mettre —, garder dans son cœur, ne pas oublier; மனசில்லாமை manque de volonté, répugnance, antipathie, aversion; மனசிளகுகிறது le cœur —, s'attendrir; மனசிளகப்பண்ணுகிறது attendrir, adoucir l'esprit, persuader, toucher de commisération; மனசிலேகாண்கிறது considérer, — des yeux de l'esprit, méditer; மனசுக்குச்சரிப்போனபடிசெய்கிறது agir selon sa volonté; மனசுக்குத்தோன்றினபடி பார்த்துக்கொள்ளுகிறது chercher à accomplir ses desseins; மனசுக்கேற்கநடக்கிறது se conduire selon sa volonté, ou la volonté d'un autre; மனசுதாராளமாயிருக்கிறது avoir une pleine volonté, l'esprit être bien disposé, être plein de bonne volonté; —திரும்புகிறது la volonté changer, se convertir; —திரும்பப்போகிறது la volonté être sur le point de changer, être sur le point de se convertir; —திருப்புகிறது changer la volonté, convertir, tourner l'esprit; —நோகிறது l'âme être peinée, être triste, affligé; —நோகச்செய்கிறது, —நோவப்பண்ணுகிறது chagriner, faire de la peine, contrister; —பொருந்தி volontairement; மனசொருசாயலாயிருக்கிறது ou மனசொருவிதமாயிருக்கிறது l'esprit être d'une façon particulière, — être indisposé, pencher à l'aversion, au dégoût, flotter; மனசோடே volontairement, avec plaisir, bien volontiers: நானேமனசாய் moi-même de mon plein gré; உம்முடையமனசு comme il vous plaira; அவரவர்மனசுஅவரவருக்குச்சாட்சி l'esprit ou l'âme de chacun lui sert de témoin, chacun a pour témoin sa propre conscience; இருக்கமனசுவராது la volonté de rester ne vient pas...; அதின்மேலெனக்குமனசில்லை je ne désire pas cela, mon désir ne se porte pas sur cela; உன்மனசுனக்குச்சாட்சி la conscience est un témoignage pour toi; உன்மனசுக்குத்தெரியும் vous le savez bien, cela vous est bien connu; தன்மனசாய் selon sa volonté, à sa fantaisie: துர்மனசு, துன்மனசு mauvaise volonté, mauvais esprit, démon, répugnance.

*மனசுவி, (manasvi), attentif, intelligent. [attente, intelligence.

*மனசுவிதை, (*id.* tâ), espérance,

*மனசை, 1° (manasâ), la prétendue déesse மனசாதேவி. 2° *acc.* de மனசு.

*மனவிகாரம், (மனசு, விகாரம்), attention de l'esprit à ses sensations, sentiment de plaisir et de douleur.

*மனஸ்தாபம், (மனசு, தாபம்), *litt.* peine de la volonté, — du cœur, chagrin, regret, repentir, contrition, haine, rancune, — intérieure: உத்தம — contrition parfaite: அடிமை —, அடிமைக்குரிய — contrition servile, attrition; — ஆயிருக்கிறது être fâché, mécontent, brouillé, avoir de la rancune, — de la contrition; என்மேல் — ஆயிருக்கிறான் il est fâché contre moi; — வருவிக்கிறது donner de la contrition, causer du déplaisir, de la haine.

*மனஸ்விதை, *V.* மனசுவிதை.

மனதார, (மனது, ஆர), *V.* மனசார.

மனது, *P.* மனசு, volonté, esprit, cœur, âme: மனதிரங்குகிறது, மனதுருகுகிறது, *V.* மனமிரங்குகிறது; மனதில்லாமை, *V.* மனமில்லாமை; மனதுருக்கல், மனதுருக்கம் compassion, pitié, attendrissement, tendresse; மனதொழுக்கம், *V.* மனத்தொழுக்கம்; மனதின்தீக்குணம்-ம், les 3 mauvaises dispositions de la volonté, *i. e.* கொல்லநினைக்கை pensée de meurtre, காமப்பற்று affection pour la luxure, ஆசை cupidité; மனதின் நற்குணம்-ம் les 3 bonnes dispositions de la volonté, *i. e.* அருள்நினைவு pensée bienveillante, ஆசையறுத்தல் renoncement aux désirs, தவப்பற்று affection pour la pénitence, attachement à la mortification; மனதொப்பிக்கொடுக்கிறது *ou* வாங்குகிறது donner ou recevoir volontairement, de plein gré.

மனத்தழுக்கம், (மனத்து *obl.* de மனம், அழுக்கு), jalousie, envie.

மனத்தொழுக்கம், (*id.* ஒழுக்கம்), ordre mental, manière juste et régulière de penser, disposition des pensées, règles du raisonnement dites aussi அகத்திணை.

மனநொறுங்குகிறது, (மனம், நொறுங்குகிறது), le cœur être brisé, avoir la contrition, — le cœur brisé.

மனநோகிறது, (*id.* நோகிறது), avoir l'âme contristée, être peiné.

மனமடிகிறது, (*id.* மடிகிறது), le cœur dépérir, mourir de chagrin, sécher de tristesse.

மனமலருகிறது, (*id.* மலருகிறது), le cœur s'épanouir, être dans la joie, se réjouir intérieurement.

மனமுறிகிறது, மனமுறிகிறது, (*id.* முறிகிறது, முறிகிறது), le cœur se briser, avoir de l'aversion, — le cœur brisé, être accablé de chagrin, s'offenser: மனமுறியப்பேசுகிறது parler de manière à offenser, à indisposer, à chagriner, à blesser les sentimens.

மனமுறிக்கிறது, மனமுறிக்கிறது, (*id.*), briser le cœur, chagriner fortement, offenser, donner de l'aversion, dégoûter.

மனம், 1° (*P.* மனசு), volonté, cœur, âme, esprit, pensée, une des puissances ou facultés de l'âme dites உட்கரணம், et un des முப்பொறி. 2° (mnâ), mémoire. 3° (mana), nard indien, spicanard: 4° sel de roche dit இந்துப்பு — அடங்குகிறது, *V.* மனங்குவிகிறது; — அதிருகிறது l'esprit être agité, être ému; — அதிரப்பேசுகிறது parler de manière à émouvoir, à alarmer, à terrifier; — அலுக்கிறது l'esprit être fatigué, dégoûté, ennuyé; — இணங்கல், — இணங்குகிறது la volonté —, condescendre, se plier, s'accommoder, agréer, se réconcilier: — உவந்திருக்கிறது l'âme être dans la joie, l'allégresse; — உருகுகிறது l'âme s'attendrir, compatir; — ஒருமிப்பு concorde, union, — des cœurs; — கசிகிறது le cœur —, s'attendrir, compatir, le cœur se fondre; — கசிந்தழுகிறது s'attendrir et pleurer; — கரைகிறது

s'attendrir, s'affliger, compatir; —மலங்குவிப்போன் celui qui trouble l'esprit, *i. e.* Kâmen; —கனிகிறது le cœur —, s'attendrir, compatir; —குவிகிறது, —கூம்புகிறது la volonté se retenir, se contenir; —குறுகுகிறது s'attrister, *ou* —கோணுகிறது, —கோடுகிறது l'esprit prendre un mauvais pli, dévier, biaiser, se gâter; —கொதிக்கிறது l'esprit bouillonner, bouillonner de colère, de jalousie, s'emporter, se fâcher, s'enflammer d'ardeur; —கொள்ளுகிறது vouloir, concevoir l'idée, — le dessein, avoir la volonté; —சலிக்கிறது l'âme —, se dégoûter, s'attrister, s'ennuyer, avoir l'âme triste, être las, dégoûté, ennuyé; —சலியாதவன் homme infatigable, qui ne s'ennuie ou ne se dégoûte de rien; —தழைக்கிறது être satisfait, content; —தளம்புகிறது avoir l'esprit agité, être irrésolu; —தளருகிறது se relâcher, perdre courage, se décourager, être peiné; —திரிக்கிறது tourner l'esprit, faire changer d'avis; —திருந்துகிறது s'amender, se corriger, changer de sentimens, se convertir; —திருந்தல் changement moral, conversion, amendement, réforme; —திரும்புகிறது changer de sentimens, se convertir, se distraire; —திருப்புகிறது faire changer d'avis, convertir; —திரும்புதல் conversion, changement de sentimens; —திருப்பல், —திருப்புதல் action de convertir, de faire changer d'avis; —தீய்கிறது être consumé de douleur, être affligé, s'irriter; —தெளிகிறது les idées —, l'esprit s'éclaircir, recouvrer sa pleine connaissance, *ou* —தேறுகிறது se remettre, s'encourager, se fortifier; —படிகிறது concevoir —, avoir l'intention; —புழுங்குகிறது l'âme —, s'irriter; —பொங்குகிறது l'âme bouillonner, être transporté de colère ou de joie, s'emporter, s'irriter, se réjouir; —பொறுக்கிறது supporter patiemment, pardonner, prendre patience; —போனபோக்கு voie où la volonté se porte, — où l'on entre volontairement ou par caprice; — போனபோதெல்லாம்போகவேண்டாம் il ne faut pas suivre tous les caprices de son esprit; — வெறுக்கிறது l'âme abhorrer, avoir du dégoût, de l'aversion, *V. les autres composés au mot* மன.

*மன்வந்தரம், (manvantara), espace du règne d'un Manou, *V.* மநுவந்தரம்.

மனவிழி, symphonie, espèce d'air [ou de mélodie.

மனவு, pierre précieuse (en général), conque, chapelet de grains de conque, cauris, fausse perle, toile.

*மனனம், (manana), pensée, réflexion, considération: —பண்ணுகிறது contempler, méditer, considérer, réfléchir.

*மனாகுலம், (மனம், ஆகுலம்), [peine d'esprit.

*மனாகை, (manâkâ), éléphant femelle.

*மனாயி, மனாவி, (manâyi, manâ[vi]), la femme de Manou.

மனாவு, ceinture d'homme ou de femme dite அரைப்பட்டிகை.

*மனிஷன், *P.* மனுஷன், hom[me.]

*மனிஷி, *P.* மனுஷி, femme.

*மனிதன், *pl.* மனிதர், (manita), l'être qui pense, — doué d'intelligence, l'homme: மனிதகணம் la seconde classe des constellations par rapport aux 10 correspondances superstitieuses observées dans les mariages païens et dites கணப்பொருத்தம்; —சாதி la race —, l'espèce humaine: — ஜீவன் homme, être humain, vie humaine; — த்தன்மை humanité, manière humaine.

மனியாமணக்கு, *P.* மணியாம[ணக்கு.]

மனிலா, Manille, capitale des Philippines: —ஆத்தா cachimentier de Manille, l'arbre annona reticulata, dont le fruit se nomme cœur-de-bœuf, annone réticulée; —ப்பயறு la plante arachis hypogea, *V.* வேர்க்கடலை.

*மனீஷி, (manîchi), intelligent, [savant, pandit.

*மனீஷை, (manîchâ), intelligence, esprit.

*மநு, 1° *pl.* மநுக்கள், (manou,

de mana *comprendre*), Manou, (nom commun aux 14 gouverneurs des Manvantaras ou மனுவந்தரம், *i. e.* grandes périodes fabuleuses des Indous, pendant lesquelles chacun gouverne le monde pendant 306, 720, 000 années solaires égales à 71 âges des dieux, dans l'espace d'un kalpa ou கற்பம். Selon les Indous il doit y avoir 14 Manous qui gouvernent successivement. Jusqu'à présent, disent-ils, il y en a eu 6, savoir: சுவாயம்பு, சுவாக்கிருஷன் ou சுவாரோகிஷன், உத்தமன், தமசன், ou தாமசன், இரைவதன் ou இரேவதன், தாக்கிஷன் ou சாக்ஷுஷன். Celui qui est censé gouverner maintenant se nomme வைவச்சுதன்; les 7 autres à venir se nomment சூரிய—, தக்ஷ—, பிரம—, தர்ம—, உருத்திர—, உருசேய—, அக்கினிசாவருணி; en Sanscrit: Svâyambhouva, Svarôtchicha, Outtama, Tâmasa, Raïvata, Tchâkchoucha, Vaïvasvata, Soûrya —, Dakcha —, Brahma —, Dharma —, Roudra —, Routchêya —, Agnisâvarni), Manou célèbre législateur indien, auteur du code nommé மானவதருமசாஸ்திரம் ou code de Manou (on le confond avec சுவாயம்புவன் fils de Brahma et le 1er Manou), le code de lois Indiennes dit மானவம், justice, formule de prière ou d'enchantement, homme, l'être intelligent. 2° pétition, requête, prière, demande, faveur, — demandée, le poids dit மணங்கு d'environ 25 livres; —குலம், —க்குலம் la race de Manou, la race humaine, le genre humain; —க்கேட்கிறது, —க்கேட்டுக்கொள்ளுகிறது demander une grâce, une faveur; —க்கொடுக்கிறது, —க்கட்டளையிடுகிறது accorder une faveur, une requête; —ச்சக்கரவர்த்திகள் les Manous susdits gouverneurs des Manvantaras; —ச்சொல்லுகிறது supplier, demander une faveur, intercéder pour quelqu'un; —ச்சொல்லவழைக்கிறது appeler quelqu'un pour intercéder en sa faveur; —த்தரவேண்டும் je vous prie d'accorder —, il faut accorder la faveur demandée; —த்துவம் humanité, la nature humaine; —நீதி, —நூல், —நெறி, —முறை lois —, institutions de Manou, équité, justice, conduite droite, lois justes, — équitables; —நீதிதப்பாமலாளுகிறது régner sans s'écarter des lois de la justice; —ப்பலி sacrifice humain; —ப்பிறப்பு naissance humaine, incarnation; —ப்பிரளயம் déluge universel, qui, au dire des Indous, a lieu à la fin du règne de chaque Manou et dure 4, 320,000 ans; —ப்பெருத்தராச்சியம் royaume bien peuplé, — où la population s'est accrue; இந்தஊரில்—ப்பெருத்திருக்கிறது cette ville est devenue populeuse; —ப்பெறுகிறது obtenir la faveur demandée; —ப்பேசுகிறது intercéder, parler pour; —மக்கள் les hommes; —வவதாரம், (அவதாரம்), incarnation, — en homme; மனுவுக்குவருகிறது venir pour demander une grâce; ஒருமனுவிருக்கிறது avoir une grâce à demander; என்மனுவாயவனுக்கப்படிசெய்யும் montrez-lui la même faveur qu'à moi-même.

*மனுசன், (மனு, சன்), homme, *litt.* le fils de Manou, — de l'homme.

*மனுசேந்திரன், (மனுசன், இந்திரன்), le maître des hommes, *i. e.* roi, potentat.

*மனுசை, (மனு, சை), femme, [fille.

*மனுஷன், *P.* மனுசன், homme: மனுஷச்சந்தடி bruit d'une foule d'hommes, — de peuple; மனுஷசுபாவம் nature humaine; —பக்ஷணம் cannibalisme, anthropophagie; —ப்பதர் homme nul, bon à rien, incivil; —வவதாரம் *ou*

*மனுஷாவதாரம், (மனுஷன், அவதாரம்), incarnation, — en homme. — du fils de Dieu fait homme: மனுஷாவதாரம்பண்ணுகிறது, —வெடுக்கிறது s'incarner, se faire homme, prendre la nature humaine.

*மனுஷி, *fém. du préc.* femme.

*மனுஷியன், (manouchya), homme: மனுஷியத்துவம் humanité, nature humaine; — தருமம் devoir de l'homme; — தருமன் le bienfaisant envers les hommes, Koubèren prétendu roi des richesses; — சபை assemblée d'hommes; — யக்ஞம் devoir de l'hospitalité.

*மனுஷியதை, (மனுஷியன், tâ), V. மனுஷியத்துவம்.

*மனுஷீகம், மனுஷீகத்துவம், (மனுஷீகன், ika), humanité, nature humaine.

*மனுஷ்டன், P. மனுஷன், homme.

*மனுபு, (மனு, bhoû naître), homme.

*மனுராட்டு, (id. இராட்டு), le roi des hommes ou des suppliques, Koubèren prétendu roi des richesses.

*மனுவந்தரம், மனுவந்திரம், (மனு, அந்தரம்), durée prétendue du règne d'un Manou, ou 306, 720,000 années des mortels égales à 71 âges des dieux, ou, selon d'autres, une année divine dite தேவாப்தம். Entre chaque Manouvantara, il y a, au dire des Indous, un déluge universel de 4, 320,000 années ou 4 யுகம்; 14 Manouvantaras avec 13 intervalles de déluges font un kalpa ou கற்பம், i.e. 4,320,000,000 années, après lesquelles a lieu selon eux, la destruction générale du monde, pour recommencer une nouvelle création. Chaque Manouvantara est gouverné par un Manou particulier, et a son Indiren et ses dieux inférieurs propres.

மனுவர், 1° (மனு), hommes. 2° forgerons, maréchaux, artistes.

*மனுவுரு, (id. உரு), forme humaine: மனுவுருவல்லாமலுருவெடுத்து venir—, apparaitre sans une forme humaine.

மனை, maison, — comprenant une cour ou aire intérieure, des bâtimens, autour et un petit jardin, emplacement de maison, manei ou pièce de terre contenant 2400 pieds anglais carrés ou 223 mètres carrés (ou selon d'autres, 16 coujis ou குழி et 5/8) et propre à bâtir une maison indienne, femme, épouse, maîtresse de maison: — கொண்டு கட்டுவித்து acheter un manei et y bâtir; — கட்டுநிலம் emplacement d'une maison; — கிரயச்சீட்டு acte —, contrat de vente ou d'achat d'une maison ou d'un manei; — கிழத்தி femme —, maîtresse de maison; — சீட்டு titres d'une maison, — d'un emplacement de maison; — தக்காள் femme propre au ménage, maîtresse de maison; — தாயம் droit —, héritage de maison, habileté dans le ménage, persévérance dans la vertu domestique; — மாட்சி excellence —, qualités propres de la vie domestique; — மாட்சிக்குரியதிறம் causes de l'excellence de la vie domestique au nombre de 5 commençant par பேறு et finissant par அச்சமுற்றிருக்கல்; — முறி billet de vente —, titres d'une maison; — யறம் vertu domestique, — conjugale, vie conjugale; — வரி taxe du terrain d'une maison, (et non de la maison, ce qui se dit குடிமைவரி); — வாழ்க்கை, — வாழ்வு bonheur domestique, état de vie —, vie conjugale; — விருத்திச்செலவு dépense journalière de la maison; மனை யையொற்றிவைக்கிறது engager —, hypothéquer une maison ou un emplacement.

மனைகிறது, னைந்தேன், னேன், னை, னைய, P. மனைகிறது, faire....

மனைவர், (மனை), gens mariés: — அறம் vertus ou devoirs des gens mariés, i.e. ஈதல் donner l'aumône, ஏற்றல் mendier, காத்தல் conserver ou garder, ஒழுக்கம் bonne conduite, புணர்தல் user du mariage, துய்த்தல் manger ou jouir.

மனையாட்டி, மனையாள், மனைவி, (மனை), femme, épouse, maîtresse de maison.

*மனோ, (obl. ou adj. de மனசு manas, devant les lettres h, g, s, dj, d, n, b, m, y, r, l, v): — கதம் mouvement de la volonté,désir,pensée,idée: —கதி marche —, impétuosité de l'esprit, ardeur, emportement: — காரணம் opération intellectuelle: — கரம், (hara qui prend), chose attrayante, belle, aimable,agréable, qui plait à l'esprit, beauté, joie, désir, fantaisie;—கரி,(id.i), femme belle, aimable;— குலம், P. மனக்குலம் peine d'esprit, chagrin; — ஞானம், (djna qui connaît),beauté,plaisir intérieur, chose agréable; — சஞ்சலம் peine d'esprit,chagrin;—சலம்,—,சலனம் agitation, — émotion —, passion de l'âme; — சவம் vitesse de la pensée ou de l'intelligence, vivacité de l'âme,prudence;—சன், —சன்மன், V. மனோற்பவன்; —சாட்சி conscience, témoignage de l'âme;— சிலம், — சிலை espèce d'arsenic naturel rouge d'odeur de souffre et qui sert de remède; — தண்டம் répression de la volonté, mortification intérieure; — தத்தம் intention —, résolution de donner, litt. don de volonté ou d'intention; — தீதம், (அதீதம்), ce qui surpasse l'esprit ou l'intelligence;— துக்கம் peine d'esprit; — தைரியம் fermeté d'âme, courage, constance, effort d'esprit,—de la volonté; — நாசம் (prétendue) destruction de l'âme,— de la volonté; — நிர்ணயம் détermination de la volonté, résolution; — பத்தி dévotion de l'âme; — பலம் force d'âme, courage, fermeté; — பவம் ce qui nait dans l'esprit, pensée, — de l'esprit; — பவன், V. மனோற்பவன்; — பாஷிதம் discours de pensée, — avec soi-même, monologue;—பாவம் état—, nature —, condition de l'âme, état réel —, pensée actuelle de l'âme, péché de pensée;—பாவனை imagination,—de l'esprit; — பீடை tourment—, peine d'esprit, chagrin;—பு (bhoû naître), V. மனோற்பவன்;—புஷ்பம் chose agréable à l'âme, litt. fleur de l'âme;— பூசை sacrifice intérieur;—மயம்,—மயகோசம் exercice des facultés de l'âme dans l'action unie de la sensation;de la perception et de la réflexion, V. மனமயகோசம்;—மோகினி,V. மனோற்பவன்; — மோதம் plaisir de l'âme, chose agréable à l'esprit; — ரதம் le char de l'esprit, i.e. désir, convoitise, plaisir; — ராஜியம், (ரதம், ya), jouissance mentale d'une chose qui n'existe pas et qu'on se figure exister;— ரமை Manôramei déesse particulière des Djaïnas ou Bouddhistes, la prétendue déesse Mènaguei fille du mont Mèrou et femme du mont Himâlaya; — ரம்மியம் contentement de l'âme, satisfaction, plaisir; இதொன்று — ரம்மியமான பொருள் ceci est une chose qui me plaît beaucoup; — ராசி consentement, — de la volonté, agrément; —, ராச்சியம் royaume imaginaire, jouissance de l'esprit qui se figure être heureux et glorieux ou roi d'un grand royaume; — லயம் retenue de la volonté, répression de l'esprit, recueillement intérieur; — லவுலியம், — லௌலியம், (laoulya inconstance), caprice, fantaisie, boutade, vaine imagination; — வாக்கு pensée et parole; —வாக்குக்கெட்டாதது qui ne peut être atteint ni par la pensée ni par la parole, incompréhensible et ineffable; —விகாரம் inconstance —, changement de volonté, passion de l'âme, ou விசாரம், —விசாரம் chagrin, tristesse, — de l'âme; — வியாபாரம், விருத்தி opération de l'âme ou de l'esprit; —வேகம் vivacité de l'âme, de l'esprit ou de la pensée, ardeur, promptitude, impétuosité,emportement,colère; — வேகமாய் aussi vite que la pensée.

*மனோற்சாகம், மனோற்சாயம், மனோற்சாகம், மனோற்சாயம், (மனம், உச்சாகம், உச்சாயம், உற்சாகம், உற்சாயம்),effort de la volonté, force —, fermeté d'âme, promptitude,ardeur, bonne volonté: மனோற்சாயமாய் volontiers, spontanément, de son plein gré, avec ardeur, — fermeté.

*மநோகௌடம்,(மநோ,அடம்),plaisanterie, moquerie.

*மநோஜௌடீ, (மநோஜௌடம்), plaisant, plaisanterie: — சித்தம் caractère moqueur, — porté à la plaisanterie.

*மநோற்பவன்,(மனம்,உற்பவன்), celui qui est censé naître de la volonté, i.e. Kâmen ou l'amour.

*மநோற்பவமணி, (மனம், உற், மணி), surnom de Parvadi ou d'une சத்தி, mica ou talc: — சத்தம் sel de roche dit இந்துப்பு; — தாதம் mica, talc.

மன், 1° est une particule explétive: அதுமன் (மன்) கொண்கன்மன் தேரே c'est là le char du chef. 2° il marque modification: பண்டுகாடுமன் c'était autrefois une forêt, mais (aujourd'hui c'est une terre cultivée). 3° il marque ellipse, et indique le sens à compléter: கூரியதோர்வாள்மன் une épée tranchante (a tué bien du monde). 4° il marque par ellipse ce qui n'est plus; சிறியகட்பெறின் கொண்டுவந்தீயுமன்னே s'il avait obtenu un éléphant aux petits yeux, il nous l'aurait donné, mais (il n'est plus). 5° il marque l'abondance et signifie beaucoup: எந்தைதருகுவன்மன் notre père nous donnera abondamment, நெடியமன்மன் très-grand. 6° particule qui s'intercalle pour la formation du parfait de certains verbes: என்மனார் P. என்றார், ils ont dit. 7° roi, grandeur, fermeté, persévérance. 8° imp. et part. de மன்னுதல்.

மன்பதை, (மன், பதம்), grande foule de monde, le monde, nombreuse population.

*மன்மத,—வருஷம் la 29me année du cycle indien, correspondant à 1835 et 1895.

*மன்மதம், (manmatha), luxure, passion, désir, fête, l'arbre விளா.

*மன்மதன், (id.), Manmaden ou Kâmen, (fils de Vichnou et de Lakchimi et dieu prétendu de l'amour et de l'impudicité, le Cupidon indien: மன்மதபீடம் vulve, pudendum mulieris; —பாணம் flèche de Kâmen; —வேதனை les tourmens —, la passion de l'amour; மன்மதன்கூத்து la danse de Kâmen dite பேடு; —மகன் son fils அநிருத்தன்; —மனைவி sa femme இரதி; —ஐங்கணை les 5 flèches de Kâmen, V. பஞ்சபாணம்...

மன்விருத்தம், (மன்), genre de poésies ou de strophes dites ஆசிரியவிருத்தம்.

மன்ற, particule explétive signifiant emphase, certitude: மடவைமன்றவாழியமுருக O Mourouguen tu es certainement ignorant.

மன்றகம், assemblée.

மன்றம், assemblée, place de réunion pour traiter des affaires publiques, certitude, rue longue et droite, odeur, plaine campagne, lieu découvert, — public. [odeur.

மன்றல், mariage; longue rue,

மன்றாடுதல்,மன்றாடினேன்,மன்றாடுவேன், டு, ட, v.a. மன்றுதல், n.v. prier, supplier, implorer, demander.

மன்றாட்டம், மன்றாட்டு, n.v. du préc. prière, supplique, demande, pétition, requête, grâce —, chose demandée: — கேட்கிறது demander une faveur; மன்றாடக்கேட்போகிறது aller prier, — supplier: மன்றாட்டுக்கொண்டுவருகிறது venir prier, — supplier, — avec une supplique.

மன்று, lieu ouvert, place découverte, assemblée, tribunal, la salle dorée: — படுகிறது être manifesté, découvert; — படுதல் manifestation.

மன்றுளாடி, (மன்று, உள், ஆடி), celui qui danse dans les lieux découverts, i.e. Siven.

மன்றேவியில்லம், (மன், தேவி), demeure de la femme du roi, harêm, sérail.

மன்னல், opt. et n.v. de மன்னுதல், fermeté, stabilité, fixité, persévérance, état.

மன்னவன், மன்னன், pl. மன்னவர், மன்னர், (மன்), roi, seigneur, maître, propriétaire, souverain maître, la 26e constellation dite உத்தரட்டாதி:

மன்னர்பின்னோர் ceux qui viennent après les rois, les வைசியர் ou marchands qui forment la 3me caste, i.e. celle qui vient après les rajahs; மன்னர்மன்னன், —மன்னவன் roi des rois, roi qui a des rois tributaires, surnom de Douryôdhanen ou துரியோதனன்.

மன்னு, (manna latin), la manne que Dieu fit pleuvoir dans le désert pour la nourriture des Israélites.

மன்னிப்பு, P. மன்னிப்பு, pardon.

மன்னார், 1° n. app. et 3° pers. pl. nég. de மன்னுகிறது, gens qui—, ils ne s'unissent pas, ennemis, gens non fidèles. 2° île entre l'Inde et Ceylan, (nom de) Vichnou: —கோயில் temple de Vishnou, ville du Tanjaour.

மன்னிக்கிறது, னித்தேன், னிப்பேன், னி, னிக்க, v.a. மன்னித்தல், n.v. ou மன்னித்துவிடுகிறது, pardonner, accorder le pardon, excuser.

மன்னிப்பு, n.v. du préc. pardon, rémission: —கேட்கிறது demander pardon; —கொடுக்கிறது, —பண்ணுகிறது pardonner, remettre les fautes.

*மன்னியு, (manyou), adversité, détresse, chagrin, colère, sacrifice, grandeur, orgueil.

*மன்னியை, மன்னியாகை, (manyâ, manyâkâ), tendon de la nuque, nerf du cou, nerf qui donne le mouvement.

மன்னிறை, (மன், இறை), impôt: —இறுத்தல் payer les impôts au roi, c'est un des devoirs des laboureurs.

மன்னுகிறது, னினேன், னுவேன், னு, ன, v.a. et n. (மன்), மன்னுதல், n.v. relever, retrousser, — ses vêtemens pour passer une rivière..., être établi, ferme, stable, persévérer, s'unir, se joindre: சேலையைமன்னிக்கொள்ளுகிறது relever—, retrousser sa toile: மன்னிநிற்கிறது rester ferme, tenir bon; மன்னின, மன்னிய, part. ferme, stable. [ferme.

மன்னியன், (மன்னிய), homme

மன்னுயிரான், (மன்னு, உயிர்), l'être immuable, Dieu.

மன்னுயிர், 1° (மன், P. மனு, உயிர்), vie, âme de l'homme. 2° (மன் P. மன்னும்), âme, — qui survit au corps, vie animale, âme qui (selon les Indous) transmigre après la mort: மன்னுயிர்க்கிரங்குகிறது avoir pitié des âmes des hommes, avoir pitié des êtres vivans.

மன்னுலகம், மன்னுலகு, (மன்னு, உலகம்), le monde impérissable, i.e. le paradis, (en style païen) le monde des dieux. [douleur de l'âme.

மன்னோக்கி, (மன், P. மனம், நோக்கி),

மன்னை, 1° gorge, gosier, joue. 2° acc. de மன்: மன்னையைப்பிடிக்கிறது saisir à la gorge; —பிடித்துக்கொல்கிறது, saisir à la gorge et tuer (comme fait le tigre). [(மன், ஓ) est-ce le roi?

மன்னோ, 1° particule explétive. 2°

மா, 1° lettre syllabique composée de ம் et de ஆ, mâ long. 2° * sync. de மகா, grand. 3° * (mâ), Lakchimi, bonne fortune, richesse, bonheur, félicité, mesure, intelligence, milieu, ceinture de femme, lien, mère, rayon, lumière, éclat, beauté, mort, particule sanscrite exprimant la négation ou le doute, Sarasvati. 4° manguier, mangifera indica, farine, grains moulus ou pilés, un vingtième (dont la marque est ௰), animal (en général), cheval, sanglier, éléphant (mâle), scarabée, couleur, — noire, toile, habit, rizière, force, dégoût, aversion, arrière-faix, secondines, appel, invitation, clou, poussière, pollen des fleurs, grandeur, magesté, abondance, excellence, particule explétive qui suit l'impératif ou l'optatif, Ex. உப்பின்று புற்கையுண்கமா கொற்கைக்கோமான் ô roi de Korkei mangez la bouillie sans sel: நாலுமா quatre vingtièmes, i.e. 1/5; மாவாகவிடிக்கிறது piler de manière à réduire en farine; இடித்தமா farine de grains pilés; மாப்பிசைகிறது pétrir de la farine, — de la pâte; கட்டுமா, V. க

டுமோகாத்து கட்டுமோங்காய்க்குக்காத்தி ருக்கு பொட்டடாய்போலே காக்கிற து garder comme si on mettait des épines autour du manguier dont on lie les fruits, garder avec soin, v.g. un mari sa femme. [மா.

மாகக்கல், (மகாகல்), pierre brûlante, — de la forêt. [மா.

மாகாலம், la plante வேலிப்பருத்தி

*மாகண்டம், (மா, P. மகா), le 6e des 27 நட்சத்திரம் dit aussi திருவாதிரை.

*மாகதம், (மகதம்), chose —, production du royaume de Magadha.

*மாகதர், pl. மாகதர். (id.), habitans de Magadha, gens d'une caste issue d'un père வைசியன் i. e. marchand (ou même de condition servile) et d'une mère de caste royale, leur fonction est de chanter les exploits ou les louanges des rois et des héros, panégyristes, bardes, ménétriers.

*மாகதி, (id.), la langue de Magadha, espèce de Prâkrit dérivé du Sanscrit et qui ressemble fort au Pâli des Bouddhistes. Il y en a qui le regardent comme la langue primitive, sucre raffiné, poivre long, espèce de jasmin. [guier.

*மாசந்தம், (மா, சந்தம்), man-

*மாகம், (mâgha), le mois de மாசி, la 10me constellation dite மகம் (où la pleine lune arrive dans le mois de மாசி), air, atmosphère: மாசிஸ்நானம் bain censé sacré qu'on fait dans le mois de மாகம்.

மாகவம், l'arsenic préparé dit வெள்ளைப்பாஷாணம். [le, —énorme.

மாகரி, (மா grand), éléphant mâ-

*மாகலி, (mâkali), le cocher d'Indiren, Sandiren ou la lune.

*மாகனன், (mâ non, hana qui tue), homme qui ne tue pas, brame.

*மாகாகுலன், (மகா, குலம்), homme de haute caste.

*மாகாசனிகம், (மகாசனர்), chose propre aux grands personnages.

மாகாணம், (ind.), province, district de plusieurs villes ou villages sous un préfet ou un gouverneur, subdivision du district d'un நாடு. [1/80, i.e. un seizième.

மாகாணி, (மா, காணி), 1/20 plus

*மாகாத்மியம், மாகாத்மியம், (மகாத்மியம்), majesté, grandeur. [chose royale.

*மாகாராஜிகம், (மகாராஜர்),

மாகாளம், (மா grand), nom d'un lieu consacré à Siven.

மாகாளன், (id.), général de l'armée de Brama, (ou selon d'autres), d'Ayénar.

மாகாளி, (id.), la grande Kâli (femme de Siven et une des 7 மாதர்.) [domaine, états.

*மாகிலம், (மகிலம்), royaume,

மாகுந்தம், la plante முள்ளங்கி.

*மாகுலகர், (மா mort), les gens de la caste qui donne la mort, i. e. les வேடர் ou chasseurs, sauvages.

*மாகேசுவரி, (மகா, ஈசுவரி), la grande maîtresse, (en style païen), Dourgâ ou Parvadi, femme ou Sakti de Siven, et une des 7 மாதர்.

*மாகேந்திரம், (மகேந்திரன்), chose propre à Indiren, une des 10 observances superstitieuses du mariage. [மாகை.

*மாகை, 1° (mâhâ), vache. 2° P.

மாக்குதிரை, (மா cheval), litt. instrument de cheval, selle.

மாக்கல், மாக்கல்லு, (மா farine), blanc d'Espagne, craie, pierre à aiguiser, stéatite. [hommes.

மாக்கள், P. மக்கள், fils, enfans,

மாக்காப்பு, (மா), grande protection, V. கோதை.

*மாங்கலியம், (மங்கலம், ya), bonheur, i.e. tâli ou bijou d'or que les femmes mariées portent au cou en signe de mariage: மாங்கலியக்கயிறு cordon du tâli; — தாரணம், — தாரணம்பண்ணுகிறது attacher le tâli; — பிச்சை aumône —, don du tâli; vie du mari accordée comme aumône aux prières de sa femme.

மாங்கன், espèce de poisson, rognon.

மாங்கன்று, (மாம், கன்று), jeune manguier, manguier à peine germé, — encore tout petit.

மாங்காய், (*id.*), mangue encore verte, — non mûre, jabot ou gésier des oiseaux, rognon, — des quadrupèdes (parce qu'il ressemble à une jeune mangue): சவிச்ச — mangue bouillie, — qu'on fait bouillir; சவிப்பு — espèce de mangue d'un goût brûlant; — ஈரல் rognon, — des animaux; — ஊறிடுகிறது mettre —, faire confire des mangues; — வேவிக்கிறது faire bouillir des mangues; — ப்பூட்டு serrure qui ressemble à une mangue, cadenas.

*மாங்கிசம், மாம்ஸிஷம், மாங்கஷம், (mâmsa), chair, *V.* மாமிசம்.

மாசகற்றுகிறது, (மாசு, அகற்றுகிறது), ôter une tache, éloigner les souillures, — les fautes.

மாசக்காய், noix de galle, cassenole: — தின்றவன்போலேபேசுகிறது parler comme un homme ivre, *litt.* comme un homme qui a mangé une noix de galle.

மாசக்கம், (மாசு, அக்கம்), règles des femmes, *litt.* corps impur.

*மாசம், (mâsa), mois (dont le signe abréviatif est மீ): மாசத்தாயம் impôt —, taxe mensuelle, paiement par mois; — சாதம் âge d'un mois; — மாசம் année; — விடாய், — விலக்கு menstrues, flux menstruel; — விடாயுள்ள ou விலக்குயுள்ள ஸ்திரீ femme qui a ses règles. Les 12 mois tamouls sont: சித்திரை avril, வைகாசி mai, ஆனி juin, ஆடி juillet, ஆவணி août, புரட்டாசி septembre, ஐப்பசி octobre, கார்த்திகை novembre, மார்கழி décembre, தை janvier, மாசி février, பங்குனி mars. Chaque mois tamoul commence maintenant du 10 au 16 du mois européen correspondant, et finit du 10 au 16 du mois suivant. Pour avoir la correspondance des mois tamouls et des mois européens, voyez notre தெநெநட்புஞ்சாங்கம் et les notes que nous avons mises à la grammaire de Beschi chap. 5 § 4. Les noms sanscrits de ces mois sont சைத்திரம், வைசாகம், சேட்டம், ஆஷாடம், சிராவணம், பாத்திரபதம், ஆசுவீசம், கார்த்திகை, மார்க்கசிரம், புஷியம், மாசம், பற்குனம்; mais les mois tamouls sont des mois solaires et devraient corespondre exactement aux signes du zodiaque, tandis que les mois sanscrits sont des mois lunaires; et cette sorte de mois s'observe dans le nord de l'Inde et chez les Télingas et les Canaras. Les mois du Maléalam correspondent parfaitement avec les mois tamouls, mais ils prennent le nom du signe du zodiaque où se trouve alors le soleil et qui correspond à ce mois. Voici un tableau des mois tamouls, européens, maléalams, sanscrits avec les signes du zodiaque et les constellations indiennes corrélatives.

Mois tamoul.	— européen.	Signe du zodiaque.	Mois sanscrit.	Constellation.
சித்திரை.	Avril.	மேஷம், Bélier.	சைத்திரம்.	சித்திரை.
வைகாசி.	Mai.	ரிஷபம், Taureau.	வைசாகம்.	விசாகம்.
ஆனி.	Juin.	மிதுனம், Gémeaux.	சேட்டம்.	மூலம்.
ஆடி.	Juillet.	கர்க்கடகம், Cancer.	ஆஷாடம்.	உத்தராடம்.
ஆவணி,	Août.	சிங்கம், Lion.	சிராவணம்.	அவிட்டம்.
புரட்டாசி,	Septembre.	கன்னி, Vierge.	பாத்திரபதம்.	பூரட்டாதி.
ஐப்பசி.	Octobre.	துலாம், Balance.	ஆசுவீசம்.	அச்சுவினி.
கார்த்திகை,	Novembre.	விருச்சிகம், Scorpion.	கார்த்திகம்.	கார்த்திகை.
மார்கழி.	Décembre.	தனுசு, Sagittaire.	மார்க்கசிரம்.	மிருகசீரிடம்.
தை.	Janvier.	மகரம், Capricorne.	புஷியம்.	பூசம்.
மாசி.	Février.	கும்பம், Verseau.	மாசம்.	மகம்.
பங்குனி.	Mars.	மீனம், Poissons.	பற்குனம்.	உத்திரம்.

Comme on peut le voir dans cette table, plusieurs mois tamouls et sanscrits prennent leurs noms de la constellation lunaire opposée au soleil, et dans laquelle la lune se trouvera pleine dans ce mois; ainsi dans le mois de சித்திரை ou avril, le soleil se trouve dans le signe du Bélier dit மேஷம் qui est le 1er des 12, et la lune sera pleine dans la 14e constellation dite சித்திரை opposée au Bélier. Les années télingas sont luni-solaires. Chaque mois commence à la nouvelle lune et par conséquent ils ne peuvent s'accorder avec les mois tamouls. De plus l'année lunaire étant de 11 jours plus courte que l'année solaire de 12 mois, il faut, pour compenser, faire de temps en temps une année de 13 mois. Leur mois dit சைத்திரம் commence à la nouvelle lune qui précède சித்திரை, c'est à dire à la nouvelle lune qui a lieu dans le mois de பங்குனி; c'est pourquoi ces mois lunaires peuvent être en avance de près d'un mois sur le mois solaire tamoul. Le mois lunaire qui correspond au mois solaire, commence toujours dans le mois solaire précédent et finit dans le mois solaire qui lui correspond dans le tableau ci-dessus. Lorsque 2 mois lunaires commencent dans un même mois solaire, ils prennent tous deux le nom qui correspond au mois solaire suivant; pour les distinguer on ajoute devant pour le 1er le mot அதிக surnuméraire, et pour le 2e le mot நிஜ propre. Lorsque dans un mois solaire il n y a pas de nouvelle lune, le mois lunaire correspondant est omis: de là des années lunaires de 13 mois qui ont 2 mois doublés et un omis. [crocodile.

*மாசலம், (mâtchala), maladie,

*மாசகன், (id.), voleur.

மாசறல், மாசறுகிறது, (மாசு, அறுகிறது). être purifié de ses taches ou de ses fautes, être sans tache, innocent, pur, innocence, pureté, bien: மாசற்ற sans tache, pur, innocent.

மாசனங்கள், (மா grand), et மாசனங்கள், litt. les grands, les grandes gens, brames séculiers, chefs de villages et cultivateurs.

மாசாதம், (மா farine), bouillie, —épaisse dite களி.

மாசாத்துவன், le père de கண்ணகை femme de Krichna.

*மாசாந்தம், (மாசம், அந்தம்), le dernier jour —, la fin du mois, la nouvelle lune (dans les mois lunaires).

*மாசாந்தரம். (id. அந்தரம்), chaque mois, mensuellement.

மாசாரம், (மா grand), espèce d'enchantement magique.

மாசாளி, V. மசவளி.

மாசி, le mois de mâsi, février-mars, la 10me constellation dite மகம், nuage, brouillard, bruine, nouvelle chaussée de rizière: மேகமாசி nuage, qui donne de la bruine; கொண்டுமாசிகள் nuages qui s'envolent.

*மாசிகம், (மாசம், ika), cérémonie faite 30 jours après la mort de quelqu'un et ensuite chaque mois pendant la 1re année, chose mensuelle, — qui se fait chaque mois ou à la fin de chaque mois, chose qui dure un mois, espèce de liqueur enivrante: — கொடுக்கிறது, — பண்ணுகிறது faire la cérémonie funèbre de chaque du mois.

*மாசிகை, (mâtchika), mouche, volatile.

மாசிங்கம், 1° (மா), grand lion. 2° P. மிருகசிருங்கம், corne de cerf.

மாசிபத்திரி, (மாசி), la plante artemisia indica.

மாசிமகம், (id. மகம்), la fête dite மாசிமகம்.

*மாசியம், (மாசம், ya), V. மாசிகம்.

மாசிலிப்பட்டணம், (de மசிலிப் பட்டணம்), la ville de Masulipatam.

மாசு, tache, souillure, saleté, faute, flétrissure, noirceur, petitesse, bagatelle, pluie, nuage: மாசற்ற, மாசில்லாத pur, innocent, sans tache: மாசற்றது, மாசற்றவன் ce qui —, celui qui est pur, sans tache; மாசி

சிலாசிசுக்குழந்தைகள் les saints Innocens; — நீக்குபவன் celui qui ôte les taches, barbier; — மறைந்திருக்கொள் விட்டிருக்கிறது un nuage a caché (le soleil ou la lune). [க்கு.

மாசுவம், (மா), le concombre பீர்

மாசுணம், (மா, சுணம்), grand —, serpent.

மாசூல், (ind.), produit —, revenu d'un champ, toute sorte de grains, perception d'impôts: — பாக்கி arriéré des revenus ou des impôts.

மாசேனன், (மா, சேனை), celui qui a une grande armée, Dieu, Arouguen, Mourouguen, Vichnou.

மாசேனை, (id.), grande armée, multitude, abondance.

மாசை, or.

*மாச்சரியம், V. மாற்சரியம்.

மாச்சல், P. மாய்ச்சல்,

மாச்சாதம், V. மாசாதம்.

மாச்சி, la plante பாம்புகொல்லி,

*மாச்சிகன், (மச்சியம், ka), pêcheur.

மாச்சிலை, (மா, சிலை), V. மாக்கல்.

மாச்சு, fers, entraves: — போட்டுத் தாக்கு, dat. mettre les fers.

*மாஷகம், (மாஷம், ka), espèce de poids d'orfèvre.

*மாஷம், [mâcha], espèce de pois dit உளுந்து, phaseolus radiatus, maladie cutanée, V. மாஷகம்: மாஷ பருணி arbrisseau légumineux, glycine debilis; — வருக்கிகன், — வர்த்தகன் joaillier, bijoutier, orfèvre.

*மாஷியம், மாஷீணம், (மாஷம்), champ de pois dits phaseolus radiatus. [stupide.

*மாஷன், (id.), insensé, lourdeau,

மாசிலை, gén. மாசிலைதனின், P.

மாசம், mois.

மாஞ்சாலம், P. மாசாலம்.

*மாஞ்சி, (mâmsi), racine d'herbe fibreuse et odoriférante, spicanard, nard indien dit சடாமாஞ்சி.

மாஞ்சில், (id.), sorte de remède, V. மாஞ்சி.

மாடகம், cheville ou goupille de luth, — qu'on tourne pour en tendre les cordes.

மாட்டிக்கிறது, (மாடு), battre —, tuer un bœuf...

மாடம், 1° maison, portique, niche, — dans un mur pour mettre une statue, creux ou enfoncement dans un mur pour mettre une lampe, trou dans un mur pour nid de pigeons. 2°* P. மாஷகம். 3° (mâta) route. 4° (mâda), poids, quantité: பி ள்ளையார் — niche de l'idole de Poulléyar (chez les Sivénistes); விளக்கு மாடம் ou மாடக்குழி niche ou enfoncement pour une petite lampe (ordinairement en terre cuite); மாட மாளிகை palais; — ப்புறா pigeon domestique, — qui fait son nid dans un trou de mur; — ப்புறாக்கால்வலியிற் ம் la plante அமுக்கிரா.

*மாடரன், (mâtara), un des serviteurs du soleil, le poète வியாசன், nom d'un mouni, distillateur.

மாடல், action de faire.

*மாடன், P. மாஷன்.

*மாடி, 1° (mâdi), palais. 2° (mâdhi), gêne, détresse, pauvreté, bourgeon, ou pousse des nouvelles feuilles, colère, double dent, bord de vêtement. [min.

*மாடியம், (mâtya), route, che-

மாடு, gén. மாட்டின், obl. மாட்டு, l'espèce bovine (comprenant) bœuf, taureau, vache, buffle, bufflonne, bête à cornes, place, côté, pierre précieuse, — précieuse plate, — large, or, dot, félicité, prospérité: கறக்கிற — vache à lait; என்வீட்டுமாடேவா viens à ma maison, — chez moi; — மேய்கிறது les bœufs paître; — மேய்க்கிறது faire paître les bœufs; — மேய்க்கிறவன் bouvier, vacher, pâtre; மாடோட்டுகிறது faire courir —, conduire —, chasser les bœufs.

மாடை, (மாசை), or, pièce d'or, — pesant une demi-pagode, s'élargir et se replier en dedans: — க்கொம்பு மாடு animal qui a les cornes repliées en dedans; — ப்பணம் demi-pagode.

மாட்சி, மாட்சிமை, (மாண்), grandeur, excellence, gloire, bravoure, accroissement: பகை—,combat glorieux, — souteuu avec bravoure.

மாட்டடி,(மாட்டு,அடி),pied —, trace de bœuf, coup de bœuf, V. குளம்பு.

மாட்டல்,opt.et n.v. de மாட்டுகிறது, action de boutonner..., accrochement...

மாட்டறைகிறது,(மாட்டு,அறைகிறது), écrire en bas d'un billet.

மாட்டாணிக்கோல்,(id.ஆணி),aiguillon —, bâton pour conduire les bœufs.

மாட்டாதார்,மாட்டார்,n.app.nég. de மாட்டுகிறது,gens incapables.

மாட்டி,gér.de மாட்டுகிறது.

*மாட்டியம், V.மாடியம்.

மாட்டிலையான், (மாட்டு, இலையான்), V. மாட்டீ.

மாட்டிறக்கம், (id. இறக்கம்), endroit où les bœufs descendent à l'eau dans une rivière, un étang...

மாட்டிறைச்சி, (id. இறைச்சி), viande de bœuf ou de vache:—பண்டு இல்லையன் றுமின்றும்வேதியர்,—யல்லவோமாக்கறிக்கிட்டுண்கிறது et autrefois et aujourd'hui les brames, (dit-on), ne mangent point de viande de bœuf, mais n'est-ce pas de la viande de bœuf (l'assa-fetida)que l'on coupe et que l'on met dans le ragoût de légumes. [bœuf.

மாட்டீ, (id. ஈ), taon,mouche de

மாட்டு, 1° imp.et part.du suiv. 2° obl.de மாடு: — க்கிடை parc de bœufs ou de vaches, troupeau de bœufs parqués; — க்கொட்டில் étable à bœufs ou à vaches; — க்குளம்பு corne du pied des bœufs ou des vaches; — க்கொம்பு corne de bœuf ou de vache; — த்தாள் papier grossier;— ப்பல் dent de bœuf, large dent; — மூலைக்காளான் espèce de champignon; மாட்டெடுத்தெறிதல் passer en jetant à côté, i. e. renvoyer ou attribuer les qualités d'une chose à une autre qui en est susceptible.

மாட்டுகிறது,ட்டினேன், ட்டுவேன், ட்டு,ட்ட, v.a. et n. மாட்டுதல் n.v. boutonner, agrafer, attacher, accrocher, attraper, clouer, fermer, introduire, entortiller, entrelacer, enfiler, emmêler, rosser, mettre du bois dans le feu, se revêtir, mettre, s'accrocher,s'emmêler,être embrouillé, embarrassé, entortillé, emmêlé, mêlé,se prendre à un piége..., (de plus au futur ou au négatif),pouvoir, vouloir, consentir: இவனை நன்றாய்மாட்டினான் il l'a bien embarrassé, bien rossé; மாட்டிவிடுகிறது, —வைக்கிறது accrocher,attacher,ou —க்கொள்ளுகிறது mettre aux fers, —les entraves; மாட்டிக்கொள்ளுகிறது se prendre, s'accrocher, s'embarrasser, s'entortiller; இதைநான் செய்ய மாட்டுவேனோ pourrai je faire cela? மாட்டேன் je ne puis pas, je ne veux pas;பாடமாட்டேன் je ne veux pas—,je ne puis chanter, je ne chanterai pas; அதைச்செய்ய மாட்டேனென்றான் il a refusé de faire cela;மாடெழுந்திருக்கமாட்டாது le bœuf ne peut se lever;மாட்டாமற் போகிறது ne pouvoir pas, ne vouloir pas,s'en aller sans pouvoir ou sans vouloir, s'excuser,refuser de faire.

மாட்டுவிக்கிறது,v.caus. du prés., faire boutonner..., embrouiller, embarrasser,emmêler,attraper,faire tomber dans le piége: பறவையை வலையிலே —faire tomber—,attraper un oiseau dans un filet.

மாட்டேற்று, (id. ஏற்று), supprimer, mettre dehors, faire un renvoi: —ச்சொல் mot qu'on peut supprimer par ellipse comme ஆகிய... [illustres, vénérés, sacrés.

மாணடி, (மாண், அடி), pieds

மாணம்,(மாண்),excellence,grandeur,honneur: நாணமுமில்லை மாணமுமில்லை il n'y a ni honte ni honneur.

மாணல், opt.et n.v. de மாணுகிறது,excellence, grandeur,bonté, bien. [collier de 20 cordons.

*மாணவகம்,(mânavaka),science.

*மாணவகன், (id.), enfant,—de 8 à 16 ans, écolier, élève, jeune brame étudiant, ignorant, sot, courtaud, nabot.

*மாணவன், (mânava), enfant, homme, — petit, courtaud, nabot.

*மாணவ்வியம், (mânavya), troupe d'enfans, enfance, caractère d'enfant.

மாணாக்கன், pl. மாணாக்கர், sync. de மாணவகன், écolier, élève, disciple, étudiant: ஒருசாலைமாணாக்கர் les élèves d'une classe.

மாணாமை, n.v.nég. de மாணுகிறது, être sans gloire, ne pas exceller, n'être pas bon.

மாணார், n.app. nég. du même, gens qui ne sont pas bons, ennemis.

மாணி, 1° jeune brame, étudiant non marié, pénis, viri genitalia, V. குறள். 2° gér. de மாணுகிறது: — க்குடி nom d'une ville au sud de la presqu'île; — யரிகிறது couper le pénis, rendre eunuque, châtrer.

*மாணிகை, (mânikâ), poids de 8 பலம்.

மாணிக்கத்தாள், (மாணிக்கு, அத்தாள்), prostituée, suivante d'une dame, — d'une femme honnête,

*மாணிக்கம், மாணிக்கியம், (mânikya), rubis, pierre précieuse rouge, escarboucle, pierre précieuse en général: மாணிக்கத்திரம் pierre précieuse excellente, — très-brillante, escarboucle employée, dit-on, dans le palais des rois pour servir de flambeau ou plutôt de lustre; — மோதிரம் anneau garni d'un rubis; — வாசகர், — வாசகர் nom d'un célèbre poète sivéniste qui vivait à திருவாதவூர் et auteur des poèmes païens intitulés திருவாசகம் et திருச்சிற்றம்பலக்கோவை.

*மாணிபந்தம், மாணிமந்தம், (மணிபந்தம், மணிமந்தம்), sel, sel de mer.

மாணுகிறது, ணினேன், ணுவேன், ணு, ண, v.n. (மாண்), et மாணுதல், n.v. être grand, illustre, glorieux, bon, excellent, exceller.

மாண், 1° n.v.imp. et part. du préc. grand, illustre, glorieux. 2° grandeur, excellence.

மாண்டு, 1° part. de மாள்கிறது, mort: மாண்டவன் homme mort. 2° adj. part. de மாண்டல், grand, illustre, qui possède.

மாண்டல், exceller, être grand, distingué, grandeur.

மாண்டவர், மாண்டார், மாண்டோர், 1° n.app. de மாண்டல், gens distingués, illustres, supérieurs, grands. 2° n. app. de மாள்கிறது, les morts.

மாண்டு, gér. de மாள்கிறது.

மாண்டூக்கம், un des 32 உபநிடதம்.

மாண்போர், V. மாண்டார்.

மாண்பு, n. v. de மாணுகிறது, beauté, grandeur, excellence.

*மாதங்கம், (mâtanga); éléphant, l'arbre அரசு, bijou du front.

*மாதங்கர், (id.), gens vils, dégradés, vauriens, pl. de

*மாதங்கன், (id.), homme vil, dégradé, chassé de caste, vaurien, montagnard, chasseur ou வேடன், sauvage, barbare, cordonnier né d'un வேடன் ou chasseur et d'une femme de caste royale.

*மாதங்கி, fém. du préc. la montagnarde, ou la barbare, — Kâli ou Dourgâ, Mâtangui, femme de வீரபத்திரன். [route, punition...énorme.

மாதண்டம், (மா), massue, grande

*மாதம், 1° P. மாசம், mois. 2° (mâtha), action de baratter, meurtre, tort, dommage, chemin. 3° (mâda), joie, extase, grandeur, orgueil, enivrement: மாதக்கடை fin du mois; மாதகுதகம், — தூரம், — தீட்டு menstrues ou règles des femmes; — சங்கிராமம், — பிறப்பு commencement du mois ou passage du soleil d'un signe dans un autre pour les mois solaires; — பிசகு erreur de mois, — dans la computation des mois; — பபுறு onocrotale ou pélican, oiseau aquatique qui ne reste dans le pays que pendant les 6 mois de la saison humide; — வறுதி, (அறுதி), fin du mois; — விடாய், — விலக்கு, — விடாய் menstrues, règles des femmes; — விடாய் ou [illegible]

femme qui a ses règles; — மாதக்கிரம la table donnant la longueur des mois en jours, heures et minutes indiennes.

மாதங்கி, *P.* மாதங்கம், Kâli.

மாதர், 1° beauté, désir, concupiscence, luxure, particule explétive dite இடைச்சொல். 2° *pl. de* மாது *ou* மாதிரு, femmes, prétendues déesses, mères: மாதர்க்கிளையாட்டு jeu lascif de femmes, ou avec les femmes; மாதர்கள்-ஏ les 7 mères ou femmes célèbres, *i. e.* les 7 Sakti, énergies ou femmes des principaux dieux, savoir: அபிராமி *ou* பிராமி femme de Brama, மயேச்சுவரி *ou* மாயேச்சுவரி femme de Mahèsvaren ou Siven, கௌமாரி femme de Koumaren, நாராயணி femme de Narayanen ou Vichnou, வராகி ou la truie, femme de Varâguen, *i.e.* de Vichnou métamorphosé en cochon, இந்திராணி femme d'Indiren, காளி femme de Virabhadra வீரபத்திரன். Les montures de ces 7 femmes sont, dans le même ordre: அன்னம் le cygne, இடபம் le taureau, மயில் le paon, கருடன் le milan à tête blanche, சிங்கம் le lion, யானை l'éléphant, பேய் le diable. Leurs armes respectives son மறை ou வேதம் le livre de la loi ou les vêdas, வில் l'arc, வேல் la lance, ஆழி *ou* சக்கரம் la roue ou l'arme circulaire, கலப்பை la charrue, வச்சிரம் la foudre, சூலம் le trident. Qu'il serait beau de voir madame la truie à cheval sur un lion et tenant pour arme une charrue à la main! tel est le délire de l'imagination des Indous aveuglés par le paganisme. Le dictionnaire sanscrit donne 2 autres listes chacune de 8 மாதர், savoir: பிராமி, மயேச்சுவரி, வைஷ்ணவி épouse de Vichnou, இந்திரி épouse d'Indirèn, வாராகி, கௌமாரி, கௌபேரி *ou* சாமுண்டை épouse de குபேரன் et சர்ச்சிகை Tchartchikâ épouse de Siven dans une de ses incarnations inférieures. L'autre liste les appelle மயேச்சுவரி, பிராமி, நாராயணி, இந்திரி, வாராகி, கௌமாரி, நாரசிம்மி femme de Vichnou métamorphosé en நரசிங்கன் ou homme-lion, et அபராஜிதை ou l'invincible, femme d'அபராஜிதன் ou Siven. D'autres listes enfin mettent les மாதர் au nombre de 16.

மாதர்க்குணர்ச்சலம், (மாதர்), souffre, *litt.* l'eau qui a le caractère des femmes.

*மாதலி, (mâtali), Mâdali, cocher d'Indiren, servante de Dourgâ.

*மாதழுங்கம், *P.* மாதுளுங்கம், grenadier.

*மாதவம், 1° (mâdhava), douceur, liqueur spiritueuse, — fermentée, callou, printemps, le mois de வைகாசி. 2° (மா), grande pénitence, — austérité.

*மாதவன், 1° (மாதவம்), le prétendu dieu du printemps, *i.e.* Kâmen. 2° (மா), le mari de Lakchimi, *i.e.* Vichnou ou Krichna. 3° (மா, *P.* மகா), grand pénitent, *pl.* மாதவர் grands pénitens, — mounis, sages austères.

*மாதவி, (mâdhavi), sucre candi, — raffiné, mélasse, jagre ou sucre de palmier, liqueur spiritueuse, grande plante rampante dite குருக்கத்தி, jasmin du printemps ou gaertnera racemosa, messagère, entremetteuse, danseuse ou bayadère, la fameuse துர்க்கை ou Dourgâ, le basilic துளசி, Mâdhavi femme d'அருச்சுனன் et sœur de Krichna, — femme de மாதவன் ou Krichna, la concubine du marchand nommé கோவலன்: — கேள்வன் — கொழுநன் le mari de Mâdhavi, *i.e.* Krichna, ou Aroutchounen; — வனம் gærtnera racemosa.

மாதளை, (மாதுளுங்கம்), grenadier punica-granatum; *l adj.* est மாதளம்: மாதளஞ்செடி. மாதளமரம் grenadier: மாதளம்பூ fleur de grenadier; மாதளம்பழம், — கனி grenade mûre; மாதளங்காய் grenade non mûre; மாதளக்கல் pierre de couleur de jeunes feuilles de manguier. [bois servant de poutre...

மாதந்தி, (மா), grande pièce de

*மாதனம், (mâdhana), clou de girofle, délice, enivrement.

*மாதா, (mâtâ), mère, surnom de Parvadi;—பிதா père et mère, le père de la mère;—மகன், (mahâ *grand*), grand-père maternel; —மகி, (*fém.*), grand'mère maternelle.

*மாதாந்தம், (மாதம், அந்தம்), fin du mois. [drome, manguier.

மாதி, course circulaire, hippo-

மாதிகம், (மாதி), route—, course de chevaux.

மாதிசை, (மா *grand*), la grande période ou l'état important, division astrologique de tout le cours de la vie humaine: On en compte 9, savoir: சூரிய —, சந்திர—, செவ்வாய்—, இராகு—, குரு—, சனி—, கேது—, புதன்—, சுக்கிரன் மாதிசை; மாதிசை ஒரு நூற்றிருபது les 120 divisions astrologiques de l'année, ou les 120 ans relatifs à la division susdite. [க.

மாதிபோதி, le chardon நெருஞ்சி

மாதிரம், air, atmosphère, région —, côté du monde, terre, sol, cercle ou province, montagne, éléphant.

மாதிரி, (mâtri *mère*), comparaison, ressemblance, exemple, modèle, manière, échantillon, spécimen, *V*. அதிவிடயம்: —காண்பிக்கிறது montrer un échantillon, donner l'exemple;—வைக்கிறது mettre un exemple, un modèle.

*மாதிரிகை, (mâtroukâ *mère*), exemple, modèle, original (d'un livre..., opposé à புத்திரிகை la fille ou la copie).

மாதிரிப்பாக்கம், nom d'une ville du Sud: மாதிரிப்பாக்கத்துச்சல்லாச் சேலை toile fine—, mousseline de cette ville.

*மாதிரு, (mâtrou), mère,— prétendue divine, ou énergie personnifiée d'un dieu indou et regardée comme sa femme, (voyez-les au mot மாதிருக்கள்-ள்), vache, bramine, fille ou femme de caste brame, la terre, Lakchimi, Rèvati ou இரேவதி, l'air, l'espace;—கடுகன், (ka *tête*, tchhida *qui coupe*), Parasouramen qui a coupé la tète à Rèvati sa mère;—காதகன் matricide, Indiren;—காமி (*qui va avec*), fils incestueux; —கேசடன், (Kèsata *frère*), oncle maternel;—கோத்திரம் famille de la mère, ligne maternelle; —சாசிதன், (sâsita *gouverné*), ignorant, benêt que sa mère est obligée de conduire;— பக்கம், —பக்கம் côté maternel;—பந்து parent du côté maternel;—முகன் lourdaud, insensé, ignorant. [de la mère.

*மாதிருகம். (மாதிரு, ka), chose

*மாதிருகன், (*id.*), oncle maternel.

*மாதிருகை, (*id.* kâ), mère, nourrice, déesse, alphabet, son, note, voyelle, *V*. அக்ஷரம்.

மாதிரை *P*. மாதிரிகை.

மாது, 1° (மாதிரு), femme, désir. 2° particule explétive: விளிந்தன்று மாதவர்த்தெளிந்தவென்னெஞ்சே alors a dépéri mon cœur qui avait mis sa confiance en lui.

மாதுங்கம், *P*. மாதுளுங்கம், espèce de citronnier ou de grenadier dit கொம்மட்டிமாதளை.

மாதுபாகம், topaze.

*மாதுரி, மாதுரியம், (மதுரம், i, ya), douceur, — extrême, amabilité.

*மாதுரு, (மாதிரு), mère: —கமனம்,—காமம் inceste avec sa propre mère, c'est un des 9 grands crimes dits பாதகம்-ள்; -பூதேசுவரர், (bhoûta *devenu*, ஈசுவரன்), le dieu prétendu devenu mère, *i.e.* Siven, qui, au dire de la fable, se changea en truie pour nourrir de petits cochons privés de mère;— மட்டை la principale branche de cocotier...

*மாதுலங்கம், *P*. மாதுளுங்கம், grenadier.

*மாதுலம், (mâtoula), la plante ஊமத்தை datura, serpent bariolé.

*மாதுலன், (*id.*), oncle maternel, beau-père: மாதுலபுத்திரன் *ou*

*மாதுலபுத்திரன், (மாதுலன், புத்திரன்), cousin, fils de l'oncle maternel. [pent bariolé.

*மாதுலாகி, (மாதுலம், அகி), ser-

*மாதுலானி, மாதுலி, மாதுலை, (மாதுலன்), femme de l'oncle maternel. [d'Indiren.

*மாதுலி, (mâtouli), le cocher

*மாதுலுங்கம், (matoulounga), grenadier, citronnier commun, citrus medica.

*மாதுவம், மாதுவகம், மாதுவி, மாதுவிகம், (mâdhvaka, mâdhvi, ika), liqueur spiritueuse, — distillée des fleurs du bassia latifolia ou இருப்பை, callou ou toddi.

*மாதுளங்கம், மாதுளம், மாதுளை V. மாதுலுங்கம்.

மாதுருப்பு, (மாது, உருப்பு), ornement du front.

மாதேவன், (மா), le grand Dieu, (en style païen) Siven, un des 11 உருத்திரர்: மாதேவபட்டணம் la ville du grand Dieu, nom d'une ville à l'extrémité sud de l'Inde.

மாதேவி, (id.), la grande déesse (en style païen), Pârvadi, nom d'une plante dite சிதேவியார்.

மாதொருபாகன், (மாது, ஒரு, பாகம்), celui qui est moitié femme, *i.e.* Siven. [(மாது, ஓ), est-ce une femme?

மாதோ, 1° particule explétive. 2°

மாதோல், (மா, *P.* மார்), peau de la poitrine.

மாத்தனை, (மா), grande convenance, splendide, très-beau.

*மாத்தியம், மாத்தியமம், (மத்தியம ma), milieu: மாத்தியஸ்தம் état mitoyen, indifférence pour les objets terrestres, *ou* மாத்தியஸ்தியம் médiation, intercession.

மாத்தியாகி, (மா, தியாகி), grand ascète, espèce de sage. [midi.

*மாத்தியானம், (மத்தியானம்),

*மாத்திரம், (mâtra), quantité, mesure, isolement, seul, seulement, uniquement, le tout, chose entière, type primitif et invisible de la matière élémentaire visible, *V.* le dernier sens de மாத்திரை. Après un participe மாத்திரத்தில் signifie aussitôt que, dès que, autant que: அம்மாத்திரம் cette mesure là, autant que cela: எம்மாத்திரம் quelle quantité, combien? அது— cela seulement; இதினாலேமாத்திரம் அல்லது வேறொன்றினாலல்ல par ce moyen seulement et non par aucun autre; நான் மாத்திரம்வந்தேன் je suis venu seul, moi seul je suis venu; மனிதனுமாத்திரமிருக்கிறனோ *ou* மனிதன்மாத்திரமாயிருக்கிறனோ est-il seulement homme? நானறிந்தமாத்திரத்திலே dès que j'ai appris, autant que je sais; அவன்சொன்னமாத்திரத்திலே aussitôt qu'il eut dit; ஆசீர்வாதந்தந்த, செய்த *ou* பண்ணினமாத்திரத்திலே aussitôt qu'il eut donné sa bénédiction.

*மாத்திரை, 1° (mâtrâ), mesure, — limitée, quantité, — des syllabes (en prosodie), mesure pour la prononciation, voyelle brève, mesure d'une syllabe brève, (elle sert d'unité pour la mesure des syllabes, ainsi l'on dit: மூன்று—, இரண்டு—, ஒரு—, அரைமாத்திரை la mesure de trois, de deux, d'une brève, — d'une demi-brève), instant, moment, minute, vitesse du temps, petitesse, richesses, bonheur, pendans —, boucles d'oreilles, la ligne supérieure qui joint les caractères dêvanagaris. 2° pilule médicinale, remède composé de plusieurs choses. 3° *P.* மாதிரி modèle, forme soit accidentelle (*v.g.* celle d'un pot), soit substantielle (comme l'âme); பேதி—, விரேசனமாத்திரை pilule purgative, — drastique, purgatif violent; —க்கோல் bâton ou perche pour mesurer, bâton pour s'appuyer (à l'usage particulièrement des யோகி dans leurs méditations abstraites; —ச்சுருக்கம் diminution de la quantité (d'un mot de manière à lui donner un autre sens, comme சரி *lac* devient, en diminuant la quantité de la première lettre, சரி *feu*); —புள்ளடை pilule médicinale; —வருத்தனம் augmentation de la quantité (d'un mot de manière à lui donner un autre sens, v.g. ஓதி, avec l'o bref, signifie l'arbre odina pinnata, et ஓதி, avec l'ô long, signifie cheveux de femme, étroitesse...).

மாத்து, V. மாற்று.

*மாத்துவர், V. மத்துவர்.

*மாத்துவகம், மாத்துவி, மாத்துவிகம், (mâdvaka, — vi, — vika), V. மாதுவம்.

மாத்பர், (arabe), respectable, honorable, estimable. [i.e. Siven.

மாநடன், (மா), le grand danseur,

மாநாகம், (id.), espèce de grand serpent. [monde, le continent.

மாநிலம், (id.), la grande terre, le

மாநுபாவர், P. மாநுபாவர்.

மாநேர்ந்து, V. மானேர்ந்து.

*மாந்தம், (மந்தம்), espèce de maladie des enfants; on en compte 8 dites அஷ்டமாந்தம், V. மந்தம்: மாந்தக்கொதி espèce de fièvre: — சன்னி convulsion d'ingestion dans les enfans; — ப்புல் l'herbe dite andropogon schœnanthus.

மாந்தல், opt. et v.n. de மாந்துகிறது, manducation, boire...

மாந்தளிர், (மாம், தளிர்), jeune pousse, — jet de manguier, c'est une des 10 âcretés du règne végétal dites துவர்ப்பு: — க்கல் pierre de couleur cuivrée ou verte, — de jet de manguier, ou — ச்சிலை pierre —, ocre de couleur de jet de manguier; — ப்பச்சை vert de couleur de jet de manguier, espèce de pierre verte, agate.

மாந்தன், pl. மாந்தர், (மனிதன்), garçon, homme.

*மாந்தாதிரு, (mâm moi, தாதிரு, nourricier), Mândatirou, roi qui, au dire des Indous, suça l'ambroisie du doigt d'Indiren. [துமிறது.

மாந்தி, 1° manguier. 2° gér. de மாந்து

*மாந்தியம், (mândya), maladie, torpeur, apathie, indolence, stupidité

*மாந்திரிகன், (மந்திரம்), exorciste, enchanteur, magicien, sorcier.

*மாந்திரியம், (id.), exorcisme, conjuration, enchantement, magie, sorcellerie, effet des formules magiques: மாந்திரியவாதி, — க்காரன், V. மாந்திரிகன்; — க்காரி sorcière, magicienne; — வித்தை science des enchantemens. [sorciers.

மாந்திரிகர், (id.), enchanteurs,

மாந்துகிறது, றினேன், துவேன், து, ந, v. a. மாந்துதல், n. v. boire, manger, se gâter en dedans, se rapetisser, se réduire, s'apaiser, mourir.

மாந்துளிர்க்கல், (மாம், துளிர்), pierre de couleur de jet de manguier

மாந்தை, nom d'une ville, — d'une maladie. [bosquet de manguiers.

மாந்தோப்பு, (மாம்), jardin, —

*மாபத்திரன், (மா, அபத்திரன்), le fils de Lakchimi, i. e. Kâmen.

மாபலன், (மா grand), grande force, ce qui est très-fort, i. e. le vent.

மாபலி, ou மாபலிச்சக்கரவர்த்தி, V. மாபலி, et மகாபலிச்சக்கரவர்த்தி: மாபலிபுரம் la ville du grand Bali, P. மாமல்லபுரம். [lance.

மாபனம், (mâpana), mesure, ba-

மாபாவி, (மா), grand pécheur, homme très pervers.

மாபுலி, (மா), grand tigre, lion.

மாபுறயாகம், (மா, புறம்), sacrifice extérieur. [Indous.

மாபூதி, (மா), un des 7 enfers des

மாப்பலகை, (மா) V. மாக்கல்.

மாப்பிடி, 1° மா), poignée de farine, ou மாப்பிடிப்பு, ténacité, — de la pâte, pâte qui s'est collée.

மாப்பிரயத்தனம், (மா) grand effort, — préparatif.

மாப்பிளே, மாப்பிள்ளை, (id.), le futur, le marié, le nouveau marié, époux, mari, gendre, Mâpoullé, nom ou titre donné dans le Maléalam aux Chrétiens syriaques, aux Juifs et aux Mahométans, en mettant devant leur épithète distinctive: நசேரனி —, யூத —, சோனகமாப்பிள்ளை, nazaréen —, juif —, mahométant Mâpoullé; மாப்பிள்ளைக்கடா, V. பட்டிக்கடா.

மாப்பு, 1° (ind.), pardon, excuse, exemption: — பண்ணுகிறது pardonner, remettre. 2° abondance, — de-

poissons; வெள்ளெருக்கூட்டம் —banc—, multitude de chevrettes; மாப்படிக்கிறது l'abondance affluer; மாப்பாயிருக்கிறது abonder (les poissons les oiseaux, les nuages), être abondant; —தவாரு ravana, permission de passer sans douane, exemption de douane.

மாமகம், (மா, மகம்), V. மாமாங்கம்.

மாமன், 1° (மா), V. மாமத்தியன். 2° (mâmaka), oncle, frère de la mère, avare, lésineux, égoiste,

மாமடி, V. மாமன். [mien.

மாமணி, (மா), rubis, pierre précieuse. [gifera indica.

மாமரம், (மா), manguier, man-

மாமருத்துவரோர், (மா, மருத்து), grands —, médecins.

மாமலத்து, V. மாமிலத்து.

மாமல்லபுரம், (மா, மல்லன்), la ville du grand Mallen, *vulgo* மாபலிபுரம்; c'est la ville nommée Les sept pagodes, près de Sadras.

மாமன், மாமா, *hon.* மாமனார், oncle maternel, frère de la mère dit தாய்மாமன், beau-père, père du mari ou de la femme; —மனைவி femme de l'oncle maternel ou du beau-père.

மாமாகம், *et par erreur*, மாமாங்கம், (மா, மகம்), fête païenne qui se célèbre tous les 12 ans à Coumbacônam, à la pleine lune de மாசி, *i.e.* février, lorsque Jupiter et la lune se trouvent en conjonction dans la 10ème constellation lunaire dite மகம், qui est une partie du signe du Lion. Alors des flots de peuple viennent se baigner dans l'étang prétendu sacré dit மாமாங்கக்குளம் *ou* — தீர்த்தம், où l'on suppose que les eaux du Gange arrivent par des canaux invisibles. Cette fête sert d'époque dans le pays; ainsi l'on dira: அவன் செத்து மூன்று மாமாங்கமாயிற்று il y a 3 Mâmâgam, *i.e.* 36 ans qu'il est mort. Cette fête doit avoir lieu en février 1841. Dans le Malé-alam c'était aussi la période du gouvernement d'un vice-roi sous la dynastie de விசயநகரம் ou Bisnagar: மாமாங்கமானாற்பார்க்கக்கூடாது s'il y a un mâmângam on ne peut se voir. Des frères ou sœurs ou autres parens, qui vivent éloignés l'un de l'autre et qui ne se sont pas vus depuis 12 ans, ne peuvent, au dire des Indous, se revoir sans une cérémonie. [decins, docteurs.

மாமாத்திரர், (மா, மாத்திரம்), mé-

மாமாலம், *P.* மாய்மாலம், feinte, déguisement, prétexte.

மாமி, *hon.* மாமியார், *fém. de* மாமன், belle-mère, mère de la femme ou du mari, tante paternelle, sœur du père: இளைய —, மூத்தமாமியார் sœur cadette—, sœur aînée de la belle mère; —de la tante paternelle; மாமியாரைக்கண்ட மருமகன் நாணி நிற்றதுபோலே comme le gendre est modeste ou respectueux à la vue de sa belle-mère. [ande.

*மாமிசம், *P.* மாம்சம், chair, vi-

*மாமிசோத்தானம், *V.* மாம்சோத்தானம்.

மாமிலத்து, (*mahratte*), affaire de revenu, emploi dans la perception des revenus. [la plante தெட்டி.

மாமுடி, 1° grande couronne. 2°

மாமுதி, la plante நாயுருவி.

மாமுனி, (மா), grand pénitent, — ermite, surnom d'Arouguen et de வசிஷ்டன்.

மாமூல், (*ind.*), usage, coutume: —ப்படி, —ப்பிரகாரம் selon l'usage, suivant la coutume.

மாமேரு, (மா), la grande montagne dite mêrou.

மாமை, (மா), beauté, couleur.

மாம், *adj, de* மா, de manguier.

*மாம்சம் *ou* மாம்மிசம், மாமிசம், (mâmsa), chair, viande: துர்மாமிசம் chair baveuse, tumeur virulente, carboncle, *V.* துன்மாமிசம்; மாம்ச—, மாம்மிச—, [illegible] maladie qui affecte la chair; — காமம் désir de viande; — சோரி sang; — க்கடை boucherie, boutique de boucher, lieu où l'on vend de la viande; — சம், — சாரம், — விசேதம், — தேசன

moelle, graisse, essence de la chair;— கல் pierre noirâtre, — qui ressemble au foie; — தேகம் corps de chair, — matériel, corpulence; — தாரி, — பக்ஷணி, — பக்ஷன், — பட்சணி mangeur de viande, carnivore; — பேதி dissolvant de la chair, remède qui dissout la chair, sorte de plante; — வாசகன் os de civette, citron musqué; — விக்கிரயம் vente de viande; — விக்கிரயி vendeur de viande, personne vile.

*மாம்சிகன், (மாம்சம், ika), marchand de viande.

*மாம்சோத்தாநம், மாம்சோத்தானம், மாமிசோத்தானம், மாம்ஸோத்தானம், (*id.* உத்தானம்), résurrection de la chair, — des corps.

மாம்பழம், (மாம்), mangue, — mûre: தும்பி —, *V.* வண்டுமாம்பழம்; மாம்பழச்சிட்டு variété de l'oiseau dit சிட்டு ou motacille; எட்டிமேலே கட்டுமாம்பழம் முண்டாமோ le strychnos produira-t-il des mangues qu'on lie (pour les préserver des animaux)?

*மாயம், 1° (mâya), fraude, tromperie, artifice, ruse, dissimulation, feinte, hypocrisie, méchanceté, mal, prestige, enchantement, magie, sorcellerie, mensonge, fausseté, imposture, déception, idéalité, illusion, — ou déception des choses mondaines, non existence d'objets visibles et apparens, phantôme. 2° beauté, noirceur: — அடிக்கிறது, — செய்கிறது, — பண்ணுகிறது feindre, dissimuler, tromper, faire des prestiges, des sorcelleries; — ஆயிருக்கிறது être illusoire, feint, magique, inconcevable, y avoir quelqu'illusion; — ஆய்ப்போகிறது disparaître, s'évanouir; — பண்ணுகிறவள், *V.* மாபோனவள்; மாயக்கள்ளி femme trompeuse, enchanteresse; — க்காரன் mime, jongleur, trompeur, sorcier, enchanteur; — சாலம் dissimulation, feinte, sorcellerie, prestige, chicane; — சாலம்பண்ணுகிறது dissimuler, feindre, faire des sorcelleries, des prestiges; — ப்பிராமணன் brame imposteur; — ப்பெண் enchanteresse, trompeuse, femme fantastique qui cause des rêves impurs; — மாலம் démon trompeur, — rusé; — யாக்கை corps fantastique; — ரூபம் apparence —, figure fantastique, — non réelle; — வரம், *P.* மாயூரபுரம் Mâyavaram, ville près de Coumbacônam; — வித்தை sorcellerie, espèce d'enchantement, prestige, tour de ruse, — de jonglerie, phantasmagorie.

மாயவள், (மாயம்), enchanteresse, femme fantastique, esprit femelle, — malfaisant, Dâkini, servante de Kâli, déesse (en général).

மாயவன், (*id.*), l'auteur des illusions ou le grand jongleur, *i. e.* Vichnou: — மேனி la pierre précieuse verte dite மரகதப்பச்சை.

*மாயன், 1° (mâya), mime, jongleur, démon ou அசுரன், l'auteur des illusions, *i.e.* Vichnou, un noir ou nègre. 2° (மா *mesure*, ya), marchand.

*மாயா, (mâyâ), *obl. de* மாயை *dans les mots composés*, fantastique, illusoire, magique, enchanteur, trompeur: — காரியம் objet fantastique, non réel, prestige; — காரன், — கிருது, — காரியகர்த்தன் sorcier, mime, jongleur qui fait paraitre des objets fantastiques; — சங்கற்பம் objet fantastique, prestige; — சத்தி pouvoir ou énergie qui contient les 5 espèces de மாயை, *V.* மாயை-சி, un des பஞ்சசத்தி; — சாலம் — வித்தை sorcellerie, prestige, illusion qui fait paraitre ce qui n'existe pas; — வேஷி jongleur, sorcier; — சூனியம் vue claire, évidence, — sans illusion ou cachette, magie; — தாரகம் ce qui est fondé sur la Mâyâ ou l'illusion, ce qui a l'illusion pour base ou pour cause: — தாரணை, le 2me des 9 தாரணை *V. ce mot*: — தேகம், — திரேகம், — சரீரம் corps fantastique, qui n'a que l'apparence; — தேவி la prétendue déesse Mâyâ ou l'illusion, la mère de Bouddha; —தேவிசுதன், — சுதன் le fils de Mâyâ, *i.e.* Bouddha, fondateur du Bouddhisme; — பாசம் lien de l'illusion, illusion qui attache; —பிசாசங்கள் esprits follets qui apparaissent sous une figure fantastique, —non réelle; — புரி la ville de Mâyâ, une des 7 villes sacrées des Indous, cuivre, corps fantastique; — போகப்பெண், V. மாயப்பெண்; — மந்திரம் espèce de formule magique pour produire des illusions; — மைந்தகுமாரன் le fils qui n'est qu'illusion, *i. e.* Soupramanien; — மருளி l'enthousiaste de l'illusion, nom d'une déesse prétendue; — மலம் la vice de—, l'illusion, un des 3 மும்மலம்; — ரூபம் forme fantastique, —empruntée, déguisement, travestissement; —விலை jeux illusoires ou fantastiques, *v. g.* de Siven, ou de Krichna, amusement à faire des prestiges; —விலை பண்ணுகிறது s'amuser à des jeux fantastiques, à faire des prestiges; —வஞ்சகன், (வஞ்சி, ka), trompeur, menteur; — வல்லபம் pouvoir de l'illusion, — de faire des prestiges; —வாதம் secte qui prétend que tout ce qu'on voit n'est qu'illusion, matérialisme; — வாதி partisan de cette secte, matérialiste; — வித்தை science des prestiges, magie, sorcellerie; — வினாசனம் destruction de l'illusion; — வித்தை, —வினோதம், —விளையாட்டு tour de passe-passe, jonglerie, jeux fantastiques, amusement à faire des prestiges; —வினோதக்காரன் faiseur de prestiges, —de prodiges, jongleur; — வினோதம் பண்ணுகிறது faire des prestiges, des jongleries, des prodiges.

*மாயாதம், (மாயம், da *qui donne*), crocodile.

*மாயாவான், *m.* மாயாவதி *f.* (மாயா, வான், வதி), trompeur, trompeuse, sorcier, sorcière, faiseur —, faiseuse de prestiges, surnom de கஞ்சன் oncle de Krichna et de Radi femme de Kâmen.

*மாயாவிகள், மாயாவிகன், (மாயா, *vi affixe*, ika), sorcier, jongleur, enchanteur.

*மாயாவி, (மாயா, i), jongleur, sorcier, trompeur, (surnom de) Brama, Siven, Agni, Kâmen.

மாயாவிகை, espèce de bateau.

*மாயு, (mâyou), bile: — சுதன் le fils de Koubèren.

*மாயூரம், (மயூரம்), paon, troupe de paons, chose faite de plumes de paon, *ou* மாயூரபுரம் la ville du paon, *vulgo* மாயவரம் ou Mâyavaram. [preneur de paons.

*மாயூரிகன், (*id.* ika), chasseur —,

*மாயாதேவி, (மாயா, தேவி), la déesse de l'illusion, *i. e.* Parvadi femme de Siven, une des 7 மாதர்.

*மாயை, (mâyâ), illusion, —philosophique, prestige, enchantement, magie, sorcellerie, jonglerie, tour de ruse, jongleur, femme, fraude, tromperie, ruse, stratagème, fausseté, malice, déception, supercherie, — en négociation, artifice, —politique, fantôme, vaine apparence, vanité, idéalité, non réalité de toute existence mondaine ou terrestre, (en mythologie) la sakti ou femme de Brama, *i.e.* la matière personnifiée cause passive de la création, la nature, la mère de Bouddha, Rati femme de Kâmen, Lakchimi femme de Vichnou, Kâli femme de Siven, pouvoir ou énergie dite மாயாசக்தி contenant les 5 espèces d'illusions dites மாயை-ஐ, la 2ᵉ de ces 5 மாயை, une des 7 விந்து மாத்திரம், *i. e.* la matière, une des 7 villes sacrées des Indous, intelligence humaine, intellect, connaissance, compassion: மாயை-ஐ, les 5 espèces, ou plutôt, les 5 causes d'illusions ou de maux, d'après les principes des Advitas ou அத்துவிதர், sectateurs de ஏகான்மவாதிகள். 1° தமம் ou தமோகுணம் ténèbres et obscurcissement de l'esprit, ignorance qui obscurcit la sagesse de l'âme. 2° மாயை manière ou apparence personnifiée, idéalité, qui est, selon ces sectaires, la cause des autres objets créés dans le monde et un mal inhérent. 3° மோசம் confusion ou dépravation de la sagesse, qui fait prendre un objet pour un autre, comme le bien pour le mal. 4° அவித்தை trouble de l'esprit ou folie et mondanité, qui détruit la vraie sagesse. 5° அநித்தம் chose étrangère à la connaissance de Dieu; மாயமாய்ப்போகிறது disparaître subitement, d'une manière magique; மாயமாய்வருகிறது venir comme par enchantement, à la sourdine, sans être aperçu; மாயாசத்தி une énergie dite Sakti ou சத்தி; மாயாமலம் un des மும்மலம், i.e. confusion d'esprit; மாயையுத்திரன் la femme aux illusions ou aux prestiges, i.e. Kâli.

*மாயோபாதானம், (மாயம், உபாதானம்), ce qui a l'illusion pour fondement.

மாயோள், (மாயம்), enchanteresse, personne dissimulée, femme, sorcière.

மாயோன்குன்று, (மாயோன், குன்று), la constellation de Vichnou, la 22° constellation dite திருவோணம்.

மாயோன், (மாயம்), l'auteur des illusions, Vichnou (à cause de ses diverses métamorphoses prétendues: மாயோன்மருகன் le gendre de Vichnou, i.e. Soupramanien (selon les Sivénistes).

மாய், 1° l'arbre ஆச்சா. 2° imp. et part. de மாய்கிறது: களிறுமாய்கழனி champ de blé où un éléphant disparait ou est caché, i.e. où le blé est aussi haut qu'un éléphant.

மாய்கிறது, ய்ந்தேன், ய்வேன், ய், ய, v.n. மாய்தல், n.v. mourir, périr, disparaître, s'évanouir, se cacher, se tourmenter, être caché: மாய்கிறான் il est mourant: அவனென்றசொல்லமாய்கிறான் dès qu'on parle d'elle il meurt (d'amour); கொடுக்கமாட்டாமல்மாய்கிறான் il mourrait plutôt que de donner, (tant il est avare).

மாய்கை, 1° P. மாயை, fantôme, vaine apparence, illusion, enchantement... 2° n.v. de மாய்கிறது.

மாய்க்கிறது, ய்த்தேன், ய்ப்பேன், ய், க்க, v.a. de மாய்கிறது, tuer, faire périr, détruire, cacher, tourmenter: மாய்த்துக்கொள்ளுகிறது et தன்னைமாய்த்துக்கொள்ளுகிறது se tuer soi même.

மாய்ச்சல், n.v. de மாய்கிறது, mort, mortalité, grande —, peine, fatigue, travail.

மாய்ச்சி, fers qu'on met aux pieds, entraves.

மாய்த்தல், மாய்ப்பு, n.v. de மாய்க்கிறது, action de tuer....., meurtre, occultation, tourment, vexation.

மாய்மாலம், (மாயம், மாலம்), tromperie, ruse, démon, espèce d'enchantement.

மாய்வு, n. v. de. மாய்கிறது, mort, disparition, abri, cachette.

*மாரகதம், (மரகதம்), émeraude.

*மாரகம், (மாரம், ka), mort, ce qui cause la mort, peste, épidémie, faucon.

*மாரகன், (id.), meurtrier.

*மாரகாகளம், (மாரன், காகளம்), la trompette de Kâmen, i.e. le குயில் ou coucou indien.

*மாரசயன், மாரசித்து, (id. சயம், சித்து), le vainqueur de Kâmen, i.e. Bouddha.

மாரடிக்கிறது, (மார், அடிக்கிறது), se frapper la poitrine (en signe de deuil ou de repentir).

மாரடைக்கிறது, (id.), obstruer —, oppresser —, suffoquer la poitrine: மாரடைத்துக்கொள்ளுகிறது la poitrine (d'un malade...) être oppressée ou suffoquée.

மாரடைப்பு, (id.), oppression —, obstruction de poitrine, suffocation, asthme.

*மாரணம், (மரணம்), meurtre, massacre, destruction, mort, — causée par sortilége, c'est un des அஷ்டகருமம்: —பண்ணுகிறது faire mourir par magie ou sortilége...., மாரணசாந்தி cérémonie qu'on fait pour tuer ou détruire; —மந்திரம் formule magique pour faire mourir; —யாகம், —ஹோமம், (ஓமம்) sacrifice pour tuer; —வித்தை, —க்ரிகை art —, action de faire mourir (surtout par sorcellerie).

மாரதர், (மா grand, — இரதம்), une des 4 espèces de guerriers, ceux qui combattent sur des chars.

மாரத்துக்கொள்ளை, espèce de சாமை ou de millet.

*மாரம், (mâra), mort, meurtre, destruction, opposition, empêchement, la plante médicinale கோடகசாலை, les plantes வெள்ளருக்கு et கடம்பு; மாரமணம், V. கருமம்.

*மாரன், (id.), meurtrier, celui qui tue les hommes par la luxure, i.e. Kâmen.

மாரபட்டம், une—, ville (en général).

மாராப்பு, (மார், சூப்பு), baudrier, manière dont les femmes indiennes se couvrent la poitrine en passant leur toile sur une épaule et l'attachant à la ceinture du côté opposé, bande attachée autour de la poitrine pour porter un fardeau sur les épaules, fomentation au moyen d'une toile: —ச்சீலை toile dont les femmes se couvrent la poitrine de la manière susdite; ச்சீலையைப்பற்றியிழுத்தவனை ராசாதண்டித்தான் le roi a puni celui qui a saisi et tiré la toile qui couvrait le sein (d'une femme); —ப்பட்டை baudrier, bandoulière, bande attachée sur la poitrine pour soutenir un fardeau sur le dos; —போட்டுக்கொள்ளுகிறது se couvrir le sein de sa toile (comme ci-dessus), se passer une bande autour de la poitrine pour porter un fardeau sur les épaules.

மாராயம், joie, bonne santé, particularité, nouvelle, — joyeuse (qu'on envoie aux amis et aux parens); —கூறுகிறது annoncer —, communiquer une bonne nouvelle (comme la naissance d'un enfant, par le blanchisseur de l'endroit).

*மாரி, 1° (mâri), meurtre, mort, destruction, ruine, tourment, fléau, maladie contagieuse, peste, épidémie, petite vérole, la mauvaise déesse மாரியம்மை, dite aussi காளி et வடுகி, qu'on suppose causer et guérir la petite vérole, la prétendue déesse துர்க்கை ou சண்டி. 2° callou ou vin fermenté de cocotier, eau, pluie, ondée, nuage, temps de pluie; —க்கார் espèce de riz dit Kâr qui croit dans la saison des pluies, —காலம் temps des pluies, saison pluvieuse (pendant les mois de ஐப்பசி et கார்த்திகை, de la mi-octobre à la mi-décembre); —க்கூடாரம் le côté de la pluie, le côté nord-est; —சா formation —, élévation de grosses vagues, de grosses vagues s'élever; —சாதம் l'alouette; —நாள் jour de pluie, la constellation de la pluie, la 12° dite உத்தரநாள்; —பருவம் temps de pluie; —ப்போகம் moisson due à la pluie, — de menus grains; —மாறுகிறது la pluie cesser; —முத்து grain de —, la petite vérole, ou —யம்மன், —யம்மை Mâriammei, mauvaise déesse qui est censée causer et guérir la petite vérole (et en l'honneur de laquelle on voue des filles à la prostitution); —யல்லதுகாரியமில்லை la pluie, autrement —, sans pluie il n'y a rien, ou il ne vient rien.

*மாரிதன், (mârita), tué, mort.

மாரிபத்து, (arabe), au soin de, à la charge de, par le moyen de.

*மாரீசம், (mâritcha), un des 18 pouranas inférieurs, ruse, dissimulation, déguisement, illusion, prestige, hypocrisie.

*மாரீசன், (id.), homme dissimulé, trompeur, hypocrite, faiseur de prestiges, Mâritcha, géant oncle maternel de Râvanen, grand faiseur de prestiges, c'est lui qui, au dire de la fable, se changea en cerf doré pour tromper Râmen et favoriser l'enlèvement de Sidei.

*மாருண்டம், (mârounda), chemin, place enduite de bouse de vache, œuf de serpent.

*மாருதம், (mârouta), vent, air, — vital, sacrifice païen au feu après la conception: மாருதவேகக்கல் espèce de pierre dite காந்தக்கல்; — விருத்தம் devoir d'un roi de pénétrer partout comme le vent (par ses émissaires); — வேகம் espèce d'arsenic dit aussi ரசம்பாஷாணம்.

*மாருதர், (மாருதம்), le dieu prétendu du vent, espèce de demi-dieux; on en compte 49.

*மாருதாசனம், (மாருதம், அசனம்), vivre de vent, jeûne.

*மாருதாத்துமசன், (மாருதன், ஆத்துமசன்), le prétendu fils du vent, i.e. le singe அநுமான்.

*மாருதி, (மாருதம், i), vent, le prétendு fils du vent, ou de Vâyou, i.e. le singe அநுமான், et வீமன் ou Bhimen le 2e des Pandavers: —க்கெம்பக்கல் la pierre dite காந்தக்கிராவம்; — நாகம் sable mêlé de plomb.

மாருஜா, (arabe), représentation, pétition.

மார் 1° poitrine, sein. 2° terminaison du pluriel dans certains noms comme தாய்மார் les mères, தகப்பன்மார் les pères, தம்பிமார் les frères cadets. 3° terminaison de la 3e pers. du pluriel du futur comme சொல்வார் ils diront, உண்பார் ils mangeront, செய்வார் ils feront...4° P. மாறு, temps (à la fin des mots) comme அந்திமார், P. அந்திமாறு le soir, chaque soir: —க்கட்டு toile en travers sur la poitrine; —க்கூடு poitrine (des hommes et des bêtes); —க்கூடுவேகவில்லை la poitrine i.e. l'os de la poitrine n'a pas brûlé, n'est pas consumé, (cela se dit pour exprimer un fort attachement du défunt à quelque chose, v.g. à sa femme et à ses enfans); —க்கவசம் armure de la poitrine, i.e. cuirasse, cotte de mailles ..; —ப்பதக்கம் collier d'où pend un bijou sur la poitrine, bijou qui y est suspendu.

மார்கழி, (de மார்க்கசிரம்), le mois de Margaji, de la mi-décembre à la mi-janvier, (on donne à ce mois l'épithète de உத்தமமாசமானசம் ou mois excellent), la 10e constellation dite மிருகசீரிடம்.

*மார்க்கசம், மார்க்கசிரம், மார்க்கசீரிஷம், (மார்க்கம், ka, மிருகசிரம், மிருகசீரிஷம்), le mois de மார்கழி.

*மார்க்கணம், (margana), recherche, demande, sollicitation, mendicité, mendier, affection, flèche.

*மார்க்கணர், மார்க்கணாள், (id. ka), mendians, supplians.

*மார்க்கண்டன், மார்க்கண்டேயன், (mârkanda,— dêya), célèbre mouni fils de மிருகண்டன் et auteur ou narrateur du

*மார்க்கண்டேயம், (id.), le pourana de Mârkanden, un des 18 pouranas composé par lui.

*மார்க்கம், (mârga), voie, chemin, route, autre chemin ou endroit, rue, longue rue droite, manière, ligne de —, conduite, religion, secte, monde, examen, recherche, le mois de மார்கழி ou décembre, la constellation மிருகசீரிடம், muse, fondement ou anus, section en géométrie, danse ou comédie native, — propre au pays (opposée ou தேசிகம்), régle du mode ou மார்க்கப்பிரமாணம் une des 10 régles pour garder la mesure dites தாளப்பிராணம்-ம (V. ce mot), la plante மரந்தணம், refus, rejet: கிறீஸ்து மார்க்கம் le Christianisme, சிவமார்க்கம் la secte de Siven; கெட்டமார்க்கம் mauvaise voie, — secte, dérèglement, débauche; நல் — bonne voie, — conduite, probité, intégrité, moralité: —மாய் bien, régulièrement, dans la bonne voie, en ordre; மனுஷமார்க்கமாய் d'une manière humaine, d'après la coutume des hommes; —மாயிருக்கிறது être en usage; —மாய்க்கேட்கிறது, —மாய்ப்பேசுகிறது demander —, parler convenablement; —மாய்ப்போகிறது aller régulièrement, suivre le droit chemin,

agir frauduleusement, être hypocrite;—நடக்குமொழுக்கமுள்ளவன், —வழிநடப்பவன் celui qui marche régulièrement,qui a une conduite régulière,religieuse; ஒரு — நடந்துபோயிற்று cela s'est passé ou a fini d'une certaine manière, assez mal; எந்த—நடந்துபிழைக்கிறான் comment vit-il,comment gagne-t-il sa vie? ஒரு— கற்றுக்கொள்ளுகிறது comprendre d'une certaine manière, imparfaitement; —செப்பனிடுகிறது ou மார்க்கந்தப்பச்செம்மைப்படுத்துகிறது préparer—,raccommoder—,redresser le chemin;—தப்பிப்போகிறது s'écarter de la voie, du chemin, vivre d'une manière déréglée ou irrégulière; —தப்பினவன் homme dévoyé,hors du bon chemin, déréglé, pervers; —பண்ணுகிறது ouvrir—,préparer les voies,chercher les moyens, mettre en ordre;மார்க்கப்படுத்துகிறது mettre dans le bon chemin, régler, diriger; நல்ல மார்க்கக்காரன் homme de bonne conduite, probe, honnête,religieux.

*மார்க்கிகன், (மார்க்கம்,மிருகம், ika), voyageur, chasseur, tueur de cerfs. [ment.

*மார்ச்சம், (mârdja), nettoiement.

*மார்ச்சரியம், P. மாற்சரியம்,jalousie.

*மார்ச்சனம், (மார்ச்சம்,na), nettoiement, purification, essuyer.

*மார்ச்சனி, (id.ni), balai.

*மார்ச்சனை, (id.nâ), courroie qui tient l'ouverture ou la peau—, son du tambour.

*மார்ச்சன், (மார்ச்சம்), blanchisseur, Vichnou. [paon.

*மார்ச்சாரகம், (mârdjâraka),

*மார்ச்சாரம், (mârdjâra), chat, —sauvage: மார்ச்சாரகர்ணிகை, (கர்ணம்,ika), celle qui a des oreilles de chat, i.e. துர்க்கை.

*மார்ச்சாலம்,(mârdjdjâla), chat, onyx: மார்ச்சாலநியாயத்தீர்ப்பு jugement de chat, — partial.

*மார்ச்சாலியம், (id.ya),chat, ou

*மார்ச்சிதம், (mârdjdjita), nettoiement,purification.

*மார்த்தங்கிகன், மார்த்தங்கிகன், (de மிருதங்கம்,ika), tambourineur.

*மார்த்தாண்டன், (mârttanda) soleil.

*மார்த்தம், P. மிமாம்சம்,traité —,ouvrage de jurisprudence, V. மீ மார்த்தம்.

*மார்த்தாண்டம், (மார்த்தாண்டன்), le pourana ou la légende du soleil, un des 18 pouranas, qui a rapport à ses diverses manifestations ou métamorphoses prétendues.

*மார்த்தாண்டன்,(id.) le soleil.

மார்த்தோல், (மார்), peau de la poitrine ou du poitrail, peau que ceux qui montent les arbres se mettent sur la poitrine.

மார்பகம், மார்பம், (மார்பு, அகம்), poitrine. [route), mois.

*மார்பதம், (mâs lune, பதம்

மார்பு, (மார்), poitrine (en général), sein de femme (modeste), largeur: மார்புபாணி, (ஆணி), espèce de mal vénérien ou d'éruption à la poitrine,

*மாலகம், (mâlaka), l'arbre வேம்பு, la fleur hibiscus mutabilis.

*மாலகை,(mâlakâ),guirlande.

*மாலதி, (mâlati), l'arbrisseau சிறுசண்பகம், jasmin, espèce de jasmin dit முல்லை, autre espèce à grandes fleurs, bouton de fleur, fleur, jeune femme, — fille, éclipse —,clair de lune, nuit, rivière.

*மாலம், 1° (mâla), champ, pays situé à l'ouest et au sud-ouest du Bengale. 2° démon, diable,l'arbuste odoriférant dit குங்குமமரம்:மாலமாயம் tentation—, tromperie —, ruse du diable.

*மாலயம், 1° (மலயம்), sandal, onguent de sandal. 2° (மா,ஆலயம்) cérémonie annuelle et aumônes faites pour les parens défunts à la nouvelle lune,ou de la nouvelle à la pleine lune du mois de புரட்டாசி ou septembre;— பண்ணுகிறது faire cette cérémonie; மாலயபக்ஷம் la 1re demi-lunaison du mois de புரட்டாசி où l'on fait cette céré-

monie, ou selon d'autres, depuis le 1er jour de la dernière demi-lunaison jusqu'au 4e jour de la première demi-lunaison suivante.

மாலயற்கரியான், (மால், அயன், dat. அயற்கு), celui qui est incompréhensible à Vichnou et à Brama ou plus grand qu'eux (suivant les Sivénistes), i.e. Siven.

மாலர், 1° cuirasse, cotte d'armes. 2° pl. de மாலன்.

மாலவன், (மால், அவன்), la planète Mercure, son conducteur புதன்.

*மாலன், (mâla), Vichnou, homme, chasseur ou வேடன், montagnard, barbare aborigène, homme né d'une bramine et d'un choutre, homme vil, —sans caste, pariat (chez les Télingas).

*மாலாகை, (மாலை, kâ), guirlande.

*மாலாகாரன், (id.), fleuriste, marchand de fleurs.

*மாலாதீபகம், (id.), affinité de divers objets par une propriété commune (en rhétorique), suite de mots qui ont quelque rapport entr'eux: Ex. மனைக்குவிளக்குமடவாள்மடவாடனக்குத்தகைசால்புதல்வர், (மடவாள் P. மடவாள், மடவாடனக்கு P. மடவாள் தனக்கு), une jeune femme est la lampe d'une maison, de nombreux enfans sont la gloire d'une jeune femme.

*மாலாபலம், (id.), le fruit du உருத்திராக்ஷம் elæocarpus dont les païens se font des guirlandes ou chapelets.

*மாலி, (மாலை), qui porte une guirlande, jardinier fleuriste, le soleil, Mâli, géant grand-père maternel de Râvanen, callou ou jus de cocotier formenté.

*மாலிகன், (id.ka), fleuriste.

*மாலிகை, 1° (மாலை, ikâ), jasmin double, fille, collier, ornement du cou, guirlande, —de fleurs, gens en rang, file ou ligne de gens, espèce de liqueur spiritueuse, graine de lin, linum usitatissimum. 2° P. மாளிகை, palais.

மாலிங்கம், (மா grand), l'arsenic naturel dit இலிங்கபாஷாணம்.

மாலிமி, 1° amitié de jeunesse, — contractée dans la jeunesse. 2° P. மாலுமி, pilote.

மாலிமை, métier de—, pilote, timonier.

*மாலியம், (mâlya), fleur, guirlande, chapelet, V. மாலை.

மாலியவான், Mâliavân, géant grand-père maternel de Râvanen.

மாலிழுக்கிறது, (மால்), faire —, travailler en chaux fine les ornemens d'une colonne ou d'un mur.

*மாலினி, fém. de மாலி, femme de fleuriste, marchande de fleurs, (surnom de) Dourgâ, Oumei, Kâli, le prétendu Gange céleste: — கரணம் un des 9 grands crimes.

*மாலு, 1° (mâlou), plante grimpante. 2° imp. et part. de மாலுகிறது. [வெள்புரு

*மாலுகம், P. மாலகம், l'arbre

மாலுகிறது, கினேன், குவேன், கு ou ல், வ, v. a. et n. ou மாலுதல், n.v. (மால்), mouler, faire au moule —, faire en chaux fine les ornemens d'une colonne ou d'un mur, V. மயங்குகிறது.

மாலுக்கிளையாள், (மால், dat. இளையாள்), la sœur cadette de Krichna, i.e. துர்க்கை.

மாலுடைக்கல்லுடன், (மால், உடை), la topaze. [ன்.

மாலுதானன், P. மாலுதான

*மாலுதானம், மாலுதானன், (mâloudhâna), serpent bariolé de vert qui se tient sur les arbres et qui saute aux yeux.

மாலுந்தியிற்றோன்றன், (மால், உந்தி), celui qui (au dire des Indous) est sorti du nombril de Vichnou, i. e. Brama.

மாலுமி, pilote, patron—, maître de navire, timonier: —சாஸ்திரம் art du pilote, science de la navigation. [வில்வமரம்.

*மாலூரம், (mâloûra), l'arbre

மாலூர்தி, (மால்), la monture de Vichnou, i.e. Garouden.

*மாலை, 1° (mâlâ), guirlande, —

de fleurs, de perles, de grains d'or, de divers grains, enfilade—, chapelet de divers grains, poème composé de diverses—, série de strophes, ligne, rang, rangée, ordre, série. 2° soir, soirée, nuit, résidence—, palais de roi, nature, caractère, écrouelles,— ou autres maux qui affectent le cou, coutume, manière, mœurs: உருபு—, உருபு—déclinaison,—des noms; வினை—conjugaison,—des verbes; ஜப—, ஜெப—chapelet, rosaire; தமிழ்—, பா—, guirlande de vers ou de strophes; —கட்டுகிறது faire—, attacher une guirlande, enfiler des fleurs; —காலம் le soir, la soirée; —க்கண் œil qui n'y voit pas la nuit, (et selon d'autres) œil qui voit mieux la nuit que le jour, nyctalopie, vue courte; —க்கண்ணன் homme qui n'y voit pas la nuit, (selon d'autres) nyctalope, myope; —க்கண்நோய், —க்கண்ணோய், —க்காமாலை infirmité de celui qui n'y voit pas la nuit, (selon d'autres) nyctalopie, myopie, vue courte; —சுழற்றியெறிகிறது faire tournoyer et lancer une guirlande au hasard, (c'était parfois, dans l'ancien temps, une manière de choisir le successeur au trône, ou celui qui devait épouser la fille d'un roi; celui sur qui tombait la guirlande était l'élu désigné par le sort; quelquefois on donnait la guirlande à un éléphant qui choisissait): —சூடுகிறது porter une guirlande au cou, se marier, *V.* மாலைபோடுகிறது; —சூட்டு action de passer une guirlande au cou de quelqu'un, choix d'un époux que faisait ainsi une princesse; —தொடுக்கிறது faire une guirlande, enfiler des fleurs; —நாழிகைச்சான் nom d'une plante; —நேரம் le soir, la soirée; —ப்படிகம் cristal; —போடுகிறது passer une guirlande au cou de quelqu'un, une princesse choisir ainsi un époux parmi les princes rassemblés pour cela; —ப்பண் mélodie ou chant du soir, soirée; —ப்பதநீர் callou ou toddi qu'on descend de l'arbre le soir; —மசங்குகிறநேரம் le crépuscule du soir, la brune; —மாற்று strophe ou vers qui se trouve le même soit qu'on le lise directement ou à rebours; —மணி espèce de figure ou suite de mots parmi lesquels celui qui précède est le sujet ou l'attribut de celui qui le suit, *Ex.* கண்ணிவள்ளைக்காதளவுங்காதுதோள் மட்டுமசையும் ses yeux s'étendent jusqu'aux oreilles et ses oreilles jusqu'aux épaules (மணி *est un* அணி), *ou* புனலுமலருமலருமணமும் l'eau, et les fleurs qui croissent dans cette eau, et l'odeur de ces fleurs; —மாகாலம், (ஆ. *P.* ஆம்), temps du—, soir; —கண்ணீர்—பாய்கிறது les pleurs ruisseler, couler comme une guirlande, pleurer abondamment; —யிடுகிறது mettre une guirlande, s'échanger des guirlandes, *i.e.* se marier; அவளுக்கு—யிட்டவன் celui qui lui a passé au cou une guirlande, *i.e.* son mari; —யிடு, *V.* மாலைசூட்டு; —யுவமை comparaisons en guirlande, espèce de fig. de rhét. qui fait une série et comme une guirlande de comparaisons qui s'appliquent à un objet dont le nom vient seulement à la fin; —வாரம் le soir; —வெள்ளி l'étoile du soir, Vénus paraissant le soir après le coucher du soleil.

மாலோன், (மால்), Vichnou, புதன் ou la planète Mercure.

மால், 1° Vichnou ou Krichna, Arouguen, Indiren, புதன் ou Mercure, le roi சோழன், grandeur, élévation, vent, nuage, noirceur, le noir, le brun, couleur tannée, stupidité, trouble,—d'esprit, infatuation, furie, luxure, concupiscence, désir, tourment, fléau, espèce de—, filet. 2° (moule), moule,—en bois pour faire les ornemens en bosse des colonnes et des murs. 3° (Mâhl, *ind.*), bâtiment, maison, palais, étable, montagne, antiquité, échelle de bambous, espèce d'instrument d'artisans 4° (*arabe*), richesse, propriété: மாலாயிருக்கிறது rôder infatué, furieux, hors de soi-même; — கொள்ளுகிறது, — கொண்டாடுகிறது concevoir —, avoir de la passion, être infatué, — troublé ou agité de désirs sensuels; — சமயம் secte de Vichnou; — சாமீன், — ஜாமீன்suretė ou caution d'argent; — தங்கை la sœur cadette de Krichna, *i.e.* Oumei, l'arsenic nommé சவ்வீரபாஷாணம்; — தீவு la grande île, *i.e.* les Maldives, qui autrefois n'en formaient qu'une; — பாகலிட்சிலி orpiment; — தொடை, — முருக்கு le basilic துளசி; — மகன் fils de Vichnou, *i.e.* Brama et Kâmen; — முடிகிறது nouer —, tresser —, faire un filet; — மைத்துனன் le beau-frère de Vichnou, *i.e.* Siven, vitriol bleu; — மதவேழம் éléphant furieux; — வித்து talc ou mica; — வீடு *litt.* la maison de Vichnou, la pierre சாலக்கிராமம் dans laquelle les païens le croient incarné; — வெட்டுகிறது creuser un fossé long ou carré, creuser —, ou couper en longueur.

மால்கான், palais.

மால்குஜாரி, (*pers.*), rente, impôt, terre qui paye impôt.

மால்தார், (மால்), richard, riche, propriétaire.

மால்பு, (மால்), échelle de bambous.

மாவடு, (மா), *gén.* மாவடுவின், mangue verte, — à peine formée.

மாவட்டை, (*id.* அட்டை), centpieds rouge.

மாவடம், les arbres இருப்பை, et சாக்குவேர.

மாவடை, (மா, அடை), rayon sans miel.

மாவரைக்கிறது, (*id.* அரைக்கிறது). moudre de la —, réduire en farine.

மாவலர், (*id.* வலர்), cavaliers, palefreniers, cornacs.

மாவலி, (*id.*), le grand monarque nommé மகாபலி.

மாவலிபுரம், (*id.*), la ville du grand Bali nommée மகாபலிபுரம் ou 7 pagodes près Sadras.

மாவிடை, (மா, *bête*), troupe d'animaux, les animaux, parc, endroit où est le bétail: மாவிடைமரவிடை சமஸ்த்திரபாஷாணமுட்பட விற்றேன் j'ai vendu (le terrain) y compris les animaux, les arbres, l'eau, les trésors cachés et les pierres, (formule de certains actes de vente).

மாவிட்டம், (மாவு, இட்டம்), espèce de pâtisserie, — de gâteau.

*மாவிரதம், (மா), grande pénitence, une des 6 sectes intérieures des Sivénistes.

மாவிரதியர். (mahâvrati), sectateurs de Siven, Linganistes.

மாவிருக்கம், (மா), l'arbre சதுரக்கள்ளி, cactus.

மாவிலங்கு, மாவிலங்கை, மாவிலிங்கம், மாவிலிங்கு, மாவிலிங்கை, l'arbre cratæva tapia. [Opt.

மாவிலந்தம், l'arbrisseau விடத்தேர்.

மாவிலை, (மா, இலை), feuille de manguier: — தோரணம் feston —, guirlande de feuilles de manguier (à travers une rue...).

மாவிளக்கு, (*id.*), lampe faite de farine et remplie de beurre liquide.

மாவிளம், l'arbre வில்வம்.

மாவிறங்கல், (மா, இறங்கல்), la farine ou la pâte descendre, la pâte perdre sa ténacité, la farine ou la pâte qui est descendue, — qui a découlé.

மாவீரன், (மா), grand guerrier, héros, homme très-brave, champion.

மாவுத்தன், (*id.*), cavalier, palefrenier, cornac.

மாவுரம், (*id.* உரம்), grande force, — fermeté.

மாவெனகிறது, (*id.* என்கிறது), appeler.

மாவொல்லி, (*id.* ஒல்லி), personne ou chose grande et maigre, — mince, étique.

மாழாக்கிறது, மாழ்ந்தேன், மாழ்வேன், மாழ, மாழ்க, *v.n.* மாழாத்தல், *n.v.* être fasciné, infatué, passionné, charmé, leurré, attiré, dérouté, égaré, embarrassé, troublé.

மாழை, beauté, ignorance, lingot, masse ou barre de métal, or, feuille de palmier, foule, boule, manguier, — aigre, *V.* ஆயம்.

மாழ்தல், *opt. et n.v. de* மாழ்கிறது

று, *et de* மாழ்குகிறது,mort, *V.*மாழ்தல்.

மாழ்கிறது, ழ்ந்தேன்,ழ்வேன்,ழ், ழ, *v. n.* mourir, être paresseux, lâche,indolent, lourd,hébété,charmé, fasciné,passionné, attiré, troublé, embarrassé, égaré, avoir commerce charnel, s'unir, se mêler.

மாழ்கு, 1° mort, trouble, égarement d'esprit, la 5me constellation lunaire dite மிருகசீரிடம். 2° *imp.et part. de* [கு,ச,*v.n.V.*மாழ்கிறது.

மாழ்குகிறது, கினேன், குவேன், மாழ்தல், *n. v. de* மாழ்கிறது, trouble—, égarement d'esprit, infatuation, fascination, mélange (de poudres...), commerce charnel, paresse, nonchalance, lenteur.

மாள, 1° préfixe explétive de la 2e personne. *Ex.* சிறிதுதவிர்த்தி மாள நின்பசிசிலரும்மாள்ர் quand vous ne donneriez même qu'un peu en passant, tes supplians vivront (உய்ம்மார்,*P.* உய்வார்). 2° *inf. de* மாளுகிறது.

*மாளயம், *P.* மாலயம் 2°.

மாளல், *opt. et n.v.de* மாளுகிறது, mort,perte, dépérissement,fin, déclin, abaissement.

*மாளவம்,(mâlava), la province de Mâlva,entre celles de Guzerate,d'Allahabad,d'Agra et de Kandéich: மாளவகவுளம் espèce d'air ou மாளவி, autre air. [de mélodie.

மாளா,மாளாத, *part nég. de* மாளுகிறது, immortel, sans fin: மாளாத்திரவியம், richesses impérissables. [mortalité.

மாளாமை, *n.v.nég.du même*,im-

*மாளிகை, (mâlikâ), palais, — de roi, maison,bâtiment,temple,— de Vichnouvistes: தேவரீர்திருமாளிகை யெங்கே où est le sacré palais de votre seigneurie, pour dire: où demeurez vous? (aux grands et aux gourous); அடியேன்குடிசையங்கே voilà la cabane de votre serviteur: திருமாளிகைப்பத்தி porche —,vestibule ou galerie d'un temple: மாளிகைத்தேவர் nom d'un sage,ou d'un auteur philosophique.

மாளுகிறது *ou* மாண்கிறது, மாண்டேன், மாளுவேன் *ou* மாண்வேன்,மாளு *ou* மாள்,மாள,*v.n.* மாளுதல்,*n.v.* mourir, périr, se consumer,s'user, se gâter, se perdre,dépérir, finir, s'abaisser, baisser: வீட்டிலேமெத்தமாளுகிறது beaucoup de choses se consument ou dépérissent à la maison; மாளத்திரிகிறது s'exposer à—, chercher la mort; வேலைமாளவில்லை le travail n'est pas fini; மாளாமலிருக்கிறது être immortel,—impérissable, sans fin.

மாற, *inf.de* மாறுகிறது.

மாறல், *opt. positif et négatif et nom verbal du même*,que je,tu,il... change *ou* ne change pas,changement,— de côté, altération, troc, change,vente, abandon, cessation, exception, mouvement, agitation, *ou*—க்காய்ச்சல் fièvre tierce,— intermittente;—க்கண் œil louche.

மாறன், (மாறு), épithète des rois பாண்டியர் de Maduré, chose intermittente,—alternative,qui revient alternativement,fièvre intermittente.

மாறா, *part.nég. de* மாறுகிறது, qui ne change pas,immuable,inaltérable: மாறாச்சித்தம் volonté immuable.

மாறி, 1° *gér. de* மாறுகிறது. 2° *n.v.* trompeur, tricheur, escroc, filou, brouillon, tergiversateur: குதிரை—,யானை —,fripon —, trompeur dans une vente de chevaux,— d'éléphans, qui en substitue un mauvais à la place d'un bon.

மாறுகிறது,(மாறி,றுகிறது), changer, tromper,tricher,déranger, brouiller, bouleverser, confondre, retourner sens dessus dessous, intervertir, mettre à l'inverse,— en sens contraire, être confondu, bouleversé,s'opposer:மாறுபடப்பார்க்கிறது chercher l'occasion de tromper, de nuire, de mettre le désordre; மாறடிக்கொள்ளுகிறது changer,tromper, tricher, voler, dérober, détourner,— à son propre avantage,tergiverser, contourner; மறுடிப்போகிறது être changé,interverti,bouleversé,se déranger,se bouleverser.

மாறாட்டம், (மாறு, ஆட்டம்), fraude, tricherie, tromperie, duplicité, déni de dépôts...., détention du bien d'autrui, changement,confusion,renversement,tergiversation; —ஆயிருக்கிறது être changé, renversé, interverti,— une tromperie; —பண்ணுகிறது tromper, user de ruse, de supercherie, filouter, tricher; —கொள்ளாதே n'emploie pas la tromperie,— d'artifice; மாறாட்டக்காரன் trompeur,imposteur,filou, tergiversateur.

மாறாத, part.nég. de மாறுகிறது, immuable,invariable:—சடங்கு coutume inviolable, honneur invariable; மாறாத்து chose immuable.

மாறாமை, n.v.nég. du même, immutabilité, invariabilité.

மாறி, 1° gér.de மாறுகிறது. 2° n.v. trompeur, filou, brouillon, qui change.

மாறு, 1° imp. et part. de மாறுகிறது, changeant, variable, inconstant, autre. 2° changement, variation, vicissitude, mutation, troc, échange, remplançant, récompense, compensation, équivalent, balai, scion, branchage, verge, branche sans feuille. 3° temps, changement de temps,chaque (à la fin des mots). *Ex.* அந்திமாறு chaque soir ou le soir; இரா—, ராமாறு ou ராமாத் temps de—, la nuit, de nuit,chaque nuit;—பகல்மாறுராமாறு jour et nuit; மாறாக en échange, en compensation, en changeant, sens dessus dessous:மாறாகவைக்கிறது mettre en échange, renverser, changer, bouleverser;—கண் œil louche, -de travers; -கண்ணன் qui a les yeux louches:—கூலி salaire de ceux qui montent les arbres;—கோள் opposition, inimitié,haine; —கோட்கூறல் un des 10 défauts d'un ouvrage, se contredire;—தாயார்,—தாய் belle-mère,marâtre;—படுகிறது changer, être changé, altéré, contredire, s'opposer;—படல் changement, opposition; —படுத்துகிறது changer, altérer, varier; —படச்சொல்லுகிறது se contredire, tergiverser, dire ou parler différemment,— artificieusement; —படுபொருள் sens —,chose qui varie, figure qui consiste à louer un objet dans le dessein d'en critiquer un autre qu'on n'exprime pas; —பட்டுப்போகிறது être changé,se changer;—பாகை,—பாடு,—பாடாத்தல் changement,variation,altération,tergiversation,fraude, confusion,corruption, duplicité, supercherie, perversité,erreur, méprise, déni, refus, opposition:—பாடுகாரன் trompeur, filou, tergiversateur; —பாடுசெய்துபோடுகிறது mettre par supercherie, confondre, mêler;—பாடாகிறது être changé, se changer, être une duplicité...;—பாடாக்குகிறது changer, altérer, user de supercherie...; இதற்கு—பாடாக au contraire; —பாடாய்ப்பேசுகிறது tergiverser, se contredire,parler artificieusement;—பாஷை autre langue.

மாறுகம், (மாறு), toile, habit.

மாறுகிறது, றினேன், றுவேன், று, ற, v.n.et a. மாறுதல்,n.v.changer,— de côté, de la monnaie, se changer, être changé, muer, tourner, perdre un—,changer d'emploi (avec le datif de la personne),laisser, cesser, être excepté, fouetter, corriger avec une baguette, donner une rossée, reculer, se dédire, manquer à sa parole, tergiverser, troquer, échanger, vendre, changer, renverser:உரு—,உருபம்—,வடிவு— changer de figure; எண்ணம்— changer de sentiment; கோலம்—, வேஷம்— changer d'accoutrement, de déguisement; காற்று— le vent tourner, — changer de côté; குழி— *V. au mot* குழி; கை— troquer,échanger, vendre, changer de main; கட்சி—, கன்னேர—, பக்கம்—, வனம் —changer de parti, de côté; குணம் — changer de caractère; நிறம் — changer de couleur; பணம் — changer de l'argent; மழு — *V. au mot* மழு; மாறாக்கட்டுகிறது soutenir faussement qu'une chose n'est pas, tergiverser et nier; மாறப்போகிறது être sur le point de —, aller changer; மாறிக்கொள்ள வருகிறது venir changer ou de changer —, être à changer (de la monnaie...); — ப்போகிறது changer, se changer....; உத்தியோகம் — ப்போனான் *ou* அவனுக்குத் தியோகம் — ப்போயிற்று il a changé d'emploi ou il a perdu son emploi; தூ — ப்போனபெண்சாதி femme dont les règles ont cessé; மரங்காய்த்து — ப்போயிற்று l'arbre a cessé de porter des fruits; — ப்போடுகிறது changer *act.*; — யிருக்கிறது avoir —, être changé; — விழுகிறது reculer, se dédire, manquer à sa parole, *ou* — விழுந்துபேசுகிறது changer de langage, tergiverser; மாறினவன் celui qui a changé (de l'argent, — de dessein, de caractère...); ரூபாயெப்படி மாறும் *ou* ரூபாய்க்கெத்தனை பணம்மாறும் comment se change la roupie, combien de fanons donne-t-on pour une roupie.

மாறுகை, மாறுதல் *n. v. du préc.* changement, vicissitude, variation, altération, troc, échange.

மாறுத்தரம், (மாறு, உத்தரம்), réponse, réplique. [டேயம்.

*மாற்கண்டேயம், *P.* மார்க்கண்ட

*மாற்சுக், *P.* மாற்சுக்கம். [envieux.

*மாற்சரன், (mâtsara), jaloux,

*மாற்சரியம், (mâtsarya), envie, jalousie, — du bonheur d'autrui, malice.

மாற்றம், *n.v. de* மாற்றுகிறது, changement, diversité, variation, différence, mot, parole, réponse, réplique, réfutation, contradiction, haine, antidote: — உரைக்கிறது, — சொல்லுகிறது contredire, s'opposer, réfuter, dire autrement, — autre chose; மாற்றக்காரன் celui qui change, chicaneur, querelleur, contradicteur, méchant.

மாற்றலர், (மாற்றம், அலர்), ennemis, gens qui ont de la haine.

மாற்றல், *opt. et n.v. de* மாற்றுகிறது, changement, troc, échange, déni, rejet, refus, détention, rétention, vente, guérison, cure.

மாற்றவள், மாற்றுடிச்சி, மாற்றுட்டி, (மாற்று, அவள், ஆடிச்சி, ஆட்டி), rivale, autre femme (du même homme...).

மாற்றுத்தகப்பன், (மாற்று, ஆம்), beau-père, second mari de sa mère.

மாற்றுத்தாய், (*id.*), belle-mère, marâtre, seconde femme de son père.

மாற்றுன், *pl.* மாற்றார், (மாற்றம்), ennemi, morceau ajouté à une planche trop courte.

மாற்று, *imp. et part. n.v. de* மாற்றுகிறது, change, substitution, troc, échange, changement, échange, objet changé, équivalent, linge de rechange (que prête le blanchisseur...), contre-poison, antidote d'un poison ou d'un remède devenu dangereux, opposition, prix, valeur ou qualité de l'or et de l'argent que l'on reconnait par le moyen de la pierre de touche, carat, acre de terre ou quantité de terre qu'une paire de bœufs peut labourer en un jour; குழிமாற்று, *V. au mot* குழி; — க்கட்டுவஸ்திரம் habit de rechange, — de réserve; — க்கட்டை, — க்குறைச்சல், — ப்பிசகு ce qui manque au degré de finesse requis pour l'or; — க்கொடுக்கிறது (le blanchisseur...) donner un habit de rechange (pendant qu'on lave le vôtre); — த்தாட்டாந்தம் la proposition contraire; — நொடி énigme en retour, — en réponse, réponse; — ப்படை arme défensive, armée —, corps de rechange; — ப்புடவை toile de rechange pour les femmes; — வஸ்திரம் habit, — toile de rechange, — de haut prix; இந்தப்புன்செய்யிலெத்தனைமாற்று dans cette terre combien y a-t-il de journées de labourage? மாற்றெத்தனை quel est le degré de finesse de cet or ou argent); ஆறுமா — six carats et demi; நாலு—, அஞ்சுமாற்றுப்பொன் or de 4 ou 5 carats, i.e. de la plus basse valeur; பத்துமாற்றுப்பொன் or de 10 carats ou de 1re qualité. (En France l'or parfaitement pur est de 24 carats, celui qui a un vingt-quatrième d'alliage est dit à 23 carats. Dans l'Inde l'or pur est dit de 10 மாற்று ou carats; ainsi au lieu de diviser l'or en 24 qualités on le divise en 10.

மாற்றுகிறது, ற்றினேன், ற்றுவேன், ற்ற, ற்றி, *v.a.de* மாறுகிறது, மாற்றுதல், *n.v.* changer, échanger, altérer, substituer, remplacer, troquer, relayer, guérir, abolir, ôter, rejeter, nier, renier, annuler, destituer ou changer un employé: கற்பனை— violer un commandement, abolir—, changer une loi; வியாதி—, புண்— guérir une maladie,— une plaie; மாற்றிக்கொண்டுவருகிறது changer,— de la monnaie, venir d'en changer; இளைப்பாறமாற்றிக்கொள்ளுகிறது changer, se relayer (des porteurs de palanquin ou de litière), changer de porteurs à un relai; தோள்—க்கொள்ளுகிறது changer un fardeau d'épaule; பண்டம்—க்கொள்ளுகிறது changer—, troquer un objet (pour un autre); —ப்போடுகிறது, —வைக்கிறது transférer, placer ailleurs; மாற்றினவன் celui qui a changé ou échangé. [faire changer...

மாற்றுவிக்கிறது, *v.caus.du préc.*

மான, 1° *inf. de* மானுகிறது: *adv.* comme, selon, suivant: அவன்சொன்னமானநடந்தான் il s'est conduit suivant sa parole,— sa promesse ou selon ses ordres: முகைமான comme un bouton prêt à s'épanouir. 2° particule explétive qui se joint à la 2e personne. 3° *obl. de* மானம்.

*மானசம், (mânasa), esprit, siége de la raison ou la faculté de raisonner, pensée, attention, dessein, volonté, consentement tacite ou implicite en jurisprudence, le lac Mânasam ou Mânasarôvara dans les monts Himalaya, lac Mânadavâvi du paradis fabuleux de Brama: மானசத்துவம் intellect, réflexion profonde; மானசாலயம், மானசௌகசம், (ஆலயம், ஹசம்), cygne sauvage ou oie sauvage qui réside dans le lac Mânasam.

*மானசி, (mânasi), Mânasi, prétendue déesse particulière aux Djaïnas. [la ville fabuleuse de Yamen.

மானசோத்தர, மானசோத்தரம்,

*மானதம், (*P.* மானசம்), ce qui a rapport à l'esprit, *V.* மானதபாவி: மானதக்காட்சி perception de l'esprit, se représenter—, comprendre par l'esprit les objets perçus par les sens; —தீட்சை initiation de l'esprit, —intérieure; —ஸ்நானம், —நானம் bain de l'esprit ou de l'âme, purification de la souillure originelle par la grâce d'un bon gourou, une des 7 espèces de bains dite aussi மானஸ்நானம்; —பூசை sacrifice intérieur; —ப்பிரத்தியக்ஷம், *V.* மானதக்காட்சி; —வாவி le lac Mânadavâvi du paradis fabuleux de Brama dit சத்தியலோகம்.

*மானம், 1° (mâna), honneur, grandeur...., arrogance, hauteur, orgueil, faveur, affection, urbanité, civilité, prise, saisie, mesure, forme, règle, méthode, calcul, comput ou manière de compter l'année solaire,— lunaire,— sidérale.... 2° comparaison, force, faute, honte, pudeur. 3° *P.* வானம், ciel, le firmament, le char des dieux dit விமானம்: சம்—, *V.* வெகுமானம்; சந்திர—marche de la lune dans son orbite, calcul lunaire; சௌர—, mouvement du soleil dans son orbite, calcul solaire; பிரகற்பதி— orbite de Jupiter, marche de Jupiter dans son orbite, calcul fondé sur sa marche; தேவ— calcul ou chronologie des dieux indous, période de temps parmi eux; நர— chronologie usitée parmi les hommes, *V.* தேவாண்டு; மானகவி froideur, hauteur, dédain; மானக்குருடன் homme complétement aveugle;—க்குறை, —க்கேடு déshonneur, ignominie, affront, incivilité;—சாரம் un des 32 ordres d'architecture; —சரோவரம் (sarôvara lac), le lac மானசம் dans les monts Himalaya;—சூத்திரம் chaîne d'or ou d'argent qu'on porte autour des reins;—தீபம் un des 32 உபநிஷதம்;—தாழ்ச்சி,—பங்கம் déshonneur, affront, opprobre, ignominie;—பாவி grand pécheur; —பேதம் un des 32 ordres d'architecture;—மா espèce de cerf dit கலைமா;—யோகாந்தரம், (யோகம், அந்தரம்), somme des demi-diamètres du soleil et de la lune, ou de la lune et de l'ombre de la terre;—யந்திரி, (இயந்திரம்), vase de cuivre perforé et rempli d'eau pour marquer le temps, clepsydre; —வாரி, (*télingu*), espèce de riz.

மானம்பாடி, *P.* வானம்பாடி, alouette;

மானரியம், spectacle, *V.* நூதனம்.

மானல், *opt. et n. V. de* மானுகிறது, ressemblance, confusion, trouble, doute, honte.

*மானவம், (மனு), les lois de Manou, qui sont un des 18 codes indiens, un des 18 pouranas inférieurs.

*மானவன், *pl.* மானவர், 1° (மனு), homme, être humain, garçon, enfant, —mâle. 2° (மானம்), homme fort honorable, héros, guerrier.

*மானவி, (*fém. du prec.*), femme, déesse particulière des Djaïnas, la fille du 1er Manou.

மானவு, lucidité, clarté d'intelligence.

*மானனம், மானனீயம், (mânaniya), respect, honneur, révérence, égard.

*மானன், (mâna), chef, agent, benêt, lourdaud, வேடன் ou chasseur, barbare.

மானுவன், le père de கோவலன் ou Krichna.

மானுர், *n. app. nég. de* மானுகிறது, gens qui ne se ressemblent pas, ennemis.

மானுவாரி, *P.* வானுவாரி.

மானுன், père (parmi les கள்ளர்).

மானி, 1° (mâni), homme d'honneur, — arrogant, hautain. 2° (மானம்), personne chaste, pudique, honteuse. 3° *gér. de* மானுகிறது. 4° *imp. de*

மானிக்கிறது, னித்தேன், னிப்பேன், னி, னிக்க, *v.a.* (மானம்), honorer, respecter, vénérer.

*மானிகம், மானிகன் மானிகி; *V.* மானிடம், மானிடன், மானிடி.

மானிடத்தன், (மான், இடம்), *ou* மானிடக்கையோன், மானிடமேந்தி, (*id.*), celui qui a ou tient un cerf dans sa main gauche, *i.e.* Siven.

*மானிடம், (mânoucha), race—, nature—, naissance humaine, genre humain.

*மானிடன், மானிதன், மானிடவன், (*id.*) *pl.* மானிடர், மானிதர், மானிடவர், homme: மானிட—, மானிதச்சட்டை, —சரீரம், —தேகம் le corps humain; —சாதி la race—, l'espèce humaine, genre humain; —ச்சென்மம் naissance—, nature humaine; —த்தன்மை, (தன்மை), celui qui a la nature humaine ou un caractère humain, bien porté pour les hommes, *i.e.* குபேரன்; —வைத்தியம் médecine humaine, — qui emploie les simples.

*மானிடி, மானிதி, *f. de* மானிடன், femme.

*மானிதம், மானிதை, மானிதத்துவம் (mânitâ), orgueil, dignité, hauteur, grandeur, honneur.

மானித்தல், மானிப்பு, *n.v. de* மானிக்கிறது, vénération, respect.

மானிபம், *P.* மானிகம், honneur, protection, honte, pudeur.

*மானியம், (mânya), honneur, respect, mâniam, terre libre d'impôt (en tout ou en partie, et concédée par un roi ou par un prince pour récompense ou pour salaire d'un emploi public ou autre motif honorable); குடிமக்கள் — mâniam de serviteurs de village, *i.e.* terre libre d'impôt concédée aux serviteurs du village, *v.g.* blanchisseur, barbier..., pour leur servir de salaire; — விடுகிறது donner un ou en mâniam, concéder une terre libre d'impôt; — மானியக்காரன் propriétaire, — de mâniam, — d'une terre libre d'impôt.

*மானியன், (id.), homme honorable, respectable, vénérable.

*மானினி, (fém. de மானி), femme, — pudique, — boudeuse (surtout).

*மானியாதி, table astronomique pour réduire la place de la lune au lever du soleil sous le 1ᵉʳ méridien.

மானுகிறது, 1° ஒத்தேன், ஒவ்வேன், ஒவ ou ன், ன, v.n. ressembler, être pareil. 2° மருண்டேன், மருளுவேன், மருள ou ன், ன, v.n. se troubler, être confus, troublé, embarrassé, dans la confusion, hésiter, douter.

*மானுஷம், (mânoucha), nature —, naissance humaine, genre humain, humanité, nourriture donnée aux mendians; c'est un des grands sacrifices dits யாகம்-ஐ, partie de la médecine qui emploie les drogues et les herbes.

*மானுஷன், pl. மானுஷர், (id.), homme: மானுஷயாகம் sacrifice offert aux hommes, i. e. nourriture donnée aux pauvres; — வைத்தியம் médecine humaine, — qui n'emploie que les drogues et les herbes.

*மானுஷி, fém. du préc. femme.

*மானுஷியகம், (மானுஷியம், ka), multitude d'hommes.

*மானுஷியம், மானுஷிகம், (மனுஷன், ya, ika), nature humaine, humanité, urbanité, courage: மானுஷியமாய்க்கொடுக்கிறது donner avec humanité, avec civilité; — இல்லாதவன் homme grossier, incivil, inhumain மானுஷியப்பிழை, — க்குறைச்சல் incivilité, grossièreté, conduite indigne d'un homme.

*மானுடம், P. மானுஷம்.

*மானுடன், மானுடி, P. மானுஷன், மானுஷி.

மானுதல், V. மானல்.

மானுடபாதி, P. மானபாதி, grand pécheur.

மானேறு, (மான், ஏறு), cerf, — mâle, la 12ᵉ constellation dite உத்திரம். [ka), beauté, ornement.

*மானோஜ்ஞியம், (மனோஜ்ஞியம்,

மான், 1° cerf, daim, gazelle, antilope, chevreuil, bête fauve, animal (en général), cheval, le monstre marin dit மகரம், le signe du Capricorne, forme, figure, femme ou fille. 2° imp. et part. de மானுகிறது. On distingue plusieurs sortes de cerfs: கரு —, கலை — cerf, — mâle, — à cornes en spirales; கவரி — le yack; சருகு — petit cerf qui vit de feuilles sèches; புள்ளி — cerf tacheté, gazelle; வெள்ளி —, பெண் —, பெட்டை —, பிணை — biche, chevrette; வெள்ளாட்டு — chevreuil; — களங்கம் taches de la lune qui ressemblent à celles du cerf; — கயிற்கண்ணி fil de double filière; — கேசர la plante amaranthus angustifolius; — குளம்பு, — சோறு la plante அடம்பு ou pied-de-chèvre; — சல்லடம், — குடிக்கி caleçon: — குட்டி, — மறி faon, petit de la biche; — குட்டிபோடுகிறது la biche faonner, — mettre bas; — செவி oreille de cerf, ou — செவிக்கள்ளி la plante cacalia kleinia; — பார்வை vue de cerf, cerf employé comme leurre, pour attirer dans un piége; — மதம் musc.

மான்மகன், (மால், மகன்), fils de Vichnou, (i. e.), Brama, Kâmen.

மான்மியம், (de மான், miya affixe) gloire, grandeur.

மான்றலை, 1° (மான், தலை), tête de cerf, la 5ᵉ constellation dite மிருகசீரிடம் représentée par une tête d'antilope. 2° acc. de [trouble, confusion.

மான்றல், n. v. de மானுகிறது,

மான்று, gér. du même.

மி, lettre syllabique composée de ம் et de இ, mi bref.

மிக, inf. de மிகுகிறது, et மிகவும் adv. beaucoup, abondamment, extrêmement, excessivement, surabondamment: மிகப்படுகிறது croître beaucoup,— excessivement, abonder, surabonder, excéder: —ப்படல் augmentation, surabondance, excès;—ப்படச்சொல்லுகிறது parler trop, en dire trop, être diffus; —ப்படச்சொல்லல் diffusion, trop de longueur, un des 10 défauts en composition ou dans les ouvrages; —வலியோர் hommes —, gens très-puissans, les savans, les sages; மிகவுஞ்சந்தோஷிப்படுகிறது se réjouir extrêmement: மிகவும்நொந்தான் il a été très-affligé, il a beaucoup souffert; மிகவும்பரிசுத்தமாய் d'une manière très-pure, très-saintement; மிகவும் பயப்படுகிறது craindre beaucoup.

மிகல், *opt. et n. v. de* மிகுகிறது, abondance, excès, augmentation, surabondance.

மிகன், (மிகுகிறது), grandeur, grand, (dans les mots composés): —மக்கள் les grands, grands personnages. [மிகுகிறது *et de* மிகுக்கிறது.

மிகா, மிகாத, *part. nég. de* மிகு

*மிகிகை, (mihikâ), brouillard, — épais, gelée. [nuage.

*மிகிரம், (mihira), air, vent,

*மிகிரன், (*id.*), soleil, lune, sage.

*மிகிரானன், (mihirâna), Siven.

மிகு, *imp. et part. de* மிகுகிறது, grand, abondant, excessif, restant: —கொடையாளன் homme très-libéral, épithète de கர்ணன் ou Karna; —திரள் grande foule; —புகழ் grande louange; —பொருள் ce qui reste, restant, restes du repas; —மகிழ்ச்சி grande joie; —மணம், —வாசனை odeur forte, bonne odeur; —மதி grande intelligence; —மள்ளர் hommes très-vaillans.

மிகுகிறது, மிகேன் *ou* மிகுந்தேன், மிகுவேன், மிகு, மிக, *v. n.* மிகேன் *nég.* augmenter, croître, abonder, surabonder, surpasser, outrepasser, excéder, rester, être abondant, excessif, — de reste: அவன்தின்றுமிகுந்தசோற்றைநாய்க்குப்போடு jette au chien le reste du riz qu'il a mangé.

மிகுக்கிறது, மிகுத்தேன், மிகுப்பேன், மிகு, மிகுக்க, மேன், *nég. v. a. du préc.* மிகுக்குதல், மிகுத்தல், *n. v.* faire abonder, — surabonder, augmenter, accroître, remplir, fortifier, donner de l'accroissement, rendre excessif, transgresser. ‖ *v. n.* abonder, excéder, se mutiner: படைமிகுத்தால்அரணில்லை un fort ne sert de rien si l'armée se mutine: மிகுத்திருக்கிறவர்கள் le grand nombre, la majorité, les mutins; மிகுத்துச்சொல்லுகிறது, மிகுத்துரைக்கிறது dire au long avec diffusion, particulariser; மிகுத்துப்போகிறது devenir abondant, s'accroître, grandir; ஆஸ்திமிகுத்துப்போயிற்று les richesses se sont accrues.

மிகுண்டம், la plante சாறுவேளை.

மிகுதம், *n. v. de* மிகுகிறது, abondance, grande quantité, beaucoup.

மிகுதல், *n. v. du même, ou*

மிகுதி, (*id.*), abondance, grande quantité, beaucoup, surabondance, excès, reste, foule, multitude, profusion, plénitude, augmentation, croissance: —படுகிறது; s'accroître, devenir abondant.... —வாயிருக்கிறது être abondant, surabondant, excessif; —யான abondant, surabondant, excessif; — யானது ce qui est abondant..., — de trop; — யாய் *ou* மிகுதியும் grandement, abondamment, beaucoup, extrêmement, excessivement; மிகுதியுஞ்சுருக்குகிறது raccourcir ou abréger beaucoup.

மிகுத்தியல், l'arbre வில்வம்.

மிகுத்து, *gér. de* மிகுக்கிறது.

மிகுந்த, *part. parf. de* மிகுகிறது, abondant, surabondant, grand, excessif, extrême, beaucoup, de reste: மிகுந்தவைகள் choses qui restent, le surplus, excédent; மிகுந்தவனம் très-grande forêt, l'arbrisseau தன்னீர்விட்டான்.

மிகுந்து, *gér. de* மிகுகிறது: மிகுந்திருக்கிறது abonder, surabonder, rester, être excessif, de trop, de reste, trop abondant. [ன்னை.

மிகுப்பலத்தம், la plante ஆதொண்

மிகுவது, (மிகுகிறது), ce qui excédera, ce qui restera, le restant.

மிகுவிக்கிறது, v. caus. de மிகுகிறது, faire abonder..., augmenter, accroitre.

மிகை, 1° n. v. du même, abondance, grandeur, excès. 2° faute, défaut, accusation, blâme, perte, destruction, affliction, malheur, peine: — சுமத்துகிறது accuser —, charger d'une faute, jeter —, mettre la faute sur; — சுமத்திருக்கிறது être accusé d'une faute; — செய்கிறது, — பண்ணுகிறது faire —, commettre une faute; — செய்தவர்களைச்சுவாமிதண்டிப்பார் le seigneur ou le prêtre punira ceux qui ont commis des fautes; — சொல்லுகிறது, (acc. ou gén. avec பேரில்), accuser, blâmer, médire, parler mal de, charger d'une faute; — படுகிறது être accusé, — blâmé, — coupable, abonder, excéder; — படச்சொல்லேல் ne parle pas trop, ne sois pas babillard; — போடுகிறது calomnier, accuser faussement; — மக்கள் grands personnages; — யாயிருக்கிறது être fautif, excessif; — யாய்ப்பேசுகிறது parler excessivement, — trop, — mal, — improprement; — யதன்செய்கையுருவகம் figure ou comparaison sur laquelle on enchérit, lorsqu'on emploie une comparaison, dire que l'objet que l'on compare l'emporte encore sur celui auquel on le compare; — யொற்றுமையுருவகம் figure ou comparaison où l'on fait ressortir quelqu'excellence. *Ex.* தடங்கட்கெண்டை carpe aux grands yeux; நியாயாதிபதிவிசாரித்து இவன்மேல்மிகைசுமத்தினான் le juge ayant examiné l'affaire a mis la faute sur celui-ci, l'a déclaré coupable.

மிக்க, *part. parf.* de மிகுகிறது, abondant, surabondant, excessif, grand, excellent, supérieur, qui reste: தந்தைசொல் — மந்திரமில்லை il n'y a point de conseil plus puissant que la parole d'un père; — செயல் action faite par un pouvoir extraordinaire; மிக்கது ce qui est abondant, excessif, excédant, reste; மிக்கவன் homme distingué, grand personnage, supérieur, *pl.* மிக்கவர் les grands; மிக்கவை, *pl. n.* choses surabondantes, qui restent, restes d'un repas, nourriture, riz cuit, choses injustes, — déraisonnables, transgressions, accroissement, plénitude, abondance.

மிக்கயேல், (Michael), Michel.

மிக்கான், *n. app. de* மிக்க, grand homme, homme excellent, distingué, supérieur.

மிக்கிருக்கிறது, (மிக்கு, இருக்கிறது), être de trop, rester.

மிக்கிளமை, (*id.* இளமை), grande jeunesse.

மிக்கு, *gér. et n. v. de* மிகுகிறது, abondance, grandeur, excès, reste, *ou* மிக்குடைய, மிக்குள்ள abondant, grand, excessif, restant, beaucoup.

மிக்கேல், (Michael), Michel.

மிக்கோர், *n. app. de* மிக்க, grands, — personnages, savans, sages, hommes distingués.

மிசல், (*arabe*), entrée, examen.

*மிசி, (misi), espèce de fenouil, anethum pannorium, spicanard ou nard indien, anis commun.

*மிசிரகம், மிசிரகாவனம், (மிசிரம், ka), le jardin des dieux indous, bosquet de leur paradis.

*மிசிரகன், (*id.*), qui mélange les marchandises, qui fait des mélanges.

*மிசிரணம், மிசிதம், (மிசிரம், na, ita), mélange, addition.

*மிசிரம், (misra), mélange, mixtion, éléphant, la 1me classe d'éléphans, égalité: மிசிரவர்ணம் caste —, classe —, couleur mélangée.

*மிசிரன், (misra), homme respectable, vénérable. Ce mot se joint comme affixe à la fin des noms propres d'une classe de brames disciples de கங்கேசமிசிரன் célèbre logicien.

மிசுக்கன், (*hébreux* miskèn), pauvre, mendiant, homme vil, abject.

மிசுக்கை, (மிசுக்கன்), bassesse, vileté, bagatelle.

மிசுரம், 1° P. மிசுரம், le dessus en musique. 2° * P. மிசிரம்.

*மிசுரான், P. மிசிரான்.

மிசை, 1° hauteur, élévation, dessus, terrain élevé, tertre, pléonasme ou union de 2 mots ayant le même sens, riz cuit, pauvreté, intelligence, connaissance. 2° *imp. et part. de* மிசைகிறது: மிசைத்திரான் cou-de-pied, cheville du pied.

மிசைகிறது, சைந்தேன், சைவேன், சை, சைய, *v.a.* மிசைதல், *n. v.* manger, jouir, éprouver, sentir.

மிச்சம், *n.v. de* மிஞ்சுகிறது, reste, restant, surplus, excès, surabondance, superflu, trop: — ஆயிருக்கிறது rester, surabonder, être excessif, — de trop; — ஆயெடுக்கிறது prendre trop; — ஆய்ப்போகிறது surabonder, devenir abondant, superflu, se multiplier; — எடுக்கிறது ôter le surplus, — ce qu'il y a de trop; குடிகளில் — ஆனவர்கள் la majorité des habitans, ceux qui sont de trop parmi les habitans.

*மிச்சிரம், P. மிசிரம், mélange.

மிச்சில், (மிஞ்சுகிறது), restes d'un repas, résidu, reste, surplus.

மிச்சை, P. மித்தியை, fausseté, mensonge, pauvreté, ignorance, défaut de sagesse. [tromperie, envie.

*மிஷம், (micha), fraude, ruse,

*மிஷ்டம், (michta), confiture, sucrerie, bonbon: மிஷ்டகர்த்தா confiseur, bon cuisinier; மிஷ்டான்னம், (அன்னம்), sauce, assaisonnement, mélange de sucre et de riz.

மிஞிறு, hanneton, escarbot, scarabée.

மிஞ்சல், *opt. et n.v. de* மிஞ்சுகிறது, abondance, excès, reste, surplus.

மிஞ்சி, 1° un des bijoux des pieds, anneau du second doigt du pied droit (placé à l'époux par les parens de l'épouse au temps du mariage et accompagné d'un acte d'hommage. 2° *gér. de*

மிஞ்சுகிறது, ஞ்சினேன், ஞ்சுவேன், ஞ்ச, *v.n.* மிஞ்சுதல், *n.v.* excéder, dépasser, surpasser, surabonder, rester, être de trop, de reste, croître trop, transgresser, désobéir, devenir orgueilleux, hautain, arrogant: மிஞ்சவொட்டாமலிருக்கிறது ne pas permettre de dépasser les bornes voulues; மிஞ்சிக்கேட்கிறது demander trop, —avec arrogance; — நடக்கிறது désobéir, se conduire arrogamment, devenir hautain, marcher devant; — ப்பேசுகிறது parler trop, d'une manière hautaine; — யிருக்கிறது rester, être surabondant, —de trop, —par-dessus, —arrogant; — வருகிறது venir en abondance, surabonder: — மிஞ்சிவருகிறது venir —, courir furieux sur, se ruer sur; ராணுவம்—வரும் l'armée viendra en force supérieure; மிஞ்சினதுகொண்டு மேற்கேபோகலாகாது il n'est pas bon d'aller avec du superflu ou des richesses à l'ouest, (proverbe payen): சாப்பாடுமிஞ்சினது la nourriture surabonde, il y a du reste ou du superflu dans la nourriture, —le riz cuit; மிஞ்சினபொருள் reste, superflu, objet qui est de reste; மிஞ்சினவன் homme désobéissant, arrogant, opiniâtre, intraitable.

மிடல், force.

மிடறு, *gén.* மிடற்றின், cou, gorge, gosier, menton, mâchoire inférieure, gorgée, goulée: ஒருமிடறுதண்ணீர்சாப்பிட்டேன் j'ai bu une gorgée d'eau; ஒருமிடறுதண்ணீருக்குமொருவாய்சோற்றுக்கும்வேலைசெய்கிறேன் je travaille pour une gorgée d'eau et une bouchée de riz; மிடறுகட்டியிருக்கிறது être enroué; —பாடுகிறது faire des roulades de voix.

மிடா, grande cruche, jatte, jarre d'eau, mesure de blé usitée dans le Maïssour et contenant 16 மரக்கால் ou வள்ளம்.

மிடி, 1° pauvreté, misère, besoin: மிடியடைகிறது, மிடியிலகப்படுகிறது tomber —, être dans la misère, être pauvre. 2° *imp. de*

மிடிக்கிறது,டித்தேன்,டிப்பேன், டி,டிக்க, v.n.(மிடி),மிடித்தல், n.v. devenir—, être pauvre, — misérable.

மிடிப்பு, n.v.du préc. ou [ble.

மிடிமை,(மிடி,மை), pauvreté, besoin,indigence, misère.

மிடியன், (id.) pauvre, indigent.

· மிடிவு, n. v. de மிடிக்கிறது, pauvreté, indigence.

மிடுக்கன்,(மிடுக்கு),homme fort, vigoureux, puissant, violent, chose forte. [audace, insolence, violence.

மிடுக்கு, force,vigueur,puissance,

மிடுமிடு, son imitatif —, expression de vitesse; மிடுமிடென்கிறது, ou

மிடுமிடுக்கிறது,டுத்தேன், டுப்பேன்,டு,டுக்க, v.n.(மிடுமிடு), se hâter, s'empresser.

மிடுமிடுத்தல்,மிடுமிடுப்பு, n. v. du préc. hâte,empressement.

மிடை, 1° buisson, broussailles, arbuste,petit arbrisseau. 2° imp. et part. du suiv.: — தூறு buisson épais, —forêt épaisse.

மிடைகிறது,டைந்தேன், டைவேன்,டை,டைய, v.n. மிடைதல், n. v. se serrer, se presser, être pressé, serré, épais.

மிட்டா, (ind.), terres,propriétés, fortune,possession,droit, jouissance, subdivision de district.

மிட்டாதார், (மிட்டா), personne qui possède ou gouverne une subdivision de —, chef district.

மிணுமிணு, son imitatif —, expression de chuchotement: மிணுமிணென்கிறது ou

மிணுமிணுக்கிறது, ணுத்தேன், ணுப்பேன், ணு,ணுக்க, v.n.(மிணுமிணு), marmoter, chuchoter, parler —, prier—,murmurer tout bas, dire un secret.

மிணுமிணுத்தல், மிணுமிணுப்பு, மிணுமிணெனல், n.v.des préc. chuchotement, murmure, bruit sourd et confus. [று,presse,étroitesse.

மிண்டல்,n.v.et opt.de மிண்டுகிற

மிண்டன், (மிண்டல்), homme fort, vigoureux, vaillant.

மிண்டி, 1° levier. 2° gér.de மிண்டுகிறது:—போடுகிறது, mettre le levier, arracher —, soulever avec un levier.

மிண்டு, 1° faute volontaire, — faite par présomption ou insolence, appui,soutien, support, levier: மிண்டிட்டுப்பெயர்க்கிறது arracher —,déplacer au moyen d'un levier. 2° imp.et part.de

மிண்டுகிறது,டினேன், டுவேன், டு,ட, v.n. மிண்டுதல், n.v. se serrer se presser être pressé,serré,combattre avec fureur.

மிதக்கிறது, தந்தேன், தப்பேன், த,தக்க, n.v. மிதக்குதல், et மிதத்தல்,v.n. flotter, (v.g. du bois, un bouchon...), surnager,s'élever par-dessus, l'emporter sur, surpasser: மிதந்தபுத்தி esprit flottant,superficiel.

மிதத்தல், n.v.de மிதக்கிறது et de மிதத்துகிறது.

மிதத்துகிறது, த்தினேன், த்துவேன், த்து, த்த, v. a. de. மிதக்கிறது,மிதத்துதல்,n.v.faire surnager,—flotter,élever, soulever, exciter.

மிதப்பு, n. v. de மிதக்கிறது, flottage, train, radeau, chose qui flotte,—s'élève, liége d'une ligne ou d'un filet de pêcheur (mis pour signal), hauteur, élévation,tertre,supériorité sur,surpasser; தூண்டிக்காரனுக்குமிதப்பின்மேல்கண் l'œil du pêcheur est fixé sur le liége de sa ligne, il ne faut pas perdre de vue son affaire principale.

*மிதம், 1° (mita,mesuré,dispersé), mesure,borne, limite, modération, tempérance, connaissance, dispersion. 2° sync. de மிருதம்,mort:— ஆயிருக்கிறது être modéré:— இல்லாமற்கொடுக்கிறது donner sans mesure; அவர்களுக்குள்ளேஅவன்வார்த்தை மிதமிஞ்சியிருக்கிறது sa parole a une extrême influence parmi eux; மிதசீவனம் moyen de vivre —,fortune médiocre; சுவி personne de moyen âge; — சுரம் fièvre modérée,note moyenne.

மிதலை, nombril.

மிதவை, 1° *n. v. de* மிதக்கிறது, radeau, —en planches, train de bois, riz cuit. 2° *P.* மிதவாய் tu flotteras.

*மிதார்த்தம், (மிதம், அர்த்தம்), sens restreint, richesses modérées, —bornées; மிதார்த்தன், *m.* émissaire circonspect.

*மிதாசனம், (*id.* அசனம்), repas modéré, tempérance (dans le manger).

*மிதி, 1° (mili), mesure, poids, prix, valeur, beauté, connaissance, preuve. 2° trace,—des pieds, vestige, action de fouler aux pieds, *V.* மிதியல். 3° *imp. et part. de* மிதிக்கிறது:—கல்,— கல்லு marche, degré, pierre qui sert de degré dans un puits, pierre pour appuyer les pieds en puisant de l'eau;—பட்டை, —பலகை,—மரம் pédale, planche ou pièce de bois pour appuyer les pieds (en puisant l'eau d'un puits ou d'un étang...), marche d'un métier (de tisserand ou autre métier qu'on fait marcher avec les pieds);—பாகல் la plante rampante momordica muricata; —படுகிறது être foulé aux pieds; — யடி, (அடி), sandales de bois dites பாதகுறடு; —யடிக்குமிழ் cheville qui passe entre les orteils pour tenir ces sandales; — யாலை espèce de moulin à sucre où la canne est pressée par des planches; — யிடுகிறது fouler aux pieds, pétrir avec les pieds, laisser des vestiges de ses pieds, imprimer la trace de son pied; நோவுக்கு—யிடுகிறது mollifier les membres contractés ou roidis par la maladie en les frottant avec de l'huile et en les étendant;—யிட்டகளிமண் terre glaise pétrie avec les pieds.

மிதிக்கிறது, மிதித்தேன், மிதிப்பேன், மிதி, மிதிக்க, *v. a.* fouler aux pieds, marcher dessus, pétrir avec les pieds, sauter, s'exercer: மிதித்துப் போகிறது s'avancer—, marcher en foulant aux pieds;— ப்போடுகிறது fouler aux pieds, marcher dessus.

மிதித்தல், மிதிப்பு, மிதியல், *n. v. du prés.* action de fouler aux pieds...

*மிதிலை, மிதுலை, (mithilâ), ville—, royaume de Mithilei, situé au nord-ouest du Bengale, le moderne Tirhout திரபுக்தி; c'était la capitale du roi சனகன் père nourricier de சீதை: மிதுலைநகரம் la ville de Mithilei dite aussi விதேகை. Le royaume de Mithilei était situé entre le Gange, l'Himalaya et les rivières கண்டகி et கௌசிகி ou Cosi.

மிதுக்கங்காய், espèce de concombre (mangeable).

*மிதுனம், (mithouna), paire, couple, deux, le double, une fois autant, union, copulation, *ou* மிதுனராசி, மிதுனவிராசி le signe des Gémeaux;— மாசம் le mois des Gémeaux, *i.e.* le mois de ஆனி; —வீதி la rue ou route des Gémeaux, selon les astrologues, une des 3 divisions du zodiaque contenant les 4 signes les plus au sud, savoir le Sagittaire, le Capricorne, le Verseau et le Scorpion.

*மிதுனிபாவம், (மிதுனம், i, பாவம்), inclination amoureuse, fausseté.

*மித்தியம், *P.* மித்தியை, mensonge.

*மித்தியா, *obl. de* மித்தியை, faux, mensonger: — திருஷ்டி vue trompeuse, négation d'une existence future, athéisme, hérésie;—ப்பிரதிக்கினை fausse promesse,—résolution; —மதி erreur, ignorance, méprise, faute;— வாசகம் fausse parole;— வாதி menteur.

*மித்தியாசாரம், (மித்தியா, ஆசாரம்), fausse observance.

*மித்தியாபியோகம், (*id.* அபியோகம்), plainte non fondée.

*மித்தியை, (mithyâ), mensonge, fausseté, tromperie.

*மித்தியோத்தரம், (*id.* உத்தரம்), réponse fausse.

*மித்தியோபசாரம், (*id.* உபசாரம்), bons offices—, civilité trompeuse, se montrer comme ami à son ennemi

*மித்திரம், (mitra), amitié, amour, affection: மித்திரகாரியம் action d'amitié, *ou* — த்துவம் amitié; —

த்துரோகி,— த்துரோகன் faux ami, ami traître; — த்துரோகம் trahison envers son ami;— நாள் la 17me constellation lunaire dite அநுடம்;— பேதம் brèche —, rupture de l'amitié, ou — யுத்தம் dispute —, querelle d'amis:— லாபம்,— லப்தி, — வத்சலம் acquisition de l'amitié.

*மித்திரதை,(மித்திரம்,tà), amitié.

*மித்திரன், pl. மித்திரர்,(id.), ami, allié, le soleil, un des 12 soleils, celui qui préside au mois d'ஆடி.

*மித்திரை, (mitrà), amie, compagne, Soumitrei une des femmes de தசரதன் et mère de சத்துருக்கனன்.

*மித்துரு, P. மித்திரன், ami, allié: — துரோகி traître, — à ses amis;— ஸ்தானம் la 4e place ou le 4e signe à compter de celui de la naissance;— பேதம் rupture de l'amitié, c'est une des 5 ruses du பஞ்சதந்திரம்;—ப்பதுமை sable mêlé de plomb.

மித்தை, P. மித்தியை, mensonge, fausseté.

மியா, *particule qui se joint à la* 2e *personne*, écoute, attention! *Ex.* கேண்மியா, (கேள்), écoute, écoute; சென்மியா, (செல்), marche donc.

மியூல், nom d'une plante. [nace.

மிரட்டல், *opt. et n.v. du suiv.* me-

மிரட்டுகிறது, ட்டினேன், ட்டுவேன், ட்டு, ட்ட, *v.a. de* மிரளுகிறது, *P.* மருட்டுகிறது, *et* மிரட்டுதல், *n. v.* menacer, réprimander, épouvanter, terrifier, effaroucher, faire peur, infatuer: கண்ணுறல் — terrifier —, infatuer d'un coup d'œil.

மிரதம், serpent.

மிரளுகிறது *ou* மிரள்கிறது, ரண்டேன், ரளுவேன் *ou* ரள்வேன், ரளு *ou* ரள், ரள, *v.n. P.* மருளுகிறது, *ou* மிரளல், மிரளுதல், *n.v.* s'effrayer, s'effaroucher, être effrayé, épouvanté, terrifié, troublé par la crainte.

மிராசி, மிராசு, (*arabe*), droit —, propriété héréditaire: குடிகளுடைய —droit des habitans; மிராசிதார், மிராசுதார்,—க்காரன், —தாரன் Mirasdar, propriétaire, possesseur d'un droit— d'une propriété —d'un privilége héréditaire;— க்குடி habitant qui est propriétaire,— qui a une propriété héréditaire. [டி.

மிரிசபத்திரி, la plante வறட்சுண்டி

மிரிகை, cheville ou goupille d'un luth pour en tendre, ou détendre les cordes.

மிரிஞ்சி, l'arbre முருக்கை rouge.

மிரியல், (*télinga*). poivre.

*மிருகண்டன், மிருகண்டு,(mroukandou), nom d'un sage, père de மிருகண்டகன் *ou* மார்க்கண்டன்.

*மிருகம், (mrouga), bête, brute, animal (en général), cerf, antilope, musc, la 5e constellation dite மிருகசீரிடம் représentée par une tête d'antilope, le mois où la lune est pleine dans cette constellation, éléphant,— qui a des marques blanches sur le front, chasse, recherche, enquête, sollicitation; மிருகக்ஷீரம், — க்ஷீரம் lait de biche ou d'antilope;— க்குணம் caractère d'animal,—brutal,—cruel,—sauvage, brutalité, déréglement;— க்கொம்பு corne d'animal, de quadrupède; — சஞ்சாரம் conduite déréglée, — brutale, le crime de —, bestialité, demeurer avec les bêtes;—சயிடகம், —சடகம் chat sauvage; —சாதி la race —, la classe des animaux;— சாலிகை, (சாலம், ikà), filet pour prendre des cerfs;— சிரம், —சீரிடம், —சீரிஷம் tête d'animal, — d'antilope, *i.e.* la 5me constellation lunaire, qui est représentée par une tête d'antilope et contient 3 étoiles dont l'une est le lambda d'Orion; —சீவனன் homme qui vit de chair d'animaux, chasseur;— சீவன் animal, brute, vie de brute, âme de bête;—தஞ்சகன், (damsaka *qui mord*), chien; — தந்தம் dent d'animal,— d'éléphant, défenses de sanglier ou de porc: — தரன் l'astre tacheté comme une antilope, *i.e.* la lune;—சலம், —திருஷை, —திருஷ்ணை, —திருஷ்ணிகை,(trouchà, trouchnà, ikà, *soif*), mirage, vapeurs flottantes qui s'élèvent sur les sables, trompent les animaux et excitent leur soif en leur présentant l'image de l'eau: —தூர்த்தகன், (தூர்த்தன், ka), l'animal trompeur, le chacal qui cherche à attirer les animaux dans ses piéges; — த்தனம், —த்தன்மை brutalité, nature —, caractére—, existence d'animal, — de brute: —த்தியு, (dyou aller), celui qui va après les animaux, chasseur; — நாபி litt. nombril d'animal, poche qui contient le musc et qui est située près du nombril de l'animal qui le donne, musc, civette ou animal qui la donne: — நாபிஜம் ce qui naît du nombril de l'animal, i.e. musc; — நேத்திரன், m. —நேத்திரி, f. homme—, femme qui a des yeux d'antilope;— பதம் pied —, trace de cerf,—d'animal; — பதி le roi des animaux, i. e. le lion;— பந்தினி, (பந்தம், ini), filet pour prendre les cerfs;— பாலிகை civette, animal qui donne le musc; — போசனி ce que mangent les animaux, coloquinte; — மதம் rut ou mucosité d'animal, musc;— மாதிருகை biche, antilope femelle; —ராசன், —ரிபு le roi—, l'ennemi des animaux, i.e le lion; —லாஞ்சனன் l'astre tacheté comme le cerf, i.e. la lune; — வாகனன் celui qui a un cerf pour monture, i.e. வாயு ou le dieu prétendu du vent.

*மிருகயை, மிருகவ்வியம், (mrougayâ, mrougavya), chasse.

*மிருகாக்ஷி, (மிருகம், அக்ஷி), œil d'animal, — de cerf, femme qui a des yeux de cerf, coloquinte.

*மிருகாங்கம், (id. அங்கம்), corps d'animal, —de cerf, le vent (léger comme un cerf), la lune (tachetée comme un cerf.)

*மிருகாங்கன், (id.), la lune, Siven qui tient un cerf à la main.

*மிருகாசயம், (id. ஆசயம்) ménagerie.

*மிருகாசனம், மிருகாதனம், (id. அசனம், adana nourriture), ce qui mange les antilopes ou les animaux, i.e. le lion, le tigre, l'hyène, le léopard.

*மிருகாஜினம், (id. அஜினம்), peau de gazelle, —de cerf.

*மிருகாஜீவன், (id. ஆஜீவம்), être qui vit d'animaux, chasseur, hyène, tigre.

*மிருகாண்டஜை, (id. அண்டம், ஜை), musc qui se forme dans les testicules du cerf.

மிருகாண்டி, (id. ஆண்டி), homme brutal.

*மிருகாதி, (id. ஆதி), le 1er ou le roi des animaux, i.e. le tigre.

*மிருகாந்தகன், (id. அந்தகன்), le destructeur d'animaux, i. e. le léopard.

*மிருகாயினம், P. மிருகாஜினம்.

மிருகாரஸிக்ஷி. P. மிருகசரஸிக்ஷி.

*மிருகாராதி, மிருகாரி, (மிருகம், அராதி, அரி), l'ennemi des animaux, i.e. le lion, le tigre, le chacal ou le renard, le chien.

*மிருகேந்திரன், (id. இந்திரன்), le roi des animaux, i.e. le lion: மிருகேந்திரசடகம் le roi des oiseaux, le faucon, le milan;—முகம் visage de lion.

*மிருசம், 1° (mroudja), instrument de musique, tambour. 2° (mrousa), vue, vision.

*மிருஜை, மிருச்சியம், (mroudja, mroudjya), ablution, purification du corps.

*மிருஷார்த்தகம், (மிருஷை, அர்த்தம், ka), impossibilité, incohérence, absurdité dans les discours, expression dont le sens est évidemment faux, comme de dire: son armure est de laine de tortue et son arc de cornes de lièvre.

*மிருஷாலகம், (mrouchâlaka), manguier.

*மிருஷாவாதம், (மிருஷை, வாதம்), ironie, louange ironique, fausseté.

*மிருஷாவாதி, (id.), menteur, faux accusateur.

*மிருஷை, (mrouchâ), fausseté, inutilité.

*மிருஷோத்தியம், (மிருஷை, oudya dicendus), fausseté, mensonge.

*மிருஷோத்தியன், (id.), menteur.

*மிருஷ்டம், மிருஷ்டி, (mrouchta, —ti), faire la cuisine, tact, friction, purification, aspersion, étroitesse, presse.

*மிருஷ்டேருகன், (mrouchtèrouka), homme libéral, bienfaiteur, grossier, inhospitalier, égoiste, mangeur de confitures. [enfant.

*மிருடங்கனம், (mroudankana),

*மிருடன், (mrouda, *réjouir*), surnom de—, Siven, feu qui achève une oblation. [de மிருடன் ou Siven.

*மிருடானி, (*id.*), Deurgâ femme

☞ *மிருடாத்தகம், மிருடாலகம்... *V.* மிருஷ்டாத்தகம்....

*மிருடிகம், (mroudika), cerf.

*மிருடோத்தியம், மிருட்டி, மிருட்டேருகன், *V.* மிருஷ்டோத்தியம்....

*மிருணாலம், (mrounâla), fibres du nénuphar, racine de l'herbe andropogon muricatum. [nénuphar.

*மிருணாலி, (மருணாலம்), fibre de—,

*மிருணாலினி, (*id.*), assemblage de fleurs de nénuphar.

*மிருதகம், (மிருதம், ka), cadavre.

*மிருதகாந்தகம், (மிருதகம், அந்தகன்), le destructeur des cadavres, *i.e.* le chacal.

*மிருதங்கம், மிருதங்கம், (mroud *frapper*, அங்கம், ka), bruit, son, petit —, double —, tambour, son bruit, bambou, la 25e des கலைக்கியானம் ou sciences des Indous, *i.e.* l'art de battre du tambour: மிருதங்கபலம் l'arbre aux fruits gros comme des tambours, *i.e.* le jaquier. [soleil.

*மிருதண்டன், (mroutanda), le

*மிருதபம், (மிருதம்), cadavre.

*மிருதபை, (மிருதம், pâ *chérir*), espèce de tôtti, homme de basse caste qui, pour vivre, ramasse les habits des morts, porte les cadavres au bord d'une rivière pour être brûlés, et exécute les criminels.

*மிருதம், 1° (*part. de* mrou *mourir*), la mort, cadavre. 2° (mroudha), combat, bataille. 3° l'arsenic naturel dit அங்கவன், la plante நிக்வனி. 4° *P.* மித்துரு, ami: மிருதகற்பம் ce qui certifie la mort, insensibilité; —சங்கை appréhension de la mort de quelqu'un; —சஞ்சீவி, —சஞ்சீவினி remède—, prière magique pour ressusciter les morts: —சூதகம் prétendue souillure contractée par la mort; —சேதம் mort, trépas; —ஸ்நானம் ablution—, bain après le deuil, —les funérailles; —பாஷாணம், —பாஷாணம் l'arsenic naturel dit அங்கவன்; —மத்தம் l'animal friand de cadavres, *i.e.* le renard ou le chacal; — வற்சை femme dont l'enfant est mort, vache dont le veau—, femelle dont le p[...] est mort. [ment, passe-tem[...]

*மிருதரம், (mroudara), amuse[...]

*மிருதாகரம், (mroudâkara), la foudre. [ம்), le soleil.

*மிருதாண்டன், (மிருதம், அண்ட[...]

*மிருதாமதம், (mroutâmada), [...] triol bleu.

மிருதாரசிங்கி, (மிருதம், ஆரம்[...] pèce d'arsenic composé dit [...] சிங்கி, nom d'une plante, lit[...] oxide demi-vitrifié de plomb.

*மிருதி, 1° (mrouti), la mort[...] ஸ்மிருதி, code de loi, mémoire, [...] venir.

*மிருதிமதலங்காரம், (smrout[...] *remémoratif*, அலங்காரம்), m[...] ment remémoratif, figure de p[...] qui rappelle quelque chose [...] mémoire, *V.* நினைப்பணி. [t[...]

*மிருதினி, (மிருதை, ini), b[...]

*மிருது, (mroudou), douceur[...] au toucher, poli, délicatesse, c[...] émoussée, tendre, molle, ma[...] tude, douceur, gentillesse, urb[...] amabilité, bonté, lenteur:— [...] l'oie —, le cygne à la marche [...] — த்துவம் douceur; — நக்ஷ[...] étoile douce ou bénigne, — [...] qui parait faiblement; —[...] — பாஷிதம் douces parole[...] langage; — பாஷணி qui a la[...] douce; —புஷ்பம் fleur délica[...] bre சிரீஷம்; —மூர்த்தம், *P.* [...] மூர்த்தம் moment de la mort[...] மவான், —லோமகம், (உலோமகம், ka), le lièvre au poil; —வாதம் doux zéphir doux, —léger du midi.

*மிருதுதை,(மிருது),douceur.

*மிருதுவு, P. மிருது, douceur: மிருதுவாய் doucement, délicatement, poliment, bénignement, honnêtement, avec bonté; — மிருதுவான doux, tendre, mou, délicat, poli, civil, gracieux. [ka),or.

*மிருதுன்னகம், (mroudounna-

*மிருதூத்பலம்,(மிருது, உத்பலம்), nénuphar bleu. [argile.

*மிருதை, (mroudâ), terre, terrain,

*மிருதோத்பவம்,(மிருதம், உத்பவம்), océan, mer. [ன்.

*மிருத்தஞ்சயன், P. மிருத்தியுஞ்சய

*மிருத்திகை,(mrouttikâ), terre, sol, argile, terre odoriférante.

*மிருத்தியம், (மிருத்து,ya), terre.

*மிருத்தியு, (mroutyoû), la mort, Yamen, prétendu dieu de la mort: —குறி crabe;—நாசகம் mercure ou vif-argent;—புஷ்பம்,—புட்பம் canne à sucre qui meurt après avoir fleuri;— பலம் le fruit mortel, espèce de fruit vénéneux;—பலி,—பலை le bananier qui meurt après avoir porté des fruits — பங்குரகம் (பங்குரம் courbure, ka), tambour funèbre;— மிருத்தியம் la servante de la mort, *i.e.* la maladie; — வஞ்சனன், V. மிருத்துவஞ்சனன்;— விசம், V. மிருத்துவிசம்.

*மிருத்தியுஞ்சயன்,(மிருத்தியு, ஞ், சயம்), le vainqueur de la mort, *i. e.* Jesus-Christ, le vainqueur de Yamen, *i.e.* Siven. [raisin.

*மிருத்திகை,(mroudvikâ), vigne,

*மிருத்து, 1° (mroud), terre, sol, argile, terre odoriférante. 2° *P.* மிருத்தியு, la mort, Yamen, prétendu dieu de la mort; — சரன் celui qui travaille l'argile, le potier; — காரகன், — க்கிரகம் astre qu'on prétend causer la mort;— க்கிரகநிலே, *V.* மிருத்துநிலே; — சாந்தி sacrifice pour éloigner une mort funeste; — சூதகம் prétendue souillure causée par la mort:—குறி crabe;— நாசகம்,— நாசனம் ce qui tue la mort, mercure ou vif-argent;— நிலே place de l'astre funeste qui cause la mort; — பங்குரகம்,—வங்குரகம்,(பங்குரம் *courbure*, ka), tambour funèbre; — பயம் crainte de la mort; —பாண்டம் vase de terre;— முகூர்த்தம் moment de la mort: — வஞ்சனன் celui qui a trompé Yamen ou la mort, *i.e.* Siven;— விசம் le bambou qui meurt après avoir donné sa graine.

*மிருத்துஞ்சயம்,(மிருத்து,ஞ்,சயம்), victoire sur la mort, prière pour détourner la mort.

*மிருத்துஞ்சயன்,(மிருத்துஞ்சயம்), *V.* மிருத்தியுஞ்சயன்.

*மிருத்துவங்கம், (மிருது, அங்கம்),corps délicat.

*மிருத்துவங்கி, (மிருத்துவங்கம்), femme délicate,

*மிருத்துவி,மிருத்துவிகை,(mroudvi, vikâ), raisin.

*மிருநாளம், P. மிருணாளம், tige de nénuphar (avec ses fibres).

*மிலனம்,மிலிதம், (milana,—lita) mélange, association, rencontre.

மிலாகத்து, (*arabe*), rencontre, réunion, entrevue, introduction.

மிலாங்கவி, la plante செங்காந்தள்.

மிலாந்தி, *gér. et n.v. du suiv.* homme qui regarde d'un air effrayé,— effaré.

மிலாந்துகிறது, தினேன், துவேன், து, த, *v.n.* மிலாந்துதல், *n.v.* regarder d'un air triste, — effrayé, effaré, troublé.

மிலாரடி, *V.* மலாரடி.

மிலாறு, *gén.* மிலாற்றின், baguette, verge, houssine, gaule, menues branches, menu bois;— கொண்டுவிசுகிறது prendre et brandir —, s'amuser à brandir une houssine, houssiner, *ou* மிலாற்றுலேமழுக்குகிறது rosser à coups —, battre de verges, donner une rossée.

*மிலேச்சம், (mlètchtchha), *ou* மிலேச்சதேசம், — மண்டலம் pays étrangers,— des barbares,— situés autour — sur les bords ou en dehors de l'Inde, pays au nord de la rivière சரச்சுவதி et habités par des peuples d'une religion et d'une langue différentes de celles des Aryas ou Brahmanes, pays des Mahométans et autres peuples: மிலேச்சகந்தம், — கந்தம் ail, oignon, *litt.* racine des pays barbares; — சாதி caste ou nation barbare, — étrangère; — ஸ்திரீ femme barbare; — த்தனம் caractère barbare, grossièreté, ignorance; — முகம் cuivre, *V.* மிலேச்சாசியம்; — வாக்கு dialecte barbare.

*மிலேச்சன், *pl.* மிலேச்சர், (*id.*), barbare, étranger, habitant des pays barbares, — hors de l'Inde, Mahométan ou Sônaguen, வேடன் ou chasseur, ignorant, homme stupide, vil, chassé de caste. Les tribus ou peuples que Manou comprend sous le nom de Milètcha ou barbares, et qu'il dit être des Kchatriyas dégradés, sont les peuples qui bornent l'Inde au nord et au sud, et autant qu'on peut s'en rapporter aux recherches modernes et à la similitude de noms, ce sont les suivans: les Paoundrakas பௌண்டிரகர், peuples des provinces qui bordent le Bengale et le Bahar au sud du Gange; les Odras ஒட்டிரர் au nord d'Orissa; les Drâviras திராவிடர் au sud de la presqu'île, comprenant les 5 langues suivantes le Tamoul, le Télinga, le Canara, le Mahratte et le Guzeratte; les Kambodjas காம்போசர், peuples de l'Arachosie; les Yavanas யவனர் *i.e.* les Grecs ou Bactriens; les Sakas சகர், Saces ou Scythes; les Pâravas பாரவர், peuples de la Paropamise; les Pahlavas பலவர், anciens Persans qui parlaient le pehlvi; les Tchinas சீனர், les Chinois; les Kirâtas கிராதர், montagnards habitans les monts Himalaya; les Daradas தரதர், habitans des montagnes de Cachemire au dessus de Péchaver; les Khasas கசர், Schuthi ou Chasas montagnards du nord de l'Inde.

*மிலேச்சாசனம், (மிலேச்சம், asa *manger*), la nourriture des barbares ou des étrangers, le froment.

*மிலேச்சாசியம், (*id.* ஆசியம்), ce qui a l'air ou la couleur des barbares, *i.e.* le cuivre, (allusion aux envahisseurs grecs et mahométans).

*மிலேச்சி, *f. de* மிலேச்சன், femme étrangère, — de caste barbare, mahométane.

*மிலேச்சிதம், (மிலேச்சம், ita), langage barbare, incorrect, barbarisme, langue étrangère au sanscrit et à ses dialectes.

மிலைகிறது, மிலைந்தேன், மிலைவேன், மிலை, மிலைய, *v.a.* மிலைதல், *n. v.* s'habiller, se vêtir, s'orner, — de fleurs, écrire.

மிலைச்சுகிறது, மிலைச்சினேன், மிலைச்சுவேன், மிலைச்சு, மிலைச்ச, *v. a. et n. et* மிலைச்சல், *ou* மிலைச்சுதல், *n. v.* vêtir, orner, mettre, se revêtir de, s'orner.

மில்க்இஸ்திமிறார், (*arabe*), droit de propriété continuel ou à perpétuité.

மிழலை, *P.* மழலை, mot —, langage enfantin, mot balbutié, — prononcé imparfaitement.

மிழற்றல், *opt. et n. v. de* மிழற்றுகிறது parole, son inarticulé, bruit confus de paroles, *V.* மிழலை.

மிழற்றுகிறது, மிழற்றினேன், மிழற்றுவேன், மிழற்று, மிழற்ற, *v. a.* மிழற்றுகிறது, *n. v.* parler, dire, babiller, — ou parler comme un petit enfant, balbutier.

மிழி, *P.* விழி, prunelle de l'œil.

மிழிக்கிறது, *P.* விழிக்கிறது, ouvrir les yeux, se réveiller, regarder, ouvrir de grands yeux d'admiration ou d'étonnement: ஒருத்தன் முகத்திலே — arrêter les yeux sur quelqu'un, en attendre quelque chose: மிழித்துக்கொண்டிருக்கிறது s'éveiller, ouvrir les yeux; மிழித்திருக்கிறது être éveillé, avoir les yeux ouverts; என்முகத்திலேமிழிக்கவேண்டாம் ne te présente pas devant moi, n'attends rien de moi.

மிழித்தல், மிழிப்பு, *n.v. du prés.* réveil, ouvrir les yeux, regard fixe, insomnie, veille.

மிழிப்பாட்டம், (மிழிப்பு, ஆட்டம்), stupeur, regards étonnés.

மிழுங்கல், மிழுங்குதல், *n.v. de*

மிழுங்குகிறது, *P.* விழுங்குகிறது, avaler, dévorer, engloutir, manger gloutonnement.

மிளகரணை, (மிளகு, அரணை), la plante scopolia aculeata.

மிளகறையன், (*id.* அறை), espèce de toile.

மிளகாணம், (மிளகு, ஆணம்), sauce au poivre, bouillon—, eau poivrée.

மிளகாய், *P.* மிளகுகாய், piment, poivre de Guinée ou poivre long,— rouge, capsicum annuum: —க்கசத்தி la plante vinea pusilla; —ப்புள் nom d'un oiseau.

மிளகு, poivre, piper nigrum: —காய் le piment dit மிளகாய்; —க்கோட்டை paquet de grains de poivre; —சம்பா espèce de riz qui ressemble un peu au poivre; —சாதம் riz assaisonné au poivre; —சாறு, —நீர் bouillon—, eau poivrée, eau de poivre; —தக்காளி espèce de தக்காளி; —திரி espèce de petite vérole; —மணி grain de poivre; —மாறி marchand qui troque du poivre pour des ustensiles brisés de bronze, de cuivre, du plomb...

மிளப்பு, giroflier.

மிளிர், lumière, splendeur, grandeur, *n.v.imp. et part. de*

மிளிர்கிறது, ிர்ந்தேன், ிர்வேன், ிர, *v.n.* மிளிறல் *et* மிளிர்தல், *n. v.* briller, resplendir, luire, grandir, être grand.

மிளிர்வு, *n. v. du préc.* brillant, splendeur, éclat, lumière.

மிளிறு, ours.

மிறல், grandeur.

மிருண்டி, *P.* மிருகசண்டி, homme grossier, brutal, semblable à une bête.

மிறிதார்சிங்கி, மிருதார்சிங்கி, l'arsenic dit மிருதாசிங்கி.

*மிருகம், *P.* மிருகம், animal, bête.

மிறுங்கம், la plante கையாந்தகரை.

மிறுசீதம், l'arbre நிலாமிச்சை.

மிருது, la plante சிறுதிராப்பச்சை.

மிருதுபலா, l'arbrisseau நெல்லி.

*மிருதுபுஷ்பம், *P.* மிருதுபுஷ்பம், l'arbre வாகை.

மிருத்தாலகம், l'arbrisseau légumineux துவரை.

*மிருத்திகம், *P.* மிருத்திகை, vigne, raisin.

மிறை, crainte, peur, trouble, perplexité, peine, faute, *n.v. et imp. de* மிறைக்கிறது: —க்கவி vers difficiles, —qui forment des figures de fantaisie, *V.* சித்திரக்கவி.

மிறைக்கிறது, றைத்தேன், றைப்பேன், றை, றைக்க, *v.n.* மிறைத்தல், *n.v.* s'affliger, se troubler, craindre, être peiné, affligé, troublé, dans le malheur, souffrir, s'efforcer.

மினக்கேடு, *P.* வினைக்கேடு, perte de temps, (par suite d'un travail arrêté...), temps mal employé, peine perdue, travail inutile.

மினவுகிறது, வினேன், வுவேன், வு, வ, *v.a.P.* வினவுகிறது, visiter, rendre une visite, saluer.

மினவல், மினவுதல், *n. v. du préc.* visite, salut: மினவுதல்திருநாள் la fête de la Visitation.

மினுஊறா, déduction.

மினுக்கம், *n.v. de* மினுக்குகிறது, lumière, éclat, splendeur, lustre.

மினுக்கல், *opt. et n.v. de* மினுக்குகிறது.

மினுக்கு, splendeur, lustre, éclat, ornement, poli, vernis, *n.v. imp. et part. du suiv.*: —ப்பசை colle odoriférante, espèce de colle des tisserands; மினுக்கிடுகிறது. ou

மினுக்குகிறது, *sync.* மினுக்கிறது, க்கினேன், க்குவேன், க்கு, க்க, *v.a.* மினுக்குதல், *n.v.* polir, vernir, lustrer, rendre brillant, faire briller, donner le poli, —du lustre, orner: மினுக்கிக்கொள்ளுகிறது s'orner, se parer, se rendre brillant; —வைக்கிறது polir, vernir, brunir, lustrer, rendre brillant; தன்மேனியைமினுக்குதல் சவத்துக்கொப்பனைசெய்தல் orner ou soigner trop son corps, c'est parer un cadavre.

மினுக்கெண்ணெய், (மினுக்கு, எண்ணெய்), vernis, huile pour vernir.

மினுங்கு, *imp. et part. du suiv.*: —பொழுது, —வாறப்பொழுது soirée, déclin du soleil, —du jour.

மினுங்குகிறது, *sync.* மினுங்கிறது, ங்கினேன், ங்குவேன், ங்கு, ங்க, *v. n. de* மினுக்குகிறது, மினுங்கல், மினுங்குதல், *n.v. et* மினுங்கியிருக்கிறது, être brillant, poli, lustré, verni, briller, resplendir, étinceler.

மினுமினுக்கிறது, னுத்தேன், னுப்பேன், னு, னுக்க, *v.n.* (மினுங்குகிறது *redoublé*), briller, scintiller, éblouir, pétiller, étinceler.

மினுமினுத்தல், மினுமினுப்பு, *n. v. du préc.* éclat, brillant, scintillation, pétillement, étincelle: மினுமினுப்பாயிருக்கிறது briller, scintiller, être éblouissant.

மினை, *P.* வினை: —கெடுகிறது perdre sa peine, perdre son temps; —க்கேடு, *V.* வினைக்கேடு.

மின், lumière, éclat, chose brillante, étincelante, éclair, jeune—, femme, jeune fille, *n.v. imp. et part. de* மின்னுகிறது: மின்னுக்கெல்லாம் பின்னுக்கு மழை après tous les éclairs vient la pluie; —மாலை guirlande ou suite d'éclairs; —வெட்டுகிறது reluire; —வெட்டுப்புழு ver luisant.

மின்கச்சோதம், மின்மினி, மின்மினிப்பூச்சி, (மின் *répété*), mouche luisante, ver luisant: சூரியப்பிரகாசத்தின் முன்னே மின்மினிப்பூச்சி விளங்கமாட்டாது le ver luisant ne brille pas à la clarté du soleil, un faux savant ne brille pas devant un homme vraiment instruit.

மின்னல், *opt. et n.v. de* மின்னுகிறது, éclair, éclat, — subit et peu durable, chose luisante, splendeur, pièce de monnaie nouvelle et brillante: — மின்னுகிறது lancer —, faire des éclairs, éclairer, briller, reluire: — வெளிச்சம் lumière des éclairs; மின்னல்களையேவுகிறது lancer des éclairs; மின்னற்கொடி éclat des éclairs, *V.* மின்மாலை; மின்னற்றெறிகிறது lancer des éclairs; மின்னற்றுருக்கு, (துருக்கு), sable brillant, — mêlé du plomb.

மின்னாமல், *gér. nég. de* மின்னுகிறது: —இடிக்கிறது la foudre tomber sans éclairs, punir sans avertir, — avant d'accuser.

மின்னாள், (மின், ஆள்), jolie —, belle femme, celle qui brille comme un éclair.

மின்னி, 1° *gér. de* மின்னுகிறது; 2° la plante கரிக்கணம் à fleurs bleues ou noires, *ou* —ப்பயறு espèce de plante légumineuse.

மின்னுகிறது, ன்னினேன், ன்னுவேன், ன்னு ou ன், ன்ன, *v.n.* (மின்), மின்னுதல், *n.v. et* மின்னிக்கொண்டிருக்கிறது, briller, lancer—, faire des éclairs, éclairer, étinceler, reluire, pétiller: மின்னிமின்னியிடிக்கிறது tonner avec des éclairs continuels; மின்னியார்க்கிறது éclairer et tonner, faire des éclairs et du tonnerre; மின்னுகிறதெல்லாம்பொன்னுமல்ல tout ce qui brille n'est pas d'or.

மின்னெறிகிறது, (மின்), lancer des éclairs.

மீ, 1° lettre syllabique composée de ம் et de ஈ, mi long. 2° nir, atmosphère, région aérienne, hauteur, élévation, dessus, sur.

மீகண், (மீ, கண்), lieu supérieur, dessus, — d'un lieu.

மீகாமன், மீகான், pilote, patron de navire, timonier: — இல்லாமரக்கலமோடாது un navire ne marche point sans pilote, une affaire ne marche pas sans agent ou sans quelqu'un pour la conduire.

மீளை, l'arbrisseau புலித்தொடக்கி.

மீக்குவம், l'arbre மருதமரம்.

மீக்கூறுகிறது, (மீ), croître, s'accroître, augmenter: மீக்கூறுதல் accroissement, augmentation.

மீக்கூறல், *opt. et n.v. de* மீக்கூறுகிறது, louange, célébration.

மீக்கூறு, *n. v. imp. et part. du suiv.* louange, éloge.

மீக்கூறுகிறது, (மீ), louer, célébrer, applaudir.

மீக்கூற்று, (*id.*), louange, éloge.

மீக்கோள், (*id.*), montée, action de monter, élévation, victoire, soutien, présomption, arrogance, couverture, habit de dessus, manteau.

மீசரம், (மீ), chose supérieure, préférable: இந்தத்தானியம் —ஆயிருக்கிறது cette espèce de grains est meilleure, — d'une qualité supérieure.

மீசாடுகிறது, (மீசு), semer par-dessus, —trop abondamment, gesticuler trop.

மீசு, (மீ), abondance, trop, dessus, par-dessus: — பொலி 1re poignée de grains qu'on prend, dessus du monceau de grains; —மீட்கிறது enlever par-dessus, —le dessus; —வைக்கிறது mettre dessus.

மீசுரம், (மீ), grande véhémence, — colère, excès, trop, note élevée.

மீசை, moustache, (dans le sud on dit plutôt விசை.)

மீச்செலவு, (மீ, செலவு), passer les bornes, — par-dessus, conduite ambitieuse, présomption.

மீட்கிறது, மீட்டேன், மீட்பேன், மீள், மீட்க, மீட்கேன் ou மீளேன், *nég. v.a. de* மீள்கிறது, மீட்குதல், மீட்டல், *n.v.* racheter, sauver, délivrer, préserver, reprendre, ramener, rapporter, retourner, arracher, tirer le poison de la plaie, ôter de l'eau ou du riz de la marmite pour qu'elle ne déborde pas, prendre—, ramasser avec la main (du riz...): அடிமையை — racheter un esclave; நிரை recouvrer—, ramener le bétail emmené par l'ennemi; நிரம்பயிருக்கிறதை மீள் ou மீட்டுக்கொள் ôte ce qu'il y a de trop de grains ou d'eau... dans une corbeille ou un vase.

மீட்குதல், மீட்சி, *n.v. du préc.* rachat, rédemption, délivrance, recouvrement, retour: நரகத்திலேமீட்சியில்லை il n'y a point de délivrance *ou* de rédemption dans l'enfer, on n'en revient pas: மீட்சிக்கிளவி détail du retour, division d'un poème érotique qui comprend plusieurs parties: dans la première l'on annonce à la nourrice que la maîtresse s'est éloignée, et dans la dernière la propre mère apprenant cela interroge un possédé.

மீட்ட, 1° *part. parf. de* மீட்கிறது. 2° *inf. de* மீட்டுகிறது.

மீட்டல், 1° *n.v. de* மீட்கிறது, rachat, délivrance, rédemption, action de racheter... 2° *n.v. de* மீட்டுகிறது, jouer du luth, chiquenaude.

மீட்டிக்கிறது, *P.* மீட்டுவிக்கிறது, *V* மீட்டுகிறது.

மீட்டு, 1° *gér. de* மீட்கிறது. 2° *imp. et part. de*

மீட்டுகிறது, மீட்டினேன், மீட்டுவேன், மீட்டு, மீட்ட, *v.a.* மீட்டுதல், *n. v.* donner une chiquenaude, jouer du luth, pincer de la guitare, tendre la corde d'un arc: மீட்டிப்பார்க்கிறது toucher et essayer les cordes d'un instrument; —விக்கிறது tendre et accorder les cordes d'instrumens.

மீட்டும், (மீட்டு, உம்), de nouveau, de plus, bien qu'on rachette...

மீட்டெடுக்கிறது, (*id.*), racheter, délivrer, enlever la proie, — par en haut.

மீட்பன், மீட்போன், *n. app. de* மீட்கிறது, rédempteur, libérateur, sauveur.

மீட்பு, *n.v. de* மீட்கிறது, délivrance, rachat, rédemption, retour.

மீண்ட, *part. parf. de* மீள்கிறது: மீண்டவன், revenu —, retourné, sain et sauf (de la guerre ou d'un voyage), délivré, racheté.

மீண்டு, *gér. du même*, étant retourné, — revenu, ayant ramené..., de nouveau, encore: மீண்டுமீட்கிறது racheter, sauver, préserver (du danger...), délivrer; மீண்டுவருகிறது revenir, — sain et sauf, retourner; மீண்டுவா reviens; மீண்டும் de nouveau, encore, de rechef, en outre.

மீதல், *sync. de* மிகுதல், abondance.

மீதி, 1° *sync. de* மிகுதி, surabondance, excès, trop, reste, restant, surplus: மீதியாயிருக்கிறது [illegible] abonder, rester, être surabondant, de trop, de reste. 2° courge noire dite கருஞ்சுரை.

மீது, மீதே, மீதிலே. (மீ), dessus, sur, par-dessus: என்மீதிரங்கும் ayez pitié de moi; தலையின்மீதில் sur la tête.

மீதூந்து, l'arbre நெல்லி.

மீதுரை, (மீது, உரை), répétition, tautologie.

மீதூண், (id. ஊண்), excès de nourriture, gloutonnerie: — விரும்பேல் n'aime pas la gloutonnerie.

மீதூர்க்கிறது, ர்ந்தேன், ர்வேன், ர், ர, v.n. (மீது, ஊர்க்கிறது), se serrer, se presser, être pressé, serré, à l'étroit, en foule.

மீதூர்தல், n.v. du préc. presse, resserrement, foule.

மீதே, (மீது, ஏ), V. மீது.

மீத்தியசனம், cérémonie en l'honneur des ancêtres dite தருப்பணம்.

மீத்தோல், மீந்தோல், (மீ, தோல்), cuticule, épiderme, peau de dessus.

மீந்திருக்கிறது, sync. de மிகுந்திருக்கிறது, surabonder, rester, être surabondant, de reste, de trop.

*மீமாஞ்சை, (mîmânsa), une des 6 sectes dites புறச்சமயம், la philosophie mimânsa, système de philosophie indoue qui se divise en 2 parties nommées பூர்வமீமாஞ்சை et உத்தரமீமாஞ்சை, V. au mot சாஸ்திரம், (le பூர்வமீமாஞ்சை explique le கருமகாண்டம் ou la partie pratique des vêdas et le உத்தரமீமாஞ்சை le ஞானகாண்டம் i.e. la partie spirituelle ou théologique des vêdas), connaissance de la vérité par preuves ou témoignage.

மீமிசை, (மீ, மிசை), dessus, sur, par-dessus, de plus en plus: — ச்சொல் mot superflu, pléonasme, réunion de plusieurs mots qui ont le même sens, v.g. இடைநடு le milieu, நாகிளங்கன்று jeune veau, இருசந்தியுபவாசம் jeûne.

*மீரம், (mira), mer, océan.

மீராசு, utilité, avantage.

*மீலனம், (milana), clignement des yeux, clin-d'œil.

மீருகிறது, மீத்திருக்கிறது, V. மீந்திருக்கிறது.

மீள. inf. de மீள்கிறது, adv. ou மீளவும் de nouveau, de rechef, encore.

மீளல், opt. et n.v. du même, tour, tournée, retour.

மீளா, மீளாத, part. nég. de மீள்கிறது et de மீட்கிறது dont on—, qui ne revient pas, qui ne change pas, ne guérit pas, incurable: மீளாக்கதி, — மோக்ஷம் l'éternelle et inaltérable félicité, le paradis; — நரகம் l'enfer dont on ne revient pas, qui ne finit pas. — நரகத்துக்காளாவாய் tu deviendras digne de l'enfer éternel; மீளாதவியாதி maladie incurable.

மீளி, roi, héros, brave, homme vaillant, fort, chef d'un pays désert, Yamen prétendu roi des morts, les grands, les hommes distingués, grandeur, force.

மீளிமை, (மீளி), force, bravoure.

மீளுகிறது ou மீள்கிறது, மீண்டேன், மீளுவேன் ou மீள்வேன், மீளு ou மீள், மீள, v.n. et a. மீளேன், nég. மீளுதல், n.v. tourner, faire un tour, revenir, retourner, être guéri, sauvé, délivrer, racheter, sauver, enlever: அது மீளாது cela est incurable; வியாதிமீளும் la maladie guérira, est guérissable; பாம்புகடித்தது மீண்டது la morsure du serpent est guérie. V. மீண்டு.

மீள்விக்கிறது, v. caus. du préc. faire revenir, — retourner, — racheter.

மீறல், மீறுதல், n.v. de

மீறுகிறது, றினேன், றுவேன், று, ற, 1° v.a. violer, transgresser, enfreindre, désobéir. 2° v.n. (au sud de l'Inde), abonder, surabonder, rester, être de reste, de trop, de surplus, s'élever, s'enorgueillir, surpasser, exceller: மீறித்திரிகிறது désobéir et rôder çà et là, se conduire d'une manière désobéissante, vivre sans règle, courir en désordre de côté et d'autre: — நடக்கிறது aller contre les ordres, transgresser, désobéir; — பேசுகிறது transgresser, désobéir, s'élever, devenir haut, hautain, fier; —மீறுக்கிறது avoir transgressé, — désobéi, être orgueilleux, désobéissant: என்கட்டளையைமீறிப்போனாய் tu as violé mon commandement: மீறின துட்டுப்பணம் il y a 10 fanons de reste: நம்மிலும் மீறினான் il s'est élevé au-dessus de nous.

மீனங்கம், (மீன், அங்கம்), os ou arête de poisson.

மீனஞ்சு, (மீன், நஞ்சு), le poison des poissons, la plante crotalaria paniculata, qui tue les poissons, charbon, —ardent.

*மீனம், (mina), poisson, le signe des Poissons: மீனகேதனன், —க்கொடியோன், —க்கொடியுடையவன் celui qui a un poisson sur sa bannière, *i.e.* Kâmen, et le roi de Maduré ou les rois பாண்டியர்: —ச்சனி Saturne dans le signe des Poissons, ce qui est regardé comme de mauvais augure; —மாதம் le mois des Poissons, — où le soleil se trouve dans le signe des Poissons, *i. e.* le mois de பங்குனி ou mars: —ராசி, —விராசி le signe des Poissons.

மீனம்பர், மீனம்பல், (மீன், அம்பர்), ambre gris.

*மீனரம், (minara), monstre marin, le réquin ou le crocodile.

*மீனரங்கன், (minuranga), martin-pêcheur.

மீனவன், (மீன், அவன்), le roi Pândien, — du Maduré qui avait un poisson sur sa bannière.

*மீனாக்ஷி, மீனாட்சி, (மீனம், அக்ஷம்), celle qui a des yeux de poisson, 1° la fille de Koubèren, 2° la prétendue déesse tutélaire de Maduré. D'après les திருவிளையாடல், c'était Parvadi incarnée sous le nom de தடாதகை (l'invincible), comme fille du roi de Maduré மலயத்துவசபாண்டியன், auquel elle succéda faute d'héritier mâle; elle épousa Siven, qui vint régner à Maduré sous le nom de சொக்கநாதன் ou de சுந்தரேசுவரன் ou சுந்தரபாண்டியன் et fut mère de Soupramanien qui s'incarna, au dire des Indous, sous le nom உக்கிரபாண்டியன். 3° n. pr. de bien des femmes payennes.

மீனாய், 1° (மீன், நாய்), chien-poisson, *i. e.* bièvre, loutre, 2° (*id.* ஆய்), en poisson.

மீனாலயம், (மீன்), la demeure des poissons, *i. e.* la mer. [étoiles.

மீனொளி, (மீன், ஒளி), clarté des

மீனுயர்த்தவன், மீனுயர்த்தோன், மீனுயர்கொடியுயர்த்தோன், (மீன்), celui qui a levé l'étendard du poisson, *i. e.* Kâmen ou le roi பாண்டியன். [மீனஞ்சு.

மீனெண்ணெய், (மீன்), la plante

மீனெறி, (*id.*), martin-pêcheur.

மீனேறு, (*id.*), le monstre marin மகரம், réquin, —cornu, le roi des poissons.

மீன், 1°(மீளுகிறது), étoile, la 14me constellation dite சித்திரை. 2° (மீனம்), poisson, le monstre marin மகரம், réquin, tambour des côtes maritimes, ou des terrains salés; —கடை marché aux poissons: —குஞ்சு frétin, petit poisson, —des poissons; —சூல் frai de poisson; —குத்தகை ferme des poissons, —de la pêche des poissons; —குத்தி, —குத்திப்புள், —கொத்தி, —கொத்திக்குருவி martin-pêcheur, alcyon; —கூடு nasse, panier à prendre des poissons; —கொடியோன், *V.* மீனக்கொடியோன்; —கொல்லி, —கொன்னி la plante மீனஞ்சு qui tue les poissons; —சிதள் écaille de poisson; —சிறகு, —செட்டை nageoire de poisson; —சினை œufs ou frai —, graisse de poisson; —சுவை goût de poisson, la 14me constellation dite சித்திரை; —செதிம்பு, —செதிள், —செதிம், —செதின், —செதும்பு écaille de poisson; —தண்டெலும்பு arête —, os de poisson; —தீர்வை impôt sur les poissons; —நாற்றம் odeur de poisson; —படுகிறது le poisson se prendre dans les filets...; —படவில்லை le poisson ne s'est pas pris, on n'a point pris de poissons; —பாடு prise de poissons, coup de filet, bonne pêche; —பறி nasse, panier à prendre du poisson; —பிடி pêche, prise de poisson; —பிடிகாரன் pêcheur; —பிடிக்கிறது prendre du poisson, pêcher; —பிடிதுறை pècherie, endroit pour pêcher, — où l'on prend du poisson; —மிரால்,—மீன்செதில்,—புறமுள் écaille de poisson; —மணி bijou en forme de poisson, V. வெள்ளைப்பணி; —மடு étang poissonneux; —மலம் ambre gris; —முள்,—முள்ளு os ou arête de poisson; —முள்ளாய்கிறது ôter les arêtes des poissons; —விற்போன் marchand de poissons; —விற்பவள் marchande de poissons; —வேட்டை chasse aux poissons, i.e. pêche; —வேட்டையாடுகிறது pêcher, — à la ligne.

மு, 1° lettre syllabique composée de ம் et de உ, mou bref. 2° P. மூன்று, trois, dans les mots composés. Si le mot auquel il se joint commence par une consonne on la double. Ex. முக்கால் trois quarts. S'il commence par une voyelle on intercalle un double வ euphonique. Ex. மூவுலகு les trois mondes. 3°* (mou), lien, emprisonnement, béatitude finale, bûcher funèbre.

முக, 1° adj. de முகம். 2° imp. de முகக்கிறது, கந்தேன், கப்பேன், க, க்க, v.a. முகத்தல், n.v. 1° puiser, tirer de l'eau, mesurer. 2° P. முகருகிறது, flairer, sentir (par l'odorat): ஆழ்வமுக்கிமுகப்பினும் ஆழ்கடலின்நாழி முகவாதுநானாழி quand on puiserait dans la mer profonde en enfonçant profondément la mesure, on n'en retirera pas 4 mesures d'eau, vous ne recevrez de la divine Providence que selon la capacité de vos mérites ou la mesure qu'elle vous a départie.

*முகசம், (முகம், சம்), chose née dans la bouche, dent.

*முகசன், (id. சன்), celui qu'on dit né de la figure de Brama, i.e. le brame.

முகடி, la prétendue déesse de l'infortune dite மூதேவி, pauvreté, misère, infortune.

முகடு, gén. முகட்டின், obl. முகட்டு, comble —, faîte du toit d'une maison, sommet, — de montagne, zénith, le point le plus élevé, longue poutre qui croise les murs d'une maison et sort en dehors: முகட்டுநாச்சியார் la prétendue déesse du sommet de la maison; —பூச்சி insecte qui se loge dans le toit, i.e. punaise; —வளை pièce de bois ou poutre assujettie au haut des chevrons pour les tenir à la distance convenable; —வரி taxe sur les maisons.

முகடொடி, (முகடு, ஒடி), longueur du faîte d'une maison.

முகட்டோடு, (id. ஓடு), tuile faîtière.

முகதா, முகதாவு, (முகம்), présence, devant la face, vis-à-vis: முகதாவிலே devant, en présence de; பைத்தியக்காரனுடையமுகதாவுக்கு விலகிப்போ retire-toi de devant un fou, évite la présence d'un fou.

முகத்த, முகத்தவன், முகத்தவள், part. et n. app. du குறிப்புவினை de முகம், qui a un visage, qui a devant.

முகத்தல், n.v. de முகக்கிறது, action de puiser, de sentir, mesure de capacité, mesurage: —அளவு, —அளவை mesure de capacité, mesurage (des liquides et des grains): — அளவையாகுபெயர் le nom de la mesure appliqué à l'objet mesuré comme un boisseau de blé, un padi de lait.

முகத்தறிய, (முகத்து obl. de முகம், அறிய), pour connaître au visage, la face en bas, — contre terre.

முகத்தான், m. முகத்தாள், f. முகத்தி, f. n. app. de முகம், qui a un visage, v. g. யானைமுகத்தான் celui qui a un visage d'éléphant, i. e. Poulléyar: அமிர்தகிரணமுகத்தி celle dont le visage lance des rayons d'ambroisie, la Ste. Vierge.

முகத்திடு, (முகத்து, இடு), couvrir le visage ou le cadavre d'une toile, ensevelir, ce qui est une des cérémonies funèbres.

*முகத்தகம், (moukadaka), oignon.

முகப்பு, 1° (முகம்), façade, frontispice, le devant, perron, porche (d'un édifice), devant, commencement, tête (d'un livre), appui. 2° n.v.de முகக்கிறது, action de puiser, de sentir: முகப்பிலே sur le devant, au frontispice; பருவின்முகப்பு tête—, orifice d'un furoncle.

முகமன், (முகம்), civilité, politesse, complaisance, urbanité, flatterie, respect humain: —சொல், — வார்த்தை paroles flatteuses, —de politesse, flatterie.

முகமல், முகமல், (ind.), velours.

முகமாட்டம், (id. ஆட்டம்), civilité, flatterie, partialité.

முகமுகவென்கு, son imitatif du —, bruit du bourdonnement des abeilles, du glouglou d'une bouteille, du bouillonnement de l'eau..., mot —, son répété: முகமுகவென்கிற து imiter —, faire ce bruit, bourdonner: வெந்நீர்முகமுகவென்றுபொங்குகிறது l'eau chaude bouillonner avec bruit, —en faisant mougamouga; தேனீமுகமுகவென்றெழும்புகிறது les abeilles s'élever ou s'envoler en bourdonnant.

*முகம், (moukha), face, visage, bouche, bec d'oiseau, orifice, entrée —, porte d'une maison, tête—, orifice ou pointe d'un furoncle, devant, frontispice, façade, commencement, moyen, expédient, commencement —, ouverture d'un drame, prologue, son, les védas, le principal, lieu, place, côté, réunion, apparence, état d'une chose, air, mine, contenance, perspective, vue, aspect: முகம்-மச, 14 différentes attitudes de la tête ou de la figure qui indiquent les diverses émotions de l'âme, comme la fatigue, le plaisir, la peine, le dégoût etc... les voici: அசுக்கிறம் branlement de tête, penchement de la tête sur les épaules par lassitude ou abattement; அதோமுகம் tête baissée en bas, regards baissés à terre; ஆகம்பிதம் signe de tête de haut en bas pour marquer l'approbation...: கம்பிதம் petite agitation de tête pour marquer l'étonnement. 5° ஆலோலிதம் visage joyeux et épanoui par la joie pour appeler quelqu'un; உபோலவி தம் penchement de la tête sur une épaule avec un air pensif; உத்துவாகிதம் visage qui regarde en haut; சமம் ou சமமுகம் tête immobile par méditation; சௌந்தரம் ou சௌந்தரமுகம் visage beau et épanoui par une joie entière. 10° துதம் ou துதமுகம் mouvement de tête à droite pour refuser; விதுதமுகம் mouvement de—, secouer la tête pour montrer le déplaisir, l'aversion ou le dégoût (v. g. de la nourriture, des ornemens...); பராவிருத்தம் ou பராவிருத்தமுகம் visage détourné pour refuser ou par aversion; பரிவாகிதம் ou பரிவாகிதமுகம் visage détourné par dédain, pencher la tête d'un côté par arrogance et l'agiter un peu en tournant. 11° திரச்சீனம் ou திரச்சீனமுகம் visage de travers, détourner ou agiter la tête de honte; திரி ou ஸ்ரீ —, V. திருமுகம்; படைமுகம் le devant—, le front d'une armée, ordre de bataille; முகம் அதைப்பாயிருக்கிறது la figure être enflée; —அறிகிறது faire connaissance, connaître les personnes, ou la face des choses; —அறியாததேசம் pays étranger, — où l'on n'a pas de connaissance; —அறியாமை ne pas connaître les personnes, manque de connaissance, chose inconnue, — étrangère, — extérieure, distance; —ஆட்டம் complaisance, civilité, flatterie, partialité; —ஆட்டம்பார்க்கிறது faire acception de personnes, flatter; —கூட்டுகிறது; litt. réunir les visages, s'unir, se joindre, se montrer affable; —கறுக்கிறது le visage se rembrunir, — se noircir; — கவிழ்கிறது baisser la tête, être honteux, confus; —காட்டுகிறது montrer son visage, se moutrer, paraître; —குப்புறவிழுகிறது, —குப்புறுகிறது se prosterner —, tomber la face contre terre; —குப்புற la face contre terre; —சுளுக்கிறது le visage se refrogner, avoir l'air triste, mécontent; —கொடுக்கிறது montrer un air affable, donner une audience favorable, traiter avec bonté, avec indulgence, s'unir, agréer; பிள்ளைக்கு—கொடாதே ne montrez pas trop d'indulgence à un enfant; —கொள்ளுகிறது un furoncle prendre une forme, se former en pointe pour crever; —கோணுகிறது, —கோணுகிறது, —கோணிப்போகிறது le visage se refrogner, — se détourner, s'attrister, s'irriter, être mécontent; —கோணலிருக்கிறது le visage être refrogné, chagrin, avoir l'air irrité, mécontent, mal disposé; —கெட்டுப் போகிறது le visage devenir confus, avoir l'air —, être tout honteux; —கறுக்கிறது le visage —, se refrogner, — se rembrunir, prendre un air refrogné, sombre, triste; —கடுகடுக்கிறது ou கோணலாயிருக்கிறது avoir l'air refrogné, — sombre, triste, de mauvaise humeur être confus; —சுளிக்கிறது prendre un air refrogné, colère, mécontent, se rechigner; —சுண்டிப்போகிறது la figure devenir blême, pâle de tristesse ou de maladie; —செத்துப்போகிறது le visage être défait, avoir la mine d'un mort, être honteux, confus, d'une pâleur mortelle; —செய்கிறது un furoncle s'arrondir, mûrir; —செழுமுகம், V. முகமலர்ச்சி; —செழித்திருக்கிறது avoir un air de prospérité; —தெளிக்கிறது le visage s'épanouir; —திரிக்கிறது changer de figure, de contenance; —பார்க்கிறது avoir de la partialité, faire cas des personnes, —acception de personnes, avoir commerce avec, estimer, flatter; அவனுடையமுகத்தைப்பார்த்து pour l'amour de lui, à sa considération; ஒருத்தர்—ஒருத்தர்பார்க்கிறது se regarder l'un l'autre, —பாராதிருக்கிறது n'avoir pas égard aux personnes, parler avec impartialité, avec exactitude, réprimander; —பாராமல் பேசு fais amitié tout en parlant avec impartialité; —பாராமை impartialité, réprimande; —முறிக்கிறது s'offenser, s'offusquer, se dégoûter, rompre avec; ஒருத்தரை—முறியப்பேசுகிறது parler de manière à offenser quelqu'un; முறிக்கிறது offenser, offusquer, irriter, causer de l'aversion; —வாடுகிறது le visage se flétrir, s'attrister; முகக்கூட்டம், V. முகமண்டபம்; —கத்தகம் oignon; —கர்ச்சனை hurlement, *litt.* cloche de la bouche; —கடுப்பு sévérité du visage, air sévère, refrogné, colère; —கட்டு effronterie, impudence; —கட்டாய் d'un air impudent, sans honte, impudemment; —கட்டை le menton; —களை bel air, beauté —, sérénité du visage, air riant, figure douce; —களிப்பு, —குளிர்ச்சி, —குளிர்த்தி visage frais, riant, joyeux; —குறுகல், —கோட்டம் tristesse du visage, visage triste; —குறி trait —, marque —, symptôme du visage, air, contenance; —குறிப்பு marque —, traits —, apparence du visage, air, signe ou expression de l'air par rapport aux habitudes, au tempérament (en physionomie); —குரு, V. முகப்புரு; —கவிப்பு corne penchée, — qui descend en bas sur la face; —கோட்டம் air dédaigneux, perte de la beauté du visage; —சம்பவன் celui qu'on prétend né de la face de Brama, *i. e.* le brame; —சிங்கி espèce de maladie; —சகி, (*criquet*), la langue; —சாரம், (சாரம்), humidité des lèvres; —சோதனம் se laver la figure ou la bouche, acrimonie; —சாக்கு montre —, spécimen d'une —, 1ʳᵉ marchandise, marchandise de 1ʳᵉ qualité; —சாடை signe du visage, ou —சாயல் ressemblance ou apparence du visage, — de traits, symptôme; —சாயலெப்படி quelle est la forme du visage? ஒருத்தருடைய—சாயலாயிருக்கிற

து avoir l'air—les traits de quelqu'un, lui ressembler; —க்கோட்டிப்பு inclination du visage, s'approcher pour faire connaissance, détourner le visage (par aversion...); —க்கீற்றி charme du visage, — propre à inspirer des désirs de luxure aux autres; —க்கோபப்பு colère du visage, air—, visage colère: —க்கோழிப்பு affabilité, visage riant, épanoui, gracieux; —க்கோணல் langueur ou flétrissure du visage (d'un enfant par envie de voir sa mère et d'une mère par envie de voir son enfant; —க்கோமள air riant; —தரிசனம் vue de la figure, faveur de voir la face, visite; —துகில், —தலைப்பு commencement de a toile, partie de la toile tissue la première et ordinairement la plus forte (opposé à கடைத்தலை), confrontation; —தாட்சணியம், —தாட்சிண்ணியம், —தாட்சணியம்...complaisance, acception de personnes, égard pour les personnes, partialité, respect humain, condescendance, bienveillance, adulation, faveur; —தாட்சணியமாகப் பேசுகிறது parler par complaisance, — par respect humain, flatter; —தாட்சணியம்பண்ணுகிறது faire acception de personnes; —தாட்சணியம் injure en face, oignon, (plante qui jette son jus au visage); —தீவு, —தெளிவு éclat —, beauté du visage, air brillant, belle prestance; —தோற்றம் beauté du visage, air franc, —affable; —திருப்பம், —திருப்பு aversion, détourner le visage de déplaisir; அவனுக்கு—திருப்பிக்கொண்டு போகிறது montrer sa haine en détournant de lui son visage; —துதி, —ஸ்துதி louange en face, flatterie, paroles de civilité; —தெரியாதவர் visage désagréable, — inconnu, — non admissible; —த்துவாரம் embouchure, — d'une rivière dans la mer, porte, entrée, porche, le devant; —தெளிவு air joyeux, — franc, *litt.* clarté du visage; —தோற்றம் apparence—, air du visage; —நகநட்பு, —நகநட்பதுவது, நெஞ்சத்தகநட்பது l'amitié qui est dans le sourire du visage n'est pas une amitié, mais celle qui est dans le cœur et dans l'affection joyeuse de la volonté en est une; —நட்பு amitié en face, —qu'on montre devant une personne; —நாடி trait—, forme—, marque—, symptôme du visage; அவர்கள் — நாடியுங்கடுங்கோபமாகஅவர்களுக்குவிரோதமாய் மாறிவிட்டது les traits de son visage furent altérés contre eux par une grande colère; —நிலை நிலி, (நிலைமகள், ini), celle qu'on dit résider dans la bouche des savans, *i.e.* Sarasvati; —நெறிப்பு arrogance du visage, air arrogant, contenance orgueilleuse; —பங்கம் altération—, honte qui parait sur la figure; —படாம் toile dont on orne—, couverture de la tête d'un éléphant; —பாடம் leçon apprise par cœur; —பாடமாய்ச்சொல்லுகிறது réciter de mémoire; —பாடம்பண்ணுகிறது apprendre par cœur, répéter; —புஷ்பாணம் feuille de bétel, *litt.* ornement de la bouche; —பூரணம் bouchée, ce qui remplit la bouche, gorgée d'eau, — pour rincer la bouche, affabilité, visage riant; —ப்பணி, *litt.* ornement ou travail du visage; —பணிசெய்கிறது faire la barbe, raser—, orner la figure; —ப்பரிட்சை, —ப்பழக்கம் connaissance, familiarité; —ப்பரு furoncle—, pustule au visage; —ப்பிரியம் agrément du visage, respect humain, partialité, civilité, flatterie; —ப்புகழ்ச்சி flatterie, louange en face; —ப்பூச்சு masque, déguisement, flatterie, civilités; —ப்பொருத்தம் convenance du visage, *V.* முகராசி; —ப்பொலிவு beauté—, agrément du visage, *ou* —ப்பொருத்தம் courtoisie de mine, flatterie; —மண்டலம் face, circonférence de la face; —மண்டலக்களை, —மண்டலப்பிரகாசம் l'éclat du visage, air brillant; —மலர்ச்சி joie —, épanouissement du visage; —மலர்வு, —மாயம் charme ou séduction du visage, trouble d'esprit, fascination ou concupis-

கை

-rence causée par la vue d'un beau visage; — மாயக்காரி fille ou femme dont la figure est séduisante; — மாறு altération du visage; — மாற்று changement de visage, espèce de prestige ou d'art magique: — மினுக்கு lustre —, éclat du visage, air brillant: — முகமாய் face à face; — முகமாயிருக்கிறது être en face, — vis-à-vis, — présent en personne; — முகமாய்க்காண்கிறது voir face à face, voir ou visiter en personne; — முறிவு offense, déplaisir, aversion, rupture; — முன்னிலை présence; — மூடி voile de la figure, membrane qui couvre la figure au moment de la naissance; — மூடிவஸ்திரம், — மூடுவஸ்திரம் voile, — qui couvre ou pour couvrir la figure; — யந்திரணம், (யந்திரம், na). mors de bride; — ரதம் luxure au visage ou à la bouche, espèce de copulation infame; — ராசி acquiescement du visage, visage —, air attrayant, — qui gagne les sympathies; — ரூபம். — ரூபு forme du visage, ou — லக்ஷணம், — லட்சணம் beauté du visage; — லாங்கலம் le cochon qui laboure avec son groin; — லிங்கு taches noires qui se répandent sur la figure; — வசியம் regard amical, — bienveillant, — séduisant, qui gagne les cœurs, ou — வசியம், — வசீகரம் enchantement, — fascination causée par l'aspect ou par les regards, air attrayant, — séduisant; — வட்டம் rondeur du visage, V. முகமண்டலம்; — வாசம் connaissance, — de visage, familiarité; — வாசனம் parfum pour le visage; — வாசல் porte d'entrée; — வாட்டம், 1° (ஆட்டம்), mouvement du visage, flatterie, civilité. 2° air —, contenance triste; — வாதம் flatuosité au visage, espèce de maladie; — வாத்தியம் instrument dont on joue avec la bouche, bruit qu'on fait avec la bouche en frappant dessus avec la main; — வாய்க்கட்டை menton; — விச்சகம், (இச்சகம்), flatterie, — விச்சை, (இச்சை), flatterie, désir de plaire; — விச்சைக்காரன் flatteur; — விஸ்தாரம், (விஸ்தாரம்), V. முகஸ்ராசி; — விலாசம் beauté —, élégance du visage; — வுண்ணி பிடுங்குகிறது, (உண்ணி), arracher les tiques de la figure, i. e. montrer de la politesse, flatter; — வுரை (உரை), préface, — d'un livre, préambule, adresse; — வெட்டு 1° incision au visage. 2° (எட்டு), beauté du visage; — வெள்ளைப்பருந்து milan à tête blanche; — வேலை l'ouvrage du visage, raser le visage; முகத்தாலடிக்கிறது repousser —, frapper par sa contenance, montrer son dégoût sur sa mine; முகத்தில் அரும்பிறங்குகிறது, — அரும்புகிறது, — அரும்புபுறப்படுகிறது le poil follet —, la barbe commencer à pousser ou à paraître sur le visage; — இரத்தந்தெறிக்கப்பேசுகிறது parler de manière à faire monter le sang au visage ou ayant le sang monté au visage, parler comme un enragé; — ஈயாடவில்லை une mouche ne se joue pas sur sa face (tant il est irrité ou triste); — விட்டெறிந்துபேசுகிறது jeter (quelque chose) au visage, faire quelque réflexion ou réplique en colère; இலைமுகத்திலேகாரியம்நடக்கிறது une affaire marcher ou se traiter par lettre; முகத்திற்கீற்றுபோடுகிறது le poil follet commence à paraître (*litt.* à faire des raies) au visage ou au menton; — சீலையிட்டுக்கொண்டழுகிறது se couvrir le visage d'un linge et pleurer; முகத்துக்குமுன்னேசொல்லுகிறது dire en présence (de quelqu'un); முகத்தைக்காட்டுகிறது montrer son visage, se montrer irrité; காரியநல்லமுகத்தைக்கொள்ளுகிறது une affaire prendre une bonne apparence, — une bonne tournure; முகத்தைத் திருப்பிக்கொள்ளுகிறது tourner —, détourner le visage, regarder en arrière; ஒருமுகமாக்குகிறது rendre uniforme, unir; காற்றுமுகத்திலே devant le vent, au vent; காற்றுமுகத்திலே தூற்றுகிறது vanner au vent; கிழக்குமுகமாய் vers—, à l'orient, la face tournée vers l'orient; என் வீட்டுமுகமாய்த்திரும்பும் tournez vers ma maison, venez chez moi; சத்துருவந்தமுகங்களிலெல்லாருமுகமாய்த்திரும்பிச்சுடுகிறது tourner tous du côté où est venu l'ennemi et faire une décharge.

முகதலைக்கிறது, முகத்தலைக்கிறது, லைத்தேன், லைப்பேன், லை, லைக்க, (முகம், தலை), v. a. et n. prouver, confronter, mettre face à face, se rencontrer, être face à face,—vis-à-vis l'un de l'autre, parler ensemble; திருடனைக் கொண்டு வந்து— amener le voleur et le confronter; அவர்களை முகதலைத்துவிடும் confrontez les ensemble, mettez-les face à face.

முகம்மது, Mahomet.

*முகரம், (moukhara) mauvaise bouche, raillerie, moquerie, corbeau, écaille de—, conque, bruit, son, conduite.

முகரி, 1° le devant, le haut—, racine du nez, V. மூக்கு. 2° (ind.), fleur de jasmin, l'arbrisseau [illegible]:—குவிக்கிறது enlever une poignée.

முகறிவு, grande science,—connaissance.

*முகர்ச்சரளம், (முகரம், ச augment), moquerie, raillerie.

முகருகிறது, ர்ந்தேன், ருவேன், ரு, ர, v.a. முகருதல், n v. sentir, flairer.

முகரொலி, (son imitatif), bourdonnement d'abeilles: முகரொலிக்கிறது bourdonner, v. g. les abeilles...

முகலா, le haut—, racine du nez.

முகலன், mogol: முகலர், les Mogols, classe de Mahométans; முகலர் ou முகல்தேசம் le pays des Mogols, le Mogolistan, la Mongolie.

முகவுரை, (முகம், உரை), préface,—d'un livre: — க்கல் pierre qui sert de linteau, — placée transversalement sur les poteaux ou les jambages de la porte d'un temple.

முகவாசை, (id. ஆசை), complaisance, respect humain, partialité, désir de plaire.

முகவை, 1° n. v. de முகக்கிறது, mesure (de capacité), espèce de cuillère—, instrument pour puiser, puisoir, demi-coque de coco (qui sert de puisoir). 2° la ville de Ramnad ou இராமநாதபுரம்.

முகனை, (முகம்), le devant, le coin de devant, avance, prééminence, présidence, commencement, premier lieu, pointe:—பண்ணுகிறது, —யாயிருக்கிறது être le premier, le chef, éminent, présider, conduire; —முடிவு le commencement et la fin;—முன்னேயிலேகொடுக்கிறது donner en avance; முன்னேயிலேசெய்கிறது préparer, arranger.

*முகன், 1° P. முகம். 2° à la fin des mots composés: celui qui a une figure, v. g. யானைமுகன் celui qui a une figure d'éléphant, Poulléyar.

*முகாக்கினி, (முகம், அக்கினி), feu du sacrifice, démon à figure de feu, feu qu'on met à la bouche du mort sur le bûcher, incendie,—de forêt.

*முகாயுதம், (id. ஆயுதம்), ce qui a ses armes dans sa gueule, i.e. le crabe.

*முகாந்தரம், முகாந்திரம், (id. அந்தரம்), raison, cause, motif, aide, moyen, entremise: —த்தால் à cause de, par le moyen de.

முகாமிலா, (ind.), confrontation, examen, comparaison.

*முகாமுகம், (id. ஆ augment), présence, face à face.

முகாமை, (முகம்), priorité, prééminence, présidence, excellence, majorité:—ப்பட்டிருக்கிறது être le premier, le chef, présider, exceller.

முகாரி, espèce d'air, de mélodie, chef, celui qui est le premier, qui excelle.

முகாவலி, (முகம், ஆவலி), confrontation:—பண்ணுகிறது, ou

முகாவலிக்கிறது, (முகம், ஆவலிக்கிறது), mettre face à face, confronter, comparer.

*முகி, (முகம்), à la fin des mots composés, qui a une bouche ou une figure, v.g. ஜுவாலா — ou ஜுவாலா முகி qui a le visage enflammé ou une bouche de flammes, issue d'un feu souterrain, lieu où des feux souterrains sortent de terre. Il y a dans le Lahore un célèbre ஜுவாலாமுகி, ou Djvâlâmoukhi, fréquenté des pélérins; des gazes s'échappent de terre par divers orifices et s'enflamment au contact de l'air. Les Indous prétendent que la langue de Parvadi est tombée en ce lieu.

முகிகிறது, கிந்தேன், கிவேன், கி, கிய, v.n. முகிதல், n.v. ou முகிந்துபோகிறது, finir, se terminer, s'achever, être fini; —வருகிறது approcher de sa fin: முகிவுமாமலும் ஓவாமலும் மாறுமலுந் தணியாமலும் மெள்ளச்செல்லுகிறதுக்கு நிற்கும்பாடு நரகம் l'enfer est un tourment qui durera toujours, sans fin, sans interruption, sans changement et sans diminution.

முகிக்கிறது, கித்தேன், கிப்பேன், கி, கிக்க, v. a. du préc. முகித்தல், n.v. ou முகித்துப்போடுகிறது, finir, terminer, achever, accomplir, conclure, expédier: —கொடுக்கிறது finir et donner.

*முகிரம், (mouhira), amour, désir, luxure.

*முகிரன், (id.), Kâmen, lourdaud, sot.

முகில், nuage.

முகிர்த்தம், P. முகூர்த்தம்.

முகிவு, n. v. de முகிகிறது, fin, terme: —காலம் temps de la fin, i.e. moment de la —, fin, dernier période, la mort: முகிவில்லாதகாலம் temps sans fin, l'éternité.

*முகிழம், முகிழிதம் (moukoula, ita), bouton de fleur, —prêt à s'épanouir.

முகிழ்க்கிறது, ழ்த்தேன், ழ்ப்பேன், ழ், ழ்க்க, v.n. (முகிழம்), une fleur se refermer (v. g. le nénuphar vers le soir).

முகிழ், P. முகிழம் 1° bouton de fleur, le bas —, le pied des pédicules. 2° imp. et part. du suiv.: —ப்புறம், —வளம் extérieur d'un bouton de fleur.

முகிழ்க்கிறது, ழ்த்தேன், ழ்ப்பேன், ழ், ழ்க்க, v. n. (முகிழ்), une fleur se refermer, v. g. le nénuphar au soir, les pétales des fleurs se replier ou se mettre en rouleau en se fanant, pousser des boutons, se former en bouton.

முகிழ்த்தல், முகிழ்ப்பு, n.v. du préc. contraction des fleurs qui se referment.

*முகிளம், P. முகிழம்.

முகிற்குன்றம், (முகில்), l'arsenic மக்கிராசந்தபாஷாணம்.

முகிலி, tamarinier.

*முகு, (moukou), liberté, délivrance.

*முகுடம், (moukouta), diadème, couronne, tiare, crête.

*முகுந்தகம், (moukoundaka), oignon.

*முகுந்தம், (moukounda), mercure ou vif-argent, pierre précieuse, encens ou gomme, oliban, ou முகுந்தநிதி un des 9 trésors de Koubèren.

*முகுந்தன், (id.), homme délivré des passions, (épithète de) Vichnou.

*முகுரம், (moukoura), miroir, cristal, jasmin d'Arabie, bouton, — de fleur, pousse, jet, manche d'une roue de potier: மூக்கறைக்கு—காட்டினாற்கோபம்வரும் si on montre un miroir à quelqu'un qui a le nez coupé, il se fâchera.

முகுர்த்தம், P. முகூர்த்தம்.

*முகுலம், (moukoula), âme, corps, bouton de fleur, —prêt à s'épanouir, pétale.

*முகுலிதம், முகுலிகுதம் (moukoulita, — likrouta), bouton de fleur à demi-fermé.

*முகுளம், P. முகுலம், bouton de fleur qui s'épanouit, — prêt à s'épanouir.

*முகுற்பாஷை, (mouhous réitéré), répétition, tautologie.

*முகூர்த்தம், (mouhoûrtta), mougourttam, division astrologique du temps contenant la 30me partie d'un jour et d'une nuit, i.e. 2 நாழிகை ou 48 minutes européennes, heure —, temps propice (fixé astrologiquement pour la célébration d'un mariage, la fondation d'un temple ou d'un édifice etc....): —இடுகிறது, —

வைக்கிறது,— குறிக்கிறது fixer astrologiquement le temps et l'heure censés propices; முகூர்த்தக்கால் le pilier censé propice,— du milieu du Pandel du mariage nommé aussi அரசாணிக்கால்;—நேரம் temps propice (fixé astrologiquement);—நேரந்தப்புகிறது manquer le moment propice;—பலன், —நலம், —விசேஷம் prétendu avantage—, particularité du mougourttam, ou du temps censé propice; முகூர்த்தத்தில் மெய்யுறுக்கிலேயத் தரிக்கிறது attacher le Tâli du mariage au temps censé propice et déterminé astrologiquement,ce qui est une observance superstitieuse des païens.

*முகூர்த்தன், (id.), astrologue.

*முபேரன்,(moubèra), sot, ignorant, fou.

முகை, 1° foule, bouton de fleur, — prêt à s'épanouir, jarre, grand vase de terre dit மிடா(pour mettre de l'eau ou du grain).2° imp.de முகைக்கிறது, முகைத்தேன், முகைப்பேன், முகை, முகைக்க, v.n. (முகை), n.v. boutonner, bourgeonner, pousser des boutons.

முகைத்தல்,முகைப்பு, n.v.du préc.

*முகோற்தை, (முகம், உற்தை), incendie,— de forêt.

முக்கடு, (மு.கடு), V. திரிகடு.

முக்கட்பகவன் (மு, கண்) le prétendu dieu à 3 yeux, i.e. Siven.

முக்கணான், (மு, கண்), espèce de plante rampante.

முக்கணன், முக்கண்ணன், (id.), celui qui a 3 yeux (au dire de la fable), Siven, Vinâyaguen et Virapattiren.

முக்கணி, முக்கண்ணி,(id.), celle qui a 3 yeux, la femme de முக்கண்ணன் ou Siven, i.e. Parvadi ou Kâli.

முக்கம், 1° grand éventail, — parasol, V. முக்காளம். 2° corr. P. முற்கம்.

முக்கம்பி,(மு, கம்பி),triple raie,— barre,—fil de métal,signe de 3 raies.

முக்கரணம்,(id. கரணம்), les 3 organes,savoir: மனம் l'esprit ou la pensée, வாக்கு la parole, காயம் le corps. [seaux, i.e. 36 மரக்கால்.

முக்கலம்,(id.),3 calams ou bois-

முக்கல்,1° opt. et n.v.de முக்குகிற து, son confus d'une multitude de voix, effort,— violent,gémissement de personne qui fait de vains efforts, manducation: திரு—, பெரு— nom de 2 villages près de Pondichéry.2° (மு),3 pierres,3 briques.

முக்களிப்பு,(முகம், களிப்பு), moquerie, plaisanterie.

முக்கறட்டை, nom d'un arbris-

முக்கனி,(மு), V. முப்பழம். [seau.

முக்காடு, gén. முக்காட்டின், obl.

முக்காட்டு,1° (முகம், இடு de இடுகிறது), voile, toile ou partie de vêtement dont les femmes se couvrent la tête ou le visage, coiffe.2° (மு), 3 forêts, triple forêt: திரை— voile complet, grande toile qui couvre tout le corps de la tête aux pieds; முக்காடிடுகிறது,—போடுகிறது voiler, couvrir d'un voile, mettre un voile sur la figure ou sur la tête;—வாங்குகிறது ôter le voile,—son voile,dévoiler,découvrir,— la tête;முக்காட்டுத்துணி, (முக்காடு,துணி),voile; முக்காட்டுச்சேலை voile,toile que les parens donnent à la mariée pour se voiler la tête:—க்கிலே voile, coiffe. [tièmes,3 cânis ou 3 arpens.

முக்காணி, (மு). 3 quatre-ving-

முக்காணியர், (மு), nom d'une division de brames.

முக்காதல்,(மு), les 3 amis, (i. e. le père, le fils et l'ami).

முக்காளம் 1° barre de fer ou de bois qu'on met derrière une porte, verrou.2° (உக்காளம்),mugissement de taureau qui provoque au combat signe ou cri pour l'y exciter.

முக்காலம்,(மு), V.திரிகாலம்.[pieds.

முக்காலி, (id.), trépied, table à 3

முக்கால் (id.),3/4, les 3 quarts, 3 fois: —வாசி les 3 quarts முக்காலாள் homme qui fait les 3/4 de l'ouvrage d'un bon ouvrier dit முழுவன்.

முக்காற்கேணி, P. முட்காற்கேணி.

முக்காழி, (மு. காழி), ce qui a 3 graines ou 3 noyaux.

முக்காற்கோக்கு, (மு, கால், நோக்கு), 3/4 d'aspect, une des positions des astres.

*முக்கியம், (moukhya), le principal, l'important, affaire capitale, excellence, prééminence, principale cérémonie, lecture des vêdas: —ஆய் principalement, spécialement, surtout; —உறுகிறது, —ஆயிருக்கிறது être capital, important, en honneur, précieux: முக்கியகருத்து but principal, idée principale.

முக்கியர், முக்குவர், (முக்கியம்), nom des gens d'une caste.

முக்குகிறது, sync. முக்கிறது, க்கினேன், க்குவேன், க்கு, க்க, v. n. முக்குதல், n.v. s'efforcer, faire des efforts violents, v. g. une femme en travail, ou lorsqu'on est à la selle), gémir en faisant des efforts, lutter, —contre une difficulté, dévorer: முக்கியெடுக்கிறது soulever avec peine, — avec effort.

முக்குடுமி, (மு), trident, 3 mèches ou toupets de cheveux que portent quelques Indiens, un sur le sommet de la tête dit குடுமி et les 2 autres proche des oreilles dits கிருப்பா.

முக்குடை, (id.), les 3 parasols d'Arouguen, nommés சந்திரவட்டம் disque de la lune, சகலபாசனம் expiation totale, et நித்தியவிநோதம் joie éternelle; on les nomme encore dans le même ordre, முத்துக்குடை parasol de perles, கநகக்குடை parasol d'or, மணிக்குடை parasol de pierres précieuses: —ச்செல்வன் l'heureux possesseur des 3 parasols i.e. Arouguen. [V. குணம்-ம.

முக்குணம், (id.), les 3 caractères

முக்குதல், n.v. de முக்குகிறது, effort, — violent, absorption.

முக்குலம், (id.), les 3 familles ou dynasties royales de l'Inde, savoir: la dynastie solaire, la dynastie lunaire et la dynastie ou la race du feu. La 1re régnait à Ayodhya ou Aoud, la 2e à Hastinabouri. Des 3 rois du pays tamoul, சோழன் était censé de la race du soleil, பாண்டியன் de la race de la lune et சேரன் de la race du feu.

முக்குவர் pêcheurs, caste de pêcheurs (au Travancore). C'est de là que vient probablement le nom de Macouas donné aux pêcheurs à Pondichéry.

முக்குளம் 1° (மு), les 3 étangs ou réservoirs, nom d'un village où l'on suppose que le Gange, la Sarasvati et la Djamna ou யமுனை se réunissent. 2° P. முக்குளம் la 20me constellation dite பூராடம்.

முக்குளி, la plante கொழுமுன்னையன், portulaca pilosa.

முக்குளிக்கிறது, ளித்தேன், ளிப்பேன், ளி, ளிக்க, v.n. முக்குளித்தல், n.v. (குளிக்கிறது), bouillonner, fermenter, plonger, prendre en plongeant: முக்குளிக்கவறிந்தவன் habile plongeur; முக்குளித்தவன் plongeur, celui qui a plongé; முக்குளித்துப்பார்க்கிறது chercher—, examiner—, voir en plongeant: முக்குளித்தெடுக்கிறது prendre—, enlever en plongeant.

முக்குளிப்பான், n. app. du préc. plongeur, le plongeon (oiseau), nom d'une maladie.

முக்குற்றம், (மு), les 3 fautes, — vices, savoir: காமம் luxure, வெகுளி colère, மயக்கம் trouble; —கடிந்தோன் celui qui a blâmé ou retranché ces 3 fautes, celui qui en est exempt, i.e. Dieu, (selon les Bouddhistes) Bouddha.

முக்கூடல், (id.), les 3 confluens, les 3 unions..., nom d'une montagne: முக்கூடற்பள்ளு nom d'un poëme.

முக்கூட்டு, (id.), les 3 mélanges... la 2e constellation dite பரணி: முக்கூட்டெண்ணெய் espèce d'huile médicinale, —de triple composition.

முக்கோணம், (id.), 3 angles, — coins, triangle: முக்கோணசாஸ்திரம் la trigonométrie; —வடிவு forme triangulaire.

முக்கோல், (id.), 3 bâtons, la 24e

constellation dite திருவோணம்: முக்கோற்பகவன் religieux vichnouviste qui porte 3 bâtons liés ensemble, *V.* திரிதண்டி.

முக்தியார்நாமா,(*arabe.*), procuration, pouvoir par écrit,

*முசகம், 1° (moutchaka), couleur dite laque. 2° (mouchaka), rat.

முசத்தி, (*arabe*), comptable, calculateur, écrivain,— dans un bureau public.

முசரு, முசர், (*canara*), lait caillé.

*முசலம், (mousala), pilon,— de fer,— de bois, massue: முசலாக்கிரம், (அக்கிரம்), pointe de pilon.

*முசலி,(முசலம்),celui qui est armé d'une massue *i.e*, Balarâmen. 2° (mousali), les plantes நிலப்பனை et தாழை, caméléon, crocodile, *V.* முசலிகை. 2° (முசல்), l'astre tacheté comme un lièvre, *i.e* la lune.

*முசலிகாசனம், (முசலிகை, ஆசனம்), position de l'iguane, avoir les 2 jambes et les 2 bras pliés à la manière indienne et être couché de manière que la poitrine touche la terre.

*முசலிகை,(முசலி, kâ), lézard domestique dit பல்லி, grand lézard dit உடும்பு ou iguane.

*முசலியம்,(முசலம்,yâ), mériter d'être pilé dans un mortier.

முசலை, 1° *P.* முயலை, racine d'une espèce de jonc. 2° *acc. de*

முசல், lièvre, (c'est l'enseigne du gardien prétendu du nord-est), lapin: கடுவன் — lièvre mâle, bouquin; குழி — lapin; வெள்ளை —, சீமை — lapin angora; — க்காது ou முசற்காது oreille de lièvre, la plante ludwigia: — க்கொம்மட்டி ou முசற்கொம்மட்டி la plante convolvulus copticus; — வலி, — வலிப்பு spasmes, convulsion; முசலையெழுப்புகிறது éveiller—, faire lever—, lever—, lancer un lièvre; முசலையெழுப்பிநாய்பேலப்போச்சுது le chien après avoir lancé le lièvre est allé chier. *i.e.* après avoir bien commencé une affaire l'abandonner.

முசல்மான், (*arabe*), Musulman. Ce mot signifiant *fidèle* ne devrait pas être donné par des Chrétiens aux *infidèles* Mahométans.

முசாபர்கானா,(*arabe*), chauderie, bâtiment pour les voyageurs.

முசிகிறது, முசிந்தேன், முசிவேன். முசிய, *et* முசிக்கிறது, முசித்தேன், முசிப்பேன், முசிக்க, *v.n.* முசிகுதல், முசிதல், முசித்தல், *n. v.* défaillir, languir, se laiser aller à l'abattement, tomber en défaillance, s'affaiblir, se lasser, maigrir, diminuer.

முசிடு, *gén.* முசிட்டின், *obl.* முசிட்டு, *et* முசிட்டெறும்பு. *V.* முசிறு.

முசிப்பு, *n.v.de* முசிக்கிறது, lassitude, affaiblissement, défaillance, diminution, maigreur, milieu, espace, lieu découvert: முசிப்பாறுகிறது, முசிப்பாறுதல் se délasser, se reposer, se ranimer, se fortifier, reprendre des forces, se consoler; முசிப்பாற்றுகிறது délasser, conforter, ranimer, fortifier, consoler.

முசிப்பாறுதல், முசிப்பாற்றுதல், முசிப்பாற்றி, *n. v. des préc.* délassement, repos, relâche, rafraichissement, soulagement, consolation.

*முசிரம், (moutchira), libéralité, générosité: முசிரன் généreux.

முசிலாப்பு, plier —, raccourcir une toile et la lier.

முசிறு, *gén.* முசிற்றின், *obl.* முசிற்று, *et* முசிற்றெறும்பு, *P.* முயிறு, grosse fourmi rouge, — qui fait son nid dans les arbres et dont la morsure est très-douloureuse, formica elongata: முசிற்றுமுட்டைத்தைலம் huile médicinale faite des œufs de ces fourmis.

முசு, espèce de gros singe noir, [marmot.

*முசுகுந்தன், (moutchoukounda), l'arbre pterospermum salicifolium, un des 6 empereurs universels dits சக்கரவர்த்திகள்.

முசுக்கட்டை, — ச்செடி, murier indien, morus indica: — ப்பூச்சி espèce de chenille poilue, ver à soie.

முசுடர், (முசுடு), vauriens, gens, vils, grossiers, méchans comme les fourmis rouges.

*முசுடு, (moutchouti), claquement des doigts dit சொடு.

முசுடு, gén. முசுட்டின், obl. முசுட்டு, mal, méchanceté, V. முசிறு.

முசுட்டை, la plante médicinale ipomæa candidans, ipomée: பேய்—la plante கடற்பாசி convolvulus speciosus;— பூச்சி espèce de ver.

முசுண்டம், P. முசுடம்.

முசுண்டி, espèce d'arme,—d'instrument, — d'instrument de musique.

முசுப்பறி, logement pour les soldats, caserne, camp, campement, baraque.

முசுப்பு, bosse du garrot des bœufs de l'Inde. .: ஒட்டக — bosse semblable du chameau.

முசுமுசு, son—, mot imitatif de bouillonnement et de démangeaison: முசுமுசென்கிறது ou

முசுமுசுக்கிறது, க்கேன், க்பேன், க, க்க, v.n. (முசுமுசு), முசுமுசுத்தல், n. v. l'eau... bouillonner, démanger. [scabra.

முசுமுசுக்கை, la plante bryonia

முசும்புகிறது, பினேன், புவேன், பு, ப, v.a. முசும்புதல், n. v. murmurer, marmoter, grommeler entre les dents, grogner, chuchoter.

முசுவல், la plante முசுட்டை.

முசுறு, gén. முற்றின், obl. முற்று, ou முசுற்றெறும்பு. V. முசிறு: —ப்புல் l'herbe அறுகம்புல் pommerullia cornucopi.

முச்சகம், (மு), les 3 mondes, le ciel, la terre et l'enfer.

முச்சங்கம், (id.), les 3 académies ou sociétés de Maduré: la 1re la moyenne et la dernière.

முச்சட்டை, 1° (id.), 3 habits ou robes.... 2° beauté.

முச்சதுரம், (id.), triangle, 3 carrés, le cactus ou சதுரக்கள்ளி.

முச்சத்தி, (id.), les 3 énergies, facultés ou pouvoirs dits இச்சாஞான க்கிரியாசத்தி, i.e. pouvoir d'affection, d'intelligence et d'action, (V. au mot சத்தி) ou les 3 puissances de la divinité, qui sont celles de créer, de conserver et de détruire, (que les Indous partagent entre Brama, Vichnou et Siven).

முச்சந்தி, (id.), les 3 périodes du jour, i.e. le matin, midi et le soir, place—, carrefour—, lieu où aboutissent 3 routes,— 3 rues ou 3 choses.

முச்சி, 1° (உச்சி), le sommet de la tête, le zénith, toupet du sommet de la tête, touffe de cheveux noués au sommet de la tête, petit van qui sert de jouet aux petites filles, joujou. 2° ou

முச்சியன், pl. முச்சியர், faiseur de fourreaux, d'étuis, de selles, de boîtes, de coffres, de malles, de cartons, menuisier, peintre.

முச்சிலிக்கை, முச்சிலிக்கா, (ind.), billet, convention,— par écrit, — pénale, billet donné à des arbitres et portant une amende ou autre peine en cas d'infraction. [jouet).

முச்சில், petit van (servant de

முச்சிலியம், முச்சிலியக்கேடு, paresse. [3 pieds.

முச்சிறடி, (மு, சிர, அடி), vers de

முச்சுடர், (id.), les 3 lumières, i.e. le soleil, la lune, et le feu.

முச்சுழி, (id.), 3 ronds, la lettre qui a 3 ronds, i.e. ண.

முச்சூடும், P. முற்றாடும், le tout, entièrement.

முச்செயல், (மு), les 3 opérations de la divinité, i.e. créer, conserver, détruire.

முச்சை, (மு), 3 choses finir ensemble,—en une, chose triple.

முச்சொல்லலங்காரம், (மு, சொல், அலங்காரம்), figure de rhét. mot ou phrase susceptible de 3 sens différends, e.g. மாதங்கன் (qui outre ses sens propres peut signifier comme appellatif) 1° de மாதங்கம், possesseur d'éléphant. 2° de மா grand et தங்கம் or, possesseur d'or. 3° de மாதங்கி le mari de Dourgâ On voit que ce ne sont pas 3 sens primitifs du mot, ce qui ne serait pas étonnant, puisqu'un mot peut en avoir un grand nombre.

முஷரப், (*arabe*), compteur, écrivain, examinateur.

முஜும்முதார், (*id*), compteur, écrivain, receveur (de district).

*முஷிதம், (mouchita), vol, larcin, objet volé.

*முஷா, (mouchâ), creuset.

*முஷ்கம், (mouchka), scrotum ou les bourses, testicule, monceau: முஷ்கத்துவயம் les 2 testicules; —ஹீனியவன் homme qui n'en a pas, eunuque.

*முஷ்கன் (முஷ்கம்), homme robuste, *litt.*— à testicules, voleur.

*முஷ்கரம், (mouchkara), obstination, pertinacité, entêtement, opiniâtreté.

*முஷ்கரன், (முஷ்கரம்), obstiné, entêté, opiniâtre, égoïste.

*முஷ்டம், (mouchta), vol.

*முஷ்டி, (mouchti), poing, main fermée, creux de la main, garde—, poignée d'arme ou d'outil, poignée de riz (donnée en aumône...), aumône, vol, filouterie, *V.* முட்டி:—காத்ரகன், (காத்ரம் *qui aime*, ka), Balarâma qui aimait à se boxer;—த்தியூதம் jeu à croix ou pile:—பந்தம் fermer le poing; —பாதம், —யுத்தம் combat à coups de poings, pugilat;—வாங்குகிறது recevoir l'aumône; — வாங்குகிறபார்ப்பான் brame mendiant.

*முஷ்டிகன், (முஷ்டி, ka), voleur, orfèvre (qui vole sur la matière des bijoux). [chant, pervers, obstiné.

முஸ்கரன் *P.* முஷ்கரன் méchant, pervers, obstiné.

முஸ்திப்பு, முஸ்தீது, (*ind.*), préparation, équipage, appareil, préparatif, fourniture: எல்லா முஸ்திப்புமாயிருக்கின்றது tout est prêt. [cheron.

முசுல், moustique, cousin, moucheron.

*முஞ்சம், (moundja), flèche, triple cordon bramanique, espèce de plante dont les fibres servent à faire le fil dont on fait ce cordon, saccharum munja: முஞ்சகேசன், —கேசி celui dont la chevelure ressemble à la plante munja, *i. e.* Vichnou; — பந்தனம் investiture du cordon bramanique, se le mettre.

*முஞ்சரம், (moundjara), racine bulbeuse du nénuphar.

முஞ்சல், *opt. et n.v. de* முஞ்சுகிறது, mort, fin.

*முஞ்சாதகம், (moundjâtaka), la plante முஞ்சம், herbe qu'on attache au cordon bramanique. [கம்.

*முஞ்சி, (moundji), 1° *V.* முஞ்சாதகம். முஞ்சுகிறது, கினேன், சுவேன், சு, ச, *v.n.* முஞ்சுதல், *n. v.* mourir, finir.

முடக்கம், *n.v. de* முடங்குகிறது, état d'estropié, défaut des membres, comme d'être estropié, perclus, manchot, paralysé, cul-de-jatte, boiteux, pli, courbure:—ஆய்ப்போகிறது devenir estropié..., se courber, périr, dépérir, *ou*— ஆய்க்கிடக்கிறது, être estropié, perclus, arrêté, empêché, gâté. [றது.

முடக்கல், *opt. et n.v. de* முடக்குகிறது.

முடக்கத்தான், (முடக்கு, அறுகிறது), la plante médicinale cardiospermum halicacabum bonne contre la paralysie, la goutte...

முடக்கு, 1° courbure, sinuosité, tortuosité, pli, anneau à sinuosités dit நெளி. 2° *imp. et. part. de* முடக்குகிறது: முடக்காயிருக்கிறது être plié, tortu, tortueux, crochu; முடக்குக்குடர் intestin plié, —à plis et replis; —ச்சரக்கு marchandises gâtées (pour être restées trop longtemps en magasin), vieilles marchandises, fonds de boutique.

முடக்குகிறது, *sync.* முடக்கிறது, க்கினேன், க்குவேன், க்கு, க்க, *v. a. de* முடங்குகிறது, முடங்குதல், *n. v.* courber, replier, river, plier (les genoux, le bras, les doigts, un arc, un bambou, un rotin), fermer, tordre, rendre perclus, impotent, estropier, empêcher, arrêter, finir: திருநாளை —empêcher—, arrêter une fête; முடக்கிப்போடுகிறது finir, terminer, bâcler (une chose de peu de conséquence: ainsi au lieu de dire வீடுகட்டினேன் j'ai bâti une maison, on dira ஒருகுடிசைமுடக்கிவைத்தேன் j'ai bâclé une cabane.

முடக்குநர், முடக்கிவைத்தோர், P. முடக்கற்றோர்.

முடக்கல், opt. et n.v. de முடக்குகிறது, contraction, — de membre par paralysie ou —, maladie, courbure, courbe, pli, lettre sur ôle ou feuille de palmier roulée et attachée, l'arbre தாழை pandanus, le bambou (dont l'extrémité se recourbe naturellement). [2° gér. de முடங்குகிறது.

முடங்கி, 1° perclus, cul-de jatte.

முடங்கு, 1° pli, contraction, — par paralysie ou maladie, maladie. 2° imp. et. part. de

முடங்குகிறது, sync. முடங்குகிறது, கினேன், குவேன், கு, க, v. n. (முடம்), முடங்குதல், n. v. se plier, se recourber, se contracter, être courbé, replié, être ou devenir perclus, estropié, manchot, être empêché: முடங்கிப்போகிறது devenir perclus, se recourber....

முடங்குளை, (முடங்கு, உளை), crinière de cheval, lion à la crinière pendante.

முடத்தி, முடப்பெண், fém. de முடவன், femme percluse, estropiée, manchotte, boiteuse, cul-de-jatte, chose courbée.

முடமுட, bruit répété —, son ou mot imitatif du bruissement des feuilles sèches ou de peaux desséchées: முடமுடெனல், முடமுடென்கிறது, faire —, imiter ce bruissement, — ce son répété.

முடம், état d'estropié, défaut des membres, comme d'être perclus, estropié, manchot, boiteux, cul-de-jatte: — ஆக்குகிறது estropier; தாய்மிதிக்கக்குஞ்சுக்கு — ஆகாது le petit oiseau ne devient pas estropié quoique sa mère mette le pied dessus.

முடலை, balle, globe, boule, grande loupe, rondeur, grosseur, grandeur, force, mauvaise odeur, grosses tenailles, tambour.

முடவன், (முடம்), estropié, perclus, cul de-jatte, manchot, boiteux, Arounen, cocher du soleil, qui est cul-de-jatte ou sans pieds, Saturne dont la marche est si lente qu'il semble perclus: முடவனுக்கைப் பட்டிக்கொம்பு தேனக்கொம்புத்தேன்வருமோ le miel du bout d'une branche viendra t-il, par ce qu'un estropié le désire? i. e. ne désirez pas ce que vous ne pouvez vous procurer.

முடவாட்டுக்கல், (முடம், ஆடு, கல்), bézoar, litt. pierre de brebis boiteuse.

முடவுகிறது, வினேன், வுவேன், வு, வ, v.n. முடவுதல், n.v. boiter, clocher, être boiteux, perclus, estropié.

முடி, 1° n.v. imp. et part. de முடிகிறது. 2° imp. de முடிக்கிறது. 3° couronne, diadème, chapiteau, coudoumi ou toupet du sommet de la tête, (que les Indiens laissent croître tandis que le reste de la tête est rasé), chevelure nouée sur le sommet de la tête, ce qui est un des ஐம்பால் மயிர்முடி, tête, toupet, touffe de cheveux, chevelure, — nouée ou roulée, perruque, paquet de riz ou autres céréales liées pour être transplantées, le basilic துளசி, moitié d'un coco, lien, ligature, bourse ou argent renfermé dans un pan de toile noué, nœud, — d'arbre: வெண்கலமுடி chapiteau de bronze; — கத்திரிக்கிறவன் coupeur de bourse; — க்காணிக்கை offrande de sa chevelure comme vœu à une idole après l'avoir laissée pousser pour cela; — க்கீரை herbe potagère encore tendre, jeune pousse d'herbes potagères; — க்கோரை le jonc cyperus difformis; — க்கட்டு manière de lier les cheveux; — க்கட்டேடாங்கல் manière de les —, les lier en haut; — சூடுகிறது se mettre —, porter la couronne, être couronné: — சூட்டுகிறது, (dat.), couronner; — சூட்டு couronnement; — தரிக்கிறது se mettre —, porter une couronne, être roi, ou — தரிப்பிக்கிறது couronner; — த்தும்பை la plante தும்பை qui sert à faire des couronnes: — நாகம் l'insecte இந்திரகோபம்; — தரித்தராசன், — பொருந்தினவன், — பொருந்தியவன் roi couronné, —

qui porte la couronne;—மயிர் perruque;—மாலை couronne de fleurs, guirlande dont on s'orne la tête, dont on orne la couronne;—கொன்றை l'arbre கொன்றை;—கொடி la plante கொடி;—யிறக்குகிறது raser la chevelure qu'on avait laissée croître par vœu pour l'offrir à une idole, outrager—, déposer un roi;—முடிக்கிறது, —முடிச்சுகள்,—முடிச்சுப்போடுகிறது être lié, attaché, noué;—முடிப்பு partie—, ornemens d'une couronne, fleuron;—வணங்கான் superbe, qui n'incline la tête à personne.

முடிகிறது, முடிந்தேன், முடிவேன், முடி, முடிய, v.n. et a. (முடி), et முடிதல் n.v. lier, attacher, nouer, faire un nœud, se mettre, finir, s'achever, se terminer, périr, se gâter, mourir; முடிந்துபோகிறது finir, se terminer; முடிந்துபோய்விடுகிறது,—கொள்ளுகிறது lier, attacher, nouer (v.g. de l'argent dans une toile); நீர்கால்கொண்டு முடிந்தநாடனைக்கையால் அவிழ்க்கமாட்டேன் je ne saurais délier même avec mes mains ce que vous avez lié avec vos pieds; முடிய, inf. adv. jusqu'à la fin, finalement; முடியாமலிருக்கிறது rester inachevé, n'être pas fini.

முடிக்கிறது, முடித்தேன், முடிப்பேன், முடி, முடிக்க, v.a. de முடிகிறது et முடித்தல்; n.v. finir, terminer, achever, détruire, perdre, mettre sur la tête, se—, revêtir: முடித்துக்கொடுக்கிறது, finir et donner,—pour un autre;—ப்போடுகிறது finir, achever; வேலையைச்செய்துமுடித்தான் il a fini l'ouvrage; சொன்னபடி முடிக்க il faut faire ainsi, faites comme il est dit.

முடிச்சு, n. v. de முடிகிறது, nœud, lien, ligature, paquet (dans lequel quelque chose est liée), articulation, jointure,—du cou, nœud ou difficulté d'une affaire, ruse, intrigue, fin, chose finie: முடிச்சவிழ்க்கிறது défaire un nœud, le dénouer; முடிச்சவிழ்க்கி, முடிச்சுமாறி voleur, filou, coupeur de bourses;—முறுக்கி chaîne torse:—முடிச்சாயிருக்கிறது être plein de nœuds.

முடித்து, gér. de முடிக்கிறது:—காட்டல் un des 32 தந்திரயுத்தி, finir et montrer, montrer après avoir fini,— qu'on a terminé son ouvrage comme les anciens.

முடிந்தது, (முடிகிறது), ce qui est fini: முடிந்ததுமுடித்தல் un des 32 தந்திரயுத்தி finir d'une manière générale ce qui est fini d'une manière particulière, récapituler ce qu'on a expliqué.

முடிப்பவி, முடிப்பறி, P. முடிப்புறி, (முடிப்பு, உறி), litt. celui qui arrache l'argent lié, percepteur, receveur d'impôts, de taxes, de rentes, du produit d'une vente etc ...charaf ou banquier natif.

முடிப்பு, n. v. de முடிகிறது, nœud, lien, argent lié, — lié dans une toile, fin, conclusion, décision, détermination, total, somme totale;—கட்டுகிறது lier, faire un nœud, finir, terminer, conclure, décider;—செலுத்துகிறது donner l'argent qu'on avait noué, payer les impôts, les rentes:...;—சொல்லுகிறது dire la décision, déclarer le jugement.

முடியப்பன், (முடி, அப்பன்), Étienne, Stéphane.

முடியல், n.v. de முடிகிறது, fin, terminaison, tout l'ensemble.

முடியா, முடியாத, part. nég. de முடிகிறது, interminable, infini: ஆராய்ந்துமுடியாத inscrutable, impénétrable, introuvable; செய்து—, interminable; சொல்லி —, indicible inexprimable, ineffable; முடியாதமயக்கம் cercle vicieux.

முடியாமை, n.v. nég. du même, état de ce qui n'est pas fini, de ce qui est interminable.

முடிவு, n.v. du même, fin, conclusion, décision, mort: முடிவறிகிறது, connaître—, obtenir la fin, atteindre son but, acquérir parfaitement; முடிவற்ற, முடிவில்லாத infini, sans fin, interminable: முடிவான நாள் le jour définitif, ou décisif, le dernier jour; முடிவிடம் la fin, terme, limite; முடிவிடங்கூறல் proclamer la fin, un des 32 தந்திரயுத்தி montrer les endroits ou textes des classiques qui confirment son ouvrage; முடிவில்லாத infini, éternel; முடிவில்லாதவை choses infinies,— éternelles, ou interminables; முடிவில்லாமை infinité, éternité, état—, chose interminable, — sans fin; முடிவெழுத்து lettre finale.

முடிவுரை, (முடிவு, உரை), conclusion, péroraison.

முடுக, *inf. de* முடுகுகிறது, *adv.* promptement, vite, à la hâte.

முடுகடி, (முடுகு, அடி), proximité, voisinage.

முடுகல், *opt. et n. v. de* முடுகுகிறது, hâte, vitesse, approche, essaim, foule, presse, force, opposition, résistance.

முடுகி, *gér. du même.*

முடுகியல், (முடுகு, இயல்), espèce d'air dit வண்ணம்,— de mesure vive et rapide dont tous les mots ont la même terminaison comme en latin *quadrupedante sonante.*

முடுகு, 1° mesure vive comme ci-dessus, femelle de l'élan dit கடம்பை. 2° *imp. et part. de*

முடுகுகிறது, *sync.* முடுகிறது, முடுகினேன், முடுகுவேன், முடுகு, முடுக, *v.n.* முடுகுதல், *n.v.* se presser, se hâter, s'approcher, paraître—, venir en foule, s'attrouper, se serrer, être serré, s'opposer, résister: முடுகிநடக்கிறது marcher vite.

முடுக்கர், caverne de montagne.

முடுக்கல், *opt. et n.v. de* முடுக்குகிறது, urgence, presse, instance.

முடுக்கன், (முடுக்கு), homme fort, robuste.

முடுக்கி, 1° *fém. du préc.* femme vigoureuse. 2° *gér. de* முடுக்குகிறது.

முடுக்கு, force, pouvoir, coin, angle, lieu étroit, rue étroite et tortueuse, ruelle, cul-de-sac, tortuosité, étroitesse, gêne, compression, presse, vitesse. *n.v. imp. et part. de* முடுக்குகிறது: முடுக்காய்ப்போகிறது devenir fort, robuste: முடுக்குத்தெரு ruelle, rue étroite et tortueuse;—வழி chemin—, sentier étroit.

முடுக்குகிறது, *sync.* முடுக்கிறது, க்கினேன், க்குவேன், க்கு, க்க, *v.a. de* முடுகுகிறது *et* முடுக்குதல், *n. v.* presser, pousser, chasser devant soi, faire aller vite, insister, appuyer sur, serrer, forcer, fourmiller, s'attrouper: மாடுகளைமுடுக்கியோட்டுகிறது faire courir vite—, presser les bœufs; கடனுக்குமெத்தமுடுக்கினான் il a pressé fortement pour le paiement de la dette.

முடுங்குகிறது, *sync.* முடுங்கிறது, ஙினேன், ஙுவேன், ஙு, ஙக, *v. n. du préc.* முடுங்கல், முடுங்குதல், *n. v.* se serrer, se presser, être pressé, serré, à l'étroit.

முடுவல், chien sauvage,— marron, chien, chienne: முடுவற்படையோன் celui qui a une armée de chiens, *i. e.* Vaïraven.

முடை, 1° parapluie de feuilles de palmier, puanteur, mauvaise—, odeur, viande (en général). 2° *imp. et part. du suiv.*:—ச்சேரி village dans les bois,— de bergers;—நாற்றம் mauvaise odeur, puanteur de carcasse,— de viande gâtée, odeur de graisse.

முடைகிறது, டைந்தேன், டைவேன், டை, டைய, *v.a. et n.* முடைதல், *n. v.* tresser, entrelacer, faire des claies..., tisser, maigrir, devenir maigre, fluet, chétif: கூடை— faire une corbeille; பாய்— faire des nattes; முடைந்துபோடுகிறது tresser, tisser.

முடைஞ்சுகிறது, ஞ்சினேன், ஞ்சுவேன், ஞ்சு, ஞ்ச, *v.n.* முடைஞ்சுதல், *n.v.* se serrer, se presser, être pressé, serré, à l'étroit.

முட், *P.* முள் épine, *devant* க, ச, த, ப, épineux, d'épine:—கடு le cadou ou terminalia épineux;—காடு forêt d'épines, lieu rempli d'épines, de broussailles;—சம்வேளை la plante ou l'arbrisseau galega spinosa;—கிளுவை l'arbre amyris spinosa;—கீரை espèce d'herbe potagère épineuse, — d'arbuste épineux:—செள்ளை l'arbrisseau cæsalpinia scandens;—கோல் aiguillon, bâton armé d'une pointe —, pointe de fer;—சங்கு 1° conque ou coquillage hérissé de pointes, espèce d'arme. 2° ou முட்சங்கம் et முட்சக்கஞ்செடி monetia épineux;—செடி arbuste—, buisson épineux:—செவ்வந்தி espèce de rose, — de chrysanthème épineux.

முட்கள், pl. de முள், épines.

முட்ட, 1° inf. de முட்டுகிறது. 2° ou முட்டவும், P. முற்ற, entièrement, totalement. 3° obl. de முட்டம்:—க் கனிப்பு montagne où il y a du zinc.

முட்டடி, (முட்டு, அடி), proximité, voisinage.

முட்டடைப்பன், (id. அடைப்பன்), suffocation —, esquinancie —, maladie des animaux (qui les suffoque), courte haleine.

முட்டத்தனம், (முட்டன்), ignorance, stupidité, obstination, grossièreté.

முட்டமுடிய, P. முற்றமுடிய.

முட்டம், 1° ou திருமுட்டம், nom d'une ville au sud de Madras. 2° P. மூக்கடம், vol. 3° P. முட்டோம், nég. de முட்டுகிறது, nous ne manquerons pas...

முட்டரிசி, (முட்டு, அரிசி), riz non entièrement bouilli, — cuit.

முட்டல், opt. et n.v. de முட்டுகிறது, besoin, manquement, opposition, attaque, approche, choc, ruade, recul, manque.

முட்டவும், P. முற்றவும்.

முட்டற்றது, (முட்டு, அற்ற), ce qui n'a pas de support, — d'appui.

முட்டன், (முட்டு), benêt, homme stupide, — colère, bourru, fâcheux.

முட்டா, 1° (ind.) pl. முட்டாக்கள், biens, possessions, terres, richesses. 2° espèce de pâtisserie au miel, sucrerie, provision d'épices, V. சம்பாரம். 3° ou முட்டாத, part. nég. de முட்டுகிறது.

முட்டாக்கு, voile, couverture, manteau:—க்காரன் homme qui se voile la figure.

முட்டாட்டம், (முட்டு, ஆட்டம்), ignorance, stupidité, opiniâtreté, obstination, entêtement d'ignorance, caractère bourru, choc, — de la tête, ou —அடிக்கிறது, —ஆடுகிறது, — பண்ணிக்கொள்ளுகிறது heurter de la tête, se donner des coups de tête comme les béliers, être capricieux, bourru, obstiné.

முட்டாள், (முட்டு, ஆள்), benêt, stupide, personne sotte, ignorante, grossière, ouvrier grossier, — ignare:—பெட்டைமகன் fils de femme imbécille, i. e. homme très-ignare:—வேலை ouvrage grossier, —de sot, bêtise, étourderie.

முட்டி, 1° gér. de முட்டுகிறது. 2° P முஷ்டி. 3° la 49me des கலைக்கியானம் ou sciences indiennes, i. e. art de découvrir par des calculs astronomiques ce que quelqu'un tient caché dans sa main. 4° l'arbre எட்டி striychnos, la plante ou arbuste dit முட்டிவேர், pavonia (dont on distingue 2 espèces dites பேராமுட்டி et சிற்றுமுட்டி, vase, pot de terre (pour recevoir le jus du palmier...), fouet, cravache: —மாத்திரைகள், V. முஷ்டிமாத்திரைகள்:—க்கத்தரி espèce de bringelles; —க்கால் jambes—, pieds qui battent le briquet, —qui en marchant se choquent l'un l'autre, personne —, cheval —, animal dont les genoux battent le briquet, se mettre à genoux: —க்காலிலேபோட்டுக்கிறது être à genoux;—கேட்கிறது demander l'aumône; —க்கேட்கிறது demander instamment, — par besoin;—க்கொள்ளுகிறது heurter de la tête, donner un coup de tête; —ச்சண்டை combat à coup de poing, pugilat; —ச்சுரை espèce de gourde ou சுரை, calebasse de mendiant; —பாதம், —யுத்தம் combat à coups de poings, pugilat;—ப்போகிறது devenir nécessiteux, tomber dans le besoin, manquer des choses nécessaires à la vie; —ப்போகிறது frapper avec les —, donner des coups de cornes, chasser de force;—

-யேற்கிறது recevoir —, demander l'aumône, prendre avec ses cornes, prendre un fardeau sur sa tête et le porter: —வருகிறது V. முட்டிப் போகிறது; —வாங்குகிறது recevoir l'aumône; —சேர் la plante pa- *முட்டிகன் P. முஞ்ஞிகன். [vonia.

முட்டிகை, longues tenailles —, pinces d'orfèvre, coup de poing, fouet, — de cheval, marteau de forgeron.

முட்டு, n.v. imp. et part. de முட்டுகிறது, manque, défaut, détresse, pauvreté, gène, peine, étroitesse, clôture, blocus, opposition, obstacle, empêchement, bride, meubles, ustensile, vase, soutien, support, appui, étai, genou, choc —, coup de tête, choc, colline, hauteur, élévation, flux menstruel, menstrues: நட்டுமுட்டு divers instrumens de musique; நட்டுமுட்டுக்காரர், V. முட்டுக்காரர்; முட்டபடுகிறது être défectueux, manquer; முட்டிடுகிறது s'agenouiller, se mettre à genoux, mettre un soutien, un appui; முட்டிட்டிருக்கிறது être agenouillé, — à genoux, avoir mis un appui; முட்டுத்தற fou, stupide, ignorant; முட்டுத்தறவன் homme stupide, sot, benêt; முட்டுத்தனம் chose folle, vaine, inutile, futile; —கட்டுகிறது, —கட்டிப் போடுகிறது bloquer, assiéger, fermer l'entrée, — les avenues (d'une ville....), enclore de haies..., faire des chaussées, des sillons dans un champ ou des planches dans un jardin, limiter, renfermer dans des limites, mettre un appui, un support, bâtir un arc - boutant; —கட்டியிருக்கிறது, —கட்டிக்கிடக்கிறது être bloqué, assiégé, renfermé; —கட்டியாடுகிறது faire des tours —, marcher sur des échasses; —க்கட்டை étai, pièce de bois servant d'appui ou de support; —க்கனிக்கன் partie —, ornement de bijou; —க்காய் coco encore tendre; —க்காரன் celui qui bat la mesure avec la cymbale; —க்கால் étai, appui, support, arc-boutant, genou; —க்கொடுக்கிறது, —க்கொள்ளக்கொடுக்கிறது mettre un étai, — un appui; —க்குத்துகிறது tomber sur ses genoux; —க்கொடுக்கிறது étayer, mettre un support; —க்கீலை linge de femme qui a ses règles; —த்தாம், V. முட்டாட்டம்; —த்தொய்வு nom d'une maladie; —படுகிறது choquer, heurter contre, être heurté, manquer, éprouver le manque..., — la pauvreté; —ப்பாடு manque, pauvreté, mal, peine, étroitesse, gène, suffocation; —முட்டாய்க்கிடக்கிறது (un champ..) être plein de monticules; —யுத்தம் combat de près, — corps à corps, — à se heurter; —வாங்குகிறது, —வாங்கிப்போகிறது lever le siège, — le blocus et se retirer, le blocus être levé; முட்டுக்குநிற்கிறது être prêt à se heurter, à frapper de la tête, à se battre, à lutter.

முட்டுகிறது, ட்டினேன், ட்டுவேன், ட்டு, ட்ட, v.a. et n. முட்டுதல், n.v. manquer, avoir besoin, faire défaut, empêcher, s'opposer, assaillir, attaquer, donner —, frapper contre, heurter, toucher, s'approcher, s'unir, s'attacher, être collé, serrer, presser, s'achever, s'accomplir.

முட்டுண்கிறது, (முட்டு, உண்கிறது), être heurté, froissé, être frappé d'un coup de tête d'un animal: முட்டுண்டுகுனிகிறது se courber après avoir heurté la tête contre le linteau de la porte, prendre trop tard ses précautions.

முட்டை, 1° œuf, animal ovipare, (c'est une des 4 espèces de naissances தோற்றம்-ச), son de froment, de riz..., nom d'une maladie. 2° acc. de முட்டு. 3° P. முட்டாய், nég. de முட்டுகிறது, tu ne manques pas: தோல்—œuf sans coque; —ஓடு coque d'œuf; —க்கண் grands —, gros yeux; —க்கண்ணீர் grosses larmes, larmes qui coulent goutte à goutte; —க்கத்தரி bringelle ou mélongène dont le fruit ressemble à un œuf; —த்தாவி

போடுகிறது mettre des bouses sèches et du bois (pour faire bouillir très-fort...);—ப்பாசி la plante aquatique utricularia stellaris.

முட்பன்றி, (முள்), porc-épic, hérisson.

முட்பன்றிச்சலாகம், (id.), piquant de porc-épic.

முட்பூல், (id.), espèce d'arbrisseau.

முணங்கல், opt. et n. v. de முணங்குகிறது, sujétion, soumission.

முணங்கு, sujétion, dépendance, obéissance, retenue, n.v. imp. et part. de

முணங்குகிறது, sync. முணங்கிறது, கினேன், குவேன், கு, க, v. n. et முணங்குதல், n.v. obéir, se soumettre, être soumis, sujet, dépendre.

முணமுண, முணுமுணு, mot—, son imitatif de murmure, de chuchotement: முணமுணவென்கிறது, முணுமுணுவென்கிறது, ou

முணமுணக்கிறது, ணத்தேன், ணப்பேன், ண, ணக்க, v. n. (முணமுண), murmurer, chuchoter, marmoter, gronder; முணமுணவென்று சொல்லுகிறது dire en chuchotant, en marmotant, en grondant.

முணமுணத்தல், முணமுணப்பு n.v. du préc. murmure, chuchotement, marmotage.

*முண்டகம், 1° (moundaka), tête, front. 2° miel—, suc de fleurs, callou ou jus de cocotier ou de palmier, nénuphar, l'arbrisseau தாழை pandanus, l'arbre கருங்காலமரம், arbuste—, buisson épineux, la plante épineuse முள்ளி, solanum indicum, mer.

*முண்டகன், 1° (moundaka), barbier. 2° ou முண்டகாசனன்.

*முண்டகாசனன், (முண்டகம், ஆசனம்), celui qui est assis sur un nénuphar, i.e. Brama.

*முண்டகாசனி, முண்டகாசனை, (id.), celle qui est assise sur un nénuphar, i. e. Lakchimi.

முண்டடிக்கிறது, (முண்டு, அடிக்கிறது), faire le—, être pétulant, désobéissant, opiniâtre, revêche.

*முண்டம், (mounda), tête, front, tête rasée, —chauve, calvitie, tronc, — d'arbre, — ébranché, pieu. 2° boule, balle, globe, rondeur, corps nu, nudité, un des 32 உபநிஷதம்: —ஆய்நிற்கிறான் il se tient debout tout nu; முண்டசந்நியாசி sannyasi rasé ou chauve (surtout de la secte des Smartas);—சாலி espèce de grain,— de riz, tête rasée;—பலம் le fruit qui ressemble à une tête chauve, i.e. le coco;—மண்டலி nombre de têtes rasées, masse de troupes.

*முண்டனம், (moundana), action de raser, de rendre chauve.

*முண்டன், (mounda), barbier, homme à tête rasée, le serpent கேது ou le nœud ascendant.

*முண்டாகாரம், (முண்டம், ஆகாரம்), forme—, chose ronde,— entière, dont les parties ne sont pas séparées.

முண்டாசு, (ind.), turban.

முண்டாயி, bonbon, sucrerie, confiture.

*முண்டி, 1° (moundi), barbier, homme à tête rasée, à tête chauve. 2° imp. de

முண்டிக்கிறது, டித்தேன், டிப்பேன், டி, டிக்க, v.a. முண்டித்தல், n.v. (mound raser), raser, — la tête.

*முண்டிதம், (moundita rasé), état d'une tête rasée, calvitie: முண்டிதசிரசு tête rasée.

முண்டிநாம், un des 32 உபநிஷதம்.

*முண்டிதிகை, முண்டிரிகை, முண்டரி, (mounditika, — dirikâ, — diri), plante rampante à fleurs rouges et jaunes.

முண்டு, ceinture intérieure, toile de dessous longue de 4 coudées qu'on attache autour des reins, ou —த்தனம் obstination, opiniâtreté, rudesse, insubordination, désobéissance, ignorance, pétulance, insolence; —க்காரன் homme pétulant, opiniâtre, ingouvernable, insubordonné; —பண்ணுகிறது ou

முண்டுகிறது, டினேன், டுவேன், டு, ட, v.n. முண்டல், முண்டுதல், n. v. être opiniâtre, ingouvernable, pétulant, insolent, insubordonné, faire le revêche, le désobéissant.

*முண்டை, 1° (moundâ rasée.), femme rasée, i.e. veuve(qui a ordinairement la tête rasée), tête rasée, — chauve, garance du Bengale. 2° prunelle de l'œil:—க்கண் œil gros et protubérant;—மோரப்பு veuve rasée.

முள்ளுரயலி, (முள், நாயகி), nom d'un arbrisseau, litt. la maîtresse des épines.

முள்ளுவல், (id. நாவல்), pommier épineux.

முள்ளமா, (id.), porc-épic, hérisson,

முள்முடி, (id.), couronne d'épines,

முள்முருக்கு, (id.), l'arbre கலியாணமுருக்கு.

*முதம், (moudâ), joie, plaisir, délice.

முதலிக்கிறது, V. முதலிக்கிறது.

முதல, 1° inf. de முதலுகிறது. 2° 3me pers. pl. n. du குறிப்புவினை de முதல், ont pour commencement: அகரமுதலவெழுத்தெல்லாம் toutes les lettres ont pour commencement la lettre a ou அகரம்.

முதலது, (முதல்), le premier, ce qui est le premier,— devant, antécédent.

முதலல், opt. et n.v. de முதலுகிறது, commencement, présidence, préséance.

முதலவள்,f. முதலவன்,m.(முதல்), la première,le premier:முதலவர் les premiers; முதலவை les premières choses.

முதலாம், (id. ஆம்), premier, le premier,est le premier.

முதலாய், 1° (முதல், ஆய்), même, aussi,depuis:ஒருவார்த்தை—ச்சொல்லாமற்போனான் il est parti sans dire un seul mot; தண்ணீர்—இங்கேயில்லையாது ici il n'y a pas même d'eau; மகனேநீ— toi aussi mon fils; இன்று—, இது— depuis ce jour,désormais.2° 2° pers.nég. de முதலுகிறது,tu ne commences pas....

முதலாவது, (id. ஆவது), ce qui est ou sera le premier, premièrement, en 1er lieu.

முதலாளி, m. f. (id. ஆளி), président, chef, propriétaire,présidente, maîtresse, supérieure; — அம்மாள் la supérieure.

முதலி, 1° gér. de முதலுகிறது. 2° le premier, le chef. 3° et à l'hon. முதலியார், titre honorique des Savalavellajers et de quelques autres castes,qu'on ajoute à leur nom propre, v.g. சவேரிமுத்துமுதலியார் Xavier Moudéli: முதலியார் est aussi un titre de dignité dans l'île de Ceilan; முதலிச்சாதி la caste des Moudélis, de ceux qui ajoutent le titre de முதலியார் à leur nom propre; முதலிமார், les Moudélis, les gens de cette caste.

முதலிய, முதலின், part. parf. de முதலுகிறது,qui a présidé, qui est le premier, et les autres, et autres semblables, V. முதலான: முதலியவைகள் et les autres choses semblables, et cætera.

முதலிலாதல், (id.இலவர்,ஆதல்), être éternel, sans principe ni commencement,c'est un des attributs de Dieu dits அநாதுகாரம்,l'éternité.

முதலுகிறது, லினேன், லுவேன், லு, ல, v.n. முதலுதல், n.v. (முதல்), commencer; devenir —, être le premier, présider, devancer.

முதலே, (முதல், ஏ), d'abord,premièrement, auparavant.

முதலேன், nég. de முதலுகிறது, je ne commence pas...

முதலை, 1° crocodile, alligator, la plante செங்கிடை. 2° P. முதலாய், 2° pers. nég. de முதலுகிறது, tu ne commences pas...3° acc.de முதல்: —க்கோரை l'herbage ou jonc cyperus dubius; —ப்பூண்டு la plante polygonum glabrum.

முதலோன், (முதல்), le premier, le principe de tout, Dieu.

முதல், 1° commencement, principe, origine, chef, premier, premièrement, le principe de tout, Dieu,capital,argent prêté à intérêt, le principal, le fonds (d'un marchand...), principal jet ou rejeton d'une plante d'où sortent les autres, depuis, de ou du (c'est une des formes de l'ablatif, et du locatif, Ex.: சுபின்முதலிந்தியாவரைக்கும். மகனே

l'obscurité où périt la connaissance et qui vient du désert (காண்.P.காட்சி), et autres, et autres semblables, et cætera. 2° *imp. et part. de* முதலு றுது: இன்று—, இது— depuis ce jour, dès aujourd'hui, désormais; அப்போ— depuis lors;— அங்கே போ va premièrement là;—அநுமான ம் 1re conjecture ou induction, conjecture d'après la 1re cause;—அற்றுப்போகிறது le capital se perdre,— être perdu,(une famille) s'éteindre complètement; —அற்றுப் போனவள் femme qui a perdu son chef, veuve,femme délaissée;—ஆகி றது,— ஆதல் devenir —, être le premier, le chef,présider;—ஆதல் commencement, primauté;—ஆன, ஆகிய qui est devenu—, qui est le premier, et les autres, et autres semblables, et cætera: கண்காது— ஆனவிந்திரியங்கள் les yeux, les oreilles et les autres organes des sens;புலிகோநாய்— ஆனதுஷ்டமிரு கங்கள் les tigres,les loups et autres bêtes féroces; இவைமுதலானவைக ள் ces choses-ci et les autres choses semblables, et cætera;—இடைகடை le commencement, le milieu et la fin;—இலனாதல் être sans commencement; —இல்லாமலிருக்கிறது être sans capital, sans fonds, être pauvre, n'avoir pas le sou, être sans commencement;—ஈற்று 1re portée, 1re ventrée,1er petit;—எழுஞ்சனி la 1re des 3 constellations dites சனி, *i.e.* la 10e contellation dite மகம்;—எழுத்து lettre initiale, lettres primitives ou principales au nombre de 30, savoir: les 12 voyelles et les 18 consonnes pointées;d'elles se forment les lettres combinées d'une consonne et d'une voyelle nommées சார்பெழுத்து;—கொடுக்கிறது donner un capital, un fonds (pour trafiquer...);—தாரம்,V. முதற்றாரம்;—போடுகிறது former—, avancer un capital;—மடை partie d'un champ —, rizière la plus près de l'écluse; —முதல் commencement,origine,d'abord, premièrement; —முதற்கொடு

க்கிறது donner le premier,— avant les autres;—முதல்வாங்குகிறது recevoir le premier,— avant les autres; —வடி,—வடிப்பு 1re distillation; —வள்ளல் le 1er des hommes généreux, homme généreux de la 1re classe, celui qui donne connaissant le besoin par une marque extérieure et sans attendre la demande; —வேதம் le 1er des 4 வேதம், *i. e.* le rig-vèda ou இருக்குவேதம்.

முதல்வர், les premiers, les chefs, les rois,les habitans des cieux, immortels, *pl.de*

முதல்வன், (முதல்),le premier, — de tous, Dieu, le premier être,(chaque sectaire l'applique à son dieu particulier, comme à) Siven, Arouguen, roi, prince, chef, maitre, supérieur.

முதல்வி, *fém. du préc.* la prémière, supérieure, femme éminente, maitresse de maison, déesse.

முதலை, P.முதலே, crocodile, nom d'une plante marine.

முதற், P. முதல்,devant க,ச,த,ப: —இடம் la 1re place; —கனி prémices; —காரன் capitaliste, celui à qui appartient le capital, — le fonds; —சீமான் homme opulent;—காரணம் 1re cause; —காரணகாரியம் effet de la 1re cause:— குறை aphérèse,retranchement de la 1re syllabe d'un mot,comme மரை, P. தாமரை nénuphar; —கொடி 1er drapeau, principal rejeton d'une plante;— கொண்டு dès, depuis; இது—கொண்டு dès ce moment-ci, désormais; —கோடை 1re chaleur;—படை avant-garde(d'une armée);—பட்சம், —பக்கம் 1re phase,— demi-lunaison, quinzaine d'un mois lunaire, 1re qualité;—பட்டம் la 1re dignité, la tonsure;—பட்டம்பெற்றவன் celui qui a obtenu ou reçu la 1re dignité, tonsuré;—பலம், —பலன்கள், பலபாகம்,—பாகம்,—பலன் 1er fruit, 1ers fruits, prémices;—பா la 1re espèce de vers tamouls,*i. e.* le vèmba ou வெண்பா;—பேர் le 1er nom,— des mots composés, nom désignant un tout (par opposition à சினைப்பெயர் nom de parties): —பேறு 1er accouchement, premier-né, 1re portée, 1er fruit, prémices: —பேறன், —பிறந்தோன் ainé, premier-né — பொருள் chose principale, 1er objet (par rapport aux 5 espèces de terrains dits குறிஞ்சி, பாலை, முல்லை, மருதம், நெய்தல்), le temps et la place de ces terrains. [fois, 1re qualité.

முதற்றரம், (முதல், தரம்), la 1re

முதற்றாரம், (id. தாரம்), la 1re épouse, — femme.

முதற்று 3e *pers. sing. n. du* குறிப்புவினை *de* முதல், a pour commencement: ஆதிபகவன்முதற்றேயுலகு le monde a Dieu ou l'Etre suprême pour principe.

முதனாள், (முதல், நாள்), le 1er jour, la veille, la 1re constellation lunaire dite அசுபதி.

முதனிலை, (*id.* நிலை), racine d'un mot, radical, 1re partie des mots composés, 1re place, 1er lieu: —த்தீபகம் mot qui vient au commencement et auquel se rapportent plusieurs membres de la phrase où il est sous-entendu; (c'est une des beautés des vers); —த்தொழிற்பெயர் nom verbal ou dérivé du verbe et qui n'a que le sens du radical, comme வருதல் venir; —விளக்கு mot qui se trouve au commencement et se rapporte à plusieurs membres de la phrase; c'est un des தீபகாலங்காரம்.

முதனிறம், (முதல், நிறம்), la 1re couleur, espèce de pierre noire dite மாம்சச்சிலை.

முதனிற்கிறது, (*id.* நிற்கிறது), se tenir —, être le premier.

முதனூல், (*id.* நூல்), la première science, *i.e.* la parole de Dieu.

முதன்மடக்கு, (*id.* மடக்கு), répétition au commencement des vers d'un ou de plusieurs pieds, mais avec des sens différens.

முதன்மறிநிலை, (*id.* மறி), figure qui emploie le nom du tout pour celui d'une partie, ou le nom d'une partie pour celui du tout.

முதன்மாணாக்கர், (*id.*), les 1ers disciples, les disciples du 1er rang ou de la 1re qualité.

முதன்மை, (முதல், மை), 1er lieu, priorité, primauté, supériorité, autorité: — யானஅற்புதம் la 1re merveille, la merveille par excellence; — யானசமயம் la 1re occasion, — ou la principale secte; சகலத்துக்கு முதன்மையாய் en 1er lieu, avant tout.

முதன்மொழி, (*id.*), 1er mot, mot qui, dans les idées superstitieuses des Indiens, peut venir au commencement d'un ouvrage et qu'on appelle மங்கலச்சொல்.

முதன்மையோர், (*id.*), les chefs, les principaux.

முதாவி, முதாரு, (முது, ஆவி), vache qui a un veau bon à être sevré: முதாருகன்று veau déjà grand, — bon à être sevré ou déjà sevré; —பால் lait d'une vache presque tarie et dont le veau est sevré. [bonheur.

*முதிதம், (moudita), joie, plaisir,

முதிய, *adj. de* முதுமை, vieux, ancien, antique: — கொல்லை vieux champ; — தவம் pénitence ancienne, — censée faite dans une vie antérieure; — ராசமகேந்திரவரம் l'ancien இராசமகேந்திரம், *i. e.* l'ancien Râdjamandri dans les Circars du nord; முதியது ce qui est vieux..., *pl.* முதியவை vieilles choses.

முதியம், la plante நாய்க்கடுகு.

முதியவள், (முதிய), vieille, — femme. [*V.* முதியாள்.

முதியன், (*id.*), ancien, vieillard,

முதியர், முதியோர், (*id.*), les anciens, les vieillards.

முதியான், (*id.*), jeune homme, — homme qui a fini de croître, homme fait, jeune veau déjà sevré, chose vieille, nom d'un oiseau.

*முதிரம், (moudira), nuage.

*முதிரன், (*id.*), libertin, débauché, galant.

முதிரிமை, *P.* முதிர்மை.

முதிரா, முதிராத, *part. nég. de* முதிருகிறது, non mûr, qui ne mûrit pas: முதிராப்பிண்டம் embryon, fétus non formé, — non parvenu à maturité.

முதிரை, nom d'un arbre, les plantes légumineuses dites அவரை, துவரை, காராமணி, கொள்ளு, diverses espèces de pois, fèves, haricots ou lentilles.

முதிர், *imp. et part. du suiv.*: —காற்று vent violent; —பிறை croissant de la lune après le 4e jour, second quartier; —வேனில் grande chaleur, la chaude saison dans les mois de ஆனி et ஆடி; — வேனிற்றன்மை propriété de la chaude saison, comme soufflement du vent d'ouest, apparition du mirage, la joie des cailles, de l'oiseau noir கரிக்குருவி, des alouettes, des corbeaux et des perdrix, floraison du jasmin, du tamarinier et de l'arbre பாதிரி, fructification des arbres பலா, காஞ்சிரம், நாவல் et இருப்பை.

முதிருகிறது *ou* முதிர்கிறது, ர்ந்தேன், ருவேன் *ou* ர்வேன், ரு *ou* ர், *v.n.* முதிருதல் *et* முதிர்தல் *ou* முதிர்ந்திடுகிறது, *n.v.* mûrir, — à l'excès, durcir en mûrissant (comme le coco), parvenir à sa pleine croissance, à sa perfection, à un degré supérieur, se dessécher, sécher (comme les vieilles feuilles), vieillir, être mûr, mûri, vieux, desséché, brûlé ou grillé faute de pluie, rassis, grave, sérieux, sage, prudent dans sa conduite, avoir l'esprit ou le jugement mûr: முதிரவேகுகிறது cuire trop, — jusqu'à se dessécher; முதிர்ந்துபோகிறது vieillir, devenir vieux; முதிர்ந்திருக்கிறது être mûri, mûr, vieux...; முதிர்ந்திருக்கிறபெண் jeune fille non mariée qui est déjà avancée en âge, —qui a passé 20 ans; தைலங்காய்ச்சமுதிர்ந்தது l'huile à trop bouilli.

முதிர்ச்சி, *n. v. du préc.* maturité, perfection, hauteur, excellence.

முதிர்ந்த, *part. parf. du même.* mûr, mûri, vieilli, parfait, accompli: —கல்வி grande science, —érudition; —சொல், —பேச்சு parole ou discours mûri, d'un esprit mûr, d'un grand sens, qui marque beaucoup de connaissances, discours qui va trop loin et devient choquant; —பகை haine invétérée; —புத்தி esprit mûr, rassis, intelligence mûre; — பைத்தியம் folie complète; —மரம் vieil arbre; —பிராயம், —வயசு vieillesse; —வியாதி maladie invétérée; வயதிற்கிழவனானாலுஞ் செய்கையிலின்னம் முதிர்ந்தவனல்ல quoique vieillard par l'âge il n'est pas d'une prudence mûre dans sa conduite.

முதிர்பு, முதிர்மை, முதிர்வு, *n. v. du même*, maturité, perfection, ancienneté. [trouble.

முதிர்ப்பு, *n.v. du même*, maturité,

*முதி, (moudi), clair de lune, rayons de la lune.

முது, *adj. de* முதுமை, ancien, vieux, antique, ancienneté: —கன்று, *V.* முதாருகன்று; —காஞ்சி l'ancien air de musique, le 92e des பிரபந்தம், poème contenant des avis des sages ou des savans aux ignorans; —காடு forêt antique et épaisse, cimetière, lieu où l'on brûle les morts; —காட்டுத்தரிசு terre long temps inculte (depuis plus de 15 ans); —கால் anciens pieds de bétel (de l'année précédente); —குன்று vieille montagne, ville nommée aussi திருமுதுகுன்று; —சொம் antique propriété, patrimoine; —சொல் vieux mot, — dicton, proverbe; —தவம், *V.* முதிசவம்; —நிலம் terre salée, —stérile, désert, grande étendue de terre stérile; — மகன் le vieux fils, *i.e.* Sani ou Saturne censé le fils aîné du soleil; —மொழி vieux mot, proverbe.

முதுகு, le dos, l'échine, le derrière, chose grossière. —rude ou forte, grossièreté; அன்பிற்குரைகல்லாகு முதுகு le dos, *i.e.* ce qu'on dit par derrière est la pierre de touche de l'amitié; முதுகிலெடுக்கிறது, prendre —, porter sur son dos; முதுகெலும்பு épine dorsale; முதுகைக்காட்டுகிறது, முதுகுகாட்டுகிறது tourner—, montrer le dos, v.g. au médecin, prendre la fuite; —கொடுக்கிறது aider, accompagner, tourner le dos, prendre la fuite; —நாற்காலி dossier (d'une chaise, d'un banc); —தண்டெலும்பு l'épine du dos, épine dorsale: —நீர், —நீர்ச்சடங்கு cérémonie de verser de l'eau sur le dos le 6e ou le 8e mois de la 1re grossesse (pour procurer un heureux accouchement); —நீர்ஊற்றுகிறது verser cette eau, faire cette cérémonie; —நூல் fil grossier; —நூற்சீலை toile de fil grossier: ou —புடவை toile grossière;— பிளவை ulcère invétéré sur le dos.

முதுக்குறைகிறது, றைந்தேன், றைவேன், றை, றைய, n. v. être avancé en âge, avoir de l'expérience, une grande science: முதுக்குறைந்தோர் les vieillards, les gens d'esprit; முதுக்குறையாமக்கள் gens sans expérience, sans grande intelligence, les jeunes gens; முதுக்குறைதல், முதுக்குறைவு, n.v. grande science, grande intelligence.

முதுமகன், (முது), vieillard.

முதுமை, (முது, மை), antiquité, vétusté, ancienneté, vieillesse, âge avancé, maturité, proverbe, vieux dicton; (l'adj. est முது, முதிய, முது ou) முதுமையான vieux, ancien, antique.

முதுவர், (முது), anciens, vieillards, ministres d'état, poètes, savans, —qui connaissent l'antiquité ou l'histoire ancienne, antiquaires.

முதுவு, P. முதுகு.

*முதை, (moudâ), joie, allégresse. 2e terre dont on a coupé et brûlé les broussailles et qui est —, terre prête pour le labour: —ப்புனம், (முது), vieux champ, terre cultivée depuis long-temps.

முதையல், (முது), V. முதுகாடு.

முத்சத்தி. V. முசத்தி.

*முத்தகம், (முத்தம், ka), arme qu'on lance, l'arbre கருக்காமரம், ou முத்தகச்செய்யுள் stance contenant un sens complet, (opposé à குளகம்).

முத்தக்காசு, racine médicinale et odoriférante du கோரை cyperus juncifolius, l'herbe cyperus.

*முத்தகை, (முத்தம், tâ), V. முத்தத்துவம்.

முத்தமிழ், (மு, தமிழ்), les 3 espèces de tamoul, i. e. இயற்றமிழ் le tamoul simple, — de la prose; இசைத்தமிழ் le tamoul harmonieux, —de la poésie; நாடகத்தமிழ் tamoul dramatique ou de la comédie: முத்தமிழ்யோன் celui qui possède ces 3 tamouls, i.e. Agastyen et Vaîraven; முத்தமிழ்க்கவிவீரராகவ முதலியார் poètes illustres et d'un mérite distingué dans les 3 espèces de tamoul.

*முத்தம், (moukta), délivrance, liberté, abandon, chose abandonnée, lancer (une arme), âme délivrée de l'existence mondaine et réintégrée dans son divin original, la position dite முத்தாசனம். 2e (mouktâ), perle. 3e (mougdha), agrément, amabilité, charme, beauté, ignorance, stupidité, simplicité. 4e caresse, baiser, lèvre, terre cultivée, couleur de குக்கில், ce qui est un défaut des pierres précieuses: -இடுகிறது baiser, donner un baiser;— இட்டுக்கொள்ளுகிறது s'entre-baiser, se baiser l'un l'autre; — கொள்ளுகிறது recevoir un baiser, les perles ou les boutons de petite vérole se former; முத்தசருகம் peau de serpent, serpent qui a perdu sa peau; — சங்கன் homme libre de tout attachement mondain; - குணவுருவு celui dont l'essence est aimable et toute spirituelle, i.e. Dieu;—த்துவம் amabilité, ignorance, simplicité. [de முத்தன்.

முத்தம், 1e hauteur, colline. 2e pl.

முத்தலை, (மு', 3 têtes, trident, dard à 3 pointes:— வேலோன் Bhaîraven ou Siven, celui qui est armé d'un trident, i.e. Siven, Bhaîraven ou வயிரவன்;— மிருதலைவேல் arme —, dard à 6 pointes.

*முத்தன், (moukta), homme pur, digne du paradis, délivré du mal, libre de tout attachement au monde, sage, bienheureux, (les Païens suivant leur secte l'appliquent à) Siven, Vichnou, Arouguen, Bhaïraven, ou Bouddha etc...

*முத்தா, obl.de முத்தை:முத்தாபம் collier de perles; —பலம் perle, l'arbrisseau சங்கு ou monetia dont le fruit ressemble à des perles,camphre;—ப்பிரலம்பம் collier de perles:—ப்பிரா ou

*முத்தாகாரம், முத்தாஸ்போடம், (முத்தா, ஆகாரம், sphôta tumeur), huître à perles,mère perle.

முத்தாடல்,முத்தாடுகிறது, (முத்தம், ஆடுகிறது), caresser (un enfant...), baiser.

*முத்தாசனம், (id. ஆசனம்),une des 8 positions des yoguis,qui consiste à presser l'anus avec la cheville gauche, et à serrer la cheville droite immédiatement par dessous.

*முத்தாத்துமம்,(id. ஆத்துமம்), âme bienheureuse, —dégagée des choses de la terre et qui ne s'applique qu'à obtenir le paradis, bienheureux.

முத்தாமணக்கு, (முத்து, ஆமணக்கு), espèce de ricin.

*முத்தாரம்,முத்தாவலை,முத்தாவலி, (முத்தம், ஆரம்,இலவை,ஆவலி), collier —, guirlande —, feston ou rangée de perles. [de perles.

முத்தாலாய,(முத்து,abl. ஆய).fait

முத்தானம், 1° (மு), les 3 espèces de dons, V. தானம்- ஈ.2° (மு, ஸ்தானம்), 3 places, foyer.

*முத்தானனம், (முத்தம், ஆனனம்), visage aimable.

*முத்தி, 1° (moukti), délivrance —,exemption des renaissances prétendues de la métempsycose,absorption de l'âme dans sa 1re source (selon les Indous), ou identification avec dieu, béatitude finale, le paradis. 2° baiser,caresse, côté:—கொடுக்கிறது,—யிடுகிறது baiser, donner un baiser;—திசை côté du paradis, —prospère, l'amour de la sagesse; —நெறி chemin du paradis, voie de la sagesse; —பதம் chemin du —,le paradis,état spirituel;—ப்பேறு obtention —, bonheur du paradis,félicité suprême;—ப்பேறுபெற்ற bienheureux, —du paradis:—பெறுகிறது,—யடைகிறது obtenir le paradis, —le bonheur final;—மார்க்கம் chemin du paradis,de la fin suprême:—விக்கினம் ஈ les 3 obstacles à l'obtention de la béatitude finale, i.e. அறியாமை l'ignorance, ஐயம் le doute ou le scrupule, திரிபு perversion.

முத்திக்கை, P.முற்றிக்கை, siége.

*முத்தியம், (moutya), perle.

*முத்திராங்கிதம், (முத்திரை, அங்கிதம்), impression d'un cachet.

*முத்திராசாலை, (id.) hôtel des monnaies. [marque.

முத்திரி, P.முத்திரை,cachet,sceau,

*முத்திரிகை, (முத்திரை, ikâ), cachet, —gravé,anneau à cachet,papier scellé ou signé.

முத்திரிக்கிறது, ந்த்தேன், ப்பேன், ஈ, க்க, v. a. (முத்திரை), முத்திரிக்கல், n. v. cacheter,sceller,appliquer le sceau, mettre le cachet, —

முத்திரிப்பு, n.v.du préc. [le scellé.

*முத்திரிதம்,(முத்திரை, ita), chose scellée.

முத்திருக்கஞ்செடி, (முத்து, இருக்கும்),la plante carthamus tinctorius dont les grains sont blancs comme des perles ou ressemblent à des perles.

*முத்திரை,(moudrâ),sceau,cachet, estampille, anneau à cachet, empreinte ou impression d'un cachet,marque —,empreinte d'un fer chaud, manière d'entrelacer les doigts pendant l'adoration: — குத்துகிறது, —பதிக்கிறது, —போடுகிறது, —யிடுகிறது, —வைக்கிறது, sceller, cacheter, mettre un cachet, marquer; —குத்திப்பார்ப்பார் brames dvaïtas ou துவைதர் qui,imprimant la marque de Vichnou sur une pâte molle de poudre de sandal,la mettent sur diverses parties du corps;—க்கட்டு paquet scellé;—க்கப்பு,—அச்சு,—க்கோல் sceau,cachet,estampille,instrument pour ap-

pliquer un cachet; —க்கூடம் salle des sceaux, salle ou lieu où l'on met le cachet (sur les marchandises...), prison; —ச்சேவகன் pion qui porte une marque, une livrée; —த்தாளம் பெறுகிறது recevoir sur les épaules l'impression du சங்கு ou du சக்கரம், *i. e.* de l'arme circulaire de Vichnou; —பங்கம் பண்ணுகிறது briser—, forcer un sceau; —ப்படி poids—, mesure étalonnée, —estampillée, —autorisée; —ப்படிக் கொப்பிக்கிறது livrer une chose scellée; —ப்பல்லவம் refrain que l'on ajoute à chaque vers d'une espèce de poésie; —ப்பலகை planche à cachet, cachet en bois (pour sceller un tas de grains); —மனிதன் homme à cachet, ou du cachet, garde des sceaux, personne revêtue d'une dignité, ambassadeur d'un roi, homme fidèle, —qui connaît les desseins de son maître, ministre plénipotentiaire; —முடிச்சு, —முடிப்பு nœud sur lequel on a appliqué un cachet; —மெழுகு cire à cacheter —மோதிரம் bague ou anneau à cachet; —யச்சு, *V.* முத்திரைக்கோல்; —லாஞ்சனை empreinte —, signe d'un cachet, gravure —, devise d'un sceau; முத்திரையைமுறிக்கிறது, —குலைக்கிறது, —யுடைக்கிறது décacheter, briser le sceau, —le scellé.

முத்திரையாளன், (முத்திரை, ஆள்), homme au cachet, celui qui fait des cachets, —des cachets en bois pour marquer les tas de grains, qui met le cachet ou le scellé.

முத்தீ, (மு, தீ), les 3 espèces de feux dits உதரத்தீ chaleur intérieure du ventre, உயிர்த்தீ chaleur vitale, சினத்தீ feu de la colère, *V.* en outre வேதாக்கினி et ஆயுருவேதாக்கினி.

முத்து, 1° (முத்தம்), perle, pierre précieuse qui se forme dans les conques et les huîtres. 2° ce qu'il y a de meilleur, chose agréable, —acceptable, noix, noyau, amande, pépin, grain de petite —, petite vérole: சிறு —petite perle; பரு —grosse perle, grain —, noix de ricin; முத்திறங்குகிறது la petite vérole descendre; —க்கடுக்கன் pendans d'oreilles orné de perles; —க்கசடு marc des noyaux du ricin, sorte de remède; —க்குமாரன் le fils beau comme une perle, Soupramanien; முத்துக்குளிக்கிறது plonger pour pêcher —, pêcher les perles; —குளிக்குமிடம் lieu où on les pêche, pêcherie de perles; —க்குளி, —க்குளிக்கை, —குளிப்பு pêche des perles; —க்குளிகாரன் plongeur pour la pêche des perles; —க்கொட்டை graine —, grain —, noix de ricin ou de palma Christi; —க்கோவை enfilade —, collier de perles; —ச்சம்பா espèce de riz couleur de perle; —ச்சலாபக்கட்டு pêche des perles, côte de la pêcherie, —où l'on fait cette pêche; —ச்சலாபம் pêche des perles, produit de cette pêche; —ச்சலாபங்கட்டுகிறது la pêche des perles avoir lieu; —ச்சனிப்பிடம் les 20 différens endroits où l'on dit que se forment les perles (littéralement ou métaphoriquement), *i. e.* மதி la lune, மேகம் nuage, சங்கு conque, சிப்பி huître à perles, 5° மீன் poisson, நத்தை limaçon, முதலை crocodile, உடும்பு le lézard iguane, தாமரை nénuphar, 10 வாழை bananier, கமுகு aréquier, கரும்பு canne à sucre, செந்நெல் riz rouge ou espèce supérieure de riz, மூங்கில் bambou, 15° யானைக்கொம்பு dent d'éléphant, பன்றிக்கொம்பு défense de sanglier, பசுவின்பல் dent de vache, நாகம் serpent, கொக்கு héron. 20° நங்கையர்கழுத்து cou des femmes; —ச்சிப்பி huître à perles, mère-perle; —ச்சிப்பிப்பார் banc d'huîtres à perles; —ச்சிப்பிப்பார்முறைச்சோதனை inspection des bancs d'huîtres à perles (avant de déterminer la pêche); —ச்சிவிகை, —பல்லக்கு palanquin orné de perles; —ச்சுண்ணாம்பு chaux de perles (que les rois mangent avec leur bétel par luxe); —ச்சோளம் houque ou sorgho à grains de perles, i. e. le maïs ou blé de Turquie, holcus sorghum; — த்தாவழிகள் spécimens de perles: — த்தாழ்வடம் guirlande —, collier de perles; — ப்பல் dent blanche comme une perle; — ப்புறப்படுகிறது la petite vérole sortir, — paraitre; — பால்கொண்டிருக்கிறது la petite vérole suppurer; — மாதளை grenadier dont les grains ressemblent aux perles; — மாலை guirlande —, enfilade de perles; — வடம் collier —, guirlande de perles, espèce de toile; — வர்ணச்சேலை toile de couleur de perles; — வெள்ளை blanc de céruse; வேலைமுத்தோ பிள்ளைமுத்தோ que préférez-vous le travail ou votre enfant? ou bien votre enfant ou son travail?

முத்துருவி, (முத்து, உருவி), espèce de pendans d'oreilles à l'usage des femmes.

முத்தெறிகிறது, (முத்து, எறிகிறது), la petite vérole attaquer —, prendre quelqu'un.

முத்தை, 1° poignée de riz cuit, balle, boule, masse, — informe. 2° acc. de முத்து. 3°* (mougdâ), jeune fille aimable, fille ou femme très-sotte. 4° (mouktâ), perle: கலி — boulette ou masse de bouillie de millet ou autres grains; வெண்ணெய் — boule de beurre.

முத்தையன், (முத்து. ஐ). celui qui fut beau comme une perle. Soupramanien.

முத்தொகைவிதி, (மு, தொகை), règle de trois.

முத்தொழிலோர், (மு, தொழில்), ceux qui s'occupent de 3 métiers: l'agriculture, le commerce et la garde des bestiaux, ce sont les Vaïsyas, la 3me caste de l'Inde.

முத்தொழில், (id.), 1° les 3 emplois ou opérations de la divinité, i. e. créer, conserver et détruire: முத்தொழிற்பகவன் le Dieu aux 3 opérations, le Dieu suprême, le vrai Dieu. 2° les 3 emplois des வைசியர் dits முத்தொழிலோர்.

முத்தொள்ளாயிரம், (மு), nom d'un poëme, *litt.* les 3 neuf cents.

முத்தோஷம், (*id.*). les 3 mauvais symptômes, ou 3 espèces de maladies dites முப்பிணி.

முந்த, *inf. de* முந்துகிறது, *ou* முந்தமுந்த, d'abord, premièrement, en 1er lieu, auparavant, avant tout: உன்கைமுந்தவேண்டாம் que la main ne soit pas la 1re (en quelque chose que ce soit), ne t'avance pas témérairement, ou n'agis pas avant de réfléchir.

முந்தல், *opt. et n. v. du même*, commencement, devant, avance, dévancer, cap, promontoire, bout, extrémité, pointe, carrefour ou 3 routes se réunissent.

முந்தன், (முந்துகிறது), ancien, vieillard.

முந்தா, முந்தாத, முந்தாதே, *part. et gér. nég. de* முந்துகிறது: முந்தாதே போ ne va pas devant.

முந்தாணை, *P.* முன்றானை.

முந்தி, 1° *gér. de* முந்துகிறது. *adv. ou* முந்திமுந்தி, avant, — tout, premièrement, d'abord. 2° bord —, extrémité —, pan de vêtement ou de toile; முந்தியிலேமுடிந்தேன் j'ai lié dans le bout de mon vêtement.

முந்திரி, முந்திரிகை, 1° *V.* முந்திரை. 2° acajou, — à noix ou à pommes, anacardium occidentale (différent de l'acajou à meubles et de l'acajou à planches), *ou* கொடி — vigne, treille: கொட்டை — acajou à noix; — க்கொட்டை noix d'acajou (elle croit hors du fruit).

முந்திரை, un trois-cent-vingtième, 1/320, dont la marque est ஹ: முந்திரிக்கேமற்காணி மிகுமேற் கீழ்தன்னை இந்திரனாவெண்ணிவிடும் si un quatre-vintième s'ajoute à un trois cent vingtième qu'il a, le pauvre se croit un Indiren (pour ses richesses).

முந்தின, முந்தினம், *part. de* முந்துகிறது, premier, antérieur, précédent, préalable; — தந்தைதாய் nos premiers père et mère, nos 1ers parens; — நாள் la veille, jour précédent, vigile.

முந்து, 1° héron blanc, trou d'arbre. 2° *imp. et part. du suiv.*: —நாள், —நாற்று, (*P.* நேற்று), avant-hier, l'avant veille.

முந்துகிறது, ந்தேன், துவேன், து,த, *v.n.* (முன்). முந்துதல், *n. v.* ou முந்திக்கொள்ளுகிறது, précéder, dévancer, dépasser, aller —, être devant, aller —, être le premier, avoir la préséance: ஒருத்தனுக்கு முந்திக்கொள்ளுகிறது dépasser —, précéder quelqu'un; முந்திக்கொண்டு தேடுகிறது être le premier à chercher, devancer et chercher; chercher le 1er, ou de bonne heure; —வைக்கிறது mettre avant ou devant, préférer. [priorité, autorité, préséance.

முந்துமை, *n.v. du préc.* avance,

முந்தூறுகிறது, (முந்து, ஊறுகிறது), aller devant, précéder, dévan[cer.

முந்தூழ், bambou.

முந்தை, (முன்), l'antiquité, ancienneté. 2° *sync. de* முன்றந்தை, ancêtre, le Seigneur qui est le père, *i.e.* le créateur du genre humain: — நாள் avant hier.

முந்தையோர், (முந்தை), les anciens, les ancètres.

முந்நாழி, (மு, நாழி). 3 nâji, 3 mesures dites படி, 3 milles indiens.

முந்நீர், (*id.* நீர்), la triple eau; *i.e.* la mer, (qui contient 3 espèces d'eau, l'eau de pluie, l'eau de rivière et l'eau de l'abime, et à laquelle on attribue 3 qualités: celles de produire, de conserver et de detruire.

முந்நூல், (*id.* நூல்), le triple cordon bramanique dit பூணூல், les 3 sciences ou 3 parties de la littérature sacrée des Indous dites முதனூல், வழிநூல் et சார்புநூல், *V.* நூல்-ல.

முந்நூறு, (*id.* நூறு), trois cents: முந்நூறாம் trois centième: முந்நூற்றொன்று 301; முந்நூற்றுப்பத்து 310. [montant, compte.

முபலகு, (*arabe*), total, somme,

முபாதலா, (*id.*), avances, argent avancé, échange, troc.

முப்பகை, (*id.*), les 3 ennemis du salut, *V.* பகை-ல *et* குற்றம்-ல.

முப்பது. (முப்பத்து), trente. முப்பதாம் trentième; முப்பதாவது trentièmement; முப்பத்தொன்று 31, முப்பத்துமூன்று 33.

முப்பலை, (*id.* பலை), les 3 fruits médicinaux ou les 3 myrobolans nommés கடுக்காய், நெல்லிக்காய், தான்றிக்காய்.

முப்பழம், (*id.*), les 3 principaux fruits, *i.e.* வாழை ou கதலி la banane, மா la mangue, பலா le fruit du jaquier: முப்பழமுஞ்சோறும்போடுகிறது servir du riz cuit et des 3 principales espèces de fruits, traiter d'une manière hospitalière.

முப்பா, (மு), les 3 espèces spéciales de vers ou de strophes dites ஆசிரியப்பா, கலிப்பா, வஞ்சிப்பா.

முப்பாட்டன், (*id.*), trisaïeul.

முப்பாட்டி, (*id.*), trisaïeule.

முப்பால், (*id.*), 1° les 3 genres, *i.e.* le masculin ஆண்பால், le féminin பெண்பால், le neutre அலிப்பால் ou plutôt அஃறிணைப்பால், ou, selon d'autres auteurs, le masculin, le féminin et le pluriel de ces deux genres, (car les Indiens distinguent 5 genres dits ஐம்பால்), les 3 sexes, *i.e.* le masculin, le féminin et l'hermaphrodisme. 3° 3 espèces de lait, lait bouilli, lait épaissi par la cuisson, lait réduit en bouillie.

முப்பாவினம், (மு, பா, இனம்), les 3 subdivisions des 4 principales espèces de poésies dites தாழிசை, துறை et விருத்தம். Voyez en l'explication au mot பாவினம்.

முப்பாழ், (*id.* பாழ்), 3 endroits du corps qui sont vides ou sujets aux sortiléges.

முப்பான், (மு), trente.

முப்பிணி, (*id.*), les 3 espèces de maladies ou de tempéramens, *V.* பிணி-ல.

முப்புடி, (*id.*), 3 qualités, *V.* திரிபு[டி.

முப்புடைக்காய், (*id.* புடை), le fruit vert à 3 côtés, *i.e.* le coco.

முப்புரம், (*id.*), la triple ville, les 3 villes, les 3 espèces de villes, *i. e.* villes à rempart de fer,— d'argent, — d'or, *V.* திரிபுரம்.

முப்புரி, (*id.*), 1° la triple ville, 3 villes. 2° triple cordon,— corde (composée de 3 cordonnets): —க்கயிறு,—நூல் triple corde,— cordeau, le triple cordon des brames; —க்கயிறு அறுபடா une triple corde ne casse pas; —நூலோர் ceux qui portent le triple cordon, les brames (surtout).

முப்புள்ளி, (*id.*), 3 points, la lettre ஆய்தம் composée de 3 points, ஃ.

முப்பூரம், (*id.*), les 3 constellations dont le nom commence par பூரம் ou பூர்வம் *la première*, ce sont la 11me dite பூரம் *ou* பூர்வபற்குனி, la 20me பூராடம் *ou* பூர்வாஷாடம், la 25me பூரட்டாதி ou பூர்வபாத்திரபதம்; le nom de celles qui les suivent commence par உத்தரம் *la seconde.*

முப்பேதம்,(*id.*), les 3 différences, *V.* பேதம்-ம. [மும்மூர்த்தி.

முப்பொருள், (*id.*), l'être triple, le

முப்பொறி, (*id.*), les 3 choses requises dans le culte divin, *V.* பொறி-ம. [ம், *P.* முமுட்சுத்துவம்.

முமுடம், முமுட்சு, முமுட்சுத்துவ

*முமுட்சு, (moumoukchou), sage dégagé de toute passion et sentiment humain et qui se prépare au bonheur final, homme désireux du bonheur suprême: —த்துவம் renoncement à tout attachement humain, désir du paradis.

*முமூர்ஷு, (moumoûrchou), homme désireux de mourir.

*முமூர்ஷை, (moumoûrchâ), désir de la mort, dégoût de la vie.

மும்மடங்கு, (மு, மடங்கு), le triple, 3 fois autant: மும்மடங்கான triple; மும்மடங்காக்குகிறது tripler; —பெரிது 3 fois plus grand.

மும்மடி, (*id.* மடி), le triple, 3 parts, 3 de chaque espèce, 3 ensemble: மும்மடியான triple; மும்மடியாக்குகிறது tripler; மும்மடியாகு பெயர் triple métaphore, nom triplement métaphorique, ainsi le nom de கார் obscurité, a d'abord été donné aux nuages et à la pluie qui la causent, puis à la saison pluvieuse கார் ou கார்காலம், en 3e lieu au riz qui croît dans cette saison et qu'on nomme கார் *ou* கார்நெல்லு.

மும்மணி, (*id.* மணி), 3 pierres précieuses ou 3 sortes de pierreries: —க்கோவை enfilade de 3 sortes de pierreries, ou triple guirlande de pierreries, le 8e des பிரபந்தம், poëme de 30 stances: 10 d'ஆசிரியம், 10 de வெண்பா et 10 de கலித்துறை de 16 ou 17 syllabes avec la répétition dite அந்தாதி; —மாலை la triple guirlande de pierreries ou la guirlande des 3 sortes de pierreries ou des 3 pierreries, le 30e des பிரபந்தம், poëme de 30 strophes des espèces dites வெண்பா, கலித்துறை et அகவல் avec la répétition dite அந்தாதி.

மும்மண்டலம், (*id.*), 1° les 3 régions des fables indoues: la terre, l'air et le Souvargam ou paradis d'Indiren. 2° *V.* மண்டலம்-ம.

மும்மதக்கோடு, (மு, மதம்), l'arsenic தாலம்பபாஷாணம்.

மும்மதி, (*id.*), 3 mois.

மும்மரம், 1° (*id.*), 3 arbres, arbre triple. 2° *P.* முன்மறம்.

மும்மரிக்கிறது, மித்தேன், மிப்பேன், மி, மிக்க, *v.n.*(மும்மரம்), *et* மும்மரித்தல், *n.v.* s'irriter, s'emporter, mugir, rugir, devenir furieux,— véhément.

மும்மரிப்பு, *n. v. du. préc.* grand bruit, violence, fureur, rugissement.

மும்மலம், (மு, மலம்), les 3 souillures ou mauvaises passions, savoir, ஆணவம் orgueil ou arrogance, மாயை illusion, trouble d'esprit, காமியம் luxure, *V.* முக்குற்றம்.

மும்மீன், (*id.*), 3 poissons, 3 étoiles, la 5me constellation dite மிருகசீரிடம் composée de 3 étoiles.

மும்முரம், *P.* முன்மறம், colère, violence, rage, mugissement.

மும்மூர்த்தி, (மு, மூர்த்தி), *ou* மும்மூர்த்திகள், la triade indienne dite திரிமூர்த்தி, *i.e.* Brama, Vichnou et Siven ou Routtiren, qui sont les 3 principaux dieux des Indous.

மும்மூவர், (*id.*), trois à trois, trois ensemble. [triple, trois à trois.

மும்மூன்று,(*id.*),3 fois 3 ou neuf,

மும்மை, (*id.* மை), les 3 temps, les 3 naissances prétendues, les 3 états d'existence,savoir: உம்மை l'état antérieur, இம்மை l'état présent, மறுமை l'état futur.

முயக்கம், முயக்கு, *n.v. de* முயங்குகிறது, embrassement,copulation, cohabitation.

முயங்குகிறது, ங்கினேன், ங்குவேன், ங்கு, க, *v.a.* முயங்கல், முயங்குதல், *n.v. et* முயங்கிக்கொண்டிருக்கிறது, embrasser, tenir étroitement serré, cohabiter, avoir commerce charnel, vivre emsemble comme personnes mariées, tenir ferme: முயங்கித்திரிகிறவன், —ப்போகிறவன் libertin, débauché,— qui hante les mauvaises personnes.

முயலல், *opt. et n.v. de* முயலுகிறது, effort, application, travail,pratique, habitude.

*முஸலம், *P.* முசலம், pilon.

*முயலாக்கிரம்,(முயலம், அக்கிரம்), tête du pilon; முயலாக்கிரபுத்தி esprit obtus,— pointu comme la tête d'un pilon.

முயலுகிறது *ou* முயல்கிறது, யன்றேன், யலுவேன் *ou* யல்வேன், யலு *ou* யல், யல, *v.n.* முயலுதல்,*n.v.* s'efforcer, travailler, s'appliquer, s'exercer, s'accoutumer, s'habituer, pratiquer, être accoutumé, usuel: கேள்விமுயல் applique-toi à bien écouter (les instructions); அந்தப்பாவத்திலேமுயன்றான் il a pris l'habitude de ce péché; பாவத்திரும்படிக்குமுயலுகிறேன் je fais des efforts pour me délivrer du péche.

முயலே, 1° racine d'une espèce de jonc. 2° *acc. de* முயல். 3° *P.* முயலாய் tu ne t'efforces pas..., 2e *pers. nég. du préc.*

முயல் 1° *P.*முசல்,lièvre, lapin, *V.* முசல். 2° *imp. part. et n.v. de* முயலுகிறது, effort, combat, bataille: முயலின்கூடு nid—, gîte de lièvre, la lune (qui est tachetée comme un lièvre): முயற்களங்கம் taches de lièvre,— de la lune;—கோடு cornes de lièvre, *i.e.* chose imaginaire,— qui n'existe pas, comparaison négative; —செவிக்கள்ளி; l'arbrisseau dit மான்செவிக்கள்ளி; —புல் l'herbe du lièvre,*i.e.*le chiendent,agrostis linearis.

முயல்கிறது, *V.* முயலுகிறது.

முயல்வு, *n.v. du préc. V.* முயற்சி.

முயறல், *n.v. du même.*

முயற்சி, *n. v. de* முயலுகிறது, effort, travail,activité,énergie, fermeté, action, opération, affaire, mouvement, exercice, habitude, pratique, usage,industrie, persévérance, continuation: தெய்வ— opération —, action divine; மனித—effort humain; — பண்ணுகிறது s'efforcer,faire des efforts, exciter, entreprendre; — பண்ணிக்கொண்டிருக்கிறது *ou* கொண்டுதிரிகிறது s'occuper, travailler,être à s'efforcer, se donner beaucoup de mouvement;— யாயிருக்கிறது s'occuper, s'exercer, pratiquer, être actif à,— affairé;— யில்லாதாரிகழ்ச்சியடைவார் les gens sans activité ou les paresseux seront méprisés;—யின்மை manque d'effort, de persévérance, indolence, paresse;—விலக்கு fig.de rhét. qui, après avoir exprimé les efforts que demande une chose,dit qu'elle s'est faite sans effort ou sans peine; அவன்முயற்சிகளி லவனுக்கொன்றும் வாய்க்காது de tous ses efforts aucun ne lui réussit.

முயற்றல், excitation, instigation, *opt. et n.v. de* முயற்றுகிறது.

முயற்றிசை, (முயல், திசை), côté du lièvre, le nord-est (le lièvre est le signe du gardien prétendu de ce côté). [manque de persévérance....

முயற்றின்மை,(முயற்று,இன்மை),

முயற்று,*n.v.imp. et part. du suiv.* excitation, persévérance,exercice.

முயற்றுகிறது, ற்றினேன், ற்றுவேன், ற்று, ற்ற,*v. caus. de* முயலுகிறது, pousser, exciter, exercer, faire persévérer.

முயன்று, *gér. de* முயலுகிறது.

முயிறு, *gén.* முயிற்றின், grosse fourmi rouge dite முசிறு.

*முரகன், (முரன், han *tuer*), le meurtrier de Mouren, *i.e.* Vichnou.

*முரசம், (mouradja), tambour (grand ou petit), instrument de musique en général: —முரசகேதனன், —கொடியோன் celui dont la bannière porte l'image d'un tambour, Dharmarâdja l'aîné des Pândavers; —பலம் le fruit qui est gros comme un tambour, *i. e.* le fruit du jaquier.

முரசன், முரசோன், (முரசு), qui a un tambour, (à la fin des mots composés).

முரசு, 1° (முரசம்), instrument de musique, grosse caisse, gros —, tambour, (c'est un des insignes de la royauté dits இராசசின்னம், et une des 8 choses prospères dites அட்டமங்கலம். 2° la 26° constellation dite உத்தராட்டாதி figurée par une conque, gencive: முரசறைகிறது publier au son du tambour, *ou* முரசிடுகிறது, முரசடிக்கிறது, —வாசிக்கிறது battre le tambour, tambouriner.

*முரசை, 1° (mouradjâ), gros tambour, la femme de குபேரன். 2° *acc. du préc.*

முரடன், (முரடு), homme rude, grossier, incivil, rustique, revêche.

முரடு, *gén.* முரட்டின், *obl.* முரட்டு, jointure —, articulation du corps, bosse, nœud, — d'arbre, rudesse, inégalité, manque de poli, chose raboteuse, grossièreté, obstination: முரடாயிருக்கிறது être noueux, — plein de nœuds, raboteux, rude, inégal, non poli; முரடாயிருக்கிற ஓலை feuille de palmier ou ole raboteuse.

முரட்கை, l'espèce de vers dits [விப்பா.

முரட்டாட்டம், (முரட்டு, ஆட்டம்), rudesse, incivilité, rusticité, grossièreté: —பண்ணுகிறது agir en homme grossier, incivil, entêté, opiniâtre.

முரட்டாள், (*id.* ஆள்), personne grossière, incivile, revêche.

முரட்டிருதயத்தான், (*id.* இருதயம்), qui a le cœur dur, la volonté revêche, caractère bourru.

முரட்டு, *obl. de* முரடு, rude, dur, grossier, opiniâtre, raboteux, inégal, non poli: முரட்டோலை feuille de palmier rude, inégale; —க்கழுத்து tête dure, insubordination, caractère opiniâtre; —க்கழுத்துள்ள opiniâtre, obstiné, revêche, qui a la tête dure; —த்தனம் incivilité, rudesse, grossièreté, obstination; —த்தடி bâton noueux, — plein de nœuds.

முரணல், *opt. et n.v. de* முரணுகிறது, différence, changement

முரணுகிறது, ணினேன், ணுவேன், ணு *ou* ண், ண, *v.n.* changer, varier, différer, être différent.

முரண், 1° *imp. et part. du préc.* 2° haine, combat, désaccord, discorde, force, opiniâtreté, incompatibilité, antithèse, mot mis en opposition à un autre (comme le soleil et la lune, le jour et la nuit, வெண்மலர்க்கருவண்டு fleur blanche et scarabée noir), antithèse soit dans les mots ou dans le sens entre un vers et un autre: —அந்தாதி antithèse entre la fin d'un vers et le commencement du suivant; —படுகிறது différer, varier, être changé, en désaccord, faire antithèse; — மொழி antithèse de mots; —விளைந்தழிவணி, (விளைந்து, அழிவு, அணி), espèce de fig. de rhét. qui montre l'opposition qui paraît et disparaît de plus en plus entre 2 qualités qui sont dans le même objet et qui ne sont ni cause ni effet; —விரோதச்சிலேடை antithèse dans les vers qui donne lieu à l'ambiguïté; முரணிற்றோன்றல்விலக்கு, (முரணில், தோன்றல்), fig. de rhét. qui montre que bien que telles et telles choses aient de l'opposition pour tel objet, l'opposition vient surtout de telle chose.

முரண்டல், *opt. et n.v. de* முரண்டு

ஒறுது, opposition, résistance, obstination, insubordination:—ஆயிருக்கிறது être opposé, obstiné, revêche, intraitable, résister, empêcher.

முரண்டன், (முரண்டு), obstiné, entêté, emporté, impatient.

முரண்டு, — த்தனம், résistance, opposition, insubordination, perversité, obstination, entêtement, changement, tergiversation: முரண்டடிக்கிறது, முரண்டுபண்ணுகிறது s'opposer, résister, être revêche, insubordonné, d'avis différent, s'obstiner, s'entêter, empêcher.

முரண்டுகிறது, டினேன், டுவேன், டு, ட, v.n. முரண்டுதல், n.v. (முரண்), et முரண்டுக்கொண்டிருக்கிறது, s'opposer, résister, s'obstiner, s'entêter, être intraitable, revêche, être embrouillé, embarrassé: முரண்டவைக்கிறது mettre pour s'opposer, enfoncer, agrafer, accrocher à.

முரண்டொடை, (முரண், தொடை), antithèse dans les vers soit dans le sens soit dans les mots.

*முரதம், (mourada), V. பாஞ்சசன்னியம்.

*முரந்தலை, முரலை, (mourandalâ, mouralâ), le fleuve நருமதை ou Nerboudda. [boutons à la figure.

*முரமண்டம், (mouramanda),

*முரம், (moura), entourer.

முரம்பு, saline, crique, petit bras de mer, monceau de pierres, monticule, —de roches, de sable, ou de gravier, roche.

முரலல், opt. et n. v. de முரலுகிறது, retentissement, bruit, — confus de voix...

*முரளி, (mourali), flûte, chalumeau: —தரன் celui qui porte une flûte, Krichna.

முரலுகிறது, ou முரல்கிறது, ரன்றேன், ரலுவேன் ou ரல்வேன், ரலு ou ரல், ரல, v.n. résonner, retentir, faire du bruit.

முரல், 1° imp. et part. du préc. 2° ou —மீன் l'aiguille, espèce de poisson.

முரல்வு, n.v. de முரலுகிறது, bruit retentissement, son intérieur, — au dedans d'une chose.

*முரளி, 1° P. முரளி, flûte, chalumeau. 2° petite flûte dont on joue par le nez, chalumeau fait de bambou.

முரற்றுகிறது, ற்றினேன், ற்று வேன், ற்று, ற்ற, v.a. de முரலுகிறது முரற்றல், முரற்றுதல், n.v. sonner, faire retentir, — résonner, || v.n. retentir, faire du bruit.

*முரன், (moura), Mouren, géant ou daïtya, i.e. அசுரன் tué par Vichnou. [de Mouren, i.e. Vichnou.

*முராரி, (முரன், அரி), l'ennemi

முரிகிறது, ரிந்தேன், ரிவேன், ரி, ரிய, v.n. முரிகுதல், முரிதல், n.v. se briser, se casser, se rompre, être mis en pièces, périr, se perdre, être gâté, ruiné, vaincu, défait, mis en déroute.

முரிக்கிறது, ரித்தேன், ரிப்பேன், ரி, ரிக்க, v.a. du préc. முரித்தல், n.v. briser, casser, rompre, mettre en pièces, détruire, perdre, gâter, ruiner, vaincre, mettre en déroute; முரித்துக் கொள்ளுகிறது vaincre et —, dépouiller, gâter.

முரிப்பு, n.v. du préc. brèche, rupture, fracture, brisement (par une force extérieure), bosse des bœufs indiens.

முரியல், opt. et n.v. de முரிகிறது, chose brisée, cassée, ou

முரிவு, n.v. du même, brisement, — de soi-même, rupture, pli, fraude.

முருகன், (முருகு), jeune homme, cadet, le fils cadet de Siven, dit Koumaren ou Soupramanien, (l'aîné est Poulléyar), énergumène, sacrificateur ou pousâri possédé de Soupramanien ou du démon. [gnards.

முருகியம், tambour des monta-

முருகு, l'arbre odoriférant dit அகில் ou Agalloche, beauté, tendreté, âge tendre, jeunesse, le fils cadet de Siven dit முருகன், énergumène, sacrificateur possédé de Mourouguen ou du diable, élévation, hauteur, miel, callou ou toddi, fête, odeur, citronnier, petit bijou qu'on met au haut de l'oreille: — சுருக்குத்து

றிறது percer l'oreille pour y mettre le bijou susdit.

முருகேசன்,(முருகன்,ஈசன்),Mourouguen ou Soupramanien. [tuf.

முருகை, (முருகு), pierre tendre,

முருக்கம், adj. de முருக்கு, d'érythrine:— பூ fleur d'érythrine (elle est rouge et jolie); — காய் son fruit.

முருக்கம், opt.et n.v. de முருக்குகிறது, destruction,meurtre,fusion,— des métaux.

முருக்கு, 1° citronnier,citrus,érythrine,érythrina indica.2° imp.part. et n.v.de முருக்குகிறது,V.முருக்கம்.

முருக்குகிறது, sync. முருக்கிறது, க்கினேன்,க்குவேன்,க்கு,க்க, v. a.de முருங்குகிறது. முருக்குதல்,n. v. détruire, tuer, faire—, fondre,dissoudre.

முருங்குகிறது, sync. முருங்கிறது, கினேன்,குவேன்,கு,க,v.n. de முருக்குகிறது et முருங்கல்,முருங்குதல், n. v.périr, être détruit, se dissoudre, se fondre, être dissout, fondu.

முருங்கை,1° ben ou moringe,hyperanthera moringa,arbre qui porte de longues gousses dont on mange l'intérieur. 2° P. முருங்காய், tu ne péris pas... nég. de முருங்குகிறது: கொடி —,V.புனல்முருங்கை;—க்காய் gousse encore tendre de moringe; —க்கீரை feuilles de moringe qui servent d'herbes potagères et qu'on mange bouillies; — ப்பட்டை son écorce;— ப்பூ sa fleur; — யிலை sa feuille employée comme remède; — வேர் sa racine qui a le goût piquant du raifort sauvage; நான்பிடித்தது—க்கொம்பல்ல, புளியங்கொம்பு ce n'est pas une branche (faible) de moringe que j'ai saisie,mais une branche (forte) de tamarinier, i. e. j'ai pris un fort appui,un puissant protecteur.

முருடர்,(முருடு), chasseurs ou வேடர், sauvages des forêts (qui se servent de l'instrument de musique dit முருடு).

முருடு, instrument de musique, tambour (en général),grosses tenailles, trone d'arbre, bois à brûler.

முருத்தம், முருந்து, la partie tendre et intérieure —, le bas d'une plume,jeune pousse de palmier encors blanche, blancheur.

*முர்முரன், (mourmoura),un des chevaux fabuleux du soleil,Kâmen.

முருளி, l'arbrisseau épineux கள்ளிமுள்ளுசெடி.

முலுமுலு, son —, mot imitatif du bourdonnement des mouches etc..., du bruit d'une dispute...:—வென்கிறது, ou முலுமுலுவென்கிறது bourdonner,faire du bruit en disputant,

முலாம்,(ind.), dorure, argenture, couche—, placage d'or ou d'argent: —பண்ணுகிறது, — பூசுகிறது dorer, argenter, couvrir de feuilles d'or ou d'argent, plaquer, — d'or ou d'argent: — பொன்முலாத்தகடு feuille d'or pour dorer, plaque dorée.

முலை, mamelle (d'homme ou de femme):—குடிக்கிறது teter;—க்கச்சு petit corset (qui couvre ou renferme les mamelles); —க்கட்டு petit corset, furoncle —, ulcère à la mamelle;—க்கண், — க்காம்பு mamelon,teton,bout de la mamelle; —க்கால் bézoard; —க்குத்து douleur perçante—,élancement au sein;—க்கிளைநம் mamelon;—க்கிரந்தி ulcère à la mamelle;— சுரக்கிறது le lait couler,—venir,donner du lait; —த்தாய் nourrice;—ப்பாலி, V. புற்றும்பழம்; —ப்பால் lait de femme,litt.lait de la mamelle, lait de sa mère ou de sa nourrice; — மறக்கப்பண்ணுகிறது sevrer,litt.faire oublier la mamelle; —மறந்தபிள்ளை enfant sevré;—மார்பு le sein, poitrine;— முகம் mamelon, teton;— யுண்கிறது teter;— யுண்குழந்தை,— யுண்கிறகுழந்தை enfant qui tette, —à la mamelle.

முல்லா, (ind.), Moulla, docteur Mahométan.

முல்லை, pays de forêts, —de bois, forêt et lieux environnans, une des 5 espèces de terrains dites ஐந்திணை,

air, mélodie,— propre aux pays de forêts, jasmin sauvage, jasminum angustifolium, regrets, chasteté, victoire, *ou* —க்கொடி l'arbrisseau grimpant dit jasminum trichotomum, sorte d'arbre, une des 5 flèches de Kâmen (c'est la fleur de l'arbrisseau susdit):—க்கானியாறு rivière de forêts, qui a sa source dans les forêts; —க்கருப்பொருள்,—த்திணை *ou* —நிலக்கருப்பொருள்-வகை propriétés ou productions d'un pays de forêts (selon les Indous), au nombre de 14, savoir: 1° —த்தெய்வம் le dieu prétendu des pays de forêts, *i.e.* Vichnou ou Krichna. 2° —த்தலைவர் le chef d'un pays de forêts nommé குறும்பொறைநாடன், தோன்றல், அண்ணல் ou கானகநாடன் et sa femme முல்லைத்தலைவி ou கிழத்தி. 3° —க்குடிகள்,—நிலமாக்கள் habitans des forêts, ce sont les bergers nommés இடையர், ஆயர் et leurs femmes nommées முல்லைநிலப்பெண்கள், இடைச்சியர் et ஆய்ச்சியர். 4° —நிலப்புள் oiseau des forêts, c'est la poule sauvage காட்டுக்கோழி. 5° —நிலமிருகம் animaux des forêts, c'est le cerf et le lièvre. 6° —நிலத்தூர் bourg des pays de forêts nommé பாடி. 7° நிலநீர் eau des forêts, qui consiste en குறுஞ்சுனை petits étangs et கானியாறு rivières des forêts. 8° —நிலப்பூக்கள் fleurs des forêts, ce sont les fleurs des arbres suivans. 9° —நிலமரம் arbres et plantes des forêts, savoir: துளசி basilic, முல்லை le jasmin trichotomum, la plante காந்தள் gloriosa superba, கொன்றை l'arbrisseau cassia, l'arbre dit காயா ou le roseau saccharum spontaneum, குருந்து l'arbre trichilia spinosa et autres. 10°— நிலவுணவு,—நிலப்பயிர் nourriture—, moissons des pays de forêts, ce sont les grains dits வரகு paspalum frumentaceum, சாமை le millet panicum, காராமணி la plante légumineuse dolichos catiang, பயறு pois. 11°—நிலப்பறை tambour des pays de forêts dit பம்பை, ஏறுகோட்பறை. 12° —நிலப்பண் air—, mélodie propre aux pays de forêts. 13° —நிலயாழ்,— யாழ் luth propre aux pays de forêts et nommé சாதாரி. 14° —நிலமாக்கட்டொழில், (மாக்கள்தொழில்), occupations des habitans des pays de forêts; elles consistent à semer, sarcler et moissonner le சாமை et le வரகு, à les battre en les faisant fouler aux pieds des buffles, à jouer de la flûte de cassia dite கொன்றையங்குழல், à faire paître les vaches et autre bétail, à saisir un taureau, à danser en se tenant par la main et enchantant le குரவை, et à se baigner dans les rivières de forêts; —த்திணை choses propres aux pays de forêts, *V.* முல்லைக்கருப்பொருள்; — நிலம் pays de forêts;—ப்புறம் *ou* இல்லாண்முல்லை regret qu'éprouve, au sujet de sa femme, un mari éloigné par discorde ou pour le service militaire;—முதற்பொருள் choses principales des pays de forêts, savoir: forêts et pays attenans aux forêts, la saison du labourage dite கார்காலம், et la partie du jour dite மாலை de 6 à 10 heures du soir: — யுரிப்பொருள் la partie de l'உரிப்பொருள் qui se rapporte aux pays de forêts.

முல்லையங்குழல், (முல்லை, அம்), flûte des forêts, — ou chalumeau de bergers.

முல்லையர், (முல்லை), les gens qui vivent dans les forêts, *i.e.* les pâtres, bergers ou இடையர்.

முல்வயன், முல்வாயன், *P.* முன்வாயன். [பலபாஷாணம்.

முவலம், l'arsenic naturel dit அவு

முழக்கம், முழக்கல், (முழங்குகிறது), retentissement, bruit (du tonnerre, des tambours et instrumens de musique), mugissement des vagues: — ஆய்க்கிடக்கிறது résonner, mugir, retentir. [*V* முழக்கம்.

முழக்கு, *imp. part. et n.v. du suiv.*,

முழக்குகிறது, *sync.* முழக்கிறது, க்கினேன், க்குவேன், க்கு, க். *v.a.* de மு

ழுங்குகிறது, *et* முழக்குதல், *n.v.* faire résonner, — retentir, battre le tambour..., jouer des instrumens de musique...; முழக்கச்சொல்லுகிறது ordonner de faire retentir les instrumens de musique.

முழங்கல், *opt. et n.v. de* முழங்குகிறது, retentissement, bruit, mugissement.

முழங்கால், (முழம்), genou, jambe (du genou au coude-pied): முழங்காலிலிருக்கிறது, முழங்காலினிற்கிறது, முழங்காற்படியிட்டிருக்கிறது se tenir —, être à genoux; முழங்காற்படியிடுகிறது s'agenouiller, se mettre à genoux faire la génuflexion; முழங்கால்களைமுடக்குகிறது plier les genoux; முழங்காலிலுருளை, முழங்காற்சில்லு, —சிரட்டை rotule du genou; முழங்கால்மட்டும் jusqu'au genou.

முழங்குகிறது, *sync.* முழங்கிறது, கினேன், குவேன், கு, க, *v.n. de* முழக்குகிறது, *et* முழங்குதல், *n.v.* résonner, retentir, mugir (la mer...), gronder (le tonnerre...,); சங்கீதம்— le chant des hymnes être accompagné du bruit des instrumens de musique; முழங்கிக்கொண்டிருக்கிறது être à resonner, continuer de retentir ou retentir souvent.

முழங்கை, 1° (முழம்), coude, le bras du coude au poignet. 2° *P.* முழங்காய் tu ne résonnes pas, 2ᵉ *pers. nég. de* முழங்குகிறது: —கோணினுல்முன்கைகோணும் si le coude plie l'avant-bras pliera aussi, si le chef faiblit, le reste faiblira aussi.

முழஞ்சு, *P.* முழைஞ்சு.

முழந்தாள், (முழம்), genou: முழந்தாட்சில் rotule du genou; முழந்தாட்படியிடுகிறது s'agenouiller, faire la génuflexion; முழந்தாட்கச்சு jarretière; முழந்தாள்களையுமுள்ளங்கைகளையுமாற்றிமாற்றியூன்றிக்கொண்டுநடக்கிறது se trainer sur les genoux et sur la paume des mains.

முழந்து, genou.

முழம், coudée, longueur du bout du coude à l'extrémité du doigt du milieu, longueur. La coudée, contient 2 empans ou சாண், 2 coudées font 1 கசம் ou குறுங்கோல், un yard ou une aune. Au bazard la coudée vaut 457 millimètres ou 1 1/2 pied anglais: —இடுகிறது, —போடுகிறது mesurer à la coudée, —avec le bras; வெறுங்கை—இடாது le bras seul ne peut mesurer une coudée, (l'instrument ne suffit pas, il faut encore la matière); புடவைக்கு—இல்லை la toile n'est pas longue; முழக்கட்டை défaut de longueur ou de largeur; முழக்கோல், —க்கம்பு bâton—, mesure d'une coudée (dont se servent les charpentiers... pour mesurer; —ப்புடவை longue toile; நெடுமுழம் longue toile, *V. au mot* நெடு.

முழல், l'arbrisseau கழற்கொடி.

முழவம், (முழா), tambourin, —arrondi d'un côté, tambour.

முழவு, (*id.*), tambour (en général): — மேளம் timbale: முழவின்மாக்கசனை composition noire qu'on frotte sur le milieu d'un tambourin pour en augmenter le son, courroie qui en lie la peau, terre.

முழா, tambour.

முழாசுகிறது, சினேன், சுவேன், சு, ச, *v.n.* முழாசுதல், *n.v.* flamber, flamboyer.

முழாவுசால், dernier sillon.

முழாள், (முழு, ஆள்), parfait —, bon ouvrier, homme fort, — robuste, qui fait entièrement la journée d'un homme de travail, (ceux qui ne sont capables que d'en faire un quart, la moitié, les 3 quarts, s'appellent காலாள், அரையாள், et முக்காலாள்.)

முழி, 1° jointure. 2° *P.* விழி, prunelle de l'œil: முழிக்கிறது, முழிப்பு, முழி பாட்டம், *V.* விழிக்கிறது...

முழு, *adj. de* முழுமை, tout, entier, complet: —க்காய் fruit entier, —presque mûr; —க்கூறு toutes les portions, le tout, part entière; —ச்சவரம், —ச்சௌரம் action de raser tout le corps (de la tête aux pieds); —ச்சாயம் teinture entière, foncée, solide; —த்தேங்காய் coco entier, non cassé;—நாள் jour entier,constellation entière,— lunaire qui ne se partage pas entre 2 signes du zodiaque;—நோக்கு aspect complet—, apparence entière d'un astre; —ப் பாக்கு noix d'arec entière;—ப்பாய் சுருட்டி escroc qui roule et emporte une natte entière, filou achevé, (allusion au géant Hiranyakchen qui,au dire de la fable, roula la terre comme une natte et décampa; —ப்புரட்டுப்பண்ணுகிறது bouleverser tout,faire une supercherie complète, tromper complètement;—ப்புரட்டாயிருக்கிறது n'être que tromperie, être plein de ruses, de tromperies;—மகன் homme tout grossier, complètement ignorant, sans instruction ni éducation;—மதி pleine lune;—மனசாய்,—மனதோடே de tout cœur, bien volontiers; —மனசாயிருக்கிறது être tout disposé ou déterminé à,— de tout cœur; —முதல் principe absolu de tout, i.e. Dieu;—முற்றும் tout absolument,— entièrement;—வட்டம் cercle entier, victoire;—வாரி le tout;—வெலும்பு (எலும்பு), os entier, os décharné, épine dorsale.

முழுகல், opt. et n.v. du suiv. bain, — entier, plongeon, disparition.

முழுகுகிறது, sync. முழுகிறது, கினேன், குவேன், கு, க, v.n. முழுகுதல், n.v. faire le bain, se baigner, se laver, prendre un bain entier, se laver tout le corps en se versant de l'eau sur la tête,une femme se baigner ainsi après ses règles ou ses couches, plonger,se plonger—, enfoncer entièrement dans l'eau...,se cacher, disparaître: அவள்முழுகவில்லை elle ne s'est pas baignée, ou ne se baigne pas, (se dit d'une femme dont les règles ont cessé par l'âge, la grossesse ou la maladie); பணமுழுகிப்போயிற்று l'argent a fait le plongeon, est perdu irrévocablement.

முழுகுவிக்கிறது, v. caus. du préc. plonger, faire faire le bain...

முழுக்காளி,(முழுக்கு, ஆளி),plongeur (à la pêche des perles).

முழுக்கிறது, முத்தேன்,முப்பேன், மு, முக்க, v.n. devenir—,être entier,— plein: முழுக்க, inf. entièrement; முழுக்கக்கொடுக்கிறது donner totalement,— le tout.

முழுக்கு, n.v. de முழுகுதல், bain, — entier,— de tout le corps: முழுக்காடுகிறது se baigner, se laver, prendre un bain entier, se plonger; முழுக்காட்டு, (ஆட்டு), bain,— entier; முழுக்காட்டுகிறது, (id.) v. a. முழுக்காட்டல், முழுக்காட்டுதல், n. v. baigner quelqu'un, assister au bain, aider à se baigner, plonger.

முழுங்குகிறது, P. விழுங்குகிறது, dévorer, avaler gloutonnement, absorber.

முழுது, முழுதும், P. முழுவதும், ce qui est entier,tout, le tout, entièrement: முழுதாய் totalement, entièrement;முழுதும்கெட்டான் il est entièrement ruiné,— perdu;—கொடுக்கிறது donner entièrement, — le tout;—கொடாதே, ne donne pas tout, ne donne rien absolument;—வாங்குகிறது prendre—, recevoir entièrement,— le tout; முழுதொருங்குணர்ந்தோன், (உணர்ந்), celui qui connaît ou voit tout en même temps, i.e. Dieu,(les païens l'appliquent chacun à son dieu, v. g. à) Arouguen, Siven.

முழுத்சுரம்,(முழுக்கிறது,சுரம்), espèce de fièvre, de maladie.

முழுத்தம், P. முகூர்த்தம், heure astrologique favorable.

முழுத்தல், 1° n.v. de முழுக்கிறது. 2° n.v. de

முழுத்துகிறது, த்தினேன், த்துவேன், த்து, த்த, v.a. de முழுகுகிறது, plonger —,enfoncer dans l'eau, noyer, baigner.

முழுமை, முழுமை, முழுமையும், முழுவதும்,முழுவதுமாம்,(முழு), la totalité, tout, le tout, entièrement. முழுவதுஞ்சேறல்விலக்கு espèce de fig. de rhét.qui après avoir dit une chose d'un objet, déclare que cela s'applique à bien d'autres objets que celui dont on parle.

முழை, palette, pelle, spatule (pour remuer...), lieu, ou [tagne.

முழைஞ்சு, caverne, — de mon-

முழற்றுச்சொல், langage informe, — non écrit, — sans caractères d'écriture, son inarticulé qu'on ne peut [écrire.

முழைஞ்சர், P. மிலேச்சர்.

முளகு, P. மிளகு.

முளரி, 1° bois à brûler, bois pour un sacrifice, feu, brandon, tison, météore, étoile tombante, forêt, nénuphar, subtilité. 2° (முள்), arbrisseau épineux.

முளவு, (முள்), porc-épic.

முளா, radis, raifort.

முளி, 1° articulation, jointure du corps, nœud des arbres et des plantes. 2° *imp. et part. de* முளிக்கிறது: —பிசகுகிறது se disloquer, sortir de sa jointure, se donner une entorse; — பிசகிப்போனவன் celui qui s'est démis ou foulé un membre, qui s'est donné un entorse.

முளிக்கிறது, முளித்தேன், முளிப்பேன், முளி, முளிக்க, *v.a. et n.* முளித்தல், *n. v.* sécher, brûler, rôtir, se dessécher, devenir aride.

முளை, *n. v. imp. et part. de* முளைக்கிறது, germe, 1re pousse d'une plante hors de terre, rejeton, pousse, germination, fils, pieu, piquet, poteau, massue, cheville, coin, gond de porte, gâche de serrure, de cadenas, germe—, racine de furoncle, bambou, poinçon ou coin (pour battre monnaie), empreinte de la monnaie, bobine ou fuseau sur lequel se roule le fil: —கட்டுகிறது mettre germer, — germer des grains humides dans une corbeille soit pour les manger soit pour les semer; —கட்டிவிதைக்கிறது semer des grains qu'on a mis ainsi germer; —க்கீரை espèce d'herbes potagères tendres, herbes potagères qui ne font que germer; —க்கடைக்க, —க்கடைக்குச்சு épingle, cheville; —க்கொட்டு battement de mains en l'honneur du germe, danse de femmes de cultivateurs en frappant des mains, par jeu ou par cérémonie, autour d'un vase rempli de terre, dans laquelle en signe de bonne récolte on sème du grain qu'on a mis germer; —த்தாழ்வு manque dans la germination, dans la pousse; —தெளிக்கிறது. —விதைக்கிறது semer du grain qu'on a mis germer; —ப்பாலிகை, *V.* அங்குராற்பணம்; —யடிக்கிறது enfoncer un pieu, une cheville, battre monnaie; அதப்படி முளைத்தகோலமாய் இருக்கிறது — யடித்தான் il a déterminé ou arrêté qu'il fallait que cela fût ainsi; —யாணி gond de porte; —யுருவுகிறது, —வருகிறது le germe percer, — venir, — commencer à sortir de terre; விளையும்பயிர்முளையிலேதெரியும் la nature de la plante se connaît dans le germe, les dispositions d'un enfant pronostiquent ce qu'il sera homme fait.

முளைக்கிறது, முளைத்தேன், முளைப்பேன், முளை, முளைக்க, *v.n.* (முளை), germer, pousser, sortir de terre, apparaître, se montrer: நீயுமுளைத்தாயோ toi aussi as-tu commencé à paraitre?

முளைக்கல், முளைக்குதல், முளைக்கை, முளைத்தல், முளைப்பு, *n.v. du préc.* germination, pousse, apparition.

முளையான், (முளை), enfant, poupon.

முள், *pl.* முட்கள் *ou* முள்க்கள், petitesse, subtilité, *V.* முள்ளு, (dans les composés ள் se change en ட் devant க, ச, த, ப, et en ண் devant ம): உடை— épine qui se casse, acacia, — à épines creuses; முள்காக்கிறது rester muet, garder le silence; —ச்செவு, *V.* முட்செவு; —த்துறடு, —த்தொரடு crochet pour prendre ou pour pendre de la viande; —முடி couronne d'épine; —வாள் scie; —வலையன், —வாயன் espèce de cariah ou termite dit கறையான்; —வேல் acacia à épines solides. [டி.

முள்ளம்பத்தி, *V.* முள்ளாம்பந்தி

முள்ளங்கி, —க்கிழங்கு, raifort, raphanus sativus, radis, rave.

முள்ளந்தண்டு, (முள், அம்), l'épine dorsale, — du dos.

முள்ளம்பன்றி, (id.), porc-épic, hérisson; — முள்ளைச் சிலுப்புகிறது le porc-épic hérisser ses piquans.

முள்ளம்பிலாச்சை, (id.), grenouille de mer.

முள்ளங்கத்தரி, (முள், அம்), la plante solanum insanum.

முள்ளி, (முள்), plante épineuse en général, la plante சிறு முள்ளி solanum indicum, espèce de morelle: —க்காய் son fruit; —வேர் sa racine; —க்கீரை la plante amaranthus spinosus, herbe potagère à piquans; நீர்முள்ளி la plante épineuse barleria longifolia.

முள்வாங்கி, (முள், வாங்குகிறது), pinces pour arracher les épines.

முள்ளிட்டுமுள்ளெடுக்கிறது, (முள், இடுகிறது, எடுக்கிறது), chercher une épine avec une autre épine, tirer une épine par le moyen d'une autre épine.

முள்ளிலவு, (முள், இலவு), l'arbre bombax heptaphyllum, cotonnier épineux.

முள்ளு, pl. முள்ளுகள், P. முள், épine, piquant, épingle, cheville de fer, fourchette, arête de poisson, éperon, pointe, —d'aiguillon, ergot de coq: முள்ளுள்ள épineux, à épines; முள்ளுடைப்பொருள், (உடை), racine —, plante —, chose épineuse. காலிலே —தைக்கிறது une épine s'enfoncer dans le pied; —நாயகம் la reine des épines, espèce de plante rampante épineuse; —போட்டடைக்கிறது boucher —, renfermer avec des épines, faire une haie —, entourer d'épines; —ப்பலா fruit épineux, le fruit du jaquier ou artocarpus integrifolia; —மேற்சேலைபோட்டால் மெள்ளமெள்ளவெடுக்கவேண்டும் si vous mettez une toile sur des épines, il faut l'ôter tout doucement, il faut traiter prudemment une affaire dangereuse; —வாங்கி pinces pour arracher les épines.

முள்ளெடுக்கிறது, (முள்), ôter —, arracher une épine ou des épines.

முள்ளெலி, (id.), rat de haie, de buisson, hérisson. [épine dorsale.

முள்ளெலும்பு, முள்ளெல்லு, (id.).

முறண்டு, P. முரண்டு.

முறடார்சேம், l'arsenic naturel, அயமைப்பாஷாணம்.

முறநனை, P. முறநனை.

முறம், van (pour vanner le grain...), crible, sas, la 16me constellation lunaire dite விசாகம்; முறச்செவி oreille qui ressemble à un van, i.e. oreille d'éléphant, l'animal qui a de telles oreilles, l'éléphant; முறத்தாற்புடைக்கிறது, —தாற்றுகிறது vanner, éventer avec un vent (le grain...) [lage.

முறக்கிச்சிலி, espèce de coquilmurage.

முறி, 1° acte écrit, billet, contrat, — de vente (d'un esclave...), obligation par écrit, engagement d'apprenti, brevet d'apprentissage, esclave, (homme ou femme, m. et f.), esclave qui sert à la maison, feuille, bourgeon, pousse, jet, bronze ou métal blanc de 1re qualité, espèce de toile, morceau. 2° imp. et part. de முறிகிறது. 3° imp. de முறிக்கிறது; முறிகள் les billets..., les esclaves; —கரை rivage en ruine, — qui s'éboule; —கொடுக்கிறது, —எழுதுகிறது donner —, écrire un billet, un contrat, un engagement, une promesse, une convention pénale; —க்கட்டி masse —, lingot de bronze de 1re qualité; —ச்சாசனம், —சீட்டு, —பத்திரம், —பட்டயம் acte de —, contrat, promesse par écrit, billet de convention, —de vente d'esclave.

முறிகிறது, றிந்தேன், றிவேன், றி, றிய, v.n. de முறிக்கிறது ou முறிந்துபோகிறது, se briser, se rompre, (v.g. une branche, une corde...), se casser de soi-même, être brisé, rompu, défait, mis en déroute, être offensé, le lait tourner, se cailler: சேனை முறிந்துபோயிற்று l'armée a été rompue, — a été défaite; —போனபத்தியம் régime enfreint; பத்தியந்தப்பி முறிந்தால் — போம் si on manque au régime prescrit, l'effet du remède sera détruit;—போனபால் lait tourné, caillé; முறிந்தோடிப் போகிறது se rompre et prendre la fuite, être mis en déroute; முறியவடிக்கிறது battre de manière à —, briser, tuer, mettre en fuite; — ப்பேசுகிறது parler d'une manière offensante, —de manière à causer une rupture, insulter; —வெட்டுகிறது battre à plate couture, tailler en pièces et mettre le reste en fuite; இரசக் முறியமருந்தைப்போடுகிறது prendre un remède pour neutraliser le mercure, pour en détruire l'effet.

முறிக்கிறது, ரித்தேன், றிப்பேன், றி, றிக்க, v.a. de முறிகிறது, முறிக்குதல், முறித்தல், n.v. et முறித்துப்போடுகிறது, briser, casser, rompre, enfreindre, neutraliser, offenser, tordre, tortiller: கறை — enlever une tache de dessus une toile ou du papier: முகத்தை —offenser en face, affronter, faire une incivilité.

முறிதல், n.v. de முறிகிறது, rupture; cassure, brisement, offense, se cailler.

முறிச்சல், P. முறித்தல், rupture, brisement, indigence, besoin: எனக்கு — ஆயிருக்கிறது je suis dans le besoin.

முறிச்சி f. (முறி), esclave (fille ou femme), —en vente.

முறிநிமிர்வல், (முறி, நிமிர்), spasmes dans les nerfs de l'épine dorsale.

முறித்தல், முறிப்பு, n.v. de முறிக்கிறது, rupture, cassure, brisement, rupture de l'amitié, désunion: முறிப்பாயிருக்கிறது être désunis, en discorde.

முறிய, inf. de முறிகிறது.

முறியல், n.v. de முறிகிறது, rupture, chose brisée.

முறியன், pl. முறியர், (முறி), esclave, exposé en vente: கஞ்சிமுறியன் esclave de la bouillie, grand mangeur, stupide, benêt.

முறிவு, n.v. de முறிகிறது, rupture, cassure, brèche, infraction.

முறிவெட்டிப்பாசான், espèce d'éponge.

முறுகல், opt. et n.v. du suiv. hâte, vitesse, contorsion.

முறுகுகிறது, sync. முறுகிறது, முறுகினேன், குவேன், கு, க, v.n. se presser, se hâter, se tordre, se tortiller, faire des contorsions, se rôtir, se griller, être brûlé, trop cuit, mûrir, se durcir, sécher, se dessécher, être tourmenté: முறுகுபதம் degré voulu de maturité ou de cuisson.

முறுக்கடிக்கிறது (முறுக்கு, அடிக்கிறது), faire la grimace, montrer de la répugnance aux ordres d'un autre, offenser.

முறுக்கல், opt. et n.v. de முறுக்குகிறது, torsion, pression de vis, friction, torture, effort, colère.

முறுக்கவரை, (முறுக்கு, அவரை), l'espèce de pois dite dolichos tetragonolobus.

முறுக்காணி, (id. ஆணி), vis, clou à vis, cheville ou goupille pour tendre les cordes d'un luth....

முறுக்காற்றுகிறது, (id. ஆற்றுகிறது), détordre un peu —, desserrer ce qui était trop tordu, — trop serré.

முறுக்கிழை, (id. இழை), fil de coton retors, toile de coton rayée.

முறுக்கு, 1° torsion, pression de vis, friction, chose torse, corde, espèce torse de pâtisserie: — க்கொம்பு cornes torses, —tortueuses, gâteau retors. 2° imp. et part. du suiv.: — ப்பணிகாரம் pâtisserie torse ou en forme de corde: — உடைகிறது se détordre, se détortiller; — உடைக்கிறது, — ப்பிரிக்கிறது, — வாங்குகிறது détortiller, détordre, — ce qui est trop tors, ou முறுக்கையாற்றுகிறது, V. முறுக்காற்றுகிறது; இந்தக் கயித்துமுறுக்குப்போராது cette corde n'est pas assez tordue.

முறுக்குகிறது, sync. முறுக்கிறது, க்கினேன், க்குவேன், க்கு, க்க, v.a. de முறுகுகிறது, முறுக்குகை, முறுக்குதல், n.v. tordre, tortiller, tourner la vis, presser, — par le moyen d'une vis, pressurer, torturer, violenter, frotter, frictionner ou masser les pieds, les bras et autres membres pour exciter la circulation du sang),v.n.s'emporter, être colère, — facile à irriter: முறுக்கிப்பிடிக்கிறது frictionner et tenir.

முறுமுறுக்கிறது, —றுத்தேன், —றுப்பேன், —று, —றுக்க, v.n. முறுமுறுத்தல், n.v. murmurer, grommeler, grogner, exprimer sourdement son mécontentement: ஒருத்தன்மேல்—murmurer contre quelqu'un, v.g. un serviteur contre son maître.

முறுமுறுப்பு, n.v. du préc. murmure: முறுமுறுப்பாயிருக்கிறது être à —, murmurer, consister en [murmures.

முறுவஞ்சி, perle.

முறுவலிக்கிறது, —லித்தேன், —லிப்பேன், —லி, —லிக்க, v.n. முறுவலித்தல், n.v. (முறுவல்), rire, sourire. [ris.

முறுவலிப்பு, n.v. du préc. sourire,

முறுவல், dent, sourire, ris, (qui fait montrer les dents).

முறை, ordre, régularité, règle, loi, coutume, usage, bonnes —, mœurs, décence, légalité, légitimité, bon naturel, bonne —, disposition, antiquité, tour, rang, succession, fois, degré de parenté, ou d'affinité, plainte, livre, particule explétive: எத்தனை— combien de fois? நாலு— 4 fois; இப்போதெனக்கு—c'est maintenant mon tour; இரண்டாம் — la seconde fois, le 2e degré de parenté; திரு — livre, la prétendue complainte sacrée, (nom donné par les Sivénistes à un ouvrage de மாணிக்கவாசகர்); —காக்கிறது garder la coutume, monter la garde —, garder à son tour; —காரர் gens qui se relaient, qui font un office tour à tour, ceux dont le tour est venu; —கேடு incongruité, inconvenance, action illégale, inconvenante; —க்காய்ச்சல் fièvre intermittente, — tierce qui revient régulièrement (après un intervalle d'environ 48 heures; —செய்கிறது suivre la règle, vivre régulièrement; —தெரிந்தோன் celui qui connaît la règle, — l'ordre, architecte, Brama; —தெரிபவன் Brama; —நிரனிறை parallélisme régulier, ordre symétrique et régulier des mots; —படுகிறது se plaindre, murmurer contre, trouver à redire; —ப்பாடு plainte, murmure, complainte; —பிறழ்கிறது transgresser une règle, violer les usages; —பிறழ் violation d'une règle, d'un usage... ordre renversé, inversion; —மயக்கு, V. முறைகேடு; —மயக்காய்த்திரிகிறது rôder çà et là d'une manière inconvenante; —மயக்குகிறது, — மயக்குபண்ணுகிறது enfreindre la règle, la coutume, agir d'une manière inconvenante; —மாறுகிறது manquer à la règle, — à l'ordre, se relayer, changer tour à tour; —மயக்கி la plante குப்பைமேனி; இவை நல்ல—யல்ல ces actions ou ces choses sont inconvenantes; இது நல்ல—யன்று cela n'est pas convenable, — pas d'usage; அந்தப்பெண்ணைக்கொள்ளுகிறது— யன்று il n'est pas convenable d'épouser cette femme, c'est illégal, c'est contre la règle ou contre l'usage; —யறிந்து நடக்கிறது se comporter suivant les règles de la bienséance (entre parens...); —யாயிருக்கிறது être à son tour de fonction, de garde..., y être tour à tour, être de règle, — convenable; உடன்பிறந்த —யாயிருக்கிறாள் elle est ma sœur ou censée ma sœur, je la regarde comme ma sœur; —யாக successivement, tour à tour, à son tour; —யிடுகிறது se plaindre, murmurer, trouver à redire; —யிடுதல் plainte, murmure; என்மேலே —யிட்டான் il s'est plaint de moi; —யீடு plainte, murmure: —யில்லாதபாவி personne déréglée —, pécheur qui viole toute décence; —யிலார், —யிலோர் gens sans règle, — sans décence, — vils, ignorans, vauriens; உனக்கும் அவனுக்கும்—யென்ன quel degré de parenté y a-t-il entre vous et lui? —வரிசைதப்புகிறது manquer aux règles de convenance, de parenté, agir inconvenablement; —வைக்கிறது déposer une plainte (en justice...); முறையிலவனெனக்குப்பாட்

டனுசவேண்டும் pour le dégré de parenté il est mon grand-père ou peut être censé mon grand-père; முறையிலுயர்பு நவிற்சியணி fig. de rhét. qui exprime une supériorité irrégulière ou quelque chose d'irrégulier ou de particulier dans la cause ou dans l'effet; முறையிலமைப்பு régularité de méthode, une des 10 beautés d'une composition, citation d'auteurs; முறையினிலைமை, (நிலைமை), stabilité—, institution d'une règle, perpétuité d'un usage, règle; முறைபெறக்கொடு donne avec convenance.

முறைக்கிறது, முறைத்தேன், முறைப்பேன், முறை, முறைக்க, v.a. P. விறைக்கிறது, dresser les oreilles, (v.g. un animal...), se roidir, s'élargir; செருப்புநனைந்து முறைத்துக்கொண்டது les sandales ayant été mouillées, se sont roidies, ou se sont élargies.

முறைத்தல், முறைப்பு, n. v. du préc. roideur, action de dresser les oreilles...

முறைமை, (முறை), ordre, règle, loi, usage, coutume, degré de parenté ou d'affinité.

முற், P. முன், devant, க, ச, த, ப, de devant, antérieur, précédent.

முற்கம், 1° cri du பல்லி ou lézard domestique, son produit avec la langue semblable à ce cri, cri ou signal de vacher, rugissement, mugissement. 2° * (moudga), espèce de pois, phaseolus ou பயறு: —இடுகிறது, —தெறிக்கிறது pousser ce cri, crier comme le lézard susdit, produire le son susdit, rugir, mugir.

*முற்கரம், (moudgara), espèce d'arme, arme, outil, marteau, maillet, bâton garni de fer pour casser les mottes de terres.

முற்களவன், (முன், களவு), l'ancien voleur, Koubèren prétendu dieu des richesses.

முற்கலம், un des 32 உபநிஷதம்.

முற்காலம், (முன்), l'ancien temps, le temps passé, autrefois: முற்காலத்திலிருந்த மகாத்துமாக்கள் les grands personnages d'autrefois, de l'antiquité.

முற்கு, P. முற்கம், cri de lézard, — de vacher, bruit semblable, mugissement.

முற்குளம், (முன்), le 1er réservoir, i.e. la 20me constellation lunaire dite பூராடம், (la 21me se nomme கடைக்குளம் le dernier réservoir).

முற்கூறு, (id.), ancienne—, 1re part, portion précédente, partie antérieure, commencement.

முற்கொழுங்கோல், (id.), la 25me constellation lunaire dite பூரட்டாதி, (ainsi nommée par rapport à la 26me dite பிற்கொழுங்கோல்).

முற்கோபம், (id.) V. முன்கோபம்.

முற்கோபி, (id.), V. முன்கோபி.

முற்சனி, (id.), la 10me constellation dite மகம், la 1re des 3 nommées சனி. [dent, antériorité.

முற்சீர், (id.), état—, pied précé-

முற்சோழகம், (id.), V. தலைச்சோழகம். [முற்பகல்.

முற்பகல், (id.), jour précédent, V.

முற்பக்கம், (id.), le front, partie antérieure. [action de précéder.

முற்படல், (id.), préséance, avance,

முற்படுகிறது, (id.), précéder, s'avancer, aller devant, — de l'avant, —à la rencontre, commencer, entreprendre, se rendre caution.

முற்படை, (id.), avant-garde, 1er corps d'armée.

முற்பவம், (id.), état précédent, existence précédente, naissance antérieure, état précédent (dans une vie antérieure selon le système de la métempsycose).

முற்பழி, (id.), vengeance précédente, punition de crimes antérieurs, — d'une vie antérieure (selon les Indous).

முற்பனி, (id.), saison des 1res —, les 1res rosées (en மார்கழி et தை, i.e. décembre et janvier.

முற்பாதி, (id.), la 1re moitié.

முற்பாகம், (id.), commencement, partie antérieure.

முற்பிறப்பு (*id.*), naissance antérieure (d'après la métempsycose).

முற்புறம், (*id.*), le devant, côté antérieur, frontispice, façade, commencement; முற்புறத்திலே devant, par devant.

முற்ற, et முற்றவும், *inf. de* முற்றுகிறது, *adv.* entièrement, totalement, tout entier, jusqu'au bout: —முடிய entièrement, totalement, jusqu'à la fin jusqu'au bout; —முடிபோராடித் தாக்கிறது se défendre jusqu'au bout, soutenir quelqu'un jusqu'au bout, — tout le temps de sa vie; —அறிவு, —உணர்தல் connaissance entière, —de tout, un des 8 attributs divins dits எண்குணம்.

முற்றம், (முன்), cour devant une maison, corridor d'entrée, vestibule.

முற்றல், *opt. et n. v. de* முற்றுகிறது, fin, terme, ancienneté, vieillesse, ce qui est devenu vieux, —dur, cœur d'arbre, dureté, durcir, maturité, cloture, siége, blocus, courbure, aversion.

முற்றவும், *V.* முற்ற.

முற்றளபெடை, (முற்று, அளபெடை), alabédei complète, vers qui dans tous ses pieds a l'allongement dit அளபெடை.

முற்றாய்தம், (*id.* ஆய்தம்), ஃ entier ..... ஃ ou ஆய்தம் dont la quantité n'est point diminuée.

முற்றி, *gér. de* முற்றுகிறது.

முற்றிகாரம், (*id.* இகரம்), *V.* முற்றியலிகரம்.

முற்றிக்கை, (முற்றுகிறது), siége, blocus, étroitesse, détresse, manque: —போடுகிறது bloquer, assiéger, faire le siége; —வாயிருக்கிறது être assiégé; —வாங்கிப்போகிறது lever le siége et s'en aller; சாப்பாட்டுக்கெனக்கு மெத்தமுற்றிக்கையாயிருக்கிறது je suis dans une grande détresse pour la nourriture.

முற்றியலிகரம், (முற்று, இயல்), இ entier, lettre இ dont le son ou la quantité n'est point abrégée.

முற்றியலுகரம், (*id.*), உ entier, lettre உ dont le son et la quantité n'est pas abrégée (le contraire de குற்றியலுகரம்).

முற்றியைபு, (முற்று, இயைபு), rime complète, vers qui dans tous ses pieds a la rime dite இயைபு.

முற்றில், petit van, — van d'enfant (pour jouer), la 16me constellation lunaire dite விசாகம், *V.* முற்றும். [*litt.* ce qui est tout bijou.

முற்றிழை, (முற்று, இழை), femme,

முற்றிற்று, 3e *pers. sing. neut. du parf. de* முற்றுகிறது, c'est fini.

முற்றின, *part. parf. du même*, fini, mûr, durci, invétéré, extrême, au suprême degré: —பகை haine invétérée, extrême.

முற்று, *imp. part. et n. v. de* முற்றுகிறது, fin, complément, totalité, chose entière, —qui se trouve dans tous les pieds d'un vers: *adj.* final, entier, complet: முற்றொருத்திச்செடி la plante எழுத்தாணிப்பூண்டு; —த்தொடர்மொழி mot qui sert de complément, —qui termine le sujet et l'attribut; — மடக்கு répétition complète, —d'un vers entier; — முடுக்குவெண்பா vembâ tout entier d'une mesure brève et rapide; — முரண் antithèse qui se trouve dans tous les pieds d'un vers; — மோனை consonance dite மோனை qui se trouve dans tous les pieds d'un vers; —வினை verbe qui finit ou peut finir une phrase, *i.e.* qui est à un temps personnel et non à l'infinitif, au gérondif, ni au participe, *v.g.* நடந்தான் il a marché.

முற்றுகரம், (முற்று, உகரம்) *V.* முற்றியலுகரம்.

முற்றுகிறது, முற்றினேன், முற்றுவேன், முற்ற, *v. n. et a.* முற்றுதல், *n. v.* finir, se terminer, être fini, terminé, croitre, augmenter, profiter, mûrir, durcir, — en mûrissant, vieillir, s'invétérer, devenir incurable, extrême, arriver —, être au suprême degré, se courber, entourer, environner, assiéger, bloquer, cerner, abhorrer: முற்றிப்போகிறது croitre, mûrir, se durcir, s'invétérer, vieillir; தென்றல் முற்றிப்பெருங்காற்றாகும் la brise du sud en croissant devient une tempête, une plaisanterie peut dégénérer en grande querelle.

முற்றுகை, n.v.du prés. fin, maturité, dureté, croissance, étroitesse, resserrement, clôture, siége, blocus, détresse, manque: சாப்பாட்டுக்குள்ளக்குமெத்த — யாயிருக்கிறது je suis dans un extrême besoin de nourriture.

முற்றும், 1° part.fut. de முற்றுகிறது, qui finira. 2° (முற்று, உம்), totalité, tout, entièrement, absolument, fin, fin d'un livre, la 19me constellation dite மூலம்: — உணர்தல், — அறிதல் comprendre —, savoir tout, c'est un des 8 attributs divins dits எண்குணம்; — காலத்தில் dans le temps où (cela) finira, — où tout finira.

முற்றுருவகம், (id. உருவகம்), métaphore ou comparaison complète, qui concerne un objet et ses membres ou parties diverses.

முற்றுவிக்கிறது, v. caus. de முற்றுகிறது, faire —, finir, achever.

முற்றூடும், (முற்று, ஊடு, உம்), le tout, entièrement.

முற்றெச்சம், (முற்று, எச்சம்), verbe employé à l'infinitif ou au gérondif ou dans le sens de l'infinitif ou du gérondif.

முற்றெதுகை, (id. எதுகை), rime dite எதுகை qui se trouve à tous les pieds d'un vers.

முனாசிப், (arabe), convenable, propre, juste, apte: — தீர்வை taxe juste ou raisonnable, jugement juste.

*முனி, 1° (mouni), moine, ermite, ascète, pénitent, sage, saint et savant personnage doué (au dire des Indous) d'une nature plus ou moins divine obtenue par la méditation et la mortification, ce titre s'applique aux Richis, aux Brahmâdikas et à un grand nombre de personnages distingués par leurs écrits et regardés comme inspirés, v.g. பாணினி வியாசன்), docteur Djaïnas déifié, Bouddha, Agastyen, les arbres பலாசு et அகத்தி. 2° petit d'éléphant, arc. 3° imp et part. de முனிகிறது: — ச்சிரேஷ்டன், V. முனீந்திரன்; — ஸ்தானம் ermitage; — த்துருமம் l'arbre æschynome grandiflora; — த்திரவம் cuivre; — புங்கவன் sage prééminent; — புத்திரகம் bochequeue; — பூகம் espèce d'aréquier; — பேஷஜம், (bhêchadja remède), jeûne, mirobolan jaune; — மூத்திரம் urine d'ermite, sel commun en masse; — — யன்னம் nourriture d'ermite, grains —, racines et fruits sauvages.

முனிகிறது, னிந்தேன், னிவேன், னி, னிய, v.a. se fâcher, s'irriter, manifester de la colère, s'indigner, abhorrer, détester: காமத்தை — haïr l'impudicité; மோகத்தைமுனி déteste la luxure, la sensualité; முனியேல் ne te fâche pas.

முனிஷி, (persan), mounchi, maître de langue, professeur qui enseigne une langue.

முனிதல், n.v. de முனிகிறது, colère, aversion.

முனிவறாமை, (முனிவு, அறாமை), colère continuelle, — qui ne s'apaise pas.

முனிவன், pl. முனிவர், (முனி), sage, pénitent, ascète, ermite, religieux païen qui porte une longue chevelure emmêlée: முனிவர்கோமணி la perle des pénitens, excellent pénitent, sage éminent; — வாசம் ermitage; முனிவர்-எ les 7 principaux Richis dont voici les noms tamouls et sanscrits: அத்திரி Atri, ஆங்கிரசன் Angirasa, கௌதமன் Gaoutama, சமதக்கினி Djamadagni, பரத்துவாசன் Bharadvâdja, வசிஷ்டன் Vasichta, விசுவாமித்திரன் Visvâmitra; ou suivant une autre liste: அகஸ்தியன் Agastya, ஆங்கிரசன் Angirasa, கௌதமன் Gaoutama, காசிபன் Kâsyapa, புலஸ்தியன் Poulasthya, மார்க்கண்டேயன் Mârkandêya, வசிஷ்டன் Vasichta; முனிவர்-கக les 31 mounis, sages ou personnages distingués de l'antiquité indoue, savoir: அகஸ்தியன் Agastya, அத்திரி Atri, ஆங்கிரசன் Angirasa, இரணியகருப்பமாமுனி Hiranya, 5° உரோமமாமுனி Rôma, ஏரண்டமாமுனி Hèranda, கலைக்கோட்டுமாமுனி Kaleikotton, காசிபன் Kâsyapa, கௌதமன் Gaoutama, 10° சத்தகூடமுனி Sattakoûn, சச்சிதானந்தன் Sadjdjitânanda, சமதக்கினி Djamadagni, சனகன் Sanaka, சனற்குமாரன் Sanatkoumâra, 15° சுகன் Souka, ததீசிமாமுனி Dadhitchi, துருவாசன் Dourvâsa, நாரதன் Nârada, பதஞ்சலி Patandjali, 20° பரத்துவாசன் Bharadvâdja, பராசரன் Parâsara, பதுமமுனி Padma, பிருகுமாமுனி Bhrougou, பிநாகிமாமுனி Pinâki, 25° புலஸ்தியன் Poulasthya, மார்க்கண்டன் Markandêya, வசிட்டன் Vasichta, வான்மீகன் Vâlmika, விசுவாமித்திரன் Visvâmitra, 30° வியாக்கிரபாதன் Vyâghrapâta, வியாசன் Vyâsa. Quelques-uns de ces noms ne sont pas sanscrits comme கலைக்கோட்டுமாமுனி le grand Mouni à cornes de cerf, சத்தகூடமாமுனி le grand richi aux 7 bosses.

முனிவு, *n.v.de* முனிகிறது, colère, indignation, aversion, rancune.

முனீசுரன், முனீந்திரன், (முனி, ஈசுரன், இந்திரன்), chef de pénitens, supérieur d'ermites, abbé, grand pénitent, ermite—, sage éminent, grand richi, Bouddha, sage bouddhiste.

முனை, 1° bout, extrémité, pointe, bout pointu, tenon ou extrémité d'une pièce de bois taillé pour entrer dans une mortaise, priorité, supériorité, primauté, courage, hardiesse, haine, horreur, aversion, abomination, colère, bataille, combat, *V.* விளை. 2° *imp. et part. du suiv.*: இம்முனை ce bout-ci...; அம்முனை ce bout-là....: —கெடு découragement (après une défaite...); —க்கொம்பு corne pointue; —சுனை changement, séparation; —ப்பங்கம் défaite, découragement; —ப்பதி camp, campement (d'une armée...); —முகம் front d'une armée en bataille, ou d'une bataille; —முகத்து நில்லேல் ne reste pas au front d'une armée en bataille ou d'une bataille (conseil d'Avvéyar sœur de Tirouvalouver); —யாய்வருகிறது venir hardiment, avec courage; —யிடம் champ de bataille, plaine, village dans un désert, — en terre stérile; —யுள்ளவன், —யுள்ளோன் homme courageux, intrépide, brave; —விழுந்துபோகிறது le courage s'abattre; முனை-ம் ou சீவனமுனை-ம், les 5 moyens de gagner sa vie, savoir: வாண்முனை par l'épée, கொழுமுனை par la charrue; எழுத்தாணிமுனை par la plume, en écrivant, கதிர்முனை par le fuseau et le tissage, ஊசிமுனை par l'aiguille.

முனைகிறது, முனைந்தேன், முனைவேன், முனைய, *v.a.* முனைதல் *n.v.* faire le—, être brave, courageux, hardi, être—, marcher dans l'avant-garde, se battre, livrer bataille, se fâcher, s'indigner, être fâché, haïr, abhorrer, détester, affiler, rendre pointu. [ennemis, gens irrités.

முனைந்தோர், *n. app. du préc.*

முனைவன், *pl.* முனைவர், (முனை), 1° ennemi. 2° mouni, ascète, sage, Dieu, Arouguen, Bouddha.

முனைவு, *n.v. de* முனைகிறது, colère, indignation, rancune, haine, horreur, aversion.

முன், 1° *(opposé de* பின்*)*, avance, commencement, devant, avant, auparavant, en avant, désormais, après, antiquité, côté, sur, dessus, dans, particule qui désigne l'ablatif de lieu ou le 7me cas tamoul. 2° *imp. et part. de* முன்னுகிறது. Ce mot se décline et devant un mot commençant par க, ச, த, ப, l'ன் final se change en ற், *v.g.* கற்றறிந்தார்முற் (முன்) றோன்றாக்கழிவிரக்கம் l'affliction pour les choses passées ne parait pas dans les savans ou les sages. (Dans les règles des grammaires purement tamoules et de la poésie on appelle முன் le mot qui suit et பின் celui qui précède, ainsi de 2 mots qui se suivent le 1er est பின்

et le 3e முன் par rapport au second; alors d'après la manière européenne, பின் signifie *devant*, et முன் *après*: ainsi cette règle du வெண்ட-ளை, மாமுன்னிரையும் விளமுன்னேர் காய்முன்னேரும் doit se traduire ainsi: après un pied terminé en மா, doit venir un pied commençant par நிரை; après un pied terminé en விளம், doit venir un pied commençant par நேர்; après un pied terminé en காய், doit venir un pied commençant par நேர்): முன்கட்டு lien —, bâtiment de devant, devant d'une maison, les mains liées par-devant; —கால் pied—, patte de devant (des quadrupèdes); —குடுமி, —கொண்டை touffe de cheveux —, toupet du devant de la tête; —கை l'avant-bras, le côté de—, devant; —கை நீண்டால் முழங்கை நீளும் si l'avant-bras s'étend ou s'avance en avant, le coude s'étendra ou s'avancera aussi, si vous assistez les autres, ils vous assisteront à leur tour; —கைமடிப்பு pli de l'avant-bras, maison en équerre qui regarde 2 points cardinaux; —கைவளை bracelet pour l'avant-bras; —கோட்டு corne inclinée ou courbée en avant, — en bas, bras —, ou barre antérieure de palanquin; —கோபம் —கோவம் 1er mouvement de colère, colère précipitée, — subite, emportement irréfléchi; —கோபி, —கோவி personne —, homme emporté, colère, prompt, — à se fâcher, tête chaude; —சொல் vieux mot, — dicton, proverbe, mot précédent, — suivant; —தண்டு avant-garde; —றலை, V. முற்றலை; —றிலை, V. முன்றிலை; —தோன்றல் fils —, frère aîné; —பக்கம் le devant, le côté antérieur; —பந்தி le 1er ranz, la 1re rangée; —பனி, V. முற்பனி; —பனியுதிவை choses propres à la saison des 1res rosées, savoir: le souffle du vent d'est, la joie des oiseaux ஆக்காண்டிக்குருவி, des hibous et des chouettes, la floraison du manguier et de la plante dite சிவந்தி ou asclepias, le jujubier et l'arbrisseau குன்றி porter des fruits, la croissance du riz rouge dit செந்நெல், et la maturité de la canne à sucre; — பாதி la 1re moitié; — பிறந்தாள் sœur aînée; — பிறந்தான் frère aîné; — பிறப்பு V. முற்பிறப்பு; —பின் ce qui précède et ce qui suit, les antécédens et les conséquences, avant et après, toujours, comme ci-devant, le devant après; எனக்கு—பின் ஆளில்லை je n'ai personne devant ou derrière (pour m'assister); —பின்னற்றபிரகாரம் manière extraordinaire, — toute nouvelle, — sans antécédent ni conséquent, coutume immémoriale, constante, ordinaire, qui n'a ni commencement ni fin; — பின்செய்தபடிசெய், — பின்வாடிக்கையானபடிபண்ணு fais comme l'usage a toujours été; —பின்விசாரிக்கிறது examiner les principes et les conséquences, les antécédens et les subséquens, délibérer en soi-même; — பின்னாக le devant derrière, par inversion, plus ou moins, environ; —புறம், V. முற்புறம்; —போல், — போலே comme ci-devant, — auparavant; — மடி pli antérieur, — de devant ou de dessus; —மறம் colère précipitée et véhémente, prompte fureur; —மறத்திலேசொல்லாதே ne parle pas en colère; —மறமடங்குகிறது la colère s'apaiser; —மறமாயிருக்கிறது être colère, passionné, véhément, violent, (un mal, une douleur...); —மறம்பண்ணுகிறது, —மறமாக்கிறது rendre colère, violent, accroître la fureur ou la véhémence; —மறக்கிறது, (றந்தேன், றப்பேன், ற, றக்க), être dans une violente colère, être —, devenir violent, passionné, V. முனிக்கிறது; —மாதிரி manière —, conduite ancienne, — antérieure; — மாரி premières pluies; —முகப்பு façade, frontispice, partie de —, le devant, porte d'entrée, vestibule antérieur; —முனை le commencement; —முடுகுவெண்பா vembâ dont les

2 premiers vers sont d'une mesure précipitée, —composée de brèves; —மொழி 1er mot d'une phrase, 1re partie d'une suite de mots, antécédent; —மொழித்துகோடல் un des 32 யுக்தி rappeler—, redire ce qu'on a dit, toutes les fois qu'il le faut; —வருங்காரியம் chose future, — qui arrivera désormais, qui est devant nous dans l'avenir; —வாய் le devant de la bouche, lèvres, le côté opposé à celui d'où vient le vent lorsqu'on vanne, (l'autre côté se dit தூற்றுவாய்); —வாய்ப்பல் dents de devant: முன்னும்பின்னும் avant et après, devant et derrière, de front et en queue.

முன்சிபு, (arabe), mounsipe, juge de district ou de bourg.

முன்பன், (முன்பு), le précédent, V. முதல்வன்.

முன்பு, devant, avant, avance, présence, antiquité, grandeur, force: முன்பாக devant, en présence: ஒருவனுக்குமுன்பாயிருக்கிறது être devant quelqu'un; முன்பும் பின்பும் avant et après.

முன்முச்சியம், action de délier.

முன்றளை, (முன், தளை), entraves des pieds de devant.

முன்றாதை, (id. தாதை), grand-père.

முன்றாய், (id. தாய்), grand'mère.

முன்றானை, (id. தானை), extrémité—, bord, — pan de toile, de vêtement, lisière, frange, pan antérieur, couverture, manteau: அடி— pan—, bord inférieur d'une toile de femme, (celui qu'elle porte en dessous; மேல்— bord supérieur de la toile, (celui dont elle se couvre les épaules et la tête.

முன்றில், V. முற்றம்.

முன்றூதன், (முன், தூதன்), précurseur, avant-coureur.

முன்றொட்டி, (id. தொட்டி), nom d'un arbrisseau.

முன்றோகை, (id. தோகை), V. முன்றானை.

முன்றோன்றல், (id. தோன்றல்), fils—, frère aîné.

முன்னங்கால், (முன்னம்), pied de devant (d'un quadrupède...), devant de la jambe.

முன்னங்கை, (id.), l'avant-bras, du poignet au coude.

முன்னடந்தகாரியம், (id. நடந்த), chose passée autrefois ou avant.

முன்னடி, (id. அடி), auparavant, d'abord, 1re partie, entrée, vestibule d'une maison, salle d'entrée.

முன்னடியான், (முன்னடி), idole ou statue placée en face d'un temple ou devant un temple (et qui est censée le garder, en faire connaître le dieu prétendu et servir d'introducteur: சுவாமிவரங்கொடுத்தாலும்—வரங்கொடான் quand le maître ferait une générosité, le portier n'en fera pas, il exigera des présens.

முன்னடைப்பன், (முன், அடைப்பன்), espère d'esquinancie des animaux.

முன்னடையாளம், (id.), pronostic, signe, figure, type.

முன்னடைவு, (id. அடைவு), gage, dépot, caution, hypothèque antérieure.

முன்னணி, (id. அணி), avant-garde, garde avancée, 1er rang d'une armée: முன்னணியிலே நிற்கிறது être dans l'avant garde, au front de l'armée ou du combat.

முன்னணியம், (id. அணியம்), proue.

முன்னணை, (id. அணை), premier né, mangeoire, crèche.

முன்னது, (id. அது), ce qui précède.

முன்னத்தம், (id. அத்தம்), l'apparence antérieure, — ou la beauté par-devant, le devant.

முன்னம், 1° (முன், அம்), avant, devant. 2° intention, dessein, pensée, idée, âme, signe, vitesse, l'arbre உன்னம்: முன்னந்தலை devant de la tête; முன்னந்தொடை quartier de devant—, épaule de mouton...., devant de la cuisse; முன்னமே avant, auparavant, d'abord.

முன்னர், (முன்), devant, avant, auparavant, antiquité, commencement, origine, place, esprit, cœur; —விலக்கு rejet de pensée, —d'antécédent, fig. de rhét. qui consiste à rejeter une chose par indication,

—à rejeter l' idée d'une chose, ou à montrer qu'elle est sans antécédent.

முன்னம், *opt. et n.v. de* முன்னுகிறது, pensée, esprit, cœur, avance, précession, approche.

முன்னவள், (முன், அவள்), la première, celle qui est devant, sœur aînée, la prétendue déesse மூதேவி.

முன்னவன், (*id.* அவன்), frère aîné, celui qui est devant, le premier, (nom donné à divers faux dieux par leurs adorateurs, qui les regardent comme le premier être, et spécialement à) Siven.

முன்னவை, (*id.* அவை), les choses précédentes, les antécédens:—வைத்திலக்கணம் règle pour prédire ou pronostiquer les événemens futurs d'après les signes antérieurs, ou pour faire bien comprendre par les antécédens la chose dont on parle, détailler pour cela ce qui la précède.

முன்னாற, (முன், ஆற), préalablement, par avance, d'abord: —ச்சொல்லுகிறது dire d'abord ou par avance; —வாங்குகிறது prendre d'avance, — en avance.

முன்னறிவு, (*id.* அறிவு), prévision, connaissance antérieure.

முன்னறை, (*id.* அறை), vestibule, salle d'entrée, 1re chambre, chambre de devant ou avant.

முன்னுக, (*id.* ஆக), premièrement, auparavant, d'abord, devant, ouvertement: —வைக்கிறது mettre devant, — en 1er lieu, ouvertement.

முன்னுமை, *n.v. nég. de* முன்னுகிறது, absence d'idée, — de pensée, n'aller pas devant.

முன்னுலே, (*abl. de* முன்), autrefois, anciennement, par devant.

முன்னுள், (முன், நாள்), hier, jour précédent, la veille, ancien temps, autrefois, état antérieur, ou naissance précédente (d'après la métempsycose): ஞாயிற்றுக்கிழமைக்கு—சாயங்காலம் la veille du dimanche au soir, *i.e.* le samedi soir; —சாயங்காலம் hier au soir; முன்னுளில் autrefois, jadis; முன்னுளையமனிதன் ancien, homme de l'ancien temps, — de l'antique probité; முன்னுள்ளபழமொழிப்பேச்சு vieux dicton, bruit —, discours d'hier.

முன்னிடம், (*id.* இடம்), 1er lieu, la place précédente, ancienne place.

முன்னிடுகிறது, (முன், இடுகிறது), ou முன்னிட்டுப்போகிறது, avancer, précéder, devancer, aller —, mettre devant, —en avant, laisser—, faire aller devant, réussir, prospérer, se présenter: முன்னிட்டகாலைப்பின்னுக்குவாங்கு retire le pied que tu as mis en avant; ஒருத்தனை முன்னிட்டு par l'entremise de quelqu'un; ஒருத்தனை முன்னிட்டுப் போகிறது faire marcher —, laisser aller quelqu'un devant soi, le suivre; வாசலிலவனை முன்னிட்டுப்போனுன் à la porte il le fit entrer le 1er par politesse.

முன்னிட்டி, (*id.* இட்டி), mangeoire, auge, crèche.

முன்னிறாய், (*id.* இறு, ஆய்), par avance, préalablement.

முன்னிராவிருள், முன்னிருட்டு, (*id.* இரா, இருட்டு), 1res ténèbres de la nuit, ou முன்னிருட்டுக்காலம் le temps où le commencement de la nuit est obscur, le temps qui suit la pleine lune.

முன்னிருப்பு, (*id.* இருப்பு), ce qui était auparavant, biens acquis auparavant, avoir —, état antérieur, ancien état: முன்னிருப்பிலெடுக்கிறது prendre de ce qu'on avait acquis auparavant.

முன்னிரை, (*id.* நிரை), rang... précédent, grande foule.

முன்னிலவு, (*id.* நிலவு), clair de lune du commencement de la nuit (après la nouvelle lune).

முன்னிலை, (முன், நிலை), seconde personne (en terme de grammaire), présence, cause, — instrumentale, — secondaire, défense, aide, garantie, caution, assurance, sureté: —க்காரன் aide, caution, chef parmi les forgerons, les charpentiers et les blanchisseurs; —நிட்டம் mot qui se trouve au commencement et qui est sous-entendu en un ou plusieurs endroits; —ப்பாடு caution, garantie, gage; —ப்பாடாயிருக்கிறது servir de—, être caution (pour un paiement...), cautionner; —ப்பன்மைவினைமுற்று verbe à la 2ᵉ personne plurielle terminée en இர், ர், v.g. செய்தனிர், செய்தீர் vous avez fait; —ப்புறமொழி parler aux personnes présentes comme si on parlait à d'autres; —மொழி, V. அறநெறிதிறத்தல்; —யசைச்சொல் particule explétive qui se joint à la 2ᵉ personne, comme அத்தை, இ, இக், இத்தை, மதி, மாள், மியா, மோ, வாழ, வாழிய; —யாய்நிற்கிறது se présenter pour—, être caution, défenseur, protecteur, aider, se tenir devant; —யேவலொருமைவினைமுற்று verbe à la 2ᵉ personne du singulier de l'impératif (c'est la racine même du verbe) et terminé par une des 12 voyelles ou une des 11 consonnes suivantes ஞ், ண், ந், ம், ன், ய், ர், ல், வ், ழ், ள், ou par les terminaisons ஆய், உ, கான் pour le positif et par ஆல் ou ஏல் pour le négatif; —யேவற்பன்மைவினைமுற்று verbe à la 2ᵉ personne du pluriel de l'impératif et dont la terminaison est உம், மின்...; —யொருமைவினைமுற்று verbe à la 2ᵉ personne du singulier et terminé par ஆய், ஐ ou இ, v.g. செய்தாய், செய்தனை, செய்தி, tu as fait.

முன்னிளவல், (முன், இளவல்), frère ainé.

முன்னிற்கிறது, (முன், நிற்கிறது), se tenir—, être devant,— en face, être caution, protéger, aider, servir: அஞ்சாமல்வா எல்லாத்துக்கும் நானேமுன்னிற்கிறேன் viens sans crainte, c'est moi qui réponds de tout; உனக்குமுன்னின்று devant toi, en te protégeant: முன்னவனேமுன்னின்றால் முடியாதபொருளுண்டோ si Dieu le principe de tout nous aide, y a-t-il quelque chose d'impossible? முன்னிற்பவன் caution, répondant (pour un autre), protecteur,— dans le danger.

முன்னீடு, (முன், ஈடு), primauté, autorité, caution, gage, dépôt.

முன்னுகிறது, னினேன், னுவேன், னு, ன, v.a. précéder, devancer, approcher, penser.

முன்னுக்கு, (dat. de முன்), en avant—.

முன்னுணர்ச்சி, (முன், உணர்ச்சி), prévision.

முன்னுரைக்கிறது, (id. உரைக்கிறது), dire d'avance, prédire.

முன்னூல், (id. நூல்), la 1ʳᵉ science, la 1ʳᵉ loi, le 1ᵉʳ livre, i. e. la parole de Dieu, les livres saints; ancienne science, ancien livre: முன்னூற்கேள்வன் Dieu, le maitre—, l'auteur de la 1ʳᵉ science,— des livres saints.

முன்னெழுச்சி, (id. எழுச்சி), ancience—, 1ʳᵉ idée,— opinion.

முன்னெற்றி, (id. நெற்றி), devant—, haut du front.

முன்னே, (id, ஏ), avant, auparavant, d'avance, d'abord.

முன்னேரம், (id. நேரம்), le temps d'avant, l'avant-midi, la matinée, crépuscule du soir (opposé à பின்னேரம் la crépuscule du matin): முன்னேரயாத்திரி la 1ʳᵉ partie de la nuit.

முன்னேர், (id. ஏர்), et முன்னேர்க்குண்டை la paire de bœufs qui est en avant,— la première (au labour...)

முன்னேழுகத்தரி, les 7 premiers jours de la canicule, les 7 derniers jours de சித்திரை, (les 7 derniers jours de la canicule dits பின்னேழுகத்தரி sont les 7 premiers de வைகாசி).

முன்னேறுகிறது, (முன், ஏறுகிறது), monter avant, précéder, devancer.

முன்னை, 1° acc. de முன். 2° (முன்), sœur ainée, frère ainé, antiquité, priorité, antériorité, l'arbre premna integrifolia; —நாள் la veille, hier; —யிரா la nuit d'hier,

—dernière; —மின்னை feuilles de premna (on les emploie comme herbes potagères); முன்னிலும்பார்க்க plus qu'auparavant.

முன்னையது, (முன்னை, அது), ce qui est antérieur, — auparavant, — devant, — premier (pour le temps ou pour le lieu).

முன்னோர், (முன்னை), les anciens.

முன்னொருபோது, (முன், ஒரு), dans l'ancien temps, une fois jadis, —auparavant.

முன்னொற்றி, (id. ஒற்றி), gage, dépôt, —antérieur, caution.

முன்னோக்கு, (id. நோக்கு), prévision.

முன்னோடி, (id. ஓடுகிறது), précurseur, devancier.

முன்னோர், முன்னோர்கள், (முன்), ancêtres, prédécesseurs, devanciers, anciens, ministres d'état.

முன்னோன், (id.), le 1er des êtres, i.e. Dieu, ancien, ancêtre, frère aîné, Pilléyar fils aîné de Siven, Arouguen, dieu prétendu des Samanéens.

மூ, 1° lettre syllabique composée de ம் et de ஊ, moû long. 2° *imp. et part. de* மூக்கிறது, ancien, vieux, antique, ancienneté. 3° *sync. de* மூன்று *devant les voyelles avec வ் euphonique*, trois, troisième. Devant les consonnes on met மு en doublant la suivante et même devant les voyelles on peut mettre மு avec un double வ் euphonique. 2me (moû), lien, attache.

*மூகம், (moûka), mutisme, silence, taciturnité, personne muette, démon muet, nom d'un démon, espèce de poisson, pauvreté.

*மூகன், (id.), muet, silencieux, taciturne, qui ne parle pas, pauvre, nom d'un démon ou Asouren.

மூகாக்கிறது, ஆக்கினேன், ஆப்பேன், ஆக, ஆக்க, v.n. (மூகம்). மூகாக்கல், être muet, se taire, garder le silence. [personne—, muette.

*மூகை, *fém. de* மூகன், femme—,

மூகையன், (மூகை), homme muet.

மூக்கணாங்கயிறு, (மூக்கு, அணை, கயிறு), *V.* மூக்காங்கயிறு.

மூக்கணி, (id. அணி), bijou—, ornement du nez.

மூக்கந்தண்டு, (id. தண்டு), entre-deux —, cloison des narines.

மூக்கரிகத்தி, (id. அரி), *litt.* couteau pour couper le nez, instrument pour cueillir les feuilles de bétel et en couper la queue. [டை.

மூக்கறட்டை, la plante மூக்கிரட்டை.

மூக்கறை, (மூக்கு, அறை), *m. f.* personne sans nez, — qui a le nez coupé: —ப்பெண் femme sans nez, — qui a le nez coupé: — மாப்பிள்ளை பிறந்தவன் homme qui a le nez coupé.

மூக்கறைச்சி, *fém. du préc.* 1° *V.* மூக்கறைப்பெண். 2° orpiment dit அரிதாரம், nom d'un arbrisseau.

மூக்கறையன், (மூக்கறை), homme sans nez, — qui a le nez coupé: மூக்கறையனுக்கு வாழ்க்கைப் பட்டால் முன்னும் போகக்கூடாது பின்னும் போகக்கூடாது si une femme épouse un homme sans nez, elle ne peut aller ni devant ni derrière, (proverbe que les serviteurs disent d'un maître d'un esprit soupçonneux).

மூக்கன், 1° tendrons ou cartilage du genou ou du devant de la jambe. 2° qui a un nez ou un bec (à la fin des mots composés.)

மூக்காங்கயிறு, (மூக்கு, கயிறு), corde qui passe par les narines des bœufs et qui sert à les conduire: — குத்துகிறது percer le nez d'un bœuf pour y mettre cette corde. [nez.

மூக்குத்தண்டு, (id.), bout du

மூக்காந்தண்டு, (id.), *V.* மூக்கந்தண்டு.

மூக்காவன், nom d'un arbre.

மூக்கிரட்டை, la plante boerhaavia diffusa. [ழிந்தி.

மூக்கிலுழி, (மூக்கில்), l'arbre மு

மூக்கிலி, (மூக்கு. இலி), sans nez, la plante கொய்க்கீரை porculaca meridiana. [*abl. de* மூக்கு.

மூக்கில், 1° la plante கைப்பு 2°

மூக்கிறது, மூத்தேன், மூப்பேன், மூ, மூக்க, v.n. vieillir, devenir vieux, avancer en âge, finir.

மூக்குத்திக்கல், (மூக்குத்தி, கல்), pierre dite காக்கைக்கல், –à taches noires, pierre précieuse pour le nez, bijou que les femmes se mettent au nez.

மூக்குச்சளி, (*id.* சளி), morve, mucus du nez.

மூக்கு, nez, narine, bec d'oiseau, embouchure d'une trompette, bec (de lampe, de vase...), pointe des graines: இல்லி –, சில்லி – nez percé qui saigne souvent ou facilement; —அறுக்கிறது couper le nez, faire honte: —குத்துகிறது percer le nez, (*v.g.* à un enfant avec cérémonie: ce que les Indiens font et pour conserver la santé, et pour mettre des bijoux); —க்கண்ணாடி besicles, lunettes (qu'on met sur le nez); —க்கொழுந்து bout du nez; —ச்சளி, —ச்சாளி morve, mucus du nez; —ச்சாஸ்திரம் art de pronostiquer d'après —, pronostic tiré de la respiration par les narines; —ச்சாறு, —ச்சாரம் suc de plante ou chose semblable pour le nez, (qu'on fait prendre par le nez pour tourmenter ou comme remède); — சிந்துகிறது le nez couler *ou* —சிந்துகிறது, —சிந்திப்போடுகிறது se moucher, moucher; —சிறுகிறது se moucher, le nez souffler; —சுழிக்கிறது, —நெறிக்கிறது tourner le nez (par dédain ou dérision); —த்தூக்கி, *P.* —த்தூக்கு bijou du nez, — qui pend au nez, anneau d'or que quelques femmes portent à une narine; —த்தண்டு la cloison des narines; —தீட்டிக்கொள்ளுகிறது un oiseau aiguiser son bec; —த்தூள் tabac (en poudre): —த்தூள்க்கூடு tabatière; — ப்பிளவை ulcère au nez; —ப்பீ morve, *litt.* ordure du nez; —வடியன் morveux; —வடிச்சி morveuse.

மூக்குத்தி, (மூக்கு. உத்தி), anneau d'or orné d'une pierre précieuse —, bijou que les femmes portent à une narine.

மூக்குறிஞ்சுகிறது, (*id.* உறிஞ்சுகிறது), renifler, prendre par le nez.

மூக்குறைபவன், *P.* மூக்கறைபவன்.

மூக்கூளை, (மூக்கு, ஊளை), morve, mucus du nez.

மூக்கொற்றி, (*id.* ஒற்றி), le bijou dit மூக்குத்தி: — போட்டுக்கொள்ளுகிறது porter ce bijou au nez; — க்காய் fruit encore vert du thunbergia racemosa (dont on se sert en cuisine comme assaisonnement ou autrement); —க்கோரை le jonc scirpus antarticus; — ப்பூடு, — ப்பூண்டு la plante inula indica.

மூங்கி, *V.* மூங்கு.

மூங்கில், bambou, espèce de roseau fort haut et gracieux, bambusa arundinacea, (le mot bambou est canara): — அரிசி graine ou grain de bambou (séparée de sa balle ou de son enveloppe, elle ressemble au riz); —உப்பு sel médicinal de bambou, (en arabe tabaxir ou tabaschir); —நெல், —நெல்லு graine de bambou dans sa balle (elle sert de nourriture aux gens des montagnes); மூங்கிற்கழி bâton —, perche de bambou; —குழல், —குழாய் bambou creux ou tuyau de bambou (dont on se sert comme de vase, pour mettre du beurre liquéfié, de l'huile, du miel etc...), tuyau —, flûte —, chalumeau de bambou; — வரிச்சல் latte de bambou, bambou fendu en long; —புதர் touffe de bambous; —புல் l'herbe panicum burmanni; — போத்து jeune touffe —, jeune pousse —, touffe de bambous qui sortent tous d'une même racine; மூங்கிற்றடி, (தடி), bâton —, perche de bambou; பாம்புக்குராசாமூங்கிற்றடி un bâton de bambou est un roi pour le serpent, c'est un excellent instrument pour le tuer et celui qu'il craint); மூங்கிற்றட்டி *ou* மூங்கிற்றட்டி, (தட்டி), claie de bambou; மூங்கிற்றண்டு, (தண்டு), bâton —, perche de bambou.

மூங்கினெல், (மூங்கில், நெல்), graine de bambou qui sert de nourriture aux montagnards.

மூங்கின்முத்து, (*id.* முத்து), perle de bambou, grain qui s'y forme.

மூங்கு, espèce de lentille, petit pois, phaseolus mungo.

மூங்கை, m.f. personne muette.

மூங்கையன், (மூங்கை), muet.

மூசல், opt. et n.v. de மூசுகிறது, mort, perte, corruption, foule, étroitesse, agglomération.

மூசாம்பரம், nénuphar blanc, வெள்ளைத்தாமரை.

மூசாப்பு, (மூசு, அப்பு), agglomération de nuages, ciel couvert et pluvieux: மூசாப்பாயிருக்கிறது le ciel être nébuleux, — couvert; மூசாப்பு வாங்குகிறது l'agglomération de nuages se retirer, — se disperser. (Il se dit surtout de nuages sombres et chargés de pluie qui viennent et se dissipent rapidement.)

மூசாலே, chose sans beauté ni élégance, paresse.

மூசு, imp. et part. de

மூசுகிறது, மூசினேன், மூசுவேன், சு, சி, v.n. மூசுதல், n.v. et மூசிப்போகிறது, mourir, se perdre, se gâter, être détruit, se serrer, être pressé, s'amonceler, s'agglomérer: கறிமூசிப்போயிற்று le ragoût s'est gâté.

*மூசை, (moûchâ), creuset, moule en terre (pour la fonte des métaux).

மூச்சன், (மூச்சு), homme fort, courageux, brave.

மூச்சு, respiration, souffle, haleine, force, courage, bravoure: ஒரே மூச்சாய்ப்படிக்கிறது lire d'une seule haleine, sans s'arrêter; மூச்சு அடக்குகிறது arrêter la respiration, suffoquer; — அடக்கிக்கொள்ளுகிறது retenir sa respiration; — அடைக்கிறது la respiration être gênée (comme dans l'asthme), suffoquer, gêner la respiration; — அடைத்துக்கொள்ளுகிறது avoir la respiration gênée, — l'haleine courte; — அடைப்பன், — அடைப்பு difficulté de respirer, haleine courte, asthme; — அமத்துகிறது arrêter la respiration; — காட்டுகிறது montrer de la bravoure; — தாங்கல் courte haleine, difficulté de respirer; — புறப்படுகிறது, — புறப்படல் respirer, la respiration sortir, devenir faible; — பிடிக்கிறது arrêter la respiration, avoir l'haleine courte; — பேச்சு soupçon, conjecture; — போராடுகிறது la respiration être gênée; — முட்டு suffocation, étouffement, V. திக்குமுக்கு; — வாங்குகிறது respirer, attirer l'air ou la respiration, reprendre haleine, aspirer; — விடுகிறது respirer, expirer l'air, renvoyer l'air des poumons; — விடாமற்பேசுகிறது parler sans reprendre haleine, sans s'arrêter pour respirer; — எடுக்கிறது respirer, reprendre haleine; — எறிகிறது expirer l'air, chasser l'haleine, pousser un soupir; — எறிதல், — எறிவு action d'expirer l'air, expiration, respiration, soupir; — ஒடுங்குகிறது avoir l'haleine courte, la respiration s'affaiblir, — s'arrêter, rendre le dernier soupir; — ஒடுங்கிப்போகிறது expirer, rendre le dernier soupir; — ஒடுங்கிவருகிறது la respiration s'affaiblir, — diminuer, être près d'expirer. [சுவாசம்.

மூச்சை. 1° acc. de மூச்சு. 2° P. மூர்ச்சை.

*மூஷம், மூஷகம், மூஷிகை, மூஷிகை, மூஷிகம், மூஷிகா, (moucha, ka, kâ), rat, souris, gros rat dit rat perchal ou பெருச்சாளி. [pillard.

*மூஷகர், மூஷிகர், (id.), voleur,

*மூஷணம், மூஷிதம், (mouchana, mouchita), vol.

*மூஷகாராதி, மூஷிகாராதி, (மூஷகம், மூஷிகம், அராதி), l'ennemi du rat, i.e. le chat. [vitriol bleu.

*மூஷாதுத்தம், (மூசை, துத்தம்),

*மூஷிகம், (mouchika), 1° partie du Maléalam entre கொல்லம், i. e. Quilon et le Cap Comorin. 2° ou

*மூஷிகை, மூஷிகம், மூஷிகை, (mouchikâ, ika, ikâ), V. மூஷம்.

*மூஷிகாரூடன், மூஷிகாஞ்சனன், (மூஷிகம், ஆரூடம், அஞ்சனம்), Pillé-yar qu'on représente avec un gros rat devant lui. [creuset.

*மூஷை, மூஷிகை, (mouchâ, ikâ),

மூஞ்சல், opt. et n.v. de மூஞ்சுகிறது, accumulation, foule, presse, concours.

மூஞ்சி, 1° museau, groin,(il se dit des bêtes et par mépris de la face des hommes), V. மூஞ்சை. 2° gér. de மூஞ்சுகிறது: — சுளிக்கிறது contracter le visage (par colère ou par mépris), prendre un air refrogné, —sombre: மூஞ்சியிலேத்தாறியுமிழ்கிறது cracher en face ou à la face de quelqu'un.

மூஞ்சுகிறது, ஜினேன், சுவேன், சு, சு, v.n. se presser, se serrer, s'accumuler, s'attrouper, fourmiller.

மூஞ்சுரு, மூஞ்சூறு, rat musqué: மூஞ்சூற்று முள்ளங்கி,(முள்ளு), espèce de rave ou de plante à racine bulbeuse. [—bec.

மூஞ்சை, long museau,— visage,

*மூடதை,(மூடம்), V. மூடத்தனம்.

*மூடம், 1° (moûdha), bêtise, folie, stupidité, ignorance, erreur, confusion, trouble,—d'esprit, doute, perplexité, apathie, froid. 2° (மூடுகிறது), temps sombre,— couvert: மூடகர்ப்பம் enfant mort dans le sein de sa mère, enfant qui se présente mal pour naître et qui cause un accouchement difficile; — க்கிராகம் infatuation;— த்தனம் bêtise, ignorance, folie, stupidité; — விருத்தி augmentation de la bêtise, de l'ignorance, —de la folie.

மூடல், opt. et n.v. de மூடுகிறது, action de couvrir, couvercle, couverture.

மூடனம், poivre.

*மூடன், pl. மூடர், (moûdha), sot, idiot, bêtard, benêt ignorant, stupide, homme vil.

மூடா, 1° voc. de மூடன். 2° ou மூடாத, part nég de மூடுகிறது, découvert, non couvert.

*மூடாத்துமா,(மூடன், ஆத்துமா), âme stupide, benêt, sot, bêtard.

மூடி, 1° gér. et n. v. de மூடுகிறது, couvercle (de pot, de boîte, de corbeille...), couverture, bouchon. 2° fém. de மூடன், idiote, sotte, femme stupide, la sotte et prétendue déesse மூதேவி. 3° coriandre: — வைக்கிறது mettre le couvercle..., couvrir, cacher, renfermer.

*மூடிகன்..., P. மூஷிகன்....

*மூடிகாசூரன்..., P. மூஷிகாசூரன்...

மூடு, imp. et part. de மூடுகிறது: — கட்டில் lit couvert d'un pavillon ou ciel de lit; — குப்பாயம் manteau, couverture; — சன்னி froid —, tétanos complet, catalepsie; — சாந்து crépi, enduit, crépissage; — சீலை toile qui couvre, enveloppe, couverture, voile, manteau; — திரை, V. கூடாரப்பல்லக்கு; — சூளை four à briques couvert, fournaise couverte pour brûler les cadavres, entassement; — திரை couverture de lit, rideau —, toile qui couvre; — பனி brouillard, —épais.

மூடுகிறது, டினேன், டுவேன், டு, ட, v.a. et n. மூடுதல், n. v. ou மூடிப்போடுகிறது, couvrir, cacher, ou மூடிப்போகிறது se couvrir, se cacher, rester couvert: கண்ணை — se boucher les yeux, fermer ses yeux, —ou boucher les yeux d'un autre; வாயை — fermer la bouche, empêcher de parler: மூடிக்கொள்ளுகிறது se couvrir, s'envelopper,— dans quelque chose, rester couvert, —caché, — enseveli dans l'ignorance ou les ténèbres, être hébêté; — யிருக்கிறது avoir —, être caché, couvert: அஞ்ஞானமெங்கும் — யிருக்கிறது être partout couvert des ténèbres de l'ignorance ou du paganisme; — வைக்கிறது mettre bien couvert, V. au mot மூடி.

*மூடை, 1° fém. de மூடன், sotte, idiote, stupide, 2° P. மூடாய், tu ne couvres pas, 2° pers. nég. de மூடுகிறது.

மூட்டம், (மூட்டுகிறது), couverture, couvercle, chose couverte, — jointe, —excitée, feu couvert (pour faire de la fumée et chasser les moustiques...), feu, —de joie, enduit de paille et de boue fait sur un tas de blé, bois à brûler, bouche d'une fournaise, nom d'un instrument des கம்மாளர், préparation: கொசு — feu pour enfumer et chasser les moustiques; சொக்கப்பனை — feu de joie en l'honneur d'Indiren la veille de la fête païenne du பொங்கல்;— கட்டுகிறது,—பண்ணுகிறது faire l'enduit susdit, construire un foyer, faire un fourneau, v.g. de forge, ou un feu de joie; —கலைக்கிறது, —பிரிக்கிறது ôter—, rompre l'enduit qui couvre un tas de blé;— போடுகிறது entasser du bois dans le feu ou dans un feu de joie; வானம் — ஆயிருக்கிறது le temps être couvert.

மூட்டல், opt. et n.v. de மூட்டுகிறது, action de joindre..., jonction, union, excitation, encouragement, redoublement, entretien,

மூட்டு, 1° bride, mors, jonction, jointure, articulation, joint, fente, couverture, couvercle, calomnie, médisance. 2° imp. et part. de மூட்டுகிறது:—க்கோட்டு calomnie; —போடுகிறது couvrir; —ப்பூச்சி, P. மூட்டுப்பூச்சி punaise; மூட்டிலடிக்கிறது frapper dans les jointures; மூட்டிலேபடுகிறது frapper à —, atteindre—, endommager la jointure; மூட்டைத் திருப்புகிறது retourner—, refaire la couverture ou le toit d'une maison, tordre le cou à quelqu'un.

மூட்டுகிறது, ட்டினேன், ட்டுவேன், ட்டு, ட்ட, v.a. மூட்டுதல், n.v. joindre,— ou attacher ensemble, unir, coudre ensemble (2 pièces de toile), faufiler, allumer, attiser, entretenir (le feu...), exciter (la haine, une querelle, la calomnie), augmenter: கயிற்றை— attacher des cordes ensemble; நெருப்பைமூட்டிவிடுகிறது allumer—, attiser le feu; சண்டைமூட்டிவிடுகிறது exciter à se quereller, à se battre, attiser le feu de la discorde.

மூட்டை, 1° punaise. 2° ballot, balle, paquet rempli—, sac de bagage, sac plein:—க்காரன் porte-faix, porteur de ballots. 3° P. மூட்டாய் tu ne joins pas...2e pers. nég. du préc. 4° acc. de மூட்டு.

மூண்டான், poivre. [மூளுகிறது.

மூண்ட, மூண்டு, part. et gér. de

மூதணங்கு, (மூது, அணங்கு), la vieille femme, voyez காமேசன்.

மூதண்டவேடத்தான், (மூது, அண்டம், வேடம்), montagne qui contient du zinc.

மூதலிக்கிறது. லித்தேன், லிப்பேன், லி, லிக்க, v.a. P. மூதலைக்கிறது, et மூதலித்தல், மூதலிப்பு, n.v. prouver, transporter une dette sur un autre. V. முதலைக்கிறது. [V. மூதேவி.

மூதவள், (மூது, அவள்), la vieille.

மூதறிஞன், pl. மூதறிஞர், (id. அறிஞன்), homme très-intelligent, d'un esprit mûr.

மூதறிவு, (id. அறிவு), esprit mûr, grand savoir, grande connaissance.

மூதா, l'insecte dit acarus ou இந்திரகோபம்.

மூதாக்கள், P. மூதாட்கள், (மூது, ஆட்கள்), ancêtres, anciens, vieillards

மூதாட்டி, (id. ஆட்டி), vieille,— femme.

மூதாதை, (மூ), grand-père, aïeul.

மூதாய், (id.), grand'mère, aïeule.

மூதாளர், (மூது, ஆளர்), anciens. vieillards. [வேம்பு.

மூதிக்கம், l'arbrisseau சிவனார்

மூதிரி, buffle.

மூதிரை, la 6me constellation lunaire dite திருவாதிரை.

மூது, adj. de முதுமை, devant une voyelle, vieux, ancien. [மூதறிவு.

மூதுணர்வு, (மூது, உணர்வு), V.

மூதுணர்ந்தோர், (id. உணர்ந்தோர்), V. மூதுவர்.

மூதுரை, (id. உரை), vieux dicton, proverbe, nom d'un poëme d'Avvéyar.

மூதுவர், (id.), frère aîné.

மூதேவி, (மூ), litt. la vieille déesse, la prétendue déesse de l'infortune, sœur aînée de Lakchimi: மூதேவிக்கடையவன் homme plus pauvre que Moûdèvi, un misérable gueux; —பிடிக்கிறது la déesse de la pauvreté i.e. une extrême misère saisir quelqu'un;—யென்றுசொல்லுகிறது appeler quelqu'un Moûdèvi i. e. gueux, (espèce d'injure.)

மூதை, 1° (மூது, ஐ), la vieille mère மூதேவி. 2° (முதை), terre dont

ஈடு

on a coupé, arraché et brûlé les arbres et qui est préparée pour le labour. 3° l'arbrisseau சங்கு.

மூத்த, *part. de* மூக்கிறது, vieux, ancien, âgé, ainé, le premier: —த மையன் le 1er des frères ainés; —பி ள்ளை le 1er enfant, l'ainé; —மகன் le 1er garçon, l'ainé: மூத்தவள் l'ainée, la plus agée, la sœur ainée de Lakchimi dite மூதேவி; மூத்தவன் l'ainé, le plus âgé, ancien, ancêtre, supérieur.

மூத்தல், *n.v. de* மூக்கிறது, être âgé, vieillesse, ancienneté, fin.

மூத்தாள், *n.app. de* மூக்கிறது, sœur ainée, vieille femme, la vieille மூதேவி, maitresse, — de maison, matrone, directrice, supérieure.

மூத்தார், (*id.*), frère ainé du mari, ainé.

*மூத்திரம், (moûtra), urine, pissat: -ஒழுகிறது l'urine s'écouler —, uriner involontairement, *ou* —பெ ய்கிறது uriner, pisser, faire de l'eau; மூத்திரகிரிச்சரம், -கிருச்சம், — கிரிச் சரம், —கிருச்சரம், *P.* —கிருச்சிரம் (*douleur*), strangurie gravelle, pierre; —சிலாசிந் obstruction —, ulcère au cou de la vessie —க்குளவி espèce de guêpe; —சங்கம் obstruction des voies urinaires, *V.* கிராஞ்சம்: —ம ங்கலம், —சர்க்கரம் urine couleur de lait, fleurs blanches, sorte de gonorrhée; —அடைப்பு rétention d'urine; கோசும் gonorrhée, *V.* சலமேகம்; —புடம் bas-ventre, abdomen; — ப்பை la vessie: —மார்க்கம் urètre. —கோதம் rétention d'urine.

*மூத்திராவம், (மூத்திரம், la *affixe*), strangurie, diurétique, concombre.

*மூத்திராசாரம், மூத்திராசகோசம், (*id.* ஆசாரம், ஆசகோசம்), strangurie. [vessie.

*மூத்திராசயம், (*id.* ஆசயம்), la

*மூத்திரோத்சங்கம், (*id* outsanga *adhésion*), pissement obstrué et lent, accompagné de sang.

மூத்தோன், *pl.* மூத்தோர், *n. app. de* மூக்கிறது, frère —, ainé, ancien, vieillard, Poulléyar, fils ainé de Siven: மூத்தோர் anciens, vieillards, ancêtres, aïeux, poètes, chefs, principaux, ministres d'état: —சொன்னவா [illegible] une parole dite par les —, une parole des anciens est de l'ambroisie.

மூப்பன், *pl.* மூப்பர், (மூப்பு), ancien, vieillard, homme âgé, supérieur, chef (parmi les bergers, les பள்ளர் ou cultivateurs et les Parias).

மூப்பி, *fém. du préc.* dame, — ou fille d'honneur, femme de distinction, matrone, *au pl.* மூப்பிச்சிகள், மூப்பிமார்.

மூப்பு, *n.v. de* மூக்கிறது, ancienneté, vieillesse, âge avancé, supériorité, prééminence, surveillance: மூ ப்பாகிறது vieillir; மூப்பாயிருக்கி றது être âgé, —chef, — supérieur, exceller, l'emporter sur les autres; மூப்பாகாரியக்காரன் principal employé, gouverneur (au Travancor).

மூய்கிறது, மூய்த்தேன், மூவேன், ம், ய, *v.a.* மூய்தல், *n.v. ou* மூய்க்கிறது, மூய்த்தேன், மூப்பேன், ம், மக்க, *v.a.* மூய்த்தல், *n.v.* couvrir. [dent.

மூரல், rire, sourire, riz cuit,

மூரி, bœuf, taureau, buffle, bosse du bœuf indien, paresse, apathie, engourdissement, — de paresse, fente, brisement, fracture, rupture, brèche, ancienneté, antiquité, vieillesse, grandeur, force, inégalité de feuille de palmier raboteuse: —மூரி க்கிறது s'étendre les membres pour dissiper l'engourdissement; — யோலை feuille de palmier —, ole raboteuse, — peu propre à écrire.

மூரை, espèce d'huitre.

*மூர்க்கம், 1° (moûrkha), folie, ignorance, bêtise, stupidité, idiotisme, pois, — dit phaseolus radiatus. 2° obstination, opiniâtreté, entêtement, pertinacité, opposition provenant de haine, colère, rage, véhémence, animal rétif, chose qui résiste. 3° ver de terre, ver intestinal, ver solitaire: —குணமாயிருக்கிறது être obstiné, opiniâtre, entêté, sot, fou; — குணமேறி, மூர்க்கவெறி

obstination outrée, fureur, passion indomptable; மூர்க்கக்குதிரை cheval rétif, vicieux; —த்தனம் obstination, opiniâtreté, opposition.

*மூர்க்கன், (id.), homme obstiné, opiniâtre, entêté, bourru, orgueilleux; மூர்க்கனும் முதலையும் கொண்டது விடா l'homme obstiné et le crocodile ne lâchent pas ce qu'ils ont saisi; pl. மூர்க்கர் gens obstinés, sots, ignorans, vils, vaurieus; மூர்க்கரோடிணங்கேல் ne t'associe pas aux gens opiniâtres, aux méchans, aux insensés, aux vauriens.

*மூர்க்கி, fém. du préc. femme opiniâtre, entêtée, orgueilleuse.

மூர்க்கித்திறது, க்கித்தேன், க்கிப்பேன், க்கி, க்கிக்க, v.n. (மூர்க்கம்), s'obstiner, s'opiniâtrer, s'entêter, devenir —, être furieux.

*மூர்ச்சனம், மூர்ச்சனை, (மூர்ச்சனா, ana), défaillance, syncope, évanouissement, perte de la connaissance, mélange, mixtion, calcination du mercure avec du soufre, ton ou demi-ton de la gamme, le 7me de l'échelle musicale.

*மூர்ச்சாலம், (மூர்ச்சனா, la), évanouissement, insensibilité.

மூர்ச்சிக்கிறது, ச்சித்தேன், ச்சிப்பேன், ச்சி, ச்சிக்க, v.n. (மூர்ச்சை), et மூர்ச்சித்தல், n.v. s'évanouir, tomber en défaillance, en syncope, perdre connaissance.

*மூர்ச்சிதம், (மூர்ச்சா, ita), et மூர்ச்சிப்பு, n.v. de மூர்ச்சிக்கிறது, insensibilité, stupidité, ignorance, hauteur, augmentation, ou

*மூர்ச்சை, (moûrtchtchhâ), évanouissement, faiblesse, pâmoison, syncope, défaillance, léthargie, perte de la connaissance, langueur; — தீர்த்துகிறமருந்து remède pour faire revenir d'un évanouissement; — தெளிகிறது, — தெளிந்துவருகிறது l'évanouissement se dissiper, revenir d'un évanouissement, recouvrer la connaissance; — பட்டுப்போகிறது, — போகிறது, — யாய்க்கிடக்கிறது s'évanouir, tomber en pâmoison, en défaillance; — யாய்க்கிடக்கிறது être étendu évanoui, — sans connaissance; — வாயு flatuosité qu'on suppose causer l'évanouissement.

*மூர்த்தன், (மூர்த்தம், ka), homme de la caste militaire.

*மூர்த்தசம், (id. சம்), ce qui naît de la tête, cheveu.

*மூர்த்தம், 1° sync. de முகூர்த்தம், durée de 2 heures indiennes ou 48 minutes européennes, temps astrologique favorable. 2° (mourtta), solidité, chose matérielle, ce qui a une figure ou forme, corps. 3° (moûrddhan), tête; மூர்த்தம்-அ les 8 formes prétendues de Siven, V. அஷ்டமூர்த்தம்; மூர்த்தகுடை, - கோலம், — கோலம், (கோலம், khôla, — ka casque), espèce d'ombrelle; — பாஷாணம் l'arsenic dit நீலபாஷாணம்; — புஷ்பம் l'arbre சிரீஷம்; — நுரை écume de cauge, — de riz qui bout; — வேஷ்டனம், — வேட்டணம் ce qui entoure la tête, turban, diadème.

*மூர்த்தாபிஷிக்தன், (மூர்த்தம் tête, abhichikta oint), homme oint sur la tête, Kchattriyen ou homme de la caste militaire, roi, prince, ministre d'état, homme de caste mêlée (né d'un brame et d'une femme Kchattriya).

*மூர்த்தி, 1° (moûrtti), corps, figure, forme, matière, substance, objet, solidité, manière. 2° chef, Dieu, Siven, Bouddha, Arouguen; — தரிப்பிக்கிறது faire prendre —, donner une forme, une figure, consacrer une idole et (au dire des Indous) y faire entrer et y attacher une divinité, ou plutôt un démon; உம்முடைய மூர்த்தி வந்ததினால் litt. parce que votre corps est venu, par votre présence; மூர்த்திகள் les corps..., réunion des 3 prétendus dieux, Brama, Vichnou, Siven, V. திரிமூர்த்தி.

*மூர்த்திகரம், (மூர்த்தி), divinité, providence, opération —, action divine.

*மூர்த்திகன், (id. ka), Soupramanien fils cadet de Siven, Bhaïraven.

ou வயிரவன் censé une des formes de Siven.

*மூர்த்தினி, (மூர்த்தம், ini), tête.

*மூர்வை, (moùrvâ), plante rampante, sanseviera zeylanica, dont les fibres servent à faire des cordes d'arc et la ceinture des Kchatriyas.

*மூலகம், (மூலம், ka), racine mangeable, raifort dit முள்ளங்கி, grosse espèce d'igname: மூலகபணம் (pana *mesure*), poignée de raiforts.

*மூலசம், (*id.* சம்), céréale—, plante qui vient d'une racine.

*மூலம், 1° (moûla), origine, cause, principe, moyen, entremise, commencement, pied, base, fond, fondement, racine, — d'arbre, — de plante, — bulbeuse, radical, racine (carrée, cubique en algèbre), le capital, le principal (opposé aux intérêts), la 19me constellation lunaire, la queue du Scorpion, original, texte (opposé au commentaire dit உரை ou டீகை), proximité, propriété, le propre, ce qui est particulier. 2° supériorité, primauté, le fondement ou l'anus qui est le 1er des ஆதாரம், hémorroïdes, le poison dit காலம்பபாஷாணம்: அவன்மூல ம் ou மூலமாய் par son moyen, par son entremise: அவனதுக்குமூலம் il est la cause ou l'auteur de cela; பணமேமயக்காரணா — l'argent est une cause ou un principe d'orgueil: ஆதி —la 1re cause, le 1er principe, Dieu, (en style païen) Vichnou, origine, racine; இரத்த— hémorroïdes, flux de sang; உள்— ténesme; சீ — évacuations—, selles glaireuses et blanchâtres; புற—, வெளி – hémorroïdes visibles à l'extérieur; வறள் — constipation: மூலகந்தம் l'herbe ou la racine odoriférante dite வெட்டிவேர், racine odoriférante, — de plante ou d'arbre; — காரணம் cause première; — கருமம் magie, action principale, *V.* சட்கருமம்; — காரியம் chose principale, fondamentale; — காரிகை l'actrice principale, place du feu; — கிருச்சிரம் pénitence qui consiste à se nourrir de racines; — கிரகணி dysenterie, hémorroïdes, ténesme; — கொப்புளம் éruption —, ulcère au derrière; — க்ஷாரம் l'arsenic naturel dit சந்தைப்பாஷாணம்; — க்ஷாரன் homme qui a les hémorroïdes, — d'un tempérament chaud ou ardent; — கிராந்தி, — க்ஷாரம்வை hémorroïdes: — கிராணி dysenterie: — கொதி échauffement au derrière; — சுரம் sinus naturels; — சுரமாசிமயம் table des sinus; — சோதி splendeur ou lumière originelle, *i.e.* Dieu; — ஸ்தானம் place principale, principal siége—, place intérieure d'une statue, sanctuaire, résidence d'un roi, l'air, l'atmosphère, Dieu, place originelle, matrice; — தனம், — திரவியம் capital, principal, fonds, — primitif, trésor accumulé par les ancêtres; — தட்டசந்தம் l'exposé, exposita; — தேவன் Kansa ou கஞ்சன் oncle et ennemi de Krichna et qui lui-même est censé l'incarnation d'un demi-dieu ou தேவன்; — தன ம் — திரவியம் argent comptant, *V.* மூலதனம்; — தாரணம், *V.* மூலநிதாரணம்; — திருவம் longitude d'un astre à une époque donnée qui sert de point de départ; — நாள், — நக்ஷத்திரம் la 19me constellation lunaire, 4 étoiles de la queue du Scorpion; — நோய் hémorroïdes; — பஞ்சாட்சரம், les 5 lettres fondamentales d'une secte, *V.* மூலமந்திரம்; — பத்திரன், *V.* மூலதேவன்; — பலம் quartier général, principal corps d'une armée (d'où on envoie des détachemens); — பாடம் texte original (sans உரை ou commentaire); — பாஷை, — பாடை langue originale (dans laquelle un livre ou un billet a été écrit), langue primitive, le Sanscrit pour les brames, le Pâli pour les Bouddhistes; — பட்டை corps principal—, gros de l'armée; — பிரகுதி, — பிரகிருதி énergie passive de la création, matière primitive, illusion cause de la création, ou des choses matérielles (selon certains philosophes indous); — விருத்தியன் serviteur héréditaire, vieux serviteur;— மந்திரம் principale prière mystique de chaque secte (distincte du சாமந்திரி qui est propre à toutes les sectes indoues); — மலம் souillure primitive, *i.e.* l'orgueil dit ஆணவம், le 1er des 3 மலம்;— ரோகம் hémorroïdes;— வாயு vent ou flatuosité des intestins; — வாயுவையெழுப்புகிறது faire monter—, chasser en haut les vents intérieurs;— விக்கிரகம் idole du sanctuaire (la plus reculée des temples indous, d'où on ne l'ôte jamais excepté dans des cas extraordinaires; elle est différente de l'idole de procession dite உற்சவவிக்கிரகம் qu'on met dans une antichambre);— வியாதி hémorroïdes; —வல்லி la plante qui donne le bétel;—விருள், (இருள்), les principales ténèbres de l'âme, *i.e.* l'orgueil dit ஆணவம்;—வுவமை, (உவமை), comparaison d'une qualité contenue dans un objet comme ஆணவம்போலிருள்பிரகிருதி la nature ressemble à l'orgueil; —வேர் racine principale; மூலத்திண்சாரம் urine, sel de roche.

*மூலாக்கிரம், (மூலம், அக்கிரம்), la racine ou le bas et le sommet, le commencement et la fin.

*மூலாக்கினி, (*id.* அக்கினி), chaleur de l'estomac, faim, appétit, terme technique des yoguis sivénistes; — வசயிருக்கிறது être affamé, avoir grand appétit; மூலாக்கினியை முடுக்குகிறது faire monter—, pousser en haut la chaleur intestinale.

*மூலாசனம், (*id.* அசனம்), repas—, vivre de racines.

*மூலாதாரம், (*id.* ஆதாரம்), la 1re des 6 régions du corps humain dites ஆறாதாரம், le fondement et les hanches, le postérieur, fondement, base: —ஆன fondamental.

*மூலி, (மூலம், i), ce qui a des racines, arbre, plante, racine bulbeuse, — médicinale: —க்காரணம் commencement, billet de cession; — பிரயோகம் emploi des simples (dans la médecine).

*மூலிகம், மூலிகை, மூலிக்கை, (*id.* ika), racine d'arbre, de plante, racine —, plante médicinale, simple: காட்டுமூலிகைகள் racines médicinales sauvages, — des bois ou des champs.

*மூலியம், (moûlya), prix, salaire, gage, objet acheté, moyen, entremise.

மூலை, maison, coin, recoin, angle, encoignure, points intermédiaires entre les 4 points cardinaux, savoir தென்கிழக்கு —le sud-est ou le coin sud-est; தென்மேற்கு— le sud-ouest... வடகிழக்கு— le nord-est..., வடமேற்கு — le nord-ouest, ou le coin nord-ouest; மூலைக்கல் pierre angulaire;— க்காற்று vent qui vient d'un point intermédiaire entre 2 points cardinaux; —க்குடா coin d'un angle, cavité —, baie ou golfe à forme angulaire; — த்திசை coin —, angle ou rhombe intermédiaire, *v. g.* sud-est, (opposé à பெருந்திசை les 4 points cardinaux primitifs); — யரம் lime triangulaire; — வோட்டம் course vers un coin intermédiaire, ce qui n'a pas un angle droit ou égal; — விட்டம் diagonale; — நாராசமாய், மூலைக்குமூலை diagonalement; மூலைக்குமுட்டாய் ou முளைமாயிருக்கிறது être un étai ou un instrument pour un coin, n'être bon à rien, être mis à remotis, mis de côté; மூலையிலொதுங்கு,— ஒதுங்கியிரு retire-toi —, tiens-toi retiré ou caché dans un coin; — இருக்கிறது être dans un coin, — à la maison; —இருக்கிறவனைமுற்றத்துக்கிழுக்கிறது tirer dans la cour celui qui est dans un coin de la maison, l'engager dans une querelle, dans un procès; அந்தமூலையிலேபார் regarde dans ce coin.

மூவசைச்சீர், (மூ, அசை), pied de 3 syllabes métriques dit aussi உரிச்சீர்.

மூவிணை, (*id.* இணை), 3 paires de bœufs.

மூவரசர்,(*id.* அரசர்), 3 rois, les 3 rois, les 3 dynasties royales de சேரர், சோழர் et பாண்டியர்.

மூவர்,(மூ),3 personnes, les 3 personnes divines, ou la très-sainte Trinité, le திரிமூர்த்தி ou la triade indienne, triade de personnes: அவர்கள் மூவரும் tous les trois; மூவர்பாடல் le chant des 3 poëtes, poëme dit தேவாரம் en l'honneur de Siven composé par சம்பந்தர், அப்பர் et சுந்தரர்.

மூவளவை,(*id.* அளவை), les 3 mesures ou bases de jugement, *voyez les au mot* அளவை.

மூவா, மூவாத, *part. nég. de* மூக்கிறது, qui ne vieillit pas, ne finit pas, continuel, éternel: மூவாமுதல் le principe éternel, immuable, Dieu qui ne vieillit pas et ne meurt jamais).

மூவாசை,(மூ, ஆசை), la triple concupiscence, les 3 désirs (auxquels renonce le சந்நியாசி), savoir: மண்ணாசை le désir de la terre et des propriétés, பெண்ணாசை le désir des femmes, la luxure, பொன்னாசை le désir de l'or ou des richesses.

மூவாட்டை, (*id.* ஆட்டை), de 3 ans, *ou* மூவாட்டையான triennial.

மூவாணிபர், (மூ), les 3 espèces de marchands. [mille.

மூவாயிரம், (*id.* ஆயிரம்), trois

மூவாறு,(*id.* ஆறு), 3 fois 6 ou 18.

மூவிசை, (*id.* இசை), les 3 parties ou les 3 tons principaux de la musique, savoir: மந்தவிசை la basse, சமவிசை ou மத்திமவிசை la taille, வல்லிசை *ou* தாரவிசை le dessus, *V. au mot* இசை.

மூவிடம், (*id.* இடம்), les 3 personnes (en grammaire), *i.e.* தன்மை la 1re personne, நான் moi; முன்னிலை la 2e personne, நீ toi; படர்க்கை la 3e personne, அவன் lui... [2 ou 6.

மூவிரண்டு, (*id.* இரண்டு), 3 fois

மூவிருபது,(*id.*),3 fois vingt ou 60.

மூவிலை, (*id.* இலை), 3 feuilles, la plante நரிப்பயறு phaseolus trilobatus: —வேல் trident.

மூவுகிறது, *v. n.* éviter, se retirer, être fini, finir, *P.* மூக்கிறது. [fin.

மூவுதல், *n.v. du préc.* retirement,

மூவுலகம்,(மூ, உலகம்), les 3 mondes, *i.e.* பரலோகம் le ciel, பூலோகம் la terre, et நரகம் *ou* பாதாளம் l'enfer ou l'abyme; mais selon plusieurs Indous, பூமி la terre, அந்தரம் l'air ou les régions éthérées et சுவர்க்கம் le ciel ou le Souvarkam.

மூவுலகாதாரன்,(*id.* ஆதாரம்), celui qui soutient les 3 mondes, *i. e.* Dieu.

மூவுலகாளி, (*id.* ஆளி), celui qui gouverne les 3 mondes, *i.e.* Dieu (et à tort) Indiren. [des, *V.* மூவுலகம்.

மூவுலகு, (*id.* உலகு), les 3 mon-

மூவுலகுணர்ந்தோன், (*id.* உணர்ந்தோன்), celui qui connait les 3 mondes et sait ce qui s'y passe, *i. e.* Dieu, (et à tort) Arouguen.

மூவுலகேந்தி, (*id.* ஏந்துகிறது), celui qui porte ou soutient les 3 mondes, *i.e.* Dieu.

மூவுழக்கு, (*id.* உழக்கு), 6 huitièmes, *i.e.* 3/4 de la mesure dite படி (la marque du மூவுழக்கு est ஙு): மூவுழக்கரைக்கு 7 huitièmes de cette mesure. [24.

மூவெட்டு,(மூ, எட்டு), 3 fois 8, *i.e.*

மூவேழு, (*id.* ஏழு), 3 fois 7, *i.e.* 21.

மூவைந்து, (*id.* ஐந்து), 3 fois 5, *i.e.* 15. [9, *i.e.* 27.

மூவொன்பது,(*id.* ஒன்பது), 3 fois

மூவொன்று,(*id.* ஒன்று), 3 fois 1, *i. e.* 3.

மூழ், மூழை, cuillère de pot (formée d'une moitié de coquille de coco avec un manche en bois), pelle, palette ou spatule pour remuer un potage...), batte à beurre, étang, riz cuit.

மூழ், *P.* முகிழ், bouton de fleur.

மூழ்கல், *opt. et n. v. de* மூழ்குகிறது, bain, plongeon, submersion, ruine, perte.

மூழ்குகிறது, *sync.* மூழ்கிறது, கினேன், குவேன், கு, க, *v.n. contraction de* முழுகுகிறது, se baigner, se laver, plonger, couler à fond, enfoncer, être submergé, — ruiné, périr.

முழ்குவிக்கிறது, v.caus. du préc. plonger, submerger, enfoncer dans l'eau..., couler à fond, baigner.

மூழ்க்கிறது, மூழ்த்தேன், மூழ்ப்பேன், மூழ்க்க, v. a. et n. மூழ்த்தல், n. v. presser, fouler, appuyer sur, entasser, accumuler, s'attrouper, s'amonceler, fourmiller.

மூளல், opt. et n.v. de மூளுகிறது.

மூளி, objet défectueux, personne ou animal qui a un défaut (à l'oreille, au nez ou à un autre membre), qui a l'oreille déchirée, rognée ou coupée, personne —, femme sans pendans d'oreilles, vase dont le bord est cassé, chose sans bord ou bordure, bouteille dont le cou est cassé, boite, coffre: — க்காதுடனேவந்தாள் elle est venue sans bijoux aux oreilles; —க்காதுள்ள sans oreilles, sans bijoux aux oreilles, qui a les oreilles coupées ou défectueuses; —ச்சட்டி, —ப்பானை cruche cassée, dont le bord est cassé; — முக்காடு coiffe, voile défectueux, —qui ne couvre que la tête; —யுதடு lèvre coupée, qui a quelque défaut, bec-de-lièvre; — வாய் ce qui a la bouche —, bouche endommagée, boite, coffre.

மூளுகிறது ou மூள்கிறது, மூண்டேன், மூளுவேன் ou மூள்வேன், மூளு ou மூள், மூள, v.n. மூளுதல், n. v. s'allumer, prendre feu, s'enflammer, s'efforcer, s'habituer, V. கூடுகிறது: மூளப்பண்ணுகிறது, — வைக்கிறது allumer, mettre le feu, enflammer; மூண்டெரிகிறது s'allumer, s'enflammer; கோபமூண்டவன் homme enflammé de colère; அவர்களுக்கோபம் நமதுமேல்மூண்டது leur colère s'est enflammée contre nous.

மூளை, 1° cervelle, moelle, — des os, substance médullaire, une des 7 parties constituantes du corps humain dites தாது-s, boue. 2° P. மூளாய் tu ne t'enflammes pas... 2° pers. nég. du préc. மூளையிதறவடிக்கிறது, faire sauter la cervelle (à force de coups ou par un coup violent), frapper à briser la cervelle.

மூன்கிறது, V. மூளுகிறது.

மூனுவா, V. பெருங்குரும்பை.

மூற்கம், P. மூர்க்கம்.

மூற்சிக்கிறது, மூற்சை, P. மூர்ச்சிக்கிறது, மூர்ச்சை.

மூற்தி, P. மூர்த்தி.

மூன்றக்கினி, (மூன்று, அக்கினி), 3 espèces de feux, V. ஆகவநீயம், காருகபத்தியம், தக்ஷிணாக்கினி [ஒரு], un tiers.

மூன்றத்தொருபங்கு, (id. அத்து,

மூன்றாம், (id. ஆம்), troisième: — கால் 3me degré (de parenté...), pieu ou colonne du pandel des noces qu'on plante le 3me jour avant le mariage: — எழுத்தொன்றெதுகை consonnance ou rime de la 3me lettre des vers d'une strophe, les 2 premières lettres ayant la même quantité, ainsi கை fait la rime dans பொய்கை et நன்கை.

மூன்றாவது, (id. ஆவது), troisièmement: மூன்றாவதான troisième; மூன்றாவதாய் troisièmement.

மூன்று, trois: —தரம், — விசை 3 fois; — லோகம் les 3 mondes: சொர்க்கம், மத்தியம், பாதாளம் le ciel, la terre et l'enfer, V. மூவுலகம்; —வகைவிதி, V. ஆகிய சத்திராக்குறைவிலோக்கிதி-s; மூன்றாய்மடக்கிறது plier en trois, tripler: மூன்றிராசாக்களின் திருநாள் la fête des 3 rois, i. e. de l'Épiphanie; மூன்றிலொருபங்கு un tiers, un sur trois: மூன்றிலொன்று un sur trois, un des trois, un tiers. மூன்று suivi d'un nom commençant par une consonne se change souvent en மு et double la suivante quelle qu'elle soit. Ex. முக்கால் 3 quarts. Suivi d'une voyelle, il se change en மூ qui prend un வ் euphonique, ou en மு qui en prend deux: மூவரசர் ou முவ்வரசர் trois rois.

[ம் et de எ, mé bref.

மெ, lettre syllabique composée de

மெச்சல், opt. et n.v. de மெச்சுகிறது, éloge, louange, panégyrique.

மெச்சாதவர்கள், மெச்சாதவிருந்தினர், n. app. et part. nég. du suiv. gens qui ne louent pas, amis, hôtes, — bien venus.

மெச்சுகிறது, ச்சினேன், ச்சுவேன், ச்சு, ச்ச, *v.n.* மெச்சுதல், *n.v.* *P.*மெய்ச்சுகிறது.

மெஞ்ஞலம், force.

மெஞ்ஞானம், மெஞ்ஞானி, *P.*மெய்ஞ்ஞானம், மெய்ஞ்ஞானி.

மெட்டு, chevalet d'un instrument à cordes, bois ou fourré de broussailles, bois qui entoure un village et lui sert de fortification, bureau de douane, lieu où l'on paie les droits, *V.*குளிப்பு: பெரிய— principal bureau de douane; —க்காரன், —ச்சேவகன் gardien d'un tel fourré, pion placé à l'entrée d'un tel bois, douanier, garde qui examine les gens qui entrent dans le village et en sortent.

மெது, *P.*மிருது, doux (de caractère ou au toucher), poli, uni, émoussé, tendre, bon, mou, lent: —காணி, *V.*உருக்குவலை.

மெதுக்கு, espèce d'arbrisseau.

மெதுமெதுக்கிறது, த்தேன், ப்பேன், து, துக்க, *v. n.* (மெது, மெது), *ou* மெதுமெதென்கிறது, être doux, tendre, mou au toucher.

மெதுமெதுத்தல், மெதுமெதுப்பு, மெதுமெதெனல், *n. v. du préc.* douceur, mollesse.

மெதுவு, (மெது), douceur (de caractère ou au toucher), poli, mansuétude, bonté, mollesse, lenteur: மெதுவாகிறது s'adoucir devenir doux; மெதுவாய் doucement, lentement, modérément; மெதுவாய்ப்பேசுகிறது parler doucement, lentement; மெதுவான doux, poli, mou, tendre, modéré, lent; மெதுவானவன் homme doux: மெதுவுபண்ணுகிறது, மெதுவாக்குகிறது polir, rendre doux, uni, adoucir, amollir.

மெத்த, *inf. de* மெத்துகிறது, *ou* மெத்தவும், beaucoup, grandement, fortement: மெத்தமெத்தக்கேட்டேன் j'ai demandé avec beaucoup d'instances; மெத்தவுங்கோபிக்கிறது se fâcher fortement; மெத்தவுப்பெரிது très-grand; ஆ அ மெத்த புதுமை ah! c'est bien extraordinaire, ah! c'est fort étrange.

மெத்தனவு, *P.* மெத்தெனவு, douceur, (de caractère ou au toucher), poli, délicatesse, mollesse: மெத்தனவாயிருக்கிறது être doux, poli, plein de douceur; மெத்தனவுள்ளவர் gens doux; மெத்தனவைவெட்டனவுவெல்லாது la furie ne vaincra pas la douceur.

மெத்து, (மெது), douceur, poli, mollesse, délicatesse.

மெத்துகிறது, த்தினேன், த்துவேன், த்து, த்த, *v.n.P.* மிகுகிறது *ou* மெத்துதல், *n.v.* grandir, augmenter, abonder.

மெத்தென்கிறது, மெத்தென்றிருக்கிறது, (மெத்து), être doux, *poli*, uni, mou, tendre, délicat: மெத்தென doucemement, mollement, délicatement; மெத்தெனப்படுத்தல் நித்திரைக்கழகு se coucher doucement ou mollement provoque le sommeil.

மெத்தெனல், மெத்தெனவு, *n.v. du préc.* douceur, poli, mollesse, délicatesse.

மெத்தை, matelas, couette, lit, habit, veste, étage, terrasse, maison à étage, —à terrasse, nom d'une plante: —தைக்கிறது coudre un matelas...; —ப்பாய் natte doublée et pliante pour lit; —யிடுகிறது terrasser, faire une terrasse, la paver; —வீடு maison à étage, —à terrasse.

மெத்திதி, échafaud, *V.* ஏதனடை.

மெய், *gén.* மெய்யின், verité, le vrai, réalité, corps (c'est l'organe du toucher), consonne (qui est comme le corps du mot, tandis que la voyelle dite உயிர் on est la vie et lui donne le son), mot, sens des mots; *adj.* vrai, véritable, réel: —க்காப்பாளர் gardes du corps; —காவல் la garde du corps, garde fidèle; —கூறல் proclamer —, dire la vérité: —கொள்ளுகிறது s'incarner, prendre un corps, —du corps, grossir, *V.* மெய்க்கொழுக்கிறது; —க்கவசம் armure cuirassé, cotte d'armes, gilet, vêtement; — க்காட்டுகிறது montrer son corps, — sa force corporelle, être prêt pour un exercice d'athlète; — க்கிளை commencement d'embonpoint du corps; — க்கீர்த்திமாலை la guirlande de la vraie renommée, c'est le 23me des பிரபந்தம், poême où l'on célèbre la caste et les hauts faits de quelqu'un en strophes dites கட்டளை ou சொற்சீரடி; — க்கொட்டை noyau —, germe du fruit du jaquier; — க்கொள்ளுகிறது croire, prendre pour vrai, V. மெய்ம்மைகொள்ளுகிறது; — க்கோள் arrhes, avance; — க்கோளாய்வாங்குகிறது recevoir en avance (de l'argent ou de la marchandise); — சொல்லுகிறது dire la vérité; — ச்சுதி nouvelle —, chose vraie, vérité; — ஞானம் vraie sagesse; — ஞானஆகாரம் nourriture spirituelle; — ஞானசரீரம் corps mystique; ஒருவனுடைய இருதயத்தை — ஞானநெறியிற்றிருப்புகிறது convertir le cœur de quelqu'un à la vraie sagesse; — ஞானநெறியெய்துகிறது parvenir au chemin de —, obtenir la vraie sagesse; — ஞானி vrai sage; — நலம், — ந்நலம் avantage —, force corporelle; — நூலவன், — நூல்வலவன் celui qui enseigne la vraie science, (épithète donnée par les Indous à) துரோணன் maître d'armes des பாண்டவர் et des குருவர்; — புகுகருவி instrument dans lequel entre le corps, i.e. la cuirasse, les habits: — ப்படாம் manteau, robe, habit qui couvre tout le corps, rideau: — ப்படுகிறது se vérifier, se trouver —, être vrai, se réaliser; — ப்படுத்துகிறது rendre vrai, réaliser, vérifier, prouver; — ப்பட்டிருக்கிறது être vérifié, prouvé, trouvé vrai; — ப்பரிசம் tact, contact —, sensation du corps, connaissance obtenue par le tact: — ப்பாடு réalisation, se vérifier, effort —, peine corporelle, — véritable, apparence qui manifeste l'intention; — ப்பை, *litt.* le sac du corps, robe, vêtement, habit étroit, — qui s'adapte au corps, et le serre: — ப்பொருள் vraie richesse, vrai bonheur, science, bonne doctrine, la vérité, Dieu (la véritable substance); — ப்பொறி les sens du corps, *i.e.* les 5 organes des sens dits ஞானேந்திரியம், et les 5 organes d'action dits கன்மேந்திரியம், V. *au mot* இந்திரியம்; — மதம், — ம்மதம் la vraie religion; — மயக்கம், — மயக்கு union d'une consonne à une autre lettre, on en distingue 2 sortes: உடனிலைமெய்ம்மயக்கு duplication d'une consonne, et வேற்றுநிலைமெய்ம்மயக்கு union d'une consonne à une consonne différente; — மலம் —, மாசு excrémens humains, ordure —, tache —, saletés ou souillures du corps; — மறதி, *litt.* oubli de son corps, — de soi-même, pamoison, évanouissement (où l'on perd la connaissance), colère, ivresse; — மறக்கிறது, *litt.* oublier son corps, *i.e.* perdre la connaissance, s'oublier soi-même, s'évanouir, être ivre, — transporté de colère ou par la passion; — முகில், V. மெய்க்கிளை; — யாக, — யாகவே (ய் *euphonique*), véritablement, vraiment; — யாக்குகிறது rendre vrai, réaliser, prouver, vérifier; — யாயிற்று cela s'est réalisé, s'est trouvé vrai, s'est vérifié; — யுணர்தல், — யுணர்வு connaissance —, sentiment de la vérité, bonne —, vraie intelligence, jugement sain, droit; — யுரை parole vraie, véracité, véridicité; — யுரைத்தல் dire la vérité, explication d'un texte, commentaire; — யுவமம் comparaison vraie, — avec un objet véritable, *v.g.* l'éclat de telle pierre précieuse ressemble à la lumière du soleil; — யுறுபுணர்ச்சி union de consonnes, copulation véritable, connaître au tact; — யுறை, *litt.* fourreau du corps, robe, vêtement, cotte d'armes. cuirasse; — யெழுத்து consonne, — sans voyelle; — யென்றிருக்கிறது prendre pour —, croire vrai; — வசை médisance, publier —, dire les défauts véritables, décrire les défauts du corps; — வார்த்தை bon souhait, félicitation sincère, description des membres du corps; —வழிநீர் urine; —விரதன் le véridique, (épithète de) யுதிஷ்டிரன் ou தருமராசா l'aîné des Pândavers, (et de) வீடுமன் ou Bhismen, son grand oncle; — விவாகம் vrai —, mariage, —contracté avec le consentement de l'époux, de l'épouse et de leurs parens; — விவாகத்திலே l'état du mariage.

மெய்க்கிறது, ய்த்தேன், ய்ப்பேன், ய், ய்க்க, v.n. se trouver—, être vrai, véridique, fidèle, se vérifier, se réaliser.

மெய்ச்சுகிறது, ச்சினேன், ச்சுவேன், ச்சு, ச்ச, v.a. மெய்ச்சல், மெய்ச்சுதல், n.v. louer, exalter, célébrer, vanter: மெய்ச்சிக்கொள்ளுகிறது se louer, se vanter, se glorifier.

மெய்ச்சுவிக்கிறது, v. caus. du préc. faire louer...

மெய்த்தல், n.v. de மெய்க்கிறது, vérification, réalisation.

மெய்ப்பிக்கிறது. மெய்ப்பித்தல், v. caus. de மெய்க்கிறது, rendre vrai, —recommendable, vérifier, affirmer, certifier, prouver, faire louer.

மெய்ப்பிரம், nuage.

மெய்ப்பு, n.v. de மெய்க்கிறது, réalisation, vérification, preuve, vérité, louange.

மெய்மை, (மெய்), vérité, véracité, idée, pensée, intention: — கூறல் proclamer —, dire ou avouer la vérité, véracité. [véridique.

மெய்யப்பன், (id), n.pr. Vérus, le

மெய்யன், pl. மெய்யர், (id.), homme —, véridique, fidèle, loyal, probe, sûr, le véridique, i.e. Dieu, fils: மெய்யர் gens véridiques, les sages, (et ceux qu'on suppose tels) les brames, les richis ou mounis, les fils.

மெருகம், adj. de மெருகு, d'arum.

மெருகு, (P. மெழுகு). poli, douceur au toucher, brillant, lustre, la racine bulbeuse மெருகங்கிழங்கு arum macrorhizon, V. மெழுக்கு: — சுண்ணாம்பு chaux fine (pour stuquer...), plâtre; மெருகாயிருக்கத்தேய்க்கிறது frotter pour donner le poli ou le lustre; மெருகிடுகிறது polir, rendre doux au toucher, donner le lustre, lisser, aplanir, vernir, V. மெழுக்கிடுகிறது; மெருகிட்டுக்கொள்ளுகிறது polir pour soi, se donner du lustre: மெருகெண்ணெய் vernis, huile pour donner le lustre aux ouvrages de menuiserie.

மெலிகிறது, லிந்தேன், லிவேன், லி, லிய, v.n. et மெலிதல், n.v. (மெல்), ou மெலிந்துபோகிறது, maigrir, dépérir, devenir maigre, mince, faible, étique, fluet, s'épuiser, s'affaiblir, se retirer: மெலிந்திருக்கிறது être maigre, mince, exténué, étique, faible: சரீரமெலிந்தது le corps a maigri, a dépéri, est épuisé; மெலியப்பண்ணுகிறது ou

மெலிக்கிறது, லித்தேன், லிப்பேன், லி, லிக்க, v.a. du préc. faire maigrir, — dépérir, adoucir, affaiblir, amincir, amoindrir, —le son, changer une lettre dure en sa douce, v.g. தட்டை en தண்டை.

மெலிதல், n.v. de மெலிகிறது, amaigrissement, épuisement, affaiblissement.

மெலித்தல், n.v. de மெலிக்கிறது, amaigrissement, affaiblissement, adoucissement, —du son, changement des lettres fortes en douces.

மெலிந்த, part. parf. de மெலிகிறது, maigri, maigre, dépéri, exténué, faible, adouci: —வோசை, (ஓசை), son grêle, adouci, affaibli, faible.

மெலிந்தவன், மெலிந்தோன், n. app. du même, homme maigre, exténué, appauvri, infortuné.

மெலியது, (மெல்), ce qui est doux, faible, mince, léger, fin, délicat.

மெலிவிக்கிறது, v. caus. de மெலிகிறது, diminuer l'épaisseur, polir, rendre doux au toucher, V. மெலிக்கிறது.

மெலிவு, n.v. de மெலிகிறது, maigreur, dépérissement, minceur, épuisement, peine: மெலிவடைகிறது maigrir, dépérir s'épuiser, s'appauvrir, tomber dans la détresse, se chagriner.

மெலு, (மெல்), monnaie usée, mince, légère, qui n'a pas le poids légal (terme de changeurs, le contraire de வலு), homme vil.

மெலுக்கு, beauté extérieure.

மெல், 1° *adj.* mince, doux, fin, délicat. 2° *imp. et part. de* மெல்லுகிறது.

மெல்ல, 1° (மெல்), doucement, modérément, peu à peu, délicatement: மெல்லமெல்ல très-doucement, peu à peu. 2° *inf. de* மெல்லுகிறது.

மெல்லணை, (மெல், அணை), matelas, — mollet.

மெல்லல், *opt. et n.v. de* மெல்லுகிறது, mastication.

மெல்லன், (மெல்), chef de pays ou de district maritime.

மெல்லி, *pl.* மெல்லிகள் *ou* மெல்லியர், (மெல்), femme, — délicate.

மெல்லிக்கை, (மெல்), finesse, minceur, délicatesse.

மெல்லிசு, மெல்லிது, *P.* மெல்லியது, chose mince, grêle, fine, délicate, douce au toucher.

மெல்லிமை, (மெல்), douceur au toucher, minceur, délicatesse.

மெல்லிய, *adj. de* மெல், doux, mince, fin, délicat: — புடவை toile fine, mousseline; மெல்லியது ce qui est —, chose mince, délicate, fine, douce au toucher,

மெல்லியர், 1° *pl. de* மெல்லி, femmes, — délicates. 2° *pl. de* மெல்லியன், gens minces, délicats, maigres, pauvres.

மெல்லியலார், *pl. de* மெல்லியல், femmes, — délicates.

மெல்லியல், (மெல், இயல்), femme, — mince, — délicate, tendre jet ou rejeton, jeune pousse d'arbre.

மெல்லியாள், *f.* மெல்லியன், *m.* மெல்லியவள் *f.* மெல்லியவன், *m.* (மெல்லிய), femme —, homme —, personne mince, délicate, faible, maigre, pauvre.

மெல்லியார், (மெல்லிய), gens délicats, minces, faibles, pauvres, sans soutien, femmes, — délicates: — கூந்தல் chevelure de femmes, la plante எலிச்செவி.

மெல்லியாள், (மெல்லி, ஆள்), femmes, — délicates: மெல்லியாளோடேசேர், (மெல்லியாள், சேரென்) sois uni —, vis avec ta femme (et non avec d'autres).

மெல்லிலை, (மெல், இலை), feuille qu'on mâche, *i.e.* feuille de bétel.

மெல்லினம், (மெல், இனம்), *ou* மெல்லினவெழுத்து, lettre douce ou liquide; il y en a six, savoir: ங, ஞ, ண, ந, ம, ன, correspondantes aux 6 dures க, ச, ட, த, ப, ற, qu'elles précédent souvent: மெல்லினவெதுகை, rime dite எதுகை au moyen d'une lettre douce: elle a lieu lorsque les vers d'une strophe ont à la 2° syllabe une lettre douce.

மெல்லுகிறது, மென்றேன், ல்லுவேன் *ou* மெல்வேன், மெல்லு *ou* மெல், மெல்ல, *v.a.* mâcher, remâcher, manger, — doucement, gronder, railler: மென்றுகொண்டிருக்கிறது mâcher et remâcher (comme les brebis, *mot d'insulte*), gronder, gourmander, censurer, railler; இராவும்பகலுமென்னைமென்றுகொண்டிருக்கிறான் il est à me gronder nuit et jour; மென்றுதுப்புகிறது mâcher et cracher; பாக்குமென்றடக்குகிறது tenir une chique de bétel et d'arec dans un coin de la bouche, et la mâcher.

மெல்லுகை, மெல்லுதல், *n. v. du préc.* mastication, gronderie, réprimande, raillerie.

மெல்லெழுத்து, (மெல், எழுத்து), *V.* மெல்லினம்.

மெல்லென்கிறது, (மெல்), être doux, délicat, mou, lent: மெல்லென doucement, délicatement, lentement.

மெல்லெனல், மெல்லெனவு, *n.v. du préc.* douceur, délicatesse, lenteur.

மெல்லொற்று, (மெல், ஒற்று), consonne douce.

மெல்லோசை, (*id.*), son doux, délicat, faible.

மெழுகல், *opt. et n.v. de* மெழுகுகிறது.

மெழுகு, 1° cire, gomme-laque, poli, lustre. 2° *imp. et part. de* மெழு

குகிறது: மெழுகெழிக்கிறது, மெழுகேக்கிறது, — கழற்றுகிறது ôter —, enlever la cire qui avait servi pour peindre des toiles (pour cela on les fait bouillir dans de l'eau); மெழுகிடல், மெழுகிடுகிறது cirer, frotter —, enduire de cire, frotter —, enduire ou barbouiller de bouse de vache, ou de poudre de sandal...; மெழுகெழுதுகிறது peindre —, dessiner sur cire (les figures ou les dessins voulus pour les toiles peintes); மெழுகுகட்டுகிறது enduire de cire, faire une image de cire; — கட்டுவார்க்கிறது verser du métal fondu dans un moule fait au moyen d'une figure de cire; — சாணி bouse de vache pour enduire (le pavé d'une maison...); — சாணை pierre à repasser etc... faite d'une composition de gomme-laque et de spath adamantin; — சீலை toile cirée, — trempée dans la cire fondue; — சேர்க்கை composition —, emplâtre de cire; — திரி bougie —, chandelle de cire, cierge; — திரிசெய்கிறது, — திரிவார்க்கிறது faire —, fondre des bougies, des cierges, des chandelles de cire; — திரியேற்றுகிறது allumer une ou des bougies et les placer (v.g. sur un autel); — தண்டு chandelle de cire; — தட்டு, — தகடு plaque de cire; — பதம் consistance de la cire fondue, (c'est un des degrés de cuisson des huiles médicinales, V. au mot பதம்), — பனியான் espèce de petite vérole; — பாகல் variété de la plante பாகல்; — மண் terre glaise qui sert à enduire ou à faire un moule sur une figure de cire; — வத்தி, — வர்த்தி bougie, cierge, chandelle de cire.

மெழுகுகிறது, *et par. sync.* மெழுகிறது, கினேன், குவேன், கு, க, *v. a.* மெழுகுதல், *n.v.* (மெழுகு), frotter —, oindre —, enduire —, barbouiller (la terre, ou les murs...) de bouse de vache, frotter —, oindre ou enduire de cire ou de pâte de sandal...; அவனிவன்செய்ததுற்றத்தைமெழுகுகிறான் il cache —, il déguise les fautes de celui-ci.

மெழுக்கு, barbouillage ou enduit (de bouse de vache...): மெழுக்கிடுகிறது enduire de bouse de vache...; — வத்தி, *P.* மெழுகுவத்தி.

மெள்ள, doucement, lentement: — நட, — பேசு, — வா, — வார் marche —, parle —, viens —, verse doucement; — மெள்ள tout —, doucement, fort —, lentement.

மென்கணம், (மென்), classe des —, les lettres douces dites மெல்லினம்.

மென்சொல், (*id.*), parole douce, — exquise, — subtile.

மென்புலம், (*id.*), terre fertile, — cultivée ou propre à la culture.

மென்புரட்டு, (*id.*), ruse, artifice, fraude subtile (dans un échange...)

மென்மேல், *P.* மேன்மேல், *l'un sur l'autre, ou* மேன்மேலும் de plus en plus.

மென்மை, (மென், மை), douceur, (de caractère ou au toucher), poli, délicatesse, finesse, minceur, faiblesse, lenteur: மென்மையார், *V.* மெல்லியார்.

மென்றல், *n.v. de* மெல்லுகிறது, mastication, — du bétel...

மென்ற, மென்று, *part. et gér. du même.*

மென்றொடர், (மென், தொடர்), qui ou que suit une lettre douce.

மென்னடை, (*id.* நடை), marche délicate, — douce et lente, le cygne à la marche douce et lente.

மென்னி, மென்னை, la gorge, le gosier, *V.* தொண்டை.

மே, lettre syllabique composée de ம் *et de* ஏ, mê long. 2° amour.

*மேகசம், (மேகம், சம்), chose censée produite par les nuages, grosse —, perle.

*மேகம், 1° (mêgha), nuage, nuée. 2° (mêha), maladie vénérienne, — d'urine, — des voies urinaires, inflammation de l'urètre, gonorrhée, urine, bélier. 3° (மே, கம்), le chantre de l'amour, le couil ou coucou indien, le fruit dit கடுக்காய்: மேகமேள les 7 nuages fabuleux des Indous, savoir: சம்வர்த்தம் nuage qui répand des pierres précieuses, ஆவர்த்தம் celui qui donne de la pluie, புஷ்கலாவர்த்தம் celui qui répand de l'or; சம்வர்த்தம் celui qui répand des fleurs, துரோணம் celui qui répand de la terre, காளமுகி celui qui répand des pierres, நீலவருணம் celui qui répand du feu. Tous les ans, selon eux, il y a un de ces nuages qui préside à l'année: காலமேகம் nuage de la saison (pluvieuse), nuage pluvieux, d'hiver; மேகம்பரவியிருக்கிறது,—மூடியிருக்கிறது,— விஸ்தரிக்கிறது une nuée —, les nuages s'étendre,—couvrir le ciel, être nébuleux, sombre; — வருஷிக்கிறது pleuvoir, les nuages donner de la pluie: மேகக்கல் grêle;— சர்க்கரைபோளன் l'arsenic dit சிப்பந்தபாஷாணம்;—சர்மளை,—சாந்தி,—சூரணம் espèce de —, chaleur vénérienne, gonorrhée; — காலம் la saison nébuleuse,— pluvieuse; — கர்ச்சனம்,—கர்ஜனம்,—கெர்ச்சனம் bruit des nuages, le tonnerre, la foudre; —க்கருப்பக்கல்,—க்கல் la pierre dite ஆட்டுக்கல், bézoard qui se forme dans le bélier;— க்கிரந்தி herpe—, dartre vénérienne;—க்கிராணி dysenterie qui vient de chaleur intérieure;— க்குறிஞ்சி l'air des nuages ou de la pluie, air ou mélodie qu'on suppose faire venir la pluie; — சாலம் agglomération —, foule de nuages, talc, sorte de pierre précieuse; — சித்தகம். — சேகம் espèce d'alouette, cuculus melanoleucus, coucou noir et blanc;— சூலை sorte de maladie vénérienne, lues venerea;—சொரூபம் la pierre இராசாவர்த்தம்,—சிலை pierre à chaux, V. மாக்கல்;—சோதி éclair,—des nuages;— ஸ்தம்பம் colonne de nuages, nuage en forme de colonne;— நசி plume de paon; — திமிரம் temps nébuleux, sombre; — தீபம் éclair, *litt.* lumière des nuages; — தேகம் corps qui a le mal vénérien;— த்துவாரம், *litt.* la porte des nuages, l'air, l'atmosphère, la voie du Gange céleste (selon les Indous): —த்தாரன் V. மேகஸ்தம்பம்;— த்தொனி bruit des nuages, le tonnerre; — நாதசித்து le vainqueur de Mèghanâden, *i.e.* இலக்குமணன்;— நாதம் bruit des nuages, le tonnerre, l'arbre பலாசு butea frondosa, l'arbre dit தமாலம், l'herbe potagère சிறுகீரை amaranthus polygamus; — நாதன் Mèghanâden fils de Râvanen, (vainqueur d'Indiren, il fut lui-même vaincu par Lakchoumanen), Varounen roi des eaux, V. ஜலாதிபம்;— நிர்க்கோஷம் bruit des nuages, tonnerre lointain;—நீர் humeurs vénériennes, évacuation vénérienne;— நோய் maladie vénérienne, gonorrhée;—பச்சை la pierre précieuse verte dite நாகப்பச்சை; — படலம் assemblage de nuages, espèce de mal d'yeux, mal—, ulcère vénérien qui se répand; — பந்தர் assemblage de nuages;—பந்தி rangée—, suite de nuages;— புஷ்பம்,— புட்பம், *litt.* fleur des nuages, eau, pluie, grêle, un des chevaux fabuleux de Vichnou;—பூதி la foudre; — ப்பிரசவம், *litt.* l'accouchement ou le fruit des nuages, pluie, eau;— ப்புள் l'oiseau des nuées, l'alouette; — மண்டலம் vaste nuée, étendue de nuages;— மந்தாரம் l'obscurité d'un temps nébuleux, la pierre noire மந்தாரச்சிலை; — மாலை guirlande —, suite —, foule de nuages;—மோளி fumée;— ரஞ்சி espèce d'air ou de mélodie; — ரணம் mal —, ulcère vénérien;—ராகம் nom d'un air que l'on croit capable d'attirer la pluie; — ராசக்குறிஞ்சி espèce d'air surtout propre aux pays montagneux;— ராடி l'arbre மயிலடிக்குருந்து;—வண்ணக்குறிஞ்சி l'arbre மழைவண்ணக்குறிஞ்சி ou lawsonia spinosa;— வண்ணன் celui qui est censé de la couleur des nuages, le bleu Vichnou;— வர்த்துமம் (vartman *route*), l'atmosphère, le ciel;—வண்ணம், —வருணம் couleur des nuages, le bleu: —வருணை, (வருணம்), la plante qui donne le bleus, l'indigotier; — வச்சிரனி éclair dans les nuages; — வாகனன் celui qui, (au dire de la fable), est porté sur les nuages, *i. e.* Indiren, Siven, pierre noire, caillou; — வாயு flatuosité du corps causée par une chaleur vénérienne, sorte de maladie; — வியாதி maladie vénérienne, gonorrhée; — விரஞ்சி, *V.* மேகரஞ்சி; — ஊறல், (ஊறல்), distillation, — d'humeurs vénériennes; — வெட்டை chaleur vénérienne, gonorrhée; மேகத்தின்கருப்பக்கல், *V.* மேகக்கல்; மேகத்தின்வித்து ver de terre.

*மேகலம், (mèkala), le mont Mèkala: மேகலகன்னிகை ou

*மேகலாத்திரிகை, (மேகலம், அத்திரி, கை), la fille du mont Mèkalam, *i. e.* la rivière நருமதை ou le Nerbeudda qui en sort.

*மேகலாபதம், (மேகலை, பதம்), la place de la —, la ceinture, les hanches et les reins.

*மேகலாபாரம், (*id.* பாரம்), ceinture—, guirlande composée de 7 cordonnets garnis de pierreries.

*மேகலி, ((*id.* i), qui porte une ceinture.

*மேகலை, (mèkhalâ), ceinture, — de femme, de 7 enfilades ou de 7 cordonnets garnis de pierreries (à l'usage des femmes), triple ceinture que portent autour des reins les gens des 3 premières classes (celle des brames doit être de fibres de முஞ்சம் ou de l'herbe darbha dite குசை, celle du Kchatriya de fibres de மூர்வை ou de corde d'arc, celle du Vaïssyas de fils de சணம் ou chanvre), cordon bramanique fait de peau de cerf, zône (en géographie), toile, nœud d'épée, chaine attachée à la poignée et qui tourne autour du poignet, couronnement d'un char, sommet, bombement —, bords —, côté —, voisinage de montagne, la rivière நருமதை sortant du mont Mèkhala, espèce de figure faite aux 4 coins du trou où l'on met le feu du sacrifice, figure tracée pour arrondir ce trou: உட்டண — zône torride; சம — zône tempérée; — சீதள — zône glaciale, (pour les zônes du nord on ajoute devant உத்தர, pour celles du sud தக்ஷிண ou தக்கண, ainsi உத்தரசமமேகலை zône tempérée septentrionale).

*மேகனம், (mèhana), urine, pénis.

*மேகன், (mègha), démon, phantôme.

*மேகாகமம், (மேகம், ஆகமம்), l'approche —, temps des nuages, ou des pluies.

*மேகாக்கினி, (*id.* அக்கினி), feu des nuages, éclair.

*மேகாஸ்தி, (*id.* அஸ்தி os), grêle.

*மேகாலிபதம், (*id.* ஆலிபதம்), lieu des nuages, ciel, air, atmosphère.

*மேகாந்தகாரம், (*id.* அந்தகாரம்), obscurité des nuages.

*மேகாரம், மேகானந்தி, (*id.* ஆரம், ஆனந்தம்), paon.

*மேகி, (mèhi), qui a une maladie vénérienne.

*மேகோதகம், (*id.* உதகம்), eau de nuage, pluie, trombe.

மேக்கு, 1° *P.* மேற்கு, occident, hauteur, dessus, ce qui est dessus. 2° (*ind.*), coin, — de bois, pieu: மேக்கடிக்கிறது enfoncer un coin ou un pieu, espèce de torture ou de punition.

*மேசகம், (mètchaka), noirceur, obscurité, fumée, nuage, œil de la queue du paon, sulfure d'antimoine: மேசகாபகை, (ஆபகை), la rivière noire dite யமுனை, la Djamna.

மேசை, (*persan* mez), table.

*மேஷகம், (மேஷம், ka), bélier, chèvre, mouton ou brebis.

*மேஷம், (mècha), bélier, chèvre, brebis, mouton, le signe du Bélier: மேஷசிங்கி la plante புழுக்கொல்லி: — சிருங்கி, — விஷாணிகை la plante laiteuse asclepias geminata dont le fruit ressemble à une corne de bélier: — மாதம் le mois où le soleil est dans le Bélier, *i.e.* சித்திரை; — மேதம் sacrifice d'un bélier; — ராசி ou

—விராசி le signe du Bélier;— விருஷணன், V. மேஷாண்டன்; — வீதி la division du zodiaque où est le Bélier, V. சூரியசஞ்சாரச்சுழற்சிவோர்வீதி; —வேஷசனம், ou

*மேஷாக்ஷிகுசுமம், (மேஷம், அக்ஷி), la plante cassia tora dont la fleur est comparée à l'œil d'une brebis.

*மேஷாண்டன், (id. அண்டம்), celui qui, au dire des Indous, a des testicules de bélier, i. e. Indiren, parce que, voyant qu'il avait perdu les siens dans une aventure scandaleuse, les dieux par compassion lui mirent ceux d'un Bélier.

*மேஷாயனம், (id. அயனம்), course du soleil du Bélier au Cancer, ou, selon d'autres, du Bélier à la Balance, i.e. dans les signes septentrionaux, point de l'équinoxe du printemps. [ika), brebis.

*மேஷி, மேஷிகை, (மேஷம், i,

*மேடகம், மேடம், *et leurs composés*, V. மேஷகம், மேஷம்....

*மேடன், (mètha), cornac, — d'éléphant. [ம்....

*மேடாயனம்..., V. மேஷாயன

மேடு, *gén.* மேட்டின், *obl.* மேட்டு, hauteur, élévation, colline, tertre, monticule, ventre, affixe de plusieurs noms de ville comme ஊர், *v.g.* dans கள்ளிமேடு la pointe Calimère: மேடும்பள்ளமும் inégalité, état raboteux d'une route; மேடும்பள்ளமுமான *ou* மேடுபள்ளமுள்ள inégal, raboteux, rempli de monticules et de bas-fonds, de buttes et de trous.

மேடெகம், மேடேகம், muraille.

மேடை, (மேடு), plate-forme, tertre —, hauteur artificielle, place carrée en plein air et artificiellement élevée au dessus du sol, terrasse, maison à étages, (à 2 ou plusieurs étages)....

மேட்டி, 1° (மேடு), chef, maitre, homme prééminent. 2° (*de l'anglais mate*), valet de chambre, aide —, serviteur, intendant, pourvoyeur, maitre d'hôtel d'une maison, *ou*

மேட்டிமை, (மேட்டி), hauteur, arrogance, grandeur, excellence, primauté: — மமவார்த்தைகள் paroles arrogantes, — ampoulées.

*மேட்டிரம், (mèdhra), bélier, pénis, urètre: மேட்டிரசிருங்கி la plante புருக்கொல்லி.

மேட்டிரார்த்தம், dessus.

மேட்டு, *obl. de* மேடு: — திராக்கு montée, colline, terrain qui s'élève; —ப்பாய்ச்சல் irrigation de terrain élevé; — மனை terre élevée, non arrosée, et non propre au riz.

*மேண்டம், மேண்டகம், (mènda, ka), bélier. [teur d'éléphant.

*மேண்டன், (mènda), conduc-

மேதகம், 1° estime, estimation, évaluation, excellence, l'arsenic dit சாலாங்கபாஷாணம். 2° *sync. de* கோமேதகம், onyx. 3°* (mèdaka), liqueur vineuse à distiller.

மேதகல், excellence, chose élégante, — distinguée.

மேதக்காரர், V. மேதரவர் [ணம்.

மேதச்சி, l'arsenic கற்பூரபாஷா

*மேதம், 1° (mèdha), sacrifice, meurtre. 2° (mèda), graisse. 3° (mèdas), moelle des os, sécrétion séreuse des muscles.

மேதரம், montagne.

மேதரவர், faiseurs de corbeilles, —, marchands de bambous, gens qui coupent et vendent les bambous et en font des corbeilles.

*மேதாதிதி, (மேதை), le grammairien காத்தியாயனன்.

*மேதாருத்திரன், (*id.*), le poète காளிதாசன்.

*மேதாவி, (mèdhâvi), homme d'esprit, intelligent, savant, docteur, sage, pandit indien, connaissance, intelligence, perroquet; *pl.* மேதாவிகள் gens d'esprit, savans...

மேதி, 1° buffle. 2°* (mèthi), aire où l'on bat le riz, fenu-grec. 3°* (mèdhi), pieu fixé en terre au milieu de l'aire et auquel sont attachés les bœufs qui foulent la moisson: — ச் சென்னிமிதித்தோன் celle qui a foulé aux pieds la tête du buffle ou de மகிஷாசுரன், i.e. துர்க்கை.

மேதிக்கவுணன், l'arsenic dit மூத்தபாஷாணம்.

*மேதிரம், 1° (mèdhira), intelligence. 2° P. மேதுரம்.

*மேதினி, (mèdini), la terre (de மேதம் graisse, la terre, au dire d'une légende indoue, ayant été faite de la graisse de 2 géans tués par Brama.) [poussière de la terre.

*மேதினீத்திரவம், (மேதினி),

மேது,(மேதை),intelligence,connaissance.

*மேதுரம், (mèdoura), égalité, chose douce, unie,onctueuse.

*மேதை, 1° (mèdhâ), grande —, intelligence, esprit, connaissance, science,conception,savant. 2° chair, viande, caillou ou jus de palmier, breuvage enivrant, peau, nerf, fibre, graisse,la planète Mercure,excellence, la plante பொற்றலைக்கையாந்தகரை. [poètes.

மேதையர், (மேதை), savans,

*மேதோ, (P. mèdas, moelle, ou graisse,devant certaines lettres): —கிரந்தி tumeur de graisse; — தரை membrane de l'abdomen qui contient la graisse, omentum, sac de graisse; —வகம் vaisseau lymphatique qui porte la graisse; — விருத்தி corpulence.

*மேதோசம், (மேதோ,சம்), ce qui engendre la moelle, os.

*மேத்தியம், (mèdhya), pureté, propreté,chose propre au sacrifice, orge, chèvre.

மேத்திரம்,P.மேட்டிரம்.

*மேநகை, V. மேனகை.

மேந்தலை, (மேல், தலை), le côté opposé au vent (sur un navire), excellence, supériorité, primauté.

மேந்தானம்,(id.தானம்), hauteur,place élevée.

மேம்படுகிறது, (மேல்), s'élever, surpasser, exceller, être au-dessus, —supérieur.

மேம்பாடு, (id.), supériorité, excellence, élévation, louange.

மேய், *imp. et part. du suiv. et de* மேய்க்கிறது.

மேய்கிறது,ய்ந்தேன், ய்வேன்,ய், ய, 1° *v.n.* paitre, brouter, pâturer, manger,—de l'herbe. 2° *v.a.* couvrir une maison de paille,—de feuillage: பொன்னணிருள் — dorer l'extérieur d'un toit; மேயப்போகிறது aller paitre,— au pâturage; மேய்ந்தமாடு bétail—, bœuf qui a pâturé: மேய்ந்துவருகிறது revenir du pâturage, venir de paitre.

மேய்கோல்,(மேய்,கோல்),houlette,—de berger.

மேய்க்கி, மேய்க்கிறவன், *n. app. de* மேய்க்கிறது, pâtre,berger, celui qui fait paitre,qui donne le fourrage aux animaux, qui leur met la nourriture à la bouche.

மேய்க்கிறது, ய்த்தேன்,ய்ப்பேன், ய்,ய்க்க, *v.a. de* மேய்கிறது, paitre, faire —, mener paitre, mettre dans les pâturages, nourrir, donner du fourrage,mettre la nourriture dans la bouche des animaux: மேய்த்துக்கொண்டுபோகிறது mener paitre (les bestiaux,les troupeaux...).

மேய்ச்சல், *n.v. du préc.* pâture, pâturage, pré, prairies, fourrage, nourriture des animaux: — காட்டுகிறது faire paitre,— pâturer;மேய்ச்சற்றரை,(தரை),pâturage.

மேய்தல், *n.v. de* மேய்கிறது.

மேய்த்தல், *n.v. de* மேய்க்கிறது.

மேய்ப்பன், *pl.* மேய்ப்பர், மேய்ப்பர்கள், *n. app. du même*, berger, pâtre,pasteur.

மேய்ப்பாடுகள், (மேய்ப்பு,ஆடு), brebis qui paissent,—de pâturage.

மேய்ப்பு, *n.v.de* மேய்க்கிறது,pâture,pâturage, fourrage, action de faire paitre...

*மேரு, 1° (mèrou), la fabuleuse montagne d'or, le mont Mèrou ou மகாமேரு, *i.e.* Mahâmèrou,au centre des 7 îles des fables indoues. Elle est comparée au calice du nénuphar dont les feuilles forment les différentes îles. On la fait haute de 84000 யோசனை,dont 16,000 sont dans la terre. On la dit de différentes formes, carrée, conique, sphérique, spirale ou en forme de colonne. Le côté est est blanc; le sud jaune; l'ouest noir; le nord rouge. Le Gange céleste est censé tomber sur son sommet et se diviser en 4 branches pour arroser les pays environnans. Celle du sud est le Gange indien, celle du nord est le Bhadrasômâ பத்திரசோமை et coule en Tartarie, celle de l'est est la Sitâ ou சீதை, et celle de l'ouest le Tchakchou ou Oxus. Sur son sommet on fait résider le prétendu dieu Brama entouré des Richis, des Gandharbas et des gardiens des 8 points cardinaux. Quelques-uns regardent cette montagne comme le pôle nord, d'autres comme le haut plateau de la Tartarie au nord de l'Himalaya. 2° montagne, siége, — d'idole dans un char de procession, espèce de fiole; —மணி le gros grain des chapelets payens dit aussi தாமமணி, V. [illegible]; —[illegible] fuseau; —வில்லி celui qui a pris le mont Mèrou pour arc, i.e. Siven; மேருவின்[illegible] sable d'or.

*மேருகம், (mèrouka), résine odoriférante, encens.

மேரை, manière, façon, bienséance, décence, décorum, politesse, gravité, modestie, modération, salaire en espèces, quantité de blé donné sur l'aire aux —, portions des serviteurs héréditaires du village (comme blanchisseur, barbier...): மேரைதப்பாதவன் homme qui ne manque pas à la bienséance; —மரியாதை bienséance, décence, décorum, modestie; [illegible]மேரையாய் [illegible] placer —, traiter quelqu'un avec politesse; [illegible]மேரையாய்ப்பேசுகிறான் il parle comme un savant.

மேல்கம், 1° (மேல், அகம்), chambre haute, maison à étage, le paradis, la demeure suprême, —céleste. 2° (மேலகம், ka), réunion, assemblée.

மேலதிகாரி, (மேல், அதிகாரி), preuve supérieure, — antérieure, — susdite.

மேலது, (மேல், அது), ce qui est dessus: — கீழ்தாய்க்கீழதுமேலதாய் sens dessus dessous; எல்லாம் — கீழதாய்க் கீழதுமேலதாய்ப்போயிற்று tout a été bouleversé sens dessus dessous.

*மேலம், (mèla), réunion, assemblée.

மேலவன், (மேல், அவன்), supérieur, pl. மேலவர் supérieurs, les grands, les habitans des cieux, les prétendus dieux indous: அவனிலவனுக்குமேலவன் il est son supérieur, ou il lui est supérieur; மேலவர்க்கிறைவன் le roi —, le chef des dieux indous, i.e. Indiren, Soupramanien prétendu chef des armées célestes.

*மேலனம், (மேலம், na), assemblée, rencontre, association, mélange, amitié ou connaissance.

மேலாக்குதல், மேலாக்குகிறது, (மேல், ஆக்குகிறது), faire le dessus, exceller, surpasser, excellence.

*மேலாந்தரம், மேலாந்து, மேலாம்பு, (மேலை, ஆந்தரம், அந்து, அம்பு), encrier, écritoire.

மேலாருதுசாம், os de musc, — de civette.

மேலாப்பு, (மேல்), toile que l'on tient étendue sur quelque chose.

மேலாவம், (id.), eau du ciel, pluie.

மேலாலவந்தை, (மேல், abl. அவந்தை), position où l'on regarde en haut.

மேலிலைத்தாளம், l'arsenic dit [illegible] [illegible].

*மேலை, 1° (mèlâ), encre, sulfate d'antimoine, antimoine ou autre collyre. 2° (மேல்), chose future, — supérieure, — au-dessus, l'avenir, temps à venir, dessus, après, excellence, occident. 3° acc. de மேல்: மேலைக்குவருகிறது venir après, ensuite; மேலையூர், மேலைச்சேரி bourg —, pays occidental.

மேலையோர், மேலைமோர், (மேலை), les grands, les supérieurs, gens distingués, illustres, — de haut rang.

மேலோர், (மேல்), les supérieurs,

les grands, les sages, les savans, les poëtes, les habitans du ciel, les dieux prétendus.

மேல், *dat.* மேலுக்கு *et* மேலினுக்கு, 1° *ou* மேலே, *prép.* sur, dessus, au-dessus, en haut, ensuite, après, désormais, après que, avant, plus, davantage, plus que; (il se met après l'oblique, le nom. le gén. ou le dat. des noms, après le gén. ou le datif des participes): என்றலைமேல் sur ma tête; வீட்டு *ou* வீட்டின்மேல் sur la maison; அதுக்குமேலேயென்னசெய்வேன் que ferai-je après celà ou de plus? இதுக்குமேலேயொன்றுமில்லை il n'y a plus rien après ceci ou au-dessus de ceci, supérieur à ceci; பத்துமணிக்குமேல் après 10 heures; நான்சொன்னதின்மேல் அதிகஞ்செய்தான் il a fait plus que je n'avais dit; அங்கேபோய்ச்சேர்ந்தின்மேலே யெனக்கெழுது écris-moi après que tu seras arrivé là. 2° le dessus, le côté supérieur, l'ouest, l'occident (qui va en montant à partir de la mer du Bengal), l'avenir, temps à venir, l'air, région éthérée, — supérieure, paradis, béatitude, largeur, corps, place, particule qui sert pour l'ablatif de lieu, comme dans தன்மேற் கடுவரைநீரிற் கடுத்துவரக் கண்டு le voyant venir à lui en colère comme l'eau qui tombe d'une haute montagne. 3° *P.* மேலோர், les grands. Dans les mots composés மேல் se change souvent en மேற் devant க, ச, த, ப, et en மேன் devant ந, ம: மேலுக்குவெதுவெதுக்கிறது, மேலுக்குவருதல் avoir des rapports, des nausées, roter, vomir; — அங்கி robe, — de dessus, manteau, écharpe; — அங்கிசம், — அம்சம், — அம்சம் partie supérieure de l'âme; — அண்டைவாடை le côté ouest d'une rue; — அண்ணம் le palais de la bouche; — அதரம் lèvre supérieure; — அடுவினம் espèce immédiatement supérieure; — ஆள் personne supérieure, de distinction, de haute taille, troupes auxiliaires; — ஆனந்தம் délice suprême, bonheur céleste; — ஆனந்தம், *V.* மேலானந்தம்; — ஆயிருக்கிறது être dessus, — au-dessus, supérieur, meilleur, excellent, élevé; — ஆன haut, élevé, supérieur, meilleur; — ஆனகாரியம் chose supérieure ou meilleure; — ஆனது le meilleur, ce qui est haut...; — ஆனவன் supérieur, plus haut, plus élevé; எல்லாவற்றிற்கும் — ஆனவர் le Très-haut, supérieur à toutes choses; — இடுகிறது l'emporter, exceller, surpasser, prévaloir, croître, augmenter, franchir, passer par-dessus; — இலக்கம் le nombre supérieur ou le numérateur des fractions; — இனம் espèce supérieure; — ஈடு augmentation, excellence, supériorité, prééminence, nom d'un bijou; — உதடு lèvre supérieure; மேலும் de plus, en outre, encore; மேலும்மேலும் de plus en plus; — உலகம் le monde supérieur, le paradis, le ciel, le séjour prétendu des dieux indous, les mondes supérieurs des Indous au nombre de 7, *V. au mot* உலகம்; — உறுதி force —, pièce supérieure, — à l'appui; — எடுப்பு jactance, ostentation, prestance orgueilleuse; — எடுத்துவாருகிறது enlever de dessus un monceau, entasser; — எழுச்சி supériorité, grandeur, *V.* மேம்பாடு, ou — எழுந்தது, — எழுந்தவாரி superficialité, manière superficielle, négligence; — எழுச்சியாய், — எழுந்தபடி, எழுந்தவாரியாய் superficiellement, négligemment, légèrement, sans soin; — எழுந்தவாரிப்பேசுகிறது parler superficiellement, négligemment; — ஏடு feuille —, feuillet supérieur, — de dessus, — qui est le 1er du livre; — ஒற்றி gage —, dépot —, dette ou hypothèque antérieure, — supérieure; — ஒப்பனை, *V.* மேலொப்பமிட்டது; — ஓங்கி homme qui se distingue, qui s'élève, subdivision de la caste des கரையர் ou pêcheurs; — ஓங்கியிருக்கிறது se distinguer, s'élever, être célèbre, connu, briller dans une position élevée; — காற்று vent d'ouest, - chaud des terres; —சாதி haute caste, caste supérieure; — சா க் côté supérieur, l'occident, l'ouest; —த்தோல் épiderme, croûte du pain; —பாலித்தோப்புக் pays à l'ouest des monts Rêpadam; — பால் l'occident, —பால்விதேசம், — விதேசம் pays à l'ouest du pays விதேசம்; — ப்படி susdit... V. மேற்படி; — புன்செய் céréales —, légumes —, plantes —, arbres qui s'élèvent, qui croissent au-dessus d'autres productions; — மடை partie de champ —, rizière près de l'écluse; — வட்டம் supériorité, excellence, grandeur, respect; —வட்டமாயிருக்கிறது être supérieur, prévaloir; — வயிறு le haut du ventre, la région de l'estomac, la ceinture, le milieu du corps; — வரைச்சல் adresse (d'une lettre), inscription, modèle (que doivent copier les élèves; — வாய் le haut —, le palais de la bouche, nombre entier (depuis 1 et au dessus, par opposition aux fractions dites கீழ்வாய்); — வாரம் part du propriétaire ou du gouvernement (dans les produits de l'agriculture); — விசாரணை surintendance, surveillance —, direction supérieure, intendance, charge, soin; — விசாரணைக்கர்த்தா surintendant, intendant supérieur, surveillant: — விசும்புத்திசை le zénith, le point du ciel le plus élevé; — விட்டம் poutre qui supporte le toit d'une maison; — விழிகீழ்விழியாய்ப்போகிறது la prunelle de l'œil se renverser, - rouler de haut en bas (par maladie ou souffrance); — விழுகிறது tomber dessus, attaquer; — விலாசம் adresse d'une lettre..., inscription, écriteau; — வீடு chambre haute, étage, maison à étage; — வெள்ளம் crue d'eau (dans une rivière ou torrent...). [arrosée.

மேல்கரை, (மேல்), terre haute, non

மேலார், (மேவு, அலர்), gens qui ne s'aiment pas, ennemis.

மேவல், opt. et n.v. de மேவுகிறது, grand —, désir, union, copulation, nivellement, manducation.

மேவாமல், n. app nég. du même, ennemis.

மேவி, gér. du même. [nemis.

மேவினார், மேவினவர், n. app. du même, amis, parens, alliés.

மேவு, désir, n.v. imp. et part. du suiv.

மேவுகிறது, மேவினேன், மேவுவேன், வு, வ, v.a. et மேவுதல், n.v. (மேம), désirer, souhaiter, — fort, aimer, niveler, égaliser, aplanir, manger, avoir commerce charnel, se joindre, s'unir.

மேவுப்பொழிந்ததண்ணீர்க்கணக்கு, (ind.), compte de pluie, ou d'eau tombée dans les pluies.

மேழகம், cuirasse, cotte d'armes, brebis, bélier, — des espèces dites செம்மறியாடு et குறுமாடு. bélier élevé pour combattre. [charrue.

மேழி, manche de —, queue de —,

மேழியர், (மேழி), laboureurs, agriculteurs gens, qui vivent dans un pays cultivé, fermiers.

மேளம், tambour (en général), tambour suspendu au cou que l'on frappe d'un côté avec un bâton et de l'autre avec la main, assemblage d'instrumens de musique: — கொட்டுகிறது, — செய்க்கிறது, — அடிக்கிறது battre le tambour, tambouriner; — முழக்குகிறது le tambour résonner, tambouriner: மேளக்காரன் tambourineur, tambour; முழக்கம் son du tambour; — வாத்தியம்பண்ணுகிறது faire retentir le tambour et autres —, jouer des instrumens de musique. [réunion, assemblée.

*மேளனம், P. மேளம், troupe,

மேற், P. மேல், devant. க, ச, த, ப, de dessus, supérieur, occidental: — கடல் mer occidentale; — கட்டு dais, baldaquin, ciel de lit, toile attachée sous le toit d'une maison pour empêcher la poussière de tomber, tente, pavillon; - கட்டு partie supérieure —, dessus d'une maison, étage, vêtement de dessus; — கதி fin dernière, but —, fin suprême, le paradis; — எதுகைப்பிழைப்பு la rime dite இழைபு se trouver à tous les pieds excepté l'avant-dernier; — எதுகை மேற்கோள், — எதுகைமேற்றொடை, — எதுகைப்புரவசை, — எதுகைமேற்கோ ளிசை l'allongement dit அளபெடை, la rime dite எதுகை, l'antithèse dite முரண், la consonnance dite மோனை se trouver à tous les pieds d'un vers excepté le second; — கரு partie supérieure —, dessus de l'oreille; — காவல் soin de garder en 1er lieu, surveillance, surintendance; — காற்று vent d'ouest; — குமிழ் pivot supérieur (d'une porte...); — குலம் haute caste, caste supérieure; — குலத்தோர் gens de haute caste, de caste supérieure, les brames; — கூரை, V. மேற்கூரை; — கூரை toit en chaume, — couvert de pailles; — கூரைபோடுகிறது mettre un toit en pailles, couvrir en chaume; — கொம்பு branche supérieure, haute branche; — கொள் ளல் approbation, admission, adoption, victoire, supériorité, avancement, accroissement, montée, n. v. de — கொள்ளுகிறது monter sur, s'élever, augmenter, s'accroître, vaincre, l'emporter, prévaloir, devenir —, être le plus fort, adopter, admettre, approuver, embrasser; குதிரை — கொள்ளுகிறது monter à cheval; — கோள் la planète supérieure des Indiens, i. e. Saturne, excellence, couverture de dessus, manteau, coutume des anciens, exemple, — ou règle sur laquelle on s'appuie, modèle; — சட்டம் traverse supérieure (de porte...), cadre —, réglement... supérieur; — சாட்சி témoignage nouveau, — supérieur, — opposé, autre témoin; — சிறகு rangée de maisons à l'ouest; — சீட்டு billet confirmatif ou explicatif, écrit ajouté à un autre pour le confirmer ou l'expliquer, convention publique; — சீமை contrée occidentale; — சுவாசம் respiration gênée, — superficielle, — de mourans, soupir en haut; — செம்பட்டை espèce d'air ou de mélodie; — செல்லுகிறது s'avancer sur ou vers, marcher à l'ennemi, — au combat, serrer de près, se presser contre; — செல்வு, V. மேற்செலவு; — சொல்லப்பட்டவர் examinateur —, perquisiteur —, douanier supérieur, — nouveau; — தட்டம் le côté de dessus, — occidental; — படி susdit, mentionné —, nommé —, cidessus, de nouveau, linteau, jambage, traverse supérieure (de porte...); — படிச் சாப்பு la pièce de toile mentionnée ci-dessus; — படியூர் la ville susdite; — படுகிறது s'élever, — au-dessus, surpasser, exceller, devenir —, être supérieur, — au-dessus, l'emporter sur, prévaloir, vaincre, croître, augmenter; அவனிலுமிவன் — பட்டவன் celui-là est au-dessus de —, supérieur à ou plus grand que celui-ci; ஒருவனிடத்தில் — படுகிறது l'emporter sur quelqu'un, lui faire tort; — படை réserve d'une armée, le corps principal; — பட்டை écorce supérieure ou extérieure (d'un arbre...); — பல் dent d'en haut; — பா டம் original (d'un écrit), minute, modèle, exemple (sur lequel on se forme), copie de dessus; — பாதமாய் த்தல் être couché sur le dos avec les jambes croisées à la manière indienne et élevées; — பாரம் poids de dessus, — que l'on met sur quelque chose pour la presser ou la redresser; — பார்வை regard hautain, inspection, surveillance, coup d'œil; — பார்வையுள்ளமனிதர் homme qui a le regard hautain; — பிரதி original (d'un écrit), minute, modèle, l'exemplaire de dessus; — புறணி extérieur d'une écorce d'arbre; — புறம் côté de dessus, — occidental; — பூச்சு enduit extérieur, couche supérieure, superficialité, surface, fausse apparence, masque, feinte; — போடு கிறது mettre dessus, charger, entreprendre; — போட்டுக்கொள்ளுகிறது prendre sur soi, se charger de, entreprendre, être caution pour un autre; —பேசிட்டுக்கொண்டுமேற்கொண்டு பேச parler en faveur de, — en prenant sur soi, se donner pour garant; மேற்போர்வை habit de dessus, couverture, manteau.

மேற்றிசையான், (மேற்கு), homme de l'ouest, habitant d'un pays occidental; மேற்றிசையார், les occidentaux.

மேற்கு, 1° (மேல்), l'occident, l'ouest, région occidentale. 2° *dat. de* மேல்: மேற்கேயிருக்கிற être à l'ouest, — retiré vers l'ouest; மேற்கே, மேற்காய் à l'ouest, vers l'ouest; மேற்கான, மேற்குள்ள occidental.

மேற்படியான், (மேற்படி), le susdit, l'individu mentionné ci-dessus.

மேற்கட்டு, (மேல், கட்டு), tillac, pont supérieur d'un navire, étage supérieur (d'une maison, d'un char d'idole), chambre haute.

மேற்றரம், (*id.* தரம்), espèce supérieure, 1re qualité.

மேற்றலை, (*id.* தலை), le haut de la tête, le dessus, l'occident.

மேற்றளம், (*id.* தளம்), tillac d'un navire, étage supérieur d'une maison, armée de réserve, troupes auxiliaires, — de garde, calice d'une fleur, pavé, sol, surface de la terre, terre élevée.

மேற்றறி, (*id.* தறி), métier de tisserand élevé, dessus du métier.

மேற்றிசை, (*id.* திசை), l'occident, l'ouest, côté —, coin occidental: — ப்பாலன் le prétendu gardien de l'ouest, *i.e.* வருணன்.

மேற்றிராணி, (*id.* திராணி), force —, pouvoir supérieur, autorité, épiscopat, prélature: — ப்பட்டம் épiscopat, dignité épiscopale, de prélat; — மகுடம், — யத்திபோகம் épiscopat, gouvernement épiscopal; — ஆசனம் siége épiscopal; — ஸ்தலம், — மாளிகை évêché, palais épiscopal.

மேற்றிராணியார், (*id.*), évêque, prélat.

மேற்றிராணாசனம், *sync. de* மேற்றிராணியாராசனம், évêché, chaire —, siége épiscopal.

மேற்று, 3e *pers. neut. sing. du* குறிப்புவினை *de* மேல், est dessus, — supérieur: சொற்றுக் கொடுப்பார்க்கே மேற்றே புகழ் la louange est certainement sur ceux —, *i.e.* assurément on loue ceux qui répandent des largesses.

மேற்றோல், (மேல், தோல்), épiderme, croûte du pain.

*மேனகை, (mènakâ), Mènaguei, une des courtisanes du சுவர்க்கம், — ou Manôramei censée fille du mont Mèrou, femme du mont Himalaya et mère de Parvadi: — புத்திரி ou

*மேனகாத்மசை, (மேனகை, ஆத்மசை), la fille de Mènaguei, *i.e.* Dourgâ ou Parvadi.

*மேனகாப்பிராணேசன், (*id.*), le mari prétendu de Mènaguei, le mont Himalaya.

மேனு, மேனுக்கு, (மேல், நா, நாக்கு), la luette.

*மேனுசை, (மேனை, சை), la fille de Mènaguei, *i.e.* Parvadi.

*மேனுதம், (மே *son imitatif*, நாதம்), ce qui fait mè, chèvre, chat, paon.

*மேனைதவம், மேனைதவன், (மேனை, தவன்), le prétendu mari de Mènaguei, le mont Himalaya.

மேனி, corps, membre, forme, figure, état, classe, couleur, beauté, splendeur, éclat, lustre, luisant, la plante குப்பைமேனி: — குலைந்துபோக, கெட்டுப்போக, — பழிந்துபோக la beauté se perdre; — யாயிருக்க être joli, avoir une forme agréable; மேனியிற்பட்டது cela a touché ou atteint le corps; நீரெந்த ஜாதிமேனி de quelle excellente classe ou état êtes vous? (question respectueuse. நான்வேளாளன் je suis Vellage ou cultivateur); பிறந்தமேனி corps tel qu'il naquit, corps nu, nudité, forme naturelle, — avec laquelle on est né; அவன்பிறந்தமேனி யாயிருக்கிறான் il est tout nu, — sans ornement, il est innocent comme l'enfant qui vient de naître; அம்மணமாய்ப்பிறந்தமேனியாயிருக்கிறாள் elle est sans vêtemens ou sans ornemens, elle est vierge comme le jour de sa naissance.

மேனிலம், (மேல், நிலம்), sol, surface de la terre, terre élevée.

மேனிலை, (*id.* நிலை), étage, position supérieure.

*மேனை, (mênâ), Mênei ou Mênaguei courtisane née, au dire de la fable, de la mer de lait barattée ou selon d'autres, fille de Soudei et femme du roi des monts ou de l'Himalaya.

மேனோக்கம், மேனோக்கு, (மேல், நோக்கம், நோக்கு), regard en haut, — hautain, inspection, coup d'œil.

மேனோக்குகிறது, (மேல், நோக்குகிறது), regarder en haut, avoir le visage élevé, tendre au —, obtenir le paradis.

மேன், *P.* மேல், *devant certaines lettres*: —காவல் la principale garde, le principal gardien d'un village; —குலத்தோர் gens de haute caste; —கூரை toit en chaume, couverture ou toit —, dessus d'une maison; —படை corps de réserve, le gros d'une armée; —பாடு excellence, supériorité; —பாட்டானகிரியை action excellente, —noble; —பெலன் force supérieure, troupe auxiliaire; —பெலத்தோடுவருகிறது venir avec des forces supérieures: ou des troupes auxiliaires, prévaloir; —மக்கள் les grands, gens excellens, distingués; —மக்கள்சொற்கேள் écoute la parole des grands; —மாடம், —மாளிகை étage de maison, de palais; —மூடி couvercle, couverture; —மேல், —மேலும் de plus en plus.

மேன்காவிது, (*télinga*), inspecteur, surveillant.

மேன்மை, (மேல், மை), supériorité, excellence, gloire: — பாராட்டுகிறது exalter la gloire, vanter, louer, se glorifier, se vanter, se louer; — பொருந்தியசங்கத்தவர்கள் les honorables membres de l'académie, — du conseil..., la noblesse.

மேன்றலை, (மேல், தலை), le devant du navire, la proue.

மை, 1° lettre syllabique composée de ம் et de ஐ, mar. 2° noirceur, noir, encre (pour écrire), couleur —, composition noire, — magique pour peindre les yeux, collyre, encre magique dont on frotte la main et dans laquelle on prétend découvrir les choses cachées ou évoquer les morts, obscurité, nuage, eau, stérilité, ce qui est stérile, faute, défaut, espèce de brebis dite செம்மறியாடு, le signe du Bélier. 3° affixe qui se joint aux noms, aux adjectifs et aux participes pour en faire des noms abstraits et qui peut signifier qualité, état. *Ex.* கன்னி vierge; கன்னிமை virginité; ஒரு un, ஒருமை unité, singulier; கரு noir, கருமை noirceur; இருக்கின்ற qui est, இருக்கின்றமையால் parce que celu est; இல்லா qui n'est pas, இல்லாமையால் parce que cela n'est pas; செய்யா qui ne fait pas, செய்யாமை absence d'action, inaction; இம்மை cette vie, ce monde, அம்மை *ou* மறுமை l'autre vie, —monde. 4° *impr. et part. de* மைக்கிறது: —கூட்டுகிறது composer —, faire de l'encre; —கொடுக்கிறது donner une couleur noire, — ou mettre de l'encre, de la peinture, peindre; —க்கூடு, —ப்பாத்திரம் écritoire, encrier, vase à l'encre; —படிந்தகண் œil dont le bord des paupières est peint en noir; —படிந்தகண்ணாள் femme dont les yeux sont ainsi peints; —தீட்டுகிறது, —போடுகிறது, —தீற்றுகிறது, —யிடுகிறது, —பூட்டுகிறது peindre en noir, mettre de l'encre, — une couleur noire, frotter d'encre, encrer; —யுண்கிறது, —யுண்ணல் être peint en noir, frotté d'encre; —விழியார்மனையகல் évite la maison de ces femmes (prostituées) qui se noircissent les paupières; —விழியாடனைக்கையகன்றொழுகு (யாடனை, *P.* யாள்தன்னை), éloigne toi de celle qui se noircit les paupières (pour séduire) et marche dans le chemin de la vertu. [பராஷாணம்.

மைமலம், l'arsenic dit வக்கிராந்த

மைமறம், trouble, —d'esprit.

மைகிறது, மைந்தேன், மைவேன், மைய, மையா, v.n. et மைதல், n.v. être légèrement pilé, — broyé, le grain être séparé de sa balle par le pilage.

மைசூர், Maïssour ou Mysore, ville et royaume du sud-ouest de l'Inde au-dessus des Ghates.

மைச்சந்தன், மைச்சமணந்தன், l'arsenic சுக்சற்பாஷாணம்.

மைச்சாள், மைச்சுனி, V. மச்சுனிச்சி. [சுனன்.

மைச்சான், மைச்சுனன், V. மச்

மைதல், n. v. de மைகிறது.

மைதானம், (ind.), plaine, rase campagne: மைதானவெளி rase campagne, plaine, — stérile.

மைதிராவருணன், மைதிராவருணி, P. மைத்திராவருணன்.

*மைதிலி, (மிதிலை), la native de Mithilei, i.e. சீதை.

*மைதுலை ou மைதிலை, (id.), le pays de Mithilei, une des 5 divisions du pays dit Gaouda ou கௌடம்.

*மைதுனம், (மிதுனம்), copulation, union, mariage: — பண்ணுகிறது cohabiter.

மைதுனன், V. மச்சுனன்.

மைதுனி, V. மச்சுனிச்சி.

*மைத்திரம், மைத்திரி, (மித்திரம்), amour, amitié, ou

*மைத்திரபம், (மித்திரன், பம்), la 17me constellation dite அனுடம்.

*மைத்திராவருணம், (மைத்திராவருணன்), un des 32 உபநிஷதம்.

*மைத்திராவருணன், மைத்திராவருணி, le sage Agastiyen, fils que la courtisane உருவசி eut de மித்திரன் et de வருணன். [amitié.

*மைத்திரியம், (மித்திரம், ya), amour,

*மைத்திரேயன், (maïtrèya), le 7e Bouddha (encore à venir), mouni disciple de பராசரன் à qui on raconte le Vichnoupourana, ou

*மைத்திரேயகன், (id. ka), homme de caste mêlée, fils d'un வைதேகன் et d'une mère அயோகவி, et dont la fonction est d'annoncer les heures en vers.

*மைத்திரேயிகை, (மைத்திரேயன், ikâ), dispute d'amis ou d'alliés.

மைத்துனமை, மைத்துனவுரிமை, (மைத்துனன், மை), parenté —, qualité de beau-frère.

மைத்துனன், V. மச்சுனன்.

மைத்துனி, V. மச்சுனிச்சி.

மைநகப்பூமி, l'arsenic dit வக்கிராந்தபாஷாணம்.

மைநா, l'oiseau mainate ou நாகணவாய், oiseau qui sait parler.

*மைநாகம், (மேனகை), le Maïnâgam, mont ou rocher dans la mer entre la pointe sud-est de l'Inde et Ceylan, ou

*மைநாகன், (id.), le fils prétendu de Mènaguei et du mont Himalaya, V. மைநாகம்: மைநாகசுவசிரு, (svasrou sœur), la sœur du mont மைநாகம், i.e Parvadi.

மைந்தர், hommes, fils, garçons, pl. du suiv.

மைந்தன், 1° fils, garçon, homme, —fort. 2° (maïnda), Maïnden, Asouren ou démon tué par Vichnou.

*மைந்தகன், (மைந்தன், han tuer), le meurtrier de Maïnden, i.e. Vichnou.

மைந்து, 1° trouble, — d'esprit, force. 2° gér. de மைகிறது.

மைமல், மைம்மல், (மை), le soir, le crépuscule. [porc, sanglier.

மைமா, (id.), l'animal noir, i.e.

மைமசி, (id.), nuage sombre.

மைமுகன், (id. முகம்), l'animal ou l'être à face noire, le gros singe noir dit முசு. [flonne stérile.

மைமை, (id. மை), femme —, buf-

மையண்டம், œuf.

மையம், 1° (de மத்தியம்), milieu, centre: — ஆயிருக்கிறது être le centre ou le milieu, ambigu, douteux: — பார்க்கிறது vaciller, ne pas se tenir droit, pencher des 2 côtés, n'être pas sur le centre de gravité. 2° P. மையேறாம், nég. de மைகிறது.

மையலக்குச்சந்தை, le second jour d'une foire ou d'un marché.

மையலி,(மையல், i), persone infatuée,troublée.

மையல்,1° (மயல்),trouble,—d'esprit, folie,infatuation,la plante datura ஊமத்தை. 2° opt. et n. v. de மையலிறது.

மையவாடி, lieu entouré d'une haie d'épines,cimetière.

மையாத்தல்,se troubler,être troublé.

*மைரேயம், maîrêya),espèce d'essence ou d'onguent, — de liqueur fermentée dite இரேயம்.

*மைனம்,(மீனம்),poisson.

*மைனுகம், V.மைநாகம்.

*மைனிகன், (மைனம், ika), pêcheur.

மொ,lettre syllabique composée de ம் et de ஒ,mo bref.

மொகமொக,son —,mot imitatif du bouillonnement de l'eau, du glouglou d'une bouteille....:

மொகமொகவெனல், மொகமொகவென்கிறது faire mogamoga, — glouglou,l'eau bouillir doucement.

மொகரம்,(ind.moharram), le 1er mois de l'année mahométane. Les Turcs célèbrent alors pendant 10 jours une fête en l'honneur de Hassein et Houssein fils d'Ali,tués par Yézid près de Koufa. Elle finit le 10 Moharram. Les français nomment cette fête Jamsé mot qui vient sans doute des cris de *ya! Houssein* que les Mahométans répétent sans cesse en parcourant les rues pendant cette bacchanale.

மொகர்,1° (ind.), V.மோகரம். 2° ou மொகரு,மொகர், (ind.), sceau, cachet.

மொகவை,P.முகவை. puisoir, espèce de cuillère (pour puiser), mesure de capacité.

மொக்கட்டை,P.முகக்கட்டை,visage,mâchoire: — முறிக்கிறது blesser la mâchoire,offenser,rompre avec quelqu'un; — முகத்தான் homme bourru,incivil; — மீனம் impolitesse,incivilité,déshonneur.

மொக்கணி, sac,—à collou (pour le donner à manger au cheval), V. மொக்கணி.

மொக்கணீனம், déshonneur, impolitesse.

மொக்கணி, retard: — பண்ணுகிறது ou

மொக்கணிக்கிறது, க்கேன், க்கேன், க்க, v.n. et a. மொக்கணிக்கிறது,v.a. s'arrêter,séjourner,retarder ou lambiner(dans un voyage). arrêter, retenir, retarder (en route).

மொக்கு, 1° nœud d'arbre, nœud ou coupe d'un chandelier, figures ou dessins tracés à terre comme ornement avec une poudre blanche, V. மொக்குள் 2° *imp. et part. de* மொக்குகிறது.

மொக்குகிறது, க்கினேன்,க்குவேன்,க்கு,க்க,v.a.et மொக்கிப்பிடிக்கிறது,manger goulument, — avidement,dévorer.

மொக்குளிக்கிறது,ளித்தேன்,ளிப்பேன்,ளி,ளிக்க,v.n.மொக்குளித்தல், n. v. (மொக்குள்),bouillonner,faire glouglou, murmurer, gazouiller, s'arrondir,s'agglomérer, former des bulles d'eau.

மொக்குள்,nombril, bulle d'eau, bouton —, calice de fleur, bouton prêt à s'épanouir.

மொக்கை, affront, ignominie, honte,disgrâce, dent —, entaille, ou brèche (dans un couteau...),action d'émousser (la pointe d'un stylet à écrire...),chose —,pointe émoussée, respect: — கொள்ளுகிறது être déshonoré,éprouver un affront; — கொண்டான் il a essuyé une ignominie; — ச்சோளம் maïs, blé de Turquie; — பண்ணுகிறது faire injure, — affront, —tort, ébrécher ou émousser (un couteau...), gâter, endommager; — போகிறது éprouver un affront, être déshonoré,insulté,disgracié,trompé,dupé ébréché,émoussé; — போனகத்தி épée —, couteau émoussé, ébréché; — மீனம் affront, déshonneur, manque de respect.

மொக்கையன். V.மொக்குவையன்.

மொக்கமொக்கக்கீரை, la plante முசுமுசுக்கை.

மொசுமொசு,son—, mot imitatif de vitesse,de démangeaison,de bruit: மொசுமொசுவென்கிறது ou

மொசுமொசுக்கிறது, -த்தேன், -ப்பேன்,-க,-க்க,v.n. மொசுமொசுத்தல்,n.v. (மொசுமொசு), faire *mosoumosou*, — du bruit, se hâter, avoir des démangeaisons.

மொச்சை,—நாற்றம், odeur de bouquin,forte odeur de brebis ou de mouton:மொச்சைடிக்கிறது sentir le bouquin,—fort,—le mouton.

மொச்சை,odeur de bouquin,—de brebis...,la plante légumineuse dolichos tetraspermus,espèce de faséole ou dolic,vesce: —க்கொட்டை, — ப்பயறு pois ou graine du dolic ou faséole susdit;—யடிக்கிறது, *V.* மொச்சையடிக்கிறது.

மொஞ்சி,mamelle,(mot enfantin): —நாற்றம் odeur du lait maternel.

மொடமொட,son—,mot imitatif du bruit du cuir,des vêtemens...: மொடமொடவென்கிறது faire *modamoda*,—du bruit,—frafra. [pois.

மொடு,gain,avantage, cosse de

மொடுக்குமொடுக்கு, மொடுமொடு, son ou bruit—, mot imitatif du glouglou (dans la gorge)....: மொடுக்குமொடுக்கென்கிறது,மொடுமொடென்கிறது ou

மொடுமொடுக்கிறது, -த்தேன், -ப்பேன்,-டு,-க்க,v.n.(மொடுமொடு), faire *modoumodou*, —le bruit susdit, boire en faisant glouglou (dans la gorge).

மொடுமொடுக்கெனல், மொடுமொடெனல், மொடுமொடுத்தல், மொடுமொடுப்பு,n.v. *du préc.* bruit de *modoumodou*,de glouglou.

மொட்டந்தலை, (மொட்டு, அம், தலை),tête chauve,—pelée.

மொட்டம்பு, (*id.* அம்பு), flèche émoussée,— sans pointe, *V.* உதைம்.

மொட்டு,tendre bouton de fleurs, chose ronde,— sphérique,en forme de globe,de boule.

மொட்டை,calvitie, tête chauve, —rasée,instrument—,chose émoussée, — sans pointe,sans tranchant, état de ce qui est émoussé, obtus; —க்குல்லா bonnet plat, — simple, espèce de calotte;—த்தலை tête chauve,tête pelée;—புத்தி esprit obtus; —மாடு bête bovine—, bœuf ou vache...sans cornes;—யடிக்கிறது, —யாக்குகிறது rendre chauve,raser la tête;—யிடுகிறது,—யிடுதல் rendre chauve,donner une tête chauve; —வெட்டு coup qui rase,qui coupe tout.

மொட்டைச்சி, (மொட்டை), femme chauve *ou* rasée,veuve,terre de foulon. [chauve,— rasé.

மொட்டையன், (*id.*), homme

மொண்ட,*part. de* மொள்ளுகிறது.

மொண்டணி, *V.* மொத்தணி.

மொண்டன், மொண்டான், மொண்டி,espèce de millet.

மொண்டு,1° opiniâtreté, entêtement,désobéissance, agitation, vexation,résistance. 2° *gér. de* மொள்ளுகிறது:— க்காரன் opiniâtre, entêté, rebelle,vexateur, agitateur; — பண்ணுகிறது faire résistance, — l'opiniâtre, être entêté, mutin,rebelle,vexer, tourmenter.

மொதக்கெண்டை,espèce de carpe ou கெண்டை.

மொதுமொது,son—,mot imitatif de bouillonnement....: மொது மொதென்கிறது faire *modoumodou*, rendre ce son, bouillonner.

மொத்தம், 1° le tout, la totalité, la généralité, universalité, somme, bloc, masse, grosseur. 2° *P.* மொத்தோம் nous ne frappons pas,*nég.de* மொத்துகிறது: மொத்தமாய் en gros,en bloc,tout ensemble, en général; — ஆயிருக்கிறது être gros,massif, être pris en gros,— en masse,—ensemble; — ஆய்விற்கிறது vendre en gros, en masse, tout ensemble; —ஆய்வைக்கிறது mettre en masse, rassembler ensemble; மொத்தப்பட்டா bail ou affermage général d'un village ou d'un district.

மொத்தல்,*opt. et n.v.de* மொத்துகிறது, coup.

மொத்தம், foule, somme, total, masse.

மொத்தி, 1° nœud d'arbre, enflure, coup. 2° gér. de மொத்துகிறது: —க்கால் pied enflé, pied d'éléphant, éléphantiasis.

மொத்து, coup: மொத்துண்கிறது. மொத்துண்ணல், (உண்கிறது), être battu, frappé, n.v. imp. et part. de

மொத்துகிறது, த்தினேன், த்துவேன், த்து, த்த, v.a. மொத்துதல், n. v. battre, frapper. [massive, boule.

மொத்தை, masse, chose grosse, —

மொத்தணி, boule, globe, rondeur grosseur.

மொத்தணியன், (மொத்தணி), chose ronde, grosse, massive.

மொத்தன், espèce de bananier qui donne de gros fruits.

மொந்தை, tambour qui n'a de peau ou d'ouverture que d'un côté, vase—, pot de terre, sorte de vase, chose grosse: — பெற்றான் il a trouvé un vase de terre, i.e. un trésor caché dans un pot de terre.

மொப்பு, ou —நாற்றம், odeur fétide (de lait ou de viande gâtée...:) மொப்படிக்கிறது sentir mauvais, puer.

மொய், 1° foule, presse, concours, multitude, tas, agglomération, essaim, guerre, combat, bataille, champ de bataille, éléphant, scarabée, mère, donation ou offrande de fanons dans un mariage ou à un temple, petite souscription. 2° imp. de மொய்க்கிறது: —குசம் mamelle, téton, pis, épi serré, — bien garni: —குழல் femme, —qui a une épaisse chevelure; —தனம் argent entassé; —தாய், —த்தாய் mère propre; —ப்பணம் argent—, fanons de souscription, —d'offrande, — offerts à l'époux le jour du mariage ou au temple: —யெழுத்து, (எழுத்து), petite—, souscription; மொய்யெழுதுகிறது écrire une petite souscription, — les fanons donnés à un mariage ou au temple.

மொய்க்கிறது, ய்த்தேன், ய்ப்பேன், ய், ய்க்க, (மெய்), v.n. ou மொய்த்துக்கொள்ளுகிறது, venir en foule, former un essaim, s'agglomérer, s'entasser, se presser, se serrer, s'accumuler, fourmiller, abonder, se grouper, s'attrouper, couvrir: ஈ — les mouches abonder, couvrir tout; —க்கொண்டிருக்கிறது abonder, être attroupé, aggloméré, entassé, en essaim comme des abeilles; —க்கொண்டுவருகிறது s'attrouper, accourir —, venir en foule (comme des mouches sur du sucre...), venir par essaims.

மொய்ச்சல், மொய்த்தல், மொய்ப்பு, n.v. du préc. essaim, foule, troupe, multitude, presse, agglomération, entassement. [prouesse.

மொய்ம்பு, épaule, force, courage,

மொய்யல், opt. et n.v. de மொய்க்கிறது: மொய்யற்கண்ணி, V. முசுக்கண்ணி.

மொர, மொரமொர, son—, mot imitatif: —வென்கிறது, faire moramora, rendre ce son.

மொருமொரு, son—, mot imitatif: மொருமொருவென்கிறது, ou மொருமொருக்கிறது, (மொருமொரு), faire moroumorou, rendre ce son. [genture.

மொலாம், P. முலாம், dorure, ar-

மொளுமொளுக்கிறது, v. n. மொளுமொளுத்தல், n.v. rendre le son de —, faire moloumolou, avoir des démangeaisons.

மொல்லு, bruit, bruissement, bruit fait avec les mains ou les pieds.

மொல்லுமொல்லு, mot imitatif de bruit, -de tapage: மொல்லுமொல்லென்கிறது faire molloumollou, —du tapage; மொல்லுமொல்லென்று வருகிறது venir en faisant un grand bruit, (pour combattre...); —சண்டைதொடுக்கிறது livrer—, engager une bataille avec grand tapage.

மொழி, parole, mot, discours, n. v. imp. et part. de மொழிகிறது: மொழி ௩, les 3 sortes de propos: மெய்கூறல் dire la vérité; புகழ்கூறல் louer, dire des flatteries; பழிகூறல்

injurier, dire du mal, des injures, des calomnies; தேவர் — parole —, oracle des dieux prétendus: — தடுமாறுகிறது bégayer, bredouiller, balbutier (ou naturellement ou par trouble); — பிசகுகிறது la parole manquer, se tromper de mot, manquer à sa parole; — பெயர்க்கிறது traduire (d'une langue dans une autre): — பெயர்ப்பு traduction; — மாற்று transposition de mot, ou de l'attribut d'un mot à un autre auquel il ne convient pas, comme dans சுரையாழ அம்மிமிதக்க la gourde s'enfoncer, la pierre à broyer surnager, ou யானைக்குநீத்து முயற்குநிலை l'éléphant nage où le lièvre touche le fond. c'est une des 8 பொருள்கோள் ou manières d'avoir le sens; ici on l'aura en remettant les mots dans l'ordre naturel: la gourde surnager et la pierre à broyer s'enfoncer; où l'éléphant touche le fond le lièvre nage; — முதலெழுத்து lettres qui peuvent commencer un mot. Ce sont les 12 voyelles et les 9 consonnes suivantes: க, ச, ஞ, த, ந, ப, ம, ய, வ; — இடையெழுத்து lettres qui peuvent venir au milieu des mots; — ஈற்றெழுத்து lettres qui peuvent finir un mot; ce sont les 12 voyelles et les 11 consonnes suivantes; ஞ், ண், ந், ம், ய், ர், ல், வ், ழ், ள், ன்: — மொழிக்குறிப்பு ton, emphase, inflexion de la prononciation, signe du son des mots; — யோசை son des mots.

மொழிகிறது, ழிந்தேன், ழிவேன், ழி, ழிய, v.a. (மொழி), et மொழிதல், n.v. dire, parler: மொழிந்ததுமொழிதல் répétition inutile de ce qu'on a dit, ce qui est un défaut dans un auteur; மொழிவதறமொழி dis exactement — franchement ou correctement ce que tu dois dire; மொழிவதுமறுக்கின்அழிவதுகருமம் si on rejette la parole des sages l'entreprise échouera. [vieux dicton, mot.

மொழிமை, (மொழி), proverbe,

மொழியன், bavard, gros pou.

மொழுக்கன், மொழுங்கன், P. மழுக்கல், chose terne, joyau simple, — uni, sans gravure, ouvrage uni, — sans ornement, personne trapue, — corpulente: — இலை pendans d'oreilles en forme de feuille de palmier roulée sans ornemens; — மோதிரம் anneau simple, sans gravure ni ciselure.

மொழுக்கு, son —, mot imitatif: மொழுக்கெனல், மொழுக்கென்கிறது rendre —, faire le son de —, faire *mojoukou*.

மொள்ளுகிறது, மொண்டேன், மொள்ளுவேன், மொள்ளு. மொள்ள, *v.a. et* மொள்ளல் *ou* மொள்ளுதல், *n.* v. puiser, tirer de l'eau.

மொறுமொறு, son —. mot imitatif de murmure: மொறுமொறெனல் மொறுமொறென்கிறது *ou*

மொறுமொறுக்கிறது, றுத்தேன், றுப்பேன், று, றுக்க, v.n. (மொறுமொறு), murmurer, être mécontent, — fâché, un gâteau crier sous la dent, être trop cuit, — trop frit.

மொறுமொறுத்தல், மொறுமொறுப்பு, n.v. *du préc.* murmure, cri.

மோ, 1° lettre syllabique composée de ம் et de ஓ, mô long. 2° particule explétive de la 2° pers. sing. de l'imp. *Ex.* கேண்மோ, *P.* கேள். écoute; உண்மோ, *P.* உண், mange. 3° *imp. de* மோக்கிறது.

*மோகத்தியம், (மோகனம், iya) penchant à la luxure, un des அஷ்டகுற்றம் ou 8 défauts incompatibles avec la divinité.

*மோகம் 1°(môha), luxure, impudicité, volupté, impureté, sensualité, désir, confusion —, trouble d'esprit, enivrement des désirs sensuels, défaillance, folie, ignorance spirituelle qui, selon certains philosophes porte à croire la réalité des objets sensibles et à se livrer aux plaisirs sensuels, illusion, méprise, erreur. faute, peine, affliction; l'impudicité est un des அறுபகை, அஷ்டவிகாரம், பஞ்சமாயை, et பஞ்சபாதகவிகாரம். 2°(mògha), inutilité, haie, clôture, l'arbre பாதிரி bignonia: — கொ ள்ளுகிறது être impudique, luxurieux, lascif, sensuel; — உடைமை penchant à la luxure; — உள்ளவன் homme impudique, lascif; — எடுக்கிறது, — கொண்டிருக்கிறது éprouver des accès de volupté, devenir luxurieux, concevoir des désirs impurs; — தீருகிறது s'abandonner à la luxure, satisfaire sa volupté, sa sensualité; மோகாதுசை désir impur; — கருமம் action impudique, — de volupté, vaine pratique, — cérémonie; — ஞானம் sagesse —, science qui n'est pas celle de la religion; — ப்படைக்கலம் armes enchantées, — qui troublent et déconcertent l'ennemi; — பாவம் péché impur; — விளை jeux lascifs, gestes —, badinages impurs; — வியாபாரி impudique, débauché; — வடிவம் figure qui montre le trouble causé par les désirs conçus pour un objet.

மோகசுரம், véhémence, colère, trouble, — d'esprit.

மோகரிக்கிறது, த்தேன், ப்பேன், க்க, v.n. (மோகரம்), மோகரிக்கல், n.v. crier de colère, se troubler, s'emporter.

மோகரிப்பு, n.v. du préc. emportement, fureur militaire, — de bravoure, trouble d'esprit, orgueil.

*மோகர், (மோகம்), gens luxurieux, — en délire, frénétiques, peintres qui par leurs ouvrages séduisent ou captivent l'admiration.

*மோகனம், (மோகம், na), impudicité, lasciveté, excitation à la luxure par enchantement, c'est le 40me des கலைக்கியானம் et une des அஷ்டகருமம் ou 8 espèces d'enchantemens, fraude, déception, fascination, séduction de la raison par les attraits senseuls, trouble d'esprit, copulation, une des flèches de Kâmen, la plante ஊமத்தை datura: மோகனக்கல் la pierre de fascination, grosse pierre qui sert de traverse aux portes des pagodes; — நாட்டியம் danse lascive (de femmes); — ப்படைக்கலம் arme de la luxure, — enchantée; — மாலை la guirlande de la séduction, guirlande d'or qui pend au cou, espèce de poème; — வித்தை l'art d'exciter à la luxure, de séduire, de fasciner.

*மோகனாங்கி, (மோகனம், அங்கம், ini), celle qui a des membres ou une beauté —, femme séduisante, impudique.

*மோகனாஸ்திரம், (id. அஸ்திரம்) arme —, trait enchanté, trait —, flèche de Kâmen. [sante, — impudique.

*மோகனி, (id.), femme sédui-

*மோகன், (மோகம்), le luxurieux, i.e. Kâmen, impudique.

*மோகாசை, (id. ஆசை), désir impur, — illusoire, — vain.

*மோகாதி, (id. ஆதி), les 3 défauts dont le 1er est la luxure, i. e. காமம், வெகுளி, மயக்கம் la luxure, la colère et le trouble d'esprit.

மோகிக்கிறது, த்தேன், ப்பேன், க்க, v.n. (மோகம்), மோகித்தல், n. v. ou மோகித்துப்போகிறது, concevoir —, avoir des désirs impurs, se livrer aux désirs charnels, vivre dans la luxure, convoiter, être fasciné, avoir l'esprit troublé ou dérangé; மோகிக்கப்பண்ணுகிறது, V. மோகிப்பிக்கிறது.

*மோகிதன், (môhita), homme luxurieux, séduit, trompé, fasciné.

மோகிப்பிக்கிறது, v. caus. du préc. exciter des désirs voluptueux, pousser à la luxure.

மோகிப்பு, n.v. de மோகிக்கிறது, désir voluptueux, délectation morose, fascination, trouble d'esprit (que cause la luxure...).

*மோகினி, (mohini), femme séduisante, — impudique, Vichnou métamorphosé en femme séduisante pour fasciner les Asourers et les empêcher de boire l'ambroisie, (c'est une de ses 15 incarnations inférieures), espèce de fée ou de déesse, enchanteresse.

மோகடப், (arabe), arrêté, suspendu, suspens, congédié.

மோக்கட்டை, *P.* மோவாய்க்கட்டை, le menton.

*மோக்கம், *P.* மோக்ஷம்.

மோக்கிறது, மோந்தேன், மோப்பேன், மோ, மோக்க *ou* மோப்ப, *v. a.* மோக்குதல், *n.v.* sentir, flairer: மோக்கக்கொடுக்கிறது donner à sentir,—à flairer; மோந்துகொடுக்கிறது donner aprés avoir flairé (soi-même).

*மோக்ஷகன், (மோக்ஷம், ka), libérateur.

*மோக்ஷம், (mòkcha), béatitude finale et éternelle, paradis, ciel, délivrance, liberté, affranchissement,— du corps et de nouvelles naissances ou de transmigrations (dans le système de la métempsycose), mort, absorption dans l'essence divine (selon les Advitas), acquittement d'une dette, accomplissement d'un devoir, fin, — d'une éclipse, (délivrance prétendue de l'astre de la gueule du dragon): —அடைகிறது, —பெறுகிறது parvenir au —, obtenir le paradis, la béatitude finale; மோக்ஷநாடி fin d'une éclipse; —பதிவர் habitans du paradis; —பாக்கியம் la bonheur du paradis; —ராச்சியம் le royaume du paradis; —வாசம் séjour —, habitation du paradis; —வாசி, —வாசி habitant du ciel, saint, bienheureux, personne digne du paradis; —தீபம் lampe de la délivrance, — allumée sur les tombeaux (des வீரசைவர் et accompagnée de cérémonies), cérémonie pour les morts; —விளக்கு lampe du paradis, *i.e.* cérémonie —, messe pour les défunts, *V.* மோக்ஷதீபம்: —விளக்குவைக்கிறது faire cette cérémonie, faire dire pour eux la sainte messe. [*V.* மோக்ஷவாசி.

*மோக்ஷவான், (மோக்ஷம், vân),

*மோக்ஷானந்தம், (*id.* ஆனந்தம்), joie céleste, bonheur du paradis.

*மோக்ஷணம், மோக்ஷிதம், (mòkchana, ita), délivrance, mise en liberté.

*மோக்ஷோபாயம், (மோக்ஷம், உபாயம்), moyen de parvenir au paradis,— d'obtenir la béatitude finale, *d'où*

மோக்ஷோபாயன், saint, sage, dévot, celui qui prend ce moyen.

*மோசகம், (môtchaka), renoncement au monde,— à tout, bananier, cotonnier soyeux, l'arbre முருக்கை.

*மோசகன், (*id.*), celui qui a renoncé à tout, ermite, libérateur.

மோசம், 1° tromperie, fraude, déception, séduction, fausseté, erreur, méprise, danger, détriment, perte. 2° * (mòtcha), l'arbre முருக்கை, cotonnier, — soyeux, bananier, banane: கள—grand danger, grande déception...;— போகிறது se tromper, être trompé, dupé, séduit, induit en erreur; (இருத்தல்) —போக்குகிறது,— பண்ணுகிறது tromper quelqu'un, duper, induire en erreur, séduire, causer du dommage; மோசக்காரன் trompeur, fripon, séducteur;—சாரம், — ரசம் gomme de cotonnier,—de cotonnier soyeux; மோசத்துக்குட்படுகிறது, —உள்ளாகிறது s'engager dans le péril, tomber en danger, être trompé, séduit, induit en erreur; மோசத்துக்குட்படுத்துகிறது,— உள்ளாக்குகிறது pousser dans le danger, mettre en péril, égarer, induire en erreur, tromper.

*மோசனம், 1° (môtchana), délivrance, expiation, abolition, rémission, abandon, renoncement, fin d'une éclipse, 2° espère de riz: சாப—levée d'une malédiction; பாவ— expiation —, rémission du péché.

*மோசாடம், (môtchâta), sandal, banane, cœur du bananier.

மோசிகை, *P.* மோட்டுச்சிகை, toupet du sommet de la tête.

மோசிக்கிறது, சித்தேன், சிப்பேன், சி, சிக்க, *v.n.* (மோசம்), மோசித்தல், *n.v.* se tromper, se méprendre, errer, être induit en erreur.

மோசுக், (*arabe*), garde ou gardien (mis pour garder quelqu'un).

*மோஷகன், மோஷ்டிரு, (môchaka, mochtrou), voleur.

*மொசனம்,மோசை, (môchana,môchâ), vol.

*மோடகன், P. மோஷகன், voleur.

*மோடனம், (môtana, ka), destruction.

*மோடனம், 1° (môtana), air, vent, frottement, broiement. 2° espèce d'enchantement ou de sortilége employé par ceux qui cachent un trésor ou chose semblable et par ceux qui cherchent à l'enlever.

மொட்டன்,P.மூடன், insensé,stupide:மொட்டத்தனம் stupidité.

மொடி,la prétendue déesse des forêts dite காளேசன், discorde,dispute,arrogance,fierté, pompe,spectacle, grandeur, ordre, rang autorité, colère, indignation, l'espèce d'enchantement ou de sortilége dite மோடனம், V. மெனை:இராச-grandeur—,pompe royale;இராணுவ—ordre de bataille:—க்காரன் homme rechigné, mal disposé, disputeur; ou — பண்ணுகிறது se disputer;—பயிருக்கிறது,—தும்த்திறது être fier,— arrogant,avoir l'air refrogné, rebarbatif, sévère;—ப்புடவை toile toute blanche (sans variété de couleurs; — வாங்கொள்ளுகிறது,—பரம்ப்பிடிக்கிறது,- பண்ணாங்குகிறது acheter en gros,— tout afin de faire le monopole;— வைக்கிறது mettre—, faire un sortilége pour empêcher quelqu'un d'enlever un trésor caché...; — வெடுக்கிறது chercher à ôter ce sortilége,en faire un autre pour enlever un trésor caché,(en jouant du flageolet dit மகுடி).

மொடு,gén. மொட்டின், hauteur, élévation, faite, sommet, haut —, pic d'une montagne, grandeur, ventre, fente,stupidité, bêtise, méchanceté: நடு— milieu du faite—, faitede maison;திருடன்மொட்டைப் பிறித்தான் le voleur est venu en dilacérant ou perçant le faite de la maison.

*மொட்சம் V. மொக்ஷம்.

மொட்டிறுக்,(மொட்டு, இறுக்), espèce de chevrette ou de cancre,astacus squilla.

மொட்டு, obl. de மொடு; —த்தனம்,stupidité, perversité, obstination;—த்தனம்பண்ணுகிறது agir stupidement,—méchamment; மொட்டுத்தனக்காரன் homme ignorant,stupide,méchant. [ère, —du faite.

மொட்டோடு,(id.ஓடு),tuile faitière

*மோனம், (môna), fruit sec,—desséché,panier de serpens,—pour en porter.

*மொதகம்,(மோதகம்,ka), délice, plaisir,agrément,joie,concorde, espèce de pâtisserie,de bonbon,de friandise,de beignets:மோதகப்பிரியன் le gourmand de friandises,(surnom de Poulléyar); — மரம் l'arbre குமிளம்பிழுக்கன்.

*மோதம்,(môda),joie, allégresse, délice,bonheur,bonne—, odeur, la plante அசமோதகம்.

மொதற்பா, மொதறப்பா, (arabe, mohtarfa), taxe levée sur les marchands et les artisans, — sur les gens d'une profession. [து.

மொதல்,opt.et n.v.de மோதுகிறது

*மொதனம், மொதிதம்,(மோதனம், na,ita),joie,allégresse,plaisir.

மொதிரம்,anneau,bague:மூட்டமணி —trois anneaux ayant chacun une pierre précieuse, une émeraude,un rubis et un diamant; - மாற்றுகிறது (en contractant mariage) l'époux et l'épouse entrechanger une bague ou un anneau à chaton; மொதிரக்கண்ணி l'arbrisseau hugonia mystax;—ப்பணம் argent qu'on donne aux époux; — விரல் le doigt annulaire.

மொதுகிறது,தினான்,துவேன், து,த,v.n.மொதுதல், n.v. heurter, battre,frapper contre,couvrir,appliquer,grossir: அலைகள் —ou மொதி க்கொண்டிருக்கிறது les flots battue (le rivage);காற்றுமோதிமோதியடிக்கிறது le vent souffler avec violence; சுவர்க்குமண்மொதுகிறது appliquer de la terre à un mur de terre pour le réparer,l'enduire de terre;

மோதிக்கொள்ளுகிறது être à heurter—, frapper contre, se heurter, se frapper soi-même.

மோத்தை, (de மோதம்), la plante வசம்பு acorus calamus.

மோந்தல், n.v. de மோக்கிறது.

மோத்தை, bouc, — de l'espèce de chèvre dite வெள்ளாடு.

மோந்து, gér. de மோக்கிறது.

மோப்பம், மோப்பு, n.v. du même, sens de l'odorat, odorat, nez, action de flairer: மோப்பம்பிடிக்கிறது sentir, flairer.

மோப்பி, veuve, (mot peu respectueux).

மோமினி, மோமின்கள், (arabe), établissement.

*மோரடம், (mòrata), la plante பெருங்குரும்பை, racine de canne à sucre, fleur de l'alangium hexapetalum, lait de 7 jours qui a perdu sa nature laiteuse.

மோரா, 1°(ind.), roupie—, pièce d'or valant 15 roupies d'argent. 2° 3me pers. pl. neut. et part. nég. de

மோருகிறது, ந்தேன், ருவேன், ரு, v.a. (மோக்கிறது) et மோருதல், n.v. sentir, flairer.

மோர், 1° lait de beurre, eau dans laquelle on a délayé du lait caillé aigre. 2°(ind.), sceau, cachet.

மோர்ச்சா, batterie.

*மோலி, V. மௌலி.

மோவா, மோவாத, part. nég. de மோக்கிறது, qui ne sent pas: மோவாது il ne flairera pas.

மோவாய், 1° barbe, V. முகவாய்: — க்கட்டை menton; — க்கட்டையெலும்பு mâchoire. 2° 2e pers. de

மோவேன், nég. de மோக்கிறது, je ne flaire pas.

மோழல், porc.

மோழை, eau de riz, cange, tronc, bloc, manque de cornes, ignorance, stupidité, ignorant, stupide: கற்றும் — homme qui bien qu'instruit se conduit en ignorant ou parait ignorant; — க்கொம்பு corne défectueuse qui n'a pas pu croitre ayant été brûlée; — ப்பசு vache sans cornes; — மாடு bète bovine—, bœuf sans cornes; — யாக்குகிறது, priver de cornes, hébéter, rendre stupide, stupéfier; — யாயிருக்கிறது être stupide, hébété, —sans cornes; ஏழையைக்கண்டால் மோழையும் பாயும் une bête même sans cornes en voyant un pauvre se jettera sur lui, le pauvre est maltraité partout le monde.

மோவை, fente.

மோறு, P. மோவா.

*மோனம், P. மௌனம், silence.

*மோனர், (மோனம்), les gens silencieux, les mounis, les anachorètes, les sages.

மோனை, 1° commencement. 2° ou —த்தொடை allitération ou consonnance qui consiste en ce que la lettre qui commence le vers soit répétée au commencement d'un ou de plusieurs pieds de ce vers ou au moins soit remplacée par une lettre correspondante; ainsi parmi les voyelles அ, ஆ, ஐ, ஔ correspondent ensemble; இ, ஈ, எ, ஏ, ய correspondent également, et உ, ஊ, ஒ, ஓ de même; parmi les consonnes ச correspond à த, ஞ à ந, ம à வ. Ainsi dans un vers qui commence par த ou ச, un autre pied au moins du même vers doit commencer par தா, தை, சொ, ச, சா, சை ou சௌ et réciproquement. Cette consonance prend différends noms selon qu'elle se trouve dans le 2e, 3e ou 4e pied ou dans plusieurs pieds à la fois, ce qui est considéré comme plus riche de poésie. Ces mots sont expliqués en leurs lieux, V. அடி—, இணை—, பொழிப்பு—, ஒரூஉ—, மேற்கதுவாய், —கீழ்க்கதுவாய்—, கூழை—, முற்றுமோனை.

மௌ, lettre syllabique composée de ம et de ஔ, maou.

*மௌட்டியம், (மூடம், ya), diffamation, basse plaisanterie.

*மௌகூர்த்திகன், (முகூர்த்தம்), astrologue.

*மௌக்கியம், 1° (முக்கியம்), prééminence. 2° (மூகம், ya), mutisme.

*மௌக்கடை, V. மௌட்டடை.

மௌஜே, (arabe), place, village, ville.

மௌஜேவார்,(id.),compte détaillé —, recensement —, cadastre de village...

*மௌஞ்ஜி, (முஞ்சம்), ceinture d'un brame faite de 3 cordons de l'herbe முஞ்சம் saccharum spontaneum, l'herbe முஞ்சம்:—பந்தனம் investiture decette ceinture.

மௌடி, (மோடி), raillerie, plaisanterie, ruse, espèce d'art, — d'enchantement pour cacher ou enlever un trésor.

*மௌட்டியம், (maoudya,மூடன், ya),bêtise,ignorance,folie,fanatisme

*மௌட்டை, (முஷ்டி,ya), action de se boxer, coup de poing.

*மௌண்டியத்தம், (முண்டிதம்), un des 32 உபசித்தம், état d'une tête rasée.

*மௌண்டியம், (முண்டம், ya), calvitie naturelle ou artificielle.

*மௌத்திகம், (முத்தம் perle, ika), perle: மௌத்திகத்தி,— ப்பிரசவை huitre à perles, mère-perle.

*மௌரசிகன், (முரசம்,ikâ),tambourineur.

*மௌர்க்கியம்,(மூர்க்கம்,ya), stupidité, folie, obstination.

*மௌர்வி, et corr. மௌரவி, (மூர்வை), corde d'arc.

*மௌலன், (மூலம்), homme qui descend de bonne caste.

*மௌலி, (maouli), toupet—,mèche de cheveux, toupet du sommet de la tête des hommes dit குடுமி, chevelure nouée en toupet, longue tresse de cheveux, longue chevelure emmêlée dite சடை, tête,couronne, diadème, terre,caillou ou vin de palmier. [des bois.

மௌவல், jasmin,— sauvage, —

*மௌனம், (முனி), silence, vertu spéciale des anachorètes,taciturnité: —ஆயிருக்கச்சொல்லுகிறது dire de garder—, commander le silence: —மலையைச்சாதிக்கும் le silence résistera à une montagne.

*மௌனி, (id.), silencieux, taciturne, ermite, anachorète, tortue, pl. மௌனிகள், மௌனியர் gens silencieux,ermites, anachorètes.

ய

ய், la 11me consonne tamoule dite யகரம், et la 1re des médiales ou இடையெழுத்து. Dans le haut tamoul on ajoute இ à bien des mots qui commencent par ய, lorsque le mot précédent finit par une consonne ou un உ qui s'élide. ய் est aussi une lettre euphonique qui s'ajoute aux mots terminés par இ, ஈ, ஐ, எ, ஏ. lorsque le mot suivant commence par une voyelle.

ய, 1° lettre syllabique composée de ய் et de அ,ya bref. 2° ய en chiffre vaut 10 et précédé d'un autre chiffre, il signifie dizaine ;ainsi சய vaut 4 dizaines ou 40. 3° ய est une lettre médiale ou intercallée qui indique le parfait comme dans போயது ou போயிற்று cela est allé.

*யக்ஷன், யட்சன்,(yakcha), Koubêren,Yakchen,espèce de demi-dieu indou au service de Koubêren et gardien de ses jardins et de ses trésors; pl.யக்ஷர் les Yakchers:யக்ஷ—, யக்ஷகர்த்தமம் espèce de pâte odoriférante pour oindre le corps; elle se compose de camphre,d'agalloche, de musc, de saffran et de sandal; —தூபம் résine (en général),térébenthine;—ரசம்liqueur de Yakchers,— spiritueuse; — ராசன்,— ராட்டு le roi des Yakchers,i.e.Koubêren;—ராட்டுபுரி la capitale du roi des Yakchers dite அளகை; — ராத்திரி la nuit des Yakchers, i.e.le jour de la pleine lune du mois de கார்த்திகை; alors les Yakchers sont dehors.

*யக்ஷவாசம் ou யக்ஷாவாசம், (யக்ஷன், ஆவாசம்), la demeure des Yakchers,i.e. le figuier,ficus indica.

*யக்ஷி,யக்ஷிணி, யக்ஷீ, யக்ஷிணீ, (yakchi,—ni), Yakchi, femme de Koubêren,fille ou femme de la caste des Yakchers.

*யக்ஞம்,1° (yadjna), sacrifice, oblation, offrande, chose propre au sacrifice. 2° (yadjniya),le 3me youga ou âge indien dit துவாபரயுகம்; ய

க்கியகருமம் action —,cérémonie de sacrifice; —சாலை salle —, place du sacrifice, temple; — சாரம் l'arbre ficus glomerata; —சித்தி achèvement —, efficacité d'un sacrifice, obtention de l'objet d'un sacrifice; — சூத்திரம் le cordon du sacrifice, le cordon bramanique ou le triple cordon (propre aux trois 1res castes); —சிஷ்டம், — சேஷம், —சேடம் restes d'un sacrifice; —ஸ்தானம் place du sacrifice; —தேசம் pays des sacrifices, — où les lois des Indous et leurs rites sont en vigueur, la prétendue terre sainte des Indous; — பசு animal propre au sacrifice, cheval; — பாத்திரம், —பாசனம் vase de sacrifice; — புருஷன் (surnom de) Vichnou; — பூமி place préparée pour un —, lieu du sacrifice; — வராகன் le cochon du sacrifice, *i.e.* Vichnou dans son incarnation en porc; — வாடம் enclos pour un sacrifice.

*யக்கியாங்கம், (யக்கியம், அங்கம்), partie d'un sacrifice.

*யக்கியாந்தம், (*id.* அந்தம்), fin du sacrifice, sacrifice supplémentaire. [crifice, Siven, démon.

*யக்கியாரி, (அரி), ennemi du sa-

*யக்கியோபவீதம், (*id.* உபவீதம்), *V.* யக்கியசூத்திரம்.

*யக்கேசன், யக்கேந்திரன், யக்ஷேசன், யக்ஷேந்திரன், (யக்ஷன், ஈசன், இந்திரன்), *V.* யக்கராசன்.

*யக்ஷன், யக்ஷி, யக்ஷிணி, *V.* யக்கன், யக்கி, யக்கிணி. [ம்.

யங்கூடரா, la plante அதிவிடைய

*யசசு, (yasas), gloire, renommée, louange.

*யசதன், (yadjata), sacrificateur, prêtre officiant à un sacrifice.

*யசத்திரன், (yadjatra), brame qui conserve le feu du sacrifice.

*யசந்தன், (yadjanta), sacrificateur, adorateur.

யசமானன், 1° (yadjamâna), adorateur, celui qui fait faire ou institue un sacrifice et en paie les dépenses, sacrificateur. 2° chef, maître, gouverneur.

*யசனம், (yadjana), offrande d'un —, sacrifice, en offrir un.

*யசாகன், (yadjâka), donateur, bienfaiteur, homme libéral.

*யசி, (adji), sacrificateur.

*யசுசு, யசுரு, —வேதம், யசுர்வேதம், (yadjous, yadjourvêda), le second des 4 vêdas, nommé Yadjourvêda ou Ézourvêda: il se divise en 2 parties: l'Ézourvêdam blanc வாசசனேயி Vâdjasanèyi, et le noir தைத்திரீயம். Voyez ce mot. Le premier, au dire des Indous, fut révélé par le soleil, sous la forme d'un cheval dit வாசி, à யாஞ்ஞவற்கியன் disciple de வைசம்பாயனன், lequel, étant au désespoir d'avoir été obligé de dégorger les textes qu'il avait appris, obtint du soleil une nouvelle révélation de ce vêdam.

*யஷ்டி, யட்டி, (yachti), bâton, — pour s'appuyer, —armé de fer, massue, bâton de pavillon, bras, avant-bras, guirlande, —ou collier de perles, réglisse: — கிரகன் qui porte un bâton, une massue: — மது, —மதுகை réglisse ou racine de l'abrus precatorius ou குன்றி qui en tient lieu.

*யஷ்டிகை, (யஷ்டி, kâ), collier de perles, étage, réglisse, massue, bâton, gourdin.

*யஷ்டிரு, (yachtrou), celui qui fait faire un sacrifice

*யட்சன்... *V.* யக்ஷன்.

*யதம், (yata), limite, restriction, modération, répression: யதசித்தன், —சித்தாத்துமா homme modéré, qui modère — domine sa volonté.

*யதா, (yâthâ), comme, selon, ainsi, convenable, propre, juste: —கர்த்தவியம், —கருத்தவ்வியம், — கர்த்தவ்வியம் ce qu'il est juste de faire, toute autorité (de faire...); — கற்பம் selon le commandement; —காமம் selon son plaisir, comme vous voudrez; —காமி indépendant, qui suit sa propre volonté; —காலம் selon le temps, — l'occasion; — கிரமம் en ordre, méthodiquement; — சக்தி autant que

சக

possible, selon sa force; —சாஸ்திரம் selon les Sâstiras; —சுகம் heureusement; —ஸ்தானம் place convenable; —ஸ்திதம் vérité, vrai, juste, convenable, en détail, minutieusement, tout ce qui est arrivé, dès le commencement; —நியாயம் raisonnable ment; —பூர்வம், —பூர்வம் en ordre, successivement, autrefois, depuis le commencement, ce qui vient de —, depuis l'antiquité; —விதி selon la règle; —விருத்தம் en détail, d'une manière circonstancielle.

*யதாகாரம், (yata *modéré*, ஆகாரம்), tempérance —, mortification dans la nourriture.

*யதாஸ்து, (யதா, அஸ்து), qu'il soit entièrement ainsi.

*யதாத்மவான், யதாத்மவானவர், (*id.* ஆத்மவான், van), celui qui a subjugué son esprit et ses facultés.

*யதார்த்தம், (யதா, அர்த்தம்), vérité, exactitude, justesse, convenance, empressement, exactement, convenablement, selon le sens.

*யதாவகாசம், யதாவசரம், (*id.* அவகாசம், அவசரம்), selon l'opportunité, — ses facultés, — la nécessité.

*யதி, (yati), modération, retenue, répression, restriction, repos, pause (dans la poésie, dans la lecture, ou en battant la mesure...), la règle des pauses, une des 10 règles pour garder la mesure en musique, union, consonnance ou allitération dite மோனை, sage, முனி ou anachorète, richi, celui dont les passions sont subjuguées, le richi Yadi, religieux mendiant, principalement de la secte des Djaïnas, veuve; யதிபாத்திரம் vase pour demander l'aumône.

*யதினி, (yatini), veuve.

*யதீசுரன், (யதி, ஈசுரன்,) Sanniyasi, excellent anachorète ou supérieur d'anachorètes.

*யது, (yadou), Yadou fils aîné du roi யயாதி, le 5me de la dynastie lunaire. Yadou régna à l'ouest de la Djamna ou யமுனை aux environs de மதுரை et fut un des ancêtres de Krichna; son royaume prit le même nom et ses descendans s'appelèrent யாதவர்: — குலேசன், (குலம், ஈசன்), — நாதன் le prétendu seigneur de la race de Yadou, *i.e.* Krichnen; —நாயகன் (dhâna, *qui soutient*), Krichna.

யதேத்து, quoi? quelle chose? qui?

*யதேச்சை, யதேஷ்டம், (யதா, இச்சை, இஷ்டம்), liberté, volonté, selon son plaisir: யதேஷ்டசாரி l'être qui va où il veut, *i.e.* l'oiseau.

*யதேந்திரியம், (யதம், இந்திரியம்), chasteté, — intègre, répression de ses sens.

*யத்தனம், யத்தினம், (yatna), effort, énergie, persévérance, instrument, moyen, dessein, *V.* எத்தனம்.

*யந்திரம், (yantra), machine, moulin à huile, meule à moudre le blé, machine pour séparer le coton de sa graine, mécanique, diagramme ou cercle magique, morceau de bois que l'on frotte sur un autre pour faire du feu, tison, char, sens, *V.* எந்திரம்; யந்திரகிரகம் moulin à huile, machine, mécanique, manufacture; —கோலம் pois, — commun; —சாஸ்திரம், —நூல், —வித்தை science des machines, la mécanique; —தாபனம் érection d'une machine, tracer des cercles magiques; —பந்தம் mécanisme; —பேஷணி, —பேடணி moulin —, meule à moudre le blé; —வித்துவான் mécanicien. [tourner).

*யந்திரகம், (யந்திரம், ka), tour (à

*யந்திரணை, (*id.* kâ), belle-sœur, sœur cadette de la femme,

*யந்திரசாரியன், யந்திரப்பிரயோகி, (யந்திரம், ஆசாரியன், அப்பிரயோகி), mécanicien.

*யந்திரப்பிரயோகசாஸ்திரம், (*id.* அப்பிரயோகம்), traité de —, la mécanique.

*யந்திரு, (yantrou), gouverneur, celui qui dirige, qui réprime, palefrenier, cocher, cornac.

*யம, *obl. de* யமம் *et de* யமன்.

*யமகம் (yamaka), espèce de rhythme, — d'allitération ou répétition de mots ou de syllabes semblables, mais avec un sens différent, au com-

mencement, au milieu ou à la fin de chaque vers d'une strophe qui a cette répétition, couple d'objets semblables.

*யமதக்கினி,(P. சமதக்கினி),Djamadagni,célèbre mouni,père du 1er Râmen,Parasourama son fils.

*யமம்,(yama),retenue,répression, — de ses sens, contrainte, contrôle, cessation,fin,observance religieuse, pénitence,purification,accomplissement d'actes qui purifient de toute impureté, un des 5 actes de vertus qui,selon les Indous,constituent un homme pur (i. e. s'abstenir de violence ou d'injure, patience,sincérité,obéissance à son gourou et observance des cérémonies purifiantes), un des பஞ்சநிருத்தியம்,fête,un des 18 codes de lois,corbeau,la planète Saturne,paire,couple.

*யமளம், (yamala),paire, couple.

*யமளை,(yamalâ),violent hoquet.

*யமனிகை (yamanikâ), paravent en toile autour d'une tente.

*யமன்,(yama),Yamen, prétendu fils du soleil et frère du fleuve Djamna ou யமுனை,gardien du côté du sud et censé dieu des enfers, c'est le même que சமன், V. ce mot: — ஆயுதம் les armes de Yamen,ce sont le சுரிகை ou la hache, le trident, le தண்டு ou massue et le பாசம் ou nœud coulant; — வாகி sa monture, le buffle; யமசகோதரி Sandjnyâ, prétendue femme du soleil mère de யமன் et du fleuve காளிந்தி ou யமுனை,le fleuve சாயுநதி; — கிங்கரன் le ministre ou serviteur de Yamen; — கீடம் ver de terre; — சபம் (சபை) la cour ou le tribunal de Yamen; — சுவசிரு,(svasrou sœur),la sœur de Yamen, la rivière யமுனை ou Djamna; — தூதகன், (தூதன், ka),le messager de Yamen,corbeau: — தூதன் le messager de Yamen, esprit infernal qui, au dire des Indous, amène les âmes à son tribunal et puis les conduit à leur destination finale, une des dents venimeuses des serpens: — தூதி l'ambassadrice de Yamen, une dent venimeuse des serpens; — தேவதை la 2e constellation lunaire dite பரணி; — பகினி, V. யமாநுசி; — பிரியம் les délices de Yamen,le figuier indien,ficus indica; — புரம் la ville de Yamen; — ரதம், — வாகனம் le char —,la monture de Yamen, i.e. le buffle; — ராட்டு le prétendu roi Yamen; — விரதம் prétendue imitation de Yamen, punir les offenses —, juger ou régner sans partialité ni préjugé.

*யமாந்தகன்,(யமன், அந்தகன்), le meurtrier de Yamen, i. e. Siven, qui le tua,lorsqu'il voulait enlever le fils de மார்க்கண்டேயன், et qui le ressuscita ensuite, au dire des Indous.

யமாநுவர்த்தடைப்பு, (id. அநுவர்த்தடைப்பு), observation de la prétendue justice de Yamen,impartialité.

*யமி,(யமம்,i),sage,mouni,homme modeste, qui a subjugué ses sens.

*யமுனை,obl. de யமுனை: — சனகன் le prétendu père de la Djamna, i. e. le soleil ou Sourien: — நதி la Djamna; — பிராதா le frère de la Djamna,i.e. Yamen.

*யமுனை, (yamounâ), la rivière Djamna,un des சப்தநதி ou 7 fleuves sacrés des Indous, qui prend sa source au sud de l'Himalaya, au nord-ouest de la source du Gange, passe à Délhi, à Agra, et après une course de 378 milles se jette dans le Gange à Allahabad. En mythologie, c'est la fille du soleil et la sœur de Yamen.

*யயாதி, (yayâti), le 5me monarque de la dynastie lunaire ou de la race des Kourous.

*யயி, (yayi), route, Siven.

*யயு, (yayou), cheval, — propre au sacrifice அசுவமேதம், — de ce sacrifice.

*யவகம்,(யவம், ka), orge.

*யவசாரி,(யவசம், அரி),l'ennemi de l'orge,Krichna.

*யவசம், 1° (yavasa), pré, gazon. 2° (யவம், சம்), salpêtre.

*யவக்ஷாரம், யவட்சாரம், (யவம்), nitrate de potasse ou salpêtre, nitre.

*யவம், (yava), orge, mesure d'un grain d'orge égal à 6 grains de moutarde, vélocité, lentille convexe des 2 côtés, riz ou nellou: யவசோதா தம், (kchôda poudre), farine d'orge; —ஜம் salpêtre; — சுரம் liqueur d'orge, — spiritueuse faite d'orge, i. e. bierre; —நாலம், (நாளம்), l'herbe andropogon ou holcus bicolor, chaume —, tige d'orge, ou — நாலசம், (சம்), salpêtre; — பலம் bambou, spicanard ou nard indien, oignon; —மத்தியம் espèce de pénitence qui consiste à diminuer graduellement la nourriture pendant la 2° quinzaine lunaire, à jeuner le jour de la nouvelle lune et à augmenter la nourriture peu à peu jusqu'à la pleine lune; — மயம் fait d'orge; — வாசம் salpêtre.

*யவனம், (yavana), vélocité, cheval léger, un des 56 pays de la géographie indienne, pays de Yavan père des Grecs, peut-être le pays des Affghans, (et plus probablement) la Bactriane où ont régné des rois grecs, l'Ionie ou la Grèce, (dans les écrivains modernes c'est) l'Arabie.

*யவனர் (id.), les Yavanas ou descendans de Yavan, les Grecs, les Mahométans envahisseurs de l'Inde, les Sonaguers, la caste la plus basse des Mahométans, étrangers, barbares, artisans, sculpteurs, graveurs, peintres; யவனப்பிரியம் poivre noir.

*யவனாரி, (யவனர், அரி), l'ennemi des Yavanas, i. e. Krichna.

*யவனாசாரியர், (யவனர், ஆசாரியர்), le docteur grec, probablement Ptolémée, qui est cité souvent par les anciens astronomes indiens; ce qui donne à croire qu'ils ont reçu l'astronomie des Grecs.

*யவனி, (yavani), femme de la race des Yavanas.

*யவனிகை, P. யவனிகை.

*யவனேஷ்டம், (யவனர், இஷ்டம்), plomb, ail, oignon. [சம்), salpêtre.

*யவாக்ஷாரம், (யவம், அக்ஷாரம்,

*யவாசம், (yavâsa), l'ortie dite சி றுகாஞ்சொறி, la fleur hedysarum alhagi.

*யவிஷ்டன், யவிஷ்டன், (yavichta, ka), le plus jeune, frère cadet.

*யவ்வனம், P. யௌவனம், jeunesse.

யா, 1° lettre syllabique composée de ய் et de ஆ, yâ long. 2° P. யாவை, quelles choses? Pour décliner யா, on ajoute le வ euphonique et le அத் துச்சாரியை, Ex. யாவற்றின், யாவ ற்றிற்கு, யாவற்றை, யாவற்றால், யா வற்றில், யாவற்றோடு: யாகாவாராயி னுநாகாக்க quand on ne garderait aucune autre chose, qu'on garde au moins sa langue. 3° particule explétive. Ex. யாபன்னிருவர்மாணாக்கர் அகத்தியனுக்கு les 12 disciples d'Agastyen. 4° nom d'un arbre. 5° imp. de யாக்கிறது.

*யாகம், (yâga), sacrifice, oblation: யாகம்-ஐ les 5 principales espèces de sacrifices des Indous, V. ப ஞ்சமகாயக்கியம்; யாகம்-உஎ les 21 espèces de sacrifices de leur culte idolâtrique; en voici les noms: அ க்கினிட்டோமம், அத்தியக்கினிட் டோமம், உத்தியம், சோடசி. 5° வாசபேயம், அதிராத்திரம், அப்த சோரியாமம், அக்கினியாதேயம், அ க்கினிசோத்திரம். 10° தரிசபூரண மாசம், சாதுர்மாசியம், நிருட்டபசுப ந்தம், அக்கிரயணம், சௌத்திராம ணி. 15° அட்டகை, பார்வணம், சிரா த்தம், சிராவணி, ஆக்கிரகாயணி. 20° சைத்திரி, ஆசுவயுசி; யாககுண்டம் fosse en terre pour recevoir le feu du sacrifice (தும் ou de quelqu'autre); — சாலை place —, salle du sacrifice: — சேனன், (சேனன்), nom d'un roi; — தம்பம், — ஸ்தம்பம் colonne du sacrifice; — திரவியம், — ப்பொருள் objets nécessaires aux sacrifices; — பதி le chef ou président du sacrifice, Yâgabadi, nom d'un roi regardé comme une des 15 incarnations inférieures de Vichnou; — பசு

தினி,—பத்தினி la célèbre Draoupadi ou திரௌபதை;— பாகம் part du sacrifice;— போசனர் ceux qui sont censés vivre de sacrifices, les dieux indous.

*யாகாரம்பக்கிரியை, (யாகம், ஆரம்பம்), adoration ou cérémonie qui commence par un sacrifice.

*யாகாதிபதி, V. தியாகாதிபதி.

*யாகுவம், (yahva), sacrifice, prière, V. சாவகம்.

*யாக்கியவல்க்கியம், யாக்கியவற்கியம், un des 32 உபநிஷதம், un des 18 codes de lois indiennes composé par

*யாக்கியவற்கியன், (yâdjnavalkya), célèbre mouni, auteur d'un code de loi, et qui le premier enseigna la partie blanche de l'Ézourvèda, qui, au dire des Indous, lui avait été révélée par le soleil sous la forme d'un cheval.

யாக்கிறது, யாத்தேன், யாப்பேன், யா, யாக்க, v.a. யாக்குதல், n.v. lier, attacher.

யாக்கை, n.v. du préc. lien, attache, bande, le corps (composé de fibres et de filamens): யாக்கைக்குற்றம்-ம் les 18 défauts du corps V. அஷ்டாதசகுணம்.

யாங்கனம், யாங்ஙன், யாங்ஙனம், (யா), où? comment? en quel lieu? de quelle manière?

யாங்கள், V. யாம்.

யாங்கு, (யா), où? dans quelle place? (il marque le doute sur la place).

*யாசகம், 1° (yâtchaka), mendicité, action de mendier, quête. 2° (yâdjaka), éléphant royal, —en rut, — furieux:—பண்ணுகிறது, V. யாசிக்கிறது.

*யாசகன், pl. யாசகர், 1° (yâtchaka), mendiant, quêteur. 2° (yâdjaka), prêtre officiant, brame qui dirige un sacrifice.

*யாசமானம், (yâtchamâna), mendicité, sollicitation.

*யாசம், (yâdja), riz cuit, nourriture. [ant.

*யாசனகன், (யாசனா, ka), mendiant

*யாசனம், (yâdjana), faire offrir un —, conduite d'un sacrifice, fente.

*யாசனா, (yâtchanâ), aumône, mendicité.

*யாசி. 1° (yâdji), sacrificateur. 2° imp. de

*யாசிக்கிறது, சித்தேன், சிப்பேன், சி, சிக்க, v.a. யாசித்தல், n.v. (யாசிதம்), mendier, demander l'aumône, quêter, faire la quête, demander, solliciter, chercher, ramasser des aumônes pour quelque but particulier

*யாசிதம், (yâtchita), sollicitation, demande, mendicité, quête.

*யாசியம், (yâdjya), chose propre au sacrifice, présent pour avoir sacrifié, honoraire de sacrifice.

*யாசியன், (யாசியம்), sacrificateur, personne pour qui on sacrifie.

*யாஷ்டிகன், (யஷ்டி, ika), guerrier armé d'une massue.

*யாஞ்ஞவற்கியம், யாஞ்ஞவற்கியன்..., V. யாக்கியவற்கியம்...

*யாஞ்ஞிகன், (yadjnika), sacrificateur, instituteur de sacrifice, prêtre officiant.

*யாஞ்ஞிக்கியம், (id. ya), sacrifice cérémonie du sacrifice.

யாடு, P. ஆடு, brebis, chèvre.

யாணர், 1° beauté, bien, nouveauté, fertilité, fécondité, prospérité. 2° charpentiers, tailleurs de pierres, architectes.

யாண்டு, 1° (யா), où? (mot de doute), quand? 2° P. ஆண்டு, année, temps. [(mot de doute).

யாண்டை, (யா), où? quelle place?

*யாதசாம்நாதன், யாதசாம்பதி, (yâdasâm des animaux aquatiques), roi des animaux aquatiques, i.e. Varounen. [que.

*யாதசு, (yâdas), animal aquati-

யாததாஸ்து, யாதாஸ்து, (persan), note, mémorandum, mémoire.

*யாதபதி, (யாதசு, பதி), l'océan, V. யாதசாம்பதி.

*யாதம், (yâta), action de conduire les éléphans avec un croc, V. தோட்டம். 2° (yâdas), animal aquatique: யாத நாதன் l'océan, Varounen, 3° P. யாதவம்.

*யாதவம், (yâdava), troupeau de bétail, — de vaches.

*யாதவன், pl. யாதவர், (id. de யது), descendant de Yadou, Krichnen, berger. [Oumei.

*யாதவி, fém. du préc. Dourgâ ou

யாதனம், radeau, bateau, navire, vase de bois.

*யாதனா, obl. de யாதனை:— சரீரம் corps passible, — capable de souffrir (dans un état futur, quoique subtil et indestructible), V. புரியட்டகாயம்.

*யாதனை, (yâtanâ), peine, affliction, agonie, douleur, — aigue, châtiment, punition de l'autre vie, (au dire des Indous infligée par Yamen et ses ministres), souffrances incessantes de l'enfer (mais qui ne tuent pas.)

யாதி, (persan, yâd), mémoire, réflexion, méditation, — profonde: — முற்றினுக்கியாதி trop d'application d'esprit cause la maladie.

*யாத்ரு, (yâtrou), conducteur de char, belle-sœur, femme du frère du mari.

*யாது, 1° (yâtou qui va), revenant, le temps, voyageur, ou யாதுதானவன், — தானன், (dhâna qui a), malin esprit, démon, lutin, diablotin, géant. 2° யாது, (யா), quoi? quelle chose? (pronom interr. et expression de doute), callou ou vin de palmier: யாதாகிலுமொன்று une chose quelconque; யாதொருவன், யாதொருவன் quelqu'un, qui que ce soit; யாதாகிலும் ou யாதாயினும், யாதென்கிலும் ou யாதேனும் quelque chose, quoi que ce soit; யாதினுக்குங்கடை la fin —, le dernier de tout; யாதுக்காக pourquoi? யாதெனில், யாதென்றால் si vous demandez ce que c'est, c'est-à dire, à savoir; யாதெனினும் quoi que ce soit; யாதொருபொருள், யாதொன்றாகிலும், யாதொன்று quelque chose, une chose quelconque; யாதோ quoi? quelle chose? qu'est-ce? (expression de doute).

*யாதோநிவாசம், (யாதஸ், நிவாசம்), eau, séjour des bêtes aquatiques.

யாத்தல், n.v. de யாக்கிறது.

*யாத்தியன், (yâtya), esprit infernal, damné.

*யாத்திரா, obl. de யாத்திரை:— தரிசனம் départ pour un voyage, passetemps; — பிரசங்கம் discours de —, voyage, accomplissement d'un pélerinage.

*யாத்திரிகம், (யாத்திரை, ika), provisions de voyage.

*யாத்திரிகன், (id.), voyageur, pélerin.

*யாத்திரை, (yâtrâ), pélerinage, marche, voyage, — par mer, traversée, fête, — avec procession de chars d'idoles, marche d'une armée pour l'attaque, usage, coutume, passetemps, espèce d'amusement dramatique, danse, moyen, expédient: கப்பல் — voyage sur mer, traversée: கரை — voyage par terre, — en suivant le rivage; காசி — pélerinage à Kâsi; — க்காவி vêtement jaune de pélerin, que portent ceux qui font un pélerinage; — பண்ணுகிறது faire un voyage, — un pélerinage; தேகயாத்திரைக்குப்போகிறது chercher quelque moyen de subsistance.

*யாத்திரோற்சவம், (யாத்திரை, உற்சவம்), fête publique avec procession extérieure.

*யாபனம், (yâpana), passe-temps, retard, lambiner, renoncement, rejet, expulsion, allégement.

யாப்பதிகாரம், யாப்பிலக்கணம், (யாப்பு, அதிகாரம், இலக்கணம்), partie de la grammaire tamoule qui traite —, chapitre —, traité de la prosodie ou de la versification.

யாப்பருங்கலம், (id. அருங்கலம்), nom d'un traité de versification.

யாப்பர், (யாப்பு), amis, gens unis ensemble.

*யாப்பியம், (yâpya), pauvreté, bassesse, passe-temps, allégement (en médecine): யாப்பியயானம் litière, palanquin.

யாப்பு, n.v. de யாக்கிறது, lien, attache, poème, poésie (qui lie les mots ensemble).

*யாமம்,(yâma),veille, 8me partie du jour,veille—,espace de 3 heures, nuit,minuit,temps de la nuit,intervalle de 10 heures du soir à 2 heures du matin,le séjour prétendu de Yamen,i.e.le sud ,tambour (qu'on bat avec une baguette et non avec la main):யாமகோஷம்,— கோட்டம் ce qui crie la nuit,i.e.le coq(qui chante à 2 veilles de la nuit),V.நாழிகைவட்டம்;—கோசை cloche ou plaque de métal pour sonner les heures;—நாளி, (நாழி), plaque de métal ou tambour pour marquer les heures;—பதி,V.யாமினிபதி

*யாமவதி,(யாமம்,வதி),la nuit.

*யாமளம்,(yâmala),paire,couple, jeunesse,vert,couleur verte, [vadi.

யாமளை,(les fameuses) Kâli, Par-

*யாமி,(yâmi),nuit,sud,sœur,femme chaste,vertueuse,fille,bru.

*யாமிகன்,(யாமி,ga qui va.),homme qui fait la patrouille,qui déguisé visite une ville la nuit.

*யாமிகை,(id.ka),nuit.

*யாமியம், (yâmya),sud, sandal, un des 18 codes de lois. [en.

*யாமியன்,(id.),le mouni Agasty-

*யாமியாயனம்,(யாமியம்,அயனம்), marche du soleil au sud de la ligne.

*யாமியை,(yâmyâ),nuit,sud,la 2e constellation dite பரணி.

யாமிருகம், 1° une des 10 espèces de drames. 2° (யா), quel animal?

*யாமினி,(yâmini), nuit:—பதி la reine de la nuit,i.e.la lune.

*யாமினியம்,(யாமி),le sud.

*யாமீரன்,(yâmira),la lune.

*யாமீரை,(yâmirâ),la nuit.

யாமுகம்,(யா),quelle face? toutes les faces ou phases (d'une affaire), délibération.

*யாமுனம்,(yâmouna),antimoine, sulfate d'antimoine(pour noircir les paupières.

*யாமுனேஷ்டகம், யாமுனேட்டகம்,(yâmounèchtaka),plomb.

*யாமேயன்,(yâmèya),neveu, fils [de sa sœur.

*யாமை, P.யாமினை.

யாம்,யாங்கள்,pl.de யான்,nous; *à l'oblique il se change en* எம், *d'où* எமது,எமக்கு...,எங்கள்,எங்களது, எங்களுக்கு....

யாரி,porte,ennemi,adversaire.

யார்,1° *pro.interr.sing. et pl.* qui? lequel,lesquels? யாரும் tous,tout le monde... யாராயினும்,யாரெனினும்,யாரென்றாலும் qui que se soit. 2° la plante நத்தைச்சூரி.

யார்ப்புதம், la plante வாலுளுவை.

யாலம்,l'arbre ஆச்சா,bois noir.

*யாவகம், (யாவம், ka), orge,—moitié mûre,—sans barbe,riz forcé, phaséole, dolic,espèce de pois,gomme-laque. [pêtre.

*யாவசூகம்,(யவ,சூகம்),nitre,sal-

*யாவச்சக்கியம்,(yâvat,சக்கியம்), autant que possible, de tout son pouvoir.

*யாவச்சீவம்,(id. சீவம்),pour la vie, aussi long que la vie,tout ce qui regarde cette vie,—les biens,le corps et la vie: அவனுடையயாவச்சீவமு மறிந்திருக்கிறேன் je connais tout ce qui le concerne (ses affaires, ses secrets...).

யாவனம்,20000 noix d'arec.

*யாவத்தும், (yâvat, உம்), autant que,aussi long que,aussi loin que.

*யாவம்,1°(yâva), ce qui regarde l'orge,gomme-laque.2° *ou* யாவத்தீவு l'île de Yava ou Java.

யாவர்,*pl.m.f.* (யார்), qui?.quelles gens? யாவரும் tous, —ensemble, tout le monde. [femme?

யாவள்,*f.*(*id.*),qui?laquelle?quelle

யாவன்,*m.*(*id.*), qui? lequel? quel homme? [toutes les choses.

யாவும்,(யா,உம்), tout,la totalité,

யாவை, *pl.n.* quelles choses? யாவையும் tout,toutes les—,toutes choses.*gér.*யாவற்றின்,*dat.*யாவற்றுக்கு *acc.*யாவற்றை....

யாழ,particule explétive de la seconde personne:நீயேசெய்வினைமருங்கிற்செலவயர்ந்தியாழநின்கைபுனைவில்விளைஞாணுளர்தியே tu as accompli avec ordre l'œuvre que tu fais en employant la corde de ton arc orné.

யாழல்,termite ou fourmi blanche.

யாழோர்,(யாழ்)ceux qui jouent de la guitare,les காந்தருவர் ou musiciens célestes (des fables indoues): —கூட்டம் troupe de musiciens, troupe —, mariage de காந்தருவர், mariage clandestin.

யாழ்,guitare,luth,la 1re constellation dite அசுபதி,la 6e dite திருவாதிரை,le signe des Gémeaux,hibou,vague d'un tournant d'eau:— த்திறம் différence —,espèce de luth; —நரம்பு corde de luth; —ப்பாணம் le chant du luth,la ville de Jaffna (dans l'île de Ceylan);—ப்பாணத்தீவு l'île de Jaffna, l'île de Ceylan;—ப்பாணர் habitans de Jaffna, joueurs de luth: — மூரி espèce de vers;—வகை-ச les 4 espèces de luth dits பேரியாழ், சகோடயாழ்,மகரயாழ், செங்கோட்டியாழ்,les luths propres aux 4 espèces de terrains dits குறிஞ்சி,நெய்தல்,பாலை,மருதம், (cette dernière division paraît incomplète; car elle omet le முல்லை qui a aussi son luth); —வல்லோர் habiles joueurs de luth, prétendus musiciens célestes dits காந்தருவர்; —வாசிக்கிறது jouer du luth;—வாசித்தல் action de jouer du luth,c'est une des 5 actions manuelles dites கைத்தொழில்.

யாளி,lion,le signe du Lion,espèce d'animal fabuleux tenant du lion et de l'éléphant,peut-être le rhinocéros ou le mammouth, instrument pour lancer de l'eau aux voiles des navires:— யானை lion à trompe d'éléphant, l'animal fabuleux யாளி; ஊர்தி celle qui a un lion ou le Yâli pour monture, *i.e.*Kâli ou Dourgâ.

யாறு,*P.*ஆறு,rivière:*gén.* யாற்றின்,*obl.*யாற்று.

யாற்றுநீர்ப்பொருள்கோள்,*V.*ஆற்றுநீர்ப்பொருள்கோள்.

*யானம்,1° (yâna),véhicule,moyen de transport,(*v.g.*),charrette,litière, palanquin,cheval,éléphant..,navire, marche, —à l'ennemi. 2° chambre, appartement, caillou ou jus de cocotier...fermenté: யானசாரி maître d'un véhicule;—பாத்திரம் navire,bateau; —முகம் devant d'une voiture,le timon.

யானை,éléphant,c'est une des marques de la royauté et le signe de Koubêren gardien du nord:—கட்டக்கயிறு தானேயெடுத்துக்கொடுக்கும் l'éléphant ramasse et donne lui-même la corde qui sert à le lier, (proverbe pour dire:donner des armes contre soi); —கட்டுத்தறி *V.*யானைத்தம்பம்;—க்கச்சை corde du cou d'un éléphant,sangle d'éléphant; —க்கண் œil d'éléphant,tache sur les feuille ou les fruits; —க்கடைக்கண் coin extérieur de l'œil d'un éléphant;—க்கதுப்பு mâchoire—, joue —,tempes d'éléphant; —க்கம்பம்,*V.* யானைத்தம்பம்;—க்கழுத்து cou d'éléphant; — க்கழுத்திடுகயிறு corde du cou de l'éléphant;—க்கன்றின்முனையான் la plante எருமணான்;—க்கத்தலை le poisson johnius aneus;—க்கற்றாழை espèce d'aloès à haute tige;—க்கன்று petit d'éléphant, jeune éléphant:—க்காசு pièce de monnaie—, cache qui porte l'empreinte d'un éléphant;—க்காரன் maître—, conducteur d'éléphant,cornac; —க்காலை enclos d'éléphans, —où on les renferme et où on les lâche;—க்கால் pied d'éléphant, éléphantiasis, tuyau pour conduire en bas l'eau d'une terrasse ou d'un toit;—க்குட்டி jeune éléphant;—க்கூடம் étable à éléphans;—க்கூட்டம்troupe d'éléphans; — க்கூட்டத்துத்தலையானை le 1er d'une troupe d'éléphans;— க்கொசு, —க்கொசுகு, *litt.* moustique d'éléphant,gros moustique;— க்கொப்பம் trappe—,fosse pour prendre les éléphans; — க்கொம்பு défense d'éléphant; — க்கொம்பிற்பூண் pommeau —,ornement qu'on met aux défenses des éléphans;—ச்சங்கிலி chaine d'éléphant,—qui sert à lui lier un pied; —ச்சப்பரம் siége placé sur un éléphant(mais sans pavillon);—க்காரடு

place où dorment les éléphans, ou —க்கூடு étable à éléphans, allée qui leur sert d'étable; —ச்சீரகம் cumin d'éléphant, la plante veronia; —ச்சுரும்பம், V. யானைத்தும்பம்; —செல்வழி trace—, sentier—, route d'éléphans; —ச்செவி oreille d'éléphant; —தலெறும்புமட்டு depuis l'éléphant jusqu'à la fourmi; —திரியுங்காடு forêt où il y a des éléphans; —துயிலிடம் lieu où dorment les éléphans; —த்திப்பிலி, —த்திப்பிலிச்சால் la plante புலிதொடரி; —த்தடம் sentier d'éléphans, — écarté qu'ils fréquentent; —த்தந்தம் défense—, dent d'éléphans, ivoire; —த்தம்பம், —த்தறி pieu —, poteau auquel on attache les éléphans; —த்திசை le côté de l'éléphant, *i.e.* le nord (où les payens placent un éléphant); —த்திப்பிலி grosse espèce de poivre long; —த்திரள் troupe d'éléphans; —த்துதிக்கை, —தும்பிக்கை trompe d'éléphant; —த்தோட்டி croc de cornac, — pour conduire les éléphans; —நெருஞ்சில் la grande espèce de நெருஞ்சில், la plante pedalium murex; —நோய் maladie —, fièvre d'éléphans; — படுக்குழி fosse pour prendre les éléphans; —ப்பட்டம் fronteau d'éléphans, plaque qu'on leur met pour ornement sur le front; —ப்பத்தாக barque à éléphant, grande barque; —ப்பந்தி ligne ou rangée d'éléphans; — ப்பல் dent d'éléphant, ivoire; —ப்பாகன் cornac, conducteur —, maître d'éléphant; —ப்பிச்சான் la plante புலிதொடரி; —ப்பின்கால் pied de derrière de l'éléphant; — ப்புளுகன் grand menteur, qui dit des mensonges gros comme un éléphant; —ப்பெருங்காயம் assa-fetida d'éléphant, — employé comme remède pour les éléphans; —மஞ்சள் grande espèce de safran; —மட்டம் petit —, jeune éléphant; —மணி cloche attachée au cou d'un éléphant; —மதம் ardeur vénérienne —, rut de l'éléphant; —மதம்பாய்ந்தவழி trace du mucus qui sort des tempes de l'éléphant en rut; —ம

த்தகம் tête d'éléphant, protubérance sur la tête de l'éléphant; —மாவுத்தன் cornac, conducteur d'éléphant; —மாறு, —மாறி grand filou, filou qui triche dans la vente des éléphans et en substitue un mauvais pour un bon: —மீன் énorme poisson, baleine, éléphant de mer; — மீனைவிழுங்குமீன் poisson qui dévore la baleine ou l'éléphant de mer; —முகத்தான், —முகன், —முகவன் celui qui a une tête d'éléphant, *i.e.* Poulléyar ou Vinâyaguen; — முகவற்கிளையோன் le frère cadet de Poulléyar, *i.e.* Virapattiren; — முகபடாம் fronteau d'éléphant, toile dont on orne le front des éléphans; —முன்கால் pied de devant de l'éléphant; — மேற்றவிசு siège placé ou qu'on place sur un éléphant; —யங்குசம் croc de cornac, — pour conduire un éléphant; —யிருளுஞ்சி aigle capable d'enlever un éléphant, — énorme, fabuleux et à deux têtes; —யுண்குருகு l'oiseau qui, dit-on, mange l'éléphant, V. சக்கரவாகம்; —யுண்ணுமுணவு ce que mange —, la nourriture de l'éléphant; —யுமானையுமுட்டினாற்கொசுகுநசுங்கும் lorsque 2 éléphans se frottent l'un contre l'autre, le moucharon pris au milieu d'eux sera écrasé, la collision des princes cause la mort de leurs sujets; —யுரித்தோன் celui qui a écorché un éléphant, Siven; — யேற்றம் connaissance des marques —, montée d'un éléphant, V. கஜபரீட்சை; —வணங்கி la plante தேட்கொடுக்கி; — வால் queue d'éléphant; —வாழை banane d'éléphant, grosse banane; —விக்கலி orfraie, espèce d'aigle; — வீரன் guerrier monté sur un éléphant; —வீறிடுதல் l'éléphant crier, —mugir; யானையைப்பழக்குவிக்கிறது dresser —, exercer les éléphans; —ப்பாகன்றட்டுமோசை le cri de அப்புது, mot dont se sert le cornac pour gourmander et mener l'éléphant; —விழுங்குமீன் le poisson திமிங்கிலம் capable, au dire des Indous, de dévorer l'éléphant.

யு, lettre syllabique composée de ய் et de உ, you bref.

*யுகந்தரம் (யுகம், dhara *qui soutient*), timon (de charrette, de charrue... auquel on attache le joug), nom d'une montagne. un des 56 pays de la géographie indienne.

*யுகம், 1° (youga), paire, couple, deux, —choses, joug, âge du monde, période de temps, lustre ou espace de 5 ans, mesure—, longueur de 4 coudées. 2° terre: யுகம்-ல les 4 âges du monde nommés கிரேதாயுகம், திரேதாயுகம், துவாபரயுகம் et கலியுகம், dont les durées respectives, selon les Indous, sont de 1728000, 1296000, 864000, et 432000 années sidérales ou 4800, 3600, 2400, et 1200 années des dieux indous. Le total des 4 யுகம் ou d'un மகாயுகம் est de 4320000 années sidérales ou 12000 années divines. 71 மகாயுகம் font 306,720,000 années sidérales, ou 852000 années divines, et en y joignant un சந்தி ou intervalle égal au கிரேதாயுகம் on a 308448000 années sidérales ou 856800 années divines; c'est ce qu'on nomme un மனுவந்தரம் ou règne d'un Manou. Le règne des 14 Manous est, d'après ce calcul, de 4318272000 années sidérales et en y joignant un சந்தி ou intervalle égal au கிரேதாயுகம், on a 4, 320, 000,000 années sidérales ou 12, 000, 000 d'années divines. C'est ce qu'on appelle un kalpa கற்பம் ou un jour de Brama. Cette période de 4,320,000,000 est, selon quelques-uns, une période astronomique, partant du moment où toutes les planètes connues des Indiens, avec leurs nœuds et leurs absides, se trouvaient en conjonction dans le signe du Bélier, jusqu'au moment où elles s'y retrouveront encore. Mais on peut remarquer que la durée du kaliyougam étant de 432000 ans, en la multipliant par 10, on a le மகாயுகம்; et en la multipliant par 10000 on a le கற்பம். De plus si on réduit en minutes, c'est-à-dire si on multiplie par 60 les 360 degrés de l'écliptique, on a le chiffre 21600; et en multipliant ce nombre par 80, 60, 40 et 20 on a 1728000, 1296000, 864000, 432000, qui sont exactement les chiffres des années sidérales des 4 yougas susdits. On peut voir aussi qu'en années divines ces nombres sont 4, 3, 2, 1 multipliés chacun par 1200, toujours en nombres ronds; ce qui montre que ce ne sont point des nombres astronomiques de conjonctions de planètes, mais des nombres pris à plaisir, pour former de longues périodes et éblouir les yeux des ignorans. C'est ainsi qu'avec des fables et des calculs forgés à plaisir le bramanisme s'est donné un air d'antiquité incomparable, qui a séduit même quelques savans à préjugés anticatholiques. Mais tout cet échafaudage s'écroule dès qu'on en sonde tant soit peu les bases. Celles qu'assigne à ces nombres le Dictionnaire des Réligions ne sont pas moins arbitraires et denués de fondement que celles que l'on vient de voir, et sont encore moins astronomiques: யுககீலம் cheville du joug; — க்ஷயம் destruction du monde; —தருமம் conduite—, devoirs propres au temps ou யுகம் dans lequel on vit; — பத்திரம், —பத்திரகம் ébène des montagnes, bauhinia variegata; — பிரளயம் déluge qui arrive, selon les Indous, à la fin d'un யுகம், *i. e.* de chacun de leurs âges susdits, *ou* — fin du monde, — d'un yougam ou d'un âge; —பத்திரம், *V.* யுகபத்திரகம். [couple, deux.

*யுகளம், யுகலம், (yougala), paire,

*யுகாதி, (யுகம், ஆதி), le principe des âges, *i.e.* Dieu, (et à tort) Arouguen, le commencement de l'année: —பண்டிகை fête du commencement de l'année.

*யுகாந்தம், (*id.* அந்தம்), fin d'un âge,— du monde, destruction de l'universயுகாந்தநட்பு ami véritable, —dont l'amitié dure jusqu'à la fin du monde.

*யுகாம்சகம்,(id. அம்சம் partie, [ka),année.

*யுக்தம்; யுக்தி, V. யுத்தம், யுத்தி.

*யுக்மம், யுக்மகம், (yougma,—ka), paire,couple.

*யுக்கியம்,(yougya), véhicule, ani- [mal mis au joug.

யுக்கியாமணக்கு, (ஆமணக்கு), papayer.

*யுதகம், (youtaka), paire, couple, deux, douto, rapport, union, alliance, asile, présent nuptial, pan de toile, —ou bout d'un vêtement, toile de femme.

*யுதானன்,(youdhâna), guerrier, homme de la caste militaire.

*யுதி, (youti), union, addition.

*யுதிஷ்டிரன்,(youdhi *abl. de lieu de* youdh *combat*, ஸ்திரம்),le brave dans le combat, Youdhichtiren ou Dharmarâsa, l'aîné des பாண்டவர் et leur chef dans la grande guerre contre les Kourous,

*யுத்தம், 1° (youddha), guerre, combat, bataille. 2° (youkta), convenance, propriété, proportion, combinaison, union, liaison, réunion, équité, justice, droiture, raison, preuve, mesure de 4 coudées; தர்ம —guerre juste; —மலைக்கிறது engager le combat, en venir aux mains, combattre; —தொடுக்கிறது engager le—, exciter au combat, susciter une guerre; —பண்ணுகிறது combattre, se battre, faire la guerre; யுத்தகளம் champ de bataille; —சன்னத்தன் guerrier préparé pour le combat; —நதி précession des équinoxes à une époque donnée; —நதிவாக்கியம் table du total de la précession des équinoxes pour le temps donné; —ப்பிரயோகம் disposition—, préparation à la guerre, au combat; —முகம் front de la bataille; —நாதன் le dieu prétendu de la guerre, *i.e.* Soupramanien; —வேது, (ஏது), cause proportionnée, —juste.

*யுத்தி, (youkti), union, connexion, —d'événemens dramatiques, propriété, convenance, combinaison, justesse, usage, coutume, loi traditionnelle, —non écrite, conclusion, conséquence, induction tirée d'un —, argument, raison, preuve, raisonnement, citation d'exemples, insertion de circonstances dans un témoignage écrit, spécification par écrit du lieu, du temps et autres circonstances propres à vérifier un témoignage, figure de rhétorique, expression emblématique propre à cacher ses desseins ultérieurs, supplément d'une ellipse, expédient, moyen, réflexion, délibération, méditation, attention, pénétration, — d'esprit, esprit; — pénétrant, — judicieux, finesse: யுத்திக்காரன் homme clairvoyant, — d'un esprit pénétrant; யுத்தியாய்ப்பார்க்கிறது considérer—, observer attentivement; யுத்தி — *ou* தந்திரயுத்தி-கள் les 32 youktis ou dipositions adroites des diverses parties d'un discours, ou manières adroites de donner un joli tour à ce que l'on dit; les voici tirées du 14° சூத்திரம் de la préface du நன்னூல் ou grammaire tamoule de Pavanandi: நுதலிப்புகுதல் entrer en matière après avoir annoncé ce qu'on va dire; ஓத்துமுறைவைப்பு disposition des matières par parties, chapitres ou sections; தொகுத்துச்சுட்டல் montrer ou indiquer sommairement, —l'ensemble et les divisions générales, —plusieurs choses ensemble; வகுத்துக்காட்டல் détailler, expliquer, montrer en détail et dans ses subdivisions ce qu'on a indiqué sommairement. 5° முடித்துக்காட்டல் finir et montrer, montrer qu'on a terminé comme les anciens, qu'on a suivi leur marche; முடிவிடங்கூறல் montrer son but, —les textes des classiques qui confirment son ouvrage; தானெடுத்துமொழிதல் citer des auteurs, des règles anciennes; பிறன்கோட்கூறல் rapporter les sentimens ou les passages d'autres auteurs pour exemples; சொற்பொருள்விரித்தல் expliquer le sens des mots; 10° தொடர்ச்சொற்புணர்த்தல் joindre des mots qui ont rapport entr'eux; இரட்டுறமொழிதல் parler à double sens, renfermer 2 sens dans une phrase; ஏதுவின்முடித்தல் finir par les moyens, par une raison alléguée, explication subséquente des aphorismes employés sans preuve, finir en montrant la cause de ce qui semblait n'en avoir point; ஒப்பின்முடித்தல் finir par une similitude, —ensemble, ou réunir les choses qui se ressemblent, prouver par l'analogie, si l'exemple cité pour un objet convient à un autre finir par le dernier; மாட்டெறிந்தொழுகல் avancer en jetant à côté, *i.e.* renvoyer pour les qualités ou les règles d'une chose à une autre qui est propre à les faire connaître, rattacher ensemble les choses qui se ressemblent. 15° இறந்ததுவிலக்கல் rejeter ou éviter ce qui est suranné; எதிரதுபோற்றல் embrasser les expressions, —les règles ou les opinions modernes; முன்மொழிந்துகோடல் rappeler ou redire ce qu'on a dit toutes les fois qu'il le faut; பின்னதுநிறுத்தல் remettre après un autre sujet des choses qu'il aurait fallu dire auparavant, s'il y eut eu place; விகற்பத்தின்முடித்தல் finir irrégulièrement ou par des inversions, — par des preuves négatives et poisitives. 20° முடிந்ததுமுடித்தல் finir d'une manière générale ce qui est fini d'une manière particulière, récapituler ce qu'on a expliqué; உரைத்துமென்றல் annoncer ce qu'on doit dire ensuite, dire: nous dirons telle chose plus tard; உரைத்தாமென்றல் dire: nous avons dit, renvoyer à ce qu'on a dit auparavant; ஒருதலைதுணிதல் prendre un parti entre 2 sentimens opposés; எடுத்துக்காட்டல் citer, —des exemples, des preuves, des passages à l'appui de ce qu'on dit, prouver ses assertions. 25° எடுத்தமொழியினெய்தவைத்தல் faire accorder ou coïncider avec ce qu'on a dit, citer des exemples qui conviennent à la règle dont on parle, réunir la théorie et la pratique; இன்னதல்லதிதுவெனமொழிதல் dire ce n'est pas ceci mais cela, résolution des difficultés ou des passages douteux; எஞ்சியசொல்லினெய்தக்கூறல் remplir les ellipses ou les lacunes laissées dans l'ouvrage, faire en sorte que ce qui est omis soit compris par ce qui est dit; பிறநூன்முடிந்தது தானுடன்படுதல் admettre—, respecter les ouvrages d'autrui, avouer qu'ils sont finis; தன்குறிவழக்கமிகவெடுத்துரைத்தல் répéter en toute occasion les expressions ou les idées qu'on a introduites nouvellement. 30° சொல்லின்முடிவினப்பொருண்முடித்தல் mettre après un mot sa signification; ஒன்றினமுடித்தல் தன்னினமுடித்தல் en disant une chose, y en unir ou y en comprendre d'autres qui y ont rapport ou même qui y sont étrangères. 32° உய்த்துணரவைப்பு mettre une chose pour être comprise par le contexte ou par les règles, manière de faire comprendre une chose en la considérant long-temps.

யுத்திக்கிறது, த்திக்கேன், த்திப்பேன், த்தி, த்திக்க, v. n. (யுத்தி), raisonner, argumenter.

*யுத்தோன்மத்தன், (யுத்தம், உன்மத்தம்), batailleur, — furieux de se battre. [bataille, arc, flèche.

*யுத்துமம், (youdhma), guerre,

*யுத்துமன், (*id.*), guerrier, combattant.

யுபம், moyen, expédient, art, pratique, habileté, esprit: — ஆய்ச்செய்கிறது faire habilement.

*யுயு, (youyou), cheval.

*யுயுதானன், (youyoudhâna), guerrier, un des princes du côté des Pândavers.

*யுவ, 1° (youvan), jeune. 2° *V.* யுவவருஷம்: — வழுக்கை chauve dès sa jeunesse; — சாலி qui a une jeune femme;—பலிதன் jeune grison, qui a des cheveux gris dès sa jeunesse; —ராசன் jeune prince,—roi, prince régent investi de l'autorité royale en second durant la vie de son père ou de son frère aîné, héritier présomptif associé au trône, nom d'un pontife des Djaïnas ou சமணர்; —ராச்சியம் dignité d'héritier présomptif;—வருஷம்;—வருடம் la 9me année du cycle de 60 ans qui correspond à 1815 et 1875.

*யுவதி, (youvati), jeune fille de 16 à 30 ans, safran. [jeune homme.

*யுவன், யுவா, (youvan, youvâ),

யூ, 1° lettre syllabique composée de ய் et de ஊ, yoû long. 2° (yeû), eau dans laquelle des pois ont bouilli, bouillon —, soupe aux pois.

*யூகம், 1° (yoûka), pou. 2° (P. வி யூகம்), bataille, armée, détachement, arrangement d'une armée en bataille (sous diverses formes), tronc, corps, troupe, multitude, raison, raisonnement, dispute, controverse, réflexion, méditation, prudence, jugement. 3° espèce d'herbe, singe noir, guenon, femelle de singe, gros singe noir dit முசு, femelle de ce singe, gros hibou, sagesse, splendeur, connaissance de la poésie érotique.

யூகவான், (யூகம், vân), homme d'esprit,—sage, prudent, ingénieux, judicieux, sagace.

யூகி, 1° imp. du suiv. 2° (யூகம், i), V. யூகவான்: — பாஷை, — பேசுதல் langage ingénieux,— par signes; —மந்திரி ou மகாமந்திரி sage ministre.

யூகிக்கிறது, கித்தேன், கிப்பேன், கி, கிக்க, n. v. (id.), யூகித்தல், n. v. méditer, réfléchir, examiner,— attentivement, scruter.

யூகை, 1° (யூகம்), science, érudition, pénétration d'esprit, induction, raison, argument. 2° (yoûkâ), pou.

*யூஷம், (yoûcha), soupe aux —, plat de pois, eau où ont bouilli les pois, mûrier indien.

யூதச்சி, fém. de யூதன், Juive.

யூதபம், யூதபன், (யூதம், pa qui protège); V. யூதநாதன்.

*யூதம், (yoûtha), bande—, troupe d'éléphans,—de vaches, — d'animaux, troupe d'oiseaux: யூதநாதன் énorme éléphant conducteur ou protecteur de la bande; — பிரிந்தவன் éléphant isolé, séparé de la bande.

யூதன், pl. யூதர், Juif; யூதசாதி la nation des Juifs;—ஸ்திரீ,—பெண் Juive;—மலையாளத்தான் Juif du Maléalam; யூதவீதி rue des Juifs, juiverie.

யூதி, 1° fém. du préc. Juive. 2° * ou

*யூதிகம், யூதிகை, (yoûthi, kâ), jasmin, jasminum auriculatum.

*யூபம், 1° (yoûpa), poteau ou pieu de sacrifice,— auquel on attache la victime, i.e. l'animal à sacrifier, colonne en l'honneur d'une victoire, trophée. 2° sacrifice, ordre de bataille, détachement, tronc,— sans tête: யூபகடகம் anneau attaché au poteau du sacrifice;—ஸ்தம்பம், —ஸ்தம்பம் poteau du sacrifice;—தரு,—த்துருமம் l'arbre mimosa catechou dont on fait ces poteaux.

*யூபாக்கிரம், (யூபம், அக்கிரம்), sommet du poteau du sacrifice.

*யூபோச்சிராயம், (id. உச்சிராயம்), cérémonie d'élever ce poteau ou un trophée. [ய் et de எ, yé.

யெ, lettre syllabique composée de

யெவகனி, la plante அசமதாகம்.

யோ, lettre syllabique composée de ய் et de ஓ, yô long.

*யோககாரம், (யோகம், சாரம்), le fruit de la contemplation, un des 28 livres des Sivénistes.

*யோகட்சேமம், P. யோகக்ஷேமம்.

*யோகம், (yôga), 1° méditation, spéculation, contemplation,— religieuse et abstraite, dévotion, adoration spirituelle de Dieu, union avec l'Être suprême par le moyen d'une contemplation abstraite, (elle n'implique pas l'abandon du monde ou des observances religieuses, mais l'indifférence intérieure au plaisir et à la douleur), pratique ou exercice de cette contemplation abstraite par laquelle on suppose pouvoir obtenir l'union avec Dieu. (Dans le chant intitulé கீதை on la décrit comme il suit: être assis sur l'herbe குசம், avec le corps ferme, les yeux fixés sur le bout du nez et l'esprit appliqué à la divinité. Dans les தந்திரம் on prescrit une opération imaginaire par laquelle l'esprit vital situé dans les parties inférieures et l'esprit éthéré ou aérien situé dans la tête sont mis en combinaison dans le cerveau; c'est alors que le dévot contemplatif est censé uni à Brama; ou autrement on prescrit de comprimer ses sens extérieurs, de chasser en haut l'air situé dans les entrailles, d'arrêter la respiration qui se fait par les narines, et de lui ouvrir un passage par les trous de la tête. Selon cet ouvrage, celui qui fait cela entendra un son divin, verra les 5 caractères sacrés et entrera en union avec Dieu présent partout). 2° système de philosophie qui traite de l'union de l'âme avec Brama ou l'Être suprême; c'est le système de பதஞ்சலி, un des சாஸ்திரம் ou écoles de philosophie, magie ou obtention prétendue d'un pouvoir surnaturel par l'adoration mystique ou magique de Siven et surtout de Dourgâ. 3° les 8 positions du corps des யோகி, V. அஷ்டாங்கயோகம், union, réunion, jonction, connexion, combinaison, rapport, conjonction des planètes ou des étoiles, addition (en arithmétique), règle, aphorisme, convenance, propriété, résultat, conséquence, péril, chance, — heureuse, bonheur, fortune, richesse, bonne conjoncture, moyen, expédient, véhicule, litière, voiture, bateau, moyen de transport, côté, drogue, médecine, — composée de divers ingrédiens, fraude, ruse, tromperie, cuirasse, armure. 4° (en astronomie), principale étoile d'une constellation, 27me partie de l'écliptique correspondant à l'une des 27 நக்ஷத்திரம் ou constellations lunaires et servant à calculer les longitudes célestes (ce qui ne paraît pas fort usité dans l'Inde), période du temps pendant lequel les mouvemens du soleil et de la lune égalent l'étendue d'un நக்ஷத்திரம், sa moyenne durée est de 23 h. 47^{m} 41 s. 5° (en astrologie), la 4me partie du பஞ்சாங்கம் ou almanach indien, c'est une division de l'écliptique en 27 parties qui correspondent aux 27 நக்ஷத்திரம், (V. யோகம்-உள). 6° civilité, urbanité, hauteur, excellence, effort, persévérance, assemblée, foule, mort, don: யோகம்-உள les 27 yôgas ou 27 sections astronomiques ou astrologiques de l'écliptique ou plutôt de l'orbite de la lune qui correspondent aux 27 constellations lunaires avec l'augmentation accoutumée. Voici leurs noms tamouls, et sanscrits avec leurs significations: விஷ்கம்பம் (vichkambha) ou கம்பம் le poteau; ப்ரீதி (priti) ou பிரியம் agrément; ஆயுஷ்மான் (âyouchmân) ou வாழ்நாள் temps de la vie; சௌபாக்கியம் (saoubhâgya) ou புண்ணியம் vertu. 5° சோபனம் (sôbhana) ou நலம் bonté; அதிகண்டம் (atiganda) ou மகாகண்டம் la grande section; சுகர்மம் (soukarmmâ) ou அறம் bienfaisance; த்ருதி (dhrouti) ou ஆதரவு assistance; சூலம் (soûla) ou சூலம் trident. 10 கண்டம் (ganda) ou கண்டம் section; விருத்தி (vroud-dhi) ou வளர்ச்சி augmentation; துருவம் (dhrouva) ou நிலை stabilité; வியாகாதம் (vyâghâta) ou அழிவு destruction; அர்ஷணம் (harchana) ou சந்தோஷம் grande joie. 15° வச்சிரம் (vadjra) ou வைரம் arme de diamant; சித்தி (siddhi) ou வல்லமை puissance; வியதீபாதம் (vyatipâta) ou கொலை meurtre; வரியான் (variyân *très-grand*) ou காயம் blessure; பரிகம் (parigha) ou தாழ்வு enfoncement. 20° சிவம் (siva *prospé-*

rité) ou காட்சி vision; சித்தம் (siddha) ou திறம் force; சாத்தியம் (sâdhya accomplissement) ou புகழ் louange; சுபம் (soubha bonheur) ou காவல் garde; சுக்கிலம் (soukla) ou தெளிவு clarté. 25° பிரமம் (brahma) ou பிரமன் Brama; ஐந்திரம் (aïndra) ou இந்திரன் Indiren. 27 வைதிருதி (vaïdhrouti) ou பேய் diable. Tous ces யோகம் sont censés bons, excepté le 1er, 6e, 9e, 10e, 13e, 15e 17e, 19e, 27e: எனக்கதிலேயோகமில்லை je n'ai pas de chance ou de bonheur en cela; பிறந்த — horoscope, prétendue destinée; — அவனுக்கடிக்கிறது le bonheur le poursuit, il a du bonheur, — de la chance; — உள்ளவன் homme fortuné, qui a du bonheur; — சாதிக்கிறது persister —, persévérer dans la contemplation, s'y exercer; — செய்கிறது méditer, — profondément, être en contemplation; யோகத்திலிருக்கிறது ou நிற்கிறது être en contemplation, — en profonde méditation; யோகக்கட்டு le lien de la contemplation, se tenir assis les jambes croisées et se lier ensemble les pieds et la ceinture; — க்காட்சி vision contemplative, cesser d'agir, s'unir à l'action de Dieu, (ou de Siven, selon les Sivénistes), sans distinction de lieu, et voir ou connaître tout dans cette action; — க்காரன் homme fortuné, — qui a du bonheur; — க்ஷேமம் soin de la propriété d'un autre, assurance des marchandises et de leur gain, gain, profit, objet non divisible entre les héritiers, bien-être, prospérité nationale, bon gouvernement, bonne —, nouvelle; — க்ஷேமகாரன் gardien de la propriété; — சத்தி, V. தவசத்தாம்; — சமாதி un des 8 états ou exercices des yoguis, vue ou vision de l'âme libre de tous les désirs du corps, quoiqu'elle y soit encore unie et avec ses sens et ses facultés; — சாரன் l'émissaire contemplatif, le singe அநுமான், qui, au dire des Indous, possède des facultés surnaturelles;

— சாதனை exercice de la contemplation, persévérance dans cet exercice; — சாஸ்திரம் règles de méditation ou de contemplation des yoguis indous, c'est le 10e des [illegible]; — சேமம், V. யோகக்ஷேமம்; — சேவை pratique de l'abstraction religieuse; — சைவம் le sivénisme contemplatif, nom d'une secte de Siven; — ஸ்நானம் bain ou purification de l'esprit par la contemplation; — நேரம் temps propice: — தண்டம் bâton de yoguis, c'est un de leurs insignes; — தானம் don de contemplation, don frauduleux, communication de la doctrine yôga; — தீட்சை initiation à la contemplation; — நித்திரை sommeil contemplatif, — ou repos spirituel (uni à l'omniscience, attribut de la divinité qui connait toujours tout, bien qu'elle semble sommeiller), sommeil qui ne fait pas perdre la connaissance, prétendu sommeil de Vichnou pendant le déluge; — நிலை état contemplatif, — de contemplation; — நூல் traité —, science —, règles de la contemplation, état contemplatif; — பட்டம், — பட்டை toile ou bande propre à lier les pieds et les reins de l'ascète quand il s'accroupit pour la contemplation; — பதம் mot composé, — qu'on peut analyser ou résoudre en diverses parties (l'opposé de உருடபதம்); — பயிட்சை, — ப்பியாசித்தல் exercice de la contemplation; — பாதம் état de contemplation; — ப்பிரம்பு டண்டம், V. யோகதண்டம்; — மார்க்கம் chemin à la —, état de contemplation; — முத்திரைக்கோல், V. யோகதண்டம்; — ரூடி mot —, nom dérivé; — வாசி, (வாசம்), mercure, alkali, dissolvant ou medium pour mêler des remèdes; — விக்கிரயம் vente frauduleuse; — வேஷ்டி toile des reins —, sorte de vêtement propre aux yoguis.

*யோகன், pl. யோகர், (yoga), yogui, mouni ou sage, anachorète, ascète, — bouddhiste, — samanéen, contemplatif,logicien, espion,violateur de la foi donnée.[னி),monceau de feu.

*யோகாக்கினி, (யோகம், அக்கி

*யோகாசனம், யோகாதனம்,(id. ஆசனம்,ஆதனம்), position d'un yogui en contemplation; il y en a 8. Voyez les au mot ஆதனம்.

*யோகாசாரியன், (id.), ஆசாரியன் docteur en contemplation ou de philosophie yoga, contemplatif, celui qui s'exerce à la contemplation.

*யோகக்ஷேமம், (id. க்ஷேமம்), condition,état, santé, bien-être: ஒருத்தனுடைய—கேட்கிறது s'informer de la santé de quelqu'un.

*யோகாப்பியாசம், (id. அப்பியாசம்), pratique—,exercice de la contemplation.

*யோகாப்பியாசி, (id.), contemplatif,ou

*யோகாரூடன், (id. ஆரூடன்), contemplatif, celui qui est adonné aux exercices de dévotion ou de contemplation indoue. [சொல்.

*யோகார்த்தம்,(id. அர்த்தம்), V. தி

*யோகி, 1° pl. யோகிகள்,(யோகம், i), yogui, dévot —, contemplatif, ascète indien qui se livre aux exercices de la contemplation ou du யோகம், ermite,magicien, enchanteur,—supposé doué d'un pouvoir surhumain, (surnom de) Siven, Arouguen, Ayénar ou ஐயனார்: யோகி நித்திரை léger sommeil. 2° imp. de

யோகிக்கிறது,த்தேன்,ப்பேன், கி,க்க, v.a. (யோகம்), யோகித்தல், n.v. méditer profondément, être en contemplation, contempler,—mentalement, réfléchir: யோகித்துக் கண்டுபிடிக்கிறது comprendre en méditant,inventer; —ப்பார்க்கிறது réfléchir, considérer; — ப்பார்த்துக் கொள்ளுகிறது considérer, réfléchir mûrement,garder—,avoir dans son esprit; யோகித்தறிகிறது connaître en méditant,réfléchir.

யோகிப்பு,n.v. du préc. méditation,contemplation, réflexion.

*யோகினி, fém. de யோகி,contemplative,diablesse suivante de Dourgâ, la fameuse Kâli: — பிடிக்க être possédé par la —, possession de la diablesse யோகினி. [contemplation.

யோகு,(யோகம்), exercice de la

*யோகேசன், (id. ஈசன்), grand contemplatif, mouni,ascète,Siven,le législateur யாக்ஞவல்கியன்.

*யோகேச்சுவரன்,(id. ஈச்சுவரன்), grand ascète,—contemplatif, magicien,—qui est censé avoir un pouvoir surhumain, divinité objet de la contemplation. [plomb.

*யோகேஷ்டம், (id. இஷ்டம்),

*யோக்கியதாபத்திரம்,(யோக்கியதை),certificat favorable,—de bonne conduite,—de capacité.

*யோக்கியதை,(யோக்கியம், tâ), honnêteté, probité, convenance, bienséance, décorum:—சீட்டு, V. யோக்கியதாபத்திரம்.

*யோக்கியம், (yogya), propriété, convenance, habilité, aptitude, capacité,décence,bienséance,décorum, probité, honnêteté, respectabilité, bien. 2° destin,sort,fortune,chance, hasard,danger: இராச — chose qui convient à un roi; இருடி — ce qui convient à un richi ou ermite; இதைச் சொல்லுகிறதுக்கு — அல்ல il ne te convient pas de dire cela; உழவுக்கு—ஆனமாடு bœuf propre au labourage;— உள்ளவன், V. யோக்கியன்;—வருகிறது le danger venir; யோக்கியபாத்திரம் vase décent, — convenable, V. யோக்கியன்; பிராணயோக்கியத்துக்குள் வைக்கிறது hasarder sa vie; யோக்கியத்தின் பேரிலே கொடுக்கிறது risquer,hasarder, avancer (de l'argent...) à quelqu'un se fiant sur sa probité; யோக்கியத்துக்குத்தீர்க்கிறது restituer pour conserver son honneur ou sa probité, s'exposer à un risque pour un autre, indemniser quelqu'un.

*யோக்கியன், யோக்கியவான், யோக்கியமானவன்,(யோக்கியம்,ஆனவன், vân), homme capable, digne,convenable,honnête, probe,intègre, respectable,distingué, de mérite: அதுக்கு அவன் யோக்கியனல்ல il n'est pas propre à cela.

*யோக்கியாசனம்,(யோக்கியம்,-ஆசனம்), siége —, place convenable à sa dignité.

*யோக்கியாதி, (id.-ஆதி), table de correction des longitudes du soleil, supposées à un degré par jour.

*யோசனம்,(yôdjana), la mesure dite yôsanei,union,jonction,V. யோசனை: யோசனைகந்தை,V. யோசனைகந்தி; —பர்ணி, — வல்லி garance du Bengale.

*யோசனன் (id.),Dieu,l'Être suprême censé l'âme du monde.

*யோசனை,(id.),yôdjana ou yôsanei, mesure de distance de 4 கோசம் ou 4 lieues;cette mesure varie beaucoup: à Madras et aux environs de Madras,elle est de 10 நாழிகை,i.e.20 kilomètres ou 13 milles anglais. D'autres la font de 9 milles, de 5 milles et même de 4 1/2 milles, un traité d'astronomie l'évalue à la 5059me partie d'un grand cercle,un peu moins de 8 kilomètres. 2° conseil, délibération, réflexion, prudence, avis, esprit, méditation, bruit, son: —கந்தி, (கந்தம்), celle dont l'odeur se répandait à un யோசனை de distance, i. e. Sattyavadi mère de Vyasen, Sidei femme de Râmen,musc; — க்காரன் homme réfléchi, prudent, conseiller; —சொல்லுகிறது donner des avis; —தப்பப்பண்ணுகிறது ou நடக்கிறது faire agir—,faire —, agir imprudemment; —பண்ணுகிறது délibérer; —யறிந்துசெய்கிறது agir avec réflexion, avec discrétion; — யுள்ளவன் homme réfléchi, prudent.

யோசனைக்காரன்,(யோசனை),homme réfléchi, — d'esprit, prudent.

யோசிக்கிறது, சித்தேன், சிப்பேன்,சி,சிக்க,v.n.(யோசனை),யோசித்தல், n.v. réfléchir, faire réflexion, délibérer, considérer, examiner, — en soi-même, méditer,unir, joindre.

*யோதிடம், P.சோதிடம், astrologie.

*யோதிடர்,P.சோதிடர்,astrologues.

*யோஷை,யோஷித்து,யோஷிதை (yôshâ,—chit,—chitâ), femme.

*யோதனன், யோதன், யோதவீரன், யோதி, யோதேயன், யோத்தா, யோத்துரு, (yôdha,— dhi, — dhêya —ddhrou),brave—,guerrier,soldat, combattant: யோதமுக்கியன் héros, chef de guerriers.

*யோத்திரம், (yôtra), corde du joug,—qui attache le jong au cou des bœufs.

*யோனி, (yôni), cause, origine, vulve, matrice, place de la —,naissance, mine, eau,pénis: — கலப்பு mélange de castes; — சங்கரம் mélange de castes,tache dans la naissance (du côté de la mère qui est de caste inférieure);—சங்கரன் homme de caste mêlée ou inférieure, dont la mère est de caste inférieure; — தேவதை la 11me constellation;—பேதம் différence de naissance,de caste ou d'espèce; —ப்பிறக்கிறது naitre;—ப்பொருத்தம் le rapport du sexe, c'est un des 10 மணப்பொருத்தம்; —முத்திரை cachet de la vulve,—représentant cette indécence;—சிரவம் excrétion ou évacuation menstruelle,menstrues; — லிங்கம்,— மணி clitoris; — வாய் ouverture —, entrée de la vulve.

யௌ, lettre syllabique composée de ய் et de ஔ,yaou. [composé.

*யௌகிகம், (யோகம், ika), mot

*யௌசனசதிகம், (யோசனை,சதம், ika), qui s'étend à 100 yôsanei.

*யௌசனிகம், (id.ika), qui s'étend à un yôsanei de distance.

*யௌதகம்,(யுதகம்),don nuptial, présent fait,le jour de son mariage, à l'épouse par son père ou ses amis, et au mari ou gendre. [rier.

*யௌதேயன்,(யோதேயன்), guer-

*யௌத்திகன்,(யுத்தி,ka), ministre ou compagnon de plaisir.

*யௌவதம்,ou யௌதவம், (yaouvata — tava), mesure (en général), troupe de femmes.

*யௌவனம், 1° (யுவன்), jeunesse, virilité, âge viril,troupe de jeunes femmes. 2° beauté,joie,V. மதர்ப்பு: யௌவனகண்டகம் bouton à

ராடெ

la figure (des jeunes gens...); —வாலிபம், —தசை jeunesse, période —, temps de la jeunesse; — கர்வம் orgueil de la jeunesse, témérité; —பிடகை (pidaka bouton), bouton à la figure des jeunes gens; —லக்ஷணம், —லாவண்யம் beauté, —de la jeunesse, sein, mamelle.

ர

ர, r, est la 12e consonne tamoule nommée ரகரம் et la 2e des இடையினம் ou lettres moyennes. Aucun mot purement tamoul ne commence par cette lettre. Aux noms sanscrits et étrangers qui commencent ainsi et que les Tamouls ont adoptés dans leur langue, ils donnent pour initiale இ ou உ suivant la voyelle qui accompagne ர. Si le mot commence par ர, ரா, ரி, ரீ, ரெ, ரே, ரை, ou ரௌ, on met இ devant cette initiale. Si le mot commence par ரு, ரூ, ரொ, ரோ, on met devant ce mot la lettre உ. Les mots sanscrits commençant par la voyelle ரி ou ரு insèrent toujours இ et non உ. Ainsi ரசம் jus, s'écriera இரசம்; ரட்டை double, இரட்டை; ரட்டைத்தலையன் homme à 2 têtes, à figure allongée; ரண்டு deux, இரண்டு; ரத்தினம் pierre précieuse, இரத்தினம்; ரந்திரம் trou, இரந்திரம்; ரம்பம் scie, இரம்பம்; ரம்பை Rambée, இரம்பை ou அரம்பை; ரம்மியம் contentement, இரம்மியம்; ரவிக்கை corset, இரவிக்கை; ராமசித்தா cachimentier de Manille, இராமசித்தா; ராமன் Râmen, இராமன்; ரால் chevrette, இரால்; ராவடம் limure, இராவடம்; ராவுகிறது limer, இராவுகிறது; ராவுத்தன் cavalier, இராவுத்தன்; ரிபு ennemi, இரிபு; ரீதி usage, இரீதி; ரிஷி ou ருஷி un richi, இரிஷி ou இருஷி; ருசு preuve, உருசு; ருத்திரன் Routtiren, உருத்திரன்; ரூபம் figure, உரூபம்; ரெக்கை aile, இரெக்கை; ரெட்டி Retti, இரெட்டி; ரெப்பம் plénitude, இரெப்பம்; ரெப்பை paupière, இரெப்பை; ரெம்பம் instrument de corroyeur, இரெம்பம்.

ரஸ்தா, (pers.), route.

ரத்து, (arabe), rejet, nullité, chose nulle, —vide.

ரய்யத்து, (arabe), tenancier, fermier, cultivateur, habitant; —வாரி par tenanciers..., individuellement.

*ராகி, (râgi), V. கேழ்வரகு.

ராஜி, (hind.), P. இராஜி, accord, agrément, consentement; —நாமா accord—, agrément ou consentement par écrit (en usage aussi pour une cession ou résignation).

ராயசக்காரன், secrétaire, écrivain ou lecteur de lettres ou de pétitions.

ராயஜீமதக்கால், mesure particulière.

ருஜு, P. ருசு, (arabe), preuve.

ருசும், (arabe), allocation, salaire, traitement.

ருபரு, (pers.), présence, —face à face.

*ரேகை, ligne P. இரேகை.

*ரைவதம், nom d'une montagne P. இரைவதம்.

ரோஜ்காரி, (pers.), service, emploi, situation.

ரோஜ்நாமா, (pers.), liste—, compte ou rapport journalier.

ரொக்கம், argent comptant, P. உரொக்கம்.

ரொட்டி, pain, P. உரொட்டி.

*ரோமம், poil, P. உரோமம்.

ரௌத்தன், cavalier, இரௌத்தன்.

*ரௌத்திரி, la 54e année du cycle, P. இரௌத்திரி.

*ரௌரவம், un des livres des Sivénistes, P. இரௌரவம்.

Par conséquent afin de ne pas répéter ici tous les mots sanscrits ou étrangers qui commençent par ர, ajoutez-y devant, un இ ou un உ, suivant la règle indiquée ci-dessus, et cherchez-les à leur rang parmi les initiales இ ou உ. Quand le mot commençant par ர est le second d'un mot composé, on n'y ajoute pas de lettre initiale, mais on le joint immédiatement à la suite du premier qui n'a que la racine; ainsi on dira: இராசரிஷி richi royal, இராசராசன் roi des rois.

ல்

ல், l, 13ᵉ consonne de l'alphabet tamoul dite லகரம் est la 3ᵉ des இடையினம் ou lettres moyennes. Aucun mot purement tamoul ne commence par cette lettre. Pour les mots sanscrits et étrangers usités en tamoul on la fait précéder d'un இ ou d'un உ d'après la même régle que pour ர்; ainsi லகாம் bride, இலகாம்; லகிமா art de se rendre léger, இலகிமா; லகு légèreté, இலகு; லகுசம் citronnier, இலகுசம்; லகுடு certain faucon, இலகுடு; லக்கம் nombre, இலக்கம்; லக்கு but, இலக்கு; லக்ஷுமி Lakchimi, இலக்ஷுமி; லங்கனம் diète, இலங்கனம்; லங்கனம்பரமௌஷதம் la diète est un excellent remède; லட்சம் cent mille, இலட்சம்; லஞ்சம் présent pour suborner, இலஞ்சம்; லட்சியம் estime, இலட்சியம்; லட்சியம் marque, இலட்சியம்; லண்டன், லண்டி homme —, femme intraitable, இலண்டன், இலண்டி; லத்தி crotte, இலத்தி; லயம் destruction, இலயம்; லயை temps de destruction, இலயை; லவணம் sel, இலவணம்; லவன் Laven இலவன்; லாகம் saut, இலாகம்; லாகிரி ivresse, இலாகிரி; லாசை manière, இலாசை; லாக்கு vexation, இலாக்கு; லாடம் fer de cheval, இலாடம்; லாபம் gain, இலாபம்; லாயம் écurie, இலாயம்; லிங்கம் lingam, இலிங்கம்; லிபி écriture, இலிபி; லீலை amusement lascif, இலீலை; லைங்கம் nom d'un pourana, இலைங்கம்; லுத்தன் avare, உலுத்தன்; லூதை araignée, உலூதை; லேசம் subtilité, இலேசம்; லொட்டி liqueur enivrante, உலொட்டி; லோகம் monde, உலோகம்; உலோகேஷணை désir mondain; லௌகிகம் mondanité, இலௌகிகம். Voyez ces mots et les autres de ce genre au rang des initiales இ ou உ. Quand le mot commençant par ல est le second d'un nom composé on ne met point cet augment.

லங்கர்கானா, (pers.), maison —, magasin où sont mises les ancres.

லஞ்சம், V. இலஞ்சம்.

லம்பாடி, V. இலம்பாடி: —சாதி, —ஜாதி la caste des Lambadis, sorte de marchands.

லவாஜிமா, (arabe), choses nécessaires, bagage.

லாகிராஜு, (arabe), ou

லாக்கிராஜ், (id.), exempt de payer un revenu au gouvernement.

லாத்துலத்தாடு, perte.

லாய்க்கு, (arabe), convenance, propriété, justesse.

லுக்சான், (arabe), perte, ravage.

வ்

வ், v, 14ᵐᵉ consonne de l'alphabet tamoul dite வகரம், est la 4ᵉ des இடையினம் ou lettres moyennes. Quelquefois cette lettre est euphonique au commencement des mots. Car lorsqu'un mot finit par அ, ஆ, உ, ஊ, ஒ, ஓ, ஔ, et que le mot suivant commence par une voyelle, alors on insère, entre les 2, un வ euphonique, qui n'appartient à aucun de ces mots, Ex. இந்த அரசன் ce roi s'écrira இந்தவரசன். De plus, après les lettres indicatives அ, இ, உ, l'interrogative எ, et après மு abréviation de மூன்று trois, on insère 2 வ் euphoniques devant les mots qui commencent par des voyelles. Ex. அவ்வரசன் ce roi-là, இவ்வரசன் ce roi-ci, எவ்வரசன் quel roi? மூவ்வரசர் trois rois.

வ, 1° lettre syllabique composée de வ் et de அ, va. 2° வ (en chiffre) signifie un quart.

*வக, *obl. de* வகம் *et de* வகன்.

*வகதம், (vahata), bœuf.

*வகதன், (*id.*); voyageur.

*வகதி, (vahati), bœuf, vent, rivière, ami, conseiller.

*வகது, (vahatou), bœuf, voyageur.

வகத்திரம், l'arbre வாகை.

*வகந்தம், (vahanta), vent, enfant, poupon.

*வகம், 1° (vaha *porter*), monture, véhicule, (*v.g.* cheval, char...), épaule de bœuf, air, vent, route, chemin, fleuve, rivière (mâle). 2° (vaka *être* tortu), grue: வகவிருத்தி, —விரதி, —விரதிகன், —சரன், —விரதசாரன் faux dévot, religieux hypocrite, qui imite la grue, laquelle se tient immobile comme en contemplation, en attendant le poisson.

*வகரம், (வ), la lettre வ, va.

*வகலம், (vahala), V. வகித்திரம்.

*வகனம், (vahana), V. வாகனம்.

*வகன், 1°(vaha), porteur, qui porte (à la fin des mots composés). 2° (vaka), Koubêren roi des richesses, Baken ou Bagâsouren, géant semblable à une grue et tué par Bhîmen; (d'où) பகஜித்து, —நிஷூதனன், —வைரி le vainqueur—, le destructeur—, l'ennemi de Baken, i.e. Bhîmen.

*வகாகம், (vagâha), bain, ablution.

*வகாரம், (வ), la lettre வ, va: வகாரத்திரயவிவர்த்தனை 3 espèces de tours dans ceux des 5 lettres censées mystiques பஞ்சாக்கரம்.

வகாலத்து, (arabe), agence, action, intervention: —நாமா pouvoir de procureur.

வகிஷ்கரிக்கிறது, V. பகிஷ்கரிக்கிறது.

*வகித்திரம், வகித்திரகம், வகினி, (vahitra, —ka, vahini), radeau, bateau.

*வகிரங்கம், V. பகிரங்கம்.

*வகிரிந்திரியம், et corr. வகிரேந்திரியம், (வகிர்), organe des sens extérieurs, V. பகிரிந்திரியம்.

வகிருகிறது ou வகிர்க்கிறது, கிர்ந்தேன், கிருவேன் ou கிர்வேன், கிரு ou கிர், கிர, v.a. வகிருதல், வகிர்தல் n.v. (பகிருகிறது), diviser, trancher, couper, —en longueur, par petites tranches, par aiguillettes, fendre, partager, distribuer, démêler (les cheveux...), arranger ses plumes...: தலைமயிரை— démêler les cheveux; வகிர்ந்துபார்க்கிறது couper en pièces, examiner après avoir ainsi coupé.

வகிர், 1° n.v.imp. et part. de வகிர்கிறது, tranche, morceau, fente, raie ou ligne de séparation des cheveux (du sommet de la tête au front surtout des femmes), courroie, ceinture de cuir, bride, incision en long, égratignure (en long avec les ongles), chemin. 2° * (vahir pour vahis), extérieur, V. பகிர் et ses composés. 3° et mieux வகிரு (vahirou,) nerf, muscle, tendon: தேங்காய்வகிர் tranche ou morceau de coco; வகிர்வகிராய்ச்சிரைக்கிறது raser par parties, la barbe et les cheveux, en laissant les autres. C'était une espèce de punition; le coupable à demi-rasé était mis sur un âne et conduit par les rues de la ville.

வகுக்கிறது, குத்தேன் ou குத்தேன், குப்பேன், கு, குக்க, v. a. (பகுக்கிறது), diviser, séparer, partager, classer, diviser par classes, par espèces, distribuer, détruire: வகுத்துக்கொடுக்கிறது diviser, donner par portions, distribuer; —க்கூட்டல் un des 32 யுத்தி détailler, expliquer, montrer en détail et dans ses subdivisions ce qu'on a indiqué sommairement.

வகுண்டம், la plante கவிழ்தும்பை.

வகுண்டிகம், le basilic கஞ்சாங்கோரை.

வகுண்டிமடம், la plante வாதுமுடவை.

வகுதி, n.v. de வகுக்கிறது, division, classe, classification, —des lettres dans l'orthographe; பகிமான — classe des voyelles (longues et brèves); பகிசன — classe des consonnes (dures, douces et moyennes).

வகுத்தல், n.v. de வகுக்கிறது, division, partage, distribution, classification, dépense, —de revenu, destruction.

வகுத்திரம், P. வகித்திரம்.

வகுத்திராபிராகாரம், (வகுத்து. பிரா), les 5 sens. [de வகுக்கிறது.

வகுத்து, 1° route, chemin. 2° gér.

வகுப்பு, n.v. de வகுக்கிறது, section, division, paragraphe, classe, classification, beauté, accroissement: வகுப்புறுக்கிறது partager, diviser, — en lots ou portions; வகுப்பாய் ou வகுப்பிலேவாங்குகிறது acheter en gros, par portions, le tout ensemble.

வகுளி,sorte de —,poisson. [மகிழ்.
*வகுளம்,(vakoula),l'arbre மகிழ்
வகுளி, bruit,son; —நாதன் un des நவநாதசித்தர். [வகை.
வகுள், la plante சுருக்கிராமப்ச்
வகை,1° (வகுக்கிறது),part, portion,division, section, détail, sommes diverses (dont se compose le total en arithmétique). 2° manière, façon,méthode, sorte, espèce, moyen,expédient,biens,propriété, fortune,fonds, capital (mis en intérêt ou dans le commerce). 3° * (vahâ), rivière: எந்தவகையாய் de quelle manière, comment? எந்தவகையிலுஞ்செய் fais cela, n'importe comment,—de quelque manière ou par quelque moyen que ce soit; ஒருவகையாயிருக்கிறது être de la même manière ou de la même sorte,être d'une certaine manière,i. e. n'être pas bien; அவனுக்குவகையுண்டு il a du bien, il est riche; பலவகைச்சரக்கு marchandises de diverses sortes; —க்காரன் homme riche, capable,qui a du bien; —தேடுகிறது chercher la manière, un expédient,l'occasion;—தொகைவகையில்லாமற்பேசுகிறது parler improprement,—sans méthode ni précision; —படுகிறது être classé,divisé, partagé,déterminé,fini, terminé: இது —பட்டகாரியம் c'est une affaire finie,réglée;—படுத்துகிறது classer, diviser,—par parties, déterminer, définir,prescrire la manière, trouver,inventer, discuter;— பார்க்கிறது chercher le moyen,un expédient,l'occasion: தப்பிப்போக—பார்க்கிறது chercher le moyen de s'évader;—புணர்க்கிறது,—பண்ணுகிறது inventer —, trouver un moyen, faire en sorte; — வகுத்துரை amplification, explication ou détail, expliquer, détailler par parties une chose dite en général, règle d'explication; — வகுக்கிறது classer,déterminer,définir, —séparement, expliquer, chercher un expédient, montrer le moyen, prescrire, trouver, décider;—வகுத்துத்தீர்த்துக்கொள்ளுகிறது décider, arranger une affaire,la terminer;—யாய்க்கொள்ளுகிறது acheter à bon marché,—par espèces;—யாய்ப்பேசுகிறது parler d'une manière convenable,expliquer,—en détail; —யிடுகிறது diviser,partager, classer;—யுளி défaut d'enchaînement dans les pieds de vers,finir les pieds avec chaque mot ou bien où l'on veut, sans observer l'enchaînement des pieds entr'eux dit தளை. [blables.

வகையறா,(arabe),et autres semblables.

*வகோடம்,(vakôta),grue.

வக்கட்டை,trou, rupture dans la petite chaussée ou dans l'élévation de terre entre les rizières.

*வக்கணம்,1° P.வக்ஷணம், poitrine,sein. 2° ou

வக்கணை,adresse (d'une lettre), titres qu'on y donne,titre honorifique,civilité,science,nouveauté.

வக்கணத்தி,l'arbrisseau symphoresma involucrata.

வக்கபாகை,nom d'une ville.

வக்கணை,P.பக்கணை.

வக்கா,espèce de cigogne.

வக்காமணி,grain fait de coquillage ou de pétoncle (dont on fait des colliers ou des bracelets aux enfans):—ச்செட்டிகள் marchands de cette espèce de grains; —யற்றவன் homme qui n'en a pas, qui n'a pas de quoi en acheter,ou ne vaut pas un grain de coquillage.

வக்காலத்து,(arabe,wakâlat), office de procureur,d'avocat ou வக்கீல்.

வக்கானர், P. வைக்கானர்.

*வக்கிரம், (vakra), courbe,courbure,repli,état crochu,— recourbé, tortuosité,sinuosité, détours d'une rivière, violence, cruauté, fraude, mensonge,friponnerie, malhonnêteté,allée et retour,course directe et rétrograde—,rétrogradation des planètes,cercle,redressement. 2° impatience,jalousie,confusion, désordre: வக்கிரகதி marche rétrograde, rétrogradation;—வட்டக்கு, —வட்டணம் sabre recourbé, perroquet, milan, Garouden, cimeterre; — க்கிரீபம், *litt.* le cou tortueux, le chameau; —சஞ்சு, — சஞ்சு, *litt.* le bec recourbé, perroquet, milan, Garouden ou l'aigle indien; — சாரம் mouvement—, marche rétrograde (d'une planète...); —சந்திரன் la lune au croissant recourbé; —தந்தம் dent recourbée, —cruelle; மிருக —தந்தம் la dent cruelle des bêtes féroces; —துண்டம், —நக்கிரம், (nakra *nez*), *litt.* le bec crochu, perroquet, *V.* வக்கிரசஞ்சு; —நாசிகம், (நாசிகை), *litt.* le nez ou bec crochu, hibou, perroquet; —புச்சம், —புச்சி கம் le chien à la queue recourbée; —பணிதம் discours tortueux, équivoque, évasif; —வக்த்ரம், —வக்திரம் le cochon à la face courbée ou tortue; —வாலதி le chien à la queue tortue.

*வக்கிரன், (*id.*), homme pervers, cruel, méchant. (surnom de) Mars, Saturne, Routiren, le démon திரிபுரன், *V.* உருத்திரவக்கிரன்.

*வக்கிரகண்டம், (வக்கிரம் கண்டம்), l'oiseau au cou recourbé *i.e.* cygne.

*வக்கிராஸ்தமனம், (வக்கிரம், அஸ்தமனம்), coucher—, immersion d'une planète en rétrogadation.

வக்கிரசாத்தப்பாஷாணம், வக்கிரசாத்திபாஷாணம், l'arsenic dit காரண்டுன்று, மலைநாகம், *ou* கைலசம்.

*வக்கிலி, (வக்கிரம், i), menteur, homme fourbe, trompeur, Djaïna ou Bouddhiste.

*வக்கிரிமம், வக்கிரிமை, வக்கிரிகரணம், வக்கிரிமிருதம், வக்கிரிபாவம், வக்கிரிதுகம், (vakrima, —mâ), courbure, tortuosité fraude, finesse, ruse.

வக்கிரிக்கிறது, கித்தேன், கிப்பேன், கி, கிக்க, *v.n.* வக்கிரித்தல், (வக்கிரம்), *n.v.ou* வக்கிரித்திருக்கிறது, être tortueux, courbé, sinueux, (une planète) rétrograder, retourner sur ses pas.

*வக்கிரோஷ்டிகை, (வக்கிரம், ஓஷ்டம், ikâ), sourire des lèvres (sans montrer les dents).

*வக்கிரோதயம், (*id.* உதயம்), lever —, émersion d'une planète en rétrogradation.

*வக்ரோக்தி, (*id.* உக்தி), équivoque, parole évasive, insinuation, sarcasme.

வக்கில், வக்கீல், (*arabe*, wakil), procureur, agent, avocat, chargé d'affaires. [ce. 2° bassin.

*வக்கு, 1°(*P.* துவக்கு), peau, écorவக்குத்திரிகாரணம், (வக்கு, திரி), lit, couche.

வக்குவக்கு, mot—, son imitatif, bruit de vakouvakou: வக்குவக்கென் றிருமுகிறது tousser, — fortement, en faisant vakouvakou; — போகிறது s'en aller, marcher avec bruit; நாய் வக்குவக்கென் றோடுகிறது le chien court avec bruit.

*வக்த்திரம், (vaktra), bouche, visage, *V.* வத்திரம் *et ses composés.*

*வக்ஷணம், (vakchana), poitrine, sein. [வக்ஷஸ்தலம் le sein, le cœur.

*வக்ஷம், வக்ஷஸ், (vakchas), *ou* வ கோஜம், வக்ஷோருகம், (வக்ஷ, *P.* வக்ஷஸ், ஜம், உருகம்), sein. —, lait de femme.

வக்ஷரன், (வ, அக்ஷரம்), la lettre வ.

*வங்கடம், *P.* வங்கிஷம், famille, race, lignée.

வங்கணம், 1° familiarité, intimité, amitié, nom d'un pays. 2°* (vankchana), aine, *V.* வக்ஷணம்: —பண்ணுகிறது faire amitié; வங்கணதுரோகம் trahison —, diffamation d'ami.

வங்கணன், (வங்கணம்), ami, — familier, intime, compagnon.

*வங்கம், 1° (vanka), détour—, coude de rivière, courbure, voûte. 2° (vanga), plomb, étain, fer blanc, zinc, bringelle, la plante dite கத்தரி, Bengale, la langue—, le Bengali. 3° navire, argent, intention: —கிலாயுக்கல் pierre à chaux blanche: வங்கக்கல் pierre à chaux; —சம்பவம், (சம்பவம்), bronze (produit d'un mélange d'étain et de cuivre); —செந்தூரம், —பற்பம், —சிந்தம் minium, vermillon, oxide rouge de plomb; —நீறு, —மணல் sable mêlé de minerai de plomb; —வெள்ளை céruse.

*வங்காளர், 1°(வங்கம்), les Bengalis.

2° gens vils et méprisables, vaurignas. [சேம்பு,—கத்தரி bringelle.

*வங்கனம்,(vangana), la plante

வங்காரம், 1° lingot, masse de métal. 2° P. பங்காரு, or, jolie chose, beauté.

வங்காரவள்ளி, l'herbe potagère ou la plante dite sesuvium ascendens (que mangent les pauvres): தாயுந்தகப்பனுந் தள்ளிவிட்ட காலத்திலே வாவென்றழைக்கும் — la plante sesuvium qui dit viens à l'enfant abandonné de ses pères et mères.

*வங்காரி,(வங்கம், அரி), orpiment jaune, *litt.* l'ennemi du plomb.

வங்காளம், (வங்கம், ஆளம்), le Bengale, un des 56 pays de la géographie indienne, espèce d'air; வங்காளத்திப்பிலி poivre du Bengale; —ப்பச்சை espèce de plante; —வாத்து oie.

வங்கி, instrument recourbé, bracelet, anneau qu'on met au bras; —வளையல் espèce de bracelet.

வங்கிசத்தான், வங்கிஷத்தான், *m.* வங்கிசத்தி, வங்கிஷத்தி, *f.* (வங்கிசம்), homme—, femme d'une famille,— de bonne famille, noble, parent, parente.

*வங்கிசம், வங்கிஷம், *P.* வம்சம், race, famille, lignée, descendance, parenté: —அற்றுப்போகிறது, —நாசமாய்ப்போகிறது une famille s'éteindre, — s'anéantir, être détruite; —வார்த்தைக்கஞ்சும் புழுக்கையுதைக்கஞ்சும் les gens de la famille craignent un mot de réprimande, mais l'esclave craint les coups de pieds; வங்கிசத்தின் கருவற்றுப்போகிறது le germe d'une famille périr, une famille s'éteindre; வங்கிஷபதி personne—, noble, —de haute naissance, *V. d'autres composés au mot* வமிசம்.

*வங்கிசன், வங்கிஷன், (வங்கிசம்), homme de la famille, de la race, noble.

*வங்கியம், 1° (vankya), courbure, tortuosité. 2° *ou*

*வங்கிஷி,(vamsi), flûte, flageolet, hautbois, bambou.

*வங்கிரி,(vankri), côte, bois d'un toit en chaume.

*வங்கிலம், (vankila), épine.

வங்கு, 1° trou,—dans une pierre, trou de rat, —de serpent..., cave, caverne, planches courbées pour faire un bateau, taches noires sur la peau, —au visage: —க்கட்டை, —க்கால் pièce de bois, colonne de navire; —படருகிறது des taches s'étendre (sur la figure...); —வளைவு courbure de planches de bateau; —வைக்கிறது mettre un banc, joindre ensemble les planches d'une [barque.

வங்கூழ், vent, air.

வங்கை, 1° haine, rancune. 2° *(vankâ), pommeau de selle.

*வங்க்ஷணம், (vankchana), aine.

*வங்க்ஷம், *P.* வங்கிஷம்.

*வச, *obl. de* வசம்.

வசம்பு, l'arbrisseau கொடிவேலி.

*வசகன், (vasaga), obéissant, soumis.

*வசகை, (*id.*), femme obéissante.

வசக்குகிறது, க்கினேன், க்குவேன், க்கு, க்க, *v. a.* (வசம்), வசக்குதல், *n. v.* soumettre, faire plier, rendre obéissant.

வசட்டி, terre très-dure, —de diamant.

*வசதி, 1° (vasati), maison, résidence, habitation, nuit, commodité, convenance, aise, salubrité ou agrément d'un lieu, lieu commode, ville ou village en pays cultivé: வசதியான பட்டணம், —விடம் ville—, lieu commode ou agréable.

*வசந்தம், 1° (vasanta), printemps, petite vérole volante, dyssenterie. 2° palais —, demeure d'Indiren, vent du sud, bonne—, odeur, senteur, sorte d'air ou de mélodie: —களிக்கிறது, —களித்தல் se livrer aux jeux du printemps, frapper des mains en dansant; வசந்தகாலம் la saison du printemps, le mois de சித்திரை et de வைகாசி, avril et mai; வசந்தகுசுமம் l'arbre cordia myxa; —கோகி le conil; —சகன், —சமுகன் l'ami du printemps, *i. e.* Kâmen: —த்ரு, (drou *arbre*), —த்துருமம் l'arbre printanier, *i. e.* le manguier qui fleurit au printemps;—திருநாள் la fête du printemps, la fête où l'on s'asperge d'eau saffranée; —தூதன் le messager du printemps, i. e. le couil, le manguier, le mois de சித்திரை ou avril, espèce de mélodie;—பஞ்சமி espèce d'air ou de mélodie printanière; — மண்டபம் portique ou pavillon pour se reposer,— pour le printemps,— où souffle le vent léger du midi:—மாலை poème sur—, description du vent du sud;—விழா fête du printemps.

*வசந்தன்,(*id.*),Kâmen, le Cupidon indien, le printemps personnifié, le vent du sud, espèce de danse, danse où l'on bat des mains, singe: —அடிக்கிறது battre des mains en dansant.

வசந்திகை, வசந்திகை, taches jaunes sur la figure ou sur le corps. [ற்சவம்), fête du printemps.

*வசந்தோற்சவம், (வசந்தம், உ-

வசம், (vasa), sujétion, dépendance, soumission, possession, propriété, autorité, gouvernement, pouvoir, fascination, enchantement, naissance, résidence de prostituées. 2° état propre, condition, bon état, —ordre, régularité, possibilité. 3° (vatcha), oiseau qui parle, perroquet: புறவசம் affaire —, possession d'autrui,—étrangère, extase; சுவசம் bonne santé, bon état, propre état, —condition; இதார்வசம் à qui appartient cela? இதென்வசமாய் *ou* வசத்திலிருக்கிறது cela est en ma possession ou sous ma protection; அதென்வசத்திலிராதது cela n'est pas en ma possession, ou en mon pouvoir; இது அவன்வசமல்ல cela n'est pas en son pouvoir, est au-dessus de ses forces; என்னாலேசெய்யவசமல்ல je ne puis faire cela: பசிபொறுக்கவசமல்ல je ne puis supporter la faim; சரீரம்வசமில்லாமலிருக்கிறது le corps n'être pas en bon état, être indisposé;— அழிக்கிறது renoncer à l'obéissance, déposséder, se tirer —, tirer de la dépendance;— அறிந்திருக்கிறது connaître l'état, la condition; —அறிந்துசெய்கிறது faire prudemment—, en connaissant bien l'état des choses; — அறியாமலகப்பட்டுப்போகிறது être pris ou embarrassé faute de connaitre l'état des choses; —அறியாமற்சாப்பிடுகிறது manger immodérément, sans savoir se posséder;— அறியாமற்போகிறது aller sans connaitre l'état des choses;—ஆகிறது,—ஆதல் devenir la possession,—la propriété, tomber au pouvoir de, être livré à, réussir, avoir bon succès, s'améliorer;—ஆகாமற்போகிறது une chose manquer, ne pas réussir, ne pas tomber au pouvoir de; — ஆக்கம் mise en possession;—ஆக்குகிறது mettre en possession, rendre maître, livrer, remettre; —en bon état;—ஆக்கிக்கொள்ளுகிறது *ou* தல் — ஆக்குகிறது s'approprier, s'emparer, accaparer, prendre,—pour soi:— ஆய் en possession, en bon ordre, en bon état, régulièrement; —ஆயணைக்கிறது joindre convenablement;— ஆயமைக்கிறது mettre en la possession de, placer régulièrement; en bon ordre; —கட்டுதைக்கிறது déposer, confier (à la garde d'un arbitre...);— கழிக்கிறது, —கழித்தல் ôter la possession, déposséder:—கெட்டவன் homme indisposé, de mauvaise santé, dérangé (dans ses affaires, dans sa conduite), déréglé, qui n'a pas sa liberté, qui n'est pas son maître, (ou selon d'autres), émancipé, mis en liberté, qui a secoué le joug;—கெடுகிறது,—பண்ணுகிறது mettre en possession, livrer, remettre, — la possession, —en bon état; ஒருத்தன் —பண்ணுகிறது remettre à quelqu'un, mettre en la possession de quelqu'un;— தப்பி étant indisposé, irrégulièrement, sans ordre; வசக்கட்டு possession, jouissance; இதார்—கட்டாயிருக்கிறது à qui appartient cela? என்—கட்டாயிருக்கிறது cela m'appartient, —est en ma possession;—க்கேடு indisposition, perte de la santé, maigreur, désordre, délire; —நாடி, P. வந்தநாடி; —ப் படல்,—ப்படுகிறது,— ப்படுதல் se soumettre, obéir, devenir la possession, tomber au pouvoir; — ப்படுத்துகிறது,—ப்படுத்துதல் soumettre, rendre maître, livrer, prendre possession, remettre la possession;—ப் பிணி indisposition, faiblesse désordre, maladie,—accompagnée de délire; வசத்துக்குவருகிறது rentrer en ordre, s'améliorer, devenir la possession, tomber au pouvoir de; வசத்துக்குவராமற்போகிறது ne pas réussir, manquer, ne pas venir en la possession; — வசத்திற்கொடுக்கிறது remettre entre les mains, remettre au pouvoir de; அவன் அதை என்வசம்பண்ணினான் ou என்வசத்தில் வைத்தான் il a mis cela en ma possession, il a déposé cela chez moi.

வசம்பு, la plante aromatique acorus calamus ou jonc odoriférant, iris jaune, sorte de remède; —த்தே து morceau —, racine d'acorus calamus.

வசலை, 1° P. பசலை. 2° V. வசளை.

*வசலு, (vatchalou), faute, offense.

வசவி, (வசவு), femme de mauvaise vie, débauchée, concubine.

வசவு, P. வைசவு, injure, insulte, parole mauvaise, — méprisante.

வசளை, la plante பசளை, portulaca oleracea.

*வசனம், 1° (vatchana), mot, parole, discours, prose, phrase, style, vers, sentence, règle, aphorisme. 2° (vasana), toile, habit, couverture, ceinture (à l'usage des femmes), maison, habitation; வசனகாரன் obéissant, auteur d'un précepte; —க்கிரமம் discours, ordre des mots; —சதம் mot —, phrase —, discours répété 100 fois; —விருத்தம் opposition à un texte ou règle; — விரோதம் contradiction de textes ou de phrases; — விஷத்தி clarté d'un texte; —மாத்திரம் pures paroles non soutenues par les faits.

*வசனுபாசம், (வசனம், ஆபாசம்), fausseté d'une proposition, c'est une manière de découvrir la vérité.

வசனிக்கிறது, வசித்தேன், வசிப்பேன், வசி, வசிக்க, (வசனம்), parler, dire, raconter, détailler, faire un discours.

வசனித்தல், வசனிப்பு, n. v. du préc. parole, discours, entretien.

*வசனியதை, (vatchaniyatâ), bruit, rumeur, mauvais rapport, blâme, censure,

வசன், borne, droiture, V. நேர்: —கட்டு petite chaussée ou élévation de terre qui sert de borne.

*வசாரம், (vasâra), désir, dessein.

வசி, 1° pointe, tranchant, trident, épée, pieu, bâton pointu, pal ou pieu à empaler, faute, rondeur, cicatrice, — ou marque de coup. 2°* (vasi), possession, enchantement, ensorcellement, fascination, maison, demeure, habitation, sage qui a subjugué ses passions. 3° imp. de வசிக்கிறது: —நடுகிறது planter des pieux pointus, faire une palissade.

வசிகம், poivre.

*வசிகரணம், P. வசீகரணம், le 41me des கலைக்கியானம், art de s'emparer par enchantement, ou par une formule de prière, consentement à la copulation, c'est l'effet prétendu d'une des flèches de மன்மதன், V. வசீகரணம்.

*வசீகரம், P. வசீகரம், sujétion, possession, la plante சித்திரம்.

வசீகரிக்கிறது, ரித்தேன், ரிப்பேன், ரி, ரிக்க, v. a. (வசீகரம்), soumettre, dompter, s'emparer, prier, désirer.

வசீகரித்தல், வசீகரிப்பு, n. v. du préc. action de soumettre..., prière.

வசிக்கிறது, சித்தேன், சிப்பேன், சி, சிக்க, v.a. வசித்தல், n. v. 1° (வசி), habiter, demeurer, loger, résider, s'arrêter. 2° (vatcha), parler, dire: வசித்திருக்கிறது demeurer. [டம்.

*வசிஷ்டம், வசிட்டம், V. வாசிஷ்

*வசிஷ்டன், வசிட்டன், (vasichta), Vasichten, un des 7 grands richis qui, au dire des Indous, composent la grande Ourse. Il fut

fils de Bramn et naquit, dit on, de son esprit, d'où on lui donne le nom de பிரமன் மானசபுத்திரன்; il fut le குரு de சூரியன் roi d'அயோத்தியாபுரி et père de Râmen. Il eut de grands démêlés avec விசுவாமித்திரன், au sujet de la vache d'abondance காமதேனு, que ce dernier voulait enlever et par laquelle il fut vaincu, avec son armée. Vasichten fut mis ensuite parmi les étoiles de la grande Ourse et est, dit-on, l'étoile du milieu de la queue. A côté de lui se trouve une petite étoile qu'on dit être sa femme அருந்ததி.

*வசிதம், (vasita), habitation, résidence.

*வசிதை, (vasitâ), pouvoir —, action de tout subjuguer, fascination, enchantement, sujétion, infatuation.

வசித்தல், *n. v. de* வசிக்கிறது.

*வசித்துவம், (வசி, துவம்), un des அஷ்டமாசித்தி, pouvoir de tenir tout en sa puissance, — de se faire vénérer de tout le monde, possession

*வசியம், (vasya), prise de —, possession, — actuelle, séduction, enchantement pour —, action de s'attacher les gens, — les gagner à son parti, soumission, docilité, clou de girofle, un des 10 மணப்பொருத்தம், c'est le bon rapport des signes entr'eux: வசியப் படுத்துகிறது soumettre, rendre maître, prendre, saisir, s'emparer.

*வசியை, (vasyâ), femme fidèle, docile, obéissante.

*வசிரம், (vasira), sel de mer, espèce de poivre long, la racine de வசம்பு ou d'acorus.

வசிவு, courbure, courbe, voûte, arche.

*வசீகரணம், (வசம், i *augment*), le 41° des கலைக்கியானம் ou l'art —, l'action de s'emparer de quelque chose par enchantement, action de soumettre, de se rendre maître, sujétion, possession, consécration.

*வசீகாரம், வசீகிருதம், (*id.*), prise de —, possession, sujétion, enchantement, consécration.

*வசீகரன், (*id.*), celui qui soumet, s'empare, enchante.

*வசு, *pl.* வசுக்கள், 1° (vasou *douceur*), richesse, prospérité, chose, substance, bijou, joyau, or, eau, étang, espèce de haricots jaunes, espèce de sel, — de pierre précieuse, le nombre 8 (à cause des 8 Vasous), rayon de lumière, feu, Agni, le prétendu dieu du feu, rêne, bride, licou, lien du joug, arbre (en général), l'arbre sesbana grandiflora, nom d'un roi, Koubêren, Siven, le soleil, Vasous, espèce de prétendus demi-dieux ou தேவர், au nombre de 8. 2° jeune veau, ail: வசுக்கள் - அ, les 8 Vasous, dont voici les noms tamouls et sanscrits: அனலன் Anala ou le feu; அனிலன் Anila ou le vent; ஆபக்ஷலன் *en sanscrit* Vichnou; சோமன் Sôma ou la lune; தரன் Dhava: துருவன் Drouva; பிரத்தியூஷன் Prabhoûcha; et பிரபாசன் Prâbhâva: வசுகீடன், (கீடம்), ver des richesses, *i. e* mendiant, suppliant; — கூபம், (கூபம்), puits de sel, urine; — வுற்கசி, (வுற்கம்), la capitale de Koubêren; — தேவன் Vasoudêven père de Krichna, prétendu incarnation d'un வசு; - தேவு le fils de Vasoudêven, *i.e.* Krichna; - தேவதை, — தேவிகை la prétendue femme des Vasous, *i. e.* — தாள் la 23° constellation dite அவிட்டம், au dire des Indous, gouvernée par les Vasous; — புத்திரன் l'âme prétendue du feu, Agni censé le dieu du feu.

*வசுகம், வசுகக், (வசு, ka), sel fossile, l'arbre sesbana grandiflora.

*வசுந்தரம், (வசுதை, dhara *qui tient*), le soutien de la terre, montagne.

*வசுந்தரன், (*id.* அரசன்), prince de la terre, roi.

*வசுந்தரம், (*id.*), la ville fabuleuse de Varounen située dans l'océan occidental.

*வசுதாரை, (வசு, dhârâ *qui a*), une des சத்தி, prétendue énergie divine des Djaïnas ou Samanéens, la capitale de Koubêren dite அளகை.

[வசுதை, வசுந்தரை, (*id.* dhâ.

dharâ *qui contient*), ce qui renferme des richesses, *i. e.* la terre. [riche.

*வசுமான், (வசு, mân), homme

*வசுமதி, *fém. du préc.* femme riche, la terre. [divinité.

*வசுவன், (*id.* la *avoir*), dieu,

வசுவசி, வசுவாசி, macis.

வசூரி, *P.* வைசூரி, petite vérole.

*வசூரா, (vasûrâ), prostituée.

வசூலித்தல், வசூல், (*ind.*), perception des impôts: வசூலித்துக்கணக்கோலை rôle de compte de perception; வசூலிற்பாக்கி arriéré —, arrérages de la perception des impôts.

வசை, 1° injure, insulte, mot de mépris, calomnie, accusation, faute. 2°° (vasâ), belle sœur, sœur du mari, femme, fille, épouse, vache, — stérile, femelle d'éléphant. 3° (vasâ), moelle, graisse. 4° (vatchâ), la racine de வசம்பு ou d'acoruscalamus; —ச்சொல் injure, parole injurieuse; —பெறுகிறது, —ப்படுகிறது être injurié, insulté, calomnié, diffamé, —accusé; —சொல்லுகிறது injurier, insulter, calomnier, diffamer, réprimander; —வினை mauvaise conduite, —action: வசையொழிய வாழ்வாரே வாழ்வாரிசையொழிய வாழ்வாரே வாழாதவர் ceux qui vivent sans reproche vivent (vraiment), ceux qui vivent sans réputation ne vivent pas.

வசைகிறது, வசைந்தேன், வசைவேன், வசை, வசைய, *v. n.* வசைதல், *n. v.* se courber, se plier, se voûter.

வசைக்கிறது, வசைத்தேன், வசைப்பேன், வசை, வசைக்க, *v. a. du préc.* வசைத்தல், *n. v.* courber, plier, voûter.

☞ வச்ச, se met quelquefois pour வஞ்ச; voyez donc à ces initiales les mots commençant par வச்ச qui ne se trouvent pas ici.

*வச்சகம், (vatsaka), l'arbre மரமல்லிகை millingtonia hortensis, (ou selon d'autres), wrightea antidysenterica. *V.* வற்சகம்

*வச்சநாபி, *P.* வற்சநாபி, poison végétal très-violent.

வச்சணி, safran.

*வச்சாதனி, (vatsâdani), la plante சீந்தில் menispermum.

வச்சி, l'arbrisseau காயாமரம் memecylon.

வச்சிரகம், 1° fruit non mûr du nénuphar. 2°° (வச்சிரகம், ka), espèce de sel, carbonate impur de soude.

*வச்சிரம், (vadjra), foudre, — d'Indiren, arme de —, diamant, chose très-dure, — impénétrable, cœur d'arbre, ceste ou gantelet de boxeurs ou lutteurs, gant ou main de corne, parole dure, gros mot, le cactus ou சதுரக்கள்ளி, mirobolan, l'herbe குசம் ou தருப்பை, fleur de sésame, un des 27 யோகம், colle forte, (faite de cuir de bœuf bien bouilli), eau de riz aigrie, ocre de fer, verdeur, un des 32 ordres ou traités d'architecture: வச்சிரக்கவசம் cuirasse de diamant: —க்கவசன் celui qu'on dit armé d'une cuirasse de diamant, *i. e.* le singe Anoumân; —கண்டகம் l'épine terrible comme la foudre, le cactus; —கம்பம் colonne de diamant; —கவசம் cuirasse de diamant; —காயம், —சரீரம் corps de diamant, — robuste, invulnérable; —க்ஷாரம் carbonate impur de soude; —சித்தன், — சித்து celui que redoute —, le vainqueur de la foudre, *i.e.* l'oiseau Garouden, qui vola l'ambroisie malgré les foudres d'Indiren; —தூணிபாணம் espèce de flèche; — தெங்கம் racine bulbeuse du cyperus ou கோரை; — சுவாலை éclair, — ou flamme de la foudre; — தசனன் rat; — தந்தம் rat, cochon (dont les dents sont dures comme diamant; — தந்தி espèce de ver; — தரன், (dhara *qui tient*), celui qui est censé tenir la foudre, *i.e.* Indiren; — தாரணை le târanei du diamant, c'est le 8me des 9 தாரணை; — துண்டம் ce qui a le bec dur comme le diamant, *i. e.* le faucon Garouden, le vautour, le moustique; — துண்டன் Poulléyar à la trompe de diamant; — தேகம் corps dur, — de diamant; — நகவெலி ce qui a une tête de diamant, le scarabée noir வண்டு; —த்துரு, —த்துருமம் le cactus ou சதுரக்கள்ளி; —நிர்க்கோஷம் éclat du tonnerre: —பஞ்சகவசம் les 5 cuirasses de diamant, *i.e.* cuirasse impénétrable; —பாணி celui qui est censé avoir la foudre à la main, *i.e.* Indiren; —பாதம் la foudre, coup de tonnerre; —புஷ்பம் fleur de sésame; — ப்பசை colle forte, glu; —மணி le diamant; —யாக்கை *V.* வச்சிரசரீரம்; —ரதம் le cochon aux dents de diamant; —வதம் mort par la foudre; —வல்லி l'arbrisseau பிரண்டை, héliotrope, tournesol; —வாகு Vatsiravâkou un des fils de Soûren; —வாராகி une des personnifications femelles de Mâyâ ou de l'illusion parmi les Samanéens.

*வச்சிரன், (*id.*), celui qu'on dit lancer la foudre, *i.e.* Indiren, enfant, écolier, nom d'un dévot.

*வச்சிராகாதம், (வச்சிரம், ஆகாதம்), coup de foudre, malheur subit.

*வச்சிராங்கம், (*id.* அங்கம்), serpent, espèce d'euphorbe.

*வச்சிராசனி, (*id.* அசனி), la foudre d'Indiren, son drapeau (qui représente la foudre).

*வச்சிராப்பியாசம், (*id.* அப்பியாசம்), multiplication difficile.

*வச்சிராயுதம், (*id.* ஆயுதம்), l'arme de diamant —, la foudre d'Indiren. [l'arc de Râmen.

*வச்சிராவர்த்தம், (*id.* ஆவர்த்தம்),

*வச்சிரி, (வச்சிரம், i), celui qu'on dit armé de la foudre, *i.e.* Indiren, Vatsiri, un des saints déifiés des Samanéens, buffle, euphorbe.

வச்சிரீகரணம், (வச்சிரம், i *augment*), les 3 premiers pouls ou artères de la physiologie indienne nommés சுழுமுனை, இடை, பிங்கலை, *V.* சதநாடி *au mot* நாடி.

வச்சையம், chevreuil.

*வஸ்கம், (vaska), persévérance, application, allée.

*வஸ்கயம், (vaskaya), veau d'un an.

*வஸ்கயணி, (வஸ்கயம்), vache qui a plusieurs veaux.

*வஸ்தம், (vasta), chèvre, maison.

*வஸ்தி, (vasti), bas-ventre, vessie, seringue: —மலம் urine; —சிரசு cou de la vessie, tuyau de seringe; —சோதனம் diurétique.

*வஸ்திரம், (vastra), habit, vêtement, toile, couverture: வஸ்திரகுட்டிமம் ombrelle; —கிரகம் tente; —நிர்ணேசகன் blanchisseur; —புத்திரிகை poupée, marionnette; —பேதகன், —பேதி tailleur d'habits; —போசனம் le vêtement et la nourriture; —யோனி base des vêtemens comme coton, laine, soie.

*வஸ்திராஞ்சலம், (வஸ்திரம், அஞ்சலம்), bord —, extrémité d'un vêtement. [ம்), habits et bijoux.

*வஸ்திராபரணம், (*id.* ஆபரண

*வஸ்து, 1° (vastou), chose, être, l'être par excellence, Dieu, nature, essence, substance, — d'une chose, sujet d'un poëme... 2° liqueur distillée, arack, chose enivrante: *pl.* வஸ்துக்கள், வஸ்துக்கள் propriété, biens; —தாரணை le târanei de l'être, le 7me des 9 தாரணை; —நிச்சயம், —நிர்ணயம், —நிதானம் certitude de l'existence de l'Être suprême, créateur de l'univers et détermination de ce qu'il est; —பரிச்சேதம் restriction quand à la nature ou à la qualité, dire: ceci est un être, cela n'en est pas; —மாத்திரம் esquisse —, plan d'un discours; —வந்தரம், (அந்தரம்), autre objet; —வாகனங்கள் propriété ou meubles et équipages; —வபாவம், (அபாவம்), —வசனி *ou* வாசனி, (அசனி), destruction —, perte de la propriété; —வித்தியாபதி un des 32 ordres ou traités d'architecture.

வசூல், (*arabe*), déduction, remise.

*வஞ்சகம், (வஞ்சு, ka), tromperie, fraude, ruse, finesse, perfidie (c'est un des caractères du தாமதகுணம்), cachette, chacal, mangouste apprivoisée: — ஆய் perfidement, en traître, frauduleusement; — பண்ணுகிறது tromper, duper, trahir; — பேசேல் ne parle pas frauduleusement; வஞ்சக

ப்பேச்சு, — ச்சொல் parole trompeuse;—முடி tortue; — வொழிப்பு, (ஒழிப்பு), figure qui déguise sous de beaux mots la nature de l'objet à décrire. *Ex.* இக்கடைந்தொடைக்கடை நோக்கென்னும் வெய்யவேள்க்கோலன் டம் வஞ்சவொவொளிமுடும் la flèche de ce furieux Kâmen tue en prenant le nom du regard du coin de l'œil de ces femmes.

*வஞ்சகன், (*id.*), traître, trompeur, rusé, artificieux, débauché, renard. [வெள்ளி.

வஞ்சகாரம், l'arbrisseau வொடி.

*வஞ்சதம், (வஞ்சம்,tha *affixe*), ruse, fourberie. [be, filou.

*வஞ்சநன், (*id.*), trompeur,four-

*வஞ்சம், 1° (vantcha *tromper*), tromperie, fraude, ruse, supercherie, perfidie, hypocrisie, illusion, fausseté, mensonge. 2° violence, cruauté, épée, petitesse. 3° *P.* வம்சம், multitude, assemblée (il vient surtout à la fin des 4 premières divisions du போசழும்); — தீர்க்கிறது venger, se venger, mettre fin à la perfidie; — தீர்த்தல் vengeance, se venger; — தீர்க்குக்கொள்ளும்நாள் le jour de la vengeance, — où l'on mettra fin à la perfidie; வஞ்சநவிற்சியணி, fig. de rhét. par laquelle on dissimule une excellente qualité qui vient d'une cause en l'attribuant à une autre cause; — ப்புழிப்பணி figure par laquelle on montre le mépris qui vient d'une action méprisable; — ப்புசழ்ச்சியணி fig. de rhét. qui renferme une louange ironique, une ironie louangeuse et une louange véritable; — ப்பெண் fille ou femme perfide, nom d'une servante de Kâli; — முனி le perfide mouni, *i. e.* Râvanen qui sous la forme d'un mouni enleva சீதை. [fide, le serpent.

வஞ்சவம், (வஞ்சம்), le reptile per-

*வஞ்சனம், 1° (வஞ்ச, na), fraude, tromperie. 2° nom d'un poisson, vœu.

*வஞ்சனி, *fém. du préc.* la perfide, — Dâkini, diablesse, servante de Kâli, fille, femme,

*வஞ்சனை, 1° (வஞ்சனம்), fraude, tromperie, déception, perfidie, illusion, mensonge. 2° serment, vœu, prétendue déesse: — பண்ணுகிறது tromper, duper, trahir, filouter; — யாளன் ou

*வஞ்சன், (வஞ்சம்), trompeur, filou, traître, perfide.

*வஞ்சி, 1° l'arbre vangsi, guirlande de vangsi, — de feuillage de vangsi, (on en couronnait ceux qui avaient marché à l'ennemi, *V.* அடு டவெத்திமாலை, *d'où*) marche à l'ennemi, plante grimpante ou rampante, nom générique des arbrisseaux grimpans, la plante சீந்தில், la ville de Karour ou கருவூர் (ancienne capitale du roi சேரன், une ville de ce nom se trouve dans le Coimbatore; on est en doute de savoir si c'est cette même capitale ou une autre ville de ce nom), femme ou fille, la prétendue deesse தருமதேவதை ou Parvadi, espèce de strophes ou de vers dits வஞ்சிப்பா, espèce de combinaison ou d'enchaînement de pieds de vers dit வஞ்சித்தளை. 2° *imp. et part. de* வஞ்சிக்கிறது — ச்சீர் pieds de vers de 3 syllabes métriques terminés par un நிரையசை ou une double syllabe brève: ils sont au nombre de 4 nommés: தேமாங்கனி, புளிமாங்கனி, கருவிளங்கனி et கூவிளங்கனி, et sont propres aux vers வஞ்சிப்பா; — த்தளை connexion de pieds de vers propre aux vers வஞ்சிப்பா et qui consiste en ce qu'après un pied qui finit en கனி ou en நிழல், il vienne une brève ou une longue, voyez ஒன்றியவஞ்சித்தளை et ஒன்றாதவஞ்சித்தளை; — த்தாழிசை variété des vers வஞ்சிப்பா, cette espèce contient trois strophes de 4 vers de deux pieds, ou parfois de 3 pieds sur le même sujet; — த்துறை variété du வஞ்சிப்பா, elle contient 4 vers de 2 pieds d'égale mesure; — ப்பா une des 5 espèces de vers ou de strophes peu usitée; elle emploie principalement les pieds dits வஞ்சிச்சீர் et la connexion dite வஞ்சித்தளை. Elle se compose de vers de 2 ou 3 pieds; la strophe comprend 3 vers ou même plus, reçoit le தனிச்சொல் ou mot séparé et finit par le சுரிதகம் de l'ஆசிரியம்;—மாலை guirlande de வஞ்சி dont on couronne ceux qui marchent à l'ennemi;— யுரிச்சீர், V. வஞ்சிச்சீர்; — விருத்தம் variété des vers வஞ்சிப்பா, elle contient 4 vers de 3 pieds;—வேந்தன் le roi de வஞ்சி ou கருவூர், i.e. சேரன்.

வஞ்சிக்கிறது, சித்தேன், சிப்பேன், சி, சிக்க, v.a. (வஞ்சம்), வஞ்சித்தல், n v. tromper, duper, filouter, trahir.

*வஞ்சிதம், (vantchita), tromperie, déception.

வஞ்சியர், pl. de வஞ்சி. femmes;—நோக்கும் ce que regardent les femmes, miroir.

வஞ்சிரம், le poisson வஞ்சிரம்.

வஞ்சினம், serment, imprécation.

வஞ்சினர், trompeurs.

*வஞ்சுகன், (vantchouka), trompeur.

*வஞ்சுளம் (vantchoula), l'arbre அசோகு, uvaria. [சிக்குருவி.

*வஞ்சுளன், (id.), l'oiseau noir க

வஞ்ஞுரான், espèce de poisson.

வட, obl. de வடக்கு, du nord, boréal, septentrional. 2° obl. de வடம், de multipliant...:—கயிலாயம்,— கயிலை le Kailâsam du nord ou paradis fabuleux de Siven (par opposition à தென்கயிலை ou பொதியமலை résidence d'Agastyen):—கரை rivage ou bord septentrional d'un fleuve ou d'une rivière...;—கலை la science du nord, i.e. le sanscrit;—காற்று vent du nord;—கிரி, V. வடமேரு;— கிழக்கு,— கீழ்த்திசை le nord-est;—கீழ்த்திசைப்பாலன் le prétendu gardien du nord-est, i.e. ஈசானன் ou Siven;—கீழ்த்திசைப்பாலன் குறி le signe ou emblême du gardien du nord-est, i. e. le corbeau;—கீழ்த்திசையானை l'éléphant qui, au dire des Indous, soutient le monde au nord-est, ils le nomment சுப்பிரதீபம் et sa femelle அஞ்சனவு

தி;—கோடு extrémité nord de la lune à son croissant ou à son déclin;—கோடை vent du nord-est dans la chaude saison;—க்கயிறு grosse corde, câble,— avec lequel on tire un char de procession, corde qui sert à exhausser ou à abaisser la charrue;—சிறகு rangée de maisons du côté du nord;—சொல்,— தமிழ் le langage du nord, le sanscrit;—தி சை le nord, le côté nord (du monde...);—திசைப்பாலன் le prétendu gardien du côté nord, i.e. Koubéren;—திசைப்பாலன்குறி le signe ou emblême du gardien du nord, i. e. l'éléphant;—திசையானை l'éléphant qui, au dire des Indous, soutient la terre au côté nord; ils le nomment சார்வபூமம் et sa femelle அஞ்சனை;—தேசம் pays septentrional,— au nord du Maduré;— நடைபகுபதம் mot sanscrit ayant une terminaison ajoutée à la racine;—நூல் livre sanscrit,—du nord;—நூலோர் savans en—, auteurs sancrits;—பத்திரம் le multipliant ஆலமரம்;—பத்திரை la plante dont les fibres des feuilles servent à faire des cordes d'arc, sanseviera zeylanica;—பரதம் le nord de l'Inde;—பாரிசம்,— பாகம் le côté nord;—பாவிரேபதம் pays au nord des monts Rèpadam, un des நவகண்டம்;—பாஞ்சிதேசம் pays au nord du விதேகம், c'est aussi un des நவகண்டம்;— புறம்,— பக்கம் côté du—, côté nord;— பூமி contrée septentrionale;— மரம் le multipliant dit ஆலமரம்;—மலை la montagne du nord, i.e. le mont Mahâmèrou, la montagne et la ville de Tiroupadi ou வடவேங்கடம் qui était la borne nord du pays tamoul, V. திருப்பதி;—மலையான் le montagnard du nord, i. e. வெங்கடேசுவரன், forme de Vichnou et idole de திருப்பதி ou வேங்கடம்;— மலையாண்டான், 1° V. வடமலையான். 2° ou —மலையாண்டான் espèce de riz;—மீன் l'étoile du nord, petite étoile nommée அருந்ததி située près de la grande Ourse à côté de celle du milieu de la queue qu'-on dit être வசிஷ்டன் son mari; —முகம் côté du nord; —மேரு la montagne du nord dite மகாமேரு; —மேற்கு, —மேற்றிசை le nord-ouest; —மேற்றிசைப்பாலகன் le prétendu gardien du nord-ouest, i.e. வாயு ou Vâyou; —மேற்றிசைப்பாலன்குறி le signe ou l'emblème du gardien du nord-ouest, c'est un âne ; —மேற்றிசையானை l'éléphant qui, au dire des Indous, soutient le côté nord-ouest de la terre, ils le nomment புஷ்பதந்தம் et sa femelle சுதந்தி; —மொழி mot —, langage du nord, i. e. mot sanscrit ou le sanscrit; —வாசி, m. —வாசினி, f. l'habitant —, l'habitante du multipliant, espèce de demi-dieu et demi-déesse dits யக்ஷன், யக்ஷினி, qu'on suppose habiter dans les multiplians: —விதேகம் le pays au nord du விதேகை, c'est un des நவகண்டம்; —விருக்கம், —விருக்ஷம், —விருட்சம் le multipliant (dit ஆலமரம்); —விரோபதம் le pays au nord des monts Rèpadam, c'est aussi un des நவகண்டம்; —வேங்கடம் le வேங்கடம் du nord, i. e. திருப்பதி (par opposition à தென்வேங்கடம் ou Vengada du sud, surnom de அழகர்மலை près de Maduré).

*வடகம், 1° (vataka), espèce de pâtisserie, — d'assaisonnement composé de pois, d'oignons, de cumin... broyés et frits dans l'huile ou le beurre. 2° fruits secs, peau, couverture, manteau, robe, habit de dessus, amusement, récréation: —ஆய்க்காய்ந்தவன் homme sec, maigre et décharné; —இடுகிறது, —போடுகிறது préparer l'assaisonnement susdit.

வடக்கத்தியான், (வடக்கு), homme du nord: வடக்கத்தியார் les peuples ou les gens du nord, les septentrionaux.

வடக்கு, (வட), le nord: வடக்கே vers le —, au nord, du côté du nord.

வடந்தை, (id.), vent du nord.

வடமர், espèce de brames.

*வடம், (vata), le multipliant ou கயிறுடம், cordon, corde, câble, lien, cercle, rond, zéro, balle, globe, petit coquillage dit cauris qui sert de monnaie, collier de perles, —de pierreries, espèce de pâtisserie, —de gâteau composé de pois broyés et cuits dans le beurre, égalité en figure ou dimension. 2° ville, bouton de fleurs

*வடரம், (vatara), turban, toque, toile de la tête, natte, batte à-beurre

*வடரன், (id.), homme méchant, pervers, vil ou stupide, coq, voleur.

வடலி, jeune palmier: —வெற்றிலை mauvais bétel.

வடவண்டைவாடை, (வட, அண்டை), côté nord d'une rue.

வடவனல், வடவாக்கினி, *வடவாக்கினி, வடவாமுகம், வடவாமுகாக்கினி, வடவானலம், (வடவை, அனல், அனல், அக்கினி, முகம், அனலம்), feu sous-marin, —éternel qui doit dévorer le monde, (en mythologie, être composé de flammes avec une tête de jument ou வடவை qui sortit des cuisses de Ourvâ et fut reçue par l'océan.

*வடவாசுதர், (வடவை, சுதன்), les fils de Vadavei ou de la jument, les médecins des dieux indous dits அச்சுவினிகள், fils de la nymphe Asvini ou வடவை.

*வடவை, 1° (badavâ), jument, la nymphe Asvini ou அச்சுவினி, personnification de la 1re constellation représentée par une tête de jument, femme esclave. 2° le feu sous-marin et éternel dit வடவாக்கினி, buffle, femelle d'éléphant.

*வடாகரம், (vatâkara), corde.

வடாது, (வட, அது), nord.

*வடாவிகன், (vatâvika), voleur.

*வடி, 1° (vati), corde, bride, licou, espèce de tique ou de pou. 2° caillou ou jus de cocotier..., chien, pointe. 3° imp. de வடிக்கிறது. 4° s. v. imp. et part. de வடிகிறது, fluide, clarifié, purifié, distillé: —கட்டுகிறது faire distiller, —égoutter, filtrer, passer, —à travers un linge, —par l'étamine, tamiser la farine, sas-

ser; —கயிறு bride de cheval, licou; —காது longue oreille pendante; —கதிர், —கருவி, —கதிர் fuseau, instrument à tordre le fil; —சார் பு parfum exquis, —raffiné, stuc, stucage, crépi fin; —தங்கம் or fin, or pur; —தமிழ் tamoul alambiqué, —clair, pur; —தயிர் lait caillé dont on fait égoutter l'eau; —வெண்ணெய் huile clarifiée, —dont on a retiré la lie.

வடிகிறது, வடிந்தேன், வடிவேன், வடிய, v.n. et வடிந்துபோகிறது, s'écouler, découler, couler, —en bas, dégoutter, s'égoutter, distiller, décroître, diminuer, v.g. l'eau d'une rivière, tarir, se dessécher, descendre, refluer (v.g. la marée vers la mer...), s'allonger: ஆறுமுழம் — la rivière décroître ou baisser d'une coudée; இரத்தம் —le sang couler, v.g. d'une plaie; பழுவிலிருந்து — le pus découler d'un ulcère; வடிந்துகொண்டிருக்கிறது s'écouler, être à —, couler; வடிந்தகாது longue oreille pendante. [kâ), pilule, bol.

வடிகை, 1° n.v. du préc. 2°* (vati-

வடிக்கிறது, வடித்தேன், வடிப்பேன், வடிக்க, v.a. de வடிகிறது et வடிக்குதல் ou வடித்தல், n. v. et வடித்துப்போடுகிறது, faire couler, —découler, —égoutter, —écouler (v.g. l'eau dans laquelle le riz a bouilli, en penchant le vase), décanter, déféquer, tirer au clair, distiller, filtrer, passer à l'alambic, clarifier, purifier, aiguiser, affiler, rendre pointu, mettre en —, prendre possession: காரு — aiguiser un soc de charrue: எழுத்தாணியை — aiguiser le poinçon à écrire.

*வடிசம், வடிசி, வடிசை, (vadisa, —sâ, —si), hameçon (pour pêcher).

வடிசல், P. வடிதல்: வடிசற்காது longue oreille pendante.

வடிதல், n.v. de வடிகிறது, écoulement, distillation, décroissement, tarissement, reflux de la marée, allongement, longueur.

வடித்தல், n.v. de வடிக்கிறது.

வடிப்பம், beauté, élégance, méthode, éloquence, arrangement, réparation, force: வடிப்பமாயிருக்கிறது être beau, joli; வடிப்பமாய்நம்பலாம் on peut très-bien le croire.

வடிப்பு, n.v. de வடிக்கிறது, action de faire couler..., écoulement, distillation, clarification, broche.

வடிம்பு, bout, extrémité, bord (d'un toit, d'un vêtement...); —கட்டை pièce de bois —, soliveau ou perche mise en travers à la toiture, traverse, bordure opposée; — பிடிக்கிறது joindre —, attacher les traverses à un toit.

வடியல், n.v. de வடிகிறது, reflux de la marée, ce qui a découlé, eau qui s'est écoulée, — retirée, écoulement.

வடிவம், 1° forme (du corps...), figure, air, mine, corps, beauté, élégance. 2° P. வடிவோம், nous coulerons, 1. p. fut. de வடிகிறது: வடிவுவமம் comparaison avec la figure; Ex. சிவன் வடிவொத்தவடிவு la figure du gourou ressemble à celle de Siven.

வடிவு, 1° n.v. de வடிகிறது, décroissement ou diminution (de l'eau dans un fleuve...), reflux de la marée. 2° beauté, forme, figure, vulve: இவனுக்குவடிவுமெத்த il est très-beau; ஒலி — beauté du son, son bien articulé; —ப்பண்புத்தொகை ellipse du mot qui montre la forme comme வட்டக்கல் pierre ronde, P. வட்டவடிவு பாறைக்கல் pierre qui est de forme ronde; —ப்பாத்திரம் vase qui reçoit l'eau distillée qui découle d'un autre vase; இப்போது — துவக்கினது le reflux a commencé maintenant; வடிவாய்ப்போகிறதண்ணீர் eau qui s'écoule ou se retire lentement comme le reflux de la mer; வடிவெழுத்து jolies lettres, belle écriture.

வடிவோர், (வடிவு), qui sont beaux, qui ont la forme ou la figure de (à la fin des mots composés).

வடு gén. வடுவின், pl. வடுக்கள், 1° fruit non mûr, — encore tout vert, faute, défaut, outrage, injure, flétrislure, cicatrice, marque,— flétrissante,—de coups ou de brûlure, cuivre, luth des pays cultivés, scarabée, verrue,poireau, môle, épée. 2° * (vatou),jeune homme.—brame étudiant après son investiture. 3° *imp.de* வடுக்கிறது: நாவடுச்சுட்ட வடுவாறாது la cicatrice faite par une langue brûlante ne guérit pas; —ச்சொற்சுமத்துகிறது dire des injures, — des mots flétrissans, calomnier, diffamer;—படுகிறது,—பட்டிருக்கிறது être marqué,avoir une cicatrice,une flétrissure,—des verrues, devenir coupable,être en faute, être injurié,diffamé,accusé,flétri; —ப்படுத்துகிறது marquer, imprimer une flétrissure ou une marque flétrissante,accuser, rendre coupable, diffamer,injurier,flétrir;—வண்டு scarabée;—வில்லாதசாதி caste irréprochable,sans flétrissure;வடுவும்புள்ளியுமாயிருக்கிறது être couvert de verrues et de taches.

வடுக,*adj.de* வடுகன் *ou* வடுகு,de caste—,du pays télinga.

வடுகச்சி,*fém.de* வடுகன், femme —,télingate.

*வடுகன்,1°(வடு,ka),jeune homme,—brame étudiant, benêt, stupide.2°(வடுகு),homme de caste -, télinga,Baïraven fils cadet ou forme de Siven: வடுகக்காது oreille de Télinga,*i.e.*grande oreille pendante, lobe de l'oreille élargi: வடுகப்பெண் femme télingate;வடுகன்றாய் *ou*

வடுகி,la mère de வடுகன் ou de வயிரவன்,la prétendue déesse des forêts dite காடுகாள்,le fleuve du Gange.

வடுகு,1°(வடக்கு),le pays télinga ou télingana,au nord du pays tamoul,la langue—,la nation télinga. 2°(*P.* வடோபவீதம்), investiture du cordon bramanique,luth des pays cultivés, l'air ou la mélodie dite இந்தளம்.

வடுக்கிறது, இற்றேன், டுப்பேன், டு,டுக்க, *v. n.* வடுத்தல், *n.v.* (வடு), le fruit se former, se nouer dans la fleur.

வடுக்கூடை, grande corbeille profonde.

*வடோபவீதம்,(வடு,உ *allongé*),investiture du cordon bramanique.

*வடை,(vadâ), espèce de gâteau fait de farine d'உழுந்து ou phaseolus radiatus et de fleur de farine de riz et frit dans l'huile:—வற்றது chose inutile,—qui ne vaut pas même un de ces gâteaux, ce qui n'en a pas. [*n.v.de* வட்குகிறது.

வட்கம்,destruction, honte, *opt. et* வட்கார்,*n.app.nég.du même*,ennemis,gens qui n'ont pas honte.

வட்குகிறது,கினேன்,குவேன், கு, க,*v.n.*se perdre,se gâter, être détruit,gâté,ruiné, honteux, couvert de honte. [laire.

வட்ட,*adj.de* வட்டம்,rond,.circu-

வட்டகை,1°(வட்டம், கை), main —,bras rond,—arrondi.2°petit plat, —bassin.3°*ou* வட்டகைநிலம் enclos, terre enfermée de haies. [clier.

வட்டணம்,(வட்டம்),long—,bouவட்டணிக்கிறது, ணித்தேன்,ணிப்பேன், ணி, ணிக்க, *v.a. et n.* (வட்டம்), *et* வட்டணிப்பது, *n. v.* rendre rond ou circulaire, arrondir, venir en rond, en cercle: வட்டணிக்கச்செதுக்குகிறது ciseler—, tailler—, tracer —, dessiner en rond.

வட்டணிக்கை, *n.v. du préc.* action d'arrondir,rondeur, rond,compas, —de mer.

வட்டணை,(வட்டம்), cymbale,cercle:—புடைக்கிறது,—புடைப்பது battre des cymbales.

வட்டம்,1° (*corr.de* விருத்தம் *rond*), rond,rondeur, figure ronde, cercle, petit district,—pays, —espace,chose circulaire, halo ou rond autour du soleil ou de la lune, roue, —de potier, meule de —, moulin, —à blé, bracelet, ornement des épaules, bouclier, étang, réservoir (ordinairement rond), vase, réceptacle, plat, assiette, jatte, grande cruche, amphore, bâton recourbé en demi-cercle (et qui sert d'arme), sonnette,toile, habit,bassesse,abaissement, abjection, creux, terrain bas, siége, chaise. 2° escompte, perte sur le change de l'argent, prime, agio, ou gain sur le change des monnaies, place: இந்தவட்டக்கவிந்தகாணேன் je ne vois rien dans ces lieux; —ஆயோடுகிறது courir en cercle, en rond; —ஆயோட்டம் course—, mouvement circulaire; —ஆயோடினாலும் வாசலாற்புகுதவேண்டும் quoique l'on coure tout autour ou qu'on fasse de longs circuits, il faudra entrer par la porte: —இடுகிறது décrire un cercle, tourner, —autour; கருடன் —இடுகிறது le milan décrire un cercle dans l'air; —இட்டுமுழங்குகிறது le tonnerre gronder tout autour; —இட்டுமாற்றுகிறது échanger en payant de l'escompte, payer l'escompte, —l'agio ou la différence dans le change des monnaies: —கட்டுகிறது, —கட்டிக்கொடுக்கிறது payer l escompte, l'agio ou la différence de valeur des monnaies échangées; —பண்ணுகிறது réciter les louanges de Dieu un certain nombre de jours ou selon l'ordre des jours; —விழுகிறது y avoir de l'escompte ou du gain, gagner dans l'échange des monnaies, dans un marché; வட்டக்கலம் vase—, plat rond; —க்காரன் changeur, —de monnaie; —க்கிலுகிலுப்பை l'arbrisseau crotalaria verrucosa; —க்குடில் grande cabane ronde; —க்கச்சில் partie ronde du fond ou du bas de la coque de coco; —க்கோல் périphérie, circonférence d'un cercle, bâton arrondi, —rond; —ச்சீட்டு billet établissant une prime pour échange de marchandises ou pour argent prêté à intérêt; —ச்செலாக்கம் escompte, prime, agio, balance de l'intérêt: —த்தலைப்பா toque ronde, turban rond; —த்தாமரை nénuphar rond, arbre du Malêalam dont les feuilles ressemblent à celles du nénuphar; —த்திரி mèche ronde, —pour mettre le feu à un fusil, mèche prompte ou lente, morceau de toile roulée et mise dans le trou fait aux oreilles pour l'élargir; —த்திருப்பி les plantes பொன்முசுட்டை, மலைதாங்கி et பங்கம்பாளை; —த்துத்தி espèce d'arbrisseau; —த்தொப்பி calotte ronde ou bonnet rond des Musulmans; —ப்படமிருக்கிறது être plat et rond; —ப்பாறை rocher rond et plat, grande pierre ronde, surface pierreuse et aride; —ப்பாறைநாச்சியார் nom d'une idole de Dourgâ à திருவாரூர் dans une caverne couverte d'un énorme rocher rond; —மணியம் intendance ou régie d'un petit district; —மோதிரம் anneau à chaton ou cachet rond; —வடிவு forme circulaire; வட்டத்துக்குக்கொடுக்கிறது donner ou prêter à escompte (pour le change). [விருத்தம்.

வட்டரவு, (வட்டம்), rondeur, V.

வட்டறவு, (வட்டு, அறவு), entière conclusion, —fracture, — rupture.

வட்டா, plat, écuelle, coupe, sorte de vase.

வட்டாகாரம், வட்டாகிருதி, (வட்டம், ஆகாரம், ஆகிருதி), forme circulaire. [dames, d'échecs.

வட்டாடல், (வட்டு, ஆடல்), jeu de

வட்டாடுகிறது, (id. ஆடுகிறது), jouer aux dames, aux échecs.

வட்டசப்பத்து, (வட்டா), éventail fait des feuilles du palmier தாளப்பம் ou corypha.

வட்டாரம், circuit, contour, course autour d'une —, maison, endroit dans une maison où l'on met le grain, magasin au grain: வட்டாரங்களில் விசாரிக்கிறது s'informer tout autour; வட்டாரமெல்லாம்போயிருக்கின்றது toute la maison est partie, est détruite ou en décadence.

வட்டி, 1°(corr. de விருத்தி), intérêt, —, d'argent prêté, usure, revenu de terre, cauris ou petits coquillages qui servent de monnaie, panier grossier fait de feuilles de palmier, espèce de maladie des femmes enceintes. 2° imp. de வட்டிக்கிறது: அநியாய— usure injuste, intérêt exorbitant; தரும — intérêt charitable, usure modérée et légale; வட்டிக்கணக்கு règle d'intérêt; — முதலிழக்கிறது perdre capital et intérêts: வட்டிக்குக் கொடுக்கிறது prêter à intérêt; வட்டிக்குவட்டி intérêt des intérêts; வட்டிக்குவாங்குகிறது emprunter à intérêt: வட்டிக்குவாசிக்குவாங்குகிறது emprunter à intérêt ou sans intérêt.

வட்டிகை, 1° corbeille, panier, sonnette, peinture, gravure, sculpture, une des 4 espèces de parfums. 2° (வட்டம்) cercle, rond:

வட்டிக்கிறது, ட்டித்தேன், ட்டிப்பேன், ட்டி, ட்டிக்க, *v.a et n.* வட்டித்தல், *n.v.* 1° jurer, faire serment, battre des cymbales, servir (à table, de la nourriture), distribuer des mets, censurer, gronder, réprimander vertement. 2° (வட்டம்), être rond, — circulaire, s'arrondir: பந்திக்கு — distribuer des mets aux convives assis en rangs; அவன்என்னைவட்டித்தான் il m'a blâmé, — grondé.

வட்டிப்பு, *n.v. du préc.* action de jurer..., rondeur, rond.

வட்டில், corbeille, panier, — pour arroser, pour puiser de l'eau d'un étang, plat, coupe, assiette, bassin, — de cuivre, vase, terrine, chemin, toile à —, damier, échiquier indien dit சொக்கட்டான்.

வட்டு, (வட்டம்), dame—, pion de damier, pion demi-circulaire, demi-sphéroïde, le jeu d'échecs dit சொக்கட்டான், boule, rondeur, morceau rond, l'arbrisseau ou la plante கறிமுள்ளி, l'endroit d'où sort le bourgeon ou le jet de l'arbre: — கத்தரி. — வழுதுணை bringelle, la plante dite கத்தரி; — கருப்புக்கட்டி boule de mélasse avec de la chaux; — க்குத்தி endroit de l'arbre d'où sort le bourgeon; — ச்செடி l'arbrisseau கறிமுள்ளி. [d'un habit.

வட்டுடை, toile, habit, particularité

வட்டுவம், sac à plusieurs compartimens, sac au bétel, — pour mettre l'arec, le bétel et la chaux à mâcher: வட்டுவப்பை compartiment ou pochette de ce sac: வட்டுவத்தின்மேற் போட்டசொட்டு வட்டுவத்துக்குமாத்திரமோபடும் உள்ளிருப்பதுகளுக் கெல்லாம்படுமே un coup donné sur le sac à bétel n'affectera-t-il que le sac? certainement il affectera tout ce qui est dedans.

வட்டுறுப்பு, (வட்டு, உறுப்பு), correction, *V.* திருத்தம்.

வட்டை, chemin, voiture, charrette, char, roue sans le train.

வட்புலி, (வன், புலி), le tigre fort, *i. e.* le lion.

வணக்கம், *n.v. de* வணங்குகிறது, vénération, révérence, respect, honneur, soumission, adoration, invocation à la divinité, c'est une des 3 மங்கலாசரணை: — உள்ளவன் homme respectueux, civil, humble, soumis: அவனுக்கு — ஒன்றுமில்லை il est sans respect, il ne respecte personne, on ne lui témoigne aucun respect.

வணக்குகிறது, *sync.* வணக்கிறது, க்கினேன், க்குவேன், க்கு, க்க, *v.a. de* வணங்குகிறது *et* வணக்கல் *ou* வணக்குதல், *n. v.* soumettre, assujettir, rendre obéissant, respectueux, plier, courber.

வணங்கல், *opt. et n.v. de* வணங்குகிறது, respect, honneur, révérence, salutation, adoration, courbette, courber.

வணங்கா, வணங்காத, *part. nég. du même*, qui ne plie pas, ne révère pas: வணங்காக்கழுத்து cou roide, revêche, insubordonné, torticolis: — முடியன், — முடியினன், — முடிபோன், (முடி), Douryôdhanen qui ne plia jamais la tête pour saluer personne, ou pour se soumettre, celui qui ne salue, ne respecte personne; வணங்காதவன் homme qui ne respecte personne, insubordonné, désobéissant, fier, arrogant, indolent.

வணங்குகிறது, *sync.* வணங்கிறது, ங்கினேன், ங்குவேன், ங்கு, ங்க, *v.a.* வணங்குதல், *n.v.* révérer, vénérer, respecter, saluer, — respectueusement, adorer, honorer, *v.n.* se soumettre, se courber, s'incliner, se plier: வண

கமிக்கொண்டுசெய்கிறது faire avec respect, —tous ses efforts pour exécuter une chose; — க்கொண்டுசொல்லுகிறது parler respectueusement, humblement, avec soumission, ayant vénéré... [voûté.

வணர், courbure, voûte, arche, toit

*வணிகம், (banik), trafic, commerce, négoce.

*வணிகன், (id.), commerçant, marchand, négociant, fermier, pâtre, le signe de la Balance: வணிகபுரம், —பரவம் commerce, trafic; —பத்து la plante qui donne l'indigo (ami des marchands); —புத்திரன், —புத்திரி, fils—, fille de marchand; —வாகன் le chameau monture du marchand; வணிகசாதிப்பட்டவியல்பு, V. அடிப்படைவணி கக்குணம், [des கரணம்.

*வணிக்கம், (id.), bœuf, le 6me

*வணிசம், (banidj ou banik), le 6me des கரணம், celui du—, bœuf.

*வணிச்சியம், (banidjya), trafic, commerce. [chose jolie, belle.

வணிதம், bien, beauté, élégance,

வண், clarté, abondance.

வண்ணக்கர், (வண்), agriculteurs, laboureurs, vellages, fermiers, choutres, gens de la 4e caste.

வண்சிறை, (id.), mur, rempart (de ville ou de fort,. [ண்டம்.

வண்ட, obl. de வண்டன் et de வ

*வண்டகம், (vantaka), part, portion.

*வண்டம், 1° (vanta), part, portion, manche de faucille. 2° (vantha), javeline. 3° (vanda), bœuf sans queue.

*வண்டரம், (vanthara), nuage, queue de—, chien, poitrine, corde pour attacher une chèvre, nouvelle pousse de palmier, gaine qui enveloppe le jeune bambou.

*வண்டரன், (vandara), eunuque, avare, gueux.

வண்டர், 1° bardes, — qui chantent de vieilles compositions, — des poésies qu'ils ont apprises, — des louanges..., — des poésies propres à chaque heure, panégyristes. 2° pl. de வண்டன்.

வண்டலம், (வண்டல்), boue.

வண்டல், lie, sédiment, —au fond du vase, boue, vase, —sèche d'étang, de rivière..., résidu, tournant d'eau, gros caillou, —gravier, jeu de femmes: குடத்து— sédiment—, vase au fond d'une cruche: இரச — lie de vin, de jus de fruits; வண்டற்படுகை bord fangeux de rivière..., — formé de la vase. [division.

*வண்டனம், (vantana), partage,

வண்டன், 1° homme vaillant, robuste, vagabond, goujat, vaurien, homme vil, méchant, libertin, impudent, débauché, barde, panégyriste. 2° (vantha), courtaud, nain, garçon, non marié. 3° (vanda), manchot, estropié, impuissant, châtré, circoncis: வண்டத்தனம் mauvaise action, —conduite, vie débauchée, libertinage, impudence, dévergondage, méchanceté; — த்தனத்துக்குக் கொடிகட்டுகிறது élever l'étendard du libertinage, se vanter de son libertinage; — பேச்சு langage impudent, —injurieux; — க்கூலி salaire honteux, — de libertinage; — க்கூலிக்காரி prostituée, femme d'hôtellerie, de trafic honteux.

*வண்டாலம், (vandâla), description d'un combat, contestation des héros, bateau, hoyau.

வண்டானம், héron, pélican.

வண்டி, P. பண்டி, charrette, voiture, ventre: — க்காரன் charretier; — க்கால் roue de charrette; — த்தடம் route à charrettes, ornière.

வண்டிப்பைவாய், (வண்டி, பை, வாய்), trou de l'essieu, —du moyeu.

வண்டில், char, charrette, voiture, —à 2 roues, cabriolet: — ஏறுகிறது monter en voiture; — வடம் corde de char; வண்டிற்காரன் voiturier, charretier; —கால் roue de charrette, de voiture...; —சட்டம், —கூலி prix—, tarif—, louage d'une voiture; — செண்டு suspensoir porté sur une charrette, V. au mot செண்டு.

வண்டு, insecte ailé (en général

et surtout ceux dont les ailes sont recouvertes d'étuis), scarabée, escarbot, hanneton, abeille, guêpe, cigale, flèche, faute, bracelet, conque, la 8me constellation dite பூசம்: வண்டுமன் பட்டுவதல்லாமல் மனிதரு ம் படுவாரே non seulement les insectes volatiles périssent (par leur imprudence), mais les hommes aussi, ceux-là en se jettant sur une lampe, et ceux ci en s'abandonnant aux femmes perdues; வண்டுகடி piqûre d'insecte, de guêpe, cicatrice d'une telle piqûre; — குத்தி nom d'un oiseau qui dévore les insectes; — கொல்லி l'arbrisseau cassia alata dont les feuilles servent à guérir des éruptions cutanées; — மாம்பழம் mangue qui a un insecte dans le noyau; — மோவாமலர் fleur que les insectes ne flairent pas; வண்டுண்ணா மலர்மரம், (உணு), arbres à fleurs que les insectes ne mangent ou ne touchent pas, c'est le சண்பகமரம் et le கேதகை; வண்டேறாமலர், (ஏறு தற்கு).fleur sur laquelle les insectes ne montent pas ou qu'ils ne touchent pas; வண்டொலி, (P. உலா), son d'insecte, son inarticulé, qu'on ne peut représenter par des lettres.

வண்டை, 1° la plante légumineuse hibiscus sinnantus. 2° (vandâ), femme débauchée.

வண்டோதரி, P. மந்தோதரி, Mandôdari femme de Râvanen, c'est une des பஞ்சகன்னிகை.

*வண்ணகம், 1° (வர்ணகம், ka), odeur, sandal, parfum en poudre, peinture, cercle. 2° mesure rapide dite முடுகியல், un des membres ou une des parties du கலிப்பா dite aussi அராகம்: வண்ணகவொத்தாழி சைக்கலிப்பா une des subdivisions du கலிப்பா; elle se compose d'un தரவு, 3 தாழிசை, et de 4 autres parties nommées அராகம், அம்போதரங் கம், தனிச்சொல் et சுரிதகம்.

*வண்ணகன், (id.), barde, panégyriste.

*வண்ணம், (P. வருணம்), couleur, peinture, beauté, ornement, louange, renommée, mode musical, mélodie, harmonie, air, rhythme des vers, caste, classe, tribu, lettre de l'alphabet, housse d'éléphant, parfum (en général), forme, figure, ressemblance, qualité, propriété, sorte, méthode, manière, — d'agir, action, caractère, bonté, bien, bonheur, prospérité, V. வருணம்: வண்ணக்கடு திக்கை, (கடுக்கம், ikâ), encrier; — க்கிரமம் ordre des castes, — des lettres, — alphabétique, alphabet; — க்குழ லி belle femme à chevelure parfumée; — க்குறிப்பு, — க்குணிப்பு espèce d'air ou de ton, — d'harmonie poétique, V. குறிப்பு: — தூதன் courrier, porteur de lettres, messager: — த்தரு espèce de chant, — de poésie; — ப்பண்புத்தொகை mot qualificatif marquant la couleur avec ellipse, comme செந்தா மரை, P. செம்மையாகிய தாமரை nénuphar rouge; — மகள் femme de chambre, de toilette; — மாதிரு plume, pinceau, messagère; — மாதி ருவை la prétendue déesse Sarasvadi; — மாலை alphabet, *litt.* guirlande de lettres. Voyez au mot வருண ம் d'autres dérivés.

வண்ணாத்தி, *fém. de* வண்ணான், blanchisseuse, fille ou femme de la caste des blanchisseurs, terre à foulon, — à blanchisseur, l'oiseau mainate, *ou* — ப்பூச்சி espèce de papillon.

வண்ணாப்பண்டி, P. வண்ணாப் பண்டி, charrette de blanchisseur, — pour porter son linge.

வண்ணார, *adj. de* வண்ணார், de blanchisseurs: — த்துறை lavoir, — de blanchisseurs, lieu où ils lavent le linge, ordinairement près d'une rivière ou d'un réservoir; — ப்பந்த ம் torche de voyageurs (faite de guenilles données par les blanchisseurs): — ப்பூச்சி espèce de papillon; — ப்பெண் fille ou femme de la caste des blanchisseurs.

வண்ணான், *pl.* வண்ணார், blanchisseur, homme la caste susdite: — சால் grande cruche ou jarre de blanchisseur; இவனுக்கு வயிறு வண்ணான்சால்போலிருக்கின்றது il a le ventre gros comme une cruche de blanchisseur.

*வர்ணிகன், (varnikâ), écrivain, scribe, secrétaire. [plume.

*வர்ணிகை, (varnikâ), encre,

வண்மை, beauté, don, libéralité, nature, manière, louange, vérité, graisse, fertilité, abondance.

*வதகன், (வதம், ka), meurtrier.

வதக்கம், *n.v.* de வதங்குகிறது, flétrissure, — des fleurs, dessèchement, fatigue, épuisement, langueur: — ஆயிருக்கிறது se faner, se flétrir, s'épuiser, languir, souffrir de fatigue ou de lassitude.

வதக்குகிறது, *sync.* வதக்கிறது, க்கினேன், க்குவேன், க்கு, க்க, *v. a.* வதக்கல், வதக்குதல், *n.v.* faner, flétrir, sécher, dessécher, rôtir, griller, plier, courber: வதக்கிக்கட்டுகிறது appliquer des feuilles ou plantes sèches à une plaie.

வதங்குகிறது, *sync.* வதங்கிறது, கினேன், குவேன், கு, க, *v.n. du préc. et* வதங்கல், வதங்குதல், *n.v. ou* வதங்கிப்போகிறது, se faner, se flétrir, se dessécher.

*வதத்திரம், (badhatra), arme.

*வதம், (badha), meurtre: வதஸ்தலி, (ஸ்தலம்), — ஸ்தானம் lieu d'exécution; — ஜீவி homme qui vit de meurtre, chasseur, oiseleur, boucher: — தண்டம் peine capitale, gourdin propre à tuer.

*வதரம், வதரி, வதரிகம், (badara, —ri, ka), jujube, jujubier.

வதவரிசி, (வதவல், அரிசி), riz grillé, riz pilé et humecté pour le faire gonfler.

வதவல், ce qui est sec, — desséché, — grillé, — rôti: — ஆய்ப்போகிறது se dessécher, être rôti, grillé.

வதறுகிறது, றினேன், றுவேன், று, ற, *v.n.* வதறல், வதறுதல், *n. v.* parler un langage enfantin.

*வதனம், (vadana), figure, face, sommet d'un triangle: வதனசரோசம், வதனாரவிந்தம், வதனாம்போசம் (அரவிந்தம், அம்போசம்), figure belle ou fraîche comme le nénuphar, visage de femme; — சந்திரன், *V.* வதனேந்து.

*வதனாசவம், (வதனம், ஆசவம்), *V.* வக்திராசவம்.

*வதனேந்து, (*id.* இந்து), face belle comme la lune, visage.

*வதன், 1° (bada), meurtrier. 2° (vada), qui parle (à la fin des mots).

*வதாங்கம், வதாங்ககம், (வதம், அங்கம், ka), ce qui tue le corps, *i. e.* poison.

*வதாவதன், (வதன், *répété avec* ஆ), orateur, homme éloquent.

*வதாருகன், (வதம், அருகன்), homme digne de mort.

*வதானியன், (vadânya), homme libéral, — très-généreux, qui donne sans mesure, (surnom de) Koubèren prétendu dieu des richesses, homme éloquent.

வதி, 1° boue, chemin. 2° *imp. et part. du suiv.* 3°* (vati), *fém. de l'affixe* வான், *v.g.* சத்தியவான், சத்தியவதி, le —, la véridique.

வதிகிறது, திந்தேன், திவேன், தி, திய, *v.n.* வதிதல், *n.v.* s'arrêter, séjourner, rester, lambiner, faire halte.

*வதிஷ்டன், வதிட்டன், *P.* வசிஷ்டன், homme ou objet très-grand, — gros, — large. 2° *P.* வசிஷ்டன் le mouni Vasichten.

வதிட்கடிக்கிறது, (வதில்), porter un surnom, - un titre.

*வதிரன், *P.* பதிரன், sourd.

*வதரிகாச்சிரமம், *P.* பதரிகாச்சிரமம், lieu de pénitence.

வதில், வதிள், *P.* பதில், échange, équivalent, à la place de: வதிற்சீட்டு copie d'un billet; billet en place d'un autre, billet de —, réponse; வதில்மொழி réponse, mot en place d'un autre.

*வது, (vadhou), épouse, bru.

*வதுகை, (வது, kâ), épouse, femme.

வதுக்கு, amélioration, mieux, meilleur —, bon état, circonstance favorable: வதுக்காயிருக்கிறது, —ப்பெற்றிருக்கிறது être mieux, en meilleur état: வதுக்குவதுக்கென்கிறது être cru, dur, à demi-boulli, —cuit, v.g. des herbes potagères.

*வதூடி, (vadbouti), bru.

வதுவடி, la plante பாலை.

வதுவர், cavaliers, palefreniers, ceux qui montent ou vont sur les éléphans, cornacs.

வதுவை, mariage, noces, épousailles, odeur, violence: — க்கணப்பொருத்தம் correspondance des constellations pour le mariage, V. கணப்பொருத்தம், 2°; — வாழ்க்கை état du mariage.

*வதூ, (vadboù), nouvelle mariée, femme, épouse, bru: — சனம் femme.

வதை, 1° (வதம்), meurtre, homicide, affliction, tourment, oppression, gêne. 2° cage, rayon de miel. 3° *imp. et part. de* வதைகிறது. 4° *n.v. et imp. de* வதைக்கிறது: — க்காரன் meurtrier, bourreau; — செய்கிறது, — செய்தல் tuer; வதையைப் போட்டுக்கொள்ளுகிறது assister dans l'affliction.

வதைகிறது, வதைந்தேன், வதைவேன், வதை, வதைய, *v.n.* (வதை), வதைதல், *n.v.* mourir, souffrir, éprouver —, avoir de l'affliction, de la peine: சாப்பாடில்லாமல் — souffrir de la —, mourir de faim.

வதைக்கிறது, வதைத்தேன், வதைப்பேன், வதை, வதைக்க, *v.a.* (*id.*) *et* வதைத்தல், *n.v. ou* வதைத்துப்போடுகிறது, tuer, tourmenter, affliger: உயிருயிரோடே — tuer tout vivant, tourmenter cruellement, causer un chagrin mortel.

*வதோபாயம், (வதம், உபாயம்), moyen de tuer.

வத்தகம், 1° la plante வெட்பாலை. 2° *ou*

வத்தகமை, *P.* வர்த்தகம், trafic, commerce, augmentation.

வத்தகன், *P.* வர்த்தகன், marchand, négociant, Chetty. [காலம்.

வத்தகாலம், *corr. P.* வர்த்தமான

வத்தகை, melon d'eau.

*வத்தசோபன், *P.* பத்தசோபன்.

வத்தமம், (*P.* வர்த்தமானம்), ricin, palma Christi.

*வத்தமானம், *P.* வர்த்தமானம், action, affaire, matière, nouvelle, actualité, chose présente *ou* வத்தமானகாலம் le temps présent (en grammaire...).

வத்தல், 1° (*en portugais* batel), petit —, bateau, barque. 2° *P.* வற்றல், chose desséchée, fanée.

*வத்தனை, *P.* வர்த்தனை, croissance, augmentation, race, famille.

*வத்தா, (vaktâ), *V.* வத்திரு.

வத்தாக்கு, வத்தாலை, (*portugais* pateca), melon d'eau. [l'île de Java.

வத்தாவி, la ville de Batavia dans

வத்தி, *P.* வர்த்தி, mèche, — de lampe, *V.* வருத்தி. [croître, augmenter.

வத்திக்கிறது, *P.* வருத்திக்கிறது,

வத்தித்தல், வத்திப்பு, *n.v. du préc.* augmentation, accroissement.

*வத்தியம், (badhya *digne de mort*), mort, meurtre: வத்தியஸ்தானம், — பூமி place d'exécution.

*வத்திரசன், (வத்திரம், சன்), celui qu'on dit né de la bouche de Brama, *i.e.* le brame.

*வத்திரம், 1° *P.* வஸ்திரம், habit, (*voyez ce mot et ses composés*). 2° (vaktra), face, visage, bouche. 3° *P.* வதத்திரம், arme, instrument de guerre, — de combat: வத்திரகுரம் dent, (*litt.* corne de la bouche): — சோதி, — சோதினி, — சோதனம் citron qui sert à nettoyer la bouche; — தாளம் instrument de musique dont on joue avec la bouche; — துண்டன் Poulléyar au visage à trompe d'éléphant: — பட்டம் sac à grain qu'on attache à la tête d'un cheval et dans lequel il mange son avoine, *V.* தெற்றிப்பட்டம்: — புத்திரிகை poupée, marionnette; — பேதகன் tailleur, — d'habits.

*வத்திராசவம், (வத்திரம், ஆசவம்), salive, *litt.* eau de la bouche.

*வத்திராக்ஷம், வத்திராட்சம், *P.* பத்திராக்ஷம், (il est censé inférieur à l'உருத்திராக்ஷம்).

*வக்திராஞ்சலம், *V.* வஸ்திராஞ்சலம்.

*வக்திரானனானனம்,(vaktrânam, *gén. pl.* des visages), réunion de 5 visages.

*வக்திரு, (vaktrou), parleur, orateur, homme éloquent.

வக்திறநாகு, l'arbre செம்புளிச்சை.

வக்திரோணம், l'arbre பெருமரம்.

*வக்து, *P.* வந்து, *(voyez ce mot et ses composés).*

வக்கோக்கு,1°*(du portugais* pateca), melon d'eau. 2° sorte d'arbre: —சாயம் couleur rouge non solide que donne cet arbre.

வக்கோத்தி,(வந்து,எந்தி), linteau (qu'on met sur les jambages de portes pour en soutenir la maçonnerie).

வந்தை, 1° bateau, barque, canot (fait d'un seul arbre creusé), moelle d'arbre. 2° *acc. de* வந்து: — வெட்டு coupure de la moelle.

வந்த, *part. parf. de* வருகிறது.

*வந்தகை, (vandakâ), *V.* வந்தாகை.

*வந்தநன், (vandatha), panégyriste, barde, homme digne de louange.

வந்தவாசி, la ville de Vandavâsi ou Wandiwash entre Pondichéry et Madras.

*வந்தனம்,1°(vandana), révérence, salut, à un supérieur en touchant ses pieds ou en se prosternant, hommage, adoration, obéissance, soumission, visage, face. 2° *P.* வந்தோம் nous sommes venus: — பண்ணுகிறது, *V.* வந்திக்கிறது; வந்தனமாலை, — மாலிகை arc de triomphe, arcade ornée d'une porte d'entrée, feston, guirlande de feuillage ou de fleurs dont on orne l'entrée d'une maison.

*வந்தனி, (vandani), révérence, adoration, demande, sollicitation, drogue pour ressusciter les morts.

வந்தனிக்கிறது, னித்தேன், னிப்பேன், னி, னிக்க, *v. a.* (வந்தனம்), வந்தனிப்பு,*n.v.* *V.* வந்திக்கிறது.

*வந்தனை, 1° (vandanâ), révérence, hommage, adoration, louange, éloge. 2° *P.* வந்தாய், tu es venu: தீவட்டி —illumination, hommage rendu en agitant des torches allumées; il se rendait d'ordinaire aux rois, le soir, lorsqu'on allumait les lampes et quelquefois aux idoles dans les processions publiques.

*வந்தாகை, வந்தாரம், (vandâkâ, —dâra), plante parasite.

*வந்தாரு, (vandârou), compliment, louange, panégyriste, barde.

*வந்தி, 1° (vandi), échelle, escalier, captif, prisonnier, barde, poète, panégyriste, flatteur, hérault. 2° *P.* மலடி, femme stérile. 3° bracelet. 4° peine, violence, ce qui vient par force, obstination, perversité. 5° *imp. de* வந்திக்கிறது: —கை —bracelet, — கட்டுகிறது faire violence; —பாட்டம் compliment, éloge, panégyrique chanté par un barde ou un poète; —போடுகிறது faire porter—, imposer par force; — விழுகிறது payer par force: — வாங்குகிறது prendre —, recevoir par force.

*வந்திகள், *(pl. du préc.)*, poètes, bardes, panégyristes, —à gage, héraults...

வந்திக்கிறது, ந்தித்தேன், ந்திப்பேன், ந்தி, ந்திக்க, *v. a.* (வந்தனம்), saluer, — respectueusement, vénérer, révérer, rendre hommage, adorer, supplier, louer, obéir: வந்திந்துதிப்போர் panégyristes, — à gages, gens dont l'emploi est de chanter les louanges.

வந்திப்பு, *n. v. du préc.* révérence, salut, vénération, hommage, adoration, la plante பல்லிப்பாலை.

வந்தியர், *P.* வந்திகள், *pl. de* வந்தி, panégyristes, ceux qui chantent les louanges, femmes stériles.

*வந்தியை, 1° (bandhya), femme— vache stérile. 2° (vandyâ), plante parasite. 3° *P.* வந்தியாய் tu ne respectes pas....

*வந்திரர், (vandra), adorateur, dévot, partisan, suivant.

வந்து, 1° vent. 2° *gér. de* வருகிறது étant venu. 3° *P.* வந்தேன் je suis venu.

வந்தோம், 1° *P.* வந்தோம், nous sommes venus. 2° quoiqu'on vienne.

வந்தேறுங்குடி, (வந்து, ஏறுகிற, குடி), futur colon, homme qui doit venir s'établir, qui n'a pas d'habitation fixe.

வந்தோன், *parf. de* வருகிறது.

வந்தை, 1° *P.* வந்தினை, femme stérile. 2° grandeur. 3°** (vandâ), plante parasite, mendiante. 4° *P.* வந்தாய் tu es venu. [semailles, tissure.

*வபம், (vapa), action de raser,

*வபனம், (vapana), action de raser, calvitie, état de chauve, ensemencement, semailles, semence, —ou grain qu'on sème, sperme.

*வபிலன், (vapila), père.

*வபு, (vapous), corps, belle figure.

*வபுனன், (vapouna), Dieu.

*வபை, (vapâ), graisse du corps aux environs du nombril, épiploon ou coiffe du ventre, la partie de la victime qui était offerte dans les sacrifices de l'ancienne loi, trou, cavité.

வப்பிமரம், le papayer.

*வப்பிரம், (vapra), champ, rempart, mur de terre, fondement (de bâtisse...), porte de ville fortifiée, rive, terre, poussière, monticule, [plomb.

*வப்பிரன், (*id.*), père

*வப்பிரி, (vapri), champ, monticule, tertre de carias.

வப்பு, *ou* இடைபேற்று, changement de poids, chose répugnante.

*வமம், வமது, வமனம், வமிதம், (vama, — mathou, — mana, — mita), vomissement,

*வமி, (vami), vomissement, malade qui vomit, émétique.

வமிசத்தான், வமிசத்தி, வமிசன், *V.* வம்மிசத்தான், வம்மிசத்தி, வம்மிசன். [de famille, —de bonne famille.

*வமிச்சன் (வமிசம், சன்), homme

*வமிச்சம், (*id.* சம்), manne de bambou.

*வமிசம், (vamsa), race, famille, descendance, parenté, assemblage, multitude, bambou, tuyau, flûte, fifre, manne de bambou, *V.* வம்மிசம்: வமிச *ou* வம்சகீர்த்தி gloire d'une famille; — ஹீனன் homme sans parenté; — க்கிரமம் ordre généalogique; — க்ஷயம் décadence d'une famille; — க்ஷீரி, (க்ஷீரம்), manne du bambou blanche comme le lait; — சமாசாரம் usage de famille; — சரித்திரம் table généalogique, histoire de famille, de race, de dynastie; — சலாகை tuyau de bambou qui forme le corps du luth; — தரன் soutien d'une famille; — நாளிகை, (நாளம், ika) tuyau —, flûte de bambou; — பரம்பரை, — பாரம்பரை tradition de famille, liste —, ordre généalogique; — ரோசனை manne du bambou; — வழி, — வட்டவணை, (அட்டவணை), généalogie, ordre —, liste —, tableau généalogique; — வருத்தனம், — விருத்தி augmentation —, accroissement —, prospérité d'une famille; — விசுத்தன் homme de bonne famille,

*வமிசாங்கிரம், வமிசாங்குரம், (வமிசம், அங்கிரம், அங்குரம்), pousse de bambou.

*வமிசாவளி, வமிசாநுசரிதம், (*id.* ஆவளி, அநுசரிதம்), généalogie, liste généalogique.

*வமிசி, (vamsi), *V.* வம்மிசி.

*வமிசியன், (vamsya), homme de bonne famille, de la même famille, fils, élève, écolier, parent jusqu'à la 7° génération (en montant ou en [descendant.

*வம்சம், *P.* வமிசம்.

வம்படிக்கிறது, (வம்பு, அடிக்கிறது), traiter avec insolence, maltraiter, faire —, dire du mal, mépriser, se moquer, plaisanter, badiner.

வம்பம், l'arsenic naturel சாவாங்க பாஷாணம். [nouveaux venus.

வம்பலர், voisins, hôtes, convives,

வம்பல், côté du monde, région.

வம்பளக்கிறது, வம்பளத்தல், (வம்பு, அளக்கிறது), dire des paroles inutiles, — inconvenantes.

வம்பன், (வம்பு), libertin, débauché, bâtard, homme vil, vaurien.

வம்பி, *fém. du préc.* femme débauchée, impudique, vile, bâtarde, scarabée noir.

வம்பு, obscénité, libertinage, sale-

ரடை

tès, paroles mauvaises, —indécentes, impudiques, injurieuses, langage brutal, insolence, pétulance, mépris, mauvais traitement, violence, querelle, dispute, rixe, odeur, vase de terre, cruche, nouveauté, inconstance, instabilité, corset de femme, ou — க்காய் fruit vert, — qui vient ou mûrit hors de saison, qui ne mûrit pas bien; — த்தனம் obscénité, pétulance, insolence, libertinage, tortuosité, dissimulation, défaut de droiture; — பண்ணுகிறது faire le libertin, se conduire —, agir indécemment, en débauché; — பட்டுப் போகிறது être diffamé, méprisé, avoir mauvais renom; — பேசுகிற து injurier, quereller, parler indécemment; — ப்பாளை spathe qui pousse hors de saison; — ப்பிறப்பு naissance d'enfant bâtard; — ப்பேச் சு injures, paroles outrageantes.

வடமரம், P. வன்மரம், bois marbré, — de férole, — satiné, swietenia chloroxylon. [றது, venez.

வம்மின், P. வாருங்கள், de வருகி

*வம்மிரி, வம்மிரை, (vamri, vamrâ), petite fourmi qui perce les arbres: வம்மிரிகூடம் monticule de ces fourmis. [வை.

வயகுண்டம், la plante கவிழ்தும்

வயக்கம், n.v. de வயங்குகிறது, rayon, lumière.

வயக்குகிறது, sync. வயக்கிறது, க் கினேன், க்குவேன், க்கு, க்க, v. a. P. வ சக்குகிறது, et வயக்குதல், n.v. dompter, soumettre.

வயங்குகிறது, sync. வயங்கிறது, கினேன், குவேன், கு, க, v.n. et வயங் கல், வயங்குதல், n.v. briller, luire. v.a. conduire, diriger, mener: வயங் கிழாய், voc. de வயங்கிழை, P. வய ங்குமிழை, o femme aux brillans bijoux.

*வயசியன், (vayasya), âgé, ami, associé, compagnon, — d'âge, contemporain. [fidente, compagne, — d'âge.

*வயசியை, fém. du préc. amie, con-

*வயசு, (vayas), âge, temps —, année de la vie, jeunesse: — சென்ற temps de la vie; — சென்றவன் homme âgé; — ப்பிள்ளை, — ப்பிள்ளையா ண்டான் jeune homme, — garçon, — enfant; திரும்பினவயசிலே sur le retour ou le déclin de l'âge, après 50 ans.

*வயஸ்தன், (vayastha), jeune homme, d'âge moyen, V. வயசியன்.

*வயஸ்துவம், (vayas), âge mûr.

*வயஸ்தை, (fém. de வயஸ்தன்), la plante சோமம், les arbres நெல்லி et கடு, le cotonnier soyeux, V. வயசி யை.

வயணம், manière, voie, moyen, circonstance, détail: — ஆய் au long, en détail, exactement, minutieusement; — ஆய்ச்சொல்லுகிறது dire en détail...; — ஆய்ச்சாப்பிடுகிறது se nourrir somptueusement, faire bombance.

வயதரம், le fruit dit கடுக்காய்.

*வயது, P. வயசு, âge, jeunesse....

*வயதுவம், P. வயஸ்துவம், âge mûr. [லி.

வயநெற்றி, poivre long dit திப்பி

வயத்தன், (வயம்), esclave, sujet, homme soumis à un autre: தன்வய த்தனாதல் n'être soumis qu'à soi-même, indépendance, un des 8 attributs divins dits எண்குணம்.

*வயந்தம், P. வசந்தம், le printemps. [sud, Kâmen.

*வயந்தன், P. வசந்தன், vent du

வயம், 1° P. வசம், sujétion, soumission, état propre, — favorable, force, vigueur, puissance, pouvoir, possession, valeur. 2° * (vayas), oiseau. 3° P. அயம், cheval, eau, fer, chèvre, brebis: காற்று — ஆயிருக்கி றது le vent être favorable; வயப்ப டுகிறது se soumettre, obéir, tomber au pouvoir; — ப்புலி, — ப்போத் து le tigre vaillant, i. e. le lion: — மா l'animal vigoureux, i. e. le cheval, le lion, le tigre, l'éléphant.

வயல், rizière, champ de riz, terre à riz, champ, plaine, campagne, lieu découvert: — ஆம் மான்பச்சரி la plante euphorbia decumbens; — க்கரை champ de riz, rizière; —க்கன்னி, V. வயற்கன்னி; —ச்செம்பை, V. வயற்செம்பை; —த்துத்தி, V. வயற்றுத்தி;—நெட்டி la plante æschynomene diffusa; —ப்பயிர் moisson de riz en herbe, — qui croit dans un champ; —மாதளை la plante ludwigia jussieuoides; —மொருகு varieté de la plante à racine bulbeuse arum macrorhizon; —வெளி champ de riz; வயற்கரை rizière, bord de rizière, — de champ; —கல் pierre à chaux blanche; —கொடுக்கு, —கொடுக்கி la plante heliotropium coromandelianum; —கோவியன் espèce de serpent; —சாப்பு terre à riz; —கன்னி la plante பொரிப்பூண்டு; —செம்பை l'arbre coronilla cannabina; —பயிர் moisson de riz en herbe.

வயவரி, (வயம், அரி), l'ennemi puissant ou le lion vigoureux, *i. e.* le tigre.

வயவர், (வயம்), héros, braves, — soldats, *pl. de.*

வயவன், 1° (*id.*), héros, brave, vaillant, fort, robuste, puissant. 2° (வயவு), ami, amant, chef, pére, fils. 3° le petit oiseau noir dit கரிக்குருவி, mainate.

வயவு, désir, amour, affection.

வயவை, chemin, route.

வயலை, la plante பசளை.

வயறு, P. வயிறு. [த, ப, V. வயல்.

வயற், *obl. de* வயல், *devant* க, ச,

வயற்றுத்தி, (வயல், துத்தி), la guimauve des rizières, la plante sida cordifolia.

வயனம், P. வயணம். [cordifolia.

வயன்கட்டு, P. வசன்கட்டு.

வயா, désir, douleur de la matrice, - du fétus, —de l'enfantement, tremblement: —ப்பண்டம் objet rare, — désirable.

வயாமரு, la plante சித்தில்.

வயாவு, (வயா), désir, fétus, matrice, peine, douleur, - de l'enfantement: வயாவுயிர்க்கிறது mettre un enfant au monde, accoucher, la douleur finir.

வயானம், oiseau (en général).

வயானன், le petit oiseau noir கருங்குருவி? ஞ்சரிடம், mainate.

☞ வயி se met souvent pour வை; en conséquence voyez à cette initiale les mots commençans par வயி qui ne se trouveraient pas ici.

*வயிச்சிராந்தம், P. வைச்சிராந்தம். [றது.

வயிஞ்சரிக்கிறது, V. பகிஞ்சரிக்கி

*வயிடூரியம், P. வைடூரியம்.

*வயித்தியம், P. வைத்தியம், médecine. [decin.

*வயித்தியன், P. வைத்தியன், mé-

வயிரங்கி, instrument pour percer la lumière d'un fusil.

*வயிரம், 1° P. வைரம், colère, haine. 2° P. வச்சிரம், diamant, arme de diamant, cœur d'arbre, dureté, solidité, obstination, résistance obstinée, pointe, tranchant, massue, la 23me constellation dite திருவோணம், pommeau ou ornement semblable qu'on fixe au bout des défenses des éléphans ou des cornes des bœufs, plaque du bijou dit வாளி, lame d'acier: —கட்டுகிறது, devenir —, être obstiné, - dur; —சாதிக்கிறது garder de la rancune, s'obstiner dans sa haine; வயிரக்கரணி la plante பெருநெருஞ்சி; —ச்சுண்ணம் poudre de diamant, très petit diamant; —த்தனம் dureté, caractère dur, opiniâtreté; —ப்படை arme de diamant; —ப்பொடி poudre de diamant; —மணி diamant, joyau prismatique en or; —முத்து perle dure comme le diamant; —வல்லி l'arbrisseau பிரண்டை; —வலை la plante நரிப்பயறு; —வேர் racine à teinture rouge dite சாயவேர்; —வாள் l'arme fabuleuse de diamant, la foudre d'Indiren; —ஊசி, (ஊசி), aiguille de diamant, —pour percer les perles.

*வயிரவம், P. வைரவம், la secte de Bhaïraven, V. பைரவம்: வயிரவகுருசந்தானம் race—, suite des gourous de la secte de Bhaïraven; —சாந்தி sacrifice expiatoire de cette secte. [plante சிறுகீரை.

*வயிரவன், 1° P. வைரவன். 2° la

*வயிராகி, P. வைராகி.

*வயிராகம், வயிராக்கியம், V. வைராகம், வைராக்கியம்.

வயிராவி, (வயிரம், ஆவி), esprit—, volonté ferme comme le diamant, celui qui a une telle volonté, espèce de dévot qui suit certaines observances.

*வயிரி, (வயிரம்,i),qui a le cœur —,homme dur comme le diamant, obstiné.

வயிரிக்கிறது, ரித்தேன்,ரிப்பேன், ரி, ரிக்க, v. n. (வயிரம்), வயிரித்தல், n.v. être comme le—, devenir diamant, être fort, dur, solide.

வயிரிப்பு, n.v. du préc. diamant, dureté, force, solidité.

வயிரியம், 1° étoffe de laine ou de poil. 2° P. வைரியம்.

வயிரியர், danseurs—, comédiens —,chanteurs—,panégyristes à gage.

வயிர், grande trompette, cor,cornet.

வயிறன், m. வயிறி, f. (வயிறு), qui a le ventre... (à la fin des mots composés), grand mangeur.

வயிறு, gén. வயிற்றின், obl. வயிற்று, ventre, abdomen, entrailles: வயிறார அசனமும் அரைவாரப்புடவையுமவனுக்கில்லை il n'a ni alimens pour remplir son ventre, ni toile pour s'entourer le milieu du corps;—உடைகிறது le ventre crever; — எரிகிறது le ventre brûler, être affamé, jaloux, peiné, affligé, vexé; — எரியப்பண்ணுகிறது brûler les entrailles, affliger, tourmenter; —கடுப்பெடுக்கிறது attraper le mal de ventre,la colique, la diarrhée; —கழிகிறது le ventre être relâché, avoir la courante, la diarrhée; —காய்கிறது,—காந்துகிறது, — கிள்ளுகிறது le ventre brûler,—picoter,i. e. avoir faim; —கொதிக்கிறது le ventre bouillir, les entrailles brûler, être ému, être touché; — தள்ளுகிறது pousser le ventre en avant, le ventre devenir proéminent,être visiblement enceinte; —போகிறது le ventre aller, avoir la diarrhée, évacuer par l'effet des médecines;—போகக்குடிக்கிறது prendre un purgatif;—வளர்க்கிறது nourrir son ventre, vivre en ne gagnant que sa nourriture; —வாய்க்கிறது, —வாய்த்தல் devenir—, être enceinte;—விழுகிறது le ventre se décharger, avoir la diarrhée; வயிற்றைப்பொருக்கிறது mortifier le ventre, se mortifier (en mangeant peu);வயிறு வலிக்கிறது avoir mal au ventre, la colique, un mal d'entrailles. வயிற்றின்கொடுமையினால் வருந்துகிறது souffrir des rigueurs de la faim, litt. du ventre.

வயிறுதாரி,(வயிறு,உதாரி),homme libéral pour son ventre, grand mangeur, gourmand.

வயிறுப்புகிறது, வயிறுப்புதல், வயிறூதுகிறது, வயிறூதல்,(வயிறு,உப்புகிறது, ஊதுகிறது), le ventre enfler.

வயிற்று, obl. de வயிறு, du ventre: —க்கடுப்பு douleur—, mal de ventre, colique; —க்கழிச்சல் forte diarrhée, courante, dévoiement, flux de ventre; — க்கனப்பு pesanteur—, gonflement du ventre (par la graisse ou la nourriture, grosse bedaine;—க்காய்ச்சல்,—க்காந்தல், —க்கொதி faim;— க்கிருமி vers des intestins; —க்குத்து, — க்குத்து colique,douleur d'entrailles;—க்கரைப்பு. V.வயிற்றுக்கனப்பு;—ப்பற்றி, —ப்பறப்பு,—ப்பறப்புக்கொள்ளுகிறது agitation qu'on se donne—, rôder çà et là pour chercher ou gagner sa nourriture, être pressé par la faim, chercher à grande peine sa subsistance; —ப்பாடு l'affaire du ventre, l'intérieur; —ப்பிழைப்பு nourriture du ventre,moyen de vivre, vie, subsistance;—ப்புகைச்சல் inflammation d'entrailles,faim,indignation; —ப்பொருமல் gonflement du ventre;—ப்போக்கு diarrhée, choléra; —மாரி grand mangeur; —வலி colique, mal de ventre.

வயிற்றுளைவு, (வயிற்று, உளைவு) tranchées, colique.

வயிற்றெரிச்சல், (id. எரிச்சல்), impatience, jalousie.

வயிற்றெரிவு, (id. எரிவு), inflammation—, chaleur d'entrailles.

*வயினதேயன், P, வைனதேயன்.

வயினம், oiseau.

வயின், maison, ventre, place, une des formes de l'ablatif. Ex. அவன்வயிற்செல்லாய் n'iras-tu pas —? va à lui.

வயுனம், (vayouna), temple.

வயேடம், l'arbre மராமஞ்சள்.

*வயோதிகம், வயோதிகம், (வயோ, P. வயசு, அதம், அதிகம்), âge avancé, extrême vieillesse, décrépitude.

*வயோபலன், (id.), force de la jeunesse, —de l'âge.

வர, 1° inf. de வருகிறது. 2° obl. de வரம் et வரன்.

*வரகவி, (வரம், கவி), poète qui a le don des vers, qui chante par inspiration divine.

வரகு, paspale, espèce de céréales, paspalum frumentaceum: பொடி— petite espèce de paspale dite panicum fluitans; வரகரிசி grain de paspale séparé de sa cosse; வரகரிசிச்சோறு grains de paspale —, paspale bouilli (pour être mangé); வரகுப் பயிர் moisson de paspale.

வரகுதிரி, (வரகு, உதிரி), espèce de petite vérole dont les grains ressemblent au paspale.

*வரசக்கிரன், (வரம், சக்கிரன்), celui qu'on suppose avoir obtenu sa place par des sacrifices, i.e. Indiren.

*வரசந்தனம், (id.), espèce de sandal noir ou d'agalloche.

*வரடம், (varata), jars, espèce de jasmin.

*வரடன், (id.), homme d'une nation barbare.

*வரடி, fém. du préc. femme barbare, oie, guêpe.

வரடு, P. வறடு.

வரட்சி, n.v. de வரளுகிறது, desséchement, stérilité, V. வறட்சி.

வரட்டுக்கன்று, V. வறட்டுக்கன்று.

வரட்டி, P. வறட்டி.

வரட்டுகிறது, P. வறட்டுகிறது.

வரட்டுப்பசு, (வரடு), vache stérile.

*வரணை, P. வருணை, (வரணா, அசி, 2 ruisseaux, l'un au nord et l'autre au sud de la ville), Varanasi, i.e. Kâsi ou Bénarès, prétendue ville sainte des Indous.

*வரணம், (varana), chameau, choix, désignation, action de cacher d'environner, mur d'enclos, pont, digue, chaussée.

*வரணை, (varanâ), le Varanei ou le Berna, ruisseau qui passe au nord de Bénarès et tombe dans le Gange.

வரண்ட, part. de வரளுகிறது.

*வரண்டகம், (வரண்டம், ka), boule, globe, muraille, boutons sur la figure, pavillon—, siége sur un éléphant, terreur, grandeur, avarice.

*வரண்டம், (varanda), varande, (ou plus ordinairement) varangue, corridor, portique, corde d'hameçon, multitude, paquet, tas d'herbe, boutons à la figure.

*வரண்டாலு, (varandâlou), palma Christi, ricin.

வரண்டுமம், la plante பொராகுட்டு.

வரளமாடு, (வரள்), vache stérile, V. வடாவி.

*வரதம், (வரம், da qui donne), don, faveur, accorder un don, exaucer une prière, mettre la main sur le cœur pour témoigner sa faveur, feu pour un holocauste propitiatoire.

*வரதநு, (வரம், தநு corps), beau corps, femme élégante, beauté.

*வரதன், (id. da qui donne), bienfaiteur, qui accorde des dons, des faveurs, généreux, favorable, propice, (surnom que les gentils donnent à), Siven, Vichnou, Arouguen.

*வரதானம், (id.), faveur, accorder un don, lieu de faveur, — de grâce, —de pélérinage.

*வரதை, fém. de வரதன், celle qui est un don, ou qui se donne, jeune fille, vierge.

*வரத்திரை, (varatrâ), courroie, sangle, —de cuir d'éléphant ou de cheval.

வரத்து. 1° obl. de வரம். 2° n.v. de வருகிறது, revenu, recette, rente, venue, arrivée, lieu où l'eau tombe dans un étang, confluent de l'eau, (à l'oblique il se confond avec celui de வரம்): — கொஞ்சம் la recette est faible, il ne vient que peu d'eau dans l'étang: இந்தக்குளத்துக்குவரத்தெங்கே où l'eau entre-t-elle dans cet étang? வருமிறைக்குத்தின் மேலேசெலவழிக்கிறது dépenser au-delà de ses revenus, ou selon ses revenus, régler ses dépenses sur ses revenus.

வரப்பு, bord, borne, limite, petite —, chaussée (dans les rizières pour retenir l'eau): வரப்புகள் ou வரப்பு போடுகிறது faire de ces chaussées, —une petite chaussée; —நண்டு crabe.

வரப்புள், (வரப்பு, உள்), l'intérieur des chaussées, rizière, champ de riz.

வரப்போரம், (id. ஓரம்) bord d'une chaussée, —en pente, d'une rizière ou d'un champ.

*வரம், (vara), don, présent, faveur, grâce, bénédiction, don divin, talent, secours, aide, excellence, éminence, le meilleur, désir, sollicitation, pétition, action d'entourer, passereau, safran, choix, entreprise, détermination, un des நவநிதி ou 9 trésors fabuleux, fourmi: — அருளுகிறது, — கொடுக்கிறது accorder un don, —un don particulier (ordinairement en récompense d'une austère pénitence); — பெறுகிறது obtenir une grâce, un talent, un don particulier; — தருவான் le poète வில்லிபுத்தூரான்; — நதி le fleuve censé excellent, i.e. le Gange; — பலம் l'arbre aux fruits excellens, i.e. le cocotier; —ப்பிரசாதம் faveur, — excellente, la grâce, grâce divine, don spirituel; —ப்பிரதானம், — ப்பிரதம் faveur, concession d'un don; — ப்பிரதை Varapradei, femme d'Agastyen; —யோகம் yôgam favorable; — ருசி Vararousi, poète de la cour du roi போசன், une des 9 perles de la cour de Vikramâditya; — வர்ணினி femme du beau-père; — வர்ணினி, — வர்ணினி femme, —excellente, — chaste, — vertueuse, (surnom de) Lakchimi, Sarasvati et Gaouri, safran, couleur d'un jaune brun; — வாரணம் bel éléphant; — விருத்தன் l'excellent vieillard, Siven.

*வரம்பரை, (varambarâ), plante qui donne la noix vomique.

வரம்பு, limite, borne, bord, chemin, chaussée, petite digue, chaussée qui sépare les rizières, ordre, rang, régularité: வரம்புழிகிறது une chaussée se détériorer, se déranger; வரம்பிறக்கிறது une chaussée périr, manquer de régularité, être dérangé; வரம்பிலாற்றலுடைமை, (இல், P. இல்லாத), possession d'une puissance —, puissance sans bornes; வரம்பிலின்பமுடைமை, வரம்பிலின்புடைமை possession d'un bonheur —, bonheur —, délices sans bornes, ce sont 2 des 8 attributs divins dits எண்குணம்; வரம்பிலாஞானம், sagesse sans bornes; வரம்பின்மை immensité; — வரம்புகட்டுகிறது faire une digue, mettre des bornes, terminer; — பண்ணுகிறது faire une digue, égaliser, arranger; — மட்டும்வார்க்கிறது verser, i. e. remplir jusqu'aux bords.

*வரர், *pl. de* வரன், les sages, les grands, les supérieurs, les habitans du ciel.

வரலாறு, *gén.* வரலாற்றின், *obl.* வரலாற்று, (வரல், ஆறு), manière dont une chose arrive, détail, circonstances, accessoires, moyen, sujet, matière, ordre, rang, origine, table des matières, passage, arrivée, accessoires —, affluens d'une rivière: வரலாற்றுவஞ்சி le vangsi des particularités, le 35e des பிரபந்தம், poème en vers du genre வஞ்சிப்பா où l'on célèbre la caste, la naissance, la grandeur, la renommée et autres particularités de quelque personnage.

வரல், *opt. positif et nég. et n. v. de* வருகிறது, viens, ne viens pas, venue, arrivée: வரலாம் on peut venir; வரல்வாறு, V. வரலாறு.

வரவா, (வர répété), V. au mot வருகிறது.

*வரவிருத்தன், (வரம், விருத்தன்), Siven, — censé grandement libéral.

வரவு, n.v. de வருகிறது, arrivée, venue, revenu, recette: — செலவு la recette et la dépense; — காக்கிறது attendre l'arrivée; — வைத்துக்கொள்ளுகிறது mettre en réserve la recette, ou வரவிலெழுதுகிறது écrire à la recette; வரவுக்குஞ்செலவுக்குஞ் சரி il y a égalité entre la recette et la dépense, la dépense égale la recette.

வரவை, 1° divisions —, compartimens —, planches de jardin ou de champ. 2° acc. de வரவு.

வரளாரை, P. வறளாரை.

வரளி, P. வறளி.

வரளுகிறது ou வரள்கிறது, ரண்டேன், ரளுவேன், ரளு, ள, v.n. வரளுதல், வரள்தல், P. வறளுகிறது, se dessécher, maigrir, être stérile.

வரள், வரளும், part. du préc. desséché, sec. [ment, sécheresse.

வரள்வு, n.v. du même, desséche-

*வரன், 1° (vara), homme excellent, mari, époux, gendre, frère aîné. 2° (வரம்), distributeur de dons, (surnom de) Siven, Brama, espèce de religieux ou sannyasi. 3° obl. de வரல்: — முறை, (வரல்), manière dont une chose arrive, détail, cédule, liste, — généalogique, destin.

வரன்றுகிறது, ரன்றினேன், ரன்றுவேன், ரன்று, ரன்ற, v. a. வரன்றல், வரன்றுதல், n.v. balayer, entraîner, emporter, (v g. une rivière, un torrent), ramasser, vanner.

வரா, 3° pers. nég. de வருகிறது ils ne viennent pas, ou

வராத, part. nég. du même, qui ne vient pas,

*வராகம், 1° (varâha), porc, cochon, sanglier, prétendue incarnation de Vichnou en pourceau, un des 18 pouranas qui raconte cette fable, montagne, une des 18 petites divisions du globe. 2° (varâka), bassesse, vileté, impureté, guerre, combat, pauvreté: வராகபுடம் coupelle du cochon, feu de 50 bouses de vache, (i.e. gros comme un cochon, pour calciner les métaux).

*வராகன், 1° (varâha), celui qui s'est métamorphosé ou incarné en cochon, i.e. Vichnou, pagode —, ou monnaie d'or (de la valeur de 3 1/2 roupies; cette monnaie avait primitivement l'empreinte d'un cohon. 2° (varâka), homme pauvre, vil, impur, (surnom de) Siven: — இடை poids d'une pagode ou de 9 fanons; — பூடு la plante கூத்தன்குதம்பை.

*வராகாசனம், (வராகம், ஆசனம்), posture de cochon, i.e. se tenir courbé sur ses pieds et sur ses mains.

*வராகாவதாரம், (வராகம், அவதாரம்), l'incarnation ou métamorphose de Vichnou en pourceau.

*வராகி, (வராகன்), la truie ou Varâgui femme de Vichnou dans son incarnation en cochon, c'est une des 7 சத்தி ou மாதர், i. e. matrones indoues: — கிற்றரத்தை la plante பன்றிமொத்தை; — ப்புகை espèce de fumée médicinale; — மாலை espèce de poème; — வேல் piquant de por-épic.

*வராங்கம், (வரம், அங்கம்), tête, corps, — ou figure élégante, corps céleste, — d'un habitant des cieux, éléphant. [femme.

*வராங்கனை, (id. அங்கனை), belle

*வராசனம், (வரம், ஆசனம்), rose de Chine, citerne, réservoir, vase.

*வராசனன், (id), portier, débauché, — qui fréquente les prostituées.

*வராசி, 1° (varâsi), habit grossier. — sale. 2° (வரம், அசி), homme d'épée.

*வராடகம், வராடிகை, (வராடகம், ka, ikâ), fruit du nénuphar (qui renferme la graine), cauris ou coquillage qui sert de —, monnaie, corde, nom d'un pays.

*வராடகம், (varâta), corde, petit coquillage, cauris ou coquillages qui servent de monnaie, le pays des Mahrattes ou, selon d'autres, le Bahar.

*வராடி, 1° P. வராடிகை, cauris ou coquillages qui servent de monnaie. 2° P. வராசி toile grossière de fil retors. 3° espèce d'air ou de chant.

வராட்டி, P. வறட்டி, bouse de vache sèche, galette de bouse séchée au soleil pour faire du feu.

*வாரணாசி, (வாரம், anas eau), Varânasi ou Bénarès sur le Gange, V. வாரணசி.

*வாரணன், (varâna), Indiren.

வராது, வராமல், gér. nég. de வருகிறது.

வராத்தும், (P. பராத்தும், arabe), ordre, assignation, levée d'impots: வராத்துக்காரன் porteur d'ordre, d'assignation.

*வாராரோகன், (வாரம், ஆரோகம்), cornac, — d'éléphant, homme monté sur un éléphant ou un cheval.

*வாராலகம், வாராமிலம், (varâlaka, வாரம், அம்மிலம் acide), le fruit acide, carissa carondas.

வராசி, la plante இராசி.

*வாராகிகை, (வாரம், ஆகி, ka), surnom de Dourgâ.

வரால், 1° le poisson ophicephalus striatus, espèce de carpe. 2° imp. nég. et n. v. de வருகிறது, ne viens pas, arrivée.

வராளம், serpent.

*வராளி, (varâli), espèce d'air, de mélodie, la lune.

வரவணி, la plante பாலை.

வரி, 1° série, rang, rangée, ligne, — de diverses couleurs, linéament, lignes des jointures intérieures des doigts, assise, i.e. rangée de briques ou de pierres dans un mur, chemin, route, longueur, distance, billet, lettre, écriture, écrit, ligne (d'écriture), point, tache, sur la figure ou sur la poitrine, tribut, taxe, droits, cens, imposition, cotisation, souscription, air, mélodie (en général), riz, — non pilé, scarabée, feu, mer, forme, tigre. 2° imp. et part. de வரிகிறது. 3° imp. de வரிக்கிறது: ஒற்றை — ligne simple, — unique; இரட்டை — double ligne, 2 lignes; மூ — trois lignes; தலை —, தலை — taxe par tête, capitation; குடிமை — impôt sur la maison; நில — impôt sur le terrain de la maison; பல — plusieurs lignes; புல் — impôt sur les pâturages; மனை —, குடிக்கட்டு —, வீட்டு —, taxe par maison ou sur les maisons; — க்கடுக்காய் fruit à raies du terminalia; — க்கோணிப்பை sac attaché par la bouche à un autre pour être mis sur un bœuf; — க்கவட்டை scarabée, hanneton, — dont le derrière est bariolé; — க்காரன் collecteur d'impôts, de taxes, de cotisations...; — க்குதிரை cheval bariolé, — qu'on monte sans selle; — க்குயில் couil ou coucou indien bariolé; — க்கோரை espèce d'herbe ou de jonc à raies; — ச்சந்தி carrefour, — où aboutissent 4 rues, lieu où 2 rues se croisent, chemin de traverse; — ச்சருகன் mille-pieds rouge dit செவ்வட்டை; — தண்டுகிறது lever —, percevoir —, recueillir les impôts, les taxes, les souscriptions, les cotisations; — ப்பணம் argent de l'impôt, — de taxe, de cotisation; — ப்பிரெண்டை la plante சதக்குப்பை espèce d'anet; — ப்புலி tigre bariolé, — rayé; — ப்புறம் l'écureuil indien dit அணில் qui a des raies sur le dos; — மட்டம் type de lignes, transparent ou lignes noires tracées sur un papier et qu'on met sous le sien pour écrire droit; — மிசி cumin; பல — யெழுதுகிறது écrire diverses lignes: — வெராட்டி le poisson ஓட்டி à raies; — வேரா le poisson ஓரா à raies; — வரி l'arbrisseau நன்னாரிக்கொடிட்டான்; — வரிவாழை l'aloès dit கற்றாழை; — வரியிருக்கிறது être réglé, tracé, rayé, bariolé, dessiné en lignes; — வடிவு caractère, lettre, beauté —, forme d'une écriture, — d'une lettre; வடிவெழுத்து lettre écrite, — bien tracée, écriture connue, lettre qui sert de marque; — மரம் l'arbre நிலவு;—வைக்கிறது mettre un impôt,une taxe,fixer une cotisation, souscrire à une collecte.

வரிகிறது, ரிந்தேன்,ரிவேன்,ய,ரிய, v. a. வரிதல், n. v. (வரி), écrire, tracer -ou tirer des lignes, dessiner, peindre,attacher,— régulièrement, lier dans un ordre régulier (v.g. des perches pour couvrir une cabane), attacher ensemble (v. g. les bouches de 2 sacs pour les mettre sur un bœuf, lier: வரித்துப்போடுகிறது écrire, tracer des lignes; — கட்டுகி றது lier des perches comme ci-dessus.

வரிக்கிறது,ரித்தேன், ரிப்பேன்,ரி,ரிக்க,v.a.et n.வரித்தல், n.v. lier, attacher,oindre, enduire, barbouiller, destiner, désigner, s'amonceler, se grouper: வரித்துவைக்கிறது destiner,designer, avoir destiné.

*வரிசி, (varisi), hameçon.

வரிசை, ordre,rang, rangée, file, régularité, règle, tour (de faire un ouvrage), retour, récompense, présent, don, honneur, — que fait un supérieur, distinction, usage, coutume,bon état,opportunité:—கொடுக்கிறது donner les présens d'usage, v.g. une mère à une fille mariée; — க்காரன் homme réglé, de bonne conduite, celui dont le tour est venu de remplir un devoir;— க்கிரமம் bon —,ordre,rang, régularité,liste, — ou suite généalogique; —செய்கிறது faire un acte de civilité,rendre honneur;— தப்பி irrégulièrement, — பாராட்டுகிறது faire honneur,exalter le rang;— பார்க்கிறது observer le respect, — ou examiner le rang; — பெற்றவன் celui qui a reçu des honneurs,des distinctions; தன்தானங்கொடுத்தவன் — பெறுவான் celui qui a donné ses biens en aumônes en recevra la récompense; அவ்வாறுபோராக — ப்ப

டுத்துகிறது mettre (les soldats) en rangs six par six, ranger en files de six hommes (de profondeur); — யாய் en rang, en ordre; வரிசைக்குப்பச் சை la pierre précieuse verte dite நாகப்பச்சை.

வரிச்சல், n.v. de வரிக்கிறது, ce qui ou ce qu'on lie, perche, latte: —ஆணி ou

வரிச்சாணி, (வரிச்சு,ஆணி), clou à lattes,—pour assujettir les lattes, — les chevrons.

வரிச்சு, latte, perches transversales clouées ou attachées à un toit pour soutenir les tuiles ou le chaume: புல் —perches attachées sur un toit en chaume.

*வரிஷம், (varicha), année,la saison pluvieuse: வரிஷாப்பிரியன் l'ami de la saison pluvieuse, l'oiseau சாதகம் ou cuculus melanoleucus. [vre, la perdrix francoline.

*வரிஷ்டம், (varichta),cuivre, poi-

*வரிஷ்டன்,வரிட்டன், (id.), très-grand, très-large, très-puissant, le meilleur, le plus cher, le plus aimé, espèce de religieux païen.

வரியாத்து,—க்கிழங்கு,rhubarbe.

*வரியான், (varîân très-grand), le 18me des 27 யோகம், espèce de religieux ou Sannyasi.

*வரிவசிதம், வரிவசியை,(varivasita, varivasyâ), vénération , honneur,—rendu à un gourou, le gar-

வரிவு, V. வரிச்சல். [der.

வரு, P. வரும், part. de வருகிற து, qui viendra: — காலம் avenir, le futur; — பிறப்பு naissance future;— புனல் eau qui vient,— courante,rivière, eau de rivière, autre eau; — மொழி mot suivant.

வருக, inf. de வருகிறது, venir, venez, daignez venir, qu'il vienne.

*வருகம், (varha), queue de paon cortége, espèce de parfum végétal, ou வருகணம் feuille: வருகபாரம் touffe de plumes de paon au manche d'une lance ou à la poignée d'une massue.

*வருகி, வருகிணம், (வருகம், i,

ina). paon: வருகிருகாவம், — புஷ்பம் espèce de parfum végétal dit வருக்கம்; வருகிக்கொடியாள் celle qui a un paon pour emblème, i. e. la mauvaise déesse சண்டி; வருகிவாகனன் celui qui a le paon pour monture, i.e. Soupramanien.

*வருகிஸ், (varhis), feu, lumière, splendeur, sacrifice, oblation, l'herbe குசம், le parfum வருக்கம்.

*வருகிர்முகன், (id. முகம்), Dieu, divinité.

வருகிறது, வந்தேன், வருவேன், imp. வா, வாராய், pl. வாரும், inf. வர, வருக, nég. வரேன் ou வாரேன், venir, arriver, être en route, aller, marcher, être mobile, les membres être agiles, souples, peu embarrassés, être su (avec le datif de la personne): நாளைக்கிங்கேவருவேன் je viendrai demain ici: வருகிறேன் je viens, ou போய் வருகிறேன் je m'en vais, litt. étant allé je reviens (manière honnête de prendre congé); உனக்குப் பாடம்வருமோ ta leçon viendra-t-elle couramment, ou sais-tu la leçon? வரும் elle viendra, oui je la sais; அவனுக்குக்கைவரும் il a la main agile, habile; கைவாராது il a la main inerte, il est manchot ou mal-habile; வர, inf. venir ou pour venir: —க்காட்டுகிறது, —க்காட்டல் envoyer, expédier, laisser venir; தேவரீர் —க்காட்டின திருமுகம் la lettre que votre seigneurie a envoyée: —ச்சொல்லுகிறது dire —, ordonner de venir; —த்தகாது il ne convient pas de venir, on ne peut pas venir; —த்தகும் il convient de —, on peut venir; —த்தக்கவனுமிருக்கிறான் il est capable de venir, — préparé ou disposé à venir, il est l'homme convenable pour venir; —ப்பற்றிக்கொள்ளுகிறது recevoir une chose envoyée, percevoir, recevoir ce qui avait été prêté ou donné, se charger de: —ப்பார்க்கிறது attendre, — l'arrivée, s'attendre, laisser venir, permettre de venir; — ப்பார்த்துக்கொள்ளுகிறது attendre, s'attendre, — à recevoir (phrase employée pour faire connaître un envoi d'argent, ou en accuser réception); ஒருத்தனை —ப்பார்த்துக்கொண்டிருக்கிறது attendre quelqu'un; தன்பகைவனைத் தன்னை —ப்பார்க்கவொட்டான் il ne permettra pas à son ennemi de venir auprès de lui; —ப்போகிறது être prêt à —, devoir venir; —ப்போகிறவைகள் ou காரியங்கள் les choses qui doivent arriver; —வர à force de venir, — d'aller, de plus en plus, par degrés, petit à petit, avec le temps, de temps en temps; —வரக்கண்டுபிடிக்கிறது découvrir de plus en plus, connaître par degrés, par expérience: —வரச்சுருட்டி celle qui enroule de plus en plus, nom d'une bayadère; —விடுகிறது laisser venir, envoyer (une lettre, un messager); கை —விடுகிறது étendre la main, laisser la main s'habituer; —சொல்லியனுப்புகிறது commander —, prier —, dire de venir; —வொட்டாமற்றடுக்கிறது frapper pour empêcher —, avoir soin d'empêcher de venir, repousser; அதெப்படிவந்தது pourquoi —, comment cela est il arrivé? வரும், part. et fut. qui viendra, il viendra; அப்படிவரும் cela arrivera ainsi; அவனுக்கிரண்டுகாலும் வராது il n'a pas l'usage de ses 2 jambes, il est estropié des 2 pieds; அப்படிச்செய்வோம் வாருங்கள் venez, faisons ainsi; வருவதும்போவதும் ce qui vient et ce qui s'en va. Après un gér. வருகிறது marque l'habitude: உபகாரங்களைச்செய்து வருகிறது avoir l'habitude de faire des bienfaits.

வருகை, n.v.du préc. venue, arrivée: —நாள் le jour de l'arrivée.

*வருக்கம், (varga), multitude, foule, chapitre, livre, section, division, bon—, ordre, rang, file, classe, espèce, genre, race, caste, carré, multiplication de 2 nombres égaux, le carré d'un nombre. (Dans l'extraction de la racine carrée on divise le nombre donné par tranches de 2 chiffres; la tranche à droite se nomme வருக்கம் et celle à gauche அவருக்கம் ou அவர்க்கம்); வருக்கக்கனம் ou கனவருக்கம் carré d'un cube ou 6me puissance d'un nombre; — க்கோவை série ou poème alphabétique en கலித்துறை, le 7me des பிரபந்தம்; — சங்கலிதம் progression géométrique ou par quotiens; — த்திரயங்கள் les 3 classes ou règnes de la nature, *i. e.* மூலிகைவருக்கம் le règne végétal; மிருகவருக்கம் le règne animal; பாஷாணவருக்கம் le règne minéral et surtout les divers poisons; — மாலை la guirlande par ordre alphabétique, le 22me des பிரபந்தம், poème dont chaque strophe dans ses initiales suit l'ordre des rangées de lettres initiales; — மூலம் racine carrée d'un nombre; — மோனை consonance dite மோனை au moyen de lettres de la même classe ou வருக்கம் ou par ordre de classification; — வாட்டசங்கலிதம் espèce de progression dite சங்கலிதம்; — வெதுகை rime dite எதுகை au moyen de lettres de la même classe; — வெழுத்து, (எழுத்து), lettres d'une même classe.

*வருக்கரம், (varkara), petit d'un animal, agneau, chevreau, plaisir, passe-temps, amusement.

*வருக்கராடம், (varkarâta), œillade, coup d'œil, rayon du soleil à midi, empreinte de l'ongle.

வருக்கை, *P.* வருக்கை, jaquier...

வருக்கிக்கிறது, க்கித்தேன், க்கிப்பேன், க்கி, க்கிக்க, *v. a.* (வருக்கம்), வருக்கித்தல், *n. v.* carrer un nombre, le multiplier par lui-même.

வருக்கு, *P.* வர்க்கு, cange, eau de riz.

*வருக்கை ou வர்க்கை, (வருக்கம்), ordre, classe, alphabet, le jaquier; உயிர்— la classe des voyelles; மெய் — la classe des consonnes; உயிர்மெய் — la classe des voyelles et des consonnes combinées ensemble, — des syllabes composées d'une voyelle et d'une consonne; — க்கோவை, — மாலை, *V.* வருக்கக்கோவை, — வருக்கமாலை; — ப்பலா espèce de jaquier.

*வருச்சடி, (vartchtchati), espèce de riz, prostituée. [qui abandonne.

*வருச்சகன், (வருச்சம், ka), celui

*வருச்சம், (vardjdja), abandon, exception, privation.

*வருச்சனம், (வருச்சம், na), abandon, tort, meurtre.

*வருச்சனீயம், (vardjdjananiya), chose impropre, — irrégulière, — à éviter.

வருச்சிக்கிறது, ச்சித்தேன், ச்சிப்பேன், ச்சி, ச்சிக்க, *v. a.* (வருச்சம்), வருச்சித்தல், *n. v.* éviter, rejeter, expulser, abandonner, quitter, s'abstenir, se séparer de, éloigner, séparer.

*வருச்சிதம், (vardjdjita), chose à éviter, à abandonner, ou

வருச்சிப்பு, *n. v. de* வருச்சிக்கிறது, rejet, abandon, expulsion.

*வருச்சியம், (vardjdjya), ce qui doit être —, ce qui est évité, abandonné, ou வருச்சியகாலம் temps —, heure réputée néfaste, temps de chaque constellation lunaire durant lequel les Indous n'osent rien entreprendre, *V.* தியாச்சியம்: வருச்சியாவருச்சியம் (அவருச்சியம்) தெரியாதவன் celui qui ne connait ni ce qu'il faut rejeter, ni ce qu'il ne faut pas rejeter.

*வருஷணம், (வருஷம், சம்), production de la pluie, ce qui est produit par les pluies. [aspersion.

*வருஷணம், (வருஷம், na), pluie,

*வருஷம், (varcha), an, année, pluie, nuage, aspersion, effusion, l'île சம்புத்தீவு ou l'Inde, partie —, division du monde selon les Indiens, (on en compte 9); வருஷத்துக்குவருஷம் d'année en année, ou வருஷத்தோறும் chaque année, tous les ans, année par année; வருஷகரம் ce qui produit la pluie, nuage; ஒரு — இரண்டுவருஷகாலம் l'espace d'un an, de 2 ans; — கோஷன் astrologue; — கோஷம் mois; — சகஸ்திரம் 1000 ans; — சதம் 100 ans, un siècle; — சேஷம் nombre de jours qui restent après avoir retranché les périodes synodiques complètes et qui sert d'argument pour la table dite பரிவிருத்திவாக்கியம் pour déterminer les longitudes géocentriques des planètes;—தரன்,—தருஷன் eunuque au service des femmes du palais;—தேவதை divinité particulière de chaque année;les Indous en supposent 7,toutes hermaphrodites,nommées சௌரான் pour le dimanche, சுவாக்கி pour le lundi, மசேசுதி pour le mardi,மந்தாகினி pour le mercredi, சமந்தி pour le jeudi, நிசி நாட்டி pour le vendredi, இராக்கிஷத்தி pour samedi:Chacune a son ombrelle et son instrument de musique propre. La divinité du dernier jour de l'an est celle de l'année suivante.On leur attribue pour chaque année,une monture,une arme, un parfum, une fleur,un habit,un bijou, une nourriture, un vase à manger,sur les 11 qui leur sont assignés.Pour cela on prend le numéro du dernier கரணம் de l'année. Si c'est,par exemple,le 5e கரணம்,on attribue au dieu de l'année la 5me monture, la 5me arme, le 5me parfum...; —பலன் le produit de l'année, le résultat astrologique et superstitieux des influences favorables ou défavorables des astres pour l'année;—பர்வதம் montagnes qui séparent les diverses divisions du globe, selon les Indous,*V.* வருஷம்-கம்;—ப்பிரியம் l'ami de la pluie, *i.e.* l'oiseau சாதகம்; —ப்பிறப்பு naissance—,ou commencement de l'année, le 1er jour de சித்திரை pour le pays tamoul; pour le Maléalam le 1er du mois கன்னி ou புரட்டாசி, (*i.e.*septembre),le 6me mois de l'année tamoule; chez les Télingas le 1er du mois சைத்திரம்,tchaïtra,à la nouvelle lune qui précède le mois tamoul dit சித்திரை;chez les Mahométans le 1er de leur mois lunaire Moharram, qui avance tous les ans de 11 jours; — வரன் eunuque au service des femmes du palais;வருஷம்-கம் les 9 parties du monde,selon les Indiens; en voici les noms en allant du nord vers le sud: Kourou ou குரு,la plus au nord le long de l'ocean glacial; Hiranmaya ou இரண்மயம்; Rômânaka ou உரோமணகம், Ilâvrita ou இலாவிருதம் au centre; Hari ou அரி; Kètoumâla ou கேதுமாலம் à l'ouest;Bhadrâsva ou பத்திராசுவம் à l'est; Kinnara கின்னரம் ou கிம்புருஷம் et Bharata பரதம் ou l'Inde. Il y en a qui disent que ces noms viennent des noms des 9 fils d'Agnidhra,அக்கினித்திரன், roi du சம்புத்தீவு et fils de சயம்புமனு, qui avait divisé les 7 îles à ses 7 fils. Les Indous disent que ces 9 divisions du monde sont séparées par 6 chaines de montagnes dites வருஷபர்வதம், qui sont,en allant du nord au sud,சிருங்கி ou சிருங்கவான் Sringi ou Sringavân, entre குரு et இரண்மயம்; சுவேதம் Svèta entre இரண்மயம் et உரோமணகம்; நீலம், Nila, entre உரோமணகம் et இலாவிருதம்; நிஷதம் *ou* நிடதம் Nichadha entre இலாவிருதம் et அரி; ஏமகூடம் Hèmakoûta entre அரி et கின்னரம்; இமவான் Himavân ou Himalaya qui sépare le பரதவருஷம் et le கின்னரவருஷம். Mais ils seraient sans doute embarrassés de déterminer,dans les cartes géographiques véritables,les limites de ces divisions, et la position de ces chaines de montagnes; வருஷக்-கரம், les 60 ans du cycle indien, dont voici les noms tamouls et sanscrits, la signification et l'année européenne à laquelle chaque année de ce cycle correspond. Ces noms sont généralement adjectifs et suivis du mot வருஷம்.

பிரபவ,—வருஷம்,	prabhava,	origine,	1807	1867
இபவ *ou* விபவ,	vibhava,	magnanime,	1808	1868
சுக்கில,	soukla,	blanc,	1809	1869

பிரமோதூத, pramôdoûta, spirituel, 1810 1870
5° பிரசோற்பத்தி, pradjôtpatti, naissance du peuple, 1811 1871
ஆங்கிரச, angirasa, fils d'Anguiras, 1812 1872
ஸ்ரீமுக ou சிரீமுக, srimoukha, figure de prospérité, 1813 1873
பவ, bhava, excellent, 1814 1874
யுவ, youva, jeune, 1815 1875
10° தாது, dhâtou, élémentaire, 1816 1876
ஈசுர ou ஈசுவர, isvara, seigneur, 1817 1877
வெகுதானிய, bahoudânya, riche en grains, 1818 1878
பிரமாதி, pramâdi, oublieux, 1819 1879
விக்கிரம, vikrama, héroïque, 1820 1880
5° விசு ou விஷு, vichou, égal, 1821 1881
சித்திரபானு, tchitrabhânou, le beau soleil, 1822 1882
சுபானு, soubhânou, le bon soleil, 1823 1883
தாரண, târana, radeau, 1824 1884
பார்த்திவ, parthiva, maitre de la terre, 1825 1885
20° விய, vyaya, dépense, 1826 1886
சர்வசித்து, sarvadjit, vainqueur de tout, 1827 1887
சர்வதாரி, sarvadhâri, soutien de tout, 1828 1888
விரோதி, virôdhi, ennemi, 1829 1889
விகிர்தி ou விக்ருதி, vikrouti, changement, 1830 1890
25° கர, khara, cruel, 1831 1891
நந்தன, nandana, réjouissant, 1832 1892
விசய, vidjaya, triomphant, 1833 1893
சய ou செய, djaya, victorieux, 1834 1894
மன்மத, manmatha, l'amour, 1835 1895
30° துர்முகி ou துன்முகி, dourmoukhi, laid de visage, 1836 1896
ஏவிளம்பி, hèvilambi, très-lent, 1837 1897
விளம்பி, vilambi, lent, 1838 1898
விகாரி, vikâri, chagrin, 1839 1899
சார்வரி, sârvari, la nuit, 1840 1900
35° பிலவ, plava, nageur, 1841 1901
சுபகிருது, soubhakrit, qui blanchit, 1842 1902
சோபகிருது, sôbhakrit, embellissant, 1843 1903
குரோதி, krôdhi, irascible, 1844 1904
விசுவாவசு, visvâvasou, tout riche, 1845 1905
40° பராபவ, parâbhava, destructeur, 1846 1906
பிலவங்க, plavanga, bondissant, 1847 1907
கீலக, kilaka, pilier, 1848 1908
சௌமிய ou சவுமிய, sâoumya, calme, 1849 1909
சாதாரண, sadhârana, universel, 1850 1910
45° விரோதிகிருது, virôdhikrit, opposant, 1851 1911
பரிதாபி, paritâpi, compatissant, 1852 1912
பிரமாதீச, pramâditcha, très-savant, 1853 1913
ஆனந்த, ânanda, heureux, 1854 1914
இராக்ஷத, râkchasa, gigantesque, 1855 1915
50° நள, nala, brillant, 1856 1916
பிங்கள, pingala, roux, 1857 1917
காளயுக்தி, kâlayoukti, prudent, 1858 1918

சித்தார்த்தி,	siddhârti	fortuné,	1859	1919
ரௌத்திரி ou ரவுத்திரி,	raoutri,	violent,	1860	1920
55° துன்மதி,	dourmati,	méchant,	1861	1921
துந்துபி,	doundoubbi,	bruyant,	1862	1922
உருத்திரோத்காரி,	roudhirôtgâri,	crachant du sang,	1863	1923
இரத்தாக்ஷி,	raktâkchi,	rouge aux yeux,	1864	1924
குரோதன,	krôdhana,	colère,	1865	1925
அக்ஷய,	akchaya,	impérissable,	1866	1926

Sur ces 60 années les 20 premières sont réputées bonnes, les 20 suivantes indifférentes et les 20 dernières mauvaises. Sur les 30 ans que j'ai vus dans l'Inde, les années dites நந்தன et விஜய ont été les plus mauvaises par la sécheresse, la famine et la mortalité. Il faut remarquer que l'année tamoule ne commençant que vers le 12 avril; elle correspond aux 9 derniers mois de l'année européenne et aux 3 premiers mois de l'année suivante. L'année 1800 de notre ère était la 54me du cycle indien qui a fini et recommencé en 1807. Le tableau précédent présente la correspondance des années tamoules avec les années européennes pour l'espace de 120 ans. S'il s'agit des temps précédens, voyez à quelle année européenne correspond l'année tamoule dont il s'agit, et retranchez autant de soixantaines d'années qu'il s'est passé de cycles depuis l'événement en question, et vous aurez l'année européenne que vous cherchez; mais s'il s'agit de savoir à quelle année tamoule correspond une année européenne, retranchez 6 du chiffre de l'année européenne; divisez le ensuite par 60, le quotient sera le nombre de cycles passés et le reste sera l'année du cycle courant. Ainsi de l'année 1576 retranchez 6, reste 1570, qui divisé par 60, donne un quotient de 26 et un reste de 10, qui sera l'année du cycle indien. Il parait d'après des tables astronomiques que le premier cycle indien de 60 ans aurait commencé l'an 427 de notre ère, l'an 349 de Sâlivâhanen, et que le 24me cycle aurait commencé en 1807. D'après le calcul telinga en 1807 aurait commencé le 83me cycle, portant ainsi le commencement à l'an 14 avant le Kalyouga; ce qui est évidemment fautif. Le cycle de 60 ans usité dans le Bengale est en avant de 11 ans, de sorte la 1re année d'un cycle à Madras est la 12me de celui du Bengale. Dans les livres ou les inscriptions, on ajoute ordinairement à l'année du cycle susdit l'année du Calyouga, ou celle de l'ère de Sâlivâhanen.

*வருஷா, (varchâ, *pl. de* varcha), les pluies, la saison pluvieuse: —காலம் la saison —, le temps des pluies; —காலிகம் ce qui vient dans la saison des pluies; —கோஷம், —பூ, la grenouille qui crie et nait dans la saison pluvieuse; —ப்பிரபஞ்சனம் grand vent, tempête qui dissipe la pluie; —மதம் le paon qui aime la pluie; —ராத்திரம் nuit pluvieuse.

*வருஷாம்சகம், வருஷாம்சம், (வருஷம், அம்சகம், அம்சம்), partie de l'année, mois.

*வருஷாந்தரம், வருஷாந்திரம், (*id.* அந்தரம்), fin de l'année, chaque année, année par année.

*வருஷாயுதம், (*id.* அயுதம்), dix mille ans.

*வருஷாவசானம், (*id.* அவசானம்), fin des pluies, l'automne.

வருஷிக்கிறது, வருஷித்தேன், வருஷிப்பேன், வருஷி, வருஷிக்க, *v.n.* வருஷித்தல், *n. v.* (வருஷம்), pleuvoir, *v.a.* faire pleuvoir, répandre des fleurs..., lancer des flèches en abondance, verser.

*வருஷிஷ்டன், வருஷீயான், (superlatif de வருஷம்), très-vieux.

*வருஷாஷிகம், (வருஷம்,ஏகம்), annuel, annuellement.

*வருஷோபலம், (id. உபலம்), grêle. [ன்.

வருடகம், la plante முடக்கொத்தா

*வருடம், 1° V. வருஷம் et ses composés. 2° P. வருடோம், nous ne frottons pas.

*வருடா, 1° V. வருஷா et ses composés. 2° ou வருடாத, part. nég. du suiv.

வருடுகிறது, டினேன், டுவேன், டு, ட, v.a. வருடல், வருடுதல், n.v. frotter, — doucement, tâter, flatter avec la main, toucher: வருடிக்கொண்டிருக்கிறது être à frotter..., jouer mal de la guitare.

வருடை, 1° l'oiseau fabuleux à 8 pieds, brebis laineuse dite குறும்பாடு, brebis des montagnes dite வரையாடு, le signe du Bélier. 2° P. வருடாய் tu ne frottes pas.

வருட்டம், 1° le margousier dit வேம்பு. 2° P. வருட்டோம், nous ne fortifions pas.

வருட்டல், opt. et n.v. du suiv. affermissement, encouragement, consolation.

வருட்டுகிறது, ட்டினேன், ட்டுவேன், ட்டு, ட்ட, v.a. வருட்டுதல், n. v. fortifier, affermir, encourager, consoler.

*வருணகம், (வருணம், ka), parfum en poudre, sandal, cercle. [riste.

*வருணகன், (id.), barde, panégy-

*வருணகை, (id, kâ), degré de pureté de l'or.

*வருணம், 1° (varna), tribu, caste, classe, ordre, manière, sorte, espèce, forme, figure, couleur, teinture, housse d'éléphant, toile colorée sur le dos d'un —, éléphant, qualité, propriété, renommée, réputation, louange, beauté, lustre, lumière, or, écume d'or, qualité de l'or reconnue sur la pierre de touche, observance religieuse, ordre ou arrangement d'un poëme, mode musical, espèce de stance musicale, bariolage du corps avec des onguens colorés, parfum, odeur, safran, caractère, lettre, — de l'alphabet, déguisement, accoutrement, — théâtral, coefficient en arithmétique. 2° (varouna), eau, océan: வருணம்-ஐந்து les 5 principales couleurs: வெண்மை le blanc, கருமை le noir, செம்மை le rouge, பொன்மை le jaune doré, பசுமை le vert; நான்கு — les 4 castes principales ou primitives: Brames, Kchatriyas, Vaïssias et Soudras; — இழைக்கிறது broyer —; mêler les couleurs, les délayer pour peindre ou dessiner; — தீருகிறது teindre, mettre la couleur; — பூசுகிறது, — வைக்கிறது mettre la couleur, colorer, peindre; வருணகவி poète louangeur, le fils de Kouběren; — கேடன் homme sans caste, chassé de caste; — கடிகை, (கடபம், ikâ), encrier, écritoire; — க்கிரமம் ordre des castes, arrangement alphabétique, alphabet; — சங்கரம், V. வருணசங்கரம்; — சங்கரன், homme de caste mélangée; — சக்கரம் alphabet; — சங்காரம் destruction, — assemblage ou mélange des castes; — சாரகன் peintre; — சிரேஷ்டன், — சேஷ்டன் homme de caste supérieure, brame; — சிலைத்தோன்றன் diamant; — தருமம் devoirs ou occupations particulières de chaque caste, V. அறுதொழில். Mais il y a des divergences dans l'indication des emplois des 3 dernières castes. Quelques-uns n'attribuent aux Kchatriyas que les emplois de வேட்பித்தல் faire offrir des sacrifices et ஈதல் faire l'aumône; aux Vaïsias ceux de கொள்ளல் acheter, விற்றல் vendre, கோக்காத்தல் garder les bestiaux, கிருஷிபண்ணல் exercer l'agriculture, வேட்டல் offrir des sacrifices; aux Choutres ceux de சுயக்கிருஷியால்வந்தபயனீதல் donner du produit de leur propre agriculture, கிருஷிபண்ணல் exercer l'agriculture, கோக்காத்தல் garder les bestiaux; — தூஷகன் violateur des distinctions des castes; — தூதன் messager, lettre, épitre;— தூரிகை, — தூரிகை pinceau, plume à écrire; — பத்திரம் palette ou feuille sur laquelle les peintres mélangent leurs couleurs; — ப் பாய் natte de couleur, — bariolée de diverses couleurs; — ப்பொருத்தம் convenance de la caste, une des 10 observances dites செய்யுட்பொருத்தம்; — மாதிரு plume, messagère; — மாதிருகை Sarasvati, prétendue déesse de l'éloquence; — மாலை l'alphabet; — சேகை, — லேகை chaux; — வித்து mère-perle; — வில் l'arc-en-ciel; — விருத்தம் mètre réglé sur le nombre des syllabes. [tion, peinture.

*வருணனம், (varnana), descrip-

வருணனுள், (வருணன், நாள்), la constellation de Varounen, la 24me dite சதயம். [chose à décrire.

*வருணனீயம், (varnaniya),

*வருணனை, (varnanâ), louange, éloge, panégyrique, description.

*வருணன், (varouna), Varounen, le prétendu dieu des eaux, le Neptune indien; il est aussi censé le gardien de l'ouest, le 5me des 12 soleils ou le soleil durant le 5me signe du zodiaque: வருணீபாணம், V. வருண சித்திரம். [pinceau, plume à écrire.

*வருணாங்கை, (வருணம், அங்கம்),

*வருணாசாரம், (id. ஆசாரம்), règle de conduite—, observance —, coutume de caste, décence, bienséance.

*வருணாச்சிரமம், (id. ஆச்சிரமம்), classe —, caste ou état d'une personne: வருணாச்சிரமதருமம் devoirs de caste, — d'état.

*வருணாஸ்திரம், (வருணன், அஸ்திரம்), arme de Varounen, — censée donnée par lui, — enchantée en son nom. [chantre, peintre, acteur, mime.

*வருணாடன், (வருணம், அடம்).

*வருணாத்துமசை, (வருணன், ஆத்துமசை), litt. la fille de Varounen, liqueur spiritueuse (produite, au dire de la fable, en barattant la mer de lait).

*வருணாத்துமம், (வருணம், ஆத்துமம்), l'âme des lettres, i.e. le mot.

*வருணாபசதன், வருணாபேதன், (id. அபசதம், apêta privé), homme chassé de caste. [de Varounen.

*வருணானி, (வருணன்), la femme

*வருணி, (varni), or, peintre, scribe, écrivain, homme de caste, d'une des 4 castes, étudiant religieux; — வதம் meurtre d'un homme de caste.

*வருணிகன், (வருணம், ika), écrivain, secrétaire, peintre.

*வருணிகை, (id. ikâ), plume à écrire, encre, pinceau.

வருணிக்கிறது, ணித்தேன், ணிப்பேன், ணி, ணிக்க, v.a. (id.), வருணித்தல், n.v. peindre, dépeindre, colorer, vernisser, décrire, exalter, louer, exagérer, parler élégamment.

*வருணிதம், (varnita) ou

வருணிப்பு, n.v. du préc. description, éloge, peinture.

*வருணியம், P. வருணனீயம், objet à décrire.

வருதல், n.v. de வருகிறது, venue, arrivée, marche, allée.

*வருத்தகம், 1° (varddhaka), augmentation, commerce, négoce, trafic. 2° (varttaka), espèce de caille, perdix olivacea, corne du pied du cheval, métal de cloche: — பண்ணுகிறது commercer, trafiquer; — விடுகிறது donner de l'ouvrage (aux tisserands, aux peintres etc... pour commercer), faire un contract pour marchandises à livrer, quitter le commerce; வருத்தகக்காரன் ou

*வருத்தகன், (வருத்தகம்), marchand, négociant, trafiquant.

*வருத்தகி, 1° (varddhaki), charpentier 2° fém. de வருத்தகன், marchande, négociante.

*வருத்தமானம், 1° (varttamâna), le présent, le temps présent, habitation, matière, chose, affaire, nouvelle. 2° (varddhamâna), prospériter, augmentation, palma christi, couvercle, énigme ou charade, diagramme, le district et la ville de Bardvan: வருத்தமானகாலம் le temps présent.

வருத்தம், 1° peine, travail, fatigue, difficulté, embarras, incommodité, affliction, malheur, souffrance, maladie, douleur, joie intérieure. 2°*(varddha), augmentation, coupure, rouge de plomb; வருத்தப்படுகிறது souffrir, être peiné, gêné, incommodé, affligé, chagrin, se fatiguer, travailler; — பட்டுத்துகிறது causer de la peine, du travail, gêner, incommoder, tourmenter, faire souffrir, fatiguer, affliger, vexer.

வருத்தம், opt. et n.v. de வருத்துகிறது, gène, incommodité, vexation, affliction, action de faire venir...

*வருத்தனம், 1° (varddhana), augmentation, croissance, multiplication, accroissement, coupure, division. 2°(varttana), chemin, globe, boule, —au bout d'un fuseau pour faciliter la rotation, balle de coton à filer, subsistance, moyen de vivre, salaire, gage, emploi, occupation, habitation: வருத்தனதானம் don d'emploi, de salaire, d'un moyen de vivre; — [illegible] assignation d'un salaire.

*வருத்தனலோபம், (வருத்தனம், அபாவம்), manque d'un moyen d'existence.

*வருத்தனி 1° (varddani), cruche, —d'eau, brosse, balai, 2° (varttani), chemin, Inde orientale.

*வருத்தகேர, (வருத்தனம்), augmentation, croissance, droits, gages, honoraire, salaire, — donné aux brames et aux serviteurs de village.

*வருத்தி, 1° (vartti), lampe de terre, bougie, chandelle, mèche de lampe, lumignon, lumière de canon, mèche ou bougie parfumée, —composée de parfums broyés ensemble, petite plaque de métal qu'on met sous des pierres précieuses qu'on enchâsse, parfum pour les personnes, ligne, pan—, bout de toile qui pendille. 2° (vardhi), augmentation. 3° imp. de

வருத்திக்கிறது, த்திக்கேன், த்திப்பேன், த்தி, த்திக்க, v.n. et வருத்திக்கிறது, வருத்தித்துவருகிறது, croître, augmenter, s'accroître, se multiplier, se propager.

*வருத்திதம், (varddhita), ou வருத்திக்கம், வருத்திப்பு, வர்த்திக்கம், வர்த்திப்பு, n.v. du préc. augmentation, croissance, agrandissement, accroissement, multiplication.

*வருத்திரம், 1° (varoutra), vêtement de dessus. 2° (varddhra), cuir, sangle de cuir.

வருத்து, 1° (வருகிறது), venue, arrivée, revenu, recette. 2° imp. et part. du suiv.: — க்கால் canal pour la venue de l'eau, pour conduire l'eau dans un étang; [illegible] l'eau ne vient pas dans l'étang; போக்குவருத்துமாயிருக்கிறது il y a des allées et des venues, il y a fréquentation habituelle; on va et vient continuellement.

வருத்துகிறது, த்தினேன், த்துவேன், த்த, த்தி, v.a. 1° (வருத்தம்), வருத்துதல், n.v. affliger, tourmenter, vexer, faire souffrir, gêner, incommoder, causer de la peine. 2° v.caus. de வருகிறது, ou

வருத்துவிக்கிறது, v. caus. du même, faire venir, causer, occasionner, procurer.

*வருத்துலம், (varttoula), figure —, chose ronde, —circulaire, balle, boule.

வருந்தினோர், n. app. du suiv. gens affligés, gênés, souffrans, dans la détresse.

வருந்துகிறது, ந்தினேன், ந்துவேன், ந்த, ந்தி, v. n. de வருத்துகிறது et வருந்தல், வருந்துதல், n.v. se gêner, se tourmenter, s'efforcer, être troublé, affligé, tourmenté, gêné, s'affliger, souffrir, travailler, entreprendre, se donner de la peine, prier instamment, solliciter, importuner, presser: வருந்திக்கேட்கிறது demander instamment, solliciter.

வருந்து, le colonnier கோங்கு.

வருமதி, வருமானம், (வரு P. வரு ம்), revenu, rente, recette.

*வருமம், (varma), armure. [armé.

*வருமிதன், (வருமம், ita), homme

வரும் 3me pers. n. du fut. et part. fut. de வருகிறது, cela viendra, ஏதோ

qui viendra, qui arrivera: —அளவும்,—மட்டும் jusqu'à l'arivée de;—வகை manière,—dont une chose arrive ou arrivera, V. வரலாறு;—காலம் l'avenir, le futur (en grammaire), le temps de l'arrivée,— où l'on viendra;—படி revenu,recette,manière—, afin de venir,pour venir, afin qu'une chose vienne.

வருவாய், 1°(வரு,வாய்), manière dont une chose vient,détail,circonstance, cause de la venue. 2o 2° *pers. fut.* tu viendras.

வருவிக்கிறது, வருவித்தல்,*v. caus. de* வருகிறது, faire venir, occasionner, causer, suggérer, inculquer: வியாதி— causer une maladie ;எனக்குப் பெரிய துக்கத்தை வருவித்தாய் tu m'as causé un grand chagrin.

*வரூதம், (varoûtha),espèce de garde-fou, ou défense en bois autour d'un char, peau de tigre employée au même usage, habitation, maison, peau, cuir, armure,cuirasse. [seur, char.

*வரூதி,(வரூதம், i), garde, défen-

*வரூதினி,வரூதினீ, (*id.* ini),armée, Varoûdini,prétendue déesse.

*வரேணம் (varêna),guêpe.

*வரேசுவரன், வரேசுரன் (வரம், ஈசுவரன்),Siven, prétendu distributeur de dons.

*வரேந்திரன், (*id.* இந்திரன்), homme libéral ou riche en dons, ou qui a reçu d'excellens dons, roi, souverain, Indiren.

*வரேந்திரி, (*id.*), l'ancienne ville de Gaour ou கௌடம் dans le Bengale.

வரை,1° mesure, mesurage,continuation,—durée de temps, bord,rive, limite,borne,petite chaussée qui sépare les rizières, montagne, tuyau de—,bambou,ligne,—des jointures intérieures des doigts,sillon, ride du front,— du corps, mariage: *dat.* வரைக்கும் jusqu'à; *abl.* வரையில் dans l'espace de,pendant. 2° *imp. et part.de* வரைகிறது: ஒருமாதவரையிலே dans l'espace d'un—, durant un mois;வரைச்சம்பு nom d'un instrument d'artisan;—க்கல்லு,*V.*வெட்டுக்கல்லு;—க்குகைக் pierre à chaux;—சிறகரிந்தோன் celui qui a coupé l'aile ou le côté d'une montagne, *i. e.* Indiren;— பகவெறிந்தோன் celui qui,au dire des Indous,a brisé une montagne en la lançant, *i. e.* Koumaren;— பொருட்பிரிதல் départ pour gagner les dépenses d'un mariage projeté;— மகளிர் prétendues déesses qui vivent dans les—, nymphes des montagnes;— யறக்கொடுப்போன் homme qui donne sans mesure,— très-généreux;—யறை,—யளவு borne, limite, circonscription, délimitation, définition, mesure, longueur;—யறுக்கிறது,—யறுத்தல் limiter, déterminer —,mettre des bornes,circonscrire,mesurer,définir, courber, entourer, évaluer, estimer; —யாடு brebis des montagnes, *V.* வரையாடு;—யிடுகிறது limiter,circonscrire, mettre des bornes, entourer, courber;—விடைவைத்து வேறுன் வயிற் பிரிதல் faire une promesse de mariage ou suspendre un mariage et partir pour en gagner les dépenses, *V.* வரைவுபொருட்பிரிதல், c'est un sujet de l'அகப்பொருள்.

வரைகிறது,வரைந்தேன்,வரைவேன், வரை, வரைய, *v.a.* வரைதல், *n. v.* dessiner, décrire, écrire,peindre, tracer,— une ligne autour, circonscrire,limiter, rejeter, décrire,définir, déterminer, bannir, mettre de côté, refuser,changer, recevoir, prendre, se marier.

வரைப்பு, (வரை), limite, borne, bord, mur,muraille d'une forteresse, d'un temple.

வரையா, வரையாத, *part. nég. de* வரைகிறது: வரையாக்கொடைமடம் don—,largesse sans borne.

வரையாது,வரையாமல், *gér. nég. du même*:— கொடுப்போன் homme qui donne sans mesure,—sans refus.

வரைவிடுகிறது, 1° (வரைவு, இடு கிறது), limiter, donner des—, déterminer les limites.2° (வரை), abandonner—, laisser les limites.

வரைவின்மாது, (வரைவு, இல்),

femme sans retenue, qui ne reste pas dans les limites du devoir, femme déréglée, prostituée.

வரைவு, n.v. de வரைகிறது, écriture, peinture, dessin, mesure, mesurage, chose mesurée,— limitée, borne, limite, retenue, séparation, rejet, expulsion, changement, tergiversation, perversité, mariage:— மலிவுக்கிளவி sujet qui renferme 7 particularités des poèmes érotiques; —கடாவு autre sujet des mêmes poèmes qui renferme 4 particularités.

*வரோதயன், (வரம், உதயன்), homme né par une faveur divine, Dieu-donné.

*வரோலம், (varôla), guèpe.

☞ வர், au commencement des mots se met souvent pour வரு, auxquelles initiales se trouvent tous les mots qui commencent ainsi. [ம்...

*வர்க்கம்,... V. வருக்கம் ou வர்க்க

*வர்க்கை... V. வருக்கை....

வர்க்கு, ...V. வருக்கு.... [று...

வர்க்கிக்கிறது... V. வருக்கிக்கிற

*வர்ணம்... V. வருணம்...

*வர்த்தகம்... V. வருத்தகம்...[கம்...

*வர்த்தமானம்... V. வருத்தமான

*வர்த்தனம்... V. வருத்தனம...

*வர்த்தி... V. வருத்தி... [று...

*வர்த்திக்கிறது... V. வருத்திக்கிற

வல, 1° imp. de வலக்கிறது, 2° adj. de வலம், du côté —, droit, fort, puissant: —க்கால் le pied droit; —க்கை main droite; —க்கைகொடுக்கிறது donner la main droite, promettre, s'engager; —சாரி tour—, circuit—, tourner à droite (dans les processions de mariages etc..., au manége, à la danse, à l'escrime etc...); —நாடு nom d'une ville, d'un pays: —ப்பக்கம், —ப்பாரிசம், —ப்புறம் le côté droit, la droite, ou —ப்புறமாய் sur la—, à droite, du coté droit: —ப்புரி ce qui tourne—, spirale à droite.

வலக்காரம், 1° mensonge. 2° (வலம்), puissance, pouvoir, autorité: —ஆயிருக்கிறது être puissant et riche; —பேசுகிறது parler pompeusement, —avec autorité.

வலக்கிறது, வலித்தேன், வலிப்பேன், வ, வலிக்க, v. n. et a. (வலம்), se fortifier, devenir fort, gras, fertile, courber, plier, dire, parler.

*வலக்ஷம், (valakcha), blancheur, couleur blanche. [main droite.

வலங்கைமார், (வலங்கை), gens de la

வலங்கைமத்தார், P. வலங்கையுயர்ந்தோர் ou வலங்கைஉய்யக்கொண்டார், homme de la main droite, titre honorifique des Pariats.

வலங்கம், (வலம்), nombreuse—, grande famille, nombreux parens: —உடையான், வலங்கப்பெருமான் homme d'une grande famille.

வலந்தரம், (வலம்), côté droit du tambour (surtout du மத்தளம்), côté où sont les attaches,

வலங்குலத்தார், (வலங்குலம்), gens de caste de la—, gens de la main droite, nom honorifique des Pariats.

வலங்குலம், (வலம்), caste de la main droite.

வலங்கை, (id.), main droite, côté droit, division—, collection des castes de l'Inde qui appartiennent à la main droite, (les autres qui sont de le main gauche s'appellent இடங்கை: presque toutes les castes de l'Inde sont partagées en ces 2 divisions qui ont des priviléges et des insignes particuliers, lesquels occasionnent assez souvent de sérieux débats et démêlés entr'elles; —குலத்தார், —யுத்தர் ou

வலங்கையர், வலங்கைமார், (வலங்கை), homme de la main droite. — d'une caste ou de la division de la main droite, titre honorifique des Pariats.

வலசம் et mieux வலசை, émigration, transmigration (d'une famille ou d'une troupe de gens), départ—, fuite en pays étranger par crainte de l'ennemi, changement d'habitation, entrée dans une maison étrangère: வலசைவாங்குகிறது, —போகிறது émigrer—, fuir en pays étranger par crainte de l'ennemi; —வாங்குதல் émigration.

வலசை, வலசை, réunion, assemblée, multitude, V. வலசு. [sore.

வலசோர், la ville de—, Balas-

வலஞ்சுழி, (வலம்), épi ou mèche de poils tournant à droite sur la tête des chevaux etc... et considérée comme de bon augure: திரு— tournant d'eau dans le Câvéri, Tirouvalangsouji, ville sur les bords de ce fleuve. (elle est le sujet d'une légende fabuleuse).

வலட்டு, (வல், அட்டு), chose forte, violente, douloureuse.

வலது 1° (வலம் droite), ce qui est à droite, côté droit, adj. droit. 2° (வல் force), fort, robuste, ce qui est fort, puissance, action: — கை la main droite: —குண்டை le bœuf de droite,—à la droite du conducteur: —பாரிசம், —புறம் le côté droit du corps, d'une ville etc...); வலதாய்ப் பேசுகிறது parler avec ostentation, se vanter. [வலக்கிறது.

வலத்த, வலத்தல், part. et n.v. de

வலத்து, 1° gér. de வலக்கிறது. 2° obl. de வலம்: வலத்திலேயிருக்கிறது, வலத் திடம் dire; வலத்தேருது le bœuf à droite; வலத்தே à droite, sur la droite, emphatiquement.

வலத்தம், (வலக்கிறது), parole, phrase, courbure, arche, voûte.

வலத்திரி, (வலம், திரிகிறது), plante grimpante qui tourne à droite, nom d'une plante rampante.

*வலபி, (valabhi), charpente d'un toit, tourelle ou belvédère sur le haut d'une maison.

வலப்பம், (பலப்பம்), espèce de craie, pierre blanche, (qui sert pour écrire).

வலமன், (வலம், மன்,) côté droit.

வலமே, sur, dessus, au-dessus.

வலம், 1° le côté droit, dessus, place, une des terminaisons de l'ablatif de lieu, Ex. காழ்வலை திகைக்கலி ருள்ளுள் கைவலத் தியாழ்வரை நி ன்றது un tuyau de bambou était comme un luth en la main de celui qui ressemble à un éléphant qui ne reste pas dans les dures montagnes, 2° adj. droit, sur. 3°* (vala ou bala), force, énergie, puissance, épaisseur, armée, victoire: — கொள்ளுகிறது prendre la droite, venir par la —, tourner à droite, remporter la victoire. [pendiculaire.

*வலம்பம், (valamba), ligne per-

வலம்புரி, (வலம்), ce qui tourne, — est tourné ou tordu à droite, corde tordue à droite, conque ou coquillage rare dont les spirales tournent à droite, faire le tour—, circuit d'un temple, d'une montagne... à droite, l'arbrisseau நந்தியாவட்டம், l'arbrisseau helicteres isora: — சங்கு conque dont les spirales tournent à droite; —புல் l'herbe andropogon contortum.

*வலயம், 1° (valaya), bracelet, borne, limite, enclos, entourage, mal de gorge, inflammation du larynx. 2° cercle, rond, forme—, figure circulaire, arc, tour, mer, étang.

*வலவத்தாரம், (balavat fort), ou

*வலவந்தம், வலவந்தரம், (வலம், அந்தம், அந்தரம்), force, pouvoir, violence, contrainte: வலவந்தம்பண்ணு கிறது faire violence, violenter, forcer, contraindre.

*வலவந்தன், (வலவந்தம்), homme fort, violent, puissant.

*வலவன், (வலம்), homme fort, puissant, habile, capable, conducteur de char, conquérant, victorieux.

வலவை, (வலம்), 1° femme forte, vigoureuse, puissante, servante de Kâli (en général), Dâkini ou டாகி னி la principale servante de Kâli, la fameuse Kâli, Valavei, femme de Poulléyar. 2° homme fort, puissant.

வலனோட்டு, (வலம், ஓட்டு), cours (du soleil et des planètes...), à droite ou vers l'orient, course à droite.

*வலன், 1° (வலம்), homme fort, robuste, puissant, l'asouren ou géant Balen tué par Indiren. 2° P. வலம், force, puissance, victoire, côté droit.

*வலாகம், வலாகை, வலாகி, (valâkâ, —ki), petite espèce de cigogne ou de grue, eau.

*வலாசகம், (valâsaka), le couil ou coucou indien, grenouille.

வலாட்டியன், வலாட்டியள், (வலம், அட்டு), homme fort, puissant, capable.

*வலாரி, (வலன், அரி), *V.* பலாரி.

*வலாத்காரம், *P.* பலாத்காரம், force, violence, exaction.

வலி, 1° * (vali), ligne, rides de la peau, offrande superstitieuse aux esprits de l'air. 2° (bali), impôt, droit que les pêcheurs de perles donnent au maître de la barque, c'est le produit de chaque 8me jour de pêche. 3° (வல்), force, énergie, pouvoir, puissance. 4° mal, douleur, peine, souffrance, maladie, pinces, tenailles, pincettes, singe, élégance qui consiste à joindre ensemble plusieurs mots syncopés, *i. e.* privés de la terminaison des cas, l'arbre தறு வலி. 5° *imp. et part. de* வலிகிறது. 6° *imp. de* வலிக்கிறது: இது — petite douleur, douleurs prématurées de femme enceinte; —க்கட்டு forte tension—, certaine ligature—, partie du luth; —க்கிரியை faire des lignes sur le corps, faire des offrandes à tous les êtres; —சங்கம் troupe—, réunion de singes; —ஏற்ற fortifier, donner de la force, consoler; —பதம் médiocre sévérité, —violence; —மாந்தம் sorte de maladie, convulsions(d'enfans...), un des அஷ்டமாந்தம்; —முகம் figure ridée, figure de—, singe; —யறிதல் connaissance de la force, — qu'un roi doit avoir de ses forces et de celles de l'ennemi; —யுடைமை possession de la —, force, fermeté; —யுறுத்த affermir, fortifier, consoler; —வலிக்கிறது faire mal, la douleur se faire sentir; வலிக்குள்ளடங்குகிறது être subjugué, soumis, se soumettre à la force.

வலிகிறது, வலிந்தேன், வலிவேன், வலி, வலிய, *v.n.* வலிதல், *n.v.* s'exciter, être excité, animé, stimulé en soi-même, rester, continuer, s'arrêter, oser, s'aventurer, entreprendre, s'efforcer, user de violence, *ou* வலிந்துகொ ண்டிழுக்க prendre à cœur, s'appliquer à vaincre une difficulté, se courber, ou s'exténuer des efforts qu'on fait, s'écarter du —, forcer le sens, faire violence au sens.

வலிக்கிறது, வலித்தேன், வலிப்பேன், வலி, வலிக்க, *v.a.* வலித்தல், *n.v.* 1° (வலி), faire mal, causer—, éprouver de la douleur, souffrir. 2° (வல்), exciter, pousser, stimuler, tirer, attirer, — à soi (comme l'aimant), ramer, hisser les voiles, les tendre, recevoir—, exiger durement, changer une lettre douce en forte, *v.g.* குறுக்கீர் en குறுங்கீர் pied court, (le contraire se dit மெலிக்கிறது), prononcer fortement, courber, plier, s'accorder, consentir, engraisser, devenir—, être gras, —fort, être en colère, s'échauffer, se dessécher, penser: வயிறுவலிக்கிறது le ventre faire mal, avoir de la douleur ou du mal au ventre; காந்தம் இரும்பை வலிக்கிறது l'aimant attirer le fer; படகை வலித்துக்கொண்டுபோகிறது conduire une barque à la rame.

வலிக்குதல், *n.v. du préc.* douleur, souffrance, mal, excitation, attraction, action de ramer..., devenir fort.

வலிக்கொளா, clairement.

வலிக்கம், (வலி), force, violence.

*வலிசம், வலிசி, (valisa, -si), hameçon.

வலிச்சலன், (வலிச்சல்), homme très-maigre, sec et fluet comme une latte, —qui ne lâche pas prise.

வலிச்சல், latte, — d'un toit, chose sèche, desséchée: கமுகு—, பனை— latte d'aréquier, de palmier; —ஆணி clou à latte; —க்கட்டமைக்கிறது attacher—, assujétir les lattes; வலிச்சற்கொடி espèce de plante grimpante. [vironner, entourer.

*வலிதம், (valita), mouvement, en-

வலிதல், *n.v. de* வலிகிறது.

வலிது, (வலி), ce qui est fort, difficile, dur, pesant: வலிதுறச்சொல்லுகிறது dire avec force, avec autorité; வலிதானகாரியம் chose grave, forte, pesante, difficile.

வலித்தல், n.v.de வலிக்கிறது.

வலித்திருப்பு.(வலித்து, gér.de வலிக்கிறது, இருப்பு), pierre d'aimant qui attire le fer.

வலிப்பு, n. v. de வலிக்கிறது, convulsion, spasme, douleur, attraction, action de ramer: உள் —, புற — convulsion intérieure, — extérieure; முசல் — convulsion de lièvre, — accompagnée de tremblement.

வலிமை, (வலி, மை), force, pouvoir, habileté, solidité, violence, effort: —செய்கிறது faire violence, violenter; —பாராட்டுகிறது vanter sa force, son habileté; —வாரணம் ville forte, épithète de உறையூர் ancienne capitale des rois சோழர் ou du Tanjaour.

வலிய, (வலி), fort, vigoureux, puissant. 2° *inf. de* வலிக்கிறது, de soi-même, de son propre mouvement, sans être forcé, sans nécessité, volontairement; (il double les க, ச, த, ப): —சர்ப்பம் fort serpent, dragon; —சண்டைக்குவருகிறது venir de soi-même engager une querelle ou s'y mêler; —தலை forte tête; —த்தலைதருகிறது donner sa tête, *i.e.* sa vie volontairement, entrer volontiers dans un affaire dangereuse.

வலியது, (வலிய), ce qui est fort, *pl.* வலியவை, choses fortes, —efficaces.

வலியவன், (*id.*), homme fort, puissant: —வெட்டினது வாய்க்கால் ce qu'un homme puissant creuse doit être un canal, le conseil et l'action du puissant prévaudront; வலியவனையண்டி ou ஒட்டிக்கொண்டிருக்கிறது avoir recours —, s'attacher à un homme puissant.

வலியன், (*id.*), homme puissant, fort, robuste, violent, l'oiseau noir கரிக்குருவி, ce qui a peu de sévérité, de dureté.

வலியான், (*id.*), homme puissant, vigoureux, l'oiseau noir கரிக்குருவி, mainate, espèce de milan.

*வலிமுகம், *P.* வலிமுகம்.

வலு 1° (வல்), *adj.* fort, grand, pesant, difficile, roide, *subst.* force, violence, épaisseur, monnaie pesant plus que le poids, (le contraire est மெலு). 2° moustique, cousin, moucheron, espèce de colle médicinale, emplâtre, attachement, huit (en langage secret de marchands). 3° *imp. et part. de* வலுக்கிறது: —உயரம், —உயர்த்தி grande hauteur; —கடூரம் grande dureté, —difficulté, —fermeté, —vexation; —சருசு force, violence; —மோசம் grand danger, grande déception; —வாசை, (ஆசை), grand désir, avidité; —வக்கு fortement, avec force, —véhémence, violemment; —வாய்க்கூப்பிடுகிறது appeler —, crier à haute voix, avec force; —வார்த்தைசொல்லுகிறது parler haut, avec force, avec autorité; —வாடைக்காற்று vent violent; —விசாரம் grand chagrin, grande inquiétude.

வலுக்கிறது, த்தேன், ப்பேன், வு, க்க, *v.n.* வலுத்தல், *n v.* être ou devenir fort, se fortifier: வலுக்கப்பேச parle haut, à haute voix.

வலுத்த, *part. du préc.* fort.

வலுப்பந்தம், *V.* வலுவந்தம்.

வலுப்பு, *n.v. du même*, force, vigueur, fermeté.

வலுமை, (வலு, மை), force, vigueur, violence, —க்காரன் homme violent; —பண்ணுகிறது faire violence, agir avec violence; வலுமைக்கு வழக்கில்லை il n'y a pas à disputer contre la violence, ou la coutume et le droit ne font rien contre la violence.

வலுமையாளன், (வலுமை, ஆள்), personne robuste, violente.

வலுவந்தம், வலுவந்தரம், வலுபந்தம், (வலு), force, violence: வலுவந்தமாய் par force....

*வலூகம், (valoûka), racine bulbeuse du nénuphar.

வலை, filet, rets, கயிற்று — filet de cordes, grand filet pour pêcher en mer; குண்டுக்கு poids ou balle de métal —, plomb attaché au bas du filet pour le faire enfoncer; —தடுக்கிறது arrêter le filet, empêcher les poissons de se prendre dans le filet;

—பின்னுகிறது faire —, tresser un filet; — போடுகிறது, — வீசுகிறது lancer le filet; —ப்படுகிறது, —ப்பட se prendre dans un filet, tomber dans un filet ou un piége, se laisser prendre aux amorces, être fait captif; — ப்பாடு prise de poissons, — d'un coup de filet; —ப்பூச்சி insecte qui tend des filets, *i.e.* l'araignée; —மடிக்கிறது plier un filet, le fermer, le ramasser; வலையால்முற்றும் விளைபான் வலையன் le pêcheur vit entièrement de son filet (de sa pêche).

வலைச்சி, *fém. de* வலையன், pêcheuse, fille —, femme de pêcheur, — des bords de la mer.

வலைஞர், (வலை), pêcheurs, habitans des bords de la mer. [celet.

*வலையம், *P.* வளையம், cercle, bra-

வலையன், (வலை), *pl.* வலையர், homme du filet, pêcheur, habitant des bords de la mer (qui vit de son filet), homme de la caste —, caste des pêcheurs, espèce de millet ou சாமை; வலையர்சேரி village de pêcheurs, bourg —, pays maritime.

*வலோற்காரம், (வலம், உற்காரம்), force, violence.

வல், (வலம்), *adj.* puissant, fort, robuste, dur, difficile, *subst.* force, pouvoir, vigueur, tertre, élévation, instrument de jeu, *v.g.* dé, etc... hâte, vitesse, ceinture, sangle.

*வல்கி, *P.* வல்லகி, luth.

*வல்கிதம், (valgita), une des 5 allures des chevaux, amble, galop, saut, bond, course.

வல்சி, riz cuit, *ou*

*வல்பனம், வல்பிதம், (valbhana, —ita), nourriture, manger. [கம்.

*வல்மீகம் *et ses composés*, *V.* வன்மீ

வல்ல, (வல்), puissant, fort: சர்வத்துக்கும்வல்ல tout-puissant.

*வல்லகி, (vallaki), luth, guitare.

வல்லடி, (வல், அடி), force, puissance, violence, oppression, tyrannie, (d'un roi ou d'un puissant): —க்காரன் homme violent, puissant, oppresseur; —பண்ணுகிறது, —யடிக்கிறது user de —, faire violence, violenter, tyranniser, piller; —வழக்கு la raison du plus fort, procès conduit par des moyens oppressifs; — வந்து இழுக்கிறமாதிரிக்கொண்டுபோகிறது une mort violente et subite emporter quelqu'un; வல்லடியாய்ப்போகிறது être emporté par une mort prématurée, mourir subitement ou violemment, — d'épidémie, dans un combat ou être tué par violence.

வல்லணங்கு, (வல், அணங்கு), la prétendue déesse puissante ou malfaisante, *i.e.* Kâli. [cher, couvrir.

*வல்லூறும், (va hita), meurtre, carnage.

வல்லத்துக்குருவி, l'oiseau noir கரிக்குருவி.

வல்லபம், 1° (வல்லம்), puissance, pouvoir, force, autorité. 2° (vallabha), cheval qui a bonne allure ou de bonnes marques, amour, agrément: வல்லபமானவன், homme puissant, fort; — சத்தி grande force, — puissance; — பாலகன் palefrenier.

வல்லபன், 1° (வல்லம்), homme fort, puissant. 2° (vallabha), mari, amant, ami, maître, chef des bergers, intendant, — des chevaux.

வல்லபி, (வல்ல), 1° femme forte, puissante. 2° *P.* வல்லபை, femme, épouse, amante, maîtresse. 3° homme fort, puissant.

*வல்லபை, (vallabhâ), épouse, femme, — chérie, maîtresse, amante, femme d'அரசன், *V.* வனிதை.

வல்லமை, (வல்ல, மை), puissance, pouvoir, force, autorité: — பேசுவான் celui qui vante ses prouesses sans connaître celles de son adversaire.

*வல்லம், (valla), action de vanner le blé, de couvrir, prohibition, certain poids, bananier.

*வல்லரி, (vallari), plante rampante ou grimpante, pédicule composé, bourgeon, pousse, bouquet de fleurs, fruit vert, — à peine formé.

வல்லவன், 1° (வல்ல), homme fort, puissant. 2° (vallava), berger, cuisinier, — qui fait un ragoût de pois ou de paroupou, surnom de வீமன். 3° *P.* வல்லபன், mari.

வல்லவாட்டு, écharpe, manteau: — போட்டுக்கொள்ளுகிறது se revêtir d'une écharpe;—பிச்சைவல்லவாட்டுக்குளிகிறது demander l'aumône étant revêtu d'une écharpe ou habillé gracieusement.

*வல்லவி, 1° (vallavi), bergère. 2° *V.* வல்லபி, *ou*

*வல்லமை, *P.* வல்லபை, épouse, femme, — bien aimée, *V.* வல்லபை.

வல்லாத்துக்கம், chagrin sans raison, *V.* வல்லாத்துக்கம்.

வல்லாதல், espèce de plante.

வல்லாரை, 1° (வல்), hydrocotyle, plante aquatique et médicinale qu'on peut manger, hydrocotyle asiatica, la 18me constellation lunaire dite கேட்டை: — க்கிருதம் médecine composée d hydrocotyle et de beurre clarifié. 2° *acc. du suiv.*

வல்லார், (வல்ல), gens habiles, forts, capables, puissans, gens incapables, qui ne peuvent pas, voisins, étrangers: — கொள்ளை pillage fait par plusieurs ou plutôt par des gens forts ou puissans: கொள்ளைவாய்ப்போகிறது devenir la proie des puissans, être pillé par des gens forts; — துக்கம் chagrin ou deuil pour un voisin ou un ami; — துக்கங்கொண்டாடுகிறது célébrer le deuil d'un —, pleurer un ami ou un voisin; வல்லாரைச்சேர்த்தி femme qui cherche à séduire les puissans ou les étrangers, prostituée.

வல்லாளன், (வல்ல, ஆளன்), homme fort, vaillant, puissant: வல்லாளர்க்கண்டன் homme très-fort, très-vaillant, le héros des braves: வல்லாளராசா le roi des braves, titre du prince de திருவண்ணாமலை.

வல்லான், (வல்ல), homme fort, puissant.

*வல்லி, 1° (valli), plante rampante ou grimpante, terre. 2° mesure, village de bergers, — de pâtres, fers pour mettre aux pieds, éloignement, cessation, séparation, un des 32 உபநிடதம், mariage, femme, les arbres முருக்கு et புன்முருக்கு, la plante rampante வல்லி: — க்கொடி la plante பெருங்குறிஞ்சி; — சாதகம் la plante காமவல்லி qui s'entrelace sur l'arbre கற்பகம்.

வல்லிகம், *P.* வல்லிசம், poivre, plante grimpante, — grimpante qui a le goût de poivre.

*வல்லிகை, 1° *P.* வல்லபி, luth indien. 2° bijou pour les oreilles, pendans d'oreilles.

*வல்லிசம், (வல்லி, சம்), poivre.

வல்லிசை, (வல், இசை), le dessus (en musique), ton élevé, son aigu, serpent.

வல்லியம், village de bergers, — de pâtres, la montagne கொல்லிமலை (dans le royaume de சேரன், puis par conquête, dans celui de சோழன்), tigre, bannière du tigre, — à peinture de tigre, insigne du roi சோழன், safran, la plante செங்கொல்லி.

வல்லினம், (வல், இனம்), classe des consonnes fortes, rudes ou dures au nombre de 6, savoir: க், ச், ட், த், ப் et ற்: வல்லினமோனை consonnance dite மோனை ou moyen des lettres fortes, elle a lieu lorsque tous les vers commencent par une lettre forte, et qu'une lettre semblable commence un autre pied du vers; — வெதுகை, (எதுகை), rime dite எதுகை au moyen d'une lettre forte, elle a lieu lorsque le premier pied des vers qui riment ensemble a pour seconde syllabe une lettre forte.

வல்லிட்டுக்குற்றி, (வல், இடு), pieu ou coin pour fendre le palmier, ou d'autres arbres.

வல்லிறு, *P.* வல்லூறு.

வல்லுயிர், (வல், உயிர்), vie forte, —dure, qui se perd difficilement.

*வல்லூரம், 1° (valloûra), forêt, bois épais, solitude, isolement, désert, sable, gazon, terre non cultivée et couverte d'herbes, champ, rizière, berceau, — ou cabinet de verdure, — couvert de plantes rampantes, pédicule composé, bouquet de fleurs. 2° *P.* வல்லூரம், viande de sanglier.

வல்லுவம், sac à bétel, — à divers compartimens, bourse, — qu'on porte à la main. [glier.

வல்லுளி, (வல், உளி), cochon, sanglier.

வல்லுனர், (வல்), hommes forts, courageux, puissans.

*வல்லூகம், (bhalloûka), ours, singe (mâle), gros singe noir.

*வல்லூரம், (valloûra), terre inculte, désert, viande ou chair de sanglier, — de porc, viande séchée, V. வல்லூரம்.

வல்லூறு, (வல், ஊறு), espèce de milan, faucon, c'est un des பஞ்சபட்சி: வல்லூறடிக்கக்கடையலகன் வீழ்ந்ததுபோல நீ விழுவாய் tu tomberas ou puisses-tu tomber comme la cigogne tombe sous les coups du faucon; வல்லூற்றுக்குருவி faucon ou autre oiseau qui sert à la fauconnerie.

வல்லெழுத்து, (வல்), lettre —, consonne forte, V. வல்லினம்.

வல்லொலி, son imitatif (de redoublement), son répété.

வல்லை, espèce de maladie, douleur, peine, hâte, vitesse, — du temps, forteresse, grande forêt, tertre, monticule, montée, cercle, force, les arbres முருக்கு et புன்முருக்கு.

வல்லையம், lance, ou எறி — javelot, trait, arme qu'on lance.

வல்லொட்டு, (வல்), position —, serrure difficile.

வல்லோன், pl. வல்லோர், (வல்), homme fort, robuste, puissant, violent: வல்லோரொருதிப்பு espèce de figure dite அபநுதி par laquelle les savans répondant négativement à ce qu'on leur a demandé d'une manière douteuse, lui donnent un autre sens. [chagrin cuisant.

வல்வருத்தம், (வல்), grande peine,

வல்வாய்சரணன், (வல், வாய்), espèce de serpent. [violent.

வல்விஷம், வல்விடம், (id.), poison

வல்விலங்கு, (id.), l'animal fort ou puissant, i.e. l'éléphant.

வல்வினை, (id.), action forte, — courageuse.

வவி, celui qui ne porte aucune marque de secte. [les lèvres.

வவ்விமிதழ்கொட்டுகிறது, se mordre

வவ்வல், opt. et n.v. de வவ்வுகிறது: — இட்டி arbrisseau épineux qui accroche les habits.

வவ்வால், P. வௌவால், chauve-souris: — இட்டி buisson épineux qui attrape les chauves-souris; — மீன் espèce de poisson; — விளக்கு, — வவ்வாற்பந்தம், litt. lampe de chauve-souris, — suspendue comme les chauves-souris ou propre à les chasser, ou lampe faible, lanterne sourde, que les chauves-souris puissent supporter: வவ்வாற்குறடு litt. pinces de chauve-souris, partie de sandales.

வவ்வாறுற்றி, (வவ்வால், தாற்றுகிறது), ce qui pend comme la chauve-souris, ce qui est sans support.

வவ்வுகிறது, வினேன், வுவேன், வு, வ, v.a. (வௌவுகிறது), வவ்வுதல், n. v. saisir, attraper, happer, prendre, ramasser, — à terre.

வழக்கம், usage, coutume, conduite, train: — அற்றுப்போகிறது une coutume s'abolir, passer de mode, n'être plus d'usage; — இடுகிறது mettre en usage; வழக்கச்சொல் mot usité, — ordinaire, proverbe; அவனுக்குமெனக்கும் வழக்கமில்லை il n'y a pas de rapports habituels entre lui et moi; இடதுகைவழக்கமானவன் gaucher, qui se sert habituellement de la main gauche.

வழக்கறிகிறது, (வழக்கு), connaître les coutumes, la marche des choses, — les procès.

வழக்காளன், (வழக்கு), plaignant, demandeur, plaideur, disputeur, querelleur: எதிர் — le défendeur.

வழக்காடி, வழக்காளி, (id. ஆடுகிறது, ஆளி), plaideur, querelleur, chicaneur: வழக்காளிகள் les plaideurs, les 2 parties adverses.

வழக்காடுகிறது, (id. ஆடுகிறது), être en procès, intenter —, faire un procès, plaider.

வழக்கு, querelle, dispute, procès, — pour des biens..., plaidoirie, coutume, usage, cas, affaire: வழக்கழிவுபண்ணிக்கொண்டிருக்கிறது chercher à faire perdre un procès, user de chicanerie, trainer un procès en longueur; வழக்கறுக்கிறது terminer un procès, le juger; வழக்கறுந்தது ou வழக்கற்றது le procès est terminé, — décidé; வழக்குக்கேட்கிறது entendre un procès, l'examiner; — செய்கிறது, — சொல்லுகிறது faire —, intenter procès, plaider; —த்தீர்ப்பெழுதிக்கொடுக்கிறது donner une sentence par écrit; —தொடக்குகிறது, — தொடுக்கிறது, — உண்டாக்குகிறது intenter —, commencer un —, faire procès; — பேசுகிறது plaider, exposer ses raisons; — தீர்க்கிறது juger —, terminer —, décider un procès.

வழக்கோரம், (வழக்கு, ஓரம்), partialité (dans un procès): — சொல்லுகிறது juger partialement; மண்ணிலிருந்து வழக்கோரஞ்சொல்லாதே ne juge pas avec partialité sur la terre.

வழங்கல், *opt. et n. v. de* வழங்குகிறது, emploi, usage, coutume, marche, promenade, conduite, direction, domination, dire, don, donation, pluie.

வழங்கா, வழங்காத, *part. nég. du même*, inusité, qui n'a pas cours, hors d'usage: வழங்காவழி sentier non suivi, manière inusitée, nouvelle invention; வழங்காதசொல் mot inusité, dont on ne doit pas user, mauvais mot: வழங்காதவன் homme non employé, misérable, gueux, vaurien, homme vil.

வழங்கி, *gér. et n. app. du suiv.* homme qui prostitue sa femme, —qui la livre à un autre pour de l'argent, femme ainsi livrée ou qui se prostitue elle-même.

வழங்குகிறது, *sync.* வழங்கிறது, ஙினேன், ஙுவேன், ஙு, க, *v.n. et a.* வழங்குதல், *n.v.* être usité, — d'usage, de coutume, avoir cours, employer à, donner, distribuer, parler, dire, diriger, gouverner, se promener, marcher, pleuvoir: சர்க்கரை- distribuer —; donner du sucre; நன்மைவழங்காதிருக்கிறது arrêter —, discontinuer un bienfait, une bonne œuvre; வழங்குகிறமுறை, — ஏற்பாடு règle —, usage établi, —qui a cours.

வழட்டுகிறது, ட்டினேன், ட்டுவேன், ட்டு, ட்ட, *v.a. de* வழளுகிறது, வழட்டுதல், வழட்டல், *n.v.* écorcher, égratigner, arracher la peau du corps.

வழப்பம், *P.* வழக்கம், usage, coutume.

வழவிக்கை, langueur, lassitude, [défaillance.

வழலுகிறது, ழன்றேன், ழலுவேன், ழலு, ழல, *v.n.* வழலுதல், *n.v. P.* வழுந்துகிறது.

வழலை, espèce de serpent, dit வழலைப்பாம்பு: il y en a de 2 sortes: un rouge et un noir; leur morsure produit, dit on, des effets tout différens, sel médicinal dit வழலையுப்பு, savon, phlegme, pusillanimité: — யுப்பு sel de savon.

வழவழன், négligent, qui laisse al- [ler.

வழளுகிறது, ழண்டேன், ழளுவேன், ழளு, ழள, *v. n. de* வழட்டுகிறது, வழளுதல், *n. v.* s'écorcher, être écorché, égratigné, s'en aller ou se détacher comme une peau fine.

வழா, *part. nég. de* வழுவுகிறது: —நிலை exacte observation des règles de la grammaire (touchant l'espèce திணை, le genre பால், la personne இடம், le temps காலம் etc...; le contraire se dit வழுநிலை.)

வழாறு, rivière pleine —, étang rempli d'eau.

வழி, 1° chemin, voie, route, sentier, manière, moyen, expédient, cause, origine, place, masse—, morceau de beurre ou d'onguent, boule, ancienneté, antiquité, postériorité, après, fils, usage, ordre, poitrine, côté, (*v.g.* தாய்வழி côté maternel), une des formes de l'ablatif de lieu, *Ex.* நின்றதோர்நறுவேங்கைநிழல்வழி யசைந்தனன் il se promenait à l'ombre d'un pterocarpe odoriférant qui était là. 2° *imp. et part. de* வழிகிறது. 3° *imp. de* வழிக்கிறது; இதைமுடிக்கவழியறியேன் je ne vois au-

ஊற moyen de finir ou de faire cela; புத்திரச்வழிக்கெல்லாந்தொடர்ந்தேற்றியாய்வந்தபாவம் le péché qui est venu par une série continue à toutes les races des enfans de nos premiers parens, *i.e.* le péché originel; —கட்டுகிறது barrer le chemin, inventer —, trouver le moyen, préparer les voies; —கட்டிப்பறிக்கிறவன் voleur de grand chemin; —காட்டி guide, qui montre le chemin ou donne l'exemple; —காணுகிறது voir le chemin, trouver —, prendre les moyens; —க்கரை bord du chemin; —க்கொள்ளுகிறது se mettre en route; —ச்சாரி chemin battu, sentier détourné fréquenté par les douaniers pour prendre les contrebandiers; —ச்சாரிமேலிருக்கிறது être dans les sentiers détournés pour arrêter les contrebandiers; —ச்செலவு argent pour dépenses de —, dépense de —, voyage; —ச்செல்கை voyage; —ச்செல்வோன் voyageur, passant, piéton; —தப்புகிறது, —தப்பிப்போகிறது s'égarer, perdre son chemin; —துறை but —, terme du voyage; —த்தடை obstacle à un voyage, empêchement qui arrête en route, mauvais présage qui arrête le voyage des gens superstitieux; —த்துணை compagnon de voyage, voyageurs qui se suivent ou s'accompagnent mutuellement; —த்தெய்வம் dieu de la caste; —த்தொண்டு esclave héréditaire, de génération en génération; —த்தோன்றல் fils; —நடத்துகிறது, நடத்தல் diriger —, conduire —, guider dans le chemin; —நடப்பு passage fréquent, passage (du peuple) dans un chemin; —நடை voyage, passage fréquent, — du peuple dans un chemin; —நடைநடக்கிறது, marcher dans le chemin, faire —, avancer son chemin; —நடையாயிருக்கிறது le chemin être praticable, — fréquenté; —நாள் le jour suivant, le lendemain; —நூற்பா espèce de poème; —நூல் science dérivée de la révélation, explication de la parole de Dieu avec quelques altérations que les hommes y font; —படல், —படுகிறது —படுதல் se mettre en route, rentrer dans le bon chemin, se soumettre, obéir, suivre, imiter, rendre hommage, adorer, vénérer, observer des rits cérémonieux; —படுத்தல், —படுத்துகிறது mettre en route, faire partir pour un voyage, faire entrer —, remettre dans le bon chemin, ramener dans la bonne voie, régulariser, régler, soumettre, faire adorer; —பண்ணுகிறது ouvrir le chemin, trouver le moyen; —பணிக்கிறது procurer —, trouver le moyen, ôter tout lieu de refuser, donner sans refuser; —பறிக்கிறது voler sur les grands chemins; —பாடு adoration, hommage, respect, obéissance, soumission, abaissement, voie, système, profession, — d'une religion, usage, coutume, habitude, exercice, moyen, expédient, départ; —பாடுள்ளவன், —பாடுபெற்றவன் homme habitué, exercé à une chose; —பாடுமறுக்கிறது refuser de se soumettre, c'est une des parties de la poésie érotique; —பார்க்கிறது examiner —, chercher les moyens, regarder si quelqu'un vient (sur le chemin); —ப்படுகிறது se mettre en route, — en bonne voie, se remettre en ordre, se réformer, *V.* வழிபடுகிறது; —ப்படுத்துகிறது mettre en route, — en bonne voie, faire entrer, mettre en ordre, régulariser, conduire dans le droit chemin; —ப்பயணம், —ப்பிரயாணம் voyage, — par terre, marche; —ப்பயணம்பண்ணுகிறது voyager, faire route; —ப்பறி vol de grand chemin; —ப்பிரிவு embranchement de chemins, place où plusieurs chemins se croisent; —ப்போகிறது aller en avant, avancer, voyager, suivre, accompagner, se mêler des affaires d'autrui; அவன் —ப்போகாதே ne vas pas dans son chemin, ne te mêle pas de ses affaires; —ப்போக்கு chemin, passage; —ப்போக்குநிலம் champ qui sert de chemin; —

laissé pour la route; —ப்போக்கன் voyageur, passant; —மறிக்கிறது barrer le passage, intercepter—, fermer le chemin; — முரண் antithèse à chaque pied de tous les vers d'une strophe;— முறை génération, ou —முதல் commencement d'un voyage, d une route; — முற்றுக்கூடவருகிறது venir avec tout le long du chemin; — மோனை consonnance dite மோனை qui se rencontre dans tous les pieds de tous les vers d'une strophe; — வடைக்கிறது fermer—, boucher —, obstruer le chemin, empêcher; —வருகு bord du chemin; —வாக, —வால் par le moyen, par l'entremise de; அந்தவீதிவழியால் par cette rue, en suivant cette rue; உன்வழியாக par ton moyen, par ton entremise; புத்திவழியாக par l'esprit, par la pensée, habilement, subtilement; —புணவு provisions de voyage; — புணைப்போர் messagers; — யெதுகை rime dite எதுகை qui se trouve entre tous les pieds correspondans de chaque vers, d'une strophe; — வகை moyen, aisance, richesses; —வருகிறது venir dans le chemin, venir se mêler de: என்—வராதே ne viens pas te mettre dans mon chemin, ne te mêle pas de mes affaires; — வழியைப்போகிறது aller par différens chemins; — விடுகிறது faire la conduite (à quelqu'un qui s'en va), reconduire, prendre congé après avoir fait la conduite (par respect ou affection), ouvrir un chemin, —la voie, — une issue (v. g. à l'eau...), trouver un moyen, céder le pas, quitter le bon chemin; —விட்டனுப்புகிறது accompagner un peu et prendre congé; — வைக்கிறது ouvrir la route, commencer le premier, — à s'en aller, se mettre en route.

வழிகிறது, வழிந்தேன், வழிவேன், வழி, வழிய, v.n. வழிதல், n.v. dégoutter, ou வழிந்துபோகிறது. வழிந்தோடுகிறது couler, s'écouler, découler, déborder, se répandre.

வழிக்கிறது, வழித்தேன், வழிப்பேன், வழி, வழிக்க, v.a. வழிக்குதல், வழித்தல், n.v. frotter—, frictionner un onguent avec la main, écurer, nettoyer (avec la main), racler, ôter en raclant ou en essuyant; அரைத்து— broyer et ôter en raclant (ou en passant la main des épices broyées... sur une pierre); சவரகன்கத்தியால்—le barbier raser (la figure...) avec son rasoir; நாக்கு—nettoyer,— racler la langue.

வழியல், n.v. des deux préc. raclure, ce qui s'est écoulé.

வழியன், (வழி), celui qui s'arrête en chemin, lépreux, —qui a la maladie dite குட்டை.

வழு, 1° faute, erreur, manque, bassesse, dommage, perte, solécisme, faute de langage, licence. 2° *imp. et part. de* வழுவுகிறது: —க்கட்டை stupidité, petit enfant, ou — க்கட்டைப்பயல் enfant stupide; — க்காய் fruit tout vert, à peine formé, V. வழுக்கை.

வழுகுகிறது, வழுகுதல், P. வழுவுகிறது...

வழுக்கல், opt. et n. v. de வழுக்குகிறது, glissade, lieu glissant, action de glisser...; V. வழுக்கை: —குயிலுக்கிற அரிசி riz non assez net,— non bien pilé; வழுக்கற்றரை, (தரை), terre glissante, sol glissant.

வழுக்கு, 1° glissade, lieu glissant, graisse, suif, oubli, mobilité, mensonge, malheur. 2° *imp. et part. de* வழுக்குகிறது: வழுக்கெண்ணெய் huile glissante, onguent composé d'huile et de poussière de charbon dont les voleurs se frottent le corps quand ils vont voler de nuit; — நிலம் terrain —, sol glissant; —ப்பாசி la plante aquatique vallisneria spiralis; எளிசாய்த்தீயவை விலக்வு நல்லவைதேடிப்பார்க்கவு நயனங்களுக்கு வழுக்குமாட்டமுமாண்டவர் தந்தார் Dieu a donné aux yeux la mobilité et le mouvement pour éviter le mal et pour chercher et voir le bien.

வழுக்குகிறது, *sync.* வழுக்கிறது, க்கினேன், க்குவேன், க்கு, க்க, v.n. வ

வழுக்குதல்,*n. v.* glisser,(*v. g.* sur un terrain fangeux), s'échapper, échapper des mains,être glissant,—très-mobile,*v.g.*les yeux,oublier, battre, frapper—, heurter contre: வழுக்கி னிலத்தில் விழுகிறது tomber sur un terrain glissant.

வழுக்கை, 1° (வழுக்கு, ஐ), chose glissante, substance tendre, pulpeuse, et glissante du coco, noix de coco encore tendre,fruit vert,—non mûr. 2° *n.v.de* வழுக்குகிறது: — த் தேங்காய் coco encore tendre,— non mûr; —த்தலை tête chauve; — ப்பலா espèce inférieure de jaquierdont les noyaux sont doux au toucher et glissans; — ப்பசளை la plante portulaca halimoides.

வழுதலை, la plante கத்தரி, bringelle,pal d'épouvante, pieu à empaler (placé dans les champs pour épouvanter les voleurs).

வழுதி, épithète des rois பாண்டியர் de Maduré. [le

வழுது, mensonge, fausseté, pail-

வழுதுணை, bringelle ou கத்தரி.

வழுத்தல், *opt.et n.v. du suiv.* éloge,louange,félicitation, célébration.

வழுத்துகிறது, த்தினேன்,த்துவேன், த்து,த்த, *v.a.*வழுத்துதல், *n. v.* louer, célébrer, féliciter, congratuler, dire.

வழுநிலை, (வழு), solécisme, faute contre les règles de la grammaire (sur l'espèce, le genre, la personne, le temps etc...)

வழுத்தல்,வழுத்துகிறது, வழுத்துதல், écorcher, égratigner.

வழும்பு, graisse, suif, mucus visqueux qui couvre les veaux et autres animaux nouvellement nés.

வழுவமைதி, வழுவமைப்பு, (வழுவு) licence, —poétique, — contre les règles de la grammaire (touchant l'espèce,le genre, la personne, le temps etc...)

வழுவல், 1° *opt.et n.v.de* வழுவுகிறது, glissade, faux pas,erreur,faute, pente, substance glissante, — encore tendre du coco, *V.* வழுக்கை. 2° *P.* வழுவுவேன், je glisserai, *fut. de* வழுவுகிறது:வழுவன்சுறா réquin lisse et glissant mais non mangeable.

வழுவாடி, (வழுவு,ஆடி), celui qui s'esquive ou échoue dans une affaire.

வழுவாமை, *n.v. nég. de* வழுவுகிறது, infaillibilité, exemption d'erreur,persévérance dans la vérité et le bon chemin, intégrité.

வழுவு, glissade, écart, erreur, chute,faute, dommage, *n.v. imp. et part.du suiv.* வழுவுடக்காமம், (உடை), luxure coupable,mauvais désir,concupiscence, — illégitime et violente, transgression des bonnes mœurs,rapt,violence, enlèvement, excès,désir du bien d'autrui.

வழுவுகிறது,வினேன், வுவேன்,வு, வ, *v.n.et* வழுவிப்போகிறது,glisser, s'égarer, faillir, manquer, dévier, errer, s'écarter de la bonne voie, s'échapper,— des mains,s'esquiver, s'endommager:வழுவவிடுகிறது laisser glisser, —échapper,—s'égarer;வழுவாமற்பேசுகிறது parler sans dévier,sans faute ni méprise, correctement; வழுவிவழுவிப்போகிறது ne faire que glisser, que s'échapper et tomber, *v.g.* un vêtement, — que glisser des mains, *v. g.* un poisson, être lâche, peu serré.

வழுவுதல், *n.v. du préc.*glissement, écart, dommage, non réussite:— ஆ ளாமவிதன் trompeur, imposteur, homme qui dévie...: காரியத்துக்கு — வராமற்பார் prends garde qu'il n'arrive à l'affaire quelque mauvais succès.

வழுவை, 1° éléphant. 2° *P.* வழுவாய் tu ne glisses pas. 2° *pers. nég. de* வழுவுகிறது.

வழுஉகிறது, *parf.* வழீஇனேன், *gér.* வழீஇ, (*P:*வழுவுகிறது *par* அளபெடை), s'égarer, être fautif,erroné,endommagé.

வழூஉச்சொல். *P.* வழுச்சொல், parole fautive, locution vicieuse; — புணர்த்தல் emploi de locutions vicieuses,c'est un des 10 défauts des ouvrages.

வழை, 1° l'arbre சுரபுன்னை, calophyllum longifolium. 2° P. வழுவாய் tu ne glisses pas; 2° pers. nég. de வழுவுகிறது.

வளத்தி, grande cruche, — jatte.

வளப்பம், வளப்பு, graisse, gras, embonpoint, bien, bonté, grandeur, excellence, fertilité, prospérité, état florissant, usage, mœurs: சாதி — excellence de la caste, ou de la race, génération, généalogie, extraction; சாதி — சொல்லுகிறது dire la noble extraction..., énumérer —, raconter la généalogie.

வளமடல், (வளம்), le 50me des பிரபந்தம், poème sur un amoureux désespéré que l'on décrit allant à cheval sur une branche pointue de palmier, V. le 50e பிரபந்தம்.

வளமை, (வளம்), bienfait, faveur, bienveillance, libéralité, fertilité, prospérité, commodité, embonpoint, graisse, bonté, bien, bon ordre, décorum, grandeur, abondance, — de richesses: —பார்க்கிறது observer le décorum, le bon ordre; —மாகக்கொடுக்கிறது donner libéralement; —பாய்ச்சொல்லுகிறது parler fièrement, vanter; — யானவிடம் place commode.

வளமையர், (வளமை), agriculteurs, laboureurs, gros —, fermiers, grands hommes, gens excellens, — éminens.

வளம், beauté, ustensile, moyen, manière, provisions diverses, grandeur, excellence, force, fertilité, abondance, luxe, prospérité, richesse, bon état, droiture, chose droite, côté, paradis: — [illegible] se nourrir copieusement, faire bombance; — [illegible] être en bon état, prospérer; — [illegible] inventer —, trouver les moyens; — பெற்றிருக்கிறது être parvenu à un état florissant, avoir obtenu l'abondance...; வளத்திருப்பு, V. பலனையுறு: — ப்படுகிறது prospérer, s'améliorer, être en bon état, être —, devenir droit, régulier: வளப்பாடு bon état, prospérité.

..., P. வளையம்.

வளருகிறது ou வளர்கிறது, வளர்ந்தேன், வளருவேன் ou வளர்வேன், வளர, v. n. et வளர்ந்துபோகிறது, croitre, grandir, augmenter, s'élever, grossir, s'accroitre, v.g. les difficultés, la maladie..., être couché, — endormi: வளர்ந்திருக்கிறது être devenu grand, haut de taille; வளரப்பண்ணுகிறது faire croitre...

வளருதல், வளருகை, வளர்தல், n.v. du préc. croissance, augmentation.

வளர், part. et imp. de வளர்கிறது et வளர்க்கிறது: —கடா, — கிடாய் bélier élevé dans la maison; — தாதன் St. Joseph, qui a élevé notre Seigneur J. C., Joseph; — பிறை croissant de la lune; — முடி toupet ou touffe de cheveux —, chevelure qu'on laisse croitre.

வளர்க்கிறது, வளர்த்தேன், வளர்ப்பேன், வளர்க்க, v. a. de வளர்கிறது, élever, maintenir, nourrir, entretenir, laisser —, faire croitre, produire: சண்டை — entretenir —, prolonger une dispute...; தீ — entretenir le feu; வளர்க்கிறதாய் ou தாதி bonne d'enfant, mère nourricière; வளர்த்தகடா மார்பிலேபாய்ந்தது le bélier élevé dans la maison s'est élancé contre la main qui l'a nourri; — தகப்பன் père nourricier; — பிள்ளை nourrisson, enfant qu'on a élevé.

வளர்ச்சி, n.v. de வளர்கிறது, hauteur, ou [crue, augmentation.

வளர்தல், n.v. du même, croissance.

வளர்த்து, 1° part. parf. de வளர்க்கிறது. 2° inf. de வளர்த்துகிறது.

வளர்ப்பு, n.v. de வளர்க்கிறது, et de வளர்த்துகிறது.

வளர்த்தாள், 1° n.app. de வளர்க்கிறது, mère nourricière, bonne d'enfant. 2° elle a élevé... 2° pers. prét. du même.

வளர்த்தி, 1° gér. de வளர்த்துகிறது 2° n.v. de வளர்கிறது, croissance, augmentation, haute —, stature, haute taille: — யானவன் homme de haute taille.

வளர்த்து, 1° gér. de வளர்க்கிறது. 2° imp. de

வளர்க்கிறது, வளர்த்தேன், வளர்ப்பேன், க்க, த்த, v. a. de வளர்கிறது, வளர்த்தல், n.v. augmenter, amplifier, agrandir, étendre, grossir, élargir, prolonger, entretenir, coucher, v. g. un enfant, un malade.., mettre au lit: குழந்தையைத் தொட்டிலில் — coucher un enfant dans son berceau; சண்டை — entretenir —, prolonger une dispute; தீ — entretenir le feu; பொன்னைத் தகடாக — étendre —, réduire l'or en feuilles minces; வளர்த்திப்பேசுகிறது parler d'une manière diffuse, allonger son discours, user de circonlocution en parlant, chercher des ambages.

வளர்த்து, gér. de வளர்க்கிறது.

வளர்ப்பு, n.v. de வளர்க்கிறது, action —, manière d'élever..., entretien, éducation, nourrisson, enfant qu'on élève: எங்கள்வீட்டு — enfant élevé dans notre maison; — பிள்ளை, வளர்ப்புமணி, (உமணி), enfant qu'on élève. [sance, augmentation.

வளர்வு, n.v. de வளர்கிறது, crois-

வளவளக்கிறது, வளவளத்தேன், வளவளப்பேன், க, க்க, v.n. வளவளத்தல், n.v. babiller, bredouiller, extravaguer, dire des choses inutiles ou vides de sens.

வளவளப்பு, n.v.du préc. parole inutile, — extravagante, vain babillage. [babiller, bredouiller.

வளவளவென்கிறது, être glissant,

வளவன், (வளம்), le roi du fertile pays, i.e. Sojen.

வளவி, avant-toit, pente d'un toit, — d'un appentis.

வளவு. (P. வளைவு), voûte, maison, champ, terre à menus grains, circuit, terres d'une maison, une ou plusieurs maisons dans la même enceinte et n'ayant qu'une porte extérieure. [té. 2° Joseph.

வளன், 1° P. வளம், beauté, fertili-

வளாகம், place, rond, circuit, environner, champ de millet ou திவேல Valágam, ville sur les bords du Coléron ou du கொள்ளிடம்.

வளார், (வளர்கிறது), branchage, jeune branche (d'arbre), baguette houssine.

வளாவல், opt. et n.v. du suiv. mélange, courbure, voûte.

வளாவுகிறது, வினேன், வுவேன், வு, வ, v.a. வளாவுதல், n. v. mêler, mélanger ensemble une chose chaude avec une froide..., courber, plier. V. விளாவுகிறது: நீர் — mélanger de l'eau, finir les hommages rendus à une idole en faisant tourner de l'eau autour des offrandes.

வளி, tourbillon de —, vent, flatuosité, pet, hernie: வளியுடையவன் ou வளியன், (வளி), homme qui a une hernie. [est tendre, jeune.

வழு, tendreté, jeunesse, ce qui

வழுக்குகிறது, க்கினேன், க்குவேன், கு, க, v.a. écorcher, arracher la peau, égratigner.

வழுக்பு, P. வழுப்பு.

வழுவல், tendreté, chose glissante.

வழுவழு, mot —, son imitatif de douceur, de mollesse: வழுவழென்கிறது, ou

வழுவழுக்கிறது, ழுத்தேன், ழுப்பேன், ழுக்க, v.n. (வழு-வழு), être doux, mou, tendre.

வழுவழுத்தல், வழுவழுப்பு, வழுவழென்றல், n.v. du préc. douceur, tendreté, mollesse.

வளை, 1° chose circulaire, bracelet, — dor ou d'autres matières, l'arme circulaire de Vichnou dite சக்கரம், conque ou grand coquillage, bâton recourbé, trou, — de rat, tanière, repaire, nid de formis blanches, poutre, tache. 2° imp. et part. de வளைகிறது. 3° imp. de வளைக்கிறது: — கொம்பு cornes recourbées: — தடி bâton recourbé, — court et recourbé en usage dans les batailles, — போழ்நர், — போழ்நர்க் gens qui coupent, ou travaillent les conques, qui en font des ornemens; — மணி grain de conque ou de coquillage, chapelet ou collier fait de ces grains.

வளைத்து, P. வளைந்து.

வளைகிறது, ளைந்தேன், ளைவேன்,

ளை, ளைய, v. n. வளைதல் n.v. ou வளைந்துபோகிறது, plier, se courber, se plier, s'incliner, devenir —, être courbé, crochu, tortueux, tressé, tordu, être tourmenté, assiégé, ou வளைந்துகொள்ளுகிறது entourer, environner, assiéger, v.g. un fort: உடம்பு வளைந்துசெய்கிறது faire en se courbant le corps, travailler durement; உடம்புவளையாதவன் homme qui ne plie pas le dos pour travailler, paresseux: வளைந்தவிடம், (இடம்), endroit plié, circuit, rond; — வாள் sabre, cimeterre.

வளைக்கிறது, ளைத்தேன், ளைப்பேன், ளை, ளைக்க, v. a. du préc. வளைக்குதல், வளைத்தல், n.v. courber, plier, voûter, incliner pencher, rendre courbé, tortu ou crochu, lier, bâtir, empêcher, balayer, emporter, voler, plaisanter, ou வளைத்துக்கொள்ளுகிறது environner, entourer, assiéger. [courbe, bosse, tortuosité.

வளைசல், n. v. de வளைகிறது,

வளைச்சல், n. v. de வளைக்கிறது, action d'entourer, entourage courbure, curvité.

வளைப்பு, n.v. de வளைக்கிறது, courbe, courbure, voûte, tortuosité, sinuosité, bout d'un champ ou les bœufs tournent en labourant, sillon, mur, —d'entourage: வளைப்புக்கிலக்குபார்க்கிறது faire un plan pour une voûte. [gros coquillage.

வளையசங்கம், (வளை, சங்கம்), conque,

*வளையம், 1° P. வலயம், borne, circuit, enclos, cercle, cerceau, bracelet. 2° étang, pétales de nénuphar roulées sur elles-mêmes l'arsenic dit இதழ்ப்பாஷாணம்: — இடுகிறது entourer, faire un cercle, jouer au cerceau, lancer la bâton recourbé, couper un citron en tranches pour le saler; — ஆடுகிறது couper la crinière du cheval, — en rond.

வளையலன், (வளையல்), homme courbé, voûté,

வளையல், n.v. de வளைகிறது, courbure, chose courbée, — voûtée ou qui se courbe, gros anneau, verre, bracelet, — de verre: — உப்பு sel très-blanc, fiel de verre, fel vitri: — பண்ணுகிறவன், — மண் sable minéral dont on fait des bracelets ou anneaux de verre.

வளையாபதி, nom d'un poème classique, un des பஞ்சகாவியம்.

வளையில், (வளை), bracelet de —, verre. [chet, croc, hameçon, agrafe.

வளைவாணி, (வளைவு, ஆணி), cro-

வளைவளி, V. வளவி.

வளைவு, n.v. de வளைகிறது, courbure, chose courbée, voûte, cintre, arceau, arcade, arche, tortuosité, cercle, soumission, respect, vénération: வளைவளக்கிறது, (அளக்கிறது), mesurer une voûte, un champ; — வளைக்கிறது faire une voûte, une arceau..., voûter, — வளைக்கிறவன், — — வளைப்பான் celui qui fait une voûte, un arceau.

வள், oreille, pointe, tranchant, étroitesse, force, beauté, prospérité, courroie, sangle de cuir, épée, fourreau d'épée, son imitatif de bruit, d'ou

வள்வளென்கிறது, (வள் répété), faire du bruit, — valval.

வள்ளம், marcal ou mesure à grains contenant 4 படி, ou environ le quart d'un boisseau, plat de cuivre ou de bronze, vase pour manger, bassin, canot, bateau, — fait d'un tronc d'arbre creusé, navire, espèce d'horloge ou d'instrument pour mesurer les heures.

வள்ளல், la plante வள்ளைக்கொடி, homme fort, — généreux, — libéral, célèbre par sa libéralité. On en compte 21 divisés en 3 classes; ceux de la 1re classe dits முதல் ou தலைவள்ளல் sont: குமணன், சகரன், சகாரன், செம்பியன், துந்துமாரி, நளன் et நிருதி; ceux de la 2e classe dits இடைவள்ளல் sont: அக்குரன் அந்திமான், அதிசந்திரன், கர்ணன், சந்திமான், சிசுபாலன், et தந்தவக்கிரன்; ceux de la 3e classe appelés கடைவள்ளல் sont: எழினி, ஓரி, காரி, நள்ளி, பாரி, பேகன் et மலையன்,

[illegible], (வ[illegible]),libéralité, générosité.

*வள்ளி, 1° (valli), patate, - douce ou sucrée, convolvulus batatas, la plante rampante ou grimpante dioscorea sativa, Valli femme de Soupramanien, bouclier en rotin. 2° bijou, bracelet, espèce de danse: — [illegible] la plante [illegible]; —[illegible] patate douce; — [illegible] bouclier en rotin; — [illegible], — [illegible] le mari de Valli, *i. e.* Soupramanien.

வள்ளிமை, beauté, propreté, élégance: [illegible] se nourrir délicatement, vivre en épicurien.

வள்ளியம், 1° *(vallidja), poivre. 2° chalumeau, flûte, navire, barque, cire. 3° nous sommes généreux, 1re *pers. pl. du* [illegible] *de* வள்ளல்.

வள்ளியோர், (வள்ளல்), gens libéraux, généreux, fameux par leur libéralité.

வள்ளுவன், *pl.* வள்ளுவர், Vallouven, homme —, gens d'une classe supérieure parmi les Pariats (dont ils sont comme les hiérophantes et les devins), diseur de bonne aventure, devin: [illegible] art de devin ou de diseur de bonne aventure de cette caste; வள்ளுவர்குறள் poème en distiques composé par le poëte திருவள்ளுவர்; வள்ளுவப்பறை la caste des வள்ளுவர், une des 13 divisions des Pariats.

வள்ளுறு, *V.* [illegible].

*வள்ளூரம், வள்ளுரம், (valloura, valloûra), viande de mouton, de bœuf, — rôtie, viande (en général).

வள்ளை, chanson ou chant de femmes qui pilent le riz ou qui travaillent *ou* —க்கொடி espèce de plante aquatique, — de plante rampante, convolvulus repens,

வற, 1° *imp. de* வறக்கிறது. 2° *obl. de* வறம்: வற [illegible] la plante médicinale marsilea minuta; —[illegible], —[illegible] espèce d'herbe potagère, de petite plante; —[illegible] sorte d'arbrisseau épineux et médicinal.

வறக்காலன், *m.* வறக்காலி, *f.* (வறம், காலம்), celui—, celle qui cause du mal ou est considérée comme la cause du malheur ou de la ruine (d'une famille...).

வறக்கிறது, வறந்தேன், வறப்பேன், வறக்க, *v. n.* வறத்தல், *n. v.* se dessécher, sécher, être desséché (par le soleil ou le feu), être un temps de sécheresse, se rétrécir, se tarir.

வறடன், *m.* (வறடு), homme sec, très-maigre, stérile, qui n'a pas d'enfans.

வறடி, *fém. du préc.* femme stérile.

வறடு, *gén.* வறட்டின், *obl.* வறட்டு, ce qui est sec, sécheresse, maigreur, stérilité.

வறட், *obl. de* வறள்: — [illegible] espèce de jaunisse, sécheresse, dessèchement: — [illegible] la plante [illegible] mimosa triquetra, la plante [illegible]; —சேதம் perte causée par la sécheresse; —[illegible], —[illegible] l'arbrisseau fluggea leucopyrus.

வறட்சி, *n. v. de* வறளுகிறது, sécheresse, dessèchement, stérilité, chaleur, grande chaleur du corps: —[illegible], —[illegible] y avoir —, éprouver une grande sécheresse ou chaleur, le corps être couvert d'éruptions; —பித்தம் bile de chaleur, dessèchement des humeurs.

வறட்டல், *opt. et n. v. de* வறட்டுகிறது, dessèchement, action de sécher. [stérile.

வறட்டாடு, (வறட்டு, ஆடு), brebis

வறட்டி, 1° (வறட்டுகிறது). *V.* வறளி. 2° *gér. de* வறட்டுகிறது.

வறட்டு, 1° *obl. de* வறடு, stérile, desséché, sec, désert. 2° *imp.* et *part. du suiv.*: —மாடு vache stérile.

வறட்டுகிறது, ட்டினேன், ட்டுவேன், ட்ட, *v. a. de* வறளுகிறது, வறட்டுதல், *n. v.* faire —, sécher, dessécher, rôtir, griller; *v. n.* sécher, se dessécher de soi-même: வறட்டிக்கொண்டுபோகிறது devenir sec, être à sécher, à griller.

வறள, 1° *inf. de* வறள்கிறது. 2° *part. parf. de* வறளுகிறது, desséché :— நிலம் terre sèche, — desséchée.

வறண்டி, 1° rateau, herse, espèce de spatule, racloir. 2° *gér. de* வறண்டுகிறது, டினேன், டுவேன், டு. ட, *v. a.* வறண்டல், வறண்டுதல், *n. v.* gratter avec les ongles, (avec ses griffes...)

வறண்முள்ளி, *P.* வறள்முள்ளி.

வறதாறு, la plante சிறுமுள்ளி.

வறத்தல், *n.v. de* வறக்கிறது, desséchement, rétrécissement, sécheresse.

வறப்பு, *n. v. du même*, desséchement, sécheresse, manque, —d'eau, diminution, reflux.

வறம், sécheresse, mal.

வறவு, cange, eau de riz.

வறவொட்டி, espèce de plante, — d'herbe potagère.

வறலாகை, *P.* வரளாகை, (வறள்), la plante médicinale marsilea minuta.

வறளி, (வறளுகிறது), bouse de vache desséchée (pour faire du feu).

வறளுகிறது, *ou* வறள்கிறது, றண்டேன், றளுவேன் *ou* றள்வேன், றளு *ou* றள், றள, *v. n.* வறளுதல், வறள்தல், *n. v. ou* வறண்டுபோகிறது, se dessécher, sécher, devenir sec, — très-fluet, maigrir, devenir —, être stérile: வறளப்பண்ணுகிறது faire sécher, dessécher.

வறள், *imp. et part. du préc.* sec, desséché, maigre, stérile: — பம்பிளி sorte de plante; — முள்ளி nom d'un arbrisseau épineux et médicinal; — மலம் constipation.

வறள்வு, *n. v. de* வறளுகிறது, desséchement.

வறட்டி, *P.* வறட்டி, bouse de vache desséchée.

வறிஞன், *pl.* வறிஞர் (வறுமை), homme —, pauvre.

வறிது, (*id.*), ignorance, manque, petitesse, inutilité, chose insignifiante, petite, vaine, inutile.

வறிமை, *P.* வறுமை, pauvreté.

வறியவன், வறியன், வறியோன், *pl.* வறியவர், வறியர், வறியோர், வறியார், homme —, pauvre, indigent: வறியார்க்கொன்றீவதேயீகைமற்றெல்லாங்குறியெதிர்ப்பைநீரதுடைத்து seulement ce qu'on donne aux pauvres est une charité, tout le reste a un caractère intéressé qui a un but dans l'avenir.

வறு, *adj. de* வறுமை, vide, petit, inutile, bas, vil, pauvre: — நகை sourire; — நிலம் terre en friche; — மொழி parole inutile.

வறுகிறது, றேன், றுவேன், று, ற, *v. n. de* வறுக்கிறது, வறுதல், *n. v.* se dessécher —, sécher au feu...

வறுகுகிறது, கினேன், குவேன், கு, க, *v. a.* வறுகுதல், *n. v.* gratter.

வறுக்காற்றுப்போகிறது, (வறுக்க, அற்று), n'avoir rien à frire, être dans la dernière misère.

வறுக்கிறது, றுத்தேன், றுப்பேன், று, றுக்க, *v. a.* வறுத்தல், *n. v.* rôtir, faire —, griller, faire dessécher: வறுத்தபயறு pois grillés.

வறும், *P.* வறுமை, :— காலம் temps de sécheresse; — கோடை été sans pluie.

வறுதல், *n. v. de* வறுகிறது.

வறுத்தல், *n. v. de* வறுக்கிறது.

வறுத்துவறுப்புச்செய்கிறது, (வறுத்து, உறுப்பு), éloigner entièrement.

வறுமம் *P.* வன்மம், haine, rancune.

வறுமை, (வறு, மை), pauvreté, misère, vide, manque, disette, adversité; *adj.* வறு, வறும், வறிய.

வறும்புனம், (வறும்), terre stérile, — où l'on récolte une moisson.

வறுவிலி, (வறு, இலி), homme pauvre, — sans appui.

வறுவோடு, 1° (வறு, ஓடு), tesson inutile. 2° (வறுக்கும், ஓடு), tesson pour faire frire, homme bon à rien: வாழ்ந்தவன்கெட்டால் வறுவோட்டுக்கு மாகான் si un homme riche est ruiné, il n'est bon à rien, pas même à servir de tesson.

வறை, 1° (வறுக்கிறது), *V.* வறையல். 2° *P.* வறாய், tu ne rôtis pas: — காய்ச்சல் fièvre accompagnée de desséchement et de soif.

வறையல், (வறை), grillade, friture, viande grillée ou frite, mets sans sauce, gâteau de graines oléagineuses pilées. [sécheresse.

வற்கடம், temps de famine, — de

வற்கடை, manque, diminution.

*வற்கம், 1° (valgâ), bride, licou, rêne, corde de cheval (qu'on lui attache au cou) 2° (valka), écorce d'arbre, —intérieure, écaille de poisson. 3° (varga), carré d'un nombre, V. வருக்கம். 4° eau de riz: வற்கசங்கலிதம் progression géométrique ou par quotient; —மார்க்கம் la plante நாயுருவி; —மூலம் racine quarrée.

*வற்கராடம், (varkarâta), marque de l'ongle, œillade, rayon du soleil à midi.

வற்கா, 1° licou, corde de cheval, gourmette. 2° cruche, aiguière, pot à l'eau.

*வற்கலம், வற்கலை, (valkala), écorce d'arbre, vêtement d'écorce d'arbre, —ou toile de fibres d'écorce.

வற்காளி, (வல், காள்), chèvre.

வற்கிக்கிறது, கித்தேன், கிப்பேன், கி, கிக்க, v.a. வற்கித்தல், n.v. élever un nombre au carré, le multiplier par lui-même.

*வற்கிதம், (valgita), V. வல்கிதம்.

*வற்கிலம், (valkila), épine.

*வற்கு, 1° (valgou), beauté, chèvre. 2° P. வருக்கு, eau de riz.

*வற்குகம், (வற்கு, ka), beauté, santal, bois, prix.

வற்குசா, la plante காக்கொட்டாளி.

*வற்குடம், (valkouta), écorce d'arbre.

*வற்குலம், (valgoula), grosse chauve souris ou renard volant.

வற்குலிகம், espèce de milan dit வலியான். [las.

*வற்குலிகை, (valgoulikâ), cancre-

*வற்சகம், (வற்சம், ka), petit —, veau, enfant.

*வற்சகுரு, (id.), maître.

*வற்சதந்திரி, (id.) corde pour attacher un veau.

*வற்சதரம், (வற்சம், தரம் comparatif), bouvillon, jeune bœuf, — veau, litt. plus que veau.

*வற்சநாபம், வற்சநாபி, (vatsanâbha), poison végétal très violent tiré de la racine de l'aconite ferox, plante du népal, V. நாபம்; வற்சநாபியைச் சுப்புப்பார்ப்பார்களா goutera-on le poison dit vartsanâbhi pour voir s'il est salé? (on s'en gardera bien).

*வற்சநியம், P. வருச்சநியம், chose impropre, irrégulière, indirecte, à éviter.

வற்சபுடம் la plante கொடிப்பாலை.

*வற்சம், 1° (vatsa), veau, petit de vache, —de bufflonne etc..., poitrine, année, nom d'un pays. 2° P. வற்கம் bride, licou, ou வற்சபட்டணம் ancienne ville du nord de l'Inde nommée aussi கௌசாம்பி capitale de சே மிசக்கிரன்.

*வற்சரம், (vatsara), année.

*வற்சராந்தகம், (வற்சரம், அந்தம், ka), la fin de l'année, i.e. le mois de பங்குனி.

*வற்சலம், (vatsala), V. வற்சலை, ou வற்சலத்துவம், —தை tendresse, affection. [veau, — folle de son veau.

*வற்சலை, (id.), vache qui a un jeune

வற்சிக்கிறது, வற்சித்தல், வற்சிதம், வற்சுப்பு, வற்சிகம், P. வருச்சிக்கிறது....

*வற்சை, 1° (vatsâ), cher —, enfant, terme de tendresse pour un enfant ou un écolier. 2° vache stérile.

*வற்ணம், P. வருணம்.

*வற்த்தனை, P. வருத்தனை.

வற்பம், disette, cherté, — des grains, famine, rareté, mortification: வற்பகாலம் temps de famine; வற்பத்திலொருத்தனைக் காத்துத் தாங்குகிறது garder et soutenir quelqu'un en temps de famine.

வற்பு, fermeté, force, famine, P. வற்பம்: வற்புறுத்துகிறது, (உறுத்துகிறது), fortifier, affermir, corroborer, encourager, consoler; வற்புறுத்தல், n.v. affermissement, encouragement.

வற்மம், haine, — secrète, rancune, animosité, V. வன்மம்: — வைத்திருக்கிறது avoir de la haine.

வற்றி, m. f. (வற்றம்), rancuneux, haineux, qui a de la haine.

வற்மிக்கிறது, மித்தேன், மிப்பேன், மி, மிக்க, v.a. haïr, avoir de la haine, de la rancune, détester, agir par haine ou par malice.

வற்றடிக்கிறது, (வற்ற, அடிக்கிறது), dessécher, faire tarir: குளத்தை —faire tarir—, mettre à sec un étang; முலைப்பால்— faire tarir le lait des mamelles (par des remèdes...).

வற்றம், (வற்றுகிறது), reflux (de la marée), sécheresse, V. வற்று.

வற்றல், opt. et n. v. de வற்றுகிறது, écoulement, dessèchement, chose sèche,— desséchée, fruit sec, —desséché, viande —, poisson salé et séché au soleil: —இடுகிறது, — போடுகிறது mettre sécher au soleil (pour conserver); வற்றற்சூடு brûlure pour dessécher, pour châtrer.

வற்றா, வற்றாத, part. nég. de வற்றுகிறது, intarissable, qui ne tarit pas, inépuisable: வற்றாச்சமுத்திரம் mer intarissable; உன்வீடு வற்றாச்சமுத்திரமாகப்போகவேணும் que ta maison soit comme une mer inépuisable.

வற்றுலை, (வற்று, ஆலை), espèce de plante à racine bulbeuse.

வற்று, 1° n. v. imp. et part. du suiv. reflux, dessèchement, diminution des eaux: —க்கடை manque, diminution. 2° (வல்), pouvant; வற்றுகிறது avoir la force.

வற்றுகிறது, ற்றினேன், ற்றுவேன், ற்று, ற்ற, v.n. வற்றல், வற்றுதல், n.v. et வற்றிப்போகிறது, se dessécher, sécher, tarir, s'épuiser, s'écouler, maigrir: வற்றிப்போனகை main ou bras desséché; அவன்கையிப்போ வற்றிப்போனது sa main est maintenant desséchée, (il n'est plus capable de donner l'aumône).

*வனசம், (வனம், சம்), ce qui naît dans l'eau, —dans les forêts, nénuphar, éléphant.

*வனசை, (வனம், சை), le 6me des சுரணம், dit aussi வனிக்கம்.

*வனஸ்பதி, (வனம், பதி), arbre, — qui porte des fruits sans fleurs apparentes, habitant des forêts, anachorète.

*வனதம் (id. da qui donne), ce qui donne de l'eau, nuage.

வனப்பு, (வனம்), beauté.

*வனம், 1° (vana), désert, forêt, plaine—, terre inculte, bois fourré—, bosquet (qui entoure un bourg et qui lui sert de défense), eau, cascade, ruisseau qui descend des montagnes, maison, habitation. 2° beauté, basilic, lieu où l'on brûle les morts, chemin, abondance, tertre de fourmis blanches: வனக்காடு forêt; — கசம், — கரி éléphant sauvage, — des forêts; — கார்ப்பாசி colonnier sauvage; — குக்குடம் poule sauvage; — சரர், — சாரர் espion; — கோ vache sauvage, gayal; — கோசரம் forêt; — கோசரர் habitant des forêts, chasseur; — சஞ்சாரம், — சஞ்சரிப்பு résidence—, demeure dans les forêts; — சஞ்சாரி habitant des forêts, anachorète, ermite; — சந்தனம் sandal sauvage, agalloche ou அகில்; — சமூகம் bosquet fleuri, — de fleurs; — சரம் grande forêt, éléphant sauvage, — qui rôde ou est né dans les forêts; — சரர், — சரிதர், — சரிகள் chasseurs, habitans des forêts, anachorètes; — சாகம் chèvre sauvage; — சரோசினி (sarôdjini lotus), colonnier sauvage; — சீவி habitant des forêts, anachorète; — சரம் sentier de forêt, forêt de difficile accès; — செந்துக்கள் bêtes —, insectes des forêts; — சோபனம் nénuphar; — சம்பு terre de forêts, champs attenans aux forêts; — சுவா (சிவா), chien des forêts, chacal, civette, tigre; — சேதம் coupe du bois; — சேகர் anachorète, habitant des forêts; — திக்தம் la plante வேப்பாலை; — தீபம் l'arbre சண்பகம்; — தேவதை prétendue divinité des forêts; — நரம் homme des bois, singe; — பதி, — ப்பதியம், P. வனஸ்பதி; — பல்லவம் l'arbre முருங்கை; — பாதபம் arbre des forêts; — பூமி pays de forêts; — ப்பிரியம் ce qui aime les forêts, le couil ou cou cou indien: — ப்பிரவேசம் entrée d'une forêt, commencement de la vie érémitique; —மல்லி, —மல்லிகை jasmin sauvage; —மா les plantes கொடிவேலி, et முசிறை; —மாலை guirlande silvestre, —de Krichna composée de basilic; —மாலி celui qui s'orne de guirlande silvestre, i.e. Vichnou ou Krichna, la plante கிராம்பு; —மாலினி Dvâraka capitale—, énergie féminine de Krichna; —முசலை la plante முசுமுசுக்கை; —முதம் (moûta lit), nuage; —ராசன் le roi des forêts, i.e. le lion; —வாசம் sandal; —வன்னி embrasement d'une forêt; —வாசம், —விருப்பு, (இருப்பு), habitation —, séjour dans une forêt, ermitage; —வாசனம் civette; —வாசன், —வாசி habitant des forêts, ermite, anachorète; —வாந்தரம், P. வனாந்தரம் désert; —விடாலம் chat sauvage; —விரீகி riz qui croit de lui-même dans les étangs.

*வானரம், (vanara), singe.

*வனுகம்பம், (வனம், ஆ, கம்பம்), agitation des arbres d'une forêt par le vent.

*வனாகு, P. வனாகு, (id. ஆகு), rat des forêts, i.e. lièvre. [ge.

*வனாசம், (id. அசம்), chèvre sauvage-

*வனாசிரயம், (id. ஆசிரயம்), séjour dans les—, habitation des forêts. [forêt.

*வனாந்தம், (id. அந்தம்), bord de

*வனாந்தரம், (id. அந்தரம்), lieu —, désert, lieu —, forêt inhabitée divers déserts. [du feu.

*வனி (vani), feu, le prétendu dieu

*வனிகை, (வனம், ika), bosquet, verger, jardin planté d'arbres.

*வனிதம், (vanitâ) beauté, ornement, demande, sollicitation.

*வனிதை, (vanitâ), femme, (terme poli), bien-aimée, épouse, maitresse. [niyaka), mendiant.

*வனீபகன், வனீயகன், (vanika, va-

*வனேசரன், (வனே abl. sanscrit de வனம்), habitant des forêts, démon, sauvage, ou வனேசராச்சிரமன், (அச்சிரமம், ya), ascéte, hermite, sage.

*வனேசயன், (id. சயம் lit), qui couche ou vit dans les bois.

வனைகிறது, வனைந்தேன், வனைவேன், வனை, வனைய, v.a. வனைதல், n.v. orner, décorer, façonner, former, faire.

*வனோபதேசம், வனோத்தேசம் (வனம், உபதேசம், உத்தேசம்), partie d'une forêt. [fort), rhinocéros.

*வனோற்சாகம், (id. உற்சாகம் ef-

*வனோற்பவம், (id. உற்பவம்), production des forêts, coton sauvage.

வன், P. வல் devant க, ச, த, ப, ம, fort, grand, dur, cruel farouche: —கட்டேகுடியர், (கள்ளர்), femmes d'un pays stérile et ordinairement farouches ou cruelles, femmes de tribus sauvages; —கணம் classe des lettres dures dite வல்லினம், —des choses fortes ou dures; —கண், —கண்ணன் œil mauvais, —jaloux, inimitié, envie, jalousie; —கண்ணன் homme jaloux, envieux, haineux, cruel; —காய் fruit dur, non mûr, sauvage; —கரம் violence, force; —கிடை dure —, difficile position, manque de nourriture, jeûne; —கிழம் grand âge, extrême viellesse, homme—, femme décrépite (mot de mépris), seconde enfance, extrême précocité; —குணம் caractère dur, —cruel; —கை main dure, —cruelle, haine, inimitié, cruauté; —கைவாரம் cruelle vengeance; —கொடியவன் homme très-sévère, très-farouche, cruel, pervers; —கொலை meurtre cruel; —சா mort cruelle; —சிரம், —சிரமீன் le poisson dit scomber; —சுரம் chemin rude, désert —, terre stérile, pays de forêts; —சொல் parole dure, rude, cruelle; —சொல்விலக்கு figure ou beauté qui consiste à éviter ou défendre les paroles dures; —பகை haine cruelle, —extrême; — பால் pays ou terrain montagneux, —stérile, désert, monticule, hauteur; —பிழை grande faute, crime énorme; —பொறை grand fardeau, grande patience; —மரம், arbre dur, —dont le cœur ou le bois est dur; — மனசு volonté ferme, —endurcie, cœur dur; —மீன் poisson cruel, i. e. le crocodile; —மொழி parole ferme, sûre, dure, cruelle, parole d'encouragement.

வன்பு, (வல்), V. வன்மை.

வன்மத்தானம், (வன்மம், ஸ்தானம்), endroit vital, —délicat, V. உயிர்நிலை.

வன்மம், P. வத்மம், haine, rancune.

வன்மி (வன்மம்), ennemi, rancuneux, qui a de la haine.

வன்மிக்கிறது, P. வத்மிக்கிறது, haïr, détester.

*வன்மிகம், வன்மீகம், வன்மிகி, (valmika, —mika, —miki), tertre des fourmis blanches, éléphantiasis, hernie.

*வன்மீகன், (valmika), le poète vâlmiki, auteur du Râmâyanam, qui était, dit-on, si attentif en composant son poéme, que les fourmis blanches le renfermèrent dans un de leurs monticules. [வன்மீகன்.

*வன்மீகி, (valmiki), V. வன்மீகம் et

வன்மை, (வல், மை), dureté, c'est une des 8 sensations dites அஷ்டஸ்பரிசம், solidité, force, vigueur, violence, intention, pensée; சத்தத்தின் — accent, force du son.

வன்றொடர், (வல், தொடர்), que ou qui suit une lettre forte, suite de lettres fortes.

*வன்னம், P. வருணம், couleur, peinture, lettre, V. வருணம்: வன்னக்கல் pierre noire dite மந்தாரச்சிலை.

*வன்னி, 1° (vahni), feu, Agni prétendu dieu du feu, appétit, digestion, noix de l'arbre சேரான் (qui sert à marquer), l'herbe கொடிவேலி, dentelaire. 2° (P. வருணி), jeune brame étudiant non marié, perroquet, les arbres dits prosopis spicigera et நாரத்து; —கந்தம் encens, résine; —கருப்பம் bambou, le lingam; —கருப்பன் celui qu'on dit né dans le feu i. e. Soupramanien; —சிகம் safran, ou —தீபகம் sorte de carthame; —சிகரம் la fleur célosie, celosia cristata; —தீதி V. நவக்கிரகம்; —பரியம் la plante கொடிவேலி dentelaire; —நாமம் la noix à marquer, la plante கொடிவேலி, dentelaire; —போக்கியம், —போக்கியம் beurre clarifié; — மாரகம் l'eau destructrice du feu; — மித்திரன் l'ami du feu, i.e. le vent: —ரேதசு Siven qui répandit son sperme sur le feu d'où les Indous font naître வன்னிகருப்பன்; — லோகம் le cuivre; —வது la femme d'Agni; —வன்னம் nénuphar rouge; —வல்லபம் résine; —வீசம் or; வன்னிவிளைசெத்தம் l'arsenic dit இலிங்கபாஷாணம்.

வன்னிசர், la plante போரேசலை.

வன்னிக்கிறது, வரித்தேன், வரிப்பேன், வரி, வரிக்க, v. a. (வன்னம்), வன்னித்தல், n. v. décrire, orner, louer, invoquer, comparer. [on, éloge.

வன்னிப்பு, n. v. du préc. descripti-

வன்னிமை, la caste —, caractère —, honneur —, grandeur des Vanniers.

வன்னியம், P. வருணியம், description, chose décrite.

வன்னியன், 1° pl. வன்னியர், homme —, gens d'une branche de la caste des Pallis, laboureur ou cultivateur de cette caste. 2°* (vanya), habitant de forêt, sauvage.

*வன்னியை, (vanyâ), multitude de bosquets, quantité d'eau, inondation. [re.

வன்னிலம் (வல், நிலம்), terre du-

வன்னெஞ்சு, (வல், நெஞ்சு), cœur dur, cruel, volonté ferme, cœur courageux.

வன்னெஞ்சன், (id.), homme cruel, qui a le cœur dur, —qui a un grand cœur, courageux.

வன்னெஞ்சி, (id.), femme cruelle, qui a le cœur dur, — qui a un grand cœur. [d.

வன்னெத்து, la plante நத்தைச்சூ

வன்னெல், (வல், நெல்), vieux riz.

வா, 1° lettre syllabique composée de வ் et de ஆ, vâ long, 2° imp. de வருகிறது, viens.

*வாகசன், (vâhaka), cavalier, palefrenier, porteur, V. வாகனக்காரன்.

*வாகசம், (vâhasa), cours d'eau, gros serpent, serpent boa.

*வாகசி, (vâgasi), parole piquante.

வாகடம், livre de médecine, ou வாகடசாஸ்திரம் science médicinale, la médecine.

வாகவிலை, conduit, fossé (pour conduire l'eau dehors).

*வாகம், 1° (vâha), véhicule, voiture, monture, taureau, buffle, cheval, bras, épaule, air, vent, espèce de mesure contenant 10 கும்பம், environ un tonneau anglais, l'arsenic naturel dit பலண்டுருசம். 2° (vâka), volée de grues, l'herbe potagère செக்கிரை.

*வாகரம், (vâgara), loup, pierre à aiguiser, empêchement, obstacle, certitude, V. வடவாமுகம்.

*வாகரன், (id.), sage, savant, pandit, brave, héros.

*வாகனம், (vâhana), véhicule, monture, (v.g. cheval, éléphant, voiture, wagon), effort, toile: வாகனப்புடவை toile dans laquelle on met un paquet de linge.

*வாகன், 1° (vâha), porteur de fardeau. 2° (வாகு), homme joli, modeste, régulier.

*வாகாரு, (vâgârou), trompeur.

வாகி, 1° (வாகு), personne —, femme jolie, — modeste, de bonne conduite. 2° *(vâhi), qui porte.

*வாகிகம், (vâhika), gros tambour, grosse caisse, charrette, — à bœufs. [phant

*வாகித்தம், (vâhittha) joue d'élé-

*வாகியம், (vâhya), véhicule, voiture, bête de charge, extérieur, dehors: வாகியப்பிரவேசம் sortir, — dehors.

*வாகிருஷபன், et corr. வாகிருவன், (vâgrouchabha), savant, homme éloquent, litt. taureau d'éloquence: வாகிருஷபத்துவம் éloquence.

*வாகினி, (vâhini), armée, détachement, corps d'armée composé de 3 கணம், ou 81 éléphans, 81 chars, 243 chevaux et 405 piétons, cohorte, bataillon, rivière, l'arbre பாதிரி; — நிலையம் camp; — பதி ou

*வாகினிபதி, (வாகினி, I, பதி), général d'armée, le roi des fleuves, i.e. வாகீசம், corr. P. வாகீசம். [l'océan.

*வாகீசன், வாகீசுவரன், (வாக்கு, ஈசன், ஈசுவரன்), auteur, orateur, poëte, homme éloquent, Brama.

*வாகீசுவரி, (id. ஈசுவரி), V. வாக்கி னி.

*வாகு, 1° (bâhou), bras, main, épaule, côté d'un triangle, — d'une figure de géométrie. 2° beauté, ordre, régularité, manière: வாகாயிருக்கிறது, être beau, régulier; உடம்புதுவா காயிருக்கிறது le corps être d'une certaine manière, — hors de son état régulier; வாகாய்ச்செய்கிறது faire avec soin, d'une manière régulière; வாகாய்ப்படிக்கிறது apprendre ou lire bien, — comme il faut; வாகெடுக்கிறது partager régulièrement les cheveux (laissant une ligne du sommet de la tête au front; — த்திராணம் armure pour les épaules; — புரி cordon qui se porte sur l'épaule (gauche, i.e. cordon bramanique...); — பூஷை, (bhoûchâ), brassard, ornement des épaules; — ப்பிரசரணம் se boxer, lutte; — ப்பிரகரணன் lutteur, boxeur; — மாலை un des ornemens d'un pandel; — மூலம் aisselle, litt. racine des épaules; — யுத்தம் lutte, se boxer, litt. combat des bras; — வலயம் cercle ou ornement qu'on porte sur l'épaule, bracelet; — வீ லம் force des épaules, prouesse.

*வாகுசம், (வாகு, சம்), sésame sauvage, perroquet.

*வாகுசன், (வாகு, சன்), celui qu'on dit né des épaules de Brama, Kchatriya, roi, guerrier.

*வாகுசி (vâgoudji), la plante காக் கோளகி. [d'oiseau.

*வாகுடம், (vâggouda), espèce

*வாகுரம், வாகுரை, (vâgourâ), filet, lacet, piége, nœud coulant, attrape: வாகுராவிருத்தி prise d'animaux sauvages.

*வாகுரிகன், (வாகுரை, ika), chasseur, preneur de cerfs.

*வாகுலம், (bâhoula), le feu, le mois de கார்த்திகை, cotte de mailles (pour les épaules).

*வாகுலி, வாகுலிகன், (vâggouli, ka), serviteur qui porte le sac au bétel.

*வாகுலேயன், (வாகுலம், ou வாகு லை), Soupramanien qu'on dit né du

feu et nourri par Vâgoulei ou Bâhoulâ. [nymphe வாக்குலை.

*வாகுலை, (bâhoulâ), la prétendue

வாகுலம், l'arbrisseau மகிழ்.

வாகுளி, la plante சிறுசெண்பகம்.

வாகேசரி, வாகீசுவரி, 1° P. வாக்கின் தேவி. 2° parole.

வாகை, 1° l'arbre mimosa flexuosa, guirlande de fleurs de cet arbre, (c'est un emblème de victoire), victoire, drapeau, division d'un livre de morale, sujet moral, ordre, bonne conduite, bonté, excellence, vérité, caractère ou qualité, don, munificence, bienfaisance, pénitence, plénitude, abondance, effort. 2° (vâgâ), bride: —மாலை guirlande de fleurs de mimosa dont on décore celui qui a remporté la victoire dans un combat, c'est une des அஷ்டமெய்ப்பிரபந்தம், le 41me des பிரபந்தம் poème en l'honneur de celui qui couronné de fleurs de mimosa a vaincu l'ennemi ou qui a obtenu une telle couronne par une pareille victoire.

வாக்கப்படுகிறது, 1° (வாக்குகிற து), être répandu... 2° P. வாழ்க்கைப்படுகிறது, être mariée.

*வாக்கலகம், P. (வாக்கு, கலகம்), dispute, querelle.

வாக்கன், (வாக்கு), homme louche. [து), disputer, quereller,

வாக்காடுகிறது, (வாக்கு. ஆடுகிற

வாக்காட்டுகிறது, (id. ஆட்டுகிற து), tromper.

வாக்காய், (id. ஆய்), à pleine bouche, bouche béante, en suppliant .[சி.

வாக்காள், (id. ஆள்), V. வாக்கினி

வாக்கி, 1° (வாக்கு), rhéteur en morale, celui qui explique d'une manière intéressante les 4 objets d'un poème, savoir: la vertu, les richesses, le plaisir, et le paradis. 2° femme louche. 3° ger. de வாக்குகிறது.

வாக்கிடுகிறது, (id. இடுகிறது), dire la vérité, faire serment.

*வாக்கியதம், (vâgyata), silence, réserve dans ses paroles.

*வாக்கியம், 1° (vâkya), discours, parole, sentence, oracle, règle, aphorisme, prose, phrase, proposition (contenant le sujet எழுவாய், l'objet செயப்படுபொருள் et le prédicat ou attribut பயனிலை, ou bien le sujet, le verbe et le régime), marche du soleil pour tous les calculs astronomiques, système astronomique qui compte pour le 1er jour du mois celui où il commence, quand même ce serait après le coucher du soleil, tandis que le système திருக்கணிதம், usité dans le nord de l'Inde remet le 1er jour du mois au lendemain, s'il commence après le coucher du soleil, manière, méthode, nom d'un livre des Vichnouvistes. 2° P. வாயில், dehors, plaine, —, campagne: அம— , parole sinistre; — de mauvais augure; சுப — parole de bon augure; சுப — பிறந்தது une parole de bon augure a été prononcée; தேவ — parole divine, passage ou texte divin, —inspiré; பிரதம — la majeure d'un syllogisme; துவிதீய — la mineure, அநுமிதி la conclusion; வாக்கியகண்டனம் réfutation ou critique d'une assertion, en prouver la fausseté; — ப்பிரயோகம் emploi du langage, parler; — ப்பொருட்காட்டியணி figure qui consiste à montrer la liaison de 2 propositions; — விதியாசம் syntaxe ou arrangement d'une proposition; — விசாரதன் homme éloquent; வாக்கியத்துக்குப்போகிறது sortir, dehors, aller à la campagne, — aux besoins naturels.

வாக்கியமன், (vâgyâma), homme muet, silencieux, taciturne.

*வாக்கீசன், (வாக்கு, ஈசன்), V. வாக்கீசன்.

*வாக்கீசரி, வாக்கீசுவரி, (id. ஈசுவரி), la prétendue déesse de la parole ou de l'éloquence, i. e. Sarasvati, qui, au dire des Indous réside sur la langue des poëtes.

*வாக்கிரன், (vâkkira), beau-frère, frère de la femme.

*வாக்கு, 1° (vâk), discours, parole, mot, son, proverbe, adage, vérité, la bouche, l'organe du —, le goût (qui est un des கர்மேந்திரி, i.e. des 5 organes des sens ou d'action), la prétendue déesse de l'éloquence Sarasvati. 2° *imp. et part. de* வாக்குகிறது. 3° manière, regard de travers, strabisme, ligne de séparation des cheveux, cette ligne être courbe, arche irrégulière: வாக்கு - ச les quatre espèces de sons et de tons: சூக்குமை son qui vient du nombril, que l'on suppose la source de l'air ou du vent qui donne le ton; பைசந்தி son qui vient de la poitrine ou des poumons; மத்திமை son qui vient de la gorge; வைகரி son qui vient de la langue ou de la bouche, son articulé; அமிர்த — parole douce comme l'ambroisie, — de bon augure; — கண் œil louche; — கண்ணன் homme louche; — கூறுகிறது proclamer; — க்குற்றம் méprise, — dans les paroles, faute dans le discours; — க்கொடுக்கிறது dire la vérité, engager sa parole, faire serment; — சலம், — சாலக்கினியம் babillage, tenir des discours frivoles, se fatiguer à bavarder; — சலம் équivoque; — சகாயம் recommandation, mot en faveur; — சகாயம்பண்ணுகிறது ou வாக்குபகாரம்பண்ணுகிறது parler en faveur de, recommander, *litt.* rendre un service de parole; — சித்தி réussite des paroles, — selon la parole dite; — க்கொடுத்துவிடுகிறது dire la vérité, engager sa parole; — தண்டம் réprimande, reproche; — த்தத்தம் promesse; — த்தத்தம்பண்ணுகிறது promettre, faire une promesse; — த்தத்தை fille promise en mariage; — தரித்திரம் pauvreté de —, dire peu de paroles; — தலம் lèvre; — தேவதை divinité de la parole, Viâjen ou le régent de la planète Jupiter, homme éloquent; — தோஷி, V. வாக்கிதோஷி; — துஷ்டம், — தோஷம் méchanceté de paroles, diffamation, mépris, injure, méprise dans les paroles, faute de grammaire, son désagréable, mot fautif ou impropre; — துஷ்டன் brame qui n'a pas reçu dans le temps convenable, l'initiation des Mandrams ou du cordon bramanique; — தீட்சை espèce d'initiation, initiation à la doctrine; — த்தம்பம் arrêter le discours, interrompre, fascination de la parole ou de la bouche, c'est le 60 [me] des கலைஞானம்; — த்தத்தம், V. வாக்குத்தத்தம்; — த்தானம் le 2° signe à partir de celui de la naissance; — த்தானச்சனி présence de Saturne dans le 2° signe à compter de celui qui est ascendant, ce qui est supposé indiquer le don de l'éloquence; — தீட்சை V. வாக்குதீட்சை; — துஷ்டம், V. வாக்குதுஷ்டம்; — நாணயம் force —, influence —, assurance de la parole, fidélité à sa parole; — படு éloquent; — படுதல் éloquence; — பதி le maître de la parole, homme éloquent, Viâjen, le régent de la planète Jupiter; — பண்ணுகிறது, V. வாக்குக்கொடுக்கிறது; — பந்தனம் interruption du discours; — பாருஷ்யம் injure, diffamation; — புறப்படுகிறது une parole sortir de la bouche, un mot être dit; — பார்வை regard de travers ou de côté; — மாத்திரம் paroles seules, — seulement; — மாறுகிறது changer de langage, tergiverser, extravaguer, délirer, l'esprit s'obscurcir; — முகம் prologue, exorde (d'un discours); — மூலம் déposition (par écrit devant un juge ou des arbitres), déclaration, sens —, motif —, cause des paroles; — லச்சை honte à parler; — வசீகரம் influence des paroles; — வந்தனம் modeste apologie, — excuse ou expression respectueuse (devant une assemblée); — வல்லபம் puissance de la parole; — வாதம் discussion, dispute, querelle, contestation; — மயி, — வல்லி, — வலி, — விலாசினி Sarasvati; — விசுவாசம் fidélité à sa parole; — விசேஷம் sujet ou particularité du discours, discours efficace, parole effective; — வியாபாரம் manière de parler, relation de vive voix, conférences ou conversations fréquentes; —விலாசம் éloquence, discours éloquent; வாக்கின் செல்வி, V. வாக்கிசுவரி; இரு வாக்கருளிச்செய்கிறது (un grand) daigner prononcer un mot (surtout favorable); அவன் வாக்கிலேகேட்டேன் je l'ai entendu de sa bouche; வாக்குக்கெட்டாத ineffable, inexprimable, indicible; அவனைக் கிடந்தவாக்கிலே போட்டுவிட்டார்கள் ils l'ont laissé ou remis dans l'état où il était, —couché comme il l'était.

வாக்குகிறது, க்கினேன், க்குவேன், க்கு, க்க, *v.a.* வாக்குதல், *n.v.* verser, répandre.

வாக்குவி, (வாக்கு), *V.* வாக்கிசுவரி.

வாக்குவிக்கிறது, *v. caus. du préc.* faire verser. [றது.

வாக்கொடுக்கிறது. *P.* வாய்கொடுக்கி

*வாங்கம், (vânka), la mer.

வாங்கல், *opt. et n v. de* வாங்குகிறது, action de prendre..., prise, acceptation, réception, chose reçue, créance, achat, appel, admission, retrait, retirement, recul, reculement, inclinaison, penchement (d'un mur...), courbure, tortuosité, détour, longueur, distance, allée, profondeur, état glissant, rancune, désaccord, coup, attrait: அதற்கி துவாங்கல் ceci est plus loin que cela; வாங்கலினாலே கடலிலிறங்கப்படாது à cause de sa profondeur on ne peut descendre dans la mer, elle n'est pas guéable; இருவருக்கும் வாங்கலாயிற்று il se sont séparés l'un de l'autre, il y a désaccord entre eux; இந்தநிலம் வாங்கலாயிருக்கிறது ce terrain est glissant: வாங்கல்காரருக்குநல்ல சொல்லுகிறது dire de bonnes paroles à ses —, s'arranger avec ses créanciers.

வாங்கா, 1° espèce de flageolet. 2° *ou* வாங்காத, *part. nég. de* வாங்குகிறது.

வாங்காமல், *gér. nég. de même*, sans prendre... sans cesse, sans relâche. [sition, inimitié.

வாங்காவில், (வாங்கா, இல்), oppo-

வாங்கி, *n. app. et gér. de* வாங்குகிறது, arracheur, instrument pour ôter ou arracher, qui prend...

வாங்கு, 1° banc, siége, espèce de — poignard. 2° *imp. et part. du suiv.* வாங்காலே போடுகிறது frapper d'un —, donner un coup de poignard, — de banc.

வாங்குகிறது, *sync.* வாங்கிறது, கினேன், குவேன், கு, க, *v.a.* வாங்குதல், *n.v.* prendre, recevoir, percevoir, admettre, accepter, obtenir, appeler, tirer, attirer, arracher, ôter, retirer, se retirer, s'éloigner, reculer, s'en aller, cesser, acheter, frapper, couper, courber, être glissant: கடனும் —, இரவலாய் — emprunter; விலைக்கு — acheter; உன்கையைவாங்கு retire ta main; ஒருத்தனுக்கு *ou* ஒருத்தனைக் கையைவாங்குகிறது couper la main à quelqu'un; வாங்கிக்கொடுக்கிறது acheter et donner, — et remettre, — pour un autre; அவனுக்கொரு குதிரையைவாங்கிக்கொடுத்தேன் je lui ai acheté et donné ou remis un cheval; —ப்போகிறது décamper, s'en aller, se retirer, cesser; —ப்போடுகிறது éloigner, enlever, ôter, déposer, congédier; ஒருவனைவாங்கிப்போடுகிறது déposer —, congédier, renvoyer quelqu'un; சுவர்சற்றுவாங்கியிருக்கிறது le mur s'est un peu retiré, déjeté, affaissé ou fait bosse; நோவு —ப்போயிற்று, la douleur a cessé; —யிருக்கிறது s'être retiré, avoir cessé, être loin, éloigné....

வாச, *adj. de* வாசம்.

*வாசகம், (vâtchaka), mot, parole, sentence, phrase, lettre, épître, prose (opposé à கவி vers), diction, style: அதுவாசகமோகவியோ est-ce de la prose ou des vers? — சொல்லுகிறது répéter des mots, des sentences en prose; வாசகஞானம் science spéculative sans pratique; — நடை lecture courante, - aisée, — sans s'arrêter; அவனுக்கு — நடையுண்டு il lit couramment, sans broncher; — தீட்சை initiation dans la doctrine; — பதம் mot usité, clair, intelligible; — புஸ்தகம் livre de lettres, contenant des modèles de lettres et de correspondance par lettres (pour les écoles...);

— ப்பா comédie, tragédie, *litt.* chant ou poésie prosaïque, parce que le style dramatique, quoique versifié, est généralement intelligible; —ப்புணர்ச்சி, —ப்பொருத்து liaison —, enchainement des mots ou des phrases.

*வாசகன், *pl.* வாசகர், (*id.*), parleur, orateur, envoyé, messager: ஒருசொல் - homme qui n'a qu'une parole, qui dit la vérité.

*வாசசனேயி, (vâdjasanêyi), l'Ézour-Vêdam blanc, *V. au mot* யசுசு.

*வாசசாம்பதி, வாசஸ்பதி, (vâch *parole, gén. sing. et pl.*), Vrouhaspati prétendu régent de la planète Jupiter.

*வாசதம், (vâsata), âne.

*வாசதேயி, (vâsatêyi), nuit.

*வாசந்தம், (vâsanta), chameau, couil ou coucou indien, petit (d'un animal), vent du sud, chose qui a rapport au printemps.

*வாசந்தி, (vâsanti), la plante rampante —, l'arbre குருக்கத்தி, poivre long, l'arbuste ஆடாதோடை, fête en l'honneur de Kâmen dans le mois de சித்திரை.

*வாசந்திகன், (வாசந்தப், ika) acteur, danseur.

*வாசபேயம், (vâdjapêya), *ou*

*வாசபோஜினி, (vâdjabhôdjini), espèce de sacrifice.

*வாசம், 1° (vâsa), maison, demeure, habitation, bourg ou ville, —en pays cultivé, toile, habit, vêtement, parfum, odeur, — de fleurs, l'herbe odoriférante இலாமிச்சை. 2° (vâdja), aile, plume, plumes de -, flèche, vitesse, hâte, ardeur, riz pilé, riz offert dans les cérémonies funèbres, nourriture, eau, beurre fondu, prière, —qui finit un sacrifice, son. 3° (vâtch), parole, langage, phrase, Sarasvati ou சரச்சுவதி, réflexion. 4° *P.* வாசரம்), jour: வாசம்-ஐ, les 5 aromates, *V.* பஞ்சவாசம்; — கட்டுகிறது parfumer; — செய்கிறது parfumer, *ou* — பண்ணுகிறது habiter, demeurer; வாசகிரகம் chambre intérieure, — qu'on habite; —குடி tente; — கஸ்தூரியம் os de musc ou de civette; —நிலயம், —தலம், —ஸ்தானம் demeure, habitation; —பதி, *P.* வாசஸ்பதி.

*வாசரம், (vasara), jour, nom d'un serpent ou Nâga, —d'un enfer: வாசராரம்பம் matin.

வாசலூர், (வாசல்), la ville de Vâselour ou Barselore sur la côte malabare.

வாசல், porte, — d'entrée, entrée, porte cochère, cour intérieure: சாளர—fenêtre; குறுகு— porte étroite et basse, guichet; —அடைக்கிறது boucher l'entrée, —la porte; — காப்போன், —காப்பவன் portier; வாசற்கதவு porte, battant de porte qui en ferme l'entrée: —க்காலொவ்வாசற்கால் montant —, jambage de porte, chambranle; —படி seuil, - de la porte, marche de l'entrée ou du devant de la porte: என்வாசற்படி தாண்டாதே ne franchis pas le seuil de ma porte; வாசற்படியிலேநிற்கிறது se tenir —, être sur le seuil de la porte ou sur les marches d'entrée.

*வாசவத்திரன், (வாசம். வஸ்திரம்), Vichnou.

*வாசவன், (vâsava), Indiren.

*வாசவி (vâsavi), Vâsavi, mère de Vyâsen.

*வாசனம், 1°(vâsana), cri ou chant des oiseaux, bourdonnement des abeilles, voix, odeur, parfum, fumigation, habit, toile, demeure, être assis les jambes croisées, connaissance, jarre d'eau, boîte, réceptacle, enveloppe. 2° (வாசிக்கிறது), lecture.

வாசனி, pavillon, baldaquin, dais toile qui sert de plafond ou le couvre.

வாசனிக்கிறது, னித்தேன், னிப்பேன், னி, னிக்க, *v.n.* (வாசனை), sentir, répandre une odeur.

*வாசனை, 1° (vâsanâ), odeur, — suave, parfum, senteur, connaissance, —acquise par la mémoire, imagination, espérance, ignorance. 2°(வாசிக்கிறது), lecture: —கட்டுகிறது parfumer; — தட்டுகிறது l'odeur frapper, être frappé de l'odeur, sentir; —த்திரவியம், — ப்பண்டம் parfums, aromates, matières —, substances odoriférantes, parfums mélangés, onguent odoriférant; — பூசுதல் action de parfumer; — பூசிப்போடு oindre —, se frotter de parfums, d'onguens ou de poudres odoriférantes: — பொடி poudre odoriférante; — வடிக்கிறது l'odeur frapper, — se faire sentir, s'exhaler, sentir; — வீசுகிறது répandre une odeur, — un parfum, sentir. [langage.

*வாசா, (vâchâ), discours, parole,

*வாசாகாரம், (வாசம், ஆகாரம்), chambre intérieure, — à coucher.

வாசகர்க்கியம், (வாசம், அக்கியம்), poivre. [வம்.

*வாசாடம், (vâtchâta), V. வாசா

*வாசாதத்தம், (வாசா), vœux, promesse: — பண்ணுகிறது vouer, promettre. [டாகோரடை.

வாசாரி, la plante médicinale ஆ

வாசகப்பு, (*sync. de* வாசகப்பா), comédie, tragédie, drame: — கட்டுகிறது composer —, jouer une comédie ou tragédie.

*வாசாலகம், வாசாலம், (vâtchâla, ka), causerie, babillage, bavardage, l'art de bien —, habileté à parler, éloquence, faconde, don de la parole.

*வாசாலகன், வாசாலன், (*id.*), causeur, babillard, grand parleur, homme éloquent, — puissant en paroles, orateur.

*வாசாலை, (vâtchâlâ), babillarde, grande parleuse, femme éloquente.

*வாசி, 1° (vâsi), habitant, habitation, feu. 2° (vâdji), cheval, la 1re constellation lunaire dite அசுவதி, flèche, trait, oiseau. 3° flûte, chant harmonieux, abondance, plus, règlement, précision, proportion, raison, cause, (parce que), qualité, nature, ce qui est meilleur, mieux, amélioration, escompte plus fort que l'intérêt, déduction de ce qui excède les intérêts, particule qu'on ajoute aux fractions comme காலவாசி le quart, V. வாசகம். 4° *imp. de* வாசிக்கிறது: அதனால் — pour cette raison, c'est pourquoi; நஷ்டமே — réparation —, compensation d'une perte; நீவராத — காரியங்கெட்டது parce que tu n'es pas venu l'affaire s'est gâtée; அதிதுவாசி தான் — ceci est meilleur que cela; அவனிதுவிடவன் — celui-ci vaut mieux que celui-là, le surpasse, l'emporte sur lui; — கந்தம், — சுகந்தம் odeur de cheval, — la plante physalis flexuosa; — காம், — காமம் excitation à la luxure par des remèdes aphrodisiaques, amour passionné; — காணுகிறது, — கண்டுபிடிக்கிறது avoir —, trouver du mieux, un excédant, une meilleure qualité; அளவு — கண்டது le mesurage s'est trouvé meilleur, on a trouvé un excédant en mesurant; — சாலை écurie; — தந்தம் dent de cheval, la plante குடாரோசனை; — தத்துவம் nature de cheval, propriété d'être ailé; — பூமி lieu où l'on nourrit les chevaux; — யாகிறது aller mieux, s'améliorer: — யாக்குகிறது guérir, améliorer; வியாதி — யாய்ப்போகிறது la maladie guérir, — aller mieux; வியாதிக்காரன் — யாயிருக்கிறது le malade être mieux.

*வாசிகம், (vâtchika), nouvelle, message, missive: வாசிகபத்திரம், — காரகம், (hâraka *qui porte*), lettre, épitre, gazette; — காரகன் *ou*

*வாசிகன், (*id.*), messager, porteur de nouvelles.

வாசிகை, guirlande, — de fleurs.

வாசிக்கல், 1° (வாசி), pierre dite aussi காக்கைக்கல். 2° *n.v. et opt. de* வாசிக்கிறது.

வாசிக்கிறது, சித்தேன், சிப்பேன், சி, சிக்க, *v.a.* 1° lire, apprendre, étudier, jouer du luth ou autre instrument semblable. 2° (வாசம்), sentir, répandre de l'odeur; வாசிக்க அறிந்தவன் celui qui sait lire.

*வாசிஷ்டம், வாசிட்டம், 1° (வசிஷ்டன்), chose composée par Vasichten, un des 18 codes de lois ou de livres de jurisprudence, un des 18 pouranas inférieurs dit வாசிஷ்டலைங்கம், une partie des vêdas. 2° sang.

*வாசிதம், (vâsita), connaissance,

son, cri des oiseaux,—des animaux, établissement d'une colonie.

*வாசிதை, (vâsitâ), femme, éléphant femelle.

வாசித்தல், வாசிப்பு, n.v.de வாசிக்கிறது, action de lire..., lecture, étude, odeur.

வாசிவாசகம், mémoire—, note du montant, du produit.

*வாசிரம், (vâsra), jour, carrefour, place où 4 routes se rencontrent, maison. édifice, demeure.

*வாசிராயநீயம், un des 32 உபநி

*வாசினி, (vâdjini), jument. [ஷதம்.

வாசினேர், P. வாசனேர்.

*வாசு, (vâsou), Dieu considéré comme l'âme de l'univers, (surnom de) Vichnou.

*வாசுகி, வாசுகேயன், (vâsouki, —kêya), le serpent fabuleux Vâsougui, un des 8 qui au dire des Indous suportent le monde, et qui servit de corde pour baratter la mer de lait: வாசுகேயசுவசு (svasrou sœur), la sœur des serpens, i.e. மனசை.

*வாசுதேவன், வாசுபுத்திரன், (வசு), Vichnou ou Krichna fils de வசுதேவன்.

*வாசுரை, (vâsourâ), nuit, terre, femme, éléphant femelle.

*வாசை, (vâsâ), la plante ou l'arbuste ஆடாதோடை. [d'habits.

*வாசோயுக்கம், (vâsas habit), paire

*வாக்சக்கியம், P. வாற்சல்லியம்.

வாச்சாருசம், V. வயிறுசாசம்.

*வாச்சி, (vâsi), doloire, herminette, petite hachette: —வாழிறு couper ou taillader avec une herminette, punition cruelle autrefois infligée à des hommes.

*வாச்சியம், 1° (vâtchya), faute blâme, mépris, ce qu'on peut dire ou qu'il convient de dire, publicité, attribut, adjectif, voix dans les verbes. 2° P. வாத்தியம், tambour et autre instrument de musique de tout genre. [காரர்.

*வாச்சியகாரர், P. வாத்தியகார

*வாஷ்பம், (vâchpa), vapeur, moiteur, pleurs, fer.

*வாஸ்து, (vâstou), emplacement ou site d'une—, maison, habitation.

வாஜிப், வாஜிப்பு, (arabe), chose propre, raisonnable, convenable.

*வாஞ்சனம், (vântchhana), désir.

*வாஞ்சனீயம், (வாஞ்சை, aniya affixe), chose désirable.

*வாஞ்சாபோகம், (வாஞ்சை), plaisir, désir.

*வாஞ்சாவிஷயம், (id.) V. காமியம்.

வாஞ்சிக்கிறது, சித்தேன், சிப்பேன், சி, சிக்க, v.a. (வாஞ்சை), வாஞ்சித்தல், n.v. désirer,—ardemment, souhaiter, convoiter.

*வாஞ்சிதம், வாஞ்சிளம், (வாஞ்சை, ita. ina), chose désirée.

*வாஞ்சினி, (வாஞ்சை, ini), femme luxurieuse.

*வாஞ்சை, (vântchhâ), désir, —ardent, cupidité: —வைக்கிறது désirer, souhaiter.

வாடகை, 1° louage, loyer, prix du louage, rente. 2°* (வாடம், kâ), champ, enclos, jardin, route, rue, mur de terre, allée—, place pour les véhicules.

*வாடவேயம், (vâdavêya), bœuf.

*வாடம், 1° (vâta), enclos, terre entourée, jardin, mur,—de terre,—d'entourage,— ou haie qui entoure un village, route. 2° (vâda), abondance, beaucoup, très, v.g. வாடவிக் கிரமன் homme très-fort. 3° P. வா டோம், 1re pers.pl.nég.de வாடுகிறது

வாடல், opt.et n.v. de வாடுகிறது, mort, amaigrissement, maigreur, dépérissement. décadence, flétrissure, desséchement, se faner: — வெற்றிலை feuille de bétel desséchée.

வாடா, 1° sync. de வா அடா, viens gueux,—donc. 2° ou வாடாத, part.nég. de வாடுகிறது, qui ne se flétrit pas, ne se fane pas: வாடாக்குறிஞ்சி arbrisseau qui est une variété du lawsonia; — மல்லிகை la plante gomphrena globosa, amarante, immortelle, violette; — மாலை le bijou nommé பொன்னரிய மாலை.

வாடி, 1° gér. de வாடுகிறது. 2° sync. de வா அடி viens gueuse, —donc. 3° * (vâli), ou

*வாடிகை, (வாடி,kâ), enclos, place renfermée, — entourée de palissades,jardin, — de fleurs, champ, cour,maison,lieu où l'on s'arrête,situation d'une maison,mur, la plante sida cordifolia.

வாடிக்கை, coutume,habitude.

வாடுகிறது, டினேன், டுவேன், டு, ட,v.n.வாடுதல்,n.v.et வாடிப்போகிறது,se faner,se flétrir, dépérir,se sécher,se dessécher,se consumer,être triste,languissant, abattu, maigrir, périr, mourir (un arbrisseau), déchoir: தன்னக்கிரமங்களில் வாடிப் போகிறது dépérir à cause de ses iniquités; பிசைடவந்தும்வாடாதிரு bien qu'il vous arrive quelqu'affliction ne vous laissez pas abattre.

வாடை, 1° rue, côté de rue,rang, ordre, ligne, rangée, —de maisons, rue ou petit village de bergers, de pâtres,de vèders ou chasseurs, de sauvages, odeur, vent du —, nord, vent,loyer de maison.2° P.வாடாய், tu ne te flétris pas...,nég. de வாடுகிறது: தென்வண்டை—,le côté sud d'une rue; பூ —, மஞ்சள் — odeur de fleurs, de safran; — க்கச்சான் vent du nord-ouest;—க்காற்று vent du nord; — க்கொண்டல் vent du nord-est; நாய்—பிடித்தது le chien a senti l'odeur, — a pris la piste;— யடிக்கிறது le vent du nord souffler: நேர் ou நெடு—யடிக்கிறது le vent souffler droit du nord; —வாயிருக்கிறது être en rang,en bon ordre,régulier; வாடையிலேவாடுகிறது faire voile vers le vent du nord;வாடைவாரோடுகிறது faire voile ou naviguer avec le vent du nord ou au moyen du vent dn nord.

வாட்கை, P. வாழ்க்கை.

வாட்கோரை,(வாள்,கோரை),espèce d'herbe, cyperus. [loire.

வாட்சி, P. வாச்சி,herminette,do-

வாட்குலை, (வாள்),espèce de maladie.

வாட்டம்,1° n.v.de வாடுகிறது.dépérissement, langueur, décadence, diminution,dessèchement,manque, maigreur, accablement, tristesse. 2° (வாடம்),rue,chemin, jardin, pente du sol, d'un terrain,— d'un toit... (pour l'écoulement de l'eau). 3° P. வாட்டோம் nous ne fanons pas....

வாட்டரவு, (வாட்டம்), dépérissement, épuisement, langueur, dessèchement. [றது.

வாட்டல், opt. et n.v.de வாட்டுகி

வாட்டாளி,வாட்டாளன், (வாட்டம்),homme maigre, décharné.

வாட்டாழை,(வாள்,தாழை), l'arbre dit கடற்றாழை.

வாட்டி,1° fois,tour,changement: மூன்று — 3 fois;நாலு — 4 fois, V. வாட்டு.2° gér.de வாட்டுகிறது.

*வாட்டியம்,(vâtya),jardin,maison: வாட்டியபுஷ்பம் fleur de jardin, sandal, safran; — புஷ்பி ou

*வாட்டியலை,(vâtyâ),la plante sida cordifolia.

வாட்டு,1° bien, justice, bonheur,ce qui est beau,raisonnable,juste,droit, heureusement. 2° imp. et part.de வாட்டுகிறது: நல்ல—bonne fortune,—chance;வாட்டாயகப்படாத qu'on ne peut obtenir facilement: வாட்டாய்க்கிடைத்தது ce qui a été trouvé fortuitement;வாட்டாய்வாங்குகிறது acheter à bon marché, — à un prix raisonnable; இந்தத்தொழிலெனக்கு வாட்டமாயிருக்கிறதில்லை cet emploi ne me convient pas; குருவியை வாட்டாய்ப்பிடித்தேன் j'ai heureusement pris l'oiseau.

வாட்டுகிறது, ட்டினேன், டுவேன், ட்டு டட,v.a.de வாடுகிறது,வாடுதல்,n.v.flétrir,faner, dessécher,faire dépérir, — maigrir, — languir, vexer, tourmenter:நெருப்பிலே —faire sécher au feu;ஒருத்தன்சீவனை — litt. faire languir la vie de quelqu'un,le vexer excessivement; வாட்டிவைத்துக்கட்டுகிறது faire chauffer(une feuille)et l'appliquer sur une plaie ou un endroit malade;வாட்டிக்கொள்ளுகிறது, — விடுகிறது vexer—, tourmenter cruellement,faire dépérir.

வாட்டுபடையாள்,(வாள்,படை),celle qui est armée d'une épée, i. e. Dourgà.

வாணசந்தி, (வாணம்) 1° l'arbre அரசமரம். 2° ou

*வாணசந்தகம், (id.),espèce de sulphure d'arsenic.

*வாணகம், (வாணம்,ka), feu, flèche, isolement, solitude, pis de vache, flûte, fifre, chalumeau de bambou.

*வாணஹன், (வாணன்,han tuer), le meurtrier de Vânen, i.e. Vichnou.

*வாணம், (vâna), flèche, trait, feu, fusée, feux du Bengale et autres pièces de feux d'artifice: ஆகாச — fusée volante, —qui monte dans l'air; குருத்தி —, V. குருத்திப்பாணம்; பட்ட — fusée employée dans les combats; புஷ்பவாணம் gerbe de fusées, fusée de mine; — அடிக்கிறது, — கட்டுகிறது faire des fusées, des pièces de feux d'artifice; — கொளுத்தி விடுகிறது allumer et lancer des fusées; — விடுகிறது lancer des fusées, à l'obl. வாண, (c'est aussi l'obl. de வாணன்); வாணன் மகள் la fille de Vânen, nommée உஷை femme de அநிருத்தன்; — தண்டம் estille de tisserand; — பாணி qui tient une flèche à la main; - புரம் la ville de Vânen; — மோக்ஷணம், — மோசனம் lancer des flèches; — வாரம் cuirasse, armure; — ராசன் le roi Vânen. ou

*வாணன், 1° (id.), Vânen, asouren fils de Bali, lequel, au dire des Indous, avait 1000 mains et fut tué par Vichnou. 2° ou சடையவாணன் Vânen, chef célèbre par sa libéralité, qui vivait dans la ville de தஞ்சாக்கூர். 3° la 3° des constellations lunaires dite கார்த்திகை. 4° P. வாழ்நன் homme qui vit heureux; — கோவை nom d'un poème ou d'une chanson.

வாணுக்கம்பு, bâton d'escrime.

*வாணாசனம், (வாணம், ஆசனம்), arc, litt. siége de la flèche. [flèche.

*வாணாசிரயம், (id. ஆசிரயம்), arc,

*வாணாசுரன், (வாணன், அசுரன்), l'Asouren Vânen.

வாணத்தண்டம் V. வாணக்கம்பு.

வாணுள் P. வாழ்நாள், le temps de la vie, jour ou temps de prospérité. [mi de Vânen, i. e. Vichnou.

*வாணாரி, (வாணன், அரி), l'enne-

*வாணி, 1° (vâni), discours, parole, mot, Sarasvati, prétendue déesse de la parole, tissure. 2° espèce de —, danse, drame, comédie, espèce d'arsenic dit மனோசிலை, la plante அசமதாகம்: — கேள்வன், V. வாணீசன்.

*வாணிகம், (வணிகம்), commerce, trafic, négoce.

*வாணிகன், (வணிகன்), marchand, chetty, le signe de la Balance.

வாணிச்சி, fém. de வாணியன், marchande, —d'huile: — மேனி rubis.

*வாணிச்சியம், (வணிச்சியம்), commerce, trafic, négoce, achat et vente.

வாணிதம், callou ou jus de cocotier... [pétulante.

வாணிதி, danse, femme joyeuse,

வாணினி, V. வாணினி.

*வாணிபம், P. வாணிகம், trafic, commerce, ce qui est un des 6 emplois des வைசியர்.

*வாணிபன், pl. வாணிபர், (id.), chetti, marchand, — de caste, — de profession, — d'huile: வாணிபர்க்குழுவாணிபஞ்செய்தல் le propre des marchands est de faire le commerce.

வாணியம், P. வாணிபம், commerce.

வாணியன், pl வாணியர், marchand, —d'huile, homme d'une certaine caste. [chande, — d'huile.

வாணிவிச்சி, fém. du préc. mar-

*வாணினி, (vâuini), danseuse, actrice, femme débauchée, — immodeste, — ivre, intrigante, opiniâtre, furieuse, femme adroite, habile, prudente, intelligente.

*வாணீசன், (வாணி, ஈசன்), le maître —, le mari de வாணி ou Sarasvati, i.e. Brama.

வாணுதல், (வாள், நுதல்), celle dont le front est comme une épée, femme.

வான்டியம், la plante பெரமூட்டி.

*வாத, *adj. de* வாதம்.

வாதகி, 1° sorte de sel brûlant et âcre dit சத்திச்சாரம். 2° *(வாதம், ki), goutteux, rhumatique.

*வாதம், (vâta), air, vent, flatuosité, une des 3 humeurs du corps ou des 3 causes de maladies dites முப்பிணி, tempérament mélancolique, hypocondrie, rhumatisme, goutte, inflammation des articulations. 2° (vâta), ce qui est allé, passé. 3° (vâda), controverse, discussion, dispute, argument, discours, conversation, fin d'une discussion, conclusion, —démontrée, plainte, accusation, alchimie ou pierre philosophale, art de changer les métaux en or. 4° l'arbre விக்கம். 5° (bâdha), affliction, peine: இளம்பிள்ளைவாதம் paralysie —, goutte ou arthrite d'enfans, —du bas âge; —அடக்கி remède ou répressif contre les flatuosités, les 2 arbres nommés நத்தைச்சூரி et தழுதாழை (employés en médecine pour guérir les flatuosités); —கொண்டிழுக்கிறது être tourmenté par des flatuosités, par l'hypocondrie, — par les humeurs hypocondriaques; வாதகரப்பன் éruption, causée par les flatuosités, nom d'une maladie; —கரப்பான்பட்டை écorce de l'arbre பீநாறி ailanthus qui est un antidote à la paralysie; —காசம் espèce de phthisie ou de consomption; —காமி (gâmi *qui va*) sorte d'oiseau; —காலம் temps passé; —குண்டலிகை rétention d'urine; —கும்பம் joue de l'éléphant, partie du front d'un éléphant au dessous du sinus frontal; —குலம், —குண்டம் grand vent, tempête, goutte aiguë, rhumatisme; —குன்மம் hypocondrie; —கேது poussière, *litt.* signe de vent; —கேலி chuchotement, conversation amoureuse, —de badinage, marque de l'ongle (sur la personne aimée...); —க்கடம், *V.* நவக்ஷாரம்; —க்கடுப்பு douleurs qui proviennent de flatuosités, douleurs rhumatismales dans les membres; —க்காய்ச்சல் fièvre de rhumatisme; —க்கிரந்தம், épilepsie, rhumatisme; —க்கிராணி diarrhée provenant de flatuosités, de mauvaises humeurs; —க்கையன் qui a la goutte aux mains; —க்காலன் podagre, qui a la goutte aux pieds; —சகம், —சகன், 1° l'ami du vent, *i.e.* le feu. 2° (saha *qui souffre*), goutteux, rhumatique; —சாதனம் argument de controverse, accord dans la discussion; —சாரதி ce dont le vent est le cocher, *i.e.* le feu; —சிரோமணி, *V.* நவக்ஷாரம்; —ஸ்தானம் bas ventre, *litt.* le lieu propre aux vents ou flatuosités; —சுரம் fièvre de flatuosité, — provenant d'air vicié; —சூலை colique de ou avec flatuosités; —சோணிதம் goutte aiguë ou rhumatisme attribué à la viciation du vent et du sang; —தூலம் coton qui flotte dans l'air; —தூளம் chose menue, délicate; —த்தளிக்கல் la pierre dite இரசவாதக்கல்; —த்துவசம் *litt.* bannière du vent, nuage; —நாடி pouls flatueux, — des flatuosités, artère propre aux flatuosités ou gouvernée par elles; —நிகண்டு traité d'alchimie; il y en a 3 attribués à போகர், சட்டைமுனி et மச்சமுனி; —நீர், *V.* வாதசோணிதம்; —நோய், *V.* வாதரோகம்; —பித்தசூலை espèce de maladie arthritique provenant de flatuosités et de bile; —பித்தம் bile mêlée de sang, rhumatisme accompagné de fièvre; —புத்திரன் le fils prétendu du vent ou de வாயு, *i. e.* Bhîmen le 2° des Pândavers, le singe Anouman, escroc, fripon; —புல்லம் chose gonflée, — remplie de vent; —புல்லாந்திரம், (அந்திரம்), colique, flatuosité, borborygme; —பூமி terre exposée aux vents; —போதம், —போதகம் (pôtha *qui tue*), l'arbre பலாசு butea frondosa; —ப்பிரமணி tourbillon de vent; —ப்பிரமி, (prami), ce qui dévance le vent, *i.e.* l'antilope, le cerf; —மண்டலி tourbillon de vent; —மானம் tourment, peine, vexation; —மிருகம் l'animal léger comme le vent, *i.e.*

le cerf, l'antilope; —யுத்தம் discussion, dispute; —ராக்கம் l'arbre அரசு; —ரதம் 1° char du vent, i.e. nuage. 2° adhésion à une —, profession d'une doctrine; —ரத்தம் goutte aiguë ou rhumatisme attribué à un sang gâté; —ரத்தாரி, (அரி), le remède à ce rhumatisme, la plante menispermum glabrum; —ராசன், V. நவக்கிரகம்; —ராட்சதன் nom d'un remède; —ராயன் le prétendu roi des vents, i.e. Vâyou; —ரூசிகம், —ரூடம், (roûcha tempêter), vent frais, brise, arc-en-ciel, présent pour suborner; —ரோகம் douleur provenant de flatuosité, goutte, rhumatisme; —ரோகி homme —, personne qui a la goutte ou un rhumatisme; —வஸ்தி suppression d'urine; —விருத்தி enflure des testicules; —விகாரி affection morbifique —, maladie attribuée aux vents; —வைரி V. வாதாரி. [tempête.

*வாதரம், (vâtara), vent, vitesse,

*வாதராயணம், (வாதரம், அயனம்), extrême vitesse, flèche, lancer des flèches, cime, pic de montagne, scie.

*வாதராயணன், (vâdara *lieu de pélerinage*, அயனம்), surnom de வியாசன்,

*வாதலம் 1° (vâtala), vent, tempête, vitesse, espèce de pois, cicer arietinum. 2° (vâdala), réglisse racine du குன்றி, abrus precatorius (qui en tient lieu): வாதமண்டலி tourbillon de vent. [de la matrice.

*வாதலை, (vâtalâ), état morbifique

*வாதனம், 1° (vâdana), son, bruit, 2° P. வாசனம் toile. 3° (bâdhana), douleur, peine, obstacle.

*வாதனை, (bâdhana), douleur, peine, tourment. 2° récollection, réminiscence.

*வாதாகதம், (வாதம், âhata *frappé*), chose battue par le vent, attaque de rhumatisme.

*வாதாகதி, (*id.* âhati *frappement*), action du vent, attaque de douleur arthritique.

*வாதாசுவம், (வாதம், அசுவம்), cheval léger comme le vent.

*வாதாடம், வாதாடகம், (*id.* அடம் *allée*), ce qui va comme le vent, un des chevaux fabuleux du soleil, antilope.

வாதாடல், dispute, querelle, *n.v. de*

வாதாடுகிறது, வாதாடுதல், (வாது, ஆடுகிறது), se disputer, se quereller, plaider, discuter, importuner, parler avec obstination: வாதாடுகிறவன் querelleur, disputeur.

வாதாட்டம், (*id*, ஆட்டம்), dispute, querelle.

வாதாட்டுகிறது, வாதாட்டுதல், (*id.* ஆட்டுகிறது), engager dans une dispute, dans une discussion, faire disputer, importuner, causer de l'importunité.

*வாதாதிசாரம், (வாதம், அதிசாரம்), diarrhée occasionnée par les flatuosités qui gonflent le ventre.

*வாதாதிரோகம், (*id.* ஆதி, ரோகம்), les 3 maladies dont la 1re est வாதம் la flatuosité (et les 2 autres பித்தம் la bile, சிலேத்துமம் le phlegme).

*வாதாபி, (vâtâpi), Vâdâbi, Asouren dévoré par Agastyen. [ம்), musc.

*வாதாமோதம், (வாதம், ஆமோத

*வாதாயம், (*id*, aya *aller*), feuille.

*வாதாயனம், (*id.* அயனம்), fenêtre, soupirail, cheval, *V.* மண்டபம்.

*வாதாயு, (*id.* aya *aller*), cerf, antilope.

*வாதாரி, (*id.* அரி), l'ennemi du rhumatisme, *i.e.* le palma christi.

*வாதாலம், (vâdâla), espèce de poisson dit silurus boalis.

*வாதாலி, (vâtâli), tourbillon de

*வாதாளி, *P.* வாதாலி. [vent.

*வாதானுலோமனம், (வாதம், anoulômana *suivant le cours naturel*), retenir la respiration ou l'air, le faire descendre comme lorsqu'on fait gonfler les poumons.

*வாதானுவாதம், (*id.* அநுவாதம்), attaque et réplique, plainte et —, demande et réponse.

*வாதான்னியம், (vâdânya), libéralité, munificence.

*வாதி, 1° (vâdi), parleur, orateur, disputeur, querelleur, le demandeur, le plaignant (en justice), l'accusateur, sage qui explique la loi, poëte qui dans ses vers montre les causes et les exemples, réfute la doctrine de son adversaire et établit la sienne, clef en musique. 2° (vâti), air, vent. 3° *imp. de* வாதிக்கிறது: தர்க்கவாதி disputeur, querelleur, controversiste.

*வாதிகம், 1° (vâtika), rhumatisme, fièvre ou inflammation attribuée à la viciation de l'humeur aérienne. 2° (vâtiga), *V.* வாதிங்கணம்.

வாதிக்கிறது, திக்கேன், திப்பேன், தி, திக்க, *v. a.* வாதிக்குதல், வாதித்தல், *n. v.* 1° (வாதம்), parler, discourir, discuter, disputer, plaider. 2° (வாதிதம்), tourmenter, vexer, affliger, faire souffrir, chagriner...

*வாதிங்கணம், (vâtimgana), la plante கத்தரி, aubergine, la plante கேம்பு.

*வாதிசன், (vâdisa), sage, savant.

*வாதிதம், (bâdhita), peine, tourment, contradiction.

*வாதித்திரம், (vâditra), sorte d'instrument de musique.

வாதிப்பிக்கிறது, *v. caus de* வாதிக்கிறது, faire vexer, — tourmenter.

வாதிராசன், *P.* வாதராசன், *V.* நவரத்தினம்.

*வாதிரு, (vâtrou), vent, air.

வாதிவம, l'arbrisseau வஞ்சி.

வாது, 1° (*de* வாதம்), dispute, querelle, discussion, controverse, serment. 2° (vâdhoû), bateau, radeau: — சொல்லுகிறது dire —, parler obstinément, *ou* வாதசவிருக்கிறது être à se —, disputer, se quereller: வாதுக்காரன் querelleur, disputeur; — கூறுகிறது faire serment, se quereller; — முற்கூறேல் ne commence pas une querelle. [épouse.

*வாதுகை, *P.* வதுகை, femme,

*வாதுக்கியம், (வதுகை, ya), mariage. [டை amande.

வாதுமை, amandier: — க்கொட்

*வாதுலம், (vâtoula), tourbillon de vent, goutte, rhumatisme.

*வாதுலி, (vâtouli), grosse —, chauve-souris. [cornacs.

வாதுவர், palefreniers, cavaliers,

வாதுளம், un des 28 livres des Sivéristes.

வாதூரம், *P.* வாதிகம், la plante கேம்பு. 2° ou

*வாதூலம், *P.* வாதூலம்.

*வாதை, (bâdha), affliction, tourment, vexation, peine, malheur, fléau, douleur, maladie, souffrance: — ப்படுகிறது être tourmenté, souffrir, — de la peine.

வாதோரணமஞ்சரி, le 42me பிரபந்தம், louange, en vers வஞ்சி, de la bravoure de celui qui a dompté un éléphant furieux, ou qui en a vaincu un ou plusieurs dans le combat, ou qui a saisi un éléphant.

வாத்தி, *hon.* வாத்தியார், *sync. de* உபாத்தி, maître, — d'école, précepteur, instituteur, *pl.* வாத்திமார்.

வாத்திமை, (வாத்தி, மை), *ou* —த்தொழில், emploi de maître d'école, préceptorat: — த்தொழில்பண்ணுகிறது tenir une école, être maître d'école.

*வாத்தியம், (vâdya), instrument de musique, (soit en métal, soit en peau, soit à cordes, soit à vent...): பெரிய — grosse caisse, gros tambour, — instrument; — பண்ணுகிறது jouer des instrumens de musique; - வாசிக்கிறது jouer des instrumens à cordes ou autres instrumens, battre des timbales...; வாத்தியகோஷம் son des instrumens; — பட்டம் multitude d'instrumens, instrument de musique (en général), luth, guitare.

*வாத்தியாயன், வாத்தியார், *P.* உபாத்தியாயன், maître d'école, précepteur. [maîtresse d'école, institutrice.

*வாத்தியாயி, *P.* உபாத்தியாயி,

*வாத்தியை, (vâtyâ), tempête, ouragan.

வாத்து, canard, cane. [ragan.

வாத்துசாந்தி, (வாத்து), espèce d'expiation. [த்துவன்.

வாத்துபுருஷன், — புருடன், *V.* வாத்துபோதம், un des 32 ordres d'architecture.

வாந்துமன், (வாந்து),celui à qui se fait l'expiation dite வாந்துமாந்தி.

வாந்துமாசனம், (வாந்துமன், ஆசனம்), la position de வாந்துமன்,i.e. être couché les 2 jambes et une main étendues, s'appuyant sur le coude et relevant la tête.

வாந்தகி, 1° femme cruelle dure. 2° *P.* பந்தகி, femme débauchée. [tard.

*வாந்தகிசோவன், (பந்தகி), bâ-

*வாந்தம், 1° (vânta), chose vomie, vomissement. 2° la ville de Bantam, dans l'ile de Java.

*வாந்தவன், (bândhava), ami.

*வாந்தாதம், (வாந்தம், ada *qui mange*), l'animal qui mange ce qu'il a vomi, *i.e.* le chien.

*வாந்தி, (vânti), vomissement: — பண்ணுகிறது vomir; — பேதி vomissement avec diarrhée, le coléra ou choléra-morbus; பேதிவாந்தியிலுஞ்செத்துப்போனான் il est mort du coléra; எனக்கு — பண்ணுது j'ai vomi; வாந்திக்குவாங்குகிறது prendre un vomitif.

வாந்திக்கிறது, ந்தேன், ப்பேன், ந், க்க, *v.a.* வாந்தித்தல், *n. v.* vomir. [émétique, vomitif.

*வாந்திதம், (வாந்தி, da *qui donne*),

வாந்தியம், l'arbre காஞ்சி, la plante வாதுகுமை. [renverser.

வாபஸ், (*persan*), retour, rendre,

*வாபம், (vâpa), action de raser, de tisser, de semer, semence: வாபதண்டம் estille de tisserand.

*வாபி, (vâpi), grand étang oblong, lac, étang. [rasée.

*வாபிதம், (vâpita), chose semée,

*வாபிகம், (vapiha), l'oiseau சாதகப்புள், — cuculus melanoleucus.

*வாமம், (vâma), côté gauche, beauté, amabilité, lumière, splendeur, richesse, prospérité, opposition, contrariété, petitesse, courte stature, bassesse, bosse, mal, cuisse, mamelle, pis de vache, la 4° des 5 faces de Siven, celle qui est censée briller, une des 6 sectes intérieures des Sivénistes, *V.* சமயம், sorte de serpent: வாமசக்கிலம் la plante médicinale பொன்னாங்காணி; — தந்திரம் livre de la secte dite வாமம்; — தேவன் le dieu de l'opposition, *i. e.* Siven qui est contraire aux institutions humaines, nom d'un mouni: — புரகோசம், *V.* குத்தம்: — லோசனன், (உலோசனம்), homme qui a de beaux yeux, Vichnou: — லோசனை, (*id.*), femme qui a de beau yeux, Lakchimi.

*வாமலூரம், வாமலூரு, (vâmaloûra), tertre élevé par les fourmis blanches ou cariahs: வாமலூரசம்பவன், — தனயன் le fils d'un pareil tertre, (surnom de) Vâlmiki, parce qu'il fut couvert, dit-on, d'un pareil tertre, pendant qu'il composait le Râmâyanam.

வாமக், வாமலோகிதம், aloès.

*வாமனம், (vâmana), courte stature, taille de nain, prétendue incarnation de Vichnou en nain dite வாமனபுராணம், le pourana du nain. (un des 18 pouranas), qui raconte cette métamorphose, l'éléphant fabuleux qui supporte le côté sud du monde.

*வாமனன், (*id.*), courtaud, nain, Vichnou métamorphosé en nain pour tromper et subjuguer le géant மாவலி.

*வாமன், (vâma), surnom de Siven, d'Arouguen et de Kâmen.

*வாமாசாரம், (வாமம், ஆசாரம்), coutume de la secte dite வாமம், doctrine des tantras suivant le rituel de la main gauche.

*வாமாசாரி, (*id.*), sectateur des tantras de la main gauche.

*வாமாட்சி, வாமாக்ஷி, (வாமம், அக்ஷி), femme qui a de beaux yeux.

*வாமாவர்த்தம், (*id.* ஆவர்த்தம்), conque dont les spirales tournent à gauche.

*வாமி, (vâmi), homme —, femme de la secte dite வாமம், Parvati, jument, ânesse, femelle de l'éléphant, — du chacal. [gance, beauté.

*வாமிலம், (vâmila), orgueil, arro-

*வாமை, (vâmâ), beauté, femme, Lakchimi, Parvati, Sarasvati.

வாம்பரி,(வாம், *part. fut. de* வாவுதல்), cheval qui saute. [bambou.

வாம்பம், * வம்சம், (vamsa),

*வாயகம், (vâyaka), nombre, troupe, multitude, monceau.

*வாயசம், (vâyasa), corbeau, agalloche, térébenthine.

*வாயசாராதி,(வாயசம், அராதி), l'ennemi du corbeau, *i.e.* le hibou.

*வாயம், 1° (vâya), tissage. 2° *P.* பாயம், eau, pluie: வாயநீள்பட்டம் estille de tisserand. [porte.

வாயல், 1° côté. 2° *P.* வாயில்,

*வாயவி, (vâyavi), nord-ouest.

*வாயவியம், (vâyavya), *ou* வாயவியஸ்நானம், bain de poussière soulevée par les pieds des vaches et le vent, un des 7 bains des Indous.

*வாயனம், (vâyana), bambou, sucrerie, confitures, petits gâteaux.

வாயன், *m.* வாயள், *f.* (வாய்), qui a une bouche, (à la fin des mots composés): பெண்வாயன் — qui a une bouche ou une voix de femme. [வாய்.

வாயாடி, (*id* ஆடி),... *V. au mot*

வாயார, (*id.* ஆர), plein la bouche, la bouche ouverte, en suppliant.

வாயிதா, (*arabe*), terme, — fixé pour payer (sourtout les impôts fonciers).

வாயிலோர், (வாயில்), portiers, comédiens ou danseurs tamouls.

வாயில், 1° porte, entrée, passage, ouverture, —du corps, porte ou organe des 5 sens, cause, moyen, force, message. 2° *abl. de* வாய்: வாயில வர், (ஆவர்), portiers; — காப்போர் portiers, danseurs tamouls; வாயிற்கற்படி seuil de la porte; —காட்சி espèce de vision; வாயிற்றூம்பு canal pour faire écouler l'eau.

வாயின், 1° *gén. de* வாய். 2° *conditionnel de* வாய்க்கிறது, s'il se rencontre.

*வாயு, (vâyou), air, vent, Vâyou, prétendu dieu du vent et gardien du côté nord-ouest du monde, maladie venteuse, pet, flatuosité, ventosité, rhumatisme, respiration, air vital du corps; les Indiens en comptent 10 nommés தசவாயு, savoir: பிராணன் air situé dans le cœur; அபானன் air situé dans le sommet de la tête; சமானன் air situé dans le creux de la gorge; உதானன் air situé dans le nombril; 5° வியானன் air qui pénètre et parcourt tout le corps, ou qui est répandu par tout le corps; நாகன் air qui aide à s'étendre, à se courber et à parler; கூர்மன் air qui cause le hérissement des poils du corps et le clignement des yeux; கிருகரன் air situé dans la figure et qui cause l'éternument, la colère et la chaleur: தேவதத்தன் air qui cause la course, la fatigue et la transpiration. 10° தனஞ்செயன் air qui reste dans le corps après la mort, le fait enfler et à la fin fend ou déchire la tête et s'en va; அசீரணவாயு flatuosité d'indigestion, espèce de dyspepsie ou digestion laborieuse; பாரிசவாயு paralysie d'un côté ou de la moitié du corps; வாயுக்கட்டம் indigestion, flatuosité; —கதி marche—, vitesse du vent;— சுழலம், —சுழல்கம் tourbillon de vent, ouragan, tournant d'eau; —சேறு poussière, *litt.* signe de vent; — கொள்ளுகிறது attraper des vents, — des flatuosités; — கோணம் le côté où est censé résider வாயு, le nord-ouest; — குத்து douleur causée par des flatuosités ou les vents; —சகன், —சகி l'ami du vent, *i.e.* le feu; — சம்பவன், —சாரதன், —சுதன் *V.* வாயுபுத்திரன்: — சூலை espèce de maladie arthritique; —சுதன் *P.* வாயுசுதன்; — தாரணை compression du vent, rétention de la respiration ou du vent; —தாரு nuage; —தம்பம், —திதம்பம், —தம்பனம், —திதம்பனம், le 58me des கலைக்கியானம், fascination du vent, art de fasciner le vent; —திசாசி, —திசாசி instrument qui montre d'où vient le vent, girouette; —நிவிர்த்தி calme, cessation du vent, guérison des vents ou des maladies venteuses; —பட்சம், —பட்சணம், —பக்ஷம், — பக்ஷணம் vivre de l'air, jeûne, le serpent (qui est censé se nourrir d'air);—பக்ஷன் jeûneur,ascète;—பலம் fruit du vent,i.e.pluie, grêle, arc-en-ciel; —தனயன், —நந்தனன், —புத்திரன், — ஸுதன்,—le fils de Vâyou, i. e. le singe Anouman, prétendu fils de Vâyou et de அஞ்சனாதேவி, et Bhîmen ou வீமன் fils de Vâyou et de குந்திதேவி;— வசூ stérilité causée par les ventosités;—ரூபம், V. வாயுகோளம்;—வாகம் fumée, vapeur (portée par le vent;— வாகினி véhicule de l'air vital, i. e. nerf ou artère;—வஸ்திரம்,— வம்பு (அஸ்திரம், அம்பு) la flèche de Vâyou, dard venteux censé reçu de Vâyou;—வர்ஷம், (ஆகாசம்),air,atmosphère;—விளங்கம் espèce de drogue; —வேகம் vitesse du vent, grande vitesse;— வேகன்,—வேகி qui va vite comme le vent,égal au vent en vitesse;வாயுவின்கூறு le propre du vent,propriété ou disposition du prétendu dieu du vent; வாயுவின்கூறுநான்கு propriétés du vent,savoir:courir,se coucher, se réunir, aller et venir;வாயுவின்கோபம் fureur du vent, flatuosité;வாயுவைப்போக்கும்மருந்து remède qui s'attaque aux vents, qui dissipe les flatuosités.

வாய் 1° bouche,un des 5 organes des sens,l'organe du goût,le goût, gueule, entrée, ouverture, trou, bouche de sac..., bouchée, lèvre, bord, extrémité, parole, voix, vérité,flûte, front,place, côté, lieu, terminaison de l'ablatif de lieu (comme dans இதுவோ கடல்வாய் அமுதென்போ (என்கவோ), peut-on dire que ceci soit l'ambroisie sortie de la mer mugissante? 2° imp.de வாய்க்கிறது:சந்து— joint, jointure,—de planches..., V.au mot சந்து;பெண்வாயன் homme à voix de femme,qui a la voix efféminée; —அடக்கம் répression de la bouche, i. e. de la langue, adresse, modestie de l'orateur, préparation oratoire; — அடிக்கிறது tergiverser, renier (un fait,une dette),gronder,menacer, —de la bouche; —அடைக்கிறது fermer la bouche, empêcher de parler, bâillonner,se boucher la bouche,ne pouvoir parler; —அடைப்பு bâillon; —அரு coin—,côté de la bouche (வாயடைவாய்);— அலம்புகிறது se laver —, se rincer la bouche; —அறியாமல் தின்கிறது manger immodérément, sans discrétion ni discernement (des choses malsaines);— ஆடம்பரம் paroles orgueilleuses, — arrogantes, fureur de parler; —ஆடல்,— ஆடுகிறது,—ஆடுதல் babiller, jaser, parler beaucoup, essayer de nier,manger,faire jouer la mâchoire; —ஆடி grand parleur, hableur, qui tergiverse ou renie; —ஆடிப்பெட்டிமகன் fils de bavarde,grand hableur, homme impertinent, bon à rien;— ஆவி souffle de la bouche,haleine;— ஆவிபோக்குகிறது respirer,bâiller, bavarder,parler en vain; — இட்டுக் கெட்டுகிறது,V. வாய்போடுகிறது;— உடைந்தவன் homme qui a la bouche brisée,qui ne peut parler quand il faut,qui semble avoir perdu la langue; —உதப்புகிறது se lécher les babines, V. குதட்டுதல்: —உதவி secours de la parole,aider de la voix; —உபகாரம் secours de la parole, recommendation, ou paroles flatteuses:— உபசாரம் paroles flatteuses,civilités,—de bouche,vains complimens; — உபதேசம் instruction verbale:— உறை nourriture,qu'on donne de la main aux vaches et autres animaux,instruction verbale;— உறைவாழ்த்து le 82° des பிரபந்தம், louange verbale, admonition en vers வெண்பா et ஆசிரியம் de la part des anciens aux jeunes gens qui se conduisent mal,et auxquels elle est destinée à produire de grands biens, quoique d'abord elle paraisse pénible; —ஊறைவாழ்த்துமருட்பா louange verbale en vers du genre மருட்பா,dire la vérité telle qu'elle est; —ஊறல்,— ஊறு désir,ou —ஊறுகிறது désirer, l'eau venir à la bouche;— ஊற்று salive;— எடுக்கிறது commencer à parler; —எழுகிறது élever la voix,ouvrir la bouche; உனக்கு— எழவில்லையே tu ne peux plus ouvrir la bouche,—dire un seul mot, tu as la bouche fermée;— அடைக்குகிறது la bouche se fermer, être reduit au—, garder le silence;— கட்டி celui qui lie la bouche,qui empêche de parler; — கட்டுகிறது lier,attacher la bouche (à un mort....),empêcher d'ouvrir la bouche (naturellement ou par enchantement),empêcher de parler ou de manger, bâillonner, se couvrir la bouche (avec son vêtement... par civilité); —கட்டுகிறது faire ostentation de paroles, parler trop; —காய்கிறது la bouche être sèche; — [illegible], V. [illegible]; — குளறுகிறது, — குளறிப்போகிறது la bouche —, balbutier, bredouiller(par crainte ou autre cause); —கொடுக்கிறது répondre, parler, provoquer, exciter une querelle; — கொடாதிருக்கிறது ne pas ouvrir la bouche,ne pas répondre (par haine, rigidité....),garder le silence; —கட்டு action de lier ou de fermer la bouche(naturellement ou par enchantement), bâillon, ligature de la bouche, V. வாய்கட்டுகிறது; — கட்டளை présent injuste pour empêcher de parler;— கணக்கு calcul de parole sans écrire;—காசு cache ou liard que l'on met dans la bouche d'un mort avec du riz, présent pour suborner; —காடியைவார்த்துக்கொண்டிருக்கிறது avoir du vinaigre versé dans la bouche,en avoir versé, être fort triste; — காரன் grand parleur;—கால் canal—, d'irrigation, — pour faire écouler l'eau ..., la 10e constellation dite மகம்; — கால்நுக்குப்போகிறது aller aux besoins naturels;—கிராந்தி ulcère à la bouche;

—கிறுக்கு langage insolent;— arrogant;— கிறுக்குப்பேசினாலுதைவிழும் si on parle avec insolence,il arrivera un coup de pied;— குற்றம் méprise —, faute de langue,— de parole: — கூடை, V. வாய்ப்பூட்டு;— கூலி présent pour suborner;— கொழுப்பு arrogance,—de parole, insolence, vanterie;— கொச்சைப்பேச்சு parole déshonnête; —சலிக்கிறது,—சலிப்பு la bouche se fatiguer, se dégoûter; —சளப்புகிறது jaser, dire des paroles inutiles; —சவர்க்கிறது, —சவர்ப்பு, — [illegible] la bouche—,le goût devenir âpre,la bouche avoir ou prendre le goût de sel;—சாமர்த்தியம் éloquence,habileté à parler; — சாலக்கு discours orgueilleux,vanterie;— சொல்லுக்கட்டம் dent;— சொல்வன் P. வாசாலகன்; — சொல் parole, mot de la bouche: — சொல்வது prédiction, augure, parole ou sentence qu'on prend pour augure, (quoique dite fortuitement); — ஞானம் sagesse ou science verbale,—spéculative (sans pratique); — தடுமாறுகிறது balbutier, bredouiller, dire un mot pour un autre; — தலை canal en pierre pour conduire l'eau, tête ou commencement d'un canal;—நாற்றம் puanteur de la bouche; — நீர் salive, eau de la bouche; —நீரூறுகிறது,— நீர்கொள்ளுகிறது l'eau ou la salive venir à la bouche, la bouche ou la langue s'humecter;— நீர்வடிகிறது baver,la salive découler, la laisser tomber: —பதறுகிறது bredouiller par trop de hâte;—பாடு formule ou modèle,mot qui sert de forme ou de modèle pour les temps des verbes...; —பிதற்றுகிறது bredouiller, radoter, parler en rêvant; —பிசகு méprise de la bouche; — பிதற்றுகிறது, —பினற்றுகிறது jaser,babiller, la bouche—, extravaguer,parler en dormant; — புதைக்கிறது, —பொத்துகிறது et corr. —பொத்திக்கொள்ளுகிறது se boucher ou se couvrir la bouche (par respect ou civilité); —

பூசுகிறது oindre —, mouiller —, se rincer la bouche, graisser la patte à quelqu'un; — பூசாதுக்கிறது se laver —, nettoyer la bouche; — பொருளுகிறது extravaguer, parler en rêvant; — பேசாதேகிறது interroger, parler; —ப்படுகிறது être prouvé, — savoureux; — ப்பட்டி fille babillarde; —ப்பாடம் leçon récitée de mémoire, tradition orale; இது — ப்பாடமாய்வருமோ sais-tu cela par cœur? இந்தப்பேச்சு அவனுக்கெப்பொழுதும் — ப்பாடம் il est toujours à répéter ce propos-ci; —ப்பாளன் babillard, grand parleur; — ப்பிரசங்கம் discours prononcé de vive voix; —ப்பிறப்பு parole, déclaration, affirmation; — ப்பூட்டு, — ப்பெட்டி muselière ou petit panier pour museler (*v. g.* un veau et l'empêcher de téter, ou pour empêcher les bœufs de manger la moisson...); — ப்புண் mal —, plaie —, ulcère à la bouche; — ப்பூட்டு cadenas pour la bouche, — que certains ascètes ou dévots indiens se mettent à la bouche, bâillon, fermeture; — வட்டம் anneau qu'on met à la bouche; — மண்போடுகிறது traiter durement, — cruellement, *litt.* mettre de la terre dans la bouche; — மதம் arrogance, insolence; — முத்தம் perle de la bouche, *i.e.* dent; — மூடுகிறது fermer —, se couvrir la bouche; — மூத்தகுடி habitant dont la parole est influente, qui par sa parole comprime les autres; — முந்தவன் celui qui parle le premier, — a le droit de parler le 1er; — மொழி parole, mot de la bouche; — மோசம் méprise —, erreur de parole; — வடம் corde dont on lie la mâchoire ou la bouche d'un cheval; — வல்லவன் homme puissant en paroles; — வழங்குகிறது manger, faire marcher la mâchoire; — வளையம் anneau ou cercle pour la bouche ou l'ouverture (de quelqu'objet); — விசேஷம் particularité de la bouche ou de la parole, un mot de la bouche, discours, communication orale; — விசேஷமாய்ச்சொல்லுகிறது dire verbalement, de vive voix; — விடாசாதி classe d'êtres qui ne parlent pas, *i.e.* les animaux; — விடல், — விடுகிறது bâiller, *ou* — விட்டுச்சொல்லுகிறது parler, — ouvertement, — franchement, divulguer, publier un secret; — விடல் bâillement, parler; — விட்டழுகிறது se lamenter, pleurer et crier à haute voix, *v.g.* un enfant; அவள் — விட்டதினாலேமோசமாயிற்று il est arrivé du mal parce qu'elle a divulgué le secret; — விளங்கம், — விளங்கம் graine médicinale semblable à un grain de poivre qu'on met dans la bouche des enfans pour les aider à parler; — வெட்டு calomnie, médisance, diffamation, imposture; — வெட்டுபவன் calomniateur, diffamateur; — வெட்டு ce qui coupe la parole, battement de tambour, action de racler une mesure; — வெட்டுகிறது couper la bouche, — la parole, *i. e.* réduire au silence, racler une mesure; — வெட்டுகிறவன் celui qui coupe la parole, qui réduit au silence ses adversaires; — வெருவுகிறது balbutier de crainte.... *litt.* la bouche s'effrayer; — வைக்கிறது mettre la bouche, mordre, manger, interroger; வாய்க்கரிசி, (வாய்க்கு, அரிசி), riz qu'on met dans la bouche d'un mort (cérémonie des funérailles indiennes): வாய்க்கரிசிபோடுகிறது *ou* இடுகிறது mettre du riz dans la bouche d'un mort; வாய்க்குள்ளேபேசுகிறது marmotter, murmurer en soi-même; வாயிலடிக்கிறது frapper sur la bouche; வாயிலெடுக்கிறது vomir, ôter de la bouche; வாயைக்கிழிக்கிறது, — பிளக்கிறது déchirer —, fendre la bouche; — மூடு ferme ta bouche, retiens ta langue; — மூடுகிறது couvrir —, fermer la bouche, se couvrir la bouche.

வாய்க்கிறது, ய்த்தேன், ய்வேன், ய், ய, *v.n.* convenir, paraître, *ou* வாய்க்கிறது, ய்த்தேன், ய்ப்பேன்,

ய்,ய்க்க, *v.n.* réussir, prospérer, exceller, consentir, convenir, être convenable, capable, propre, s'adapter, se trouver, se rencontrer: காரியம் நன்றாய்வாய்த்தது la chose a bien réussi; இத்தப்பலகை இதற்கு வாய்க்கவில்லை cette planche ne s'adapte pas bien avec ceci ou celle-ci; வாய்க்கப்பண்ணுகிறது ou செய்கிறது faire prospérer, adapter, rendre convenable; வாய்த்துவிடுகிறது prospérer, réussir, laisser après avoir prospéré.

வாய்ச்சி, *P.* வாச்சி, 1° doloire, herminette. 2° *fém. de* வாயன், *V.* வாசி:—த்தலை tête aplatie.

வாய்தல், 1° *n. v. de* வாய்கிறது. 2° porte, entrée: வாய்தற்கட்டு montant de porte;— படி seuil de porte.

வாய்தா, (*arabe*), redevance, argent de l'impôt des terres, terme fixé pour le payer.

வாய்தாரி, வாய்தாரை, வாய்த்தாரை, pointe des armes, bord d'un puits...

வாய்த்த, *part. de* வாய்க்கிறது, excellent, heureux, prospère, convenable, naturel, pur.

வாய்த்தல், *n. v. du même*, succès, prospérité, convenance, accord, consentement, rencontre, obtention, grandeur.

வாய்ப்பன், espèce de pâtisserie, de gâteau: —சட்டி casserole pour faire ces gâteaux.

வாய்ப்பு, *n. v. de* வாய்க்கிறது, succès, prospérité, réussite, bonté, obtention, mérite, ce qui est convenable, propre: வாய்ப்பாய்வந்துசேருகிறது arriver à propos, heureusement, dans un bon moment: வாய்ப்புடைய, (உடைய), *V.* வாய்த்த.

வாய்ப்புள், augure, présage (bon ou mauvais).

வாய்மை, (வாய்), parole, mot, vérité, force.

வாய்வு, *P.* வாயு, vent, flatuosité, rhumatisme, air vital.

*வாரகம், 1° (vâraka), marche de —, cheval, obstacle, siége de la douleur. 2° *P.* வாரக்கம், avance, argent avancé.

*வாரகி, (vâraki), océan, cheval à bonnes marques, ennemi, ascète, pénitent,—qui vit de feuilles.

*வாரகீரம், (vârakira), peigne, pou, cheval de guerre, feu sous-marin.

*வாரகீரன், (*id.*), porteur, beau-frère, frère de la femme.

வாரக்கம், argent avancé, avance, — faite aux soldats pour les empêcher de déserter, argent avancé aux cultivateurs pour être rendu en grain à la moisson avec un intérêt et parfois sans intérêts.

*வாரங்கம், 1° (vâranga), poignée d'arme ou d'outil. 2° (vâranka), oiseau (en général).

வாரசாசனம், *P.* வாரச்சாசனம், titre de cession, de propriété.

*வாரடம், (vârata), nombre de—, champ.

வாரடிக்கிறது, (வார், அடிக்கிறது), l'eau—, battre, couler à pleins bords.

வாரடை, 1° (வாரும், அடை), rognure, de feuille de palmier dans la longueur. 2°* (வார், அடம்), oie, — qui va dans l'eau.

*வாரணாசி, வாரணவாசி, வாரணசி, *P.* வாரணசி, Bénarès.

*வாரணம், 1° (vârana), défense, opposition, obstacle, résistance, action de parer, d'éviter un coup, garde, protection, cotte d'armes, armure, cuirasse, bouclier, habit, éléphant. 2° mer, poule, conque, renvoi, abandon, déplacement, l'arbre மாவிலிங்கம், frénésie, trouble d'esprit, cochon, pourceau: வாரணவல்லபை les délices de l'éléphant, *i. e.* le bananier.

*வாரணை, வாரணீயம், (வாரணம்), obstacle, empêchement.

வாரத்தாளு, la plante கழுதுணை.

*வாரத்திரம், (vâratra), cuir pour faire des courroies.

*வாரம், (vâra), jour, jour de la —, semaine, occasion, opportunité, moment, foule, multitude, troupeau, porte, vase,—pour mettre des liqueurs spiritueuses. 2° passion, amour, affection, amitié, mer, bord de la mer,—d'une rivière, flot, vague, petite chaussée entre les rizières, partialité, part, portion,— en nature dans la récolte, droit, penchant—, versant de montagne, coteau, varangue, —ou corridor de maison, obstacle, une des 10 espèces de drames ou comédies, une des 6 parties du கலிப்பா dite அரிதகம்; வாரம் எ les 7 jours de la semaine, savoir: ஆதித்த —, ஆதிவாரம் dimanche; சோமவாரம் lundi; மங்கல —mardi; சௌமிய —, புத — mercredi; குரு —jeudi; சுக்கிர — vendredi; சனிவாரம் samedi. Ces mots sont sanscrits et moins usités que les mots tamouls correspondans, savoir: ஞாயிறு, திங்கள், செவ்வாய், புதன், வியாழம், வெள்ளி, சனி, auxquels on peut ajouter le mot கிழமை, au lieu de வாரம், en mettant à l'oblique les deux suivans: ஞாயிற்றுக் கிழமை dimanche, வியாழக்கிழமை jeudi; —கேட்கிறது demander une part; —கொடுக்கிறது donner une part; வாரம்வாரம் souvent, plusieurs fois répétées; வாரக்குடி, m. —க்குடிச்சி, f. fermier ou fermière —, habitant ou habitante qui pour la culture de la terre a une part de la moisson; —க்காரி —ஸ்திரீ prostituée; — சேனை troupe de prostituées, prostitution; —நாரி prostituée; —திட்டம் arrangement pour les —, détermination ou fixation des parts de la moisson, proportions fixées pour la part du propriétaire dite மேல்வாரம் et celle des fermiers ou cultivateurs dite குடிவாரம்; —த்துண்டு reste dû d'une part de moisson...; —ப்படுகிறது être attendri, touché; —ப்பற்றுநிலம் terre affermée pour une partie de la récolte; —பாடு attendrissement; —ப்பிரிவு partage—, part de la récolte; —ப்புன்செய் terre à menus grains sujette à l'impôt, — affermée pour une portion de la récolte; — முக்கியை, (முக்கியம்), —வது chef d'une troupe de prostituées; — வாணம் cotte d'armes, cuirasse, espèce de pourpoint ou d'habit épais garni de coton et piqué pour servir de cuirasse; —வாணி joueur de flûte, chanteur, musicien, juge, année, prostituée, chef de prostituées, chanteuse, actrice; —வாணம் cuirasse, armure; —விலாசினி prostituée— வேளை portion du jour où pour les superstitieux Indous toute action est suspendue; வாரத்துக்குவளர்க்கிறது élever ou nourrir pour une portion (des pourceaux ou de la volaille dont on partage le produit avec le propriétaire.)

வாரல், 1° *opt. et n.v. de* வாருகிறது *et de* வார்க்கிறது.

வாரா, வாராத, *part. nég. de* வாருகிறது, *de* வார்க்கிறது *et de* வருகிறது.

*வாராகி, (வராகம்), truie, cochonne, Vârâgui ou la truie femme de Vichnou métamorphosé en porc (c'est une des சத்தக்கன்னி-எ), la terre, mesure, racine de l'yam ou igname, dioscorea.

வாராங்கனை, (வாரம், அங்கனை), prostituée.

*வாராசனம், (வார், ஆசனம்). *litt.* le siége de l'eau, grande jarre, citerne, réservoir.

*வாராஸ்திரீ, *corr.* P. வாரஸ்திரீ

*வாராணசி. (வாரணசி), la ville de Kâsi *ou* Bénarès.

*வாராதிபன், (வாரம், அதிபன்), héritier, qui a droit à une part, celui qui préside au jour.

*வாராந்நிதி, (vârâm *gén. pl. de* vâr *eau*), l'océan, réceptacle des eaux.

வாராய், 1° *imp. irr. de* வருகிறது, —viens. 2° 2° *pers. de* வாரோன், tu ne viens pas.

*வாராவதி, (வார் *eau*, ஆ, வதி *chemin*), pont.

வாராவந்தி, (வாரா), ce qui vient ou est venu par force.

வாராவரத்து, (*id.*), venue —, revenu injuste.

வாராளம், abondance.

வாரநான், appeler, c'est une des 10 parties du poème nommé வின்னோக்கலி.

*வாரி, 1° (vâri), eau, eau profonde, — qui inonde, déluge, inondation, torrent, — d'eau de pluie, rivière pleine, réservoir, mer, pot à l'eau, étable à éléphans, foule d'éléphans, trappe ou fosse pour en prendre, corde pour les lier, Sarasvati prétendue déesse de l'éloquence, prisonnier, captif. 2° flûte, flageolet, porte, entrée, chemin, écluse, mur, — d'entourage, abondance, grain, blé, céréales en croissance, banc de rameurs (dans un bateau...), courbure. 3° *imp. de* வாரிக்கிறது. 4° *gér. des deux* வாருகிறது 1° *et* 2° 5° *n. app. du même*, qui ramasse (à la fin des mots): பெருவாரிக்கின்றது la moisson être abondante, croître abondamment; மேலெழுந்தவாரி, *litt.* eau qui s'est élevée dessus, superficialité, fluctuation, inattention, négligence: மேலெழுந்தவாரியாயிருக்கிறது être superficiel, négligent, sans soin; — கிருமி, — க்கிருமி (krimi *vers*), ver de l'eau, *i.e.* sangsue; — க்காய்ச்சல் fièvre épidémique, peste; — சரம் (*qui va*), ce qui va dans l'eau, poisson, animal aquatique; — சம் nénuphar né dans l'eau; — தரம் nuage; — நிதம் océan, nuage, l'abime, habitation des நாகர் ou serpens; — நாதன் le prétendu roi des eaux, *i.e.* Varounen; — நிதி mer, océan; பிரவாகம் cascade, eau qui descend des montagnes, crue d'eau, inondation; — புஷ்பம் l'arbre பெருங்குமிழ்; — மசி nuage; — முகம், — முகி la plante aquatique pistia stratiotes; — யந்திரம் nénuphar; — ரஜதம் sable d'argent; — ரதம் radeau; — ராசி mer, océan; — லோமன் (surnom de) Varounen; — வாகநன் Siven (porteur d'eau); — வாசன் distillateur de liqueurs spiritueuses; — வாகம், — வாகனம் nuage.

வாரிக்கிறது, ரித்தேன், ரிப்பேன், ரி, ரிக்க, *v. a.* (வாரிதம்), arrêter, empêcher, jurer, faire serment.

*வாரிசம், (வாரி, சம்), chose née dans l'eau, *i. e.* sel, conque, nénuphar ou lotus.

*வாரிசயன், (*id.* sa, *de* si *dormir*), celui qui dort sur les eaux, *i. e.* Vichnou.

வாரிகெடுகிறது, (வாரி, கெடுகிறது), couper le poisson en tranches ou y faire des incisions (pour le frire ou pour le saler et le faire sécher), se déchirer.

*வாரிதம் 1° (varita), empêchement, obstacle. 2° (வாரி, da), ce qui donne de l'eau, nuage.

*வாரிதி, (வாரி, dhi *de* dhâ *contenir*), mer, océan: — க்குச்சிறு corail; — நீர் charbon; — நாதம் conque; — வீசு, *V.* வடவை.

வாரித்தல், *n. v. de* வாரிக்கிறது.

*வாரித்திரம், 1° (vâritrâ), espèce de parapluie de feuilles de palmier, partisan. 2° (vâridra), l'oiseau சாதகம், cuculus melanoleucos.

*வாரிரம், (vârira), nuage, — qui donne de l'eau.

*வாரீசம், (வாரி, ஈசன்), le roi des eaux, l'océan, le nénuphar.

*வாரீடம், (vârita), éléphant.

*வாரு, 1° (vârou), éléphant de guerre qui porte un drapeau. 2° *imp. et part. de* வாருகிறது.

வாருணம் le concombre வெள்ளரி.

வாருகிறது, 1° றினேன், ருவேன், ரு, ர, *v. a.* prendre, ramasser, — à poignées, emporter, enlever, prendre, voler, piller, puiser, — dans le creux de la main, (la mer, un fleuve) entrainer, — emporter ou rejeter sur le rivage, balayer, masser, tâter, ou வாரிக்கொள்ளுகிறது ramasser avec les 2 mains, enlever, — les hommes de ce monde; — ப்போடுகிறது ramasser et jeter sur un autre (de la terre, du sable....), enlever, emporter; — விடுகிறது enlever et disperser, balayer et répandre au loin, disperser; — விடுங்காற்று vent qui balaie ce qu'il trouve, ouragan; — இறைக்கிறது ramasser et disperser, répandre, éparpiller; — மே

திரட்டுகிறது amonceler, entasser; இ [illegible] cet enfant se remplit de riz.

வாருகிறது, 2° [illegible] ou [illegible], [illegible], v.a. et வார்த்து ou வாரிப்போடுகிறது, peigner, arranger les cheveux (avec un peigne...), arranger—, préparer une feuille de palmier pour écrire.

வாருகையு, n.v. des prés.

வாருகோல், (வாரு), balai.

*வாருடம், (vâroutha), cercueil.

*வாருணம், (வருணன்), la mer dont Varounen est censé le roi, l'ouest où il est censé présider, un des 18 pouranas inférieurs.

*வாருணி, (id.), le fils de Varounen, i.e. Agastyen, l'ouest où, au dire des Indous, préside Varounen, liqueur spiritueuse, ou வாருணிநட்சத்திரம் la 24me constellation dite சதயம் censée gouvernée par le même.

*வாருண்டம், வாருண்டம், (vârounda), chassie des yeux, cérumen des oreilles, vase pour vider l'eau d'une barque, l'oiseau fabuleux à 8 pieds.

வாரும், n.v. de வாருகிறது, 1° et 2° et de வார்க்கிறது. [[illegible].

வாரி, 1° P. வாரிதி, la mer. 2° V.

வாரும், 1° imp. pl. de வருகிறது, venez. 2° part fut et imp. pl. de வாருகிறது 1° et 2° et de வார்க்கிறது. 3° imp. pl de வார்க்கிறது.

வாருவேலம், V. [illegible].

*வாருடம், P. வாருடம், cercueil.

*வாருணி, P. வாருணி, Agastien, la 24e constellation dite சதயம்.

வாரெழுத்தாணி, (வார் de வாருகிறது 2°), stilet à écrire avec un petit couteau pour tailler les feuilles de palmier.

வாரேன், nég. de வருகிறது, de வாருகிறது; de வார்க்கிறது et de வார்க்கிறது.

வாரை, 1° bâton pour porter sur l'épaule des fardeaux suspendus, ou வாரைமரக்கட்டை poutre (posée d'un pilier à l'autre pour supporter un toit...), poutrelle, chevron, — de palmier. 2° 2° pers. de வாரேன்.

*வார், 1° (vâr), eau. 2° bande, bandage, ceinture, — de cuir, sangle, courroie, longueur, petitesse, délicatesse, subtilité, tempête, nuage. 3° imp. et part. de வாருகிறது et de வார்க்கிறது. 4° P. வாரும், part. de வாருகிறது et வார்கிறது: இருக்கு — sangle (de la selle...); கல்லணை — sangle de la selle, courroie de l'étrier; பின் —, வால் — croupière; — க்கச்சு, — க்கயிறு sangle, courroie, ceinture de cuir; — க்கயிறு courroie, corde de cuir.

வார்க்கடை, (வாரும்), restes d'une feuille de palmier taillée pour écrire, reste de l'écoulement.

வார்கிறது, ந்தேன், ந்தேன், க, ர, v.n du suiv. 1° s'écouler, découler, se répandre, dégoutter, s'élever, s'allonger, être versé, élevé, V. ஒழுகிறது. 2° P. வாருகிறது.

வார்க்கிறது, த்தேன், ப்பேன், க, க்க, v. a. வார்க்குதல், n. v. verser, répandre, fondre, jeter en moule, couler les métaux fondus. [ரம்.

வார்க்கோலப்புரம்; V. [illegible]

*வார்க்ஷம், (விருக்ஷம்), bois, forêt.

வார்கிளர்நிறம், un des 32 உவமைத் திறம்.

வார்சுதாமா, (arabe), acte de transfert ou de cession d'un droit ou d'un héritage, titre de propriété.

வார்சு, (arabe), possesseur ou வார்சுதார் propriétaire, prétendant, héritier. [écrivain.

*வார்த்திகன், (வார்த்தம், ita', scribe,

வார்த்தல், n.v. de வார்கிறது, action de ramasser, élévation, écoulement, entraînement, enlèvement, prix, connaissance, allongement, arrangement.

*வார்த்தகம், (vârddhaka), vieillesse, grand âge, infirmités de l'âge, troupe de vieillards, commentaire, — complet, commerce.

வார்த்தராகி, aloès.

*வார்த்தம், (vârtta), bonne santé, bon état, paille sans grain.

*வார்த்தரம், (vârddara), soie, eau, conque, graine du [illegible], discours, épi ou tour du poil causé d'un bon augure sur le côté droit du cou d'un cheval,

*வார்த்தலம்,(varddala), jour pluvieux, mauvais temps, écritoire.

வார்த்தல், n.v.de வார்க்கிறது, effusion, fonderie, fonte.

வார்த்தவம், P. ஆர்த்தவம், règles des femmes, croissance complète, nubilité.

*வார்த்தாகம், வார்த்தாகி, வார்த்தாகு, (vârttâka, — ki, — kou), la plante solanum melongena ou indicum, bringelle, aubergine, son fruit non mûr.

*வார்த்தாவகுலம், (வார்த்தை), l'occupation des marchands.

*வார்த்தாவகன், வார்த்தாவகர், (வார்த்தை, அனுப்பம், வகம்), messager, envoyé, espion, émissaire, porteur d'oles, — de lettres, de nouvelles, postillon. [maison.

*வார்த்தாவிருத்தி, (id.), maître de

*வார்த்தி, [vârddhi], l'océan.

*வார்த்திகம், (vârttika), une des 6 divisions du வார்த்தகசட்டியுமகணம், qui contient 4 மாத்திரை en un அசை, glose, commentaire, — complet, commerce.

*வார்த்திகன், (id.), marchand, வைசியன் ou homme de la 3e classe des Indiens, messager, agent, envoyé.

*வார்த்திகை, (id.), caille.

*வார்த்துஷி, வார்த்துஷிகன், (vârddhouchi, ka), usurier.

வார்த்தை, 1° parole, mot, phrase, le Verbe divin, — de Dieu. 2° * (vârttâ), nouvelle, bruit, rumeur, profession, moyen de vivre, agriculture ou commerce, occupation propre des வைசியர், habitation, la plante கத்திரி ou bringelle: நாலு — quatre, —, i.e. quelques ou plusieurs mots, — choses; — கொடுக்கிறது donner sa parole, promettre; — த்தொழிலோர் cultivateurs, fermiers, gens de la caste des பூவைசியர்: — நடத்துகிறது porter la parole; — நாணயம் fidélité à sa parole, parole sûre; — தப்பிப்போகிறது, — மீறுகிறது manquer à sa parole; — பேசுகிறது parler, certifier, affirmer, confirmer sa parole; — யெடுக்கிறது prendre la parole, commencer à parler; வார்த்தைகளைப்பிறட்டுகிறது tergiverser, changer les paroles, détourner le sens des mots; வார்த்தையை அவன் வாயிலே வருவித்தேன் je lui ai fait venir ce mot à la bouche, je l'ai engagé à dire ce mot; வார்த்தைகளையொருவனுடைய வாயிலே வருவிக்கிறது mettre les paroles dans la bouche de quelqu'un.

வார்த்தைப்பாடு, (வார்த்தை), promesse, parole sûre: — கொடுக்கிறது promettre; — செலுத்துகிறது remplir sa promesse.

வார்தாமச்சீட்டு, billet d'exportation..., convention par écrit.

வார்த்து, gér. de வாருகிறது 2° et de வார்கிறது.

வார்ப்படம், (வார்க்கிறது), fonte, fonderie...: வார்ப்படவேலை ouvrage en fonte, — de fonderie.

வார்ப்பது, n.app.de வார்க்கிறது, ce qu'on versera, ce qui se verse, mets liquides qu'on sert à table aux hôtes: — வார்க்கிறது servir (à ses (hôtes) des mets liquides, comme lait, sauce, soupe...; வார்ப்பதில்லாமற்போகிறது n'avoir rien à servir à ses hôtes.

வார்ப்பிக்கிறது, n.v.de வார்க்கிறது, faire fondre: வார்ப்பித்தசுரூபம் statue en fonte.

வார்ப்பு, n.v. de வார்க்கிறது, effusion, fonte: — வேலை V. வார்ப்படவேலை. [chanteuse, prostituée.

*வார்வணி, P. வாரவணி,

*வார்வாரணம், 1° P. வாரபாணம், cuirasse. 2° (வார், வாரணம்), cuirasse de courroie.

*வால, (bâla), adj. de வாலன் et de வாலம், jeune, de jeunesse, de cheveux, de poils, de queue: — கர்ப்பிணி jeune femme enceinte —, jeune vache pleine pour la 1re fois: — க்ஷயம் ou பாலக்ஷயம் phthisie de jeunesse, — de jeunes gens; — கிருமி ver de cheveux, i.e. pou; — சந்திரன் jeu-

ne lune, *i.e.* croissant de la lune;—சந்நியாசி jeune sannyasi, — religieux, celui qui renonce au monde dès sa jeunesse;—சுப்பிரமணியன் le jeune Soupramanien fils cadet de Siven;—சூரணம் espèce de remède;—சூரியன் jeune soleil, soleil levant, la pierre lapis-lazuli; — ஞானம் sagesse précoce,— de jeunesse, — qui vient dès la jeunesse;—தத்துவம் puissance—, force de jeunesse; —தந்திரம் art —, ruse ou tentation de jeunesse, science de la médecine, de sage-femme,—des accouchemens;—தனயன் jeune fils;—நாயகம் autorité—, gouvernement d'un jeune homme,—d'un enfant; — பத்திரம் l'ébénier கருங்காலி;—பாவம் enfance, péché de jeunesse; — புட்டி le jasmin முல்லை; —புஷ்பி,—பட்பி espèce de jasmin, jasminum auriculatum;—மூஷிகை petit rat, souris;—முத்தையன் le jeune Soupramanien;—யக்ஞோபவீதம் cordon bramanique d'enfant; — ரசம் suc extrait par distillation du vermillon dit சாதிலிங்கம்; — ராசன் jeune roi, *V.* வாலவாயம்; — வதனன், (வதனம்), qui a l'air ou la figure jeune, *V.* அபராசன்; —வயசு, — வயது enfance, jeune âge; —வானரக்குரங்கு singe malfaisant (injure); — வாயசம்,—வாயம் la pierre précieuse dite lapis-lazuli;—வாலம், (பாலம்), enfance;—வியசனம் éventail de poils de queue de yak.

*வாலகம், 1° (vâlaka), anneau, bracelet. 2° (bâlaka), queue de cheval,—d'éléphant.

வாலசாரம், la ville de Ballassore, espèce de riz transporté de Ballassore à Madras. [d'éléphant.

*வாலதி, (bâladhi), queue, —

*வாலம், (bâla), cheveux de la tête, queue,—de cheval, —d'éléphant, poil de la queue.

வாலவம், un des 11 கரணம், le Karanam du tigre.

வாலறிவன், (அறிவு), celui qui a une vaste intelligence, — la connaissance du vrai Dieu.

வாலறிவு, (*id.*), vaste esprit, —ou grande intelligence.

*வாலன், *P.* பாலன், jeune homme, —enfant, poupon, *pl.* வாலர் les jeunes gens, les enfans.

வாலாசம், (வால்), croupière,—de bœuf (pour empêcher le fardeau ou le bât de tomber en avant), bride de cheval.

*வாலாதபம், (வால், ஆதபம்), rayons du soleil levant.

வாலாயம், cheval de pari,—exercé pour les courses de chevaux.

*வாலார்க்கன், (*id.* அர்க்கன்), soleil levant. [jeune postérité.

*வாலாபத்தியம், (*id.* அபத்தியம்),

வாலாமை, (*nég. de* வால்), impureté, saleté, malpropreté, menstrues, règles des femmes.

*வாலாம்பிகை. (வால, அம்பிகை), la jeune —, Parvadi.

வாலுகம், lapis-lazuli ou œil-de-chat. [barbu.

வாலன், (வால்), espèce de riz

*வாலி, (vâli), 1° Vâli, singe fabuleux et célèbre, fils d'Indiren, frère aîné de Sougriven et roi de கிட்கிந்தை. Il était, dit-on, si fort qu'il enlaça dans sa queue le géant Râvanen. Mais ayant enlevé தாரை femme de son frère சுக்கிரீவன், il fut tué par Râmen allié de ce dernier. 2° surnom de பலதேவன்:— சேய்மகன் le fils de Vâli nommé அங்கதன்.

*வாலிகை, (bâlikâ), sable, jeune fille, fleur de pendans d'oreilles, bruissement des feuilles, petit cardamome.

*வாலிசம், (bâlisa), oreiller.

*வாலிசன், (*id.*), ignorant, jeune homme, insouciant.

*வாலிசியம், (*id.* ya), jeunesse, insouciance, ignorance, folie.

*வாலிபம், வாலியம், (bâlya), enfance, jeunesse: வாலிபத்திலே முதிர்த்திபுத்திகுறுகினவயதுடையாளமாம் un esprit mûr dans la jeunesse est la marque d'une vie courte.

*வாலிபன், வாலியன், (*id.*), jeune homme, enfant: வாலிபர், வாலிபர், les jeunes gens, les enfans: வாலிபக்குடா petite baie près de கீழ்க்கரை ou Kilkaró.

*வாலிசம், (bâlisa), dysurie, douleur en urinant venant de la gravelle.

*வாலிசன். P: வாலிபன், jeune homme: வாலிசர் jeunes gens.

*வாலுகம், வாலுகை, (bâloukâ), sable, — blanc, gravier, camphre, bain de sable. V. வாலுகி: வாலுகம் —, வாலுகாப்பிரபை un des 7 enfers des Djaïnas, terre de sable brûlant. [nier, sot, idiot.

வாலுவன், pl: வாலுவர், cuisi-

*வாலுகி, வாலுங்கி, (bâlouki, —nki), espèce de concombre, cucumis usitatissimus, espèce de graine médicinale.

வாலுவன், pl: வாலுவர், cuisinier, idiot: வாலுவசாஸ்திரம், — நூல் art —, science de la cuisine.

வாலுளுவை, V. வாலுழுவை.

*வாலூகம், (bâloûka), espèce de —, poison. [âne, démon ou சத்திரவன்.

*வாலேயம், வாலேயம், (bâlèya),

வாலை, 1° alambic, vase pour distiller. 2°* (bâlâ), jeunesse, chose jeune, — tendre, jeune —, femme, — fille, fille de 12 ans, la jeune femme, i.e. Parvadi (dans la secte சாத்தேயம் qui adore l'énergie ou சத்தி féminine, c'est une de leurs சத்தி), pureté, petit cardamome, aloès, noix de coco, safran, jasmin... 3° acc. de வால்: — மெழுகு cire vierge, sorte de remède; வாலைவைத்திறக்கிறது distiller.

*வாலோபவீதம், (வால, உபவீதம்), cordon bramanique d'enfant, langoutti.

வால், (வாலம்), queue, pureté, blancheur, vérité, chose tendre, jeunesse, abondance; — க்கொடி pavillon —, flamme ou banderolle au mât de misaine; — நறுக்கு bout d'ôle, morceau coupé au bout d'une feuille de palmier: — நட்சத்திரம், — மீன் étoile à queue, comète, — caudée, — à queue; — மிளகு poivre à queue, — long, piper cubeba: — வாங்கி croupière: — வெள்ளி comète; — ஆ queue; வாலைக்கிளப்புகிறது remuer —, balancer sa queue; — கிளப்பாதே ne balance pas ta queue; ne fais pas étalage de parade.

*வான்மீகம், (vâlmika), le poème de வான்மீகர், i.e. le Râmâyanam.

*வான்மீகர், வான்மீகி, (id.), Vâlmiki auteur du poème susdit.

*வாவதூகன், (vâvadoûka), babillard, grand parleur.

*வாவதூகம், வாவதூகத்துவம், (வாவதூகன்), loquacité. [வாசி.

*வாவயம், (vâvaya), le basilic து-

வாவல், 1° opt. et n. v. de வாவுகிறது, saut, — par dessus; bond, désir. 2° chauve-souris, turbot.

வாவனாகுறத்து; espèce de சித்திரசகி:

வாபி, 1° (vâpi), étang, pièce d'eau, réservoir. 2° gér. de வாவுகிறது: — ப்பாய்கிறது sauter par-dessus, sauter et s'élancer.

வாவு, 1° congé. (dans les écoles), vacances, jour de fête. 2° imp. et part. de

வாவுகிறது, வாவினேன், வாவுவேன், வாவ, v.a. et n. வாவுதல், n.v. sauter, — par-dessus, franchir. — en sautant, s'élancer. [appeler, dire viens.

வாவென்றல், வாவென்கிறது (வா),

வாழ, inf. de வாழுகிறது.

வாழகம், encens mâle dit குந்துருக்கம்.

வாழைப்புளப்பு, la plante முல்லை.

வாழா, வாழாத, part. nég. de வாழுகிறது: வாழாக்கேடி femme malheureuse, non mariée.

வாழாத்திப்போளம், espèce d'aromate du genre dit போளம்.

வாழி, 1° particule explétive, V. வாழிய. 2° imp. de

வாழிக்கிறது, ழித்தேன், ழிப்பேன், ழி, ழிக்க, v. n. வாழித்தல், n. v. abonder, croître excessivement, se réjouir.

வாழிப்பு, n.v. du préc. abondance, croissance excessive, joie.

வாழியர், 1° particule explétive de la 2° personne, *Ex.* காண்மினவாழியர் உவேன்காடு regardez le penchant de la montagne. 2° *opt. de* வாழுகிறது, vivez heureux, puissiez-vous vivre long-temps.

வாழுகிறது, ழ்ந்தேன், ழுவேன் ou ழ்வேன், ழ ou ழ்ந், ழ ou ழ்ம, *v.n.* ou. வாழ்ந்திருக்கிறது prospérer, vivre, —heureux, être heureux, —dans le mariage, jouir, —ou user du mariage: வாழ, வாழ்க, *inf. et opt.* prospérer, puissiez-vous prospérer, soyez heureux, vivez long temps, vive, vivat: வாழவைக்கிறது, —க்கொடுக்கிறது rendre heureux, faire prospérer, —vivre heureusement avec son mari; வாழ்நாள்காலம் temps de la prospérité, vie conjugale; வாழுகிறபெண் femme mariée, —qui vit avec son mari.

வாழுதல், *n.v.du préc.* bonheur, prospérité, vie heureuse, —conjugale.

வாழை, 1° bananier, musa paradisiaca. 2° *P.* வாழாய், 2° *pers. nég. de* வாழுகிறது, tu n'est pas heureux: பேய்வாழை bananier de qualité inférieure mais dont le fruit est médicinal, son fruit; —க்கட்டை grosse racine bulbeuse—, tronc du bananier; —க்கன்று, —க்குட்டி rejeton de —, jeune bananier qui sort à côté du tronc primitif; —க்காய் banane encore verte, tumeur—, bubon à l'aine; —க்குலை grappe entière de bananier; —ச்சீப்பு partie de cette grappe, régime—, rang de bananes (disposées en peigne); —த்தண்டு spadix intérieur—, tige de bananier; —ப்பட்டை écorce de bananier; —ப்பழுத்தி la plante சாறுநக்கி; —ப்பழம் banane, fruit mûr du bananier; —ப்பூ fleur de bananier; —மட்டம், *V.* வாழைமுக்கன்று.

வாழ்க, *inf. ou opt. de* வாழுகிறது.

வாழ்கிறது, *V.* வாழுகிறது.

வாழ்க்கை, *n.v. du même*, ville, —en pays cultivé, bonheur; délice, état de prospérité, —du mariage, vie conjugale, vie, action de vivre, femme, —mariée, épouse, mère de famille: —த்துணை compagne de la vie, épouse; —ப்படுகிறது être mariée; —ப்பட்டபெண் femme—, jeune mariée; —ப்பட்டுப்போகிறது être mariée, s'en aller après avoir été mariée.

வாழ்தல், *n.v. de* வாழ்கிறது, vie, —heureuse, —conjugale, délice, prospérité, bonheur: உயிர்—vie, temps de la vie, manière de vivre. [கிறது.

வாழ்த்தல், *opt. et n.v. de* வாழ்த்து

வாழ்த்து, 1° félicitation, compliment, louange, salutation, salut, bénédiction, souhait de bonheur, bons souhaits, parole amicale ou de civilité, espèce d'அலங்காரம் ou de beauté poétique. 2° *imp. et part. de* வாழ்த்துகிறது: சொற்புகள — bons souhaits—, félicitation (de mariage...); கவிகள —poème de félicitation, complimens de salutation, bons souhaits: —வியக்கு rejet de complimens..., figure qui consiste à rejeter en louant ou à déprimer après avoir loué.

வாழ்த்துகிறது, த்தினேன், த்துவேன், த்த, த்தி, *v.a.* வாழ்த்துதல், *n.v.* louer, féliciter, complimenter, souhaiter du bien, bénir, chanter des complimens, —d'heureux souhaits: கட்டிக்கொண்டு—féliciter ou souhaiter du bien en embrassant; வாழ்த்திக்கொடுக்கிறது donner (un présent...) avec des félicitations ou d'heureux souhaits.

வாழ்த்துரை, (வாழ்த்து, உரை), félicitation, compliment, bons souhaits. [bruit des félicitations.

வாழ்த்தொலி, (*id.* ஒலி), son—,

வாழ்நன், (வாழுகிறது), homme qui vit heureux. [—du bonheur.

வாழ்நாள், (*id.*), temps de la vie,

வாழ்வரசி, வாழ்வாட்டி, (வாழ்வு, அரசி, *P.* ஆட்டி), femme mariée, —qui vit avec son mari.

வாழ்வானவன், (*id.* ஆனவன்), homme heureux.

வாழ்விக்கிறது, v. caus. de வாழ்கிறது, faire prospérer, rendre heureux, faire vivre une femme en paix avec son mari.

வாழ்விக்கை, **வாழ்வித்தல்**, n.v. du préc. action de faire prospérer..., prospérité, bonheur (procuré par une cause extérieure.)

வாழ்வு, n.v. வாழுகிறது, prospérité, bonheur, santé, vie conjugale, usage, coutume: வாழ்விழக்கிறது, perdre son bonheur, —son mari ou sa femme, devenir veuve; வாழ்விழந்தவள் femme—, veuve; —ப்பெருக்கம், —மெத்த accroissement de—, grande—, beaucoup de prosperité, grandes richesses; வாழ்விலுந்தாழ்விலும் dans la prospérité et l'adversité; பதினாறும்பெற்றுப்பெருவாழ்வுவாழ்க்கடவாய் puisses-tu avoir 16 enfants, (i.e. bon nombre d'enfans), et jouir d'une longue prospérité (souhait à une nouvelle mariée).

வாழ்வுறல், (வாழ்வு, உறல்), possession du —, bonheur.

வாழ்வோன், n. app. de வாழ்கிறது, homme heureux.

*__வாளம்__, (vala entourer), la montagne ou la chaine de montagnes dite சக்கரவாளகிரி, qu'on suppose entourer le monde, l'oiseau சக்கரவாளப்புள், courbure, épée.

வாளரம், (வாள், அரம்), lime à scie, — à 2 côtés tranchans, (pour aiguiser les scies).

வாளவரை, (id. அவரை), haricot à forme de sabre, dolichos cultratus.

வாளறுக்கிறது, (id. அறுக்கிறது), scier: வாளறுக்கிறவன் scieur de long.

வாளா, 1° tranquille, en repos, inutilité, V. சும்மா. 2° P. வாளா.

வாளாண்மை, (வாள்), combat à l'épée, bravoure dans ce combat.

வாளாது, 1° (வாளா), chose inutile, vaine. 2° espèce de gér. nég. sans dire, —parler.

வாளாமை, (வாளா), surdité, silence, taciturnité, inutilité.

வாளி, flèche, ornement d'or que les femmes portent au haut de l'oreille, course circulaire.

வாளிக்கிரேமணி, rubis.

வாளிரல், (வாள்), la rate.

வாளுழவர், (id.), guerriers, gens habiles à manier l'épée.

வாளுறை, (id.), fourreau d'épée.

வாளேந்தி, (id.), celle qui est armée d'une épée, i.e. Dourgâ.

வாளை, —மீன், espèce de poisson, trichiurus lepturus: ஆற்று — le poisson silurus bimaculatus; —வடுவன் serpent de mer venimeux qui entre dans l'embouchure des rivières et dont la morsure est mortelle.

வாள், épée, sabre, scie, faucille, lumière: வளைந்த — cimeterre, sabre; —கைக்கொண்டாள் celle qui a un sabre à la main, i.e. Dourgâ; —மீன் la scie ou l'espadon, espèce de poisson; —அறுக்கிறது ou வாளாலறுக்கிறது scier.

வாறது, **வாறேன்**, P. வருகிறது, வருகிறேன், venir, je viens. [viro.

வாருன், nom d'une corde de na-

வாறு, force, réussite, succès.

*__வாற்கம்__, __வாற்கலம்__, (vâlka, —la), écorce d'arbre, habit de pénitent fait d'écorce d'arbre.

வாற்பிள்ளரணம், (வால்), cuillère à pot, —à manche, grande cuillère.

வாற்கோதும்பை, **வாற்கோதுமை**, (id.), orge, froment barbu.

*__வாற்சகம்__, __வாற்சலம்__, (வற்சகம், வற்சலம்), troupeau de veaux, —de vaches.

*__வாற்சல்லியம்__, (vâtsalya), amour, tendresse, affection, passion.

*__வாற்சி__, (vâtsi), bâtarde—, fille née d'un brame et d'une choutresse: —புத்திரன் le fils d'une telle fille, barbier.

*__வாற்சியாயனன்__, (vâtsyâyana), le prétendu Mouni Vârtsyâyanen fils de வாற்சியன் et auteur d'un ouvrage érotique et impudique intitulé காமநூல்.

*__வாற்சேயபுத்திரன்__, P. வாற்சியபுத்திரன், barbier.

வாத்தை, P. வார்த்தை, parole...

வானகம்,(வான், அகம்),l'air,le ciel, le monde fabuleux des dieux, l'arbre மஞ்சாடி: வானகப்புறைச்சி scarabée noir.

வானநக்ஷத்திரம், வானட்சத்திரம், 1° (வால், நக்ஷத்திரம்),étoile à queue, comète. 2° (வான், id.),étoile du ciel.

வானதி, (வான், நதி), le fleuve —, i.e. le Gange céleste des fables indoues.

*வானஸ்பத்தியம்,வானபத்தி, வானபத்தியம், (வனஸ்பதி,வனபதி),arbre qui porte des fruits sans fleurs apparentes, l'arbre பலா.

வானம், 1° ciel, firmament, air, atmosphère,pluie, nuage. 2°* (vâna), dessèchement, fruit sec, chose desséchée,bois —, arbre mort ou desséché, être en vie, niche,trou ou enfoncement dans un mur, vague, rides de l'eau (causées par le vent), natte de paille,allée, action d'aller, odeur,parfum. 3°* (வனம்), multitude de forêts,solitude dans les forêts. 4° fondement, partie d'une tour: வானஞ்சுருங்கிற் றானஞ்சுருங்கும் si le ciel se resserre, (s'il ne pleut pas), la libéralité aussi se resserrera,i.e. diminuera; — பாடி l'alouette, le chantre du firmament; —பாடி நண்டு espèce de crabe; — பார்க்குங்கதிர் épi qui regarde le ciel, — qui dresse la tête en haut; —பார்த்தபிறவி naissance de ce qui regarde le ciel,i.e. les arbres qui se dressent en haut; வானக்கல் la pierre dite காக்கைக்கல்; — சாஸ்திரம் astronomie,science du cours des astres; —சோதி les astres —,les splendeurs du firmament; —பதம் horizon; — ப்பிரத்தம், — ப்பிரஸ்தம் l'état d'anachorète,d'ermite (vivant dans les déserts, c'est le 3° des 4 états de vie dits ஆச்சிரமம்), les arbres பலாசு butea frondosa et இலுப்பை bassia latifolia; — ப்பிரஸ்தன், — ப்பிரத்தன்,(பிர, ஸ்தன், qui se tient), anachorète, ermite, — qui vit dans les forêts; — ப்பிரஸ்தி, —ப்பிரத்தி, fém. du préc. 1° femme qui fait pénitence dans les forêts. 2° P. வானஸ்பத்தியம் arbre qui donne des fruits sans fleurir; — ப்பிரியை l'ami des forêts, i.e. l'arbre; —மிருகம் os de musc; — வரம்பன், (வரம்பு),celui dont les frontières s'élèvent aux nues, le roi சேரன்; — வாசி habitant du ciel, ange, bienheureux; — வில் l'arc-en-ciel; வானத்துமீன் étoile du firmament, Vénus; வானத்தில்நீர்த்தாரை விட்டிருக்கிறது des trombes d'eau ou des ondées de pluies pendre du ciel, — être prêtes à tomber.

*வானரம்,(வானம், ra qui aime, ou vâ comme, நரன் homme,ou வால், நரன்), homme à queue, singe, silvain, homme des bois: வானரகதி pas de singe, une des 5 allures des chevaux, V. au mot கதி; — க்கொடியோன் celui qui a l'emblème du singe Anouman sur son drapeau, i.e. Aroutchounen; — ப்பிரியம் ce qu'aime le singe,i.e.l'arbre mimusops kauki; —தேயம் l'arbre பழமுன்னையிப்பாலை.

*வானராகாரம், (வானரம், ஆகாரம்), la demeure des singes, l'arbre.

*வானரேந்திரன்,(id. இந்திரன்),le roi des singes, i. e. Anouman ou Sougriva (சுக்கிரீபன்).

*வானலம், (vânala), basilic noir.

வானவர், (வானம்), les habitans des cieux, les immortels, les dieux prétendus; — உறையுள் la résidence des immortels,le ciel, le prétendu monde des dieux,un temple; —முதுவன் le plus vieux des dieux indous, i.e. Brama, épithète du roi சேரன். [ciel, Brama, le roi சேரன்.

வானவன், (வானம்),habitant du

வானுதி,la plante கார்ப்போகரிசி.

வானுவாரி, (வானம், வாரி), terre qui n'a que l'eau du ciel.

வானி, tente, armée, dais ou pavillon,couverture pour se déguiser, bannière, — distinctive, la plante அசமதாகம்.

*வானியம், வானியை, (vânyâ), forêt, multitude de bosquets ou de buissons.

வானிற்கெற்பத்தி, (வான். *abl.* கெற்பம்), la mère-perle (les Indous supposent qu'il se forme des perles dans les nuages).

*வானீரம், (vânira), le rotin பிரம்பு calamus rotang.

வானுலகம், (வான்), le monde céleste, le ciel, le prétendu monde des dieux indous.

வானேறு, (*id.*), coup de tonnerre, foudre.

வானோர், (*id.*), les habitans des cieux, les anges, les bienheureux, les immortels, les dieux prétendus: — கணம் ௯ les 9 chœurs des anges, autrement nommés நவவிலாசசபை, *voyez leurs noms au mot* நவவானோர்க்கணம். Voici leur hiérarchie sacrée, les particularités qui les distinguent, telles que les donne le Rév. P. Beschi d'après la Sainte Écriture et les SS. Pères: பத்திச்சுவாலகர், கடவுளைக்குறித்தபத்தியினாலே சுவாலிக்கிறவர் les Séraphins sont les anges embrâsés d'un pieux amour pour Dieu: ஞானாதிக்கர், கடவுளைக்குறித்த ஞானத்திலதிக்கம்பெற்றவர் les Chérubins sont ceux qui sont doués d'une connaissance plus grande de la divinité: பத்திராசனர், கடவுளெழுந்தருளியிருக்குந் தேவசிங்காசனத்தைப்புகழ்ந் திருப்பவர் les Trônes sont ceux qui entourent le trône divin du Seigneur et le louent. Ces 3 chœurs tiennent le 1er rang dans la sainte hiérarchie. நாதகிருத்தியர், நாதருடையகிருத்தியத்தை யவரருளாற்புரிபவர் les Dominations sont ceux qui par la grâce de Dieu exercent son domaine et exécutent ses volontés; சத்துவர், கடவுளருளாற்பலவற்புதங்களைச்செய்யுஞ் சத்துவம்பெற்றவர் les Puissances sont ceux qui par la grâce de Dieu ont le pouvoir d'opérer diverses merveilles: பலவத்தர், கடவுட்டிருவுளப்படி செய்யுங்கருமங்கட்கு வருமிடையூற்றையவரருளாற்றடுக்கும் பலாத்காரம்பெற்றவர் les Vertus sont ceux qui par la grâce de Dieu ont la force d'éloigner les obstacles qui s'opposent aux desseins du Seigneur. Ces 3 chœurs tiennent le second rang dans la sainte hiérarchie. பிராதமிகர், கடவுட்டிருவுளப்படியே யிராச்சியசம்பந்தமான சகலநன்மைகளை நடத்துந்தலைமைபெற்றவர் les Principautés sont ceux qui ont reçu l'autorité pour opérer et diriger le bien général des royaumes de la terre selon la volonté du Seigneur; அதிதூதர், அதிகப்பிரதானவிசேடங்களையுலகத்திலறிவிக்கத் தூதுபதியாகவருபவர்கள் les Archanges sont ceux qui sont envoyés en embassade pour les affaires principales; தூதர், மனிதர்பிறந்ததனமுதலாகத்தனித்தனியே பராமரித்து நன்னெறியிலடத்தி மற்றும்பிரதான விசேடங்கட்கு மனுப்பப்படுபவர் les Anges sont ceux qui sont envoyés pour protéger chaque homme en particulier dès le moment de sa naissance, pour le conduire dans le bon chemin et pour d'autres affaires importantes. Ces 3 chœurs tiennent le 3me rang dans la sainte hiérarchie, que les uns appellent அர்ச்சியப்பிரபுத்துவம் et d'autres அதிச்சாரபதவி: — தேவேசன் le prétendu roi des dieux, *i. e.* Indiren; — மாற்றவர் ennemis des dieux indous, *i.e.* les அசுரர் ou démons et les இராக்கதர் ou géans; — முதல்வன், *V.* வானவர்முதல்வன்; — குணம் ௪ les 4 dons ou avantages des habitans des cieux, *i. e.* des anges ou des saints ressuscités, *i.e.* இலகு légèreté ou exemption de poids; சூக்குமம் subtilité, spiritualité; அக்ஷயம் incorruptibilité ou immortalité, பிரகாசம் splendeur ou gloire.

வான், 1° (வானம்), air, atmosphère, firmament, ciel, pluie, nuage, grand, grandeur, majesté, ambroisie, tempête. 2° particule du futur qui se joint au radical et signifie pour. *Ex.* கொல்வான் கொடித்தானையொடெழுந்தான் pour tuer il se leva avec son armée sous les drapeaux. 3° terminaison sanscrite de bien des noms appellatifs masculins dont le féminin est வதி comme புண்ணியவான், புண்ணியவதி, vertueux, vertueuse. 4° P. வால் devant ம்; — கோழி dindon, litt. grosse poule; — பயிர் semis, culture d'arbres, pépinière, objets de culture ou productions (à l'exception des grains; — விளைபொருள் produit —, fruits des arbres; — மிளகு espèce de poivre.

வான்மீகம், 1° arc-en ciel. 2°* (vâlmika), tertre des fourmis blanches ou termites.

*வான்மீகி, வான்மீகன், (vâlmiki, —ka), Vâlmiki auteur du Râmâyana.

வான்மீன், 1° (வான், மீன்), étoile du firmament, groupe d'étoiles, constellation. 2° (வால், id.), étoile à queue, comète.

வி, 1° lettre syllabique composée de வ் et இ, vi bref. 2°* (vi), oiseau, œil, ciel, atmosphère, air, vent, côté, — du vent. 3° particule sanscrite préfixe d'un grand nombre de mots et signifiant: séparation, privation, répugnance, différence, opposition, cause, certitude, totalité, connaissance, augmentation, plus.

*விகம், (vihaga), oiseau, nuage, flèche, planète, le soleil, la lune.

*விகங்கமம், (vihangama), oiseau

*விகங்கமம், விகங்கிகை, (vihangama, — gikâ), bâton pour porter des fardeaux aux 2 bouts.

*விகங்கம், (vihanga), flèche, oiseau, cygne, nuage, soleil, lune: விகங்கராசன் le roi des oiseaux, i.e. Garouden.

*விகசம், 1° (vikatcha), le serpent கேது ou le nœud descendant, floraison, fleur, — épanouie, chose fleurie, calvitie. 2° (vighasa), restes de la nourriture offerte aux dieux, aux mânes, à un gourou ou à un hôte respectable, nourriture (en général).

*விகசனம், (vihasana), sourire.

*விகசன், (vikasa), la lune.

*விகசாசன், விகசாசி, விகசாசுன், (விகசம், asa, ada, manger), celui qui mange les restes de la nourriture offerte aux dieux, aux mânes, aux gourous.

விகசிக்கிறது, சித்தேன், சிப்பேன், சி, சிக்க, v.n. விகசித்தல், n.v. (விகசிதம்), s'épanouir, fleurir, s'ouvrir.

*விகசிதம், 1° (vihasita), sourire. 2° (vikasita), floraison, fleur, — épanouie. 3° espèce de phthisie.

*விகசுவரம், (vikasvara), étendue, expansion.

*விகடம், (vikata), diversité, empêchement, changement, fraude, grandeur, largeur, beauté, chose belle, amusement, importunité, vexation, folie, frénésie: அ — பண்ணுகிறது tromper, frustrer, chicaner, filouter, badiner, ou — பண்ணுகிறது empêcher, mettre obstacle; விகடகவி vers badins, celui qui écrit de tels vers, plaisant; — க விபாடுகிறது chanter —, composer des vers badins, des satires, des pasquinades; — க்காரன் farceur, plaisant, intrigant, chicaneur, trompeur; — சக்கரன் le Poulléyar de வா ஞ்சிபுரம்; — த்தலை large —, grosse tête, i.e. tête d'éléphant; — புத்தி esprit rusé, subtil, trompeur; — விக டம் plaisanterie. [sée, trompeuse.

*விகடி, (விகடம், i), personne ru-

*விகடிகை, (வி, கடிகை), minute indienne (égale à 24 secondes européennes).

*விகட்டனம், (vighattana), frapper, délier, frictionner, frotter.

*விகணனம், (வி), paiement d'une dette, calcul, considération, méditation. [cision, V. விகணனம்.

*விசரணிணம், (id.). jugement, dé-

*விகண்டனம், (id.), séparation, division, changement, réfutation.

விகண்டிக்கிறது, டித்தேன், டிப்பேன், டி, டிக்க, v. a. (வி), changer, séparer, diviser.

விகண்டித்தல், விகண்டிப்பு, n.v. du préc. V. விகண்டனம்.

விகண்டை, réfutation, mauvaise opinion, haine, animosité, V. விகற்படை.

*விகதம், 1° (vigata), départ, disparition, séparation, liberté, délivrance, obscurité, paiement d'une dette. 2° (vihata), opposition, mort: விகதகன்மஷன் homme pur de tout péché; — ச்சுரம் fièvre guérie; — ராகம் délivrance des passions.

*விகத்தனம், (vikatthana), vanterie, louange,

*விகதி, (vihati), ami, compagnon, meurtre, frapper.

*விகத்தனம், 1° (vikatthana), louange, — ironique, ironie. 2° P. விகட்டணம்.

விகத்தன், P. விகர்த்தனன்.

*விகத்தை, (vikatthâ), louange, — ironique, vanterie.

*விகமம், (vigama), séparation, division.

*விகமனம், (வி), mauvaise vie, — conduite.

*விகம், (vika), lait de vache féconde...

*விகம்பம், விகம்பிதம், (வி), tremblement, instabilité.

*விகரம், 1° (vihara), séparation, désunion, disproportion, absence. 2° (vikara), maladie. 3° (vigara), montagne.

*விகரன், (vigara), abstême, qui vit de vent, homme nu.

விகரிக்கிறது, ரித்தேன், ரிப்பேன், ரி, ரிக்க, v.n. (விகரம்), se séparer, se désunir, changer.

*விகர்ணன், (வி), sourd, homme sans oreilles.

*விகர்த்தனன், (vikarttana), fils qui a usurpé l'autorité ou le royaume de son père, le soleil (à qui Vissvakarma, i. e. விசுவகன்மா coupa quelques rayons).

*விகர்மம், (id.), diverses affaires, action illégale, fraude: விகர்மக்கிரியை action illégale, immorale.

*விகர்ம்மகிருதம், விகர்ம்மழுதம், et corr. விகர்ப்பந்தம், (வி, கருமம், கிருதம்), chose mauvaise, inconvenante.

*விகர்ம்மிகன், (வி, கருமம், ika), clerc, intendant, — des foires et marchés, homme occupé de diverses choses.

*விகலம், (vikala), manque, défaut, imperfection, confusion, trouble, seconde de degré: விகலபாணிகன், (பாணி), manchot, qui a une main desséchée.

*விகலாங்கம், (விகலம், அங்கம்), défaut d'un membre estropié.

*விகலிதம், (vigalita), chose tombée, répandue, déliée, dénouée, relâchée, en désordre, dissipée, écoulée, finie, effusion: விகலிதகேசம் cheveux en désordre, échevelés.

*விகலி, (vikali), femme dont les règles ont cessé.

*விகலீகரணம், — கிருதம், — பூதம், (விகலம், i augment), défaut, confusion, action d'estropier.

*விகலை, (வி), minute, — indienne (égale à 24 secondes européennes), heure indienne de 24 minutes, seconde de degré, instant, V. விகலி.

*விகலேந்திரியம், (விகலம், இந்திரியம்), manque d'un sens.

*விகற்பம், (vikalpa), erreur, méprise, faute, ignorance, doute, indécision, alternative, antithèse, différend, divergence, différence, diversité, espèce: — பண்ணுகிறது faire une différence; விகற்பக்காட்சி connaissance —, vue de la différence des choses; விகற்பத்தின்முடிக்கும் finir irrégulièrement, par des inversions, — par des preuves positives et négatives ou par un énoncé spécial de diverses divergences pour éclaircir le sujet, c'est un des 32 உத்தி; விகற்பத்துக்குச் செய்கிறது faire —, agir pour exciter des dissensions et de la haine; கூத்தின்விகற்பம் différence —, variété —, espèce de danse.

விகற்பிக்கிறது, பித்தேன், பிப்பேன், பி, பிக்க, v.a. (விகற்பம்), விகற்பித்தல், n.v. changer, séparer, diversifier, varier, causer ou mettre de la différence, de la diversité.

விகற்பு, P. விகற்பம்.

*விகனம், (வி), légèreté, manque de poids.

*விகனனம், (vihanana), opposition, empêchement, injure, mal,

meurtre, arc pour nettoyer le coton, instrument qui sert pour cela à le baratter.

*விகன், (vikana), homme sans nez.

*விகர்மிகன், P. விகர்ம்மிகன், intendant, chargé d'affaire.

*விகன்னன், P. விகர்ணன்.

*விகாகம், (vigâha), s'enfoncer, plonger, se baigner.

*விகாசநம், P. விகாசம், விகாசிதம், 1° (vikâsa, ita), air, atmosphère, pompe, ostentation, isolement, solitude, plaisir, joie, floraison, épanouissement, chose ouverte, épanouie. 2° (vihâsa), sourire.

*விகாசனை, விகாசத்துவம், (விகாசம், ta), apparence, ou.

*விகாசனம், (விகாசம், na), solitude, isolement, extension, expansion, manifestation, apparition.

*விகாசை, (vikhâsâ), la langue.

*விகாடம், (vigâdha), immersion, plonger, se baigner.

*விகாதம், (vighâta), empêchement, obstacle, prohibition, opposition, contrariété, destruction, corruption: விகாதக்காரன் tracassier, homme accoutumé à susciter des différends, des obstacles; விகாதம்பண்ணுகிறது, V. விகாதிக்கிறது: விகாதநிதி éloignement des obstacles. [imp. du suiv.

*விகாதி, 1° (விகாதம்), opposant. 2° விகாதிக்கிறது, தித்தேன், திப்பேன், தி, திக்க, v. a. (விகாதம்), empêcher, mettre obstacle, s'opposer, contrarier.

*விகாபநம், P. விகாபிதம், விகாயதம், (vihâpita, — yata), don, donation, présent.

*விகாயசம், (vihâyasa), ciel, atmosphère, oiseau. [ca.

விகாரம், l'arbre salvadora persica.

*விகாரம், 1° (vikâra), changement, — de forme ou de nature, altération, différence, déviation de l'état naturel, irrégularité, maladie, inquiétude, souci, tourment, — de l'amour, — que cause la luxure, délire d'un malade, passion, émotion. 2° (vihâra), promenade, — d'amusement, errer —, rôder —, courir ça et là, passe-temps, jeu, amusement, épaule, beauté —, amour propre: — பிறக்கிறது, — காணுகிறது, — எழும்புகிறது le délire —, la passion venir, — se manifester, — s'élever; விகாரத்தசன்னி épilepsie, convulsions: — புட்டணர்ச்சி union irrégulière des mots, lorsqu'on ajoute une lettre, ou que la lettre finale du premier mot ou l'initiale du second ou toutes les deux se changent ou se perdent; — உவமை comparaison irrégulière, *Ex.* முத்துக்கொட்டுத்தன்ன முறுவல் dent pointue comme une perle (pour jolie comme une perle); விகாரம்-ஆறு les 6 passions qui altèrent le caractère, ce sont les 6 premières de l'அஷ்டவிகாரம்.

*விகாரி, (விகாரம், i), m. f. personne lascive, qui change, inquiète, différente; விகாரியாய்த்திரிகிறது rôder —, être tourmenté par une passion lascive; — வருஷம் la 33me année du cycle de 60 ans, correspondant à 1839 et 1899.

விகாரிக்கிறது, ரித்தேன், ரிப்பேன், ரி, ரிக்க, v. n. (விகாரம்), changer, varier, devenir —, être lascif, voluptueux, se passionner.

*விகாரிதம், (vikârita), chose changée, altérée. [crépuscule, soir.

*விகாலகம், விகாலம், (vikâla, ka),

*விகாலிகை, (vikâlikâ), espèce de clepsydre ou horloge d'eau, vase de cuivre perforé qui mis dans une casserole remplie d'eau, se remplit dans un certain temps.

*விகானம், (vigâna), mauvais bruit, médisance, mépris, affront,

*விகிரன், P. விகுகிரன். [reproche.

*விகிதம், 1° (vihita), proportion, raison, comparaison, — d'une chose à une autre, propriété, ordre, classification, intimité, accord, agrément. 2° P. விகிர்தம், chose inconvenable, impropre: — ஆயிருக்கிறது être propre, convenable; விகிதசங்கிதம் progression géométrique.

*விகிதி, *P*. விகிதி.

* விகிரணம், (vikirana), disperser, dissiper, se disperser, s'étendre.

*விகிரம், (vikira), oiseau (en général), fragment, — tombé, chose dispersée, arrosement, puits.

*விகிருட்டம், விகிருஷ்டம், (vikrouchta), chose arrachée, tirée.

*விகிருதம், (vihrouta), honte d'une femme à déclarer son amour à son mari ou à son amant, *V*. விகிர்தம்.

*விகிருதி, 1° (vikrouti), crainte, appréhension, inquiétude, maladie, peine, tourment, changement, altération, liqueur spiritueuse. 2° (vibrouti), passe-temps, expansion. 3° *P*. விகுதி, terminaison des noms et des verbes. 4° objet né dans ou parmi les pierres, — tiré du caillou.

*விகிர்தம், (vikrouta), altération, diversité, changement, mensonge, maladie, manque, imperfection, défaut d'un membre, membre estropié, dégoût, aversion, *V*. விகிருதை: விகிர்தவதனம் visage de travers.

*விகிர்தாகாரம், விகிர்தாகிருதி, (விகிர்தம், ஆகாரம், ஆகிருதி), forme altérée. [bre estropié, de travers.

*விகிர்தாங்கம், (*id*. அங்கம்), mem-

*விகிர்தி, 1° *P*. விகிருதி, changement, altération. 2° *P*. விகுதி, terminaison des noms et des verbes: — வருஷம் la 24me année du cycle indien, correspondant à 1830 et 1890.

*விகிதம், (vigita), contradiction, *V*. ஒவ்வாமை.

*விகிதி, (vigiti), mépris, reproche, opposition, contradiction, chanter, — de diverses manières, en divers styles.

*விகிரியம், விகிரணம், (vikirya, vikirna), disperser, répandre.

விகு, 1° *P*. மிகு, arrogance, sévérité austérité. 2°* (vikhou), homme sans nez. [Sandiren.

*விகுசிரன், (vikousra), la lune ou

*விகுணம், (வி, manque de qualités, mauvais caractère.

*விகுணி, (*id*.), personne —, être de mauvais caractère, caillou, liqueur fermentée.

*விகுதி, *P*. விகிருதி, changement, terminaison des noms et des verbes (opposée au radical dit பகுதி), terme technique de la philosophie சமஷ்டியம், *i.e.* effet général, ne produisant pas d'autre effet et ainsi distinct du பிரகிருதி, illusion de la nature.

விகுரம். 1° la plante வெள்வெருக்கு. 2° (vikhoura), démon, lutin, géant. [ம்.

விகுருதி, — வருஷம், *V*. விகிர்திவருஷம்

*விகூணனம், (vikoûnana), regard de côté ou de travers, œillade, coup d'œil.

*விகூணிகை, (vikoûnikâ), le nez.

*விகேசம், (வி), calvitie, chose cachée. *V*. கூடம்.

*விகேசி, (vikèsi), femme sans cheveux, petite tresse de cheveux.

*விகேசிகை, (vikèsikâ), plumasseau, toile enduite de beurre, ou autre matière et appliquée à une plaie.

*விகேடகன், (விகேடகம், ka), celui qui cause de la peine, qui fait du mal.

*விகேடம், (vihèta), mal, injure.

*விகேடனம், (vihètana), broiement, frottement, friction, chagrin, affliction, tourment, blesser, tuer.

*விகை, 1° (vihâ), ciel, paradis. 2° (vikhâ), femme sans nez.

*விகோஷணம், (vighôchana), proclamation, publicité.

*விகோடம், விகோசனம், (வி), chose découverte, abandonnée, dureté.

*விகௌதுகம், (vikaoutouka), indifférence, manque de curiosité, chose ancienne, qui n'excite plus la curiosité.

*விக்கம், (vikka), jeune éléphant.

விக்கல், *opt. et n.v. de* விக்குகிறது, hoquet, espèce de maladie: — எடுக்கிறது attraper —, avoir le hoquet.

*விக்கியாதம், விக்கியாதி, (வி), renommée, célébrité, publicité.

*விக்கியாதன், (*id*.), homme célèbre, très connu.

*விக்கியாபனம், (*id*.), manifesta-

-tion, communication, exposition, mémorial.

*விக்கியானம், (id.), science, connaissance, — profane, sagesse du siècle, sens différent: விக்கியானமயம் ce qui a rapport à la science, à l'étude. [sonne sage, savante.

*விக்கியானி, (விக்கியானம்), per-

*விக்கிரகம், (vigraha), corps, forme, figure, (d'où), idole, simulacre, (et quelquefois), statue, image, part, portion, expansion, extension, combat, bataille, pierre de granit, terminaison des mots, V. விகுதி: விக்கிரகபூசகன் idolâtre; — ஆராதனை ou *விக்கிரகாராதனை, (விக்கிரகம், ஆராதனை), idolâtrie, culte —, adoration des idoles: — க்காரன் idolâtre, qui adore les idoles et les prend pour des dieux. [dos.

*விக்கிரச்சவுதம். (id. அவுதம்), le

*விக்கிரமம். (vikrama), bravoure, héroïsme, grande —, force, chose extraordinaire, — irrégulière, marche, abus de la victoire: விக்கிரமயானம் marche; — வருஷம் ou விக்கிரம la 14me année du cycle de 60 ans, qui corespond à 1820 et 1880; — சேனன், — சிங்கன் ou

*விக்கிரமன், விக்கிரமாதித்தன், விக்கிரமாதித்தியன், விக்கிரமார்க்கன், (விக்கிரமம், ஆதித்தன், ஆதித்தியன், அர்க்கன் soleil), Vikramâditya, célèbre roi d'Oudgein ou உச்சயினி, fondateur d'une ère encore usitée sur la côte malabare et qui commence 56 ans avant la nôtre. Il fit de grandes conquêtes, mais fut vaincu par சாலிவாகனன். Le même nom a été porté par plusieurs autres princes. [ம், victoire, conquête.

*விக்கிரமார்ச்சிதம், (id. அர்ச்சித

*விக்கிரமி, (id. i), héros, brave, lion. [vente.

*விக்கிரயணம், (விக்கிரயம், na),

*விக்கிரயம், (vikraya), vente, trafic: அன்ன — vente de nourriture; வீட்டை — பண்ணுகிறது, விக்கிரயப்படுத்துகிறது vendre une maison: — ச்சீட்டு billet de vente; — சாட்ட-

-ம் conditions —, acte de la vente.

*விக்கிரன், விக்கிரு, (vikhra, vikhrou), homme sans nez.

*விக்கிரயி, விக்கிரயிகன், (விக்கிரயம், i, ika), vendeur, marchand.

*விக்கிராந்தம், (vikrânta), valeur, bravoure. [guerrier, lion.

*விக்கிராந்தன், (id.), héros,

*விக்கிராந்தி, (id. i), gallop, une des allures du cheval, valeur, héroïsme, prouesse, force, conduite brave, marche victorieuse. [vainqueur.

*விக்கிராந்தா, (vikrântâ), héros,

*விக்கிராயகன், விக்கிரேதா, (vikrâyaka, vikrêta), vendeur.

*விக்கிரேயம், (vikrêya), chose à vendre. [mépris, injure.

*விக்கிரோசனம், (vikrôsana),

விக்கில், P. விக்கல், hoquet.

*விக்கினம், (vighna), empêchement, obstacle, embarras, mal, tort: விக்கினசரும் empêchement; — க்காரன் qui cause des obstacles, des embarras; — காரி, 1° (kâri), qui met obstacle. 2° (hâri), qui ôte les obstacles, V. விக்கினேசு: — நீக்கு levée des obstacles: — நாசகன், — நாசனன், — நாசன், — விநாசனன், — விநாயகன், V. விக்கினேசு.

*விக்கினுபனம், P. விஞ்ஞாபனம்.

*விக்கினேசு, விக்கினேசன், விக்கினேசுரன், விக்கினேச்சுவரன், (விக்கினம், ஈசு, ஈசன், ஈசுரன்...), celui qui est censé ôter les obstacles ou finir les maux, i.e. Poulléyar.

விக்குகிறது, க்கினேன், க்குவேன், க்கு, க்க, v.n. விக்குதல், n.v. avoir le hoquet: சோற்றுச்சோறு விக்குது le riz resté dans la gorge me cause le hoquet, me fait tousser.

விக்குள், P. விக்கல், hoquet. [ment.

*விக்ஷணம், (வி), pour un —, mo-

*விக்ஷாவம், (vikchâva), toux.

*விக்ஷேபணம், (விக்ஷேபம், na), dispersion, envoi, rejet, lancer.

*விக்ஷேபம், விக்கேபம், (vikchêpa), rejet, réfutation d'un argument, en prouver la fausseté, digression, après avoir commencé à dire une chose se laisser aller à une autre pen-

sée, lancer, envoyer, cracher, vomir, confusion, trouble, crainte, espèce de danse, latitude, —céleste ou distance d'un astre à l'écliptique, ligne de cette latitude: விக்ஷேபசக்தி une des énergies connues sans le nom de சக்தி; — த்ருவம் la plus grande inclinaison de l'orbite d'une planète avec l'écliptique, elle est égale à la plus grande latitude; — பாகை degré de latitude.

*விங்கம், (vinkha), corne du pied du cheval.

விங்களம், tergiversation, subterfuge, différence, diversité, désaccord: விங்களமாய் diversement; —பண்ணுகிறது, V. விங்களிப்புபண்ணுகிறது.

விங்களிக்கிறது, விங்களித்தேன், விங்களிப்பேன், ளி, ளிக்க, v. n. (விங்களம்), tergiverser, biaiser, user de subterfuges, devenir —, être divers, —différent, varier, se désunir.

விங்களித்தல், விங்களிப்பு, n. v. du préc. tergiversation, diversité, désaccord: விங்களிப்புபண்ணுகிறது diversifier, faire—, mettre de la différence, traiter un ami ou un parent en étranger.

*விசக்ஷணம், (vitchakchana), habileté.

*விசங்கடம், (visankata), lion.

*விச்சம், (விசம், சம்), nénuphar.

*விச்சனம், (visasana), cimeterre, sabre, — recourbé, meurtre, dissection, coupure, V. கண்டம்.

*விசதம், (visada), blanc, blancheur, pureté, beauté, clarté, transparence, chose claire, apparente, évidente.

விசத்தரு, la plante அடம்பு.

*விசபிலம், (vidjapila), boue.

*விசமம், (வி), inégalité, rancune.

*விசம், (visa), fibres du nénuphar: விசநாசி quantité de nénuphars; —நாசிகை grue dont le bec ressemble à la tige du nénuphar; — புஷ்பம், — ப்பிரசூனம் nénuphar.

*விசம்பாதம், (visampâda), tromperie, désaccord, contradiction.

*விசம்பாதி, (id.), trompeur, disputeur.

*விசயம், 1° (vidjaya), victoire, triomphe, conquête, succès, le char fabuleux des dieux dit விமானம். 2° (vitchaya), recherche, examen. 3° (vasaya), doute, incertitude, refuge, asyle. 4° sucre, la région du soleil, un des 28 livres des Sivénistes: விசய ou விசயவருஷம் la 27e année du cycle de 60 ans, qui correspond à 1833 et 1893; — குஞ்சரம் éléphant royal; —சித்தி victoire; —ச்சந்தம் espèce de collier ou de feston de 700 perles, ou de 700 rangées de perles, (ou selon le dictionnaire sanscrit) de 504 rangées de perles; — நகரம் Vidjayanagaram ou Bisnagar, sur le Toumbhadra துங்கபத்திரை, capitale d'un royaume du même nom, dit aussi royaume de Narsingue ou நரசிங்கன் et qui était suzerain de tout le sud de l'Inde; — நந்தனன் fils de la victoire, nom d'un roi de Hastinapouri; —ப்புரி Vidjayapour, Vizapour, ou Bedjapour, capitale d'un ancien royaume; —ப்பொறி signe de victoire, ressort d'arc; — மத்தளம் gros tambour de guerre; — லட்சுமி la prétendue déesse de la victoire, une des அஷ்டலட்சுமி.

*விசயனம், (vitchayana), recherche, examen.

*விசயன், (விசயம்), le victorieux, (surnom de) Aroutchounen, சாலிவாகனன் ou Sâlivâhanen, Visayen portier de Vichnou, Yamen prétendu roi des morts.

*விசயி, (id.), victorieux, triomphant.

*விசயார்த்தம், (விசயம், அர்த்தம்), le Kaïlasa ou paradis fabuleux de Siven.

*விசயை, (vidjayâ), la victorieuse, la fameuse Dourgâ, Visayei une de ses servantes, le 3e, 8e et 13e jour lunaire de chaque demi-lunaison, chanvre, le fruit dit கடுக்காய், racine d'iris de Florence, victoire.

*விசரம், 1° (viçara), meurtre. 2° (visara), troupeau, foule, multitude, extension. 3° (vidjara), tige.

விசர், folie.

*விசர்க்கம், (visarga), abandon, délaissement, rejet, départ, séparation, allée, délivrance, —finale de nouvelles naissances prétendues, évacuation (d'excrémens), lumière, splendeur, course du soleil vers le sud, le visarga ou marque d'aspiration douce qui consiste en 2 points (:) dans lesquels se changent souvent les lettres s et r finales.

*விசர்ச்சனம், (visardjana), don, donation, envoi, renvoi, abandon, jeter l'idole dans l'eau censée lustrale à la fin d'une fête.

*விசர்ச்சிதம், (visardjita), chose donnée, abandonnée, renvoyée.

*விசர்ச்சிதை, (*id.*), espèce de danse. [dre, s'envoler.

*விசர்ப்பணம், (visarpana), s'éten-

*விசர்ப்பம், (visarpa), s'étendre, se répandre, s'envoler, inflammation érysipélateuse.

*விசலம், 1° (visala), bourgeon, rejeton. 2° (vidjala), sauce mêlée d'eau de riz, cange. 3° (வி, tchala), mobilité, vacillation.

*விசலனம், (vitchalana), mobilité, manque de fixité, — de force, déviation, louange de soi-même, vanterie.

விசவி, la plante சித்திரம்.

விசவல்லி, la plante கொடிநெல்லி.

விசவோ, casserole, plat, mesure égale à celle à mesurer la chaux, — à celle du pétrin.

*விசனம், 1° (வி, சனம்), lieu solitaire, inhabité. 2° (vyasana), chagrin, affliction, peine, douleur, trouble, malheur, infortune, péché, faute, vice, attention, application, intention, désir véhément, vain effort, incompétence, inhabileté, air, vent, individualité. 3° (vyadjana), éventail: விசனக்காணா cimetière.

*விசன்னம், (வி), naissance.

விசனுமம், louange—, hymne de sacrifice.

*விசாககம், (விசாகம், சம்), orange, — qui mûrit lorsque le soleil est dans la constellation விசாகம்.

*விசாகப்பட்டணம், (விசாகன்), Vizâgapatam.

*விசாகம், (visâkha), la 16me constellation lunaire, l'Alpha ou le Kappa de la Balance, une des 5 நிலை ou attitudes des archers, celle où l'on se tient sur un pied, ayant l'autre écarté de la distance d'un empan, fuseau. [tude susdite.

*விசாகலம், (விசாகம், la), l'atti-

*விசாகன், (விசாகம்), Soupramanien, solliciteur, mendiant.

*விசாகை, (visâkhâ), la 16me constellation lunaire.

*விசாதி, 1° (வியாதி), maladie. 2° (வி, சாதி), espèces ou castes différentes, choses non appareillées, non assorties, de castes ou d'espèces différentes: விசாதிபேதம் différence d'espèce, de nature, comme entre un arbre et une pierre.

*விசாயம், (visâya), dormir, —et veiller alternativement.

*விசாரகன், (விசாரம், ka), investigateur, juge.

*விசாரணம், 1° (visârana), meurtre, tuer. 2° (vitchârana), méditation, examen, délibération, décision, — après mûr examen.

*விசாரணை, (vitchâranâ), système de la philosophie மீமாஞ்சை, investigation, examen, inspection, surintendance, surveillance, soin, charge, administration, paroisse ou district, — sur lequel on a jurisdiction, — dont on a la charge: — க்காரன் intendant, administrateur, surveillant, celui qui a le soin ou la charge; — குரு curé, prêtre chargé d'une paroisse; — தியமனிதர் l'ordinaire; — ப்பங்கு district dont on a le soin; — பண்ணு கிறது examiner, soigner (une affaire...), surveiller.

*விசாரதம், (visârada), renommée, esprit, confiance, quatrain rimé.

*விசாரதர், (*id.*), gens distingués, célèbres, savans, qui délibèrent, poètes. [évacuation.

விசாரமம், P. விசிராமம், repos,

*விசாரம், 1° (vitchâra), consultation, délibération, investigation, réflexion, examen, soin, dispute, discussion. 2° (visâra), bois, arbre, poisson, glisser, ramper. 3° sollicitude, anxiété, inquiétude, chagrin, souci, trouble, pensée, idée, opinion: —ஆயிருக்கிறது, —இடுகிறது, விசாரப்படுகிறது être chagrin, inquiet, pensif, rêveur, réfléchir, délibérer; —க்காரன் homme chagrin, inquiet; —சனை investigation, discussion; —கர்த்தா juge, investigateur; —ஸ்தலம் lieu de consultation..., dispute logique; —த்தகடு cercle de fer; — சபை réunion de savans, — littéraire, ou pour une investigation judiciaire, prétendu siége du jugement de Yamen.

விசாரவசம், renommée.

*விசாரி, 1° (விசாரம். i), juge, examinateur, homme inquiet, troublé. 2° (visari), région des vents, poisson, — qui glisse. 3° *imp. de*

விசாரிக்கிறது, ரித்தேன், ரிப்பேன், ரி, ரிக்க, *v.a.* (விசாரம்), விசாரித்தல், *n.v.* penser, considérer, soigner, prendre des informations, s'informer, examiner, chercher, pourvoir à, procurer: ஒரு காரியம் நன்றாய் — examiner bien une affaire; இடம் — chercher une place; ஒருவனுக்கு உடையுமுண்டியும் — procurer le vêtement et la nourriture à quelqu'un; என்னசெய்தியென்று — s'informer des nouvelles: குற்றவாளியை — examiner le coupable, prendre les informations voulues à son sujet; ஒருவனுடைய நியாயம் — examiner —, soigner la cause de quelqu'un.

*விசாரிதம், (விசாரம், ita), chose examinée, délibérée.

விசாரிப்பு, *n.v. de* விசாரிக்கிறது, soin, intendance, charge, administration, direction, examen, information, souci, district —, village... dont on a la charge: —க்காரன் intendant, administrateur; —க்கட்டளையிடுகிறது prescrire —, *i.e.* confier le soin, la charge, l'administration: இந்தநிலமவன் — il a le soin ou l'administration de cette terre.

*விசாலதை, (விசாலம், tâ), largeur, grosseur, éminence, excellence.

*விசாலம், (visâla), largeur, étendue, extension, lieu spacieux, grandeur, éminence, espèce de cerf, — d'oiseau, l'arbre கடம்பு, un des 32 ordres d'architecture: விசாலகுலம் caste distinguée, — nombreuse; —ப்படுத்துகிறது, —ப்படுத்திக்கொள்ளுகிறது étendre, élargir, rendre spacieux; விசாலத்திலே நடக்கிறது marcher au large.

*விசாலாக்ஷன், விசாலாக்கன், விசாலாட்சன், (விசாலம், அக்ஷம்), homme aux yeux larges, Siven, Garouden.

*விசாலாக்ஷி, விசாலாட்சி, (*id.*), femme aux larges yeux, Parvadi.

விசாலிக்கிறது, லித்தேன், லிப்பேன், லி, லிக்க, *v.n.* (*id.*), விசாலித்தல், *n.v.* s'étendre, s'élargir.

விசாலிப்பு, *n.v. du préc.* étendue, largeur.

*விசாலை, (visâlâ), la ville d'Oudjein ou உச்சயினி, c'est une des சத்தபுரி ou 7 villes prétendues sacrées.

விசாலம், (விசாலம்), l'arbre கடம்பு, coloquinte amère.

விசாலமட்டை, *V.* மாதுளமட்டை.

விசானம், *P.* விசனம், *ou* விசானபூமி, lieu où l'on brûle les morts, cimetière, — où l'on enterre.

விசி, 1° * (vitchi), flot, vague. 2° banc, lit, lien, courroie de tambour, — qui en resserre la peau. 3° *imp. de* விசிக்கிறது: —ப்பலகை planche, — de lit ou lit en planches, banc.

*விசிகம், 1° (visikha), flèche, levier, barre de fer. 2° (விசி, ka). *ou*

*விசிகரம், (விசி), vague, rides de l'eau.

*விசிகை, 1° (visikhâ), hoyau, bêche, levier, grand chemin, rue, infirmerie, hôpital, espèce d'aiguille ou de fuseau, femme de barbier. 2° lien, bande, ceinture, intention, pensée, délibération.

விசிக்கிறது, சித்தேன், சிப்பேன், சி, சிக்க, *v.a.* (விசி), விசித்தல், *n. v.* lier, attacher.

*விசிஷ்டம், விசிட்டம், (visichta), excellence, distinction.

விசிதம், 1° cendres de bouse de vache. 2°* (visita), chose pointue. 3° * (vidjita), ce qui est vaincu, conquis. [partageant, cohéritier.

*விசித்ரு, (vidjitrou), juge, co-

*விசிதேந்திரியன், (விசிதம், இந்திரியம்), celui dont les sens sont subjugués.

*விசித்தி, (vitchhitti), perte, destruction, disparition, division, séparation, couper, pause, —ou césure dans le vers, bornes, moutarde, V. விசத்தி. [திரம். ka, tâ), merveille.

*விசித்திரகம், விசித்திரதை, (விசித்

*விசித்திரம் (vitchitra), merveille, beauté, chose bariolée ou bigarrée, —peinte, —belle et étonnante, spectacle, pompe, parade, curiosité, science, grande beauté, couleurs diverses, bariolage, langage contradictoire, discours qui implique évidemment le contraire de ce qu'on veut dire: விசித்திரம் ஐ les 5 ouvrages d'agrément, V. கைத்தொழில்; — ஆளத்தி femme qui aime la parure, —la pompe, —la toilette; விசித்திரதேகம் corps bariolé, nuage; — ப்பா, V. சித்திரகவி; — வீரியன் le roi Vitchitraviriyen de Hastinabouri; — வீரியஜு la mère de ce roi, c'est la mère de Vyasen; — வேலை ouvrage artificiel, —joli, — de curiosité; — வேளாகோலி espèce d'air ou de mélodie.

*விசித்திராங்கம், (விசித்திரம், அங்கம்), corps bariolé de diverses couleurs, paon, tigre, beauté, belle couleur.

*விசிபம், (visipa), temple, palais.

விசிப்பு, n. v. de விசிக்கிறது, lien, at-

விசிமத்தம், l'arbre வேம்பு. [tache.

*விசிரகந்தி, (விசிரக), orpiment jaune.

*விசிரசை, (visrasâ), décrépitude, grand âge, temps —, âge décrépit.

*விசிரம், விசிரதை (visra, tâ), odeur de viande crue. [ce, affection.

*விசிரம்பம், (visrambba), confian-

*விசிரயம் (visraya), réfuge, asile, soutien, appui.

*விசிரமம், விசிராமம், விசிராந்தி, (visrama, visrânti, visrâma), repos, pause, halte, tranquillité, — d'esprit.

*விசிரணனம், விசிராணனம், (visranana, visrânana), don, présent.

*விசிராவம், (visrâva), renommée, célébrité. [ge.

*விசிலம், (vidjila), eau de riz, can-

*விசிலேஷம், (vislècha), séparation, éloignement, absence.

விசிறி, éventail, l'arbrisseau ehretia buxifolia dont les jets ou les feuilles sont en éventail.

விசிறுகிறது, றினேன், றுவேன், று, ற, v. a. et n. (விசிறி), விசிறுதல், n. v. éventer, rafraichir avec un —, agiter un éventail, souffler comme la brise, se hâter.

*விசினம், 1° (visna), rayon, lumière, lustre. 2° (vidjina), V. விசிலம்.

*விசினி, (visini), assemblage de fleurs de nénuphar. [flétrie.

*விசீரணம், (வி), chose desséchée,

*விசீலன், (id.), homme immoral, de mauvaise conduite.

*விசு, P. விஷு, égal: — வருஷம் la 15me année du cycle de 60 ans, qui correspond à 1821 et 1881.

விசுக்கிடுகிறது, விசுக்கிட்டுக்கொள்ளுகிறது, se dégoûter, devenir —, être triste, chagrin, mécontent.

விசுக்கு, mot —, son imitatif d'empressement: விசுக்கென், விசுக்கென்கிறது, se presser, se hâter.

விசுநம், la plante கறிப்பூட்டால்.

*விசுத்தம், (வி), pureté, netteté, piété, modestie, respect, esprit.

*விசுத்தி, 1° (id.), pureté correction, égalité, similitude, éclaircissement d'un —, doute, fin, quantité négative. 2° la partie inférieure de la langue, un des ஆறாதாரம்.

விசுபம், விசுமம், corps, monde, objet —, être corporel.

விசுமிஞ்ஜனி, l'arbre வேம்பு.

விசும்பு, l'atmosphère, l'air, région éthérée, —supérieure, ciel, côté du monde, point cardinal, v. g. l'est, monde fabuleux des dieux ou le Souvarkam, nuage, fanfaronnade, vanterie,

விசும்புகிறது, பிசேன், புவேன், பு, ப, *v.a.* manifester son mépris par ses gestes.

*விசுருதி, விசுருதம், (visrouti, ta), renommée, écoulement, écume.

*விசுவங்கரம், *et corr.* விசுவங்கிரம் (விசுவம், கரம்), ce qui crée tout, œil.

*விசுவசனம், 1° (விசுவம், சனம்), le monde, le genre humain. 2° (visvasana), *ou* [fiance.

*விசுவசிதம், (visvasita), foi, con-

விசுவசிக்கிறது, சித்தேன், சிப்பேன், சி, சிக்க, *v.a.* (விசுவாசம்), விசுவசித்தல், *n.v.* croire, ajouter foi, se fier, se confier, avoir foi, — confiance.

*விசுவஸ்தன், (visvasta), fidèle, en qui on se fie. [fidèle, veuve.

*விசுவஸ்தை, *fém. du préc.* femme

*விசுவம் (visva), tout, totalité, universalité, le monde, l'univers, la plante அதிவிடையம், gingembre sec. 2° (vichouva), l'équinoxe, lieu où l'écliptique coupe l'équateur, nœud des planètes: விசுவகந்தை, (கந்தம்), la terre; — கருமன், — கர்மா le soleil, Visvakarmà fils de Brama et architecte des dieux indous; — கருமகனை, — கருமசை la fille de Visvakarmà, une des femmes prétendues du soleil; — காலம் temps, des équinoxes; — கோப்திரு, (gôptrou), le prétendu conservateur du monde, Vichnou, Indiren; — சகை (saha *porter*) la terre, une des langues du feu; — சங்கிராந்தி passage du soleil dans le signe suivant à l'équinoxe; — சாயை ombre du gnomon à midi aux équinoxes, ombre à midi aux équinoxes dans un lieu donné; — சாயாங்குலம் (சாயை, அங்குலம்), cette même ombre exprimée en pouces; — சித்து ce qui subjugue tout (au dire des Indous), espèce de sacrifice, — de cérémonie, le nœud coulant de Varounen; — சிருஷ்டி le créateur de tout, Dieu; — தினம் le jour des équinoxes; — தேவம் sacrifice à tous les dieux prétendus, — aux ancêtres; — தேவர், — தேவர் espèce de prétendus dieux particuliers ou de dieux mânes, que les Indous adorent aux funérailles, au nombre de 10, savoir: வசு, சத்தியன், கிரது ou Kratou, தக்கன், காலன், காமன், திருதி ou Dhrouti, குரு, புரூரவன் et மத்திரவன் ou Madrava; d'autres en mettent 13; — நாதன் le maître du monde, Dieu, (et à tort à Bénarès) Siven; — நாள் la 21 me constellation lunaire dite உத்தராடம்; — பேடசம், — பேஷசம் le remède universel, le gingembre sec; — பை la lumière du monde, soleil, lune, feu; — போசனம் manger de toutes sortes de nourritures; — போதன் le docteur universel, Bouddha qui fut censé expliquer tout; — மகை, (மகம்), une des 7 langues du feu; — ராசன் souverain universel, despote; — ரூபம் ce qui existe sous toutes sortes de formes; — ரூபன் celui qu'on dit prendre toutes sortes de formes, *i. e.* Vichnou, celui qui est présent partout; — ரேகை la ligne équinoxiale, colure des équinoxes; — ரோசனம் la racine arum colocasia (bonne à manger); — வராகம் cochon de village (qui court partout), — வேதா celui qui connait tout; — வியாபகன், — வியாபி celui qui pénètre tout ou est présent partout; — வியாப்தி diffusion —, présence universelle.

*விசுவம்பரம் (விசுவம், bhara *qui porte*), ce qui soutient tout, soutien de l'univers.

*விசுவம்பரன், (*id.*) Vichnou, Indiren, (prétendus soutiens du monde).

*விசுவம்பராதிபன், (விசுவம்பரா, அதிபன்), maitre de la terre, roi. [porte tout, la terre.

*விசுவம்பரை, (*id.*) ce qui sup-

*விசுவயு, (விசுவம், you *unir*), air, vent. [வன்.

*விசுவன், (visva), *V.* விசுவதே-

*விசுவாசகன், (விசுவாசம், ka), homme fidèle, — de confiance.

*விசுவாசம், (visvâsa), foi, croyance, confiance, fidélité, probité, véracité, protection:— இன்மை, *V.* விசுவசியாமை;— உள்ளவன் homme fidèle, qui a de la foi: விசுவாசகாதகன், — காதிநன் traitre,—à la foi donnée; — காதம் trahison,perfidie;— காரணம் cause de confiance;— ஸ்தானம் objet de confiance;— பங்கன் traitre, perfide;—பத்தி foi et piété, dévotion,fidélité;—பாதகம் perfidie, trahison, manque de bonne foi, de fidélité, déni d'un dépôt;— பாதகன் perfide,traitre;—பாத்திரன் homme digne de foi,—de confiance;—ப்பிரதன் qui inspire de la confiance;— பூமி chose digne de foi, personne digne —, objet de confiance; ஒருவன்விசுவாசத்திலிருக்கிறது être sous la protection de quelqu'un, être à la merci de sa bonne foi;விசுவாசத்தின்மேலேகொடுக்கிறது donner par confiance, confier à la fidélité.

*விசுவாசி, 1° (விசுவாசம்,i),fidèle, croyant,homme plein de foi, — de confiance, qui se repose sur un autre, l'arbre வேங்கை. 2° *imp.de*

விசுவாசிக்கிறது, (*id.*), *V.* விசுவசிக்கிறது. [croyance.

*விசுவாசிதம்,(*id.* ita), confiance,

விசுவாசியாமை, *n.v.nég. de* விசுவாசிக்கிறது, incrédulité, manque de foi, de confiance, défiance.

*விசுவாசியன், (விசுவாசம், ya), homme digne de confiance.

*விசுவாசியதை,(விசுவாசியன்,tâ), mériter confiance.

*விசுவாத்துமன், (விசுவம், ஆத்துமம்), Dieu, *litt.* l'âme du monde, Brama.

*விசுவாமித்திரன், (விசுவம்,மித்திரன்), Visvâmitren, célèbre mouni fils de Gâdhi roi de Kanoudje; il eut de grands différens avec le mouni வசிஷ்டன், devint brame par de longues pénitences souvent interrompues par la jalousie des dieux, et fut le gourou de Râmen: விசுவாமித்திரப்பிரியம் l'arbre chéri de Visvâmitren, *i.e.* le cocotier; — ப்புல், *V.*நாணற்புல்.

*விசுவாவசன், (visvâvasou),nom d'un கந்தருவன் ou prétendu musicien céleste.

*விசுவாவசு, (*id.*),1° *V.* விசுவாவசன். 2° *ou* விசுவாவசுவருஷம் la 39me année du cycle de 60 ans, qui correspond à 1845 et 1905.

*விசுவான்மா, (விசுவம், ஆன்மா), *V.* விசுவாத்துமன்.

*விசுவேசன்,விசுவேசுவரன், (விசுவம்,ஈசன்,ஈசுவரன்), le seigneur du monde,(à tort) Siven.

விசுவி,callou ou jus de cocotier...

*விசூசிகை, (visoûtchikâ), coléra spasmodique,symptôme d'une—,espèce de maladie. [tristesse.

*விசூரணம், (visoûrana),chagrin,

*விசூரிதம், (visoûrita), repentir, amélioration.

*விசூரிதை, (visoûritâ), fièvre.

*விசேஷகம், (விசேஷம்,ka),relation, récit, narration, annonce, chose spéciale,—distinctive ou caractéristique, marque sur le front dite திலகம், attribut d'une proposition.

*விசேஷகன், (*id.*), porteur de nouvelles, narrateur, raconteur.

*விசேஷகாலங்காரம்,விசேடகாலங்காரம், (*id.* அலங்காரம்), fig. de rhét.qui fait ressortir une cause particulière, une distinction entre 2 choses d'ailleurs semblables.

விசேஷிக்கிறது,ித்தேன்,ிப்பேன்,ி,ிக்க,*v. a.* (விசேஷம்), donner un attribut, s'attribuer, faire distinguer.

*விசேஷணம்,(விசேஷம்,na),épithète, attribut, adjectif, prédicat, connaissance distincte, qualité distinctive,—spéciale, ce qui fait connaître le caractère.

*விசேஷம், (visêcha), spécialité, chose particulière, — spéciale, — principale, — distinctive, différence, distinction, particularité, circonstances particulières, attribut particulier, excellence, supériorité, espèce, sorte, manière, membre, marque de sandal sur le front, fig.

de rhét. divisée en 3 espèces toutes impliquant variété de moyens et d'effets, V. விசேஷாலங்காரம், récit, narration, nouvelle, mot, restes: — விசாரிக்கிறது sonder pour —, chercher à connaître une particularité, —un secret; விசேஷமாய் principalement, particulièrement, spécialement, surtout; எழுத்துவிசேஷமாய் par écrit, par lettre ou billet; வாய்விசேஷமாய் de parole, verbalement; விசேஷமாய்க்கொடுக்கிறது donner particulièrement, - plus: — ஆய்ச்செய்கிறது, — ஆய்ச்சொல்லுகிறது faire—, dire spécialement, distinguer; — காரியம் chose principale, —spéciale; — ஸ்தலம் place préférable, de distinction, lieu —, temple distingué ou célèbre; — ஆனபேச்சு propos —, parole remarquable, —vraie; — ஆனது, V. விசேஷித்தது; விசேஷகுணம் caractère particulier, objet d'une espèce unique ou distincte; —சமயம் occurrence, rencontre, temps... particulier, ce qui arrive occasionnellement ou sans y penser (dans la conversation...); —காரியவிசேஷமாயறிந்தேன் j'ai appris par rencontre, par ouï-dire; —தர்மம் devoir particulier; —திட்டாந்தம் proposition particulière; —தினம் jour spécial, —de fête ou de réjouissance; —தீட்சை initiation—, instruction—, engagement spécial; —லட்சணம் marque particulière; —வசனம் texte spécial; — வர்த்தமானம் fait—, chose principale; — வார்த்தை mot spécial, parole remarquable; — விதி règle particulière.

விசேஷிக்கிறது, ஷித்தேன், ஷிப்பேன், ஷி, ஷிக்க, v.a. et n. (விசேஷம்), விசேஷித்தல், n. v. exceller, l'emporter, surpasser, être préférable, se distinguer, remarquer, distinguer: விசேஷித்தது chose notable, remarquable, excellente, éminente, célèbre; அதிலுமிதுவிசேஷித்தது ceci l'emporte sur cela, lui est préférable ou supérieur; விசேஷித்திருக்குங்காரியம் chose essentielle, remarquable; விசேஷித்திராதகாரியம் chose accessoire, de circonstance, non essentielle, non remarquable.

*விசேஷிதம், (விசேஷம், ita), chose distinguée, supérieure, qui a un attribut, qu'on assure.

*விசேஷியம், விசேடியம், (visèchya), objet, chose qui doit être distinguée, sujet, —d'une proposition, qui demande après lui un attribut ou un adjectif, nom, substantif.

*விசேஷோக்தி, விசேடோக்தி, (விசேஷம், உக்தி), figure de rhétorique qui joint la cause à l'effet de manière à expliquer une matière ou condition particulière.

*விசேஷ்டிதம், விசேட்டிதம், (vitchèchtita), mauvaise action, effort.

*விசேடணம், விசேடம், விசேடிக்கிறது... V. விசேஷணம்....

*விசேதம், 1° (vitchètas), malheur, tristesse, trouble, perplexité, ignorance. 2° (vitchhèda), séparation, éloignement, prohibition, dissention, division, — d'un livre, section, chapitre, lieu.

*விசேதனம், 1° (vitchètana), absence de sentiment, de vie. 2° (vitchhèdana), séparation, division.

விசை, 1° fois, tour, cours, changement, vitesse, célérité, hâte, impétuosité, ressort, détente, trappe, piége, —à ressort, — qui saisit, — à prendre les bêtes, appui, étaie, impulsion, tension, action de bander, toutes sortes d'instrumens méchaniques, v.g. levier, barre pour soulever, machine, etc...2° *imp.* *de* விசைக்கிறது: எத்தனை— combien de fois; ஒரு— une fois; பத்து - 10 fois; இன்னமொரு— encore une fois; இந்த— cette fois-ci; — கொள்ளுகிறது prendre des forces; —க்கம்பு, — க்கல் nom d'un instrument de tisserand; —க்காற்று vent produit par l'impétuosité de la marche; — த்தடி, nom d'un instrument de tisserand, bâton d'un piége; — தப்பாவித்து la machine —, l'invention a manqué; —மெத்தவிசைத்தக்கவிறுக்குப்போம் la tension est trop forte, cette corde se brisera; —யாய் vite, avec impétuosité, rapidement; —யாயடிக்கிறது frapper vite, rapidement; —யாய்ப்போஞன் il est allé en toute hâte; —வேற்றுகிறது bander un ressort, dresser un piége, exciter, encourager; வில்லு — வேற்றுகிறது bander un arc; —வைத்திருக்கிறபதுமை marionnette mue par des ressorts; என்மேலே — வைத்துக்கொண்டிருக்கிறான் il a dressé un piége contre moi, il cherche ma ruine; — வைத்துத்தட்டிஞற்போலேகாரியத்தைத்தட்டிப்போட்டான் il a fait chavirer l'affaire comme si on faisait tomber soi-même la trappe qu'on a mise; விசையைத்தட்டுகிறது heurter contre une trappe, donner dans un piége; விசையைவைத்துத்தூக்குகிறது lever avec un levier; முன்வலித்த விசையிஞலே வலியாமலுந்தோணிநடக்கும் par la première impulsion des rames la barque marchera sans ramer de nouveau.

விசைக்கிறது, சைத்தேன், சைப்பேன், சை, சைக்க, *v. n.* (விசை), விசைத்தல், *n.v.* se hâter, se presser, être impétueux, avoir—, prendre de la vitesse, se fâcher, s'irriter.

விசைப்பு, *n.v. du préc.* vitesse, impétuosité, colère.

*விசையம், *P.* விசயம்: விசையதண்டம் massue de la victoire,—ou bâton d'un guerrier qui a assailli et vaincu une armée à 4 divisions.

*விசையணம், *P.* விசயணம்.

*விசையன், *P.* விசயன், le victorieux, surnom d'அருச்சுனன்.

*விசையை, 1° *P.* விசயை. 2° *acc. de* விசை.

*விசோகம், (வி), bonheur, exemption de chagrin.

*விசோதனம், விசோதிதம், விசோதித்துவம், விசோதிதை, (visódhana, — dhita, விசோதி, tâ), purification, nettoiement.

*விசோதி, (visôdhi), qui purifie.

*விசோஷணம், விசோஷிதம், (visôchana, — chita), dessèchement.

விச்சதையன், la plante புக்ஞாரி.

விச்சநத்தா, la plante வெள்ளெருக்கு.

விச்சம், (விசம்), nénuphar.

*விச்சலம், (vidjdjala), flèche.

விச்சல்லி, coloquinte amère.

விச்சாதரர், *P.* வித்தியாதரர்.

*விச்சாதி, (வி), caste différente.

*விச்சித்திரம், *P.* விசித்திரம்.

*விச்சிரமம், விச்சிராமம், *P.* விசிரமம், repos, pause, évacuation.

*விச்சிராவம், (visrâva), renommée, célébrité.

*விச்சிராணனம், விச்சிரணனம் (visrânana. visranana), don, donation.

விச்சிலிப்பு, espèce de pustule ou d'ampoule.

விச்சிறல், le jonc கோரை.

*விச்சிரும்பணம், (vidjroumbhana), passe-temps, épanouissement, extension, bâillement.

*விச்சிரும்பிதம், (vidjroumbhita), passe-temps, floraison, bâillement, désir.

*விச்சின்னம், (வி), ce qui a été divisé, partagé, coupé, changé.

விச்சு, 1° *P.* வித்து, grain, graine, semence. 2° *ou* விஞ்சு, abondance.

*விச்சுவம், *P.* விசுவம்: விச்சுவகன்மா, *P.* விசுவகன்மா; — காசிபம், — சாரம், — தருமம், — போதம் différens ordres d'architecture; — தேவர் *ou*

*விச்சுவர், *V.* விசுவதேவர்.

*விச்சுவேசம், (விச்சுவம், ஈசன்), un des 32 ordres d'architecture.

விச்சுளி, petit oiseau très-agile, espèce d'alcyon, alcedo, homme agile, vif, sage, prudent: விச்சுளியாயிருக்கிறது être vif, leste, expéditif.

விச்சுளியன், (விச்சுளி), homme sage, prudent, agile.

விச்சை, 1° *P.* வித்தை science, art, connaissance, magie. 2° rue, la plante வெள்ளெருக்கு.

விச்சோடு, (வி), ce qui ne fait pas la paire, chose dépareillée ou dépariée, *v.g.* des bas, des souliers..., qui n'a pas son égal, *v.g.* un cheval....

*விஷண்ணம், (vishanna), abattement, découragement.

*விஷதம், (விஷம், da *qui donne*), vitriol bleu, nuage..

*விஷமம், 1° (vichama), injure, tort, mal, malice, vexation, trouble, tracas, peine, difficulté. 2° (வி, சமம்), inégilité, chose raboteuse, dépareillée, impaire, inégale, irrégulière, terrible, inaccessible: விஷமகர்ணம் hypoténuse d'un triangle rectangle formé par le gnomon et les 2 côtés de l'ombre; — கணக்கு calcul fractionnaire; — சங்கமம் trouver des quantités par le moyen de leurs différences ou celles de leurs carrés; — சாகசம் témérité, hardiesse, *V.* ஏக்கம்; — சாயை ombre du gnomon à midi le jour des équinoxes; — சுரம் fièvre violente, fièvre irrégulière; — த்திரிபுசம் triangle scalène; — நயனன் Siven dont les yeux sont impairs; — விபாகம் partage —, part inégale; விஷமத்துக்குச்சொல்லுகிறது dire par malice.

*விஷமன், (*id.*), homme méchant, malin, cruel.

*விஷமாக்ஷன், விஷமாட்சன், (*id.* அக்ஷம்), celui dont les yeux sont impairs, *i.e.* Siven.

*விஷமாசனம், (*id.* அசனம்), nourriture irrégulière, — indigeste, qui cause une indigestion.

*விஷமாயுதன், விஷமேஷு, (*id.* ஆயுதம், இஷு *flèche*), celui dont les armes ou les flèches sont impaires, (au nombre de 5), *i.e.* Kâmen.

விஷமி, *fém. de* விஷமன், femme méchante, maligne, cruelle.

விஷமிக்கிறது, மித்தேன், மிப்பேன், மி, மிக்க, *v.n.* (விஷம்), விஷமித்தல், *n.v.* se changer en poison: விஷமித்தவன் homme malade, — auquel le régime et les remèdes indiqués ne conviennent pas.

*விஷமேக்ஷணன், (விஷமம், ஈக்ஷணம்), *V.* விஷமாக்ஷன்.

*விஷம், (vicha), poison, venin, le poison végétal aconite ferox, arsenic, chose nuisible, destructive, scorpion, eau, fibres du nénuphar: அது — cela est du poison, — est nuisible ou destructif; காலகூடவிஷம் *P.* காளகூடவிஷம் poison mortel; — இறங்குகிறது le venin descendre, se retirer ou perdre sa force; — இறக்குகிறது faire descendre le venin, l'enlever, le neutraliser; — ஏறுகிறது le venin monter, — se répandre dans le corps; — கொல்லி nom d'une plante, contre-poison; — திரும்புகிறது le poison retourner, *i.e.* subir une réaction, — desendre, — être chassé ou se neutraliser; — தீண்டுகிறது être mordu par un serpent ou un insecte venimeux: — தீண்டிச் செத்தான் il est mort d'une morsure venimeuse; — தீர்க்கிறது chasser —, neutraliser le poison; — விஷ, *adj.* de poison, venimeux, vénéneux; — க்கடி morsure venimeuse (de serpent ou d'insecte venimeux...); — க்கடிவாய் place d'une morsure venimeuse; — க்கடிவேளை moment d'une morsure venimeuse, temps infortuné; — க்கல் pierre qu'on applique sur la morsure des serpens pour extraire le venin; — கரம் (hara *qui ôte*), — கரி (கரம்), — க்கினம், (*qui tue*), antidote, contre-poison; — கரி, (hari *qui ôte*), qui ôte le poison, marchand d'antidotes, corne de rhinocéros; — க்காய்ச்சல் fièvre pestilentielle, — maligne; — சாஸ்திரம், — சாத்திரம் traité sur les —, science des poisons; — சிருங்கி, (சிருங்கம்), — சூகம் guèpe; — சூசகம் perdrix rouge; — ஜெந்து animal —, reptile —, insecte venimeux; — தந்தகம், (தந்தம், ka), serpent aux dents venimeuses; — தரம், (dhara *qui contient*), serpent, nuage; — தரன் Siven qui porte du poison dans sa gorge; — தாத்திரி, *litt.* la nourrice du poison, la prétendue déesse des serpens; — நாசனம், — நாசினி antidote, contre-poison; — நீர் humeur venimeuse ou maligne du corps; — நீரேற்றம் hydropisie; — நேரம் temps mauvais; — பக்ஷணம், — பட்சணம் prendre du poison; — பாகம் enflure subite du corps; — புஷ்பம் nénuphar bleu; — புஷ்பகம் maladie provenant de fleurs venimeuses;— ப்பிரயோகம் emploi des poisons;— பேதி diarrhée violente et dangereuse, choléra-morbus,— dangereux;— மந்திரம் conjuration du poison, prière pour guérir les morsures venimeuses;— மந்திரன் conjurateur de poison, preneur de serpens, qui les charme et prétend guérir de leurs morsures, Kouraven ou குறவன் (qui fait ces divers métiers);— முட்டி l'arbre vénéneux எட்டிமரம்;— மூங்கில் la plante ou l'arbre crinum asiaticum;— நாசன் V. விஷத்துக்கராசன்;— ரோகம் maladie dangereuse,— causée par le poison;— வாக்கு parole empoisonnée,— de mauvais augure;— விருதானம் donner du poison par ordalie;— சந்தக்கரப்பன் espéce d'éruption ou de teigne;— வித்தை,— சிகிச்சை administration d'antidotes, traitement pour—, cure d'empoisonnement;— வேகம் absorption —, promptitude du poison;— வைத்தியன் médecin pour les poisons et les morsures venimeuses, marchand d'antidotes; விஷத்துக்கராசன், *litt.* le roi des poisons, la pierre கருடக்கல் qui tire et ôte les poisons.

*விஷயம், (vichaya), objet des sens, — perçu par les sens, perceptible aux sens (*e.g.* la couleur, la forme, l'odeur, le goût, le son), objet (en général), chose vue, — visible, — qu'on peut savoir, cas, article, affaire, — du monde, particularité, ce qui est propre ou particulier à quelqu'un, refuge, asile, pays, sperme, cause, origine, maître, observance religieuse, être, existence: இந்த—, தற்கால — ce cas-ci, cet objet, cet article..., le cas actuel, la circonstance présente; விஷயசுகம் intérêt mondain, — action mondaine; — காமம் désir des biens du monde; — க்காட்சி connaissance acquise par les sens;— ஞானம் sagesse du monde;— பரித்தியாகம் renoncement au monde, s'en éloigner, se retirer;— வாஞ்சை désir du monde, sensualité;— வாசி personne engagée dans les affaires du monde.

*விஷயன், (*id.*), amant, mari, maître.

*விஷயாயி, (vichayâyi), roi, Kâmen, organe des sens, plaisir sensuel, — des sens, sensualiste, — épicurien, matérialiste, — qui ne croit qu'à la matière et à ce qu'il perçoit par les sens. [யாயி.

*விஷயி, (vichayi), objet, *V.* விஷ

*விஷயோபசேவை, (விஷயம், உப, சேவை), sensualité.

*விஷலம் (vichala), poison, venin.

*விஷவம் *P.* விஷுவம்.

*விஷாங்குரம், (விஷம், அங்குரம்), lance, dard.

*விஷாசியம், (விஷம், ஆசியம்), serpent.

*விஷாணம், (vichâna), cornes d'animal, défenses d'éléphant,— de sanglier.

*விஷாணி, (விஷாணம், i), animal cornu, bœuf, éléphant.

*விஷாதம், (vichâda), lassitude, abattement, découragement, désappointement, détresse, affliction.

*விஷாதி, (விஷாதம், i), homme découragé, — chagrin.

*விஷாந்தகன், (விஷம், அந்தகன்), le prétendu destructeur du poison, *i.e.* Siven.

*விஷாயுதம், விஷாரம், (*id.* ஆயுதம், vichâra), ce qui a son venin pour arme, *i.e.* le serpent.

*விஷாஸனம், (*id.* ஆஸனம்), serpent.

*விஷு, (vichou), abondance, égalité, beaucoup, semblable.

*விஷுபம், விஷுவம், (vichoupa, —va), équinoxe, la ligne des équinoxes, *V. les composés au mot* விஷுவம்.

*விஷேபம், mutation, changement.

*விஷ்கம்பம், (vichkambha), le 1er des யோகம், obstacle, empêchement, extension, action, posture des யோகி, arbre, colonne, poutre (d'un toit...), diamètre d'un cercle, *ou*

*விஷ்கம்பி, (*id.* i,) verrou de porte,..

*விஷ்கரம் (vichkara), oiseau.

*விஷ்டபம், (vichtapa), le monde,

*விஷ்டமன், P. விஷ்டமன்.

*விஷ்டம்பம்,(வி, ஸ்தம்பம்), empêchement,obstacle,rétention d'urine, constipation, paralysie.

*விஷ்டரம், (vichtara), chaise,siége, – de pénitent ou d'ascète (formé d'une petite botte d'herbe dite தருப்பை), poignée de cette herbe, lit, arbre, vase, réceptacle.

*விஷ்டலம், (வி,ஸ்தலம்),place séparée, – à part.

*விஷ்டி, (vichti), corvée,ouvrage sans—,salaire,gage,poule,le 7e des கரணம் dit பத்திரம் ou la poule.

விஷ்டிக்கிறது,டித்தேன், டிப்பேன்,டி, டிக்க, v.n. (விஷ்டை), aller à la selle. [ment,fumier.

*விஷ்டை, (vichtâ),ordure, excré-

*விஷ்ணு, விஷ்ணு, (vichnou), 1° Vichnou, un du trimourti ou des 3 grands dieux de l'Inde,regardé par les Indous comme le conservateur du monde. Durant la période fabuleuse de la destruction du monde,il est supposé dormir sur les eaux,flottant sur le serpent சேஷன். On dit que Brama est né sur un nénuphar sorti du nombril de Vichnou, et que le Gange sort de ses pieds. Il a pour femme Lakchimi et pour fils Kâmen. On raconte de lui 10 incarnations principales et 15 secondaires. (Voyez les au mot திருமால்). 2° Agni ou le prétendu dieu du feu, un des demi-dieux dits வசு, nom d'un ancien législateur, homme pieux; — கரந்தை la plante médicinale ou fleur sphérique sphæranthus indica; —காந்தி la plante médicinale evolvulus alsinoides;— பதம் la résidence prétendue de Vichnou, i.e. le mont வைகுந்தம்,la mer de lait, le ciel, l'atmosphère, le nénuphar; —பதி (பதம்),le Gange qui est censé sortir des pieds de Vichnou; புராணம் la légende de Vichnou,un des 18 pouranas dit வைஷ்ணவம்; — சமயம், — மதம் la secte de Vichnou;—சமயத்தோர், —மதத்தோர் les Vichnouvistes;—மயம் ce qui appartient à Vichnou, le monde (selon les Vichnouvistes);—ரதம் le char de Vichnou, i.e. l'oiseau கருடன்;—வல்லபை,—வல்லவை la femme de Vichnou, i.e. Lakchimi:— வாகனம் la monture de Vichnou,i.e. l'oiseau கருடன். [son d'un arc.

*விஷ்பாரம்,(vichphâra), bruit—,

விஸ்தரிக்கிறது, ரித்தேன், ரிப்பேன், ரி, ரிக்க, v.a. et விஸ்தரித்தல்,n.v. (விஸ்தாரம்), développer, détailler, amplifier ,dire au long.

*விஸ்தாரம், (vistâra), étendue, extension, diffusion, expansion, grandeur, largeur,grande étendue, amplification, amplitude, terminaison, diamètre d'un cercle, branche d'un arbre (avec ses nouveaux rejetons),un des 32 ordres d'architecture, science,— étendue, ou விஸ்தாரகவி grand poème, v.g. le இராமாயணம் ou le பாரதம்,et qui renferme ordinairement le développement des sujets suivans: மும்மணிக்கோவை, பன்மணிமாலை, மறம், கலிவெண்பா,தசாங்கம், மடலூர்தல்,பிரிவிடை, இயல், இசை, நாடகம், பாசண்டத்துறை et autres: விஸ்தாரமாய்ப் பேசுகிறது parler au long;— ஆன பட்டணம் grande ville; விஸ்தாரக்காரன் homme à longs discours,amplificateur, vanteur.

*விஸ்தாரி,(விஸ்தாரம், இ),savant, érudit, homme d'une science étendue. [ன.

விஸ்தாரிக்கிறது, P. விஸ்தரிக்கிறது

விஸ்தி, partage,— de biens.

*விஸ்திருதி, (vistrouti), largeur, étendue, expansion, diamètre d'un cercle. [due, largeur, prolixité.

*விஸ்தீரணம், (vistîrna), éten-

விஞ்சு P. மிஞ்சு,abondance.

விஞ்சுகிறது,கினேன், குவேன், கு, க, v.n. விஞ்சுதல், n. v. abonder.

விஞ்சை, P. வித்தை,science, connaissance, magie.

விஞ்சையர், (விஞ்சை), poëtes, savans,espèce de demi-dieux dits வித்தியாதரர்; விஞ்சையருலகு la ville ou résidence de ces prétendus dieux.

*விஞ்ஞதை, (விஞ்ஞம், தை), sagesse, savoir.

*விஞ்ஞம், (vidjna), science, con-[naissance.

*விஞ்ஞாதம் (vidjnâta), chose connue, connaissance, notoriété, célébrité. [ti), information, avis.

*விஞ்ஞாத்தி, விஞ்ஞாப்தி, (vidjnâp-

*விஞ்ஞாபகன், (vidjnâpaka), celui qui avertit, — instruit.

*விஞ்ஞாபனம், (vidjnâpana), instruction, enseignement, avis, information.

*விஞ்ஞானவர் 1° (விஞ்ஞானம், அவர்), gens ornés de connaissances. 2° (id. அவர்), âmes viles. [Vyâsen.

*விஞ்ஞானபாதன், (vidjânapâda),

*விஞ்ஞானம், (வி, ஞானம்), connaissance, science, sagesse, (qui comprend toute espèce de sujets, excepté la connaisance de Dieu, laquelle, selon les Indous, s'aquiert par la méditation et l'étude des livres sacrés), travail, emploi, musique: விஞ்ஞானமயகோசம் un des கோசம் 5, manière dont la raison opère conjointement avec les sens.

விட, 1° * P. விஷ, venimeux, de poison, V. ce mot. 2° obl. de விடம். 3° inf. de விடுதல்.

*விடகாரி, V. விஷகாரி.

விடக்கு, chair.

*விடங்கம், 1° (vitanka), pigeonnier, colombier, volière, rangée de nids de pigeons —, pigeonnier bâti sur des colonnes, nid de vers ou d'insecte. 2° (vidanga), habileté, bravoure, beauté. 3° bras plié, espace entre le bras plié et le corps, poutre ou chevron qui dépasse le mur —, sommet d'une maison, bannière, drapeau hissé dans une rue, différence,

விடங்கர், 1° sentier, chemin étroit. 2° * (vidanga), gens habiles, capables.

*விடஞ்சனம், — ஞ்சம், — ஜெந்மி, — ஜெந்து, — ந்தநை, — தரர், — நர் ... V. விஷஞ்சனம்...

விடதாளம், une des 9 mesures de musique, V. au mot தாளம் 9.

விடத்தல், விடத்தேர், l'arbrisseau mimosa cinerea, acacia à épines solides: எள்ளினுஞ்சிறியவிலை யெவ்வானவிலை? விடத்தேரிலை quelle feuille est plus petite qu'un grain de sésame? la feuille de mimosa cinerea.

விடத்தை, nom de ville.

*விடபம், 1° (vitapa), petit arbrisseau, buisson, branche, — d'arbre, — avec ses rejetons, rejeton, floraison, épanouissement, expansion, étendue, périnée. 2° P. விருஷபம், bœuf, taureau (c'est la monture et le drapeau de Siven), le signe du taureau: விடபகதி pas de taureau, c'est une des 5 allures du cheval; — த்துவசன் celui dont la bannière représente un taureau, i.e. Siven; — பதி le prétendu seigneur du taureau, i.e. Siven.

*விடபாரி, (விடபம், அரி), Krichna qui a détruit un arbre dans la forêt de Vroundâvana.

*விடபி, (விடபம், i), arbre.

விடப்பு, fente, fissure.

*விடமம், P. விஷமம்.

*விடம், 1° P. விஷம். 2° (vita), galanterie, amour impudique, débauche, adultère, tromperie, rat, oranger. 3° (vida), sel d'évaporation ou de cuisson, — factice produit en faisant bouillir la terre prise sur le bord de la mer, sel fétide usité comme tonique. 4° la plante அதிவிடையம், montagne: விடமார்க்கம் vie débauchée, libertinage; — லவணம் sel médicinal.

*விடம்பனம், விடம்பிதம், (vidambana, — bita), affliction, détresse, vexation, imitation, contrefaçon, transformation.

விடர்ப்பு, fissure, fente.

*விடயம், P. விஷயம்.

விடராலன், விடருவன், chat.

விடரு, la plante அதிவிடையம்.

விடர், 1° fissure, V. விடர்வு. 2° pl. de விடன், libertins. [forêt.

விடர்வு, fente, — de montagne,

*விடலம், 1° P. விருஷலம், cheval, oignon. 2° P. விஷலம், poison.

*விடலி, P. விருஷலி, femme de basse caste, — qui a ses règles, — stérile, fille de 12 ans (qui est nubile et n'est pas mariée).

விடலை, garçon, jeune homme, homme vaillant, — fort, chef d'un district stérile, marié, homme de 30 ans et au-dessous, roi.

விடல், 1° faute. 2° *opt. et n. v. de* விடுகிறது, rejet, abandon, envoi, mise en liberté, mort, mourir...

*விடவம், P. விஷவம்.

விடவிடென்கிறது, விடவிடக்கிறது, *v.n.* trembler (de crainte ou de froid): விடவிடெனல், விடவிடத்தல், mot imitatif de —, tremblement.

விடர், fente, fissure.

*விடன், (vita), *pl.* விடர், libertin, débauché, impudique, amant, vaurien, fripon, joueur.

விடா, *part. nég. de* விடுகிறது, incessant, qui ne cesse pas, continu: — க்காய்ச்சல் fièvre continue; — ச்சேவி venue continuelle; — ப்படை arme qu'on ne lance pas; — ப்பிடி prise sans lâcher, persévérance, obstination, invariabilité, uniformité; — ப்பூட்டு continuité, — sans relâche; — மழை, — மாரி pluie incessante, journalière.

*விடாணம், விடாணி, P. விஷாணம், விஷாணி.

*விடாதம், P. விஷாதம்.

விடாத, *part. nég. de* விடுகிறது, incessant, qui ne cesse pas: — வாகுபெயர் nom métaphorique continuel, nom de l'instrument donné à celui qui s'en sert. *Ex.* குதிரையால் அவ்வூர்கொள்ளையிடப்பட்டது cette ville a été pillée par les chevaux, pour dire par les cavaliers ou la cavalerie; — வாக்குச்சொல் mot métaphorique qui tout en gardant son sens propre en prend aussi un autre, *Ex.* பூனைபால்குடியாது le chat ne boit pas le lait ou ne tète pas.

*விடாந்தகன், P. விஷாந்தகன்.

*விடாயுதம், P. விஷாயுதம்.

விடாய், fatigue, lassitude, épuisement, soif: — ஆற்றி repos, — après la fatigue, jour de repos, — de fête; — ஆற்றுச்சடங்கு cérémonie de repos, — dans un temple après de grandes processions, espèce de repos; — ஆற்றிவிருந்து espèce de collation —, léger repas après un jour de fête; — க்காலம் temps fatiguant, — très-chaud; — தீர்ந்தது la fatigue est passée.

விடாய்க்கிறது, ய்த்தேன், ப்பேன், ய், க்க, *v.n.* (விடாய்), விடாய்த்தல், *n. v.* se fatiguer, s'épuiser, gagner la soif, être fatigué, lassé, altéré: விடாய்த்தபூமி terre épuisée; விடாய்த்து வருகிறது venir fatigué, arriver tout épuisé, se lasser; — விழுகிறது tomber de fatigue, — d'épuisement.

விடாய்ப்பு, *n.v. du préc.* soif, lassitude, fatigue, épuisement.

*விடாரகம், விடாரகன், (vidâraka), chat.

*விடாரம், P. விஷாரம், serpent.

*விடாலகம், (vidâlaka), chat, orpiment jaune, application d'onguent sur la partie extérieure des yeux.

*விடாலம், (vidâla), chat, prunelle des yeux.

*விடானனம், P. விஷானனம், serpent.

*விடானம், *corr. P.* விடானம், V. விதானம்.

விடி, 1° rideau. 2° (viti), sandal jaune. 3° *imp. et part. de* விடிகிறது: — குண்டு coup de canon du matin; — வெள்ளி l'étoile du matin.

விடிகிறது, டிந்தேன், டிவேன், டி, டிய, *v n.* (le jour) poindre, commencer à paraître, — à percer, se lever, réussir, se séparer (comme la nuit d'avec le jour), finir, être rempli, satisfait: விடிந்துபோயிற்று le crépuscule —, l'aurore a paru, le jour est levé; விடிந்துவருகிறது le jour commencer à paraître; விடிகிற நேரம் le moment de l'aurore, le point du jour; என்தரித்திரம்எப்போது விடியும் quand finira ma pauvreté, pour donner lieu à une aurore nouvelle; அவனுக்கென்னவந்தாலும் விடியாது quelque chose qui lui arrive, il n'est jamais satisfait; விடி-

யாமுன்னே, விடியுங்காட்டில் ou காட்டிலும் avant l'aurore, —le point du jour.

விடிதல், விடியல், *n.v. du préc. et* விடியற்காலம், விடியற்றரம், (தரம்), point —, l'aube du jour, aurore, lever du soleil, matin: விடியற்காலத்திலே, விடியற்றரத்திலே de grand matin, au point du jour.

விடியா, *part. nég. du même;* — ப்பானை cruche qu'on ne peut remplir, homme insatiable, — qu'on ne peut satisfaire; அவன்விடியாப்பானை c'est une cruche qu'on ne peut remplir. il n'est jamais satisfait.

விடில், விடினும் *conditionnel de* விடுகிறது. [point du jour, réussite.

விடிவு, *n.v. de* விடிகிறது, aurore,

விடு, 1° *part. fut. et imp. de* விடுகிறது. 2° *P.* விட் *ou* vich *ordure ou* vis *fille, dans les mots composés;* — கதை énigme; — கதையைவிடுவிக்கிறது résoudre —, deviner une énigme; — காசு quelques mauvaises —, petites caches; — காளை bœuf ou vache qu'on n'attache pas. *V.* கட்டாக்காளை; — சேரல் எருது bœuf de réserve, de rechange; — க்கிரகம், — சங்கம் constipation; — சரம், 1° cochon domestique (qui marche sur les ordures). 2° flèche lancée; — தயிர் lait peu caillé: — துறை endroit où l'on s'arrête après une lecture: — பதி gendre, mari de la fille; — படுகிறது être laissé ...; — முறை jour de repos, — de congé, — de fête; — படை arme qu'on lance; — பூ. — மலர் fleurs détachées; — மணியக்காரன் huissier du maniakaren: — பேய் démon qu'on lance sur quelqu'un par maléfice; — வராகம் cochon domestique, - de village.

விடுகிறது, ட்டேன், டுவேன், டு, ட, *v.a.* விடுதல், *n.v.* laisser, abandonner, quitter, lâcher, envoyer, lancer, jeter, éloigner, renvoyer, relâcher, mettre en liberté, se fendre, cesser, mourir. Ce verbe est souvent explétif à la suite d'un autre verbe: அவன்வராவிட்டால் s'il ne vient pas; இல்லாவிட்டால் si non: போய்விட்டான் il est parti; விட்டு ப்போகிறது laisser et s'en aller, abandonner, devenir lâche, se relâcher; இவ்விடத்தை — ப்போனான் il a quitté ce lieu; — விடுகிறது laisser aller, abandonner, céder, quitter, relâcher, mettre en liberté; — வைக்கிறது laisser, abandonner, mettre; அதை — வைத்தான் il l'a laissé là, — comme il était: ஒருவன்மேலே வருத்தத்தைவரவிடுகிறது laisser un malheur fondre sur —, causer de la peine à quelqu'un, laisser un embarras à quelqu'un, விடுங்காய்ச்சல் fièvre intermittente; விடுந்தலைப்பு bout —, extrémité de la toile, frange.

விடுக்கிறது, டுத்தேன், டுப்பேன். டு, டுக்க, *v.a. et n. de* விடுகிறது, விடுத்தல், *n.v.* envoyer, chasser, lancer, faire —, lâcher, animer, conduire, continuer, rester, s'arrêter, se séparer.

விடுகி, (விடு, உகி), flèche. [rer.

விடுதலை, 1° (விடுகிறது), mise en —, liberté, relâche, délivrance, rejet, fin, bout d'un habit: — யாக்குகிறது délivrer, relâcher, mettre en liberté; — யாகிறது être mis en liberté. 2° *acc. de*

விடுதல், *n.v. de* விடுகிறது.

விடுதி, hospice, auberge, logement, abri, asile, loge ou appartement séparé, emploi —, lot ou portion à part, sonde, ligne pour sonder, chose dépareillée, — laissée à part, — de rechange, loisir, guérison; — கொடுக்கிறது donner un logement; — க்குதிரை cheval de rechange; — யாயிருக்கிறது être séparé, — seul, simple; — விடுகிறது fournir un logement, sonder jeter la sonde; — விடு chambre de réserve, — d'hôte; இரண்டுஞ்சோடல்லவிடுதி ces 2 choses ne font pas la paire, elles sont dépa-[reillées.

விடுநூல், sonde.

விடுத்தம். fois, tour, changement: நாலு — 4 fois.

விடுப்பு, 1° *n.v. de* விடுக்கிறது. 2° spectacle, ancienneté. [couper.

விடுவாய்செய்தல், (விடு, வாய்),

விடுவிக்கிறது,விடுவித்தல்,v.caus. de விடுகிறது, faire délivrer, — laisser. ., expliquer, interpréter:விடுவித்துக்கொள்ளுகிறது faire relâcher, —mettre en liberté.

விடீடென்ல், விடேடெனல், mot—, son imitatif,répétition d'un son naturel.

விடை,1° bœuf, taureau, le signe du Taureau,veau, cheval.2° (விடுகிறது),réponse, réplique, congé,renvoi, permission,— de partir,largesse faite au partant, abandon,poule, qui pond déjà,service,peine, violence.3° imp.et part.de விடைபடுகிறது. 4° imp. de விடைக்கிறது.5° P. விடாய், tu ne laisses pas,2° pers. nég.de விடுகிறது:விடைபாய்ந்திறது un jeune veau... sauter et ruer des pieds, lancer des ruades;— கொடுக்கிறது donner permission (de s'en aller..), —réponse, permettre, répondre, congédier;— கோழி poulette —, ou poulet qui a laissé sa mère ou que sa mère a laissé;— [illegible] la poule abandonner ses poulets déjà grands;— பெறுகிறது.—வாங்குகிறது obtenir —, reçevoir une permission,— congé,— la permission de s'en aller.

விடைபடுகிறது, விடைபட்டேன்,விடைபடேன், விடைபட, v.n. et a.se fâcher,se mettre en colère, se déjoindre, se fendre,se crévasser, se séparer, imposer —, mettre une amende, calomnier.

விடைக்கிறது.விடைத்தேன், விடைப்பேன், விடை,விடைக்க, v. a. découvrir un secret, bavarder, se fâcher, se mettre en grande colère, diffamer, calomnier.

விடைதல், n. v. de விடைபடுகிறது, colère indignation,séparation,fente.

விடைத்தல்,n.v. de விடைக்கிறது, signe de —,grande colère,ou

விடைப்பு. n.v.du même, diffamation,calomnie,amende: விடைப்பாய்க்கொள்ளுகிறது diffamer.

விடையோன், (விடை), celui qui a un bœuf pour monture, i.e.Siven.

*விட்கம்பம், P. விஷ்கம்பம்.

*விட்சோபம், P. விக்ஷோபம், toux.

விடபி,nom d'un arbre.

*விட்சேபணம்,விட்சேபம், P. விக்ஷேபணம், விக்ஷேபம்.

விட்ட, 1° part.parf.de விடுகிறது. 2° obl.de விட்டம்.

விட்டடி,(விட்ட,அடி),le versou.la ligne qu'on a quittée,— qu'on vient de lire, — [illegible] il ne connait ni la ligne qu'il vient de lire ni de celle qui suit.

விட்டம், poutre, solive, traverse, chose mise en travers du chemin, diamètre,diagonale: — போடுகிறது mettre une poutre, une traverse; விட்டத்திலேவைக்கிறது mettre en travers du chemin, —quelque chose sur une traverse; விட்டக்கோடு diamètre;— கோண ligne diagonale; விட்டத்தரை, (விட்டத்து,அரை), moitié du diamètre.

*விட்டரம், P, விஷ்டரம்.

விட்டலி, l'arbre அசோகு.

விட்டவர்,(விடுகிறது), ceux qui ont quitté, qui ont renoncé à tout, anachorètes, ennemis.

விட்டவாகுபெயர், (விட்ட, ஆகு), mot métaphorique qui perd son sens propre et prend le sens d'une chose qui y a quelque rapport, Ex. கங்கைக்கண்ணிடைக்கேரி bourg de bergers sur le rivage; ici le mot கங்கை au lieu de signifier Gange ou fleuve signifie rivage.

விட்டவாக்கக்கொள்கை, (விட்ட, ஆக்கம்), mot métaphorique qui se prend non dans son sens propre, mais dans un autre, Ex. அவ்வூர்வந்தது ce village est venu,pour les gens de ce village sont venus.

விட்டளவு, (விட்டம், அளவு), diamètre.

விட்டாடு,(விட்டு,ஆடு), homme [isolé, abandonné.

விட்டார்த்தம், (விட்டம், அர்த்தம்), rayon,moitié du diamètre

விட்டாற்றி,(விட்டு,ஆற்றி),repos, relâche.

*விட்டி,P.விஷ்டி.

விட்டிக்கிறது, P. விஷ்டிக்கிறது.

விட்டிசை, (விட்டு, இசை), diérèse, son divisé, — partagé en 2 voyelles brèves.

விட்டிசைக்கிறது, (id. இசைக்கிறது), former —, faire une diérèse, — un son partagé.

விட்டில், 1° l'arbre விராலமரம். 2. ou விட்டிற்பறவை petite espèce de —, sauterelle (c'est une des 5 calamités d'un pays dites நாட்டுக்குற்றம்-ஐ), sorte de scarabée, — de petit papillon.

விட்டு, gér. de விடுகிறது.

*விட்டுணு, P. விஷ்ணு.

விட்டேறாணம், விட்டேறு, (விட்டு, எறு, அரணம்), javelot.

*விட்டை, P. விஷ்டை, ordure, balle, boule, V. லட்டி. [ட்டிலை.

விட்டோலை, (விட்டு, ஓலை), V. வி

*விட்பரம், P. விஷ்பரம்.

விணிகை, ruban, bande, bandeau, ceinture.

விண், l'air, l'atmosphère, la région éthérée, le ciel, le monde fabuleux des dieux, nuage, âge tendre, tendreté, espèce d'instrument qu'on attache aux cerfs-volans et qui rend le son de விண்: — மணி le bijou du ciel, i.e. le soleil; — மீன் étoile, astre du firmament; — முழுதாளி, (முழுது, ஆளி), le maître absolu du ciel, i.e. Dieu, (et à tort) Indiren; — வீழ்கொள்ளி, — வீழ்கொள்ளி étoile tombante —, filante, météore.

விண்ட, part. parf. de விள்ளுகிறது: — பூ fleur épanouie; — மாதளம் grenade qui se fend d'elle-même.

விண்டலம், (விண், தலம்), l'air, le ciel visible, le ciel.

விண்டல், 1° bambou. 2° n. v. de விள்ளுகிறது, tiré du parfait, floraison, épanouissement, manifestation, se fendre, craquer, se casser, sortir.

விண்டு, 1° l'air, le vent, Vichnou, montagne, bambou, nuage, les plantes தகரை et விஷ்ணுகிராந்தி, certain code de loi ou livre de jurisprudence. 2° gér. de விள்ளுகிறது: — சொல்லுகிறது parler librement, sans retenue, litt. en s'ouvrant; — சொல்லாதே ne dis rien, ne te déclare pas; — நதி le prétendu Gange céleste; — பதம் l'air, la région éthérée, l'atmosphère; — போகிறது s'ouvrir, s'épanouir, craquer, se briser, se séparer, se fendre; — போனார்கள் ils se sont séparés, ils sont en désaccord, ils ont rompu ensemble. [sia tora.

விண்டுதம், la plante தகரா cas-

விண்ணபத்திரம், sync de விண்ணப்பபத்திரம்.

விண்ணப்பம், pétition, demande, supplique: — செய்கிறது, — பண்ணுகிறது faire une pétition, supplier, pétitionner; விண்ணப்பக்காரன் pétitionnaire, suppliant; — பத்திரம் supplique, pétition, demande, humble adresse.

விண்ணல், l'herbe காவட்டம்புல்.

விண்ணவர், (விண்), habitant du ciel, Dieu, être céleste, Arouguen [ellébore.

விண்ணு, la plante கடுரோகிணி,

விண்ணுக்கு, nom d'un arbre

விண்ணுணம், (வி, நாணம்), honte, civilite, V மாசலம்.

விண்ணு, P. விண் l'air....

விண்ணுகம், la plante கறிமுள்ளி.

விண்ணுலகம், (விண், உலகம்), le ciel, le monde céleste, — fabuleux des dieux. [dre.

விண்தோறு, (id. எறு), la fou-

விண்ணோர், (விண்), les habitans du ciel, les dieux prétendus.

விண்விண்ணெனல், mot —, son imitatif de vinvin ou de bruit redoublé.

விதக்கிறது, தந்தேன், தப்பேன், த, தக்க, v. a. indiquer —, impliquer — ou comprendre quelque chose de plus, amplifier, particulariser, distinguer, être augmenté, — rempli.

*விதஸ்தி, (vitasti), empan, largeur de 12 doigts.

*விதண்டம், (vitanda), éléphant, espèce de serrure (à 3 divisions).

*விதண்டை, (vitandâ), controverse, argument, critique, réfutation, — de l'opinion d'autrui, parler pour établir la sienne, grande —, cuillère, hostilité, V. திருத்தம்: — க்காரன் adversaire; விதண்டைக்குச் சொல்லுகிறது dire —, parler malignement, — par animosité ou envie.

*விதத்தம், 1° (vitatha), mensonge. 2° (vitata), instrument à cordes.

*விதத்தன், (vidatha), pénitent, dévot, savant, lettré, sage.

*விததி, (vitati), expansion, quantité, monceau, rameau.

விதத்தல், *n.v.de* விதக்கிறது.

விதப்பம், *n.v.du même*, abondance, par-dessus, surplus.

விதப்பு, 1° V. விதப்பம். 2° merveille, vitesse, hâte, tremblement, corniche, projection —, partie d'un mur, ornement: விதப்புக்கிளவி, — மொழி parole élégante —, d'ornement, langage bien orné.

*விதம், (vidha), manière, sorte, espèce, façon, forme, règle, formule, voie, méthode, moyen, prospérité, action, gage, salaire, nourriture que l'on donne aux animaux, trou, percement, être connu, apparence: விதவிதமாயிருக்கிறது être de diverses sortes.

விதம்பம், l'arsenic dit கற்பஷாணம்.

*விதரணம், 1° (vitarana), don, donation, abandon, passer, traverser. 2° habileté, capacité, connaissance, beauté, promptitude, allée, prudence: சகலவிதவேலையிலும் — habileté en toute sortes d'ouvrages.

*விதரணன், (*id.*), homme généreux, habile, savant, éloquent.

விதரணை, éloquence.

விதரி, chose connue, être connu.

விதரிதம், *corr. P.* வித்துருதம்.

*விதர்க்கணம், (விதர்க்கம், na), délibération, dialogue, conversation.

*விதர்க்கம், (vitarka), doute, discours confus, discussion, raisonnement, tergiversation, pensée, raison, conjecture ou considération des probabilités, augmentation, un des 5 மயகோசம்.

*விதர்த்தி, (vitarddhi), salle, — quadrangulaire, paudel au milieu d'une cour (pour des sacrifices...), planche d'autel.

*விதர்ப்பம், (vidarbha), Vidarpa, district et ville au sud-ouest du Bengal, le moderne Baranagpour, royaume du beau-père du roi நளன்.

*விதர்ப்பசை, (விதர்ப்பம், சை), native du Vidarpa, *i.e.* தமயந்தி femme de நளன், la femme d'Agastyen et உருக்குமிணி femme de Krichna.

விதர்ப்பு, crainte, étroitesse, guerre, combat, victoire.

*விதலம், 1° (vitala), un des 7 mondes inférieurs. 2° (vidala), panier, — d'osier ou de bambou, pois, pulpe de pois, écorce de grenade, copeau, planure, séparation, déchirure.

விதலை, tremblement.

*விதவனம், (vidhavana), tremblement, agitation.

*விதவா, *obl.de* விதவை: —காமி, 1° (gâmi *qui va*), celui qui a mauvais commerce avec une veuve. 2° (காமி), celui qui la convoite, — வேதனம் mariage de veuve.

விதவிதப்பு, 1° (விதம், விதப்பு), avoir divers enjolivemens, être de diverses manières. 2° விதவிதப்பென்றிருக்கிறது *ou* விதவிதவென்றிருக்கிறது, être tiède, indifférent.

*விதவியம், (vidhavya), V. விதவனம்.

*விதவை, (வி *sans*, தவன், *mari*), femme —, veuve.

விதறுகிறது, றினேன், றுவேன், று, ற, *v.n.* se hâter trop, agir précipitamment.

*விதற்பம், *P.* விதர்ப்பம்.

*விதனம், *P.* வியதனம், peine, chagrin, tristesse, affliction, vexation, tourment, dégoût: விதனப்படுகிறது s'attrister, se chagriner, être triste, chagrin; —ப்படுத்துகிறது attrister, chagriner, tourmenter, fatiguer: —ப்படுவதாலவதுண்டோ s'opère-t-il quelque chose par le chagrin qu'on se donne.

விதனிக்கிறது, னித்தேன், னிப்பேன், னி, னிக்க, *v.n.* விதனித்தல், *n.v.* se chagriner, s'affliger, être triste, chagrin.

*விதாகம், (vidâha), chaleur, acrimonie.

*விதாதா, விதாதிரு, (vidhâtâ, vidhâtrou), Brama, Arouguen, Kâmen, destin: விதாதிருபு Nâraden fils de Brama.

*விதாதிக், விதாத்திரி, (vidhâtri), [poivre long.

*விதாயம், (vidhâya *ayant placé*), action de placer, de jeter.

*விதாரணம், (விதாரம், na), déchirure, fissure, fente, brisement, rupture, meurtre, guerre.

*விதாரம், (vidâra), déchirer, fendre, guerre, bataille, crue excessive des eaux, inondation, débordement (d'une rivière...).

*விதாரி, (vidâri), la plante புனமுருங்கை hedysarum. [பல்லி.

*விதாரு, (vidârou), le lézard dit

*விதாவிதம், (விதம், *répété*), diverses manières.

*விதானகம், 1° (vitânaka), pavillon, baldaquin, toile attachée au haut d'un pandel, tas, monceau, expansion. 2° (vidhânaka), peine, douleur.

*விதானகன், விதானஞ்ஞன், (vidhânaga, — djna *qui connait*), savant, docteur, pandit.

*விதானம், 1° (vidhâna), expédient, moyen, mode, manière, forme, ordre, coutume, loi, règle, précepte, ordonnance, envoi, action, richesses, fortune, prospérité, bonheur, adoration, vénération, nourriture d'éléphant, inimitié, hostilité, conflit de sentimens opposés, (en grammaire) affixes, préfixes, terminaisons. 2° (vitâna), vide, manque de suc, stupidité, apathie, expansion, dais, pavillon, tapisserie, tentures, toile tendue sous un toit, logement, sacrifice, oblation, tas, quantité, foule, repos, loisir, cessation de travail, espèce de mètre ou d'air.

*விதானீகரணம், விதானீகரணம், விதானீகிருதம், (விதானம், i, *augment*), ou

விதானிக்கிறது, னித்தேன், னிப்பேன், னி, னிக்க, *v.a.* (விதானம்), attacher des tentures, des tapisseries, des toiles (dans un temple...), couvrir, — d'un dais...

*விதி, 1° (vidhi), formule, règle, — de grammaire, (souvent en vers techniques), précepte, — sacré, observance —, acte prescrit par les vêdas, ouvrage sacré, écriture sainte, la loi, texte, sentence de la loi, aphorisme, usage, coutume, ordre, commandement, connaissance, emploi, acte, action (en général), détermination, destination, destinée, prédestination, (en style païen) destin, temps, nourriture des chevaux, et autres animaux semblables, espèce, manière, Brama, Vichnou, félicité, bonheur, prospérité, vérité, réalité. 2° *imp. de* விதிக்கிறது: — கேடம் irrégularité, illégalité; — ச்செயல் *ou* விதிவிச்செயல் destin, destinée, effet —, action du destin, selon les païens; — ச்சட்டம் formulaire; ச்சூத்திரம் formule, prescrire —, établir ce qui n'était pas; — ச்சொல் destinée, prédestination; — தரிசகன், — தரிசனி, — தர்சி, — தேசகன் prêtre —, gourou qui veille à ce que tout s'accomplisse selon les règles dans un sacrifice; — ப்பிரசங்கம், — ப்பிரயோகம் ténacité —, exactitude à observer la règle, agir conformément à la règle; — முறை conformité à la —, observation de la règle; — யக்கியம் cérémonie de l'adoration; — யோகம் événement —, arriver selon le destin (en style païen); — வசம் destin, destinée; — வாய், — வாய்பாடு formule de mathématiques; — வினை verbe positif (opposé au verbe négatif மறைவினை); விதியாய்வருகிறது *ou* வந்த — வருகிறது le destin qui était échu arriver (en style païen), arriver par un effet du destin.

விதிக்கிறது, தித்தேன், திப்பேன், தி, திக்க, *v.a.* விதித்தல் *n.v.* (விதி), ordonner, prescrire, faire, créer, établir, destiner, condamner, juger, prédestiner, écrire, dire: ஒருவனுக்

மரணாக்கினை—condamner quelqu'un à la peine de mort, décréter contre lui la peine de mort.

*விதிக்கு, (வி, திக்கு), point cardinal intermédiaire, v. g. le sud-est...

*விதிஞ்ஞன், (விதி, ஞன்), homme qui a la règle, — la loi, brame.

*விதிதம், (vidita), chose connue, comprise, promise, agréée, consentie, consentement, information, représentation.

*விதிதன், (id.), sage, savant.

விதிக்தோன், n. app. de விதிக்கிறது, le créateur, l'auteur des destinées de l'homme, Dieu, (et à tort) Brama.

*விதிபாதம், P. வியதிபாதம்.

விதிப்பான், 1° fille. 2° 3° pers. fém. fut de விதிக்கிறது.

விதிப்பு, n.v. de விதிக்கிறது, écriture, destination, ordonnance, réussite.

விதியர், (விதி), écrivains, compteurs, calculateurs, militaires, gens de guerre, ministres d'un roi. [mariage.

விதியுளி, holocauste, messager,

*விதிலை, P. துவிதிலை, 2me jour lunaire de chaque demi lunaison.

விதிர்க்கிறது, ர்த்தேன், ர்ப்பேன், ர், ர்க்க, v.n. et v.a. trembler, — de peur, craindre, brandir une épée, faire le moulinet, remuer, étendre:

விதிர்க்குவிதிர்க்கொணம், précipitation, ou விதிர்க்குவிதிர்க்கொள்கிறது, agir avec précipitation, s'empresser, se hâter, palpiter.

விதிர்த்தல், விதிர்ப்பு, n.v. de விதிர்க்கிறது, peur, tremblement, brandir... [de règle, — selon la règle.

விதிவத்து, (விதி, வத்து), chose

விதிர்விதிர்க்கிறது, (விதிர்க்கிறது répété), trembler, tournoyer.

*விது, 1° (vidhou), la lune ou Sandiren, camphre, Vichnou, Brama, oblation ou sacrifice expiatoire, géant ou demon. 2° (vidou), creux entre les bosses du front de l'éléphant, hippopotame. 3° imp de விதுக்கிறது: — க்ஷயம் déclin de la lune; — ப்பிரியை prétendue femme de la lune, i.e. de Sandiren, constellation lunaire, — dite, உரோகணி.

*விதுக்கம், (vidbighna), écart, ce qui dévie de la règle, s'éloigner.

விதுக்குகிறது, sync. விதுக்கிறது, க்கினேன், க்குவேன், க்கு, க்க, v.n. ou

விதுக்கிறது, துத்தேன், துப்பேன், து, துக்க, v. n. user de mots obscènes ou indécens ou impropres, se hâter, être pressé, ou

விதுக்கு விதுக்கென்றிருக்கிறது, être porté à la luxure, à la sensualité.

விதுஷன், விதுடன், savant. [lité.

*விதுஷி, விதுடி, (vidouchi), fém. de வித்துவான். femme savante.

*விதுட்சயம், P. விதுக்ஷயம், déclin de la lune.

*விதுதம், (vidhouta), chose rejetée, abandonnée, tremblante: விதுதசுரம் mouvement de tête qui indique refus, aversion ou dégoût.

*விதுதி, (vidhouti), tremblement.

*விதுந்துதம், (விதும், acc. de விது, touda qui tourmente), le prétendu serpent இராகு que les Indous supposent être l'ennemi de la lune.

*விதுபஞ்சரம், (vidhoupandjara), sabre, cimeterre.

விதுப்பு n.v. de விதுக்கிறது, désir, cupidité, impudicité, hâte, vitesse.

விதும்பல், désir, — impatient, opt. et n.v. de [பு, ப, v.a. désirer.

விதும்புகிறது, ம்பினேன், புவேன்,

*விதுரம், (vidhoura), séparation, agitation —, trouble d'esprit.

*விதுரன், 1° (vidoura), homme savant, habile, intelligent, libertin, débauché, intrigant, Vidouren fils de Vyasen et de la servante d' அம்பிகை, par conséquent demi-frère des rois திருதராஷ்டிரன் et பாண்டு, un des rois de la race des Kourous, et conseiller de துரியோதனன். 2° (vidhoura), homme veuf. 3° (vithoura), voleur, démon. 4° homme fort, vaillant.

*விதுவனம், விதுனனம், விதுனனம், (vidhouvana, - nana), crainte, tremblement, secousse, secouer.

*விதுன்னகம், (vitouunaku), vitriol bleu, coriandre.

*விதூஷகன், (vidoûchaka), facétieux, plaisant, censeur, détracteur, bouffon de comédie.

*விதூஷணம், விதூடணம், (vidoûchana), grande injure, censure, satire.

*விதூரம், (வி, தூரம்), grande distance.

*விதூனம், (vidoûna), trouble, agitation, détresse.

*விதூதம், விதூதி, விதூனனம், விதூனிதம், (vidhoûta, —ti, —nana, —nita), agitation, secousse, tremblement.

*விதேகம், 1° (வி, தேகம்), incorporalité, existence sans corps, délivrance du corps. 2° *V.* விதேகை: விதேகமுத்தி délivrance des renaissances corporelles prétendues.

*விதேகன், (*id.*), *m.* être incorporel.

*விதேகை, (vidèhâ), Vidèguey ville et district de la province de Bahar, l'ancienne மிதிலை ou le moderne Tirhout.

*விதேசம், (வி), pays éloigné, étranger.

*விதேசி, (விதேசம்), étranger.

*விதேயன், (vidhèya), homme docile, soumis, complaisant, souple, facile à conduire.

*விதேயதை, (*id.* tâ), docilité, soumission.

விதை, 1° grain de blé..., semence ou gaine de plante..., testicules, grandeur. 2° (vidâ), connaissance, esprit, intelligence. 3° *imp. et part. de* விதைக்கிறது: — ப்புனம் champ nouveau, portion de terrain nouvellement cultivé; — மணி semence, grains que l'on sème; — முதல் l'essentiel —, les grains pour les semailles.

விதைக்கிறது, தைத்தேன், தைப்பேன், தை, தைக்க, *v.a.* (விதை), *n.v.* semer, ensemencer.

விதைக்கை, விதைத்தல், விதைப்பு, *n.v. du préc.* semaille, action de semer.

விதைப்போன், *n. app. du même*, semeur.

*வித்தகம், (வித்தம், ka), connaissance, sagesse, merveille, bien.

*வித்தகன், *pl.* வித்தகர், (வித்தகம்), homme savant, industrieux, habile, artiste, artisan, messager, grand, homme distingué, Vaïraven, forme de Sivén.

*வித்தம், 1° (vitta), connaissance, sagesse, examen, discussion, acquisition, richesse, or, propriété, bonheur. 2° (viddha), rejet, opposition, ressemblance, battre, percement, mépris: வித்தஹீனன் pauvre, indigent: வித்தகர்ணம் oreille percée.

*வித்ததன், (வித்தம், da *qui donne*), bienfaiteur, libéral.

*வித்தவான், (*id.* vân *affixe*), riche.

வித்தரிக்கிறது, *P.* விஸ்தரிக்கிறது

வித்தரன், 1° *P.* வித்ததன், bienfaiteur. 2° (வித்தை), savant. 3° pénitent.

*வித்தாரம், *P.* விஸ்தாரம்.

*வித்தாரி, *P.* விஸ்தாரி.

*வித்தி, (vitti), connaissance, examen, discussion, investigation, jugement, gain, acquisition.

வித்திடுகிறது, (வித்து), semer.

வித்தியதம், *V.* வெதிரை.

*வித்தியம், *P.* வித்தியை, connaissance, science, l'arbre தான்றி.

*வித்தியர், (வித்தை), artistes, artisans, savans.

*வித்தியா, *obl. de* வித்தியை: — தரன் savant: — கலை une des 5 espèces de கலை; — ஹீனம் ignorance, défaut de science; — தத்துவம் puissance de la science, une des 3 puissances dites தத்துவத்திரயம், les 2 qualités des choses comprises sous le nom de ஆன்மதத்துவம், (voyez les au mot தத்துவம்), classe de connaissances qui comprend, selon les Sivénistes, ce qui suit, que l'on appelle வித்தியாதத்துவம் —எ, savoir: காலம் le temps, நியதி l'usage ou le devoir, கலை l'art, வித்தை la science, இராகம் la musique, புருடன் ou ஆன்மா l'âme, மாயை ou பிரகிருதி la matière; — தரர், (dhara *qui tient*), espèce de magiciens célestes, de demi-dieux des Indous, ou d'esprits de l'air, (selon d'autres, les கந்தருவர்; — தனம் richesses acquises par la science; — தானம் don de la science, instruction, — charitable des ignorans; — தேவி déesse prétendue de la science, muse, espèce de déesse des Djaïnas; — பாரகன் savant, — dans les sciences et les arts, étudiant; — ப்பிராத்தி, — ப்பிராப்தி, — லாபம், — லப்தம், — லபிதம் acquisition de la science ou par le moyen de la science, érudition, prospérité due à la science ; — லட்சுமி la prétendue déesse de la science.

*வித்தியாகமம், (வித்தியா, ஆகமம்), acquisition, accroissement de science.

*வித்தியாசம், P. வியத்தியாசம், différence, diversité, distinction, contrariété: நித்தியா நித்திய— différence du temps à l'éternité, — entre les choses temporelles et les éternelles: வித்தியாசக்காரன் homme à différences, — qui fait des distinctions ou différences odieuses.

*வித்தியாதுரம், (வித்தியா, ஆதுரம்), désir de la science.

*வித்தியாநுசேவனம், (id. அநு, சேவனம்), culture des sciences.

*வித்தியாநுசேவி, (id.), homme qui cultive les sciences.

*வித்தியாநுபாலனம், (id. அநு, பாலனம்), protection des sciences, étude, acquisition de la science: வித்தியாநுபாலி savant, qui a acquis la science.

*வித்தியாப்பியாசம், (id. அப்பியாசம்), étude, application aux —, pratique des sciences, science expérimentale.

*வித்தியாரணசுவாமி, (id. இரணம்), un des auteurs ou des docteurs du வேதாந்தம்.

*வித்தியாரம், (id. அரம்), attention, examen sérieux.

*வித்தியாரம்பம், (id. ஆரம்பம்), commencement d'étude, cérémonie d'écolier.

*வித்தியார்ச்சனம், வித்தியார்ச்சிதம், (id. அர்ச்சனம், அர்ச்சிதம்), acquisition de la science ou par la science. [cherche de la science.

*வித்தியார்த்தம், (id. அர்த்தம்), re-

*வித்தியார்த்தி, (id.), étudiant, — qui cherche la science, écolier.

*வித்தியாலயம், வித்தியாலயம், (id. ஆலயம்), école, collége.

*வித்தியாவந்தன், வித்தியவான், (id. vân affixe), savant.

*வித்தியாநுசேவனம்..., V. வித்தியாநுசேவனம்....

*வித்தியாநுபானம், (வித்தியா, அநுபானம்), étude, enseignement.

*வித்தியுத்து, (vidyout), éclair, foudre: வித்தியுத்பிரியம் métal de cloche aimé de la foudre. [en zigzag.

*வித்தியுல்லதை, (id. இலதை), éclair

*வித்தியை, (vidyâ), connaissance, science (sacrée ou profane), savoir, la fameuse Dourgâ ou துர்க்கை, pilule magique qui, au dire des Indous, étant mise dans la bouche donne le pouvoir de monter au ciel ou de voler où l'on veut.

*வித்தியோதமானம், (vidyôtamâna), lumière.

*வித்தியோபார்ச்சனம், வித்தியோபார்ச்சிதம், (வித்தியா, உப, அர்ச்சனம், அர்ச்சிதம்), acquisition de la science ou par la science.

*வித்திரணம், P. விஸ்திரணம், étendue. [க்கு.

வித்திரகம், la plante வெள்ளெருக்கு

*வித்திரதி, (vidradhi), inflammation phlegmoneuse, abcès intérieur: — நாசனம் l'arbre முருங்கை.

*வித்திரம், (vidra), trou, fente, crevasse, action de percer. [peur, alarme.

*வித்திரஸ்தம், வித்திராசம், (வி),

*வித்திரவம், வித்திராவம், (vidrava, vidrâva), fuite, s'échapper, retraite.

*வித்திராவணம், வித்திராவிதம், (vidrâvana, — vita), liquéfaction, fonte des métaux..., action de chasser.

*வித்திருதி, P. விஸ்திருதி

வித்து, 1° semence, — des plantes, graine, grain, sperme, semen virile, race, postérité, lignée. 2° imp. et part. de வித்துகிறது: — தெளிக்கிறது, — போடுகிறது semer; — [illegible] le grain est-il cher? — முதல், V. விதைமுதல்.

வித்துகிறது, த்தினேன், த்துவேன், த்து, த்த, v. a. வித்துதல், n. v. (வித்து), semer, ensemencer,

வித்துசம், le palmier தாளி.

*வித்து, P. வித்தியுத்து, éclair.

*வித்துருதம், (vidrouta), choses fondues, liquéfiées.

*வித்துருமம், (vidrouma), corail, jeune pousse, arbre fabuleux portant des pierres précieuses: வித்துரு மலதை espèce de parfum végétal.

*வித்துவகற்பன், (vidvat *instruit*, kalpa *aff. d'infériorité*), peu instruit.

*வித்துவஞ்சம், (vidhvamsa), haine, aversion, incivilité, offense, insulte, destruction.

*வித்துவஞ்சி, (*id.*), hostile, ennemi, destructeur.

*வித்துவாமிசன், வித்துவாங்கிசன், (வித்துவான், அமிசம்), savant, poète,—qui vit en chantant des vers.

*வித்துவான், (vidvân), sage, homme intelligent, érudit, savant, poète, théologien. *fém.* வித்துஷி. [mi.

*வித்துவிஷன், (vidvicha), ennemi.

*வித்துவேஷணம், வித்துவேஷணை, வித்துவேடணம், வித்துவேடணை, (வித்துவேஷம், na), 1° excitation à la haine, c'est le 38me des கலைக்கியானம் et un des அஷ்டகருமம். 2° *ou*

*வித்துவேஷம், வித்துவேடம், (vidvêcha), haine, inimitié, opposition.

*வித்துவேஷி, வித்துவேடி, (vidvêchi). ennemi.

*வித்தேசை, (வித்தம், ஆசை), désir des richesses, avarice, cupidité.

*வித்தை, P. வித்தியை, connaissance, art, sagesse, savoir, science (sacrée ou profane), magie, jonglerie, métier —, tour d'adresse ou de passe-passe; வித்தை 14 branches des sciences censées sacrées des Indous, savoir les 4 vèdas, les 6 வேதாங்கம், la philosophie மீமாஞ்சை, la logique தருக்கம், les புராணம் ou vieilles légendes, les ஸ்மிருதி ou codes de loi தருமநூலாகியவுபாங்கம்: —கற்பிக்கிறது enseigner un art,—une science; —கற்றுக்கொள்ளுகிறது apprendre un art, une profession ou une science; —க்கவி poème construit avec art; —க்காரன் magicien, jongleur, joueur de gobelets; —யாடுகிறது faire des jongleries, des tours de passe-passe; —விருப்பு désire la science, — d'apprendre les sciences.

*விநசனம், (vinasana), destruction, le pays dit குருக்ஷேத்திரம்.

*விநஷ்டம், விநஷ்டி, (வி), destruction, perte, disparition.

*விநதம், 1° (vinata), courbure, tortuosité, humilité. 2° (vinada), son, bruit.

*விநதாசூனு, (விநதை, சூனு), les fils de Vinadei (et de Kasyaben), Arounen, Garouden.

*விநதி, (vinati), civilité, humilité, modestie, courbure, vénération.

*விநதை, (vinatâ *la modeste*), Vinadei fille de தக்ஷன் et une des femmes de கசியபன், (au dire des fables indoues, elle pondit 2 œufs, d'où, après une incubation de plusieurs siècles, sortirent le cul-de-jatte Arounen cocher du soleil, et le faucon Garouden monture de Vichnou), espèce de panier, Vinadei une des 7 villes censées sacrées nommée aussi சோலம்.

*விநயம், (vinaya), modestie, retenue, affabilité, humilité, civilité, respect, vénération, révérence, obéissance, décence, décorum, bonne —, conduite, équité, ordre, discipline, dresser à la discipline: அத்தியந்த —extrême révérence...

*விநயனம், (விநயம், na), V. விநயம். [tion.

*விநாசகம், (விநாசம், ka), destruc-

*விநாசகன், 1° (*id.*), destructeur, corrupteur. 2° (வி, நாசிகை), sans nez.

*விநாசம், விநாசனம், (வி), destruction, meurtre, annihilation, perte, disparition, ne pas voir, —paraître. [meurtrier.

*விநாசன், (*id.*), destructeur,

*விநாசி, *m.* விநாசினி, *f.* (*id.*), destructeur, destructrice.

*விநாடி, விநாடிகை, (வி), minute indienne (égale à 24 secondes européennes), moment, instant.

*விநாதன், (வி), homme abandonné, sans protection, – maitre.

*விநாயகம், (வி), empêchement, obstacle, grande supériorité.

*விநாயகன், (வி, *sans maitre ou grand maître*), Poulléyar fils de Siven et neveu de Vichnou, Bonddha, Arouguen, gourou, Garouden: விநாயகசட்டி le 6e jour de விநாயகன், *i.e.* 6e jour lunaire de la 2e demi-lunaison ou le 21me jour lunaire du mois de கார்த்திகை après la fin de la fête de கார்த்திகை.

*விநாழிகை, *P.* விநாடிகை, minute tamoule (de 24 secondes).

*விநிகதம், (vinihata), prodige, phénomène, météore, comète, grande et inévitable calamité.

*விநிசயம், (வி), jugement équitable, porté avec raison.

*விநிச்சயம், விநிச்சிதம், (வி), certitude.

*விநிச்சலம், (*id.*), immobilité.

*விநிச்சுவாசம், (வி), soupir.

*விநித்திரன், (வி, நித்திரை), éveillé: விநித்திரத்துவம் veille, vigilance.

*விநிபாதம், (வி), chute, calamité, —inévitable, peine, détresse, mort, manque de respect, mépris.

*விநிமயம், (வி), troc, échange, gage, dépôt.

*விநியதம், விநியமம், (வி), gouvernement, restriction, réglement.

*விநியோகம், (வி), démon, abandon d'une chose (dans l'espoir de quelqu'avantage ou autre considération), séparation, empêchement, destination, distribution de gâteaux etc...aux brames dans une pagode: விநியோககாரன் homme libéral.

*விநிர்க்கதம், விநிர்க்கமம், (வி), sortie, départ. [victoire, conquête.)

*விநிர்ச்சயம், விநிர்ச்சிதம், (வி, நிர்),

*விநிர்ணயம், விநிர்ணீதம், (வி), certitude, détermination.

*விநீதம், (வி), beauté, envoyer, renvoyer, douceur, châtiment, conduite, bonne conduite, chasteté, vertu, décence, décorum, soumettre, respect, civilité, cheval bien dressé au manége.

*விநீதன், (*id.*), homme châtié, puni, doux, humble, modeste, respectueux, gouvernable, soumis, décent, marchand. [chaste, modeste, soumise.

*விநீதை, *fém. du préc.* femme

*விநோதம், 1° (vinôda), jeu, passe-temps, amusement, passer le temps à jouer, rejet, renvoi, abandon, haine, opposition, désir ardent, impétuosité, joie, plaisir, emploi, — intéressant. 2° beauté, nouveauté, curiosité, chose faite avec art, artifice, pompe, splendeur, majesté: — காட்டுகிறது déployer de la pompe, montrer des curiosités, faire des tours de passe-passe...: — செய்கிறது faire des nouveautés, des choses curieuses, artificielles; — பண்ணுகிறது déployer de la pompe, — un grand appareil; விநோதவித்தை magie, enchantement, jonglerie.

*விநோதன், விநோதி, *pl.* விநோதர், (*id.*), joueur, amateur de plaisir, — de curiosités, qui passe le temps à s'amuser.

*விந்தம், 1° *P.* விந்தியம், le mont Vindhya, montagne, chaine de montagnes. 2° le nombre பதுமம் ou 100 trillions, fleur de —, nénuphar, l'arsenic dit குதிரைப்பற்பாஷாணம்.

விந்துரம், l'arsenic dit கற்கடகபாஷாணம்.

விந்தர், bergers, pâtres.

விந்தாக்கினி, feu de la luxure.

விந்தாரற்கல், (விந்து, ஆரல், கல்), pierre qui ressemble au foie, *V.* கரக்கல்.

*விந்தியம், (vindhya), le mont Vindhya, la chaine des —, les monts Vindhyas, qui séparent l'Indoustan du Dékan: விந்தியகூடன், — கூடனன், (koûta *affliger*), celui qui a dompté le mont Vindya, i. e. Agastyen qui, au dire de la fable, a forcé le mont Vindhya à se prosterner devant lui et à rester dans cette posture pour le punir d'avoir voulu surpasser l'Himâlaya; — வாசி, ன். — விந்தன் habitant du mont Vindhya, i.e. le grammairien Vyâri; — வாசினி, f. l'habitante du Vindya, i.e. Dourgâ, village et temple consacrés à Dourgâ à 3 milles de Mirzapour sur le Gange, l'arbrisseau கோங்கிடம்; — — பர்வதம், — சைலம், ou

*விந்தியாசலம், (விந்தியம், அசலம்), le mont Vindhya.

*விந்தியாடவி, (id. அடவி), la forêt du mont Viudhya, qui s'étendait de Mathoura à la Narmada ou நருமதை.

*விந்தியாவலிபுத்திரன், — சுதன் le fils de விந்தியாவலி, i.e. le géant வாணாசுரன்.

*விந்து, 1° (vindou), goutte d'eau ou de liquide, partie du front —, intervalle entre les sourcils, marque, — sur le front, — colorée sur le front des éléphans, point, — ou petit rond mis sur une lettre (pour représenter la terminaison nasale en sanscrit ou l'absence de voyelle en tamoul), rond, cercle, marque de la morsure des dents. 2° sperme, — humain: — விழுகிறது le sperme tomber; — தரிக்கிறது concevoir; — வழி par la conception ou la naissance; — சாலம், — சாலகம் marque colorée sur le front et la trompe d'un éléphant; — சித்திரகம் cerf tacheté: — தந்திரம் dé à jouer, tableau pour jouer aux dés, espèce d'échiquier.

விந்தை, P. விச்சை, admiration, étonnement, merveille, chose curieuse, spectacle, pompe, ostentation, ornement, science, Dourgâ, la prétendue déesse du courage, espèce d'அகத்தி: — காட்டுகிறது montrer des curiosités; — க்காரன் artiste, homme qui fait des choses merveilleuses; — படைக்கிறது faire des choses merveilleuses; — யாயிருக்கிறது être pompeux, merveilleux, élégant, beau, curieux; — விந்தையாய்ப்பாடுகிறது chanter merveilleusement, mélodieusement; — விந்தைவருணமாயிருக்கிறது être orné—, décoré de diverses couleurs. [தகரி.

விந்தைநயம், l'arbre dit ஜெயந்தி

*விபகரிக்கிறது, ரித்தேன், ரிப்பேன், ரி, ரிக்க, v. n. (விபகாரம்), விபகரித்தல், n. v. faire—, poursuivre—, conduire un procès, plaider, disputer, raisonner, exposer ses raisons.

*விபகலிதம், P. வியவகலிதம், soustraction.

*விபகாரம், P. வியவகாரம், dispute, procès, litige, pratique des tribunaux, usage, coutume, règles, — des lois.

*விபக்கம், விபக்ஷம், (வி), haine, inimitié, opposition (et selon quelques-uns) amour du prochain, exception (en grammaire), argument qui manque de proposition à soutenir (en logique): விபக்ஷபாதம் impartialité, indifférence; — பாதன் homme impartial. [saire, ennemi.

*விபக்கன், விபக்ஷன், (id.), adver-

*விபக்ஷதை: (விபக்ஷம், தா), opposition, inimitié, hostilité, combat, contradiction (dans un argument).

*விபங்கம், (வி), brisement, rupture, fracture, division, courbure.

விபசரிக்கிறது, ரித்தேன், ரிப்பேன், ரி, ரிக்க, v. n. (விபசாரம்), mener une mauvaise vie, vivre dans l'adultère, s'abandonner au désordre.

*விபசாயம், P. வியவசாயம், agriculture.

*விபசாரம், P. வியபிசாரம், incontinence, fornication, adultère, mauvaise vie, inconduite, débauche, erreur, écart, égarement: பண்ணுகிறது commettre un adultère; விபசாரக்கள்ளன், V. விபசாரன்; விபசாரத்திலேபட்டிருக்கிறது être adonné ou accoutumé à l'adultère, à l'inconduite.

*விபசாரன், (விபசாரம்), homme —, adultère, débauché.

*விபசாரி, (id.), femme —, adultère, prostituée. [ce.

*விபசியம், (vipasya), connaissan-

*விபச்சித்து, (vipastchit), savant, docteur, maître.

*விபஞ்சி, விபஞ்சிகை, விபஞ்சிகை, (vipantchi, kâ), luth, jeu, amusement, passe-temps.

*விபட்சம், விபட்சன், விபட்சதை, *P.* விபக்கம்....

*விபணம், விபுணனம், (vipana, na), contrat de —, vente, prix.

*விபணி, 1° (vipani), boutique, rue du —, marché, foire, place —, lieu où l'on expose en vente, marchandise, objet à vendre. 2° (vipani), marchand.

*விபர்ணகம், விபிர்ணகம், (வி, பர்ணம், ka), l'arbre பலாசு butea frondosa.

*விபதம், 1° (vipatha), mauvais chemin. 2° offrande, — manuelle.

*விபதுத்தாரம், விபதுத்தாரணம், (விபத்து), délivrance du malheur.

*விபதை, (vipadâ), adversité, pauvreté.

. விபத்தம், (விபத்து, அம்), disette, famine, cherté, l'arbre எட்டிமரம்: விபத்தமாய்ச்செலவழிக்கிறது dissiper, dépenser follement.

*விபத்தன், 1° (vibhakta), qui est séparé, divisé, différent. 2° (விபத்து), malheureux, inquiet, chagrin.

*விபத்தசன், (விபத்தன், சன்), enfant né malheureux, — né après le partage des biens entre son père et ses oncles.

*விபத்தி, 1° (vipatti), adversité, calamité, malheur, pauvreté, trouble, douleur, tourment, agonie, mort, faute. 2° (vibhakti), part, portion, héritage, division, cas ou inflexion des noms, déclinaison; — யுத்தன் malheureux; — நிங்கன் heureux, délivré du malheur.

*விபத்து, (vipad), calamité, adversité, malheur, affliction, trouble, danger: — காலம் temps de calamité; — சாகரம் mer d'infortune; — நிங்கன் heureux, délivré du malheur.

*விபந்தம், (வி), constipation, ischurie.

விபம், (விபவம்), richesses, bonheur, prospérité, excellence, force ou qualité supérieure.

*விபரம், *P.* விவரம், détail, circonstances, particularités.

*விபரிக்கிறது, *P.* விவரிக்கிறது, détailler, circonstancier, raconter, — en détail.

*விபரிணாமம் (viparinâma), changement, — d'état ou de forme.

*விபரிதம், *V.* விபரீதம்.

*விபரியஸ்தம், (vipariasta), opposition, le contraire.

*விபரியயம், விபரியாயம், (viparyaya, yâya), opposition, contrariété, le contraire, destruction, aunihilation, changement, inimitié, caractère colère.

*விபரியாசம், (viparyâsa), opposition, le contraire, l'opposé, changement, regarder comme réel ce qui est imaginaire.

*விபரீததை, (விபரீதம், tâ), opposition, contrariété, le contraire.

*விபரீதம், (viparita), ce qui est contraire, opposé, étrange, diversité, différence, divergence, irrégularité, contradiction, perversité, changement, excès, étonnement: — பண்ணுகிறது agir d'une manière perverse; — பிறந்தது une irrégularité... est survenue, une nouveauté contraire s'est élevée; விபரீதகதி marche inverse, — en arrière; — க்காரன், — காரன், — காரி, — காரத்தி homme méchant, pervers; — காலம் temps malheureux, — contraire; — பஞ்சம் famine extraordinaire; — விலக்கு figure qui consiste à rejeter une chose ou un effet en montrant qu'il ou qu'elle est contraire à la cause; — வினை verbe irrégulier, action irrégulière; — வுவமை comparaison irrégulière, celle où l'on prend l'objet de la comparaison pour l'objet comparé et réciproquement. *Ex.* கண்போற்பிறழுங்கயல் la carpe mobile comme l'œil, pour dire l'œil mobile comme la carpe.

*விபலதை, (விபலம், tâ), inutilité.

*விபலம், 1° (vipala), moment, instant. 2° (viphala), chose vaine, sans profit, frivolité, inutilité, faiblesse.

*விபலாயனம், விபலாயிதம், (வி), fuite, déroute, vol, s'envoler.

*விபலீகரணம்,—கிருதம்,—பூதம், (வி, பலம், 1, *augment*), inutilité, action inutile, empèchement.

*விபவம், (vibhava), bonheur, prospérité, état florissant, chose, objet, don, propriété, magnanimité, pouvoir surhumain, délivrance de l'existence, terrestre, mort: விபவ, *ou* — வருஷம் la 2e année du cycle indien qui correspond à 1808 et 1868.

விபவணம், obéissance, soumission.

*விபன்னம், (vipanna), infortune, revers, chute, perte, faute, ruine, destruction, décadence, maigreur, mort, serpent.

*விபன்னன், (*id.*), homme infortuné, tombé dans l'adversité, qui a éprouvé un revers, ruiné, maigri, mort.

*விபாகம், 1° (vipâka), cuisson, digestion, maturité, opportunité, goût, saveur, résultat, — inattendu ou improbable, chose fortuite, — qui arrive d'elle-même, conséquence ou fruit des actions, diversité, changement, pauvreté, détresse. 2° (vibhâga), part, portion —, partage d'un héritage, numérateur d'une fraction. 3° félicité, prospérité, jouissance, volupté: விபாகக்கற்பனை assignation des parts.

*விபாகரன், (விபா,கரன்), le soleil, feu, le dieu prétendu du feu.

*விபாசம், (வி,பாசம்), délivrance de lien, défaire un nœud, — un lien.

*விபாசை, 1° (vibhâsâ), lumière. 2° (vipâsâ), le fleuve Vipas ou Beyah dans le Pandjab, Hyphasis des Grecs.

*விபாச்சியம், (vibhâdjya *divisible*), part, portion, division: விபாச்சியத்துவம் divisibilité, chose divisible. [ou l'autre.

*விபாஷை, (வி), alternative, l'un

*விபாடம், (vipâta), flèche.

*விபாண்டுரம், (வி ,pâleur.

*விபாதம், (vibhâta), aurore, aube, point du jour, lever du soleil.

*விபாதனம், விபாதிதம், (vipâdana, —dita), destruction, meurtre.

*விபாதிகை, (vipâdikâ), énigme, mules, mal —, ulcère ou pustule aux pieds, crevasse de bile.

*விபாவசு, விபாவசன், (vibhâvasou), la lune ou Sandiren, espèce de collier ou de guirlande, *V.* விபாகரன்.

*விபாவரி, (vibhâvari), nuit, safran, prostituée, entremetteuse.

*விபாவனம், (vibhâvana), examen, discussion, jugement, décision, discernement, perception, vision, imagination.

*விபாவனை, (vibhâvanâ), discussion, examen, limitation, mettre des bornes, fig. de rhét. qui décrit des effets qui ne viennent pas des causes usuelles ou connues.

*விபாவன், (vibhâva), ami.

*விபாவிதம், (vibhâvita), chose vue, perçue, distinguée, jugée, imaginée, connue, prouvée.

*விபாவியம், (vibhâvya), penser, imaginer, distinguer.

*விபினம், (vipina), bois, forêt.

*விபின்னம், (வி), briser, casser, disperser, percer, blesser, variété, diversité, désappointement, perplexité.

*விபீஷணம், விபீஷிணை, vibhichana), propriété d'exciter la terreur.

*விபீஷணன், விபீடணன், (*id.*), le terrible, le formidable, Vibhichanen frère cadet de Râvanen mais d'un bon caractère.

*விபீதகம், (vibhitaka), l'arbre தான்றி.

*விபீதம், (வி), sans crainte.

*விபு, (vibhou), celui qui est présent partout, qui pénètre tout, qui est éternel, Dieu, (et à tort) Brama, Vichnou, Siven, maître, seigneur, propriétaire, chef, agent, âme, serviteur, ouvrier, air, espace, lieu, temps, toujours, éternité, solidité, plénitude: — துவம், —த்துவம், *V.* விபுதை. [ன்னிவிட்டான்.

*விபுசத்துரு, (விபு), la plante ஐ

விபுணன், homme qui excelle, distingué, victorieux: புண்ணியத்திலே —qui excelle en vertu.

ஙாஉன்

*விபுதன், (viboudha), la lune ou Sandiren, Dieu, savant, docteur; *pl.* விபுதர் les érudits, les gens très savans, les sages, les habitans des cieux, les immortels, les dieux prétendus.

*விபுதை, (விபு,tâ), pouvoir, suprématie, plénitude.

*விபுலகன், (வி), délivré de l'horripilation.

*விபுலதை, (விபுலம்,tâ), grandeur.

*விபுலம், (vipoula), largeur, étendue, profondeur, grandeur, le mont Himalaya, le mont Mèrou, la terre: விபுலரசம் la canne à sucre.

*விபுலேக்ஷணன், (விபுலம், ஈக்ஷணம்), qui a les yeux larges.

*விபுலை, (vipoulâ), la terre.

*விபூஷணம், விபூஷிதம், விபூடணம், (வி), ornement, décoration, bijou, joyau.

*விபூஷை, (vibhoûchâ), lustre, splendeur, beauté, ornement.

*விபூதி, 1° (வி, பூதி, vibhoûti), cendres, — bénites, — de bouse de vache (dont les Sivénistes se barbouillent le corps à l'imitation et en l'honneur de Siven qui, dit on, s'en barbouillait ainsi), pouvoir surhumain et fabuleux comprenant 8 facultés dites அஷ்டமாசித்தி et attribuées surtout à Siven, grandeur, pouvoir, dignité. 2° faute, cruauté, violence, félicité, prospérité, les 8 richesses dites அஷ்டசெல்வம், bon caractère, chair; — தரித்துக்கொள்ளுகிறது porter de la cendre de bouse de vache, en avoir le front et souvent même le corps barbouillé; அவன்நெற்றியிலே விபூதிவிட்டான் il lui a mis de la cendre de bouse de vache sur le front (disent les Vichnouvistes, pour dire: il l'a trompé).

*விபூயம், (vipoûya), l'herbe முஞ்சி saccharum munja.

*விபேகம், *P.* விவேகம், esprit, prudence, puissance.

*விபேகி, *P.* விவேகி, homme prudent, d'un esprit subtil.

*விபேதம், (வி), opposition, inimitié, haine, contradiction, variété, distinction, troubler, *ou*

*விபேதனம், (விபேதம், na), diviser, séparer, briser.

*விபை, (vibhâ), beauté, lustre, splendeur, rayon, — de lumière.

*விபோதம், (vibôdha), esprit, intelligence, réveil.

*விபோதி, (*id.* i), instruit, éveillé.

*விப்பிரகாராகிருதியம், (வி, பிரகாரம், ஆகிருதியம்), voir la figure ou la forme de l'air.

*விப்பிரகாரம், (viprakâra), opposition, injure, mépris, mal, méchanceté, revanche.

*விப்பிரகாரி, (*id.* i), homme opposé, qui méprise, qui se venge.

*விப்பிரகிருதம், விப்பிரகிருதி, (viprakrouta, ti), mépris, injure, revanche, équivalent.

*விப்பிரதகம், (vipradaha), fruits secs, racines... sèches.

*விப்பிரதிகாரம், (வி, பிரதி), opposition, contradiction, revanche, changement, le revers.

*விப்பிரதிசாரம், விப்பிரதீசாரம், (*id.* சாரம்), repentir, conversion, amélioration, mal, méchanceté, haine, inimitié, tristesse, colère.

*விப்பிரதிஷித்தம், விப்பிரதிஷேதம், (*id.* ஷித்தம்...), empêchement, chose défendue.

*விப்பிரதிபத்தி, (வி), perplexité, confusion, contradiction, différence, dispute, opposition, — d'intérêts, connexion, relation.

*விப்பிரபை, (*id.*), défaut de lumière.

*விப்பிரமம், 1° (*id.*), classe d'actions de femmes qui procèdent de l'amour, caprice, — de femme, flatterie, fantaisie, lascivelé, badinage, — lascif, — de 2 amans, dégoût qui les fait cesser, — à leur cessation, trouble, confusion, vertige, écart, erreur, faute, méprise, hâte, précipitation, doute, crainte, beauté, tournoiement. 2° *P.* விப்பிரபை.

*விப்பிரம், 1° (vipra), pied de 4 brèves. 2° *sync. de* —, *V.* விப்பிரமம்.

*விப்பிரயாணம், (viprayâna), fuite, retraite.

*விப்பிரயோகம், (வி), absence,

séparation,— d'amans, désunion, querelle, désaccord, soupirs et pleurs qui sont un des effets prétendus des flèches de Kâmen. [mes.

*விப்பிரர், *pl. de* விப்பிரன், bra-

*விப்பிரலம்பம், (vipralambbha). déception, désunion, séparation (d'époux ou. d'amans), querelle, désaccord.

*விப்பிரலாபம், (vipralâpa). paroles inutiles,— qui n'ont pas de sens, dispute, querelle.

*விப்பிரவாசம், விப்பிரவாசனம் (வி, பிர, வாசம், na), séjour—, habitation en pays étranger, exil, bannissement.

*விப்பிரன், (vipra), brame.

*விப்பிராந்தசிவம், (விப்பிராந்த ம்), signe, halo autour—, disque du soleil et de la lune.

*விப்பிராந்தம், விப்பிராந்தி, (vibhrânta,— ti), erreur, confusion, trouble, précipitation, tournoiement.

*விப்பிரியம், (வி), dégoût, offense, transgression, chose désagréable.

*விப்பிலவம், (viplava) combat—, guerre irrégulière et injuste, pillage injuste, rapine, déprédation, extorsion, tumulte, trouble, confusion, mal, péché, perversité, hâte, puissance, *ou* ['d'un pays...

*விப்லவம், *sync. du même*, calamit

*விப்பிலாவம், (vipilâva), déluge, inondation, dévastation, tumulte, galop de cheval.

*விப்பிரீகரணம், *P.* விபரீகரணம்.

*விப்புருதி, (வித்திரதி), ulcère qui ronge et s'étend, cancer, carcinome: கல்— ulcère dur comme une pierre,— qui ne peut s'amollir.

*விமதன், (vimata), ennemi, adversaire.

*விமதம், விமதி, (*id.* vimati), dégoût, aversion, diversité d'opinions.

*விமயம், (vimaya), échange, troc.

*விமரிசனம், விமரிசை, விமர்ச்சம், விமர்ச்சனம், (vimarsa,— na), 1° discussion, investigation, raisonnement, examen,— par la raison. 2° prudence, réflexion, délibération, discrétion.

*விமர்த்தம், (vimardda), friction, frottement, contact, destruction.

*விமர்த்தனம், (*id.* na), frottement, friction, broiement, trituration des parfums, réduction en poudre, destruction, éclipse, répression, apaiser, odeur.

*விமர்த்தார்த்தம், (விமர்த்தம் *contact*, அர்த்தம்), demi-durée d'une éclipse, moitié de la durée du 1er au dernier contact, (ou selon d'autres) duré entière de l'éclipse.

*விமலம், (வி), exemption de souillure, — de saleté, pureté sans tache, pureté (extérieure ou intérieure et de cœur), beauté, netteté, blancheur, transparence, argenture, dorure, un des 28 livres des Sivénistes: விமலமணி cristal.

*விமலன், (*id.*), celui qui est pur, — sans tache, *i.e.* Dieu, (et à tort) Siven, Arouguen). [ம். *V.* பரவெளி.

*விமலாகாசம், (விமலம், ஆகாச

*விமலாத்துமகன், விமலாத்துமகா, விமலார்த்தகன், (*id.* ஆத்துமம், ka, அர்த்தம், ka), celui qui a une âme—, âme pure.

*விமலி, விமலை, *fém. de* விமலன், celle qui est pure. sans tache, *i.e.* la très-sainte vierge Marie, (et à tort) Sarasvati, Lakchimi. Parvadi, Dourgâ ou Vindei. [dégoût, tristesse.

*விமனசு, (வி), mauvaise volonté,

*விமாதிரு, (வி), belle mère, marâtre:— சன் fils de sa belle mère, demi- frère, frère de père.

*விமாமிசம், (வி), chair impure, repas sale,— impur.

*விமார்க்கம், (வி), mauvaise route,— conduite, balai.

*விமார்த்தம், *P.* விமர்த்தார்த்தம்.

*விமானம், (வி), char fabuleux des dieux indous qui se meut de lui-même au milieu des airs, sorte de—, char ou véhicule, monture, cheval, palais royal, - de roi, maison à 7 étages, ciel, monde fabuleux des dieux, temple, pagode, niche—, châsse de temple, mesure, déshonneur, incivilité, la 4me constellation lunaire dite உரோகிணி.

*விமானி, (வி), personne déshonorée, qui a reçu un affront.

*விமுகன், விமுகி, (வி, முகம்), qui détourne le visage, opposé.

*விமுகதை, விமுகிதை, (வி, முகம் tâ, itâ), disparition, opposition, inimitié, ou

*விமுகீகரணம், — மிருதம், (id. î augment), se détourner, départ.

*விமுத்தம், விமுத்தி, (வி), séparation, délivrance, — de transmigrations supposées, — d'existence future.

*விமுத்திரம், (வி, முத்திரை), floraison, pousse, — tendre, — de fleurs, jeune pousse, chose sans cachet.

*விமூடம், (வி, மூடம்), folie, égarement, séduction: விமூடசஞ்ஞம், (sadjnâ sens), insensibilité, être sans connaissance.

*விமோகனம், (வி), fascination, séduction, déception, tromperie.

*விமோக்ஷம், விமோட்சம், (வி), délivrance, mise en liberté.

*விமோக்ஷணம், விமோட்சணம், (வி, மோக்ஷம், na), abandon.

*விமோசனம், (வி), délaissement, abandon, délivrance, cessation, éloignement, entière —, expiation, rémission, absolution, abolition, départ: பாவங்களை — பண்ணுகிறது effacer les péchés, absoudre des péchés; பாவ — expiation —, absolution —, rémission des péchés.

*விமோசிதம், (id.), délivrance, mise en liberté.

*விம்சகம், (vimsaka), vingt, — ensemble, vingtaine, collection de 20.

*விம்சதி, (vimsati), vingt.

*விம்சதீசன், விம்சதீசி, (விம்சதி, ஈசன்), gouverneur —, chef de 20 villages.

*விம்பகம், (விம்பம், ka), disque du soleil ou de la lune, ou

*விம்பகை, (id. கை), gourde, fruit de la plante கோவை.

*விம்படம், (vimbata), sénevé, plante qui donne la moutarde.

*விம்பம், (vimba), disque du soleil, — de la lune, cercle, figure, image, idole, peinture, représentation, ombre, lumière, forme, — réfléchie, la plante கோவை, bryonia grandis ou momordica monadelpha, sa tige grimpante, la gourde qui en est le fruit, un des 28 livres des Sivénistes, les arsenics dits சாலாங்கபாஷாணம் et பலன்றெருகபாஷாணம்: விம்பபூசை sacrifice —, offrande ou culte à une idole: — ப்பிரதிவிம்பபாவம் existence sous une —, ce qui a une forme et une forme réfléchie; — மானி héliomètre.

விம்பி, 1° imp. de விம்பிக்கிறது. 2° * (vimbi), V. விம்பகை. [கம்.

*விம்பிகை, (விம்பம், ikâ), V. விம்ப

விம்பிக்கிறது, பித்தேன், ப்பேன், பி, பிக்க, v.a. (விம்பம்), விம்பித்தல், n.v. réfléchir une image.

*விம்பு, (vimbou), aréquier.

விம்பை, 1° acc. du préc. 2° (vimbâ), V. விம்பகை.

*விம்போஷ்டம், விம்பௌஷ்டம், (விம்பம், ஓஷ்டம்), lèvre rouge comme le fruit du விம்பம்.

விம்மல், opt. et n. v. de விம்முகிறது, sanglot, pleurs, son, retentissement, gonflement, enflure, rigidité, dureté, trouble, joie: — ஆயிருக்கிறது être dur, non flexible, gonflé...

விம்மிதம், crainte, surprise, admiration, corps.

*விம்மிலாவம், விம்மிலாபனம், (vimlâva, vimlâpana), fraicheur, pureté, netteté, vivifier.

விம்முகிறது, மினேன், முவேன், மு, ம, v.n. விம்முதல், n.v. se gonfler, se durcir, se roidir, ne pas plier, être dur, roide, non flexible, gros, étendu, gonflé, enflé, grossir, crier, pleurer, gémir, sangloter, se lamenter, soupirer, résonner, retentir, se troubler, se réjouir: விம்மிப்போகிறது se durcir, se roidir, s'accumuler; — அழுகிறது pleurer et sangloter; — யிருக்கிறது être étendu, gonflé; விம்மியதனம் mamelles gonflées, — remplies de lait; விம்மினபூ, — மலர் bouton gonflé, prêt à s'ouvrir.

விய, 1° ou வியவருஷம், P. விபவவரு

ஷம், la 20ᵐᵉ année du cycle indien qui correspond à 1826 et 1886. 2° *imp. de* வியக்கிறது. 3° *obl. de* வியம்.

வியக்கம், grandeur.

வியக்கலே, loyer, louage.

வியக்கிறது, யந்தேன், யப்பேன், ய, யக்க, *v. a.* admirer, s'étonner, louer, estimer.

*வியங்கம், (வி, அங்கம்), défaut naturel, marque, tache, verrue, déformité, grenouille.

*வியங்கியம், (vyangya), langage figuratif, poétique, elliptique, qui indique quelque chose de plus que les mots simples, sarcasme couvert, indication.

*வியங்குலம், (வி, அங்குலம்), le 60ᵐᵉ d'un doigt ou d'un அங்குலம்.

வியங்கோள், வியங்கோள்விதம், வியங்கோள்வினைமுற்று, வியங்கோண்முற்று, (வியம்), optatif (sans distinction de temps, de genres, de nombres, ni de personnes): கற்க கசடற apprenez sans faute. Cet optatif est ordinairement terminé en க, et dans le haut tamoul en இய, இயர். அல் ou அட்டு, comme வாழ்க, வாழிய, வாழியர், வாழல், வாழட்டு puissé-je, puisses tu, puisse-t-il ... être heureux. (அல் est aussi la terminaison du nom verbal, et அட்டு est l'impératif d' ஒட்டுகிறது joint à l'infinitif en élidant ஒ). [tail.

*வியசம், (vyadja), soufflet, éven-

*வியசனம், 1° (*id.*na), *V.* வியசம். 2° (vyasana), chagrin, affliction, peine, calamité, application, désir véhément, faute, vice, péché, mauvaise fortune, inhabileté, chute, vent, *V.* அரிஷ்டம்.

*வியசநியன், வியசனியன், (வியசனம், iya), débauché, libertin, ivrogne, furieux. [*va*), milan.

*வியச்சாரி, (வியத்து, tchâri *qui*

*வியஸ்தம், *V.* வியத்தம்.

*வியஞ்சகம், 1° (vyandjaka), signe, marque, symbole, indication, —extérieure de passion ou de sentiment, expression figurative ou elliptique. 2° (vyamsaka), tromperie, déception, montagne.

*வியஞ்சகன், (*id.*), trompeur.

*வியஞ்சனம், 1° (vyandjana), signe, marque, insignes, consonne, sauce, ragoût, assaisonnement, chose qui donne du goût, barbe, parties naturelles, boule de pulpe, de pois.... 2° (vyamsana), tromperie. 3° *ou* [sion figurée; ironie, sarcasme.

*வியஞ்சனை, (vyandjanâ), expres-

*வியடம்பகம், (vyadambaka), ricin ou palma-christi.

வியட்டிரூபம், (ரூபம்), figure dodue, corpulence.

*வியதம், வியதனம், 1° (vyadha, na), perforation, coup, percer, frapper. 2° (vyatha, na), douleur, tour-

*வியதி, (viyati), oiseau. [ment.

*வியதிகரம், (வி, அதி, கரம), infortune, calamité, trouble, réciprocité, contact.

*வியதிகாரம், *V.* வியதிசாரம்.

*வியதிக்கிரமம், வியதிக்கிராந்தம், (வி, அதி), renversement, inversion, bouleversement, opposition, rétractation, passer dessus.

*வியதிபாதம், *V.* வியதிபாதம்.

*வியதிரேகம், 1° (vyatirèka), *V.* வெதிரேகம். 2° chute: வியதிரேகவியாப்தி preuve tirée de la négation ou non existence; வியதிரேகியுதாகரணம் exemple par les contrastes ou les négations.

*வியதிகரம், *V.* வியதிசரம்.

*வியதிகாரம், (வி, அதி, hâra *prise*), troc, échange, — de coups ou d'injures.

*வியதிபாதம், (வி, அதி, பாதம் *chute*), trouble, calamité, mauvais augure, phénomène, mépris, le 7ᵉ des 28 யோகம். [ment.

*வியதை, (vyathâ), douleur, tour-

வியத்தகங்கை. *P.* வியத்துகங்கை.

*வியத்தம், 1° (vyasta), opposition, renversement, inversion, trouble, confusion, chose essentielle, principale, fondamentale, principe. 2° (vyakta), connaissance, évidence, clarté, explication, chose visible, preuve, individualité: வியத்தத்துவம் manifestation; —பதம் mot simple, — non composé, mot isolé: — சாதி quantité connue; — விதி inversion, règle pour l'inversion; — லக்ஷணம் marque évidente.

வியத்தல், n.v. de வியக்கிறது, admiration, étonnement, louange, éloge, estime.

*வியத்தி, (vyakti), individualité, chose, objet, spécifique, apparence, manifestation, cas ou inflexion.

*வியத்திதை, (id. tâ), individualité.

*வியத்திகரணம், — இருதம், — பூதம், (id. i), manifester, distinguer.

வியத்திமை, (வியம்), grandeur.

*வியத்தியஸ்தம், வியத்தியயம், (vyatyaya, — yasta), opposition, renversement, inversion, ordre renversé ou rétrograde.

*வியத்தியாசம், (vyatyâsa), transposition (d'une place à une autre), différence, V. வியத்தியஸ்தம்.

*வியத்து, (viyat), air, atmosphère, ciel, firmament: — கங்கை le Gange céleste; — கதி marche dans l'air; — பூதி obscurité.

*வியந்தரம், (வி), démon, lutin.

வியந்து, gér. de வியக்கிறது.

*வியபதேசம், (vyapadèsa), fraude, tromperie, défaut de probité, stratagème, ruse, nom, information, notice, insinuation, excuse, prétexte.

*வியபரோபணம், வியபரோபிதம், (vyaparôpana, — pita), expulsion, extirpation. [pulsion, déni, refus.

*வியபாகிருதி, (vyapâkrouti), ré-

*வியபாச்சிரயம், வியபாச்சிரிதம், (வி, அப, ஆச்சிரயம், ita), réfuge, attente. [பசாரம்.

*வியபிசாரம், (vyabhisâra), V. வி

*வியபிசாரி, (id. i), V. விபசாரி.

*வியபேக்ஷணம், வியபேக்ஷை, வியபேக்ஷிதம், வியபேட்சணம், வியபேட்சை, (வி, அபேக்ஷை, na, ita), attendre la venue, attente, — réciproque, connexion, — mutuelle, emploi, V. சாதனை. [tion, expulsion.

*வியபோடம், (vyapôdha), opposi-

வியப்பிக்கிறது, v. caus. de வியக்கிறது, faire admirer, charmer, captiver, — l'admiration.

வியப்பு, n.v. du même, admiration, louange, réalisation, fig. de rhét. qui exprime l'admiration.

*வியமம், (vyama), détresse, gêne, repos, cessation, patience, V. வியாமம்.

வியம், 1° corps, oiseau, grandeur, largeur, extension, totalité, tout. 2° P. விஷயம்.

*வியயம், (vyaya), dépense, destruction, disparition, infortune, déclin, chute.

*வியயணம், வியயமாணம், வியயிதம், வியயீகரணம், — இருதம், — பூதம், (வியயம், na, ita, i augment), dépense, dispersion, dissipation.

வியர்க்கிறது, க்தேன், ப்பேன், க, க்க, v.n. suer, transpirer, se fâcher, montrer de la colère, vulgo வேர்க்கிறது.

*வியர்த்தம், (வி, அர்த்தம்), inutilité, chose vaine, inutile: — ஆய்ச் செலவழியாமை ne pas dépenser inutilement, économie, frugalité; — ஆய் en vain, inutilement; — ஆன inutile, vain, sans profit: வியர்த்தத்துவம் ou [tilité.

வியர்த்ததை, (வியர்த்தம், tâ), inu-

வியர்த்தல், வியர்ப்பு, n.v. de வியர்க்கிறது, sueur, transpiration, signe de —, colère, indignation.

வியர்வு, வியர்வை, vulgo வேர்வை, n.v. du même, sueur, transpiration, une des 4 sortes de naissances, V. au mot சேனற்பம்-ச.

வியலிமை, (வியல், ikâ), grandeur.

வியலிடம், (id.), lieu vaste, largeur, étendue.

*வியலீகம், (vyalika), peine, torture, faute, transgression, mauvaise action, chose désagréable, tromperie: வியலீகத்துவம் ou வியலீகதை, (id. tâ), chose désagréable, inconvenable.

வியல், largeur, grandeur, étendue, extension, forêt, désert: — கறு poivre long dit திப்பிலி; — பூதி l'arbre வில்வம்.

*வியவகலனம், வியவகலிதம், (வி, அவ kala nombrer, na, ita), soustraction. [souriro mutuel.

*வியவகாசம், (வி, அவ, ஆசம்),

*வியவகாரம், (vyavahâra), dispute, procès, procédure judiciaire, usage, coutume, profession, contrat, commerce, V. வழக்கு: வியவகார நிச்சயம் investigation judiciaire;—விசாரணம் tribunal, ou —மாசக்கம், — விஷயம்,— பதம் pièce —, titre admissible en justice,—sur lequel prononcent les tribunaux;—பாதம் quart de procès, une des 4 parties qui composent un procès, savoir: la plainte, la défense, la preuve et la décision;—மார்க்கம் procédure légale;—விதி loi—, code qui règle les jugemens.

*வியவகாரி, (வியவகாரம்), plaideur, qui a un procès.

*வியவசாரிகம், (id. ka), usage, coutume, procès, litige.

*வியவசாரிகை, (id. kâ), usage, coutume, brosse

*வியவசாயம், (vyavasâya), effort, persévérance, industrie, profession, agriculture.

*வியவஸ்தை, (வி), séparation, décret, extrait des lois, engagement, contrat: வியவஸ்தாதிக்கிரமம், வியவஸ்தாதிவர்த்தனம், (அதிக்கிரமம், ativarttana violation), violation d'un contrat, d'un engagement.

*வியவதானம், வியவதிதம், வியவதை, (vyavadhâ, na, ita), couverture.

வியவன், (வியம்), directeur, qui commande, homme fort, vaillant, voyageur, passant, serviteur.

வியனிலைமருட்பா, (வியன், நிலை), poème dit மருட்பா de longue haleine, et dont l'avant-dernier vers du genre dit ஆசிரியம் est de mesure différente du reste.

வியனிலையுருவகம், (வியன், நிலை), longue métaphore qui désigne métaphoriquement au moins divers membres d'un objet.

*வியனுநாதம், (வி, அநு), écho, réflexion du son.

வியனுலகு, (வியன்), le vaste monde, le ciel, le monde fabuleux des dieux.

வியன், (வியம்), grandeur, excès, abondance:—சங்கலிதம்,—சமன் சங்கலிதம் 2 espèces de calcul;—சமம் கொள்பார்க்கிறது examiner —, remarquer la grandeur et l'égalité.

*வியன்மணி, 1° (வியத்து, மணி), le bijou du ciel, le soleil. 2° (வியன்), grande pierre précieuse.

*வியாகதம், (vyâhata), confusion, trouble, alarme, expulsion, rejet, désappointement.

*வியாகம், 1° P. விசாகம், la 16me constellation lunaire. 2° P. விவாகம், mariage. 3° vent, air.

*வியாகரணம், 1° (vyâkarana), grammaire, — sanscrite, c'est une des 6 parties du வேதாங்கம் et le 6me des கலைக்கியானம், explication, détail. 2° (vyâharana), prononciation.

*வியாகன், P. விசாகன், Soupramanien.

*வியாகாதம், (vyâghâta), obstacle, empèchement, coup, malheur, destruction, ruine, le 13me des யோகம், fig. de rhét. i. e. production de 2 effets différens par une même cause.

*வியாகாரம், 1° (vyâkâra), difformité, changement, — de forme. 2° (vyâhâra), son, — articulé, parole, voix, jeu, caresse.

*வியாகிருதம். 1° (vyâkrouta), changement, transformation, détail, exposition, explication, chose divisée ou défaite. 2° (vyâhrouta), prononciation.

*வியாகிருதி, 1° (vyâkrouti), changement, — de forme, explication, grammaire. 2° (vyâhrouti), voix, discours, son articulé, mot mystique qui commence les prières, v. g. ஓம்...

*வியாகுலம், (vyâkoula), douleur, chagrin, tristesse, anxiété, perplexité, trouble, alarme: வியாகுலத்துவம் ou

*வியாகுலதை, வியாகுலிதம், (id. ita, tâ), perplexité, agitation, alarme.

வியாகுலிக்கிறது, வித்தேன், விப்பேன், வி, விக்க, v. n. (வியாகுலம்), வியாகுலித்தல், n. v. s'affliger, s'attrister, se désoler, être triste, chagrin.

*வியாகூடி, (vyâkoûti), fraude,

déception, déguisement, illusion.

*வியாகோசம், வியாகோஷம், (வி, ஆ), épanouissement d'une fleur.

*வியாக்கியானம், வியாக்கியை, (vyâkhyâ, na), explication, exposition, interprétation, glose, commentaire, éclaircissement, détail, contradiction: நான்சொன்னதுக்கு— சொல்லாதே ne fais pas de commentaire à ce que j'ai dis, ne me contredis pas; வியாக்கியானக்காரன் ou

*வியாக்கியானி, வியாக்கியாதா, (வியாக்கியானம், i, tâ), commentateur, interprète.

*வியாக்கிரம், (vyâghra), tigre, espèce de —, ricin, (en composition) perfection, excellence, prééminence, le meilleur, élégance, mot élégant, — choisi: வியாக்கிரகதி pas de tigre, une des 5 allures ou கதி du cheval: சருமம் peau de tigre; —நகம் griffe de tigre, l'arbrisseau புலித்தொடக்கி: — நக்கம், (ka), empreinte des griffes du tigre; —நாயகன் le chef ou le guide du tigre, i.e. le chacal; — பாதன் le richi Gaoudamen dont les pieds ressemblaient, dit-on, à ceux du tigre: —தலம், — புச்சம் ricin ou palma-christi; — புரம் la ville du tigre, i.e. சிதம்பரம்.

*வியாக்கிராசனம், (id. ஆசனம்), siége—, lit fait d'une peau de tigre.

*வியாக்கிராசியம், (வியாக்கிரம், ஆசியம்), l'animal à face de tigre, i.e. le chat. [கண்டங்கத்திரி.

*வியாக்கிரி, (vyâghri), la plante

*வியாசங்கம், (வி, ஆ, சங்கம்), confusion, trouble, perplexité, séparation, détachement, attachement, addition, union.

*வியாசம், 1° (vyâdja), fraude, tromperie, ruse, finesse, astuce, déguisement, masque, mal, méchanceté. 2° (vyâsa), extension, étendue, diffusion, détail, distinction, discernement, mesure, diamètre d'un cercle, un des 18 codes de lois, le code de வியாசன். 3° cause, prétexte, comparaison, V. காரணம்: வியாசநிந்தை sorte de fig. de rhét. censure apparente, louange déguisée;—ஸ்துதி louange ironique.

*வியாசன், (vyâsa), Vyasen, célèbre richi fils bâtard du mouni பராசரன் et de மச்சகந்தி et père non marié des rois திருதராஷ்டிரன் l'aveugle et du maladif பாண்டு, qu'il eut des 2 veuves de son frère utérin விசித்திரவீரியன். Il fut aussi père illégitime de விதுரன் qu'il eut de leur servante, extraction et conduite bien peu dignes d'un richi compilateur des vêdas. On lui attribue encore la composition du மகாபாரதம் et celle des 18 pouranas. Ce qui ne peut-être vrai; car outre qu'il faudrait pour ces compilations plus que la vie d'un homme, il est par trop absurde d'attribuer au même auteur des ouvrages aussi incohérens et aussi contradictoires que les pouranas relatifs à Vichnou et à Siven, dont les sectes et les sectateurs ne peuvent s'accorder ensemble. Au reste plusieurs individus portèrent ce nom, et on a pu lui attribuer les travaux de plusieurs, comme les Grecs ont fait à Hercule. Vyasen est aussi le fondateur de la philosophie வேதாந்தம்.

*வியாசோத்தி, (வியாசம், உத்தி), expression couverte, — propre à donner le change.

*வியாச்சியம், (vyâdjya), dispute, querelle, réclamation, procès, demande en justice: — இடுகிறது, — பண்ணுகிறது faire un procès, — des réclamations; — தொடுக்கிறது commencer —, faire un procès, poursuivre en justice; வியாச்சியக்காரன் plaideur, querelleur, disputeur.

*வியாடம், (vyâda), serpent, animal carnivore, — qui ne mange pas de feuillages.

*வியாடன், (id.), vilain, coquin, pendard, fripon, Indiren.

*வியாடி, (vyâdhi), nom d'un célèbre grammairien sancrit.

வியாகூலம், chagrin, tribulation, calamité, changement, altération: வியாகூலாசாரம் consolation dans la tristesse,c'est une des 14 actions de charité dites தயாவிருத்தி.

*வியாதன், 1° (vyâdha), Vyâden, fameux —, chasseur, homme vil.2° (viyâta), impudent, déhonté. 3° P. வியாசன்: வியாதபயிறம் ce qui craint le chasseur, i. e. le cerf.

*வியாதாமம், வியாதாவம், (vyâdhâma,—va), foudre,la foudre pré tendue d'Indiren.

*வியாதானம், (vyâdâna), ouverture, entrée, ouvrir.

*வியாதி, (vyâdhi), maladie, infirmité, indisposition, douleur, lèpre, l'arbrisseau கோஷ்டம்: — யாய்க்கிடக்கிறது être malade, — malade au lit, — étendu malade; — யாய் விழுகிறது tomber malade; — காரம் cause de maladie; — காதம் l'arbre கொன்றை cassia; — க்காரன், வியாதியுற்றன், — யுத்தன், V. வியாதிஸ்தன்; — சாந்தி, — நிவிர்த்தி, — தீர்தல் guérison, — de maladie; — திரும்புமுகமாயிருக்கிறது la maladie avoir l'air de changer, — de subir une réaction, ou une crise favorable; — தீர்க்கிறது guérir une maladie: — நீங்கன் délivré de maladie, convalescent; — யுபசமம் allégement ou cure de maladie; நாளுக்குநாள் வியாதியேறுகிறது la maladie s'accroitre de jour en jour.

*வியாதிஸ்தன், வியாதிதன், (வியாதி, ஸ்தன், ta), malade, infirme, maladif, valétudinaire.

*வியாதூதம், வியாதூதம் (vyâdhouta, — dhoûta), ce qui tremble, remue, est agité.

*வியாத்தம், (vyâpta), ce qui est joint à l'omniprésence, chose occupée, traversée, pénétrée, remplie, fixée, entourée, répandue, mêlée, renommée, fixité, solidité, plénitude, étendue, extension, expansion, entourer, pénétrer, traverser.

*வியாத்தி, (vyâpti), inhérence, pénétration, adhérence, présence, — essentielle d'une chose ou d'une propriété dans un autre (comme de la chaleur dans le feu, de la divinité dans l'univers, ce que les gentils entendent dans le sens du panthéisme), omniprésence, obtention: — ஞானம் connaissance de l'existence d'une chose par la présence de ses qualités essentielles; — லக்ஷணம் signe de l'existence ou non-existence d'un atribut inhérent.

*வியாபகம், (vyâpaka), généralité, universalité, ce qui comprend tout, nature propre, qualité essentielle et inhérente, omniprésence, présence: வியாபகத்துவம் être rempli, — présent ou répandu partout, omniprésense.

*வியாபத்து, வியாபன்னம், (வி, ஆபத்து, vyâpanna), mort, décès, calamité, maladie, dérangement.

வியாபிக்கிறது, s'étendre, se répandre.

*வியாபனம், (vyâpana), pénétration —, diffusion universelle, V. வியாபகம்.

*வியாபாதம் (vyâpâda), mauvais dessein, perfidie, malice, propension à nuire, tromperie, esprit fourbe.

*வியாபாதனம், (id. na), meurtre, carnage.

*வியாபாரம், (vyâpâra), commerce, négoce, profession, emploi, occupation, affaire, exercice, pratique, propriété, ce qui regarde ou appartient: லோக — chose —, affaire du monde; மோக — commerce impur, mauvaises relations, ce qui a rapport à la luxure; மனம் — ஆயிருக்கிறது l'esprit être occupé; வியாபாரக்காரன் marchand.

*வியாபாரி, (id.), marchand, négociant, employé à, qui exerce, qui professe, occupé de.

*வியாபி, (vyâpi), présent, — partout, qui pénètre tout: சர்வ —, சருவ — l'être présent partout, i. e. Dieu.

வியாபிக்கிறது, பித்தேன், பிப்பேன், பி, பிக்க, v.n. (வியாபி), வியாபித்தல், n.v. ou வியாபித்திருக்கிறது,

être présent,— présent partout,— quelque part, posséder l'omniprésence. [nistre,—d'état.

*வியாபிருதன், (vyâprouta), mi-

*வியாபினி,(vyâpi), être présent, —présent partout. [on.

வியாபுத்தி, sollicitude, distracti-

*வியாப்தம்,வியாப்தி, V. வியாத்தம்,வியாத்தி.

வியாப்பிக்கிறது, P. வியாபிக்கிறது,être présent,—subtilement mêlé.

*வியாப்பியதை, (வியாப்பியம்,tâ), qualité d'être perméable....

*வியாப்பியம்,(vyâpya), ce qui est présent,ce dont on peut conclure l'existence, cause—, sujet d'une induction, comme l'existence du feu d'après la fumée, perméabilité, pénétrabilité,cause, agent, instrument,l'arbrisseau கோஷ்டம்: வியாப்பியத்துவம், V. வியப்பியதை; வியாப்பியத்துவாசித்தி,(அசித்தி),conclusion imparfaite qui ne comprend pas tout.

*வியாமம், 1° (vyâma), brasse (distance de l'extrémité des doigts, les bras étendus), longueur de 4 coudées, mépris, fumée. 2° (viyâma), détresse, gêne, peine, fatigue, pause, cessation, patience, douceur, contrainte,retenue,— sans grimace, —sans attouchement, lumière. 3° chemin.

*வியாமனம்,(வியாமம்,na), mépris,dédain,manque de respect.

*வியாயாமம், (vyâyâma), brasse, fatigue, occupation, difficulté,défilé impraticable,gymnastique: வியாயாமசீலன் ou

*வியாயாமி,(வியாயாமம்,i),athlète, qui s'exerce, homme actif.

*வியாயோகம், (vyâyôga), espèce de drame en un acte dont le sujet est quelque guerre héroïque non causée par une femme, une des 10 espèces de comédies. [cercle de fer.

வியாரத்தை, P. விசாரத்தை,

*வியார்த்தி,(வி,அர்த்தம்),sens,explication, commentaire.

*வியாவகலனம், வியாவகலிதம், (vyâvakalana, ita),soustraction.

*வியாவகாரிகன், (வியவகாரம், ika), conseiller, ministre.

*வியாவகாசி, (வியவகாசம்),sourire réciproque.

*வியாவபாஷி,(வி,அவ, பாஷை), dispute, injures mutuelles.

*வியாவர்த்தம்,et corr. வியாவர்த்தம்,(வி,ஆவர்த்தம்), hernie ombilicale, ou

*வியாவர்த்தனம், et corr. வியாவர்த்தனம், (id.na), tourner, entourer, environner. [ses sortes.

*வியாவிதம்,(வி,ஆ,விதம்), diver-

*வியாவிருதம், வியாவிருதி, (vyâvrouta,—ti), exception, exclusion, expulsion, —dehors,couvrir,cacher.

*வியாவிருத்தம், வியாவிருத்தி, (id.),choix, louange, éloge, V. வியாவிருதம்.

வியாழம்,la planète Jupiter, Viâjen, le conducteur de cette planète, nommé ordinairement Vrouhaspati,qui est censé le gourou des dieux indous, jeudi; வியாழகேந்திரம் milieu de l'orbite de Jupiter;— கிழமை le jeudi; — திசை côté où se trouve Jupiter;— வட்டம் révolution de Jupiter (autour du soleil) en —, cycle de 12 ans,chaque jeudi.

வியாழன், P. வியாழம், la planète Jupiter ou son conducteur Viâjen. [léphant vicieux, V.வியாளம்.

*வியாளகம், (வியாளம்,ka), é-

*வியாளம், (vyâla), cruauté, méchanceté,éléphant vicieux, serpent, tigre, bête carnassière: வியாளக்கிராகன்,—க்கிராகி,(கிராகம்),preneur de serpens, V. குறவன்; — மிருகம் bête—, cerf féroce.

*வியாளாயுதம்,(வியாளம், ஆயுதம்), la plante புலிதொடக்கி.

வியாஎம், 1° P. வியாமம், espace de 4 coudées, ou வியாஎளூம், V. வியாமம்.

*வியானன், (vyâna), un des 10 airs vitaux du corps humain dits வாயு-ஐ.

*வியுஷ்டம், வியுட்டம், (vyouchta), point du—,jour, fruit, profit, conséquence,brûlure.

*வியுக்தி, வியுட்டி, (vyouchti), fruit, conséquence, augmentation, accroissement, prospérité, renommée. [ser,coudre.

*வியுதம், வியுதி,(vyouta,—ti),tis-

*வியுத்தானம், (வி, உத்தானம்), indépendance, opposition, prohibition, fin d'une contemplation religieuse.

*வியபதேசம், (வி), prétexte, déception, mauvais conseil.

*வியுத்கிரமம், (வி, உத், கிரமம்), ordre renversé, dérangement.

*வியுத்பத்தி,(வி,உத்பத்தி), science, savoir, formation des mots, dérivation, étymologie, chapitre de l'union des mots entr'eux.

*வியுத்பன்னம், (வி,உத்பன்னம்), science, dérivation,mot dérivé, génération, [ன்ன.

*வியுத்பன்னன், (id.), V. விற்பன்

*வியூகம், (vyoûha), ordre de bataille..., arrangement des troupes (sous diverses formes),détachement, troupeau,—d'animaux, foule,multitude, corps,logique,manufacture: வியூகக்காரன் tailleur; — பங்கம், —பேதம் déroute,— d'une armée, dérangement, désordre.

*வியூகனம், (வியூகம்,na), structure du corps, ou

*வியூடம், வியூடி, et corr. வியூட்டி,(vyoûdha, —dhi), ordre,arrangement,disposition.

*வியூதம்,வியூதி, (vyoûta,— ti), tisser,coudre: வியூதக்காரன், tailleur.

*வியோகம், (வி), séparation, désunion,absence, abandon, élargissement: வியோகதாட்டாந்தம் proposition disjonctive; — அநுமானம் syllogisme disjonctif. [forgeron

*வியோசகாரன்,(vyô son imitatif).

*வியோஷம்,வியோடம், (vyôcha), collection des 3 épices, V. திரிகடுகு.

*வியோமம், (vyôman), air, atmosphère, ciel, temple,pagode,eau: வியோமகேசன், —கேசி Siven; —சாரி, (tchâri qui va), Dieu, oiseau, Richi, bramc; — சஞ்சிபுரம் la ville fabuleuse d'அரிச்சந்திரன் suspendue dans l'air; — விருதி la terre; — தூமம் nuage; — நாசிகை espèce de caille; — மஞ்சரம், — மண்டலம் drapeau, bannière; — மூதம், (moûta lié), nuage; — ரூபி être incorporel, invisible,esprit; — யானம் le char qui va dans l'air, — fabuleux des dieux. [பிசேன.

விரகதம்,la plante வெள்ளிலைக்கசா

*விரகம், 1°(viraha), séparation, départ, absence,solitude,isolement, patience, cessation, abandon, adoucissement. 2° luxure, impudicité, lubricité, sensualité, bouderie d'époux: விரகங்கொண்டவன் impudique, lascif; — கொண்டபேரைச்சசி வருத்துகிறது les rayons de la lune brûlent les impudiques, sa fraîcheur même ne calme pas le feu qui les dévore; விரகதாபம் chaleur —,tourment de la luxure; — நோய் passion impudique,luxure,lubricité,ou — வேதனை tourment de la luxure,—que causent les désirs lascifs.

விரகறிகிறது,விரகறிதல், (விரகு, அறிகிறது), avoir de l'intelligence, arriver à —,avoir l'âge de discrétion: விரகறிந்த adulte, qui a l'âge de discrétion.

விரக்கேடன்,(விரகு,அகேடு),homme imprudent,fanfaron...,prudent.

*விரகாக்கினி,(விரகம், அக்கினி), le feu de la luxure: — வயிரைச்சுடுகிறது le feu de la luxure ou d'une passion impure le brûle.

*விரகார்த்தம், (id. ârta peiné), peine de l'absence de l'objet aimé.

*விரகி, (virahi), 1° m. séparé, absent. 2° m. f. (விரகம்,i), personne lascive,impudique.

*விரகிணி, fém. du préc. femme séparée de son mari ou de son amant, gage, salaire.

*விரகிதம், (virahita), abandon, délaissement, exemption, délivrance, ou

விரகு, destruction, connaissance, esprit,effort, vitesse, moyen,expédient.

*விரகோத்கண்டிதை, (விரகம், உத்கண்டிதம்), femme dont le mari ou l'amant est absent.

*விரசம், 1° (வி, இரசம்), insipidité, mépris. 2° (vradja), parc pour les vaches, station de vachers, troupeau, multitude, route, pays entre Agra et Mathoura, théâtre des amusemens puérils de Krichna, aller, rôder.

*விரசனம், 1° (viratchana), composition, jonction, création, embellissement. 2° (vradjana), aller, rôder.

*விரசாகிரம், et corr. விரசாகிரம், (விரசம், அகிரம் cour), parc, — ou étable à vaches.

விரசுகிறது, கினேன், சுவேன், சு, ச, v.n. விரசுதல், n. v. se presser, se serrer, être serré, pressé.

*விரசை, (வி, ரசம்), femme dont les règles ont cessé.

*விரசிகிருதம் —, யூதம், (id. i augment), exemption de passion, pureté, netteté. [petite scie, ciseau.

*விரச்சனம், (vrastchana), couper,

*விரஞ்சன், (virantcha), Brama.

*விரடம், (virata), épaule.

விரட்டுகிறது, ட்டினேன், ட்டுவேன், ட்டு, ட்ட, v.a. de விரளுகிறது, விரட்டல், விரட்டுதல், n.v. chasser devant soi, effaroucher, effrayer, menacer, éloigner par la crainte, v. g. un chien furienx les passans.

*விரணாசம், (விரணம், ha qui tue), palma christi.

*விரணம், 1° (vrana), plaie, blessure, ulcère, mal, tumeur, furoncle. 2° (virana), l'herbe விழல்: — போக்கி remède aux plaies, la plante ஆடுதின்றாப்பாலை; விரணகாசம் sorte de phthisie ou de consomption; — கிருது qui blesse, corosif, l'arbre சேரான்; — தூபனம் fumigation d'une plaie; — வஸ்து partie exposée aux plaies; — வேதனை douleur d'une paie; — சோதனம் nettoyer ou cicatriser une plaie.

விரண்ட, விரண்டு, part. et gér. de விரளுகிறது: விரண்டவன் homme alarmé, terrifié.

*விரதம், (vrata), pénitence, acte de dévotion volontaire, observation, observance, — d'une obligation ou d'une privation qu'on s'impose (comme de jeûner, de garder la continence, de faire des austérités, de s'exposer au soleil, au froid), vœu, serment, réglement de vie, obligation —, promesse solennelle, culte, manger. 2° luxure, passion impudique, mensonge, changement. 3° (virata), cessation, fin: இலட்சுமி — adoration —, culte de Lakchimi; சத்திய — l'observation de la vérité, véracité; — காக்கிறது, — காத்தல் garder une observance; — காக்குந்தன்மையில்லாதவன் celui qui ne continue pas ses observances, qui n'accomplit pas son vœu, qui n'a pas le don de continence; — நிறுத்துதல், — நிறைவேற்றுதல் accomplir ses observances ou obligations religieuses...; விரதசங்கிரகம் se résoudre —, s'engager à une observance religieuse; — தத்துவம் état de dévotion ou d'austérité volontaire; — நிர்ணயம், — விதி détermination d'une observance, règle de dévotion; — நியமம் détermination à une pénitence, acte d'initiation; — பங்கம், — பின்னம் violation de ses vœux, de ses observances; — பிக்ஷை demander l'aumône comme une des cérémonies de l'investiture; — லோபனம் violation de ses vœux ou observances; — உத்தியாபனம் achèvement de son vœu...

விரதயம், lumière.

*விரதன், pl. விரதர், (விரதம்), pénitent, ermite, ascète, — qui a renoncé au monde, qui pratique des observances volontaires: கொல்லாவிரதர் ceux qui s'abstiennent de tuer aucun être vivant, les Djaïners.

*விரதாசரணம், விரதானுஷ்டிப்பு, (விரதம், ஆசரணம், அனுஷ்டிப்பு), observation d'un devoir religieux, de la continence comme devoir d'étudiant...

*விரதாதேசம், (id. ஆதேசம்), investiture du cordon bramanique.

*விரதி, 1° (விரதம், i), pénitent, —te, —engagé dans une observance religieuse, ascète, ermite, qui a renoncé au monde, étudiant religieux. 2° (virati), fin, cessation. 3° *P.* விரதம், renoncement au monde, loi, règle, observance.

*விரதோபவாசம், (விரதம், உபவாசம்), jeûne qu'on s'impose pour pénitence, observation de cette pénitence.

*விரக்தம், (virakta), renoncement au monde, célibat, dégoût, aversion, indifférence, stoïcisme.

*விரக்தன், (*id.*), célibataire, qui a le don de la —, qui garde la continence.

*விரக்தி, 1° (virakti), renoncement au monde, célibat, vie d'ermite, aversion pour le monde. 2° *fém. de* விரக்தன், femme chaste, qui ne se marie pas, qui garde la chasteté ou la continence.

விரயம் *P.* விரையம்.

*விரலம், (virala), distance, éloignement, étendue, relâchement, douceur, finesse, délicatesse, chose fine, — délicate, jolie, lait caillé, — caillé aigri.

விரல், *pl.* விரல்கள், doigt, orteil ou doigt du pied: பெரு — le pouce; ஆட்காட்டி —, சுட்டு — l'index; நடு —, பாம்பு — le doigt du milieu; ஆழி —, மோதிர —, பவித்திர — doigt annulaire; சுண்டு —, கடை —, சிறு —, சின்னி — le petit doigt; — அணி anneau, bague, ornement du doigt; — இறை ligne de la jointure intérieure du doigt, *V.* வரை; — உறை doigtier; — நொடி la plante நாயுருவி; — மூழி jointure des doigts; — க்கடை *ou* விரற்கடை travers —, largeur d'un doigt, 12° d'un empan ou d'un சாண், 8 grains de riz ou d'orge font un விரற்கடை; விரற்சுற்று panaris; — புட்டில் doigtier, dé à coudre.

விரவல், *n.v. de* விரவுகிறது, mélange, mixtion, union, accord, combat.

விரவி; 1° *gér. du même.* 2° le concombre வெள்ளரி.

விரவு, mélange, *n.v.imp. et part. de* விரவுகிறது: — த்திணை genre commun; — ப்பெயர் nom commun.

விரவுகிறது, விரவினேன், விரவுவேன், விரவு, விரவ, *v.n.* விரவுதல், *n. v.* se mélanger, se mêler, se couler —, couler ensemble, s'unir, s'accorder en venir aux mains, se battre. [surdent.

*விராளம், *P.* விரலம்: — ஆனைப்பல்

விரளுகிறது, விரண்டேன், விரளுவேன், விரளு, விரள, *v.n.* விரளல், விரளுதல், *n. v.* s'effaroucher, *v.g.* une vache à la vue d'un chien furieux, s'effrayer, s'alarmer, être chassé, poussé par la peur.

விரற்கடை,... *V. au mot* விரல்.

*விராகம், (வி, இராகம்), absence de désirs, indifférence, aversion, dégoût.

*விராகன், 1° *P.* வராகன், pagode ou 3 roupies et demie. 2° *ou*

*விராகி, (விராகம், i), homme exempt de désirs, de passions, indifférent au plaisir ou à la douleur, surnom d'Arouguen.

*விராடம், (viràta), province du centre de l'Inde, le Bahar.

*விராடன், (*id.*), nom d'un roi.

*விராட்டு, (viràdj), Virât ou Viràdj, le 1er mâle, le 1er né de Brama, (qui, au dire des Indous, le produisit s'étant partagé en 2 parties, mâle et femelle; à son tour Viràdj produisit de lui-même, disent-ils, le 1er Manou, qui fut le père des பிரசாபதிகள், et l'auteur secondaire du monde visible), Brama sous la forme androgyne, Parabrahma ou l'être suprême cause 1re de la création, (selon d'autres) Vichnou sous la forme de பரமபுருஷன் (qui après avoir été formé, s'offrit lui-même en sacrifice), homme de la caste militaire, splendeur, beauté, le faucon Garouden roi des oiseaux, la totalité des êtres animés et inanimés (montant, selon les Indous, à 8400000 et considérés comme contenus dans la forme mystique de Vichnou, surtout dans le temps du பிரளயம் ou destruction universelle).

*விராதம், 1° (virâdha), opposition, obstacle, vexation, trouble. 2° (vrâta), multitude, foule, cortége de mariage, ouvrage manuel, — journalier ou d'un jour. [angoisse.

*விராதனம், (virâdhâna), peine,

*விராதினன், (vratina), porteur à gage, journalier, couli, homme sans travail fixe.

விராத்தம், collection —, argent des impôts, des rentes: விராத்தக்காரன் collecteur d'impôts, percepteur.

*விராத்தியன், (vrâtya), homme qui a abondonné les devoirs de sa caste, — né de parens d'extraction irrégulière, dont le père est பிரதிலோமன் et la mère அநுலோமை ou dont le père est moins noble que la mère: விராத்தியஸ்தோமம் sacrifice pour recouvrer les droits de sa caste.

*விராமம், (virâma), fin, conclusion, repos, halte, pause, intervalle entre les mots, consonne sans voyelle comme க்.

விராயம், (விராய்), instrumens, ou விராய், matériaux, — pour un ouvrage, bois à brûler, matières combustibles.

*விராலம், (virâla), chat. [viscosa.

விராலி, l'arbrisseau dodonœa

விரால், P. வரால், le poisson d'eau douce ophicephalus stratiatus.

*விராவம், (virâva), son, bruit.

விராவுகிறது, V. விரவுகிறது.

விராளி, séparation. [கொம்.

விராறு, la plante parasite கொக்

விரி, 1° bât, panneau ou bât qu'on met sur les —, bât de bœuf de charge, expression, étendue, développement. 2° *imp. et part. de* விரிகிறது, qui s'étend..., étendu, vaste. 3° *imp. de* விரிக்கிறது: —கண் espèce de mal d'yeux qui les élargit; — கட்டுகிறது mettre —, attacher le bât à un bœuf, bâter; — கதிர் rayon de lumière qui s'étend; —குளம்பு corne fendue du pied des animaux, — qui se partage en 2; — கொம்பன் bœuf dont les cornes vont en s'étendant; — சட்டை bât ou selle (de bœuf...); — சிகை ceinture de femme composée de 32 rangées de bijoux, ou de 32 grains ou joyaux enfilés; — தூறு buisson vaste et épais, — qui va en s'élargissant; —புலப்பொருட்டுருவகப்பணி, (புலம், பொருள், தன்), fig. de rhét. qui indique le sens des objets sensibles développé et à cause du rapport de l'objet de la comparaison à l'objet auquel on le compare, met celui-ci à la place de celui-là. *Ex.* காமத்தீப்புகைபோலுமிருள் les ténèbres ressemblent à la fumée du feu de la luxure, pour dire la fumée du feu de la luxure ou le trouble et l'obscurité qu'elle cause dans l'âme ressemble aux ténèbres de la nuit; — பூ la plante பந்தடம்; — மலர் fleur épanouie, ou qui s'épanouit; — யுரை explication étendue, glose, commentaire; — யுவமை comparaison développée, — dans laquelle l'objet comparé et celui à qui on le compare sont également développés, ou renferment un sens général et les mots ou particules de comparaison; — யுருவகம் fig. de rhét. dans laquelle le mot de comparaison ஆகிய, போலும் ou autre est exprimé.

விரிகிறது, ந்தேன், வேன், ய, வ, *v.n. et* விரிந்துபோகிறது, s'étendre, s'élargir, s'ouvrir de soi même, s'épanouir, se répandre, s'éparpiller, se déployer, se fendre, *v.g.* un fruit mûr, crever, se briser, éclater, briller: விரிந்திருக்கிறது être étendu...

விரிக்கிறது, த்தேன், ப்பேன், க்க, *v.a. du préc.* étendre, *v.g.* une toile..., ouvrir, déployer, développer, élargir, allonger, répandre, éparpiller, dénouer et déployer la chevelure ..., expliquer, détailler, raconter ou amplifier, dire au long, amplifier, dire, parler librement, faire fleurir, oindre ou frotter de, barbouiller: விரித்துப்பார்க்கிறது ouvrir ou étendre et regarder une chose.

விரிசல், *n.v.de* விரிகிறது, fente, fissure, crevasse, déchirure, brisement: அலை — vague,— frisée,— qui moutonne, ondulation; சலங்கு விரிசலில் அகப்பட்டது le bateau s'est trouvé pris par les vagues;— கொம்பு cornes qui vont en s'élargissant,— en s'étendant; — குளம்பு, *V.* விரிகுளம்பு; — குளம்புள்ளமிருகம் animal qui a la corne du pied fendue.

விரிசா, la plante கையாந்தகரை.

விரிச்சி, bon signe, bon augure.

*விரிச்சிகம், *P.* விருச்சிகம், scorpion, le signe du Scorpion.

*விரிஞ்சனன், விரிஞ்சன், (virintcha.na), Brama. [nou, Siven

*விரிஞ்சி, (virintchi), Brama, Vich-

விரிதல், *n.v. de* விரிகிறது, épanouissement,— d'une fleur, ouverture, expansion, fissure, élargissement, extension, étendue, largeur, splendeur, lumière.

*விரித்தம், (viribdha), note, ton.

விரித்தல், *n.v.de* விரிக்கிறது, détail, longue explication, extension, étendre, éparpillement, développement, augmentation ou addition d'une lettre dans un mot en poésie, comme விளையும்மே pour விளையுமே et quelquefois retranchement, élision.

விரித்துரை, (விரித்து, உரை), explication,— développée,— qui supplée les ellipses, glose, commentaire. [explication, développement.

விரிப்பு, *n.v. de* விரிக்கிறது, détail,

விரியல், *n.v. de* விரிகிறது, chose déployée, expansion, *V.* விரிதல்.

விரியன், vipère, serpent venimeux. On compte 8 espèces principales de ces dangereux reptiles nommées அழல் *ou* எரிவிரியன் la vipère brûlante, இரத்த *ou* உதிரவிரியன் la vipère sanguine ou rouge, வீங்குவிரியன் la vipère qui fait enfler, *i.e.* dont la morsure cause une enflure par tout le corps, accompagnée de douleur et d'anxiété, எட்டடிவிரியன் la vipère de 8 pieds *ou* எட்டுரேகைவிரியன் la vipère qui a 8 raies sur le corps, elle est très-vénimeuse; on dit qu'elle donne la mort avant qu'on ait pu faire 8 pas, d'où lui vient ce nom; கட்டுவிரியன் la vipère qui lie et rend immobile par son venin; கழுதைவிரியன் la vipère stupide comme l'âne; புல்விரியன் la vipère venimeuse qui se trouve dans l'herbe, et பெருவிரியன் la grosse vipère, dont le venin opère, dit-on, plus vite que celui des autres et dont les païens disent விதிமுடிந்தவனை விரியன்கடிக்கும் la vipère mordra celui dont la destinée est finie, (voyez d'autres détails à l'article de ces différentes vipères.); — குட்டி petit de la —, petite vipère.

விரிவு. *n. v. de* விரிகிறது, largeur, extension, étendue, développement.

*விரீகி, (vrihi), riz,— de diverses sortes, riz qui mûrit dans la saison pluvieuse, riz pilé, cardamome noir: — பாகாரம் grenier, — à riz.

*விரீடம், விரீடனம், விரீடிதம், (vrida, na, ita), honte, pudeur, modestie: விரீடாநநம், (ஆநநம்), visage modeste, — baissé de honte....

*விருகச்சரீரம், (vrouhat *grand*, சரீரம்), grand corps.

*விருகச்சனன், (*id.* சனம்), grand homme. [tambour.

*விருகடக்கை, (*id.* டக்கை), grand

*விருகதி, (vrougati), la plante கத்தரி, bringelle, grand luth, manteau, réservoir, discours; — பதி, *i.e.* le maître de l'éloquence, Vrouhaspati, gourou des dieux indous.

*விருகதிகை, (*id.* kâ), vêtement de dessus, manteau, petite bringelle.

*விருகத்திருணம், — த்திரணம், (vrouhat *grand*), bambou, *litt.* la grande herbe. [de la plante விருகு.

விருகத்தண்டு, (விருகு, அம்), tige

*விருகம், 1° (vrouka), corbeau, loup, chien sauvage, — marron, chacal. 2° *P.* மிருகம், animal. 3° *adj. de* விருகு.

*விருகஸ்பதி, விருகற்பதி, (vrouhat *grand*, பதி), *litt.* le grand maître, Vrouhaspati ou வியாழன் fils d'அங்கிரன், conducteur de la planète Jupiter et gourou des dieux indous, nom d'un législateur; — சக்கிரம் le cycle de 60 ans.

*விருகத்பாடலி; (*id.*); l'arbre விளா, pomme épineuse dite datura ou ஊமத்தை.

*விருகத்பாதம், (*id.*), large pied, le multipliant.

*விருகத்பானு, (*id.*), le feu, le dieu prétendu du feu.

*விருகாராதி, விருகாரி (விருகம், அராதி, அரி), l'ennemi du loup, *i.e.* chien, chacal, lion, tigre.

விருகு. la plante médicinale வெருகு, sorte d'arbre.

*விருகோதரன், (விருகம், உதரம்), celui qui a un ventre de loup, (surnom de) Brama. Bhimen.

*விருக்கசம், விருக்ஷசம், (vroukchasa). lézard ou பக்ஷி, caméléon.

*விருக்கம், விருக்ஷம். விருட்சம், (vroukcha). arbre, arbuste (en général): உச்சிவிருட்சம் la plante parasite புல்லுருவி; விருக்க ou விருக்ஷகண்டம் bosquet, bocage; -- குக்குடம் coq ou poule sauvage; — சரம் singe, animal qui vit sur les arbres; — சாயிகை. (sâyikâ *sommeil*), l'écureuil ou அணில் qui dort sur les arbres; — சாயை ombre des arbres; — தலம் pied d'arbre; — தேவி la plante புல்லுரி; — நாதன், — பாலம், — பாலகன் l'arbre அரசு; — நிவாசம் habitation sur ou sous les arbres; — பலனம் trou d'arbre; — பேதி ciseau de charpentier, hache, hachette; — மயம் abondance d'arbres; — ருகம் plante parasite; - ரோபணம், *V.* விருக்காரோபணம்; — வாடிகை, — வாடி jardin, bosquet, verger.

*விருக்காக்கிரம், விருக்ஷாக்கிரம, (விருக்ஷம, அக்கிரம்), sommet d'arbre.

*விருக்காங்கிரி, விருக்ஷாங்கிரி. (*id.* அங்கிரி), racine —, pied d'un arbre.

*விருக்காதனம். விருக்ஷாதனம், (*id.*adana *nourriture*), hache, hachette, herminette, doloire, ciseau de charpentier, l'arbre அரசு.

*விருக்காரோபகன், விருக்ஷாரோபகன், (*id.* ஆரோபகம், ka), planteur d'arbre.

*விருக்காரோபணம், விருக்ஷாரோபணம், (*id.* ஆரோபணம்), plantation d'arbre, arbre à planter.

*விருக்காலயம், விருக்ஷாலயம், (*id.* ஆலயம்), oiseau, — qui demeure sur les arbres.

*விருக்காவாசன், விருக்ஷாவாசன், (*id.*), ascète, ermite qui vit dans des trous d'arbres, pénitent, oiseau.

*விருங்கணம், (vroumbana), nutrition, espèce de bonbon.

*விருங்கிதம், (vroumhita), nutrition, accroissement, cri de l'éléphant.

*விருசம், (vrousa), gingembre —, vert, rat.

*விருசனம், (vroudjana), air, atmosphère, poil, péché, tortuosité.

*விருசி, (vroudji), le pays de Broudj à l'ouest d'Agra et de Delhy.

*விருசினம், (vroudjina), tortuosité, courbure,, péché, vice, méchanceté, cuir —, peau rouge, détresse, affliction, poil.

விருச்சலாபம். la plante நெருஞ்சில்.

விருச்சி, *P.* விரிச்சி, augure qu'on tire d'une parole.

*விருச்சிகம், (vroustchika), scorpion, le signe du Scorpion, le mois durant lequel le soleil est dans le Scorpion, *i.e.* octobre, crabe, chenille, — velue, cent pieds, scarabée, — qu'on trouve dans la bouse de vache, arbrisseau épineux dit vangueria spinosa ou சாறனை: விருச்சிககரணி la plante தேள்கொடுக்கி.

*விருச்சிகாவலி, (*id.* ஆவலி), rangée —, ligne de scorpions.

*விருஷணம், (vrouchana), testicules.

*விருஷபம், விருடபம், (vrouchabha), bœuf, taureau, signe du Taureau, orifice de l'oreille, oreille, — d'éléphant, (en composition) excellence, — d'une sentence, habileté à lire: விருஷபகதி pas de taureau, un des ஐங்கதி ou 5 allures du cheval; — பதி, — த்துவசன் Siven qui a un bœuf pour monture et pour devise sur son drapeau.

*விருஷபாருடன், (*id.* ஆருடன்),

Siven monté sur un taureau.

*விருஷம், விருடம், (vroucha), taureau, bœuf, le signe du Taureau, rat, queue de paon, vertu, homme vertueux, bonne voie, — conduite, mérite, —moral, excellence, terrain propre pour bâtir une maison: விரு ஷ—, விருடசத்துரு, l'ennemi de Karnen ou விருஷன், *i.e.* Vichnou; — த்துவசன் homme vertueux, *litt.* la bannière ou l'emblême de la vertu, Siven, Poulléyar (qui ont pour emblême l'un le bœuf, l'autre le rat); — நாசனம் la plante médicinale embeliaribes; —பதிSiven maître du taureau (qui lui sert de monture), taureau laissé en liberté; —லோசனம், — லோசனன் ce qui a de yeux de bœufs, rat; — வாகனன் celui qui a pour monture un bœuf, *i e.* Siven.

*விருஷலம், விருடலம், (vrouchala), cheval, ail, oignon.

*விருஷலன், விருடலன், (*id.*), Soudras, le roi சந்திரகுப்தன் qui était fils d'une choutresse, pécheur, homme vicieux.

*விருஷலி, விருடலி, *fém. du préc.* mère d'un enfant mort-né, *V.* விடலி.

*விருஷன், விருடன், 1° (vroucha), Karnen, Vichnou, Kâmen, ennemi, Siven, homme lubrique. 2°, (vrouchan), Indiren: — அசுவம் le cheval d'Indiren; —கசு le trésor d'Indiren.

*விருஷாகபாயி, விருடாகபாயி, (vrouchâkapâyi), Lakchimi, Gaouri, சசி ou Satchi femme d'Indiren, சுவாகை ou Svâhâ femme d'Agny.

*விருஷாகபி, விருடாகபி, (vrouchâkapi), Vichnou ou Krichna, Siven, Agni.

*விருஷாகாரன், விருடாகாரன், (விருஷம், ஆகாரம்), le chat qui se nourrit de rats.

*விருஷாங்கன், விருடாங்கன், (விருஷம், அங்கம்), Siven, homme pieux eunuque.

*விருஷாஞ்சனன், (*id.* antchana *aller*), celui qui va sur un bœuf, *i. e.* Siven. [*fin*, ka), Vichnou.

*விருஷாந்தகன், (*id.* அந்தம்,

*விருஷி, (vrouchi), paon, siége d'un ascète ou d'un religieux étudiant.

*விருஷ்டி, (vrouchti), pluie: அதி— grande pluie, pluie excessive; —காலம் temps de pluie; —பு grenouille.

*விருஷ்ணி, (vrouchni), bélier, hérétique, hétérodoxe, Krichna, un descendant de யது, Indiren, Agni, rayon de lumière, air, vent.

*விருடபம், விருடம், விருடன், விருடலம், *V.* விருஷபம்.... [*posés*.

*விருஷ்சம், *V.* விருக்ஷம் *et ses com*-

விருட்டி, 1° *P.* வெருட்டி, ce qui est terrible, —fait peur, épouvantail. 2°, *P.* விருஷ்டி, pluie.

*விருதசானன், விருதசானு, (vroudhasâna, —nou), homme.

*விருதம், 1° (virouta), crier, pleurer. 2° (vrouta), choix, préférence, consentement, couverture. 3° la plante வெள்ளெருக்கு.

விருதர், (விருது), guerriers, ceux qui portent une bannière...

*விருதா, (vrouthâ), inutilité, frivolité, chose vaine, — infructueuse, faute, défaut: — கதை vaine fable, conte frivole; — காரியம் chose inutile, infructueuse; — தானம் don inutile, —abject, — fait aux louangeurs, aux prostituées, aux lutteurs, argent dépensé en vain; —பசுக்கினன், (ghna *qui tue*), celui qui tue un animal en vain, *i.e.* non pour sacrifice...; விருதாவிலேபொல்லாப் புடுக்கிறது souffrir en vain, inutilement, sans raison, injustement.

*விருதாகாதம், (விருதா, ஆகாதம்) meurtre non nécessaire. [ன்.

விருதாவி, (விருதா, ஆவி, *V.* வீண

*விருதி, (vrouti), choisir, solliciter, demander, entourer, enclos, terrain entouré, surtout pour la culture du bétel, cacher.

விருது, devise, signe, insignes, drapeau, bannière, — ou marque distinctive de certaines castes, armoiries, trophée, victoire, marque que portent les maîtres d'escrime, —les jongleurs etc..., branche d'une famille, tige, généalogie, vœu, serment, obligation, zèle: — கட்டுகிற

நாடகம்

று attacher—, porter une marque distinctive;—காளம் trompette ornée d'une marque de dignité;—கொடி கட்டிக்கொள்ளுதல் avoir une bannière ..., — un vœu ou une obligation à remplir;—க்கொடி bannière distinctive (de castes, de rois, de princes), drapeau de la victoire;—மோதிரம் anneau de distinction, — que donne un roi pour récompenser la valeur, la science ...

*விருத்தஞ்ஞன், (விருத்தம், ஞன்), celui qui connait les événemens,— les actions des hommes.

*விருத்ததை, (id. தா), opposition incompatibilité, inconvenance, haine, inimitié, vieillesse.

*விருத்தம், 1° (vrouddha), antiquité, ancienneté, vieillesse, sagesse, science, connaissance, tas, monceau, augmentation, largeur, exposition, benjoin. 2° (vroutta), cercle, rond, espèce de vers ou de poésies, une des 3 subdivisions des poésies dite இனம், strophe de 4 vers ayant ordinairement une seule rime dite எதுகை (elle sert pour les grands poèmes, et elle prend divers noms ou épithètes suivant l'espèce de vers et le nombre de pieds dont elle est composée, v.g. வெளிவிருத்தம் strophe ou virouttam du genre du vemba, அளவடிவிருத்தம் virouttam de vers de 4 pieds). tortue, fin. mort, dureté, force, fermeté, choix, chose choisie, chose apprise,—étudiée, célébrité, renommée, conduite, observance, usage, emploi, profession, moyen de vivre, procédure, ce qui arrive, événement, occurrence, nouvelle, nouveauté, chose couverte, l'arbre கடம்பு à fleurs bleues. 3° (virouddha), opposition, empêchement, contradiction, contrariété, discordance, mauvaise raison, aversion, dégoût, hostilité, changement, altération, chose entourée, bloquée. 4° un des 32 ordres d'architecture, manière de découvrir la vérité, espèce de dé à jouer: விருத்தகங்கை le fleuve Godavéry ou கோதாவரி;—கண்டம் secteur ou segment de cercle; — காகம் espèce de gros corbeau;— கிரி montagne ronde, V. விருத்தாசலம்; —சங்கம் assemblée de vieillards; —சேத்தம், — சேடம் supplément (en mathématiques);—ச்சேதம்,—ச்சேதனம் circoncision;— சேவை respect pour la vieillesse, déférence à l'autorité des vieillards;—த்தானம் la place de la vieillesse, une des 5 places artificielles en poésie dites பொருத்தம்;—த்துவம் grand âge, vieillesse; — நாபி homme ventru, corpulent;—பலம், —பழம் le fruit rond i.e. le poivre noir;—பன்னி la plante ஆடுதின்னாப்பாலை; — பாகம் segment de cercle; — பாவம் vieillesse, âge avancé;— புஷ்பம், — புட்பம் l'arbre கடம்பு;— பேதம் différence absolue,— connue, une manière de connaître la vérité;— போசனம், V. விருத்தாசனம்;— ப்பண் air ancien ou air convenable aux strophes dites விருத்தம்;— ப்பிரபிதாமகன் trisaïeul,— paternel, — ப்பிரபிதாமகி trisaïeule, — maternelle; — —ப்பிரமாதாமகன் trisaïeul maternel; —பிரமாதாமகி trisaïeule maternelle; —நாகம், V. விருத்தப்பண்; —அப்பம், (அப்பம்), pain —, gâteau rond;—வாகனம் le manguier;—விலக்கணம் espèce de poème, traité des விருத்தம்.

*விருத்தர், pl. de விருத்தன், les vieillards, les anciens, les grands, les ancêtres, les sages.

*விருத்தன், (vrouddha), ancien, vieillard, homme d'âge mûr, — d'autorité, magistrat, savant, sage, V. விருத்தத்தானம்.

*விருத்தாங்குலி, (விருத்தம், அங்குலம்), le gros doigt, le pouce.

*விருத்தாசலம், (id. அசலம்), montagne ronde, Vrouddhâsalam, vulgo Verdatchellam, ville sur une montagne avec un temple de Siven au sud de Madras. [rôder autour.

*விருத்தாகிரமம். (id. ஆகிரமம்).

*விருத்தாதிகாரவருத்தனம், (id. அதிகாரம்), respect pour l'autorité des vieillards.

*விருத்தாதிபகம்,(விருத்தம், தீபகம்), mot qui se rapporte à toute la phrase, —à toute la strophe.

*விருத்தாந்தம்,(id. அந்தம்), nouvelle, bruit, rumeur, matière, circonstance, détail, fable, histoire, sorte, mode, manière, espèce, chose, sujet, totalité, le tout, intervalle, repos, opportunité, propriété, nature, solitude.

*விருத்தாப்பியம்,(id. âpya obtenu), vieillesse, décrépitude.

*விருத்தாப்பியன், (விருத்தாப்பியம்), vieillard, —décrépit.

*விருத்தாமிசம்,(id. அமிசம்), segment de cercle.

*விருத்தாரணியம், (id. அரணியம்), bosquet —, lieu où on lit les pouranas et les poèmes censés sacrés.

*விருத்தார்த்தம், (id. அர்த்தம்), demi cercle: — ஆன demi-circulaire.

*விருத்தார்த்தோனம், (id. அர்த்தம், ஊனம்), supplément d'un arc, ce qui lui manque pour faire le demi cercle.

*விருத்தானுசாரம், (id. அநுசாரம்), conformité à l'usage.

*விருத்தாவஸ்தை.(id. அவஸ்தை), état de la vieillesse.

*விருத்தான்னம், (id. அன்னம்), nourriture incompatible, riz cuit de la veille.

*விருத்தி, 1° (vrouddhi), prospérité, réussite, succès, bonheur, félicité, joie, plaisir, richesse, accroissement, croissance, augmentation, — ou changement des voyelles des mots sanscrits pour former des dérivés, V. ஆந்திரவிருத்தி, montée, élargissement du scrotum par l'enflure des testicules ou par hydrocèle, gain, fruit, usure, intérêt, profit de son ouvrage ou de son —, commerce, subsistance, tas, monceau, foule, multitude, assemblée, le 11me des யோகம், coupure, abcission, forfaiture, amende. 2° (vroutti), profession, manière de vivre, mœurs, bonne —, conduite, coutume, usage, manière, style, — dramatique, glose, détail, explication, commentaire, —complet dit விருத்தியுரை, rondeur, circonférence, —de cercle, saisie, arrestation, s'arrêter, séjourner, station. 3° esclavage, espèce de figure de rhét. l'arbre மருது: ஆயுசு — extrême vieillesse; சாதி — coutume de la caste; புத்திர — augmentation des enfans (en nombre); —கரம் ce qui fait croitre; — ஹேது (ஏது), moyen de subsistance; —சந்தி contraction allongée, qui a lieu dans l'union des mots sanscrits, lorsque un mot finit par அ ou ஆ et que le mot suivant commence par ஏ ou ஐ; alors les 2 voyelles se contractent on ஐ: *Ex.* ஏக et ஏகன் font ஏகைகன் le Dieu unique; மகா. et ஐசுவரியம் font மகைசுவரியம் grandes richesses; mais si le mot suivant commence par ஓ ou ஔ, alors ces voyelles se contractent avec l'அ ou ஆ final en ஔ; *Ex.* கலச et ஓதனம் font கலசௌதனம் le riz de la cruche, மந்திர et ஔஷதம் font மந்திரௌஷதம் remède béni; — ஜீவனம் vivre d'usure, profession de l'usure; — சிராத்தம் sacrifice aux ancêtres dans une circonstance heureuse; — தானம் donner un moyen d'existence; — த்துவம், V. விருத்திதை; — வருப்பிராசம் rime ou allitération convenable au style; — யர்த்தம் pour vivre; — வாசீவன் usurier; — யுபாயம் moyen de subsistance; — யுரை commentaire complet contenant 14 articles, V. *au mot* உரை; — ரூபம் rondeur, figure ronde, dodue, matérielle, bien remplie, corpulence.

*விருத்திதை,(விருத்தி, tâ), état, profession, subsistance.

விருத்திக்கிறது, த்திக்கேன், த்திப்பேன், த்தி, த்திக்க, *v. n.* (விருத்தி), croitre, augmenter.

விருத்தித்தல், விருத்திப்பு, *n. v. du préc.* croissance, augmentation.

*விருத்தியர், *P.* பிருத்தியர், esclaves, serviteurs.

*விருத்திரகன், (விருத்திரன், han tuer), le meurtrier de Vrouttra, i.e. Indiren.

*விருத்திரம்,(vrouttra),obscurité. nuage, le mont Virouttiram, bruit, son.

*விருத்திரன்,(id.),ennemi,Vrouttra géant ou démon tué par Indiren, (surnom de) Indiren: விருத்திரத்துவிஷன் (dvich ennemi), ou

*விருத்திராரி,(id. அரி), l'ennemi de Vrouttra,i.e. Indiren.

*விருத்தை,(fem. de விருத்தன்), vieille,— femme,le dernier des 4 âges des femmes, depuis 55 ans et au-delà.

*விருத்தோக்கம், விருத்தோக்ஷம், விருத்தோட்சம்,(விருத்தம், உக்ஷம்), vieux—,bœuf.

*விருந்தம், 1° (vrounda), totalité, multitude,compagnie, assemblée, association,troupe d'animaux,troupeau, tas, monceau. 2° (vrounta), tige,queue des feuilles et des fruits, pied ou base d'un vase de terre, d'une cruche..., teton. 3° l'arbre வேம்பு.

விருந்தர்,pl.de விருந்தன்.

விருந்தனை,1° (விருந்து அன்னை), la mère qui donne à manger,femme, —légitime, maîtresse de maison. 2° acc. du suiv.

விருந்தன், (விருந்து), convive, convié,nouveau venu, hôte.

*விருந்தாகம்,(vrountâka),bringelle,—dite கத்தரி, la plante சேம்பு.

விருந்தாடி,(விருந்து,ஆடுகிறது), V. விருந்தன்.

விருந்தாடுகிறது, (id.), prendre part à un festin,faire bonne chère, se régaler.

*விருந்தாரகன், (விருந்தாரம், ka), Dieu, chef, homme éminent, beau,distingué, respectable.

*விருந்தாரம், விருந்தாரகம்,விருந்திஷ்டம், (vroundâra,—dâraka,—dichta), beauté, excellence,eminence, respectabilité.

விருந்திடல், விருந்திடுகிறது, (விருந்து, இடுகிறது), donner un festin,—un repas.

விருந்தினன்,pl. விருந்தினர்,V.விருந்தன்.

விருந்து, festin, banquet, grand —,repas (donné aux hôtes...),hôte, convive,nouveauté, chose nouvelle; —கொடுக்கிறது donner un festin, un grand repas; —சொல்லுகிறது ou விருந்துக்கழைக்கிறது inviter à un festin, à un repas;—சோடிக்கிறது préparer un festin;—புறந்தருகிறது tourner le dos aux hôtes, craindre de leur donner l'hospitalité....;— வனப்பு beauté d'un festin, chanter ceux qui sont présens; அவன்வீட்டிலிரண்டுவிருந்து வந்திருக்கிறது 2 hôtes sont arrivés chez lui; உன்வீட்டுக்குவந்த விருந்தையயல்வீட்டிலே போவென்னப்போமோ convient-il de dire à un hôte qui est arrivé dans ta maison: va-t-en dans la maison voisine?

விருந்துண்கிறது, (விருந்து, உண்கிறது), faire bonne chère.

*விருந்தை, (vroundâ), basilic dit துளசி.

விருந்தோம்பல், hospitalité, un des caractères ou des devoirs des cultivateurs, n.v.du suiv. ou

விருந்தோம்புகிறது, (விருந்து,ஓம்புகிறது), fêter—,traiter ses hôtes, exercer l'hospitalité, donner un festin, — à manger, faire bonne chère.

விருபன், rat blanchâtre.

விருப்பம், விருப்பு, n.v. de விரும்புகிறது, désir, souhait, envie, intention, plaisir: விருப்பம்வைக்கிறது mettre ses affections, désirer, convoiter; விருப்பக்காரன் homme qui désire, qui plait, aimable.

விருப்பின்மை,(விருப்பு,இன்மை), exemption de désirs, — de désirs corrompus, indifférence, désintéressement, c'est une des அறத்துறுப்பு-அ ou 8 qualités de la vertu.

விருமன்னியம்,la noix dite சேங்கொட்டை.

விரும்பல்,V.விருப்பம், opt.et n.v. du suiv.

விரும்புகிறது, பினேன், புவேன்,

பு,ப, *v.a.* விரும்புதல், *n. v.* désirer, souhaiter, chercher, s'appliquer à, se proposer, aimer: விரும்பிக்கேட்கி றது écouter avec plaisir, avec désir; வேம்பைவிரும்பக்கரும்பாம் quand on aime le vêmbou ou margosa, il devient comme la canne à sucre, par le désir l'amer devient doux.

விருவிரு, son —, mot imitatif de vitesse, de l'effet du poison....; விரு விரென்கிறது *ou*

விருவிருக்கிறது, ருத்தேன், ருப்பே ன், ரு, ர, *v. n.* (விருவிரு), *v. n.* se hâter, s'empresser, le poison ou l'engourdissement; monter dans un membre, s'engourdir.

விருவிருப்பு, *n.v. du préc.* vitesse, action du poison qui monte.

விருளை, anneau —, pommeau ou bouton servant d'ornement à une bride.

*விருக்ஷணம், விருட்சணம், (viroûkchana), censure, blâme, accusation, jurement, imprécation, astringent. [ment, naissance.

*விருடம், (viroûdha), épanouisse-

*விருபகம், (விருபம், ka), difformité: விருபரூபகம், représentation —, figure hideuse, qui consiste à attribuer à une chose diverses qualités qui ne conviennent pas.

*விருபம், (வி), difformité, laideur, monstruosité, irrégularité, diversité, —de caractère, différence, changement: விருபகரணம் rendre difforme, manquer à la cadence.

*விருபாக்கன், விருபாக்ஷன், (வி ருபம், அக்ஷம்), être qui a les yeux difformes ou différens des autres, *i.e.* Siven, à qui on donne 3 yeux, un des 11 Routrers.

*விருபி, (viroûpi), personne difforme, *ou*

*விருபை, (viroûpâ), femme difforme, la femme de Yamen.

*விரேகம், (virèka), purgatif, purge, évacuation, selle.

*விரேசனம், விரேசிதம், (virêtchana, ita), cours de ventre, faire abandonner, *V.* விரேகம்; விரேசனத்துக் குக்குடிக்கிறது prendre un purgatif.

விரேசிக்கிறது, சித்தேன், சிப்பே ன், சி, சிக்க, *v.n.* விரேசித்தல், *n. v.* se purger, aller aux lieux, —à la selle, avoir le cours de ventre.

*விரேபம், (virêpha), rivière (en général), la rivière Virêpam, absence de la lettre r ou rêpha.

விதை, 1° graine (de plantes, d'arbres...), sperme humain, testicules, onguent odoriférant, odeur, parfum, encens, fumée odoriférante, miel des fleurs. 2° *imp. et part. de* விதைகிறது. 3° *imp. de* விதைக்கிறது: வி தை-ஐ les 5 espèces de parfums, *i.e.* கோஷ்டம் la racine odoriférante du costus arabicus, துருக்கம் musc, தைலம் onguent odoriférant pour les cheveux, அகில் agalloche, சந்தனம் sandal;—தட்டுகிறது châtrer (les taureaux et les béliers...) en battant ou en comprimant les testicules;—தெளிக்கிறது semer, jeter ou répandre de la semence; — புழுதியா யிற்று le champ est prêt pour être ensemencé, le labour pour les semailles est fini;—போடுகிறது semer,—ou planter des graines;—முந் திரிகை l'acajou dit anacardium occidentale;—படுக்கிறது, *V.* விதைத ட்டுகிறது;—யெடுக்கிறது recueillir des graines (de plantes...), châtrer, ôter les testicules; — மொன்றுபோ ட்டுச்செடியொன்றுமுளையாது si on seme une espèce de graine, il ne germera pas une autre espèce de plante, l'enfant ressemble au père; — வகைகள், — வித்துகள் diverses espèces de graines,— de semences;—விருத்தி propagation par graine, au moyen de graines;— விதைக்கிற து semer du blé..., ensemencer; — வாதம் hydrocèle, hernie, douleur ou tumeur aux testicules;—விதைப் பு action de semer;—வீக்கம் enflure des testicules; விதைக்குவிடுகிறது, — விட்டிருக்கிறது laisser une plante pour en avoir la graine, — pour qu'elle donne de la graine.

விரைகிறது, விரைந்தேன், விரைவேன், விர, விரைய. v.n. se hâter, s'empresser, désirer, demander, importuner, être ardent, —chaud; விரைந்துவருகிறது venir à la hâte, —chercher du secours: —விதைத்தான் il a semé rapidement, —à la hâte.

விரைக்கிறது, விரைத்தேன், விரைப்பேன், விர, விரைக்க, (விரை), semer, ensemencer.

விரைதல், n.v.de விரைகிறது, hâte, empressement, chaleur, demande, —importune, importunité.

விரைத்தல், விரைப்பு, n.v. de விரைக்கிறது, ensemencement, semailles.

விரைப்பாடு, (விரை), ensemencement (d'un champ...): விரைப்பாடாக்குகிறது ensemencer, semer (des graines...); இந்தப்பூமியேத்து க்கோட்டைவிரைப்பாடுள்ளது cette terre demande 10 boisseaux ou கோட்டை de semence.

விரேசனம், contraction de விரேசனம், purgatif, purge, dépense.

விரைவு, n.v.de விரைகிறது, hâte, presse, vitesse.

*விரோகம், (virôka), trou, creux, —d'arbre, abyme, rayon de lumière.

*விரோசனம், P. விரேசனம்.

*விரோசனன், (virôtchana), feu, soleil, lune ou Sandiren, Virôsanen fils de Prahlâden: விரோசனசுதன் le fils de Virôsanen, i.e. Bali ou Balisakravarti souverain de மகாபலிபுரம்.

*விரோதம், (virôdha), haine, animosité, inimitié, diversité, différence, opposition, contradiction, — de proposition, incohérence, inconsistence d'un argument, antithèse, contraste, empêchement, restrainte, calamité, infortune, malheur, guignon, combat, guerre, siége, blocus, environner, investir, V. விரோதாலங்காரம்; இராச —sédition contre le roi, opposition du roi; ஒருத்தருக்கு—ஆக contre quelqu'un; —பண்ணுகிறது faire opposition, s'opposer, résister, contredire, contrarier, créer de l'inimitié; —பேசுகிறது contredire, parler contre, — avec haine; விரோதக்காரன் ennemi, adversaire; — சிலேடை ambiguité contraire, dire une ambiguité contraire à celle qui précède ou donner à une ambiguité un sens différent de celui qu'on lui avait donné d'abord; —உவமை comparaison de rivalité ou d'opposition, - qui consiste à montrer la rivalité ou l'opposition qu'il y a entre l'objet comparé et celui auquel on le compare, Ex. செங்கமலமலரும்திங்களும் நுந்முகமும் தம்முட்பகைவிளைக்குந்தன்மையவே la fleur du nénuphar rouge, la lune et votre visage sont capables d'exciter la rivalité ou la haine entr'eux.

*விரோதனம், (விரோதம், na), opposition, résistance, contradiction, inconsistance, empêchement, haine, provocation, exciter la colère ou la haine, blocus.

*விரோதார்த்தம், (விரோதம், அர்த்தம்), sens—, intention—, dessein contraire, opposition.

*விரோதாலங்காரம், (id. அலங்காரம்), contraste, — soit dans les mots, soit dans le sens.

*விரோதி, 1° (virôdhi), ennemi, adversaire, la 23me année du cycle de 60 ans correspondant à 1829 et 1889. 2° imp. du suiv.: — இருது la 45me année du cycle indien correspondant à 1851 et 1911.

விரோதிக்கிறது, த்தேன், ப்பேன், க், க்க, v. a. et விரோதித்தல், n.v. contrarier, s'opposer, résister, différer, empêcher, faire opposition, contredire, haïr.

*விரோதோத்தி, (விரோதம், உத்தி), contradiction, réplique, querelle, dispute. [matière, circonstance.

*விர்த்தாந்தம், P. விருத்தாந்தம்.

*விர்த்தி, P. விருத்தி.

விலகல், opt. et n.v. de விலகுகிறது, action de se retirer..., retraite, séparation, éloignement, retirement, séparation, scintillation.

விலகுகிறது, *sync.* விலகிறது, வி லகினேன், குவேன், கு, க, *v. n. et a.* se retirer, s'éloigner, se séparer, s'écarter, se détourner, quitter, éviter, rejeter, défendre, scintiller, briller, lancer des rayons: அஞ்ஞாயத்துக்கு — fuir —, éviter l'iniquité; தீயோரை — éviter les méchans; விலகப்பண்ணுகிறது faire retirer, écarter, resserrer; விலகியிருக்கிறது être retiré, séparé, mis à part; — ப்போகிறது se retirer, s'en aller; — ப்போ, விலக, வி லகு va-t-en, retire toi, fais place, gare.

விலகுதல், *n. v. du préc. V.* விலகல்: பொல்லாப்பை — மூடருக்கருவருப் பாயிருக்கும் les insensés ont en aversion l'éloignement du mal, *i. e.* du péché.

*விலக்கணம், *V.* விலக்ஷணம்.

விலக்கம், *n. v. de* விலக்குகிறது, défense, prohibition, séparation, — ou séquestration d'une femme pendant ses règles, désertion, abandon séditieux d'une place: — ஆனகாரிய ம் chose défendue; மோசத்துக்கு — ஆய்க்காக்கிறது préserver du danger: குடிகள் — ஆயிருக்கிறார்கள் *ou* போயிருக்கிறார்கள் les habitans se sont retirés (par sédition) de la ville...; — ஆயிருக்கிறாள் elle est séquestrée ou retirée (à cause de ses règles).

விலக்கல், *opt. et n. v. de* விலக்குகிற து, défense, prohibition, séparation, éloignement, changement: — ஆ ய்க்காக்கிறது préserver, garder de, défendre de.

விலக்கு, défense, empêchement, exclusion, rejet, faute, *n. v. imp. et part. du suiv.*

விலக்குகிறது, *sync.* விலக்கிறது, க்கி னேன், க்குவேன், க்கு, க்க, *v. a. du préc.* விலக்குதல், *n. v.* défendre, interdire, prohiber, empêcher, exclure, rejeter, séquester, écarter, séparer, éloigner (l'un de l'autre des gens qui se querellent ou qui sont en désordre...), changer, placer ailleurs, éviter: நான் விலக்கினதின்மேலே செய் வானேன் pourquoi faire cela après que je l'ai défendu? ஒருவனைச் சத் துருவுக்கு விலக்கிவிடுகிறது délivrer quelqu'un de son ennemi.

விலக்குருவகம், (விலக்கு, உருவக ம்), figure dans laquelle on rejette ou nie les propriétés de l'objet figuré. *Ex.* மலையிற்பயிலாமட மஞ் ஞை ce n'est pas dans les montagnes qu'habite le paon timide (désignant une personne que l'on compare au paon).

விலக்குவமை, (*id.* உவமை), fig. de rhét. dans laquelle on montre les défauts d'une comparaison qu'on vient de faire et on conclut qu'elle ne convient pas à l'objet.

*விலக்ஷணம், (வி), différence, état ou condition sans cause assignable, ce qui manque —, manque de preuve.

*விலக்ஷதை, (விலக்ஷம், tâ), *ou* *விலக்ஷம், (vilakcha), *ou* விலக்ஷ த்துவம், manque de marque ou de propriété distinctive, — de distinction, — de discernement, étonnement, surprise, honte, qualité incohérente.

விலங்கம், *P.* விலங்கு, fers, entraves: — இல்லாமலனுப்புகிறது renvoyer libre, — sans entraves.

விலங்கரசு, (விலங்கு, அரசு), le roi des animaux, *i. e.* le lion.

விலங்கல், *opt. et n. v. de* விலங்குகி றது, éloignement, retraite, scintillation, eau trouble, montagne.

*விலங்கனம், விலங்கிதம், (வி, லங் கனம், ita), transgression, passer par-dessus.

விலங்கு, 1° fers, entraves, empêchement, traverse, chose transversale, fer transversal ou intermédiaire des fers des pieds ou des entravers, animal, bête. 2° *imp. et part. de* விலங் குகிறது: விலங்குண்கிறது, (உண் கிறது), être mis aux fers, manger les animaux: — சாதி la race des animaux (rarement les reptiles et les poissons); — தைக்கிறது, — போ டுகிறது, — மாட்டுகிறது mettre aux fers, — les fers, — les entraves, enchainer;விலங்கின்முலை mamelle—, pis d'animal;விலங்கிற்குணவு nourriture donnée aux animaux, c'est un des 32 actes de bienfaisance des Indiens dits அறம்.

விலக்குகிறது, *sync.* விலக்கிறது, கினேன், குவேன், கு, க, *v.n.* விலக்குதல், *n.v.* s'étendre, être séparé, —à part, de côté, s'éloigner, se retirer, être défendu, scintiller, lancer des rayons...; plisser: விலக்கிக்கிடக்கிறது être couché à une distance l'un de l'autre;—நிற்கிறது se tenir éloigné;— ப்போ va-t-en, retire-toi; —ப்போகிறது s'éloigner, se retirer, abandonner une ville ou une place d'une manière séditieuse;— வருகிறது s'en revenir, se retirer, approcher à quelque distance ou sans faire foule;— வா viens t'en;—வலைக்கிறது étendre un filet, une toile (de manière qu'une partie ne couvre pas l'autre, nettoyer un terrain.

*விலசயம், (விலம், சயம்), ce qui vit dans des trous, serpent.

*விலசனம், விலசிதம், (vilasana, ita), jeu, amusement, passe-temps, badinage,—lascif.

*விலச்சம், (வி, இலச்சை), impudence, effronterie: விலச்சமானம் [modestie.

*விலட்சம், *V.* விலக்ஷம்.

விலத்துகிறது, த்தினேன், த்துவேன், த்து, த்த, *v.a.et n.* விலத்தல், விலத்துதல், *n.v.* éloigner, rejeter, s'éloigner, se retirer.

*விலபனம், (vilapana), lie, sédiment au fond d'un vase, paroles inutiles, bavardage, babil, *V.* மழலை.

*விலபிதம், (vilapita), bavardage, vaines paroles, lamentation.

*விலம், (vila), trou,—d'arbre, caverne, un des chevaux fabuleux d'Indiren, rotin, l'arbre அகில், agalloche.

*விலம்பம், 1° (vilambha), don, donation, gratification. 2° (vilamba), ou

*விலம்பனம், விலம்பிதம், (vilambana, ita), retard, délai, lenteur, chose suspendue, qui pendille.

*விலம்பி, (vilambi), paresseux, lambin, *V.* விளம்பி.

*விலயம், (வி), destruction,— ou fin du monde, liquéfaction, fonte.

*விலயனம், (விலயம், na), destruction, corroder, liquéfier, éloigner, remède atténuant,— escarotique.

விலா, côte (du corps humain), côté:—க்கொக்கு,— த்தோரணம் côte, os:— ப்பக்கம், — ப்புறம் le côté, le flanc, *ou* —வெலும்பு côte. [ca.

விலாங்கு, anguille, murœna indi-

*விலாசம், 1° (vilâsa), gestes lascifs,—de femmes, — provenant de l'amour, aversion ou honte affectée, jeu, amusement, passe-temps, badinage,— lascif, — d'hommes et de femmes, beauté, grâce, élégance, spectacle, pompe. 2° *P.* விசாலம் (*par transposition de lettres*), grande étendue, grande extension, salon, grande salle, adresse d'une lettre: — வீடு maison spacieuse;—ஆய்ப்பேசுகிறது s'étendre, discourir au long; விலாசஸ்தானம் lieu de plaisir, d'amusement;—சபை vaste assemblée, chœur angélique;— மந்திரம் maison de plaisance,—de récréation,—d'été. [sement—, jeu de femmes.

*விலாசனம், (விலாசம், nâ), amu-

*விலாசி, (விலாசம், i), homme sensuel, ami du plaisir, Vichnou, Krichna, Siven, Kâmen, Sandiren ou la lune, le feu, serpent.

*விலாசினி, *fém. du préc.* femme,—sensuelle, prostituée.

*விலாசிகை, (*id.* ikâ), drame badin,—en un acte sur un sujet léger.

விலாடம், *P.* விலாசம், passe-temps —, jeu obscène.

விலாடிக்கிறது, டித்தேன், டிப்பேன், டி, டிக்க, *v.a.* payer double tribut, [chagrin, pleurer en songe.

*விலாபம், (vilâpa), lamentation,

விலாமச்சை, விலாமிச்சை, விலம்பிச்சை, விலாம்பிச்சை, *P.* இலாமிச்சை [கை.

விலாய், *V.* கட்டம்.

*விலாலம், (vilâla), instrument, machine, mécanique, chat.

விலாழி, écume de la bouche du

cheval, écume ou sueur occasionnée par une rude course, eau qui sort de la trompe de l'éléphant.

*விலாளம், *P.* விலாலம், chat, matou.

*விலிப்த்தம், (வி), minute indienne.

*விலீனம், (vilina), chose gâtée, disparue, fondue, liquide, mélangée, contiguë.

*விலூபக்ஷி, *V.* பெருங்குரும்பை.

*விலேகனம், (vilèkhana), creuser, déraciner, diviser, fendre, faire des marques.

*விலேகை, (வி). marque.

*விலேசயம், (vilè *abl. sanscrit de* விலம்), animal qui dort ou vit dans des trous, serpent, rat, lièvre, caverne.

*விலேபம், (vilêpa), onguent, parfum, mortier, plâtre, onction, enduire.

*விலேபனம், (விலேபம், na), huile de sandal, frotter le corps de parfums, plâtrer, odeur, *V.* விலேபம்.

*விலேபனி, (*id.* ni), femme parfumée, *on*

*விலேபி, விலேப்பியம், (*id.* i, ya), cange, eau de riz, riz avec l'eau dans laquelle il a cuit.

*விலேவாசி, (விலம், *abl. sanscrit*), qui habite ou vit dans des trous, dans une caverne, serpent.

விலை, prix, valeur, vente, *n.v. de* விற்கிறது: அதிகவிலையாகக்கேட்கிறவன் le plus haut enchérisseur; கேட்கிற — le prix offert, enchère; — கட்டுகிறது fixer —, mettre un prix, estimer; — காரர் acheteurs; — குறிக்கிறது désigner —, fixer le prix; — குறைக்கிறது diminuer —, baisser le prix; — கூறுகிறது proclamer le prix, vendre aux criées; — கேட்கிறது demander le prix, enchérir; — கேட்குகை demande du prix, enchère: — கேட்பவன் celui qui demande le prix, enchérisseur; — க்கிரயம் prix, valeur (pléonasme); — க்குறைவு diminution de prix, bas prix: — க்கேள்வி enchère, question sur le prix; — சரசமாய் à bon marché; — சொல்லுகிறது dire le prix, marchander; — ச்சரக்கு, — ச்சாமான் marchandises mises ou exposées en vente; — தீருகிறது, — தீர்கிறது, — தீர்க்கிறது, — நிதானிக்கிறது fixer —, régler le prix; — த்தரிசம் prix raisonnable; — நயமாய் à bon marché, à bas prix; — படுகிறது, — ப்படுகிறது, — ப்பட்டுப்போகிறது se vendre, être vendu (un captif, une marchandise); நானவனுக்கு — பட்டேன் j'ai été vendu à lui comme esclave; — படுத்துகிறது, — ப்படுத்துகிறது vendre; — பெறுகிறது valoir, — le prix; — பேசுகிறது parler du —, dire ou fixer le prix, marchander; — பொருந்துகிறது le prix convenir, s'accorder sur le prix; — போகிறது se vendre; — ப்பண்டம், — ப்பொருள் objet à vendre, marchandise; — ப்பருவம் taux, prix courant, convenable; — மகள் prostituée, *litt.* fille ou femme à prix, ou qui se vend; — மதிக்கிறது priser, évaluer, estimer, fixer le prix; — மதிப்பு prisée, évaluation, estimation, fixation du prix; — மதியாத inestimable; — மலிவு bon marché; — மானம் évaluation, estimation pour vendre; — மேவுகிறது convenir du prix; — யாளர், — யிடுவோர் vendeurs; — யிடுகிறது fixer un prix, vendre; — யுணி personne méprisable, — qui se vend; — யுசத்தி, — யுயர்த்தி haut prix; — யுயருகிறது, — யுயர்தல், — யேறுகிறது, — யேறப்பெறுகிறது le prix hausser, enchérir; — யேறப்பெற்ற d'un haut prix, précieux; — யேறப்பெற்றகுதிரை cheval d'un haut prix, de grande valeur; — யேற்றுகிறது hausser le prix, enchérir, mettre aux enchères; — வாசி prix, taux, bon marché; — வைக்கிறது mettre un —, fixer le prix, enchérir; விலைக்குக்காட்டுகிறது exposer en vente: — க்கொடுக்கிறது donner à prix d'argent, vendre; — க்கொள்ளுகிறது, — வாங்குகிறது acheter.

விலைஞர், (விலை), marchands.

*விலோகம், (வி), solitude, isolement.

*விலோகனம்,விலோகிதம், (vilôkana,ita), vue, regard.

*விலோகனீயம்,விலோகனீயதை, விலோகணீயதை, (vilòkaniya,tâ), beauté,agrément.

*விலோசனம், (வி), œil,vue: விலோசனபாதம் regard, œillade.

*விலோசனாம்பு,(விலோசனம், அம்பு), larme, *litt.* eau des yeux.

*விலோடனம், விலோடிதம்,(vilòdana,ita),agitation,secousse, rouler,troubler.

விலோதம், chevelure—, cheveux —,chignon de femme, tour de cheveux,drapeau.

*விலோதனம்,(விலோதம்,na),drapeau (pour ornement), grand drapeau,étendard.

*விலோபம், (vilòbha), attraction, tromperie, séduction,*ou*

*விலோபனம், 1° (vilòpana),destruction, corruption. 2°(விலோபம், na), *ou*

*விலோபிதம், (விலோபம்,ita),attraction, allèchement, tentation, séduction,fascination,louange,troubler,trouble.

*விலோமம்,(vilòma),revers,l'opposé,ordre renversé, cours opposé, inversion,chose de travers,—en arrière, à rebours, après,serpent, chien, machine hydraulique, eau: விலோமக்கிரியை action à rebours,règle d'inversion: —சன்,—சாதன்,விலோமோற்பன்னன்,(உற்பன்னம்), homme dont le père est d'une caste inférieure à celle de la mère; —த்திரைராசிகம் règle de trois inverse;—வருணன் homme de naissance basse ou mélangée; — விதி règle d'inversion,chose contre l'ordre, cérémonie contre l'usage.

*விலோமன், (*id.*),Varounen,prétendu roi des eaux.

*விலோலம், விலோலதை, விலோலனம்,விலோலிதம், (vilòla,tâ, na, ita),agitation, tremblement, instabilité,défaut de solidité.

வில், 1° arc, c'est l'emblème ou la bannière du roi சேரன், archet de violon, lumière, la 19me constellation dite மூலம். 2° *imp. et part. de* விற்கிறது,vends,qu'on vend: —சண்டம் force,violence, *V.*முட்டு;—க்காரன் archer;—க்கயிறு, —நாண் corde d'arc;—வடிவு voûte, cintre, arcade,arceau;— வல்லவன்,— வல்லோன் habile archer: — வல்லமை habileté à tirer de l'arc; —வளைவு, —வளைக்கல் courbure d'arc,arche,arcade,cintre;— வளைக்கிறது,—வாங்குகிறது bander un arc, cintrer; —வித்தை art—,profession de tirer de l'arc.

வில்லங்கம்,barrière,barre,obstacle, empêchement, embarras, difficulté, contestation,dispute, force, violence, *V.*முட்டு: —ஆயிருக்கிறது être en dispute;—இடுகிறது commencer —,soulever une dispute; -தீர்த்துக்கொள்ளுகிறது arranger —, terminer une dispute; வில்லங்கக்காரன் disputeur, qui soulève des disputes.

வில்லடை, adversité, empêchement,obstacle,opposition,contrariété.

வில்லண்டம், *V.* விக்கண்டம்.

*வில்லம், (villa), trou, précipice, assa fetida, *V.* வில்வம்: வில்லமூலம், (மூலம்), espèce d'igname.

வில்லவன், (வில், அவன்), archer, le roi சேரன் qui avait pour devise un arc sur son drapeau.

வில்லன்,(*id.*), archer.

வில்லா,வில்லாத, *part.nég. de* விற்கிறது, qui —, qu'on ne vend pas.

வில்லாச்சிரமம், (வில், ஆச்சிரமம்),exercice de l'arc.

வில்லாச்சிரமி, (*id.*), archer, — exercé à tirer de l'arc.

வில்லாண்மை, (வில்,ஆண்மை), habileté à tirer de l'arc.

வில்லாமை,*n.v.nég.de* விற்கிறது.

வில்லார், (வில்), archers, chasseurs, sauvages dits வேடர்.

வில்லாளன்,வில்லாளி, வில்லாள், (வில்),archer.

வில்லி, (வில்), archer, (surnom de) Kâmen,qui, au dire des Indous, a un arc de canne à sucre, Aroulchounen, Virapattiren.

வில்லிபுத்தூரன், (வில்லிபுத்தூர்), poète natif de Villipouttoûr.

வில்லியர், pl de வில்லி, sauvages, archers.chasseurs.

வில்லினன், (வில்), archer.

வில்லிநாணி, (வில்லின், நாணி), corde d'arc.

வில்லு, 1° P.வில், arc, archet de violon. 2° *imp. et part. de* விற்கிறது: வில்லுக்குவிசயன், பரிக்குநகுலன் Aroutchounen pour tirer de l'arc et Nagoulen pour manier un cheval. [டி.

வில்லுகன், la plante சிறுமுட்

வில்லுடையார், (வில், உடையார்), archers.

*வில்லுவம், l'arbre வில்வம்.

வில்லூதி, வில்லூத்திப் பட்டு, (*mot français*), étoffe de—, velours.

வில்லேருழவர், (வில், ஏர், உழவர்), laboureurs qui ont pour charrue un arc, *i.e.* archers, guerriers, chasseurs.

வில்லேன், 1° *nég.de* விற்கிறது. 2° குறிப்புவினை *de* வில், j'ai un arc.

வில்லை, 1° *acc.de* வில். 2° l'arbre வில்வம், chose ronde, *v.g.* plaque de métal ronde, miroir rond, petit gâteau, rond, pièce, morceau qu'on coud à un habit, *ou* —முருக்கு espèce de bijou pour les oreilles; — பொட்டுத்தைக்கிறது coudre une pièce à —, rapiécer un habit.

வில்லோன், (வில்), archer.

*வில்வம், (vilva), l'arbre கூவிளை ou cratæva religiosa, qui est censé sacré; c'est un des தசமூலம் et son fruit est médicinal: — சாத்துகிறது mettre aux idoles des guirlandes de cratæva (en signe d'hommage); வில்வக்குடுக்கை vase fait de la conque du cratæva; — பத்திரி feuilles de cratæva (les Sivénistes s'en servent dans leurs cérémonies, comme les Vichnouvistes du basilic dit துளசி); — மாலை guirlande de cratæva, espèce de guirlande faite d'or ou d'argent (qui l'imite).

விவகரிக்கிறது, ரித்தேன், ரிப்பேன், ரி, ரிக்க, *v.n.* (விவகாரம்), விவகரித்தல், *n.v.* V. வியவகரிக்கிறது.

*விவகலனம், விவகலிதம், *P.* வியவகலனம், வியவகலிதம், soustraction.

*விவகாசம், *P.* வியவகாசம், sourire, — mutuel.

*விவகாரம், *P.* வியவகாரம், attachement —, adhésion à la loi, procédure civile, procès, dispute, qualité de juge, usages, règles, — de la loi, profession, emploi, donner des richesses (c'est un des முப்பொருள்), fertilité, prospérité: விவகாரநிச்சயம் examen —, investigation judiciaire; —ஸ்தானம் tribunal, — où l'on rend la justice, titre légal; — விதி loi.code, — réglant les procédures judiciaires.

*விவகாரி, *P.* வியவகாரி, plaideur.

*விவகாரிகம், *P.* வியவகாரிகம்.

*விவகாரிகை, *P.* வியவகாரிகை.

*விவக்ஷை, (vivâkchâ), désir.

*விவக்ஷிதம், (*id.*ita), désir, intention, sens littéral, objet désiré.

*விவக்ஷிதை, (*id.*itâ), désir, propos.

*விவசம், (vivasa), indifférence, dépendance, sujétion, ce qui est soumis, désir de la mort, indépendance, délivrance des soins et des craintes du monde, extase, ravissement de l'âme hors d'elle-même.

*விவசாயம், *P.* வியவசாயம், (*voyez ce mot et* கருமபூமிக்குரிமை-ன்).

*விவசுதன், விவச்சுவான், விவஸ்வான், (vivasvân), Dieu, le soleil, Arounen cocher du soleil, le 7me Manou. [du soleil.

*விவச்சுவதி, *fém.du préc.* la ville

*விவஸ்திரம், (வி), manque d'habit.

*விவட்சை, *P.* விவக்ஷை.

*விவதம், (vivadha), route, grand chemin, rue, perche pour porter des fardeaux (aux 2 bouts...), fardeau, entassement, — de blé et de foin, pot [à l'eau.

*விவத்து, *P.* விபத்து.

விவத்தை, *P.* விபத்து, danger....

*விவரணம், (விவரம், na), explication, exposition, glose, commentaire, interprétation, traduction, détail, description, découvrir.

*விவரம், 1° (vivara), trou, vide, abime, caverne, creux, — d'un tube, tuyau, manque, défaut, séparation, disjonction, distinction. 2° détail, particularités, circonstances, cas, matière, manière, contenu, précis (d'un discours, d'une lettre...), narration, — détaillée, différence entre le temps passé depuis le lever du soleil d'un jour donné et la moitié de la longueur de ce jour: விவரமாய் en détail, au long, d'une manière circonstanciée: விவரத்தோடேகேள் écoute en détail, — avec les circonstances; விவரகதி, —புத்தி différence du mouvement journalier du soleil et de la lune; —நாளிகை, (நாளம், ikâ), flûte, fifre, chalumeau.

விவரிக்கிறது, -ரித்தேன், -ரிப்பேன், -ரி, -ரிக்க, v.a. (விவரம்), et விவரித்துச்சொல்லுகிறது raconter, — au long, détailler, expliquer, circonstancier. [on, détail.

*விவரிதம், (விவரம், ita), explicati-

விவரித்தல், விவரிப்பு, n.v. de விவரிக்கிறது, détail, explication, narration, — ou relation circonstanciée.

*விவருச்சனம், விவருச்சிதம், (vivardjdjana, ita), abandon.

*விவருணம், (vivarna), bassesse, mauvaise couleur, couleur changeante: விவருணவதனம் figure pâle.

*விவர்த்தம், (vivartta), tourner autour, danse, assemblage, tas, multitude, foule, faute, erreur, méprise, altération, modification: விவர்த்தரூபம் figure illusoire.

*விவர்த்தனம், விவர்த்திதம், 1° (விவர்த்தம், na, ita), tournoiement, rotation, roulement, rouler, tourner, — autour, revenir, retourner. 2° (vivarddhana, ita), augmentation, multiplication, couper, diviser.

*விவற்சை, (வி, வற்சம்), vache qui a perdu son veau.

*விவாகம், (vivâha), mariage: மெய்விவாகம் véritable —, mariage, le sacrement de mariage; — செய்கிறது, — பண்ணுகிறது se marier, ou — பண்ணிவைக்கிறது marier quelqu'un, faire un mariage; விவாகவஸ்திரி femme mariée; விவாகத்திலுட்பிரவேசிக்கிறது entrer dans l'état du mariage, se marier; விவாகத்திலிருக்க l'état du mariage.

*விவாகிதன், m. விவாகிதை, f. (விவாகம், ita, itâ), marié, mariée. [dre.

*விவாகியன், (id. ya), époux, gen-

விவாகோச்சிரமான சுபகாரியங்கள், (விவாகம், உச்சிதம்), fêtes nuptiales.

*விவாசம், விவாசனம், விவாசிதம், (வி, வாசம், na, ita), exil, bannissement.

*விவாதம், (vivâda), dispute, — de paroles, contestation, débat, procès, litige.

*விவாதார்த்தி, (id. அர்த்தி), le plaignant, celui qui poursuit en justice. [plaideur.

*விவாதி, (விவாதம், i), disputeur,

*விவாரம், (vivâra), extension, dilatation. [-ஆய் de diverses manières.

*விவிதம், (வி), diverses façons: —

*விவிருதம், (vivrouta), extension, largeur, évidence, explication, ouverture. [ம்), œil large, coq,

*விவிருதாக்ஷம், (விவிருதம், அக்ஷ

*விவிருதி, (vivrouti), explication, glose, commentaire, détail, manifestation, découverte.

*விவிருத்தம், 1° (vivroukta), abandon, délaissement. 2° (vivroutta, virouddha), ou

*விவிருத்தி, 1° (vivroutti), tourner, rouler, — autour. 2° (vivrouddhi), augmentation.

*விவேசனை, (விவேசம், tâ), esprit, jugement, discernement.

*விவேகம், (vivèka), discernement, bon jugement, esprit, faculté de distinguer les choses par leurs propriétés, distinguer la réalité de l'illusion, prudence, discrétion, pénétration d'esprit, investigation, discussion, avant-propos, préface d'un livre: — உள்ளாத்துமா âme raisonnable, personne prudente; — மூழ்கிப்போகிறது la prudence faire naufrage, — être à bout; விவேகக்காரன், V. விவேகன்; — சித்தமனசி [illegible] la

sol-disant perle de la prudence, espèce de traité ou de système religieux des Advitas; —த்துவம் jugement, discernement; — ப்பருவம் âge de discrétion.

*விவேகன், (விவேகம்), homme sage, prudent, spirituel, ingénieux, industrieux.

*விவேகி, (id.i), m. f. personne prudente, discrète, judicieuse, sage, habile, subtile, philosophe: —த்துவம் ou

*விவேகிதை, (விவேகி, tâ), prudence, discernement, investigation.

விவேகிக்கிறது, கித்தேன், கிப்பேன், கி, கிக்க, v.a. (விவேகம்), விவேகித்தல், n.v. être prudent, discerner, déterminer, limiter.

*விவேசனம், (vivêtchana), discernement, distinction, investigation, jugement: — பண்ணுகிறது distinguer, discerner.

விழ, inf. de விழுகிறது.

விழம்பு, rit cuit.

விழலன், pl. விழலர், (விழல்), ignorant, homme vil, ou [vain, frivole.

விழலாண்டி, (id.), homme inutile,

விழல், inf. et n. v. de விழுகிறது, chute, décadence, ruine, variété de l'herbe andropogon muricatum (ses racines sont inodores), frivolité, chose vaine, vide, inutilité: விழற்கட்டு maison, ou — கட்டுவீடு maison couverte d'herbes ou de roseaux; — கற்றை petit paquet d'herbes pour couvrir une maison; —கசறை tuyau de l'herbe dite விழல்; பாவநடைவிட வொன்றோ நரகத்தில் விழவொன்றோ, இவ்விரண்டிலொன்றுதப்பாது ou quitter le péché ou tomber dans l'enfer, l'un des deux ne manquera pas; வெள்ளாளன்கிரந்தமும்பார்ப்பானர்தமிழும் விழவிழலே si l'ouvrage sanscrit de வெள்ளாளன், i. e. அமரசிங்கன் ou Amarasinha et l'ouvrage tamoul de பார்ப்பானர், i. e. தொல்காப்பியன் se perdaient, ces langues deviendraient comme l'herbe dite andropogon. Il parait que celui-ci était brame, et l'autre vellage.

விழவு, fête, le signe des Gémeaux.

விழா, 1° ou விழாத, part. nég. de விழுகிறது, qui ne tombe pas. 2° fête, cérémonie de félicitation ou de bons souhaits. [de remède.

விழாவரிசி, espèce de drogue ou

விழி, 1° œil, prunelle de l'œil. 2° imp. du suiv. விழிதுறை, poids, pesanteur, moyens, expédiens; — விழுங்கி espèce de mal d'yeux.

விழிக்கிறது, ழித்தேன், ழிப்பேன், ழி, ழிக்க, v. a. விழித்தல், n.v. ouvrir les yeux, s'éveiller, se réveiller, se lever, regarder, — avec colère.

விழிப்பு, n.v. de விழிக்கிறது, réveil, ouvrir les yeux, vigilance, soin, diligence. [yeux.

விழியன், (விழி), qui a de grands

விழு, 1° imp. et part. du suiv. 2° adj. de விழுமை: —கொம்பு corne ou branche penchée ou courbée en bas, —qui tombe; — ப்பொருள் objet —, ouvrage délicat, élégant, mince, supérieur; — சுமை fardeau qui tombe sur quelqu'un, — sous lequel on succombe, — trop pesant.

விழுகிறது, ழுந்தேன், ழுவேன், ழு, ழ, v.n. et விழுகுதல், விழுதல், n.v. tomber, — en décadence, succomber, déchoir, diminuer (les grains, la réputation), mourir: விழக்குழி fosse pour tomber dedans, i. e. pour prendre les animaux, trébuchet, trappe; — க்குழி பாய்ச்சுகிறது pousser quelqu'un dans la fosse, ou dans la trappe, faire manquer son affaire, embarrasser, mettre en danger; — த்தட்டுகிறது, — த்தள்ளுகிறது, — ப்படுத்துகிறது pousser, renverser, faire tomber (quelque chose de la main d'un autre...); — த்தாட்டுகிறது pousser et renverser, faire tomber quelqu'un, réfuter ses raisons; — ப்பிதுங்குகிறது un mur se bomber et menacer ruine, pencher pour tomber; அதிலேவிழுந்தான் il est tombé là-dedans; அவனினைப்பதிலேவிழுந்தது sa pensée est tombée ou s'est fixée là-dessus; இன்னஞ் சரக்குவந்து விழவேண்டும் il faut encore que des marchandises arrivent, il y en a encore d'attendues; ஒருதண்டு தேசத்தின்மேல் விழுந்தது une armée est tombée sur le pays; ஒருத்தன்மேல் விழுகிறது tomber sur quelqu'un, l'attaquer, l'assaillir: விழுந்தவனை யெடாமலுதைக்கலாமோ au lieu de relever un homme tombé, peut-on lui donner des coups de pied?

விழுகை, n.v.du préc. chute, ruine, décadence.

விழுக்காடு, (விழு, P. விழும், காடு affixe), prix entier,—général d'une chose, taux, prix moyen,— l'un portant l'autre, part, lot, diminution, manque, détérioration, maigreur, assoupissement: அதெனத்தவிழுக்காடாய்விற்குது à quel prix vend-on cela? இவனுக்கொத்தவிழுக்காடெனக்குச் சம்பளங்கொடும் donnez moi autant de gages qu'à lui; இந்தவீட்டுக்கொத்த— கொடைக்குடிக்கொடுப்பேன் je paierai un loyer convenable à cette maison; நூற்றுக்குப்பத்து—கொடுக்கிறது donner au taux ou un taux de 10 pour 100; பணத்துக்கெத்தனை— combien en donne-t on au fanon? பணத்துக்கஞ்சு— le taux est de 5 au fanon;— வாங்குகிறது acheter à tant par lot ou en gros.

விழுக்கு, graisse, suif.

விழுங்குகிறது, sync. விழுங்கிறது, கினேன், குவேன், கு, க, v.a. விழுங்கல், விழுங்குதல், n.v. avaler, dévorer, absorber, engloutir, consumer avec violence.

விழுதல், n.v.de விழுகிறது, chute, ruine, décadence, mort.

விழுதி, l'arbre ou la plante médicinale cleome fruticosa ou stroemia tetrandra: —க்கீரை feuilles de cette plante qui servent d'herbes potagères.

விழுது, 1° (விழுகிறது), racines pendantes, — qui descendent des branches du multipliant ou ஆலமரம் et autres arbres, se fixent en terre et deviennent de nouveaux troncs qui soutiennent les branches comme des colonnes, ou விழுதுக்கல் sonde,—pour sonder la profondeur de l'eau..., ou விழுதுநூல் trame, fils roulés autour des 2 ensouples, que le peigne fait mouvoir en haut et en bas, fils de la trame, sorte d'instrument de tisserand. 3° graisse, beurre: தங்கிளைத்தாங்கவிழுது போலத்தாங்குவது பெரியோர்கடன் le devoir des grands est de soutenir leurs parens comme les racines qui descendent des branches du multipliant soutiennent ses branches.

விழுத்தம், V. வருத்தம்.

விழுத்துகிறது, த்தினேன், த்துவேன், த்து, த்த, v.a.de விழுகிறது, et விழுத்தல், விழுத்துதல், n.v. faire tomber, renverser. [விழுவிக்கிறது.

விழுந்த, விழுந்து, part. et gér. de

விழுபாவை, ou விழுப்பாவை, (விழு), nom d'une plante.

விழுப்பம், désir, caste, élégance, ornement, bien, bienfait, bonté, excellence, bienfaisance. [lure.

விழுப்பு, incivilité, impureté, souil-

விழுமம், pauvreté, élégance, ornement, magnificence, bon état, bonne condition, ce qui est —, bien.

விழுமை, ornement, élégance, excellence, grandeur, bonté; à l'adj. விழு, விழும், et விழுமிய, élégant, orné, excellent, bon.

விழுமியார், விழுமியோர், (விழுமை), les grands, les bons.

விழும், part. fut...de விழுகிறது. 2° adj. de விழுமை: விழுமிது ce qui est élégant..., élégance, ornement.

விழுவிக்கிறது, v. caus. de விழுகிறது, faire tomber.

விழுவிழென்கிறது, son —, mot imitatif de ce qui est visqueux, être gluant,— comme de la colle.

விழைகிறது, விழைந்தேன், விழைவேன், விழை, விழைய, v.a. et n. désirer, convoiter, se joindre, s'unir, être uni, joint, mêlé, s'accoupler.

விழைச்சு, n.v.du préc. union, accouplement, tendreté, âge tendre.

விழைதல், n.v.du même, grand —, désir, jonction, union, mélange, accouplement.

விழைந்தோர், *n.app.du même*, ceux qui désirent, amis, maris, amans.

விழையாமை, *n.v.nég.du même*, ne pas désirer: பிறனில்விழையாமை ne pas convoiter la femme — la maison de son prochain.

விழைவு. *n. v. du même*, son intérieur, *V.* விழைதல். [டை.

விளாகம், la noix dite சேங்கொட்டை

விளக்கணம், (விளக்குகிறது), souder avec du —, soudure de ciment métallique.

விளக்கணி, (விளக்கு, அணி), figure explicative, — qui finit par une chose qui convient également à l'objet comparé et à celui auquel on le compare. [ளக்குத்தகளி.

விளக்ககல். (விளக்கு, அகல்). *V.* வி

விளக்கம், *n. v. de* விளக்குகிறது, clarté, explication, éclaircissement, examen, instruction, phase de la lune.

விளக்கல், *n.v.du même*, éclairage, illumination, éclaircissement, brillant, action d'éclairer...

விளக்கிடல், விளக்கிடுகிறது, (விளக்கு), mettre —, allumer —, présenter une lampe, placer une petite lampe allumée.

விளக்கீடு, (*id.*), placement de lampe, jour où l'on met des lampes dans tous les temples, ou bien, où l'on allume toutes les lampes d'un temple.

விளக்கு, 1° lampe, (c'est une des அஷ்டமங்கலம் ou choses censées de bon augure), lumière, cérémonie dite ஆலாத்தி ou offrande d'une lampe à une prétendue divinité, la 15e constellation dite சோதி ou Arcturus. 2° *imp.et part. de* விளக்குகிறது: — கொளுத்துகிறது allumer une lampe; — க்கூடு lanterne, trou triangulaire dans un mur —, guéridon fait de petits bâtons pour mettre une lampe, *ou* — த்தகளி lampe (de terre...), vase de lampe; — த்தண்டு, — த்தாள், — த்தகளி, (*P.* தகளி) pied de lampe, porte-lampe, chandelier; — நிலை l'état de la lampe, le 61e des பிரபந்தம், poème dans lequel on souhaite à un roi qu'il s'élève et brille comme la lampe sur son pied; — நிறுத்துகிறது éteindre une lampe; — ப்பாதம் pied de lampe, chandelier; — மாறு balai, brosse; — மாற்றாலேமொத்துகிறது frapper avec le balai (affront); — மாற்றுக்கட்டை balai usé, vieux balai, personne bonne à rien, *litt.* tronc de balai; — மாற்றுப்பிடி manche à balai; — வெட்டிவண்டு insecte qui se jette sur la lampe; விளக்கைநிறுத்திப்போடுகிறது, — க்குளிரவைக்கிறது; — மலைக்கிறது, — அவிக்கிறது éteindre une lampe.

விளக்குகிறது, *sync.* விளக்கிறது, க்கினேன், க்குவேன், க்கு, க்க, *v.a.de* விளங்குகிறது, *et* விளக்குதல், *n.v.* éclairer, faire luire, — briller, éclaircir, expliquer, nettoyer, balayer, fourbir, polir, lustrer, souder (les métaux): மனதை — purifier l'âme, — le cœur.

விளக்கெண்ணெய், (விளக்கு), huile de lampe, — pour la lampe, — de ricin, — de vêmbou (elles servent ordinairement pour la lampe).

விளக்கேற்றுகிறது, (விளக்கு), allumer —, mettre une lampe, placer une lampe allumée.

விளங்கம், 1° (விளங்கல்), chose qui éclaircit. 2° *V.* வாயுவிளங்கம்.

விளங்கல், *opt. et n.v.de* விளங்குகிறது, être clair, brillant. [me.

விளங்கிழை, (விளங்கு, இழை), femme.

விளங்கு, *imp. et part. de*

விளங்குகிறது, *sync.* விளங்கிறது, ங்கினேன், ங்குவேன், ங்கு, ங்க, *v.n.de* விளக்குகிறது, *et* விளங்குதல், *n.v.* briller, reluire, réfléchir la lumière, être clair, évident, manifeste, net, fourbi, poli, brillant: அதுமெய்யென்று — cela est évidemment vrai; நியாயம் — la raison —, la justice paraître évidemment, நியாயம்விளங்குகிறகாரியம் chose dont la justice est évidente: அந்தச்செய்திவிளங்கக்கடனும் விளங்கும் cette affaire une fois éclaircie, la dette aussi sera évidente;

கோயில்விளங்கக் குடிவிளங்கும் si l'église est brillante, les habitans du lieu prospéreront (à cause de leur piété), par l'état brillant d'un temple se manifeste la prospérité des habitans; விளங்கக்காட்டுகிறது représenter —, montrer d'une manière évidente: விளங்கவைத்தல் faire briller, rendre évident, éclaircir, explication, — amplifiée; அந்தக்குடி விளங்கவில்லை cette famille ne brille pas, —est obscure; விளங்கியிருக்கிறது avoir brillé..., être clair, évident, brillant; சூரியனால்விளங்குஞ் சந்திரன் la lune est éclairée par le soleil, elle en réfléchit les rayons; விளங்கு திங்கள் la brillante lune, *i.e.* Vénus *ou* சுக்கிரன்; விளங்கொளி lumière brillante.

விளத்தாரு, la plante அடம்பு.

விளத்துகிறது, த்தினேன், த்துவேன், த்து, த்த, *v.a.et n.* விளத்தல், விளத்துதல், *n.v.* 1° *P.* விளக்குகிறது, expliquer, détailler, développer. 2° *P.* விலத்துகிறது, se retirer, s'éloigner.

*விளம்பம், (vilamba), délai, lenteur: கால — பண்ணுகிறது traîner le temps en longueur, différer.

விளம்பரம், avis, publication, avertissement, éclaircissement, affiche; —பண்ணுகிறது, விளம்பரப்படுத்துகிறது avertir, annoncer, publier.

விளம்பல், *n. v. de* விளம்புகிறது, annonce, publication, avertissement, information.

*விளம்பனம், (விளம்பம், na), délai, retard, lenteur.

*விளம்பி, 1° *ou* — வருஷம், (vilambi *lent*), la 32° année du cycle indien qui correspond à 1838 et 1898. 2° callou ou jus de palmier... 3° *gér. de* விளம்புகிறது.

*விளம்பிதம், (vilambita), lenteur, retard, adagio ou mesure lente en musique, (c'est un des தாளப்பிரமாணம்), mesure qui termine lentement.

விளம்புகிறது, பினேன், புவேன், பு, ப, *v.a.* விளம்புதல், *n.v.* annoncer, dire, — publiquement, proclamer, publier, parler ouvertement, avertir, s'informer.

விளரி, tendreté, âge tendre, son pectoral ou qui sort de la poitrine, un des 7 sons ou இசை, luth, — des pays maritimes, une des cordes du luth, abondance, grand —, désir: —ப்பாலை air ou ton composé de la 6me et de la 1re note, *V.* இசை.

விளர், tendreté, âge tendre, fertilité, graisse, embonpoint, gras, blancheur.

விளர்க்கிறது, ர்த்தேன், ர்ப்பேன், ர், ர்க்க, *v.n.* (விளர்), *n. v.* blanchir.

விளர்த்தல், விளர்ப்பு, *n.v. du préc.* action de blanchir, blancheur.

விளவு, 1° fente, — de la terre, crevasse, l'arbre விளா, *imp. et part. n. v. de* விளவுகிறது, வினேன், வுவேன், வு, வ, *n.v.* விளவுதல், *n.v.* se fendre, se crevasser, éclater, se briser, *V.* விளாவுகிறது.

விளா, —மரம், l'arbre feronia elephantum, (autrefois) crateva marmelos: *l'adj. est* விளாம்: விளாங்குடுக்கை vase fait de la coque —, coque du fruit du feronia; விளாம்பட்டம் écorce du feronia; — பழம் fruit du feronia; — பிசின் gomme du feronia; — பூச்சு espèce de vernis.

விளாகம், champ de bataille.

விளாசம், *P.* விலாசம், indication, adresse, inscription, marque (sur les marchandises ou les paquets...): மேல் — adresse (d'une lettre...).

விளாத்தி, l'arbre விளா feronia.

விளாப்பு, ce qui ne se partage pas avec autrui.

விளாம், *adj. de* விளா, de l'arbre [feronia.

விளாவல், *n.v. de*

விளாவுகிறது, வினேன், வுவேன், வு, வ, *v. a.* விளாவல், விளாவுதல், *n. v.* mêler, mélanger, rafraichir de l'eau chaude en y mêlant de l'eau froide, mêler de l'eau froide avec de l'eau chaude.

விளி, 1° appel, *ou* விளிவேற்றுமை, le vocatif, un des 7 sons ou இசை. 2° *n.v. imp. et part. de* விளிகிறது. 3° *imp. de* விளிக்கிறது.

விளிகிறது, விளிந்தேன், விளிவேன், விளி, விளிய, *v.n. et* விளிதல், *n.v.* se troubler, souffrir, se chagriner, se perdre, être peiné, troublé, ruiné, gâté, mourir, périr, rouler, tourner, se fâcher, s'irriter.

விளிக்கிறது, விளித்தேன், விளிப்பேன், விளி, விளிக்க, *v.a.* appeler, faire venir.

விளித்தல், *n.v. du préc.* appel.

விளிம்பு, bord, bordure, extrémité, marge, paupière: — பெருவிளிம்புக்கிற ஓலை feuille de palmier écrite avec une large marge en haut et en bas; விளிம்புடுவேலைவிட்டிருக்கிறது le bord être déchiré ou fendu, avoir laissé du blanc à la marge d'un livre....

விளிப்பிக்கிறது, *v.caus. de* விளிக்கிறது *et* விளிப்பித்தல், *n.v.* faire—, envoyer appeler, envoyer chercher: போருக்கு — envoyer un cartel, défier au combat.

விளிவிக்கிறது, 1° *v. caus de* விளிகிறது *et* விளிவித்தல், விளிவிக்குதல், troubler, faire souffrir, — mourir... 2° *P.* விளிப்பிக்கிறது.

விளிவு, *n. v.de* விளிகிறது, colère, mort, ruine, perte.

விளை, 1° terre à menus grains, — haute, non arrosée, espèce de poisson. 2° *imp. et part. de* விளைகிறது. 3° *imp. de* விளைக்கிறது: — கரி charbon de terre; — நிலம், — புலம் terre fertile, — cultivée, — en rapport; — மீன் le poisson dit விளை.

விளைகிறது, விளைந்தேன், விளைவேன், விளை, விளைய, *v.n.* விளைதல், *n.v.* croître, pousser, germer, fructifier (les moissons), mûrir, se former (le sel, les métaux...), se faire, s'engendrer, se produire, provenir, naître, s'élever, arriver, paraître: உப்புவிளைகிறஅளம் saline, endroit où se forme le sel; பொன்விளைகிறமலை montagne à mines d'or, — où se forme l'or: விளையுங்காலம் temps de la moisson, de la croissance du blé, où la terre produit; இப்போதுவிளை விளையுங்காலம் *ou* இதுமிடைவிளையுங்காலம் c'est maintenant un temps d'infortune, *litt.* où l'infortune survient ou se produit; இங்கேநெல்லு விளையாது ici le riz ne croît pas, ou ne vient pas; விளையவைக்கிறது mettre germer, — se former..., allumer le feu pour brûler un cadavre, exposer ou mettre à part pour quelques jours la plante à indigo pour la faire fermenter.

விளைக்கிறது, விளைத்தேன், விளைப்பேன், விளை, விளைக்க, *v.a. du préc.* cultiver —, ensemencer un champ, faire produire, *V.* விளைவிக்கிறது.

விளைச்சல், *n. v. de* விளைகிறது, récolte, — mûre, moisson, — qui croît (dans les champs): நல்ல — belle moisson, — apparence de moisson; — முற்றியறுப்பாயிற்று quand la moisson est mûre elle est coupée, il faut faire chaque chose en son temps.

விளைஞர், (விளை), cultivateurs, laboureurs, agriculteurs.

விளைதல், *n. v. de* விளைகிறது, croissance, formation, existence, apparition, action de croître...

விளைப்பு, *n.v.de* விளைக்கிறது, ensemencement, action de faire...

விளையாடல், jeu, amusement, *n. v. et opt. de*

விளையாடுகிறது, டினேன், டுவேன், டு, ட, *v.a.* விளையாடுதல், *n. v.* jouer, s'amuser, badiner.

விளையாட்டு, *n.v. du préc.* jeu, amusement, passe-temps: — பிள்ளை enfant badin, folâtre, qui ne pense qu'à jouer, homme inutile, frivole.

விளையுள், (விளை, உள்), champ, lieu de moisson, de production, *V.* விளைநிலம்.

விளைவிக்கிறது, *v.caus. de* விளைகிறது, faire croître, — pousser, — produire, — naître, planter, propager, causer, mettre.

விளைவு, *n.v. de* விளைகிறது, moisson, — qui croît, croissance, — de la moisson ou des céréales (dans le champ), production, produit, — de céréales, blé, nuage, champ, — ensemencé, événement: — காலம் temps de la moisson, de la croissance ou de la maturité des grains; — பலன் produit de la moisson, — des champs, grains. [து.

விள்ளாக், *opt. et n.v. de* விள்ளுகிற

விள்ளா, விள்ளாத, *part. nég. du même*: விள்ளாதபேச்சு propos —, discours confus, inintelligible, messéant, à double entente.

விள்ளு, *imp. part. et n.v. du suiv.* fente, épanouissement...

விள்ளுகிறது, விண்டேன், விள்ளுவேன், விள்ளு, விள்ள, விள்ளுகை, விள்ளுதல், *n.v.* 1° *v.a.* embrasser, ouvrir, expliquer, dire, raconter, parler, divulguer, manifester, faire connaitre. 2° *v.n.* s'ouvrir (la bouche, une fleur), s'épanouir, se partager, se séparer, se fendre, éclater, tomber en pièces, se briser (de soi-même), changer, s'altérer: விள்ளாதே ne bavarde pas, ne dis rien, ne l'ouvre pas...; விள்ளுவேறு வெக்குவேறுப் பிரிந்ததுகள் choses très-différentes et complétement séparées l'une de l'autre.

*விள்கோடன், (விள்ளு. ஓடு), coco dont la noix se sépare de la coquille.

விறகு, bois, — à brûler, — de chauffage: —கட்டை gros morceau de bois, bûche, bûchette, —க்காரன் bûcheron; —க்கிடங்கு. —க்குவியல் bûcher; —தலையன் bûcheron, coupeur de bois, marchand de bois à brûler, sot, benêt ou bûche; —த்தொட்டி barrière ou enclos autour du bois à brûler qui est en vente; —வெட்டி bûcheron.

விறக்கிறது. றந்தேன், றப்பேன், ற, றக்க, *v.n.* விறத்தல், *n.v.* craindre, croitre, augmenter, être étroit, serré, combattre, vaincre, conquérir.

விறப்பு, *n.v. du préc.* crainte, lieu ou état étroit, —resserré, étroitesse, augmentation, combat, victoire.

விறலி, jeune fille, — fille de 16 ans, chanteuse.

விறலோன், (விறல்), homme fort, vaillant, Arouguen.

விறல், grandeur, force, bravoure, victoire: — உவமை comparaison de la force (d'une chose), *Ex.* மதயானைபோலுமகங்காரம் orgueil semblable à un éléphant en rut.

விறன்மிண்டன், (விறல்), le fort et vaillant, un des 63 dévots de Siven.

விறுட்டி, *P.* வறட்டி, bouse —, chose desséchée, *V.* வராட்டி.

விறுண்டுகிறது, டினேன், டுவேன், டி, ட, *v.a. et* விறுண்டுதல், *n.v.* F. பிறாண்டுகிறது.

விறாந்தை, varangue ou varande, *i.e.* galerie, corridor de maison.

விறிசு, espèce de fusée agile ou de pétard, mensonge, fanfaronnade: விறிசாயிருக்கிறது *et corr.* விறிசாயித்தாயிருக்கிறது être vaillant, fort; விறிசாய்நடக்கிறது marcher —, courir vite.

*விறுதா, *P.* விருதா, inutilité.

*விறுத்தாந்தம், *P.* விருத்தாந்தம்.

*விறுமன், *P.* பிரமன், Brama: விறுமதண்டம் l'arbrisseau குளுக்குதிறி; —தரு l'arbre புனமுருக்கு; —மூலி la plante பிரமி.

*விறுமா, *P.* பிரமா, Brama.

விறுமிக்கிறது, *P.* பிரமிக்கிறது.

விறுமை, *P.* பிரமை.

விறுவிறு, son —, mot imitatif de vitesse, de bouillonnement: விறுவிறென்கிறது, ou

விறுவிறுக்கிறது, றுத்தேன், றுப்பேன், று, றுக்க, *v. n.* (விறுவிறு), bouillonner et écumer, s'empresser, éprouver une vive chaleur et des convulsions.

விறுவிறுத்தல், விறுவிறுப்பு, விறுவிறெனல், *n. v. de préc.* bouillonnement, hâte, signe de bouillonnement...

விறுனே, l'ile de Bornéo.

விறைக்கிறது, றைத்தேன், றைப்பேன், றை, றைக்க, *v.n. et* விறைத்துப்போகிறது, frissonner —, trembler de froid, (se roidir, s'engourdir, devenir roide ou engourdi (à cause du froid...), être stupéfait, s'épaissir, devenir épais ou compact, dresser les oreilles.

விறைத்தல், விறைப்பு, *n.v. du préc.* frissonnement, roideur, engourdissement (causé par le froid...), stupeur, épaississement, densité.

விற், P. வில், arc, *devant* க, ச, த, ப: —காரன் archer; —கயிறு corde d'arc; —குதை incision aux bouts d'un arc pour y attacher la corde; — கோடி complément d'un arc, ce qui lui manque pour faire 90 degrés; — சேரன் le roi சேரன் célèbre par son arc; அரசரில்விற்சேரன் parmi les rois se distingue Sêren par son arc; — புனைநாண் corde d'arc, — qu'on ajuste à un arc; — பயிற்சி exercice de l'arc; — பூட்டு manière d'avoir le sens en joignant les mots de la fin et du commencement d'une strophe, c'est un de 8 பொருள்கோள்; — போர் combat de l'arc, — d'archers.

விற்கிறது, விற்றேன், விற்பேன், வில் *ou* வில்லு, விற்க, *nég.* வில்லேன் *ou* விற்கேன், *v.a.* விற்குதல், *n.v. et* விற்றுப்போடுகிறது vendre, débiter, donner à prix d'argent...: விற்கிறவன் vendeur; அந்தச்சரக்குவில்லாது cette marchandise ne se vend pas, n'a pas de débit ou ne saurait se vendre.

*விற்பத்தி, P: வியுற்பத்தி, science, savoir, pénétration —, finesse d'esprit, étymologie, dérivation des mots. [savant, — distingué.

*விற்பத்திமான், (*id.* mân *affixe*).

விற்பனவு, விற்பனை, (விற்கிறது), vente, débit: விற்பனைசெய்கிறது vendre, mettre en vente.

*விற்பனம், விற்பன்னம், P. வியுற்பன்னம், science, — profonde, savoir, dérivation, génération, nouveauté, curiosité, ornement.

*விற்பனன், விற்பன்னன், P. வியுற்பன்னன், *pl.* விற்பனர், விற்பன்னர், savant, poéte, homme curieux ou qui montre des nouveautés.

விற்பன்னிக்கிறது, னித்தேன், னிப்பேன், னி, னிக்க, *v. a.* (விற்பன்னம்), விற்பன்னித்தல், *n. v.* orner.

விற்புருதி, espèce d'ulcère: — நாயகம் la plante அமுக்கிரா qui lui sert de remède. [débit.

விற்றல், *n. v. de* விற்கிறது, vente,

விற்று, 1° *gér. du même:* — முதல் produit de vente (en argent). 2° *ou*

விற்விறு, son —, mot imitatif d'un bruit dans l'air, d'une pierre lancée, d'un papier rude..., விற்றென்கிறது faire le bruit de *villou*, le bruit susdit: விற்றென்று *ou* விற்விற்றென்று சுழற்றுகிறது faire tourner une chose avec un tel bruit.

விநகம், l'arbre semecarpus anacardium qui donne la noix à marquer dite சேங்கொட்டை.

வினவல், வினவுதல், *n.v. du suiv.* visite, demande, question, mélange, mesure...

வினவுகிறது, வினவினேன், வுவேன், வு, வ, *v.a.* (வினா), வினவல், வினவுதல், *n. v.* visiter, faire une visite de félicitation ou de condoléance..., demander, interroger, questionner, — et examiner, mélanger, mesurer: வினவிக்கொண்டுவருகிறது être à faire —, faire une visite semblable..., être [en visite.

*வினதை, P. விநதை.

வினா, 1° question, demande, interrogation, attention, prudence, sagacité, connaissance, mémoire, mot, parole, (en arithmétique) nombre d'une espèce, ainsi un simple nombre entier ou une simple fraction, sont un வினா, un entier et une fraction comme 1 et 1/4 font deux வினா, un entier et 2 fractions comme 1, 1/2, 1/10 font trois வினா. 2° (vinâ), sans, excepté. 3° *imp. de* வினவுகிறது; —க்காரன் homme intelligent, judicieux; —க்குறிப்பு marque d'interrogation, pronom interrogatif, surtout எவன் et ஆர் qui?; —கேட்கிறது interroger, faire une question; —க்கொடுக்கிறது répondre à une question, dire la demande; —ச்சொல் question, interrogation: —ப்பெயர் pronom interrogatif. —விடை question et réponse, dialogue par demandes et par réponses; —வுத்தரம் espèce de vers de fantaisie dite விறைக்கவி dans laquelle aprés plusieurs interrogations, la réponse à la dernière question divisée par parties répond aux diverses questions précédentes;—வுரை une des parties d'un commentaire, explication par questions;— வெண்பா une des sections du livre dit சைவசித்தாந்தம்; —வெதிர்வினா question qui sert de réponse à une autre, v. g. ne mangerai-je pas? à la question: as-tu mangé?—வெழுத்து lettres interrogatives ou qui marquent l'interrogation, ces lettres sont எ, ஏ, யா, qui se mettent au commencement des mots, et ஆ, ஏ, ஓ, qui se mettent à la fin; அதெனக்குவினாவாயிருக்கவில்லை je ne me souviens pas distinctement de cela; அவனுக்குவினாப்போதாது il n'a pas assez de prudence ou de sagacité; வினாவும்விடையுங்கூடியது question et réponse jointes ensemble, dialogue; வினாவுக்கெதிர்மொழி réponse, — à une question, réplique; வினாவோடேகேள் écoute avec attention, வினா-ரு 5 catégories spéciales, i.e. அறியான்வினாவல் interroger celui qui ignore, —sur ce qu'on ne sait pas; அறிவொப்புக்காண்டல் voir si la science ou la connaissance d'autrui s'accorde avec la nôtre; ஐயமறுத்தல் dissiper le doute; அவனறிவுதான்கோடல் apprendre ce que les autres connaissent; மெய்யவர்க்குக்காட்டல் leur découvrir la vérité.

வினாகிறது, னாயினேன், னாவேன், னா, னாவ, v.a. et வினாதல், n.v. (வினா), demander, interroger, questionner.

*வினாசம், P. விநாசம். [s'informer.

*வினாசன், P. விநாசன், meurtrier, destructeur.

*வினாடி, P. விநாடி. [rogation.

வினாதல், n.v. de வினாகிறது, inter-

*வினாபூதம், (வினா, பூதம்), ce qui est obscur ou douteux: வினாபூதகற்பனை précepte obscur ou douteux.

வினாய, P. வினாயின, ou வினாவிய, வினாவின, part. parf. de வினாகிறது et de வினாவுகிறது.

*வினாயகன், P. விநாயகன்.

வினாவுதல், P. வினாதல், ou

வினாவல், வினாவுதல், demande, question, interrogation, n.v. de

வினாவுகிறது, வினேன், வுவேன், வு, வ, v.a. (வினா). n. v. demander, interroger, questionner.

*வினியோகம், P. விநியோகம்.

*வினீதன், P. விநீதன்.

வினை, verbe, une des 4 sortes de mots tamouls, œuvre, action, emploi, pensée, dessein, intention (bonne ou mauvaise), naturel (bon ou mauvais), mal, péché, infortune, malignité, malice, tromperie, fourberie, danger, péril, guerre, bataille, combat: சாவு— péché mortel, action digne de mort; முன்— action antérieure (bonne ou mauvaise) dont on éprouve ensuite les conséquences; தன்—தன்னைச்சுடும் son propre acte le brûlera, son péché sera sa ruine; வினைகள் actions, desseins, malices, tours, ruses...; வினையிலேவெந்துபோகிறது être brûlé ou périr par son propre fait, par sa propre fraude, tomber dans ses propres piéges, dans la fosse qu'on a creusée;—கேடுவந்தால்மனைவழியுந்தெரியாது quand le temps de l'infortune arrive, on ne connait pas même sa propre maison, on ne sait plus où l'on en est; —க்குறிப்பு nom appellatif conjugué comme un verbe, V. குறிப்புவினை; —க்குறிப்புமுற்று terminaison d'un nom appellatif conjugué, v.g. இறைவகொடியை ô roi, tu es cruel! (de கொடியன்); தாயேயெனக்கினியை ô mère! tu m'es douce, (de இனியன்); —சாதிக்கிறது soutenir un acte, une fourberie..., V. வினைபாராட்டுகிறது; —செய்வகை moyen ou manière de faire une action;—செய்வோர் ouvriers, travailleurs, serviteurs;—ச்சொல் le verbe (en grammaire), les lexicographes tamouls le définissent un mot qui désigne une action, la chose qui est faite, l'agent, le temps, le lieu et l'instrument; —தீர்க்கிறது effacer le péché, ôter les obstacles; —தீர்த்தான் celui qu'on suppose ôter les empêchemens, i.e. Poulléyar; —திட்பம் force et hardiesse dans l'action,

—d'un acte;— த்தூய்மை pureté ou innocence d'une action; —த்தொகை syncope de verbe, ou élision de la terminaison des participes et des intercallations, ne laissant que la racine comme செய் P. செய்கிற. செய்த et செய்யும்,ou விடு, P. விடுகிற, விட்ட et விடும், Ex. விடுசரம் flèche qu'on lance,qu'on a lancée ou qu'on lancera;—பாராட்டுகிறது exalter—, vanter les faits ou les actions, se vanter de ses actions; —ப்பகாப்பதம் verbe qui ne peut s'analyser,— indivisible, radical ou racine du verbe sans ses terminaisons, comme போ va-t-en, நட marche; —ப்பகுபதம் verbe qui peut s'analyser,— divisible, c'est le radical avec ses terminaisons qui marquent le temps, le nombre, la personne..., comme போகிறேன் je m'en vais, நடந்தேன் j'ai marché; —ப்பகுதி radical d'un verbe (sans les terminaisons dites விகுதி); —ப்பயன் résultat d'actions antérieures, (selon les gentils) — d'une vie précédente: —முதல் sujet du verbe, l'agent: —முதற்பொருள் cause ou but d'une action;—முறுகுகிறது, —மூளுகிறது un malheur... éclater,la guerre s'allumer;—முறுக்குகிறது. மூட்டுகிறது exciter—,allumer la guerre,causer du mal...; —முற்று V. முற்றுவினை; குறிப்பு —முற்று.nom appellatif dérivé d'un nom d'objet...et qui conjugué a une terminaison propre à finir la phrase;—யழுத்துகிறது,—யளக்கிறது, V. வினைபாராட்டுகிறது; —யற்றவன் homme sincère,— sans malice; —யாளர் serviteurs, artisans,faiseurs, acteurs; —யியல் propriété—,chapitre du verbe (en grammaire); —யியற்சொல் verbe du haut tamoul dont le sens est naturel et clair,dans l'usage ordinaire et dans les vers; —யுறைப்போர் messagers, espions qui informent le roi des actions de ses sujets; —யுவமம் comparaison qui a rapport à l'action de l'objet auquel on compare, v.g. தீப்போற்றீயவன் méchant comme le feu; —யுள்ளவன் homme malicieux,rusé, trompeur; —யெச்சக்குறிப்பு mot qui ressemble au வினையெச்சம்,— qui ne marque pas d'action et qui comme les gérondifs, demande après lui un autre verbe, v.g. அன்றி.இன்றி...; —யெச்சம் verbe à terminaison défectueuse (et qui demande un autre verbe, pour finir la phrase,parce qu'il n'est pas à un temps personnel;tels sont les gérondifs, l'infinitif, et les conditionnels); —யெஞ்சணி ellipse dans laquelle le verbe est sous-entendu; —வயிற்பிறித்தல் un des sujets de l'அகப்பொருள்; —வழிச்சேறல் autre sujet de l'அகப்பொருள்;—வளர்க்கிறது, V. வினைபாராட்டுகிறது; —விகுதி terminaison du verbe,qu'on ajoute au radical; —விநாசகன் le destructeur du mal,i.e. Dieu; —வினைக்கிறது semer —, causer—,faire le mal.

வினைஞர்,(வினை),artisans,travailleurs, acteurs, faiseurs, danseurs, laboureurs, les soudras ou les choutres, i.e. gens de travail.

வினையம்,1° (வினை), subtilité,artifice, astuce, ruse, tromperie, perfidie,sagacité. 2° P. விநயம், modestie, civilité, décence, obéissance, humilité, affabilité: —தொடுக்கிறது inventer des tours, des ruses,des stratagèmes: —பேசுகிறது parler avec affabilité, — frauduleusement; வினையக்காரர் homme affable,modeste, trompeur, astucieux, faiseur de tours; ஒருவனுடையவினையத்தை நடந்தேறப் பண்ணுகிறது faire réussir—,aider les tours ou les stratagèmes de quelqu'un.

வினையன், (வினை), homme méchant,malin,trompeur.

*வினோதம், P. விநோதம்.

*வினோதன், வினோதி, P. விநோதன்,விநோதி, homme qui passe son temps à s'amuser.

*வின்னம்,1° P. பின்னம், fente, crevasse,cavité,élévation,chose coupée, gâtée, paille ou défaut dans les pierres précieuses, V. இரத்தினம். 2° (vighna), obstacle, empêchement. 3° (vinna), chose discutée, jugée, gagnée, trouvée, connue: — ஆக்குகிறது détruire, gâter; — ஆய்நடக்கிறது agir d'une manière hostile ou offensive. [ellébore.

வின்று, la plante கடுகுரோகிணி

வின்னாண், (வில், நாண்), corde d'arc.

வின்னூல், (வில், நூல்), science de l'arc, art de tirer de l'arc: — ஆசான் le maître dans l'art de tirer de l'arc, l'habile archer, *i. e.* துரோணாசாரியன் qui enseigna à tirer de l'arc aux Pândouvers et aux Kourous.

வீ, 1° lettre syllabique composée de வ் et de ஈ, vi long. 2°* (vi), concevoir, désirer, aller, avancer, marcher, allée, mort (sortie du monde), rejet, abandon, éloignement, manger, couvrir. 3° (vi), oiseau. 4° fleur, tigre. 5° *imp. et part. de* வீகிறது. 6° particule explétive de la 2e personne.

*வீகம், 1° (vika), air, vent, oiseau. 2° anneau, bague, serrure, verrou, taux, prix: வீகமுத்திரை cachet de bague, serrure —, verrou ou barre sur laquelle on a mis le scellé ou un cachet.

*வீகாசம், (vikâsa), solitude, isolement, retraite, pompe, étalage.

*வீகாரம், (vihâra), temple, sanctuaire, couvent bouddhiste.

வீகிறது. வீந்தேன், வீவேன், வீ, வீய, *nég.* வீயேன் *v. n.* mourir, être détruit, périr, se gâter, être pauvre.

வீக்கம், 1° *n.v. de* வீங்குகிறது, enflure, tumeur, gonflement, vésicatoire, abcès, pustule, chose gonflée par le vent, abondance, plénitude, désir. 2° *n.v. de* வீக்குகிறது, ligature, lien. 3° *P.* வீக்கோம், *nég. du même*, nous ne lierons pas.

வீக்கல், வீக்குதல், *n.v. de*

வீக்குகிறது, *sync.* வீக்கிறது, க்கினேன், க்குவேன், க்கு, க்க, *v.a.* lier, détruire.

*வீக்ஷணம், வீக்ஷணை, (வீக்ஷம். na), vue, coup-d'œil, lumière, regard, chute: கடாக்ஷ — regard favorable; — வைக்கிறது regarder, — favorablement, jeter un coup-d'œil.

*வீக்ஷம், (vikcha), vue, regard, objet visible, surprise, étonnement.

*வீக்ஷிதம், (வீக்ஷம், ita), vue, regard, œillade.

*வீக்ஷியம், (வீக்ஷம், ya), merveille, surprise, objet visible, — vu, visibilité, cheval. [danseur.

*வீக்ஷியன், (வீக்ஷியம்), acteur,

வீங்கல், *opt. et n.v. de* வீங்குகிறது, gonflement, enflure, abondance, croissance, grossissement, personne enflée, sommeil, grand désir, envie: — ஆயிருக்கிறது être enflé... languir faute de nourriture; — ஆள் personne enflée.

வீங்கி, 1° la noix à marquer dite சேங்கொட்டை, personne enflée, qui désire, qui a grande envie. 2° *gér. de*

வீங்குகிறது, *sync.* வீங்கிறது, ங்கினேன், ங்குவேன், ங்கு, ங்க, *v.n.* வீங்குதல், *n.v. ou* வீங்கிப்போகிறது, enfler, s'enfler, se gonfler, grossir, abonder, s'endormir, dormir, désirer ardemment (*avec le dat.*): தித்திப்புக்குவீங்கி யிருக்கிறான் il désire vivement les bonbons ou les douceurs; சோற்றுக்குவீங்கிப்போகிறது être affamé de riz cuit, désirer ardemment de la nourriture.

*வீங்கை, (vinkhâ), aller, remuer, marche, mouvement, locomotion, danse, une des allures —, marche du cheval. [mun, graine.

*வீசகம், (வீசம், ka), citron, — commun, வீசகை, l'arbre கொம்மை.

*வீசம், 1° (vidja), *vulgo* பீசம், graine des plantes, noyau, pépin, — des fruits, sperme humain, cause, origine, réceptacle, moelle, vérité, — divine, cause de l'être, lettre mystique ou syllabe qui, (selon les païens), forme la partie essentielle du mantra ou மந்திரம் à une divinité, algèbre, analyse. 2° seizième d'une chose, once (dont la marque est பகு),poids pour l'or, — d'un grain de riz, le poids d'un grain de riz en or,urgence. 3° *P.* *விசோம், nég.de விசுகிறது*,nous ne soufflons pas...: —நிடை le poids d'un grain de riz, le plus petit poids; விசகணிதம் algèbre; —கோசம்,—கோசதம் noyau,réceptable de la graine, péricarpe,—ou noyau du nénuphar: — குத்தி,— குப்தி légume,gousse, cosse; — கு la terre, mère des graines;— புஷ்பம்,—பூரம் —பூரணம் citron,—commun;—ப்பிரதம் génération; — மாதிருகை péricarpe du nénuphar, *V.* விசகோசம்.

*விசயனம்,(vitchayana), recherche, enquête, examen.

விசல், opt.et n.v.de விசுகிறது.

*விசனம்,(vidjana), petit—,éventail, chose,substance, espèce de faisan,oie rougeâtre, *V.* சக்கரவாகம்.

*விசாக்ஷரம், விசாட்சரம், (விசம்,அக்ஷரம்), partie principale ou fondamentale d'une prière.

*விசாரணம், (விசனம்), éventail, rouet, dévidoir.

*விசி, 1° (vitchi), flot, petite —, vague, plaisir,joie,repos, rayon,— de lumière, bagatelle, petitesse. 2° (vidji), qui a de la graine,père, ancètre: *விசிமாலி*, (மாலை), l'océan. 3° *gér.de விசுகிறது*.

*விசிதம், (vidjita), ensemencer, éventer.

விசு, imp.et part. du suiv.:— ஏணி espèce d'échelle, échelle pliante,—à pieds mobiles;—கோல் petite vrille; —தமர் tarière;— வில்,—வில்லு foret,drille,tarière, arc qui fait tourner la tarière;—விற்குடம், —தமர்க்குடம் pommeau ou manche du vilebrequin ou autre instrument à percer.

விசுகிறது, விசினேன்,விசுவேன், சு, சு, *v.a.et n.* (le vent) souffler, exhaler,donner—,répandre (une odeur), darder,lancer (des rayons,une pierre), jeter ou lancer (un filet), donner, —libéralement,brandiller,brandir, —une épée, faire le moulinet, fouetter(un cheval...),frapper:கை— brandiller ou balancer ses bras en marchant: *விசியடிகொடுத்துநடக்கிறது* marcher à longues enjambées.

விசுகை, விசுதல்,n. v. de விசுகிறது.

விசை, 1° poids de 40 onces ou பலம், — égal a 2 livres 6 septièmes, moustache. 2° *P.* *விசாய்,nég.de விசுகிறது*,tu ne souffles pas...

*விசோதகம், (விசம், உதகம்), grêle.

*விசோத்திருஷ்டம், விசோத்திருட்டம், (*id.* உத்திருஷ்டம்), bonne graine.

விச்சாட்டம், (விச்சு, ஆட்டம்), extension de l'espace.

விச்சு, 1° *n.v.de விசுகிறது*, action de lancer,coup, force,espèce de maladie. 2° *P.* விச்சு, terre: உள்— force intérieure, élan intérieur;புற — force extérieure, élan extérieur; —க்காரன் dépensier; —க்காரி dépensière,prostituée;—க்கொம்பு longue corne:—க்கொள்ளுகிறது prendre de la force; — வலை filet qu'on lance (dans l'eau), coup de filet;ஒரு விச்சிலேயே, ஒருவிச்சோடே d'un coup, d'un seul coup.

விச்சுகிறது,*P.*விச்சுகிறது, fouetter, battre.

விச்சேணி,(விச்சு,ஏணி), *V.* விசுவேணி.

*விஷ்மம், (bhichma), dévotion outrée,zèle, - superstitieux. fanatisme, horreur, terreur, lutin.

*விஷ்மன், விஷ்மாசாரி, (*id.* ஆசாரி), le terrible, Bhichmen fils du roi சந்தனு et de la prétendue déesse du Gange et grand oncle des Pândavers et des Kourous.

விஞ்சுகிறது, விஞ்சினேன், விஞ்சுவேன், சு, சு, *v.n* விஞ்சுதல், *n. v. et* விஞ்சிக் கொள்ளுகிறது,demander trop(pour une chose...), être avare.

விடல், opt.et n.v. de விடுகிறது, mort,abandon,

விடாரம், (விடு,ஆரம்), maison.

விடி, 1° la plante கொத்தமல்லி. 2° *gér.de விடுகிறது*.

*விடிகை , (vitikâ), plante du

bétel, noix d'arec qu'on enveloppe avec des épices et de la chaux dans une feuille de bétel, la préparation de cette noix avec ses accessoires, lien, ligature.

வீடு, *gén.* **வீட்டின்**, *obl.* **வீட்டு**, 1° maison, logis, habitation, demeure, la maison par excellence, *i.e.* le paradis, station —, demeure ou place d'une planète dans le ciel. 2° *n.v.de* **விடுகிறது**, abandon, exemption, délivrance de renaissances prétendues, béatitude finale. 3° *imp.et part.de* **விடுகிறது**: **பாடி** — camp, — ennemi; — **கட்டுகிறது** bâtir une maison; — **தூக்கி** pendard, l'oiseau **தூக்கணங்குருவி** dont la maison ou le nid est suspendu; — **நெருப்புப்படுகிறது** une maison être atteinte du feu, — être brûlée; — **நெறிப்பால்** *V.* **வீட்டுநெறிப்பால்**; — **பேறு** obtention du paradis; — **தூரம்**, — **விலக்கம்** éloignement de la maison, état d'une femme indoue pendant ses règles, règles des femmes; **வீடுங்கட்டி விளக்குமேற்றுகிறது** bâtir une maison et y mettre une lampe, *ou* **வீடும்விளக்குமாக்கப்பார்க்கிறது** procurer (à quelqu'un) une maison et une lampe, *i. e.* un établissement, un moyen de vivre; **வீடுடையவன்**, **வீட்டுக்குடையவன்**, (**உடையவன்**), chef —, maitre —, propriétaire de maison; **வீட்டுக்குப்போகிறது** aller à la maison; **வீட்டுக்குத்தூரம்**, *V* **வீடுதூரம்**; **வீட்டின்முகடு**, - **மேடு** faite —, sommet de la maison; **வீடேறிவருகிறது** escalader la —, venir à la maison, (*e.g.* un visiteur désagréable, un ennemi déguisé...)

வீடுகிறது, **டினேன்**, **டுவேன்**, **டு**, **ட**, *v.n.* **வீடுதல்**, *n.v.* mourir, abandonner.

***வீட்சணம்**, **வீட்சணை**, **வீட்சம்**, **வீட்சிதம்**, **வீட்சியம்**, *V.* **வீக்ஷணம்**...

***வீட்டார்**, (**வீட்டு**, **ஆர்**), gens de la maison, domestiques.

வீட்டாள், (*id.* **ஆள்**), *m. et f.* épouse, femme —, servante de la maison, domestique.

வீட்டிறப்பு, (*id.* **இறப்பு**), pente du toit d'une maison.

வீட்டு. 1° *obl.de* **வீடு**, de maison. 2° *imp.et part. de* **வீட்டுகிறது**: — **க்காரன்** chef —, propriétaire —, maître de maison; — **க்காரி** maîtresse de maison, la propriétaire; — **க்கிரியை** action —, pratique de la maison, une des cérémonies du deuil des Indous; — **ச்சீட்டு** titre de propriété —, titres d'une maison; — **ச்செலவு** dépenses de la maison; — **நெறிப்பால்** partie d'un poème qui traite —, traité de la vertu domestique ou conjugale; — **ப்படியாள்** domestique ou serviteur qui reçoit son salaire journalier en grains; — **ப்பூனை** chat domestique; — **மனிதர்** les gens de la maison; — **முட்டு** mobilier de la maison, ustensiles de ménage; — **முறை** tour —, jour de la maison, — de rester à la maison, — d'exemption de garde ou d'occupation; — **முன்கட்டு** bâtiment de devant —, partie antérieure —, façade —, devant de maison; — **வாடகை** loyer d'une maison; — **வரி** taxe —, impôt sur une maison; — **விசாரணை** intendance —, soin d'une maison, office, dépense; — **விசாரணைக்காரன்** intendant —, maître d'hôtel d'une maison; — **வீட்டுக்கும்** de maison en maison; — **வீரன்** brave à la maison (mais lâche dehors); **வீட்டேபோகிறது** aller à la maison.

வீட்டுகிறது, **ட்டினேன்**, **ட்டுவேன்**, **ட்டு**, **ட்ட**, *v.a. de* **வீடுகிறது**, **வீட்டுதல்**, *n.v.* tuer.

***வீட்டுமம்**, **வீட்டுமன்**, **வீட்டுமசாரி**, *V.* **வீஷ்மம்**...

வீட்டுள்ளார், (**வீட்டு**, **உள்ளார்**), gens —, ceux de la maison, associés, participans.

வீணலப்புகிறது, (**வீண்**), jaser —, parler inutilement.

***வீணன்**, (**வீண்**), homme inutile, bon à rien, babillard, fainéant.

***வீணு**, *obl.de* **வீணை**, luth: — **வாசிக்கிறது** jouer du luth; — **கானம்** chant accompagné du —, son du luth; — **த**

ண்டம், — தண்டு manche de luth, épine dorsale; —வாதன், —வாதகன் joueur de luth, chanteur qui s'accompagne du luth.

*வீணைமுனிவன், (வீணை, முனிவன்), Nâraden, l'inventeur du luth.

வீணாட்டம், (வீண், ஆட்டம்), tracas inutile, vain effort, —babillage, bagatelle.

*வீணாநுபந்தம், வீணநுபந்தம், (வீணை, அநுபந்தம்), partie du manche d'un luth où les cordes sont attachées.

வீணரவீணன், (வீண், ஆர), homme complètement nul, — qui n'a pas de droit à ce qu'il demande.

வீணன், (id. ஆள்), personne inutile.

வீணினைப்பு, வீணினைவு, (id.), [pensée inutile, —frivole.

*வீணை, (vinâ), luth indien, espèce de guitare, luth sonore, (ordinairement de 7 cordes et 2 octaves, inventé, dit-on, par நாரதன்), violon, l'art du luth, c'est un des 64 கலைக்கியானம், éclair: நாரத — le luth de Nâraden; ருத்திர — le luth de Routtiren ou de Siven; — க்கொம்பு cornes recourbées, — courbées en arrière; — யிசைக்கிறது chanter en s'accompagnant —, jouer du luth; — வரிக்கட்டு les différentes barres ou touches du clavier d'un clavecin ou d'un luth; — வல்லோர் habiles joueurs de luth, les கந்தருவர் ou musiciens célestes; — வாசிக்கிறது jouer du luth.

வீண், inutilité, vanité, chose vaine, *adj.* vain, inutile: வீணாய், வீணே, வீணுக்கு, வீணிலே vainement, inutilement, en vain; வீணாய் *ou* வீணேபோகிறது devenir vain, inutile, ne pas réussir, *ou* வீணுக்குத் திரிகிறது rôder inutilement, se promener sans rien faire; வீணிலேபோகிறது, —செலவழிக்கிறது dépenser en vain, dissiper; வீணேயநுபவிக்கிறது jouir—, posséder—, prendre en vain; வீண்காலக்ஷேபம் vaine perte de temps; — சொல்லுகிறது jaser—, dire inutilement; —சோலி affaire inutile, vain effort; — பத்தி vaine piété, piété mal entendue, superstition; — பாக்கு arec qu'on mâche pour passer le temps; — பிரயாசம் vain effort, travail inutile; — புகழ்ச்சி vain éloge, vaine gloire; — பேச்சு paroles inutiles; —பொழுது போக்குகிறது passer le temps inutilement, perdre le temps à des riens.

*வீதஞ்சம், (vitamsa), cage, volière, ménagerie, enclos pour apprivoiser les animaux, place pour conserver le gibier.

வீதம், 1° portion, part, lot, quote-part, régle, régularité, ordre, rang, manière, mesure des divisions particulières, — des choses mises chacune à part. 2° (vita), exemption, liberté, délier, ce qui est délié et laissé en liberté, paix, tranquillité, cheval ou éléphant non dressé, aiguillonner l'éléphant: என் — என்ன மாத்திரம் de combien est ma portion; — ஆய்ப்பிரிக்கிறது diviser par portions; வீதகன்மஷம் exemption de péchés; — காமம் exemption de désir; — க்காரன் qui a sa quote-part, — une part, copartageant; — சோகம் l'arbre அசோகு exemption de chagrin; — பயம் exemption de crainte; — ராகம் exemption de passions ou d'affections, manque de couleur; — ராகன் sage dont les passions sont soumises.

வீதல், *n.v. de* வீகிறது, mort, ruine, destruction, perte, pauvreté.

*வீதி, 1° (vithi), rue, route, chemin, voie, boutique, échoppe, rue du marché, tertre, terrace devant une maison, espèce de drame en un acte, ligne, rangée, ordre, rang, course directe. 2° (viti), cheval, lumière, lustre, purifier, nettoyer, motion, mouvement, manger, engendrer, produire. 3° place pour exercer les chevaux, hippodrome, manége, étendue, largeur (surtout des tuiles, des bardeaux...), espèce des lattes...; இராச— grand chemin, route publique, *V. au mot* இராச: — கோத்திர,

ன் (hôtra *beurre liquéfié*), Agni ou le feu, le soleil (auxquels les Indous offrent surtout du beurre liquide); — வர்ணசித்திரச்சேலை *ou* சித்திரச்சேலை toile à bandes colorées; — வீதிவிடுகிறது quitter la rue, — le chemin...., dresser un cheval, le lancer dans l'hippodrome.

விபஜிக்கிறது, பஜித்தேன், பஜிப்பேன், பஜி, பஜிக்க, *v.a. et n.* (விபஜம்), விபஜிக்குதல் *et* விபஜித்தல், *n.v.* partager, diviser, s'étendre, *ou* விபஜித்துக்கொள்ளுகிறது se partager, recevoir une part, un lot, avoir sa quote-part.

*விபஜனம், விபஜனகம், (விபஜி, அங்கம்), partie du drame dit விபஜி, dialogue.

*விநோத்தரன், (விநம், உத்தரம்), incapable de répondre.

விபத்துமை, les plantes சதுப்பை *et* வெள்ளறு.

விபத்துகிறது, பத்தேன், பதுவேன், பது, பத, *v.a.* fouetter, battre.

*விநாகம், (vinâha), couverture —, parapet d'un puits.

*விபணி, *P.* விபணி, rue du —, marché, bazar, boutique, foire.

விபத்து, la lune ou சந்திரன்.

விபத்ன், *V.* அருச்சுனன்.

*விபை, (vipâ), éclair.

விப்பகழி, (வி *fleur*, பகழி), flèche de fleur, de Kâmen.

*விம, *obl. de* விமன் *et de*

*விமம், (bhima), horreur, terreur, chose terrible, — effrayante, grosseur

*விமன், (*id.*), le terrible Vimen ou Bhimen, le 2e des 5 பாண்டவர்: விமசேனன், (சேனை), celui qui a une terrible armée. 1° Bhimen le 2e des Pandavers. 2° le roi Bhimen père de தமயந்தி et beau-père de நளன்; — தேவன் le prétendu dieu terrible un des 11 Routtirers; — பாகம் mets de Bhimen, — préparés par lui, *i.e.* mets délicats.

விம்பன், (விம்பு), fanfaron, qui se vante.

விம்பாட்டம், (விம்பு, ஆட்டம்), *ou* விம்பு, jactance, vanterie, bravade, fanfaronnade, louange qu'on se donne, éloge, grandeur, ostentation: — கொள்ளுகிறது, — பேசுகிறது se vanter, faire le fanfaron, dire des bravades, se glorifier.

வீய, *inf. de* வீகிறது.

வீயேன், *nég. du même*: வீயாத, *part.* immortel, qui ne périt pas.

*வீர, *adj. de* வீரம் *et de* வீரன்: — கங்கணம் bracelet de guerrier, — de brave; — கண்டாமணி grelots ou anneau ou ornement qu'on porte aux pieds —, sonnette ou ornement qu'on porte en signe de bravoure; — கத்தி, (அத்தி), meurtre d'un guerrier, vengeance d'une telle mort; — குடியான், (குடி), celui qui dans un bourg sonne de la conque ou de la trompette aux fêtes et cérémonies funèbres, (il est réputé un des பதினெண்குடிமை bien qu'il ne se trouve pas dans la liste donnée): — கெம்பீரம் grande bravoure; — கேசரன் héros, brave, fier champion; — கேசரி un des 9 héros dits நவவீரர்; — கேயூரம் ornement en fer pour l'épaule, espèce d'épaulette en fer; — கச்சை ceinture de brave, — de peau de tigre; — கடகம் bracelet de brave, — qu'on donne aux braves qui ont été à la chasse des animaux féroces; — கவசம் forte cuirasse, cuirasse de diamant; — கழல் anneau aux pieds en signe de bravoure et de bienfaisance; — குட்டி jeune —, brave, *litt.* fils de bravoure; — கைக்காப்பு brassard en fer pour couvrir le bras; — க்கொடி drapeau de la bravoure, — de la victoire; — சமத்தினை, (சமத்தி *drapeau*, kâ), guerre, bataille, danse guerrière, — de guerriers; — சரபன் apparition de Siven —, Siven sous la forme de l'oiseau fabuleux à 8 pieds dit சரபம்; — சல்லாபம் dialogue de braves, — qui respire une joie guerrière; — சமி l'arbre சேரான்; — சௌரியம் grande bravoure, valeur guerrière, héroisme; — சூரன் héros, brave, — guerrier, un des நவவீரர்; — சூலம் bannière ou marque distinctive d'un guerrier qui avec un trident a arraché le foie de ses ennemis; — சேனன், (சேனை), le fils de Virasênen, *i.e.* le roi நளன்; — சே

ஸேனன், (சேனன்), le roi Virasènen père de நளன்; —சைவம் une des sectes sivénistes, dit e aussi உத்தரசைவம் et சங்கமம் ou djangama, —சைவர் Linganistes, Sivénistes de la secte susdite, qui renferme un système beaucoup plus moderne que les autres, étant fondée par les 2 Basavapis, et qui en diffère en bien des points. Ces sectaires se distinguèrent surtout comme exterminateurs des Djaïnas, dans le nord-ouest de la péninsule; ils sont linganistes et prétendent que le lingam purifie toutes les castes et les rend égales; ils paraissent avoir perdu leur férocité primitive; — சொர்ணவிலம் ail; —சொர்க்கம் paradis où vont, selon les Indous, les guerriers morts en combattant; —சங்கிலிகை cercle de grelots en or qu'on attache à un seul pied; —சிலேமவி la maîtresse en fait de bravoure, i.e. Dourga ou துர்க்கை; —கந்தரம் le buffle aux fortes épaules; —தக்கன் un des நவவீரர்; —தனவான், V. வீரதனுவான்; —தண்டை anneau qu'on met aux pieds en signe de bravoure; —தத்துவம், —தீரம், —தீரத்தனம் bravoure, valeur, héroisme, prouesse; — தரம், (tara affixe), arc, l'herbe வீரணம்; —தரன், (id.), héros distingué; —தரு l'arbre pentaptera arjuna, l'arbrisseau barleria longifolia, les arbres மருது et விடத்தேர் ou plutôt விடத்தேர்; —தனுவான், — தன்னுவான், (dhanva arc), le vaillant archer, i.e. Kâmen à l'arc de canne à sucre; —தீரன் un des நவவீரர்; — துரந்தரன் grand guerrier, — héros; — நட்டு ceinture —, bande de peau de cerf; — பத்திரம் cheval propre —, destinéau sacrifice அசுவமேதம்; —பத்திரன் Virabhatra (une des formes de Siven), le destructeur du sacrifice de தக்கன், un des serviteurs de Siven, un des Roudras உருத்திரர் ou உருத்திரமூர்த்திகள், brave, héros distingué; — பாகு un des நவவீரர்; —பத்தினி, —பாரியை femme de héros, —de brave; — பானம் breuvage de guerriers pour les rafraichir durant le combat ou exciter leur courage; — புரோகிதன் un des நவவீரர்; —பட்டம் plaque d'or que les guerriers victorieux portent sur le front; —போர் victoire; —மகரம் drapeau représentant le monstre marin மகரம் que l'on porte devant les rois qui ayant traversé la mer ont pris la ville ou le pays de leurs ennemis; —மகேந்திரன் un des நவவீரர்; — மரம் l'arbre வீரை; —மார்த்தாண்டன் le général d'armée de துவன்; — மாதா mère d'un héros; — மாமுனி le religieux d'un courage ou d'une constance héroique, ou le grand et excellent religieux, surnom donné au R. P. Beschi par l'académie de Maduré émerveillée de l'excellence de son poème intitulé தேம்பாவணி; — மார்த்தாண்டன், litt. le brave soleil, héros éminent, — illustre comme le soleil, un des நவவீரர்; — மாலை guirlande de grains d'or que l'on donne à un guerrier victorieux; — முட்டு, —முண்டு, litt. le brave mendiant ou le brave filou, mendiant ambulant et réputé féroce de la secte dite வீரசைவம் ou சங்கமம், et occasionnellement le pire des impudiques vagabonds: il porte l'accoutrement de Routtiren et se donne comme un des protecteurs de la secte; —முத்திரை le cachet de la bravoure, ornement —, anneau du doigt du milieu du pied, bijou ou anneau du petit doigt; — யாகம் sacrifice à Virabhadra; —யம் flèche; —ரேணு poussière de héros, (surnom de) Bhîmasèna, ou வீமசேனன்; — ராகவன் le géant des héros, un des நவவீரர்; —லட்சுமி, —லட்சுமி la prétendue déesse de la bravoure; —வந்தை mère d'un héros; — வாகு un des நவவீரர், le chef de la troupe de Ganas de Mourouguen; — வாரம் guirlande de வெட்சி et autres semblables; —வாளி, —வாளிச்சேலை, — வாளிப்பட்டு espèce de toile ou d'étoffe de soie; —விருக்ஷம் l'arbre சேங்கொட்டை qui donne la noix à marquer; —வெட்சிமாலை guirlande militaire d'ixora, le 32e des பிரபந்தம், poème qui décrit la victoire d'un guerrier qui, ayant pénétré dans le pays ennemi et en ayant emmené le bétail, revient orné d'une guirlande de fleurs de வெட்சி; —வெண்டையம் gros anneau bruyant —, ornement des pieds des braves; —வெறி fureur ou ivresse guerrière.

*வீரஹன், (வீரம், han tuer), brame qui a laissé éteindre le prétendu feu sacré de sa maison.

*வீரசு, வீரசூ, (id. சு, சூ), mère d'un brave, d'un garçon. [Siven.

வீரட்டம், nom d'un lieu dédié à

*வீரட்டானம், (வீரம், ஸ்தானம்), espèce de danse ou de drame.

*வீரணம், (virana), l'herbe et la racine odoriférante de l'இலாமிச்சை.

*வீரணி, (virani), œillade, coup-d'œil, lieu profond, l'herbe இலாமிச்சை, poivre.

*வீரதை, (வீரம், தை), bravoure.

*வீரதிதரம், (வீரம், dhara qui a), paon, combat avec les bêtes sauvages, cuirasse ou jaquette de peau.

*வீரம், 1° (vira), force, vigueur, bravoure, valeur, courage, héroïsme, fig. de rhét. qui exprime la bravoure, excellence, puissance, la fleur அலரி ou nerium, feu, feu du sacrifice, racine de gingembre vert, —du கோஷ்டம், —d'இலாமிச்சை, poivre, cange ou eau de riz, espèce de figuier, —de remède ou de drogue. 2° montagne, vanterie, bravade, position ou posture des யோகி qui consiste à placer la cheville du pied gauche sur la cuisse droite et à se tenir droit ou fièrement, c'est le 4e des 8 ஆசனம், un des 28 livres des Sivénistes, figure qui consiste à parler avec énergie et vigueur: —காட்டுகிறது montrer de la valeur, de la bravoure; —செலுத்துகிறது déployer de la bravoure, agir vigoureusement; —பேசல். —பேசுகிறது se vanter, se glorifier; வீரமுஷ்டி, —முட்டி sorte de mendiant sivéniste ambulant, fort boxeur, poing vigoureux.

*வீரர், pl. de வீரன், braves, —guerriers, héros: நவவீரர் 9 héros qui secoururent Soupramanien dans la guerre; leurs noms sont: வீரபாகு ou வீரவாகு, வீரகேசரி, வீரமகேந்திரன், வீரபுரந்தரன், வீரமார்த்தாண்டன், வீரராக்ஷதன், வீரந்தகன், வீரதீரன், வீரகுரன்.

*வீரவான், (வீரம், vân), héros, brave; fém. வீரவதி, femme dont le mari est vivant, héroïne.

*வீரன், (vira), brave, —guerrier, héros, homme vaillant, —fort, Arouguen, Bhismen ou வீமன், danseur, acteur, mime, feu du sacrifice, feu; —கொண்டமைகூடாம்பாகும் l'amitié d'un brave sera une flèche aiguë (contre l'ennemi).

*வீராசனம், (வீரன், ஆசனம்), la posture dite வீரம், se tenir à genoux, champ de bataille, une des 10 espèces de drames, bivouac, dormir en plein air.

*வீராசஞ்சனம், (வீரம், âsansana désir), désir des braves, le poste dangereux dans une bataille, monter la garde.

*வீராணம், (id. ஆணம்), espèce de tambour ou d'instrument de musique, ville près d'un grand lac.

வீராணிக்கிழங்கு, la plante et racine dite scorsonère.

*வீராதனம், (வீரம், ஆதனம்), la position des யோகி dite வீரம்.

*வீராதிவீரன், (வீரன், ஆதி), le plus grand —, le héros des héros.

வீராப்பு, (வீரம், ஆப்பு), pleurs, soupirs, contestation.

வீரம்பிறது, (வீர், ஆம்பிறது), s'éloigner, tourner autour, examiner et ramasser.

*வீராவலி, வீராவேசம், (வீரம், ஆவலி, ஆவேசம்), fureur guerrière, ardeur du combat.

*வீரி, (வீரம், i), la brave, surnom

de காளி ou de Dourgâ femme de Siven, la plante médicinale et entortillante வட்டத்திருப்பி cissampelos pareira, la plante பங்கம்பாளை.

வீரிடம், l'arbre நாவல்.

வீரிடுகிறது, வீரிடுதல், (வீர்), faire le bruit de vir, criailler, crier (un enfant), jeter un cri perçant, grogner (le cochon), mugir (l'éléphant...): வீரிட்டழுகிறது se lamenter, crier et pleurer, pleurer en jetant de hauts cris.

*வீரியம், 1° (virya), force, vigueur, fermeté, courage, héroisme, bravoure, valeur, splendeur, lustre, dignité, grandeur, sperme humain, graine, —des plantes. 2° instrument de musique, tambour (en général): —பேசுகிறது parler de bravoure, — avec vigueur, se vanter, faire le brave; வீரியகானி, —கேடு, (அழிவு, ஈனம்), perte de la force, impuissance, lâcheté; —விந்தம்பனம், —த்தம்பனம் privation de force par la magie, pilule érotique, —pour provoquer la luxure; —விராமிதம் manque de force; —விசிஷ்டன் doué de force.

*வீரியர், (வீரியம்), guerriers, braves, héros.

*வீரியவான், (id. vân), brave, homme vaillant, courageux.

*வீருதம், வீருதை, (viroudh, —dhâ), broussailles, petits arbrisseaux, buisson, plante rampante.

*வீரேசுவரன், (வீரம், ஈசுவரன்), grand héros, chef de braves, (surnom de) Virabhadra ou வீரபத்திரன்.

*வீரை, 1° (vira), matrone, épouse, mère, bananier, l'arbre gmelina arborea, aloès, liqueur spiritueuse... 2° mer, affliction, malheur: —க்கொடி espèce d'arbrisseau.

வீர், son —, mot imitatif de cris d'enfant, d'éléphant, de porc...

வீர்வீர், son—, mot imitatif de cris d'enfant qui pleure... வீர்வீரென்கிறது, வீர்வீரென்றுகதறுகிறது, crier, jeter les hauts cris, se lamenter.

*வீவதம், (vívadha), perche ou bâton pour porter des fardeaux suspendus aux 2 bouts, fardeau, —qu'on porte ainsi, route, entassement de blé...

*வீவதிகன், m. வீவதிகை, f. (வீவதம், ika, iki), homme —, femme qui porte ainsi des fardeaux.

வீவு, n.v. de வீகிறது, mort.

வீழி, sync. de விழுதி, la plante médicinale cléome fruticosa. [chute.

வீழுதல், P. விழுதல் ou வீழ்தல்,

வீழ், 1° P. விழுது, racines qui descendent des branches du multipliant. 2° imp. et part. de வீழ்கிறது. 3° imp. de வீழ்க்கிறது: — கதி la fin où l'on tombe, i.e. l'enfer; — நாள் jour perdu; —மிடி manque, diminution, dégoût.

வீழ்கிறது, ழ்ந்தேன், ழ்வேன், ழ், ழ, 1° v. n. sync. de விழுகிறது, tomber, succomber, déchoir, périr. 2° v.a. désirer, —fortement, souhaiter, convoiter, soupirer pour: வீழ்ந்தழிகிறது tomber et périr, — et se gâter.

வீழ்க்கிறது, ழ்த்தேன், ழ்ப்பேன், ழ், ழ்க்க, v. a. de வீழ்கிறது, faire tomber, renverser.

வீழ்க்கை, n.v. de வீழ்க்கிறது et de வீழ்கிறது, chute (causée par une cause extérieure), grand'—, désir, souhait, la 15me constellation lunaire dite சோதி.

வீழ்ச்சி, n.v. du même, chute, manque, diminution, taux.

வீழ்தல், n.v. de வீழ்கிறது, chute, désir, —ardent, concupiscence.

வீழ்த்தல், n.v. de வீழ்க்கிறது et de வீழ்த்துகிறது, த்தினேன், த்துவேன், த்து, த்த, v.a. contraction de விழுத்துகிறது, faire tomber, renverser.

வீழ்வு, n.v. de வீழ்கிறது, chute.

வீறல், opt. et n.v. de வீறுகிறது.

வீறாப்பு, (வீறு, ஆப்பு), pompe, ostentation, orgueil, fierté, colère.

வீறு, solitude, isolement, vertu, mérite, —moral, grandeur, arrogance, pompe, explication, éclaircissement, dégoût, aversion, impétuosité, dessin, n.v. imp. et part. de வீறுகிறது: —காட்டுகிறது montrer de la grandeur, de l'arrogance, de l'orgueil, de la pompe, de la vanité.

வீறுகிறது, றினேன், றுவேன், று, ற, *v.n. et a.* வீறுதல், *n.v.* 1° (வீறு), s'isoler, être seul, exceller, être grand, excellent, clair, évident, détesté, détestable, fendu, crevassé, se fendre ou fondre, dessiner, tracer, tirer. 2° *P.* பீறுகிறது, transgresser: வட்டம் — tracer —, décrire un cercle.

வீற்றம், (வீற்று, அம்), diversité, différence, changement.

வீற்றிருக்கிறது, வீற்றிருத்தல், (வீற்று), être seul, — isolé, être assis majestueusement, — pompeusement (comme un roi sur son trône), se réjouir.

வீற்று, (வீறு), isolement, solitude, différence, changement, distinction: —ப்பொருள் biens —, articles divers, propriété.

வெ, 1° lettre syllabique composée de வ் et de எ, vé bref. 2° (*adj. en composition*), chaud, ardent, âpre, rude, sévère, cruel.

*வெகு, 1° (*P.* பகு, bahou), beaucoup, plusieurs, nombreux. 2° *imp. de* வெகுக்கிறது.: — கந்தம் odeur forte, olibanum; — கர்ஷாத்தம் (karcha *certain poids d'or*, அர்த்தம்), grossir; — காலம் long-temps; — குணம் plusieurs qualités, — fois; — க்ஷமன் (க்ஷமை), très-patient; — சத்துரு qui a beaucoup —, beaucoup d'ennemis; — சனம் beaucoup de gens, — de monde, nombreuse famille; — சனமுள்ளவன் qui a une grande famille, — une nombreuse parenté, — beaucoup de gens ou de cliens; — சனவாக்கியம் கர்த்தவ்வியம் *ou* கருத்தவ்வியம் ce que dit beaucoup de monde est censé venir de Dieu ou devoir être fait; — சனவிரோதி l'ennemi de beaucoup de monde; சத்தியவாதி — சனவிரோதி celui qui dit la vérité se fait beaucoup d'ennemis; — சனத்துரோகம் perfidie —, trahison envers beaucoup de monde; — சனமோட்சம் *ou* ரட்சை délivrance de beaucoup de monde; — ஈற்று vache qui a plusieurs veaux. *V.* வெகுளு; — சாகுசம் un des 32 ordres d'architecture; — சுருதன் homme très instruit, qui connaît les védas; — தயாளன் homme libéral, qui fait beaucoup de présens; — தந்தி, — தந்திகம் chose qui a beaucoup de fibres ou de cordes; — தனவான் homme très-riche; — தானியம் beaucoup de grains; — தானிய *ou* — தானியவருஷம் la 12° année du cycle de 60 ans, qui correspond à 1818, et 1878; — திருஷ்டன் expérimenté; — துக்தை, — துக்கை vache qui a beaucoup de lait; — துக்தம் froment; — தோஷம் beaucoup de fautes — de mal; — த்துவக்கு, — த்துவச்சம் l'arbre birch qui a beaucoup d'écorce; — த்துவம் abondance, beaucoup, pluralité, magnificence; — நாதம் instrument —, conque qui a beaucoup de son; — நாயகம் polycratie, autorité de plusieurs personnes, aristocratie; — நாள் bien des jours, long-temps; — படு grande habileté; — பத்திரம் qui a beaucoup de feuilles, oignon, talc; — பத்திரி l'arbre அரிநெல்லி, la plante சதிமுள்ளி, l'arbrisseau வட்டு, la drogue ou la plante médicinale trigonella fœnugræcum; — பலம் beaucoup de force, fertilité, l'arbre கடம்பு; — பாக்கியன் très-fortuné, très-heureux; — பாதம் le multipliant qui a plusieurs pieds, qui descendent des branches; — விட்டம் étendue; — புத்திரன் qui a plusieurs enfans ou beaucoup d'enfans; — ப்பிரசன், (பிரசை), qui a une nombreuse postérité ou de nombreuse sujets; — ப்பிரசு mère de plusieurs enfans; — ப்பிரதன் libéral; — ப்பிரவாகம் plusieurs ruisseaux; — மதி estime, honneur, présent; — மலம் plomb; — மாரி abondance de —, grande pluie, abondance; — மார்க்கம் carrefour, place où aboutissent 4 routes; — மானம் grand —, honneur, respect, civilité, honneur ou présent, que fait un roi ou un supérieur, présent aux brames ou à un temple; —மானக்காரன் homme avide d'honneur, qui aspire à de grands honneurs, qui a de grandes prétentions; —மானம்பண்ணுகிறது ou —மானிக்கிறது honorer, faire honneur, — des présens, récompenser, montrer de l'affectation, affecter de la grandeur, se vanter; —மானித்தல், — மானிப்பு, *n.v. du préc.* honneur, honoraire, présent qu'on fait; — முகம் plusieurs visages, — branches, — apparences, — chemins, embranchement; —மூர்த்தி multiforme, coton sauvage; —மூலம் qui a plusieurs racines; —மூலியம் chose précieuse, de grand prix; —ரசம் beaucoup de jus, canne à sucre; — ரூபன் être multiforme, caméléon, Brama, Vichnou, Siven, Kâmen, résine; — ரேகை bien des —, plusieurs rides, —lignes, —sillons; — ரோமம் brebis laineuse; — வசனம் le pluriel (*vulgo* பன்மை), beaucoup de mots, de phrases; — வர்த்தம், (அர்த்தம்), plusieurs sens, — objets; — விதம் multiforme, bien des —, plusieurs sortes; — வபத்தியம், (அபத்தியம்), qui a grande progéniture, truie, rat; — வபத்தினை, (*id.*), vache qui a plusieurs veaux; — விஸ்தீரணம் grande étendue; — வீசம் qui a —, plusieurs grains, l'arbre ஆத்தா, cachimentier.

வெகுவாய், (*adv.* வெகு, ஆய்), beaucoup, grandement, extrêmement; — ச்செல்லுகிறது coûter cher, — beaucoup; — ச்சொல்லுகிறது parler beaucoup, inculquer fortement.

வெகுக்கிறது, குத்தேன், குப்பேன், கு, குக்க, *v. n.* (வெகு), abonder, être nombreux.

வெகுள, (வெகு), abondance.

*வெகுஸு, (*id.* soû *mère*), mère de beaucoup d'enfans, truie. [colère.

வெகுட்சி, *n. v. de* வெகுளுகிறது,

வெகுண்டு, 1° *gér. du même.* 2° canne à sucre dite கரும்பு.

*வெகுதன், (வெகு, ta *qui donne*), homme libéral, généreux.

வெகுத்தம், (*id.*), abondance, beaucoup. [க்கிறது, abondance.

வெகுத்தல், வெகுப்பு, *n.v de* வெகு

வெகுர், bourbouille, bouton —, éruption de chaleur. [னாப்பாளை.

வெகுலயங்கம், la plante ஆடுதின்

வெகுலாதி, petit cardamome.

வெகுளாமை, *n.v.nég.de* வெகுளுகிறது, ne pas s'irriter, absence de colère, patience.

வெகுளி, 1° colère, (c'est un des மூக்குற்றம்), emportement. 2° homme colère, qui se fache facilement, homme simple, qui a le cœur ouvert: —க்காரன் homme colère, emporté; — விலக்கு fig. de rhét. qui réprime la colère, qui consiste à montrer de l'indignation et à la réprimer.

வெகுளுகிறது *ou* ள்கிறது, குண்டேன், குளுவேன் *ou* ள்வேன், ளு *ou* ள், ள, *v.n.* (வெகுளி, வெகுளுதல், *n.v.* s'irriter, se fâcher, s'emporter, s'indigner, gronder, censurer.

வெகுள்வு, *n.v. du même*, colère, emportement.

வெக்காளம், (வெ), beau temps, temps serein (après la pluie...).

வெக்காளிக்கிறது, ளித்தேன், ளிப்பேன், ளி, ளிக்க, *v.n.* (வெக்காளம்), வெக்காளித்தல், *n.v.* le temps —, le ciel s'éclaircir, devenir serein (après la pluie...), faire beau temps.

வெக்காளிப்பு, *n.v.du préc. V.* வெக்காளம்.

வெக்கு, division, différence.

வெக்கை, (வெ), chaleur étouffante, - de la réverbération, — d'un lieu renfermé, — qui s'élève de terre, flux de ventre des animaux: மாட்டுக்கு — தாக்குகிறது le bœuf ou la vache a le flux de ventre; — நோய் flux de ventre des animaux, petite vérole.

வெஃகல், *opt. et n.v. de* வெஃகுகிறது, grand —, désir, concupiscence.

வெஃகா, 1° une des rivières de காஞ்சிபுரம். 2° *et* வெஃகாத, *part. nég. de* வெஃகுகிறது, qu'on *ou* qui ne désire pas.

வெஃகாமை, *n.v. nég. du même*,

absence de désir, — de concupiscence, dégoût, indifférence.

வெஃகுகிறது, வெஃகினேன், வெஃகுவேன், கு, க, *v.a.* வெஃகுதல், *n. v.* désirer, —ardemment, souhaiter.

வெஃகல், *P.* வெஃகுதல், *n. v. du* [*préc.*

வெங்கண், (வெம், கண்), *litt.* mauvais œil, haine, ressentiment.

வெங்களம், (*id.* களம்), champ de bataille.

வெங்காயம், (*id.* காயம்), oignon, [allium cepa.

வெங்காரம், (*id.*), borax.

வெங்கார், (*id.*), chaleur.

வெங்கிருத்தி, (*id.*), espèce de ser- [pent.

வெங்கான்வெளி, (*id.* கான்), *ou*

வெங்கிராயன்வெளி, (*id.* கிராய், அன்), plaine où il fait une grande chaleur, — dure et desséchée.

வெங்கோஷ்டம், *P.* வெண்கோஷ் [டம்.

வெங்கோல், (வெம்), gouvernement tyrannique, *litt.* sceptre brûlant.

வெச்ச, *P.* வெ, chaud, ardent: — வெந்நீர் eau chaude, eau brûlante: வெச்சென்கிறது, வெச்சென்றிருக்கிறது être chaud, — brûlant; வெச்செனவு chaleur, ardeur.

வெஞ்சமம், (வெம்), air propre aux pays stériles, guerre, bataille.

வெஞ்சமன், (*id.*), Yamen prétendu roi des morts.

வெஞ்சம், (*id.*), colère, vengeance.

*வெஞ்சனம், *P.* வியஞ்சனம், ragoût, ragoûts divers, sauce, assaisonnement, goûter, nourriture légère, consonne.

வெஞ்சினம், (வெம்), grande colère, [vengeance.

வெஞ்சிலைச்செல்வன், (*id.* சிலை), l'heureux ou le prince armé d'un arc cruel, *i.e.* Virabhadra.

வெஞ்சுடர்க்கிரணன், (*id.* சுடர், கிரணம்), l'astre aux rayons ardens, *i.e.* le soleil.

வெடி, 1° peur, crainte, — respectueuse, foudre, tonnerre, callou ou jus de cocotier.... fermenté, parfum, encens, odeur —, fumée odoriférante, rase campagne, plaine, explosion d'un coup —, bruit d'un coup —, coup de fusil, de pistolet ou de canon..., fusil, pistolet, petit cardamome. 2° *imp. de* வெடிக்கிறது: — க்கயிறு mèche de fusil ou de canon; — கிரந்தி espèce d'ulcère; — குண்டு bombe, obus, boulet ou boule à explosion; — க்குழல் tube ou canon de fusil, — d'arme à feu; — சன்னி espèce de sanni ou convulsions; — சூலை espèce de maladie arthritique; — சுடுகிறது, — தீர்க்கிறது, — போடுகிறது, — வைக்கிறது tirer un coup de fusil ou de canon; எத்தனை — தீர்த்தார்கள் combien a-t-on tiré de coups de canon; — பலவன் la plante பேய்ப்பலவன்; — ப்பட்டடை boite (qu'on tire dans les processions...); — மருந்து poudre à canon; — யுப்பு salpêtre, nitre, nitrale de potasse, *litt.* sel pour faire la poudre à canon; — யுப்புத்திராவகம் eau forte; — யெழும்புகிறது une détonnation de fusil ou de canon se faire entendre.

வெடிக்கிறது, டித்தேன், டிப்பேன், டி, டிக்க, *v.n.* வெடிக்குதல், வெடித்தல், *n.v.* se fendre, craquer en se fendant, éclater, crever, s'ouvrir, résonner, détonner, faire explosion (un canon...): வெடித்த, *part. passé:* — குரல் grosse voix, voix irritée, — éclatante; — சொல் mot de colère, parole dure, — dite avec colère.

வெடிப்பு, *n.v. du préc*, fente, fissure, rupture, crevasse, ouverture, éclat, trop, excès: வெடிப்பாயிருக்கிறது être fendu, crevassé, *ou* வெடிப்படிக்கிறது avoir mal au cœur (à cause d'une mauvaise odeur ou saveur, *v. g.* celle d'une médecine), montrer du dégoût.

வெடில், bruit d'une explosion —, détonnation de fusil, de canon, fusil, pistolet, odeur rance, — de corruption: — உப்பு salpêtre, *V.* வெடியுப்பு; — உப்புத்திராவகம் eau forte, acide nitrique.

வெடிநாற்றம், (வெடில், நாற்றம்), odeur de poudre, — putride (de lait ou de viande gâtée...).

வெடுக்கன், (வெடுக்கு), homme [colère.

வெடுக்கு, colère, violence, dureté,

chose rude,raboteuse, *V.* வெடுக்: —திறனம் dureté; வெடுக்கென்கிறது, வெடுக்கெனல் être colère,dur,sévère,raboteux.

வெடுப்பு, colère: —காட்டுகிறது montrer de la colère,du dégoût.

வெடுவெடு.son —,mot imitatif d'irritation,de dégoût....வெடுவெடென்க், வெடுவெடென்கிறது *ou*

வெடுவெடுக்கிறது, டுத்தேன், டுப்பேன், டு, டுக்க, *v.n.* (வெடுவெடு), வெடுவெடுத்தல்,*n.v.* se fâcher,parler avec colère.montrer du dégoût, du déplaisir, être dur, sévère, raboteux.

வெடுவெடுப்பு, *n.v. du préc.* colère,déplaisir, dégoût, précipitation, témérité, dureté.

வெட்கம், honte, confusion, pudeur, modestie, timidité: ஒருத்தனை — கெடுக்கிறது traiter quelqu'un honteusement, — ignominieusement, injurier sa réputation, le couvrir de honte;— கெடுகிறது perdre toute honte; — கெட்டவன் homme déhonté, impudent; வெட்கக்கேடு perte de la honte, de la pudeur, de la réputation,déshonneur, effronterie, impudence; — ப்படுகிறது avoir honte, être honteux, rougir;— ப்படுத்துகிறது rendre honteux, couvrir de honte.

வெட்கல், *opt.et n.v.de* வெட்குகிறது,honte, crainte.

வெட்கறை,*m. f.* 1° *ou* வெட்கறையுள்ளவன்,(வெட்கு, அறை), honteux, honteuse, modeste, timide.2° *V.* வெட்கை.

வெட்கிளுவை, (வெள்). espèce de கிளுவை blanche, sarcelle blanche (par opposition à செங்கிளுவை).

வெட்கு, *imp.et part.de*

வெட்குகிறது, *sync.* வெட்கிறது, கினேன்,குவேன், கு, க, (வெட்கம்), *v.n.* வெட்குதல், *n. v.* avoir honte, rougir, être honteux, modeste, craindre, [*répété*), avoir honte.

வெட்குவெட்கென்கிறது, (வெட்கு

வெட்சி,ixore, l'arbrisseau ixora coccinea, *ou* —மாலை guirlande d'ixore,insigne ou ornement de celui qui a pillé le bétail de l'ennemi.

வெட்ட, *inf. de* வெட்டுகிறது.

வெட்டரிவாள்,(வெட்டு,அரிவாள்), hachette, serpe, couperet, grand couteau crochu (pour immoler les victimes...)

வெட்டல், *opt.et n.v.de* வெட்டுகிறது, action de couper..., coupure. (c'est une des 8 sensations du corps dites அஷ்டஸ்பரிசம்,et une des 4 espèces de blessures dites ஊறுபாடு.

வெட்டவழி,(வெட்ட *P.*வெட்டை), chemin battu, frayé, fréquenté.

வெட்டவெளி, (*id.*), plaine nue, —campagne,— sans culture,désert, publicité, notoriété, évidence:—மாய் publiquement, notoirement, évidemment. [plante நத்தைச்சூரி.

வெட்டறுவி, (வெட்டு, அறு), la

வெட்டனம்,attacher des bracelets

வெட்டனவு, hâte, précipitation, discours précipité, rudesse, dureté, roideur,violence,furie, fureur, emportement (opposé à மெத்தனவு).

வெட்டாக்கிளி, (வெட்டு, ஆம்), *V.* வெட்டுக்கிளி.

வெட்டாந்தரை, (வெட்டை, ஆம்), terre sèche, aride, dure.

வெட்டி, 1° *gér. de* வெட்டுகிறது. 2° qui coupe (à la fin des mots composés).3° chemin. 4° sorte de plante ou d'arbuste, *V.* வெட்டிவேர். [ன்.

வெட்டிமை, office de வெட்டியான்

வெட்டியான், pariat qui brûle les morts, qui mesure le grain, le sel...,on le nomme aussi தோட்டி. Il est réputé le plus bas des serviteurs d'un village: — மானியம் terre exempte d'impôt —,mâniam de Vettian.

வெட்டிரும்பு, (வெட்டு, இரும்பு), espèce de ciseau ou de coin —, instrument pour couper le fer.

வெட்டிவீரன்,(வெட்டி),vrai brave, —héros.

வெட்டிவேர், (*id.*), racine odoriférante de l'andropagon muricatum dit வெட்டி;on en fait des nattes,des claies ou des écrans, des éventails etc... Il diffère un peu du விழல் dont les racines sont inodores.

வெட்டுவை, 1° (வெட்டு, இவை), ces choses qu'on coupe. 2° dureté, colère.

வெட்டு, 1° coupure, incision, taillade, coupe, coche, cran, entaille, coup d'instrument tranchant, *n.v. imp. et part. de* வெட்டுகிறது: —க்கட்டை tronc d'arbre laissé en terre, arbre étêté; —க்கத்தி serpe, couperet, coutelas, hachette; —க்கன்று jeune arbre ou rejeton coupé ou à couper, —sur la lisière; —க்கிளி sauterelle qui coupe tout, grande espèce de sauterelle; —க்குருத்து jeune pousse—, rejeton ou jet d'un arbre étêté ou ébranché; —த்தட்டு courroie du dessus ou de l'ouverture d'un tambour; —படுகிறது être coupé, taillé; —மாறன் objet enivrant; —மின்னல், —முனை, —மேனி monnaie nouvellement frappée; —மேலேகண்ணாயிருக்கிறது avoir l'œil sur le coup que va porter une arme tranchante (pour l'éviter...); —வாய் endroit coupé, coupure, bouche fendue ou coupée; —வாளி espèce de sauterelle; —வாள் serpe, couperet, sabre; —வேளாண்மை coupe de blés, moisson; வெட்டுக்கிலக்குப்பார்க்கிறது viser à trancher, à couper, chercher l'opportunité pour couper, ou pour porter un coup tranchant à quelqu'un....

வெட்டுகிறது, ட்டினேன், ட்டுவேன், ட்ட, *v. a.* வெட்டுகை, வெட்டுதல், *n.v.* couper (avec un hache, un sabre...), *v. g.* la tête, tailler, abattre (un arbre...), tuer, tailler en pièces *v. g.* les ennemis dans une bataille, creuser (un puits, un étang...), graver, ciseler: முத்திரை — graver un cachet.

வெட்டுண்கிறது வெட்டுண்டுபோகிறது, (வெட்டு, உண்கிறது), être coupé, tranché, taillé, tué.

வெட்டுண்ணி, வெட்டுணி, (*id.* உண்ணி), vaurien, pendard, —taillable, qui mérite d'être coupé en pièces.

வெட்டும், *part. fut. de* வெட்டுகிறது: —புடை sabre, arme qui coupe, outil tranchant, armée munie de sabres ou d'épées.

வெட்டுரை, (வெட்டு, உரை), 1° paroles tranchantes, dures, précipitées, inconsidérées. 2° *ou* — நாணயம் mauvaise —, fausse monnaie.

வெட்டுவெட்டென்கிறது, வெட்டெடென்கிறது, montrer de la colère, de l'emportement, de la dureté, de la violence, de la précipitation, de l'ardeur, s'irriter, brûler: வெட்டுவெட்டென்றுகாய்கிறது *ou* எரிகிறது être brûlant, — très-chaud; வெட்டென avec violence, — impétuosité, furieusement; வெட்டெனப்பேசேல் ne parle pas âprement.

வெட்டெனவு, *n.v. du préc.* colère, dureté, violence, précipitation.

வெட்டேறு, (வெட்டு, ஏறு), nom d'un outil.

வெட்டை, chaleur, — du soleil, — du corps, — de la terre, extrême dureté d'un métal (qui rend le fer cassant), espèce de maladie vénérienne, fleurs blanches, gonorrhée, rase campagne, plaine ouverte et desséchée: —கொள்ளுகிறது être échauffé, — gêné par la trop grande chaleur du corps; —நாள் jour —, temps très-chaud; — நோய், *V.* மேகவெட்டை; — பாக்கு noix d'arec coupée par tranches et bouillie mais encore dure; —வெளி rase campagne, plaine nue, brûlant désert.

வெட்பலம், (வெள் *P.* வெள்), *V.* வெள்ளிப்பலம்.

வெட்பாடம், (*id.*), leçon récitée de mémoire.

வெட்பாலை, (*id.*), la plante nerium antidysentiricum.

வெட்பாலைவட்டை, (*id.*), espèce d'arbre, variété de l'arbrisseau பாவட்டை.

வெட்புகார், (*id.*), nuage blanc, — sans eau.

வெட்புல், (*id.*), variété de l'arbrisseau புல்.

வெள், *adj. de* வெண்மை, blanc,

simple, tendre, léger: — கடம்பு l'arbre கடம்பு, ou eugenia racemosa à fleurs blanches: — கடுகு moutarde blanche: — கண் yeux blancs, poisson qui a les yeux en saillie; — கதிர், — கதிரோன் l'astre aux rayons blancs ou d'argent, *i. e.* la lune; — கரு blanc d'œuf; — கரும்பு canne à sucre blanche; — கலம் vase blanc, métal blanc, — de cloche, amalgame — , mélange de zinc et de cuivre, bronze; cuivre blanc: — கலத்திமிலை bismuth de couleur d'argent jaunâtre (dont les cristaux sont ramassés et implantés l'un dans l'autre); — கலமுடி chapiteau de bronze; — கலி, — கலிப்பா strophe où les connexions de pieds dites கலித்தளை et வெண்டளை sont mêlées et les autres connexions rarement employées, et où le dernier vers est de 3 pieds; — கல், — கல்லு pierre blanche, albâtre, quartz: — காக்கணம் la plante காக்கணம் ou clitoria ternatea à fleurs blanches; — காசம் espèce de mal d'yeux; — காசா sorte d'arbuste à fleurs blanches: — காடு la forêt blanche, nom d'un lieu consacré à Siven; — காந்தள் la plante காந்தள் ou gloriosa à fleurs blanches; — காயம் 1° *P.* வெங்காயம் oignon. 2° (வெண்), corps... blanc: — காரம் borax, espèce de sel artificiel; — காரை crépi — , stucage blanc, — கிடை, — கிடைச்சி l'espèce blanche de கிடைச்சி; — கிளி perroquet blanc; — குங்கிலியம் résine blanche; — குடை parasol blanc, grande ombrelle blanche: — குஷ்டம், — குட்டம் lèpre blanche; — குமுதம், *V.* வெள்ளாம்பல்: — குன்றி variété de l'arbrisseau குன்றி ou abrus dont les grains sont blancs, plante rampante de la — , réglisse; — கூதாளம் la plante கூதாளி ou convulvulus qui croît près de l'eau, nom d'un arbrisseau: — கூடவெண்பா vers ou vemba où il y a trop — , réunion de trop de lettres de la même classe; — கெண்டை espèce de carpe blanche, cyprinus cirrhosus; — கொடிவேலி espèce blanche de கொடிவேலி ou plumbago; — கொல் le métal blanc, *i. e.* l'argent; — கொற்றக்குடை parasol blanc: — கோஷ்டம் variété blanche du costus arabicus, espèce de remède: — சலசமுற்றுள் celle qui a le nénuphar blanc pour siége, *i. e.* Sarasvati; — சாமரை éventail blanc, vergette blanche (faits de poil de yack); — சாரை variété blanche du serpent dit சாரை, sperme; — சீர் pied de vers de 3 syllabes métriques dont la dernière est longue et terminée en காய், il y en a 4 nommés தேமாங்காய், புளிமாங்காய், கூவிளங்காய் et கருவிளங்காய்: — சீர்வெண்டளை connexion de vers dans laquelle après les pieds terminés en காய் et en து le pied suivant doit commencer par une longue; — சுக்கான்கல் une des 120 espèces de minéraux des Indiens, pierre à chaux blanche; — சுடர் l'astre blanc, — aux rayons blancs, *i.e.* la lune; — செந்துறை strophe de 2 vers d'égale mesure et dont le sens et le son sont élégans, on la nomme aussi செந்துறைவெள்ளை; — பதம் légère — , demi-cuisson; — பனி cendres, — blanches; — புள்ளிச்சிமாலை le 31e des சிற்றிலக்கியம் dit aussi தண்டமாலை, série de 300 வெண்பா; — புழுக்கு légère — , demi-cuisson; — பொன் métal blanc, *i.e.* argent, or blanchâtre, or qui a beaucoup d'alliage; — மட்டம், — மட்டவேலை travail — , ouvrage uni, simple, sans ciselure; — மணல் sable blanc; — மணி blanc de l'œil; — மயிர் poil — , cheveux blancs, éventail blanc de poil de yack; — மலை le mont blanc ou la montagne fabuleuse d'argent, *i.e.* le Kaïlâsam résidence de Siven; — மொந்தன் espèce de bananier.

வெண்டகரை, (வெண், தகரை), la plante தகரை ou cassia tora à fleurs blanches.

வெண்டயம், *P.* வெண்டையம்.

வெண்டலை, (வெண், தலை), tête blanche, crâne.

வெண்டளை, (*id.* தளை), connexion de pieds propre au வெண்பா; il y en a 2 sortes: 1° வெண்சீர் வெண்டளை qui veut qu'après les pieds terminés en காய் ou en பூ le pied suivant commence par une longue. 2° இயற்சீர்வெண்டளை qui veut qu'après les pieds terminés en மா ou en நாள் le pied suivant commence par une brève, et qu'après ceux en விளம் ou மலர் le pied suivant commence par une longue.

வெண்டாது, (வெண், தாது), métal blanc, *i. e.* l'argent.

வெண்டாமரை (*id.* தாமரை) nénuphar blanc; — யாள் celle qui est assise sur un nénuphar blanc, *i. e.* Sarasvati.

வெண்டாழிசை, (*id.* தாழிசை), subdivision du வெண்பா, la strophe est composée de 3 vers dont les 2 premiers de 4 pieds et le dernier de trois; mais les différentes connexions de pieds dites தளை sont mêlées ensemble.

வெண்டாழை, (*id.* தாழை), espèce de தாழை ou pandanus à fleurs blanches. [*gér. de* வெண்டுகிறது.

வெண்டி, 1° inutilité, vanité. 2°

வெண்டு, 1° tube, creux, intérieur d'un tube, d'une canne.., écrou ou vis de pendans d'oreilles. 2° *imp. et part. de*

வெண்டுகிறது, டினேன், டுவேன், டு, ட, *v.n.*, வெண்டல், வெண்டுதல், *n. v. et* வெண்டிப்போகிறது se sécher —, se dessécher (au soleil....) être desséché par le soleil.

வெண்டுளசி, வெண்டுளவு, வெண்டுளவம், (வெண், துளசி...), basilic blanc.

வெண்டுறை, (*id.* துறை), une des subdivisions du வெண்பா; elle se compose de 3 à 7 vers dont quelques-uns des derniers ont un moindre nombre de pieds que les autres; du reste elle admet toute sorte de vers, de pieds, et de connexions de pieds.

வெண்டேர், (*id.* தேர்), *litt.* char blanc, mirage dit ordinairement கானல்.

வெண்ணடை, P. வண்ணடை.

வெண்ணடையம், anneau ou bijou de femmes, anneau que les புலைச்சிகள் se mettent au pouce, anneau creux et renfermant de petits cailloux quel'on met aux pieds des chevaux et des éléphans..., grelot, sorte de petite sonnette.

வெண்டோன்றி, (வெண், தோன்றி). V. வெண்காந்தள்.

வெண்ணுங்கு, espèce d'arbre, la plante médicinale நடைக்கொடி.

வெண்ணாயுருவி, (வெண், நாயுருவி), variété blanche de la plante நாயுருவி ou achiranthes aspera.

வெண்ணரி, (*id.*), நரி espèce de plante. [blanc.

வெண்ணாரை, (*id.* நாரை), héron

வெண்ணாவல், (*id.* நாவல்), variété blanche de l'arbre நாவல்.

வெண்ணிலம், (*id.* நிலம்), terre blanche, — nue, terrain sablonneux, — vide.

வெண்ணிலுவை, (*id.* நிலுவை), arriéré supposé, tromperie sur le change...

வெண்ணிலை, (*id.* நிலை), état sans garantie, prêt de main en main, chose prêtée sans hypothèque ou assurance: —ப்பத்திரம் billet —, écrit sans hypothèque; —யாய்வாங்குகிறது emprunter sur un simple billet sans hypothèque.

வெண்ணிறம், (*id.* நிறம்), couleur —, écume blanche.

வெண்ணெய், (*id.* நெய்), beurre frais, — non fondu (alors on l'appelle நெய்): — யுருக்குகிறது faire fondre le beurre; —யெடுக்கிறது prendre —, enlever du beurre, extraire le beurre en barattant le lait ou la crème, — ச்சுறு espèce de réquin; — நல்லூர் nom d'un lieu consacré à Siven.

வெண்ணெய்தல், (*id.* நெய்தல்), nénuphar blanc.

வெண்ணொச்சி (*id.* நொச்சி), variété blanche de l'arbre —, le simple நொச்சி, vitex negundo.

வெண்ணோ, (*id.* நோ), sorte de mal d'yeux.

வெள்ளைமை (id. மை), blancheur, blanc, tendreté, âge tendre, clarté, ignorance, simplicité,

வெள்ளைப்பா,(வெள்ளை,பா), une des 5 espèces de strophes ou de vers tamouls,la plus difficile, la plus commune et la plus estimée.Elle admet les pieds dits இயற்சீர் et வெண்சீர் et la connexion de pieds dite வெண்டளை. Le dernier vers est de 3 pieds dont le dernier est d'une syllabe métrique dite நாளசைச்சீர்;les autres vers sont ordinairement de 4 pieds. Quant au nombre de vers, il varie selon le genre de வெள்ளைப்பா; on en distingue 6: குறள்—,நேரிசை—,சவலை—,இன்னிசை—, சிந்தியல்—,பஃறொடைவெள்ளைப்பா; le 1er a 2 pieds, les 3 suivans en ont 4,l'avant-dernier 3,et le dernier plus de 4.

வெள்ளுப்பு,(id. பு),terre blanche, —sablonneuse, V. வெளிப்பு.

வெதிரம், surdité.

*வெதிரேகம், (P. வியதிரேகம்), différence,—en comparaison ou qu'on trouve en comparant, disparité, dissimilitude, espèce de fig. de rhét. négation, séparation,division,exception, exclusion, défense; வெதிரேகவனுமானம் manière de connaitre la vérité par la différence.

*வெதிரேகாலங்காரம்,(வெதிரேகம்,அலங்காரம்), fig.de rhét.qui consiste à montrer la différence qu'il y a entre l'objet comparé et celui auquel on le compare.

வெதிர், 1° bambou, surdité. 2° *imp. de* வெதிர்க்கிறது. 3° *imp. et part. de*

வெதிர்கிறது, ர்ந்தேன், ர்வேன், ர், ர, v.n. se troubler.

வெதிர்க்கிறது, ர்த்தேன்,ர்ப்பேன், ர், ர்க்க, v. n. வெதிர்த்தல்,n. v. craindre,trembler, avoir peur, se fâcher, s'irriter, être en colère,se troubler.

வெதிர்ப்பு.*n. v. du préc.* crainte, tremblement, trouble, confusion,signe de —, colère indignation.

வெதுக்கலர்,(வெதுக்கல், அர்), qui est fané, desséché.

வெதுக்கல், flétrir, faner, dessèchement, se faner.

வெதுப்படக்கி,(வெதுப்பு, அடக்கி), la plante குப்பமேனி,ballota disticha.

வெதுப்பம்,*n.v.de* வெதுப்புகிறது, chaleur,—douce. [துப்புகிறது.

வெதுப்பல், *opt. et n. v. de* வெ

வெதுப்பு, 1° chaleur,— douce, tiédeur,diarrhée écumeuse,fièvre,*V.* வெம்பு. 2° *imp. du suiv.*:—கொள்ளுகிறது tiédir, prendre —, ressentir une douce chaleur.

வெதுப்புகிறது,ப்பினேன், ப்புவேன், ப்பு, ப்ப, *v. a. de* வெதும்புகிறது,வெதுப்புதல், *n. v.* faner,chauffer un peu, faire tiédir, — chauffer à un degré médiocre,— chauffer une feuille médicinale; வெதுப்பிக்கொள்ளுகிறது chauffer pour soi.

வெதும்பு.*imp.et part. du suiv.* வெதும்புகிறது ou

வெதும்புகிறது பினேன்,புவேன், பு,ப,*v.n.du préc.et* வெதும்பல்,வெதும்புதல், *n. v.* chauffer, —doucement, devenir chaudtiède,être chauffé,desséché,se faner, se fâcher, s'irriter.

வெதுவெதுக்கிறது, துத்தேன், துப்பேன், து, துக்க,*v. n.* avoir une chaleur douce,être tiède.

வெதுவெதுப்பு,*n. v. du préc.* faible—,douce chaleur,tiédeur; —உள்ள tiède.

வெத்தூல்,*P.* வெத்தயம்.

வெத், le dos.

வெத்தயம், வெத்தியம், fenugrec, trigonella fœnum græcum.

வெத்திக்கிறது, தித்தேன், திப்பேன், தி, திக்க, *v. n.* வெத்தித்தல், *n. v.* bouillir, se fâcher.

வெத்திப்பு,*n.v. du préc.* bouillonnement, colère, emportement.

வெத்து, 1° *gér. de* வெகிறது. 2° *P.* பெத்து, branche,parenté: —சனம் parenté, parens;— போகிறது brûler,se consumer, être brûlé; —போனவீடு maison brûlée,—consumée par le feu.

வெத்தை, 1° espèce de petit gâteau, *V.* பிட்டு 2° *P.* வெந்தாய் tu as été brûlé.

வெந்தையம், P. வெந்தியம்.

வெந்நீர், (வெம்), eau chaude.

வெப்பம், (வெப்பு), chaleur, ardeur, bouillonnement, désir, chagrin, colère: —உறல், —உறுகிறது, வெப்பத்தையடைகிறது chauffer, devenir chaud, acquérir de la colère; வெப்பகாரம் chagrin, inquiétude, beau temps.

வெப்பசாலை, P. வெப்புப்பாலை.

வெப்பிக்கிறது, ப்பித்தேன், ப்பிப்பேன், ப்பி, ப்பிக்க, v. n. (வெப்பம்), வெப்பித்தல், n. v. chauffer, devenir chaud, se chauffer.

வெப்பியாரம், (வெப்பு), beau temps: வெப்பியாரப்படுகிறது le temps se mettre au beau.

வெப்பு, (வெ), chaleur, ardeur, chagrin, espèce de maladie: —க்கட்டி clou ou furoncle qui vient au ventre par échauffement; —க்காய்ச்சல் fièvre d'échauffement; —நாற்றம் odeur putride, —malfaisante: —ப்பாலை espèce de maladie d'entrailles ou d'obstruction dans le ventre par flatuosité... V. வெப்புக்கட்டி; —வெப்பென்கிறது, — வெப்பெனல், s'irriter, montrer de la colère, du chagrain: —வெப்பென்றுபேசுகிறது parler avec chaleur, — chagrin ou emportement.

வெப்புறு; (வெப்பு, உறு), chaleur, n. v. imp. et part. de

வெப்புறுகிறது, ப்புற்றேன், ப்புறுவேன், ப்புறு, ப்புற, v. n. (id. உறுகிறது), வெப்புறுதல், n. v. chauffer, devenir—, être chaud, brûlant, s'echauffer.

வெம், adj. de வெம்மை, chaud:....

வெம்பல், opt. et n. v. de வெம்புகிறது, grande —, colère, soupir, sanglot, chose fanée, se faner, fruit prématuré, beau temps, trouble.

வெம்பளிக்கை, வெம்பிளிக்கை, hauteur, orgueil. [—, Bombay.

வெம்பாய், la ville de—, l'ile de

வெம்பினாத்தி, (வெம்பல்), V. எமிலாத்தி.

வெம்புகிறது, ம்பினேன், புவேன், பு, ப, v. n. வெம்புதல், n. v. se mettre—, être en grande colère, s'irriter, soupirer, sangloter, se faner, se flétrir, mûrir avant le temps, se troubler, le temps s'éclaircir, faire beau temps.

வெம்மை, (வெம், மை), chaleur, chaud, ardeur, (c'est un des அறுகுணம்), désir, aspérité, rudesse, dureté.

வெயிக்கை, P. வேர்க்கை.

வெயில், (வெ), chaleur, lumière, soleil, clarté —, chaleur—, rayons du soleil, chaleur d'un jour tropical: —அடிபுனைல் attraper un coup de soleil, être exposé aux ardeurs du soleil: —அடிக்கிறது, —எறிக்கிறது le soleil brûler, — être brillant, ou brûlant, —ardent; —உக்கிரமாயெரிக்கிறது le soleil être extrêmement brûlant; இன்றைக்கு —அகோரம் ஒ வெயிற் aujourdhui il fait bien chaud, — la chaleur est bien forte ou le soleil est brûlant; வெயில்காலிலொட்டிக்கிறது ou ஒட்டிக்கொள்கிறது au soleil les pieds s'attachent (au sable brûlant); வெயிலிலேகாயப்போடுகிறது mettre sécher au soleil; வெயிலில்நடக்கிறது marcher au soleil; வெயிற்குளிக்கிறது être exposé aux ardeurs du soleil; வெயிற்குளிக்கிறது la chaleur du soleil diminuer, litt. devenir fraiche.

வெய்து, P. வெய்யது, ce qui est chaud, — contient de la chaleur. — est mauvais: —யிடுக்கிறது exciter la chaleur —, causer la transpiration (par des moyens artificiels); வெய்துயிர்க்கிறது, (உயிர்க்கிறது) pousser de longs ou de chaleureux soupirs; வெய்துறுகிறது, (உறுகிறது), craindre, se fâcher, s'affliger, éprouver un malheur; வெய்துறல்; n. v. expression ou signe de—, crainte, colère, affliction, malheur; வெய்யெனகிறது s'empresser, se hâter; வெய்யெனல், son —, mot imitatif d'empressement, de vitesse.

வெய்ய, (adj. de வெம்மை), chaud, brûlant, ardent, mauvais: —நீர் eau chaude.

வெய்யது, (வெய்ய), V. வெய்து.

வெய்யவன், வெய்யோன், (வெய்ய), homme méchant, cruel, le soleil, la

5° constellation lunaire dite மிருகசீரிடம், homme qui désire, désireux.

வெய்யவன், வெய்யில், P. வெயில்.

வெரிந், le dos. [être saisi de crainte.

வெரு, crainte: — க்கொள்ளுகிறது

வெருகடி, (வெருகு, அடி), 1° pas —, pied de chat. 2° ou வெருகடிப்பிரமாணம், pincée, autant qu'on peut pincer ou prendre avec le pouce et 2 doigts; வெருகடித்தூள் une pincée de poudre, autant qu'on en peut prendre avec 2 doigts et le pouce.

வெருநம், le dessous de la queue (d'un animal).

வெருகு, chat, — mâle, matou, la racine médicinale dite வெருகங்கிழங்கு.

வெருட்சி, n. v. de வெருளுகிறது, crainte, trouble. [ட்டுகிறது.

வெருட்டல், opt. et n. v. de வெரு

வெருட்டி, crainte, épouvantail, celui qui effraie ou épouvante, n. v. et gér. de வெருட்டுகிறது.

வெருட்டு, épouvantail, action d'effrayer, n. v. imp. et part. de

வெருட்டுகிறது, ட்டினேன், ட்டுவேன், ட்டு, ட்ட, v. a. de வெருளுகிறது, effrayer, épouvanter, terrifier, intimider, troubler, effaroucher, faire fuir. [préc. action d'effrayer....

வெருட்டுகை, வெருட்டுதல், n. v. du

வெருண்ணை, l'arbrisseau பாவட்டை.

வெருண்டு, gér. de வெருளுகிறது.

வெருவந்தம், (வெருவருகிறது), crainte, effroi, terreur: வெருவந்தஞ் செய்யாமை ne pas effrayer, gouvernement doux, (d'un roi....)

வெருவருகிறது, வந்தேன், வருவேன், வர, வர, v. n. (வெரு), வெருவருதல், n. v. craindre, être effrayé.

வெருவல், n. v. de வெருவுகிறது, crainte, peur.

வெருவு, crainte, n. v. imp. et part. de

வெருவுகிறது, வினேன், வுவேன், வு, வ, v. n. (வெரு), வெருவுதல், n. v. craindre, s'effrayer. [கிறது.

வெருளல், opt. et n. v. de வெருளு

வெருளாக்கிறது, வெருளாக்குதல், (வெருள், ஆக்கிறது), s'effrayer, se troubler, chanceler, hésiter.

வெருளி, (வெருளுகிறது), crainte, trouble, ce qui est effrayé, effarouché, ce qui effraie, — effarouche, épouvantail: — காட்டுகிறது effrayer, montrer —, témoigner de l'effroi.

வெருளுகிறது ou வெருள்கிறது, ருண்டேன், ருளுவேன் ou ருள்வேன், ருளு ou ருள், ருள, v. n. வெருளுதல், வெருள்தல், n. v. (வெருள்), ou வெருண்டுபோகிறது, s'effrayer, s'effaroucher, se troubler, être effrayé, effarouché, troublé, infatué.

வெருள், imp. part. et n. v. de வெருளுகிறது, crainte, trouble, frénésie, infatuation.

வெலவெல, son —, mot imitatif de crampes, de convulsions...

வெலவெலக்கிறது, வத்தேன், லப்பேன், ல, லக்க, v. n. ou (வெலவெலவென்கிறது), (வெலவெல), avoir des crampes —, être épuisé de fatigue, avoir des convulsions aux pieds et aux mains: வெலவெலவென்றுதைத்துக்கொள்ளுகிறது être en convulsions, se débattre dans les douleurs de l'agonie.

வெலி, (télinga) et corr. வெலி, bannissement, proscription, excommunication: சாதிக்கு வெலியாக்குகிறது chasser de la caste. [ès.

வெலிகம், la plante சுற்றுழை, alo-

வெலிகாரம், (télinga), borax.

வெலிதி, வெலித்தி, (id.), objet ouvert, — qui laisse des espaces, toile claire, — mince, — non serrée, le contraire de கடுத்தம்.

வெல், imp. et part. du suiv.

வெல்கிறது, V. வெல்லுகிறது.

வெல்லம், 1° mélasse, — de palmier, sucre brut, jagre. 2° P. வெல்லோம், nous ne sommes pas victorieux: வெல்லப்பாகு, — ப்பாணி mélasse de canne à sucre, sirop.

வெல்லல், n. v. et opt. de வெல்லுகிறது, victoire, prééminence.

வெல்லி, petit cardamome.

வெல்லுகிறது ou வெல்கிறது, வென்றேன், வெல்லுவேன் ou வெல்வேன், வெல்லு ou வெல், வெல்ல, v. a. vaincre, conquérir, surmonter,

l'emporter sur, remporter la victoire, triompher de, exceller, avoir la prééminence.

வெல்லுகை, வெல்லுதல், *n. v. du préc.* victoire, prééminence.

வெல்லுமா, (வெல்லும், மா), la bête conquérante, le tigre.

வெல்வி, (வெல்லல்), victoire.

வெவ்வியன், (வெ), homme colère, échauffé, qui a chaud.

வெவ்வினை, (*id.* வினை), combat, mal, mauvaise action, malheur.

வெவ்வுழவு, (*id.* உழவு), terre qu'on ne loue pas (à un autre pour être cultivée), dette de labour arriérée.

வெவ்வேறு, (வேறு *répété en abrégeant la quantité*), *adj.* autre, divers, différent, séparé; *adv.* séparément, diversement: வெவ்வேறே கணக்கு différens comptes, autres comptes, compte à part; வெவ்வேறேயிருக்கிறது, வெவ்வேறாயிருக்கிறது être différens, à part, être —, vivre ou demeurer séparément; வெவ்வேறே வைக்கிறது mettre séparément, — à part, séparer l'un de l'autre.

வெளி, air, atmosphère, régions éthérées. — aériennes, rase —, campagne, plaine, champ, — ouvert, pays découvert, dehors, l'extérieur, publicité, notoriété, clarté, brillant: அந்தர — plain air, temps clair, vastes régions de l'air, plaine, — déserte; மந்தை — champ ou place pour les bestiaux hors du village; மேய்ச்சல் — champ ou terre pour les —, pâturages; வயல் — rizière; — [illegible] parole claire, facile à comprendre; — க்கட்டு bâtisse extérieure d'une maison; — க்காட்சி extérieur, apparence —, apparition extérieure; — திறக்கிறது découvrir, révéler, faire connaître; — திறந்துபேசுகிறது parler ouvertement, clairement, franchement; — த்தட்டு plancher... extérieur, administration —, gestion insouciante, négligente; — தோற்றம் apparence extérieure, — trompeuse, hypocrisie, déguisement de l'intérieur, apparition, naissance, évid[illegible] — நாடுகிறது chercher à [illegible] duire, paraître au dehors; — [illegible] டம் déguisement extérieur, [illegible] ble, — inutile, hypocrisie, [illegible] ruse: — ப்பாட்டு effroi —, ép[illegible] tail extérieur; — ப்பாடு appa[illegible] manifestation, *ou* — ப்படுகிறது [illegible] tir, apparaître, paraître, — au[illegible] se découvrir, être découvert, s'[illegible] cir, devenir — être ma[illegible] public, clair, évident; [illegible] ப்படப்பண்ணுகிறது faire [illegible] quelqu'un (de prison...), le [illegible] paraître; — ப்படுத்துகிறது [illegible] vrir, révéler, publier, manife[illegible] connaître, — paraître, — voir, [illegible] à découvert, — en évidence, [illegible] éclaircir, faire sortir; — ப்ப[illegible] blicité, notoriété, évidence, ch[illegible] nu, — manifeste; — ப்படை[illegible] mot d'une clarté évidente; [illegible] டையுவமை comparaison c[illegible] dont le verbe, l'attribut et [illegible] de comparaison sont clairs; —[illegible] டு apparence, apparition, o[illegible] — ப்புறம், l'extérieur, le deh[illegible] பொருள் chose claire, manife[illegible] jet extérieur, clair, évident, a[illegible] — ப்பொருளாய் ouvertement, [illegible] ment, évidemment, manifes[illegible] extérieurement; — மண்டை écl[illegible] térieure; — மனிதர் étranger[illegible] du dehors; — மா manguier s[illegible] — மான் biche, chevrette; — [illegible] hémorroïdes extérieures, — q[illegible] raissent à l'extérieur; — ம[illegible] deau, voile; — யரங்கம் év[illegible] chose manifeste, publicité, no[illegible] — யரங்கமாகிறது devenir [illegible] notoire, manifeste; — [illegible] ouvertement, publiquement, [illegible] festement; — யாகிறது, — [illegible] *V.* வெளிப்படுகிறது; — யாக்கல், [illegible] குகிறது, *V.* வெளிப்படுத்துகிறது[illegible] யாடை vêtement extérieur, ta[illegible] rie, tenture, — ou guirlande [illegible] pendue, festons; — யிடம் li[illegible] couvert, dehors, extérieur; —[illegible] — யிடுகிறது s'éclaircir, *V.* [illegible]

ப்படுத்துகிறது; — வட்டம் cercle extérieur; — வாங்குதல் le temps s'éclaircir, être évident, brillant; — வாய் bouche indiscrète, — qui ne garde aucun secret; — வாயன் homme indiscret, qui dit tout ce qu'il sait, qui ne peut garder un secret; — விடுகிறது, *V.* வெளிப்படுத்துகிறது; — விருத்தம், (வெளி, *P.* வெள்). une des variétés du வெண்பா, la strophe est de 3 ou 4 vers et chaque vers est suivi d'un mot détaché dit தனிச்சொல்; — வெருட்டு, *V.* வெளிப்பகட்டு; — வேஷம், — வேடம் apparence extérieure, masque —, extérieur, accoutrement; வெளிக்குப்போகிறது sortir, aller dehors, — aux nécessités, — aux besoins naturels; வெளிக்குவருகிறது être découvert: இது வெளிக்குவராமல் உன் மனதிலிருக்கட்டும் garde cela dans ton cœur sans le laisser transpirer au dehors; வெளியிலிருக்கிறது être dehors, — en dehors; வெளியேபோகிறது sortir dehors, aller aux nécessités; வெளியே போடுகிறது jeter, — mettre dehors.

வெளிக்கிறது, ளித்தேன், ளிப்பேன், ளி, ளிக்க, *v. n.* (வெளி), வெளித்தல், *n. v.* le temps s'éclaircir, briller, être clair, évident, devenir inutile.

வெளிசம், hameçon.

வெளிச்சம், (வெளி), lumière, clarté, matière lumineuse, flambeau, lampe, rayon du soleil, publicité, évidence: — ஆகிறது devenir clair, — public; — காட்டுகிறது, — கொடுக்கிறது montrer la —, présenter —, donner de la lumière, briller éclairer; — ஆன lumineux, brillant, clair, évident; — பட்டால், நிறங்காணும் si la lumière donne ou brille dessus, la couleur paraitra.

வெளிது, (வெளி), chose blanche, claire, vide, inutilité.

வெளிப்பு, *n. v. de* வெளிக்கிறது, éclaircissement, lieu découvert, clarté, temps clair.

வெளியார், (வெளி), gens de l'extérieur, ou qui n'ont que l'extérieur, ignorans.

வெளில், blancheur, écureuil, piquet, pieu, pilier, poteau, (pour lier un animal, pour attacher un éléphant), — pour assujettir la batte à beurre, batte à beurre.

வெளிறர், (வெளிறு), gens ignorans, simples.

வெளிறு, 1° (வெண்மை), ignorance, simplicité, blancheur, l'arbre cordia, ou நறுவிலிமரம், arbre neutre, — qui n'a pas de cœur, *i. e.* de partie dure au milieu. 2° *imp. et part. de*

வெளிறுகிறது, றினேன், றுவேன், று, ற, *v. n.* வெளிறல், வெளிறுதல், *n. v.* (வெளிறு) blanchir, être —, devenir blanc, — blanchâtre.

வெளிற்று, *obl. de* வெளிறு: — மரம் arbre neutre, sans cœur, l'arbre நறுவிலி.

வெளிற்றுரை, (வெளிற்று, உரை), mot inutile, — qui n'a pas de sens.

வெளுக்கிறது, ளுத்தேன், ளுப்பேன், ளு, ளுக்க, *v. a. et n.* (*le* ciel...), blanchir, le jour poindre, commencer à s'éclaircir, — à faire jour, blanchir, devenir blanc, — propre (par le lavage), blanchir —, laver le linge: கிழக்குவெளுக்கின்றது l'orient commence à blanchir; வெளுத்தசீலை toile blanchie, lavée; வெளுத்துப்போகிறது devenir blanc.

வெளுத்தல், 1° *n. v. du préc.* 2° nom d'un arbre.

வெளுப்பு, *n. v. du même*, blanchissage, blancheur, couleur blanchâtre, — blanche (donnée par le lavage), pâleur, — causée par la maladie, blancheur de l'aurore, aube, aurore.

வெளுவெளுக்கிறது, (வெளுக்கிறது *répété*), blanchir extrêmement, devenir extrêmement blanc ou pâle.

வெளுவெளுப்பு, *n. v. du préc.* blancheur, — ou pâleur causée par la maladie. [blanchissage, blancheur.

வெளுவை, *n. v. de* வெளுக்கிறது,

வெளேரென்கிறது, (வெண்மை), paraitre blanc, — très-blanc (à une certaine distance).

வெள்,adj. de வெள்ளை, blanc, clair,net, franc,sincère,simple.

வெள்கல், crainte, honte, opt. et n. v. de

வெள்குகிறது, கினேன்,குவேன், கு, க, v. n. வெள்குதல், n. v. avoir peur, –honte,s'effrayer,devenir –, être honteux,intimidé.

வெள்வரி, (வெள்), cauris ou petit coquillage qui sert de monnaie.

வெள்வாடை, (id.) vent du nord faible,chose tendre,petite.

வெள்வெங்காயம், (id.) ail.

வெள்வெடி,(id.) simple détonnation,coup de boite..... pour faire du bruit. [ixora alba,ixore blanche.

வெள்வெட்சி, (id.) l'arbrisseau

வெள்வேலவன், (id. வேல்), celui qui porte un javelot brillant (épithète de roi.) [leucophloca.

வெள்வேல், (id.), acacia blanc,–

வெள்ளடி, (வெள், அடி), effroi, épouvantail, pieds nus, –simples: –ச்சேவல், coq qui combat sans avoir de lames attachées aux pattes.

வெள்ளணி, (id. அணி), réjouissances pures,ornemens blancs...

வெள்ளம்,mer,torrent, inondation,courant–,crue d'eau (dans une rivière...),eau nouvelle qui arrive dans un fleuve, flux, marée montante,abondance,légion,grand nombre (égal à மகாசங்கம்,ou 100 quatrillions dans l'énumération des géans),இதுபோதும் –c'est une quantité bien suffisante,c'est plus qu'il ne faut;வெள்ளக்கேடு grand débordement, inondation, — totale (d'un lieu, d'un champ...);–ச்சேதம் perte provenant d'inondation:– நதி fleuve débordé; –நீர் eau du torrent, – qui vient dans les crues; –ப்பாடு endroit exposé aux inondations, creux, bas fond, perte causée par l'inondation.

வெள்ளரசு,(வெள், அரசு), variété blanche de l'arbre அரசு, gouvernement simple. [poux d'habit.

வெள்ளரக்கீரை, (வெள், அரக்கீரை),

வெள்ளரி, – காய், concombre, – dit cucumis sativus.

வெள்ளலரி, (id. அலரி); laurier blanc, arbrisseau அலரி ou nerium à fleurs blanches.

வெள்ளல்லி,(id. அல்லி),nénuphar blanc, nymphæa alba.

வெள்ளவரை, (id. அவரை),espèce de pois à fleurs blanches,dolichos lablab.

வெள்ளழுகல், (id. அழுகல்), blancheur de pourriture, chose devenue blanche en pourrissant.

வெள்ளறிவன், (id. அறிவு), ignorant,imprudent. [prudence.

வெள்ளறிவு,(id.), ignorance, im-

வெள்ளறுகு,(id. அறுகு), la plante exacum hyssopifolium.

வெள்ளாங்குடி,(வெள்ளாம்),bourg ou village de Vellages ou cultivateurs.

வெள்ளாஞ்செட்டி, (id.), marchand de la caste des Vellages.

வெள்ளாடு, (வெள், ஆடு), chèvre; வெள்ளாட்டுக்கிடா bouc;— குட்டி chevreau, cabri.

வெள்ளாட்டி, (id. ஆட்டி), servante,domestique, jeune fille esclave, femme de rien,— de mauvaise vie, concubine.

வெள்ளாண்மை, (id. ஆண்மை), moisson,— mûre ou presque mûre (dans le champ),agriculture, labourage.

வெள்ளாந்தை, (வெள், ஆந்தை), espèce de hibou blanc, serpent boa.

வெள்ளாப்பு,(வெள், ஆப்பு), point du jour.

வெள்ளாமை, P. வெள்ளாண்மை.

வெள்ளாம், adj. de வெள்ளாண்மை: –பிள்ளை,homme d'une subdivision des வெள்ளாழர் ou Vellages.

வெள்ளாம்பல்,(வெள்,ஆம்பல்), V. வெள்ளல்லி.

வெள்ளாவி, (id. ஆவி), simple vapeur, vapeur d'eau pour blanchir le linge, lessive, — à la vapeur: சீலையை வைத்திறது ou போடுகிறது mettre blanchir le linge à la vapeur d'eau,faire la lessive;–தட்டுகிறது (une sauce...) prendre le goût de fumée, de vapeur; –வைக்கிறது,

வெள்ளாவிக்குப்போடுகிறது mettre à la lessive, à la vapeur d'eau.

வெள்ளாவிரை, (வெள், ஆவிரை), variété blanche de l'arbrisseau ஆவிரை, cassia à fleurs blanches.

வெள்ளாளச்சி, வெள்ளாட்டிச்சி, fille ou femme vellage, — de la caste des வெள்ளாழர்.

வெள்ளாழன், வெள்ளாளன், (வெள், ஆளன்), pl. வெள்ளாழர்..., agriculteur, cultivateur, Vellage, (caste qui a plusieurs subdivisions et dont l'affixe honorifique est le mot பிள்ளை, qu'on ajoute à leur nom propre: கார்காத்தவெள்ளாழர் ou கார்காத்தார் subdivision des Vellages du Maduré, dont l'office était de garder les champs et de demander de la pluie; சோழிய—, துளுவ—, பாண்டிய—, மலையாளர் வெள்ளாழர் Vellages du Tanjaour, du pays Toulouva, du Maduré, du Maléalam; நத்தமான் வெள்ளாழர் cultivateurs ou Vellages nommés ordinairement உடையார்.

வெள்ளாறு (வெள்ளம், ஆறு), torrent, le Vellâr, nom d'une rivière.

வெள்ளாண், (வெள், ஆண்), adj. de Vellages ou de cultivateurs: — குடி V. வெள்ளாளக்குடி; — செட்டி marchand vellage; — பிள்ளை, V. வெள்ளாப்பிள்ளை.

வெள்ளி, (வெள்), argent, la planète Vénus ou சுக்கிரன், couleur blanche, blancheur, vendredi; — க்கரண்டி cuillère d'argent; கல்— métal mélangé, métal d'étain et de fer, fer blanc; க்காசு monnaie d'argent, sorte de poisson; — க்கிழமை vendredi; — க்கோல் baguette d'argent, balance romaine, peson; ச்சரிகை galon —, fil —, tissu —, broderie d'argent; — ச்சிலை statue ou idole d'argent; — த்தகடு légère plaque —, plaque d'argent; — தகடடிக்கிறது battre un plaque d'argent, en faire une; — தகட்டிலேவழுக்கிறது couvrir d'une plaque d'argent, plaquer en argent; — நிமிளை bismuth couleur d'argent; — ப்பெயர்வு passage de Vénus d'un signe dans un autre; — ப்பொட்டுகள் cloux d'argent pour ornement; — மடந்தான், — மடந்தைக்கெண்டை espèce de carpe, cyprinus cirrhosus; — மணல் sable d'argent, — mêlé de minerai d'argent, — மலாம் argenture, action d'argenter, couche d'argent, — மலை montagne à mines d'argent, la fabuleuse montagne d'argent, i. e. le கைலாசம் résidence de Siveu; வெள்ளிவிளக்குப்போகிறது s'en aller —, partir un vendredi, regardé par les superstitieux Indous comme néfaste aux femmes, prêter ou faire un paiement en ce jour est aussi censé de mauvais augure.

வெள்ளிடி, (வெள், இடி), simple tonnerre, tonnerre ou foudre sans pluie, ou sans signe de pluie.

வெள்ளிடை, (id. இடை), plain champ, place ouverte, plaine.

வெள்ளிண்டு, (id. இண்டு), variété de l'இண்டு à fleurs blanches, mimosa spinosiliqua. [bétel.

வெள்ளிலை, (id. இலை), feuille de

வெள்ளில், l'arbre விளா, feronia, bière ou cercueil: வெள்ளில்வோத்திரம், (லோத்திரம்), écorce médicinale de l'arbre susdit.

வெள்ளிறுமந்தாரை, (வெள், இறு), variété de l'arbre மந்தாரை bauhinia.

வெள்ளிறாமீன், (id. இறா), le poisson dit நெய்மீன், (en portugais peixe serra), ou

வெள்ளிறால், (id. இறா, இறால்), espèce de chevrette, cancer setiferus ou gammarus.

வெள்ளீயம், (வெள், ஈயம்), étain: — பூசுகிறது étamer: வெள்ளீயமணல் minerai d'étain.

வெள்ளீரல், (id. ஈரல்), poumon.

வெள்ளுப்பு, (id. உப்பு), sel blanc.

வெள்ளுழவு, (id. உழவு), simple labourage, labourer dans la poussière.

வெள்ளுள்ளி, (id. உள்ளி), ail, allium sativum.

வெள்ளுறட்டி, (id. உறட்டி), espèce de pâtisserie simple ou sèche.

வெள்ளுமத்தை, (id. ஊமத்தை), la plante datura metel.

வெள்ளெருக்கு, (*id.* எருக்கு), la plante asclepias gigantea à fleurs blanches.

வெள்ளெலி, (*id.* எலி), rat blanc.

வெள்ளெலும்பு, (*id.* எலும்பு), os nu, os blanc, décharné, dégarni de chair.

வெள்ளெழுத்து, (*id.* எழுத்து), *litt.* lettres blanches, *i.e.* affaiblissement ou obscurcissement de la vue (qui empêche de distinguer les lettres), vue trouble.

வெள்ளெள், வெள்ளெள்ளு, (*id.* எள்), sésame blanc, — à graines ou à fleurs blanches.

வெள்ளெனல், வெள்ளெனகிறது, (*id.*), blanchir, être—, devenir blanc, se hâter: வெள்ளென promptement, vite, bientôt, de bonne heure, de grand matin, à l'aube du jour.

வெள்ளேடு, (*id.* ஏடு), feuille ou ôle blanche, — non écrite, [tueux.

வெள்ளோறள், fer gâté, — défec-

வெள்ளை, (வெள்), blancheur, blanc, argent, pureté, clarté, franchise simplicité, ce qui n'a pas un sens profond, chose facile à comprendre, poème blanc dit வெண்பா, espèce de maladie, fleurs blanches, gonorrhée, sperme, — humain, chèvre, chevreau, (surnom de) Balabhadra ou பலபத்திரன், conque, dais ou pavillon, l'arbre வேங்கை: வெள்ளைக்கில்லைகள்ளச்சிந்தை le blanc, *i. e.* une âme pure ou franche n'a pas de dessein perfide; வெள்ளைகட்டுகிறது attacher une toile (ordinairement) blanche sous le toit ou au plafond d'une maison; — க்கரு, blanc de l'œuf; — க்கவி vers clairs et intelligibles, composés de mots simples et faciles; — க்காக்கணம், — க்காக்கணன் la plante clitoria ternatea à fleurs blanches; — க்காரர் les blancs, les Européens; — க்காரை variété blanche de l'arbrisseau காரை; — க்கிலுகிலுப்பை l'arbuste crotalaria verrucosa; — க்கிளி perroquet blanc; — க்கீரி mangouste blanche; — க்கீரை herbes potagères blanchâtres, amaranthus polygamus; — க்குங்கிலியம் résine blanche, sorte de remède; — க்குன்றி, V. வெண்குன்றி; — க்குன்றிமணி grains blancs de l'arbrisseau dit வெண்குன்றி; — க்கொம்பு branche ou corne blanche, cheveux blancs; — ச்சாமந்தி, V. வெள்ளைச்செவ்வந்தி; — ச்சாய்க்கிறது, (*avec le dat.*), V. வெள்ளையூதுகிறது; — ச்சாரணை variété blanche de la plante trianthema monogyna; — ச்செவ்வந்தி chrysanthème indien à fleurs blanches; — ச்சோளம் maïs ou blé de Turquie blanc, holcus sorghum; — த்தமிழ் tamoul facile, — vulgaire; — த்துத்தம், vitriol blanc, sulfate de zinc; — நாவல் variété blanche de l'arbre நாவல், — நாவற்சதகம், poème de 100 strophes en l'honneur de Siven; — நிறம் couleur blanche; — நிறத்தாள் celle qui est de couleur blanche, *i. e.* Sarasvati; — நெல் riz blanc, espèce de riz; — புரளுகிறது être couché sur le dos; — ப்பசளை la plante basella alba; — ப்பவளம், V. வெள்ளைப்போளம்; — ப்படலம் tache —, taie blanche; — ப்பாகல் variété blanche de la plante பாகல்; — ப்பாஷாணம் arsenic blanc; — ப்பாவாடை toile blanche, — qu'on étend par terre dans les grandes solemnités; — ப்பிள்ளை enfant —, homme franc, — sans déguisement; — ப்புத்தி esprit franc, — simple, — d'enfant; — ப்பூண்டு ail, allium sativum: — ப்பேச்சு parole —, langage clair, — net: — ப்பொன்குமிழை nom d'une plante exotique; — ப்போளம் myrrhe, nom d'une pierre précieuse, corail blanc; — மந்தாரை l'arbre bauhinia candida; — மனிதர் hommes blancs, Européens; — மாதளை grenadier dont les grains sont blancs (au lieu que d'ordinaire ils sont rouges): — மெய்யாள் celle qui a le corps blanc, *i.e.* Sarasvati; — யடிக்கிறது, — யடித்தல் blanchir (les murs... avec de la chaux délayée); — யம்மான்பச்சரிசி la plante euphorbia incana; — யானை, — வாரணம் éléphant blanc, (c'est la monture d'Indiren et de Ayénar, et l'éléphant fabuleux qui, au dire des Indous, soutient le monde à l'est);— யானையூர்தி,— வாரணன் celui qui monte un éléphant blanc, *i. e.* Indiren, Ayénar; —வீரல் poumon;— பூமிக்கிறது, பூப்பூக்கிறது, (*dut.*), avoir les fleurs blanches, avoir la gonorrhée;— விழி le blanc de l'œil;—வெளுக்கிறது blanchir des vêtemens;—வெளேரென்கிறது, —வெளேரென்னல் être très-blanc.

வெள்ளொத்தாழிசை, (வெள், ஒத்தாழிசை), *V.* வெண்டாழிசை.

வெள்ளொலியல், (*id.* ஒலியல்), frange d'habit.

வெள்ளோக்காளம், வெள்ளோக்காளம், (வெள், ஓக்காளம்), simple nausée, mal de cœur sans vomissement,—où on ne rend que de l'eau:— எடுக்கிறது avoir de ces nausées, l'estomac malade.

co வெள்ளோடன், (*id.* ஓடு), pulpe du —co qui s'est détachée de la coque.

வெள்ளோந்தி, (*id.* ஓந்தி), caméléon blanc.

வெள்ளோலை, (*id.* ஓலை), ôle blanche,— simple,— ou feuille de palmier non écrite ou sans cachet.

வெறா, வெறாத, *part. nég. de* வெறுக்கிறது.

வெறாதவன், qui n'abhorre pas,— ne hait pas; வெறாது, வெறாமை, *gér. n. v. nég. du même.*

வெறி, ivrognerie, enivrement, ivresse, colère, fureur (provenant de l'ivresse, de la colère, de la passion, de la possession du démon...), vertige, trouble, —d'esprit, confusion, callou ou toddi fermenté, liqueur enivrante, danse de possédé, d'énergumène,—de poûsâri ou sacrificateur possédé de முருகன் ou d'un malin esprit, démon, odeur, puanteur, peur, crainte, promptitude, brebis, maladie, figure ronde, *n. v. imp. et part. de* வெறிக்கிறது, *et n. v. et imp. de* வெறிக்கிறது: மூர்க்க— ivresse frénétique, fureur, —entêtée;— கொள்ளுகிறது s'enivrer, devenir ivre, possédé, furieux; —க்குணம் caractère d'ivrogne, —d'enthousiaste, de possédé, de furieux,— porté à l'ivrognerie, à la colère, à la fureur, ou sujet au trouble d'esprit;—தரக்குகிறது être enivré, l'ivresse —, la fureur—, le démon saisir;— யாடுகிறது s'enivrer, être ivre, possédé, danser en énergumène;— யாடல் possession, enivrement, bacchanale, danse frénétique ou bachique devant certains temples ou en l'honneur de certaines idoles;— யாட்டு enivrement, ivresse, frénésie, possession du démon, fanatisme;— யாட்டாளன், (ஆட்டு, ஆளன்), énergumène, poûsâri, ou autre possédé par முருகன் ou quelqu'autre démon, homme ivre, furieux, fanatique;— யாட்டாளர், *pl.* possédés ou énergumènes qui exécutent des danses bachiques devant les temples;— வெறிக்கிறது, *V.* வெறிகொள்ளுகிறது; — வெறித்தவன் homme ivre, possédé, furieux;— விலக்கு arrêter la frénésie,— la fureur de la possession,— la perturbation d'esprit, c'est un des sujets de la poésie érotique.

வெறிகிறது, றிந்தேன், றிவேன், றி, றிய, *v. n.* வெறிதல், *n. v.* se presser, se serrer, être pressé, serré, excité.

வெறிக்கிறது, றித்தேன், றிப்பேன், றி, றிக்க, *v. n. et a* வெறிக்குதல், வெறித்தல், *n. v.* fixer, regarder fixement, d'un air effaré ou menaçant, troubler, s'enivrer, devenir—, être ivre, fou, possédé, furieux de colère ou d'ivresse, violent, stupéfait, se troubler, devenir solitaire, vide, abandonné, inutile: வெறிக்கப்பார்க்கிறது regarder fixement,— d'un air menaçant, considérer attentivement ou curieusement; வெறிக்கவுருக்கொண்டுபார்க்கிறது regarder d'un air colère et furieux; வெறித்திருக்கிறது être à regarder fixement, être ivre, furieux...; வெறித்துப்போகிறது devenir solitaire, vide, abandonné (une place ou la cour du roi en son absence...); மரம் வெறித்துக்கிடக்குது l'arbre a été ébranché, — élagué; அவனுக்குவெறித்தது l'ivresse l'a pris, il est ivre. [nité.

வெறிமை (வெறு), vide, vacuité, va-

வெறிது, (வெறு), ignorance, vide, marc, chose dont on a tiré le suc, *V.* வறிது.

வெறித்த, *part. passé de* வெறிக்கிறது: — பார்வை, regard effaré, fixe, effrayant.

வெறிப்பு, *n. v. du même*, ivresse, fureur, trouble, — d'esprit, possession, famine, vide: — காலம் temps de disette.

வெறியன், (வெறி), ivrogne, homme ivre, furieux, fou: — தண்ணீர்ப்பந்தல் cabaret, — d'ivrognes.

வெறு 1° *adj. de* வெறுமை, vacant, vide, vain, simple, seul, pauvre. 2° *imp. de* வெறுக்கிறது: — நாள் la 15° constellation lunaire dite சுவாதி; — நாய்சந்தைக்குப்போனால் வெள்ளிக்கோலடிபட்டுவரும் si un chien va seul au marché, il s'en reviendra battu à coups de peson, si quelqu'un va au marché sans argent, il ne recevra que du tracas; — மனை emplacement de maison, ou maison —, terrain vide.

வெறுக்கிறது, றுத்தேன், றுப்பேன், று, றுக்க, *v. n. et a.* avoir en aversion, ne vouloir pas, abhorrer, détester, mépriser, haïr, renier, renoncer à, rejeter, refuser, abolir, s'irriter, se fâcher, être en aversion, montrer —, exciter de l'aversion, répugner: உலகத்தை — renoncer au monde; தன்னுத்தியோகத்தை — prendre en aversion —, renoncer à son emploi; ஒருவனை —, détester —, mépriser quelqu'un, lui montrer de l'aversion; வெறுக்கச்சாப்பிடுகிறது manger à satiété, — jusqu'au dégoût; வெறுத்துப்போடுகிறது renoncer, rejeter avec horreur; எனக்குவெறுக்குது cela me fait mal au cœur, me dégoûte, est un sujet d'aversion pour moi; இவனுக்குமவனுக்கும்வெறுத்திருக்கிறது il y a de l'aversion entre celui-ci et celui-là, ils se haïssent mutuellement.

வெறுக்கை, 1° prospérité, félicité, richesse, or, grandeur, curiosité, objet élégant, chose curieuse, excellente, caillou. 2° ou

வெறுத்தல், *n. v. du préc.* aversion, colère, horreur, haine, renoncement.

வெறுங், *P.* வெறும்: — கடுதாசி simple papier, papier blanc, sans écriture; — குடம் cruche vide, homme stupide, sot; — கை main vide, pauvreté, manque; — கையன் qui a les mains vides, sans défense, pauvre.

வெறுஞ்சோறு, (வெறும்), riz cuit seul, — sans assaisonnement.

வெறுந்தண்ணீர், (*id.*), de l'eau seule, — simple. [songe.

வெறுந்தப்பறை, (*id.*), pur men-

வெறுப்பு, *n. v. de* வெறுக்கிறது, aversion, répugnance dégoût, horreur, mépris, haine, renoncement, peur, colère, trouble, confusion, presse, étroitesse, affliction, malheur: வெறுப்பில்லாமற்கொடுக்கிறது donner sans répugnance, de bon cœur; வெறுப்பின்மை être sans dégoût, sans aversion..., bon cœur, plaisir; — காட்டுகிறது montrer de l'aversion...; — கொடுக்கிறது donner du dégoût, déplaire, répugner; வெறுப்புக்கிருக்கிறது, (உ-க்கு), avoir de l'aversion, être dégoûté, mécontent; என்பேரில் வெறுப்புஞ்சலிப்புமாயிருக்கிறான் il a pour moi de l'aversion et du déplaisir.

வெறுமனே, (வெறும், அன், ஏ), en vain, inutilement, sans profit, (employé surtout par les brames.)

வெறுமை, (வெறு, மை), vacuité, vide, vanité, vacance, manque, pauvreté, (l'adj. est வெறு, வெறும், வெறு): — போகிறது s'en aller les mains vides, sans rien recevoir, sans rien absolument; — ப்பட்டவன் homme pauvre; — யிரு reste vide, — tranquille.

வெறும், *adj. de* வெறுமை, vide,

vacant, vain, simple, seul, pauvre, dépourvu: — பானை cruche vide: — பானையிலீப்புகுந்தாற்போலே comme si une mouche entrait dans une cruche vide, *i.e.* vainement; — பிறுக்கு vaine parade, — ostentation, vain masque; — பிழை n'être que —, pure erreur, — faute: — புறங்கூறல், — புறங்கூற்று pure calomnie, faux rapport: — புறம் vain extérieur, pur néant.

வெறுமாய், (வெறு, ஆய்), vainement, inutilement: — அலட்டுகிறது importuner inutilement, *ou* — பசப்புகிறது dire des paroles vaines, bavarder inutilement.

வெறுவிலி, (வெறு, இலி), homme absolument —, pauvre.

வெற்பன், (வெற்பு), chef d'un pays montagneux, montagnard.

வெற்பு, montagne.

வெற்றம், (வெல்லுகிறது), victoire.

வெற்றாள், (வெற்று, ஆள்), simple ouvrier, personne sans ouvrage, — sans fardeau, — seule, pauvre.

வெற்றி, (வெற்றம்), victoire, triomphe, prééminence: — காணுகிறது voir la victoire, *ou* — கொள்ளுகிறது remporter la victoire, vaincre, triompher; — க்கம்பம், *V.* வெற்றிஸ்தம்பம்; — க்கரந்தை மஞ்சரி le 33me des பிரபந்தம், panégyrique d'un guerrier qui couronné de basilic délivre et ramène le bétail que l'ennemi avait enlevé; — க்குதிரை cheval qui a remporté le prix (à la course...); — க்கொடி drapeau —, insigne de la victoire: — சிறக்கிறது triompher; — ச்சீட்டு billet gagnant, — qui dans une loterie remporte le prix; — தோல்வை victoire et défaite, gain et perte; — த்தண்டை anneau qu'on met aux pieds en signe de victoire et de bravoure: — த்தம்பம் — ஸ்தம்பம் pilier —, colonne de la victoire, — élevée en signe de victoire; — மாலை guirlande de la victoire, — dont on orne le vainqueur; — யாய் victorieusement; — வாகை couronne ou guirlande de வாகை, *i. e.* de mimosa dont on orne le vainqueur; — வேந்தன் vainqueur, conquérant, triomphateur; — வேல் javeline —, lance —, arme victorieuse; — வேற்கை nom d'un poème.

வெற்றிலை, (வெற்று, இலை), *litt.* simple feuille, bétel, feuille de bétel (que les Indiens mâchent avec de la chaux et la noix d'arec): — க்கட்டு paquet de bétel; — க்காய் graine du bétel; — க்கால் pieu ou support —, jardin —, plantation de bétel: — க்கொடி, — க்கொழுந்து la plante grimpante —, la pousse du bétel; — ச்சளா, *V.* வெற்றிலைத்தட்டி; — ச்சுருட்டி espèce de ver qui s'enroule dans les feuilles de bétel; — ச்சுருள் rouleau de feuilles de bétel, — de bétel que les mariés prennent dans leurs mains; — த்தட்டம் plat pour mettre le bétel: — த்தட்டி treillage pour le bétel; — த்தம்பலம் jus du bétel mâché avec l'arec: — நறுக்கி espèce d'arbrisseau; — நாறி espèce de buisson; — ப்பூமணி espèce de bijou des femmes; — போடுகிறது mettre —, présenter du bétel: — வெடிபதம் cuisson qui fait fendre la feuille de bétel, un des degrés de cuisson de l'huile médicinale, celui où il n'y reste plus d'eau; — வைக்கிறது, — வைத்தல் mettre —, présenter du bétel (signe d'invitation à un mariage).

வெறு, *adj. de* வெறுமை, *V.* வெறும்: — க்கால் pieds nus: — க்காலன் homme qui va pieds nus, — ப்பாவசங்கீர்த்தனம் simple confession, confession préparatoire (sans absolution ou sans communion); — மனிதன் homme sans ouvrage, sans fardeau.

வெற்றுடம்பு, (வெற்று, உடம்பு), simple corps, *i.e.* homme sans renommée, corps maigre, sans embonpoint, — sans ornemens.

வெற்றெலும்பு, (*id.* எலும்பு), pur os, os dégarni de chair, squelette.

வெற்றெருது, (*id.* எருது), simple bœuf, bœuf qui va à vide, — de rechange.

வெற்றெனா,(*id.*என),d'une manière vide, simple...: — த்தொடுத்தல் composer —, écrire trop simplement, — d'une manière vide d'intérêt, c'est un des 10 defauts d'une composition dits நூற்குற்றம்-ம.

வெற்றேடு,வெற்றோலை,(*id.* ஏடு, ஓலை),feuille ou ôle simple, — blanche, non écrite.

வெற்றொழிப்பு.(*id.* ஒழிப்பு),fig. de rhét. par laquelle on rejette les qualités de l'objet comparé pour lui donner celles de l'objet auquel on le compare, *Ex.* மதியன்றுவெள்ளாம்பற்பூ ce n'est pas la lune, c'est une fleur de nénuphar blanc.

வெனைப்பிசி, l'herbe, இருவேலி.

வென்,le dos.

வென்ற,வென்று,*part.et gér.* de [வெல்லுகிறது.

வென்றி, (வெல்லுகிறது), 1° victoire. 2° *P.* வென்றாய் *ou* வென்றனை tu as vaincu: — மாலை guirlande de triomphe, — qu'on donne au vainqueur. l'auteur du pourâna ou de la légende de செந்திபுரம்.

வென்றோன்,*pl.* வென்றோர்,*n.app. du même*, vainqueur, conquérant, celui qui a dompté ou soumis ses sens, qui a surmonté ses passions, (surnom de) Arouguen.

வென்னிடுகிறது, (வென், இடுகிறது),montrer le dos, prendre la fuite

வே, 1° lettre syllabique composée de வ் et de ஏ. vè 2° espionnage, action d'explorer. 3° *imp.de* வேகிறது.

வேக, 1° *inf.de* வேகிறது. 2° *adj.de* வேகம். [mule, mulet, chameau.

*வேகசரம், (வேகம், sara *qui va*),

*வேகடம்,(vèkata),espèce de poisson, jeunesse, joaillerie, poli des pierreries ou des bijoux.

*வேகடன், (*id.*),jeune homme, adolescent, joaillier, celui qui polit les pierreries ou les bijoux.

*வேகம், (vèga),impétuosité, vélocité, vitesse, promptitude, hâte, agilité, énergie, ardeur, chaleur, colère, animosité, rigidité, sperme, évacuation des excrémens: வேகக்காரர் gens prompts, agiles, colères; வேகக்குதிரை cheval vif, — agile; — நாசம் phlegme; — சோதம்,(உசோதம்),obstruction des excrétions naturelles, maladie qui cause cette obstruction, rémora, *ou* — விதாரணம்,(vidhArana *détention*), empêchement, obstacle, retard, constipation.

*வேகரம், (வேகம், ra *qui donne*), véhémence, ardeur, sévérité, âpreté.

*வேகவதி,(*id.* vati *affixe*),*fém. de* வேகவான், l'agile, la rapide, la rivière கம்பை près de Candjivaram, le வைகை rivière de Maduré.

*வேகவத்தரம்,வேகவத்தமம்,(vègavat *agile* —,தரம்,தமம் *comparatif et superlatif*), grande vitesse.

*வேகவான், (வேகம், vân),homme prompt, agile, alerte, vif.

*வேகாகாதம்,(வேகம், ஆகாதம், *résistance*), empêchement, obstacle, constipation.

வேகா,வேகாத,*part.nég.de* வேகிறது, qui ne brûle pas...: வேகாதகல் brique non cuite, — mal cuite.

வேகாளம்,(வேகம், ஆளம்),vitesse, rapidité.

*வேகி, 1° (*id.*),homme vif, leste, actif, prompt, agile, alerte, courrier, postillon, faucon. 2° *imp. de* வேகிக்கிறது,கித்தேன், கிப்பேன், கி,கிக்க,*v.n.* வேகித்தல்,*n.v.* se hâter, se presser, devenir —, être prompt, vif, alerte. [promptitude, rapidité.

*வேகிதை,(வேகம்,itâ), vélocité,

வேகிறது, வெந்தேன்,வேவேன், வே,வேக ou வேவ,*inf.* வேகேன் ou வேவேன்,*nég.* வேகுதல், *n.v.* brûler, bouillir, cuire, être chaud, brûlant, étouffant: வேகவைக்கிறது mettre cuire, — brûler, — au feu ou sur le feu pour cuire; வேகும் *part.fut.* qui brûlera... *V. le gér.* வெந்து.

வேகு, *P.* வேவு, espionnage, action d'explorer, d'écouter à la sourdine.

வேக்காடு,(வே, காடு *affixe*), brûlure, cuisson, action de brûler, de bouillir: வேக்காடுள்ளகல் brique bien cuite.

வேக்காளம், 1°(வேகிறது),chaleur étouffante. 2° *P.* வேக்கரளம்: வேக்கா

கப்பு இருக்கிறது brûler, faire —, éprouver une chaleur étouffante, le temps se mettre au beau, avoir honte.

வேங்கடம், Vèngadham, 1° montagne de திருப்பதி qui forme la limite nord du pays tamoul, et se nomme pour cela வடவேங்கடம், Vèngadham du nord. 2° montagne près de Maduré dite அழகர்மலை ou தென் வேங்கடம் Vènghadam du sud.

வேங்கடகோட்டசுவாமி, (வேங்கடம், நாச்சுவாமி), le dieu prétendu de வேங்கடம் ou திருப்பதி, i.e. Vichnou.

வேங்கை, 1° ou — ப்புலி, tigre, — royal, — rayé ou à raies. 2° or. 3° ou — மரம் l'arbre அசனி ptérocarpe, pterocarpus bilobus.

*வேசகம், 1° (pètchaka, பேசகம்), bout de la queue de l'éléphant, queue (d'animal). 2° (vèsaka), maison. [tigue, langueur.

வேசடை, affliction, chagrin, fa-

*வேசந்தம், (vèsanta), étang, bassin, feu.

*வேசம், 1° (vèsa), porte, entrée, aller ou allée, maison, maison —, rue des prostituées, V. வேஷம். 2° (vètchâ), gage, loyer, salaire: வேச நாரம் tournesol, héliotrope; — தாரி faux dévot, V. வேஷதாரி.

*வேசரம், (vèsara), mule, mulet, chameau. [conducteur), muletier.

*வேசரபன், வேசரபாலன், (id. pa

*வேசரி, (id.), âne, — qu'un roi peut monter, mulet, mule.

*வேசவாரம், (vèsavâra), assaisonnement.

*வேசனம், (வேசம், na), ville ou bourg dans un pays cultivé, maison, entrée.

வேசாடம், trouble, — d'esprit.

வேசாடை, V. வேசடை.

வேசாறுவெளி, (வேசாறு, P. வேசாறு தல்), plaine ennuyeuse, — fatigante, nom d'un district ou faubourg de Madras.

வேசாறல், n.v. du suiv., chagrin, abattement, fatigue, ennui, repos, soulagement.

வேசாறுகிறது, றினேன், றுவேன், று, ற, v.n. வேசாறல், வேசாறுதல், n.v. se chagriner, se décourager, se fatiguer, s'ennuyer, se reposer, se soulager ou se délasser, ou வேசாறிப்போகிறது être chagrin, triste, abattu, fatigué, ennuyé.

*வேசி, (vèsyâ), prostituée, femme publique, — de mauvaise vie, courtisane: — கள்ளன் coureur de putains, débauché qui fréquente les prostituées; — தெரு rue des femmes publiques; — த்தனம், — த்தன்மை prostitution, métier de prostituée, débauche, inconduite, dissolution: — ப்பார்வை regard lascif, impudique; — பிள்ளை enfant de prostituée, — adultérin, bâtard; — மார்க்கம் conduite désordonnée, — dissolue, — de prostituée; — யாடுகிறது se prostituer, mener une conduite débauchée; — விலை prix de la prostitution; — விளையாட்டு danse —, conduite —, jeu des prostituées.

*வேசிகை, (vèsikâ), porte, entrée.

*வேசியம், (vèsya), rue —, maison de prostituées.

*வேசியகணம், வேசியாவாரம், (வேசியை, கணம், வாரம்), troupe de prostituées.

*வேசியாசாரமாசிரயம், வேசியாசிரயம், (id. சாரம், சம், ஆசிரயம்), maison de prostituées, — de débauche, lieu de prostitution.

*வேசியாசாரியன், (id, ஆசாரியன்), maître de danse, de débauche, celui qui tient une maison de prostitution, débauché.

*வேசியை, (vèsyâ), prostituée, courtisane, femme publique.

*வேசுமம், (vèsman), maison: வேசமகுலம் rat musqué: — பூ site d'une maison; — ஸ்தம்பம் principal pilier d'une maison.

*வேசை, 1° (vètchâ), gages, salaire. 2° P. வேசியை, prostituée.

*வேஷகம், (வேஷம், ka), espèce de bijou —, bijou pour les oreilles.

*வேஷணம், (vèchana), entrée, possession, occupation.

*வேஷம், (vècha), figure, forme,

apparence, — extérieure, ornement, décoration, habillement, habit, accoutrement, mascarade, masque, déguisement, possession, espèce de joyau pour les oreilles: தவசி —habillement—, accoutrement de pénitent; —எடுக்கிறது, — காட்டுகிறது, —போடுகிறது se masquer, présenter l'air ou —, prendre le masque, le déguisement ou l'apparence de; — மாறுகிறது se déguiser, changer de figure ou d'accoutrement; வேஷதாரி homme qui porte le masque ou l'accoutrement de, hypocrite; தெய்வபத்தியின் வேஷத்தைக்கொள்ளுகிறது prendre ou emprunter le masque de la piété.

*வேஷ்டகம், (வேஷ்டகம், ka), turban, toque, ce qui environne, gomme, résine, térébenthine, mur, haie, entrée étroite, lieu où l'on entre, où l'on est, citrouille.

*வேஷ்டம், (vêchta), enclos, haie, entourage, turban, exsudation, sueur, gomme, résine, térébenthine.

*வேஷ்டனம் ou வேஷ்டணம், (வேஷ்டனம், na), entourage, mur, enclos, clôture, action d'entourer, d'environner, turban, tiare, diadème, oreille, extérieur de l'oreille, le conduit de l'ouie, attitude en dansant, disposition particulière des mains et croisement des pieds, attacher des bracelets, V. காப்புக்கட்டுகிறது.

*வேஷ்டி, (வேஷ்டம், i), toile, — des reins, — dite சோமன் que les hommes s'entortillent autour des reins, vêtement: உள் — toile de dessous, vêtement intérieur; கம்பி — toile d'homme à raies sur les bords; சிரசு —toile pour la tête, turban.

*வேஷ்டிதம், (vêchtita), espèce de danse, mouvement particulier des doigts et croisement des pieds, empêchement, environner, entourer, envelopper, plier, pli.

*வேஷ்டியம், (வேஷ்டம், ya), entourer, faire le tour.

வேட, obl. de வேடம் et de வேடன்.

*வேடகம், P. வேதகம்.

வேடச்சேரி, (வேடன்), bourg de வேடர் ou de chasseurs.

வேடச்சி, fém. de வேடன், ou வேட்டுவன், femme de la caste des வேடர் ou chasseurs.

*வேடம், P. வேஷம்.

வேடன், pl. வேடர், (வேடு), Vêdhen, chasseur, sauvage qui vit dans les bois, —dans les déserts, nom donné aux tribus sauvages qui semblent être les aborigènes de l'Inde: வேடக்குடி village de வேடர் ou de chasseurs.

வேடிக்கை, spectacle, pompe, splendeur, parade, représentation, élégance, curiosité, déguisement pompeux: — காட்டுகிறது faire étalage, parade, montrer un spectacle, des curiosités, étaler un pompeux appareil; —யாய் pompeusement, splendidement; — யாயிருக்கிறது être pompeux, curieux, digne d'être vu, —en spectacle; வேடிக்கைக்கு விலையில்லை கதைக்குக்காலில்லை il n'y a point de prix fixé pour un spectacle, ni de temps limité pour une histoire ou une fable.

வேடுதம், P. வேதிதம், trou.

வேடு, luter, toile ou linge pour filtrer, — pour couvrir un vase, — pour luter, fomentation, partie de chasse, caste des வேடர் ou chasseurs, tribu sauvage, cantharide: —கட்டுகிறது appliquer des fomentations, luter, filtrer, appliquer les cantharides.

வேடுவன், (வேடு), வேடன் ou chasseur, sauvage aborigène, —habitant des forêts, — des déserts, la guêpe வேட்டுவிச்சி, chasseresse.

*வேடை, 1° (vêtâ). rue —, demeure des marchands. 2° (vêdâ), vaisseau, bateau. 3° chaleur, désir, maladie de —, luxure.

வேட்கிறது, வேட்டேன், வேட்பேன், வேள், வேட்க, nég. வேளேன், désirer, souhaiter, se marier, sacrifier, offrir un sacrifice.

வேட்கை, n.v. du préc. désir, — véhément, soif, — ardente: — தீருமனைவி épouse; — நீர் eau pour la soif, —qu'on désire; — ப்பெருக்கம் désir ardent, maladie de —, luxure.

வேட்கோவன், potier.

வேட்சை, désir, toile.

வேட்ட, *part.parf. de* வேட்கிறது.

வேட்டகம். 1° (வேட்ட, அகம்), maison de sa belle-mère, — du mari, — où l'on entre par mariage. 2° *P.* வேஷ்டகம்.

*வேட்டணம், *P.* வேஷ்டணம்.

வேட்டம், 1° *P.* வேஷ்டம், jus, suc, résine. 2° (வேடு), chasse: — செய்கிறது chasser. 3° *P.* வேட்டோம், *parf. de* வேட்கிறது.

வேட்டல், *n.v. de* வேட்கிறது, désir, — ardent, un des défauts des corps à illusion, mariage, se marier, faire un —, sacrifice, faire le sacrifice ஓமம். [ம்.

*வேட்டனம், *P.* வேஷ்டனம்.

வேட்டவன், *pl.* வேட்டார், *n.app. de* வேட்கிறது, ami, amant, mari, époux, *au fém.* [amie, amante.

வேட்டாள், épouse, femme mariée,

*வேட்டி, *P.* வேஷ்டி.

*வேட்டிதம், வேட்டியம், *P.* வேஷ்டிதம், வேஷ்டியம்.

வேட்டு, 1° coup de canon, — de fusil... détonnation, explosion. 2° *gér. de* வேட்கிறது.

வேட்டுவன், 1° (வேடு), chasseur ou வேடன். 2° guêpe, espèce de guêpe dite வேட்டைவாளி, chasseresse. 3° la 10° constellation lunaire dite மகம்.

வேட்டை, 1° (வேடு), chasse, partie de chasse. 2° affliction, malheur, fatigue. 3° *P.* வேட்டாய், 2° *pers.sing.du parf.de* வேட்கிறது: — க்கடா bélier ou bouc formé à la chasse; — க்காரன் chasseur; — நாய் chien de chasse, — qui mord; — ப்பல் dent recourbée; — ப்பொரியல் cuisson sans ingrédiens, simple rôti (de chasse...); — யாடுகிறது, — யாடுதல் chasser, aller à la chasse, faire une partie de chasse; — வாளி espèce de guêpe, — de guêpe solitaire. On prétend que cette guêpe dépose des vers dans son nid pour servir de nourriture au petit à éclore de l'œuf qu'elle y pond; வேட்டைக்குப்போகிறது aller à la chasse. [வேட்டுவர்.

வேட்டோன், *pl.* வேட்டோர், *V.*

வேட்பிக்கிறது, *v. caus.de* வேட்கிறது, faire désirer, —offrir un sacrifice... [hait.

வேட்பு, *n.v.du même*, désir, souhait.

வேண, *P.* வேண்டிய *ou* வேண்ட: — த்தக்க désirable, considérable; — பெண்கள் beaucoup de femmes; — பெண்கள் தளர்ந்தவ bien des femmes pleurant ou étant attendries.

வேணகை, mur, — d'entourage, désir. [ardent, passion.

வேணவா, (வேண், அவா), désir

*வேணன், (vèna), chantre, Vènen ou panégyriste né d'un bramo et d'une barbière.

*வேணி, 1° (vèni), rivière, ruisseau, courant d'eau, tissure, brebis, chevelure, — tressée (sans ornement), tresse de cheveux. 2° air, éther, régions aériennes, ciel, rue de bergers, racine d'arbre. [lure, — tressée.

*வேணிகை, (வேணி, kâ), cheve-

வேணீர், (வேண், நீர்), eau désirée, — pour la soif, — pour se désaltérer.

*வேணு, 1° (vènou), bambou, tube, objet creux en dedans, flûte, — de bambou, flageolet, chalumeau, l'art de jouer de la flûte..., ce qui est le 21e des கலைக்கியானம், Vènou, nom d'un roi. 2° arc, sabre, épée; — நாதம்பண்ணுகிறது jouer de la flûte; — நாதன் joueur de flûte, — de luth ou de guitare.

*வேணுகம், (vènouka), croc de cornac, crochet ou pique à manche de bambou pour conduire les éléphans.

வேணும், *P.* வேண்டும், il faut, il est —, nécessaire, désiré, demandé, on veut: — என்றபாக்கியம் le bonheur désiré ou désirable, — nécessaire; — கானதைத்தருவேன் je donnerai ce qu'on veut ou ce qui est nécessaire; — கானதுக்கெழுது écris pour ce qui est nécessaire; அதெனக்கு — il me faut cela, cela m'est nécessaire; நீசீக்கிரமாய்வர — il faut que tu viennes vite.

வேண், 1° un des 12 districts où l'on parle le tamoul vulgaire. 2° racine du verbe défectif **வேணும்**, grand—,désir.

வேண்டல்,*opt.et n.v.de* **வேண்டுகிறது**,grand—,désir,désirer,volonté, sollicitation, demande, prière, supplication, pétition.

வேண்டா, 1° *ou* **வேண்டாத**, *part. nég. du même*, qui ou qu'on ne veut pas, non nécessaire, non désiré: **வேண்டாத்தலையன்** qui a une tête—, homme revêche, intrépide,opiniâtre; —**வெறுப்பு** répugnance, dégoût, aversion,haine, mauvaise volonté. 2° 3° *pers. nég. neutre*, cela ou ces choses ne sont pas nécessaires; **தடைவேண்டா** il ne faut pas d'obstacle,sans obstacle.

வேண்டாது, 1° 3° *pers.neut. nég. du même*,cela n'est pas nécessaire, il ne faut pas: **எனக்கது வேண்டாது** je n'ai pas besoin de cela. 2° *ou*

வேண்டாதே, **வேண்டாமல்**, *gér. nég.du même*: **வேண்டாதுபோனான்** il est parti mécontent, contre son gré.

வேண்டாமை,*n.v.nég.du même*,ne pas vouloir ,répugnance, aversion.

வேண்டாம், *nég. du même*, il ne faut pas,il n'est pas nécessaire,je ne veux pas; **நீயிப்போபோகவேண்டாம்** tu ne dois pas—, il ne faut pas partir maintenant, il ne faut pas—,je ne veux pas que tu partes maintenant. [nemis.

வேண்டார், *n. app. du même*, en-

வேண்டி, *gér. du même*, pour, à cause de: **அவனைவேண்டி**, pour lui, —l'amour de lui;— **கேட்கிறது** demander avec instance, *ou* — **க்கொள்ளுகிறது** prier,supplier,conjurer; —**யழைக்கிறது** désirer et appeler, appeler avec désir; — **யிருக்கிறது** être nécessaire, manquer, avoir désiré,prié, demandé.

வேண்டிய, *P.* **வேண்டின**, *part. parf.du même*, voulu,nécessaire, désiré,demandé: —**சகாயம்** l'assistance voulue; **வேண்டியது** il est—, ce qui est nécessaire; **வேண்டியதாயிருக்கிறது** être nécessaire, falloir; **வேண்டியதாயிருக்கிறதை** *ou* **வேண்டியதைவாங்குகிறது** acheter le nécessaire ou ce qui est nécessaire; **வேண்டியனவாகியதுக்கெழுது** écris pour ce qui est nécessaire; **அதெனக்குவேண்டியதாயிருக்கவில்லை** je n'ai pas eu besoin de cela, *ou* **அதெனக்குவேண்டியதில்லை** je n'ai pas besoin de cela.

வேண்டிற்று, *parf.neut. du même*, il a été nécessaire, il a fallu.

வேண்டுகிறது,**டினேன்**, **டுவேன்**, **டு**, **ட**, *v.a.* 1° vouloir,souhaiter, désirer,demander,prier,supplier, solliciter, recévoir. 2° *v.défect.* et impersonnel,(comme *oportet* des Latins), avoir besoin, il est nécessaire, il faut, (avec le datif de la personne): **வேண்டுது** il faut; **வேண்டிற்று** il a fallu; **வேண்டும்** *ou* **வேணும்** il faudra,il faut; *part.* **வேண்டின**, **வேண்டியன** *ou* **வேண்டிய**, **வேண்டும்** *ou* **வேணும்** voulu, nécessaire, désiré, demandé; **வேண்டாது**, **வேண்டா**, **வேண்டாம்**, il ne faut pas; **வேண்டா**, **வேண்டாத** non nécessaire; **நானதைவேண்டவில்லை** je n'ai pas désiré ou demandé—,je ne désire ou ne demande pas cela, je n'ai pas besoin de cela; **வேண்டேன்** je ne désire pas,je ne veux pas, je ne demande pas.

வேண்டுதல், *n. v. du préc.* désir, demande,prière, supplication, pétition, obtention, vœu.

வேண்டும், *fut.neut.et part.fut.du même*, on veut, il faut, il est—, nécessaire, désiré, demandé: **இதுசெய்ய**—il faut faire cela;—**காரியம்** chose nécessaire; — **என்கிறவாசை** désir d'avoir,cupidité,convoitise, concupiscence: **அதெனக்கு** — il me faut cela, j'ai besoin de cela.

***வேத**, *adj. de* **வேதம்**.

***வேதகம்**,1° (vèdhaka), camphre, grain—,riz dans l'épi, grain,ce qui perce. 2° *P.* **பேதகம்**, différence changement.

*வேதகாரர், (vê *tisser*, ta, காரர்), tisserands, faiseurs de nattes.

*வேதசம், 1° (vêtasa), rotin, calamus rotang. 2° (vêdhasa), racine du pouce.

*வேதக்ஞன், (வேதம், djna ஞன் *qui connaît*), homme habile dans les vêdas, — dans la religion.

*வேதண்டம், 1° (vêdanda), éléphant. 2° montagne, le mont Kaïlâsam résidence de Siven, le mont பொதியம். [ம்), jouissance.

*வேதநாதம், (vêdanâ *sensation*, ந

*வேதநியம், (வேதனை, iya), passibilité, être sujet ou exposé à la souffrance, c'est un des அதிட்டுத்தம்.

*வேதம், 1° (vêda, *de* vida *connaître*), vêda, nom générique des —, les livres et écrits sacrés ou censés tels et regardés comme une révélation de la divinité, les 4 vêdas des Indous, connaissance de ces vêdas, (c'est une des 64 sciences des Indous), connaissance, glose, commentaire, explication, mètre, Vichnou, religion (parmi les chrétiens), écriture sainte. 2° (vèdha), perforation, profondeur. 3° la plante வெள்ளரி concombre: வேதம்- ச les 4 vêdas que les Indous regardent comme ayant été révélés ou donnés primitivement par Brama, et ensuite recueillis de la tradition et compilés par Vyâsen; en voici les noms: இருக்கு le Rigvêdam qui a rapport principalement aux cérémonies du culte; யசுர் l'Yadjour ou Ézourvêdam qui traite des cérémonies observées dans les sacrifices: சாமம் le Sâmavêdam qui contient des hymnes et des odes pour être chantées; அதர்வணம் l'Atharvanavêdam qui contient des vers ou formules mystiques, et des enchantemens magiques: c'est le moins estimé des 4. On compte aussi 4 உபவேதம், *i.e.* vêdas ou sciences secondaires et inférieures, savoir: அருத்தவேதம் commentaire sur les vêdas: ஆயுள்வேதம் la médecine; காந்தருவவேதம் la musique, தனுர்வேதம் l'art de tirer de l'arc: வேதகருப்பன் Brama, brame; — கலகம், — கலாபம் persécution, révolte ou guerre de religion, — contre la religion; — குப்தி conservation des vêdams par les brames; — கொளவேலவன் Siven; — க்ஞர் les gens habiles dans les vêdas, *i. e.* les brames, gens religieux, — d'une ou de la religion, les chrétiens (en quelques lieux); — க்கொடிபோன் celui dont la bannière portait les vêdas pour symbole ou devise, *i. e.* தருமபுத்திரன்: — சங்கிதை collection de formules des vêdas; — சத்தம் mot ou terme des vêdas; — சம்மதம் conformité aux vêdas; — சன்னியாசம் abandon du rituel védique; — சன்னியாசி religieux indien du 4me ordre qui a abandonné les pratiques du rituel védique; — சாக்ஷி, — சாட்சி, *pl.* — சாட்சிகள் ou சாட்சிகள் martyr, confesseur, témoin de la religion; — சாட்சியம் le martyre; — சாஸ்திரம் la science des vêdas, les 4 vêdas pris collectivement avec les 6 சாஸ்திரம், la science de la religion, la théologie; — சாஸ்திரி, — சாத்திரி savant dans les vêdas, docteur, théologien, savant en théologie: — சாரம் essence des vêdas, — de la religion, titre d'un livre, le roseau நாணல்; — தத்துவம் l'essence des vêdas, — de la religion, la vraie doctrine; — திரட்டு collection de formules des vêdas; — த்திரயம் les 3 premiers vêdas; — த்தொகுப்பு la somme de la religion; — நாதம் son ou chant des vêdas; — நாதன், — நாயகன் le seigneur des livres saints ou de la religion, Dieu; — நிந்தை mépris des vêdas, de la religion, impiété, hérésie, infidélité; — நிந்தகன் contempteur des vêdas, — de la religion, impie, incrédule, athée, Djaïna ou Bouddhiste (qui ne croit pas aux vêdas bramaniques); — நிருத்தன் Samanéen, sceptique, — qui ne croit pas aux vêdas; — நுட்பம் la subtilité religieuse, nom d'un livre; —நூல் traité —, science de la religion, ouvrage — système religieux; —பாகியம் hérésie; —பாகியன் hérétique; —பாரகன் brame —, homme qui a lu les vèdas, — instruit dans la science des vèdas, savant en fait de religion, docteur, — qui enseigne la religion, scribe, docteur de la loi; —புண்ணியம் prétendue sainteté des vèdas, observance des vèdas, — de la religion; —புஸ்தகம், —புத்தகம், —பொஸ்தகம் livre de religion, la bible; —ப்பொருத்தம் concordance religieuse, une des 10 observances ou concordances pour le mariage; —ப்பொருள் objet de religion, V. வேதத்துவம்; —போதகம் doctrine religieuse, —de la religion, —des vèdas, prédication —, instruction sur la religion, —sur les vèdas; —போதகன் prédicateur de la religion, —des vèdas; —ப்பிரட்டு, —ப்புரட்டு corruption de la doctrine des vèdas, hérésie, schisme, corruption de la doctrine de la religion, perversion des textes de l'écriture sainte; —மாதிரு la formule dite காயத்திரி regardée comme la mère de vèdas; —மாயாவாதம் nom d'une secte; —முதல்வன் le principe de la religion, i.e. Dieu; —முதல்வி, (surnom de) Sarasvati, Lakchimi, Parvadi; —ரக்ஷகன் Brama; —ரட்சணம் conservation des vèdas, —de la religion; —வசனம், —வாக்கியம் phrase —, texte des vèdas, —de l'écriture sainte, parole sacrée; —வாசன், (vâsa), brame; —வாதி controversiste religieux qui fait de la polémique sur la religion; —விதிதம் enseignement —, doctrine des vèdas; —வித்தகன், —வித்துவான் homme instruit, — habile dans les vèdas ou la religion; —வியாசன் Vyâsen le compilateur des vèdas; —விருத்தம் doctrine des vèdas, —de la religion; —விளக்கம் explication de la religion, réfutation du protestantisme par le R.P. Beschi.

வேதல், 1° *n.v.* de வேகிறது, cuisson, combustion, brûlure. 2° V. வேதிக்க.

*வேதனம், 1° (vèdana), connaissance, sensation, perception, — par les sens, induction, les vèdas, peine, douleur, présentation, action de livrer, cérémonie de tenir les bords du manteau (prescription faite par les Indous à une femme choutre qui épouse un homme des 3 premières classes). 2° (vètana), salaire, — mensuel, paie, gages, loyer, subsistance, moyen de vivre, argent, or. 3° (vèdhana), perforation, profondeur (en mesurant): வேதனதானம் paiement du salaire.

*வேதனாதானம், (வேதனம்; அப்பிரதானம்), non paiement des gages ou du salaire.

*வேதனுமானம், (*id.* அனுமானம்), raisonnement par induction.

*வேதனி, 1° (vèdani), la vraie peau. 2° (vèdhani), instrument pour percer les oreilles (des éléphans...), —pour percer les pierres précieuses, les coquillages...), vrille, foret, percerette.

*வேதனை, (vèdanâ), tourment, peine, douleur, affliction, trouble, tracas, vexation, travail: —க்காட்சி vision de tourment, espèce d'apparition, sacrifice qu'offre celui qui ne suit pas ses convoitises; —தீர்கிறது le tourment finir, le voile de l'illusion se dissiper, — se tirer; —ப்படுதல் être tourmenté, souffrir, — de la douleur, être caché.

*வேதன், (வேதம்), l'auteur de la religion, Dieu, l'auteur des vèdas, Brama, Vrouhaspati ou வியாழன் régent de la planète Jupiter et gourou des dieux indous, le fruit du [illegible] dit கடுக்காய்.

*வேதா, (vèdhâ), Dieu, l'Être suprême, Brama, Vichnou, le soleil, sage, savant, ermite.

*வேதாகமம், (வேதம், ஆகமம்), les vèdas, livre sacré, — de l'écriture sainte.

*வேதாக்கிரேசர், (வேதம், அக்கிர ம், ஈசர்), les principaux auteurs ou précepteurs des vêdas.

*வேதாக்கினி, (*id.* அக்கினி), feu religieux ou censé sacré; il y a 3 espèces de feux réputés sacrés par les Indous: 1° காருகபத்தியம் le feu entretenu dans un vase rond par un maître de maison et transmis à ses descendans. 2° தக்கிணாக்கினி ou த க்கணாக்கினியம் le feu du sud,—feu pris au foyer domestique et placé au sud dans un vase oblong. 3° ஆகவ னியம் le feu pris au feu perpétuel du chef de famille et préparé dans un vase carré pour recevoir les oblations. [lettre des vêdas, les vêdas.

*வேதாக்ஷரம், (வேதம், அக்ஷரம்),

*வேதாங்கம், (*id.* அங்கம்), membre ou portion des vêdas, science censée religieuse ou sacrée,—considérée comme subordonnée aux vêdas et en faisant partie; il y en a 6: sikchâ ou சிக்ஷை l'énonciation ou la prononciation des mots; kalpa ou கற்பம் le détail des cérémonies du culte; vyâkarana ou வியாகரணம் la grammaire ou la philologie; tchhandas ou சந்தம் la prosodie; djyotish ou சோதிஷம் l'astronomie ou l'astrologie; nirouktі நிருத்தி l'explication des mots obscurs des vêdas ou l'office d'un commentateur. D'autres les nomment மந்திரம் prières védiques; வியாகரணம் grammaire; நிகண்டு dictionnaire; சந் தோவிசிதம் prosodie; நிருத்தம் analyse ou explication des mots obscurs; சோதிடம் astrologie.

*வேதாதி, (வேதம், ஆதி), le principe de la religion, Dieu; — வன் னம் *ou* வருணம் le nom mystique de Dieu; — *வன்னன் ou வருணன்* Dieu.

*வேதாதிகமம், வேதாத்தியயனம், (*id.* adhigama *aller sur*, அத்தியயன ம்), lecture —, étude des vêdas.

*வேதாத்தியயி, (*id.id.*), qui lit—, étudie les vêdas.

*வேதாத்தியாபகன், (*id.* அத்தியா பகன்), qui enseigne les vêdas.

*வேதாத்தியாபனம், (*id.* அத்தியாப னம்), enseignement des vêdas, *ou*

*வேதாத்தியாயனம், (*id.* அத்தியா யனம்), V. வேதாதிகமம். [யி.

*வேதாத்தியயயி, P. வேதாத்திய

*வேதானுசாரம், (*id.* அனுசாரம்), observation des vêdas.

*வேதாந்தவன், வேதாந்தசன், வே தாந்தஞ்ஞன், (வேதாந்தம், ga *qui va*, djna *qui connaît*), sectateur de la philosophie vêdanta.

*வேதாந்தம், (வேதம், அந்தம்), 1° fin ou essence des vêdas, portion théologique des vêdas contenue dans les உபநிஷதம் et distinguée des parties cérémoniales des vêdas, système raffiné de philosophie fondé par வியாசன் dans l'உத்தரமீ மாஞ்சை et réduit par lui à 500 stances. Il a été commenté par மத் துவாசாரியன், சங்கராசாரியன் et இராமாநுசாசாரியன் dans les systèmes dits துவைதம், அத்துவை தம் et விசிஷ்டாத்துவைதம். Les 3 systèmes admettent Dieu, l'âme ou l'esprit et la matière. Le 1er et le dernier admettent l'existence distincte de la matière; mais, comme d'autres philosophes, ne la prétendent pas éternelle; le second, qui a été un grand support de ce système, nie l'existence réelle de la matière et réduit tout à Dieu seul. On a cru que le வேதாந்தம் enseignait le monothéisme: mais en résumé ce n'est qu'un système de pur panthéisme, qui fait de Dieu l'âme de l'univers, inséparablement uni à la matière et qui ressemble aux systèmes de Platon et de Spinosa. 2° les 32 livres nommés உபநிஷதம் qui sont des appendices des vêdas et qui contiennent en général le même système; வேதாந்தமதஸ்தாப னம் établissement de la doctrine du vêdanta.

*வேதாந்தன், (*id.*), celui qui est l'objet ou la fin de la religion,—des vêdas, *i.e.* Dieu, (et selon certains sectaires) Arouguen, Siven.

*வேதாந்தி, (வேதாந்தம், i), savant dans le—,sactateur du vêdânta, V. வைதிகன்.

*வேதாப்பியாசம்,(வேதம், அப்பியாசம்), lecture—, étude des vèdas, répétition de la syllabe ஓம்.

*வேதாரணியம், (id. ஆரணியம்), la forêt religieuse,—des vèdas, Vèdâraniam,ville sur la côte méridionale de la péninsule.

*வேதாரன், (vêdâra), caméléon, lézard dit பச்சலி.

*வேதார்த்தன்,(வேதம்,அர்த்தம்), l'objet des vèdas, Dieu.

*வேதாளம், (vètâla), mauvais —, esprit, revenant, fantôme, démon, —familier,— qui hante les cimetières et est censé animer les corps des morts.

*வேதாளன்,(id.), portier.

*வேதாளி, (id.),(surnom de) Kâli.

வேதாளியர், panégyristes.

*வேதி, 1° (vêdi), plate-forme, tertre,— carré pour un sacrifice payen, espèce d'autel grossier, espace quadrangulaire dans la cour d'un temple ou d'un palais (dont le sol est un peu élevé et couvert d'un toit porté sur des piliers), fosse ou trou pour mettre le feu du sacrifice ஓமம், anneau servant de sceau, savant, docteur,Brama, Sarasvati femme de Brama. 2° (vèdhi), qui perce. 3° la 18e constellation lunaire dite கேட்டை, mur extérieur, திண்ணை ou banc en maçonnerie le long ou autour d'une maison (à l'extérieur), 4° imp.de வேதிக்கிறது:— நூல் science, connaissance.

*வேதிகை,1° (வேதி,kâ), tertre, —élevé pour un sacrifice, autel (de sacrifice), espace quadrangulaire dans la cour d'un temple ou d'un palais. 2° திண்ணை, i. e. banc en terre ou en maçonnerie autour d'une maison,bouclier: —பீடம் autel ou tertre pour le sacrifice ஓமம்.

வேதிக்கிறது, தித்தேன், திப்பேன், தி,திக்க, v.a.et வேதித்தல்,n.v. fendre, diviser, changer,altérer, transmuer,faire la transmutation des métaux par l'alchimie,

*வேதிஜை,(வேதி,ஜை), Draoupadi femme des 5 Pandavers,censée née du feu d'un sacrifice.

*வேதிதம், (vèdhita), perforation, chose percée, creux, tube, tuyau, trou.

வேதியர்,pl. de வேதி, les savans dans les vèdas,i.e.les brames,les savans dans la religion, ceux qui l'enseignent, docteurs, prédicateurs: —ஒழுக்கம் règles de conduite pour les catéchistes,titre d'un livre du R.P.Beschi.

வேதினம்,(வேதிக்கிறது),scie.

*வேதினி, (vèdhini *qui perce*), sangsue.

*வேதினை, P.வேதனை,tourment...

*வேதீசன், (வேதி,ஈசன்), le mari de Vêdi ou Sarasvadi,i.e. Brama.

வேது, ce qui contient de la chaleur, médecine—, sudorifique, ce qui excite la transpiration, caustique: — காட்டுகிறது appliquer—, administrer un sudorifique; —பிடிக்கிறது en prendre un.

*வேதை,1° P.வாதை, affliction, douleur, tourment,ligne, raie. 2° (வேதிக்கிறது), transmutation des métaux, alchimie, art prétendu de faire de l'or:—சிந்தூரம், —மருந்து vermillon ou remède qu'on prétend changer les métaux en or ou aider grandement à cette transmutation, pierre philosophale.

*வேதோதயன், (வேதம், உதயம்), le soleil qui,au dire des Indous,a révélé le சாமவேதம்.

*வேதோதிதம், வேதோக்தம், (id. உதிதம், உக்தம்), chose enseignée par les vèdas.

*வேதோபாங்கம்,(id. உபாங்கம்), branche subordonnée de l'étude des vèdas, comme les vèdângas, observance des vèdas ou de la religion.

*வேதோபதேசம், (id. உபதேசம்), enseignement des vèdas,— de la religion.

வேத்தனை, P.வேதனை.

*வேத்தா, வேத்திரு, (vêttâ, vêt trou), sage qui connait la nature de l'âme et de Dieu, mari.

*வேத்தியம், 1° (vêdya), chose qu'on peut—, chose à connaître. 2° (vêdhya), chose à percer, signe, marque, but.

*வேத்திரகியம், (vètrakiya), lieu abondant en roseaux, nom d'une ville.

*வேத்திரம், 1° (vètra), roseau, canne, rotin, bâton. 2° flèche, jujubier: வேத்திரதரன், வேத்திரதாரன் portier, homme qui porte un bâton ou un rotin à la main, héraut, massier, bedeau, pion, Nandidêven ou நந்திதேவன் portier de Siven: —வதி la rivière Betwa qui tombe dans la Djamna au-dessous de Kalpi.

*வேத்திராசனம், (வேத்திரம், ஆசனம்), siége—, natte de rotin, espèce de lit ou de panier oblong, qui, muni d'une perche, forme un Douli ou litière.

*வேத்திரி, (id.i), portier.

வேந்தன், (வேந்து), roi, souverain, Indiren, le soleil, la lune ou Sandiren, Viâjen ou la planète Jupiter: வேந்தனிருக்கை résidence—, ville royale.

வேந்தவை, (வேந்து, அவை), cour, —de roi, l'assemblée des courtisans.

வேந்து, roi, souverain.

வேந்துரு, ancêtre au 7me degré.

வேந்தோன்றி, la plante à fleurs dite காந்தள் ou gloriosa superba.

*வேபனம், வேபது, வேபமானம், வேபஸ், (vêpana, vêpathou, vêpamâna, vêpas), crainte, tremblement.

வேப்பமரம், (வேப்பம், மரம்), l'arbre வேம்பு, margousier.

வேப்பமுத்து, (id. முத்து), noyau de வேம்பு ou de margousier.

வேப்பம், adj. de வேம்பு, de margousier: —காய் fruit vert ou non mûr du margousier; —வேர் la racine —, —பழம் le fruit mûr—; —பிசின் la gomme de cet arbre.

வேப்பம்பாசி, la plante aquatique chara corallina.

வேப்பலகு, (வேப்பு, அலகு), queue—, côte de la feuille du margousier.

வேப்பிலை, (id. இலை), feuille de margousier.

வேப்பு, adj. de வேம்பு, de margosa ou de margousier.

*வேமம், (vêma), estille de tisserand.

வேம், part. fut. de வேகிறது: —பதம் chaleur requise pour fondre les métaux.

வேம்பாளம், callou ou jus de cocotier...

வேம்பாணி, petit clou, diarrhée...

வேம்பு, l'arbre dit margosa ou margousier, melia azidarachta, dont les feuilles, les fleurs, les fruits, l'écorce... sont extrêmement amères et employées en médecine; les feuilles sont employées aussi par les gentils pour chasser le diable..., azédarac, lilas des Indes, faux sycomore, arbre à chapelet; adj. வேப்பம் et வேப்பு: நில —la racine de Colombo, i.e. justicia paniculata; அவனுக்குவீடு வேம்பாய்ப்போயிற்று la maison lui est devenue amère comme le வேம்பு (dit une femme de son mari coureur); வீட்டுப்பெண்சாதிவேம்புங்காட்டுப் பெண்சாதிகரும்பும் (au vaurien débauché sa propre femme est comme le வேம்பு et une femme des bois comme la canne à sucre; வேம்புவிரும்பக்கரும்பாகும் pour qui l'aime le வேம்பு devient doux comme la canne à sucre (proverbe); வேம்பின்தாரணியன், (தாரணி), qui porte une guirlande de fleurs de வேம்பு; வேம்பின்றாரோன் celui qui porte une guirlande de fleurs de margousier, (épithète du) roi Pandien.

வேயரிசி, (வேய், அரிசி), graine de bambou.

வேயர், (வேய்), espions.

வேயல், 1° bambou. 2° opt. et n. v. de வேய்கிறது.

வேயாம், jujubier.

வேயிசை, (வேய், இசை), son de chalumeau.

வேயுள், (வேய், உள்), petite—, niche, —dans un mur, maison.

வேய், 1° tube, objet creux, bambou, flûte, chalumeau, espionnage, action d'écouter à la sourdine, espion.2° *imp. et part. de* வேய்கிறது. 3° *imp.de* வேய்க்கிறது: வேய்கள் les espions...

வேய்கிறது, ய்ந்தேன், ய்வேன், ய், ய, *v.a.* se revêtir, s'orner de bijoux..., vêtir, mettre, orner, décorer, couronner, couvrir, —de chaume.

வேய்க்கிறது, ய்த்தேன், ய்ப்பேன், ய், ய்க்க, *v.a.* வேய்த்தல், *n. v.* ஏய்க்கிறது.

வேய்ங்குழல், (வேய், ங் *inséré*), tuyau —, chalumeau —, flûte de bambou, —de berger.

வேய்தல், *n.v.de* வேய்கிறது, action de se revêtir..., maison, niche dans un mur.

வேய்வு, *n v. de* வேய்கிறது *et de* வேய்க்கிறது, action de couvrir, tromperie.

*வேரகம், (vêraka), camphre.

*வேரடம், (vêrata), jujube.

*வேரடன், (*id.*), homme de basse caste, de caste mêlée.

*வேரம், 1° (vêra), corps, safran, la plante செம்பு, aubergine, bringelle. 2° obstination, opiniâtreté, résistance opiniâtre, nuage.

வேரல், bambou,

வேரி, callou doux, — ou jus de cocotier... (non fermenté), miel de fleurs, jus ou suc de fruits, odeur, *ou* —மிதவை la racine odoriférante de l'andropogon dite வெட்டிவேர்; —ச்சுமம் la plante வென்னெருக்கு.

வேர், 1° racine (d'arbre, de plante...), cause, fondement, origine. 2° sueur, *n.v.imp.et part. de* வேர்க்கிறது: ஆணி—, உச்சிவேர் la principale racine, celle d'où s'élève le tronc, —qui descend droit en bas, le pivot; பக்கவேர் racine latérale, — qui s'étend par le côté; அவனிதுக்குவேர் il est la cause de cela; — அறுக்கிறது couper la racine; —ஊன்றுகிறது —ஊன்றிப்போகிறது, —க்கொள்ளுகிறது, —ப்பற்றுகிறது prendre racine, s'enraciner; — ஊன்றியிருக்கிறது avoir pris racine; — ஓடுகிறது les racines s'étendre en terre, s'enraciner; —க்கடலை arachide, espèce de pistache de terre (commune dans ce pays), arachis hypogoa; —க்குரு espèce d'herbe, —d'herbe à tige; —க்குறி signe de colère; — க்கொம்பு gingembre vert, -- sec; — ப்படலம் espèce de mal d'yeux; — பொசிப்பு, vivre de racines; — முதிர்க்கிறது être bien enraciné; வேரோடே கெடுகிறது être radicalement ou entièrement ruiné.

வேர்க்குரு, (வேர்), bourbouilles, boutons de chaleur, légère éruption cutanée, causée par la chaleur.

வேர்க்கிறது, ர்த்தேன், ர்ப்பேன், ர், ர்க்க, *v.n.* suer, transpirer, s'irriter, être en colère, s'indigner.

வேர்த்தல், வேர்ப்பு, *n. v. du préc.* suer, transpiration, colère, indignation.

வேர்ப்பார், *n.app. du même*, gens irrités, en colère, qui suent.

வேர்வு, *n.v.du même*, sueur, transpiration, un des défauts du corps à illusion: வேர்வரும்புகிறது commencer à —, transpirer.

வேர்வை, (*id.*), sueur, transpiration, moiteur: குறு — sueur légère, transpiration qui commence.

வேலந்தண்ணீர், (வேலம்), eau d'acacia, eau saumâtre, désagréable.

வேலமரம், (வேலம், மரம்), acacia.

வேலமுள், (*id.* முள்), épine d'acacia, acacia à épines creuses.

*வேலம், 1° (vêla), jardin. 2° *adj. de* வேல், d'acacia: — பசை, *P.* வேம்பம்பாசி; —பிசின் gomme arabique.

வேலன், (வேல்), celui qui est armé d'un javelot..., Soupramanien, énergumène, homme possédé (par (Soupramanien ou quelqu'autre démon), fou, furieux: வேலனாட்டம் danse de possédé, —d'énergumène, —en l'honneur de quelqu'idole.

*வேலாகுலம், (வேலை, ஆகுலம்), agitation de la marée. [la mer.

*வேலாமூலம், (*id.* மூலம்), bord de

*வேலாவலயம், வேலாவலையம், (*id.* வலயம்), la mer, la terre.

வேலாளர், (வேல்), armé d'un javelot, d'une lance (dans les mots composés).

வேலி, haie, retranchement, mur, garde, défense, ville ou bourg (affixe qui se joint au nom propre de quelques villes ou villages), mesure de terre qui équivaut à 5 காணி ou 5 arpens 24 centièmes, ou à 26755 mètres carrés, terre, champ: —க்கால் bord d'une haie, fossé qui sert de haie, — de chemin; — ப்பருத்தி la plante médicinale et mangeable உத்தாமணி; — ப்பாசல் la plante சொல்லம்பாசல்; — மூங்கில் bambou de haies, la plante justicia betonica; — யடைக்கிறது clore —, entourer d'une haie, d'un retranchement...; வேலிக்குப்போட்டமுள்ளு காலுக்குவினையாயிற்று les épines qu'on avait mises pour servir de haie sont devenues nuisibles aux pieds, celui dont on attendait du secours est devenu un ennemi.

வேலிறை, வேலிறையோன், (வேல்), le dieu prétendu armé d'une lance, *i.e.* Soupramanien.

வேலை, 1° travail, ouvrage, labeur, emploi, occupation, affaire, service. 2° *P.* வேளை, temps, occasion, opportunité, le temps —, le présent. 3° (vèla), mer, bord de la mer, rivage, rive, marée, flux, courant, vague, rosée, maladie, mort subite, mauvaise mort, borne, limite, repos, intervalle, loisir, la nourriture de Siven, la femme de புருஷன், gencives. 4° canne à sucre. 5° *acc. de* வேல்: — க்காரன், *V.* வேலையாள்: — ப்பிரீட்சை, — ப்பழக்கம் habitude —, exercice du travail; — ப்பாடு ouvrage, travail, — qui se fait, labeur, peine; வேலைக்குவைக்கிறது employer, mettre à l'ouvrage: ஒருவனிடத்தில் வேலைகொள்ளுகிறது *ou* வாங்குகிறது conduire —, inspecter l'ouvrage de quelqu'un, surveiller un ouvrier; வேலையிற்றுயின்றோன், (வேலையில், துயின்றோன்), celui qui a dormi ou qui est censé dormir sur la mer (de lait), *i.e.* Vichnou.

வேலையாள், (வேலை, ஆள்), ouvrier, travailleur, journalier, serviteur.

வேல், arme (en général), javelot, javeline, dard, lance, trident, bambou, acacia; l'espèce dont l'écorce est noire s'appelle கருவேல் acacia arabica; celle à écorce blanche, வெள்வேல் acacia leucophloca; (l'adj. est வேலம்); — முள் épine d' —, acacia.

வேவ, *inf. de* வேகிறது.

வேவாள், (வேவு, ஆள்), espion, mouchard, batteur d'estrade.

வேவிக்கிறது, *v. caus. de* வேகிறது, *et* வேவித்தல், *n. v.* faire cuire, — bouillir, — brûler, cuire.

வேவு, 1° espionnage, exploration, action d'écouter à la sourdine. 2° *n. v. de* வேகிறது, brûler, cuisson. 3° *imp. du même*: — காரன், *V.* வேவாள்; — பார்க்கிறது espionner, explorer, aller à la découverte.

வேழம், canne à sucre, espèce de roseau dit கொறுக்கை arundo, ou நாணல் saccharum, bambou, éléphant.

வேழம்பர், *et corr.* வேழம்பர், *V.* கழைக்கூத்தர்.

வேழ்வி, *P.* வேள்வி.

வேளம்பு, (வேள்,), flèche de Kâmen, வேளன், *V.* வேளான்.

வேளா, 1° *ou*; — ச்சுறு épaulard ou orque, grampus, cetaceus carcharias grand poisson de l'espèce des cétacées). 2° *ou*

வேளாத, *part. nég. de* வேட்கிறது.

வேளாட்டி, *P.* வெள்ளாட்டி.

வேளாண்மை, (வேள், ஆண்மை), présent, don, libéralité, générosité, bienfait, faveur, vérité, agriculture, labourage: — மாந்தர் agriculteurs, cultivateurs, laboureurs; — மாந்தரியல்பு ௰ les 10 qualités ou vertus des agriculteurs, *i.e.* ஆணைவழிநிற்றல் tenir à son serment, அழிந்தோரைநிறுத்தல் rétablir les gens ruinés, கைக்கடனாற்றல் prêter généreusement, கசிவகத்துண்மை véritable compassion, 5° ஒக்கல்பேணல் soutenir sa parenté, ஓவாமுயற்சி persévérance dans ses efforts, மன்னிறைதருதல் payer les impôts au gouvernement, ஒற்றுமைகோடல் garder la concorde ou être pacifique, விருந்துபுறந்தருதல் hospitalité. 10° திருந்தியவொழுக்கம் conduite régulière.

வேளாரவலி,(வேள்), certain air regardé comme la femme de l'air பூ பாளம்.

வேளாளர், (*id.* ஆளர்), gens généreux, libéraux, cultivateurs, agriculteurs, laboureurs, fermiers, Vellages.

வேளாளர், potier, Vélhan, subdivision de la caste des cultivateurs: வேளாளர்குலம் potiers. [telets.

வேளிர், rois d'un petit état, roi-

வேளும், *part.fut. de* வேட்கிறது.

வேளேன், *nég.du même.*

*வேலை,1° (vêlâ), temps, moment, occasion, opportunité. 2° petit arbrisseau ou plante médicinale et légumineuse, cleome pentaphylla, somme vouée. 3° *acc.de* வேள்: — பூ ஜுகிறது, —பூணல் prier, supplier; — ப்பிழை inopportunité, manquer l'occasion, *V.* அசந்தடம்.

வேள், 1° garçon, homme de 18 à 25 ans, Soupramanien fils cadet de Siven, Kâmen le Cupidon indien, bienfait, service, désir, concupiscence, luxure, terre. 2° *imp. et part. de* வேட்கிறது: வேள்புலவரசர் rois—, habitans d'un pays du centre de l'Inde, *V.* சளுக்கவேளிர்.

வேள்வி, *n.v.de* வேட்கிறது, sacrifice, oblation, offrande, culte, adoration, vénération, don, bienfait, bienfaisance, munificence, la 10° constellation dite மகம், *ou* — க்குண்டம் trou ou fosse en terre pour le feu du sacrifice ஓமம்...; — த்தறி —த்தூண்பம் poteau ou pieu de sacrifice païen; — நாயகன் le maître du sacrifice,— en fait de sacrifices, (selon les Indous) Indiren: — யாளர் personnes généreuses, bienfaiteurs, brames; தூபவேள்விமுகத்திலே au moment d'offrir l'encens, devant ou avant l'oblation d'encens, —l'encensement.

வேள்வு,*n.v.du même*,objet rare,—précieux, objets divers: வேள்வேறு க்கிறது chercher des objets rares ou divers objets et —, les emporter.

வேறல், 1° *P*, வெல்லுதல், victoire, vaincre. 2° (வேறு,அல்), non autre, changer,s'altérer,se séparer, se partager,se diviser, se gâter,être changé,altéré,séparé, devenir différent, —difforme.

வேறுபடுதல், (வேறு, ஆகிறது),

வேறுக்கல்,(*id.*ஆக்கல்), changement,altération,action de changer. *n.v.de*

வேறுக்குகிறது, (*id.*ஆக்குகிறது), changer, altérer, rendre différent, séparer, diviser, mettre à part.

வேறுதல், (*id.*ஆதல்),changement, différence, diversité, altération, séparation, désunion, dissention.

வேறிடம், (*id.*இடம்), autre place, —lieu,isolement.

வேறு, 1° *adj.* autre,différent. 2° ce qui est différent, autre chose. 3° *V. défectif qui n'a pas de différence de temps et de personne. Ex.* நான்—,நீ—,அவன்—,அவள்—, அது —,நாம்—,நீர்—,அவர்—,அவைவேறு je suis—,tu es—,il ou elle est autre,nous sommes—,vous êtes—,ils ou elles sont autres,—différens ou différentes; — காரியம் autre chose; வேறுபடுக்கிறது être différent, différer; வேறுப்போகிறது changer,s'altérer,se partager, devenir autre,prendre un autre tour; — படுகிறது,— பட்டுப்போகிறது, *V.* வேறுகிறது; —படம்,—படுதல்,*V.* வேறுதல்; — படச்சொல்லுகிறது dire séparément, distinguer, parler distinctement, changer —, altérer les mots, dire de changer, de se séparer..., —படுக்கிறது,—படுத்துகிறது *V.*வேறுக்குகிறது; — பாடு changement,altération,différence,diversité, dissention; —படவாக autrement,diversement; —பாட்டொடாநிற்பு cessation de la différence, fig. de rhét. qui pour relever l'objet décrit, nie l'objet même auquel on le compare. *Ex.* தெரியுமது திங்களன்றிவை முகமேதிங்களாம் ce qui parait n'est pas la lune,c'est la figure d'une femme qui est la lune; — வேறுப் போகப்பண்ணுகிறது séparer,faire aller séparément,— de divers côtés.

வேறே, (வேறு,ஏ), autre, différent, à part,séparément: — காரியம் autre chose; — நினைவு autre pensée, —sentiment, inattention, absence d'esprit; — மார்க்கம் voie —, secte différente,autre chemin; — யிருக்கிறது être différent,— autre, — à part, vivre ou demeurer séparément; — வைக்கிறது mettre à part, de côté, séparément.

வேறொருத்தன், **வேறொருவன்**, *m.* **வேறொருத்தி**, *f.* **வேறொன்று**, *n.*(வேறு),un autre homme, une autre femme,— chose.

வேற்றலம், vent.

வேற்றான், (வேற்று, ஆள்), un étranger, une autre personne, un pariat,(surtout en perlant de lui-même).

வேற்று, *obl.de* வேறு, autre, différent,étranger: — கால் pied —, vestige différent; — காற்று vent différent, vent du derrière, pet; — காற்றடிக்கிறது un vent différent souffler; — குரல் voix étrangère,— différente; — தேவன் dieu étranger, —différent; — நாவு langue étrangère,—différente; — நிலை, — நிலைமயக்கு union d'une consonne avec une autre ou changement de consonne, à l'exception de க,ச,த et ப; — நிலைமெய்மயக்கு union d'une consonne à une consonne différente; — பெண்சாதி femme étrangère,autre femme; — பொருள்வைப்பு mise d'un autre sujet ou objet, fig. de rhét.par laquelle on met une autre chose pour compléter celle qu'on a commencée,ce qui peut se faire de diverses manières; — மணாளன் un autre mari,*ou* — மனிதன் un étranger,un autre homme.

வேற்றுமை, (வேற்று, மை), diversité, différence, cas des noms (dans la déclinaison), déclinaison, sens de l'oblique ou d'un cas autre que le nominatif et le vocatif, la fig. de rhét. dite வேற்றுமையணி. Voici l'ordre et les noms des cas en tamoul et en sanscrit, avec l'indication du sens qu'ils donnent.

முதல் —, பெயர் ou எழுவாய்வேற்றுமை; பிரதமாவிபக்தி *ou* கர்த்தன் nominatif.
௨-ம், ou ஐவேற்றுமை; துவிதியாவிபக்தி ou கருமம் accusatif.
௩-ம். ou ஆல்,ஓடு —; திருதியா — ou கரணம் instrumental.
௪-ம். ou கு —; சதுர்த்தி — ou சம்பிரதானம் datif.
௫-ம். ou இல்,இன் —; பஞ்சமி — ou அபாதானம் ablatif.
௬-ம். ou அது —; ஷஷ்டி — ou சம்பந்தம் génitif.
௭-ம். ou கண் —; சப்தமி — ou அதிகரணம் locatif.
௮-ம். ou விளி —; அஷ்டமி — ou சம்போதனம் vocatif.

Dans cette liste le nombre ordinal marque l'ordre des cas; le 2e mot est la terminaison du cas, comme ஐ வேற்றுமை le cas terminé en ஐ, exceptez les mots பெயர் ou எழுவாய் et விளி qui indiquent le sens de ces cas. Le 1er mot sanscrit marque aussi l'ordre; le 2e indique le sens du cas. Les grammairiens tamouls ont voulu suivre l'ordre du sanscrit; mais le 5e cas terminé en இல் n'est autre chose, au moins dans l'usage habituel, que le 7e ou le locatif, et இன் n'est que le génitif ou l'oblique, ce qui est une redondance, tandis qu'ils ont oublié de faire un cas particulier du conjonctif, ou de la terminaison ஓடு *avec*, qu'ils mettent avec l'instrumentale; ce cas n'existe pas en sanscrit: — காட்டுகிறது montrer la différence; — க்கிரமம் déclinaison, ordre des cas; — த்தொகை ellipse des terminaisons des cas, *i. e.* le nominatif mis pour l'un des autres cas; — பண்ணுகிறது changer, altérer, faire de la différence, traiter en étranger, mettre la dissention (entre les amis...); — பாராட்டுகிறது faire ressortir —, montrer la différence; — ப்புணர்ச்சி union des mots dans le sens de l'oblique, *i. e.* à un cas autre que le nominatif et le vocatif, et dont la terminaison est exprimée ou élidée: —ப்பொருள்விலக்கு rejet d'un objet différent, figure qui consiste à faire la comparaison de 2 choses qui se ressemblent et à en rejeter une, en montrant la différence qu'elle a avec l'autre sous certains rapports; —மயக்கு emploi d'un cas pour un autre; —யணி figure qui consiste à montrer une différence ou une distinction entre l'objet comparé et celui auquel on le compare; —யாயிருக்கிறது différer, être différent, en désaccord; —யுருபு forme ou terminaison des cas qui modifient le sens du nom, ou son action. (Ces terminaisons sont ஐ, ஆல் ou ஓடு, கு, இல் ou இன், அது, கண் et leurs variantes; le nominatif n'a point de terminaison autre que celle du nom. Le vocatif est généralement semblable au nominatif; cependant, dans le tamoul vulgaire surtout, il prend aussi certaines terminaisons qui lui sont propres); —யுருவகம் figure qui après avoir montré que l'objet principal et l'objet qualificatif ont une même qualité, fait voir que l'objet principal a une différence qui le distingue; —வழி mot employé dans le sens de l'oblique ou d'un cas autre que le nominatif ou le vocatif (le contraire est அல்வழி); —விரி expression de la terminaison des cas, ou nom avec la terminaison du cas qui lui convient, (c'est le contraire de வேற்றுமைத்தொகை).

வேற்றுரு, (வேற்று, உரு), forme —, figure différente.

வேற்றொலிவெண்டுறை, (*id.* ஒலி), strophe dite வெண்டுறை qui peut se chanter sur differens airs ou différens tons.

வேனல், chaleur, mirage.

வேனில், chaleur, été, chaude saison; elle se divise en 2, savoir: இளவேனிற்காலம் le temps des chaleurs modérées en சித்திரை et வைகாசி; முதிர்வேனிற்காலம் temps des grandes chaleurs en ஆனி et ஆடி: வேனிலாளி Kâmen, le Cupidon indien; வேனிற்காலம் temps des chaleurs, été.

வேனின்மாலை, (வேனில், மாலை), guirlande des chaleurs, le 25ᵉ des பிரபந்தம், poème qui décrit les 2 chaudes saisons susdites.

வை, 1° lettre syllabique composée de வ் et de ஐ. 2° pointe, tranchant, paille, herbe. 3° *imp. et part. de* வைகிறது. 4° *imp. de* வைக்கிறது. 5° வை est pour வி dans les mots composés suivant le விருத்தி.

*வைகட்சம், வைகக்ஷம், (vaïkakcha), vêtement extérieur, manteau, *ou* வைகக்ஷகம், வைகக்ஷிகம், *id.* (kaïka), guirlande portée en écharpe ou en bandoulière.

*வைகடிகன், (vaïkatika), joaillier, qui coupe et polit les pierres précieuses.

வைகரி, son articulé, articulation, ce qui est une des 4 espèces de sons dits வாக்கு-ச, exactitude, précision, régularité, ordre: —யாங்காரம் une des 3 espèces d'orgueil.

வைகல், *opt. et n.v. de* வைகுகிறது, le jour qui passe, —qui finit, halte en voyage, (aux relais), séjour (de nuit), jour, aurore.

*வைகல்லியம், (vaïkalya), défaut, imperfection, manque, mutilation, être estropié, non-existence, incompétence, inconvenance, insuffisance, trouble, agitation, émotion.

வைகறை, veille du matin, de 2 à 6 heures du matin, le point du jour, l'aube, l'aurore, la matinée: —யிலெழு lève-toi de bon matin; —லேவா viens de bon matin.

*வைகற்பிகம், (vaïkalpika), doute, indétermination, alternative.

*வைகானசம், *P.* வைகாநசம், le matin, un des 2 livres des Vichnouvistes, *ou*

*வைகாசி, *P.* வைசாகி, le mois de vaïgâsi, *i. e.* le 2ᵉ mois de l'année tamoule (du 13 mai au 13 juin environ), la 16me constellation lunaire dite விசாகம்: —வசந்தன் le Kâvêri qui commence à croitre dans ce mois.

*வைபாசிகன், (vaïbâsika), acteur, comédien, bouffon.

வைகாநசம், வைகானசம், un des 2 livres ou ஆகமம் des Vichnouvistes.

*வைகாநசன், (vaïkhânasa), ermite, anachorète.

*வைகாநசி, (vaïkânasi), casserole à frire (pour les sacrifices).

*வைகாலம், (vaïkâla), soir, soirée.

*வைகாரி, (விகாரம்), son articulé.

*வைகிராந்தம், P. வைக்கிராந்தம்.

*வைகிருதம், வைகிருத்தியம், (விகிருதம்), aversion, dégoût, changement, altération.

வைகிறது, வைதேன், வைவேன், வை, வைய, *v. a.* injurier, insulter, outrager, dire des injures, maudire: வையச்சொல்லுகிறது dire d'injurier, exciter à dire des injures.

வைகுகிறது, கினேன், குவேன், கு, க, *v.n.* faire halte, loger ou s'arrêter en voyage pour —, passer la nuit.

*வைகுண்டம், (vaïkountha), le vaïgoundham, ville —, demeure ou paradis fabuleux de Vichnou; selon les Indous il est situé sur le côté oriental du mont மேரு ou dans l'océan septentrional, lieu dédié à —, niche de Vichnou, talc, la plante துளசி.

*வைகுண்டன், (*id.*), l'habitant du வைகுண்டம், Vichnou, Indiren.

*வைகுண்ணியம், (விகுணம், ya), manque, défaut, absence de qualités, contrariété, incohérence, infériorité, vileté.

வைகுதல், *n. v. de* வைகிறது *et de* வைகுகிறது, injure, halte.

*வைகுந்தம், P. வைகுண்டம்: வைகுந்தநாதன் le prétendu seigneur du Vaïgoundham, *i.e.* Vichnou.

வைகுல்லியம், வைகூலியம், contrariété, opposition, haine, rancune, libertinage, dissolution d'esprit: —பண்ணுகிறது faire de l'opposition, agir par esprit de contradiction, ne pas faire cas des avis.

வைகை, le Vaïguei, rivière qui passe à Maduré: —த்துறைவன் le prince des bords du Vaïguei, titre des des Pandiers ou anciens rois de Maduré.

வைக்கல், 1° *opt. et n.v. de* வைக்கிறது. 2° *P.* வைக்கோல், paille, chaume.

வைக்கான், 3° *pers. nég. de* வைக்கிறது il ne met pas.

*வைக்கிராந்தம், (விக்கிராந்தம்), espèce de pierre précieuse qui ressemble au diamant, considérée comme un diamant brûlé et la pierre d'aimant commune, *ou* வைக்கிராந்தபாஷாணம் espèce d'arsenic naturel dit குமுதபாஷாணம்.

வைக்கிறது, வைத்தேன், வைப்பேன், வை, வைக்க, *v. a. et* வைக்குதல் *ou* வைத்தல், *n.v.* mettre, placer, poser, déposer, réserver, mettre en réserve: வைத்திருக்கிறது avoir placé, mis en réserve, être mis...; வைத்துக்கொடுக்கிறது donner ce qu'on a réservé, rendre fidèlement (un dépôt...); —க்கொள்ளுகிறது garder, — en sa possession, réserver, supposer; அப்படியென்று — க்கொள் suppose que cela soit ainsi; சொன்னாயென்று —க்கொண்டான் il a supposé que tu avais dit; — ப்போடுகிறது mettre et abandonner, laisser indéterminé, —sur le pavé; என்னை—ப்போட்டுக்கலியாணமுடித்துக்கொண்டான் il s'est marié et m'a laissée dans l'état où je suis (dira de son frère une sœur non mariée); என்னை - போட்டுப்போனான் il s'en est allé me laissant dans l'embarras; —வைக்கிறது garder, réserver, mettre —, tenir en réserve.

வைக்கில், 1° *condit. de* வைக்கிறது. 2° *ou*

வைக்கில், (*arabe*), *V.* வக்கில்.

வைக்கோல், paille, chaume: —முறுக்கு corde de paille; —வாரி espèce de கம்பு ou millet; —வைக்கோற்கத்து monceau de paille (autour de l'aire); — கற்றை poignée —, petit paquet —, botte de paille; — கூரை toit en chaume, couvert de paille; —

கூளம் balle de paille, chafée;— சுருணை botte de paille mise en rouleau ou en corde, ou —பழுதை,—புரி corde de paille; —பாம்பு serpent de paille, masque, déguisement;—போர் monceau —,meule de paille (dans l'aire...); வைக்கோலைக்கட்டுகிறது faire des bottes de —,lier de la paille.

வைக்கியாரம். haine, rancune.

*வைசக்ஷண்ணியம், (விசக்ஷணம்,ya), habileté.

*வைசசம், (vaïsasa), empêchement,obstacle, meurtre.

*வைசத்தியம், (vaïsadya), blancheur,netteté,pureté, vérité.

*வைசத்திரம், வைசஸ்திரம்,(vaïsastra), gouvernement, état d'être désarmé,

*வைசம்பாயனர், (vaïsampâyana),un des 4 disciples de Vyâsen, qui a enseigné l'Ézourvêdam, et a raconté le Mahâbhârata au roi Djanamêdjaya.

*வைசயந்தம், (vaïdjayanta), palais—,tour—, drapeau d'Indiren.

*வைசயந்தி, (id.i), drapeau,bannière, enseigne, la guirlande de Vichnou, les arbres dits வாதமடக்கி.

*வைசயந்திகர்,(id.ka),porte-enseigne.

*வைசயந்திகை, (id.kâ), drapeau, enseigne.

வைசவு, (வைகிறது), injure, parole outrageante, malédiction.

*வைசனனம்,(vaïdjanana), dernier mois de la grossesse, mois de l'accouchement.

*வைசாகம், (விசாகம்), 1° V. வைசாகி. 2° la 16e constellation lunaire, batte-à-beurre, ou வைசாகநிலை attitude où,en tirant de l'arc,l'on a les 2 pieds écartés l'un de l'autre d'un empan.

*வைசாகி, (id.i), le mois de வைகாசி mai juin,la 16me constellation dans laquelle arrive la pleine-lune durant le mois susdit.

*வைசாத்தியம், (vaïdjâtya), différence de caste,exclusion de la caste,déviation de la conduite ordinaire,dissolution.

*வைசிகம், 1° (விசம், ika), cause, origine,motif,jeune pousse,rejeton, cause spirituelle de l'existence, i.e. l'âme, connaissance distincte du corps et de la vie ou de l'âme. 2° (வேசிகை,ika), prostitution,libertinage,amorce des prostituées.

*வைசித்தியம், (வி,சித்து,ya),confusion d'idées, distraction.

*வைசித்திரியம்,(விசித்திரம்), variété, merveille.

*வைசியம்,(வைசியன்), la caste des வைசியர் ou marchands, c'est la 3e classe primitive des Indiens.

*வைசியன், (vaïsya), pl. வைசியர், Vaïsya ou marchand, homme de la 3e classe des Indiens:வைசியர்-ம் les 3 divisions des Vaïsyas: தனவைசியர் ou வணிகர் les commerçans; பூவைசியர் ou உழவர் les cultivateurs ou laboureurs; கோவைசியர் ou இடையர் les bergers;வைசியர்தொழில்-ம் les 3 emplois des vaïsyas:பொருளீட்டல் ramasser des richesses par le commerce, பயிர்செய்தல் cultiver la terre, ஆன்காத்தல் garder les bœufs ou les vaches, — les troupeaux: வைசியக்கிரியை, — கருமம், —விருத்தி emploi des Vaïsyas, i.e. le commerce,l'agriculture et la garde des troupeaux.

*வைசுவதேவம்,(விசுவதேவம்),offrande à toutes les prétendues divinités,—aux விசுவதேவர், le sacrifice ஓமம்,sacrifice aux mânes.

*வைசூசனம், (vaïsoûtchana),déguisement d'un homme en femme (dans les drames),

வைசூரி, petite vérole: — காய்ச்சல் fièvre de la petite vérole, febris variolosa.

*வைசேஷிகம், வைசேடிகம், (விசேஷம்,ika), la morale, une des 6 sciences dites ஆறுசாஸ்திரம் des Indiens,école de philosophie logique instituée par கணாதன்: c'est une branche de l'école dite நியாயம் de கௌதமன், dont elle diffère; de là

son nom de விசேஷம் ou différence; வைசேஷிகன் sectateur de cette philosophie.

*வைசேஷியம், (விசேஷம், ya), distinction spécifique, supériorité, prééminence.

*வைச்சிரம், P. வச்சிரம்.

*வைச்சிரவணன், (vaïsravana), le fils de Visravas, *i. e.* குபேரன், le prétendu roi des richesses.

*வைச்சிரவணாலயம், வைச்சிரவணாவாசம், வைச்சிரவணோதயம், (*id.* ஆலயம், ஆவாசம், உதயம்), le multipliant ou ஆலமரம் censé la résidence de Koubèren.

*வைஷம்மியம், (vaïchamya), inégalité, isolement, difficulté, haine, une des 7 peines ou 7 chagrins.

*வைஷயிகன், (விஷயம், ika), sensualiste, occupé d'objets mondains.

*வைஷ்ணவம், (விஷ்ணு), la secte —, le pourana de Vichnou, c'est un des 18 pouranas, un des 18 codes de lois. graine.

*வைஷ்ணவன், (*id.*), Vichnouviste, sectateur de Vichnou: வைஷ்ணவசித்தாந்தம் doctrine des Vichnouvistes.

*வைஷ்ணவாகமம், (வைஷ்ணவம், ஆகமம்), *V.* வைணவாகமம்.

*வைஷ்ணவி, (வைஷ்ணவன்), la femme ou énergie de Vichnou, une des 7 மாதர்.

*வைடம்மியம், *P.* வைஷம்மியம்.

*வைடாலம், (விடாலம்), chat, hypocrisie, dissimulation, caractère de chat: வைடாலவிருத்திகன், — விரதிகன், (விரதம், ika), trompeur, hypocrite, dissimulé comme le chat. (விரதிகன் pourrait se former de gratha, *être tortueux, pervers, tromper*, avec ika).

*வைடூரியம், *P.* வைதூரியம், la pierre précieuse dite lapis-lazuli, œil-de-chat, c'est une des நவமணி.

*வைணவம், 1° *P.* வைஷ்ணவம், secte de Vichnou, le pourana ou la légende de Vichnou, un des 18 pouranas. 2° (vaïnava), graine de bambou, chalumeau —, tuyau, — bâton de bambou.

*வைணவன், 1° *P.* வைஷ்ணவன். 2° (vaïnava), ouvrier qui travaille en bambou ou en osier.

*வைணவாகமம், *P.* வைஷ்ணவாகமம், livre de la secte de Vichnou. Il y en a 2 nommés பாஞ்சராத்திரம் et வைகானசம். Ils contiennent les cérémonies et le rituel propre des Vichnouvistes. Le dernier renferme des extraits choisis des vêdas; le 1er est de la classe des Tantrikas et est censé contenir des instructions données par Vichnou à Brama durant 5 nuits du déluge fabuleux des Indous, alors que les vêdas furent submergés après avoir été volés par சோமுகாசுரன் ou சோமுகன்.

*வைணவி, 1° *P.* வைஷ்ணவி, la femme de Vichnou, une des 7 மாதர். 2° (vaïnavi), flûte —, tuyau ou tube de bambou.

*வைணவிகன், 1° (vaïnavika), joueur de flûte ou de chalumeau de bambou. 2° *ou* [de luth ou de வீணை.

*வைணிகன், 1° (vaïnika), joueur

*வைணுகம், (vaïnouka *de* வேணு), aiguillon, croc de cornac ou long bâton armé d'un fer pour conduire les éléphans, bâton pour conduire les animaux, perche.

*வைணுகன், (*id.*), joueur de chalumeau ou de flûte.

*வைணன், (vaïna), ouvrier qui travaille le bambou.

*வைதரணி, (vaïtarani), la rivière fabuleuse de l'enfer ou de la ville de Yamen.

*வைதருக்கம், (வி, தருக்கம்), discours insidieux, sophisme.

*வைதருப்பம், (vaïdarbha), discussion insidieuse, raisonnement captieux, sophisme. [le roi de Vidarbha.

*வைதருப்பன், வைதர்ப்பன், (*id.*).

*வைதருப்பி, வைதர்ப்பி, *fém. du préc.* la fille du roi de Vidarbha, *i. e.* Damayanti femme de நளன், la femme d'Agastyen, une des femmes de Krichna dite உருக்குமிணி, la loi de Vidarbha qui permet le mariage entre cousins germains.

*வைதர்மியம், (வி, தர்மம்), irreligion, injustice, inconvenance, différence de devoirs.

*வைதலம், (vaïdala), vase, — creux d'argile, panier d'osier.

வைதல், n.v. de வைகிறது.

*வைதவ்வியம், (விதவை, ya), viduité, état de veuve.

*வைதனிகம், (வேதனம், ika), salaire, — journalier, — d'ouvrier, de mercenaire, gages.

*வைதனிகன், (id.), journalier, homme qui travaille à la journée.

*வைதாத்திரன், (விதாதிரு), le fils de Brama, Sanatcoumâren ou சனற்குமாரன் et les 3 autres fils de Brama.

*வைதாளிகன், (vaïtâlika), barde dont l'office est de réveiller un roi le matin avec la musique, énergumène, — qui a un démon familier, serviteur d'un வேதாளம்.

*வைதானம், வைதானிகம், (விதானம், ika), sacrifice dit ஓமம், — au feu ou au moyen du feu, holocasute.

*வைதாகோபாசனை, (வைதானம், உபாசனை), offrande régulière d'holocauste matin et soir.

*வைதிகம், (வேதம், ika), conformité aux vêdas, chemin tracé par la —, religion (opposé à இலௌகிகம் mondanité): வைதிகசாஸ்திரம் science de la religion, livre religieux de morale: — வைதிகசைவர் Sivénistes observateurs des vêdas.

*வைதிகன், pl. வைதிகர், (id.), celui qui suit ou observe les —, observateur des vêdas, — du வேதாந்தம், brame, — habile dans les vêdas.

*வைதிருதி, (vaïdhrouti), le dernier des 27 யோகம்.

*வைதிகம், வைதிகன், P. வைதிகம், வைதிகன். [வேதியம்.

*வைதூரியம், (vaïdoûrya), V, வை

*வைதேகன், வைதேகன், (vaïdêha, ka), marchand de caste ou de profession, fils d'une bramine et d'un Vaïsya dont l'office est celui de panégyriste ou de serviteur dans les appartemens des femmes.

*வைதேகி, (விதேகம், i), la fille du roi de Vidêha, i.e. சீதை, femme de Râmen, femme de marchand ou de la caste des வைதேகர், poivre long.

*வைதேசிகன், (விதேசம், ika), étranger. [ce, folie.

*வைதேயம், (vaïdhêya), ignorance.

*வைதேயன், (id.), ignorant, fou, idiot. [cer.

வைத்தல், n.v. de வைக்கிறது, placer.

*வைத்தியம், (vaïdya), l'art de la —, la médecine, l'arbre வைத்தியமாதா, conformité aux vêdas: — கிருகம், — சாலை infirmerie, maison où l'on exerce la médecine; வைத்தியசாஸ்திரம் la science —, l'art de —; la médecine, le 14ᵉ des கலைக்கியானம்; — நாதன் le prétendu seigneur de la médecine, Siven (dans le monde dit அதலலோகம்), Dhanvantari ou தன்வந்திரி médecin des dieux; — பத்து la plante cassia fistula; — பாகம் portion donné au médecin dans le remède fait sous sa direction; — மாதா, — சிங்கி, (சிங்கம்), la plante justicia ganderusa, la plante ஆடாதோடை.

*வைத்தியன், (id.), médecin, docteur, savant, sectateur des vêdas, érudit qui y est versé.

வைத்து, gér. de வைக்கிறது. [le.

வைத்தூறு, (வை), meule de paille.

*வைநதேயன், (விநதை), le fils de Vinadei, i.e. Garouden.

வைநம், distribution.

*வைநயிகம், (விநயம், ika), morale, conduite, char de guerre.

*வைநாசிகம், (விநாசம், ika), un des யோகம்.

*வைநாசிகன், (id.), esclave, astrologue, araignée. [dhiste.

*வைநாயிகன், (விநாயகன்), bouddhiste.

*வைநீதகம், (vaïnîtaka), chariot ou char traîné par une deux ou 3 paires de bœufs ou de chevaux.

வைந்தவம், cheval.

*வைபரீத்தியம், வைபரீத்தியம், (விபரீதம், ya), contrariété, opposition.

*வைபவம், (விபவம்), grandeur, richesse, prospérité, détail, circonstance.

*வைபோகம், (வி, போகம்), plaisir, délices, joie, volupté, manière, prudence. [tueux, prudent.
*வைபோகி, (வைபோகம்), volup-
*வைபோதிகன், (விபோதம், ika), homme qui sonne les heures, gardien, garde de nuit, sentinelle.
வைப்பதிகாரம், (வைப்பு, அதிகாரம்), V. சுவத்தி.
வைப்பாட்டி, (id. ஆட்டி), concubine, *litt.* femme qu'on entretient: — க்காரன் concubinaire; — வைக்கிறது garder —, avoir une concubine.
*வைப்பிரம், (vaïbhra), paradis fabuleux de Vichnou.
*வைப்பிராசம், (vaïbhrâdja), jardin fabuleux des dieux.
வைப்பு, *n.v. de* வைக்கிறது, action de placer..., place, situation, position, ville, état de grandeur, réserve, chose réservée, trésor enfoui, — amassé, formation, composition, préparation d'arsenic, de drogues, arsenic préparé ou composé, concubinage: — க்கட்டு conte, — forgé à plaisir, fable, — inventée; — ச்சரக்கு marchandise —, drogue composée, — préparée; — ச்செப்பு pot qui renferme ou dans lequel on a mis un trésor, lieu de dépôt; — ப்பாஷாணம் arsenic composé ou préparé.
*வைமாத்திரேயன், வைமாத்திரன், (விமாதிரு), fils de belle-mère, demi-frère, beau-fils.
*வைமாத்திரேயி, வைமாத்திரி, *fém. du préc.* fille de belle mère, demi-sœur, belle-fille.
*வைமுக்கியம், (வி, முகம், ya), détourner le visage, fuite. [vrance.
*வைமுத்தம், (விமுத்தம்), déli-
*வைமேயம், (விமயம்), troc, [échange.
வைய, *inf de* வைகிறது.
வையகம், 1° (வை, அகம்), maison de chaume. 2° (வைக்கிறது, அகம்), V. வையம்.
வையட்டும், (வைகிறது, ஒட்டுகிறது), laissez le dire des injures.
வையம், 1° terre, monde, la 4° constellation dite உரோகிணி; palanquin, — distingué, litière, char, chariot, charrette, — à bœufs, véhicule (en général), bœuf de charrette. 2° *P.* வையோம், *nég. de* வைகிறது *et de* வைக்கிறது.
*வையர்த்தியம், (வியர்த்தம், ya), inutilité.
வையா, வையாத, *part. nég. de* வைகிறது *et de* வைக்கிறது.
*வையாகரணம், (வியாகரணம்), grammaire.
*வையாகரணன், (*id.*), grammairien, savant en —, auteur de grammaire. [lois de Vyâsen.
*வையாசகம், (வியாசன்), code de
*வையாத்தியம், (வியாத்தம், ya), immodestie, hardiesse.
வையாளி, grand galop: — விடுகிறது lancer au grand galop; — வீதி hippodrome, rue ou place pour exercer les chevaux, manège.
வையை, *P.* வைகை.
*வைரக்கியம், வைரத்தியம், (விரத்தம் ya), dégoût, aversion, déplaisir.
*வைராக்கிகன், (வி, ராகம், ika), ascète, — qui a subjugué ses passions.
*வைரம், 1° (vaïra *de* வீரம்), haine, inimitié, hostilité, opposition, bravoure, prouesse, valeur. 2° *P.* வச்சிரம், diamant, une des 9 pierreries dites நவமணி: வைரசாரம், cause de —, haine: — வன், — க்காரன் ennemi; — சுத்தி, — நிர்யாதனம் vengeance, — assouvie, revanche, représailles, cessation de la haine; — த்தனம் haine, inimitié, dureté, bravoure; — நிவாரணம் cessation de la haine, réconciliation; — ப்பிரதி க்கிரியை revanche, rendre la pareille; — மணி diamant; — முத்து perle précieuse.
*வைரவம், *P.* பைரவம், peur, terreur, horreur, chose effroyable, la 1re des 6 sectes intérieures des Sivénistes, *V. au mot* சமயம்.
*வைரவன், *P.* பைரவன், Vaïraven ou le terrible Siven, une des formes ou prétendues manifestations inférieures de Siven, c'est sous cette forme qu'il est dit avoir coupé une des têtes de Brama, et celle de Dakchen son beau-père.

*வைரவி, P. பைரவி, la terrible, i.e. Dourgâ femme de Siven, air propre à inspirer de la terreur, nom d'un air de musique.

*வைரன், (வைரம்), ennemi,

*வைராகம்(வி,ராகம்), V. வைராக்கியம்.

*வைராகி, வைராகிகன். (*id.* i, ika), ascète, dévot, — qui a subjugué ses passions, qui a renoncé au monde, faux dévot, Vaïrâguy, espèce de religieux mendiant païen.

*வைராக்கியம், 1° (விராகம், ya), absence de passions ou de désirs mondains. 2° zèle (bon ou mauvais), zèle outré, fanatisme, persévérance, constance, fermeté, obstination, entêtement, haine, — invétérée, aversion, horreur: ஞான— fermeté religieuse, renoncement à soi-même, *ou* பக்தி — zèle religieux, ferveur, enthousiasme; வைராக்கியசதகம் livret sur le renoncement à soi-même, la patience et le silence, en 100 strophes composées par பர்த்ருகரிமகோநிகன்.

*வைரத்தியம், P. வைராக்கியம், absence de désir, indifférence.

*வைராயமானம், (vaïrâyamâna), hostilité, inimitié. [ராவி.

வைராவி, (வைரம், ஆவி), V. வைரி

*வைரோதம், (வைரம், உரோதம்), combat à outrance. [faucon.

*வைரி, (வைரம், i), ennemi, héros,

*வைரிதை, (வைரி, tâ), inimitié, haine, bravoure, héroïsme.

*வைரியம், (வீரியம்), bravoure, V. வைராக்கியம். [formité, laideur.

*வைரூப்பியம், (வி, ரூபம், ya), dif-

*வைரோசனன், (விரோசனன்), surnom de Mahâbali ou மாவலி roi du பாதாளம், l'un des empereurs ou சக்கரவர்த்திகள், le fils d'Agni, le singe Vâli fils du soleil, le soleil, espèce de demi-dieu dit சித்தர்: வைரோசனநிகேதனம் le பாதாளம், i. e. l'abîme demeure ou royaume de வைரோசனன்.

*வைரோசனி, (*id.* i), le prince Mahâbali ou மாவலி, le singe வாலி fils du soleil, Bouddha.

*வைரோசி, (vaïrôchi), le démon ou சுக்கிரீவன் nommé வாணன்.

*வைரோத்தாரம், (வைரம், உத்தாரம்), vengeance, représaille, revanche.

*வைலக்ஷணம், வைலக்ஷணியம், வைலட்சணம், (வி, லக்ஷணம், ya), difformité, différence, contrariété.

*வைலக்ஷ்யம், வைலட்சியம், (வி லக்ஷம், ya), contrariété, opposition, inversion, défaut —, absence de caractère, différence.

*வைல்வம், (வில்வம்), le fruit de l'arbre வில்வம் ou cratæva.

*வைவஸ்வதன், (vaïvasvata), le 7e Manou, celui du Manouvantara ou de l'âge actuel, சனி ou la planète Saturne, Yamen prétendu roi des morts, un des உருத்திரர்.

*வைவதிகன், (விவதம், ika), marchand de grains, d'huile, de beurre, de fruit et de bonbons.

*வைவர்ணியம், (வி, வர்ணம், ya), changement de couleur, de caste.

*வைவாகிகம், (விவாகம், ika), mariage. [malédiction, outrage.

வைவு, *n.v. de* வைதல், injure,

*வைவஸ்வதன், P. வைவச்சுதன்.

*வைனதகம், (vaïnataka), vase à beurre.

*வைனதேயன், (வினதை), le fils de Vinadei, *i.e.* Garouden, l'oiseau et la monture de Vichnou.

வைனம், distribution, partage.

வோ, lettre syllabique composée de வ், et de ஓ, vô long.

*வோகித்தியம், (vôhitya), navire

*வோடன், வோடு, (vôdhâ, — dhrou), époux, porteur, charretier, guide, taureau.

*வோடு, (vôdhou), fils d'une femme qui vit chez son père et dont le mari est absent. [servante.

*வோடை, (vôtâ), femme esclave,

*வோண்டம், (vônta), tige de plantes.

*வோதம், (vôda), humidité.

*வோரகம், வோலகம், (vôraka, vôlaka), lettre, caractère.

*வோரகன், வோலகன், (*id.*), écrivain, scribe.

*வோரடம், (vôrata), jasmin.

*வோரம், (vôra), pois, dolichos.

*வோலம்,(vôla), gomme myrrhe.

வௌ, lettre syllabique composée de வ் et de ஔ, vaou. 2° mot imitatif de bruit. 3° *imp. de* வௌவுகிறது.

வௌவம், nénuphar,—blanc, *i. e.* à fleurs blanches.

வௌவல், *opt. et n. v. de* வௌவுகிறது, pillage, vol, saisie, prise, emporter.

வௌவால், chauve-souris.

வௌவி, 1° cerf. 2° *gér. de* வௌவுகிறது, வௌவினேன், வௌவுவேன், வௌ *ou* வௌவு, வௌவல், *v. a.* வௌவுதல், *n. v.* piller, voler, prendre, saisir, attraper, happer, ramasser, emporter,— tout ensemble.

ழ்

ழ், 15° consonne de l'alphabet tamoul, se prononce *ja*, sur la côte, et *lha i. e.* ள dans l'intérieur. Elle ne commence aucun mot; elle ne se change en aucune autre lettre, et aucune lettre ne se change en elle.

ள்

ள், 16° consonne de l'alphabet tamoul, se prononce *lha*, avec la langue recourbée. Elle ne commence aucun mot; aucune lettre ne se change en ள்; mais cette lettre, à la fin des mots, se change quelquefois en ட் devant க, ச, த, ப.

ற்

ற், 17me consonne de l'alphabet tamoul, et 6me lettre forte, se prononce comme 2 r, avec la langue recourbée, Ex. திறம் tirram *force*. Si elle est doublée, elle se prononce comme 2 ட். Ex. குற்றம் kouttam *faute*, et après la lettre ன், elle se prononce comme d. Ex. நன்றி nandi *bienfait*. Elle ne commence aucun mot, et ne se change en aucune autre lettre; mais souvent les lettres finales ல் et ன் se changent en ற் devant les initiales க, ச, த, ப, Ex. பொன்குடம், பொற்குடம் *cruche d'or*. De plus le த initial se change assez souvent en ற après ன் et ல் finales, et alors toujour l' ல் et parfois l' ன், se changent aussi en ற். Ex. பொன்தீது s'écrira: பொன்றீது et பொற்றீது *l'or est mauvais*; வீட்டில்தந்தான், வீட்டிற்றந்தான் *il a donné dans la maison*. Quelquefois même si les finales ல் et ன் ne sont pas précédées d'une seule brève, après le changement susdit, un des deux ற் s'élide. Ex வேல்தீது *la lance est mauvaise* s'écrira வேறீது; அவன்தேர் *son char*, அவறேர். Mais cette élision n'est propre qu'à la poésie ou au haut tamoul.

ன்

ன், 18° consonne de l'alphabet tamoul, et 6° lettre douce, se prononce comme ந n; mais de sa nature elle n'est pas initiale, et ne se trouve que au milieu ou à la fin des mots. Néanmoins quelquefois la lettre initiale ந, après ன் ou après ல் changé en ன், se change aussi en ன ou s'élide. Ex. நான் நடந்தேன், *j'ai marché*, peut s'écrire நானடந்தேன்; நல்நெறி *bonne voie* s'écrira நன்னெறி. ன் finale se change quelquefois en ற் devant க, ச, த, ப, et alors த se change aussi en ற. Ex. பொன்பானை *cruche d'or* s'écrira பொற்பானை; பொன்தாழி *jarre d'or* பொற்றாழி.

SUPPLÉMENT.

N.B. Plusieurs mots de ce supplément, qui se trouvent déjà dans le corps du dictionnaire, sont reproduits ici à cause de quelques significations qui y ont été omises. La majeure partie des autres mots sont des noms de botanique peu usités.

அசந்.

அகஞ்செவி, (அகம்), dedans de l'oreille. [velle.

அகபர், அகபார், (*arabe*), nou-

அகமகிழுகிறது, (அகம், மகிழுகிறது), se réjouir intérieurement.

அகமரம், அகல், அகிமரகல், l'arbre வெள்வேல் ou acacia blanc.

அகவு, la plante அமுக்கிறா. [qua.

அகுலி, l'arbre நருவிலி cordia obli-

அகுளுதி, l'arbre வேம்பு margosa.

அகைகம், la plante parasite புல்லுருவி, espèce de gui. [rationel.

*அகோசர அம்பராந்தம், horizon

அக்சுபிரம், manguier. [ன்னெருக்கு.

அக்காரம், manguier, la plante வெ

அக்கல், (*arabe*), sens, intelligence.

அக்காந்தான், l'arbre தான்றி, ter-

அக்காமிரம், manguier. [minalia.

அக்காளான், l'herbe வளைப்புல்.

*அக்கிருத்தியன், (அ, கிருத்தியம்), pervers.

அக்கிடு, le chardon நெருஞ்சில்.

அக்கினி, les arbrisseaux செங்கொடிவேலி et செங்கொடிவேலி, la plante அக்கினிச்சிலம் gloriosa, racine de la plante காந்தள் gloriosa superba; —ச்சிலம் la plante குப்பைமேனி; —க்கட்டி, *V*. தீக்கட்டி; —நீர் acide nitrique. [cas.

அக்கிலகத்து, (*arabe*), exposé d'un

அக்கு, les arbres அகில் et எட்டி.

அங்கம், l'arbrisseau கொன்றை.

அங்கராவல்லி, la plante குறிஞ்சா.

அங்கனி, l'aloès கற்றாழை.

அங்காமி, (*persan*), temporaire.

அங்குசபாதி, la plante சிறுபுள்ளடி

அங்குசம், le bananier வாழை. [டி.

*அசக்தம், அசத்தம், அசக்த்தை, அசத்தத்துவம், (அசத்தி), faiblesse, incapacité.

அசட்டி, la plante ஓமம்.

*அசந்ததி, அசந்ததானம், (அ), manque de postérité.

அடிக்

அசமலுதம், l'arbre அத்தி, figuier.

*அசமவாயிகாரணம், (அ), cause accidentelle.

அசல், (*arabe*), origine, somme principale: — பேர்து original, taxe, cotisation.

அசனபன்னி, அசனபர்ணி, (அசனம், பர்ணம்), l'arbre சித்தகத்தி.

அசலுத், (*arabe*), ordre, preuves, renseignemens, pouvoir, procuration. [ணி.

அசாரணிமுலி, la plante உத்தாம

*அசித்து, (அ), manque d'—, sans intelligence: அசித்தான dénué d'intelligence, matériel.

அசிரணிக்கிறது, (அ), avoir une indigestion, être indigeste.

அசுனான், ail. [சிர.

அசுவாமரைக்கு, la plante சிறுகு,

அசூர், அஜூர், (*arabe*), présence: —க்கச்சேரி, *V*. உஜூர்க்கச்சேரி.

அசையு, la plante அமுக்கிறா.

அசோண்டி, la plante குறட்டை.

அச்சம், les plantes கோரைப்புல் et கரப்புல்.

அச்சரம், *P*. அக்கரம், aphthe...

அச்சுக்கட்டு, (அச்சு), moule, répartition d'un champ en compartimens ou planches séparées par de petites chaussées.

*அஸ்தலாகவித்தை, (அஸ்தம் *main*, là *qui donne*), tour de passe-passe.

அஸ்தாந்தரம், (*sanscrit*), trésor.

அஜமாயிஷ், (*person*), épreuve, examen, preuve.

அஞ்சல், toile claire, peu serrée: —மழை ondée, pluie par intervalle.

அஞ்செவி, (அகம், செவி), dedans de l'oreille, l'arbrisseau வட்டக்கண்டி.

அடக்கம், ellébore கடுகுரோகிணி.

அடப்பன், l'arbre அடப்பமரம்.

அடிக்கோல், (அடி), pied —, bâton pour mesurer.

அடித்திலம், la plante அமுக்கிரு.

அடிதண்டம், (அடி), V. au mot தண்டம். [tige.

அடித்தட்டை, (id.), pied—, bas de

அடிதலைமாறி, (id.), inversion.

அடித்துமுதலானது, ce qui a été le premier battu, la quantité de grain battu.

அடித்தொண்டு, (id.), petit service, hommage respectueux.

அடிப்பறிகிறது, se miner, le bas ou le pied s'écrouler, —manquer.

அடிப்புக்கூலி, salaire pour battre le grain. [—ouvrier, —serviteur.

அடிமைப்பள்ளன், Pallen esclave,

அடிவானம், (அடி), horizon.

அடிக்பு, la plante சிவதை.

அடுக்கு, répétition —, préparatif d'une pièce: — பார்க்கிறது répéter une pièce (pour s'exercer).

அடுபடை, (அடு), arme offensive.

அடைக்கிறது, hypothéquer, engager. [gagement d'un immeuble.

அடைமானம், hypothèque, en-

அடையோலை, (அடை), feuille de palmier—, ôle contenant un contrat ou titre d'hypothèque ou un bail à ferme.

அடைவிச்சேலம், safran musqué dit கஸ்தூரிமஞ்சள். [டை.

அட்டகசம், l'arbuste ஆடாதோ

அட்டகம், les plantes வசம்பு, et அயமலாதி.

அட்டதிரம், la plante எருக்கு.

அட்டி, l'arbre எட்டி.

அட்டாலை, cabane suspendue, — pour garder les moissons.

அட்டிமதுரம், réglisse. [சீரகம்.

அட்டிமை, அட்டிணம், le cumin

அட்டுப்பு, (அட்டு, உப்பு), sel bouilli, — obtenu par la cuisson, sel de terre.

அணிஞ்சில், les plantes et arbrisseaux கொடிவேலி, சிற்றுமுட்டி, தொட்டி, முள்ளி, et வில்வம்.

அதட்டி, (அதட்டுகிறது), qui me- [nace,

*அதசி, (atasi), lin.

அதாசலம், jasmin sauvage.

அதிகநாரி, அதிசாரி, l'arbrisseau கொடிவேலி.

அதிசௌரபம், le manguier doux தேமா.

அதிபதிசங்கம், réunion de rois ou de chefs, la plante வாதமுடக்கி.

அதிபருங்கி, l'arbrisseau கொடிவேலி.

அதிபத்தியம், 1° (அதி), le propre, justesse. 2° (அதிபதி), dignité de chef, de souverain.

அதிமுத்தம், l'arbre குருக்கத்தி.

அதியாமம், chiendent, la plante முற்புயல்.

அதிரம்பை, la plante தலை à tête d'or, dite பொற்றலைதலை.

அதிவிடம், la racine அதிவிடயம்.

அதைப்பு, hydropisie.

அத்தகம், cumin noir, ricin.

அத்தசி, P. அதசி, lin.

அத்தாட்சி, attestation.

*அத்தாலங்காரம், (அத்தம், அலங்காரம்), beauté—, avantage des richesses.

அத்தி, figuier, poivre long, l'arbre மெருகு arum: — கன்னி la plante கசிலாங்கன்னி, l'arbre மெருகு.

அத்தரா, அத்துமானி, l'arbre அரசு.

அத்த, borne, empêchement.

அத்துவர்க்கயம், அத்துவர்க்காயம், cumin noir.

அநாதரவு, P. அநாதரம்.

*அநிருத்தம், (அ priv.), fraude, mensonge.

*அருதுகிதம், (அரு), quart de மாத்திரை ou de mesure. [துருவி.

அத்தகன், espèce de gui dit புல்லுருவி.

*அத்தசத்தம், (அத்தம்), beauté, harmonie: — ஆயிருத்தல் être beau, — et harmonieux. [que கொடிப்பாசி.

அத்தரவணசம், la plante aquatique

அத்தன், fruit du terminalia dit கடுக்காய்.

அத்தி, l'arbre தில்லை. [மரம்.

அத்திமலர்த்தனன், (அத்தி, மலர்கிறது), fleur qui s'épanouit le soir, la plante அத்திப்பூ.

அத்தேசாலம், l'arbre தேற்று

அபத்தலம், l'arbre செங்கத்தாரி.

*அபராதம், forfaiture, confiscation.

*அபராதி (அபராதம்), coupable.

*அபரோதம், (அப, உரோதம்), siége, blocus.

அமானம், அமைபவன், le fruit dit கடுக்காய். [mystère.

*அமிரகசியம், (அமி), profond

அமின்னியாசம், contorsions convulsives, espèce de சன்னி.

அமுட்டச், la plante வட்டத்திருப்பி

அப்தா, (*persan*), semaine : — க்கணக்கு compte —, rapport hebdomadaire. [mentation.

அப்ஜூத், (*persan*), excès, aug

அப்பவும், *P.* அப்போவும், et alors.

அப்பாட்டி, trisaïeule. [புளிமா.

அப்பிரகம், manguier aigre dit

*அப்புசா, அப்சா, (அப்பு. சரம்). Apsarei, prétendues nymphes du Svarga.

அம்புளண்டம், la plante தகரை.

அப்பை, la plante கோவ்வை ou

அப்போஸ்தலர், apôtre. [bryonia.

அப்போஸ்தொலிக்கு, apostolique.

அமண்டலம், ricin dit ஆமணக்கு.

அமந்தலம், l'arbre செம்மரத்தாமி.

அமரிதம், le fruit dit கடுக்காய்.

*அமலகம், (amala *pur*, ka), l'arbre நெல்லி. [சன் et நெல்லி.

*அமலம், (*id.*), les arbres மரமஞ்

*அமலை, (*id*), le fruit dit கடுக்காய்.

அமல், (*arabe*), acte, saisie, confiscation, chose confiscable.

அமனி, l'ellebore கடுரோகிணி.

அமார்க்கம், (அ. *prio.*), mauvaise voie, irréligion, impiété, hérésie.

அமானத்து, (*arabe*), dépôt.

அமானி, l'espèce d'oseille dite புளியாரை, terre non affermée, terre —, bien administré *ou* régi par le collecteur (pour le gouvernement), sécurité, confiance, dépôt: — யாய்க்கிடக்கிறது rester non affermé, n'être pas affermé; — பாஜோபாப் diverses fermes administrées par un collecteur.

அமிஞ்சியாள், (அமிஞ்சி, ஆள்), homme —, personne de corvée, — obligée à travailler sans être payée.

அமில்தார், Amildar, receveur des revenus publics.

அமீனு, Amina, commis, petit receveur de village ou employé chargé des affaires d'un village sous un amildar. [வெள்வேல்.

அமுதசார்கள், அமுதகளு, l'arbre

அமேஷா, (*persan*), toujours.

அமையம், l'herbe இலாமச்சை.

அம்பகம், la plante சேம்பு.

அம்படம், la plante ஆடுதின்னாப்பாளை. [de grains...

அம்பாரம், அம்பார். (*persan*), tas

அம்பாரக்கடை, marché —, boutique —, lieu où quelque chose est amassée en tas, magasin.

*அம்புசம், (அம்பு, சம்), jonc dit கோரை. [க்கிழங்கு.

அம்மட்டி, la racine dite கொட்டி

அம்மை, 1° le fruit கடுக்காய். 2° (அ, மை), la vie future, l'autre vie, — monde.

அயம் la plante சிறுபூளை.

அயவி, moutarde blanche.

அயன், (*arabe*), actuel: — வேத் taxe —, cotisation actuelle; — ஜமா collection —, total actuel.

அயிஞ்சி la plante நிலப்பனை.

அயிண்டம், la plante சிற்றரத்தை.

அய்யவி, *V.* சிறுகடுகு.

அய்வேஜு, remplaçant, chose ou personne substituée à une autre.

அரக்கத்து, அரக்கத், obstacle, prévention.

அரக்கம், la plante எருக்கு. [வரசு.

அரசன்விசோறு, le porcher ...

அரசானம், l'arbre அரசு, la plante அரத்தை, la racine அம்பராஷ்டகம்.

அரசு, l'action de gouverner (un pays...), privilèges accordés pour garder ou pour faire la police: — க்காரன் celui qui jouit de ces privilèges. [la racine அம்பராஷ்டகம்.

அரத்தை, la plante முடக்கத்தான்,

அரமாரவம், la plante நாயுருவி.

அரன், safran. [quin, vaurien.

அராம் ஜாதா, (*arabe*), bâtard, co-

அரி, gerbe (du blé...), la plante கொடிவேலி.

அரிசு, l'arbre வேம்பு.

அரிட்டம், l'arbre வேம்பு, l'ellébore கடுரோகிணி.

*அரிதம், *P.* அரிதம்.

அரிமல், அரியசாறனே, l'arbre மாவிலங்கு.

அரிமேதா, l'arbre வெள்வேல்.

அரியசம், l'arbrisseau கொன்றை.

அரிவெடுப்பு, (அரி), enlèvement des gerbes, gerbe, salaire en nature donné aux serviteurs de village.

அரில், bambou. [son fruit.

*அரீதகி,(haritaki), l'arbre கடு et

அருகஞ்சி, la plante சித்தில்.

அருக்கம், la plante எருக்கு.

அருக்கன், gingembre sec dit சுக்கு

அருட்டம், *P.* அரிஷ்டம், poivre, l'arbre வேம்பு.

அருத்திரம், l'arbre மரமஞ்சள்.

அருத்துருமம், l'arbre வெள்வேல்.

அருணாதி, la plante médicinale குடசப்பாலை.

அருளுவம், l'arbre பெருமரம்.

*அரேணுகம், *V.* இரேணுகம்.

அரைப்பூட்டு, (அரை), ceinture d'argent ou de cuir...

அரையாள், (*id.*) demi —, ouvrier qui ne fait que la moitié du travail d'un bon ouvrier dit முழாள்.

*அரூபத்துவம், (அரூபம்), manque de figure, invisibilité, immatérialité.

*அர்ச்சகன், (artchaka), sacrificateur —, employé spécial de pagode ou temple indou.

*அர்த்தமாத்திரம், (அர்த்தம்), demi மாத்திரை, — mesure.

*அர்த்தநாசம், (*id.*), perte des richesses, — des biens.

அர்த்தமானியம், (*id.*), demi-mâniam, terre qui ne paie que la moitié de l'impôt foncier.

அர்ஜி, (*arabe*), lettre d'un inférieur, pétition, mémoire: — தரகாஸ்து pétition par écrit. [வி chiendent.

அலகு, l'arbre மகிழமரம்: — சேர

அலகெண், (அலகு), algèbre.

அலகை, la coloquinte பேய்க்கொம்மட்டி. [நெல்லி.

அலக்கைசுரம், la plante கிழா

அலகி, froment.

அலர், safran; poivre.

அலர்வு, *n. v. de* அலருகிறது, *V.* அலருதல்.

அலாபதம், l'herbe andropogon இலாமிச்சை.

அலியன், fruit dit கடுக்காய்.

அலாயிதா, (*arabe*), séparé, distinct.

அல்லூரம், l'arbre வில்வம்.

அவத்தம், la plante நாய்க்கடுகு.

அவத்திகன்னி, la racine dite மெருகு.

அவமானிக்கிறது, அவமானித்தல், (அவமானம்), déshonorer, se déshonorer.

அவனி, la plante பூனைக்காலி.

அவல்தார், (*ind.*), sergent.

அவாசேசவுப்பி, la plante பெருந்தும்பை.

*அவாபுஷ்பி, la plante பிரமி.

அவால், (*arabe*), charge, soin, garde.

அவிர்மதி, (அவிர்), lune brillante.

அவுகப்பம், l'arbrisseau தொடசி

அவையடக்கியல், (அவை, அடக்கு, இயல்), *P.* அவையடக்கம்.

அவ்வல், (*arabe*), premier, principal. [டயம்.

அழகவேதம், la racine அதிவி

அழல், la plante கொடிவேலி: — விரை l'arbre தேர்வாளம்.

அழிகால், (அழி), jardin de bétel qui dépérit de vieillesse ou par accident.

அழுகுகால், (அழுகுகிறது), riz (en herbe ou en maturité) qui pourrit par trop d'irrigation ou par inondation. [ருன்.

அளப்புக்கு, la plante முடக்கத்

அளேசுவெப்பு, அளேசுவெற்பம், la plante அதிவிடையம்.

அளோருகம், l'arbrisseau தாறுனே.

அளுக்கு, bruit, son, — intérieur.

அன்று, poignée de grains donnée aux mesureurs, aux serviteurs de villages et autres en récompense de leurs services.

அறக்கப்பிளப்பி, la plante அரக்கம். [ரனை.

அறனை, la plante காட்டுக்க

அறவைத்தசயம், அறவைப்பியம், (வைப்பு), litharge.

அறுமை, 1° *n. v. nég. d'* அறுகிறது. 2° la plante கவிழ்தும்பை.

அறிப்பலம், அற்கத்தி, poivre long dit திப்பிலி. [லிப்பு,aigreur.

அறுசுவை, *ajouter à cet article*: பு

அறுப்பு. action de moissonner:— க்கூலி salaire de moissonneur,— pour moissonner; — ச்சீட்டு permis pour —, billet qui permet de moissonner.

அற்பமசரிசம், *V.* சிறுகீரை.

அனகம், le gui புல்லுருவி.

*அனங்கம், (அந் *priv.*), jasmin, l'arbre இருவாட்சி.

அனந்தம், chiendent, l'ortie சிறுகாஞ்சொறி, les plantes குப்பைமேனி et பெருநன்னாரி. [த்தி.

அனந்தரம், la plante வேலிப்பருத்தி.

அனந்தன்சம்பா, espèce de riz.

*அனுதி, *P.* அநாதி, sans commencement, éternel, immémorial: — க்கரம்பு, — த்தரிசு, — யீடு terre laissée en friche de temps immémorial.

அனுஜ, (*sanscrit*), grain, produit.

அனுமத்து, (*arabe*), dépôt, charge.

அனுரியதித்தம், la plante நிலவேம்பு. [ருங்கண்ணி.

அனுமாசாக்கா, l'herbe பொன்னாங்கண்ணி.

அவமொழி, *ajouter à cet article*: ellipse du mot உள்ள. *Ex.* பொற்றொடி, bracelet d'or, femme, — qui porte un bracelet d'or. [ரம்.

அன்னபம், le multipliant ஆலமரம்.

அன்னாசாழை, l'ananas அன்னாசி.

ஆகம், gourde dite சுரை.

ஆகலி, poivre long dit திப்பிலி.

ஆகர், (*persan*), fin, complément, dernier.

ஆகாசகச்சை, (ஆகாசம்), horizon, *litt.* la ceinture de l'air ou de la région aérienne.

ஆகாசக்கருடன், (*id.*), la plante சீந்தில், le figuier sauvage பேயத்தி. [வி.

ஆகாடம், la plante வெண்ணாயுருவி.

ஆகோந்தம், l'arbre புன்கு.

ஆகே, (*indoust.*), devant, en face.

ஆகேறு, ஆக்கொத்துமம், l'arbrisseau கொன்றை.

ஆக்ஷேபணை, obstacle. [sition.

ஆசர், apparition, présence, dispo-

ஆசாமி, (*arabe*), individu, nom, office, emploi: — வாரியிசாப் ou வரிசேசப் compte qui indique le nom etc..., de chaque individu.

ஆசியம், *P.* ஆசியம், cumin noir dit கருஞ்சீரகம். [சேரகு.

ஆசுணம், les arbres அரசு et அ

ஆசுரம், gingembre vert dit இஞ்சி, ail.

*ஆசேதுகண்டம், *V.* சேது.

ஆச்சமரம், l'herbe மூங்கைப்புல்.

ஆச்சுவரி, l'arbre அரசு.

ஆடம், le ricin dit ஆமணக்கு.

ஆடலை, arbre sans fleurs dit பூவிலாமரம், l'arbre பூவிளா. [riz.

ஆடிவாலன், (ஆடி), espèce de

ஆட்சிக்கிறது, சித்தேன், கிப்பேன், சி, சிக்க, *v. a.* (ஆட்சி), gouverner.

*ஆட்டியன், (âdhya), riche.

ஆட்டுக்கிடை, (ஆட்டு), parc —, brebis qu'on garde pour l'engrais des terres. [டை.

ஆட்டுசம், l'arbuste ஆடாதோடை.

ஆணகம், la courge dite சுரை.

ஆணுப் பிறந்தோன், (ஆணும்), homme, l'arbrisseau ஆவரை, la plante கழுக்கணி.

ஆணுவம், *P.* ஆணவம்.

ஆண்டலை, arbre sans fleurs.

ஆண்டை la plante தேட்கொடுக்கி.

ஆண்மைமை, témérité. [கி.

ஆதிசாரம், muscade dite சாதிக்காய்.

ஆதியாமம், l'herbe மூங்கைப்புல்.

ஆத்திக்கனி, la racine bulbeuse மொருகு.

ஆத்திஷ்டி, la plante தீருமுன்னி.

*ஆத்திரேயம், (அத்திரி), un des 18 codes de lois dits தருமநூல்.

ஆத்துமமம், la plante அத்தை.

ஆந்தை, les plantes புருமுட்டி et பேராமுட்டி.

*ஆபனம், (âpana), obtention

ஆப்காரி, (*persan*), impôt sur les liqueurs distillées. [crêpe.

ஆப்பம், *P.* அப்பம், appe, galette,

ஆப்பு, l'arbre எட்டிமரம். [சிவா.

ஆப்புளண்டம், la plante கையாந்

ஆமடி, ஆமரம், l'arbre காஞ்சிரம்.

ஆமது, ஆமத், (*persan*), revenu, rapport, retour.

ஆமம், le pois chiche கடலை, l'arbrisseau légumineux துவரை.

ஆமலகம், l'arbre நெல்லி.

ஆமல், bambou, la plante விஷமூங்கில். [calcul.

ஆமிஷம், (*sanscrit*), estimation,

ஆமீன், (*arabe*), Amine, espèce d'employé du gouvernement.

ஆம்பலா, l'espèce d'oseille dite புளியாரை. [லா.

ஆம்பல், l'arbre நெல்லி, V. ஆம்ப

ஆம்பிலம், l'arbre குரா.

ஆயுரி, moutarde dite கடுகு.

ஆரகம், sandal. [tection.

*ஆரக்ஷை, (ârakehâ), garde, pro

ஆரகாரு, agalloche dit அகில்.

ஆராதிக்கிட, (ஆராதித்தல்), adorable.

ஆரியகம், la plante சிறுகுறிஞ்சா.

ஆரியவாசியம், la plante அசமதாகம்

ஆரியகீர், la plante அதிவிடையம்.

ஆரோ, l'arbre ஆத்தி.

ஆலா, figuier: — க்காலி le jonc dit தழைக்கோரை. [றை.

ஆலோகம், l'arbrisseau கொன்

ஆர்க்கம், les plantes கொவ்வை, கோடன் et கொல்லன்.

ஆலகம், l'arbre நெல்லி.

ஆலகாலம், la plante நிலவாகை.

ஆலகிரீடை, le laurier அலரி.

ஆலமரம், le multipliant.

ஆலம், l'arbre மாவிலங்கு.

ஆலவிருட்சம், l'arbrisseau ஆதொண்டை..., le multipliant. [டை.

ஆலிககம், l'arbrisseau சிறுகுறிஞ்

ஆலிராகம், l'arbre வில்வம்.

ஆல், le multipliant.

ஆல்அஹவால், (*arabe*), état des affaires (de quelqu'un...)

ஆவல்லி, la plante சீந்தில்.

ஆவாகை, la plante நிலவாகை.

ஆவின், le gui புல்லுருவி.

ஆசேவி, la plante ஆடுதின்னாப்பாளை

ஆழி, l'arbrisseau குன்றி. [ளை.

ஆளிவிதை graine de lin.

ஆள்தொக்கு. V. au mot தொக்கு.

ஆள்மாகாணம், établissement de serviteurs. (தொட்டால்வாடி.

ஆள்வணங்கி, la sensitive dite

ஆறிருபது, six-vingts, ou 120.

ஆற்கோரம், l'arbrisseau கொன்றை.

ஆற்றுப்பூத்தான், la plante பூனை

ஆனகம், la courge சுரை. [க்காலி.

ஆனைக்கற்றாழை, espèce d'aloès à grande tige.

ஆனைக்கன்று, figuier.

ஆனைத்தடிச்சல், — நெருஞ்சில் la plante புலியுறனா. [லி.

ஆனைத்திப்பிலி. V. யானைத்திப்பி

ஆனைத்தும்பை, la plante பெருந்தும்பை.

இககக்கு, la plante நீர்முள்ளி.

இகலி, la plante பெருமருந்து.

இசலி, bétel.

இகுக, bambou dit மூங்கில்.

இகுலி, l'arbrisseau கொன்றை.

இக்ஷி, இகஷி, safran musqué dit கஸ்தூரிமஞ்சள். [tida.

இங்கு, l'arbre qui donne l'assa-fe-

இங்குசக்கண்டான், grande canne à sucre dite பெருங்கரும்பு.

இங்குராமம், assa-fetida. [ம்பை.

இசருகம், la plante வெள்ளைத்து

இசவில், l'arbrisseau கொன்றை.

இசாப், (*arabe*), compte, état, rapport.

இசிகர், moutarde dite கடுகு. [port.

இசமு, (*arabe*), nom: — வாரி nommément, nom par nom, compte détaillé contenant les noms des individus.

இசைவறை, emphase. [vidus.

இசோப், (*mahratte*), comptes, rapports. [continuel.

இஸ்திமிராரி, (*arabe*), permanent,

இஸ்திமிரார், (*id.*), perpétuité, continuité, permanence: கிராமம் village stable, — fixé d'une manière permanente. [sion.

இஸ்ஸெ, (*id.*), part, portion, divi-

இஸ்லமான்வேதம், islamisme.

இஜதாசார், (*arabe*), salut, marque de respect.

இஜாரா, (*id.*), rente, ferme.

இஜாரதார், (*id.*), rentier.

இஞ்சம், la plante வெள்ளிப்டேகன்றி.

இஞ்சி, la plante கொற்றுன்.

இடங்கழி, mesure en usage à la côte malabare. [நாக்கி.

இடபவாசனன், la plante எருவை

இடபன், le 1er தீர்த்தகரன் des Samanéens, réputé la 7me incarnation inférieure de Vichnou.

இடவகம், le giroflier இலவங்கம்.
இடாப்புகிறது, V. டாப்புகிறது.
இடிகம், la plante பெருமருந்து.
இடுகால், le concombre பீர்க்கு.
இடைப்பிட்டி, sillon, guéret.
இட்டு, *gér. d'*இடுகிறது, à cause de: தம்மைவிட்டு à cause de lui-même.
இணர், oranger, manguier.
இண்டு, இண்டை, l'arbrisseau புலித்தொடக்கி. [moissons.
இதணம், cabane pour garder les
இத்திலா, (*arabe*), information, avis, rapport.
இத்துரா, l'herbe மாந்தப்புல்.
இத்திரசுகந்தம், la plante நன்னாரி.
இத்திர, *obl. de* இந்திரன்:— ப்புசிப்பி, — புஷ்பம் la plante வெண்டோன்றி; — பீசம் l'insecte இந்திரகோபம்; — வல்லி la plante முடக்கற்றான்; — வாமம், la plante நெய்தல்; — வாருணி coloquinte dite பேய்த்தும்மட்டி.
இத்திராணி, l'arbrisseau நொச்சி.
இத்திசேகம், இத்திரசேபம், la plante வெட்பாலை.
இந்துமாரம், l'arbre கடம்பு.
இந்துவாசி, la planto தண்ணீர் [விட்டான்.
இந்தறு, jujubier.
இமசேதுபரியந்தம். *V. au mot* சேது. [maintenant.
இப்பவும், *P.* இப்போவும், et
இம்பி, millet noir கருந்தினை. [ந்தரி.
இபக்கினி, la plante கண்டங்க
இயக்குகிறது, *v. a.* இயக்கல், *n. v.* jouer des instrumens: வீணை — jouer du luth ou de la guitare.
இயக்குவோர், *n. app. du préc.* joueurs d'instrumens.
இயக்குறேதம், le multipliant ஆலமரம். [rens.
இயத்திசி, l'arbre இத்தி, ficus vi-
இயல்பூபதி, l'arbre வில்வம்.
இயாகதம், l'arbre சிற்றகத்தி.
இயாதகம், la plante அத்தி, guimauve. [sang, espèce de சன்னி.
இரக்தஷ்டீவி, morve mêlée de
இரசகம், le concombre பீர்க்கு.
இரசதாளி, bananier.
இரசம், manguier.
இரசனு, la plante அரத்தை.

இரடி, millet noir.
இரட்டைத்தலையன், homme à double tête, qui a la tête oblongue.
இரணி, la plante பன்றிமொத்தை.
இரதசந்தியாகம், nénuphar rouge.
இரதினாத்தன், nénuphar.
இரத்தசாரம், amaranthe rouge dite செங்கீரை. [ட்டை.
இரத்தபுட்பிகா, la plante மூக்கிர
இரந்தை, *P.* இலந்தை, jujubier.
இரவானு, (*ind.*), ravânâ, passeport, permis pour passer sans payer de douane.
*இராகினி, (râgini), prétendue femme—, division d'un air.
இராசவத்தனக்கல், pierre philosophale dite நற்சித்தன்.
இராசயுகம், l'arbre ou la plante
இராகியம், nénuphar. [பாலை.
இராச்செல்லாதவன், (இரா), celui qui ne va pas la nuit, barbier.
*இராஷ்டிரம், (râchtra), région, pays. [sein.
இராதா, (*persan*), intention, des-
இராதாரி, (*ind.* râhdâri), collection d'impôt (sur les routes), douane, permis de passer sans payer de douane.
இராத்திரிகாசம், nénuphar blanc.
இராந்துண்டு, jujubier.
*இராமப்பிரியம், les délices de Râmen, le nénuphar.
இரிஞ்சி, l'arbre மகிழ்.
இருகுரங்கின்கை, la plante முசுமுசுக்கை.
இருசாம், grenadier. [பலம்.
இருண்டி, l'arbrisseau சிறுசெ
இருபத்துநாலடிக்கோல், perche —, mesure d'arpenteur de 24 pieds de long.
இருபன்னியம், *V.* செங்கொட்டை.
இருபு, இருபோகம், (இரு). deux récoltes. [légumineux துவரை.
இருப்புலி, இரும்புலி, l'arbrisseau
இருப்புக்கொல்லி, l'arbrisseau கில
இருமை, (இரு), le duel. [ுச்சேம்பு.
இருள்முகா, *V.* நாவி.
*இரேகாகிருதி, (இரேகை, கிருதி), construction (en algèbre et géométrie). [la plante சித்தில.
இரேசகி, le fruit dit கடுக்காய்,

இரேசக்குறு, moutarde dite கடுகு.

இரேசன், ail dit வெள்ளைவெள்ளாயம்.

[ta), le 5me Manou.

*இரேவதன், இரைவதன், (raïva-

இரைச்சு, P. இரச்சு corde...

இரைத்து, l'arbrisseau புலித்தொடக்கி.

இர்சால், (arabe), remise, traite, à-compte, sommes envoyées,— payées:—நாமா liste des paiements, des remises...

இலஞ்சியம், la plante கீழாநெல்லி.

*இலக்குமீகரம், இலட்சுமீகரம், V. ஸ்ரீகரம்: — ஆன fortuné, prospère.

*இலப்தஹானி, (labdha gain, hâni perte), perte des biens, une des parties du பஞ்சதந்திரம்.

இலவு, l'arbre தேற்று.

இலாக்கா, (indoust.), possession, charge, rapport, relation, connexion.

இலாங்கலி, les plantes வெண்தோன்றி et செங்காந்தை,

இலாஞ்சிலி, cardamome.

இலாடலி, l'arbre அகில், agalloche.

இலாதார், (இல், ஆதார்), ceux qui n'ont pas. [n'être pas, s'anéantir.

இல்லாமற்போ, (id. ஆகிறது),

இவநட்டம், poivre.

இளங்காடு தரிசு, terre laissée 10 ans en friche. [ன்றை.

இளசாட்சசம், l'arbrisseau கொ

இளஞ்சி, la plante சறுக்கத்தி.

இறஞ்சி, indigotier.

இறத்தி, l'arbre இத்தி.

இறலி, l'arbre மருது, l'arbrisseau கொன்றை, [நாமா.

இறும்பியன், la plante கையாந்

இறுநாகம், l'herbe இலாமச்சை.

இறை, manguier.

இனும்தார், P. இனுத்தார், (இனும்), possesseur d'un inâm,— d'un maniam, i.e. d'une terre sans impôt.

இனுயத்துநாமா, (arabe), certificat, concession par écrit, billet d'exemption.

இன்சாப், (arabe), justice, décision.

இன்றுலே, V. இலேக்கள்ளி.

இன்றுசியாக்காய், fève de St. Ignace, noix du strychnos ignatier des Philippines.

ஈகை, ஈக்கை, ஈங்கு, l'arbrisseau புலித்தொடக்கி.

ஈகம், l'arbre பாதிரி.

ஈகவாசி, le roseau, வசம்பு.

ஈயக்கொடி, l'arbrisseau புலித்தொடக்கி.

ஈயம், l'arbre பாதிரி. [டக்கி.

ஈயலி, la plante பெருமருந்து.

ஈலை, l'arbrisseau புலித்தொடக்கி, gingembre vert, la plante சஞ்சிலி.

ஈரம், ஈர், canne à sucre dite கருப்பு.

ஈழம், ஈனம், l'arbrisseau கள்ளி.

ஈனத்தார், l'arbrisseau கொன்றை.

உகலவி, la plante நாகமல்லி.

உகிரம், உகிர், manguier aigre.

உக்கிரசவா, உக்கிரச்சுதவார், la plante ஆதொண்டை.

*உக்கிரரம்பம், (உக்கிரம், ஆரம்பம்), bruit terrible.

உக்கும், உக்கூம், (arabe), permission, ordre: உக்கும்நாமா ordre par écrit.

உசிதம், la plante தெருஞ்சில்.

உசூர், (arabe), présence:— கச்சேரி bureau de collecteur ou de receveur..., tribunal de magistrat...

உச்சஸ்வரம், (உச்சம், இசை), le dessus (en musique).

உச்சிமல்லிகை, V. ஊசிமல்லிகை.

உடக்கு, écrou, trou de vis. [change.

உடன்மாற்று, (உடன்), troc, é-

உடுக்கை, tenon, queue d'aronde.

உடுபாதகம், palmier.

உடைகொல், l'arbre வேலமரம், acacia. [duit entier d'une terre.

உடைவாரக்குறிப்பு, note du pro-

உட்சீட்டு, (உள், சீட்டு), convention privée,— secrète, billet sous seing privé. [டுக்கி.

உட்டிரம், la plante தேள்க்கொ

உண்டேல், P. உண்டானால், s'il est, s'il y a, s'il se fait.

உண்டாத்தா, l'arbrisseau கள்ளி.

உண்டி, mandat, lettre de change, billet à ordre.

உண்ணம், l'arbuste ஓடைமரம்.

உதலன், உதாசனன், l'arbrisseau கொடிவேலி.

உதிரமாகாளி, la sanguinaire et fameuse Kâli, vampire.

உதிரமுறிப்பஞன், P. உதிரமுறிப்

பான், la plante விஷ்ணுகாந்தை.

உதிரக்குடோரி, உதிர்க்குடோரி la plante கருடன்கிழங்கு.

உதிர்வேங்கை, *P.* உதிரவேங்கை.

உதும்பரம், l'arbuste செவ்வக [த்தி.

உத்தம், vigne, treille.

உத்தம்பரி, coriandre.

*உத்தராபமம், (உத்தரம், அபமம்), déclinaison septentrionale.

உத்தவாணி, la plante கண்டங்க

உத்தாலம், l'arbre நறுவிலி. [த்தரி.

*உபகிராமம், (உப), hameau ou village qui dépend d'une ville, fau [bourg.

உபகுல்லியம், poivre long.

உபதாகம், palmier.

உபயம், accomplissement d'une cérémonie dans une pagode entreprise par un particulier.

உபராசிதம், l'arbre சிற்றகத்தி.

உபராகம், (*sanscrit*), secours, aide, assistance.

உபவணம், l'ortie காஞ்சொறி.

*உபவேதம், (உப, வேதம்), vêdas secondaires ou inférieurs; il y en a 4 *V. au mot* வேதம்.

உப்பட்டி, faisceau d'épis.

உப்பிலி, (உப்பு, இலி), qui est sans sel, l'arbrisseau புலித்தொடக்கி.

உமதலி, chanvre.

உமர், l'arbrisseau குன்றி.

உமியன், la plante வசம்பு, acorus.

உமேது, (*persan*), attente, espérance.

உம்பல், l'arbrisseau குமிழ்.

உம்பளிக்கை, terre ou village donné en mâniam, *i. e.* possédé sans impôts.

உயிர், l'herbe இலாமச்சை.

உரக்கம், *P.* உரொக்கம், argent comptant. [place de la poitrine, sein.

*உரத்தலம், உரஸ்தலம், (உரம்),

உரப்பம், assa-fetida.

உரம், engrais, fumier.

உரிசி, *P.* உருசி.

உரித்திரம், safran, l'arbre மர

உரு, citronnier. [மஞ்சள்.

உருக்குவட்டு, boule de mélasse avec de la chaux. [டி.), *V.* தமரகவாயு.

உருத்திரவாட்டி, (உருத்திரன், ஆட்

உருவாரசம்மட்டி, la plante விழி.

உருவுதடம், nœud coulant, filet.

உருவை, le jujubier சூரை, la plante épineuse முள்ளி.

உரோசனம், le cotonnier épineux முள்ளிலவு.

*உரோதம், (rôdha), siége, blocus.

உரோதனி, petite ortie dite சிறுகாஞ்சொறி.

உலகங்காத்தான், உலங்காரிணி l'indigotier அவிரி.

உலகுலம், *V.* திரிபலை.

உலாகுமம், உலாகுளும்; உலாக்கம், l'arsenic மனோசிலை.

உலாங்கு, l'arbrisseau இலுப்பிறப்பை.

உலாங்குலி, l'herbe காவட்டம்புல்.

உலாமா, l'arbre கச்சமரம்.

உலிமணி, la plante நாயுருவி.

உலுவம், fenugrec dit வெந்தையம். [ரகம்.

உலுவா, la plante பெருஞ்சீ

*உலூகலகம், (ouloûkhalaka), la racine குக்கிலியம். [சடாமாஞ்சி.

*உலோமசம், (lômasa), la plante

*உலோகாபவாதம், (உலோகம், அபவாதம்), censure du monde, mauvais renom.

உவா, l'arbre உகாமரம்.

உழவுடைமாடு, (உழவு, உடை), bœuf de labour.

உழவுடைவாரம், (*id*), part des cultivateurs, — des habitans.

உழுதுண்பான்காணி, terre de mirasdar exempte d'impôt.

உழற்சி, *n. v. de* உழலுகிறது, tour, tournoiement, tourbillon.

உள்க்குடி, (உள்), habitant natif de l'endroit.

உள்ச்சீட்டு, (உள்), *V.* உட்சீட்டு.

உள்ளாமீன், le poisson dit தேளி வாய். [corruption.

உறலுற்றம், odeur rance, — de

உற்கு, *P.* உனக்கு, à toi.

*உற்பலம், la plante கொஷ்டம்.

உன, *P.* உன், de toi, ton, ta, tes.

உனத்தரு, உன்மத்தி, la plante குமிஞ்சா, asclepias.

உன்னம், la plante அழிஞ்சில்.

ஊகம், la plante ஊமத்தை.

ஊக்கூடம, (*arabe*), ordre. [stérile.

*ஊஷரபூமி, (ஊஷரம்), terrain

ஊத்தரம்பெட்டி, ஊத்தரப்பிண்ணை, *P.* ஊற்றும்பெட்டி, vessie.

ஊட்டு, *n. v. imp. et part.de* ஊட்டுகிறது, action de nourrir...;—மறந்தகன்று veau sevré.

ஊமிர், la plante சிறுபூளை.

ஊரண்டிகுநர், la plante கள்ளி.

ஊர்வரப்பன், le concombre வெள்ளரி. [qui provient d'une source.

ஊற்றுக்கால், (ஊற்று), ruisseau

எஙன், l'arbre அழிஞ்சில். [sable.

எக்கல், monceau de terre ou de

எச்சிற்றழும்பு, (எச்சில்), dartre.

எட்டிகம், les plantes சித்தில், கிலி

எண்மை, (எண்), huitaine. [த்தி.

எதளா, tamarinier.

எதிரிடைப்பட்டயம், billet de décharge, contre-billet d'affermage.

எதிர்ச்சட்டம், (எதிர்), cadre—, montant—, rebord—, règlement opposé.

எதிர்த்தாக்கம், எதிர்த்தாக்கு, (*id.*), rebondissement, rebond, répercussion. [dir, repousser, répercuter.

எதிர்த்தாக்குகிறது, (*id.*), rebon-

எதெது, (எது *répété*), tout ce que, quelque chose que.

எமதாகம், la plante ஊமத்தை.

எரி, la plante கொடிவேலி.

எரிநீர், eau forte,— qui brûle, acide nitrique. [dit கோரை.

எருவை, racine bulbeuse du jonc

எலித்துருமம், l'arbre தான்றி.

எலிபாகம், எலிப்பாலை, எலியால், ricin sauvage dit காட்டாமணக்கு

எல்லை, *P.* எல்லை borne, limite: —த்தகராறு,—த்தகராா,—விவாச்சியம் opposition—, dispute—, procès au sujet des limites.

எல்லம், gingembre vert.

எல்வை, *P.* எல்லை, borne, limite.

எழுகு, *P.* எஃகு, acier.

எழுநா, l'arbrisseau கொடிவேலி.

எழுவர், (எழு), sept personnes.

எழுவு, *V.* வளைதடி. [ment?

என்னென்று, quoi? pourquoi? com-

ஏகபோகம், (ஏகம்), registre des terres d'un village au nom d'un seul habitant.

*ஏகதேசி, (*id.* தேசம்), compatriote.

ஏசம், poivre long dit திப்பிலி.

ஏகூடன், (*mahratte*), totalité, entier. [தாரம்.

ஏசிடாவகம், réglisse dite அதிம

எண்கோணம், octogone, angle obtus. [pour garder les moissons.

ஏதண்டை, échaffaud, cabane

ஏதெது, ஏதேது, quoi que ce soit.

*ஏமபுஷ்பம், (ஏமம்), rose de Chine, les arbres அசோகு et சண்பகம், la plante பொன்முல்லை.

ஏமல், *V.* முதிரை.

ஏமவதி, le fruit கடுக்காய்.

*ஏலம், l'arbrisseau சங்கு, l'herbe சடாமாஞ்சி.

ஏலா, grand—, cardamome.

ஏது, l'arbrisseau சங்கு. [தாகம்.

ஏவாவகனம், la plante அசம

ஏறுபடுகிறது, être cicatrisé, avoir une flétrissure, être monté.

ஏற்றுண்டான்கோல், (ஏற்று), perche d'arpenteur en usage dans le district de Trichinopoly. [tagone.

ஐங்கோணம், ஐம்புசி, (ஐம்), pen-

ஐசிலம், l'arbre சிறுநாகம் [vante.

ஐந்தாசால், (*persan*), l'année sui-

ஐபலி, le fruit dit கடுக்காய்.

ஐலத்தாலம், palmier.

ஐவஜ, ஐவெஜ, (*arabe*), substitut, remplaçant, en place de.

ஒக்கம், la plante அசமதாகம்.

ஒசிதம், l'aloès dit கற்றாழை.

ஒப்படி, (ஒப்பு. அடி), la fin de la moisson, l'action de battre le grain, d'en faire fouler la paille aux pieds des animaux.

ஒப்பூசை, office pour les morts.

ஒமை, manguier.

ஒய்வனம், nourriture.

ஒருபூ, (ஒரு), une récolte.

ஒருபோகு, espèce de vers dits aussi மயங்கிசைக்கொச்சகக்கலிப்பா.

ஒலி, l'arbrisseau கொடிவேலி.

ஒற்றி, hypothèque,— d'un bien-fonds.

ஓடம், l'arbre செங்கருங்காலி.

ஓதுவிப்பாள், *n. app. de* ஓதுவிக்கிறது, maîtresse d'école, celle qui [fait lire.

ஓமி, *V.* நெஞ்சன்.

ஒற்பலம், le cotonnier கோங்கு.

கஜூரவித்தம், la plante செம்முட்டிபாரி. [tisan.

கக்ஷி, (கட்சி), homme de parti, par-

கசகன்னி, la plante வெருகு, ou

கசங்கம், l'arbre பீநாறி. [arum.

கசம், source.

கசர், surplus, gain dans l'échange des monnaies:— பாபத்து, (arabe), balance (non déboursée ou non payée) d'un compte autorisé, profit dans le change.

கசாலா, (arabe), embarras, détresse.

கசானா, (id.), trésor, — public.

கசுபா, (id.), village principal, chef-lieu (de district ou de canton...)

கசேருகம், l'arbre தமரத்தை.

கச்சான், la lentille dite கொள்ளு.

கச்சம், l'arbre உலமா.

கச்சாவசூல், (arabe), recouvrement de ce qui avait été dilapidé ou dissipé.

கச்சி, l'arbrisseau சின்னி. [ல்.

கச்சோலம், la plante சடாமாஞ்சி

கஜானா, (arabe), trésor public.

கஜான்ஜி, (id.), trésorier.

கஜ்ஜியா, (pers.) querelle, dispute.

கஞ்சம், le basilic துளசி.

கஞ்சுகம், l'arbre முருக்கு, la plante சிவிந்தி.

கடவுமரம், (கடவு), tourniquet.

கடற்றவளை, grenouille de mer.

கடன்றியாகி, (தியாகி), créancier.

கடிச்சுவாய்துடைச்சான், l'ortie காஞ்சொறி.

கடியடு, la plante சிற்றரத்தை.

கடினிதல், கடினிப்பு, (கடினம்), durcir, endurcissement.

கடு, la plante épineuse முள்ளி.

கடுதித்தா, la moutarde blanche வெண்கடுகு. [கிணி.

கடுவித்தம், l'ellébore கடுரோ

கடேசியம், l'arbre மரமஞ்சள்.

கட்சிக்காரன், homme de parti, partisan. [பூண்டு.

கட்டாரி, la plante எழுத்தாணிப்

கட்டாவணி, கட்டாவு, (ind.), moisson, coupe des blés.

கட்டு, lien...: — கிடை, — க்கிடை marchandise—, objet endommagé, — gardé ou retenu jusqu'à ce qu'il soit endommagé; — திரேசக grande somme, total entier, — général; — ப்படியிலும், terre très-faiblement taxée, — imposée légèrement, — imposée pour la forme.

கட்டளை, espèce de strophe.

கட்பலம், l'arbre தான்றி.

கணக்கன்மானியம், terre exempte d'impôt ou mâniam de Kanaken, i. e. de teneur de comptes ou d'écrivain de receveur.

கணக்குச்சுருணை, paquet de comptes écrits sur òles par l'écrivain susdit. [முல்லை.

*கணிகை, (ganika), le jasmin

கழை, canne à sucre.

கண்காணம், garde des champs et du produit en faveur du gouvernement...

கண்ணகி, 1° femme du marchand கோவலன். 2° P. கண்ணகை.

கண்டதிப்பிலி, poivre long du Bengale. [l'œil, la plante முள்ளி.

கண்டலம், (தலம்), l'endroit de

கண்டி, V. கிழுகிளை.

கண்டுமுதல், produit, — actuel: — கம்மி, diminution du produit au-dessous de l'estimation.

கண்டீரம், la plante பூனைக்காலி.

கண்ணாறு, (கண், ஆறு), ruisseau d'irrigation de rizière. [கிரட்டை.

கண்ணிநடுக்குறை, la plante சூ

கதம்பாரி, l'arbre தேற்றுமரம்.

கதிமி, (கதி), principal cultivateur, — fermier.

கதிர்மடங்கல், les épis se courber, — se plier, approche de la moisson.

கத்திரியம், la plante ஆடுதின்னாப்பாலை.

கத்திருணு, la plante நிலவேம்பு.

கந்தகட்பலம், l'arbre தான்றி.

கந்தசுக்கிலம், la racine அதிவிடயம்.

கந்தம், le jonc வசம்பு, calamus.

கந்தருவா, ricin.

கந்தாத்திறி, l'arbre தெக்கி.

கந்தாயம், portion déterminée d'une taxe payable à un temps pré- [cis.

கந்தை, V. கூறை.

கபர், (arabe), nouvelle.

கபாடக்கட்டி, le jonc வசம்பு.

கபித்தனம், l'arbre வாகை.

கபூல், (*arabe*), consentement, approbation: கபூல்சேத்து,(*id.*), consentement par écrit.

கப்பாத்து,(*de chapon*),castration: — கோழி, — சேவல் chapon.

கமரதம், la plante மணித்தக்காளி. [tion.

கமாமிலா,(*persan*), affaire,occupa-

கமி, poivre.

கம்பத்தம், agriculture en grand.

கம்மத்தம், concession d'un village pour les menues dépenses d'une épouse...,pour la dépense du bétel...

கம்மாய்,étang.

கம்மாறு,*P.* கைம்மாறு, récompense,troc, échange.

கம்மி,(*pers.*),diminution,manque.

கயத்தம், le basilic துளசி.

கயிமவாதி, le jonc வசம்பு.

கயிற்றளவு, mesure d'une corde, manière ou action de mesurer avec une corde un tas de sel ou de grain.

*கரகம், le grenadier தாதுமாதுளை. [டக்கி.

கரசம், l'arbrisseau புலித்தொ

கரஞ்சகம், l'arbre புன்கு.

கரணம், teneur de comptes—, écrivain de receveur de village.

கரம்நரம்,(*pers.*), chaud et doux, —et frais.

கரமம், l'arbre வெள்ளைக்கடம்பு.

கரார், (*arabe*), accord, contrat, certitude, vérité, réalité.

கரிகன்னி, l'arbre வெருகு, arum.

கரிசணம், la plante பொற்றலைக் கையாந்தகரை [i.e. de grosse espèce.

கரிப்பிப்பிலி, poivre long d'éléphant,

கரீரம், l'arbre கருவேல், acacia arabica.

கருவூலம், salle du —, trésor.

கருங்காலி, l'arbre கட்டி.

கருநாகம், l'arbuste கொடிவேலி.

கர்ச், (*arabe*), dépense, déboursement. [கருணம்.

கர்ணம், *V. ci-dessus* கரணம் *et*

கர்ணன், *V.* கருணன்.

கர்நாடகம், le Carnatique.

கர்ணிகம், (கர்ணம், ika), emploi —, office de teneur de comptes ou d'écrivain de receveur de village.

கலிங்கல், écluse, aqueduc, canal.

கலப்பை,charrue (avec ou sans le joug).

கலம்பி, l'herbe கொத்துப்பசளை.

கலால்,(*arabe*), liqueur (fermentée ou distillée); — தீர்வை impôt sur les liqueurs spiritueuses... [கள்ளி.

*கலிகம், (kalika), courlis, l'arbre

*கலிசாத்தன், கலிசாப்பன், (கலி, சாத்தம்), (surnom de) Sâli- [vâhana.

கலிங்கம், poivre.

கலிங்கல்,écluse, aqueduc, canal.

*கலிமாரகம், (kalimâraka), l'arbrisseau கிலுகிலுப்பை. [loche.

கலிமாலகம்,l'arbre அகில், agal-

கலினை, la lentille கொள்ளு.

கலீரம், l'arbre முருக்கு.

கலேயகம் safran.

கலைப்பு, action d'éclaircir les plantes, —le riz semé... [கிட்டி.

கல்முரசு,*P.* கன்முரிசு,l'arbre கம்

கல்லுகம், l'arbre பெருவாகை.

கல்லுருவி,(கல்லு, உருவி), l'arbrisseau பெய்க்களா,carissa sauvage.

கல்லுருணி,le gui புல்லுருவி.

கவலை, machine pour l'irrigation dite கவலையேற்றம்.

கவித்தம், l'ellébore கடுரோகிணி.

கவியங்கம், கவுடம், la plante வெட்பாலை. [லி.

கவிரேசமம், la plante பூனைக்கா

கவிழ்ந்துகொள்ளுகிறது, se renverser, se courber...

கவுல், — நாமா, accord, contrat, document qui montre à quelles conditions une terre a été accordée ou affermée. [cent feuilles de bétel.

கவுளி, le quart d'un paquet —,

கவை, l'arbre அகில், agalloche.

கழலசு, le concombre பீர்க்கு.

கழற்சபதம்,la plante அதிவிடயம்.

கழுகாய், l'aréquier கமுகு.

கழுதவணம், *V.* கிழுகிரை.

கழு, tourbe.

கழுகி, la plante சித்திரம்.

களகவேதம், la plante அதிவிடயம். [gât dans un grenier.

களஞ்சியப்பாழ்வாசி,perte —, dé-

யாகம்

களத்துமேடு, (களம்), aire (pour battre le blé), hauteur qui sert d'aire.

களநடை, (id.), usage de l'aire, compte qui règle ou montre la part du cultivateur dans le produit de la récolte, celle du gouvernement, et ce qu'on donne aux serviteurs du village.

களப்பிச்சை, களவரசம், aumône de l'aire salaire en nature donné aux serviteurs de village.

கள், l'arbre மகிழ்.

கள்ளன், détente d'un fusil.

கள்ளாம்பல், nénuphar blanc.

கறிக்கை, n. v. de கறிக்கிறது, manducation. [கியாமணக்கு.

கறியாமணக்கு, le papayer பறங்

கத்தாரணம், le cumin noir கருஞ்

கத்திட்டம், V. பறிக்கல்லு. [சீரகம்.

கற்பிப்போன், n. app. de கற்பிக்கிறது, celui qui enseigne ou prescrit, maître d'école. [கண்ணி.

கற்பூரம், la plante பொன்னாங்

கணகமிளகு, poivre long.

கனகாரியம், la plante ஊமத்தை.

*கனதை, (கனம், tâ), gravité, pesanteur, importance, respectabilité.

கனவி, l'arbrisseau கொடிவேலி.

கனவட்டம், (கனம்), nom titulaire du cheval des rois Pandiers.

கனவுமூலி, la plante விஷமூக்கில்.

கன்றிப்பு, colère.

கன்னவாசம், V. இருமலை. [காளி.

கன்னிகம், la plante மணித்தக்

காசநாசி, la plante பற்சோற்றி.

காசகி, le poivre long திப்பிலி.

காசிரோத்தம், les plantes ஆடுதின்றாப்பாலை, et வறட்சுண்டி. [துவரை.

காச்சி, la plante légumineuse

காசசவாரி, காஸ்ஸவாரி, (pers.), tournée ou voyage d'un noble, d'un haut personnage.

காடாரம்பம், (காடு, ஆரம்பம்), village dont les champs sont en grande partie des terres à menus grains, (et dépendent de la pluie pour la cul- [ture).

காட்டிவக், bananier.

காட்டுவெள்ளரி, coloquinte.

காணிக்காரன், propriétaire, ou

காணியாட்சிக்காரன், propriétaire par droit d'héritage.

காண்டம், la plante சித்தில்.

காத்தண்டு, (கா), perche dite காவடி pour porter des fardeaux sur l'épaule. [ஸி.

காந்தாரிசம், l'arbrisseau சில்

காபந்து, patronage.

காமில், (arabe), homme habile, adroit. [la), jaunisse.

*காமலை, காமலம் (kâmalâ, —

காமூசா, (arabe), certainement, positivement. [tion.

காமூகாரி, (id.), travail, répara-

காம், (ind.), village: — கச்சே, (id.), maisons dans un village: — காமோவாரி chaque village, colonie, établissement, délimitation et étendue de la culture dans les villages; — ஜமாபந்தி ou

காம்வாரி, காமவாரி, (id.), établissement d'un village.

காம்பீரம், le citronnier முருக்கு.

காம்போஷி, l'arbrisseau குன்றி.

காம்போஷி, la plante குதிரைவால்.

காயம், (arabe), fixé, rendu permanent: — ஜமாபந்தி établissement permanent.

காய்தா, (id.), règle, coutume.

காரூனை, (கார், ஊனை), trombe.

காரி, l'arbrisseau ஆவிரை.

காரியதரிசி, (காரியம்), homme d'affaires, secrétaire.

காருபாரி, (ind.), administrateur, inspecteur, officier, délégué.

காருராசி, les plantes புடலம், et கறிப்புடோல். [பாலை.

காருன்னி, la plante ஆடுதின்றாப்

கார்க்கோன், (pers.), employé ou receveur subalterne sous un Dâsildar de district. [agent, directeur.

கார்பாரி, (pers.), surintendant,

காலசம், noix de l'arbre சேரான் dite சேங்கொட்டை.

காலாவதி, (காலம், அவதி), saison, temps propre pour commencer la culture.

காலான், (கால்), quart d'ouvrier, petit garçon qui ne fait que le quart de l'ouvrage d'un bon ouvrier dit

காவந்து, patronage. [முறை.

காவல், garde: — மானியம் terre sans impôt —, mâniam de gardien

de village ou de garde-champêtre; —மிராசு droits de gardien, privilèges accordés aux gardiens de villages ou de champs.

காவற்பண்ணை, V. செம்பண்ணை.

காவிந்து, (pers.), maître, celui qui emploie.

காவிளை, l'arbre கொழிஞ்சி.

காவிரம், le laurier அலரி.

காளம், l'indigotier அவுரி.

காளவாய், (காளம்), four, fournaise.

காளி, le concombre கக்கரி.

காறடி, l'arbrisseau மருக்காரை.

கானத்தேறு, le safran மஞ்சள்.

கானஞ்சாரி, la plante தன்னுரி.

கானிவித்திரன், கானியம், la plante கொடிவேலி.

கானேஷுமாரிகணக்கு, (pers.), recensement, compte de la population.

கிஞ்சபன்னி, le gui நாயுருவி.

கிஞ்சம், manguier aigre.

கிடைப்பாடானவன், (கிடை, பாடு), homme alité, perclus, cul-de-jatte.

கிடைமாடு, (id.), bestiaux parqués (pour engraisser la terre).

கிஸ்தி, கிஸ்து, (arabe), paiement réglé, —à terme, atermoiement, taxe: கிஸ்திவசூல், perception des taxes (fixées ou à terme...)

கித்துள், le palmier கூந்தற்கமுகு.

கிபாயத்து, (arabe), profit, avantage, gain, surplus.

கிரயசாசனம், (கிரயம்), acte —, billet de vente.

கிராமகோசம், (கிராமம்), registre des terres d'un village.

கிராமகணக்கன், (id.), Kanaken ou écrivain du receveur d'un village.

*கிராமம், gamme.

*கிரிசரன், (கிரி), montagnard.

*கிரீஷ்மம், (grichma), la chaude saison.

*கிருட்டிணசீரகம், cumin noir.

கிருட்டிணமூலி, le basilic துளசி.

கிரோ, (pers.), gage, caution, hypothèque.

கில்லேதார், (id.), commandant d'un fort.

கிள்ளி, nom titulaire d'une ancienne dynastie de உறையூர்.

கிறுத்துவம், l'agalloche அகில்.

கினாரா, (pers.), côté, bord, rivage.

கின்னரன், (கின்னரம்), joueur de luth.

கீசரி, l'arbrisseau திருக்கொன்றை.

கீதவம், la plante ஊமத்தை.

*கீதை, livre, chapitre, chant.

கீழ்ப்போகம், récolte —, culture —, légumes qui viennent sous d'autres productions.

குக்கிலிகம், le concombre வாலுளுவை.

குசூர், (arabe), manque, défaut, défectuosité.

*குஷ்டம், V. குட்டம்.

குடக்கனி, l'arbre கருங்காலி.

குடசப்பாலை, l'arbrisseau வெட்பாலை.

குடமணம், cumin noir.

குடி, habitant: — ஆயக்கட்டு, total des habitans: — க்காணியாட்சி héritage, — d'habitant, patrimoine; — யிருப்புத்தரம் maisons et terres de mirasdars, — exemptes d'impôts.

குடிரம், 1° l'arbrisseau காரை. 2° ou

*குடேரம், (koutira, —tèra), hutte, cabane.

*குட்டம், l'arbrisseau கோஷ்டம்.

குண்டேசாலை, limite d'une ville principale.

குதிரைமுகம், visage de cheval, chaussée en bois, —garnie de pieux.

குத்தகை, contrat, — d'affermage.

குட்டுவன், la dynastie du roi Sêren ou சேரன்.

*குத்தாலம், (kouddâla), l'arbre காட்டாத்தி, bauhinia variegata.

குத்திச்சேவகன், pion ou soldat qui garde un trésor.

குத்தரிக்கம், V. குத்தலிக்கம்.

*குபேரம், குபேரகம், (kouvèra, ka), l'arbre கிள்ளி.

குப்பக்காடு, hameau, village ou bourg dans les bois ou dans la campagne.

குப்பைவரி, (குப்பை), litt. impôt du fumier, —sur les maisons.

குமரகம், l'arbre மாவிலங்கு.

குமக்கு, குமுக்கு, கும்மக்கு, (persan, koumak), aide, assistance, main-forte, bruit.

குமாஸ்தா, (id.), agent, assistant natif, clerc, teneur de comptes.

குருவி, le basilic துளசி.

*கும்பபீசகம், l'arbre எட்டி.

குரங்கம், l'arbre எட்டி.

குரங்கு, la plante முசுமுசுக்கை.

*குரண்டம், 1° P. குரண்டகம். 2° (kouranda), gonflement du scrotum, hernie, hydrocèle.

குரம்பு, canal d'irrigation qui vient d'une rivière pour arroser les champs.

குருசம், la plante வெண்டோன்றி.

குலத்தம், la lentille கொள்ளு.

குலம்பா, la courge amère பேய்ச்சுரை.

குலாதனி, l'ellébore கடுரோகிணி.

குலாம், (pers.), esclave.

குலோமி, la plante வெள்ளறுகு.

குல், (arabe), totalité, total, tout, entier: — சாகுபடி la culture entière; — தொகை total, somme totale; — பேரீஜு le revenu total, — entier.

குவிகுண்டல், le concombre வாதுளை.

குவலை, le basilic துளசி, la plante enivrante கஞ்சா.

குழலாதொண்டை, V. சிக்கோழி.

குறுநல், P. குறுநொய், gruau de riz, riz concassé.

குறைநரம்பு, (குறை), luth qui a moins de 7 cordes.

*குறுசகம், (கு, நாசம்), la petite ortie சிறுகாஞ்சொறி.

குறுசம், l'arbrisseau குன்றி.

*கூசமாண்டம், P. கூஷ்மாண்டம், கூஷ்மாண்டகம், citrouille.

கூடற்கோமான், le roi பாண்டியன், épithète des rois de sa dynastie.

கூதம், V. கூதாளி.

கூந்தற்பூகம், V. கூந்தற்கமுகு.

கூமகை, le cotonnier கோங்கு.

கூர்ச்சேகரம், cocotier.

கூனம், chanvre.

கூழம், கூழு, le sésame எள்ளு.

கெகிராசி, l'arbrisseau பூலா.

கெசகன்னி, l'arbre வெருகு arum.

கெசாமுட்டி, l'arbre எட்டி.

கெச்சம், le jasmin முல்லை.

கெந்தகம், la moutarde de chien dite நாய்வேளை.

கெந்தனம், la plante கோட்டகாலை.

*கெந்தசாட்சதை, (கந்தம், அக்ஷதை), riz safrané et parfumé.

கெந்திகம், la plante பாம்புகொல்லி.

கெந்திபரம், la plante ஆடுதின்னாப்பாலை.

கெந்திவாருணி, la coloquinte பேய்த்துமட்டி.

கெவசி, la plante வெள்ளைக்காக்கணம்.

கெவுரா, le basilic துளசி.

கெஸ்விசம், la moutarde de chien நாய்வேளை.

கேந்தகம், la plante கோட்டகாரலை.

கைகை, la plante நாயுருவி.

கொக்கோசி, கொக்கோழி, la plante நெட்டி.

கொங்கணன், (கொங்கு), le roi de Congou ou du Maléalam.

கொச்சி, la plante qui donne le piment dit மிளகாய்.

கொட்டாலம், la plante வெண்டோன்றி.

கொடி, signe du prétendu gardien de l'est, c'est la foudre, drapeau représentant la foudre.

கொடுங்கை, extrémité triangulaire d'un toit en pente.

கொட்டம், malice, méchanceté: — செய்கிறது faire le méchant, — des malices.

கொருடன், la plante கொடிவேலி.

கொல்லிவெற்பன், épithète du roi சேரன் et de sa dynastie.

கொவ்வித்தம், la plante épineuse செம்முள்ளி.

கொளீஇ, P. கொண்டு, gér. de கொள்ளுகிறது; கொளீஇனான், கொளீஇய, P. கொண்டேன், கொண்ட.

கொள்ளி, la plante எருக்கம் முள்.

கொற்றவன், la plante முடக்கற்றான்.

கோகருணி, V. பெருங்குரும்பை.

கோகிலம், la plante சிறுகுறிஞ்சா.

கோசரம், l'arbre மகிழமரம்.

கோசனக்கிளுக்கி, la plante சிற்றரத்தை.

கோசனி, figuier.

கோத்தனிகை, P. கோத்தனி.

கோத்துமை, la coloquinte பேய்க்கொம்மட்டி.

கோமயம், (கோ), bouse de vache.

கோரங்கம், l'arbre தேக்கு.

கோலா, le poivre long திப்பிலி.

கோவணி, l'arbre ஆத்தி.

கோழி, la racine பன்றிக்கிழங்கு.

le paspale அருகு:—க்கால், V. கொடிய கொன், l'herbe சாவட்டம்புல். [ரசு.
சென, la lentille செவ்வரு.
சென்ஸிகம், la résine குங்கிலியம்.
*சகத்திரவீரியம், (சகஸ்திரம்), chiendent.
*சகர், (saka), Sace ou Scythe.
சகாந்தகர், (சகர், அந்தகர்), destructeur des Scythes, i.e. Salivahana. [isme.
சகத்துவாதம், (சகத்து), panthé-
சகத்துவாதி, (id.), panthéiste.
சகாதேவி, la plante சிதேவி,
சகியம், manguier, safran, la plante திலப்பனை. [கு.
சகுலாட்சம், la plante வெள்ளறு-
சகுலாதி, l'ellébore கடுரோகிணி.
சகேசரம், la plante செம்பரத்தை.
சக்கரம், le concombre பீர்க்கு.
சக்கிறகாரகம், l'arbuste புலித் தொடக்கி. [ணி.
சக்கிறபுட்பி, la plante குப்பைமே-
சக்கிறம், le figuier அத்தி, la plante தகரை. [க்கை.
சக்கிறவாதடம், l'arbre செம்புளி-
சக்கிருக்கி, l'ellébore கடுரோகிணி. [imaginer.
சங்கற்பிக்கிறது, représenter,
சங்கினி, l'arbre பீச்சுவிளாத்தி.
சங்கு, l'ellébore கடுரோகிணி.
சங்குறித்தி, l'arbrisseau கிலுகிலு- [ப்பை.
சங்கபதி, ricin.
சாதிபேதம், (ச, சாதி), différence dans son genre ou son espèce, v. g. d'arbre à arbre.
சசாபம், la plante சிறுதன்குறி.
சசுபம், l'arbre அசோகு.
சஞ்சிவன், manguier.
சடிலம், l'herbe சடாமாஞ்சி.
சட்டாஸ், l'arbre வில்வம்.
சட்டி, nénuphar.
சட்டை, la plante தைவேளை.
சணுவு, la plante கையாந்தகரை.
சதலீயம், la plante வெள்ளறுகு.
சதுரம், le cactus சதுரக்கள்ளி.
சத்திராட்சி, la plante அரத்தம்.
சத்ருறி, l'arbre வேம்பை.
சந்தாமப்பம், la plante எருக்கு.
*சந்திரகாம்புயம், P. சந்திரகாம் புயம், (சந்திரகம், அம்புயம்), nénuphar blanc.

சமங்கை, சமனம், la plante தொட்டிக்குப்பாலை.
சமாபத்தி, V. ஜமாபத்தி.
*சமயி, (சமயம்), sectateur.
சமாறு, la plante ஊமத்தை.
சமீரணம், le citronnier கடாரை.
*சமுஸ்தானம், (samsthana), V. சமஸ்தானம்,
*சமுஸ்தானபதி, prince, chef: சமுஸ்தானத்துப்பதிகள் princes, courtisans, chefs, seigneurs, les grands.
சமுத்திரசத்தி, V. ஆரல். [ortie.
*சமுத்திராந்தம், cotonnier, petite
சமுன், l'arbre சவண்டிலை.
சம்பரி, l'arbre தேக்குவளம். [றை.
சம்மியாகம், l'arbrisseau கொன்-
சயந்தி, சயா, l'arbre வாதமடக்கி.
சயிக்கர், l'arbre அரசு.
சயிலங்கமலை, l'herbe இருவேலி.
சயினி, poivre long.
சரசம், l'arbre தேக்கு, teck.
சரமண்டலம், சரமண்டலி, espèce de cent-pieds très-vénimeux.
சரச்சிறு, la plante குறிஞ்சா.
சரமதசை, (சரமம்), moment de [la mort.
சரளம், la plante சிவதை.
சராசனம், l'arbre அரசு. [juste.
சரிகோணம், (சரி), angle droit,—
*சலபு, சலதிப்பிலி, சலதிப்பிலி, (சலம்), la plante commelina salicifolia. [jet d'eau, trombe d'eau.
*சலஸ்தம்பம், சலத்தம்பம், (id.),
சலமண்டலம், espèce d'araignée dite très-vénimeuse.
சலாகை, latte.
சலவெள்ளாழர், nom d'une division de la caste des Vellages ou வெள்ளாழர் dite des முதலியார்.
சவுந்தம், la plante வசம்பு. [கரா.
சவுறுகம், la plante கையாந்த-
சஜுவாதுழுதி, la plante சிவதை-
சாகீர், (persan djâghir), zâguir, fief, terre, donnée par le gouvernement comme récompense: சாகீர்தார் zâguirdar, possesseur d'un fief, d'une telle terre. [6° Manou.
*சாக்குஷன், (tchâkchoucha), le
சாங்கம், la plante சீந்தில்.
சாஸ்தி, plus, davantage, excès.
சாட்டுவலம், chiendent, l'arbre நாவல்.

சாணிக்கப்பூசி, le concombre பிர்க்கு. [grossier, — fait dans l'Inde.

சாணித்தாள், (சாணி), papier

சாதர், (*arabe*), arrivée, issue.

சாதலம், la plante திராய்.

சாதல்வாரத், (*arabe*), petites charges accidentelles.

சாதவண்டு, la plante கதிப்புடல்.

சாதவேதா, l'arbrisseau கொடிவேலி. [ரைக், l'arbre பொன்னுவினை.

சாமுண்டி, le jonc ou roseau நா

சாம்பாட்டு, la plante கதிப்புடல்.

சாய், la plante திரட்கோரை.

சாரணம், l'herbe கொடியாள்கூ

சாரதர், *V.* சூதர். [ந்தல்.

சாரம், l'arbrisseau பாலடை.

சாரிபுக்தெ, l'arbre எட்டி.

சாரியம், la plante நன்னாரி.

சாலகம், la plante சிறுகுறிஞ்சா.

சாவேயம், *V.* சிறுதேக்கு.

சாவதயிலம், manguier.

சிகமதம், la plante அரத்தை.

சிகவோசம், l'arbre அகில்.

சிங்கம், l'arbre ஆடாதோடை.

சிங்கி, la plante வல்லாரை.

சிங்கிட்டம், சிங்கிரம், la plante கொடிப்பாலை.

சிங்கிலி, l'arbrisseau புளித்தொடக்கி. [பை.

சிசுரம், l'arbrisseau இலுவிலுப்

சிசுன், la plante கோடகசாலை.

சிஞ்சுரம், tamarinier. [ப்பை.

சித்தமுகம், l'arbrisseau இலுவிலு

சித்தி, la plante நிலப்பனை.

சிதேகம், le muscade சாதிக்காய்.

சிப்பாதிமுகி, la plante தைவேளை.

சிமந்தாரி, சிம்பதை, la plante சிறுபுள்ளடி.

சியத்தினி, la plante தக்காளி.

சிரம், ricin, aréquier, l'arbre வாதமடக்கி.

சிரோணி, *V.* காட்டாமணக்கு.

சிலேடகம், la racine அக்கிரா.

சிலேதம், l'arbre செம்முருங்கை.

சில்வம், l'arbre எட்டி.

சிவதடி, le concombre வெள்ளரி.

சிவந்தாசி, *V.* செம்பருத்தி. [ரத்தை

சிவந்தவேசை, la plante செம்ப

சிவந்தி, la plante கொடிப்பாலை.

சிவமல்லி, l'arbre கொக்குமந்தாரை.

சிவா, le fruit கடுக்காய், les plantes கீழாநெல்லி, பங்கம்பாலை, l'arbre வன்னி.

சிறியகண், (சிறிய), petit œil, l'animal aux petits yeux, *i. e.* l'éléphant.

சிறியமரத்தி, l'arbre சிற்றத்தி.

சிறீயின்புட்பம், nénuphar blanc.

*சிறீரசம், சிறீவாசம், — பிஷ்டம், — வேஷ்டம், térébenthine.

சிறுவன், la plante சிறுபுள்ளடி.

சிறுவாடு, petite brebis..., pécule.

சிறுவிடு, la lentille கொள்ளு, la plante கண்ணிடுகாணம்.

சினு, la plante பங்கம்பாலை.

சின்னி, l'arbrisseau குன்றி.

சின்னீர், (சில், நீர்), bassesse, qualité ou disposition basse, — vile: சின்னீர, *adj.* vil, méprisable, de basse qualité...

சீதளம், l'arbre சிற்றத்தி.

சீதாப்பிரியம், la plante விஷ்ணுகாந்தை.

*சீமாதிபதி, (சீமா, அதிபதி), ou சீமைக்கதிபதி, seigneur —, prince d'un pays, monarque.

சீரசபாடி, l'arbrisseau கோஷ்டம்

சீரம், l'herbe இலாமிச்சை.

சீலகம், cardamome, la plante சிறுநாமப்பாலை, l'arbre வேங்கை.

சீனப்பா, la racine சீனக்கிழங்கு.

*சுகிருத்து, (சு, broud *cœur*), bon cœur, ami. [amitié.

*சுகிருத்தை, சுகிருத்துவம், (*id.*),

*சுகிருதயன், (*id.*), qui a un bon cœur, ami.

*சுகிர்ல்லாபம், ou சுகிருல்லாபம், (*id.* இலாபம்), avantage de l'amitié, 2e division du பஞ்சதந்திரம்.

சுண்டுதை, chiquenaude.

சுண்டுகிறது, donner une chiquenaude.

சுவர்ச்சி, le cactus சதுரக்கள்ளி.

*சுத்தவான், (சுத்த, வான்), homme pur. [பாலை.

சுமங்கை, la plante ஆடுதின்னாப்

சுமனாமலிகம், சுமமலிகம், l'arbre செருந்தி.

சுரசம், la plante அரத்தை.

சுரபி, la plante தேட்கொடுக்கி.

சுரர்துருமம், le pin சுரதுருமம்.

சுவசம், (சு), bonne santé, bon état, propre condition.

*சுவசிரு, (svasrou), sœur.

*சுவாயலாமுகி, சுவாலாமுகி, V. au mot முகி.

சுவை, émotions dites நவரசம்.

சுள்ளிவேர், le piment மிளகாய்.

சுறோணிதம், l'arbre அனிச்சை.

சுனிசனம், l'oseille புளியாரை.

*சூத்திரபுஷ்பம், (சூத்திரம்), le coton பருத்தி. [d'entourer.

சூழ்வு, n. v. de சூழ்கிறது, action

செஞ்ஞன்றி, P. செய்யுநன்றி, bienfait service qu'on rend.

செம்மட்டி, (செம்), செயபரம், l'arbre மரமஞ்சள்.

செரி, P. சேர்த்து.

செலதம், racine de cyperus கோரைக்கிழங்கு. [fatigue de la marche.

செல்லச்சொக்கு, épuisement—,

செவ்வியம், rouge de plomb, minium. [முல்லை.

சேச்சை, l'arbre பாலை, le jasmin

சேபாலம், V. செங்கொட்டை.

சொர்க்கிறது, voler le trésor public, être coupable de péculat.

ஜட்தி, (télinga), examen.

ஜநாப், (arabe), excellence, altesse, hautesse.

ஜப்தி, (id.), maniement, direction, contrôle, séquestration, attachement.

ஜமா, (id.), collection, somme, total, montant: — பந்தி, règlement —, détermination du revenu, tournée de collecteur. [V. சமீன்தார்.

ஜமீன், (pers.), terre, terrain: — தார்,

ஜரூர், (id.), hâte, précipitation,

ஜவாபு, (id.), réponse. [nécessité.

ஜவாப்நவீஸ், (id.), secrétaire, clerc.

ஜவான், pion, valet. [கிர்தார்.

ஜாகிர், ஜாகிர்தார், V. சாகிர், சா

ஜாடா, (télinga), le tout, totalité.

ஜாட்மாலி, (ind.), balayeur.

ஜாமிதா, ஜாப்தா, V. சாமிதா.

ஜாமீன், V. சாமீன்: — சீத்து, billet d'assurance, — de caution.

ஜாரி, (arabe), restauration, retour, remise.

ஜாஸ்தி, (id.), augmentation, accroissement: — பேரிஜு accroissement du revenu.

ஜாஹிர், (id.) information, avis.

ஜிந்தகி, (pers.), propriété, vie. [ture

ஜிராயத்து, (id.), culture, agricul-

ஜில்லா, (arabe), district, division.

ஜின்சு, ஜின்ஸ், (id.), espèce, sorte, biens, articles. [confiance.

ஜும்மா, (arabe), charge, soin,

ஜுர்மானு, ஜுமானு, (id.), amende, peine.

ஜெகீரா, (id.), grenier, magasin —, amas de provisions.

ஜெக்தன், (ind.), soin, vigilance.

ஜெரீப், (arabe) mesure d'arpentage

ஜோர், (pers.), force, violence.

ஷரா, (arabe), remarque, observation, raison. [se, vin.

ஷராப், (id.), liqueur spiritueu-

ஷஹர், (pers.), cité, grande —, ville. [qui a rapport, interessé à.

ஷாமில், (arabe), renfermé, lié à,

ஹக்அவால், (id.), V. ஆல் அவால்

ஹாலற்ற, non substantiel, non solide, pauvre.

தகரார், (ind.), objection, altercation, dispute, V. தகராறு: — பாக்கி reste dû ou balance douteuse contestée. [rie, prétention.

தகலுப், (arabe), prétexte, trompe-

தக்காவி, (id.), avance, — d'argent.

தக்காளி, tomate, pomme d'amour.

தக்சீர், (arabe), faute, culpabilité.

தசக்கூலி, தச்சக்கூலி, salaire de charpentier, — payé pour faire une charrue...

தஸ்கத், (pers.), signature.

தஸ்தக், (arabe), aumône donnée en grains, lorsqu'on bat le blé, (pers.), sommation, assignation, passe-port, permis.

தஸ்தாவேஜ், தஸ்தவேஜு, (pers.), document, titres, pièce justificative.

தஸ்திரம், paquet de documens, écrits (liés ensemble dans une toile...), mémoires.

தஸ்தூரி, (persan), salaire, honoraires, taxe, coutume.

தஜவிஜு, (arabe), effort, invention.

தண்டல், perception, collecte, demande.

தண்டா, (*ind.*),trouble, obstacle, obstruction.

தண்டோரா, tambour, tam-tam.

தபா, (*arabe*), temps.

தப்சீல், தப்சீல்வார், (*id.*), détail, particularité, circonstance particulière.

தமஸுக், (*id.*), bon, billet —, obligation par écrit, - de sa main.

தமாம், (*id.*),entier,complet, tout.

தம்மின், *imp. pl. de* தருகிறது, donnez. [la poste,maître de poste.

தபால்காரர்கள், surveillance de

தபால்கச்சேரி, தபால்நிலையம், bureau de—,la poste. [tion,invention.

தரதூது, (*arabe*), effort, produc

தரம், classification: தரத்தீர்வை taxe—,impôt selon les classifications; —ப்படி selon l'espèce, sorte, espèce, division —,classification de terres; — ப்பிரட்டு fraude dans la classification des terres; தரப்புதார் serviteur —, employé indigène sous un dâsildar de district.

தரிசு, terre désolée, — ruinée.

தரியாப்த்,தரியாபத்து, (*pers.*),investigation, enquête, découverte.

தரிவிலா,தரிவில்லா,P.தர்விசீல்லா.

தரோபஸ்து, (*pers.*), totalité, tout. [offre.

தர்கார்து, (*id.*), proposition,

தர்க்கியத்து,(*arabe*), progrès,amélioration,éducation.

தர்விலா, தர்விக்லா, et mainte

தலப், salaire,paye. [nant.

தலவாடம், V. தலைவாசம்.

தலைக்கட்டுவரி, taxe par famille, par maison, taxe sur les bâtimens.

தலையாரி, (தலை), gardien, — de village. [tation.

தலைவரி, (*id.*), taxe par tête, capi-

தவணை, paiement à terme.

தவசு, champ divisé par compar-

தழுவாய், V. வெட்டுவாய்.[timens.

தற்பிரியன், (தன்), égoïste, homme plein d'amour propre.

தஸ்ஸி, (*arabe*),examen, enquête.

தாகத்து, 1° *obl. de* தாகம். 2° (*arabe*), habileté,pouvoir, capacité.

தாவாயத், (*pers.*), jusqu'à ce que.

தாக்கல், (*arabe*), entrée, enregistrement, registre.

தாக்கு, pièce—, morceau de terre: —வாரிக்கணக்கு compte détaillé des terres pièce par pièce. [ginal.

தாமெடு,(தாம்,எடு), modèle, ori-

தாராஜ்ஞக்கன், le serpent boa.

தாரும்,*imp.pl. de* தருகிறது.

துடுக்காம், marche précipitée,précipitation,obstination, entêtement: —குடுநடக்கிறது marcher précipitamment,se hâter, se conduire en entêté: துடுக்கானவன் homme obstiné,entêté, précipité.

*துருத்தி,(drouti),soufflet.

தேனத்தி,le figuier சீமையத்தி.

*நிர்விசாரம், (நிர்), insouciance, négligence, sans soin.

*நிர்மனுஷியம், P.நிர்மானுஷியம், désert,lieu inhabité.

நீர்த்தாளி, la plante வெண்கூதாளம்,convolvulus qui croît près de

பஸ்தி, (*ind.*), village. [l'eau.

*பஸ்திரகை, பஸ்திரிகை, பஸ்திரகை,பஸ்திரி,பஸ்திரிகா, (bhastrâ, kâ, ikâ,i),soufflet: பஸ்திரிக்கன் souffleur, celui qui fait marcher le soufflet.

பணிதரவு, (பணிதல், தருதல்), soumission.

பந்து,(*pers.*), lien,attache affermissement. [d'emprisonnement.

பந்தோகானா, (*id.*), prison, lieu

பந்தோபஸ்து,(*id.*),arrangement, conduite, établissement,action d'assurer. [ment à.

பமோஜிப், (*id.*), selon, conformé-

பயாம்வார்,பயான்வார்,explication,détail (d'articles). [krite.

பராகிருதபாஷை, la langue pra-

பரக்கு, (*ind.*), examen des monnaies,des coins.

பரம்படிப்பு, V.பரம்படிக்கிறது.

பராலக்காடு, broussailles, bois qui s'étend:பராலக்காட்டுப்புன்செய் champ à menus grains au milieu des broussailles.

பராரி, (*arabe*), caché,enfui.

பார்வர்த், (*pers.*), estimation.

பர்காவணி, (*ind.*), examen des monnaies. [décharge.

பர்தரப், (*arabe*), congé, renvoi,

பர்த்தி, (ind.), remplacement, substitution, remplir une place.

பர்வானு, (pers.), ordre, permis, passe-port.

பலகைமுழுகுகிறது, plonger une planche dans l'eau, curer un canal en terre avec une planche.

பலகோசம், (பல), registre de terres aux noms de divers individus

பவுத்தி, (arabe), mort.

பள்ளிவாசல்மானியம், terre sans impôt —, mâniam de mosquée.

பஞ்சர், பஞ்ஜர், terre ravagée, — en friche.

பாஅபிபத், பாஅபியத்பராஅத்த், (pers.), portez-vous bien, formule de salut. [bosquets.

பாகாயத், (id.), jardins, vergers,

பாக்கி, balance, reste.

பாசிவரி, (பாசி), impôt de la pêche, taxe ou revenu provenant de la permission de pêcher dans les étangs.

பாதல், (arabe), ensuite, puis.

பாபத்து, 1° obl. de பாபம். 2° (arabe), article, item.

பாபுவார், (id.), article par article, chapitre, division.

பாம்பு, herbe entrelacée, — tressée: — பிடிச்சுக்கட்டுகிறது tresser et attacher de hautes herbes pour protéger le bord ou la digue d'une rivière dans une inondation.

பாயகாரி, (ind.), étranger, fermier ou tenancier temporaire.

பாயமாலி, (pers.), destruction, ravage, ruine.

பாரிகத்து, பாரிக்கத்து, (arabe), acquit, décharge, élargissement, délivrance générale.

பித்தோல், corr. P. மீத்தோல், épiderme. [nel), entonnoir.

புனல், பொனல், (de l'anglais fun-

பொருந்தர், faiseurs de nattes.

மணிக்குடர், poumon.

மச்சம், haine, animosité.

மாகாணம், petite étendue de pays, petit —, district.

மாகேவார், (mahratte), mensuel, mois par —, chaque mois: — சாகுபடி culture mensuelle.

மாசூல், récolte, produit.

மிகுப்பு, n.v. de மிகுக்கிறது, abondance, excès.

ERRATA.

PREMIER VOLUME.

Page,	*Colonne,*	*Ligne,*	
10	1	2 et 5	*au lieu de* ris, *lisez* riz
104	2	17	*après* ஆம், *ajoutez*: 2° *V.* அல்லவை, *ou* அல்லை.
115	2	25	*au lieu de* அழிச்சாட்டியம், *lisez* அழிசாட்டியம்.
126	2	16	(*ajoutez*), புளிப்பு, aigreur, acidité.
127	1	33	*après* mesurage *ajoutez* ou écriture.
165	2	1, 5, 18, 19, 20,	*au lieu de* banian *lisez* multipliant.
217	1	3	*au lieu de* இச்சிறது *lisez* இச்சிறது.
276	2	40	*au lieu de* உபசாரணை *lisez* உபசரணை.
281	1	38	*après* உப்பட்டி *lisez* gerbe, faisceau d'épis.
366	1	28	*au lieu de* 7 perles enfilées, *lisez* 7 enfilades ou guirlandes de perles, pierreries...
422	2	28	*au lieu de* ligne, *lisez* ligue.
485	2	21	*au lieu de* termio *lisez* termes.
488	2	31	*au lieu de* un *lisez* une.
508	2	48	*au lieu de* à Maduré *lisez* à Cangsivaram.
567	2	52	*au lieu de* oqurgâ *lisez* Dourgâ
600	2	40	*au lieu de* confluence *lisez* confluent.
631	1	4	*au lieu de* corbeau *lisez* foudre.
646	2	24	*après* aller *ajoutez* habiter une autre maison.
654	2	43	*après* d'un criquo *ajoutez* ou d'un fossé
662	1	36	*au lieu de* les vaches ou les pâtres *lisez* les pâtres et leurs troupeaux.
663	1	29	*au lieu de* du roi [illegible] *lisez* des rois [illegible].
710	1	50	*au lieu de* guerr. *lisez* guerre.
758	2	34	*pour* de mari *lisez* du mari.
762	1	27	*au lieu de* சாபூ *lisez* சாபூத்.
779	2	48	*au lieu de* கிட்டை *lisez* கிட்டனை.
808	1	9	*au lieu de* venimeuxse *lisez* venimeuse.
810	2	4 et 9	*au lieu de* சிற்பதொழில் *lisez* சிற்பத்தொழில்.
817	2	11	*au lieu de* cœur, de bœuf, *lisez* cœur de bœuf.
833	1	1	*au lieu de* ma grir *lisez* maigrir.
834	1	13	*au lieu de* ras *lisez* rat.
850	1	2	*au lieu de* [illegible]siblité *lisez* [illegible]
865	1	26	*pour* des Poissons *lisez* des C[illegible]
896	1	9	*au lieu de* [illegible] *lisez* [illegible].

ERRATA·

SECOND VOLUME.

Page,	*Colonne,*	*Ligne,*	
36	2	26	*au lieu de* mérit,religieux *lisez* mérite religieux.
48	1	41,42	*pour* { s épuisement oupir } *lisez* { épuisement. soupir.
48	1	47	*au lieu de* ∞ urmonter *lisez* surmonter.
150	1	23	*au lieu de* guignon naissance *lisez* guignon, naissance
247	2	6	*pour* de anges *lisez* des anges.
276	1	33	*au lieu de* tissa e *lisez* tissage.
376	1	35	*au lieu de* coélange, *lisez* mélange.
		36	*au lieu de* mucher, *lisez* coucher.
		50	*au lieu de* lac harrue, *lisez* la charrue
391	2	20	*au lieu de* gâetaux, *lisez* gâteaux.
592	2	20	*au lieu de* venimeux *lisez* venimeuse.
635	2	6	*pour* திமிட்டி, — தும்மட்டி, *lisez* திதும்மிட்டி, — தி.தும்முட்டி.
683	2	43	*au lieu de* hométans [des Malin. *lisez* des Mahométans. [lin.
1C16	2	50.	*au lieu de* sancrit *lisez* sanscrit.